Peter Hentschel

Straßenverkehrsrecht

Beck'sche Kurz-Kommentare

Band 5

Straßenverkehrsrecht

Straßenverkehrsgesetz, Straßenverkehrs-Ordnung,
Straßenverkehrs-Zulassungs-Ordnung, Fahrerlaubnis-Verordnung,
Bußgeldkatalog, Gesetzesmaterialien,
Verwaltungsvorschriften und einschlägige Bestimmungen
des StGB und der StPO

Kommentiert von

Peter Hentschel

Rechtsanwalt

Lehrbeauftragter an der Universität zu Köln

38., neu bearbeitete Auflage
des von Johannes Floegel begründeten, in 8.–16. Auflage
von Fritz Hartung und in 17.–26. Auflage von Heinrich Jagusch
bearbeiteten Werkes

Verlag C. H. Beck München 2005

Verlag C. H. Beck im Internet:
beck.de

ISBN 3 406 52996 8

© 2005 Verlag C. H. Beck oHG
Wilhelmstraße 9, 80801 München
Satz und Druck: Druckerei C. H. Beck, Nördlingen
(Adresse wie Verlag)

Gedruckt auf säurefreiem, alterungsbeständigem Papier
(hergestellt aus chlorfrei gebleichtem Zellstoff).

Vorwort zur 38. Auflage

Seit Erscheinen der Vorauflage vor zwei Jahren war das Straßenverkehrsrecht erneut von umfangreicher Novellierungstätigkeit des Gesetz- und Verordnungsgebers betroffen. Neben der Straßenverkehrszulassungsordnung und dem Straßenverkehrsgesetz war vor allem die Fahrerlaubnis-Verordnung Gegenstand wichtiger Änderungen und Ergänzungen, die u. a. zur Einführung einer neuen Fahrerlaubnisklasse führten.

Außer einigen weniger bedeutsamen Novellierungen, die jedenfalls nicht den Kern des Straßenverkehrsrechts berühren, wurden folgende Novellen in das Erläuterungswerk eingearbeitet:

1. 26. Verordnung zur Änderung der Straßenverkehrs-Zulassungs-Ordnung v. 5. 12. 2002:
   - Übernahme verschiedener EG-Richtlinien zum Abgasverhalten von Kraftfahrzeugen,
   - Änderung verschiedener das Abgasverhalten, den Kraftstoffverbrauch und die Geräuschentwicklung betreffender Vorschriften der StVZO,
2. Verordnung über die freiwillige Fortbildung von Inhabern der Fahrerlaubnis auf Probe und zur Änderung der GebOStr v. 16. 5. 2003:
   - **Verkürzung der Probezeit** nach § 2a I 1 StVG durch Teilnahme an einem Fortbildungsseminar,
3. Verordnung über technische Kontrollen von Nutzfahrzeugen auf der Straße (TechKontrollV) v. 21. 3. 2003:
   - Einführung unerwarteter technischer Kontrollen von Nutzfahrzeugen (auch ausländischen) auf öffentlichen Straßen,
4. 36. Verordnung zur Änderung straßenverkehrsrechtlicher Vorschriften v. 22. 10. 2003:
   - Gleichstellung von Staplern (Gabelstaplern) mit Arbeitsmaschinen in der StVZO,
   - Definition des Kraftomnibusses in der StVZO,
   - **Änderung und Ergänzung der Bestimmungen des § 32 StVZO über die höchstzulässige Fahrzeuglänge,**
   - **Einführung eines vorderen Unterfahrschutzes** für bestimmte Kraftfahrzeuge zur Güterbeförderung,
   - **Neues „Omnibusrecht"** durch Übernahme der „Busrichtlinie" 2001/85/EG in die StVZO,
5. Zweite Verordnung zur Änderung der 9. Ausnahmeverordnung zur StVO v. 27. 10. 2003:
   - Verlängerung der Ausnahmeregelung über die zulässige Höchstgeschwindigkeit von Kombinationen (Gespannen) auf Autobahnen,
6. Verordnung zur Änderung der Verordnung über technische Kontrollen von Nutzfahrzeugen auf der Straße v. 18. 12. 2003,
7. Verordnung zur Änderung der Fahrerlaubnis-Verordnung und anderer straßenverkehrsrechtlicher Vorschriften v. 7. 1. 2004,
8. Gesetz zur Änderung des Straßenverkehrsgesetzes v. 14. 1. 2004:
   - Änderung der Ermächtigung zur Erhebung von Parkgebühren,
9. Verordnung zur Änderung straßenverkehrsrechtlicher und personenbeförderungsrechtlicher Vorschriften v. 22. 1. 2004:
   - Hinweispflicht auf die Anschnallpflicht der Fahrgäste durch Busfahrer,
   - **Umfangreiche Änderung und Ergänzung der BKatV,**
   - Verschärfung der Ahndung unzulässiger Benutzung von Mobiltelefonen,
   - Bußgeldbewehrung des Nichtanschnallens in Bussen,
   - **Regelfahrverbot für die Führer bestimmter Fahrzeuge schon ab 21 km/h Geschwindigkeitsüberschreitung,**

Vorwort

10. 37. Verordnung zur Änderung straßenverkehrsrechtlicher Vorschriften v. 7. 2. 2004:
    - Erlaß der EG-Typ-Verordnung für Krafträder (Krad-EG-TypV),
    - Änderung verschiedener Vorschriften der StVZO und Anlagen zur StVZO,
    - Änderung der EG-TypV,
11. 3. Verordnung zur Änderung der Fahrerlaubnis-Verordnung und anderer straßenverkehrsrechtlicher Vorschriften v. 9. 8. 2004:
    - **Einführung der neuen Fahrerlaubnisklasse S,**
    - **Erweiterung des Kataloges in § 11 Abs. 3 FeV hinsichtlich der Anordnung, ein medizinisch-psychologisches Gutachten beizubringen,**
    - Wegfall der Registrierungspflicht für Inhaber von EU-Führerscheinen nach Wohnsitzverlegung ins Inland,
    - Änderung und Ergänzung der Anlage 6 zur FeV (Fahrerlaubnisprüfung),
    - Erweiterung der Anlage 11 zur FeV („Umschreibung" ausländischer Fahrerlaubnisse unter erleichterten Voraussetzungen),
12. 1. Justizmodernisierungsgesetz v. 24. 8. 2004:
    - **Erweiterung der Vorschriften über die Ablaufhemmung der Tilgungsfrist im Verkehrszentralregister (§ 29 VI StVG),**
    - Verlängerung der Überliegefrist des § 29 VII StVG,
13. 38. Verordnung zur Änderung straßenverkehrsrechtlicher Vorschriften v. 24. 9. 2004:
    - Zahlreiche **Änderungen der Vorschriften über das Zulassungsverfahren** in der StVZO und der Fahrzeugregisterverordnung,
    - **Einführung neuer Fahrzeugdokumente,**
14. 27. Verordnung zur Änderung der StVZO v. 2. 11. 2004:
    - **Aufhebung des § 23 Abs. 6a StVZO über sog. Kombinationsfahrzeuge** bis 2,8 t zulässiges Gesamtgewicht,
    - elektronische Übermittlung der Versicherungsbestätigung bei Versichererwechsel zum Jahresende,
    - Ausdehnung der Pflicht zur **Ausrüstung von Fahrzeugen mit Geschwindigkeitsbegrenzern.**

Neben den genannten Rechtsänderungen durch Gesetz- und Verordnungsgeber war der Entwicklung des Straßenverkehrsrechts durch Rechtsprechung und Literatur Rechnung zu tragen. Im Haftungsrecht gilt dies vor allem für die Auswirkungen der im Jahre 2002 erfolgten Novellierung des Schadensersatzrechts. Die neuen Bestimmungen waren inzwischen Gegenstand einer Fülle gerichtlicher Entscheidungen und weiterer wissenschaftlicher Durchdringung durch das Schrifttum. Das betrifft etwa die durch § 828 Abs. 2 BGB eingeführte Privilegierung von Kindern unter 10 Jahren bei Unfällen unter Beteiligung des motorisierten Verkehrs, den Schadensersatz in Fällen des sog. Totalschadens und die Erstattungsfähigkeit der Mehrwertsteuer. Bei der Neubearbeitung zu berücksichtigen waren aber auch z.B. die Entwicklung der kontroversen Judikatur zum Schadensersatz bei HWS-Schleudertraumata sowie der Rechtsprechung zur Nutzungsausfallentschädigung und zum Ersatz von Mietwagenkosten.

Weitere Schwerpunkte der aktuellen verkehrsrechtlichen Rechtsprechung bilden vor allem das Fahrerlaubnisrecht, insbesondere das Punktsystem und die verwaltungsbehördliche Entziehung der Fahrerlaubnis, namentlich bei Drogenkonsum, die Anerkennung ausländischer Fahrerlaubnisse nach der heftig diskutierten Entscheidung des EuGH vom 29. 4. 2005 (NZV 2004, 372) und das Fahrverbot gemäß § 25 StVG.

Im Zulassungs- und Fahrerlaubnisrecht haben neuartige Fahrzeugarten wie z.B. Elektro-Skooter, motorbetriebene Tretroller und sog. Quads zu rechtlichen Problemen in der Praxis geführt, auf die in der Neubearbeitung näher einzugehen ist. Streit herrscht neuerdings darüber, ob die Fahrerlaubnisbehörde berechtigt ist, einem Straftäter, dem die Fahrerlaubnis entzogen wurde, eine auf Lastkraftwagen oder Busse beschränkte Fahrerlaubnis zu erteilen, wenn diese Fahrzeugart von der Fahrerlaubnissperre gem. § 69a Abs. 2 StGB ausgenommen wurde. Die Frage wird im Rahmen der Erläuterungen zu § 9 FeV ausführlich behandelt.

Vorwort

Weitgehend neukommentiert werden mußten verschiedene verkehrsstrafrechtliche Bestimmungen des StGB, die in besonders einschneidender Weise durch die neueste Judikatur des „Verkehrsstrafsenats" des BGH betroffen waren: Eine völlige Abkehr von bisherigen Positionen vollzog der 4. Strafsenat des BGH zur Anwendung des § 315b StGB (Gefährliche Eingriffe in den Straßenverkehr), des § 316a StGB (Räuberischer Angriff auf Kraftfahrer) und des § 69 StGB (strafgerichtliche Entziehung der Fahrerlaubnis), dessen Voraussetzungen durch den 4. Strafsenat in einer Reihe veröffentlichter Entscheidungen völlig neu definiert wurden und seither durch die verschiedenen Strafsenate des BGH unterschiedlich beurteilt werden.

Darüber hinaus enthält die Neuauflage wesentliche Neubearbeitungen großer Teile der Erläuterungen zur StVO, die dabei vielfach nicht nur neu und übersichtlicher gegliedert, sondern auch gestrafft wurden. Das betrifft u.a. die Erläuterungen zu § 1 StVO (Grundregeln), ferner zur Straßenbenutzung durch Fahrzeuge (§ 2), zum „Fahrstreifen-Fahren" (§ 7), zu den wichtigen Vorschriften über die Geschwindigkeit, den Abstand und das Überholen sowie zur Bestimmung des § 8 StVO über die Vorfahrt.

Die im September 2004 verkündete 38. VO zur Änderung straßenverkehrsrechtlicher Vorschriften wird gem. ihrem Art. 5 erst am 1. Oktober 2005 in Kraft treten. Es wurde davon abgesehen, bei den durch diese VO geänderten Bestimmungen der StVZO jeweils neben dem neuen Wortlaut auch den bisherigen Text abzudrucken und zu erläutern. Insoweit wird auf die einschlägigen Textsammlungen und auf die Vorauflage verwiesen.

Das Werk befindet sich auf dem Stand vom 15. November 2004.

Köln, im November 2004 *Peter Hentschel*

Inhaltsübersicht

Abkürzungen	XI
Einleitung	1

1. Straßenverkehrsgesetz (StVG) 45

I. Verkehrsvorschriften	46
II. Haftpflicht	121
III. Straf- und Bußgeldvorschriften	248
IV. Verkehrszentralregister	323
V. Fahrzeugregister	341
VI. Fahrerlaubnisregister	341
VII. Gemeinsame Vorschriften, Übergangsbestimmungen	341
Begründung des Bundesverkehrsministers zur Straßenverkehrsordnung	345

2. Straßenverkehrsordnung (StVO) 347

I. Allgemeine Verkehrsregeln	347
II. Zeichen und Verkehrseinrichtungen	718
III. Durchführungs-, Bußgeld- und Schlußvorschriften	878

3. Straßenverkehrs-Zulassungs-Ordnung (StVZO) 953

A. Personen *(aufgehoben)*	
B. Fahrzeuge	956
I. Zulassung von Fahrzeugen im allgemeinen	956
II. Zulassungsverfahren für Kraftfahrzeuge und ihre Anhänger	960
IIa. Pflichtversicherung	1054
III. Bau- und Betriebsvorschriften	1070
C. Durchführungs-, Bußgeld- und Schlußvorschriften	1229

3 a. Fahrerlaubnis-Verordnung (FeV) 1285

I. Allgemeine Regelungen für die Teilnahme am Straßenverkehr	1287
II. Führen von Kraftfahrzeugen	1291
III. Register	1404
IV. Anerkennung und Akkreditierung für bestimmte Aufgaben	1417
V. Durchführungs-, Bußgeld-, Übergangs- und Schlußvorschriften	1425

4. Strafgesetzbuch (StGB) (Auszug) 1433

§ 44 Fahrverbot	1433
§ 69 Entziehung der Fahrerlaubnis	1438
§ 69a Sperre für die Erteilung einer Fahrerlaubnis	1449
§ 69b Internationaler Kraftfahrzeugverkehr	1457
§ 142 Unerlaubtes Entfernen vom Unfallort	1460
§ 248b Unbefugter Gebrauch eines Fahrzeugs	1484
§ 315b Gefährliche Eingriffe im Straßenverkehr	1488
§ 315c Gefährdung des Straßenverkehrs	1496
§ 315d Schienenbahnen im Straßenverkehr	1514
§ 316 Trunkenheit im Verkehr	1515
§ 316a Räuberischer Angriff auf Kraftfahrer	1552

5. Strafprozeßordnung (StPO) (Auszug) 1559

§ 81a Körperliche Untersuchung des Beschuldigten	1559

Inhaltsübersicht

§ 111 Kontrollstellen	1562
§ 111a Vorläufige Entziehung der Fahrerlaubnis	1563
6. Verordnung über internationalen Kraftfahrzeugverkehr	1573
7. Nationalitätszeichen im internationalen Kraftfahrzeugverkehr	1581
8. Bußgeldkatalog-Verordnung – BKatV	1583
9. StVG, §§ 31 bis 63 (Fahrzeugregister, Fahrerlaubnisregister)	1623
10. Leichtmofa-Ausnahmeverordnung	1641
11. Bundes-Immissionsschutzgesetz	1645
12. Verordnung über die freiwillige Fortbildung von Inhabern der Fahrerlaubnis auf Probe und zur Änderung der Gebührenordnung für Maßnahmen im Straßenverkehr	1647
Sachverzeichnis	1651

Abkürzungen

AA (aA)	anderer Ansicht
AAK	Atemalkoholkonzentration
AB	Autobahn
ABE	Allgemeine Betriebserlaubnis
ABl	Amtsblatt
abl	ablehnend
ABV	Automatischer Blockierverhinderer
abw	abweichend
AcP	Archiv für civilistische Praxis
ADR	Europäisches Übereinkommen über die internationale Beförderung gefährlicher Güter auf der Straße
aF	alte(r) Fassung
AG	Amtsgericht
AG-VerkRecht-F	Festschrift der Arbeitsgemeinschaft Verkehrsrecht des Deutschen Anwaltvereins, 2004
AKB	Allgemeine Bedingungen für die Kraftfahrtversicherung, Musterbedingungen 1996
ÄndVO	Änderungsverordnung
ÄndVStVR	Verordnung zur Änderung straßenverkehrsrechtlicher Vorschriften
ÄndVStVZO	Verordnung zur Änderung der StVZO
Anl	Anlage
Anm	Anmerkung
AnwBl	Anwaltsblatt (Jahr und Seite)
AO	Abgabenordnung
ArbG	Arbeitsgericht
Art	Artikel
arzt + auto	arzt + auto, Organ des Kraftfahrzeugverbandes Deutscher Ärzte (Jahrgang, Heft und Seite)
ÄrzteBl	Deutsches Ärzteblatt (Jahr und Seite)
AU	Abgasuntersuchung
Aufl.	Auflage
AusfVO	Ausführungsverordnung
AV	Ausführungsvorschrift, Allgemeine Verwaltungsvorschrift
B	Behörde
Ba	Bamberg, OLG Bamberg
BA	Blutalkohol, Zeitschrift des Bundes gegen Alkohol im StrV, Jahrgang u. Seite
BA-Festschrift	Festschrift zum 25 jährigen Bestehen des Bundes gegen Alkohol im Straßenverkehr e.V. – Landessektion Berlin, 1982
BAG	Bundesarbeitsgericht
BAK	Blutalkoholkonzentration (in ‰)
BAnz	Bundesanzeiger
BÄO.	Bundesärzteordnung
BASt	Unfall- und Sicherheitsforschung Straßenverkehr, Schriftenreihe der Bundesanstalt für Straßenwesen (Heft und Seite)
Bay	Bayerisches Oberstes Landesgericht
BaySt	Entscheidungen des Bayerischen Obersten Landesgerichts in Strafsachen (alte Folge: Band und Seite; ab 1951, neue Folge: Jahr und Seite)

Abkürzungen

BayStrWG	Bayerisches Straßen- und Wegegesetz
BayVBl	Bayerische Verwaltungsblätter (Jahr und Seite)
BayVerfGH	Bayerischer Verfassungsgerichtshof
BB	Der Betriebs-Berater (Jahr und Seite)
BE	Betriebserlaubnis
Beck	Kinder, Jugendliche und Straßenverkehr, 1982
Beck/Berr	OWi-Sachen im Straßenverkehrsrecht, 4. Aufl., 2003
Beck/Löhle	Fehlerquellen bei polizeilichen Meßverfahren, 7. Aufl., 2002
Begr	Begründung
Beitr gerichtl Med	Beiträge zur gerichtlichen Medizin (Band und Seite)
Berr	Wohnmobil und Wohnanhänger, 1985
Berr/H/Schäpe	Das Recht des ruhenden Verkehrs, 2. Aufl. 2005
Betr	Der Betrieb, Wochenschrift für Betriebswirtschaft, Steuerrecht, Wirtschaftsrecht, Arbeitsrecht
BFernStrG	Bundesfernstraßengesetz
BFH	Bundesfinanzhof
BG	Betriebsgefahr
BGA	Bundesgesundheitsamt
BGA-G	Gutachten des BGA (erstes 1966, zweites 1977), Seite
BGA-G „Atemalkohol"	Schoknecht und Mitarbeiter, Gutachten zur Prüfung der Beweissicherheit der Atemalkoholanalyse, 1991, hrsg. vom Bundesgesundheitsamt („SozEp-Hefte")
BGB	Bürgerliches Gesetzbuch
BGBl	Bundesgesetzblatt
BGH	Bundesgerichtshof
BGH-F	Festschrift aus Anlaß des 50jährigen Bestehens von BGH, Bundesanwaltschaft und Rechtsanwaltschaft beim BGH, 2000
BGHSt	Entscheidungen des Bundesgerichtshofs in Strafsachen
BGHZ	Entscheidungen des Bundesgerichtshofs in Zivilsachen
BGS	Bundesgrenzschutz
BImSchG	Bundes-Immissionsschutzgesetz
BImSchV	VO zur Durchführung des BImSchG
Bl	Blatt
BMV	Bundesministerium für Verkehr, Bau- und Wohnungswesen, Bundesminister für Verkehr
Bockelmann/Volk AT	Strafrecht, Allgemeiner Teil, 4. Aufl., 1987
Bode	Der neue EU-Führerschein, 1998
Bode/Winkler	Fahrerlaubnis, 4. Aufl., 2003
BOKraft	VO über den Betrieb von Kraftunternehmen im Personenverkehr
BOStrab	VO über den Bau und Betrieb der Straßenbahnen
Bouska/Laeverenz	Fahrerlaubnisrecht, 3. Aufl, 2004
BR	Bundesrat
Br	Bremen, OLG Bremen
Bra	Braunschweig, OLG Braunschweig
BReg	Bundesregierung
BRep	Bundesrepublik Deutschland
Bringewat	Die Bildung der Gesamtstrafe, 1987
Brn	Brandenburg, OLG Brandenburg
Bruns	Strafzumessungsrecht, 2. Aufl., 1974
BSG	Bundessozialgericht
BT	Bundestag
BtMG	Betäubungsmittelgesetz
Buchholz	Sammel- und Nachschlagwerk der Rechtsprechung des Bundesverwaltungsgerichts

Abkürzungen

Buschbell	Münchner Anwaltshandbuch Straßenverkehrsrecht, 2001
BVerfG(E)	Bundesverfassungsgericht (Entscheidungen des)
BVG(E)	Bundesverwaltungsgericht (Entscheidungen des)
BW	Bundeswehr
B/W	Baden-Württemberg
BZR	Bundeszentralregister
BZRG	Bundeszentralregistergesetz
bzw	beziehungsweise
Ce	Celle, OLG Celle
CEMT	Europäische Konferenz der Verkehrsminister
Cramer	Straßenverkehrsrecht (StVO, StGB), 2. Aufl., 1977
DA	Dienstanweisung
DAR	Deutsches Autorecht (s auch RdK)
DDR	Deutsche Demokratische Republik
Denkschrift „Atemalkoholprobe"	Denkschrift der Deutschen Gesellschaft für Rechtsmedizin zur Frage der Einführung einer „Beweissicheren Atemalkoholprobe", BA 1992 S. 108
DJ	Deutsche Justiz
DMW	Deutsche Medizinische Wochenschrift
DNP	Die Neue Polizei (Jahr und Seite)
DÖV	Die Öffentliche Verwaltung (Jahr und Seite)
Dr	Dresden, OLG Dresden
DRiZ	Deutsche Richter-Zeitung
Drucks	Drucksache
DtZ	Deutsch-Deutsche Rechts-Zeitschrift (Jahr und Seite)
Dü	Düsseldorf, OLG Düsseldorf
DVBl	Deutsches Verwaltungsblatt
DVFahrlG	Durchführungsverordnung zum Fahrlehrergesetz
DVW	Deutsche Verkehrswacht, Die Landesverkehrswacht (Jahr und Seite)
E	Einleitung (mit Randziffer)
EBE	Eildienst: Bundesgerichtliche Entscheidungen (Jahr und Seite)
EBO	Eisenbahnbau- und Betriebsordnung
EdF	Entziehung der Fahrerlaubnis
EFZG	Entgeltfortzahlungsgesetz
EG	Einführungsgesetz, Europäische Gemeinschaften
2. EG-FSRichtlinie	Zweite EG-Führerscheinrichtlinie (Richtlinie des Rates vom 29. 7. 1991, 91/439/EWG)
EGStGB	Einführungsgesetz zum Strafgesetzbuch
EG-TypV	VO über die EG-Typgenehmigung für Fahrzeuge und Fahrzeugteile
EGV	EG-Vertrag
Einigungsvertrag	Vertrag zwischen der Bundesrepublik Deutschland und der Deutschen Demokratischen Republik über die Herstellung der Einheit Deutschlands vom 31. 8. 1990 (BGBl II S 889)
Eisenberg	Jugendgerichtsgesetz, 10. Aufl., 2004
EKrG	Gesetz über Kreuzungen von Eisenbahnen und Straßen
Engelstädter	Der Begriff des Unfallbeteiligten in § 142 Abs. 4 StGB, Diss., Frankfurt/Main, 1997
EU	Europäische Union
EuGH	Gerichtshof der Europäischen Gemeinschaften
EuGHE	Entscheidungen des Gerichtshofes der Europäischen Gemeinschaften

Abkürzungen

EWG	Europäische Wirtschaftsgemeinschaft
EWGV	Vertrag über die Europäische Wirtschaftsgemeinschaft
EWR	Europäischer Wirtschaftsraum
F	Festschrift
-F	-Fahrer, -Führer
f, ff	folgende
-f	-fahrer, -führer
FAG	Gesetz über Fernmeldeanlagen
Fahrl	Der Fahrlehrer, Braunschweig (ab 1. 1. 71: Der Verkehrslehrer)
FahrlAusbO	Fahrlehrer-Ausbildungsordnung
FahrlG	Fahrlehrergesetz
FahrlPrüfO	Prüfungsordnung für Fahrlehrer
FahrschAusbO	Fahrschüler-Ausbildungsordnung
FE	Fahrerlaubnis
FEB	Fahrerlaubnisbehörde
FEKl	Fahrerlaubnisklasse
FmH	Fahrrad mit Hilfsmotor (Mofa 25, Kleinkraftrad = Moped, Mokick)
Fn	Fußnote
Forensia	Interdisziplinäre Zeitschrift für Psychiatrie, Psychologie, Kriminologie und Recht (Jahr und Seite)
FPersG	Fahrpersonalgesetz
FPersVO	Fahrpersonalverordnung
Fra	Frankfurt(Main), OLG Frankfurt
Fra/O	Frankfurt (Oder)
FreistellungsVO	Verordnung über die Freistellung bestimmter Beförderungsfälle von den Vorschriften des Personenbeförderungsgesetzes (BGBl I 1962 S 601, 1967 S 602)
FRV	Fahrzeugregisterverordnung
FRZ	Zeitschrift für Familienrecht
FS(e)	Führerschein(e)
FV	Fahrverbot
Fz(e)	Fahrzeug(e)
FzF	Fahrzeugführer
FzTV	Fahrzeugteileverordnung
G	Gesetz
GA	Goltdammer's Archiv für Strafrecht (Jahr und Seite)
GebO	Gebührenordnung
GebOStr	Gebührenordnung für Maßnahmen im Straßenverkehr
Gehrmann/ Undeutsch	Ludwig Gehrmann und Udo Undeutsch, Das Gutachten der MPU und Kraftfahreignung, München 1995
Geigel	Der Haftpflichtprozeß, 24. Aufl., 2004 (Kapitel und Rz)
gem	gemäß
GewA	Gewerbearchiv, Alfeld, Jahrg. u Seite
GG	Grundgesetz für die Bundesrepublik Deutschland
GGBefG	Gefahrgutbeförderungsgesetz
ggf	gegebenenfalls
GKG	Gerichtskostengesetz
GoA	Geschäftsführung (Geschäftsführer) ohne Auftrag
Göhler	Ordnungswidrigkeitengesetz, 13. Aufl., 2002
Greger	StVG, Haftungsrecht des Straßenverkehrs, 3. Aufl., 1997
GrZS	Großer Senat für Zivilsachen
GVBl, GVOBl	Gesetz- und Verordnungsblatt
GVG	Gerichtsverfassungsgesetz

Abkürzungen

H	Heft
Ha	Hamm, OLG Hamm
HAK	Harnalkoholkonzentration
Hb	Hamburg, OLG Hamburg
Heidelberg-F	Richterliche Rechtsfortbildung, Festschrift der Juristischen Fakultät zur 600-Jahr-Feier der Ruprecht-Karls-Universität Heidelberg, 1986
Heiler/Jagow.	Führerschein, 4. Aufl. 1999
Hentschel, Trunkenheit	Trunkenheit, Fahrerlaubnisentziehung, Fahrverbot, 9. Aufl., 2003
HGB	Handelsgesetzbuch
Himmelreich/ Bücken	Verkehrsunfallflucht, 3. Aufl., 2000
Himmelreich/ Halm/Bücken	Kfz-Schadensregulierung, Loseblattkommentar, Stand März 2004
Himmelreich/ Hentschel	Fahrverbot-Führerscheinentzug, Bd. II, 7. Aufl. 1992
Himmelreich/ Janker	MPU-Begutachtung, Leitfaden, 2. Aufl., 1999
hM	herrschende Meinung
hrsg.	herausgegeben
HU	Hauptuntersuchung
Huber	Das neue Schadensersatzrecht, 2003
idF	in der Fassung
idR	in der Regel
IntAbk	Internationales Abkommen über Kraftfahrzeugverkehr (1926)
IntVO	VO über internationalen Kraftfahrzeugverkehr (1934/1940)
IPR	Internationales Privatrecht
iS	im Sinne
Jagow	Straßenverkehrs-Zulassungs-Ordnung, Loseblattkommentar, Stand Januar 2004
Janiszewski	Verkehrsstrafrecht, 5. Aufl., 2004
Janiszewski/ Buddendiek	Verwarnungs- und Bußgeldkatalog, 9. Aufl. 2004
Jan/Jag/Bur	Janiszewski/Jagow/Burmann, Straßenverkehrsrecht, 18. Aufl., 2004
JbVerkR	Himmelreich (Hrsg.), Jahrbuch Verkehrsrecht (Jahr und Seite)
Jescheck/Weigend	Lehrbuch des Strafrechts, AT, 5. Aufl., 1996
JGG	Jugendgerichtsgesetz
JMBlNRW	Justizministerblatt für Nordrhein-Westfalen
Jn	Jena, OLG Jena, Thüringer OLG
JR	Juristische Rundschau
JurA	Juristische Analysen, hgg. Von Cramer u. a., Jahrg. und Seite
Jura	Juristische Ausbildung (Jahr und Seite)
JurBüro	Das Juristische Büro (Jahr und Spalte)
Jurist	Der Jurist (Jahr und Seite)
JuS	Juristische Schulung
Justiz	Die Justiz, Amtsblatt des Justizministeriums Baden-Württemberg, Jahr und Seite
JW	Juristische Wochenschrift (Jahr und Seite)
JZ	Juristenzeitung
Ka	Kassel
Kap	Kapitel

Abkürzungen

Kar	Karlsruhe, OLG Karlsruhe
KBA	Kraftfahrt-Bundesamt
Kf	Kraftfahrer
KFG	Gesetz über Kraftfahrzeuge
KfSachvG	Gesetz über amtlich anerkannte Sachverständige und amtlich anerkannte Prüfer für den Kraftfahrzeugverkehr
Kfz(e)	Kraftfahrzeug(e)
KfzF	Kraftfahrzeugführer
KfzPflVV	Kraftfahrzeug-Pflichtversicherungsverordnung
KG	Kammergericht
km/h	Kilometer in der Stunde
Ko	Koblenz, OLG Koblenz
Kö	Köln, OLG Köln
Kodal/Krämer	Straßenrecht, 6. Aufl., 1999
Kom	Kraftomnibus
Krad	Kraftrad
Krad-EG-TypV	Verordnung über die EG-Typgenehmigung für zweirädrige oder dreirädrige Kraftfahrzeuge
KraftStDV	Kraftfahrzeugsteuer-Durchführungsverordnung
KraftStG	Kraftfahrzeugsteuergesetz
KreisG	Kreisgericht
Krim	Kriminalistik (Jahr und Seite)
krit	kritisch
Kulemeier	Fahrverbot (§ 44 StGB) und Entzug der Fahrerlaubnis (§§ 69 ff. StGB), Lübeck 1991
Küppersbusch	Ersatzansprüche bei Personenschaden, 8. Aufl., 2004
k + v	Kraftfahrt und Verkehrsrecht, Zeitschrift der Akademie für Verkehrswissenschaft, Hamburg (Jahr und Seite)
KVR	Kraftverkehrsrecht von A bis Z, Loseblatt-Handlexikon, hgg. von Dr. Werner Weigelt
Lackner/Kühl	Strafgesetzbuch, 25. Aufl., 2004
LAG	Landesarbeitsgericht
Leibholz/Rinck/ Hesselberger	Grundgesetz, Loseblattkommentar, Stand Aug. 2003
LG	Landgericht
LichtZ	Lichtzeichen
Lit	Literatur
LK	Leipziger Kommentar, 11. Aufl. 1992 ff.
Lkw	Lastkraftwagen
Löwe-Rosenberg	Strafprozeßordnung, 25. Aufl., 1997 ff.
LPartG	Lebenspartnerschaftsgesetz
Ls	Leitsatz
LSG	Landessozialgericht
Lütkes/Ferner/ Kramer	Straßenverkehr, Loseblatt-Kommentar, Stand Juni 2004
LZA	Lichtzeichenanlage
Mgd	Magdeburg, OLG Magdeburg
Magdowski	Die Verkehrunfallflucht in der Strafrechtsreform, 1979
MaßnG	Gesetz über Maßnahmen auf dem Gebiete des Verkehrsrechts und Verkehrshaftpflichtrechts
MaßnVO	Verordnung über Maßnahmen im Straßenverkehr
Maunz/Dürig/ Herzog	Grundgesetz, Loseblatt-Kommentar, Stand Feb. 2004
MDR	Monatsschrift für deutsches Recht

Meyer-Gedächtnis-schrift	Gedächtnisschrift für Karlheinz Meyer, 1990
Meyer-Goßner	Strafprozeßordnung, 47. Aufl., 2004
MinBl	Ministerialblatt
Mofa	s FmH
Moped	Fahrrad mit Hilfsmotor
MPU	Medizinisch-psychologische Untersuchung (Untersuchungsstelle)
MRK	Konvention zum Schutz der Menschenrechte u. Grundfreiheiten
Mü	München, OLG München
Mühlhaus/Janiszewski[15]	Straßenverkehrsordnung, 15. Aufl., 1998
Nau	Naumburg, OLG Naumburg
Nds, nds	Niedersachsen, niedersächsisch
Neust	Neustadt, OLG Neustadt
nF	neue(r) Fassung
NJW	Neue Juristische Wochenschrift
NJWE-VHR	NJW-Entscheidungsdienst, Versicherungs-/Haftungsrecht (Jahr und Seite)
NJW-RR	NJW-Rechtsprechungs-Report Zivilrecht (Jahr und Seite)
Nr	Nummer
NRpfl	Niedersächsische Rechtspflege
NRW	Nordrhein-Westfalen
NStZ	Neue Zeitschrift für Strafrecht (Jahr und Seite)
NTS-AG	Gesetz zum NATO-Truppenstatut und zu den Zusatzvereinbarungen
Nü	Nürnberg, OLG Nürnberg
NVersZ	Neue Zeitschrift für Versicherung und Recht (Jahr und Seite)
NVwZ	Neue Zeitschrift für Verwaltungsrecht (Jahr und Seite)
NVwZ-RR	Rechtsprechungsreport Verwaltungsrecht (Jahr und Seite)
NZV	Neue Zeitschrift für Verkehrsrecht (Jahr und Seite)
Ol	Oldenburg, OLG Oldenburg
OLGSt	Entscheidungen der Oberlandesgerichte zum Straf- und Strafverfahrensrecht (Paragraph und Seite)
OVG	Oberverwaltungsgericht
ow	ordnungswidrig
OW(en)	Ordnungswidrigkeit(en)
OWiG	Gesetz über Ordnungswidrigkeiten
Palandt	Bürgerliches Gesetzbuch, 63. Aufl., 2004
PBefG	Personenbeförderungsgesetz
PflVersAusl	Gesetz über die Haftpflichtversicherung für ausländische Kraftfahrzeuge und Kraftfahrzeuganhänger
PflVG	Pflichtversicherungsgesetz
Pkw	Personenkraftwagen
Pol	Polizei
PolB	Polizeibeamter, Polizeibehörde
Polizei	Die Polizei (Zeitschrift, Jahr und Seite)
PostG	Gesetz über das Postwesen
ProdHaftG	Produkthaftungsgesetz
Prölss/Martin	Versicherungsvertragsgesetz, 27. Aufl., 2004
PTV	Polizei, Technik, Verkehr, Mainz, Jahrgang und Seite
PVT	Polizei, Verkehr + Technik (Jahr und Seite)
RdK	Recht des Kraftfahrers (Jahrg. 1951/52 vereinigt mit DAR, 1953–1955 wieder selbständig)

Abkürzungen

Rebmann/Uhlig	Bundeszentralregistergesetz, 1985
Rediger	Rechtlichte Probleme der sogenannten Halterhaftung nach § 25 a StVG, Diss., Bochum 1993
RG	Reichsgericht
RGBl	Reichsgesetzblatt
RGSt	Entscheidungen des Reichsgerichts in Strafsachen
RGZ	Entscheidungen des Reichsgerichts in Zivilsachen
Richtlinien	Straßenverkehrs-Richtlinien, Beck-Loseblatt-Textsammlung
RichtZ	Richtzeichen
Riemenschneider	Fahrunsicherheit oder Blutalkoholgehalt als Merkmal der Trunkenheitsdelikte, Berlin 2000
Rn	Randnummer (der VwV-StVO)
Ro	Rostock, OLG Rostock
Rpfleger	Der deutsche Rechtspfleger (Jahr und Seite)
r + s	recht und schaden (Jahr und Seite)
Rspr	Rechtssprechung
Rüth/Berr/Berz	Straßenverkehrsrecht, 2. Aufl., 1987
RVO	Rechtsverordnung
Rz	Randziffer
S, s	Seite, siehe, Sekunde
Sa	Saarbrücken, OLG Saarbrücken
Sa-Anh	Sachsen-Anhalt
Sanden/Völtz	Sachschadensrecht des Kraftverkehrs, 7. Aufl., 2000
Schl	Schleswig, OLG Schleswig
SchlHA	Schleswig-Holsteinische Anzeigen
Schlüchter-Gedächtnisschrift	Gedächtnisschrift für Ellen Schlüchter, 2002
Sch/Sch	Schönke/Schröder, Strafgesetzbuch, 26. Aufl., 2001
SG	Soldatengesetz
SGB	Sozialgesetzbuch
SK	Systematischer Kommentar zum StGB, Stand Apr. 2003
SkAufG	Streitkräfteaufenthaltsgesetz
SOG	Gesetz über die öffentliche Sicherheit und Ordnung
sog	sogenannt
StA	Staatsanwalt(schaft)
StÄG	Strafrechtsänderungsgesetz
Staudinger	Kommentar zum BGB, Neubearbeitung, 2004
StGB	Strafgesetzbuch
Stiefel/Hofmann	Kraftfahrtversicherung, 17. Aufl., 2000
StPO	Strafprozeßordnung
Str	Straße(n)
str	strittig
Straba	Straßenbahn
StrBauB	Straßenbaubehörde
StrEG	Gesetz über die Entschädigung für Strafverfolgungsmaßnahmen
StrRG	Gesetz zur Reform des Strafrechts
StrReinG	Straßenreinigungsgesetz
StrSen	Strafsenat
StrV	Straßenverkehr
StrVB	Straßenverkehrsbehörde
StrVerkSiV	Verordnung zur Sicherstellung des Straßenverkehrs
StV	Strafverteidiger, Zeitschrift, Jahr und Seite
StVollstrO	Strafvollstreckungsordnung
StVRL	Straßenverkehrsrichtlinien, Textsammlung (Beck)
StrWG	Straßen- und Wegegesetz

Abkürzungen

Stu	Stuttgart, OLG Stuttgart
StUnfStatG	Gesetz zur Durchführung einer Straßenverkehrsunfallstatistik
StVE	Cramer/Berz/Gontard, Straßenverkehrs-Entscheidungen (Nummern ohne Paragraphenangabe beziehen sich auf die erläuterte Vorschrift)
StVG	Straßenverkehrsgesetz
StVO	Straßenverkehrs-Ordnung
StVOAusnV	Verordnung über Ausnahmen von den Vorschriften der Straßenverkehrs-Ordnung
StVZAusnV	Verordnung über Ausnahmen von der Straßenverkehrs-Zulassungs-Ordnung
StVZO	Straßenverkehrs-Zulassungs-Ordnung
SVR	Straßenverkehrsrecht (Zeitschrift, Jahr und Seite)
SVTr	Sozialversicherungsträger
SzB	Strafaussetzung zur Bewährung
Tacho	Fahrgeschwindigkeitsmesser
TE	Tateinheit
TechKontrollV	Verordnung über technische Kontrollen von Nutzfahrzeugen auf der Straße
Thür/thür	Thüringen, thüringisch
TKG	Telekommunikationsgesetz
TM	Tatmehrheit
Tröndle/Fischer	Strafgesetzbuch, 52. Aufl., 2004
Tüb	Tübingen, OLG Tübingen
ua	und andere, unter anderem
ÜbStrV	Übereinkommen über den Straßenverkehr, Wien 1968
UStG	Umsatzsteuergesetz
uU	unter Umständen
UVtr	Unfallversicherungsträger
UZwGBw	Gesetz über die Anwendung unmittelbaren Zwanges und die Ausübung besonderer Befugnisse durch Soldaten der Bundeswehr und zivile Wachpersonen vom 12. 8. 1965
V	Verkehr(s)
VAE	Verkehrsrechtliche Abhandlungen und Entscheidungen
VB	Verwaltungsbehörde
VBl	Verkehrsblatt, Amtsblatt des Bundesministeriums für Verkehr
VD	Verkehrsdienst, München (Jahr und Seite)
Verkehrsmedizin	Wagner ua, Verkehrsmedizin, 1984
VerkSichG	Gesetz zur Sicherung des Straßenverkehrs
Verkehrsunfall	Der Verkehrsunfall, ab 1983; Verkehrsunfall und Fahrzeugtechnik (Zeitschrift, Jahr und Seite)
VerwA	Verwaltungsarchiv (Jahr und Seite)
VG	Verwaltungsgericht
VGH	Verwaltungsgerichtshof
vgl	vergleiche
VGS	Vereinigte Große Senate
VGT	Verkehrsgerichtstag (Jahr und Seite)
VM	Verkehrsrechtliche Mitteilungen (Jahr und Seite)
VMBl	Ministerialblatt des Bundesministers der Verteidigung
VN	Versicherungsnehmer
VO	Verordnung
VOR	Zeitschrift für Verkehrs- und Ordnungswidrigkeitenrecht
VorschrZ	Vorschriftzeichen
VOW	Verkehrsordnungswidrigkeit

Abkürzungen

VP	Versicherungspraxis (Jahr und Seite)
VR	Versicherungsrecht (Jahr und Seite)
VRS	Verkehrsrechtssammlung (Band und Seite)
VT	Verkehrsteilnehmer
VU	Versicherungsunternehmen, Versicherer
VW	Versicherungswirtschaft (Jahr und Seite)
VwGO	Verwaltungsgerichtsordnung
VwRspr	Verwaltungsrechtsprechung in Deutschland (Band und Seite)
Vwv	Verwaltungsvorschrift (allgemeine)
VwV VZR	Allgemeine Verwaltungsvorschrift zur Datenübermittlung mit dem Verkehrszentralregister (BAnz 2000, 17269)
VwVfG	Verwaltungsverfahrensgesetz
VwVG	Verwaltungsvollstreckungsgesetz
VZ, Z	Verkehrszeichen
VzKat	Katalog der Verkehrszeichen (BAnz 1992 Nr. 66a)
VZR	Verkehrszentralregister
Z, VZ	Verkehrszeichen
ZA	Zusatzabkommen
ZAP	Zeitschrift für die Anwaltspraxis (zitiert nach Fach und Seite)
ZblVerkMed	Zentralblatt für Verkehrs-Medizin, Verkehrs-Psychologie, Luft- und Raumfahrt-Medizin (Jahr und Seite)
zB	zum Beispiel
ZBlVM	Zentralblatt für Verkehrsmedizin
ZfV	Zeitschrift für Versicherungswesen
ZfVR	Zeitschrift für Verkehrsrecht, Wien
ZfS	Zeitschrift für Schadensrecht (Jahr und Seite)
Zgm	Zugmaschine
ZPO	Zivilprozeßordnung
ZRP	Zeitschrift für Rechtspolitik
ZS	Zivilsenat
ZStW	Zeitschrift für die gesamte Strafrechtswissenschaft (Jahr und Seite)
ZulB	Zulassungsbehörde
zusf	zusammenfassend
zutr	zutreffend
zust	zustimmend
ZVM	Zentralblatt für Verkehrsmedizin (Jahr und Seite)
ZVS	Zeitschrift für Verkehrsicherheit, Frankfurt
zw	zweifelnd, zweifelhaft
Zw	Zweibrücken, OLG Zweibrücken

Einleitung (E)

Übersicht

I. Rechtsquellen. 1. Bundesrecht. 2. Grundrechte. Verhältnismäßigkeitsgrundsatz. 3. StraßenverkehrsG. 4. Ermächtigungen. 5. Verkündung der RVOen. 6. Straßenverkehrsordnung. 7. Ihre Verbindlichkeit. 8. Literatur. 9. Straßenverkehrs-Zulassungs-Ordnung. 10. Ergänzende Vorschriften. 11. Weitere VOen gemäß § 6 StVG. 12. OWiG 1968. 13. Straftatbestände des StGB und StVG. 14. Weitere Rechtsquellen. 15. Überstaatliches Recht. 16. Transposition zwischenstaatlicher Abkommen. 17. Rechtsvereinheitlichung. 18. Truppenstatut. 19. Geltung im Land Berlin. 20. 21. Gewohnheitsrecht. 22. Verkehrsübung.
II. Örtliche Geltung. 23. Inlandsverkehr. 24. Schutzbereich. 25. Zivilrecht. 26. Verwaltungsrecht. EWGV. 27. Ausländische FEe. 28. Exterritoriale. 29. Natotruppen. 30. Strafrecht. Gebietsgrundsatz. 31. Ehemalige DDR. 32. VerkehrsOWen. 33. 34. Ausländer. Verfahrenssicherung.
III. Zeitliche Geltung. 35. Inkrafttreten. 36. Rückwirkung im Zivilrecht. 37/38. Rückwirkungsverbot im Straf- und OWiRecht. 39. Einfluß der Tatzeit. 40–42. Rechtsänderung während Tatbegehung oder vor Ahndung. 43. Zeitgesetze. 44. Nebenfolgen. 45. Maßregeln der Besserung und Sicherung.
IV. 46. 47. **Bundesrecht und Landesrecht.** 48. Innerbetriebliche Vorschriften.
V. 49. **Straßenverkehrs- und Straßenrecht.** 50. Gemeingebrauch. 51. Sondernutzung.
VI. 52. **Sonderrechte.** Grundsatz. Einzelregelungen.
VII. 53. **Sachliche Zuständigkeit.** Straßenverkehrs- und Baubehörden. Übergeordnete Landesbehörden. Polizei. Bahnunternehmen. Baulastträger. Erlaubnisse und Ausnahmegenehmigungen. Ministerielle Sonderzuständigkeiten.
VIII. 54. **Örtliche Zuständigkeit.** 55. 56. Verwaltungshandeln.
IX. Auslegung. 57. 58. Gegenstand. 59. Methoden. 60–62. Analogie. 63. Freie Rechtsfindung.
X. 65. **Sanktionen.** 66. Halter-Gefährdungshaftung. 67. Deliktische Haftung. 68. Ordnungswidrigkeiten. 69. Abgrenzung zur Straftat. 70. 71. Begriff. 72. Opportunitätsgrundsatz. 73. Verwarnung. 74. Bußgeld. 75. Subsidiarität. 76. Strafrecht.
XI. Tatbestand. 77. Schutzgegenstand. Begriff. 78. Garantiefunktion. 79. Blankettgesetz. 80. Indiz für Rechtswidrigkeit. 81. Sozialadäquanz. 82. Tatbestandstypen.
XII. Handlung. 83. Begriff. 84. 85. Erkennungs- und Verhaltensautomatismen. 86. Zwang. Bewußtlosigkeit. Reflex. Schreckreaktion. Kurzschlußhandlung.
XIII. Unterlassung. 87. Grundzüge. 88. Rechtspflicht zum Handeln. 89. Garant. 90. Gefährdendes Vorverhalten.
XIV. Täterschaft und Teilnahme. 91. Grundzüge. 92. Handeln für einen anderen. 93. Einheitstäter. 94. Beteiligung. 95. Besondere persönliche Merkmale. 96. Erfolglose Beteiligung. 96 a. „Kennzeichenanzeige".
XV. Ursächlichkeit. 97. Die juristischen Kausallehren. 98. Bedingungslehre. 99. Unterlassen. 100. Fahrlässigkeit. 101. Zeitpunkt der Ursächlichkeitsprüfung. Mehrere Ursachen. 102. Fälle von Nichtursächlichkeit. 103. Abgebrochene Kausallehre. 104. Adäquanzlehre. 105. Haftungsbegründende Ursächlichkeit. Haftungsausfüllende Kausalität. 106. 107. Gewerteter Rechtswidrigkeitszusammenhang als Korrektiv. 108. Unterlassen 109. Mehrere Ursachen. 110. Abgebrochener Kausalverlauf. 111. „Überholende" Kausalität.
XVI. Rechtswidrigkeit. Rechtfertigungsgründe. 112. Rechtswidrigkeit. 113. 114. Notwehr. 115. Sachwehr. 116. Angriffsnotstand. 117. 118. Rechtfertigender Notstand. 119. Rechtfertigende Pflichtenkollision. 120. Sozialadäquanz. 121. Erlaubtes Risiko. 122. Verkehrsrichtiges, formal normwidriges Verhalte. 123. § 11 StVO. Besondere Verkehrslagen. 124. Praktische Verkehrsstile. 125. Einwilligung. 126. Mutmaßliche Einwilligung. 127. Sonderrechte. 127 a. Befehl. 128. Erlaubnis.
XVII. Verantwortlichkeit. Entschuldigungsgründe. 129. Verantwortlichkeit. 130. Sinnesleistung als Grenze. 131. Reflexbewegungen und -vorgänge. 132. Plötzlicher Leistungsabfall oder -abbruch. 133. Vorsatz. Bedingter Vorsatz. 134. Gesamtvorsatz. 135. Fahrlässigkeit. 136. Sozialadäquate Gefährdung. Vertrauensgrundsatz. 137. Voraussehbarkeit. 138. 139. Fahrlässigkeitsmaßstäbe. 140. Einzelheiten hierzu. 141. Fahrfähigkeit. 141 a. Bedeutung der Fahrerlaubnis. Neuling.

Einleitung

142. Regelkenntnis. 143. Bedienungsfehler. 144. Fehlreaktion. 145. Eigene Regelverstöße. 146. Einweiser, Helfer. Zurückstehen aus Rücksicht. 147. Reichweite der Verantwortlichkeit als Kausalitätsproblem. 148. Fremde Mitschuld. Objektive Gefahren. 149. Grobe Fahrlässigkeit. Leichtfertigkeit. 150. Äußerste Sorgfalt. 150 a. Natürliche Handlungseinheit. 151. Entschuldigungsgründe. 151 a. Schuldunfähigkeit. 151 b. Vorverlegte Verantwortlichkeit. 152. Entschuldigender Notstand. 153. Schuldausschließende Pflichtenkollision. 154. Handeln auf Befehl. 155. Irrtum. 156. 157. Irrtum und Vorschriftenwechsel.

XVIII. 157 a. **Anscheinsbeweis.**

XIX. Verkehrsunfälle. Unfallstatistik. 158. Unfallverhütung. 159. Verkehrsunfallstatistik. Mängel. 160. Zur Erforschung der Unfallursachen.

1   **I. Rechtsquellen.** Das **Straßenverkehrsrecht** ist Ordnungsrecht, BVG NZV **98** 427, BGHSt **47** 181 = NZV **02** 193, *Manssen* DÖV **01** 158, es will den Gefahren, Behinderungen und Belästigungen von VT und Dritten durch den Verkehr entgegenwirken und optimalen Ablauf gewährleisten, BVerfG NJW **76** 559, BVG DAR **99** 471, BGH NJW **04** 356, NZV **02** 193, BGHSt **47** 252 = NZV **02** 376, *Dannecker* DVBl **99** 144. Es hat sich jedoch über die ordnungsrechtliche Funktion hinaus, insbesondere durch die in den letzten Jahren wiederholt erfolgte Erweiterung der Befugnisse der StrVB in § 45 StVO, mehr und mehr auch zu einer Rechtsgrundlage für VPlanung entwickelt, krit zu dieser Entwicklung *Manssen* DÖV **01** 151. Es ist Bundesrecht. Nach Art 74 Nr 22 GG erstreckt sich die konkurrierende Bundesgesetzgebung auf den StrV, BVerfG NJW **76** 559 (= Benutzung der öffentlichen Straßen zu VZwecken) und das Kraftfahrwesen (= die von der Herstellung bis zur Benutzung von Fzen entstehenden Rechts- und Wirtschaftsfragen, *Maunz/Dürig/Herzog* Art 74 GG Rz 240) einschließlich der Normen zur Abwehr äußerer Gefahren für den StrV und die VWege (BVerfG NJW **76** 559). Sachlich besteht das StrVR aus Verwaltungs-, Zivil-, Polizei-, Ordnungswidrigkeiten-, Straf- und übernationalem Recht. Das StrVR setzt das **Straßenrecht** voraus; bei beiden handelt es sich um selbständige Rechtsmaterien mit unterschiedlichen Regelungszwecken, BGHSt **47** 181 = NZV **02** 193. Näher: Rz 49. Zur Einführung eines „Straßenverkehrsplanungsrechts" de lege ferenda neben dem StrVR (als Ordnungsrecht), s *Ph. Boos* NZV **01** 497.

2   Die **Grundrechte** (Art 2, 3, 12, 14 GG) und der aus dem Rechtsstaatsprinzip entwickelte, strikt zu wahrende (BVerfG NJW **76** 559), verfassungskräftige **Grundsatz der Verhältnismäßigkeit (Übermaßverbot)** setzen allem einschlägigen Bundesrecht Schranken, BVerfGE **10** 117, OVG Münster VM **75** 11, *Maunz/Dürig/Herzog* Art 20 Kap VII Rz 51. S zB § 3 StVG. Der Rechtsstaatsgedanke umfaßt auch das grundlegende Prinzip der Verhältnismäßigkeit des Mittels, BVerfGE **10** 117, NJW **02** 2378, OVG Münster VRS **75** 384. Das Übermaßverbot greift ein, wenn der Normgeber oder die VB ein anderes, gleich wirksames, aber weniger eingreifendes Mittel (Regelung) hätte wählen können, BGH VRS **59** 401, wenn die VSicherheit oder -leichtigkeit durch weniger weitgehende Anordnungen erreicht werden kann, BVG NZV **93** 284, DAR **99** 184, OVG Lüneburg VRS **55** 311. Im Strafrecht muß die Strafe im angemessenen Verhältnis zur Tat stehen, BVerfGE **6** 439, im Strafverfahren die Maßnahme im angemessenen Verhältnis zum Tatvorwurf, BVerfGE **17** 117. Auch verwaltungsrechtliche Eingriffe und Beschränkungen müssen im rechten Verhältnis zum geschützten öffentlichen Interesse stehen und dürfen nicht übermäßig, nicht vermeidbar belasten, BVerfGE **18** 361, **15** 234, **13** 104, **11** 42, NJW **02** 2378, zB bei bedingter Fahreignung, s OVG Berlin VM **91** 64, OVG Br VRS **58** 296. Das Übermaßverbot untersagt zB, durch FEBeschränkung zu regeln, was durch bloße Auflage geregelt werden kann, BGH VRS **55** 298, s § 23 FeV. Zum Übermaßverbot bei EdF: s OVG Br NJW **80** 2371. Je empfindlicher zB die Berufstätigkeit beeinträchtigt wird, desto stärker müssen die Interessen des Gemeinwohles sein, denen die Regelung dient, BVerfGE **26** 264. Das Prinzip bindet auch den Gesetzgeber und den VOGeber bei Ausübung gesetzlicher Ermächtigungen, BVerfGE **8** 310, **7** 407. Ihm unterliegen alle gesetzlichen Inhaltsbestimmungen, BVerfGE **14** 277, **18** 312, NJW **67** 619.

3   Das **Straßenverkehrsgesetz** (StVG) vom 19. 12. 52 (Änderungen: Tabelle), identisch mit dem KfzGesetz idF v. 19. 12. 52 (BVerfG 2 BvL 19/62), grundgesetzgemäß

(BVerfG NJW **69** 1619), regelt die Zulassung der Personen und Kfze zum öffentlichen StrV, die Verwendung fälschungssicherer Kennzeichen, die Fahrerlaubnis (Arten, Erteilung, Nachweis, Entziehung, Fahrverbot), die Rechtsfolgen des Fahrens ohne FE, des Kennzeichenmißbrauchs und des Feilbietens nicht genehmigter FzTeile, die Gebühren für Maßnahmen im StrV, die Grundlagen der VerkehrsOWen und deren Rechtsfolgen, Einrichtung und Funktion des VZR, die Haftpflicht des Halters und Fahrers bei Tötung, Körperverletzung und Sachschäden neben der allgemeinen zivilrechtlichen.

Es **ermächtigt** das BMV, unter hinreichend bestimmten Voraussetzungen (BVerfGE **7** 302, **8** 312, **10** 258, **14** 258, **15** 160, **18** 61, **22** 25) nach Maßgabe des Ermächtigungskatalogs in § 6 StVG mit Zustimmung des Bundesrates RVOen und allgemeine Verwaltungsvorschriften (Vwv) zu erlassen, vor allem zur Erhaltung der Ordnung und Sicherheit auf den öffentlichen VFlächen, um den Verkehr gegen nachteilige äußere Einwirkungen zu schützen (zB Verbot ablenkender Werbung außerorts, § 6 I Nr 3g StVG) und zum Umweltschutz gegen VEinwirkungen (zB durch § 6 I Nr 3, 5a StVG). Zum Zitiergebot (Art 80 I S 3 GG, Angabe der Ermächtigungsnorm), s *Schwarz* DÖV **02** 852. Änderungen von RVOen durch Gesetz; Rückkehr zum einheitlichen Verordnungsrang, s *Külpmann* NJW **02** 3436. 4

Allgemeine Verwaltungsvorschriften (Vwv) sind verwaltungsinterne Anweisungen, keine Rechtsnormen, Dü NZV **91** 204, VG Hb NZV **02** 288. Sie ändern oder ergänzen keine Rechtsnorm, sie geben nur Handhabungshinweise, BVG MDR **70** 533, Mü VM **77** 38, Bay VM **77** 50, Dü VM **77** 20, Hb VRS **43** 385, *Kreutzer* MDR **70** 564, und binden das behördliche Ermessen, OVG Lüneburg VBl **04** 181 (VwV-StVO), VG Berlin NZV **01** 317 (Anm *Bitter* und *Bouska*), VG Hb NZV **02** 288, 533. S Begr zur StVO II 3 und BGHSt **16** 160, **23** 108. Trotz ihrer grundsätzlich nur internen Bindung können Vwv jedoch über Art 3 I GG (Gleichheitsgrundsatz) und Art 20, 28 GG (Rechtsstaatsprinzip, Vertrauensschutz) auch rechtliche Außenwirkung zwischen Verwaltung und Bürger begründen, s BVGE **104** 222f, VG Berlin NZV **03** 53. Da das BVerfG (DAR **99** 498) an seiner früheren Auffassung, statt der BReg als Kollegium könne auch ein Ressortminister iS von Art 84 II, 85 II GG zum Erlaß von Vwv für den Vollzug von Bundesgesetzen ermächtigt werden, nicht mehr festhält, wurde § 27 StVG (alt) (Ermächtigung zum Erlaß der VerwarnVwV) durch ÄndG v 19. 3. 01 (BGBl I 386) aufgehoben; die bisherige, bis zum 31. 12. 01 gültig gewesene VerwarnVwV idF v 28. 2. 00 (BAnz **00** 3048) wurde daher auf der Grundlage des Art 84 II GG von der BReg neu erlassen (inzwischen aufgehoben durch AV v 26. 11. 01 (BAnz **01** 24505). Ihr Inhalt ist nunmehr Bestandteil der BKatV v 13. 11. 01 (BGBl I 3033). Da die VwV-StVO ebenso wie die StVO vom BMV mit Zustimmung des BR erlassen ist, läßt sie deren rechtliche Vorstellungen erkennen, Bay DAR **79** 25, Kö NZV **90** 483, und kann bei der Auslegung von StVO-Bestimmungen hilfreich sein, Stu DAR **02** 366. Vwven binden die nachgeordneten Bundes- und LandesB, OVG Lüneburg VBl **04** 181 (VwV-StVO), GewA **78** 69, VG Berlin NZV **01** 317 (VwV-StVO, Anm *Bitter*), Richtlinien (zB die Führerhausrichtlinien, s Bay VRS **46** 313) nur nach Transformation in Landesrecht. Innerbetriebliche Vorschriften, zB Dienstanweisungen: E 48. 4 a

Verkündung (BVerfGE **32** 362) der gemäß § 6 StVG ergehenden RVOen: Art 82 GG mit G über die Verkündung von RVOen vom 30. 1. 50 (Verkündung im BGBl oder im BAnz mit Hinweis im BGBl). Allgemeine Verwaltungsvorschriften (Vwv), die das BMV für den StrV, gerichtet an die VB, erläßt, sind zustimmungsbedürftig (Art 85 II GG); üblicherweise werden sie im VBl verkündet. Ausnahmen von der Zustimmungsbedürftigkeit von RVOen: § 6 III StVG. In Sonderfällen, besonders bei Katastrophen, ist Verkündung durch beliebige Medien oder in anderer Weise zulässig, sofern keine VZ aufgestellt werden können (§ 45 IV StVO). Zur Bekanntmachung gesetzlicher Neufassungen *Schroeder* NJW **75** 1870, *Nadler* NJW **76** 281. Die Ausübung der gesetzlichen Befugnis, ein Gesetz in Neufassung bekanntzumachen, ist nur deklaratorische Klarstellung und auf das geltende Recht ohne Einfluß, BVerfG 2 BvL 19/62, BayVM **71** 47. Die statische Verweisung (zB in § 35 h StVZO) auf nichtnormative private Regelungen, zB auf DIN-Normen, dürfte gültig sein, sofern a) die verweisende Norm die Regelung nach Gegenstand und Datum genau bezeichnet, b) Fundstelle oder Bezugsquelle genau nennt und c) wenn die inkorporierte Regelung durch amtliche Niederlegungen gegen 5

Einleitung

nachträgliche Inhaltsänderung geschützt ist. Zum Problem *Hömig* DÖV **79** 307, *Backherms* ZRP **78** 261, *Baden* NJW **79** 623, *Staats* ZRP **78** 59, BVerfGE **22** 346.

6   Die **Straßenverkehrsordnung** 1970 (StVO, Änderungen: Tabelle), beruhend auf der Ermächtigung in § 6 I StVG, gilt unmittelbar nur im öffentlichen VRaum, Kö VRS **50** 236, Dü DAR **83** 90, VRS **64** 300, nicht für das Verhalten auf Privatgrund, Bay VM **76** 51. Auf nichtöffentlichem Betriebsgelände gelten, als allgemein gültige Sorgfaltsregeln, die VRegeln entsprechend, s Kar VRS **56** 345, Sa VM **82** 56, Ol VR **90** 398, Kö VR **93** 589, Ha VR **96** 645, jedoch kann die allgemeine Sorgfaltspflicht je nach den Umständen Abweichung und Verständigung von Fall zu Fall erfordern, Sa VM **82** 56, Ol VR **90** 398; auch kann eine vom Eigentümer getroffene Regelung beachtlich sein, Kö VR **93** 589. Die StVO enthält die VRegeln als sachlich begrenztes Ordnungsrecht und dient der Abwehr der typischen vom StrV ausgehenden Gefahren, BGH NJW **04** 356, s Rz 1. Sie regelt abschließend (= Ausschließlichkeitsgrundsatz, BGHSt **26** 348 = NJW **76** 2138) die VZ und -einrichtungen zur VLenkung und die Zeichen und Weisungen der VPolizei. Die ergänzenden Allgemeinen Verwaltungsvorschriften (Vwv) richten sich ausschließlich an die VB (**E** 4a). Das Verbot „unnützen Hin- und Herfahrens" (§ 30) ist durch § 6 StVG über § 1 StVO hinaus schwerlich gedeckt, weil der VOGeber die VTeilnahme weder nach Nützlichkeit beurteilen noch einschränken darf. Obwohl einzelne Bestimmungen (zumindest auch) Individualinteressen schützen, ist die **StVO im Ganzen kein Gesetz zum Schutz des Vermögens**, BGH NJW **04** 356.

7   Die Verbindlichkeit der StVO richtet sich ausschließlich nach deutschem Recht, nicht nach ihrer Übereinstimmung mit ratifizierten internationalen Verträgen, denn das Vertragsvölkerrecht ist nicht Bestandteil des Bundesrechts (Art 25 GG, *Booß* DAR **73** 30). StVO-Änderung gemäß Opportunität ist deshalb an sich auch entgegen zwischenstaatlichen Abkommen ohne Ratifizierungsvorbehalt zulässig, ohne solchen Vorbehalt jedoch vertragsuntreu, *Booß* DAR **73** 29. Solche Vorbehalte sind erwünscht, um notwendige Reformen nicht unnütz zu erschweren (s **E** 17).

8   **Lit:** *Baumann,* Die Versäumnisse der neuen StVO, DAR **71** 152. *Booß,* Motive der neuen StVO, k + v **71** 95. *Derselbe,* Zur Frage der Vereinbarkeit der StVO mit den Wiener und Genfer Übereinkommen, DAR **73** 29. *Cramer,* Die neue StVO, JurA **71** 243, 353. *Harthun,* Einzelfragen zur neuen StVO, DAR **71** 177, 253. *Jagusch,* Flexibilität und Starrheit in der neuen StVO …, NJW **71** 1. *Derselbe,* Erneuerte StVO, NJW **76** 135. *Kullik,* Mehr Vorschriften – mehr Sicherheit?, PVT **83** 217. *Möhl,* Die neue StVO, DAR **71** 29, JR **71** 45. *Trüstedt,* Zur Vorgeschichte der neuen StVO, ZVS **71** 3.

9   Die **Straßenverkehrs-Zulassungs-Ordnung** (StVZO) (zuletzt bekanntgemacht: 28. 9. 1988, Änderungen: Tabelle) ist Ausführungsvorschrift zu § 6 StVG und beruht auf ihm. Sie regelt die Zulassung der Kfze, Anhänger und anderen Fze zum öffentlichen StrV (allgemeine Betriebserlaubnis), die periodische Untersuchung der Kfze und Anhänger, die Überwachung des Haftpflichtversicherungsschutzes bei den amtlich gekennzeichneten Fzen und denjenigen mit Versicherungskennzeichen, sie enthält die Bau- und Betriebsvorschriften für die StrFze und Anhänger und regelt Einzelfragen des VZR.

10   Sie wird ergänzt durch AusnahmeVOen, allgemeine Verwaltungsvorschriften (VwV), Dienstanweisungen und Richtlinien des BMV und durch EG-Recht (**E** 15, 16).

11   Die **Fahrerlaubnis-Verordnung (FeV)** enthält die bis zum 31. 12. 1999 im Abschnitt A (Personen) Bestandteil der StVZO gewesene Regelung der Zulassung von Personen (Verkehrsschwache, Recht der Fahrerlaubnis). **Weitere Verordnungen gemäß § 6 StVG** enthalten Verhaltens- oder zeitlich begrenzte Beschaffenheitsvorschriften, zB die AB-RichtgeschwindigkeitsVO 1978, die Leichtmofa-AusnahmeVO 1993, s auch die VO über internationalen KfzV (IntVO).

12   Das **OrdnungswidrigkeitenG** 1975 regelt zusammen mit den §§ 23, 24 StVG, 49 StVO, 69a StVZO die Ahndung der VerkehrsOWen. Eine solche liegt vor, wenn jemand vorsätzlich oder fahrlässig einer Vorschrift einer aufgrund des § 6 I erlassenen VO oder einer aufgrund einer solchen VO erlassenen Anordnung zuwiderhandelt, soweit die VO für einen bestimmten Tatbestand auf § 24 StVG verweist. Bei vor dem 1. 1. 69 erlassenen VOen ist Verweisung nicht erforderlich. S § 24 StVG und unten **E** 68 ff.

13   **Strafrechtlich** kommen vor allem in Betracht die §§ 44, 69–69b, 142, 145, 222, 223, 224, 226–229, 240, 248b, 303, 304, 315b–316a, 323a, 323c StGB, 21–22a StVG.

Weitere Rechtsquellen des StrVR, jedoch nicht Gegenstand des Kommentars, sind **14** zB: das PflichtversicherungsG, die Gebührenordnung für Maßnahmen im Straßenverkehr (GebOStr), das PersonenbeförderungsG, die BOen Kraft und Strab, das KraftfahrsachverständigenG, das FahrlehrerG, das FahrpersonalG, die FahrpersonalVO und das GüterkraftverkG. Zum Verhältnis der StVO zur BOStrab, s OVG Münster VRS **97** 149; soweit diese den gleichen Gegenstand rgelt, geht sie als lex specialis vor.

Überstaatliches Recht gilt im Inland teilweise unmittelbar. So gelten **Verordnun-** **15** **gen** der gem Art 249 I EGV ermächtigten Organe gem Abs II unmittelbar in jedem Mitgliedstaat, bedürfen also keiner Umsetzung in nationales Recht, so zB die auf Art 75 EGV gestützten VOen (EWG) Nr 3820/85 über Lenkzeiten und persönliche Kontrollbücher und Nr 3821/85 über Kontrollgeräte, ferner verschiedene **EG-Richtlinien,** soweit die StVZO ausdrücklich auf sie verweist (s Anh zur StVZO) sowie gewisse EWG-Bauartgenehmigungen (s § 22a VI StVZO). Im übrigen wenden sich die EG-Richtlinien an die Mitgliedstaaten, indem sie diese verbindlich zur fristgemäßen Umsetzung „*des zu erreichenden Zieles*" in nationales Recht verpflichten (Art 249 III EGV). Unmittelbare Wirkung in bezug auf den einzelnen (str, s *Brechmann*, Die richtlinienkonforme Auslegung, 1994, S 16 ff) entfalten EG-Richtlinien nur gegenüber dem Mitgliedstaat, und zwar nur, soweit nationale Rechtsvorschriften infolge nicht fristgemäßer Umsetzung mit der Richtlinie nicht in Einklang stehen, *Geiger*, EUV/EGV, 4. Aufl Art 249 Rz 15, s VGH Ma DAR **04** 606 (2. EG-FSRichtlinie), *Brechmann*, a.a.O. S 24. Ob ein Gemeinschaftsorgan ein Grundrecht verletzt hat, richtet sich allein nach Gemeinschaftsrecht, EuGH NJW **80** 505. Zur verfassungsgerichtlichen Kontrolle von Gemeinschaftsrecht BVerfG NJW **74** 2176 und *Rupp* NJW **74** 2153. Im Rahmen eines vom Gemeinschaftsrecht gelassenen Regelungsspielraums bleibt es bei der einzelstaatlichen Gesetzgebung, s KG VRS **54** 231.

Soweit in eigenes Recht übernommen, gelten zB Bestimmungen des Wiener **16** Übereinkommens über den StrV und über StrVZ vom 8. 11. 68 samt den Genfer Europäischen Zusatzabkommen vom 1. 5. 71, ferner laut RatifikationsG (VertragsG) vom 21. 9. 77 (BGBl I 809) die in dessen Art 1 II bezeichneten Teile des Übereinkommens über den StrV vom 8. 11. 68, das Genfer Protokoll über StrMarkierungen vom 1. 3. 73 (BGBl II **77** 809, 1026), ferner EG-Empfehlungen, ECE-Regelungen (s § 21a StVZO Rz 2) und EG-Richtlinien (näher *Nik. Weber*, Die Richtlinie im EWG-Vertrag, 1974), s zB die im Anhang der StVZO genannten EG-Richtlinien und ECE-Regelungen.

Die an sich erwünschte übernationale **Rechtsvereinheitlichung,** besonders der **17** VRegeln, setzt **angemessene Gleichzeitigkeit** zusammengehöriger Maßnahmen und deren Überwachung in allen Mitgliedsländern voraus, um benachteiligende Verzerrungen zu vermeiden. Dies zeigen zB massenhafte Verstöße und Unfälle von Lastfahrzeugen bestimmter Nachbarländer bei nahezu planmäßiger Nichtbeachtung des § 3 III Nr 2 StVO, der Bestimmungen über Lenk- und Ruhezeiten sowie dem § 29 StVZO entsprechender heimischer technischer Kontrollen zum Nachteil der VSicherheit und des Transportgewerbes. Zur Problematik der Verhaltens- und Ausrüstungsvorschriften im grenzüberschreitenden gewerblichen Kraftverkehr, *Trinkaus* und *Vogt,* VGT **76** 276, 283. *Booß,* Zur internationalen Vertragstreue der StVO, DAR **88** 374.

Das **Truppenstatut** gilt für die in Deutschland stationierten fremden Truppen (s § 16 **18** StVG).

Natotruppenstatut und Zusatzabkommen gelten in Berlin nicht, s Rz 29. **19**

Gewohnheitsrecht, im StrVR wichtig, s *Greger* NZV **90** 196, ist allgemeine, ständig **20** gehandhabte Rechtsübung kraft Rechtsüberzeugung, BVerfGE **22** 121, OGHSt **2** 259, die sich durch Gerichtsgebrauch mehr oder weniger (Auslegung: **E** 57 ff) zur ungeschriebenen, selbst wieder änderbaren Norm verfestigen kann (Richterrecht). Ständige Praxis einzelner Obergerichte schafft idR noch kein Gewohnheitsrecht. Das Gewohnheitsrecht kann keinen Straf- oder OWi-Tatbestand bilden und Sanktionsdrohungen weder verschärfen noch erhöhen (Art 103 II GG, BVerfG NJW **95** 1141), zB die gesetzliche Vorfahrt nicht ändern. Gewohnheitsrechtlich nachteilige Analogie ist strafrechtlich ausgeschlossen (*Tröndle/Fischer* § 1 Rz 9, *Sch/Sch/Eser* § 1 Rz 9). Strafbegründende oder -schärfende Rückwirkung: **E** 37. Über die Rechtskraft hinaus „gilt" Richterrecht nur kraft des Strebens nach Gleichbehandlung gleicher Sachverhalte (*Larenz,* Henkel-F 32).

Einleitung

Auf bloße behördliche Duldung von Verstößen anderer kann sich der ow Handelnde nicht mit Erfolg berufen, Ce MDR **78** 954, Ha NJW **77** 687 (jedoch uU Einstellung, Ha ZfS **93** 285).

21 Anderseits kann Gewohnheitsrecht überholte Zeitgesetze (**E** 43) einengen oder beseitigen, OGHSt **1** 63, BGHSt **8** 381, strafmindernd oder -befreiend wirken, OGHSt **1** 63, 321, 343, 353, **2** 120, RGSt **56** 168, außerdem neue, allgemein wirkende Rechtsbegriffe bilden (zB Ursächlichkeit, bedingter Vorsatz, fortgesetzte Handlung, mittelbare Täterschaft, Garantenstellung), die alle auch das StrVR beeinflussen.

22 Zwar nicht an Gewohnheitsrecht, aber an allgemein geübte VBräuche hat auch der VO-Geber angeknüpft, zB durch die Vorrangbestätigung des durchgehenden Verkehrs vor Linksabbiegern (§ 9 StVO), die Vorschrift über das „tangentiale" Linksabbiegen (§ 9 StVO) und das Abweichen vom Rechtsfahrgebot bei erlaubtem gestaffelten Fahren (§ 7 StVO). Gelegentlich meint er sogar (StVO-Begr Rz 13), VRegeln, ausgenommen international vereinbarte, erst nach so beständiger VÜbung festlegen zu dürfen, daß Verstöße bereits als störend empfunden würden.

Lit: *Krebs,* Gewohnheitsrecht und Neubildung von Recht im StrV, außerhalb der Gesetze, RdK **54** 1.

23 **II. Örtliche Geltung.** Inlandsverkehr ist der fließende und ruhende Verkehr innerhalb der Grenzen Deutschlands auf den öffentlichen Wegen (Fahrbahnen, Seitenstreifen, Parkflächen und -streifen, Geh- und anderen Sonderwegen). Öffentliche Wege sind Einrichtungen für den Landverkehr ohne Rücksicht auf den erforderlichen technischen Aufwand (**E** 49, 50).

24 **Geschützt** gegen Belästigung, Gefährdung oder Schädigung durch VT ist jedermann (§ 1 StVO Rz 32), umgekehrt jedoch auch der Verkehr gegen Eingriffe von außen her (§§ 33 StVO, 315b StGB, BVG NJW **74** 1781).

25 **Zivilrechtlich** gilt bei unerlaubten Handlungen in erster Linie **Tatortrecht** (Art 40 I EGBGB idF v 21. 5. 99), ebenso bei Gefährdungshaftung, BGHZ **23** 65, **87** 95 = NJW **83** 1972, *Mansel* VR **84** 97, *Wandt* VR **90** 1301. Neben dem Tatort knüpft die durch G v 21. 5. 99 getroffene Neuregelung des Internationalen Privatrechts nach Maßgabe von Art. 40 bis 42 EGBGB an den **gemeinsamen gewöhnlichen Aufenthalt** (Art 41 II EGBGB) und an das Recht der **wesentlich engeren Verbindung** (Art 41 EGBGB) an. Die Neuregelung differenziert hinsichtlich des *Ubiquitätsgrundsatzes* (Tatort ist sowohl Handlungs- als auch Erfolgsort) in Art 40 I EGBGB in der Weise, daß sie dem Geschädigten bei Auseinanderfallen von Handlungs- und Erfolgsort in bezug auf das jeweils geltende Recht ein Wahlrecht einräumt (Art 40 I 2 EGBGB), krit *Looschelders* VR **99** 1317. Bei Verkehrsunfällen fallen Handlungs- und Erfolgsort regelmäßig zusammen; Tatort ist idR der **Unfallort,** s *Looschelders* VR **99** 1319, *Rehm* DAR **01** 534. Das Tatortprinzip wird gem Art 40 II EGBGB durchbrochen, wenn sowohl Schädiger als auch Geschädigter ihren **gewöhnlichen Aufenthalt in demselben Staat** haben; dann ist das Recht jenes Staates anzuwenden, ohne daß weitere Anknüpfungstatsachen vorliegen müßten, die ebenfalls auf jenen Staat verweisen. Haben Schädiger und Geschädigter beide ihren gewöhnlichen Aufenthalt im Inland, so gilt nicht Tatortrecht, sondern deutsches Recht, zB bei Unfall in Österreich, wenn Schädiger und Geschädigter als Jugoslawen ihren ständigen Aufenthalt in Deutschland haben, s BGHZ **90** 294 = NJW **84** 2032 – Anm *Hohloch* JR **84** 23 – (noch zum früheren Recht), und zwar selbst dann, wenn beide Beteiligten die Staatsangehörigkeit des Tatortlandes besitzen, so schon nach früherem Recht BGHZ **119** 137 = NZV **92** 438 (deutsches Haftungsrecht bei Unfall in Deutschland ansässiger Türken in der Türkei, zust *Wandt* VR **92** 1239, **93** 414, *Rothoeft/Rohe* NJW **93** 974, *Zimmer* JZ **93** 396, Anm *Wezel* DAR **93** 19), NZV **93** 105 (zust *Rothoeft/Rohe* NJW **93** 975). Dabei kommt es (abw von der früheren Rspr) nicht mehr darauf an, daß beide beteiligten Fze (oder das gemeinsam benutzte Fz) in Deutschland zugelassen und versichert sind. Das Tatortprinzip und die Anknüpfung nach Art 40 II EGBGB an den gewöhnlichen Aufenthalt werden ferner durchbrochen durch das Recht der **wesentlich engeren Verbindung zu einem anderen Staat** (§ 41 EGBGB), insbesondere (Art 41 II Nr 1) aufgrund eines zwischen den Beteiligten bestehenden, auf den anderen Staat verweisenden Schuldverhältnisses, etwa Beförderungsver-

trags, s *Looschelders* VR **99** 1321. Allein durch Zulassung und Versicherung der Fze in demselben Staat dürfte grundsätzlich eine solche Verbindung nicht geschaffen werden, *Looschelders* VR **99** 1322, s *Junker* JZ **00** 485, Begr zu Art 40 EGBGB (BTDrucks 14/343 S 11), abw bei Zulassung *und* Versicherung LG Berlin NJW-RR **02** 1107, anders uU bei Zulassung von mehr als zwei an einem Unfall beteiligten Fzen in demselben Staat (Massenunfall), LG Berlin NJW-RR **02** 1107, s Begr zu Art 40 II (BTDrucks 14/343 S 12), und wohl auch, wenn außer der FzZulassung auch Tatort und gemeinsame Staatsangehörigkeit (abw vom gemeinsamen Aufenthalt) auf diesen Staat verweisen, s *Vogelsang* NZV **99** 500. Verweisen Zulassungs- und Versicherungsort des SchädigerFzs und der gewöhnliche Aufenthalt des Geschädigten auf denselben Staat, so wird (mangels engerer Verbindung zu einem anderen Staat) gem § 41 EGBGB das Recht jenes Staates anzuwenden sein, s *Sieghörtner* NZV **03** 115 ff. Ist nach diesen Grundsätzen das Recht eines anderen Staates als dem des Handlungsortes anzuwenden, so gilt dies nicht auch hinsichtlich der **örtlichen VRegeln,** BGHZ 57 265, **119** 137 = NZV **92** 438, **96** 272, Ha VR **02** 1250, KG VM **79** 80, *Junker* JZ **00** 486, s Begr zu Art 40 EGBGB (BTDrucks 14/243 S 11). Insoweit bleiben also abweichende ausländische Verhaltensnormen (Verkehrsregeln) maßgeblich, BGH NZV **92** 438, und kommen zB als SchutzG iS von § 823 II BGB in Betracht, s *Dörner* JR **94** 9f. Die RechtsanwendungsVO, wonach bei Auslandsunfällen von Deutschen, wenn auch der Schädiger Deutscher ist, deutsches Recht galt (§ 1), ist durch Art 4 des G v 21. 5. 99 aufgehoben worden. **Rechtswahl** durch die Beteiligten *nach Eintritt des Ereignisses* sieht Art 42 BGB ausdrücklich vor. Durch übereinstimmende Zugrundelegung deutschen Rechts im Prozeß können die Parteien dessen Anwendung auch stillschweigend vereinbaren, BGH NJW-RR **88** 534, *Vogelsang* NZV **99** 502, *Junker* JZ **00** 478, s dazu *Hohloch* NZV **88** 166. Vereinbarungen in bezug auf das im Falle eines Schadensereignisses anzuwendende Recht *vor dem Ereignis* sind im Hinblick auf die Regelung in Art 42 bedeutungslos, s *Looschelders* VR **99** 1322. KfzUnfälle in den **neuen Bundesländern,** s Bay NZV **91** 116, *Sabaß* ZfS **90** 334, *Heßler* NZV **91** 96. Für die Haftung bei Beteiligung von Angehörigen der **Stationierungsstreitkräfte** an einem VUnfall im Inland bei nichtdienstlicher VTeilnahme gilt nicht das Nato-Truppenstatut, anzuwenden ist deutsches Recht, Hb VR **01** 996 (zust *Karczewski* VR **01** 1204). S im übrigen § 16 StVG Rz 22.

Lit: (zur am 1. 6. 1999 in Kraft getretenen Neuregelung): *Gruber,* Der Direktanspruch gegen den Versicherer im neuen deutschen Kollisionsrecht, VR **01** 16. *Junker,* Das Internationale Unfallrecht nach der IPR-Reform, JZ **00** 477. *Karczewski,* Die kollisionsrechtliche Behandlung von VUnfällen unter Beteiligung von im Inland stationierten ausländischen Streitkräften, VR **01** 1204. *Koch,* Zur Neuregelung des Internationalen Deliktsrechts, VR **99** 1453. *Looschelders,* Die Beurteilung von StrVUnfällen mit Auslandsberührung nach dem neuen internationalen Deliktsrecht, VR **99** 1316. *Rehm,* Grundfragen der internationalprivatrechtlichen Abwicklung von StrVUnfällen, DAR **01** 531. *Sieghörtner,* Internationaler Mietwagenunfall – Zulassungsort als relevantes Anknüpfungskriterium?, NZV **03** 105. *Timme,* Zur kollisionsrechtlichen Behandlung von StrVUnfällen, NJW **00** 3528. *Vogelsang,* Die Neuregelung des Internationalen Deliktsrechts, NZV **99** 497.

Verwaltungsrecht. Das **EWG-Recht** gilt nach Maßgabe des EWGV als sekundäres Gemeinschaftsrecht unmittelbar für und in den Hoheitsgebieten der Mitgliedstaaten, welche ihm vertraglich (Art 189 EWGV) solche Geltung im Verhältnis zu ihren nationalen Rechtsordnungen eingeräumt haben, BVerfGE **37** 279. 26

Ausländische Fahrerlaubnisse und internationale FSe berechtigen zum vorübergehenden Kfz-Führen im Inland nach Maßgabe des § 4 IntVO, außerdem zum erleichterten Erwerb einer deutschen FE nach Maßgabe von §§ 30, 31 FeV. FEe aus EU- und EWR-Staaten berechtigen nach Begr eines ordentlichen Wohnsitzes im Inland nach Maßgabe der §§ 28, 29 FeV über den zeitlichen Umfang der IntVO hinaus zum Kfz-Führen im Inland. FSe ausländischer Streitkräfte, s § 31 FeV Rz 16. Zur Möglichkeit einer Vollstreckung von im Inland verhängten FVen oder einer EdF nach VZuwiderhandlungen durch Verurteilte mit ausländischer FE in deren ausländischem Wohnsitzstaat, s §§ 25 StVG Rz 32, 69b StGB Rz 5. 27

Exterritoriale und bevorrechtigte Personen sind nach Maßgabe der Wiener Übereinkommen von 1961/63 über diplomatische und konsularische Beziehungen (WÜD, WÜK) von der deutschen Gerichtsbarkeit befreit (§§ 18–20 GVG, 46 I OWiG), Kon- 28 suln und ihnen gleichgestellte Personen nur, soweit ihre VTeilnahme mit der Wahrnehmung konsularischer Aufgaben eng zusammenhängt, Kar NZV **04** 539, wozu der Weg von und zu den Dienstgeschäften nicht schlechthin gehört, Bay VRS **46** 289, Dü DAR **96** 413, LG Stu NZV **95** 411. Die Ahndung von VOW bei der Teilnahme am allgemeinen StrV unterliegt keinen Beschränkungen, Kar NZV **04** 539. Läßt sich die Wahrnehmung konsularischer Amtsgeschäfte bei der Teilnahme am StrV nicht ausschließen, so ist ein Verfahren wegen VVerstoßes einzustellen (Verfahrenshindernis), Schl VRS **62** 277. Bei Konsularbeamten wird Blutprobenentnahme hiernach nur bei Straftatverdacht (§§ 315 c, 316 StGB) zulässig sein, nicht schon nach § 24 a StVG, *Göhler*, Rz 40 vor § 59 OWiG.

29 **Natotruppen.** Die Mitglieder der in Deutschland stationierten nichtdeutschen Natotruppen unterliegen der deutschen Gerichtsbarkeit nur nach Maßgabe von Art VII des Nato-Truppenstatuts und Art 19 des Zusatzabkommens. Im rechtlichen Ergebnis geht die Gerichtsbefugnis des Entsendestaates vor, bei Strafbarkeit auch in Deutschland und wenn diese wesentliche Belange der deutschen Rechtspflege geltend macht, steht sie jedoch der BRep zu. Das wird in aller Regel nur bei gewichtigeren Straftaten in Betracht kommen. Näher für OWen *Göhler* Rz 41 vor § 59. Polnische Streitkräfte in Deutschland, s deutsch-polnisches Abkommen über den vorübergehenden Aufenthalt der Streitkräfte der BRep Deutschland und der Republik Polen ..., BGBl II **01** 179, **02** 1660 mit ähnlicher Regelung der Strafgerichtsbarkeit in Art 6.

30 **Strafrechtlich** gilt der Gebietsgrundsatz (§ 3 StGB), ergänzt durch das Schutzprinzip (§ 5), das passive Personalprinzip (§ 7 I) und dasjenige der stellvertretenden Strafrechtspflege (§ 7 II). Das Weltrechtsprinzip (§ 6 StGB) spielt im StrVR keine Rolle. Demzufolge gilt bei allen Inlandstaten ohne Rücksicht auf die Staatsangehörigkeit des Täters deutsches Recht, nämlich alle sachlichen inländischen Strafnormen gegen rechtswidrige Taten (§ 11 I Nr 5 StGB). Ein konkretes Gefährdungsdelikt (zB § 315 c StGB) ist im Inland begangen, wenn die konkrete Gefahr im Inland eingetreten ist (§ 9 I StGB), BGH NJW **91** 2498, KG NJW **91** 2501, Kö NJW **68** 954, *Tröndle/Fischer* § 9 Rz 4, *Satzger* NStZ **98** 114. Ein Vollrausch (§ 323 a StGB) ist auch dann Inlandstat, wenn nur die Rauschtat im Inland begangen wurde, der Täter sich aber im Ausland in den Rausch versetzt hatte, BGHSt **42** 235 = NZV **96** 500 (§ 9 I StGB), abw *Satzger* NStZ **98** 116 f. Auslandstaten von Deutschen und Ausländern sind nach den §§ 5, 7 StGB zu prüfen. Dabei kommen je nach Sachgestaltung in Betracht: beim Fahren ohne Fahrerlaubnis (§ 21 StVG) § 5 Nr 12, 13 und § 7 II, Sa NZV **89** 474, bei Unfallflucht (§ 142 StGB) ebenso, bei der Verkehrsgefährdung (§ 315 c StGB) § 5 Nr 12–14 und § 7 I, II, bei VTrunkenheit (§ 316 StGB) der § 5 Nr 12, 13 und § 7 II Nr 1, Kar VRS **69** 280, str, beim räuberischen Angriff auf Kraftfahrer (§ 316 a StGB) § 5 Nr 12–14 und § 7 I, II StGB, wobei lediglich die Strafbedrohtheit am Tatort entscheidet, ohne Rücksicht auf den dafür maßgebenden rechtlichen Gesichtspunkt und etwaige verfahrensrechtliche Hinderungsgründe, ausgenommen lediglich Sanktionen, die sachlich denjenigen für deutsche OWen gleichen, weil man bei ihnen von Strafbedrohtheit sprechen kann (str), BGHSt **27** 5 = NJW **76** 2354, BGHSt **28** 95, *Oehler* JZ **68** 191, *Schröder* JZ **68** 242, *Vogler* DAR **82** 74. Soweit es auf VRegeln ankommt, sind stets die tatörtlichen zugrunde zu legen, s Bay VRS **59** 292, NJW **72** 1722 (fahrlässige Körperverletzung), s BGHZ **57** 267. Absehen von der Strafverfolgung wegen ausländischer Tatortbesonderheiten: § 153 c StPO.

Lit: *Oehler*, Internationales Strafrecht, 1973. *Satzger*, Die Anwendung des deutschen Strafrechts auf grenzüberschreitende Gefährdungsdelikte, NStZ **98** 112. *Vogler*, Die Ahndung im Ausland begangener VDelikte ..., DAR **82** 73.

31 Nach dem Einigungsvertrag gelten zunächst einige Strafbestimmungen der **früheren DDR** fort, während andererseits zum Teil Bundesrecht nicht übernommen wurde. Insoweit gelten nunmehr die Grundsätze des interlokalen Strafrechts und damit das Tatortprinzip, s *Tröndle/Fischer* vor § 3 Rz 24, *Wasmuth* NStZ **91** 161.

32 Für **Verkehrsordnungswidrigkeiten** gilt ausschließlich der Gebietsgrundsatz (§ 5 OWiG). Ihre Verbotsnormen richten sich nach Zweckmäßigkeit und beanspruchen ihrem Gegenstand nach nur Inlandsgeltung. Ihre Verletzung kann deshalb, anderweitige

gesetzliche Regelung ausgenommen (zB RatifikationsGe hinsichtlich zwischenstaatlicher Abkommen), ohne Rücksicht auf die Staatsangehörigkeit des Betroffenen nur bei Inlandsbegehung geahndet werden, BGHSt **27** 5 = NJW **76** 2354, bei Auslandsbegehung auch nicht, wenn sie in Deutschland Straftat wäre, BGHSt **27** 5, aM insoweit *Tröndle* JR **77** 1. Anderweite gesetzliche Bestimmungen fehlen überwiegend noch (Ausnahmen: Jugoslawien, Schweiz, Israel, s *Göhler* § 5 Rz 8). Dieser Rechtszustand fördert die Unzuträglichkeit ausländischer Verfahren gegen Inländer. Zwischenstaatliche Abkommen über die gegenseitige Verfolgbarkeit von Auslands-VerkehrsOWen nach Inlandsrecht unter Berücksichtigung der TatortVRegeln ist deshalb wünschenswert. Dazu *Grützner* NJW **61** 2186, *Oehler* JZ **68** 193, *Göhler* § 5, *Reißfelder* NJW **69** 967. Einem schweizerischen Vernehmungsersuchen gegen einen Inländer darf auch entsprochen werden, wenn das Verhalten nach Inlandsrecht nur ow ist, BGHSt **24** 297.

Gegen **Ausländer** kann zur Sicherung der Verfolgung und Vollstreckung Sicherheitsleistung und Bestellung eines Zustellungsbevollmächtigten angeordnet werden (§§ 132 StPO, 46 I OWiG. Landesrechtliche Richtlinien: *Göhler* Rz 138 vor § 59). 33/34

III. Zeitliche Geltung. Gesetze (VOen) treten zu dem im Gesetz (VO) bezeichneten Zeitpunkt in Kraft, uU gemäß einer Übergangsvorschrift (zB bei der StVZO), sonst zwei Wochen nach Verkündung im BGBl (Art 82 II GG). 35

Rückwirkung zivilrechtlicher Gesetze (echte wie unechte) ist erlaubt, soweit sie die Grundsätze gerechtfertigten Vertrauensschutzes beachtet, außerdem aus zwingenden Gründen des allgemeinen Wohles. Das Nähere ergibt sich aus dem Rechtsstaatsprinzip, BVerfGE **13** 270, vorab aus dem Bedürfnis nach Rechtssicherheit. Der Vertrauensschutz besagt, daß rechtmäßiges Handeln von der Rechtsordnung mit allen ursprünglich damit verbundenen Rechtsfolgen anerkannt bleibt, BVerfGE **24** 98, so daß disponiert werden kann, BVerfGE **13** 271, **15** 324, es sei denn, das Vertrauen auf eine bestimmte Rechtslage war von vornherein ungerechtfertigt, zB weil mit der neuen Regelung gerechnet werden mußte, BVerfGE **13** 272, **18** 439, oder bei unklarer, verworrener Rechtslage, bei auf nichtiger Norm beruhendem Rechtsschein, BVerfGE **18** 439, endlich aus zwingenden Gründen des gemeinen Wohles. Zur Rückwirkung *Seewald* DÖV **76** 228. 36

Rückwirkungsverbot (Art 103 II GG, § 1 StGB) besteht **strafrechtlich** und im OWiRecht hinsichtlich benachteiligender Sanktionen (§§ 2 I StGB, 3, 4 OWiG). Rückwirkung strafbegründender oder -schärfender Gesetze (u RVOen, BVerfGE **14** 185, 251, 257) ist ausgeschlossen, entsprechend im OWiRecht, BVerfGE **25** 285. Vor dem Inkrafttreten der Norm beendete Verhaltensweisen sind straflos, nach Inkrafttreten liegende Teilakte strafbar, RGSt **62** 3. Ahndung verstößt nicht gegen das Rückwirkungsverbot, wenn die Tat zwischen der Begehung und der Ahndung vorübergehend nicht mit Strafe oder Buße bedroht war, BVerfG NJW **90** 1103. Zur Rückwirkung bloßer Änderung der Rspr in Strafsachen: § 316 StGB Rz 14a. Im übrigen kann Rückwirkung zulässig sein, wenn das Allgemeininteresse an der Regelung dasjenige des Betroffenen am Fortbestand der bisherigen Regelung übersteigt, wie zB bei der Einschränkung des Verwertungsverbots des § 51 BZRG durch den späteren § 52 II BZRG in FE-Angelegenheiten, s BVG VRS **52** 396. 37

Analogie: E 60–62. 38

Für die **Tatzeit** maßgebend ist zivil-, straf- und ordnungsrechtlich der Rechtszustand zum Zeitpunkt des Handelns oder pflichtwidrigen Unterlassens (§§ 2 I, 8 StGB, 4 OWiG) ohne Rücksicht auf den Eintritt der Wirkung („Erfolg"). Bei Dauerdelikten (und Fortsetzungstaten, s dazu Rz 134) ist nur der Tatteil ahndbar, der nach Inkrafttreten des Gesetzes liegt (str). Gesetzeswechsel während Begehung: E 40ff. Bei Tatteilnahme entscheidet der Zeitpunkt der Teilnahmehandlung. 39

Rechtsänderungen während der Tatbegehung oder zwischen beendeter Tat und Aburteilung sind in unterschiedlicher Weise zu berücksichtigen: 40

Ändert sich die Strafdrohung während der Tatbegehung, so ist das bei Beendigung der Tat geltende Gesetz anzuwenden (§ 2 II StGB), und zwar auch bei Strafschärfung, ohne Verstoß gegen Art 103 II GG bei Dauerdelikten dann jedoch hinsichtlich der vor der Verschärfung begangenen Teilakte unter Beimessung nur des Gewichts, das ihnen vor der Änderung tatsächlich zukam, Bay NJW **96** 1422. 41

Einleitung

42 **Bei Rechtsänderung zwischen Tatbeendigung und Entscheidung** (ausgenommen Zeitgesetze, **E** 43) ist das mildeste Gesetz anzuwenden (§ 2 III StGB, § 4 III OWiG), auch noch im Revisionsverfahren, BGHSt **20** 117, 181. Maßgebend hierfür ist der gesamte sanktionsbegründende Rechtszustand, auch bei Blankettgesetzen, BGHSt **20** 177 (ausfüllbar nur durch inländische Normen, BGHSt **21** 279), jedoch nur in bezug auf materielles Recht. Zur Änderung bezüglich eines Antragserfordernisses oder der Verjährung, s die strafrechtliche Spezial-Lit (zB *Tröndle/Fischer* § 2 Rz 7). Zu fragen ist, welcher Rechtszustand die mildere Beurteilung zuläßt, BGHSt **20** 75, Ko VRS **50** 183. Bei Übergang zur OW gilt die OWRegelung stets als milder, auch bei vorher niedrigerer Geldstrafe, wegen des prinzipiellen Wegfalls des kriminellen Vorwurfs, s BGHSt **12** 148, Bay NJW **69** 2296. Bei Wechsel der Bußgeldandrohung gilt die mildere, Ha VRS **41** 400. Soweit StVO-Änderungen sich milder auswirken, sind sie auch auf vorher begangene Verstöße anzuwenden. Bei Ersetzung eines VorschriftZ durch ein anderes kann die neue Regelung die mildere sein. Wegfall einer Strafvorschrift, Zeitgesetze ausgenommen (**E** 43), führt zu Freispruch, BGHSt **20** 116, auch bei schon rechtskräftigem Schuldspruch, Bay NJW **61** 688.

43 Ein **Zeitgesetz** (§ 2 IV StGB: ein Gesetz, das nur bis zu einem bestimmten Zeitpunkt gelten soll: formale Umschreibung; vorübergehend gedachte Regelung für wechselnde Zeitverhältnisse: materielle Umschreibung) gilt, soweit ein Gesetz nichts anderes bestimmt, auch nach dem Außerkrafttreten für frühere Taten weiter. Die befristete Geltungsdauer muß entweder ausdrücklich kalendermäßig bestimmt sein oder sich *erkennbar* aus seiner Natur und seinem Zweck als nur vorübergehender Regelung ergeben, Kö Ss 605/86, Stu NZV **89** 121, Dü NJW **91** 710, PVT **92** 123, Nau VM **93** 61. Beispiel: Verstöße gegen § 1 der ZonengeschwindigkeitsVO, weil die VO befristet war, oder nach Einigungsvertrag befristet fortgeltende Bestimmungen der StVO/DDR, Nau VM **93** 61. Keine Zeitgesetze zB die ersichtlich auf Dauer angelegten Bestimmungen der StVO über zulässige Höchstgeschwindigkeit, Stu NZV **89** 121 (zur Ändg durch die 9. StVOÄndVO), die EWGVOen über Lenk- und Ruhezeiten sowie über das Kontrollgerät, Kö Ss 605/86, Dü VRS **74** 45, 202, Bay VRS **74** 227. Die Abhängigkeit des Norminhaltes von sich rasch vollziehenden technischen Entwicklungen allein (StVZO) begründet nicht den Charakter der Bestimmung als Zeitgesetz, Kö Ss 605/86.

44 **Nebenfolgen** einer OW dürfen nur verhängt werden (Einziehung), soweit dies schon zur Tatzeit zulässig war (§ 4 V OWiG).

45 Bei **Maßregeln der Besserung und Sicherung,** die nicht Strafen sind, entscheidet kraft Sondervorschrift der Zeitpunkt der Aburteilung (§ 2 VI StGB), soweit gesetzlich nichts anderes bestimmt ist.

46 **IV. Landesrecht** auf dem Gebiet des StrV ist unzulässig, BGHSt **47** 181 = NZV **02** 193. Die konkurrierende Gesetzgebungskompetenz des Bundes erstreckt sich ua auf den StrV, das Kraftfahrwesen sowie den Bau und die Unterhaltung von Landstraßen des Fernverkehrs (Art 74 Nr 22 GG). Eine abschließende, Landesrecht ausschließende Regelung liegt vor, wenn der Sache nach mögliche ergänzende Regelungen des Landesrechts ausgeschlossen sein sollen (Art 31, 72 I GG, BVerfG NJW **72** 859). Das trifft für § 6 StVG und die Gesamtheit der auf ihn gestützten Rechtsvorschriften, darunter die StVO und die StVZO, zu, BGHSt **37** 366 = NZV **91** 277, BGHSt **47** 181 = NZV **02** 193, Bay VRS **65** 78, **70** 53, s BVerfG NJW **85** 371. Daraus folgt: örtliche PolVOen verkehrspolizeilichen Inhalts sind ungültig, örtliche VVorschriften und VLenkung durch VZ ist nur im Rahmen der StVO zulässig, Bay VRS **17** 71, Dü VRS **77** 303. Der **ruhende Verkehr** (Halten, Parken) ist Teil des bundesrechtlich abschließend geregelten StrV, er ist nur straßenverkehrsrechtlich beschränkbar, nicht durch Landesstraßenrecht, BVG MDR **78** 1049, BVerfG NJW **85** 371, Stu VRS **71** 457, auch nicht zwecks Freihaltens von Feuerwehr-Anfahrzonen, weil § 6 StVG und § 45 StVO ausdrücklich VRegelungen auch zur Gewährleistung der öffentlichen Sicherheit über die Sicherheit des Verkehrs hinaus zulassen, Bay VRS **65** 78, *Vogel* NZV **90** 420. Verkehrsregelungen in Gemeindesatzungen für die Benutzung öffentlicher Parkplätze haben neben den Bestimmungen der StVO keine Geltung, Bay VRS **62** 475, ebensowenig landesrechtliche Beschränkungen des Parkens als Gemeingebrauch („Laternengarage"), BVerfG NJW **85**

371, anders aber, soweit sie (zum Straßenrecht gehörende) Fragen der Sondernutzung einschließlich der Ahndung unberechtigter Sondernutzung regeln oder soweit sie sich auf Gelände außerhalb öffentlichen VRaums beziehen, Dü NZV **97** 189, Hb VM **88** 94 (s dazu § 12 Rz 58, 58b, 61). Das Verbot vermeidbaren VLärms (ausgehend von öffentlichem VRaum, s § 1 StVO Rz 13ff) ist ausschließlich in den §§ 1 II, 30 StVO geregelt, Bay VRS **66** 295, innerörtliche Nachtfahrverbote sind nur im Rahmen der StVO zulässig, Dü JMBlNRW **63** 96, ebenso Parkverbote, BVG NJW **66** 1190, ausgenommen zu Marktzeiten, wo marktpolizeiliche Anordnungen eingreifen können, s Hb NJW **71** 397. Feiertägliche VBeschränkungen sind nur an Feiertagen gemäß § 30 StVO zulässig. Kommunale Bestimmungen über das Führen von Hunden im StrV sind im Hinblick auf die höherrangige Vorschrift des § 28 StVO nur dann nichtig, wenn sie der Abwehr von Gefahren dienen, die von Hunden *für den StrV* ausgehen können, BGHSt **37** 366 = NZV **91** 277. Dagegen verstoßen kommunale Bestimmungen über Anleinpflicht auf Strn und in Anlagen zum allgemeinen Schutz vor Schäden, Verletzungen und Belästigungen durch Hunde nicht gegen Bundesrecht, BGH NZV **91** 277, BGHSt **47** 181 = NZV **02** 193, Ha NZV **91** 37, Ol VRS **81** 137, s Dü VM **87** 94 und VRS **82** 59 (Anleinen in Grünanlagen), abw Dü VM **83** 78 (Anleinen auf Gehwegen). Landesrechtliche Regelungen über die Zulässigkeit des Reitens im Walde nur auf besonders gekennzeichneten Wegen verstoßen nicht gegen Bundesrecht, BVerfG NJW **89** 2525, BVG VRS **69** 471, Ha VRS **66** 69. Zur Frage einer Grundrechtsverletzung durch landesrechtliche Reitverbote im Wald, s BayVerfGH BayVBl **99** 13. Verhältnis des Straßenrechts zum StrVR: **E** 49.

Soweit dem Bund keine Gesetzgebungskompetenz zusteht oder er sie nicht ausschöpft, ist Landesrecht zulässig, zB über die Benutzung nichtöffentlicher Stellflächen, s Stu VM **80** 69, Dü VM **75** 69. Zulässig sind landesrechtliche Vorschriften, die nicht die StrBenutzung zu VZwecken betreffen, BGHSt **47** 181 = NZV **02** 193, Dü NJW **75** 1288, Bay VRS **11** 153, zB Vorschriften über StrReinigung oder Verbote des FzReinigens auf öffentlichen VFlächen, Dü JMBlNRW **62** 86, oder Vorschriften über den Anlagen der Außenwerbung, BVerfG NJW **72** 859, BVG NJW **68** 764, oder über den Gemüsehandel im Umherziehen auf öffentlichen VFlächen, Ha NJW **77** 687, oder über StrBenutzung aus Gründen, die nicht die Sicherheit und Leichtigkeit des Verkehrs betreffen (Sondernutzung), BGHSt **47** 181 = NZV **02** 193, Stu VRS **67** 60, so zB auch über Gebühren für Sondernutzung von LandesStrn (Schwerlasttransport), BVG VRS **74** 398, oder die Ahndung unberechtigter Sondernutzung, BGH NZV **02** 193, oder Vorschriften, die Benutzungsbeschränkungen mit anderen als straßenverkehrsrechtlichen Zielen enthalten, Ko NStZ-RR **97** 243 (Betreten und Befahren von Waldwegen nach Landesgesetzen). Auf **§ 40 I BImSchG** können landesrechtliche RVOen mit verkehrsbeschränkendem Inhalt nur gestützt werden, wenn „*austauscharme Wetterlagen*" Luftverunreinigungen zumindest mitbewirken, die VBeschränkung nach naturwissenschaftlichen Erkenntnissen geeignet ist, der Luftverunreinigung entgegenzuwirken und wenn die VBeschränkung auf bestimmte *Gebiete* innerhalb des betreffenden Landes beschränkt wird; flächendeckende Maßnahmen scheiden von vornherein aus. Eine landesweite Geschwindigkeitsbeschränkung durch RVO eines Bundeslandes etwa ist durch § 40 I BImSchG nicht gedeckt, s *Janker* NJW **93** 2711. Entsprechendes gilt für § 40 II BImSchG, der im übrigen den Erlaß einer RVO durch die BReg voraussetzt, s *Schmidt* NZV **95** 50f. **47**

Innerbetrieblichen Vorschriften geht die StVO vor, zB im Strabaverkehr, BGHZ MDR **75** 833, Kö VM **75** 86. Innerbetriebliche Beleuchtungsanweisungen hinsichtlich abgestellter Kfze schmälern die Fahrerpflichten aus den §§ 23, 17 StVO nicht, Dü VM **73** 22. Die Anweisung, öffentliche Nahverkehrsmittel zum Schutz der Fahrgäste stets nur mäßig, und dann entsprechend rechtzeitig, abzubremsen, tritt zurück, soweit die VLage stärkeres Bremsen gebietet, KG VRS **52** 298. **48**

V. Das Straßenrecht (Wegerecht, s *Kodal/Krämer,* Straßenrecht) gehört zur originären Gesetzgebungskompetenz der Länder, BGHSt **47** 181 = NZV **02** 193; es befaßt sich mit den Rechtsverhältnissen der dem öffentlichen StrV formell gewidmeten oder zu widmenden Grundflächen, BGHSt **47** 252 = NZV **02** 376, mit ihrer Bereitstellung, baulichen Herrichtung, Stufung, Widmung, Umstufung, (Teil-)Entwidmung, dem Ge- **49**

meingebrauch und der Sondernutzung an ihnen, s BVerfGE **40** 377, NJW **76** 559, **85** 371, BGH NZV **02** 193, BGHSt **47** 252 = NZV **02** 376, Bay DÖV **77** 905. Es regelt ua die grundsätzliche Ermächtigung zur Benutzung der VFläche und bildet somit die Voraussetzung des StrVRs, Bay VRS **54** 75, *Manssen* DÖV **01** 152. Im Gegensatz dazu ordnet das StrVR als Ordnungsrecht (s Rz 1) die Benutzungsregeln der öffentlichen VFlächen, auch solcher ohne wegerechtlicher Widmung, wie zB der Privatstraßen. Verkehrsregelnde Maßnahmen des StrVRechts müssen sich im Rahmen der wegerechtlichen Widmung halten, BVG NJW **82** 840, VGH Ma NJW **84** 819. Auf einem Privatgrundstück geduldeten öffentlichen Verkehr darf der Berechtigte jederzeit wieder untersagen oder unterbinden, Kar Justiz **80** 156. Eine dem Verkehr nicht unwiderruflich überlassene öffentliche oder private Fläche darf wieder abgetrennt und anderweit verwendet werden (provisorischer Parkplatz wird Bauplatz), s Ha VRS **39** 396, Bay VRS **41** 42, OVG Münster VRS **42** 397. Bei Deckungsgleichheit gehen straßenverkehrsrechtliche Vorschriften den straßenrechtlichen vor (hier: § 56 I 1 StrG BW), Kar VRS **59** 155. Im Kollisionsfall, zB bei der Regelung des ruhenden Verkehrs, geht das StrVR dem Straßenrecht vor, BVGE **34** 320, *Manssen* DÖV **01** 151, *Arndt* VGT **76** 330. Die mit dem Abstellen betriebsbereiter Fze in öffentlichem VRaum zusammenhängenden Fragen gehören vollständig dem StrVR an, BVerfG NJW **85** 371, können aber, etwa bei unberechtigter Sondernutzung, zugleich straßenrechtliche Bestimmungen betreffen, BGHSt **47** 181 = NZV **02** 193. Zum Verhältnis des StrVRs zum Wegerecht *Wagner* NJW **76** 1083, *Meins* BayVBl **83** 641, *Lorz* DÖV **93** 135. Zur Abgrenzung straßenrechtlicher und straßenverkehrsrechtlicher Kompetenzen s auch VGH Ma NJW **82** 402, *Manssen* DÖV **01** 153, *Krämer* NVwZ **83** 336, *Cosson* DÖV **83** 532, *Steiner* JuS **84** 1, *Danecker* DVBl **99** 143. Soweit Fußgängerzonen durch Umwidmung (Teilentwidmung) gebildet und Anliegern Befahren und Parken als Sondernutzung aufgrund straßenrechtlicher Satzung erlaubt werden kann, regelt das StrR auch VVorgänge, deren Regelung sonst dem StrVR vorbehalten ist, s VGH Ma DÖV **80** 730, s dazu auch § 45 StVO Rz 28a.

50 **Gemeingebrauch** ist die nach Straßenrecht jedermann gestattete StrNutzung zwecks Ortsveränderung und im Rahmen des ruhenden Verkehrs gemäß formeller Widmung (E 49), Bay DÖV **77** 905, VRS **66** 227, und der baulich-technischen Zweckbestimmung (Leistungsfähigkeit) der VFläche, BVerfG NJW **76** 559, die sich, soweit nicht offensichtlich, sinnfällig aus VZ ergeben muß. Gemeingebrauch ist vorwiegende Nutzung zu VZwecken, uU also auch jeweils ganz kurzfristige Verkaufs- oder Verteilungstätigkeit, wenn das Fz nur hin und wieder kurz anhält, Ha NJW **77** 687. Bei mehreren Zwecken der StrBenutzung entscheidet der überwiegende über Gemeingebrauch oder Sondernutzung, Bay VRS **54** 75, OVG Hb VRS **98** 396. Der auf FußgängerV beschränkte Gemeingebrauch wird nicht allein durch geänderte Verkehrsgewohnheiten auf andere VArten erweitert (Radf), VGH Ma NJW **84** 819.

51 **Sondernutzung** an öffentlichen VFlächen übersteigt den straßenrechtlichen Gemeingebrauch und ist deshalb genehmigungspflichtig (BFernstrG, Landes-StrGe), zB bei Fahrzeugen, die nicht VZwecken dienen (WerbeFze, BVG VRS **30** 468), dauernde betriebsunfähigen oder entstempelten, die nicht mehr dem StrVR unterliegen, BVG MDR **70** 533, Kar VRS **59** 154, nicht auch bei lediglich über Tage hin ruhendem Verkehr (Laternengarage), BVG NJW **70** 962. Das Abstellen von Lkw zur Vermietung ist Sondernutzung, str, s § 12 StVO Rz 42a, ebenso Aufstellung zur Werbung oder mit Verkaufsschild unter Beeinträchtigung des Gemeingebrauchs, Bay VRS **54** 75, s aber § 12 StVO Rz 42a. Sondernutzung durch Abstellen von Wohnanhängern/Campingwagen und Wohnmobilen, s § 12 StVO Rz 42a. *Thiele,* Zur Grenzziehung zwischen Gemeingebrauch und Sondernutzung, DVBl **80** 977.

52 **VI. Sonderrechte.** Alle VT sind bei erlaubter VTeilnahme grundsätzlich gleichrangig, s BVG NZV **98** 429 („Präferenz- und Privilegienfeindlichkeit" des StrVRechts). Es herrscht Verkehrsfreiheit, mit Einschränkung für VSchwache (§ 2 FeV), bei Ungeeignetheit und soweit einzelne VArten erlaubnispflichtig sind (§ 1 FeV, beruhend auf § 6 I Nr 3 StVG), mit Ausnahme ferner von Sonderregeln, zB für Bewohner städtischer Quartiere, Schwerbehinderte mit Gehbehinderung und Blinde (§§ 41 II Nr 8, 42 IV), für Sonderwege (VZ 237–239), Busspuren, Taxis (§ 12 IV StVO), Taxistandplätze, Feu-

erwehrrettungswege und des Bahnvorrangs (§ 19 StVO). Auch der ruhende Verkehr (Gegensatz: Sondernutzung, **E** 51) ist im übrigen im Rahmen der Sicherheit oder Ordnung des Gesamtverkehrs unter sich und im Verhältnis zum fließenden Verkehr gleichrangig. Ein Sonderrecht genießen geschlossene Verbände, sie dürfen vom übrigen Verkehr nicht unterbrochen werden (§ 27 II StVO), ferner nach § 35 StVO die dort bezeichneten Organe, öffentlichen Einrichtungen und von ihnen verwendeten PrivatFze, soweit zur Erfüllung ihrer „hoheitlichen" Aufgabe dringend geboten (ArbeitsFze der StrUnterhaltung und -reinigung, Kehrmaschinen, Müllabfuhr, Feuerwehr, Polizei, PostFze). Je nach VLage, Dringlichkeit und Bedeutung ihrer Aufgabe dürfen sie bei einem bestimmten VVorgang von der einen oder anderen VRegel unter gebührender Berücksichtigung der öffentlichen Sicherheit oder Ordnung abweichen, zB fremde Vorfahrt abwandeln. Wegerechtsfahrzeuge (§ 38 StVO) sind gemäß § 35 StVO und dem Maßgebot von der Beachtung einzelner VRegeln befreit, soweit ihr Recht auf freie Bahn beachtet wird. Ausnahmegenehmigungen und Erlaubnisse allgemein oder für bestimmte Einzelfälle: § 46 StVO.

VII. Sachlich zuständig im Rahmen des StrVRs sind die StrVB oder übergeordneten LandesB (§§ 44, 45 StVO, 68 StVZO, 73 FeV), die StrBauB (§ 45 II, III StVO), die Polizei (§ 44 II StVO), für Bahnübergänge die Bahnunternehmen (§ 45 II StVO), für Beschaffung, Anbringung und den Betrieb der VZ und VEinrichtungen die Baulastträger (§ 45 V StVO), für Erlaubnisse nach den §§ 29, 30 StVO die in § 44 III, IIIa StVO bezeichneten Behörden, für andere Ausnahmegenehmigungen und Erlaubnisse die im § 46 StVO bezeichneten örtlichen, Landes- oder Bundesbehörden. Ministerielle Sonderzuständigkeiten für bestimmte Dienstbereiche im Rahmen der StVO/StVZO/FeV: § 68 III StVZO, § 73 IV FeV. StrBenutzungsvereinbarungen für den Militärverkehr: § 44 IV, V StVO. 53

VIII. Die örtliche Zuständigkeit für Erlaubnisse und Einzelgenehmigungen ist in den §§ 47 StVO, 68 StVZO, 73 FeV im wesentlichen übereinstimmend geregelt. Diese Verwaltungsakte der örtlich zuständigen Behörden gelten, soweit nichts anderes bestimmt ist, für das Bundesgebiet, und sie können sich im Rahmen zwischenstaatlicher Abkommen auswirken, wie zB BEe und die FE. Wohnsitzwechsel des Begünstigten berührt sie nicht. Mit Zustimmung mindestens gleichgeordneter zuständiger Behörden können auch örtlich unzuständige entscheiden, außerdem dürfen sie, soweit die VSicherheit es verlangt, an deren Stelle notwendige vorläufige Maßnahmen treffen. 54

Das **Verwaltungshandeln** (Maßgebot, **E** 2, BVerfGE **20** 371) bezweckt, neben Einzelverwaltungsakten, vor allem, den StrV sicher und flüssig zu regeln und zu führen, zB durch VZ (§§ 39 ff StVO) und VEinrichtungen (§ 43 StVO) wie LichtZ, Leitlinien, Sperrflächen, Sonderfahrstreifen, Sonderwege (Entmischung), Wegweisung, Parkbuchten und -markierungen, Abschrankungen und andere bauliche Maßnahmen, durch Maßnahmen der StrFührung und die bauliche Gestaltung von Kreuzungen und Einmündungen, durch polizeiliche Weisungen und Kontrollen. 55

Soweit verkehrsregelnde Normen nicht unmittelbar gelten (verkehrspolitische Maßnahmen, VRegeln), werden sie durch Verwaltungshandeln wirksam (Licht- und VZ, lenkende Maßnahmen). Insoweit hängen also Qualität und Wirksamkeit der VOrdnung von der örtlichen Handhabung ab, die optimal fördern, aber auch unproduktiv hindern, stören, gefährden (Überreglementierung: *Geiger* DAR **76** 322, *Kullik* PVT **03** 70, *Möhl* DAR **75** 61) und sogar schädigen kann. **Beispiele fehlerhafter Maßnahmen:** politische Förderung übermäßigen, gefährdenden Mischverkehrs; Mißbrauch von Gebühren, Parkuhren oder LichtZ, um bestimmte Ortsbereiche dem Fahrverkehr zu verleiden (Verstoß gegen § 6 StVG, s **E** 50) oder gar aus fiskalischen Gründen (Einnahme von Buß- und Verwarnungsgeldern); Einrichtung roter Wellen oder überlanger Rotphasen zur Unterbrechung des Verkehrsflusses zwecks „Verkehrsberuhigung", Förderung verstopfter Innenstadtstraßen durch Beseitigung von Parkmöglichkeiten, um den Individualverkehr zu treffen; Einrichtung gefährlicher Bodenschwellen oder Betonhindernisse auf Fahrbahnen zur „Verkehrsberuhigung", s *Hentschel* NJW **92** 1080, *Ronellenfitsch* DAR **94** 8; unfallfördernde Einrichtungen im Rahmen sog „Rückbaus" von Strn, s *Franzheim* NJW **93** 1836; gefährdende Regelung von Knotenpunkten trotz Unfallhäufung; Vor- 56

Einleitung

fahrtregelungen entgegen der Vwv und dem psychologischen StrEindruck (Vorfahrt bloßer Einmündungen), s *Undeutsch* DAR **66** 319; unzweckmäßige Regelung abbiegenden Verkehrs; falsch geformte VInseln und gefährdende Leitlinien; Gefährdung durch unrichtige VorfahrtZ (zB „vereinsamtes" Z 301 oder Vorfahrt beiderseits); Gängelei durch übermäßig viele VZ (*Geiger* DAR **76** 323); Verwirrung durch Zeichenhäufung, *Kullik* PVT **03** 70; unverständliche, unsinnige oder in sich widersprüchliche Verwaltungsakte sind nichtig, Kar VM **76** 16, ebenso etwas in tatsächlicher Beziehung Unmögliches anordnende, Bay VM **76** 10 (näher § 41 StVO Rz 247). Nach einer in PVT **98** 181 zitierten Studie entstehen durch **Hemmung des VFlusses** nicht nur der Volkswirtschaft jährlich Milliardenverluste, sondern auch erheblich erhöhte Umweltbelastungen infolge einer im Verhältnis zum flüssigen V um Millionen Tonnen vermehrte CO_2-Emission (achtfacher Kraftstoffverbrauch im Stop-and-go-Verkehr).

57 **IX. Die Auslegung** erforscht, ob der Norm-Gegenwartssinn (Gesetz, VO) auf einen bestimmten Sachverhalt zutrifft. Das Maßprinzip (**E** 2) gilt, wie beim GGeber, auch hier, BVerfGE **19** 348, **1** 36. Grundgesetzwidrige Auslegung ist unzulässig, BGHSt **13** 102, 114. Erlaubt eine Norm verfassungsgemäße Auslegung, so gilt diese, BVerfGE **19** 5, **9** 200, NJW **75** 1355. Die Anforderungen an die Gesetzesbestimmtheit (Art 103 GG) nehmen ab, je niedriger der GGeber die Tatbestandserfüllung hinsichtlich ihrer Sanktion bewertet, wie zB bei den einfachen OWen, BVerfG DAR **68** 329, BGH VRS **54** 152, s auch Rz 62.

58 Der in einer Norm oder einem Normenkomplex ausgedrückte **objektivierte gesetzgeberische Wille** bestimmt die Auslegung, BVerfGE **11** 130, BGHSt **17** 23, Bay VM **78** 9, Dü NZV **90** 39, auch soweit er auf einheitliche Anwendung von Rechtsbegriffen abzielt, BGHSt **16** 245 (VVorschrift), der Sinn der Vorschrift, BGHSt **26** 348 = NJW **76** 2138, Bay DAR **92** 270, auch bei Berücksichtigung des Ausschließlichkeitsgrundsatzes hinsichtlich der StVO-VZ (**E** 6), jedoch nur, soweit im Gesetz hinreichend klar ausgedrückt, BVerfGE **6** 64, **20** 253. Keine Auslegung über den möglichen Wortsinn hinaus, BVerfG NJW **95** 1141, Kö VM **77** 3, Dü NZV **90** 39. Eindeutiger, grundgesetzkonformer Wille erlaubt keine einschränkende oder ausdehnende Auslegung (Fristen, Altersgrenzen, gewollte Lücken, Strafrahmen), BVerfGE **9** 118, BGHSt **8** 320. Eine haftungsbegrenzende Vorschrift (Gefährdungshaftung) ist danach auszulegen, welche Abwägung zwischen dem Interesse des Schädigers und des Geschädigten zu einem billigen Ergebnis führt, BGH VRS **54** 17. Ausnahmevorschriften (**E** 60) lassen sich nur ausnahmsweise auf ähnliche Sachverhalte erstrecken, Bay DAR **74** 305, BGHZ **26** 83, sie sind auch im StrVR eng auszulegen, BGHSt **23** 111. Bei Unvereinbarkeit von Sinn und Wortlaut ist eine Vorschrift unanwendbar. Bei eindeutigem gesetzgeberischem Versehen ist berichtigende Auslegung zulässig, BVerfGE **11** 149, dann auch gegen den Wortlaut, BGHZ **18** 49.

59 **Auslegungsmethoden,** einander ergänzend (BVerfGE **11** 130): Wortlaut und Sprachgebrauch (grammatisch), BGHSt **19** 307, Bay DAR **92** 270; Zusammenhang der Vorschrift(en) (systematisch), BGHSt **20** 107; **gegenwärtiger Gesetzeszweck** (teleologisch), BGHSt **15** 121, **19** 159, Fra VRS **58** 370, Ha VRS **47** 389, **48** 67, Dü NZV **94** 162. Dieser hat im StrVR besondere Bedeutung: Ampelüberweg „an" Kreuzung, Bay VM **72** 21, Ce VRS **32** 63; baulich getrennte Fahrstreifen an Baustellen und Überholbegriff, s § 5 StVO Rz 21. Erweiternde Auslegung von Bußgeldvorschriften zuungunsten ist nur in engen Grenzen zulässig und darf sich nicht ausschließlich nach dem GZweck richten, Bay DAR **74** 305. Dies gilt erst recht für Strafnormen, *Herzberg* NZV **90** 375 (§ 142 StGB). *Lackner,* Zu den Grenzen der richterlichen Befugnis, mangelhafte Strafgesetze zu berichtigen, Heidelberg-F S 39.

Keine Auslegung nur aus Begriffen heraus, maßgebend sind natürliche Betrachtung und das VBedürfnis, BGH VRS **25** 457, Bay DAR **92** 270, Dü NZV **94** 162. Im Vordergrund steht die Sicherheit, BGHZ **56** 152, NJW **77** 154, Dü VR **77** 139. Besonderes Gewicht muß im Zweifel dasjenige Auslegungsergebnis haben, das größere Sicherheit bietet, zB weil es die bauliche StrGestaltung so berücksichtigt, wie sie das VVerhalten psychologisch beeinflußt. Außerdem muß lediglich begriffliche Auslegung hinter der Form zurücktreten, in welcher sich der VVorgang wirklich vollzieht (s Bay VM **78** 9):

wer beim Wenden die Fahrbahn auf eine Grundstückseinfahrt ganz verläßt, um sich danach wie gewünscht einzuordnen, „wendet" nicht iSv § 9 StVO, sondern fährt ein (§ 10), s § 9 StVO Rz 5. Das technisch günstigere unmittelbare Rückwärtseinparken gilt auch in EinbahnStr nicht als unerlaubtes Rückwärtsfahren, Kar VM **78** 13. Da das Parkverbot vor fremder Einfahrt nur den Berechtigten schützen will, darf dieser solches Parken gestatten, es wäre sinnwidrig, dies mit der Begründung zu verneinen, eine Privatperson dürfe nicht in öffentliche Verbotswirkungen eingreifen, s Ha VRS **50** 314, Bay DAR **92** 270.

Gesetzesmaterialien (Entstehungsgeschichte), zB die amtliche Begr zur StVO, sind nur bei Vereinbarkeit mit dem möglichen Wortsinn verwertbar und soweit sie dem Zusammenhang der Vorschrift und ihrem Zweck nicht widersprechen oder innerhalb dieses Rahmens Zweifel beheben, BVerfGE **11** 130, **13** 268, BGHSt **18** 153, 159, ebenso Verlautbarungen des BMV, s BGHSt **16** 160, **23** 113.

Analogie ist Anwendung eines Rechtssatzes auf gesetzlich ungeregelte, ähnliche Fälle **60** (Gesetzesanalogie), oder Ableitung eines übergeordneten Rechtssatzes aus anderen und Anwendung auf den zu entscheidenden, ungeregelten Fall (Rechtsanalogie). Im Zivilrecht ist beides zulässig, bei Wahrung des Vertrauensschutzes (**E** 36), denn es herrscht der Grundsatz der Rechts-Lückenlosigkeit (nicht der Lückenlosigkeit der Gesetze), ausgenommen bei Formen und Fristen, bei solchen Ausnahmeregeln, die Erweiterung nicht dulden, wie zB bei gewollt enger GFassung, s BGHZ **26** 83, zB auch bei den Fällen der gesetzlichen Gefährdungshaftung (§ 7 StVG), BGHZ **55** 232, VRS **54** 17 (str, näher *Bauer Ballerstedt* – F 305).

Strafbegründende oder strafschärfende Analogie ist wegen des fragmentarischen **61** Charakters des Strafrechts (**E** 37, 78) unzulässig (Art 103 II GG, BVerfG NJW **95** 1141, BGHSt **20** 81), auch im OWRecht, Ko NZV **94** 83, zB kann der StVO/StVZO trotz des unverkennbaren Sinnzusammenhangs bei Fehlen einer ausdrücklichen Vorschrift nicht entnommen werden, der Fahrer habe das Kfz vom Fahrersitz aus zu lenken, s § 23 StVO Rz 16. Auch kann sich wegen Art 103 II GG kein strafbegründendes oder -schärfendes Gewohnheitsrecht bilden (**E** 20). Analogie, die sich jenseits dieses Verbotsbereichs zugunsten des Beschuldigten (Betroffenen) auswirkt (Schuldminderung, Strafausschluß), ist zulässig.

Die Grenze zwischen Auslegung (**E** 57 ff), die durch rechtliche Begriffsbildung **62** benachteiligen wie begünstigen kann (**E** 21), und der Analogie ist jedoch auch strafrechtlich fließend, s BGHSt **1** 145. Auslegung im Rahmen der ausgelegten Norm kann mildern und schärfen, zB bei Verweisung auf außerstrafrechtliche Normen oder bei Bildung allgemeiner Rechtsbegriffe, s BGHSt **6** 131 und **E** 21 (Gewohnheitsrecht). Angesichts der Unmöglichkeit einer umfassenden, alle denkbaren Fallgestaltungen berücksichtigenden Kasuistik (s auch BVerfG NJW **87** 3175) der den StrV regelnden Normen sind Auslegung in den geschilderten Grenzen (**E** 57 ff) und die daraus nach und nach erwachsenden RsprGrundsätze unvermeidbar (Art 103 II GG) nicht zu beanstanden, s Zw VRS **85** 212, *Göhler* § 3 Rz 5, *Benda* DAR **86** 368, s dazu aber *Westerhoff* NJW **85** 457. Zu den Grenzen richterlicher Rechtsfortbildung bei der Ausfüllung unbestimmter Rechtsbegriffe, s *Mutius* BA **90** 375 (absolute Fahrunsicherheit). Die Analogie beginnt jenseits des äußersten möglichen Wortsinns oder der äußersten begrifflichen Tatbestandsgrenze (*Sch/Sch/Eser* § 1 Rz 55), Ko NZV **94** 83, s den Fall BGHSt **10** 375 und früher die umstrittene Rspr zur Rückkehrpflicht bei § 142 StGB, zB BGHSt **14** 213, **18** 119.

Freie Rechtsfindung als Grundlage der Einzelentscheidung kommt im Zivilrecht in **63** Betracht, wenn Auslegung, Analogien oder Umkehrschlüsse nicht weiterführen. Maßstab ist dann der mutmaßliche gesetzgeberische Wille. Der so gefundene Rechtssatz kann zu Gewohnheitsrecht erstarken (**E** 20).

Sinnvolle Beachtung der Verkehrsregeln: E 122–124. **64**

X. Die Sanktionen bei Verstößen im StrV sind zivilrechtlicher, verwaltungsrechtlicher, ordnungs- und strafrechtlicher Art. **65**

Gefährdungshaftung des Halters und Kraftfahrers (Haftung für die Folgen eigener **66** Wagnisse kraft sozialer Verantwortung, BGH JZ **74** 184, Fra ZfS **87** 35) löst der Betrieb

Einleitung

von Kfzen aus, soweit das Gesetz sie ganz oder begrenzt vorsieht (§§ 7, 8, 8 a, 18 StVG), und sofern sie nicht gemäß der Rspr zurücktritt. Sie ist beschränkt nach Maßgabe der §§ 7 II, 10–12, 14, 15 StVG. Der Kf, nicht der Halter, kann sich durch den Nichtschuldnachweis von ihr befreien (§ 18 StVG). Als gezielte Sonderregelung verträgt die Gefährdungshaftung keine analoge Ausdehnung auf ähnliche oder nicht geregelte Fälle (**E** 60).

67 **Deliktshaftung** besteht daneben und soweit die §§ 8, 8 a, 16 StVG, 823, 826 BGB zutreffen.

68 **Ordnungswidrig** (§ 24 StVG) ist tatbestandsmäßiges, rechtswidriges, vorwerfbares Verhalten, das durch Gesetz oder VO kraft gesetzlicher Ermächtigung (zB § 6 StVG) mit Geldbuße bedroht ist (§ 1 OWiG). Nach näherer gesetzlicher Regelung kommt auch Verwarnungsgeld (§ 56 OWiG), Gewinnabschöpfung (§ 23 StVG) oder ein Fahrverbot (§ 25 StVG) in Betracht. Die entsprechende Behördenkompetenz genügt Art 92 GG, weil diese Sanktionen keine Strafen sind, BVerfG NJW **69** 1623.

69 **Die Abgrenzung zur Straftat** gelingt nur noch theoretisch-formal. Die Arbeitsthese vom qualitativen Unterschied zwischen OW und Straftat läßt sich nach dem Gesetzesstand zumindest teilweise nicht halten. Denn außer dem Verwaltungsungehorsam oder „Bagatellen" umfassen die OWen mit den individuellen Rechtsgutverletzungen und abstrakten Gefährdungstatbeständen (zB § 24 a StVG) auch gewichtige Zuwiderhandlungen. Unrecht, Gefährdung und Vorwerfbarkeitsgrad können größer als bei manchem Straftatbestand sein (zB vorsätzliches Durchfahren bei Rot trotz Querverkehrs, verglichen mit geringem Gelegenheitsdiebstahl). Rechtspolitisch richtet sich die Grenze, mit weitem Spielraum, nach der Faustregel, ob ein bestimmter Handlungstyp im Durchschnitt der denkbaren Fälle einen sozialethischen Vorwurf verdient (dann Straftat). Maßgebend ist gegenwärtig allein die formale gesetzliche Einordnung als Straftat oder OW (Strafe oder Geldbuße), bei gesetzlichem Spielraum, s BVerfG VRS **56** 410.

70 Dennoch macht die angedrohte Rechtsfolge zum aliud gegenüber der Straftat, BVerfGE **27** 30, sie bewirkt nicht das Unwerturteil der Kriminalstrafe, BVerfGE **27** 33, und macht den Kernbereich des Strafrechts ordnungswidrigkeitsunfähig, BVerfGE **22** 81, **27** 28, *Göhler* vor § 1 Rz 6.

71 **Ordnungswidrig handelt** im Bereich des StRVR, wer einer gesetzlichen Vorschrift (zB § 24 a StVG) oder vorsätzlich oder fahrlässig einer aufgrund des § 6 I StVG erlassenen RechtsVO oder einer aufgrund einer solchen VO erlassenen Anordnung (Einzelverfügung, Allgemeinverfügung, Anordnung durch VZ oder VEinrichtung) zuwiderhandelt, soweit die VO, wenn seit dem 1. 1. 69 ergangen, für einen bestimmten Tatbestand auf § 24 StVG verweist, wie zB die §§ 49 StVO, 69 a StVZO. In Betracht kommen die Gebote oder Verbote vor allem des StVG (§§ 23, 24 a), der StVO, der StVZO und der FeV.

72 Der **Opportunitätsgrundsatz** (§§ 47, 53 OWiG) beherrscht das OWiRecht. Ist Ahndung nach Bedeutung und Vorwerfbarkeit der Tat nicht geboten, können Ermittlungen unterbleiben, bereits eingeleitete nach pflichtgemäßem Ermessen behördlich oder gerichtlich eingestellt werden, zB weil der Verstoß völlig ungefährlich und von geringer Bedeutung war, Ha NJW **70** 622 (Rotampel!), oder bei bloßem Formalverstoß, Dü NZV **94** 328 (Rechtsfahrgebot!). Das Prinzip erlaubt und legt nahe, unfallträchtige OWen zugunsten ungefährlicher Formalverstöße mit geringer Schuld nachdrücklicher zu verfolgen (näher *Geiger* DAR **76** 323, 8. VGT, k + v **70** 38). Außerdem können unwesentliche Tatteile oder Rechtsverletzungen als nicht opportun von vornherein ausgeschieden werden (§ 24 StVG Rz 67). Eine zu weitgehende Ahndung selbst geringfügiger Formalverstöße ohne Gefahr auch nur einer Behinderung anderer wäre geeignet, Unverständnis gegenüber der Verfolgung von VOWen zu fördern, s Dü DAR **94** 125, NZV **94** 328.

73 **Verwarnung** (§§ 47, 56 OWiG) ohne oder mit Verwarnungsgeld und ohne Eintragung im VZR kommt in Betracht, soweit dies ausreicht (§ 26 a StVG).

74 Durch **Bußgeld** nach Maßgabe der verletzten Vorschrift werden alle nicht relativ geringfügigen OWen geahndet, mit VZR-Eintragung bei mindestens 40 € Bußgeld (§ 28 III Nr 3 StVG). Neben Geldbuße bei OWen gegen § 24 StVG ist nach Maßgabe von § 25 StVG Verhängung eines Fahrverbots mit zwingender Eintragung im VZR

(§ 28 III Nr 3 StVG) zulässig. Zur Anwendung der Bußgeldkatalog-Verordnung (BKatV) s § 24 Rz 60 ff.

Subsidiarität. Ist eine ow Handlung zugleich eine Straftat und wird Strafe verhängt, so tritt die OW zurück (§ 21 OWiG). Ein Fahrverbot bleibt zulässig. 75

Strafrechtlich gilt auch im StrV das StGB, vor allem die §§ 44 (Fahrverbot als Nebenstrafe), 69–69 b (gerichtliche Entziehung der FE), 142 (unerlaubtes Sichentfernen), 145 (Beeinträchtigung von Unfallverhütungsmitteln), 240 (Nötigung), 248 b (unbefugter FzGebrauch), 315 b (gefährliche Eingriffe in den StrV), 315 c (StrVGefährdung), 316 (VTrunkenheit), 316 a (Räuberischer Angriff auf Kf), außerdem die §§ 21 (Fahren ohne FE), 22 (Kennzeichenmißbrauch), 22 a (mißbräuchliches Herstellen, Vertreiben und Ausgeben von Kennzeichen), und 28 (Eintragung in das VZR) StVG. 76

XI. Der Tatbestand im Ordnungs- und Strafrecht schützt persönliche oder allgemeine Rechtsgüter (soziale Werte) durch Beschreibung ow oder strafbaren Verhaltens (typischen Unrechts) und Sanktionsandrohung. Freiheitsstrafen können nur durch formelles Gesetz angedroht werden, BVerfGE **14** 254, sonst genügt jede grundgesetzgemäße Rechtsnorm, auch jede durch gesetzliche Ermächtigung gedeckte VO, BVerfGE **22** 12. Der Tatbestand kennzeichnet die Straftat- oder OWMerkmale nach Angriffsart und Schutzgegenstand so bestimmt (Art 103 II GG) und erschöpfend wie möglich (s **E** 62), indem er beschreibt, was objektiv (in der Außenwelt, äußerer Tatbestand) und subjektiv (beim Täter, innerer Tatbestand) zur Sanktion berechtigt. Übereinstimmung eines äußeren und inneren Sachverhalts mit dieser Beschreibung bewirkt Tatbestandsmäßigkeit. 77

Die **Garantiefunktion** des Tatbestandes (**Bestimmtheitsgebot,** Art 103 II GG, § 1 StGB, § 3 OWiG) gewährleistet die möglichst genaue Beschreibung der Tatmerkmale und „Berechenbarkeit" des Unrechtsbereichs insoweit, als die wesentlichen, für Dauer gedachten Vorschriften über Voraussetzungen, Art und Maß der Sanktion gesetzlich festliegen müssen, BVerfGE **14** 251, **25** 285, NJW **95** 1141. Tragweite und Anwendungsbereich eines Straf- oder OWTatbestands müssen aus der Norm erkennbar und durch Auslegung zu ermitteln und zu konkretisieren sein, BVerfGE NJW **03** 1030. Unvermeidbare unbestimmte Begriffe sind zulässig, BVerfGE **4** 358, NJW **03** 1030, **95** 1141, und bei der Normierung von VRegeln (StVO) unverzichtbar, s Begr zur StVO, vor § 1 Rz 16 (unnötiges Lärmen; übermäßig lautes Türschließen; wenn nötig; bei Nässe; triftiger oder zwingender Grund; plötzliches Bremsen; ähnlicher, ebenso gefährlicher Eingriff; Wartepflicht nach Unfall), kaum jedoch „unnützes Hin- und Herfahren" in § 30 StVO (s dort Rz 14). S *Lenckner* JuS **68** 249, 304. Einschränkende Eintragungen im FS müssen klar erkennen lassen, ob eine Auflage (bei Verstoß OW) oder eine beschränkte FE vorliegt (bei Verstoß § 21 StVG), andernfalls Verstoß gegen das Bestimmtheitsgebot, BGHSt **28** 72 = NJW **78** 2517 (auch gegen Ahndung als OW?). 78

Blankettgesetze sind zulässig, sofern die Fälle der Strafbarkeit bereits aus dem Gesetz hinreichend deutlich hervorgehen, nicht erst aus einer AusfVO, BVerfGE **14** 187, 245, 252, **22** 25. Ein solches BlankettG ist § 24 StVG zusammen mit § 6 StVG und den ausfüllenden, auf § 24 StVG verweisenden Einzelvorschriften der StVO, StVZO und FeV (**E** 71). Die Verweisung muß zumindest stichwortartig und ausreichend spezialisiert sein und darf nicht nur allgemein geschehen, sonst liegt keine OW vor. 79

Im Regelfall zeigt der Tatbestand die **Rechtswidrigkeit** des Verhaltens an, Bay DAR **74** 305, vorbehaltlich der tatbestandlichen Grundlagen von Rechtfertigungsgründen (**E** 112 ff). 80

Ob **Sozialadäquanz,** also objektiv ausreichend sorgfältiges Verhalten, wie zB vorwurfsfreie VTeilnahme, auch wenn sie Gefahren mit sich bringt (Betriebsgefahr), niemals tatbestandlich ist, weil sozialadäquates Verhalten mangels typischen Unrechtsgehalts nicht untersagt werden könne (*Jescheck/Weigend* § 25 IV), ist str. Die dogmatische Fruchtbarkeit des Adäquanzgedankens wird möglicherweise überschätzt. S **E** 120. 81

Tatbestandstypen: a) die **Tätigkeitsdelikte** umschreiben rechtswidriges Verhalten ohne notwendige Wirkung auf die Außenwelt (Verkehrsunfallflucht, grundloses Linksfahren); b) bei den **Erfolgsdelikten** (richtig wohl: Wirkungsdelikten) beeinträchtigt das Verhalten das Schutzobjekt (fahrlässige Tötung, „konkrete" Gefährdung), entweder so, daß der durch die unbeendete Tat willentlich geschaffene rechtswidrige Zustand andau- 82

Einleitung

ert (Dauerdelikt, zB verbotenes Parken, Kfz-Nichtvorführung entgegen § 29 StVZO), oder so, daß dieser rechtswidrige Zustand nach Tatbeendigung fortbesteht (Zustandsdelikt), entweder als Schädigung des geschützten Objekts (Verletzungsdelikt, zB § 303 StGB), oder als „konkret" gewesene oder noch andauernde Gefährdung (§ 315 c StGB, *Lackner,* Das konkrete Gefährdungsdelikt). Die abstrakten Gefährdungen unterscheiden sich von den „konkreten" dadurch, daß die Wahrscheinlichkeit sofortigen Schadenseintritts bei ihnen, obwohl statistisch bereits größer, noch fehlt (zB bei den §§ 316, 323 a StGB). c) Das **Unterlassungsdelikt** besteht im Untätigbleiben entgegen einem gesetzlichen Gebot (§ 323 c StGB, echtes), das unechte Unterlassungsdelikt in Nichtbefolgung einer Garantenpflicht mit Eintritt der tatbestandsmäßigen Wirkung.

83 XII. **Handlung** im Rechtssinn ist gesteuertes, sozialerhebliches Verhalten (str) nach außen, BGHZ **39** 106, das eine Gebots- oder Verbotsnorm verletzt, entweder gewollt zwecktätiges Tun mit angestrebtem Ergebnis (Vorsatz), oder gewolltes Verhalten mit pflichtwidrig nicht bedachter oder nicht bezweckter Folge, oder ungewolltes Verhalten hinsichtlich einzelner Tatbestandsmerkmale (Fahrlässigkeit). Handlung ist nur ein Verhalten, das der Bewußtseinskontrolle und Willenslenkung unterliegt; ein unwillkürliches Verhalten scheidet aus, Nau DAR **03** 175, s Rz 86. Unterlassen: **E** 87 ff. Gesamtvorsatz: **E** 134. Natürliche Handlungseinheit: **E** 150 a.

84 Zur Handlung gehört die Nutzung durch Erfahrung eingeübter **Verhaltensautomatismen.** Diese bestehen a) in der mehr oder weniger automatischen Aufnahme verkehrswesentlicher Informationen (VLage, VZ, Witterung, fremdes Verhalten) und b) deren Umsetzung in eigenes (Fahr)verhalten. Jeder Erfahrene, weniger der Ungeübte oder VSchwache, nimmt die zur VTeilnahme nötigen Informationen mehr oder weniger richtig oder vollständig durch „beiläufigen Blick" auf und reagiert auf sie mit Hilfe eingeschliffener Automatismen. Diese verkürzen die Reaktionszeiten und ermöglichen zügiges, optimal angepaßtes Reagieren. Längere Unterbrechung der Fahrpraxis baut erworbene Automatismen wieder ab, s *Müller-Limmroth* DAR **77** 154. Mit der Fahrerfahrung fehlen dem Anfänger auch noch die auf ihr beruhenden Leistungsreserven.

85 Die Automatismen beschleunigen jedoch nur Information und Reaktion. Zwischen beide tritt die unerläßliche, rechtlich geforderte, mit der VDichte gesteigert beanspruchte „höhere geistige Leistung" (*Lange,* Rätsel Kriminalität, 309, *Hoffmann ua,* ZBlVM **70** 201) bewußt angepaßter Verhaltenssteuerung. Vorsicht und Rücksicht (§ 1 StVO), das Rechtsfahrgebot (§ 2 StVO), richtiges Abstandhalten nach vorn und beiden Seiten, verwickelte VLagen, zB die des § 11 StVO und viele andere erfordern ständige, mitunter höchste Aufmerksamkeit. Dabei hilft die Erfahrung. Information, Entschluß und Ausführung einschließlich der dabei mitwirkenden Automatismen sind jedoch als gleichsam rascheste willentliche Handlungen bewußtseinskontrolliert und deshalb **Handlungen im Rechtssinn,** Fra DAR **84** 157, *Stratenwerth,* Unbewußte Finalität? Welzel-F 289, *Heifer* BA **71** 385, *Müller-Limmroth* DAR **68** 37, *Spiegel* DAR **68** 284, *Schewe,* Reflexbewegung, Handlung, Vorsatz, 1972. Diese Grundsätze gelten auch für langsame VT (Fußgänger). Zum Erwerb, Abbau und Wiedererwerb der Automatismen (Impulsauslösung durch die Großhirnrinde oder ein tieferliegendes Hirngebiet), *Müller-Limmroth* BA **78** 234.

86 **Keine Handlungen** (*Gallas* ZStW **67** 15) sind mangels Willensbeteiligung durch unwiderstehliche Gewalt **erzwungene Bewegungen,** solche in Bewußtlosigkeit, s BGHZ **98** 135 = NJW **87** 121 (im Zivilrecht Beweislast beim Schädiger, s dazu *Weber* DAR **87** 170), Nau DAR **03** 175, *Baumgärtel* JZ **87** 42, **reine Körperreflexe,** BGHZ **98** 135, wie Torkeln oder Krampf, zB aufgrund epileptischen Anfalls, Schl VRS **64** 429. Keine vorwerfbaren Handlungen sind „instinktive" Abwehr- oder Ausweichbewegungen in Bestürzung oder Schreck bei Zwang zu sofortigem Verhalten, Nau DAR **03** 175, zB Fehlreaktionen wie unrichtiges Ausbiegen bei plötzlicher, unvorhersehbarer Gefahr, BGH VR **76** 587, 734, Dü NJW **65** 2401, s Ha VRS **67** 190 (falsche FzBedienung nach Zusammenstoß mit Schäferhund), ein Angstgriff des Beifahrers ans Lenkrad, um Unglück zu verhindern, Nü VR **80** 97, reflexhaftes Bremsen bei plötzlicher Reifenpanne, BGH DAR **76** 184, **88** 159, plötzlichem Auftauchen eines teilweise auf der falschen Fahrbahnseite Entgegenkommenden, Kar VR **87** 692, anders aber plötzliches Bremsen

wegen eines in die Fahrbahn laufenden Tieres, Fra DAR **84** 157, Sa ZfS **03** 118 (s **E** 84 f – Automatismen) oder lediglich ungeschickte Abwehr einer beherrschbaren Störung (Fliege im Auge), Ha NJW **75** 657. Solche **Schreckreaktionen** (unbeleuchtetes Fz kommt im Dunkeln auf dem Fahrstreifen entgegen) sind während der **Schreckzeit** (§ 1 StVO Rz 29) willentlich nicht beherrschbar, zu der außerdem die individuell unterschiedliche (Bay VRS **58** 445), ebenfalls unbeherrschbare **Reaktionszeit** (s § 1 StVO Rz 30) tritt, die durch Stör- oder Schreckreize aber verlängert oder verkürzt werden kann (*Moser* ZVS **69** 3). Nichtvorwerfbarkeit: **E** 131. Verschuldete Verursachung derart reaktionsgestörter Lagen ist vorwerfbar (**E** 137), etwa schreckbedingte Fehlreaktion wegen tatsächlicher oder vermeintlicher Gefahr aufgrund vorausgegangener Unaufmerksamkeit. Bloße Fehlreaktionen: **E** 144.

XIII. Unterlassung. Ob und wann ein Unterlassen dem Tun innerhalb eines geschlossenen Handlungsbegriffs gleichrangig gelten kann, ist trotz § 13 StGB, der dem Bestimmtheitsgebot des Art 103 II GG genügt, BVerfG NJW **03** 1030, im einzelnen strittig (*Jescheck/Weigend* § 58 I ff). Die Unterlassungsdelikte verletzen gesetzliche Gebote entweder dadurch, daß gesetzesgebotenes Handeln unterbleibt (echtes Unterlassungsdelikt), BGHSt **14** 281, **17** 166, **21** 54, zB bei unterlassener Hilfe (§ 323 c StGB) oder Nichtsichern eines gefährdend liegen gebliebenen Kfzs (§ 315 c I Nr 2g), oder dadurch, daß der rechtlich Handlungspflichtige (BGHSt **7** 271) („Garant") die tatbestandsmäßige Wirkung („Erfolg") abwenden könnte, aber nicht abwendet (unechtes Unterlassungsdelikt), zB als Kf ein Kleinkind auf dem Lkw-Beifahrersitz ungeschützt mitführt, Kar VRS **50** 413, nach pflichtwidrig bewirktem Unfall dem Verletzten nicht hilft, BGHSt **7** 287, bei gefährdend liegengebliebenem Kfz den Verkehr nicht sichert (§ 315 c I 2 g StGB), ein selbst verursachtes Hindernis nicht beseitigt oder nicht ausreichend absichert, als verantwortlicher Fahrer nicht für vorschriftsgemäßes Funktionieren des Fahrtschreibers sorgt, Ha VRS **52** 278. Vollendet ist das unechte Unterlassungsdelikt mit dem „Erfolg", BGHSt **11** 356. 87

Die **Rechtspflicht zum Handeln** gründet nach hM auf Gesetz, wie zB beim mitfahrenden Halter, Ha VRS **47** 465, auf Vertrag, besonders enger Lebensbeziehung, BGHSt **19** 167, oder auf gefährdendem Tun, BGHSt **11** 353 (abl *Schünemann* GA **74** 231), auch auf unzulänglicher, gefahrbegründender Hilfeleistung, BGH NJW **75** 1175, soweit Handeln möglich und zumutbar ist, BGHSt **11** 355, zB dann nicht, wenn der Lkwf die Fahrbahn entgegen § 32 StVO nicht sofort reinigen kann und dies auch nicht zu vertreten hat. Wer eine Gefahrquelle schafft, muß im Rahmen des Nötigen und Zumutbaren für Schutz dagegen sorgen, BGHZ **60** 54 (55) = NJW **73** 461. Pflichtgemäßes, verkehrsrichtiges Verhalten macht auch bei Gefährdung oder Unfall nicht zum Garanten, BGHSt **25** 218 (zw), jedoch bei Fortbestand der Hilfspflicht (§ 323 c StGB). 88

Die Rolle als Garant erwächst ua aus der Verpflichtung als allein Verantwortlicher oder Wächter bei Verzicht des Treugebers auf weitere Schutzmaßnahmen, BGHSt **19** 288, so bei Übernahme von Halterpflichten durch den Fahrer; bei verantwortlicher, fachlicher Leitung des FzParks, Ha VRS **34** 149; bei Streupflichtübernahme durch den Mieter, Ce NJW **61** 1939; bei Übernahme der Warnpflicht im Pannenfall, BGH VRS **17** 424; bei Übernahme der Pflicht, einen Gebrechlichen zu begleiten, Ha VRS **12** 45; bei Übungsfahrten des Fahrschülers mit dem Fahrlehrer. 89

Die Verantwortlichkeit für gefährdendes Verhalten (*Jescheck/Weigend* § 58 IV) schließt naheliegende Folgegefahr ein, ebenso bei Gefahrquellen im eigenen Einflußbereich, BGHSt **19** 288, Kar VRS **48** 199. So muß der Fahrer nach pflichtwidrig bewirktem Unfall außer nach § 323 c StGB auch folgenverhütend helfen, BGHSt **7** 287; diese Garantenpflicht besteht auch dann, wenn das Unfallopfer zwar allein schuldig ist, der FzF aber gegen VRegeln verstoßen hat, die in unmittelbarem Zusammenhang mit dem Unfall stehen, BGHSt **34** 82 = NJW **86** 2516 (abl *Rudolphi* JR **87** 162), s *Herzberg* JZ **86** 986 („Vermeideverantwortlichkeit" selbst ohne Pflichtwidrigkeit; dagegen *Rudolphi* JR **87** 165). IdR keine Garantenpflicht des FzF für sorgfältiges Verhalten beim Türöffnen durch den Beifahrer, Mü VR **96** 1036. Ist der Gast erkennbar hilflos, so muß der Gastwirt ihn am Fahren hindern, BGHSt **19** 152, uU an VTeilnahme überhaupt, BGHSt **26** 35, VRS **48** 348, ebenso der private Gastgeber bei erkennbarer Hilflosigkeit des Gastes, 90

BGHZ **26** 35, während bloße Zechgemeinschaft oder die soziale Gastwirtsrolle allein noch nicht zum Garanten machen, BGHSt **25** 218, VRS **13** 470, Dü NJW **66** 1175. Näher zur strafrechtlichen Verantwortlichkeit des Gastwirts oder privaten Gastgebers bei Trunkenheitsfahrt des Gastes: *Hentschel*, Trunkenheit Rz 330.

91 XIV. Für **Täterschaft und Teilnahme** gelten strafrechtlich die Grundsätze der §§ 25–31 StGB, die hier nicht darzulegen sind. Der Halter ist mitverantwortlich, wenn er schuldhaft Schwarzfahrten durch Personen ohne FE oder durch Fahruntaugliche mit seinem Kfz ermöglicht; ebenso der Fahrer und der Bus- oder Taxiunternehmer; ebenso Hilfspersonen mit Beobachtungs- oder Einweisungsfunktion beim KfzBetrieb. Bei Übungs- und Prüfungsfahrten ist der Fahrlehrer als Führer verantwortlich, soweit er fehlerhafte Fahrweise veranlaßt oder nicht verhindert, § 2 XV StVG ist gegenüber § 25 StGB ohne Bedeutung.

92 Die Vorschriften über das **Handeln für einen anderen** (§§ 14 StGB, 9 OWiG) wollen gewährleisten, daß natürliche und juristische Personen und öffentliche Verwaltungen als Normadressaten im Rahmen besonderer Pflichtenkreise (§ 14 I S 2 OWiG) sich der darin begründeten Verantwortung nicht dadurch entziehen können, daß sie sich auf Nichthandeln berufen, weil ein vertretungsberechtigtes Organ oder Organmitglied, Gesellschafter, gesetzlicher Vertreter, Betriebsleiter oder speziell Beauftragter eigenverantwortlich für sie gehandelt habe, der seinerseits aber nicht Normadressat ist. Nach beiden Vorschriften haftet innerhalb dieser gesetzlich umschriebenen Pflichtenkreise anstelle oder neben dem Vertretenen (auch) der beteiligte gesetzliche oder rechtsgeschäftliche Vertreter oder (Teil)Beauftragte für das pflichtgebotene Verhalten (Tun, Unterlassen) (**E** 83, 87 ff). Bei der Beauftragung ist ausdrückliche Übertragung der Betriebsleitung oder eines bestimmten Pflichtenkreises in eigener Verantwortung des Beauftragten Voraussetzung, Bay VRS **59** 209, VM **94** 17, Kö VRS **66** 361, zB Beaufsichtigung der Kfze auf ordnungsgemäßen Betriebszustand, Auswahl, Einsatz und Überwachung der Fahrer. Der Auftrag muß so eindeutig sein, daß der Beauftragte Umfang und Inhalt der in eigener Verantwortung übernommenen Aufgabe klar erkennt, Kö VRS **66** 361. Die Befugnis, über den Einsatz von Fzen zu entscheiden, schließt nicht stets die Pflicht ein, für die VSicherheit der Fze zu sorgen, Bay VM **94** 17. Bei ordnungsgemäßer Pflichtenübertragung einschließlich der organisatorischen Voraussetzungen für sachgerechte, ausreichende Überwachung des Vertreters oder Beauftragten tritt die Verantwortlichkeit des eigentlichen Normadressaten zurück, außer bei eigenem Handeln oder bei Nichteingriff trotz wahrgenommener Pflichtwidrigkeit des Vertreters (§ 130 OWiG). Näher *Brenner* DRiZ **75** 72. *Bruns* GA **83** 1.

93 Ein **Einheitstäterbegriff** herrscht im OWRecht (§ 14 OWiG): beteiligen sich mehrere, gleichviel wie, an einer OW, so handelt jeder von ihnen ow. Dieser Einheitsbegriff beruht auf strafrechtlichen Erkenntnissen, vereinfacht aber zu einer einheitlichen Begehungsform, welche zwischen den strafrechtlichen Teilnahmeformen nicht unterscheidet. Er will die Rechtsanwendung erleichtern durch Verzicht auf die Einstufung als Täter, Mittäter, Anstifter oder Gehilfe, so daß kein Tatbeitrag unter diesen Gesichtspunkten zu werten ist, die Entscheidung also im Einzelfall offen lassen kann, welche Form der Beteiligung vorlag, Dü VRS **64** 205, s Dü NZV **90** 321. Diese Einheitslösung bezweckt keine gegenüber dem Strafrecht ausgedehnte Ahndung, Bay NJW **77** 2323, *Göhler* § 14 Rz 2, obgleich sie sie bis hin zur Einbeziehung relativ bedeutungsloser Handlungen ermöglicht (*Cramer* NJW **69** 1929, *Welp* VOR **72** 299, *Kienapfel* und *Dreher* NJW **70** 1826, **71** 121). Diese Gefahr ist bei sachgerechter Beachtung des Opportunitätsprinzips (§ 47 OWiG) gering. Zum Einheitstäterbegriff, KG NJW **76** 1465. *Kienapfel,* Zur Einheitstäterschaft im Ordnungswidrigkeitsrecht, NJW **83** 2236. Täter können nur natürliche Personen sein, Bay NJW **72** 1772, Geldbuße gegen Personenvereinigungen und juristische Personen ist nur Nebenfolge der OW (§ 30 OWiG).

94 **Beteiligung** setzt bewußtes, gewolltes Zusammenwirken mit zumindest einem andern voraus, gleichviel wie, ohne Rücksicht auf eigenen Täterwillen, auf Tatherrschaft und Maß der eigenen Tatbestandsverwirklichung, also Vorsatz, Bay VRS **59** 209, NJW **77** 2323, DAR **90** 268, Kö VRS **63** 283, KG VRS **66** 154, **70** 294, Ko VRS **76** 395, aM *Kienapfel* NJW **70** 1831. Auch der andere muß vorsätzlich handeln, BGHSt **31** 309

= NJW **83** 2272 (krit *Kienapfel* NJW **83** 2236), Bay VRS **70** 194, DAR **90** 268, BaySt **96** 160, Kö NJW **79** 826, VRS **63** 283, Ha NJW **81** 2269, KG VRS **66** 154, Ko VRS **76** 395, Stu DAR **90** 188, Dü NZV **90** 321, *Dreher* NJW **71** 121, *Brammsen* DAR **81** 38, aM Ko VRS **63** 281, *Kienapfel* NJW **70** 1831. Nebentäterschaft ist möglich: *Göhler* § 14 Rz 4. Nicht genügt fahrlässige Verursachung vorsätzlicher Tat und vorsätzliches Verursachen fremder Fahrlässigkeit (BTDrucks V/1269 S 49); in beiden Fällen fehlt gewolltes Zusammenwirken. Der Halter (Weisungsberechtigte) darf nicht Parkverstöße anordnen, Kö VRS **47** 39, der mitfahrende Halter muß bei wahrgenommenen Verstößen abmahnen oder hindernd eingreifen, Ha VRS **47** 465, Dü VRS **61** 64 (Parken), Fra VM **77** 80, der bloße Fahrgast nicht. An OWen des Fahrers, deren spätere Begehung der Halter gekannt und mindestens mit bedingtem Vorsatz gebilligt und nicht unterbunden hat, ist dieser beteiligt, Bay NJW **77** 2323, Ha NJW **81** 2269, Ko VRS **69** 388. Überlassung des Fzs in der Erwartung, der Fahrer werde eine bestimmte OW begehen, genügt, Ha NJW **81** 2269, Kö VRS **63** 283, **85** 209. Dabei sollte die billigende Vorstellung des Halters ausreichen, der Fahrer werde nach Belieben die am häufigsten verletzten Vorschriften über Höchstgeschwindigkeiten, die Ampelgebote oder Parkverbote verletzen, während die nur allgemeine Vorstellung des Halters, mit dem Kfz werde möglicherweise gegen VVorschriften verstoßen werden, zum Beteiligungsvorsatz nicht ausreicht, s Bay NJW **77** 2323, VRS **52** 285, *Bouska* VD **77** 305. Weiß der Halter, daß der Fahrer bereits früher zu schnell gefahren, bei Rot durchgefahren ist oder unerlaubt geparkt hat und überläßt er ihm das Kfz dennoch wieder, so darf mindestens bedingt vorsätzliche Beteiligung angenommen werden, s Bay JZ **77** 107, VRS **52** 285, **53** 363, Dü VM **79** 22, VRS **64** 205, Ha NJW **81** 2269, Ko VRS **69** 228 (zweimaliger Parkverstoß). Der Halter kann aufgrund wahlweiser Tatsachenfeststellung als Beteiligter am Parkverstoß verurteilt werden, ohne daß die Identität des jeweiligen Fahrers festgestellt werden müßte, Ce NRPfl **84** 223, Ko VRS **69** 388. Wurde der Betroffene als Fahrer verfolgt, so setzt Verurteilung als beteiligter Halter vorherigen Hinweis nach § 265 StPO voraus, Dü VRS **61** 64. Wer Rückschau-, Anzeige- oder Einweiserpflichten übernommen hat, ist beteiligt. Untätigbleiben kommt nur bei einer Rechtspflicht zum Handeln, etwa als Halter, als Beteiligung in Betracht (**E** 87ff). S auch § 24 StVG Rz 20.

Besondere persönliche (täterbezogene), ahndungsbegründende **Merkmale** (persönliche Eigenschaften oder Verhältnisse, zB Halter- oder Fahrereigenschaft), auch vorübergehende, brauchen nur bei einem der Beteiligten vorzuliegen (§ 14 I OWiG). Gegensatz: tatbezogene Merkmale. Soweit sie bei einem Beteiligten fehlen, kann dies mildernd wirken (§ 17 III OWiG). Das Fehlen der Vorwerfbarkeit bei anderen Beteiligten entlastet nur diese (§ 14 III OWiG). Die Ahndung ausschließende persönliche Merkmale gelten nur für den, bei dem sie vorliegen, ebenso etwaige persönliche Milderungs- oder Erschwerungsgründe. 95

Erfolglose Beteiligung bei Ausbleiben der Tatbestandsverwirklichung ist nicht tatbestandsmäßig (§§ 1 I, 14 II OWiG). 96

Kennzeichenanzeigen. Ein – durch § 25a StVG nur teilweise entschärftes – Sonderproblem der VÜberwachung liegt in der Täterermittlung, wenn dieser nicht alsbald gestellt und nur das KfzKennzeichen erkannt werden kann. Bei gewerblich genutzten Kfzen und Fuhrparkhaltern, auch bei juristischen Personen als Haltern, besagt die Haltereigenschaft von vornherein nichts über das Führen zur Tatzeit. Jedoch auch bei den übrigen „PrivatFzen" beweist die Haltereigenschaft für sich allein nicht schon Täterschaft, BVerfG VRS **86** 81, BGHSt **25** 365 = NJW **74** 2295, VRS **48** 107, Kö VRS **79** 29, DAR **80** 186, Br VRS **48** 435, Ce VRS **45** 445, Ha NJW **74** 249, VRS **43** 364, Dü DAR **03** 40, VRS **65** 381, Kar VRS **49** 47, 117, Ko VRS **64** 281, 311, es sei denn, andere, nicht nur ganz entfernte Möglichkeiten scheiden aus, KG VRS **42** 217, Ha NJW **73** 159. Zwar wäre bei Privatfzen der Schluß vom Halter auf den Fahrer weder denkgesetz- noch erfahrungswidrig, BGHSt **25** 365, doch muß der Richter alle nicht ganz fernliegenden Möglichkeiten berücksichtigen. Dies kann er nur anhand weiterer Umstände (Beruf, Fahrtzeit zur oder von der Arbeit, Benötigung des Fzs zur Berufsausübung bei Verstoß an einem Arbeitstag, Lichtbildvergleichung, Gaststättenaufenthalt, SpezialFz, widersprüchliches früheres Verhalten, weitere FEInhaber im Haushalt, bekannter Alleinfahrer), BGHSt **25** 365 = NJW **74** 2295, VRS **48** 107, Ha NJW **74** 249, VRS **44** 96a

Einleitung

117, KG VRS **45** 287, Dü VRS **61** 64, Ko VRS **64** 311, Stu NZV **89** 203, Kö VRS **79** 29, die also ermittelt werden müssen, zB lediger Stand, Kar Justiz **74** 343, Nichtbenutzung durch Angehörige und ausnahmsweise Benutzung durch Dritte, Sa VRS **47** 438. Wegfahren eines geparkten Fzs durch den Halter kann als Indiz dafür in Betracht kommen, daß das Fz auch vorher von ihm gefahren wurde, KG VRS **66** 154. Auch Abholen eines vorschriftswidrig geparkten und daher abgeschleppten Fzs durch den Halter ist ein Indiz für dessen Täterschaft, wenn zwischen dem Abschleppen und dem Abholen nur wenig Zeit verstrichen ist, Fra VRS **64** 221. Zum **Foto als Beweismittel,** s § 24 StVG Rz 76. Hat sich der Halter zur Sache nicht eingelassen, so darf dies allein nicht zu seinem Nachteil ausschlagen (§§ 136, 261 StPO), BGHSt **25** 365 = NJW **74** 2295, Ko VRS **59** 433, **58** 377, Dü VRS **55** 360 („Nein" im Anhörungsbogen), Ha VRS **44** 117, KG VRS **45** 287, Sa VRS **47** 438, Kö VRS **49** 48, ebensowenig seine Weigerung, den angeblichen Fahrer zu benennen, Kö VRS **67** 462, Stu NZV **89** 203, oder der bloße Hinweis auf den (vermeintlichen) Eintritt der Verjährung, Bay VRS **62** 373, bei Teilschweigen ist sein gesamtes Prozeßverhalten verwertbar, Ha NJW **74** 1880, abw möglicherweise Ha NJW **74** 249. Enthält der Verteidigervortrag Tatsachen, so sind diese jedenfalls dann nicht dem zur Sache schweigenden Halter zuzurechnen, wenn er diesen Erklärungen nicht ausdrücklich zustimmt, Stu NZV **89** 203. Die bloße Einlassung, Halter des Kfz zu sein, ist keine zum Nachteil verwertbare Teileinlassung, Ko VRS **59** 433, Hb VRS **59** 351, **50** 366, DAR **80** 279. Bleibt offen, ob der Halter den Verstoß selber begangen oder ob ihn ein anderer mit bedingt vorsätzlicher Billigung des Halters begangen hat und scheidet jede andere Möglichkeit mit Gewißheit aus, so haftet der Halter als Täter, s Bay NJW **77** 2323, Ce NRPfl **84** 223; Voraussetzung ist die Feststellung, daß er, sofern ow Handeln eines anderen in Betracht kommt, dessen *vorsätzliches* Handeln jedenfalls wissentlich gefördert hat, KG VRS **66** 154 (s Rz 94). Der Möglichkeit, nach der glaubhaften Einlassung des Betroffenen könne ein anderer das Kfz geführt haben, ist auch bei Auslandswohnsitz des Zeugen nachzugehen, Sa VRS **48** 211, s auch § 25a StVG Rz 7. Zulässiges Prozeßverhalten in der mündlichen Verhandlung darf nicht als Beweisanzeichen dafür gewertet werden, daß der Beschuldigte auch der Fahrer war, Kö VRS **56** 149. Das Urteil muß die Zusatzumstände außer der Haltereigenschaft angeben, welche für die Fahrereigenschaft sprechen, Kö VRS **51** 213, Ko VRS **64** 281. Diese nach der Gesetzeslage wohl unumgängliche Rspr (krit *Mayer* BA **75** 266) erschwert polizeiliche VÜberwachung außerordentlich. Zur Lösung des Problems wurden verschiedene Wege vorgeschlagen, zB eine gesetzliche Ergänzung der Halter-Gefährdungshaftung (§ 7 StVG), s *Recktenwald* DAR **81** 76 = VGT **81** 138, *Bauer*, Ballerstedt-F 312, *Pfeiffer* DAR **80** 307, ferner technische Lösungen mangels rechtlicher Möglichkeit, *Gontard*, Diss Gießen 1976, und schließlich eine kostenrechtliche Regelung, s 19. und 23. VGT (**81** 9, **85** 14), *Janiszewski* BA-Festschrift S 73 ff, *Mößinger* VGT **85** 313, 320 = DAR **85** 271, 273, *Witthaus* VGT **85** 327, 336, krit *Lamprecht* ZRP **84** 327, abl bei OWen im fließenden V *Notthoff* DAR **94** 98, *Rediger* NZV **96** 97, VGT **01** 163. Den Weg der kostenrechtlichen Regelung hat der GGeber in § 25a StVG beschritten, allerdings beschränkt auf den ruhenden V. S § 25a StVG. Beteiligung des Halters: E 94. Zur **Verjährungsunterbrechung** bei Kennzeichenanzeigen, s § 26 StVG Rz 7.

Lit: *Berz*, Zur rechtlichen Problematik der Kennzeichenanzeigen, DAR **74** 197. *Bouska*, Verfahren bei sog Kennzeichenanzeigen, VD **74** 321. *Feltz*, Gegenpositionen zur Halterhaftung bei Kennzeichenanzeigen, VGT **01** 163. *Gontard*, Rechtliche Probleme der Kennzeichenanzeige, Dissertation, Gießen 1976. *Hauser*, Kennzeichenanzeigen bei Pol, Bußgeldstellen und Gerichten, VGT **75** 64, VD **75** 289. *Janiszewski*, Die Problematik der sog Kennzeichenanzeigen, AnwBl **81** 350. *Derselbe*, Gedanken zur Kennzeichen-Problematik, BA-Festschrift S 67. *Lamprecht*, Der Halter als gesetzlicher Vertreter des FzF im Bußgeldverfahren bei Kennzeichenanzeigen, ZRP **84** 324. *List*, Kennzeichenanzeigen ..., VGT **75** 40. *Mayer*, Haltereigenschaft und Fahrzeugführer, BA **75** 266. *Meier*, Kennzeichenanzeigen ..., VGT **75** 53. *Rediger*, Ausdehnung der Halterhaftung auf den fließenden V ...?, NZV **96** 94. *Stümpfler*, Schweigen im Straf- und Bußgeldverfahren, DAR **73** 1.

97   **XV. Ursächlichkeit.** Die juristischen Kausalitätslehren bezwecken nicht Erkenntnis, sondern angemessene Zurechnung. Deshalb fragen sie nicht, ob und wo in der Erscheinungswelt eine Verknüpfung von Ursache(n) und Wirkung(en) („Erfolg") etwa nicht (mehr) bestehe. Eine erfahrungsgemäße Verknüpfung bis ins Unendliche zurück voraussetzzend, bezwecken sie, alle diejenigen Glieder der Ursachenketten schon auf frühester Untersuchungsstufe auszuscheiden, die nach Art und Zweck des jeweiligen Rechtsbereichs als Ursachen billigerweise nicht (mehr) in Betracht gezogen werden dürfen. Rechtlich bedeutet Ursächlichkeit also die rechtlich erforderliche und vertretbare Zurechnung einer Ursache für eine Wirkung („Erfolg") zwecks Klärung der Verantwortlichkeit und Haftung. Von vornherein ist sie deshalb nur zu prüfen, wo eine bestimmte Folge bewirkt worden ist oder vermieden werden sollte, nicht bei bloßen Tätigkeitsnormen.

Die angezweifelte, im **Strafrecht** aber herrschende (BGHSt 1 332, 7 114) **Bedingungslehre** (Äquivalenzlehre) bezeichnet ein Verhalten als ursächlich, wenn die Folge sonst jetzt und in dieser Art nicht eingetreten wäre, BGH NJW 67 212 (näher *Tröndle/Fischer* 16ff vor § 13), bei prinzipieller Gleichrangigkeit aller Ursachen, auch ungleichgewichtiger, ungewöhnlicher oder teilweise später hinzutretender, BGH JZ 94 687, wobei der wirkliche Ablauf entscheidet, nicht ein gedachter, BGHSt 10 370, VRS 32 37. Zur Kritik an der Bedingungstheorie, s zB *Jescheck/Weigend* § 28 II. Wegen ihrer Unzulänglichkeit besonders auch im StrVR plädiert *Otto* NJW 80 417 (mit Beispielen) für Ersetzung durch den Begriff des Risikoerhöhungsprinzips. Kritisch zur Risikoerhöhungstheorie bei fahrlässigen Erfolgsdelikten *Krümpelmann* GA 84 491, abl auch Bay NZV 92 452. **98**

Ein **Unterlassen** ist nach der Bedingungslehre hypothetisch ursächlich, wenn das rechtlich geforderte Handeln die Folge zu dieser Zeit in dieser Art mit an Sicherheit grenzender Wahrscheinlichkeit abgewendet hätte, BGHSt 7 214, NJW 54 1048. Beim fahrlässigen Erfolgsdelikt ist zu prüfen, ob der Erfolg durch Anwendung pflichtgemäßer Sorgfalt bei Tätigwerden vermieden worden wäre, Kö NZV 89 319 (fahrlässiges Dulden des Fahrens ohne FE). **99**

Bei **Fahrlässigkeit** liegt der Vorwurf in der Sorgfaltspflichtverletzung, deshalb muß gerade diese die Folge bewirkt haben, die Folge muß im **Schutzbereich** der verletzten Norm liegen, Kö VM 80 68, VRS 70 373, Ha VRS 60 38, Bay VRS 71 68, s dazu E 141. Dh die verletzte Bestimmung muß der Verhütung gerade der durch den Verstoß eingetretenen Folge dienen, Bay NZV 89 201. Ein verkehrswidriges Verhalten ist ursächlich, wenn sicher ist, daß der Erfolg bei verkehrsgerechtem Verhalten nicht eingetreten wäre, BGHSt 11 1, Dü VRS 66 30, Kö VRS 70 373, Stu VRS 87 336. Die Ursächlichkeit ist zu verneinen, wenn dieser Erfolg sich auch bei verkehrsgerechtem Verhalten nach tatrichterlicher Überzeugung zumindest nicht ausschließen läßt, BGHSt 33 61 = NJW 85 1350, Bay NZV 92 452, Ko DAR 01 404, Fra JR 94 77. Dabei führt die Möglichkeit des Eintritts eines gleichen Erfolges durch andere Tatsachen nur dann zur Verneinung der Ursächlichkeit, wenn sie die Überzeugung des Gerichts von der an Sicherheit grenzenden Wahrscheinlichkeit des Gegenteils vernünftigerweise ausschließt, BGHSt 11 1 (abl *Ranft* NJW 84 1425), Bay NZV 94 283, Dü VRS 66 30. Die Tatsache, daß der eingetretene Erfolg auch durch ein zeitlich nachfolgendes pflichtwidriges Verhalten eines Dritten herbeigeführt worden wäre, beseitigt die Ursächlichkeit eines Verhaltens, das tatsächlich diesen Erfolg bewirkt hat, jedoch nicht, BGHSt 30 228 = NJW 82 292 (Anm *Kühl* JR 83 32), *Puppe* JuS 82 660, *Ranft* NJW 84 1425. **100**

Lit: *Jordan*, Rechtmäßiges Alternativverhalten und Fahrlässigkeit, GA 97 349. *Küper*, Überlegungen zum sog Pflichtwidrigkeitszusammenhang beim Fahrlässigkeitsdelikt, Lackner-F S 247. *Peters*, Der Einfluß von Vertrauenslagen auf die Normzweckbestimmung im VStrafrecht, JR 92 50. *Puppe*, Kausalität der Sorgfaltspflichtverletzung, JuS 82 660.

Maßgeblicher Zeitpunkt der Ursächlichkeitsprüfung ist im StrVR der Eintritt der konkreten kritischen Lage, die unmittelbar zum Schaden führt, BGHSt 24 34, NJW 67 212, BGHSt 33 61 = NJW 85 1350, 1950, Bay VRR 69 392, Fra JR 94 77 (Anm *Lampe*), Ko VRS 48 180, Kö VRS 70 373, Ol NJW-RR 90 98, Dü VRS 88 268, Stu VRS 87 336, also das Verhalten im kritischen Zeitpunkt beim Unfallhergang (Schadensvorgang), beim verkehrsuntauglichen Kfz aber der Zeitpunkt der unterlassenen Prüfung vor Fahrtantritt. Zu vergleichen ist das wirkliche mit dem nach den Umständen verkehrsgerechten Verhalten, alle anderen Umstände sind unverändert so wie ermittelt zu berücksichtigen, BGH VRS 54 436. Maßgebend ist, wie der Vorgang von der Erkennbarkeit der Gefahr ab bei richtigem Verhalten verlaufen wäre, BGH DAR 03 308, VR **101**

Einleitung

77 524. Ursächlich ist hiernach verbotswidrig schnelles Fahren, wenn es den Unfall unmittelbar mitbewirkt hat, nicht aber, weil der Fahrer bei Unterbleiben einer *vor Eintritt der kritischen VLage* begangenen Geschwindigkeitsüberschreitung den Unfallort noch nicht erreicht gehabt haben würde, BGH DAR **03** 308, VR **77** 524 = NJW **88** 58, BGHSt **33** 61 = NJW **85** 1350, 1950, Ko NJW-RR **04** 392, Fra JR **94** 77, Ha VR **89** 97, KG VM **84** 36, *Schmitt* DAR **58** 259, oder die an sich zulässige Kollisionsgeschwindigkeit nur durch vorheriges, vor Eintritt der kritischen VSituation erfolgtes Überschreiten einer Geschwindigkeitsbegrenzung möglich war, Dü NZV **92** 238. Dagegen ist die Ursächlichkeit zu bejahen, wenn zwar auch bei Einhalten der verkehrsgerechten Geschwindigkeit ein Bremsen im Hinblick auf den Anhalteweg die Kollision nicht hätte vermeiden können, der FzF aber den Kollisionsort nur aufgrund einer *nach Eintritt der kritischen VLage* begangenen Überschreitung der zulässigen Höchstgeschwindigkeit früher erreicht (Frage nach der „zeitlichen Vermeidbarkeit"), BGH NJW **04** 772, NZV **02** 365, BGHSt **33** 61 = NJW **85** 1350 (krit Anm *Puppe* JZ **85** 295, abl *Streng* NJW **85** 2809, *Ebert* JR **85** 356, weil den Schutzzweck der Geschwindigkeitsvorschrift überdehnen). Diese Grundsätze gelten auch im Rahmen der Gefährdungshaftung nach §§ 7, 17, 18 StVG, s § 17 StVG Rz 5, 28. Verbotswidriges Einfahren in eine gesperrte Str *vor Eintritt der kritischen Lage* ist allein bei späterer Kollision nicht ursächlich für eine Schädigung iS von § 1 II StVO, Bay VRS **69** 392. Eine in diesem Sinne kritische VLage tritt in dem Augenblick ein, in dem erkennbare konkrete Umstände das unmittelbare Bevorstehen einer Gefahrensituation nahelegen, BGH DAR **03** 308, Ko NJW-RR **04** 392. Zur Bestimmung des Beginns der kritischen VLage, *Krümpelmann, Lackner-F* 294 ff. Haben mehrere Verstöße **zusammengewirkt** und läßt sich Ursächlichkeit einzelner nicht feststellen, so ist die Ursächlichkeit ihres Zusammenwirkens zu prüfen, BGH VRS **32** 209, Kö VRS **50** 110. Die Ursächlichkeit wird nicht beseitigt durch Mitschuld des Verletzten, BGHSt **7** 112; nicht durch dessen verborgene Krankheit, die den Unfall verschlimmert (aber § 18 StGB!); idR auch nicht durch einen ärztlichen Behandlungsfehler, Stu VRS **59** 251; nicht durch nachteilige Behandlungszufälle (Serumhepatitis), Ha VM **74** 37; nicht durch Fahrlässigkeit der VStreife, die ein unbeleuchtetes Kfz anhält, BGHSt **4** 362. Ursächlichkeitsprüfung bei Fahren trotz Fahrunsicherheit: BGHSt **24** 31 = NJW **71** 388, dagegen überzeugend *Mühlhaus* DAR **72** 169, näher *Hentschel*, Trunkenheit 322 ff.

102 **Nicht ursächlich** ist ein Verstoß, wenn dieselbe Folge auch ohne ihn eingetreten wäre, s **E** 100, wobei vom wirklichen Hergang hinsichtlich der VWidrigkeit auszugehen ist, die als unmittelbare Ursache in Betracht kommt, Ha DAR **70** 103, Kar NZV **90** 189, nicht von einem nur gedachten. Nur dieses unmittelbar als Unfallursache in Betracht kommende verkehrswidrige Verhalten ist bei der Ursächlichkeitsprüfung hinwegzudenken und durch verkehrsgerechtes Verhalten gedanklich zu ersetzen, BGHSt **33** 61 = NJW **85** 1350, Bay NZV **94** 283, Stu VRS **87** 336. Dabei reicht es allerdings zur Feststellung ursächlicher Herbeiführung eines Schadens (einer Verletzung) aus, wenn dieser ohne den Verstoß **in geringerem Umfang** eingetreten wäre, BGH NJW **04** 772, Jn NZV **02** 464, Kö VRS **67** 140, Nü VR **92** 1533. Nicht ursächlich ist hiernach Fahren trotz Fahrunsicherheit oder ohne FE oder mit verkehrsuntüchtigem Kfz, wenn sich nichts hiervon beim Unfall ausgewirkt hat; Fahrgastbeförderung ohne die notwendige besondere FE, wenn der Unfall nicht auf dem Fehlen der persönlichen Zuverlässigkeit beruht, BGH VRS **56** 103, Sichablösen eines Anhängerrades bei überhöhter Geschwindigkeit, wenn ein ähnlich schwerer Schaden auch bei korrekter Geschwindigkeit hätte eintreten können, Bay VRS **58** 412, Unfall mit profillosen Reifen, wenn er allein auf unrichtiges Fahren zurückgeht, oder wenn verkehrsrichtiges Fahren ebenso abgelaufen wäre, BGH VRS **37** 276, oder wenn das vorhandene Restprofil noch zur Wasserabführung ausgereicht hat. Keine Ursächlichkeit von Übermüdung, wenn auch ein wacher Fahrer nicht anders reagiert hätte, Kar VRS **50** 280. Keine Ursächlichkeit der unverschlossenen FzTür, wenn der Dieb die andere Tür aufbricht.

103 **Unwirksam** wird eine Bedingung, wenn ein späteres Ereignis ihre Wirkung ganz beseitigt und in rechtlicher Sicht eine neue Ursachenreihe begründet, BGHSt **4** 362. Bei Schleudern wegen gefährlicher Fahrweise unterbricht Behinderung durch den erschrockenen Beifahrer die Ursächlichkeit nicht. S **E** 110.

Die **Adäquanzlehre,** korrigiert durch das Erfordernis eines gewerteten Rechtswid- 104
rigkeitszusammenhangs und den Schutzzweck der verletzten Norm, wird nach wie vor
weitgehend im **Zivilrecht** vertreten, s *Palandt/Heinrichs* vor § 249 Rz 58 ff, BGH VR
02 773, Mü VR **91** 1391, Dü VR **92** 1233, Bra ZfS **94** 197, Ha VR **95** 545, Ba NZV
96 316, KG VM **96** 76. Dort herrscht ein objektiver Fahrlässigkeitsmaßstab, bei der
Verschuldenshaftung bezieht sich die Schuld nur auf die haftungsbegründende Ursäch-
lichkeit, und teilweise gilt Gefährdungshaftung (**E** 66). Die Bedingungstheorie wäre da-
her zu weit (Ausnahme für chemische Abläufe: BGHZ **63** 1). Die Adäquanzlehre läuft
hinaus auf Bewertungsregeln der nach den beteiligten Normzwecken noch *zumutbaren*
Haftung, BGHZ **18** 288, **58** 168, Kö VM **01** 21, unter Ausschluß gänzlich unwahr-
scheinlicher und deshalb unbeherrschbarer Verläufe, BGH VR **02** 773, MDR **95** 268.
Mit Hilfe des Adäquanzerfordernisses sollen nur ganz außerhalb des zu erwartenden
Verlaufs entstehende Schäden „herausgefiltert" werden; das zum Schaden führende Er-
eignis muß daher **im allgemeinen zur Herbeiführung der Schadensfolge geeignet**
sein, **nicht nur unter ganz ungewöhnlichen, unwahrscheinlichen Umständen,**
die nach dem gewöhnlichen Verlauf der Dinge außer Betracht gelassen werden können,
BGH VR **02** 773. Dabei wurde in der älteren Rspr eine nachträgliche objektive, das Er-
fahrungswissen zur Zeit der Beurteilung berücksichtigende Prognose aus der Sicht eines
„optimalen Beobachters" als entscheidend zugrunde gelegt, BGHZ **3** 266, MDR **76**
565, VR **76** 639, s Fra NJW **84** 1409. Die neuere Rspr des für Verkehrshaftungssachen
zuständigen VI. ZS des BGH läßt demgegenüber solche Prüfung objektiv voraussehbarer
(statistischer) Wahrscheinlichkeit in den Hintergrund treten, macht deutlich, daß (vor
allem im Bereich der Verschuldenshaftung) statt dessen ein rechtlich wertender Bezug
zwischen der eingetretenen Schadensfolge und der konkreten Haftungsnorm herzustellen
ist und zieht damit die Konsequenz aus der schon in BGHZ **3** 267, **18** 288 anerkannten
Tatsache, daß das Korrektiv der Adäquanz in Wahrheit kein Kausalitätsproblem, sondern
vielmehr die Frage des **rechtlichen Zurechnungszusammenhangs** betrifft, s BGHZ
93 351 = NJW **85** 1390, **86** 777, BGHZ **132** 28 = NJW **96** 1533, VR **91** 1293, **93**
843, **02** 773, NZV **04** 243, **90** 425 (im Rahmen des § 7 StVG, zust Anm *Lange*), BGHZ
115 84 = NZV **91** 387 (zu § 7 StVG), Kö DAR **01** 168, *Weber* DAR **82** 169, **83** 169,
86 161, **88** 980, 987, *Steffen*-F S 508, *Dunz* JR **90** 115, *v Gerlach* DAR **92** 208, *Steffen,
Salger*-F S 562, *Kunschert* NZV **96** 485. Deren Beantwortung setzt eine wertende Be-
trachtung der Umstände des Einzelfalles unter Berücksichtigung der Art des Haftungstat-
bestandes (BGHZ **85** 112) voraus, BGH NZV **04** 243. Zur Prüfung der sog Adäquanz
bei *reiner* Gefährdungshaftung, BGHZ **79** 259 = NJW **81** 983 (krit *Schünemann* NJW **81**
2796), *Weber* DAR **82** 169, s § 7 StVG Rz 11. Näher *H. Lange,* Adäquanztheorie,
Rechtswidrigkeitszusammenhang, Schutzzwecklehre, JZ **76** 198. *Kramer,* Schutzgesetze
und adäquate Kausalität, JZ **76** 338. *Stoll,* Adäquanz und normative Zurechnung bei der
Gefährdungshaftung, Karlruher Forum **83** 184 (Beilage zu VR **83** H 41).

Vorliegen muß **haftungsbegründende Ursächlichkeit,** BGH NJW **03** 1116, 105
BGHZ **57** 25, **58** 162, Ha MDR **90** 447 (das Verhalten des Schädigers muß das in der
haftungsbegründenden Norm beschriebene Ereignis bewirkt haben), und **haftungs-
ausfüllende Kausalität** (Ursachenzusammenhang zwischen Verletzung und Schaden,
E 106, 107).

Für beide Formen gilt: der Schädiger muß eine für die Schadensfolge nicht hinweg- 106
zudenkende Ursache gesetzt haben, BGHZ **2** 138. Diese muß grundsätzlich (Ausnahme
s Rz 107) allgemein geeignet sein, eine solche Schadensfolge zu bewirken, nicht nur
unter gänzlich unwahrscheinlichen, eigenartigen, nach dem gewöhnlichen Verlauf der
Dinge außer Betracht zu lassenden Bedingungen, BGHZ **57** 141, MDR **95** 268, Kö
DAR **01** 168, wobei es auf Wertung, nicht auf statistische Wahrscheinlichkeit ankommt,
BGHZ **18** 288, so daß auch ungewöhnliche Schadensverwirklichungen noch in Be-
tracht kommen (zB seltener Impfschaden). Der Nachweis der haftungsbegründenden
Kausalität unterliegt den strengen Voraussetzungen des § 286 ZPO, BGH NZV **04** 27,
Ce NJW-RR **04** 1252, Brn VRS **107** 85, Schl NJW-RR **04** 171, KG NZV **04** 252,
VRS **106** 264, 414, 422. Für die Überzeugungsbildung des Gerichts in bezug auf die
haftungsausfüllende Kausalität, also der Feststellung der Ursächlichkeit des Haftungs-
grundes für den eingetretenen Schaden, gilt § 287 ZPO; abw von den strengen Anfor-

Einleitung

derungen des § 286 ZPO genügt eine höhere oder – je nach Lage des Falles – deutlich höhere Wahrscheinlichkeit, BGH NJW **03** 1116, NZV **04** 27, Brn VRS **107** 85, KG NZV **03** 282, VRS **106** 264, 414. Zwischen dem Unfall und der infolge daraus resultierender Aufregung entstandenen Gesundheitsschädigung besteht ein haftungsrechtlicher Zusammenhang, Dü VR **92** 1233, anders, wenn erst das Verhalten des Schädigers nach dem Unfall die Aufregung auslöste, BGHZ **107** 359 = NZV **89** 391 (Anm *v Bar* JZ **89** 171, *Dunz* JR **90** 115, *Börgers* NJW **90** 2535). Schäden, die als Folge des die Haftung begründenden Ereignisses derart ungewöhnlich und fernliegend sind, daß sie als Teil des allgemeinen Lebensrisikos angesehen werden müssen und zu diesem in nur zufälliger, äußerer Verbindung stehen, liegen außerhalb des Haftungszusammenhangs, BGHZ **93** 351 (356) = NJW **85** 1390, **86** 778, KG NZV **02** 41, Nü VR **99** 1117.

107 Hinzutreten muß als Korrektiv (BGHZ **27** 139) allzu geringer Selektion durch die Adäquanzformel ein **gewerteter Rechtswidrigkeitszusammenhang** zwischen haftungsbegründendem Ereignis und Schaden, BGHZ **57** 142, NJW **78** 421, VRS **54** 161, VR **91** 1293, Mü NJW **85** 981: **a)** der Schaden muß in den **Schutzbereich** der verletzten Norm fallen, BGH NJW **82** 573, **88** 1383, BGHZ **85** 110 = NJW **83** 232, Ha MDR **90** 447, Hb NJW **91** 849, KG VM **98** 84, Nü VR **99** 1117, zB des § 7 StVG, BGHZ **37** 315, DAR **88** 159, BGHZ **107** 359 = NZV **89** 391, BGHZ **115** 84 = NZV **91** 387, *Kötz* NZV **92** 218, oder des 823 I BGB, BGH NJW **68** 2287, **86** 777, NZV **89** 308, NZV **90** 391, oder, bei § 839 BGB, der verletzten Amtspflicht, BGH VR **90** 422, in den, uU extremen, Gefahrbereich, den die Norm abwehren will, BGH NZV **90** 425, BGHZ **115** 84 = NZV **91** 387, KG VM **01** 50, Ha VR **84** 1051, Mü NJW **85** 981, NZV **96** 199, Ba VR **88** 585, s dazu *Dunz* VR **86** 449, zB bei Heilungskosten, Verdienstausfall oder Nachteilen vorzeitiger Pensionierung wegen der Unfallverletzung, nicht aber, wenn der Unfall nur zur Entdeckung eines unfallunabhängigen Grundleidens (Arteriosklerose) und daraufhin zur Pensionierung führt, BGH NJW **68** 2287, oder zum Verlust eines Zuschusses aus einem Investitionshilfeprogramm, Ha VR **84** 1051. Ein Rechtswidrigkeitszusammenhang zwischen der Verletzung einer dem Schutz eines VT dienenden Norm und dem Schaden besteht nur, wenn die Erfüllung der verletzten Verhaltenspflicht gerade **dem Schutz des Geschädigten** diente, BGH NZV **91** 23, Fra VM **96** 39, s *Birkmann* DAR **91** 213. Der Unfallverursacher haftet für Schockschäden der Angehörigen bei der Todesnachricht, soweit diese über eine in solchen Fällen naheliegende gesundheitliche Beeinträchtigung hinausgehen, s § 11 StVG Rz 6. Nicht im Schutzbereich des § 823 I BGB liegen die Kosten der Strafverfolgung, BGHZ **65** 170, ebensowenig die Kosten des Geschädigten für eigene Strafverteidigung, BGHZ **27** 138, oder die Nebenklagekosten, LG Hannover ZfS **85** 322, wohl aber Anwaltskosten zur Verfolgung der Ersatzansprüche, BGHZ **70** 41. Dazu *Leonhard,* Anwaltliche Nebenklagekosten als erstattungsfähiger Schaden, NJW **76** 2152. § 32 StVO (VHindernis) schützt die VSicherheit, nicht auch gegen Mißbrauch des hindernden Gegenstandes zu verkehrsfremdem Zweck. **b)** Die Ersatzleistung darf **dem Ersatzzweck nicht zuwiderlaufen**, wie zB bei der Begehrungsneurose (§ 11 StVG) oder beim rechtlich mißbilligten Gewinn. Wer sich selber schädigt, kann vom etwaigen Veranlasser Ersatz nur fordern, wenn dieser ihn vorwerfbar zu seinem Verhalten „herausgefordert" hat, s *Weber* DAR **78** 114 mit Rspr (s Rz 109). In der **die herkömmliche Adäquanzlehre differenzierenden Rspr** des VI. ZS des BGH (s Rz 104) wird im übrigen mit Recht darauf hingewiesen, daß der Schutzzweck der Haftungsnorm ein Kriterium ist, das sich mit den für die Prüfung eines adäquaten Zusammenhangs zu beachtenden Gesichtspunkten überschneiden kann, BGHZ **85** 110 (113) = NJW **83** 232. Selbst Schäden, die für den „optimalen Beobachter" nicht voraussehbar waren, können vom Schutzzweck der Haftungsnorm erfaßt sein und (obwohl im herkömmlichen Sinn „inadäquat") ersatzpflichtig sein, BGH NJW **82** 573.

108 **Unterlassen** ist adäquate Verursachung, soweit pflichtgemäßes, sachgerechtes Handeln den Schaden bei normalem Verlauf verhindert haben würde, BGHZ **7** 204, Ba VM **75** 6. Unterlassung gebotener FzSicherung (§ 15 StVO) spricht für Unfallursächlichkeit, Dü DAR **77** 186.

109 Wirken **mehrere schädigende Ursachen** hinsichtlich desselben Schadens zusammen, so gilt, ohne Rücksicht auf etwaiges Überwiegen, jede als Ursache, BGH NJW **02**

504, Dü VR **92** 1233, Ba NZV **96** 316, zB wenn die Konstitution des Verletzten den Schaden verschlimmert (Bluter), denn der Schädiger kann nicht verlangen, so gestellt zu sein, als habe er einen Gesunden verletzt, s § 11 Rz 6. Eine anlagebedingte, durch den Unfall ausgelöste Krankheit ist dem Schädiger zuzurechnen (multiple Sklerose), Fra VR **80** 564, BGHZ **107** 359 = NZV **89** 391 (Schlaganfall eines Hypertonikers, Anm *Dunz* JR **90** 115), Mü VR **91** 1391 (Aktivierung einer vorhandenen Zyste), desgleichen der Ausbruch einer schon vorhandenen (auch seltenen) Krankheit infolge des Unfalls, Fra NJW **84** 1409. Ebenso liegt es beim Hinzutreten neuer, schadenbeeinflussender Ursachen, zB eines ärztlichen Kunstfehlers, BGHZ **3** 268, Ce NJW-RR **04** 1252, Ha NZV **95** 446, oder beim Aufprallen weiterer Kfze auf ein durch Unfall stillstehendes, BGHZ **43** 178 = NJW **65** 1177, Ha NZV **94** 109, oder bei **eigenverantwortlichem fremdem Eingreifen,** das aber durch das Ersterereignis veranlaßt und keine ungewöhnliche Reaktion ist, BGHZ **57** 25 (30) = NJW **71** 1980, **82** 572, DAR **88** 159, Kö VM **01** 21, Hb NJW **91** 849, zB bei Rettungsversuchen aus dem brennenden Kfz, bei vorsätzlich schädigendem Verhalten des Schwarzfahrers, dessen Fahrt der Halter (§ 7 III 1 StVG) oder Fahrer (§§ 823 II BGB, 14 II S 2 StVO) pflichtwidrig ermöglicht hat, BGH NJW **71** 459, Jn DAR **04** 144, oder bei selbsttätigem Verhalten eines Tieres, BGH DAR **88** 159. Dem Zerstörer eines Weidezauns ist es zuzurechnen, wenn sich ein Dritter entlaufendes Vieh aneignet, s BGHZ VRS **56** 4. S auch Rz 110. Der Schädiger haftet für den Stromtod des zunächst nur am Kfz Geschädigten, der eine geknickte Laterne wegbiegt, Ha VR **77** 261. Der Schädiger haftet auch für einen **Zweitunfall** oder dessen weitere (verstärkende) Schadensfolge, wenn sich der Erstunfall in relevantem Umfang auf den endgültig eingetretenen Schaden ausgewirkt hat, BGH NJW **04** 1945 (s aber **E** 110): Ein durch Unfall nur leicht verletzter Mitfahrer wartet außerhalb der Fahrbahn und wird schwer verletzt, weil ein anderer FzF wegen der noch ungesicherten Unfallstelle von der Fahrbahn abkommt und ihn erfaßt, Sa NZV **99** 510; beim Versuch, den Schädiger festzustellen, wird der Verletzte durch ein anderes Kfz erneut verletzt, BGHZ **58** 162, VR **77** 430, NJW **79** 544, VRS **56** 260; der Verletzte verunglückt wiederum, weil er den beim Erstunfall verletzten Arm bei Gefahr reflektorisch überbeansprucht, Kar VR **79** 479; erneuter Bruch einer nach dem ersten Unfall verheilten Fraktur infolge der Vorschädigung, Ha VR **95** 545; Verstärkung der noch nicht ausgeheilten Verletzungen des Erstunfalls durch den weiteren Unfall, BGH NJW **02** 504. Bei erneuter gleichartiger Verletzung ist entscheidend, ob die erste Verletzung beim Zweitunfall schon ausgeheilt war oder ob noch vorhandene Beschwerden durch den erneuten Unfall verstärkt wurden, BGH NJW **04** 1945, *G. Müller* AG-VerkRecht-F S 174. Führen mehrere Unfälle unabhängig voneinander zu einem Verletzungsschaden, so gilt bei Zweifeln über den jeweiligen Anteil am Gesamtschaden § 830 I 2 BGB, Ce VRS **100** 255 (HWS-Trauma). Soweit allerdings der Folgeunfall dem Erstschädiger zuzurechnen ist, kommt § 830 I S 2 BGB nicht in Betracht, BGHZ **72** 355, NJW **79** 544. Sturz nach Radfahren als adäquate Spätfolge des früheren Unfalls, Mü VRS **55** 407. Hat der Schädiger bei dem Geschädigten vorwerfbar eine wenigstens im Ansatz billigenswerte Motivation zu **selbstgefährdendem Verhalten** hervorgerufen, so ist ihm dies zuzurechnen („Herausforderung"), BGHZ **63** 191, VRS **56** 4, NZV **90** 425 (Anm *Lange*), BGHZ **132** 28 = NJW **96** 1533, VR **93** 843, **02** 773, Mü DAR **04** 150, Ha VR **98** 1525, KG NZV **03** 483 (plötzlich auf die Fahrbahn tretender Fußgänger veranlaßt Radf zu Notbremsung mit Unfallfolge), Kö VRS **98** 407 (Verlassen des Fzs während der Fahrt durch den Beifahrer bei PolFlucht des FzF), VM **01** 45 (Unfall eines PolB bei Verfolgung eines flüchtenden FzBeif), Sa NJW-RR **92** 47 (Verfolgung eines flüchtigen Kf durch Pol), Dü NZV **95** 280 (Unfall beim Versuch der Rettung eines durch eigenes Verschulden verunglückten Kf), *Strauch* VR **92** 935, näher: *Weber, Steffen*-F S 513ff, *Gehrlein* VR **98** 1322. Anders aber, wenn sich in dem Schadenseintritt nicht eine gesteigerte Gefahrenlage ausgewirkt hat, für die der das Tätigwerden des Geschädigten Herausfordernde verantwortlich ist, BGH VR **93** 843, NJW **96** 1533 (Anm *Teichmann* JZ **96** 1181), Mü DAR **04** 150, Nü NZV **96** 411 (Anm *Kunschert* NZV **96** 485). Keine Haftung auch für Schäden, die durch solche Risiken entstanden sind, denen sich der Herausgeforderte (zB der verfolgende PolB) in gänzlich unangemessener Weise ausgesetzt hat, BGH NJW **96** 1533. Daher keine Haftung für Schäden, die der durch beleidigendes Verhalten eines

Einleitung

Überholenden zur Verfolgung herausgeforderte Kf bei einem Dritten verursacht, LG Kö NJW-RR **99** 463. Der Schädiger haftet auch für spätere Straffälligkeit des Geschädigten infolge einer unfallbedingten, durch Anlage mitbedingten Wesensänderung (Folgeschaden), BGH VRS **57** 170.

110 Der haftungsrechtliche **Zurechnungszusammenhang entfällt** jedoch, wenn sich das Schadensrisiko des ersten Schadensereignisses in einem weiteren Schadensereignis (zB Zweitunfall) nicht mehr verwirklicht, weil es schon vollständig abgeklungen war und daher zwischen beiden Ereignissen **nur ein äußerlicher, zufälliger Zusammenhang** besteht, BGH NJW **03** 1116, **02** 504 (Anm *Müller* NJW **02** 2842), NZV **04** 243, KG NZV **02** 41, ebenso dann (jedenfalls im Rahmen deliktischer Haftung), wenn der Verursacher des Zweitunfalls ausreichende, aufgrund des Erstunfalls getroffene Sicherungsmaßnahmen nicht beachtet, BGH NZV **04** 243, VR **69** 895, ferner bei außergewöhnlicher, außerhalb der Erfahrung liegender, auf selbständigem, freiem Entschluß beruhender und auch nicht durch den haftungsbegründenden Vorgang herausgeforderter **Einwirkung eines Dritten oder des Verletzten**, RGZ **102** 231, BGHZ **3** 268, **57** 25 = NJW **71** 1980, NZV **90** 225 (abl *Greger* § 7 Rz 72), VR **91** 1293, Kö DAR **01** 168, Sa VR **88** 853, Dü VRS **76** 15, NZV **95** 20, Fra NJW-RR **91** 919, KG NZV **92** 113, überhaupt immer dann, wenn das schädliche Verhalten bloßer äußerer Anlaß für das Verhalten eines Dritten ist, BGH DAR **88** 159, NZV **97** 117, KG NZV **02** 41, Kö DAR **01** 168, Kar NZV **91** 269, Dü NZV **95** 20, s *Büchler* MDR **97** 709, oder wenn der Schadenseintritt so stark durch das Verhalten des Geschädigten geprägt ist, daß der mittelbar geleistete Verursachungsbeitrag des Schädigers dahinter vollständig zurücktritt, Ha NZV **04** 403. Der Zurechnungszusammenhang kann aber auch dann entfallen, wenn eigenständiges (selbst unvorsätzliches) Verhalten eines Dritten das durch den Erstunfall entstandene Risiko als für den Zweitunfall gänzlich unbedeutend erscheinen läßt, BGH NZV **04** 243. Beispiele fehlenden Zurechnungszusammenhangs: Der nach dem Unfall bestellte Ersatzfahrer verunglückt später seinerseits; verbotenes Linksfahren veranlaßt einen andern zu schädigendem Denkzettelfahren, Kö NJW **66** 111; der mit der Rückgabe des reparierten Fzs an den Geschädigten vom Schädiger beauftragte Dritte beschädigt das Fz erneut auf unbefugter Spritztour, Dü NZV **95** 20; nach ordnungsmäßiger, ausreichender Sicherung der Unfallstelle fährt ein Kf in ein wegen des Unfalls mit Warnblinklicht wartendes Fz, BGH NZV **04** 243 (er wäre ebenso in einen FzStau gefahren); auf das infolge Glätte auf den Standstreifen geratene Fz fährt ein ebenfalls wegen der Glätte schleuderndes anderes Fz auf, Bra ZfS **94** 197; wegen eines an der Unfallstelle anhaltenden Fzs weicht der Nachfolgende aus und verunglückt dabei (keine Haftung des Verursachers des ersten Unfalls für den Zweitunfall), Kar NZV **91** 269; Diebstahl aus dem nach einem Unfall zurückgelassenen Fz, wenn zwischen dem Unfall und dem Diebstahl nur ein rein äußerlicher, zufälliger Zusammenhang besteht, insbesondere, wenn der Zugriff nicht durch Unfallschäden am Fz erleichtert wurde, KG NZV **02** 41, Mü VRS **59** 87; bei der unfallbedingten Anmietung eines MietFzs schließt der Geschädigte aufgrund Fehlinformation durch den Vermieter eine zu geringe Unfallversicherung ab, die den Sachschaden aus Zweitunfall nicht abdeckt, Fra NZV **95** 354; der Geschädigte verdient nach unfallbedingtem Berufswechsel zunächst mehr als vor dem Unfall, gibt diese Stelle aber ohne unfallbedingten Grund auf eigenes Risiko mit der Folge einer Einkommenseinbuße auf, BGH VR **91** 1293 (anders bei Aufgabe des Arbeitsplatzes wegen unfallbedingter Beschwerden, Fra ZfS **02** 20); überhaupt Einbuße aufgrund dem persönlichen Lebensrisiko zuzurechnender, nicht durch den Unfall geprägter Entscheidungen, Mü VRS **87** 85. Die früher übliche Kennzeichnung solcher Fälle durch den Begriff der „Unterbrechung des Kausalzusammenhangs" ist indessen nicht mehr gebräuchlich, weil es dabei nicht um Ursächlichkeit geht, sondern eben um haftungsrechtliche Zurechnung, BGH NJW **82** 573, Ha NZV **04** 403, Kö VM **01** 21. Mangels Zurechnungszusammenhangs keine deliktische Haftung des Unfallverursachers für Verletzungen eines Hilfe leistenden Dritten, es sei denn, die Hilfeleistung war mit einem erhöhten Risiko verbunden, Kö NJW-RR **90** 669, s BGH VR **93** 843.

111 Im einzelnen strittig ist, inwieweit es zu berücksichtigen ist, wenn dieselbe Folge später aufgrund anderer Ursachen gewiß eingetreten wäre (**„überholende Kausalität"**, in Wirklichkeit ein Schadenbemessungsproblem, s *Frank/Löffler* JuS **85** 689). Bereits vorhanden gewesene Schadensanlage, die mit Gewißheit nicht latent verharrt hätte, kann die Ersatzpflicht einschränken, BGHZ **20** 280, Ha DAR **00** 263, oder ausschließen, Ha MDR **02** 334. Wird der Schadenseintritt nur beschleunigt, so ist die Ersatzpflicht auf die sich aus dem früheren Eintritt ergebenden Nachteile beschränkt, Fra NJW **84** 1409 (um 1 Jahr früherer Ausbruch der Krankheitssymptomatik, abl *Greger* § 7 Rz 194). Wäre der Schaden auch bei rechtmäßigem Verhalten des Schädigers entstanden, wird es idR am erforderlichen Rechtswidrigkeitszusammenhang (**E** 107) fehlen (*Palandt/Heinrichs* vor § 249 Rz 105).

XVI. Rechtswidrigkeit und Rechtfertigungsgründe. Rechtswidrig ist formell **112**
der Verstoß gegen rechtliche Handlungs- oder Unterlassungspflichten, der Sache nach sozialschädliches Verhalten durch Beeinträchtigung geschützter Rechtsgüter. Die Rechtswidrigkeit ist allgemeines Verbrechensmerkmal, BGHSt **2** 195: rechtswidrig ist ein Verhalten, das einen gesetzlichen Tatbestand erfüllt, sofern Rechtfertigungsgründe fehlen. Tatbestandsmäßigkeit indiziert daher idR Rechtswidrigkeit, BGHZ **24** 24. Die Rechtswidrigkeit einer Schädigung eines VT entfällt nicht allein dadurch, daß dieser sich verkehrswidrig verhält, BGH NJW-RR **87** 1430 (verbotene Gehwegbenutzung mit Fahrrad). Sie entfällt jedoch, wenn die im Tatbestand (**E** 77 ff) beschriebene Unrechtstypisierung aus besonderen Gründen nicht zutrifft. Ein geschlossener Katalog von Rechtfertigungsgründen besteht nicht, BGHZ **24** 25, **27** 290, BGHSt **13** 197, **20** 342.

Notwehr (§§ 32 StGB, 227 BGB, 15 OWiG) ist die zur Verteidigung (Abwehrwille) **113**
gegen einen gegenwärtigen, unprovozierten (str), rechtswidrigen, auch schuldlosen Angriff individuell erforderliche Abwehr des Angreifers, BGHSt **5** 245. Sie gewährleistet Selbstschutz und Rechtsbewährung. Verhältnismäßigkeit zwischen Angriff und Abwehr muß nur insoweit bestehen, als rechtsmißbräuchliche Verteidigung unterbleiben muß, BGHSt **3** 217. Keine Rechtfertigung durch Notwehr bei Exzeß, BGH VRS **56** 190, Bay NZV **95** 327. Notwehr ist erlaubt, nicht Pflicht, aber rechtmäßig, also nicht ow, gegen sie gibt es, außer bei Verteidigungsexzeß, keine Gegennotwehr. Nothilfe ist im Rahmen des Abwehrwillens des Angegriffenen erlaubt, BGHSt **5** 248, nicht jedoch zugunsten der öffentlichen Ordnung, BGH NJW **75** 1161, zB obliegt der Schutz der StVO allein dem Staat, Dü VM **79** 63. Daher kein, uU sogar nötigendes, Belehren anderer wegen angeblicher oder wirklicher Fehler im Verkehr, und insoweit auch kein privates Festnahmerecht (§ 127 StPO), Ce VRS **25** 440 (s § 24 StVG Rz 74).

Bei belästigendem, behinderndem oder gefährdendem Verhalten ist zu unterscheiden: bloße fahrlässige, rasch vorübergehende Belästigungen oder Behinderungen sind als **114**
Nichtangriffe nicht notwehrfähig, Dü NJW **61** 1783, weil mehr oder weniger unvermeidbar. Anders bei andauernden Behinderungen, Gefährdungen oder Straftaten: der vom Überholten andauernd vorsätzlich Geblendete, der nicht durch angepaßtes Fahren ausweichen kann, darf den Täter stellen (*Baumann* NJW **61** 1745); der rechtswidrig nach vorangegangener Verfolgung durch einen KfzF an der Weiterfahrt gehinderte VT darf gegen das ihn blockierende Fz fahren, auch wenn der Angreifer dadurch verletzt werden kann, Kar MDR **85** 955; den FzDieb darf man verfolgen und mit Gewalt stellen; den Parklückenfreihalter darf man auf angemessene, nicht gefährdende Weise (nicht durch Wegdrängen mit dem Pkw) aus der Lücke entfernen, Bay NZV **95** 327. Gegen Blockieren der Weiterfahrt mittels fremden Fzs, um zur Rede gestellt zu werden, darf sich der VT zur Wehr setzen, Bay NZV **93** 37 (im Ergebnis zw, weil der Bedrohung mit Gaspistole nicht einmal die Aufforderung zur Wegfreigabe vorausging, abl daher auch *Händel* PVT **93** 17, *E. Jung* DAR **93** 280, krit ferner *H. Jung* JuS **93** 427, zust *Dolling* JR **94** 113). Dagegen ist Öffnen der FzTür eines verkehrsbedingt wartenden Kf, um ihn zur Rede zu stellen, kein notwehrfähiger Angriff, Dü NJW **94** 1232. Rechtsmißbräuchlich kann die Verteidigung durch zügiges Zufahren mit dem Pkw auf einen den Weg verstellenden Fußgänger sein, so daß dieser, hätte er sich nicht zur Seite gerettet, angefahren worden wäre, aM Schl NJW **84** 1470, wenn der Fußgänger den Weg verstellt, um den Kf zur Rede zu stellen. Der Berechtigte darf die verweigerte Vorfahrt nicht erzwingen; der Fußgänger darf behinderndes Gehwegparken nicht durch Zerkratzen des Fz „ahnden", sondern muß ausweichen.

Einleitung

115 Die **Sachwehr** (§ 228 BGB) rechtfertigt die Beschädigung oder Zerstörung von Sachen, von welchen zumindest mittelbar (str) Gefahr droht, wenn die Gefahr nicht anders abgewehrt werden kann und der Abwehrschaden „nicht außer Verhältnis" zur Gefahr steht (objektiver Wertvergleich), bei Ersatzpflicht im Fall der durch den Handelnden verschuldeten Gefahr. So darf die Polizei bei Wasser- oder Brandkatastrophen die auf Durchfahrts- oder Rettungswegen behindernd geparkten Autos Schaulustiger entfernen, sofern es nicht anders geht, weil sie die Hilfe verzögern und die Gefahr dadurch vergrößern.

116 Der **Angriffsnotstand** (§ 904 BGB) erlaubt die „nötige" Einwirkung auf fremde Sachen zur Abwehr gegenwärtiger, nicht von der Sache ausgehender Gefahr, falls der Schaden im Verhältnis zum Einwirkungsschaden „unverhältnismäßig groß" wäre. Der Eigentümer oder Besitzdiener muß hierzu notwendige Eingriffe dulden (gegen Ersatzanspruch, außer er hat die Notstandsmaßnahme verschuldet), BGHZ 6 102. Beispiel: bei einem Brand müssen schon vorher dort Parkende unvermeidliche Nebeneinwirkungen von Löschmaßnahmen auf ihre Fze hinnehmen, falls diese nicht entfernt werden können. Eine Sandladung darf im zwingenden Notfall gegen Glätte oder zur Brandlöschung auf der AB verwendet werden. Keine Haftung gem § 904 S 2 BGB, wenn ein Kf infolge höherer Gewalt (§ 7 II StVG) zur eigenen Rettung oder zur Abwendung der einem anderen drohenden Gefahr in einer Weise reagieren muß, die zu Sachschaden eines Unbeteiligten führt, wenn die Einwirkung auf das fremde Eigentum nicht bewußt erfolgte, s die zu § 7 II StVG (alt „unabwendbares Ereignis") ergangene Rspr: BGHZ 92 357 = NJW 85 490 (Anm *Dunz* VR 85 335, *Schlund* JR 85 285, *Kremer* VR 85 1024, zust *Weber* DAR 85 168, abl *Konzen* JZ 85 181), LG Erfurt VR 02 554, LG Aachen NJW-RR 90 1122, aM *Braun* NJW 98 943.

117 Im **rechtfertigenden Notstand** handelt, wer Gefahr für Leben, Leib, Freiheit, Ehre, Eigentum oder ein anderes Rechtsgut von sich oder einem andern (Nothilfe) durch angemessene Mittel abwendet, sofern das geschützte Interesse wesentlich überwiegt (§§ 34 StGB, 16 OWiG), BGH NJW 76 680, Fra NJW 75 271, Ko VRS 73 285, Kö NZV 95 119, Dü NZV 92 201, VRS 88 454, Bay DAR 92 368. Voraussetzung ist gegenwärtige, auch nach den Umständen andauernde, BGH NJW 79 2053, nicht anders abwendbare Rechtsgutgefährdung, Handeln zwecks Gefahrabwehr (Rettungswille) und die Anwendung des nach vernünftiger ad hoc-Beurteilung schonendsten, aber wirksamsten Mittels, Ko VRS 48 74, Nau DAR 00 131. § 16 OWiG rechtfertigt regelmäßig ein verkehrswidriges Verhalten nicht, wenn es mit großer Wahrscheinlichkeit zu Gefährdung oder Verletzung von Personen führt, Kö ZfS 88 189, Bay NZV 91 81, Dü VRS 88 454. Rechtfertigung von Geschwindigkeitsüberschreitungen, s § 3 StVO Rz 56. Rechtfertigender Notstand eines verkehrsbehindernd parkenden Schulbusf, s Kö VRS 64 298. Irrtum über Notstand: E 155–157. Irrtum über tatsächliche Umstände von Rechtfertigungsgründen schließt Vorsatz, jedoch nicht Fahrlässigkeit aus, Ha VRS 43 289, DAR 96 416, Ko VRS 73 287. **Fahrlässig** herbeigeführter Notstand rechtfertigt zwar, soll aber nach Bay JR 79 124, Ha VM 70 86 uU Verurteilung wegen des Verhaltens erlauben, das der Notstandshandlung vorausgegangen ist und sie notwendig gemacht hat (Befahren unbefestigten Wegs mit zu schwerem Lkw, Zuschnellfahren bei Glätte) (aM überzeugend *Hruschka* JR 79 125).

118 Im dringenden Notfall (Unfall, akute schwere Erkrankung) darf ein **Arzt oder Heilkundiger** mit aller gebotenen Vorsicht schneller als erlaubt fahren, Schl VRS 30 462, Dü VRS 30 445, Ha VRS 44 306, bei Rot durchfahren, wenn das niemand gefährden kann, Ha NJW 77 1892, ebenso ein Krankenwagen oder Taxifahrer, Bay 2 St 643/71 OWi, Dü NZV 96 122, Ha NZV 96 205, oder auf einer EinbahnStr in Gegenrichtung, jedoch nicht unter Gefährdung oder gar Schädigung anderer, Kar VRS 46 275. Maßgebend ist das Bild, das sich der Arzt nach erster Information von der Gefahr und dann von den VVerhältnissen macht, nicht nachträgliche Beurteilung, *Kohlhaas* DAR 68 232, s *Schrader* DAR 95 84. Bloße ärztliche Praxisfahrt rechtfertigt auch bei Überlastung keinen VVerstoß, einschränkend *Schrader* DAR 95 86. Kein gerechtfertigtes Zuschnellfahren, um Hilfe zu leisten, aufgrund nur vager Vorstellungen ohne jede Abwägungsmöglichkeit, Ha VRS 50 464. Nur ganz geringer Zeitgewinn (1 Min) rechtfertigt auch bei schwerem Herzanfall nach Ansicht von KG VRS 53 60 überschnelles Fahren auf belebter StadtAB nicht; das Urteil läßt freilich offen, welche Grenze es bei dichtem Verkehr ziehen will. *Schrader,* Ärztliche Patientenfahrt und Notstand, DAR **95** 84. Weitere Rspr zur Frage der Rechtfertigung einer Überschreitung der zulässigen Höchstgeschwindigkeit durch Notstand, s § 3 StVO Rz 56. Ein weder zu Gefährdung noch zu Behinderung führender Parkverstoß, um ein Kleinkind austreten zu lassen, kann uU gerechtfertigt sein, Kö VM **88** 55. **Bei Unterwegspannen,** welche die VSicherheit nicht unmittelbar gefährden, ist ein Notrecht zur Fahrt zur nächsten Werkstatt anerkannt (§ 23 StVO), uU auch ein solches zur Benutzung des ABSeitenstreifens (nur wenn die Panne unvermeidbar war?). Wenden und Zurückfahren auf einer KraftfahrStr zwecks Bergung verlorener Brieftasche kann uU durch Notstand gerechtfertigt sein, Dü VM **91** 84 (im Ergebnis verneint), *Booß* VM **91** 85. Bedenklich aufweichend Fra VM **78** 45, welches bei AB-Baustellenfahrt mit vorgeschriebenen „60" bedrängendes Aufrücken des Hintermanns bereits als notstandsbegründend gelten läßt; träfe dies zu, wären die notwendigen Geschwindigkeitsbeschränkungen auf Baustellen illusorisch. Einem stark Angetrunkenen darf der Zündschlüssel weggenommen werden, um ihn am Fahren zu hindern (**E** 90).

Die **rechtfertigende Pflichtenkollision** ist ein Unterfall des rechtfertigenden Notstandes, der Träger widerstreitender Pflichten erfüllt die vorrangige auf Kosten einer anderen, straf- oder bußgeldbewehrten, deren Verletzung er dann nicht vermeiden kann: bei Unfall mit Personenschaden geht Hilfe der Warn- (Sa VM **74** 70) oder Wartepflicht vor; der Hilfspflichtige übersieht über der Versorgung Verletzter die Gefahr weiterer Unfälle, Stu DAR **58** 222; bei Verlust von Ladegut auf der AB kann Wenden unter größter Vorsicht gerechtfertigt sein, auch Zurückstoßen, Kö DAR **56** 131; ebenso Wenden durch einen Falschfahrer („Geisterfahrer"), Kar VRS **65** 470 (das allerdings § 16 OWiG anwendet), wobei die vorausgegangene rechtswidrige Herbeiführung der Notstandsklage nicht schädlich ist, *Hruschka* JZ **84** 241; Zurückhinausrollen, wenn das PannenFz so am besten von der ABFahrbahn entfernt werden kann, Bay 2 St 645/71 OWi. **119**

Sozialäquates Verhalten (**E** 81) im gesetzlichen Rahmen wird teils als rechtfertigend, teils schon die Tatbestandsmäßigkeit ausschließend behandelt. Einzelheiten sind str, s *Sch/Sch (Lenckner)* vor §§ 13ff Rz 69, *Meliá* GA **95** 179. So macht sozial übliches, allgemein gebilligtes Verhalten strafrechtlich nicht zum Garanten, weder unter Zechgenossen, BGHSt **25** 218, noch im StrV bei Beachtung aller Vorschriften, BGHSt **25** 218 (die Hilfspflicht nach § 323c StGB besteht fort). Der Gastwirt schenkt Alkohol berufsmäßig aus, der private Gastgeber im gesellschaftlichen Rahmen; beide haften deshalb nur bei Hilflosigkeit des Gastes, nicht schon bei bloßer Angetrunkenheit, BGHSt **19** 152 (**E** 90). Str, ob vorschriftsmäßiges, aber schädigendes Verhalten rechtswidrig ist (Handlungsunrecht oder Erfolgsunrecht), s *Palandt/Sprau* § 823 Rz 24, 33, ob zB gegen an sich verkehrsrichtiges, objektiv sorgfältiges, aber gefährdendes Verhalten Notwehr zulässig ist, abl *Sch/Sch (Lenckner/Perron)* § 32 Rz 21, bejahend *Bockelmann/Volk,* AT S 90, s auch *Palandt/Sprau* § 823 Rz 24 (Versagung der Notwehr unbefriedigend). Wer als Kf eine Person anspricht, um eine Auskunft zu erbitten, handelt sozialadäquat und haftet nicht für Schäden des Angesprochenen, der daraufhin unachtsam auf die Fahrbahn tritt, Dü VR **90** 1403. **120**

Ein **erlaubtes Risiko** geht ein, wer ein gefährdetes Rechtsgut retten will oder muß, aber mit einem möglicherweise weniger geeigneten Mittel, das den Rettungszweck unvorhersehbar verfehlt oder das Rechtsgut sogar weiter schädigt (*Jescheck/Weigend* § 36), zB der Helfer nach Unfall (§ 323c StGB) bettet in bester Absicht den Verunglückten unrichtig. VTeilnahme ist bei verkehrsrichtigem Verhalten wegen der dem Kraftverkehr innewohnenden Allgemeingefahr ein solches erlaubtes Risiko, BGHZ **24** 28, Schl 2 Ss 610/83 (Halten mit ordnungsgemäßer Beleuchtung im Nebel), *Küper* Lackner-F S 261, 272f (s aber **E** 120), s *Kindhäuser* GA **94** 197 (nicht das Erfolgsunrecht, aber den Fahrlässigkeitsvorwurf ausschließend). Ein rechtfertigendes erlaubtes Risiko geht auch ein, wer in objektiver Notwehrlage beim Versuch, dem Angriff auszuweichen, fahrlässig ein Rechtsgut des Angreifers verletzt, Kar MDR **85** 955 (Rammen eines die Weiterfahrt sperrenden Fzs). **121**

Den Gesichtspunkt des **verkehrsrichtigen Verhaltens** (Ha VRS **47** 390, VR **00** 507) wird man jedoch auch als selbständigen Rechtfertigungsgrund anerkennen müssen. **122**

Einleitung

Es schließt Verschuldenshaftung sowohl des Fahrers als auch des FzHalters aus, Ha VR **00** 507. Auch formal regelwidriges Verhalten kann in diesem Sinne verkehrsrichtig sein; es muß überall dort erlaubt sein, wo vorrangige Regeln, zB die §§ 11, 36, 37 StVO dies fordern (rechtfertigende Pflichtenkollision, sozialadäquates Verhalten, **E** 119, 120). LichtZ, Zeichen und Weisungen der VPol sind ausnahmslos sinnvoll angepaßt so zu befolgen, daß niemand beeinträchtigt wird. Die allgemeine Sorgfaltsregel geht den starren VRegeln, allen automatisierten Zeichen und den Weisungen vor: Durchfahren bei Ampelversagen (bei Grün und trotz Rot) nur mit äußerster Vorsicht und nach Verständigung. Zwar kann vorschriftsmäßiges Verhalten auch in Fällen, in denen unter dem Gesichtspunkt verkehrsrichtigen Verhaltens ein Abweichen gerechtfertigt wäre, regelmäßig nicht als Verstoß geahndet werden, Bay VRS **64** 57. Droht aber bei wörtlicher Regelbefolgung Gefahr, so ist rettende Abweichung, soweit sie sich verständigerweise aufdrängt und zumutbar ist, Rechtspflicht. Nicht „blindes" Rechtsfahren ist geboten, sondern angepaßtes Fahren möglichst weit rechts unter Beachtung der Örtlichkeit, Fahrbahnbreite und -beschaffenheit, der FzArt, Ladung, des Gegenverkehrs, parkender Fze, erlaubter Fahrgeschwindigkeit und der Sicht, Dü VRS **48** 134, Bay NZV **90** 122.

123 Der § 11 StVO über den Vortrittverzicht bei besonderen Verkehrslagen prägt den allgemeinen Grundsatz des verkehrsrichtigen Verhaltens näher aus: Massenverkehr kann nur fließen, wenn sich jeder flexibel auf ihn einstellt (Begr § 11 StVO Rz 1). Bei einer Stockung darf der an sich Berechtigte nicht in die Kreuzung (Einmündung) einfahren, wenn er dort blockierend warten müßte. Auch wer sonst Vortritt hätte, muß bei untypischer Lage darauf verzichten (ständige Vorsicht und gegenseitige Rücksicht, § 1 StVO). Bei Stauung mit einer an einer rechten Einmündung freigelassenen Lücke darf ein Rechtsabbieger uU die Schlange überholen und unter besonderer Sorgfalt durch die Lücke nach rechts abbiegen, s Dü VRS **52** 210. Weitere Beispiele: § 11 StVO Rz 6.

124 **Verkehrsregeln,** mit Ausnahme der Grundregel stetiger Vorsicht und gegenseitiger Rücksicht, sind keine sozialethischen Gebote, sondern auswechselbare Typisierungen gebotenen Verhaltens unter typischen Umständen. Normgebot und Sachlage fallen um so häufiger auseinander, je mehr die Umstände wechseln und je mehr die starre Automatisierungen sich häufen. VRegeln, VZ und LichtZ sollen den Verkehr lenken und sichern, ohne ihn mehr als sicherheitsbedingt zu behindern. Deshalb kann in seltenen Fällen angepaßte, umsichtig-vorsichtige **Regelabweichung** erlaubt sein (str).

Beispiele: kilometerlang gebotene übermäßige Geschwindigkeitsbeschränkung auf geräumter, leerer Baustelle bei verkehrssicherer Fahrbahn; Stehenlassen lediglich arbeitsbedingter VZ an Feiertagen ohne sachlichen Grund; Notwendigkeit angepaßter Selbsthilfe bei unklaren oder unrichtig aufgestellten VZ, bei Ampelstörung, bei unrichtig oder gefährdend gezogenen Leitlinien. Dagegen ist Kurvenschneiden, BGH NJW **70** 2033, und Unterlassen der nach StVO gebotenen Fahrtrichtungsanzeige, Ce VRS **52** 219, auch bei – vom FzF angenommener (Fehlbeurteilung?) – Verkehrsstille abzulehnen. Die Verbindlichkeit von Geboten allgemein von der *Zumutbarkeit* ihrer Beachtung im Einzelfall abhängig zu machen, wäre zu weitgehend und würde die Verkehrssicherheit gefährden, Kö VRS **69** 307.

Lit: *Fritz,* Rechtsnatur der VZ, Dissertation, Kiel 1966 S 167. *Jagusch,* Flexibilität und Starrheit in der neuen StVO ..., NJW **71** 1. *Derselbe,* Bemerkungen zum Kurvenschneiden, DAR **61** 234. *Neuhaus,* Präambel oder Ampel? JZ **69** 209. *Strauß,* VBehinderung durch Ampeln, DAR **72** 175.

125 **Einwilligung** oder vermutliche Einwilligung rechtfertigt, soweit das Recht sie freistellt, zB bei § 248 b StGB. Der Verletzte muß verfügungsberechtigt sein (Gegenstück: Sittenverstoß, § 226 a StGB, oder kein individuelles Rechtsgut), einsichts- und beurteilungsfähig, er muß sich über die Bedeutung der Einwilligung klar und außerdem entschlußfähig sein. Die Einwilligung, uU durch schlüssiges Verhalten, muß strafrechtlich durch unmißverständliches Kundtun vor der Verletzung vorliegen, BGHSt **17** 360, anders im Zivilrecht. So kommt bei erkannter Angetrunkenheit des Fahrers uU Einwilligung des Mitfahrenden in geringfügige Verletzungen in Betracht, Fra DAR **65** 217, Zw VRS **30** 284, *Tröndle/Fischer* § 228 Rz 7, nicht jedoch in Lebensgefährdungen (§ 228 StGB) und mangels Dispositionsbefugnis nicht in gleichzeitige VVerstöße. Keine wirksame Einwilligung des mitfahrenden Tatteilnehmers in körperlicher Gefährdung, Stu

Einleitung

VRS **50** 265. S §§ 8 a, 9 StVG. Angriffe gegen öffentliche Rechtsgüter entziehen sich der Einwilligung (s § 1 StVO), BGH NZV **95** 80, Fra DAR **65** 217, zB bei § 315 c StGB (s dort Rz 43). Wer in einem offensichtlich überladenen Kfz mitfährt, mag in Gefährdung einwilligen können, nicht aber in daraus erwachsende nennenswerte Körperverletzungen, BGHZ **34** 360. Wird die mit einem an einem Anfallsleiden erkrankten Kf mitfahrende Ehefrau durch anfallsbedingten Unfall verletzt, so kann die Rechtswidrigkeit wegen Einwilligung zu verneinen sein, BGHSt **40** 341 = NZV **95** 157. Der Jugendliche kann bei VUnfällen (§ 142 StGB) nicht wirksam auf Feststellungen verzichten.

Mutmaßliche Einwilligung liegt vor, wenn die Einwilligung nicht einholbar, bei objektiver, verständiger Beurteilung aber gewiß zu unterstellen war, BGHSt **16** 312, zB bei KfzBenutzung im Rahmen schon früher gegebenen und auch jetzt zweifelsfrei zu vermutenden Einverständnisses des Halters, oder bei der Geschäftsführung ohne Auftrag (§§ 677 ff BGB), also bei Handlungen, welche das fremde Interesse in subjektiv fremder Geschäftsführungsabsicht objektiv wahren, BGHZ **40** 30. 126

Sonderrechte: E 52. 127

Ein **Befehl** rechtfertigt verkehrsangepaßtes Verhalten, wenn er rechtmäßig ist, oder wenn der Vorgesetzte die tatsächlichen Voraussetzungen der Rechtmäßigkeit bei pflichtgemäßer Prüfung irrig angenommen und der Ausführende den Irrtum nicht gekannt hat (§ 11 II SG). 127a

Die **Erlaubnis** der befugten, zuständigen Behörde rechtfertigt Abweichen von VRegeln nach Maßgabe der §§ 46, 47 StVO oder von Bauvorschriften, §§ 70, 71 StVZO, im Umfang der Erlaubnis bei Beachtung etwaiger Auflagen (sonst ungerechtfertigt). 128

XVII. Verantwortlichkeit. Wer Rechtspflichten verletzt, obwohl er dies als unerlaubt erkennen (vermeidbarer Verbotsirrtum) und sich pflichtgemäß verhalten konnte (Verantwortlichkeit), handelt vorwerfbar, BGHSt **2** 194. Die Haftung aus unerlaubter Handlung (§§ 823, 826 BGB) und das Strafrecht setzen Schuld voraus, BVerfGE **20** 331, das OWRecht, ohne sozialethischen Schuldvorwurf (zw, **E** 69), immerhin Vorwerfbarkeit. *Böcher*, Verantwortung im StrV in juristischer, psychologischer und pädagogischer Sicht, NZV **89** 209. 129

Mehr als die volle individuelle Sinnesleistung kann im Verkehr nicht verlangt werden: kein Vorwurf des Nichteinordnens, wenn erst eine Messung zeigen könnte, ob dafür überhaupt Platz war, Ha DAR **60** 241. Mehr als drei VZ zugleich lassen sich kaum richtig erfassen, *Undeutsch* DAR **66** 324. Ein Lokalexperiment mit bekannten Tatsachen erlaubt kaum den Schluß, ein Kf, der diese Tatsachen nicht kannte, habe den Verlauf seinerzeit erkennen müssen, s *Hartmann* DAR **76** 328. Beim Bemühen um richtiges Fahren sind entschuldbare Fahrfehler (ungenaues Schätzen, Fehlreaktion, **E** 83 ff) zugunsten zu werten, Bay VM **67** 17. Plötzliche Leistungsabbrüche: **E** 132. Schreckreaktion: § 1 StVO Rz 29, 30. Reflexbewegungen: **E** 131. Fahrtauglichkeitsmängel: §§ 23 StVO, 2, 11 ff FeV, 2, 3 StVG, **E** 132, 141, 141 a. 130

Reflexbewegungen, auch komplexer Art (*Graßberger*, Psychologie des Strafverfahrens 92), sind mangels willentlicher Steuerung keine Handlungen (**E** 86) und deshalb unvorwerfbar, Zw VR **00** 884, Kar VRS **50** 196, KG VM **76** 51, Ha VRS **67** 190: einem links seitlich plötzlich auftauchenden Hindernis wird der Kf automatisch ohne mögliche willentliche Steuerung nach rechts hin ausweichen, BGH VR **71** 909, Fra VM **76** 59, und umgekehrt, Zw VR **00** 884, Nau DAR **03** 175, Ha NZV **95** 357, **96** 410, **99** 469, Br VR **99** 1035. Vorwerfbarkeit bei voraufgegangener Unaufmerksamkeit, s **E** 86. *Schewe*, Reflexbewegung, Handlung, Vorsatz, 1972. Dagegen sind die eingeübten Automatismen im Auffassungs-, Bedienungs- und Fahrverhalten (erlernte Reaktionen) die raschesten willentlichen, bewußt gesteuerten Handlungen (**E** 84, 85). 131

Plötzliche Leistungsabbrüche, soweit weder nach ärztlicher Belehrung noch sonst voraussehbar (Pflicht zur Selbstbeobachtung, BGH VRS **46** 401, NJW **88** 909), sind unvorwerfbar. „Hustenschlag" als Entschuldigung, AG Bra DAR **73** 191. S *Deutsch* JZ **68** 104. *Horvath*, Einfluß von Wetteränderungen auf VUnfälle, ZVS **70** 85. *Harms*, Sehmängel als Unfallursache, ZVS **86** 36. 132

Vorsatz ist Handeln oder pflichtwidriges Unterlassen in Voraussicht (Parallelwertung) der Tatbestandsverwirklichung (§ 16 StGB) und mit dem Willen hierzu, BGHSt **19** 80, 133

Einleitung

10 74, ohne Rücksicht auf Motiv, Absicht und genauen Verlauf. Die Vorschriften seines Berufskreises muß jeder kennen, vorsätzlich handelt, wer sie trotz Kenntnis verletzt, Ce VM **76** 40. Beim **bedingten Vorsatz** hält der Täter die Tatbestandserfüllung nur für möglich und will sie für diesen Fall, BGHSt **10** 74, BGHZ **7** 313, Ha NZV **01** 224, zumindest in der Form der Gleichgültigkeit. Dies soll nach Ce NZV **01** 354 schon dann gegeben sein, wenn zB ein Rotlichtverstoß auf Ablenkung durch Telefonieren ohne Freisprechanlage beruht. Im Sinne des StGB vorsätzlich ist eine Tat auch, wenn sie einen gesetzlichen Tatbestand verwirklicht, der hinsichtlich der Handlung Vorsatz erfordert, hinsichtlich einer dadurch verursachten besonderen Folge jedoch Fahrlässigkeit ausreichen läßt (§ 11 II StGB).

134 **Gesamtvorsatz** scheidet im bewegten wie ruhenden Verkehr meist aus. Er müßte schon vor Beendigung des ersten Teilakts sämtliche weiteren hinsichtlich des Rechtsgutes, seines Trägers und nach Ort, Zeit und ungefähren Ausführungsart umfassen, BGH GA **74** 307, Dü VRS **74** 180, **85** 474. Derartige Vorstellungen sind jedoch verkehrsfremd, Bay VBl **68** 671, Ha NJW **72** 1060. Dieselbe Fahrt vereinigt deshalb idR nicht mehrere aufeinanderfolgende Verstöße, auch gleichartige nicht, Bay VM **76** 26, Dü VRS **94** 465, zur TE, Ha VRS **46** 338, 370, **47** 193, *Mürbe* AnwBl **89** 641. Dies hat nach der **neuen Rspr des BGH zum Fortsetzungszusammenhang** umso mehr zu gelten, BGHSt **40** 138 = NJW **94** 1663 (Beschluß v 3. 5. 94). In dieser grundlegenden Entscheidung nimmt der Große Senat von einer allgemeinen Aussage iS grundsätzlicher Verwerfung der Rechtsfigur der fortgesetzten Handlung zwar ausdrücklich Abstand. Er stellt jedoch fest, daß bei Serientaten weder Gründe der Praktikabilität und Prozeßökonomie oder das Argument einer „natürlichen", lebensnahen Betrachtung noch die Verbindung mehrerer Tatbestandsverwirklichungen durch den verfolgten Endzweck oder den übereinstimmenden Beweggrund zur Annahme einer fortgesetzten Handlung ausreichen, ebensowenig ein Zusammenhang durch Ausnutzung gleichbleibender Rahmenbedingungen. Danach setzt Ahndung wegen fortgesetzter Tat vielmehr voraus, daß dies zur sachgerechten Erfassung des durch die mehreren Tatbestandsverwirklichungen begangenen Unrechts und der Schuld *unumgänglich* ist, ebenso BGHSt **40** 195 = NJW **94** 2368. Bei den StrVDelikten (einschließlich der VOWen, s dazu aber *Geppert* NStZ **96** 119) dürften diese Voraussetzungen kaum je gegeben sein, s *Tolksdorf* DAR **95** 183; vielmehr wird hier die Ahndung nach den bei TM geltenden Grundsätzen, soweit nicht natürliche Handlungseinheit gegeben ist (**E** 150 a), regelmäßig ausreichen, um gleichartige Taten auch in ihrem Gesamtunwert zu erfassen. Mit dem genannten Beschluß des großen Senats dürfte die Rechtsfigur der fortgesetzten Handlung als weitestgehend überholt anzusehen sein, s *Hamm* NJW **94** 1637, AG Sigmaringen DAR **95** 33. Jedoch kommt bei nur kurz unterbrochenen Geschwindigkeitsüberschreitungen uU DauerOW in Betracht, s § 3 StVO Rz 56 a, in Ausnahmefällen auch natürliche Handlungseinheit (s **E** 150 a). S auch § 24 StVG Rz 58.

135 Bei der **Fahrlässigkeit** (Strafrecht: s Rz 138, Zivilrecht: s Rz 139) kann der Täter die tatbestandliche Folge („Erfolg") voraussehen und vermeiden, Ba VR **92** 1531, er läßt aber die nach den Umständen und eigenen Fähigkeiten mögliche Sorgfalt außer acht (unbewußte Fahrlässigkeit), BGHSt **10** 369, Dü VM **93** 23, und bewirkt dadurch eine kausale Rechtsgutverletzung oder -gefährdung (§ 316 II StGB), oder er hält die Tatbestandsverwirklichung zwar für möglich, kennt also sein pflichtwidriges Verhalten, rechnet aber nicht mit ihrem Eintritt und will diesen nicht (bewußte Fahrlässigkeit, str), BGHSt **7** 369, VRS **55** 126, Ha NZV **01** 224. Die Sorgfaltspflichtverletzung muß sich in dem bewirkten Schaden ausgewirkt haben, innerhalb des Schutzbereichs der verletzten Vorschrift liegen, Bay NZV **89** 201, s **E** 100. Maßgebend für Tatsachenkenntnis und Haltung des Täters ist der Zeitpunkt des pflichtwidrigen Verhaltens, BGHSt **5** 368, nicht späteres Wissen, auch braucht er nur das mögliche Endergebnis vorauszusehen, nicht den genauen Verlauf, Ce VM **57** 71, Ha VRS **51** 101, Stu VRS **69** 441. Für Verzicht auf das Merkmal der Sorgfaltspflichtverletzung zur Definition fahrlässigen Verhaltens zugunsten des Kriteriums der Erkennbarkeit der Tatbestandsverwirklichung, *Schröder* JZ **89** 776. Vorsatz und Leichtfertigkeit schließen einander aus, BGH DAR **76** 87. Fahrlässigkeit ist nicht minderer Vorsatz, beide Formen unterscheiden sich psychologisch, BGHSt **4** 341, 343. Unbeweisbarer Vorsatz beweist deshalb nicht Fahrlässigkeit, es sei denn, eine der beiden Formen stehe fest, ungewiß bleibe nur, welche, BGHSt **17** 210. Nur dann ist Fahrlässigkeit „Auffangtatbestand". Im übrigen geschieht keineswegs jeder VUnfall schuldhaft, BGH Betr **70** 925, *Spiegel* DAR **68** 288. Ein theoretisch vermeidbarer Erfolg rechtfertigt allein nicht den Schluß auf Pflichtverletzung, Bay NZV **93** 121.

Sozialadäquate Gefährdungen, zB als Folge des KfzBetriebs allgemein, scheiden 136 für den Fahrlässigkeitsbegriff aus, denn sozialadäquates, regelgemäßes Verhalten rechtfertigt (str, **E** 120). Nur was hinter sachgemäßem, regelgemäßem oder verkehrsrichtigem (**E** 122–124) Verhalten zurückbleibt, kommt als fahrlässig in Betracht. Kraft des **Vertrauensgrundsatzes** darf jeder, der sich verkehrsrichtig verhält, mangels erkennbarer Gegenanzeichen oder erfahrungsgemäß häufiger typischer Verstöße mit fremdem verkehrsrichtigem Verhalten rechnen und sich darauf einstellen, BGH DAR **03** 308, VR **90** 739 (740), NZV **92** 108, Bay NJW **78** 1491, auch der erlaubt mit hoher Geschwindigkeit Fahrende, Kar VRS **74** 166 (160 km/h auf AB), nicht aber ohne Einschränkung bei Alten, Gebrechlichen und bei Kindern, bei denen mit Unverständnis für die VGefahren zu rechnen ist (§ 25 StVO Rz 26 ff). Auch wer höchste Sorgfalt zu beobachten hat (**E** 150), darf in gewissem Umfang auf verkehrsrichtiges Verhalten anderer VT vertrauen und braucht nicht mit groben, atypischen Verstößen zu rechnen, s § 1 StVO Rz 24. Vertrauensgrundsatz gegenüber Kindern, s § 1 StVO Rz 24, § 25 StVO Rz 27.

Die **Vorhersehbarkeit** iS fahrlässiger Verursachung muß sich nicht auf den konkre- 137 ten Schaden des tatsächlich Geschädigten erstrecken; vielmehr genügt es, daß es für den Schädiger voraussehbar war, daß sein Verhalten irgendeinen Schaden der eingetretenen Art, zB die körperliche Verletzung irgendeiner Person, verursachen konnte, BGH VR **02** 773. **Nicht voraussehbar** (s auch **E** 140) im Rechtssinn sind nur ganz ungewöhnliche Folgen, BGH LM § 276 BGB Cd Nr 1, solche völlig außerhalb der Erfahrung, BGHSt **17** 226, Ko VRS **55** 423, so daß sie auch bei aller gebotenen Sorgfalt nicht bedacht werden müssen, BGHSt **12** 78, Ha VRS **51** 101, Kar NZV **90** 199, nicht schon an sich seltene oder nach der Erfahrung des Handelnden mögliche, Hb VM **57** 71. Nicht vorhersehbar ist ohne besondere Umstände der „halluzinatorische" Eingriff des Beifahrers ins Steuer, Kar VRS **50** 280. Bei leichtem Auffahrunfall ohne Verletzungen ist schwere Herzkrankheit eines Beteiligten, die sich tödlich auswirkt, nicht vorhersehbar, Kar NJW **76** 1853, VRS **52** 25, nicht vorhersehbar ferner, daß jemand, nur weil er überholt wird, einem Herzinfarkt erliegt, Stu VRS **18** 365. Außerhalb der gewöhnlichen Lebenserfahrung liegt es, wenn ein Kf 10 bis 15 Min nach dem Unfall eines anderen VT unter Außerachtlassung mehrerer auffälliger WarnZ grobfahrlässig mit unverminderter Geschwindigkeit an eine Unfallstelle heranfährt und dadurch einen weiteren Unfall verursacht; dieser ist daher für den Verursacher des ersten Unfalls nicht vorhersehbar, Bay VRS **62** 368. Die Rspr stellt an die Voraussehbarkeit bestimmter VLagen und -folgen oft überhohe Anforderungen, *Bockelmann* k + v **67** 80.

Der **Fahrlässigkeitsmaßstab** orientiert sich im Strafrecht am Subjektiven (Strafe setzt 138 Schuld voraus, **E** 129), im Zivilrecht am Objektiven, jeweils unter Einbeziehung der Gegenposition. Im Ergebnis nähern sich beide. Das Strafrecht fordert die nach den Umständen objektiv gebotene, nach den persönlichen Kenntnissen und Fähigkeiten zumutbare Sorgfalt, BGHSt **12** 78, **40** 341 = NZV **95** 157, Bay DAR **96** 152, Kö VRS **103** 116, aber ohne Exkulpation Ungeeigneter oder VSchwacher, denn jeder muß im Verkehr frei übernommenen Pflichten genügen, BGHSt **10** 134, gewerblich wie beruflichen oder privaten. Wer krank, wetterbeeinflußt, ermüdet oder sonst leistungsgeschwächt ist (Medikamente, schockierendes Erlebnis), muß sein Vorhaben aufschieben, es aufgeben oder sich angepaßt verhalten (Fahrgeschwindigkeit, Sehvermögen). Unterdurchschnittliche V(Fahr-)tauglichkeit entlastet nicht, ausgenommen bei schuldloser Nichtwahrnehmbarkeit (**E** 132). Anderseits schulden überdurchschnittlich Befähigte überdurchschnittliches Können. Zur Problematik des Fahrlässigkeitsbegriffes im StrVRecht, *Böcher* NZV **89** 211.

Im **Zivilrecht** ist die im Verkehr erforderliche Sorgfalt maßgebend (§ 276 BGB), 139 BGHZ **8** 141, NJW **88** 909, KG DAR **77** 70, eine objektiv-typisierte Sorgfalt, BGHZ **24** 27, NJW **88** 909, Ha NZV **98** 328, nicht eine uU mißbräuchlich übliche geringere; diejenige Sorgfalt, welche gewissenhafte VT in ihrer jeweiligen Rolle anzuwenden pflegen, BGH NJW **72** 151, abgestuft nicht individuell, BGH VR **76** 168, Ha NZV **98**

Einleitung

328, sondern nur gemäß den unterschiedlichen VAnforderungen an bestimmte Menschen- oder Berufsgruppen, BGHZ **31** 358 (Lehrling), NJW **70** 1038 (Jugendlicher), **88** 909 (ältere Kf), oder speziell Sachkundiger, sonst aber prinzipiell unabhängig von persönlichen Fähigkeiten des Beteiligten, BGHZ **46** 313 (zu § 708 BGB), **61** 101 (zu § 1359 BGB), **68** 217, NJW **77** 1238. Auch hier zwingen geringere persönliche Fähigkeiten bei freiwillig gewähltem Verhalten zu ausgleichender Vorsicht, wenn Haftung vermieden werden soll (*Deutsch* JZ **68** 104), abgesehen wiederum lediglich von plötzlichem, unvorhersehbarem Leistungsabfall (**E** 132). Bei Prüfung einer Mitschuld pflegen individuellere Maßstäbe angewendet zu werden.

Lit: *Duttge*, Fahrlässigkeit und Bestimmtheitsgebot, Kohlmann-F S 13. *Küper*, Überlegungen zum sog Pflichtwidrigkeitszusammenhang beim Fahrlässigkeitsdelikt, Lackner-F S 247. *Mühlhaus*, Die Fahrlässigkeit in Rspr und Lehre, 1967. *Roxin*, Zum Schutzzweck der Fahrlässigkeitsnormen, Gallas-F 241. *Schroeder*, Die Fahrlässigkeit als Erkennbarkeit der Tatbestandsverwirklichung, JZ **89** 776.

140 **Einzelheiten:** An die – bereits vor Fahrtantritt bestehende, s E 141 – Sorgfaltspflicht eines Kf sind im Hinblick auf die mit dem KfzVerkehr verbundenen Gefahren hohe Anforderungen zu stellen, BGH NJW **88** 909. Wer wichtige VRegeln negiert, muß mit schädlichen Folgen rechnen, BGHSt **4** 185, Zw Betr **74** 2248. Wer innerorts zu schnell fährt, muß mit einem Unfall rechnen, Ko VRS **55** 423, desgleichen idR, wer außerorts die durch VZ angeordnete Begrenzung auf 50 km/h mißachtet, Kar NZV **90** 199. Anderseits darf das StVR nur Forderungen stellen, welche der VT in der jeweiligen Rolle, der Kf also am Steuer, verständigerweise erfüllen kann, nicht solche, welche die Leistungsfähigkeit der Sinne überschreiten (**E** 130). Das Problem der bei der heutigen VDichte mitunter unvermeidbaren „Verstöße" wird noch nicht ausreichend beachtet, s Bay VM **70** 51 (Überholweg), BGH Betr **70** 925 (Unvermeidbarkeit), *Bockelmann* k + v **67** 80 (Vorhersehbarkeit), *Spiegel* DAR **68** 288, *Weigend, Miyazawa*-F 550, 560. Regelundeutlichkeit: **E** 142. Die meisten VRegeln wollen und können nur bestimmten Gefahren begegnen (Schutzbereich), deshalb zeigt ein Verstoß gegen sie (idR?) nur Vorhersehbarkeit derjenigen Gefahr an, gegen die sie schützen wollen, BGH VR **75** 39, Ha VR **60** 38, VRS **43** 426. Beim Bemühen um richtiges Fahren sind entschuldbare Fahrfehler (ungenaues Schätzen, Fehlreaktionen) zugunsten zu werten, Bay VM **67** 17. Objektiv fehlerhaftes Verhalten eines Kf in einer plötzlichen unverschuldeten Gefahrenlage rechtfertigt nicht ohne weiteres den Vorwurf fahrlässigen Verhaltens, Bay VRS **62** 211, Kar VRS **74** 86. Der Grundsatz besonders rücksichtsvollen („defensiven") Fahrens fordert jenseits gesetzlicher Pflichten äußerste Sorgfalt und kann deshalb kein Fahrlässigkeitsmaßstab sein, wohl aber bei unklarer Lage der Grundsatz des risikoärmsten Verhaltens gemäß der strengsten einschlägigen Vorschrift, Sa VRS **47** 472.

141 **Fahrfähigkeit** und VUmstände ändern sich ständig und auch im Verhältnis zueinander, ständige angepaßte Wechselwirkung ist deshalb Rechtspflicht. ZB bedingt die individuelle Sichtweite die Fahrgeschwindigkeit, die retinale Anpassung des Auges bei Dämmerung oder Lichtwechsel die Fahrweise. Bereits vor Fahrtantritt hat der Kf sorgfältig zu prüfen, ob er körperlich, geistig und psychisch den Anforderungen des StrV genügen kann, BGH NJW **88** 909, Bay DAR **96** 152, LG Erfurt ZfS **01** 447. Ein Erfahrungssatz des Inhalts, ein Kf sei stets zu einer die eigene Fahruntüchtigkeit offenbarenden kritischen Selbstprüfung in der Lage, besteht allerdings nicht, Ol VRS **102** 276 (altersbedingte Fahrunsicherheit). Zur Fahrlässigkeit bei VTeilnahme trotz starken Altersabbaus, BGH NJW **88** 909, *Ernesti* VGT **74** 212. Ohne besonderen Anlaß ist ein älterer Kf jedoch nicht verpflichtet, sich regelmäßig ärztlich auf seine Fahrtüchtigkeit überprüfen zu lassen, BGH NJW **88** 909. Altersfragen: § 2 StVG Rz 9, § 3 StVG Rz 6. Seine Sehfähigkeit und Sehbehinderungen kennt jeder Kf, wenn auch nicht deren medizinische Ursachen (s aber **E** 132), BGH JZ **68** 103. Einzelheiten: **E** 130–132, § 3 StVO Rz 41, 42, § 23 StVO Rz 11, § 31 StVZO Rz 10, § 316 StGB.

141 a Die **Fahrerlaubnis** (§ 2 StVG) bestätigt nur die prinzipielle Fahreignung im Rahmen der Fahrerpflichten (§ 23 StVO). Bereits während der Ausbildung kommt je nach Umständen und Ausbildungsgrad Mitschuld des Fahrschülers in Betracht, BGH NJW **69** 2197. **Der FE-Neuling** muß stets selbstkritisch angepaßt fahren, weil ihm die Erfahrung

Einleitung

noch fehlt, BGHZ VRS **5** 133, 609, Kö VR **66** 530, und damit auch die Leistungsreserve für schwierigere VVorgänge. Er darf sich keine Fahrt zutrauen, die er vermutlich nicht bewältigen kann (Dauerfahrt durch halb Europa unmittelbar nach erteilter FE, Kar VRS **50** 280. Seine Fahrgeschwindigkeit muß der Leistungsfähigkeit und FzBeherrschung entsprechen, BGH VR **66** 1156, zu schwierige Fahrten muß er unterlassen, Ha VRS **25** 455, denn auch relative, aufgabenbezogene Untüchtigkeit macht trotz FE „ungeeignet" iS von § 31 I StVZO. Nach langer Fahrpause kann ein FE-Inhaber einem Neuling gleichstehen. Unvertrautes Kfz und Bedienungsfehler: E 143.

Die geforderte **Regelkenntnis** entspricht der Rolle als VT. Die wesentlichen Regeln seiner VArt und die des Fahrverkehrs muß jeder im Grundzug kennen, auch Änderungen, BGH VR **69** 832, ebenso die einschlägigen VZ, auch der Fußgänger, damit er den Fahrverkehr besser abschätzen kann. Fehlende Regelkenntnis ist insoweit vorwerfbar, BGH LM § 276 BGB Cg 3, 7, BaySt **03** 61 = NJW **03** 2253. Im Zweifel ist Vorsicht und Zurückstehen (Verständigung) geboten. Bei Regeländerung oder -differenzierung, besonders durch die Rspr, wird uU Toleranz (unvermeidbarer Verbotsirrtum) bis zum allgemeinen Bekanntsein in Betracht kommen (E 156, 157). Verlangt wird Regelkenntnis im Grundzug (*Möhl* DAR **75** 61), Dü NZV **92** 40, nicht Literaturkenntnis. Maßgabe ist, ob der oft nötige rasche Entschluß verständigerweise richtig getroffen werden konnte. Erfordert spätere gerichtliche Prüfung geraume Zeit, Materialsuche, strittige Abstimmung oder umfangreiche Begründung, so spricht dies für Nichtvorwerfbarkeit. Beispiel: Bay VM **72** 21 (welcher Fußgängerüberweg liegt noch „an" der Kreuzung?). Auf die in einer obergerichtlichen Entscheidung vertretene Rechtsauffassung wird der VT regelmäßig vertrauen dürfen, einschränkend Dü NZV **92** 40. Werden VRegeln auch von Fachkundigen unterschiedlich beurteilt, so wird Irrtum oft unvermeidbar sein, s BGH DAR **66** 24, ebenso bei unterschiedlichen Gerichtsurteilen vor obergerichtlicher Klärung, s *Rüping/Kopp* DAR **99** 400. Welcher vertretbare Vorwurf könnte den treffen, dem jedenfalls der Erstrichter nach Erwägung zugestimmt hat? S auch § 24 StVG Rz 35. Die gerichtliche Neigung zur Vernachlässigung der inneren Tatseite, s *Rüping/Kopp* DAR **99** 400, wäre im Zivilrecht begreiflich, weil sie dort die materiellen Unfallfolgen überwiegend auf die Versichertengesamtheit abwälzt, im Straf- und OWiR hat sie jedoch höchstpersönliche, dem Schuldprinzip widersprechende Folgen (**E** 129). 142

Lit: *Mayer-Maly*, Rechtskenntnis als Pflicht des VT?, ZfVR **69** 253. *Rüping/Kopp*, Schuld und Strafe im VRecht, DAR **99** 399. *Wimmer*, Die Pflicht des Kf zu verkehrsrechtlichem Wissen, DAR **64** 206.

Bedienungsfehler entschuldigen nicht, Ol NRpfl **92** 48, zB nicht Abgleiten des Fußes vom Brems- oder Kupplungspedal, Verwechslung von Gaspedal und Fußbremse, Dü DAR **54** 87, nicht Zurückrollen beim Anfahren am Berg, blockierendes Bremsen, scharfes Einschlagen der Lenkung bei hoher Fahrgeschwindigkeit, Nichtbeachtung des toten Winkels im Rückspiegel, den jeder Kf kennen und durch Beobachten ausgleichen muß, Ha VBl **66** 85, VRS **32** 146. Der Fahranfänger (**E** 141a) darf nur bis zur Grenze der ihm möglichen Beherrschung gehen, ohne Selbstüberschätzung, besonders mit technisch unvertrauten Fzen darf er nur angepaßt fahren, Hb VM **65** 5, zB soweit überhaupt erlaubt (§ 17 VI FeV, Verstoß: § 21 StVG), beim Übergang von Fzen mit automatischer Kraftübertragung zu solchen mit Schaltgetriebe. Mit der **FzBeschaffenheit** (Ausmaße, technische Beschaffenheit) muß sich der FzF vor Fahrtantritt vertraut machen und ihr während der Fahrt Rechnung tragen, Kar DAR **04** 394, NZV **04** 532 (jeweils FzHöhe). Sehr lange Fahrpausen können den FEInhaber einem Neuling praktisch gleichsetzen (**E** 141a), weil ihm dann Fz wie VVerhältnisse unvertraut sind. LkwFahren mit FE Kl C nach jahrzehntelanger Pause kann grobfahrlässig sein, BAG VR **74** 137. Fahrfähigkeit: **E** 130–132, 141, 141a, § 2 FeV Rz 3ff. 143

Fehlreaktion. Rasches und zweckmäßiges Verhalten ist auch bei unvorhergesehenen Vorgängen Rechtspflicht, mit der die individuelle Reaktion regelnden, unterschiedlichen und nur teilweise beeinflußbaren Reaktions- und Schreckzeit (**E** 86, § 1 StVO Rz 27, 30). Überdurchschnittliche Schreckhaftigkeit ist durch besondere Vorsicht auszugleichen oder bewirkt überhaupt Fahruntüchtigkeit, Ha VRS **17** 440. Fehlreaktionen in Schreck oder Verwirrung in plötzlicher, unvorhersehbarer, unverschuldeter Gefahr sind 144

Einleitung

unvorwerfbar, BGH VR **71** 910, Nau DAR **03** 175, Kar VRS **51** 433, **50** 280, VR **87** 692, KG VR **78** 744, VM **95** 38, Ko VR **96** 1427, Fra VR **81** 737, Stu NJW **66** 745 (krit *Bockelmann*), Sa DAR **84** 149 (Ausbiegen zur unrichtigen Seite hin, s auch **E** 131), BGH MDR **68** 572, VRS **73** 102 (105), Dü VR **87** 909, Ol ZfS **88** 1 (Ablösung der Reifenlauffläche), Nü VRS **76** 260, Ha NZV **96** 410 (Lenkbewegung nach links bei rechts in die Fahrbahn laufenden Rehen, s **E** 131), Ha NZV **99** 469, Nau DAR **03** 175. Jedoch ist eine abrupte Richtungsänderung wegen eines Kleintieres (Hase) bei hoher Geschwindigkeit idR vorwerfbar, BGH NZV **97** 176. Unvorhersehbares Bremsversagen kann auch erfahrene Kf bestürzen, Fra VRS **41** 37.

145 **Eigene Regelverstöße beim Unfallverlauf,** zB Verstoß gegen ein Gefährdungsverbot (*Mühlhaus/Janiszewski*[15] E 87), beweisen nicht schlechthin eine ursächliche Sorgfaltsverletzung, BGHSt **12** 78, aber bei typischem, in der verletzten Regel vorausgesetztem Verlauf: Linksfahren vor einer Kuppe führt zur Kollision mit einem entgegenkommenden Fz auf der StrMitte. Ein Indiz für Voraussehbarkeit ist es, wenn diejenige Gefährdung, derjenige Unfallverlauf oder Schaden eintritt, den die Regel verhüten will, BGHSt **4** 185, anders bei gänzlich atypischem Verlauf.

146 Auf **Einweiser** (Helfer) bei FzBewegungen darf sich der Kf nur mangels eigener Beobachtungsmöglichkeit dann verlassen, wenn er deren Zuverlässigkeit kennt, Br VM **65** 7, Kö VRS **12** 298. Zur deliktischen Mithaftung des Beifahrer-Warnpostens, Sa VM **78** 52, KG VM **96** 21. *Schleusener,* Einweisen, KVR. Wer **aus Rücksichtnahme zurücksteht,** muß dies mit umsichtiger, andere nicht gefährdender Sorgfalt tun, wird jedoch idR auch auf sorgfältiges Verhalten dessen vertrauen dürfen, dem er den Vortritt läßt. Wer auf Vorrang verzichtet, übernimmt idR keine Verantwortung für gefahrlose Inanspruchnahme des dadurch dem anderen VT eingeräumten Vortritts, s § 8 StVO Rz 31, anders uU gegenüber Kindern, Dü VR **86** 471. Rücksichtnahme darf nicht zu Gefährdung oder gewichtigerer Behinderung anderer führen.

147 **Zeitlich begrenzt** ist die Verantwortlichkeit für Unfallfolgen nicht. Der Schuldige haftet zB nach einem ABUnfall mangels ausreichender Sicherung auch für Auffahrfälle, BGH LM § 276 BGB Cg 8, solange der anormale Zustand dauert, Kö VRS **45** 182, *Mühlhaus/Janiszewski*[15] E 91. Dies ist jedoch ein Kausalitätsproblem (**E** 97 ff, 103).

148 **Fremde Mitschuld,** ausgenommen ganz geringfügige, erhöht die Gefahr oder beeinflußt den Unfall und dessen Folgen und mindert den Schuldvorwurf (§ 24 StVG Rz 49), uU auch schon deren Möglichkeit, BGH VRS **35** 304, 428, **25** 266, ebenso behördliche Mitschuld (Mitursächlichkeit), BGH VRS **26** 253 (Aufstellung unrichtiger VZ, gefährdende Leitlinie, unüberblickbarer Fußgängerüberweg), Bay VRS **26** 58, Stu VRS **26** 68, Kö VRS **34** 232, VM **75** 7 (str).

149 Auf **grobe Fahrlässigkeit** beschränkt sich die Haftung zB im Rahmen der §§ 254, 277, 680 BGB, 61 VVG, uU bei der Abwägung nach § 17 StVG. Sie ist nach allen objektiven und subjektiven (insoweit abl *Müller* VR **85** 1103, 1105 f) Umständen eine besonders schwere Verletzung der erforderlichen Sorgfalt, Nichtbeachtung eines einleuchtenden Umstände und ganz naheliegender Überlegungen, BGHZ **119** 147 = NZV **97** 176, VR **03** 364, BAG NVersZ **00** 136, Kar VR **04** 776, Ko NZV **04** 255, Kö NZV **03** 138, Dü NZV **03** 289, Zw VR **00** 884, Ha VR **02** 603, Brn VR **02** 1274, VRS **105** 187, Dü ZfS **04** 414, Nü DAR **00** 572, Mü NZV **02** 562, zumeist verbunden mit dem Bewußtsein der Gefährlichkeit, Brn VRS **105** 187, Kö ZfS **86** 278, Kar ZfS **90** 134. Grobe Fahrlässigkeit liegt nur vor, wenn das vorwerfbare Fehlverhalten über bloße Fahrlässigkeit weit hinausgeht, KG DAR **01** 211, Kar NZV **88** 185. Unter den subjektiven Faktoren sind auch Alter, Beruf und Lebenserfahrung zu berücksichtigen, Hb DAR **80** 275, Ha NZV **90** 473. Die Einzelheiten sind Tatfrage, daher keine Revisibilität, wenn diese Rechtsgrundsätze und alle mitwirkenden Umstände berücksichtigt sind, BGH VRS **65** 347, NJW **85** 2648. **Im Straßenverkehr** führt ein schlechthin unentschuldbares, grob verkehrswidriges Verhalten zum Vorwurf grober Fahrlässigkeit, BGH NZV **96** 272, Kö NZV **03** 138, ZfS **03** 132, 553, Ha VR **90** 43. Gelegentliche Fehler im dichten Verkehr sind so häufig und oft unvermeidbar, daß sie für sich allein nicht grobfahrlässig sein müssen, Dü VR **66** 529 (Weiterfahren in Rotphase, str, s § 37 StVO Rz 62), Ha VR **88** 1260, **90** 43. Entsprechendes gilt für Schreckreaktionen, Ha VR **94** 42, oder Fahrfehler, die auf mangelnde Vertrautheit mit dem Fz beruhen, Dü ZfS **04**

414 (s aber **E** 143). Ein sog **Augenblicksversagen** schließt grobe Fahrlässigkeit zwar für sich allein nicht ohne weiteres aus, BGHZ **119** 147 = NZV **92** 402, VR **03** 364, Kar VR **04** 776, ZfS **04** 269, Ro ZfS **03** 356, Dü ZfS **04** 414, **02** 438, Kö NZV **03** 138, Ko NZV **04** 255, VRS **101** 36, Ha VR **02** 603, *Römer* NVersZ **01** 539, aM (jedenfalls im Rahmen des § 61 VVG) Fra r + s **01** 313. Jedoch kann bei Hinzutreten weiterer, in der Person des Handelnden liegender Umstände bei Fehlern, die auf einem Augenblicksversagen beruhen, wie etwa das Vergessen eines Handgriffs in einem zur Routine gewordenen Handlungsablauf, uU grobe Fahrlässigkeit zu verneinen sein, BGH NJW **89** 1354, MDR **89** 801, Ha NVersZ **00** 334, Mü NJW-RR **92** 538, Fra MDR **98** 43, *Haberstroh* VR **98** 946. Voraussetzung ist dabei aber das Vorhandensein besonderer individueller Umstände, die das momentane Versagen in einem milderen Licht erscheinen lassen, BGHZ **119** 147 = NZV **92** 402, Ro ZfS **03** 356, Dü ZfS **04** 414, **02** 438, Ko DAR **01** 168, VRS **101** 36, Kö NZV **03** 138, **02** 374. Zur Beweislast insoweit, s Kö NZV **03** 138. Grobe Fehlleistungen aber: Wegsehen von der Fahrbahn während der Fahrt, um eine Zigarette, Kaugummi usw aufzuheben, s § 3 StVO Rz 67; Fahren trotz alkoholbedingter, deutlich bemerkbarer Fahrunsicherheit; Verlassen des Kfz ohne vorgeschriebene Sicherung; Ablehnung des Fuhrunternehmers trotz Gegenvorstellung des Fahrers, unsichere Bremsen instandsetzen zu lassen, stattdessen Anweisung zum Überladen, BGH LM § 61 VVG 4. Wegen des besonderen Subjektivitätsgehalts der groben Fahrlässigkeit **kein Anscheinsbeweis** über bloße Fahrlässigkeit hinaus, s Rz 157a. Jedoch können Schlüsse aus dem äußeren Verhalten auf innere Vorgänge und Vorstellungen gerechtfertigt sein, BGH VR **84** 480, NZV **97** 176, BAG NVersZ **00** 136, Kar NJW-RR **04** 389, Brn VRS **105** 187, Ro ZfS **03** 356, Ko VRS **101** 36, Kö ZfS **02** 388, Nü DAR **00** 572, Kar VR **04** 776, ZfS **04** 269, Ha NZV **95** 452, und besonders schwerwiegende Pflichtverletzungen den Schluß auf subjektiv beträchtliches Verschulden nahelegen, BGH ZfS **89** 15, BGHZ **119** 147 = NZV **92** 402, Kö NVersZ **02** 225, Ha NZV **93** 480, einschränkend mit beachtlichen Gründen Fra VR **01** 1276 (abl insoweit *Römer* NVersZ **01** 539). Mit Recht krit in bezug auf Tendenzen der neueren Rspr zu extensiver Annahme grober Fahrlässigkeit in der Kaskoversicherung unter Vernachlässigung der subjektiven Seite, *Haberstroh* VR **98** 943. **Leichtfertigkeit** entspricht grober Fahrlässigkeit, BGHSt **14** 255, Ko VRS **50** 198. Versuche zur Konkretisierung der Grundformel bei *Röhl* JZ **74** 521.

Lit: *Haberstroh,* Das „Augenblicksversagen" – kein Fall grober Fahrlässigkeit, VR **98** 943. *Derselbe,* Grobe Fahrlässigkeit in der Kaskoversicherung …, MDR **00** 1349. *Müller,* Die grob fahrlässige Herbeiführung des Versicherungsfalles nach § 61 VVG, VR **85** 1101. *Riedmaier,* Grobe Fahrlässigkeit im StrV, DAR **78** 263. *Derselbe,* Zur groben Fahrlässigkeit im StrV, VR **81** 10. *Röhl,* Zur Abgrenzung der groben von der einfachen Fahrlässigkeit, JZ **74** 521. *Römer,* Das sog Augenblicksversagen, VR **92** 1187.

Äußerste Sorgfalt fordert die StVO in einigen Fällen der §§ 2 IIIa (gefährliche **150** Güter), 3 IIa (Schutz Hilfsbedürftiger), 5 (Überholen), 7 V (Fahrstreifenwechsel), 9 (Abbiegen in ein Grundstück, Wenden, Rückwärtsfahren), 10 (An- und Einfahren), 14 (Ein- und Aussteigen), 20 I (Vorbeifahren an Ein- und Aussteigenden öffentlicher VMittel). Gefährdung „ausgeschlossen" bedeutet nicht die Pflicht, mit Unvorhersehbarem zu rechnen, sondern nur höchste Sorgfalt, Dü NZV **93** 198. Die Tatsache des Unfalls zum Beweis dafür heranzuziehen, daß diese höchste Sorgfalt nicht beachtet wurde, weil sich eine Gefährdung nicht als ausgeschlossen erwiesen habe, wird dem Begriff, so wie ihn die StVO versteht, nicht gerecht, Schl VRS **60** 306, Ha VRS **80** 261. Gefordert wird, über § 1 StVO hinaus (Begr § 9 StVO Rz 11), äußerste Sorgfalt (Begr zu § 5 StVO Rz 3), Bay VM **73** 51, Dü VM **74** 6, Mü VRS **68** 284, Kar VRS **71** 62, Zw VRS **71** 220, ein Höchstmaß an Vorsicht, deren „höchste Stufe" (Begr zu § 14). Dieser strengste StVO-Maßstab setzt äußerste subjektiv mögliche Sorgfalt und Umsicht (KG VR **74** 36) bei dem geschützten Vorgang, unter vollständiger Berücksichtigung des objektiv Erforderlichen voraus (**E** 138), ohne Überspannung, s Dü VM **74** 94. Äußerste Sorgfalt erfordert ausnahmslos Umblick, rechtzeitige Rückschau und, soweit vorgesehen, rechtzeitiges Zeichengeben, außerdem zuverlässige Beobachtungsmöglichkeit. Fehleinschätzungen belasten, BGH VM **70** 14 (§ 5 StVO Rz 3), außer bei Unvermeidbarkeit

Einleitung

trotz ausreichenden Überblicks. Der geringste verbleibende Zweifel verbietet das Verhalten (§ 5 StVO Rz 3), denn andernfalls ist Behinderung (Gefährdung) nicht ausgeschlossen. Die Verantwortlichkeit für sicheren Ablauf liegt hiernach ganz überwiegend beim Handelnden, BGH Betr **68** 2126, Bay VM **73** 39, Ha VRS **42** 422, Kö VR **65** 196, jedoch nicht im Sinn reiner Erfolgshaftung, Bay VRS **45** 211, **42** 383: Mitschuld, Alleinschuld oder Alleinverursachung anderer können mitsprechen, Bay VM **73** 51, VRS **45** 211, Fra VRS **51** 120, denn auch die anderen VT bleiben für Regelbeachtung verantwortlich, Bay VRS **45** 211, Ko VRS **48** 350 (§ 1). Das Verständnis des Merkmals „Gefährdung ausgeschlossen" als Gebot einer im geschilderten Sinn erhöhten Sorgfalt entspricht der ganz hM. AM aber zB *Mühlhaus* DAR **75** 233: nur rechtlich bedeutungslose „Schockformel" sowie *Greger* NJW **92** 3268, der die genannten StVO-Bestimmungen für nichtig hält, weil der *VOGeber* nicht zur Modifikation des Merkmals der *Sorgfalt* in § 276 II BGB als im Zivil- wie im Strafrecht geltenden Fahrlässigkeitsmaßstabs ermächtigt sei. Näheres: §§ 2, 3, 5, 7, 9, 10, 14, 20 StVO.

150a **Natürliche Handlungseinheit** besteht nicht schon unter mehreren fahrlässigen (oder vorsätzlichen) Verstößen auf derselben Fahrt, Bay NZV **95** 407, **96** 160, DAR **96** 31, BaySt **97** 40 = NZV **97** 489, Dü NZV **01** 273, DAR **98** 113, Hb VRS **49** 257, Ha VRS **52** 131, Dü DAR **97** 322, *Mürbe* AnwBl **89** 641, es sei denn, sie geschehen, sehr eng verstanden, zeitlich und räumlich unmittelbar nacheinander und erscheinen bei natürlicher Betrachtungsweise objektiv als einheitliches Tun, Bay DAR **03** 281 (zeitlicher Abstand von weniger als 1 Min), **90** 363, ZfS **97** 315, Jn NZV **99** 304, Ha ZfS **94** 187, Kö NZV **04** 536 (Geschwindigkeitsüberschreitungen im Abstand von 1 Min), Dü NZV **01** 273, VRS **67** 129 (Unterbrechung einer Geschwindigkeitsüberschreitung lediglich durch kurzfristiges Verlangsamen beim Abbiegen), NZV **88** 195, **94** 42 (Mißachtung mehrerer unterschiedlicher Geschwindigkeitsbegrenzungen auf 12 km AB-Strecke). Denn der Täter hat bei jedem GebotsZ und jeder neuen VLage dem Sorgfaltsgebot aufs Neue zu genügen, BaySt **02** 134 = VRS **101** 446, Ha DAR **76** 138, AG Sigmaringen DAR **95** 33. Auch im Abstand von nur 50 m begangene Rotlichtverstöße bilden keine natürliche Handlungseinheit, wenn die Ampelregelungen unterschiedliche Kreuzungen (Einmündungen usw) betreffen, Jn NZV **99** 304. Bei Vorsatztaten setzt natürliche Handlungseinheit keinen Gesamtvorsatz voraus, kann vielmehr bei mehreren Verstößen aufgrund jeweils neuen Tatentschlusses bei einheitlicher Zielsetzung gegeben sein, Bay DAR **90** 363. Natürliche Handlungseinheit wird zumeist in Fällen sog **Polizeiflucht** vorliegen, BGHSt **48** 233 = NJW **03** 1613 (1615), NZV **01** 265, DAR **72** 118, **85** 190, **94** 180, **95** 334, NStZ-RR **97** 331, VRS **65** 428, **66** 20 (näher: *Hentschel*, Trunkenheit 439f, 457), krit *Seier* NZV **90** 133, *Sowada* NZV **95** 466. Der Täterentschluß, sich ordnungsgemäßer Blutprobenentnahme zu entziehen, verbindet alle bei der Fluchtfahrt begangenen Straftaten zur natürlichen Handlungseinheit (TE), BGH VRS **57** 277.

151 **Entschuldigungsgründe** schließen die Täter-, uU auch die Teilnehmerschuld aus. Solche sind

151a die **Schuldunfähigkeit** mangels tatbezogener Veranwortlichkeit, zB des Kindes bis zu 14 Jahren (§§ 1 JGG, 12 OWiG, 19 StGB); des Jugendlichen beim Fehlen der geistig/sittlichen Reife zur Tatzeit (§ 3 JGG); allgemein in den Einzelfällen der Schuldunfähigkeit (§§ 20 StGB, 12 OWiG). S § 316 StGB Rz 29, 30. Geminderte Verantwortlichkeit: § 21 StGB. Bei den OWen fehlt zwar eine ausdrückliche Milderungsvorschrift, weil das OWiG keine Mindestgeldbußen vorsieht; geminderte Verantwortlichkeit kann aber auch hier den Vorwurf mindern. Vollrausch: §§ 122 OWiG, 323a StGB.

151b Bei **vorverlegter Verantwortlichkeit** (actio libera in causa) hat der Schuldunfähige die wesentliche Ursache der späteren Tat vorsätzlich oder fahrlässig noch in verantwortlichem oder vermindert verantwortlichem Zustand gesetzt, daher kein Schuldausschluß. Die Vereinbarkeit dieser Rechtsfigur mit den geltenden Normen des Strafrechts entsprach bisher hM, so nach wie vor BGH NStZ **97** 230 (3. StrSen), **99** 448, **00** 584 (2. StrSen), war jedoch stets umstritten. Für die Verkehrsstraftatbestände, deren Verwirklichung tatbestandsmäßig das *Führen* eines Fahrzeugs voraussetzt, erkennt sie der 4. Strafsenat des BGH unter Aufgabe seiner bisherigen Auffassung nicht mehr an, BGHSt **42** 235 = NZV **96** 500 (Urt. v. 22. 8. 96), s § 316 StGB Rz 31. Näher: *Hentschel*, Trunkenheit 233-259. Wer bei Trinkbeginn in Kenntnis späterer KfzBenutzung mit Fahrunsicherheit und Gefährdung anderer rechnen muß, hat idR nicht auch anschließendes unerlaubtes Entfernen vom Unfallort von vornherein in seine Vorstellung mit einbezogen, BGH VRS **69** 118, DAR **85** 387. TE, falls eine Rauschtat mit Taten in vorverlegter Verantwortlichkeit zusammentrifft, BGHSt **17** 333 = NJW **62** 1830.

Beim **entschuldigenden Notstand** (§ 35 StGB) beseitigt der Täter mangels anderen **152** Auswegs eine unverschuldete, wenn auch vielleicht selber verursachte gegenwärtige Notlage (Gefahr für Leben, Leib, Freiheit) von sich, einem Angehörigen (§ 11 I StGB) oder einer anderen nahestehenden Person mit Rettungsmotiv durch eine tatbestandsmäßig-rechtswidrige Handlung, weil nach sorgfältiger Abwägung das geschützte Interesse das verletzte „wesentlich überwiegt". Notwehr des Betroffenen bleibt also zulässig. Das OWiG sieht entschuldigenden Notstand nicht vor (*Göhler* § 16 Rz 16).

Bei der **schuldausschließenden Pflichtenkollision**, einem Unterfall des entschuldigenden Notstandes, ist eine Rangverhältnisprüfung (**E** 152) entweder nicht zulässig, **153** weil beiderseits Menschenleben betroffen sind (vor dem unvermutet vor das Fz springenden Kind kann der Kf nur auf den belebten Gehweg ausweichen), oder nicht sofort möglich, oder die beteiligten Pflichten sind gleichwertig: unrichtiges Ausweichen vor unverschuldeter, überraschender Gefahr, BGH VRS **34** 434; überschnelles Weiterüberholen, weil das Abbrechen gefährdend wäre, Dü NJW **61** 424; Beschleunigen, um Kollision zu vermeiden, anstatt zu bremsen, BGH DAR **56** 328; objektiv regelwidriges Fahren, um gefährlicher fremder Fahrweise zu entgehen, BGH VR **71** 910, Kö VM **74** 38.

Ein rechtswidriger **Befehl** (s auch **E** 127a) entschuldigt im zivilen Dienstbereich, **154** wenn der Ausführende die Rechtswidrigkeit des Aufgetragenen nicht erkennen konnte (§ 56 II BBG), im militärischen bei OWen stets, bei Verbrechen und Vergehen nur, wenn der Untergebene dies nicht erkannt hat, oder wenn die Begehung eines Verbrechens oder Vergehens nach den Umständen nicht offensichtlich ist (§ 5 I WehrstrafG): zB muß ein Soldat oder PolB bei erheblicher Angetrunkenheit eine trotzdem befohlene Dienstfahrt verweigern (§ 316 StGB).

Irrtum als Entschuldigungsgrund: § 24 StVG Rz 33 ff, § 11 OWiG, § 16 StGB **155** (Tatbestandsirrtum), § 17 StGB (Verbotsirrtum). Tatbestandsirrtum: § 24 StVG Rz 33, § 11 I OWiG, § 16 StGB. Verbotsirrtum: § 24 StVG Rz 34 ff, § 11 II OWiG, § 17 StGB. Beachtlicher Verbotsirrtum: § 24 StVG Rz 34 ff. Weitere Belege bei den einzelnen Vorschriften.

Der **Vorschriftenwechsel** bildet im StVR ein noch wenig beachtetes Problem. Die **156** StVO 1970 hat mehr Zweifel als erwartet gebracht, fast immer sozialethisch neutrale Verhaltensprobleme betreffend. Die Zweifel erwachsen vielfach erst aus dem Gegeneinander unterschiedlicher, uU verstreuter Vorschriften, teilweise auch aus Rechtslücken. Vorwarnung durch sozialethische Mißbilligung fehlt vielfach. Die ZivilRspr neigt deshalb in solchen Fällen zur bloßen Klarstellung unter Schuldverneinung, BGH DAR **66** 24 (Unklarheiten nach Einführung der Regeln über abknickende Vorfahrt).

An die Annahme eines unvermeidbaren Verbotsirrtums stellt die Rspr im **OWRecht** **157** strenge Anforderungen. Unvermeidbarkeit uU bei Vertrauen auf veröffentlichte Gerichtsentscheidungen, näher: § 24 StVG Rz 34 ff. Unvermeidbarer Verbotsirrtum, wenn sich der Täter auf eine infolge Gesetzesänderung nicht mehr zutreffende Rechtsauffassung verläßt, die in einem gegen ihn ergangenen Strafurteil vertreten wurde, wenn in dem Urteil auf die zu diesem Zeitpunkt bereits eingetretene Änderung nicht hingewiesen wurde, Dü VRS **73** 367. Überwiegend aber herrscht hier ein zu enger Unvermeidbarkeitsbegriff (**E** 142). Das Vertrauen auf vereinzelte Gerichtsentscheidungen läßt sie nicht gelten, Stu NJW **67** 122, 744 (abl *Hagedorn*), 745 (abl *Baldauf*), Dü VRS **60** 313, Ko VRS **60** 387.

XVIII. Der Anscheinsbeweis vermittelt dem Richter die Überzeugung, daß ein **157a** Geschehen so verlaufen ist, wie es nach der Erfahrung für gleichartige Geschehen typisch ist, BGHZ **39** 107, **31** 357, **18** 319, **6** 169, NZV **96** 277, Ha NZV **93** 354, Brn VRS **106** 247, KG VM **96** 76. Deshalb kann bei typischen Abläufen nach der Erfahrung regelmäßig von einem bestimmten Ereignis auf eine bestimmte Folge („Erfolg") geschlossen werden und umgekehrt, BGHZ **39** 107, **8** 239, NZV **90** 386, Brn VRS **106** 99, Bra VR **89** 95, KG VM **89** 37, und zwar auf dem Gebiet des Ursachenzusammenhangs wie der Schuld, BGH NJW **66** 1263, Dü NZV **96** 321. Bei VUnfällen ist dazu ein Geschehnisablauf erforderlich, der nach allgemeiner Lebenserfahrung zu dem Schluß einer Sorgfaltspflichtverletzung drängt, weil er für schuldhafte Verursachung typisch ist, BGH JZ **86** 251, NZV **96** 277, Brn DAR **02** 307, Ha NZV **98** 155, zB Verstoß gegen Schutzgesetze, BGH VR **94** 324, Verletzung von Unfallverhütungsvorschriften, BGH VR **94** 324, Kö VR **88** 1078 (Bestimmungen über Höchstlenkzeiten) oder der VSicherungspflicht, BGH VR **94** 324, Ol ZfS **02** 379, Dr VRS **100** 263. Handelt es sich nicht um einen typischen „formelhaften" Geschehnisablauf, so greift der Anscheinsbeweis nicht ein, Nau VM **03** 45. Näher *Diederichsen* VR **66** 211. Ein *konkreter* typischer Geschehnisablauf muß unstreitig oder bewiesen sein, BGH NZV **96** 231, Brn VRS **106** 99, Nau VM **03** 45, bloßes Vorliegen eines abstrakten Unfalltyps (zB Vorfahrtsfall) allein genügt nicht, Mü NZV **89** 277. Kein Anscheinsbeweis, wenn andere typische Schadensursachen in Frage kommen, Fra VM **86** 88, wenn festzustellende andere tatsächliche Umstände einen anderen Ablauf ernstlich nahelegen, BGH NJW **76** 897, Nü VRS **66** 3, bei untypischen Abläufen, BGHZ **39** 108. Der Anschein spricht für ursächlichen Zusammenhang zwischen SchutzG-Verletzung und Schaden, wenn dieser eine logische Folge der SchutzG-Verletzung ist und das G gerade diese Art von Schäden verhindern soll, Mü NZV **01** 510, Ha DAR **02** 351. Widerlegt wird der Anscheinsbeweis durch den Gegenbeweis, **entkräftet** (erschüttert) nicht durch bloße gedankliche Möglichkeiten, sondern *nur durch bewiesene Tatsachen,* die einen atypischen Verlauf möglich gemacht haben können, BGH NZV **90** 386, **92** 27, Nau VRS **104** 415, Sa MDR **03** 506, Brn VRS **106** 247, DAR **02** 307, Mü ZfS **97** 245, Kö VRS **90** 341, 343, Ha NZV **93** 354, Ol ZfS **92** 332, KG VRS **104** 5, VM **97** 43, 76, *Lepa* NZV **92** 131, etwa durch den Nachweis der Behinderung durch ein anderes Fz, BGH VR **67** 583, 557. Legt der Beklagte dar, daß eine andere Schadensursache immerhin ernsthaft in Betracht kommt, so ist der Anscheinsbeweis auch widerlegt, wenn die eine Ursache wahrscheinlicher sein mag als die andere, BGHZ **24** 308, VR **78** 945, MDR **79** 131. Erbrachter Anscheinsbeweis ist voller Beweis; anderseits erfordert er keinen Gegenbeweis, sondern wird schon durch voll bewiesene Umstände entkräftet, aus denen die ernsthafte (insoweit revisibel, BGH NJW **69** 277), nicht nur rein theoretische Möglichkeit eines untypischen, also erfahrungswidrigen Ablaufs hervorgeht, BGH VR **86** 141; der Beweispflichtige hat dann die Anspruchsvoraussetzungen voll zu beweisen, BGHZ **39** 107, **18** 319, **8** 239, **6** 169, MDR **71** 1001, NJW **69** 277. Anscheinsbeweis bei Abkommen von der Fahrbahn, s § 2 StVO Rz 74, bei Auffahren auf den Vorausfahrenden, § 4 StVO Rz 17 f. Zum Anscheinsbeweis bei Schutzgesetzverletzung (§ 823 II BGB) BGH NJW **84** 432, VR **86** 916. Kein Anscheinsbeweis über einfache Fahrlässigkeit hinaus für **grobe Fahrlässigkeit** wegen deren großen Subjektivitätsgehalts, so jedoch ganz überwiegende Meinung, BGH VR **03** 364, **78** 541, VRS **65** 347, Kar NJW-RR **04** 389, VR **04** 776, Nü NJW-RR **94** 1184, Kö VR **90** 390, Fra DAR **92** 432, KG VR **83** 494, Mü DAR **84** 18, Ba DAR **84** 22, Hb DAR **86** 328, Ha VR **85** 678, *Greger* § 16 StVG Rz 372, *Rocke* VGT **87** 112. Fallübersicht bei *Küppersbusch,* VGT **76** 194 sowie *Schneider,* Beweis und Beweiswürdigung, 5. Aufl, Rz 298 ff. Zum Anscheinsbeweis bei VUnfallen s auch § 7 StVG Rz 48–51 sowie bei den einschlägigen Bestimmungen der StVO.

Weitere **Lit:** *Böhmer,* Zum Anscheinsbeweis bei KfzUnfällen, JR **58** 173. *Greger,* Praxis und Dogmatik des Anscheinsbeweises, VR **80** 1091. *Hoffmann,* Der Anscheinsbeweis aus Anlaß von Trunkenheitsfahrten im Schadensersatzrecht, NZV **97** 57. *Lepa,* Beweiserleichterungen im Haftpflichtrecht, NZV **92** 129. *Streibel, Rocke,* Die Grenzen des Anscheinsbeweises beim KfzUnfall, VGT **87** 95, 108.

158 **XIX. Unfallbekämpfung.** Verkehrsunfälle bewirken hohe Personen- und volkswirtschaftliche Schäden. Die StVO will sie verhüten helfen, indem sie die erfahrungsgemäß unfallträchtigen Verstöße („abstrakte Gefährdungen") als OWen ahndet (StVO-Begr Rz 11, 12), zB fehlerhaftes Überholen, gefährdendes Linksfahren, besonders vor Kuppen und bei Unübersichtlichkeit (Kurven), zu geringen Abstand. VUnfälle werden jedoch auch (mit)verursacht durch behördlich gesetzte Ursachen (**E** 148) wie fehlerhafte VZ, Straßenverhältnisse oder Verkehrsführung. Die Vwv zu § 44 StVO zeigen auf, wo sich typische Unfälle örtlich häufen, was auf bauliche oder Regelungsmängel hinweisen kann und Abhilfe erfordert. Diesem Zweck dienen Unfallsteckkarten (Karteien, Blattsammlungen), Kollisionsdiagramme und örtliche Untersuchungen (*Hauser* VD **78** 66). Zur Mitursächlichkeit bestimmter örtlicher Knotenpunktstypen und VRegelungen *Mensebach* ZVS **70** 3, *Winkler,* Einfluß der Straße auf das Fahrverhalten, k + v **71** 88 mit Lit. Zur Bedeutung und Häufigkeit technischer FzMängel als Unfallursachen, *Hirschberger* PTV **80** 499.

Die **Verkehrsunfallstatistik** (StUnfStatG 1990, BGBl I 1078) erfaßt bei Unfällen mit 159 Toten, Verletzten sowie bei schwerwiegenden Unfällen mit Sachschaden (Definition: VO v 21. 12. 94, BGBl I 3970) außer diesen Folgen auch „Hergang und Umstände des Unfalls sowie allgemeine Unfallursachen". Sie erfaßt nicht die erhebliche Dunkelziffer der geglückten und versuchten Selbstmorde am Steuer, *Händel* PVT **87** 403, s dazu *Müller* NZV **90** 333, *Harbort* Krim **95** 201, VR **94** 1400, nicht einmal die später als solche aufgeklärten (dazu *Moser/Sanders* VR **76** 418), und nicht die zahlreichen Todesfälle am Steuer aus natürlicher Ursache, s *Händel* DAR **77** 36, PVT **87** 403, *Oehmichen ua* DAR **85** 362, 365, und schließlich nicht die auf bis zu 20% geschätzte Dunkelziffer derjenigen Unfallopfer, die die 30-Tagesfrist des § 2 III StVUnfStatG zunächst überlebten, s *Oehmichen ua* DAR **85** 365, *Händel* PVT **87** 403, NZV **91** 62, *Seidenstecher* DAR **92** 291. Auch über alkoholbedingte Verkehrsgefährdung besagt die amtliche Statistik nichts Verläßliches (2. BGA-Gutachen 77 S 31). Zur Novellierung durch G v 15. 6. 90 (BGBl I 1078), s *Hagenguth* NZV **90** 301, *Händel* PVT **90** 367, NZV **91** 61.

Die **wissenschaftliche Unfallursachenforschung** setzt interdisziplinäre Forschung 160 in allen sacherheblichen Objektbereichen nach wissenschaftlichen, ua statistischen Methoden voraus (gleichbleibende oder umgewertete Voraussetzungen der Vergleichszeiträume; gesamte Verkehrsleistung der Straße(n); Bauzustand; unterschiedliche Wetterverhältnisse, zB gehäufte Regenperioden im Urlaubsverkehr, ungewöhnliche Nebel- oder Glatteisperioden; Art und Umfang des Mischverkehrs; Baustellen, Engstellen, Sperrungen und Umleitungen; Wegweisung; Verkehrszeichenzustand; optische Beschaffenheit von Straßenzügen; zeitliche Fahrbeschränkungen; Einfluß von Verkehrsverlagerungen; Kostenerhöhungen von Treibstoffen und Fahrzeughaltung). Methodenbeispiel: *Lamm/Klöckner,* Richtgeschwindigkeit und Unfälle, ZVS **72** 3. *Marek,* Systemorientierte Strategie in der Unfallforschung, ZVS **77** 88. *Danner,* Der gegenwärtige Stand der Unfallforschung, VGT **76** 22. *Jacobi/Danner,* Der VUnfall aus technischer Sicht, ZVS **76** 131. Zu statistischen Methoden auf der Grundlage der Polizeiberichte *Utzelmann* BA **74** 217.

1. Straßenverkehrsgesetz (StVG)

in der Fassung der Bekanntmachung vom 5. 3. 2003 (BGBl I 310, berichtigt: BGBl I 919) zuletzt geändert: 24. 8. 2004 (BGBl I 2198)

Inhaltsübersicht

I. Verkehrsvorschriften

- § 1 Zulassung, Begriff des Kraftfahrzeugs
- § 2 Fahrerlaubnis und Führerschein
- § 2a Fahrerlaubnis auf Probe
- § 2b Nachschulung bei Zuwiderhandlungen innerhalb der Probezeit
- § 2c Registrierung der Fahrerlaubnis während der Probezeit, Datenschutz
- § 2d Übermittlung der Registerdaten für wissenschaftliche, statistische und gesetzgeberische Zwecke
- § 2e Unterrichtung der Verwaltungsbehörden durch das Kraftfahrt-Bundesamt
- § 3 Entziehung der Fahrerlaubnis
- § 4 Punktsystem
- § 5 Verlaust von Dokumenten und Kennzeichen
- § 5a (gestrichen)
- § 5b Unterhaltung der Verkehrszeichen
- § 6 Ausführungsvorschriften
- § 6a Gebühren für Maßnahmen im Straßenverkehr
- § 6b Herstellung, Vertrieb und Ausgabe von Kennzeichen
- § 6c Herstellung, Vertrieb und Ausgabe von Kennzeichenvorprodukten
- § 6d Auskunft und Prüfung

II. Haftpflicht

Literatur
- § 7 Schadenersatzpflicht des Fahrzeughalters Schwarzfahrt
- § 8 Ausschluß der Halter-Gefährdungshaftung
- § 8a Haftung für Insassen
- § 9 Mitwirkendes Verschulden des Verletzten
- § 10 Umfang der Ersatzpflicht bei Tötung
- § 11 Umfang der Ersatzpflicht bei Körperverletzung
- § 12 Höchstbeträge. Haftung für Sachschäden
- § 13 Schadensersatz durch Geldrente
- § 14 Verjährung
- § 15 Anzeigepflicht des Verletzten
- § 16 Haftpflicht aufgrund sonstigen Rechts
- § 17 Ausgleichspflicht mehrerer Haftpflichtiger
- § 18 Ersatzpflicht des Fahrzeugführers
- § 19 (weggefallen)
- § 20 Örtliche Zuständigkeit

III. Straf- und Bußgeldvorschriften

- § 21 Fahren ohne Fahrerlaubnis
- § 22 Kennzeichenmißbrauch
- § 22a Mißbräuchliches Herstellen, Vertreiben und Ausgeben von Kennzeichen
- § 23 Feilbieten nicht genehmigter Fahrzeugteile
- § 24 Verkehrsordnungswidrigkeit
- § 24a 0,8 Promille-Gefahrensgrenzwert
- § 24b Mangelnde Nachweise für Herstellung, Vertrieb und Ausgabe von Kennzeichen
- § 25 Fahrverbot
- § 25a Kostentragungspflicht des Halters eines Kraftfahrzeugs
- § 26 Zuständige Verwaltungsbehörde. Verjährung
- § 26a Bußgeldkatalog
- § 27 Verwarnungsverfahren

IV. Verkehrszentralregister

- § 28 Führung und Inhalt des Verkehrszentralregisters
- § 28a Eintragung beim Abweichen vom Bußgeldkatalog
- § 29 Tilgung der Eintragungen
- § 30 Übermittlung
- § 30a Abruf im automatisierten Verfahren
- § 30b Automatisiertes Anfrage- und Auskunftsverfahren beim Kraftfahrt-Bundesamt
- § 30c Ermächtigungsgrundlagen, Ausführungsvorschriften

V. Fahrzeugregister

§§ 31 bis 47

1 StVG § 1   I. Verkehrsvorschriften

VI. Fahrerlaubnisregister
§§ 48 bis 63

VII. Gemeinsame Vorschriften, Übergangsbestimmungen
§§ 64, 65

Vorbemerkungen

1   1. Das Gesetz ist am 3. 5. 1909 als Gesetz über den Verkehr mit Kfzen erlassen worden. Heutige Fassung: **E** 3–5. Seine Entstehung ist für den Zeitraum seit 1906 in der 16. Aufl dargestellt. Dort sind auch die Materialien für die Zeit von 1909 bis 1964 zusammengestellt und die beiden StrVSicherungsgesetze vom 19. 12. 52 und 26. 11. 64 mit ihren Änderungsgesetzen dargestellt. Das Zweite Gesetz zur Ändg schadensersatzrechtlicher Vorschriften vom 19. 7. 02 (BGBl I S 2674) enthält wesentliche Änderungen der haftungsrechtlichen Bestimmungen des StVG, darunter die Einführung einer Gefährdungshaftung des Halters von KfzAnhängern, die Ersetzung des „unabwendbaren Ereignisses" als Haftungsausschlußgrund gem § 7 II durch das Kriterium der „höheren Gewalt", die Neuregelung des Ausschlusses der Gefährdungshaftung gem § 8 bei Unfallverursachung durch langsame Fze, bei Schädigung von bei dem Betrieb des Fzs tätigen Personen sowie beförderter Sachen, die Ausdehnung der Haftung für Insassen nach § 8a, die Einführung eines Schmerzensgeldanspruchs auch bei Gefährdungshaftung sowie eine Änderung und Ergänzung der bisherigen Haftungshöchstbeträge in § 12. Änderungen s Tabelle. Zwischenstaatlicher Kraftverkehr: **E** 15, 16 und unten Buchteile **6, 7**. *Booß*, 70 Jahre KfzG, DAR **79** 298.

I. Verkehrsvorschriften

Zulassung

1 (1) ¹**Kraftfahrzeuge und ihre Anhänger, die auf öffentlichen Straßen in Betrieb gesetzt werden sollen, müssen von der zuständigen Behörde (Zulassungsbehörde) zum Verkehr zugelassen sein.** ²**Die Zulassung erfolgt auf Antrag des Verfügungsberechtigten des Fahrzeugs bei Vorliegen einer Betriebserlaubnis oder einer EG-Typgenehmigung durch Zuteilung eines amtlichen Kennzeichens.** ³**Ist für das Fahrzeug noch keine Betriebserlaubnis erteilt oder besteht keine EG-Typgenehmigung, hat er gleichzeitig die Erteilung der Betriebserlaubnis zu beantragen.**

(2) **Als Kraftfahrzeuge im Sinne dieses Gesetzes gelten Landfahrzeuge, die durch Maschinenkraft bewegt werden, ohne an Bahngleise gebunden zu sein.**

Begr zum ÄndG v 24. 4. 1998 (BRDrucks 821/96 S 66): *... Einbezogen werden die Anhänger, die in § 1 Abs. 1 a. F. nicht erwähnt waren, jedoch gleichwohl auf Grund von § 6 Abs. 1 Nr. 1 StVG a. F. den straßenverkehrsrechtlichen Vorschriften unterlagen.*

...

Der Begriff „öffentliche Wege oder Plätze" wird in Angleichung an die Vorschriften der Straßenverkehrsordnung und der Straßenverkehrs-Zulassungs-Ordnung durch den Begriff „öffentliche Straßen" ersetzt. Eine inhaltliche Änderung ist damit nicht verbunden.

...

Begr zum ÄndG v 11. 9. 2002 (BTDrucks 14/8766 S 57): *§ 1, der die Grundsätze der Zulassung von Fahrzeugen zum Straßenverkehr enthält, wird in Absatz 1 ergänzt. Es wird klargetellt, dass die Zulassung nicht von Amts wegen, sondern nur auf Antrag des Verfügungsberechtigten über das Fahrzeug erfolgt und dass die Zulassung auf den beiden Fundamenten EG-Typgenehmigung bzw. Betriebserlaubnis und Zuteilung des amtlichen Kennzeichens beruht (vgl. § 18 Abs. 1, § 23 Abs. 1 StVZO).*

1   **1. Verkehrsvorschriften.** Das StVG betrifft im ersten Teil (§§ 1–6d) nur Kfze und deren Anhänger. Es regelt, unter welchen Voraussetzungen Kfze und Personen als KfzF

Zulassung § 1 StVG 1

am öffentlichen StrV teilnehmen dürfen. § 1 legt hierfür die Grundbegriffe fest und regelt die Voraussetzungen der KfzZulassung.

2. Begriff des Kraftfahrzeugs. Übereinstimmend mit der Definition in § 1 erläutert § 248b StGB den Begriff der LandKfze. Kfze iS des StVG sind alle Landfze, die durch Maschinenkraft bewegt werden, ohne an Bahngleise gebunden zu sein (II), Stu VR **74** 123, Ol NZV **99** 390, auch Kräder aller Art, FmH, Mofas, Dü VM **75** 20, Zw VRS **71** 229, Motorschlitten, Raupenfze, Obusse, *Filthaut* NZV **95** 53, gewisse Bagger, Ha VRS **51** 300, Dü VM **78** 34, VRS **64** 115, Straßenwalzen ohne Rücksicht auf den Verwendungszweck (Beförderung von Personen, von Sachen, Leistung von Arbeit), andere selbstfahrende Arbeitsmaschinen, KG VM **85** 63 (Elektrokarren), nicht Autoskooter, BGH VR **52** 163. Das Gerät darf nicht fest mit dem Erdboden verbunden sein, sondern muß fortbewegt werden können (Gegensatz: Fahrstuhl, Autokarussell). Kinderdreiräder mit Elektroantrieb (bis 6 km/h) sind keine Kfze, weil sie nicht LandFze iS von Abs II sind, sondern als Kinderspielzeug unter § 24 I StVO fallen, s *Ternig* VD **01** 32, aM *Huppertz* VD **04** 42.

2a. Durch Maschinenkraft muß das Fz bewegt werden. Unwesentlich sind Antriebsart (Verbrennungsmaschine, Turbine, Batterie, Elektromotor), Ol NZV **99** 390 und Kraft- oder Kraftstoffzuführung. Zw, ob der Motor mit dem Fz verbunden sein muß, verneinend Ol NZV **99** 390 bei Propellermotor auf dem Rücken eines Radf (zust *Jan/Jag/Bur* Rz 8, abl mit beachtlichen Argumenten *Grunewald* NZV **00** 384).

2b. Nicht an Bahngleise gebunden darf die FzBewegung sein. Kann das Fz auf Gleisen laufen, oder läuft es auf ihnen, so muß es deshalb technisch noch nicht an sie gebunden sein, es sei denn, es kann bauartbedingt bei bestimmungsgemäßer Verwendung ausschließlich auf Schienen laufen. Daher ist die Straba kein Kfz, BVG NZV **00** 309, Ha VRS **100** 438.

2c. Ausfall der bewegenden Kraft. Ein Kfz verliert diese Eigenschaft nicht dadurch, daß seine Verwendbarkeit vorübergehend (Schaden) beeinträchtigt ist, aM Zw VR **67** 274. Selbst Ausbau von Benzinbehälter, Vergaser und Batterie beseitigt die Eigenschaft als Kfz nicht, Bay GA **56** 389. Abschleppen: § 18 StVZO.

2d. Verhältnis des § 1 StVG zum § 6 FeV. Die Unterscheidung zwischen Krafträdern, Zgm und anderen Kfzen in § 6 FeV hat nur dort Bedeutung. Wieweit für sie die Bestimmungen des StVG, der StVO, der FEV und der StVZO gelten, ergibt sich aus den auf Grund des § 6 StVG erlassenen Vorschriften.

3. Anhänger sind hinter Kfzen oder anderen Fzen mitgeführte Fze mit Ausnahme betriebsunfähiger Fze, die abgeschleppt werden, und Abschleppachsen (§ 18 I StVZO enthält keine Legaldefinition, sondern bezieht sich auf das Zulassungsverfahren, Br DAR **81** 265), gemäß dem ÜbStrV (1968) Art 1 q „jedes Fz, das dazu bestimmt ist, an ein Kfz angehängt zu werden", einschließlich der Sattelanhänger (diese sind gemäß dem Übereinkommen 1968 I 1 r „Anhänger, dazu bestimmt, mit einem Kfz so verbunden zu werden, daß sie teilweise auf diesem aufliegen und daß ein wesentlicher Teil ihres Gewichtes und des Gewichtes ihrer Ladung von diesem getragen wird"). Nach DIN 70010 Abschn 1 Nr 21 q, s sind Anhänger Anhängefze, bei denen nach ihrer Bauart kein wesentlicher Teil ihres Gewichts und ihrer Last auf dem ziehenden Fz liegt. Anhänger von Kfzen sind keine Kfze, weil sie nur durch Maschinenkraft eines anderen LandFz bewegt werden, BGH VRS **72** 38. Gleichwohl unterstehen sie gemäß Abs I, § 18 StVZO den Bestimmungen der StVZO.

4. Öffentliche Straßen. Einzelheiten: § 1 StVO. Das StVG enthält keine Begriffsbestimmung der öffentlichen Straßen, verwendet den Begriff vielmehr im Sinn des Wegerechts, wobei die Eigentumsverhältnisse außer Betracht bleiben. S § 1 FeV.

5. In Betrieb setzen. „Betrieb" ist die bestimmungsgemäße Verwendung des Kfz als Fortbewegungsmittel: § 7 StVG.

6. Grundsatz des Zulassungszwangs. Zum Verkehr ist an sich jedermann mit jedem Fz zugelassen, soweit nicht für einzelne Straßen oder Teile davon gesetzliche Be-

1 StVG § 2   I. Verkehrsvorschriften

schränkungen vorgeschrieben sind. Von dieser Freiheit des Verkehrs macht das StVG für den Verkehr mit Kfzen Ausnahmen, und zwar im § 1 für Fze: es darf auf öffentlichen Straßen kein Kfz (Rz 2) oder KfzAnhänger (Rz 7), auch nicht ausnahmsweise und auf kurzen Strecken, betrieben werden, das nicht behördlich zugelassen ist. Zulassung: §§ 18–25 StVZO. Prüfungs- und Probefahrten: § 28 StVZO. Bei erfüllten Zulassungsbedingungen hat der Antragsteller einen Rechtsanspruch auf Zulassung, OVG Ko NZV **91** 406. Diese muß fortdauernd bestehen (§ 17 StVZO). Einzige gesetzliche Zulassungsvoraussetzungen sind Beachtung der Bau- und Betriebsvorschriften der StVZO und der Nachweis ausreichender Haftpflichtversicherung und der Versteuerung. Das Kfz im öffentlichen Verkehr selber betreiben zu wollen, muß der Halter nicht nachweisen. Vielmehr ist die Zulassung nur rechtliche Voraussetzung öffentlicher Inbetriebnahme.

11   **6 a. Ausnahmen vom Zulassungszwang:** § 6 I Nr 2 StVG, §§ 18 II, 28, 70 StVZO. Die Ermächtigung des BMV, Ausnahmen von der Zulassungspflicht zuzulassen, wurde durch ÄndG v 24. 4. 98 mit anderen Ermächtigungsgrundlagen in § 6 zusammengefaßt; der frühere Satz 2 des Abs I (Abhängigkeit der Zulassung von technischen Normen) wurde gestrichen.

12   **6 b.** I ist **Schutzgesetz** (§ 823 II BGB), RG Recht **25** 691. Die Haftung für Schaden durch ein nicht zugelassenes Kfz kann daher auf § 823 II BGB gestützt werden.

13   **7. Zulassungsbehörde:** §§ 18, 68 StVZO. Kfze der Bundeswehr, Polizei und des Bundesgrenzschutzes: § 68 StVZO. Außerdeutsche Kfze: §§ 3 ff IntVO (Buchteil 6).

Fahrerlaubnis und Führerschein

2 (1) ¹Wer auf öffentlichen Straßen ein Kraftfahrzeug führt, bedarf der Erlaubnis (Fahrerlaubnis) der zuständigen Behörde (Fahrerlaubnisbehörde). ²Die Fahrerlaubnis wird in bestimmten Klassen erteilt. ³Sie ist durch eine amtliche Bescheinigung (Führerschein) nachzuweisen.

(2) ¹Die Fahrerlaubnis ist für die jeweilige Klasse zu erteilen, wenn der Bewerber
1. seinen ordentlichen Wohnsitz im Sinne des Artikels 9 der Richtlinie 91/439/EWG des Rates vom 29. Juli 1991 über den Führerschein (ABl. EG Nr. L 237 S. 1) im Inland hat,
2. das erforderliche Mindestalter erreicht hat,
3. zum Führen von Kraftfahrzeugen geeignet ist,
4. zum Führen von Kraftfahrzeugen nach dem Fahrlehrergesetz und den auf ihm beruhenden Rechtsvorschriften ausgebildet worden ist,
5. die Befähigung zum Führen von Kraftfahrzeugen in einer theoretischen und praktischen Prüfung nachgewiesen hat,
6. die Grundzüge der Versorgung Unfallverletzter im Straßenverkehr beherrscht oder Erste Hilfe leisten kann und
7. keine in einem Mitgliedstaat der Europäischen Union oder einem anderen Vertragsstaat des Abkommens über den Europäischen Wirtschaftsraum erteilte Fahrerlaubnis dieser Klasse besitzt.

²Nach näherer Bestimmung durch Rechtsverordnung gemäß § 6 Abs. 1 Nr. 1 Buchstabe g können als weitere Voraussetzungen der Vorbesitz anderer Klassen oder Fahrpraxis in einer anderen Klasse festgelegt werden. ³Die Fahrerlaubnis kann für die Klassen C und D sowie ihre Unterklassen und Anhängerklassen befristet erteilt werden. ⁴Sie ist auf Antrag zu verlängern, wenn der Bewerber zum Führen von Kraftfahrzeugen geeignet ist und kein Anlass zur Annahme besteht, dass eine der aus den Sätzen 1 und 2 ersichtlichen sonstigen Voraussetzungen fehlt.

(3) ¹Nach näherer Bestimmung durch Rechtsverordnung gemäß § 6 Abs. 1 Nr. 1 Buchstabe b und g kann für die Personenbeförderung in anderen Fahrzeugen als Kraftomnibussen zusätzlich zur Fahrerlaubnis nach Absatz 1 eine besondere Erlaubnis verlangt werden. ²Die Erlaubnis wird befristet erteilt. ³Für die Erteilung und Verlängerung können dieselben Voraussetzungen bestimmt werden, die für die Fahrerlaubnis zum Führen von Kraftomnibussen gelten. ⁴Außerdem können Ortskenntnisse verlangt werden. ⁵Im Übrigen gelten die Bestimmungen für Fahrerlaubnisse entsprechend, soweit gesetzlich nichts anderes bestimmt ist.

(4) ¹Geeignet zum Führen von Kraftfahrzeugen ist, wer die notwendigen körperlichen und geistigen Anforderungen erfüllt und nicht erheblich oder nicht wie-

derholt gegen verkehrsrechtliche Vorschriften oder gegen Strafgesetze verstoßen hat. ²Ist der Bewerber auf Grund körperlicher oder geistiger Mängel nur bedingt zum Führen von Kraftfahrzeugen geeignet, so erteilt die Fahrerlaubnisbehörde die Fahrerlaubnis mit Beschränkungen oder unter Auflagen, wenn dadurch das sichere Führen von Kraftfahrzeugen gewährleistet ist.

(5) Befähigt zum Führen von Kraftfahrzeugen ist, wer
1. ausreichende Kenntnisse der für das Führen von Kraftfahrzeugen maßgebenden gesetzlichen Vorschriften hat,
2. mit den Gefahren des Straßenverkehrs und den zu ihrer Abwehr erforderlichen Verhaltensweisen vertraut ist,
3. die zum sicheren Führen eines Kraftfahrzeugs, gegebenenfalls mit Anhänger, erforderlichen technischen Kenntnisse besitzt und zu ihrer praktischen Anwendung in der Lage ist und
4. über ausreichende Kenntnisse einer umweltbewussten und energiesparenden Fahrweise verfügt und zu ihrer praktischen Anwendung in der Lage ist.

(6) ¹Wer die Erteilung, Erweiterung, Verlängerung oder Änderung einer Fahrerlaubnis oder einer besonderen Erlaubnis nach Absatz 3, die Aufhebung einer Beschränkung oder Auflage oder die Ausfertigung oder Änderung eines Führerscheins beantragt, hat der Fahrerlaubnisbehörde nach näherer Bestimmung durch Rechtsverordnung gemäß § 6 Abs. 1 Nr. 1 Buchstabe h mitzuteilen und nachzuweisen
1. Familiennamen, Geburtsnamen, sonstige frühere Namen, Vornamen, Ordens- oder Künstlernamen, Doktorgrad, Geschlecht, Tag und Ort der Geburt, Anschrift und
2. das Vorliegen der Voraussetzungen nach Absatz 2 Satz 1 Nr. 1 bis 6 und Satz 2 und Absatz 3

sowie ein Lichtbild abzugeben. ²Außerdem hat der Antragsteller eine Erklärung darüber abzugeben, ob er bereits eine in- oder ausländische Fahrerlaubnis der beantragten Klasse oder einen entsprechenden Führerschein besitzt.

(7) ¹Die Fahrerlaubnisbehörde hat zu ermitteln, ob der Antragsteller zum Führen von Kraftfahrzeugen, gegebenenfalls mit Anhänger, geeignet und befähigt ist und ob er bereits eine in- oder ausländische Fahrerlaubnis oder einen entsprechenden Führerschein besitzt. ²Sie hat dazu Auskünfte aus dem Verkehrszentralregister und dem Zentralen Fahrerlaubnisregister nach den Vorschriften dieses Gesetzes einzuholen. ³Sie kann außerdem insbesondere entsprechende Auskünfte aus ausländischen Registern oder von ausländischen Stellen einholen sowie die Beibringung eines Führungszeugnisses zur Vorlage bei der Verwaltungsbehörde nach den Vorschriften des Bundeszentralregistergesetzes verlangen.

(8) Werden Tatsachen bekannt, die Bedenken gegen die Eignung oder Befähigung des Bewerbers begründen, so kann die Fahrerlaubnisbehörde anordnen, dass der Antragsteller ein Gutachten oder Zeugnis eines Facharztes oder Amtsarztes, ein Gutachten einer amtlich anerkannten Begutachtungsstelle für Fahreignung oder eines amtlich anerkannten Sachverständigen oder Prüfers für den Kraftfahrzeugverkehr innerhalb einer angemessenen Frist beibringt.

(9) ¹Die Registerauskünfte, Führungszeugnisse, Gutachten und Gesundheitszeugnisse dürfen nur zur Feststellung oder Überprüfung der Eignung oder Befähigung verwendet werden. ²Sie sind nach spätestens zehn Jahren zu vernichten, es sei denn, mit ihnen im Zusammenhang stehende Eintragungen im Verkehrszentralregister oder im Zentralen Fahrerlaubnisregister sind nach den Bestimmungen für diese Register zu einem späteren Zeitpunkt zu tilgen oder zu löschen. ³In diesem Fall ist für die Vernichtung oder Löschung der spätere Zeitpunkt maßgeblich. ⁴Die Zehnjahresfrist nach Satz 2 beginnt mit der rechts- oder bestandskräftigen Entscheidung oder mit der Rücknahme des Antrags durch den Antragsteller. ⁵Die Sätze 1 bis 4 gelten auch für entsprechende Unterlagen, die der Antragsteller nach Absatz 6 Satz 1 Nr. 2 beibringt. ⁶Anstelle einer Vernichtung der Unterlagen sind die darin enthaltenen Daten zu sperren, wenn die Vernichtung wegen der besonderen Art der Führung der Akten nicht oder nur mit unverhältnismäßigem Aufwand möglich ist.

(10) ¹Bundeswehr, Bundesgrenzschutz und Polizei können durch ihre Dienststellen Fahrerlaubnisse für das Führen von Dienstfahrzeugen erteilen (Dienstfahrerlaubnisse). ²Diese Dienststellen nehmen die Aufgaben der Fahrerlaubnisbehörde wahr. ³Für Dienstfahrerlaubnisse gelten die Bestimmungen dieses Gesetzes und der auf ihm beruhenden Rechtsvorschriften, soweit gesetzlich nichts anderes bestimmt ist. ⁴Mit Dienstfahrerlaubnissen dürfen nur Dienstfahrzeuge geführt werden.

1 StVG § 2 I. Verkehrsvorschriften

(11) ¹Nach näherer Bestimmung durch Rechtsverordnung gemäß § 6 Abs. 1 Nr. 1 Buchstabe j berechtigen auch ausländische Fahrerlaubnisse zum Führen von Kraftfahrzeugen im Inland. ²Inhaber einer in einem Mitgliedstaat der Europäischen Union oder einem anderen Vertragsstaat des Abkommens über den Europäischen Wirtschaftsraum erteilten Fahrerlaubnis, die ihren ordentlichen Wohnsitz in das Inland verlegt haben, sind verpflichtet, ihre Fahrerlaubnis nach näherer Bestimmung durch Rechtsverordnung gemäß § 6 Abs. 1 Nr. 1 Buchstabe j bei der örtlich zuständigen Fahrerlaubnisbehörde registrieren zu lassen und ihr die Daten nach § 50 Abs. 1 und 2 Nr. 1 mitzuteilen.

(12) ¹Die Polizei hat Informationen über Tatsachen, die auf nicht nur vorübergehende Mängel hinsichtlich der Eignung oder auf Mängel hinsichtlich der Befähigung einer Person zum Führen von Kraftfahrzeugen schließen lassen, den Fahrerlaubnisbehörden zu übermitteln, soweit dies für die Überprüfung der Eignung oder Befähigung aus der Sicht der übermittelnden Stelle erforderlich ist. ²Soweit die mitgeteilten Informationen für die Beurteilung der Eignung oder Befähigung nicht erforderlich sind, sind die Unterlagen unverzüglich zu vernichten.

(13) ¹Stellen oder Personen, die die Eignung oder Befähigung zur Teilnahme am Straßenverkehr oder Ortskenntnisse zwecks Vorbereitung einer verwaltungsbehördlichen Entscheidung beurteilen oder prüfen oder die in der Versorgung Unfallverletzter im Straßenverkehr oder Erster Hilfe (§ 2 Abs. 2 Satz 1 Nr. 6) ausbilden, müssen für diese Aufgaben gesetzlich oder amtlich anerkannt oder beauftragt sein. ²Personen, die die Befähigung zum Führen von Kraftfahrzeugen nach § 2 Abs. 5 prüfen, müssen darüber hinaus einer Technischen Prüfstelle für den Kraftfahrzeugverkehr nach § 10 des Kraftfahrsachverständigengesetzes angehören. ³Voraussetzungen, Inhalt, Umfang und Verfahren für die Anerkennung oder Beauftragung und die Aufsicht werden – soweit nicht bereits im Kraftfahrsachverständigengesetz oder in auf ihm beruhenden Rechtsvorschriften geregelt – durch Rechtsverordnung gemäß § 6 Abs. 1 Nr. 1 Buchstabe k näher bestimmt.

(14) ¹Die Fahrerlaubnisbehörden dürfen den in Absatz 13 Satz 1 genannten Stellen und Personen die Daten übermitteln, die diese zur Erfüllung ihrer Aufgaben benötigen. ²Die betreffenden Stellen und Personen dürfen diese Daten nach näherer Bestimmung durch Rechtsverordnung gemäß § 6 Abs. 1 Nr. 1 Buchstabe k die bei der Erfüllung ihrer Aufgaben anfallenden Daten verarbeiten und nutzen.

(15) ¹Wer zur Ausbildung, zur Ablegung der Prüfung oder zur Begutachtung der Eignung oder Befähigung ein Kraftfahrzeug auf öffentlichen Straßen führt, muss dabei von einem Fahrlehrer im Sinne des Fahrlehrergesetzes begleitet werden. ²Bei den Fahrten nach Satz 1 gilt im Sinne dieses Gesetzes der Fahrlehrer als Führer des Kraftfahrzeugs, wenn der Kraftfahrzeugführer keine entsprechende Fahrerlaubnis besitzt.

Begr zur Neufassung durch ÄndG v 24. 4. 1998 (BRDrucks. 821/96):

Zu Abs. 1: *Absatz 1 übernimmt den bisher in § 2 Abs. 1 Satz 1 und Abs. 2 enthaltenen Grundsatz der Fahrerlaubnis- und Führerscheinpflicht. Zur Vereinfachung erhält die zuständige Behörde die Bezeichnung „Fahrerlaubnisbehörde".*

Die Fahrerlaubnis wird in Klassen erteilt, deren Einteilung wie bisher schon durch Verordnung geregelt wird. ...

Zu Abs. 2 Satz 1. Zu Nr. 1: *Neu ist das Erfordernis eines **ordentlichen Wohnsitzes** des Bewerbers im Inland (Absatz 2 Satz 1 Nr. 1), das auf der bindenden Regelung in Artikel 7 Abs. 1 Buchstabe b der Zweiten EU-Führerscheinrichtlinie beruht.*

...

Zu Nr. 3: *Während in bezug auf das Erfordernis „Eignung" bisher in § 2 Abs. 1 Satz 2 a. F. lediglich verlangt wurde, daß „nicht Tatsachen vorliegen, die die Annahme rechtfertigen, daß er (der Bewerber) zum Führen von Kraftfahrzeugen ungeeignet ist", das Gesetz also von der Eignung des Bewerbers ausging (Eignungsvermutung) und die Behörde grundsätzlich die Beweislast für die Nichteignung trug, wird nun positiv gefordert, daß der Bewerber geeignet ist. Der Begriff der Eignung ist in **Absatz 4** definiert. Wie die Fahrerlaubnisbehörde die Eignung zu überprüfen und sie der Bewerber nachzuweisen hat, ist in den **Absätzen 6 bis 8** angesprochen und wird im einzelnen durch Verordnung geregelt. ...*

Die Neuregelung ändert nichts daran, daß der Bewerber einen Rechtsanspruch auf Erteilung der Fahrerlaubnis hat, wenn er die gesetzlichen Voraussetzungen erfüllt.

Fahrerlaubnis und Führerschein § 2 StVG **1**

Ist der Bewerber nur bedingt zum Führen von Kraftfahrzeugen geeignet, kann jedoch durch entsprechende Auflagen und Beschränkungen zur Fahrerlaubnis das sichere Führen der Kraftfahrzeuge gewährleistet werden, so erteilt die Fahrerlaubnisbehörde eine entsprechende modifizierte Fahrerlaubnis. Auch hierauf hat der Bewerber einen Rechtsanspruch. Fälle bedingter Eignung sind nur im Bereich der körperlichen und geistigen Eignung denkbar, etwa wenn es darum geht, bestimmte körperliche Mängel durch Anpassung am Fahrzeug auszugleichen, nicht aber im Bereich der charakterlichen Eignung.

Unter den Begriff der Eignung fällt auch die persönliche Zuverlässigkeit als Ausdruck eines gesteigerten Maßes an charakterlicher Eignung. ...

Zu Nr. 5: *Bislang umfaßte der Begriff „Eignung" zum Führen von Kraftfahrzeugen sowohl die Eignung in körperlicher und geistiger sowie charakterlicher Hinsicht als auch die Befähigung. Da es sich dabei jedoch sachlich um unterschiedliche Elemente mit eigenständiger Bedeutung handelt, sollen Eignung und Befähigung künftig begrifflich getrennt werden (Nummern 3 und 5).*

Zu Abs. 9: *Neu ist die aus Gründen des Datenschutzes in* **Absatz 9** *erfolgende Regelung, wonach die dort genannten Unterlagen nach Ablauf von zehn Jahren, beginnend mit dem Erlaß der Entscheidungen, deren Vorbereitung sie dienen, zu vernichten sind. Sind die Unterlagen von Bedeutung für Entscheidungen, die im Verkehrszentralregister oder im Zentralen Fahrerlaubnisregister einzutragen sind, z. B. die Entziehung einer Fahrerlaubnis (VZR) oder eine Beschränkung einer Fahrerlaubnis (ZFER), müssen sie so lange aufbewahrt werden wie die Entscheidungen im Register stehen. Voraussetzung für die Vernichtung ist, daß dies mit angemessenem Aufwand möglich ist. Andernfalls tritt an ihre Stelle die Sperrung der in den Unterlagen befindlichen Daten.*

Zu Abs. 10: *In* **Absatz 10** *wird, ebenfalls den bestehenden Bestimmungen entsprechend, die Berechtigung von Bundeswehr, Bundesgrenzschutz und Polizei verankert, in eigener Zuständigkeit Fahrerlaubnisse zu erteilen (Dienstfahrerlaubnisse). Bundesbahn und Bundespost erteilen auf Grund der Privatisierung keine Fahrerlaubnisse mehr. Die Erteilung richtet sich nach den allgemeinen Bestimmungen, wobei entsprechende Regelungen in der Verordnung auch Abweichungen zulassen können, wenn dies auf Grund der Aufgaben der genannten Stellen erforderlich ist. Während bisher Dienstfahrerlaubnisse sowohl zum Führen von Dienstfahrzeugen als auch zum Führen von Privatfahrzeugen berechtigten und daneben zusätzlich auf Grund der Dienstfahrerlaubnis eine allgemeine Fahrerlaubnis für Privatfahrzeuge erteilt wurde, sollen künftig Dienstfahrerlaubnisse auf das Führen von dienstlichen Kraftfahrzeugen beschränkt werden. Dies ist notwendig, weil nach der Zweiten EU-Führerscheinrichtlinie jede Person nur Inhaber einer Fahrerlaubnis und eines Führerscheins zum Führen von privaten Kraftfahrzeugen sein darf. Nach wie vor kann die Probezeit nach den Regelungen für die Fahrerlaubnis auf Probe auch mit einer Dienstfahrerlaubnis absolviert werden. Auch wird auf Grund von Dienstfahrerlaubnissen nach wie vor ohne erneute Ausbildung, Prüfung etc. eine allgemeine Fahrerlaubnis der betreffenden Klasse für das Führen ziviler Fahrzeuge erteilt. Dienstfahrzeuge sind Fahrzeuge, deren Halter der Dienstherr ist.*

Zu Abs. 11: *Nach* **Absatz 11** *sind auch Inhaber* **ausländischer Fahrerlaubnisse** *zum Führen von Kraftfahrzeugen im Inland berechtigt. Das Nähere sollen die Verordnung über internationalen Kraftfahrzeugverkehr und die Fahrerlaubnisverordnung regeln. Inhaber einer Fahrerlaubnis aus einem Mitgliedstaat der Europäischen Union oder einem anderen EWR-Staat, die ihren ordentlichen Wohnsitz in die Bundesrepublik Deutschland verlegen, können auf Grund der Zweiten EU-Führerscheinrichtlinie künftig mit ihrer mitgebrachten Fahrerlaubnis hier grundsätzlich unbefristet ein Kraftfahrzeug führen und müssen sie nicht in eine deutsche Fahrerlaubnis „umtauschen". (Ein Umtausch auf freiwilliger Basis ist nach wie vor möglich). Die Teilnahme dieser Personen am Straßenverkehr im Inland ist nicht mehr dem internationalen Verkehr zuzuordnen. Die Richtlinie verfolgt deshalb das Ziel der Gleichstellung dieser Personen mit Inhabern einer inländischen Fahrerlaubnis. Sie erklärt aus diesem Grund in Artikel 1 Abs. 3 bestimmte, noch nicht harmonisierte nationale Vorschriften, wie z. B. Vorschriften über die Gültigkeitsdauer von Fahrerlaubnissen und ärztliche Kontrollen, auch auf Inhaber solcher ausländischer Fahrerlaubnisse für anwendbar. ...*

Zu Abs. 12: *Hinzuweisen ist auch auf die Regelung in § 2 Abs. 12, nach der die Polizei Tatsachen, die Bedenken gegen die Eignung einer Person zum Führen von Kraftfahrzeugen begründen, den Fahrerlaubnisbehörden mitteilen. Zu solchen Tatsachen zählen insbesondere Anzei-*

chen für Alkoholmißbrauch sowie Anzeichen für die Einnahme und den Besitz von Drogen. Die Vorschrift soll in das Straßenverkehrsgesetz aufgenommen werden, weil die Zulässigkeit solcher Datenübermittlungen nach den polizeilichen Landesgesetzen unterschiedlich beurteilt wird, sie jedoch aus Gründen der Verkehrssicherheit unerläßlich sind. Mitgeteilt werden soll nicht jede Eignungsbedenken begründende Tatsache (z. B. der bei einem Verkehrsunfall gebrochene Arm), sondern nur solche, die den Verdacht auf andauernde Ungeeignetheit nahelegen.

Zu Abs. 14: *Absatz 14 schafft die Berechtigung zur Übermittlung der jeweils zur Aufgabenerfüllung notwendigen Daten zwischen Fahrerlaubnisbehörden einerseits und den Stellen und Personen, die die Eignung oder Befähigung einer Person zu beurteilen haben, andererseits. Die genannten Stellen und Personen dürfen die Daten nur während der Zeit der Begutachtung speichern, nicht jedoch auf Dauer.*

Zu Abs. 15: *Absatz 15 entspricht im wesentlichen dem bisherigen § 3. Neu ist lediglich, daß auch bei Begutachtungen der Befähigung, z. B. von Fahrerlaubnisinhabern an deren Befähigung Zweifel bestehen, die Begleitung durch einen Fahrlehrer vorgeschrieben wird. Dies stand bisher nur in der Straßenverkehrs-Zulassungs-Ordnung.*

Begr zum ÄndG v 19. 3. 01 (BTDrucks 14/4304):

Zu Abs. 12: *Bekannt gewordene und von der Polizei an die Fahrerlaubnisbehörde mitgeteilte Tatsachen, die auf Eignungsmängel schließen, sind nicht nur von Bedeutung für das Führen von fahrerlaubnispflichtigen Kfz, sondern auch für das Führen von fahrerlaubnisfreien Fahrzeugen (insbesondere für Mofas [§ 4 der Fahrerlaubnis-Verordnung – FeV]). Insbesondere bekannt gewordene Eignungsmängel, die auf Alkohol- oder Drogengenuss beruhen, können für die Frage der Eignung beim Führen fahrerlaubnisfreier Fahrzeuge von großer Bedeutung sein. ...*

Deshalb bildet die bisherige Fassung des § 2 Abs. 12 Satz 2 mit der Aussage, dass die mitgeteilten Informationen zur Eignungsbeurteilung nicht erforderlich seien, wenn die betreffende Person keine Fahrerlaubnis besitzt oder beantragt hat, eine nicht sachgerechte und daher unzulässige Verkürzung.

Übersicht

Alkohol 16
Altersabbau 9
Anerkannte Stellen für Eignungsprüfung 24
Antragstellung 29
Ärztliches Gutachten 21
Aufklärungsmaßnahmen der Fahrerlaubnisbehörde 21
Auflagen 18
Ausbildung 5
Ausländische Fahrerlaubnis 38
Ausnahmen vom Fahrerlaubniszwang 35
Bedenken gegen die Eignung oder Befähigung 20
Bedingte Eignung 18
Befähigung 5
Befristete Fahrerlaubnis 34
Begutachtungsstelle für Fahreignung 22
Beschränkte Fahrerlaubnis 18

Charakterliche Mängel 12 ff
Charaktertest 16

Datenschutz 25
Datenübermittlung 25
Dienstfahrerlaubnis 30
Drogen 16

Eignung zum Führen von Kfzen 7 ff
–, Bedenken gegen 20
–, bedingte 18

Eignungsmängel 8 ff
–, charakterliche 12 ff
–, geistige 11
–, körperliche 8 ff
Erklärung über Nichtbesitz einer FE 4, 29
Ermittlungen der Fahrerlaubnisbehörde 19
Erste Hilfe 27
EU-Fahrerlaubnis 38

Fahrerlaubnis 1
– aus EU-/EWR-Staaten 38
– eines EU- oder EWR-Staates, keine 4
–, ausländische 38
–, befristete 34
–, beschränkte 18
–, Erteilung 34
–, Geltung im Ausland 33
Fahrgastbeförderung 28
Fahrlehrer 41 ff
–, Sorgfaltspflicht 45
–, Verantwortlichkeit bei der Fahrprüfung 44
–, Verantwortlichkeit gegenüber den Verkehrsteilnehmern 42
Fahrprüfung 44
Frist für Gutachtenbeibringung 23
Führerschein 37
Führerscheinklausel 47

Geistige Mängel 11
Gesundheitsfragebogen 19

Fahrerlaubnis und Führerschein § 2 StVG **1**

Gutachten 21 ff
– einer Begutachtungsstelle für Fahreignung 22
– eines Sachverständigen oder Prüfers 22
–, ärztliches 21
–, Frist für Beibringung 23
–, medizinisch-psychologisches 22
–, Weigerung des FEBewerbers 23

IntVO 38

Körperliche Mängel 8 ff
Kraftfahrzeugführer 2
Krankheit 10

Medizinisch-psychologisches Gutachten 22
Mitverantwortlichkeit des Fahrschülers 43
Mofa 6

Ordentlicher Wohnsitz 3

Polizei, Datenübermittlung durch die – 25
Prüfung 5
Psychologischer Test 22

Rauschgift 17
Registerauskünfte 19, 26
Registrierung 39

Schüler 40
Schutzgesetz 46
Strafbestimmung 48
Straftaten, erhebliche oder wiederholte 12 ff
Trunkenheit 16

Übungs- und Prüfungsfahrten 40 ff, 46
Unfallhilfe 27
Untersuchungsumfang 22

Verkehrsrechtliche Vorschriften, Verstöße 13
Vernichtung von Unterlagen und Daten 22, 26
Verstöße gegen verkehrsrechtliche Vorschriften oder Strafgesetze 13
Voraussetzungen für die Erteilung 3
Vorstrafen 12 ff

Weigerung, Gutachten beizubringen 23
Wohnsitz, ordentlicher 3

Zivilrecht 46
Zuständige Behörde 36

1. Eine **Fahrerlaubnis** (begünstigender Verwaltungsakt, BGH NJW **69** 1213) **1** braucht, wer im StrV Kfze führen will. Zwar ist das Recht, im öffentlichen StrV Kfze zu führen, Bestandteil des in Art 2 I GG garantierten Grundrechts auf Handlungsfreiheit, BVerfG NJW **02** 2378, jedoch darf dieses Recht zum Schutz anderer Rechtsgüter beschränkt werden, BVerfG NJW **02** 2378. I Satz 1 ist daher mit dem GG vereinbar. Daß die FE von der Eignung abhängt, beruht auf der Ordnungsvorstellung, daß die VSicherheit Festlegung einer prinzipiellen FEPflicht erfordert, BVerfG VRS **56** 407. Die FE ist vielfach existenznotwendig, zumindest eine Frage zweckmäßiger Lebensgestaltung, s BVerfG NJW **02** 2380. Dies ist stets angemessen zu berücksichtigen (s auch **E** 2). Hinsichtlich der Fahrerlaubnisklassen (FEKl) folgt das deutsche FERecht der durch die 2. EG-FSRichtlinie (Richtlinie des Rates 91/439/EWG v 29. 7. 91, ABl EG **91** Nr L 237/1 = StVRL § 6 FeV Nr 1) vorgeschriebenen Einteilung. **Erteilt** wird die FE idR durch Aushändigung des FS, § 22 IV S 7.

2. Kraftfahrzeugführer. Führer ist, wer das Kfz verantwortlich in Bewegung setzt, **2** Brn VRS **106** 426, Dü VR **93** 302, anhält, parkt oder nach Fahrtunterbrechung weiterfährt. S § 23 StVO. Im allgemeinen ist Führer der FzLenker, auch der unbefugte, nicht ein bloßer Helfer beim Sichern des Fz, BGH VR **69** 895. Der Fahrschüler ist nicht Führer, wenn der Fahrlehrer ihn beaufsichtigt und die Verantwortung trägt (XV S 2). Er ist aber nicht verantwortungsfrei (Rz 43). Für denselben Zeitabschnitt darf immer nur eine Person Führer sein, da die Verantwortung unteilbar ist. Gibt im Auftrag des Fahrers eine Begleitperson Warnzeichen (§ 16 StVO), so wird sie dadurch nicht Führer.

3. Die Voraussetzungen für die Erteilung der FE faßt Abs II in den Nrn 1–7 zu- **3** sammen. Nur wer einen **ordentlichen Wohnsitz** iS des Art 9 der Richtlinie 91/439/EWG über den Führerschein (im folgenden: „2. EG-FSRichtlinie") im Inland hat, erhält eine deutsche FE. Das Erfordernis beruht auf Art 7 I b der Richtlinie. Nach Art 9 I der Richtlinie, auf den § 2 II Nr 1 ausdrücklich Bezug nimmt, gilt: Der ordentliche Wohnsitz ist dort, wo der „*Führerscheininhaber*", hier also der FEBewerber, mindestens 185 Tage im Kalenderjahr wegen persönlicher und beruflicher Bindungen wohnt. Bei fehlenden beruflichen Bindungen genügt es, daß persönliche Bindungen enge Beziehungen zum Wohnort erkennen lassen. Hält sich der FEBewerber abwechselnd in verschiedenen EU-Mitgliedstaaten auf, so ist für den ordentlichen Wohnsitz der Ort seiner persönlichen Bindungen maßgebend, sofern er regelmäßig dorthin zurückkehrt. Kehrt er nicht regelmäßig zurück, so bleibt der Ort der persönlichen Bindungen den-

53

noch ordentlicher Wohnsitz, falls er sich in einem anderen Mitgliedstaat zur Ausführung eines Auftrags von bestimmter Dauer aufhält (Art 9 II 2 der Richtlinie). Diesen Kriterien für den Begriff des „ordentlichen Wohnsitzes" entspricht die Regelung in § 7 I FeV. Nach der Fiktion des Art 9 II 3 der 2. EG-FSRichtlinie hat der Besuch einer Universität oder Schule keine Verlegung des ordentlichen Wohnsitzes zur Folge. Diese Fiktion kann allerdings trotz der Formulierung von Abs II Nr 1 auf FEBewerber aus Drittländern keine Anwendung finden. Anderenfalls könnte zB ein Studierender aus einem Drittland keine deutsche FE erhalten, selbst wenn er sich seit mehr als 6 Monaten (§ 4 I S 3 IntVO) oder mehr als 1 Jahr (§ 4 I S 4 IntVO) hier aufhält und damit seine Berechtigung zur Teilnahme am fahrerlaubnispflichtigen Verkehr mit der ausländischen FE gem § 4 IntVO erloschen ist. Davon geht auch die Vorschrift des § 7 II und III FeV aus, indem sie die Wohnsitzfiktion bei Schul- oder Hochschulbesuch ausdrücklich auf EU/EWR-Staaten beschränkt.

4   Die FE wird nur erteilt, wenn das **Mindestalter** erreicht ist (II Nr 2) und wenn der Bewerber **keine FE eines EU- oder EWR-Staates** der entsprechenden Klasse besitzt (II Nr 7). Darüber muß der Antragsteller bei der FEB eine Erklärung abgeben (VI S 2), s Rz 29. Ermittlungen der FEB hierzu: Abs VII S 1, § 22 II FeV. Als zusätzliche Voraussetzungen für die Erteilung der FE bestimmter FEKlassen können aufgrund der Ermächtigung des Abs II durch RVO festgelegt werden: **Vorbesitz** oder **Fahrpraxis** in anderen Klassen (s zB § 9 FeV) sowie aufgrund der Ermächtigung des Abs III S 4 (Personenbeförderung) **Ortskenntnisse** (s zB § 48 IV Nr 7 FeV).

5   **4. Befähigung und Prüfung.** Zutreffend unterscheidet § 2 idF v 24. 4. 1998 zwischen der **Befähigung** und der Eignung zum Führen von Kfzen. Die in der praktischen und theoretischen FEPrüfung nachzuweisenden Fähigkeiten und Kenntnisse betreffen nicht die Eignung, sondern die Befähigung. Damit ist die abw frühere Rspr (zB BVG NJW **82** 2885, VRS **66** 305) überholt. Die FEErteilung setzt gem Abs II Nr 5, Abs V einen entsprechenden Nachweis voraus. Dazu gehören ausreichende Kenntnisse der beim KfzFühren zu beachtenden Vorschriften, der Gefahrenabwehr, der umweltbewußten und energiesparenden Fahrweise, die Fähigkeit zur Umsetzung dieser Kenntnisse sowie ausreichende technische Kenntnisse und Fertigkeiten zur sicheren FzFührung. Die **Befähigungsprüfung** (§§ 15 ff FeV) erstreckt sich auf Kenntnis der VVorschriften, der Gefahrenlehre, der umweltbewußten und energiesparenden Fahrweise (Fahren ohne „Bleifuß", mit angepaßt niedrigsten Drehzahlen, Ausnutzung etwa noch vorhandener „grüner Wellen") und auf die zur sicheren Führung des Kfz erforderlichen Fähigkeiten und technischen Kenntnisse. Der Bewerber muß nachweisen, daß er seine Kenntnisse im Verkehr anzuwenden versteht. Abzulegen ist diese Prüfung nach Maßgabe der FeV. Die Prüfung der Kenntnisse energiesparender Fahrweise ist Bestandteil der theoretischen Prüfung (§ 16 I Nr 1 FeV). Neben der Prüfung setzt die Erteilung der FE eine vorherige **Ausbildung** nach dem FahrlG und den auf ihm beruhenden Vorschriften voraus (II Nr 4). Ist sie nicht nachgewiesen, so hat die FEErteilung zu unterbleiben, gleichviel, ob der Bewerber über die Befähigung zum Führen von Kfzen verfügt oder nicht.

6   **Die Prüfung für die Führer von Mofas** beschränkt sich auf Vorschriften- und Gefahrenkenntnis (§ 5 FeV). **Ohne nochmalige Prüfung** kann die FE in den Fällen der §§ 20 II, 27 I Nr 3, 30 I Nr 3, 31 I Nr 3 FeV erteilt werden.

7   **5. Eignung zum Führen von Kfzen** setzt die FEErteilung gem Abs II Nr 3, IV voraus (s § 11 bis 14 FeV). Im Gegensatz zum früheren Recht (§ 2 I 2 alt) besteht keine Eignungsvermutung mehr, falls nicht Tatsachen die Annahme fehlender Eignung rechtfertigen; vielmehr wird das Vorliegen der Eignung vom Gesetz positiv als Voraussetzung für die FEErteilung gefordert. Nichtfeststellbarkeit der Eignung geht also zu Lasten des Bewerbers, *Gehrmann* NJW **98** 3537, NZV **03** 16, *Weibrecht* BA **03** 131, *Petersen* ZfS **02** 57, *Gehrmann/Undeutsch* Rz 520, aM *R. Schneider* VGT **02** 122. Die Eignung umfaßt gem Abs IV die körperliche und geistige Fahrtauglichkeit sowie die charakterliche Zuverlässigkeit. Körperliche und geistige Fahrtauglichkeit als gesetzlicher Begriff ist keine genormte, nachprüfbare Funktion im naturwissenschaftlichen Sinn, sondern das Intaktsein einer Summe biologischer Funktionen (*Spann* DAR **80** 312), bezogen auf ständig wechselnde äußere Umstände und Verhältnisse. Die Eignung zum Führen von Kfzen

Fahrerlaubnis und Führerschein § 2 StVG 1

kann durch körperliche, geistige oder charakterliche (sittliche) Mängel beschränkt oder ausgeschlossen werden. Diese Regelung ist grundgesetzgemäß, BVerfG NJW 67 29. S § 3 StVG. Aufstellung von körperlichen Mängeln und Erkrankungen, die idR die Eignung beeinträchtigen oder ausschließen: **Anl 4 zur FeV**. Eignungsuntersuchungen für Bewerber der FEKlassen C, C1, D, D1 und der FE zur Fahrgastbeförderung: **Anl 5 zur FeV**.

5 a. Körperliche Mängel. Die Eignung des Bewerbers wird durch körperliche 8
Mängel ausgeschlossen, die die Fähigkeit beseitigen, ein Kfz sicher zu führen. Das gilt insbesondere für das **Sehvermögen**. Farbsinnstörungen scheiden als Unfallursache im StrV praktisch aus, *Gramberg-Danielsen* ZBlVM **70** 174, DMW **72** 206. Farbenschwäche (Farbenfehlsichtigkeit) läßt sich durch Übung ausgleichen, OVG Münster VRS **9** 382, OVG Lüneburg VBl **55** 524, VGH Ka NJW **58** 2035 (Grünblindheit), *Ganter* ZBlVM **55** 7. Verwechslungsgefahr besteht auch bei total Farbenblinden praktisch kaum noch; die LichtZ sind genormt, Rot ist stets oben, Grün stets unten (§ 37 StVO), so überzeugend *Booß*, VM **66** 58, aM BVG VM **66** 58. Rotblindheit mit einem Anomalquotienten unter 0,5 ist jedoch gem Anl 6 zur FeV unzulässig bei den „Lkw- und Omnibus-Klassen" D und C mit ihren Unterklassen. Herabgesetzte Tagessehschärfe korreliert nicht mit erhöhter Unfallerwartung oder -häufigkeit. Zur Dämmerungssehschärfe s *Gramberg-Danielsen* DMW **71** 1343, BASt **16** 83. *Aulhorn*, Ermittlung der Tauglichkeitsgrenzen beim Dämmerungssehen (Mesoptometer), ZVS **71** 196. Der Verlust eines Auges stellt die Eignung nicht allgemein in Frage, anders dagegen Gesichtsfeldeinschränkung, wenn dadurch die Mindestanforderungen der Anl 6 zur FeV unterschritten werden, s BVG NZV **93** 126. Der Bewerber hat bei Einäugigkeit den Mangel durch erhöhte Vorsicht auszugleichen, BVG VM **66** 58. Bei Einäugigkeit ist gem Anl 6 zur FeV eine zentrale Tasgessehschärfe von 0,6 erforderlich. Als einäugig iS dieser Regelung gilt auch, wer auf einem Auge eine Sehschärfe von weniger als 0,2 besitzt. **Gehörlose** oder -behinderte gefährden den Verkehr nicht vermehrt, ZBlVM **70** 11 (Züricher Untersuchungen). Gehörlosigkeit und Schwerhörigkeit schließen nicht grundsätzlich die Eignung aus, VBl **52** 350, OVG Münster NJW **54** 1543 *(Müller)*. S Anl 4 zur FeV Nr 2.

Starker **Altersabbau** kann die Eignung mindern, aber uU durch besondere Fahr- 9
fahrung ausgeglichen werden, BVG DAR **75** 139, VRS **30** 386, 388, *Händel* DAR **85** 211, s *Eisenmenger/Bouska* NZV **01** 14, *Langwieder* VGT **85** 136 ff, *Schütz* VGT **95** 55 f, *Himmelreich* DAR **90** 447, NZV **92** 170. Davon ist mangels VAuffälligkeit auszugehen, BVG VM **71** 83. **Hohes Alter** allein ist daher kein Versagungsgrund, VGH Ma NZV **89** 206. EdF wegen Altersabbaus, s § 3 Rz 6. Nach Jahren und Fahrerfahrung ältere Kf haben offenbar weniger Unfälle als zB die Altersgruppe 18–25 Jahre, weil sie größere VErfahrung haben, s *Eisenmenger* BA **02** 57, *Eisenmenger/Bouska* NZV **01** 15, *Heinsius* ZBlVM **69** 166, *Langwieder* VGT **85** 116 (krit zur Kompensationsfähigkeit *Herberg* Verkehrsunfall **92** 271, 274). Das gilt selbst für die Gruppe der über 75jährigen, s *Jagow* VD **92** 218. Einer Untersuchung der Universität Denver/USA zufolge gehören ältere und alte Kf „zu den sichersten" (unfallfreiesten) Kf auf US-Straßen, s VBl **71** 665. Zur statistischen Unfallbeteiligung älterer VT, s *Schweisheimer* ZVS **71** 30, *Langwieder* VGT **85** 116, *Kammann* VGT **95** 72. Fahruntüchtigkeit im Alter nur bei Leistungsminderung erheblich unterhalb der Norm, der Altersabbau muß sich in deutlichen Ausfallerscheinungen offenbaren, OVG Br VRS **68** 395. Über typische altersbedingte Ausfallerscheinungen, *Wetterling ua* ZfS **95** 161.

Zum Führen von Kfzen ist untauglich, wer an einer **Krankheit** leidet, die seine 10
Fahrtüchtigkeit ständig unter das erforderliche Maß herabsetzt oder Anfallgefahr begründet, Neust VM **57** 6. Ob chronisch Kranke mehr als Gesunde zu bestimmten Unfällen neigen, ist ärztlich nur individuell zu beantworten, s *Müller-Wienand/Wittmann* k + v **70** 233. Schüttellähmung (Parkinsonsche Krankheit) führt in schweren Fällen zur Ungeeignetheit (s Anl 4 zur FeV). Ungeeignetheit können begründen: Wiederholter Ohnmachtsanfall bei begründeter Wiederholungsgefahr, OVG Schl DAR **94** 40; Schwächeanfälle ohne aufklärbare Ursache, BVG NJW **65** 1098; wiederholte, anfallartig auftretende Bewußtseinsstörungen, OVG Lüneburg ZfS **93** 393; Krankheitsphasen, die unvorhergesehen und plötzlich wieder auftreten können, auch bei Anordnung einer Nachuntersuchung nach bestimmten Fristen, BVG DAR **57** 55, ZBlVM **69** 189

1 StVG § 2   I. Verkehrsvorschriften

(plötzlicher, behandlungsbedürftiger Erregungszustand); uU Tragen von Herzschrittmachern, VG Dü DAR **75** 53; Fälle, in denen mit Ausbrechen einer geistigen Erkrankung jederzeit gerechnet werden muß (Reste hypochondrischer Schizophrenie); die Auflage, sich regelmäßig fachärztlich untersuchen zu lassen, böte keinen Schutz, BVG DAR **65** 164. Zur Beurteilung von Neurosen im Rahmen der Fahrtauglichkeit, OVG Br VRS **57** 227. Verlangsamtes Denken und verlangsamte Reaktion können fahrunfähig machen, entgegen OVG Berlin VRS **42** 236 aber nur bei einiger Erheblichkeit. Ein Hirnverletzter ist noch geeignet, wenn er die Ausfälle durch Vorsicht und Umsicht ausgleichen kann und ausgleicht, OVG Münster VRS **6** 227 (s dazu Anl 4 zur FeV). Hier ist die Frage der Fahrtauglichkeit stets ein wesentlicher Gesichtspunkt auch der Rehabilitation; jeder Fall ist unschematisch sorgfältig zu beurteilen, s auch *Lewrenz/Friedel*, Verkehrsmedizin S 105 f. Soweit das Diabetes-Risiko im StrV ausgleichbar ist, setzt dies ein besonders ausgeprägtes Verantwortungsbewußtsein voraus, OVG Br DAR **74** 307. Gut eingestellte Diabetiker, die sich an die ärztlichen Vorschriften halten, sind nicht fahrbeeinträchtigt (Anl 4 zur FeV), *Lewrenz/Friedel*, Verkehrsmedizin S 135, arzt + auto **88** H 5 S 14, VGH Ma NZV **91** 287. Schwere Diabetes (90% Erwerbsminderung, notwendige Begleitperson) macht idR fahruntüchtig, OVG Berlin VM **67** 51, insbesondere bei Neigung zu schweren Stoffwechselentgleisungen (Anl 4 zur FeV), *Lewrenz/Friedel*, Verkehrsmedizin S 137. Bei Epilepsie ist nach ärztlicher Erkenntnis sorgsam zu unterscheiden, *Lund*, Nervenarzt **67** 61, *Janz*, Nervenarzt **67** 67, DMW **67** 1839, *Warzelhan/Krämer* NJW **84** 2620, s dazu *Laubichler* BA **92** 139. Epilepsie mit sog. „großen Krampfanfällen" führt zur Kraftfahrungeeignetheit, OVG Lüneburg DAR **88** 430. 14 tägliche Epilepsieanfälle, auch bisher nur nachts, reichen für die Annahme von Ungeeignetheit aus (s Anl 4 zur FeV), VG Kassel DMW **67** 2285. Anfallfreiheit kann bei Anfallsleiden, die an bestimmte Bedingungen geknüpft waren, nur dann die Annahme wieder bestehender Kraftfahreignung begründen, wenn auch diese Bedingungen nachweislich nicht mehr gegeben sind, Ko ZfS **82** 255 (durch Alkohol beeinflußte Epilepsie). Weit unterdurchschnittliches Beobachtungs- und Reaktionsvermögen macht fahruntauglich, VGH Ka VM **72** 10. Außergewöhnlich Schreckhafte sind fahruntauglich, Ha VRS **17** 440.

Lit: *Bode*, Rechtsgrundsätze für die Beurteilung der Eignung zum Führen von Kfzen, ZVS **87** 50. *Derselbe*, Erprobung des Kf bei unsicherer Prognose, BA **89** 150. *Eisenmenger/Bouska*, Sind von einer regelmäßigen und obligatorischen Gesundheitsüberprüfung aller FEInhaber wesentliche Vorteile für die VSicherheit zu erwarten?, NZV **01** 13. *Gehrmann*, Die neuen Begutachtungsrichtlinien zur Kraftfahreignung, NZV **00** 445. *Derselbe*, Bedenken gegen die Kraftfahreignung und Eignungszweifel in ihren grundrechtlichen Schranken, NZV **03** 10. *Gramberg-Danielsen*, Ausfälle im optischen Funktionenkreis und Verwaltungsrecht, DAR **69** 264. *v. Hebenstreit*, Die Eignung zum Führen von Kfzen, VGT **77** 31. *Herner*, Auswirkung von Krankheit und anderen Gesundheitsstörungen auf die Verkehrssicherheit, ZBlVM **68** 140. *Himmelreich*, Verwaltungsrechtliche Einzelaspekte im Hinblick auf die Nichteignung zum Führen von Kfzen, DAR **84** 207. *Himmelreich/Hentschel*, Fahrverbot-Führerscheinentzug, Bd II, 7. Aufl 1992. *Hoffmann* ua, Kreislaufuntersuchungen bei KfzFührern unter variierten Fahrbedingungen, ZBlVM **70** 192. *Jagow*, Eignung zum Führen von Kfzen, VD **98** 241. *Laubichler*, FS und Epilepsie, BA **92** 139. *Lewrenz*, Begutachtungs-Leitlinien zur Kraftfahreignung des Gemeinsamen Beirats für VMedizin, herausgegeben v der Bundesanstalt für Straßenwesen, 6. Aufl, 2000. *Molketin*, Gebrechliche im StrV, KVR. *Scherer*, Die Erteilung der FE, KVR. *Spiecker*, Verhalten Farbsinngestörter im StrV, Berichte der ophtalmologischen Gesellschaft **66** 186. *Warzelhan/Krämer*, Führerschein und Epilepsie, NJW **84** 2620. *Weibrecht*, Zweifel an der Fahreignung: Nachweisfragen und MPU, VD **03** 35, BA **03** 130. *Weigelt* ua, Zur bedingten Eignung in der Fahreignungsbegutachtung, NZV **91** 55. **Weitere Lit:** s § 11 FeV Rz 21.

11 **5 b. Geistige Mängel** und psychische Störungen (s Anl 4 zur FeV) können ungeeignet zum Führen machen, besonders organische Geisteskrankheiten und schwere Nervenleiden, BVG DVBl **63** 568, JR **64** 72, wiederholte Ohnmacht, VGH Kar VAE **40** 182, fortgeschrittene Cerebralsklerose, VGH Ka DAR **64** 255, Schwachsinn erheblicheren Grades, BVG VM **66** 33, s *Muggler-Bickel* ZVS **88** 111, schwere Depression oder psychische Auffälligkeiten durch aggressives oder andere Menschen bedrohendes Verhalten (auch außerhalb des StrV), VGH Ma NZV **92** 502. Keine Fahreignung mehr bei Psychosen, die das Realitätsurteil und die körperliche Leistungsfähigkeit erheblich beeinträchtigen, VGH Ka VM **80** 86. Paranoide, schubweise verlaufende Schizophrenie schließt jede FE aus, auch eine örtlich beschränkte für Kleinkrafträder und FmH (FEKl M), VGH

Fahrerlaubnis und Führerschein § 2 StVG 1

Ma Justiz **74** 271. Ist mit Ausbruch einer Geisteskrankheit jederzeit zu rechnen (Reste hypochondrischer Schizophrenie), so besteht Ungeeignetheit, die nicht durch die Auflage regelmäßiger fachärztlicher Untersuchung behebbar ist, BVG JR **66** 114. **Analphabetismus** allein schließt die Kraftfahreignung nicht aus, OVG Münster DAR **74** 335.

5 c. Mängel in sittlicher (charakterlicher) Beziehung. Persönliche Zuverlässigkeit ist Bestandteil der Eignung (IV S 1). Die Eignung zum Führen eines Kfz setzt einigermaßen angepaßte sittliche Reife voraus. Bei dieser Beurteilung hat jedes Moralisieren zu unterbleiben. Schwere Mängel in sittlicher Hinsicht können zum Führen ungeeignet machen. Diese können sich vor allem in erheblichen oder wiederholten **Verstößen gegen VVorschriften oder Strafgesetze** offenbaren (IV S 1, § 11 I S 3 FeV, s Rz 13). Berücksichtigung des Sachverhalts früherer Bußgeld- oder Strafverfahren: § 29 StVG Rz 2 ff. Die Einschränkung des Verwertungsverbots des § 51 I BZRG durch § 52 II ist bei Verpflichtungsklagen zur FE-Erteilung auch noch vom Revisionsgericht zu berücksichtigen, BVG VRS **52** 393. Auf eine statistisch gesicherte Wechselbeziehung zwischen aggressiver Kriminalität und VDelinquenz weist *Moser* BA **83** 465 hin, s auch *Schöch* NStZ **91** 12. **Charakterliche Eignungsmängel** sind auch etwa: besonders starke emotionale Unausgeglichenheit; dauernde affektive Gespanntheit; unbeherrschte impulsive, egozentrische Haltung ohne soziale Angepaßtheit; mangelnde Persönlichkeitsreife, die sich in Verantwortungslosigkeit ausprägt; uU Psychopathie, die das Kfz als Abreaktionsmittel benutzt. Unfähigkeit zur sozialen Anpassung, einwandfrei festgestellt, läßt Gefährdungsrückschluß zu, OVG Münster DAR **76** 221.

12

Erhebliche oder wiederholte Verstöße gegen verkehrsrechtliche Vorschriften führen zur Kraftfahrungeeignetheit (Abs IV S 1, § 11 I S 3 FeV), wenn sie die Befürchtung rechtfertigen, der Kf werde erneut in schwerwiegender Weise solche Vorschriften verletzen und dadurch für die Allgemeinheit zur Gefahr, BVG NZV **96** 84, s dazu *Himmelreich/Hentschel* Bd II Rz 53 ff, *Mahlberg* NZV **92** 10. Der in Abs IV (und in § 11 I FeV) gebrauchte Begriff *erheblich* ist nicht ohne weiteres mit schwerwiegend gleichzusetzen; vielmehr ist er bezogen auf die Kraftfahreignung. Zuwiderhandlungen, die in bezug auf die Eignung zum Führen von Kfzen unerheblich sind, rechtfertigen, auch wenn sie schwerwiegend sind, nicht die Versagung der FE wegen Ungeeignetheit. Namentlich kann grobe und nachhaltige Verletzung der VSicherheit die Ungeeignetheit dartun, besonders, wenn auch nicht stets und ohne Schematismus, Verstöße gegen § 315 c I Ziff 2 StGB. Bloße Formalverstöße, die den Verkehr unberührt lassen, reichen in aller Regel nicht aus. Eine Vielzahl geringfügiger Verstöße kann charakterliche Ungeeignetheit aufzeigen, BVG VRS **45** 234, OVG Lüneburg NJW **00** 685 (Anm *Kramer* DAR **00** 135), OVG Br VRS **56** 394, auch bei hoher jährlicher Fahrleistung, BVG VM **74** 25, NZV **88** 80, jedoch nicht solche des „äußersten Bagatellbereichs", die nur durch Verwarnung gerügt worden sind, s BVG VRS **45** 234, *Geiger* DAR **01** 490. Verwarnungen und nicht eintragungsfähige Geldbußen haben bei der Eignungsprüfung außer Betracht zu bleiben, BVGE **42** 206 = NJW **73** 1992, VRS **52** 461, VRS **45** 234, OVG Hb VRS **93** 388; dies gilt nicht für durch Bußgeldbescheid geahndete Verstöße, die im Verwarnungsgeldverfahren hätten gerügt werden können, in Fällen weiterer hartnäckiger Regelmißachtung trotz späterer eintragungsfähiger Bußgeldbescheide, BVG VRS **52** 461. Wer sehr häufig und kurz nacheinander VVorschriften verletzt und dadurch zeigt, daß er sich an die VOrdnung nicht halten will, ist ungeeignet, auch wenn die FEB mit ihrer Maßnahme erhebliche Zeit gewartet hat, OVG Berlin VRS **42** 237. Aus wiederholter erheblicher Überschreitung der zulässigen Höchstgeschwindigkeit darf auf mangelnde Eignung geschlossen werden, BVG VM **64** 41, ebenso aus wiederholten erheblichen Verstößen gegen die Betriebssicherheit von Kfzen oder die Verwendung von Fahrtschreibern betreffende Vorschriften, OVG Saarlouis VM **82** 14. Verhältnis zum Punktsystem, s § 3 Rz 8. Fremde Mitschuld ist ohne Bedeutung, wenn sie das Verhalten beeinflußt hat. Maßgebend ist das Gesamtbild des Vorgangs, soweit es die Eignung verläßlich und unschematisch beurteilen läßt. Bloße Formalverstöße (zB Nichtbeachtung einer sachlich inzwischen überholten FEBeschränkung) und uU Halterverstöße fallen nicht entscheidend ins Gewicht, OVG Lüneburg NZV **91** 246. Viele Parkverstöße mit dreimaligem Durchfahren bei Rot reichen aus, VGH Ka VM **68** 3, uU aber auch allein beharrliche,

13

1 StVG § 2   I. Verkehrsvorschriften

schwerwiegende Halt- und Parkverstöße, VG Berlin NZV **90** 328. Wer verabredete Unfälle herbeiführt, um Entschädigungen zu ertrügen, ist idR charakterlich ungeeignet (s den Fall Fra VRS **55** 110). Mehrere nicht einschlägige oder nicht sonderlich bedeutungsvolle Straftaten zusammen mit dreimaliger Nichtzahlung der Kfz-Prämie können charakterliche Unzuverlässigkeit belegen, BVG VM **72** 41. **Rechtskräftige strafgerichtliche Entscheidungen** muß der FEInhaber gegen sich gelten lassen, soweit nicht gewichtige Anhaltspunkte für deren Unrichtigkeit sprechen, s § 3 Rz 26. Das gilt auch für im Bußgeldverfahren getroffene Feststellungen, BVG VM **77** 65. Verstöße gegen VVorschriften durch Fahranfänger während der ersten 2 Jahre nach Erteilung einer FE, s §§ 2a bis 2c.

14   Auch aus wiederholten **Verstößen gegen Vorschriften über Versicherungsnachweis** und Maßnahmen bei Fehlen des Versicherungsschutzes (§§ 29a ff StVZO) kann sich uU ein solches Maß an Gleichgültigkeit gegenüber dem Interesse der VSicherheit ergeben, daß die KfEignung zu verneinen ist, OVG Lüneburg DAR **83** 31. Wer innerhalb zwei Jahren über reichlich zehnmal kurzfristig ohne Haftpflichtversicherungsschutz fährt, erweist sich als ungeeignet, OVG Lüneburg DAR **72** 55, s BVG VM **72** 41. Auch **Sorgfaltspflichtverletzung als Halter** kann Ungeeignetheit begründen, BVG VD **88** 138, VM **77** 86. Daß ein Halter Sicherheitsvorschriften verletzt, erlaubt einen Schluß auf seine Nichteignung als Fahrer, VGH Ka VM **79** 71. Entsprechendes kann gelten, wenn der Halter gegen ständige Zuwiderhandlungen mit seinem Fz durch andere nichts unternimmt und gegen ihn ergehende Bußgeldbescheide unwidersprochen hinnimmt, BVG VM **77** 86, OVG Münster NZV **97** 495.

15   **Andere strafbare Handlungen.** In Betracht kommen können je nach Gewicht und Sachlage: Widerstand oder aktive Bestechung, besonders in Verbindung mit einem VUnfall, OVG Münster VRS **4** 551, schwere Verbrechen wider die Sittlichkeit, OVG Berlin JZ **55** 682, Rauschgiftschmuggel mit Kfz, s BVG VM **81** 50. Zur Ungeeignetheit wegen Tätlichkeit aus Anlaß eines VVorgangs, Kar MDR **80** 246, s auch § 69 StGB Rz 4. Ob jemand auf Grund von **Straftaten nicht verkehrsrechtlicher Art** die zum KfzFühren nötigen charakterlichen Eigenschaften nicht besitzt, ist nach den Gesamtumständen zu beurteilen, BVG VRS **20** 392, VM **81** 50 (Würdigung aller für die Kraftfahreignung relevanten Eigenschaften und Fähigkeiten und seiner Gefährlichkeit im StrV), s *Geiger* DAR **01** 491. Nur erhebliche oder wiederholte Straftaten sind von Bedeutung. *Erheblichkeit*, s Rz 13. Zurückhaltend mit Recht OVG Br DAR **70** 82 bei der Prüfung, inwieweit Exhibitionismusrückfall durch eine FE gefördert werden könnte (gegen OVG Münster DAR **65** 279) sowie OVG Ko NJW **94** 2436 in bezug auf Eigentumsdelikte. Wer Gelegenheit zum sexuellen Mißbrauch von Kindern gesucht hat, ist idR ungeeignet, BVG VRS **20** 391. Allein aus Art und Zahl der Vorstrafen kann sich uU fehlende charakterliche Zuverlässigkeit ergeben, andernfalls ist Beweis zu erheben, BVG VBl **62** 560. Maßgebend für die Eignungsbeurteilung sind Straftat und Persönlichkeit (soweit für die Eignungsbeurteilung bedeutsam, s Anl 15 Nr 1. b zur FeV), VGH Ka VRS **2** 321, BVG VM **81** 50. Sittliche Mängel, die in Straftaten offenbar wurden, begründen immer nur dann einen Eignungsmangel, wenn sie sich *im StrV* auswirken und dadurch zu einer Gefährdung anderer führen können, BVG VM **81** 50, OVG Ko ZfS **00** 320, NJW **94** 2436. Entscheidend für die Beurteilung der Eignung sind die eignungsrelevanten Eigenschaften, Fähigkeiten und Verhaltensweisen des FE-Bewerbers, bezogen auf seine Gefährlichkeit für die Allgemeinheit als Kf, nicht ein in Prozentzahlen zu messender Grenzwert individueller Rückfallwahrscheinlichkeit, BVG NJW **87** 2246, näher dazu: § 13 FeV Rz 5. Straffreie Führung während 5 Jahren läßt auch bei entzogener FE uU den Schluß auf charakterliche Festigung zu, OVG Münster DAR **76** 221. Von einer Begutachtungsstelle für Fahreignung erhobene Charaktertests sind (kritisch abzuwägende!) Beweismittel, BVG NJW **64** 607. Näher dazu: *Himmelreich/Hentschel* Bd II Rz 148 ff.

Lit: *Blocher ua,* … Fahreignungsbegutachtung alkoholisierter Kf, DAR **98** 301. *Czermak,* Versagung und Entziehung der Kraftfahrerlaubnis durch die VB allein wegen charakterlicher Ungeeignetheit?, NJW **63** 1225. *Gehrmann/Undeutsch,* Das Gutachten der MPU und Kraftfahreignung, München 1995. *Mahlberg,* Langzeitrehabilitation charakterlich „ungeeigneter" Kf …, NZV **92** 10. *Moser,* Kriminalität und VSicherheit, BA **83** 465. *Weigelt,* EdF wegen charakterlicher Mängel, DAR **61** 136.

5 d. Trunkenheit am Steuer. Rauschgift. Zur Ungeeignetheit führt vor allem das **16** Führen eines Kfz in trunkenem Zustand (s §§ 315c, 316 StGB), BVG NZV **96** 84, VGH Ka VBl **75** 220, OVG Lüneburg ZfS **95** 438. Wie entsprechende Eignungszweifel zu klären sind, ist im einzelnen in § 13 FeV geregelt, OVG Saarlouis ZfS **01** 92. Ungeeignet ist ein Kf nach Trunkenheitsfahrt, wenn ein Rückfall wahrscheinlich ist, OVG Schl NZV **92** 379 (Anm *Mahlberg*), ZfS **92** 286, VGH Ma NZV **98** 175. Auch erstmalige Trunkenheitsfahrt kann insbesondere dann Kraftfahrungeeignetheit begründen, wenn besondere Anzeichen für überdurchschnittliche Alkoholgewöhnung oder gar -abhängigkeit sprechen, etwa außergewöhnliche Unauffälligkeit (fehlende Ausfallerscheinungen) des Täters trotz hoher BAK, s OVG Lüneburg DAR **85** 95, ZfS **95** 438, OVG Münster NZV **92** 127, s auch VGH Ma ZfS **93** 70, uU schon Erreichen über 1,3‰ liegender Konzentrationen, s OVG Münster NZV **92** 206. Personen, die (wiederholt) mehr als 1,3‰ erreichen, gehören oft nicht mehr zur Gruppe der sog „sozialen Trinker", sondern sind häufig so alkoholgewohnt, daß Abhängigkeit besteht, *Kunkel* DAR **87** 42, NZV **89** 376, *Stephan* BA **88** 201 (213, 223), DAR **89** 128, s auch BVG VRS **75** 379, VGH Ma ZfS **93** 70, einschränkend *Iffland* BA **94** 289, *Iffland/Grellner* BA **94** 8, *Barlag ua* BA **94** 348. Schon vor Inkrafttreten der FeV hat die Rspr dies insbesondere bei Erreichen von **1,6 ‰ BAK** berücksichtigt, BVG NZV **96** 84, OVG Münster NZV **92** 127, 206, OVG Schl VRS **83** 392, NZV **92** 379 (Anm *Mahlberg*), ZfS **92** 286, OVG Hb VRS **89** 151, VG Kö NZV **88** 159. Gem § 13 Nr 2c FeV muß die FEB nach voraufgegangenem FzFühren mit 1,6‰ BAK oder mehr (oder 0,8 mg/l AAK oder mehr) vor Erteilung einer FE in jedem Fall die Beibringung eines medizinisch-psychologischen Gutachtens anordnen. Andererseits darf nicht schematisch ohne ausreichende Berücksichtigung der besonderen Bedingungen des Einzelfalles stets bei Erreichen einer BAK von mehr als 1,6‰ auf jahrelanges „Training" und damit auf Abhängigkeit geschlossen werden, OVG Saarlouis ZfS **03** 101, *Lewrenz* DAR **92** 52, *Kunkel* ZfS **93** 37, 361, *Müller* BA **93** 69, *Iffland* NZV **93** 369, *Jaster/Wegener* BA **93** 264, *Batra/Foerster* NZV **94** 57, *Barlag ua* BA **94** 348, *Spazier* DAR **95** 58, *Himmelreich* DAR **93** 129, *Blocher ua* DAR **98** 302, *Himmelreich/Janker* 272, AG Homburg ZfS **96** 354, abw *Stephan*, Gutachten für OVG Schl 4 L 229/91 (VRS **83** 392, krit *Himmelreich* BASt H 89, 66, *Goetze ua* BA **94** 80). Rechtsmedizinische Untersuchungen bestätigen eine solche Schlußfolgerung nicht; danach ist die BAK-Höhe allein kein geeigneter Indikator für eine bestehende Alkoholproblematik beim FEInhaber oder -bewerber im Einzelfall, *Barlag ua* BA **94** 343, *Rösler/Frey* VGT **03** 163, geeignete Indikatoren sind nach rechtsmedizinischer Erkenntnis vielmehr Alkoholismusmarker wie zB Gamma-GT-, CDT-Wert und Methanolspiegel sowie die Summenkonzentration von Isopropanol + Aceton, s OVG Saarlouis NJW **04** 243, *Iffland* NZV **93** 373f, **94** 309, BA **94** 247, 279, 296, DAR **97** 7, *Iffland/Grellner* BA **94** 20, *Gilg/Eisenmenger* DAR **95** 438, *Seidl/Wolf* BA **98** 48, *Rösler/Frey* VGT **03** 162, *Heinemann ua*, BA **98** 161, *Aderjan* (Hrsg), Marker mißbräuchlichen Alkoholkonsums, Stuttgart 2000, s auch *Iffland ua* NZV **95** 95, *Blocher ua* DAR **98** 305, *Himmelreich/Janker* 421, abl aus verkehrspsychologischer Sicht *Stephan* ZVS **97** 50, der auch auf die Manipulierbarkeit der medizinischen Befunde durch Trinkpause vor der Begutachtung hinweist, NZV **03** 64. Zweifel an einer „Regelvermutung" für Alkoholabhängigkeit ab 1,6‰ als Grenzwert auch VGH Ma ZfS **93** 70. Diagnostische Kriterien der Alkoholabhängigkeit, s *Lewrenz ua* BA **02** 294. Die Wiedererteilung der FE bei BAK ab 1,6‰ stets von nachgewiesener 6monatiger *Abstinenz* und Teilnahme an Sitzungen einer Selbsthilfegruppe abhängig zu machen, so OVG Schl VRS **83** 392, NZV **92** 379 (Anm *Mahlberg*), ZfS **92** 286, **94** 311, *Stephan*, Gutachten für OVG Schl 4 L 229/91 (VRS **83** 392), DAR **95** 47, 49, *Geiger* BayVBl **01** 587, zw VGH Ma ZfS **93** 70, dürfte in dieser Allgemeinheit rechtlich nicht haltbar sein (Verstoß gegen das Übermaßverbot), s OVG Saarlouis ZfS **03** 101, *Blocher ua* DAR **98** 302, *Himmelreich/Janker* 273 (s Anl 4 zur FeV). Vielmehr wird Klärung der Frage möglichen Alkoholmißbrauchs oder bestehender Abhängigkeit durch ein medizinisch-psychologisches Gutachten notwendig sein (§ 13 I Nr 2 FeV). Geringfügig erhöhte Leberfunktionswerte reichen allein zur Annahme von Alkoholabhängigkeit und daraus resultierender Ungeeignetheit zum Führen von Kfzen nicht aus, VGH Ma NZV **92** 88, s dazu *Lewrenz* DAR **92** 52, anders deutlich pathologische, in Verbindung mit anderen auf Alkoholmißbrauch hindeutenden Anzeichen, OVG Lüneburg ZfS **93** 323.

1 StVG § 2 I. Verkehrsvorschriften

Festgestellte Alkoholabhängigkeit begründet Wiederholungswahrscheinlichkeit und damit Ungeeignetheit zum Führen von Kfzen (s Anl 4 zur FeV), die erst nach Verhaltensänderung beseitigt werden kann, OVG Schl VRS **83** 392, NZV **92** 379, ZfS **92** 286. Feststellung einer solchen Verhaltensänderung setzt nach verkehrspsychologischen Erkenntnissen voraus, daß der Betroffene erklären kann, worin diese Änderung besteht und auf welchen Ursachen sie beruht, *Kunkel* NZV **89** 379, *Stephan* DAR **92** 5. Außerdem muß idR mindestens 1 Jahr Abstinenz nachgewiesen sein (Anl 4 Nr 8.4), OVG Saarlouis ZfS **03** 101. Zur Überprüfbarkeit behaupteter Alkoholabstinenz mittels biochemischer Parameter, *Seidl ua* BA **98** 174. Abhängigkeit rechtfertigt auch dann die Feststellung von Ungeeignetheit, wenn bisher keine VTeilnahme unter Alkoholeinfluß festgestellt wurde, VG Mainz BA **03** 80 (EdF). Auch nach **mehrfacher Bestrafung wegen Trunkenheit** in V setzt die Annahme wiedererlangter Kraftfahreignung eine Änderung der Persönlichkeitsstrukturen und der Haltung des Antragstellers voraus, die zu den Straftaten geführt haben, OVG Br VRS **67** 309 (Vierfachtäter). OVG Münster VRS **66** 389 (zust *Meier* BA **84** 373) macht die Wiedererteilung der FE bei mehrfach wegen Trunkenheit im V bestraften Bewerbern davon abhängig, daß konkrete Tatsachen ergeben, daß bei ihnen als Angehörigen einer Gruppe mit hoher statistischer (gruppenbezogener) **Rückfallwahrscheinlichkeit** die *individuelle* Rückfallwahrscheinlichkeit nur 5–6% beträgt, ähnlich OVG Münster ZfS **84** 190, krit mit Recht *Himmelreich* DAR **84** 211, *Kunkel* BA **84** 385, *Stephan* ZVS **86** 6, s auch *Bode* DAR **85** 280 ff, *Himmelreich/Janker* 164, 219, gegen OVG Münster VRS **66** 389 mit zutreffenden Erwägungen VG Minden VRS **67** 395, s § 13 FeV Rz 5. Eine allgemeingültige Eignungsgrenze, gemessen in Prozentzahlen individueller Rückfallwahrscheinlichkeit, gibt es nicht, BVG NJW **87** 2246, *Maukisch* NZV **92** 270. Die auf Alkoholismus beruhende Ungeeignetheit zum Führen von Kfzen besteht auch nach erfolgreicher Entwöhnung idR ein Jahr fort, weil bis dahin durch den Alkoholmißbrauch verursachte krankhafte Persönlichkeitsveränderungen regelmäßig nicht vollständig beseitigt sind und während dieses Zeitraumes erhöhte Rückfallgefahr besteht, OVG Saarlouis BA **03** 251, OVG Br DAR **88** 318. Auch Trunkenheit bei VTeilnahme mit einem **Fahrrad** kann bei der Eignungsbeurteilung eines Kf nachteilig berücksichtigt werden, BVG NZV **89** 205, **96** 84 (Anm *Gehrmann*), VGH Ma ZfS **98** 405, OVG Br VM **87** 59, VG Kö NZV **88** 159. Jedoch wird einmalige Fahrt eines Radf im Zustand alkoholbedingter Fahrunsicherheit idR die Feststellung von Kraftfahrungeeignetheit nicht rechtfertigen, VG Br NZV **92** 295 (2,22‰). Zur Gutachtenanforderung in solchen Fällen, s § 13 Rz 4.

Lit: *Goetze ua*, Über den richtigen Umgang mit alkoholauffälligen Kf, BA **94** 80 (mit Erwiderung *Stephan*). *Iffland/Grellner*, GGT und Blutalkoholspiegel, Kriterien für die Alkoholgefährdung von Kf, BA **94** 8. *Rösler/Frey*, … Medizinische Marker bei Alkoholabhängigkeit und Alkoholgebrauch, VGT **03** 162. S auch § 11 FeV Rz 21.

17 5 e. Ungeeignetheit bei Einnahme von **Betäubungsmitteln**, s Anl 4 Nr 9 zur FeV. Die in Anl 4 vorgenommene Wertung gilt gem deren Vorbemerkung nicht ausnahmslos, aber für den Regelfall, s VGH Ma NZV **02** 475, DAR **03** 481, OVG Greifswald VRS **107** 229, OVG Ko VRS **99** 238, BA **02** 385 (Anm *Bode*). Die Regelung läßt Raum für eine abw Würdigung im Einzelfall, OVG Saarlouis ZfS **02** 552. Schon einmalige oder gelegentliche Einnahme von Drogen nach dem BtMG (außer Cannabis) rechtfertigt idR die Annahme von Ungeeignetheit, ohne daß KfzFühren unter der Wirkung der Droge nachgewiesen sein müßte, VGH Ma NZV **02** 475 (Ecstasy), **02** 477 (Kokain, Amphetamin), OVG Br DAR **04** 284 (Kokain), OVG Lüneburg BA **04** 475, ZfS **03** 476 (Amphetamin), DAR **02** 471 (Kokain), OVG Hb VRS **105** 55 (Kokain), OVG Ko VRS **99** 238 (Kokain), OVG Weimar VRS **103** 391 (Amphetamin), DAR **01** 183 (Amphetamin), OVG Saarlouis ZfS **01** 188, VG Mainz NZV **02** 140 (Amphetamin), VG Leipzig BA **01** 480, str, krit *Geiger* DAR **03** 99, NZV **03** 272, aM VGH Ka ZfS **02** 599 (aus Gründen der Verhältnismäßigkeit und, weil im Hinblick auf die Vorbemerkung Nr 2 der Anl 4 zur FeV deren Nr 9.1 nur als Leitlinie für den Gutachter anzusehen sei), *Bode* DAR **02** 24, *Bode/Winkler* § 3 Rz 204. Ausnahme nur, wenn besondere Umstände die Annahme begründen, daß die Fähigkeit zu umsichtigem und verkehrsgerechtem Verhalten und zur zuverlässigen Trennung zwischen Drogenkonsum und Verkehrsteilnahme dennoch nicht beeinträchtigt ist, VGH Ma DAR **03** 481, NZV **02** 475, 477. Für

Cannabis trifft die Anl 4 zur FeV eine differenzierte Regelung. **Regelmäßiger Haschischgenuß** führt idR zu Kraftfahrungeeignetheit, VGH Ma DAR **04** 49, 113, 170, OVG Br NJW **00** 2438, OVG Lüneburg VBl **04** 368, OVG Saarlouis ZfS **03** 44, **01** 188, aM *Bode/Winkler* § 3 Rz 209, VGH Mü NZV **97** 413 (zur Rechtslage vor dem 1. 1. 99), nicht aber solcher in der Vergangenheit, VGH Ma DAR **04** 170. Zwar ist nach BVerfG ZfS **98** 447 die Feststellung erforderlich, daß der FEBewerber nicht bereit oder nicht fähig ist, Cannabiskonsum und FzFühren zu trennen, s BVerfG NJW **02** 2378, aM für die neue Rechtslage insoweit *Petersen* ZfS **02** 59. Jedoch rechtfertigt regelmäßiger Konsum den Schluß auf fehlendes Trennungsvermögen, VGH Ma DAR **04** 49, **03** 481, VRS **105** 377. Regelmäßiger Konsum kann sofortige Vollziehung der EdF rechtfertigen, VGH Ma VM **90** 16, OVG Br VRS **70** 307, VG Neust ZfS **99** 221, VG Bra DAR **93** 155, VG Hannover NRpfl **90** 123 (s § 316 StGB Rz 5). Regelmäßiger Konsum (s Anl 4 Nr 9) bedeutet eine über einen längeren Zeitraum sich ständig wiederholende Einnahme des Rauschmittels, VGH Ma VRS **96** 395, VG Trier BA **01** 68, *Petersen* ZfS **02** 58 (½ Jahr), *Geiger* BayVBl **01** 588, NZV **03** 273, s *Himmelreich* DAR **02** 30, nach VGH Mü ZfS **03** 429, VGH Ma DAR **04** 49, 170, VRS **105** 377 täglichen oder nahezu täglichen Konsum (s Nr 3.12.1 der Begutachtungs-Leitlinien, 2000: „*regelmäßig*" = täglich oder gewohnheitsmäßig), s VGH Ma DAR **04** 113 (offengelassen), s aber VGH Mü NZV **95** 502 (2-3 mal wöchentlich). Eine Konzentration von deutlich mehr als 75 ng/ml des THC-Metaboliten THC-COOH (Tetrahydrocannabinolcarbonsäure) läßt nach *Daldrup ua* BA **00** 41 auf regelmäßigen Konsum schließen, OVG Münster DAR **03** 187, OVG Saarlouis ZfS **03** 44, *Gehrmann* NZV **02** 206, zw OVG Lüneburg DAR **03** 480. Dagegen rechtfertigt **gelegentlicher** mäßiger **Haschischkonsum** außerhalb des StrV und ohne jegliche Auffälligkeiten für sich allein nicht die Annahme von Kraftfahrungeeignetheit, VGH Ma DAR **04** 113, 170, VGH Mü NZV **96** 509, **99** 525, OVG Saarlouis ZfS **01** 188, OVG Br NJW **00** 2438, VG Sigmaringen DAR **95** 213, VG Berlin NZV **96** 423 (s Anl 4 Nr 9 zur FeV sowie Begr zu § 14 FeV, BRDrucks 443/98 S 262 f, s § 14 FeV Rz 1). Hier müssen jedenfalls weitere Umstände hinzukommen, aus denen sich die fehlende Fähigkeit des Bewerbers ergibt, Haschischkonsum und FzFühren voneinander zu trennen, VGH Ma DAR **04** 49, 170, OVG Lüneburg VBl **04** 368, VG Freiburg NZV **00** 388, VG Trier BA **01** 68, oder zusätzlicher Gebrauch von Alkohol oder anderen psychoaktiv wirkenden Stoffen oder Persönlichkeitsstörung oder Kontrollverlust (Anl 4 zur FeV Nr 9.2.2), VGH Ma DAR **04** 49, OVG Münster DAR **03** 187, s *Daldrup ua* BA **00** 45. Das gilt erst recht für einmaligen Cannabiskonsum, BVerfG NZV **93** 413 (krit *Franßen* DVBl **93** 998 und *Wirth/Swoboda* ZfS **04** 59 im Hinblick auf den engen Bezug zum StrV im entschiedenen Fall), anders bei Gefahr des FzFührens unter Einfluß der Droge, OVG Saarlouis ZfS **03** 45, OVG Br NJW **00** 2438, VGH Mü NZV **93** 46, s *Franßen* DVBl **93** 998; ebensowenig reicht das Mitführen einer geringen Haschischmenge durch einen Kf aus, VG Br NZV **92** 424 (0,71 g). Auch zweimaliges unerlaubtes Handeltreiben mit Betäubungsmitteln ohne KfzBenutzung rechtfertigt allein nicht ohne weiteres Zweifel an der Kraftfahreignung, VG Aachen NZV **90** 368. **Kfz-Führen unter akutem Cannabiseinfluß** belegt fehlende Fähigkeit zur Trennung von Konsum und Führen auch bei Gelegenheitskonsumenten und rechtfertigt die Annahme von Ungeeignetheit, VGH Ka DAR **03** 236, OVG Ko VRS **106** 313, OVG Lüneburg DAR **03** 480, uU auch bei bewußtem, erheblichem „Passiv-Rauchen", VGH Ma VM **04** 69. Führen eines Kfz unter Einfluß eines THC-Wertes von 111 ng/ml belegt jedenfalls zeitnahen Konsum und damit mangelndes Trennungsvermögen, OVG Weimar VM **04** 70. Nach **über längere Zeit andauerndem Drogenkonsum** entfällt die darauf beruhende Ungeeignetheit erst nach längerer Abstinenz, VGH Mü NZV **91** 288, s OVG Hb VRS **105** 59. Mindestens **einjährige, durch ärztliche Untersuchung belegte Abstinenz** ist idR notwendig (s Anl 4 Nr 9.5 zur FeV), VGH Ma VRS **106** 138, DAR **04** 471, **03** 481, NZV **02** 477, VG Greifswald VRS **107** 229, OVG Bautzen VM **03** 85, einschränkend (nur nach Abhängigkeit) OVG Hb NJW **94** 2169, VGH Mü NZV **94** 454, *Bode* BA **04** 239 f, zw insoweit OVG Br DAR **04** 284. Nur wenn besondere, vom FEBewerber zu beweisende Umstände die Annahme vollständiger Entgiftung und Entwöhnung begründen, reicht eine kürzere Abstinenzzeit aus, VGH Ma DAR **04** 471, VRS **106** 138, DAR **02** 370,

1 StVG § 2   I. Verkehrsvorschriften

ZfS **02** 408, 410. Bestand Sucht oder Suchtgefahr, so setzt Kraftfahreignung ausreichende Abstinenzzeit voraus, die umso länger gedauert haben muß, je länger die Zeit des Drogenkonsums war, VGH Mü VM **91** 78. Bei Heroinabhängigkeit besteht die Kraftfahrungeeignetheit idR während einer Methadonbehandlung fort, OVG Br NZV **94** 206, einschränkend OVG Hb NZV **97** 247, *Berghaus/Friedel* NZV **94** 380.

    Lit: *Berghaus/Friedel*, Methadon-Substitution und Fahreignung, NZV **94** 377. *Bode*, Einnahme von Betäubungsmitteln (außer Cannabis) und Kraftfahreignung, DAR **02** 24. *Derselbe*, Abstinenz von Alkohol und anderen Drogen, BA **04** 234. *Geiger*, FE und Drogenkonsum ..., NZV **03** 272. *Himmelreich*, Cannabis-Konsum und seine rechtlichen Folgen für den FS, DAR **02** 26. *Kannheiser*, Mögliche verkehrsrelevante Auswirkungen von gewohnheitsmäßigem Cannabiskonsum, NZV **00** 57. *Lewrenz ua*, Abhängigkeit, schädlicher Gebrauch, Trennungsproblematik ..., BA **02** 289. *Wirth/Swoboda*, Cannabis im StrV, ZfS **04** 54, 102.

18   **5 d. Bedingte Eignung.** Ist der FzF zum Führen von Kfzen zwar nicht völlig ungeeignet, aber aufgrund körperlicher oder geistiger Mängel nur eingeschränkt geeignet, so muß (Rechtsanspruch) ihm die FEB, wenn die übrigen Voraussetzungen erfüllt sind, eine FE unter Auflagen oder mit Beschränkungen erteilen, wenn diese geeignet sind, die bestehenden Eignungsmängel vollständig auszugleichen (Abs IV S 2). Bei Eignungszweifeln muß die FEB daher stets prüfen, ob eine beschränkte FE oder eine solche unter Auflagen dem öffentlichen Sicherheitsinteresse genügen würde; ein Eignungsgutachten muß die Frage bedingter Eignung ohne weiteres mitumfassen, *Himmelreich* DAR **96** 129. Die Erteilung der FE unter Auflagen oder beschränkt auf eine bestimmte FzArt oder ein bestimmtes Fz (s § 23 FeV) wird vor allem bei körperlichen Beeinträchtigungen zu prüfen sein. Aber auch geistige Beeinträchtigungen können hier in Betracht kommen, nach dem Wortlaut von Abs IV S 2 allerdings nicht charakterliche Mängel (s Begr, BRDrucks 821/96 S 67), etwa solche, die durch Straftaten offenbar geworden sind. Diese Einschränkung wurde auf Vorschlag des BR in die Bestimmung aufgenommen (BTDrucks 13/6914, S 100). Sie ist insoweit irreführend, als sie im Widerspruch zu anderen gesetzlichen Regelungen zu stehen scheint. Davon, daß nämlich zB nach Straftaten, die charakterliche Mängel offenbar gemacht haben, eine beschränkte FE erteilt werden kann (s auch *Jagow* DAR **97** 16, *Bode* § 3 Rz 13), geht etwa die Regelung des § 69 a II StGB aus, der auch (und vor allem) bei charakterlichen Eignungsmängeln, die durch Begehung einer Straftat zum Ausdruck gekommen sind (etwa Trunkenheit im Verkehr), ausdrücklich die Möglichkeit einer Ausnahme von der FESperre für bestimmte KfzArten vorsieht, wenn dadurch der Zweck der FEEntziehung nicht gefährdet wird. Diese Bestimmung hätte keinen Sinn, wenn es der FEB durch Abs IV S 2 verwehrt wäre, dem Verurteilten eine auf die von der Sperre ausgenommene KfzArt beschränkte FE zu erteilen, was im übrigen auch gegen das Übermaßverbot verstieße, s *Gehrmann* NZV **02** 492. Ein auf gewohnheitsmäßigem Alkoholkonsum beruhender Eignungsmangel schließt jedoch in aller Regel die Erteilung einer beschränkten FE (zB für landwirtschaftliche Fze) aus, VGH Ma NZV **93** 495.

19   **6. Ermittlungen der FEBehörde** über die Eignung. Die FEB hat sorgfältige Feststellungen hinsichtlich etwaiger Eignungsbedenken zu treffen (VII), s § 22 FeV. Dazu gehört zwar auch die körperliche und geistige Eignung; die Ermittlungen müssen sich aber im Rahmen des Abs IV halten. Sie berechtigen nicht dazu, den Bewerber über der Behörde unbekannte, eignungsmindernde oder -ausschließende Tatsachen, zB über körperliche Gebrechen, zu befragen, s § 22 FeV Rz 6. Zur Problematik ärztlicher Gesundheitsfragebögen, *Rüth* DAR **76** 4, *Ernesti* DAR **74** 203. Sind der Behörde solche Tatsachen bekannt, so hat sie dem Bewerber Gelegenheit zur Äußerung zu geben, und dieser wird sich dazu äußern müssen (II Nr 3), s auch Abs VIII. Durch Auskünfte aus den in Abs VII S 2, 3 genannten Registern hat die FEB insbesondere zu prüfen, ob Bedenken wegen schwerer oder wiederholter Vergehen gegen Strafgesetze (IV) bestehen, wegen Alkohol- oder Drogenabhängigkeit oder ob Neigung zu Ausschreitungen oder Roheitsvergehen vorliegt. Die Aufzählung der im Rahmen der Ermittlungen zur Eignungsfrage zu treffenden Maßnahmen in Abs VII ist nicht abschließend. Berücksichtigung früherer Bußgeld- und Strafverfahren: § 29.

20   **6 a. Bedenken gegen die Eignung oder Befähigung** (Abs VIII). Der Begriff der Eignung ist umfassend zu verstehen, er schließt auch „charakterlich-sittliche" Beurtei-

Fahrerlaubnis und Führerschein § 2 StVG **I**

lungen ein. Es müssen, gleichviel wie (s aber § 29 StVG), bestimmte Tatsachen zur Kenntnis der VB gelangt sein. S dazu § 11 FeV Rz 9. Durch ein Urteil bekannt gewordener Haschischkonsum vor mehr als 1 Jahr kann Gutachtenanforderung (§ 14 I FeV) rechtfertigen, Kar DAR **88** 383. Höheres Alter als Anlaß für Eignungsbedenken (s Rz 9) wird in der Praxis weniger bei Erteilung der FE als bei der Frage, ob diese zu entziehen ist, bedeutsam sein. Alter von 71 Jahren allein rechtfertigt die Anforderung eines Gutachtens nicht, OVG Ko DAR **69** 332, OVG Saarlouis ZfS **94** 350; jedoch genügt auch bei sehr hohem Alter (85 Jahre) jeder berechtigte Zweifel „nach Sachlage", BVG VM **66** 90 (s dazu auch § 3 Rz 6). Zweifel an der Fahrtauglichkeit können sich bereits aus zahlreichen, teilweise erheblichen Vorverurteilungen auch ohne Aktenbeiziehung ergeben (Gutachtenanforderung), BVG VwRspr **79** 585.

Aufklärungsmaßnahmen. Die FEB kann Vorlage eines **Zeugnisses oder Gut- 21 achtens eines Fach- oder Amtsarztes** verlangen (VIII). Bei der Frage, welche Qualifikation der Arzt besitzen muß, sind die speziellen Vorschriften der §§ 11 bis 14 FeV zu beachten, VG Berlin NJW **00** 2440. Ärztliche Beurteilung der Fahreignung kommt vor allem bei Bedenken im Hinblick auf ein besonderes körperliches oder geistiges Leiden in Betracht, das Zeugnis oder Gutachten eines Facharztes idR bei auf bekannt gewordenen Tatsachen beruhenden Bedenken gegen die allgemeine körperliche Eignung. Näher: § 11 FeV. Die FEB kann ferner die Beibringung des **Gutachtens eines amtlich anerkannten Sachverständigen oder Prüfers** für den KfzVerkehr anordnen. Dies wird in Frage kommen, wenn die Frage etwaiger Ausgleichsfähigkeit körperlicher Mängel durch technische Einrichtungen zu klären ist (§ 11 IV FeV) sowie bei Bedenken gegen die Befähigung (s Rz 5).

Schließlich kann die FEB die Vorlage des **Gutachtens einer amtlich anerkannten 22 Begutachtungsstelle für Fahreignung** (§§ 11 III, 66 FeV) fordern. Je nach Art des Eignungsbedenkens kommt ein medizinisches oder psychologisches Gutachten oder auch ein medizinisch-psychologische Doppelbegutachtung in Betracht. Näher: § 11 FeV Rz 12.

Ob eine Maßnahme gemäß VIII erforderlich ist, entscheidet nach pflichtgebundenem 23 Ermessen die FEB. Voraussetzung ist jedoch stets, daß die Maßnahme durch die speziellen Bestimmungen der FeV (zB §§ 11, 13, 14 FeV) gerechtfertigt ist, s *Geiger* DAR **03** 494. Für die Beibringung des Zeugnisses oder Gutachtens kann die FEB eine **angemessene Frist** setzen (VIII). Verweigert der Bewerber die Mitwirkung ohne anzuerkennenden Grund oder hält er die ihm gesetzte Frist nicht ein, so darf die FEB auf Nichteignung schließen (§ 11 VIII FeV), s Begr BRDrucks 821/96 S 68.

Nur **gesetzlich oder amtlich anerkannte Stellen** und Personen oder solche, die 24 amtlich dazu beauftragt sind, dürfen zur Prüfung der Eignung oder Befähigung herangezogen werden (XIII). Prüfer der Befähigung nach Abs V müssen außerdem einer Technischen Prüfstelle für den KfzV gem § 10 KfSachvG angehören. Abs XIII betrifft neben den Sachverständigen und Prüfern für den KfzV und die Begutachtungsstellen für Fahreignung (früher MPU) auch zB die Sehteststellen. Amtliche Anerkennung: §§ 65 ff FeV. Akkreditierung: § 72 FeV.

7. Datenübermittlung und Datenschutz. Werden der **Polizei** Tatsachen bekannt, 25 die auf nicht nur vorübergehende Mängel in bezug auf die Eignung oder Befähigung schließen lassen, so muß sie diese **der FEBehörde** nach Maßgabe von Abs XII **mitteilen.** Das gilt in erster Linie für Tatsachen, die auf körperliche oder geistige Eignungsmängel schließen lassen, s *Bouska/Laeverenz* § 2 Anm 39 a), aber zB auch für Tatsachen, die auf Alkoholmißbrauch hindeuten oder für Drogenbesitz, nicht dagegen etwa für körperliche Beeinträchtigungen, die nur zu vorübergehender Beeinträchtigung der Eignung führen können. Die Mitteilung verletzt keine Grundrechte, s BVG NJW **88** 1863. Liest man Abs XII nicht isoliert, sondern im Zusammenhang mit den übrigen Bestimmungen des § 2, die die *Erteilung einer FE* betreffen, so ergibt sich, daß die Informationen im Rahmen des § 2 nur dann für die Beurteilung der Kraftfahreignung oder der Befähigung zum Führen von Kfzen iS von Abs XII „erforderlich" sein können, wenn eine Beurteilung der Eignung oder Befähigung in Frage kommt. Daher besteht Informationspflicht und die Berechtigung zur Speicherung durch die FEB nur, wenn zumindest in absehbarer Zeit mit einer Antragstellung zu rechnen ist. Nach der Begr zur Änderung von Abs XII S 2 (ÄndG v 19. 3. 01, s vor Rz 1) betrifft Abs XII trotz seiner Stellung innerhalb des § 2 auch Daten, die sich auf die Eignung zum Führen FE-freier Fze beziehen, um der FEB Maßnahmen gegen ungeeignete Führer solcher Fze zu ermöglichen, s *Weibrecht* NZV **01** 147. Dies rechtfertigt es aber keinesfalls, eine Bestimmung über die Erteilung einer Fahrerlaubnis als Grundlage für das uneingeschränkte Anlegen von persönlichen Dateien ohne jeden Bezug zum Fahrerlaubnisrecht durch die FEB heranzuziehen. Vielmehr bleibt es auch nach der genannten Änderung bei der Pflicht zur Vernichtung der Unterlagen, soweit diese zur Beurteilung von Eignung und Befähigung nicht erforderlich sind (XII S 2). Zu begrüßen wäre es gewesen, wenn zur Vermeidung unzulässiger Datenspeicherung eine Befristung in das Gesetz aufgenommen worden wäre.

26 Die von den gesetzlich oder amtlich anerkannten oder beauftragten Stellen zur Eignungs- oder Befähigungsprüfung benötigten Daten darf die FEB an diese übermitteln (XIV). Diese dürfen die Daten bis zur Erledigung ihres Auftrags speichern, nicht jedoch auf Dauer. Die gem Abs VII und VIII eingeholten **Registerauskünfte** und beigebrachten **Zeugnisse und Gutachten** dürfen von der FEB nicht zu anderen Zwecken als zur Feststellung oder Überprüfung der Eignung oder Befähigung des FEBewerbers zum Führen von Kfzen verwendet werden. Nach spätestens 10 Jahren müssen sie **vernichtet** werden (IX). Längere Aufbewahrung nur, soweit sie im Zusammenhang mit Entscheidungen stehen (etwa EdF, FEBeschränkung), deren Tilgungsfristen diese Zeit überschreiten; dann gelten jene Tilgungsfristen. Für Registerauskünfte, Zeugnisse und Gutachten, die sich am Tage des Inkrafttretens von Abs IX (1. 1. 1999) schon bei den Akten befanden, gilt die **Übergangsbestimmung** des § 65 I. In diesen Fällen ist die Vernichtung (aus Kostengründen, s Begr zu § 65) erst erforderlich, wenn sich die FEB aus anderem Anlaß mit dem Vorgang befaßt; in jedem Fall muß aber eine Überprüfung der Akte bis spätestens 15 Jahre nach Inkrafttreten von Abs IX, also bis 1. 1. 2014, erfolgen. Würde die Vernichtung wegen der besonderen Art der Aktenführung einen unverhältnismäßigen Aufwand erfordern, so tritt an ihre Stelle eine **Sperrung der Daten** (§ 65 I S 3).

Lit: *Henrichs*, Datenübermittlung von der Pol an die FEB, NJW **99** 3152 (zur Rechtslage vor dem 1. 1. 99).

27 **8. Unfallhilfe.** Über § 323 c StGB (unterlassene Hilfeleistung) hinaus besteht keine Rechtspflicht zur Nothilfe, auch nicht im StrV. § 323 c greift nur ein, wenn zumutbare, individuell bestmögliche Hilfe, die ohne eigene Gefährdung möglich wäre, vorsätzlich unterlassen wird. Die Erteilung der FE könnte nicht davon abhängig gemacht werden, daß der Bewerber Sofortmaßnahmen oder gar Erste Hilfe bei jedem Unfall fachgerecht leisten kann. § 2 StVG sieht daher nur die Pflicht von FEBewerbern vor, sich über die Grundzüge der Erstversorgung Unfallverletzter zu unterrichten und dies in vorgeschriebener Form nachzuweisen. Dies soll sie, auch wo keine Rechtspflicht zur Hilfe besteht, besser befähigen, Unfallfolgen möglichst zu mildern. S § 19 FeV. Unterrichtung über die „Grundzüge" der Unfallversorgung iS lebensrettender Sofortmaßnahmen ist weniger als Kenntnis der Regeln über Erste Hilfe. Diese letztere haben Bewerber um die FE der Klassen C und D mit ihren Kombinationen (C1, CE usw) durch entsprechende Bescheinigungen nachzuweisen (§ 19 II, III, V FeV). S § 6 StVG, § 35 h StVZO (Mitführen von Verbandkästen).

28 **9.** Abs III bildet mit § 6 I Nr 1 g die Rechtsgrundlage für die zusätzlichen Erfordernisse bei Erteilung der FE **zur Fahrgastbeförderung**, insbesondere in Taxen und Mietwagen (s § 48 FeV).

29 **10.** Abs VI bildet die gesetzliche Grundlage für die **bei Antragstellung vom FE-Bewerber zu machenden Angaben** und zu erbringenden Nachweise (§ 21 FeV). Die Bestimmung betrifft neben dem Antrag auf Erteilung einer FE auch Anträge auf Erweiterung, Verlängerung (§ 24 FeV) oder Änderung der FE, auf Erteilung einer besonderen Erlaubnis nach Abs III (§ 48 FeV), ferner solche auf Aufhebung oder Beschränkung einer Auflage (IV S 2, § 23 FeV) sowie auf FSAusfertigung oder -änderung. Die Erklärung über das Nichtvorhandensein einer bereits erteilten in- oder ausländischen FE der bean-

Fahrerlaubnis und Führerschein § 2 StVG 1

tragten Klasse (s Abs II Nr 7, § 8 FeV) dient der Durchsetzung von Art 7 V der 2. EG-FSRichtlinie, wonach jede Person nur Inhaber eines einzigen von einem Mitgliedstaat ausgestellten FS sein darf.

11. Dienstfahrerlaubnisse. Bundeswehr, Bundesgrenzschutz und Polizei können 30 durch ihre Dienststellen DienstFEe erteilen (X), die ausschließlich zum Führen von DienstFzen berechtigen (§ 26 I FeV). Da die Bestimmung in bezug auf den Zweck der FzBenutzung keine Beschränkungen enthält, berechtigt die DienstFE zum Führen des DienstFzs auch dann, wenn die Fahrt keinen dienstlichen Zweck verfolgt. Für den Begriff des DienstFzs ist der Halter des Fzs entscheidend; DienstFz ist also jedes Fz, dessen Halter die BW, der BGS oder die Pol als Dienstherr des FEInhabers ist. Für die Erteilung gelten im Prinzip die allgemeinen Bestimmungen; jedoch schließt Abs X abweichende Regelungen durch RVO nicht aus. Der Probezeit iS von § 2a I kommt die Dauer des Besitzes einer DienstFE voll zugute wie der Besitz einer allgemeinen FE, § 33 FeV. Die allgemeine FE der betreffenden FEKl wird aufgrund einer vorhandenen DienstFE ohne weitere Ausbildung oder Prüfung erteilt.

12. Anspruch auf Erteilung der Erlaubnis hat der Bewerber, sofern die Voraus- 31 setzungen nachgewiesen sind (II S 1). Verbleibende Zweifel hinsichtlich der Eignung oder Befähigung gehen (abw von der früheren Rechtslage) zu Lasten des Bewerbers (Rz 7). Die Frage der Kraftfahreignung ist eine *Rechts*frage, über die das Gericht im Verwaltungsstreitverfahren eigenverantwortlich zu befinden hat, OVG Br VRS **62** 314, s *Himmelreich/Janker* 440. Entscheidend ist die Rechtslage im Zeitpunkt der letzten Tatsachenverhandlung, BVG NZV **88** 197, VGH Mü VRS **88** 295, OVG Münster NZV **98** 478. Dabei ist zu berücksichtigen, daß im psychodiagnostischen Eignungstest festgestellte Mängel durchaus nicht immer in relevanter Weise auch das Fahrverhalten beeinflussen müssen, OVG Br VRS **62** 316. Medizinisch-psychologische Begutachtung: Rz 22. Fehlt eine Voraussetzung, so darf die FE nicht nach Ermessen erteilt werden, VGH Mü DAR **57** 368. Für soziales Entgegenkommen ist bei feststehender Nichteignung kein Raum, BGH NJW **66** 1356. Keine FE-Erteilung aufgrund verwaltungsgerichtlicher einstweiliger Anordnung, weil dies auf eine endgültige Regelung hinausliefe, OVG Br DAR **74** 307. Dem nur beschränkt Geeigneten (Rz 18) steht bei Ausgleichsfähigkeit ein Rechtsanspruch auf eine eingeschränkte FE oder auf eine solche unter Auflage zu (s Begr BRDrucks 821/96 S 67), s OVG Br VRS **58** 296.

Nach Ablauf oder Abkürzung einer gerichtlichen **Sperrfrist** (§ 69a StGB) ist die VB 32 an die strafgerichtliche Beurteilung der Kraftfahreignung des die Wiedererteilung der FE beantragenden Verurteilten nicht gebunden, sondern darf die Eignung in vollem Umfang neu prüfen, s § 69a StGB Rz 19. Dabei darf kein unzulänglich ermittelter Sachverhalt zum Nachteil des Antragstellers unterstellt werden (sonst Schadensersatz), BGH NJW **66** 1356. Erteilt die FEB in Unkenntnis einer laufenden Sperrfrist eine neue FE, so ist dieser Verwaltungsakt an sich gültig, Ha VRS **26** 345. Näher zum Verfahren bei Wiedererteilung entzogener FE: § 20 FeV.

13. Geltungsbereich. Die FE gilt örtlich ohne Einschränkung, im Ausland nach 33 Maßgabe des Wiener Übereinkommens (ÜbStrV), sachlich ist ihr Inhalt maßgebend. Zu den Wirkungen des ÜbStrV 1968 auf das innerdeutsche FERecht *Bouska* VD **79** 225. In den **EU-Staaten** werden deutsche FEe nach Maßgabe der 2. EG-FSRichtlinie unbeschränkt anerkannt, und zwar auch nach Wohnsitzverlegung in den betreffenden Mitgliedstaat; eine Umtauschpflicht besteht nicht mehr (§§ 28, 29 FeV).

14. Die Erlaubnis ist wirksam erteilt, sobald der FS (oder, falls ein solcher nicht 34 vorliegt, eine ersatzweise ausgestellte, befristete Prüfbescheinigung) ausgehändigt ist, § 22 IV S 7 FeV. Liegt ein erweiterter FS nach bestandener Prüfung zur Abholung bereit, so wird ein Irrtum über den Beginn der erweiterten FE entschuldbar sein, BGH NJW **66** 1216. Jedenfalls geringer Schuldgehalt. Die FE ist, soweit die FeV nicht für bestimmte FEKlassen Abweichendes bestimmt, Dauererlaubnis, sie kann weder auf Widerruf, noch bedingt erteilt werden, muß hinsichtlich Wirksamkeit und Fortbestand eindeutig sein und kann nicht von einem künftigen Verhalten des Inhabers derart abhängen, daß sie bei vorschriftswidrigem Verhalten vorübergehend erlischt, BGH VRS

55   295. Diesen Grundsätzen trägt auch die Regelung der FE auf Probe für Fahranfänger Rechnung (§§ 2a bis 2c). **Befristete FE** (§ 23 FeV) ist gem Abs II S 3 nur möglich für FEKl C und D mit ihren Unterklassen sowie für die Anhängerklassen. Bei fortbestehender Eignung ist sie auf Antrag zu verlängern (§ 24 FeV); Versagung der Verlängerung dann nur bei Anlaß für die Annahme des Fehlens von Voraussetzungen gem Abs II S 1 und 2. Befristet erteilt wird auch die besondere Erlaubnis für die Personenbeförderung in anderen Fzen als Kom (III S 2), s § 48 FeV (FE zur Fahrgastbeförderung). **FS-Verlust** berührt die FE nicht, BGH NJW **66** 1216.

35   **15. Ausnahmen vom Erlaubniszwang:** Bei der Festlegung von Ausnahmen von der FEPflicht ist die Verwaltung an die Ordnungsvorstellungen des § 2 gebunden, so daß eine Ausnahme nur in Fällen zulässig ist, in welchen die bestimmungsgemäße KfzVerwendung die VSicherheit nicht oder nur unwesentlich beeinträchtigt, BVerfG VRS **56** 408. S § 74 FeV, außerdem § 4 FeV für FmH, die bauartbedingt nicht schneller als 25 km/h fahren können. Abgesehen von dieser Ausnahme brauchen Führer von FmH, Leicht- und Kleinkrafträdern eine FE. FE zur Beförderung von Fahrgästen mit Kfzen: § 48 FeV.

36   **16. Zuständige Behörde:** §§ 21, 73 FeV.

37   **17.** Der **Führerschein** ist der amtliche Ausweis über die FE (§§ 22 IV S 7, 25 FeV), BGH NJW **73** 474. Wer ein Kfz im StrV führen will, hat ihn mitzuführen, BGH NJW **66** 1216, und zuständigen Personen auf Verlangen zur Prüfung auszuhändigen (§ 4 II S 2 FeV). Der FS muß den Inhaber nach seinem Gesamtinhalt zweifelsfrei ausweisen. Einzelheiten sind Tatfrage. Auch ein jahrzehntealter, äußerlich intakter FS kann dazu ausreichen. Anders, wenn sorgfältige Prüfung an Ort und Stelle nicht ausreicht. Bei notwendiger Erneuerung wird jedoch, jedenfalls bei alten FSen mit berechtigtem Affektionswert, anstatt Einziehung Unbrauchbarmachung durch Lochen ausreichen, wie bei verständnisvollen Paßbehörden bereits jetzt (Maßgebot, **E** 2). Zur Gültigkeit alter FSe, besonders solcher, welche von nicht mehr bestehenden VB erteilt worden sind, *Bouska* VD **80** 27.

38   **18. Ausländische Fahrerlaubnisse** berechtigen nach Maßgabe von Abs XI in Verbindung mit § 4 IntVO befristet oder, wenn es sich um eine von einem EU- oder EWR-Mitgliedstaat ausgestellte FE handelt, nach Maßgabe der §§ 28, 29 FeV auch unbefristet, zum Führen von Kfzen im Inland (s Begr, vor Rz 1). Näheres: §§ 28 ff FeV.

39   Eine **Registrierungspflicht** (Abs XI S 2) bestand nach Maßgabe von § 29 FeV für Inhaber von EU- oder EWR-FEen nach Verlegung des „ordentlichen Wohnsitzes" ins Inland. § 29 FeV wurde jedoch durch ÄndVO v 9. 8. 04 (BGBl I 2092) aufgehoben, weil die systematische Registrierung von FEen aus EU- oder EWR-Staaten dem Grundsatz gegenseitiger Anerkennung von den Mitgliedstaaten ausgestellter FSe ohne jegliche Formalität (Art 1 II der 2. EG-FSRichtlinie) widersprach (s Begr, BRDrucks 305/04 S 19f).

40   **19. Übungs- und Prüfungsfahrten.** Die Sicherheit erfordert es, zum Führen von Kfzen nur Personen zuzulassen, die in der Handhabung des Fz Übung haben. Diese Übung kann der Bewerber nur im Verkehr erwerben. Er muß daher mit einem Kfz der Klasse, die er führen will, im Verkehr, auch auf der AB, üben können. Diese Möglichkeit eröffnet ihm Abs XV. Dem Bewerber sind Fahrten erlaubt, die der Abnahme der Prüfung dienen (§ 17 FeV), und solche, um sich in der Führung zu üben und seine Eignung zu erproben. Nur darf er, soweit er bei einer Übungsfahrt mit einem fahrerlaubnispflichtigen Kfz (§§ 4, 6 FeV) öffentliche Straßen (Abs I, § 1 FeV, s § 1 StVO Rz 1–16) benutzt, das nur unter Aufsicht tun. Die Vorschriften gelten entsprechend für Bewerber um eine weitere FE. Wie aus § 17 I S 4 FeV folgt, dürfen Übungs- und Prüfungsfahrten schon kurz vor Erreichen des Mindestalters nach § 10 FeV durchgeführt werden, nicht jedoch von Kindern, die als FE-Bewerber noch gar nicht in Betracht kommen, Ha VRS **22** 372 (12 Jahre), Br VRS **28** 445 (7 Jahre). Zur Fahrschulausbildung Minderjähriger, s *Bouska* VD **80** 255. Schüler dürfen die Prüfung schon vor Vollendung des 16. Lebensjahres ablegen (Aushändigung des FS aber erst danach), VBl **64** 253. **Führer** ist bei Ausbildungs- und Prüfungsfahrten, bei denen der FzLenker die erforderliche FE noch nicht hat, gem der Fiktion von XV S 2 nur der begleitende Fahr-

lehrer mit der Folge, daß ihn die straf- und ordnungswidrigkeitenrechtliche Verantwortung ebenso trifft, Kar VRS **64** 153 (str, s § 316 StGB Rz 2), wie die haftungsrechtliche, Ko NZV **04** 401, Ha VR **00** 1032. Kennzeichnung der FahrschulFze: § 60 StVZO Rz 19. Fahrlehrerbegleitung ist gem XV S 1 auch bei **Fahrten zur Begutachtung der Eignung oder Befähigung** eines FEInhabers erforderlich; insoweit verfassungsrechtliche Bedenken bei *Bode* ZVS **03** 140. Das gilt zB bei Prüfungsfahrten gem § 11 IV FeV, nach dem Wortlaut von Abs XV, der insoweit Zweifel an der Eignung oder Befähigung voraussetzt (s Begr), aber nicht für die Fahrprobe eines FEInhabers im Rahmen einer verkehrspsychologischen Beratung gem § 4 IX 2, s *Bode* ZVS **03** 141, abw *Bouska/Laeverenz* § 2 Anm 50.

Lit: *Bode*, Begleitung durch Fahrlehrer beim Führen von Kfzen zur Begutachtung der Eignung oder Befähigung, ZVS **03** 140. *Bouska/Weibrecht*, Fahrlehrerrecht, 7. Aufl. 2003. *Rölle*, Die strafrechtliche Verantwortlichkeit des Fahrschülers bei Übungsfahrten, DAR **57** 11. *Schleusener/Schröer*, Rechtsfragen zur Ausbildung von KfzFührern, KVR („Ausbildung").

19 a. Fahrlehrer. Der Ausbilder muß behördlich zur Ausbildung ermächtigt, idR **41** Fahrlehrer sein. S FahrlG mit DurchfVO. Ausbildung der Fahrlehrer: FahrlAusbO 1998. FahrlPrüfO 1998. FahrschAusbO 1998. Da der Fahrlehrer gem XV S 2 als Führer gilt (Rz 40), muß er FS und Fahrlehrerschein bei Übungsfahrten auf öffentlichen Straßen bei sich führen und zuständigen Personen auf Verlangen zur Prüfung aushändigen (§ 4 II FeV). Der Fahrlehrer darf dem Fahrschüler keine Aufgaben stellen, denen dieser nach Ausbildung und Fahrfertigkeit nicht gewachsen ist; er hat ihn aber so zu fördern, daß er schließlich auch schwierigere VLagen und -aufgaben beherrscht, s Rz 45. Übungsfahrten in schwierigen und belebten Ortsteilen entsprechen bei hinreichender Ausbildung dem Ausbildungszweck. Überleitungsbestimmungen für die **neuen Bundesländer,** s Einigungsvertrag, Anl I Kap XI B III Nrn 8 bis 12. Fortbestand der Fahrlehrerlaubnis nach DDR-Recht über den 31. 12. 92 hinaus nur nach Fortbildung gem FortbildungsVO v 11. 12. 90 (BGBl I 2705). *Eckhardt,* Das Fahrlehrerrecht nach der Wiedervereinigung, NZV **93** 89.

19 b. Verantwortlichkeit des Fahrlehrers gegenüber den Verkehrsteilneh- **42** **mern.** Bei Fahrten zur Vorbereitung oder Ablegung der Prüfung (nicht auch bei Fahrten im Rahmen von Aufbauseminaren) ist der Fahrlehrer verantwortlicher Führer, auch gegenüber dem Prüfer, Ha NJW **79** 993, und nach strengem Maßstab zu Sorgfalt verpflichtet, KG VM **04** 4, Ko NZV **04** 401, Dü VR **79** 649. Er ist für VBeobachtung und Führung verantwortlich, KG VR **75** 836, VM **82** 66. Er muß den Fahrschüler ständig beobachten und notfalls sofort eingreifen können (strenger Maßstab), s Rz 45. Er hat den Fahrschüler und den Verkehr vor Schaden durch Übungsfahrten zu bewahren, Ha MDR **68** 666 (Haftung bei erster Roller-Übungsfahrt auf nassem Blaubasalt), Ha VRS **69** 263, Mü DAR **88** 55 (Haftung bei im Hinblick auf die gestellte Aufgabe ungenügender technischer Unterrichtung, mangelnder Übung und fehlender Verständigungsmöglichkeit mit Krad-Fahrschülerin). Er verletzt seine Aufsichtspflicht unfallursächlich, wenn er in fehlerhafte Fahrweise des Fahrschülers zu spät oder falsch eingreift (Doppelbedienungseinrichtungen, § 5 II DVFahrlG), Nü NJW **61** 1024, Dü NJW-RR **88** 24. Auch bei vorgeschrittenen Anwärtern ist mit Regelwidrigkeiten zu rechnen, Ha VRS **36** 133, KG DAR **55** 225. War das ow Verhalten des Fahrschülers erkenn- und vermeidbar, so besteht Nebentäterschaft des Fahrlehrers, Sa VRS **46** 212. Der Fahrschüler ist grundsätzlich von der Verantwortung frei, soweit er die Anweisungen des Fahrlehrers befolgt (näher: Rz 43).

19 c. Mitverantwortlichkeit des Fahrschülers. Der Fahrschüler haftet nicht, so- **43** weit er die Anweisungen des Fahrlehrers befolgt und befolgen muß. Soweit er sich wegen mangelnden Könnens oder Wissens falsch verhält, trifft ihn keine Schuld, KG VR **75** 836, Stu NZV **99** 470. Für nach dem Stand seiner Ausbildung vermeidbare Fahrfehler ist er mitverantwortlich, Ko NZV **04** 401, Dü NJW-RR **88** 24, Stu NZV **99** 470. Je fortgeschrittener die Ausbildung, um so eher kann Mitschuld des Fahrschülers in Betracht kommen, BGH NJW **69** 2197, Dü VR **79** 649, auch für verschuldete OWen, s *Bouska* VD **78** 45. Strafrechtliche Verantwortlichkeit des Fahrschülers besteht nur, soweit er von Anweisungen des Fahrlehrers abweicht oder bei Fahrfehlern, die er nach ei-

1 StVG § 2 I. Verkehrsvorschriften

genem Können und Wissen vermeiden konnte, Ha NJW **79** 993. S *Rölle* DAR **57** 11, *Schröer* KVR (Ausbildung).

44   **19 d. Verantwortlichkeit für die Führung bei der Fahrprüfung.** Auch gegenüber Anweisungen des Prüfers bei Prüfungsfahrten bleibt nach XV S 2 der Fahrlehrer für die Fahrweise des Fahrschülers verantwortlich; eine Anweisung, die sich gefährdend oder sonst verkehrswidrig auswirken kann, muß er ablehnen, andernfalls haftet er als Führer, auch wenn der Prüfer eine Fahrlehrerlaubnis besitzt. Im Zweifel hat der Prüfling nach Anweisung des Fahrlehrers zu fahren, sofern diese nicht regelwidrig ist. Darin liegt auch dann kein Prüfungsverstoß, wenn sich die Ansicht des Prüfers später als richtig herausstellen sollte. Jedoch ist der Prüfer für Fahr- oder Verhaltensanweisungen verantwortlich, die sich unfallursächlich auswirken.

45   **19 e. Sorgfaltspflicht des Fahrlehrers.** Der Fahrlehrer darf nur angepaßt schnell fahren lassen, darf nicht Aufgaben stellen, die der Fahrschüler nicht meistern kann, KG VM **04** 4, NZV **89** 150, Ha NZV **04** 403, VR **98** 910, Fra NJW-RR **88** 26, Sa NZV **98** 246, s Rz 41. Allmählich muß er ihn aber auch an schwierigere Aufgaben gewöhnen (Befahren von Schienen bei Schneefall), KG VM **66** 76, NZV **89** 150. Führen eines Krades im öffentlichen VRaum darf er erst gestatten, wenn der Fahrschüler das Fz technisch beherrscht, Jn NZV **00** 171. Kann eine Prüfungsaufgabe gefährden und soll sie dennoch gestellt oder wiederholt werden, dann erst, wenn mögliche Gefährdung ausscheidet, Ha NJW **79** 993. Für Verstöße des Fahrschülers gegen VVorschriften haftet der Fahrlehrer, Ha VR **00** 1032; anders nur, wenn die VWidrigkeit nach äußerst strengem Maßstab weder vorausehbar noch vermeidbar war, KG VRS **47** 316, **15** 64. Er hat den Schüler ständig im Auge und sich zum sofortigen Eingreifen bereit zu halten, BGH NJW **69** 2197, KG VM **04** 4, Ko NZV **04** 401, Ha VR **00** 1032, Stu NZV **99** 470, Sa NZV **98** 246, VGH Ka VRS **70** 71. Das kann er idR nur, wenn er mit im Kfz sitzt, BGH VRS **10** 225, Ha VM **61** 75, VRS **22** 300, und zwar neben dem Fahrschüler, so daß er die Doppelbedienungsvorrichtung benutzen kann, nicht auf dem Rücksitz, OVG Berlin NZV **91** 46. Nur wenn das nicht möglich, nicht zumutbar oder nicht zweckmäßig ist, darf der Fahrlehrer den Fahrschüler von einem anderen Fz aus beaufsichtigen, BGH VRS **10** 225. Der Prüfer darf das Krad auf einem anderen Kfz so begleiten, daß er jederzeit einwirken kann, Br NJW **51** 495. Dabei muß gem § 5 II DVFahrlG eine Funkanlage (mindestens einseitiger Führungsfunk) vorhanden sein, s Mü DAR **88** 55, Schl VD **97** 39, s aber LG Kar VR **95** 977. Verliert er das Krad des Fahrschülers vorübergehend aus den Augen, so liegt darin kein Verstoß gegen § 21 I Nr 2, LG Itzehoe DAR **84** 94. Er verletzt jedoch seine Pflicht, ein notwendiges Eingreifen zu gewährleisten, wenn er den Krad-Fahrschüler aus dem Blick verliert, weil er mehr als 600 m vorausfährt, LG Memmingen VR **84** 1158. Mit gröbsten VVerstößen durch den nachfolgenden Krad-Fahrschüler braucht er nicht zu rechnen, Ha VRS **69** 263 (Linksabbiegen trotz GegenV). Ein Fahrlehrer kann nicht gleichzeitig einen neben ihm sitzenden Fahrschüler und einen ihm folgenden Kradf beaufsichtigen, KG VRS **15** 64, AG Ka VM **57** 35, ebensowenig mehrere Kraftrad-Fahrschüler, Ha VRS **80** 405 (Verschuldenshaftung bei Unfall eines Fahrschülers), selbst wenn ein 2. Fahrlehrer neben ihm sitzt (§ 5 VIII S 2 FahrschAusbO), Kar VRS **64** 153, abw (zu § 5 IV alt) VG Schl DAR **83** 271. Stellt der Fahrlehrer eine zu schwierige Aufgabe, so muß er für Schaden einstehen, Ha VR **98** 910. Für sein Eingreifen in fehlerhafte Fahrweise hat er idR keine längere Reaktionszeit, Dü NJW-RR **88** 24. Mit dem Einwand, er habe auf die Fahrtüchtigkeit des Schülers vertraut und deshalb nicht rechtzeitig eingreifen können, kann er nicht gehört werden, KG DAR **55** 225. Damit, daß ein fortgeschrittener Fahrschüler als Wartepflichtiger nach anfänglich richtigem Bremsen plötzlich beschleunigt, muß er nicht rechnen, Stu NZV **99** 476. Die FSKlausel verletzt ein Fahrlehrer nur, wenn er es allgemein an wirksamer Beaufsichtigung fehlen läßt, nicht schon bei Aufsichtsmangel bei einer einzelnen Übungsfahrt, BGH NJW **72** 869.

46   **20. Zivilrecht.** § 2 StVG ist **Schutzgesetz** (§ 823 BGB), *Rüth/Berr/Berz* 35. Bei Verstoß wird nur für den Schaden gehaftet, der adäquate Folge dieses Verstoßes ist. Ersatzansprüche wegen fehlender FE des Schädigers setzen Ursächlichkeit des Fehlens voraus, Ha VR **78** 47. Bewirkt der Sachbearbeiter der VB durch das Verschweigen von

Eignungsbedenken eine FEErteilung, ist er als fahrlässiger Mitverursacher eines Unfalls in Betracht zu ziehen, den der zu Unrecht Zugelassene herbeiführt (Tatfrage), Bay DAR **52** 170. Bei Amtspflichtverletzung Amtshaftung (§ 839 BGB, Art 34 GG); ist die Gesetzesauslegung zweifelhaft und höchstgerichtlich ungeklärt, idR kein Verschulden, BGH VR **68** 788. Auch Abs XV über **Übungs- und Prüfungsfahrten** ist SchutzG, Fra NJW-RR **88** 26, KG NZV **89** 150 (jeweils zu § 3 alt), KG VM **04** 4. Dem durch das von ihm gelenkte FahrschulFz zu Schaden gekommenen Fahrschüler haften Fahrschule und Fahrlehrer nicht aus §§ 7, 18 StVG, s § 8 Rz 4, § 8a Rz 5, sondern nur aus Vertrag und unerlaubter Handlung. Dagegen finden §§ 7, 18 StVG Anwendung, wenn der Krad-Fahrschüler durch das vom Fahrlehrer geführte Krad mit dem von ihm gelenkten Fz verunglückt, *Kunschert* NZV **89** 152f, aM offenbar KG NZV **89** 150. Der Fahrlehrer haftet für Unfallschäden des Fahrschülers, die darauf beruhen, daß er ihn mit einem Krad im öffentlichen VRaum fahren läßt, bevor er das Fz technisch beherrscht, Jn NZV **00** 171. Gegen die Benutzung des FS als Mittel der Kreditsicherung, etwa der Fahrschule gegen den Fahrschüler wegen der Ausbildungskosten mit Recht AG Essen-Steele DAR **84** 120 sowie BayStMI in VD **79** 139.

21. Führerscheinklausel in Versicherungsverträgen. Die FSKlausel (§ 2b Nr 1c AKB, § 5 I Nr 4 KfzPflVV) begründet eine versicherungsrechtliche Obliegenheit, keine Risikobeschränkung, Kö VR **77** 537. Näher: § 21 Rz 27. **47**

22. Strafbestimmung: § 21 StVG. Nichtmitführen des FS oder Nichtvorzeigen ist ow, §§ 4 II, 75 Nr 4 FeV, 24 StVG. **48**

Fahrerlaubnis auf Probe

2a (1) ¹Bei erstmaligem Erwerb einer Fahrerlaubnis wird diese auf Probe erteilt; die Probezeit dauert zwei Jahre vom Zeitpunkt der Erteilung an. ²Bei Erteilung einer Fahrerlaubnis an den Inhaber einer im Ausland erteilten Fahrerlaubnis ist die Zeit seit deren Erwerb auf die Probezeit anzurechnen. ³Die Regelungen über die Fahrerlaubnis auf Probe finden auch Anwendung auf Inhaber einer gültigen Fahrerlaubnis aus einem Mitgliedstaat der Europäischen Union oder einem anderen Vertragsstaat des Abkommens über den Europäischen Wirtschaftsraum, die ihren ordentlichen Wohnsitz in das Inland verlegt haben. ⁴Die Zeit seit dem Erwerb der Fahrerlaubnis ist auf die Probezeit anzurechnen. ⁵Die Beschlagnahme, Sicherstellung oder Verwahrung von Führerscheinen nach § 94 der Strafprozessordnung, die vorläufige Entziehung nach § 111a der Strafprozessordnung und die sofort vollziehbare Entziehung durch die Fahrerlaubnisbehörde hemmen den Ablauf der Probezeit. ⁶Die Probezeit endet vorzeitig, wenn die Fahrerlaubnis entzogen wird oder der Inhaber auf sie verzichtet. ⁷In diesem Fall beginnt mit der Erteilung einer neuen Fahrerlaubnis eine neue Probezeit, jedoch nur im Umfang der Restdauer der vorherigen Probezeit.

(2) ¹Ist gegen den Inhaber einer Fahrerlaubnis wegen einer innerhalb der Probezeit begangenen Straftat oder Ordnungswidrigkeit eine rechtskräftige Entscheidung ergangen, die nach § 28 Abs. 3 Nr. 1 bis 3 in das Verkehrszentralregister einzutragen ist, so hat, auch wenn die Probezeit zwischenzeitlich abgelaufen ist, die Fahrerlaubnisbehörde
1. seine Teilnahme an einem Aufbauseminar anzuordnen und hierfür eine Frist zu setzen, wenn er eine schwerwiegende oder zwei weniger schwerwiegende Zuwiderhandlungen begangen hat,
2. ihn schriftlich zu verwarnen und ihm nahezulegen, innerhalb von zwei Monaten an einer verkehrspsychologischen Beratung teilzunehmen, wenn er nach Teilnahme an einem Aufbauseminar innerhalb der Probezeit eine weitere schwerwiegende oder zwei weitere weniger schwerwiegende Zuwiderhandlungen begangen hat,
3. ihm die Fahrerlaubnis zu entziehen, wenn er nach Ablauf der in Nummer 2 genannten Frist innerhalb der Probezeit eine weitere schwerwiegende oder zwei weitere weniger schwerwiegende Zuwiderhandlungen begangen hat.

²Die Fahrerlaubnisbehörde ist bei den Maßnahmen nach den Nummern 1 bis 3 an die rechtskräftige Entscheidung über die Straftat oder Ordnungswidrigkeit gebunden. ³Für die verkehrspsychologische Beratung gilt § 4 Abs. 9 entsprechend.

1 StVG § 2a   I. Verkehrsvorschriften

(2 a) Die Probezeit verlängert sich um zwei Jahre, wenn die Teilnahme an einem Aufbauseminar nach Absatz 2 Satz 1 Nr. 1 angeordnet worden ist. ²Die Probezeit verlängert sich außerdem um zwei Jahre, wenn die Anordnung nur deshalb nicht erfolgt ist, weil die Fahrerlaubnis entzogen worden ist oder der Inhaber der Fahrerlaubnis auf sie verzichtet hat.

(3) Ist der Inhaber einer Fahrerlaubnis einer vollziehbaren Anordnung der zuständigen Behörde nach Absatz 2 Satz 1 Nr. 1 in der festgesetzten Frist nicht nachgekommen, so ist die Fahrerlaubnis zu entziehen.

(4) ¹Die Entziehung der Fahrerlaubnis nach § 3 bleibt unberührt; die zuständige Behörde kann insbesondere auch die Beibringung eines Gutachtens einer amtlich anerkannten Begutachtungsstelle für Fahreignung anordnen, wenn der Inhaber einer Fahrerlaubnis innerhalb der Probezeit Zuwiderhandlungen begangen hat, die nach den Umständen des Einzelfalls bereits Anlass zu der Annahme geben, dass er zum Führen von Kraftfahrzeugen ungeeignet ist. ²Hält die Behörde auf Grund des Gutachtens seine Nichteignung nicht für erwiesen, so hat sie die Teilnahme an einem Aufbauseminar anzuordnen, wenn der Inhaber der Fahrerlaubnis an einem solchen Kurs nicht bereits teilgenommen hatte. ³Absatz 3 gilt entsprechend.

(5) ¹Ist eine Fahrerlaubnis entzogen worden
1. nach § 3 oder nach § 4 Abs. 3 Satz 1 Nr. 3 dieses Gesetzes, weil innerhalb der Probezeit Zuwiderhandlungen begangen wurden, oder nach § 69 oder § 69 b des Strafgesetzbuches,
2. nach Absatz 3 oder § 4 Abs. 7, weil einer Anordnung zur Teilnahme an einem Aufbauseminar nicht nachgekommen wurde,

so darf eine neue Fahrerlaubnis unbeschadet der übrigen Voraussetzungen nur erteilt werden, wenn der Antragsteller nachweist, dass er an einem Aufbauseminar teilgenommen hat. ²Das Gleiche gilt, wenn der Antragsteller nur deshalb nicht an einem angeordneten Aufbauseminar teilgenommen hat oder die Anordnung nur deshalb nicht erfolgt ist, weil die Fahrerlaubnis aus anderen Gründen entzogen worden ist oder er zwischenzeitlich auf die Fahrerlaubnis verzichtet hat. ³Ist die Fahrerlaubnis nach Absatz 2 Satz 1 Nr. 3 entzogen worden, darf eine neue Fahrerlaubnis frühestens drei Monate nach Wirksamkeit der Entziehung erteilt werden; die Frist beginnt mit der Ablieferung des Führerscheins. ⁴Auf eine mit der Erteilung einer Fahrerlaubnis nach vorangegangener Entziehung gemäß Absatz 1 Satz 7 beginnende neue Probezeit ist Absatz 2 nicht anzuwenden. ⁵Die zuständige Behörde hat in diesem Fall in der Regel die Beibringung eines Gutachtens einer amtlich anerkannten Begutachtungsstelle für Fahreignung anzuordnen, sobald der Inhaber einer Fahrerlaubnis innerhalb der neuen Probezeit erneut eine schwerwiegende oder zwei weniger schwerwiegende Zuwiderhandlungen begangen hat.

(6) Widerspruch und Anfechtungsklage gegen die Anordnung des Aufbauseminars nach Absatz 2 Satz 1 Nr. 1 und Absatz 4 Satz 2 sowie die Entziehung der Fahrerlaubnis nach Absatz 2 Satz 1 Nr. 3 und Absatz 3 haben keine aufschiebende Wirkung.

1   **1. Begr** (VBl 86 360 ff): 34. Aufl.

1 a   **Begr** zur Neufassung durch ÄndG v 24. 4. 1996 (BRDrucks 821/96): ... *Von ca. 1,8 Mio. Personen, die 1994 eine Fahrerlaubnis auf Probe hatten, mußten ca. 19 000 die Befähigungsprüfung wiederholen. Davon bestanden 59, das entspricht 0,31%, die Prüfung auch nach einmaliger Wiederholung nicht. Dies legt die Vermutung nahe, daß, wie bei Mehrfachtätern, die ihre Fahrerlaubnis schon länger besitzen, auch hier die Ursache häufiger Auffälligkeiten weniger in der mangelnden Kenntnis der straßenverkehrsrechtlichen Vorschriften oder in der fehlenden Fahrzeugbeherrschung als vielmehr in der falschen Einstellung zum Straßenverkehr zu suchen ist. Die Wiederholung der Prüfung soll deshalb wie beim Punktsystem auch im Rahmen der Fahrerlaubnis auf Probe durch eine Verwarnung und die freiwillige verkehrspsychologische Beratung ersetzt werden. ...*

Wie schon deutlich geworden ist, sind Zuwiderhandlungen, die Maßnahmen nach den Regelungen der Fahrerlaubnis auf Probe auslösen, bisher in die Kategorien A und B eingeteilt; ... Die Liste war bislang in einer Anlage zum Straßenverkehrsgesetz enthalten. Diese Regelung hat sich insoweit nicht bewährt, als spätere Änderungen bei der Einstufung der Zuwiderhandlungen oder notwendige Anpassungen auf Grund von Änderungen der in der Anlage in Bezug genommenen StVO- oder StVZO-Vorschriften stets einer Änderung des StVG bedürfen. Die Liste der Straftaten und Ordnungswidrigkeiten zur Fahrerlaubnis auf Probe soll deshalb – ohne grundlegende Än-

Fahrerlaubnis auf Probe § 2a StVG **1**

derung bei der Gewichtung der Verstöße – im Interesse einer größeren Flexibilität künftig durch Verordnung festgelegt und geändert werden.

Zu Abs. 1 Satz 5: *Vorläufige Maßnahmen in bezug auf die Fahrerlaubnis wie z. B. die vorläufige Entziehung nach § 111a StPO hemmen den Ablauf der Probezeit, da sich der Betreffende während dieser Zeit im Verkehr nicht bewähren kann. Münden die Maßnahmen in eine endgültige Entziehung der Fahrerlaubnis und kommt es später zu einer Neuerteilung, wird bei der Berechnung der Restdauer der Probezeit nur die Zeit bis zur vorläufigen Maßnahme berücksichtigt.* **1 b**

Zu Abs. 1 Satz 6: *Inhaber einer Fahrerlaubnis auf Probe haben in der Vergangenheit versucht, die Regelungen durch den Verzicht auf die Fahrerlaubnis und anschließenden Neuerwerb zu umgehen, da die Regelungen der Fahrerlaubnis auf Probe nach dem Wortlaut von § 2a Abs. 1 nur beim* **erstmaligen** *Erwerb der Fahrerlaubnis gelten. Nunmehr wird klargestellt, daß die Regelungen, die für den Fall der Entziehung getroffen worden sind, auch beim Verzicht Anwendung finden. Die Probezeit endet also bei einem Verzicht vorzeitig und läuft mit der Neuerteilung im Umfang der Restdauer weiter.* **1 c**

Zu Abs. 2: *In Absatz 2 Nr. 2 und 3 wird mit der Ersetzung der Wiederholungsprüfung durch die Verwarnung und den Hinweis auf die Möglichkeit einer verkehrspsychologischen Beratung und der Einführung der Entziehung der Fahrerlaubnis als dritter Eingriffsschwelle eine Anpassung an das allgemeine Punktsystem des § 4 StVG vorgenommen.* **1 d**

Außerdem wird durch Absatz 2 Satz 2 klargestellt, daß die Fahrerlaubnisbehörde bei der Anordnung einer Maßnahme in vollem Umfang an die rechtskräftige Entscheidung über die Ordnungswidrigkeit oder Straftat gebunden ist und nicht noch einmal prüfen muß, ob der Fahranfänger die Tat tatsächlich begangen hat. ...

Zu Abs. 2a: *Die 1986 eingeführte Fahrerlaubnis auf Probe zur Bekämpfung des überdurchschnittlich hohen Unfallrisikos von Fahranfängern hat sich bewährt. Die große Mehrheit der Fahranfänger, nämlich 80%, fallen in der Probezeit nicht auf. Allerdings liegt die Rate der auffälligen Fahranfänger mit 14% deutlich über der sonstigen Auffälligkeitsrate von 8%. Untersuchungen haben gezeigt, daß diejenigen, die in der Probezeit auffällig werden, auch nach deren Ablauf überdurchschnittlich häufig mit einem Verkehrsdelikt im Verkehrszentralregister eingetragen werden. Um dem entgegenzuwirken, ist es sinnvoll, für die Fahranfänger, die in der Probezeit derart auffällig werden, daß die Teilnahme an einem Aufbauseminar angeordnet wird, die Probezeit um zwei Jahre zu verlängern.* **1 e**

Begr zum ÄndG v 19. 3. 01 (BRDrucks 14/4304): *Die bisherige Regelung über die Verlängerung der Probezeit in § 2a Abs. 2a knüpft daran an, dass eine Teilnahme an einem Aufbauseminar angeordnet worden ist. Diese Regelung hat sich als sachgerecht und praxisnah erwiesen. Sie bedarf jedoch insoweit einer Ergänzung, als sie unterlaufen werden kann, weil entweder der Betroffene zwischenzeitlich auf seine Fahrerlaubnis verzichtet hat oder die Fahrerlaubnis aus anderen Gründen (z. B. Alkohol) entzogen wurde.*

2. Fahrerlaubnis auf Probe. Die FE auf Probe ist keine bedingte FE, auch keine befristete oder eine solche auf Widerruf. Sie erlischt wie jede andere FE nur durch Entziehung oder Verzicht. Neben die Entziehung gem §§ 3 StVG, 46 FeV, 69 StGB tritt jedoch diejenige des § 2a Abs II Nr 3 und Abs III. Die im StVG und in der FeV getroffene Regelung über die FE auf Probe ist verfassungskonform; sie verstößt weder gegen den Gleichheitsgrundsatz, noch ist sie willkürlich oder unverhältnismäßig, OVG Ko NZV **02** 528. **2**

3. Erstmaliger Erwerb einer Fahrerlaubnis. Der Regelung des § 2a sind alle FEInhaber unterworfen, ausgenommen solche der FEKl L, M und T (§ 32 FeV). Die Regelung gilt auch für DienstFEe des öffentlichen Dienstes (BW, BGS, Pol) iS des § 2 X (§§ 26, 33 FeV). Sie gilt nicht für spätere Erweiterungen der FE auf eine andere Klasse oder für später erworbene zusätzliche FEe (etwa zur Fahrgastbeförderung, § 48 FeV). Dagegen wird die erstmalige Erweiterung der FE von Kl L, M oder T auf eine andere Kl nur auf Probe erteilt (§ 32 S 2 FeV). Die sog „Umschreibung" einer ausländischen FE (§§ 30, 31 FeV) wird mit der Maßgabe des Abs I S 2 dem erstmaligen Erwerb einer FE überhaupt gleichgestellt (s dazu Rz 5). Bei Umschreibung einer FE der BW und der übrigen in § 2 X genannten FEe wird gem § 33 FeV die Zeit seit Erwerb der SonderFE auf die Probezeit angerechnet. Nach Verlegung des ordentlichen Wohnsitzes (s § 2 **3**

71

1 StVG § 2a   I. Verkehrsvorschriften

Rz 3) ins Inland findet die Regelung über die FE auf Probe auch auf **Inhaber von EU- oder EWR-FEen** Anwendung (I S 3), weil diese FEe, abw von § 4 IntVO, unbefristet im Inland gelten (§ 2 XI), s § 2 Rz 38. Auch hier wird die Zeit seit Erwerb der ausländischen FE auf die Probezeit angerechnet (I S 4).

4   **4. Probezeit.** In den ersten **zwei Jahren** nach erstmaligem FEErwerb soll sich der Fahranfänger besonders bewähren. Um dies zu erreichen, sieht die Regelung der Absätze II und III abgestufte Maßnahmen bei Nichtbewährung vor, die von einer Nachschulung durch Teilnahme an einem Aufbauseminar bis zu EdF reichen. Das Alter des Fahranfängers ist ohne Bedeutung. Verlängerung der Probezeit auf **vier Jahre** nach Anordnung der Teilnahme an einem Aufbauseminar gem II 1 Nr 1: Abs IIa (s Begr, Rz 1 e). Das gleiche gilt gem Abs IIa S 2, wenn die Anordnung nur wegen EdF oder Verzichts auf die FE unterbleibt.

5   **4 a. Beginn und Ende der Probezeit.** Die Probezeit beginnt mit der Erteilung der FE, also mit der Aushändigung des FS (§ 22 IV S 7 FeV) bzw mit der Verlegung des ordentlichen Wohnsitzes ins Inland bei Inhabern von EU/EWR-FEen (s Rz 3), in diesem Fall unter Anrechnung der seit FEErwerb verstrichenen Zeit (I S 4). Auch bei „Umschreibung" einer ausländischen FE (§§ 30, 31 FeV) wird diese Zeit seit deren Erwerb angerechnet. Berechnung der Probezeit bei Erteilung einer deutschen FE an den Inhaber einer FE aus einem Nicht-EU/EWR-Staat gem § 31 FeV: § 33 II FeV. Die Probezeit endet (idR, s aber Abs IIa) nach Ablauf von zwei Jahren (I S 1), im Falle der Anordnung der Teilnahme an einem Aufbauseminar nach Ablauf von 4 Jahren (Abs IIa). **Verkürzung der Probezeit um 1 Jahr** bei Inhabern einer **FE der Kl B** ermöglicht § 7 der VO über die freiwillige Fortbildung von Inhabern der FE auf Probe (v 16. 5. 03, BGBl I 709), s Buchteil **12.** Dies setzt Teilnahme an einem Fortbildungsseminar voraus, die frühestens nach Ablauf von 6 Monaten seit Erteilung einer FE der Kl B möglich ist (§ 2), und Vorlage einer Teilnahmebescheinigung (§ 5) bei der zuständigen FEB. **Ende der Probezeit bei Vorlage der Teilnahmebescheinigung** innerhalb des ersten Jahres der Probezeit: mit Ablauf des ersten Jahres, bei späterer Vorlage: mit dem Zeitpunkt der Vorlage, s *Weibrecht* VD **03** 235, niemals jedoch vor Ablauf des Tages der Vorlage (§ 7 S 1). Die Verlängerung der Probezeit um 2 Jahre nach Abs IIa bleibt von dieser Regelung unberührt (§ 7 S 2). Durch Vorlage der Teilnahmebescheinigung kann der FEInhaber die nach IIa zunächst um 2 Jahre verlängerte Probezeit um ein Jahr verkürzen, s *Weibrecht* VD **03** 235. Mustererlaß für die Einführung von Fortbildungsseminaren, VBl **03** 616; Muster für Teilnahmebescheinigungen, VBl **03** 618, 619. Nach Einziehung eines BW-FS oder eines anderen DienstFS iS des § 2 X gem § 26 II FeV innerhalb der Probezeit beginnt mit Erteilung einer allgemeinen FE für die Restdauer eine neue Probezeit (§ 33 I S 2 FeV).

6   **4 b.** Wird die FE vor Ablauf der Probezeit durch die FEB (§ 2a II Nr 3, III, § 3 StVG, § 46 FeV) oder durch den Strafrichter (§ 69 StGB) entzogen, oder verzichtet der Inhaber auf seine FE, so **endet** sie **vorzeitig**, Abs I S 6; denn solange der Fahranfänger aufgrund der EdF nicht legal am fahrerlaubnispflichtigen StrV teilnehmen kann, fehlt ihm die Möglichkeit, sich zu bewähren. Im Falle einer späteren Wiedererteilung beginnt eine neue Probezeit, s Rz 7. Die Regelung des Abs I S 6 und 7 gilt nur bei *rechtskräftiger* EdF. Vorläufige Maßnahmen wie Beschlagnahme, Sicherstellung oder Verwahrung des FS gem § 94 StPO, vorläufige EdF gem § 111 a StPO sowie Anordnung der sofortigen Vollziehung (§ 80 II Nr 4 VwGO) **hemmen** aber **den Ablauf der Probezeit** (I S 5). Werden die vorläufigen Maßnahmen aufgehoben, so bleibt die Zeit ihrer Dauer bei der Berechnung der Zweijahresfrist unberücksichtigt. Damit scheidet die Möglichkeit einer Umgehung der in Abs I S 6 und 7 getroffenen Regelung durch Prozeßverhalten aus (zB erfolgreiches Anstreben einer FSRückgabe durch den Strafrichter wegen lange wirksam gewesener vorläufiger Entziehung). Führen die vorläufigen Maßnahmen zur endgültigen EdF, so bleibt die Zeit ihrer vorläufigen Dauer bei der Berechnung der Rest-Probezeit gem Abs I S 7 unberücksichtigt. Ein FV hemmt nach dem insoweit eindeutigen Wortlaut von Abs I S 4 die Probezeit nicht.

7   **4 c. Fortsetzung der Probezeit nach Wiedererteilung der entzogenen FE.** Die gem Abs I S 6 durch EdF oder FEVerzicht vorzeitig beendete Probezeit beginnt nach

Fahrerlaubnis auf Probe § 2a StVG **1**

Wiedererteilung der FE neu, aber nicht mehr für die volle Zeit von zwei Jahren, sondern nur für eine Dauer, die der restlichen ursprünglichen Probezeit entspricht (Abs I S 7). Das gilt auch für Erteilung einer auf bestimmte KfzArten beschränkten FE in Fällen des § 69a II StGB. Berechnung der restlichen Probezeit, wenn der EdF vorläufige FSMaßnahmen vorausgegangen sind, Rz 6.

5. Nichtbewährung des Fahranfängers innerhalb der Probezeit führt zu den in 8 Abs II und III genannten Maßnahmen. Sie ist gegeben, wenn nach Maßgabe von Abs II wegen einer oder mehrerer innerhalb der Probezeit begangener Straftaten oder OWen eine oder mehrere rechtskräftige Entscheidungen gegen den FEInhaber ergangen sind (Bußgeldbescheid, Urteil, Strafbefehl), die in das VZR einzutragen sind. Nicht eintragungspflichtige, aber fehlerhaft dennoch eingetragene Verstöße dürfen nicht berücksichtigt werden, VG Göttingen NVwZ-RR **99** 502 (unterlassener Hinweis auf § 28a). Die Maßnahmen setzen Ahndung *einer* schwerwiegenden oder mindestens *zweier* weniger schwerwiegender Zuwiderhandlungen voraus. Die Bewertung als schwerwiegend oder weniger schwerwiegend ist in **§ 34 FeV mit Anlage 12** (abgedruckt bei § 34 FeV Rz 4) verbindlich geregelt; eine abw eigene Bewertung durch die FEB ist ausgeschlossen, VG Neustadt ZfS **00** 369. Die Regelung beruht auf der Ermächtigungsnorm des § 6 I Nr 1 m. Ein Hinweis auf die zu erwartende Maßnahme nach § 2a in der die Zuwiderhandlung ahndenden Entscheidung ist nicht erforderlich, VG Fra NZV **91** 487. Teilnahme an der Zuwiderhandlung genügt; für OWen folgt dies ohne weiteres aus dem einheitlichen Täterbegriff des § 14 OWiG. Da eine Besserstellung des Teilnehmers an einer Straftat durch nichts gerechtfertigt wäre, gilt das gleiche für den Anstifter oder Gehilfen bei Straftaten, VG Stu NZV **90** 48. Die Maßnahmen nach Abs II und III sind zwingend – ohne Rücksicht auf die konkreten Umstände der jeweiligen Zuwiderhandlungen, VGH Ma NZV **92** 334, VG Kö NZV **88** 39 (zust *Jagow* VD **88** 193), ein Ermessen der Behörde besteht nicht, VGH Ma NZV **92** 334, OVG Saarlouis ZfS **94** 190, VG Neustadt ZfS **00** 369, VG Darmstadt NZV **90** 327, VG Fra NZV **91** 487, *Czermak* NZV **88** 40. Eine nochmalige Prüfung des objektiven oder subjektiven Tatbestands der eingetragenen OW erfolgt nicht, VGH Mü NZV **91** 167, OVG Lüneburg ZfS **97** 397. Vielmehr ist die FEB an die rechtskräftige Entscheidung gebunden, II S 2 (s Rz 1d). Die frühere, insoweit zumindest einschränkende Rspr (zB BVG NZV **94** 374, 413, **95** 370) ist durch diese gesetzliche Regelung überholt, OVG Hb DAR **00** 227, OVG Saarlouis DAR **01** 427. Ob die Zuwiderhandlungen mit einem fahrerlaubnispflichtigen Kfz begangen wurden, ist unbeachtlich, VG Kö NZV **88** 39 (zust *Jagow* VD **88** 193).

Der Aufgliederung in „schwerwiegende" und „weniger schwerwiegende" Zuwiderhandlungen in Anl 12 zur FeV (s § 34 FeV Rz 2) lag der Gedanke zugrunde, daß vor allem Verstöße, die auf besondere Defizite in der Einstellung und im Verkehrsverhalten des Fahranfängers schließen lassen, schon bei einmaliger Begehung dessen Nachschulung durch Teilnahme an einem Aufbauseminar erforderlich machen. Die nach den beiden Kategorien vorzunehmende Gewichtung muß im Hinblick auf die sehr früh einsetzenden Maßnahmen des Abs II dem Umstand Rechnung tragen, daß keinesfalls stets die nach dem Zweck der Regelung vorausgesetzte Unerfahrenheit oder erhöhte Risikobereitschaft zu dem Verstoß geführt haben müssen. Häufig wird zwar geringeres Verschulden im konkreten Fall zu einer unterhalb der Eintragungsgrenze liegenden Buße führen; vielfach wird dies – und damit die Anordnung der Nachschulung – nach einmaliger Zuwiderhandlung aber von Zufälligkeiten abhängen, die nicht dem Einfluß des Betroffenen unterliegen.

a) Nur rechtskräftige Entscheidungen, die **in das VZR einzutragen** sind, ziehen die 10 Konsequenzen des Abs II nach sich. Welche Entscheidungen einzutragen sind, folgt aus § 28.

b) Der **Zeitpunkt der Tatbegehung** ist entscheidend, nicht derjenige der Verurteilung oder gar der Rechtskraft. Fällt die Zuwiderhandlung in die Probezeit, so hat dies bei Vorliegen der übrigen Voraussetzungen auch dann die Maßnahmen des Abs II zur Folge, wenn sie erst nach Ablauf der Probezeit geahndet wird (Abs II S 1). Auch wenn seit der Tat schon eine längere beanstandungsfreie Zeit verstrichen ist, hat die nach Abs II vorgesehene Maßnahme zu erfolgen, BVG NZV **95** 291, 370, OVG Lüneburg

1 StVG § 2a   I. Verkehrsvorschriften

DAR **93** 308, VG Darmstadt NZV **90** 327, VG Ol DÖV **94** 352, VG Hb NZV **98** 392; die zeitliche Grenze der Verwertbarkeit einer OW für eine Anordnung nach Abs II ist vielmehr erst die Tilgungsreife im VZR, VG Darmstadt NZV **90** 327, VG Neustadt ZfS **01** 569, VG Hb NZV **98** 392. Bei Tatbegehung **vor Inkrafttreten der Neufassung** von § 2a durch ÄndG v 24. 4. 1998 (in Kraft getreten am 1. 1. 1999) richten sich die gegenüber dem FEInhaber zu treffenden Maßnahmen gem der Übergangsvorschrift des § 65 II nach der bis dahin gültig gewesenen Fassung. Bei Hinzutreten weiterer Verstöße nach Inkrafttreten der Neuregelung gilt insgesamt die jetzige Fassung (§ 65 II S 2).

12 c) **Teilnahme an einem Aufbauseminar** ordnet die zuständige Behörde bei Nichtbewährung zunächst an. Dies gilt jedoch nicht nach Unterbrechung der Probezeit gem Abs I S 6, 7; für diesen Fall sieht Abs V S 4, 5 eine Sonderregelung vor (s Rz 24). Die Anordnung der Teilnahme am Aufbauseminar nach I S 1 Nr 1 bewirkt zugleich die Verlängerung der Probezeit um zwei auf vier Jahre (Abs IIa). Die Wirksamkeit der Nachschulungsanordnung ist, wie Abs V zeigt, unabhängig vom Bestand der FE und wird daher auch von einem FEVerzicht nicht berührt, VGH Mü NZV **94** 127. Die Teilnahme am Aufbauseminar kann angesichts des eindeutigen, einer einschränkenden Auslegung nicht zugänglichen Wortlauts des Abs II und im Hinblick auf die unterschiedlichen Kursinhalte (s § 2b StVG, § 35 II FeV) nicht durch eine Fahrschulausbildung zur Erweiterung der FE ersetzt werden, BVG NZV **94** 412, **95** 291 (zust *Jagow* VD **95** 145), **95** 370, VGH Mü NZV **91** 167, **94** 127, VG Stade VM **94** 87, aM OVG Münster NZV **93** 247, VG Minden NZV **91** 448. Die Anordnung der Nachschulung erfolgt schriftlich unter Setzung einer angemessenen Frist und Angabe der Zuwiderhandlungen (§ 34 II FeV). Die VB ist nicht berechtigt, die Fahrschule vorzuschreiben, in der die Seminarteilnahme stattzufinden hat, VG Minden NZV **89** 368. Über in Frage kommende Anbieter braucht sie nicht zu informieren; enthält die Anordnung dazu jedoch Hinweise, so dürfen Anbieter nicht durch Nichtbenennung benachteiligt werden, VG Br NVwZ-RR **00** 19. Inhalt und Durchführung der Aufbauseminare: § 2b StVG und §§ 35 bis 39 FeV. Verhältnis zum Aufbauseminar gem § 4, s § 4 Rz 4.

13 d) Eine **schriftliche Verwarnung** unter gleichzeitiger Nahelegung der Teilnahme an einer **verkehrspsychologischen Beratung** (§ 38 FeV) innerhalb von 2 Monaten erfolgt durch die FEB bei weiterer Nichtbewährung. Auch hier liegt Nichtbewährung bei *einer* (erneuten) schwerwiegenden oder *zweier* weniger schwerwiegenden Zuwiderhandlungen vor. Auch bei einer Häufung von Verstößen der schwerwiegenden oder weniger schwerwiegenden Kategorie erfolgt nicht sogleich die Maßnahme nach II S 1 Nr 2, sondern stets zunächst die Anordnung der Seminarteilnahme nach II S 1 Nr 1, s *Jagow* VD **88** 196. Nur „*nahegelegt*" wird dem FEInhaber zugleich mit der schriftlichen Verwarnung, sich innerhalb von zwei Monaten einer verkehrspsychologischen Beratung zu unterziehen; die Befolgung dieser Empfehlung ist freiwillig. Die mit der Neufassung des Abs II (durch ÄndG v 24. 4. 1998) an die Stelle der früher vorgesehen gewesenen erneuten Befähigungsprüfung getretene Beratungsempfehlung trägt der Erkenntnis Rechnung, daß die Ursache der wiederholten Verstöße idR nicht auf mangelnder Kenntnis der VVorschriften, sondern vielmehr auf einer falschen Einstellung zum StrV und seinen Regeln beruht (s Begr Rz 1a). Für den Inhalt der verkehrspsychologischen Beratung gilt § 4 IX entsprechend (II S 3). S dazu § 38 FeV. Folgt der FEInhaber der Empfehlung, so bringt ihm das auch einen Vorteil im Punktsystem; mit der Vorlage einer Bescheinigung über die Beratungsteilnahme werden ihm 2 Punkte abgezogen, § 4 IV S 2, Halbsatz 2. Außerdem bleiben Verstöße, die er innerhalb der ihm gesetzten Zweimonatsfrist begangen hat, unberücksichtigt, führen also nicht zur EdF nach II Nr 3 (s Begr Rz 1 d).

14 6. **Entziehung der Fahrerlaubnis** ist geboten, wenn der Inhaber a) einer vollziehbaren Anordnung der VB nach Abs II S 1 Nr 1 innerhalb der ihm gesetzten Frist nicht nachgekommen ist (Abs III) oder b) sich nach einer Maßnahme gem Abs II S 1 Nr 2 und Ablauf der dort genannten Zweimonatsfrist erneut nicht bewährt, oder c) ungeeignet zum Führen von Kfzen ist (Abs IV). Zu entziehen ist die FE insgesamt, also auch etwaiger weiterer Klassen, auf die sich die zugrundeliegende Zuwiderhandlung nicht bezieht, BVG NZV **94** 412. Soweit EdF auf Kraftfahrungeeignetheit gestützt wird, gelten die allgemeinen Grundsätze zu § 3 auch während der Probezeit, VG Fra NJW **88** 1685, OVG

Fahrerlaubnis auf Probe § 2a StVG **1**

Lüneburg ZfS **96** 198, VGH Ka NZV **89** 86 (keine erleichterten Voraussetzungen). Widerspruch und Anfechtungsklage gegen die gem II S 1 Nr 3 oder gem III erfolgte EdF haben **keine aufschiebende Wirkung** (VI). Nach EdF ist der FS unverzüglich der VB abzuliefern (§§ 3 II StVG, 47 I S 1 FeV), VG Saarlouis ZfS **98** 487. Abs III rechtfertigt neben EdF nicht auch die **Anordnung eines FV** iS von § 3 I FeV, VG Kö NZV **88** 39 (zu § 3 StVZO alt).

a) **Nichtteilnahme am Aufbauseminar** innerhalb der gesetzten Frist führt, ohne 15 daß Ungeeignetheit zum Führen von Kfzen festgestellt werden muß, zur EdF. Auf Verschulden kommt es nicht an, OVG Saarlouis NZV **90** 87, VGH Ka NZV **93** 87, s VG Kö NZV **88** 199; vielmehr geht das Gesetz davon aus, daß bei Nichtbewährung des Fahranfängers die weitere Teilnahme am fahrerlaubnispflichtigen StrV vorherige Korrektur der Fehlverhaltensweisen voraussetzt. Daher ist auch die Frage etwaigen wirtschaftlichen Unvermögens zur Finanzierung des Aufbauseminars ohne Bedeutung, VG Saarlouis ZfS **98** 487. Jedoch wird EdF bei unverschuldeter Nichtteilnahme und trotz nachträglicher Bereitschaft zur Nachschulung gegen das Übermaßverbot verstoßen, s VG Meiningen ZfS **96** 159, *Bouska* DAR **86** 335, *Czermak* NZV **88** 40 (s auch § 4 Rz 16). Schuldhaft erst im Widerspruchs- oder gerichtlichen Verfahren nach EdF vorgebrachte Hinderungsgründe sind indessen unbeachtlich, VG Kö NZV **88** 199, OVG Saarlouis NZV **90** 87. Nur wenn die Anordnung der Seminarteilnahme *vollziehbar* war, ist bei Weigerung die FE zu entziehen. Zwar haben Widerspruch und Anfechtungsklage gem Abs VI keine aufschiebende Wirkung; an der Vollziehbarkeit fehlt es jedoch, wenn das Gericht gem § 80 V VwGO die aufschiebende Wirkung anordnet. War die Nachschulungsanordnung vollziehbar, so kann der Betroffene nicht damit gehört werden, sie sei nicht rechtmäßig, OVG Mgd NJW **99** 442, oder die ihr zugrunde liegende OW sei nicht begangen oder der Bußgeldbescheid nicht rechtskräftig, OVG Saarlouis NZV **90** 87. Nach EdF wegen Nichtteilnahme am Nachschulungskurs kann der Betroffene durch Nachholung der Seminarteilnahme alsbald die Voraussetzungen für eine Wiedererteilung schaffen, s *Czermak* NZV **88** 40, nicht aber die Rechtmäßigkeit der gem Abs III erfolgten EdF beseitigen, VGH Ka NZV **93** 87.

b) Wurde der FEInhaber **nach wiederholter Nichtbewährung schriftlich ver-** 16 **warnt** und ihm eine verkehrspsychologische Beratung nahegelegt, so wird ihm die FE entzogen, wenn er daraufhin nach Ablauf der ihm gesetzten Zweimonatsfrist (s Rz 13) erneut innerhalb der Probezeit eine schwerwiegende oder mindestens zwei weniger schwerwiegende Zuwiderhandlungen begangen hat.

Auch in diesem Fall unterbleibt eine Überprüfung der geahndeten Verstöße. Der 17 FEInhaber muß rechtskräftige Entscheidungen vielmehr gegen sich gelten lassen; die FEB ist an deren Inhalt gebunden (II S 2).

c) Die Regelung des § 2a läßt die **Entziehung der Fahrerlaubnis gem §§ 3** 18 **StVG, 46 FeV** unberührt (IV). Führen Zuwiderhandlungen während der Probezeit zu berechtigten Zweifeln an der Kraftfahreignung des Fahranfängers, so kann die VB insbesondere die Beibringung eines Gutachtens einer amtlich anerkannten Begutachtungsstelle für Fahreignung anordnen. Insoweit wiederholt Abs IV die für alle FEInhaber geltende Regelung der §§ 46 IV, 11 bis 14 FeV.

7. Aufbauseminar nach positivem Eignungsgutachten. Hat die VB bei Nicht- 19 bewährung innerhalb der Probezeit die Teilnahme an einem Aufbauseminar gem Abs II S 1 Nr 1 nicht angeordnet, weil Anlaß zur Annahme von Kraftfahreignung bestand, und den FEInhaber daher zur Beibringung eines Eignungsgutachtens aufgefordert, so ordnet sie die Seminarteilnahme nachträglich an, wenn sie die Nichteignung aufgrund des Gutachtens nicht für erwiesen hält (Abs IV S 2).

8. Nichtteilnahme am Aufbauseminar nach positivem Eignungsgutachten. 20 Ist die Anordnung nach Abs IV S 2 vollziehbar, kommt der FEInhaber ihr jedoch innerhalb der ihm gesetzten Frist nicht nach, so ist die FE ohne Rücksicht auf die Eignungsfrage zu entziehen, Abs IV S 3.

9. Verfahren nach EdF wegen innerhalb der Probezeit begangener Zuwi- 21 **derhandlungen.** Abs V S 1 gewährleistet, daß sich der Fahranfänger auch in den Fällen

1 StVG § 2b I. Verkehrsvorschriften

einer Nachschulung durch Teilnahme an einem Aufbauseminar unterzieht, in denen die Nichtbewährung zur EdF führte.

22 a) War die FE aufgrund innerhalb der Probezeit begangener Zuwiderhandlungen durch den Strafrichter gem § 69 StGB oder von der FEB gem § 3 StVG oder wegen Erreichens von 18 Punkten gem § 4 III S 1 Nr 3 StVG oder wegen Nichtteilnahme an einem Aufbauseminar gem § 2a III oder § 4 VII StVG entzogen worden, so setzt die Wiedererteilung zusätzlich zu den übrigen Erfordernissen (s § 20 FeV) den Nachweis der Teilnahme an einem Aufbauseminar voraus, bei Entziehung wegen Vergehens gegen §§ 315c I Nr 1a, 316, 323a StGB oder wegen OW nach § 24a StVG den Nachweis der Teilnahme an einem besonderen Aufbauseminar für alkohol- bzw drogenauffällige Fahranfänger (§ 2b II S 2 StVG). Unterblieb die Anordnung oder Teilnahme am Aufbauseminar nur deswegen, weil die FE aus anderen als den in Abs V S 1 Nr 1 und 2 genannten Gründen entzogen wurde oder der Inhaber auf sie verzichtet hat, so gilt Entsprechendes; auch in solchen Fällen ist vor Neuerteilung einer FE die Seminarteilnahme nachzuweisen (V S 2). Die Anordnung der Nachschulung nach positivem Eignungsgutachten unterbleibt, wenn der FEInhaber an einem Aufbauseminar bereits teilgenommen hat (Abs IV S 2).

23 b) **Frist für die Wiedererteilung einer FE.** Wurde die FE gem Abs II S 1 Nr 3 (3. Eingriffsstufe) wegen erneuter Nichtbewährung nach schriftlicher Verwarnung mit Hinweis auf die Möglichkeit einer verkehrspsychologischen Beratung entzogen, so ist die Neuerteilung einer FE frühestens 3 Monate nach Wirksamwerden der EdF möglich, wobei die Frist nicht vor Abgabe des FS beginnt (V S 3). Eine ausdrückliche Regelung für den Fall des FSVerlustes fehlt. Hier wird für die Fristberechnung Entsprechendes zu gelten haben wie für die FVFrist (s § 25 Rz 31) mit der Folge des Fristbeginns mit dem (vom FEBewerber glaubhaft zu machenden, § 5 S 1) Tag des Führerscheinverlustes oder, bei Verlust vor EdF, mit deren Wirksamkeit.

24 b) **Nichtbewährung nach Unterbrechung der Probezeit durch EdF.** Abs I S 6 und 7 sehen die vorzeitige Beendigung der Probezeit durch EdF und deren Fortsetzung nach Wiedererteilung der FE vor (s dazu Rz 6). Erneute Nichtbewährung innerhalb der neu beginnenden Restprobezeit führt nicht zu den abgestuften Maßnahmen des Abs II, sondern regelmäßig zur Anordnung, ein Eignungsgutachten beizubringen (V S 4 und 5). Als Umstände, die eine Ausnahme von der Regel des Abs V S 5 rechtfertigen können, werden vor allem solche in der Person des Betroffenen in Betracht kommen, VGH Ma NZV **00** 479. Nichtbeibringung des Gutachtens: s § 11 FeV Rz 22 ff.

25 **10. Zuständige Behörde.** Die Anordnungen nach § 2a werden von den nach Landesrecht zuständigen Verwaltungsbehörden getroffen, s E 53. Bei DienstFEen gem § 2 X, § 26 FeV (BW, BGS, Pol) sind die durch den jeweiligen Fachminister bestimmten Dienststellen zuständig (§ 38 FeV).

26 Lit: *Barthelmess*, FERecht und Fahreignung nach Einführung der FE auf Probe, BA **90** 339. *Bouska*, ... FE auf Probe, DAR **86** 333. *Derselbe*, Verhaltenswissenschaftliche Würdigung der FE auf Probe, NZV **91** 12. *Hentschel*, Gesetzliche Neuregelungen im StrVRecht, NJW **87** 758. *Himmelreich*, FE auf Probe, NZV **90** 57. *Jagow*, FS auf Probe, VD **86** 241, **87** 1, **88** 193.

Aufbauseminar bei Zuwiderhandlungen innerhalb der Probezeit

2b (1) ¹Die Teilnehmer an Aufbauseminaren sollen durch Mitwirkung an Gruppengesprächen und an einer Fahrprobe veranlasst werden, eine risikobewusstere Einstellung im Straßenverkehr zu entwickeln und sich dort sicher und rücksichtsvoll zu verhalten. ²Auf Antrag kann die anordnende Behörde dem Betroffenen die Teilnahme an einem Einzelseminar gestatten.

(2) ¹Die Aufbauseminare dürfen nur von Fahrlehrern durchgeführt werden, die Inhaber einer entsprechenden Erlaubnis nach dem Fahrlehrergesetz sind. ²Besondere Aufbauseminare für Inhaber einer Fahrerlaubnis auf Probe, die unter dem Einfluss von Alkohol oder anderer berauschender Mittel am Verkehr teilgenommen haben, werden nach näherer Bestimmung durch Rechtsverordnung gemäß § 6 Abs. 1 Nr. 1 Buchstabe n von hierfür amtlich anerkannten anderen Seminarleitern durchgeführt.

(3) **Ist der Teilnehmer an einem Aufbauseminar nicht Inhaber einer Fahrerlaubnis, so gilt hinsichtlich der Fahrprobe § 2 Abs. 15 entsprechend.**

1. Begr zur Neufassung durch ÄndG v 24. 4. 1998 (BRDrucks 821/96): *Die beson- 1 deren Aufbauseminare, die es bisher nur für alkoholauffällige Fahranfänger gab, werden durch die Neufassung von Absatz 2 auf Fahranfänger ausgedehnt, die unter dem Einfluß von Drogen am Straßenverkehr teilgenommen haben.*

*Auf Antrag kann dem Betroffenen die Teilnahme an einem Einzelseminar gestattet werden, etwa wenn ihm auf Grund seiner persönlichen Lebenssituation ein Gruppenseminar nicht zumutbar ist. Dabei ist zu berücksichtigen, daß die Teilnehmer an Gruppengesprächen mitwirken sollen, um hierdurch Mängel in ihrer Einstellung zum Straßenverkehr und ihrem Verhalten zu beseitigen, daß sie aber nicht **verpflichtet** sind, die Hintergründe der Verstöße, die zur Teilnahme am Seminar geführt haben, zu offenbaren.*

...

2. Die Voraussetzungen für die Erlangung der **Seminarerlaubnis** sind in § 31 2 FahrlG geregelt. Der in Abs I S 1 ermöglichten Durchführung von Einzelseminaren (s Rz 1) hatte der BR in seiner Stellungnahme v 19. 12. 96 (BTDrucks 13/6914, Anl 2) widersprochen unter Hinweis auf die ohnehin gegebene Freiwilligkeit einer Offenbarung der Hintergründe seiner Zuwiderhandlung durch den Teilnehmer und die Gefahr des Entstehens eines 2-Klassensystems.

3. Besondere Aufbauseminare werden für **alkohol- und drogenauffällige Fahran- 3 fänger** durchgeführt. Ermächtigung des BMV zur Regelung der Anforderungen an die Aufbauseminare und Seminarleiter durch RVO: § 6 I Nr 1n. Hiervon hat das BMV in bezug auf die besonderen Aufbauseminare iS von Abs II S 2 in § 36 FeV Gebrauch gemacht. Diese Bestimmung regelt, in welchen Fällen ein Fahranfänger bei Nichtbewährung dem Spezialseminar zuzuführen ist, ferner Modalitäten und Inhalt der Seminare sowie die Bedingungen für die amtliche Anerkennung als Seminarleiter.

4. Abs I sieht im Rahmen der Nachschulung auch die Durchführung einer **Fahrprobe** 4 vor. Für solche Seminarteilnehmer, die nicht im Besitz einer FE sind, gilt gem Abs III für die Probefahrt im öffentlichen StrV § 2 XV entsprechend. Insbesondere gilt bei der Probefahrt nicht der Proband als FzF, sondern der begleitende Fahrlehrer (§ 2 XV S 2).

Unterrichtung der Fahrerlaubnisbehörden durch das Kraftfahrt-Bundesamt

2c ¹**Das Kraftfahrt-Bundesamt hat die zuständige Behörde zu unterrichten, wenn über den Inhaber einer Fahrerlaubnis Entscheidungen in das Verkehrszentralregister eingetragen werden, die zu Anordnungen nach § 2a Abs. 2, 4 und 5 führen können.** ²**Hierzu übermittelt es die notwendigen Daten aus dem Zentralen Fahrerlaubnisregister sowie den Inhalt der Eintragungen im Verkehrszentralregister über die innerhalb der Probezeit begangenen Straftaten und Ordnungswidrigkeiten.** ³**Hat bereits eine Unterrichtung nach Satz 1 stattgefunden, so hat das Kraftfahrt-Bundesamt bei weiteren Unterrichtungen auch hierauf hinzuweisen.**

1. Begr zur Neufassung durch ÄndG v 24. 4. 1998 (BRDrucks 821/96): *Die bisher 1 im Fahranfängerregister gespeicherten Daten, insbesondere auch der Tag des Ablaufs der Probezeit, werden künftig Teil des Zentralen Fahrerlaubnisregisters. Mitteilungen müssen also aus diesem Register erfolgen. Entsprechend der Regelung für die Datenübermittlung aus dem Register in § 52 i. V. m. § 63 Abs. 1 Nr. 3 sollen die zu übermittelnden Daten im einzelnen durch Verordnung auf der Grundlage von § 6 Abs. 1 Nr. 1 Buchstabe o n. F. (vgl. Artikel 1 Nr. 10) festgelegt werden.*

2. Nur Eintragungen, die den **Inhaber einer FE** betreffen, teilt das KBA der zustän- 2 digen FEB mit, weil nur bei ihm Bewährung oder Nichtbewährung iS von § 2a in Frage kommt. Keine Unterrichtung der VB daher nach EdF. Der Hinweis auf bereits erfolgte Unterrichtungen setzt die FEB bei zwischenzeitlich erfolgtem Wohnungswechsel des Fahranfängers in die Lage, Nichtbewährung durch zweimalige weniger schwerwie-

1 StVG § 3   I. Verkehrsvorschriften

gende Zuwiderhandlungen (s § 2a II) oder die Notwendigkeit von Maßnahmen der 2. und 3. Eingriffsstufe (§ 2a II S 1 Nr 2, 3) festzustellen. Eintragungen, die für die nach § 2a zu treffenden Entscheidungen nicht unmittelbar bedeutsam sind, dürfen der FEB nicht übermittelt werden. Die Unterrichtung der zuständigen Behörde erfolgt schriftlich (§ 3 II VwV VZR).

Entziehung der Fahrerlaubnis

3 (1) [1] Erweist sich jemand als ungeeignet oder nicht befähigt zum Führen von Kraftfahrzeugen, so hat ihm die Fahrerlaubnisbehörde die Fahrerlaubnis zu entziehen. [2] Bei einer ausländischen Fahrerlaubnis hat die Entziehung – auch wenn sie nach anderen Vorschriften erfolgt – die Wirkung einer Aberkennung des Rechts, von der Fahrerlaubnis im Inland Gebrauch zu machen. [3] § 2 Abs. 7 und 8 gilt entsprechend.

(2) [1] Mit der Entziehung erlischt die Fahrerlaubnis. [2] Bei einer ausländischen Fahrerlaubnis erlischt das Recht zum Führen von Kraftfahrzeugen im Inland. [3] Nach der Entziehung ist der Führerschein der Fahrerlaubnisbehörde abzuliefern oder zur Eintragung der Entscheidung vorzulegen. [4] Die Sätze 1 bis 3 gelten auch, wenn die Fahrerlaubnisbehörde die Fahrerlaubnis auf Grund anderer Vorschriften entzieht.

(3) [1] Solange gegen den Inhaber der Fahrerlaubnis ein Strafverfahren anhängig ist, in dem die Entziehung der Fahrerlaubnis nach § 69 des Strafgesetzbuchs in Betracht kommt, darf die Fahrerlaubnisbehörde den Sachverhalt, der Gegenstand des Strafverfahrens ist, in einem Entziehungsverfahren nicht berücksichtigen. [2] Dies gilt nicht, wenn die Fahrerlaubnis von einer Dienststelle der Bundeswehr, des Bundesgrenzschutzes oder der Polizei für Dienstfahrzeuge erteilt worden ist.

(4) [1] Will die Fahrerlaubnisbehörde in einem Entziehungsverfahren einen Sachverhalt berücksichtigen, der Gegenstand der Urteilsfindung in einem Strafverfahren gegen den Inhaber der Fahrerlaubnis gewesen ist, so kann sie zu dessen Nachteil vom Inhalt des Urteils insoweit nicht abweichen, als es sich auf die Feststellung des Sachverhalts oder die Beurteilung der Schuldfrage oder der Eignung zum Führen von Kraftfahrzeugen bezieht. [2] Der Strafbefehl und die gerichtliche Entscheidung, durch welche die Eröffnung des Hauptverfahrens oder der Antrag auf Erlass eines Strafbefehls abgelehnt wird, stehen einem Urteil gleich; dies gilt auch für Bußgeldentscheidungen, soweit sich auf die Feststellung des Sachverhalts und die Beurteilung der Schuldfrage beziehen.

(5) Die Fahrerlaubnisbehörde darf der Polizei die verwaltungsbehördliche oder gerichtliche Entziehung der Fahrerlaubnis oder das Bestehen eines Fahrverbots übermitteln, soweit dies im Einzelfall für die polizeiliche Überwachung im Straßenverkehr erforderlich ist.

(6) Durch Rechtsverordnung gemäß § 6 Abs. 1 Nr. 1 Buchstabe r können Fristen und Bedingungen
1. für die Erteilung einer neuen Fahrerlaubnis nach vorangegangener Entziehung oder nach vorangegangenem Verzicht,
2. für die Erteilung des Rechts an Personen mit ordentlichem Wohnsitz im Ausland, nach vorangegangener Entziehung von einer ausländischen Fahrerlaubnis im Inland wieder Gebrauch zu machen,

bestimmt werden.

Begr zur Neufassung durch ÄndG v 24. 4. 1998 (BRDrucks 821/96):

Der neue § 3 ersetzt den bisherigen § 4 und enthält vor allem die grundlegenden Bestimmungen für die Entziehung einer Fahrerlaubnis.

Zu Abs 1 Satz 2: *Die Entziehungsregelungen gelten grundsätzlich auch für ausländische Fahrerlaubnisse. Während aber die Entziehung einer inländischen Fahrerlaubnis zum Erlöschen des Rechtes führt, beinhaltet die Entziehung einer ausländischen Fahrerlaubnis die Aberkennung des Rechts, von dieser Erlaubnis im Inland Gebrauch zu machen, da eine Fahrerlaubnis als Hoheitsakt eines fremden Staates durch die Entscheidung einer deutschen Behörde nicht beseitigt werden kann. Wird im Gesetz das Wort „Entziehung" gebraucht, so bezieht sich dies immer auf in- und ausländische Fahrerlaubnisse.*

Zu Abs 3 und 4: *Die **Absätze 3 und 4** entsprechen § 4 Abs. 2 und 3 StVG a.F. und befassen sich mit dem Verhältnis von Strafverfahren und Verwaltungsverfahren beim Entzug der*

Entziehung der Fahrerlaubnis § 3 StVG **1**

Fahrerlaubnis. Die Regelungen gelten auch bei einer Anwendung von § 69b StGB (Entziehung einer ausländischen Fahrerlaubnis), da § 69b StGB in der alten und neuen Fassung lediglich einen Unterfall von § 69 StGB darstellt.

Zu Abs 5: **Absatz 5** *enthält die Ermächtigung der Fahrerlaubnisbehörden, die Polizei im Einzelfall über die Entziehung der Fahrerlaubnis und das Bestehen eines Fahrverbotes zu unterrichten, damit diese die Einhaltung der Entscheidungen überwachen können.*

Übersicht

Ablieferung des Führerscheins 35
Abweichung zum Nachteil unzulässig 30
Alkohol 9
Altersabbau 6
Auflagen 10
– bei Neuerteilung der Fahrerlaubnis 31–34
Ausländische Fahrerlaubnis 1, 12, 21, 31

Bedingte Eignung 10
Benachrichtigung der Polizei 14
Bindung der Verwaltungsbehörde 18–30
– an gerichtliche Entscheidung 21–30
– an den entschiedenen Sachverhalt 23, 24, 26
–, Umfang 25–30
– an gerichtliche Schuldbeurteilung 27
– an gerichtliche Eignungsbeurteilung 28–30
–, kein Abweichen zum Nachteil 30
–, keine bei Fahrerlaubnis im öffentlichen Dienst 19 f

Drogen 9

Entscheidung, gerichtliche 21–30
–, gerichtliche, Sachverhalt 23, 24, 26
–, gerichtliche, über Schuldfrage 27
–, gerichtliche, über Eignung 28–30
Entziehung der Fahrerlaubnis zwingend 11
– der Fahrerlaubnis, Zuständigkeit 12
– der Fahrerlaubnis, Geltungsbereich 38
– der Fahrerlaubnis im öffentlichen Dienst 19 f
Fahrerlaubnis
–, Dienstfahrerlaubnis 19
–, Frist für Wiedererteilung 32 f
–, vorläufige 18, 36, 37
–, Verzicht 39
–, unrechtmäßige 40
Fahrerlaubnisbehörde, Bindung 18–30
Fahrgastbeförderung, Fahrerlaubnis zur 1, 5

Führerschein, Ablieferung 35
Frist für Wiedererteilung der Fahrerlaubnis 32 f

Gegenstand des Strafverfahrens 17
Geltungsbereich der Entziehung 38
Gerichtliche Entscheidung 17, 21–30
– Entscheidung, Sachverhalt 23, 24, 26
– Entscheidung, Schuldbeurteilung 27
– Entscheidung, Eignungsbeurteilung 28–30
Geschäftsunfähigkeit 35

Krankheit 6

Maßgebot 10

Öffentlicher Dienst, Fahrerlaubnis 19

Rauschgift 9
Rücknahme rechtsfehlerhaft erteilter FE 40

Sachverhalt der gerichtlichen Entscheidung 23, 24, 26
Schuldfrage 27
Sofortige Vollziehbarkeit 13
Strafbestimmungen 41
Strafverfahren, Gegenstand 17
–, Vorrang 15, 16

Trunkenheit 9

Umfang der Bindung 25–30
Ungeeignetheit 3 ff

Verfahrensfragen 12–14
Verzicht auf die Fahrerlaubnis 39
Vorläufige Entziehung der Fahrerlaubnis 36, 37
Vorrang des Strafverfahrens 15, 16
Widerruf 40
Wiedererteilung der Fahrerlaubnis 31–34

Zuständigkeit 12

1. Entziehung der Fahrerlaubnis. § 3 StVG entspricht im wesentlichen dem früheren § 4 und regelt die EdF durch die FEB, wenn sich der Berechtigte als zum Führen ungeeignet oder nicht befähigt (§ 2 V) erweist (I). Die Vorschrift dient dem Schutz der Allgemeinheit vor Gefährdungen durch ungeeignete bzw nicht befähigte Kf, BVG NZV **96** 84, VGH Mü NZV **96** 509, OVG Hb VRS **102** 393. Auch die Entziehung **ausländischer FEe** ist grundsätzlich möglich (I S 2), OVG Saarlouis ZfS **02** 552, s Begr, und wegen der abw Rechtsfolge (kein Erlöschen des Rechts: §§ 46 V S 2 FeV, 11 II S 1 IntVO) keine unzulässige Beseitigung eines ausländischen Hoheitsaktes. Hinsichtlich der von einem EU-Mitgliedstaat ausgestellten FEe erlaubt Art 8 der 2. EG-FSRichtlinie (ABl EG **91** Nr L 237/1 = StVRL § 6 FeV Nr 1) nach Begründung eines ordentlichen Wohnsitzes im Inland ausdrücklich die Anwendung innerstaatlicher Vorschriften über den Entzug der FE. Die Entziehung der besonderen FE zur Fahrgastbeförderung mit Kfzen ist im § 48 X FeV geregelt; § 3 StVG ist entsprechend heranzuziehen. Ein Strafverfahren hindert die VB nicht, die FE zur Fahrgastbeförderung selbständig zu entzie-

1

1 StVG § 3

hen. Zur Kraftfahreignung s auch §§ 2 StVG, 69 StGB. Werden der FEB Tatsachen bekannt, die **Bedenken gegen die Eignung** oder Befähigung begründen, so kann sie gem Abs I S 3, § 2 VIII ein ärztliches Zeugnis oder ein Eignungsgutachten anfordern. Näher: §§ 11 ff FeV. Solche Bedenken können sich auch aus Mitteilungen durch ausländische Stellen ergeben, *Geiger* DAR **04** 184.

2   **1 a. Eignung und Befähigung.** Von der Eignung zum Führen von Kfzen zu unterscheiden ist nach den Definitionen in § 2 IV und V die **Befähigung** dazu. Die frühere Rspr, wonach die Befähigung als Bestandteil der Eignung anzusehen sei (zB BVG NJW **82** 2885, VRS **66** 305), ist durch die insoweit klarstellende gesetzliche Regelung überholt. Auch mangelnde Befähigung kann sich durch Auffälligkeiten im StrV, insbesondere durch Regelverstöße, offenbaren, aber auch durch mangelnde FzBeherrschung. Fehlende Kenntnisse der VVorschriften, der Gefahrenabwehr, der umweltbewußten und energiesparenden Fahrweise oder der Fähigkeit, entsprechende vorhandene Kenntnisse umzusetzen, können die EdF wegen fehlender Befähigung zum Führen von Kfzen erforderlich machen.

3   **2. Die Ungeeignetheit** ist eine Rechtsfrage und verwaltungsgerichtlich nachprüfbar (Rz 10, 11, 13), s *Himmelreich/Janker* 440. Der Begriff der Ungeeignetheit bezieht sich auf die Anforderungen durch die innegehabte FE, OVG Ko VRS **54** 315, 319. Sie liegt nur vor, wenn das von dem FEInhaber als Kf ausgehende Sicherheitsrisiko das allgemein von dem Führen von Kfzen ausgehende Risiko deutlich übersteigt, BVerfG NJW **02** 2380. Die Ungeeignetheit muß **aus erwiesenen Tatsachen** hinreichend deutlich hervorgehen, VGH Ma NZV **91** 287, VGH Mü NZV **96** 509, **98** 303, 342, VRS **95** 446. Bloße Eignungszweifel genügen nicht, die Nichteignung muß erwiesen sein (s Abs I: „Erweist sich ..."), BVG DAR **77** 227, VGH Ma NZV **92** 88, **92** 254, VGH Mü NZV **98** 303, 342, OVG Schl DAR **94** 40, OVG Hb NJW **94** 2168, VG Br NZV **92** 295, 424, *Gehrmann* NJW **98** 3538, *Janker* DAR **92** 166, *R. Schneider* VGT **02** 123, *Bode/Winkler* § 8 Rz 57, aM VGH Mü ZfS **92** 71, wonach ernstliche, aber nicht aufklärbare Zweifel ausreichen sollen. Daher keine auf Drogenkonsum gestützte EdF, sondern allenfalls Gutachtenanforderung, wenn der Drogenkonsum nicht bewiesen ist, VGH Ma VRS **105** 314. § 3 setzt umfassende Würdigung aller Eigenschaften, Fähigkeiten und Verhaltensweisen des FEInhabers voraus, die für die Beurteilung seiner etwaigen VGefährlichkeit relevant sind (s Anl 15 Nr 1. b zur FeV), s BVGE **17** 342, JZ **70** 67, NJW **87** 2246, NZV **88** 80, **89** 205, DAR **95** 36, VM **94** 91, VGH Ma NZV **91** 287, **92** 88, OVG Münster NZV **92** 127, 206, OVG Schl VRS **83** 392, NZV **92** 379, ZfS **92** 286, OVG Hb ZfS **92** 358. Dabei sind alle Umstände zu berücksichtigen, die für die Beurteilung der körperlichen, geistigen oder charakterlichen Eignung zum Führen von Kfzen von Bedeutung sind, BVG NZV **89** 205. Der FEInhaber braucht noch keine VGefahr verursacht zu haben, BVG JZ **70** 67. Die von einem ungeeigneten Kf ausgehende **latente Gefahr** kann sich selbst nach jahrelanger Unauffälligkeit in V jederzeit verwirklichen, VGH Ma NZV **93** 45, **94** 248, **97** 199, ZfS **97** 399. Die Kriterien der körperlichen, geistigen und charakterlichen Eignung verletzen das GG nicht, BVerfG NJW **67** 29. Die Beurteilung der Ungeeignetheit (ungeeignet inwieweit?) unterliegt dem Übermaßverbot (**E 2**, Rz 10), BVerfG NJW **67** 619, OVG Br NJW **80** 2371. Voraussetzung der Ungeeignetheit sind im allgemeinen dieselben Mängel, die nach § 2 dazu führen können, die FE zu versagen oder einzuschränken (s Anlagen 4, 5 zu FeV). Die erwiesenen Tatsachen haben stets nur indiziellen Charakter und sind vollständig und sachgerecht abzuwägen (Rz 10, 13), VGH Ka VM **79** 71. Ob der **Eignungsmangel schon vor Erteilung der FE** bestand, ist bedeutungslos, VGH Ma NZV **92** 254, VD **03** 19, VGH Ka VRS **70** 228, OVG Hb VRS **102** 393, einschränkend VG Neustadt ZfS **03** 479 für den Fall der FE-Erteilung unter Auflagen ohne Bekanntwerden neuer Umstände. Rechtsfehlerhafte Erteilung der FE trotz Kenntnis der die Ungeeignetheit begründenden Tatsachen schließt EdF durch die erteilende FEB daher nicht aus, OVG Hb VRS **102** 393. Punktsystem: § 4.

4   Die Beurteilung der Rechtmäßigkeit der EdF richtet sich nach der **Sach- und Rechtslage bei Abschluß des Verwaltungsverfahrens**, BVG NZV **96** 84, VRS **101** 229, NVwZ **90** 654, VGH Ma DAR **04** 170, OVG Greifswald VRS **107** 229, OVG Hb

Entziehung der Fahrerlaubnis § 3 StVG 1

VRS 105 58, OVG Münster ZfS 01 433, OVG Saarlouis ZfS 01 92, OVG Bautzen DAR 01 426, BGH VR 84 41 (43), doch kann auch späteres Verhalten des Klägers für oder gegen ihn berücksichtigt werden, s BVerfG NJW 67 29. Hat das VG Zweifel an der behördlichen Beurteilung der Kraftfahreignung, so kann ausnahmsweise aus dem Verhalten des Betroffenen nach Abschluß des Entziehungsverfahrens eine Indizwirkung gegen die Richtigkeit jener Beurteilung herzuleiten sein, BVG NVwZ 90 654. Im übrigen kann Wohlverhalten nach der angefochtenen EdF nur bei sofortigem zulässigem neuem Antrag auf FE berücksichtigt werden, BVG NVwZ 90 654, OVG Hb VRS 105 58, OVG Saarlouis VM 78 39, OVG Lüneburg DAR 76 26, VGH Mü NZV 95 167, aM VGH Ma VRS 55 299. Immerhin kann nachträgliches langes Wohlverhalten (= Unauffälligkeit) dabei mitsprechen, ob bei der EdF die Eignung, rückschauend, möglicherweise unrichtig beurteilt worden ist, OVG Saarlouis VM 78 39. Längere Unauffälligkeit nach gehäuften Verstößen kann dafür sprechen, daß wieder Eignung besteht, VGH Ma VRS 55 299. Andererseits führt selbst dreijährige Unauffälligkeit nach gehäuftem schwerwiegenden verkehrsrechtlichen Fehlverhalten nicht zwingend zur Beseitigung eines daraus resultierenden Eignungsbedenkens, VGH Ma NZV 90 126 (s Rz 3). Eignungsgutachten und Folgen der Nichtbeibringung eines von der VB geforderten Gutachtens, s §§ 11–14 FeV, § 11 FeV Rz 22. Entzieht sich der bereits als ungeeignet begutachtete Anfechtungskläger erneuter Begutachtung, so kann diese Beweisvereitelung gegen ihn sprechen, VGH Mü VRS 55 236. Wer binnen eines Jahres viermal den Widerruf von Versicherungsbestätigungen für sein benutztes Kfz verschuldet, ist unzuverlässig, VGH Ka VR 68 958, s OVG Lüneburg VR 77 902 (achtmal in 4 Jahren), enger für den Fall der FzNichtbenutzung, VG Schl VR 77 366.

2a. Die Ungeeignetheit zum Führen von Kfz kann auf **körperlichen Mängeln** beruhen, zB **mangelndem Sehvermögen** (s § 12 FeV, Anl 6 zu FeV). Können Mängel im Sehvermögen, s § 2 Rz 8 (wie auch andere körperliche Mängel) durch Auflagen ausgeglichen werden, so verstößt völlige EdF gegen das Übermaßverbot, s Rz 10. Beim Zusammentreffen von Einäugigkeit und altersbedingter Leistungsminderung sind die Einzelfallbesonderheiten maßgebend, OVG Br VRS 58 296. Bei Einäugigkeit ohne sonstige Auffälligkeit genügt augenärztliche Überprüfung, eine medizinisch/psychologische Untersuchung widerspräche der in § 11 FeV getroffenen Regelung und verletzt im übrigen das Übermaßverbot, s VG Arnsberg MDR 80 697. Einäugigkeit und Kraftfahreignung, s § 2 StVG Rz 8. Gesichtsfeldeinschränkung mit der Folge einer Unterschreitung der Mindestanforderungen gem Anl 6 zur FeV zwingt zur EdF, s BVG NZV 93 126 (zu Anl XVII StVZO alt). Soweit die Anlage nicht ausdrücklich geringere Werte für FE*Inhaber* angibt (so zB Anl XVII StVZO alt), müssen diese die für Bewerber geltenden Mindestanforderungen erfüllen, anderenfalls besteht Kraftfahrungeeignetheit, BVG NZV 93 126.

Auch nicht kompensierbarer **Altersabbau** kann uU EdF rechtfertigen. Jedoch ist 6 vorgerücktes Alter allein kein Entziehungsgrund, BVG VM 66 89, OVG Br VRS 68 395, VGH Ma NJW 91 315, VG Saarlouis ZfS 99 222 (90 Jahre), VG Gelsenkirchen ZfS 84 191, *Himmelreich/Hentschel* Bd II Rz 36, s § 2 Rz 9. 74 Jahre und entsprechende körperliche Reduktion genügen dazu bei einem vieljährigen Kf nicht, der bis dahin im wesentlichen vorwurfsfrei gefahren ist, OVG Br DAR 69 54. Hohes Alter (85 Jahre) kann jedoch nach amtsärztlichem Hinweis auf die Notwendigkeit einer Untersuchung die Anordnung einer solchen Untersuchung rechtfertigen, BVG VM 66 90. **Krankheit** als Entziehungsgrund, s § 2 Rz 10. War die FE wegen einer nicht mehr bestehenden Krankheit entzogen worden und ist ein Rückfall nach ärztlicher Ansicht ausgeschlossen, so entfällt dieser Entziehungsgrund, OVG Berlin VRS 42 240. Hält der **Arzt** seinen Patienten mit Grund für fahruntauglich und hilft Abmahnung nicht (psychische Erkrankung), so darf er nach pflichtgemäßer Abwägung die VB verständigen (bedenkliche Bevorzugung der zwar wichtigen VSicherheit vor den Belangen der Volksgesundheit, die bei Durchbrechung der ärztlichen Schweigepflicht auf dem Spiele stehen), BGH NJW 68 2288. Für ein ärztliches Melderecht nach Güterabwägung, *Händel* DAR 77 36, 85 213, *Geppert*, Gössel-F S 309 ff (als „ultima ratio"). Zur Frage etwaiger zivilrechtlicher oder strafrechtlicher Verantwortlichkeit des Arztes bei Nichtanzeige schwerwiegender Eignungsmängel des Patienten, s *Geppert*, Gössel-F S 313 ff. Mitteilung von Eignungsbe-

1 StVG § 3 I. Verkehrsvorschriften

denken an die VB durch das Gesundheitsamt nach amtsärztlicher Untersuchung kann rechtmäßig sein, VGH Mü BayVBl **87** 119. Amtshaftung bei unrechtmäßiger EdF aus Gesundheitsgründen, BGH VR **68** 573. Lit: Rz 9.

7 **Geistige Mängel** wie Geisteskrankheiten, Nervenleiden, Schwachsinn, Depressionen usw können EdF notwendig machen. S § 2 Rz 11 sowie Anl 4 zur FeV.

8 **Mängel in sittlich-charakterlicher Hinsicht,** vor allem solche, die sich in erheblichen oder wiederholten Verstößen gegen verkehrsrechtliche Vorschriften oder Strafgesetze offenbaren (§ 2 IV), können die EdF gem § 3 rechtfertigen und notwendig erscheinen lassen (s § 2 Rz 12 ff), § 46 I S 2 FeV. Hier ist zwar die spezielle Regelung in § 4 (Punktsystem) zu beachten; ergibt sich jedoch aufgrund der konkreten Umstände, abw von der rein schematischen Regelung in § 4, Kraftfahrgeeignetheit, so hindert das System des § 4 nicht die gem § 3 I gebotene EdF (§ 4 I S 2), OVG Hb NJW **00** 1353, OVG Münster NZV **00** 219 (221), *Petersen* ZfS **02** 60, s *Bode/Winkler* § 7 Rz 117, aM *Kramer* DAR **00** 136. Fünfmalige erhebliche Geschwindigkeitsüberschreitung innerhalb von 4 Jahren kann EdF rechtfertigen, VG Berlin NZV **02** 338, nicht dagegen einmalige Überschreitung der zulässigen Höchstgeschwindigkeit, selbst um mehr als 100 %, OVG Lüneburg NJW **00** 685 (zust *Thubauville* VM **00** 56).

9 **Teilnahme am Straßenverkehr in fahrunsicherem Zustand oder Drogeneinfluß** rechtfertigt idR schon bei erstmaligem Verstoß EdF wegen Ungeeignetheit, BVG NJW **56** 538, **87** 2246, OVG Weimar VRS **103** 391, OVG Lüneburg DAR **85** 95, *Brockmeier* NVwZ **82** 540, auch FzFühren unter der Wirkung von Cannabis, VG Ol ZfS **04** 238, s § 2 Rz 17 (s aber Abs III und IV zum Vorrang des Strafverfahrens). Rechtfertigen konkrete Anhaltspunkte Zweifel hinsichtlich einer auf mangelndes Trennungsvermögen in bezug auf Drogenkonsum und Fahren gegründeten Annahme von Ungeeignetheit, so ist zunächst ein Eignungsgutachten anzufordern, VG Ol ZfS **04** 238, so zB auch bei langem Zeitablauf, VG Lüneburg ZfS **04** 239 (4 Jahre) (s §§ 11 ff FeV). Vor allem Alkohol- oder Drogenabhängigkeit führt zur Kraftfahrungeeignetheit. Einzelheiten: § 2 Rz 16, 17 sowie §§ 13, 14 FeV.

Lit: *Ernesti,* Gefährdungen der VSicherheit durch Krankheit und Alter – Erteilung und EdF, VGT **74** 212. *Geppert,* Rechtliche Überlegungen zur Fähreignung bei neurologischen und neuropsychologischen Erkrankungen, Gössel-F S 303. *Händel,* Ärztliche Schweigepflicht und VSicherheit, DAR **77** 36. *Derselbe,* Der alte Mensch als Teilnehmer am StrV, DAR **85** 210. *Herberg,* Veränderung der sicherheitsrelevanten Leistungsfähigkeit mit dem Lebensalter, Verkehrsunfall **92** 269. *Himmelreich,* Lebensphasen – ein Kriterium für ... Ungeeignetheit zum Führen von Kfzen?, DAR **85** 201. *Derselbe,* Die Eignung oder Nichteignung älterer Kf ..., DAR **95** 12. *Himmelreich/Hentschel,* Fahrverbot – Führerscheinentzug, Bd II, 7. Aufl 1992. *Langwieder,* Das Unfallrisiko älterer VT, VGT **85** 116. *Lewrenz,* Ärztliche Schweigepflicht und VSicherheit, VGT **76** 290. *Martin,* Die ärztliche Schweigepflicht und die VSicherheit, DAR **70** 302. *Meurer,* Krankheit, ärztliche Schweigepflicht und VSicherheit, ZVS **76** 77, VGT **76** 301. *A. Müller,* FEEntzug, Eignungsbegutachtung, Nachschulung und Therapie bei Trunkenheitstätern, BA **93** 65. *Rühle,* Alternde Menschen als VT, ZVS **96** 52. *Schendel,* Doppelkompetenz von Strafgericht und VB zur EdF, 1974. *Schöch,* VDelinquenz und allgemeine Kriminalität, NJW **71** 1857. *Streicher,* Ärztliche Schweigepflicht und VSicherheit, VGT **76** 316. *Wetterling,* Fahrtauglichkeit bei älteren Personen, ZfS **95** 161. **S auch Rz 10 zu § 2 StVG.**

10 **Bedingte Eignung.** Nach §§ 2 IV StVG, 23 II FeV kann bei bedingter Eignung eine durch Auflagen beschränkte FE erteilt werden. Entsprechend ist gem § 46 II FeV eine FE statt einer Entziehung nach § 3 StVG lediglich einzuschränken oder unter Auflage(n) zu belassen, soweit solche bei nachträglicher Eignungsminderung ausreichen, OVG Berlin VM **91** 64. Das ergibt im übrigen zwingend das Übermaßverbot (**E** 2), s OVG Br NJW **80** 2371. Danach ist es gemäß § 23 FeV nicht nur „zulässig", sondern geboten, bei beschränkter Eignung eine FE unter Auflagen zu erteilen, sofern geeignete Auflagen sachlich ausreichen (sonst Nichteignung). Entgegen OVG Münster VRS **31** 470 ist daher stets zu prüfen, ob eine beschränkte FE dem öffentlichen Sicherheitsinteresse genügen würde; das Gutachten muß die Frage bedingter Eignung ohne weiteres mitumfassen, s *Himmelreich* DAR **96** 129. Die abw Rspr unterstellt unzulässigerweise, was erst geprüft werden muß. Soweit OVG Ko VRS **54** 315 die Abwägung, ob statt der bisherigen eine eingeschränkte FE zu belassen sei, auf nach Beweislage eindeutige Fälle beschränken will, liegt ein Zirkelschluß zum Nachteil des FEInhabers unter Verletzung

Entziehung der Fahrerlaubnis § 3 StVG

des Übermaßverbots vor, außerdem unzulässige Beweislastumkehr („schnelles Vorgehen gegen ungeeignete Kf"). Allerdings obliegt es dem FEInhaber, im Entziehungsverfahren, vor allem im Rahmen der Begutachtung, auf Umstände hinzuweisen, die die Erteilung einer beschränkten FE (zB für landwirtschaftliche Traktoren) rechtfertigen könnten, OVG Mü VRS **88** 316. Bei bloßer Nachtfahruntauglichkeit ist die FE nicht insgesamt zu entziehen, sondern sachgemäß auf Tagesfahrten einzuschränken (Übermaßverbot!), OVG Berlin VM **91** 64 (verminderte Dämmerungssehschärfe, erhöhte Blendempfindlichkeit), s OVG Br VRS **58** 298. Nichtbeachtung etwaiger Auflagen: § 23 FeV. Bei Charaktermängeln wird die FE in aller Regel nur ganz entzogen werden können (s § 2 IV S 2), BVG NJW **62** 977, BVGE **13** 288, JZ **66** 785, s aber § 2 Rz 18. Ein auf gewohnheitsmäßigem Alkoholkonsum beruhender Eignungsmangel schließt idR eine bloße Beschränkung der FE (zB auf landwirtschaftliche Fze) aus, VGH Ma NZV **93** 495. Unter den gesetzlichen Voraussetzungen besteht Anspruch auf neue beschränkte Erteilung, BVGE **13** 288, JZ **66** 785, s § 2 Rz 18. Bei unveränderter Sachlage darf die VB die FE nicht wegen derselben die unbeschränkte Eignung in Frage stellenden Umstände entziehen, die zur Erteilung der FE unter Auflagen geführt haben, VG Neustadt ZfS **03** 479, s OVG Ko ZfS **93** 143.

Lit: Himmelreich, Die „bedingte" Eignung im Spiegel von Gesetzgebung und Rspr, DAR **96** 128.

3. Entziehung ist zwingend vorgeschrieben, wenn die Voraussetzungen vorliegen, VGH Ma DAR **03** 236, OVG Hb VRS **102** 393 (399), VGH Ka VRS **70** 228, BGH VR **84** 43, *Petersen* ZfS **02** 58. Ob sie vorliegen, ist in vollem Umfang unter Beachtung des Maßgebots (Rz 3, 10) verwaltungsgerichtlich zu prüfen (Rz 10, 13). Keine Grundrechtsverletzung, wenn die Pol ihr im Zusammenhang mit einer vorläufigen Unterbringung des FEInhabers bekannt gewordene Tatsachen, die der Kraftfahreignung entgegenstehen, der StrVB mitteilt (s § 2 XII), s § 2 Rz 25. Wirtschaftliche Nachteile infolge EdF haben keine Bedeutung gegenüber dem öffentlichen Interesse, wenn dieses sie erfordert, BVG VM **56** 73, VGH Ka VBl **75** 220, OVG Lüneburg VRS **11** 474. Billigkeitserwägungen und der Gesichtspunkt mangelnden Verschuldens können der im Sicherheitsinteresse gebotenen EdF wegen körperlicher Ungeeignetheit (etwa aufgrund unverschuldeten Unfalls) nicht entgegengesetzt werden, VGH Mü NZV **91** 247.

4. Zuständig für die Entziehung der FE ist gem Abs I die FEB (§ 73 FeV), in deren Bezirk der Betroffene zur Zeit der Einleitung des Entziehungsverfahrens wohnt oder sich aufhält. Wohnort ist außer dem Wohnsitz (BGB) auch der Ort, an dem sich der Führer unter Verhältnissen, die auf Aufenthalt von einiger Dauer hinweisen, zB im Dienst des FzHalters, zur Zeit aufhält. Maßgebend sind die tatsächlichen Verhältnisse, VGH Ka VRS **70** 398. Wechselt er den Wohnsitz nach EdF, so berührt das die örtliche Zuständigkeit nicht, BVG DAR **65** 165. § 73 II S 2 FeV findet auf EdF keine Anwendung, s BVG NZV **95** 86, VGH Ka VRS **70** 398, OVG Lüneburg VD **95** 160 (zu § 68 StVZO). EdF durch örtlich unzuständige VB rechtfertigt allein nicht Aufhebung der Verfügung, BVG VM **81** 50, NZV **95** 86, VG Minden NZV **91** 366. Bundeswehr, Polizei, Bundesgrenzschutz: § 73 IV FeV. Inhaber ausländischer FE, s Rz 1 sowie § 46 FeV Rz 13, s auch § 11 IntVO (Buchteil **6**). Zuständigkeit der Gerichte zur EdF: §§ 69 ff StGB, 111 a StPO.

5. Weitere verfahrensrechtliche Fragen. Auflagen. Soweit nicht III und IV eingreifen, ist die FEB nicht an die gerichtliche Beurteilung gebunden, sondern entscheidet aufgrund **pflichtgemäßer Beurteilung** der sorgfältig und vollständig erhobenen Beweise. Die EdF ist so zu begründen, daß die Rechtsmittelaussichten beurteilt werden können (s § 39 VwVfG). Berücksichtigung des Sachverhalts früherer Bußgeld- oder Strafverfahren, Verwertbarkeit von Bußgeldakten über nicht eintragbare OWen: § 29 StVG. Akten über eingestellte OWVerfahren (§ 47 OWiG) sind zu Lasten nur insoweit verwertbar, als sie ein Verhalten, zB durch Einlassung des Betroffenen, zweifelsfrei nachweisen, nicht, wenn völlige Aufklärung wegen der beabsichtigten Einstellung unterblieben ist, ebenso wohl OVG Br VRS **56** 394. Die EdF bringt die FE durch **gestaltenden Verwaltungsakt** zum Erlöschen (II S 1), BVG NJW **77** 1075, näher: Rz 35. Sie ist ohne zeitliche Beschränkung auszusprechen, nicht bis auf weiteres oder auf

1 StVG § 3   I. Verkehrsvorschriften

bestimmte Zeit mit der Wirkung des Wiederauflebens oder auf Widerruf, OVG Lüneburg NJW **56** 1654, BGH GA **61** 362. **Anfechtbarkeit**, s § 46 FeV Rz 15. Verspäteter Widerspruch verbunden mit offensichtlich unbegründetem Wiedereinsetzungsgesuch hat keine **aufschiebende Wirkung,** OVG Br VRS **74** 77. Die Überzeugung der VB von der Ungeeignetheit des FEInhabers aufgrund bestimmter Tatsachen ist Rechtsvoraussetzung der EdF, sie allein reicht deshalb zur Begründung der **sofortigen Vollziehbarkeit** idR nicht aus, s OVG Br DVBl **80** 420, NJW **79** 75, aM VGH Ma VRS **55** 299, OVG Hb VRS **102** 393 (400). Die sofortige Vollziehbarkeit der EdF darf angeordnet werden, wenn dringende Umstände tatsächlicher Art alsbaldige VGefährdung befürchten lassen, VGH Mü DAR **79** 339, VGH Ma VRS **88** 80, OVG Hb VRS **105** 466, OVG Münster VRS **100** 394 (Rückfallwahrscheinlichkeit bei Alkoholmißbrauch), OVG Lüneburg ZfS **00** 86 (Gefahr des FzFührers unter Heroineinfluß), *Himmelreich/Hentschel* Bd II Rz 196. Keine Unverhältnismäßigkeit der Anordnung sofortiger Vollziehbarkeit wegen beruflichen Angewiesenseins auf eine FE, OVG Bautzen DAR **01** 426. Sie ist idR anzuordnen, wenn Ungeeignetheit feststeht, etwa kraft gesetzlicher Vermutung (zB § 4 III Nr 3 StVG, § 11 VIII FeV, VG Kar BA **03** 82), aufgrund nachgewiesener Einnahme von Betäubungsmitteln iS von Anl 4 Nr 9.1 zur FeV, VG Leipzig BA **01** 480, oder aufgrund Gutachtens, VG Kar BA **03** 82. Im übrigen wird auch bei EdF das Regel-Ausnahme-Verhältnis nicht in der Weise umgekehrt, daß die VB die verfügte Maßnahme stets für sofort vollziehbar erklären müßte, s *Henn* NJW **93** 3171; öffentliches Interesse iS von § 80 II Nr 4 VwGO nur, wenn Rechtsmittel aussichtslos erscheint oder gewichtige Gründe die dringende Befürchtung der Ungeeignetheit und die Annahme rechtfertigen (naheliegender Verdacht genügt, OVG Münster VRS **100** 397), daß eine Gefährdung anderer durch den ungeeigneten Kf während des schwebenden Rechtsmittelverfahrens eintreten werde, OVG Br NJW **79** 74, VRS **58** 77, **67** 76, OVG Münster ZfS **83** 156, OVG Saarlouis NZV **93** 416, VG Dü DAR **79** 313, VG Saarlouis ZfS **93** 107, aM VGH Ma VRS **55** 300. Die Begründung der Anordnung sofortiger Vollziehung darf sich nicht in der Wiederholung des Gesetzestextes von § 80 II Nr 4 VwGO erschöpfen, kann aber noch im erstinstanzlichen gerichtlichen Verfahren in ausreichender Weise nachgeschoben werden, OVG Münster VRS **69** 478. Schon mehrere Monate dauernde Teilnahme an einer besonders intensiven psychotherapeutischen Nachuntersuchungsmaßnahme kann die sofortige Vollziehung der EdF aufgrund von VVerstößen entbehrlich erscheinen lassen, OVG Münster NZV **90** 127 (Anm *Mahlberg*). Bloße ärztliche Bedenken gegen die weitere Fahrtauglichkeit rechtfertigen nicht immer die sofortige Vollziehung der EdF, s OVG Berlin VRS **44** 381, OVG Weimar DAR **95** 80. Bejahung des überwiegenden öffentlichen Interesses wegen Aussichtslosigkeit eines Rechtsmittels nur im gerichtlichen Verfahren nach § 80 V VwGO, nicht durch die VB im Rahmen des § 80 III 1 VwGO, OVG Br VRS **58** 77. Die Aussichtslosigkeit muß dabei schon aufgrund summarischer Sachverhaltsbetrachtung *offensichtlich* sein, Br VRS **67** 76. Zum Eintritt der Bestandskraft der Entziehungsverfügung bei Beschwerde gegen die Nichtzulassung der Revision, s *Deimel* NZV **89** 302. Sofortige Vollziehbarkeit bei Entziehung nach den Vorschriften über die FE auf Probe mangels aufschiebender Wirkung der Anfechtung, s § 2a. **Fristen und Bedingungen** für die Wiedererteilung: Rz 31–34. Ein grundsätzlicher Vorrang amtsärztlicher Beurteilung vor anderen **Beweismitteln,** besonders privatärztlicher Gutachten, besteht nicht, maßgebend ist stets der Beweiswert, VGH Ka VM **73** 73. Im übergeordneten Interesse der VSicherheit kann ein unter Verstoß gegen § 136a III 2 StPO gewonnenes Beweismittel im Verfahren zur EdF verwertbar sein, OVG Lüneburg NJW **01** 459. Der **Widerspruchsbescheid** darf eine EdF nicht zum Nachteil des Beschwerdeführers erweitern, VGH Mü DÖV **78** 42.

14 **6. Benachrichtigung der Polizei.** Über die nach § 3 erfolgte EdF darf die FEB der Polizei im Einzelfall Mitteilung machen (V). Das gleiche gilt für eine gerichtliche EdF oder ein FV. Dies soll die Möglichkeiten einer Überwachung der Einhaltung dieser Maßnahmen verbessern. Mit der Formulierung *„im Einzelfall"* ist zum Ausdruck gebracht, daß es sich dabei nicht um Regelmitteilungen handelt; vielmehr soll die Mitteilung die Ausnahme bilden. Eine Benachrichtigung erfolgt daher nur in den Fällen, in denen ein Anlaß zur Information der Pol gegeben ist (s BTDrucks 13/6914 S 117).

Entziehung der Fahrerlaubnis § 3 StVG 1

7. Vorrang des Strafverfahrens. III, IV sollen widersprüchliche Entscheidungen 15
von FEB und Gerichten verhindern, s BVG NZV **88** 37, **92** 501.

a) Die Bindung besteht, „solange gegen den Inhaber der FE ein Strafverfahren anhängig 16
ist". Das ist der Fall, sobald eine StrafverfolgungsB (StA, Pol, Gericht) gegen ihn wegen
des Verdachts einer strafbaren Handlung eine Untersuchung eröffnet hat, s VG Saarlouis
ZfS **93** 107, *Bonk* BA **94** 244, auch nach Übergang vom Bußgeld- zum Strafverfahren
(§ 81 OWiG). Der Begriff umfaßt auch das Vorverfahren gegen einen bestimmten
FEInhaber. Das bedeutet, daß im Fall strafrechtlicher Ermittlung die Zuständigkeit der
FEB auch zur Ermittlung des Sachverhalts ausgeschlossen ist. Strafverfahren ist auch ein
Sicherungsverfahren (§§ 413 ff StPO), BGHSt **13** 91 = NJW **59** 1185. Die Bindung besteht, solange das gerichtliche Verfahren nicht rechtskräftig abgeschlossen ist (Rz 21 ff).

b) **Sachverhalt, der Gegenstand des Strafverfahrens ist.** Die Bindung ergreift 17
den Sachverhalt, der Gegenstand des Strafverfahrens ist. Das ist wie im Strafverfahrensrecht dahin zu verstehen, daß nicht nur die Tat iS des sachlichen Strafrechts, sondern der
gesamte Vorgang von der Bindung erfaßt wird, auf den sich die Untersuchung erstreckt.
Die Bindung gilt nur für den Fall der rechtlichen Möglichkeit gerichtlicher EdF. S
§§ 69 ff StGB und Rz 28, 29.

8. Bindung der Fahrerlaubnisbehörde. Die Bindung geht nicht so weit, daß die 18
FEB gegen den Inhaber der FE nicht ein auf Entziehung gerichtetes Verfahren einleiten
dürfte. Sie darf nur den Vorgang nicht dazu heranziehen, der Gegenstand des Strafverfahrens ist. Solange Entziehung im Strafverfahren in Betracht kommt, wird die FEB idR
für ein eigenes Verfahren keinen Grund haben, weil im Strafverfahren die §§ 94, 111 a
StPO vorläufige EdF bzw Sicherstellung des FS ermöglichen. Andererseits schließt aber
vorläufige EdF gem § 111 a StPO eine EdF durch die VB aufgrund anderen Sachverhalts
nicht aus, OVG Lüneburg ZfS **96** 198. Verwaltungsverfahren: Rz 37. Die FEB darf den
im Strafverfahren behandelten Vorgang nicht zu dem Zweck heranziehen, die sofortige
Vollziehung einer von ihr aus anderen Gründen angeordneten Entziehung zu begründen, OVG Ko NJW **62** 2318.

9. Keine Bindung für Entziehung einer Dienstfahrerlaubnis der BW, des BGS 19
oder der Pol. Bei DienstFEen, die gem §§ 2 X StVG, 26 FeV erteilt worden sind, besteht keine Bindung (III S 2).

Begr des G v 16. 7. 57: *„Fahrerlaubnisse, die lediglich zu dienstlichen Zwecken erteilt worden sind (§ 14 StVZO …), gelten nur für die Dauer des Dienstverhältnisses. Es ist deshalb nicht angängig, den Dienstherrn in seinen Maßnahmen, die er innerhalb eines freiwillig übernommenen Gewaltverhältnisses trifft, einzuengen und ihm aufzuerlegen, daß er dem Behördenbediensteten während der Dauer eines Strafverfahrens, in dem die Entziehung der Fahrerlaubnis nach § 42 m StGB in Betracht kommt, die Fahrerlaubnis beläßt und den Sachverhalt, der Gegenstand des Strafverfahrens ist, bei seinen dienstlichen Entscheidungen nicht berücksichtigt."* 20

10. Bindung an die gerichtliche Entscheidung. IV bestimmt, inwieweit die VB 21
in der Frage der Entziehung an die Ergebnisse eines abgeschlossenen Strafverfahrens gebunden ist. Diese Bindung ist keine Frage des Verfassungsrechts, BVerfG NJW **67** 29,
68 147 (krit *Rupp*). Die Bindung betrifft auch die Aberkennung des Rechts, von einer
ausländischen FE Gebrauch zu machen (§ 3 I 2 StVG, § 46 V 2 FeV, § 11 II IntVO),
OVG Lüneburg ZfS **00** 559, nicht dagegen die *Erteilung* einer FE, VG Fra DAR **03** 384
(abl *Lenhart*) (s aber Rz 31).

„Bußgeldentscheidung" iS von IV S 2, Halbsatz 2 sind neben dem Bußgeldbescheid 22
der Verwaltungsbehörde auch die sonstigen gerichtlichen Sachentscheidungen im Bußgeldverfahren wie z.B. das Urteil. (Begr. BTDrucks V/1319 S 83).

a) **Sachverhalt, der Gegenstand der Entscheidung gewesen ist.** Dieselbe die 23
VB bindende Wirkung wie ein Urteil hat auch der **Strafbefehl**, IV 2, s BVG VRS **49**
303. Mit bis zu zweijähriger Sperrfrist darf durch Strafbefehl auf EdF erkannt werden
(§ 407 StPO). Fehlen einer Begr insoweit bei Anordnung eines FV, s Rz 28.

Eine gerichtliche Entscheidung, durch die die **Eröffnung des Hauptverfahrens** 24
oder der Erlaß eines Strafbefehls abgelehnt wird, steht einem Urteil gleich (IV S 2).

85

1 StVG § 3 I. Verkehrsvorschriften

Gemeint sind dabei die Beschlüsse nach § 204 I bzw § 408 II StPO. Auch hier haben nur rechtskräftige Entscheidungen Sperrwirkung. Keine Bindung bewirkt es, wenn die StA das Verfahren einstellt (§ 170 II StPO), wenn das Verfahren, auch durch Gerichtsbeschluß, nach den §§ 153, 153 a–d, 154 StPO eingestellt wird, *Bonk* BA **94** 246, *Eisele* NZV **99** 234, s VG Ol ZfS **97** 478, oder wenn durch gerichtliche Entscheidung festgestellt wird, daß ein StraffreiheitsG eingreift, es sei denn, das Verfahren auf Entziehung bliebe anhängig, VGH Ka DAR **51** 195. Ein sonstiger gerichtlicher Beschluß, der das Vorhandensein eines Verfahrenshindernisses oder das Fehlen einer Verfahrensvoraussetzung feststellt (§ 206 a StPO), bindet die FEB nicht, auch nicht eine gerichtliche Entscheidung, die das Verfahren aus einem solchen Grund einstellt. Bindende Wirkung hat nur eine Entscheidung, die rechtskräftig über Schuld oder Unschuld oder im selbständigen Verfahren über die Maßnahme entscheidet, wobei das Gericht auch dann auf Entziehung erkennen kann, wenn es wegen Schuldunfähigkeit freispricht, § 69 I 1 StGB. Durch **Bußgeldbescheid** kann die FE nicht entzogen werden (§§ 24, 25 StVG). Nur ein FV nach Maßgabe von § 25 StVG ist zulässig. Daher können hier nur Sachverhaltsfeststellungen und Beurteilung der Schuldfrage in Betracht kommen, BVG NZV **94** 244. Insoweit ist die FEB an den Inhalt gerichtlicher Bußgeldentscheidungen gebunden. Da sie organisatorisch eine andere Behörde als diejenige ist, die den Verwaltungs-Bußgeldbescheid erläßt (§ 26 StVG), trifft der Rechtsgedanke, widersprechende Entscheidungen zu verhindern, auch insoweit zu. Daher bindet auch der verwaltungsbehördliche Bußgeldbescheid die FEB in bezug auf den Sachverhalt und die Schuldfrage. Dagegen hindert die Ahndung mit Geldbuße und FV nicht die spätere EdF durch die FEB aus demselben Anlaß, BVG NZV **94** 244.

25   b) Für den **Umfang der Bindung** ist die schriftliche Begründung des Urteils oder des die Eröffnung des Hauptverfahrens bzw des den Antrag auf Erlaß eines Strafbefehls ablehnenden Beschlusses maßgebend, BVG NJW **61** 284, VG Hb VD **97** 170, *Himmelreich/Hentschel* Bd II Rz 180.

26   c) **Bindung an den gerichtlich festgestellten Sachverhalt.** Zum Nachteil des FEInhabers darf die FEB nicht vom festgestellten Sachverhalt abweichen (s Rz 30). Andererseits hat die FEB aber auch Einwendungen gegen rechtskräftige Urteilsfeststellungen nicht zu prüfen, BVG VRS **49** 303, OVG Saarlouis ZfS **95** 399, an sie bleibt sie auch bei eigenen abweichenden Feststellungen gebunden. Der FEInhaber muß in einem verwaltungsbehördlichen Entziehungsverfahren durch **rechtskräftige** strafgerichtliche **Urteile** festgestellte Sachverhalte **gegen sich gelten lassen,** es sei denn, es bestünden gewichtige Anhaltspunkte für die Unrichtigkeit der strafgerichtlichen Feststellungen, BVG VM **85** 59, NZV **92** 501, OVG Münster NZV **97** 495. Im übrigen können neue Tatsachen und Beweise nur zu anderweitigen Feststellungen führen, wenn sie Wiederaufnahme des gerichtlichen Verfahrens begründet haben. Die Bindung gilt auch hier nur für den „Sachverhalt, der Gegenstand des gerichtlichen Verfahrens gewesen ist" (Rz 17, 29).

27   d) **Bindung an die gerichtliche Beurteilung der Schuld.** Desgleichen bindet die Entscheidung des Gerichts über die Schuldfrage. Die FEB kann den Schuldbeweis nicht als geführt ansehen, wenn das Gericht die Eröffnung des Hauptverfahrens wegen fehlenden Schuldnachweises abgelehnt, den Angeschuldigten deshalb außer Verfolgung gesetzt oder freigesprochen hat. Sie kann auch nicht abweichend von der gerichtlichen Entscheidung den Beschuldigten einer anderen Verfehlung schuldig erkennen.

28   e) **Bindung an die Entscheidung des Gerichts über die Eignung.** Die gerichtliche Entscheidung bindet die FEB auch, soweit sie die Eignung zum Führen von Kfzen beurteilt. Das Gericht darf hierüber nur entscheiden, wenn den Gegenstand des Strafverfahrens eine rechtswidrige Tat bildet, die der Beschuldigte „bei oder im Zusammenhang mit der Führung eines Kfz oder unter Verletzung der Pflichten eines Kfzf begangen hat" (§ 69 StGB). Eine Urkundenfälschung zum Zwecke der Erlangung einer gültigen Fahrerlaubnis erfüllt diese Voraussetzung nicht, s *Hentschel,* Trunkenheit, Rz 594, aM OVG Br VRS **62** 230. Spräche ein Gericht im Verfahren wegen einer strafbaren Handlung, die ihrem Hergang nach keinen Zusammenhang mit dem Führen eines Kfz erkennen läßt, aus, der Angeklagte sei nicht ungeeignet, so würde das die VB nicht binden,

BVG NZV **96** 84, aM *Schendel* 38. Auch im Rahmen des § 69 StGB entfällt die bindende Wirkung, wenn die Entscheidung, warum auch immer, unterblieben ist, BVG NZV **96** 84, VG Hb VD **97** 170, BGH VRS **20** 117, Sa VRS **21** 65, wenn zB lediglich ein Regelfall nach § 69 II StGB verneint wurde, OVG Hb VRS **89** 151, oder wenn die Auslegung keine Beurteilung der Eignungsfrage in dem Sinne ergibt, daß Ungeeignetheit nicht festgestellt werden konnte. Hat das Gericht **auf FV (§ 44 StGB) erkannt,** ohne ausdrücklich die Ungeeignetheit zu verneinen, so liegt keine die VB bindende Beurteilung der Eignungsfrage vor, OVG Hb VRS **89** 151, OVG Lüneburg NJW **71** 956, OVG Br VRS **65** 238, VG Neust ZfS **99** 121, *Himmelreich/Hentschel* Bd II Rz 180. Ergibt sich aus dem strafgerichtlichen Urteil ausdrücklich, daß Ungeeignetheit zum Führen einer bestimmten KfzArt nicht festgestellt ist, so ist die VB an diese Entscheidung auch dann gebunden, wenn die betreffende KfzArt im Urteil rechtsfehlerhaft von der *Entziehung der FE* statt von der *Sperre* (§ 69 a II StGB) ausgenommen wurde, VG Fra NZV **91** 207, s dazu *Hentschel,* Trunkenheit, Rz 655, 671; anders, wenn eine Begründung für eine derartige Entscheidung im Urteil fehlt, VG Mü NZV **00** 271. Wegen der Regelung in Abs III hat das Gericht (§ 267 VI StPO) ausdrücklich zu begründen, daß und weshalb nicht auf Entziehung erkannt worden ist, obwohl diese Prüfung nach § 69 StGB in Betracht kam. Eine Begründung, die nicht ausdrücklich die Ungeeignetheit verneint, bindet nicht, Fra VRS **74** 394. Positive Feststellung der Eignung ist nicht Voraussetzung der Bindung des Abs IV, die ausdrückliche Nichtfeststellung eines (fortbestehenden) Eignungsmangels genügt, BVG VRS **75** 383, auch wenn der Wegfall des Eignungsmangels im Urteil mit der bisherigen Dauer vorläufiger FSMaßnahmen (vorläufige EdF, FSBeschlagnahme) begründet wird, aM VG Dü NZV **01** 142. Wird im Strafbefehl die FE nicht entzogen, aber festgestellt, der Angeklagte habe sich als ungeeignet erwiesen, so hindert dies nicht EdF durch die VB, OVG Lüneburg ZfS **95** 438. Stellt dagegen das Berufungsgericht in den Gründen fest, die EdF sei zwar im angefochtenen Urteil zu Recht erfolgt, der Eignungsmangel sei jedoch inzwischen durch die fortbestehende Einwirkung vorläufiger Führerscheinmaßnahmen entfallen, so kommt darin entgegen BVG VRS **75** 379 (Anm *Himmelreich* DAR **89** 285, abl *Wirth/Swoboda* ZfS **04** 104 Fn 94) unmißverständlich zum Ausdruck, daß nunmehr das weitere Vorhandensein des ursprünglich gegebenen Eignungsmangels nicht mehr feststellbar ist, s VG Neustadt ZfS **98** 359, *Hentschel* NZV **89** 100, LK *(Geppert)* § 69 Rz 8 Fn 28. Fehlt diese Negativentscheidung trotz des zwingenden § 267 VI StPO in den schriftlichen Gründen, so entfällt die Bindung, BVG NZV **96** 292, VG Fra NJW **02** 80, zB auch, wenn Feststellungen zur Eignung im abgekürzten Urteil fehlen, OVG Br VRS **65** 238, VG Mü NZV **00** 271. Nachträgliche Ergänzung ist nur nach den Grundsätzen für Urteilsberichtigung zulässig (§ 260 StPO). Die bloße Feststellung, die Maßregel sei im Hinblick auf die seit der Tat verstrichene Zeit nicht mehr erforderlich, enthält keine bindende Feststellung zur Kraftfahreignung, BVG NZV **89** 125.

Keine Bindung auch, wenn das Gericht die Entziehung nicht abgelehnt hat, weil es **29** Ungeeignetheit verneint, sondern aus anderen Gründen tatsächlicher oder rechtlicher Art. Auch dann darf die FEB die Eignung selbst beurteilen, OVG Münster MDR **59** 520. Die FEB darf eine Verurteilung, die für sich allein dem Strafrichter nicht ausgereicht hat, Ungeeignetheit festzustellen, zur Unterstützung außerhalb des abgeurteilten Sachverhalts liegender Entziehungsgründe mit heranziehen (Begr zum VerkSichG). Sie ist an eine strafgerichtliche Entscheidung, die die Eignung bejaht, nicht gebunden, wenn sie einen umfassenderen Sachverhalt zu beurteilen hat als der Strafrichter, BVG NZV **88** 37 (Anm *Steinert*) (Mitberücksichtigung vom Gericht nicht gewürdigter Vorstrafen), NZV **89** 125 (Mitberücksichtigung eines vom Gericht bei der Eignungsfrage nicht gewürdigten psychiatrischen Gutachtens), NZV **96** 292, OVG Berlin VRS **45** 145, VGH Ma NZV **93** 495, *Himmelreich/Hentschel* Bd II Rz 170, aM *Schendel* 44. Keine Bindung, wenn der Strafbefehl die FE zwar ausdrücklich bestehen, aber nicht erkennen läßt, ob der Strafrichter denselben weiteren Sachverhalt berücksichtigt hat, wie die VB ihn zu beurteilen hat, BVG NJW **79** 2163. Bei der Entscheidung über eine Anfechtungsklage gegen eine nach § 3 ausgesprochene Entziehung sind, soweit es um die Frage der Bindung geht, neue, dem Kläger günstige Tatsachen und Rechtsänderungen, besonders eine spätere gerichtliche Entscheidung, die denselben Sachverhalt betrifft, zu berücksichtigen,

BVG NJW **62** 1265 *(Czermak),* DVBl **63** 518. Die Bindung reicht nicht über die festgesetzte oder nachträglich abgekürzte Sperrfrist hinaus.

30 f) **Verbot der Abweichung zum Nachteil des Inhabers der Fahrerlaubnis.** Die Bindung bedeutet nur, daß die VB nicht zum Nachteil des FEInhabers von der gerichtlichen Entscheidung abweichen darf. Soweit die Bindung reicht, darf die VB also nicht abweichend die FE entziehen, wenn das Gericht die Entziehung für denselben Sachverhalt abgelehnt hat. Im übrigen darf die VB, soweit sie entscheiden darf, zugunsten des Inhabers der FE von der gerichtlichen Entscheidung abweichen, VG Schwerin NZV **98** 344, *Eisele* NZV **99** 234. Deswegen muß sie die FE auch nicht allein deswegen entziehen, weil gegen den FEInhaber vom Strafrichter (irrtümlich statt von EdF) eine „isolierte" Sperre gem § 69 a I S 3 StGB angeordnet wurde, VG Schwerin NZV **98** 344.

Lit: *Bonk,* Bindungswirkungen strafgerichtlicher Entscheidungen in verwaltungsrechtlichen FE-Entziehungsverfahren, BA **94** 238. *Krieger,* Die Bindung der VBn durch den Strafrichter bei Entscheidungen über die FE, DAR **63** 7. *Hentschel,* EdF wegen Trunkenheit durch die VB trotz Rückgabe des FS durch den Strafrichter?, NZV **89** 100.

31 11. **Wiedererteilung der Fahrerlaubnis.** Nach § 3 II S 1 StVG wie § 69 III S 1 StGB erlischt die FE mit Rechtskraft der Entscheidung, die die Entziehung ausspricht, s Rz 35. Wiedererteilung kann daher immer nur Neuerteilung (§ 2 StVG, §§ 7 bis 20 FeV) sein, OVG Münster VRS **49** 300. Für die Prüfung (§§ 15 ff FeV) ist nach Maßgabe von § 20 II FeV eine Erleichterung vorgesehen. Voraussetzung der Neuerteilung ist, daß keine Tatsachen vorliegen, die die Annahme rechtfertigen, daß der Bewerber zum Führen von Kfzen noch ungeeignet ist; die Gründe, die dazu geführt haben, die FE zu entziehen, müssen beseitigt oder so abgeschwächt sein, daß sie keinen Anlaß zu Eignungsbedenken mehr geben. Nach EdF gem § 3 oder gem § 4 III Nr 3 StVG (nach Erreichen von 18 Punkten) oder § 69 StGB wegen solcher Zuwiderhandlungen, die innerhalb der Probezeit eines Fahranfängers (§ 2a) begangen wurden, sowie nach EdF gem § 2a III oder § 4 VII wegen Verweigerung der Teilnahme an einem Aufbauseminar hängt die Neuerteilung ferner vom Nachweis der Teilnahme an einem Aufbauseminar ab, § 2a V S 1. Die **Sperrfrist gem § 69a StGB** für die Erteilung einer FE bedeutet nicht, daß die Eignung nach Fristablauf ohne weiteres wieder bestehe und die VB die FE erneut erteilen müsse. Sie hat dies vielmehr unter eigener Verantwortung zu prüfen, s § 69 a StGB Rz 19. Wird nach Sperrfristablauf die neue FE beantragt, sind zunächst die Strafakten beizuziehen; erst wenn sie kein verläßliches Bild ergeben, ist eine Gutachtenanforderung (§ 2 VIII) gerechtfertigt, OVG Münster DAR **71** 278. Ist der Sachverhalt gegenüber der gerichtlichen Entscheidung unverändert, kommt der gerichtlichen Beurteilung dabei „besonderes Gewicht" zu, BVG NJW **64** 607. S die §§ 2 StVG, 20 FeV, 69 StGB (näher: *Himmelreich/Hentschel* Bd II Rz 309). Die FE ist entzogen, bis der neue FS ausgehändigt wird (§ 22 IV S 7 FeV), Bay DAR **60** 120. Bei Entziehung einer ausländischen FE (I S 2, § 69b StGB) tritt bei Personen mit ordentlichem Wohnsitz im Ausland an die Stelle der Wiedererteilung einer FE die Erteilung des Rechts, von der ausländischen FE im Inland wieder Gebrauch zu machen (§ 4 IV IntVO).

32 a) **Fristen für die Wiedererteilung.** Bei Entziehung nach § 3 besteht für die Wiedererteilung der FE keine Sperrfrist. Analoge Anwendung von § 69a I StGB scheidet aus, BVG VM **81** 50. Behördlich gesetzte Wiedererteilungsfristen haben keine Sperrwirkung. Steht die Eignung wieder fest, ist vorherige Fristsetzung bedeutungslos, die VB hat vielmehr ohne Rücksicht darauf eine neue FE zu erteilen, gegebenenfalls nach Prüfung, OVG Münster VRS **49** 300, *Lange* DAR **79** 8. Denn unbeschadet jeder Fristsetzung hat jeder, der seine Eignung nachweist, Anspruch auf Erteilung der FE, da § 3 keine Strafvorschrift ist.

33 Jedoch ermächtigt Abs VI (mit § 6 I Nr 1 r) das BMV zur Bestimmung von Fristen für die Wiedererteilung durch RVO, die, anders als behördliche Fristen, verbindlich sind. Frist für die Wiedererteilung der FE auf Probe nach Entziehung gem § 2a II S 1 Nr 3, s § 2a Rz 23, für die Wiedererteilung nach Entziehung gem § 4 III S 1 Nr 3 wegen Erreichens von 18 Punkten, s § 4 Rz 24.

34 b) **Bedingungen für die Wiedererteilung.** Gem Abs VI kann die Wiedererteilung einer FE nach vorangegangener Entziehung durch RVO auch von Bedingungen abhän-

Entziehung der Fahrerlaubnis § 3 StVG 1

gig gemacht werden. Die Vorschrift ermächtigt nicht, die wiedererteilte FE als solche an Bedingungen zu knüpfen (s § 2 Rz 34). Allerdings kann die FE beschränkt oder unter Auflagen erteilt werden, s Rz 10. Das Gericht kann keine Auflagen oder Beschränkungen für die Neuerteilung setzen.

12. Wirkung, Ablieferung des Führerscheins. Die EdF wird mit der Bestandskraft bzw Rechtskraft wirksam; doch kann nach § 80 VwGO Vollzug schon vor Rechtskraft angeordnet werden (s dazu Rz 13, § 47 FeV). Zustellung der FE entziehenden Verfügung an einen Geschäftsunfähigen hindert zwar den Eintritt rechtlicher Wirksamkeit, jedoch bei Unkenntnis der FEB von der Geschäftsunfähigkeit den Rechtsschein der Wirksamkeit, Mü NJW **84** 2845; falls notwendig, kann der Schutz anderer vor Gefährdung zunächst durch polizeiliche Maßnahmen erreicht werden, s Rz 37. Mit der Entziehung erlischt die FE bzw – bei ausländischer FE – das Recht zum Führen von Kfzen im Inland (II S 1, § 46 V S 2 FeV). Wird ausdrücklich nur die FE der Klasse C entzogen, so bleibt davon eine daneben bestehende früher erteilte FE der Klasse B unberührt, s OVG Münster NJW **82** 2572. Der FS ist unverzüglich nach Zustellung des Entziehungsbescheids an die entziehende Behörde abzuliefern oder (bei ausländischen FSen) zur Eintragung der Entscheidung vorzulegen (II S 2), es sei denn, er ist verloren oder vernichtet, was der bisherige Inhaber nicht beweisen muß, Dü VM **70** 38 (s aber § 2a Rz 23). Vgl hierzu § 5. Behandlung ausländischer FSe nach EdF: § 46 Rz 14 FeV. Die FEB, im gerichtlichen Verfahren die VollstreckungsB, muß die Ablieferung nach fruchtloser angemessener Fristsetzung durchsetzen. Nach rechtskräftiger Entziehungsverfügung darf die Aufforderung, den FS abzuliefern, mit Zwangsgeldandrohung verbunden werden, OVG Berlin VRS **42** 152, s *Patella* NVwZ **92** 247. Nichtablieferung erfüllt keinen Straftatbestand, ist aber ow gem §§ 47 I, 75 Nr 10 FeV, 24 StVG. Außer zwangsweiser Einziehung ist Kraftloserklärung des nicht zu erlangenden FS möglich. Der FS ist auch einzuziehen, wenn der Betroffene gegen die Entziehung klagt, die VB aber sofortige Vollstreckung angeordnet hat, § 47 I S 2 FeV. Wird im verwaltungsgerichtlichen Verfahren diese Entscheidung aufgehoben und damit dem Rechtsmittel aufschiebende Wirkung beigelegt, so ist der FS zurückzugeben. Ohne EdF darf die VB den FS vereinbarungsgemäß nur verwahren, solange er nicht zurückgefordert wird, in diesem Fall muß sie alsbald nach § 3 StVG entscheiden, VGH Ka VRS **31** 394. Zur FS-Einziehung nach EdF, *Pongratz* VD **76** 177. Zur Wegnahme durch die Polizei *Fritz* MDR **67** 723. Behandlung ausländischer Fahrausweise nach EdF: § 46 Rz 14 FeV.

Lit: *Patella*, Die Vollstreckung der Pflicht zur Herausgabe des FS nach EdF, NVwZ **92** 247.

13. Vorläufige Entziehung der Fahrerlaubnis. Gerichtliches Verfahren: §§ 94, 111a StPO, 21 StVG.

Im Verwaltungsverfahren ist Wegnahme des FS in dringenden Fällen „zum Schutz der öffentlichen Sicherheit, Ruhe und Ordnung" zulässig. Mit EdF hat diese polizeiliche Maßnahme nichts zu tun, OVG Münster VRS **3** 134; sie erschwert jedoch wegen ihrer rechtlichen Wirkungen die Ausnutzung der FE und kommt daher in der Wirkung der vorläufigen Entziehung nahe. Die Befugnis endet mit der Gefahr, der die Maßnahme vorbeugen soll.

14. Geltungsbereich der Entziehung. Die Entziehung wirkt nur im Bereich der BRep Deutschland. In EU/EWR-Staaten ausgestellte FSe sendet die Behörde nach bestandskräftiger Entziehung über das KBA an die ausstellende Behörde zurück, § 47 II S 2 FeV. Nach der EdF erlangte ausländische FE: § 69b StGB Rz 6.

15. Verzicht auf die Fahrerlaubnis ist unter Rückgabe des FS der für den Wohnort des Erlaubnisinhabers zuständigen VB zu erklären, *Eisele* NZV **99** 234, von dieser schriftlich zu bestätigen und dem KBA mitzuteilen. Keine wirksame Verzichtserklärung gegenüber dem insoweit nicht zuständigen Strafrichter, s *Eisele* NZV **99** 234, aM VG Berlin NZV **98** 176 (aus verfahrensökonomischen Gründen), zumal die VB davon idR keine Kenntnis erlangt (wie auch der vom VG Berlin entschiedene Fall zeigt). Mit der wirksamen Verzichtserklärung erlischt die FE, OVG Münster VRS **70** 389, Kö VRS **71** 58, *Eisele* NZV **99** 235. Wird der FS nicht bei Verzichterklärung abgegeben,

35

36

37

38

39

1 StVG § 4   I. Verkehrsvorschriften

so ist er analog Abs II S 2 unverzüglich abzuliefern, OVG Münster VRS 70 389. Ein Verzicht während des Entziehungsverfahrens ist ins VZR einzutragen (§ 28 III Nr 7). *Bussfeld,* Zum Verzicht auf die FE und auf einen Antrag auf Wiedererteilung, DÖV 76 765. *Eisele,* Verzicht auf die FE als Instrument zur Beendigung von Strafverfahren, NZV 99 232.

40   **16. Zu Unrecht erteilte Fahrerlaubnis.** Erteilt die FEB **in Unkenntnis einer Sperrfrist** eine FE, so ist dieser Verwaltungsakt fehlerhaft, aber nicht nichtig, Ha VRS **26** 345. Das gleiche gilt bei **örtlicher Unzuständigkeit**, s § 73 FeV Rz 6. Eine **rechtswidrig erteilte FE** kann nach Maßgabe von § 48 VwVfG (idF der entsprechenden jeweils anzuwendenden landesrechtlichen Bestimmung, s *Ziegert* AG-VerkRecht-F S 471) zurückgenommen werden, s OVG Hb VRS **105** 466, *Krieger* DVBl **63** 138, besonders bei Erteilung trotz bekannter **Nichteignung**, BVG JR **58** 357, uU aber auch bei Erteilung trotz fehlerhaft unterbliebener Befähigungsprüfung, OVG Ko NZV **89** 126. Bei nach Erteilung der FE bekannt werdendem, aber schon bei Erteilung vorliegendem Eignungsmangel ist § 3 als spezielle Vorschrift anzuwenden, OVG Hb VRS **102** 399, s *Ziegert* AG-VerkRecht-F S 477, 482.

Lit: *Ziegert,* Die Erteilung einer FE bei anfänglichem Eignungsmangel, AG-VerkRecht-F S 463.

41   **17. Strafbestimmung:** § 21 StVG. Ein Arzt, der im Interesse der VSicherheit der GesundheitsB einen die Fahrtüchtigkeit ausschließenden Befund mitteilt, ist nicht strafbar, Mü MDR **56** 565, handelt aber standesrechtlich bedenklich (str). S Rz 6. Näher: *Geppert,* Gössel-F S 309 ff.

Punktsystem

4 (1) ¹Zum Schutz vor Gefahren, die von wiederholt gegen Verkehrsvorschriften verstoßenden Fahrzeugführern und -haltern ausgehen, hat die Fahrerlaubnisbehörde die in Absatz 3 genannten Maßnahmen (Punktsystem) zu ergreifen. ²Das Punktsystem findet keine Anwendung, wenn sich die Notwendigkeit früherer oder anderer Maßnahmen auf Grund anderer Vorschriften, insbesondere der Entziehung der Fahrerlaubnis nach § 3 Abs. 1, ergibt. ³Punktsystem und Regelungen über die Fahrerlaubnis auf Probe finden nebeneinander Anwendung, jedoch mit der Maßgabe, dass die Teilnahme an einem Aufbauseminar nur einmal erfolgt; dies gilt nicht, wenn das letzte Aufbauseminar länger als fünf Jahre zurückliegt oder wenn der Betroffene noch nicht an einem Aufbauseminar nach § 2 a Abs. 2 Satz 1 Nr. 1 oder an einem besonderen Aufbauseminar nach Absatz 8 Satz 4 oder § 2 b Abs. 2 Satz 2 teilgenommen hat und nunmehr die Teilnahme an einem Aufbauseminar für Fahranfänger oder an einem besonderen Aufbauseminar in Betracht kommt.

(2) ¹Für die Anwendung des Punktsystems sind die im Verkehrszentralregister nach § 28 Abs. 3 Nr. 1 bis 3 zu erfassenden Straftaten und Ordnungswidrigkeiten nach der Schwere der Zuwiderhandlungen und nach ihren Folgen mit einem bis zu sieben Punkten nach näherer Bestimmung durch Rechtsverordnung gemäß § 6 Abs. 1 Nr. 1 Buchstabe s zu bewerten. ²Sind durch eine Handlung mehrere Zuwiderhandlungen begangen worden, so wird nur die Zuwiderhandlung mit der höchsten Punktzahl berücksichtigt. ³Ist die Fahrerlaubnis entzogen oder eine Sperre (§ 69 a Abs. 1 Satz 3 des Strafgesetzbuchs) angeordnet worden, so werden die Punkte für die vor dieser Entscheidung begangenen Zuwiderhandlungen gelöscht. ⁴Dies gilt nicht, wenn die Entziehung darauf beruht, dass der Betroffene nicht an einem angeordneten Aufbauseminar (Absatz 7 Satz 1, § 2 a Abs. 3) teilgenommen hat.

(3) ¹Die Fahrerlaubnisbehörde hat gegenüber den Inhabern einer Fahrerlaubnis folgende Maßnahmen (Punktsystem) zu ergreifen:

1. Ergeben sich acht, aber nicht mehr als 13 Punkte, so hat die Fahrerlaubnisbehörde den Betroffenen schriftlich darüber zu unterrichten, ihn zu verwarnen und ihn auf die Möglichkeit der Teilnahme an einem Aufbauseminar nach Absatz 8 hinzuweisen.
2. Ergeben sich 14, aber nicht mehr als 17 Punkte, so hat die Fahrerlaubnisbehörde die Teilnahme an einem Aufbauseminar nach Absatz 8 anzuordnen und hierfür eine Frist zu setzen. Hat der Betroffene innerhalb der letzten fünf Jahre bereits

an einem solchen Seminar teilgenommen, so ist er schriftlich zu verwarnen. Unabhängig davon hat die Fahrerlaubnisbehörde den Betroffenen schriftlich auf die Möglichkeit einer verkehrspsychologischen Beratung nach Absatz 9 hinzuweisen und ihn darüber zu unterrichten, dass ihm bei Erreichen von 18 Punkten die Fahrerlaubnis entzogen wird.

3. Ergeben sich 18 oder mehr Punkte, so gilt der Betroffene als ungeeignet zum Führen von Kraftfahrzeugen; die Fahrerlaubnisbehörde hat die Fahrerlaubnis zu entziehen.

²Die Fahrerlaubnisbehörde ist bei den Maßnahmen nach den Nummern 1 bis 3 an die rechtskräftige Entscheidung über die Straftat oder die Ordnungswidrigkeit gebunden.

(4) ¹Nehmen Fahrerlaubnisinhaber vor Erreichen von 14 Punkten an einem Aufbauseminar teil und legen sie hierüber der Fahrerlaubnisbehörde innerhalb von drei Monaten nach Beendigung des Seminars eine Bescheinigung vor, so werden ihnen bei einem Stand von nicht mehr als acht Punkten vier Punkte, bei einem Stand von neun bis 13 Punkten zwei Punkte abgezogen. ²Hat der Betroffene nach der Teilnahme an einem Aufbauseminar und nach Erreichen von 14 Punkten, aber vor Erreichen von 18 Punkten an einer verkehrspsychologischen Beratung teilgenommen und legt er hierüber der Fahrerlaubnisbehörde innerhalb von drei Monaten nach Beendigung eine Bescheinigung vor, so werden zwei Punkte abgezogen; dies gilt auch, wenn er nach § 2a Abs. 2 Satz 1 Nr. 2 an einer solchen Beratung teilnimmt. ³Der Besuch eines Seminars und die Teilnahme an einer Beratung führen jeweils nur einmal innerhalb von fünf Jahren zu einem Punkteabzug. ⁴Für den Punktestand und die Berechnung der Fünfjahresfrist ist jeweils das Ausstellungsdatum der Teilnahmebescheinigung maßgeblich. ⁵Ein Punkteabzug ist nur bis zum Erreichen von null Punkten zulässig.

(5) ¹Erreicht oder überschreitet der Betroffene 14 oder 18 Punkte, ohne dass die Fahrerlaubnisbehörde die Maßnahmen nach Absatz 3 Satz 1 Nr. 1 ergriffen hat, wird sein Punktestand auf 13 reduziert. ²Erreicht oder überschreitet der Betroffene 18 Punkte, ohne dass die Fahrerlaubnisbehörde die Maßnahmen nach Absatz 3 Satz 1 Nr. 2 ergriffen hat, wird sein Punktestand auf 17 reduziert.

(6) Zur Vorbereitung der Maßnahmen nach Absatz 3 hat das Kraftfahrt-Bundesamt bei Erreichen der betreffenden Punktestände (Absätze 3 und 4) den Fahrerlaubnisbehörden die vorhandenen Eintragungen aus dem Verkehrszentralregister zu übermitteln.

(7) ¹Ist der Inhaber einer Fahrerlaubnis einer vollziehbaren Anordnung der Fahrerlaubnisbehörde nach Absatz 3 Satz 1 Nr. 2 in der festgesetzten Frist nicht nachgekommen, so hat die Fahrerlaubnisbehörde die Fahrerlaubnis zu entziehen. ²Widerspruch und Anfechtungsklage gegen die Anordnung nach Absatz 3 Satz 1 Nr. 2 sowie gegen die Entziehung nach Satz 1 und nach Absatz 3 Satz 1 Nr. 3 haben keine aufschiebende Wirkung.

(8) ¹Die Teilnehmer an Aufbauseminaren sollen durch Mitwirkung an Gruppengesprächen und an einer Fahrprobe veranlasst werden, Mängel in ihrer Einstellung zum Straßenverkehr und im verkehrssicheren Verhalten zu erkennen und abzubauen. ²Auf Antrag kann die anordnende Behörde dem Betroffenen die Teilnahme an einem Einzelseminar gestatten. ³Die Aufbauseminare dürfen nur von Fahrlehrern durchgeführt werden, die Inhaber einer entsprechenden Erlaubnis nach dem Fahrlehrergesetz sind. ⁴Besondere Seminare für Inhaber einer Fahrerlaubnis, die unter dem Einfluss von Alkohol oder anderer berauschender Mittel am Verkehr teilgenommen haben, werden nach näherer Bestimmung durch Rechtsverordnung gemäß § 6 Abs. 1 Nr. 1 Buchstabe n von hierfür amtlich anerkannten anderen Seminarleitern durchgeführt.

(9) ¹In der verkehrspsychologischen Beratung soll der Fahrerlaubnisinhaber veranlasst werden, Mängel in seiner Einstellung zum Straßenverkehr und im verkehrssicheren Verhalten zu erkennen und die Bereitschaft zu entwickeln, diese Mängel abzubauen. ²Die Beratung findet in Form eines Einzelgesprächs statt; sie kann durch eine Fahrprobe ergänzt werden, wenn der Berater dies für erforderlich hält. ³Der Berater soll die Ursachen der Mängel aufklären und Wege zu ihrer Beseitigung aufzeigen. ⁴Das Ergebnis der Beratung ist nur für den Betroffenen bestimmt und nur diesem mitzuteilen. ⁵Der Betroffene erhält jedoch eine Bescheinigung über die Teilnahme zur Vorlage bei der Fahrerlaubnisbehörde. ⁶Die Bera-

1 StVG § 4   I. Verkehrsvorschriften

tung darf nur von einer Person durchgeführt werden, die hierfür amtlich anerkannt ist und folgende Voraussetzungen erfüllt:
1. persönliche Zuverlässigkeit,
2. Abschluss eines Hochschulstudiums als Diplom-Psychologe,
3. Nachweis einer Ausbildung und von Erfahrungen in der Verkehrspsychologie nach näherer Bestimmung durch Rechtsverordnung gemäß § 6 Abs. 1 Nr. 1 Buchstabe u.

(10) [1]Eine neue Fahrerlaubnis darf frühestens sechs Monate nach Wirksamkeit der Entziehung nach Absatz 3 Satz 1 Nr. 3 erteilt werden. [2]Die Frist beginnt mit der Ablieferung des Führerscheins. [3]Unbeschadet der Erfüllung der sonstigen Voraussetzungen für die Erteilung der Fahrerlaubnis hat die Fahrerlaubnisbehörde zum Nachweis, dass die Eignung zum Führen von Kraftfahrzeugen wiederhergestellt ist, in der Regel die Beibringung eines Gutachtens einer amtlich anerkannten Begutachtungsstelle für Fahreignung anzuordnen.

(11) [1]Ist die Fahrerlaubnis nach Absatz 7 Satz 1 entzogen worden, weil einer Anordnung zur Teilnahme an einem Aufbauseminar nicht nachgekommen wurde, so darf eine neue Fahrerlaubnis unbeschadet der übrigen Voraussetzungen nur erteilt werden, wenn der Antragsteller nachweist, dass er an einem Aufbauseminar teilgenommen hat. [2]Das Gleiche gilt, wenn der Antragsteller nur deshalb nicht an einem angeordneten Aufbauseminar teilgenommen hat oder die Anordnung nur deshalb nicht erfolgt ist, weil er zwischenzeitlich auf die Fahrerlaubnis verzichtet hat. [3]Abweichend von Absatz 10 wird die Fahrerlaubnis ohne die Einhaltung einer Frist und ohne die Beibringung eines Gutachtens einer amtlich anerkannten Begutachtungsstelle für Fahreignung erteilt.

1   **Begr** (BRDrucks 821/96 S. 52, 71):

Das Punktsystem war seit dem 1. Mai 1974 in der Allgemeinen Verwaltungsvorschrift (VwV) zu § 15b StVZO geregelt. ...

Im Hinblick auf die hohe Bedeutung des Punktsystems für den betroffenen Bürger, angesichts des Eingriffscharakters der in Rede stehenden Maßnahmen und aus allgemeinen Gesichtspunkten der Rechtsklarheit und Rechtssicherheit ist es erforderlich, das Punktsystem auf eine seine Verbindlichkeit erhöhende normative Grundlage zu stellen. ...

Die bisherige Rechtsgrundlage in der Verwaltungsvorschrift soll durch eine Regelung im Straßenverkehrsgesetz selbst abgelöst werden. Die neue Regelung beinhaltet auch einen neuen Maßnahmenkatalog. Neu einbezogen in den Maßnahmenkatalog wird das Instrument des Aufbauseminars und der verkehrspsychologischen Beratung, während die Wiederholungsprüfung künftig entfallen wird.

*Die **bislang bei 14 Punkten** vorgesehene **Wiederholung** der theoretischen **Prüfung,** deren Sinn zunehmend in Frage gestellt wurde, **entfällt zukünftig**. Die bisherigen Untersuchungen belegen, daß bei vielen Mehrfachtätern die Ursache ihres häufigen Fehlverhaltens und der überdurchschnittlichen Unfallbelastung weniger in der mangelnden Kenntnis der Verkehrsvorschriften und/oder unzureichenden Beherrschung des Fahrzeugs als vielmehr in einer falschen Einstellung zum Straßenverkehr, einer fehlerhaften Selbsteinschätzung und einer erhöhten Risikobereitschaft zu suchen ist. ...*

... Die Entziehung der Fahrerlaubnis, weil der Betreffende trotz Hilfestellungen durch Aufbauseminare und verkehrspsychologische Beratung, trotz Bonus-Gutschriften und trotz der Möglichkeit von zwischenzeitlichen Tilgungen im Verkehrszentralregister, 18 oder mehr Punkte erreicht, beruht auf dem Gedanken, daß die weitere Teilnahme derartiger Kraftfahrer am Straßenverkehr für die übrigen Verkehrsteilnehmer eine Gefahr darstellen würde. Hierbei fällt besonders ins Gewicht, daß es sich dabei um Kraftfahrer handelt, die eine ganz erhebliche Anzahl von – im VZR erfaßten und noch nicht getilgten – Verstößen begangen haben. Der Betreffende gilt als ungeeignet zum Führen von Kraftfahrzeugen. Diese gesetzliche Ungeeignetheitsvermutung kann grundsätzlich nicht widerlegt werden.

...

1a   **Zu Abs 1:** *Absatz 1 nennt zunächst das Ziel des Punktsystems. ... Außerdem wird das Verhältnis zu der allgemeinen Vorschrift über die Entziehung der Fahrerlaubnis (§ 3) und zu der besonderen Regelung der Fahrerlaubnis auf Probe klargestellt.*

Für beide Systeme gelten die gleichen Maßnahmen, nämlich Aufbauseminar, verkehrspsychologische Beratung und Entziehung der Fahrerlaubnis. Wegen der besonderen Situation der Fahran-

Punktsystem § 4 StVG **1**

fänger und deren hoher Unfallrisiken greifen die Maßnahmen nach der Fahrerlaubnis auf Probe allerdings bedeutend früher (vgl. § 2a Abs. 2). ...

Wegen des für die besondere Situation des Fahranfängers konzipierten Anfänger-Aufbauseminars (§ 2a Abs. 2) soll dieses dem Fahranfänger auf jeden Fall zugute kommen, auch wenn er – was allerdings selten vorkommen wird – bereits vor seiner Probezeit (die nur für die Klassen A, B, C, D, E gilt) an einem allgemeinen Aufbauseminar (auf Grund von Verstößen mit der Fahrerlaubnis der Klassen M, L oder T was im einzelnen durch Rechtsverordnung festgelegt wird) teilgenommen hat. In gleicher Weise soll auch das besondere Aufbauseminar nach Absatz 8 Satz 3 oder § 2b Abs. 2 Satz 2 durch ein bereits absolviertes allgemeines Aufbauseminar nicht ausgeschlossen werden. ...

Zu Abs 2: *... Absatz 2 Satz 2 betrifft den Fall mehrerer, in Tateinheit begangener Zuwiderhandlungen. Die Bestimmung, daß nur die Zuwiderhandlung mit der höchsten Punktzahl berücksichtigt wird, also keine additive Bewertung der einzelnen Verstöße stattfindet, wird aus der bisherigen Allgemeinen Verwaltungsvorschrift zu § 15b StVZO übernommen. Es bleibt auch bei der bisherigen Bewertung von tatmehrheitlich begangenen Verkehrsordnungswidrigkeiten, die gemäß § 20 OWiG durch mehrere Geldbußen geahndet werden. Die Verhängung mehrerer Geldbußen führt auch zu einer getrennten und auditiven Bepunktung jedes Einzelverstoßes. Eine ausdrückliche Regelung hierzu erfolgt nicht, da sich die Rechtsfolge bereits aus den bestehenden Vorschriften ergibt.* **1b**

Absatz 2 Satz 3 erfaßt die Fälle, in denen die Fahrerlaubnis wegen Ungeeignetheit entzogen wurde, also insbesondere die Entziehung wegen Erreichens der 18 Punkte nach Absatz 3 Satz 1 Nr. 3 und die strafgerichtliche Entziehung nach § 69 des Strafgesetzbuches. „Löschung der Punkte" bedeutet nicht, daß auch die eingetragenen Entscheidungen gelöscht werden. Diese bleiben so lange im Verkehrszentralregister, bis sie tilgungsreif sind. Ausgenommen von der Regelung sind ausdrücklich Entziehungen nach Absatz 7 Satz 1, § 2a Abs. 3, d.h. Entziehungen wegen Nichtteilnahme an einem angeordneten Aufbauseminar. Zur Löschung der Punkte kommt es nur im Fall der Entziehung, nicht jedoch beim Verzicht auf die Fahrerlaubnis. Hier bleibt das Punktekonto (bis zur Tilgung der zugrundeliegenden Eintragungen) weiterhin bestehen.

Zu Abs 3: (Begr des BR, BTDrucks 13/6914 S 102): *In der neuen Form des Punktsystems hat die individuelle Ansprache eines auffällig gewordenen Kraftfahrers im Rahmen eines Aufbauseminars besonderes Gewicht. Mit dieser Regelung wird auch der Bonus eines sogenannten Punkterabatts durch den Gesetzgeber anerkannt. Da die erste Maßnahme nach dem Punktsystem weiterhin lediglich eine Ermahnung des Kraftfahrers darstellt, verbunden mit dem förmlichen Angebot eines Punkterabatts bei Besuch eines Aufbauseminars, sollte diese als Hilfestellung für den Kraftfahrer gedachte Maßnahme möglichst bald Platz greifen. ... Notwendig, auch im Interesse des Kraftfahrers selbst, ist es deshalb, diesen Zeitpunkt auf das Erreichen von 8 Punkten festzulegen.* **1c**

(BRDrucks 821/96) *Hat der Betroffene in den letzten fünf Jahren bereits ein Aufbauseminar absolviert, wird er verwarnt. Unabhängig davon wird er auf die Möglichkeit einer verkehrspsychologischen Beratung hingewiesen. Im Gegensatz zum pädagogisch orientierten Aufbauseminar wird hier nicht von Personen ausgegangen, bei denen bereits eine entsprechende Lern- und Anpassungsbereitschaft vorliegt, sondern eher von Personen, deren Lern- und Anpassungsbereitschaft zunächst in einem hinreichenden Maße zu entwickeln ist. Wesentlich ist die Einzelberatung und nicht – wie beim Aufbauseminar – die Arbeit in einer Gruppe. ...*

Nummer 3 enthält eine gesetzliche Vermutung der Nichteignung bei 18 oder mehr Punkten und bestimmt, daß die Fahrerlaubnis zu entziehen ist.

Die Bindung der Fahrerlaubnisbehörden an die rechtskräftigen Entscheidungen über die Straftat oder Ordnungswidrigkeit gilt auch für die Gerichte, da diese nur über die Rechtmäßigkeit der Maßnahmen der Fahrerlaubnisbehörden befinden.

Zu Abs 4: *... Das freiwillige Aufbauseminar kann bereits vor Erreichen der ersten Punkteschwelle (zehn Punkte) mit Punkterabatt besucht werden. Um einen Anreiz zu geben, das freiwillige Aufbauseminar möglichst früh zu besuchen, beträgt der Punkterabatt bis zum Erreichen von zehn* Punkten sogar vier Punkte, danach (bis zum Stand von 13 Punkten) nur zwei Punkte. ...* **1d**

---

* Nach der endgültigen Fassung jetzt: acht.

1 StVG § 4 I. Verkehrsvorschriften

... *„Pluspunkte" können nicht erworben werden. Aufbauseminar und Beratung können dem Betroffenen auch entgegengehalten werden, wenn die zugrundeliegenden Eintragungen bereits getilgt sind.*

1 e **Zu Abs 6:** *Nach **Absatz 6** unterrichtet es die zuständige Fahrerlaubnisbehörde bei bestimmten Punkteständen. Diese hat die in Absatz 3 vorgesehenen Maßnahmen in eigener Zuständigkeit und alleiniger Verantwortung zu treffen. Registrierung und Unterrichtung durch das Kraftfahrt-Bundesamt haben keinen verbindlichen Charakter.*
...

1 f **Zu Abs 9:** *Ziel des verkehrspsychologischen Beratungsgesprächs ist die Exploration der Bedingungen und Gründe, die zu den bisherigen Eintragungen geführt haben, sowie die Erarbeitung von Verhaltensmustern zur Vermeidung künftiger Übertretungen. Hiermit sollen Einstellungs- und Verhaltensänderungen eingeleitet werden.*

Es ist nicht das Ziel des Beratungsgesprächs, eine Prognose über die künftige Verkehrsbewährung abzugeben. Insofern unterscheidet es sich deutlich von einer Begutachtung der Fahreignung. Leistungsdiagnostische Verfahren und/oder Fahrproben sollten daher nur dann durchgeführt werden, wenn anzunehmen ist, daß deren Ergebnisse zur weiteren Erhellung des individuellen Bedingungsgefüges für die Verstöße beitragen.

Das verkehrspsychologische Beratungsgespräch findet in Form eines Einzelgespräches statt. Für die Beratung sind mindestens vier Zeitstunden anzusetzen. Der Inhalt des Beratungsablaufs sollte – allerdings unter Berücksichtigung des jeweiligen Einzelfalls – wie folgt aussehen:

1. Vor Beginn des Beratungsgesprächs muß dem Berater ein Auszug aus dem Verkehrszentralregister zur Verfügung stehen, der den gesamten Eintragungsbestand enthält. Mit Hilfe dieser Informationen bereitet er sich auf das Gespräch vor.

2. Das Beratungsgespräch selbst sollte auf jeden Fall folgende Elemente beinhalten:
– Darstellung jedes einzelnen Verstoßes durch den Ratsuchenden;
– Detailbeschreibung der Bedingungen und Gründe, die zu den einzelnen Verstößen geführt haben, wobei der Berater auf der Basis seiner Aktenkenntnis Unterstützung leistet;
– Gemeinsame Herausarbeitung psychischer Bedingungen, Lebensumstände und ggf. situativer Konstellationen, die beim Ratsuchenden zu Verstößen führen;
– Gemeinsame Erarbeitung von Lösungsmöglichkeiten für die Zukunft.

3. Über das Beratungsgespräch ist vom Berater ein Protokoll anzufertigen, aus dem die Hauptbedingungen für die Verstöße und die erarbeiteten Lösungsformen hervorgehen. Das Protokoll verbleibt bei den Akten des Beraters, nachdem der Betroffene eine Ausfertigung erhalten hat. Es dient ausschließlich zur Supervision des Beraters sowie zur Qualitätssicherung der Beratungsmaßnahme und darf zu keinen anderen Zwecken verwendet werden.
...

1 g **Zu Abs 10:** *Nach den Erfahrungen der Verkehrsbehörden sollte nach der Entziehung ein bestimmter Mindestzeitraum bis zur Neuerteilung der Fahrerlaubnis vergehen, weil in aller Regel die Eignungsmängel, die zur Entziehung führen, nicht ohne weiteres beseitigt werden können, insbesondere bei der Nichteignung auf Grund von Alkoholverstößen.* **Absatz 10** *enthält daher eine Sperrfrist von sechs Monaten für die Neuerteilung der Fahrerlaubnis nach der Entziehung.* ...

2 **1. Punktsystem.** Das Punktsystem bezweckt eine Vereinheitlichung der Behandlung von Mehrfachtätern und soll durch seine generalpräventiven und insbesondere spezialpräventiven Wirkungen einen Beitrag zur Verbesserung der VSicherheit leisten. Wegen seiner Bedeutung ist es nunmehr, abw von der seit 1974 ursprünglich geltenden Regelung, nicht mehr nur in einer Vwv, sondern in seinen wesentlichen Grundsätzen und in bezug auf die gegen den Mehrfachtäter zu ergreifenden Maßnahmen durch G geregelt, während nur noch die Bewertung der einzelnen Verstöße mit einer bestimmten Punktzahl sowie die nähere Ausgestaltung der Aufbauseminare und der verkehrspsychologischen Beratung der Regelung durch RVO (§§ 40–45, 38 FeV, Anl 13 zur FeV), vorbehalten ist (§ 6 I Nr 1 s – u). Auch die gegenwärtige Fassung des Punktsystems benachteiligt im Ergebnis alle Berufs- und Vielfahrer einschneidend, weil diese im statistischen Durchschnitt bei aller Sorgfalt viel öfter als Wenig- oder Sonntagsfahrer in die Gefahr der Nichtbeachtung einer VVorschrift geraten, s *Hillmann* DAR **95** 101, *Bode/Winkler* § 11 Rz 108. Es ist teilweise unausgewogen, etwa indem zweimalige (möglicherweise jeweils auf nur leicht fahrlässi-

gem Übersehen eines VZ beruhende) Geschwindigkeitsüberschreitung zu insgesamt 8 Punkten führen kann, während zB eine vorsätzliche Verkehrsgefährdung (§ 315 c StGB) mit einem Punkt weniger bewertet wird, s *Schünemann* DAR **98** 432. Ein verkehrspsychologisch gerechtes Punktsystem darf keine „Verstöße" ahnden wollen, die keinerlei Bezug zu VSicherheit und Regelbeachtung haben (zB das „Vogelzeigen"). Grundsätzlich gilt das Punktsystem auch für Inhaber einer **ausländischen FE,** die im Inland zum KfzFühren berechtigt; jedoch wird die praktische Durchführung des abgestuften Maßnahmensystems hier vielfach Schwierigkeiten bereiten, s *Bouska/Laeverenz* § 4 Anm 51. Soweit gem § 4 Rechtsfolgen eintreten, wenn **ein bestimmter Punktestand „erreicht"** ist (Abs IV, V) oder **„sich ergibt"** (Abs III), ist nicht die Mitteilung oder Eintragung entscheidend, sondern die Rechtskraft der zugrunde liegenden Entscheidung, OVG Fra/O DAR **04** 46, VG Augsburg DAR **03** 436, *Janker* SVR **04** 5, nach OVG Weimar NJW **03** 2770, *Grygier* DAR **04** 48 (s auch OVG Ko DAR **03** 576, 577) schon der Zeitpunkt der Tatbegehung (abzulehnen, weil Punktbewertung rechtskräftige Ahndung voraussetzt, s *Janker* SVR **04** 4 f).

a) Das **Verhältnis zu anderen Vorschriften,** namentlich solcher über die EdF und **3** die FE auf Probe, regelt Abs I S 2 und 3. Danach geht insbesondere § 3 I den Bestimmungen über das Punktsystem vor. Erweist sich ein FEInhaber etwa durch Zuwiderhandlungen, die der Punktbewertung unterliegen, als **ungeeignet oder nicht befähigt** zum Führen von Kfzen, so ist die FE gem § 3 I zu entziehen, ohne daß es darauf ankäme, welche Maßnahmen im Hinblick auf die erreichte Punktzahl nach § 4 III zu ergreifen wäre, s § 3 Rz 8. Entsprechendes gilt, wenn die Verstöße jedenfalls **Bedenken gegen die Eignung oder Befähigung** begründen. Dann kann die FEB unabhängig vom erreichten Punktstand die Beibringung eines ärztlichen Zeugnisses oder eines Gutachtens gem § 3 I S 3, § 2 VIII anordnen.

Die Maßnahmen nach § 2 a bei Nichtbewährung während der Probezeit und diejeni- **4** gen nach dem Punktsystem laufen nebeneinander (I S 3). Insbesondere belasten während der Probezeit begangene Zuwiderhandlungen auch das „Punktekonto" nach § 4. Die Teilnahme an einem **Aufbauseminar** auf Anordnung der VB, die sowohl nach § 2 a II als auch nach § 4 III in Betracht kommt, erfolgt jedoch innerhalb von 5 Jahren idR nur einmal. Hat der FEInhaber innerhalb der letzten 5 Jahre an einem Anfängerseminar für Inhaber einer FE auf Probe teilgenommen oder an einem besonderen Aufbauseminar für alkohol- oder drogenabhängige Kf, so unterbleibt die Teilnahme an einem allgemeinen Aufbauseminar, I S 3. Sind dagegen die Voraussetzungen des § 2 a für die Anordnung eines Anfängerseminars erfüllt und hat der FEInhaber (aufgrund von Verstößen mit einer FEKl, die nicht auf Probe erteilt wird) vor der Probezeit an einem allgemeinen Aufbauseminar teilgenommen, so entfällt das Anfängerseminar nicht. Entsprechendes gilt für das Verhältnis zwischen einem früheren allgemeinen Aufbauseminar und einem später indizierten besonderen Seminar für alkohol- oder drogenauffällige Kf; das allgemeine Seminar ersetzt dann nicht das besondere. Soweit nach dieser Regelung ein allgemeines Aufbauseminar entfällt, bleibt es allerdings bei den übrigen in §§ 2 a und 4 vorgesehenen Maßnahmen wie etwa verkehrspsychologische Beratung; auch die EdF bleibt unberührt.

b) **Punktbewertung.** Mit Punkten werden nur solche Zuwiderhandlungen bewertet, **5** die nach § 28 III Nr 1 bis 3 **im VZR zu erfassen** sind (II S 1), also im Zusammenhang mit dem StrV oder mit dem Führen eines Kfz begangene Straftaten sowie OWen gem § 24 oder 24 a StVG ab 40 € Geldbuße und bei Ahndung mit FV (bei geringerer Buße nur unter den Voraussetzungen des § 28 a), auch solche, die innerhalb der Probezeit von Fahranfängern (§ 2 a) begangen wurden (s Rz 4). Nach Tilgungsreife dürfen mit Punkten belastete Entscheidungen nicht mehr berücksichtigt werden (§ 29 VIII), s BVG NJW **77** 1075 (zur früheren Rechtslage). Der Sachverhalt nicht eintragungsfähiger Entscheidungen und der Inhalt von Behördenaufzeichnungen bleibt im Rahmen des Punktsystems außer Ansatz, s § 29 Rz 8, 9. Der FEInhaber hat gem § 30 VIII einen **Anspruch auf Auskunft** über den ihn betreffenden Inhalt des VZR und den Punktestand. Die Auskunft wird gegen Vorlage eines Identitätsnachweises kostenlos gewährt.

Die Punktbewertung ist durch die FeV auf der Grundlage von § 6 I Nr 1 s erfolgt, **6** § 40 FeV in Verbindung mit Anlage 13 (s Buchteil **3 a** § 40 Rz 3). Stehen **mehrere Zuwiderhandlungen** im Verhältnis der **TM** zueinander, so führt jeder der Tatbestände

1 StVG § 4   I. Verkehrsvorschriften

zu einer Punktbelastung, während **bei TE** nur die Zuwiderhandlung mit der höchsten Punktzahl berücksichtigt wird (II S 2), OVG Münster VRS **105** 152. Dies ist insofern unbefriedigend, als die rein begriffliche Unterscheidung von TE und TM bei den einzelnen Vorentscheidungen zu sachlich ungerechtfertigten Verzerrungen bei der Punktbewertung führen kann. Das gilt zB, wenn mehrere zeitlich aufeinanderfolgende Verstöße gegen Bestimmungen der StVO in dem einen Fall als TM zu ahnden sind, während sie in einem anderen durch eine gleichzeitige DauerOW zur TE verklammert werden (s dazu § 49 StVO Rz 3). Zu ungerechten Konsequenzen kann es auch führen, wenn die hohe Punktzahl etwa nur deswegen erreicht wird, weil gleichartige, auf einem einheitlichen Lebenssachverhalt beruhende Verstöße, abw von der früheren Rspr, nicht mehr als fortgesetzte Tat, sondern als TM zu würdigen sind (Fahren ohne FE, ohne Versicherungsschutz). Ein Absehen von den in Abs III vorgesehenen Maßnahmen im konkreten Fall zur Vermeidung von Unbilligkeiten ist nunmehr, anders als bei der früheren nur durch Vwv getroffenen Regelung (s VG Gießen DAR **95** 379, *Jagow* VD **95** 195), angesichts der bindenden Vorschriften von Abs III nicht möglich. Eine gewisse Korrektur kann in derartigen Fällen nur durch Abs V erreicht werden, durch den gewährleistet ist, daß keine der drei Eingriffsstufen übersprungen wird (s Rz 13, 15), s *Jagow* VD **98** 272.

7 c) **Einfluß von Fahrerlaubnisentziehung und Sperre.** Wird die FE, auch unabhängig vom Punktsystem, VGH Ma DAR **04** 356, durch die VB oder den Strafrichter entzogen, und zwar vollständig und bestandskräftig, VGH Ma DAR **04** 356, zB gem § 3 wegen Ungeeignetheit oder mangelnder Befähigung oder gem § 2a II S 1 Nr 3 wegen wiederholter Nichtbewährung in der Probezeit, aber auch nach § 4 III S 1 Nr 3 wegen Erreichens von 18 Punkten oder nach § 69 StGB, oder wird eine „isolierte" Sperre für die Erteilung einer FE nach § 69a I S 3 StGB angeordnet, so werden alle Punkte aufgrund früherer, vor dieser Maßnahme begangener Zuwiderhandlungen gelöscht. Das gilt auch für die Tat, die den unmittelbaren Anlaß für die EdF oder Sperrfristanordnung bildet. Entzieht also zB der Strafrichter wegen eines Trunkenheitsdelikts gem § 69 II Nr 2 StGB die FE, so ist der Täter „punktfrei". Dagegen behält er seine Punkte zuzüglich der wegen der neuen Tat zu registrierenden Punkte, wenn der Strafrichter der FE nicht entzieht und den wegen der Tat sichergestellten FS in der Hauptverhandlung zurückgibt, etwa weil der in der Straftat offenbar gewordene Eignungsmangel durch die seit der Tat fortdauernden vorläufigen FSMaßnahmen (vorläufige EdF, FSSicherstellung) – eventuell im Zusammenwirken mit einer Nachschulung – im Zeitpunkt der Hauptverhandlung als beseitigt anzusehen ist (s § 69 Rz 16, 19, 23).

8 **Nur die** bis zur EdF oder Sperrfristanordnung angesammelten **Punkte werden gelöscht,** nicht dagegen die ihnen zugrunde liegenden Entscheidungen; diese bleiben im VZR bis zur Tilgungsreife erfaßt, können also auch in einem späteren, erneuten Entziehungsverfahren (zB nach § 3 I) zum Nachteil des FEInhabers berücksichtigt werden. Ein **Verzicht** auf die FE steht der Entziehung nicht gleich, führt also nicht gem II S 3 zur Punktlöschung. Abw von II S 3 erfolgt keine Punktlöschung, wenn die **EdF wegen Nichtteilnahme an einem Aufbauseminar** gem § 2a III oder § 4 VII angeordnet wird (II S 4). Nach Neuerteilung einer FE bleibt es dann also beim alten Punktestand, sofern nicht Tilgung gem § 29 erfolgt ist, OVG Lüneburg ZfS **04** 141.

9 2. **Maßnahmen der FEB.** Der Maßnahmenkatalog des Abs III unterscheidet sich wesentlich von der früheren, in § 3 der Allgemeinen Vwv zu § 15b StVZO (Mehrfachtäter-Punktsystem) getroffenen Regelung, indem er, verschiedenen Empfehlungen des Deutschen Verkehrsgerichtstages folgend (VGT **90** 9, **95** 10), der Tatsache Rechnung trägt, daß die Häufung von VZuwiderhandlungen in aller Regel weniger auf mangelnder Vorschriftenkenntnis als vielmehr auf Fehleinstellungen des Mehrfachtäters zum StrV und seinen Gefahren sowie mangelnder Einsicht in die Notwendigkeit der Einhaltung seiner Regeln beruht. Deswegen stehen statt der Überprüfung von Kenntnissen möglichst früh einsetzende erzieherische Maßnahmen wie Aufbauseminare (§§ 42, 43 FeV) und verkehrspsychologische Beratung (§ 38 FeV), teilweise verbunden mit die Motivierung fördernden Punkte-"Rabatten" nach Maßgabe von Abs IV (s Rz 20 ff) im Vordergrund. Der Maßnahmenkatalog knüpft jeweils an eine **bestimmte Zahl sich „ergebender" Punkte** (s Rz 2) an. Nach der **Übergangsbestimmung** des

Punktsystem § 4 StVG **1**

§ 65 IV gilt für die zu treffenden Maßnahmen noch das frühere Punktsystem der Allgemeinen Vwv zu § 15b StVZO, wenn die Zuwiderhandlung vor dem 1. 1. 1999 (Inkrafttreten von § 4) begangen wurde, und zwar ohne jeden Übergangsbonus, OVG Hb NZV **00** 349. Bei Hinzutreten weiterer Verstöße nach diesem Zeitpunkt gilt § 4 (§ 65 IV S 2), und zwar nicht nur für die Punktbewertung der bisher nach der Vwv zu § 15b StVZO bewerteten Zuwiderhandlungen, OVG Münster NZV **00** 220, und für die unwiderlegliche Vermutung der Ungeeignetheit bei 18 Punkten (Abs III Nr 3), OVG Hb NJW **00** 1353, sondern – nach Maßgabe von § 65 IV S 2 und 3 – auch hinsichtlich der darin enthaltenen Bestimmungen über Möglichkeiten des Punkteabzugs, OVG Hb NJW **00** 1353, OVG Münster ZfS **01** 433, VG Mü ZfS **01** 235, VG Regensburg DAR **00** 137, VG Chemnitz NVwZ-RR **01** 607. Dabei ist jedoch für die Anwendung von Abs V die Übergangsbestimmung des § 65 IV S 2 zu beachten, in der geregelt ist, welche nach der Vwv zu § 15b StVZO (alt) getroffenen Maßnahmen den gem § 4 III zu ergreifenden Maßnahmen gleichgestellt sind. Erreicht der Betroffene durch Hinzutreten weiterer Verstöße nach dem 1. 1. 99 18 Punkte, so unterbleibt, soweit nach früherem Recht dem Abs III 1 Nr 2 gleichgestellte Maßnahmen nicht erfolgten, zunächst die gem III S 1 Nr 3 vorgeschriebene EdF, s OVG Münster NZV **00** 220, OVG Hb NJW **00** 1353, VG Mü ZfS **01** 235, VG Bra NZV **00** 101; vielmehr wird dem Betroffenen gem § 65 IV S 3 die Möglichkeit der Punktereduzierung durch Teilnahme an einer verkehrspsychologischen Beratung (Abs III 1 Nr 2 S 3, IV 2) gewährt, s *Weibrecht* NZV **01** 147f.

a) **8 Punkte.** Bei Erreichen von 8 Punkten (aber nicht mehr als 13) wird der FEInhaber von der FEB schriftlich über seinen Punktestand unterrichtet. Zugleich wird er verwarnt und auf die **Möglichkeit der Teilnahme an einem Aufbauseminar** hingewiesen. Die Seminarteilnahme ist bei dieser ersten Eingriffsstufe (anders als bei 14 Punkten, s Rz 11) noch freiwillig. Die Bereitschaft zur Teilnahme wird jedoch durch die damit verbundene Möglichkeit des Punkteabzugs gefördert, auf den die FEB in ihrem Schreiben hinweisen sollte. Einen weiteren Anreiz zur freiwilligen Teilnahme schafft Abs III S 1 Nr 2, wonach der Teilnehmer bei Erreichen der zweiten Eingriffsstufe innerhalb von 5 Jahren nach der Teilnahme die dann normalerweise vorgesehene Anordnung einer Seminarteilnahme vermeidet. Die Seminarteilnahme ist nicht mit einer abschließenden Prüfung verbunden. Hat der Betroffene aktiv am Aufbauseminar teilgenommen, so erhält er eine Teilnahmebescheinigung (§ 44 FeV). Im übrigen besteht kein Anspruch gegen die FEB auf verbindliche Auskunft über Punktestand und etwaige Punktereduzierung vor einer von der FEB nach § 4 zu treffenden Maßnahme, VG Fra NJW **01** 3500. Unentgeltliche Auskunft über VZR-Eintragungen und Punkte durch das KBA, s § 30. **10**

b) **14 Punkte.** Sind 14 Punkte (aber nicht mehr als 17) erreicht, so ist der FEInhaber **zur Teilnahme an einem Aufbauseminar verpflichtet.** Die FEB ordnet die Teilnahme innerhalb einer von ihr bestimmten Frist an. Verhältnis zu anderen Aufbauseminaren, s Rz 4. Die Anordnung unterbleibt, wenn der FEInhaber innerhalb der letzten 5 Jahre schon an einem Aufbauseminar teilgenommen hat. Dann wird der Mehrfachtäter schriftlich verwarnt. Das obligatorische Aufbauseminar ist, anders als das freiwillige der ersten Eingriffsstufe, nicht mit einem Punkteabzug verbunden (IV S 1). Inhalt der Aufbauseminare, Qualifikation der Seminarleiter, s Abs VIII. **11**

In jedem Fall wird der FEInhaber nach Erreichen von 14 Punkten zugleich auf die Möglichkeit einer **verkehrspsychologischen Beratung** (§ 38 FeV) hingewiesen. Außerdem wird er darüber unterrichtet, daß das Erreichen von 18 Punkten zur EdF führt. Die Teilnahme an einer verkehrspsychologischen Beratung ist freiwillig, aber im Gegensatz zur obligatorischen Seminarteilnahme mit der Möglichkeit eines Punkteabzugs verbunden (s Rz 21). Inhalt und Form der Beratung: Abs IX, §§ 41 I, 38 FeV. Voraussetzungen für die erforderliche amtliche Anerkennung als verkehrspsychologischer Berater: Abs IX S 6 (mit Übergangsbestimmung: § 65 V), § 71 FeV. Zurücknahme und Widerruf der Anerkennung: § 71 IV bis V FeV. **12**

Erreicht der Betroffene wiederholt den in Abs 3 S 1 Nr 1 oder 2 genannten Punktestand infolge zwischenzeitlicher Reduzierung aufgrund Tilgung und erneuten Anstiegs, so ist dies für die Anwendung dieser Bestimmungen unbeachtlich, dh auch **13**

1 StVG § 4   I. Verkehrsvorschriften

dann ist zunächst die jeweils vorgesehene Maßnahme (erneut) zu ergreifen, OVG Münster VM **03** 63 (zust *Haus*), OVG Weimar VRS **106** 315. Dagegen braucht die Maßnahme nicht nochmals ergriffen zu werden, wenn die untere Grenze (8 bzw 14 Punkte) nicht erneut überschritten wird, sondern sich aufgrund einer weiteren Eintragung nur innerhalb des Rahmens der betreffenden Eingriffsstufe erhöht, OVG Münster VRS **106** 221, und auch dann nicht, wenn die Grenze nicht erneut durch *Anstieg* erreicht oder überschritten wird, sondern der Punktestand (durch Tilgung) auf den betreffenden Bereich *fällt*, OVG Weimar VRS **106** 315. **Erreicht der FEInhaber 14 oder 18 Punkte auf einmal,** zB durch in *einem* Urteil geahndete tatmehrheitlich begangene Zuwiderhandlungen (s Rz 6), so werden nicht sogleich die Maßnahmen der zweiten Eingriffsstufe (III S 1 Nr 2) getroffen. Die erste Eingriffsstufe wird also niemals übersprungen. Sein **Punktestand** wird dann auf nur 13 Punkte **reduziert** (V S 1). Erreicht er 18 Punkte, ohne daß zuvor die Maßnahmen der zweiten Eingriffsstufe ergriffen werden konnten, so erfolgt Reduzierung des Punktestandes auf 17. Diese Reduzierung erfolgt aber nicht durch besonderen Verwaltungsakt, sondern (nur fiktiv) im Rahmen des Abs III; daher scheidet Verpflichtungsklage insoweit aus, OVG Mgd NJW **02** 2264. Vielmehr kann sich der Betroffene, wenn der fiktive Abzug der Punkteberechnung im Rahmen des Abs III unterbleibt, nur mit Widerspruch und Anfechtungsklage gegen die von der FEB nach III Nr 2 oder 3 getroffene Maßnahme wenden (VII S 2), OVG Mgd NJW **02** 2264. Im Fall des **wiederholten Überschreitens von 14 Punkten, ohne daß die Maßnahme des § 4 III S. 1 Nr. 1 StVG ergriffen wurde,** wird der Punktestand nur einmal nach Maßgabe von Abs V reduziert; eine nochmalige Reduzierung nach erneutem Anstieg findet nicht statt, OVG Ko DAR **03** 576 (Anm *Haus* ZfS **03** 523).

14   c) **18 Punkte. Entziehung der Fahrerlaubnis.** Abw von dem früheren Punktsystem nach der Allgemeinen Vwv zu § 15b StVZO, das nur im Rahmen des § 4 (alt) = § 3 nF galt, BVG NJW **77** 1075, und bei **Erreichen von 18 Punkten** die VB nicht von der Pflicht entband, vor EdF die Ungeeignetheit zum Führen von Kfzen aufgrund eingehender Würdigung der Persönlichkeit des Betroffenen festzustellen, VG Ko NJW **77** 543, VG Aachen NZV **89** 426, insbesondere (idR) unter Beiziehung der Akten die den Entscheidungen zugrunde liegenden Vorgänge zu würdigen, BVG NJW **77** 1078, enthält Abs III S 1 Nr 3 die bindende **Fiktion der Ungeeignetheit.** Der FEInhaber gilt, ohne Rücksicht auf Zufälligkeiten und mögliche Verzerrungen bei der Punktbewertung (s Rz 6) und möglicherweise vorliegender besonderer, entlastender Umstände bei einer oder mehrerer der den Entscheidungen zugrunde liegenden Verstößen als unwiderlegbar ungeeignet mit der Folge **zwingend vorgeschriebener EdF.** Das gilt auch, wenn eine der vorausgehenden Maßnahmen, zB das Aufbauseminar nach Erreichen von 14 Punkten, seine Wirkung nicht mehr entfalten konnte, weil aufgrund vor der Anordnung des Seminars begangener Zuwiderhandlung und ihrer nach dem Aufbauseminar rechtskräftig werdenden Ahndung 18 Punkte erreicht oder überschritten werden, OVG Lüneburg DAR **03** 187. Es ist fraglich, ob dies trotz der vorausgehenden abgestuften Maßnahmen und der dem Mehrfachtäter eröffneten Möglichkeiten des Punkteabzugs in allen Fällen die Vermeidung eines Verstoßes gegen das verfassungsmäßige Übermaßverbot (s E 2) gewährleistet.

15   Für atypische Fälle, die die Fiktion der Ungeeignetheit nicht rechtfertigen, ermächtigt aber § 6 I Nr 1 w das BMV, den zuständigen Landesbehörden durch RVO die Befugnis zur **Zulassung von Ausnahmen** einzuräumen, krit zu dieser Regelung *Ziegert* ZfS **99** 5. Da von der Ermächtigung bisher jedoch nicht Gebrauch gemacht wurde, führt das Erreichen von 18 Punkten ausnahmslos zur EdF, s OVG Lüneburg DAR **03** 187, *Bouska/Laeverenz* § 4 Anm 19 d). Der Gefahr übermäßigen Eingriffs durch die FEB wird ferner durch die Regelung in Abs V begegnet, wonach auch bei **Erreichen von 18 Punkten auf einmal** (s Rz 13) die vorausgehenden, für das Erreichen von 8 bzw 14 Punkten vorgesehenen Maßnahmen nicht übersprungen und sogleich durch die dritte Eingriffsstufe der EdF ersetzt werden dürfen. Sein Punktestand wird in solchen Fällen auf 14 bzw 17 Punkte reduziert.

16   Auch die **Nichtteilnahme am obligatorischen Aufbauseminar** nach Abs III S 1 Nr 2 innerhalb der von der FEB gesetzten Frist führt zur EdF. Es gelten die gleichen

Grundsätze wie bei der entsprechenden Regelung in § 2a III. Auf Verschulden kommt es nicht an, VG Schl NVwZ-RR **01** 609 (s § 2a Rz 15); jedoch kann die EdF im Fall unverschuldeter Nichteinhaltung der Frist und nachträglicher Bereitschaft zur Seminarteilnahme gegen das Übermaßverbot verstoßen, VG Schl NVwZ-RR **01** 609 (s § 2a Rz 15). Erreicht der Betroffene nach Neuerteilung der FE 18 Punkte (Löschung durch EdF ist nicht erfolgt, s Abs II S 4!), so ist die FE erneut zu entziehen, ohne daß es zuvor einer (nochmaligen) Maßnahme nach Abs III Nr 2 bedürfte (Abs V gilt nicht), OVG Lüneburg ZfS **04** 141.

Nur **wenn die Anordnung** der Teilnahme an einem Aufbauseminar **vollziehbar** 17
ist, führt die Nichtbefolgung durch den FEInhaber zur EdF. Regelmäßig ist diese Voraussetzung erfüllt, weil Widerspruch und Anfechtungsklage gegen die Anordnung keine aufschiebende Wirkung haben (VII S 2); das gilt aber zB dann nicht, wenn das Gericht gem § 80 V VwGO die aufschiebende Wirkung anordnet. War die Anordnung der Seminarteilnahme vollziehbar, so sind Einwände des Betroffenen gegen die Anordnung zugrunde liegenden Entscheidungen unbeachtlich (s Abs III S 2), er kann sich also zB nicht erfolgreich gegen die EdF mit der Behauptung wehren, er habe eine der mit Punkten bewerteten Zuwiderhandlungen nicht begangen, s § 2a Rz 15.

d) **Bindung der FEB an rechtskräftige Entscheidungen.** Eine Überprüfung der 18
mit Punkten bewerteten, im VZR eingetragenen Entscheidungen durch die FEB bei Erreichen der jeweiligen Punktzahl für die verschiedenen Eingriffsstufen des Abs III S 1 Nr 1–3 findet nicht statt, VG Schwerin DAR **04** 288. Der FEInhaber muß die im VZR eingetragenen rechtskräftigen Entscheidungen gegen sich gelten lassen; die FEB ist an deren Inhalt gebunden (III S 2).

3. Rechtsmittel. Die Eintragung der rechtskräftigen Entscheidungen, verbunden mit 19
der Punktbewertung, ist kein selbständig anfechtbarer Verwaltungsakt, BVG VRS **73** 303 (zust *Lässig* JuS **90** 459), OVG Lüneburg DAR **01** 471. Zur Möglichkeit einer vorbeugenden Feststellungsklage, s VG Ansbach DAR **76** 52. Wendet sich der Verurteilte gegen die im Zusammenhang mit der Mitteilung an das KBA vorgenommene Bewertung mit Punkten, so erachtet allerdings Kar NZV **93** 364 den Rechtsweg vor den ordentlichen Gerichten für eröffnet (§ 23 EGGVG). Auch die Unterrichtung und Verwarnung des FEInhabers nach Erreichen von 8 Punkten (III S 1 Nr 1) kann nicht selbständig angefochten werden, VG Cottbus Kw 36/4-50-467/00 (unter Hinweis auf Abs VII S 2), *Himmelreich/Hentschel* Bd II Rz 84, *Jagow* NZV **89** 9. Soweit die Anordnung der Seminarteilnahme gem Abs III S 1 Nr 2 angefochten wird, hat dies **keine aufschiebende Wirkung** (VII). Das gleiche gilt für die Anfechtung der EdF nach Abs III S 1 Nr 3 wegen Erreichens von 18 Punkten oder nach Abs VII S 1 wegen Nichtbefolgung der Anordnung einer Seminarteilnahme (VII S 2). Die Punktbewertung ist keine Nebenfolge nichtvermögensrechtlicher Art iS von § 79 I S 1 Nr 1 OWiG (**Rechtsbeschwerde** ohne Zulassung), Ha VM **97** 30, DAR **97** 410.

4. Bonus-System (Punkteabzug). Soweit Abs III S 1 Nr 1 und 2 freiwillige Maß- 20
nahmen vorsieht wie die Teilnahme an einem Aufbauseminar nach Erreichen von 8 Punkten oder die verkehrspsychologische Beratung nach Erreichen von 14 Punkten, ermöglicht das Bonus-System des Abs IV einen Punkte-„Rabatt". Damit soll ein Anreiz für den FEInhaber geschaffen werden, sich diesen nicht obligatorischen Maßnahmen zur Verhaltensänderung und Beseitigung von Fehleinstellungen zu unterziehen. Dabei hängt der Punktabzug nicht davon ab, daß die Eingriffsstufe, nach der die freiwillige Maßnahme zu empfehlen ist, schon erreicht ist. Auch wenn also die Teilnahme am Aufbauseminar schon vor Erreichen von 8 Punkten erfolgt, wird Punkteabzug gewährt. „**Erreichen**" einer bestimmten Punktzahl iS von Abs IV: Rz 2.

Der Punkteabzug beträgt im Fall der freiwilligen Seminarteilnahme **4 Punkte** bei 21
einem Punktestand von nicht mehr als 8 Punkten und **2 Punkte** bei einem „Kontostand" zwischen 9 und 13 Punkten. 2 Punkte werden auch abgezogen, wenn sich der FEInhaber nach Erreichen von 14 Punkten und Teilnahme an einem Aufbauseminar einer verkehrspsychologischen Beratung unterzieht. Dieser Punkteabzug gilt auch für die Teilnahme des Inhabers einer **FE auf Probe** an einer solchen Beratung gem § 2a II S 1 Nr 2 (s § 2a Rz 13), und zwar ohne daß die Voraussetzungen des Abs IV

1 StVG § 5 I. Verkehrsvorschriften

S 2 Halbsatz 1 erfüllt sein müßten (Erreichen von 14 Punkten), s *Kögel* ZVS **02** 126. Der Punktestand kann durch freiwillige Maßnahmen des FEInhabers stets nur **auf höchstens Null** reduziert werden (IV S 5); dieser kann also nicht etwa „Pluspunkte" ansammeln, um zB zu erreichen, daß punktbewertete Verstöße zunächst punktfrei bleiben. Eine abw Regelung wäre geeignet, das Fahrverhalten von Kf mit „Punkteguthaben" negativ zu beeinflussen, s *Jagow* VD **98** 271. Zwar ist die freiwillige Teilnahme an Aufbauseminaren auch wiederholt möglich, auch zB wenn innerhalb von 5 Jahren eine Seminarteilnahme gem § 2a angeordnet war, s *Bouska/Laeverenz* § 4 StVG Anm 24. Sowohl Seminarteilnahme als auch verkehrspsychologische Beratung führen aber **innerhalb von 5 Jahren nur einmal** zum Punkteabzug, und zwar unabhängig davon, ob die der früheren Maßnahme zugrunde liegenden Eintragungen inzwischen getilgt sind (Berechnung der 5-Jahresfrist, s Rz 22).

22   Der Punkteabzug setzt die Vorlage einer **Teilnahmebescheinigung** des Veranstalters des Aufbauseminars bzw der verkehrspsychologischen Beratung voraus, und zwar innerhalb von 3 Monaten nach Beendigung der Veranstaltung. **Maßgebend für den Punktestand** ist das Ausstellungsdatum der Bescheinigung (IV S 4). Das gleiche gilt für die Berechnung der erwähnten 5-Jahresfrist (Rz 21).

23   **5. Datenübermittlung durch das KBA.** Die Punkte werden vom KBA aufgrund der bei ihm eingehenden Mitteilungen über rechtskräftige Entscheidungen der Gerichte und VBen registriert. Damit die zuständige FEB die sich nach dem jeweiligen Punktestand ergebenden Maßnahmen treffen kann, übermittelt ihr das KBA jeweils bei Erreichen dieser Punktzahlen die vorhandenen Eintragungen (VI). Die Unterrichtung der FEB erfolgt schriftlich (§ 3 II VwV VZR).

24   **6. Wiedererteilung der FE.** Wurde die FE gem Abs III S 1 Nr 3 **wegen Erreichens von 18 Punkten entzogen,** so darf eine neue FE grundsätzlich frühestens 6 Monate nach Wirksamwerden der Entziehung erteilt werden (X S 1). Zulassung von Ausnahmen durch die nach Landesrecht zuständigen VBen, s § 6 I Nr 1 w. Die Frist beginnt nicht vor Ablieferung des FS (X S 2). Vor Neuerteilung einer FE muß die FEB idR die **Beibringung eines Eignungsgutachtens** einer amtlich anerkannten Begutachtungsstelle für Fahreignung anordnen. Absehen von der Gutachtenanforderung nur bei Vorliegen besonderer Umstände, s *Gehrmann* NJW **98** 3540. Fällt das Gutachten negativ aus, unterbleibt die FEErteilung (§ 2 II S 1 Nr 3). Das Gericht wird eine negative Prognose des Gutachtens nicht allein aufgrund des unbewiesenen Sachvortrags des die Wiedererteilung begehrenden Klägers widerlegen können, BVG NZV **92** 253. Kommt der FEBewerber der Aufforderung zur Beibringung des Gutachtens nicht nach, so kann sein Antrag abgelehnt werden, VGH Mü DAR **75** 335, OVG Lüneburg DAR **85** 95, VGH Ka VRS **76** 45, s § 11 VIII FeV.

25   Erfolgte die EdF **wegen Nichtteilnahme an einem** nach Abs III S 1 Nr 2 (2. Eingriffsstufe) angeordneten **Aufbauseminar**, so setzt die Neuerteilung einer FE den Nachweis einer inzwischen nachgeholten Seminarteilnahme voraus (XI S 1). Das gilt auch, wenn die Teilnahme nur deswegen unterblieben war, weil der Antragsteller auf seine FE verzichtet hatte. Die Regelung entspricht derjenigen des § 2a V bei FE auf Probe. Wird der Nachweis erbracht, so hängt in diesen Fällen die Wiedererteilung, anders als bei EdF wegen Erreichens von 18 Punkten, nicht von der Beibringung eines positiven Eignungsgutachtens ab; auch die Mindestfrist von 6 Monaten für die Erteilung einer neuen FE (X S 1) gilt hier nicht.

26   **Lit:** *Jagow*, Charakterliche Eignung und Punktsystem, VD **98** 265. *Janker*, Wann „ergeben" sich Punkte?, SVR **04** 1.

Verlust von Dokumenten und Kennzeichen

5 ¹Besteht eine Verpflichtung zur Ablieferung oder Vorlage eines Führerscheins, Fahrzeugscheins, Anhängerverzeichnisses, Fahrzeugbriefs, Nachweises über die Zuteilung des amtlichen Kennzeichens oder über die Betriebserlaubnis oder EG-Typgenehmigung, eines ausländischen Führerscheins oder Zulassungsscheins oder eins internationalen Führerscheins oder Zulassungsscheins oder amtlicher Kennzei-

Unterhaltung der Verkehrszeichen § 5b StVG **1**

chen oder Versicherungskennzeichen und behauptet der Verpflichtete, der Ablieferungs- oder Vorlagepflicht deshalb nicht nachkommen zu können, weil ihm der Schein, das Verzeichnis, der Brief, der Nachweis oder die Kennzeichen verlorengegangen oder sonst abhanden gekommen sind, so hat er auf Verlangen der Verwaltungsbehörde eine Versicherung an Eides Statt über den Verbleib des Scheins, Verzeichnisses, Briefs, Nachweises oder der Kennzeichen abzugeben. ²Dies gilt auch, wenn jemand für einen verloren gegangenen oder sonst abhanden gekommenen Schein, Brief oder Nachweis oder ein verloren gegangenes oder sonst abhanden gekommenes Anhängerverzeichnis oder Kennzeichen eine neue Ausfertigung oder ein neues Kennzeichen beantragt.

Begr zum ÄndG v 24. 4. 1998 (BRDrucks 821/96 S 74): *Amtliche Kennzeichen, d. h. mit einem Dienstsiegel versehne Kennzeichenschilder, Versicherungskennzeichen sowie Nachweise über die Betriebserlaubnis oder EG-Typgenehmigung sind ebenso Urkunden wie die Fahrzeugpapiere. Da mit amtlichen Kennzeichen wie mit Fahrzeugpapieren gleichermaßen Mißbrauch möglich ist, soll bei Verlust im Rahmen des entsprechenden Verwaltungsverfahrens künftig ebenso eine Versicherung an Eides statt über deren Verbleib verlangt werden können, wie bisher schon bei Fahrzeugpapieren. Außerdem werden die Anhängerverzeichnisse (§ 24 StVZO) aufgenommen, weil sie hinsichtlich ihres Aussagewertes über die Fahrzeugzulassung den Fahrzeugscheinen gleichzustellen sind.*

1. Beispiele für **Ablieferungspflichten:** a) bei inländischen FSen, auch bei angeordneter sofortiger Vollziehung der EdF: § 3 II S 2 StVG, §§ 25 V S 3, 47 I FeV; b) bei inländischen internationalen Zulassungs- und FSen: § 11 III IntVO; c) bei inländischen FzScheinen: § 29 d I StVZO; d) bei ausländischen FSen: §§ 30 III, 31 IV S 2 FeV; e) bei ausländischen internationalen Zulassungsscheinen: § 11 IntVO; f) bei FzBriefen: §§ 25 III, 27 VII StVZO; g) bei Nachweisen über die BE: § 17 II S 2 StVZO; h) bei Versicherungskennzeichen: § 29 h I StVZO. Bei der steuerlichen Fz-Zwangsabmeldung gemäß § 14 KraftStG besteht hinsichtlich des FzScheins keine Ablieferungspflicht des Halters, der FzSchein ist vielmehr behördlich einzuziehen. § 5 greift hier mangels einer Ablieferungspflicht nicht ein, wie Satz 1 zeigt. **1**

2. Beispiele für **Vorlagepflichten:** a) bei inländischen FSen: §§ 47 I, 48 X S 3 (mit § 47 I) FeV; b) bei ausländischen Führerscheinen: §§ 3 II S 2 StVG, 29 III S 2 FeV, 11 II IntVO; c) bei inländischen Anhängerverzeichnissen: §§ 17 II, 27 I, V StVZO; d) bei FzBriefen: §§ 25 IV, 27 I, V StVZO; e) bei FzScheinen: §§ 17 II, 27 IV, V StVZO. **2**

3. Eine **Versicherung an Eides Statt** soll nur gefordert werden, wenn alle anderen zumutbaren Aufklärungsmöglichkeiten erschöpft sind, Stu NZV **96** 415; dies ist vor allem bei Anträgen auf Erteilung eines ErsatzFS nach Verlust oder Diebstahl zu beachten, zumal die Abnahme einer eidesstattlichen Versicherung gebührenpflichtig ist (Nr 256 GebOStr). Die eidesstattliche Versicherung darf nur von eidesfähigen Personen verlangt werden. Zuständige Behörde: §§ 25, 68 StVZO, 73 FeV, s Stu NZV **96** 415. Näher § 27 VwVfG und die VerwaltungsverfahrensGe der Länder. Es besteht Belehrungspflicht über die strafrechtliche Bedeutung (§§ 27 IV VwVfG, 156, 163 StGB). Wird Ersetzung eines in Wirklichkeit nicht verlorengegangenen oder abhanden gekommenen FS durch eine Neuausfertigung beantragt (zB eines „überalterten" FS), so greift § 5 nur hinsichtlich der Vorlagepflicht (Unbrauchbarmachung reicht aus) ein. **3**

(weggefallen)

Unterhaltung der Verkehrszeichen

5b (1) ¹Die Kosten der Beschaffung, Anbringung, Entfernung, Unterhaltung und des Betriebs der amtlichen Verkehrszeichen und -einrichtungen sowie der sonstigen vom Bundesministerium für Verkehr, Bau- und Wohnungswesen zugelassenen Verkehrszeichen und -einrichtungen trägt der Träger der Straßenbaulast für diejenige Straße, in deren Verlauf sie angebracht werden oder angebracht wor-

1 StVG § 5b I. Verkehrsvorschriften

den sind, bei geteilter Straßenbaulast der für die durchgehende Fahrbahn zuständige Träger der Straßenbaulast. ²Ist ein Träger der Straßenbaulast nicht vorhanden, so trägt der Eigentümer der Straße die Kosten.

(2) Diese Kosten tragen abweichend vom Absatz 1
a) die Unternehmer der Schienenbahnen für Andreaskreuze, Schranken, Blinklichter mit oder ohne Halbschranken;
b) die Unternehmer im Sinne des Personenbeförderungsgesetzes für Haltestellenzeichen;
c) die Gemeinden in der Ortsdurchfahrt für Parkuhren und andere Vorrichtungen oder Einrichtungen zur Überwachung der Parkzeit, Straßenschilder, Geländer, Wegweiser zu innerörtlichen Zielen und Verkehrszeichen für Laternen, die nicht die ganze Nacht brennen;
d) die Bauunternehmer und die sonstigen Unternehmer von Arbeiten auf und neben der Straße für Verkehrszeichen und -einrichtungen, die durch diese Arbeiten erforderlich werden;
e) die Unternehmer von Werkstätten, Tankstellen sowie sonstigen Anlagen und Veranstaltungen für die entsprechenden amtlichen oder zugelassenen Hinweiszeichen;
f) die Träger der Straßenbaulast der Straßen, von denen der Verkehr umgeleitet werden soll, für Wegweiser für Bedarfsumleitungen.

(3) Das Bundesministerium für Verkehr, Bau- und Wohnungswesen wird ermächtigt, durch Rechtsverordnung mit Zustimmung des Bundesrates bei der Einführung neuer amtlicher Verkehrszeichen und -einrichtungen zu bestimmen, dass abweichend von Absatz 1 die Kosten entsprechend den Regelungen des Absatzes 2 ein anderer zu tragen hat.

(4) Kostenregelungen auf Grund kreuzungsrechtlicher Vorschriften nach Bundes- und Landesrecht bleiben unberührt.

(5) Diese Kostenregelung umfasst auch die Kosten für Verkehrszählungen, Lärmmessungen, Lärmberechnungen und Abgasmessungen.

(6) ¹Können Verkehrszeichen oder Verkehrseinrichtungen aus technischen Gründen oder wegen der Sicherheit und Leichtigkeit des Straßenverkehrs nicht auf der Straße angebracht werden, haben die Eigentümer der Anliegergrundstücke das Anbringen zu dulden. ²Schäden, die durch das Anbringen oder Entfernen der Verkehrszeichen oder Verkehrseinrichtungen entstehen, sind zu beseitigen. ³Wird die Benutzung eines Grundstücks oder sein Wert durch die Verkehrszeichen oder Verkehrseinrichtungen nicht unerheblich beeinträchtigt oder können Schäden, die durch das Anbringen oder Entfernen der Verkehrszeichen oder Verkehrseinrichtungen entstanden sind, nicht beseitigt werden, so ist eine angemessene Entschädigung in Geld zu leisten. ⁴Zur Schadensbeseitigung und zur Entschädigungsleistung ist derjenige verpflichtet, der die Kosten für die Verkehrszeichen und Verkehrseinrichtungen zu tragen hat. ⁵Kommt eine Einigung nicht zustande, so entscheidet die höhere Verwaltungsbehörde. ⁶Vor der Entscheidung sind die Beteiligten zu hören. ⁷Die Landesregierungen werden ermächtigt, durch Rechtsverordnung die zuständige Behörde abweichend von Satz 5 zu bestimmen. ⁸Sie können diese Ermächtigung auf oberste Landesbehörden übertragen.

1 **1. Begr** (VBl 80 243):

Zu Absatz 1: Die Einfügung des Wortes „Entfernung" in Absatz 1 Satz 1 soll klarstellen, daß der Kostenpflichtige auch die Kosten für die gegebenenfalls erforderliche Entfernung des Verkehrszeichens oder der Verkehrseinrichtung zu tragen hat. Die zweite Einfügung dient der sprachlichen Klarstellung.

Zu Absatz 2: Die Erwähnung „anderer Vorrichtungen und Einrichtungen" zur Überwachung der Parkzeit trägt der Neufassung des § 6a Abs. 6 Satz 1 Rechnung und stellt diese den Parkuhren auch hinsichtlich der Kostentragung gleich. Hierbei handelt es sich natürlich nur um ortsgebundene Anlagen, nicht aber um Instrumente im Fahrzeug.

Geländer im Sinne des § 25 Abs. 4 StVO sollen an Fußgängerüberwegen oder an Kreuzungen oder an Einmündungen mit abknickender Vorfahrt die Fußgänger vom unbedachten Betreten der Fahrbahn abhalten und zu der Stelle hinführen, wo sie gefahrlos die Fahrbahn überschreiten können. Die Kosten der Beschaffung, Anbringung und Unterhaltung für derartige Geländer muß nach § 5b Abs. 1 StVO auch bei geteilter Baulast der für die durchgehende Fahrbahn zuständige Träger der Straßenbaulast tragen, soweit nicht kreuzungsrechtliche Vorschriften in Betracht kommen.

Ausführungsvorschriften § 6 StVG **1**

Da die Geländer zur Sicherheit des Fußgängerverkehrs bestimmt und die Gemeinden Baulastträger der Gehwege in Ortsdurchfahrten sind, außerdem die technische Ausgestaltung der Geländer bisher je nach den gestalterischen Absichten der Gemeinde erfolgt ist, erscheint es sachgerecht, daß die Kosten für Geländer in der Ortsdurchfahrt den Gemeinden zur Last gelegt werden.
Auf Vorschlag des Bundesrates wurde Buchstabe d um „Verkehrseinrichtungen" ergänzt mit folgender Begründung: Nach der geltenden Fassung des § 5b Abs. 2 Buchstabe d ist die Kostentragungspflicht nur für Verkehrszeichen vorgesehen. Die Sicherung von Arbeitsstellen erfordert jedoch auch die Aufstellung von Verkehrseinrichtungen, für die der Bauunternehmer gleichermaßen die Kosten zu tragen hat.

Zu Absatz 5: *Darüber hinaus wurden ebenfalls auf Vorschlag des Bundesrates die Worte „Lärmmessungen, Lärmberechnungen und Abgasmessungen" mit folgender Begründung eingefügt: Die Verpflichtung des Rechtsträgers der Straßenverkehrsbehörde zur Tragung der Kosten von Lärmmessungen und -berechnungen, die der Vorbereitung einer straßenverkehrsbehördlichen Entscheidung über Maßnahmen zum Schutz der Nachtruhe dienen, ist wenig befriedigend. Diese Kosten entstehen ebenso häufig wie die Kosten für Verkehrszählungen zwangsläufig bei der Vorbereitung gewisser Entscheidungen der Straßenverkehrsbehörde nach § 45 Abs. 1 StVO – wie demnächst auf der Grundlage des neugefaßten § 6 Abs. 1 Nr. 3 Buchstabe d StVG. Während jedoch für die Kosten von Verkehrszählungen in § 5b Abs. 5 StVG eine besondere und sachgerechte Regelung der Kostentragungspflicht getroffen ist, fehlt bislang eine entsprechende Regelung für die Kosten von Lärmmessungen und -berechnungen.*
Die Vorschrift des § 5b Abs. 5 StVG ist seinerzeit auf Grund einer Empfehlung des Ausschusses für Verkehr, Post- und Fernmeldewesen des Deutschen Bundestages eingefügt worden. In dem Bericht des Ausschusses (Drucksache IV/2792) heißt es, daß die Verkehrsregelung durch Verkehrszeichen und -einrichtungen häufig besondere vorbereitende Maßnahmen erfordere; deshalb sei die Einfügung eines Absatzes 5 notwendig, mit dem angeordnet werde, daß die Kostentragung sich auch auf die Kosten einer Verkehrszählung erstrecke. Diese Argumentation trifft gleichermaßen für die Kosten zu, die für Lärmmessungen und -berechnungen anfallen. Zur Vorbereitung verkehrsbehördlicher Entscheidungen sind aber nicht nur Verkehrszählungen sowie Lärmmessungen und -berechnungen erforderlich, sondern im Hinblick auf Artikel 1 Nr. 4 Buchstaben a, bb, aaa (§ 6 Abs. 1 Nr. 3 Buchstabe d) künftig auch Abgasmessungen, insbesondere in Wohngebieten. Für die Kostentragungspflicht muß insofern das gleiche gelten.

2. Unterhaltung der Verkehrszeichen. Die Kostenvorschrift entstammt dem G v 14. 5. 65 (BGBl I 388), VI dem ÄndG v 19. 3. 69 (BGBl I 217, Begr: VBl **65** 611, **69** 183). Das ÄndG v 6. 4. 80 (BGBl I 413) hat die Absätze I, II und V geändert (Begr oben). Der frühere Meinungsstreit, ob § 5b die Erhebung von Parkgebühren nach § 6a ausschließt, VGH Ma NJW **78** 1278, aM BVG NJW **80** 850, Bay NJW **78** 1274, ist durch § 6a VI nF überholt (s Begr VBl **80** 249). Zum Parkuhrproblem: § 13 StVO. Der Kostenträger nach § 5b kann uU Dritte, zB einen Sondernutzungsberechtigten (Ampelanlage), nach anderen Vorschriften zur Kostenerstattung heranziehen, BVG VRS **58** 301, 308. Mit der grundsätzlichen Regelung der Kostentragungspflicht wird vermieden, daß die Anbringung von VZ und VEinrichtungen durch Zweifel über die Kostentragung verzögert wird; die Bestimmung schließt abweichende Regelungen der endgültigen Kostentragung durch Überwälzung auf Dritte nicht aus, BVG VBl **80** 389, BayObLG NJW **78** 1274, aM VGH Ma NJW **78** 1278. „Sonstiger Unternehmer" iS von Abs II lit d kann auch ein im Rahmen der Gefahrenabwehr tätig werdender Träger öffentlicher Verwaltung sein, VGH Ka VM **93** 55. Von der Ermächtigung des Abs III wurde in § 51 hinsichtlich des VZ (Touristischer Hinweis) zu Lasten des Antragstellers Gebrauch gemacht.

Ausführungsvorschriften

6 (1) Das Bundesministerium für Verkehr, Bau- und Wohnungswesen wird ermächtigt, Rechtsverordnungen mit Zustimmung des Bundesrates zu erlassen über

1. die Zulassung von Personen zum Straßenverkehr, insbesondere über
    a) Ausnahmen von der Fahrerlaubnispflicht nach § 2 Abs. 1 Satz 1, Anforderungen für das Führen fahrerlaubnisfreier Kraftfahrzeuge, Ausnahmen von

1 StVG § 6   I. Verkehrsvorschriften

einzelnen Erteilungsvoraussetzungen nach § 2 Abs. 2 Satz 1 und vom Erfordernis der Begleitung und Beaufsichtigung durch einen Fahrlehrer nach § 2 Abs. 15 Satz 1,

b) den Inhalt der Fahrerlaubnisklassen nach § 2 Abs. 1 Satz 2 und der besonderen Erlaubnis nach § 2 Abs. 3, die Gültigkeitsdauer der Fahrerlaubnis der Klassen C und D, ihrer Unterklassen und Anhängerklassen und der besonderen Erlaubnis nach § 2 Abs. 3 sowie Auflagen und Beschränkungen zur Fahrerlaubnis und der besonderen Erlaubnis nach § 2 Abs. 3,

c) die Anforderungen an die Eignung zum Führen von Kraftfahrzeugen, die Beurteilung der Eignung durch Gutachten sowie die Feststellung und Überprüfung der Eignung durch die Fahrerlaubnisbehörde nach § 2 Abs. 2 Satz 1 Nr. 3 in Verbindung mit Abs. 4, 7 und 8,

d) die Maßnahmen zur Beseitigung von Eignungsmängeln, insbesondere Inhalt und Dauer entsprechender Kurse, die Teilnahme an solchen Kursen, die Anforderungen an die Kursleiter sowie die Zertifizierung der Qualitätssicherung, deren Inhalt einschließlich der hierfür erforderlichen Verarbeitung und Nutzung personenbezogener Daten und die Akkreditierung der für die Qualitätssicherung verantwortlichen Stellen oder Personen durch die Bundesanstalt für Straßenwesen, um die ordnungsgemäße Durchführung der Kurse zu gewährleisten, wobei ein Erfahrungsaustausch unter Leitung der Bundesanstalt für Straßenwesen vorgeschrieben werden kann,

e) die Prüfung der Befähigung zum Führen von Kraftfahrzeugen, insbesondere über die Zulassung zur Prüfung sowie über Inhalt, Gliederung, Verfahren, Bewertung, Entscheidung und Wiederholung der Prüfung nach § 2 Abs. 2 Satz 1 Nr. 5 in Verbindung mit Abs. 5, 7 und 8 sowie die Erprobung neuer Prüfungsverfahren,

f) die Prüfung der umweltbewussten und energiesparenden Fahrweise nach § 2 Abs. 2 Satz 1 Nr. 5 in Verbindung mit Abs. 5 Nr. 4,

g) die nähere Bestimmung der sonstigen Voraussetzungen nach § 2 Abs. 2 Satz 1 und 2 für die Erteilung der Fahrerlaubnis und die Voraussetzungen der Erteilung der besonderen Erlaubnis nach § 2 Abs. 3,

h) den Nachweis der Personendaten, das Lichtbild sowie die Mitteilung und die Nachweise über das Vorliegen der Voraussetzungen im Antragsverfahren nach § 2 Abs. 6,

i) die Sonderbestimmungen bei Dienstfahrerlaubnissen nach § 2 Abs. 10 und die Erteilung von allgemeinen Fahrerlaubnissen auf Grund von Dienstfahrerlaubnissen,

j) die Zulassung und Registrierung von Inhabern ausländischer Fahrerlaubnisse und die Behandlung abgelieferter ausländischer Führerscheine nach § 2 Abs. 11 und § 3 Abs. 2,

k) die Anerkennung oder Beauftragung von Stellen oder Personen nach § 2 Abs. 13, die Aufsicht über sie, die Übertragung dieser Aufsicht auf andere Einrichtungen, die Zertifizierung der Qualitätssicherung, deren Inhalt einschließlich der hierfür erforderlichen Verarbeitung und Nutzung personenbezogener Daten und die Akkreditierung der für die Qualitätssicherung verantwortlichen Stellen oder Personen durch die Bundesanstalt für Straßenwesen, um die ordnungsgemäße und gleichmäßige Durchführung der Beurteilung, Prüfung oder Ausbildung nach § 2 Abs. 13 zu gewährleisten, wobei ein Erfahrungsaustausch unter Leitung der Bundesanstalt für Straßenwesen vorgeschrieben werden kann, sowie die Verarbeitung und Nutzung personenbezogener Daten für die mit der Anerkennung oder Beauftragung bezweckte Aufgabenerfüllung nach § 2 Abs. 14,

l) Ausnahmen von der Probezeit, die Anrechnung von Probezeiten bei der Erteilung einer allgemeinen Fahrerlaubnis an Inhaber von Dienstfahrerlaubnissen nach § 2a Abs. 1, den Vermerk über die Probezeit im Führerschein,

m) die Einstufung der im Verkehrszentralregister gespeicherten Entscheidung über Straftaten und Ordnungswidrigkeiten als schwerwiegend oder weniger schwerwiegend für die Maßnahmen nach den Regelungen der Fahrerlaubnis auf Probe gemäß § 2a Abs. 2,

n) die Anforderungen an die allgemeinen und besonderen Aufbauseminare, insbesondere über Inhalt und Dauer, die Teilnahme an den Seminaren nach § 2b Abs. 1 und 2 sowie § 4 Abs. 3 Satz 1 Nr. 1 und 2, die Anforderungen an die Seminarleiter und deren Anerkennung nach § 2b Abs. 2 Satz 2 und § 4 Abs. 8 Satz 4 sowie die Zertifizierung der Qualitätssicherung, deren Inhalt einschließlich der hierfür erforderlichen Verarbeitung und Nutzung personenbezogener Daten und die Akkreditierung der für die Qualitätssicherung verantwortlichen Stellen oder Personen durch die Bundesanstalt für Straßenwesen, um die vorgeschriebene Einrichtung und Durchführung der Seminare zu gewährleisten, wobei ein Erfahrungsaustausch unter Leitung der Bundesanstalt für Straßenwesen vorgeschrieben werden kann,

o) die Übermittlung der Daten nach § 2 c, insbesondere über den Umfang der zu übermittelnden Daten und die Art der Übermittlung,

p) Maßnahmen zur Erzielung einer verantwortungsbewussteren Einstellung im Straßenverkehr und damit zur Senkung der besonderen Unfallrisiken von Fahranfängern
- durch eine Ausbildung, die schulische Verkehrserziehung mit der Ausbildung nach den Vorschriften des Fahrlehrergesetzes verknüpft, als Voraussetzung für die Erteilung der Fahrerlaubnis im Sinne des § 2 Abs. 2 Satz 1 Nr. 4 und
- durch die freiwillige Fortbildung in geeigneten Seminaren nach Erwerb der Fahrerlaubnis mit der Möglichkeit der Abkürzung der Probezeit, insbesondere über Inhalt und Dauer der Seminare, die Anforderungen an die Seminarleiter und die Personen, die im Rahmen der Seminare praktische Fahrübungen auf hierfür geeigneten Flächen durchführen, die Anerkennung und die Aufsicht über sie, die Qualitätssicherung, deren Inhalt und die wissenschaftliche Begleitung einschließlich der hierfür erforderlichen Verarbeitung und Nutzung personenbezogener Daten sowie über die, auch zunächst zur modellhaften Erprobung befristete, Einführung in den Ländern durch die obersten Landesbehörden, die von ihr bestimmten oder nach Landesrecht zuständigen Stellen,

q) die Maßnahmen bei bedingt geeigneten oder ungeeigneten oder bei nicht befähigten Fahrerlaubnisinhabern oder bei Zweifeln an der Eignung oder Befähigung nach § 3 Abs. 1 sowie die Ablieferung, die Vorlage und die weitere Behandlung der Führerscheine nach § 3 Abs. 2,

r) die Neuerteilung der Fahrerlaubnis nach vorangegangener Entziehung oder vorangegangenem Verzicht und die Erteilung des Rechts, nach vorangegangener Entziehung oder vorangegangenem Verzicht von einer ausländischen Fahrerlaubnis wieder Gebrauch zu machen nach § 3 Abs. 6,

s) die Bewertung der im Verkehrszentralregister gespeicherten Entscheidungen über Straftaten und Ordnungswidrigkeiten nach § 4 Abs. 2,

t) (weggefallen)

u) die Anforderungen an die verkehrspsychologische Beratung, insbesondere über Inhalt und Dauer der Beratung, die Teilnahme an der Beratung sowie die Anforderungen an die Berater und ihre Anerkennung nach § 4 Abs. 9,

v) die Herstellung, Lieferung und Gestaltung des Musters des Führerscheins und dessen Ausfertigung sowie die Bestimmung, wer die Herstellung und Lieferung durchführt, nach § 2 Abs. 1 Satz 3,

w) die Zuständigkeit und das Verfahren bei Verwaltungsmaßnahmen nach diesem Gesetz und auf diesem Gesetz beruhenden Rechtsvorschriften sowie die Befugnis der nach Landesrecht zuständigen Stellen, Ausnahmen von § 2 Abs. 1 Satz 3, Abs. 2 Satz 1 und 2, Abs. 15, § 2 a Abs. 2 Satz 1 Nr. 1 bis 3, § 2 b Abs. 1, § 4 Abs. 3 Satz 1 Nr. 2 und 3, Abs. 8 Satz 1, Abs. 9 Satz 6 Nr. 3, Abs. 10 sowie Ausnahmen von den auf diesem Gesetz beruhenden Rechtsvorschriften zuzulassen,

x) den Inhalt und die Gültigkeit bisher erteilter Fahrerlaubnisse sowie den Umtausch von Führerscheinen, deren Muster nicht mehr ausgefertigt werden, und die Regelungen des Besitzstandes im Fall des Umtausches,

y) Maßnahmen, um die sichere Teilnahme sonstiger Personen am Straßenverkehr zu gewährleisten, sowie die Maßnahmen, wenn sie bedingt geeignet oder ungeeignet oder nicht befähigt zur Teilnahme am Straßenverkehr sind;

1 a. (weggefallen)

2. die Zulassung von Fahrzeugen zum Straßenverkehr einschließlich Ausnahmen von der Zulassung, die Beschaffenheit, Ausrüstung und Prüfung der Fahrzeuge, insbesondere über

a) Voraussetzungen für die Zulassung von Kraftfahrzeugen und deren Anhänger, vor allem über Bau, Beschaffenheit, Abnahme, Ausrüstung und Betrieb, Begutachtung und Prüfung, Betriebserlaubnis und Genehmigung sowie Kennzeichnung der Fahrzeuge und Fahrzeugteile, um deren Verkehrssicher-

heit zu gewährleisten und um die Insassen und andere Verkehrsteilnehmer bei einem Verkehrsunfall vor Verletzungen zu schützen oder deren Ausmaß oder Folgen zu mildern (Schutz von Verkehrsteilnehmern),
b) Anforderungen an zulassungsfreie Kraftfahrzeuge und Anhänger, um deren Verkehrssicherheit und den Schutz der Verkehrsteilnehmer zu gewährleisten sowie Ausnahmen von der Zulassungspflicht für Kraftfahrzeuge und Anhänger nach § 1 Abs. 1,
c) Art und Inhalt von Zulassung, Bau, Beschaffenheit, Ausrüstung und Betrieb der Fahrzeuge und Fahrzeugteile, deren Begutachtung und Prüfung, Betriebserlaubnis und Genehmigung sowie Kennzeichnung,
d) den Nachweis der Zulassung durch Fahrzeugdokumente, die Gestaltung der Muster der Fahrzeugdokumente und deren Herstellung, Lieferung und Ausfertigung sowie die Bestimmung, wer die Herstellung und Lieferung durchführen darf,
e) das Herstellen, Feilbieten, Veräußern, Erwerben und Verwenden von Fahrzeugteilen, die in einer amtlich genehmigten Bauart ausgeführt sein müssen,
f) die Allgemeine Betriebserlaubnis oder Bauartgenehmigung, Typgenehmigung oder vergleichbare Gutachten von Fahrzeugen und Fahrzeugteilen einschließlich Art, Inhalt, Nachweis und Kennzeichnung sowie Typbegutachtung und Typprüfung,
g) die Konformität der Produkte mit dem genehmigten, begutachteten oder geprüften Typ einschließlich der Anforderungen z. B. an Produktionsverfahren, Prüfungen und Zertifizierungen sowie Nachweise hierfür,
h) das Erfordernis von Qualitätssicherungssystemen einschließlich der Anforderungen, Prüfungen, Zertifizierungen und Nachweise hierfür sowie sonstige Pflichten des Inhabers der Erlaubnis oder Genehmigung,
i) die Anerkennung und die Akkreditierung von Stellen zur Prüfung und Begutachtung von Fahrzeugen und Fahrzeugteilen sowie von Stellen zur Prüfung und Zertifizierung von Qualitätssicherungssystemen einschließlich der Voraussetzungen hierfür sowie die Änderung und Beendigung von Anerkennung, Akkreditierung und Zertifizierung einschließlich der hierfür erforderlichen Voraussetzungen für die Änderung und die Beendigung. Die Stellen zur Prüfung und Begutachtung von Fahrzeugen und Fahrzeugteilen müssen zur Anerkennung und zur Akkreditierung die Gewähr dafür bieten, dass für die beantragte Zuständigkeit die ordnungsgemäße Wahrnehmung der Prüfaufgaben nach den allgemeinen Kriterien zum Betreiben von Prüflaboratorien und nach den erforderlichen kraftfahrzeugspezifischen Kriterien an Personal- und Sachausstattung erfolgen wird. Für die Akkreditierung von Stellen zur Kontrolle der Qualitätssicherung muss gewährleistet sein, dass für die beantragte Kontrollzuständigkeit die ordnungsgemäße Wahrnehmung der Kontrollaufgaben nach den Kriterien für Stellen, die Qualitätssicherungssysteme zertifizieren, erfolgen,
j) die Anerkennung ausländischer Erlaubnisse und Genehmigungen sowie ausländischer Begutachtungen, Prüfungen und Kennzeichnungen für Fahrzeuge und Fahrzeugteile,
k) die Änderung und Beendigung von Zulassung und Betrieb, Erlaubnis und Genehmigung sowie Kennzeichnung der Fahrzeuge und Fahrzeugteile,
l) Art, Umfang, Inhalt, Ort und Zeitabstände der regelmäßigen Untersuchungen und Prüfungen, um die Verkehrssicherheit der Fahrzeuge und den Schutz der Verkehrsteilnehmer zu gewährleisten, sowie Anforderungen an Untersuchungsstellen und Fachpersonal zur Durchführung von Untersuchungen und Prüfungen sowie Abnahmen von Fahrzeugen und Fahrzeugteilen einschließlich der hierfür notwendigen Räume und Geräte, Schulungen, Schulungsstätten und -institutionen,
m) den Nachweis der regelmäßigen Untersuchungen und Prüfungen sowie Abnahmen von Fahrzeugen und Fahrzeugteilen einschließlich der Bewertung der bei den Untersuchungen und Prüfungen festgestellten Mängel,
n) die Bestätigung der amtlichen Anerkennung von Überwachungsorganisationen, soweit sie vor dem 18. September 2002 anerkannt waren, sowie die Anerkennung von Überwachungsorganisationen, soweit sie von selbständigen und hauptberuflich tätigen Kraftfahrzeugsachverständigen gebildet und getragen werden, zur Vornahme von regelmäßigen Untersuchungen und Prüfungen sowie von Abnahmen, die organisatorischen, personellen und technischen Voraussetzungen für die Anerkennungen einschließlich der

Ausführungsvorschriften § 6 StVG 1

Qualifikation und der Anforderungen an das Fachpersonal und die Geräte sowie die mit den Anerkennungen verbundenen Bedingungen und Auflagen, um ordnungsgemäße und gleichmäßige Untersuchungen, Prüfungen und Abnahmen durch leistungsfähige Organisationen sicherzustellen,
o) die notwendige Haftpflichtversicherung anerkannter Überwachungsorganisationen zur Deckung aller im Zusammenhang mit Untersuchungen, Prüfungen und Abnahmen entstehenden Ansprüche sowie die Freistellung des für die Anerkennung und Aufsicht verantwortlichen Landes von Ansprüchen Dritter wegen Schäden, die die Organisation verursacht,
p) die amtliche Anerkennung von Herstellern von Fahrzeugen oder Fahrzeugteilen zur Vornahme der Prüfungen von Geschwindigkeitsbegrenzern, Fahrtschreibern und Kontrollgeräten, die amtliche Anerkennung von Kraftfahrzeugwerkstätten zur Vornahme von regelmäßigen Prüfungen an diesen Einrichtungen, zur Durchführung von Abgasuntersuchungen an Kraftfahrzeugen und zur Durchführung von Sicherheitsprüfungen an Nutzfahrzeugen sowie die mit den Anerkennungen verbundenen Bedingungen und Auflagen, um ordnungsgemäße und gleichmäßige technische Prüfungen sicherzustellen, die organisatorischen, personellen und technischen Voraussetzungen für die Anerkennung einschließlich der Qualifikation und Anforderungen an das Fachpersonal und die Geräte sowie die Erhebung, Verarbeitung und Nutzung personenbezogener Daten des Inhabers der Anerkennungen, dessen Vertreters und der mit der Vornahme der Prüfungen betrauten Personen durch die für die Anerkennung und Aufsicht zuständigen Behörden, um ordnungsgemäße und gleichmäßige technische Prüfungen sicherzustellen,
q) die notwendige Haftpflichtversicherung amtlich anerkannter Hersteller von Fahrzeugen oder Fahrzeugteilen und von Kraftfahrzeugwerkstätten zur Deckung aller im Zusammenhang mit den Prüfungen nach Buchstabe p entstehenden Ansprüche sowie die Freistellung des für die Anerkennung und Aufsicht verantwortlichen Landes von Ansprüchen Dritter wegen Schäden, die die Werkstatt oder der Hersteller verursacht,
r) Maßnahmen der mit der Durchführung der regelmäßigen Untersuchungen und Prüfungen sowie Abnahmen und Begutachtungen von Fahrzeugen und Fahrzeugteilen befassten Stellen und Personen zur Qualitätssicherung, deren Inhalt einschließlich der hierfür erforderlichen Verarbeitung und Nutzung personenbezogener Daten, um ordnungsgemäße, nach gleichen Maßstäben durchgeführte Untersuchungen, Prüfungen, Abnahmen und Begutachtungen an Fahrzeugen und Fahrzeugteilen zu gewährleisten,
s) die Verantwortung und die Pflichten und Rechte des Halters im Rahmen der Zulassung und des Betriebs der auf ihn zugelassenen Fahrzeuge sowie des Halters nicht zulassungspflichtiger Fahrzeuge,
t) die Zuständigkeit und das Verfahren bei Verwaltungsmaßnahmen nach diesem Gesetz und den auf diesem Gesetz beruhenden Rechtsvorschriften für Zulassung, Begutachtung, Prüfung, Abnahme, regelmäßige Untersuchungen und Prüfungen, Betriebserlaubnis, Genehmigung und Kennzeichnung,
u) Ausnahmen von § 1 Abs. 1 Satz 2 und 3 sowie Ausnahmen von auf Grund dieses Gesetzes erlassenen Rechtsvorschriften und die Zuständigkeiten hierfür,
v) die Zulassung von ausländischen Kraftfahrzeugen und Anhängern, die Voraussetzungen hierfür, die Anerkennung ausländischer Zulassungspapiere und Kennzeichen, Maßnahmen bei Verstößen gegen die auf Grund des Straßenverkehrsgesetzes erlassenen Vorschriften,
w) Maßnahmen und Anforderungen, um eine sichere Teilnahme von nicht motorisierten Fahrzeugen am Straßenverkehr zu gewährleisten;
3. die sonstigen zur Erhaltung der Sicherheit und Ordnung auf den öffentlichen Straßen, für Zwecke der Verteidigung, zur Verhütung einer über das verkehrsübliche Maß hinausgehenden Abnutzung der Straßen oder zur Verhütung von Belästigungen erforderlichen Maßnahmen über den Straßenverkehr, und zwar hierzu unter anderem
a) (weggefallen)
b) (weggefallen)
c) über das Mindestalter der Führer von Fahrzeugen und ihr Verhalten,
d) über den Schutz der Wohnbevölkerung und Erholungsuchenden gegen Lärm und Abgas durch den Kraftfahrzeugverkehr und über Beschränkungen des Verkehrs an Sonn- und Feiertagen,

e) über das innerhalb geschlossener Ortschaften, mit Ausnahme von entsprechend ausgewiesenen Parkplätzen sowie von Industrie- und Gewerbegebieten, anzuordnende Verbot, Kraftfahrzeuganhänger und Kraftfahrzeuge mit einem zulässigen Gesamtgewicht über 7,5 Tonnen in der Zeit von 22 Uhr bis 6 Uhr und an Sonn- und Feiertagen regelmäßig zu parken,
f) über Ortstafeln und Wegweiser,
g) über das Verbot von Werbung und Propaganda durch Bildwerk, Schrift, Beleuchtung oder Ton, soweit sie geeignet sind, außerhalb geschlossener Ortschaften die Aufmerksamkeit der Verkehrsteilnehmer in einer die Sicherheit des Verkehrs gefährdenden Weise abzulenken oder die Leichtigkeit des Verkehrs zu beeinträchtigen,
h) über die Beschränkung des Straßenverkehrs zum Schutz von kulturellen Veranstaltungen, die außerhalb des Straßenraums stattfinden, wenn dies im öffentlichen Interesse liegt,
i) über das Verbot zur Verwendung technischer Einrichtungen am oder im Kraftfahrzeug, die dafür bestimmt sind, die Verkehrsüberwachung zu beeinträchtigen;
4. (weggefallen)
4 a. das Verhalten der Beteiligten nach einem Verkehrsunfall, das geboten ist, um
a) den Verkehr zu sichern und Verletzten zu helfen,
b) zur Klärung und Sicherung zivilrechtlicher Ansprüche die Art der Beteiligung festzustellen und
c) Haftpflichtansprüche geltend machen zu können;
5. (weggefallen)
5 a. Bau, Beschaffenheit, Ausrüstung und Betrieb, Begutachtung, Prüfung, Abnahme, Betriebserlaubnis, Genehmigung und Kennzeichnung der Fahrzeuge und Fahrzeugteile sowie über das Verhalten im Straßenverkehr zum Schutz vor den von Fahrzeugen ausgehenden schädlichen Umwelteinwirkungen im Sinne des Bundes-Immissionsschutzgesetzes; dabei können Emissionsgrenzwerte unter Berücksichtigung der technischen Entwicklung auch für einen Zeitpunkt nach Inkrafttreten der Rechtsverordnung festgesetzt werden;
5 b. das Verbot des Kraftfahrzeugverkehrs in den nach § 40 des Bundes-Immissionsschutzgesetzes festgelegten Gebieten nach Bekanntgabe austauscharmer Wetterlagen;
5 c. den Nachweis über die Entsorgung oder den sonstigen Verbleib der Fahrzeuge nach ihrer Stilllegung oder Außerbetriebsetzung, um die umweltverträgliche Entsorgung von Fahrzeugen und Fahrzeugteilen sicherzustellen;
6. Art, Umfang, Inhalt, Zeitabstände und Ort einschließlich der Anforderungen an die hierfür notwendigen Räume und Geräte, Schulungen, Schulungsstätten und -institutionen sowie den Nachweis der regelmäßigen Prüfungen von Fahrzeugen und Fahrzeugteilen einschließlich der Bewertung der bei den Prüfungen festgestellten Mängel sowie die amtliche Anerkennung von Überwachungsorganisationen und Kraftfahrzeugwerkstätten nach Nummer 2 Buchstabe n und p und Maßnahmen zur Qualitätssicherung nach Nummer 2 Buchstabe r zum Schutz vor von Fahrzeugen ausgehenden schädlichen Umwelteinwirkungen im Sinne des Bundes-Immissionsschutzgesetzes;
7. die in den Nummern 1 bis 6 vorgesehenen Maßnahmen, soweit sie zur Erfüllung von Verpflichtungen aus zwischenstaatlichen Vereinbarungen oder von bindenden Beschlüssen der Europäischen Gemeinschaften notwendig sind;
8. die Beschaffenheit, Anbringung und Prüfung sowie die Herstellung, den Vertrieb, die Ausgabe, die Verwahrung und die Einziehung von Kennzeichen (einschließlich solcher Vorprodukte, bei denen nur noch die Beschriftung fehlt) für Fahrzeuge, um die unzulässige Verwendung von Kennzeichen oder die Begehung von Straftaten mit Hilfe von Fahrzeugen oder Kennzeichen zu bekämpfen;
9. die Beschaffenheit, Herstellung, Vertrieb, Verwendung und Verwahrung von Führerscheinen und Fahrzeugpapieren einschließlich ihrer Vordrucke sowie von auf Grund dieses Gesetzes oder der auf ihm beruhenden Rechtsvorschriften zu verwendenden Plaketten, Prüffolien und Stempel, um deren Diebstahl oder deren Missbrauch bei der Begehung von Straftaten zu bekämpfen;
10. Bau, Beschaffenheit, Ausrüstung und Betrieb, Begutachtung, Prüfung, Abnahme und regelmäßige Untersuchungen, Betriebserlaubnis und Genehmigung sowie

Ausführungsvorschriften   § 6 StVG **1**

Kennzeichnung von Fahrzeugen und Fahrzeugteilen, um den Diebstahl der Fahrzeuge zu bekämpfen;

11. die Ermittlung, Auffindung und Sicherstellung von gestohlenen, verloren gegangenen oder sonst abhanden gekommenen Fahrzeugen, Fahrzeugkennzeichen sowie Führerscheinen und Fahrzeugpapieren einschließlich ihrer Vordrucke, soweit nicht die Strafverfolgungsbehörden hierfür zuständig sind;

12. die Überwachung der gewerbsmäßigen Vermietung von Kraftfahrzeugen und Anhängern an Selbstfahrer
    a) zur Bekämpfung der Begehung von Straftaten mit gemieteten Fahrzeugen oder
    b) zur Erhaltung der Ordnung und Sicherheit im Straßenverkehr;

13. die Einrichtung gebührenpflichtiger Parkplätze bei Großveranstaltungen im Interesse der Ordnung und Sicherheit des Verkehrs;

14. die Beschränkung des Haltens und Parkens zugunsten der Bewohner städtischer Quartiere mit erheblichem Parkraummangel sowie die Schaffung von Parkmöglichkeiten für Schwerbehinderte mit außergewöhnlicher Gehbehinderung und Blinde, insbesondere in unmittelbarer Nähe ihrer Wohnung oder ihrer Arbeitsstätte;

15. die Kennzeichnung von Fußgängerbereichen und verkehrsberuhigten Bereichen und die Beschränkungen oder Verbote des Fahrzeugverkehrs zur Erhaltung der Ordnung und Sicherheit in diesen Bereichen, zum Schutz der Bevölkerung vor Lärm und Abgasen und zur Unterstützung einer geordneten städtebaulichen Entwicklung;

16. die Beschränkung des Straßenverkehrs zur Erforschung des Unfallgeschehens, des Verkehrsverhaltens, der Verkehrsabläufe sowie zur Erprobung geplanter verkehrssichernder oder verkehrsregelnder Regelungen und Maßnahmen;

17. die zur Erhaltung der öffentlichen Sicherheit erforderlichen Maßnahmen über den Straßenverkehr;

18. die Einrichtung von Sonderfahrspuren für Linienomnibusse und Taxen;

19. Maßnahmen, die zur Umsetzung der Richtlinie 92/59/EWG des Rates vom 29. Juni 1992 über die allgemeine Produktsicherheit (ABl. EG Nr. L 228 S. 24) erforderlich sind;

20. Maßnahmen, die zur Umsetzung der Richtlinie 2000/30/EG des Europäischen Parlaments und des Rates vom 6. Juni 2000 über die technische Unterwegskontrolle von Nutzfahrzeugen, die in der Gemeinschaft am Straßenverkehr teilnehmen (ABl. EG Nr. L 203 S. 1), erforderlich sind.

(2) Rechtsverordnungen nach Absatz 1 Nr. 8, 9, 10, 11 und 12 Buchstabe a werden vom Bundesministerium für Verkehr, Bau- und Wohnungswesen und vom Bundesministerium des Innern erlassen.

(2a) Rechtsverordnungen nach Absatz 1 Nr. 1 Buchstabe f, Nr. 3 Buchstabe d, e, Nr. 5a, 5b, 5c, 6 und 15 sowie solche nach Nr. 7, soweit sie sich auf Maßnahmen nach Nr. 1 Buchstabe f, Nr. 5a, 5b, 5c und 6 beziehen, werden vom Bundesministerium für Verkehr, Bau- und Wohnungswesen und vom Bundesministerium für Umwelt, Naturschutz und Reaktorsicherheit erlassen.

(3) Abweichend von den Absätzen 1 bis 2a bedürfen Rechtsverordnungen zur Durchführung der Vorschriften über die Beschaffenheit, den Bau, die Ausrüstung und die Prüfung von Fahrzeugen und Fahrzeugteilen sowie Rechtsverordnungen über allgemeine Ausnahmen von den auf diesem Gesetz beruhenden Rechtsvorschriften nicht der Zustimmung des Bundesrates; vor ihrem Erlass sind die zuständigen obersten Landesbehörden zu hören.

1. Ausführungsverordnungen. § 6 beruht auf dem VSichG v 19. 12. 52. Der Katalog in Nr 1 wurde durch das G zur Ändg des StVG und anderer Gesetze v 24. 4. 1998 (BGBl I S 747), der Katalog in Nr 2 durch das StVRÄndG v 11. 9. 2002 (BGBl I S 3574), eingefügt. **1**

Umfang der Ermächtigung: Der VOGeber muß sich im Rahmen der gesetzlichen Ermächtigung durch das StVG halten, die VO kann nichts rechtlich darüber Hinausgehendes anordnen, BVerfG NJW **72** 859. Wegfall der Ermächtigungsnorm durch Gesetzesänderung berührt den Bestand einer darauf beruhenden VO nicht, BVG NJW **90** 849. Eine mangels Ermächtigung unwirksame RVO wird durch nachträgliche Erweite- **2**

1 StVG § 6 I. Verkehrsvorschriften

rung der Ermächtigung nicht wirksam, sie muß neu erlassen (verkündet) werden, BGH MDR **79** 825. Das im Rechtsstaatsprinzip wurzelnde Übermaßverbot (**E** 2) bindet auch den VOGeber.

3 2. **Ziffer 1** enthält die Ermächtigungsgrundlagen zur Ausführung der Regelungen des StVG auf dem Gebiet des Fahrerlaubnisrechts, bildet insbesondere die Grundlage für die Fahrerlaubnis-VO (FeV).

4 a) **Fahrerlaubnisprüfung, Prüfung der Eignung und Befähigung zum Führen von Kfzen, Nachschulungskurse, Verkehrserziehung (zB Ziffer 1 lit c, d, e, k, p).**

Begr zum ÄndG v 24. 4. 1998 (BRDrucks 13/6914, S 102): *Mit der Änderung soll eine Ermächtigungsgrundlage für die Festlegung geeigneter Maßnahmen zur Herstellung, Wiederherstellung oder Stabilisierung der Kraftfahreignung geschaffen werden. Damit werden die bereits seit Jahren erfolgreich durchgeführten Nachschulungskurse insbesondere für alkoholauffällige Kraftfahrer auf eine rechtliche Grundlage gestellt. Gleichzeitig wird die Möglichkeit eröffnet, weitere Anbieter solcher Kurse zuzulassen.*

Da sichergestellt werden muß, daß diese Kurse auf Dauer den Anforderungen entsprechen, wird außerdem eine Ermächtigungsgrundlage geschaffen, um eine entsprechende Qualitätssicherung vorzusehen.

(BRDrucks 821/96, S 74): *Buchstabe e ermöglicht die Erprobung neuer Prüfungsverfahren bei der theoretischen und praktischen Fahrerlaubnisprüfung, z. B. den Einsatz von audio-visuellen Prüfungssystemen. Damit können vor einer generellen Einführung praktische Erfahrungen bei Prüfungen gesammelt werden. Der Inhalt und die Bewertung der Prüfung dürfen aus Gründen der Gleichbehandlung mit herkömmlich geprüften Bewerbern bei der Anwendung neuer Verfahren nicht abweichen.*

In Buchstabe k wird die Rechtsgrundlage für die Einführung von Qualitätssicherungssystemen im Bereich der Prüfung der Befähigung und Eignung zum Führen von Kraftfahrzeugen geschaffen, also insbesondere bei der Durchführung der Fahrerlaubnisprüfung durch die Technischen Prüfstellen für den Kraftfahrzeugverkehr und bei der Begutachtung der Fahreignung in den hierfür zuständigen Begutachtungsstellen. Dies dient der Sicherung einer gleichmäßig hohen Qualität der Prüfungen und Begutachtungen. Da sich die Aufsicht nur durchführen läßt, wenn die Aufsichtsbehörde genaue Kenntnis über die Tätigkeit der beaufsichtigten Stellen hat, ist auch die Übermittlung entsprechender Daten an die Aufsichtsbehörde gedeckt.

Zu Buchstabe p: Trotz der Erfolge bei der Bekämpfung des Unfallrisikos von Fahranfängern, namentlich durch die Fahrerlaubnis auf Probe, den Stufenführerschein für Motorräder und die Verbesserung von Ausbildung und Prüfung in den vergangenen Jahren, sind Fahranfänger nach wie vor überproportional am Unfallgeschehen beteiligt. Es besteht deshalb die Notwendigkeit weiterer Maßnahmen, um dieses Unfallrisiko zu senken.

Eine Möglichkeit besteht darin, das Verhalten im Verkehr als Führer eines Kraftfahrzeugs bereits in den Schulunterricht zu integrieren. Schule und Fahrschule würden sich gemeinsam bemühen, junge Menschen auf die Teilnahme am Straßenverkehr, auch als Autofahrer, vorzubereiten. Teile der nach § 2 Abs. 1 Satz 1 Nr. 4 für den Erwerb einer Fahrerlaubnis erforderlichen Ausbildung in der Fahrschule könnten in die Schulverkehrserziehung einbezogen werden. Für eine entsprechende Einzelregelung durch Verordnung ist eine Ermächtigungsgrundlage in Buchstabe p eingestellt.

Zum anderen gibt es den Vorschlag für die Einführung einer zweiten Ausbildungsphase, die nach Erteilung der Fahrerlaubnis stattfinden soll. Diese zweite Phase setzt erste Erfahrungen im Straßenverkehr voraus. Die Fahranfänger sollen in geeigneten Kursen ihre Erfahrungen verarbeiten. Einige wesentliche Punkte bei diesem Lösungsansatz sind jedoch noch nicht geklärt, z. B. ob diese Phase obligatorisch und für alle Fahranfänger gelten soll oder ob sie als Bedingung für eine Verlängerung einer zunächst befristeten Fahrerlaubnis ausgestaltet sein soll.

Es ist noch nicht abzusehen, wann diese Klärung abgeschlossen sein wird.

Es bietet sich deshalb an, angesichts der Dringlichkeit des Problems einfachere und schneller umsetzbare Lösungen zur Reduzierung der Unfälle anzustreben. Hierzu gehört die Möglichkeit, daß dem Fahranfänger im zweiten Jahr der Probezeit der Besuch und die Mitarbeit in geeigneten Fortbildungskursen dadurch „honoriert" wird, daß ihm der Rest der Probezeit, z. B. von einem halben Jahr, erlassen wird. Dafür soll ein Anreiz geschaffen werden. Hingegen würden Restriktionen und Eingriffe in die Rechte des Betroffenen vermieden. Auch ist sorgfältig abzuwägen, ob es erforderlich

Ausführungsvorschriften § 6 StVG **I**

und angemessen ist, sämtlichen Fahranfängern (gleichgültig, ob sie auffällig sind oder sich vorschriftsmäßig verhalten) nicht unerhebliche Kosten für die Teilnahme an obligatorischen Veranstaltungen durch gesetzliche Vorschrift aufzubürden. Die freiwillige Teilnahme an einer Fortbildung kann auch besser motivieren als obligatorische Veranstaltungen oder die Aussicht, daß möglicherweise die Fahrerlaubnis nicht verlängert wird.

Auch kann eine freiwillige Fortbildung mit Erlaß des Restes der Probezeit schneller umgesetzt werden und rascher wirken. Deshalb ist die vorgesehene entsprechende Ermächtigung in Buchstabe p erforderlich.

Damit wird keineswegs ausgeschlossen, weitere längerfristige Modelle daneben zu entwickeln und später einzuführen.

b) **Inhalt und Gültigkeit von Fahrerlaubnissen alten Rechts, Besitzstandsregelungen (Ziffer 1 lit x).** 5

Begr zum ÄndG v 24. 4. 1998 (BRDrucks 821/96 S 75): *Nach* **Buchstabe x** *kann der Verordnungsgeber Bestimmungen für einen freiwilligen oder obligatorischen Umtausch von Führerscheinen, deren Muster nicht mehr ausgefertigt werden und Regelungen des Besitzstandes im Falle eines solchen Umtausches treffen. Für einen Umtausch sprechen folgende Gründe:*
– *In der Bundesrepublik Deutschland sind derzeit bereits sieben verschiedene Führerscheinmuster im Umlauf (ein Muster aus der Zeit vor der Entstehung der Bundesrepublik Deutschland, zwei bundesdeutsche, ein saarländisches, drei Muster aus der Deutschen Demokratischen Republik). Ein weiteres Muster wird auf Grund der Zweiten EU-Führerscheinrichtlinie hinzukommen.*
– *Auch inhaltlich hat sich die Einteilung der Fahrerlaubnisklassen im Laufe der letzten Jahrzehnte sowohl in der Bundesrepublik Deutschland als auch in der Deutschen Demokratischen Republik verschiedentlich geändert. Der Umfang der Berechtigungen geht häufig nicht mehr unmittelbar aus dem Führerschein hervor, sondern läßt sich nur unter Hinzuziehung der gesetzlichen Vorschriften und komplizierter Besitzstandstabellen bestimmen. Das Problem hat sich durch die Überleitung der DDR-Fahrerlaubnisse verschärft und wird sich durch die Umstellung des bisherigen Klassensystems mit den Klassen 1 bis 5 auf das neue Klassensystem der Richtlinie mit den Klassen A bis E und dem damit teilweise verbundenen neuen Klassenzuschnitt weiter verschärfen. Ein Umtausch mit einer Umstellung der Fahrerlaubnisse auf das neue Klassensystem würde eine Bereinigung erlauben.*
– *Die grauen bundesdeutschen Führerscheinmuster, die bis zur Einführung des Führerscheins nach dem EG-Modell 1986 ausgefertigt worden sind, waren nicht fälschungssicher, so daß von einer hohen Zahl von gefälschten Führerscheinen ausgegangen werden muß.*
– *Es befindet sich eine große Anzahl von Mehrausfertigungen von Führerscheinen im Umlauf, die sich die Fahrerlaubnisinhaber „vorsorglich" haben ausstellen lassen, um im Falle der Entziehung der Fahrerlaubnis oder des Verlustes des Führerscheins darauf zurückgreifen zu können.*
Im übrigen würden im Zuge eines Umtausches in den neuen Ländern die nach dem Einigungsvertrag unbefristet weiter gültigen alten DDR-Führerscheine beseitigt werden können. Auf die Dauer ist es nicht vertretbar, amtliche deutsche Dokumente wie die Führerscheine mit den alten Wappen und Symbolen der ehemaligen DDR national wie international weiterzuverwenden.
Zunächst soll jedoch der Umtausch auf freiwilliger Grundlage erfolgen. Die Fahrerlaubnisbehörden werden den Umtausch im Rahmen ihrer Möglichkeiten vornehmen. Angesichts nicht auszuschließender Kapazitätsengpässe ist darauf hinzuweisen, daß kein Anspruch auf Umtausch besteht.

3. Begr zum ÄndG v 11. 9. 2002 (BTDrucks 14/8766 S 57): *Im Straßenverkehrsgesetz* 6
sind die Ermächtigungsgrundlagen für den Verordnungsgeber auf dem Gebiet der Zulassung von Fahrzeugen einschließlich ihrer technischen Überwachung hinsichtlich Zweck, Inhalt und Ausmaß hinreichend bestimmt zu schaffen. Dies geschieht vor allem durch die Neufassung der Nummer 2 des § 6 Abs. 1 StVG.

Für die Ermächtigung im Bereich der Fahrzeugzulassung ist dies die zentrale Bestimmung. Die neue Nummer 2 ersetzt die bisherigen Nummern 2, 4 und 6 sowie die bisherigen Buchstaben a und b in Nummer 3. **Buchstabe a** *befasst sich mit den einzelnen Voraussetzungen der Zulassung und knüpft bezüglich der Begriffe und ihrer Inhalte (z. B. Bau, Ausrüstung, Betriebserlaubnis) an die nationalen und internationalen Regelungen (insbesondere StVZO, EG-Richtlinien, ECE-Regelungen) an. Außerdem enthält Buchstabe a die Zwecke der Zulassung, nämlich die Gewährleistung der Verkehrssicherheit der Fahrzeuge sowie den Schutz der Fahrzeuginsassen und anderer Verkehrsteilnehmer bei Verkehrsunfällen vor Verletzungen. Der sog. Insassenschutz, der in der*

111

1 StVG § 6 I. Verkehrsvorschriften

*Vergangenheit in § 6 Abs. 1 Nr. 4 besonders angesprochen war, wird nunmehr in die zentrale Zulassungsbestimmung der Nummer 2 einbezogen sowie auf die „anderen" Verkehrsteilnehmer, also auf die Nichtinsassen außerhalb des Fahrzeugs, erweitert. Zwar ist der Schutz der Verkehrsteilnehmer an sich bereits auch im Begriff „Verkehrssicherheit der Fahrzeuge" enthalten, er wird jedoch besonders hervorgehoben mit Blick auf die hier relevanten besonderen Schutzelemente „Schutz vor Verletzungen" und „Milderung von deren Ausmaß oder Folgen". Die in Buchstabe a definierten Zwecke gelten für die gesamte Nummer 2. Weitere (Schutz-)Zwecke für die Zulassung von Fahrzeugen sind Umweltschutz (Nr. 5 a) und Innere Sicherheit (Nr. 10). Mit der Wiederholung der Schutzzwecke in **Buchstabe b** wird klargestellt, dass diese auch für zulassungsfreie Kraftfahrzeuge und Anhänger gelten. Für **Buchstabe c,** der sich mit Art und Inhalt der Zulassung befasst, gelten die Ausführungen unter Buchstabe a entsprechend.*

6 a *Derzeit wird die Zulassung nachgewiesen durch Fahrzeugschein und Fahrzeugbrief. Nach Übernahme der Richtlinie 1999/37/EG des Rates vom 29. April 1999 über Zulassungsdokumente für Fahrzeuge (ABl. EG Nr. L 138 S. 57) in deutsches Recht wird der Nachweis durch die Zulassungsbescheinigung Teil I und Teil II geführt. **Buchstabe d** dient der Klarstellung. Der Inhalt von **Buchstabe e** war bislang in Nummer 3 Buchstabe b verankert. Mit den **Buchstaben f, g, h, i, j** werden die Ermächtigungsgrundlagen für eine Umsetzung der europäischen Richtlinien über die EWG-Betriebserlaubnis bzw. EG-Typgenehmigung in deutsches Recht klar gefasst. Die „vergleichbaren Gutachten" sind Grundlage für die Regelungen in Anlage XIX StVZO (Verwendung sog. Teilegutachten). Bei **Buchstabe k** wird auf die diesbezüglichen Erläuterungen zu den vorangegangenen Buchstaben verwiesen. Gegenstand der **Buchstaben l, m, n, o, p und q** und r ist die regelmäßige technische Überwachung von Kraftfahrzeugen und ihren Anhängen. Während sich die Ermächtigungsgrundlagen für die amtliche Anerkennung von Überwachungsorganisationen und Kfz-Werkstätten zur Vornahme der regelmäßigen Untersuchungen und Prüfungen im Straßenverkehrsgesetz (§ 6 Abs. 1 StVG) befinden, richten sich Befugnisse und Tätigkeiten der amtlich anerkannten Sachverständigen und Prüfer für den Kraftfahrzeugverkehr (zusammengefasst in den Technischen Prüfstellen für den Kraftfahrzeugverkehr) nach dem Kraftfahrsachverständigengesetz. **Buchstabe l** enthält Ermächtigungen zur Regelung von Ort, Art, Umfang, Inhalt und Zeitabständen regelmäßiger Untersuchungen und Prüfungen von Fahrzeugen sowie Abnahmen von Fahrzeugen und Fahrzeugteilen als auch zur Regelung der Schulungen des Fachpersonals und der dafür notwendigen Schulungsstätten, **Buchstabe m** Ermächtigungen zur Regelung von Nachweisen der Untersuchungen, Prüfungen und Abnahmen der Fahrzeuge. Adressaten der Regelungen sind einerseits die Fahrzeughalter mit ihren Verpflichtungen, ihre Fahrzeuge untersuchen, prüfen und abnehmen zu lassen, sowie andererseits die Stellen und Organisationen, denen die Befugnisse zur Durchführung der Untersuchungen, Prüfungen und Abnahmen verliehen werden.*

6 b *Buchstabe n enthält die Ermächtigung, die Anerkennung von Überwachungsorganisationen durch Rechtsverordnung zu regeln. Die mit der „Prüfung der Fahrzeuge" Betrauten bedürfen einer staatlichen Zulassung. Bei der Kraftfahrzeughauptuntersuchung nach § 29 StVZO wie auch bei der Abgasuntersuchung nach § 47 a StVZO handelt es sich um eine originär staatliche Aufgabe der Gefahrenabwehr. Wie der Staat öffentliche Aufgaben erledigen will, ist im Allgemeinen Sache seines freien Ermessens (OVG Münster, Urt. v. 22. 9. 2000 – 8 A 2429/99). Mit dem Erfordernis der amtlichen Anerkennung soll ausgeschlossen werden, dass nicht hinreichend sachverständige Personen Haupt- und Abgasuntersuchungen durchführen und mit der damit verbundenen Zuteilung der Prüfplakette möglicherweise nicht verkehrssicheren oder die Abgaswerte nicht erfüllenden Fahrzeugen die Teilnahme am Verkehr erlauben. Die Prüfung von Kraftfahrzeugen auf ihren verkehrssicherheitstechnischen und immissionsschutzrechtlichen Richtwerten genügenden Zustand dient unmittelbar der Erhaltung der Sicherheit und Ordnung auf den öffentlichen Straßen. Die Ermächtigung zur Schaffung von Rechtsverordnungen über die amtliche Anerkennung von Sachverständigen oder Überwachungsorganisationen berührt das Grundrecht auf Berufsfreiheit (Artikel 12 GG) derjenigen, die die Prüfungen durchführen wollen. Die Gewährleistung der Verkehrssicherheit durch die Kraftfahrzeugüberwachung, die in Wahrnehmung staatlicher Aufgaben erfolgt, rechtfertigt jedoch Einschränkungen der Berufsfreiheit. **Buchstabe o** betrifft die ausreichende Haftpflichtversicherung der Überwachungsorganisationen nach Buchstabe n zur Deckung aller im Zusammenhang mit den Untersuchungen, Prüfungen und Abnahmen entstehenden Ansprüche Dritter sowie die Freistellung des verantwortlichen Landes.*

6 c *Buchstabe p ermächtigt dazu, die amtliche Anerkennung von Herstellern von Fahrzeugen oder von Fahrzeugteilen durch Rechtsverordnung zu regeln. Außerdem ist eine Ermächtigung eingestellt,*

Ausführungsvorschriften § 6 StVG **1**

damit die Anerkennungs- und Aufsichtsbehörden personenbezogene Daten der Kfz-Werkstätten und Fahrzeughersteller verarbeiten und nutzen können, soweit die Daten für die Aufgabenerfüllung der vorgenannten Behörden erforderlich sind. Vergleichbare Regelungen für die Verarbeitung und Nutzung der entsprechenden Daten der Technischen Prüfstellen und der amtlich anerkannten Überwachungsorganisationen sind im Kraftfahrsachverständigengesetz (§§ 22 ff.) enthalten. **Buchstabe q** *betrifft die ausreichende Haftpflichtversicherung von Herstellern und Kraftfahrzeugwerkstätten und entsprechend Buchstabe o. Der Inhalt von* **Buchstabe r** *über Maßnahmen zur Qualitätssicherung entspricht der bisherigen Nummer 6 in § 6 Abs. 1 StVG. Prüfungen im Sinne der* **Buchstaben l bis r** *sind z. B. Sicherheitsprüfungen nach § 29 StVZO sowie Prüfungen von Fahrtenschreibern und Kontrollgeräten (§ 57 b StVZO) und von Geschwindigkeitsbegrenzern (§ 57 d StVZO).* **Buchstabe s** *bildet die notwendige Ermächtigungsgrundlage für § 31 StVZO über Verantwortlichkeit, Rechte und Pflichten des Halters zulassungspflichtiger und zulassungsfreier Fahrzeuge. Die* **Buchstaben t und u** *enthalten die Ermächtigungsgrundlagen für Verordnungen über die Zuständigkeiten und das Verfahren bei den Länderbehörden sowie über deren Befugnis zur Erteilung von Ausnahmegenehmigungen. Sie sind den entsprechenden Regelungen beim Fahrerlaubnisrecht (§ 6 Abs. 1 Nr. 1 Buchstabe w StVG) nachgebildet. Zuständigkeiten von Bundesbehörden werden dadurch nicht begründet.* **Buchstabe v** *ist die notwendige Ermächtigungsgrundlage für die Verordnung über internationalen Kraftfahrzeugverkehr.* **Buchstabe w** *ermächtigt dazu, Maßnahmen im Verordnungswege und Anforderungen bei nicht motorisierten Straßenfahrzeugen zu regeln.*

4. Ziffer 3 schafft die rechtlichen Voraussetzungen für die Regelungen, die den Gegenstand von StVO und StVZO bilden, und für einige weitere Ausführungsbestimmungen, s BVG NZV **94** 374 (zur früheren Fassung). Begr zur Neufassung durch ÄndG v 24. 4. 1998 (BRDrucks 821/96 S 75): *Die teilweise Neufassung von* **Nummer 3** *stellt klar, daß es auch Fälle gibt, für deren Regelung eine Verordnung nur auf die allgemeine Ermächtigung der bisherigen Nummer 3 Halbsatz 1 gestützt zu werden braucht und erleichtert hierfür die Zitierweise.* Die Ermächtigungsnorm der Ziffer 3 ist ausreichend konkret, BVerfGE **26** 262, BVG NZV **94** 374, Bay VM **71** 47, OVG Lüneburg DVBl **96** 1441. Die Regelung des StrV umfaßt alles, was mit ihm in unmittelbarer Beziehung steht, auch die Abwehr von außen einwirkender Gefahren (zB Werbung), BVG NJW **74** 1781. Die Begriffe Sicherheit und Ordnung gelten alternativ, *Booß* VM **72** 7. Die unter c–h beschriebenen Sachverhalte sind Beispiele, schließen demnach die Berücksichtigung anderer Schutzgüter nicht aus, BVG NZV **94** 374, OVG Lüneburg DVBl **96** 1441, LG Berlin NZV **02** 55, begrenzen jedoch die Ermächtigung auf vergleichbare Sachverhalte, BVerfG NJW **76** 559. Ziff 3 beschränkt sich nicht auf den FzV. Das MaßnG hat die Befugnis auf Maßnahmen „zur Verhütung einer über das verkehrsübliche Maß hinausgehenden Abnutzung der Straßen" erstreckt. Begr: 30. Aufl. **7**

Nach der Fassung des VerkSichG bezog sich die Ermächtigung nur auf Maßnahmen zur Verhütung vermeidbarer Belästigungen. Das MaßnG hat die Ermächtigung durch Streichung des Wortes „vermeidbarer" erweitert, BVG NZV **94** 374. **8–10**

4a. Mindestalter und Verhalten der Führer von Fahrzeugen (I 3 c). Die Nr 3 c bildet die Grundlage für die StVO-Vorschriften über das Verhalten der FzFührer im StrV, das Mindestalter von KfzFührern (§ 10 FeV) und die Festsetzung von Höchstgeschwindigkeiten (§ 3 StVO). **11**

4 b. Schutz gegen Verkehrslärm und Abgas und der Erholungsuchenden (I 3 d). Die Formulierung „Schutz der Wohnbevölkerung" erweitert die Ermächtigung gegenüber der früheren Fassung „in Wohngebieten". S § 45 StVO. Das MaßnG hat die Ermächtigung auf den Erlaß von Bestimmungen über VBeschränkungen an Sonn- und Feiertagen erstreckt. Auf dieser Ermächtigung beruht § 30 III, IV StVO. Allgemeine Geschwindigkeitsbeschränkungen zwecks Lärmschutzes der Wohnbevölkerung sind in Gebieten mit überwiegender Wohnbevölkerung zulässig, uU abgestuft auch in Mischgebieten. Kritik an I 3 d bei Steiner DVBl **80** 418. **12/13**

Die **FerienreiseVO** verletzt das GG nicht, BVerfGE **26** 259, VRS **37** 81. **14**

4 c. Parkbeschränkungen für schwere Gewerbefahrzeuge (I 3 e). Begr (VBl **80** 244): *... Um vor allem diejenigen Fälle zu treffen, in denen sich das regelmäßige Parken als besonders störend für die Bevölkerung auswirkt, ist die Ermächtigung sachgerecht eingeschränkt. So kann* **15**

113

das regelmäßige Parken schwerer Fahrzeuge über Nacht an Wochenenden und Feiertagen hingenommen werden, soweit es sich um Industrie- und Gewerbegebiete (im Sinne der Baunutzungsverordnung i. d. F. vom 15. September 1977 [BGBl. I S. 1763]) handelt. Eine solche Regelung ist auch hinreichend klar: Derjenige, der dauernd die Straße als Betriebshof mißbraucht, ist in aller Regel ortskundig. Er weiß, ob es sich um ein Industrie- oder Gewerbegebiet handelt oder nicht. Sollte er es ausnahmsweise nicht wissen, kann er sich bei der Kommunalverwaltung erkundigen. Das gleiche gilt für Parkflächen, die von der Gemeinde zur Aufnahme der von dieser Bestimmung betroffenen Fahrzeuge bestimmt sind. Im Rahmen dieser Einschränkung soll das Verbot in die StVO aufgenommen werden. Dabei wird auch klarzustellen sein, daß bestimmte regelmäßige Parkvorgänge, z. B. das Parken von Kraftomnibussen an Endhaltestellen, vom Verbot nicht betroffen sind....

16 **4 d. Ortstafeln und Wegweiser (I 3 f).** Die Nr 3 f bildet die Grundlage für einen Teil der Bestimmungen des § 42 StVO.

17 **4 e. Verkehrsstörende Reklame (I 3 g).** Die Nr 3 g erweitert die Befugnis der Polizei und gibt insoweit auch § 33 StVO die Grundlage. Außerörtliche Werbung und Reklame ist schon verbietbar, wenn sie die VSicherheit gefährden kann, nicht erst bei wirklicher Gefährdung, s BVerfG NJW **72** 859. Landesrecht über Außenwerbung innerorts ist zulässig, BVerfG NJW **72** 859.

18 **4 f. Beeinträchtigung der Verkehrsüberwachung (I 3 i).** Der durch ÄndG v 19. 3. 01 eingefügte Buchstabe i in Nr 3 ermächtigt den VOGeber zB zum Verbot von Radarwarnanlagen. Dadurch soll einem Unterlaufen der präventiven Wirkung von Geschwindigkeits- und Abstandsüberwachungen entgegengewirkt werden (s Begr, BTDrucks 14/4304, S 10). Die Ermächtigung erstreckt sich auf das Verbot jeglicher Verwendung, also auch auf das Mitführen betriebsbereiter Anlagen, nicht aber auf die bloße Beförderung.

19 **4 g.** Auf **Nr 4 a** beruht § 34 StVO.

20 **5. Zu Nr 5 a.** Hinsichtlich des Begriffes „schädliche Umwelteinwirkungen" nimmt die Vorschrift Bezug auf die in § 3 BImSchG enthaltene Legaldefinition. Danach handelt es sich um „Immissionen, die nach Art, Ausmaß oder Dauer geeignet sind, Gefahren, erhebliche Nachteile oder erhebliche Belästigungen für die Allgemeinheit oder die Nachbarschaft herbeizuführen". *Jarass*, Schädliche Umwelteinwirkungen, DVBl **83** 725. *Rank*, Entschädigungsansprüche wegen Lärmimmissionen durch StrV, BayVBl **85** 481.

20 a **5 a. Zu Nr 5 c. Entsorgung von Altfahrzeugen.** Die Bestimmung dient der Sicherung einer umweltverträglichen Entsorgung und ermächtigt den VOGeber, den Nachweis darüber zu fordern.

21 **6. Nr 6** bildet die Grundlage für Abgas- und Geräuschprüfungen, s zB §§ 47 a, 47 b StVZO.

22 **6 a. Zu Nr. 7.** Sie soll bestehende Ermächtigungszweifel hinsichtlich der Nrn 1–6 ausräumen, um eine zügige Umsetzung internationaler Verpflichtungen zu gewährleisten (vgl Begr zu Art 1 Nr 4 der 3. ÄndVStVR, VBl **82** 490). In Verbindung mit Nr 1 war sie zB Ermächtigungsgrundlage für die aufgrund der EG-Führerscheinrichtlinie v 4. 12. 1980 zur Einführung eines EG-Führerscheins in die StVZO eingefügten Bestimmungen der §§ 9 a bis c (alt) über den Sehtest.

22 a **6 b. Zu Nr 8–12.**

Begr (BTDrucks 8/971)

I. Allgemeines. Der Gesetzentwurf soll den Diebstahl von Fahrzeugkennzeichen, Fahrzeugpapieren und Fahrzeugen sowie deren Mißbrauch für die Begehung von Straftaten bekämpfen.
...
II. Im einzelnen. In § 6 Abs. 1 werden vier neue Ermächtigungsgrundlagen aufgenommen.
Die Ermächtigungsgrundlage zu **Nummer 8** *bezieht sich auf das Kennzeichen. Auf dieser Grundlage soll durch entsprechende StVZO-Änderung insbesondere das neue fälschungssichere Kennzeichen eingeführt werden. Notwendig werden jedoch nicht nur Bestimmungen über fäl-*

Ausführungsvorschriften
§ 6 StVG 1

schungssichere Beschaffenheit, sondern auch Regelungen über die diebstahlssichere Anbringung der Kennzeichen sein....

Die Ermächtigungsgrundlage zu **Nummer 9** erstreckt sich auf die Fahrzeugpapiere. Hierzu zählen der Fahrzeugbrief, der Fahrzeugschein (Zulassungsschein) sowie der Führerschein. Fahrzeugbrief sowie der sog. Fahrzeug-Erst-Schein werden schon seit einigen Jahren fälschungssicher hergestellt, jedoch noch nicht der sog. Fahrzeug-Zweit-Schein (anläßlich von Standort-, Halterwechsel, etc.) sowie der Führerschein. Es soll jedoch nicht nur eine Grundlage für Regelungen über die Beschaffenheit der Papiere geschaffen werden, sondern auch über die diebstahlssichere Verwahrung (auch der Vordrucke) bei den Zulassungsbehörden.

Die Ermächtigungsgrundlage zu **Nummer 10** enthält die Möglichkeit, vor allem neue Diebstahlssicherungen für Fahrzeuge einzuführen, um deren Diebstahl zu erschweren.

Mit der Ermächtigungsgrundlage zu **Nummer 11** wird eine gesetzliche Grundlage geschaffen für Maßnahmen, die sich insbesondere auf die Zusammenarbeit zwischen Zulassungsbehörden, Kraftfahrt-Bundesamt und Polizei beziehen....

Durch Änderung von *§ 6 Abs. 2* wird festgelegt, daß Rechtsverordnungen und Allgemeine Verwaltungsvorschriften nach den neuen Ermächtigungsgrundlagen durch den Bundesminister für Verkehr nur im Einvernehmen mit dem Bundesminister des Innern erlassen werden. Es handelt sich hier um Maßnahmen, die nach ihrem Zweck der „inneren Sicherheit" dienen sollen und daher vom Bundesminister des Innern auch mit verantwortet werden müssen.

7. Gebührenpflichtige Parkplätze (I 13). Begr (VBl **80** 244): ... *Derartige Parkplätze sind ... bei öffentlichen Großveranstaltungen und sonstigen besonderen Anlässen aus Gründen der Sicherheit und Leichtigkeit des Verkehrs sowie zur Verkehrslenkung erforderlich. Sie haben sich nicht nur als hervorragendes Mittel zur „Rationierung" des knappen Verkehrsraums bewährt. Die Bewachung der dort parkenden Fahrzeuge hat darüber hinaus noch verkehrsregelnde und verkehrslenkende Vorteile: Das Personal, das mit der Bewachung des Parkplatzes betraut ist, übt zugleich bestimmte Ordnungsfunktionen aus (z. B. Einweisen der Fahrzeuge, Überwachung der Parkzeit, Verhinderung von Fahrzeugdiebstählen) und erspart damit den Einsatz der Polizei....*

22 b

8. Parkvorrechte (I 14). Begr (VBl **80** 244): ... *Die Parkraumsituation der Anwohner innerstädtischer Wohnstraßen muß verbessert werden, um die innerstädtischen Wohngebiete wieder attraktiver zu gestalten. Die Parkraumnot erschwert die Lebensumstände der dortigen Wohnbevölkerung in besonderem Maße und bildet ein entscheidendes Hindernis für eine Verbesserung des Wohnumfeldes und damit für die Erhaltung und Modernisierung dieser Wohngebiete. Betroffen sind in erster Linie dichtbebaute Gebiete am Rand der Innenstädte, die in Zeiten gebaut wurden, in denen Art und Umfang der heutigen Motorisierung nicht abzusehen war und in denen daher – am heutigen Bedarf gemessen – kaum privater Parkraum vorhanden ist.... Die ... Ermächtigung ist daher ein geeigneter Beitrag, den städtebaulich nicht zu verantwortenden Folgen der Stadtumlandwanderung entgegenzuwirken. Sie stellt eine notwendige Maßnahme im Zusammenhang mit den Bemühungen von Bund und Ländern um eine attraktivere Gestaltung innerstädtischer Wohngebiete dar.*

22 c

Schwerbehinderte mit außergewöhnlicher Gehbehinderung finden keine Parkmöglichkeiten vor ihrer Wohnung oder Arbeitsstätte und müssen unzumutbare weite Wege gehen oder gar getragen werden, weil oft am Fahrbahnrand über viele hundert Meter ein parkendes Fahrzeug hinter dem anderen steht. Dieser entwürdigende Zustand kann nicht hingenommen werden. Appelle an die Mitbürger, Parkraum in solchen Fällen freizuhalten, haben sich in vielen Fällen als erfolglos erwiesen. Das gleiche gilt für Blinde, die auf die Benutzung eines Kraftfahrzeuges angewiesen sind und sich nur mit fremder Hilfe bewegen können.
...

Begr zum ÄndG v 19. 3. 01 (BTDrucks 14/4304): *Durch die neue Fassung der Ermächtigung in § 6 Abs. 1 Nr. 14 wird die Voraussetzung dafür geschaffen, in § 45 Abs. 1b Satz 1 Nr. 2 StVO und der dazu zu erlassenen Verwaltungsvorschrift neben den Parkmöglichkeiten für Anwohner nach Maßgabe der Entscheidung des Bundesverwaltungsgerichts vom 28. Mai 1998 (Az. 3 C 11/97) zukünftig auch die Voraussetzungen für die Anordnung großflächiger Bewohnerparkbereiche im Einvernehmen mit der Gemeinde und unter Berücksichtigung des verfassungsrechtlichen Gemeingebrauchs der Straßen regeln zu können.*

1 StVG § 6   I. Verkehrsvorschriften

Begr des Bundesrates, BRDrucks 321/00 (Beschluß) S. 5: *Der Bundesrat fordert die Bundesregierung auf, in der Straßenverkehrs-Ordnung und den zugehörigen Verwaltungsvorschriften das zulässige Ausmaß von Bewohnerparkzonen festzulegen und festzuschreiben, dass in den betroffenen städtischen Quartieren maximal für 50 Prozent des Parkraumes Privilegierungen erfolgen dürfen.*

Das Straßenverkehrsrecht ist grundsätzlich privilegienfeindlich, was eine Folge des grundgesetzlich garantierten Gemeingebrauchs ist. Durch die vorgesehene Änderung in § 6 Abs. 1 Nr. 14 StVG wird eine Privilegierung eingeführt, die jedoch auf das unbedingt notwendige Maß eingeschränkt werden muss.

Die Größe dieser Bewohnerparkzonen ist nach der Einwohnerzahl der jeweiligen Stadt zu staffeln. Dabei sind die Kriterien zu berücksichtigen, die die Rechtsprechung in diesem Zusammenhang festgelegt hat (Vergleiche hierzu etwa das OVG Münster im Urteil vom 6. 12. 1996; NZV 1997, 248).

Die Vorschrift dient der Verbesserung der Lebensbedingungen für Schwerbehinderte und Blinde und der Eindämmung der Stadtflucht durch Parkraumreservierung für die Bewohner städtischer Bereiche zu Lasten des allgemeinen Individualverkehrs (Abweichung vom Grundsatz der Gleichberechtigung aller VT). Die Vorschrift steht jedoch mit dem GG, insbesondere Art 3, in Einklang und ist als ErmächtigungsG für § 45 I b Nr 2 StVO hinreichend bestimmt (Art 80 I 2 GG), Dü VRS 63 377, 69 45, *Fugmann-Heesing* NVwZ 83 531. Zum Umfang der Ermächtigung *("Beschränkung")* s *Wilde* MDR 83 540 mit Entgegnung von *Cosson* MDR 84 105; s § 45 StVO Rz 35. Einen Anspruch von Bewohnern städtischer Quartiere auf Parkraum begründet die Vorschrift nicht, BVG ZfS 92 249. Zur zukünftigen Reform der Bestimmung, s *Gehrmann* ZRP 99 60.

22 d   **9. Fußgängerbereiche und „verkehrsberuhigte" Bereiche (I 15).** Begr (VBl 80 244): ... *Der Begriff „Kennzeichnung" macht deutlich, daß den Straßenverkehrsbehörden nicht die Befugnis eingeräumt werden soll zu entscheiden, ob ein Fußgängerbereich oder eine verkehrsberuhigte Wohnzone eingerichtet werden soll. In der Praxis ist dies jeweils eine bedeutende lokale städteplanerische Entscheidung der Gemeinde, für die als Rechtsgrundlage auch das Straßenrecht in Betracht kommen kann. Hieran soll nichts geändert werden. Die Frage aber, wie der verbleibende Verkehr in diesen Bereichen in Vollzug dieser grundsätzlich städteplanerischen Entscheidung zu regeln ist, ist von der jeweiligen Straßenverkehrsbehörde zu entscheiden....*

Entsprechend dem übrigen Wortlaut des § 6 widerspricht die kumulativ erscheinende Aufzählung nicht einer alternativen Auslegung und Anwendung dieser Ermächtigung. Es muß daher nur eine der aufgezählten Zielsetzungen vorliegen....

Die Einrichtung von verkehrsberuhigten Bereichen kommt nicht nur in den ausschließlich oder überwiegend dem Wohnen dienenden Gebieten, sondern auch in Gebieten mit gemischter baulicher Nutzung und in zentralen Einkaufsbereichen in Betracht....

22 e   **10. Verkehrsbeschränkungen zu Erprobungs- und Forschungszwecken (I 16).** Begr (VBl 80 244): *Diese Ermächtigung dient allein der Klarstellung.... Solche Regelungen und Anordnungen werden zwar in der Absicht, mehr Sicherheit im Straßenverkehr zu gewinnen, erlassen und dienen daher von der Zielrichtung her der Verkehrssicherheit. Ob sie aber wirklich mehr Sicherheit bringen, steht im Zeitpunkt des Erlasses der Regelung bzw. der Anordnung noch nicht fest.... Die möglichen Zweifel, ob diese mittelbare Beziehung zur Verkehrssicherheit das Merkmal „Sicherheit auf den öffentlichen Wegen und Plätzen" im Sinne des § 6 Abs. 1 Nr. 3 StVG erfüllt, sollen nunmehr durch diese neue Ermächtigung gegenstandslos werden....*

22 f   **11. Verkehrsmaßnahmen zwecks außerverkehrlicher Sicherheit (I 17).** Begr (VBl 80 244): *Die Sicherheitslage in der Bundesrepublik Deutschland macht weiterhin zum Teil umfangreiche Sicherungsmaßnahmen bei sicherheitsempfindlichen Dienstgebäuden und sonstigen Anlagen, bei denen die Gefahr von Anschlägen besteht, erforderlich. Soweit derartige Dienstgebäude oder Anlagen an öffentliche Straßen und Plätze angrenzen, besteht vielfach ein Bedürfnis für verkehrsbeschränkende Maßnahmen aus Sicherheitsgründen (z. B. Haltverbote zur Verhinderung von Bombenanschlägen mittels abgestellter Kraftfahrzeuge). Nach § 45 StVO können die Straßenverkehrsbehörden verkehrsbeschränkende Anordnungen u. a. nur aus Gründen der Sicherheit oder Ordnung des Verkehrs erlassen. Diese Voraussetzungen liegen in den geschilder-*

Ausführungsvorschriften § 6 StVG **1**

ten Fällen vielfach nicht vor, so daß ein wirksamer Schutz dieser sicherheitsempfindlichen Bereiche und die Wirksamkeit der oftmals mit hohem finanziellen Aufwand getroffenen sonstigen Sicherheitsmaßnahmen infrage gestellt wird. Eine weitere Notwendigkeit für die vorgesehene Neuregelung hat sich auch während dieses besonders strengen Winters in Norddeutschland ergeben. Die **Anordnung flächendeckender Fahrverbote** war notwendig, aber rechtlich nicht eindeutig abgesichert....

12. Sonderfahrspuren für Linienomnibusse und Taxen (I 18). Die Vorschrift erlaubt die erweiterte Begünstigung des öffentlichen Nahverkehrs durch die Einrichtung gesonderter Busspuren für Linienbusse und Taxen. S zB § 41 II Nr 5 StVO VZ 245 sowie § 9 III 2 StVO (Vorrang berechtigter Sonderfahrstreifenbenutzer beim Abbiegen). 22 g

13. Technische Unterwegskontrolle von Nutzfahrzeugen (I Nr 20). Begr (BTDrucks 14/8766 S 59): *Mit der Richtlinie 2000/30/EG des Europäischen Parlaments und des Rates vom 6. Juni 2000 über die technische Unterwegskontrolle von Nutzfahrzeugen, die in der Gemeinschaft am Straßenverkehr teilnehmen (ABl. EG Nr. L 203 S. 1), werden die Mitgliedstaaten verpflichtet, die Vorschriften bis zum 10. August 2002 in nationales Recht umzusetzen, d. h. bestimmte Bedingungen für die Durchführung von technischen Unterwegskontrollen festzulegen. Unter „technische Unterwegskontrolle" versteht die Richtlinie die von den Behörden nicht angekündigte und somit unerwartete, auf öffentlichen Straßen durchgeführte technische Kontrolle eines Nutzfahrzeuges, das im Gebiet eines Mitgliedstaates am Straßenverkehr teilnimmt (Artikel 2 b). Die gemäß der Richtlinie 96/96/EG des Rates vom 20. Dezember 1996 zur Angleichung der Rechtsvorschriften der Mitgliedstaaten über die technische Überwachung der Kraftfahrzeuge und Kraftfahrzeuganhänger (ABl. EG Nr. L 46 S. 1), vorgeschriebene regelmäßige jährliche technische Überwachung der Nutzfahrzeuge durch eine zugelassene Stelle wird als nicht ausreichend angesehen. Es bedarf einer gesonderten Ermächtigung zur Regelung der Zusammenarbeit zwischen den zur Kontrolle des Verhaltens im Straßenverkehr, den zur Prüfung der Fahrzeuge, ihrer Beschaffenheit und Ausrüstung befugten Stellen und zur Regelung des Datenaustauschs. Mit der Ergänzung des § 6 Abs. 1 StVG wird eine entsprechende Ermächtigungsgrundlage geschaffen. Die Einzelheiten, insbesondere auch über die Zusammenarbeit zwischen Mitgliedstaaten der EG, der Europäischen Kommission, Bund und Ländern bleiben der zu erlassenden Rechtsverordnung vorbehalten.* 22 h

I Nr 20 bildet die Ermächtigungsgrundlage für die am 1. 9. 03 in Kraft getretene VO über technische Kontrollen von NutzFzen auf der Str **(TechKontrollV)** v 21. 5. 03 (BGBl I, 774).

14. Erlaß von Rechtsverordnungen auf Grund des § 6. Bindung durch den Verhältnismäßigkeitsgrundsatz: Rz 2. RVOen des BMV aufgrund des § 6 bedürfen der Zustimmung des BR „vorbehaltlich anderweitiger bundesgesetzlicher Regelung" (Art 80 GG) (**E** 4). Solche anderweitige gesetzliche Regelung gibt III; es bedarf nicht der Zustimmung des BR zum Erlaß von Vorschriften über die Beschaffenheit, Ausrüstung und Prüfung von Fzen und FzTeilen. Die Bestimmung trägt dem Gedanken Rechnung, daß es unangemessen und unpraktisch wäre, den Bundesrat mit rein technischen Durchführungsverordnungen zu befassen, s Begr zum VerkSichG. 23

Das MaßnG hat durch Zusatz zu III bestimmt, daß auch RVOen, durch die das BMV „allgemeine Ausnahmen von den auf diesem Gesetz beruhenden Rechtsvorschriften zuläßt, nicht der Zustimmung des BR bedürfen", auch soweit sie nicht Beschaffenheit, Ausrüstung und Prüfung von Fzen und FzTeilen betreffen. Insoweit sind vorher die zuständigen obersten Landesbehörden zu hören. 24

Verkündung der aufgrund des § 6 zu erlassenden RVOen: Art 82 GG und G über die Verkündung von RVOen vom 30. 1. 50 (Verkündung im BGBl oder Bundesanzeiger mit Hinweis im BGBl). Auch zu den vom BMV für den StrV zu erlassenden allgemeinen Verwaltungsvorschriften (Vwv) ist die Zustimmung des BR erforderlich (Art 85 II GG). Sie werden üblicherweise im VBl verkündet.

1 StVG § 6a I. Verkehrsvorschriften

Gebühren

6a (1) Kosten (Gebühren und Auslagen) werden erhoben

1. für Amtshandlungen, einschließlich Prüfungen, Abnahmen, Begutachtungen, Untersuchungen, Verwarnungen – ausgenommen Verwarnungen im Sinne des Gesetzes über Ordnungswidrigkeiten – und Registerauskünften
   a) nach diesem Gesetz und nach den auf diesem Gesetz beruhenden Rechtsvorschriften,
   b) nach dem Gesetz zu dem Übereinkommen vom 20. März 1958 über die Annahme einheitlicher Bedingungen für die Genehmigung der Ausrüstungsgegenstände und Teile von Kraftfahrzeugen und über die gegenseitige Anerkennung der Genehmigung vom 12. Juni 1965 (BGBl. 1965 II S. 857) in der Fassung des Gesetzes vom 20. Dezember 1968 (BGBl. 1968 II S. 1224) und nach den auf diesem Gesetz beruhenden Rechtsvorschriften,
   c) nach dem Gesetz zu dem Europäischen Übereinkommen vom 30. September 1957 über die internationale Beförderung gefährlicher Güter auf der Straße (ADR) vom 18. August 1969 (BGBl. 1969 II S. 1489) und nach den auf diesem Gesetz beruhenden Rechtsvorschriften,
2. für Untersuchungen von Fahrzeugen nach dem Personenbeförderungsgesetz in der im Bundesgesetzblatt Teil III, Gliederungsnummer 9240-1, veröffentlichten bereinigten Fassung, zuletzt geändert durch Artikel 7 des Gesetzes über die unentgeltliche Beförderung Schwerbehinderter im öffentlichen Personenverkehr vom 9. Juli 1979 (BGBl. I S. 989), und nach den auf diesem Gesetz beruhenden Rechtsvorschriften,
3. für Maßnahmen im Zusammenhang mit der Stilllegung von Kraftfahrzeugen und Kraftfahrzeuganhängern.

(2) [1]Das Bundesministerium für Verkehr, Bau- und Wohnungswesen wird ermächtigt, die Gebühren für die einzelnen Amtshandlungen, einschließlich Prüfungen, Abnahmen, Begutachtungen, Untersuchungen, Verwarnungen – ausgenommen Verwarnungen im Sinne des Gesetzes über Ordnungswidrigkeiten – und Registerauskünften im Sinne des Absatzes 1 durch Rechtsverordnung zu bestimmen und dabei feste Sätze oder Rahmensätze vorzusehen. [2]Die Gebührensätze sind so zu bemessen, dass der mit den Amtshandlungen, einschließlich Prüfungen, Abnahmen, Begutachtungen, Untersuchungen, Verwarnungen – ausgenommen Verwarnungen im Sinne des Gesetzes über Ordnungswidrigkeiten – und Registerauskünften verbundene Personal- und Sachaufwand gedeckt wird; bei begünstigenden Amtshandlungen kann daneben die Bedeutung, der wirtschaftliche Wert oder der sonstige Nutzen für den Gebührenschuldner angemessen berücksichtigt werden.

(3) [1]Im Übrigen findet das Verwaltungskostengesetz vom 23. Juni 1970 (BGBl. I S. 821), geändert durch Artikel 41 des Einführungsgesetzes zur Abgabenordnung vom 14. Dezember 1976 (BGBl. I S. 3341), Anwendung. [2]In den Rechtsverordnungen nach Absatz 2 können jedoch die Kostenbefreiung, die Kostengläubigerschaft, die Kostenschuldnerschaft, der Umfang der zu erstattenden Auslagen und die Kostenerhebung abweichend von den Vorschriften des Verwaltungskostengesetzes geregelt werden.

(4) In den Rechtsverordnungen nach Absatz 2 kann bestimmt werden, dass die für die einzelnen Amtshandlungen, einschließlich Prüfungen, Abnahmen, Begutachtungen und Untersuchungen, zulässigen Gebühren auch erhoben werden dürfen, wenn die Amtshandlungen aus Gründen, die nicht von der Stelle, die die Amtshandlungen hätte durchführen sollen, zu vertreten sind, und ohne ausreichende Entschuldigung des Bewerbers oder Antragstellers am festgesetzten Termin nicht stattfinden konnten oder abgebrochen werden mussten.

(5) Rechtsverordnungen über Kosten, deren Gläubiger der Bund ist, bedürfen nicht der Zustimmung des Bundesrates.

(6) [1]Für das Parken auf öffentlichen Wegen und Plätzen können in Ortsdurchfahrten die Gemeinden, im Übrigen die Träger der Straßenbaulast, Gebühren erheben. [2]Für die Festsetzung der Gebühren werden die Landesregierungen ermächtigt, Gebührenordnungen zu erlassen. [3]In diesen kann auch ein Höchstsatz festgelegt werden. [4]Die Ermächtigung kann durch Rechtsverordnung weiter übertragen werden.

Gebühren § 6a StVG **1**

(7) **Die Regelung des Absatzes 6 Satz 2 bis 4 ist auf die Erhebung von Gebühren für die Benutzung gebührenpflichtiger Parkplätze im Sinne des § 6 Abs. 1 Nr. 13 entsprechend anzuwenden.**

Begr zur Neufassung durch ÄndG v 6. 4. 1980: VBl **80** 248.   1–4

Begr zum ÄndG v 24. 4. 1998 (BRDrucks 821/96 S 76):   5

Zu Absätzen 1 und 2: *Klarstellung, daß es sich bei Prüfungen, Abnahmen, Begutachtung, Untersuchungen, Verwarnungen und Registerauskünften um gebührenpflichtige Amtshandlungen handelt. Die Gebührenpflicht gilt auch für Registerauskünfte unabhängig davon, ob es sich um einfache Auskünfte im Sinne von § 7 Nr. 1 Verwaltungskostengesetz handelt oder nicht. Ausgenommen von der Gebührenpflicht sind im Hinblick auf § 19 Abs. 7 Bundesdatenschutzgesetz aber Auskünfte an den Betroffenen über die über ihn im Verkehrszentralregister und im Zentralen Fahrerlaubnisregister eingetragenen Daten (vgl. § 30 Abs. 8 und § 58 StVG). Gebührenpflichtige Verwarnungen sind vor allem solche nach dem Punktsystem (vgl. Gebühren-Nr. 210 der Gebührenordnung für Maßnahmen im Straßenverkehr). Verwarnungen nach dem Ordnungswidrigkeitengesetz erfolgen gebührenfrei (vgl. § 56 Abs. 3 Satz 2 OWiG).*

Begr zum ÄndG v 14. 1. 04 (BTDrucks 15/1802 S 76): **Zu Absatz 6:** *Nach § 6a des* 6–9
Straßenverkehrsgesetzes in der zur Zeit gültigen Fassung wird eine Gebühr, deren Höhe nach örtlichen Verhältnissen unterschiedlich hoch sein kann, pro halbstündliches Parkzeitintervall vorgegeben. Diese Regelung erlaubt es beim heute bestehenden Parkdruck nicht, flexibel auf die besonderen lokalen Verhältnisse zu reagieren, obwohl die vorhandenen Geräte dies technisch ohne weiteres ermöglichten.

...

Es soll die Möglichkeit geschaffen werden, ein kostenfreies Parken ohne zeitliche Vorgaben einzuräumen, die Gebühren pro Zeitintervall schrittweise unterschiedlich zu gestalten, kürzere Taktzeiten als halbstündliche Intervalle vorzugeben und Gebühren nach einer räumlichen Staffelung erheben zu können.

Soweit Bundeskostenrecht (§ 6a StVG, GebOStr, BVerwKostenG) das Landeskostenrecht nicht ausdrücklich ausschließt, gilt auch dieses, s BVG VRS **57** 70   10
(kostenpflichtige Anfrage nach dem Halter). Verwarnungen nach § 4 III (Punktsystem) sind gem I Nr 1 gebührenpflichtig. Die abw, zur früheren Allgemeinen Vwv zu § 15b StVZO ergangene Rspr ist überholt. Gegen die Schaffung von Gebührentatbeständen in der GebOStr für bloße Androhung von Maßnahmen iS von Abs II (Abs I) sind in der Judikatur zu Recht Bedenken erhoben worden, sofern eine solche Androhung in den in Abs I genannten Rechtsgrundlagen nicht ausdrücklich vorgesehen ist, OVG Saarlouis VM **81** 31. So ist zB die *Androhung* einer Fahrtenbuchauflage weder im StVG noch in einer auf diesem Gesetz beruhenden Rechtsnorm als „Amtshandlung" (s Abs I) vorgesehen, so daß es an einer Ermächtigung des BMV für die Schaffung eines entsprechenden Gebührentatbestandes fehlen dürfte, OVG Saarlouis VM **81** 31, s auch BVG NJW **83** 1811 (zur früheren Fassung der GebOStr). Das gleiche gilt für die Androhung von Maßnahmen nach § 46 III, §§ 11–14 FeV, anders als für deren Anordnung (insoweit ist OVG Lüneburg NJW **87** 2457 überholt), VG Hb DAR **93** 404 (zu § 15b II StVZO alt). Bei begünstigenden Amtshandlungen (zB Sonderparkberechtigung) gelten für den die Gebührenhöhe bestimmenden VOGeber als Bemessungskriterien gem Abs II 2 das Kostendeckungs- und das Äquivalenzprinzip (Kosten des Verwaltungsaufwands, Wert/Nutzen für den Begünstigten), s OVG Saarlouis ZfS **99** 313. Die Gebühr für eine Sonderparkberechtigung zugunsten von Anwohnern (§ 45 Ib Nr 2 StVO) muß sich nachprüfbar an einer konkreten Kosten-Wert-Ermittlung orientieren, VG Münster NJW **85** 3092, bei der die voraufgegangene Einrichtung der Sonderparkzone außer Betracht zu bleiben hat, OVG Münster VRS **72** 391 = StVE 4, OVG Saarlouis ZfS **99** 313. Erhebung von Entgelten für die Benutzung von tatsächlich öffentlichem, straßenrechtlich nicht gewidmetem VRaum, auf dem kein Gemeingebrauch besteht: § 52 StVO.

1 StVG §§ 6b–6d I. Verkehrsvorschriften

Herstellung, Vertrieb und Ausgabe von Kennzeichen

6b (1) Wer Kennzeichen für Fahrzeuge herstellen, vertreiben oder ausgeben will, hat dies der Zulassungsbehörde vorher anzuzeigen.

(2) *(weggefallen)*

(3) Über die Herstellung, den Vertrieb und die Ausgabe von Kennzeichen sind nach näherer Bestimmung (§ 6 Abs. 1 Nr. 8) Einzelnachweise zu führen, aufzubewahren und zuständigen Personen auf Verlangen zur Prüfung auszuhändigen.

(4) Die Herstellung, der Vertrieb oder die Ausgabe von Kennzeichen ist zu untersagen, wenn diese ohne die vorherige Anzeige hergestellt, vertrieben oder ausgegeben werden.

(5) Die Herstellung, der Vertrieb oder die Ausgabe von Kennzeichen kann untersagt werden, wenn
1. Tatsachen vorliegen, aus denen sich die Unzuverlässigkeit des Verantwortlichen oder der von ihm mit Herstellung, Vertrieb oder Ausgabe von Kennzeichen beauftragten Personen ergibt, oder
2. gegen die Vorschriften über die Führung, Aufbewahrung oder Aushändigung von Nachweisen über die Herstellung, den Vertrieb oder die Ausgabe von Kennzeichen verstoßen wird.

Begr zum ÄndG v 11. 9. 02 (BTDrucks 14/8766 S 59): *Die Vorschriften über ein amtliches Berechtigungsscheinverfahren sind aufzuheben, um der Gefahr zu begegnen, dass in der Bundesrepublik Deutschland unterschiedliches Recht mit strafrechtlichen Konsequenzen angewendet wird, je nach dem, ob die Kfz-Zulassungsbehörde ein von ihr vorgegebenes Berechtigungsscheinverfahren vorschreibt oder nicht. Die 1978 beabsichtigte Einführung eines amtlichen Berechtigungsscheinverfahrens wurde wegen des hohen verwaltungsmäßigen und finanziellen Aufwandes sowie der fehlenden Erkenntnis über den kriminologischen Stellenwert des Kennzeichenmissbrauchs beim Diebstahl von Kraftfahrzeugen 1984 verworfen. Das amtliche Berechtigungsscheinverfahren war als flankierende Maßnahme für die 1978 beabsichtigte Einführung eines fälschungssicheren Kennzeichens vorgesehen. Die seinerzeit entwickelten Vorstellungen zur zwingenden Vorlage des Berechtigungsscheins bei den Zulassungsbehörden für den Erwerb von Kfz-Kennzeichen wurden nicht verbindlich eingeführt. Eine wirksame Bekämpfung von Straftaten mit Fahrzeugen, insbesondere die illegale Verwendung von Kfz-Kennzeichen von stillgelegten oder abgemeldeten Fahrzeugen, wird durch ein Berechtigungsscheinverfahren nicht gewährleistet. Eine bundeseinheitliche Regelung des Verfahrens sowie der Art und Weise der Vergabe von amtlichen Berechtigungsscheinen wird deshalb nicht mehr als erforderlich angesehen. In nahezu allen Ländern gibt es Zulassungsbehörden, die Bescheinigungen für den Gang zur Prägestelle ausgeben, hierbei handelt es sich jedoch nicht um ein Berechtigungsscheinverfahren im Sinne der Vorschriften. Auf Grund des Urteils des Bayerischen Obersten Landesgerichts vom 30. 10. 1998 – 1 St RR 170/98 – (NStZ-RR 1999, S. 153) ist die vertretene Auffassung, dass vor Verkündung der Rechtsverordnung die vorgenannte Regelung nicht greife und die Vorlage eines amtlichen Berechtigungsscheins nicht erforderlich sei, nicht aufrecht zu halten.*

Strafnorm: § 22a. Steinke, Diebstahls- und fälschungssichere Kennzeichen, vollautomatische Fahndung, PTV **80** 341. Jagow, Fälschungssichere Kfz-Kennzeichen, VD **82** 66.

Herstellung, Vertrieb und Ausgabe von Kennzeichenvorprodukten

6c § 6b Abs. 1, 3, 4 Nr. 1 sowie Abs. 5 gilt entsprechend für die Herstellung, den Vertrieb oder die Ausgabe von bestimmten – nach näherer Bestimmung durch das Bundesministerium für Verkehr, Bau- und Wohnungswesen festzulegenden (§ 6 Abs. 1 Nr. 8, Abs. 2) – Kennzeichenvorprodukten, bei denen nur noch die Beschriftung fehlt.

Auskunft und Prüfung

6d (1) Die mit der Herstellung, dem Vertrieb oder der Ausgabe von Kennzeichen befassten Personen haben den zuständigen Behörden oder den von ihnen beauftragten Personen über die Beachtung der in § 6b Abs. 1 bis 3 bezeichneten Pflichten die erforderlichen Auskünfte unverzüglich zu erteilen.

(2) Die mit der Herstellung, dem Vertrieb oder der Ausgabe von Kennzeichenvorprodukten im Sinne des § 6c befassten Personen haben den zuständigen Behörden

Haftung des Halters, Schwarzfahrt § 7 StVG 1

oder den von ihnen beauftragten Personen über die Beachtung der in § 6 b Abs. 1 und 3 bezeichneten Pflichten die erforderlichen Auskünfte unverzüglich zu erteilen.

(3) Die von der zuständigen Behörde beauftragten Personen dürfen im Rahmen der Absätze 1 und 2 Grundstücke, Geschäftsräume, Betriebsräume und Transportmittel der Auskunftspflichtigen während der Betriebs- oder Geschäftszeit zum Zwecke der Prüfung und Besichtigung betreten.

II. Haftpflicht

Lit: *Böhmer*, Verschleierte Gefährdungshaftung?, MDR **63** 983. *Derselbe*, § 1359 BGB ist bei KfzDelikten nicht anzuwenden, MDR **65** 712. *Büchler*, VUnfall: Zurechnung des Fehlverhaltens Dritter, MDR **97** 709. *v. Caemmerer*, Die Bedeutung des Schutzbereichs einer Rechtsnorm ..., DAR **70** 283. *Deutsch*, Methode und Konzept der Gefährdungshaftung, VR **71** 1. *Derselbe*, Gefährdungshaftung: Tatbestand und Schutzbereich, JuS **81** 317. *Dunz*, Gefährdungshaftung und Adäquanz in der neueren Rspr des BGH, VR **84** 600. *E. v. Hippel*, Schadenausgleich bei VUnfällen, 1968. *Lange*, Umfang der Schadenersatzpflicht bei einem VUnfall; Methoden der Schadensbegrenzung, JuS **73** 280. *Lehr*, Probleme bei Massenunfällen, VGT **86** 143. *Lemcke*, Gefährdungshaftung im StrV unter Berücksichtigung der Änderungen durch das 2. SchadÄndG, ZfS **02** 318. *G. Müller*, Besonderheiten der Gefährdungshaftung nach dem StVG, VR **95** 489. *Neumann-Duesberg*, Deckungspflicht des PrivathaftpflichtVU sowie ... Selbstaufopferung im StrV ..., VR **77** 494. *Nüßgens*, Im Spannungsfeld zwischen Erweiterung und Begrenzung der Haftung, BGH-F 1975. *Sanden*, Der prima-facie-Beweis in der VRspr des BGH ..., VR **66** 201. *Schneider*, ... Beweislast im Verkehrsunfallprozeß, MDR **84** 906. *Schoreit*, Vertrauensgrundsatz und KfzHaftung, NJW **66** 919. *Schultz*, Gefährdungshaftung bei nicht-öffentlichem V, VR **64** 575. *Steffen*, Der normative VUnfallschaden, NJW **95** 2057. *Stoll*, Adäquanz und normative Zurechnung bei der Gefährdungshaftung, Karlsruher Forum **83** 184 (Beilage zu VR **83** H 41). *Stürner*, Der Unfall im StrV und der Umfang des Schadensersatzes unter besonderer Berücksichtigung des Nichtvermögensschadens, DAR **86** 7. *Weimar*, Schreck- und Schockschäden bei VUnfällen, MDR **64** 987.

Haftung des Halters, Schwarzfahrt

7 (1) **Wird bei dem Betrieb eines Kraftfahrzeugs oder eines Anhängers, der dazu bestimmt ist, von einem Kraftfahrzeug mitgeführt zu werden, ein Mensch getötet, der Körper oder die Gesundheit eines Menschen verletzt oder eine Sache beschädigt, so ist der Halter verpflichtet, dem Verletzten den daraus entstehenden Schaden zu ersetzen.**

(2) **Die Ersatzpflicht ist ausgeschlossen, wenn der Unfall durch höhere Gewalt verursacht wird.**

(3) ¹**Benutzt jemand das Fahrzeug ohne Wissen und Willen des Fahrzeughalters, so ist er anstelle des Halters zum Ersatz des Schadens verpflichtet; daneben bleibt der Halter zum Ersatz des Schadens verpflichtet, wenn die Benutzung des Fahrzeugs durch sein Verschulden ermöglicht worden ist.** ²**Satz 1 findet keine Anwendung, wenn der Benutzer vom Fahrzeughalter für den Betrieb des Kraftfahrzeugs angestellt ist oder wenn ihm das Fahrzeug vom Halter überlassen worden ist.** ³**Die Sätze 1 und 2 sind auf die Benutzung eines Anhängers entsprechend anzuwenden.**

Begr zum ÄndG v 19. 7. 02. (BTDrucks 14/7752 S 29): *Zu Abs 1: Die schweren Unfälle, an denen LKW- oder Wohnwagengespanne beteiligt sind, machen deutlich, dass mit der Verwendung von Anhängern häufig eine Erhöhung der von einem Kraftfahrzeug ausgehenden Betriebsgefahr verbunden ist.*

In zunehmendem Maße sind zudem Kraftfahrzeugunfälle von Zugfahrzeugen mit Anhängern zu beobachten, bei denen den Geschädigten zur Identifizierung des Schädigers nur das Kennzeichen des Anhängers bekannt ist, das sich vom Kennzeichen des Zugfahrzeugs jedoch unterscheidet. Halter und Versicherer des Anhängers berufen sich in der Regel darauf, dass sie nach § 7 StVG weder zur Mitteilung noch zur Identifizierung des Zugfahrzeugs verpflichtet seien, verweisen aber in der hier bekannt gewordenen Fällen auf die Haftung des Fahrers und Halters des dem Geschädigten unbekannten Zugfahrzeugs....

Auch wenn der Schaden in solchen Fällen nicht oder nicht ausschließlich durch den Anhänger verursacht wird, ist eine Gefährdungshaftung des Anhängerhalters sachgerecht, da der Anhänger zusammen mit dem Zugfahrzeug eine Einheit bildet, die eine gegenüber dem Zugfahrzeug erhöhte

1 StVG § 7   II. Haftpflicht

Betriebsgefahr aufweist. Die Regelung belastet den Halter des Anhängers auch nicht unverhältnismäßig. Er hat im Regelfall Einfluss auf die Auswahl des Zugfahrzeugs und dessen Führer, steht regelmäßig in vertraglichen Beziehungen zu dessen Halter und trägt zu der erhöhten Betriebsgefahr des Gespanns bei. Ist der Schaden ausschließlich durch das Zugfahrzeug oder dessen Führer verursacht worden, sichern ihm die insoweit ergänzten §§ 17 Abs. 2 und 18 Abs. 3 StVG (vgl. dazu unten Begründung zu Artikel 4 Nr. 8 und 9) ein Rückgriffsrecht im Innenverhältnis. Letztendlich soll in solchen Fällen der Halter des Anhängers nicht den Schaden tragen, der durch das Zugfahrzeug oder dessen Führer verursacht wurde und in denen sich die Betriebsgefahr des Anhängers nicht realisiert hat. Damit ist auch gewährleistet, dass der Geschädigte, dem nur eine Identifizierung des Anhängers, nicht aber des Zugfahrzeugs möglich ist, die Gefährdungshaftungsanprüche vollumfänglich durchsetzen kann: Er kann auf den Anhängerhalter zugreifen, der unter dem Druck der eigenen vollen Haftung im Außenverhältnis öfter als bisher dazu bereit sein dürfte, den Halter des Zugfahrzeugs preiszugeben.

...

(BTDrucks 14/7752 S 50 – Begr des Bundesrates –) *Auch im ruhenden Verkehr besteht kein Anlass, Kraftfahrzeug und Anhänger unterschiedlich zu behandeln. Zwar wird von einem Anhänger eine Gefahr ohne Verbindung mit einem Kraftfahrzeug selten ausgehen. Nicht anders verhält es sich jedoch bei abgestellten Kraftfahrzeugen. Bei diesen wird aber in bestimmten Fällen eine Haftung nach dem Straßenverkehrsgesetz auch dann angenommen, wenn sie geparkt sind (vgl. Hentschel, StVG, 36. Aufl. 2001, § 7 StVG, Rdnr. 8 m.w.N.). Ein Anhänger kann aber in gleich gefährdender Weise abgestellt werden wie ein Zugfahrzeug. Es erscheint deshalb angemessen, für Anhänger in gleicher Weise eine Gefährdungshaftung vorzusehen wie für Kraftfahrzeuge.*

(BTDrucks 14/8780 S 21) *Die Änderung greift einen Vorschlag des Bundesrates (Stellungnahme Nummer 14, S. 50) auf. Mit diesem Vorschlag sollte die vom Regierungsentwurf vorgeschlagene Haftung des Anhängerhalters neu formuliert werden, um auch Unfälle durch sich vom Kraftfahrzeug lösende und abgestellte Anhänger in die Haftung einzubeziehen. In Ergänzung dieses Vorschlags war es allerdings erforderlich, die Halterhaftung ausdrücklich auf solche Anhänger zu beschränken, die dazu bestimmt sind, von einem Kraftfahrzeug mitgeführt zu werden. Andernfalls hätte es zu Unklarheiten darüber kommen können, ob auch Anhänger in eine Halterhaftung einbezogen werden, die nicht von Kraftfahrzeugen, sondern etwa von Fahrrädern gezogen werden. Von Letzteren geht aber keine solche Betriebsgefahr aus, dass ihre Einbeziehung in die Gefährdungshaftung gerechtfertigt wäre.*

...

(BTDrucks 14/7752 S 30f): **Zu Abs 2:** *Mit Artikel 4 Nr. 1b wird der Unabwendbarkeitsnachweis gestrichen, mit dem sich der Kraftfahrzeughalter bisher gegenüber der Gefährdungshaftung nach § 7 StVG entlasten konnte. Zugelassen wird statt dessen – entsprechend der Regelung bei der Gefährdungshaftung des Bahnbetriebsunternehmers (§ 1 Abs. 2 Satz 1 HPflG) – die Berufung auf „höhere Gewalt".*

Für das Haftpflichtgesetz hat die Rechtsprechung angenommen, dass höhere Gewalt ein betriebsfremdes, von außen durch elementare Naturkräfte oder durch Handlungen dritter Personen herbeigeführtes Ereignis sei, das nach menschlicher Einsicht und Erfahrung unvorhersehbar ist, mit wirtschaftlich erträglichen Mitteln auch durch die äußerste nach der Sachlage vernünftigerweise zu erwartende Sorgfalt nicht verhütet oder unschädlich gemacht werden kann und auch nicht wegen seiner Häufigkeit in Kauf zu nehmen ist... .

Mit dieser Änderung des Befreiungsgrundes ist eine Erweiterung der Halterhaftung verbunden, dessen praktische Relevanz allerdings nicht überschätzt werden darf. Einerseits ist bereits nach geltender Rechtslage die Entlastungsmöglichkeit sehr begrenzt: wird der Unfall durch einen Fehler in der Beschaffenheit des Fahrzeugs oder durch ein „technisches" Versagen am Fahrzeug verursacht, greift die Entlastungsmöglichkeit nicht. In den übrigen Fällen obliegt dem Halter die Darlegungs- und Beweislast für das Vorliegen eines unabwendbaren Ereignisses. Dafür hat die Rechtsprechung äußerst strenge Anforderungen gestellt: ...

Diese strengen Voraussetzungen nachzuweisen, gelingt dem Halter in der Praxis nur in Ausnahmefällen. Andererseits wird die Änderung des Befreiungsgrundes keinesfalls dazu führen, dass in allen Fällen, in denen bisher eine Entlastung durch den Unabwendbarkeitsnachweis möglich war, künftig in vollem Umfang gehaftet wird. Auch unter einem insoweit geänderten § 7 Abs. 2 StVG kommt eine Enthaftung über den Mitverschuldenseinwand der §§ 9 StVG, 254 BGB in

Haftung des Halters, Schwarzfahrt § 7 StVG 1

Betracht, der im Einzelfall eine Haftung sogar auf Null reduzieren kann. Bei mehreren Haftungssubjekten ist zudem über die §§ 17, 18 StVG, § 426 BGB ein Ausgleich im Innenverhältnis gemäß dem jeweiligen Verursachungsbeitrag vorzunehmen. Dies wird von der Rechtspraxis verstärkt in den Blick zu nehmen sein.

Für eine Ersetzung der Entlastungsmöglichkeit des „unabwendbaren Ereignisses" durch die der „höheren Gewalt" waren rechtsdogmatische und praktische Gründe maßgeblich:

Rechtsdogmatisch ist festzustellen, dass der Entlastungsgrund des unabwendbaren Ereignisses im System der Gefährdungshaftung einen Fremdkörper bildet. Der Grund für die Gefährdungshaftung ist die Verwirklichung der Betriebsgefahr. Die Gefährdungshaftung dient dabei dem Ausgleich von Schäden, nicht der Schadensprävention. Es erscheint daher dogmatisch nicht sachgerecht, die Haftung von Sorgfalts- und damit von Verschuldensgesichtspunkten abhängig zu machen....

Unter praktischen Gesichtspunkten wird die Ersetzung des unabwendbaren Ereignisses vor allem den nicht motorisierten Verkehrsteilnehmern zugute kommen. Gestärkt wird damit insbesondere die Position der Kinder, der Hilfsbedürftigen und der älteren Menschen im Schadensfall. Ihrer besonderen Situation im Straßenverkehr, die bereits in § 3 Abs. 2a Straßenverkehrsordnung (StVO) Eingang gefunden hat, wird damit besser Rechnung getragen. Gerade in diesem Bereich führt die bestehende Rechtslage zuweilen zu unbefriedigenden Ergebnissen, wenn zum Beispiel Kinder, die sich im Verkehr – objektiv – unsachgemäß verhalten und deren Verhalten ein für den Fahrer unabwendbares Ereignis darstellen kann, ohne Ersatz bleiben.

Zu Abs 3: *Durch die Anfügung soll klargestellt werden, dass auch in den Fällen der unbefugten Nutzung eines Anhängers, die nicht zu einem Halterwechsel führt, lediglich der Nutzer nach § 7 StVG haftet. Dies soll allerdings dann nicht gelten, d. h. die Haftung des Halters soll erhalten bleiben, wenn er die Benutzung des Anhängers durch sein schuldhaftes Verhalten ermöglicht. Ebenso soll es auch in den von Satz 2 erfassten Fällen bei der ausschließlichen Gefährdungshaftung des Halters des Anhängers bleiben.*

Übersicht

Abgeschleppte Fahrzeuge 8
Anscheinsbeweis 48–49
Anhänger 2, 8, 13, 14
–, Betrieb 4 ff
Arbeitsmaschine 8, 10
Arbeitsunfall, Haftung 61
Ausschluß der Halterhaftung 30 ff, 39, 52

Beförderungsvertrag 15
Berechtigter Fahrer (§ 10 AKB) 59
Beschaffenheit des Fahrzeugs 38
Beschäftigte bei dem Betrieb, Haftung 46
Beschränkt Geschäftsfähiger 22
Betrieb des Kraftfahrzeugs 4–13
–, Fortdauer 7 ff
–, keine Fortdauer 9
–, Ursächlichkeit 10 ff
Beweislast 48–51, 60
Brand 10

Diebstahl 17
Dienst, öffentlicher 24
Dienstvertrag, privater 25
Ehegatten 19
Eigentumsvorbehalt 23
Elterliche Sorge 20
Ereignis, unabwendbares 36–38
Ersatzpflicht des Halters 26–29

Fahrer, angestellter 56, 57
Fahrzeugbeschaffenheit 38

Gebrauch
– eines Kfz iS von § 10 AKB 8 a
–, unbefugter 17

Gefährdungshaftung 1, 26–29
Geschäftsfähiger, beschränkt 22
Geschäftsunfähiger 22
Gesellschaft als Halter 22
„Gestellter Unfall" 1, 47, 48
Halter 14–25
–, mehrere 21
–, Ersatzpflicht 26–29
Halterhaftung für bei dem Betrieb Beschäftigte 46
– bei Schwarzfahrt 52
– neben dem Schwarzfahrer 53–55
– bei überlassenem Kraftfahrzeug 56–59
Höhere Gewalt 30–35

In-Bewegung-Setzen, unbeabsichtigtes 10
Juristische Person 22

Kraftfahrzeug 2
–, Betrieb 4 ff

Ladegeschäft 6
Leihvertrag 16

Mehrere Halter 21
Mietvertrag 16
Minderjährige 22
Mitschuld des Verletzten 47

Nutznießung 20

Öffentlicher Dienst 24

Probefahrt 18

Schuldanerkenntnis 50
Schwarzfahrer 52–60

123

1 StVG § 7 II. Haftpflicht

Schwarzfahrt 52–60
Sicherungsübereignung 23
Sorgfaltspflicht des Halters 40–45
Streuschäden 6

Überführungsfahrt 18
Überlassenes Kraftfahrzeug, Halterhaftung 58
Umfang der Ersatzpflicht 26–29

Unabwendbares Ereignis 36–38
Unfallbegriff 1
Unterschlagung, unbefugter Gebrauch 17
Ursächlichkeit 10 ff

Verletzter, Mitschuld 47
Versagen der Vorrichtungen 38
Vertrauensgrundsatz 31, 36

1   **1. Die Gefährdungshaftung** beruht auf dem Gedanken sozialer Verantwortung für eigene Wagnisse, Fra ZfS **87** 35; sie bezweckt nicht den Ausgleich für Verhaltensunrecht, sondern für Schäden aus den durch zulässigen Betrieb eines Kfz oder KfzAnhängers entstehenden Gefahren, BGHZ **117** 337 = NZV **92** 229, Kö NZV **94** 230. Die Haftung des Halters auch für Schäden beim Betrieb eines Anhängers wurde durch das 2. G zur Änderung schadensersatzrechtlicher Vorschriften v 19. 7. 02 (BGBl I 2674) eingeführt und gilt gem Art 229 § 5 EGBGB für Schadensereignisse ab dem 31. 7. 02. Wer im eigenen Interesse eine besondere Gefahrenquelle schafft, hat – gewissermaßen als Preis für die ihm erlaubte Schaffung solcher Gefahrenquellen – für daraus notwendigerweise hervorgehende, auch bei aller Sorgfalt unvermeidbare Schädigungen einzustehen, BGH JZ **74** 184, NJW **88** 2802, BGHZ **105** 65 = NZV **89** 18, **90** 425, BGHZ **115** 84 = NZV **91** 387, Fra NZV **04** 262, Kö NZV **91** 391, Ha NZV **90** 231, Mü NZV **96** 199, *Böhmer* DAR **74** 155. § 7 schützt gegen alle Betriebsgefahren ohne Rücksicht darauf, wie sich die Gefahr schädigend verwirklicht, BGHZ **37** 316, KG DAR **76** 268. Vorsätzliche Schädigung durch den FzF genügt, BGHZ **37** 311 = NJW **62** 1676, Mü NZV **01** 220, Ha NZV **93** 68, *Filthaut* NZV **98** 90. Zw, inwieweit die bestehende Grundvorstellung „Unfall" überhaupt Haftungsvoraussetzung ist, so daß **gestellte „Unfälle"** den Anspruch von vornherein ausschließen (so zB Kö VR **75** 959, *Greger* Rz 125, 510, aM BGHZ **37** 311, offengelassen von BGHZ **71** 339 = NJW **78** 2154, Mü NZV **91** 427), s dazu *Weber* VR **81** 163. Gegen den Lösungsvorschlag von Fra VR **78** 260, den Anspruch in derartigen Fällen wegen Treuwidrigkeit (§ 242 BGB) zu versagen, mit Recht *Weber* VR **81** 163. Eine dogmatisch klare Lösung des Problems bietet BGHZ **71** 339 = NJW **78** 2154, wonach der Anspruch bei gestelltem „Unfall" jedenfalls an der fehlenden Rechtswidrigkeit der Schädigung scheitert, ebenso BGH DAR **90** 224, KG VRS **104** 92, 258, Ce VRS **102** 258, Ha VRS **100** 426, VR **91** 113, NZV **93** 68, Fra VR **92** 717, s auch *Schneider* MDR **86** 991, *Knoche* MDR **92** 919. Zur Beweislast: s Rz 48. § 7 Abs I gewährt auch Anspruch auf Ersatz eines Gebäudeschadens infolge Erschütterung durch schwere Fze, wenn die Schäden bei neueren Gebäuden aufgrund verbesserter Bautechnik nicht aufgetreten wären, Fra ZfS **87** 35. Das gleiche gilt für Beschädigung von Straßen durch Kfze, *H. Schneider* MDR **89** 193, s Rz 26–29. Die Haftpflicht nach den §§ 7 ff trifft den Halter des Kfz oder Anhängers wie den Führer. Die Haftpflicht des Halters ist Gefährdungshaftung, nunmehr, nach Abschaffung des Unabwendbarkeitsbeweises in § 7 durch G v 19. 7. 02 insoweit ohne die früheren Elemente einer Verschuldenshaftung (s *Böhmer* VR **61** 965, JR **62** 98). Ausnahmen §§ 8, 9; Haftungsbeschränkungen §§ 10–15. Der KfzF kann sich durch den Nachweis mangelnden Verschuldens von der Ersatzpflicht befreien (§ 18), bei ihm ist die Haftung also nach der Seite der Verschuldenshaftung hin abgeschwächt; anders als beim Halter hat bei ihm auch die subjektive Seite Bedeutung. Der selbstfahrende Halter haftet als solcher, Stu DAR **52** 57. Ist der **mit dem Halter nicht identische FzF der Geschädigte,** so folgt aus dem Rechtsgedanken des § 18 III, daß er sich die BG des von ihm geführten Fzs entgegenhalten lassen muß mit der Folge, daß ihm ein Anspruch aus § 7 gegen den Halter nicht zusteht, Mü VR **80** 52, *Kunschert* NZV **99** 517, vorausgesetzt, er kann sich nicht gem § 18 I S 2 entlasten, im Ergebnis ebenso AG Darmstadt NZV **02** 568 (gem § 9 StVG); vermag er den Nachweis mangelnden Verschuldens zu führen, so wird er dagegen den Halter hinsichtlich seines Eigenschadens (soweit nicht § 8 eingreift) in Anspruch nehmen können (Beispiel: Beschädigung einer dem FzF gehörigen, außerhalb des FzBetriebs befindlichen Sache), s *Greger* NZV **88** 108, zw, aM *Kunschert* NZV **89** 61 im Hinblick auf § 8 StVG. **Umfang der Ersatzpflicht:** Rz 26–29. Die allgemeine Haftung für deliktisches Verschulden nach den §§ 823 ff BGB, die auch solche Schäden umfaßt und durch die Höchstbeträge des § 12 nicht beschränkt wird, bleibt unberührt (§ 16). **Amtshaftung:** § 16. Bei der (hoheitlichen) Einsatzfahrt kann Staatshaftung neben der Gefährdungshaftung treten, Ha NZV **95** 320, KG VRS **56** 241. **Gefährdungshaftung** besteht **nur im Rahmen des Gesetzes,** keine ausdehnende Anwendung auf Fälle, die der insoweit zurückhaltende Gesetzgeber den allgemeinen Haftungsgrundsätzen vorbehält (**E** 60), BGH NJW **71** 32, VR **71** 131, 504 *(Böhmer).* Die §§ 7, 17 gelten auch, wenn der Halter des einen kollidierenden Kfz das andere Kfz fährt, Mü VR **80** 52, *Klimke* VR **78** 988, KG VRS **57** 6, aM LG Freiburg NJW **77** 588. Keine Haftung nach § 7 jedoch bei Beschädigung des vom Kfz gezogenen (fremden) Anhängers, weil dieser eine Einheit mit dem Kfz bildet (s Rz 8), Ha NZV **99** 243. Die Anwendbarkeit der §§ 7ff ist nicht auf den StrV beschränkt, sondern gilt für jedes Schadensereignis, das ursächlich (Rz 9–13) mit dem KfzBetrieb zusammenhängt, **auch auf nichtöffentlichen Wegen**, BGH NZV **95** 19, VR **60** 635, BGHZ **79** 26 = NJW **81** 623, Kö VRS **102** 432, Sa NZV **98** 327, Ro DAR **98** 474, OVG Münster NZV **95** 88, zB auf Rennstrecken, RGZ **150** 73, Kar VRS **7** 404, 408, **77** 420, oder Werksgelände, BGH NJW **73** 44, Sa VRS **99** 104, Ce VR **63** 443, Stu VR **63** 937, KG VM **86** 86, aM Mü VR **62** 650.

Lit: *Dannert,* Die Abwehr vorgetäuschter und manipulierter Verkehrshaftpflichtansprüche, r + s **89** 381, **90** 1. *Filthaut,* Die Gefährdungshaftung des Kfz-Halters … für vorsätzlich verursachte Schäden, NZV **98** 89. *Goerke,* Beweisanzeichen für eine Unfallmanipulation, VR **90** 707. *Heitmann,* Konkurrenz von Schadensersatzansprüchen nach § 7 StVG und § 839 BGB, NJW **68** 437. *Geyer,* Die „Unfallmanipulation" in der Kfz-Haftpflichtversicherung, VR **89** 882. *Krumbholz,* Rechtsfragen zum manipulierten Unfall, DAR **04** 67. *H. Schneider,* Schadensausgleich bei Beschädigung öffentlicher Strn durch Kfze, MDR **89** 193.

2. Kraftfahrzeug: § 1. Auch FmH, ausgenommen langsam fahrende iS von § 8 StVG, unterliegen der Gefährdungshaftung, BGH NJW **71** 1983, ebenso die Kfze der Feuerwehr und Polizei, ferner Obusse, Kar VRS **10** 81, *Filthaut* NZV **95** 53, sowie nunmehr, nach Ergänzung von Abs I durch ÄndG v 19. 7. 02, **KfzAnhänger** (die frühere abw Rspr, zB Mü NZV **99** 124, ist überholt). Begriff des Anhängers, s § 1 Rz 7. Aus der insoweit in Abs I ausdrücklich getroffenen Beschränkung folgt, daß unter den in Abs I gebrauchten Begriff „Anhänger" nur KfzAnhänger fallen (s Begr, BTDrucks 14/8780 S 21, s vor Rz 1). Nicht in die Gefährdungshaftung einbezogen sind daher etwa Fahrradanhänger. Die Haftung nach § 7 betrifft Unfälle durch Kfze und ihre Anhänger schlechthin (Zurückreißen des SchleppFzs durch das Gewicht des geschleppten Fzs), BGH VR **66** 934.

Verursacht ein **ausländisches Kraftfahrzeug** im Inland einen Unfall, so richtet sich die Haftung des Halters und Führers auch aus § 7 nach Maßgabe der Tatortregel des Art 40 I EGBGB nach deutschem Recht, **E** 25, BGH DAR **57** 100. Auslandsunfälle von Inländern: **E** 25.

Fahrzeuge der **stationierten Truppen** oder Angehörigen dieser Truppen in Deutschland: § 16 StVG, Rz 18 vor § 29a StVZO.

2a. Betrieb eines Kraftfahrzeugs oder KFzAnhängers. Für den Begriff des Betriebes ist vom einzelnen Betriebsvorgang als Haftungsgrundlage auszugehen. Wegen der heute hohen VGefahr ist der Betriebsbegriff weit zu fassen, BGHZ **113** 164 = NZV **91** 185, BGHZ **115** 84 = NZV **91** 387, Fra NZV **04** 262, Ha VRS **99** 335, Kö VRS **102** 432, KG VR **98** 778, Dü NZV **96** 113, Mü NZV **04** 205, **01** 510, Sa NZV **98** 327, VRS **99** 104. Nach dem hierbei entscheidend zu berücksichtigenden **Schutzzweck** des § 7, Mü NZV **96** 199, KG VM **83** 54, *Grüneberg* NZV **01** 110, ist der Schaden beim Betrieb entstanden, wenn er durch die dem Kfz- oder Anhängerbetrieb typisch innewohnende Gefährlichkeit adäquat verursacht ist, Brn VRS **106** 426, Mü NZV **96** 199, **01** 510, KG VM **83** 31 (Anm *Booß*), Nü VR **75** 336, sich die von dem Fz ausgehenden Gefahren bei seiner Entstehung ausgewirkt haben, BGH NJW **88** 2802, BGHZ **107** 359 = NZV **89** 391, **90** 425, BGHZ **115** 84 = NZV **91** 387, **95** 19, KG NZV **02** 229, Kö NZV **91** 391, Dü VRS **91** 339, Schl VR **98** 473. Die Schadensfolge muß in den Schutzbereich des § 7 I fallen, BGHZ **37** 311, **57** 137, NJW **75** 1886, BGHZ **115** 84 = NZV **91** 387, Ol ZfS **01** 303, Mü NZV **96** 199, s **E** 107. Es genügt naher zeitlicher und

1 StVG § 7   II. Haftpflicht

örtlicher ursächlicher Zusammenhang mit einem bestimmten Betriebsvorgang oder einer bestimmten Betriebseinrichtung des Kfz, BGH VR **69** 668, NJW **73** 44, Ol ZfS **01** 303, Ha NZV **97** 78, Ba VR **78** 351, Bra VR **89** 95, freilich nicht bloße räumliche Nähe zweier oder mehrerer Kfze oder Anhänger, sondern Beeinflussung im Verkehr, wenn auch ohne Berührung, s Rz 10. Der von dem Fz ausgehende Lärm als schadensauslösende Ursache kann genügen, BGHZ **115** 84 = NZV **91** 387 (im entschiedenen Fall aber abgelehnt), LG Kö VR **99** 633 (Anm *Siller* MDR **97** 936), s Rz 11. Begriff des Betriebs bei Obussen, s *Filthaut* NZV **95** 53.

5   Die **verkehrstechnische** (weitere) **Auffassung** gilt nach im Grundsatz zu billigender hM im öffentlichen VBereich für alle Kfze und KfzAnhänger, die sich darin bewegen oder in verkehrsbeeinflussender Weise ruhen, BGHZ **29** 163, Betr **75** 1696, KG VR **78** 140, Kö NJW-RR **87** 478, Dü VR **87** 568, Stu NZV **93** 436, *Grüneberg* NZV **01** 109. Ihr zufolge beginnt der Betrieb mit dem Ingangsetzen des Motors und endet mit dem Motorstillstand außerhalb des öffentlichen VBereichs, Brn VRS **106** 426. Subjektive Merkmale wie Fahrtzweck und Fahrerabsicht sind zur Begriffsbestimmung ungeeignet, BGHZ **105** 65 = NZV **89** 18, Kö VR **88** 62. Nach heutigem VErfordernis und gegenwärtiger Erfahrung kann ein den VRaum als Hindernis einengendes, ruhendes Kfz und ein abgestellter Anhänger (s Begr des BR zum ÄndG v 19. 7. 02, vor Rz 1) ebenso gefährdend, ja gefährdender sein als ein bewegtes, so daß es an der vorausgesetzten BG erst dann fehlt, wenn es „an einem Ort außerhalb des öffentlichen Verkehrs" aufgestellt wird, BGHZ **29** 163, Brn VRS **106** 426, Kar VRS **83** 34, Kö VR **93** 122, Mü NZV **96** 199, OVG Münster NZV **95** 88, ebenso *Schopp* MDR **90** 884, s auch BGH NZV **94** 19 sowie Rz 8. Das ist insofern zu weit gegriffen, als kein hinreichender Grund besteht, im öffentlichen Parkraum (nicht auf Seitenstreifen oder am Fahrbahnrand, wohl aber auf Parkplätzen, in Parkbuchten und Parkstreifen) ordnungsgemäß aufgestellten Kfzen BG zuzurechnen, Hb VR **94** 1441. Bei ihnen ist die Annahme von Betriebsruhe gerechtfertigt wie bei gänzlich aus dem öffentlichen VRaum entfernten, s *Schneider* MDR **84** 907, *Tschernitschek* NJW **84** 42, abw *Schopp* MDR **90** 884, *Greger* Rz 97. Ordnungswidrig aufgestellte Kfze oder Anhänger sind jedoch in Betrieb, KG VM **80** 85 (unerlaubtes Halten in 2. Reihe), Kar VR **86** 155, Kö NJW-RR **87** 478, VR **93** 122, Kar NZV **90** 189 (Halten auf der falschen StrSeite), *Schneider* MDR **84** 907 (Hineinragen in die Fahrbahn bei Parken in Parkbucht).

5a   Die **maschinentechnische** (engere) **Auffassung** sieht ein Kfz in Betrieb, solange der Motor das Kfz oder eine seiner Betriebseinrichtungen bewegt, BGH NJW **75** 1886, s OVG Münster NZV **95** 88. Der BGH vertritt sie nur noch für Zwecke der Zurechnung von KfzUnfällen außerhalb des öffentlichen VRaums (zB auf Fabrikgelände), s BGH NJW **75** 1886, Mü NZV **96** 199, *Tschernitschek* VR **78** 1001. Das soll dort zur Folge haben, daß nur das mit Motorkraft bewegte oder ungesichert abrollende Kfz Gefährdungshaftung auslöst, während sonst Deliktshaftung gelte. Das erscheint zumindest als zu eng, s *Grüneberg* NZV **01** 110. Auch auf nichtöffentlichem Betriebsgelände herrscht oft dichter Fahr- und WarteV mit Fzen verschiedener Halter, es erscheint ungerechtfertigt, den nur mit unbewegtem und gegen Abrollen gesicherten, aber zB fehlerhaft und behindernd aufgestellten Kfz beteiligten Halter haftungsrechtlich zu privilegieren.

6   **Zum Betrieb** rechnen: der Sturz eines Koffers aus dem Bus-Gepäcknetz, Ol DAR **54** 206, das Hinauswerfen von Gegenständen aus fahrenden Kfzen, LG Bayreuth NJW **88** 1152, *Weimar* MDR **58** 746. Die Art des Anfahrens bei Hochziehen einer Schranke, BGH NJW **73** 44. Ein Schaden beim Entladen durch herabstürzendes Ladegut, BGH VRS **11** 27, oder durch unterwegs verlorene Ladung, Kö VRS **88** 171. Das **Ladegeschäft,** soweit es im eng zu verstehenden Schutzbereich des § 7 I liegt (s Rz 4), gehört zum Betrieb eines Kfz oder Anhängers, BGHZ **105** 65 = NZV **89** 18, Ha VRS **99** 335, Ce NZV **01** 79, idR bei manueller Handhabung wie bei Motorbenutzung, BGH NJW **55** 1836, Dü VR **01** 1302 (Aufladen eines liegengebliebenen Fzs mittels Seilwinde), Kö VR **71** 427, Nü VR **71** 915 (Betanken?). Zum Betrieb eines Lkws gehört das Entladen Dampf oder Rauch entwickelnder Stoffe auf einer Baustelle, Dü VRS **63** 248. Zum Betrieb gehört es, wenn sich Ladeeinrichtungen des Kfz schädigend auf den öffentlichen Verkehr auswirken, zB Stolpern über eine hydraulisch bewegte Ladeklappe, KG VM **83** 14, Kollision mit waagerecht in den VRaum ragender Ladeklappe, Ha NZV **92** 115, LG

Bonn VR **03** 79; undichter Ölschlauch verschmutzt öffentlichen VRaum, Stolpern über ihn auf dem Gehweg. Nicht dem Schutzbereich des § 7 zuzurechnen sind dagegen Schäden durch Ladeeinrichtungen am Grundstück oder an Anlagen des Kunden (Silo beschädigt, Öltank überfüllt), BGHZ **71** 212 = NJW **78** 1582, Kö NZV **89** 276, Ce ZfS **91** 184. Soweit § 7 auch KfzUnfälle außerhalb des öffentlichen *Verkehrsraumes* abdeckt, überzeugt es, mit *Tschernitschek* (NJW **80** 205) den Schutzbereich der Vorschrift auf das unmittelbare Beladen, Befördern und Entladen (= Entfernen der Ladung von der Ladefläche oder aus dem Laderaum) zu beschränken, jede weitere maschinelle Behandlung des Ladegutes durch FzEinrichtungen (Pumpen, Bearbeiten, Transportieren) dagegen als nicht mehr zum KfzBetrieb gehörig von § 7 auszunehmen. Zum Betrieb gehört auch ein **Unfall ohne FzBerührung,** wenn das Verhalten des einen Fz das des anderen beeinflußt hat (Vorfahrtverletzung, Notbremsung, Veranlassung zum Ausweichen), s Rz 10, zB ein Kfz verunglückt bei Begegnung mit einem andern auf enger Straße durch Schleudern, Ha DAR **01** 34, Fra VR **79** 846; ein Fußgänger stürzt bei der Flucht vor schleuderndem Kfz, Ha NZV **97** 78. Haftung nach § 7 daher zB auch, wenn der Schaden durch einen von einem SchneeräumFz in die Fahrbahn geschobenen Schneewall verursacht wurde, Dü VR **93** 1417. Beim StreuFz haftet die Gemeinde für Schäden durch **umherfliegendes Streumaterial,** BGHZ **105** 65 = NZV **89** 18 (Anm *Kuckuk*), LG Hb NJW **61** 1630, Nü ZfS **87** 34, Kö VR **88** 62, KG ZfS **88** 3, Ha NJW-RR **88** 863, Bra VR **89** 95, jedenfalls bei unmittelbar gegen Fze geschleudertem Streugut, BGHZ **105** 65 = NZV **89** 18 (dann nicht iS von II unabwendbar iS von § 17 III). S im übrigen Rz 8.

2 b. Fortdauer des Betriebs. Der Betrieb dauert an, solange das Kfz im Verkehr 7 verbleibt und die dadurch geschaffene BG also fortbesteht, BGH NJW **96** 2023, Betr **62** 866, Mü NZV **04** 205. Als Betriebsfortdauer ist beurteilt worden:

Bloßes **vorübergehendes Anhalten,** zB vor einem Hindernis, Kö VRS **15** 325. 8 Anhalten, um eine Betriebsstörung zu beheben, BGH VM **69** 41, Kö VR **78** 771, Zw VR **76** 74, Öffnen der Wagentür und Aussteigen, Ha NZV **00** 126, Mü VR **96** 1036, KG VM **72** 43, 57, Verharren an der geöffneten Tür, KG VR **75** 263, auch Türöffnen, um dem Wagen etwas zu entnehmen, KG VM **85** 76, das Verlassen des Fzs und **Betreten der AB,** um eine durch das Fz verursachte Gefahrenquelle zu beseitigen, Kö 2 U 95/86 (Gegenfahrbahn), oder nach Liegenbleiben des Fzs auf der Standspur, um ein Fz anzuhalten, Fra NZV **04** 262, aber nicht mehr das Weggehen, Mü VR **66**, 987, KG VM **86** 20, Ko NJW-RR **91** 543, Fra ZfS **95** 85. Das mit Seil/Stange **abgeschleppte Kfz,** das noch gelenkt werden muß, bildet noch eine dem Halter zuzurechnende Gefahrenquelle im Verhältnis zum Verkehr wie zum AbschleppFz, Kö DAR **86** 321, Ko VR **87** 707, LG Nü-Fürth DAR **93** 232, *Hamann* NJW **70** 1452, *Darkow* NJW **78** 2202, *Klimke,* VR **82** 523, *Jung* DAR **83** 154 (str, aM zB BGH NJW **63** 251, **71** 940, Ce NJW **62** 253), LG Hannover NJW **78** 430 (zumindest im Verhältnis zum ziehenden Fz, abl *Kuntz* VR **81** 419), anders das ganz oder mit einer Achse auf der Ladefläche des AbschleppFzs transportierte, dieses gehört zur Betriebseinheit des AbschleppFzs, *Tschernitschek* VR **78** 1001, BGHZ **55** 401, NJW **78** 2502, Schl VR **76** 163. *Klimke,* ... Unterliegt das abgeschleppte Fz der BG im Rahmen der ... Gefährdungshaftung?, VR **82** 523. Betriebsunfähige, abgeschleppte Kfze sind keine Anhänger iS des StVG, s § 1 Rz 7. **Parkende Kfze** sind in Betrieb, solange sie den Verkehr irgendwie beeinflussen können (aber keine Schadensadäquanz bei ganz außergewöhnlichen Umständen), BGH NZV **95** 19, Kar VR **78** 647, Bra VR **76** 81, KG VR **78** 140, Fra VR **74** 440, Mü NZV **96** 199, Kö VR **83** 287, 288, **88** 725, LG Fürth NZV **90** 396 (Umkippen eines Krades), *Schopp* MDR **90** 884, ohne Rücksicht auf Parkdauer, Kö VR **67** 165, s aber Rz 5. **Noch in „Betrieb":** Ein **unfallbeteiligtes Kfz** an der Unfallstelle, BGH Betr **72** 866, idR aber nicht außerhalb öffentlichen VRaums, Ha NZV **99** 469, s Rz 5, abw LG Schweinfurt NJW-RR **93** 220 (Straßengraben). Ein wegen Panne im V liegengebliebenes Kfz, BGHZ **29** 163, NJW **59** 627, VR **61** 322, **63** 383, Ha DAR **00** 162, Zw VR **76** 74. Ein Kfz (Pkw oder Krad), das betriebsunfähig auf der Fahrbahn geschoben wird, BGH NJW **96** 2023, VRS **19** 83, Ol DAR **64** 341. Das Kfz, das wegen Treibstoffmangels liegenbleibt und deshalb beiseite oder von der Fahrbahn geschoben wird, BGH VM **77** 74.

1 StVG § 7 II. Haftpflicht

Auch das Betanken des Kfz gehört zum Betrieb, Kö VR **83** 287, 288. Ein geschleppter Lkw, der wegen Reifenschadens auf der AB hält, ist in Betrieb. Motorbenutzung zum Antrieb einer **Arbeitsmaschine** beim Laden oder bei der Durchführung von Arbeiten ist jedoch nur Betrieb, soweit hierbei die FzEigenschaft als VMittel, manövrierend oder geparkt, beim Unfall noch mitspricht und gegenüber der Verwendung als Arbeitsmaschine nicht deutlich zurücktritt, BGH NJW **75** 1886 (Silofall), BGHZ **105** 65 = NZV **89** 18, Ce NVwZ-RR **04** 553, Ha NZV **96** 234, KG VM **90** 5, Ro DAR **98** 474, s auch Rz 10. Kein „Betrieb" daher, wenn der Motor nur eine Pumpe zum Ölentladen betreibt, BGH NZV **95** 185, Kö NZV **89** 276, ZfS **93** 232. Zum Be- und Entladen s im übrigen Rz 6. In Betrieb ist ein Kfz, das in der Waschanlage wegen versehentlich eingeschalteter Zündung anspringt, Ce DAR **76** 72, *Grüneberg* NZV **01** 110, s auch Rz 10 (anders als ein von der Transportkette einer Waschanlage befördertes Kfz mit stillstehendem Motor, KG VR **77** 626), ein am StrRand haltendes MüllFz, KG DAR **76** 268, Mü VR **60** 569. Der Betrieb eines **Anhängers** ist regelmäßig Teil des Betriebs des ziehenden Kfz, Bra VR **03** 1569. Der durch einen Anhänger verursachte Schaden ist nach Trennung vom ziehenden Fz auch bei dessen Betrieb entstanden, wenn eine von diesem geschaffene Gefahrenlage fortwirkt, selbst wenn das ziehende Fz nicht mehr in Betrieb ist, Ol ZfS **01** 303, Ko VRS **87** 326, Mü NZV **99** 124, einschränkend im Hinblick auf die durch G v 19. 7. 02 erfolgte Einbeziehung des Anhängers in Abs I *Huber* § 4 Rz 106. Abstellen eines LkwAnhängers zwecks Entladens sowie nach Abladen bis Wegfahrt gehört zum Betrieb des Lastzugs, BGH VM **71** 44, Mü NZV **99** 124, ebenso zum Traktorbetrieb das Abstellen eines Anhängers mit brennender Ladung, Kö NZV **91** 391. Jeder Teil eines Lastzugs ist dessen Betrieb zuzurechnen, solange Betriebseinheit besteht, auch wenn er vorübergehend nicht mit den übrigen Teilen verbunden ist, BGH VRS **40** 405, NJW **61** 1163 (abgerissener, stehenbleibender Anhänger), VRS **72** 38, Bra VR **03** 1569, Mü NZV **99** 124 (jeweils vorübergehend abgekoppelter Anhänger). Der durch Zusammenstoß mit einem tags zuvor abgestellten Anhänger oder Auflieger verursachte Schaden ist durch den Betrieb des ziehenden Fzs verursacht, wenn ein Teil dieses Anhängers in den VRaum ragt, Br VR **84** 1084. Aus dem transportierten Kfz **ausfließendes Öl** gehört zur BG des Tiefladers, Dü MDR **68** 669. S auch Rz 6.

8 a Der Begriff des **KfzGebrauchs** (§ 2 KfzPflVV, § 10 AKB) schließt den Betrieb iS von § 7 StVG ein, BGH VRS **58** 401, NZV **95** 19, Fra NZV **90** 395, übersteigt ihn aber, BGHZ **75** 45, DAR **88** 159, NJW **90** 257, NZV **94** 19, Ha VR **99** 882, Kö NZV **89** 276, ZfS **93** 232, Fra NZV **90** 395, Dü NJW-RR **91** 1178, VR **93** 302. Die Einzelheiten der damit zusammenhängenden versicherungsrechtlichen Fragen sind hier nicht zu erläutern.

9 **2 c. Keine Fortdauer des Betriebs.** Nicht in Betrieb sind: Ein Kfz, dessen Insassen auf einem Parkplatz ein ausfahrtversperrendes Kfz wegrücken, LG Stu VR **69** 866, ein auf einem Fabrikhof abgestellter Anhänger, LG Heilbronn VR **66** 96, ein Kfz, das nur als Lichtquelle dient, Mü VR **66** 987, völlige Entfernung des Kfz aus dem VBereich, BGHZ **29** 169, NJW **61** 1163, Mü NZV **04** 205, **01** 510, Nü NZV **97** 482, Kö VM **99** 77, s Rz 5. Keine Halterhaftung nach Ce DAR **73** 187 für ein PolKfz, das mit Blau- und Springlicht zur raschen Unfallsicherung zusammen mit Scheinwerfern auf der AB-Überholspur steht, weil das Kfz dann nur noch Teil der polizeilichen Sicherung sei (zw, weil die BG eines auf der AB stehenden Kfz auf tatsächlichen Umständen beruht, deren Gefährlichkeit für andere nicht durch anderweite rechtliche Qualifikation beeinflußt werden kann). Nicht dem KfzBetrieb zuzurechnen ist Beschädigen eines anderen Fzs durch unachtsames Öffnen der Parkraumtür (des Garagentores) durch den ausgestiegenen Fahrer, der danach dort parken will, siehe aber Kar Justiz **78** 326, denn dieses Verhalten erwächst so wenig aus der vom Betrieb typischerweise ausgehenden Gefahr, als wenn der Fahrer einen Beifahrer mit dem Türöffnen beauftragen würde (was jedoch nach LG Hannover VRS **68** 374 noch zum KfzBetrieb gehören soll) oder als Fußgänger in die Garage käme, um wegzufahren. Unfall eines angetrunkenen Fahrgasts **nach dem Aussteigen** beim Überqueren der Str ist nicht mehr beim Betrieb des Taxis erfolgt, Ha VRS **65** 403, abw Ol NZV **91** 468 bei Unfall eines Kindes beim Überqueren der Str nach Verlassen eines Busses (s aber Kö VR **93** 122). Betreten der AB durch FzF oder

Haftung des Halters, Schwarzfahrt § 7 StVG 1

Beifahrer, s Rz 8. Stürzt ein Fahrgast nach dem Aussteigen, so ist der Schaden nicht deswegen beim Betrieb des Busses eingetreten, weil dieser inzwischen angefahren ist und der Stürzende sich dadurch nicht an ihm festhalten konnte, Kö NZV **89** 237. Ein Schaden, der einem Kf dadurch entsteht, daß sich eine Person unter Schockeinwirkung aufgrund zuvor erlittenen KfzUnfalls vor dessen Fz wirft, ist nicht beim Betrieb des zuvor von dieser Person gelenkten Kfz entstanden, Fra NZV **90** 395.

2 d. Bei dem Betrieb. Ursächlichkeit, Zurechnungszusammenhang. Zwischen 10 dem Kfz- oder Anhängerbetrieb (nicht bei Verwendung als Arbeitsmaschine, s Rz 8) und dem Schaden muß adäquater Ursachenzusammenhang, besser: ein *„rechtlicher Zurechnungszusammenhang"* (**E** 104) bestehen, BGHZ **45** 168, NJW **75** 1886, BGHZ **115** 84 = NZV **91** 387, Sa ZfS **03** 118, Mü VR **83** 468, Dü VR **87** 568, OVG Münster NZV **95** 125, *v Gerlach* DAR **92** 208. § 7 gilt für jeden ursächlich mit dem FzBetrieb zusammenhängenden Unfall auch außerhalb des öffentlichen VRaumes, s Rz 1, auch bei Vorsatz, BGHZ **37** 311. Die Haftung aus Kfz- oder Anhängerbetrieb setzt voraus, daß die FzEigenschaft als VMittel beim Unfall nicht gegenüber der Verwendung als **Arbeitsmaschine** deutlich zurückgetreten ist, BGH VRS **58** 401, BGHZ **113** 164 = NZV **91** 185, Kö VRS **102** 432, LG Waldshut-Tiengen VR **85** 1170 (KfzBetrieb abgelehnt bei Abwalzen einer Skipiste durch Pistenraupe, im Ergebnis aM *Greger* Rz 39), Ro DAR **98** 474, Stu DAR **03** 462, Ce NVwZ-RR **04** 553 (KfzBetrieb bejaht bei Einsatz eines Traktors bzw Unimogs mit Mähvorrichtung), s Ko VR **03** 262 (Motorkran). Bei dem Betrieb entsteht ein Unfall, wenn sich das Fz im öffentlichen VRaum in Bewegung, oder nachdem es dorthin bewegt worden war, aus beliebigem Grund (Parken, Abstellen, Panne, Abgeschlepptwerden) außer Bewegung befindet (Rz 4–5a), s *Böhmer* JR **71** 501. **Maßgebend ist der Fahrbetrieb** oder eine seiner Folgewirkungen, naher zeitlicher und örtlicher Zusammenhang mit Betriebsvorgängen oder Betriebseinrichtungen des Kfz, BGHZ **37** 311 = NJW **62** 1676, VR **69** 668, VM **71** 44, Mü NZV **04** 205, VR **67** 67, Dü VRS **64** 7, s Ha NZV **90** 231. Kein Betrieb eines Kfz bei Radwechsel in einer Werkstatt, KG VM **83** 54. Beim Betrieb ist der durch ein führerlos mit Motorkraft rollendes Fz verursachte Schaden entstanden, auch wenn das Fz durch einen Dritten **unbeabsichtigt in Gang gebracht** wurde, Dü NZV **96** 113, Sa NZV **98** 327. Dagegen ist das Wegrollen eines im öffentlichen VRaum abgestellten und ordnungsgemäß gesicherten Fzs nicht dem Betrieb des ziehenden Kfzs zuzurechnen, wenn es auf vorsätzlicher Einwirkung durch einen Dritten beruht, KG NZV **92** 113 (Anhänger), ebenso LG Nü-Fürth NZV **95** 284 (Traktor), aM *Grüneberg* NZV **01** 111. Kein Zurechnungszusammenhang, wenn der Schaden durch ein vorsätzlich in **Brand** gesetztes Fz entstanden ist, OVG Münster NZV **95** 125, Kar VRS **83** 34, *Grüneberg* NZV **01** 112, anders, wenn sich das Fz dadurch mit Motorkraft in Bewegung setzt, Sa NZV **98** 327. Kein Zurechnungszusammenhang auch bei Brand durch Selbstentzündung (insoweit einschränkend *Grüneberg* NZV **01** 111) eines ordnungsgemäß am StrRand, Kar VRS **83** 34, AG Ma ZfS **02** 472 (zust *Diehl*), oder außerhalb des öffentlichen VRaums abgestellten Pkw, Mü NZV **04** 205, **96** 199, Bra VRS **106** 426, LG Regensburg ZfS **03** 11, anders bei In-Brand-Geraten durch Betätigen von FzEinrichtungen, Sa VRS **99** 104, oder bei Selbstentzündung infolge voraufgegangener Fahrt, OVG Ko NVwZ-RR **01** 382 (Bagger). Kein Betrieb bei Brand der Ladung eines Anhängers aus unbekannter Ursache, der, vom ziehenden Fz abgekoppelt, im öffentlichen VRaum zurückgelassen wurde, Ol ZfS **01** 303, desgleichen bei In-Brand-Geraten eines seit Tagen in einer Halle abgestellten Wohnmobils, auch wenn ein Teil des Fzs aus der Halle ragt, Dü VRS **91** 339. Bei durch den Betrieb geschaffener **fortbestehender Gefahrenlage** ist ein darauf beruhender Unfall auch dann „beim Betrieb" verursacht, wenn naher zeitlicher Zusammenhang nicht gegeben ist (Verschmutzung der Fahrbahn), BGH NJW **82** 2669. Der Unfall muß auf der Gefahr beruhen, die vom Betrieb eines anderen **Kfz oder KfzAnhängers** typischerweise ausgeht, Stu VR **76** 646, Ha NZV **90** 231, Kar VRS **83** 34 (Risikozusammenhang). Daß dies auch für die Anhängerhaftung gilt, kann nach dem Wortlaut von Abs I nicht mehr zw sein (anders noch der Regierungsentwurf, BTDrucks 14/7752 S 6, s *Karczewski* VR **01** 1080). Die Gefahr, bei Unfallhilfe bestohlen zu werden, rechnet dazu nicht, Fra VR **81** 786. Der Betrieb (die Fahrweise oder eine Beson-

129

derheit des Ruhevorgangs) muß zum Unfall beigetragen haben, KG DAR **76** 78, VM **88** 50, **91** 2. Bloße Anwesenheit des Kfz am Unfallort genügt nicht, es muß durch sein Fahren oder Halten zum Unfall beigetragen haben, BGH DAR **76** 246, KG NZV **00** 43, Ba VR **78** 351, Dü VR **82** 1200, **87** 568, Kar DAR **88** 274; nur *möglicher* Ursachenzusammenhang reicht nicht aus, Kö VRS **72** 13. Ursachenzusammenhang mit dem Betrieb setzt **nicht unbedingt FzBerührung** voraus, BGH NJW **88** 2802, VR **86** 1231, **87** 53, Ha DAR **01** 34, NZV **97** 78, Schl VR **98** 473, KG NZV **02** 229, VR **98** 778, VM **97** 3, Mü VRS **71** 161, VR **83** 468, Dü VR **93** 1417, Kö VRS **72** 13, *Böhmer* DAR **81** 46. Trägt die Fahrweise eines Kfz dazu bei, daß ein begegnendes von der Fahrbahn abkommt, ist der Schaden bei dem Betrieb entstanden, BGH VR **68** 176, **83** 985, Schl VR **98** 473, Ha DAR **00** 63, **01** 34, ebenso bei Abkommen des Überholenden von der Fahrbahn, Ce ZfS **99** 56, oder bei durch Wenden veranlaßter Ausweichbewegung des Geschädigten, KG VM **91** 2. Dagegen geht von einem ordnungsgemäß auf der rechten Fahrbahn fahrenden Pkw bei ausreichender StrBreite (5,10 m) nicht typischerweise die Gefahr eines Zusammenstoßes mit dem GegenV aus, Nü VR **75** 336. Folgeunfälle nach Auffahrunfall, s **E** 109. Die Ursächlichkeit eines ersten, den Haftungsgrund bildenden Umstands wird nicht dadurch ausgeschlossen, daß er für das **Verhalten eines Dritten** bedingend gewesen ist oder dieses Verhalten sogar veranlaßt hat, BGH NZV **97** 117, Kö 2 U 95/86; der Haftungszusammenhang entfällt nur (**E** 110), wenn der frühere Umstand für das Verhalten des Dritten und sein Dazwischentreten bedeutungslos gewesen ist, BGH VR **65** 388, **88** 641, Nü VR **65** 390, 666, wenn er nach dem Schutzzweck des § 7 für dessen Eingreifen völlig unerheblich war, BGH DAR **88** 159. Von BGH NZV **04** 243 offengelassen, ob das auch dann gilt, wenn die BG des nach einem Unfall auf der AB stehenden Fzs hinsichtlich eines Zweitunfalls in den Hintergrund tritt, weil der Verursacher des Zweitunfalls die inzwischen ausreichend getroffenen Sicherungsmaßnahmen nicht beachtet (aber Zurücktreten der BG nach § 17). Die Zurechnung der BG entfällt auch nicht dadurch, daß sie die Ursache für das Verhalten eines Tieres ist, BGH DAR **88** 159. Der Zurechnungszusammenhang wurde von BGH NZV **97** 117 für den Fall bejaht, daß infolge der Beschädigung eines Fzs und der Verletzung der Insassen ein Diebstahl aus deren Fz Dritte ermöglicht wurde. Verunglückt der Geschädigte, verursacht durch den ersten Unfall, alsbald aufs Neue, so haftet der Schädiger auch hierfür (**E** 109), BGHZ **55** 86 = NJW **71** 506 (verunglückender Rettungswagen)

11   Mittelbare Verursachung genügt, sofern ein rechtlicher **Zurechnungszusammenhang** besteht, BGH DAR **88** 159, s Rz 10, 13. Nach der im Kern nach wie vor weitgehend angewendeten Adäquanzlehre (*Palandt/Heinrichs* vor § 249 Rz 58 ff, s aber **E** 104) setzt dies voraus, daß die Verursachung „adäquat" ist, nicht bloß zufällig durch ein vom Kfz-Betrieb unabhängiges, nach der Erfahrung sonst unschädliches Ereignis ausgelöst, BGH NJW **52** 1010, *Kirchberger* NJW **52** 1000, *Gelhaar* DAR **53** 21, 22. Solange eine durch den Betrieb des Kfz oder KfzAnhängers verursachte Gefahrenlage fortbesteht, ist sie diesem zuzurechnen, BGH NJW **82** 2669. Verwirklicht sich in einem durch FzLärm oder Unfallgeräusche ausgelösten Schaden in erster Linie ein vom Geschädigten selbst gesetztes Risiko, so liegt dieser außerhalb des Schutzzwecks des § 7, fehlt es also am rechtlichen Zurechnungszusammenhang, BGHZ **115** 84 = NZV **91** 387 (Anm *Deutsch* JZ **92** 97, *Kötz* NZV **92** 218), Ha MDR **97** 350 (jeweils Panikreaktion von Tieren). Adäquat ist ein Umstand, der im allgemeinen, nicht nur unter besonders eigenartigen, unwahrscheinlichen Umständen Schaden stiftet, BGH VR **66** 291, nicht ein solcher, der vorher vernünftigerweise nicht in Betracht gezogen werden konnte, Nü VR **78** 1174, Kö VRS **30** 164 (Denkzettelfahren), s BGH VR **66** 164 (Vorfahrtverletzung). **Verhaltensbezogene Zurechnungsmerkmale** bleiben in Fällen *reiner* Gefährdungshaftung, zu denen nunmehr, nach Abschaffung des Unabwendbarkeitsbeweises durch das 2. G zur Änderung schadensrechtlicher Vorschriften v 19. 7. 02 (BGBl I 2674), auch die Haftung nach § 7 gehört, regelmäßig ganz außer Betracht, BGHZ **79** 259 = NJW **81** 983, krit *Schünemann* NJW **81** 2796, *Stoll* Karlsruher Forum **83** 184 (Beilage zu VR **83** H 41) mit Entgegnung v *Dunz* VR **84** 600. Keine adäquate Ursächlichkeit eines verkehrsgerecht parkenden Fzs für Verletzungen eines VT, der infolge einer 20 m entfernt erfolgenden Kollision gegen dieses Fz geschleudert wird, BGH NJW **84** 41 (Anm

Haftung des Halters, Schwarzfahrt § 7 StVG 1

Tschernitschek). Kein Unfall beim Betrieb, wenn der Unfall auch sonst ohne beachtlichen zeitlichen Unterschied in etwa gleicher Art und Weise eingetreten wäre, BGH DAR **76** 246. Es genügt, daß der Unfall mit dem Betrieb in einem inneren Zusammenhang gestanden hat, daß der Geschädigte in dem anderen Fz aufgrund der besonderen Situation eine **Gefahr** sehen durfte, **die eine Reaktion rechtfertigte,** KG NZV **00** 43, **02** 229, uU selbst dann, wenn diese Reaktion objektiv so nicht erforderlich war, BGH VR **88** 641, KG NZV **00** 43. Dieser Zusammenhang besteht jedenfalls, wenn der Geschädigte, der auf der AB zum Überholen ansetzt, wegen plötzlichen Ausbiegens des Vorausfahrenden scharf bremsen muß, BGH VR **71** 1060 (Schleudern), wenn er, weil ein Einbiegender auf die Gegenfahrbahn zu geraten droht, ausweicht, Ha DAR **00** 63. Stürzt ein Mopedf beim dichten Überholtwerden durch einen Sattelschlepper, so ist der Sturz auch ohne schuldhaftes Verhalten des SchlepperF und ohne erwiesene Berührung beim Schlepperbetrieb entstanden, BGH NJW **72** 1808.

Ein Unfall kann im Zusammenhang mit dem Betrieb mehrerer unfallbeteiligter Fze **12** stehen, BGH MDR **63** 398. Verschlimmert ein zweites Schadensereignis den Schaden, so hat der für den zweiten Unfall Verantwortliche den Gesamtschaden zu ersetzen (**E** 109), Stu NJW **59** 2308, s BGH MDR **64** 134. Wer nach einem Unfall, die Fahrbahn versperrend, wartet, haftet nicht für vorsätzliche Beschädigung des Geh- und Radfahrwegs durch Kf, welche die Unfallstelle umfahren, BGHZ **58** 162 = NJW **72** 904, *Deutsch* JZ **72** 551. Es handelt sich nicht um ein Kausalitätsproblem, sondern um ein normatives mit der Notwendigkeit vernünftiger Begrenzung der Ersatzpflicht, *Böhmer* DAR **73** 235, s dazu **E** 110. Adäquat verursacht kann eine durch fremdes verkehrswidriges Fahren veranlaßte Fehlreaktion eines StrabaF mit Unfallfolgen sein, Kö NJW **72** 1760. Der Ursachenzusammenhang wird nicht durch die Erwägung ausgeschlossen, daß der Unfall bei anderer Gelegenheit ohnehin eingetreten wäre, BGH VR **61** 998. Ist durch Panzer ein Weidezaun zerstört worden, ein Pferd auf die BundesStr gelangt und dort ein Pkw mit ihm zusammengestoßen, so ist der Unfall bei dem Betrieb des PanzerFz entstanden, Ce NJW **65** 1719.

Die Ursächlichkeit verkehrswidrigen Verhaltens ist für den Gefahrzeitpunkt (**E** 101) **13** zu prüfen, BGH NJW **67** 212. Maßgebend ist nicht Rückschau, sondern die Sachlage vor dem Unfall, BGH NJW **73** 44. **Fehlt jede Auswirkung der BG,** so ist der Unfall nicht beim Betrieb geschehen, (Moped nur Lichtquelle), BGH VR **61** 262 (abl *Böhmer* VR **61** 369), Kar VRS **83** 34 (In-Brand-geraten eines parkenden Pkw, s Rz 10), Mü VR **66** 987. Jedoch entfällt die Haftung des Anhängerhalters nicht dadurch, daß sich die allein auf den Anhänger bezogene BG nicht ausgewirkt hat, weil diese nämlich mit der BG des ziehenden Fzes eine Einheit bildet (s Rz 8 und Begr vor Rz 1), *Karczewski* VR **01** 1080, *Huber* § 4 Rz 100. BG ist stets nur eine vom Kfz selbst ausgehende, sich verwirklichende Gefahr (keine Anrechnung einer BG daher bei Beschädigung des ordnungsgemäß geparkten Kfz durch eine Dachlawine), BGH NJW **80** 1579 = VRS **59** 241. Zwischen der BG und einem Gesundheitsschaden, der durch Aufregung aufgrund des Verhaltens des FzHalters nach dem Unfall ausgelöst wurde, besteht kein haftungsrechtlicher Zusammenhang, BGHZ **107** 359 = NZV **89** 391 (zust v Bar JZ **89** 1071). Beruht ein späterer Unfall auf Verschmutzung durch Panzer, so ist ein durch Fortbestehen der von der Verschmutzung ausgehenden Gefahrenlage entstandener Schaden „beim Betrieb" der Panzer verursacht, ohne daß es auf nahen zeitlichen oder örtlichen Zusammenhang ankäme, BGH NJW **82** 2669, aM Stu NJW **59** 2065 (abl *Fritze* NJW **60** 298). Durch den Betrieb eines Kfz veranlaßtes **eigenes Verhalten des Geschädigten** ist uU der Betriebsgefahr jenes Kfzs zuzurechnen (s Rz 11), BGH NJW **88** 2802, Ha NZV **00** 369, DAR **01** 34, KG VM **97** 3 (objektiv nicht erforderliche Abwehrreaktion), s dazu *Greger* Rz 65ff. Die bloße Anwesenheit des in Betrieb befindlichen Kfz genügt aber nicht; vielmehr muß eine typische KfzGefahr bei objektiver Betrachtung geeignet gewesen sein, das Verhalten des Geschädigten zu veranlassen, BGH VR **88** 641, KG VR **98** 778. Wer etwa auf der AB rechts geradeaus fährt, setzt durch bloßes sachgemäßes Bremsen keine adäquate Gefahr dafür, daß ein überholender Kf scharf bremst und sich überschlägt, Mü DAR **65** 328. Auch ist längeres Linksfahren nicht adäquat ursächlich dafür, daß ein rechts überholender Fahrer unnötig wieder nach links einbiegt und dann kurz vor dem Überholten bremst, lediglich um diesen am Weiterfahren zu hindern, und dadurch dessen Auffahren verursacht, Kö VRS **30** 164. Allein die Tatsache, daß der KfzBetrieb durch einen anderen einen äußeren Umstand für den Entschluß zu selbstgefährdendem Verhalten des Geschädigten bildete, schafft noch keinen Zurechnungszusammenhang zwischen der BG und dem Schaden, BGH NZV **90** 425 (Verfolgung durch die Pol), abw KG VM **92** 69 bei rechtswidrig provozierter Verfolgung. Kommt ein Dritter, der nach KfzUnfall **Hilfe leistet,** dabei zu Schaden, so kann rechtlicher Zusammenhang mit dem KfzBetrieb bestehen, Kar VR **91** 353, Dü NZV **95** 280, s auch E 110.

Lit: *Böhmer,* Zur Frage der Haftung des Halters eines abgeschleppten Kfzs, JR **71** 501. *Filthaut,* Die Gefährdungshaftung für Schäden durch Oberleitungsbusse ..., NZV **95** 53. *Grüneberg,* Schadensverursachung durch ein außerhalb der Fahrbahn abgestelltes Kfz – ein Fall des § 7 I StVG?, NZV **01** 109. *Klimke,* ... Unterliegt das abgeschleppte Fz der BG im Rahmen der ... Gefährdungshaftung?, VR **82** 523. *Schopp,* Betriebsgefahr (§ 7 StVG) im ruhenden V, MDR **90** 884. *Schröer,* Die Bedeutung des Begriffs „Betrieb" im StVG, KVR. *Tschernitschek,* Zur Auslegung des Begriffs „Betrieb eines Kfzs" (§ 7 Abs 1 StVG), VR **78** 996. *Derselbe,* Schutzwecklehre und Betriebsbegriff beim Entladen von Kfzen, NJW **80** 205.

14   **3. Halter.** Ersatzpflichtig ist der Halter. Der Halterbegriff entstammt § 833 BGB. Er gilt einheitlich für das ganze StrVRecht, VGH MA NZV **92** 167. Halter ist, wer das Kfz für eigene Rechnung gebraucht, nämlich die Kosten bestreitet und die Verwendungsnutzungen zieht, BGHZ **87** 133 = NJW **83** 1492, Bay VRS **51** 234, DAR **85** 227, Zw VM **78** 15, Kö VRS **86** 202, Ko VRS **71** 230, Dü NZV **91** 39, Kar NZV **88** 191, DAR **96** 417, Ha NZV **90** 363, BVG VRS **73** 235, VGH Ma NZV **92** 167, wer tatsächlich, vornehmlich wirtschaftlich, über die FzBenutzung (als Gefahrenquelle) so verfügen kann, wie es dem Wesen der Veranlasserhaftung entspricht, BGHZ **116** 200 = NZV **92** 145, **97** 116, Kar DAR **96** 417, Bay VRS **58** 462, NJW **86** 201, Ha NZV **90** 363. Die Verfügungsgewalt besteht darin, daß der FzBenutzer Anlaß, Ziel und Zeit seiner Fahrten selbst bestimmt, Bay VRS **58** 462, BVG VRS **66** 309, Ko VRS **71** 230, Dü VRS **74** 224, NZV **91** 39, Kar NZV **88** 191, Kö VRS **85** 209, **86** 202. Wer in diesem Sinne verfügungsberechtigt ist, ist auch dann Halter, wenn die „fixen" Kosten der FzHaltung von einem Dritten getragen werden, auf dessen Namen das Fz zugelassen ist, Ha NZV **90** 363, s auch Rz 16. Eigentum am Fz ist nicht entscheidend, RGZ **91** 269, Ko VRS **71** 230, Kar NZV **88** 191, DAR **96** 417, VGH Ma NZV **92** 167, Kö VRS **85** 209, **90** 341, aber uU ein wesentlicher Anhaltspunkt, Ha VRS **53** 313, Kö VR **68** 154. Fremdes Miteigentum schränkt die Halterpflichten an sich nicht ein, Kö VRS **52** 221. Bei wechselseitiger KfzÜberlassung derart, daß jeder Eigentümer seines Fzs bleibt und dessen fixe Kosten trägt, aber sein Kfz weder nutzt noch dessen Betriebskosten trägt, ist Halter, wer das Kfz nutzt und die Betriebskosten übernimmt, Ha VRS **55** 150. Der Nießbraucher ist Halter, wenn er das Fz für eigene Rechnung gebraucht und umfassende Verfügungsgewalt besitzt, RGZ **78** 179, 182. Der Eigentümer eines KfzAnhängers wird nicht dadurch zum KfzHalter, daß sein Anhänger an das Kfz eines anderen Halters angehängt und mit diesem in Betrieb genommen wird, BGHZ **20** 385, NJW **56** 1236, Mü NZV **99** 124. Nur **ganz vorübergehende Verfügung** begründet nicht Haltereigenschaft: Bei KfzSicherstellung wird die Polizei nicht Halterin, BGH VR **56** 219. Halter ist nicht ein Werkstättenbesitzer, der Kfze repariert und danach probefährt, RGZ **150** 134, Sa VRS **99** 104. Nicht der Inhaber einer Sammelgarage an den abgestellten Kfzen, Hb VR **60** 330. Der Halter bleibt Halter, wenn der, dem er das Fz zur Benutzung überlassen hat, auferlegte Beschränkungen nicht einhält, zB das Fz verbotswidrig einem anderen zur Benutzung überläßt, BGH NJW **57** 1878, KG VRS **13** 327, nicht aber, wenn ihm die Verfügungsmöglichkeit auf längere Zeit ganz entzogen wird, BGH NZV **97** 116. Die Grundsätze, nach welchen sich der Halter bestimmt, gelten auch bei fahrbereiten, nicht zugelassenen Kfzen, Fra VRS **70** 324. Zur Frage, inwieweit hohes Alter und Unfähigkeit zur Ausübung der rechtlich vorausgesetzten Verfügungsgewalt die Eigenschaft als Halter oder Mithalter beeinflussen, Kö VRS **57** 444, VM **80** 8. Schluß aus der Haltereigenschaft auf Führen des Kfz zur Tatzeit: E 96a.

15   **3 a.** Bei **Beförderungsverträgen** ist der Betriebsunternehmer Halter. Abschleppen: Rz 8.

3 b. Miet- oder Leihverträge. Nicht jedes Überlassen des Fzs an einen Dritten beendet die Haltereigenschaft, insbesondere dann nicht, wenn der Überlassende hieraus wirtschaftliche Vorteile zieht oder bei Überlassen für einen eng begrenzten Zeitraum, BGHZ **116** 200 = NZV **92** 145, Ha DAR **78** 111. Kein Verlust der Haltereigenschaft bei Überlassen des Kfz an einen Dritten, wenn der Eigentümer jederzeit über das Fz selbst verfügen kann, Ko VRS **65** 475. Aber auch längeres Vermieten und Überlassen des Kfz an den Mieter beseitigt Haltereigenschaft des Vermieters grundsätzlich nicht, Kö VR **69** 357, Ha VRS **43** 100, Fra VRS **52** 220, BVG VRS **66** 313. Der Mieter, Pächter oder Entleiher ist **Halter neben dem Vermieter** (Verpächter, Verleiher), wenn er das Fz zur allgemeinen Verwendung für eigene Rechnung benutzt und die Verfügungsgewalt besitzt, BGHZ **116** 200 = NZV **92** 145, Dü MDR **56** 677, Ol VBl **56** 74, Ha DAR **56** 111, ZfS **90** 165 (Urlaubsreise ins Ausland), Kar NZV **88** 191, BVG VRS **66** 309. Wer das Kfz ausleiht oder mietet und die Betriebskosten bestreitet, ist Halter, Ha DAR **76** 25, Bay DAR **76** 219, s Fra VRS **52** 220, wenn ihm Verfügungsgewalt eingeräumt wurde (s Rz 14). Ob dies der Fall ist, hängt wesentlich auch von der Dauer des Mietverhältnisses ab und ist bei Anmietung für nur wenige Stunden oder einen Tag regelmäßig zu verneinen, BGHZ **116** 200 = NZV **92** 145; entsprechendes gilt bei Überlassen des Fzs für eine bestimmte Fahrt, BGHZ **37** 311 = NJW **62** 1676, **60** 1572, NZV **92** 145, auch wenn der Entleiher einen Teil der Betriebskosten übernimmt, BGH VR **60** 635. In den Fällen, in denen der Vermieter (Verleiher) alleiniger Halter bleibt, ist seine Inanspruchnahme aus § 7 durch den Mieter unzulässige Rechtsausübung (§ 242 BGB), wenn dieser durch den Betrieb des Fzs unter Verletzung von Vertragspflichten gegenüber dem Vermieter einen Schaden erleidet, BGHZ **116** 200 = NZV **92** 145. Der Vermieter (Verleiher) **verliert seine Haltereigenschaft an den Mieter** (Entleiher), wenn das Fz völlig seinem Einflußbereich entzogen ist, Zw VRS **57** 375. Dies ist der Fall, wenn sich das Fz bei längerer Mietdauer, während der Mieter alle mit der KfzHaltung anfallenden Kosten trägt, an einem entfernten Ort befindet, Zw VRS **57** 375, VGH Mü VRS **61** 374. Wird das Kfz auf längere Zeit (3 Monate) zur ausschließlichen Nutzung des Entleihers verliehen, so wird dieser allein Halter, auch wenn der Verleiher die fixen Kosten weiter trägt, Ha DAR **78** 111. Wer Steuer und Versicherung bezahlt und das Kfz als GeschäftsFz angemeldet hat, es aber unentgeltlich dem Neffen zur ständigen Benutzung überläßt, der auch die Betriebs- und Reparaturkosten trägt, ist nach Zw VRS **45** 400 nicht mehr Halter (wohl eher ebenfalls Halter). Nicht Halter ist der im mütterlichen Betrieb angestellte Sohn, der Firmenwagen kostenlos privat benutzt, Bay NJW **68** 2073.

Bei **Leasingverträgen** ist der Leasingnehmer alleiniger Halter, wenn der Leasingvertrag auf längere Dauer geschlossen ist und der Leasingnehmer die Betriebskosten trägt, mögen auch Steuer und Versicherung vom Leasinggeber bestritten werden, BGHZ **87** 133 = NJW **83** 1492, **86** 1044, Bay DAR **85** 227, Ha NZV **95** 233, LG Hb VR **88** 1302, *Falk* VGT **84** 290, oder Wartungs- und Reparaturkosten von ihm zu tragen sind, Bay DAR **85** 227. Der Leasingnehmer haftet aber nicht dem Leasinggeber aus § 7 für Schäden am geleasten Fz, *Hohloch* NZV **92** 5. Macht der Leasinggeber als Eigentümer bei Unfall durch Drittverursachung gegen den Dritten Ansprüche geltend, so besteht mangels Haltereigenschaft keine Ausgleichspflicht gem § 17 StVG, BGHZ **87** 133 = NJW **83** 1492, **86** 1044, Ha NZV **95** 233, LG Hb VR **88** 1302, *Greger* § 17 Rz 43, *Kunschert* VR **88** 13. Für die (zum Teil auf § 17 III S 3 gestützte) abw Ansicht, LG Nü-Fürth DAR **02** 517, LG Halle VR **02** 1525, LG Hb VR **86** 583, *Geigel/Bacher* **28** 260, *W. Schmitz* NJW **94** 301, **02** 3070, mögen zwar Gründe der Praktikabilität sprechen, sie steht aber nicht im Einklang mit dem insoweit eindeutigen Wortlaut des § 9 und des § 17 II StVG (zur Anrechnung des *Verschuldens* des Leasingnehmers nach § 9 StVG s dort Rz 17). Ob abweichend hiervon im Einzelfall auch der Leasinggeber Halter bleibt, hängt davon ab, inwieweit er Verfügungsgewalt am Fz behält und sich an den Betriebskosten beteiligt, Hb VRS **60** 55. Mithaltereigenschaft zB, wenn der Leasinggeber Weisungsbefugnis bezüglich des FzEinsatzes behält, Bay DAR **85** 227.

3 c. Diebstahl, Unterschlagung, unbefugter Gebrauch. Wer sich als Dieb oder Unterschlagender in Betätigung der Zueignungsabsicht mit dem Fz entfernt, wird nicht schon in diesem Zeitpunkt Halter, sondern erst nach Begründung eigener dauerhafter und ungestörter Verfügungsmacht (zB nach Beendigung polizeilicher Nachforschungen), KG NZV **89** 273, *Geigel/Kunschert* **25** 222. Wer nur Gebrauchsanmaßung begeht, ist nicht ohne weiteres Halter, aber nach § 7 III haftbar, *Weimar* JR **63** 378.

18   **3 d.** Bei **Probefahrten** (§ 28 StVZO) ist der Veranstalter Halter, *Weimar* MDR **63** 366. Bei **Überführung** eines gekauften Wagens an den Käufer wird dieser mit dem Übergang der Verfügungsgewalt auf ihn Halter, RG HRR **39** Nr 834, KG DAR **39** 235.

19   **3 e.** Auch bei **Ehegatten** entscheidet die wirtschaftliche Zuordnung: maßgebend ist die Ausübung tatsächlicher längerer Verfügungsgewalt und zugleich Gebrauch für eigene Rechnung. Neben diesen Maßstäben sind Rechtsstellung als Eheleute, Güterstand, KfzEigentum und Zulassung für sich allein ohne Bedeutung. Deshalb kann jeder Ehegatte für sich allein Halter sein, uU auch in wechselnder Folge, aber auch beide nebeneinander. Wird ein Kfz im Betrieb der Ehefrau und für deren Rechnung betrieben, so ist die Ehefrau Halter, auch wenn nur der Mann das Kfz fährt, KG VRS **45** 220, oder wenn es ihm gehört, Kar JW **32** 809, oder wenn er als im Betrieb der Ehefrau Mithelfender über den Einsatz des Fzs mitbestimmt und es auch zu privaten Fahrten benutzt, Ha VR **81** 1021. Die Ehefrau, die den Betrieb ihres Mannes vorübergehend leitet, wird dadurch nicht Halterin der BetriebsFze, Mü VRS **53** 323.

20   **3 f. KfzBenutzung aufgrund elterlicher Sorge.** Wer als Sorgeberechtigter ein dem Kind gehöriges Kfz nach eigener Disposition nutzt, ist Halter. Minderjährige als Halter, s Rz 22.

21   **3 g. Mehrere Halter.** Mehrere Personen können zugleich Halter desselben Fzs und damit gesamtschuldnerisch verantwortlich sein, BGHZ **13** 351, NJW **54** 1198, KG VRS **45** 220, BVG VRS **73** 235, VGH Ma NZV **92** 167, zB Eigentümer und Entleiher, BGH VR **58** 646 (s Rz 16), Vater und Sohn, Ha VRS **53** 313, die Mitglieder einer Gemeinschaft (§ 741 BGB), s *Bouska* VD **71** 333, einer Gesellschaft des bürgerlichen Rechts, BVG VRS **73** 235, s Rz 22. Dann treffen die Halterpflichten jede dieser Personen nebeneinander, Fra VRS **52** 220. Voraussetzungen sind bei jedem Beteiligten sämtliche für die Haltereigenschaft wesentlichen Merkmale, Bay NJW **74** 1341, Dü VRS **55** 383, s aber VGH Ma NZV **92** 167. Wer ein Kfz erwirbt, auf eigenen Namen zulassen läßt und versichert, es jedoch einem anderen zur Verwendung nach Gutdünken und unter Kostenerstattung überläßt, ist neben diesem Benutzer nicht Mithalter, Bay VRS **58** 462. Scheinen die für die Haltereigenschaft wesentlichen Merkmale bei den beteiligten Personen voll zuzutreffen, so muß geprüft werden, auf welche sie im größten Umfang zutreffen; niemals darf die Prüfung dahin führen, daß das Kfz überhaupt keinen Halter hat. Bei unbegrenzter Zuständigkeit mehrerer Mitinhaber eines Unternehmens sind sie sämtlich Halter der BetriebsKfze, Ha VRS **30** 202 (Rz 22). Testamentsvollstrecker als Mithalter, BGH Betr **74** 2197.

22   **3 h. Geschäftsunfähige, beschränkt Geschäftsfähige, juristische Personen, Gesellschaften als Halter.** Geschäftsunfähige und beschränkt Geschäftsfähige können Halter sein, desgleichen juristische Personen und Gesellschaften, während ihre gesetzlichen Vertreter als solche nicht Halter sind. Der Haftungsausschluß des § 828 II BGB für **Minderjährige** unter 10 Jahren läßt die Gefährdungshaftung des Kindes als Halter unberührt, weil diese verschuldensunabhängig ist. Wer einem Minderjährigen ein Mofa zur Mitbenutzung schenkt, aber die Verfügung darüber behält und die Kosten trägt, ist Halter, Ha VRS **53** 313. *Hofmann,* Minderjährigkeit und Halterhaftung, NJW **64** 228. *Bouska,* Minderjährige als Halter, VD **73** 162. Bei Fzen einer **Gesellschaft** des bürgerlichen Rechts können nur die einzelnen Gesellschafter Halter sein, anders bei Personengesellschaften des Handelsrechts, Dü VM **87** 10 (KG), s *Greger* Rz 269. Die Mitglieder einer Gesellschaft bürgerlichen Rechts zwecks Gesellschaftsfahrt im gemieteten Kfz sind auch dann nicht Mithalter, wenn sie die Unkosten gemeinsam tragen, Hb VR **72** 631. Halter von „FirmenFzen" wird regelmäßig die Personengesellschaft oder Körperschaft sein, s Kö VRS **66** 157, Bay DAR **85** 227, Dü VM **87** 10. Der betriebsverantwortliche Gesellschafter einer Personengesellschaft, welche alle Betriebsunkosten der VertreterFze

trägt, diese jedoch den Vertretern zur freien Verwendung überläßt, ist Halter, Bay DAR **76** 219. Der stille Gesellschafter ist (Mit-)Halter eines GeschäftsFz, wenn er es beliebig benutzt und die Betriebskosten mit trägt, BGH DAR **62** 207. Ein im Unternehmen mittätiger Kommanditist, der auch über die FzVerwendung mitbestimmt, ist ebenfalls Halter, Dü NJW **71** 66. OHG-Gesellschafter können auch Halter der GesellschaftsFze sein, Ce DAR **76** 72, wenn sie den Fuhrpark nicht beaufsichtigen, uU ist ihre Halterverantwortlichkeit aber gemindert, Ha DAR **71** 107. Zur Haltereigenschaft bei Personengesellschaften, *Weimar* DAR **76** 65, Bay DAR **76** 219.

3 i. Sicherungsübereignung, Eigentumsvorbehalt. Ist das verkaufte, vom Käufer 23 schon für eigene Rechnung benutzte Kfz noch auf den Verkäufer zugelassen, so hindert das die Haltereigenschaft des Käufers nicht, BGH VM **69** 83. Bei Sicherungsübereignung ohne Übertragung unmittelbaren Besitzes wird der neue Eigentümer idR nicht Halter, RGZ **141** 400, Ba DAR **53** 35. Hat aber der Erwerber ein wirtschaftliches Interesse daran, daß der Sicherungsübereigner das Fz für den Erwerber leihweise benutzt und geschieht dies, so ist der neue Eigentümer Halter, Kar HRR **35** Nr 1151. Ein Eigentumsvorbehalt ist für die Haltereigenschaft regelmäßig ohne Bedeutung. Halter wird solchenfalls der Erwerber, RG HRR **32** Nr 1022, *Haberkorn* DAR **60** 4, *Weimar* JR **66** 174.

3 k. Öffentlicher Dienst. Der Bürgermeister ist nicht Halter der städtischen Kfze. 24 Eine Stadtgemeinde ist Halterin, wenn einer ihrer Beamten einen eigenen Wagen als Dienstwagen benutzt, Schl VBl **51** 171. Überläßt der Fiskus einem Beamten einen staatseigenen Pkw zu dienstlicher und privater Benutzung, so sind beide Halter, Ce VR **60** 764. Haftung für Kfze fremder Streitkräfte und Amtshaftung: § 16 StVG.

3 l. Private Dienstverträge. Der Arbeitgeber bleibt Halter, auch wenn der Arbeit- 25 nehmer das betrieblich überlassene Kfz gegen Kostenbeteiligung auch privat benutzen darf, Dü VR **76** 1049, s Ha VRS **17** 382. Benutzt der Beschäftigte den Firmenwagen auch privat gemäß Überlassung, so ist er insoweit Halter, bei Geschäftsfahrten und Fahrten zum Arbeitsplatz aber der Unternehmer, Zw NJW **66** 2024.

Lit: *Darkow/Reinken,* Die Haftung des Halters eines Kfz ..., KVR. *Eberz,* Der Übergang der Halterhaftung bei Abschluß eines KfzMietvertrages, DAR **01** 393. *Haberkorn,* Zum Halterbegriff des § 7 StVG, MDR **67** 453. *Schröer,* Die Bedeutung des Begriffs des „Halters" im StrVRecht, KVR.

4. Umfang der Ersatzpflicht des Halters bei Gefährdungshaftung. Der Halter 26 hat nach I den Schaden zu ersetzen, wenn bei dem KfzBetrieb ein Mensch getötet, verletzt, sonstwie an der Gesundheit beschädigt oder wenn eine Sache beschädigt wird. Die Begriffe entsprechen denen des § 823 BGB. Verletzter ist der unmittelbar Unfallbetroffene (Ausnahmen nach § 10). Die Gefährdungshaftung (§ 7) umfaßt **Sachschäden,** wobei auch der **Besitz** geschützt ist (Mieter, Leasingnehmer), BGH NJW **81** 750, Mü DAR **00** 121, Ha NZV **98** 158, LG Itzehoe NZV **04** 366, sowie **Körperschäden** (Tötung § 10, Körperverletzung § 11), einschließlich Schmerzensgeld (§ 11 S 2), erstreckt sich nicht auf bloßen Vermögensschaden, *G. Müller* VR **95** 490, und ist auf Höchstbeträge (§ 12, 12a) einschließlich Verzinsung, Ce VR **77** 1104, beschränkt. Ausnahme: § 12b. Sie umfaßt nicht Ansprüche wegen Erschwerung des Fortkommens (§ 842 BGB), s aber § 11 Rz 12, oder entgangener Dienste (§ 845 BGB), s aber § 10 Rz 14 (Ersatzanspruch wegen entgangenen Unterhalts). **Einzelheiten zum Umfang der Ersatzpflicht:** s für Sachschäden bei § 12, für Körperschäden bei § 10 (Tötung) und § 11 (Körperverletzung).

Da zum **Schutzbereich des § 7** nicht nur das Eigentum, sondern auch der Besitz an 27 einer Sache gehört, dient die Vorschrift zB auch dem Schutz des Mieters einer beim Kfz-Betrieb beschädigten Sache, BGH NJW **81** 750. Schaden: §§ 249, 252 BGB. S die §§ 10–12 StVG. Unerheblich ist, ob die Verunglückte sich verkehrswidrig verhalten hat, BGH NJW **73** 44, VR **73** 83, anders bei Zurücktreten der BG (§ 17). Schuldunfähigen Kindern haftet der Halter aus BG idR auch, wenn sie durch eigenes Verhalten den Unfall mit herbeigeführt haben, BGH NJW **73** 1795. **Bespritzen mit Straßenschmutz** durch Vorbeifahren kann Sachbeschädigung sein (§§ 1, 25 StVO), ebenso das Verschmutzen der Fahrbahn mit Öl oder Chemikalien, Kö VR **83** 287, 288, krit *H. Schneider* MDR **89** 195. Schäden beim Umfahren der Unfallstelle: Rz 12.

28   **Schadenersatz:** Wiederherstellung des Zustands, der ohne den Unfall bestehen würde. Bei Verletzung von Personen oder Sachbeschädigung kann der Verletzte auch den zur Herstellung erforderlichen Geldbetrag verlangen, ebenso bei unmöglicher oder ungenügender Herstellung (§ 251 BGB). Hier gelten aber die Beschränkungen der §§ 10–13 StVG. *Full,* Grundsätze der Schadensberechnung, VOR **74** 1. Nach StVG geschuldeter Ersatz ist gemäß § 849 BGB zu verzinsen, BGHZ **87** 38 = NJW **83** 1614, Ce VR **77** 1104. Die Kosten eines Vor- oder Parallelprozesses können eine adäquate Unfallfolge darstellen, für die der Schädigende haftet, Fra NJW **56** 1033. Kosten der Verteidigung: **E** 107.

29   Bei zwei **zusammenwirkenden** wesentlichen **Unfallursachen** haftet jeder Verursacher für den gesamten Schaden (Verschlimmerung eines Körperschadens), BGH VR **70** 814. Deliktshaftung einschließlich Amtshaftung: § 16.

30   **5. Haftungsausschluß: Höhere Gewalt.** Wurde der Unfall durch höhere Gewalt verursacht, so ist die Ersatzpflicht gem Abs II ausgeschlossen. Das Ausschlußkriterium der höheren Gewalt wurde durch das 2. G zur Änderung schadensersatzrechtlicher Vorschriften v 19. 7. 02 (BGBl I 2674) eingeführt und ersetzt den früheren Haftungsausschluß bei Unfallverursachung durch ein unabwendbares Ereignis (Begr, s vor Rz 1), der nur noch im Rahmen des Innenausgleichs gem § 17 III gilt. Die Neufassung des Abs II gilt gem Art 229 § 5 EGBGB nur für schädigende Ereignisse, die ab dem 31. 7. 02 eingetreten sind. Für Unfälle vor diesem Zeitpunkt ist die frühere Fassung des Abs II (Haftungsausschluß durch unabwendbares Ereignis) anzuwenden.

31   Die Ersetzung des Entlastungskriteriums des unabwendbaren Ereignisses durch das Merkmal der höheren Gewalt führt zu einer Ausdehnung der Gefährdungshaftung, die vor allem dem Interesse unfallgeschädigter Kinder entgegenkommt, Begr BTDrucks 14/7752 S 30 (s vor Rz 1), s *Steffen* DAR **91** 122. Sie schränkt andererseits die haftungsrechtliche Bedeutung des Vertrauensgrundsatzes (s § 1 StVO Rz 20 ff) ein und hat ein größeres Gewicht der Abwägungsfragen nach §§ 9, 17 StVG und 254 BGB zur Folge, s Begr BTDrucks 14/7752 S 30, *Stöcker* VGT **83** 71, *Steffen* DAR **98** 137.

32   **5 a. Höhere Gewalt** ist ein wertender Begriff; er will solche Risiken ausschließen, die mit dem Kfz- oder Anhängerbetrieb nichts zu tun haben und daher bei rechtlicher Bewertung nicht diesem zuzurechnen sind, sondern ausschließlich einem Drittereignis, BGH NZV **04** 395 (zu § 2 HaftpflG), VR **88** 910 (zu § 1 HaftpflG). Höhere Gewalt ist ein außergewöhnliches, betriebsfremdes, von außen durch elementare Naturkräfte oder durch Handlungen dritter (betriebsfremder) Personen herbeigeführtes und nach menschlicher Einsicht und Erfahrung unvorhersehbares Ereignis, das mit wirtschaftlich erträglichen Mitteln auch durch nach den Umständen äußerste, vernünftigerweise zu erwartende Sorgfalt nicht verhütet werden kann und das auch nicht im Hinblick auf seine Häufigkeit in Kauf genommen zu werden braucht, s BGH NZV **04** 395, BGHZ **7** 338 = NJW **53** 184, BGHZ **62** 351 = NJW **74** 1770, **86** 2312, VR **67** 138, **76** 964, **88** 910, LG Itzehoe NZV **04** 366. Insoweit kann die zu § 1 II 1 HaftpflG ergangene Rspr herangezogen werden, LG Itzehoe NZV **04** 366, s aber *Huber* § 4 Rz 27 (Begriff im StrV möglicherweise enger).

33   Wer sich nach II entlasten will, muß die Verursachung des Unfalls durch höhere Gewalt **beweisen.** Unaufklärbarkeit tatsächlicher Umstände geht zu Lasten des Beweispflichtigen, s *Huber* § 4 Rz 21. Schon bloße Zweifel hinsichtlich möglicher Unfallursächlichkeit des Fahrverhaltens schließen die Feststellung einer Ursächlichkeit höherer Gewalt aus, s BGH VR **69** 827 (zur Unabwendbarkeit gem Abs II alt).

34   Nur **von außen wirkende betriebsfremde Ereignisse** aufgrund elementarer Naturkräfte oder verursacht durch Handlungen dritter Personen kommen als höhere Gewalt in Betracht. Zu dem Erfordernis, daß das Ereignis von außen kommt, muß das Merkmal der **Außergewöhnlichkeit** hinzutreten, BGHZ **7** 338 = NJW **53** 184. Es muß derart ungewöhnlich sein, daß es einem elementaren Ereignis gleich zu erachten ist, s *Greger* § 1 HaftpflG Rz 38. Ferner muß das Ereignis so beschaffen sein, daß ihm auch **mit äußerster Sorgfalt** nicht begegnet werden konnte, BGHZ **62** 351 = NJW **74**

Haftung des Halters, Schwarzfahrt § 7 StVG **1**

1770, VR **76** 963. In erster Linie kommen unvorhersehbare **Naturereignisse** in Betracht wie etwa plötzliche Überflutung, Blitz, Erdbeben, Erdrutsch, Lawine, ungewöhnliche, nicht zu erwartende Sturmbö, nicht aber (selbst extreme) Witterungseinflüsse, die im Hinblick auf die Wetterlage keinen Ausnahmecharakter haben (Schneesturm, Gewitterregen), mit denen also gerechnet werden muß, s *Geigel/Kunschert* **22** 36, *Huber* § 4 Rz 31. Höhere Gewalt wird uU auch zu bejahen sein bei Unfallverursachung durch „feindliches" Grün, wenn der Unfall selbst mit äußerster zu erwartender Sorgfalt nicht vermieden werden konnte.

Keine höhere Gewalt sind dagegen wegen ihrer Häufigkeit regelmäßig selbst grobe 35 Regelverstöße, BGH VR **67** 138 (Vorfahrtverletzung). Schon daran wird der Haftungsausschluß insbesondere bei schadensauslösendem Verhalten nicht deliktsfähiger Kinder scheitern, *Geigel/Kunschert* **22** 36, s aber *Karczewski* VR **01** 1080 (schon begrifflich ausgeschlossen). So ist zB das plötzliche Hervortreten eines Kindes zwischen parkenden Fzen oder nach Übersteigen eines Zaunes nicht so außergewöhnlich, daß höhere Gewalt anzunehmen wäre, s *Steffen* DAR **98** 137. Auch scheidet höhere Gewalt beim plötzlichen Springen eines Tieres (Wild, Hund) in die Fahrbahn regelmäßig aus, differenzierend *Huber* § 4 Rz 26. Das Hochschleudern von Gegenständen, auch wenn für deren Vorhandensein auf der Fahrbahn keine Anhaltspunkte vorliegen, ist keine höhere Gewalt, auch nicht auf Strn, auf denen hohe Geschwindigkeiten gefahren werden dürfen (AB). Auch ein Unfall, der auf nicht rechtzeitigem Wahrnehmen ungewöhnlich schwer erkennbarer Hindernisse auf der Fahrbahn einer AB beruht, ist nicht durch höhere Gewalt verursacht. Plötzliches körperlich/geistiges Versagen ist (weil keine Einwirkung von außen) keine höhere Gewalt, BGH NJW **57** 675, es sei denn, daß es durch Umstände von außen verursacht wurde. Das gleiche gilt für unvorhersehbare technische Fehler am Fz des Halters.

Lit: Steffen, „Höhere Gewalt" statt „unabwendbares Ereignis" in § 7 II StVG?, DAR **98** 135.

5 b. Unabwendbares Ereignis. Der Haftungsausschluß des unabwendbaren Ereig- 36 nisses gilt (abgesehen vom Schadensausgleich zwischen den Haltern mehrerer unfallbeteiligter Kfze, s § 17 III) gem Art 229 § 5 EGBGB nur noch für **Schadensereignisse vor dem 31. 7. 02.** Insoweit ist Abs II in der bis zum 31. 7. 02 geltenden Fassung anzuwenden. Unabwendbar ist ein Ereignis, das durch äußerste mögliche Sorgfalt (E 150) nicht abgewendet werden kann, s § 17 Rz 22 ff. Der Halter muß die **Unabwendbarkeit** des Unfalls **beweisen,** s § 17 Rz 23.

Fehler in der Beschaffenheit des Fahrzeugs, Versagen seiner Verrichtungen 37 schließen gem Abs II (alt), der bei Schadensereignissen vor dem 31. 7. 02 weiterhin Anwendung findet, den Haftungsausschluß wegen Unabwendbarkeit aus. II (alt) beruhte auf der Erwägung, daß dem Halter, der den gefährlichen Betrieb unternimmt, die damit zusammenhängenden Gefahren zugerechnet werden müssen. Einzelheiten: § 17 Rz 30.

5 c. Haftungsausschluß besteht schließlich in den Fällen **unbefugter Benutzung** 38 des Kfz oder des KfzAnhängers (III S 1, 3), s dazu Rz 52, wenn das Kfz **nicht schneller als 20 km/h** fahren kann (§ 8 Nr 1) oder der Anhänger mit einem solchen Fz verbunden ist (§ 8 Nr 1), wenn der Verletzte **beim Betrieb des Kfz tätig** war (§ 8 Nr 2), und bei Beschädigung einer durch das Kfz oder den mit diesem verbundenen Anhänger **beförderte Sache,** sofern nicht eine beförderte Person die Sache an sich trug oder mit sich führte (§ 8 Nr 3).

6. Sorgfaltspflicht des Halters. Fahrerüberwachung: § 16. 39–45

7. Haftung des Halters für das Verhalten eines bei dem Betrieb des Kraft- 46 **fahrzeugs Beschäftigten.** Der Halter haftet auch für das Verhalten eines bei dem KfzBetrieb beschäftigten Dritten. Dessen Verhalten war schon gem Abs II alt für den Halter kein unabwendbares Ereignis (Umkehrschluß aus II alt). Beim Betrieb beschäftigt ist, wer mit damit zusammenhängender Aufgabe im Auftrag oder mit Einverständnis des Halters oder FzFührers wahrnimmt, BGH VRS **10** 2, 4, Schl VR **81** 887. Ist bei einem mit Kfzen betriebenen VUnternehmen ein Unfall auf das Verhalten eines zur Überwachung des Fahrbetriebs Bestellten zurückzuführen, so kann der Unternehmer seine Haftung nicht mit der Begründung ablehnen, der Beauftragte sei ein nicht bei dem Betrieb

1 StVG § 7 II. Haftpflicht

beschäftigter Dritter, BGH DAR **52** 117. Der bei dem KfzBetrieb Tätige hat keinen Anspruch aus § 7 I oder § 18, wenn ihm bei dem Betrieb Schaden erwächst (§ 8 Nr 2), s aber Rz 1 sowie § 8 Rz 4. Der Begriff des bei dem Betrieb Tätigen im § 8 ist derselbe wie hier der des bei dem Betrieb Beschäftigten.

Lit: *Böhmer,* Hat sich § 831 BGB nicht bewährt?, JR **63** 134. *Brüggemann,* Hilfspersonen des KfzFührers, DAR **57** 113. *Kunschert,* Halterhaftung bei Beschädigung eigener Sachen des KfzF, NZV **89** 61.

47 **8. Mitwirkendes Verschulden des Verletzten.** S §§ 8, 9 StVG. Auch bei der Gefährdungshaftung gilt der Grundsatz, daß demjenigen, der in die Schädigung durch einen anderen ausdrücklich einwilligt, kein ersatzfähiges Unrecht geschieht, auch dann nicht, wenn er dadurch ein weiteres Ziel bezweckt, etwa einen Versicherungsbetrug (verabredeter Unfall), BGHZ **71** 339 = NJW **78** 2154, s Rz 1, 48.

48 **9. Beweislastfragen, Anscheinsbeweis.** Die Beweislast für einen Unfall beim Betrieb obliegt dem Verletzten, KG NZV **02** 229, Ol ZfS **01** 303, Mü VR **83** 468, Dü VR **87** 568, Kö VRS **88** 184. Die den Haftungsausschluß wegen höherer Gewalt begründenden Tatsachen muß der Halter beweisen, s Rz 33. Zur Beweislast, wenn ein Unfallbeteiligter durch ein schriftliches Schuldgeständnis am Unfallort die Beweissicherung verhindert, BGH NJW **84** 799, Ha MDR **74** 1019, s Rz 50. Zur Beweislast und dem Anscheinsbeweis bei Verdacht eines **„gestellten Unfalls"** gilt folgendes: Dem Schadenersatz Fordernden obliegt die Beweislast für die Tatsachen, aus denen sich die Rechtsgutsverletzung (Beschädigung, Körperverletzung) ergibt, der Halter (Versicherer) muß darlegen und beweisen, daß der „Geschädigte" damit einverstanden war (Rechtfertigungsgrund der Einwilligung), BGHZ **71** 339 = NJW **78** 2154, KG VRS **104** 92, 263, Ce VRS **102** 258, Ha NJW-RR **95** 224, Fra VR **92** 717, Sa DAR **89** 64, Ko VR **90** 396, Kö DAR **00** 67, VRS **99** 34, *Knoche* MDR **92** 919, aM Kö VR **75** 959, *Greger* Rz 511. In Ausnahmefällen (gegen diese Einschränkung *Dannert* r + s **90** 2) kann für behauptete Einwilligung in die Schädigung der Anscheinsbeweis herangezogen werden, BGHZ **71** 339 = NJW **78** 2154, VRS **57** 179, Ha VR **91** 113, Zw VR **88** 970, VRS **76** 13, Kar ZfS **88** 303, Ce NZV **88** 182, VRS **102** 258, Fra VR **89** 458, KG VM **89** 70, Mü NZV **90** 32, aM Dü NZV **96** 321. S dazu *Weber* DAR **79** 125, VR **81** 163, *Dannert* r + s **90** 1, *Goerke* VR **90** 707, *Knoche* MDR **92** 919. Zum **Anscheinsbeweis** allgemein: E 157a sowie bei den einschlägigen Bestimmungen der StVO. Zum Anscheinsbeweis bei Trunkenheit im V, s § 316 StGB Rz 69, 71. Anscheinsbeweis bei Zusammenstoß auf einer Kreuzung: § 8 StVO. Es entspricht der Lebenserfahrung, daß eine Notbremsung aus hoher Geschwindigkeit geeignet ist, eine Körperverletzung des Fahrers herbeizuführen (Anscheinsbeweis), BGH VR **83** 985. Zum Anscheinsbeweis bei Auffahren auf das Fz des Vorausfahrenden: § 4 StVO Rz 18. Bei charakteristischen Schäden an parkenden Fzen kann der Anscheinsbeweis für die Verursachung durch Streumaterial herangezogen werden, Bra VR **89** 95.

49 Zum Anscheinsbeweis bei **Abkommen von der Fahrbahn** und **Begegnungszusammenstoß:** § 2 StVO 74, § 3 StVO 66. Anscheinsbeweis gegen den **Linksabbieger:** § 9 StVO Rz 55. Kein Anschein für Ursächlichkeit des zu **Überholenden** bei Vollbremsung des Überholers an unübersichtlicher Stelle, Mü VR **83** 468. Bei Fahrstreifenwechsel im Reißverschlußverfahren spricht der Anschein nicht für überwiegendes Verschulden dessen, der den Fahrstreifen wechselt, *Haarmann* DAR **87** 142, aM AG Kö VRS **70** 181.

50 Das **Bekenntnis der Alleinschuld,** am Unfallort abgegeben, kehrt die Beweislast dahin um, daß die Richtigkeit der gegnerischen Unfalldarstellung vermutet wird, Ce VR **80** 1122, Ba VR **87** 1246 = StVO § 781 BGB Nr 2, s dazu BGH NJW **84** 799 (zust *Schlund* JR **84** 327, *Weber* DAR **85** 162).

51 **Fahren ohne FE,** s Rz 53 und § 21 Rz 27.

Lit: *Füchsel,* Zum Anerkennungsverbot bei VUnfällen, NJW **67** 1215. *Gelhaar,* Die Beweislast im KfzHaftpflichtprozeß, DAR **53** 121. *Lehr,* Probleme bei Massenunfällen, VGT **86** 143. *Schneider,* Die neuere Beweisrechtsjudikatur in Haftpflichtprozessen, VR **77** 593, 687. *Derselbe,* ... Beweislast im Verkehrsunfallprozeß, MDR **84** 906.

Lit **zum Anscheinsbeweis:** s E 157a.

Haftung des Halters, Schwarzfahrt   § 7 StVG **1**

10. Ausschluß der Halterhaftung bei Schwarzfahrten. Die Halterhaftung für 52
Unfälle beim Betrieb scheidet aus, wenn jemand das Fz ohne Wissen und Willen des
Halters benutzt. Dann haftet an Stelle des Halters der unbefugte Benutzer und neben
diesem der Halter, wenn er die Benutzung schuldhaft ermöglicht hat (III). Der Halter
bleibt haftbar, wenn er den Benutzer für den FzBetrieb angestellt oder wenn er ihm das
Fz überlassen hat (III S 2), BGHZ **37** 311 = NJW **62** 1676, s Rz 56 ff. Unternehmen
mehrere Fahrunkundige gemeinsam eine Schwarzfahrt und schädigt sich hierbei einer
von ihnen, so haften die übrigen hierfür nur unter besonderen Umständen (Aufsichts-
oder Fürsorgepflicht, FzÜberlassung), BGH NJW **78** 421. Dem Dieb oder Schwarzfah-
rer haftet der Halter auch bei Fahrlässigkeit nicht für Unfallsicherheit des zweckentfrem-
deten Kfz, Ce VR **72** 52. Benutzung **ohne Wissen und Willen** des Halters bedeutet
gegen sein Wissen und seinen Willen, RGZ **79** 312. Ob eine Schwarzfahrt vorliegt, ist
nach dem Gesamtcharakter der Fahrt zu beurteilen. Geringfügige Abweichung von der
Weisung begründet keine Schwarzfahrt (§ 6 VVG), wenn die Genehmigung verständi-
gerweise unterstellt werden kann, Ce VR **69** 175. Übergibt der Halter sein Kfz einem
Händler zum Verkauf, so entfällt seine Halterhaftung, wenn der Händler das Kfz unbe-
fugt einem Dritten zur Benutzung für eigene Zwecke überläßt, Neust NJW **63** 1013.
Benutzung ohne Wissen und Willen des Halters iS von III liegt auch vor, wenn das Fz
nach Beschlagnahme ohne Einholung des Einverständnisses des Halters zu hoheitlichen
Zwecken eingesetzt wird, LG Mühlhausen NVwZ **01** 1325. **Benutzer eines Kfz** ist,
wer sich das Fz unter Verwendung der motorischen Kraft dienstbar macht und dadurch
die Verfügungsgewalt wie ein Halter ausübt, BGH NJW **57** 500. Jemand kann also Be-
nutzer sein, der das Fz nicht selbst fährt, RGZ **136** 4, zB das Fz einem anderen zu einer
Fahrt überläßt, die in seinem Auftrag und Interesse durchzuführen ist, BGH DAR **61**
118. Beim Mitfahrenden muß eine Beziehung zu dem Fz hinzukommen, die der des
Halters verwandt ist; er muß zum Zustandekommen der Schwarzfahrt maßgeblich bei-
getragen haben, Miturheber sein. Benutzer iS von III ist auch der KfzFührer. In diesem
Sinne benutzt ein Kfz, wer es, auch kürzeste Strecken, unter Verwendung der Motor-
kraft fortbewegt, BGH NJW **54** 392. „**Anstelle des Halters**" in gleichem Umfang wie
dieser haftet der unbefugte Benutzer; damit stehen ihm zugleich auch alle Einwendun-
gen zur Verfügung, die der aus Gefährdungshaftung in Anspruch genommene Halter
selbst hätte geltend machen können. Auch der an Stelle des Halters Haftende darf sich
daher **nach II, § 17 III entlasten**, BGH DAR **54** 298, Dü VRS **10** 100. Der Entla-
stungsbeweis nach § 18 I reicht nicht aus.

11. Halterhaftung neben der des Schwarzfahrers. Die Haftung des Halters be- 53
steht fort, wenn dieser die FzBenutzung schuldhaft ermöglicht hat, BGHZ **37** 311 =
NJW **62** 1676, Jn DAR **04** 144, wozu erhebliche Erleichterung unbefugter Benutzung
ausreicht, BGH VRS **60** 85, Kö NJW-RR **96** 601. Erschöpft sich das Verschulden des
Halters im Ermöglichen der Schwarzfahrt, so haftet er nur nach StVG; erstreckt es sich
auch auf die FzBenutzung in *verkehrsgefährlicher,* den Schaden begründender Weise,
kommt **auch Haftung nach §§ 823 ff BGB** (§ 16 StVG) in Frage, BGH VR **62** 333,
66 166, **78** 575, **79** 766, KG VR **76** 971, Kö NJW **57** 346, Kar VR **60** 618, so zB in
aller Regel, wenn er die ihm gem § 14 II 2 StVO obliegenden Pflichten schuldhaft ver-
letzt, BGH VRS **60** 85, KG VM **92** 82, besonders bei dadurch ermöglichter Benutzung
durch einen Fahrer ohne FE, BGH VR **62** 333. Haftung nach § 823 I BGB, wenn der
Halter die unbefugte FzBenutzung durch FzF ohne FE nicht mit aller Sorgfalt verhin-
dert, Ol VRS **56** 98. Aufgrund des § 823 BGB kann der Halter für Schwarzfahrtfolgen
haften, wenn ihm außer schuldhaftem Ermöglichen der Schwarzfahrt vorzuwerfen ist,
daß er durch Verletzung seiner Verkehrssicherungspflicht eine adäquate Ursache für
durch die Schwarzfahrt hervorgerufene Schäden gesetzt hat, BGH VR **66** 79. Die sich
aus § 823 ergebende Pflicht, Schwarzfahrten zu verhindern, gebietet dem Halter, dafür
zu sorgen, daß keine ungeeigneten Fahrer eingestellt werden, BGH VR **60** 736 (§ 16
Rz 12).

Der Halter **ermöglicht die Benutzung schuldhaft,** wenn er das Fz mit Schlüsseln 54
und Papieren einem anderen überläßt, ohne Vorkehrungen gegen Mißbrauch zu treffen,
Kar VR **60** 565. Ebenso, wenn er einer fahrerlaubnislosen Person, deren Auto-

Begeisterung er kennt, Fz und Schlüssel zur Durchführung einer Reparatur aushändigt und sich auf eine bloße Ermahnung beschränkt, KG VM **84** 22. Dem Halter ist gem § 7 III 1 nur eigenes Verschulden anzurechnen, das es einem Dritten ermöglicht, das Kfz zu verwenden, nicht das einer Hilfsperson als Fahrer, etwa eines Angestellten, BGH NJW **54** 392, Jn DAR **04** 144, KG VRS **61** 244, Dü VRS **71** 259.

55   An die erforderliche **Haltersorgfalt gem Abs III S 1** sind strenge Anforderungen zu stellen, Kar NZV **92** 485, Kö NJW-RR **96** 601, Ol NZV **99** 294. Der Halter hat alles ihm Zumutbare zu tun, um die unbefugte FzBenutzung zu verhindern, Ha NJW-RR **90** 289, Ol NZV **99** 294. Hierbei kann die Regelung als Anhalt dienen, die die §§ 14 StVO, 38a StVZO für den Fall des **Verlassens des Kfz** treffen, s Fra VR **83** 464, Nü VRS **66** 188. Hat der Halter das Fz diesen Vorschriften entsprechend gesichert, entfällt seine Haftung regelmäßig, Fra VR **83** 464. Er hat den Verkehr gegen Unfälle und das Fz gegen unbefugte Benutzung zu sichern. Das Kfz ist so zu verwahren und aufzustellen, daß es Unbefugten nicht zugänglich ist, Kö DAR **59** 297 (§ 14 StVO). Haftung nach III 1 Halbsatz 2, wenn der Halter die FzSchlüssel im FzInnern in einer von außen sichtbaren Schlüsselbox aufbewahrt hat, Fra VRS **104** 273. Verstecken der FzSchlüssel hinter der Sonnenblende des in einer nicht durch Sicherheitsschloß gesicherten Halle abgestellten Fzs genügt nicht, Nü VRS **66** 188 (Haftung auch nach § 823 BGB). Beim Abstellen eines Krades in einem unverschlossenen, Dritten zugänglichen Raum genügt Abziehen des Zündschlüssels nicht (Absperren der Lenkung, Kette mit Schloß), Dü NJW **55** 1757 *(Hartung)*. Bei Lkw, Baumaschinen und ähnlichen Fzen können geringere Sicherungsanforderungen gestellt werden, da sie weniger Anreiz zu Schwarzfahrten bieten, Kö VRS **5** 11 (Haftung gem § 7 III 1 jedoch bejaht!), Fra VR **83** 464, s aber KG VM **92** 82 (zu § 823 BGB). Zur Sorgfalt, mit welcher der Unternehmer die Schwarzfahrt mit einer langsamen Baumaschine verhindern muß, KG VR **76** 971 (zu § 823 BGB), Fra VR **83** 464. Hat das Fz kein abschließbares Führerhaus, genügt Verhindern des Ingangsetzens durch ein nicht allgemein verwendbaren Schlüsseln zu öffnendes Schloß, Fra VR **83** 464. Daß der unbefugte Benutzer eines ordnungsgemäß verschlossenen Lkw einen neuen Trick angewandt hat, ist dem Halter nicht zuzurechnen, BGH NJW **64** 404. Bei Abstellen des Fzs auf privatem Gelände bedarf es nicht stets aller sonst notwendigen Sicherungsmaßnahmen (§ 14 StVO), vorausgesetzt, daß ausreichende andere Maßnahmen gegen unbefugte Benutzung getroffen wurden, Kar NZV **92** 485. Die Benutzung eines auf für Dritte unzugänglichem **Betriebsgelände** mit steckendem Zündschlüssel abgestellten Vorführwagens durch einen Betriebsangehörigen während der Betriebszeit ist nicht schuldhaft ermöglicht, Fra VR **83** 497, anders außerhalb der Betriebszeit, LG Leipzig VR **02** 1528 (abgeschlossene Lagerhalle). Der Halter braucht nicht damit zu rechnen, daß ein nicht abgeschlossenes MüllpreßFz von einem umfriedeten, mit geschlossenem Tor gesicherten Betriebshof durch Niederwalzen des Zaunes entwendet wird, KG VRS **61** 244. Er handelt auch nicht pflichtwidrig iS von § 823 BGB, wenn er einen Traktor, dessen Zündschloß nicht gesondert sicherbar ist, zusammen mit Geräten und Maschinen auf einer abgelegenen Baustelle 300 m fern von der nächsten befestigten Str abstellt, Ol VR **83** 931. Gibt der Halter **die Schlüssel** einer zuverlässigen Person mit dem Auftrag, sie an eine bestimmte Person weiterzugeben, so hat er die Benutzung zur Schwarzfahrt nicht schuldhaft ermöglicht, die ein Bote ausführt, den der Beauftrage ohne sein Wissen eingeschaltet hat, Ce VR **61** 739. Schuldhafte Ermöglichung der Schwarzfahrt nach Überlassen der Garagenschlüssel an jugendliche Hausgehilfin, BGH VRS **20** 251 (Tatfrage, § 823 BGB bejaht). Die Schlüssel zum Fz, zur Zündung und Lenkung, nötigenfalls zur Garage, sind sicher zu verwahren, Dü VR **84** 895, Ol NZV **99** 294. Zurücklassen der Schlüssel in einem an der Garderobe einer Schankwirtschaft abgelegten Kleidungsstück ist Sorgfaltsverletzung, Dü VR **89** 638, Sa ZfS **93** 294. **Gegenüber Familienangehörigen** und sonstigen Mitgliedern der Wohngemeinschaft müssen solche Schlüssel nur bei Vorliegen besonderer Umstände, aus denen sich die Gefahr unbefugter Benutzung ergibt, unzugänglich aufbewahrt werden, Dü VR **84** 895, Ol NZV **99** 294; ohne besondere Anhaltspunkte muß der Halter nicht mit FzBenutzung ohne seine Zustimmung durch solche Personen rechnen, Fra VRS **70** 324, braucht zB ein Vater die Garagen- oder FzSchlüssel vor dem jugendlichen oder heranwachsenden Sohn nicht zu verstecken (Schlüsselbrett), BGH VR **84** 327, Dü VR **84**

895. Aufbewahren der Schlüssel in der Jacken- oder Manteltasche im verschlossenen Kleiderschrank genügt nicht, wenn aufgrund der Umstände Mißbrauch durch den jugendlichen Sohn naheliegt, KG VM **78** 77. Hat ein Angehöriger das Kfz bereits früher unbefugt benutzt, so sind weitergehende Maßnahmen, vor allem besonders sorgfältige Schlüsselverwahrung nötig, Nü VM **80** 45, BGH VR **68** 575 (zu § 823 BGB), VRS **8** 251 (§ 823 BGB bejaht), Kö DAR **59** 297. Bei Schlüsselablage an vereinbartem Ort in der elterlichen Wohnung muß der Halter nicht mit Wegnahme durch einen angetrunkenen, vorher nie auffällig gewordenen Bekannten rechnen, Ha VR **78** 949. Entfernt sich der Halter und Fahrer eines Krads für kurze Zeit, so darf er den **Zündschlüssel stecken lassen,** wenn er eine geeignete Person mit der Aufsicht betraut, Stu VBl **59** 275. Muß der Halter nach Abhandenkommen eines FzSchlüssels damit rechnen, daß sich ein Unbefugter in den Besitz des Schlüssels gesetzt hat, so kann Austausch des Zündschlosses notwendig sein, Ha NJW-RR **90** 289. Im Rahmen des § 7 III S 1 kommt es nicht auf den **ursächlichen Zusammenhang** zwischen Schuld und Unfall, sondern auf den zwischen Schuld und Ermöglichen der Schwarzfahrt an, RGZ **136** 4, **138** 320. Hat der PkwHalter eine Tür nicht verschlossen, so trifft ihn an der Benutzung durch Unbefugte keine Schuld, wenn der Täter eine verschlossene Tür aufgebrochen hat, Kö VR **59** 652. Amtshaftung: § 16. Haftung bei Bundeswehr – Schwarzfahrt: Rz 52.

12. Kein Ausschluß der Halterhaftung bei Schwarzfahrt des angestellten **56** **Fahrers oder dessen, dem der Halter das Fahrzeug überlassen hat.** III S 2 schützt die Verkehrsopfer. Er versagt dem Halter den Einwand, der, dem er die Benutzung eingeräumt hat, habe das Kfz entgegen dem Halterwillen benutzt, BGH VR **67** 659, NZV **97** 116. Angestellte Fahrer machen ihren Arbeitgeber also auch bei Schwarzfahrt haftbar, ohne daß es auf schuldhaftes Ermöglichen ankommt. **Für den KfzBetrieb angestellt** ist jeder Arbeitnehmer, der es in dem vom Halter zugewiesenen Aufgabenbereich mit Willen des Halters steuern und benutzen soll, BGH DAR **61** 253. Ein Beifahrer ist regelmäßig nicht für den KfzBetrieb angestellt, BGH VRS **10** 2, 4. Hat ein Spediteur einen Fahrer angestellt, so erstreckt sich die Halterhaftung für Schwarzfahrten dieses Fahrers auf alle Kfze des Betriebs, nicht allein auf das, das der Fahrer in einem bestimmten Zeitabschnitt führen soll, Kö NJW **57** 1843, DAR **58** 14.

Der **angestellte Fahrer fährt „schwarz",** wenn er das Fz für einen Teil der Fahrt **57** führt, für den ihm der Halter das Führen verboten hatte, RGZ **154** 340. Geringe Umwege bei auftragsgemäßen Fahrten sind keine Schwarzfahrten, BGH VR **55** 345. Anders bei ausdrücklichem Verbot des Halters, BAG VRS **21** 398. Die Benutzungserlaubnis kann stillschweigend erteilt sein. Überläßt der vom Halter mit einer bestimmten Fahrt beauftragte angestellte Fahrer die Führung einem Betriebsangehörigen ohne FE, so liegt keine Schwarzfahrt vor, Ba VRS **7** 334.

Halterhaftung besteht auch, wenn der Halter sein **Kfz anderen überläßt.** Er haftet **58** für Schwarzfahrten solcher Personen, denen er die KfzFührung ermöglicht, da er für ihre Auswahl verantwortlich ist. Mißbrauchen sie sein Vertrauen, so hat nicht der Geschädigte den Schaden zu tragen, zumal der Halter für solche Unfälle Versicherungsschutz genießt. Das gilt jedoch nur, solange er durch den Entzug der Verfügungsmöglichkeit nicht seine Haltereigenschaft verliert, BGH NZV **97** 116. Überlassen bedeutet Einräumen der Benutzungsmöglichkeit, BGHZ **5** 269, NJW **52** 581. Dem Mieter überläßt der Halter den Wagen auch, wenn er zu erkennen gibt, daß er die Führung nur durch einen vom Mieter gestellten Dritten gutheißt, BGHZ **5** 269, NJW **52** 581. Die Überlassung ist erst mit der Benutzungsmöglichkeit beendet, BGH DAR **52** 40, Dü VRS **3** 96. Läßt der, dem der Halter das Fz überlassen hat, einen anderen damit fahren, so bleibt die Halterhaftung bestehen, wenn die Benutzereigenschaft desjenigen, dem der Halter das Fz überlassen hat, fortdauert, BGH NJW **57** 1878. Nach dem Schutzzweck des Abs III S 2 gilt dies auch, wenn zwar die Benutzereigenschaft der Person, der es überlassen war, endet, die Weitergabe zur Benutzung an einen Dritten jedoch unbefugt erfolgte, BGH NJW **62** 1678, selbst dann, wenn der Dritte später die Benutzung des Fzs durch eine weitere Person ermöglicht, Ha VR **84** 1051. Die Probefahrt eines Fachmanns, dem der Wagen zum Ausbessern oder zur Wartung übergeben wird, entspricht dem mutmaßlichen Willen des Halters, BGH VR **67** 659, **62** 58. Verbotswidrige Fahrt

1 StVG § 7   II. Haftpflicht

des Werkstattlehrlings ist Schwarzfahrt; der Halter haftet nicht; überlassen hat er den Wagen nur dem Besitzer der Werkstatt, OLG Königsberg HRR **42** Nr 306.

59   Der Begriff des berechtigten Fahrers (§ 2 KfzPflVV, § 10 AKB), BGH VR **62** 58, Ha VR **65** 370, KG VR **62** 270, ist derselbe wie in III S 2.

        Lit: *Müller*, Zur Schwarzfahrt in der Kraftfahrtversicherung, NJW **86** 962. *Ruhkopf*, Nachträgliche „Genehmigung" einer Schwarzfahrt?, VR **59** 322. *Schröer*, Haftung für Schwarzfahrten, KVR. *Weimar*, Schwarzfahrten der mit der Betreuung eines Kfz beauftragten Personen, MDR **59** 17.

60   **13. Beweislast in den Fällen des Absatzes III. Verfahren.** Die Beweislast für die Schwarzfahrt hat der Halter, Ol VRS **56** 98, Fra VRS **70** 324. Für einen Sachverhalt, der auf Schuld des Halters schließen läßt, ist der Verletzte beweispflichtig; der Entlastungsbeweis für genügende Sorgfalt obliegt dem Halter, RGZ **119** 58, **135** 149, Jn DAR **04** 144, Fra VRS **70** 324, Kar NZV **92** 485. Ein etwaiges Auswahlverschulden des Halters ist als Verschulden nach III S 1 vom Geschädigten zu beweisen; insoweit gilt nicht § 831 BGB, Jn DAR **04** 144. Wurde die Schwarzfahrt durch im verschlossenen Wagen verbliebene Schlüssel ermöglicht, so spricht der erste Anschein für Zurücklassen der Schlüssel durch den Halter, BGH NJW **81** 113.

61   **14. Haftungsausschluß bei Arbeits- und Dienstunfällen.** Bei Arbeitsunfällen sind die Haftungsbeschränkungen der §§ 104 SGB VII, 636 RVO (alt), zugunsten des Unternehmers zu beachten, die das Haftungsrecht nach dem StVG ebenso wie das deliktische Haftungsrecht überlagern. Nach § 636 RVO, der für **Schadensereignisse bis zum 31. 12. 96** weiterhin Anwendung findet, haftet der Unternehmer den in seinem Betrieb tätigen Versicherten und deren Angehörigen und Hinterbliebenen für Personenschaden durch Arbeitsunfall nur bei Vorsatz (§ 276 BGB) oder bei Arbeitsunfällen bei der Teilnahme am allgemeinen Verkehr, bei der der Geschädigte jedem anderen VT gleichsteht, BGH VR **88** 391, BGHZ **116** 30 = NZV **92** 112. Nach der hierzu ergangenen Rspr, die für bis zum 31. 12. 96 erlittene Schäden bedeutsam bleibt, entscheidet darüber nicht rein räumliche Beurteilung, sondern der Zusammenhang des Unfalls mit Betrieb und Berufstätigkeit, BGH VRS **45** 258, VR **88** 391. Einzelheiten: 36. Aufl. Auch § 104 SGB VII, der für **Unfälle ab dem 1. 1. 97** an die Stelle von § 636 RVO getreten ist, beschränkt die Haftung des Unternehmers für Personenschäden bei Arbeitsunfällen, wobei aber für die Haftung neben Vorsatz (der sich auch auf den Schaden erstrecken muß, BGH NZV **03** 276, BAG VR **03** 740) das Kriterium der Teilnahme am allgemeinen Verkehr durch das Erfordernis ersetzt ist, daß es sich bei dem (nicht vorsätzlich herbeigeführten) Versicherungsfall um einen Wegefall iS des § 8 II Nr 1–4 SGB VII handelt, BGHZ **145** 311 = NZV **01** 74. Das Haftungsprivileg betrifft auch Ansprüche nach § 7 StVG. Es löst die gesetzliche Unternehmerhaftpflicht in erheblichem Umfang ab und ersetzt sie durch die Leistung des UVtr, welche auf den Beitragsleistungen der Unternehmergemeinschaft beruht, auch im Verhältnis zu einem Zweitschädiger, den daher der Verunglückte insoweit nicht in Anspruch nehmen kann, als der mitverantwortliche Unternehmer ohne das Haftungsprivileg im Verhältnis zum Zweitschädiger (§§ 426, 254 BGB) haften würde, BGHZ **61** 51 = NJW **73** 1648. Die Regelung betrifft nur Personenschaden und dessen Vermögensfolgen, BGHZ **145** 311 = NZV **01** 74, Kö VR **69** 153 (einschließlich Schmerzensgeld, § 253 II BGB, § 11 S 2 StVG), s BGHZ **33** 339, BVerfG NJW **73** 502. Bei Sachschäden bleibt es bei den allgemeinen Vorschriften. Die Haftungsbeschränkung gilt für alle betrieblichen Arbeitsunfälle, zB auch, wenn der Unternehmer das Kfz lenkt. Die Haftungsbeschränkung gilt außer für Ansprüche von für das Unternehmen Tätigen auch für Ansprüche von Personen, die zu den Unternehmern „in einer sonstigen die Versicherung begründenden Beziehung stehen". Dazu gehört auch der Schüler einer städtischen Förderschule, der von einem Fahrer der Stadt zur Schule transportiert wird, BGHZ **145** 311 = NZV **01** 74. **Kein Haftungsausschluß** aber bei zumindest bedingt **vorsätzlich** herbeigeführtem Arbeitsunfall, s Ba VM **78** 16, und bei **Wegeunfall** nach § 8 II Nr 1–4 SGB VII. Die Ausnahme von der Haftungsbeschränkung für Wegeunfälle beruht auf dem Umstand, daß betriebliche Risiken insoweit keine Rolle spielen BGHZ **145** 311 = NZV **01** 74, NJW **04** 949, Brn VRS **106** 6; etwaige weitergehende Ansprüche des Versicherten sollen ihm nicht abgeschnitten werden, s BGH NZV **01** 74. Zu unterscheiden ist also

Ausnahmen **§ 8 StVG 1**

zwischen den nach § 8 II Nr 1–4 SGB VII versicherten Wegen (kein Haftungsprivileg) und den Betriebswegen, die Teil der gem § 8 I 1 SGB VII versicherten Tätigkeit sind (Haftungsprivileg), BGH NZV **01** 74 (krit *Ricke* VR **03** 542), NJW **04** 949. Zur Abgrenzung können die Grundsätze der Rspr zur „Teilnahme am allgemeinen V" nach §§ 636, 637 (alt) herangezogen werden (s 36. Aufl), BGH NJW **04** 949, DAR **04** 342. Um einen solchen in die Haftungsbeschränkung einbezogenen **Betriebsweg** handelt es sich, wenn die Fahrt als integrierter Bestandteil der Organisation des Betriebes in diesen eingegliedert war wie zB der sog Werkverkehr, BGH NZV **01** 74. Daß mit der Fahrt die Förderung betrieblicher Interessen verbunden ist, reicht allein nicht aus, um sie als Betriebsweg zu qualifizieren; erforderlich ist vielmehr, daß sie als Bestandteil des innerbetrieblichen Organisations- und Funktionsbereichs erscheint, BGH NJW **04** 949, DAR **04** 342. Zur Abgrenzung s auch BGH NZV **01** 74, Brn VRS **106** 6, 9, Kö VR **02** 1109, Stu ZfS **02** 431. Entsprechende Ausschlußregelungen bestehen für **Dienstunfälle im öffentlichen Dienst,** s Ce VR **77** 1105, BGHZ **64** 201, MDR **77** 830, Mü VR **77** 1014. VUnfall eines BW-Soldaten auf Truppenübungsplatz durch Schuld eines Angehörigen der territorialen Verteidigung als nicht durch „Teilnahme am allgemeinen Verkehr" eingetreten, BGH VRS **56** 171.

Lit: *Gamperl,* Die Haftungsbeschränkungen von Unternehmen und Arbeitskollegen gem §§ 104 ff SGB VII, NZV **01** 401. *Lepa,* Die Haftung des Arbeitnehmers im StrV, NZV **97** 137. *Müller,* VUnfall als Arbeitsunfall, NZV **01** 366. *Otto,* Ablösung der §§ 636 bis 642 durch das neue Unfallversicherungsrecht, NZV **96** 473. *Ricke,* Haftungsbeschränkung nach §§ 104 ff SGB VII: Neue Abgrenzung der Wegearten ..., VR **03** 540. *Stöhr,* Haftungsprivileg bei einer gemeinsamen Betriebsstätte und bei VUnfällen, VR **04** 809. *Waltermann,* Haftungsfreistellung bei Personenschäden ..., NJW **04** 901. *Wendel,* Rechtsstellung des Arbeitnehmers bei Kfz-Dienstfahrten, DAR **78** 91.

Ausnahmen

8 Die Vorschriften des § 7 gelten nicht,
1. wenn der Unfall durch ein Kraftfahrzeug verursacht wurde, das auf ebener Bahn mit keiner höheren Geschwindigkeit als 20 Kilometer in der Stunde fahren kann, oder durch einen im Unfallzeitpunkt mit einem solchen Fahrzeug verbundenen Anhänger,
2. wenn der Verletzte bei dem Betrieb des Kraftfahrzeugs oder des Anhängers tätig war oder
3. wenn eine Sache beschädigt worden ist, die durch das Kraftfahrzeug oder durch den Anhänger befördert worden ist, es sei denn, dass eine beförderte Person die Sache an sich trägt oder mit sich führt.

Begr zur Neufassung durch ÄndG v 19. 7. 02 (BTDrucks 14/7752 S 31): *§ 8 Nr. 1 StVG greift den 1. Halbsatz des § 8 StVG alter Fassung auf und erweitert ihn nach Einführung der Gefährdungshaftung des Anhängerhalters (§ 7 Abs. 1 Satz 2 StVG) auch auf diesen: Die Halterhaftung des § 7 StVG soll nicht nur – wie bisher – für den Halter eines Kraftfahrzeugs ausgeschlossen sein, das nicht mehr als 20 Stundenkilometer fahren kann, sondern auch für Anhänger, die von einer solchen Zugmaschine gezogen werden. Der dem Haftungsausschluss des bisherigen § 8, 1. Halbsatz StVG zugrunde liegende Gedanke einer geringeren Betriebsgefahr bei langsam fahrenden Kraftfahrzeugen trägt auch insoweit, als diese Kraftfahrzeuge mit einem Anhänger verbunden sind und die Haftung des Anhängerhalters in Rede steht.*

§ 8 Nr. 2 StVG greift den 2. Halbsatz des § 8 StVG alter Fassung auf und fasst ihn aus redaktionellen Gründen als eigenständige Ziffer.

§ 8 Nr. 3 StVG greift § 8 a Abs. 1 Satz 2 StVG alter Fassung auf und modifiziert ihn vor dem Hintergrund der erweiterten Insassenhaftung des neuen § 8 a StVG: Nach wie vor soll für beförderte Sachen bei deren Beschädigung grundsätzlich nicht im Rahmen der Gefährdungshaftung nach dem StVG gehaftet werden. Liegt ein Beförderungsvertrag vor, ist dieser im Falle einer Beschädigung Grundlage der Haftung. Liegt kein Beförderungsvertrag vor, kann eine Haftung aus allgemeinem Deliktsrecht in Betracht kommen (§ 16 StVG).

(BTDrucks 14/8780 S 22): Die Änderung des § 8 Nr. 2 StVG folgt dem Vorschlag des Bundesrates (Stellungnahme Nummer 14b, bb, S. 50), auch die bei dem Betrieb eines Anhängers

1 StVG § 8   II. Haftpflicht

Tätigen in diesen Haftungsausschluss einzubeziehen. Zur Vermeidung von Fehlinterpretationen wurde allerdings die ausdrückliche Einbeziehung der Anhänger dem unpräzisen Begriff „Fahrzeug" vorgezogen.
Die Änderung des § 8 Nr. 3 StVG folgt ebenfalls einem Vorschlag des Bundesrates (Stellungnahme Nummer 14 b, cc, S. 50).... Zur Vermeidung von Fehlinterpretationen wurde allerdings auch hier die ausdrückliche Einbeziehung der Anhänger dem unpräzisen Begriff „Fahrzeug" vorgezogen.

1 **1. Ausschluß der Gefährdungshaftung** besteht unter den Voraussetzungen des § 8, doch kann Haftung nach den §§ 823 ff BGB gegeben sein (§ 16 StVG). Die Haltergefährdungshaftung entfällt bei technisch besonders langsamen Kfzen (Rz 2), wenn sich der Geschädigte freiwillig in Gefahr begeben hat und deshalb keine Gefährdungshaftung am Platz ist, Ko VR **75** 1127 (Rz 3), sowie bei Beschädigung beförderter Sachen nach Maßgabe von Nr 3. „Verletzter" iS von § 8 Nr 2 ist auch der Eigentümer oder Besitzer einer beschädigten Sache, BGHZ **116** 200 = NZV **92** 145. Die Voraussetzungen des § 8 hat der Halter zu beweisen, RGZ **128** 149, BGHZ **136** 69 = NZV **97** 390, Tüb DAR **52** 6 Nr 6, KG VM **87** 56, Kö VR **88** 194.

2 **2. Langsam bewegliche Kraftfahrzeuge** sind solche, deren Bauart schnelleres Fahren als mit 20 km/h ausschließt oder bei denen Vorrichtungen das Fahren mit über 20 km/h verhindern. Beruht die geringe Geschwindigkeit nicht auf der Bauart, sondern auf technischen Vorkehrungen, so sollte nach der früheren Rspr des BGH der Haftungsausschluß des § 8 zusätzlich von der technischen Schwierigkeit einer Beseitigung der Geschwindigkeitssperre abhängen; nur wenn es sich um eine solche Vorrichtung handelt, die auch ein geübter Monteur nicht ohne längere und schwierige Arbeit beseitigen kann, sollte § 8 zur Anwendung kommen, BGHZ **9** 123 = NJW **53** 899, VR **77** 228, **85** 245, ebenso KG VM **87** 56. Diese Rspr hat der VI. ZS des BGH mit Urteil v 17. 6. 97, BGHZ **136** 69 = NZV **97** 390 (Anm *Brötel* NZV **97** 381), ebenso BGH NZV **97** 511 (Anm *Lorenz* VR **97** 1526), ausdrücklich aufgegeben. Danach gilt der Haftungsausschluß des § 8 bei allen Fzen, die aufgrund ihrer konstruktionsbedingten Beschaffenheit nicht schneller als 20 km/h fahren können, gleichgültig, ob dies auf ihrer Bauart beruht oder auf vom Hersteller angebrachten Vorrichtungen und Sperren. Nur diese Auslegung entspreche nämlich dem Wortlaut und Zweck der Vorschrift. Auf die Schwierigkeit einer Beseitigung solcher Sperren könne es nicht ankommen, weil solchen Fzen ohne Manipulation jedenfalls nicht die typischen Risiken anhaften, die nach der Vorstellung des GGebers das Eingreifen der Gefährdungshaftung gebieten. Die Vorschrift stelle lediglich auf die im Unfallzeitpunkt erreichbare Höchstgeschwindigkeit ab, nicht allein auf die bauartbedingte, s Bay VRS **59** 390, Ko VR **88** 61. Die Möglichkeit einer Überschreitung um nicht mehr als 10% unter günstigsten Bedingungen ist unschädlich, LG Aachen MDR **83** 583, abl *Brötel* NZV **97** 383. Müßten erst größere Reifen mit erheblichen Kosten beschafft werden, um die mögliche Höchstgeschwindigkeit über 20 km/h hinaus zu erhöhen, so begründet dies keine Gefährdungshaftung, BGH VR **77** 228. Entsprechendes hat nach neuer Rspr des BGH bei leicht zu beseitigender Drosselung der Motordrehzahl zu gelten (BGH VR **85** 245 ist durch BGHZ **136** 69 = NZV **97** 390 überholt). Kann das Kfz ohne besondere Vorkehrung auf kürzeren Strecken 24 km/h erreichen, so ist § 8 Nr 1 unanwendbar, Tüb DAR **52** 6 Nr 6. Erlaubte die konkrete Beschaffenheit des Fzs im Unfallzeitpunkt eine Geschwindigkeit von mehr als 20 km/h, so gilt der Haftungsausschluß des § 8 Nr 1 nicht, gleichgültig, ob dies auf Manipulation beruht und ob der Fzhalter davon Kenntnis hatte, BGH NZV **97** 390. Soweit auch parkende Fze iS von § 7 I noch in „Betrieb" sind (s § 7 Rz 8), ist die Haftung des **Anhängerhalters** gem Nr 1 auch dann ausgeschlossen, wenn der Anhänger zuvor mit einem langsamen Kfz iS von Nr 1 verbunden war, die Verbindung aber im Unfallzeitpunkt bereits gelöst war, s *Huber* § 4 Rz 121. Krit zur derzeitigen Regelung in § 8 Nr 1, *Medicus* DAR **00** 442, G. *Müller* DAR **02** 549.

3 **3. Tätig bei dem Betrieb des Kraftfahrzeugs oder Anhängers** ist, wer sich durch seine Tätigkeit freiwillig den besonderen Gefahren des Betriebs eines solchen Fzs aussetzt, Ce NZV **01** 79, Mü NZV **90** 393, Ko VR **75** 1127. Der bei dem Betrieb Täti-

Ausnahmen § 8 StVG 1

ge, der sich aus freien Stücken in den Gefahrbereich begibt, kann sich nach Nr 2 nicht auf Gefährdungshaftung des Halters berufen.

Der Grund der Tätigkeit ist gleichgültig (entgeltlich, unentgeltlich, vertraglich, außervertraglich), Mü NZV **90** 393, Ko VR **75** 188, Gefälligkeit, BGH NJW **54** 393, Tätigkeit gegen den Willen des Halters, Dü RdK **28** 110. Nur tatsächliches Verhalten erfüllt den Begriff des Tätigwerdens, nicht schon das Veranlassen fremder Tätigkeit, BGHZ **116** 200 = NZV **92** 145, Sa VRS **99** 104. Beim Betrieb tätig sind Personen, die durch unmittelbare Beziehung ihrer Tätigkeit zu den KfzTriebkräften der typischen BG mehr als andere ausgesetzt sind, BGH NJW **54** 393, VRS **11** 248, Ko VR **75** 188. Das gilt zB für denjenigen, der ein fahrendes Kfz unter Einsatz eigener Körperkraft anzuhalten versucht, Jn NZV **99** 331. Beim Betrieb tätig ist auch der beim Ladegeschäft Tätige, Ce NZV **01** 79, soweit dieses dem Betrieb zuzurechnen ist, s § 7 Rz 6. Beim Betrieb des Kfz wird insbesondere auch tätig, wer den KfzBetrieb unmittelbar im Bereich der typischen BG durch Anweisung und Handreichungen leitet, BGH VRS **11** 248, etwa als Einweiser in enger Werkstatt (Tatfrage), Ko VR **75** 188, s BGH NJW **54** 393. Diese Voraussetzung ist nicht erfüllt, wenn eine Sache zwar dem nicht mit dem Halter identischen FzF gehört, aber beim Betrieb keine Rolle spielte, sondern zufällig in den Gefahrenbereich des Fzs geriet und dabei beschädigt wurde, s *Greger* NZV **88** 108, aM *Kunschert* NZV **89** 61, **99** 517. Auch wenn der Arbeitnehmer eines fremden Betriebs nicht in den des Halters eingegliedert ist, kann er bei dem Betrieb des Kfz tätig geworden sein. Denn dazu gehört nicht Abhängigkeit von den Weisungen des Halters oder Fahrers, BGH VRS **22** 21, Stu VR **61** 575. Nur gelegentliche Hilfeleistung (zB Einwinken) genügt nicht, Ko VR **75** 188, 1127, nach Mü NZV **90** 393 auch nicht kurzes Anschieben (zw), aM *Greger* Rz 6. Rennbahnangestellte sind nicht beim Betrieb der RennFze tätig; § 8 Nr 2 ist nicht ausdehnend anzuwenden, RG DJZ **33** 625, sondern als Ausnahmevorschrift eng auszulegen, BGHZ **116** 200 = NZV **92** 145. Nicht beim Betrieb des Kfz tätig ist, wer lediglich befördert wird, s *G. Müller* VR **95** 492. S Nr 3. Türöffnen durch einen Fahrgast wird auch bei Einverständnis des Fahrers zum Betrieb gehören und Haftung nach den §§ 7, 18 StVG ausschließen, Mü VR **66** 987. Vor allem der Fahrer ist iS von § 8 Nr 2 beim Betrieb des von ihm geführten Fzs tätig, BGH VR **89** 56, Ha NJW-RR **03** 28, NZV **97** 42. Auch der Fahrschüler ist beim Betrieb des von ihm gelenkten Fzs tätig, KG VM **04** 4, NZV **89** 150, Ha VRS **80** 405, Sa NZV **88** 246, *Kunschert* NZV **89** 152. *Brüggemann*, Hilfspersonen des Kfzführers, DAR **57** 113.

4. Schäden an beförderten Sachen. Die Haftung des Halters bei Beschädigung 5 beförderter Sachen ist gem Nr 3 auf die Beschädigung oder Zerstörung vom Beförderten getragener oder mitgeführter Sachen beschränkt. Dabei spielt die Frage der Entgeltlichkeit der Beförderung, abw von § 8a (alt), nach der für **Schadensereignisse ab dem 31. 7. 02** geltenden Vorschrift des § 8 Nr 3 keine Rolle mehr. Für Schadensereignisse vor dem 31. 7. 02 ist gem Art 229 § 5 EGBGB § 8a (alt) anzuwenden (Schadensersatz nur bei Entgeltlichkeit und Geschäftsmäßigkeit der Personenbeförderung). S dazu 36. Aufl. Neben der Halter- und Fahrerhaftung nach §§ 7, 18 können sich Ersatzansprüche des Beförderten auch auf Vertrags- und Deliktshaftung gründen, KG VM **86** 35, bei Beförderungsverträgen unter Beweislastverteilung gemäß § 282 BGB. Auf solche Ansprüche des Beförderten, vor allem bei Gefälligkeitsfahrt (§ 16), erstreckt sich die Regelung des § 8 Nr 3 nicht, BGHZ **103** 164 = NZV **91** 185, Dü VR **02** 1168. Keinen Einfluß hat die Vorschrift auch auf Ansprüche eines FzInsassen gem § 7 gegen den Halter eines anderen am Unfall beteiligten Fzs, wenn die BG des Fzs, in dem er befördert wurde, mitgewirkt hat, Ce NZV **96** 114. *Heuß*, Haftpflichtschutz für KfzInsassen, VR **71** 789.

4 a. Beförderung ist kein nur tatsächlicher Vorgang ohne subjektiven Anteil, son- 6 dern Aufnahme einer körperlichen Verbindung mit dem Kfz, BGHZ **37** 311 = NJW **62** 1676 (Sichanvertrauen zwecks Beförderung), Ha MDR **95** 154, *Greger* § 8a Rz 6, gerichtet auf eine Ortsveränderung mit dessen Hilfe, Ko NZV **93** 193 (Beförderung auf dem FzDach). Der Beförderungszweck muß äußerlich erkennbar sein, und mindestens einer der Beteiligten (Halter, KfzEigentümer, Fahrer, Beförderter) muß ihn wollen, BGHZ **37** 311 = NJW **62** 1676, Kar VR **77** 1012. Daß Mitfahren im KfzAnhänger genügt, folgt nach der ab 1. 8. 02 geltenden Neufassung schon aus dem Wortlaut. Auf

145

1 StVG § 8a II. Haftpflicht

Vertrag und Unfallort im oder außerhalb des öffentlichen Verkehrs kommt es nicht an. Befördert wird hiernach: der Fahrgast, der transportierte Kranke und Häftling, der unbemerkt aus eigenem Willen Mitfahrende, Ha VRS **2** 294, der beim Anfahren noch Aufspringende, sofern er sich noch am Griff festhalten kann, der unterwegs Abspringende, OGH VRS **3** 15, jeder im anfahrenden Wagen Befindliche, den der Fahrer für einen Fahrgast hält, aM Ol RdK **54** 74, der bei Fahrtantritt auf dem Beifahrersitz Schlafende, in dessen Interesse die Fahrt durchgeführt wird, Ko VRS **68** 167.

7 **Nicht befördert** wird der Führer des Fzs, *Geigel/Kunschert* **25** 299, *Greger* § 8a Rz 8, s aber Ha MDR **95** 154 (Starten eines Krades), der nur vorübergehend Ausgestiegene mangels körperlicher Verbindung zum Fz, der aufs Lkw-Trittbrett gesprungene PolB, den der angehaltene Fahrer beim Weiterfahren abstreifen will, BGHZ **37** 311 = NJW **62** 1676, nicht das FzPersonal, bei welchem es nicht auf zielgerichtete Ortsveränderung ankommt, sondern auf Verkehrsbedienung. Wer in einem ruhenden, gegenwärtig nicht zur Fahrt bestimmten Kfz verunglückt, weil er sich dort aufhält, wird nicht befördert.

8 **Zur Beförderung gehören** das Ein- und Aussteigen bis zu dessen vollständiger Beendigung, BGH VR **70** 179, Ce NZV **99** 332, Fra VR **75** 381, die Ladevorgänge vor und nach der Fahrt, der Aufenthalt im haltenden Kfz oder Anhänger, verbotenes Auf- und Abspringen beim fahrenden Fz, das erstere, wenn es zu körperlicher Verbindung zum Fz kommt. Beim Aussteigenlassen können erschwerende Umstände, zB Anhalten bei Glatteis entfernt vom Bordstein, BGH VR **69** 518, Fra VR **75** 381, unfallbedingter Halt auf AB, Ce NZV **99** 332, dem Aussteigen (und damit der Beförderung) zuzurechnen sein. Im übrigen aber ist auch das Verbleiben in unmittelbarer Nähe des Fzs nach dem Aussteigen nicht mehr der Beförderung zuzurechnen, Ce NZV **99** 332. Aufenthalt von Fahrgästen unmittelbar am Fz kann bei besonderer körperlicher Nähe zur Beförderung gehören.

9 **4 b.** Bei **Sachschäden,** die nicht mit Körperschaden verbunden sein müssen, beschränkt sich die Haftung auf Unfallschäden an Sachen, die der Beförderte „an sich trägt", und die er vertragsgemäß mit sich führt. An sich getragene Sachen müssen nicht unbedingt zum persönlichen Gebrauch bestimmt sein, zu ihnen gehört auch das Geschenk in der Rocktasche (str). Mitgeführt sind alle Sachen, auch Waren, welche vertragsgemäß im Fz als Gepäck oder im Gepäckanhänger oder in einem anderen Kfz befördert werden, Haftung jedoch nur bei Unfallschaden (plötzliches, schadenstiftendes Ereignis), nicht, wenn sie dem üblichen Transport nur nicht standhalten.

Entgeltliche Personenbeförderung, Verbot des Haftungsausschlusses

8a ¹Im Fall einer entgeltlichen, geschäftsmäßigen Personenbeförderung darf die Verpflichtung des Halters, wegen Tötung oder Verletzung beförderter Personen Schadensersatz nach § 7 zu leisten, weder ausgeschlossen noch beschränkt werden. ²Die Geschäftsmäßigkeit einer Personenbeförderung wird nicht dadurch ausgeschlossen, dass die Beförderung von einer Körperschaft oder Anstalt des öffentlichen Rechts betrieben wird.

Begr zur Neufassung durch ÄndG v 19. 7. 02 (BTDrucks 14/7752 S 31f): *Die internationale Rechtsentwicklung geht dahin, grundsätzlich allen Fahrzeuginsassen einen Ersatz für die von ihnen erlittenen Körperschäden zu gewähren (vgl. v. Bar, Gemeineuropäisches Deliktsrecht, Band II, Rdnr. 385). Auch auf nationaler Ebene wird seit längerem gefordert, die Unterscheidung zwischen entgeltlich und unentgeltlich beförderten Insassen aufzugeben (vgl. Müller, VersR 1995, 489, 492 m.w.N.). Der Verkehrsgerichtstag 1995 hat eine entsprechende Empfehlung ausgesprochen. Ihr folgt der Entwurf und beseitigt die bestehende Haftungslücke für unentgeltlich und nicht geschäftsmäßig beförderte Mitfahrer.*

Der Neuregelung kann nicht entgegengehalten werden, dass der unentgeltlich beförderte Mitfahrer freiwillig eine Gefahr auf sich nehme und deshalb keinen Schutz verdiene. Denn den Unterschied gegenüber dem entgeltlich und geschäftsmäßig Beförderten, der gleichfalls freiwillig mitfährt, kann dieses Argument nicht erklären.... Entscheidend ist, dass sich auch bei der Verletzung eines unentgeltlich und nicht geschäftsmäßig beförderten Insassen die typische Betriebsgefahr eines Kraftfahrzeugs verwirklicht, für die der diese Gefahr setzende Kraftfahrzeughalter auch haften sollte....

Entgeltliche Personenbeförderung, Verbot des Haftungsausschlusses **§ 8a StVG 1**

... Da entgegenstehende Vereinbarungen bereits nach § 134 BGB nichtig sind, kann § 8a Abs. 2 Satz 2 StVG in der bisher geltenden Fassung entfallen.... An der schon jetzt bestehenden Möglichkeit, die Haftung für Sachschäden zu beschränken oder auszuschließen, ändert sich nichts.

1. **Personenbeförderung.** Nach der Neufassung des § 8a durch das 2. G zur Änderung schadensrechtlicher Vorschriften v 19. 7. 02 (BGBl I 2674) haftet der FzHalter uneingeschränkt auch für Schäden beförderter Personen, ohne daß es – abw von der früheren Fassung – auf Entgeltlichkeit oder Geschäftsmäßigkeit der Beförderung ankäme. Die Gefährdungshaftung des § 7 gilt damit nunmehr umfassend, und zwar unabhängig davon, ob sich der Geschädigte außerhalb oder innerhalb des Kfz aufgehalten hat. Für Schadensereignisse vor dem 31. 7. 02 ist die frühere Regelung anzuwenden (Art 229 § 5 EGBGB). Zum Begriff der **Beförderung**, s § 8 Rz 6 ff.   1

2. **Nicht abdingbar** ist in allen Fällen entgeltlicher, geschäftsmäßiger Personenbeförderung gem § 8a die Haftung für **Personenschaden** und daraus folgenden Vermögensschaden. Ein diese Haftung ablehnendes Schild im Kfz hat deshalb keine rechtliche Bedeutung. Die Vorschrift verhindert, daß den Beförderten der erhöhte Schutz gemäß § 7 durch Vereinbarung oder Benutzungsordnung entzogen wird (Begr DJ **39** 1771). Entgegenstehende Vereinbarungen sind gem § 134 BGB nichtig. Die Haftung für Sachschaden und dessen Vermögensfolgen ist auch bei entgeltlicher, geschäftsmäßiger Personenbeförderung abdingbar oder beschränkbar. Ist die Beförderung nicht entgeltlich oder nicht geschäftsmäßig, so ist die Vereinbarung eines Haftungsausschlusses auch in bezug auf Personenschäden zulässig.   2

3. **Entgeltlich** ist die Beförderung, wenn sie der Person, die die Beförderung übernommen hat (das kann der Halter, KfzEigentümer, Fahrer, aber auch ein Dritter sein), BGHZ **114** 348 = NZV **91** 348, durch irgendeine in deren wirtschaftlichem Interesse liegende Leistung (§ 1 PBefG) abgegolten wird, Brn VRS **106** 106, 253, durch den Beförderten oder anderwärtig. Das Merkmal der Entgeltlichkeit ist weit auszulegen, es genügen also auch mittelbare, wirtschaftlich meßbare Vorteile, BGHZ **80** 303 = NJW **81** 1842, BGHZ **114** 348 = NZV **91** 348, uU auch die Erwartung künftigen wirtschaftlichen Ertrags. Zugleich muß Geschäftsmäßigkeit (nicht Gewerbsmäßigkeit) vorliegen, s Rz 5. Folge: Mitnahme gegen Kostenerstattung oder Betriebskostenbeteiligung ist nicht entgeltlich, gelegentliche Mitnahme ohne Wiederholungsabsicht (Rz 5), auch gegen Entgelt, nicht geschäftsmäßig, BGH VR **69** 161. Wirtschaftliche Interessen müssen den eigentlichen Grund für die Beförderung bilden, BGHZ **80** 303 = NJW **81** 1842. Das ist nicht der Fall bei wechselseitigen Fahrgemeinschaften, BGHZ **80** 303 = NJW **81** 1842, aM Kö NJW **78** 2556, ebensowenig bei nicht kostendeckendem „Entgelt", aM Fra VR **78** 745, *Greger* Rz 17. Jedoch genügt es für die Bejahung des Merkmals der Entgeltlichkeit, wenn der Beförderer etwa aus den durch die Beförderten erzielten Einnahmen eine Provision erhält (Konzertreise), BGHZ **114** 348 = NZV **91** 348. Die Nichtabdingbarkeit unbeschränkter Insassenhaftung setzt nicht voraus, daß das Entgelt unmittelbar dem Halter zufließt, vielmehr genügt es, daß derjenige, der die Beförderung in eigener Regie und Verantwortung übernimmt (zB mit fremdem Fz), entgeltlich und geschäftsmäßig handelt, BGHZ **114** 348 = NZV **91** 348. **Beispiele** für Entgeltlichkeit: Beförderung von Handelsvertretern bei Werbefahrten in firmeneigenen Kfz, Dü NJW **61** 837, Beförderung von Kranken, zu Hotels und Flugplätzen, im Mietwagen mit Fahrer, bei Werktransport von Beschäftigten von und zur Arbeitsstelle, bei bezahlten Ausflugsfahrten auch in geschlossener Gesellschaft, gewerbsmäßige Personenbeförderung (zur Haftung im Linienbusverkehr: § 16 Rz 5), wohl auch bei Beförderung nach vorher zugesagtem „Trinkgeld", aM OGH VRS **3** 24.   3

Keine Entgeltlichkeit liegt vor bei Kostenteilung, wenn der Fahrer auch sonst gefahren wäre, aM *Greger* Rz 17, bei versehentlicher, unfreiwilliger Beförderung, idR auch nicht bei einem Ausflug im BetriebsFz. Der Vermieter haftet nicht, wenn der Mieter jemand aus Gefälligkeit mitnimmt, Kö VR **69** 357. Fahrgemeinschaften, s Rz 5. *Mädrich,* Haftungs- und versicherungsrechtliche Probleme bei Kfz-Fahrgemeinschaften, NJW **82** 859.   4

1 StVG § 9   II. Haftpflicht

5   **4. Geschäftsmäßig** handelt, wer die entgeltliche Personenbeförderung mindestens gelegentlich wiederholen und dadurch zum wiederkehrenden Bestandteil seiner Beschäftigung machen will, BGHZ **80** 303 = NJW **81** 1842, BGHZ **114** 348 = NZV **91** 348, Kö NJW **78** 2556, Ce DAR **92** 391. Wer das nicht vorhat, handelt auch bei gelegentlichen entgeltlichen Fahrten nicht geschäftsmäßig, anderseits ist schon die erste entgeltliche Fahrt bei Wiederholungsabsicht auch geschäftsmäßig (BTDrucks II 2700), BGH VR **69** 161. Wer als Schüler andere Schüler regelmäßig zur Schule im Kfz mitnimmt, wenn auch gegen anteilige Benzinkosten, verhält sich nicht geschäftsmäßig, weil er vor allem aus Eigeninteresse zur Schule fährt, Fra VR **78** 745 (im übrigen nicht entgeltlich, s Rz 3). Der Fahrschulausbildungsvertrag hat keine entgeltliche, geschäftsmäßige Personenbeförderung zum Gegenstand, KG NZV **89** 150 (zust *Kunschert*), s Sa NZV **98** 246. Gewerbsmäßigkeit ist nicht Voraussetzung, BGHZ **80** 303 = NJW **81** 1842, das Befördern muß deshalb nicht auf Gewinn abzielen (BTDrucks II 2700). Geschäftsmäßig ist der Taxi-, Ausflugs- und idR der Werkverkehr mit Beschäftigten von und zur Arbeit, auch die Ausflugsfahrt der geschlossenen Gesellschaft im MietFz, die öffentlichen VMittel, Taxis, Krankenwagen.

Mitverschulden

9 Hat bei der Entstehung des Schadens ein Verschulden des Verletzten mitgewirkt, so finden die Vorschriften des § 254 des Bürgerlichen Gesetzbuchs mit der Maßgabe Anwendung, dass im Fall der Beschädigung einer Sache das Verschulden desjenigen, welcher die tatsächliche Gewalt über die Sache ausübt, dem Verschulden des Verletzten gleichsteht.

Übersicht

Beschränkte Schuldfähigkeit 11, 12	Mehrere Schädiger 18, 19
BGB § 254: 18–23	Mitverursachung durch Schuldunfähigen 11, 12
Entstehung des Schadens 4	Personenbeförderung 21 ff
Fahrunsicherheit 21	Radfahrer, Mitschuld 16
Fußgänger, Mitschuld 13–15	Schadensentstehung 4
Gesetzlicher Vertreter, Schuld 11	Schädiger 2
„Gestellter" Unfall 7	Schuldfähiger, beschränkt 11, 12
Haftung des Schädigers (§§ 7, 18 StVG) 2	Schuldunfähiger 11, 12
Haftungseinheit 18, 19	Schutzhelm 17
Hilfsperson des Verletzten, Schuld 24	Sicherheitsgurte 17
Kraftfahrer, Mitschuld 17	Übermüdung 23
Mitschuld, Fußgänger 13–15	Verfahrensfragen 25
–, Radfahrer 16	Verletzter 3, 24
–, Kraftfahrer 17	–, Verschulden 5–24
–, Hilfsperson des Verletzten 24	Verschulden von Hilfspers. des Verletzten 24

1   **1. Mitschuld des Geschädigten:** § 9 regelt gegenüber Ansprüchen aus Gefährdungshaftung den Ausgleich für den Fall, daß an der Entstehung des Schadens, für den nach den §§ 7 oder 18 zu haften ist, Schuld des Verletzten mitwirkt. Den §§ 9, 17 StVG, 254 BGB liegt der Gedanke der Mithaftung des Geschädigten für jeden Schaden zugrunde, bei dessen Entstehung er zurechenbar mitwirkt, BGHZ **52** 168, KG VRS **57** 6. Gleichgültig ist, ob der Schädiger aus § 7 I oder § 18 I haftet, ob er lediglich den Beweis gesteigerter Sorgfalt bzw fehlenden Verschuldens nicht erbringt, oder ob er nach § 7 III haftet. Der Ausgleich regelt sich nach § 254 BGB, soweit nicht § 17 StVG eingreift. Soweit Halter oder (und) Führer nach den §§ 823 ff BGB einzustehen haben, regelt sich bei Mitschuld des Verletzten der Schadensausgleich unmittelbar nach § 254 BGB, ohne die Erweiterung nach § 9, BGH NJW **65** 1273 (Rz 24). Bei Mitschuld des Verletzten am Schadenshergang (Unfall) entsteht eine Ersatzpflicht von vornherein nur in Höhe des fremden Verursachungs- und Schuldanteils, bei Verletzung der Schadenminderungspflicht wird nur dessen weitere Ausweitung schuldhaft nicht verhindert.

Mitverschulden § 9 StVG 1

Lit: *Böhmer,* Anrechnung des Mitverschuldens ... als Ausfluß des Verbots widersprüchlichen Verhaltens, VR **61** 771. *Derselbe,* Der Einfluß der üblichen Geringschätzung der Gefahr ... auf die Gefährdungshaftung, MDR **63** 371. *Derselbe,* Zur Frage der Anwendung des § 278 BGB zum Nachteil eines Dritten, VR **65** 121. *Greger,* Haftungsfragen beim Fußgängerunfall, NZV **90** 409. *Klauser,* Abwägungsgrundsätze zur Schadensverteilung bei Mitschuld und Mitverursachung, NJW **62** 369. *Derselbe,* Zum Begriff der „Umstände" iS des § 254, MDR **63** 185. *Klimke,* Muß der Leasinggeber ... sich eine Mitverursachung des Leasingnehmers anrechnen lassen?, VR **88** 329. *Kunschert,* Muß sich der Leasinggeber die BG seines Kfzs bei einem Unfallschaden zurechnen lassen?, VR **88** 13. *Medicus,* Zur Verantwortlichkeit des Geschädigten für seine Hilfspersonen, NJW **62** 2081. *Steffani,* Die Schadenminderungspflicht des Unfallgeschädigten bei Blechschäden, VR **67** 922. *Theda,* Mitverschulden – Mitverursachung, DAR **86** 273.

2. Voraussetzung des § 9: Haftung des Schädigers nach § 7 oder § 18 StVG. 2 Gegenüber dem Halter scheidet also die Anwendbarkeit des § 9 aus, wenn er den Entlastungsbeweis (§ 7 II) führt, oder bei Schwarzfahrten, für die er nach § 7 III nicht einzustehen hat, BGH VRS **4** 503, *Böhmer* MDR **65** 91, 450. Gegenüber dem Führer entfällt die Anwendbarkeit des § 9 bei Entlastung nach § 18 I, BGH VRS **7** 38. Verabredete „Unfälle" bewirken keine Gefährdungshaftung: § 7 Rz 48.

3. Verletzter ist bei Personenschäden der körperlich und der nur mittelbar Verletzte, 3 ein Ersatzberechtigter, zB Hinterbliebene, schockgeschädigte Angehörige, bei Sachschäden der dinglich Berechtigte (Eigentümer, Nießbraucher), der Besitzer und Besitzdiener (§ 855 BGB). Verletzter ist auch, wer durch Beschädigung von Sachen unmittelbar Schaden erleidet, auch wenn er nicht Eigentümer der Sachen ist.

4. Bei Entstehung des Schadens muß Schuld des Verletzten mitgewirkt haben. 4 Der Verletzte muß nicht schuldhaft gerade bei dem schädigenden Ereignis (Unfall) gehandelt, er muß den Schaden aber schuldhaft mitverursacht haben, RGZ **131** 119. Regelverletzungen sind dem Geschädigten hierbei nur insoweit zuzurechnen, als der eingetretene Schaden vom **Schutzzweck** der verletzten Norm erfaßt wird, Hb NZV **92** 281. Schadensersatz steht nach dem Grundgedanken des § 254 BGB nicht zu, soweit eine zusätzliche, wesentliche Schadenursache aus dem Gefahrbereich des Geschädigten stammt, *Bode* DAR **75** 86. Schuld des Verletzten kann in seinem nachfolgenden Verhalten liegen (ungenügende Behandlung, Vernachlässigung der Verletzung), oder darin, daß er eine Operation unterläßt, obwohl sie ohne besondere Gefahr und Schmerzen mit „sicherem" Erfolg durchgeführt werden könnte, oder daß er den Schaden nicht nach Kräften mindert. Die Minderungspflicht legt dem Geschädigten alle Maßnahmen auf, die nach allgemeiner Erfahrung angewandt werden, um Schaden abzuwenden oder zu verringern, BGH VR **65** 1173. Weiteres §§ 10, 11 StVG. Es genügt auch, wenn das schuldhafte Verhalten des Geschädigten dem schädigenden Ereignis vorausgegangen ist, sofern es die Handlungsweise des Schädigers adäquat verursachend beeinflußt hat, BGHZ **3** 46, VRS **3** 434. Sachschadenminderung: § 12 StVG.

5. Verschulden des Verletzten. Der Verletzte ist ausgleichspflichtig, wenn er zur 5 Entstehung des Schadens schuldhaft beigetragen hat. Mitschuld besteht bei Außerachtlassung derjenigen Sorgfalt, die ein verständiger Mensch zur Vermeidung eigenen Schadens anzuwenden pflegt, BGHZ **9** 316, VR **79** 369, Stu VRS **66** 92, er muß die Vorschriften sinnvoll beachten und sich den gegebenen Umständen möglichst schadenverhütend anpassen, BGH VR **79** 370. Die Teilnahme am StrV als Risiken bergendes Verhalten kann dem Geschädigten nicht als Verschulden angelastet werden, weil derartiges Verhalten sozialadäquat ist, BGH VR **97** 122. Das gilt auch dann, wenn der Verletzte aufgrund besonderer Konstitution schadensanfällig ist, BGH VR **97** 122, Ko VR **87** 1225.

Nach hM muß sich der geschädigte Halter in erweiternder Auslegung von §§ 9 StVG, 6 254 BGB als Insasse oder Führer eines Kfz seine **Gefährdungshaftung entgegenhalten lassen,** einerlei ob der Schädiger für Verschulden oder nur für Gefährdung haftet, BGHZ **12** 128, **20** 259, NJW **72** 1415, VR **81** 354, KG NZV **02** 34, Mü VR **86** 925, Dü NZV **96** 197, VR **83** 544, Ha VR **95** 546. AM vor allem *Böhmer* JR **72** 57, MDR **60** 366, VR **76** 715, **71** 504, DAR **74** 66 (keine Anrechnung der BG des geschädigten Halters auf den Schadenersatzanspruch gegen Fußgänger oder Radf). IdR gilt hier aber nicht § 9, sondern entweder § 254 BGB oder die Sonderbestimmung des § 17. Der

1 StVG § 9   II. Haftpflicht

schuldlose (vom Halter verschiedene) Fahrer muß sich von dem allein aus Verschulden haftenden Schädiger die BG des von ihm gefahrenen Fz nicht entgegenhalten lassen, BGH VR **63** 380. Schuldet der Kf dem Halter des von ihm geführten Kfz wegen dessen schuldhafter Beschädigung Ersatz, so kann er ihm dessen BG nicht anrechnen, BGH NJW **72** 1415, s Kar VR **71** 1049.

7   In erster Linie ist das **ursächliche Verhalten der Beteiligten gegeneinander abzuwägen** und dabei die BG zu berücksichtigen, erst mangels vorwiegender Verursachung sind Schuldgrade zu vergleichen, BGH NJW **69** 790, NZV **98** 148. Vorwiegend ist der Schaden von einem der Beteiligten nur verursacht, wenn er ihn nicht nur ermöglicht, sondern durch seine Handlungsweise in wesentlich höherem Maß bewirkt hat als der andere, wobei es auf zeitliche Reihenfolge der Bedingungssetzung nicht ankommt, BGH NJW **69** 790, Mü NZV **97** 231. Zusammenwirken des mit dem KfzEigentümer nicht identischen FzF mit dem Schädiger an einem „gestellten" Unfall, s § 17 Rz 4. Nur erwiesene Verursachungsfaktoren dürfen in die Abwägung einbezogen werden, BGH VR **75** 1121, s § 17 Rz 5. Haftungseinheit: Rz 18, 19. Schuld ist als die BG erhöhender Umstand zu berücksichtigen (ohne Entlastung nach § 831 BGB), BGH MDR **65** 878 (zust *Böhmer*), s § 17 Rz 4, 11. Bei der Abwägung zwischen Schuld des Beklagten und des Verletzten darf Folgenschwere und fehlender Versicherungsschutz des Beklagten keine Rolle spielen, BGH NJW **78** 421. § 9 und § 254 BGB sind auch bei Konkurrenz von Halterhaftung (§ 7) und Haftung nach Staatshaftungsgesetzen anwendbar, RGZ **164** 341, Ol VRS **3** 337, *Böhmer* MDR **57** 657. Gegenüber vorsätzlicher Schädigung fällt einfache Fahrlässigkeit des Geschädigten idR nicht ins Gewicht. Die **Abwägung obliegt dem Tatrichter;** das Revisionsgericht kann nur prüfen, ob er alle Umstände ordnungsgemäß festgestellt und verwertet und die Denkgesetze und Erfahrungssätze beachtet hat, BGH VRS **5** 81. Lassen die feststehenden tatsächlichen Grundlagen Rechtsirrtum erkennen, so kann das Revisionsgericht die Abwägung selbst vornehmen, BGH VRS **20** 172.

8   Wer im StrV eingreift, **um Gefahr von anderen abzuwenden** und dabei zu Schaden kommt, unterliegt dem Einwand mitwirkenden Verschuldens nur mit den Beschränkungen gemäß § 680 BGB, BGH NJW **65** 1271 (Anhalten auf dunkler Straße, um einen anderen FzF auf fehlende rückwärtige Beleuchtung aufmerksam zu machen), Bra NZV **01** 517 (Wegschieben eines liegengebliebenen Pkw von der AB auf der Standspur).

9   **Kein Ersatzanspruch,** wenn das Verschulden des Geschädigten derart überwiegt, daß die von dem Schädiger ausgehende Ursache völlig zurücktritt, BGH VR **63** 438, Br VR **81** 735, Dr NZV **97** 309, *Böhmer* VR **61** 1071. Beispiele erhöhter und zurücktretender BG: § 17 Rz 16 ff. Eine durch verkehrswidrige Fahrweise **erhöhte BG** darf bei Abwägung nur so weit berücksichtigt werden, wie sie ursächlich war, BGH VRS **21** 241, VR **61** 854.

10 **Sachwidriges Verhalten des Verletzten aus Bestürzung** ist kein Verschulden, ebensowenig fahrlässiges Handeln aus Furcht vor Gefahr oder übergroßer Vorsicht, BGH VR **60** 850, VRS **3** 420, s E 144.

11 **5 a. Verschulden des gesetzlichen Vertreters. Mitverursachung durch Schuldunfähige und beschränkt Schuldfähige.** Mangels schuldrechtlicher Beziehungen muß ein Minderjähriger für ein Mitverschulden, zB auch eine Aufsichtspflichtverletzung seines gesetzlichen Vertreters nicht einstehen, BGHZ **1** 251, NJW **88** 2668, **82** 1149, VR **62** 783, VRS **56** 330, Sa NZV **02** 511, Dü VR **77** 160, Kö VR **82** 154, KG NZV **95** 109, *Böhmer* VR **57** 697, **60** 676, *Weimar* VR **60** 777, *Greger* Rz 23, es sei denn das Verschulden des gesetzlichen Vertreters als Nebentäter bilde mit dem des Geschädigten eine Zurechnungseinheit, s BGH NJW **78** 2392, Stu NZV **92** 185, *Greger* Rz 118, *Steffen* DAR **90** 44. Das gilt auch im Rahmen des § 9 StVG. § 278 BGB ist nur anwendbar bei schuldrechtlichen Verbindlichkeiten, etwa Beförderungsvertrag, die schon vor der schädigenden Handlung bestanden haben, auch wenn der Anspruch ausschließlich auf gesetzliche Haftung (§ 7 StVG) gestützt wird, BGHZ **9** 316, **24** 327, VRS **5** 323, JZ **57** 474. Doch kann einem Kind aus Vernachlässigung der Obhutspflicht der Einwand mitwirkenden Verschuldens nur entgegengesetzt werden, wenn die Eltern in Ausübung der gesetzlichen Vertretung gehandelt haben, BGH VRS **8** 406, *Böhmer* JZ **55** 699, MDR **56** 401. § 278 BGB läßt sich über das Schuldrecht hinaus nicht ausdehnen, und die

Mitverschulden   § 9 StVG **I**

Pflicht zu gegenseitiger Rücksichtnahme im Verkehr begründet keine schuldrechtlichen Verbindlichkeiten, Schl SchlHA **55** 200, *Böhmer* NJW **61** 62, VR **60** 676.

Welche **Sorgfalt von einem Jugendlichen** zu fordern war, richtet sich nicht nach   12
den für Erwachsene geltenden Maßstäben, sondern danach, was ein normal entwickelter Jugendlicher gleichen Alters hätte voraussehen können, BGH NJW **70** 1038, KG VM **99** 11, maßgebend ist seine Fähigkeit, die Gefährlichkeit seines Verhaltens zu erkennen und entsprechend zu handeln, BGHZ **34** 366, Bra DAR **94** 277, Schl NZV **93** 471, *Haberstroh* VR **00** 807 f. Hat ein nach §§ 827, 828 BGB nicht Verantwortlicher einen Schaden mitverursacht, so ist **§ 829 BGB** im Rahmen des § 9 StVG entsprechend anzuwenden, doch widerspricht es dem Sinn des § 829, den nach den §§ 827, 828 nicht Verantwortlichen in weiterem Umfang haften zu lassen, als unter den gleichen Umständen ein voll Verantwortlicher haften würde, BGH NJW **62** 2201, VR **63** 873. Schadenteilung mit einem verletzten Kind analog den §§ 829, 254 BGB nur, wenn die Billigkeit dies erfordert, BGH DAR **69** 241, Fra VRS **76** 97, LG Heilbronn NJW **04** 2391, was idR zu verneinen ist, wenn der Schädiger haftpflichtversichert ist, BGH NJW **73** 1795, Kar DAR **89** 25, VRS **78** 166, KG NZV **95** 109. Gegen entsprechende Anwendung des § 829 BGB zum Nachteil des geschädigten, nicht verantwortlichen Kindes, *Böhmer* JR **70** 339 mit Rspr. Zur Bedeutung des § 829 BGB nach Heraufsetzung der Deliktsfähigkeit von Kindern durch G v 19. 7. 02, s LG Heilbronn NJW **04** 2391, *Karczewski* VR **01** 1074. Die in dem **jugendlichen Alter des Verletzten** liegenden Schuldminderungsgründe können das mitursächliche Verschulden geringer erscheinen lassen, BGH NJW **04** 772, NZV **90** 227, Nü VR **99** 1035, Hb VRS **75** 274, Dü VRS **82** 94, Bra DAR **94** 277, Kö VRS **89** 93. In der Rspr wird bei der Beurteilung etwaigen Mitverschuldens vielfach die Fähigkeit von Kindern zu verkehrsgerechtem Verhalten schon im Alter von zum Teil erheblich unter 14 Jahren bejaht (krit zB *Scheffen* DAR **91** 122 = VGT **91** 90, *Haberstroh* VR **00** 807 f). Jedoch trägt die durch das 2. G zur Änderung schadensersatzrechtlicher Vorschriften vom 19. 7. 02 (BGBl I 2674) erfolgte Neufassung des § 828 II BGB der Erkenntnis Rechnung, daß Kinder frühestens **ab Vollendung des 10. Lebensjahres** physisch und psychisch in der Lage sind, den Gefahren des motorisierten StrV durch entsprechendes Verhalten zu begegnen (s Begr BTDrucks 14/7752 S 16). Nach § 828 II nF (gem Art 229 § 5 EGBGB anzuwenden auf Schadensereignisse ab dem 31. 7. 02) sind Kinder vor Vollendung des 10. Lebensjahres für Schäden aufgrund eines Unfalls mit einem Kfz (nicht auch bei Unfällen im nicht motorisierten V) nur im Falle vorsätzlicher Herbeiführung verantwortlich. Sie müssen sich daher auch in bezug auf eigene Ansprüche aus Gefährdungshaftung oder deliktischer Haftung ein Mitverschulen aus fahrlässigem Verhalten nicht entgegenhalten lassen, s BGHZ **24** 327, KG NZV **95** 109, *Karczewski* VR **01** 1073, *Pardey* DAR **04** 504. Im Hinblick auf § 7 I wird dies auch bei Ansprüchen aus Schäden durch Kfz-*Anhänger* zu gelten haben, s *Huber* § 3 Rz 45, aM *Lemcke* ZfS **02** 324. Nach Sinn und Zweck des durch § 828 II BGB heraufgesetzten Deliktsfähigkeitsalters wird diese Bestimmung dagegen keine Anwendung finden können, wenn der Schaden durch ein (in „Betrieb" befindliches, s § 7 Rz 8) parkendes Kfz mitverursacht wurde, von dem jedenfalls idR geringere Gefahren für Kinder ausgehen als von einem Radf, LG Ko NJW **04** 858, LG Heilbronn NJW-RR **04** 1255, AG Grünstadt ZfS **04** 352, AG Sinsheim NJW **04** 453, *Heß/Buller* ZfS **03** 220, *Dobring* VGT **04** 170, *Lemcke* ZfS **02** 324, *Pardey* ZfS **02** 264 (abw aber in DAR **04** 502 ff), *Müller* ZfS **03** 433, *Huber* § 3 Rz 49, aM AG Unna ZfS **04** 352 (zust *Otto*, abl *Diehl*), *Jaklin/Middendorf* VR **04** 1104, *Pardey* DAR **04** 502. Zwar ist § 828 II BGB nF gem der Übergangsbestimmung (Art 229 § 8 EGBGB) nur auf schädigende Ereignisse nach dem 31. 7. 02 anzuwenden, jedoch sollten die der Neuregelung zugrunde liegenden Erkenntnisse auch bei der Beurteilung von „Altfällen" Berücksichtigung finden, Schl NZV **03** 188, s *Pardey* DAR **04** 505, abw Ce VRS **106** 323. Aus dem dieser Regelung zugrunde liegenden Gedanken ist aber nicht herzuleiten, daß bei Kindern und Jugendlichen über 10 Jahren stets die BG des Kfz zurückzutreten hätte, LG Bielefeld NJW **04** 2245. **Einzelfälle (Rspr):** Elfjährige sind idR in der Lage, ihr Verhalten auf die Gefahren des StrV einzustellen, Ol VRS **71** 174, VR **98** 1004, erst recht Zwölfjährige, Bra NZV **98** 27. Erhebliches Mitverschulden eines 12jährigen Gymnasiasten, der plötzlich verkehrswidrig **auf die Fahrbahn tritt,** Mü VR **84** 395. Mithaftung

eines achtlos auf die Fahrbahn laufenden 12jährigen zu $^1/_2$, Hb NZV 90 71. Ein Elfjähriger weiß, daß er sich gefährdet, wenn er achtlos eine verkehrsreiche Straße überquert, BGH VR **66** 831, s *Böhmer* JZ **55** 158, ebenso ein 10jähriger, KG VRS **104** 47, VM **99** 11. Mitverursachungsanteil von $^1/_5$ bei unachtsamem Fahrbahnüberqueren durch 11jährigen mit Rollschuhen gegenüber $^4/_5$ des mit überhöhter Geschwindigkeit fahrenden Kf, Fra VR **84** 1093. Das Verbot, **bei Rot** die Fahrbahn zu überqueren, ist idR auch 10jährigen geläufig, Ha VRS **68** 321 (Schadenverteilung zum Nachteil des Kindes 4 : 6). Eine 14jährige Gymnasiastin hat idR die erforderliche Einsicht in die Gefahren des **Radfahrens** und die Verhaltenspflichten eines Radf, Mü ZfS **92** 42. $^2/_3$-Mithaftung eines 11$^1/_2$jährigen, der mit dem Fahrrad vom Gehweg unachtsam auf die Fahrbahn fährt, Ol VR **98** 1004, ebenso bei 12jährigem, Ha VR **90** 986, uU auch Alleinhaftung, Bra NZV **98** 27, Brn NZV **00** 122 (Überqueren der Fahrbahn als Radf). Mithaftung eines 12jährigen, der als Radf die Vorfahrt nicht beachtet, BGH NZV **97** 391. Überwiegende Schuld trifft den 12jährigen Radf, der trotz GegenV vor diesem regelwidrig links abbiegt, Ol VRS **66** 258 (Mithaftung zu 70% gegenüber bloßer Gefährdungshaftung des entgegenkommenden Kf). Mitwirkendes Verschulden begründet das gemeinsam mit altersgleichen Kindern erfolgende Losdrängen eines 12jährigen Schülers gegen einen die Haltestelle anfahrenden **Bus,** BGH VR **82** 272. Mithaftung eines 10$^1/_2$jährigen zu $^2/_3$, der an Bushaltestelle vom Gehweg auf die Fahrbahn rennt, Ba NZV **93** 268. **Zurücktreten der BG** gegenüber grob verkehrswidrigem Verhalten eines Kindes oder Jugendlichen nur, wenn dieses unter Berücksichtigung von dessen Alter auch subjektiv in besonderem Maße vorwerfbar ist, BGH NJW **04** 772. Zurücktreten der BG eines Pkw, der mit einem in schneller Fahrt blindlings aus einem verkehrsberuhigten Bereich kommenden 10jährigen Radf kollidiert, Kö NZV **92** 320, s aber Nü VR **99** 1035, oder bei Kollision mit einem wartepflichtigen 12jährigen Radf, der unter Benutzung des Gehweges „blind" auf die vorfahrtberechtigte Fahrbahn fährt, Bra NZV **98** 27, ebenso bei Kollision mit einem 13jährigen Radf, der trotz Wartepflicht plötzlich losfährt, AG Nordhorn NZV **04** 465. Kein Schadenersatzanspruch eines 12jährigen Mädchens, das bei Rot eine belebte Ausfallstraße überquert, gegen den das Kind bei 50 km/h erfassenden Kf, Br VR **81** 735, anders Ha VRS **68** 321 bei 10jährigem. Kein Anspruch eines 12jährigen, der plötzlich als Radf auf die Gegenfahrbahn fährt, Brn NZV **00** 122. Andererseits reicht uU selbst grobe Vorfahrtverletzung eines 14jährigen Rennradfahrers nicht aus, um die BG des vorfahrtberechtigten Pkw zurücktreten zu lassen, BGH NJW **04** 772. **Kinder** auf der Straße: § 25 StVO. Haftung für Hilfspersonen und Vertreter: Rz 11, 24.

Lit: *Haberstroh,* Haftungsrisiko Kind – Eigenhaftung des Kindes und elterliche Aufsichtspflicht, VR **00** 806. *Heß/Buller,* Der Kinderunfall und das Schmerzensgeld nach der Änderung des Schadensrechts, ZfS **03** 218. *Jaklin/Middendorf,* Haftungsprivileg nach § 828 Abs. 2 BGB auch im ruhenden V?, VR **04** 1104. *H-F Müller,* Privilegierung von Kindern nach der Schadensersatzrechtsreform 2002, ZfS **03** 433. *Pardey,* Aufsichts- und Schutzpflichten zur Teilnahme von Kindern am StrV, DAR **01** 1. *Derselbe,* VUnfall mit Beteiligung von Kindern, ZfS **02** 264. *Derselbe,* Reichweite des Haftungsprivilegs von Kindern im StrV, DAR **04** 499. *Scheffen,* Schadensersatzansprüche bei Beteiligung von Kindern und Jugendlichen an VUnfällen, VR **87** 116. D*ieselbe,* Der Kinderunfall – Eine Herausforderung für Gesetzgeber und Rspr, DAR **91** 121.

13 **5 b. Mitschuld von verletzten Fußgängern.** Der Fußgänger darf keinen anderen VT gefährden. S § 25 StVO. Vor Betreten der Fahrbahn muß er sich vergewissern, daß er keinem Fz in den Weg läuft, s § 25 StVO Rz 33. $^1/_3$ **Mithaftung des Fußgängers,** dem FzF durch Halten das Überqueren der Fahrbahn ermöglichen wollen, der aber unachtsam aus dem Schutz der haltenden Fze heraustritt und dort von einem die haltenden Fze überholenden Kfz erfaßt wird, KG VRS **62** 326, s auch KG VM **85** 25 (50%). Achtloses Überqueren bei Dunkelheit, ohne nach links zu sehen, BGH VR **66** 686 ($^3/_5$ Mithaftung), **69** 750 ($^3/_4$ Mitschuld), oder nach rechts, Dü NZV **94** 70 ($^3/_4$ Mithaftung). $^4/_5$ Mithaftung eines Fußgängers, der nachts in dunkler Kleidung zwischen parkenden Fzen auf die unbeleuchtete Fahrbahn tritt, Ha VR **83** 643. Mithaftung zu $^1/_2$ bei unachtsamem Betreten der Fahrbahn, Stehenbleiben im mittleren von 3 Fahrstreifen einer Richtungsfahrbahn und anschließendem Umkehren, nachdem sich auf dem linken Fahrstreifen ein Kfz nähert, das ein auf dem mittleren fahrendes Fz überholt hat, KG VM **82** 36. Schadenteilung zu je $^1/_2$ bei unachtsamem Überqueren der Fahrbahn bei Dun-

Mitverschulden　　　　　　　　　　　　　　　　　　　　§ 9 StVG **1**

kelheit und Verstoß des Kf gegen das Sichtfahrgebot, Ha NZV **04** 356. Mithaftung eines Krad mit extrem hoher Beschleunigung zu ⅓ bei Kollision mit Rotlicht mißachtendem Fußgänger, KG VM **86** 34. Hinter grober Fahrlässigkeit des Fußgängers kann die **KfzBG zurücktreten,** BGH VR **63** 874, **64** 88, 1069, Ce MDR **04** 994, Dr NZV **01** 378, Kö VRS **91** 264, Mü NZV **93** 26, DAR **01** 407, Ha NZV **00** 371, **02** 325 (Rotlichtverstoß), KG DAR **04** 30, VRS **104** 1, **83** 98, Kar VR **89** 302, Ba VR **92** 1531. Alleinhaftung bei achtlosem Hervortreten zwischen parkenden Kfzen, BGH VR **66** 877, Ba VR **92** 1531, oder zwischen im Stau wartenden Fzen, Ha NZV **00** 371. Anders uU, wenn der Kf schneller als zulässig, Ol DAR **63** 381, oder in einseitig gesperrter Straße in verbotener Richtung, BGH VR **64** 1066, oder wenn er unaufmerksam gefahren ist, BGH VRS **29** 241, KG VRS **69** 417. Überschreitet ein Fußgänger in unmittelbarer Nähe einer Kreuzung mit Grün für den FahrV die Fahrbahn, so können Halter und Fahrer von jeder Haftung frei sein, BGH VR **61** 357, KG VRS **104** 1, Mü VR **60** 1003. Zurücktreten der BG: § 17 Rz 16ff. Zum Zurücktreten der BG bei Schädigung jüngerer Kinder, s Rz 12. Wird ein Fußgänger auf der Fahrbahnmitte einer breiten Straße von links her überfahren, so kann das Verschulden des Kf so überwiegen, daß etwaige **Mitschuld des Fußgängers außer Betracht** bleibt, BGH VRS **19** 401, DAR **61** 13. Das Verschulden des bei Grün auf einer Fußgängerfurt die Str überquerenden Fußgängers, das sich darin erschöpft, auf einen einbiegenden Bus zu spät reagiert zu haben, fällt gegenüber dessen BG nicht ins Gewicht, KG VM **81** 75. Keine Mithaftung des Fußgängers, der schuldhaft entgegen § 25 III 1 StVO die Fahrbahn 16m neben dem Fußgängerüberweg überquert und dabei von einem alkoholbedingt fahruntüchtigen Kf unter Verletzung eines Überholverbots mit überhöhter Geschwindigkeit angefahren wird, Ha NZV **95** 234. Zum Mitverschulden von Fußgängern, s auch § 25 StVO Rz 53.

Weitere Fallbeispiele der Mithaftung von Fußgängern: Fußgängerüberweg: § 26 StVO. Wer eine verkehrsreiche StadtStr nur 30m vom **Überweg** entfernt überschreitet (s § 25 StVO), ist mitschuldig (Grenze?), BGH NJW **58** 1630, VRS **26** 327, anders 100m vom nächsten Überweg, BGH DAR **61** 13. Mitverschulden bei Fahrbahnüberschreitung 20m neben dem Überweg, Kar VR **82** 657, Stu VRS **66** 92 (Mithaftung zu ⅔). Abwägung, wenn ein Fußgänger, der **bei Dunkelheit** mit einem Fahrrad die Fahrbahn überschreitet, von hinten angefahren wird, BGH VR **62** 982, **63** 462. Mitschuld eines Fußgängers, der bei Dunkelheit auf verengter Fahrbahn nicht genügend auf den Verkehr achtet, BGH VR **62** 89, Ha VRS **78** 5, eines Fußgängers, der bei Dunkelheit unmittelbar vor einem mit Scheinwerferlicht herannahenden Kfz die Fahrbahn betritt, KG VR **81** 263, der bei Dunkelheit und schlechten Sichtverhältnissen (Regen) vor einem langsam (20km/h) fahrenden beleuchteten Fz die Fahrbahn überquert, Ko VRS **64** 250 (⅔ Mithaftung). Nichtreagieren eines bei Dunkelheit vorschriftsmäßig am linken Fahrbahnrand Gehenden, obwohl Gefährdung durch von hinten nahendes Fz erkennbar ist, kann Verschulden gegen sich selbst sein, Ha DAR **01** 166 (30% Mithaftung), Ce DAR **84** 124 (Mithaftung aber wegen hohen Verschuldens des Kf abgelehnt), desgleichen Nichtausweichen des vorschriftsmäßig Linksgehenden vor erkennbar entgegenkommendem Fz bei Dunkelheit und witterungsbedingt schlechter Sicht, Ha VR **85** 357 (Mithaftung zu ⅓), s § 25 StVO Rz 15. Mithaftung eines bei Dunkelheit unbeleuchtet in einer Gruppe am linken Fahrbahnrand gehenden Soldaten in Tarnkleidung (zu 70 %), Ko DAR **03** 377. Ein Fußgänger, der bis an die **äußerste Bordsteinkante** tritt, ist mitschuldig, wenn er nicht auf den Fahrverkehr achtet, BGH NJW **65** 1708, VRS **29** 171, VR **65** 816, Dü VRS **67** 1. Bei **Unfallwarnung durch Blaulicht** oder Warndreieck kann geringe Unachtsamkeit des aufnehmenden PolB oder helfender Personen gegenüber einem achtlosen Kf außer Betracht bleiben, BGH VR **69** 570, Fra NZV **89** 149. Tabellarische RsprÜbersicht zur Haftungsabwägung, s *Greger* NZV **90** 413.

Stößt einem **alkoholisierten Fußgänger** mit 2,33‰ BAK auf der Fahrbahn unter Umständen, die ein Nüchterner hätte meistern können, ein Unfall zu, so spricht der **Anschein** für Mitursächlichkeit der Trunkenheit, BGH DAR **56** 128, erst recht bei 3,47‰, Ol VRS **106** 438. Der Anschein spricht gegen den erheblich angetrunken auf der Fahrbahn Liegenden, der schon vorher durch Torkeln aufgefallen ist, wenn nicht andere festzustellende Umstände einen anderen Ablauf ernstlich nahelegen, BGH NJW **76** 897. Liegen auf der Fahrbahn zur Nachtzeit mit über 3 ‰ BAK beweist **Mitschuld**

153

1 StVG § 9   II. Haftpflicht

des überfahrenen Fußgängers, Ol VRS **106** 438 (3,47‰), anders nach Sa VM **71** 91 bei 25jährigem Fußgänger mit 2,17‰. Erhebliche Mitschuld des angetrunkenen, achtlos die Fahrbahn überschreitenden Fußgängers auch bei leichter Fahrlässigkeit des Kf, Bra VR **80** 333. Mithaftung eines betrunkenen Fußgängers, der trotz vorhandenen Gehwegs in dunkler Kleidung nachts auf der Fahrbahn geht, Nü VRS **104** 200. **Zurücktreten der BG** beim Überfahren eines stark betrunkenen Fußgängers, der die Fahrbahn im Dunkeln an unerlaubter Stelle in Überwegnähe überquert und von links her ins Fz läuft, Ha VR **71** 1177, oder bei Dunkelheit in der Mitte der rechten Fahrbahnhälfte geht, Kar VR **89** 302. Hat der verunglückte Fußgänger bei etwa 2‰ BAK den Unfall grobfahrlässig verursacht, so kann die KfzBG entfallen, BGH VR **61** 592, Ha NZV **99** 374 (1,98 ‰), VR **99** 1433 (1,94‰). Nach LG Kö VR **84** 796 (zust *Mollenkott* VR **85** 723, abl *Greger* NZV **90** 413) soll Kf bei Kollision mit hilflos betrunkenem (§ 3 IIa StVO) Fußgänger (2,06‰) allein haften müssen (abzulehnen, weil das Gericht von Mitursächlichkeit der – verschuldeten! – Hilfsbedürftigkeit ausgeht und der Fußgänger schon durch seine bloße Verkehrsteilnahme ow handelt, § 2 FeV, *Bursch/Jordan* VR **85** 518), s dagegen § 25 StVO Rz 24, 54.

16   **5 c. Mitschuld des verletzten Radfahrers.** Den Radf, der verbotswidrig den linken Radweg befährt, trifft bei Kollision mit Kfz ein Mitverschulden, LG Hannover DAR **88** 166, ebenso den vom Radweg (auch vom endenden) unachtsam auf die Fahrbahn fahrenden Radf, KG ZfS **02** 513, Kö VRS **96** 345. Mithaftung bei Verstoß gegen Pflicht zur Radwegbenutzung, s § 2 StVO Rz 67. Zurücktreten der KfzBG bei Kollision eines verbotswidrig den Gehweg befahrenden Radf mit einem aus einer Ausfahrt kommenden Kf, s § 2 StVO Rz 29; trifft auch den Kf ein Verschulden, so haftet der Radf in solchen Fällen jedenfalls mit, Hb NZV **92** 281 (30%) – krit Anm *Grüneberg* –. Den Radf, der unmittelbar vor einem Kraftrad vom Gehweg auf die Fahrbahn fährt, trifft so grobes Verschulden, daß die KradBG zurücktritt, BGH VR **63** 438. Zurücktreten der BusBG bei Überqueren der Fahrbahn durch Radf auf Fußgängerfurt bei Rot, KG VM **87** 22. Den Radf, der nach links abbiegt oder auf die linke Fahrbahnhälfte lenkt, ohne sich umzusehen und Zeichen zu geben, trifft der Vorwurf so groben Verschuldens, daß die BG des ihn überholenden Kfzs zurücktritt, Ha NZV **91** 466 (Krad), LG Mühlhausen NZV **04** 359. Zu dichtes Vorbeifahren des Radf an haltendem Fz kann bei Unfall durch Türöffnen uU Mitschuldvorwurf begründen, s § 14 StVO Rz 8. Mitschuld des Radf, der zwischen parkenden Fzen und einem links davon haltenden Pkw durchfährt und mit der sich öffnenden rechten Tür kollidiert, Mü VR **96** 1036. Mithaftung des Radf, der auf unbeleuchtet parkenden Lkw bei Dunkelheit auffährt, Ha NZV **90** 312 (zu ½), Ha NZV **92** 445 (zu ⅓). Zu den Abwägungskriterien s *Blumberg* NZV **94** 249 mit Übersicht über typische **Haftungsquoten.** Wer als **Radf betrunken** auf der Straße liegt, hat die Hauptschuld, auch wenn das Kfz nicht verlangsamt hat, BGHZ VI ZR 300/56. 50% Mithaftung des alkoholisierten Radf, der nachts am Fahrbahnrand neben seinem unbeleuchteten Rad hockend, von einem PkwF unter Verletzung des Sichtfahrgebots angefahren wird, Ha NZV **98** 202. Das grobfahrlässige Verhalten eines stark angetrunkenen Radf, der unmittelbar vor einem Lastzug vom Fahrbahnrand aus sein Fahrrad besteigt und unter den Lastzug gerät, läßt dessen BG zurücktreten, BGH VR **66** 39. Das gleiche gilt bei Kollision eines absolut fahrunsicheren, ohne Licht fahrenden Radf, der überraschend vom Radweg auf die Fahrbahn fährt, AG Kiel VR **92** 760, oder in anderen Fällen grob verkehrswidrigen Wechselns vom Radweg auf die Fahrbahn, KG ZfS **02** 513. Zur Mithaftung radfahrender **Kinder,** s Rz 12. *Blumberg,* VUnfälle zwischen Kfzen und Radf, NZV **94** 249.

17   **5 d. Mitschuld des unfallbeteiligten Kraftfahrers.** Sind Schädiger und Verletzter Fahrer oder Halter der am Unfall beteiligten Kfze, so gilt § 17 (§ 18). § 9 kann von Bedeutung sein, wenn der Eigentümer eines beim Unfall beschädigten Kfz nicht dessen Halter ist. So muß sich der **Leasinggeber,** der idR nicht Halter ist (§ 7 Rz 16 a), ein Verschulden des FzF (als die Sachherrschaft Ausübenden) anrechnen lassen, Ha NZV **95** 233, LG Nü-Fürth DAR **02** 517, LG Halle VR **02** 1525, LG Hb VR **88** 1302, *Greger* Rz 18, *Kunschert* VR **88** 13, *Klimke* VR **88** 329 (nicht auch die BG, s § 7 Rz 16a), jedoch nur gegenüber Ansprüchen gem §§ 7, 18 StVG, nicht auch gegenüber deliktischen

Mitverschulden § 9 StVG I

Ansprüchen, Ha NZV **95** 233, LG Berlin, VM **01** 56. Entsprechendes gilt für das Verschulden eines Schwarzfahrers, ohne daß es auf schuldhaftes Ermöglichen durch den Eigentümer ankäme, Ha NZV **95** 320. Im übrigen gilt § 254 BGB. Alkohol, der für den Schaden nicht ursächlich war, begründet kein Mitverschulden, KG VM **85** 63, s § 17 Rz 5. Mitverschulden bei Nichtanlegen des vorgeschriebenen **Sicherheitsgurtes:** §§ 21a StVO Rz 9ff, bei Nichttragen von Krad-Schutzhelmen: § 21a StVO Rz 8. Rspr zum mitwirkenden Verschulden des Kf, s § 17.

6. Haftungseinheit. Führen mehrere durch voneinander unabhängige selbständige 18 Handlungen einen Unfall herbei unter Mitschuld des Geschädigten **(fahrlässige Nebentäterschaft),** und werden sie von diesem gemeinsam in Anspruch genommen, so ist seine Mitverantwortung zunächst gegenüber jedem der Schädiger gesondert abzuwägen (§§ 254 BGB, 17 StVG), zusammen haben diese jedoch nur dasjenige aufzubringen, was bei Gesamtschau des Unfalls ihrem Gesamtanteil an Verantwortung im Verhältnis zur Mitverantwortung des Geschädigten entspricht, BGHZ **30** 203, VR **76** 989, **64** 1053, auch BGHZ **61** 213 = NJW **73** 2022, **78** 2392, NJW-RR **89** 920, Ha VR **00** 1036, NZV **93** 28, Ce NZV **90** 390, Mü VR **96** 1036, str, s *Greger* Rz 117ff, instruktiv: *Kirchhoff* MDR **98** 377, NZV **01** 361.

Dagegen sind mehrere Ersatzpflichtige als Haftungseinheit bei der Gesamtschau mit 19 nur *einer* Quote zu berücksichtigen, wenn das Verhalten der mehreren Schädiger sich in **ein und demselben Ursachenbeitrag** ausgewirkt hat (Stehenlassen unbeleuchteten Anhängers), bevor der dem Geschädigten zuzurechnende Ursachenverlauf hinzutritt und zum Schaden führt (Aufprall anderen Kfzs), BGHZ **54** 283 = NJW **71** 33, **96** 2023, Ha NZV **93** 28 (gleicher Mitverursachungsbeitrag von Bahn und StrBaulastträger für Schädigung durch verdeckte Blinkanlage, zust *Filthaut*), s Ha NZV **94** 109 (abgelehnt bei Kettenauffahrunfall). Die Rechtsfigur der Haftungseinheit verhindert eine ungerechtfertigte Begünstigung des Geschädigten durch doppelte Berücksichtigung im wesentlichen identischer Verursachungsfaktoren zum Nachteil des Schädigers, BGH NZV **95** 185, **96** 2023. Das gilt vor allem bei Haftungseinheit der mehreren Schädiger aus Rechtsgründen (Haftung von Halter und FzF), BGH NJW **96** 1262, Ha NZV **99** 128, *Steffen* DAR **90** 43, ferner aber auch bei weitgehender Identität der Verursachungsbeiträge, die gewissermaßen zu *einem* Verursachungsbeitrag verschmelzen, Ha NZV **99** 128. Entsprechend können auch Geschädigter und einer von mehreren Schädigern im Verhältnis zu einem anderen Schädiger eine *Zurechnungseinheit* bilden, BGH NJW **73** 2022, **96** 2023, Ha NZV **99** 128. Kritischer Überblick über das Problem: *Hartung* VR **80** 797. Eingehend mit Vorschlag für ein neues Berechnungsmodell: *Steffen* DAR **90** 41.

Lit: *Dunz,* Zum Mitverschuldensausgleich gegenüber Mehreren, JZ **59** 592. *Derselbe,* Berücksichtigung eigenen Mitverschuldens gegenüber mehreren Haftpflichtigen, JZ **55** 727, **57** 369. *Groß,* Haftung mehrerer an einem Schadenfall beteiligter Personen, VR **60** 489. *Hartung,* Anmerkungen zur Gesamtabwägung aus der Gesamtschau, VR **80** 797. *Derselbe,* Haftungseinheit und Verantwortungsabwägung …, VR **79** 97. *Kirchhoff,* Haftungseinheit und Gesamtschau, MDR **8** 377. *Derselbe,* Haftungsfragen bei Beteiligung Dritter am Unfall, NZV **01** 361. *Messer,* Haftungseinheit und Mitverschulden, JZ **79** 385. *Otzen,* Die Bedeutung der „Haftungs- und Zurechnungseinheiten" bei Beteiligung mehrerer Schädiger am VUnfall …, DAR **97** 348. *Steffen,* Die Verteilung des Schadens bei Beteiligung mehrerer Schädiger am VUnfall, DAR **90** 41.

Haben Schädiger und Geschädigter **dasselbe SchutzG verletzt,** so sind auch hier 20 die beiderseitig gesetzten Schadensursachen nach § 254 BGB oder § 17 StVG abzuwägen, BGH VRS **12** 86.

7. Personenbeförderung mit Kfzen. Mitschuld des Fahrgastes im öffentlichen Per- 21 sonenV, s § 16 Rz 5. Nach § 9 StVG ist zu beurteilen, wer sich erkannter Gefahr bewußt aussetzt. Mitschuld des bei dem KfzBetrieb Verletzten besteht auch, wenn der Beförderte die Gefahr nach Sachlage hätte erkennen können und müssen, BGH NJW **53** 377, VR **64** 1047, **67** 974, Ol DAR **63** 300, Kö VR **66** 94, Ha VM **86** 21. Das gilt insbesondere auch in bezug auf alkoholbedingte **Fahrunsicherheit** des Fahrers, s § 16 Rz 10f, sowie hinsichtlich der **Verkehrssicherheit** des Fzs. Jedoch keine Mitschuld des Fahrgasts, der nicht sofortiges Anhalten verlangt, sobald er erfährt, daß die Lenkung schwer geht, Kö VR **66** 95. Näheres: § 16 Rz 11. Das gilt auch für den mitfahrenden Halter, BGH VR **67** 379, Ba VR **85** 786.

1 StVG § 10   II. Haftpflicht

22   Keine Mitschuld des verunglückten Beifahrers allein wegen üblicher **Winterglätte**, Hb VR **70** 188. Zur etwaigen Mitschuld, wenn jemand unter winterlichen Verhältnissen mit einem Fahrer mit geringer Fahrpraxis fährt, BGH NJW **65** 1075. Fahren mit einem Kf **ohne FE** macht bei Kenntnis mitschuldig, Ol VRS **4** 488, Ha VR **93** 588, s auch § 16 Rz 11. Wer bemerkt, daß der Fahrer ständig VVorschriften verletzt, muß rechtzeitig abmahnen, BGH NJW **60** 1197. Keine Mitschuld jedoch bei Nichtbeanstanden hoher AB-Geschwindigkeit, Ha ZfS **99** 413 (200 km/h). Keine Mitschuld des Soziusfahrers, der als Bluter auf Mokick mitgefahren ist, Ko VR **87** 1225. Mitfahren mit einem einäugigen Fahrer begründet keinen Mitschuldvorwurf, BGH VR **65** 138. *Böhmer,* Zum Begriff der Umstände iS des § 254 BGB, MDR **62** 442.

23   Muß der Fahrgast mit **Übermüdung** (§ 2 FeV) des Fahrers rechnen, so kann er mitschuldig sein, BGH VRS **7** 4. Wer mit einem sichtlich übermüdeten Fahrer fährt, wird bei schlechter Sicht mit beobachten und zu angepaßter Geschwindigkeit raten müssen ($^1/_4$ Mitschuld), Dü VR **68** 852. Keine Mitschuld, wenn konkrete Anhaltspunkte für die Übermüdung fehlten, Ko ZfS **81** 358, Dü VRS **89** 256. Pkw-Insassen müssen den Fahrer nicht auf Ermüdung hin beobachten. Besteht kein erkennbarer Anhalt für Fahrbeeinträchtigung, so muß sich ein Mitfahrer auch nach Mitternacht nicht wach halten, um den Fahrer etwa am Einschlafen zu hindern (Müdigkeit, Alkohol), BGH VRS **57** 161. Wer sich fahrlässig gefährdet, weil er sich einem auf langer Fahrt erkennbar ermüdeten Fahrer anvertraut, setzt sich idR dem Vorwurf der Mitschuld aus, BGH VRS **20** 401. Mitschuld des Fahrgastes, wenn ihm bekannt war, daß der jugendliche Fahrer nach der Tagesarbeit und nur 1 Stunde Schlaf eine mehrstündige Nachtfahrt angetreten hatte, Ce VR **62** 1110, wenn er weiß, daß der Fahrer schon 15 Stunden ununterbrochen gefahren ist, Mü ZfS **86** 1.

24   **8. Verschulden von Hilfspersonen des Verletzten.** Nach § 278, der gemäß § 254 II BGB entsprechend anzuwenden ist, hat der Verletzte Verschulden seiner Hilfspersonen in gleichem Umfang zu vertreten wie eigenes, soweit die Hilfsperson bei Erfüllung einer Schuldverbindlichkeit oder eines ähnlichen Rechtsverhältnisses mitwirkt, VTeilnahme und die allgemeine VSicherungspflicht begründen kein derartiges Verhältnis zwischen Schädiger und Verletztem. Daher ist § 278 idR unanwendbar, RGZ **77** 211, **79** 312, *Böhmer* MDR **61** 1. Gesetzlicher Vertreter: Rz 11. Die über § 254 BGB hinausgehende Bestimmung des § 9, nach der sich der Verletzte ein Verschulden desjenigen zurechnen lassen muß, der die **Gewalt über die beschädigte Sache** ausübt, gilt nur im Bereich der Haftung nach StVG, BGH VRS **59** 241, Ha NZV **95** 233. Soweit der Schädiger (auch) nach allgemeinen Vorschriften haftet, ist § 254 BGB unmittelbar ohne die Erweiterung im § 9 anzuwenden, BGH NJW **80** 1580. **Leasing-Fz:** Rz 17.

Lit: *Böhmer,* Der Schlußsatz des § 254 II BGB bezieht sich nicht auf unerlaubte Handlungen iS des § 254 I BGB, MDR **61** 1. *Derselbe,* Zum Begriff der tatsächlichen Gewalt über eine beschädigte Sache iS des § 9 StVG, VR **61** 582.

25   **9. Verfahrensfragen.** Im Rahmen der Abwägung ist der dem Geschädigten anzulastende Verursachungsbeitrag (§ 254 BGB) nach Grund und Gewicht vom Schädiger zu beweisen, BGHZ **54** 164, VR **65** 784, **66** 730 (Fahrerflucht), NJW **78** 421, VR **83** 1162. Unfallursächliches Verschulden schließt fremde Mitschuld auf Grund eines Anscheinsbeweises nicht aus, BGH VRS **13** 174. Zugestandene, wenn auch zweifelhaft gebliebene Mitschuld ist bei der Ursachenabwägung zu berücksichtigen, Ce VR **80** 482. Das Revisionsgericht prüft, ob die Mitschuldabwägung alles tatsächlich Wesentliche berücksichtigt und auf richtigen Rechtserwägungen beruht; bei verläßlicher Sachverhaltsklärung kann es selber entscheiden, BGH NJW **66** 1211.

Umfang der Ersatzpflicht bei Tötung

10 (1) ¹Im Fall der Tötung ist der Schadensersatz durch Ersatz der Kosten einer versuchten Heilung sowie des Vermögensnachteils zu leisten, den der Getötete dadurch erlitten hat, dass während der Krankheit seine Erwerbsfähigkeit aufgehoben oder gemindert oder eine Vermehrung seiner Bedürfnisse eingetreten war. ²Der Ersatzpflichtige hat außerdem die Kosten der Beerdigung demjenigen zu ersetzen, dem die Verpflichtung obliegt, diese Kosten zu tragen.

Umfang der Ersatzpflicht bei Tötung § 10 StVG **1**

(2) ¹Stand der Getötete zur Zeit der Verletzung zu einem Dritten in einem Verhältnis, vermöge dessen er diesem gegenüber kraft Gesetzes unterhaltspflichtig war oder unterhaltspflichtig werden konnte, und ist dem Dritten infolge der Tötung das Recht auf Unterhalt entzogen, so hat der Ersatzpflichtige dem Dritten insoweit Schadensersatz zu leisten, als der Getötete während der mutmaßlichen Dauer seines Lebens zur Gewährung des Unterhalts verpflichtet gewesen sein würde. ²Die Ersatzpflicht tritt auch dann ein, wenn der Dritte zur Zeit der Verletzung gezeugt, aber noch nicht geboren war.

Übersicht

Allgemeines 7–9
Ansprüche der Witwe 11–13
– des Witwers 14
– der Kinder 14–16
– der Eltern 17
Beerdigungskosten 5
Eltern, Ansprüche der 17
Ersatzpflicht gemäß § 10: 18
„fixe Kosten" 9
Gefährdungshaftung, Grenzen 1
Heilungskosten 3
Kostenersatz bei Tod 2, 5 ff
–, versuchte Heilung 3
– für andere Vermögensnachteile 4

Kind, Ansprüche bei Tötung der Eltern 14–16
Krankheit, Vermögensnachteile 4
Leibesfrucht 10
Mehrere Hinterbliebene 14
„Quotenvorrecht" 12, 14
Tod, Kostenersatz bei 2, 5 ff
Tötung der Eltern 14–16
Tötung von Kindern 17
Unterhaltskosten 6–17
Vermögensnachteile durch Krankheit 4
Vorteilsausgleich 5, 7, 12 ff
Witwe, Ansprüche 11–13
Witwer, Ansprüche 14

1. Umfang der Gefährdungshaftung: § 7 Rz 1, 26–29. **1**

2. Pflicht zum Kostenersatz bei Tod. Wird bei dem KfzBetrieb ein Mensch getötet, auch vorsätzlich, BGHZ **37** 311, so hat der nach den §§ 7, 8 a, 18 StVG Haftpflichtige die in § 10 bezeichneten Schäden zu ersetzen. Ursächlichkeit: E 97 ff, § 7 Rz 10–13. **2**

2 a. Kosten versuchter Heilung sind zu ersetzen, soweit sie angemessen, notwendig **3** oder zweckentsprechend erschienen, BGH NJW **69** 2281. Bei Sozialversicherten dürfen teurere Mittel aufgewendet werden, als Kassen sie zugestehen, vor allem wenn sie die Heilung beschleunigen können, ferner Kosten zusätzlicher Lebens- und Genußmittel, Stu MDR **55** 355. Der Sozialversicherte darf sich privat behandeln lassen, Schl NJW **55** 1234, Stu MDR **57** 480. Krankenhauskosten sind zu ersetzen, soweit die Wiederherstellung der Gesundheit sachgerecht, BGH VR **70** 130, **64** 237, KG MDR **73** 495, Stu MDR **57** 480, Ce VR **62** 623. Zu den Kosten versuchter Heilung gehören ferner Reisekosten und Kosten für Ferngespräche Angehöriger, die den Verletzten aufgesucht haben, BGH VR **61** 272, **64** 532, Ce VR **73** 449, Dü NJW **73** 2112 (Ausland), Dü MDR **59** 37, Nü VR **64** 176, s auch § 11 Rz 5.

Lit: *Schmidt*, Die Schadenminderungspflicht – Inhalt und Grenzen bei Schadensersatzansprüchen aus VUnfällen, DAR **70** 293. *Schneider*, Die Geltendmachung von Heilungskosten im Haftpflichtprozeß, MDR **61** 101. *Weimar*, Sind Ausgaben Dritter für Krankenhausbesuche vom Schadenstifter zu erstatten? JR **64** 296.

2 b. Durch Krankheit verursachte Vermögensnachteile sind zu ersetzen. Solche **4** sind nach I: Ausfälle von Einnahmen als Folge der Ausschaltung oder Verminderung der Erwerbsfähigkeit und Mehrausgaben als Folge vermehrter Bedürfnisse, s § 11 StVG.

2 c. Zu den **Beerdigungskosten** gehören alle Kosten, die durch die Beisetzung entstehen oder mit ihr verbunden sind, welche Kosten außerdem, hängt von den Umständen ab. Die Beerdigungskosten sind in der den wirtschaftlichen und gesellschaftlichen Verhältnissen des Getöteten entsprechenden Höhe (§ 1968 BGB) zu erstatten, BGHZ **32** 72, Mü VR **79** 1066, Dü VR **62** 73, Ha NJW-RR **94** 155. Es gehören dazu Aufwendungen für Kränze, Blumen, Grabstätte, Grabstein, RGZ **139** 393, Stu VRS **7** 246, Dü VR **95** 1195, KG VM **99** 11, erste Bepflanzung, BGH Betr **73** 2186, ortsübliche **5**

1 StVG § 10   II. Haftpflicht

Trauermahlzeit, LG Stu ZfS **85** 166, für Traueranzeigen, Exequien, Totenzettel, Danksagungen, Fernsprech- und Telegrammgebühren, Bewirtung, *Gaisbauer* VP **69** 40, Unterkunft der Trauergäste, Kö JW **38** 811, Verdienstausfall anläßlich der Beerdigung für einen Vorbereitungstag und den Tag der Beerdigung, Ha DAR **56** 217, Aufwendungen für Trauerkleidung, Tüb DAR **52** 59 Nr 49, *Böhmer* DAR **51** 106, unter Anrechnung eines etwaigen Vorteils, Ha DAR **56** 217. IdR besteht aber keine meßbare Ersparnis, Ha VR **77** 1110, Ko ZfS **82** 7, Stu ZfS **83** 325, aM Ce ZfS **87** 229 (20%). Keine Vorteilsausgleichung gegenüber dem Anspruch auf Ersatz der Beerdigungskosten, BGH MDR **53** 30, *Böhmer* RdK **54** 50. Zu den Beerdigungskosten gehören normalerweise nicht Reisekosten eines Angehörigen zur Beerdigung, BGHZ **32** 72, NJW **60** 910, abw KG VM **99** 11 (bei Angehörigen des türkischen Kulturkreises). Nicht zu den Beerdigungskosten gehören unabhängig von dem Todesfall gemachte Aufwendungen für Leistungen, die infolge der Teilnahme an der Beerdigung nicht in Anspruch genommen werden können, BGH NZV **89** 308 (zust *Dunz* JR **90** 112, *Deutsch/Schramm* VR **90** 715). Keine Beerdigungskosten sind auch die Kosten zur Erlangung des Erbscheins, Ko ZfS **82** 7. Kosten der Überführung zum Begräbnisort, Kar NJW **54** 720, sind zu ersetzen, nicht aber Grabunterhaltung bis zum Tod des Erben, da die Beerdigungskosten nur die Bestattung betreffen, BGH Betr **73** 2186. Mehrkosten eines Doppel- anstelle des geschuldeten Einzelgrabes sind nicht zu ersetzen, Dü MDR **73** 671, BGHZ **61** 238 = NJW **73** 2103. Ein Doppelgrabstein steht bei getöteten Ehegatten zu, Kö VR **76** 373. Keine Erstattung der über standesgemäße Bestattung hinausgehenden Kosten für aufwendiges Grabdenkmal, Dü VR **95** 1195. § 10 gilt auch für Feuerbestattungskosten. **Ersatzberechtigt** ist der zur Beisetzung kraft Gesetzes oder vertraglich Verpflichtete, uU auch der Geschäftsführer ohne Auftrag (§ 683 BGB), KG VRS **57** 1, Sa VR **64** 1257, nicht der Nichtverpflichtete, der die Beerdigungskosten freiwillig übernimmt. *Theda,* Die Beerdigungskosten nach § 844 I BGB, DAR **85** 10. *Wenker,* Die Kosten der Beerdigung gem § 844 Abs 1 BGB, VR **98** 557.

6   **3. Unterhalt des gegenüber dem Getöteten Unterhaltsberechtigten.** Nach II stehen Ersatzansprüche gegen den Schädiger allen Personen zu, denen der Getötete kraft Gesetzes unterhaltspflichtig war oder werden konnte. Die zweite Alternative setzt voraus, daß der gesetzliche Grund für die Unterhaltspflicht schon im Zeitpunkt der Tötung bestand; kein Anspruch daher bei Tötung des Verlobten bei unmittelbar bevorstehender Eheschließung, s Rz 18. Der stillschweigende Haftungsverzicht der Geschädigten (§ 16 StVG) gilt auch für die Ansprüche der mittelbar Geschädigten, BGH VR **61** 846.

7   **3 a. Allgemeines.** Voraussetzung für die Ansprüche mittelbar Geschädigter ist nach II, daß die Haftpflichtgrundlagen nach den §§ 7–9 StVG, bei mehreren Haftpflichtigen die des § 17 vorliegen, RG JW **34** 3127. Zu vertretende Mitverursachung oder Mitschuld des Getöteten müssen sich die Hinterbliebenen anrechnen lassen, BGH VR **76** 343. **Unterhaltsschaden** ist der Betrag, den der Getötete nach Familienrecht hätte aufwenden müssen, BGH VR **64** 597, **66** 588, **76** 291, **87** 1243, Brn VRS **101** 251, *Scheffen* VR **90** 927. Obwohl somit eigentlich festzustellen ist, was dem Berechtigten auf eine Unterhaltsklage hätte zugesprochen werden müssen, darf der Tatrichter im Wege der Schätzung die Schadensrente prozentual (bezogen auf das für Unterhaltszwecke verfügbare Einkommen) bemessen, sofern dabei die tatsächliche Bedarfslage berücksichtigt wird, BGH VR **87** 1243, NJW **88** 2365, Brn VRS **101** 259. Der Anspruch besteht nur für die Zeit, in der der Getötete unterhaltspflichtig gewesen wäre, BGH NZV **04** 291. Im Urteil ist der Zeitpunkt der mutmaßlichen Lebenserwartung kalendermäßig anzugeben, BGH NZV **04** 291. Ist es möglich, aber nicht überwiegend wahrscheinlich, daß der Getötete aus anderen Gründen vorzeitig gestorben oder erwerbsunfähig geworden wäre, so hat der Schädiger hierfür die Beweislast, BGH MDR **72** 769. Zu ersetzen ist, was der Getötete gesetzlich geschuldet hat, nicht, was er gewährt hätte, BGH VR **76** 291, NJW-RR **88** 1238, NZV **93** 21, Kö VRS **99** 101, Fra DAR **90** 464, Dü NZV **93** 473, *Macke* NZV **89** 249. Neben der Haushaltsführung und den dazu notwendigen Aufwendungen können dazu auch Pflege- und Betreuungsleistungen gegenüber dem kranken oder behinderten Ehegatten gehören, BGH NZV **93** 21. Auf Unterhaltsschaden der Hinterbliebenen sind deren **Erbeträge** nach dem Getöteten anzurechnen, soweit

158

Umfang der Ersatzpflicht bei Tötung **§ 10 StVG 1**

sie darüber verfügen können, BGHZ **62** 126 = NJW **74** 745, VR **61** 855, Fra DAR **90** 468, desgleichen Erträge eines Pflichtteilsanspruchs, BGH VRS **20** 1, grundsätzlich dagegen nicht der Stammwert der Erbschaft, Fra DAR **90** 467, s auch Rz 16. Einkünfte aus erebtem Vermögen sind auch insoweit anrechenbar, als das Vermögen dem Unterhaltsberechtigten nicht unmittelbar, sondern über ein bei demselben Unfall verletztes, aber erst nach dem Unterhaltspflichtigen verstorbenes Kind zugefallen ist, BGH VR **57** 256. Erhöhten Erbanfall nach dem Tod des Bruders bei demselben Unfall muß sich der Geschädigte nicht anrechnen lassen, BGH NJW **76** 747. Nur solche erebten Vermögenswerte sind anzurechnen, die auch vor dem Tod des Unterhaltspflichtigen bereits zur Bestreitung des Unterhalts gedient haben, BGH VRS **47** 162. Für die Bemessung des Ersatzanspruchs spielt es keine Rolle, ob der vorzeitige Tod des Erblassers die erbrechtlichen Verhältnisse des mittelbar Geschädigten günstig oder ungünstig beeinflußt hat; deshalb entfällt die Anrechnung der Einkommen aus der Erbschaft auf den Anspruch nicht deshalb, weil bei längerer Lebensdauer des Erblassers der Erb- oder Pflichtteil des Betroffenen größer gewesen sein würde, BGH VRS **20** 1. Auf den Ersatzanspruch mittelbar Geschädigter nach § 844 II BGB **anrechenbar sind nur Vorteile,** die mit dem Anspruch wegen Verlusts des Rechts auf Unterhalt zusammenhängen, zB nicht Erträgnisse einer dem Unterhaltsberechtigten ausgezahlten Summe einer Lebensversicherung auf den Erlebens- oder Todesfall (Sparversicherung), BGHZ **73** 109 = NJW **79** 760. Wegfall geschuldeter Steuern als anzurechnender Vorteil, BGH NJW **70** 461. Zum Vorteilsausgleich wegen Wegfalls eigener Unterhaltspflichten des Ersatzberechtigten bei Mitverschulden des Getöteten, s Rz 12, 14. Bei der Berechnung des Arbeitseinkommens, nach dessen Höhe sich die Unterhaltspflicht des Getöteten bemessen haben würde, sind die **sozialen Abgaben** vom Einkommen abzuziehen, da sie den Unterhalt vermindert haben würden. Der Haftpflichtige hat den Unterhaltsberechtigten für den Ausfall der Leistungen der Sozialversicherung zu entschädigen, die der Getötete ihnen durch versicherungspflichtige Tätigkeit verschafft haben würde, RGZ **159** 21. Ist die Ersatzrente für entgangenen Unterhalt steuerpflichtig, so ist auch die Steuer zu ersetzen, BGH NZV **98** 149, nicht aber der Wegfall des bisherigen Splittingvorteils, BGH NJW **79** 1501, VRS **57** 94. Es besteht kein allgemeiner Grundsatz, daß jede Erwerbstätigkeit mit bestimmtem Lebensalter aufhört, RGZ VkrR **35** Nr 142, Ce RdK **53** 79, Tüb RdK **53** 46 Nr 35. **Dauer und Höhe der Rente** sind nach dem Alter, das der Getötete voraussichtlich erreicht hätte, bzw der Dauer seiner Erwerbsfähigkeit zu bestimmen, BGH NZV **04** 291 (Zugrundelegung des fiktiven Nettoeinkommens bei Nichtselbständigen bis Vollendung des 65. Lebensjahres), Zw VR **78** 356 (75 Jahre), Ce RdK **53** 79 (betr 47 Jahre alten Kraftverkehrsunternehmer). Zu gewähren ist Witwenrente für die mutmaßliche Lebensdauer des getöteten Ehemanns, *Böhmer* DAR **51** 181, BGH VRS **14** 7, 420, VR **57** 783. Zugrunde zu legen sind die letzten Einkommensverhältnisse des Getöteten und deren voraussichtliche Entwicklung, Stu VR **82** 351.

Der Unterhalt, zu dessen Gewährung der Getötete verpflichtet gewesen 8
wäre, ist für jeden Unterhaltsberechtigten unter Würdigung der gesamten Umstände zu ermitteln, RGZ **159** 21. Er wird idR die Sätze der familiengerichtlichen Rspr (Tabellen) übersteigen, BGH VR **87** 1243. Ob ein Unterhaltsanspruch entgangen ist, hat das Gericht gemäß § 287 ZPO zu entscheiden, BGH DAR **60** 73, VRS **23** 401. Keine Ersatzpflicht bei Leistungsunfähigkeit des Getöteten, BGH DAR **60** 73. Der verlorene Unterhaltsanspruch muß beitreibbar gewesen sein, BGH NJW **74** 1373.

Beim **Unterhaltsschaden der Hinterbliebenen** kann von dem ausgegangen wer- 9
den, was der Erblasser für die Lebenshaltung seiner Familie tatsächlich ausgegeben hat, wenn keine Abweichung von der Höhe der Unterhaltsverpflichtung dargelegt ist, BGH VR **62** 322. Grundsätzlich ist für die Berechnung des Unterhaltsschadens des hinterbliebenen Ehegatten und der Kinder von *Netto*-Einkommen des Getöteten auszugehen, Brn ZfS **99** 330, VRS **101** 251, Fra DAR **90** 464, anders aber zB, soweit vom Finanzamt zurückzuerstattende Steuern für den Familienunterhalt zur Verfügung gestanden hätten, BGH DAR **90** 228. Ein Teil des Einkommens ist bei Berechnung des Unterhaltsschadens Kindergeld, das der Getötete bezogen hätte, BGH NJW **61** 1573. Hat die Ehefrau des Getöteten mitverdient, so ist bei der Berechnung der Unterhaltsansprüche der Hinterbliebenen vom Gesamteinkommen der Ehegatten auszugehen und zu berücksichti-

159

gen, daß auch die Frau mit ihrem Einkommen den Kindern unterhaltspflichtig war, Ce VR **64** 345. Der Anspruch auf Ersatz des Unterhaltsschadens nach Tötung umfaßt nicht Unterhaltsrückstände, BGH NJW **73** 1076, KG NJW **70** 476, Mü NJW **72** 586. Scheidungsabsicht ohne Klageerhebung bleibt außer Ansatz, BGH VR **74** 700. Im Rahmen entgangenen Unterhalts sind **feste Kosten** der Haushaltsführung von dem Einkommen des Getöteten zunächst abzuziehen, Zw VR **94** 613, Brn ZfS **99** 330, VRS **101** 254, um den für den Unterhalt zur Verfügung stehenden Teil festzustellen, und nach Abzug des für den Eigenverbrauch zu berücksichtigenden Betrages den auf die Hinterbliebenen entfallenden Unterhaltsquoten anteilig wieder hinzuzurechnen, Brn ZfS **99** 330, VRS **101** 254, *Küppersbusch* Rz 335, *Macke* NZV **89** 250, *Scheffen* VR **90** 931. Begriff der festen Kosten: BGH VR **84** 79, NJW **88** 2365 mit Anm *Nehls* NZV **88** 138, BGHZ **137** 237 = NZV **98** 149, *Lemcke* JbVerkR **99** 143, *Schmitz-Herscheidt* VR **03** 34. Waren Ehefrau und Kinder unterhaltsberechtigt, so sind sie teils dem Anspruch der Witwe, teils dem der Kinder zuzurechnen, BGH NJW **72** 251. Zu den „fixen Kosten" der Haushaltsführung gehören auch solche Kosten, deren Höhe von der Zahl der Familienmitglieder abhängig ist, wie zB Kosten für Wasserverbrauch und der Müllabfuhr sowie Ausgaben für Kranken- und Unfallversicherungen, BGH NJW-RR **87** 1235 (Berücksichtigung nach Maßgabe des fortbestehenden Bedarfs), BGHZ **137** 237 = NZV **98** 149. *Ege,* Inhaltsbestimmung und Ansatz der „fixen" Kosten, DAR **88** 299. Rspr zum Unterhaltsausfallschaden der Hinterbliebenen unter Berücksichtigung des **Berufs des Getöteten:** eines Baustoffgroßhändlers, BGH VR **63** 1055, eines TaxiF, Kö VR **76** 373, **75** 816, eines Landwirts, BGH VRS **69** 406. Unterhaltsschaden der Hinterbliebenen eines **landwirtschaftlichen Hofeigentümers:** Reinertrag, den der Betrieb unter Leitung des Verstorbenen in den Jahren abgeworfen hätte, für die die Renten beansprucht werden, BGH VR **61** 855. Bei Ermittlung des Unterhaltsanspruchs der **Hinterbliebenen eines Beamten** für den Fall seines Fortlebens ist vom Nettobezügen auszugehen, also das abzuziehen, was dem Verstorbenen an Lohn- und Kirchensteuer einbehalten worden wäre, andererseits hat der Schädiger die Steuern zu erstatten, die die Hinterbliebenen auf ihre Unterhaltsrente zu zahlen haben, BGH VR **61** 213.

10 **3 b. Leibesfrucht.** Nach II ist auch einem Nachkommen, der zur Zeit des Todes des Erzeugers noch nicht geboren war, der durch den Tod entgangene Unterhalt zu gewähren, und zwar gemäß § 13 durch Geldrente.

11 **4. Ansprüche der Witwe des Getöteten.** Der nach II Ersatzpflichtige muß der Witwe des Unfallgetöteten ermöglichen, so zu leben, wie sie es zu dessen Lebzeiten beanspruchen konnte, BGH VR **70** 183, **59** 713. Hätte dem Ehemann eine Treueprämie zugestanden, so ist sie der Witwe zu ersetzen, BGH NJW **71** 137. Einnahmen der Witwe aus dem Vermögen ihres Mannes sind anzurechnen, soweit sie auch vor dessen Tod schon zum Unterhalt gedient haben, Ha VR **76** 999. Bei Bemessung der Ersatzrente ist vom Gesamteinkommen des Ehemanns auszugehen und zu prüfen, welche Ausgaben durch seinen Tod entfallen: Aufwendungen für persönliche Bedürfnisse des Getöteten und Steuern sind abzuziehen. Zum angemessenen Familienunterhalt gehören idR nicht Aufwendungen zur Errichtung eines Eigenheims, BGH VR **66** 1141, **67** 259. Die Witwe eines Freiberuflers kann Ersatz der Rücklagen zur Unterhaltssicherung verlangen, die anzusammeln der Ehemann während seiner mutmaßlichen Lebensdauer verpflichtet gewesen wäre, BGH VRS **7** 28. Unterhaltsschaden der hinterbliebenen Land- und Gastwirtsfrau (Wegfall der Arbeitskraft des Ehemannes, Modernisierung), Stu VR **66** 1169. Zur Berechnung des Unterhaltsschadens der Witwe, Ha VR **76** 999, Stu VR **82** 351, BGH VR **87** 507. **Modellrechnung** mit fiktiven Zahlen zur Ermittlung des Unterhaltsschadens der Witwe: BGH NJW **84** 979.

12 Zum Unterhalt gehören die Beträge zur Vorsorge für den Unterhalt der Witwe für die Zeit nach dem mutmaßlichen natürlichen Tod des Ehemanns, zB durch Beiträge zur Invalidenversicherung, Dü VRS **3** 329. Aufwendungen des Ehemannes für Altersversorgung als Teil des der Witwe entgangenen Unterhalts, BGH VR **71** 717, Stu VR **02** 1520. Zum Ersatz entgangener Dienste des Ehemannes im Haushalt, Ba VR **77** 724. Die Witwe eines verunglückten Arbeitnehmers kann für die Zeit nach seinem mutmaßlichen Tod Ersatz dafür verlangen, daß sie infolge seines vorzeitigen Ablebens keine Witwen-

Umfang der Ersatzpflicht bei Tötung § 10 StVG 1

rente aus der Rentenversicherung erhält, BGH NJW 60 1200. Die Witwe eines Handwerkermeisters braucht sich die Einkünfte aus der Fortführung des Betriebs nur insoweit anrechnen zu lassen, wie sie den Schadensanteil übersteigen, den sie selbst zu tragen hat, BGH VR 62 1063. Bei Unterhaltsrente der Witwe ist zu prüfen, ob sie auch, wenn ihr Mann am Leben geblieben wäre, von einem bestimmten Zeitpunkt ab noch erwerbstätig geblieben wäre, BGH VR 62 1176, Ce VR 64 345. Witwenrente nach Tötung des sozialversicherten Ehemannes (Altersrentner) ist auf Unterhaltsschaden nicht anzurechnen, BGH VRS 40 338. **Hatte die Witwe aus eigenen Einkünften (zB Rente) zum gemeinsamen Unterhalt beizutragen,** so mindert sich ihr Unterhaltsschaden um den von ihr beizusteuernden Anteil, weil sie durch den Tod des Ehemannes insoweit von ihrer Pflicht zur anteiligen Bestreitung des gemeinsamen Unterhalts frei geworden ist, BGH NZV 94 475; die Witwe ist jedoch, wenn der Schädiger nur auf eine Quote haftet, berechtigt, aus der freiwerdenden Summe zunächst den ihr verbleibenden Schadensanteil abzudecken, BGH NJW 83 2315, NZV 92 313. Soweit die Witwe freiwillig, ohne dem getöteten Ehemann gegenüber dazu verpflichtet gewesen zu sein, neben ihrer Rente noch Arbeitseinkünfte erzielt, braucht sie sich diese nicht auf ihren Unterhaltsschaden anrechnen zu lassen, KG VR 71 966. Zur Berechnung des Unterhaltsschadens einer Witwe, deren getöteter Ehemann in ihrem Betrieb mitarbeitete, BGH NJW 84 979. Auf die einer Witwe nach § 10 II zustehende Schadensrente darf eine ihr mit dem Tod ihres Mannes zugefallene **Unfallversicherungssumme** nicht und die **Erbschaft** nur mit den Erträgen angerechnet werden, s Rz 7; Unfallversicherungssumme und Scheidungsabsicht bleiben außer Ansatz, BGH VR 74 700, 69 350. Die Versorgung durch eine später eingegangene **eheähnliche Gemeinschaft** kommt dem Schädiger nicht in gleicher Weise zugute wie im Falle der Wiederheirat, BGHZ 91 357 = NJW 84 2520 (abl *Lange* JZ 85 90). Bei Eingehung einer eheähnlichen Lebensgemeinschaft keine Anrechnung des Wertes der nunmehr dem Partner erbrachten Haushaltsführung, BGHZ 91 357 = NJW 84 2520 (zust *Lange* JZ 85 90, *Weber* DAR 85 177, abl *Dunz* VR 85 509).

Ob eine **Witwe arbeiten** muß, um den Schaden zu mindern, hängt davon ab, ob ihr 13 das nach Treu und Glauben zugemutet werden kann, BGH NJW 76 1501, BGHZ 91 357 = VR 84 938, Dü VRS 72 81. Dabei sind Alter, Berufsausbildung, frühere Erwerbstätigkeit, Leistungsfähigkeit, Dauer der Ehe und die wirtschaftlichen und sozialen Verhältnisse zu berücksichtigen, BGH NJW 76 1501, BGHZ 91 357 = VR 84 938, Dü NZV 93 473; sie muß ihre soziale Stellung nicht aufgeben, um den Schädiger von Ersatzpflicht freizustellen, BGH VR 60 320, 159, Mü VR 62 649. Eine erwerbstätige junge Witwe mit Kleinkind, die während der Ehe nicht erwerbspflichtig war, braucht sich ihr Arbeitseinkommen auf den Unterhaltsanspruch wegen Tötung des Ehemannes nicht anrechnen zu lassen, BGH VR 69 469. Keine Minderungspflicht der 50jährigen Bauunternehmerswitwe durch eigene Tätigkeit, BGH VR 66 1047, oder der haushaltsführenden Handwerkerswitwe mit schulpflichtigem Kind, BGH VR 66 977, oder während der Ausbildungszeit des Sohnes, Ha VR 67 87, jedoch bei möglicher Halbtagstätigkeit im erlernten Beruf nach Erreichen der 10. Klasse durch das einzige Kind, Dü VRS 72 81. Einer jungen, gesunden, kinderlosen Witwe ist idR Erwerbstätigkeit zuzumuten, Dü NZV 93 473. Einer gesunden Frau kann im allgemeinen zugemutet werden, Halbtagsarbeit als Buchhalterin über das 45. Lebensjahr hinaus fortzusetzen, BGH VR 62 1086. Einer 52jährigen Frau ist idR Berufsarbeit zur Schadensminderung nicht mehr zuzumuten, BGH VRS 23 401, s KG VR 71 966. Von der Witwe kann nicht verlangt werden, daß sie arbeitet und ein Geschäft aufgibt, das sie bis zur Selbständigkeit ihres Sohnes aufrechtzuerhalten wünscht, BGH VR 62 1063. Die Witwe muß sich auf die Ersatzrente Einkünfte aus eigenem Erwerb insoweit anrechnen lassen, als es gegen Treu und Glauben verstieße, wenn sie es ablehnen würde, zumutbare Erwerbstätigkeit anzunehmen, BGH VR 76 877. Einkünfte aus der Aufnahme voller Berufstätigkeit kommen dem Schädiger nicht zugute, soweit die Tätigkeit über die Entlastung bei der Haushaltsführung infolge des Todes des Ehemannes hinausgeht, Nü NZV 97 439.

Lit: *Dunz*, Freie Lebensgemeinschaft der Unfallwitwe, VR 85 509. *Eckelmann/Schäfer*, Beitrag zur Schadensregulierung bei Personenschäden nach Unfalltod wegen Ausfalls von Geldunterhalt, DAR 81 365. *Eckelmann ua*, Die Berechnung des Schadensersatzes ... nach Unfalltod des Ehemannes/Vaters, NJW **84** 945. *Krebs,* Zum Schadenersatzanspruch der Witwe nach § 844 II BGB, VR **61** 293. *Küppersbusch,* Ersatzansprüche bei Personenschaden, 8 Aufl, 2004. *Macke,* Der Unterhaltsschaden zwischen Schadensrecht und Familienrecht, NZV **89** 249. *Schmitz-Herscheidt,* Der Unterhaltsschaden in der Praxis, VR **03** 33. *Weimar,* Entfällt der Schadensersatzanspruch der mittelbar geschädigten Ehefrau bei Wiederverheiratung?, NJW **60** 2181. *Wittkämper,* Die Berechnung des Unterhaltsschadens der Witwe nach § 844 II BGB, Betr **64** 1225.

14   **5. Ansprüche des Witwers.** Können wegen Todes der Ehefrau Ehemann und Kinder Ersatz verlangen, so steht sowohl dem Ehemann als den Kindern Anspruch auf Ersatz entgangenen Unterhalts zu (§ 844 II BGB), BGHZ **77** 157, NJW **65** 1710, Brn VRS **101** 248. Der Ersatzanspruch wegen des Todes der Ehefrau und Mutter erwächst jedem Berechtigten gesondert, keine Gesamtgläubigerschaft, BGH VR **73** 84, *Scheffen* VR **90** 931, *Lemcke* JbVerkR **99** 134. Zur Berechnung der Ersatzansprüche von Witwer und Kind bei Betreuung durch eine Verwandte, BGH NJW **82** 2864 (abl *Grunsky* JZ **83** 376, NJW **83** 2470, *Eckelmann ua* DAR **84** 297). Zur Schadensänderung bei Wiederheirat des geschädigten Ehemanns, BGH NJW **70** 1127. Der Ersatzpflichtige muß dem Witwer die Lebensweise ermöglichen, die er zu Lebzeiten der getöteten Ehefrau beanspruchen durfte, Brn VRS **101** 251. Der Ersatzanspruch des Ehemanns wegen **entgangener Haushaltstätigkeit** stützt sich nicht auf entgangene Dienste (§ 845 BGB), sondern auf Unterhaltsbeeinträchtigung (§ 844 II BGB), BGHZ **51** 109 = NJW **69** 321, BGHZ **77** 157 = NJW **80** 2196, BGHZ **50** 304, DAR **69** 44, VR **84** 79, BGHZ **104** 113 = NJW **88** 1783 (Anm *Schlund* JR **89** 68), Kar VR **91** 1190, s *Moritz* VR **81** 1101. Der Unterhaltsschaden des Witwers entspricht dem auf ihn entfallenden Anteil an der Haushaltsführung durch die Ehefrau, BGH NJW **72** 1130. Ihm kann Schadensersatz wegen entgangener Haushaltsführung auch dann zustehen, wenn der Haushalt von beiden Ehegatten zu gleichen Teilen besorgt wurde, BGHZ **104** 113 = NJW **88** 1783 (insoweit unter Aufgabe von BGH NJW **85** 49) nebst Anm *Schlund* NZV **88** 62, JR **89** 68, *Macke* NZV **89** 254. Zu ersetzen sind die Kosten für selbständige Haushaltsführung (nicht nur für ein Hausmädchen), Kar VR **74** 393, auch wenn die Ehefrau erwerbstätig war, abgestuft nach ihrer vermutlichen Altersleistungsfähigkeit, Ha MDR **68** 839. Die Annahme einer Verpflichtung der getöteten Ehefrau zur Haushaltsführung über das 78. Lebensjahr hinaus bedarf nach KG VRS **94** 173 nachvollziehbarer näherer Darlegung. Auch freiwillige Erwerbstätigkeit der Ehefrau verpflichtet sie, zum Unterhalt beizutragen, Wegfall dieses Beitrags gehört daher zum Schaden, BGH VR **74** 885, **84** 79. Bemessung des Unterhaltsschadens bei teilweise erwerbstätig gewesener Ehefrau, BGH NJW **72** 1716. Die **Bewertung der entgangenen Haushaltsführung** erfolgt konkret nach dem tatsächlich erforderlichen Aufwand des hinterbliebenen Ehegatten; dessen Anspruch auf Schadensersatz ist jedoch dann nicht durch die Höhe seiner tatsächlichen Aufwendungen begrenzt, wenn die damit bezahlte Ersatzkraft nur einen Teil der entgangenen Haushaltsführung erledigt, BGH VR **86** 790. Soweit konkrete Berechnung nicht möglich ist, richtet sich der Wert der Arbeitsleistung einer Hausfrau nach allen entscheidungserheblichen Tatsachen des Einzelfalles (vergleichbare Haushaltstarifverträge), Ol NJW **77** 961. Für die Bewertung der entgangenen Unterhaltsleistung dient die Vergütung für eine Ersatzkraft als Anhaltspunkt, BGH VR **84** 876, Kar VR **91** 1190. Bei der Berechnung der fiktiven Kosten für eine Ersatzkraft bleiben die Arbeitgeberanteile zur Sozialversicherung außer Ansatz, BGH NJW **82** 2866 (abl mit beachtlichen Gründen *Grunsky* NJW **83** 2470), *Weber* VR **88** 993. Die in dieser Entscheidung des BGH erkennbare Tendenz zur Einschränkung fiktiver Kostenberechnung durch den BGH hat sich fortgesetzt: Wird keine Ersatzkraft eingestellt, so ist danach der Wert der Haushaltsführung idR nur noch unter Zugrundelegung der *Netto*vergütung einer vergleichbaren Ersatzkraft zu schätzen (evtl auch 30% Abschlag vom Bruttolohn), BGHZ **86** 372 = NJW **83** 1425 (zust *Schlund* JR **83** 415, *Weber* DAR **84** 179, abl *Grunsky* NJW **83** 2470, *Ludwig* DAR **86** 380, unter Hinweis auf die abweichende Haltung des BGH bezüglich fiktiver Schadensberechnung bei *Sachschäden*), BGH VR **84** 875, **87** 70, BGHZ **104** 113 = NJW **88** 1783 (Anm *Eckelmann* DAR **89** 94), Kar VR **91** 1190. Bei der Berechnung des Arbeitszeitbedarfs der Getöteten zur Erfüllung der gesetzlichen Unterhaltspflicht bleibt der auf deren Eigenversorgung entfallende Teil ihrer Arbeitsleistung außer Ansatz, BGH NJW **82** 2866, *Hofmann* VR **81** 338 (str). **Wegfall eigener Unter-**

Umfang der Ersatzpflicht bei Tötung   § 10 StVG 1

haltsverpflichtungen infolge des Todes der Ehefrau muß sich der Witwer anrechnen lassen; er ist jedoch, wenn der Schädiger wegen Mitverschuldens der Getöteten nur auf eine Quote haftet, berechtigt, aus der freiwerdenden Summe zunächst den ihm verbleibenden Schadensanteil abzudecken, BGH VR **87** 70. **Modellrechnung** mit fiktiven Zahlen zur Ermittlung des Unterhaltsschadens des Witwers, wenn beide Ehegatten Bareinkommen hatten, a) bei alleiniger Haushaltsführung durch die getötete Ehefrau: BGH VR **84** 79 (krit *Eckelmann ua* DAR **84** 302f), b) bei Haushaltsführung durch beide Ehegatten zu gleichen Teilen: BGH NJW **85** 49 (teilweise abw BGHZ **104** 113 = NJW **88** 1783 mit Anm Schlund NZV **88** 62, JR **89** 68, *Eckelmann* DAR **89** 94). S auch die Berechnungsmodelle bei *Scheffen* VR **90** 933. Aufbau einer Schadensberechnung bei Tötung der Hausfrau, s *Eckelmann ua* DAR **82** 377. Zum Schadenersatz bei Ausfall der Hausfrau s VGT **77** 218 ff *(Eckelmann, Hofmann), Hofmann* VR **77** 296, *Scheffen* VR **90** 930, *Lemcke* JbVerkR **99** 129 ff.

Lit: *Eckelmann/Nehls,* Schadensersatz bei Verletzung und Tötung, 1987. *Eckelmann,* Schadensersatz bei Verletzung oder Tötung einer Ehefrau, NJW **71** 355. *Derselbe,* Die neue Rspr zur Höhe des Schadensersatzes bei Verletzung oder Tötung einer Hausfrau und Mutter, DAR **73**, 255. *Derselbe,* Die höchstrichterliche Rspr zum Schadensersatz bei Verletzung oder Tötung einer Hausfrau, MDR **76** 103. *Derselbe,* Schadensersatz beim Ausfall der Hausfrau, DAR **78** 29 = VGT **77** 218. *Derselbe,* Bewertung der Arbeit der Hausfrau und Schadensersatz bei ihrem Ausfall in der höchstrichterlichen Rspr, DAR **87** 44. *Eckelmann/Boos,* Schadensersatz beim Ausfall der Hausfrau, VR **78** 210. *Eckelmann ua,* … Schadensersatz von Hausfrauen und Müttern …, DAR **82** 377. *Eckelmann ua,* Vae calamitate victis, DAR **84** 297. *Landau ua,* … Bewertung der Haushaltsarbeit …, DAR **89** 166. *Ludwig,* Die Unzulänglichkeit des Schadensersatzes beim Ausfall der Hausfrau und Mutter, DAR **86** 375. *Moritz,* Zur Anerkennung eines „Anspruchs auf unentgeltliche Mitarbeit im Geschäft oder Beruf des Ehegatten" …, VR **81** 1101. *Scheffen,* Erwerbsausfallschaden bei verletzten und getöteten Personen, VR **90** 926. *Schlund,* Schadensersatzanspruch bei Tötung oder Verletzung einer Hausfrau und Mutter, DAR **77** 281.

6. Ansprüche der Kinder bei Tötung der Eltern. Den Kindern des Getöteten steht **idR Rente bis zur Vollendung des 18. Lebensjahres** zu, BGH VRS **14** 7, Stu VR **93** 1536, bei Berufsausbildung über das 18. Lebensjahr hinaus bei entsprechenden Verhältnissen des Getöteten bis zur Beendigung der Ausbildung, längstens jedoch idR bis zur Vollendung des 25. Lebensjahres, Kar VRS **2** 106. Soweit die **getötete Mutter** dem volljährigen Kind Naturalunterhalt geleistet hätte, steht ihm über das 18. Lebensjahr hinaus ein Schadensersatzanspruch zu, auf den Vorteile des Vaters infolge Wegfalls eigener Unterhaltsleistungen nicht anzurechnen sind, Ha NJW-RR **87** 539. Die Höhe der Schadenersatzrente orientiert sich bei Tötung der nicht erwerbstätigen Mutter an den Kosten einer Ersatzkraft für die Leistungen der Mutter bei Erziehung, Betreuung und Haushaltsführung zum Nutzen des hinterbliebenen Kindes, BGH NZV **90** 307, Stu VR **93** 1536. Der Unterhaltsschaden des Kindes bei Tod der erwerbstätig gewesenen Mutter ist unter Berücksichtigung des Bareinkommens und Haushaltsführung zu errechnen, BGH VR **76** 291. Die **Schadensrenten älterer Kinder** sind idR höher zu bemessen als die jüngerer Kinder, weil der Unterhaltsbedarf mit zunehmendem Alter wächst, BGH VR **87** 1243, NJW **88** 2365, *Nehls* NZV **88** 138, *Macke* NZV **89** 251, krit *Küppersbusch* Rz 350 (einheitliche Durchschnittsquote). Anderseits sind geringerer Betreuungsbedarf des Kindes mit zunehmendem Alter und eigene Dienstleistungspflicht im Haushalt (etwa ab 14. Lebensjahr) bei einer bis zum 18. Lebensjahr festzusetzenden Rente zu berücksichtigen, BGH NZV **90** 307, Stu VR **93** 1536. Hatte eine volljährige Tochter aus Berufswahl Anspruch auf Zuschuß, so gehört dieser zum Schaden (Hotelfachschule, Auslandsaufenthalt), BGH VR **69** 351. Ein minderjähriges unverheiratetes Kind muß sich bei Bemessung der Unterhaltsbedürftigkeit eine Lehrlingsbeihilfe anrechnen lassen, BGH NJW **72** 1719, nicht aber eine aufgrund des Unfalltodes eines Elternteils gezahlten **staatlichen Ausbildungsunterhalt,** Brn VRS **101** 261. Zur Bemessung der Unterhaltsrente eines nichtehelichen Kindes nach Tötung der berufstätigen Mutter, Mü VR **82** 376. Der Zahlungsanspruch des **außerehelichen Kindes** gegen einen für den Tod des Vaters Verantwortlichen ist ein Ersatzanspruch, bei dem die Realisierbarkeit des Anspruchs gegen den Vater und seine Mitschuld zu berücksichtigen sind, Stu FRZ **63** 307. Erhöhung einer dem außerehelichen Kind zuerkannten Unterhaltsrente nach Unfalltod des Vaters, Stu NJW **62** 495. Unterhaltspflicht und Betreuungspflicht der berufs-

15

1 StVG § 11   II. Haftpflicht

tätigen, nichtehelichen Mutter, Ce VR **73** 694. Werden Unfallwaisen **an Kindes statt angenommen,** mindert das ihren Ersatzanspruch wegen Unterhaltsentzugs nicht, BGHZ **54** 269 = NJW **70** 2061. Bei unentgeltlicher **Versorgung des Kindes durch Verwandte** bleibt der Anspruch wegen des entgangenen personalen (*Natural-*) Unterhalts unberührt und bemißt sich gem der neuen Rspr nach dem Arbeitszeitbedarf, BGH NJW **85** 1460, **86** 715 – Anm *Eckelmann/Nehls* DAR **86** 284 – (nicht mehr nach den Familien-Pflegestellenkosten), Hb VRS **87** 255, Dü NJW-RR **99** 1478; für den Umfang des zu leistenden Barunterhalts bei Tötung beider in intakter Ehe lebender Eltern ist grundsätzlich deren Gesamteinkommen maßgebend, auch bei Aufnahme in einer anderen Familie, BGH NJW **85** 1460 (Anm *Schlund* JR **85** 420).

16   Bei Berechnung des Unterhaltsschadens von Hinterbliebenen sind vom Betrag des entzogenen Unterhalts die **Einkünfte aus ererbtem Vermögen** abzusetzen; vom verbleibenden Betrag ist die etwaige Mithaftungsquote (Mitschuld, Betriebsgefahr) abzusetzen; Erträge, die der Hinterbliebene aus dem ihm als Pflichtteil zustehenden Vermögen bezieht oder beziehen könnte, sind auf seinen Ersatzanspruch in gleicher Weise anzurechnen wie Einkünfte aus ererbtem Vermögen, BGH VR **65** 376. Bei Unfalltod des Vaters braucht sich das Kind auf den Ersatzanspruch wegen des Wegfalls des gesetzlichen Unterhaltsanspruchs nicht den Stammwert der Erbschaft anrechnen zu lassen, wenn ihm die Erbschaft auch bei natürlichem Tod des Vaters zugefallen sein würde, BGH NJW **53** 618, s Rz 7.

Lit: *Eckelmann/Schäfer,* Beitrag zur Schadensregulierung bei Personenschäden nach Unfalltod wegen Ausfalls von Geldunterhalt, DAR **81** 365. *Eckelmann ua,* Die Berechnung des Schadensersatzes … nach Unfalltod des Ehemannes/Vaters, NJW **84** 945. *Schacht,* Die Bestimmung der Unterhaltsrente nach § 944 II BGB, VR **82** 517.

17   **7. Unterhaltsansprüche der Eltern bei Tötung von Kindern.** Bei Klage auf Feststellung späterer Ersatzpflicht sind mutmaßliche künftige Bedürftigkeit der Eltern und Leistungsfähigkeit des Kindes sachlichrechtliche Voraussetzungen, BGH VRS **4** 185, **5** 582. Zum Beweis genügt einige Wahrscheinlichkeit, BGH VRS **5** 582. Konnte der getötete Sohn später das väterliche Geschäft übernehmen, so ist es wahrscheinlich, daß er seinen Eltern unterhaltspflichtig geworden sein würde; in diesem Fall haben die Eltern ein rechtliches Interesse an der Feststellung der Ersatzpflicht, Ha DAR **56** 217. Bei Haftung nur nach StVG kein Anspruch wegen entgangener Dienste des getöteten Kindes, weil § 10 eine dem § 845 BGB entsprechende Vorschrift nicht enthält, BGH VRS **70** 91.

18   **8. Keine Ersatzpflicht über den Personenkreis des § 10 hinaus.** Über den abschließend im § 10 StVG aufgeführten Personenkreis der mittelbar Geschädigten hinaus besteht kein Ersatzanspruch aus § 7 StVG oder unerlaubter Handlung. Kein Ersatzanspruch des Verlobten wegen nach geplant gewesener Eheschließung entgehender Unterhaltsleistungen, Fra VR **84** 449, s KG NJW **67** 1089.

Umfang der Ersatzpflicht bei Körperverletzung

11 ¹Im Fall der Verletzung des Körpers oder der Gesundheit ist der Schadensersatz durch Ersatz der Kosten der Heilung sowie des Vermögensnachteils zu leisten, den der Verletzte dadurch erleidet, dass infolge der Verletzung zeitweise oder dauernd seine Erwerbsfähigkeit aufgehoben oder gemindert oder eine Vermehrung seiner Bedürfnisse eingetreten ist. ²Wegen des Schadens, der nicht Vermögensschaden ist, kann auch eine billige Entschädigung in Geld gefordert werden.

Begr zum ÄndG v 19. 7. 02 (BTDrucks 14/7752 S 32): *Zu Satz 2: Die Einführung eines allgemeinen Anspruchs auf Ersatz immateriellen Schadens bei Verletzung des Körpers oder der Gesundheit in § 253 Abs. 2 BGB (Artikel 2 Nr. 2) ergänzend, stellt die Änderung klar, dass die aus der Gefährdungshaftung des StVG folgenden Schadensersatzansprüche bei Verletzung dieser Rechtsgüter auch Ansprüche auf Schmerzensgeld umfassen.*

1   **1. Körperverletzung.** § 11 regelt die Ansprüche des Verletzten nach Körperverletzung mit adäquat verursachten (Rz 6, **E** 104–111) Folgen, wobei es unerheblich ist, welche von mehreren adäquaten Ursachen überwiegt, BGH NJW **68** 2287 (auch zur überholenden Kausalität). Mitursächlichkeit der Verletzungshandlung für den eingetretenen Schaden genügt, BGH NZV **91** 23, s **E** 109. Der Schädiger haftet für alle aus dem schädigenden Ereignis davongetragenen gesundheitlichen Schäden, BGH NZV **98** 110, KG VRS **106** 260, 414, Nü VRS **103** 346. Seine Haftung umfaßt grundsätzlich auch adäquat verursachte Folgeschäden, BGH JR **97** 154, VR **97** 752, Brn VRS **107** 85, Kö VR **98** 1247. Wird durch die Unfallfolgen Heimbetreuung notwendig, so kann auch bei über 80 jährigen nicht ohne weiteres unterstellt werden, daß ihre Unterbringung auch ohne den Unfall erforderlich geworden wäre, Ha NZV **98** 372. **Adäquate Unfallfolge** ist auch objektiv übertriebene Schonung nach unrichtiger Diagnose, BGH VR **63** 872, oder Zahlungsunfähigkeit und Zwangsvollstreckung infolge geminderter Erwerbsfähigkeit, RGZ **141** 169. Der Schädiger haftet auch für entgangene Beitragsrückerstattung durch die Krankenversicherung, BGH NJW **89** 2115, Kö VR **90** 908. Ursächlichkeit des Unfallschrecks für spätere Gesundheitsfolgen, BGH VR **75** 765, KG VR **73** 525. Zerspringen der Windschutzscheibe (Stein) kann einen Schock, uU auch Schocktod des Fahrers bewirken, BGH NJW **74** 1510. **Zu ersetzen** ist der wirkliche Schaden ohne Pauschalierung, Mü DAR **68** 275, nach pflichtgemäßer möglicher Minderung durch den Geschädigten, BGH NJW **67** 2053. Schadenminderungspflicht: Rz 16, 17.

1 a. Nicht erstattungsfähig ist gesetzeswidrig erzielbarer Verdienst, KG DAR **72**   **2**
329, BGHZ VRS **7** 253 (sittenwidriges Geschäft, Verstoß gegen PBefG), oder bloße Freizeiteinbuße im freien Beruf, Ce VR **64** 756, Dü NJW **74** 150 (Urlaub), idR auch entgangener Urlaubsgenuß, weil kein Vermögensschaden, s § 16 Rz 5), oder zeitweilige Behinderung im Jagdrecht infolge Körperverletzung, BGHZ **55** 146 = NJW **71** 796. Zum Erwerbsausfall als Prostituierte, BGHZ **67** 119, NJW **76** 1883, Mü VR **77** 628, Dü NJW **70** 1852, krit *Born* VR **77** 118. Zu entgangenem rechtswidrigen oder sittenwidrigen Gewinn, *Stürner* VR **76** 1012. Schmerzensgeld, s Rz 8.

1 b. Vorteilsausgleichung findet statt, wenn das Schadensereignis den Vorteil allge-   **3**
mein mit sich bringen konnte und der Ausgleich dem Sinn der Ersatzpflicht entspricht, BGH VR **65** 521, Mü VRS **100** 420, etwa wenn der Verletzte jetzt zwar vermindertes Altersruhegeld, dafür aber höhere Unfallrente bezieht, BGH VR **68** 945, NZV **90** 225; das gilt zB auch für aufgrund des Unfalls bezogenes **Vorruhestandsgeld** nach dem Vorruhestandsabkommen für die Versicherungswirtschaft v 25. 9. 91, BGH NJW **01** 1274. **Sozialversicherungsleistungen** wegen des Unfalls kommen dem Schädiger nicht zugute, auch nicht, wenn sie den Verletzten besser stellen als vorher, BGHZ **9** 179, 186, 189, **54** 382, NJW **77** 246, VR **77** 130, *Greger* § 11 Rz 93 (insoweit jedoch idR Forderungsübergang auf den SVTr). Das gleiche gilt für solche **Leistungen Dritter** (Vertrag, Tarifvertrag) aus Anlaß des Unfalls, bei denen eine Anrechnung unter Berücksichtigung der Gesamtinteressenlage und nach Sinn und Zweck der heranzuziehenden Rechtsnormen der Schadensentwicklung nicht gerecht würde, BGH NJW **01** 1274, NZV **98** 150, BGHZ **59** 109 = NJW **72** 1705. Eine vom Arbeitgeber wegen Kündigung des Arbeitsverhältnisses infolge unfallbedingter Arbeitsunfähigkeit gezahlte **Abfindung** braucht sich der Geschädigte nicht auf seinen Verdienstausfallschaden anrechnen zu lassen, BGH NZV **90** 225, Fra ZfS **02** 20. Daß der Geschädigte infolge durch den Unfall erforderlich gewordener Umschulung mehr verdient als vor dem Unfall, braucht er sich nicht anrechnen zu lassen, BGH VRS **65** 89, VR **91** 1294, Nü ZfS **91** 118, ebenso bei Mehrverdienst aufgrund höherwertiger Arbeit ohne Umschulung, Kar NZV **94** 396. Kann der angestrebte höher dotierte Beruf infolge des Unfalls nicht erlernt werden (s dazu Rz 12), so ist das während der Zeit der geplanten, aber nicht durchführbaren Ausbildung erzielte Einkommen in einem anderen Beruf kein anrechenbarer Vorteil, Fra VR **83** 1083 (krit *Stürner* JZ **84** 462). Vom Verdienstausfall ist Krankenhausverpflegung abzusetzen, Ol VR **67** 237, von Krankenhauskosten ersparte Eigenverpflegung, Ce VR **77** 1131, Dü VRS **56** 2, KG VRS **35** 321. Das gilt grundsätzlich auch, wenn der Versicherungsträger das Krankenhaus bezahlt, auf den dann nur der um die Ersparnis gekürzte Anspruch übergegangen ist, BGH MDR **67** 35. Anders jedoch bei Übergang eines Anspruchs auch wegen Verdienstausfalls; dann sind die Aufwendungen des SVTr für Krankenhauspflege ohne Abzug ersparter Aufwendungen zu erstatten, weil der Geschädigte die ersparten Verpflegungskosten aus seinem Arbeitseinkommen bestritten hätte, BGH

1 StVG § 11   II. Haftpflicht

NJW **71** 240, Ce VR **77** 1027. Häusliche Ersparnis bei unfallbedingtem Krankenhausaufenthalt, *Stamm* VR **75** 690, *Plaumann* VR **76** 124, *Schmalzl* VR **95** 516. Zur Anrechnung von Fahrtkostenersparnis zur Arbeitsstelle auf Verdienstausfall, BGH VRS **58** 327, Schl VR **80** 276. Schadensbedingte **Steuerersparnisse** muß sich der Verletzte grundsätzlich anrechnen lassen, BGH NZV **89** 345, **92** 313, Kar VRS **106** 98, Kö VR **98** 1247, anders aber dann, wenn dies gerade dem Zweck der Steuervergünstigung widerspricht (keine Anrechnung zB des Pauschbetrages für Körperbehinderte), BGH VRS **69** 401 (Anm *Hartung* VR **86** 264), VR **86** 914, VRS **72** 401, NZV **89** 345, **92** 313, **94** 270, **99** 508, s dazu auch Rz 11 sowie *Hartung* VR **86** 308, *Weber* DAR **88** 197 ff, *Scheffen* VR **90** 932, *Kullmann* VR **93** 388. **Ersparte Beiträge** zur gesetzlichen Rentenversicherung infolge unfallbedingten Verlusts versicherungspflichtiger Beschäftigung bleiben unberücksichtigt, BGH VR **86** 914, s auch Rz 11. Zur Anrechnung ersparter Beiträge zur Arbeitslosenversicherung und zur gesetzlichen Krankenversicherung, BGH VR **86** 914.

4   **2. Die notwendigen Heilungskosten** sind zu ersetzen, auch wenn der Verletzte noch anderweitige Ersatzansprüche hat, etwa familienrechtliche, und wenn er die Kosten nicht selber trägt, Ce NJW **62** 51, VR **72** 468. Kein Ersatz trotz § 249 II BGB nach hM jedoch (im Hinblick auf die frühere Regelung in §§ 253, 847 alt) BGB, wenn ein objektiv nötiger Eingriff unterbleibt, weil es sich in Wahrheit um Kompensation für fortdauernde Gesundheitsbeeinträchtigung handele (anders als beim nicht reparierten Sachschaden kein Vermögensschaden, *Steffen* NJW **95** 2060), BGHZ **97** 14 = NJW **86** 1538 (zust *Zeuner* JZ **86** 640, *Hohloch* JR **86** 367, *Weber* DAR **87** 175, abl *Rinke* DAR **87** 14), *Palandt/Heinrichs* § 249 Rz 6, *Greger* Rz 22, *Küppersbusch* Rz 229, *Grunsky* NJW **83** 2469, *Hofmann* VGT **82** 262, *Schiemann* DAR **82** 311, *Medicus* DAR **82** 356, *Köhler, Larenz*-F (1983) S 355 ff, *Honsell/Harrer* JuS **91** 446, zw, aM Ce VR **72** 468, *Fleischmann* VGT **82** 276, s auch *Schiemann, Steffen*-F S 404. Ersatzfähige **Heilungskosten** sind alle Aufwendungen, die durch notwendige oder der Heilung dienliche Maßnahmen verursacht wurden, nicht nur eigentliche Arzt-, Krankenhaus-, Medikamenten- oder Hilfsmittelkosten, Nü DAR **01** 366. Ersatz von Behandlungskosten auch, wenn die Behandlung, obgleich nicht grob fahrlässig, nutzlos war, BGH VR **65** 439, *Küppersbusch* Rz 226. Der Geschädigte darf die zur Heilung am besten geeignete, insbesondere ärztlich empfohlene Behandlung wählen, Kö VRS **98** 414. Unfallnarben sind, ausgenommen bei Unzumutbarkeit, auf Kosten des Schädigers kosmetisch zu beseitigen, BGHZ **63** 295 = NJW **75** 640. Aufwendungen für eine nötige Narbenkorrektur sind auch zu ersetzen, wenn nicht sofort operiert werden soll, Stu VR **78** 188, und auch, wenn sie verhältnismäßig hoch sind, KG VRS **59** 162, VM **78** 16. Bei Schönheitsoperationen sind nur ärztlich angezeigt erscheinende Kosten zu ersetzen, s KG DAR **80** 341. Ausnahmsweise können auch Heilmaßnahmen eines auswärtigen Experten zu ersetzen sein (Hautüberpflanzung in den USA), BGH VR **69** 1040. Krankenhausmehrkosten können uU über die Kassenleistung hinaus zu ersetzen sein, KG MDR **73** 495, der sozialversicherte Geschädigte darf privatärztliche Behandlung fordern, Neust VRS **7** 321, s Rz 3. Zur Erstattung der Kosten welcher Pflegeklasse, *Schmid* VR **74** 1145. Zu ersetzen sind notwendige **Pflegekosten** auch, wenn ein Angehöriger unentgeltlich gepflegt hat, Ha NJW **72** 1521. Ist häusliche Pflege in den vertrauten Lebensumständen möglich, braucht sich ein Schwerstgeschädigter nicht auf kostengünstigere Heimunterbringung verweisen zu lassen, es sei denn, der Mehraufwand stünde in keinem vertretbaren Verhältnis zur Qualität häuslicher Pflege, Ko VRS **100** 423. Soweit der Förderung des Heilungsprozesses dienlich, sind auch Aufwendungen für Fernsehen im Krankenhaus als Heilungskosten ersatzfähig, Kö NJW **88** 2957. Erstattung nötiger Kurkosten abzüglich der ersparten Aufwendungen für sonst durchgeführte Erholungsreise, Ce VR **75** 1103.

5   Kosten der **Besuche nächster Angehöriger,** soweit erforderlich, sind dem Geschädigten (nicht den Angehörigen, *Schiemann* NZV **96** 4) als Heilungskosten zu ersetzen, s *Seidel* VR **91** 1319, *Greger* Rz 9, uU auch dem Ehemann der Geschädigten, der sie als GoA vorgelegt hat, BGH VRS **56** 258, zw, abl *Seidel* VR **91** 1323 mangels Fremdgeschäftsführungswillens und fehlenden Interesses des Schädigers. Zu den Heilungskosten gehören Eltern- und Angehörigenbesuche in angemessenem Umfang, BGH NJW **82** 1149, NZV **90** 111, Kö DAR **01** 510, Ha NJW-RR **93** 409, Mü VR **96** 1506

Ersatzpflicht bei Körperverletzung § 11 StVG 1

(Lebensgefährtin), bei schwerer Verletzung eines Jugendlichen auch zwei wöchentliche Elternbesuche, Mü VR **81** 560, Ko VR **81** 887, Kö NJW **88** 2957, bei sehr schweren Unfallfolgen uU auch hohe Reisekosten zwecks Dauerpflege (Australien), Dü NJW **73** 2112. Zu ersetzen sind Fahrtkosten, uU auch Übernachtungskosten und Verpflegungsmehraufwand, BGH NZV **91** 225, *Neumann-Duesberg* NZV **91** 456, sowie Verdienstausfall des Besuchers, BGH VR **57** 790, NZV **91** 225, auch eines selbständigen Handwerkers, BGH NJW **85** 2757, uU auch Babysitter-Kosten für die Zeit des Besuchs, BGH NZV **90** 111. Die Ersatzfähigkeit von Krankenhausbesuchen nächster Angehöriger ist jedoch stets auf Besuche während der *stationären* Behandlung des Verletzten und ferner auf solche Besuche beschränkt, die *medizinisch* zur Unterstützung der Genesung notwendig sind, BGH NZV **91** 225, Kar VRS **96** 1. Der reine Zeitaufwand für die Betreuung des verletzten Kindes, soweit er das Vermögen nicht belastet, ist als solcher nicht ersatzfähig, BGHZ **106** 28 = VR **89** 188 (zust *Grunsky* JZ **89** 345, *Birkmann* DAR **89** 212), VR **99** 1156, Ko VR **81** 887, *Seidel* VR **91** 1320, auch nicht der Zeitverlust der Mutter bei der Haushaltsführung, BGH NZV **91** 225, *Neumann-Duesberg* NZV **91** 456. Daß tägliche Krankenhausbesuche durch die Eltern zur Heilung erforderlich sind, ist im einzelnen darzulegen, Hb ZfS **84** 323 (2 Besuche pro Woche zugebilligt). Tägliche Besuche beim unfallverletzten 6jährigen Kind können erstattungspflichtig sein, Kö VR **79** 166. Näher hierzu: *Seidel* VR **91** 1319, *Neumann-Duesberg* NZV **91** 455. Im übrigen sind von den Eltern in der Freizeit ihrem Kind erbrachte **Betreuungsleistungen** nur ersatzfähig, wenn sie den von den Eltern als Bezugspersonen des Kindes unvertretbaren Bereich so weit übersteigen, daß der Einsatz fremder Hilfskräfte ernsthaft in Betracht kommt und damit als die Vermögenssphäre betreffende Leistungen anzusehen sind, BGH VR **99** 156. Aufwendungen für **Spielzeug** für das verletzte Kind sind als notwendige Heilungskosten zu erstatten, BGH VR **57** 790; zur Erstattungsfähigkeit von Nebenkosten bei stationärer Behandlung, s *Schleich* DAR **88** 145.

3. Adäquat verursachter Körperschaden löst Ersatzpflicht aus, **auch soweit eine Krankheitsanlage beim Verletzten bestand,** die sich nun auswirkt, BGHZ **107** 359 = NZV **89** 391 (Anm *Dunz* JR **90** 115, *Börgers* NJW **90** 2535), NZV **99** 201, BGHZ **132** 341 = VR **96** 990, JR **97** 154, Brn VRS **107** 85, Ha NZV **02** 171, KG NZV **03** 328, VRS **106** 260, 414, Nü VR **99** 1117, Bra DAR **98** 316, Kö VR **98** 1247, oder bei früherem Ausbruch der Symptomatik vorhandener (auch seltener) Krankheit, Fra NJW **84** 1409; denn der Schädiger kann nicht verlangen, so gestellt zu werden, als habe er einen Gesunden verletzt, s aber **E** 111, es sei denn, das Leiden hätte schadensunabhängig gewirkt, BGH VR **93** 843, **96** 990, BGHZ **107** 359 = NZV **89** 391 (Anm *Dunz* JR **90** 115), JR **97** 154, Mü NZV **03** 474, KG NZV **02** 172, Ha NZV **02** 36, 37, VR **02** 491, Ba NZV **96** 316, Nü VR **99** 1117, s **E** 109. Haftung daher auch für die Folgen seelischer Fehlreaktionen auf den Unfall, BGHZ **132** 341 = VR **96** 990, Kar VRS **106** 91, Mü VRS **80** 2, Bra DAR **98** 316, Ha NZV **02** 171, Kö VR **98** 1247, s Rz 7, und für Verschlimmerung unmittelbar durch den Unfall, Kö VR **98** 1249, oder durch unfallindizierte ärztliche Behandlung, BGH VR **68** 648 (Tbc). Jede unfallbedingte Steigerung bereits vorhanden gewesener Beschwerden führt zur Entschädigungspflicht, Ha DAR **00** 263. Zwar spricht geringe Auffahrgeschwindigkeit gegen die Verletzungsfolge eines **HWS-Schleudertraumas,** Ko NJW-RR **04** 1318, *Staab* VR **03** 121, *v Hadeln/Zuleger* NZV **04** 273, *Burmann* NZV **03** 170f. Jedoch können auch Auffahrunfälle mit geringer Geschwindigkeit uU, je nach der augenblicklichen Position des FzInsassen (Drehung, Neigungswinkel des Kopfes) oder etwaiger Vorschädigung, im Einzelfall zu HWS-Schleudertraumata führen; insoweit keine prinzipiell die Ursächlichkeit ausschließende „Harmlosigkeitsgrenze" von 4 bis 10 km/h, BGH NJW **03** 1116 (Anm *Jaeger* VR **03** 476, *Burmann* NZV **03** 169, *Lemcke* r + s **03** 177), Ce NJW-RR **04** 1252, Ko NJW-RR **04** 1318, Fra NZV **02** 120, *Castro/Becke* ZfS **02** 366, *Mazzotti/Castro* NZV **02** 500, *Wedig* NZV **03** 393, abw Ha r + s **02** 111, KG VR **01** 597, einschränkend auch *Notthoff* VR **03** 1499 (1502ff) (weil es vielfach an der Zurechenbarkeit fehle). Zusf zum HWS-Schaden, *G. Müller* VR **03** 137, *Lemcke* r + s **03** 177, *Wedig* NZV **03** 393, *Staab* VR **03** 1216, *Bachmeier* DAR **04** 421. Ersatzpflichtige Gesundheitsbeschädigung ist nicht schon die durch Benachrichtigung vom schweren Unfall eines nahen Angehörigen ausgelöste ge-

1 StVG § 11

wöhnliche Ängstigung und der dadurch verursachte seelische Schmerz, sondern nur eine erheblich darüber hinausgehende **Schockfolge** is gewichtiger nicht nur ganz vorübergehender psychopathologischer Ausfälle, BGHZ 56 163 = NJW 71 1883, VR 75 765, NZV 89 308 (zust *Dunz* JR 90 112, Anm *Deutsch/Schramm* VR 90 715), Fra NZV 91 270, s KG VR 73 525, VM 99 11, Fra VR 71 968. Zwischen der Schädigung der Leibesfrucht durch psychische Belastung der Schwangeren infolge Schocks bei Benachrichtigung vom schweren Unfall eines nahen Angehörigen und dem Unfall kann Haftungszusammenhang bestehen, BGHZ 93 351 = NJW 85 1390 (Anm *Deubner*), *Weber* DAR 86 161. Keine Haftung für Verschlimmerung einer Alkoholkrankheit, weil der stabilisierende Einfluß des durch den Unfall getöteten Ehemannes fehle, BGH NJW 84 1405.

Lit: *Bachmeier*, Die aktuelle Entwicklung bei der HWS-Schleudertrauma-Problematik, DAR 04 421. *Castro/Becke*, Das „HWS-Schleudertrauma" – einige kritische orthopädische/unfallanalytische Anmerkungen, ZfS 02 365. *Großer*, Gibt es eine unterschiedliche Belastung der Halswirbelsäule bei einem erwarteten gegenüber einem unerwarteten Pkw-Heckanstoß?, DAR 04 426. *v Hadeln/Zuleger*, Die HWS-Verletzung im Niedriggeschwindigkeitsbereich ..., NZV 04 274. *Mazzotti/Castro*, Bedarf es zur Beurteilung des „HWS-Schleudertraumas" noch der Hinzuziehung eines medizinischen Sachverständigen?, NZV 02 499. *Notthoff*, HWS-Verletzungen im Fall geringer Geschwindigkeiten, VR 03 1499. *Oppel*, Medizinische Komponente beim HWS, DAR 03 400. *Wedig*, „Harmlosigkeitsgrenze" bei HWS-Verletzungen?, DAR 03 393.

7 **Psychische Beeinträchtigungen** sind, auch wenn sie nicht unmittelbar organisch bedingt sind, ersatzfähig, soweit sie über eine bloße Aktualisierung des allgemeinen Lebensrisikos hinausgehen, BGH NJW 04 1945, BGHZ 132 341 = VR 96 990, 97 752, NZV 93 224, 00 121, BGHZ 137, 142 = NZV 98 65 (Anm *Schiemann* JZ 98 683), JR 97 154, Ce NJW-RR 04 1252, Ha NZV 02 37, 171, Fra VR 93 853, Kö VR 98 1247, Nü VR 99 1117, Mü VRS 92 165. Keine Haftung für psychische Fehlverarbeitung des Unfallgeschehens durch den Geschädigten bei grobem Mißverhältnis zwischen dem Schadensereignis und der neurotischen Fehlhaltung, Brn VRS 107 85, KG NZV 03 328, 02 172, Nü VRS 103 346, insbesondere bei nur ganz geringfügiger Primärverletzung (Bagatelle), BGHZ 132 341 = VR 96 990, BGHZ 137 142 = NZV 98 65 (Definition des Bagatellbegriffs), Brn VRS 107 85, Ce NJW-RR 04 1252, Ha NZV 03 328, KG VRS 106 264, 414, Kar VRS 106 96, Nü VRS 103 346, Ol DAR 01 313, es sei denn das schädigende Ereignis hätte gerade eine spezielle Schadensanlage des Verletzten getroffen (s Rz 6), BGH VR 96 990, BGHZ 137 142 = NZV 98 65, NZV 98 110, Ha VRS 100 414, Bra DAR 98 316, Kö VR 98 1247, näher *G. Müller* AG-VerkRecht-F S 183 ff. Ist ein Schreckereignis ohne unmittelbare Verletzungsfolgen nur zufälliger Anlaß für krankhafte seelische Reaktion aufgrund ungewöhnlicher Überempfindlichkeit, so gehört die psychische Schockfolge zum allgemeinen Lebensrisiko und ist nicht ersatzfähig, Ha VR 02 78, Kö NJW-RR 00 760. Unfallbedingte **Neurose** („traumatische Neurose", „Tendenzneurose"), auch wenn sie bei stärkerer seelischer Konstitution nicht entstanden wäre, soweit sie noch nicht das Gepräge von Begehrungsvorstellungen und eines auf Lebenssicherung gerichteten Bestrebens hat, gehört zum Schaden, BGH VR 97 752, DAR 86 84 (Anm *Dunz* VR 86 448), NZV 91 23, KG NZV 02 172, Kö VR 98 1247, Ha VR 02 491, NZV 01 303, 02 171, Fra VR 93 853, VRS 89 168. Zum Umfang der **Darlegungspflicht** des Verletzten bei psychischer Fehlverarbeitung, s *G. Müller* AG-VerkRecht-F S 180. Keine Haftung dagegen mangels Rechtswidrigkeitszusammenhangs für fortdauernde unfallbedingte Krankheit, die der Geschädigte durch zumutbaren Willensakt überwinden kann (Renten- und Begehrensneurose), BGH NJW 04 1945, 79 1935, NZV 93 224, 00 121, VR 97 752, Brn VRS 107 85, KG VRS 106 264, Nü VRS 103 346, Ha NZV 02 37, und die nunmehr nur noch durch neurotisch-querulatorische Fehlhaltung, BGH VR 68 377, und durch, auch unbewußtes, Versorgungsbegehren gekennzeichnet ist, KG NZV 98 110, VR 68 396, KG VRS 106 414, Ha NZV 02 37, Fra JZ 82 201, *Dunz* VR 86 448. Diese Haftungsbeschränkung hängt nicht davon ab, daß festgestellt werden kann, der seelisch Geschädigte werde dieses Versagen nach Aberkennung des Rentenanspruchs überwinden, BGH NJW 65 2293. Unfallbedingte organische Wesensveränderung ist keine Tendenzneurose, Nü VR 76 64. Zur Ersatzpflicht von Schäden infolge einer „traumatischen" (zweckfreien) Neurose aufgrund des Unfallerlebnisses, die zwar auf inadäquatem Verhalten des

Geschädigten beruht, wenn solches Verhalten aber durch frühkindliche neurotische Fehlentwicklung bedingt ist, Fra JZ **82** 201 (abl *Stoll*).

Lit: *Burmann/Heß*, Die Ersatzfähigkeit psychischer (Folge-)Schäden nach einem VUnfall, ZfS **04** 348. G. *Müller*, HWS-Schaden und psychischer Folgeschaden im Prozeß, AG-VerkRecht-F S 169. *Ritter*, Unfall-neurotische Entwicklungen nach Halswirbelsäulen-Schleudertraumen, DAR **92** 47. *Staab*, Psychisch vermittelte und überlagerte Schäden, VR **03** 1216.

Der Schadensersatzanspruch aus § 7 umfaßt auch **Ansprüche auf Schmerzensgeld**. **8** Satz 2 hat insoweit nur klarstellende Bedeutung, indem er auf § 253 II BGB in der durch das 2. G zur Änderung schadensersatzrechtlicher Vorschriften v 19. 7. 02 (BGBl I 2674) geltenden Fassung Bezug nimmt. Die Neuregelung gilt gem Art 229 § 5 EGBGB für Schadensereignisse ab dem 31. 7. 02. Die in § 253 II BGB nF getroffene Neuregelung gewährt einen einheitlichen, übergreifenden Anspruch auf Schmerzensgeld bei Verletzung der dort genannten Rechtsgüter (ua Verletzung des Körpers und der Gesundheit) ohne Rücksicht auf den Rechtsgrund der Haftung. Wegen der im Vordergrund stehenden Ausgleichsfunktion, KG VRS **104** 48, s *Müller* DAR **02** 543, wird das Schmerzensgeld, das nur auf Gefährdungshaftung gestützt werden kann, nicht niedriger zu bemessen sein als bei Haftung aus fahrlässigem Verhalten, Ce NJW **04** 1185, *Wagner* NJW **02** 2054, *Lemcke* ZfS **02** 325, *Pauker* VR **04** 1394, *Morgenroth* VGT **04** 188 (jedenfalls für den Regelfall), krit *Katzenmeier* JZ **02** 1031. Hinsichtlich der Einzelheiten (s *Küppersbusch* Rz 271 ff), die hier nicht zu erläutern sind, wird auf die Rspr und Lit zu § 253 BGB verwiesen.

Lit: *Katzenmeier*, Die Neuregelung des Anspruchs auf Schmerzensgeld, JZ **02** 1029.

4. Höhe und Dauer des Ersatzes bei **Verminderung oder Aufhebung der Er- 9 werbsfähigkeit** richten sich nach den Umständen (§ 287 ZPO). Verdienstausfall und sonstige Erwerbsminderung sind als konkreter Verdienstausfall nachzuweisen, nicht abstrakt nach dem ärztlich ermittelten Grad der Minderung zu bemessen, s Rz 11. Bei unfallbedingter **vorzeitiger Versetzung in den Ruhestand** ist der Ausfall an Dienstbezügen bis zum fiktiven altersbedingten Ruhestand zu ersetzen, KG NZV **02** 172. Bei der Prognose darüber, welche Einkünfte der Geschädigte in der Zukunft ohne die Beeinträchtigung seiner Erwerbsfähigkeit erzielt hätte, sind nicht allein die Verhältnisse im Unfallzeitpunkt zugrunde zu legen, vielmehr ist auch die **wahrscheinliche künftige Entwicklung** auf der Grundlage seiner Ausbildung und seiner beruflichen Situation vor dem Schadensereignis zu berücksichtigen, BGH VR **97** 366, **98** 770, DAR **99** 401, wobei dem Geschädigten die **Darlegungs- und Beweiserleichterungen** der §§ 252 BGB, 287 ZPO zugute kommen, BGH NZV **02** 268, **98** 279, **95** 189, DAR **99** 401, NJW **95** 1023, KG NZV **03** 191, VRS **106** 270, Kö VR **00** 237, VRS **102** 408. An die Pflicht des Geschädigten zur Darlegung konkreter Anhaltspunkte für eine Prognose sind keine zu hohen Anforderungen zu stellen, BGH DAR **99** 401. Zur Dauer der Rentenzahlung s auch Rz 19.

4 a. Bei selbständiger unternehmerischer Betätigung sind alle wesentlichen **10** Wirkungen der Beeinträchtigung zu berücksichtigen, nicht schematisch nur die Zeit der Arbeitsunfähigkeit, BGH VR **65** 979, **68** 970. Nicht Beeinträchtigung oder Verlust der Arbeitskraft begründet den Schaden, sondern erst der daraus erwachsene meßbare Vermögensnachteil, BGHZ **54** 45 = NJW **70** 1411, VR **92** 973, DAR **94** 113, Sa VR **00** 985, Ha NZV **89** 72, Ko VR **91** 194, Zw NZV **95** 315, s *Berger* VR **81** 1105. Die Geltendmachung unfallbedingten Verdienstausfalls eines Selbständigen setzt die Darlegung konkreter Anhaltspunkte für die hypothetische Geschäftsentwicklung voraus, DGI I NJW **04** 1945, Sa VR **00** 985; jedoch dürfen die Anforderungen insoweit wegen der damit verbundenen Schwierigkeiten nicht überspannt werden, BGH NJW **04** 1945, NZV **93** 428, VR **92** 973, KG NZV **03** 191, VRS **88** 115. Es gelten die Darlegungs- und Beweiserleichterungen der §§ 252 BGB, 287 ZPO, s Rz 9. IdR ist zunächst an die Ergebnisse der dem Unfall unmittelbar vorausgehenden Jahre anzuknüpfen, BGH NJW **04** 1945, NZV **01** 210. Für die gerichtliche Beurteilung der voraussichtlichen Entwicklung der Erwerbstätigkeit sind neben den Verhältnissen im Unfallzeitpunkt auch Erkenntnisse aus unfallunabhängigen Entwicklungen bis zur letzten mündlichen Verhand-

1 StVG § 11   II. Haftpflicht

lung zu berücksichtigen, BGH NJW **04** 1945, **99** 136 (Verlust der Betriebsräume). Geschäftsgewinn, der der **Gesellschaft** wegen Arbeitsunfähigkeit des geschäftsführenden Alleingesellschafters entgeht, kann dieser als eigenen Schaden ersetzt verlangen, BGHZ **61** 380 = NJW **74** 134, **77** 1283. Entgangene Tätigkeitsvergütung des GmbH-Alleingesellschafters, BGH NJW **71** 1136, des mitarbeitenden Gesellschafters mit Gewinnquote, wenn der Unfall die Quote schmälert, BGH VR **67** 83, DAR **94** 116. Bezüge, die der GmbH-Gesellschafter/Geschäftsführer unfallbedingt verliert, sind zu ersetzen, auch wenn ein anderer Gesellschafter einspringt, BGH Betr **69** 2175, ebenso die des Geschäftsführers/Komplementärs, dem vertraglich ein vom Ertrag unabhängiges Gehalt zukommt, BGH VR **67** 83, **65** 592, DAR **63** 191. Zum Ersatzanspruch des GmbH-Geschäftsführers, dessen Vergütung während seiner Arbeitsunfähigkeit weitergezahlt worden ist, BGH NJW **78** 40 (Tantieme). Aus vorübergehender Arbeitsunfähigkeit des Komplementärs infolge des Unfalls erwächst der Gesellschaft kein Ersatzanspruch wegen Gewinnausfalls, BGH Betr **77** 395. Unfallbedingte Arbeitsunfähigkeit eines Mitgesellschafters bei gekürztem Gewinnanteil, BGH VR **64** 1243, **65** 320 *(Schmidt)*, DAR **94** 116. Anders als bei einer Personengesellschaft erstreckt sich der Verdienstausfallanspruch eines ein Erwerbsgeschäft im Rahmen ehelicher Gütergemeinschaft betreibenden Verletzten nicht nur auf einen quotenmäßig bestimmten Anteil, sondern auf Kompensation des Gesamtschadens, BGH DAR **94** 113. Rspr zum **Verdienstausfall bei freiberuflicher Tätigkeit:** Zur Berechnung des unfallbedingten Verdienstausfalls eines Architekten, Fra VR **79** 86. Unfallbedingte Einbuße durch entgangenen Auftrag, KG NZV **03** 191. Zur abstrakten Berechnung des Verdienstausfalls eines freiberuflich tätigen Arztes, Mü NJW **87** 1484. Kann ein Fahrlehrer unfallbedingt ausgefallene Fahrstunden nicht nachholen, ist der Ausfall zu ersetzen (Kleinbetrieb), LG Nürnberg-Fürth VR **72** 796. Erwerbsausfall bei einem unfallverletzten Handwerksmeister, BGH VR **61** 1140, NZV **97** 174, bei einem Taxiunternehmer, BGH VR **66** 595, *Spengler* VR **72** 1008, bei Verletzung des Fahrers und Beschädigung der Taxe, BGH VRS **57** 325, bei Fuhrunternehmer, BGH VR **71** 82, des Werkstattinhabers bei weiterlaufenden Allgemeinkosten, BGH VR **69** 466, bei selbständigem Gemüsegärtner, BGH DAR **94** 113, bei Autohändler, BGH VR **66** 851, Handelsvertreter bei Wegfall der Aufstiegsmöglichkeit, BGH VR **63** 682, bei selbständigem Kaufmann, dessen Geschäft sich trotz des Unfalls vergrößert, BGH VRS **22** 1, bei erst seit wenigen Monaten selbständiger Gastwirtin, Hb VR **97** 248, bei Alleingeschäftsführer einer diesem gehörenden Ein-Mann-GmbH, BGH VR **92** 1410, selbständigem Landwirt, BGH VR **66** 1158, Ce VR **69** 760 (Kredit für Hilfskräfte), bei Bildhauer bei Armverlust, BGH VR **69** 376, bei früherem Chefarztvertreter, jetzigem Landarzt, Dü VR **73** 929, bei Zahnarzt, Nü VR **77** 63, **68** 481, Ha NZV **95** 316, bei selbständigem Zahntechnikermeister, BGH VR **66** 445, bei freiberuflich beratender Betriebswirtin, BGH VR **72** 1068, bei erst seit kurzem selbständiger Unternehmensberaterin, KG VRS **88** 115, überhaupt bei Freiberuflichen, BGH NZV **93** 428, KG VM **96** 44, Ce NdsRpfl **63** 133, weitere Rspr bei *Scheffen* VR **90** 928.

11   **4 b. Verdienstausfall und Fortkommensschaden.** Verdienstausfall, soweit durch den Unfall adäquat verursacht, BGH VR **62** 281, ist **brutto und idR einschließlich der Steuern und Arbeitgeberanteile** zur Sozialversicherung zu ersetzen, BGHZ **43** 378, NJW **66** 199, BGHZ **87** 181 = NJW **83** 1669, VRS **69** 401, NZV **92** 313, Ha VR **85** 1194, Kö VR **70** 426, Ce VR **80** 582, KG Betr **78** 1541, VR **75** 862, VM **84** 70, *Hartung* VR **81** 1008, **86** 308 = VGT **86** 215, einschließlich der Arbeitgeberanteile zu privaten Pensionskassen, KG VR **72** 352, VM **72** 52, jedoch ohne Arbeitgeberaufwendungen zur Unfallversicherung, BGH NJW **76** 326. Hinsichtlich der Arbeitgeberanteile ist aber der gesetzliche Forderungsübergang gem § 119 I SGB X zu berücksichtigen, soweit die Beiträge vom Geschädigten selbst geltend gemacht werden, BGH NZV **99** 508. Ein Rechtsanspruch auf Lohn- oder Gehaltsfortzahlung bei Krankheit steht nicht entgegen, BGHZ **43** 378 = NJW **65** 1430, **66** 199, Kö VR **64** 689. S § 6 EFZG (Übergang des Ersatzanspruchs auf den Arbeitgeber), s *Küppersbusch* Rz 106. Zur Ermittlung des Bruttoverdienstausfalls ist dem Bruttoverdienst vor dem Unfall das *Brutto*verdienst aus anderweitiger, nach dem Unfall aufgenommener Tätigkeit gegenüberzustellen, BGH NZV **01** 210. Soweit der Erwerbsschaden durch **Leistungen der Sozialversicherung** abgedeckt wird, bedarf die Schadensberechnung nach dem hypothetischen Bruttoverdienst allerdings insoweit der Korrektur, als Steuervorteile (Einkommensteuerfreiheit von Versicherungsleistungen) und ersparte Sozialabgaben (Besserstellung des Rentenempfängers hinsichtlich der Krankenversicherungs- und Arbeitslosenversicherungsbeiträge) anzurechnen sind, BGH VRS **64** 86, **69** 401, DAR **88** 52. Zur Vermeidung ungerechtfertigter Besserstellung durch den Unfall wird teilweise – insbesondere auch vom VI. ZS des BGH – zur Berechnung des Verdienstausfalls auch eine sog **„modifizierte Nettomethode"** angewandt (Nettolohn plus verbleibende Steuern und Beiträge), BGH NJW **64** 2007, BGHZ **127** 391 = NZV **95** 63 (Anm *Hofmann* VR **95** 94, *Lange* JZ **95** 406), Dü DAR **88** 23, Stu VR **99** 631, *Stürner* JZ **84** 462, *Hofmann* NZV **93** 140, krit *Greger* Rz 77. Die Berechnung nach der sog Bruttolohnmethode wird jedoch inzwischen auch vom VI. ZS des BGH nicht mehr beanstandet, s BGH DAR **88** 52, NZV **95** 63, **99** 508, **01** 210, s *Scheffen* VR **90** 927, *v Gerlach* DAR **95** 221. Zu dem zu ersetzenden Erwerbsschaden gehört auch der Verlust des Anspruchs auf **Arbeitslosenhilfe** infolge Eintritts der Arbeitsunfähigkeit, BGH VR **84** 862, BGHZ **90** 335 = VRS **67** 178. Zur Berücksichtigung **steuerlicher Auswirkungen** auf den Ersatzanspruch bei Verdienstausfall (Steuervorteile, Verlust von Steuervergünstigungen), BGH NJW **80** 1788, NZV **99** 508, VRS **59** 84, *Hofmann* VR **80** 807, *Hartung* VR **86** 308 = VGT **86** 215, *Kullmann* VR **93** 385, s auch Rz 3. Soweit bei Haftung auf eine Quote zwischen Bruttolohn- und modifizierter Nettolohnmethode eine steuerliche Progressionsdifferenz besteht, ist dies im Wege der Vorteilsausgleichung dem Schädiger gutzubringen, BGHZ **127** 391 = NZV **95** 63 (Anm *Lange* JZ **95** 406, zust *Hofmann* VR **95** 94). Unfallbedingte Vertreterkosten gehören zum Erwerbsschaden, BGH VR **77** 916. Beweispflichtig für die Höhe des Ausfalls ist der Verletzte, BGH VRS **18** 241, Kö VR **00** 237; ihm kommt jedoch die **Beweiserleichterung** des § 252 BGB und die Schadensschätzung nach § 287 ZPO zugute, s Rz 9. Zu ersetzen ist der **konkrete Verdienstausfall,** nicht eine gutachtlich abstrakte Erwerbsfähigkeitsminderung, BGH NJW **04** 1945, **95** 1023, VR **91** 703, NJW-RR **95** 470, NZV **93** 428, **95** 189, KG VRS **88** 115, Fra VR **82** 909, *Scheffen* VR **90** 226. Daher endet umgekehrt der Ersatzanspruch wegen Verdienstausfalls nicht stets mit der Wiedererlangung der vollen Erwerbsfähigkeit, BGH VR **91** 703. Kein Anspruch einer nicht erwerbstätigen Hausfrau auf Ersatz eines Verdienstausfallschadens ohne konkrete Tatsachen, die die Wahrscheinlichkeit einer Tätigkeitsaufnahme ohne den Unfall belegen, Fra MDR **95** 1012. Der Ersatzanspruch besteht bis zur Erlangung einer gleichwertigen Stelle, RG RdK **42** 7, sofern die fortbestehende Erwerbslosigkeit auch nach gesundheitlicher Wiederherstellung unfallbedingt ist, BGH VR **91** 703, und nach der Lebenserfahrung vom Fortbestand des früheren Arbeitsverhältnisses ohne Unfall auszugehen ist, Ha ZfS **98** 459. An einem haftungsrechtlichen Zusammenhang kann es jedoch fehlen, wenn der Geschädigte, der nach unfallbedingtem Berufswechsel mehr verdient hat als vor dem Unfall, die neue Arbeitsstelle aus eigenem Risiko ohne unfallbedingten Grund aufgibt und dadurch eine Einkommenseinbuße erleidet, BGH VR **91** 129, s **E** 110. Findet sich bei Teilarbeitsfähigkeit keine zumutbare Stelle, so ist der gesamte vorherige Durchschnittsverdienst zu ersetzen, BGH VR **68** 396, auch Auslösung für auswärtige Arbeit, die auch ohne besondere Aufwendungen hierfür gewährt worden wäre, Fra MDR **64** 842, Mü VRS **66** 321. Ist die Weiterverwendung als qualifizierte Fachkraft nicht möglich, ist darauf abzustellen, wie sich die betrieblichen Verhältnisse bei Weiterbeschäftigung des Verletzten entwickelt hätten, BGH VR **62** 824, **64** 76 (Modellschneiderin). Bei einem ungelernten Arbeiter ist bei der Schätzung des Erwerbsausfalls dem besonderen Beschäftigungsrisiko Rechnung zu tragen, BGH NZV **02** 268.

Der arbeitsunfähige Verletzte hat idR Anspruch auf Ersatz der **Beiträge zu gesetzlich zulässigen, freiwilligen weiteren Rentenversicherungen,** BGHZ **46** 332 = NJW **67** 625, BGHZ **69** 347 = NJW **78** 155 (Anm *Buchmüller*), **78** 157, BGHZ **87** 181 = NJW **83** 1669, BGHZ **97** 330 = VR **86** 592, 914, NZV **91** 145 (147), **94** 63. Kein Anspruch des Pflichtversicherten dagegen auf die Beitragsdifferenz, wenn infolge unfallbedingter Minderung des Arbeitsverdienstes geringere Beiträge zur Sozial- und Arbeitslosenversicherung abzuführen sind, BGHZ **87** 181 = NJW **83** 1669. Soweit allerdings keine gesetzliche Möglichkeit besteht, einer Verkürzung späterer Versicherungsleistungen durch Fortentrichtung von Beiträgen entgegenzuwirken, bleibt dem 11a

1 StVG § 11   II. Haftpflicht

Verletzten nur konkrete Schadensberechnung nach Eintritt des Versicherungsfalles, BGHZ **97** 330 = VR **86** 592, **87** 1048. Geht der unfallbedingt Erwerbsunfähige einer Beschäftigung nach, ohne im Rahmen der Schadensminderungspflicht dazu gehalten zu sein, so hat er Anspruch auf Ersatz der von ihm zu entrichtenden Rentenversicherungsbeiträge, BGH NZV **94** 63. Durch unfallbedingten Berufswechsel entstehende Mehraufwendungen für eine (freiwillige) **Krankenversicherung** sind erstattungspflichtig, Kar NZV **94** 396, jedoch nur tatsächlich erbrachte, BGH NZV **91** 145 (147). Für Schadenfälle nach dem 1. 7. 83 gehen Ansprüche auf Ersatz von Beiträgen zur Sozialversicherung nach Maßgabe von § 119 S 1 SGB X auf den SVTr über, s BGHZ **97** 330 = VR **86** 592, **87** 1048 (Anm *Hartung* VR **87** 1050, *v Einem* JR **89** 21), *Ritze* NJW **83** 2624. Zu den Folgeschäden der Körperverletzung kann auch die im Hinblick auf die Unfallverletzung **erhöhte Versicherungsprämie** einer bestehenden oder nach dem Unfall abgeschlossenen Krankentagegeldversicherung gehören, BGH DAR **84** 286. **Umschulungskosten** zur Erlangung der Qualifikation für einen wirtschaftlich und sozial gleichwertigen Beruf sind zu ersetzen, wenn die Umschulung im Zeitpunkt des Entschlusses zu dieser Maßnahme zur Vermeidung andernfalls zu erwartenden Erwerbsschadens sinnvoll erscheint, BGH VRS **63** 163, NZV **91** 265, Jn NJW-RR **99** 1408 (Prognoserisiko beim Schädiger), Schl VRS **80** 10, Fra VRS **82** 417, Ko VR **95** 549. Bei Umschulung zu höherwertigem Beruf jedoch nur Ersatz der Kosten, die auch bei Ausbildung zu einem gleichwertigen Beruf entstanden wären, es sei denn, daß auf andere Weise eine berufliche Wiedereingliederung nicht möglich wäre, BGH NJW **87** 2741, Kar VRS **106** 91; im übrigen keine Vorteilsausgleichung im Hinblick auf den Mehrverdienst, BGH NJW **87** 2741, s auch Rz 3.

12   **Verzögerte Berufsausbildung** (Prüfung) ist nach ihrem vermutlichen Einfluß unter Zugrundelegung eines gewöhnlichen Laufs der Dinge zu berücksichtigen, BGH NZV **01** 34, Ha VR **00** 234, Fra NZV **98** 249, Nü VR **68** 976, Ba VR **67** 911 und Mü ZfS **84** 294 (jeweils einjährige Verzögerung). Maßgebend für die Prognose sind nicht statistische Wahrscheinlichkeiten, sondern Fähigkeit, Anlage, bisherige Ausbildung und soziale Bedingungen zur Unfallzeit, BGH NZV **01** 34, Kö NJW **72** 59. Bei kleinen Kindern können auch Bildung und Beruf der Eltern sowie die Entwicklung von Geschwistern als Anhaltspunkte für den hypothetischen Verlauf der Ausbildung und des Berufslebens mit herangezogen werden, Kar DAR **89** 104. Abbruch des Studiums und Aufnahme einer Erwerbstätigkeit: Fra NZV **98** 249. Näher dazu *Eckelmann ua* DAR **83** 337, *Scheffen* VR **90** 928. Verzögerung des Studiums infolge eines Vorlesungsstreiks, dem der Verletzte ohne den Unfall nicht ausgesetzt gewesen wäre, BGH NJW **85** 791. Wird durch den Unfall die beabsichtigte Ausbildung für einen **höher dotierten Beruf** (Studium) unmöglich gemacht und ergreift der Verletzte eine schlechter bezahlte Erwerbstätigkeit, so ist auch im Rahmen des § 11 StVG Ersatz zu leisten, Ha VR **00** 234, *Greger* 160, *Steffen* DAR **84** 2. Zugrundezulegen ist die Differenz zwischen dem tatsächlichen Einkommen und dem hypothetischen Einkommen im beabsichtigt gewesenen Beruf (§ 252 S 2 BGB), Fra VR **83** 1083, s dazu *Funk* VGT **84** 226, 238 ff, *Eckelmann ua* DAR **83** 346 ff, *Medicus* DAR **94** 442.

13   Entgangenes Weihnachts- und **Urlaubsentgelt** ist zu ersetzen, BGH DAR **73** 17, BGHZ **133** 1 = NZV **96** 355 (zust *Grunsky* JZ **97** 828, *Notthoff* ZfS **98** 163). Zur Frage des Ersatzes für entgangenen Urlaub, s § 16 Rz 5.

14   **Beamte** haben bei unfallbedingtem Dienstunfall einen auf den Dienstherrn übergehenden Anspruch auf Ersatz des Bruttogehalts, BGH VRS **29** 84, **42** 76, NJW **64** 2007, Stu VR **64** 691, KG VRS **24** 82, VR **62** 841, jedoch nicht bei stundenweise ausfallender Arbeitszeit wegen ambulanter Behandlung, Bay MDR **69** 761. Weihnachtsvergütung ist anteilig zu erstatten, BGH Betr **72** 2301. Fällt das Übergangsgehalt wegen unfallbedingter Zurruhesetzung weg, so ist das Ruhegeld auf diesen Schaden nicht anzurechnen, BGH VRS **19** 415. Unfallausgleich neben Ruhegeld ersetzt einen Teil des Erwerbsverlustes, BGH VRS **15** 243, VR **63** 137, und ist auf den zivilrechtlich zu ersetzenden Erwerbsschaden anzurechnen, KG NZV **02** 172. Werden Versorgungsbezüge gezahlt, so geht der Ersatzanspruch insoweit kraft Gesetzes (§ 87a BBG) auf den Dienstherrn über, doch kann dieser auf den unfallschuldigen Angehörigen nicht zurückgreifen, BGH NJW **65** 907. Verbliebene Arbeitskraft, s Rz 17.

Ersatzpflicht bei Körperverletzung § 11 StVG 1

4 c. Der verletzte **haushaltführende Ehegatte (zB Ehefrau)** hat eigene Ersatzansprüche gemäß den §§ 842, 843 BGB zum Ausgleich seiner Tätigkeitsbehinderung, BGHZ 50 304 = NJW 68 1823, 74 1651, Ol NJW-RR 89 1429. **Hausarbeit ist anderer Erwerbstätigkeit gleichwertig**, BGHZ 59 172 = NJW 72 2217, Ko VRS 81 337, Dü VR 92 1418, Ol VR 93 1491, jedoch nicht, soweit der berufstätige Ehegatte dem haushaltführenden gewisse Hilfeleistungen erbringt („Hausmannsentschädigung"), Ol VR 83 890. Der zu ersetzende Ausfall bemißt sich nach der konkreten durch die Verletzung bedingten Behinderung, BGH NZV 90 21, Ha DAR 02 450, Kö VRS 98 403, s *Ludwig* DAR 91 402, *Pardey* DAR 94 266. Die Höhe des zu ersetzenden Schadens ergibt sich aus einem Vergleich zwischen der Arbeitsleistung, die ohne den Unfall erbracht worden wäre, und der verbliebenen Arbeitskraft, Fra VRS 70 328, Ol VRS 71 161, VR 93 1491. Hat der andere Ehegatte im Haushalt nicht mitgearbeitet, kann der verletzte haushaltführende Ehegatte nicht auf diese Möglichkeit verwiesen werden, Ce ZfS 83 291. Diese Grundsätze gelten nicht auch für eingetragene Lebenspartnerschaften, weil dem § 5 LPartG Haushaltsführung nicht geschuldet ist, s *Küppersbusch* Rz 183. Soweit die Haushaltsführung nicht in Erfüllung der der Familie geschuldeten Unterhaltspflicht erfolgt, sondern **eigenen Bedürfnissen** dient, ist sie nicht einer Erwerbstätigkeit gleichzusetzen; insoweit gehört ihr Ausfall daher nicht zum Erwerbsschaden (auf den eine Verletztenrente nach §§ 570 ff, 580 RVO anzurechnen ist), sondern zur Schadensgruppe der vermehrten Bedürfnisse, BGH NZV 89 387, NJW 85 735, 74 41, Ko VRS 81 337, Ol VR 93 1491, Dü VR 92 1418. Der auf den Eigenbedarf entfallende Anteil bestimmt sich im Regelfall nach der Zahl der Personen, BGH NJW 85 735. **Zu ersetzen** sind die Aufwendungen für Pflege und Haushaltshilfe, s *Küppersbusch* Rz 205, auch bei Unfall vor der Ehe, BGH NJW 62 2248, Stu VR 62 73, auch wenn Verwandte oder Freunde unentgeltlich helfen, BGH VR 63 463, NZV 90 21, Ro ZfS 03 233, Stu FRZ 64 267, oder einspringen könnten, BGH VRS 20 81. Maßgebend ist nicht die pflichtgemäß zu erbringende Hausarbeitsleistung, sondern diejenige, welche, wenn auch unter Anstrengungen, ohne den Unfall erbracht worden wäre, uU auch bis ins hohe Alter, BGH NJW 74 1651, Fra VRS 70 328, Ol VRS 71 161, Ol VR 93 1491, s *Küppersbusch* Rz 186. Verlust von Geschmacks- und Geruchssinn allein führt idR nicht zu einer Ersatzansprüche auslösenden Behinderung der Hausfrauenarbeit, Dü VR 82 881. Zur Berechnung des Umfangs der Behinderung einer verletzten Hausfrau, Fra VR 82 981 (Anm *Hofmann*), *Vogel* VR 81 810, *Ludwig ua* DAR 91 401 mit Tabellen zur Ermittlung der konkreten Behinderung („Münchner Modell"), *Ludolph* VR 92 293. Bei der **Berechnung des in behinderter Haushaltsführung bestehenden Schadens** ist die Höhe der zum Ausgleich erforderlichen Aufwendungen für eine Ersatzkraft heranzuziehen, BGHZ 38 55 = NJW 62 2248, Ha DAR 02 450, Kö VRS 98 403, Fra VR 82 981, Dü VR 92 1418, Ol VR 93 1491, und zwar unabhängig davon, ob tatsächlich solche Aufwendungen gemacht werden, BGHZ 50 304 = NJW 68 1823, NZV 90 21, VR 92 618, Ro ZfS 03 233, Fra VR 82 981 (Anm *Hofmann*), VRS 70 328, Ol VRS 71 161, NJW-RR 89 1429, Hb VR 85 646, *Grunsky* NJW 83 2470. Zur Ersatzhöhe bei verminderter Hausarbeitsleistung einer berufstätigen Frau, Fra VR 80 1122, abl *Schmalzl* VR 81 388, *Klimke* VR 81 1083. Der Ersatzanspruch der Ehefrau wegen verminderter Hausarbeitsfähigkeit geht nur insoweit **nach § 116 I SGB X auf den SVTr über**, als die Hausarbeit als Beitrag zum Familienunterhalt der Erwerbstätigkeit gleichsteht (s oben), BGH NJW 74 41 (zu § 1542 alt RVO), 85 735. Bei **Mitarbeit eines Ehegatten im Erwerbsgeschäft des anderen** stehen nur dem verletzten Teil Ersatzansprüche wegen Körperverletzung zu, BGH NJW 72 2217. Zur Frage eines Erwerbsschadens durch behinderte Haushaltsführung in eheähnlicher Gemeinschaft, s *Küppersbusch* Rz 183, *Huffmann* VGT 85 91 ff, *Pardey* DAR 94 268, *Lemcke* JbVerkR 99 175 f sowie Empfehlung des VGT 85 9, verneinend Kö ZfS 84 132, Dü VR 92 1418.

4 d. Verletzungsbedingte Beeinträchtigung der **häuslichen Mitarbeit des Kindes**. Kein eigener Anspruch des im Haushalt der Eltern unentgeltlich mitarbeitenden Kindes für unfallbedingte Unmöglichkeit einer Fortsetzung dieser Arbeit, Fra VR 82 909. Zum Ersatzanspruch der Eltern wegen entgangener Dienste des verletzten Hauskindes, BGHZ 69 380, VRS 54 321. Den Eltern des Verletzten steht Ersatz wegen entgangener Dienste

nur zu, soweit der Verletzte selber Ersatz fordern könnte, aber nicht fordert, BGHZ **69** 380 = NJW **78** 159.

16 **5. Die Schadenminderungspflicht** (*H. W. Schmidt* DAR **70** 293) des Verletzten, auch des vorsätzlich Verletzten, BGH VR **64** 94, begrenzt den Schaden auf dasjenige, was nach pflichtgemäßer möglicher Minderung verbleibt, BGH NJW **67** 2053. Zumutbare, **ärztlich angeratene Behandlung**, wenn gefahrlos und erfolgversprechend, muß wahrgenommen werden, wenn der Schädiger die Kosten übernimmt, BGH VR **67** 953, **61** 1125, Ol VR **65** 909, uU auch eine Operation, BGH NZV **94** 271, Kö VRS **4** 248. Unvorhersehbare Gefahrumstände, die sich auch bei sorgfältiger Operation nicht ausschließen lassen, machen diese unzumutbar, BGH NZV **94** 271, Dü VR **75** 1031, ebenso erhebliche Schmerzhaftigkeit des Eingriffs, BGH NZV **94** 271. Ablehnung einer Hüftgelenkoperation verletzt § 254 BGB nicht, Ol NJW **78** 1200.

17 **Verbliebene Arbeitskraft** muß der Verletzte in zumutbarer Weise schadenmindernd verwenden, BGH NJW **67** 2053, VR **83** 488, NZV **91** 145, **92** 313, **96** 105, **97** 435, Kö VR **91** 111, Fra NZV **93** 471, *Scheffen* VR **90** 933. Kein Verstoß gegen die insoweit bestehende Schadensminderungspflicht, wenn er zur Verwertung verbliebener Arbeitskraft nicht in der Lage ist, BGH NZV **96** 105, **97** 435, oder wenn nicht angenommene oder aufgegebene Arbeit nicht zumutbar ist, KG NZV **02** 95 (mit Beispielen für die entscheidenden Kriterien), Fra ZfS **02** 20 (Verstärkung der unfallbedingten Beschwerden durch die betreffende Tätigkeit). Sein Verdienstausfall entspricht dann der Differenz zwischen den vor und nach dem Unfall erzielten Einkünften; nach dieser Differenz ist auch eine etwaige Haftungsquote des Schädigers zu berechnen, BGH NZV **92** 313. Der Geschädigte ist nicht unter Verzicht auf ihm zustehende soziale Altersversorgung allein im Interesse der Geringhaltung des Schadens zur Weiterbeschäftigung mit der verbliebenen Arbeitskraft verpflichtet (Inanspruchnahme des Altersruhegeldes infolge des Unfalls mit 63 statt mit 65 Jahren), BGH NJW **82** 984. Im Rahmen des Zumutbaren muß der Geschädigte an Umschulungsmaßnahmen teilnehmen, BGH NZV **91** 145, **97** 435, Kö VR **91** 111. Setzt die Annahme einer zumutbaren Arbeit die Anschaffung eines Pkw voraus, so verletzt er seine Schadenminderungspflicht, wenn er das Fz nicht anschafft und die Stelle nicht antritt, obwohl Anschaffung und Nutzung eines Fzs zumutbar wären, BGH NZV **99** 40. Daß der Geschädigte eine zumutbare Tätigkeit nicht aufgenommen habe, hat der Schädiger zu beweisen, BGH NJW **79** 2142, Kö VR **00** 237. An die Beweislast des Schädigers insoweit sind aber keine zu hohen Anforderungen zu stellen; der Geschädigte muß dartun, was er in dieser Richtung unternommen hat, BGH NJW **79** 2142, Kö VR **00** 239. Soweit ein infolge des Unfalls in den Ruhestand versetzter **Beamter** trotz verbliebener Arbeitskraft keiner zumutbaren anderweitigen Tätigkeit nachgeht, obwohl ihm dies möglich wäre, setzt er sich dem Einwand unterlassener Schadensminderung aus; die entsprechende Anspruchsminderung wirkt sich jedoch zunächst zu Lasten seines Dienstherrn als Legalzessionar aus, dh, der Beamte darf, soweit ihm ein Quotenvorrecht zusteht (zB § 87a BBG), aus seinem Anspruch gegen den Schädiger den ihm trotz Pension verbleibenden Schaden ausgleichen, BGH VRS **65** 91, Fra NZV **93** 471, Kar VRS **93** 250. Zur Schadenminderungspflicht des vorzeitig Pensionierten s auch BGH VR **69** 75, **83** 488. Der Einwand verletzter Minderungspflicht besteht auch gegenüber dem Rückgriff des Dienstherrn des verletzten Beamten, BGH NJW **67** 2053. Auch in diesen Fällen kommt dem geschädigten Beamten im Verhältnis zum Dienstherrn als Legalzessionar das Quotenvorrecht des § 87a S 2 BBG zugute, BGH VR **83** 488. **Überstunden** auf Kosten der Freizeit muß sich der Verletzte nicht anrechnen lassen, Dü DAR **69** 157. Wirtschaftliche Risiken zwecks Verwertung der Restarbeitskraft muß der Verletzte nicht eingehen (Eröffnung neuer Arztpraxis), BGH Betr **74** 235. Nach § 254 II BGB nicht zumutbare Erwerbstätigkeit verkürzt den Ersatzanspruch nicht, BGH Betr **74** 235. Hätte ein selbständiger **Kaufmann** den unfallbedingt aufgegebenen Betrieb bei Einstellung einer Hilfskraft fortführen können, so sind ihm nur die Kosten zu ersetzen, die durch Beschäftigung einer solchen Kraft entstanden wären, Ko VR **91** 194.

18 **6. Ein Vermögensnachteil durch Vermehrung der Bedürfnisse des Verletzten** ist eingetreten, wenn die Bedürfnisse vermehrt, nicht erst wenn sie bereits befriedigt worden sind, RGZ **151** 298, BGH NJW **58** 627, VRS **39** 163. Vermehrung der Bedürfnisse: Ständig wiederkehrende Aufwendungen, die nicht der Wiederherstellung der Gesundheit oder Erwerbsfähigkeit dienen, sondern dem Ausgleich aller Nachteile im Vergleich zu einem Gesunden infolge unfallbedingter dauernder Störung des körperlichen Wohlbefindens (laufende Mehrausgaben zur Besserung und Linderung verbliebener Beschwerden oder Abwendung einer Verschlimmerung, unfallbedingte Mehraufwendungen für Prothesen, Kleidung, Diät, Kuren, Haushaltshilfen, Benutzung von VMitteln, ggf Kfz), BGH NZV **04** 195, VR **92** 618, NJW-RR **92** 791, NJW **82** 757, Ha DAR **03** 118, VRS **100** 321, Nü DAR **01** 366, KG DAR **71** 296, s *Küppersbusch* Rz 262 ff., *Drees* VR **88** 784. Dazu können auch die **Kosten für die Unterbringung** eines über 70 Jahre alten Geschädigten in einem Tagespflegeheim gehören, Kö MDR **89** 160, oder die Kosten, die für die Beschäftigung des Geschädigten in einer Behindertenwerkstatt aufgewendet werden müssen, BGH NJW **96** 726, Ha VRS **81** 322, **100** 321. Auch durch Familienangehörige unentgeltlich erbrachte **Pflegetätigkeit** ist vom Schädiger abzugelten, BGHZ **106** 28 = NJW **89** 766, NZV **99** 76; dazu gehören auch die im Rahmen von § 44 SGB XI für die Pflegeperson zu entrichtenden Rentenversicherungsbeiträge, BGH NZV **99** 76. Pflegeleistungen der Mutter des verletzten Kindes kommen dem Schädiger auch dann nicht zugute, wenn eine Verletzung der Obhutspflicht der Mutter für die Schädigung mitursächlich war, BGH VR **04** 1147. Ist es dem Geschädigten nicht zuzumuten, täglich zur Arbeit in einen anderen Ort zu fahren, so ist ihm der erhöhte Aufwand für eine Wohnung am künftigen Arbeitsort zu ersetzen, Ce VR **62** 292. Soweit **einmalige Aufwendung,** zB Anschaffung eines Hilfsmittels, den ständigen Mehrbedarf deckt, kann abw von § 13 (Rente) Ersatz der einmaligen Kosten verlangt werden, BGH NZV **04** 195, NJW **82** 757, Mü VR **03** 518, *Küppersbusch* Rz 263 (Rollstuhl, elektronische Schreibhilfe, behindertengerechter Ausbau des Hauses). Die Ersatzpflicht setzt verletzungsbedingten Bedarf voraus, BGH NZV **04** 195. Bei Gehbehinderung infolge Unfalls kann **Kostenzuschuß zum notwendigen Kfz** in Betracht kommen, BGH NZV **04** 195, VR **70** 899, Ce VR **75** 1103, oder zur Sonderausstattung des Fzs, BGH NZV **04** 195. Ist der Verletzte infolge seiner durch den Unfall erlittenen Verletzungen auf einen Pkw angewiesen, steht ihm wegen der dafür erforderlichen Aufwendungen ein Ersatzanspruch nur insoweit zu, als er diese nicht auch ohne den Unfall machen würde, BGH VR **92** 618 (Mehrkosten für Automatikgetriebe), Mü DAR **84** 58, Stu ZfS **87** 165. Kein Anspruch auf Erstattung der Kosten für behindertengerechten Umbau eines Krades, wenn die Mobilität des Verletzten durch einen entsprechend ausgestatteten Pkw hergestellt wird, BGH NZV **04** 195 (Ausgleich durch Schmerzensgeld). Nicht ersatzfähig ist die nur gelegentlich unfallbedingter Krankheit erfolgte Anschaffung von Gegenständen des allgemeinen oder gehobenen Lebensstandards (Bücher, Unterhaltungsmittel, Fernsehen usw), Nü ZfS **83** 132. Kosten für unfallbedingt **verlängerte Schulausbildung** können nicht als vermehrte Bedürfnisse geltend gemacht werden, BGH NJW-RR **92** 791. Zu ersetzen sind auch unfallbedingte Erhöhungen der Prämie für **Lebensversicherung,** Mü NJW **74** 1203, Zw NZV **95** 315. Auch Aufwendungen die dadurch entstehen, daß der Verletzte **handwerkliche Arbeiten** in seinem Haushalt oder Bauvorhaben nicht mehr selbst ausführen kann, sind als vermehrte Bedürfnisse ersatzpflichtig, BGH NZV **89** 387 (Anm *Grunsky*), **90** 111, Mü NZV **90** 117, Kö VR **91** 111 (jeweils Bauvorhaben), s Ha NZV **89** 72, Zw NZV **95** 315 (Erwerbsschaden). Der Geschädigte muß Umstände darlegen und beweisen, aus denen sich die Wahrscheinlichkeit für die konkrete Beabsichtigung solcher Arbeiten ergibt, Ha NZV **95** 480.

7. Art des Schadensersatzes. Geldrente: § 13 StVG. Künftige Entwicklungen, soweit schon beurteilbar, sind zu berücksichtigen, bei späterer wesentlicher Veränderung Abänderungsklage, BGHZ **34** 118. Der Geschädigte darf Geldersatz beliebig ohne Zweckbindung verwenden, BGH VR **69** 907. Er kann bei Ansprüchen aus dem StVG Unterhalt und Heilungskosten auch für die Vergangenheit als Rente verlangen, BGH VR **64** 777. Die Rente wegen Verdienstausfalls ist im Urteil **auf die voraussichtliche Dauer der Erwerbstätigkeit zu begrenzen,** BGH DAR **88** 52, NZV **95** 441, 480, s *Weber* DAR **88** 194. Da vom derzeit normalen Ruhestandsalter auszugehen ist, ist die Rente für Verdienstausfall bei Nicht-Selbständigen grundsätzlich auf die Vollendung des **19**

1 StVG § 12

65. Lebensjahrs zu begrenzen, BGH NZV **04** 291, **94** 63, **95** 441, 480 (auch bei Frauen) – Anm *Frahm* VR **95** 1448 –, DAR **88** 52, Nü VR **86** 173, Stu VR **99** 631, *Weber* DAR **88** 194, krit *Küppersbusch* Rz 861. Etwaiges früheres Ausscheiden des Geschädigten aus dem Erwerbsleben auch ohne den Unfall hat der Schädiger zu beweisen, Zw VRS **78** 16. Der Verletzte braucht sich nicht geldliche Leistungen aus Privatversicherungen anrechnen zu lassen.

20 **Lit:** *Berger,* Zum Erwerbsschaden des Selbständigen, VR **81** 1105. *Deutsch/Schramm,* Schockschaden und frustrierte Aufwendungen, VR **90** 715. *Dornwald,* Sozialversicherungsbeiträge und Steuern beim Personenschaden, VGT **86** 192. *Drees,* Schadensersatzansprüche nach unfallbedingter Pensionierung, VR **87** 739. *Derselbe,* Schadensersatzansprüche wegen vermehrter Bedürfnisse, VR **88** 784. *Dunz,* Haftungsverhältnisse nach Pensionierung eines durch Drittverschulden verletzten Beamten, VR **84** 905. *Eckelmann/Boos,* Schadensersatz bei Ausfall der Hausfrau, VR **78** 210. *Eckelmann ua* Schadensersatz bei Veletzung von Kindern, Schülern, Lehrlingen oder Studenten ..., DAR **83** 337. *Fleischmann,* Entwicklungstendenzen im Schadenersatzrecht, VGT **82** 268, 275. *Funk, Riesenbeck,* Das Zukunftsrisiko bei jugendlichen VOpfern, VGT **84** 226 = DAR **85** 42, VGT **84** 248. *Grunsky,* Der Ersatz fiktiver Kosten bei der Unfallschadensregulierung, NJW **83** 2465. *Derselbe,* Schadensersatz bei Verletzung eines Gewerbetreibenden oder Freiberuflers, DAR **88** 400. *Hartung,* Verdienstausfallschaden „brutto" oder „netto"?, VR **81** 1008. *Derselbe,* Steuern beim Personenschaden, VR **86** 308 = VGT **86** 215. *Derselbe,* Sozialversicherungsbeiträge beim Personenschaden, VR **86** 520 = VGT **86** 239. *Heß,* Haftung und Zurechnung psychischer Folgeschäden, NZV **98** 402. *Hofmann,* Entwicklungstendenzen im Schadenersatzrecht, VGT **82** 249, 260. *Derselbe,* Der Ersatzanspruch bei Beeinträchtigungen der Haushaltsführung, NZV **90** 8 (mit Erwiderung *Jung* DAR **90** 161). *Derselbe,* Zum erstrebten Gleichklang zwischen modifizierter Nettolohnmethode und Bruttolohnmethode bei der Berechnung des Erwerbsschadens, NZV **93** 139. *Jahnke,* Auswirkungen des SchuldrechtsmodernisierungsG und des ... SchadenrechtsänderungsG auf die Regulierung von Personenschadenansprüchen, DAR **02** 105. *Küppersbusch,* Ersatzansprüche bei Personenschaden, 8. Aufl, 2004. *Lemcke,* Die Berechnung des Haushaltsführungsschadens, JbVerkR **99** 122. *Ludwig,* Schadensersatz bei verletzungsbedingtem Ausfall der Hausfrau, DAR **91** 401. *Medicus,* Schadensersatz bei Verletzung vor Eintritt in das Erwerbsleben, DAR **94** 442. *von Mayenburg,* ... Bemerkungen zur Einführung von Schmerzensgeld bei Gefährdungshaftung ..., VR **02** 278. *Neumann-Duesberg,* Krankenbesuchskosten als Heilungskosten, NZV **91** 455. *Pardey,* Der Haushaltsführungsschaden bei Lebensgemeinschaften, DAR **94** 265. *Pardey/Schulz-Borck,* Angemessene Entschädigung für die ... vereitelte unentgeltliche Arbeit im Haushalt, DAR **02** 289. *Rinke,* Kein Ersatz fiktiver Operationskosten?, DAR **87** 14. *Scheffen,* Erwerbsausfallschaden bei verletzten und getöteten Personen, VR **90** 926. *Schleich,* Zur schadensersatzrechtlichen Erstattung von Besuchs- und Nebenkosten bei stationärer Heilbehandlung, DAR **88** 145. *Schmidt,* Schockschäden Dritter und adäquate Kausalität, MDR **71** 538. *Seidel,* Der Ersatz von Besuchskosten im Schadensrecht, VR **91** 1319. *Staab,* Psychisch vermittelte und überlagerte Schäden, VR **03** 1216. *Steffen,* Ersatz von Fortkommensnachteilen und Erwerbsschäden aus Unfällen vor Eintritt in das Erwerbsleben, DAR **84** 1. *Stürner,* Der Erwerbsschaden und seine Ersatzfähigkeit, JZ **84** 412, 461. *Vogel,* Die Beurteilung der Behinderung der Hausfrau im Haftpflichtanspruch, VR **81** 810.

Höchstbeträge

12 (1) Der Ersatzpflichtige haftet
1. im Falle der Tötung oder Verletzung eines Menschen nur bis zu einem Kapitalbetrag von 600 000 Euro oder bis zu einem Rentenbetrag von jährlich 36 000 Euro;
2. im Fall der Tötung oder Verletzung mehrerer Menschen durch dasselbe Ereignis, unbeschadet der in Nummer 1 bestimmten Grenzen, nur bis zu einem Kapitalbetrag von insgesamt 3 000 000 Euro oder bis zu einem Rentenbetrag von jährlich 180 000 Euro; im Fall einer entgeltlichen, geschäftsmäßigen Personenbeförderung gilt diese Beschränkung jedoch nicht für den ersatzpflichtigen Halter des Kraftfahrzeugs oder des Anhängers;
3. im Fall der Sachbeschädigung, auch wenn durch dasselbe Ereignis mehrere Sachen beschädigt werden, nur bis zu einem Betrag von 300 000 Euro.

(2) Übersteigen die Entschädigungen, die mehreren auf Grund desselben Ereignisses nach Absatz 1 zu leisten sind, insgesamt die in Nummer 2 Halbsatz 1 und Nummer 3 bezeichneten Höchstbeträge, so verringern sich die einzelnen Entschädigungen in dem Verhältnis, in welchem ihr Gesamtbetrag zu dem Höchstbetrag steht.

Höchstbeträge § 12 StVG 1

Begr zum ÄndG v 19. 7. 02 (BTDrucks 14/7752 S 32): *Durch Artikel 4 Nr. 6 werden die bisherigen Haftungshöchstbeträge des Straßenverkehrsgesetzes, die zuletzt im Jahre 1977 erhöht worden sind, unter Berücksichtigung der wirtschaftlichen Entwicklung und der mit diesem Gesetz erfolgenden Haftungserweiterungen bei der Gefährdungshaftung angepasst, mit anderen Haftungshöchstgrenzen harmonisiert und auf Euro umgestellt.... Die individuelle Haftungshöchstgrenze für Personenschäden (§ 12 Abs. 1 Nr. 1 StVG), die bisher bei einem Kapitalbetrag von 500 000 DM und einer Jahresrente von 30 000 DM lag, wird auf einen Kapitalbetrag von 600 000 Euro und eine Jahresrente von 36 000 Euro angehoben. Diese Heraufsetzung, die etwa einer Verdopplung entspricht, trägt sowohl den seit der letzten Anhebung vor über 20 Jahren gestiegenen Schadensbeseitigungskosten als auch der Erweiterung der Gefährdungshaftung durch dieses Gesetz, insbesondere durch Einführung von Schmerzensgeldansprüchen, Rechnung....*
Die globale Haftungshöchstgrenze für Personenschäden (§ 12 Abs. 1 Nr. 2 StVG), die bisher bei einem Kapitalbetrag von 750 000 DM und einer Jahresrente von 45 000 DM lag, wird auf einen Kapitalbetrag von 3 Mio. Euro und eine Jahresrente von 180 000 Euro angehoben. Neben den bereits erwähnten Faktoren der allgemeinen wirtschaftlichen Entwicklung in den letzten Jahren und der Ausweitung der Gefährdungshaftungsansprüche kommt hier verstärkt die Erkenntnis zum Tragen, dass im Falle der Tötung oder Verletzung mehrerer Personen der bisher im Gesetz vorgesehene Kapitalhöchstbetrag von 750 000 DM und der Höchstbetrag der Jahresrente von 45 000 DM vor dem Hintergrund heutiger Schadensersatzbeträge völlig unzureichend ist. Selbst unter Berücksichtigung des bisherigen individuellen Kapitalhöchstbetrages von 500 000 DM und des maximalen Jahresrentenbetrages von 30 000 DM würden damit nicht einmal Verkehrsunfallschäden mit nur zwei Schwerstgeschädigten im Umfang des individuellen Haftungshöchstbetrages ausgeglichen werden können.... Der (globale) Haftungshöchstbetrag für Sachschäden (§ 12 Abs. 1 Nr. 3 StVG), der bisher bei 100 000 DM lag, wird auf 300 000 Euro angehoben. Maßgeblich hierfür war die Anpassung an die allgemeine wirtschaftliche Entwicklung unter Berücksichtigung der erheblich gestiegenen Sachwerte und der damit verbundenen Kostensteigerungen bei der Schadensbeseitigung, die bisherige Haftungshöchstgrenze unzureichend erscheinen lässt. Allein wenn man den erheblichen Sachwert von hochwertigen Personenkraftwagen, von Lastkraftwagen oder Bussen in den Blick nimmt, kann im Fall einer Unfallbeteiligung mehrerer dieser Fahrzeuge schnell ein Sachschaden entstehen, der weit über dem bisherigen Haftungshöchstbetrag von 100 000 DM liegt. Um einen durchschnittlich großen Sachschaden abzudecken, erschien deshalb die Anhebung auf 300 000 Euro erforderlich....

Übersicht

Abschleppkosten 28
Anrechnung ersparter Kosten 38
Anwaltskosten 50
Aufwendungen, unverhältnismäßige 12, 19, 20
Auslagen 50

Baum 51

Dispositionsfreiheit 5

Eigenkosten, ersparte 38
Entgangener Gewinn 14, 31, 46
Ersatzfahrzeuge bei FzAusfall 46

Finanzierungskosten 32

Gebrauchswert 15
Gewerbeertragsteuer 49
Gewerblich genutzte Fahrzeuge 33, 46
Gutachten 6, 50

Haftung für Sachschäden 4 ff
Herabsetzung bei Mehrfachschäden 3 a
Höchstbeträge 1–3
–, Schadensausgleich 2
– bei Tötung oder Verletzung 3

Instandsetzung 13, 17 ff
Integritätsinteresse 8, 10, 19, 20, 24
„Interimsfahrzeug" 8 a, 21

Kleidung 51
Konkrete Schadenberechnung 6
KfzSteuern 47

Leasing 10, 19, 48
Liebhaberwert 16

Mehrere Schädiger in zeitlicher Folge 5
Mehrfachschäden 3 a
Mehrwertsteuer 48 f
Merkantiler Minderwert 25 f
Mietaufwendungen 33–39
Mietfahrzeug-Aufwand 35–37
Mietwagenunfall, Vorsorge 39
Minderwert, merkantiler 25, 26

Nebenkosten, Ersatz 50
Neupreis 11
„Notreparatur" 8 a, 37
Nutzungsausfall 40–46
–, Höhe der Entschädigung 44
–, Nicht privat genutzte Fze 46
–, Nutzungswille 45

Prämienvorteil, entgangener 29, 30

Rabatt 8 a
Reparaturkosten 6 ff, 10, 12, 19 ff
–, fiktive 6, 18, 24

177

1 StVG § 12 II. Haftpflicht

Restwert des beschädigten Fzs 8, 19
Risikozuschlag 5, 10, 14, 24
Rückgriff 3 a

Sachschaden, Haftung 4 ff, 51
Sachverständigenkosten 6, 50
Schadenausgleich (§§ 9, 17 StVG) 2
Schadenberechnung 6, 10
Schadenermittlung 6
Schadenminderungspflicht 8, 9, 21
Selbstreparatur 23
Sonstige Kosten und Schäden 48–51
Steuer, ersparte 31

Tiere 51
Totalschaden 10–18
–, Unechter – 11
–, Wirtschaftlicher – 18
Tötung 3

„Unfallhelfer" 32

Veräußerung des unreparierten Fzs 24
Verdienstausfall 31
Verhältnismäßige Herabsetzung bei Mehrfachschäden 3 a
Verletzung 3
Versicherungsprämie 29 f, 47
Verzögerung der Reparatur oder Ersatzbeschaffung 21
Vorhaltekosten 46
Vorteilsausgleichung 27

Werkstattfehler 22
Wertersatz 4 ff
Wertminderung 25, 26
Wiederbeschaffungswert 5, 10, 14
Wiederherstellungskosten 21–23
Wirtschaftlicher Totalschaden 10, 18–20

Zeitverlust 31, 50
Zeitwert 14

1 **1. Höchstersatzbeträge bestimmt § 12 für die Ansprüche aus Gefährdungshaftung,** weil nur so erträgliche Haftpflichtversicherungsbedingungen zu ermöglichen sind, RGZ **147** 355, *Böhmer* DAR **76** 237. § 12 begrenzt die geschuldete Leistung, BGH NZV **97** 36; Zahlungen anderer auf die Schuld dessen, der nach § 12 beschränkt haftet, mindern den Betrag des Schadenersatzes, den er dem Verletzten schuldet, BGH VR **57** 427. Die auf den jeweils geltenden Höchstbetrag begrenzte Leistungspflicht kann nicht nur durch Zahlung erfüllt, sondern auch auf andere Weise, etwa durch Erlaß, zum Erlöschen gebracht werden, BGH NZV **97** 36. Bei Wegfall eines Gesamtgläubigers darf der andere den Haftungshöchstbetrag ausschöpfen, BGH NJW **79** 2039. Erreicht der für die Vergangenheit geltend gemachte Schaden den Höchstbetrag nicht, so hindert es die Zuerkennung nicht, wenn zugleich die Feststellung begehrt wird, daß der Schädiger auch für künftige Schadensfolgen hafte, BGH VRS **22** 180. Bei der Prüfung, ob die Höchstbeträge erreicht sind, sind die Beträge zu berücksichtigen, die auf den SVTr übergegangen sind, BGH VR **62** 374. Im Tenor eines **Feststellungsurteils** über Ansprüche nach §§ 7 I, 18 sollte die Beschränkung auf die Höchstbeträge ausdrücklich ausgesprochen werden. Hat das LG den zuerkannten Anspruch nicht gemäß § 12 begrenzt, so hat das Berufungsgericht die Formel auch ohne Antrag zu berichtigen, BGH VRS **23** 348. Keine Beschwer für ein Rechtsmittel jedoch, wenn der Schaden die Höchstbeträge offensichtlich nicht übersteigt oder die Entscheidungsgründe erkennen lassen, daß sich die Ersatzansprüche allein auf §§ 7 I, 18 gründen, BGH VR **81** 1180, VRS **76** 99, KG VRS **106** 272. Stützt der Geschädigte seine Klage ausdrücklich (nur) auf Gefährdungshaftung, so kann die Auslegung eines **Vergleichs** Haftungsbegrenzung nach § 12 ergeben, auch wenn eine schriftliche Begrenzung im Vergleich unterblieb, Mü VR **03** 1591. Verwaltungsverfahrenskosten gemäß dem Nato-Truppenstatut und ergänzendem Bundesrecht fallen nicht unter die Höchstgrenzen des § 12, BGH VRS **38** 26, VR **69** 1043. Stationierungsstreitkräfte: § 16. Von § 12 abweichende, höhere Höchstbeträge gelten nach Maßgabe von § 12a (anzuwenden gem Art 229 § 5 EGBGB für Schadensereignisse ab dem 31. 7. 02) bei Beförderung gefährlicher Güter. Unbegrenzte Haftung (ohne Höchstbeträge) besteht gem § 12b (anzuwenden gem Art 229 § 5 EGBGB für Schadensereignisse ab dem 31. 7. 02) bei Schadensverursachung beim Betrieb eines gepanzerten GleiskettenFzs.

2 **1a. Keine Berücksichtigung der Höchstbeträge beim Schadenausgleich nach den §§ 9, 17 StVG.** Die Höchstbeträge gemäß I sind unabhängig von mitwirkendem Verschulden des Verletzten (§ 9), RGZ **87** 402, **123** 40, Mü ZfS **03** 176. Sie können voll zugebilligt werden, auch wenn die Ersatzpflicht nur für einen Bruchteil anerkannt ist, RG JW **30** 2943 Nr 13, Mü ZfS **03** 176. Im Rahmen des § 17 beschränkt der § 12 nur die Beträge, deren Zahlung dem Halter auferlegt werden soll, hindert aber nicht, dem geschädigten Halter, dem nach § 17 I und IV die Schadensverursachung mit zur Last fällt, einen Teil seines Schadens auch aufzuerlegen, wenn er über die Höchstgrenzen

178

Höchstbeträge § 12 StVG 1

des § 12 hinausgeht, RGZ **149** 213, BGH VR **11** 107. Indes hat ein Halter, der nur nach StVG haftet, nie mehr als die Höchstbeträge zu ersetzen, BGH DAR **57** 129.

1 b. Höchstbetrag bei Tötung oder Verletzung von Menschen. Die in I für 3 den Fall der Tötung oder Verletzung eines Menschen bestimmten Höchstbeträge gelten in bezug auf jeden einzelnen auch, wenn durch dasselbe Ereignis mehrere Menschen getötet oder verletzt werden; jedoch ist der insgesamt zu leistende Betrag auf die in Nr 2 genannte Summe begrenzt. Im übrigen schließt I Nr 2 die Beschränkung auf Höchstbeträge für die Insassenhaftung bei geschäftsmäßig gegen Entgelt mit Kfzen betriebener Personenbeförderung aus den Gründen aus, die zur Einführung dieser Haftung geführt haben. Die durch ÄndG v 19. 7. 02 insoweit erfolgte Ergänzung der Bestimmung durch die Einbeziehung der Personenbeförderung auf KfzAnhängern trägt der durch das gleiche ÄndG eingeführten Ausweitung der Halterhaftung nach § 7 auf den Anhängerhalter Rechnung. Trotz der Unzulässigkeit der Personenbeförderung auf Anhängern (§ 21 II S 2 StVO) war die Ergänzung im Hinblick auf die Möglichkeit von Ausnahmegenehmigungen notwendig (s Begr, BTDrucks 14/8780 S 22). Das Verhältnis zwischen Kapital- und Rentenhöchstbetrag (I Nr 1, 2) ist für die Bemessung des Rentenkapitalwerts iS von § 155 VVG nicht maßgebend, BGH VRS **58** 178.

1 c. Verhältnismäßige Herabsetzung der Entschädigungen bei Mehrfach- 3 a **schäden. Rückgriff.** II ist auch anzuwenden, wenn eine Person getötet ist, aber mehrere Unterhaltsberechtigte aus § 10 II StVG vorhanden sind, BGH VR **67** 902. II ist bei Tötung oder Verletzung *eines* Menschen entsprechend anzuwenden, wenn Ansprüche deswegen verschiedenen Gläubigern zustehen, weil solche des Legalzessionars (zB des SVTr nach Forderungsübergang) mit solchen konkurrieren, die dem Verletzten/ Hinterbliebenen verblieben sind, oder weil die Entschädigungsansprüche auf mehrere Gläubiger übergegangen sind, BGHZ **51** 226 = NJW **69** 656, BGHZ **146** 99 = NZV **01** 165. II gilt auch bei Beschädigung versicherter und nichtversicherter Sachen desselben Eigentümers und gegenüber mehreren Anspruchsberechtigten (Rechtsübergang), BGH VR **68** 786. Das aus § 116 II SGB X folgende **Quotenvorrecht** zugunsten des Geschädigten bei teilweisem Forderungsübergang auf den SVTr gilt nur bei Anspruchskürzung ausschließlich aufgrund gesetzlicher Haftungsbeschränkung auf Höchstbeträge, nicht dagegen in Fällen, in denen der Anspruch daneben auch aufgrund Mitverschuldens begrenzt ist, also nicht bei Kumulation beider Gründe für eine Haftungsbegrenzung, BGHZ **146** 99 = NZV **01** 165 (zust *Gitter* JZ **01** 716, *v Olshausen* VR **01** 936). Haftet der Schädiger als Halter und nach Amtshaftung, so richtet sich die Höhe des Rückgriffs des Kaskoversicherers des Geschädigten aus dessen Halterhaftung danach, wie die Haftungssumme (§ 12) lediglich bei Halterhaftung zu verteilen wäre, BGH NJW **67** 1273, **68** 1962. *Wussow,* Zur Anwendung des § 12 II, NJW **59** 563.

2. Die Haftung für Sachschäden, nach StVG gemäß § 12 auf Höchstbeträge be- 4 grenzt (Rz 1, 2), tritt ein bei regelwidriger Substanzveränderung oder -entziehung (*Sanden/Völtz* 39) und begründet an sich einen Anspruch auf Sachersatz (§ 249 BGB). An Stelle des Herstellungsanspruchs tritt jedoch in aller Regel, beim Versicherer im Rahmen des Versicherungsvertrages stets (§ 3 Nr 1 S 2 PflVG), Geldersatz (§§ 249 II, 251 II BGB), BGH NJW **89** 3009, KG VM **74** 5. Dieser ist so zu bemessen, daß der Geschädigte bei wirtschaftlich vernünftigem Verhalten weder reicher noch ärmer wird als bei Schadenbeseitigung durch den Schädiger, BGHZ **154** 395 = NJW **03** 2085, BGHZ **63** 182 = NJW **75** 160. Zu ersetzen ist, was ein verständiger, wirtschaftlich denkender Eigentümer in der besonderen Lage des Geschädigten als Ersatz aufwenden müßte, BGHZ **54** 85, NJW **78** 2592, **89** 3009, BGHZ **115** 365 = NJW **92** 302, KG NZV **02** 89. Der Anspruch auf Zahlung des zur **Naturalrestitution in Form einer Reparatur** erforderlichen Geldbetrages gem § 249 II BGB setzt Reparaturfähigkeit der Sache voraus, der Anspruch des Geschädigten auf *Wertausgleich* **(Kompensation)** gem § 251 I BGB und die Begrenzung der Ersatzpflicht auf Wertausgleich gem § 251 II BGB dagegen Unmöglichkeit bzw **Unverhältnismäßigkeit** der Wiederherstellung, BGH DAR **76** 123, NJW **04** 1943 (Anm *Timme/Hülk* MDR **04** 935), BGHZ **115** 365 = NJW **92** 302 (303), *Greger* § 7 Rz 185, 189. IdR (Ausnahmen, s Rz 11) kein Anspruch auf Erstattung der Kosten für Ersatzbeschaffung, wenn diese die Reparaturkosten wesentlich übersteigen würden, Ha NZV **95** 27 (100% Zoll). Naturalrestitution gem § 249 (Abs II) BGB hat gegenüber der Kompensation (Wertausgleich) nach § 251 I, II BGB Vorrang, BGHZ **115** 365 = NJW **92** 302, wobei die Rspr neben der FzReparatur auch die **Beschaffung eines ErsatzFzs als eine Form der Naturalrestitution** ansieht, BGH NJW **04** 1943 (zust *Steffen* DAR **04** 381, krit *Untermeier* NZV **04** 331), BGHZ **115** 365 = NJW **92** 302, BGHZ **115** 375 = NJW **92** 305 (zust *Lipp* NZV **92** 70, krit *Lange* JZ **92** 480), BGHZ **143** 189 = NZV **00** 162, BGHZ **154** 395 = NJW **03** 2085, Dr DAR **01** 303, Dü ZfS **01** 111, Ha NZV **00** 170, VR **00** 1122, Ko NZV **95** 355, *Huber* NZV **04** 107 (str), krit *Schiemann, Scheffen*-F S 402, einschränkend LG Aurich MDR **03** 1415 (bei sehr alten Fzen mit hoher Fahrleistung keine Naturalrestitution), aM zB *Reiff* NZV **96** 426, *Haug* NZV **03** 552, VR **00** 133 ff, s dazu *v Gerlach* DAR **92** 201.

5   Zumindest wirtschaftlich hat der Schädiger den Zustand wie vor dem Unfall herzustellen, BGH NJW **76** 1202. Ist Wiederherstellung nicht möglich, so entspricht der Geldersatz dem Preis für ein gleichwertiges Fz ohne Risikozuschlag, auch bei Anschaffung eines neuen Fz, BGH NJW **66** 1454 (Wiederbeschaffungswert), also einschließlich der Händlerspanne und Mehrwertsteuer, Ce VR **73** 669 (bei Kompensation gem § 251 BGB trotz § 249 II 2 nF auch ohne Verwendung der Ersatzleistung zur Wiederbeschaffung), s Rz 48. **Wiederbeschaffungswert** (s auch Rz 14) eines GebrauchtFzs ist der bei einem seriösen Händler für ein gleichwertiges ErsatzFz mit gründlicher technischer Prüfung zu zahlende Preis, BGH NJW **66** 1454, **78** 1373, Dü NZV **97** 483, Fra MDR **86** 494, *Jahnke* VR **87** 645. Der Schädiger hat diejenigen Mittel bereitzustellen, die ein verständiger FzEigentümer in der besonderen Lage des Geschädigten aufzuwenden hat, BGHZ **54** 82, 84 = NJW **70** 1454, **74** 34, 35, Ol VR **67** 566, um diesen **wirtschaftlich so zu stellen wie vor dem schädigenden Ereignis**, ohne Rücksicht darauf, wie er die Ersatzleistung verwendet **(Dispositionsfreiheit)**, BGHZ **154** 395 = NJW **03** 2085, BGHZ **66** 239, 241 = NJW **76** 1396, BGHZ **155** 1 = NJW **03** 2086, NJW **97** 14, 17 = NJW **86** 1538, Dr DAR **01** 455, Nau VRS **100** 244, KG VM **95** 35, Ha DAR **02** 215, VR **00** 1122, Kö ZfS **94** 123, *Weber* VR **90** 937, **92** 528 ff, *Steffen* NZV **91** 2, NJW **95** 2059, *Grunsky* JZ **92** 807, *Pamer* NZV **00** 491 (str), aM zB *Honsell/Harrer* JuS **91** 446. Maßgebend für die Errechnung von Schaden und wirtschaftlicher Gleichwertigkeit des Ersatzes sind der Zeitpunkt der Schädigung und der Wiederherstellung, Nü VR **64** 835, Ce VRS **30** 321. Zum Schadenersatzanspruch, wenn der Geschädigte trotz Ersatzleistung das Fz unrepariert weiterbenutzt und das beschädigte FzTeil erneut beschädigt wird, s *Schopp* VR **90** 835 mit Erwiderung *Klimke* VR **90** 1333. Finanzierung: Rz 32.

6   **2 a.** Die **Schadenermittlung** kann aufgrund **Schätzgutachtens** eines anerkannten KfzSachverständigen erfolgen (§ 287 ZPO), mag auch die Reparaturrechnung eine genauere Bemessung des nach § 249 II BGB geschuldeten Ersatzbetrages erlauben, BGHZ **155** 1 = NJW **03** 2086, **89** 3009 (Anm *Hofmann* NZV **89** 466). Der erforderliche Herstellungsaufwand ist insoweit subjektbezogen, als er auch von den Erkenntnis- und Einflußmöglichkeiten des Geschädigten und von dessen Abhängigkeit von Fachleuten mitbestimmt wird, BGHZ **63** 182 = NJW **75** 160, BGHZ **115** 365 = NJW **92** 302, Ol NZV **89** 148, Ha NZV **95** 442. Muß sich der Geschädigte erst über den Schaden vergewissern, so darf er einen **Sachverständigen** hinzuziehen, s Rz 50, und sich mangels besonderer Gegengründe auf das Gutachten verlassen, Kar VR **75** 335, Ha NZV **91** 351, auch noch nach Werkstattschätzung, Stu NJW **74** 951, VR **75** 164. Näher: *Trost* VR **97** 537, *Wortmann* VR **98** 1204. Zur Frage der Erstattungsfähigkeit der Gutachterkosten bei Bagatellschäden, s Rz 50. Läßt der Geschädigte nach bestem Wissen reparieren, obwohl sich der Schaden dadurch nicht beheben läßt, so hat der Schädiger für die Auswirkungen dieser unvermeidlichen Fehlbeurteilung einzustehen, BGH VR **76** 389. Hat der Geschädigte das Fz reparieren lassen, so ist er nicht stets verpflichtet, die **Reparaturrechnungen** vorzulegen, sondern kann auf das eingeholte **Sachverständigengutachten** verweisen, das auch für die Schadensschätzung durch den Tatrichter gem § 287 ZPO ausreicht, soweit nicht Anhaltspunkte für Mängel des Gutachtens vorliegen, BGH NJW **89** 3009 (Anm *Hofmann* NZV **89** 466), **92** 1618 (Anm *Schopp* MDR **93** 313, krit *Freundorfer* VR **92** 1332), Sa VRS **106** 172, Nü VRS **103** 321, Schl MDR **01** 270, Ha ZfS **91**

Höchstbeträge § 12 StVG **1**

85, Dü ZfS **85** 265, KG VM **95** 35, LG Kö NZV **90** 119, *Faber* DAR **87** 279, *Birkmann* DAR **90** 3, *Gebhardt* ZfS **90** 145, *Steffen* NZV **91** 3, v *Gerlach* DAR **93** 202, aM Kö NZV **88** 222 (abl *Koch,* zust *Seiwerth* NZV **89** 137), Nü ZfS **89** 123, LG Berlin NZV **90** 119, LG Bochum NJW-RR **90** 859, *Hofmann* DAR **83** 376, *Seiwerth* DAR **87** 374, *Honsell/Harrer* JuS **91** 445, s dazu auch *Schlegelmilch* VR **87** 1171, *Weber* VR **90** 937, VR **92** 531 f. Kann der Geschädigte jedoch substantiierte Einwände gegen die Angemessenheit der im Gutachten ermittelten notwendigen Reparaturkosten nicht ausräumen, so muß er uU Ersatz in geringerer Höhe hinnehmen, BGH NJW **89** 3009, *Steffen* NZV **91** 3, und bei Reparatur durch eine Fach-Werkstatt die Rechnung vorlegen, BGH NJW **89** 3009, *Hofmann* NZV **89** 466. Übersteigen die erforderlichen Reparaturkosten die Schätzung, so geht dies zu Lasten des Schädigers, BGHZ **63** 182 = NJW **75** 160, Ol NZV **89** 148, *Steffen* NZV **91** 2, 5, *Wortmann* ZfS **99** 2; bei auffälligem Mißverhältnis kann den Geschädigten jedoch insoweit eine besondere Darlegungslast treffen, Ol NZV **89** 148. Der Geschädigte kann aber nicht **Abrechnung nach Sachverständigengutachten und Ersatz tatsächlicher Reparaturkosten** in der Weise vermischen, daß er zusätzlich zu dem vom Sachverständigen errechneten Gesamtbetrag bestimmte, von diesem nicht berücksichtigte Einzelpositionen geltend macht, Kö VRS **101** 1. Ob Kombination von fiktiver und konkreter Schadensabrechnung grundsätzlich ausgeschlossen ist, läßt BGH NZV **03** 569 zwar unentschieden, verneint jedoch Anspruch auf Erstattung konkret angefallener, den im Schätzgutachten errechneten Betrag übersteigender Mietwagenkosten, wenn der Geschädigte (fiktiv) aufgrund des Gutachtens abrechnet. Bei fiktiver Abrechnung auf Gutachtenbasis stehen dem Geschädigten auch dann nur die nach dem Gutachten *erforderlichen* Kosten zu, wenn die Werkstatt bei später durchgeführter Reparatur zu hohe Kosten berechnet hat, Ha NZV **99** 297. Krit zum Anspruch auf Ersatz fiktiver Reparaturkosten *Greger* § 7 Rz 203 ff. Zum Anspruch auf Erstattung fiktiver Reparaturkosten trotz Veräußerung des beschädigten Fzs s Rz 24. Zur Erstattungsfähigkeit von Mehrwertsteuer, s Rz 48 f. Wer das beschädigte Kfz verschrottet, hat nur noch Anspruch auf Wiederherstellung seiner Vermögenslage vor dem Unfall (§ 251 I BGB), auf den Wiederbeschaffungswert, Fra VR **80** 196.

Unverzüglich ist zu prüfen, idR gutachtlich, Ce VR **63** 567, Dü VR **63** 1085, ob **7** sich Reparatur lohnt, ob sie zumutbar ist, BGH NJW **97** 2945, oder ob ein Ersatzkauf (Gebrauchtwagen, Neufz) zulässig und vorteilhafter (schadenmindernd) ist, s Stu NJW **60** 1463, wobei anfängliche Beweiszweifel zu Lasten der jeweiligen Partei gehen, Kö VR **73** 323. **Teilleistungen des Versicherers** sind idR anzunehmen, überhaupt stets, wenn die Annahme bei Gesamtabwägung zumutbar ist, *Schmidt* DAR **68** 143. Finanzierung: Rz 32. Die **Kosten** üblicher, nicht übermäßiger **eigener Bemühungen um Schadenersatz,** auch durch besonderes Personal, sind nicht zu erstatten (ABVerwaltung), BGHZ **66** 112 = NJW **76** 1257, **77** 35, Kö VR **75** 1106, VRS **51** 321, KG VR **73** 749. Der Zeitaufwand für die Werkstattverbringung des Unfallfzs ist schadenabwickelnde, nicht erstattungsfähige Tätigkeit, Kö VR **79** 166.

3. Die Schadenminderungspflicht verpflichtet den Geschädigten, den Schaden **8** nach Kräften so gering wie möglich zu halten (§ 254 II BGB). Ihre Verletzung mindert den Ersatzanspruch in gleichem Maß. Unter mehreren Mitteln zur Schadenbeseitigung ist dasjenige zu wählen, das den deutlich **geringsten Aufwand** erfordert, BGHZ **154** 395 = NJW **03** 2085, 2087, BGHZ **115** 365 = NJW **92** 302, BGHZ **115** 375 = NJW **92** 305, 1618, NZV **94** 21, BGHZ **143** 189 = NZV **00** 162, Ko NZV **04** 258, Kar MDR **04** 149 (lackschadenfreie Ausbeultechnik), KG NZV **02** 89, Ha VR **01** 257, NZV **00** 170, Dü NJW-RR **04** 14/0, ZfS **01** 111, Mü DAR **95** 254, *Weber* DAR **77** 115 mit Rspr und stRspr, weil nur ein solcher Aufwand regelmäßig als der iS von § 249 II BGB „dazu erforderliche Geldbetrag" angesehen werden kann. Das bedeutet aber nicht, daß sich der Geschädigte im Interesse des Schädigers stets so verhalten müßte, als hätte er den Schaden selbst zu tragen, BGHZ **63** 295 = NJW **75** 640, BGHZ **115** 365 = NJW **92** 302, BGHZ **132** 373 = NZV **96** 357, KG VM **95** 37, **97** 36, Fra ZfS **95** 174. Auch kann bei anerkennenswertem **Integrationsinteresse** (s Rz 10, 19 f) Anspruch auf Ersatz in Höhe der Reparaturkosten bestehen, auch wenn diese den Wiederbeschaffungs*aufwand* übersteigen, s Rz 10, 19 f. Zumutbar sind alle Maßnahmen zur Schadenminderung, die ein ordentlicher Mensch ergriffen hätte, KG DAR **77** 185. Dabei ist dem berechtigten Interesse des Geschädigten an einer raschen Schadensbehebung Rechnung zu tragen, BGHZ **143** 189 = NZV **00** 162. Die Beweislast hat, wer Verletzung der Schadenminderungspflicht behauptet, Kö Betr **73** 177. Verletzungsfälle: Verzögern der Reparatur, Stu VR **77** 65, zB trotz ungewissen Liefertermins hinsichtlich des bestellten ErsatzFzs, KG VR **76** 1159, oder mangels rechtzeitiger Einholung einer Auskunft beim Sachverständigen, BGH NJW **86** 2945. Verlängerung der Nutzungsausfallzeit durch Nichtinanspruchnahme zumutbaren Kredits, Dü VR **98** 911. Nichtverkauf des Unfallfz binnen angemessener Frist, wenn es nicht repariert werden soll, Dü VR **65** 770. Übereilter Verkauf des Kfz, das der Versicherer zum Neuwert übernehmen will, Kö VR **68** 782. Bei Anspruch auf den Wiederbeschaffungswert (Totalschaden, Abrechnung auf „Neuwagenbasis", s Rz 10, 11) muß sich der Geschädigte den **Restwert des beschädigten Fzs** anrechnen lassen, BGH NJW **85** 2471, NZV **92** 147, **00** 162, VR **93** 769, KG NZV **02** 89, Ha NZV **93** 432, Dü NZV **95** 232, Kö VR **99** 332. Die Höhe des Restwertes entspricht dem Betrag, den der Geschädigte bei Inzahlunggabe des beschädigten Fzs gegen ein gebrauchtes bei einem seriösen Händler erzielen kann, s BGH NZV **92** 147, Mü NZV **92** 362, Ol NZV **93** 233, *Steffen* NZV **91** 4, ZfS **02** 162, *Gebhardt* DAR **91** 376. Der Geschädigte kann den durch Sachverständigengutachten ermittelten Restwert seiner Schadensberechnung in aller Regel zugrunde legen, BGH NZV **92** 147 (zust *Kempgens* NZV **92** 307), **00** 162, VR **93** 769, Mü NZV **92** 362, Ha VR **00** 1122, NZV **92** 440, Ol NZV **93** 233, Dü VR **98** 518, Kö NZV **94** 24, VR **99** 332, *Marcelli* NZV **92** 432, und ist nicht verpflichtet, das Gutachten zwecks Überprüfung dem VU zur Kenntnis zu bringen, BGH VR **93** 769, Kö VR **99** 332, Mü DAR **99** 407, *Lepa* DRiZ **94** 164, oder ihm Gelegenheit zur Abgabe eines Restwertangebots zu geben, Kö DAR **93** 262, Ha NZV **93** 432, Dü VR **98** 518, *Greger* Anh I Rz 23, abw Ha NZV **92** 363, *Trost* VR **02** 796. Er braucht sich nicht auf einen (uU erst durch den Schädiger bzw VU eröffneten) Restwerte-Sondermarkt verweisen zu lassen, BGH NZV **92** 147, BGHZ **143** 189 = NZV **00** 162 (Anm *Weigel* DAR **00** 161), VR **93** 769 (krit *Dornwald* VR **93** 1075), Fra VR **03** 84, Mü NZV **92** 362, Ha NZV **92** 440, Nü NJW **93** 404, *Gebhardt* DAR **02** 401, *Lepa* DRiZ **94** 164, *Wortmann* ZfS **99** 3, muß aber eine rechtzeitig nachgewiesene günstigere Verwertungsmöglichkeit nutzen, BGH NZV **00** 162, Fra ZfS **92** 10, Ce VR **93** 987, Ol NZV **93** 233, Ha NZV **93** 432, Dü NJW-RR **04** 1470, VR **98** 518, Kö VR **99** 332, VRS **96** 407, *Speer* VR **02** 22, *Marcelli* NZV **92** 432, *Küppersbusch* VGT **94** 174. Krit zur Unterscheidung zwischen einem allgemeinen und einem „Sondermarkt" insoweit *Speer* VR **02** 20, *Trost* VR **02** 1388 (Berücksichtigung von Online-Börsen, Anm zu LG Aachen VR **02** 1387). Zur Frage einer Pflicht des Sachverständigen *gegenüber dem VU* zur Berücksichtigung von Online-Börsen, s LG Ko VR **03** 1050 (Anm *Trost*). Einem bloßen Hinweis auf günstigere Verwertungsmöglichkeit seitens eines bindenden Angebots braucht der Geschädigte nicht nachzugehen, BGHZ **143** 189 = NZV **00** 162, Ha VR **00** 1122, *Steffen* ZfS **02** 162. Kann der Geschädigte den vom Sachverständigen geschätzten Restwertbetrag bei der Verwertung nicht erzielen, so verletzt er die Schadenminderungspflicht, wenn er das Fz nicht zuvor dem Schädiger (Haftpflichtversicherer) zum Schätzpreis anbietet, Fra DAR **85** 58. Er verstößt gegen die Schadenminderungspflicht, wenn er infolge Verzögerung der Verwertung einen Wertverlust herbeiführt, Hb VR **74** 392, Dü VR **65** 770, oder das beschädigte Fz ohne zwingenden Grund unter Wert verkauft, Zw ZfS **91** 263. Da der Schädiger den Wiederbeschaffungswert jedenfalls nur in Form von Geldersatz schuldet – gleichgültig, ob man auf den Anspruch § 249 II (s Rz 4) oder aber § 251 I BGB anwendet –, kann der Geschädigte ihm (oder dem Haftpflichtversicherer) nicht ohne weiteres das beschädigte Fz zur Verfügung stellen und den vollen für die Ersatzbeschaffung erforderlichen Betrag fordern, Ce VR **77** 1104, *Sanden/Völtz* Rz 111 ff, *Jordan* VR **78** 696, *Giesen* NJW **79** 2070, *Klimke* VR **84** 1124, *Fleischmann* ZfS **89** 4. AM BGH VR **76** 732, NJW **65** 1756, **84** 2694, **85** 2471, KG NJW **72** 496, DAR **72** 327, Hb VR **64** 1175, Kar DAR **94** 26, *Grunsky* VGT **90** 194, wonach eine Verwertungspflicht des Geschädigten nur ausnahmsweise gem § 254 II BGB bestehen soll, wenn diesem eine besonders günstige Gelegenheit hierzu offensteht, sowie Kö NZV **93** 188, das dieser abw Auffassung aber nur bei voller Haftung des Schädigers folgt. Nach BGH NJW **84** 2694 (abl *Klimke* VR **84**

Höchstbeträge § 12 StVG **I**

1123), Kar DAR **94** 26 soll der Geschädigte sogar dem Haftpflichtversicherer das beschädigte Fz andienen und den vollen Betrag für die Ersatzbeschaffung verlangen dürfen, ebenso *Grunsky* JZ **97** 826, insoweit abw Hb VR **74** 392. **Wesentlich günstigerer Restwert** als geschätzt ist auszugleichen, BGH NZV **92** 147, Nü VR **75** 455, Mü DAR **95** 254, *Klimke* VR **84** 1124, es sei denn der „Übererlös" beruht auf „überobligationsmäßigen" Anstrengungen des Geschädigten, die dem Schädiger nicht zugute kommen, BGH NZV **92** 147, Ko VRS **68** 164, Dü ZfS **93** 338, s dazu *Jung* VR **84** 1121. Jedoch kein Anspruch des VU auf Herausgabe des beschädigten Fzs, wenn dieser den Schätzwert für zu niedrig hält, KG NJW-RR **87** 16, *Fleischmann* ZfS **89** 4. Die bloße Behauptung des VU, der Restwert sei höher als vom Sachverständigen geschätzt, ohne konkretes Übernahmeangebot, hindert den Geschädigten nicht, ohne Nachteil zum Schätzwert zu verkaufen, Mü ZfS **91** 192.

Weitere Einzelheiten zur Schadenminderungspflicht: Bei längerdauernder Ersatzteilbeschaffung kann in zumutbaren Grenzen Weiterbenutzung des ausreichend instandgesetzten Kfz angemessen sein, Kar VR **74** 1005, Mü ZfS **85** 330, Kö NZV **90** 429, aber nicht eines „notreparierten", Kö VR **77** 747, ebenso, wenn wirtschaftlicher Totalschaden naheliegt, Ol ZfS **90** 227. Schuldhaftes Zögern des Geschädigten bei Schadensbehebung: Rz 21. Nicht rechtzeitige Beschaffung eines ErsatzFz, Ce VR **62** 642 (Totalschaden). Nichtbeschaffung eines ErsatzFz, wenn der Fortgang des Transportbetriebs davon abhängt, BGH VR **63** 1161. Persönlicher Rabatt bei Ersatzbeschaffung mindert den Schaden, KG DAR **73** 156, BGH NJW **75** 307 (Werkrabatt), Mü NJW **75** 170, VR **75** 916. Inanspruchnahme der Kaskoversicherung, s Rz 32. Auf die Gefahr ungewöhnlich hoher Schadensaufwendungen ist der Schädiger konkret und rechtzeitig hinzuweisen, Stu VR **77** 44. Wer zur Unfallzeit bereits einen Neuwagen bestellt hat, muß keinen **Zwischenwagen** erwerben, besonders hohe Mietwagenkosten aber durch Sichbemühen um beschleunigte Lieferung mindern, Hb VR **77** 1033, s KG VRS **54** 241. Im Falle mehrmonatiger Lieferzeit bei Anspruch auf Kosten eines NeuFzs kann der Geschädigte dagegen gehalten sein, einen Gebrauchtwagen als ZwischenFz zu erwerben, anderenfalls keine Nutzungsausfallentschädigung für den gesamten Zeitraum, Schl NZV **90** 150, Ha ZfS **91** 234. Auch bei langer Reparaturzeit muß der Geschädigte aber nur ausnahmsweise ein ZwischenFz zwecks Einsparung von Mietwagenkosten erwerben, Fra VR **78** 452, so vor allem, wenn er während dieser Zeit zahlreiche größere Fahrten unternimmt, BGH NJW **82** 1518 (krit *Koller* NJW **83** 16), Fra VR **80** 432, aber auch sonst bei unverhältnismäßig hohen Mietkosten, Ol VR **82** 1154 (ca 90 Tage Reparaturzeit, Mietkosten 12000 DM bei nur knapp 6000 km Fahrbedarf). Urlaubsreise mit Mietwagen, s Rz 33. Die Beurteilung der Frage, ob ein „InterimsFz" anzuschaffen ist, setzt jedoch Kenntnis der voraussichtlichen Reparaturdauer voraus, Kö DAR **87** 82. Näher dazu: *Eggert* NZV **88** 121.

Keine Verletzung der Minderungspflicht, die auch dem Schädiger obliegt, Bra DAR **77** 322, solange die zumutbaren Maßnahmen keine Schadenminderung versprechen, BGH NJW **64** 717, oder bei Veräußerung des einwandfrei reparierten Kfz, weil die Reparatur betriebswichtige Teile betroffen hatte, Kar VR **60** 527, Kö NJW **62** 2107, VR **63** 345, Hb MDR **64** 321 *(Böhmer).* Keine Pflicht des Geschädigten zur Zerlegung des beschädigten Fzs zwecks Erzielung eines höheren Erlöses durch Verkauf der Einzelteile, BGH NJW **85** 2471. Leistungen an den Geschädigten, die ihrer Natur nach dem Schädiger nicht zugute kommen sollen, entlasten diesen nicht, BGHZ **22** 72, NJW **75** 255, zB nicht kostenlose Ersatzgestellung an den geschädigten Geschäftsführer durch sein Unternehmen, BGH NJW **70** 1120. Die Schadenminderungspflicht gebietet idR nicht, die Fahrt anders als in dem gewählten Beförderungsmittel fortzusetzen oder dabei Einschränkungen oder Risiken einzugehen, die der Geschädigte ohne einen ersatzpflichtigen Schädiger vielleicht in Kauf nähme, KG DAR **77** 185, BGH NJW **85** 2639. Zur Schadenminderungspflicht *Klingmüller* VR **79** 217.

Lit: *Berger,* Die Berechnung des Sachschadens beim KfzUnfall ..., VR **88** 106. *Birkmann,* Abrechnung auf Gutachtenbasis trotz durchgeführter Reparatur des Kfz, DAR **90** 3. *Eggert,* Zur Pflicht des Geschädigten, ein sog InterimsFz zu erwerben, NZV **88** 121. *Faber,* Sachverständigengutachten, Reparaturkostenrechnung und Nutzungsentschädigung, DAR **87** 279. *Fleischmann,* Der Restwert in der Schadenregulierung, ZfS **89** 1. *Fuchs,* Der Restwert in der schadensrechtlichen Diskussion,

8 a

9

9 a

JbVerkR **00** 81. *Gebhardt,* Die fiktive Abrechnung von FzSchäden, ZfS **90** 145. *Derselbe,* Der Restwert bei der Regulierung von FzSchäden, NZV **02** 249. *Derselbe,* Fiktiver Schaden unter besonderer Berücksichtigung des Restwertes, DAR **02** 395. *Greger,* Der Streit um den Schaden, NZV **94** 11. *Grunsky,* Der Ersatz fiktiver Kosten bei der Unfallschadensregulierung, NJW **83** 2465. *Derselbe,* Berechnung des FzSchadens im Haftpflichtfall, VGT **90** 187. *Haug,* Naturalrestitution und Vermögenskompensation, VR **00** 1329. *Derselbe,* Die Rspr des BGH zur Dispositionsfreiheit, NZV **03** 545. *Huber,* Der Restwert, DAR **02** 337. *Jung,* Zur Anrechnung des Restwerterlöses im KfzSchadensrecht, VR **84** 1121. *Klimke,* Fiktive Schadensabrechnung, ZfS **89** 253. *Krumbholz,* Zulässigkeit und Grenzen der Abrechnung auf Gutachtenbasis, NZV **90** 218 (mit Entgegnung *Gescher* NZV **90** 417). *Lepa,* Inhalt und Grenzen der Schadensminderungspflicht, DRiZ **94** 161. *Lipp,* „Fiktive" Herstellungskosten und Dispositionsfreiheit des Geschädigten, NJW **90** 104. *Rischar,* Zwei unterschiedliche Restwerte für ein und dasselbe Unfallfz?, VR **99** 686. *Sanden/Völtz,* Sachschadenrecht des KraftV, 7. Aufl. 2000. *Schiemann,* Schadensersatz und Praktikabilität, *Steffen*-F (1995) S 399. *Speer,* Der Restwert, VR **02** 17. *Steffen,* Die Rspr des BGH zur fiktiven Berechnung des FzSchadens, NZV **91** 1. *Derselbe,* Zur Restwertproblematik bei Kfz-Haftpflichtschäden, ZfS **02** 161. *Trost,* Probleme der Bestimmung des Restwertes eines UnfallFzs, VR **02** 795. *Weber,* Schadensberechnung bei einem beschädigten und bei einem zerstörten Kfz, NJW **90** 266. *Derselbe,* „Dispositionsfreiheit" des Geschädigten und fiktive Reparaturkosten, NJW **90** 934. *Derselbe,* § 249 S 2 BGB: Erstattung der Reparaturkosten oder Ersatz des Schadens an der Sache?, VR **92** 527. *Wortmann,* Die Schadensregulierung bei VUnfällen – insbesondere die Sachverständigenkosten, VR **98** 1204. *Derselbe,* Schadensminderungspflicht des Geschädigten nach einem unverschuldeten VUnfall, ZfS **99** 1.

10   4. Bei allen Formen des **Totalschadens** (Zerstörung, wirtschaftlicher Totalschaden) besteht grundsätzlich (nur) Anspruch auf ein gleichartiges, gleichwertiges ErsatzFz, den dazu erforderlichen Geldbetrag (§ 249 II BGB, s LG Rottweil DAR **03** 423, LG Hildesheim NJW **03** 3355, *Schirmer/Marlow* DAR **03** 441, 443), auf den **Wiederbeschaffungswert** (Rz 5, 14), BGHZ **115** 375 = NJW **92** 305, BGHZ **143** 189 = NZV **00** 162, Ha NZV **96** 113, ohne Risikozuschlag (s unten sowie Rz 5, 24), unter Abzug des Restwertes des Unfallfzs, s Rz 8 (= Wiederbeschaffungsaufwand), oder (wenn Ersatzbeschaffung nicht oder nur mit unverhältnismäßigem Aufwand möglich ist) auf entsprechenden Wertausgleich (251 II BGB), LG Mgd NZV **03** 536, aM AG Hameln NZV **03** 538 (bei wirtschaftlichem Totalschaden stets § 251 II BGB). **Wirtschaftlicher Totalschaden** ist grundsätzlich eingetreten, wenn der Reparaturaufwand den Wiederbeschaffungsaufwand übersteigt, Ha NZV **99** 297, VR **00** 1122, str, s *Wirsching* DAR **99** 331 (s aber Rz 18). Bei Ersatz eines zerstörten GebrauchtFzs durch ein gleichwertiges kann ein **Risikozuschlag** wegen der Möglichkeit verborgener Mängel nicht gefordert werden, BGH NJW **66** 1455 (zust *Schmidt* NJW **66** 2159, abl *Allwang* NJW **66** 1807), Dü VR **65** 962, Hb VR **65** 963, Nü VR **64** 1274 (jedenfalls nicht nach Anschaffung eines Neuwagens), Stu NJW **67** 252, *Schmidt* NJW **66** 717, *Ruhkopf* VR **62** 932, *Halbgewachs* NZV **93** 380, aM KG NJW **66** 735, Mü VR **64** 1138. Eine Ausnahme will Stu NJW **67** 252 für den Fall zulassen, daß ein gleichwertiges und gleichartiges Fz nicht zu erlangen sei (abl *Hohenester*). Zum Ersatzanspruch des **Leasingnehmers** bei Zerstörung des LeasingFzs durch einen Dritten, BGH VRS **51** 409, NZV **91** 107, BGHZ **116** 22 = NZV **92** 227 (Anm *Hohloch*), KG DAR **75** 212, Ha ZfS **03** 236, *Reinking* ZfS **00** 281, *Hohloch* NZV **92** 6. **Abrechnung als Totalschaden** ist zulässig, sofern der Geschädigte dieser Begutachtung vertrauen durfte, auch wenn sie nicht zutraf, Kar VR **75** 335. Kein Totalschaden bei einwandfreier Reparaturmöglichkeit, Dü VR **74** 787, Nü NJW **75** 313, wenn kein technischer Minderwert verbleibt, Dü VR **76** 69.

11   4 a. **Unechter Totalschaden** liegt vor, wenn der für Reparatur und Ersatz des merkantilen Minderwertes aufzuwendende Betrag zwar den Wiederbeschaffungswert abzüglich Restwert nicht erreicht, dem Geschädigten aber gleichwohl eine Reparatur nicht zuzumuten ist, s BGH NJW **76** 1202. Hierbei sind Prestigegesichtspunkte oder persönliche Vorurteile des Geschädigten unbeachtlich, BGH VRS **30** 253, MDR **66** 491. Abrechnung **„auf Neuwagenbasis"** kann verlangt werden, wenn das beschädigte Fz neu oder neuwertig war und die Schäden ein erhebliches Ausmaß erreichen, Ce NJW-RR **03** 1381, Ha NZV **01** 478, ZfS **89** 122, Kö NZV **90** 311, Ol MDR **97** 349, Mü DAR **83** 79, einschränkend KG VM **94** 93, auch bei Fzen mit Sonderausstattung, Ha MDR **96** 1015. Das gilt zB, wenn die Reparatur wegen **Beschädigung wichtiger Teile** unzumutbar ist, Mü VR **75** 163, Zw NZV **89** 355 (Einschweißen tragender Teile selbst

Höchstbeträge § 12 StVG **1**

bei relativ niedrigen Kosten), sobei einem neuwertigen Fz, wenn der Schaden nahezu 40% der Anschaffungskosten ausmacht, Nü NJW **72** 2042, Br VR **70** 1159, s Dü VR **62** 1111, Kar MDR **86** 233, wenn das neue Kfz nach Reparatur zum „UnfallFz abgestempelt" wäre (Richtarbeiten) und der Unfall bei Verkauf offenbart werden müßte, Kar DAR **94** 26, s Ol VRS **94** 171 (Reparaturkosten 7,5% des Neupreises). Auch andere Schäden können den Anspruch auf NeuFz rechtfertigen, wenn Schadensbehebung durch spurenlose Teileauswechslung nicht möglich ist, Ha ZfS **89** 122. Neupreis bei im Fall des Weiterverkaufs offenbarungspflichtigen Schäden von ca 2000 DM zuzüglich 1100 DM merkantilem Minderwert an einem am Vortag ausgelieferten, 70 km gelaufenen Wagen, Ol VRS **94** 171. Kein Neuwagen bei bloßen Bagatellschäden an einem neuwertigen Kfz, Ce NRpfl **80** 150, oder Lack- und Blechschäden, die vollständig beseitigt werden können, ohne daß Ansehnlichkeit, Lebensdauer oder Funktionstüchtigkeit des Fzs beeinträchtigt sind, Ha NZV **01** 478, Kö NZV **90** 311, Ce VRS **82** 263, oder wenn durch spurenlose Auswechslung der beschädigten Teile volle Wiederherstellung des früheren Zustands erreicht werden kann, Ce NJW-RR **03** 1381. Entscheidend ist nicht allein die Höhe der Reparaturkosten, sondern vor allem auch die Art der Schäden, Mü ZfS **85** 167, Kö VR **89** 60, Ce NJW-RR **03** 1381, VRS **82** 263, Ol VRS **94** 171. Kein erheblicher Schaden daher bei Behebung durch Austausch der FzTüren und geringfügige Karosseriearbeiten, Ha NZV **01** 478. Die Frage, ob Anspruch auf Neupreis besteht, ist nicht nach starren Richtlinien zu beantworten; maßgebend sind vielmehr alle Umstände des Einzelfalles, namentlich Alter des Fz, Fahrleistung, Art und Ausmaß der Schäden, Instandsetzungsmöglichkeit und Kosten verglichen mit dem früheren FzWert, KG DAR **76** 45, 245, **75** 450, Fra ZfS **90** 263. Von Bedeutung kann es hierbei auch sein, ob der Wagen zum Gebrauch des Geschädigten oder als Verkaufsobjekt dienen sollte, BGH NJW **65** 1756. Ob die Abrechnung auf „Neuwagenbasis" den Schädiger teurer kommt als Reparatur ist idR nicht entscheidend, Kar DAR **94** 26. Der Anspruch steht auch einem Leasinggeber zu, Kö ZfS **85** 357. Bei nicht geringfügiger Beschädigung eines fabrikneuen Kfz steht dem Geschädigten ein neues Fz zu, KG VR **77** 155, es sei denn, er muß billigerweise darauf verzichten, weil besondere Umstände aus verständiger Sicht die „Wertschätzung eines Neuwagens" zurücktreten lassen, BGH NJW **76** 1202, KG DAR **76** 241. Bei NutzFzen kommt Abrechnung auf Neuwagenbasis nicht in Betracht, Nau VRS **100** 244, Stu VR **83** 92. Da der konkrete Schaden schon mit der Beschädigung des neuwertigen Fzs eingetreten ist und der Geschädigte hinsichtlich der Ersatzleistung frei ist (s Rz 5), setzt die Geltendmachung des Anspruchs auf Neupreis nicht voraus, daß der Geschädigte zuvor ein NeuFz angeschafft hat, KG DAR **80** 371, NJW-RR **87** 16, Mü NJW **82** 52, *Palandt/Heinrichs* § 249 Rz 22, oder dies beabsichtigt, abw Nü ZfS **91** 45, LG Waldshut-Tiengen NJW-RR **02** 1243, *Eggert* DAR **97** 136. Rspr-Übersicht, s *Berr* ZAP F 9 S 207, DAR **90** 313.

Als neuwertig ist ein Fz nur anzusehen bei kurzer Zulassungsdauer, einwandfreiem Zustand und geringer Fahrleistung, Br DAR **78** 163, Ol DAR **71** 324, VR **72** 76, MDR **97** 349, Kö NZV **90** 311 (weniger als 1 Monat, s dazu unten), **bis idR höchstens 1000 km**, BGH NJW **82** 433, VRS **65** 89, VR **84** 46, Ce VR **81** 67, VRS **82** 263, Br VR **78** 236, Kö ZfS **85** 357, KG VM **94** 93, Dü VR **76** 69, Nü NJW **75** 313, Ha NZV **00** 170, Ba ZfS **83** 200, *Eggert* DAR **97** 131. Eine Überschreitung der 1000-km-Grenze um nur wenige km kann jedoch uU unschädlich sein, s Ha VM **86** 6 (1077 km). Nur in *Ausnahmefällen* kann der Geschädigte auch bei einer Laufleistung zwischen 1000 und 3000 km Abrechnung auf Neuwagenbasis beanspruchen, wenn Zeitwert plus Ersatz des merkantilen Minderwertes nicht zum vollen Schadensausgleich führen, dh, wenn der frühere Zustand bei objektiver Beurteilung durch Reparatur auch nicht annähernd hergestellt werden kann, BGH VR **84** 46, KG VM **90** 82, **94** 93, Kar ZfS **92** 12, LG Konstanz DAR **93** 470. Nach BGH NJW **82** 433 kann dies namentlich der Fall sein bei Zurückbleiben eines Unsicherheitsfaktors auch nach Reparatur von FzTeilen, die dessen Sicherheit gewährleisten, oder von erheblichen Schönheitsfehlern oder bei Gefährdung der Garantieansprüche des Eigentümers, ebenso Ba ZfS **83** 200, 262, Ha ZfS **88** 39, Kar ZfS **92** 12, nicht dagegen schon umfangreiche, aber durch Reparatur vollständig und technisch einwandfrei behebbare Blechschäden, BGH VR **84** 46 (1300 km Fahrleistung, 3 Wochen alt, 2300 DM Reparaturkosten), Ce ZfS **89** 340

11a

(171 km, 3 Tage, 2525 DM), aM Ol MDR **97** 349 bei Karosserie- und Lackierungsarbeiten für 2500 DM. Demgegenüber hält Mü NJW **82** 52 *allgemein* bei geringer Gebrauchsdauer Abrechnung auf Neuwagenbasis bis zu einer Fahrleistung von 3000 km für gerechtfertigt, wenn die Reparaturkosten mindestens 30% der Anschaffungskosten betragen. Bei mehr als 3000 km Fahrleistung scheidet Abrechnung auf Neuwagenbasis stets aus, KG VRS **71** 241, Sa DAR **89** 345. Da nicht nur die Fahrleistung, sondern auch die Gebrauchsdauer für den Begriff der Neuwertigkeit von entscheidender Bedeutung ist, wird Abrechnung „auf Neuwagenbasis" idR nur möglich sein, wenn das Fz **vor nicht mehr als 1 Monat** zugelassen worden war, Ha NZV **00** 170, KG NZV **91** 389, Kö NZV **90** 311, Kar ZfS **92** 12, Nü NZV **94** 430, Nau ZfS **96** 134, Ol MDR **97** 349, *Eggert* DAR **97** 131, abw Mü DAR **83** 79 (Anspruch auf Ersatz der Kosten für Neufz bei Erstzulassung vor 2 Monaten und ca 2500 km Fahrleistung, Reparaturkosten ca 43% des Neupreises, Rahmen- und Achsschäden), Kar MDR **86** 233 (3 Monate Laufzeit und weniger als 1000 km), s KG VM **94** 93 (1 Monat und 10 Tage bei 972 km). Nach knapp 2½ Monaten ist ein Kfz **nicht mehr neuwertig,** Nü DAR **85** 386 (2300 km Fahrleistung), Ha DAR **94** 400 (unter 100 km), auch nicht nach 8 Wochen und knapp 3000 km, Nau ZfS **96** 134, nach 2 Monaten und knapp 1300 km, KG NZV **91** 389, auch nicht bei einer Gebrauchsdauer von 6 Wochen und 1150 km Fahrleistung, Ha ZfS **88** 39, oder nach knapp 8 Wochen und 813 km, Nü NZV **94** 430. Bei einem **Wohnanhänger** ist für die Beurteilung der Neuwertigkeit statt der Laufleistung die Gebrauchsdauer entscheidend, Kö DAR **89** 228, Ha NJW-RR **89** 1433, Br VR **90** 1403 (abgelehnt bei Unfall 1 Monat nach Zulassung). Schadensersatz auf Neuwertbasis bei erheblicher Beschädigung eines neuen **Fahrrades,** LG Frankenthal NJW-RR **91** 352.

Lit: *Eggert,* Alte und neue Probleme der Schadensabrechnung auf Neuwagenbasis, DAR **97** 129. *Klimke,* Zur Ersatzpflicht bei Beschädigung fabrikneuer Kfze, VR **77** 305.

12 **4 b. Ausgeschlossen** ist der Anspruch auf **Ersatz der Reparaturkosten** jedenfalls (§ 251 II BGB), wenn Instandsetzung und Nebenkosten Aufwendungen erfordern, die den Preis für ein gleichwertiges ErsatzFz um mehr als 30% übersteigen, s Rz 19 f, dann nur Ersatz des Wiederbeschaffungswertes, BGH NJW **72** 1800, KG NZV **02** 89, VR **76** 391, Ha NZV **97** 441, abzüglich Restwert (= Wiederbeschaffungsaufwand, s Ha NZV **97** 441), insoweit aM *Eggert* DAR **01** 24, 26, bei höheren Reparaturaufwendungen nicht stets bis zu 130% des Wiederbeschaffungswertes, BGH NJW **72** 1800, BGHZ **115** 375 = NJW **92** 305 (zust *Lipp* NZV **92** 71, *Lange* JZ **92** 482), Ha ZfS **84** 198, ZfS **89** 229, Ko VRS **76** 401, Stu NZV **91** 309 (abl *Efrem*), Kö VR **91** 322, *Grunsky* JZ **92** 806, aM Mü NZV **90** 69, *Roth* JZ **94** 1094. S auch Rz 19 f.
13 Besondere Umstände (Fz mit besonderen Einrichtungen für Beinamputierten) können jedoch Reparaturkosten rechtfertigen, die nach dem FzWert sonst nicht gerechtfertigt wären, Kar VR **79** 964.
14 **4 c. Der Wiederbeschaffungspreis** (s Rz 5) ist bei Totalschaden zu ersetzen, einschließlich der Kosten für eine gründliche technische Prüfung, BGH NJW **78** 1373, VR **82** 757, Ol ZfS **83** 361, Fra ZfS **85** 10, **86** 39, NZV **90** 265 (auch „fiktiv"), s *Rädel* DAR **84** 35, *Jahnke* VR **87** 645, aM Ko ZfS **90** 83, Sa NZV **90** 186 (nur, soweit tatsächlich angefallen), *Halbgewachs* NZV **93** 381, jedoch ohne Risikozuschlag, s Rz 10 und unter Abzug des Restwertes des beschädigten Fzs, s Rz 8. Maßgeblich ist grundsätzlich der Unfallzeitpunkt, Dr NZV **01** 303, so daß spätere Preis- oder Wertverringerung nicht vom Geschädigten zu tragen sind, Dü NZV **97** 483. Preissteigerung seit dem Unfall geht jedoch zu Lasten des Schädigers, Ha NZV **90** 269 (Zeitpunkt der letzten mündlichen Verhandlung). Bei mehreren Vorbesitzern mindert sich der Wiederbeschaffungswert des beschädigten Fz, KG VM **74** 27 (10%). Auch bei Totalschaden eines ErsthandFzs steht bei Erwerb eines gebrauchten ErsatzFzs **kein Zweithandzuschlag** zu, ein solcher Schaden kann sich allenfalls bei späterem Verkauf des ErsatzFzs realisieren, BGH NJW **78** 1373, s Dü NJW **77** 719, aM Kö NJW **74** 2128 (Anm *Klimke*), *Klimke* VR **79** 1078. Ein dem Geschädigten gewährter Rabatt bleibt bei der Bemessung des Wiederbeschaffungswertes regelmäßig unberücksichtigt, kommt also dem Schädiger nicht zugute, Fra NZV **94** 478 (Großkundenrabatt), Ce VR **94** 624 (Werksangehörigenrabatt), aM Mü NJW **75** 170 (Werksangehörigenrabatt). Bei Beschädigung eines neuwertigen Vorführwagens darf der

Höchstbeträge § 12 StVG I

Händler nur Ersatz des Händlerpreises verlangen, Schl VR **76** 1183. Wird ein unfallbeschädigtes Kfz durch Auffahren vollends zerstört, so ist die Wertminderung durch den ersten Unfall abzuziehen, Nü VR **76** 643. Ohne entsprechende Aufwendungen keine Erstattung fiktiver Umlackierungskosten (Taxi) zusätzlich zum Wiederbeschaffungswert, Fra MDR **86** 494, *Greger* § 7 Anh I Rz 26, aM Kar NZV **94** 394 (mangels Gebrauchtwagenmarktes für Taxen), anders bei Firmenaufschrift, Kar VRS **75** 403. Zur Ersatzpflicht durch das Schadensereignis **nutzlos gewordener Aufwendungen:** BGHZ **71** 237, *R. Weber* DAR **79** 113. **Entgangener Gewinn** ist zu ersetzen (§ 252 BGB), auch wenn er den Verkehrswert (Zeitwert) übersteigt (besonders günstiger Verkauf), BGH VR **82** 597 (zust *Weber* DAR **83** 181, abl *Giesen* JR **82** 458), KG ZfS **84** 228, Stu VR **73** 773, Br VR **69** 333, *Himmelreich/Halm/Bücken* Rz 1127, aM *Giesen* VR **79** 389; zum Gebot von Überpreisen bei Inzahlungnahme bei Neukauf s aber Stu VR **73** 773, *Sanden/Völtz* Rz 63 ff, *Himmelreich/Halm/Bücken* Rz 1129 ff, *Greger* § 7 Anh I Rz 173.

Lit: Jahnke, Erstattungsfähigkeit von Gutachterkosten für die Beschaffung eines ErsatzFzs beim Totalschaden, VR **87** 645. *Klimke,* Erstattungsfähigkeit von Nebenkosten bei KfzTotalschaden, VR **74** 832.

Ein **individueller Gebrauchswert,** also ein den Wiederbeschaffungswert übersteigender, ist nur ausnahmsweise zu ersetzen, nämlich bei Spezial- oder solchen Fzen, die nur schwer zu beschaffen sind oder keinen Markt haben, Kar VR **79** 776, Stu NJW **67** 252, Dü VR **65** 770. Zur Ermittlung des Wiederbeschaffungswerts eines ausländischen Wagens mit geringem Marktanteil, Schl VR **74** 297. In solchen Fällen ist nach billigem Ermessen der Wert eines ähnlichen ErsatzFzs festzusetzen. 15

Ein **Affektions- oder Liebhaberwert** geht über den Ersatz wirtschaftlichen Schadens hinaus und bleibt deshalb unersetzt, BGH NJW **66** 1454, KG NJW **66** 735, Schl VR **67** 610, Ce VR **64** 519. **Verletzung von Tieren,** s Rz 51. 16

Ist die **Reparatur billiger als die Ersatzbeschaffung,** so stehen nur die Reparaturkosten zu, Stu VR **70** 631, Ol VR **69** 837, Dü VR **70** 42, es sei denn, verborgene Mängel könnten fortbestehen, Schl VR **67** 610. Diese sind dann jedenfalls nicht unverhältnismäßig, Ha ZfS **91** 85. Sind erhebliche Richtarbeiten nötig, so darf der Geschädigte idR ein ErsatzFz beschaffen, Hb VR **74** 392, Nü NJW **75** 313. 17

4 d. Bei **wirtschaftlichem Totalschaden** (Reparaturkosten übersteigen Wiederbeschaffungsaufwand, s Rz 10) hat der Geschädigte grundsätzlich nur Anspruch auf Ersatz des Wiederbeschaffungsaufwands (s Rz 11). Das gilt jedenfalls hinsichtlich des Verlangens auf Ersatz **fiktiver Reparaturkosten** (Fz wird nicht repariert), s BGH NJW **85** 2469, **03** 2087, Ha VR **00** 1122, *Huber* NZV **04** 106, *Geigel/Rixecker* 3 36. Da aber im Falle tatsächlicher Reparatur Abweichendes gilt, hat der Begriff des Totalschadens **keinen einheitlichen Inhalt:** Ist er bei Geltendmachung fiktiver Reparaturkosten durch den Wiederbeschaffungs*aufwand* definiert, so ist er im Falle der Reparatur erst bei Überschreiten des Wiederbeschaffungs*wertes* (ohne Berücksichtigung des Restwertes) eingetreten: Wird das Fz **tatsächlich repariert** und weiter benutzt, so hat der Geschädigte nämlich im Hinblick auf ein anzuerkennendes Integritätsinteresse Anspruch auf Ersatz der erforderlichen **Reparaturkosten** (Sachverständigengutachten) **bis zur Höhe des Wiederbeschaffungswertes** (und uU darüber hinaus, s Rz 19), auch wenn diese (unter Berücksichtigung des Restwertes) den Wiederbeschaffungs*aufwand* übersteigen, und zwar auch dann, wenn die tatsächlichen Reparaturkosten (Eigenreparatur) niedriger waren, BGHZ **154** 395 = NJW **03** 2085 (abl *Schiemann* JR **04** 24, Anm *Reitenspiess* DAR **03** 375), Dü ZfS **01** 111 (str). Das gilt, solange die erforderlichen (geschätzten) Reparaturkosten den Wiederbeschaffungswert nicht übersteigen, ohne Rücksicht auf die technische Qualität der tatsächlich durchgeführten Reparatur, BGH NJW **03** 2085 (zust *Huber* MDR **03** 1337, 1340) (s aber Rz 20 für den Fall des Überschreitens der „130%-Grenze"). Im Falle fachgerechter Reparatur liegt die Grenze des wirtschaftlichen Totalschadens sogar erst bei **130 % des Wiederbeschaffungswertes,** s Kö VR **91** 323 (s Rz 19, 20). Maßgebend ist, ob verständigerweise die Reparatur oder Ersatzbeschaffung wirtschaftlich angemessen ist, BGH NJW **72** 1800, *Wirsching* DAR **99** 33. Im Zweifel über die Kostenhöhe darf sich der Geschädigte auf die Ansicht des Sachverständigen verlassen, BGH NJW **72** 1800 (Rz 6). **Erhöhen sich die Reparaturkosten** während der Herstellung unvorhersehbar erheblich (Prognosefehler), so trägt der Schädiger dieses 18

1 StVG § 12 II. Haftpflicht

Risiko, wenn der Geschädigte nach Einholen von Informationen (Voranschlag, Sachverständigengutachten) annehmen durfte, den kostengünstigeren Weg gewählt zu haben, BGHZ **115** 365 = NJW **92** 302 (zust *Lange* JZ **92** 480), Mü NZV **91** 267, Ha NJW **98** 3500, Fra NZV **01** 348 (Überschreiten von 130 % des Wiederbeschaffungswertes, s Rz 19). Umgekehrt verhält es sich dagegen, wenn schon nach dem Kostenvoranschlag die Reparaturkosten diejenigen einer Ersatzbeschaffung unverhältnismäßig (s Rz 19) übersteigen, BGH NJW **72** 1800, Ha ZfS **84** 198; das Risiko trägt dann der Geschädigte mit der Folge einer Abrechnung nur auf Totalschadenbasis, abw Dü VR **77** 840 bei nur geringfügiger Überschreitung. Eine unvorhersehbare, auch vom Sachverständigen nicht vorhergesehene Kostensteigerung über den ursprünglichen FzWert hinaus geht zu Lasten des Schädigers, Dü VR **77** 840.

19 **Übersteigen die Reparaturkosten diejenigen der Wiederbeschaffung,** so darf der Geschädigte dennoch wegen seines anzuerkennenden „Integritätsinteresses" Instandsetzung wählen, wenn die Reparaturkosten unter Berücksichtigung aller Umstände des Falles, insbesondere nach Art und Ausmaß des Schadens sowie Alter und Zustand des Fzs nicht unverhältnismäßig sind (§ 251 II BGB). Das gilt grundsätzlich auch für gewerblich genutzte Fze, BGH NZV **99** 159 (Taxi), Dr DAR **01** 303 (Lkw), Ha NJW **98** 3500, VR **01** 257, Ol DAR **00** 359, *Roß* NZV **00** 363, und wird auch bei LeasingFzen zu gelten haben, Mü DAR **00** 121, *Reinking* DAR **97** 425. Die Rspr zieht die Grenze, bis zu der idR Ersatz der Reparaturkosten verlangt werden kann, für den Regelfall bei **130% des Wiederbeschaffungswertes,** BGHZ **115** 365 = NJW **92** 302, **92** 1618 (Anm *Grunsky* JZ **92** 806, *Schopp* MDR **93** 313), NZV **99** 159 (Anm *Völtz*), KG NZV **02** 89, Fra DAR **03** 68, Stu DAR **03** 176, Dr DAR **01** 303, Ol DAR **04** 226, Kar MDR **00** 697, Ha DAR **02** 215, Dü NZV **01** 475, ebenso *Grunsky* NJW **83** 2468, *Steffen* NZV **91** 4, die aber als bloßer Richtwert im Einzelfall uU auch überschritten werden darf oder (zB bei extrem hohen Mietwagenkosten) niedriger zu bemessen ist, BGHZ **115** 365 = NJW **92** 302, Dü DAR **01** 303, Dü NZV **01** 475. Eingehend dazu *Dannert* VR **88** 890, *Reiff* NZV **96** 425, krit *Schiemann* NZV **96** 5, *Grunsky* JZ **97** 827, *Völtz* NZV **99** 160, s auch Rz 12. Bei Ermittlung dieser Toleranzgrenze hat nach hM der **Restwert** des beschädigten Fzs außer Ansatz zu bleiben (anders aber bei bloß fiktiver Reparatur, s Rz 24), BGHZ **115** 365 = NJW **92** 302 (zust *Lipp* NZV **92** 70, *Lange* JZ **92** 480, *Roth* JZ **94** 1096), Fra VR **03** 84, DAR **03** 68, Ha NZV **97** 441, NJW-RR **93** 1436, Dü NZV **01** 475, ZfS **01** 111, Kö VR **93** 898, Mü DAR **95** 254, KG NZV **02** 89, Dr DAR **96** 54, s auch *Weber* DAR **91** 14, 333, *Gebhardt* DAR **91** 373, *Grunsky* JZ **92** 806. Dies wird damit begründet, daß der Restwert nur schwer zu ermitteln, mit vielen Unsicherheiten behaftet, im übrigen von den Reparaturkosten abhängig sei und daher durch diese bereits mit repräsentiert sei. AM (Restwert ist abzuziehen): Mü DAR **89** 419, NZV **91** 627, ZfS **91** 303, Stu NZV **91** 309 (Anm *Efrem*), Fra ZfS **91** 46, Ha NZV **91** 229, *Helmkamp* NZV **91** 462, *Sanden/Völtz* 77 f.

20 Soweit Ersatz von Reparaturkosten in Höhe von 130% des Wiederbeschaffungswertes anerkannt wird, gilt dies nur, wenn das Fz **tatsächlich repariert** wurde (nicht fiktiv), BGH NJW **85** 2469, **92** 1618, Fra DAR **03** 68, KG NZV **02** 89, Dr DAR **01** 303, Kö NZV **94** 24, Dü NZV **01** 475, Ha ZfS **95** 415 (Anm *Diehl*), Kar MDR **00** 697, Ko NZV **95** 355, *Grunsky* JZ **92** 806, anderenfalls kein schützenswertes Integritätsinteresse. Kein Anspruch auf den Wiederbeschaffungswert übersteigende Reparaturkosten mangels Integritätsinteresses nach hM auch bei **technisch unzulänglicher Teilreparatur,** Fra DAR **03** 68, Stu DAR **03** 176, Dr DAR **01** 303, Ol DAR **00** 359, Dü NZV **97** 355, Ko NZV **95** 355, Schl VR **99** 202, Kar MDR **00** 697, DAR **99** 313, s *Freundorfer* VR **92** 1333, offengelassen von BGHZ **154** 395 = NJW **03** 2085, s *Huber* MDR **03** 1338, ferner bei Reparatur in **Verkaufsabsicht,** Ha NJW-RR **93** 1436, VR **01** 257, Kar ZfS **97** 53, *Roß* NZV **00** 363, nach Dü NZV **96** 279 auch nicht bei unmittelbar nach Reparatur gefaßtem Verkaufsentschluß sowie bei mehrjähriger Stillegung des Fzs vor Durchführung der Reparatur, Sa MDR **98** 1346. Dagegen scheitert der Anspruch nicht, wenn die beabsichtigte Reparatur bisher nur wegen fehlender Mittel infolge noch nicht erfolgter Regulierung unterblieb, Ol DAR **04** 226, Mü NJW-RR **99** 909, oder nur teilweise möglich war, Ha NZV **97** 441 (abl *Lemcke* r + s **02** 269). Wurde **zum Zwecke der Weiterbenutzung technisch einwandfrei repariert,** was nicht zwingend Verwendung von Neuteilen voraussetzt, Fra DAR **03** 68, Dü NZV **01** 475, Ol DAR **00** 359 (krit *Lemcke* r + s **02** 270), so kommt es allerdings nur auf die *Erforderlichkeit* der Kosten in Höhe von 130% des Wiederbeschaffungswertes für eine Reparatur in einer Fach-Werkstatt an, nicht auf deren tatsächliche Aufwendung, BGH NJW **92** 1618 (Anm *Grunsky* JZ **92** 806, *Lemcke* r + s **92** 234, abl Anm *Freundorfer* VR **92** 1332, krit *Imbach* VR **96** 425), Ha DAR **02** 215, Stu DAR **03** 176, Ol DAR **00** 359, Dr DAR **96** 54, Kar DAR **99** 313, Sa MDR **98** 1346, *Diehl* ZfS **97** 94, *Grunsky* JZ **97** 827, einschränkend Dü NZV **95** 232, aM Dü NZV **94** 479, Kö VR **93** 898, Ha NZV **93** 432, r + s **98** 64, *Pielemeier* NZV **89** 222, *Lipp* NJW **90** 104, NZV **96** 11, *Krumbholz* NZV **90** 218; denn nicht „Erstattung" von Aufwendungen schuldet der Schädiger, sondern Ersatz des entstandenen *Schadens,* s *Weber* VR **92** 528 ff, *Greger* NZV **94** 12, *Steffen* NJW **95** 2059, *Pamer* NZV **00** 491, abw *Röttgering* ZfS **95** 441. Liegen die tatsächlichen Kosten einer technisch einwandfrei durchgeführten Reparatur innerhalb der 130%-Grenze, so scheitert der Anspruch nicht daran, daß die **vom Sachverständigen geschätzten Reparaturkosten** (bei Inanspruchnahme einer Vertragswerkstatt unter Verwendung von Neuteilen) darüber liegen, Fra DAR **03** 68, Dü NZV **01** 475, **97** 355, Dr DAR **01** 303, str, aM zB LG Br NZV **99** 253 (bei Unterschreitung der 130%-Grenze durch Sonderkonditionen), *Lemcke* r + s **02** 269, *Rischar* Schadenspraxis **97** 288, s dazu *Greger* Anh I Rz 41). Läßt der Geschädigte trotz Überschreitens der 130%-Grenze reparieren, so kann er andererseits nicht statt des Wiederbeschaffungsaufwands den Teil der Reparaturkosten verlangen, der 130% des Wiederbeschaffungswertes nicht übersteigt, s Rz 12.

Lit: *Dannert,* ... Reparaturkosten- oder Totalschadenbasis?, VR **88** 980. *Eggert,* Entschädigungsobergrenzen bei der Abrechnung „fiktiver" Reparaturkosten ..., DAR **01** 20. *Gebhardt,* Die Verhältnismäßigkeit von Reparaturkosten, DAR **91** 373. *Helmkamp,* Berücksichtigung des FzRestwertes bei der Überprüfung der Verhältnismäßigkeit einer Reparatur, NZV **91** 462. *Lemcke,* Abrechnung des FzSchadens nach § 249 II BGB nF, r + s **02** 265. *Pielemeier,* Der Ersatz fiktiver Reparaturkosten bei Eigenreparatur im Totalschadensfall, NZV **89** 222. *Reinking,* 130% Reparaturkosten auch für LeasingFze?, DAR **97** 425. *Roth,* Das Integritätsinteresse des Geschädigten und das Postulat der Wirtschaftlichkeit der Schadensbehebung, JZ **94** 1091. *Schlegelmilch,* Ersatz fiktiver Reparaturkosten bei Unwirtschaftlichkeit?, VR **87** 1171. *Weber,* Die 30%-Grenze bei Kfz-Reparaturkosten, DAR **91** 11. *Wirsching,* Der Begriff des „wirtschaftlichen Totalschadens", DAR **99** 331.

5. Die Wiederherstellungskosten muß der Geschädigte so niedrig wie nach dem technischen Befund möglich halten (Schadenminderungspflicht), Ko VR **64** 101, um einen Zustand herzustellen, der dem vor dem Unfall technisch und wirtschaftlich gleichkommt, Dü VR **74** 604. Steht der Schaden gutachtlich verläßlich in etwa fest, so muß sich der Geschädigte **ohne schuldhaftes Zögern** um Instandsetzung oder um ein ErsatzFz bemühen, Ha DAR **02** 312, KG VM **95** 35, Kö NJW **62** 2107, Ha NJW **64** 406. Er darf, mangels Anhalt für ungewöhnliche Arbeitsverzögerung, seine Vertrauens- oder Fachwerkstatt beauftragen, Kar VR **76** 1162, Mü VR **66** 786, es sei denn, sie fordert ein unangemessen hohes Entgelt oder übermäßig lange Reparaturzeit, s AG Göppingen VR **64** 544. Geringe Preisunterschiede bleiben außer Betracht, zumal da die Fachwerkstätten nach Teilepreis- und Arbeitszeitlisten der Hersteller abzurechnen pflegen. Arbeitsgänge, die wiederholt werden müssen, weil der Geschädigte zunächst nur teilreparieren läßt, sind nur so zu erstatten wie bei zügiger Gesamtreparatur. Zur **Ermittlung der erforderlichen Reparaturkosten,** s Rz 6.

Für **Schlechtarbeit der Werkstatt** haftet der Geschädigte nur bei unsorgfältiger Auswahl, oder wenn und soweit er sie bei zumutbarer eigener Sorgfalt hätte verhindern können, BGHZ **63** 182 = NJW **75** 160, Ha NZV **95** 442. Soweit zumutbar und erreichbar, wird er eine Fachwerkstatt beauftragen müssen. Schlechtarbeit oder Verzögerung, die auch durch zumutbare sorgfältige Auftragserteilung und Überwachung (Probefahrt, Beanstandung) nicht zu verhindern war, ist erstattungsfähige Schadensfolge, Kar VR **76** 1162, Hb MDR **68** 239, KG NJW **71** 142, einschränkend Dü ZfS **84** 298 hinsichtlich längeren Nutzungsausfalls durch verzögerliche Reparatur. Die Werkstatt ist **nicht Erfüllungsgehilfe des Geschädigten,** BGHZ **63** 182 = NJW **75** 160, Kar VR **76** 1162, MDR **73** 580, Ha NZV **91** 353, doch darf er Ansprüche wegen Schlechtausführung nicht verjähren lassen, *H.W. Schmidt* DAR **68** 143. Mehraufwand durch Schlechtarbeit geht bei sorgfältiger Werkstattauswahl durch den Geschädigten als Folgeschaden zu Lasten des Schädigers, BGHZ **63** 182 = NJW **75** 160, *Sanden/Völtz* 20, aM *Böhmer* JR **69** 16, **71** 239, wonach Verschulden der Werkstatt dem Schädiger nicht anzulasten sei (§§ 254 II, 278 BGB), und sich nur der Geschädigte an die Werkstatt halten könne. Die Gefahr überlanger und überteuerter Reparatur trägt, gegen Abtretung etwaiger Ersatzansprüche gegen die Werkstatt, der Schädiger, BGHZ **115** 365 = NJW **92** 302, Ha NZV **95** 442, Kar MDR **73** 580, Ol NZV **89** 148. Hat der Geschädigte an sich ungerechtfertigte, aber vom Schädiger zu tragende Mehrforderungen der Werkstatt noch nicht bezahlt, so geht sein Anspruch auf Freistellung, BGH DAR **76** 124.

23 **Wer selber repariert,** darf den üblichen Werkstattpreis fordern, BGH NJW **92** 1618 (Anm *Grunsky* JZ **92** 806, *Schopp* MDR **93** 313, krit *Imbach* VR **96** 425), BGHZ **154** 395 = NJW **03** 2085, Nü VRS **103** 321, Dr DAR **01** 455, KG DAR **95** 482, Mü DAR **88** 419, Kar ZfS **97** 53, Ha NZV **97** 441, Schl VR **99** 202, *Grunsky* DAR **84** 268, **92** 532, *Steffen* NZV **91** 2, *Wortmann* VR **98** 1207, einschließlich des üblichen Unternehmergewinns, ebenso als Kaufmann bei Selbstreparatur, Mü VR **66** 836, **76** 483, bei teilweiser Werkstatt- und teilweiser Selbstreparatur, KG VRS **68** 85, *Greger* NZV **94** 12, enger Nü VR **70** 1164, str, aM zB *Köhler*, Larenz-F (1983) S 353 f, *Hofmann* DAR **84** 374, *Honsell/Harrer* JuS **91** 446. Daher genügt zum Nachweis der erforderlichen Reparaturkosten ein Sachverständigengutachten, der Vorlage einer Reparaturrechnung bedarf es nicht, s Rz 6. Die Kosten für die Instandsetzung in einer Fach-Werkstatt können uU auch dann verlangt werden, wenn diese den Wiederbeschaffungswert um nicht mehr als 30% übersteigen (s Rz 19 f), die Kosten der Selbstreparatur aber niedriger waren, s Rz 20. Bei Wiederherstellung **in eigener Werkstatt** des Verkehrsbetriebs sind nur die Selbstkosten zu ersetzen, BGHZ **54** 82 = NJW **70** 1454 = VR **70** 832, 902 (*Klimke*). Dagegen kommt eine Kürzung um den Unternehmergewinnanteil bei Selbstreparatur in eigener gewerbsmäßiger KfzWerkstatt nur in Frage, wenn durch die Reparatur gewinnbringende Werkstattkapazitäten nicht verloren gegangen sind, Ha VR **91** 349. Ermittlung erstattungsfähiger Aufwendungen bei Reparatur von Bundesbahnwaggons durch eigenes Personal, Mü VR **87** 361.

24 **5 a. Wird das Fz unrepariert veräußert** (zB Inzahlunggabe), so behält der Geschädigte idR seinen Anspruch auf Zahlung der Instandsetzungskosten, BGHZ **155** 1 = NJW **03** 2086, BGHZ **66** 239 = NJW **76** 1396, VR **85** 865, VRS **69** 162, Ko VR **82** 1150, KG VM **95** 35, Ha VR **91** 349, ZfS **84** 9, Dü NJW-RR **04** 1470, Stu VR **82** 885, Kö ZfS **94** 123, *Grunsky* NJW **83** 2468, *Weber* VR **90** 941, *Steffen* NZV **91** 3, krit *Schiemann* VGT **82** 236, *Hofmann* VGT **82** 256, *Greger* Anh I Rz 68, abl *Köhler*, Larenz-F (1983) S 360 ff. Demgegenüber wurde vor allem in der älteren Rspr überwiegend die Ansicht vertreten, daß dieser Anspruch nur so lange bestehe, wie der Geschädigte zur Reparatur des noch in seinem Besitz befindlichen Fzs in der Lage sei, Mü VR **75** 144, Kar NJW **75** 1285, Stu VR **74** 374, KG VR **74** 576, Ko VR **67** 984, Fra VR **73** 675, Hb MDR **75** 675, Schl VR **74** 271, Nü VR **74** 677, Ol VR **84** 1054 (dem allerdings im Ergebnis wegen der erheblichen Differenz zwischen fiktiven Reparaturkosten und Ersatzbeschaffungskosten zuzustimmen ist), ebenso LG Hannover NJW-RR **99** 251. Der Geschädigte darf den Stundenverrechnungssatz einer markengebundenen Fachwerkstatt zugrunde legen, auch wenn der durchschnittliche Satz niedriger ist, BGHZ **155** 1 = NJW **03** 2086 (Anm *Reitenspiess* DAR **03** 375, krit *Huber* MDR **03** 1210 f). Im übrigen bleibt er jedoch verpflichtet, unter mehreren Mitteln zur Schadenbeseitigung das deutlich wirtschaftlichere zu wählen, s Rz 8. Die in der Rspr überwiegend anerkannte Grenze einer Überschreitung des Wiederbeschaffungswertes um 30% (s Rz 12, 19 f) gilt hier jedenfalls nicht, s Rz 20. **Keine Abrechnung auf Reparaturkostenbasis** in Fällen der Veräußerung daher, wenn Ersatzbeschaffung unter Berücksichtigung des Restwertes (s Rz 8) des beschädigten Fzs, BGHZ **115** 365 = NJW **92** 302 (insoweit zw *Grunsky* JZ **92** 807), Fra VR **03** 84, Kö NZV **94** 24, ZfS **94** 123, Mü DAR **95** 254, *Huber* NZV **04** 106, *Eggert* DAR **01** 25, billiger wäre **(Wiederbeschaffungsaufwand,** Wiederbeschaffungs*kosten*), BGH VR **85** 865, VRS **69** 162, BGHZ **155** 1 = NJW **03** 2086, **85** 2469 (abl *Grunsky* VGT **90** 187, *Pamer* NZV **00** 492), Stu VR **82** 885, Ol VR **84** 1054, Mü VR **90** 864, Kar NZV **94** 275, Kö ZfS **94** 123. Dabei ist jedoch zu *differenzieren:* Legt der Geschädigte kein Interesse an der Reparatur dar, so ist sein Schaden-

Höchstbeträge § 12 StVG **1**

ersatzanspruch durch die Kosten der Ersatzbeschaffung begrenzt, wenn die Differenz darauf beruht, daß ein *wirtschaftlicher Totalschaden* (Rz 18) vorliegt, nicht aber, wenn die fiktiven Reparaturkosten diese nur deswegen überschreiten, weil er den Unfallwagen für einen Neuwagen besonders günstig (über den wirklichen Restwert hinaus) in Zahlung gegeben hat (anderenfalls würde die Dispositionsfreiheit des Geschädigten unzulässig beschnitten), BGH NJW **85** 2469, VRS **69** 162, Kö NZV **94** 24, ZfS **94** 123. S dazu auch *Medicus* DAR **82** 359, *Grunsky* NJW **83** 2468, VGT **90** 187. Wegen der Schwierigkeiten der Restwertermittlung (s Rz 19) wird vorgeschlagen, die fiktiven Reparaturkosten stets dann zuzubilligen, wenn diese (ohne Berücksichtigung des Restwertes) jedenfalls **70 % des Wiederbeschaffungswertes nicht übersteigen**, VGT **90** 12, **02** 10, *Pamer* NZV **00** 490, *Lemcke* r + s **02** 270, *Huber* § 1 Rz 18, s AG Nordhorn DAR **00** 143, s dazu Dü NJW-RR **04** 1470. Zur Erstattungsfähigkeit der fiktiven Reparaturkosten bei Veräußerung des unreparierten Fzs, *Schlechtriem* DAR **75** 122, *Klimke* VR **77** 502, **87** 439, *Weber* VR **90** 938. Fiktive **Verbringungskosten** für den notwendigen Transport des Fzs zwischen Werkstatt und Lackiererei sind grundsätzlich ersatzfähig, Dü NZV **02** 87, Dr DAR **01** 455, LG Wiesbaden DAR **01** 36, LG Paderborn DAR **99** 128, LG Gera DAR **99** 550, *Wortmann* NZV **99** 503, krit *Sanden/Völtz* 170, aM AG Neumünster ZfS **02** 179 (weil sie nicht in jedem Falle entstehen), *Wagner* NZV **99** 358. Ein Anspruch auf sog Risikozuschlag zu den fiktiven Reparaturkosten wegen der Möglichkeit sich bei Zerlegung des beschädigten Fzs sich offenbarender weiterer Schäden besteht nicht, Hb DAR **81** 388.

Lit: *Grunsky*, Zum Umfang des Ersatzanspruchs bei einer nicht in der Werkstatt durchgeführten Kfz-Reparatur, DAR **84** 268. *Hofmann*, Der Umfang des Ersatzanspruchs ... im Reparaturfall ..., DAR **83** 374. *Huber*, Fiktive Schadensabrechnung de luxe?, MDR **03** 1205. *Pamer*, Die sog 70%-Grenze im Rahmen der normativen Schadensberechnung, NZV **00** 490. *Seiwerth*, Schadensberechnung und Schadensnachweis nach durchgeführter Reparatur, NZV **89** 137. *Wagner*, Kein Ersatz fiktiver Verbringungskosten, NZV **99** 358. *Wortmann*, Ersatz der Verbringungskosten und Ersatzteilpreisaufschläge auch bei Abrechnung auf Gutachtenbasis?, NZV **99** 503.

5 b. Die Entschädigung für **merkantilen Minderwert** soll etwa verbliebene, verborgene Unfallschäden und die darauf beruhenden Preisabschläge bei UnfallFzen auf dem Gebrauchtwagenmarkt ausgleichen, Jn NZV **04** 476, KG VM **85** 63, **91** 28, VR **88** 361, VRS **71** 241, Stu VR **86** 773, *v Gerlach* DAR **03** 52. Sie erwächst deshalb nur bei erheblicher technischer Beschädigung, BGHZ **35** 396 = NJW **61** 2253, 1571, VRS **61** 707, Kö DAR **73** 71, Fra VR **78** 378, Stu VRS **54** 97, welche ihrer Natur nach fortwirken kann, also nicht nach beseitigtem bloßem Blechschaden, Mü VR **66** 1166, nicht stets schon dann, wenn der Schaden einem Käufer offenbart werden müßte, s *Eggert* VR **04** 286, nicht nach Totalschaden und Ersatzbeschaffung, KG VR **74** 576, Nü VR **65** 247, Schl VR **68** 977, Fra VR **67** 411, nicht wenn das Fz ohnehin nicht als unfallfrei hätte verkauft werden können, Ce VR **73** 717. Auch bei älteren Kfzen kann bei noch beträchtlichem Zeitwert ein merkantiler Minderwert zu berücksichtigen sein, Dü MDR **87** 1023 (5½ Jahre alter Mercedes mit 136 000 km), KG VM **81** 72 (3 Jahre alter Fahrschulwagen mit 90 000 km Fahrleistung), **79** 23, AG Hb-St. Georg DAR **04** 33 (5 Jahre, 75 000 km) – zust *Hillebrand* –, *Hörl* ZfS **91** 148, str, aM zB Kar NZV **90** 387, Fra DAR **84** 318 (bei Fzen unterhalb 40% des Neuwertes, abl *Hörl* ZfS **91** 149, **99** 47), *Splitter* DAR **00** 50. Soweit hiernach merkantiler Minderwert zu ersetzen ist, ist der Anspruch unabhängig davon, ob der Geschädigte das Unfallfz weiter benutzt, BGHZ **35** 396 = NJW **61** 2253, Stu VR **61** 912, Ha VR **98** 1525, *v Gerlach* DAR **03** 54, oder verkauft, BGH NJW **61** 1571, Mü DAR **65** 78, aM KG VM **74** 5. Kein merkantiler Minderwert mangels Marktbewertung, wenn ein Fuhrpark, meist von SpezialFzen (Krankenwagen, StrabaFze), nach Art des Unternehmens bis zur praktischen Gebrauchsunfähigkeit ausgenutzt zu werden pflegt, s KG VR **79** 260, aM *Frank* MDR **85** 722, *v Gerlach* DAR **03** 54. Kein merkantiler Minderwert uU bei seltenem, knapp ½ Million € teuren Luxus-Sportwagen, Jn NZV **04** 476, idR auch nicht bei einwandfrei ausgebessertem Straba-Triebwagen, Kö VR **74** 761. Merkantiler Minderwert je nach Gebrauchsdauer auch bei NutzFzen (Lkw, Bus), BGH NJW **80** 281 (krit *Schlund* VR **80** 415), KG VR **74** 786, Stu VRS **54** 97, *Frank* MDR **85** 721, *Lange* NZV **92** 317. Merkantiler Minderwert eines Taxis, KG VRS **71** 241. Ersatz merkantilen Minderwerts bei Polfzen, soweit mangels spezieller Bauweise und Ausstattung ein Gebrauchtwagenmarkt-Interesse besteht, LG Nü-Fürth NJW **82** 2079. Zum merkantilen Minderwert beschädigter BW-Fze, Schl VR **79** 1037, *Riecker* VR **81** 517. Bei unfallbedingtem Scheitern beabsichtigt gewesenen Verkaufs können Ansprüche auf entgangenen Gewinn und merkantilen Minderwert nebeneinander bestehen, Sa NZV **92** 317 (zust *Lange*).

26 Zur **Ermittlung des merkantilen Minderwerts** *Schmidt* DAR **66** 230, *Sanden/Völtz* 131 ff, *Nölke* DAR **72** 321, *Berger* VW **82** 390, *Hörl* ZfS **91** 145, **99** 47, Stu VR **73** 165, Hb DAR **81** 388, KG VRS **71** 241. Maßgebend für die Ermittlung ist der Zeitpunkt der Ingebrauchnahme nach Reparatur, BGH NJW **67** 552, Stu VRS **54** 97, *Hörl* ZfS **99** 47, *Sanden/Völtz* 139, aM *Greger* Anh I Rz 73 (Zeitpunkt des Schadenseintritts). Mit fortschreitender Gebrauchsdauer kann die Möglichkeit merkantilen Minderwerts abnehmen, BGH VRS **58** 1, Dü MDR **87** 1023 (s aber Rz 25). Er richtet sich nicht nach Bruchteilen der Reparaturkosten, Kö ZfS **84** 101, sondern nach dem Unterschied der Veräußerungswerte (Zeitwerte) vor dem Unfall und nach dem Unfall, Dü DAR **76** 184, vor und nach der Reparatur, Fra VRS **39** 321, Dü DAR **76** 184, KG VR **88** 361, VM **91** 28. S Fra VR **68** 179 (20% vom Zeitwert), Dü VR **72** 984 (20% der Reparaturkosten je nach FzAlter), Ba ZfS **83** 263 (15% der Reparaturkosten bei neuem Fz), Dü MDR **87** 1023 (idR 10–15% der Reparaturkosten), Ce VRS **30** 149 (5% des Zeitwerts + Reparaturkosten). Bei Veräußerung des unreparierten Fzs ist der Minderwert nicht aus der Differenz zwischen Zeitwert einerseits und Verkaufswert plus fiktiven Reparaturkosten andererseits zu ermitteln, sondern nach dem Wertverlust, der bei einem derartigen Fz (Alter, Kilometerleistung, Art der Beschädigungen) auch nach Reparatur eintritt, so daß es auf den konkret erzielten Erlös also nicht ankommt, Kar VR **81** 886. Die Brauchbarkeit der im Schrifttum vorgeschlagenen **Berechnungsmethoden** zur Ermittlung des merkantilen Minderwertes (s die Zusammenstellung bei *Himmelreich/Halm/Bücken* Rz 810 ff) hängt davon ab, inwieweit die durch sie erzielten Ergebnisse den tatsächlichen Gegebenheiten auf dem Gebrauchtwagenmarkt entsprechen, Hb DAR **81** 388, s *Hörl* ZfS **91** 145. Berechnung nach der Tabelle von *Ruhkopf/Sahm* (krit *Hörl* NZV **01** 175: „völlig überholt", *Eggert* VR **04** 286): Kar VR **83** 1065, Kö ZfS **84** 101, Dü ZfS **88** 41, Ce ZfS **89** 230, Ha ZfS **86** 324, **83** 5 (jedenfalls bei normaler jährlicher km-Leistung), nach der Methode von *Halbgewachs:* Stu VR **86** 773. Gegen Anwendbarkeit solcher Tabellen, KG VM **85** 63, **91** 28, NZV **95** 314. Auch bei Zugrundelegung von Tabellen ist auf Besonderheiten des konkreten Unfallschadens Rücksicht zu nehmen, s KG VRS **87** 411 (416). Art des Schadens, etwaige Vorschäden, Alter und Kilometerleistung, aber auch Anzahl der Vorbesitzer und die Konjunktur des Gebrauchtwagenmarktes spielen eine Rolle, s KG VR **88** 361, VRS **87** 411 (417). Konkreter Ermittlung durch Sachverständigen gebührt der Vorzug vor Tabellenanwendung, Ce ZfS **84** 5, Sa DAR **89** 345, Kö VR **92** 973, KG VRS **87** 411, *Hörl* NZV **01** 175. Dies gilt in jedem Fall bei Nutz-Fzen, BGH NJW **80** 281, *Eggert* VR **04** 286. RsprÜbersicht: DAR **81** 391 ff.

Lit: *Berger,* Vergleichende Erkenntnisse bei der Berechnung des merkantilen Minderwertes von Kfzen, VW **82** 390. *Darkow,* Der Minderwert von Kfzen nach Unfällen und seine Ermittlung, VR **75** 207. *Derselbe,* Der merkantile Minderwert von Kfzen nach der Beseitigung von Unfallschäden, DAR **77** 62. *Eggert,* Merkantiler Minderwert und kaufrechtliche Offenbarungspflicht im Gleichklang?, VR **04** 280. *Frank,* Zum merkantilen Minderwert bei Motorrädern und SonderFzen, MDR **85** 720. *v Gerlach,* Der merkantile Minderwert in der Rspr des BGH, DAR **03** 49. *Hörl,* Hinweise zur Ermittlung der merkantilen Wertminderung bei der Unfallschaden-Regulierung, ZfS **91** 145. *Derselbe,* „Minderwert", ZfS **99** 46. *Nölke/Nölke,* Zur Ermittlung des merkantilen Minderwertes, DAR **72** 321. *Riecker,* Merkantile Wertminderung auch für Fze der BW?, DAR **81** 517. *Schmidt,* Zur Bemessung des merkantilen Minderwerts, DAR **66** 230. *Splitter,* Der merkantile Minderwert, DAR **00** 49.

27 **5 c. Vorteilsausgleichung (Abzug neu für alt)** ist bei Verbesserung einer mehr oder weniger abgenutzten Sache durch Reparatur geboten, soweit sie dadurch wertvoller wird, s BGHZ **30** 29, MDR **59** 567, Dü NZV **02** 87, Fra NZV **01** 348, *Greger* Anh I Rz 63. Voraussetzung der Vorteilsausgleichung ist Entstehung in adäquater Weise durch das Schadensereignis, BGHZ **8** 326, **49** 56, und daß die Anrechnung dem Sinn der Ersatzpflicht entspricht, BGHZ **30** 29, *Weber* DAR **78** 116. Der Geschädigte soll durch Ersatz keinen ungerechtfertigten Vorteil erlangen. Abzug daher nur, wenn er

Höchstbeträge § 12 StVG I

Aufwendungen spart, die er später hätte machen müssen, also dann nicht, wenn Teile ersetzt werden, die idR die Gesamtgebrauchsdauer des Fz erreichen, KG NJW **71** 142, VRS **68** 85, Ce VR **74** 1032. Nach Kar VRS **77** 45 kein Abzug neu für alt bei 3 Jahre alter KfzBatterie. Zur sog „zeitwertgerechten" Instandsetzung durch Verwendung von Gebrauchtteilen, s *Anselm, Jacobi, Reinking* VGT **99** 277, 293, 304, *Pamer* DAR **00** 150. Bei relativ neuem Kfz erhöht Neulackierung den Wert nicht, Dü DAR **74** 215. Ohne meßbare Wertsteigerung kein Abzug, sonst Kürzung des Ersatzanspruchs um die Wertsteigerung, Mü VR **66** 1192. Hatte das beschädigte Fz **bei Abrechnung „auf Neuwagenbasis"** (s Rz 11) eine Laufleistung von weniger als 1000 km, so liegt in der Nutzung bis zum Unfall kein meßbarer Vorteil, BGH NJW **83** 2694 (abl *Klimke* VR **84** 1126), Schl NJW **71** 141, KG VM **97** 36, aM Schl VR **85** 373. Kommt bei längerer Nutzung ausnahmsweise Abrechnung auf Neuwagenbasis in Frage (s Rz 11a), so ist der Ersatzanspruch entsprechend zu kürzen, BGH NJW **83** 2694. Ist kein Marktwert festzustellen, so bemißt die Rspr die Gebrauchsvorteile für je 1000 km uneinheitlich auf 0,67% (so zB Bra MDR **98** 1410, Fra DAR **88** 242, Mü DAR **87** 225, Ha NJW-RR **88** 1140, Ko VRS **93** 95, Kö DAR **93** 349) bis 1% des Neuwertes (so zB Mü DAR **83** 79), teilweise auch auf 0,16 DM je km, Ol VRS **94** 171, s *Sanden/Völtz* 83 ff.

5 d. **Abschleppkosten** sind bei fahrunfähigen Kfz als adäquate Unfallfolge in angemessenem, zur sachgemäßen Reparatur notwendigem Umfang zu erstatten. Ist das Fz zweifelsfrei Schrott, genügt Abschleppen zur nächsten Werkstatt oder zum Abstellplatz, andernfalls darf es in die üblicherweise benutzte Werkstatt gebracht werden, falls sie nicht unverhältnismäßig weit entfernt ist, Ce VR **68** 1196, Ha VR **70** 43, uU sinnvollerweise auch in Teilstrecken, Ha VR **70** 43. 28

6. **Entgangene Prämienvorteile** (Bonusverlust, Malus) sind in der **Kaskoversicherung** (FzVersicherung) zu ersetzen, soweit der Geschädigte ohne eigene Schuld wegen verzögerter Ersatzleistung durch den Schädiger auf die eigene Kaskoversicherung zurückgreifen muß, BGHZ **44** 382 = NJW **66** 244, NZV **92** 107, Kö VR **90** 908, KG DAR **78** 86, VM **94** 5, Fra NJW **85** 2955, Kar NZV **90** 431, VRS **81** 99, Ha NZV **93** 65, *Schmalzl* VR **92** 678; zweifelhaft ist es jedoch dann, wenn er einen Teil seines Schadens auf eigene Kosten zu beheben hat, weil insoweit die Ursächlichkeit fremden schädigenden Verhaltens fehlt (Teilung?), Anspruch trotz Mithaftungsquote des Geschädigten bejaht von Stu DAR **89** 27. Kein Anspruch auf Ersatz verlorenen Schadenfreiheitsrabattes, wenn der Geschädigte seine Kaskoversicherung in Anspruch genommen hat, obwohl die Haftung des Schädigers anerkannt und der erforderliche Geldbetrag bereitgestellt war, Ko ZfS **84** 73, oder dies zu erwarten war, Stu VR **87** 65, Kar NZV **90** 431, s *Schmalzl* VR **92** 677, **93** 855. Für die Zukunft kann der Prämiennachteil allerdings idR nicht mit der Leistungs-, sondern nur mit der Feststellungsklage geltend gemacht werden, weil das Entstehen eines solchen Nachteils und ggf dessen Höhe ungewiß ist, BGH NZV **92** 107. 29

In der **Haftpflichtversicherung** beruht der Verlust von Schadenfreiheitsrabatt idR auf dem eigenen schädigenden Verhalten, das Haftpflichtansprüche des Geschädigten auslöst, nicht darauf, daß das eigene Kfz beschädigt wird, BGHZ **66** 398 = NJW **76** 1846, VR **78** 235, **77** 767, Stu NJW **71** 660, 1183, Kö VR **90** 908 (BGHZ **44** 382 ist aufgegeben), Ausnahme: zB Schwarzfahrt, BGHZ **66** 400, dazu *Klimke* VR **77** 134, *Sanden/Völtz* 177 f, *v Olshausen* VR **72** 233. Erstattungsfähig ist Beitragsmehrbelastung auch, wenn sie auf der infolge der FzBeschädigung notwendig gewordenen Neuanschaffung eines gleichen Fzs beruht, AG Würzburg DAR **04** 655 (Anm *Köhler*). 30

7. **Verdienstausfall** infolge der Schadenzufügung ist zu ersetzen, ausgenommen ganz kurzfristiger Ausfall des geschädigten Fz, Nü VR **65** 627. Wer höheren Verdienstausfall dadurch verursacht, daß er anstelle der zumutbaren Reparatur die längere Lieferfrist eines NeuFzs abwartet, hat insoweit keinen Ersatzanspruch, KG DAR **76** 154. „Überpflichtmäßige" Nachholung ausgefallener Fahrstunden mindern den Ersatzanspruch des Fahrlehrers nicht, BGH NJW **71** 836. Zur Berechnung des Verdienstausfalls bei **Beschädigung der Taxe** und Verletzung des Fahrers, BGH VRS **57** 325. Berechnung des Verdienstausfalls bei Totalschaden eines sehr alten Taxis, Kö VR **73** 577 *(Klimke)*. Dem Einmann-Taxiunternehmer steht außer Verdienstausfall auch eine halbe 31

private Nutzungsausfallentschädigung zu, KG DAR **76** 296. Bei Reparaturdauer von 4 Wochen muß ein selbständiger Taxiunternehmer keine schadenmindernde Tätigkeit annehmen, KG VR **73** 768, Nü VR **73** 721. Ersparte Einkommensteuer muß er sich nicht anrechnen lassen, wohl aber Gewerbesteuerfreiheit der Verdienstausfallentschädigung, KG VR **72** 960, s auch KG DAR **76** 103, VR **73** 768 (Verdienstausfallberechnung). Bei langer Lieferzeit eines typgleichen Taxis kann der Geschädigte im Rahmen der Schadensminderungspflicht gehalten sein, ein Fz gleichen Typs als Taxi umrüsten zu lassen, Ha NZV **96** 113. *Klimke,* Ersatzanspruch des Taxiunternehmers bei Haftpflichtschaden, VR **72** 903. Entgeht einem Händler ein KfzVerkauf, so steht ihm der **entgangene Gewinn** zu, s KG VRS **42** 82. Bei Taxiausfall ist entgangener Gewinn zu erstatten, keine Mietwagenkosten, Mü VR **76** 373, MDR **75** 755. Zur Erstattungsfähigkeit entgangenen Gewinns, falls der Geschädigte dafür noch einer behördlichen Genehmigung bedurft hätte, BGH NJW **74** 1374. Entgangener Gewinn, der nur entgegen zwingendem Recht erzielbar gewesen wäre, ist nicht zu erstatten, BGH Betr **74** 1477. Scheitert eine besonders günstige Veräußerung aufgrund unfallbedingter Reparaturbedürftigkeit, so ist der Mindererlös zu ersetzen, Fra NJW-RR **91** 919. **Zeitverlust** durch Reparaturüberwachung oder Erledigung von Unfallangelegenheiten kann nicht als fiktiver Stundenlohn berechnet werden, Kö DAR **65** 270. Er fällt in den eigenen Pflichtenkreis des Geschädigten, BGH NJW **69** 1109, ebenso auch bei Unternehmen (Verwaltungen), soweit nur die Schadenbearbeitung in Betracht kommt, BGH NJW **69** 1109, VR **61** 358, 788. S Rz 7.

32   **8. Finanzierungskosten** sind auch ohne Verzug des Schädigers zu erstatten, wenn der Geschädigte verfügbare eigene Mittel zumutbar nicht einsetzen kann, BGH NJW **74** 34, Nü VR **65** 246, KG VR **75** 909, *Sanden/Völz* Rz 187, s aber Kö VRS **101** 3 (nur bei Verzug), aber nicht über den Betrag hinaus, der zur Schadenbeseitigung erforderlich ist (Anschaffung eines Neuwagens statt eines gleichwertigen GebrauchtFzs), Ba ZfS **81** 332. Kreditkostenerstattung nur bei Darlegung der Notwendigkeit der Kreditaufnahme, Kar VR **80** 636, Zw VR **81** 343. Kein Anspruch auf Erstattung von Kreditzinsen bei unnötiger Kreditaufnahme, Mü VR **75** 163. Wer nach seiner Vermögenslage keinen Kredit braucht, erhöht den Schaden durch Kreditkosten unnötig, Ce VR **73** 353, Zw VR **81** 343, Kar NZV **89** 23. Stets ist die wirtschaftlichste Finanzierungsart zu wählen, BGH NJW **74** 34, Zw VR **81** 343, uU also Inanspruchnahme laufenden Kredits, Nü VR **65** 247, eines Arbeitgeberdarlehens, Gehaltsvorschusses oder Kurzkredits, oder Kostenvorschuß der Versicherung des Schädigers nach Benachrichtigung, AG Freiburg VRS **77** 20, uU der eigenen Kaskoversicherung, Mü ZfS **84** 136 (unter Aufgabe der früher vertretenen gegenteiligen Ansicht in VR **66** 668), KG VM **94** 5. Fremdfinanzierung ist nicht Regelfall, BGH NJW **74** 34, sie kommt schon bei jedem beliebigen Schaden in Betracht, nicht bei relativ geringfügigen, sondern nur mangels eigener bereiter Mittel, wenn ein verständiger, wirtschaftlich denkender Halter in der besonderen Lage des Geschädigten sie für erforderlich halten durfte, BGH NJW **74** 34, Kö Betr **73** 177. Kann er die vermutlichen Reparaturkosten nicht aus eigenen Mitteln aufbringen, ohne sich über Gebühr einzuengen, so muß er den **Schädiger oder dessen VU rechtzeitig verständigen,** damit dieser die Kostengefahr verringern kann, Stu VR **77** 44, Schl VR **67** 68, KG VRS **105** 107, VM **91** 28, Ce VR **80** 633, Verzögerungen gehen dann zu dessen Lasten, Dü DAR **73** 295, Mü VR **66** 548, s Fra DAR **84** 318. Hat der verständige Ersatzpflichtige den nötigen Vorschuß für ein ErsatzFz nicht geleistet, so darf der Geschädigte bis zur Ersatzbeschaffung auf Kosten ein MietFz nehmen, Ol DAR **80** 18, Fra DAR **84** 318. Braucht der Geschädigte keine Seriositätsbedenken zu haben, so darf er einen **Unfallhelfer** beauftragen, denn dessen Dienste sind idR den Schädiger treffender Herstellungsaufwand, Kar MDR **75** 930, s aber Kar VR **76** 790. Darf der Geschädigte Kredit nehmen, dann uU auch mittels eines „Unfallhelferrings", BGH NJW **74** 34, selbst bei Verstoß gegen das RechtsberatungsG. S. aber BGH NJW **77** 431, VR **77** 250, 280 (Bankkreditvertrag zwecks „Unfallhilfe") und Mü VR **77** 234 (Darlehensvertrag zwischen Unfallhelfer und Bank).

   Lit: *Himmelreich,* Finanzierungskosten, NJW **73** 978. *Klimke,* Finanzierungskosten, VR **76** 881. *H. W. Schmidt,* Finanzierungskosten als Unfallschaden, VR **67** 22.

Höchstbeträge § 12 StVG 1

9. Mietaufwendungen für ein ErsatzFz bis zur Schadenbehebung sind für angemes- 33
sene Zeit zu ersetzen, BGH NJW **74** 34, **85** 793, 2639, DAR **85** 347, BGHZ **115** 365
= NJW **92** 302, Kö VR **93** 767, auch wenn das Fz ausschließlich zur Benutzung durch
andere (zB Angehörige) angeschafft wurde, BGH NJW **74** 33, Fra DAR **95** 23, oder bei
FzHaltung nur zum Vergnügen, Ha NJW **62** 2205, Ce NRpfl **62** 85 (aM *Greger* NZV
94 338 mangels wirtschaftlicher Einbuße, einschränkend auch *Etzel/Wagner* DAR **95**
18, *Schiemann* JZ **96** 1077), ebenso wie bei gewerblich genutzten Fzen, BGH NJW **85**
793, NZV **94** 21, Ko NZV **88** 224, Nü NJW-RR **90** 984, Ha NZV **93** 392, aber nur
im Rahmen eigenen Bedürfnisses, Nü NJW **76** 1096, abzüglich Eigenersparnis, s Rz 38,
und nicht neben Ersatz entgangenen Gewinns, Mü MDR **75** 755, auch nicht, wenn der
Geschädigte das unfallbeschädigte Fz mangels Haftpflichtversicherungsschutzes nicht be-
nutzen durfte, Fra NZV **95** 68. Anspruch auf Ersatz von Mietwagenkosten besteht aller-
dings nur, soweit diese sich **im Rahmen des Erforderlichen** halten, dh soweit es
Aufwendungen sind, die eine verständige, wirtschaftlich denkende Person in der Lage
des Geschädigten machen würde, BGHZ **54** 82 = NJW **75** 255, **86** 2945, BGHZ **132**
373 = NZV **96** 357 (Anm *Schiemann* JZ **96** 1077), DAR **85** 347, Schl NZV **90** 150, Kar
NZV **90** 387, Mü NZV **92** 362, DAR **95** 254, Stu VR **92** 1485, Ha NZV **94** 358, **95**
356, Kö VR **93** 767, **96** 121, Nü NZV **94** 24, Fra VRS **89** 4, unter Beachtung der
Schadenminderungspflicht, Dü NZV **95** 190, Fra NJW-RR **96** 984, s Rz 8. Das ist bei
Mietwagenbenutzung auf längerer Urlaubsreise (s. dazu unten) nicht schon deswegen zu
verneinen, weil die Mietwagenkosten diejenigen der Wiederbeschaffung um mehr als
das Doppelte übersteigen, BGH DAR **85** 347, aM Kö VR **79** 965. Ein MietFz darf der
Geschädigte im gleichen räumlichen Umfang wie vorher das eigene Kfz nutzen, Ol
DAR **80** 18. Anspruch auf MietFz auch, wenn der Geschädigte das Fz wegen des Un-
falls nicht wie bisher zur Arbeit benutzt, sondern sich von einem Angehörigen zu Arzt-
besuchen, Einkäufen usw fahren läßt, Ha NJW-RR **93** 1053. Nur bei voraussehbarer
geringfügiger FzBenutzung darf der Geschädigte auf Taxis oder öffentliche VMittel ver-
wiesen werden, KG VR **77** 82, s Ha DAR **01** 458, Fra ZfS **92** 10, *R. Born* VR **78** 736,
Greger NZV **94** 338, nicht allein deswegen, weil dies billiger wäre, BGH DAR **85** 347.
Obwohl auch an der ständigen Verfügbarkeit des Fzs für häufige, wenngleich kurze
Strecken ein schutzwürdiges Interesse bestehen kann, s *Notthoff* VR **96** 1202, kommt bei
Inanspruchnahme eines MietFzs für eine längere Zeit trotz eines Tagesbedarfs von weni-
ger als 20 km uU Verstoß gegen § 254 II BGB in Frage, Mü NZV **92** 362, Ha NZV **95**
356 (ca 22 km), DAR **01** 458 (12 km), AG Aachen DAR **00** 410 (bei 21 km Anspruch
bejaht), *Notthoff* VR **96** 1202, s VGT **94** 10, für 40 km/h als Untergrenze *Küppersbusch*
VGT **94** 170. Nach aA (*Greger* NZV **94** 338) fehlt es in solchen Fällen schon am Scha-
den. Mietwagenkosten müssen in vertretbarem Verhältnis zum normalen Fahrbedarf des
Geschädigten stehen (keine 11 000-km-Reise), Nü NJW **76** 1096, VR **74** 677. Keine
Mietwagenkosten während Krankheit und für kurze Restzeit, wenn dann Taxis oder
öffentliche VMittel zumutbar wären, Kar DAR **75** 1012. Mangels MietFzs keine Mietko-
sten, BGHZ **45** 212, **56** 214 = NJW **71** 1692, aM *Müller* JuS **85** 282. Inwieweit Ersatz-
pflicht bei Antritt oder Fortsetzung einer langen **Reise mit Mietwagen** besteht oder es
sich um unstatthafte Mehraufwendungen handelt, hängt von den Umständen des Ein-
zelfalles ab, s BGH DAR **85** 347, Stu DAR **81** 292, VR **92** 1485, KG VM **77** 76, Fra
VR **82** 859, Mü VR **83** 1064, BGH NJW **85** 2639, Ha NJW-RR **89** 730 (Ersatzpflicht
bejaht), Stu VR **77** 44, Mü ZfS **85** 330 (Ersatzpflicht verneint). Ersatz der Mietwagen-
kosten für eine vollständig vorbereitete unaufschiebbare Urlaubsreise (mehr als 7000 km)
mit umfangreichem Gepäck bei Beschädigung des für die Durchführung der Reise vor-
gesehenen Pkws bei Beginn der Reise oder am Tage vor Reiseantritt kann gerechtfertigt
sein, BGH DAR **85** 347, Stu VR **82** 559, ebenso bei Unfall an einem Wochenende
während 14 tägiger Campingreise, Fra VR **82** 859. Pflicht zur Inanspruchnahme von
Sondertarifen in solchen Fällen, s Rz 38. Mietwagenkosten sind auch zu ersetzen, wenn
das MietFz vom Gesellschafter der geschädigten OHG stammt, KG VRS **56** 265. Der
Anspruch auf Erstattung von Mietwagenkosten wird auch bei ausschließlich **gewerblich
genutzten Fzen** nicht grundsätzlich durch die Höhe des mit dem beschädigten Fz er-
zielbaren Gewinns begrenzt, BGH NJW **85** 793, NZV **94** 21 (zust *Grüneberg* NZV **94**
135, *Reiff* NZV **96** 428), Ko NZV **88** 224, Kar NZV **89** 71, Nü NJW-RR **90** 984, Ha

1 StVG § 12   II. Haftpflicht

NZV **93** 392, *Born* NZV **93** 3, aM Nü VR **78** 1148, sondern nur dann, wenn wegen wirtschaftlicher Unvertretbarkeit der Anmietung eines ErsatzFzs die Unverhältnismäßigkeitsgrenze des § 251 II BGB überschritten ist, BGH NZV **94** 21, Kar NZV **89** 71, Nü NJW-RR **90** 984, Kö NZV **93** 150, Mü VRS **85** 1, Ha NZV **97** 310, Ce NZV **99** 209 (Anspruch verneint bei Überschreitung des Gewinnentgangs um das 3,5fache), s dazu *Weber* DAR **85** 174. Zur Beweislast in solchen Fällen, Kö NZV **97** 181.

34   Ein ErsatzFz **desselben Typs** oder eines ähnlichen (gleichwertigen) wie das beschädigte steht zu, BGH NJW **82** 1518, Fra DAR **90** 144, Kar VRS **78** 402, NZV **90** 265, Nü ZfS **94** 208, Mü DAR **95** 254, Dü VR **96** 988. Wird ein kleineres benutzt, ist nur in seltenen Ausnahmefällen bei erwiesenem wirtschaftlichem Nachteil der mindere Nutzwert auszugleichen, BGH NJW **67** 552, Kö NJW **67** 570, Dü VR **60** 429, BGH NJW **70** 1120 (Nutzungsentschädigung für den großen Wagen), idR kein Ausgleich, BGH NJW **83** 2694, Sa VR **75** 1132, Ce DAR **76** 130, Dü DAR **76** 184, KG DAR **76** 241, Kar NZV **89** 231, Ha NZV **93** 189. Ist ein vergleichbares MietFz zu angemessener Miete nicht greifbar, wird ein schwächeres, preisgünstigeres zu wählen sein, BGH NJW **67** 552, unter mehreren das wirtschaftlich günstigste, Dü VR **70** 42. Ist ein typengleiches Fz nur zu einem außergewöhnlich hohen Mietzins zu erlangen, wird sich der Geschädigte für kurze Zeit auch mit einem weniger komfortablen Fz begnügen müssen, BGH NJW **82** 1518, s Kö NZV **90** 429. Grundsätzlich jedoch keine Verletzung der Schadenminderungspflicht, wenn nicht ein kleineres Fz genommen wird, Fra DAR **90** 144, Ce VM **93** 51. Wird der beschädigte Luxuswagen vornehmlich zu immateriellen Zwecken wie Prestige, Bequemlichkeit (?) gehalten, soll nach Ce VR **81** 934 nur Anmietung eines weniger aufwendigen Fzs zu ersetzen sein (Mercedes 280 statt 450 SEL), gegen eine solche Überlegung überzeugend *Koller* NJW **83** 16. Dagegen erkennt BGH NJW **82** 1518 mit Recht auch bei Beschädigung eines besonders repräsentativen Sportwagens für den Regelfall Ersatzpflicht für Anmietung eines ähnlichen Fzs an, ebenso Dü VR **96** 988 (zust *Notthoff* VR **98** 145), s aber Kö NJW **67** 570. Anstatt auf Typengleichheit sollte relativ neuen und meist sorgfältig gepflegten Mietwagen, die deshalb höherwertig sind, eher auf Wertgleichheit geachtet werden, zumal bei AltFzen größeren Hubraums, Ha ZfS **89** 49. Bei sehr alten, technisch nicht mehr in vollem Umfang zuverlässigen Fzen von nur noch geringem Wert steht nur ein MietFz einer niedrigeren Klasse zu, Ha ZfS **89** 49, s Stu ZfS **89** 49, *Notthoff* VR **96** 1202, aM *Halbgewachs* NZV **97** 468, abw auch Ha NZV **01** 217 bei 12 Jahre altem Pkw. Mietkostenersatz bei **Anmietung eines größeren Fzs** idR nur, wenn dadurch keine höheren Kosten entstehen oder bei Ausgleich der Differenz durch den Geschädigten, Dü NZV **95** 190. Nach Hb VR **75** 910 darf uU auch ein größeres MietFz als das beschädigte eigene berechnet werden. Zum Abzug von den Mietwagenkosten bei Mietung eines Kfz mit wesentlich höherer Leistung (20%), Kö VR **75** 453. Zusatzausrüstung des Unfallfz berechtigt nicht dazu, ein Kfz höherer Preisklasse zu mieten, Nü DAR **81** 14. Anmietung eines Wohnmobils, s *Berr* 652.

35   **9 a. Mietfahrzeug-Aufwand** ist der Betrag, den ein verständiger, wirtschaftlich denkender Halter in der Lage des Geschädigten dafür aufwenden würde, s Rz 33, bei privaten MietFzen ohne Berücksichtigung gewerblicher Unkosten, LG Mainz NJW **75** 1421. Eine Marktanalyse zur Ermittlung des günstigsten Angebots braucht der Geschädigte regelmäßig nicht durchzuführen, BGHZ **132** 373 = NZV **96** 357 (Anm *Schiemann* JZ **96** 1077, *Notthoff* ZfS **98** 1), Dü NZV **00** 366, Fra ZfS **87** 137, **95** 174, Ha NZV **94** 358, Kar NZV **90** 387, Stu VR **92** 1485, NZV **94** 313, Fra NZV **95** 108. Nach wohl noch überwiegender Auffassung soll von ihm jedoch, soweit möglich und zumutbar (Unfallzeitpunkt!), s Kar DAR **93** 229, die Einholung von etwa zwei **Konkurrenzangeboten** zu verlangen sein, Kar NZV **89** 23, **90** 387, DAR **89** 420, VRS **78** 322, Ha NJW-RR **89** 730, VR **90** 100, DAR **91** 336, NZV **94** 358, Ba ZfS **90** 227, Kö NZV **90** 429, VR **93** 767, Dü NZV **91** 465, Nü NZV **94** 24, Mü NZV **94** 359, Fra VRS **89** 4, KG VM **95** 37, NZV **95** 313, abl *Notthoff* ZfS **98** 2, VR **98** 145, *Halbgewachs* NZV **97** 470, vor allem bei hohen Mietkosten, Dr NZV **00** 123 (SpezialFz), einschränkend Sa ZfS **94** 289 (nur ausnahmsweise bei längerer Mietdauer oder hoher Fahrleistung), *Greger* Anh I Rz 119 sowie NZV **94** 339, aM (bei Miete bis zu 2 Wochen und marktgerech-

Höchstbeträge § 12 StVG **I**

tem Preis) Dü NZV **00** 366, offengelassen (für Mietzeiten bis maximal 2 Wochen) BGHZ **132** 373 = NZV **96** 357 (krit *Freyberger* MDR **96** 1091, Anm *Bültmann* ZfS **97** 161). Die Anforderungen an die Erkundigungspflicht sind nach der geschilderten Rspr umso höher, je bedeutender die voraussichtlichen Mietwagenkosten sind (Mietdauer), Nü ZfS **90** 191, Fra VRS **89** 4, KG NZV **95** 313, Ha DAR **91** 336 (Pauschaltarif bei 7 bis 8 Tagen Reparaturzeit), VR **94** 1441 (8–9 Tage), **96** 773, NZV **94** 358, Mü NZV **94** 359, Dü NZV **95** 190 (jeweils Pauschaltarif bei 2 Wochen), DAR **95** 254, VR **96** 288 (Porscheanmietung für 24000 DM). Insbesondere bei mehrwöchiger Reparaturdauer muß der Geschädigte nach hM nach **Wochen-Pauschaltarifen** fragen, Kar NZV **90** 387, Kö NZV **90** 429, Ce ZfS **90** 190, Ha ZfS **90** 191, NZV **93** 189, NJW-RR **93** 1053, Nü NZV **94** 24, ZfS **94** 208, Fra NJW-RR **96** 984, einschränkend KG VM **95** 37, Dü NZV **00** 366, aM Nü NZV **95** 479, *Notthoff* VR **98** 146, ZfS **98** 2, *Halbgewachs* NZV **97** 470. Auch für längere Reisen mit dem MietFz (s Rz 33) muß der Geschädigte angebotene **Sondertarife** in Anspruch nehmen, anderenfalls – auch bei Unterlassen der Erkundigung danach – Verletzung der Schadenminderungspflicht, BGH NJW **85** 2639, DAR **85** 347, Ha MDR **82** 847, Mü VR **83** 1064, Ba ZfS **87** 328, **90** 190, Kö NZV **90** 429, Dü NZV **91** 465, Stu VR **92** 1485, Kar ZfS **92** 197 (Beweislast beim Geschädigten). Soweit die Mietwagenkosten nicht aus dem **Rahmen des Üblichen** fallen, sind sie zu ersetzen, ohne daß es auf die Erfüllung einer Erkundigungspflicht ankäme, BGHZ **132** 373 = NZV **96** 357 (Anm *Bültmann* ZfS **97** 161, zust *Notthoff* ZfS **98** 1), Fra NZV **95** 108, 174 (zust *Notthoff* ZfS **96** 121). Zur Ermittlung des üblichen Rahmens, s *Körber* NZV **00** 71 ff. Insoweit ist auch die Inanspruchnahme eines „**Unfall-Ersatzwagen-Tarifs**" ohne Versuch einer abw günstigeren Preisgestaltung nicht ohne weiteres vorwerfbar, BGHZ **132** 373 = NZV **96** 357 (zust *Notthoff* ZfS **98** 1, abl *Freyberger* MDR **96** 1091), Dü NZV **00** 366, Kö NZV **90** 68, Stu NZV **94** 313 (Anm *Buchholz-Duffner,* abl *Etzel/Wagner* DAR **95** 19), Nü NZV **94** 479 (Erkundigungspflicht verneint), Fra NZV **95** 108, Dü DAR **98** 103, LG Osnabrück ZfS **04** 359, LG Bayreuth DAR **04** 94, *Greger* Anh I Rz 118 sowie NZV **94** 340, *Wortmann* ZfS **99** 3, *Körber* NZV **00** 68 (str), aM Mü NZV **94** 359, Ha NZV **94** 358, Nü NZV **94** 24, LG Regensburg NJW-RR **04** 455, *Palandt/Heinrichs* § 249 Rz 31, *Unberath* NZV **03** 499. Der Geschädigte ist auch nicht gehalten, den FzVermieter zu wechseln, wenn er nach Anmietung Kenntnis von einem günstigeren Angebot erhält, BGH NJW **99** 279 (282). Können die Mietaufwendungen nicht in der tatsächlich entstandenen Höhe anerkannt werden, so soll nach Mü DAR **95** 254 der 3fache Wert des Nutzungsausfalls zu ersetzen sein. Bei ungünstigem, über der Erstattungsfähigkeit liegendem Tarif kann der Vermieter dem Geschädigten **im Fall unterlassener Aufklärung** in Höhe des Differenzbetrages schadensersatzpflichtig sein, Kar DAR **93** 229, Ha NZV **94** 358, Fra ZfS **95** 174, Mü DAR **95** 256, LG Ravensburg NJW-RR **04** 455, AG Fra ZfS **99** 194, s *Möller/Durst* VR **93** 1073, *Etzel/Wagner* DAR **95** 20, *Griebenow* NZV **03** 357. Näher dazu: *Rixecker* NZV **91** 369, *Notthoff* VR **96** 1205, *Körber* NZV **00** 75 f. War ein preiswertes MietFz greifbar, so sind nicht die üblichen gewerblichen Mietwagenkosten zu ersetzen, BGH NJW **75** 255. Bei Miete **nichtgewerblicher MietFze** sind Mietsätze, wie sie sich idR nur bei Einbeziehung gewerblich preisbildender Faktoren ergeben, nicht erstattungsfähig, s BGH NJW **75** 255, krit *Fenn* NJW **75** 684.

Die **Mindestbenutzungspflicht** (Fahrstreckenpauschale) muß im Rahmen des eigenen bisherigen Fahrbedarfs bleiben, Dü NJW **69** 2051, 525, Nü NJW **76** 1096, fordert der Vermieter zu hohe Mindestfahrleistung, muß der Geschädigte ein angepaßtes Angebot suchen, Dü DAR **69** 69. 36

Nur für zügige Reparaturdauer stehen die angemessenen Mietwagenkosten zu, BGHZ **63** 182 = NJW **75** 160, **86** 2945, Nü NJW **76** 1096, Dü VR **69** 429, Nau VRS **87** 1, bzw für die Zeit der Schadenbegutachtung und der Anhörung des Versicherers des Schädigers, Ce VR **63** 567, Dü VR **63** 1085. Der Geschädigte darf mit dem Reparaturauftrag nicht bis zur Übernahmebestätigung durch den HaftpflichtVU warten, KG VRS **105** 107, Ha MDR **84** 490, uU auch nicht bis zum Eingang des schriftlichen Sachverständigengutachtens, BGH NJW **86** 2945 (Einholung telefonischer Auskunft). Er muß sich um zügige Reparatur bemühen, besonders bei hohen Mietwagenkosten, Stu VR **77** 65. **Verzögerung durch Werkstattverschulden** geht zu Lasten des Schädigers, Stu 37

1 StVG § 12   II. Haftpflicht

NZV **04** 96, s Rz 22. Muß ein **ErsatzFz** angeschafft werden, so besteht Anspruch auf Ersatz der Mietwagenkosten nur für die Zeit der Beschaffung eines gleichwertigen GebrauchtFzs, Ha NJW **64** 406, für etwa 3 Wochen, Nü VR **76** 373, nicht auch für die längere Lieferfrist eines Neuwagens, KG VR **71** 256, Ha VR **62** 1017, ZfS **93** 50, Nü VR **63** 489. Bei älteren Gebrauchtwagen werden nur kurze Wiederbeschaffungszeiten anzusetzen sein, nach Marktlage 2 bis 3 Wochen, s Stu VR **72** 448, kaum jemals mehr als 4 Wochen, Ol VRS **33** 81, 83. Bei wirtschaftlichem Totalschaden einen Monat vor Lieferung eines bestellten NeuFzs sind Mietwagenkosten für diese Zeit zu erstatten, Ha VR **76** 174, s Mü DAR **76** 156. Grundsätzlich darf der Geschädigte ein ErsatzFz **sofort anmieten;** er braucht auch längere Fahrten idR nicht im Interesse der Schadenminderung mit beschädigtem Fz durchzuführen, Dü ZfS **91** 375. Im Interesse der Geringhaltung des Schadens kann er jedoch verpflichtet sein, eine geplante Reise mit provisorisch lackiertem Fz anzutreten und die Nachbesserung anschließend durchzuführen, Ha ZfS **85** 231, s auch Stu VR **92** 1485 sowie Rz 8 (**Notreparatur**). Auch im Falle vorübergehend bestehender erheblich längerer Reparaturzeit (Ferienzeit) muß er uU zunächst provisorische Reparatur hinnehmen, Stu VR **81** 1061. Bei nur noch geringem Zeitwert muß der Geschädigte die Mietwagenkosten durch zumutbare Notreparatur verringern, s Kö VR **78** 65. Zur Beurteilung der Möglichkeiten provisorischer Reparatur im Rahmen der Schadenminderungspflicht aus technischer Sicht, s *Rädel*, Verkehrsunfall **86** 349, s hierzu auch Rz 8. Einem Autovertreter ist nicht zuzumuten, die Mietwagenzeit durch Benutzung eines provisorisch reparierten Fz abzukürzen, Mü VR **60** 671. Zur Schadenminderungspflicht durch Erwerb eines „InterimsFzs" bei ungewöhnlich hohen Mietwagenkosten, s Rz 8.

38   **9 b. Ersparte Eigenkosten** (Verschleiß), soweit nach Ausfalldauer des eigenen Fz meßbar, sind von den Mietwagenkosten abzuziehen, BGH NJW **63** 1399, Ha NZV **99** 379, Ce VM **93** 51, auch bei gewerblich genutzten Fzen, Nü NJW-RR **90** 984, jedoch nicht bei nur kurzer Benutzung eines MietFzs und unterdurchschnittlicher Fahrstrecke, Mü VR **63** 714. Die bloßen Betriebskosten (Benzin, Öl) werden idR gleich und deshalb außer Ansatz bleiben, s Fra VR **73** 719. Hinsichtlich der Höhe der **Abzugsquote** nimmt die **neuere Rspr** zum Teil auf eine Berechnung von *Meinig* DAR **93** 281 Bezug, wonach sich der Mittelwert der Eigenersparnisanteile bei 55 km täglicher Fahrleistung auf nur 3% beläuft, Nü DAR **00** 527, Kar DAR **96** 56, LG Aachen DAR **04** 655, LG Bayreuth DAR **04** 94, AG Hohenstein-E. DAR **00** 316, *Notthoff* VR **96** 1206, **98** 144. Stu NZV **94** 313, LG Siegen DAR **96** 365 halten einen Abzug von 3,5%, LG Baden-Baden ZfS **01** 18 einen solchen von 4%, Dü DAR **98** 103 von 5% für angemessen. Teilweise wird die Grenze bei 10% gezogen, Ha NZV **99** 379, VR **01** 206, Ce NZV **01** 217, Dü VR **96** 987, *Greger* NZV **96** 432, *Halbgewachs* NZV **97** 469. Dagegen schwankte nach der **älteren Rspr** der Abzug um 15% der Mietwagenkosten: Fra ZfS **91** 374, NZV **90** 265, Sa ZfS **94** 289, KG VRS **78** 92 (96), Kö NZV **90** 429, Ko ZfS **89** 48, Kar NZV **90** 387, Ha DAR **91** 336, NZV **93** 189, NJW-RR **93** 1053, Dü ZfS **91** 375, ebenso noch LG Berlin ZfS **04** 448; uU wurden auch 20%, Nü NJW-RR **90** 984, Ha NZV **01** 218 (jeweils Taxi) und bis zu 25%, Ko NZV **88** 224 (bei gewerblicher Nutzung in außergewöhnlichem Umfang) zuerkannt. Statt prozentualer Bemessung anhand der Mietwagenkosten wird in der (vor allem älteren) Rspr teilweise auch eine Berechnung der Eigenersparnis unter **Zugrundelegung der Betriebskosten** vorgezogen (Betriebskostentabellen), BGH NJW **69** 1478, Ce NJW **63** 1204, VR **63** 985, Br VR **64** 688, Stu Justiz **63** 142, Mü VR **70** 67, Kar NZV **90** 116, VRS **78** 402, krit dazu Dü DAR **98** 103. Gegen Berechnung der ersparten Eigenkosten nach Prozentwerten der Mietkosten auch *Müller* JuS **85** 287. Kein erhöhter Abzug (mehr als 15%) bei ungewöhnlich hoher Fahrleistung mit dem MietFz, wenn sich dies auf die Mietaufwendungen auswirkt, Nü NZV **94** 106. Ein Abzug unterhalb der genannten prozentualen Annäherungswerte ist vorzunehmen, wenn die Betriebskosten nachgewiesenermaßen geringer sind, Mü DAR **82** 69. Vereinzelt wurde auch der durch Nichtbenutzung des eigenen Fzs **unterbliebene Wertverlust** zugrunde gelegt, Fra ZfS **96** 214 (0,67 DM je 1000 km), abl *Notthoff* VR **98** 144. Nach wohl noch überwiegend vertretener Meinung Abzug ersparter Eigenkosten auch bei **Miete eines kleineren Fzs,** Kar VRS **77** 45,

NZV **90** 387, Ko ZfS **89** 48, NZV **88** 224, KG VRS **78** 92 (96), Kö NZV **90** 429, VRS **86** 427, Fra DAR **90** 144, Ha NZV **93** 189, Sa ZfS **94** 289, *Müller* JuS **85** 287, *Greger* Anh I Rz 125, was jedoch zu einer nicht gerechtfertigten Entlastung des Schädigers führt, s Ha NZV **99** 379; gegen Eigenersparnisabzug in solchen Fällen daher Ha NZV **99** 379, Mü ZfS **82** 69, Fra ZfS **95** 174, NZV **90** 265, **95** 108, NJW-RR **96** 984, *Born* NZV **93** 2, *Halbgewachs* NZV **97** 469 sowie Ce VM **93** 51 und Nü ZfS **94** 208 für den Fall, daß die Mietaufwendungen für ein typgleiches Fz abzüglich ersparter Eigenkosten *erheblich* über denen für das kleinere Fz liegen. Über Abzüge bei Mietwagenkosten, *Himmelreich* NJW **76** 1729. Zum Vorteilsausgleich bei Ersatzmiete ohne Eigenersparnis, *Klimke* DAR **79** 327.

Lit: *R. Born,* Mietwagenkosten, VR **78** 777. *Dieselbe,* Mietwagenabkommen, VR **79** 877. *Etzel/ Wagner,* Anspruch auf Mietwagenkosten bei StrVUnfällen, VR **93** 1192. *Dieselben,* Aktuelle Tendenzen zum Ersatz von Mietwagenkosten bei StrVUnfällen, DAR **95** 17. *Greger,* Rechtliche Grundlagen des Mietwagenkostenersatzes, NZV **94** 337. *Griebenow,* Unfallersatztarife der Autovermieter ..., NZV **03** 353. *Grüneberg,* Zum Anspruch auf Erstattung der Mietwagenkosten bei unfallbedingtem Ausfall eines Taxis, NZV **94** 135. *Halbgewachs,* Mietwagenkosten, NZV **97** 467. *Harneit,* Restwerterlös und Mietwagenkosten, DAR **94** 93. *Körber,* Grundsätzliche Fragen und aktuelle Entwicklung des Anspruchs auf Ersatz der Unfallersatzwagenkosten, NZV **00** 68. *Lutz,* Neuordnung der Empfehlungen des HUK-Verbandes zur Abrechnung von Mietwagenkosten, VR **93** 24. *Möller/ Durst,* Probleme des Mietwagenkostenersatzes im Haftpflichtschadensfall, VR **93** 1070. *Müller,* Grundprobleme der Mietwagenkosten im Rahmen der Unfallregulierung, JuS **85** 279. *H. Müller,* Ersatz bei Ausfall gewerblich genutzter Fze, VGT **93** 277. *Notthoff,* Anmietung eines Unfallersatzwagens zum Unfallersatztarif, ZfS **98** 1. *Rixecker,* Die Markterkundungsobliegenheiten bei der KfzErsatzmiete, NZV **91** 369. *Schröer,* Die Erstattungsfähigkeit von Mietwagenkosten, KVR. *Unberath,* Ersatz „überhöhter" Mietwagenkosten nach einem Unfall?, NZV **03** 497. 38a

9c. Gegen die Folgen von **Mietwagenunfällen** pflegen entgeltliche Freistellungen vereinbart zu werden. Soweit Vollkaskoversicherung für das geschädigte Fz bestand, sind die Kosten für eine entsprechende Versicherung für das MietFz erstattungsfähig, BGHZ **61** 325 = NJW **74** 91 (93), VR **74** 657, Ol VR **83** 470, KG VRS **78** 92 (96), *Sanden/ Völtz* 223, *R. Born* VR **78** 781. Derartige Entgelte sind nicht zu erstatten, soweit versicherungswirtschaftlich überhöht, BGH NJW **74** 95. Im übrigen sind Aufwendungen zur Haftungsfreistellung zu ersetzen, soweit das dadurch abgewendete Haftpflichtrisiko das Eigenrisiko übersteigt, dh, ein gerade durch die unfallbedingte Benutzung des MietFzs entstehendes Sonderrisiko darstellt, BGHZ **61** 325 = NJW **74** 91, KG DAR **75** 324, *Müller* JuS **85** 285. War das geschädigte Fz nicht vollkaskoversichert, wird die Meinung vertreten, Mietwagenunfälle und ihre Haftungsfolgen gehörten zum Lebensrisiko des Geschädigten und seien deshalb keine Unfallfolgen, *v Caemmerer* VR **71** 973, *Sanden/ Völtz* 221 ff. Jedoch besteht bei MietFzen mit hohem Zeitwert und vorzüglichem Pflegezustand im Verhältnis zum eigenen Fz idR ein erhöhtes wirtschaftliches Risiko, gegen das sich zu decken wirtschaftlich sinnvoll ist, jedenfalls was hinsichtlich der Bagatellschäden, BGHZ **61** 325 = NJW **74** 91, VR **74** 657, Schl VR **75** 268, Br VR **74** 371, Mü DAR **76** 156, Fra ZfS **81** 270, **95** 174. Teilweise wird daher generelle Erstattungsfähigkeit der dadurch entstehenden Kosten angenommen, Fra ZfS **81** 270, **95** 174, NZV **95** 108, Nü VR **74** 679, Schl VR **74** 297, Br VR **74** 371, *Himmelreich* NJW **73** 675, *Müller* JuS **85** 285, *Notthoff* VR **96** 1202, **98** 145, *Halbgewachs* NZV **97** 471, aM Kar VR **72** 567, **73** 66, Ol VR **83** 470, KG VRS **78** 92 (96), *Klimke* VR **70** 792, *v Caemmerer* VR **71** 973. Was den **Mietausfall** angeht, so setzt der BGH die Gefahr, dem Vermieter Ausfallersatz schuldig zu werden, mit Rücksicht auf das ersparte Eigenrisiko des Mieters mit höchstens der Hälfte der unfallbedingten Gefahrerhöhung an, BGHZ **61** 325 = NJW **74** 91 (94). Bei gewerblich intensiv genutzten Fzen (Taxis, Lieferwagen usw) wird ein erhöhtes unfallbedingtes Risiko für Ausfallhaftung nur ausnahmsweise vorliegen und dann besonders nachzuweisen sein, BGHZ **61** 325 = NJW **74** 91 (94f). Anzurechnen ist in allen Fällen, was der Mieter durch MietFzBenutzung an eigenem Schadenrisiko erspart, BGHZ **61** 325 = NJW **74** 91(95). **Insassenunfallversicherung** ist nur erstattungsfähig, wenn diese auch für das beschädigte Fz bestand, Nü VR **77** 1016, *Klimke* VR **70** 796, *R. Born* VR **78** 780, aM Fra ZfS **81** 270, weil das Führen eines fremden Fzs immer ein erhöhtes Risiko darstelle. *Klimke,* Erstattungsfähigkeit von Kosten für „Volldeckung" bei KfzHaftpflichtschaden, NJW **74** 725, VR **74** 422. 39

40   **10. Nutzungsausfall-Entschädigung** wegen entgangenen Gebrauchsvorteils steht dem Geschädigten während angemessener Reparatur- oder Wiederbeschaffungszeit zu, wenn er kein MietFz in Anspruch nimmt, vorausgesetzt er wäre dazu berechtigt, BGH NJW **66** 1260, **68** 1778, Br DAR **01** 302, sofern er sein Fz während dieser Zeit benutzt hätte, s dazu Rz 45. Für Kfze ist dies in der Rechtsprechung seit Jahren anerkannt, BGHZ **40** 345 = NJW **64** 542, BGHZ **45** 212 = NJW **66** 1260, BGHZ **89** 60 = NJW **84** 724, Ha DAR **02** 312, Dü VR **01** 208, Kö VRS **96** 325. Geldentschädigung (§ 251 BGB) für vorübergehenden Gebrauchsverlust setzt allerdings stets **Fühlbarkeit des Nutzungsausfalls** voraus, BGHZ **40** 345 = NJW **64** 542, BGHZ **45** 212 = NJW **66** 1260, Ko NZV **04** 258, Ha VR **03** 1054, Kö VRS **96** 325. Fühlbaren Ausfall erleidet der Geschädigte nicht, wenn er über ein zweites, ungenutztes Fz verfügt, dessen Benutzung ihm zuzumuten ist, BGH NJW **76** 286 (Möbelwagen), Ko NZV **04** 258, Fra VR **90** 10 (Urlaubsreise mit Zweitwagen), Kö VRS **96** 325 (75 Tage bei amerikanischem Van), oder wenn die Fahrten zur gemeinsamen Arbeitsstätte mit dem Fz des Ehegatten durchgeführt werden können, KG VM **85** 63. Bei Totalschaden ist Entschädigung für die entgangenen Gebrauchsvorteile während der für die Wiederbeschaffung eines ErsatzFzs erforderlichen Zeit zu leisten, Nü VR **68** 1049, Kar VR **67** 609. Der Anspruch entfällt nicht dadurch, daß die Ehefrau ihren Wagen zur Verfügung stellt, weil dies dem Schädiger nicht zugute kommen kann, Ce VR **73** 281, aM Schl VR **68** 977. Überhaupt hat die unentgeltliche Überlassung eines ErsatzFzs durch einen Dritten keinen Einfluß auf die Nutzungsausfall-Entschädigung, BGH NJW **70** 1120, Ha ZfS **84** 230. Im Schrifttum ist die Rspr zur Nutzungsausfall-Entschädigung auf **Kritik** gestoßen, s *Böhmer* JZ **69** 141, *Bötticher* VR **66** 301, *Larenz* VR **63** 307, *Löwe* VR **63** 307, NJW **64** 701, *Soergel/Siebert*, 10. Aufl., §§ 249–253 Rz 87, *Stoll* JZ **76** 281, *Schütz* VR **68** 124, *Hagen* JZ **83** 833, *Honsell/Harrer* JuS **91** 447. Die geltend gemachten Bedenken beruhen vor allem auf der Überlegung, daß aus der Eigentumsbeeinträchtigung ohne Sprengung der das Schadensersatzrecht beherrschenden Grundsätze nicht ein im Eigentum ohnehin enthaltenes, gesondert zu entschädigendes Nutzungsrecht hergeleitet werden könne, s *Böhmer* JZ **69** 141, *Schiemann* VGT **82** 237, 247, *Dunz* JZ **84** 1010 (der allerdings „frustrierte" Vorhaltekosten als ersatzfähigen Folgeschaden anerkennt – gegen ihn: *Weber* VR **85** 110), *R. Schulze* NJW **97** 3337 (der Qualifikation des Nutzungsausfalls als *immateriellen* Schaden vorschlägt, dessen Ersatzfähigkeit er bei „teleologischer Reduktion" des § 253 BGB für möglich hält). Zur Kritik im Schrifttum s ferner BGHZ **98** 212 = NJW **87** 50.

41   Die **Ersatzfähigkeit von Gebrauchswerten** wurde auch in der Rspr des BGH nicht einheitlich beurteilt. Soweit sie anerkannt wurde, sind unterschiedliche Gedanken zur Begründung herangezogen worden. Ursprünglich wurde als entscheidend angesehen, daß die Gebrauchsfähigkeit von Kfzen im Rechtsverkehr „kommerzialisiert" sei, indem sie durch Vermögensaufwendungen erkauft werden könne, so zB BGHZ **40** 345 (III. ZS) = NJW **64** 542, ebenso Mü NJW **62** 2205 (abl *H. W. Schmidt*); gegen Anerkennung der „Kommerzialisierung" mit Recht *Dunz* JZ **84** 1014, *Weber* KVR „Nutzungsausfall" S 7. In der jüngeren BGH-Rspr steht statt dessen der Gedanke im Vordergrund, daß die Verfügbarkeit des eigenen Kfz nach der *Verkehrsanschauung* ein geldwerter Vorteil sei, dessen vorübergehender Entzug einen Vermögensschaden darstelle, BGHZ **45** 212 = NJW **66** 1260 (VI. ZS), BGHZ **56** 214 = NJW **71** 1962, **74** 33, BGHZ **89** 60 = NJW **84** 724 (abgelehnt für Motorboot), insoweit abl *Zeuner* JZ **86** 395. Nach Ansicht des V. ZS des BGH (Vorlagebeschluß) VR **86** 189, 194 sind alle für die Ersatzfähigkeit des Nutzungsausfalls von Kfzen bisher gegebenen Begründungen dogmatisch nicht tragfähig; insbesondere sei unter Anwendung der Differenztheorie ein Vermögensschaden zu verneinen, die Verkehrsanschauung keine geeignete Rechtsquelle.

Der Meinungsstreit dürfte für die Praxis erledigt sein durch den **Beschluß des GrZS des BGH vom 9. 7. 86,** BGHZ **98** 212 = NJW **87** 50 (im Ergebnis zust *Flessner* JZ **87** 271, *Hohloch* JR **87** 108, krit *Rauscher* NJW **87** 53, *Honsell/Harrer* JuS **91** 447). Danach ist zwar der Gebrauchswert kein vom Substanzwert „abspaltbarer" Wert; die Entwertung der Sache für den Gebrauch werde aber durch den Ersatz des Substanzwertes nur im Falle *sofortiger* Restituierung vollständig entschädigt. Da eine dem § 252 S 1 BGB (entgangener Gewinn) entsprechende Vorschrift für nicht erwerbswirtschaftlichen (produktiven) Einsatz, sondern *eigenwirtschaftliche* Nutzung einer Sache fehle, könne die Diffe-

Höchstbeträge § 12 StVG I

renztheorie ohne ergänzenden Wertansatz den Gebrauchsverlust während der Reparaturzeit nicht erfassen. Die Gefahr der Ausdehnung des Schadensersatzes auf Nichtvermögensschäden unter Verletzung des § 253 BGB wird dadurch vermieden, daß die gebotene Ergänzung der reinen Differenzrechnung durch den Wert des Gebrauchsvorteils beschränkt wird auf **Wirtschaftsgüter von allgemeiner, zentraler Bedeutung** für die Lebenshaltung, dh solche Sachen, auf deren ständige Verfügbarkeit die eigenwirtschaftliche Lebenshaltung typischerweise angewiesen ist (zB Wohnhaus). Dazu kann auch ein OldtimerFz gehören, wenn es dem Geschädigten im AlltagsV als VMittel dient, Dü VR **98** 911; anders aber bei Zulassung gem § 21c StVZO mit Oldtimerkennzeichen. Bei anderen Fzen als Pkw ist dies vom Geschädigten besonders darzulegen, Sa NZV **90** 312 (Motorrad). Zur Ausdehnung der Nutzungsausfall-Entschädigung auf andere Sachen als Kfze s *Grunsky* JZ **83** 373, *Landsberg* JR **83** 452, *Jahr* JZ **84** 573, abl *Hagen* JZ **83** 837, 840, *Weber* VR **85** 114 Fußn 85.

Auch für entgangene Gebrauchsvorteile eines **Motorrades**, das wie ein Pkw als tägliches VMittel benutzt wird, ist Entschädigung zu leisten, Ha MDR **83** 932, LG Mü I DAR **04** 155, anders bei Einsatz des Fzs nur zu Hobby- oder Sportzwecken, Sa NZV **90** 312, LG Mü I DAR **04** 155. Entsprechendes gilt für den Nutzungsausfall eines **Fahrrades** KG NZV **94** 393 (zust *Hillmann* ZfS **01** 345), AG Fra NZV **90** 237, s AG Müllheim DAR **91** 462, AG Lörrach DAR **94** 501, aM (keine Entschädigung bei Nutzungsausfall eines Fahrrades) LG Hb NZV **93** 33. Nutzungsausfallentschädigung für Tandem, s AG Ahrensberg 4b C 154/82. Keine Nutzungsausfallentschädigung für einen nur zu Freizeitzwecken selten benutzten Luxus-Sportwagen (Ferrari, 2000 km jährliche Fahrleistung), Jn NZV **04** 476, **Wohnwagen,** BGHZ **86** 128 = VR **83** 298, krit *Berr* 867, abl *Landsberg* JR **83** 452, oder **Wohnmobil,** Ce NZV **04** 471, LG Bochum MDR **01** 388, LG Kar ZfS **83** 202, LG Essen VR **87** 270, AG Sinzig NZV **89** 77, aM Dü VR **01** 208, *Berr* 651, anders nur, soweit es wie ein Pkw als tägliches Transportmittel dient, zB zur Erreichung der Arbeitsstelle, Ce NZV **04** 471, Ha NZV **89** 230, LG Kiel NJW-RR **87** 1515. Nutzungsausfallentschädigung steht auch dem FzEigentümer **ohne eigene FE** zu, der das Fz zur Benutzung durch Familienangehörige ohne Rechtspflicht hält, BGH VRS **46** 10, Ko NZV **04** 258, Ha DAR **96** 400, oder zur Vermietung, oder zur unentgeltlichen Überlassung an Dritte, BGHZ **40** 345, NJW **75** 922 (Verlobte), NJW **74** 33 (Sohn), KG VM **73** 65 (Braut), und auch einer OHG als Mithalterin, KG DAR **70** 17. **Keine Nutzungsausfallentschädigung** für die Dauer nur gedachter Reparatur oder mangels entgangener Nutzung, etwa weil der Geschädigte das Fz unrepariert weiterbenutzt oder veräußert, BGHZ **66** 239 = NJW **76** 1396, Kö ZfS **84** 297, VR **79** 725, LG Wiesbaden VR **83** 991, *Weber* VR **83** 405, **84** 598, aM AG Kö ZfS **80** 101, VRS **63** 324 (aufgegeben in VR **84** 492, gleichwohl Anspruch gegen VU aus „Auslobung" bejaht – abl *Weber* VR **84** 597), AG Paderborn ZfS **85** 199, LG Paderborn ZfS **83** 201. *Weber,* Entschädigung für Nutzungsausfall bei Kfzen, KVR „Nutzungsausfall". 42

Entschädigung für Nutzungsausfall steht solange zu, wie der Geschädigte mangels eigener Möglichkeit und Ersatzleistung keinen Ersatz beschaffen kann, Kö VR **73** 323, uU bis zur Neulieferung bei angemessener Lieferfrist, Br VR **69** 333. UU steht Ersatz für mehr als 3 Wochen Ersatzbeschaffungszeit zu, KG VRS **54** 241. Bei Erwerb eines GebrauchtFzs gängigen Typs muß der Geschädigte eine Wiederbeschaffungsdauer von mehr als 14 Tagen idR besonders darlegen, KG VRS **70** 432. Längere Nutzungsentschädigung, wenn der Geschädigte Vorschuß fordern darf, aber trotz rechtzeitiger Anforderung nicht erhält, Nü DAR **81** 14, Fra DAR **84** 318, Kar MDR **98** 1285 (585 Tage), s *Bär* DAR **01** 29, oder wenn es ihm nicht zuzumuten ist, sich zur Ersatzbeschaffung zu verschulden, Sa NZV **90** 388 (523 Tage). Bei extrem langen Ausfallzeiten jedoch keine Entschädigung in Höhe der Sätze der sonst in der Regulierungspraxis vielfach zugrunde gelegten Entschädigungstabellen (s Rz 42, 44). Der Geschädigte muß den Reparaturauftrag im Interesse der Geringhaltung des Schadens unverzüglich erteilen, s Rz 21. Verzögerung der Reparatur durch Werkstattverschulden, s Rz 22. 43

10a. Die Höhe der Entschädigung für Nutzungsausfall beträgt etwa so viel wie die Vorhaltekosten des beschädigten Fz mit einem maßvollen Zuschlag, BGHZ **56** 214 = NJW **71** 1692 (abl V. ZS VR **86** 195f), Kar MDR **83** 575, **98** 1285, Mü NZV **90** 348, 44

201

1 StVG § 12 II. Haftpflicht

Weber VR **84** 599, s auch BGHSt **98** 212 = NJW **87** 50. Durch diese neue Rspr, wonach eine maßvolle Erhöhung der gebrauchsunabhängigen Gemeinkosten (Vorhaltekosten) zur Berechnung des Nutzungsausfalls ausreicht, ist die frühere Rspr überholt, die von den fiktiven Kosten eines vergleichbaren MietFzs ausging und davon einen Bruchteil als Nutzungsausfall zubilligte. Als geeignete Grundlage für die Berechnung der Höhe des Nutzungsausfalls sind auch die Tabellen von *Sanden/Danner* von der Rspr anerkannt, BGHZ **56** 214 = NJW **71** 1692, Dü VR **01** 208, Mü NZV **90** 348, s BGHZ **88** 11 = VRS **65** 251, KG VRS **70** 432, wobei jeweils die zur Zeit des Schadenseintritts gültige Tabelle Anwendung findet. Da derartige Tabellen jedoch Zeiträume betreffen, für die *üblicherweise* Fze gemietet zu werden pflegen, führen sie bei mehrmonatigem Nutzungsausfall zu unvertretbar hohen Beträgen, Sa NZV **90** 387, Kar MDR **98** 1285 (dann Orientierung an den Vorhaltekosten), s Ce VRS **107** 166 (zu § 7 StrEG). Die von *Sanden/Danner* entwickelten **Entschädigungstabellen** für Pkw, Geländewagen, Transporter und Kräder werden regelmäßig aktualisiert, s zuletzt (Stand Jan 2004): NZV **04** 128, DAR **04** 1. Das **Alter des beschädigten Fzs** als solches hat regelmäßig keinen Einfluß auf die Höhe der Entschädigung für Nutzungsausfall, Ha DAR **00** 265, KG NZV **93** 478, VRS **104** 21, Kar DAR **89** 67, Mü NZV **90** 348, Schl NZV **92** 488, Nau VM **95** 23, LG Kiel NJW-RR **01** 1606 (12 Jahre), *Hillmann* ZfS **01** 341, str, s *Himmelreich/Halm/Bücken* 1713ff, *Danner/Küppersbusch* NZV **89** 11, *Wenker* VR **00** 1083, anders allerdings, wenn es so alt ist, daß sein Nutzungswert mit dem eines neueren Fzs überhaupt nicht vergleichbar ist (dann Entschädigung nur etwa in Höhe der Vorhaltekosten), BGH NJW **88** 484 (10 Jahre alter mit erheblichen Mängeln behafteter Kleinwagen, zust *Danner/Küppersbusch* NZV **89** 11), KG VRS **104** 21 (9 Jahre mit erheblichen Mängeln), Ko NZV **04** 258. Nach teilweise vertretener Ansicht, Fra DAR **85** 58, Kar VR **89** 58, ZfS **93** 304, Ha DAR **96** 400, LG Mainz VR **00** 111, ist bei Fzen, die älter als 5 Jahre sind, für die Höhe des Nutzungsausfalls der Entschädigungssatz der nächst niedrigeren Gruppe zugrunde zu legen, wenn die Bemessung nach der von *Sanden/Danner* entwickelten Tabelle erfolgt, abl *Brand* ZfS **90** 217. Entscheidend dürfte weniger das Alter als solches als vielmehr die Frage voller oder infolge von Mängeln nur eingeschränkter Nutzbarkeit des beschädigten Fzs sein, s Schl NZV **92** 488, *Danner/Küppersbusch* NZV **89** 12, *W. Born* NZV **93** 5. Oldtimer: s Rz 41. **Verzinsung** gem § 849 BGB kann verlangt werden, soweit die Zinsen nicht den gleichen Zeitraum betreffen, für den Nutzungsausfallentschädigung geltend gemacht wird, BGHZ **87** 38 = NJW **83** 1614, s auch § 7 Rz 26–29.

45   **10 b. Nutzungsmöglichkeit und Nutzungswille** sind Voraussetzung für die Entschädigung vorübergehenden Gebrauchsverlustes, BGHZ **66** 239 = NJW **76** 1396, BGHZ **45** 212 = NJW **66** 1260, **68** 1778, **85** 2471, Ha VR **03** 1054, Br DAR **01** 302, KG VRS **88** 119, Kö MDR **04** 1144, VRS **96** 325. Keine Nutzungsausfallentschädigung steht daher zu, wenn der Geschädigte das Fz aus unfallbedingten, Br DAR **01** 302, oder unfallunabhängigen Gründen, zB wegen Krankheit, BGHZ **45** 219, VR **75** 37, Mü VRS **78** 401, KG VRS **88** 119, Kö VRS **90** 321, aM *Boetzinger* ZfS **00** 45, oder wegen einer Reise, Zw VR **74** 274, nicht hätte nutzen können oder wollen oder nicht wie vorgesehen nutzen lassen können (Subjektbezogenheit), BGH NJW **74** 33, **68** 1778, **85** 2471, dazu Ce NJW **65** 1534, Ha VR **70** 43, oder wenn er nicht ohne vorherige Prüfung und Zulassung durch den TÜV hätte benutzen dürfen, Kö ZfS **81** 364 (noch nicht zugelassener Eigenbau), *Gruber* NZV **91** 303 (erloschene BE). Die Erfahrung spricht für Benutzungswillen, wäre der Unfall nicht eingetreten, Ce VR **73** 717, Fra DAR **84** 318, Kö VRS **96** 325, jedoch nicht über den vorherigen Umfang hinaus. Es genügt jedoch für den Anspruch, daß die FzBenutzung einem Dritten zugesagt war, BGH NJW **74** 33, **75** 922, Ol ZfS **88** 73, s auch Rz 42. Nach KG DAR **04** 352, Dü VRS **104** 122 belegt Nichtanschaffung eines ErsatzFzs oder unterlassene Reparatur allein nicht mangelnde Nutzungsmöglichkeit oder fehlenden Nutzungswillen hinsichtlich des beschädigten Fzs, weil dies auf den unterschiedlichsten Gründen beruhen kann (str), abw Kö MDR **04** 1114, *Palandt/Heinrichs* vor § 249 Rz 22, s auch BGHZ **66** 239 = NJW **76** 1398.

46   **10 c. Auch für nicht privat genutzte Kfze** wird von der Rspr Nutzungsausfallentschädigung zuerkannt, BGHZ **70** 199 = NJW **78** 812 (städtischer Linienbus), NJW

Höchstbeträge § 12 StVG **1**

85 2471 (BW-Fz), Mü NZV **90** 348 (PolFz, zust *Zeuner*), *Wenker* VR **00** 1083 (Vorhaltekosten), aM *Greger* Anh I Rz 129 (im Hinblick auf BGHZ **98** 212), nach teilweise vertretener Ansicht grundsätzlich auch für **gewerblich genutzte Fahrzeuge**, BGHZ **70** 199 = NJW **78** 812, BGH VRS **69** 162, Dü ZfS **01** 545 (bei nur mittelbar der Gewinnerzielung dienenden Fzen, zust *Diehl*), Ha NZV **93** 65 (aufgegeben: ZfS **00** 341), s *Völtz* NZV **92** 29. Bei gewerblicher Nutzung ist der durch Nutzungsausfall entstandene Schaden jedoch idR *konkret* nachzuweisen, BGH VRS **52** 161 (statt eines in Anspruch genommenen ErsatzFzs zB Geltendmachung zusätzlicher Frachtkosten, entgangenen Gewinns), Ha NJW-RR **89** 1194, Kö NZV **90** 429, VR **97** 506, Kar VRS **81** 99, Schl VR **96** 866, KG VM **96** 61, Dü ZfS **93** 338, NZV **99** 338 (Ermittlung des entgangenen Gewinns, der Vorhaltekosten für ein ReserveFz, s *Zeuner* NZV **90** 349), *Wenker* VR **00** 1083, nur ausnahmsweise bei Ausgleich des Ausfalls durch Sonderbemühungen uU abstrakt, BGHZ **70** 199 = NJW **78** 812, Fra VR **79** 745, NJW **85** 2955, Dü ZfS **81** 168, Schl ZfS **82** 105, Kar DAR **89** 106, Kö MDR **95** 152, *Diehl* ZfS **96** 415, s *Born* NZV **93** 6, nach aM niemals abstrakt, Ha ZfS **00** 341, MDR **00** 1010, LG Halle VR **02** 1527, *Greger* Anh I Rz 129, *Sanden/Völtz* Rz 256, Palandt/*Heinrichs* vor § 249 Rz 24a. Daher kann ein Mietwagenunternehmer bei Ausfall eines Mietwagens nicht pauschale Nutzungsausfallentschädigung verlangen, sondern zB nachweisbar entgangenen Gewinn, KG VM **74** 13. Soweit ausnahmsweise abstrakte Berechnung in Betracht kommt, sind nach Nü VR **79** 360 für entgangene Nutzung die allgemeinen Unkosten zuzüglich etwa 25% zu ersetzen, nach anderer Berechnungsweise beträgt der Ausfall idR 60% der Miete entsprechender Kfze, Ba VR **76** 972, Ce VR **75** 188 (Lkw), Nü MDR **73** 760. Ein Ausfall wird bei solchen Fzen nur vorliegen, wenn ein ErsatzFz nicht zu erlangen war, aber gebraucht worden wäre, s LG Bremen VR **64** 760, Kar DAR **89** 106, und wenn auch kein eigenes ErsatzFz (großer Fuhrpark) ohne spürbaren wirtschaftlichen Nachteil benutzt werden konnte, Nü VR **69** 765, Stu VR **81** 361, BGH NJW **76** 286, VRS **69** 162. Keine abstrakt berechnete Nutzungsausfallentschädigung für die Zeit, in der ein Angestellter seinen Privat-Pkw für den beschädigten Firmen-Pkw zur Verfügung stellt, AG Rosenheim NJW **85** 2954. Der Nutzungsverlust bei Ausfall eines Lastzugs wird nicht durch die Möglichkeit anderweitiger Betriebstätigkeit des Fahrers ausgeglichen, Ce VR **74** 1132. Bei **teilweise gewerblich genutztem Pkw** pauschale Berechnung nur bezüglich des privaten Nutzungsanteils, Fra NJW **85** 2955, Ha NJW-RR **89** 1194, Dü ZfS **93** 338, bei dessen Feststellung aber nicht stets allein der steuerrechtlich angesetzte Prozentsatz zugrunde zu legen ist, KG DAR **91** 335 (zust *Born* NZV **93** 7, abl *Völtz* NZV **92** 29). Zur Entschädigung für entgangene Gebrauchsvorteile beim Ausfall von NutzFzen, *Klimke* VR **77** 788. Für **Vorhaltekosten** einer Betriebsreserve haftet der Schädiger anteilig, wenn die Reservehaltung dem Risiko fremdverschuldeter *und anderer Ausfälle* begegnen soll und den FzBestand gegenüber demjenigen meßbar erhöht, der ohne unvorhersehbare Ausfälle erforderlich gewesen wäre, BGHZ **70** 199 = NJW **78** 812 (beschädigter Linienbus), VRS **69** 162, Ha NZV **94** 227. An dem Erfordernis der Reservehaltung eigens für fremdverschuldete Ausfälle (so noch BGHZ **32** 280 = NJW **60** 1339, zw schon BGH NJW **76** 286) hat der BGH nicht festgehalten. Nutzungsausfall-Entschädigung ist daneben allerdings nicht zu leisten, BGHZ **70** 199 = NJW **78** 812, Ha NZV **94** 227. Geltendmachung von Vorhaltekosten nur, wenn tatsächlich ein ReserveFz vorgehalten wird, Ha NZV **93** 65. *Ruhwedel,* Vorhaltekosten und ihre Ersetzbarkeit, JuS **82** 27. Zur Verteilung der Jahreskosten der Reservehaltung bei öffentlichen VBetrieben, *Klimke* VR **82** 1024. Zur Ermittlung der Vorhaltekosten für Kfz im Güter- und Personenverkehr, *Danner/Echtler* VR **84** 820, **86** 717, *Klimke* ZfV **82** 90, 125, VR **85** 720. Zur Höhe der Vorhaltekosten für Strabawagen, Br VR **81** 860. Keine Nutzungsausfallentschädigung für Bundeswehr-KrankentransportFz, das während der Reparaturzeit ohnehin nicht genutzt worden wäre, BGH NJW **85** 2471. Überwiegend billigt die Rspr (abstrakt berechnete) Nutzungsausfallentschädigung auch für **Behörden-**Fahrzeuge (zB Polizei) zu, Ol ZfS **83** 328, Mü NZV **90** 348 (zust *Zeuner* sowie – im Ergebnis – *Born* NZV **93** 7), LG Kö VR **67** 986, ZfS **83** 295, LG Nü-Fürth NJW **82** 2079, aM Ha DAR **04** 546, Fra ZfS **83** 202 (nur, wenn kein ReserveFz verfügbar), Palandt/*Heinrichs* vor § 249 Rz 24. Keine Nutzungsausfallentschädigung bei Beschädigung eines **Bundeswehr-**Lkw wegen der in Friedenszeiten vorhandenen ReserveFze, AG Ulm VR **82** 587, im Ergebnis ebenso Ko VR **82** 808, ZfS **84** 6 (auch kein Schaden durch Vorhaltekosten), str.

Lit: *Bär*, Anspruch auf Nutzungsausfall und Schadensminderungspflicht des Geschädigten, DAR **01** 27. *Berr,* Nutzungsausfallentschädigung für Fze, ZAP F 9 S 235. *Boetzinger,* Nutzungsausfall trotz fehlender Nutzungsmöglichkeit, ZfS **00** 45. *W. Born,* Schadensersatz bei Ausfall gewerblich genutzter Kfze, NZV **93** 1. *Brand,* Weniger Nutzungsausfall für ältere Fze?, ZfS **90** 217. *Dunz,* Schadensersatz für entgangene Sachnutzung, JZ **84** 1010. *Fuchs-Wissemann,* Nutzungsentschädigung ohne Nutzungsausfall bei Abrechnung auf Reparaturkostenbasis?, DAR **82** 213. *Hagen,* Entgangene Gebrauchsvorteile als Vermögensschaden?, JZ **83** 833. *Hillmann,* Der Nutzungsausfall ..., ZfS **01** 341. *Reitenspiess,* Ersatz bei Ausfall gewerblich genutzter Fze, DAR **93** 142. *Ruhwedel,* Vorhaltekosten und ihre Ersetzbarkeit, JuS **82** 27. *R. Schulze,* Nutzungsausfallentschädigung, NJW **97** 3337. *Seiwerth,* ... Sachverständigengutachten, Reparaturkostenrechnung und Nutzungsentschädigung ..., DAR **87** 374. *Weber,* Entschädigung wegen Nutzungsausfalls auch ohne Ausfall der Nutzung?, VR **83** 405. *Derselbe,* Nutzungsausfall – ein „Tagegeld" aus Auslobung (§ 657 BGB)?, VR **84** 597. *Derselbe,* Entschädigung für entgangenen Gebrauch eines Kfz, VR **85** 110.

47 **KfzSteuer und KfzVersicherung** sind neben Nutzungsausfall-Entschädigung nicht zu ersetzen, sondern in den zu erstattenden Vorhaltekosten enthalten.

48 **11. Sonstige Kosten und Schäden.** Angefallene **Mehrwertsteuer** für Instandsetzung oder Ersatzbeschaffung ist zu erstatten, BGH VR **75** 127 (Werkpreis), Kö VR **77** 939, Ba NJW **79** 2316, Dü VR **70** 187 (purchase tax), *Schirmer/Marlow* DAR **03** 441, wenn der Geschädigte keine Vorsteuer abziehen darf, BGH NJW **72** 1460, Ha ZfS **03** 236, Br VR **72** 1170, *Schmalzl* VR **02** 817, s *Giesberts* NJW **73** 181, *Medicus* DAR **82** 353, *Kullmann* VR **93** 390 (zur Beweislast insoweit, Nü VRS **103** 321). Das gilt grundsätzlich auch für LeasingFze, und zwar, wenn der Schaden beim Leasingnehmer eingetreten ist, unabhängig von etwaiger Vorsteuerabzugsberechtigung des Leasinggebers, Fra NZV **98** 31, Ha VR **02** 858. **Fiktive Mehrwertsteuer** ist gem § 249 II S 2 BGB in der durch das 2. G zur Änderung schadensersatzrechtlicher Vorschriften v 19. 7. 02 (BGBl I, 2674) erfolgten Neufassung (anzuwenden gem Art 229 § 5 EGBGB für Schadensereignisse ab dem 31. 7. 02) nicht erstattungsfähig, krit *Macke* DAR **00** 509 ff, *Elsner* ZfS **00** 234 f. Danach schließt der nach § 249 II erforderliche Geldbetrag die Umsatzsteuer nur mit ein, wenn und soweit sie tatsächlich angefallen ist. Der Umfang des Schadensersatzes bei fiktiver Abrechnung gem § 249 II BGB mindert sich also um den Schadensposten der Mehrwertsteuer, wenn diese durch Reparatur oder Ersatzbeschaffung nicht tatsächlich angefallen ist. Die Bestimmung **betrifft nur Restitution** gem § 249 BGB, nicht auch die Kompensation nach § 251 BGB (s Begr BTDrucks 14/7752 S 13), gilt also nur, wenn Reparatur oder Ersatzbeschaffung möglich ist, grundsätzlich also **auch bei Totalschaden,** s Rz 4, 10, BGH NJW **04** 1943 (zust *Steffen* DAR **04** 381, *Timme/Hülk* MDR **04** 935, Anm *Diehl* ZfS **04** 409), NZV **04** 395, LG Hildesheim NJW **03** 3355, LG Essen NZV **04** 300, LG Rottweil DAR **03** 422, LG Mgd NZV **03** 536, AG Bielefeld NZV **04** 147, *Heß* NZV **04** 5, *Schirmer/Marlow* DAR **03** 441, 443, *Schirmer* DAR **04** 22, *Lang ua* NZV **03** 446, *J. Schneider* NZV **03** 556, aM *Zemlin* NJW **03** 1226, *Meyer a. d. Heyde* DAR **04** 18. **In Fällen des § 251 I und II BGB** dagegen wird Ersatz für die Wertminderung des Vermögens des Geschädigten geleistet, der der Einschränkung des § 249 II 2 BGB nicht unterliegt, s *Zemlin* NJW **03** 1226, *Wagner* NJW **02** 2058, *Heß* ZfS **02** 371.

49 **Angefallen** ist die Mehrwertsteuer, wenn sie vom Geschädigten aufgewendet werden mußte, s *Heß* ZfS **02** 367. Das kann zB auch bei Eigenreparatur der Fall sein, etwa in bezug auf die hierzu gekauften Teile und Materialien (s Begr BTDrucks 14/7752 S 23), *Schirmer/Marlow* DAR **03** 442, *Lemcke* r + s **02** 273, *Heß* ZfS **02** 368. Nicht erstattungsfähig ist sie dagegen, solange nur ein mehrwertsteuerpflichtiger *Auftrag* erteilt ist, aM *Schirmer/Marlow* DAR **03** 444 (zw). Das gleiche gilt, wenn sie dem Geschädigten unberechtigt in Rechnung gestellt wurde (s Begr des BR, BTDrucks 14/7752 S 48 f); denn daß „*Umsatzsteuer angefallen*" ist, setzt begrifflich voraus, daß der Betrag steuerrechtlich als Umsatzsteuer geschuldet ist, s *Hentschel* NZV **02** 443, *Schirmer/Marlow* DAR **03** 444, aM *Lemcke* r + s **02** 272, *Huber* § 1 Rz 57. Ist die Mehrwertsteuer angefallen, so ist sie (im erforderlichen Umfang) auch zu ersetzen, wenn der Geschädigte zum Schadensausgleich statt der wirtschaftlich gebotenen Ersatzbeschaffung reparieren ließ oder umgekehrt (s Begr BTDrucks 14/7752 S 24). Die Abrechnung auf Gutachtenbasis (ohne Er-

Höchstbeträge § 12 StVG **I**

satzbeschaffung) schließt bei späterer Ersatzbeschaffung die Geltendmachung dabei angefallener MwSt nicht zwingend aus, BGH NJW **04** 1943 (zust *Steffen* DAR **04** 382), *Geigel/Haag* **5** 13, *Heß* NZV **04** 3, *Elsner* DAR **04** 131, *Unterreiter* NZV **04** 333, str, aM zB *Lemcke* r + s **02** 272. Erwirbt der Geschädigte ein gegenüber der Ersatzbeschaffung **teureres Fz,** für das eine höhere Mehrwertsteuer angefallen ist, so kann er die vom Sachverständigen ermittelten Ersatzbeschaffungskosten einschließlich der darin enthaltenen Mehrwertsteuer verlangen, AG Bad Schwartau NJW-RR **03** 1109, AG Halle NJW **03** 2616. Bei **Ersatzbeschaffung von einer Privatperson** fällt keine Mehrwertsteuer an, Kö NZV **04** 297, LG Bochum ZfS **04** 117, *Palandt/Heinrichs* § 249 Rz 17, *Schirmer/ Marlow* DAR **03** 442, *Schirmer* DAR **04** 22, *J. Schneider* NZV **03** 556, abw AG Aachen DAR **04** 228, AG Münsingen DAR **03** 466, AG Weisswasser DAR **03** 468, *Huber* § 1 Rz 297, so zB bei sehr **alten Fzen,** die auf dem Gebrauchtwagenmarkt nicht angeboten werden, Kö NZV **04** 297 (krit *Heinrich* NJW **04** 1916), LG Essen NZV **04** 300, *Dobring* VGT **04** 168. Bei Ersatzbeschaffung **im Gebrauchtwagenhandel** ist idR nur Umsatzsteuer in Höhe der sog **Differenzbesteuerung** gem § 25 a UStG anfallen (s aber *J. Schneider* NZV **03** 558 f), die nicht 16 %, sondern (unter Zugrundelegung einer durchschnittlichen Händlergewinnspanne von 20 %) nur ca 2 % beträgt, Kö NZV **04** 297 (Anm *Unterreitmeier* NZV **04** 278), LG Essen NZV **04** 300, LG Ol NJW **03** 3494, *Schirmer* DAR **04** 22, *Elsner* DAR **04** 130, *Heinrich* NJW **04** 1917 f, s AG Bielefeld NZV **04** 147 (2,4 %). Dies ist auch zu beachten, wenn der Anspruch des Geschädigten um die in dem vom Sachverständigen ermittelten Wiederbeschaffungspreis enthaltene, aber nicht angefallene Mehrwertsteuer zu kürzen ist. Überwiegend wird daher angenommen, daß auch hier nur 2 % abzuziehen sind, Kö NZV **04** 297, NJW-RR **04** 597, LG Bochum ZfS **04** 117, AG Halle NJW **03** 2616, AG Erkelenz NJW **03** 2617, AG Fra NZV **03** 534, AG Mannheim VM **03** 79 (zust *Eisele*), AG Papenburg NJW **03** 2617, *Gebhardt,* ZfS **03** 158, *Zemlin* NJW **03** 1226, abw (im Hinblick auf den Anteil an regelbesteuerten Fzen im Gebrauchtwagenhandel) *J. Schneider* NZV **03** 558 f (10%).

Lit: *Freyberger,* ... Die praktische Abwicklung von VUnfällen seit dem 1. 8. 02, MDR **02** 867. *Gebhardt,* Totalschaden bzw Ersatzbeschaffung und Mehrwertsteuer, ZfS **03** 157. *Greger,* Neue Entwicklungen bei der fiktiven Schadensabrechnung, NZV **02** 385. *Heinrich,* Die MwSt-Erstattung im Totalschadensfall, ZfS **04** 145. *Derselbe,* Die Erstattung der MwSt bei wirtschaftlichem Totalschaden, NJW **04** 1916. *Heß,* Die MWSt-Abrechnung nach dem 2. SchadensrechtsänderungsG, ZfS **02** 367. *Derselbe,* Die Abrechnung der MwSt, NZV **04** 1. *Huber,* Die Kappung der Mehrwertsteuer bei der fiktiven Schadensabrechnung ..., NZV **04** 105. *Lemcke,* Abrechnung des FzSchadens nach § 249 II BGB nF, r + s **02** 265. *Derselbe,* Schadenabrechnung nach § 249 Abs 2 BGB nF bei tatsächlicher oder fiktiver Ersatzbeschaffung, r + s **03** 441. *Meyer auf der Heyde,* Mehrwertsteuer bei privater Ersatzbeschaffung?, DAR **04** 18. *Riedmeyer,* Umsatzsteuerersatz beim wirtschaftlichen Totalschaden, DAR **03** 159. *Schirmer/Marlow,* Die Erstattungsfähigkeit der Umsatzsteuer ..., DAR **03** 441. *J. Schneider,* Kfz-Totalschaden und Umsatzsteuer – fiktiver Steuersatz für die fiktive Abrechnung?, NZV **03** 555. *Schmalzl,* Die Mehrwertsteuer als Schadensposten im Rahmen der Schadensregulierung, VR **02** 816. *Zemlin,* Abzug von Mehrwertsteuer bei Abrechnung auf Totalschadenbasis?, NJW **03** 1225.

Gutachterkosten gehören zum Herstellungsaufwand, Nü VRS **103** 321, KG DAR **50** **04** 352, VRS **104** 21, Sa MDR **03** 685, Ha NZV **94** 393, *Wortmann* ZfS **99** 2, auch dann, wenn der Gegner bereits ein Gutachten vorgelegt hat, es sei denn, ein eigenes Gutachten erscheint bei verständiger Beurteilung unnötig, KG NJW **77** 109, s Ha VR **77** 232. Überhöhte Gutachterkosten gehen grundsätzlich zu Lasten des Geschädigten, Kö NZV **99** 88, Ha DAR **97** 275, LG Hagen NZV **03** 337, *Hörl* NZV **03** 306, s aber AG Hagen NZV **03** 144. Außer bei Totalschaden wird die Beauftragung eines Sachverständigen zur Ermittlung der Reparaturkosten bei Beträgen unter 500 € idR ein Verstoß gegen die Schadenminderungspflicht sein (str), s *Himmelreich/Halm/Bücken* 1885 mit Nachweisen, einschränkend *Wortmann* VR **98** 1204. Zu berücksichtigen ist hierbei stets, daß der Geschädigte dies zumeist nur sehr schwer abschätzen kann, s *Diehl* ZfS **02** 433. AG Mainz ZfS **02** 74, AG Dinslaken NJWE-VHR **98** 110 ziehen die Grenze bei 1500 DM, AG Leonberg DAR **00** 277 bei 1400 DM, AG Sömmerda ZfS **02** 432 (abl *Diehl*) bei 2500 DM. RsprÜbersicht: *Trost* VR **97** 537 (krit zur Höhe der Reparaturkosten als alleiniges Kriterium). Jedoch verbietet sich eine starre, schematische Handhabung dieser Grenze, AG Kö VR **97** 1245 (zust *Gärtner*), *Roß* NZV **01** 321. Der Erstattungs-

1 StVG § 12 II. Haftpflicht

anspruch besteht grundsätzlich auch bei unrichtigem Gutachten, KG DAR **04** 352, **03** 318, Ha NZV **01** 433, Sa MDR **03** 685, KG VRS **104** 21, LG Bochum NZV **93** 196, *Kääb/Jandel* NZV **92** 16, *Roß* NZV **01** 322. Hat der Geschädigte die Unbrauchbarkeit des Gutachtens zu vertreten, so steht ihm kein Anspruch auf Ersatz der Gutachterkosten zu, KG DAR **04** 352, Sa MDR **03** 685, Ha NZV **94** 393, **01** 433 (zB Auswahlverschulden), KG VRS **104** 21 (Verschweigen bekannter Vorschäden gegenüber dem Gutachter). Keine Ersatzfähigkeit von „Schutzgebühren" für Kostenvoranschläge, die bei Durchführung der Reparatur angerechnet werden, AG Kiel DAR **92** 159, AG Euskirchen ZfS **83** 293, *Klimke* DAR **84** 41, 44, str, s *Himmelreich/Halm/Bücken* Rz 1949ff, aM AG Aachen DAR **95** 295, AG Mü ZfS **99** 328, *Kannowski* DAR **01** 382, *Notthoff* DAR **94** 417. Aufwendungen für Beweissicherung durch ein vorprozessuales Gutachten können als mittelbare Schadensfolgen in Betracht kommen, KG DAR **71** 295. Kostenerstattung für Privatgutachten während des Rechtsstreits kann auch noch nach einem Vergleich in Betracht kommen, Fra VR **81** 69. Erforderliche **Anwaltskosten** für die außergerichtliche Geltendmachung von Ersatzansprüchen sind zu ersetzen, BGHZ **127** 348 = NZV **95** 103 (Anm *Höfle* ZfS **95** 50), KG VRS **106** 356, DAR **77** 185, auch für die Verhandlungen mit der Kaskoversicherung, Stu DAR **89** 27, Kar NZV **90** 431 (str). Anwaltskosten als Sachfolgeschaden jedoch nur bei Erforderlichkeit, BGH NZV **95** 103, Kö VR **75** 1106, *Grunsky* NJW **83** 2470, wobei es auf die Frage der Rechtskundigkeit des Geschädigten nicht ankommt, s *Nixdorf* VR **95** 259. Besteht aus der Sicht des Geschädigten angesichts der nach Grund und Höhe klaren Ersatzansprüche bei einfach gelagertem Sachverhalt kein vernünftiger Zweifel, daß der Schaden nach erster Anmeldung reguliert würde, so ist die Hinzuziehung eines Rechtsanwalts nicht erforderlich, BGH NZV **95** 103, AG Kar VR **00** 67, AG Gießen VR **01** 198 (im Ergebnis verneint); wird daraufhin nicht reguliert, darf sogleich anwaltliche Hilfe in Anspruch genommen werden, BGH NZV **95** 103. Zur Erstattungsfähigkeit von Vorprozeßkosten, *Klimke* VR **81** 17.

Lit: *Grunsky,* Zur Ersatzfähigkeit unangemessener hoher Sachverständigenkosten, NZV **00** 4. *Hörl,* Kfz-Sachverständigengutachten – Marktforschungspflicht des Geschädigten und Aufklärungspflicht des Gutachters?, NZV **03** 305. *Kääb/Jandel,* Zum Ersatz von Sachverständigenkosten bei objektiv unrichtigem Gutachten, NZV **92** 16. *Kannowski,* Die Ausgaben für einen Kostenvoranschlag bezüglich der Reparatur als Schaden iS von § 249 BGB, DAR **01** 382. *Klimke,* Erstattungsfähigkeit von Aufwendungen für Kostenvoranschläge und Gutachten, DAR **84** 39. *Nixdorf,* Zur Kostenerstattung für außergerichtliche Rechtsverfolgungskosten im Zusammenhang mit VHaftpflichtschäden, VR **95** 257. *Trost,* Die Sachverständigenkosten bei der Schadensregulierung von VUnfällen ..., VR **97** 537.

51 Ersatz für wenig getragene, beim Unfall **beschädigte Kleidung,** BGH VR **64** 257. „Beifärbung" erneuerter Putzstellen an erneuerungsbedürftiger Fassade, Dü VR **66** 1055. Bei **Verletzung von Tieren** (Hunden) billigte die Rspr teilweise schon vor Einfügung von Satz 2 in § 251 II BGB Ersatz von Behandlungskosten zu, selbst wenn sie den Wiederbeschaffungswert um ein Vielfaches übersteigen, LG Mü I NJW **78** 1862, LG Lüneburg NJW **84** 1243 (jeweils 3facher Wiederbeschaffungswert), LG Traunstein NJW **84** 1244 (10facher Wiederbeschaffungswert). Bei **Baumzerstörung** ist die Werteinbuße zu ersetzen, KG NJW **79** 1168. Zu den Herstellungskosten bei Zerstörung von Gehölzen gehören die Kosten für die Anschaffung von Ersatzpflanzen sowie für Pflanz- und Pflegekosten während der Anwachszeit, Kar VR **89** 967, Ha MDR **92** 1034. Bei Zerstörung von Pflanzen, die zum Verkauf aufgezogen werden (Baumschulen, Weihnachtsbäume usw) ist der Sachwert der zerstörten Pflanzen zu ersetzen, Ha MDR **92** 1034. Zur Haftung für eine zweihundertjährige, erkennbar schadhafte Linde, Ba VR **78** 1171. Bei Verursachung irreparabler Schäden, die zu Qualitätseinbuße und verkürzter Lebensdauer des Baumes führen, ist die Wertminderung (des Grundstücks) auszugleichen, KG NJW **79** 1167, Dü DAR **91** 428, Ha MDR **92** 1034. Zur Haftung für StrBaumschaden, falls dieser allenfalls für später zu erwarten oder durch Baumchirurgie abzuwenden ist, KG VR **78** 524, **79** 139. Zum Schaden bei Zerstörung von StrBäumen, *Koch* VR **77** 898, **79** 378.

Lit: *Breloer,* Schadensersatzwerte von Bäumen und Sträuchern, VR **87** 436. *Fleckenstein,* Schadensersatzwerte von Bäumen und Sträuchern bei Beschädigung, VR **87** 236. *Koch,* Entschädigung für Gehölze und Gartenanlagen, NJW **79** 2601. *Derselbe,* Schadenersatz bei Teilbeschädigung von Bäumen, VR **79** 16. *Derselbe,* Das Sachwertverfahren für Bäume in der Rspr, VR **90** 573.

Beförderung gefährlicher Güter § 12a StVG

Haftungshöchstbeträge bei Beförderung gefährlicher Güter

12a (1) ¹Werden gefährliche Güter befördert, haftet der Ersatzpflichtige

1. im Fall der Tötung oder Verletzung mehrerer Menschen durch dasselbe Ereignis, unbeschadet der in § 12 Abs. 1 Nr. 1 bestimmten Grenzen, nur bis zu einem Kapitalbetrag von insgesamt 6 000 000 Euro oder bis zu einem Rentenbetrag von jährlich 360 000 Euro,
2. im Fall der Sachbeschädigung an unbeweglichen Sachen, auch wenn durch dasselbe Ereignis mehrere Sachen beschädigt werden, bis zu einem Betrag von 6 000 000 Euro,

sofern der Schaden durch die die Gefährlichkeit der beförderten Güter begründenden Eigenschaften verursacht wird. ²Im Übrigen bleibt § 12 Abs. 1 unberührt.

(2) Gefährliche Güter im Sinne dieses Gesetzes sind Stoffe und Gegenstände, deren Beförderung auf der Straße nach den Anlagen A und B zu dem Europäischen Übereinkommen vom 30. September 1957 über die internationale Beförderung gefährlicher Güter auf der Straße (ADR) (BGBl. 1969 II S. 1489) in der jeweils geltenden Fassung verboten oder nur unter bestimmten Bedingungen gestattet ist.

(3) Absatz 1 ist nicht anzuwenden, wenn es sich um freigestellte Beförderungen gefährlicher Güter oder um Beförderungen in begrenzten Mengen unterhalb der im Unterabschnitt 1.1.3.6 zu dem in Absatz 2 genannten Übereinkommen festgelegten Grenzen handelt.

(4) Absatz 1 ist nicht anzuwenden, wenn der Schaden bei der Beförderung innerhalb eines Betriebs entstanden ist, in dem gefährliche Güter hergestellt, bearbeitet, verarbeitet, gelagert, verwendet oder vernichtet werden, soweit die Beförderung auf einem abgeschlossenen Gelände stattfindet.

(5) § 12 Abs. 2 gilt entsprechend.

Begr (BTDrucks 14/7752 S 33 f): *Der Transport von Gefahrgut im Straßenverkehr ist – wie jede Teilnahme am allgemeinen Straßenverkehr – mit der Betriebsgefahr des befördernden Kraftfahrzeugs behaftet. Bei Gefahrgutunfällen im Straßenverkehr kann sich allerdings neben der „normalen" Betriebsgefahr des Kraftfahrzeugs im Einzelfall auch das zusätzliche Risiko des beförderten gefährlichen Guts realisieren. Das für diesen Fall geltende Haftungsrecht muss deshalb unter Berücksichtigung des zusätzlichen Gefahrgutrisikos den Ausgleich eines bei dem Transport gefährlicher Güter erlittenen Schadens gewährleisten.*

Dieses zusätzliche Gefahrgutrisiko schlägt sich vor allem darin nieder, dass es umfänglichere Schäden zur Folge haben kann als dies bei der Verwirklichung nur der „normalen" Betriebsgefahr der Fall wäre: Kommt es zu einem Unfall eines Transporters explosiver Stoffe so ist eine – gefahrgutbedingte – Explosion eher und regelmäßig mit größeren Personen- und Sachschäden zu erwarten als bei einem Unfall eines Transporters nicht explosiver Stoffe. Die Haftungshöchstgrenzen des § 12 StVG können daher bei einem Unfall mit Gefahrgut schnell überschritten werden. Da keine besonderen Haftungshöchstgrenzen für Gefahrguttransporte bestehen, kann der Geschädigte dann allenfalls im Rahmen der – unbegrenzten – Verschuldenshaftung nach den §§ 823 ff. BGB, nicht aber unter den erleichterten Voraussetzungen der Gefährdungshaftung seine Ansprüche in vollem Umfang realisieren, obwohl sich hier nicht nur die allgemeine Gefährdung durch das Kraftfahrzeug, sondern auch noch die besondere Gefährdung durch das Gefahrgut verwirklicht hat.

Diese Rechtslage bietet aber nicht nur für den Geschädigten wegen der schnellen Überschreitung der Haftungshöchstgrenzen, der deshalb möglicherweise nicht ausreichenden Versicherungsdeckung und der unsicheren Realisierung seines Schadens im Rahmen der Verschuldungshaftung Risiken. Auch der Schädiger ist mit einem vielfach unkalkulierbaren Haftungsrisiko belastet, wenn hier verstärkt auf die Verschuldenshaftung zurückgegriffen wird und ein Verstoß gegen Verkehrssicherungspflichten oder Sicherheitsanforderungen zu einer unbegrenzten Haftung führt.

...

Die individuelle Haftungshöchstgrenze für Personenschäden nach § 12 Abs. 1 Nr. 1 StVG gilt auch für Unfälle mit Gefahrguttransporten. Dies stellt § 12 a Abs. 1 Nr. 1 StVG durch die Formulierung „unbeschadet der in § 12 Abs. 1 Nr. 1 bestimmten Grenzen" klar. Insoweit ist eine gefahrgutbedingte Erhöhung der allgemeinen Haftungshöchstgrenze auch nicht erforderlich. Denn die individuelle Haftungshöchstgrenze für Personenschäden orientiert sich an einem durchschnittlich

1 StVG § 12a II. Haftpflicht

schweren Personenschaden im Falle der Tötung oder Verletzung nur eines Menschen. Der insoweit anzusetzende Betrag ist aber davon unabhängig, ob der schwere Personenschaden gefahrgutbedingt ist oder nicht.

Die globale Haftungshöchstgrenze für Personenschäden (§ 12 Abs. 1 Nr. 2 StVG) wird indes durch § 12a Abs. 1 Nr. 1 StVG modifiziert: Für den Fall der Tötung oder Verletzung mehrerer Personen wird bis zu einem Kapitalhöchstbetrag von 6 Mio. Euro oder einer maximalen Jahresrente von 360 000 Euro gehaftet. Hiermit wird der Tatsache Rechnung getragen, dass gefahrgutbedingte Risiken sich im Allgemeinen in einem größeren Umfang des Gesamt-, nicht aber des Individualschadens niederschlagen....

Die (globale) Haftungshöchstgrenze für Sachschäden (§ 12 Abs. 1 Nr. 3 StVG) wird für gefahrgutbedingte Unfälle durch § 12a Abs. 1 Nr. 2 StVG modifiziert: Bei der Beschädigung unbeweglicher Sachen wird bis zu einem Betrag von 6 Mio. Euro gehaftet. Werden trotz gefahrgutbedingter Schädigung keine unbeweglichen Sachen beschädigt, bleibt es bei der allgemeinen Haftungshöchstgrenze für Sachschäden nach § 12 Abs. 1 Nr. 3 StVG. Dies stellt § 12a Abs. 1 Satz 2 StVG klar. Diese Anhebung der (globalen) Haftungshöchstgrenze für gefahrgutbedingte Sachschäden trägt – wie die Anhebung der Haftungshöchstgrenze für Personenschäden – der Tatsache Rechnung, dass das zusätzliche Gefahrgutrisiko zu umfänglicheren Sachschäden führen kann....

*§ 12a **Abs. 2** StVG definiert den Begriff der gefährlichen Güter. Dabei wird auf die Definition zurückgegriffen, wie sie bereits in den straßenverkehrsspezifischen Sicherheitsvorschriften für Gefahrguttransporte verwandt wird: Die weite Legaldefinition des § 2 Abs. 1 des Gesetzes über die Beförderung gefährlicher Güter (GBefGG) (BGBl. 1975 I S. 2121) wird in den verkehrsträgerspezifischen Gefahrgutverordnungen konkretisiert. Die für den Straßenverkehr maßgebliche Verordnung über den Transport gefährlicher Güter auf der Straße (GGVS) (BGBl. 1996 I S. 1886) enthält eine solche Konkretisierung in § 2 Abs. 1 Nr. 2, die die Anlagen A und B zu dem Europäischen Übereinkommen vom 30. September 1957 über die internationale Beförderung gefährlicher Güter auf der Straße (ADR) (BGBl. 1969 II S. 1489, zuletzt geändert und neu bekannt gemacht am 24. Februar 1997, BGBl. 1998 II S. 564) in Bezug nimmt. Diese Definition des § 2 Abs. 2 Nr. 1 GGVS übernimmt Absatz 2 für die Gefahrguthaftung im Straßenverkehr.*

Absatz 3 *erklärt die besonderen Haftungshöchstgrenzen des § 12a Abs. 1 StVG dann nicht für anwendbar, wenn es sich um Beförderungen gefährlicher Güter handelt, deren Transport die öffentlich-rechtlichen Gefahrguttransportvorschriften von ihren besonderen Sicherheitsanforderungen freistellen. Damit wird eine Kongruenz von Sicherheits- und Haftungsvorschriften hergestellt: Wer auf Grund des geringeren Gefahrgutrisikos nicht die besonderen Sicherheitsanforderungen des öffentlichen Gefahrgutrechts erfüllen muss, soll auch keiner besonderen zivilrechtlichen Haftung unterliegen.*

Absatz 4 *nimmt von den besonderen Haftungshöchstbeträgen für Gefahrguttransporte Schäden aus, die bei der Beförderung innerhalb eines Betriebes entstanden sind, in dem gefährliche Güter hergestellt, bearbeitet, verarbeitet, gelagert, verwendet oder vernichtet werden, soweit die Beförderung auf einem abgeschlossenen Gelände stattfindet.*

Der Grund für diesen Ausschluss liegt in den allgemeinen Bestimmungen des öffentlichen Gefahrgutrechts, die solche betriebsinternen Beförderungsvorgänge von den besonderen Sicherheitsanforderungen des Gefahrguttransportrechts befreien (§ 1 Abs. 1 Nr. 1 GBefGG). Absatz 4 überträgt diese Wertung auf den Bereich der Straßenverkehrshaftung....

Absatz 5 *stellt klar, dass die Anordnung der verhältnismäßigen Kürzung der Ansprüche bei Erschöpfung der globalen Haftungshöchstbeträge nach § 12 Abs. 2 StVG bei Erschöpfung der globalen Haftungshöchstbeträge für Gefahrguttransporte nach § 12a Abs. 1 StVG entsprechend gilt.*

1. **1. Zweck der Bestimmung** ist die Berücksichtigung des neben der normalen KfzBetriebsgefahr bei Unfällen mit Gefahrguttransporten zusätzlich von dem gefährlichen Gut ausgehenden Risikos, das sich vielfach in Schäden realisieren kann, die erheblich über die Höchstgrenzen des § 12 hinausgehen (s Begr, vor Rz 1).

2. **2.** Der **Begriff der „gefährlichen Güter"** ist in Abs II definiert. Nur die Stoffe und Gegenstände fallen darunter, deren internationale Beförderung nach Anl A und B zu dem Europäischen Übereinkommen über die internationale Beförderung gefährlicher Güter auf der Str (ADR, Anl A und B, Bekanntmachung der Neufassung: BGBl II **03** 1743, **04** 1132, 1274) einem Verbot unterliegt oder nur unter Bedingungen erlaubt ist.

Ausnahme § 12b StVG **1**

Die Definition entspricht derjenigen in Art 1 lit b) ADR (für Deutschland ratifiziert durch G v 18. 8. 69, BGBl II 1489).

3. Keine Geltung haben die erhöhten Haftungssummen des Abs I gem Abs III, wenn gefährliche Güter befördert werden, deren Transport nach den öffentlich-rechtlichen Gefahrgut-Transportvorschriften **von den besonderen Sicherheitsanforderungen freigestellt** ist oder wenn nur **begrenzte Mengen** befördert werden, die unterhalb der in Abschnitt 1.1.3.6 des ADR bestimmten Grenzen liegen, weil die erhöhte Haftung nur gerechtfertigt erscheint, soweit besondere Sicherheitsanforderungen erfüllt sein müssen (s Begr, vor Rz 1). **3**

Von den besonderen Haftungshöchstsummen ausgenommen sind gem Abs IV ferner Schäden, die bei der Beförderung gefährlicher Güter **innerhalb von Betrieben** entstanden sind, die gefährliche Güter herstellen, bearbeiten, lagern, verwenden oder vernichten, vorausgesetzt, daß die Beförderung auf abgeschlossenem Gelände durchgeführt wurde. Dies beruht darauf, daß das GefahrgutbeförderungsG (GGBefG) gem § 1 I S 2 Nr 1 GGBefG auf derartige betriebsinterne Beförderungen keine Anwendung findet (s Begr, vor Rz 1). **4**

4. Haftung bis zu den höheren Haftungshöchstbeträgen des § 12a setzt stets voraus, daß die haftungsbegründenden Erfordernisse des § 7 erfüllt sind; der Schaden muß also iS von § 7 **beim Betrieb** des Fzs entstanden sein. Voraussetzung ist ferner, daß kein Haftungsausschluß nach § 8 besteht. Schließlich gelten die erhöhten Haftungshöchstgrenzen nur bei **Ursächlichkeit** der gefährlichen Güter für den eingetretenen Schaden. Das zusätzliche Schadensrisiko des beförderten Gutes muß sich in dem Schaden realisiert haben. Hat sich die besondere Gefährlichkeit des beförderten Gutes auf den Schaden nicht ausgewirkt, sondern nur die gewöhnliche Betriebsgefahr, beschränkt sich die Haftung des Halters auf die Höchstsummen des § 12. **5**

5. Die Haftungshöchtgrenze des Abs I Nr 2 für **Sachschäden** gilt nur bei Schädigung **unbeweglicher Sachen**; dagegen löst die gefahrgutbedingte Schädigung beweglicher Sachen keine erhöhte Haftung nach § 12a StVG aus; hier bleibt es vielmehr bei den Höchstbeträgen des § 12 I Nr. 3 StVG. Hinsichtlich der **individuellen Haftungshöchstgrenze für Personenschäden** gilt auch bei Schadensversursachung durch den Transport gefährlicher Güter keine erhöhte Haftungshöchstgrenze. Vielmehr bleibt es gem I Nr 1 („unbeschadet der in § 12 Abs. 1 Nr. 1 bestimmten Grenzen") für den Fall der Tötung oder Verletzung eines einzelnen Menschen bei den in § 12 I Nr 1 bestimmten Höchstbeträgen (s Begr vor Rz 1). Im übrigen gilt **bei Mehrfachschäden** gem Abs V auch im Rahmen der erhöhten Haftungshöchstsummen des § 12a die verhältnismäßige Herabsetzung der Entschädigungen entsprechend § 12 II. **6**

Ausnahme

12b Die §§ 12 und 12a sind nicht anzuwenden, wenn ein Schaden bei dem Betrieb eines gepanzerten Gleiskettenfahrzeugs verursacht wird.

Begr (BTDrucks 14/7752 S 34f): *Im Anschluss an Diskussionen anlässlich der Flugzeugunglücke in Ramstein und Remscheid wurde die Frage aufgeworfen, ob die haftungsrechtliche Situation militärischer Landfahrzeuge nicht an diejenige von militärischen Luftfahrzeugen angepasst werden sollte. Nach § 53 LuftVG sind Schäden, die durch militärische Luftfahrzeuge verursacht werden, unabhängig von einem Verschulden und der Höhe nach unbegrenzt zu ersetzen. Darüber hinaus besteht in diesen Fällen bereits nach geltendem Recht ein Schmerzensgeldanspruch des Geschädigten.* **1**

Die vorgesehene Neuregelung greift diesen Gedanken auf und erklärt die in den §§ 12, 12a StVG enthaltenen Haftungshöchstgrenzen bei Unfällen, die sich beim Betrieb eines gepanzerten Gleiskettenfahrzeugs ereignen, für unanwendbar. Dies führt dazu, dass für diese Fahrzeuge die bereits nach geltender Rechtslage bestehende Haftung für diese Militärfahrzeuge nach dem StVG der Höhe nach keiner Beschränkung mehr unterliegt.

Der Begriff des gepanzerten Gleiskettenfahrzeugs entspricht dem in § 34b Abs. 1 StVZO verwendeten Begriff. Hierunter sind zur Teilnahme am öffentlichen Straßenverkehr zugelassene Fahr-

1 StVG § 13

zeuge auf Gleisketten mit integriertem Schutz für den Fahrer und die Besatzung gegen ballistische Geschosse zu verstehen. Er umfasst auch Fahrzeuge ohne solchen Schutz, wenn sie Trägerfahrzeuge eines Waffensystems (u. a. Mehrfachraketenwerfer, Minenwerfer) sind.

Die Regelung trägt der Tatsache Rechnung, dass von solchen Spezialfahrzeugen eine gegenüber den sonst am Straßenverkehr teilnehmenden Fahrzeugen erhöhte Betriebsgefahr ausgeht, die sich in umfänglicheren Personen- und Sachschäden niederschlagen kann. ...

2 Keiner Begrenzung der Höhe nach unterliegt die Haftung aus § 7 bei Schadensverursachung durch gepanzerte GleiskettenFze. Begriff des GleiskettenFzs: § 34b StVZO. Gepanzerte GleiskettenFze sind solche, die mit integriertem Schutz gegen ballistische Geschosse ausgestattet und für den öffentlichen StrV zugelassen sind, nach der Begr (BTDrucks 14/7752 S 35, s Rz 1) darüber hinaus auch solche ohne diesen Schutz, wenn sie TrägerFze eines Waffensystems sind wie zB Mehrfachraketenwerfer oder Minenwerfer. Für andere militärische Fze gilt die Bestimmung nicht, weil von ihnen im Vergleich zu zivilen Fzen keine höhere Betriebsgefahr ausgeht.

Geldrente

13 (1) **Der Schadensersatz wegen Aufhebung oder Minderung der Erwerbsfähigkeit und wegen Vermehrung der Bedürfnisse des Verletzten sowie der nach § 10 Abs. 2 einem Dritten zu gewährende Schadensersatz ist für die Zukunft durch Entrichtung einer Geldrente zu leisten.**

(2) **Die Vorschriften des § 843 Abs. 2 bis 4 des Bürgerlichen Gesetzbuchs finden entsprechende Anwendung.**

(3) **Ist bei der Verurteilung des Verpflichteten zur Entrichtung einer Geldrente nicht auf Sicherheitsleistung erkannt worden, so kann der Berechtigte gleichwohl Sicherheitsleistung verlangen, wenn die Vermögensverhältnisse des Verpflichteten sich erheblich verschlechtert haben; unter der gleichen Voraussetzung kann er eine Erhöhung der in dem Urteil bestimmten Sicherheit verlangen.**

1 **Ersatz für künftigen Schaden nur durch Rente.** Nach I ist laufender Schaden für die Zukunft als Rente innerhalb der Höchstgrenzen des § 12 StVG zuzusprechen, mit der Ausnahme des Abs II. Stichtag für die Frage, ob ein Schaden für die Vergangenheit oder für die Zukunft geltend gemacht wird, ist der Tag der letzten mündlichen Tatsachenverhandlung, BGH VR **64** 638, BGHZ **59** 187 = NJW **72** 1711. Für die vorhergehende Zeit ist Kapitalforderung die Regel. Aus wichtigem Grunde (§ 843 III BGB) steht dem Geschädigten auch Abfindung in Kapital zu, s *Küppersbusch* Rz 263, 853 (mit Beispielen), Gesamtgläubigern nach Forderungsübergang auf den SVTr jedoch nur gemeinsam, BGH NJW **72** 1711. Wird statt Rente Kapitalabfindung zugesprochen (Abs II, § 843 III BGB), so scheidet spätere Abänderung analog § 323 ZPO aus, BGHZ **79** 187 = VRS **60** 253 (str). Bei Schadenberechnung aus mehreren Posten (Heilungskosten, entgangene Aufträge) kann ein Posten als Kapital, der andere als Rente gefordert werden, aber nicht bei demselben Posten, BGH VR **68** 664, NJW **72** 1711. Für die Zeit bis zum Urteil ist zu prüfen, ob und inwieweit eine Kapitalforderung geltend gemacht ist. Dieser Betrag und nicht die Rente ist Ausgangspunkt der Berechnung nach § 12. Übersteigt der Kapitalbetrag die Grenzen des § 12, so gibt es weiteren Ersatz nur kraft Vertrags oder nach Deliktsrecht, BGH VR **64** 638. S § 16. Steht fest, daß weitere Schäden nicht eintreten, so ist § 13 unanwendbar, RGZ **133** 179. Schadensersatzrenten für Kinder, die das Grundschulalter noch nicht überschritten haben, sind idR auf das 18. Lebensjahr zu begrenzen und weitere Ansprüche im Wege der Feststellungsklage abzusichern, BGH VRS **65** 182, NJW **86** 715. Im Urteil zeitlich zu begrenzen ist auch die Rente wegen behinderter Haushaltsführung, Ce ZfS **83** 291 (75. Lebensjahr), Ha MDR **76** 45 (70. Lebensjahr), aM Hb VR **85** 646 (keine Begrenzung auf das 70. Lebensjahr), krit zur Begrenzung (75. Lebensjahr) auch *Lemcke* JbVerkR **99** 169, *Küppersbusch* Rz 210. Eine Rente zum Ausgleich des Unfallschadens infolge Tötung des haushaltführenden Ehegatten kann uU für eine Zeitdauer zuerkannt werden, die die durchschnittliche Lebenserwartung des Getöteten übersteigt, BGH VRS **26** 327. Begrenzung der Rente wegen Verdienstausfalls, s § 11 Rz 19. Der Verletzte kann Unterhalt und Hei-

Verjährung   § 14 StVG 1

lungskosten auch für die Vergangenheit als Rente verlangen, BGH VR **64** 777. Festsetzung dynamischer Indexrente ist unzulässig, Kar VR **69** 1123. Zur Wahl zwischen Ersatz in Kapital- und Rentenform bei Stationierungsschäden, BGH VR **74** 549.

Die Rente ist **nach Sachlage zu bemessen,** nicht abstrakt zu berechnen. Zugrundezulegen sind die augenblicklichen Umstände unter Berücksichtigung voraussichtlicher Entwicklungen, BGH VR **84** 875; unvorhersehbare spätere Ereignisse: § 323 ZPO. Es besteht kein Grundsatz, daß mit bestimmtem Lebensalter jede Erwerbstätigk aufhöre (§ 10). Zeitliche Begrenzung der Rente für Verdienstausfall, s § 11 Rz 19. Ist wegen Minderung der Erwerbsfähigkeit Rente zu zahlen, so sind bei deren Berechnung Beiträge für Sozialversicherung nicht vom Bruttoeinkommen abzuziehen, wenn dem Verletzten die Anwartschaft auf die Rente, die ihm nach seinem früheren Lohn zufließen würde, nur durch Nachzahlen der Beiträge gewahrt wird; Kirchensteuer ist vom Bruttoeinkommen abzuziehen, BGH NJW **54** 1034. Rentenerrechnung bei getötetem TaxiF, Kö VR **76** 373. Zur Auslegung einer Vereinbarung über Anpassung der Ersatzrente, BGH VR **76** 388. Zur Berechnung des Kapitalwerts einer Schadenersatzrente, BGH NJW **80** 2524, VRS **60** 14. 2

Lit: *Böhmer,* Zur Frage der Dauer der Rente gem §§ 11, 13 StVG ..., RdK **54** 36. *Derselbe,* Zur Frage der Bemessung der Geldrente nach § 844 II BGB, MDR **61** 744. *Nehls,* Kapitalisierung von Schadensersatzrenten, VR **81** 407 = VGT **81** 259. *Schlund,* Juristische Grundlagen der Kapitalisierung von Schadensersatzrenten, VR **81** 401 = VGT **81** 217. *Schlund/Schneider,* Rentenkapitalisierung ..., VR **76** 210. *Schmid,* Zur Berechnung der Kapitalabfindung nach § 843 Abs 3 BGB, DAR **81** 130. *Schneider,* Kapitalisierung von Schadensersatzrenten, VR **81** 493 = VGT **81** 236, VR **81** 1110.

Verjährung

14 Auf die Verjährung finden die für unerlaubte Handlungen geltenden Verjährungsvorschriften des Bürgerlichen Gesetzbuchs entsprechende Anwendung.

1. Regelmäßige Verjährungsfrist. Die Bestimmung des § 14 ist nach der völligen **Novellierung des Verjährungsrechts** durch das G zur Modernisierung des Schuldrechts v 26. 11. 01 (BGBl I 3138) insoweit irreführend, als es nach Streichung der bis 31. 12. 01 geltenden Fassung der Absätze I und II des § 852 BGB besondere Vorschriften über die Verjährung von Ansprüchen auf Ersatz des aus unerlaubter Handlung entstandenen Schadens im BGB nicht mehr gibt. Die Vorschrift ist nunmehr als Verweisung auf die Bestimmungen des BGB über die Verjährung (§§ 194 ff BGB) zu verstehen. Das neue Verjährungsrecht gilt nach Maßgabe der **Übergangsvorschrift** des Art 229 § 6 EGBGB für alle am 1. 1. 02 bestehenden, noch nicht verjährten Ansprüche (zu denen nicht nur solche aus dem BGB, sondern auch in anderen Gesetzen geregelte Ansprüche gehören, s BTDrucks 14/6040 S 273, *Staudinger/Peters,* § 194 Rz 22). Jedoch bestimmen sich Beginn, Hemmung, Ablaufhemmung und Neubeginn der Verjährung für die Zeit vor dem 1. 1. 02 nach dem BGB in der bis dahin geltenden Fassung (Art 229 § 6 I S 2 EGBGB), s *Jahnke* ZfS **02** 111. Näher: *Gsell* NJW **02** 1297. Die Gefährdungshaftung (§§ 7–13 StVG) unterliegt der dreijährigen Verjährung (§ 195 BGB). Die Frist beginnt mit dem **Ablauf des Jahres,** in dem der Ersatzberechtigte **Kenntnis** von den anspruchsbegründenden Umständen und dem Ersatzpflichtigen erlangt oder ohne grobe Fahrlässigkeit (s **E** 149) erlangen müßte (§ 199 I Nr 2 BGB). Bei von vornherein übersehbaren Unfallfolgen gilt für den Ersatzanspruch einheitliche Verjährung, auch wenn sie nur teilweise geltend gemacht werden. Den nicht innerhalb der Verjährungsfrist erhobenen Teilansprüchen steht die Einrede der Verjährung entgegen, BGH VR **57** 429, NJW **60** 380. Der Anspruch gegen den Kfz-Haftpflichtversicherer verjährt (§ 3 Nr 3 PflVG) in gleicher Weise wie derjenige gegen den Halter, Nü MDR **77** 232. Die Verjährung des „Stammrechts" gilt auch für rückständige Rentenleistungen, BGH VR **73** 1066. Verjährung von Unfallrente bei zwischenzeitlicher Erhöhung des Haftungsrahmens, BGH VR **66** 1047. 1

Lit: *Gsell,* Schuldrechtsreform: Die Übergangsregelungen für die Verjährungsfristen, NJW **02** 1297. *Heß,* Neuregelung des Verjährungsrechtes – die Auswirkungen auf das VZivilrecht, NZV **02**

1 StVG § 14 II. Haftpflicht

65. *Lepa,* Die Verjährung im Deliktsrecht, VR **86** 301. *Derselbe,* Neues und Altbekanntes im neuen Verjährungsrecht, AG-VerkRecht-F S 229. *Marburger,* Die Verjährungsvorschrift bei Anwendung des § 1542 RVO, VR **72** 11.

2 **2. Kenntnis von den anspruchbegründenden Umständen und von der Person des Schuldners** ist Kenntnis der klagebegründenden Tatsachen bei einigermaßen sicherer Erfolgsaussicht, BGH NJW **00** 953, NZV **90** 114, NJW-RR **90** 343, Ko VRS **87** 90, und zwar Kenntnis vom Schaden und Ersatzpflichtigen, KG VRS **104** 193, Dü VR **72** 1031. Den Kenntnisstand des von ihm beauftragten Rechtsanwalts muß der Geschädigte gegen sich gelten lassen (Wissensvertreter), BGH VR **92** 207, Dü VR **99** 893. Bei Behörden und Körperschaften ist die Kenntnis des mit der Verfolgung von Schadensersatzansprüchen betrauten Bediensteten entscheidend, BGHZ **134** 343 = VR **97** 635, bei Geltendmachung von Regreßansprüchen durch den UVtr aufgrund Legalzession (§ 116 I SGB X) die Kenntnis des Bediensteten der Regreßabteilung, BGH NZV **00** 255. **Mindestens der Sachverhalt der Haftungsgrundlage** muß bekannt sein, Dü MDR **75** 758. Befürchtung des Todesfalls nach Unfall des Unterhaltspflichtigen ersetzt Kenntnis vom Tode nicht, Ko NJW **67** 256. Kenntnis aller Einzelumstände des Schadensverlaufs und ein genaues Schadensbild sind für den Beginn der Verjährungsfrist nicht erforderlich, BGH VR **91** 179, KG VRS **104** 193, Fra VR **01** 1572, Kö NJW-RR **93** 601, NZV **97** 395. **Verständige Zweifel** am ursächlichen Zusammenhang schließen die Kenntnis aus, BGH VR **60** 848. Zweifel über den Umfang der Ersatzpflicht, die in fast jedem Schadenersatzprozeß bestehen, stehen dem Beginn der Verjährungsfrist nicht entgegen, BGH VR **62** 86, 518 *(Böhmer),* **63** 631. Auch insoweit genügt, daß der Geschädigte mit so viel Erfolgsaussicht wenigstens Feststellungsklage erheben kann, daß diese ihm zuzumuten ist, BGH VR **85** 367, NZV **90** 114, **91** 143, Kö NJW-RR **93** 601. Unkenntnis eines **weiteren rechtlichen Gesichtspunkts,** der einen Ersatzanspruch begründen könnte, schiebt den Beginn der Verjährung nicht hinaus, BGH NJW **60** 380, VR **62** 636. Beim Zusammentreffen von Ansprüchen aus StVG und unerlaubter Handlung beginnt auch die StVG-Verjährung erst mit einigermaßen sicherer Kenntnis, ob den Schädiger möglicherweise Schuld trifft, Nü VR **68** 679. **Kenntnis vom Schuldner** hat der Geschädigte erst, wenn er von den Schuldtatsachen eine einigermaßen sichere Vorstellung hat und mit ausreichender Aussicht auf Erfolg gegen eine bestimmte Person Klage auf Feststellung oder Ersatz erheben kann, BGH VR **71** 154, NJW-RR **87** 916, NZV **90** 114, KG VRS **104** 193, Dü VR **99** 68, *Mansel* NJW **02** 92, zB bei Kenntnis der wesentlichen Unfalltatsachen aufgrund von Zeugenaussagen, BGH NJW **70** 326, Nü VR **86** 1109, nicht, wenn er nur eine ausländische Geschäftsanschrift des in Deutschland lebenden Ersatzpflichtigen kennt, BGH VR **98** 378. Daß der Geschädigte das Prozeßrisiko noch nicht genau abschätzen konnte, steht der Kenntnis nicht entgegen, Fra VRS **67** 183. Die Kenntnis wird nicht dadurch beseitigt, daß der Schädiger seine Verantwortlichkeit nachdrücklich bestreitet, Dü NJW-RR **98** 1244. Soweit sich die Ansprüche gem § 831 BGB gegen den Arbeitgeber des Schädigers richten, ist entscheidend, wann der Geschädigte darüber Kenntnis erlangt hat, wer als Arbeitgeber ersatzpflichtig ist, BGH VR **99** 585. Solange die Person des Ersatzpflichtigen zweifelhaft ist, läuft die Verjährungsfrist nach § 199 I Nr 2 BGB nicht, BGH VR **70** 89, Hb VR **73** 626. Dringender Verdacht der Urheberschaft einer bestimmten Person kommt der Kenntnis nicht gleich, BGH VR **60** 365, Mü VR **61** 1048, auch nicht dem Geschädigten bekannte polizeiliche Vermutungen, BGH NJW **70** 326, anders aber uU die Zustellung einer gegen den Schädiger wegen der schädigenden Straftat gerichteten Anklageschrift an den Prozeßbevollmächtigten des Verletzten, BGH VR **83** 273; denn idR steht die Person des Ersatzpflichtigen bereits mit Anklageerhebung fest, Mü VR **00** 505. Bei Schadenverursachung durch **mehrere Unfallbeteiligte** beginnt die Verjährung auch dann mit der Kenntnis der haftungsbegründenden Umstände, wenn der Geschädigte zunächst statt des nunmehr in Anspruch Genommenen den anderen Beteiligten als in erster Linie verantwortlich angesehen hat, BGH NZV **90** 114. Zeigen sich jedoch bei einer Vielzahl von Unfallbeteiligten ausreichende Anhaltspunkte für Mitverursachung durch einen von ihnen erst später, so läuft die Verjährungsfrist gegen diesen erst von diesem Zeitpunkt ab, BGH VR **78** 564. Kennt der Berechtigte den Schädiger, so sind rechtliche Zweifel über etwaige anderweite Ersatzpflicht (Amtshaftung) für den Verjäh-

Verjährung § 14 StVG **I**

rungslauf bedeutungslos, s BGH VR **72** 394. Für einzelne **weitere Folgezustände** der ursprünglichen Schädigung läuft keine gesonderte Verjährung, BGH NJW **60** 380, NZV **91** 143 (abl *Peters*), DAR **00** 115, Kö NJW-RR **93** 601, Ha NJW-RR **99** 252, aM *Peters* JZ **83** 121. Nachträgliche Schadensfolgen gelten als bekannt, wenn sie im Zeitpunkt der Kenntnis vom Gesamtschaden als möglich voraussehbar waren, BGHZ **33** 116, NZV **97** 395, DAR **00** 115, Ha NZV **94** 72, NJW-RR **99** 252, Fra DAR **92** 60, Kö NJW-RR **93** 601, anders aber bei unerwarteten Spätfolgen, mit welchen nicht zu rechnen war, BGH VR **79** 1106, NZV **91** 143 (abl *Peters*), **97** 395, DAR **00** 115, Ha NJW-RR **99** 252. Bei außergewöhnlich schweren und existenzbedrohenden Spätfolgen, auch wenn diese nicht unvorhersehbar waren, kann die Berufung des Schädigers auf Verjährung uU gegen Treu und Glauben verstoßen, wenn alle Beteiligten einschließlich der behandelnden Ärzte vom Ausbleiben solcher Folgen ausgegangen waren, BGH NZV **91** 143 (bezüglich der Begr abl *Peters,* nach dessen Ansicht überhaupt nur der schon eingetretene Schaden bekannt sein kann), Ha NZV **94** 72. Klage auf Rente wegen geminderter Erwerbsfähigkeit hemmt die Verjährung (§ 204 I Nr 1 BGB) zwar hinsichtlich künftig möglichen Erwerbsminderungsschadens, aber nicht hinsichtlich allen weiteren Unfallschadens, BGH VR **79** 373. Für mögliche Spätfolgen einer schweren Kopfverletzung (Epilepsie) wird idR keine gesonderte Verjährungsfrist laufen, weil insoweit Erkundigungspflicht des Verletzten besteht, Fra MDR **78** 140. Anders als nach § 852 I BGB (alt) beginnt die Verjährungsfrist gem § 199 I Nr 2 BGB auch ab dem Zeitpunkt, in dem der Geschädigte **ohne grobe Fahrlässigkeit Kenntnis erlangen müßte**. Grobe Fahrlässigkeit: E 149. Zur Beweislast, *Lepa* AG-VerkRecht-F S 235. Das gilt jedenfalls (aber, abw von der früheren Rechtslage, nicht nur) wenn der Verletzte ohne besondere Mühe und Aufwendungen den Ersatzpflichtigen erfahren kann, aber unübersehbar sich anbietende Erkenntnismöglichkeiten nicht wahrnimmt, *Mansel* NJW **02** 91, so schon zu § 852 BGB (alt) BGH NJW **00** 953, VR **99** 585, Fra VR **01** 1572, Dü VR **99** 893, Mü VR **00** 505. Unterläßt er es als Zeuge in der gegen den Ersatzpflichtigen stattfindenden Hauptverhandlung, nach dessen Personalien zu fragen, so handelt er grobfahrlässig, s Ko VRS **84** 263, Ha MDR **92** 1031 (zu § 852 BGB alt).

Lit: *Mansel,* Die Neuregelung des Verjährungsrechts, NJW **01** 89. *Peters,* Die Kenntnis vom Schaden als Voraussetzung bei § 852 I BGB, JZ **83** 121.

Für den Verjährungsbeginn kann es von Bedeutung sein, ob der Verletzte **3** (Schädelbruch mit schwerer Gehirnerschütterung) den **Hergang erfassen und überdenken kann**, BGH VR **64** 302. Bei Minderjährigkeit des Geschädigten beginnt die Verjährungsfrist mit Kenntnis des gesetzlichen Vertreters vom Schaden und Schädiger, BGH VR **63** 161. Bei **Anspruchsübergang (§ 116 I SGB X, § 1542 RVO alt)** beginnt die Kenntnis des SVTr, sobald sein zuständiger Bediensteter über den Schaden und den Ersatzpflichtigen ausreichend unterrichtet ist, BGH NZV **97** 396, Brn NZV **98** 506, Ha VR **77** 132. Soweit der Ersatzanspruch auf den SVTr übergeht, was im Zeitpunkt des schadenstiftenden Ereignisses geschieht, kommt es allein auf dessen Kenntnis an, BGHZ **48** 181, VR **85** 367, NZV **97** 396, Brn NZV **98** 506, Ha VR **75** 864, wodurch allerdings die Rechtslage des Schädigers dann verschlechtert wird, wenn der Geschädigte früher Kenntnis erlangt als der SVTr. Beginnt das Versicherungsverhältnis allerdings erst, nachdem der Geschädigte Kenntnis iS von § 199 I Nr 2 BGB erlangt hat, so muß sich der SVTr den mit dieser Kenntniserlangung beginnenden Ablauf der Verjährungsfrist entgegenhalten lassen, BGH VRS **66** 111.

Fehlt die Kenntnis des Verletzten und ist ihm insoweit auch nicht grobe Fahrläs- **4** sigkeit vorzuwerfen, so wird in § 199 II und III BGB hinsichtlich der „absoluten" Verjährungsfrist eine differenzierte Regelung je nach Art des Schadens getroffen: 30 Jahre bei Schadensersatzansprüchen aufgrund Verletzung des Lebens, des Körpers oder der Gesundheit; bei sonstigen Ansprüchen 10 Jahre ab Entstehung, also der Rechtsgutsverletzung, dh des Unfalls, (§ 199 III Nr 1) bzw – ohne Rücksicht auf ihre Entstehung – 30 Jahre ab Schadensverursachung (§ 199 III Nr 2 BGB), krit zu dieser Neuregelung wegen ihrer Kompliziertheit *Lepa* AG-VerkRecht-F S 230.

3. Bei gehemmter Verjährung (§ 209 BGB) wird der Hemmungszeitraum in die **5** Verjährungsfrist nicht eingerechnet (Neubeginn der Verjährung: Rz 8). In der **Haft-**

1 StVG § 14 II. Haftpflicht

pflichtversicherung hemmt die **Anmeldung eines Direktanspruchs** des Geschädigten beim Versicherer des Schädigers, auch ohne Konkretisierung, BGHZ **74** 393 = NJW **79** 2155, Ha NZV **02** 39, Kö VR **83** 959, Mü DAR **92** 59, gemäß § 3 Nr 3 Satz 3, 4 PflVG die Verjährung aller Ersatzansprüche aus StVG/BGB gegen den Versicherer und den ersatzpflichtigen VN, BGH DAR **82** 290, Ha DAR **02** 69, Sa NZV **99** 510, Mü VRS **92** 187, gegen diesen auch hinsichtlich des Teils des Anspruchs, der die Deckungsverpflichtung des VU übersteigt, BGHZ **83** 162 = NJW **82** 1761, VR **84** 441, Ha NVersZ **02** 36. Anmeldung des Schadensereignisses genügt und umfaßt alle in Betracht kommenden Ansprüche, ihrer näheren Bezeichnung oder gar deren Bezifferung bedarf es nicht, BGH VRS **63** 101, NJW-RR **87** 916, Ce VRS **102** 328, Mü VR **01** 230, DAR **92** 59, Fra VR **92** 60. Wer dem Versicherer mitteilt, er begehre Ersatz für das unfallbeschädigte Fz und für Krankenhauskosten, wahrt seine Ansprüche, Ce VR **77** 1032. „Anmeldung" ist nur die erstmalige Geltendmachung von Ansprüchen, nicht ein erneutes Ersatzbegehren im Rahmen der Wiederaufnahme von Regulierungsverhandlungen, BGH NZV **03** 80. Nach Anmeldung des Direktanspruchs kann nur der Versicherer durch **schriftlichen, eindeutigen und endgültigen** (insoweit abw Mü NZV **92** 322) **Bescheid** die Verjährung wieder in Lauf setzen, BGHZ **114** 299 = NZV **91** 307, **97** 227, Ce VRS **102** 328, Fra DAR **02** 267, Mü VRS **92** 182, bloßes Schweigen des Geschädigten auf Zwischenanfragen genügt dazu nach § 3 Nr 3 S 3 PflVG nicht, BGH NJW **77** 674, VRS **62** 254, VR **78** 93, Nü VR **77** 940, Mü VR **76** 153, zB wenn der Geschädigte den „Fragebogen für Anspruchsteller" nicht zurückschickt, Nü VR **77** 382. Auch ein positiver Bescheid kann *Entscheidung* iS von § 3 Nr 3 S 3 PflVG sein, sofern er so eindeutig ist, daß über seine Tragweite keine Zweifel in wesentlichen Punkten offen bleiben, BGHZ **114** 299 = NZV **91** 307 (zust *Helm* ZfS **93** 254), NZV **96** 141, Ha NZV **02** 39, Fra DAR **02** 267, Ro ZfS **01** 548, KG VM **99** 92. Es muß sich um eine klare und umfassende *schriftliche* Erklärung handeln, BGH NZV **92** 231, **97** 227. Anerkenntnis einzelner Schadenspositionen reicht dazu nicht, BGH NZV **96** 141. Durch positiven Bescheid des VU wird die Verjährungshemmung nur dann beendet, wenn daraus hergeleitet werden kann, daß auch künftige Ansprüche aus dem Unfall nicht in Frage gestellt werden, Ha NZV **02** 39. Jedoch beendet ein Abfindungsvergleich die Hemmung der Verjährung auch für in ihm ausdrücklich vorbehaltene Ansprüche aufgrund möglicher (aber mitangemeldeter) zukünftiger Folgeschäden, BGH NZV **02** 312, einschränkend Fra DAR **02** 267 (nicht soweit sich solche schon konkret abzeichnen). Schriftliche Bestätigung einer mündlichen Entscheidung des VU durch den Geschädigten genügt nicht, BGH NZV **97** 227. Eine negative Entscheidung des VU muß den Charakter einer endgültigen Ablehnung haben, BGH VR **91** 179, Kö VR **83** 959. Ein Vergleichsangebot ist mangels Endgültigkeit keine *Entscheidung* iS von § 3 Nr 3 S 3 PflVG, Mü NZV **89** 193 (abl *Greger* § 14 StVG Rz 44). Auch Untätigkeit des Geschädigten während eines längeren Zeitraums (3 Jahre) berechtigt nicht ohne weiteres zur Annahme, ein schriftlicher Bescheid des Versicherers sei sinnlos, BGH VR **78** 93. Zur Verjährungshemmung nach § 3 Nr 3, 4 PflVG nach KfzUnfall mit Ausländer, *Voigt* DAR **76** 206. Nach schriftlicher Ablehnung des Versicherers hemmen neue Einwendungen die Verjährung nach § 3 Nr 3 PflVG nur, wenn der Versicherer erkennen läßt, er wolle an der Ablehnung nicht festhalten, Ce VR **77** 1045. Meldet der Geschädigte den Anspruch nur beim Schädiger an und schaltet sich daraufhin dessen Versicherer zwecks Verhandlung über Regulierung ein, so wird es darauf ankommen, ob die Frist gemäß § 3 Nr 7 PflVG gewahrt ist; andernfalls gilt § 14 StVG mit § 203 BGB.

6   Soweit die Sondervorschrift des § 3 Nr 3 PflVG nicht eingreift, BGH NZV **03** 80, gelten **§ 14 StVG, § 203 BGB**, und zwar – wie § 14 StVG ausdrücklich bestimmt – auch für solche gemäß dem StVG, zB auch bei Versicherungsfreiheit des schädigenden Kfz (§ 2 PflVG). Die Verjährung ist gehemmt, solange zwischen dem Berechtigten und dem Verpflichteten **Verhandlungen** über die Ersatzforderung schweben und sich der Schädiger zumindest äußerlich vergleichsbereit verhält, BGH VR **70** 327, so daß der Geschädigte verständigerweise annehmen darf, der Verpflichtete werde seine Forderung noch nicht endgültig zurückweisen, BGH NJW **01** 1723, Sa VR **90** 1024, Hb VRS **80** 247. Für § 203 BGB reicht jeder Meinungsaustausch zwischen dem Ersatzpflichtigen und dem Ersatzberechtigten über das Schadensersatzbegehren, BGH VR **04** 656, NJW

Verjährung § 14 StVG **1**

01 885, 1723, ZfS **01** 351, Ha NZV **98** 24; daß der in Anspruch Genommene Bereitschaft zum Nachgeben erkennen läßt, ist nicht erforderlich, BGH VR **04** 656, ZfS **01** 351, DAR **91** 222. Es genügt, daß der Ersatzpflichtige dem Geschädigten gegenüber erklärt, er sei bereit, ihm seinen Standpunkt, er halte die Ansprüche für verjährt, zu erläutern, BGH NZV **97** 396. Diese Hemmungsregelung verhindert ein Hinhalten des Geschädigten durch „Verhandlungen" bis nach Fristablauf; ohne vertragsmäßiges Anerkenntnis des Verpflichteten schließen Verhandlungen jedoch keinen Verzicht auf die Verjährungseinrede ein, BGH VR **72** 1078. Befristete Vergleichsvorschläge des VU mit Ersuchen um Äußerung unterbrechen die Hemmung nicht, KG VR **80** 156. Verhandlungen schweben zB, wenn erst das Ergebnis eines Strafverfahrens abgewartet werden soll, s BGH VR **75** 440, oder ein anderer Rechtsstreit, KG VR **72** 352, aber nicht, wenn eine unspezifizierte Regreßanzeige nur formularmäßig bestätigt wird, Stu VR **71** 1178. Verhandlungen wegen Regulierung mit dem Halter beziehen sich im Zweifel auch auf Ansprüche gegen den berechtigten Fahrer, BGH VR **65** 142. Keine Hemmung bei eindeutig erkennbarer Verweigerung von Ersatz oder von Verhandlungen darüber, BGH DAR **98** 387, VR **70** 327, VRS **24** 93, Kö VR **78** 1074, Kar VR **67** 667, Nü VR **66** 1144, Stu VR **71** 1178. Die Verjährung kann aber durch erneute Verhandlungen nach früherer Ablehnung uU erneut gehemmt werden, BGH NZV **97** 396. Mit dem **Ende von Verhandlungen** läuft die Verjährungsfrist weiter, jedoch tritt Verjährung frühestens 3 Monate nach dem Ende der Hemmung ein (§ 203 S 2 BGB). Verneinen der Ersatzpflicht beendet Verhandlungen allein nicht, der Abbruch muß darüber hinaus klar zum Ausdruck gebracht werden, BGH VR **04** 656, DAR **98** 387. Jedoch genügt hier ein Abbrechen der Verhandlungen durch „Einschlafenlassen", etwa, wenn der Ersatzberechtigte auf eine Anfrage des Ersatzpflichtigen nicht reagiert und die Zeit verstrichen ist, innerhalb derer eine Antwort zu erwarten war, BGH NZV **03** 80, Fra ZfS **04** 461. Wird eine Verhandlungspause vereinbart, so bleibt die Verjährung gehemmt; es ist Sache des Ersatzpflichtigen, die Verhandlungen wieder aufzunehmen, BGH NJW **86** 1337. **Schweigen des VU** reicht nicht, um Verhandlungen zu beenden, Ha NZV **98** 24. Schweigt der Berechtigte, so endet die Hemmung zu dem Zeitpunkt, in welchem seine Antwort auf die letzte Äußerung des Pflichtigen spätestens zu erwarten war, BGH NJW **63** 492, VR **85** 643, Dü VR **99** 68, Mü VR **75** 510, *Lepa* AG-Verk-Recht-F S 241, ohne daß dieser die Beendigung noch förmlich erklären müßte (str), s BGH NJW **77** 674, **86** 1337. Auch hier tritt die Verjährung dann frühestens 3 Monate nach diesem Zeitpunkt ein (§ 203 S 2 BGB). Schweigen des Berechtigten auf das Anerbieten, die Verhandlungen abzuschließen, beendet die Hemmung, BGH VR **67** 502.

Unzulässige Rechtsausübung ist die Verjährungseinrede, wenn der Schuldner **7** durch sein Gesamtverhalten, sei es auch unabsichtlich, den Gläubiger von der Fristwahrung abgehalten hat, RGZ **153** 101, BGH NJW **59** 241, zB wenn er diesem nach verständigem Ermessen Anlaß gegeben hat, anzunehmen, die Ansprüche würden ohne Klage befriedigt oder nicht mit materiellen Einwendungen bekämpft werden, BGH NJW **72** 158, VR **82** 365, so daß der Gläubiger darauf vertrauen durfte, der Schuldner werde sich auf Verjährung nicht berufen, BGH NJW **72** 158, VR **82** 444. Hat der Schädiger den Geschädigten auf sein VU verwiesen, so kann der spätere Verjährungseinwand rechtsmißbräuchlich sein, wenn das VU seine Deckungspflicht später verneint, BGH VRS **26** 321. Entfallen die den Arglisteinwand begründenden Tatsachen, so muß der Berechtigte den Anspruch nun binnen angemessen kurzer Frist geltendmachen, BGH NJW **55** 1834, **59** 96.

4. Weitere Vorschriften des BGB über Verjährung. §§ 203–213 (Hemmung, **8** Ablaufhemmung und Neubeginn der Verjährung), 214–224 (Wirkung der Verjährung), 225 (rechtsgeschäftliche Abweichungen). § 207 S 1 BGB (Verjährungshemmung unter Ehegatten) gilt auch für Ansprüche aus StrVUnfällen und ergreift auch den Direktanspruch gegen den Haftpflichtversicherer, BGH NJW-RR **87** 40 (zust *Weber* DAR **87** 167), aM *Salje* VR **82** 922. Neubeginn der Verjährung durch Anerkenntnis (§ 212 BGB) bei mehreren Schadensarten (Heilungskosten, Erwerbsschaden, Mehrbedarf) bezüglich des gesamten Schadens auch dann, wenn nur einzelne Schadenteile geltend gemacht und durch vorbehaltlose Abschlagszahlungen anerkannt wurden, BGH VR **86** 96.

Verwirkung

15 ¹Der Ersatzberechtigte verliert die ihm auf Grund der Vorschriften dieses Gesetzes zustehenden Rechte, wenn er nicht spätestens innerhalb zweier Monate, nachdem er von dem Schaden und der Person des Ersatzpflichtigen Kenntnis erhalten hat, dem Ersatzpflichtigen den Unfall anzeigt. ²Der Rechtsverlust tritt nicht ein, wenn die Anzeige infolge eines von dem Ersatzberechtigten nicht zu vertretenden Umstands unterblieben ist oder der Ersatzpflichtige innerhalb der bezeichneten Frist auf andere Weise von dem Unfall Kenntnis erhalten hat.

1 **1. Verwirkung der Ansprüche aus Gefährdungshaftung.** Der Unfall ist dem Ersatzpflichtigen binnen einer Ausschlußfrist anzuzeigen. Die Verwirkung bewirkt Rechtsverlust, so daß Geleistetes aufgrund ungerechtfertigter Bereicherung zurückgefordert werden kann, RGZ **48** 157, 163. Die Ausschlußfrist ist von Amts wegen zu berücksichtigen. § 15 will dem Haftpflichtigen die Beweissicherung ermöglichen, RG JW **20** 147. Fristberechnung: §§ 187, 188 BGB. Sie läuft von dem Zeitpunkt an, zu dem der Berechtigte vom Schaden und vom Ersatzpflichtigen Kenntnis erhält, insoweit also von demselben Zeitpunkt an wie die Verjährungsfrist (§ 14). Einzelheiten, s § 14 Rz 2. Grobfahrlässige Unkenntnis des Geschädigten vom Schaden und vom Schädiger reicht aber (insoweit abw von der Verjährung) für Verwirkung nicht aus, BGH VRS **24** 269. Die Ausschlußfrist des § 15 kennt keine Hemmung und keine Unterbrechung. Innerhalb der Ausschlußfrist wird der Anspruch durch Anzeige des Berechtigten an den Haftpflichtversicherer des Schädigers gewahrt, *Greger* Rz 8. Anzeige an den Versicherungsagenten, der nur mit der Vermittlung von Versicherungsgeschäften betraut ist, genügt nicht (s § 44 VVG, s dazu BGH VR **63** 523 (zu § 7 I (2) AKB). Fehlende oder verzögerte Substantiierung schadet nicht, BGHZ **74** 393, VRS **57** 261, 333, NJW **79** 2155 (zu § 3 Nr 3 Satz 3 PflVG), Mü VR **76** 153. Nur der Ersatzanspruch wegen des Unfalls, nicht der Schaden im einzelnen ist Gegenstand der Anzeige.

2 **2. Ausnahmen von der Rechtsverwirkung.** Versäumt der Berechtigte die Frist, so bleiben seine Ansprüche gewahrt, wenn er die Versäumung nicht zu vertreten hat, weil ihm weder Vorsatz noch Fahrlässigkeit zur Last fällt (zB bei schwerer Erkrankung). Sie bleiben auch gewahrt, wenn der Verpflichtete anders als durch Anzeige vom Unfall erfährt, weil sein Interesse am etwaigen Entlastungsbeweis dann gewahrt ist. Es genügt, daß er über den Unfall unterrichtet wird; die Person des Berechtigten muß ihm nicht bekannt sein.

3 **3. Beweislast.** Der Ersatzpflichtige muß beweisen, daß und wann der Berechtigte Kenntnis vom Schaden erlangt hat, worauf der Berechtigte dartun muß, daß er die Ausschlußfrist beachtet hat oder daß die Voraussetzungen des Satzes 2 vorliegen, RG Recht **23** 793.

Sonstige Gesetze

16 Unberührt bleiben die bundesrechtlichen Vorschriften, nach welchen der Fahrzeughalter für den durch das Fahrzeug verursachten Schaden in weiterem Umfang als nach den Vorschriften dieses Gesetzes haftet oder nach welchen ein anderer für den Schaden verantwortlich ist.

Übersicht

Amtshaftung 17–21
Arbeitsunfall 1
Bus, Verletzung von Fahrgästen 5
Deliktshaftung 4–7
Fahrerüberwachung 12–15
Geschäftsführung ohne Auftrag 3
Haftung für Verrichtungsgehilfen 12–15
Haftungsumfang 16
Haftungsverzicht 9

Mitverschulden 10, 11
Personenbeförderung im gewerblichen und öffentlichen Verkehr 5
Schmerzensgeld 16
Stationierungsstreitkräfte, Haftung 22
Verkehrssicherungspflicht 5, 20
Vertragshaftung 2

Sonstige Gesetze § 16 StVG I

1. **Haftung aufgrund sonstigen Bundesrechts** besteht neben der Gefährdungshaftung (§§ 7, 18) für Halter, Fahrer und unbefugte FzBenutzer, zB nach den §§ 823 ff BGB, vor allem aus SchutzGVerletzung (§ 823 II BGB mit StVO, StVZO und FeV), kraft Vertrags (§§ 276–278 BGB), kraft Amtshaftung (§ 839 BGB, Art 34 GG), BGHZ **29** 38, BGHZ **105** 65 = NZV **89** 1, BGHZ **113** 164 = NZV **91** 185, KG VRS **42** 92, **88** 321, wahlweise oder neben dieser und über sie hinaus, BGHZ **29** 44, VR **84** 441. Stützt sich der Anspruch auf mehrere Haftungsgründe, so genügt es, den jeweils ausreichenden zu prüfen, BGH LM § 304 ZPO Nr 5. Nach Maßgabe von § 8 Nr 1 und 2 StVG haftet der Halter bei „langsam beweglichen Kfzen" und gegenüber dem bei dem KfzBetrieb Verletzten nach Deliktsrecht unter Ausschluß der Gefährdungshaftung. Sozialadäquates Verhalten (BGHZ **24** 21): E 120, 136. Haftungsprivileg des Arbeitgebers: bei **Arbeitsunfällen**: § 7 Rz 61. Sachwehr (§ 228 BGB): E 115, Notwehr (§ 227 BGB): E 113, Angriffsnotstand (§ 904 BGB): E 116. Zusammenwirken mehrerer Schadensursachen: E 109.

2. **Die Vertragshaftung** (§§ 276–278 BGB) erlaubt Abdingung eigener Fahrlässigkeit, beim Erfüllungsgehilfen auch des Vorsatzes. Unentgeltlichkeit der Beförderung schließt einen Beförderungsvertrag nicht stets aus, BGH VR **61** 417. Durch Mitnahme aus Gefälligkeit (s Rz 9) wird aber idR kein Vertragsverhältnis begründet, KG VRS **68** 29. Rechtsgeschäftlichen Charakter hat eine Gefälligkeit, wenn der Leistende Rechtsbindung wünscht und der Leistungsempfänger in diesem Sinne entgegennimmt, BGH VRS **20** 251. Zur vertraglichen Haftung bei Fahrgemeinschaften, s *Mädrich* NJW **82** 859. Zur Haftung innerhalb einer Reisegesellschaft bürgerlichen Rechts: Rz 7. Mitschuld des Verletzten: Rz 10, 11 und § 9. Haftungsverzicht: Rz 9. Die vertragliche Haftung des infolge Trunkenheit mit dem Fz des Arbeitgebers einen Unfall verursachenden Arbeitnehmers umfaßt auch den im Verlust von Prämienvorteilen bei der Haftpflichtversicherung liegenden Vermögensschaden des Arbeitgebers, BAG NJW **82** 846.

3. **Geschäftsbesorgung ohne Auftrag** (§ 677 BGB). Wer mit seinem Kfz verunglückt, weil er verhindern wollte, daß ein anderer verunglückt, kann von diesem angemessenen Ersatz fordern, wenn seine eigene Haftung gem § 7 II ausgeschlossen wäre (und er daher ein fremdes Geschäft führt), BGHZ **38** 270 = NJW **63** 390, Ha DAR **01** 127, KG DAR **71** 242, Kö VRS **86** 23 (alle noch zu § 7 II aF: wenn der Unfall für ihn selbst unabwendbar war), nach geltender Fassung des § 7 II nur noch in den seltenen Fällen des Ausschlusses eigener Haftung wegen höherer Gewalt, *Geigel/Kunschert* **25** 97, *Palandt/Sprau* 677 Rz 6, *Friedrich* NZV **04** 229, aM *Huber* § 3 Rz 85. Ansprüche aus GoA können auch demjenigen zustehen, der nach einem Unfall Hilfe leistet und dabei einen Schaden erleidet, s *Dornwald* DAR **92** 55, VGT **93** 290, sofern sich in dem Schaden eine tätigkeitsspezifische, gesteigerte Gefahr verwirklicht hat, BGH VR **93** 843, aber nicht bei selbstgefährdendem, auch den Unfallfolgen verschlimmerndem Verhalten, weil dieses nicht dem mutmaßlichen Willen des Geschäftsherrn entspricht, Stu VR **03** 341. In solchen Fällen kann ein Arbeitsunfall iS der §§ 2 I Nr 13a SGB VII, 539 I Nr 9a RVO vorliegen und Versicherungsschutz für den rettenden Kf bestehen, BSG VR **83** 368, s dazu *Dornwald* DAR **92** 54. Kein Haftungsprivileg nach §§ 104 SGB VII, 636 RVO zugunsten des verunglückten Kf gegenüber Schadenersatzansprüchen des Hilfeleistenden, BGH VM **81** 41. Wer ein Kfz auf dunkler Straße anhält, um den Fahrer auf Mängel der Beleuchtung hinzuweisen, führt dessen Geschäft und dasjenige unfallbedrohter anderer VT, BGHZ **43** 188 = NJW **65** 1271. Eine Gemeinde haftet für Schäden, die ihre Feuerwehr grobfahrlässig einem Dritten zufügt, dessen Geschäfte sie beim Einsatz mitbesorgt, nach den §§ 677, 680 BGB ohne Rücksicht auf anderweitige Ersatzmöglichkeiten des Geschädigten (Ölunfall), BGHZ **63** 167 = NJW **75** 207. Kein Ersatzanspruch nach § 677 BGB bei nur vermuteter Gefahr, Fra MDR **76** 1021. Beim Ölabfüllunfall aus einem Tankfz hat der GoA keinen Direktanspruch gegen den KfzVersicherer, BGHZ **72** 151 = NJW **78** 2030. Mutmaßliche Einwilligung: E 126.

Lit: *Böhmer*, Zur Frage der Anwendung des § 683 BGB im VUnfallrecht, JR **67** 178. *Deutsch*, Die Selbstaufopferung im StrV, AcP **65** 193. *Dornwald*, Ersatzansprüche des Helfers bei VUnfällen und Pannen, DAR **92** 54. *Frank*, Die Selbstaufopferung des Kf im StrV, JZ **82** 737. *Friedrich*, Die Selbstaufopferung für Minderjährige im StrV …, NZV **04** 227. *Helm*, Haftung und Versicherung

1 StVG § 16   II. Haftpflicht

bei der Selbstaufopferung des Kf im StrV, VR **68** 209, 318. *Pfleiderer,* Ansprüche des Kf bei Selbstaufopferung?, VR **61** 675. *Weimar,* Für wen erfolgt die Geschäftsführung ohne Auftrag bei Hilfeleistung an VOpfern?, MDR **64** 821.

4   **4. Deliktshaftung.** Die Verschuldenshaftung nach § 823 I BGB und bei Schutzgesetzverletzung (§ 823 II BGB mit den Geboten und Verboten der StVO, StVZO und FeV) ist Haftung für billigerweise zurechenbares Unrecht. Soweit ein schuldhafter Verstoß einen anderen unmittelbar schädigt, liegt Verletzung der objektiv erforderlich gewesenen Sorgfalt vor, die der Schädiger auch zu vertreten hat, wenn sie seine persönlichen Fähigkeiten übersteigt (**E** 139), also nach stark objektiviertem Zurechnungsmaßstab. Andererseits schließt die Adäquanzlehre (näher **E** 104, 108) die Haftung des Schädigers im allgemeinen nur bei ganz unwahrscheinlichen Verläufen aus, so daß in Grenzfällen (Kettenreaktionen, Zusammentreffen verschiedenartiger Gefahren und Ursachenreihen) Zurechnungsgrundsätze gesucht werden müssen, welche eine billige Risikoverteilung erlauben. Dazu dient die Schutzzwecklehre auch im Bereich der §§ 823 I, II, 839 BGB, BGHZ **32** 205, **39** 365, **46** 23. Verlangt wird, neben der haftungsbegründenden und haftungsausfüllenden Ursächlichkeit (**E** 105, 106), ein gewerteter Rechtswidrigkeitszusammenhang zwischen haftungsbegründendem Ereignis und Schaden (**E** 107). Zum Hafungszusammenhang bei Unfallneurose, s § 11 Rz 7.

5   **Einzelfälle** (§ 823 I BGB): Vom Schwarzfahrer bei der Flucht vor der Pol verursachte Schäden fallen unter den **Schutzzweck** der §§ 14 II StVO, 38a StVZO, auf sie erstreckt sich daher die Haftung nach § 823 I, II BGB, BGH NJW **81** 113. Wer bei der Unfallhilfe verletzt wird, kann von dem Ersatz fordern, der den Unfall verschuldet hat, Stu NJW **65** 112. Wer eine Gefahrquelle schafft, muß soweit nötig und zumutbar für Schutz dagegen sorgen, BGHZ **60** 54. Wer ein Kfz nach Zerstören der Sicherungseinrichtungen stiehlt und ungesichert stehen läßt, haftet nach § 823 BGB für Schäden durch das daraufhin nochmals entwendete Fz, KG NZV **89** 273. Wer ein Kfz, aus dessen Motorraum Qualm dringt, so abstellt, daß nach Entwicklung eines Feuers ein Brand am benachbarten Gebäude entsteht, haftet für den Schaden gem § 823 I BGB, Ha NZV **97** 309. Schaffung eines gesteigerten Gefahrzustandes durch herausgeforderte **Verfolgung** mit voraussehbarer Schädigung des Verfolgers, BGHZ **57** 25 = NJW **71** 1980, BGHZ **132** 164 = NJW **96** 1533 (Anm *Teichmann* JZ **96** 1181), Sa NJW-RR **92** 472, Ha VR **98** 1525, näher *Strauch* VR **92** 932, *Weber, Steffen*-F S 507, *Gehrlein* VR **98** 1331 (s auch **E** 109). An einem Zurechnungszusammenhang zwischen dem Unfall des verfolgenden PolFzs und dem Verhalten des Verfolgten fehlt es, wenn dieser nicht erkennen konnte, daß sein Verhalten zu einer Gefährdung des Verfolgenden geeignet war, BGH NZV **90** 425 (fehlende Kenntnis vom Verfolgtwerden), zust Anm *Lange*, krit *Strauch* VR **92** 936. Haftung des **Verkehrssicherungspflichtigen**: § 37 StVO Rz 63, § 45 StVO Rz 51 ff. Zur Haftung des **Rennveranstalters** und Rennleiters beim Autorennen, s § 29 StVO Rz 7. Der **Linienbusf** darf auch im Zweimannbetrieb erst anfahren, wenn alle Türen geschlossen sind, Ce VRS **24** 129, doch muß er sich vorher nicht überzeugen, daß alle Zugestiegenen sitzen oder sich festhalten, Dü VR **86** 64, **00** 70, Ko VRS **99** 247, Ol VR **01** 118, Kö VRS **97** 81, NJW-RR **90** 1361, KG VRS **90** 92, VM **96** 45, Ha NZV **98** 463, einschränkend Ha NZV **93** 26, es sei denn, er hat, zB bei einem Gebrechlichen oder sonst Behinderten, besonderen Grund dazu, BGH VR **72** 152, NZV **93** 106, KG VM **96** 45, wie zB bei einem gehbehinderten Fahrgast mit Stock, Ha VR **75** 58, Kö NJW-RR **90** 1361, s Ha NZV **93** 26 (bei älteren Fahrgästen). Mitschuld des Fahrgastes, der sich vor Anfahren des Busses keinen festen Halt verschafft, LG Duisburg VRS **69** 420, LG Dü VR **92** 844, LG Ka VR **95** 111, s Dr VR **96** 1168 (Straba). Vorzeitiges Türöffnen kann zur Schuld gereichen, Ol VRS **5** 406, wie überhaupt Fahren mit offener Tür. Für die Folgen überscharfen Bremsens nur dann keine Haftung, wenn es schuldlos unvermeidbar nötig war, Sa VR **77** 1163 (Bahn-Vertragshaftung), KG VRS **40** 264, DAR **77** 160, Nü VR **77** 674, Dü VR **72** 1171; damit müssen die Fahrgäste nämlich rechnen und sich festhalten, Ha DAR **00** 64, NZV **98** 463, Dü VR **72** 1171, denn sie müssen sich auch ihrerseits sorgfältig verhalten, Fra NZV **02** 367, Ha NZV **98** 463. Die Beweislast für die verkehrsbedingte Notwendigkeit liegt beim Busf, KG DAR **77** 160. Kein Anscheinsbeweis für Verschulden des Busf, wenn ein Fahrgast in einer Kurve vom Sitz stürzt, Kö NZV **92** 279. Zum Anwendungsbereich des **§ 830 I S 2 BGB**,

Sonstige Gesetze § 16 StVG 1

BGHZ **72** 355, **67** 14 = NJW **76** 1934, KG NZV **89** 232, s *G. Müller* VR **98** 1182. Kann der Verletzte selbst den Schaden verursacht haben, so kann kein anderer Beteiligter nach § 830 I BGB haften, Nü VR **72** 447, BGHZ **60** 177 = NJW **73** 993, 1283 (Kettenunfall). Überläßt der Verkäufer ein nicht zugelassenes, **nicht haftpflichtversichertes Kfz** dem Käufer in Kenntnis alsbaldiger unerlaubter VBenutzung, so haftet er neben dem Käufer wie ein Haftpflichtversicherer (Beihilfe zu § 6 PflVG), Mü VRS **57** 328. **Entgangener Urlaub** als Folge einer anderen Rechtsgutverletzung (Körperverletzung, Kfz-Beschädigung) ist nicht ersatzfähig (§ 253 BGB), BGHZ **60** 214 = NJW **73** 747, BGHZ **86** 212 = NJW **83** 1107 (krit *Grunsky* JZ **83** 373, zust *Gitter* JR **83** 496), Mü VR **75** 62, aM KG DAR **78** 87 (bei *Darkow*), offen gelassen von Ce VR **77** 1104, anders nach BGHZ **60** 214 = NJW **73** 747, soweit – durch den Schadenseintritt nutzlos gewordene – Aufwendungen gemacht wurden, oder wenn die infolge des Schadensereignisses geänderte Urlaubsgestaltung geringerwertig ist als die geplante und bezahlte. Soweit abweichend davon weitergehende Ersatzfähigkeit des entgangenen Urlaubs vom BGH anerkannt wurde, handelt es sich um Schadensersatzansprüche aus Verträgen, in denen der Urlaub Gegenstand der Leistungspflicht war, s BGHZ **63** 101 = NJW **75** 41, BGHZ **77** 116 = NJW **80** 1947, BGHZ **80** 366 = NJW **81** 1833.

Lit: *Fleischmann*, Entwicklungstendenzen im Schadenersatzrecht, VGT **82** 268. *Hauß*, Der Haftpflichtcharakter der KfzInsassen ..., Möhring-F 1965. *Hofmann*, Entwicklungstendenzen im Schadensersatzrecht, VGT **82** 249. *Schiemann*, Entwicklungstendenzen im Schadensersatzrecht, VGT **82** 233. *Schnitzerling*, Aufsichtspflicht über Minderjährige im StrV, DAR **67** 151. *Schröer*, Die Haftung des Fahrers eines Kfzs nach dem BGB, KVR „Fahrer". *Seetzen*, Zur Entwicklung des internationalen Deliktsrechts (auch zu Mitfahrerbeziehungen und zur Haager VUnfall-Konvention 1968), VR **70** 1. *Sprenger*, Die Haftung des Halters eines Kfzs aus unerlaubter Handlung, KVR „Halter". *Strauch*, Die Haftung des Verfolgten für Schäden des Verfolgers aus § 823 I BGB, VR **92** 932.

Schutzgesetz (§ 823 II BGB) ist eine Norm, welche den Anspruch als einen individuellen, im haftpflichtrechtlichen Gesamtsystem sinnvollen und tragbaren Anspruch gewährt und dabei § 823 I nicht unterläuft, BGHZ **66** 388 = NJW **76** 1740. Maßgebend dafür ist der gesetzlich gewollte Schutzzweck, auch ein Nebenzweck, BGHZ **22** 297. Auch hier muß der Schaden demjenigen Rechtsgut zugefügt sein, welches durch die verletzte Norm geschützt werden soll, BGHZ **30** 156, **43** 182, **27** 137, **37** 315, wobei sich die Pflichtverletzung nur auf diese Gesetzesverletzung beziehen muß, nicht auch auf deren Folge. Zum Anscheinsbeweis bei SchutzG-Verletzung, s E 157a. SchutzGe sind vor allem die StVO-Verkehrsregeln, s Sa VM **77** 96 (Befahren nichtöffentlichen Betriebsgeländes), zB umfassen die §§ 1, 3 StVO als SchutzGe auch Schäden, die durch Umfahren der Unfallstelle entstehen oder dadurch, daß jemand in sie hineinfährt, BGH NJW **72** 1804. Anderseits ist § 1 StVO kein SchutzG für Vermögensinteressen des Halters im Verhältnis zum Fahrer (kein Ersatz bei Verlust des Schadenfreiheitsrabatts), Stu NJW **71** 660. S dazu bei den einzelnen Bestimmungen. § 248b StGB schützt den Halter, nicht den VT gegen unbefugte FzBenutzung, BGHZ **22** 296. 6

Schuldmaßstab. Zu erbringen ist nicht die individuell mögliche, sondern die im Verkehr erforderliche, also eine objektivierte, typisierte Sorgfalt, s E 139, solange die gefährliche Lage andauert. Näher: E 137, 139 ff, 147. Dieser Maßstab bleibt unterhalb des im § 17 III StVG verlangten, er schließt aber Berufung auf geringere Erfahrung und auf Nichtvorhersehbarkeit des Unfallverlaufs idR aus. Die **Haftungsmilderungen gemäß den §§ 708, 1359, 1664 BGB** gelten im StrV nicht, BGHZ **53** 352 = NJW **70** 1271, **88** 1208, NZV **92** 148, Ha VR **93** 49, *Böhmer* JZ **67** 256, NJW **69** 595, str, einschränkend gegenüber dem mitfahrenden Ehegatten und Kind *Kunschert* NJW **03** 950, s dazu auch *Bern* NZV **91** 451. Nach der Rspr eignet sich der Maßstab des § 708 BGB für das StrVR allgemein nicht, weil kein hinreichender Grund zur Haftungsbeschränkung auf individuell geringere Leistungsfähigkeit bestehe; bei einer Fahrt als Reisegesellschaft bürgerlichen Rechts haftet der Fahrer deshalb dafür die verkehrserforderliche Sorgfalt, uU unter Berücksichtigung fremder Mitschuld nach § 254 BGB, BGHZ **46** 313 = NJW **67** 558, ebenso *Palandt/Sprau* § 708 Rz 3, krit *Medicus* JZ **67** 401 Fußn 30. Auch den **Ehegatten,** der im Verkehr, etwa als Fahrer, Gesundheit oder Eigentum des anderen Gatten verletzt, schützt § 1359 BGB nicht, BGHZ **53** 352 = NJW **70** 1271, Ce NZV **93** 187, jedenfalls dann nicht, wenn er durch Haftpflichtversicherung geschützt ist, 7

BGHZ **63** 51 = NJW **74** 2124, NZV **92** 148, oder Staatshaftung eintritt (Art 34 GG), BGH NZV **92** 148, er kann nicht Regel-Sorglosigkeit einwenden, BGHZ **53** 352. Ersatzansprüche des Ehegatten wegen Pflichtverletzung sind allein durch die familienrechtliche Beziehung (§ 1353 BGB) nicht ausgeschlossen, sondern allenfalls deren *Geltendmachung* aufgrund besonderer Umstände, welche das Ersatzverlangen aus besonderen Gründen unangemessen machen, BGHZ **61** 101 (105) = NJW **73** 1654, BGHZ **75** 134 = NJW **79** 2043, **83** 624, **88** 1208. Kommt es später zur Trennung der Eheleute, so ist der Geschädigte an der Geltendmachung seines Schadensersatzanspruchs jedenfalls dann nicht mehr gehindert, wenn der Schädiger seine ursprünglichen Bemühungen um einen anderweitigen Schadensausgleich nunmehr wieder rückgängig macht, s *Bern* NZV **91** 453. Für Verletzungen unter Arbeitskollegen auf Betriebsfahrt gelten die §§ 105 SGB VII, 636, 637 RVO, es erwächst bei Unfall kein **Ersatzanspruch eines Arbeitnehmers** (s auch § 7 Rz 61) gegen den anderen, Dü VR **77** 1027. Unfälle bei Fahrten zwischen Wohnung und Arbeitsplatz, auch in Fahrgemeinschaft (s auch § 8 a Rz 5), sind Arbeitsunfälle, ohne Rücksicht auf Fahrerschuld tritt die gesetzliche Unfallversicherung ein (§§ 8 SGB VII, 550 RVO). Nur soweit sie nicht haftet, gelten die allgemeinen Vorschriften. Bei **Deliktsunfähigkeit** des Schädigers kann für die Frage, ob gem § 829 BGB aus Billigkeitsgründen Ersatz zu leisten ist, das Bestehen eines Versicherungsschutzes (KfzPflichtversicherung) auf seiten des Schädigers zu berücksichtigen sein, BGHZ **127** 186 = NZV **95** 65, s aber AG Ahaus NZV **04** 145 (zust *Pardey* DAR **04** 508 Fn 81, private Haftpflichtversicherung).

8 Lit: *Bern*, Ersatzansprüche im Falle der Schädigung Angehöriger, NZV **91** 449. *Gamillscheg/Hanau*, Auswirkungen von Haftungsbeschränkungen, VR **67** 513. *Kötz*, Zum Haftungsprivileg des Ehegatten im StrV, NJW **67** 1213. *Kunschert*, Die Haftung des KfzHalters gegenüber seinem Partner und seinem Kind als Insassen, NJW **03** 950. *Mädrich*, Haftungs- und versicherungsrechtliche Probleme bei Kfz-Fahrgemeinschaften, NJW **82** 859. *Mersson*, Zur Haftung bei Gefälligkeitsfahrten, DAR **93** 87. *Prangemeier*, Ansprüche aus dem Arbeitsunfall gegen den Arbeitskollegen?, MDR **60** 896 *(Böhmer).*

9 **Haftungsverzicht,** soweit zulässig, durch Vereinbarung ist an sich stillschweigend auch bei Gefälligkeitsfahrten möglich, doch nur unter strengen Anforderungen und besonderen auf entsprechenden Vertragswillen hindeutenden Umständen anzunehmen, BGH VR **67** 379, NZV **93** 430, Ba VR **85** 786, Mü DAR **98** 17, *Böhmer* JR **70** 135. Unentgeltlichkeit genügt dazu nicht, BGH NJW **66** 41, Nü VRS **77** 23, Mü VRS **77** 161, auch nicht bloßes Stillschweigen, nicht enge persönliche oder verwandtschaftliche Beziehungen, BGHZ **30** 40, VR **73** 941, NJW **66** 41, Zw VR **01** 256, Nü DAR **63** 297, Dü VR **75** 57, 90, Sa VR **61** 928, Ce VRS **33** 433, Ol VRS **32** 38, auch nicht das Bewußtsein einer gewissen, an sich nicht ungewöhnlichen Gefahrerhöhung, s aber Ce MDR **69** 69 (Mitfahren im Einsatzwagen). Stillschweigender Haftungsverzicht für fahrlässig verursachte, nicht haftpflichtversicherte Sachschäden ist bei **Gefälligkeitsfahrt** im alleinigen Interesse des FzEigentümers anzunehmen, Fra NJW **98** 1232, KG VRS **104** 5. Im übrigen Annahme eines Haftungsverzichts im Wege ergänzender Vertragsauslegung bei Gefälligkeitsfahrt nur ausnahmsweise dann, wenn kein Versicherungsschutz für den Fahrer besteht und besondere Umstände für einen solchen Verzicht sprechen, BGH VRS **65** 178, NZV **93** 430, *Mersson* DAR **93** 91, s Ce NZV **93** 187 (stillschweigender Haftungsverzicht für leichte Fahrlässigkeit bei Gefälligkeitsfahrt der Lebensgefährtin als Fahranfängerin), s aber Kö MDR **02** 150 (stillschweigender Haftungsausschluß bei Gefälligkeitsfahrt im Ausland trotz ausländischer Haftpflichtversicherung). Haftungsausschluß bei Tod des Vaters durch leichte Fahrlässigkeit des das Kfz steuernden $19^{1}/_{2}$jährigen Sohnes, Nü DAR **63** 297. Zur Rechtslage bei regelmäßiger Mitnahme von Mitschülern im Kfz zur Schule bei anteiliger Erstattung der Benzinkosten, Fra VR **78** 745. Die Haftung für fahrlässige Körperverletzung ist zwischen Pilot und Copilot bei Club-Zuverlässigkeitsfahrt nicht ohne weiteres eingeschränkt, BGH NJW **63** 1099, JZ **64** 60 *(Stoll).* Die Vereinbarung: „Passiert etwas, komme ich für nichts auf" läßt die Haftung für grobe Fahrlässigkeit bestehen, Ce VR **62** 384. **Versicherungsschutz des an sich Haftenden** wird idR gegen Verzicht des Fahrgastes sprechen, BGH NJW **66** 41, MDR **64** 223, NZV **93** 430, Sa VR **61** 528, 928, Stu VR **61** 384. Mangels Versicherungsschutzes nimmt Stu NJW **64** 727 Verzicht auf leichte Fahrlässigkeit bei Mitfahrt der Stieftochter im Kfz des Stiefvaters an, in dessen Haushalt sie unterhalten wird. Veranlaßt der Halter einen ihm unterstellten Arbeitskollegen, ihn im Kfz des Halters zu fahren, obwohl dieser Fahrer keinen Versicherungsschutz im Verhältnis zum Halter genießt, so kann darin stillschweigender Verzicht auf Haftung für einfache Fahrlässigkeit liegen, BGH VR **78** 625, ebenso, wenn der Halter den keinen Versicherungsschutz genießenden Fahrer zu der Fahrt überredet, obwohl dieser unter Hinweis auf vorangegangenen Alkoholgenuß zunächst ablehnt, BGH VRS **65** 178. Stillschweigender Haftungsverzicht des Halters für einfache Fahrlässigkeit des Fahrers kann auch anzunehmen sein bei **in gesellschaftsähnlicher Weise verabredeter Urlaubsfahrt** ohne Versicherungsschutz des Fahrers, BGH NJW **79** 414, enger Bay NZV **88** 141 (nur, wenn das FzFühren durch den Schädiger im ganz überwiegenden Interesse des Halters lag). Ist der bei einer Verkaufsprobefahrt als Insasse mitfahrende Halter nicht unfallversichert, so ist sein stillschweigender Haftungsverzicht für einfache Fahrlässigkeit des Kaufinteressenten anzunehmen, BGH VRS **58** 241. Die Verzichtserklärung eines verletzten Insassen gegenüber dem Fahrer und Halter wirkt auch zugunsten des Haftpflichtversicherers, Ko ZfS **87** 130. Rennzuschauer verzichten nicht stillschweigend auf jeden Rechtsschutz, Kar VRS **7** 405 (s § 29 StVO). Aus der Benutzung eines Verkehrsübungsplatzes läßt sich weder unter dem Gesichtspunkt des stillschweigenden Haftungsverzichts noch dem der Mitschuld ein Haftungsausschluß herleiten, LG Fulda MDR **88** 966.

Wer sich bewußt der besonderen Gefahr aussetzt, die mit der **Teilnahme an der Fahrt eines fahrunsicheren Kf** oder mit einem **nicht verkehrssicheren Kfz** verbunden ist, kann keinen vollen Schadenersatz fordern. Die Annahme stillschweigenden Haftungsverzichts bei Mitfahrt mit alkoholisiertem Fahrer scheidet von vornherein aus, wenn der Mitfahrende dessen Fahruntüchtigkeit nicht erkennen konnte, Kar DAR **91** 175, Ko ZfS **91** 294. Dieses früher sog „Handeln auf eigene Gefahr" wird heute nicht mehr als rechtfertigende Einwilligung in die möglicherweise auf der Fahrt eintretenden Schädigungen angesehen (so zB noch RGZ **141** 262, BGHZ **2** 159), weil dies lebensfremd wäre, im übrigen bei minderjährigen Geschädigten zu keiner befriedigenden Lösung führen und schließlich immer nur zur völligen Haftungsfreistellung führen könnte. Vielmehr wird seit der grundlegenden Entscheidung des BGH v 14. 3. 61 (BGHZ **34** 355 = NJW **61** 655) die Teilnahme an der Fahrt durch den Geschädigten als **Mitverschulden** gewürdigt, *Böhmer* MDR **61** 661, Ol ZfS **89** 292, VRS **95** 5, Nü VR **63** 761, Ko VRS **76** 90, NZV **93** 193, Kö ZfS **90** 3, Mü VRS **77** 161, Fra ZfS **91** 150. Voraussetzung ist **Kenntnis der möglichen Gefahr,** Ha DAR **73** 219, und freie Abwägungsmöglichkeit ohne Zwangslage, Ha DAR **72** 77, BGH VRS **16** 81, **oder fahrlässige Unkenntnis,** BGH VR **67** 288, Kö VRS **96** 327, Ha VR **93** 588. So genügt es, wenn der Geschädigte bei zuzumutender Aufmerksamkeit erhebliche Zweifel an der Fahrsicherheit des Fahrers hätte haben müssen, BGH VM **71** 45, DAR **63** 300, Ha ZfS **87** 290, Fra ZfS **91** 150, wobei an seine Sorgfalt keine überhöhten Anforderungen zu stellen sind, BGH VR **67** 82, **70** 624, Sa VR **68** 905, KG ZfS **88** 378.

Je nach den Umständen kann solches Verhalten Ersatz ausschließen oder nach dem Maßstab der §§ 254 BGB, 9 StVG mindern, wobei das Revisionsgericht nur Berücksichtigung aller wesentlichen Umstände und der Denkregeln prüft, BGH VR **67** 288. Haben sich Minderjährige bewußt einer Gefahr ausgesetzt, so ist § 828 BGB entsprechend anzuwenden; die Eigenart jugendlichen Verhaltens ist zu berücksichtigen, BGHZ **34** 355 = NJW **61** 655, Ko NZV **93** 193. Kein Ersatzanspruch eines Jugendlichen, der auf dem FzDach mitfährt und auf die Straße fällt, Ko NZV **93** 193. Näher zur Mitschuld des Verletzten: § 9. Die Beweislast für Mitverschulden liegt beim Ersatzpflichtigen, BGH NJW **88** 2366, Sa VR **02** 392, KG DAR **77** 160.

Beispiele: Mitfahrt mit **alkoholbeeinträchtigtem Fahrer** begründet Mitschuld, uU erhebliche, Hb VR **71** 258, wenn nicht sogar Alleinschuld, BGH VR **63** 165, Kö VR **90** 3, VRS **98** 407, Zw VR **78** 1030, Mü VR **63** 51, LG Aachen NJW-RR **87** 670 (gemeinsames Zechen), wenn das Gesamtbild des Fahrers und seiner Fahrweise Anlaß zu Zweifeln an seiner Fahrsicherheit geboten hat, BGH VR **67** 974, Kar VR **90** 319, Mü VRS **77** 161, Ko VRS **76** 90, Fra VR **70** 473, Nü VR **69** 836, auch bei erst 15jährigem Mitfahrer, Schl NZV **95** 357 (Mithaftung zu ¼), oder wenn der Mitfahrer weiß, daß der Fahrer vorher erheblich getrunken hat, Ol VRS **95** 5, ZfS **89** 292 (gemeinsames Zechen), Ha ZfS **87** 290, **96** 4, Hb VR **77** 380, Ko VR **80** 238, Fra VR **80** 287, wenn es ihm hätte auffallen müssen, Kö VM **00** 36, oder bei späteren derartigen Zweifeln, ohne daß der Fahrgast aussteigt, Ol VRS **95** 5, KG VM **73** 58, wobei ihm eigene alkoholbedingte Beobachtungstrübung nicht zugute kommt, BGH VR **68** 197, Ha ZfS **87** 290, **96** 4, KG VM **90** 92, abw Brn VR **02** 863. Ob der Mitfahrer hätte zweifeln müssen, hängt von allen Umständen ab, BGH VRS **57** 242, Ce VR **81** 736, Sa MDR **02** 392, KG VM **89** 51. Gegen den gefälligkeitshalber mitgenommenen Fahrgast kann aber nicht schon deshalb ein Mitschuldvorwurf erhoben werden, weil ihm bekannt gewesen ist, daß der Fahrer überhaupt Alkohol getrunken hatte, BGH VRS **57** 242, VR **60** 1146, **62** 252, Fra VM **86** 88, Mü VRS **77** 161, KG VM **89** 51, Ko ZfS **91** 294, Zw VRS **84** 177, krit *Küppersbusch* Rz 494. Auch Alkoholgeruch allein genügt nicht, Fra NZV **89** 111. Ein Erfahrungssatz, daß der Mitfahrer Trunkenheit des Fahrers ab einer bestimmten höheren BAK stets erkennen konnte, besteht nicht, Mü ZfS **85** 161 (1,8‰), Sa MDR **02** 392 (jedenfalls nicht unter 2 ‰). Mitschuld auch, wenn der Halter einen ersichtlich Angetrunkenen fahren läßt, BGH VR **67** 379, Mü VR **86** 925, Kö VR **84** 545 (angetrunkenen Minderjährigen ohne FE). Besondere Umstände können für stillschweigenden Haftungsverzicht sprechen (angetrunkener Halter läßt sich von späterer Ehefrau mit geringer Fahrerfahrung befördern), BGH VRS **58** 333. Mitverschulden bei Mitfahrt trotz Kenntnis **fehlender FE** und damit des Risikos mangelnder Fahrfähigkeit, Ol VRS **4** 488, Ba VR **85** 786, auch ohne Kenntnis bei Vorliegen entsprechender Verdachtsmomente, Ha VM **86** 21. Der Haftungsanteil des ohne FE den Unfall durch fehlerhafte Fahrweise verursachenden Fahrers überwiegt idR den des Mitfahrenden, BGH VR **85** 965. Dagegen begründet die Kenntnis von der wegen einer Alkoholfahrt erfolgen EdF nicht ohne weiteres Bedenken hinsichtlich der Fahrsicherheit bei der zum Schaden führenden späteren Fahrt, Kö VRS **96** 327. **Kenntnis von gefahrerhöhenden Umständen** begründet nicht stets Mitschuld, s Schl DAR **71** 101, so zB nicht bloßes Mitfahren in Kenntnis, daß das Moped gestohlen ist, Sa VM **73** 20. Keine Mitschuld beim Mitfahren mit einem Anfänger, abgesehen von gefahrerhöhenden Umständen, BGH VRS **21** 164, Ce MDR **61** 413, NZV **88** 141.

Lit: *Böhmer,* Definition des Begriffs der Gefälligkeitsfahrt, VR **64** 807. *Derselbe,* Zur Frage des stillschweigenden Haftungsverzichts bei Gefälligkeitsfahrten, MDR **63** 650. *Geppert,* Rechtfertigende „Einwilligung" des verletzten Mitfahrers bei Fahrlässigkeitsstraftaten im StrV?, ZStW **71** 947. *Haberkorn,* Haftungsausschlüsse bei Gefälligkeitsfahrten, DAR **66** 150. *Klingmüller,* Zur Schadenminderungspflicht in der VHaftpflicht, VR **79** 217. *Schmidt,* Gefälligkeitsfahrt und stillschweigender Haftungsausschluß, NJW **65** 2189. *Stoll,* Das Handeln auf eigene Gefahr (rechtsvergleichend), Berlin/Tübingen 1961. *Weigelt,* Körperverletzung mit Einwilligung des Verletzten, DAR **62** 233. *Weimar,* Zum stillschweigenden Haftungsverzicht bei Autofahrten, MDR **60** 101.

12 **Für Verrichtungsgehilfen** haftet neben deren eigener Haftung (§ 823 BGB) mangels Entlastung auch der Halter (§ 831 BGB), und zwar für sorgfältige Auswahl, Fahreignung und Zuverlässigkeit. Entlastungsvoraussetzung ist sorgfältige Auswahl und Überwachung unter Berücksichtigung aller Umstände nach strengem Maßstab, RGZ **139** 302, BGH VRS **9** 109, VR **73** 713, **84** 67, Dü NZV **03** 383, KG VRS **104** 45, Ha NZV **98** 409, Kö NZV **92** 279. Näher Rz 15 und § 31 StVZO. Zur Entlastung gehört der Nachweis, daß kein vernünftiger Zweifel an der Eignung des Fahrers bestanden habe, s BGH VR **63** 955. Der bei einem VUnfall Verletzte genügt seiner Beweislast, wenn er die Beschädigung eines der durch § 823 I BGB geschützten Rechtsgüter durch den Verrichtungsgehilfen des Halters nachweist; die Beweislast für verkehrsrichtiges Verhalten des Verrichtungsgehilfen trifft den Halter als Geschäftsherrn, BGH NZV **91** 114, NJW-RR **87** 1048, Brn VRS **106** 105, 252f, KG NZV **02** 34, Kö NZV **92** 279. Überläßt der Halter dem mitfahrenden Angehörigen die FzFührung, ist dieser Verrichtungsgehilfe, BGH VRS **26** 182. War der Fahrfehler nicht unfallsächlich, so braucht sich der Halter hinsichtlich der Auswahl und Überwachung nicht zu entlasten, BGH VRS **19** 405. Der Halter muß sich Gewißheit verschaffen, daß der Fahrer die erforderliche FE hat; dazu §§ 21 StVG, 31 StVZO. Keine Entlastung des Bushalters zB, wenn die FE zur Fahrgastbeförderung fehlt, BGH VRS **18** 322, es sei denn, deren Fehlen war nicht schadensursächlich, BGH VRS **56** 103. Zur Strafbarkeit des Halters in diesen Fällen: § 21 StVG. LkwF, besonders wenn sie vorher nicht als Kf tätig waren,

Sonstige Gesetze § 16 StVG **1**

sind besonders sorgfältig zu prüfen, Ce VR **77** 84, BusF sind nach besonders strengem Maßstab auszuwählen und zu überwachen, BGH DAR **57** 234. Hat sich ein sorgfältig ausgesuchter Fahrer bewährt, so müssen ihm bestimmte VRegeln nicht besonders vorgehalten werden, BGH VR **60** 328, Nü MDR **60** 923, Mü VR **60** 189, dann ist auch keine unvermutete Kontrolle nötig, BGH VRS **20** 254. Eigene grobe Fahrlässigkeit bei Nichthinderung des Mißbrauchs eingestellter Kfze durch das Personal kann der Garagenunternehmer nicht abdingen, BGH NJW **74** 900.

Auch die **charakterliche Eignung** muß der Halter beachten (LkwF mit erheblichen **13** Vorstrafen), BGH VR **66** 929, minder streng wohl Ha VR **66** 561 (zur Gefahrerhöhung). Haftung bei Überlassung des Kfz an den 19jährigen Sohn, der kurz zuvor einen Unbefugten hatte fahren lassen, wenn dies erneut schadenstiftend geschieht, auch bei an sich begreiflichem pädagogischem Grund, Dü NJW **72** 637. Stellt der Halter einen unzuverlässigen LkwF ohne jegliche Eignungsprüfung ein und ermöglicht dieser infolge mangelhafter Aufbewahrung des FzSchlüssels eine Schwarzfahrt, so kann der Halter für einen dabei verursachten Unfall aus § 823 BGB haften, BGH VR **60** 736. **Halterhaftung neben derjenigen des Schwarzfahrers:** § 7 Rz 52–60.

Haftung des Halters für Überladung: § 31 StVZO Rz 13. **14**

Die Fahrerüberwachung, zumal in Großbetrieben, bei öffentlichen VUnternehmen **15** und besonders verantwortungsvollen Fahraufgaben, wie zB LkwF, Ce VR **77** 84, KG VM **99** 11, und bei BusF, BGH DAR **57** 234, muß streng sein, BGH NZV **97** 391, VR **84** 67, KG VRS **101** 96f, **104** 45, Kar VR **00** 863, Dü NZV **02** 89, **03** 383, Sa VR **00** 1427, und regelmäßige unauffällige Kontrollen umfassen, BGH NZV **97** 391, Kar VR **00** 863, Ha NZV **98** 409, KG VM **99** 11, VRS **104** 45 (einschränkend Dü NZV **02** 91 bei Führen von Arbeitsgeräten auf Betriebsgelände), es sei denn, die Zuverlässigkeit steht fest, BGH VR **66** 364, 490, KG VM **95** 51. Dasselbe gilt gegenüber angestellten Fahrlehrern, KG NJW **66** 2365. Entlastung bietet der Nachweis, daß die Überwachung keinen Anlaß zu Zweifeln geboten habe, BGH VR **63** 955. Andererseits dürfen die Anforderungen aber auch nicht überspannt werden, Sa VR **00** 1427; so können etwa bei langjährigen bewährten Kf uU zusätzliche gezielte Kontrollen entfallen und Überprüfung bei gelegentlichen Mitfahrten ausreichen, BGH VRS **65** 112, **69** 403, VR **84** 67, s KG VRS **104** 46. Kein Anlaß zu gesundheitlicher Überprüfung eines 62jährigen, insoweit bisher unauffälligen Fahrers nach 7 Monate zurückliegender Untersuchung, Sa VR **00** 1427. Anforderungen an den Halternachweis der Überwachung durch zuverlässige Angestellte, BGH VR **64** 297. Ein noch junger Fahrer mit neuer FE ist bis zur Bewährung besonders sorgfältig zu überwachen, Ol DAR **60** 230. Keine Haftung nach § 831, wenn der Fahrer zur Fahrt verbotswidrig einen Lastzug benutzt, BGH NJW **71** 31. Zur Haftung, wenn der Fahrer verbotswidrig einen Bekannten mitnimmt und fahrlässig schädigt, BGH NJW **65** 391. Zum Entlastungsbeweis *Rohde* VR **61** 297.

Lit: *Kiser*, Die Haftung des Fuhrparkhalters nach § 831 BGB hinsichtlich Auswahl und Beaufsichtigung des Fahrers, VR **84** 213.

Haftungsumfang. § 823 I BGB schützt gegen Körperverletzung, Sachbeschädigung, **16** Verdienstausfall und KfzNutzungsausfall wegen Gesundheits- oder KfzBeschädigung ohne Beschränkung auf Höchstbeträge. Nachteile im persönlichen Fortkommen: § 842 BGB, Ersatz für entgangene Dienste des Verletzten: § 845 BGB, Schmerzensgeld bei anders nicht ausgleichbaren immateriellen Nachteilen: § 253 II BGB. § 823 I schützt das Vermögen als solches nicht, so daß Verteidigerkosten aus Anlaß einer Strafverfolgung wegen des Unfalls nicht zu ersetzen sind, BGH **27** 141. § 823 II BGB schützt gegen jeden Schaden nach Maßgabe der §§ 249 ff BGB. Nach rechtskräftig zugesprochenem Schmerzensgeld kann weiteres Schmerzensgeld nur bei Verletzungsfolgen verlangt werden, die bei der ursprünglichen Bemessung des immateriellen Schadens noch nicht bestanden und mit deren Eintritt auch nicht ernstlich zu rechnen war, BGH VRS **59** 328.

5. Amtshaftung der öffentlichen Körperschaften besteht nach Art 34 GG, § 839 **17** BGB. Soweit sie reicht, ersetzt sie die Deliktshaftung nach § 823 BGB. Sie schließt die persönliche Deliktshaftung des Bediensteten als KfzF aus, auch die Verschuldenshaftung nach § 18 StVG, BGH NJW **92** 2882, Nü NZV **01** 430, VRS **103** 321, Schl NZV **98** 25 (Anm *Schmalzl* VR **98** 981), jedoch nicht dessen Halterhaftung nach § 7 StVG,

223

BGHZ **29** 43, **105** 65 = NZV **89** 18, NJW **92** 2882, NZV **93** 223, Nü NZV **01** 430, Dü DAR **00** 477 (Anm *Seutter*), KG VM **01** 27, VRS **82** 407, sowenig wie die Halterhaftung der öffentlichen Körperschaft für ihre Kfze, BGHZ **29** 44, BGHZ **113** 164 = NZV **91** 185, Kö VR **86** 666, Bra VR **89** 95, s auch BGH VR **69** 1043. Der Beamte auf Dienstfahrt im eigenen Kfz haftet als Halter auch, wenn die weitergehende Haftung aus Amtspflichtverletzung seine Körperschaft trifft, BGHZ **29** 38, NJW **59** 481. Amtshaftung besteht nur, wenn die Fahrt der Ausübung **öffentlicher Gewalt** dient, ohne Rücksicht auf die Anstellungsform und Dienststellung des Bediensteten, Nü VRS **103** 321. Ob öffentliche Gewalt ausgeübt wird, richtet sich nicht nach der Zielsetzung der jeweiligen öffentlichen Betätigung, die gegebenenfalls auch auf fiskalischem Wege erfüllt werden kann, BGHZ **20** 104, sondern nach der rechtlichen Organisation der Körperschaft und deren erkennbarem Willen, die Aufgabe als öffentliche durchzuführen, BGHZ **20** 104. Bei Einsatz von Hilfspersonen kommt es darauf an, ob deren Tätigkeit unmittelbar in den hoheitlichen Aufgabenbereich der die Hilfskraft beschäftigenden Körperschaft fällt, BGH NZV **91** 347, Nü NZV **01** 430. Die Fahrt muß im engen inneren Zusammenhang mit der hoheitlichen Betätigung stehen, nicht nur in mehr äußerer zeitlicher und gelegenheitsmäßiger zu ihr, BGHZ **29** 41, NZV **91** 347. Trifft das zu, so ist es unerheblich, ob es sich um ein Dienstfz, um ein „beamteneigenes" oder ein privates Kfz handelt, BGHZ **29** 38. Bei hoheitlichem Zweck ist eine Dienstfahrt im privateigenen Kfz Amtsausübung, BGH VRS **56** 161 (Flugsicherung), VR **81** 753 (mit Marschbefehl angeordnete Fahrt zum neuen Truppenstandort). Bei Schädigung eines Dritten im Rahmen der Dienstausübung durch Zivildienstleistende richtet sich die Ersatzpflicht auch dann nach Amtshaftungsgrundsätzen (haftende Körperschaft: BRep), wenn die Beschäftigungsstelle privatrechtlich organisiert ist und privatrechtliche Aufgaben erfüllt, BGH NJW **92** 2882, NZV **97** 301, **00** 503, **01** 212 (Anm *Mann* JR **02** 66), Kö VRS **95** 321, Sa MDR **99** 865. Bei Dienstfahrt im fiskalischen Bereich haftet die Körperschaft nur für eigene Schuld (§§ 31, 89, 831 BGB). **Als öffentliche Gewaltausübung sind zB anerkannt:** amtsärztliche Dienstaufgabe, BGHZ **29** 38, Übungsfahrten der freiwilligen Feuerwehr in NRW, BGHZ **20** 290 = NJW **56** 1633, auch die Fahrt eines Feuerwehrwagens zur TÜV-Untersuchung, Ol NJW **73** 1199 (Anm *Weber* JuS **73** 779, abl *Butz* NJW **73** 1803), Fahrten eines öffentlichen Krankenbeförderungsdienstes, BGH VR **62** 834, in NRW der Rettungsdienst, und zwar auch bei Einsatz von Fahrern freiwilliger Hilfsorganisationen durch den Rettungsdienst, BGH NZV **91** 347, ebenso in Bayern, Nü NZV **01** 430. Die Rechtsbeziehungen zwischen dem Postkunden und der Post sind bis auf die im PostG genannten Ausnahmefälle (§ 33 PostG 1997) privatrechtlicher Natur. Soweit auch nach Inkrafttreten des Postneuordnungsgesetzes (BGBl I **94** 2325) Fahrten im Zusammenhang mit Brief- und Paketzustellung als Ausübung hoheitlicher Tätigkeit angesehen worden sind, zB BGH NJW **97** 1985, Nü NJW **94** 2032, Mü NJW-RR **94** 1442, OVG Münster NZV **94** 86, kann dies nunmehr für die in Aktiengesellschaften umgewandelten Nachfolgeunternehmen der Bundespost wie Postdienst, Telekom und Postbank nicht mehr gelten, s *Greger* Rz 474; vielmehr gilt hier jetzt ausschließlich privatrechtliche Haftung, *Palandt/Thomas* § 839 Rz 141, soweit nicht aufgrund Beleihung (§ 33 I PostG) nach wie vor hoheitliche Tätigkeit vorliegt wie bei förmlicher Zustellung. Fahrten der Bundeswehr, des BGS und der Pol sind Wahrnehmung öffentlicher Gewalt, jedoch nicht Fahrten öffentlicher Bediensteter zur Arbeit. Die StrReinigung nach § 4 StadtreinigungsG Berlin ist nicht öffentlichrechtliche Amtsausübung, sondern fiskalische Betätigung, KG VRS **58** 323, **62** 161, anders der Einsatz von MüllFzen unabhängig von der privatrechtlichen Gestaltung der Müllabfuhr zu den Benutzern, BGH VR **83** 461, aM KG VM **83** 54, DAR **76** 268. Ein frei praktizierender Arzt, der als einem Rettungsdienste tätig wird und bei einem vom Fahrer des Rettungsdienstes verschuldeten Unfall einen Amtshaftungsanspruch geltend macht, ist nicht „Beschäftigter" iS der §§ 2 I Nr 1 SGB VII, 539 I Nr 1 RVO, BGH NZV **91** 347 (Anwendung von §§ 636, 637 RVO abgelehnt).

18 **Amtspflicht** ist die **Beachtung der VVorschriften** gegenüber allen VT bei der VTeilnahme im Bereich öffentlicher Gewalt, BGHZ **29** 42, **16** 113, VR **75** 37, Kar NZV **91** 154, Fra ZfS **95** 85, soweit diese durch die jeweilige VBestimmung geschützt werden sollen, BGH NZV **92** 148. Bei Dienstfahrt hat der Fahrer Insassenunfälle kraft

Sonstige Gesetze § 16 StVG I

Amtspflicht zu vermeiden, Ol VR **78** 951. Weitere Amtspflichten, denen die VRegeln jedoch vorgehen (**E** 4a, 48) können sich aus Dienstanweisungen ergeben, BGH VRS **20** 211, jedoch werden sie keine gesteigerten VPflichten begründen können. Einen möglicherweise **unzuverlässigen Abschleppunternehmer** darf die Pol nicht heranziehen, BGH NJW **77** 628. Fahrt des von der Pol beauftragten Abschleppunternehmers als hoheitliche Tätigkeit, s § 12 StVO Rz 66.

Schuld. Sie bezieht sich nur darauf, ob die Amtspflicht verletzt ist, nicht auch auf die 19 Verletzungsfolgen. Unterläuft dem Bediensteten auf Dienstfahrt in Ausübung öffentlicher Gewalt ein Unfall, ohne daß er sich nach § 18 StVG entlasten kann, haftet nur die öffentliche Körperschaft, BGH NJW **59** 985. Bei der Schulbusabfahrt vom Schulhof aus sind Busf und aufsichtsführende Lehrer gemeinsam für den Schutz der Kinder verantwortlich, Ol VRS **56** 442.

Subsidiarität. Haftungsumfang. Bei Teilnahme eines Amtsträgers auf **dienstlicher** 20 **Fahrt** am **allgemeinen StrV** (ohne Inanspruchnahme von Sonderrechten gem § 35 StVO) findet die Subsidiaritäts(Verweisungs-)klausel des § 839 I 2 BGB keine Anwendung, wenn er dabei durch pflichtwidriges Verhalten fremde Sach- oder Körperschäden verursacht, BGHZ **68** 217 = NJW **77** 1238, **79** 1602, **81** 681, BGHZ **91** 48 = NJW **84** 2097, BGHZ **123** 102 = NZV **93** 386, **01** 212, Sa MDR **99** 865, Dü NZV **89** 236, KG VM **89** 77, Kö VRS **95** 321 (auch bei Schädigung eines Mitfahrenden). Die frühere gegenteilige Rspr (zB BGHZ **61** 101 = NJW **73** 1654) ist überholt. Grund für die neue Rspr ist die Überlegung, daß die Amtspflichten eines Amtsträgers im allgemeinen StrV mit den Sorgfaltspflichten der anderen VT übereinstimmen und die daraus folgende Notwendigkeit haftungsrechtlicher Gleichbehandlung im StrV Vorrang vor dem Verweisungsprivileg des § 839 I 2 BGB haben muß, BGHZ **68** 217 = NJW **77** 1238, **79** 1602, BGHZ **123** 102 = NZV **93** 386. Das gilt nicht, wenn der Amtsträger im StrV gem § 35 StVO von den allgemeinen Pflichten, die die StVO den VT auferlegt, befreit ist, weil der Gedanke gleicher Rechte und Pflichten aller VT im StrV dann gerade nicht zutrifft, BGHZ **85** 225 = NJW **83** 1667 (zust *Backhaus* VR **84** 17), BGHZ **91** 48 = NJW **84** 2097, KG VM **89** 77, VRS **82** 407, s *Lörler* JuS **90** 547 (von BGHZ **68** 217 zunächst noch ausdrücklich offengelassen), auch nicht bei Inanspruchnahme von Sonderrechten nach § 35 Va (Fze des Rettungsdienstes), BGH NZV **97** 301, oder VI (Fze der StrUnterhaltung), BGHZ **113** 164 = NZV **91** 185 (zust. *Kunschert*). Unter den genannten Voraussetzungen entfällt das Verweisungsprivileg auch bei Teilnahme eines Angehörigen der Stationierungsstreitkräfte am allgemeinen StrV, s Rz 22. Diese Grundsätze gelten unabhängig davon, ob an dem Unfall ein Zweitschädiger beteiligt war, BGH NJW **79** 1602. Keine Anwendung findet die Subsidiaritätsklausel auch bei Verletzung einer als hoheitliche Aufgabe ausgestalteten **Verkehrssicherungspflicht** wegen der inhaltlichen Übereinstimmung einer öffentlich-rechtlichen und der privatrechtlichen VSicherungspflicht und des engen Zusammenhangs zwischen der VSicherungspflicht und den Pflichten im allgemeinen StrV, BGH NJW **80** 2195, BGHZ **91** 48 = NJW **84** 2097, NZV **92** 357, BGHZ **123** 102 = NZV **93** 386 (auch bei Schädigung eines Anliegers), **94** 148, Mü VR **02** 455, Dü NZV **89** 236, Ha DAR **02** 351, NZV **93** 192. Das gilt in Fällen der Abwälzung der Räum- und Streupflicht auf die Anlieger auch bei Verletzung der Überwachungspflicht durch die betreffende Körperschaft, BGH NZV **92** 357. § 839 I 2 BGB bleibt jedoch anwendbar, wenn ein PolB im Rahmen der ihm obliegenden **polizeilichen Gefahrenabwehr im StrV** seine Pflichten verletzt, mag sich im Einzelfall seine Aufgabe auch derjenigen des VSicherungspflichtigen annähern, BGHZ **91** 48 = NJW **84** 2097 (Versäumnisse bei defekter LZA), Ko DAR **01** 362 (Säuberung einer Unfallstelle), Ha NZV **93** 192 (anders bei VSicherung anstelle des Sicherungspflichtigen gem § 44 II 2 StVO). Bei Verletzung der Verkehrs*regelungs*pflicht bleibt es beim Verweisungsprivileg, Ha NZV **95** 275. Soweit nach diesen Grundsätzen die Verweisungsklausel anwendbar bleibt, wird sie in der jüngeren Rspr des BGH gleichwohl einschränkend ausgelegt: Danach sind *keine* **andere Ersatzmöglichkeit** iS dieser Vorschrift die vom Geschädigten unter Aufwendung eigener Leistungen (Geldmittel oder Arbeitsleistung) erlangten Ansprüche aus gesetzlicher Krankenversicherung, BGHZ **79** 26 = NJW **81** 623, aus privater Krankenversicherung, BGHZ **79** 35 = NJW **81** 626, aus der gesetzlichen Unfall- und Rentenversicherung, BGH NJW **83** 2191, sowie aus Kaskoversicherung, BGHZ **85** 230 = NJW **83** 1668, VR **01** 356. Die Haftpflichtversicherung des an einem VUnfall neben dem Amtsträger als Schädiger beteiligten Zweitschädigers allerdings ist eine andere Ersatzmöglichkeit iS von § 839 I 2 BGB, BGHZ **91** 48 = NJW **84** 2097, ebenso bei polizeilicher Amtspflichtverletzung im Zusammenhang mit unzulänglicher Säuberung einer Unfallstelle die Halterhaftung der beteiligten Kfze, Ko DAR **01** 362. § 839 I S 2 gilt auch, wenn der Geschädigte eine anderweitige Ersatzmöglichkeit schuldhaft versäumt hat, BGH BB **92** 951, Kar VR **03** 1406. Zur restriktiven Auslegung der Subsidiaritätsklausel bei VUnfällen s auch *Weber* DAR **85** 171.

21   **Die Amtshaftung** aufgrund von Verletzungen der allen VT obliegenden Sorgfaltspflichten geht nicht weiter als die Haftung nach § 823 I, II BGB, umfaßt also in diesem Bereich nicht über den **Haftungsumfang** jener Vorschriften hinaus eine Haftung für alle Vermögensschäden, BGHZ **68** 217 = NJW **77** 1238, BGHZ **79** 26 = NJW **81** 623. Bei Amtshaftung und zugleich Haftung nach § 7 StVG kann die erstere **nicht damit abgewehrt werden**, der Geschädigte habe die Halterhaftung verjähren lassen, BGH VR **61** 1016, und auch nicht damit, auch eine andere Stelle hafte gemäß § 839 BGB, wenn dieser andere Anspruch nicht mehr durchsetzbar ist, BGH VRS **22** 254. Der Staat kann seine Amtshaftung nicht damit abwehren, er hafte auch als Halter, Nü DAR **60** 71.

Lit: *Füchsel/Reinken,* Amtshaftung, KVR. *Lörler,* Die Subsidiaritätsklausel in der Amtshaftung, JuS **90** 544. *Münzel,* Rechtslage und Rspr zu § 839 BGB in Verbindung mit dem Staatshaftungsrecht auf dem Gebiete des V, NJW **66** 1639.

22   **6. Haftpflicht der Stationierungsstreitkräfte.** Die Ersatzpflicht bei Unfällen durch Stationierungsstreitkräfte der Nato richtet sich nach deutschem Recht wie bei BW-Unfällen auf Dienstfahrt (§ 839 BGB, Art 34 GG), BGH NZV **94** 475, VR **76** 757, **68** 664, 695. Bei allgemeiner VTeilnahme eines Kfz der Stationierungstruppen scheidet das Verweisungsprivileg des § 839 I S 2 BGB aus, BGH VRS **59** 90, NJW **81** 681, Zw VR **87** 656. Die Stationierungsstreitkräfte haften für schuldhafte Dienstfahrtunfälle kraft Amtshaftung über § 12 hinaus, BGH VR **68** 401. Bei dienstlichen Schadenfällen besteht keine haftungsrechtliche Verantwortung des Mitglieds der Streitkräfte, verantwortlich ist vielmehr die Streitkraft des Entsendestaates. Ansprüche richten sich nach Art VIII Abs 5 des Nato-Truppenstatuts und Art 41 des Zusatzabkommens. Sie sind **fristgebunden,** Art 6 NTS-AG (90 Tage) und bei der Verteidigungslastenverwaltung geltendzumachen; zum Fristbeginn s BGH NJW **85** 1081 (auch zur Klagefrist bei Ablehnung schon dem Grunde nach); zur Klagefrist s auch BGH NZV **90** 346. Die Anmeldefrist ist gewahrt, wenn das Amt alles, was mitzuteilen gewesen wäre, auch ohne formellen Antrag bereits kennt, BGH VM **76** 49. Keine Wiedereinsetzung in den vorigen Stand wegen Unkenntnis der Anmeldefrist, KG VM **90** 24, Kar VR **90** 533. Unter Art VIII Abs 5 Nato-Truppenstatut fallen auch die erst bei Abwicklung von unter das Abkommen fallenden Schäden entstandenen Bereicherungsansprüche gegen Entsendestaaten, BGH DAR **81** 91. Ist ein Nato-Hauptquartier rechtlich verantwortlich, gilt die entsprechende Regelung aufgrund des Protokolls über die Nato-Hauptquartiere mit Ergänzungsvereinbarungen und G v 17. 10. 69 (BGBl II 1997). Zur Verjährung, wenn die ZulB einer Stationierungsstreitkraft ihre Amtspflicht zur Kennzeicheneinziehung verletzt, Fra VR **79** 1111. Fahrer fremder Streitkräfte haben die **deutschen VRegeln** zu beachten; auch von Ausrüstungsvorschriften befreite Kfze sind haftungsrechtlich wie deutsche zu behandeln, BGH VR **66** 493. Daß ein Stationierungsfz auf Dienstfahrt rechtmäßig von VVorschriften (Beleuchtung) abgewichen ist, ist haftungsrechtlich ohne Bedeutung, BGH VRS **59** 90. Zur Haftung für ein Kfz fremder Streitkraft, das von den Beleuchtungsvorschriften befreit ist, Ce VR **66** 982, NJW **66** 2409. Zur Haftung bei Kollision durch nicht ausreichend gesicherten V mit überbreitem Panzer bei Dunkelheit, BGH NZV **90** 112, mit im Dunkeln wendendem Panzer, Fra VRS **90** 168. Bescheinigt die fremde Truppeneinheit eine Dienstfahrt, obwohl eine Schwarzfahrt vorliegt, so hat das Gericht Dienstfahrt anzunehmen; zur Haftung der BRep in solchem Fall, BGH VR **70** 439. Die Kosten des durch Nato-Truppenstatut und ergänzendes Bundesrecht vorgeschriebenen Verwaltungsverfahrens sind dem Geschädigten ohne Rücksicht auf die Höchstgrenzen des § 12 zu ersetzen, BGH DAR **70** 17. Schadenverursachung durch nichtversicherte Kfze von Stationierungstruppen: Ansprüche wegen Amtspflichtverletzung richten sich gegen die

deutsche Verteidigungslastenverwaltung, sonst gegen den Verein Verkehrsopferhilfe eV, Hamburg, s BMV v 21. 3. 72 (A 9/83.07.03–18/4071 72). Zum Zusammentreffen zwischen Ansprüchen auf Ersatz von Stationierungsschäden und solchen gegen einen weiteren beteiligten Halter, Kar VR **78** 968. Schadensabwicklung bei Unfällen mit Beteiligung polnischer Streitkräfte in der BRep, s Art 11 des deutsch-polnischen Abkommens über den vorübergehenden Aufenthalt von Mitgliedern der Streitkräfte der BRep Deutschland und der Streitkräfte der Republik Polen ... (BGBl II **01** 179, **02** 1660). Haftung **sonstiger ausländischer Streitkräfte**: Art 2 § 16 SkAufG (s vor § 29 a StVZO Rz 18).

Lit: *H. Arndt*, Stationierungsschäden, VR **73** 481. *Auerbach*, ... – Die Praxis des NATO-Truppenstatuts, VR **68** 623. *Geißler*, Die Geltendmachung ... von Ansprüchen ... nach dem NATO-Truppenstatut, NJW **80** 2615. *Gruber*, Unfälle mit Angehörigen der (ehemals) sowjetischen Streitkräfte, DAR **92** 353. *Heitmann*, Abgeltung von Schäden, verursacht durch ausländische Truppen, VR **92** 160. *Reus*, Die Geltendmachung von Haftungsansprüchen gegen Mitglieder der GUS-Truppen ..., VR **93** 414. *Schwenk*, Haftung der Stationierungsstreitkräfte für Unrechtsschäden, BB **72** Beilage 4 zu Heft 13. *Theda*, Der Problembereich NATO-Truppenstatut im Schadenrecht, ZfS **88** 301.

Schadensverursachung durch mehrere Kraftfahrzeuge

17 (1) **Wird ein Schaden durch mehrere Kraftfahrzeuge verursacht und sind die beteiligten Fahrzeughalter einem Dritten kraft Gesetzes zum Ersatz des Schadens verpflichtet, so hängt im Verhältnis der Fahrzeughalter zueinander die Verpflichtung zum Ersatz sowie der Umfang des zu leistenden Ersatzes von den Umständen, insbesondere davon ab, inwieweit der Schaden vorwiegend von dem einen oder dem anderen Teil verursacht worden ist.**

(2) **Wenn der Schaden einem der beteiligten Fahrzeughalter entstanden ist, gilt Absatz 1 auch für die Haftung der Fahrzeughalter untereinander.**

(3) ¹**Die Verpflichtung zum Ersatz nach den Absätzen 1 und 2 ist ausgeschlossen, wenn der Unfall durch ein unabwendbares Ereignis verursacht wird, das weder auf einem Fehler in der Beschaffenheit des Fahrzeugs noch auf einem Versagen seiner Vorrichtungen beruht.** ²**Als unabwendbar gilt ein Ereignis nur dann, wenn sowohl der Halter als auch der Führer des Fahrzeugs jede nach den Umständen des Falles gebotene Sorgfalt beobachtet hat.** ³**Der Ausschluss gilt auch für die Ersatzpflicht gegenüber dem Eigentümer eines weiteren Fahrzeugs, der nicht Halter ist.**

(4) **Die Vorschriften der Absätze 1 bis 3 sind entsprechend anzuwenden, wenn der Schaden durch ein Kraftfahrzeug und einen Anhänger, durch ein Kraftfahrzeug und ein Tier oder durch ein Kraftfahrzeug und eine Eisenbahn verursacht wird.**

Begr zum ÄndG v 19. 7. 02 (BTDrucks 14/8780 S 22 f): *Mit der Änderung wird § 17 StVG neu strukturiert und der in ihm geregelte Ausgleich mehrerer haftpflichtiger Kfzhalter um den Ausschlussgrund des „unabwendbaren Ereignisses" ergänzt.*

Absatz 1 entspricht dem bisherigen § 17 Abs. 1 Satz 1 StVG, der den Ausgleich zwischen mehreren beteiligten Kfz-Haltern bei Verursachung eines Drittschadens regelt.

Der neue Absatz 2 enthält die bisher in § 17 Abs. 1 Satz 2 StVG geregelte Ausgleichspflicht zwischen mehreren unfallbeteiligten Kraftfahrzeughaltern für selbst erlittene Schäden. Die Aufnahme dieser Ausgleichspflicht in einen eigenen Absatz und ihre Neuformulierung dient dem besseren Verständnis der Norm. Eine inhaltliche Änderung ist damit nicht verbunden.

Der neue Absatz 3 regelt, dass Ausgleichspflichten nach den Absätzen 1 und 2 ausgeschlossen sind, wenn der Unfall durch ein „unabwendbares Ereignis" verursacht wurde: Anders als der Regierungsentwurf es vorsah, soll der bisher in § / Abs. 2 StVG geregelte Haftungsausschlussgrund des „unabwendbaren Ereignisses" nicht vollständig entfallen, sondern weiterhin für den Schadensausgleich zwischen den Haltern mehrerer unfallbeteiligter Kraftfahrzeuge gelten. Damit folgt der Rechtsausschuss einer Anregung aus der öffentlichen Anhörung zu dem Gesetzentwurf. Dort war die Besorgnis geäußert worden, dass die vollständige Ersetzung des „unabwendbaren Ereignisses" durch „höhere Gewalt" dazu führen könnte, zukünftig auch dem „Idealfahrer" bei Unfällen zwischen Kraftfahrzeugen eine Betriebsgefahr zuzurechnen, so dass es vermehrt zu Quotenfällen kommen könnte. Die Begründung des Regierungsentwurfs (S 30) weist zwar zu Recht darauf hin, dass bei einer richtigen Anwendung der §§ 9 StVG, 254 BGB für den „Idealfahrer" keine

1 StVG § 17 II. Haftpflicht

Nachteile aus dem Wegfall des „unabwendbaren Ereignisses" erwachsen dürften. Der Ausschuss hat sich jedoch im Interesse größtmöglicher Rechtssicherheit dafür entschieden, den Ausschlussgrund des „unabwendbaren Ereignisses" für den Schadensausgleich zwischen den nach § 7 Abs. 1 StVG haftpflichtigen Haltern von Kraftfahrzeugen beizubehalten, um unmissverständlich klarzustellen, dass für die genannte Fallgruppe im Ergebnis keine Rechtsänderung beabsichtigt ist. Für die Praxis ergibt sich überdies der Vorteil, dass insoweit weiterhin auf die bekannte Rechtsfigur des „unabwendbaren Ereignisses" und die dazu ergangene Rechtsprechung zurückgegriffen werden kann.
...

__Absatz 4__ enthält den im bisherigen § 17 Abs. 2 StVG geregelten Ausgleich zwischen haftpflichtigen Kraftfahrzeughaltern und anderen Haftpflichtigen und erweitert ihn um den Anhängerhalter. Soweit auch hier auf eine Verbindung des unfallbeteiligten Anhängers zu dem Kraftfahrzeug verzichtet wird, handelt es sich um eine Folgänderung des geänderten § 7 Abs. 1 StVG (Artikel 4 Nr. 1a).

(BT Drucks 14/7752 S 35): Die Einführung einer Gefährdungshaftung für den Halter eines Anhängers (§ 7 Abs. 1 Satz 2 StVG) verlangt nach einer Regelung des Ausgleichs im Innenverhältnis zwischen Kraftfahrzeughalter und Anhängererhalter. Deshalb wurde diese Ausgleichspflicht in § 17 Abs. 2 StVG aufgenommen, der bereits für den Ausgleich zwischen Kraftfahrzeughalter und Tierhalter und zwischen Kraftfahrzeughalter und Eisenbahnunternehmer auf die in § 17 Abs. 1 StVG normierten Ausgleichspflichten zwischen den Haltern mehrerer schadensursächlicher Kraftfahrzeuge verweist....

Übersicht

Anspruch auf Schadenausgleich, Voraussetzung 1–3
Ausgleichsanspruch, Verjährung 45
Ausgleichspflicht 1
Bahn, Schadenverursachung 1, 37–45
Beschaffenheit des Fahrzeugs 30
Betriebsgefahr, Kraftfahrzeug 6–19
–, erhöhte 11–15
–, Zurücktreten 16–19
Beweislast 22
Ereignis, unabwendbares 22–30
Ersatzanspruch als Voraussetzung der Ausgleichung 2
Fahrzeugbeschaffenheit 30
Halter, Ausgleichspflicht 1, 21–30
Kraftfahrzeug und Tier, Schadenverursachung 1, 32–36
– und Bahn, Schadenverursachung 1, 37–44

Maß der Verursachung 1, 4ff
Nichtanwendbarkeit 3
Quotentabellen 20
Schaden, Verteilung 20
Schadenausgleich, Voraussetzung 1–3
Tier, Schadenverursachung 1, 37–44
Unabwendbarkeit 22–30
Verfahren 22
Verhältnis zu anderen Vorschriften 1, 37
Verjährung 37
Versagen der Vorrichtungen 31
Verteilung des Schadens 20
Verursachung, Maß 4, 5
Zurücktretende Betriebsgefahr 16–19

Lit: *Ady*, Der neue § 17 StVG, VR **03** 1101. *Berger*, Mitverursachung und Mitverschulden, VR **87** 542. *Böhmer*, Erhöhte BG und Entlastungsbeweis nach § 831 BGB, JR **56** 133. *Derselbe*, Schadensverteilung gem § 17 StVG nur nach dem Verschuldensgrad?, JR **59** 456. *Derselbe*, Nichtberücksichtigung erhöhter BG?, MDR **59** 708. *Derselbe*, Eventuelle Abwägung nach § 17 StVG, § 254 BGB?, JR **62** 297. *Derselbe*, Erhöhung der KraftwagenBG trotz Gelingens des Entlastungsbeweises nach dem § 831 BGB?, MDR **65** 878. *Bursch/Jordan*, Typische Verkehrsunfälle und Schadensverteilung, VR **85** 512. *Grüneberg*, Haftungsquoten bei VUnfällen, 7. Aufl 2002. *v. Hippel*, Schadensausgleich bei VUnfällen, NJW **67** 1729. *Jordan*, Die erhöhte Unfallgefahr bei motorisierten Zweirädern – Zivilrechtliche Auswirkungen, VGT **83** 189. *Klauser*, Abwägungsgrundsätze zur Schadensverteilung bei Mitverschulden und Mitverursachung, NJW **62** 369. *Klimke*, Ausgleichsansprüche bei Abrechnung nach Teilungsabkommen im Falle der Beteiligung von Kfzen, VR **72** 414. *W. Schmitz*, Voller Schadensersatz der Leasingfirma gegen den Unfallgegner trotz mitwirkender BG des eigenen Kfz?, NJW **02** 3070. *Schneider*, ... Mitverschulden und Mitverursachung bei Entstehung und Abwendung oder Minderung des Schadens, MDR **66** 455.

1   **1. Interne Ausgleichspflicht mehrerer gesetzlich Haftpflichtiger.** § 17 I und II regeln zwei Fälle inneren Ausgleichs: a) zwei oder mehrere in Betrieb befindliche Kfze

(oder Anhänger) sind ursächlich unfallbeteiligt und schädigen eine Person ohne Kfz (I), b) zwei oder mehrere in Betrieb (§ 7) befindliche Kfze oder KfzAnhänger sind, uU unterschiedlich, unfallbeteiligt und verursachen einem oder einigen der Halter Personen- oder Sachschaden (II). In beiden Fällen kann bei oder nach Ersatzleistung innerer Ausgleich stattfinden. An sich gleichen sich Gesamtschuldner unter sich nach Kopfteilen aus (§ 426 I 1 BGB). § 17 I ändert dies für seinen Bereich dahin, daß sich der Ausgleich zwischen ihnen statt dessen nach dem Maß ihrer Verursachung des Schadens richtet (BG), s *Ady* VR **03** 1102. § 426 I 2, II gilt auch hier. Da § 1359 BGB auf die Haftung im StrV nach hM keine Anwendung findet, s § 16 Rz 7, wird der Ausgleichsanspruch des Zweitschädigers gegen den am Unfall mitschuldigen Ehegatten des Geschädigten hierdurch nicht berührt, s BGHZ **35** 317 = NJW **61** 1966: haftet die Bahn der im Kfz beförderten Ehefrau des Fahrers gemäß HaftpflG, so hat sie Ausgleichsansprüche gegen den schuldigen Fahrer auch, wenn dieser seiner Frau nicht gemäß § 1359 BGB haftete, s auch BGHZ **53** 352 = NJW **70** 1271. Ein zwischen Halter und Insassen ausdrücklich oder stillschweigend vereinbarter Haftungsausschluß läßt ein Verschulden begründete Ausgleichsansprüche eines anderen unfallbeteiligten Halters aus § 17 unberührt, BGHZ **12** 213 = NJW **54** 875, aM *Böhmer* NJW **56** 1018. Derselbe Maßstab gilt für den Ausgleich unter mehreren beteiligten Haltern, wenn einer von ihnen geschädigt ist (II) und sodann für den Ausgleich bei Verursachung durch ein Kfz oder einen KfzAnhänger einerseits und ein Tier oder eine Bahn anderseits (IV). Soweit hier die Haftung für Tiergefahr einbezogen ist, setzt § 17 als Sondervorschrift auch das in § 840 III BGB vorgesehene Tierhalter- und Hüterprivileg außer Kraft. § 17 geht als Sonderbestimmung den §§ 9 StVG, 254 BGB vor, BGH NZV **94** 146, KG VRS **57** 6. Soweit Kfze schadenursächlich beteiligt sind, fällt deshalb ihre BG, **ausgenommen bei Entlastung** (Abs III, §§ 7 II, 18 I), grundsätzlich zu Lasten des Halters und/oder Fahrers ins Gewicht. Die Regelung entspricht dem Grundgedanken des § 254 BGB in gegenwärtiger ausdehnender Auslegung, wonach, entgegen dessen Wortlaut („Verschulden"), vor allem nach konkreten Verursachungsanteilen auszugleichen ist, wenn Schuldgesichtspunkte auch wesentlich mitsprechen.

2. Ein Ersatzanspruch aus dem Unfall muß dem Geschädigten zustehen, den die mehreren Schädiger, gleich aus welchem uU unterschiedlichen Rechtsgrund, gesamtschuldnerisch zu erfüllen haben (§§ 421–426, 840 I BGB), denn § 17 begründet keinen Ersatzanspruch, sondern setzt einen solchen im Außenverhältnis zum Geschädigten voraus, welcher selbständig neben den Ausgleichsansprüchen der Gesamtschuldner untereinander steht, BGH NJW **54** 195. Der Ersatzanspruch des Geschädigten muß zur Unfallzeit kraft Gesetzes entstehen, aufgrund Gefährdungshaftung (StVG), Deliktshaftung, BGHZ **20** 259 = NJW **56** 1067, BGHZ **6** 319 = NJW **52** 1015, VRS **19** 405, **20** 405, Kö DAR **75** 214, KG VR **75** 955, Amtshaftung, RGZ **82** 121, 436, **84** 415, BGH VR **56** 518, KG VR **75** 955, Kö VRS **15** 325, *Böhmer* JR **62** 297, wobei es für den Ausgleich unerheblich ist, ob mehrere gesetzliche Haftungsgründe zusammentreffen, BGH NJW **62** 1394. Ausgleichspflicht nach § 17 auch, wenn ein Kf mit fremdem Kfz sein von einem anderen Fahrer gesteuertes eigenes Kfz beschädigt, KG VRS **57** 5. Bloße Vertragshaftung begründet keine Ausgleichspflicht, RGZ **84** 415, *Böhmer* JR **62** 297. Schadenausgleich nur bei ursächlichem Zusammenhang (Rz 5) zwischen Unfall und Schaden, weil es sonst an der mitwirkenden Verursachung des anderen fehlt, BGH VR **63** 285. Der nur aus dem StVG Ausgleichspflichtige haftet beim Ausgleich nur **im Rahmen der Höchstbeträge nach §§ 12, 12 a,** BGH NJW **64** 1898, DAR **57** 129. Dagegen kann der Geschädigte die Mithaftung für eigenen Schaden nicht auf die Höchstbeträge des § 12 einschränken, weil es dabei nicht um Haftung für Fremdschaden geht, BGHZ **20** 259, **26** 69. Bei Haftung aus BG neben Verschulden muß der Schaden nicht nach Bruchteilen entsprechend diesen Haftungsgründen aufgeteilt werden, BGH VR **64** 1173.

3. Nicht anwendbar ist § 17 als Sondervorschrift in den in ihm nicht bezeichneten Fällen mit der Folge, daß dann nach dem inhaltlich nicht wesentlich abweichenden § 254 BGB auszugleichen ist. Einzelfälle: Halterschädigung durch Fußgänger oder Radf, Kö VRS **96** 345, *Böhmer* DAR **74** 66, **75** 16. Der schuldige Fahrer des Unfallfzs kann dessen Halter die BG nicht entgegenhalten, weil der Halter, hätte er den Fahrer als solchen geschädigt, für seine BG nicht einzustehen hätte (§ 8 Nr 2 StVG), BGH NJW **72** 1415, VRS **51** 259, Fra VR **94** 1000. Die §§ 17, 18 StVG finden also auf den Haftungsausgleich zwischen Führer und Halter desselben Fzs keine Anwendung. Jedoch kann sich der Fahrer eines betriebsunsicheren Kfzs gegenüber dessen Halter auf § 254 BGB berufen, BGH NJW **72** 1415. Haftete der Staat bei Tod eines Beamten mit Dienstwagen diesem nicht für die BG, so kann ihm auch der Schädiger diese BG nicht entgegenhalten, BGH NJW **62** 1394. Der Fahrer haftet Insassen nur bei Verschulden (§ 18 I). Zur Ausgleichspflicht bei langsamen Kfzen (§ 8 Nr 1), soweit nur für Schuld gehaftet wird, BGH VRS **12** 172, *Böhmer* MDR **60** 732. Keine Ausgleichspflicht des Eigentümers gem II, der nicht Halter ist, BGH NJW **65** 1273, Ha NZV **95** 320 (jeweils bei Anspruch aus § 7), Ha NZV **95** 233, LG Berlin VM **01** 56 (jeweils bei deliktischer Haftung), abw BGH VR **00** 356 (bei Gefährdungshaftung nach LuftVG, krit Anm *Mühlbauer*, zust *Prölss* VR **01** 166), *W. Schmitz* NJW **02** 3070, s auch § 7 Rz 16a. Keine Anwendbarkeit, soweit beim Innenausgleich (I) Personen beteiligt sind, die weder als Halter noch als KfzF unfallbeteiligt waren, BGHZ **20** 259. Keine Ausgleichspflicht hat das Vorstandsmitglied einer rechtsfähigen Gesellschaft, das als Insasse eines gesellschaftseigenen Kfz geschädigt wird, BGH VRS **22** 419.

4   **4. Bei der Abwägung** entscheidet in erster Linie das **Maß der Verursachung**, das Gewicht der von den Beteiligten gesetzten Schadensursachen so, wie sie sich beim konkreten Unfall ausgewirkt haben, BGH DAR **03** 308, NZV **95** 145, VR **69** 832, Kö VRS **73** 176. Eine abstrakte BG wäre nicht meßbar, *Böhmer* MDR **62** 87. Es ist zu fragen, wer in welchem Maß den Schaden mitverursacht hat. Deshalb kommen insoweit aber **auch Schuldgesichtspunkte** mit zum Tragen, BGH NZV **96** 272, Nü VR **99** 247, Ha NZV **95** 194, KG VM **90** 52, Ko VRS **78** 414, Fra NZV **90** 472, Mü NZV **90** 394, *Ady* VR **03** 1103, dergestalt, daß uU schwere Schuld die BG oder geringe Schuld der Gegenseite ganz zurücktreten lassen kann, BGH VR **65** 1075, KG NZV **90** 155, Schl VR **86** 977, Ha VR **81** 194. Auch unterschiedliche Verschuldensgrade sind zu berücksichtigen, KG VRS **58** 326. Bei der Abwägung kann es einem sich **grob verkehrswidrig** verhaltenden Unfallbeteiligten nicht zugute kommen, daß der andere sich nicht auf seinen groben Verstoß eingestellt hat, BGH NJW **82** 1756, Ha NZV **01** 428. Nur bewiesene Umstände sind zu berücksichtigen, s Rz 22. Fahrer und Halter desselben Kfz, die dem Mitschädiger ausgleichspflichtig sind, bilden eine Haftungseinheit; auf sie entfällt im Ausgleich nur eine gemeinsame Quote, auch bei eigener Schädigung des Halters, BGH NJW **66** 1262, 1810, Ha NZV **93** 68. § 17, nicht § 9, ist auch anzuwenden, wenn der Führer des Fzs eines Halters ohne dessen Wissen mit dem Führer des anderen an einem „gestellten" Unfall zusammenwirkt; der Halter verliert dann nicht von vornherein seinen Anspruch aus § 7 vollständig wegen weit überwiegenden Verursachungsbeitrags gem § 9, Ha NZV **93** 68, Schl NZV **95** 114 (jeweils Ersatzanspruch zu ½ bejaht), aM Stu NZV **90** 314 (krit *Dannert* NZV **93** 14). **Nimmt der Geschädigte mehrere in Anspruch,** so ist seine **Mitverantwortung** gegenüber jedem Schädiger gesondert abzuwägen; zusammen haben die Schädiger nur den Betrag aufzubringen, der bei Gesamtbeurteilung dem Anteil an der Verantwortung entspricht, die sie im Verhältnis zur Mitverantwortung des Geschädigten insgesamt tragen, s § 9 Rz 6.

5   **5. Ursächlich** für den Schaden muß der jeweilige Umstand **erwiesenermaßen** (Rz 22) geworden sein, sonst bleibt er außer Ansatz, BGH NJW **00** 3069, NZV **95** 145, KG DAR **03** 376, VRS **107** 23, **106** 260, Ha DAR **95** 24, VRS **100** 439 (erhöhte BG), Sa NZV **95** 23. Das gilt für BG wie für Schuld. So fällt die Überlassung des Kfz an einen Fahrer ohne FE nicht ins Gewicht, wenn das Kfz beim Unfall korrekt geparkt war, s BGH VR **62** 374; das gleiche gilt für Verstöße des Halters gegen die Zulassungs- und Versicherungspflicht, Kö VM **90** 45, oder fehlende FE eines beteiligten Fahrers ohne Auswirkung auf den Unfall, KG VM **86** 34, **01** 50, Sa NZV **95** 23, oder Fahruntüchtigkeit aus anderem Grund, BGH NZV **95** 145, KG DAR **03** 317, Ba VR **87** 909, Ha VR **00** 1515, NZV **94** 319, Sa VRS **106** 171, NZV **95** 23, AG Hildesheim BA **01** 300 (zust *Littbarski*), sofern sie sich nicht schädigend ausgewirkt hat, aM Ce VR **88** 608 (abl *Berger* VR **92** 169), Ha NZV **90** 393, DAR **95** 24, LG Paderborn ZfS **94** 6 (jeweils: Berück-

sichtigung erhöhter BG durch Trunkenheit auch ohne nachgewiesene Einwirkung auf den Schaden). Trifft den Verrichtungsgehilfen keine Schuld, so wird idR ein bewiesenes Auswahl- oder Überwachungsverschulden nicht schadenursächlich gewesen sein, Dü VRS **8** 187. Im übrigen bleiben bei der Abwägung selbst Regelverstöße durch einen der Beteiligten außer Betracht, wenn es am **Rechtswidrigkeitszusammenhang** (s **E** 107) fehlt, etwa, weil sich keine der Gefahren ausgewirkt hat, deren Vermeidung die Regel bezweckte, Kö VM **01** 91.

5a. Die mitursächliche BG des Geschädigten fällt auch ins Gewicht, wenn der Schädiger nur für Verschulden haftet, BGHZ **6** 319 = NJW **52** 1015. Im Rahmen von § 8 Nr 1 hat der Geschädigte nur Mitschuld zu vertreten, BGH VR **60** 946. Als Insasse des eigenen Kfz hat der Halter mangels Entlastung (§ 7 II) auch die eigene ursächlich gewordene BG zu vertreten, BGHZ **6** 319, **26** 76, *Schirmer* AnwBl **87** 459. Für seine BG kann der Geschädigte auch bei Schuldanerkenntnis des Schädigers einzustehen haben, Mü VRS **26** 416. Bei mehreren Nebentätern ist im Verhältnis zum Geschädigten Einzelabwägung geboten, Dü DAR **77** 186. **Die Betriebsgefahr** eines Kfz besteht in der Gesamtheit der Umstände, welche, durch die Eigenart als Kfz begründet, Gefahr in den Verkehr tragen, BGH DAR **56** 328, Kar VRS **77** 76. Sie wird durch die Schäden bestimmt, die dadurch Dritten drohen, BGH NJW **71** 1983, Jn DAR **00** 570, Kar VRS **77** 96. Allgemein maßgebend dafür können sein FzGröße, FzArt, Gewicht, FzBeschaffenheit, typische Eigenschaften im Verkehr (Bahn), Beleuchtung, Fahrgeschwindigkeit, Ruhen im Verkehr, verkehrsgerechte oder in welchem Maß verkehrswidrige Verwendung, Kar VRS **77** 96, Dü DAR **90** 462, stets bezogen auf den konkreten Fall und den beim Unfall konkret verursachten Fremdschaden. Umstände, die sich nicht ausgewirkt haben, bleiben beiseite (Rz 5). Da jedoch auch die als ursächlich verbliebenen Umstände in ihrer quotenmäßigen Wirkung meist schwer vergleichbar sind, vermag die Abwägung nicht stets zu überzeugen. Obwohl das Gewicht der einzelnen Faktoren je nach Fallage wechselt, s BGHZ **29** 167, haben sich doch **einzelne Grundsätze zum Gewicht der BG** als allgemeine Regeln herausgebildet: Die allgemeine BG der fahrenden Bahn übertrifft die eines fahrenden Kfz (große, bewegte, schienengebundene Masse, langer Bremsweg), s Rz 43. Soweit nur die bewegte Masse mitspricht, ist die BG der größeren Masse idR größer, s BGH VR **64** 633, **66** 521. Grobes Verschulden wird bloße BG ohne Schuldmitwirkung idR übertreffen, wenn nicht sogar ganz zurücktreten lassen, umgekehrt uU hohe BG nur geringe Schuld. Die BG des korrekt beleuchteten, haltenden Kfz kann geringer sein als die des aufprallenden, Kö VRS **4** 566, aber auch die eines stehenden diejenige eines fahrenden übertreffen, BGHZ **29** 167, Kar VRS **77** 96, s Rz 9. Bei nicht näher aufklärbarer Kollision mehrerer Kfze gleichen oder ähnlichen Typs sind die Anteilsquoten gleich, s BGH VR **69** 800.

Motorräder weisen, weil sie instabil sind, eine beträchtliche BG auf, KG NZV **02** 34, Kö VRS **66** 255. Die Krad-BG bleibt auch bestehen, wenn das Krad auf der Fahrbahn geschoben wird (als Hindernis), BGH VRS **19** 83, ist aber bei am Fahrbahnrand haltendem Krad geringer als die eines fahrenden Pkw, Fra VRS **72** 416. Sie ist auch nicht derjenigen eines Pkw deshalb gleichzusetzen, weil der Kradf weniger geschützt ist, BGH VR **60** 1140, **61** 165, 447. Erhöhte eigene Verletzungsgefahr des Kradf hat im Rahmen des § 17 stets außer Betracht zu bleiben, s *Jordan* VGT **83** 211 ff. Ein Motorroller stellt wegen größerer Geschwindigkeit und stärkerer Motorleistung eine größere BG dar als ein Moped (Tatfrage), Kö VR **63** 864. Die Krad-BG ist höher als die eines Mopeds, wenn das größere Gewicht des Krades durch höhere Geschwindigkeit zur Wirkung gelangt, BGH VR **64** 633. BG eines Pkw ist idR größer als die eines Mofas, Kö VRS **73** 176. Jedoch kann die BG eines zur Fahrbahnmitte hin fahrenden Mopeds wegen Labilität derjenigen eines dort fahrenden Pkws gleichkommen, Sa VM **76** 23. Der Sturz des ungeschützten Mopedf bei Kollision ist keine Auswirkung der Moped-BG, BGH NJW **71** 1984, VRS **41** 340.

Rspr zur Abwägung (soweit nicht bei den einzelnen Bestimmungen der StVO): Die BG eines **Lastzugs** ist bei etwa gleicher Geschwindigkeit beider Fze idR höher als die eines Pkws, Kö NZV **95** 74, aber gleich hoch mit der des wartepflichtigen Pkw, der in eine VorfahrtStr hineinragt, BGH VR **66** 338, gleich hoch bei Vorfahrtverletzung durch Pkw, Hb VR **66** 195, die des schnell fahrenden Lastzugs größer als die eines leeren, langsam fahrenden Lkw, Dü RdK **54** 182, die eines schweren Lkw idR höher als die eines Krades, BGH VR **66** 521, Mü NZV **90** 394. Die BG eines mit 80 km/h an der Mittellinie einer mehrspurigen Fahrbahn fahrenden Lkws ist höher als die eines mit 100 km/h ebenfalls auf dem linken Fahrstreifen entgegenkommenden Pkws, Stu NZV **91** 393. Erhebliche BG eines die AB mit nur 25 km/h befahrenden Lkw, Fra VR **99** 771. Die BG eines langen, schwerfälligen, seitlich unbeleuchteten bei Dunkelheit in eine bevorrechtigte Str einbiegenden Lastzuges kann doppelt so groß sein wie die eines sich dort mit 100 km/h nähernden Pkw, BGH VR **84** 1147. Die BG eines Kfz mit **Anhänger** ist größer als diejenige eines entsprechenden Fzs ohne Anhänger, Ol VR **82** 1154, Kö VRS **90** 339. Abwägung von Verschulden und BG bei Begegnungszusammenstoß zwischen Tiefladeranhänger, der die Gegenfahrbahn teilweise mit befährt, und Motorroller, der in unübersichtlicher Kurve nicht äußerst rechts fährt, BGH VRS **29** 414. Die BG eines **Busses** ist idR erheblich größer als die eines Pkw, Neust VRS **23** 406, Dü VRS **64** 409. Haftung zu gleichen Teilen bei Anfahren eines Linienbusses an Haltestelle ohne Rücksicht auf dicht aufgerücktes Taxi und schuldhaftem Verstoß des TaxiF gegen § 20 V StVO, Dü VRS **65** 336. Die BG des **Überholenden** kann größer sein als die des Überholten, BGH VR **58** 268, Ol VR **58** 594, Ha VR **87** 692, Nau DAR **01** 223 (Erfahrungssatz). Abwägung zwischen grob fahrlässigem „Schneiden" und BG des dadurch zum Bremsen gezwungenen Lkw, Dü VRS **64** 7 (²/₃ zu Lasten des Überholers). Höhere BG dessen, der mit einem Pkw schnell überholt, gegenüber dem, der langsam nach links abbiegt, Dü VR **70** 1161.

9 Ein **Krad,** das auf der linken StrSeite eine Kolonne überholt, bildet eine erhebliche BG, Stu VRS **5** 18. Die BG eines Motorrades, dessen Fahrer eine Kolonne und ein vor einer Ausfahrt anhaltendes Fz dieser Kolonne trotz Überholverbotes überholt, ist wesentlich höher als diejenige eines Kfzs, dessen Fahrer aus der Ausfahrt durch die Lücke nach links einbiegt und dabei mit dem MotorradF kollidiert (Haftung ⅓ zu ⅔ zu Lasten des Überholenden), Ko VR **81** 1136. Die BG eines **haltenden Kfz** oder eines verkehrsbedingt oder ungewollt zum Stehen gekommenen kann der eines fahrenden gleichkommen oder sie übersteigen, BGH VR **60** 520, besonders wenn ein Lastzug ohne Sicherung auf der AB hält, BGH VR **60** 710, oder bei Dunkelheit querstehend die Fahrbahn blockiert, Kar VRS **77** 96, Ha MDR **94** 781, ebenso bei auf der Überholspur der AB querstehendem Pkw, Fra VRS **80** 263, oder unbeleuchtet entgegen der Fahrtrichtung am Mittelstreifen zum Stehen gekommenem Kfz mit Anhänger, Schl VR **95** 476. Zur Abwägung bei Unfall durch Kollision mit verbotswidrig parkendem Fz, KG VM **91** 52. Haftungsverteilung bei **Auffahren** auf den Vorausfahrenden, s § 4 StVO Rz 17. Abwägung bei Reihenauffahren auf der AB, Hb VR **67** 478, beim Auffahren eines Lastzugs auf der AB auf einen langsam fahrenden anderen, BGH VR **65** 1053, **66** 148, Ol VRS **79** 351, Fra VR **99** 771 (¼-Mithaftung des die AB mit nur 25 km/h befahrenden LkwF/Halters), auf ein wegen zu geringer bauartbestimmter Höchstgeschwindigkeit nachts verbotswidrig die AB befahrendes landwirtschaftliches Gespann, Stu VRS **103** 329 (50:50), beim Auffahren auf einen nachts ohne Beleuchtung mit 60 km/h die AB befahrenden Pkw, LG Gießen NZV **93** 115 (⅕ zu Lasten des Auffahrenden), bei Auffahren auf der AB auf einen wegen Unfalls haltenden Lkw, Nau NZV **95** 73, auf einen auf der Überholspur liegengebliebenen Pkw, BGH VR **67** 456, auf ein nachts unbeleuchtet auf der Fahrbahn der AB liegen gebliebenes Fz, Fra ZfS **02** 425 (⅓ zu Lasten des Auffahrenden), auf einen nachts unbeleuchtet auf der AB-Standspur stehenden Lkw, Kar VRS **81** 99 (⅔ zu Lasten des Auffahrenden), auf einen unbeleuchtet außerhalb der markierten Parktaschen auf AB-Parkplatzgelände stehenden Lkw, Stu NZV **93** 436 ⅔ zu Lasten des Auffahrenden), beim Auffahren auf einen beleuchtet abgestellten Lastzug auf einer BundesStr, BGH VR **66** 364, bei Auffahren eines Kf mit 1,61‰ auf unbeleuchtet abgestellten Anhänger, Kar VR **83** 90 (⅘ zu Lasten des fahrunsicheren Kf). Abwägung bei Auffahren auf einen auf der LandStr wendenden, unbeleuchtet querstehenden Lastzug mit Tarnanstrich, Ha MDR **94** 781 (¾ zu Lasten des LkwHalters), auf einen bei Dunkelheit auf der AB querstehenden mittels Leuchten gesicherten Panzer durch 40 km/h zu schnellen Lkw, Nü VRS **87** 87 (¾ zu Lasten des Auffahrenden). Haftungsanteil von 60% zu Lasten dessen, der unter Überschreiten der zulässigen Höchstgeschwindigkeit und infolge Verstoßes gegen das Gebot des Fahrens auf Sicht auf der AB gegen einen aufgrund leichter Fahrlässigkeit quer stehenden Pkw fährt, Kö NZV **93** 271.

Beim **Begegnungszusammenstoß** zweier Kfze gleichen Typs und annähernd gleicher Geschwindigkeit ist die BG gleich groß, Mü VR **60** 862. Dagegen kann die BG eines Motorrades gegenüber derjenigen des begegnenden Pkw und dem Verschulden von dessen Führer ganz zurückzutreten, wenn die Kollision auf der Fahrbahnhälfte des Kradf erfolgte, Dü VR **83** 348. Abwägung der haftungsbegründenden Umstände bei Begegnungszusammenstoß zwischen Kradf und Pkw auf der Fahrbahnhälfte des Kradf, Dü VR **83** 348. Begegnung in Engstelle (Tankwagen mit Anhänger und Möbelwagen), Fra MDR **66** 587. Gleiche BG und gleiches Verschulden bei Unfall zwischen **Linksabbieger** und Auffahrendem, Sa r + s **81** 100. Abwägung bei Zusammenstoß zwischen Linksabbieger und Nachfolgendem, wenn der Vorausfahrende vor dem Abbiegen beim Einordnen wegen starken Bremsens nach rechts gerutscht ist, Ol VR **63** 864. Gleiche Schuld und BG bei Nichtbeachten des Fahrtrichtungsanzeigers eines links Abbiegenden (Grundstück) durch Überholenden und Nichtbeachten des vom Überholenden gegebenen Hupsignals durch den Abbiegenden, KG VRS **62** 95. Zur Abwägung bei Zusammenstoß zwischen Linksabbieger und Linksüberholer, s im übrigen § 9 StVO Rz 55. Erhöhte BG des Linksabbiegers, s Rz 14. Alleinhaftung des **Einfahrenden** gegenüber dem fließenden V, s Rz 18, Mithaftung des im fließenden V befindlichen FzF gegenüber dem Einfahrenden, wenn dieser die zulässige Höchstgeschwindigkeit überschritten hat, Ha DAR **97** 275 (zu ²/₃ bei Überschreitung um 100%), KG VRS **68** 190 (zu ¹/₂ bei Überschreitung um 50%), Sa ZfS **92** 333 (zu ²/₅ bei 60 km/h statt 50), s aber Fra NZV **94** 280, oder uU bei unachtsamem Rückwärtsfahren, Kö NZV **94** 321; Mithaftung zu ¹/₃ bei Verstoß gegen das Sichtfahrgebot bei Dunkelheit und Nebel, Mü NZV **94** 106. Haftungsverteilung zu je ¹/₂ bei **unvorsichtigem Türöffnen** zur Fahrbahn hin und zu geringem Seitenabstand des anderen Beteiligten, KG VRS **69** 98. **Weitere Rspr zur Haftungsverteilung** s bei den einzelnen Bestimmungen der StVO.

5 b. Erhöhte Betriebsgefahr. Zurücktreten der Betriebsgefahr. Erhöht ist die BG, wenn die Gefahren, die regelmäßig und notwendigerweise mit dem KfzBetrieb verbunden sind, durch das Hinzutreten besonderer unfallsächlicher Umstände vergrößert werden, BGH NJW **00** 3069, Kö VM **01** 76 (Straba), *Böhmer* NJW **56** 8, JR **56** 133, zB schwierige Örtlichkeit, besondere StrVerhältnisse, VDichte, FzMängel, soweit zurechenbar, BGHZ **12** 128, Ba VRS **72** 88 (Ölspur), hohe Geschwindigkeit, Dü DAR **90** 462 (bei nasser Fahrbahn), KG VM **90** 91 (150 km/h auf AB), Ha NZV **92** 33 (170 km/h auf AB), DAR **00** 218, NZV **92** 320 (jeweils 160 km/h auf AB), NZV **95** 194 (190 km/h auf AB), Kö VR **91** 1188 (200 km/h bei Dunkelheit auf AB), Schl NZV **93** 152 (210 km/h auf AB), Inanspruchnahme von Sonder- und Wegerecht nach §§ 35, 38 StVO, Dr DAR **01** 214, verkehrswidriges Verhalten, BGH NJW **00** 3069, VRS **12** 17, Kö VR **88** 194, alkoholbedingte Fahrunsicherheit des Fahrers, Fra BA **04** 92, Ha DAR **00** 568, Ce VR **88** 608, Zw VRS **88** 109 (s aber Rz 5). Kolonnenfahren erhöht nicht die BG, Mü DAR **65** 329. **Erhöhte BG** des Mopeds mit 40 km/h auf schlüpfrigem Blaubasalt, erhöhte BG auch bei Nichteinhalten der rechten Fahrbahnseite, Kö VRS **66** 255, NZV **89** 437, uU auch bei erlaubtem Linksfahren, *Booß* VM **86** 34 (aM KG VM **86** 34), zB beim Überholen unter Inanspruchnahme der Gegenfahrbahn, Ha VRS **101** 81; erhöhte BG eines Krades mit besonders hoher Beschleunigung, KG VM **86** 34, **89** 23, eines Gabelstaplers mit geringen Fahrgeräuschen und tiefer Gabel wegen schlechterer Wahrnehmbarkeit, Kö VR **88** 194, eines überlangen Sondertransports mit geringer Manövrierfähigkeit, Kar VR **92** 332. **Verschulden** des Fahrers erhöht die von dem geführten Kfz ausgehende BG, BGH NJW **04** 772, Ko NZV **92** 406, Ha VR **01** 1169, NZV **95** 194, ZfS **97** 288, Kö VR **88** 194, Stu NZV **91** 393, Kar VR **92** 332, Sa NZV **93** 31, jedoch nur, soweit ein **Zurechnungszusammenhang** besteht, sich das Fehlverhalten also im Unfallgeschehen gefahrerhöhend ausgewirkt hat, BGH NJW **88** 58, Ha NZV **90** 473, s auch E 101. Nicht verkehrsgerechtes Verhalten, selbst wenn es zum Schaden beigetragen hat, bleibt außer Betracht, soweit dieser außerhalb des **Schutzzweckes** der nicht beachteten Norm liegt, Ba VR **87** 1137, s Kö VRS **99** 401,

1 StVG § 17 II. Haftpflicht

Hb NZV **92** 281. In dem oben geschilderten Sinn sind erhöhende Umstände insbesondere auch verschuldetes oder unverschuldetes sachwidriges Verhalten von Angestellten des Halters, besonders des angestellten **Fahrers,** Dü DAR **77** 188, zu vertretendes Verschulden des Ersatzpflichtigen bei Verursachung des Unfalls, BGH VR **59** 729, Kö DAR **57** 293, Stu VR **59** 724, Sa VM **81** 37. Der Halter muß sich Fahrerschuld als Erhöhung der BG auch anrechnen lassen, wenn dieser nicht Verrichtungsgehilfe ist oder wenn er sich nach § 831 BGB entlastet, BGHZ **12** 124, VR **76** 1131, **81** 354, Stu DAR **53** 213, Ko VBl **52** 78, *Böhmer* RdK **55** 49. Gefährliche ursächliche Fahrweise erhöht die BG, BGH VR **60** 328, Stu VBl **56** 207, Ba VR **82** 583.

12 Ein fehlender **Rückspiegel** im Führerhaus und demgemäß beschränkte Sicht erhöht die BG, Hb VR **61** 1145. Erhöhte BG bei ungewöhnlichem **Langsamfahren auf der AB,** Mü VR **67** 691, Ha VR **67** 761 (Schleppkolonne), Ol VRS **79** 351, AG Wilhelmshaven NZV **03** 181, oder bei Verursachung eines **Hindernisses auf der AB** durch Unfall, BGH NZV **04** 243.

13 Die BG ist erhöht, wenn das Kfz **überlastet** ist, die Sitzbänke nicht befestigt sind und der Fahrer überschnell eine unübersichtliche Kurve durchfährt, Tüb DAR **51** 99. Beförderung einer erwachsenen Person auf dem Rücksitz eines Leichtkraftrades erhöht die BG wegen erschwerter Beherrschbarkeit des Fzs, Kö MDR **83** 940. Beim **Überholen** ist die BG des Überholenden wegen der höheren Geschwindigkeit und der Linkswendung gesteigert (doch wohl Tatfrage), BGH VR **58** 268, Brn DAR **95** 328, jedenfalls bei zu geringem Seitenabstand, Ha VR **87** 692 (Haftung zu ²/₃ bei Ausscheren des Überholten 1 m nach links). Erhöhte BG des zwei stehende Fz Kolonnen links überholenden Kradf bei Kollision mit aus der rechten Kolonne ausscherendem, wendendem Fz (Mithaftung zu ¹/₅), Mü DAR **81** 356. Gesteigerte BG beim Vorbeifahren an einem Hindernis unter Benutzung der Gegenfahrbahn vor unübersichtlicher Kurve, Ba VR **82** 583. Übersehen des **Richtungszeichens** des Linksabbiegers erhöht die BG des Linksüberholenden, BGH VRS **20** 161, VR **61** 233. Nichtanzeige des Abbiegens: § 9 StVO.

14 Erhöhte BG des **Vorfahrtberechtigten** durch zu hohe Geschwindigkeit, s § 8 StVO Rz 69 a. Erhöhte BG des **Linksabbiegers** bei Kollision mit GegenV, KG VM **87** 37. Erhöhung der BG des links abbiegenden Fzs durch Unterlassen der zweiten Rückschau, Ha VR **81** 340, s auch § 9 StVO Rz 55.

15 **Versagen Einrichtungen** eines Kfz, so erhöht das die BG ohne Rücksicht auf Verschulden, BGH VRS **5** 35, Ha VRS **84** 182. Haftungsverteilung 2:1 zu Lasten des Halters, von dessen Kfz sich Teile lösen, gegenüber demjenigen, der diese infolge zu hoher Geschwindigkeit zu spät wahrnimmt, Ko VRS **68** 32. Alleinhaftung bei Hinterlassen einer Ölspur infolge Motorschadens, die von dem gestürzten ZweiradF unverschuldet nicht bemerkt wurde, Ba VRS **72** 88. Frostempfindlicher Dieselkraftstoff erhöht die BG, BGH VR **68** 646. Fehlen oder Mängeln der vorgeschriebenen **Beleuchtung** (§ 17 StVO) erhöhen die BG, Dü DAR **52** 5. Unzureichende Beleuchtung eines Fz nachts auf der Straße oder der AB wiegt besonders schwer, BGH VR **58** 607, KG DAR **83** 82. Halter und Fahrer sind nach Maßgabe der §§ 23 StVO, 31 StVZO für **FzZustand,** Zubehör und Besetzung verantwortlich. Alleinhaftung bei Auffahrunfall nach Verlust des Reservereifens unterwegs, Dü VR **62** 484, Ha VRS **84** 182, bei Bremsversagen, Bra VRS **3** 377, auch bei Moped, BGH VR **66** 146, bei defekter Bremse der Straba im Verhältnis zu einem verkehrswidrig abgestellten Lastzug, BGH VR **60** 609, bei Ausscheren eines LkwAnhängers wegen eines falsch eingestellten Bremskraftreglers, BGH VR **61** 249, **70** 423.

16 **5 c. Keinen Ausgleich** seines Schadens erhält, wessen Verursachungsanteil und/oder Schuld so stark überwiegt, daß der des anderen Beteiligten demgegenüber zurücktritt, BGH NZV **96** 272, Ko VR **96** 1427, KG DAR **83** 82, Ha VR **81** 194, Schl VR **86** 977, Ba VRS **72** 88, Stu VRS **78** 420, Kar VR **91** 1071, KG VRS **88** 115. Daran hat sich durch die Änderung von § 7 II durch G v 19. 7. 02 (Wegfall des Unabwendbarkeitsbeweises) nichts geändert, Ce MDR **04** 994. Unter Berücksichtigung des Grundgedankens der Gefährdungshaftung gem §§ 7, 17 StVG ist eine ausdehnende Anwendung dieser Rspr problematisch, s Sa VM **82** 69, Kö VRS **73** 176, *Bursch/Jordan* VR **85** 517.

Schadensverursachung durch mehrere Kraftfahrzeuge § 17 StVG **I**

Sie setzt idR neben einer nicht erheblich ins Gewicht fallenden mitursächlichen (uU selbst erhöhten, Ha NZV **92** 320) BG des einen, bezogen auf den Unfallverlauf, grobes Verschulden des anderen voraus, BGH NZV **90** 229, Sa VM **82** 69, Mü r + s **86** 6, *Reiff* VR **92** 1367. **Beispiele** (nicht zu verallgemeinern), soweit nicht bei den einzelnen Bestimmungen der StVO behandelt: Anzeigeloses, plötzliches **Wechseln des Fahrstreifens** als Vorausfahrender, Bra VR **03** 1567, Kö VR **91** 195, Ce VR **72** 1145, überhaupt Fahrstreifenwechsel unter Mißachten der gesteigerten Sorgfaltspflicht des § 7 V S 1 StVO, KG VRS **104** 263, MDR **03** 1228, Ha VRS **81** 342, *Reiff* VR **92** 1367, selbst bei sehr hoher Geschwindigkeit des anderen Beteiligten (s § 3 StVO Rz 55c), KG VM **85** 63, VM **90** 91, Kar VRS **74** 166, Nü ZfS **91** 78, Ha DAR **02** 312, NZV **90** 269 (200km/h, abl *Greger*), Gebhardt DAR **92** 297, **str**, abw (bei Überschreiten der **AB-Richtgeschwindigkeit** von 130km/h, s § 3 StVO Rz 55c) Kö VR **91** 1188 (200km/h bei Dunkelheit auf AB, zust *Reiff* VR **92** 293), VR **92** 1366 (150km/h auf AB, abl *Reiff*), Ha NZV **95** 194, **00** 42, DAR **00** 218, s dazu *Reiff* VR **92** 717. Aber Mithaftung des die zulässige Höchstgeschwindigkeit überschreitenden Überholers, KG VM **93** 85, zur Mithaftung des Überholenden s auch § 5 StVO Rz 73. Schleudern auf die Gegenfahrbahn beim **Durchfahren einer Kurve**, Kar VR **81** 886, nicht äußerst rechts Fahren in schmaler Kurve, BGH VR **67** 286, Schneiden einer Kurve mit Begegnungszusammenstoß, BGH VR **66** 776, Nü VR **61** 982, Mitbefahren der linken StrSeite in glatter Kurve, Nü VR **60** 574, Überfahren der StrMittellinie in einer Kurve, BGH NZV **90** 229, **94** 391, durch alkoholbedingte Fahrunsicherheit verursachtes **Geraten auf die Gegenfahrbahn**, Stu VR **82** 861, Abrutschen auf die andere StrSeite wegen überschnellen Fahrens, Ko VRS **84** 14, VR **77** 937, grobfahrlässig verursachtes Abkommen von der Fahrbahn und anschließendes Querstellen des Fzs bei Auffahren des mit ausreichendem Sicherheitsabstand Nachfolgenden, Ha VR **81** 788, Schleudern auf die Gegenfahrbahn, Jn DAR **02** 269, zB bei Nässe, BGH VR **61** 292, oder bei winterlicher Glätte, Ha NZV **94** 277, **98** 115, Überfahren der ununterbrochenen Linie mit Tanklastzug bei Überschreiten der zulässigen Höchstgeschwindigkeit um 20km/h auf schmaler Straße bei 40m Sicht, um der vermeintlichen Gefahr durch einen auf dem Gehweg verkehrswidrig parkenden PKW zu begegnen, Ha VR **81** 194, nicht mehr kontrollierbares Hineinschleudern in eine entgegenkommende Kolonne, Ce VR **80** 722, gefährdendes Befahren der unrichtigen StrSeite (Linksfahrt), BGH VR **62** 989, zB beim Einbiegen in die Fortsetzung abknickender VorfahrtStr, BGH VR **66** 264. Völlig **achtloses Auffahren** auf ein haltendes Kfz ohne Warnleuchten, BGH VR **64** 952, erst recht auf ein beleuchtetes, BGH DAR **56** 215, Fra VRS **72** 416, auf den Vordermann, der verkehrsgerecht (§ 11 StVO) wartet, um bei einer Stauung das Linksabbiegen zu ermöglichen, Mü DAR **64** 218, auf ein wegen Panne auf der AB äußerst rechts haltendes Fz, BGH VR **65** 383, auf ein den linken AB-Fahrstreifen mit 15 km/h befahrendes SchneeräumFz mit Rundumleuchte, Bra NZV **02** 176, auf einen entgegen § 12 StVO abgestellten Lastzug, BGH VR **65** 362, **67** 398, Nü VR **63** 715, Auffahren auf der AB bei Tage auf einen langsam vorausfahrenden oder wegen Panne haltenden Lastzug, Ce VR **67** 1054, auf ein ordnungsgemäß gesichertes (Warndreieck, Warnblinkanlage, Rückfahrscheinwerfer) auf der AB vor einer Unfallstelle wartendes Fz, BGH NZV **04** 243, auf einen weithin sichtbaren, rechts haltenden Lastzug, BGH VR **69** 713, auf einen Lastzug, der auf der AB wegen Spurverengung nach links ausbiegt und dies rechtzeitig anzeigt, Mü VRS **35** 333, auf einen nachts eine AB-Steigung mit 50 km/h befahrenden (schwach beleuchteten) Lkw, Fra NZV **01** 169, auf einen Lkw, der in einer Engstelle plötzlich anhalten muß, bei zu geringem Abstand, Kar VR **61** 566, Auffahren auf den Vorausfahrenden, ohne daß dieser seine Fahrlinie geändert oder unzulässig gebremst hätte, BGH VR **66** 146, **62** 1101, KG VM **88** 50, Hb DAR **65** 301, VR **67** 478, Dü VRS **74** 105, Kollision mit einem rückwärts aus der Parktasche eines Parkhauses ausgefahrenen Fz infolge auf dem „Fahrstreifen" zwischen den Parktaschen eingehaltener wesentlich zu hoher Geschwindigkeit (ca 30), KG VRS **64** 104. **Inanspruchnahme des Wegerechts** nach § 38 StVO bei Rotlicht ohne die gebotene Vorsicht (s § 38 StVO Rz 10), KG VM **81** 95. Wer beim **Wenden** in die Fahrbahn eines anderen Kf gerät und mit diesem kollidiert, haftet mangels Verschuldens des anderen idR allein, s § 9 StVO Rz 52. Zurücktreten der Straba-BG, s Rz 43.

17 Auch grob fehlerhafte **Überholmanöver** können den Ausgleich ausschließen: Überholen auf nasser oder glatter Überholfahrbahn ohne Übersicht über Gegenverkehr, BGH VR **62** 643, Ko VR **96** 1427, Überholen einer Kolonne trotz Gegenverkehrs, Mü VR **65** 907, waghalsiges rücksichtsloses Überholen einer FzKolonne bei leichtem Ausscheren eines in der Kolonne Fahrenden, Kö VRS **72** 13, Ha VRS **92** 182, Anschlußüberholen trotz Gegenverkehrs, BGH VR **65** 566, Sa VM **81** 37, grobfahrlässiges Schneiden nach Überholen, Mü VR **66** 1015, Einscheren unmittelbar vor dem Überholten und sofortiges Bremsen, Kar VR **91** 1071, Rechtsüberholen eines Dauerlinksfahrers und Aufhalten des Überholten durch scharfes Bremsen, Kö VRS **30** 164, verspätetes Linksüberholen des nach links in ein Grundstück Abbiegenden (obwohl dieser äußerst sorgfältig sein muß), BGH VR **64** 681, Mü VR **65** 524. Völliges Zurücktreten der BG eines überholenden Motorrades gegenüber grob schuldhaftem Ausscheren des überholten, alkoholbedingt absolut fahrunsicheren Pkwfahrers, Schl VR **86** 977, oder des überholten Lkw aus einer ordnungsgemäß überholten FzKolonne, Kar VR **02** 1434, eines mit 170 km/h den linken Fahrstreifen der AB befahrenden Pkw gegenüber dem nach links ausscherenden zu überholenden Pkw, Nü ZfS **91** 78, des in einer Rechtskurve von einem Radf grob verkehrswidrig rechts überholten Lkw, Stu VRS **80** 165. Alleinhaftung des Kradf, der mit einem anderen Kradf infolge zu geringen Seitenabstands beim Überholen kollidiert, Kö VR **88** 277, oder der infolge groben Fehlverhaltens auf AB auf einen vor ihm ordnungsgemäß überholenden Pkw auffährt, Fra VR **93** 1499. Ermäßigt ein Vorfahrtberechtigter seine Geschwindigkeit, um einen Wartepflichtigen einbiegen zu lassen, so kann das Überholen beider Fze einen so schweren Verstoß darstellen, daß die BG des Einbiegenden bei Kollision des Überholenden mit diesem außer Betracht bleibt, Ha VR **82** 250. Wer als Kf durch erhebliches Verschulden, etwa beim Überholen, die Fehlreaktion eines anderen Kf auslöst, erhält keinen Ausgleich seines Schadens, Fra VR **81** 737, VRS **88** 112. Bei grober **Vorfahrtverletzung** tritt die BG des vom Vorfahrtberechtigten geführten Fzs idR zurück, s § 8 StVO Rz 69. Die Umstände können es aber in Ausnahmefällen auch rechtfertigen, den Berechtigten seinen Schaden allein tragen zu lassen, BGH VRS **14** 346, KG DAR **83** 82 (Fahren ohne Beleuchtung). Wer **in ein Grundstück abbiegt,** muß sich so verhalten, daß Gefährdung anderer ausgeschlossen ist (§ 9 V StVO). Bei besonderer Unachtsamkeit kann er seinen Schaden im Verhältnis zum Längsverkehr allein tragen müssen (FernverkehrsStr), BGH VR **69** 614, s Ha VR **69** 618, zB auch bei Linksabbiegen trotz rasch herankommenden Gegenverkehrs, BGH VR **64** 514, **65** 899, **66** 188, oder beim Abbiegen in eine Tankstelle, BGH VR **60** 225, nicht aber bei Kollision mit dem aus demselben Grundstück Ausfahrenden, Dü NZV **91** 392 (je ½), s auch § 9 StVO Rz 55.

18 Der **in den Verkehr Einfahrende** muß sich so verhalten, daß Gefährdung anderer ausgeschlossen ist (§ 10 StVO). Verletzung dieser Pflicht läßt die BG des im fließenden V befindlichen Fzs zurücktreten, Ce NJW-RR **03** 1536, KG VM **01** 27, Ha DAR **95** 24, Kö VRS **86** 322, Fra NZV **94** 280, auch bei Fahrstreifenwechsel des fließenden V auf den zunächst freien rechten Fahrstreifen, KG DAR **04** 387. Neben ihm haftet der Halter des die Sicht versperrenden in 2. Reihe haltenden Fzs, KG VM **80** 85 (zu ⅕). Zur Mithaftung des im fließenden V befindlichen FzF, s Rz 10. Alleinhaftung dessen, der die Einbahnstr in falscher Richtung befährt und mit Ausfahrendem kollidiert, Ol NZV **92** 487. Allein für seinen Schaden verantwortlich kann auch derjenige sein, der in die AB ein- und sofort auf den Überholstreifen fährt, s § 18 StVO Rz 16. Alleinhaftung eines Traktorfahrers, der mit 2 Anhängern bei Dunkelheit vom Acker über eine durchgehende Linie einer BundesStr in diese nach links einbiegt und mit einem dort mit 100 km/h und Abblendlicht von rechts kommenden Pkw kollidiert, Dü VRS **89** 244, oder in eine LandStr trotz in 270 m Entfernung herannahendem Pkw, Ha NZV **97** 267.

19 Gänzliches Zurücktreten der Kfz-BG bei sorgfältiger Fahrweise im Verhältnis zu **unvorsichtigen Fußgängern,** s § 9 Rz 13, bei grob fahrlässigem Verhalten eines Rodlers, Mü DAR **84** 89.

20 **6. Verteilung des Schadens.** Der Schaden ist quotenmäßig zu verteilen. Dabei muß die Addition der Quoten 100% ergeben, *Jan/Jag/Bur* Rz 13, unzutreffend LG Wiesbaden DAR **04** 156 (abl *Sauer* DAR **04** 398). Nicht zulässig wäre es, jedem Beteiligten den eigenen Schaden aufzuerlegen, BGH DAR **57** 129, *Böhmer* JR **57** 373, LG Itzehoe NZV **04** 366, LG Dü VR **63** 761. Das Bemühen um Gleichmäßigkeit und Überschaubarkeit der Rspr zur Schadensverteilung hat zur Entwicklung von **Quotentabellen** (s zB VGT **85** 253) geführt, die jedoch angesichts der weitgehenden Unvergleichbarkeit der Unfallabläufe und örtlichen Gegebenheiten allenfalls eine gewisse Orientierungshilfe bieten können, s dazu *Bursch/Jordan* VR **85** 512, *Brüseken ua* NZV **00** 441 sowie Empfehlung des VGT **85** 12. Umfangreiche, systematisch gegliederte Rspr-Übersicht bei *Grüneberg,* Haftungsquoten bei VUnfällen, 7. Aufl 2002.

7. Ausgleichspflicht des verletzten Halters gegenüber dem haftpflichtigen 21 anderen Halter besteht auch, wenn er als Insasse seines Kfz nur für seine BG einzustehen hat, während der Schädigende nach § 7 StVG und für Verschulden haftet, BGHZ **6** 319 = NJW **52** 1015, *Böhmer* DAR **57** 146. Auch seinen Ansprüchen aus § 823 BGB gegenüber muß sich der als Mitfahrer verletzte Halter seine Gefährdungshaftung entgegenhalten lassen, BGHZ **20** 259 = NJW **56** 1067, 1665 *(Böhmer),* abl *Böhmer* MDR **57** 546, Kar VR **61** 287.

8. Ausschluß der Ausgleichspflicht: Unabwendbares Ereignis. Abs III schließt 22 die Ausgleichspflicht des Halters nach Abs I und II aus, wenn der Unfall durch ein unabwendbares Ereignis herbeigeführt wird. War der Unfall für beide beteiligten Halter unabwendbar, so entfallen gem III gegenseitige Ansprüche (wie auch schon nach früherem Recht), s *Wagner* NJW **02** 2061, einschränkend (zur Vermeidung unbilliger Alleinhaftung nur *eines* Halters) *Huber* § 4 Rz 80 ff, *Ady* VR **03** 1105 für den Fall der Schädigung eines Dritten durch zwei Halter, für die der Unfall gleichermaßen unabwendbar war. Der Haftungsausschluß gilt gem III S 3 **auch gegenüber dem Eigentümer eines Kfz,** der nicht Halter ist, zB bei Leasing des Fzs (s Begr, BTDrucks 14/8780 S 22). Unabwendbarkeit bedeutet nicht absolute Unvermeidbarkeit, BGHZ **117** 337 = NZV **92** 229, NJW **85** 1950, **86** 183, Br DAR **01** 273, Kö NZV **93** 313, VM **97** 52, ZfS **02** 513, Sa NZV **92** 75, Mü VRS **93** 256, Schl VR **99** 334, sondern besonders sorgfältige Reaktion, Ha NZV **99** 128, 374, Ol VR **80** 340. Unabwendbar ist ein Ereignis, das durch **äußerste mögliche Sorgfalt** (E 150) nicht abgewendet werden kann, BGHZ **117** 337 = NZV **92** 229, Brn VRS **106** 18, 106, Sa ZfS **03** 118, Ha NZV **00** 376, Kö VRS **90** 339, KG VRS **106** 23, **104** 355, Mü VR **96** 1036. Dazu gehört sachgemäßes, geistesgegenwärtiges Handeln über den gewöhnlichen und persönlichen Maßstab hinaus, BGHZ **113** 164 = NZV **91** 185, BGHZ **117** 337 = NZV **92** 229, Brn VRS **106** 18, Sa ZfS **03** 118, KG VRS **107** 18, **104** 355, Dr DAR **01** 213, Br DAR **01** 273, jedoch nicht das Verhalten eines gedachten „Superfahrers", sondern, gemessen an durchschnittlichen VAnforderungen, das **Verhalten eines „Idealfahrers",** BGHZ **113** 164 = NZV **91** 185, BGHZ **117** 337 = NZV **92** 229, VR **92** 890, Sa ZfS **03** 118, Brn VRS **106** 18, 107, Dr DAR **01** 213, Br DAR **01** 273, Ha NZV **00** 376. Zur äußersten Sorgfalt gehört Berücksichtigung aller möglichen Gefahrenmomente, KG VRS **106** 23, 260, Fra VR **99** 771, Stu VR **83** 252. Der Fahrer muß auch erhebliche fremde Fehler berücksichtigen, Brn VRS **106** 18, KG Betr **74** 1569. Andererseits darf er auch im Rahmen des Abs III als besonders sorgfältiger Kf grundsätzlich **auf das Unterlassen grober Verstöße durch andere VT vertrauen,** BGH VR **85** 86, NJW **86** 183, Ha NZV **99** 374, KG ZfS **02** 513, Kar VRS **74** 86, Ol NZV **90** 154, Kö NZV **92** 364, Fra VRS **84** 274, *Greger* § 7 Rz 369, in gewissem Umfang auch auf sachgerechtes Verhalten von Kindern, BGH NJW **87** 2375, KG VM **97** 52. Maßgebend ist die Sachlage vor dem Unfall, BGH VR **65** 81, Mü VR **76** 1141, Kö DAR **60** 136, uU schon die Situation vor Eintritt der Gefahrenlage, wenn ein „Idealfahrer" auch deren Eintreten vermieden hätte, BGHZ **117** 337 = NZV **92** 229, Brn VRS **106** 107, 254. **Umstände, die den Schaden nicht beeinflußt haben,** bleiben unberücksichtigt, auch wenn sie ein Fehlverhalten des Kf begründen, BGH NJW **82** 1149, Fra VRS **84** 274. Unabwendbarkeit, wenn ein Idealfahrer zwar nicht in der ursächlich gewordenen Weise gefahren wäre, dies aber wegen einer anderen als der verwirklichten Gefahr getan hätte, BGH DAR **76** 246, NJW **85** 1950, **86** 183. Insbesondere kommt es dem Geschädigten nach dem Schutzzweck des Abs III nicht zugute, wenn der Kf eine ihm gegenüber einem *anderen* VT (nicht dem Geschädigten) obliegende Pflicht verletzt hat, BGH DAR **76** 246, KG NJW-RR **87**

1 StVG § 17   II. Haftpflicht

284. **Zuwiderhandlung gegen VVorschriften** schließt die Annahme äußerster Sorgfalt aus, Stu VRS **103** 329. Ursächliche Geschwindigkeitsüberschreitung steht der Feststellung von Unabwendbarkeit entgegen, Br DAR **01** 273; jedoch schließt überhöhte Geschwindigkeit III nicht aus, falls sie weder für den Unfall noch für schwerere Folgen ursächlich war (zB Krad fährt einem Pkw auf dessen Fahrbahnseite unmittelbar in den Weg), Stu VR **80** 341, Fra VRS **84** 274. (Mitursächliches) Überschreiten der AB-Richtgeschwindigkeit schließt nach hM Unabwendbarkeit aus, s dazu aber § 3 StVO Rz 55c. Auch im Rahmen des § 17 III steht dem Fahrer, der durch unvorhersehbare Gefahr überrascht wird, **Schreckzeit** zu, BGH VR **64** 753, Sa VM **71** 84. Jedes **Verschulden** schließt ein unabwendbares Ereignis aus, BGH VR **59** 789, Ce VR **78** 1144, KG VR **71** 869, DAR **76** 240, Kö NJW-RR **87** 478. Die Unabwendbarkeit kann nicht mit dem Hinweis darauf verneint werden, daß ein besonders sorgfältiger Kf die Fahrt zu dieser Zeit und an diesem Ort überhaupt unterlassen hätte, denn §§ 7, 17 III setzen den *Betrieb* des Kfz voraus, *Booß* VM **84** 48, aM Mü VM **84** 46. Zur Entlastung nach III gehört der Nachweis, daß der Halter bei der **Auswahl und Beaufsichtigung des Kf** sorgfältig war, BGH VR **64** 1241. Zur Unabwendbarkeit bei **Inanspruchnahme von Sonderrechten** (§ 35 StVO), s Ko NZV **97** 180, Ha VR **98** 1525 (jeweils Verfolgungsfahrt). Hat sich der Sonderrechtsfahrer besonders sorgfältig verhalten, ist III nicht schlechthin ausgeschlossen, Ce VR **75** 1052.

23   Wer sich nach III entlasten will, muß die **Unabwendbarkeit** des Unfalls **beweisen,** BGH DAR **76** 246, KG VRS **107** 23, Brn VRS **106** 107, KG ZfS **02** 513, VRS **88** 115, Kö NZV **94** 230, VRS **90** 339, *Reiff* VR **92** 1367. Zum Beweis der Unabwendbarkeit gehört nicht Widerlegung aller nur denkmöglicher Unfallverläufe, für die keinerlei tatsächlicher Anhalt besteht, BGH VR **70** 423, Brn VRS **106** 107, Kar VR **81** 886, Dü VR **77** 160. Da der Zivilrichter an das Parteivorbringen gebunden ist, kann er den Entlastungsbeweis nur auf dieser Grundlage beurteilen, BGH VRS **17** 102. Unaufklärbarkeit tatsächlicher Umstände geht zu Lasten des Beweispflichtigen, Mü VR **76** 1141, Kö VR **03** 77 (kein Anscheinsbeweis). Schon bloße Zweifel am unfallursächlichen Fahrverhalten schließen die Feststellung der Unabwendbarkeit aus, BGH VR **69** 827. Beispiele unabwendbarer Ereignisse: Rz 26–27.

24   **8 a. Unabwendbarkeit.** Selbst ein besonders vorsichtiger Kf braucht nicht damit zu rechnen, daß ein **Entgegenkommender** infolge winterlicher StrVerhältnisse von der Gegenfahrbahn herüberschleudern werde, BGH VR **59** 455, Fra VR **87** 469, oder daß ihm auf seiner Fahrbahnseite in einer Kurve plötzlich ein Krad vor den Kühler fährt, BGH VR **66** 1076. Daß sich ein Entgegenkommender durch das Vorbeifahren an einem UnfallFz behindert fühlen und ins Schleudern geraten werde, BGH VRS **29** 448. Unabwendbar ist: Zusammenstoß auf eigener Fahrbahn oder eigenem Fahrstreifen mit einem Entgegenkommenden, BGH NZV **94** 391, Ce VR **79** 264, DAR **76** 76, Schl VR **74** 679 (Blendung), Fra VRS **72** 32 (Glatteis). Grob verkehrswidriges Ansetzen zum Überholen für den Entgegenkommenden, der verkehrsgerecht fährt, BGH VR **68** 577, anders aber, wenn dieser im Hinblick auf die erkennbare Gefahr solchen Überholens zu schnell fährt, Fra VR **81** 238. Unfall infolge der **Ausweichbewegung** wegen unvorhersehbaren Querfahrens eines Wartepflichtigen kann unabwendbar sein, Ha VR **69** 956. Auch der besonders sorgfältige Kf kann uU das Steuer im letzten Augenblick herumreißen müssen, BGH VR **76** 343.

25   Für den innerorts erlaubt **Parkenden** kann ein Unfall unter Beteiligung seines Kfz mangels erkennbarer Gefahrumstände ein unabwendbares Ereignis sein, Kar VR **78** 647, Bra VR **89** 95. Daß dem **Vorfahrtberechtigten** im letzten Augenblick ein Wartepflichtiger mit großer Geschwindigkeit unmittelbar vor den Wagen fährt, kann die Haftung nach III ausschließen, s Neust VRS **10** 189. Für den vorfahrtberechtigten Busf, der sich vor der Einmündung wegen parkender Fze mehr nach links halten mußte, kann es unabwendbar sein, wenn ein Wartepflichtiger trotz beschränkten Überblicks zügig einbiegt und vor den Bus gerät, Fra VR **79** 265. Auch sonst kann eine Vorfahrtverletzung für den Berechtigten unabwendbar sein, BGH NJW **61** 266, Kö DAR **60** 136, Mü VR **59** 863, etwa unklares Fahren des Wartepflichtigen (Bremsen, dann Abbiegen), BGH VR **67** 779. Das **Hochschleudern von Gegenständen,** für deren Vorhanden-

Schadensverursachung durch mehrere Kraftfahrzeuge § 17 StVG I

sein auf der Fahrbahn keine Anhaltspunkte vorliegen, kann unabwendbar sein, insbesondere, wo hohe Geschwindigkeiten gefahren werden dürfen, LG Hof NZV **02** 133 (Kantholz auf AB), AG Fra NJWE-VHR **97** 132 (flaches Brett), selbst bei zu geringem Abstand zum Geschädigten, LG Berlin ZfS **81** 325. **Unabwendbar ist es:** Daß ein Stein von einem auf normaler Fahrbahn fahrenden Kfz in die Windschutzscheibe eines anderen geschleudert wird, Kö ZfS **83** 353, AG Lahr VR **61** 334, LG Lüneburg MDR **61** 1014 (str, s AG Kö VRS **69** 13), anders zB im Bereich von Baustellen, BGH VRS **47** 241, beim Einsatz des Kfz als Mähgerät (Fahrbahnrand), Ce NVwZ-RR **04** 553, oder bei größeren Gegenständen, s LG Aachen VR **83** 591 (schon bei mittelgroßen Steinen von 6 × 6 × 6 cm). Daß beim Bestreuen der AB ein weggeschleuderter Stein eine Windschutzscheibe zertrümmert, LG Lübeck DAR **55** 136. Ein besonders sorgfältiger Kf soll nach Baugelände auf in den Reifen eingeklemmte Steine achten müssen, Fra VM **58** 34, AG Kö VR **86** 1130. Unabwendbar kann ein Unfall sein, der auf nicht rechtzeitigem Wahrnehmen ungewöhnlich schwer erkennbarer **Hindernisse auf der Fahrbahn** einer AB beruht, LG Kö MDR **91** 1042 (Eisenstange), s § 3 StVO Rz 25. Rutschen auf nicht erkennbarer (s dazu Ba VRS **72** 88) Ölspur, LG Köln DAR **65** 328, Ha 9 U 39/84, anders bei rechtzeitiger Wahrnehmbarkeit oder nicht angepaßter Geschwindigkeit, LG Bonn VM **00** 40. Unabwendbar ist, daß der Fahrer eines auf die **Autobahn** einfahrenden Lastzugs unversehens die Überholspur versperrt, BGH VRS **10** 327; je nach Übersicht das Auffahren auf einen Lkw, der verbotswidrig auf dem AB-Notübergang wendet, BGH VR **57** 787. Verbotswidriger Gegenverkehr auf der AB, LG Darmstadt VR **66** 1144. Auffahren eines Pkws auf einen langsam bergauf fahrenden, auf der AB rechtzeitig sichtbaren Lastzug für dessen Halter, Zw VR **73** 166, nicht aber für den Halter eines die AB mit nur 25 km/h befahrenden Lkw, wenn der Fahrer Anlaß hatte, wegen seiner geringen Geschwindigkeit auf den nachfolgenden V besonders zu achten, Fra VR **99** 771. Daß jemand auf einen Lastzug auffährt, der wegen einer Stauung auf der AB hält, ist unabwendbar für den Lastzugf, Dü VR **62** 455. Daß ein auf der AB Vorausfahrender ohne erkennbaren Grund auf den Grünstreifen gerät, scharf nach rechts einschlägt und dem Nachfolger in die Flanke fährt, BGH VRS **22** 90.

Auch ein besonders sorgfältiger „Idealfahrer" muß sich beim **Überholen** mehrerer 26 Vorausfahrender in FzSchlange nur dann auf ein nicht angekündigtes Überholen auch des vor ihm Fahrenden einstellen, wenn besondere Umstände (zB Ende eines längeren Überholverbots) dies verlangen, BGH NJW **87** 322. Daß der zu Überholende plötzlich ohne Ankündigung links einschwenkt, ist für den Überholenden unabwendbar, BGH VR **62** 566, Fra NZV **00** 211, VRS **84** 274. Für den Kf, der in einer Kolonne vor einem Hindernis anhalten muß, wenn ein Nachfolgender auf ihn **auffährt,** Kö VRS **15** 325, Lehr VGT **86** 147. Für den Kf, der beim Umspringen auf Gelb bremst, ist es unabwendbar, wenn ein Nachfolger auf ihn auffährt, Hb MDR **64** 595, Kar VRS **72** 168. Auffahren auf ein Fz auf AB, s Rz 25. Plötzliches **Ampelversagen,** AG Pinneberg VR **65** 1063, idR auch „feindliches" Grün, Kö NZV **92** 364.

Das **Verhalten nicht motorisierter VT** kann im Rahmen des Abs III von Bedeu- 27 tung sein, wenn es zu einer Reaktion eines der beiden unfallbeteiligten FzF führt. Insoweit bleibt daher auch die zu § 7 II (alt) ergangene Rspr beachtlich. Danach kann es unabwendbar sein, daß ein **Radfahrer,** der überholt wird, trotz Warnsignals plötzlich nach links abbiegt, BGH MDR **66** 313, bei Grünlicht für den GeradeausV die Fahrbahn auf einer Fußgängerfurt trotz Rot zeigender FußgängerLZA überquert, KG VM **87** 22. Daß ein am linken Straßenrand stehender Mann unmittelbar vor der Begegnung zweier einander entgegenkommender Kfze die **Fahrbahn überschreitet,** BGH DAR **60** 32, daß Fußgänger die Fahrbahn im Laufschritt unmittelbar vor der Begegnung zweier mit Scheinwerferlicht fahrender Kfze überqueren, BGH VR **60** 183, ein unauffällig am linken Fahrbahnrand Gehender unvermittelt auf die Fahrbahn läuft, Ha NZV **99** 374, oder eine Person auf der AB plötzlich vor ein Fz läuft, Ha VRS **85** 13, daß ein zunächst ausgewichener Fußgänger plötzlich wieder in die Fahrbahn tritt, Dü DAR **54** 108. Sechsjähriges **Kind** übersteigt einen niedrigen Zaun und läuft sofort auf die Fahrbahn, Kö VR **80** 338, rennt 7,5 m hinter Bus, bis dahin nicht sichtbar, auf die Fahrbahn, Kar DAR **84** 18. Für einen nur ca 30 km/h fahrenden Kf kann das plötzliche Hervortreten eines für ihn vorher nicht sichtbaren Kindes zwischen parkenden Fzen unabwendbar sein, KG

1 StVG § 17   II. Haftpflicht

VR **81** 885. Mit dem plötzlichen Hervortreten eines Kindes zwischen parkenden Fzen muß auch ein besonders sorgfältiger Kf ohne konkrete Anhaltspunkte im allgemeinen nicht rechnen, BGH NJW **85** 1950, Dü VRS **72** 29, KG NZV **88** 104, VM **97** 52, Ha NZV **91** 194, Kar DAR **89** 25, Mü VRS **93** 256, Schl VR **99** 334, *Maatz* VGT **94** 225, s *Greger* NZV **90** 413, s aber Ce VR **87** 360, Ha NZV **90** 473; es kommt auf die konkreten Umstände an, s § 25 StVO Rz 31. Trotz Z 136 („Kinder") kann ein Unfall für den Kf unabwendbar sein, wenn ein Kind zwischen parkenden Fzen plötzlich in die Fahrbahn läuft, Fra VR **82** 152 (Dunkelheit), KG VM **97** 52. Unabwendbar kann das plötzliche **Springen eines Tieres** in die Fahrbahn sein, zB eines Hundes vor ein Krad, BGH VR **66** 143 (im Ergebnis offengelassen), oder vor einen Pkw, Sa VM **71** 84, aM Nü VR **63** 759 (Wachhund), oder das plötzliche, auch bei aufmerksamer Beobachtung und angepaßter Geschwindigkeit nicht rechtzeitig erkennbare Betreten der AB durch Wild auf kurze Entfernung, KG NZV **93** 313 (s aber § 3 StVO Rz 28). Auch nach Abs III ist es einem Kf nicht vorzuwerfen, daß er vor einem unvorhersehbar auftauchenden Schäferhund plötzlich bremst und sein Kfz dabei etwas nach links zieht (automatische Abwehrreaktion, E **86**), s Sa VM **71** 84.

28   **8 b. Kein unabwendbares Ereignis** ist es: wenn ein besonders umsichtiger Fahrer die Gefahr noch abgewendet haben würde, BGH VR **66** 829, oder jedenfalls nur einen weniger folgenschweren Unfall verursacht hätte, BGH NJW **82** 1149. Herabfallen mangelhaft befestigter Ladung durch heftigen Wind. Eine besonders schwierige enge Durchfahrt. Dem Fahrer bekannte Glatteisgefahr. Fehlerhaftes Fahrverhalten schließt für sich allein Unabwendbarkeit nur bei bestehendem **Zurechnungszusammenhang** aus, dh, es bleibt unbeachtlich, wenn die dadurch geschaffene Gefahr den Unfall nicht beeinflußt hat, BGH NJW **88** 58, s Rz 24, E **101**. Bei **FzBegegnung** muß ein besonders sorgfältiger Kf idR solchen Abstand zur StrMitte halten, daß er mit einem 1 m herüberkommenden GegenFz nicht kollidiert, Dü VR **72** 649, wird aber bei vorhersehbarem Unfallgeschehen diesen Abstand zur Mitte durch Ausweichen auf den äußersten Fahrbahnrand vergrößern, Fra VR **99** 770. Steht auf einer BundesStr in Gegenrichtung ein Lastzug, den zwei Entgegenkommende bereits umfahren, so muß ein besonders sorgfältiger Fahrer mit weiteren Fzen rechnen, BGH VRS **26** 95. Kann der Lastzugf die Fahrbahn im Rückspiegel nur auf 22 m übersehen, so darf er sich auf der AB mit einem Blick in den Rückspiegel nicht begnügen, ehe er zum **Überholen** ansetzt, BGH VR **59** 633. Wer trotz schlechten Überblicks auf der linken StrSeite überholt, handelt auch als Vorfahrtberechtigter nicht mit aller nötiger Sorgfalt, KG VR **72** 1143. Nicht unabwendbar ist Schleudern des auf der AB Überholenden infolge plötzlichen Ausscherens eines Vordermanns für den Überholenden, wenn es sich objektiv bei aufmerksamer Beobachtung der Vorausfahrenden und ihres Verhaltens (nicht nur aus nachträglicher Sicht) hätte vermeiden lassen, BGH VR **71** 440. Beim Überholen kann es zur äußersten Sorgfalt gehören, daß der Überholer auf der AB einen voraus hinter einem langsameren Fz herfahrenden Pkw auf etwaiges Ausscheren hin beobachtet, BGH VM **71** 89, Kö VR **91** 1188, Nü VR **77** 1112, s aber Rz 26. Die hM nimmt an, daß ein Unfall nicht unabwendbar ist, der bei Einhaltung der AB-**Richtgeschwindigkeit** vermieden worden wäre, s § 3 StVO Rz 55c. Nicht unabwendbar ist **Gleiten und Schleudern** auf erkennbar glatter Straße, BGH DAR **60** 136, oder bei beginnendem Regen trotz WarnZ 101, 114, BGH VR **74** 265. Rutschen oder Schleudern auf nasser Str spricht für Unachtsamkeit, BGH VR **68** 671. Daß ein Pkw in leicht ansteigender, überhöhter Kurve bei Schneematsch rutscht, BGH VR **58** 646. Langsames Abrutschen eines Anhängers bei länger dauerndem Glatteis, AB-Quergefälle und langsamem Fahren kann gegen Sorgfalt des Fahrers sprechen, BGH VR **71** 842. Rutschen und Querstellen des Anhängers ohne Schneeketten auf vereistem Gefälle, Mü VR **61** 119. Abstellen des noch fahrfähigen Kfz nach Glatteisunfall an der Unfallstelle am Fahrbahnrand, Stu VR **77** 1016. Daß ein Kf bei Dunkelheit **auf ein unbeleuchtetes Hindernis auffährt**, BGH DAR **60** 16. **Hochschleudern von Steinen,** s Rz 25.

29   Ein äußerst sorgfältiger Kf muß eine auf dem Gehweg spielende Gruppe größerer **Kinder** wenigstens rechtzeitig wahrnehmen und im Auge behalten, BGH NJW **82** 1149. Kein unabwendbares Ereignis, daß ein 7 jähriges Kind, das mit einem gleichaltri-

gen am StrRand steht und erkennbar die Str überqueren will, plötzlich losläuft, auch wenn es den V beobachtet hat, Kar VR **83** 252, daß ein außerhalb geschlossener Ortschaft seitlich der Str spielendes 9jähriges Kind plötzlich die Fahrbahn überquert, um zu seinem auf der anderen StrSeite abgestellten Fahrrad zu gelangen, Fra VR **81** 240. **Weitere Beispiele**, s auch § 25 StVO Rz 31. Nicht unabwendbar ist ein Unfall, der dadurch verursacht wird, daß ein in der Fahrbahnmitte wartender **Fußgänger** plötzlich losläuft, um die Fahrbahn vollends zu überqueren, Kar VR **82** 450. Ein besonders sorgfältiger Kf muß uU auch ohne WarnZ „Wildwechsel" das Gelände neben der Fahrbahn aufmerksam beobachten, um **Wild** frühzeitig wahrzunehmen, BGH DAR **87** 19, und kann sich bei Kollision mit Wild nicht auf Unabwendbarkeit berufen, wenn er mit Abblendlicht nicht auf Sicht fährt (§ 3 I 4), Ce DAR **04** 525. Plötzliches **körperlich/geistiges Versagen** bildet kein unabwendbares Ereignis im Sinne von II, auch nicht bei Unvorhersehbarkeit, Stu VR **77** 383. Für einen Hirnverletzten mit gelegentlichen Bewußtseinsstörungen ist eine weitere Störung kein unabwendbares Ereignis, Ha VBl **74** 280. Haftungsausschluß nach III scheitert regelmäßig bei Fahrten trotz bekannter **Fahruntüchtigkeit,** Fahrunsicherheit oder verminderter Fahrtüchtigkeit (Übermüdung, Alkohol, Rauschgift, Medikamenteneinfluß), s Fra BA **04** 92. Die widerlegte Schuldvermutung des § 18 I allein belegt noch kein unabwendbares Ereignis, BGH Betr **73** 1450.

8 c. Fehler in der Beschaffenheit des Fahrzeugs, Versagen seiner Vorrich- 30
tungen. III beruht auf der Erwägung, daß dem Halter, der den gefährlichen Betrieb unternimmt, die damit zusammenhängenden Gefahren zugerechnet werden müssen. Nur solche Ereignisse entlasten ihn, die betriebsfremd eingreifen oder den normalen Betrieb stören. Deshalb sind schädigende Ereignisse bei dem FzBetrieb nicht unabwendbar, wenn sie ihre Ursache in Fehlern der Beschaffenheit des Fz, im Versagen seiner Vorrichtungen oder im Versagen der dabei tätigen Menschen haben. Unerheblich ist, worauf der Fehler oder das Versagen beruht. In Betracht kommen für den Entlastungsausschluß nur Fehler in der FzBeschaffenheit, die irgendwie die VSicherheit einschließlich der Sicherheit der Insassen beeinflussen, namentlich Nichterfüllung der Anforderungen der §§ 16, 30–62 StVZO und andere Mängel. Fehler in der FzBeschaffenheit ist zB eine defekte Reserveradhalterung, Ha VRS **84** 182. Versagen der Steuerung oder der Bremsen ist Versagen von Vorrichtungen, BGH VRS **5** 85. Den Fahrer entlastet nicht unzuverlässiges Arbeiten des Blinkers. Gerät ein Lastzuganhänger aus der Spur, so liegt darin ein Versagen der Vorrichtungen, Bra VRS **5** 256. **Weitere Beispiele** für Versagen der Vorrichtungen: Störung der Lenkung; Reißen der Anhängerkupplung wegen eines verborgenen Materialfehlers, desgleichen bei ungleichmäßiger Bremseinstellung, beim Versagen der Brennstoffzufuhr, Ba DAR **51** 80, bei Motorschaden, BGH VR **72** 1071, Ha DAR **00** 356, KG VM **74** 96, Reißen einer Panzerkette, Nü VRS **87** 87, Hinterlassen einer Ölspur, Ba VRS **72** 88, Ko NJW-RR **94** 1369. Fehler der Innenausstattung, die die VSicherheit beeinflussen, sind Fehler in der Beschaffenheit. Von BGH VRS **47** 241 offengelassen, ob das Hochschleudern eines Steines (s Rz 25) als Versagen der Vorrichtungen angesehen werden muß. **Kein Versagen der Vorrichtungen** ist Gleiten oder Schleudern auf schlüpfriger Fahrbahn, BGH DAR **60** 136, *Schweizer* VR **69** 18. *Weitnauer,* Schleudern eines Kfz als Versagen seiner Verrichtungen?, VR **69** 680.

9. Beweislast. Verfahren. Die Beweislast für entlastende Umstände trägt, wer sie 31
geltend macht, RGZ **79** 312, **114** 73, Ha DAR **04** 90. Beweis der Unabwendbarkeit (Abs III), s Rz 23. Zur Abwendung der Haftung nach Abs I und II muß sich der Halter entlasten. Wo aber die Haftung als solche und Ausgleichspflicht in Betracht kommen, hat im Rahmen des § 17 der andere Teil dem Halter einen als Verschulden anzurechnenden Umstand oder andere dessen BG erhöhende Tatsachen zu beweisen, BGH NZV **96** 231, VR **67** 132, Ha DAR **04** 90, Fra VR **81** 841, Ol VRS **79** 351, Kö NZV **95** 400, VM **01** 91. Gelingt ihm nicht, so belastet dieser Umstand den Halter bei der Abwägung nicht, Fra VR **88** 295, *Böhmer* MDR **62** 712 (gegen Stu MDR **62** 651). Läßt sich zum Verschulden nichts feststellen, darf jedem Halter nur seine BG zugerechnet werden, Ce VR **82** 960, Nü DAR **82** 329. **Nur unstreitige, zugestandene** oder **erwiesene Tatsachen** zählen, keine nur vermuteten, BGH NJW **00** 3069, NZV **96** 231, Nau DAR **01** 223, KG VRS **107** 23, NZV **99** 512, Ha DAR **04** 90, Schl NZV **93** 152,

1 StVG § 17   II. Haftpflicht

Kö NZV **95** 400, Dü NZV **94** 28, Sa VRS **106** 171, NZV **95** 23. Schuldvermutungen (§ 18 I) bleiben außer Ansatz, BGH NZV **95** 145, Fra VR **88** 295, Ko VRS **68** 32, Dü VR **76** 152. Bleibt der Unfallhergang ungeklärt, so ist die von beiden Parteien jeweils zugestandene Fahrweise zugrunde zu legen, Nau DAR **01** 223, Schl VR **82** 709 *(Woesner)*. Die Abwägung ist **Sache des Tatrichters,** BGH DAR **03** 308, NJW-RR **88** 406, VR **62** 361. Das Revisionsgericht prüft nur die Beachtung der Rechtsgrundsätze, BGH NJW-RR **88** 406. Es kann selber ausgleichen, wenn alles Tatsächliche feststeht, BGH VR **66** 521.

32   **10. Schadenverursachung durch Kraftfahrzeug, Anhänger, Tier und Eisenbahn.** Für den Ausgleich im Innenverhältnis zwischen KfzHalter und Anhängerhalter oder Tierhalter oder Eisenbahnunternehmer gilt Abs IV, wonach in diesen Fällen I bis III entsprechend anwendbar sind. Das gilt auch für den Fall, daß mehrere Kfze mit Anhängern, Kfz, Anhänger und Tier oder Kfz, Anhänger und Eisenbahn am Unfall beteiligt sind (s Begr, BTDrucks 14/7752 S 35). Voraussetzung der Ausgleichspflicht ist auch hier gesetzliche Ersatzpflicht (Rz 2) des Fz- wie des Tierhalters, RGZ **129** 55. Der Tierhalter haftet nach § 833 BGB.

33   **10 a. Tierbeteiligung.** Bei **Abwägung** der maßgebenden Umstände ist die BG des Kfz (Anhängers) und etwaiges Verschulden seines Halters oder Führers, auf der anderen Seite die natürliche Tiergefahr und etwaiges Verschulden des Tierhalters oder Tierhüters zu berücksichtigen, RGZ **129** 55, s BGH NZV **90** 305. Der Tierhalter darf dem FzHalter dessen BG anrechnen, BGH VR **76** 1086, Kö VM **01** 91. Keine typische **Tiergefahr,** wenn ein angefahrener Hund gegen ein anderes Kfz geschleudert wird und dort Schaden verursacht, LG Kiel VR **69** 456. Scheuen und Durchgehen der Pferde ist eine der Natur der Tiere entsprechende Verursachung, BGH VRS **20** 255, Ce MDR **03** 685. Verweigern der Parade durch ein Reitpferd verwirklicht eine typische Tiergefahr, BGH VR **86** 1077. Zum Entlastungsbeweis des Tierhalters bei Vermietung eines Reitpferdes zum Ausritt, BGH VR **86** 1077. Haftungsverteilung 80:20 zu Lasten des Kf, der mit zu hoher Geschwindigkeit Reiter überholen will und durch laute Notbremsung Ausbrechen eines Pferdes verursacht, Kö NZV **92** 487, 80:20 zu Lasten des Tierhalters, dessen aus der Weide ausgebrochenes Pferd bei Dunkelheit auf der Fahrbahn mit einem Klein-Krad kollidiert, Kö VM **01** 91. Die Tiergefahr eines scheuenden Reitpferdes im StrV übersteigt die BG eines Lkw (70:30), Ce MDR **03** 685. Abwägen der Anforderungen bei Scheuen eines Zugpferdes an den Entlastungsbeweis (§ 833 S 2 BGB) des Tierhalters und Tierhüters und an den Halter (übermäßiger Lärm), BGH VR **63** 1141, Kar VR **65** 1183. Verletzung des Rechtsfahrgebots ist auch mitursächlich, wenn der Unfall durch ein Tier herbeigeführt wird, Kö NJW **57** 425.

34   Für den Entlastungsbeweis des Halters hinsichtlich der **Weidesicherung** (ebenso Hof, Stall) gelten strenge Anforderungen, BGH NZV **90** 305, VR **66** 186 (Pferde), Ce VR **75** 665, Ha VR **82** 1009, Jn NZV **02** 464 (Rind), Fra VR **82** 908, ZfS **86** 162 (Kuhherde), Kö VR **00** 860 (Schafherde). Gelangen Pferde aus eingefriedeter Weide infolge Öffnung des Koppeltors auf die Straße, so ist der Tierhalter haft- und ausgleichspflichtig, gleichgültig wie das Koppeltor geöffnet worden ist, BGH VR **59** 759. Der Entlastungsbeweis ist nicht geführt, wenn das Weidetor gegen Entlaufen nur unzureichend gesichert ist, BGH VR **64** 595. Das Straßentor einer Weide ist so zu sichern, daß es weder von den Tieren noch von außen geöffnet werden kann, BGH VR **66** 186, 1031, Ce VM **76** 35, auch nicht durch Unbefugte, soweit damit nach Örtlichkeit und Umständen zu rechnen ist, Nü MDR **04** 996 (Halle), Ce VR **71** 942 (Bahnhaftung), anders, wenn nach den Umständen Öffnen durch Unbefugte unwahrscheinlich ist, Schl ZfS **88** 67. Besondere Sorgfalt ist erforderlich bei Nähe der AB oder anderer belebter Straßen, BGH VR **66** 1031, Jn NZV **02** 464, Kö MDR **93** 518, Ba ZfS **82** 353; das gilt auch für einen Stall, BGH NZV **90** 305. Weidetore an Bundesstraßen sind bei Belegung mindestens nachts mit Schloß zu sichern, BGH VR **67** 906, sonst müssen sie nach dem Öffnen von selbst wieder zufallen (Gewicht, Seilrolle), Ce DAR **67** 189. Sicherung mit Schloß ist aber auch nachts nicht geboten, wenn zwar die Weide, nicht aber das Tor unmittelbar an einer BundesStr liegt und auch Parkplätze und Spazierwege nicht nahe sind, Schl ZfS **88** 67. Dagegen verlangt BGH NZV **90** 305 sichere Aufbewahrung des

Schadensverursachung durch mehrere Kraftfahrzeuge　　　　　　§ 17 StVG **I**

Schlüssels bei durch Schloß gesichertem Pferdestall innerhalb einer Koppel in AB-Nähe. Bei Rinderweiden muß ein Stacheldrahtzaun mindestens 1 m hoch sein, Dü VR **01** 1038, Ha VR **97** 1542, LG Duisburg DAR **87** 153, s auch Dü VRS **74** 410 (95 cm zu niedrig), nach Kö MDR **93** 518 mindestens 110 cm, bei Pferdeweiden wenigstens 120 cm, Kö VM **01** 91. Ordnungsmäßige **Elektroweidezäune** genügen idR zur Weidesicherung, Jn NZV **02** 464, Fra VR **82** 908, ZfS **86** 162, Ce VR **77** 453 (Pferdekoppel), jedenfalls an wenig befahrenen Straßen, Kar VR **76** 346, oder bei kilometerweiter Weideentfernung von der Straße, s Ha VR **80** 197. In der Nähe viel befahrener BundesStr kann je nach Geländebeschaffenheit zusätzliche mechanische Sicherung notwendig sein, Jn NVZ **02** 464. Im übrigen reichen Elektrozäune nur aus, wenn ihre Schlagstärke dem Widerstand eines fest verankerten Zaunes gleichkommt, Fra NJW **76** 573, nur wenn sie die Tiere verläßlich zurückhalten, Kö VR **73** 772. Grenzt die Weide unmittelbar an eine LandStr, ist tägliche Kontrolle des Elektrozauns erforderlich, Ha NZV **89** 234. Autobatterie als Stromquelle reicht uU wegen Diebstahlsgefahr nicht, Jn NZV **02** 464. Vorsorgemaßnahmen gegen Unterbrechung der Stromzufuhr durch Entfernen von Klemmen werden aber regelmäßig nicht zu verlangen sein, weil derartigen Eingriffen Unbeteiligter mit zumutbaren und geeigneten Mitteln kaum zu begegnen ist, Fra ZfS **86** 162, Schl ZfS **88** 67, aM Ba ZfS **82** 353. Zur Frage, inwieweit ein Elektrozaun auch aufgeschrecktes Vieh noch ausreichend einfriedet, BGH VR **76** 1086. Haftung bei Ausbrechen von Vieh aus mangelhaft gesicherter Weide und zu schnellem Fahren, Ha NZV **89** 234, Nü VR **66** 42.

Die **von aus der Weide ausbrechendem Vieh ausgehende Tiergefahr über- 35 wiegt** regelmäßig die KfzBG, Ha NZV **03** 423, Kö VM **01** 91, selbst dann, wenn diese durch unaufmerksame Fahrweise gesteigert ist, Dü VR **95** 232, Ko NZV **91** 471, Fra VR **82** 908 (jeweils Haftung des Tierhalters zu ²/₃), Ha NZV **89** 234 (zu ³/₄). Bei auf der Straße frei herumlaufenden Pferden kann geringfügige Mitschuld des Kf außer Betracht bleiben, BGH VRS **22** 10, Ol DAR **63** 217. Springt ein galoppierendes Pferd panikartig auf die Fahrbahn, so bleibt die BG des Pkw außer Betracht, BGH VR **64** 595, 1197, **66** 186 (Dunkelheit). Den Kf, der auf einen Wink des Hirten von 11 Kühen nicht verlangsamt, trifft Mitschuld, Ce VRS **9** 412. Ein durch **Kuhdung** verursachter Unfall begründet keine Haftung des Tierhalters; in landwirtschaftlichen Gegenden müssen die Straßenbenutzer mit Tierkot rechnen, LG Kö MDR **60** 924. S §§ 28, 32 StVO. Ausgleichspflicht des Kradf bei Hineinspringen eines **Hundes** in sein Rad auch, wenn nur seine BG mitursächlich gewesen ist, BGH VR **66** 143, Mü VR **60** 572, Nü VR **63** 759. Schadenhalbierung zwischen KfzHalter und Tierhalter bei Unfall infolge Ausweichens vor einem auf die Fahrbahn laufenden Hund, Dü VR **72** 403, Nü VR **75** 164. Keine Mithaftung des Kradf, dem innerorts unvorhersehbar ein Hund vors Fz läuft, BGH VR **66** 143, ebenso bei einem infolge mangelnder Aufsicht auf die AB laufenden Hütehund mangels Mitverschuldens des Kf, Ha VM **85** 96. Hineinlaufen eines Jagdhundes in die Fahrbahn des abgeblendet fahrenden Kfz, BGH VR **59** 804. Der Jagdhundhalter ist ausgleichspflichtig, wenn ein vom Hund aufgescheuchtes Reh einem Kfz in die Fahrbahn gerät, Nü VR **59** 573.

An den Nachweis gehöriger Beaufsichtigung auch eines im allgemeinen friedlichen 36 **Wachhundes** sind strenge Anforderungen zu stellen, BGH VR **62** 807, Nü VR **64** 1178. Kennt der Halter das aggressive Verhalten seines Hundes gegenüber dem Post-ZustellFz, so muß er sich seine Tierhalterhaftung anrechnen lassen, Ha VR **79** 580. Einem Blinden, der beim Überqueren einer Straße angefahren wird, kann Versagen seines Blindenhundes nicht aus dem Gesichtspunkt der Tierhalterhaftung entgegengehalten werden, Hb VR **63** 1273. Ein Land- oder Gastwirt kann für einen durch seine herumlaufende **Katze** verursachten Unfall nicht in Anspruch genommen werden, Ol VR **57** 742, **60** 840, LG Traunstein VR **66** 198. Bei **Hühnern** genügt Einzäunung mit Maschendraht (1,15 m hoch), LG Rheinbach VR **66** 75.

Lit: *Schmidt,* Tiere im VRecht, KVR. *Weimar,* Einzelfragen zur Tierhalterhaftung, MDR **64** 901.

10 b. Eisenbahnbeteiligung. § 17 geht dem § 13 HaftpflG vor, BGH NZV **94** 146, 37 Jn DAR **00** 65, Stu VRS **80** 410, Dü NZV **92** 190, KG VRS **101** 97, VM **98** 51, Kö VRS **93** 40, *Weber* DAR **84** 65. I gilt entsprechend, auch wenn das Kfz ein langsam

243

1 StVG § 17   II. Haftpflicht

fahrendes Fz (§ 8 Nr 1 StVG) ist, BGH VRS **12** 172, *Weber* DAR **84** 67. Die beiderseitige BG ist abzuwägen, daneben das Verschulden der beteiligten Bediensteten, BGH VRS **5** 35. **Eisenbahnen** (Haftung nach HaftpflG 78) sind auch Klein-, Schmalspur- und Straßenbahnen, Mü VRS **31** 344. § 17 regelt die Haftung von Eisenbahn und Kfz abschließend für den Fall, daß sie zusammen Schaden verursachen, gleichgültig ob die Haftung auf Gefährdung oder Verschulden beruht, BGH VR **60** 632.

38   Die **BG** eines Eisenbahnzugs ist größer als die eines Pkw, Tüb DAR **51** 193 Nr 96, s auch Rz 43 (Straba). Rückwärtsfahren einer Lokomotive, Fehlen von Bremsen an Packwagen und an einem Teil der Räder der Lokomotive gehören zur normalen Bahn-BG, Ol NJW **53** 1515.

39   **Die Abwägung** hängt davon ab, wie sich die BG der Bahn im Einzelfall auswirkt, Bra NJW **54** 1203. Beeinträchtigung der Warnbaken durch Schneeanwehung gehört zur Bahn-BG, BGH VR **66** 65. Geschlossene Schranke gehört zum Bahnbetrieb, BGH NJW **63** 1107, VR **67** 132, krit *Böhmer* MDR **64** 812. Nichthören und Nichtbeachten der Bahnsignale wegen Eigengeräuschs gehört zur KfzBG, BGH VRS **12** 401. Bei Verletzung der dem Kf gem § 19 StVO obliegenden Sorgfaltspflichten übersteigt der Haftungsanteil des Kf idR den der Bahn, Ha NZV **93** 28 (Anm *Filthaut*), Ol NZV **99** 419.

40   Abwägung der Trecker-BG, der auf unbeschranktem **Bahnübergang** steckenbleibt, mit einem Personenzug, BGH DAR **59** 104, oder der auf Feldweg-Überweg mit Zug kollidiert, Sa NZV **93** 31. Abwägung bei unachtsamem Los- und Auffahren eines MopedF bei vorzeitiger Schrankenöffnung auf den letzten Zugwagen, BGH VR **61** 950, 1016 *(Böhmer)*. Abwägung bei Zusammenstoß zwischen Bus und Bahn auf unbeschranktem Übergang mit Warnlicht, BGH VRS **16** 253. Erhöhte BG des Kfz, das wegen Fz- oder Bedienungsmangels auf dem Gleis steckenbleibt, BGH VRS **4** 503, Ha ZfS **95** 325 (2/3 Mithaftung), oder dessen Führer zwecks Abbiegens in ein Grundstück dort anhält, Dü NZV **92** 190, oder wegen von seinem Fz ausgehenden Lärms (Radio) ein WarnZ nicht hört, BGH NZV **94** 146. Haftungsverteilung 1:4 zu Lasten eines SchwerlastFzFs, der auf unbeschranktem Bahnübergang ohne Blinklichtanlage schuldhaft die Gleise nicht rechtzeitig räumen kann, Fra VR **88** 295, 1:2 zu Lasten eines PkwF, der bei Nebel auf dem Bahnübergang von der nicht markierten Fahrbahn abkommt, Mü NZV **00** 207. Mithaftung der Bahn zu ²/₃, wenn ein FzF schuldhaft auf den Gleisen stehen bleibt, von der Bahn aber trotz besonderer Gefährlichkeit des beschrankten Bahnübergangs keine ausreichenden zusätzlichen Sicherheitsmaßnahmen getroffen wurden, Kö NZV **90** 152, wenn ein LkwF einen unbeschrankten Bahnübergang schuldhaft nicht bemerkt, auf diesen aber im Hinblick auf die VBedeutung der Str nicht ausreichend durch VZ hingewiesen wird, Mü NZV **00** 207. ²/₃-Haftung der Bahn, wenn deren Führer nach den Umständen damit rechnen muß, daß ein auf den Gleisen zum Stehen gekommener Kf ihm den Vorrang nicht mehr ermöglichen wird, Kar VR **92** 370. Abwägung bei Vorfahrtverletzung durch einen Lastzug an unbeschranktem Übergang und Langsamfahrstelle der Bahn, BGH VR **67** 1197, bei Übersehen des roten LichtZ durch Kf infolge tiefstehender Sonne, Ha VR **83** 465, oder infolge die Sicht auf die Warnanlage beschränkender Zweige, BGH NZV **94** 146 (²/₃ zu Lasten der Bahn), Ha NZV **93** 28 (Anm *Filthaut*), bei Zusammenstoß eines Kf mit einer bei Dunkelheit im Bereich eines ungesicherten Bahnübergangs stehenden Rangierabteilung der Bahn, Schl VR **83** 65, bei Kollision eines PanzerFzs auf unbeschranktem Übergang, Ce VR **70** 329. Abwägung der BG eines verkehrsarmen, unbeschrankten Übergangs mit einem Kf, der nicht beim Warnkreuz hält, nur auskuppelt und vom Pedal abrutscht, BGH VR **66** 291. Zusammenstoß Lkw/Eisenbahn unter ursächlicher Mitwirkung einer fahrlässigen Amtspflichtverletzung der VB (StrUmleitung), BGH NJW **74** 360 (Anm *Deutsch* JZ **74** 712).

41   **Erhöhte Bahnbetriebsgefahr** bei versehentlich offener Schranke, BGH VRS **5** 35, uU Alleinhaftung der Bahn, KG RdK **40** 153 (schlafender Wärter). Doch kann auch hier je nach den übrigen Umständen beiderseits gleiche Verursachung in Betracht kommen, Neust VBl **54** 476 (nicht gesicherter Güterwagen rollt bei offener Schranke ab). S § 19 StVO. Erhöhte BG, wenn an einem unübersichtlichen Übergang Schranken fehlen und Läutesignale nicht gehört werden können, BGH VRS **12** 172, bei fehlenden Warnbaken trotz nur spät und schlecht wahrnehmbaren Blinklichts, Ha NZV **94** 437, bei fehlenden Schranken selbst an verkehrsarmem Übergang einer Nebenbahn, BGH VR

291, bei nur schwer einsehbarem Gleisbereich und schlecht erkennbarem Blinklicht, Ol NZV **99** 419. Erhöhte Bahn-BG bei fehlendem Warnkreuz, Ha MDR **61** 938, Böhmer VR **61** 1071, bei nur rechts angebrachtem Andreaskreuz trotz (vorübergehend) großer VBedeutung der Str, Mü NZV **00** 206. Jedoch können etwaige Mängel durch Baken, übersichtliche Strecke, akustische Signale graduell ausgeglichen werden, Ha VRS **12** 401. Erhöhte BG bei fehlender Blinklichtanlage, Fra VR **88** 295, bei zugeschneiter Blinkanlage, Mü NZV **02** 43, bei Unterlassen des vorgeschriebenem Pfeifsignals vor unbeschranktem Übergang, BGH VR **57** 800, bei fehlenden Schranken trotz Unübersichtlichkeit (Zuschnellfahren des Pkw), Mü VR **70** 235. Erhöhte BG der Bahn tritt bei Kollision mit einem stehengebliebenen Kfz nicht stets völlig zurück, Nü VR **64** 1181.

Außer Ansatz kann die Bahn-BG bleiben, wenn ein Lkw aufgrund vorhersehbar 42 schwierigen Fahrmanövers den Bahnübergang nicht rechtzeitig räumen kann, Ce NZV **88** 22, infolge unangepaßter Geschwindigkeit der Bahn keinen Vorrang einräumen kann, Stu VRS **80** 410, uU ausnahmsweise selbst erhöhte Bahn-BG gegenüber grober Fahrlässigkeit des Kf, BGH VR **86** 708, Fra VR **86** 707, Ce VR **78** 329, Nü VR **85** 891, so bei Weiterfahrt trotz roten Blinklichts, BGH NZV **94** 146, Ko NZV **02** 184, Fra VR **86** 707, Hb VR **79** 549, Ce VR **66** 833, grober Vorfahrtsverletzung, Dü VRS **72** 414, oder wenn ein Kf zu schnell heranfährt und erst 20 m vor dem Übergang auf den nahen Zug achtet, Ce VR **77** 361, bei grobfahrlässiger Nichtbeachtung der Warnzeichen und Geschwindigkeitsbeschränkung vor einem verkehrsarmen Übergang, Schl MDR **61** 232, s Nü VR **85** 891, bei achtlosem Weiterfahren des Kf trotz hörbarer Signale des Zuges, Ce VR **84** 790. Alleinhaftung des Kf bei grobverkehrswidrigem Einordnen und Halten auf den Schienen, s Rz 44.

Die BG der **Straßenbahn** ist wegen ihres langen Bremsweges und ihrer infolge 43 Schienengebundenheit geringeren Beweglichkeit meist hoch, KG VRS **106** 356, Jn DAR **00** 65, Dü NZV **94** 28, VRS **71** 261, s Rz 6, in unechten EinbahnStrn (s § 41 Rz 248 Z 220) noch höher, BGH VR **66** 1142. Die Straba-BG oder die BG anderer schienengebundener Fze ist idR höher als die eines Pkw, s KG VRS **106** 356, **101** 97, Dü NZV **92** 190, Ha VR **92** 108, oder eines Lkw, Ha MDR **03** 627, doch kann die des Pkw durch überhöhte Geschwindigkeit und verkehrswidrige Fahrweise so stark erhöht sein, daß die der Straba vollständig zurücktritt, Ha VRS **3** 120, ebenso bei verkehrswidrigem Rechtsüberholen einer Straba vor einer Engstelle, Dü VR **70** 91, bei Verletzung des Vorrangs einer die Kreuzung als Nachzügler räumenden Straba, Dü VR **87** 468, bei grobfahrlässigem Nichtbeachten des roten Blinklichts an Bahnübergängen, Ha NZV **93** 70, bei erheblichem Verstoß gegen die gesteigerte Sorgfaltspflicht des § 10 StVO bei Ausfahren aus einem Grundstück, Ce VR **82** 1200. Auch wirkt sich erhöhte BG der Straba nicht immer unfallursächlich aus, Dü VRS **60** 401. Gleich hohe Haftung bei Zusammenstoß eines Lastzugs mit der vorfahrtberechtigten Straba, Br VR **67** 1161. Grobe Verkehrswidrigkeit, wenn der StrabaF nicht berücksichtigt, daß sein Wagen in Kurven mit dem Heck übersteht; hält ein Kfz im Gleisbereich, muß er verlangsamen, notfalls anhalten, die KfzBG tritt dann zurück, Mü VRS **31** 344, KG VRS **88** 115. Abwägung der Haftungsanteile bei StrabaKollision mit einem stehenden Bus, BGH VR **70** 1049. Schadenverteilung zwischen Straba und parkendem Lkw, dessen Ladeklappen den Profilbereich der Straba beeinträchtigen, Dü VR **74** 390, zwischen Straba und in deren Profilbereich parkendem Taxi, Dü VRS **66** 333 (2:1 zugunsten des Taxihalters).

Durchfahren an der Haltestelle erhöht die Bahn-BG, auch wenn es den Dienstvor- 44 schriften entspricht, BGH VR **57** 296, Ha DAR **00** 34. Abwägung bei Frontalzusammenstoß zwischen einem rechts fahrenden Lastzug und der Straba, die auf derselben StrSeite entgegenkommt, BGH VR **61** 254, beim Zusammenstoß eines ungenügend gesicherten Schwertransports mit einem StrabaAnhänger, BGH VR **61** 438, beim Überqueren eines Bahnübergangs mit einem langen Kran, BGH VRS **19** 405. Die BG von Straba und **links abbiegendem Pkw,** der sich auf den Schienen eingeordnet hat, kann gleich hoch sein, Hb VR **66** 741, Dü VR **66** 765. Für die Haftungsverteilung ist in solchen Fällen von Bedeutung, in welchem Abstand die auffahrende Straba folgte. Schadenteilung 1:1 bei Auffahren trotz sofort eingeleiteter Bremsung, BGH VRS **28** 11; überwiegende Haftung des StrabaHalters dagegen, wenn der StrabaF das auf den Schienen stehende Kfz schuldhaft zu spät bemerkt, Hb VR **66** 196 ($^5/_6$ zu Lasten der Straba),

1 StVG § 18   II. Haftpflicht

Ha VR **92** 108 (²/₃ zu Lasten der Straba), LG Mainz 3 S 133/85 (²/₃ zu Lasten der entgegenkommenden Straba). Bei rechtzeitigem Einordnen des Kf auf den zu diesem Zeitpunkt freien Schienen ist die später dennoch auffahrende Bahn allein verantwortlich, Mü VRS **31** 344. Einordnen und Halten auf den Schienen trotz in kurzem Abstand folgender Straba kann aber auch zur Alleinhaftung des KfzHalters führen, BGH VRS **28** 11, Dü NZV **94** 28, VRS **71** 264, **85** 274, LG Bochum VRS **73** 218. Gegenüber schuldhaftem Warten im Schienenbereich tritt die bloße BG der Straba idR zurück, Dü VR **76** 499, Ha VRS **73** 338. Überwiegende Haftung der Straba (²/₃) bei Auffahren auf einen Pkw, der zwecks Einfahrens in ein Grundstück auf den Schienen anhält, Dü NZV **92** 190. Schadenteilung, wenn ein Kfz wegen Verengung auf die Schienen ausweichen muß, aber zu nahe vor der schnellfahrenden Straba, Dü VR **69** 1026. S auch § 9 StVO Rz 36.

Lit: *Böhmer,* Benachteiligung der Eisenbahnen gegenüber den Kf?, MDR **60** 895. *Derselbe,* Zur Frage der Kausalität der BG, VR **61** 1071. *Derselbe,* Erhöht das Fehlen von Bahnschranken stets die EisenbahnBG?, MDR **64** 633. *Derselbe,* Unzulässige Ausweitung des Begriffs der EisenbahnBG, MDR **65** 267. *Himer,* Zur Bewertung der BG, MDR **60** 557. *Weber,* ... Abwägung nach § 17 StVG oder nach § 13 HaftpflG?, DAR **84** 65. *Weber/Scherer,* Die Zivilrechtliche Haftung für Unfälle an Eisenbahnübergängen, KVR „Eisenbahnübergang". *Weimar,* Unzulässige Ausweitung des Begriffs der EisenbahnBG, MDR **65** 540.

45   11. Für die **Verjährung des Ausgleichsanspruchs** nach Abs I, der ein selbständiger, von dem Ersatzanspruch des Verletzten verschiedener Anspruch ist, gilt regelmäßige Verjährungsfrist, s BGH NJW **54** 195 (zu § 195 BGB aF). Beim Ausgleichsanspruch nach II verfolgt der geschädigte Halter den ihm erwachsenen Ersatzanspruch. Für dessen Verjährung gilt ebenfalls die 3 jährige Verjährungsfrist gem § 195 BGB, bei Haftung aus unerlaubter Handlung ebenso wie bei Haftung nach § 7 StVG (§ 14 StVG).

Ersatzpflicht des Fahrzeugführers

18 (1) ¹In den Fällen des § 7 Abs. 1 ist auch der Führer des Kraftfahrzeugs oder des Anhängers zum Ersatz des Schadens nach den Vorschriften der §§ 8 bis 15 verpflichtet. ²Die Ersatzpflicht ist ausgeschlossen, wenn der Schaden nicht durch ein Verschulden des Führers verursacht ist.

(2) **Die Vorschrift des § 16 findet entsprechende Anwendung.**

(3) **Ist in den Fällen des § 17 auch der Führer eines Kraftfahrzeugs oder Anhängers zum Ersatz des Schadens verpflichtet, so sind auf diese Verpflichtung in seinem Verhältnis zu den Haltern und Führern der anderen beteiligten Kraftfahrzeuge, zu den Haltern und Führern der anderen beteiligten Anhänger, zu dem Tierhalter oder Eisenbahnunternehmer die Vorschriften des § 17 entsprechend anzuwenden.**

Begr zum ÄndG v 19. 7. 02 (BTDrucks 14/8780 S 23): *Nachdem die Haftung des Anhängerhalters – entsprechend dem Vorschlag des Bundesrates – nicht nur mit dem Kraftfahrzeug verbundene Anhänger umfaßt, sondern auch sich von dem Kraftfahrzeug lösende und abgestellte Anhänger einbezieht (Artikel 4 Nr. 1 a), muss auch die Haftung des Fahrzeugführers nach § 18 Abs. 1 StVG entsprechend angepasst werden, um weiterhin eine Parallelität beider Haftungstatbestände zu gewährleisten. Nur wenn der Anhänger mit dem Kraftfahrzeug verbunden ist, ist der Führer des Kraftfahrzeugs stets zugleich der Führer des Anhängers, was eine Anpassung des § 18 StVG entbehrlich machte. Löst sich hingegen der Anhänger von dem Kraftfahrzeug, das ihn mitgeführt hat, oder wird er abgestellt, wird im Hinblick auf den Anhänger kein Kraftfahrzeug geführt, wie dies aber Voraussetzung der Haftung nach § 18 Abs. 1 StVG geltender Fassung für von diesem Anhänger (mit)verursachte Unfallschäden wäre. Auch wird man annehmen müssen, dass ein Anhänger, der sich von einem Kraftfahrzeug löst oder der abgestellt wird, i. S. d. § 18 Abs. 1 StVG geführt werden kann. Denn es ist etwa nach geltendem Recht anerkannt, dass auch ein abgestellter Anhänger solange geführt wird, wie es sich im straßenverkehrsrechtlichen Sinn im Betrieb befindet und dass dies selbst dann der Fall sein kann, wenn das Kraftfahrzeug abgestellt ist (OLG Hamm VersR 1975, 751, 752; Hentschel, Straßenverkehrsrecht, § 18 StVG, Rn. 2). Für einen abgestellten Anhänger, der dazu bestimmt ist, von einem Kraftfahrzeug mitgeführt zu werden, kann dann nichts anderes gelten. Sein Führer muss daher ebenfalls der straßenverkehrsrechtlichen Haftung unterworfen werden.*

...

Ersatzpflicht des Fahrzeugführers **§ 18 StVG 1**

1. Haftung des Kraftfahrzeug- oder Anhängerführers. Der vom Halter des Kfzs 1
oder Anhängers verschiedene Fahrer haftet nur mangels Nachweises fehlenden Verschuldens (vermutete Verschuldenshaftung, Mü VR **03** 159, Ha NZV **00** 376). Es handelt sich um Verschuldenshaftung mit umgekehrter Beweislast, BGH NJW **83** 1326, VR **63** 380, Mü VR **03** 159, *Böhmer* VR **70** 309. Der **Entlastungsbeweis** (s Rz 4) betrifft sämtliche Tatsachen, die als Schuld in Betracht kommen, Ungeklärtes geht zu Lasten des Fahrers, BGH NJW **74** 1510, Ha VRS **84** 189, Ba VR **74** 60. Der Fahrer muß sich von Schuld völlig entlasten, Nau VRS **101** 23, Stu VR **79** 1039. Dabei kann ihm aber ein gegen den Geschädigten sprechender Anscheinsbeweis zugute kommen, Nau VRS **101** 23. Vorschriftswidriges Verhalten des Führers hindert den Entlastungsbeweis nur bei Ursächlichkeit. Trifft den Fahrer keine Mitschuld, entfällt seine Haftung nach I, BGH VR **57** 519. Gegenüber dem schuldlosen Führer ist Abwägung mit fremder BG ausgeschlossen, *Böhmer* NJW **70** 1724. Eine dem § 18 vergleichbare Haftung des StraBaF existiert nicht, Ha VRS **100** 438.

Lit: *Böhmer,* Keine Gefährdungshaftung des KfzF, NJW **70** 1724. *Schröer,* Die Haftung des Führers eines Kfz nach dem StVG, KVR „Fahrer". *Wussow,* Haftung des KfzHalters gegenüber dem Fahrer?, VR **62** 397.

2. Fahrzeugführer: §§ 2 StVG, 23 StVO. Der FzFührer bleibt beim Abstellen des 2
Fzs (iS der Haftung nach § 18) so lange Führer, bis ein anderer die Führung übernimmt, Ha VR **75** 751. Das gilt auch für den vom Kfz sich lösenden oder vom Kfz abgekoppelten und abgestellten Anhänger, s Begr (vor Rz 1). Wer ohne Fahrabsicht nur versucht, den Motor in Gang zu setzen, ist nicht Führer, Ba VR **85** 344. Bei einer Schwarzfahrt (§ 7 III) ist Führer, wer das Fz während der Schwarzfahrt führt, nicht der sonst Befugte, RGZ **138** 320. Fahrer, die sich abwechseln, sind beide Führer, jeder für seinen Fahrabschnitt. Bei Übungsfahrten ist der Fahrlehrer Führer (§ 2 XV 2), s § 2 Rz 40, auch der mit Krad vorausfahrende Fahrlehrer, KG NZV **89** 150, mit der Folge, daß den Fahrschüler die Haftung aus § 18 nicht trifft, Ko NZV **04** 401. Bloßes Lenken nach Anweisung beim Schieben eines nicht betriebsbereiten Kfzs ist kein Führen, BGH NJW **77** 1056.

3. Der **Umfang der Ersatzpflicht** entspricht derjenigen des Halters, richtet sich 3
nicht nach den Regeln der deliktischen Haftung, Dü VRS **97** 97, sondern entspricht den Regeln der Haftung aus BG nach § 7, Mü VR **03** 1591. Die Führerhaftung gilt für die Fälle des § 7 I, dh für Körper- und Gesundheitsverletzung, Tötung und Sachbeschädigung beim KfzBetrieb. Aus der Bezugnahme von I S 1 folgt auch, daß der FzF nicht gem § 18 für Schäden des Halters haftet, s *Greger* Rz 31, abw Fra VR **94** 1000, insoweit kommen vertragliche oder deliktische Ansprüche in Frage. Die Abs II, III des § 7 sind unanwendbar, weil die Führerhaftung anders als die Halterhaftung geartet ist (Rz 1). Die Führerhaftung regelt sich wie die Halterhaftung **nach Maßgabe der §§ 8–15 StVG.** Sie ist also unter den Voraussetzungen des § 8 ausgeschlossen, BGH VR **77** 228, Ko VRS **68** 167. § 254 BGB ist entsprechend § 9 anzuwenden; Umfang und Beschränkung des Schadensersatzes nach §§ 10–13, Verjährung nach § 14, Anzeigepflicht nach § 15.

4. Nachweis fehlenden Verschuldens. Pflichten des Führers vor und bei der Fahrt: 4
§ 23 StVO. Verschulden ist hier, wie in den §§ 276, 823 BGB, Vorsatz und Fahrlässigkeit. Maßgebend ist die Sorgfalt eines ordentlichen Kfzf, BGH VR **57** 519, Kö VRS **89** 95. Der Fahrer ist entlastet, wenn er nachweist, daß er die gewöhnliche verkehrserforderliche Sorgfalt angewandt hat, Ha NZV **00** 376, Kar VR **82** 450, Ko VR **66** 596, mit der er gewöhnliche VLagen hätte meistern können, Nü VRS **15** 327. Verkehrsrichtiges Verhalten schließt mithin Haftung nach § 18 aus, Ba VR **82** 583, Ha NZV **98** 463. Keine Entlastung des Kf, der bei beginnendem Regen trotz der WarnZ 101, 114, des Überholverbots Z 276 und eines schleudernden Anhängers des Vorausfahrenden nicht angemessen verlangsamt, BGH VR **74** 265. Keine Entlastung dessen, der das Kfz ohne die erforderliche FE geführt hat, Jn NZV **99** 331. Nur durch den Beweis fehlenden Verschuldens kann der FzFührer seine Ersatzpflicht nach I S 1 ausschließen, nicht etwa mit dem Hinweis, aus dieser Vorschrift ergebe sich die Vermutung für ein Verschulden des

247

1 StVG § 20   III. Straf- und Bußgeldvorschriften

anderen unfallbeteiligten Kf, BGH VR **62** 796. Ist Verschulden des Fahrers nicht auszuschließen, so ist er nicht entlastet, BGH VR **67** 659, Sa ZfS **03** 118, Ko VRS **68** 32. Der Anscheinsbeweis erspart Halter und Fahrer den Entlastungsbeweis nach I nicht, Hb VR **67** 886.

5   5. **Anwendbarkeit des § 16.** Weitergehende Fahrerhaftung nach anderen Gesetzen ist nicht ausgeschlossen, Abs II.

6   6. Die **Ausgleichspflicht Mithaftenden gegenüber** regelt sich wie beim Halter nach § 17. Das gilt auch für den Ausgleich im Innenverhältnis zwischen dem nach § 18 haftenden FzF und dem Halter oder Führer eines beteiligten KfzAnhängers. Der ganze § 17, auch II (Verletzung des Führers, § 17 Rz 21), ist anzuwenden, BGH NJW **53** 1262. Der für Fahrlässigkeit haftende Fahrer kann dem Halter des gefahrenen Kfz nicht dessen BG anrechnen, s § 17 Rz 3. Ein etwaiger Anscheinsbeweis für ein Verschulden eines deliktrechtlich haftenden Kf wird nicht dadurch entkräftet, daß nach I S 2 im Rahmen der Gefährdungshaftung ein Verschulden des anderen Fahrers bis zum Beweis des Gegenteils vermutet wird, BGH NJW **62** 796. Bei **Amtshaftung** (Art 34 GG) ist die Haftung des beamteten KfzF gegenüber dem Geschädigten auch im Rahmen des § 18 StVG ausgeschlossen, BGH VR **83** 461, DAR **58** 160, KG MDR **76** 47, VR **76** 193, ebenso bei Haftung der BRep nach § 839 BGB, Art 34 GG infolge Eingreifens des Nato-Truppenstatuts, Kar VR **76** 1140. Wird der beamtete Führer beim Zusammenstoß verletzt, so muß er sich mitwirkendes Verschulden entgegenhalten lassen, obwohl für Schaden, den er anderen zufügt, nach Art 34 GG, § 839 BGB der Staat einzutreten hat, BGH NJW **59** 985, Kö VR **57** 417, *Böhmer* MDR **57** 657.

19 (weggefallen)

Örtliche Zuständigkeit

20 Für Klagen, die auf Grund dieses Gesetzes erhoben werden, ist auch das Gericht zuständig, in dessen Bezirk das schädigende Ereignis stattgefunden hat.

Erweiterung des Gerichtsstandes. Für Klagen auf Schadenersatz oder Ausgleich aufgrund des StVG bestehen drei wahlweise Hauptgerichtsstände, nämlich des Wohnsitzes (§ 13 ZPO), der begangenen Handlung (§ 32 ZPO) und des schädigenden Ereignisses (§ 20). Gemeint ist das schädigende Betriebsereignis = Unfall. Daher ist das Gericht eines jeden Bezirks zuständig, in dem eine oder einige der Handlungen vorgenommen worden sind, die das schädigende Ereignis bewirkt haben, oder in dem der Schaden eingetreten ist.

III. Straf- und Bußgeldvorschriften

Vorbemerkungen

1   1. **System der Ahndungsmittel und Strafen im StrVR** (näher E 68 ff):

a) Einfachste OWen ohne Bedeutung und bei geringstem persönlichem Vorwurf dürfen ungerügt und ungeahndet bleiben (Opportunitätsprinzip, §§ 1, 47, 53 OWiG).

2   b) Im übrigen steht Verwarnung im Vordergrund, bei geringfügigen OWen ohne Verwarnungsgeld, falls dies ausreicht (§§ 47, 56 OWiG). Keine Eintragung im VZR.

3   c) Andernfalls kommt bei relativ geringfügigen OWen Verwarnung mit Verwarnungsgeld in Betracht (§§ 26a StVG, 56 OWiG). Keine Eintragung im VZR (§ 28 III Nr 3 StVG).

4   d) Nicht relativ geringfügige OWen können durch Bußgeld nach Maßgabe der verletzten Vorschrift geahndet werden (§§ 23, 24 StVG). Zur Bedeutung der BKatV, s § 24

Fahren ohne Fahrerlaubnis § 21 StVG 1

Rz 60 ff. Bei § 24 StVG beträgt das Bußgeld bei Vorsatz 5 bis 1000 € (§ 17 I OWiG), bei Fahrlässigkeit 5 bis 500 € (§ 17 II OWiG). Bei einer Bußgeldhöhe ab 40 € ist Eintragung im VZR zwingend (§ 28 III Nr 3 StVG), soweit sich nichts anderes aus § 28 a StVG ergibt.

e) Neben Geldbuße ist ein Fahrverbot zulässig, sofern eine OW gegen § 24 StVG **5** unter grober oder beharrlicher Verletzung der Pflichten eines KfzFührers begangen ist (§ 25 StVG), und idR bei Verstoß gegen § 24 a StVG. In bestimmten, in der BKatV bezeichneten Fällen ist ein FV indiziert, s § 25 Rz 19 ff. Eintragung im VZR ist zwingend (§ 28 III Nr 3 StVG).

f) Vergehensstrafe in den Fällen des § 21 StVG (Fahren ohne FE oder trotz Fahrver- **6** bots oder trotz amtlicher Verwahrung des FS; entsprechendes Vergehen des Halters) und bei Kennzeichenmißbrauch (§ 22 StVG). Daneben ist die Denkzettelstrafe des Fahrverbots (§ 44 StGB) oder bei Ungeeignetheit zum Führen von Kfzen Entziehung der FE (§ 69 StGB) zulässig. Eintragung im VZR ist zwingend (§ 28 III Nr 1 StVG).

g) Vergehensstrafe bei unbefugtem FzGebrauch (§ 248 b StGB), gefährlichem Ein- **7** griff in den StrV (§ 315 b StGB), StrVGefährdung (§ 315 c StGB), Verkehrstrunkenheit (§ 316 StGB), Sichentfernen vom Unfallort (§ 142 StGB). Verbrechensstrafe bei räuberischem Angriff auf Kf (§ 316 a StGB). Daneben EdF bei Ungeeignetheit zum Führen von Kfzen (§ 69 StGB). Ist Ungeeignetheit nicht bewiesen, kann ein Fahrverbot (§ 44 StGB) verhängt werden. Eintragung im VZR zwingend (§ 28 III Nr 1 StVG).

Fahren ohne Fahrerlaubnis

21 (1) **Mit Freiheitsstrafe bis zu einem Jahr oder mit Geldstrafe wird bestraft, wer**

1. **ein Kraftfahrzeug führt, obwohl er die dazu erforderliche Fahrerlaubnis nicht hat oder ihm das Führen des Fahrzeugs nach § 44 des Strafgesetzbuchs oder nach § 25 dieses Gesetzes verboten ist, oder**
2. **als Halter eines Kraftfahrzeugs anordnet oder zulässt, dass jemand das Fahrzeug führt, der die dazu erforderliche Fahrerlaubnis nicht hat oder dem das Führen des Fahrzeugs nach § 44 des Strafgesetzbuchs oder nach § 25 dieses Gesetzes verboten ist.**

(2) **Mit Freiheitsstrafe bis zu sechs Monaten oder mit Geldstrafe bis zu 180 Tagessätzen wird bestraft, wer**

1. eine Tat nach Absatz 1 fahrlässig begeht,
2. vorsätzlich oder fahrlässig ein Kraftfahrzeug führt, obwohl der vorgeschriebene Führerschein nach § 94 der Strafprozessordnung in Verwahrung genommen, sichergestellt oder beschlagnahmt ist, oder
3. vorsätzlich oder fahrlässig als Halter eines Kraftfahrzeugs anordnet oder zulässt, dass jemand das Fahrzeug führt, obwohl der vorgeschriebene Führerschein nach § 94 der Strafprozessordnung in Verwahrung genommen, sichergestellt oder beschlagnahmt ist.

(3) **In den Fällen des Absatzes 1 kann das Kraftfahrzeug, auf das sich die Tat bezieht, eingezogen werden, wenn der Täter**

1. das Fahrzeug geführt hat, obwohl ihm die Fahrerlaubnis entzogen oder das Führen des Fahrzeugs nach § 44 des Strafgesetzbuchs oder nach § 25 dieses Gesetzes verboten war oder obwohl eine Sperre nach § 69 a Abs. 1 Satz 3 des Strafgesetzbuchs gegen ihn angeordnet war,
2. als Halter des Fahrzeugs angeordnet oder zugelassen hat, dass jemand das Fahrzeug führte, dem die Fahrerlaubnis entzogen oder das Führen des Fahrzeugs nach § 44 des Strafgesetzbuchs oder nach § 25 dieses Gesetzes verboten war oder gegen den eine Sperre nach § 69 a Abs. 1 Satz 3 des Strafgesetzbuchs angeordnet war, oder
3. in den letzten drei Jahren vor der Tat schon einmal wegen einer Tat nach Absatz 1 verurteilt worden ist.

1 StVG § 21 III. Straf- und Bußgeldvorschriften

Übersicht

Amtliche Verwahrung des Führerscheins 22	Haltervergehen 12–14
Auflage 3	Innerer Tatbestand 15–18
Beschlagnahme des Fzs 24, 26	Kraftfahrzeug, Führung 10
Beschränkte Fahrerlaubnis 4	
Einziehung des Kraftfahrzeugs 24	Notstand 21
Fahren ohne Fahrerlaubnis 2, 6–8	Strafzumessung 23
– trotz entzogener Fahrerlaubnis 6–8	Teilnahme 20
– trotz Fahrverbots 9	
– trotz Führerscheinverwahrung 22	Verfahren 26
Fahrenlassen trotz Führerscheinverwahrung 22	Verjährung 23
Fahrerlaubnis, beschränkte 4	Versuch 19
Fahrverbot 9	
Führen, Kraftfahrzeug 10, 11	Zivilrecht 27
Führerschein, amtliche Verwahrung 22	Zusammentreffen 25

1 **1. Begr** zur Neufassung durch das 2. VerkSichG: BTDrucks IV/651 S 38. Zur Frage einer **Reform** iS einer Entkriminalisierung: *Seiler,* Fahren ohne FE, 1982 (Diss. Regensburg); zu weitgehend *Denzlinger* ZRP **88** 369, wonach Fahren ohne FE nur während gerichtlicher Sperrfrist strafbar sein soll, sonst ow, was jedoch die VSicherheit durch FzF ohne ausreichende Befähigung oder Eignung gefährden würde.

2 **2. Fahren ohne Fahrerlaubnis. Beschränkte Fahrerlaubnis. Auflage.** I Nr 1 erste Alternative, II Nr 1 ist mit dem GG vereinbar, BVerfG NJW **79** 1981. Inwieweit zum Führen eines Kfz (§ 1 StVG) im öffentlichen Verkehr (§ 1 StVO), Ha VRS **48** 44, eine FE erforderlich ist, ergibt sich aus § 2 StVG und den ihn ausführenden §§ 4 ff FeV. Wer das Fz einer Klasse führt, für die seine FE nicht gilt, führt es ohne FE, Sa NZV **89** 474, Br NJW **63** 726. So fährt der Fahrer eines Fz, das ein Kfz mit mehr als 750 kg Gesamtmasse schleppt (§ 33 StVZO), nicht bloß iS des § 18 StVZO abschleppt, ohne FE, wenn er nicht die FE der Klasse E hat, s Kö DAR **61** 150, 152. Gilt die FEKl eines Kf nur bis zu einer **bauartbestimmten Höchstgeschwindigkeit,** so fährt er ohne FE, wenn das Fz durch technische Veränderungen eine höhere Geschwindigkeit erreicht, ohne einen solchen Eingriff (zB verschleißbedingt) jedoch nur, wenn es sich um eine dauerhafte und wesentliche Geschwindigkeitserhöhung handelt, Kar DAR **03** 132 (20 %). Ist ein schwerer Lkw auf 7,5 t umgerüstet, so darf er schon bei der Fahrt zum TÜV mit Kurzzeitkennzeichen oder rotem Kennzeichen mit FE Kl C1 gefahren werden, s Ha VRS **48** 292 (zur früheren Kl 3). Soweit die Klasseneinteilung der FEe geändert worden ist, haben früher erteilte Erlaubnisse gemäß § 6 IV FeV ihre Bedeutung für die entsprechende Klasse der neuen Einteilung behalten. Ein Fahrschüler braucht unter Aufsicht eines Fahrlehrers keine FE (§ 2 XV StVG). Wer als Fahrschüler beim Fahren vom Fahrlehrer durch das KfzFenster angeleitet wird (Wenden), fährt nicht ohne FE, s BGH DAR **72** 187. Wer nach Bestehen der Prüfung, aber **vor Aushändigung des FS** ein Kfz führt, verletzt § 21 (geringe Schuld), s *Jagow* VD **85** 146. Erst mit Aushändigung des FS (oder einer befristeten Prüfbescheinigung) ist die FE erteilt (§ 22 IV S 7 FeV). Dies gilt auch nach Bestehen einer FEPrüfung vor Erreichen des Mindestalters (§ 10 FeV, § 16 III S 2 FeV) bis zur FSAushändigung hinsichtlich der von ihr mitumfaßten FEKlassen, soweit sie ein geringeres Mindestalter voraussetzen, s *Jagow* VD **85** 146. Wer sich **durch Täuschung der VB** eine FE erschwindelt (etwa durch Vorlage gefälschter Dokumente bei der „Umschreibung" gem §§ 30, 31 FeV), hat eine grundsätzlich zunächst gültige FE, solange der Verwaltungsakt der Erteilung nicht widerrufen ist, s *Rüth/Berr/Berz* Rz 7, fährt daher nicht ohne FE; denn auch eine pflichtwidrig (zB aufgrund Bestechung) erteilte FE ist eine gültige FE, BGHSt **37** 207 = NJW **91** 576. Anders bei Erwerb eines FS durch Bestechung des Beamten, der pflichtwidrig – aber ohne dadurch eine FE zu erteilen – einen FS aushändigt, Bay VRS **15** 278; wer mit einem so erlangten FS ein fahrerlaubnispflichtiges Kfz führt, fährt ohne FE, zB wer seinen FS durch Bestechung in einen neuen FS umtauscht, in dem unzutreffend weitere FEKlassen eingetragen wurden, für die eine FE nicht erteilt ist, BGHSt **37** 207 = NJW **91** 576.

250

Wer FSVerlust vortäuscht und dadurch eine Ersatzbescheinigung erlangt, erlangt dadurch auch nicht eine FE, s Kö VRS **43** 271. Wer mit einem **ausländischen FS** im Inland fährt, der hier nicht oder nicht mehr zur Teilnahme am fahrerlaubnispflichtigen KfzV berechtigt (zB nach Ablauf der Sechs- oder Zwölf-Monatsfrist des § 4 I IntVO), fährt ohne FE, BaySt **96** 107 = NZV **96** 502, Kö NZV **96** 289, Ce NZV **96** 327, Stu NZV **89** 402, *Hentschel* NZV **95** 60, *Brauckmann* PVT **95** 39, *Berthold* NStZ **95** 457, abw LG Memmingen DAR **94** 412 (mit unzutreffender Begr aus der Entstehungsgeschichte von § 14 IntVO), AG Lippstadt ZfS **95** 313. Gegenteiliges läßt sich auch nicht aus der Überlegung herleiten, die §§ 31 FeV, 4 IntVO hätten nur ordnungsrechtlichen Charakter (so zB *Wasmuth* NZV **88** 131, **89** 402 in bezug auf die frühere Rechtslage bei EG-FSen). Das folgt nicht nur aus dem Wortlaut des § 21 StVG, sondern auch aus der Tatsache, daß die genannten Bestimmungen durchaus Interessen der VSicherheit verfolgen, wie die Anwendbarkeit der §§ 11 II, 22 II FeV (Eignungsbedenken) und die Ausnahmeregelung des § 4 III IntVO zeigen, Bay NZV **96** 502. Soweit §§ 28 FeV, 4 IntVO die **Berechtigung zum Führen von Kfzen mit einer EU-FE** ausschließen, ist zu beachten, daß bestimmte darin enthaltene Versagungstatbestände in bezug auf die Anerkennung einer ausländischen EU-FE nach Auffassung des EuGH DAR **04** 333 gegen die 2. EG-FSRichtlinie verstoßen, s § 28 Rz 5, 6, § 31 Rz 17 FeV (zur Frage der unmittelbaren Geltung von EG-Richtlinien, s **E** 15). Ohne FE gem § 21 fährt auch der Inhaber einer EU/EWR-FE für Kom, dessen Berechtigung zum Führen von Kom im Inland sowohl gem § 28 III FeV als auch nach § 4 IntVO erloschen ist, soweit er nicht über eine andere zum Führen der betreffenden FzArt genügende FE (zB Kl C) verfügt. Dem steht die Entscheidung des EuGH NZV **96** 242 (Anm *Ludovisy*) nicht entgegen, s *Bouska* DAR **96** 278. Nach EuGH NZV **96** 242 verstößt nämlich eine Strafandrohung nur bei Verstoß gegen eine bloße *Umtauschpflicht* gegen den EG-Vertrag. Ebenso macht sich nach § 21 strafbar, wer im Inland mit einem EU/EWR-FS entgegen § 28 II FeV vor Vollendung des 18. Lebensjahres ein Leichtkraftrad mit mehr als 80 km/h bauartbedingter Höchstgeschwindigkeit führt (s VBl **96** 343), soweit ihm dies nicht nach § 4 I IntVO gestattet ist. Dagegen fährt nicht ohne FE, wer den ausländischen FS nicht mitführt, BGHSt **47** 89 = NJW **01** 3347, Bay NZV **91** 481, oder die gem. § 4 II S 2 IntVO vorgeschriebene deutsche Übersetzung nicht besitzt (OW: s § 14 IntVO). Das gilt auch dann, wenn der FzF auch später den behaupteten Bestand einer ausländischen FE nicht nachweisen kann, BGHSt **47** 89 = NJW **01** 3347, Bay NZV **91** 481; Verurteilung nur aufgrund der Überzeugung des Gerichts vom Fehlen der behaupteten FE, BGHSt **47** 89 = NJW **01** 3347. Ein türkischer MilitärFS berechtigt nicht zum Führen von Zivilfzen in der BRep, die innere Tatseite ist aber besonders zu prüfen, Bay 1 St 202/72. Ausländische FEe: §§ 28–31 FeV. Ausländische FSe von **Nato-Truppenangehörigen,** s Art 9 Zusatzabkommen zum Nato-Truppenstatut; nach dem Ausscheiden aus der Truppe gilt § 4 IntVO, Kar VRS **101** 223, s *Pudenz,* DAR **84** 79. **Fahren ohne FE im Ausland** (**E** 30) ist im Inland nicht strafbar, wenn der ausländische Staat die Tat nur als OW ahndet, BGHSt **27** 5, NJW **67** 2354, s *Schröder* JZ **68** 242.

Nichtbeachtung einer **persönlichen Auflage** (zB Brillentragen) beseitigt die Fahrerlaubnis nicht, daher kein Verstoß gegen § 21, aber gegen die §§ 23 FeV, 24 StVG (OW, § 75 Nr 9 FeV), BGH NJW **69** 1213, Bay NZV **90** 322. Fahren außerhalb des nur erlaubten Ortsflurbereichs (Auflage) ist nur ow, Bay DAR **70** 78. Der Verwaltungsakt der Erteilung ist nicht dadurch auflösend bedingt (und kann es nicht sein), daß der Berechtigte eine Auflage unbeachtet läßt. Zu den Fragen, wann eine eingeschränkte FE oder nur eine Auflage vorliegt, s § 23 FeV. **3**

Anders bei **beschränkter Fahrerlaubnis,** die nicht unter Auflage, sondern nur (§ 6 FeV) für eine bestimmte FzArt oder -klasse, für ein bestimmtes Fz oder für Fze mit bestimmten technischen Einrichtungen erteilt ist. Wer sich daran nicht hält, fährt ohne FE. S § 23 Rz 8 FeV. Eine auf Kfze mit automatischer Kraftübertragung beschränkte FE berechtigt nicht zum Führen von Kfzen mit Schaltgetriebe (keine bloße Auflage), *Bouska* VD **72** 296. S § 17 VI FeV. Die irrige Annahme, die Beschränkung der FE bei Körperbehinderten sei technisch überholt, kann einen entschuldbaren Verbotsirrtum darstellen, Ce VRS **10** 377. Eine **in Unkenntnis einer Sperrfrist erteilte FE** ist gültig, Ha VRS **26** 345, auch eine versehentlich erteilte FE (unterbliebene Fahrprüfung), der Inhaber **4**

1 StVG § 21   III. Straf- und Bußgeldvorschriften

fährt mit FE, AG Münchberg VM **69** 56, die aber mangels Prüfung wieder entzogen werden kann.

5   Wer Fahrgäste ohne die **FE zur Fahrgastbeförderung** (§ 48 FeV) befördert, oder nachdem ihm diese Erlaubnis gemäß § 3 StVG entzogen oder nach Ablauf nicht verlängert worden ist, verstößt nicht gegen § 21 (s §§ 48 I, 75 Nr 12 FeV). Wer nur bei einer Fahrt im Verkehr **den FS nicht vorweisen kann,** verstößt gegen die §§ 4 FeV, 24 StVG (OW), BGHSt **47** 89 = NJW **01** 3347, Kö NJW **66** 512, Schl DAR **67** 52.

6   **3. Fahren trotz Entziehung der Fahrerlaubnis.** Mit der Rechtskraft einer entziehenden Entscheidung erlischt die FE (§ 3 II 1 StVG, § 69 III 1 StGB). Entzogen ist sie bis zur Neuerteilung, also auch noch nach Ablauf einer Sperrfrist oder selbständigen Sperrfrist, Ha NJW **73** 1141 (s § 69a StGB Rz 19), gleichgültig, ob die VB (§ 3 StVG) oder das Gericht (§§ 69–69b StGB) die Maßregel verhängt hat. Vorläufige Entziehung (§ 111a StPO) bewirkt Verlust von dem Zeitpunkt an, zu dem der gerichtliche Beschluß verkündet, zugestellt oder gerichtlich formlos mitgeteilt wird (§ 35 II StPO), s § 111a StPO Rz 7. Durch strafgerichtliches Urteil entzogene FE lebt mit Anordnung der Wiederaufnahme gem § 370 II StPO (zunächst ex nunc) wieder auf, nach Aufhebung des früheren Urteils rückwirkend, Bay NZV **92** 42, *Asper* NStZ **94** 171, aM *Groß* NStZ **93** 211. **Erwerb einer ausländischen FE** nach EdF im Inland, s § 28 FeV Rz 6, 31 FeV Rz 17, § 69b StGB Rz 4.

7   **Hat eine VB die FE entzogen,** so hat das Gericht nur zu prüfen, ob die Entscheidung formell wirksam ist, nicht auch ihre sachliche Richtigkeit, Sa VRS **21** 65. Bei sachlicher Unrichtigkeit aber nur geringe Schuld. Hat der Betroffene Anfechtungsklage erhoben, so ist § 21 StVG bis zur Entscheidung unanwendbar, wenn nicht sofortige Vollziehung (§ 80 II Nr. 4 VwGO) angeordnet ist. Verschafft sich der Kf nach der Entziehung durch wahrheitswidrige Behauptung des FSVerlusts einen vorläufigen FS (Zwischenausweis), so fährt er ohne FE, Kö NJW **72** 1335. Vermeidbarer **Verbotsirrtum** bei Annahme, bei sofort vollziehbarer, aber noch nicht rechtskräftiger EdF bestehe die FE noch fort, Dü VM **76** 26. Die irrige Annahme des Täters, trotz Entziehung noch so lange ein Kfz führen zu dürfen, wie er den FS besitzt, ist ein Verbotsirrtum, ebenso wenn derjenige, der vorschriftswidrig zwei FSe hat, nach EdF und Wegnahme des einen glaubt, noch auf Grund des anderen fahren zu dürfen, Kö VRS **15** 115. **Irrtum über die Tragweite einer Beschränkung der FE** (zB Kl C, C1 ohne Anhänger) ist Verbotsirrtum, s Bay DAR **77** 201. Benutzung ausländischer FE nach **EdF im Inland:** § 31 FeV Rz 17. Näher dazu: *Hentschel*, Trunkenheit, Rz 825. Ein Irrtum über die mangelnde Berechtigung, während einer Fahrerlaubnissperre mit einem ausländischen FS im Inland fahren zu dürfen, ist auch insoweit vermeidbar, als die Rechtslage vor 1983 anders war, Bay DAR **86** 243 (bei *Rüth*).

8   **Nichtablieferung des FS nach EdF** (s § 3 II 3, § 47 I FeV) fällt nicht unter § 21, sondern ist ow gem §§ 47 I, 75 Nr 10 FeV, 24 StVG.

9   **4. Fahren trotz Fahrverbots** (§ 25 StVG, § 44 StGB). Den Tatbestand des § 21 erfüllt auch, wer ein Kfz führt, obwohl ihm das gemäß § 25 StVG oder § 44 StGB verboten ist, vor Rechtskraft des FV anordnenden Entscheidung jedoch auch dann nicht, wenn er den FS in amtliche Verwahrung gegeben hat, Kö VRS **71** 54, soweit nicht der Fall der §§ 111a V 2 StPO, 25 VII vorliegt, s Rz 22. Anders als die rechtskräftige Entziehung bewirkt das FV nicht Verlust der FE. Sie ruht lediglich, solange das FV wirksam ist. Näheres: § 25 StVG, § 44 StGB.

10   **5. Führen eines Kraftfahrzeugs.** „Führt" weist auf die Person wie auf die Betätigung hin. Führen setzt Inbetriebsetzen in eigener Verantwortung voraus, BGH VM **77** 74. Ein Kfz führt, wer es selbst unter bestimmungsgemäßer Anwendung seiner Antriebskraft unter eigener Allein- oder Mitverantwortung in Bewegung setzt, um es unter Handhabung seiner technischen Vorrichtungen während der Fahrbewegung durch den Verkehrsraum ganz oder wenigstens zum Teil zu leiten, BGH NJW **62** 2069, BGHSt **36** 341 = NJW **90** 1245 (Anm *Hentschel* JR **91** 113), NZV **89** 32, Ol MDR **75** 421, Dü VRS **62** 193. Nach dem grundlegenden Urteil des BGH NZV **89** 32 (Anm *Hentschel* JR **90** 32) verlangt die Rspr entgegen früherer Auffassung nunmehr einhellig ein **In-**

Bewegung-Setzen des Fzs, s § 316 StGB Rz 2. Vorbereitende Handlungen wie Anlassen des Motors, auch in Fahrabsicht, Lösen der Handbremse usw, sind noch kein *Führen*. Täter kann nur sein, wer das Ingangsetzen und Lenken des Kfz unter eigener Verantwortung bewirkt, KG VRS **8** 140. Führen (arbeitsteiliges), wenn jemand vorübergehend das Lenkrad, ein anderer Kupplungs-, Brems- und Gashebel sowie die Schaltung bedient, BGHSt **13** 226 = NJW **59** 1883. Kurzes Eingreifen in die Lenkung, um gegen den Fahrerwillen eine bestimmte Fahrtrichtung zu verhindern oder zum Zwecke einer vermeintlich notwendigen Korrektur, ist kein Führen, Ha NJW **69** 1976, Kö NJW **71** 670, anders bei nicht nur ganz kurzer Übernahme der Lenkung, um des Fz zu einem anderen als vom Fahrer gewünschten Ort zu lenken, Kö DAR **82** 30. Teilen sich zwei Personen in die FzBedienung, so sind beide Führer, Ha VM **69** 20, VRS **37** 281 (technische Fahranweisungen des mitfahrenden Halters), BGHSt **36** 341 = NJW **90** 1245. Nicht unter eigener Verantwortung lenkt ein Kfz, wer ohne die Kupplung zu bedienen lediglich die Gangschaltung betätigt, KG VM **57** 26. **Schieben** mit eigener Körperkraft ist nicht Führen eines Kraftfahrzeugs, Bay DAR **88** 244, Kar DAR **83** 365, Ol MDR **75** 421, Dü VRS **50** 426. Anschieben, dh Schieben, um den Motor in Gang zu bringen, erfüllt dagegen den Begriff des Führens eines Kfzs, Ol MDR **75** 421, Kar DAR **83** 365; jedoch genügt nicht bloßes Geschobenwerden auf ebener Strecke ohne diesen Zweck, BGH VM **77** 74, auch nicht, wenn das Fz dabei selbständig einige m weiterrollt, weil dann die dem Führen eigene Gefährlichkeit nicht besteht, Ce DAR **77** 219, aM Bay VM **75** 20, Hb VM **67** 31. Ist der Motor nicht in Betrieb und dient das Bewegen des Fzs auch nicht dem Zweck, ihn in Gang zu setzen, so ist entscheidend, ob das Fz ohne fremde Kraft bewegt wird, Bay NJW **59** 111. Bei **Abrollenlassen** im Gefälle nimmt die Rspr daher überwiegend Führen des Fzs auch in den Fällen an, in denen das Ingangsetzen des Motors hierdurch nicht beabsichtigt ist, BGHSt **14** 185 = NJW **60** 1211, Bay NJW **59,** 111, VRS **67** 373, Kar DAR **83** 365, Ce DAR **77** 219, aM insoweit Ha VRS **15** 134. Ein Kfz führt, wer ein **Moped** oder FmH (auch Leichtmofa) durch Treten der Pedale fortbewegt, Dü VM **74** 13, nicht dagegen, wer es auf dem Sattel sitzend mit den Füßen abstößt, ohne das Anspringen des Motors erreichen zu wollen, Dü VRS **62** 193. Wer den Motor anläßt, ohne fahren zu wollen, führt auch dann nicht, wenn er nach Anlassen des Motors das Krad mit den Füßen aus einer Parklücke bewegt, um es dann einer anderen Person zu überlassen, Bay DAR **88** 244. Ein Kfz führt nicht, wer es, ohne es zu wollen, in Bewegung setzt, s § 316 Rz 2. Betätigung eines Baggerschwenkarms ist kein Führen, Bay VRS **32** 127.

Nach § 33 II Nr 1 StVZO braucht der Lenker eines Kfz, das **von einem anderen** **11** **geschleppt** (nicht bloß iS des § 18 StVZO abgeschleppt) wird, die FE, die „zum Betrieb des Fahrzeugs als Kfz erforderlich" ist. Lenkt er das geschleppte Fz ohne eine derartige FE, so führt er es, wie sich aus dem Wortlaut des § 33 StVZO ergibt, nicht als Kfz, sondern handelt er ow gem §§ 33, 69a III Nr 3 StVZO, 24 StVG, Fra VRS **58** 145, s Bay DAR **83** 395. Wer ein betriebsunfähiges abgeschlepptes Kfz lenkt, „führt" es nicht iS von § 21 als Kfz, BGHSt **36** 341 = NJW **90** 1245 (Anm *Hentschel* JR **91** 113), Bay NJW **84** 878, VRS **62** 42, Fra NJW **85** 2961, Ha DAR **99** 178, anders bei „**Anschleppen**" (um dadurch den Motor in Gang zu bringen), Fra VRS **58** 145, zw, s *Rüth/Reinken* KVR „Führerschein" S 8, *Huppertz* VD **92** 86.

6. Vergehen des Halters (I Nr 2, II). Nach I 2 ist der Halter strafbar, der vorsätz- **12** lich anordnet oder zuläßt, daß jemand das Fz führt, der keine FE oder der FV hat (§§ 44 StGB, 25 StVG). Halter: § 7 StVG. Zur Strafbarkeit von Personen, die anstelle des Halters verantwortlich sind, s Rz 14. Fahrlässigkeit: II 1. Fahren ohne die erforderliche FE oder trotz FV: Rz 2–11, Führen: Rz 10, 11. Der Tatbestand ist auch erfüllt, wenn der FzF zwar die erforderliche FE für das ihm überlassene Kfz besitzt, nicht aber für die durch Ankoppelung eines Anhängers von mehr als 750 kg Gesamtmasse entstehenden FzKombination (§ 6 I FeV, FEKl E), Ce VM **83** 76. Es genügt, daß der Halter die Führung angeordnet oder zugelassen hat, auch durch schlüssige Handlung. Er muß sich **überzeugen, daß der Führer die zutreffende FE hat,** Fra NJW **65** 2312, Kö VR **69** 741, nach strengen Anforderungen, zuverlässig idR nur dadurch, daß er den FS einsieht, BGH VRS **34** 354, Dü VM **76** 54, KG VRS **40** 284, Ha VRS **49** 209, VM **84**

1 StVG § 21 III. Straf- und Bußgeldvorschriften

68, Zw VRS **63** 55. Dies ist nur unter besonderen Umständen unzumutbar, nämlich nur, wenn der Halter bei objektiv ausreichender Sorgfalt einen Sachverhalt annehmen darf, der das Vorhandensein der erforderlichen FE stützt. Fragen nach der FE dienen der Erfüllung einer Pflicht und sind weder anstandswidrig noch gar beleidigend, aM Stu VR **74** 690 (zu § 2b Nr 1c AKB). Mit einer unverständlichen fremdsprachlichen „Bescheinigung" darf er sich nicht begnügen, KG VRS **45** 60. Aber auch andere Umstände können zur sicheren Überzeugung genügen (guter Bekannter, der diese FzArt seit langem fährt), Dü VM **76** 54, Schl VM **71** 55 (triftige Gründe). Kennt der Halter die FE des Fahrers, so muß er sie nur bei begründetem Zweifel nochmals prüfen, Bay DAR **78** 168, **88** 387, Ko VRS **60** 56. Gewerbsmäßige Vermieter müssen sich in aller Regel bei jeder FzÜbergabe den FS vorzeigen lassen, Schl VM **71** 55. Wer als Halter irrig meint, der Kf habe die FE, irrt über eine Tatsache, Dü VM **76** 26. Zu den versicherungsrechtlichen Anforderungen an den VN, sich von der gültigen FE des FzF zu überzeugen (§ 2b Nr 1c AKB), s Rz 27.

13   Strafbar wird der Halter, wenn die Anordnung befolgt oder von dem Zulassen Gebrauch gemacht und im öffentlichen Verkehr gefahren wird, nicht schon durch das Unterlassen der Überprüfung des Vorhandenseins einer FE, Kö NZV **89** 319. Dieses führt nur dann zur Strafbarkeit nach Abs I Nr 2, wenn feststeht, daß die Fahrt anderenfalls unterblieben wäre, Kö NZV **89** 319. Verbotene Ermächtigung zum Führen liegt schon vor, wenn der Halter dem anderen eine Verrichtung überläßt, die für den Bewegungsvorgang von mitentscheidender Bedeutung ist, zB Handhabung des Lenkrades, BGHSt **13** 226 = NJW **59** 1883, Br VRS **28** 445. S Rz 10. Wer ohne Erlaubnis einen Angehörigen **im Fahren unterrichtet,** verstößt gegen § 21, nicht gegen das FahrlG, KG VRS **8** 140. Der Fahrlehrer, der die Lenkung des Fahrschulwagens seinem noch kindlichen Sohn überläßt, verletzt § 21 I, Ha VM **62** 5, Br VM **65** 30. Erteilt der Fahrlehrer entgegen § 5 VIII FahrschAusbO mehreren Schülern gleichzeitig praktischen Unterricht, so handelt er lediglich ow gem § 8 I Nr 4 FahrschAusbO. Ein Verstoß gegen I Nr 2, wenn der Fahrlehrer den auf dem Krad folgenden Fahrschüler vorübergehend aus den Augen verliert, LG Itzehoe DAR **84** 94. Nach Bay VRS **65** 216 ist I Nr 2 auch anzuwenden, wenn **einer von zwei Mithaltern** ohne FE fährt (zw, weil dieser von einem *eigenen* Verfügungsrecht Gebrauch macht).

14   **Kein tatbestandsmäßiges Handeln iS von § 222 StGB,** wenn sich das Verhalten des FzHalters darin erschöpft, die vom führerscheinlosen Fahrer gewollte und durch tödlichen Unfall verwirklichte Selbstgefährdung durch Überlassen des Fzs zu fördern, Stu VRS **67** 429, anders bei Mitfahrt des Halters mit einem erkennbar noch nicht fahrsicheren, führerscheinlosen Jugendlichen, der wegen Mißachtung der Fahrhinweise des Halters verunglückt, Kö VRS **29** 30. **Anstelle des Halters** können von ihm zur Leitung bestimmte Personen verantwortlich sein (s § 14 II StGB), Hb DAR **65** 137, Fra NJW **65** 2312. **Eigentums- oder Besitzübertragung** am Kfz verstößt nicht gegen § 21, Ha VM **60** 6. Hat der Eigentümer oder Halter das veräußerte Kfz dem nunmehr Berechtigten übergeben, so liegt darin kein Zulassen iS von I Nr 2, jedoch kann seine Haftung wegen verletzter VSicherungspflicht in Betracht kommen (§ 823 II BGB), BGH NJW **79** 2309.

15   **7. Innerer Tatbestand.** Zu den Tatbeständen von I gehört **Vorsatz,** mindestens bedingtes Wissen, daß der Führer nicht die erforderliche FE hat, oder daß ihm das Fahren nach § 44 StGB oder § 25 StVG verboten ist, und der Wille, gleichwohl zu fahren bzw jemanden ohne FE das Fz führen zu lassen. **Irrtum** über das Bestehen eines FV ist Tatbestandsirrtum (§ 16 StGB), Bay DAR **81** 242, Brn VRS **101** 293. Das gleiche gilt bei Irrtum über die Rechtskraft eines FV, jedenfalls soweit er auf der Unkenntnis von Tatsachen beruht, die für die Rechtskraft entscheidend sind, BaySt **99** 136 = DAR **00** 77 (im übrigen offengelassen). Wer über den Beginn des Wirksamwerdens eines FV nicht belehrt wurde, handelt fahrlässig, wenn er in der irrigen Annahme, das FV werde erst nach Aufforderung zur FS-Ablieferung wirksam, Kfze führt, Bay VRS **62** 460. Wer entgegen § 4 III Nr 3 IntVO nach EdF mit einer ausländischen FE im Inland ein Kfz führt, handelt idR vorsätzlich, Ha VRS **67** 457 (eventueller Irrtum vermeidbar). **Fortgesetzte Tat** scheidet nach der neuen Rspr des BGH zur fortgesetzten Handlung regelmäßig aus, Bay NZV **95** 456, Kar VRS **105** 374, Zw DAR **95** 32, Kö VRS **90** 288, *Tolksdorf* DAR **95** 183, s **E** 134.

Verbotsirrtum führt, wenn unverschuldet, zum Freispruch, wenn vorwerfbar, zu uU gemilderter Vorsatzstrafe (s Rz 7). Wer als Ausländer schon länger im Inland lebt, muß sich in FSAngelegenheiten nach strengem Maßstab sorgfältig erkundigen, Kö VM **78** 62. Nach Dü VM **75** 81 kein unvermeidbarer Verbotsirrtum des jahrelang im Inland lebenden Ausländers über die Fortgeltung seiner ausländischen FE, selbst nicht bei entsprechender Belehrung durch eine ausländische Behörde (richtig: fahrlässiger Tatbestandsirrtum). Wer unter Zugrundelegung einer in einem gegen ihn ergangenen Strafurteil vertretenen Rechtsansicht irrtümlich annimmt, mit ausländischer FE fahren zu dürfen, handelt nicht vorwerfbar, wenn diese Ansicht aufgrund bei Urteilserlaß eingetretener Vorschriftenänderung überholt war, ohne daß auf die Änderung hingewiesen wurde, Dü VRS **73** 367. Irrtum über den rechtlichen Geltungsbereich einer FEKl ist Verbotsirrtum, Brn VRS **101** 296, Kar DAR **03** 132 (zu hohe **bauartbestimmte Höchstgeschwindigkeit**). Fährt ein beim Fachhändler erworbenes Mofa schneller als 25 km/h, so kommt bei Fahren ohne FE unvermeidbarer Verbotsirrtum in Frage, AG Geilenkirchen NZV **93** 125. Zur Schuldfrage bei Benutzung eines FmH ohne Tachometer, das bauartbedingt 25 km/h nicht überschreiten sollte, ohne technische Veränderung jedoch bis zu 40 km/h fährt, AG Kleve NJW **78** 2405. 16

Fahrlässiges Anordnen ist nur in der Form möglich, daß der Anordnende den Mangel der FE vorwerfbar nicht kennt, während sein als Anordnung zu verstehendes Handeln bewußt (zumindest bedingt vorsätzlich) geschehen muß. Insoweit hat das gleiche zu gelten wie für den Begriff des „Gestattens" des Gebrauchmachens in § 6 PflVG, für den die Rspr ebenfalls bloßes Ermöglichen nicht ausreichen läßt, s vor § 29a StVZO Rz 17. 17

Für **fahrlässiges Zulassen** soll nach **hM** „fahrlässiges Ermöglichen" schlechthin genügen, BGH NJW **72** 1677, Bay NZV **96** 462, Kö VRS **72** 137, Dü VM **79** 85, JZ **87** 316, Ol NJW **72** 504, Ce VRS **64** 47, Ha NJW **83** 2456, Ko VRS **71** 144, es wird aber nach richtigem sprachlichen Verständnis des Wortes „Zulassen" neben fahrlässigem Nichtkennen der Nichtberechtigung hinsichtlich des Zulassens zumindest bedingten Vorsatz voraussetzen, Bay NJW **67** 262, Jn VRS **107** 221, *Koch* DAR **65** 208. Denn Zulassen enthält ein Wissenselement, während bloßes fahrlässiges Ermöglichen nur einen Teil des im § 21 vorausgesetzten Unrechtsgehalts umfaßt. Soweit demgegenüber die hM fahrlässiges Ermöglichen überhaupt ausreichen läßt, verlangt sie allerdings nicht, daß der Halter allgemein den Zugang von Personen ohne FE zu den FzSchlüsseln verhindern müsse; Fahrlässigkeit auch nach dieser Auffassung also nur dann, wenn konkrete Umstände die Benutzung des Fzs befürchten lassen, Bay NZV **96** 462, **83** 637, Dü JZ **87** 316, zu strenge Anforderungen an die Sorgfaltspflicht Ko VRS **71** 144. 18

Der **Versuch** ist nicht strafbar. Deshalb ist nicht nach § 21 zu bestrafen, wer an einem nicht betriebsfähigen Kfz den Anlasser betätigt. 19

Beihilfe und **Anstiftung** sind bei vorsätzlicher Begehung der Haupttat möglich. Das Mitfahren des Beifahrers auf einer ausschließlich in seinem Interesse durchgeführten Fahrt ist Beihilfe, Bay NJW **82** 1891. Der angestellte Fahrer leistet objektiv Beihilfe zu § 21 I Nr 1, wenn er es trotz Kenntnis nicht verhindert, daß jemand das ihm anvertraute Fz führt, der keine FE hat oder dem das Fahren verboten ist; zum inneren Tatbestand gehört, daß er seine Pflicht einzuschreiten kennt, Ha VRS **15** 288. Der Führer eines geschleppten Kfz kann Beihilfe zu dem Vergehen des Führers des schleppenden Fz begehen, der nicht die FE Klasse E hat, s KG VRS **26** 155. 20

8. Rechtfertigung durch **Notstand** (**E** 117–119), wenn das FzFühren das einzige Mittel war, ihn zu beheben, Dü VRS **5** 39. Allein die Gefahr des Liegenbleibens wegen einer Panne wird idR ein Wegfahren aus dem Verkehrsbereich durch einen Fahrer ohne FE nicht rechtfertigen, s Dü VM **80** 15. 21

9. Fahren oder Fahrenlassen trotz amtlicher Verwahrung des Führerscheins gemäß § 94 StPO. In den Nrn 2, 3 regelt II den Fall, daß jemand ein Kfz führt oder führen läßt, obwohl der FS des Fahrers gemäß § 94 StPO amtlich verwahrt, sichergestellt oder beschlagnahmt ist. Beschlagnahme iS von II Nr 2, 3 setzt körperliche Wegnahme 22

1 StVG § 21   III. Straf- und Bußgeldvorschriften

des FS voraus, Anordnung oder bloße Mitteilung der Beschlagnahme genügt nicht, Stu VRS **79** 303, Schl DAR **68** 135, *Löwe/Rosenberg (Schäfer)* 65; die abw Ansicht (*Trupp* NZV **04** 392) führt zur verbotenen Analogie. Abs II Nr 2, 3 greift auch ein, wenn der sichergestellte oder beschlagnahmte FS gem § 111a V 2 StPO nicht zurückgegeben wird. Für § 21 genügt Sicherstellung des FS mit Einverständnis des Inhabers, ferner genügt Beschlagnahme durch Ermittlungspersonen der StA wegen Gefahr (§ 94 StPO). Aus dem engen Zusammenhang des § 21 II Nr 2, 3 StVG mit den Vorschriften über die EdF und der Wechselwirkung mit ihnen (s § 69a IV–VI StGB) folgt, daß es sich um **eine den Zielen der (vorläufigen) EdF dienende Sicherstellung** handeln muß, OVG Schl DAR **68** 135. S dazu § 111a Rz 13, näher: *Hentschel*, Trunkenheit, Rz 891 ff. Polizeiliche FSWegnahme wegen lediglich allgemeiner Wiederholungs„gefahr" oder zur „Abschreckung" genügt nicht, dann allenfalls OW wegen Fahrens ohne Mitführen des FS, Kö NJW **68** 666, 1486 *(Schweichel)*. Wer im Besitz mehrerer gültiger FSe ist, macht sich nach Abs II Nr 2 strafbar, wenn er nach Sicherstellung *eines* der FSe mit dem verbliebenen FS weiter fährt, Kö NZV **91** 360, Dü VM **72** 56. Abs II Nr 2 erfaßt nämlich, wie sich aus dem Zusammenhang mit § 111a III StPO ergibt, die Sicherstellung aller gültigen, von einer deutschen Behörde erteilten FSe, s *Hentschel* NZV **92** 500, auch zB eines deutschen Internationalen FS, aM insoweit AG Ka NZV **92** 499 (abl auch *Geppert* LK § 69 Rz 187). Wer nach polizeilicher Beschlagnahme seines FS, aber vor Zustellung des Beschlusses nach § 111a StPO ein Kfz führt, verletzt nur II Nr 2, KG VRS **42** 210. Ist es zur Sicherstellung oder Beschlagnahme wegen Unauffindbarkeit des FS nicht gekommen, so greift II Nr 2 nicht ein (krit zu dieser Rechtslage *Hohendorf* NZV **95** 57). Dieser Umstand rechtfertigt keine verfassungsrechtlichen Bedenken gegen II Nr 2, BVerfG VM **97** 41.

23   **10. Strafdrohung. Strafzumessung. Einziehung. Verjährung der Strafverfolgung.** Manche Begehungsformen sind geringfügig, vor allem die, in welchen das Kfz im Verkehr nur ganz kurz bewegt worden ist und kein Hindernis gebildet hat, oder die Fälle bereits bestandener Fahrprüfung. Die abstrakte „Gefährlichkeit", die mehr oder minder mit Vergehen gegen § 21 verbunden sein kann, darf nicht strafschärfend berücksichtigt werden. Höchststrafe nur in „denkbar schweren Fällen" ohne jeden brauchbaren Milderungsgrund, Bay VRS **59** 187. Der Wiederholungstäter darf nicht deshalb nur mit hoher Geldstrafe belegt werden, weil das auf ihn mehr Eindruck mache als an sich verwirkte Strafverbüßung, Ha NJW **69** 1222. Nach mehrfachen einschlägigen Vorverurteilungen in rascher Folge **Strafaussetzung zur Bewährung** bei erneutem Vergehen gegen § 21 innerhalb laufender Bewährungszeit nur nach eingehender Auseinandersetzung mit den Vorstraftaten, Ko VRS **60** 36, **69** 298. Zur Frage der SzB unter der Auflage, eine FE zu erwerben, bei Wiederholungstätern, *Seiler* DAR **74** 260 sowie „Fahren ohne FE", Diss. Regensburg 1982, S 164 ff. Zur Problematik immer neuer Sperren (§ 69a StGB) bei Wiederholungstätern, s *Hentschel,* Trunkenheit, Rz 740. Bei jugendlichen Tätern und Heranwachsenden kann anstelle einer Sperrfrist die Bewährungsauflage (§ 23 JGG), sich um eine FE zu bemühen, förderlich sein; sie bindet die VB nicht, den Verurteilten nur, soweit Antragstellung und Mitwirkung bei etwaiger Begutachtung in Betracht kommen. Bedenken gegen solche Weisungen bei *Händel* DAR **77** 309.

24   **Einziehung** des Kfz als (verfassungsrechtlich unbedenkliche, BVerfG VM **95** 81) Nebenstrafe, Mü NJW **82** 2330, läßt III zu (Kannvorschrift), in den Fällen der Nrn 1, 2 schon beim ersten Verstoß, der Nr 3 im befristeten Wiederholungsfall. III will nur erschwerte Fälle treffen (s Begr, BTDrucks IV/2161), Ha VRS **45** 419. III geht als „besondere Vorschrift" der allgemeinen des § 74 I StGB vor, ist jedoch nur anwendbar, wenn zusätzlich die Voraussetzungen des § 74 II, III StGB erfüllt sind, Bay VM **74** 20, 21, Kö VRS **85** 219, Ko VRS **49** 134. Das Kfz muß also entweder bei Erlaß der Einziehungsentscheidung noch **dem Täter gehören** oder zustehen (§ 74 II Nr 1 StGB), Dü VM **72** 45, oder es muß die **Gefahr weiterer Straftaten** unter Benutzung des Fzs bestehen (74 II Nr 2 StGB), dann braucht das Erfordernis nach § 74 II Nr 1 StGB nicht erfüllt zu sein, Ol VRS **90** 285, LG Siegen NStZ **90** 338, Ko VRS **49** 134. Grundsätzlich also keine Einziehung des sicherungsübereigneten Kfz nach § 74 II StGB, Ha VRS **50** 420, es sei denn, es bestehe Gefahr weiterer Straftaten gem § 21 unter Benutzung des

Fzs, LG Siegen NStZ **90** 338. Nach BGH Betr **72** 2208 kann auch die Eigentumsanwartschaft des Täters auf eine sicherungsübereignete Sache eingezogen werden (zu § 40 II Nr 1 alt StGB). Kann der Täter wegen Schuldunfähigkeit nur gem § 323a StGB bestraft werden, so kann das benutzte Kfz nach Abs III in Verbindung mit § 74 IV, III StGB eingezogen werden, KG VRS **57** 20, Hb MDR **82** 515 (str). Es liegt im **Ermessen des Gerichts,** ob es die Maßnahme anwenden will; es ist zu prüfen, ob die Einziehung außer Verhältnis zur Schwere der Tat steht, Kö VRS **85** 219, Mü NJW **82** 2330, Dü VM **72** 45, den Täter oder Teilnehmer im Verhältnis zur Schuld zu hart treffen würde (Maßgebot, § 74b StGB, s BVerfG VM **95** 81), Bay VM **74** 20, NZV **90** 240, Ha VRS **48** 239, Bra MDR **74** 594 (Verkaufsauflage). Hat der FzEigentümer wiederholt leichtfertig die Straftaten ermöglicht, ist die Einziehung nach §§ 21 III Nr 3 StVG, 74 II Nr 2 StGB nicht unverhältnismäßig, Ol VRS **90** 285. Sie ist nur in den Vorsatzfällen von I zulässig, Ol VRS **40** 260, Fahrlässigkeit reicht zur Einziehung nach I Nr 2 nicht aus, Ha VRS **45** 419. Nach dem insoweit eindeutigen Wortlaut von III Nr 1 und 2 („angeordnet *war*") besteht die Einziehungsbefugnis auch in den Fällen, in denen zur Tatzeit die Sperre abgelaufen war, Bay NZV **90** 240, Ha VM **74** 31, aM AG Homburg VRS **69** 455. Zur Sicherung der Einziehung ist Beschlagnahme nach § 94 StPO zulässig, Ko VRS **70** 7, auch zur Gefahrenabwehr, s Rz 26. Einziehungsbefugnis auch bei vorläufiger EdF (Maßgebot!), Ha NJW **66** 2373. Bei Nr 3 muß die frühere Strafe nicht bereits verbüßt sein. Kein **gutgläubig lastenfreier Eigentumserwerb,** solange das noch nicht rechtskräftig eingezogene Fz in behördlichem Gewahrsam ist, Mü NJW **82** 2330. Bei Vorsatz darf ein zwecks Täuschung über das Nichtbestehen einer FE mitgeführter **ScheinFS** nach § 74 StGB eingezogen werden, Bay VM **76** 68.

11. Zusammentreffen. Mehrere Zuwiderhandlungen gegen § 21 können in TM **25** (§ 53 StGB) stehen. Verhältnis zu § 24 StVG: § 24 Rz 68. **Gesamtvorsatz:** Rz 15 und E 134. Fortgesetzte Tat wird kaum in Betracht kommen, s Rz 15. Natürliche Handlungseinheit: E 150a. Die **Dauerstraftat** des Fahrens ohne FE wird durch kurze Unterbrechungen der Fahrt nicht in zwei Taten aufgespalten, BGH VRS **106** 214, auch nicht am Fahrtziel bis zur anschließenden Rückfahrt, Bay NZV **95** 456. Fahrtrichtungsänderung, um einer PolKontrolle zu entgehen, läßt keine neue Tat beginnen, BGH VRS **48** 354. **Tateinheit** zwischen dem Vergehen des Halters gegen I Nr 2 und der fahrlässigen Tötung dessen, dem er die Führung des Fz überlassen hatte, Kö VRS **29** 30. TE mit Diebstahl durch Wegfahren mit dem Kfz, BGH VRS **46** 105, **30** 283. TE mit dem durch Wegfahren begangenen Diebstahl des Kfz und der Anbringung falscher Kennzeichen an dem weiter benutzten Fz, BGH NJW **63** 212. Benutzt der Täter ohne FE unbefugt ein fremdes Fz und verursacht er VGefährdung und fahrlässige Körperverletzung, so besteht TE der §§ 248b, 229 und 315c StGB mit § 21 I 1, BGH DAR **55** 228. TE von unerlaubter Benutzung eines Kfz (§ 248b StGB), Fahren ohne FE (§ 21 I 1) und Hinterziehung der KfzSteuer, BGH VRS **18** 191. **Tatmehrheit** zwischen den §§ 21 I 1 StVG und 142 StGB, wenn der Fahrer ohne FE den Unfallort zu Fuß verläßt, Ha VRS **18** 113. Wer ohne FE fährt, einen Unfall verursacht und deshalb davonfährt (§ 142), verstößt gegen § 21 StVG in TM mit Sichentfernen und (TE) weiterem Fahren ohne FE, Ha VRS **42** 99. Versucht der Täter, der, trotz EdF fahrend, fahrlässige VGefährdung begangen hat, vorzutäuschen, ein anderer habe den Wagen geführt, so steht § 145d zu § 21 StVG, § 315c III StGB in TM, KG VRS **22** 346, Ce VRS **26** 438. TM zwischen Fahren ohne FE und dem Gebrauch eines gefälschten FS gegenüber der kontrollierenden Pol, BGH VRS **30** 185, Kö VRS **61** 348. *Koch,* Strafnorm, Tenorierung und örtliche Zuständigkeit bei TE von Steuer- und Verkehrsdelikten, DAR **62** 357.

12. Verfahrensrecht, Verwaltungsrecht. Ist der Täter wegen fortgesetzten Fahrens **26** ohne FE (s aber Rz 15) rechtskräftig verurteilt, so ist die Strafklage wegen anderer tateinheitlich dazu begangener Straftatbestände verbraucht, BGH NStZ **84** 135 (tateinheitliche Raubtaten und Sexualdelikte). Ein Strafbefehl wegen Fahrens ohne FE hindert spätere Verurteilung wegen Vorzeigens eines verfälschten FS bei dieser Fahrt (§ 267 StGB) nicht, Kö VRS **49** 360. Sind in der Anklage Tatzeit und als Tatort Gemeinde und Ortsteil richtig wiedergegeben, so ist die prozessuale Tat trotz falscher Straßenbezeichnung ausreichend konkretisiert, Bay VRS **99** 467. Anklage und Eröffnungsbeschluß betreffend den Vorwurf nach Abs I Nr 2 sind keine geeignete Verfahrensgrundlage für Verurteilung nach Nr 1 (keine Tatidentität, § 264 StPO), Kö VRS **63** 128. Das Vergehen des § 21 I Nr 2 ist überall begangen, wo der zum Fahren Ermächtigte ohne FE gefahren ist, Hb VRS **28** 281. Eine telefonische Behördenauskunft über das Bestehen einer FE kann in der Hauptverhandlung nicht verwertet werden, Kar MDR **76** 247. Der FzF ist auch an der fahrlässigen Tat des Halters gem Abs II Nr 1 oder 3 iS des Vereidigungsverbots nach § 60 Nr 2 StPO *beteiligt,* Dü VRS **70** 141. Aus Gründen der Gefahrenabwehr kann zur Verhinderung weiteren Fahrens ohne FE die **polizeiliche Beschlagnahme des Kfzs** geboten sein, VGH Ma NZV **92** 383, OVG Ko ZfS **04** 385.

27   13. Zivilrecht. § 21 ist **Schutzgesetz** (§ 823 II BGB), BGH NJW **91** 418, VR **79** 767, auch im Verhältnis zu Beifahrern, Dü VR **75** 645. Zwar besteht die *allgemeine Rechtspflicht* des Halters oder unbefugten FzBenutzers, das Kfz niemandem ohne FE zur Benutzung zu überlassen (Verkehrssicherungspflicht), grundsätzlich auch gegenüber demjenigen, dem es pflichtwidrig überlassen wird, BGH NJW **78** 421, s dazu BGH NJW **91** 418, Kö NZV **92** 405; jedoch ist § 21 I Nr 2 nicht SchutzG auch zugunsten dessen, dem das Fz ohne FE überlassen wird, BGH NJW **91** 418, s auch BGH NJW **78** 421, *Birkmann* DAR **91** 212. Der Halter, der jemanden ohne FE ein fahrerlaubnispflichtiges Kfz führen läßt, haftet für ursächlich hieraus erwachsene Schäden, abzüglich der Mitschuld (§ 254 BGB) des Schwarzfahrers, Mü VR **74** 1132. Die **FSKlausel** (§ 2b Nr 1c AKB, § 5 I Nr 4 KfzPflVV) soll den Versicherer gegen das erhöhte Risiko beim Fahren eines Kf schützen, dessen Fahrkenntnisse nicht amtlich geprüft sind. Zur Rechtslage nach Inkrafttreten der KfzPflVV, s *Knappmann* VR **96** 404. Obliegenheitsverletzung iS von § 2b Nr 1c AKB auch im Falle der Sicherstellung des FS gem § 94 StPO (§ 21 II Nr 2), BGH JZ **82** 70, NJW **87** 1827, nicht dagegen bei Fahren trotz FV, weil die FE durch die Nebenstrafe bzw Nebenfolge des FV nicht berührt wird und Ungeeignetheit *nicht* festgestellt ist, BGH NJW **87** 1827, Kö ZfS **85** 369, *Prölss/Martin (Knappmann)* § 2b AKB Rz 29, krit *Stiefel/Hofmann* § 2b AKB Rz 119, aM LG Göttingen VR **81** 27, LG Nürnberg-Fürth ZfS **84** 372. Überläßt der VN das Kfz (fahrlässig) einer Person ohne FE, so ist der **Versicherer idR unbeschränkt leistungsfrei,** Mü ZfS **91** 57, in der Haftpflichtversicherung gem § 5 III KfzPflVV beschränkt auf 5000 €. In der Kfz-**Haftpflichtversicherung** behalten VN/Halter den Deckungsschutz auch bei einer Schwarzfahrt des nicht berechtigten Fahrers, BGH NJW **61** 1403, auch wenn der Schwarzfahrer, wie der VN weiß, keine FE hat, Ha VR **78** 1107, **84** 835. KfzÜberlassung in völliger Trunkenheit (Geschäftsunfähigkeit) an jemand ohne FE berührt den Haftpflichtversicherungsschutz nicht (§ 2b Nr 1c AKB), Nü NJW **77** 1496. Grundsätzlich kein **Unfallversicherungsschutz** für einen VUnfall bei vorsätzlichem Fahren ohne FE (§ 2 I Nr 2 AUB), BGH NJW **83** 47. An die Erfüllung der Obliegenheit gem § 2b Nr 1c AKB (Führerscheinklausel), insbesondere die **Pflicht zur Prüfung der FE,** sind strenge Anforderungen zu stellen, Fra NZV **88** 227, VR **74** 560, Kö VR **75** 608. Ihr ist idR nur genügt, wenn sich der VN den FS des FzF hat zeigen lassen, BGH VR **74** 690, **88** 1017, Ha VR **77** 757, Stu VR **74** 690, Fra ZfS **90** 235, Ce ZfS **86** 148, Kar NJW-RR **87** 1053, **88** 347, Kö NZV **91** 473, jedoch ist eingehende Untersuchung der Unverfälschtheit nicht geboten, Kar NJW-RR **88** 27. Über die Gültigkeit ausländischer FE und die Berechtigung des KfzFührens im Inland muß sich der VN vergewissern, BGH NJW **74** 2179, Fra VR **74** 560. Daß die abgelaufene ausländische FE verlängerbar war, genügt nicht, BGH VR **70** 613. Personalienprüfung ist idR erforderlich; in VR **70** 26 hat der BGH insoweit jedoch nur recht geringe Anforderungen gestellt (Verwechslung mit sehr ähnlichem Bruder). Bei begründetem Zweifel über den Fortbestand der FE ist bei künftigen Fahrten nochmalige Prüfung erforderlich, BGH VR **68** 443 (Anm *Gaisbauer* VR **68** 788), **88** 1017. Die **Pflicht zur FS-Prüfung entfällt nur** bei Vorliegen von Umständen, die die sichere Überzeugung vom Besitz der FE rechtfertigen, Kö NZV **91** 373, Kar NJW-RR **88** 27, Stu ZfS **85** 54, VR **74** 690, Ko ZfS **82** 117, Ce ZfS **86** 148, wobei an diese anderweitigen Erkenntnisquellen hohe Anforderungen zu stellen sind, Ko ZfS **82** 117, Fra NZV **88** 227. Dies kann zB bei besonderem Vertrauensverhältnis der Fall sein, Kar NJW-RR **88** 347 (Lebensgefährte fährt seit 20 Jahren

Kennzeichenmissbrauch § 22 StVG 1

unbeanstandet mit falschem FS trotz mehrfacher PolKontrollen), Ce VR **70** 147 (FzF fährt seit ½ Jahr täglich mit Pkw). Allein die Tatsache, daß es sich um einen Bekannten handelt, den der VN schon mehrfach hat fahren sehen, reicht idR nicht, Fra ZfS **84** 336, Ha NZV **96** 369, anders uU bei seit Jahren bestehendem vertrauten Umgang mit dem in geordneten Verhältnissen lebenden FzF, Stu ZfS **85** 54. Der VN kann auch entschuldigt sein, wenn er das Fz einem guten Bekannten überläßt, der schon seit längerer Zeit ein eigenes Fz derselben FEKl führt, sofern ein Anlaß, ihm zu mißtrauen nicht gegeben ist, BGH NJW **66** 1359 (Anm *Gaisbauer* NJW **66** 1753). Daß der Fahrer gelegentlich verschiedene Kfze geführt hat, genügt nicht, Ce ZfS **86** 148, Fra NZV **88** 222 (Fze des Arbeitgebers). Betriebsgespräche, der Beschäftigte benutze regelmäßig ein Auto, reichen zur Prüfung der FE durch den Arbeitgeber/Halter nicht aus, Kö VR **75** 608. Hätte auch ein Fahrer mit FE den Unfall nicht abwenden können, ist der **Kausalitätsgegenbeweis** (§§ 6 II, 15a VVG) geführt, Kö MDR **68** 929, s Ha VR **78** 47. Der Fahrer ohne FE kann den Kausalitätsgegenbeweis nicht durch den Nachweis genügender Fahrkenntnis führen, auch nicht bei Mitwirkung von Trunkenheit, sondern nur durch den Nachweis, daß der Unfall auch für jeden berechtigten Fahrer unabwendbar (§ 17 III StVG) gewesen wäre, Ce VR **80** 178. Keine Ursächlichkeit bei so geschickter FSFälschung, daß der Halter sie nicht erkannt haben würde, KG VRS **50** 384. Nicht die vorgeschriebene FE iS von § 2b Nr 1c AKB (§ 5 I Nr 4 KzfPflVV) hat auch der **Inhaber einer ausländischen FE,** der ohne Umschreibung in eine deutsche FE (§ 31 FeV) auch nach Ablauf der Frist des § 4 I S 3 oder 4 IntVO (s dazu § 31 FeV Rz 18) mit seinem ausländischen FS weiterhin am inländischen FEpflichtigen KfzV teilnimmt, *Slapnicar* NJW **85** 2863, aM noch AG Stu VR **67** 1143. Er muß gegenüber dem VU den Kausalitätsgegenbeweis führen, § 6 II VVG, Kar VR **76** 181. Da sich aber die Gefahr nach Ablauf der genannten Frist gegenüber der bis dahin berechtigten VTeilnahme mit Kfzen nicht ohne weiteres erhöht, verletzt er nicht unbedingt in rechtserheblichem Maß die FSKlausel, BGH NJW **70** 995. In solchen Fällen gilt daher ein erleichterter Kausalitätsgegenbeweis (§ 6 II VVG). Der Beweis ist in solchen Fällen idR schon dann geführt, wenn feststeht, daß Eintritt und Umfang des Versicherungsfalles nicht auf Unkenntnis der deutschen VVorschriften oder mangelnder Eignung beruhen, BGH NJW **69** 371, **70** 995, Kar VR **71** 706.

14. Lit: *S. Cramer,* Fahren trotz FV – Verfassungswidrigkeit von § 21 I Nr 1 StVG im Falle des § 44 StGB?, DAR **98** 464. *Koch,* Die Strafbarkeit des KfzHalters, DAR **65** 208. *Rüth/Reinken,* Fahren ohne FS, KVR. *Seiler,* Fahren ohne FE, 1982 (Diss. Regensburg). *Derselbe,* Tatbestandsstruktur und Rechtsgut des § 21 StVG, DAR **83** 379. **28**

Kennzeichenmissbrauch

22 (1) Wer in rechtswidriger Absicht
1. ein Kraftfahrzeug oder einen Kraftfahrzeuganhänger, für die ein amtliches Kennzeichen nicht ausgegeben oder zugelassen worden ist, mit einem Zeichen versieht, das geeignet ist, den Anschein amtlicher Kennzeichnung hervorzurufen,
2. ein Kraftfahrzeug oder einen Kraftfahrzeuganhänger mit einer anderen als der amtlich für das Fahrzeug ausgegebenen oder zugelassenen Kennzeichnung versieht,
3. das an einem Kraftfahrzeug oder einem Kraftfahrzeuganhänger angebrachte amtliche Kennzeichen verändert, beseitigt, verdeckt oder sonst in seiner Erkennbarkeit beeinträchtigt,

wird, wenn die Tat nicht in anderen Vorschriften mit schwererer Strafe bedroht ist, mit Freiheitsstrafe bis zu einem Jahr oder mit Geldstrafe bestraft.

(2) **Die gleiche Strafe trifft Personen, welche auf öffentlichen Wegen oder Plätzen von einem Kraftfahrzeug oder einem Kraftfahrzeuganhänger Gebrauch machen, von denen sie wissen, dass die Kennzeichnung in der in Absatz 1 Nr. 1 bis 3 bezeichneten Art gefälscht, verfälscht oder unterdrückt worden ist.**

1. Die Vorschrift richtet sich gegen Versuche, die Halter- und Fahrerfeststellung dadurch zu verhindern, daß amtliche Kennzeichen gefälscht, verfälscht, vertauscht oder **1**

unkenntlich gemacht werden, Kö NZV **99** 341. Geschützt sind von der ZulB zugeteilte amtliche Kennzeichen, so daß § 22 nur bei Fzen anwendbar ist, für die amtliche Kennzeichnung vorgeschrieben ist, nicht zB auf die nichtamtlichen Versicherungskennzeichen (§§ 29 e, 60 a StVZO). Kennzeichenzwang für deutsche Kfze: §§ 18, 23, 28, 60 StVZO, für außerdeutsche Fze: §§ 2, 7 IntVO. **Amtliche Kennzeichen** iS des § 22 sind:
a) die nach den §§ 18, 23, 60 StVZO zugeteilten Kennzeichen (Anlagen I bis VII zur StVZO); b) die gemäß § 28 StVZO zugeteilten Kurzzeitkennzeichen und roten Kennzeichen; c) das Nationalitätszeichen „D" (§ 7 a IntVO); d) die Ausfuhrkennzeichen nach § 7 II Nr 4 IntVO; e) die heimatlichen Kennzeichen und Nationalitätszeichen (Unterscheidungszeichen) der ausländischen Kfze (§ 2 IntVO), Bay DAR **83** 393.

2. Eigenmächtige Kennzeichnung nicht amtlich gekennzeichneter Kraftfahrzeuge (I Nr 1). Nr 1 bedroht den mit Strafe, der ein Kfz (§ 1) oder -anhänger, für den kein amtliches Kennzeichen ausgegeben oder zugelassen worden ist, mit einem Zeichen versieht, das den Anschein amtlicher Kennzeichnung hervorrufen könnte. Gegenstand des Vergehens können also nur Kfze oder Anhänger sein, die gemäß der StVZO ein amtliches Kennzeichen führen müssen, dh alle nach den §§ 18 ff StVZO zulassungspflichtigen Kfze sowie diejenigen, die nach § 18 IV StVZO ohne Zulassungszwang ein amtliches Kennzeichen erhalten. Sie können Deliktobjekt gemäß I Nr 1 sein, solange sie kein Kennzeichen erhalten haben, oder, nachdem die ZulB die Verwendung im Verkehr untersagt hatte (§§ 17, 27, 29 StVZO), kein solches wieder erhalten haben. Wenn Nr 1 sagt, es dürfe für das Fz kein Kennzeichen ausgegeben oder zugelassen worden sein, so erfaßt dies alle Formen ordnungsgemäßer Zuteilung.

Das tatbestandsmäßige Handeln besteht darin, daß das Fz mit einem verwechslungsfähigen, nicht amtlich zugeteilten Zeichen versehen wird. Versehen = Anbringen, Herstellen einer Verbindung zwischen Zeichen und Fz, so daß zum Ausdruck gelangt, das Zeichen beziehe sich auf dieses Fz; einer *festen* Verbindung wird es nicht bedürfen, BaySt **02** 149 = DAR **03** 81, Hb NZV **94** 369. Das Zeichen muß geeignet sein, den Anschein amtlicher Kennzeichnung hervorzurufen. Es muß Echtheit vorspiegeln. Es braucht nicht fälschlich angefertigt zu sein; es genügt Anbringung eines für ein anderes Fz oder für andere Zwecke zugeteilten Kennzeichens, zB eines für die Fahrt nicht zugeteilten Kurzzeitkennzeichens oder roten Kennzeichens (§ 28 StVZO), Stu VRS **47** 25. Verwendung von Kurzzeitkennzeichen oder roten Kennzeichen zu anderen als den in § 28 I 1 StVZO genannten Zwecken, s dort Rz 17. Ein bei vorübergehender Stillegung entstempeltes, aber am Kfz belassenes oder nach Entfernung wieder angebrachtes zugeteiltes Kennzeichen („ruhende Zulassung") ist nicht tatbestandsmäßig, Bay VRS **58** 442, Kö DAR **61** 150. Wer ein entstempeltes Kennzeichen am Kfz beläßt, versieht dieses nicht mit einem falschen Kennzeichen, auch nicht bei Anbringung einer falschen Stempelplakette, Stu NStZ-RR **01** 370; wenn er das Fz im Verkehr benutzt, verletzt er nur die §§ 18 StVZO, 24 StVG, Hb VM **61** 68, Kö DAR **61** 150, 152, aM Bay NJW **63** 1559. Nicht zum Tatbestand gehört, daß ein Irrtum hervorgerufen wird. Täter kann jeder strafrechtlich Verantwortliche sein, nicht nur der Halter oder Führer des Fz. Vollendet ist der äußere Tatbestand durch das Versehen mit dem falschen Kennzeichen ohne Rücksicht auf Fahren im Verkehr, RGSt III 3 D 622/22, Ce HRR **25** 357.

3. Anbringen eines falschen Kennzeichens anstatt des richtigen (I Nr 2). Hier ist Gegenstand der Straftat ein Kfz oder -anhänger, für den die ZulB ein amtliches Kennzeichen zugeteilt hat. Das tatbestandsmäßige Handeln besteht darin, daß das Fz mit einem anderen als dem amtlich substantiell, nicht nur dem Inhalt nach zugeteilten Kennzeichen versehen wird, Hb NJW **66** 1827. Hat die VB irrtümlich ein vom FzSchein abweichendes Kennzeichen abgestempelt, so erfüllt FzGebrauch mit diesem Kennzeichen nicht Abs I Nr 2 mit Abs II, Dü NZV **93** 79, s § 23 StVZO Rz 23. Die Anbringung eines weiteren Kennzeichens neben dem zugeteilten kann Beeinträchtigung der Erkennbarkeit sein (I Nr 3).

4. Beseitigen des amtlichen Kennzeichens, Beeinträchtigung seiner Erkennbarkeit (I Nr 3). Die Vorschrift betrifft Fälle, in denen ein echtes Kennzeichen am Fz angebracht ist. Das tatbestandsmäßige Handeln kann bestehen: im Beseitigen des Kennzeichens durch Aufhebung der Verbindung zwischen Fz und Kennzeichen, Hb NJW **66** 1827, oder durch Beeinträchtigung der Erkennbarkeit des Kennzeichens, zB durch Abschalten der Beleuchtung, Bay DAR **81** 242, *Rüth/Berr/Berz* Rz 10, aM AG Bielefeld NZV **02** 242, oder durch Überkleben mit „Antiblitzfolie", Bay NZV **99** 213, *Kudlich* JZ **00** 426, zw *Krack* NStZ **00** 424. Verändern, teilweises Verdecken oder ablenkendes Beibringen weiterer „Kennzeichen" erfüllt den Tatbestand, wenn dadurch die Erkennbarkeit beeinträchtigt wird. Veränderungen am Kennzeichen vor Anbringung am Fz erfüllen den Tatbestand nicht, insoweit aber Urkundenfälschung (§ 267 StGB). Vollendung tritt mit dem Verändern oder Beseitigen ein, Hb NJW **66** 1827. Daß das Fz mit dem veränderten Kennzeichen im Verkehr verwendet wird, gehört nicht zum Tatbestand.

5. Innerer Tatbestand des Absatzes 1. Zum inneren Tatbestand gehört bei allen **6** drei Tatbeständen des I Vorsatz, dh Kenntnis der den äußeren Tatbestand ergebenden Tatumstände, wobei bedingter Vorsatz genügt. Des weiteren gehört dazu Handeln in der rechtswidrigen Absicht, mittels der iS der Nr 1 bis 3 verbotswidrigen Kennzeichnung im Verkehr falschen Beweis zu erbringen, RGSt **53** 141. Gemeint sind also nur Handlungen, die die Feststellung und Erkennbarkeit des Kfz erschweren sollen, Bra NRpfl **51** 209. Für rechtswidrige Absicht spricht es, wenn Ausschalten der Beleuchtung das Ablesen des Kennzeichens verhindern soll, Stu VRS **34** 69. Nicht in rechtswidriger Absicht handelt, wer nur zum Scherz tätig wird und nicht durch die Beweiskraft des Kennzeichens das Rechtsleben beeinflussen will. Zum Tatbestand des Fälschens, Verfälschens und Unterdrückens gehört Kenntnis dessen, was richtig ist. Daß der Täter die Rechtswidrigkeit seiner Absicht kennt, gehört hier zum Tatbestand. Irrtum hierüber ist Tatbestandsirrtum.

6. Gebrauch mißbräuchlich gekennzeichneter Kraftfahrzeuge und Anhänger (Abs 2).
Äußerer Tatbestand. II stellt den unter Strafe, der im Verkehr (§ 1 StVG) ein Kfz **7** oder einen KfzAnhänger gebraucht, obwohl er weiß, daß die Kennzeichnung in der in I Nr 1 bis 3 bezeichneten Art gefälscht, verfälscht oder unterdrückt ist. Der Wortlaut des II ergibt, daß er sich an die Aufzählung des I anschließt, indem „gefälscht" der Nr 1, „verfälscht" der Nr 2 und „unterdrückt" der Nr 3 von I umschreibt, entsprechend den dort umschriebenen Tatbeständen. Es reicht daher aus, daß hinsichtlich der Kennzeichnung des Fz einer der Tatbestände des I Nr 1 bis 3 erfüllt ist; dagegen ist es belanglos, ob das mit dem nach I erforderlichen Vorsatz geschehen ist. „Gebrauch machen" bezieht sich nicht auf die Kennzeichnung des Fz, sondern, wie der Wortlaut zeigt, auf das Fz selbst und ist deshalb als Inbetriebsetzen zu verstehen, *Jan/Jag/Bur* 7, weniger eng Kö NZV **99** 341 (Schieben). Gebrauch von dem Fz macht, wer dieses selbst führt oder die Fahrt, bei der er sich des Fzs bedient, veranlaßt oder dazu beiträgt, Bay NJW **63** 1559. Täter kann jedermann sein („Personen, welche"), nicht nur Halter oder Führer des Fz. Der bloß Mitfahrende, der die Fahrt weder veranlaßt noch auf den Willen des Fahrers fördernd eingewirkt hat, fällt nicht unter § 22, Bay NJW **63** 1559.

Innerer Tatbestand. „Wissen, daß" bedeutet an sich Kenntnis von der Fälschung. **8** Wie vielfach im StGB und anderen Strafgesetzen älteren Datums bedeutet „wissentlich" hier nur vorsätzlich, so daß bedingter Vorsatz ausreicht, RGSt **72** 26. II setzt rechtswidrige Absicht voraus, nämlich Vortäuschen amtlicher Kennzeichnung, um unbehindert fahren zu können, Stu VRS **36** 306. Danach ist nach II nur strafbar, wer beim Gebrauch eines Fz, das, wie er weiß oder billigend für möglich hält, mit falschem, verdecktem oder sonst in der Erkennbarkeit verändertem Kennzeichen versehen ist, die Absicht hat, hierdurch die Feststellung des Kfz zu erschweren. Hat er während des Gebrauchs die rechtswidrige Absicht, so ist er nach II strafbar, auch wenn das Verfälschen usw nicht in rechtswidriger Absicht geschehen war (s Rz 7). Gegen II kann auch noch verstoßen werden, wenn die Verfolgbarkeit des Vergehens gegen I verjährt ist, Bra NRPfl **60** 90.

7. Verhältnis des Absatzes 2 zum Absatz 1. Der Tatbestand des II ist gegenüber I an **9** sich selbständig. Doch begeht nicht zwei selbständige Straftaten, wer in rechtswidriger Absicht ein Kfz mit falschem Kennzeichen usw versieht, um mit diesen das Kfz im Verkehr zu gebrauchen, und sodann entsprechend verfährt. Denn die Tatbestände des I sind

1 StVG § 22a III. Straf- und Bußgeldvorschriften

Gefährdungstatbestände im Verhältnis zu dem Verletzungstatbestand. In solchen Fällen treten vorausgegangene Gefährdungstatbestände zurück (Gesetzeskonkurrenz). Anzuwenden ist nur II. Es handelt sich um dasselbe Verhältnis, das nach § 267 StGB zwischen dem Herstellen der falschen Urkunde und dem Gebrauchen besteht, BGHSt **17** 97. Aber TM, wenn sich der Verfälscher erst später zum Gebrauchmachen entschließt.

10 **8. Versuch. Teilnahme.** Der Versuch ist nicht strafbar (§ 23 I StGB). Mittäterschaft, Anstiftung und Beihilfe sind nach StGB zu beurteilen.

11 **9. Strafdrohung. Verjährung der Strafverfolgung.** Als Strafe droht § 22 für alle vier Tatbestände Freiheitsstrafe bis zu einem Jahr oder Geldstrafe an. Das Fz kann in den Fällen des § 22 nicht eingezogen werden, nur das Kennzeichen. Die Strafverfolgung verjährt in drei Jahren (§ 78 StGB).

12 **10. Beschränkte Subsidiarität des § 22.** § 22 ist nur anwendbar, sofern die Tat nicht anderweit mit schwererer Strafe bedroht ist, sei es im StGB oder im Nebenstrafrecht. Das gilt auch für II. Solchen Vorschriften gegenüber ist § 22 nur Hilfsgesetz. In Betracht kommen jedoch nur solche Tatbestände, die gerade durch die in § 22 genannten Verhaltensweisen verwirklicht werden, Bay VRS **62** 136, besonders Urkundenfälschung (§ 267 StGB, s § 23 StVZO Rz 22), BaySt **98** 51 = NZV **98** 333, sonst TE, s Rz 13. Die Anbringung eines unveränderten Kennzeichens an einem anderen Kfz ist Urkundenfälschung, s dazu § 23 StVZO Rz 22. Zum Anbringenlassen unechter Kennzeichen am gestohlenen Kfz als Hehlereihandlung, BGH NJW **78** 2042.

13 **11. Zusammentreffen.** Wer Fze mit falschen Kennzeichen versieht und im Verkehr gebraucht, verstößt idR nur gegen § 22 II, soweit § 22 nicht zurücktritt, weil Urkundenfälschung vorliegt, Bay VRS **53** 351, s § 23 StVZO Rz 22, § 60 StVZO Rz 20. TE von Diebstahl, Vergehen gegen § 22 (Wegfahren mit dem fremden Fz, nachdem es mit einem falschen Kennzeichen versehen worden ist) und Fahren ohne FE, BGH NJW **63** 212, TE auch mit §§ 222, 229 StGB, Steuerhinterziehung, Bay VRS **62** 136.

Missbräuchliches Herstellen, Vertreiben oder Ausgeben von Kennzeichen

22a (1) **Mit Freiheitsstrafe bis zu einem Jahr oder mit Geldstrafe wird bestraft, wer**
1. **Kennzeichen ohne vorherige Anzeige bei der zuständigen Behörde herstellt, vertreibt oder ausgibt oder**
2. **(weggefallen)**
3. **Kennzeichen in der Absicht nachmacht, dass sie als amtlich zugelassene Kennzeichen verwendet oder in Verkehr gebracht werden oder dass ein solches Verwenden oder Inverkehrbringen ermöglicht werde, oder Kennzeichen in dieser Absicht so verfälscht, dass der Anschein der Echtheit hervorgerufen wird, oder**
4. **nachgemachte oder verfälschte Kennzeichen feilhält oder in den Verkehr bringt.**

(2) **Nachgemachte oder verfälschte Kennzeichen, auf die sich eine Straftat nach Absatz 1 bezieht, können eingezogen werden. § 74a des Strafgesetzbuchs ist anzuwenden.**

1 **Begr** (BTDrucks 8/971): ... *§ 22a Abs. 1 Nr. 1 stellt den Verstoß gegen die in § 6b Abs. 1 normierte Anzeigepflicht ... unter Strafe, während nach Nummer 3 die Herstellung unechter Kennzeichen (Schilder mit kennzeichenähnlicher Beschriftung) und die Verfälschung echter Kennzeichen sowie nach Nummer 4 der Vertrieb falscher Kennzeichen bestraft wird. Unter Kennzeichen ist auch eine Folie (Folienschild) zu verstehen, die beschriftet ist und anstelle des herkömmlichen Aluminiumschildes durch Aufkleben am Fahrzeug befestigt werden soll...*

2 Die Nr 1 bezieht sich ausschließlich auf Kennzeichen iS des § 6b, betrifft daher nur deutsche Kennzeichen, s Bay DAR **83** 393. Demgegenüber erfassen die Nrn 3 und 4 alle Kennzeichen, deren mißbräuchliche Verwendung unter § 22 fiele, also auch ausländische, s § 22 Rz 1, Bay DAR **83** 393. Phantasiezeichen, die sich so wesentlich von jeglichen echten, auch im Ausland vorkommenden Kennzeichen unterscheiden, daß eine ernsthafte Verwechslung mit solchen ausscheidet, fallen nicht unter Nr 4, Bay DAR **83**

Verkehrsordnungswidrigkeit   § 24 StVG 1

393. Abs I Nr 1 ist grundgesetzkonform und kein BlankettG (**E** 79), weil der Straftatbestand vollständig beschrieben ist, BaySt **98** 185 = NZV **99** 176.

Feilbieten nicht genehmigter Fahrzeugteile

23 (1) Ordnungswidrig handelt, wer vorsätzlich oder fahrlässig Fahrzeugteile, die in einer vom Kraftfahrt-Bundesamt genehmigten Bauart ausgeführt sein müssen, gewerbsmäßig feilbietet, obwohl sie nicht mit einem amtlich vorgeschriebenen und zugeteilten Prüfzeichen gekennzeichnet sind.
(2) Die Ordnungswidrigkeit kann mit einer Geldbuße bis zu fünftausend Euro geahndet werden.
(3) Fahrzeugteile, auf die sich die Ordnungswidrigkeit bezieht, können eingezogen werden.

    1. **Begründung der BReg:** BTDrucks V/1319 S 89.   **1**

    2. **Feilbieten unvorschriftsmäßiger Fahrzeugteile.** Gemäß § 22a StVZO sind   **2**
zahlreiche KfzTeile in amtlich genehmigter Bauart auszuführen, durchweg solche, die für die Sicherheit wichtig sind. Ow handelt, wer entgegen dem Verbot des § 22a II StVZO dort in I bezeichnete Teile ohne das amtlich vorgeschriebene und zugeteilte Prüfzeichen feilbietet, veräußert, erwirbt oder verwendet, § 69a II Nr 7 StVZO.

    3. **Gewerbsmäßiges Feilbieten.** Schärfer geahndet wird das vorsätzliche oder fahr-   **3**
lässige Feilbieten solcher Teile, wenn es gewerbsmäßig geschieht, nämlich nach § 23 StVG mit Geldbuße bis zu 5000 € und Einziehungsbefugnis. Übersteigt der wirtschaftliche Vorteil aus der OW 5000 €, so darf die Geldbuße diesen Betrag überschreiten, § 17 IV OWiG. **Feilbieten:** s § 22a StVZO Rz 29.

    Gewerbsmäßig handelt, wer in der Absicht handelt, die Tat zu wiederholen, um   **4**
sich eine nicht nur vorübergehende Einnahmequelle zu verschaffen, BGHSt **1** 383. Bei dieser Absicht genügt uU schon eine einzelne Betätigung zur Gewerbsmäßigkeit. Als Täter werden besonders Händler und Inhaber von Kfz-Werkstätten in Betracht kommen; bei ihnen kann schon ein einmaliger Verstoß ausreichen, besonders wenn weitere nicht vorschriftsmäßig gekennzeichnete Teile der fraglichen oder anderer Art vorgefunden werden. Als Täter wird nur der Betriebsinhaber, nicht ein Angestellter in Betracht kommen können, da nur beim Inhaber die Absicht der Gewerbsmäßigkeit bestehen kann. Ein Angestellter, dem die Absicht des Betriebsinhabers bekannt ist, kann Gehilfe sein. Zum fahrlässigen gewerbsmäßigen Feilbieten, *Hartung* DAR **53** 141, *Graichen* DAR **66** 43. Nach § 23 handelt auch ow, wer ungeprüfte Teile gewerbsmäßig feilhält, um sie mit der Auflage zu verkaufen, sie nur an Kfzen außerhalb des Verkehrs zu verwenden, Ha VBl **66** 336.

    Lit: *Thomsen,* Die OW nach § 23 StVG, VD **69** 103.

    4. **Zuständige Verwaltungsbehörde** (§ 36 I Nr 1 OWiG) zur Verfolgung der OW   **5**
ist kraft Sondervorschrift das Kraftfahrt-Bundesamt (§ 26 II StVG).

    5. **Verfolgungsverjährung** tritt nach zwei Jahren ein (§ 31 II Nr 2 OWiG). Dann   **6**
ist auch keine Einziehung gemäß III mehr zulässig (§ 31 I OWiG). Die Überschreitungsbefugnis gemäß § 17 IV OWiG zum Ausgleich eines wirtschaftlichen Vorteils bleibt bei Ermittlung der Verjährungsgrenze des § 31 II OWiG außer Betracht.

Verkehrsordnungswidrigkeit

24 (1) ¹Ordnungswidrig handelt, wer vorsätzlich oder fahrlässig einer Vorschrift einer auf Grund des § 6 Abs. 1 erlassenen Rechtsverordnung oder einer auf Grund einer solchen Rechtsverordnung ergangenen Anordnung zuwiderhandelt, soweit die Rechtsverordnung für einen bestimmten Tatbestand auf diese Bußgeldvorschrift verweist. ²Die Verweisung ist nicht erforderlich, soweit die Vorschrift der Rechtsverordnung vor dem 1. Januar 1969 erlassen worden ist.
(2) Die Ordnungswidrigkeit kann mit einer Geldbuße geahndet werden.

Übersicht

Abschreckung 53
Ausland, Verkehrszuwiderhandlung Deutscher im 11/12, 13/14
Äußerer Tatbestand 15, 16

Bedeutung der Ordnungswidrigkeit 45–47
Beschlagnahme 66
Beteiligung 20
Beweis 76, 77
Buße s Geldbuße
Bußgeldkatalog 41, 60 ff
Bußgeldverfahren 69–75

Einsicht als Zumessungsgrund 56
Einziehung, keine 66
Erzwingungshaft 78

Fahrlässigkeit, Vorsatz 23–25
Festnahme, vorläufige 74

Geldbuße, Gesetzesmaterialien 38–41
–, frühere 55
–, Rahmen 43
–, wirtschaftliche Verhältnisse 48 a
–, Zumessung 44 ff
Geltung, sachliche 7
–, örtliche 10–14
–, zeitliche 8, 9
Gesamtvorsatz 24
Gesetzesmaterialien 1–4, 11, 12, 38–41, 75
–, Geldbuße 38 ff
Grad des vorwerfbaren Handelns 44

Haft, Erzwingungs- 78

Irrtum 26–36

Maß des zulässigen Vorwurfs 44, 48
Mitschuld 49, 50

Natotruppen 79

Ordnungswidrigkeit 6
–, Bedeutung der 45–47
Opportunitätsgrundsatz 41, 67

Radarfoto 76
Rechtfertigungsgründe 22
Rechtstreue 53

Sachliche Geltung 7
Schuld 23–25
–, Mitschuld 49, 50
Sicherheitsleistung 75
Sicherstellung des Fahrzeugs 66
Soziale Stellung 57
Subsidiarität 68

Tatbestand 15, 16
Tatbestandsirrtum 33
Tateinheit 58
Tatmehrheit 59
Teilnahme 20

„Uneinsichtigkeit" 56
Ursächlichkeit 21

Verantwortlichkeit 23–25, 52
Verbotsirrtum 34–36, 51
Verfolgungsbehörde, zuständige 70
Verfolgungsverjährung 69
Verkehrszuwiderhandlung, Ausland 11/12, 13/14
Verschlechterungsverbot 72
Versuch 37
Videoaufnahme als Beweismittel 76
Vollrausch 25 a
Vorläufige Festnahme 74
Vorsatz, Fahrlässigkeit 23–25
Vorstrafe 55
Vorwurf, Maß des zulässigen 44, 48

Wirtschaftliche Verhältnisse 48 a

Zahlungserleichterung 78
Zeitliche Geltung 8, 9
Zumessung der Geldbuße 44 ff
Zuständige Verfolgungsbehörde 70

1–4 **1. Begr** der BReg: BTDrucks V/1319 S 90.

5 **2. Ordnungswidrigkeiten.** § 24 StVG umfaßt alle OWen gegen die StVO, StVZO und FeV. Als Blankettnorm (**E** 79) wird er durch deren Vorschriften zu OW-Tatbeständen ergänzt, soweit sie Verbote, Gebote und Anordnungen an die VT und FzHalter enthalten, s Rz 15. OWen gegen die StVO: § 49 StVO, gegen die StVZO: § 69a StVZO, gegen die FeV: § 75 FeV.

6 **3. Ordnungswidrigkeit** (OW): **E** 12, 68–75. Auslegung: **E** 57–59. Analogie: **E** 60–62. Alle VRegeln sind elastisch (verkehrsgerecht) und ohne Kleinlichkeit zu handhaben und auszulegen, BGH NJW **70** 619, Zw VRS **41** 190. Besondere VLagen, sinnvolles Verhalten im StrV: **E** 122–124, § 1 StVO Rz 6–10, § 11 StVO.

7 **4. Sachliche Geltung.** § 24 ist mit dem GG vereinbares Bundesrecht, BVerfGE **27** 18 = NJW **69** 1619, ebenso die StVO und die StVZO (**E** 1, 2, 6, 7, 9, 10). Landesrechtliches StrVR hat gemäß § 6 StVG keinen Raum mehr (**E** 46–48). Die Bußgeld- und Fahrverbotskompetenz der VB verletzt Art 92 GG nicht, da die Sanktionen gegen OWen keine Strafen sind und keine ethischen Vorwürfe begründen, BVerfG NJW **69** 1623, s Dü NJW **69** 1221.

Verkehrsordnungswidrigkeit § 24 StVG **1**

5. Zeitliche Geltung. § 24 gilt in Neufassung seit 1. 1. 69 (Art 167 EGOWiG). 8
Zeitliche Geltung: **E** 35 ff. Rückwirkungsverbot: **E** 37. Tatzeit: **E** 39. Rechtsänderungen: **E** 40–42. Zeitgesetze: **E** 43. Nebenfolgen: **E** 44.

Bei späterem Wechsel der Bußgeldandrohung zwischen Tat und Ahndung gilt die 9
mildere (§ 4 III OWiG), Ha VM **72** 11. Wo eine OW anstelle einer Straftat tritt, ist dies ohne Rücksicht auf die Höhe der angedrohten Buße stets iS von § 4 III OWiG milder, Dü VM **70** 85. Nebenfolgen einer OW dürfen nur verhängt werden (zB Einziehung), soweit sie schon zur Tatzeit zugelassen waren (§ 4 OWiG).

6. Örtliche Geltung. Eine OW ist an jedem Ort begangen, an dem der Täter, In- 10
länder oder Ausländer, gehandelt hat oder im Unterlassungsfall hätte handeln sollen, oder an dem ihre Wirkung („Erfolg") eingetreten ist oder eintreten sollte (§ 7 OWiG). Jedoch können, soweit gesetzlich nichts anderes bestimmt ist, nur im räumlichen Geltungsbereich des OWiG begangene OWen geahndet werden (Gebietsgrundsatz, § 5 OWiG). Näher **E** 32. Exterritoriale: **E** 28. Sicherheitsleistung der Ausländer: **E** 33/34.

Begr der BReg zu § 4 OWiG aF = § 5 nF **(Räumliche Geltung)** (Drucks V/1269 11/12
S. 45): *„Die Vorschrift stellt in Absatz 1 den Grundsatz auf, daß nur die im räumlichen Geltungsbereich dieses Gesetzes begangenen Ordnungswidrigkeiten geahndet werden können. Diesem Grundsatz liegt die Erwägung zugrunde, daß die große Mehrheit aller Bußgeldvorschriften schon nach ihrem Inhalt und Zweck nur innerhalb des Bundesgebietes Geltung beanspruchen können. Überwiegend bezwecken diese Vorschriften nämlich nur, eine bestimmte Ordnung aufrechtzuerhalten, die ihrerseits nicht vorgegeben ist, sondern ... **weitgehend nach Zweckmäßigkeitsgesichtspunkten ausgestaltet ist, so z. B. auf ... den Gebieten des Verkehrsrechts** ... Es liegt deshalb in der Natur der Sache, daß die Beachtung solcher Gebote und Verbote nur in dem räumlichen Bereich verlangt werden kann, auf die sich die verwaltende, ordnende und lenkende Tätigkeit für das Gemeinwesen erstreckt....*

Im Ausland begangene VZuwiderhandlungen: **E** 26, 27, 33, 34. Ein Übereinkom- 13/14
men über die Zusammenarbeit in Verfahren wegen Zuwiderhandlungen gegen VVorschriften und bei der Vollstreckung von deswegen verhängten Geldbußen und -strafen war am 28. 4. 99 von Deutschland und 14 weiteren Staaten unterzeichnet worden, s *Grünheid* NZV **00** 237, ist aber wegen eines formalen Fehlers nicht zustande gekommen, s *Bönke,* AG-VerkRecht-F S 309, *Neidhard* DAR **04** 191. Bedenken aus rechtsstaatlichen Gründen gegen die sich aus dem Inhalt jenes Abkommens möglicherweise für den deutschen Kf ergebenden Konsequenzen: *Neidhard* NZV **00** 241 f mit beachtlichen Gründen. Gegenseitige Vollstreckungshilfe bei gerichtlichen oder verwaltungsbehördlichen Entscheidungen wegen Zuwiderhandlungen gegen Vorschriften des StrV ab einer Sanktion von 40 € oder 70 Schweizer Franken siehe Art 37 ff des **deutsch-schweizerischen Polizeivertrages** v 27. 4. 99 (BGBl II, 948), ratifiziert durch G v 25. 9. 01 (BGBl II, 946), jedoch erst teilweise in Kraft getreten am 1. 3. 02 (BGBl II, 608). Vollstreckung österreichischer öffentlich-rechtlicher Geldforderungen einschließlich solcher aus verwaltungsrechtlichen Straferkenntnissen oder Strafverfügungen in Deutschland: Art 9 des **deutsch-österreichischen Rechtshilfevertrages** v 31. 5. 88 (BGBl II **90** 358), ratifiziert am 26. 4. 90 (BGBl II 357). Im Verhältnis zu den **Niederlanden** (nicht auch zu anderen EG-Staaten) gilt seit 9. 12. 97 das Übereinkommen v 13. 11. 91 zwischen den EG-Mitgliedern über die Vollstreckung ausländischer strafrechtlicher Verurteilungen (BGBl II **97** 1350, s Bekanntmachung BGBl II **98** 896), beschränkt auf Bußen über 200 DM. Näher dazu: *Beck/Berr* Rz 551 ff. Zur Geltendmachung ausländischer Geldbußen durch im Ausland ansässige Inkassofirmen, s *Nissen* DAR **04** 196.

Lit: *Bönke,* „Mobile" Sanktionen in Europa, AG-VerkRecht-F S 309. *Grünheid,* Das Übereinkommen v 22. April 1999 über die Zusammenarbeit in Verfahren wegen Zuwiderhandlungen gegen VVorschriften und bei der Vollstreckung von dafür verhängten Geldbußen und Geldstrafen, NZV **00** 237. *Neidhard,* Die neuen Vollstreckungshilfeabkommen auf dem Prüfstand, NZV **00** 240. *Nissen,* Geltendmachung ausländischer Bußgelder durch die britische Firma Euro Parking Collection (EPC), DAR **04** 196. *Ternig,* Rechtshilfeabkommen mit der Schweiz, VD **02** 180.

7. Äußerer Tatbestand. Allgemein: **E** 77–82. Der § 24 ist eine Blankettvorschrift 15
(**E** 79); erst zusammen mit einer aufgrund von § 6 StVG erlassenen RVO oder einer Anordnung aufgrund einer solchen RVO umschreibt er einen OW-Tatbestand, BGH

265

1 StVG § 24   III. Straf- und Bußgeldvorschriften

VRS **56** 133, *Schall* NStZ **86** 7. In Betracht kommen vor allem die Vorschriften der StVO, StVZO und FeV (Rz 5). Die Anordnung muß von der zuständigen Behörde (§§ 6 StVG, 44 StVO) sein und sich an den Bürger (VT) richten, nicht an die Verwaltung. Offensichtliche Nichtigkeit von Verwaltungsakten betreffend VZ haben auch die ordentlichen Gerichte zu beachten (§ 41 StVO Rz 247), andere Anfechtungsgründe nicht, aM *Mohrbutter* JZ **71** 213.

16   **Ausdrücklich verweisen** auf § 24 StVG für den jeweils bestimmten Tatbestand müssen alle ab 1. 1. 1969 erlassenen RVOen (**E** 71, 79), wobei der Zeitpunkt des Erlasses, nicht des Inkrafttretens entscheidet. Die Verweisung muß ausreichend stichwortartig spezialisiert sein, Stu VRS **45** 318, wie zB in den §§ 49 StVO, 69a StVZO, 75 FeV, sonst liegt kein OW-Tatbestand vor. Normänderung vor Ahndung: Rz 8, 9.

17   **Auslegungsregeln: E** 57 ff.

18   **8. Handlung: E** 83–86. Unterlassung: **E** 87 ff. Bloße Reflexbewegungen rechnen mangels Willensbeteiligung nicht zur Handlung (**E** 86), anders die Erkennungs- und Verhaltens-Automatismen (**E** 84, 85) als rascheste willentliche Handlungen. Fehlreaktion aus Schreck oder Verwirrung bei plötzlicher, unverschuldeter Gefahr, die zum sofortigen Reagieren zwingt, ist nicht vorwerfbar, s **E** 86.

19   **9. Unterlassen: E** 87 ff.

20   **10. Täterschaft und Teilnahme: E** 91, Handeln für einen anderen: **E** 92, Einheitstäterschaft (§ 14 OWiG): **E** 93, Beteiligung: **E** 94. Besondere persönliche Merkmale: **E** 95, erfolglose Beteiligung: **E** 96. Beteiligung an einer OW ist nur vorsätzlich und an vorsätzlicher OW rechtlich möglich, s **E** 94. Verurteilung wegen Beteiligung an einer OW ist nicht dadurch ausgeschlossen, daß diese bei dem „Haupttäter" nach § 21 OWiG subsidiär ist, Kö VRS **63** 283. Als Beteiligung kommen nur Verhaltensformen in Betracht, die strafrechtlich (Mit-)Täterschaft, Anstiftung oder Beihilfe wären, Bay VRS **58** 458. Übergang vom Täter- zum Beteiligungsvorwurf setzt den Hinweis nach den §§ 265 StPO, 71 OWiG voraus, Bay VRS **57** 33, DAR **79** 223. Gehören die Aufgaben der KfzHaltung intern ausschließlich in den Bereich eines bestimmten Gesellschafters (Geschäftsführers), so sind, solange er nicht verhindert war, andere Gesellschafter nicht verantwortlich, Bay DAR **74** 195. Halter: § 7 StVG Rz 14–25. Je nach dem Ausbildungsstand kann trotz § 2 XV S 2 StVG auch ein Fahrschüler Täter sein.

21   **11. Ursächlichkeit: E** 97–103, 147.

22   **12. Rechtswidrigkeit: E** 112–124, 127–128.
Notwehr: **E** 113, 114. Sachwehr: **E** 115. Angriffsnotstand: **E** 116. Rechtfertigender Notstand: **E** 117, 118. Rechtfertigende Pflichtenkollision: **E** 119. Sozialadäquates Verhalten: **E** 120. Erlaubtes Risiko: **E** 121. Rechtliche Bedeutung verkehrsrichtigen Verhaltens: **E** 122. Besondere VLagen (§ 11 StVO): **E** 123. Verhalten bei praktischer VStille. **E** 124. Sonderrechte, Befehl: **E** 127a. Behördliche Erlaubnis: **E** 128. Irrtum: Rz 26 ff, **E** 155–157.

23   **13. Verantwortlichkeit.** Allgemein: **E** 129. Schuldfähigkeit: **E** 151. Jede Sanktion (Strafe, strafähnliche Maßregel) setzt nach dem Rechtsstaatsprinzip (Art 20 GG) Schuld voraus, BVerfG NJW **67** 195, jedoch begründet ow Verhalten idR (s aber **E** 69, 70) keinen sozialethischen Schuldvorwurf. Fahrfähigkeit: **E** 141. Regelkenntnis: **E** 142. Vorwerfbarkeit bei Vorschriftenwechsel: **E** 156, 157. Pflicht zu besonnenem Verhalten: **E** 144. Grenzen der Sinnesleistung: **E** 130. Plötzliche Leistungsabfälle und -abbrüche: **E** 132. Helfer und Einweiser: **E** 146. Fremde Mitschuld: **E** 148. Sozialadäquates Verhalten: **E** 120, 136.

24   **Vorsatz** (**E** 133, 134). OWen nach § 24 StVG können vorsätzlich wie fahrlässig begangen werden (**E** 68–71). Gesamtvorsatz: **E** 134. Natürliche Handlungseinheit: **E** 150a. Das Urteil muß darlegen, ob Vorsatz oder Fahrlässigkeit vorliegt, Dü DAR **96** 66, **97** 322, VRS **83** 361, Ha VRS **90** 210, Ko VRS **50** 53. Hinweispflicht nach § 265 StPO bei fehlender Angabe der Schuldform im Bußgeldbescheid, Ko ZfS **03** 615, Ha VRS **63** 56, erst recht bei Verurteilung wegen vorsätzlicher Tat trotz Annahme von Fahrlässigkeit im Bußgeldbescheid, Dr DAR **04** 102, Dü VRS **86** 461.

Verkehrsordnungswidrigkeit § 24 StVG I

Fahrlässigkeit: E 133, 135–138, 140, 149 (grobe), 150 (äußerste Sorgfalt), 142, 156, 157 (Regelkenntnis). Ungesteuerte Bewegungen: E 84–86. 25

Wegen **Vollrausches** (§ 122 OWiG) handelt ow, wer sich vorsätzlich oder fahrlässig durch Alkohol oder andere Rauschmittel (Kokain, Heroin, Haschisch und ähnliche Drogen) in Rausch versetzt, wenn er in diesem Zustand eine mit Geldbuße bedrohte Handlung begeht, die wegen des Rausches nicht als vorwerfbare OW geahndet werden kann, oder wenn Nichtvorwerfbarkeit nicht auszuschließen ist. Die Vorschrift schließt, wie § 323a StGB, die sonst wegen Nichtvorwerfbarkeit infolge Berauschung entstehende Lücke. Sie erfaßt auch im Vollrausch handelnde Beteiligte. Vorsatz und Fahrlässigkeit brauchen sich nur auf den Vollrausch zu beziehen, nicht auch auf die Möglichkeit der Begehung irgendeiner OW. Beziehen sie sich auf die Möglichkeit der Begehung der später wirklich begangenen OW, so kann vorverlegte Verantwortlichkeit (actio libera in causa) eingreifen (E 151b). 25a

Irrtum: § 11 OWiG. Allgemein: E 155–157. 26–32

Tatbestandsirrtum. Ahndung der OW setzt Kenntnis aller Tatbestandsmerkmale voraus (§ 11 I OWiG), zu denen auch das Vorhandensein einer Genehmigung gehört. Kennt der Betroffene einen solchen Umstand nicht, so ist ihm dieses Merkmal nicht zuzurechnen. Vorsatz scheidet auch bei fahrlässiger Nichtkenntnis aus, doch bleibt nach § 24 Ahndung wegen Fahrlässigkeit je nach Sachlage möglich (§ 11 II OWiG). Ob das Tatbestandsmerkmal beschreibender oder mehr normativer Art ist, ist ohne Bedeutung. Zum Tatbestandsirrtum bei behördlicher Duldung fremden vergleichbaren Verhaltens, Ha NJW **77** 687. Auf die Ordnungsmäßigkeit des Kfz (§ 30c StVZO) nach einer TÜVkontrolle darf sich der Kf verlassen, wenn der Mangel nicht offensichtlich ist (Reserverad vorn), s Br DAR **74** 334, s auch § 19 StVZO Rz 16. Beim Irrtum über rechtliche Umstände entfällt der Vorsatz, Ha VRS **50** 390, **41** 141, **43** 289. 33

Verbotsirrtum (s auch E 142, 157) liegt vor mangels des Bewußtseins, etwas Unerlaubtes zu tun („namentlich", § 11 II OWiG) weil der Beteiligte die Vorschrift (Anordnung) oder ihre Anwendbarkeit im gegebenen Fall nicht kennt. Ein solcher Fall liegt vor: a) wenn der Beteiligte wegen unrichtiger Beurteilung der Vorschrift annimmt, erlaubt zu handeln, b) wenn er darüber überhaupt nicht nachgedacht hat. Der Fall des Verbotsirrtums enthält daher keinen Irrtum über Tatsächliches. Spricht dies mit, handelt es sich – abgesehen von den Fällen des sog Subsumtionsirrtums (zB Fehldeutung des Lkw-Begriffs) – um Tatbestandsirrtum. Irrtum über Rechtmäßigkeit und Beachtlichkeit von VZ, s § 41 StVO Rz 249. Irrtum über den Inhalt eines VorschrZ ist Verbotsirrtum, BaySt **03** 61 = NJW **03** 2253, Dü NZV **91** 204, KG VRS **55** 219. Auch zur Schuld in Form der Fahrlässigkeit gehört ein zumindest potentielles Unrechtsbewußtsein (dh, daß der Täter die Rechtswidrigkeit seines Verhaltens hätte erkennen können); fehlt dieses Schuldmerkmal, so darf der Täter nicht dadurch schlechter stehen, daß er nur fahrlässig gehandelt hat; unvermeidbarer Verbotsirrtum (s Rz 35) schließt also auch die Ahndung fahrlässiger OW aus, Dü NZV **92** 40, **94** 288, s *Tröndle/Fischer* vor § 13 Rz 31. 34

Verbotsirrtum schließt eine OW nur bei **Nichtvorwerfbarkeit** aus (§ 11 II OWiG). Nicht vorwerfbar ist er, wenn die dem Beteiligten nach Sachlage mögliche Sorgfalt ihm nicht erlaubt hätte, das Verbot oder Gebot zu kennen, wobei, weil es sich im StrV um Zweckmäßigkeitsregeln handelt, Gewissensanspannung nichts helfen würde. Es kommt auf die erforderliche individuell mögliche Sorgfalt bei sinnvollem Regelverständnis an. Hätte weder Nachdenken noch zumutbare Erkundigung bei fachkundiger Stelle Klärung gebracht, so ist der Irrtum unverschuldet und unvermeidbar, Ce NJW **77** 1644, denn nach beiden Gesichtspunkten müssen die verständigerweise erreichbaren konkreten Aufklärungsmöglichkeiten entscheiden, der bloße Vorwurf der Nichterkundigung, die dann fruchtlos geblieben wäre, reicht nicht aus, Bay NJW **89** 1745 (zust *Rudolphi* JR **89** 387) (str). Wer sich über die Tragweite einer Regel keine mögliche Klarheit verschafft, dem ist Unterlassen nur vorzuwerfen, wenn **Erkundigung** den Irrtum beseitigt haben würde, KG VRS **13** 144, Ha VM **69** 23. Unvermeidbar kann ein Verbotsirrtum zB sein, wenn der Beschuldigte bei gehöriger Sorgfalt auf sachverständige Auskunft oder auf einschlägige Gerichtsentscheidungen vertraut hat, s Bay NJW **80** 1058. Unvermeidbarer Verbotsirrtum, wenn sich der Betroffene bei unüberschaubarer Rechtslage auf die Auskunft seines Fachverbandes und eines Rechtsanwaltes verläßt, Ha VRS **51** 366, wenn 35

267

sich ein Motorsportler eingehend mit der Fachliteratur befaßt und seine Fahrweise daraufhin für unbedingt zulässig gehalten hat, Br DAR **53** 197. Auf die von einem AG vertretene Urteilsmeinung darf sich ein Bürger bei seinem Verhalten im Verkehr idR verlassen, Ko VRS **59** 467 (s auch **E** 142), aM Dü NJW **81** 2478, anders aber, wenn ein einziges AG gegen gefestigte obergerichtliche Rspr entscheidet, Ko VRS **60** 387. Von wesentlicher Bedeutung dürfte hierbei allerdings auch die Form und Häufigkeit der Veröffentlichung solcher Entscheidungen sein (Tagespresse), s *Hentschel* NJW **81** 1076. Anders als im Strafrecht ist im StrV oft schnellste Reaktion unter Beachtung wertfreier, durch Erfahrung eingeübter Grundregeln wesentlich (**E** 84–86). Geforderte Regelkenntnis: **E** 142, bei Vorschriftenwechsel: **E** 156, 157. Aus einer unübersichtlichen oder **undeutlichen gesetzlichen Regelung** kann sich, zumal in der Übergangszeit, unvermeidbarer Verbotsirrtum ergeben, Bay VM **72** 49. VVerbote und -gebote müssen inhaltlich klar sein, daher gehen Zweifel über ihren Inhalt zu Lasten der aufstellenden Behörde (VZ 283/286), Bay 2 St 667/72 OWi. Zum vermeidbaren Verbotsirrtum, *Roxin*, Henkel-F 187 ff.

36 **Vorwerfbarer Verbotsirrtum** ist als Vorsatztat zu ahnden, jedoch regelmäßig bei ermäßigtem Bußgeld (Rz 51).

37 14. Der **Versuch** der OW ist nicht bußgeldbewehrt (§§ 13 II OWiG, 24 StVG).

38/39 15. **Geldbuße. Gesetzesmaterialien zu § 13 OWiG** (alt, jetzt § 17), **Begr:** BTDrucks V/1269 S 50 ff.

40 **Begr zur Neufassung des § 17 III S 2** durch ÄndG v 11. 7. 86: BTDrucks 10/2652 S 12.

41 **Begr zur BKatV (alt)** v 4. 7. 89 (VBl **89** 517):

... *Der Bußgeldkatalog enthält für die hier aufgeführten Tatbestände lediglich Zumessungsregeln für eine bestimmte Begehungsform, nämlich den Regelfall; die Ordnungswidrigkeiten-Tatbestände sind umfassend und abschließend in § 24 StVG in Verbindung vor allem mit den Vorschriften der Straßenverkehrs-Ordnung und Straßenverkehrs-Zulassungs-Ordnung und in § 24a StVG geregelt.*

... *Bei der Bemessung der Geldbuße oder des Verwarnungsgeldes und damit der Zuordnung einer nicht in den Katalogen* enthaltenen Ordnungswidrigkeit als zum Bußgeld- oder Verwarnungsbereich gehörend, sind Bußgeld- oder Verwarnungsgeldsätze für Tatbestände ähnlicher Art und Schwere als Orientierung zur Hilfe zu nehmen.*

Zu § 1. Zu Absatz 1: Der Opportunitätsgrundsatz (§ 47 Abs. 1 Satz 1 OWiG) wird durch das Gebot, Geldbußen nach den in der Anlage bestimmten Beträgen festzusetzen, nicht in Frage gestellt. Es liegt weiterhin im pflichtgemäßen Ermessen der Verfolgungsbehörde zu entscheiden, ob sie überhaupt einschreitet oder nicht....

Zu Absatz 2: Die Vorschrift stellt klar, daß es sich bei den im Bußgeldkatalog bestimmten Beträgen um Regelsätze handelt.... Ein Regelfall liegt vor, wenn die Tatausführung allgemein üblicher Begehungsweise entspricht und weder subjektiv noch objektiv Besonderheiten aufweist. ... Manche besonderen Umstände, die eine höhere Ahndung nach sich ziehen, legt die Verordnung selbst fest (z. B. bei Gefahrguttransporten, Schutzbedürftigkeit sog. schwächerer Verkehrsteilnehmer). Besondere Umstände können auch in der Person des Täters liegen (z. B. bei besonders rücksichtsloser oder leichtfertiger Begehung). Einen besonderen Umstand in diesem Sinne kann ferner eine Voreintragung im Verkehrszentralregister darstellen, soweit dies nicht bereits besonders berücksichtigt wird (Nr. 68, 68.1 und 68.2). Verwaltungsbehörden und Gerichte haben damit genügend Spielraum, dem besonderen Einzelfall Rechnung zu tragen.

Für die Berücksichtigung der wirtschaftlichen Verhältnisse bleibt es bei der allgemeinen Regel des § 17 Abs. 3 Satz 2 OWiG.

...

Begr zur Neufassung v 13. 11. 01 (VBl **01** 560): ... *Sonstige materielle Neuerungen sind nicht vorgesehen. Im Vergleich zu der bisher geltenden Bußgeldkatalog-Verordnung und zur Allgemeinen Verwaltungsvorschrift für die Erteilung einer Verwarnung bei Straßenverkehrsordnungswidrigkeiten wurden nur Änderungen vorgenommen, die aufgrund der Zusammenfassung der beiden Vorschriften und der neuen Struktur unumgänglich gewesen sind. Bei der Anwendung der einzelnen Normen der Verordnung und der Tatbestände sind deshalb auch weiterhin die zu den*

---

* BKatV (alt) und Verwarnungsgeldkatalog (alt).

bisherigen Vorschriften ergangene Rechtsprechung und die die bisherigen Regelungen tagenden Entscheidungsgründe des Verordnungsgebers heranzuziehen. ...

(VBl **01** 561): *... Dass nunmehr neben den Regelgeldbußen und den Regelfahrverboten auch die Verwarnungsgeldregelsätze im Bußgeldkatalog enthalten sind, steht dem nicht entgegen; Verwarnungsgeldregelsätze sind ebenfalls Geldbußen im Sinne des § 17 Abs. 1 OWiG. ...*

15 a. Die **Geldbuße** ist idR eine Antwort (s aber E 68–70) auf „Bagatellunrecht" und daher ethisch farblos. Sie mahnt zu künftiger Beachtung der Vorschrift. Eintragung nach Maßgabe von § 28 III Nr 3 ins VZR. **Fahrverbot:** § 25 StVG. **42**

Ihr **Rahmen** beträgt bei Vorsatz 5 bis 1000 € (§§ 17 I OWiG, 24 I StVG); bei Fahrlässigkeit, auch Leichtfertigkeit, die an Vorsatz grenzen mag, wegen berechtigter Bußgeldtypisierung 5 bis 500 € (§ 17 II OWiG, 24 StVG), auch bei Nichtanordnung eines nach BKatV „in Betracht" kommenden FV, Ha NZV **94** 201. Hat der Betroffene wirtschaftlichen Vorteil aus der OW gezogen (nach Abzug etwaiger Aufwendungen), so soll die Geldbuße ihn so übersteigen (§ 17 IV OWiG), daß sie die eigentlich zuzumessende Geldbuße (Rz 44 ff) und außerdem den wirtschaftlichen Vorteil umfaßt, weil der Anreiz zu erneutem Verstoß sonst nicht beseitigt wäre. In Betracht kommen werden zur Erzielung ungerechtfertigter wirtschaftlicher Vorteile vor allem Verstöße gegen die Zulassungs- und Bauvorschriften, die Maße von Fzen und Zügen, das Mitführen von Anhängern und das Beladen und die Besetzung. Die Höchstsätze dürfen nicht deswegen überschritten werden, weil ein an sich verwirktes Fahrverbot nicht verhängt wurde, Dü VRS **65** 51, DAR **96** 413. **43**

15 b. Zumessung der Geldbuße (§ 17 III, IV OWiG) so, daß sie den Betroffenen ausreichend abmahnt. Die Höhe der Geldbuße darf nicht in einem unangemessenen Verhältnis zum **Grad des vorwerfbaren Handelns** stehen, Dü NZV **00** 91, VRS **97** 447, **98** 47, Stu NStZ-RR **00** 279. Daher begegnet die Begr (VBl **00** 112) für die drastische Erhöhung der Regelbußen durch ÄndVO v 25. 2. 00 bei *fahrlässigen* Geschwindigkeitsverstößen rechtsstaatlichen Bedenken, soweit die hohen Regelbußen damit begründet werden, daß nur so *vorsätzliche* Überschreitungen, die vielfach nur als fahrlässige Tat gewürdigt würden, ausreichend geahndet werden könnten. Der Grad des vorwerfbaren Handelns ist auch bei Anwendung der BKatV zu berücksichtigen, sei sie Regelbuße am eingetretenen Erfolg orientiert oder zB an der Höhe der Überschreitung einer durch VZ festgesetzten Geschwindigkeit (Übersehen des VZ). Auch bei Heranwachsenden richtet sich die Bußgeldbemessung allein nach § 17 III OWiG, Dü VRS **83** 361. Die Individualisierung wird begrenzt durch gewollte, notwendige Typisierung massenhaft vorkommender OWen: gleichrangig in erster Reihe stehen („Grundlage") die Bedeutung der OW und der den Betroffenen treffende Vorwurf, Jn NZV **99** 304. Keine Festsetzung einer niedrigeren als an sich verwirkten Buße nur, um dem Inhaber einer FE auf Probe die Eintragung zu ersparen, Ko DAR **92** 350. Wirtschaftliche Verhältnisse des Betroffenen: Rz 48 a. Die Bußgeldbemessung muß anhand von § 17 OWiG **nachprüfbar begründet** sein, Ha VRS **102** 60, Kar DAR **77** 247, jedoch ist ausführliche Begr in der Regelfällen fahrlässiger VOW iS der BKatV weitgehend entbehrlich, *Schall* NStZ **86** 2f, *Janiszewski* NJW **89** 3119. Wird bei leichter, fahrlässiger OW durch Verstoß gegen § 1 II StVO auf Geldbuße mit Eintragungspflicht erkannt, so ist zu begründen, warum Geldbuße unterhalb der Eintragungsgrenze nicht ausreicht, Hb VM **77** 32. Geldbußen bis zu 40 € wegen OWen stellen idR keinen Nachteil iS von § 93 a II b) BVerfGG dar, BVerfG VRS **66** 405 (80 DM). Zur Bußgeldbemessung s auch *Kaiser*, NJW **79** 1533, *Schall* NStZ **86** 1 **44**

a) Ist die OW so **bedeutungslos,** daß Ahndung nicht geboten erscheint, so ist das Verfahren einzustellen (Opportunitätsprinzip, § 47 OWiG), s Rz 67. Verwarnung (§ 56 OWiG) kann dann in Betracht kommen. **45**

b) In allen **anderen Fällen** entscheiden die Bedeutung der OW und das Maß des zulässigen Vorwurfs gegenüber dem Betroffenen, Dü VM **02** 22, VRS **96** 386 (s Rz 44), bei nicht nur geringfügigen OWen (unten bb) auch dessen wirtschaftliche Verhältnisse. **46**

aa) **Bedeutung der OW.** Maßgebend sind Tatumfang, Beteiligungsgrad (Rz 20) und der etwaige Einfluß des Verstoßes auf die VSicherheit, *Schall* NStZ **86** 4, überhaupt alle **47** objektiven Umstände, Bay VRS **59** 356, Dü VRS **90** 149, Zusammentreffen mehrerer Verstöße, etwaige mehr oder minder erhebliche Gefährdung von Personen oder Sachwerten (anders bei § 1 StVO, wo dies zum Tatbestand gehört). Doch machen **erhebliche Folgen** eine OW nicht über das Maß des berechtigten Vorwurfs hinaus bedeutsam (s Rz 44), denn im Verkehr bestimmt auch bei leichtester Unachtsamkeit oft der Zufall über die Schwere der Folgen (Radf stürzt wegen zu geringen Abstandes des Überholenden). Tateinheit und Tatmehrheit: Rz 58, 59. Bemessung der Buße nach **rechnerischen Schemata** ist unzulässig, Bay NJW **81** 2135, Dü NZV **89** 365, **93** 40, DAR **90** 111, VRS **83** 382, 384, **86** 188, Ce NZV **89** 483. Das Geschlecht des Betroffenen ist ohne Bedeutung, BGHSt **17** 354 = NJW **62** 1828. § 60 StGB (Absehen von Strafe) ist im Bußgeldverfahren unanwendbar; einschlägige Fälle begründen Einstellung (§ 47 OWiG), Ha VRS **41** 252.

48   bb) **Maß des zulässigen Vorwurfs.** Der Vorwurf gegen den Betroffenen wird bei § 24 durch die aufgrund des § 26a erlassene BKatV weitergehend als früher schematisiert (Buchteil 8). Von den sich daraus ergebenden Vereinfachungen abgesehen ist im übrigen der persönliche Vorwurf stets zu individualisieren, Dü NZV **95** 35, VRS **96** 386, **97** 447 (s Rz 44). Auch in Regelfällen gem BKatV dürfen die Umstände des Einzelfalles nicht unberücksichtigt bleiben, Stu NStZ-RR **00** 279. Unter dem „Vorwurf gegen den Täter" sind alle subjektiven Tatmerkmale zu verstehen (zB besondere persönliche Umstände, die den Grad des persönlichen Vorwurfs bestimmen), Bay VRS **59** 356. Bei einem angestellten Fahrer darf nicht höhere Buße in der Annahme verhängt werden, der Arbeitgeber werde sie entrichten, Ha VRS **12** 189. Einem Fußgänger, der auch als Kf am V teilnimmt, darf nicht bußgelderhöhend vorgeworfen werden, als Kf müsse er bessere Vorschriftenkenntnis haben, abw KG DAR **67** 335, s dazu auch § 3 VI BKatV. Minderung des zulässigen Vorwurfs: Mitschuld (Rz 49, **E** 148), Mitursächlichkeit (**E** 97–103). Mangelhafte VZ (Aufstellung, schlechte Sichtbarkeit) entlasten, BGH VRS **26** 253, Nü VM **63** Nr 99, Ha VM **63** Nr 100, Stu VRS **26** 68, Kö VM **69** Nr 41. Bei Ersttätern setzt die Verhängung des Höchstsatzes für fahrlässige OW nach § 24 besonders schwerwiegende Umstände voraus, Bay VRS **69** 72, *Janiszewski* NStZ **85** 544; keine Ahndung mit dem Höchstsatz nur wegen überdurchschnittlicher wirtschaftlicher Verhältnisse, Bay DAR **99** 36. **Vorsätzliche Begehung** rechtfertigt idR angemessene Bußgelderhöhung, Dü VM **02** 22, jedoch keine schematische Verdopplung des Regelsatzes, Ha VRS **57** 203, Ce VRS **69** 227, Dü VRS **100** 358, NZV **94** 205; näher dazu *Schall* NStZ **86** 464. Verzögerte Schadenregulierung wirkt nur erhöhend, wenn der Betroffene sie zu vertreten hat, Ko VRS **51** 122.

48 a   cc) **Wirtschaftliche Verhältnisse.** Ist die OW geringfügig, Bußgeld aber erforderlich, so kommt idR nur Bußgeld ohne Berücksichtigung der **wirtschaftlichen Verhältnisse des Betroffenen** in Betracht (§ 17 III OWiG), Ha NJW **73** 255, Ko VRS **52** 200, Zw VM **77** 43. Eine Berücksichtigung der wirtschaftlichen Verhältnisse findet danach zunächst jedenfalls regelmäßig nicht statt bei Geldbußen bis zu 35 € (Höchstbetrag des Verwarnungsgeldes, § 56 I OWiG), Brn VRS **107** 61, Dü NZV **92** 418, Ol VM **90** 69, Kar NStZ **88** 137, *Göhler* § 17 Rz 23, sowie DAR **89** 46, *Schall* NStZ **86** 6 (teilweise noch zum früheren Höchstbetrag des Verwarnungsgeldes von 40 DM). Eine Ausnahme von der Regel (s Begr, BTDrucks 10/2652 S 12) setzt in diesen Fällen ein Abweichen der Einkommensverhältnisse in ganz außergewöhnlichem Umfang voraus, Kar NStZ **88** 137 (nicht schon bei monatlich 700 DM), Dü NZV **97** 410 (nicht bei 19jährigem Taschengeldempfänger). Überwiegend wird die **Grenze der Geringfügigkeit** iS von § 17 III OWiG in der Rspr aber an der Zulässigkeit der Rechtsbeschwerde orientiert und war daher zunächst bei 200 DM gezogen worden, Fra VRS **57** 358, Zw VM **77** 43, Ko VRS **75** 64, NZV **89** 242, Dü VRS **80** 380, DAR **98** 204, Brn ZfS **97** 153. Bei Festsetzung der Regelbuße nach der BKatV sollte nach jener Rspr jedoch auch bei Bußen über 200 DM jedenfalls die im Urteil getroffene Feststellung durchschnittlicher wirtschaftlicher Verhältnisse in Form der Berufsangabe genügen, Kö VRS **87** 40, NZV **93** 119, Schl DAR **92** 394, Ce NRpfl **92** 290, Dü VRS **87** 450, Ha VRS **92** 40, Brn ZfS **97** 153. Nach aM sollte im Hinblick auf § 1 BKatV, der die wirtschaftlichen Verhältnisse nicht erwähnt, auch bei Regelsätzen über 200 DM deren Erörterung über-

Verkehrsordnungswidrigkeit § 24 StVG 1

haupt entbehrlich sein, wenn die Regelbuße verhängt wird, es sei denn, es lägen Anhaltspunkte für außergewöhnlich gute oder schlechte Verhältnisse vor, Ha NZV **96** 246, DAR **97** 285, Dü DAR **98** 204, NZV **98** 384, abw Dü VRS **99** 256. Im Hinblick auf die nunmehr durch das OWiGÄndG v 26. 1. 98 angehobene Wertgrenze für die Zulässigkeit der Rechtsbeschwerde sollen die wirtschaftlichen Verhältnisse nach in der **neueren Rspr** teilweise vertretener Ansicht bei Bußen von **nicht mehr als 250 € Buße** regelmäßig unberücksichtigt bleiben, Bay DAR **04** 593 (abl *Heinrich*), Zw DAR **99** 181, Sa VRS **102** 120, 458, Kö VRS **97** 381, Dü VM **02** 22, VRS **99** 131, Fra ZfS **04** 283 (bei 280 € unbeanstandet, abl *Bode* ZfS **04** 284), krit *Korte* NStZ **00** 408 f, *Janiszewski* 180 c, aM Ha NZV **01** 177, DAR **02** 324 (Erörterung bei 450 DM als notwendig erachtet), Dü VRS **99** 133 (Erörterung bei 400 DM notwendig), ZfS **03** 517 (Erörterung bei 250 €), *Schulz* NZV **02** 137.

15 c. Fremde Mitschuld (**E** 148), sofern nicht nur geringfügig, entlastet, BGH VRS **29** 278, Kar VRS **100** 460, Ol NZV **92** 454, und ist nachprüfbar zu berücksichtigen, Bay VBl **66** 118, Ce NZV **94** 40, Schl DAR **62** 157. Fremde Mitschuld oder Mitverursachung, sofern nicht unwesentlich, beeinflußt den Schuldvorwurf stets. Überwiegende Mitschuld des Verletzten muß nachprüfbar abgewogen werden, BGH VRS **35** 428. Läßt sie sich nicht ausräumen, ist sie als feststehend zu behandeln, BGH VRS **36** 362, auch bei Fahrlässigkeitstaten, BGH VRS **5** 50, KG VRS **25** 141, s BGH VRS **25** 266, KG VRS **29** 207. Mitschuld der VB (**E** 148) als Milderungsgrund, Bay VRS **26** 58 (unrichtig aufgestelltes VZ), ähnlich Stu VRS **26** 68. Zum Maßstab behördlicher Mitschuld Ce VM **69** Nr 99, Hb VM **66** Nr 97, Kö VRS **34** 232, anders Dü VM **67** Nr 99, Br VM **66** Nr 10, KG VRS **35** 357, Mü VRS **35** 333, Ha VRS **36** 100.

Ebenso kann schuldloses, aber **mitverursachendes fremdes Verhalten** (**E** 101) mindernd wirken, BGH VRS **18** 121, Ce DAR **58** 273, etwa das eines siebenjährigen Kindes, Ha VRS **25** 443.

15 d. Vorwerfbarer Verbotsirrtum (Rz 34 ff) wirkt je nach dem Grad der Vorwerfbarkeit mindernd, BaySt **99** 172 = DAR **00** 172, Kö VRS **95** 435, KG NZV **94** 159, Stu VRS **81** 129, Dü VRS **85** 296. Dabei ist jedenfalls bei OWen im fließenden Verkehr zu berücksichtigen, daß der VT oft rasch und sinnvoll ohne lange Überlegungszeit reagieren muß (s Rz 35). In diesen Fällen kann nicht ohne weiteres das abweichende Ergebnis späterer, langwieriger behördlicher Prüfung als maßgebend unterstellt werden (**E** 140, 156, 157).

15 e. Geminderte Verantwortlichkeit (**E** 151). Erheblichere BAK-Werte wirken bei Fahrern und Kf im Verkehr in aller Regel nicht bußgeldmindernd, ausgenommen den Fall unbemerkbarer Alkoholbeibringung. S die §§ 315 c, 316 StGB.

15 f. Rechtstreue. Daß jemand aufgrund besonderer Umstände in sinnvoller Weise von einer VRegel abweicht (**E** 122 ff), wie die §§ 11, 36 I StVO es sogar fordern, oder auch in vorwerfbarer Weise, bedeutet selten, daß er die Verkehrsrechtsordnung mißachtet, denn die OW-Normen sind wertfrei. **Allgemeinabschreckung** anderer kommt als Bußgelderhöhungsgrund idR nicht in Betracht; auch nicht der allgemeine Hinweis auf Häufung bestimmter VUnfälle oder -delikte, oder auf allgemeines Anwachsen der VDelikte, auf hohe Unfallziffern oder Häufigkeit anderer Verstöße, *Bruns* 405 f.

15 g. Nur Bewiesenes belastet. Unzulässig ist die Erwägung, jemand „gelte" als rücksichtsloser Fahrer und sei „verkehrsrechtlich schon in Erscheinung getreten", Bay DAR **52** 155, KG DAR **66** 305 (s aber Rz 55). Unbeachtlich daher ein Polizeivermerk, der Fahrer sei wegen mehrfacher Verstöße gegen die StVO bekannt, Kö DAR **56** 131.

15 h. Vorstrafen und frühere Bußgeldentscheidungen, sofern noch nicht tilgungsreif (§ 29 Rz 2 ff), können in nachprüfbarer Form, Ha ZfS **03** 521, Dü NZV **98** 257, **96** 120, DAR **96** 65, Kö VRS **71** 214, bußgelderhöhend wirken, falls sie den sicheren Schluß zulassen, nur höhere Buße könne den Betroffenen an seine Ordnungspflicht erinnern, Dü DAR **92** 271, Kö VRS **87** 40, Ko VRS **68** 371, aber nicht schematisch nach mathematischen Regeln (Prozentsätzen), Dü NZV **89** 365, VRS **69** 229 (zust *Schall* NStZ **86** 5). Der jetzige Vorwurf muß auf derselben Verhaltenstendenz beruhen wie der frühere, Dü NZV **96** 120, **98** 257, DAR **96** 65, *Graßberger,* Psychologie des Strafverfahrens S 120, *Schall* NStZ **86** 5. Frühere VVerstöße sollen nach Ko VRS **60** 54, KG VRS **34** 433 nur bei näherer Urteilsdarlegung als Erhöhungsgründe in Betracht kommen. Frühere rechtskräftige Ahndungen **unterhalb der Eintragungsgrenze** dürfen schärfend berücksichtigt werden, KG VRS **52** 305, Kö VRS **71** 214, wenn sie bei unterstellter Eintragungspflicht noch nicht getilgt wären, s § 29 Rz 16, und es sich um gehäufte Verstöße handelt, Dü VRS **73** 392, nicht aber bloße Verwarnungen, s § 29 Rz 16, aM Dü VRS **73** 392. Getilgte oder tilgungsreife Eintragungen: § 29 Rz 2 ff. Nach **Einstellungen** gem § 153a StPO (keine Eintragung im VZR, § 28), ist der zugrundeliegende Sachverhalt nur nach gesonderter Beweisaufnahme zuungunsten verwertbar, s BGH GA **80** 311 (zu § 154a StPO) mit Anm *Rieß*. Verläßlich feststellbare **Auslandsverurteilungen** können in dem Maß straferhöhend wirken, wie sie sich nach deutschem Recht darstellen, s Bay DAR **78** 330. Mehrfachtäter: § 4 StVG.

56   **15 i. Uneinsichtigkeit** liegt nicht vor, wenn jemand das ihm vorgeworfene Verhalten leugnet, Zw ZfS **83** 159, Ha VRS **8** 137. Leugnen allein rechtfertigt keine Bußschärfung, Dü VRS **100** 356, Zw VRS **64** 454, Kö ZfS **84** 222, VRS **81** 200. Mangelnde Einsicht muß nachprüfbar bewiesen und dargelegt werden. Nur als sicheres Indiz für Gefährlichkeit und die Gefahr künftiger beachtlicher Verstöße kann sie bußgelderhöhend wirken, s BGHSt **3** 199, **1** 105, 342, VRS **24** 34, Ha NZV **97** 324, KG NZV **92** 249, Ko DAR **85** 92, NStZ **85** 369, Dü VRS **100** 356, Kö NZV **95** 327, VRS **81** 200. Nicht das bloße beharrliche Vertreten einer unrichtigen Rechtsansicht als solches, KG NZV **92** 249, Dü NZV **94** 288, wohl aber die festgestellte daraus resultierende Gefahr künftiger Verstöße darf mithin schärfend Berücksichtigung finden, Ha VM **90** 83, Sa VRS **34** 391, enger Ko VRS **71** 43. **Bei Fahrlässigkeitstaten** scheidet Uneinsichtigkeit weitestgehend aus, BGH NJW **52** 434, KG VRS **48** 222, Ha VRS **33** 130, Sa VRS **34** 391, Kö GA **58** 251, VRS **73** 297, Ko VRS **37** 205, Berücksichtigung nur bei festgestellter Rechtsfeindschaft und daraus resultierender Gefahr künftiger Rechtsbrüche, BGH NStZ **83** 453, KG DAR **01** 467, Dü NZV **94** 288, Ce VM **83** 87, Ko NStZ **85** 369, Kö VRS **73** 297.

57   **15 k. Gehobene soziale Stellung** erhöht den Vorwurf nicht. Näher *Bruns* 490 ff, Strafzumessung 193 ff. Von jedermann ist zu verlangen, daß er die VRegeln beachtet, s Ha VM **58** 35, Schl VM **59** 26, Hb VM **61** 78. So für Rechtsanwälte, KG NZV **92** 249, Ortsbürgermeister und Kreistagsmitglieder, Kö DAR **62** 19, für erfahrene Kf und KfzHandwerker, Stu DAR **56** 227, Hb VM **61** 78. Die abweichende Ansicht moralisiert und behindert die berechtigte Tendenz zur Gleichbehandlung der MassenOWen. Abweichend als Möglichkeit bei Verkehrsberufen, Kö VM **67** 47.

58   **15 l. Tateinheit** besteht, wenn dieselbe Handlung mehrere Tatbestände zugleich mindestens teilweise erfüllt, BGHSt **18** 29, BGHSt **27** 66 = NJW **77** 442 (s § 49 StVO Rz 3). Verletzt dieselbe Handlung mehrere Gesetze, nach denen sie als OW geahndet werden kann (ungleichartige TE), oder ein solches Gesetz mehrmals (gleichartige TE), so wird eine einzige Geldbuße festgesetzt (§ 19 I OWiG). Sind mehrere Gesetze verletzt, so wird die Geldbuße nach dem Gesetz bestimmt, das die höhere Buße androht (§ 19 II OWiG, § 3 V BKatV). Durchschnittlich wird angenommen werden können, daß ein tateinheitlicher Verstoß gegen mehrere Ge- oder Verbote die Vorwerfbarkeit erhöht und daher im Rahmen von § 17 OWiG je nach Sachlage mehr oder minder erhöhte Geldbuße rechtfertigt, s § 3 V BKatV. Das Führen eines nach der StVZO vorschriftswidrigen Kfz im Verkehr (Dauerstraftat) steht in TE mit einem Verstoß gegen die StVO während der Fahrt, s § 49 StVO Rz 3. **Verklammerung** mehrerer solcher Verstöße zu TE, s § 49 StVO Rz 3. Im übrigen ist eine DauerOW nur dann geeignet, mehrere tatmehrheitlich begangene OWen zur TE zu verbinden, wenn sie gleichwertig sind, s *Göhler* vor § 19 Rz 30, Näheres über tateinheitliches Zusammentreffen bei den einzelnen Vorschriften. Gesamtvorsatz kommt idR nicht in Betracht (**E** 134). Natürliche Handlungseinheit: **E** 150a. Tritt eine OW hinter Strafverurteilung zurück (§ 21 OWiG), so kann die verdrängte OW strafschärfend berücksichtigt werden, BGH NJW **54** 810, Ha NJW **73** 1891, Br VRS **52** 422, *Göhler* § 21 Rz 12, *Bruns* 465, 467. Verwarnung bei TE: § 26a StVG Rz 27. *Rüth,* Konkurrenzprobleme im VR, DAR **63** 262.

Verkehrsordnungswidrigkeit § 24 StVG 1

15 m. Bei **Tatmehrheit** ist jeder Verstoß gesondert zu ahnden (§ 20 OWiG), Dü 59
DAR **97** 322, **98** 113. TM braucht nicht stets für die einzelne Geldbuße ein Erhöhungsgrund zu sein, Dü DAR **98** 113. Unter den heutigen Verhältnissen kann sich auch der sorgfältige Kf von gelegentlich unterlaufenden unbedeutenden Verstößen nicht völlig freihalten (E 135, 140), diese lassen daher nicht ohne weiteres einen Schluß auf ordnungswidrige VGesinnung zu. Wiederholte Begehung desselben Verstoßes oder die Art und Weise seiner Begehung können zwar den Schluß rechtfertigen, daß nachdrückliche Ahndung geboten ist; idR wird dies jedoch schon durch die Kumulation der mehreren Bußen wirksam erreicht, Dü DAR **98** 113. Gesamtvorsatz ist abzulehnen (E 134). Natürliche Handlungseinheit: E 150 a. Verwarnung bei Tatmehrheit: § 26 a StVG Rz 28. Bei TM zwischen Straftat und OW kann keine Gesamtgeldstrafe gebildet werden, Kö NJW **79** 379.

15 n. Die aufgrund des § 26 a erlassene **Bußgeldkatalog-Verordnung** (BKatV) 60
strebt möglichst gleichmäßige Behandlung massenhafter Durchschnittsfälle an, Dü NZV **90** 486, s Begr VBl **89** 517. Die bis zu ihrem Inkrafttreten gültig gewesenen früheren Bußgeldkataloge beruhten nur auf unverbindlichen Absprachen der Länder und waren lediglich interne Weisungen für die Verwaltungsbehörden. Das gleiche gilt für noch bestehende sog Tatbestandskataloge und Bußgeldkataloge, etwa zur Ahndung von Verstößen gegen das FahrpersonalG, Brn VRS **92** 373. Zu **Inhalt, Zweck und Anwendung der BKatV**, s auch Begr, Rz 41.

Die **Regelsätze** der BKatV laufen auf eine **Schematisierung** innerhalb des Rah- 61
mens des § 17 OWiG hinaus. Dies ergibt sich wie bei der Verwarnung bereits aus dem Gesetz (§ 26 a). Die Regelsätze gelten bei fahrlässiger Tatbegehung und gewöhnlichen Tatumständen, § 1 II BKatV, s dazu Rz 64. Bei grober oder nur leichter Fahrlässigkeit liegt kein Regelfall vor, s Rz 64.

Keine Schematisierung gilt hinsichtlich der Bedeutung der OW und ihrer Vor- 62
werfbarkeit im Einzelfall, Dü VRS **90** 149, **95** 432. Der Bußgeldkatalog bedeutet insoweit nur, daß die bezeichneten OWen im Regelfall für so beachtlich gehalten werden, daß bloße Verwarnung (§§ 26 a I Nr 1 StVG, 56 OWiG) nicht ausreichen werde. Dennoch ist stets **ihr objektives Gewicht maßgebend.** Wenn auch die meisten der katalogisierten OWen im Regelfall gewichtiger oder gefahrträchtig sind, so können doch manche unter günstigen Umständen ihr Gewicht verlieren.

Daher kann auch eine katalogisierte OW ausnahmsweise **bedeutungslos** sein und dann lediglich Verwarnung rechtfertigen. In solchen Fällen wäre es rechtswidrig, am Katalogsatz festzuhalten und „Härten", die nur bei Gesetzeszwang entstehen können, dem Vollstreckungsverfahren (Ratenzahlung) vorzubehalten. Die **Bußgeldregelsätze** entsprechen vorausgesetztem **Durchschnittseinkommen,** ist dieses erheblich niedriger, sind entsprechend niedrigere Katalogsätze angebracht, soweit nicht geringfügige OW (§ 17 III 2 OWiG, s Rz 48 a), Br NJW **75** 1043.

Erfassung einer VOW im Bußgeldkatalog ist nicht Voraussetzung für ihre Ahndung, 63
Dü VRS **76** 22, *Janiszewski* NJW **89** 3115, s auch § 26 a Rz 2. Soweit **Katalog-Regelsätze fehlen,** ist das Bußgeld von der VB in freier Anlehnung an die vorgeschlagenen Sätze, dh unter Orientierung an Tatbeständen ähnlicher Art und Schwere, s Begr zur BKatV, VBl **89** 517, Rz 41, innerhalb des gesetzlichen Rahmens zu wählen, Kö DAR **01** 87, Ha NZV **95** 83.

Verwaltungsinterne Richtlinien in Form von Bußgeldkatalogen oder **Tatbe-** 64
standskatalogen der Länder, die nicht auf der Grundlage des § 26 a StVG beruhen, binden die Gerichte nicht, Dü DAR **01** 320, *Göhler* § 17 Rz 27, 32, *Janiszewski* NJW **89** 3115, s (zum früheren Bußgeldkatalog) Bay VRS **70** 454, Dü VRS **78** 440, Ko VRS **70** 224, ebensowenig die Sätze des aufgrund von § 4 III VwV VZR vom KBA bekanntgegebenen **Bundeseinheitlichen Tatbestandskataloges** (BAnz **04** Nr 126 a). Die Sätze solcher Kataloge können jedoch vom Gericht als Orientierungshilfen herangezogen werden, Dü DAR **01** 320, *Janiszewski* NJW **89** 3115, allerdings nur, soweit sie in der Praxis verbreitete Anwendung finden, s dazu *Göhler* NStZ **91** 73.

Gerichtliche Bindung besteht demgegenüber an die Regelsätze der aufgrund des § 26 a erlassenen **BKatV;** denn bei dieser handelt es sich um eine **Rechtsverordnung,**

1 StVG § 24   III. Straf- und Bußgeldvorschriften

Bay NZV **91** 360, Dü NZV **96** 78, VM **02** 22, VRS **96** 386, Kar NZV **94** 237, Sa NZV **91** 399, Ha NZV **94** 79, Ko NZV **92** 495, *Janiszewski* NJW **89** 3115f, *Jagow* NZV **90** 14, *Göhler* § 17 Rz 27, 31, *Heck* NZV **91** 177, aM *Greißinger* AnwBl **84** 286, *Suhren* AnwBl **84** 235. Auch die Regelsätze dieser am 1. 1. 1990 bzw am 1. 1. 2002 (Neufassung) in Kraft getretenen BKatV sind jedoch nur Zumessungsrichtlinien (s Begr, Rz 41), Dü VM **02** 22, NZV **97** 410, *Göhler* § 17 Rz 28b; Grundlage der Bußgeldbemessung bleiben die Kriterien des § 17 III OWiG, KG NZV **94** 159, Dü VM **02** 22, NZV **98** 38, VRS **96** 386. Die Regelsätze der BKatV entbinden den Richter nicht von eigenen Zumessungserwägungen, insbesondere nicht von einer **Einzelfallprüfung** in bezug auf die Berechtigung des Katalogsatzes im konkreten Fall, Dü VM **02** 22, NZV **98** 38, DAR **98** 320, Kö NZV **94** 161, KG NZV **94** 159, 238, *Schall* NStZ **86** 8, *Beck* DAR **89** 323. Der Richter darf vor allem die Geldbuße nicht schematisch dem Katalog entnehmen, sondern muß prüfen, ob unter Berücksichtigung der Tatumstände ein Regelfall gegeben ist, Dü VRS **82** 463, *Göhler* § 17 Rz 28b, 34, *Doller* VGT **84** 59, *Schall* NStZ **86** 2, *Janiszewski* NJW **89** 3116, *Jagow* NZV **90** 15, und, soweit die **wirtschaftlichen Verhältnisse** zu berücksichtigen sind (Rz 48a), ob diese durchschnittlichen Gegebenheiten entsprechen, Dü VM **02** 22, Kö NZV **91** 203, *Jagow* NZV **90** 15. Denn insoweit bleibt es bei § 17 III S 2 OWiG, Ol VM **90** 69, Dü VRS **80** 380, s Begr zur BKatV, VBl **89** 517, Rz 41, einschränkend Dü NZV **90** 486 (Berücksichtigung nur ausnahmsweise, wenn sie *außergewöhnlich* gut oder schlecht sind). Liegt kein Regelfall vor, so gilt für die Bußgeldbemessung uneingeschränkt § 17 OWiG, Dü VRS **82** 463, *Janiszewski* NJW **89** 3116. **Ein Regelfall iS der BKatV** setzt voraus, daß die Tatausführung allgemein üblicher Begehungsweise entspricht und weder subjektiv noch objektiv Besonderheiten aufweist, s Begr zur BKatV, VBl **89** 517, Rz 41. Besondere Umstände, die zur Verneinung eines Regelfalles führen, können aber nicht nur in der Begehungsweise, sondern auch in der Person des Betroffenen liegen, s *Janiszewski* NJW **89** 3116. Mitverschulden des Geschädigten kann eine niedrigere Buße rechtfertigen, s Rz 49. Grobe Fahrlässigkeit rechtfertigt, wenn nicht besondere Umstände anderer Art zugunsten des Betroffenen sprechen, eine Überschreitung des Regelsatzes, ein außergewöhnlich geringes Maß fahrlässigen Verhaltens eine niedrigere Buße, Ce VM **83** 12, *Janiszewski* NJW **89** 3116, *Mürbe* NZV **90** 96. Voreintragungen im VZR können ebenfalls zum Nichtvorliegen eines Regelfalles und damit zu einer gegenüber dem Katalogsatz höheren Buße führen, Dü DAR **92** 271, **98** 320, *Jagow* NZV **90** 16. Weicht das Gericht von den Regelsätzen des Bußgeldkataloges ab, so ist dies im Urteil zu begründen, Dü VM **02** 22, *Göhler* § 17 Rz 34, *Schall* NStZ **86** 8, *Janiszewski* NJW **89** 3119, *Jagow* NZV **90** 15.

65   16. Der frühere, bis 31. 12. 01 gültig gewesene **Verwarnungsgeldkatalog** (Verwarn-VwV v 12. 6. 75, neu erlassen als allgemeine Vwv der BReg am 28. 2. 00, BAnz **00** 3048, aufgehoben durch AV v 26. 11. 01, BAnz **01** 24505) war nur für die VB verbindlich, nicht für die Gerichte; jedoch sollte nach teilweise vertretener Ansicht das Gericht die Regelsätze jener Vwv nicht unberücksichtigt lassen dürfen, Dü NZV **91** 82, Stu DAR **70** 54, *Jagow* NZV **90** 17. Dies ist abzulehnen, weil es im Ergebnis eben doch auf eine Bindung der Gerichte an verwaltungsinterne Weisungen hinausliefe. Entsprechendes gilt für die auch nach Neufassung der BKatV durch VO v 13. 11. 01 (BGBl I 3033) rechtlich zulässigen (s Begr BRDrucks 571/01 S 63) ergänzenden landesinternen Tatbestandskataloge bei geringfügigen Ordnungswidrigkeiten. **Verwarnung:** § 26a StVG mit §§ 56, 58 OWiG und unten Rz 73.

66   17. **Einziehung** ist bei OWen gegen § 24 StVG nicht zulässig (§§ 22 OWiG, 24 StVG). Auch nach erheblichen und wiederholten VOWen (etwa mehrfache Geschwindigkeitsüberschreitungen auf kurzer Fahrtstrecke) ist die **Sicherstellung des Fzs** aus Gründen polizeilicher Gefahrenabwehr nicht zulässig, *Geppert* DAR **88** 16ff, BA **90** 33f, *Mürbe* AnwBl **89** 642.

67   18. **Opportunitätsgrundsatz (§ 47 OWiG).** Ist die Ahndung der OW nach Bedeutung und Vorwerfbarkeit nicht geboten, können Ermittlungen unterbleiben (**E** 72). Stellt sich der Sachverhalt später als in diesem Sinn unwesentlich heraus, kann das Verfahren von jeder VerfolgungsB und dem Gericht eingestellt werden. Der **Opportunitätsgrundsatz** des § 47 I 1 OWiG wird durch die BKatV nicht berührt, s Begr zu § 1 II

Verkehrsordnungswidrigkeit § 24 StVG **1**

BKatV (VBl **89** 517, s Rz 41), *Janiszewski* NJW **89** 3115, *Jagow* NZV **90** 17, *Mürbe* NZV **90** 96. Kein Verstoß gegen Art 3 GG, wenn Geldbuße verhängt wird, obwohl eine VB Verstöße gleicher Art unter Anwendung von § 47 OWiG grundsätzlich nicht verfolgt, Dü VRS **76** 22.

19. Subsidiarität. Ist eine ow Handlung zugleich eine Straftat, so tritt die OW zurück, es sei denn, es wird keine Strafe verhängt (§ 21 OWiG). S Rz 58. Ein FV (§ 25 StVG) bleibt zulässig, § 21 I 2 OWiG. Fehlt es am Strafantrag bei einer Antragstat, so kann die Tat als OW geahndet werden; ebenso wenn die StA bei Körperverletzung das öffentliche Interesse nicht mehr bejaht; oder bei Einstellung des Strafverfahrens wegen Geringfügigkeit; oder wenn die Straftat nicht erwiesen ist. Strafe wird nicht verhängt, wenn eine Verfahrensvoraussetzung fehlt, ein Verfahrenshindernis besteht, wenn von Strafe abgesehen oder das Verfahren aus verfahrensrechtlichen Gründen eingestellt wird. Ein wegen derselben Handlung rechtskräftig ergangener Bußgeldbescheid ist bei Verurteilung wegen einer Straftat aufzuheben, s Rz 71. **68**

20. Verjährung. Abweichend von § 31 OWiG verjährt die Verfolgung von OWen gegen § 24 StVG in 3 Monaten (§ 26 III StVG), jedoch nur bis zum Erlaß eines Bußgeldbescheides bzw bis zur Erhebung der öffentlichen Klage. Dies soll die beabsichtigte schnelle Ahndung der VOWen durch die VB fördern, KG NStZ **99** 193. Danach gilt auch für OWen nach § 24 eine 6 monatige Verjährungsfrist, weil sich – insbesondere im gerichtlichen Verfahren – eine 3monatige als zu kurz erwiesen hat. Einzelheiten, s bei § 26. **69**

21. Zuständige Verfolgungsbehörde für VOWen: § 26 StVG. S im übrigen §§ 35 ff OWiG. § 68 I OWiG **(zuständiges Gericht)** ist grundgesetzgemäß, BVerfG NJW **69** 1622. Er regelt die örtliche Zuständigkeit abschließend, BGH NJW **69** 1820. **70**

22. Das **Bußgeldverfahren** richtet sich nach den §§ 35 ff OWiG. Seine Erläuterung gehört nicht hierher. Opportunitätsgrundsatz: Rz 67. Bei nachträglicher Straftatverurteilung ist ein wegen derselben Handlung ergangener rechtskräftiger Bußgeldbescheid aufzuheben (§ 86 I 1 OWiG), Bay VRS **57** 51. **71**

Verschlechterungsverbot. Die VB darf den mit Einspruch angefochtenen Bescheid durch einen anderen mit schwereren Rechtsfolgen ersetzen (§ 69 OWiG). Der behördliche Bußgeldbescheid ergeht nicht als Akt der Gerichtsgewalt, der Einspruch gegen ihn macht ja nicht erst das Gericht zuständig. Daher ist er, obgleich es zur vollständigen Neuprüfung des Sachverhalts führt (§ 81 I OWiG), kein Rechtsmittel. Auch das Gericht ist auf den Einspruch hin an die Beurteilung als OW nicht gebunden (§ 81 OWiG). Nur gemäß § 72 III OWiG darf das Gericht **im Beschlußverfahren** „von der im Bußgeldbescheid getroffenen Entscheidung nicht zum Nachteil des Betroffenen abweichen", ebenso nicht im Rechtsbeschwerdeverfahren, §§ 79 III OWiG, 358 II StPO. Streicht das Gericht ein FV unter Erhöhung der Geldbuße, so verstößt das nicht gegen das Verschlechterungsverbot, wenn die „Gesamtschau" keinen Nachteil für den Betroffenen zeigt, s § 25 Rz 29. Näher: *Hentschel,* Trunkenheit, Rz 979, 962f. **72**

Verwarnung mit Erhebung eines Verwarnungsgeldes (§§ 26a StVG, 56 bis 58 OWiG) schließt nur Verfolgung als OW in den Grenzen des § 56 IV OWiG aus. Spätere Verfolgung als Straftat kann daher keinem Verschlechterungsverbot unterliegen. Dieses kommt dann nur im Rahmen der §§ 331, 358 StPO im weiteren Verfahrensverlauf zum Zuge. Bei Dauer-OWen gilt Verwarnung mit Verwarnungsgeld das danach liegende Verhalten nicht ab (zu § 29 StVZO), Sa NJW **73** 2310. **73**

23. Vorläufige Festnahme gemäß § 127 StPO ist unzulässig (§ 46 III OWiG). Festhalterecht zwecks Identitätsfeststellung: §§ 163b, c StPO. Privatpersonen steht bei OWen keine solche Befugnis zu, Dü VM **79** 63. Festnahmebefugt sind PolB und Außenbeamte der zuständigen VB im Rahmen des Maßgebots solange, bis die Person des Betroffenen festgestellt ist, also nicht bei offensichtlicher Bedeutungslosigkeit, wenn keine Ahndung geboten ist (§ 47 OWiG). **74**

Sicherheitsleistung kann vom durchreisenden Ausländer unter den Voraussetzungen der §§ 46 I OWiG, 132 StPO verlangt werden, sofern die gesetzlichen Voraussetzungen eines Haftbefehls fehlen. Zur Sicherheitsleistung und Ahndung bei durchreisenden Ausländern, *Bauer, Schultze, Geppert* VGT **79** 151, 158, 164. **75**

76 **24. Beweisfragen. Wahlfeststellung** zwischen mehreren OWen wird von der Rspr grundsätzlich als zulässig erachtet, Ha VRS **53** 136, Kö VRS **50** 236, s *Göhler* vor § 1 Rz 38. Tatsachenalternativität, wenn nicht sicher feststellbar ist, ob die OW vom Betroffenen als Täter, Gehilfe oder Anstifter begangen wurde, ist nicht Wahlfeststellung und rechtfertigt Verurteilung nach § 14 OWiG, Ha NJW **81** 2269. Zur Problematik von **Zeugenaussagen** über Verkehrsunfälle, s *Undeutsch* VGT **83** 319, *Bender* VGT **83** 325, *Bissel* VGT **83** 338. Kommt es auf Bruchteile von Sekunden und Metern an, so sind ungefähre Angaben und Schätzungen von Zeugen unbrauchbar, KG DAR **70** 71. Sogar Testbeobachtungen über Fahrgeschwindigkeit, Abstand, Zeitabläufe, Entfernungen sind in hohem Maß unzuverlässig, ADAC-Kienzle-Test, Fahrlehrer **70** 209. S § 3 StVO Rz 57–64. **Radarfotos** mit eingeblendeter Anzeige der gemessenen Geschwindigkeit sind als Augenscheinsobjekt in die Hauptverhandlung einzuführen, BaySt **02** 50 = NZV **02** 379. Auch **Videoaufnahmen** können im Wege des Augenscheinsbeweises vom Tatrichter verwertet werden, Ce NZV **91** 281, Ko NZV **92** 495 (jeweils Abstandsmessung). Die Frage, inwieweit durch Videoaufnahmen eine Gefährdung anderer VT nachweisbar ist, hängt entscheidend von der Art des Verstoßes, uU von der Entfernung zu dem aufgenommenen Vorgang, der Perspektive und der Brennweite des Objektivs ab, s AG Itzehoe NZV **89** 41 (Anm *Schwarz/Nemann*); zum Beweismittel Video s auch *Berr* DAR **89** 470. **Kennzeichenanzeige:** E 96a. Ob aufgrund des **Fotos** einer Verkehrsüberwachungsanlage (zB Radarfoto) der Fahrer identifizierbar ist, unterliegt nicht der Nachprüfung durch das Revisionsgericht, BGHSt **41** 376 = NZV **96** 157, VRS **57** 126, Bay NZV **95** 163, Stu DAR **93** 72, Jn DAR **04** 665, Dü ZfS **04** 337, VRS **100** 358 (Anm *Bode* ZfS **01** 184), VRS **93** 178, Ol VRS **87** 202. Ist das Foto so deutlich, daß es zur Identifizierung uneingeschränkt geeignet ist, genügt Verweisung auf das bei der Akte befindliche Foto in den Urteilsgründen (§ 267 I 3 StPO); eine Beschreibung einzelner Merkmale ist entbehrlich, BGHSt **41** 376 = NZV **96** 157, BaySt **96** 34 = VRS **91** 367 (zust *Göhler* JR **97** 39), DAR **99** 370, Jn DAR **04** 665, Kö NJW **04** 3247, Ha NZV **98** 171, DAR **04** 597, VRS **92** 335, Dü ZfS **04** 337, VRS **93** 178, Dr DAR **00** 279. Angabe der Blattzahl der Akte ist entbehrlich, wenn Verwechslung insoweit ausgeschlossen ist, Ha NZV **98** 171. Ist das Foto guter Qualität und unmittelbar (zB Fotokopie) Bestandteil der schriftlichen Urteilsgründe, so ist auch die Bezugnahme auf § 267 I 3 StPO entbehrlich, Bay VRS **91** 367. Bei schlechter Bildqualität sind trotz Verweisung gem § 267 I 3 StPO die bei der Identifizierung wesentlichen Merkmale zu beschreiben, BGHSt **41** 376 = NZV **96** 157, Bay VRS **91** 367, Dü ZfS **02** 256, Ha NZV **03** 101, VRS **105** 353, Dr DAR **00** 279. Unterbleibt eine verfahrensrechtlich ordnungsgemäße Verweisung auf das Foto, so muß der Tatrichter Ausführungen zur Bildqualität machen und die abgebildete Person genau beschreiben, BGHSt **41** 376 = NZV **96** 157, Bay VRS **91** 367, DAR **98** 147, Kö NJW **04** 3274, Brn VRS **105** 221, Fra NZV **02** 135 (Anm *Schulz*), Ce NZV **02** 472, Ol DAR **96** 508, Ha NZV **97** 89, DAR **04** 597, VRS **106** 469, ZfS **00** 557, Dü ZfS **04** 337, VRS **93** 178, Hb ZfS **97** 155, KG NZV **98** 123, Dr DAR **00** 279. Stellt der Tatrichter unter ausführlicher Beschreibung der Identifizierungsmerkmale die Identität im Urteil fest, so ist der fehlende Hinweis auf die Bildqualität entbehrlich, Bay DAR **96** 411 („bloße Förmelei"). Der Tatrichter muß zur Identifizierung Foto und Person des Betroffenen selbst vergleichen, Ko NZV **99** 483, Kö VRS **94** 112, auch Bezugnahme auf vom ersuchten Richter festgestellte Ähnlichkeit genügt nicht, Fra VM **88** 62. Gewinnt das Gericht aufgrund des Fotos die Überzeugung von der Identität des Abgebildeten mit dem Betroffenen, so ist Ablehnung der Einholung eines anthropologischen Gutachtens und der Ladung eines Zeugen, den das Foto angeblich zeige, nicht willkürlich, BayVerfGH BayVBl **02** 696. Auswertung des Fotos durch **anthropologisches Vergleichsgutachten** ist kein „standardisiertes" Verfahren (s § 3 StVO Rz 56b), die Mitteilung der festgestellten Übereinstimmungsmerkmale im Urteil daher nicht entbehrlich, BGH NStZ **00** 106, Ce NZV **02** 472, Ha NZV **00** 428, *Schulz* NZV **02** 136. Das Foto kann grundsätzlich nur in Verbindung mit einer Zeugenvernehmung – etwa des PolB, der es gefertigt hat – als Beweismittel (Vernehmungshilfsmittel) dienen, Fra VRS **64** 287; anders, wenn Zweifel hinsichtlich der Messung nicht bestehen, dann kann das in Augenschein genommene Meßfoto ohne Befragung eines Zeugen als Beweismittel ausreichen, Stu VRS **81** 129. **Heranziehung von Paß-**

fotos durch die VB zur Fahreridentifizierung blieb in der Rspr überwiegend unbeanstandet, s BaySt **03** 105 = NZV **03** 589, Stu NZV **02** 574 (krit *Schäpe* DAR **02** 568), und führt nach Bay NZV **03** 589, DAR **99** 79 (zust *Pätzel* BayVBl **99** 588), Brn VRS **105** 221, Stu NZV **02** 574, AG Schleiden DAR **01** 232, selbst bei Gesetzesverstoß nicht zu einem Verwertungsverbot, aM AG Stu ZfS **02** 355 (automatischer Abruf über PC der VB, aufgehoben durch Stu NZV **02** 574), *Nobis* DAR **02** 299. Zur Frage eines **Beweisverwertungsverbotes** bei Verkehrsüberwachung durch unzuständige Behörde, s *Joachim/ Radtke* NZV **93** 94, s auch § 26 Rz 2.

Ein Erfahrungssatz, **anzeigende PolB** hätten ein besonders gutes Personengedächtnis, besteht nicht, Ko VRS **50** 296. Erinnert sich der PolB des Hergangs nicht, dann keine Verwertbarkeit zu Lasten, weil Beamte „erfahrungsgemäß" nur berechtigte Anzeigen erstatteten, Kö MDR **69** 410. Vielfach werden sich Zeugen, die amtlich zahlreiche einander oft ähnelnde Vorgänge feststellen, nach Wochen und Monaten in der weitaus überwiegenden Zahl der Fälle nicht erinnern können. Bekundet der als Zeuge vernommene PolB, er habe die Anzeige aufgrund sorgfältig getroffener Beobachtungen gefertigt, könne einen Irrtum ausschließen und würde den Betroffenen unter den von diesem geschilderten Umständen nicht angezeigt haben, so unterliegt eine solche Aussage der freien Beweiswürdigung des Tatrichters, BGHSt **23** 213 = NJW **70** 573, 1558, Bay NZV **02** 518. Sie kann die tatrichterliche Überzeugung begründen, daß die in der Anzeige gemachten Angaben richtig sind, Bay NZV **02** 518, Dü VRS **62** 282. Immer ist jedoch Voraussetzung, daß der PolB an der Anzeigenerstattung mitgewirkt oder die Richtigkeit der Anzeige anschließend geprüft und bestätigt hat (Abzeichnen durch Unterschrift oder Paraphe), Kö VRS **65** 376. Die bloße Erklärung des PolB, er nehme auf die Anzeige Bezug, genügt nicht, Dü NZV **99** 348. Die hier dargestellten Grundsätze finden keine Anwendung bei Anzeigen, die der PolB nicht im Rahmen amtlicher VÜberwachung, sondern als VT gemacht hat; in solchen Fällen bedarf es einer streng fallbezogenen Beweiswürdigung, Kö VRS **62** 451. 77

25. Zahlungserleichterung: § 18 OWiG. **Erzwingungshaft** nach ergebnislosem Beitreibungsversuch: §§ 96, 97 OWiG. 78

26. Nato-Streitkräfte. Zur Verfolgbarkeit von US-Soldaten nach dem Nato-Truppenstatut, Stu NJW **67** 508. Auch für OWen von Angehörigen der US-Streitkräfte in Deutschland mit Privatfzen sind deutsche Gerichte zuständig, Fra VRS **41** 61. 79

Lit.: *Beck,* Entlastung der Gerichte durch Verfahrensvereinfachungen?, DAR **81** 65. *Berg,* Verfassungsrechtliche Aspekte des Referentenentwurfs zur Änderung des OWiG ..., DAR **82** 105. *Bockelmann,* Der Schuldgehalt des menschlichen Versagens im StrV, DAR **64** 288. *Cramer,* Bundeseinheitlicher Bußgeldkatalog, DAR **88** 297. *Doller, Seidenstecher, Suhren,* Der künftige bundeseinheitliche Bußgeldkatalog, VGT **84** 58, **84** 39, **84** 48 = AnwBl **84** 234. *Gall,* Zur Verfassungsmäßigkeit der heutigen VOW-Verfahren, NJW **88** 243. *Geppert,* Polizeiliche Sicherstellung von Kfzen im Rahmen der VÜberwachung?, DAR **88** 12. *Jagow,* Bußgeldkatalog, Verwarnungsgeldkatalog und Mehrfachtäter-Punktsystem, NZV **90** 13. *Janiszewski,* Die neue BKatV, NJW **89** 3113. *Kaiser,* Zur richtigen Bemessung der Geldbuße im Bußgeldverfahren, NJW **79** 1533. *Mühlhaus,* Zur Frage der Ursächlichkeit eines Fahrfehlers für den VUnfall, DAR **65** 35. *Derselbe,* Voraussehbarkeit beim fahrlässigen Erfolgsdelikt, DAR **67** 229. *Mürbe,* Vereinbarkeit der BKatV mit höherrangigem Recht?, NZV **90** 94. *Schall,* Die richterliche Zumessung der Geldbuße bei VOW, NStZ **86** 1. *Stümpfler,* Das Schweigen im Strafverfahren oder Bußgeldverfahren, DAR **73** 1. 80

0,5 Promille-Grenze

24a (1) Ordnungswidrig handelt, wer im Straßenverkehr ein Kraftfahrzeug führt, obwohl er 0,25 mg/l oder mehr Alkohol in der Atemluft oder 0,5 Promille oder mehr Alkohol im Blut oder eine Alkoholmenge im Körper hat, die zu einer solchen Atem- oder Blutalkoholkonzentration führt.

(2) ¹Ordnungswidrig handelt, wer unter der Wirkung eines in der Anlage zu dieser Vorschrift genannten berauschenden Mittels im Straßenverkehr ein Kraftfahrzeug führt. ²Eine solche Wirkung liegt vor, wenn eine in dieser Anlage genannte Substanz im Blut nachgewiesen wird. ³Satz 1 gilt nicht, wenn die Substanz aus der bestimmungsgemäßen Einnahme eines für einen konkreten Krankheitsfall verschriebenen Arzneimittels herrührt.

1 StVG § 24a   III. Straf- und Bußgeldvorschriften

(3) Ordnungswidrig handelt auch, wer die Tat fahrlässig begeht.

(4) Die Ordnungswidrigkeit kann mit einer Geldbuße bis zu eintausendfünfhundert Euro geahndet werden.

(5) Das Bundesministerium für Verkehr, Bau- und Wohnungswesen wird ermächtigt, durch Rechtsverordnung im Einvernehmen mit dem Bundesministerium für Gesundheit und Soziale Sicherung und dem Bundesministerium der Justiz mit Zustimmung des Bundesrates die Liste der berauschenden Mittel und Substanzen in der Anlage zu dieser Vorschrift zu ändern oder zu ergänzen, wenn dies nach wissenschaftlicher Erkenntnis im Hinblick auf die Sicherheit des Straßenverkehrs erforderlich ist.

Anlage (zu § 24a)

Liste der berauschenden Mittel und Substanzen

Berauschende Mittel	Substanzen
Cannabis	Tetrahydrocannabinol (THC)
Heroin	Morphin
Morphin	Morphin
Kokain	Benzoylecgonin
Amphetamin	Amphetamin
Designer-Amphetamin	Methylendioxyethylamphetamin (MDE)
Designer-Amphetamin	Methylendioxymethamphetamin (MDMA)

1   **Begr** zum ÄndG v 27. 4. 1998 (BTDrucks 13/1439): **Zu Abs 1:** *Nach allgemein gesicherten medizinischen Erkenntnissen beginnt eine verminderte Fahrtüchtigkeit bei einer forensisch nachweisbaren Blutalkoholkonzentration (BAK) von 0,3‰ bis 0,4‰. Unter Berücksichtigung eines Sicherheitszuschlags von 0,1‰ ergibt sich ein Gefährdungs-Grenzwert von 0,5‰. Dieser Grenzwert wird sowohl von den Verkehrssicherheitsverbänden, als auch von der Weltgesundheitsorganisation und der Europäischen Union als ein noch vertraglicher Wert angesehen, ab dem bei einer folgenlosen Trunkenheitsfahrt ohne Ausfallserscheinungen eine Ahndung durch Bußgeld und Fahrverbot noch als gerechtfertigt erscheint.*

...

Die Absenkung des Promille-Wertes vergrößert schließlich auch den Abstand des von der Rechtsprechung (vgl. BGH-Beschluß vom 28. Juni 1990 – VerkMitt S. 65) festgelegten Wertes für die absolute Fahruntüchtigkeit von 1,1‰ zum Ordnungswidrigkeitsrecht und setzt die Einstiegsschwelle für Alkoholverstöße im Straßenverkehr herab.

2   *In der Vorschrift wird der bisher geltende Promille-Grenzwert von 0,8‰ auf 0,5‰ Blutalkoholkonzentration abgesenkt. Gleichzeitig wird ein Grenzwert von 0,25 Milligramm pro Liter Atemalkoholkonzentration eingeführt, der einer Blutalkoholkonzentration von 0,5‰ entspricht. Dieser Wert geht zurück auf das Gutachten des Bundesgesundheitsamtes vom April 1991 (Günter Schoknecht „Gutachten zur Prüfung der Beweissicherheit der Atemalkoholanalyse"). Bisher wurde die Bestimmung des Alkoholgehalts über die Atemluft in der Praxis lediglich als Vortest angewendet, der jedoch die Blutalkoholbestimmung als forensisch anerkanntes Verfahren nicht ersetzen konnte. Es war deshalb notwendig, die Voraussetzungen für eine beweissichere Methode zur Bestimmung der Atemalkoholkonzentration zu entwickeln. Durch die Atemalkoholbestimmung als einfach zu handhabende Meßmethode entfällt die Blutentnahme und der damit verbundene erhebliche organisatorische Aufwand. Für den Betroffenen bedeutet diese Meßmethode die Wahrung seiner körperlichen Unversehrtheit. ...*

Um die Atemalkoholanalyse als beweissicher forensisch anzuwenden, ist die Festlegung eigener Grenzwerte für die Alkoholkonzentration in der Atemluft (Alveolarluft) erforderlich. Das Gutachten kommt zu dem Ergebnis, daß ein Grenzwert von 0,55 mg/l Alveolarluft einer Blutalkoholkonzentration von 1,1‰ oder von 0,4 mg/l dem Wert von 0,8‰ oder von 0,25 mg/l dem Wert von 0,5‰ entspricht. Bei Herabsetzung der Blutalkoholkonzentration von 0,8‰ auf 0,5‰ in § 24a Abs. 1 StVG ist deshalb der Wert von 0,25 mg/l Atemalkoholkonzentration aufzunehmen. Daneben muß der Wert der Blutalkoholkonzentration in § 24a Abs. 1 StVG erhalten bleiben, weil bei fehlender Mitwirkung des Betroffenen oder bei seiner Weigerung weiterhin die Blutentnahme erforderlich ist. Die Blutentnahme ist ferner notwendig bei Verdacht auf andere forensisch bedeutsame Substanzen, wie Medikamente oder Drogen.

0,5 Promille-Grenze § 24a StVG **1**

Bei der Atemalkoholbestimmung dürfen nur Meßgeräte eingesetzt und Meßmethoden angewendet werden, die den im Gutachten gestellten Anforderungen genügen.
...

Begr zum ÄndG v 28. 4. 1998 (BTDrucks 13/3764): **Zu Abs 2 und 5:** ... *Das Institut für Rechtsmedizin der Universität München hat im Jahr 1992 bei einer Analyse von 1312 Blutproben auffällig gewordener Kraftfahrer unter 40 Jahren festgestellt, daß ca. 25% der Blutproben Cannabis enthielten; der Anteil an Opiaten betrug 12,7%, der Anteil an Kokain 4,2%.* **3**

Diese Untersuchungen zeigen, daß die Anzahl von Kraftfahrern, die unter dem Einfluß von Drogen, auch in Kombination mit Alkohol, am Straßenverkehr teilnehmen, um ein Vielfaches über den in der amtlichen Statistik ausgewiesenen Zahlen liegt. ...

Grenzwerte für die Annahme absoluter Fahruntüchtigkeit gibt es bei Drogen bisher nicht. Feststellungen der relativen Fahruntüchtigkeit bereiten oft Schwierigkeiten. ...

Die bestehende Sanktionslücke im Ordnungswidrigkeitenrecht soll durch die neue Regelung geschlossen werden, indem das Führen von Kraftfahrzeugen unter dem Einfluß bestimmter Drogen allgemein verboten wird. ...

Hinsichtlich der Wirkung dieser Drogen stützt sich die Regelung auf folgende wissenschaftliche Erkenntnisse: **4**
...

– Bei Cannabis führen die beim typischen Rauschverlauf auftretenden Wirkungen, wie z. B. Euphorie, Antriebsminderung, Konzentrationsstörungen, Wahrnehmungsstörungen, Denkstörungen, Änderung des Zeiterlebens, leichtere Ablenkbarkeit, zu Leistungseinbußen in den für den Kraftfahrzeugführer wichtigen psychomotorischen Funktionen. Außerdem können atypische Rauschverläufe auftreten mit psychopathologischen Störungen, wie z. B. Angst, Panik, innere Unruhe, Verwirrtheit, Halluzinationen, Größenverzerrungen.

– Heroin und Morphin erzeugen einen Rauschzustand höchster Euphorie mit Gleichgültigkeit gegenüber Außenreizen, Verblassen der Sinneswahrnehmungen, Konzentrationsschwäche, Verlängerung der Reaktionszeit, Benommenheit, Pupillenverengung, die auch in der Dunkelheit bestehen bleibt.

– Der Kokainrausch ist gekennzeichnet durch Euphorie, eingeschränkte Kritikfähigkeit, erhöhte Risikobereitschaft, Enthemmung, Halluzinationen und Wahnvorstellungen.
...

Somit muß davon ausgegangen werden, daß unter dem Einfluß der genannten Rauschmittel Ausfallerscheinungen auftreten, die allgemein geeignet sind, Beeinträchtigungen der Fahrtüchtigkeit herbeizuführen. Deshalb ist auch davon auszugehen, daß bei den meisten Kraftfahrzeugführern unter dem Einfluß von Rauschmitteln aufgrund deren typischer Wirkungsweise Leistungseinbußen auftreten, die das sichere Führen eines Kraftfahrzeuges in Frage stellen. Sie bilden somit eine Gefahr für den Straßenverkehr.

Da derzeit Dosis-Wirkungsbeziehungen – wie beim Alkohol – nicht festgestellt werden können, ist es nicht möglich, Grenzwerte festzulegen. Dies rechtfertigt einen Gefährdungstatbestand, der ein allgemeines Verbot ausspricht. Auf eine tatsächliche Beeinträchtigung der Fahrtüchtigkeit im Einzelfall kommt es dabei nicht an. ...

Absatz 2 Satz 1 enthält die Beschreibung des Bußgeldtatbestandes. Diese Beschreibung ist abschließend; die folgenden Sätze 2 und 3 stellen lediglich klar, unter welchen einschränkenden Voraussetzungen, die nicht vom Vorsatz des Täters umfaßt werden müssen, eine Ahndung erfolgen kann. **5**

Es handelt sich um einen abstrakten Gefährdungstatbestand, die konkrete Gefährdung anderer Verkehrsteilnehmer oder zusätzliche Beweisanzeichen für die Fahrunsicherheit sind nicht erforderlich. Tatbestand ist allein das Fahren unter der Wirkung eines in Anlage 2 genannten berauschenden Mittels.

Der Nachweis wird erbracht durch eine Blutuntersuchung. ...

(Beschlußempfehlung und Bericht des Rechtsausschusses, BTDrucks 13/8979): *In* **Absatz 2** *Satz 2 werden die Worte „Dies gilt nur," durch die Formulierung „Eine solche Wirkung liegt vor," ersetzt. Mit dieser Änderung wird – wie auch vom Gesetz gewollt – klargestellt, daß der Begriff „Wirkung" immer dann erfüllt ist, wenn eine in der Anlage genannte Substanz im Blut des Betroffenen nachgewiesen wird. Dies bedeutet insbesondere, daß zur Annahme der Wirkung die Feststellung weiterer Kriterien im Einzelfall, insbesondere zur Feststellung der konkreten*

1 StVG § 24a 　　　　　　　　　　　　　　　　III. Straf- und Bußgeldvorschriften

Beeinträchtigung der Fahrsicherheit, nicht erforderlich ist; es reicht allein der Nachweis der Substanz in der Blutprobe aus.

6 **Begr** zum ÄndG v 19. 3. 01 (BTDrucks 14/4304 S 8f, 11): *Ziel der Änderung des § 24a StVG ist es nunmehr, die gestaffelte Grenzwertregelung in § 24a Abs. 1 StVG zu vereinheitlichen, insbesondere die vorgesehenen Rechtsfolgen für Zuwiderhandlungen gegen die 0,5-Promilleregelung ihrer Bedeutung für die Sicherheit des Straßenverkehrs anzupassen.*

...
Die geltende gestaffelte Bußgeldvorschrift ist hinsichtlich der vorgesehenen Sanktionen bei Verstößen gegen die 0,5-Promilleregelung nicht sachgerecht und entspricht nicht den Belangen der Verkehrssicherheit, denn sie wird der Gefährlichkeit der angesprochenen Zuwiderhandlungen nicht gerecht. Alkohol im Straßenverkehr ist eine der Hauptunfallursachen und bedarf neben intensiven Bemühungen auf dem Gebiet der Verkehrserziehung und Maßnahmen zur Erhöhung der polizeilichen Überwachung einer angemessenen Bewehrung.

...
Hierfür ist die Ahndung mit einer Geldbuße unerlässlich, die sich von dem Bußgeldrahmen für allgemeine Verkehrsordnungswidrigkeiten (§ 24 StVG i.V.m. § 17 Abs. 1 des Gesetzes über Ordnungswidrigkeiten) deutlich abhebt, der bereits Geldbuße bis zu 2000 DM vorsieht.

...
Insbesondere auch die Bewehrung der 0,5-Promilleregelung mit einem Fahrverbot (§ 25 StVG), das sich als Pflichtenmahnung an Kraftfahrer in besonderer Weise bewährt hat, ist für eine effiziente Bekämpfung des Problems Alkohol im Straßenverkehr unverzichtbar.

...
Durch die neue Fassung des Bußgeldtatbestandes in § 24a Abs. 1 wird die Abstufung von 0,8 und 0,5 Promille aufgehoben; die Nummernaufteilung entfällt. Es gibt damit nur noch eine einheitliche 0,5-Promillegrenze mit den Sanktionsfolgen der bisherigen 0,8-Promilleregelung.

7 **1. Führen von Kraftfahrzeugen nach Alkohol- oder Drogengenuß als Verkehrsordnungswidrigkeit.** Nach gesicherter wissenschaftlicher Erkenntnis bewirken idR (im statistischen Durchschnitt) schon BAKen zwischen 0,5 und 1,0 ‰ erhebliche VGefahren infolge Enthemmung und erhöhter Risikobereitschaft (§ 316 StGB Rz 3–7), auch bei noch nicht exakt beweisbarer Fahrunsicherheit. § 24a schließt diese Lücke. Fahren nach Alkoholgenuß, der zur Fahrzeit oder danach zu 0,5 ‰ BAK führt, ist rechtswidrig und gem § 24a in erheblichem Grade ow, ohne daß es auf den Nachweis der Fahrunsicherheit ankommt. Entsprechendes gilt für das Führen von Kfzen unter Einwirkung anderer berauschender Mittel, die aufgrund ihrer psychischen und physischen Wirkung die Fahrtüchtigkeit beeinträchtigen (s Rz 4).

8 **2. Im öffentlichen Straßenverkehr** muß der Betroffene ein Kfz geführt haben. Öffentlicher StrV: § 1 StVG Rz 8, § 1 StVO Rz 13–16. Andere VArten erfaßt § 24a nicht.

9 **3. Ein Kraftfahrzeug** muß der Betroffene im StrV geführt haben, während nach § 316 StGB das Führen jedes Fz tatbestandsmäßig ist (§ 316 StGB Rz 2). Kfz: § 1 StVG Rz 2ff, § 69 StGB. Kleinkrafträder, Mopeds und Mofas sind Kfze, Dü VRS **92** 266, Fra NJW **76** 1161, auch motorgetriebene Krankenfahrstühle, Bay DAR **00** 532, und Arbeitsmaschinen, Ha VRS **51** 300 (Bagger).

10 **4. Führen von Kraftfahrzeugen:** § 2 StVG Rz 2, § 21 StVG Rz 10, § 69 StGB, § 316 StGB Rz 2. Die Vorschrift erfaßt alle Kfzf, auch Fahrschüler trotz § 2 XV S 2 StVG, auch wenn sie fahrerlaubnisfreie Kfz führen. IS des § 24a führt auch ein Kfz, wer es abrollen läßt, um den Motor dadurch in Gang bringen zu wollen, Ce DAR **77** 219, wer ein FmH durch Treten der Pedale fortbewegt, Dü VM **74** 13, desgleichen ein Leichtmofa (= Kfz!), nicht dagegen, wer es, auf dem Sattel sitzend, mit den Füßen abstößt, Dü VRS **62** 193. Wer ein von einer anderen Person geschobenes Kfz lenkt, führt es nur, wenn dadurch der Motor zum Anspringen gebracht werden soll, BGH VRS **52** 408, Ce DAR **77** 219, Ol MDR **75** 421. Das gilt auch, wenn es durch den erhaltenen Schwung einige m weiterrollt, Ce DAR **77** 219, s aber Ko VRS **49** 366. Kein Führen iS des § 24a ist FzSchieben, ohne den Führersitz einzunehmen, Ol MDR **75** 421. Kein

0,5 Promille-Grenze   § 24a StVG 1

Kfz führt auch, wer ein abgeschlepptes Kfz lenkt, Bay NJW **84** 878, aM *Riemenschneider* S 156; er *führt* zwar nach hM ein Fz, jedoch nicht als Kfz (anders, wenn durch *Anschleppen* der Motor in Gang gebracht werden soll, zw), s § 21 StVG Rz 11.

5. 0,5 Promille BAK oder mehr im Körper (Gefahrengrenzwert), also bis zu **11** 1,09‰ BAK, ist Tatbestandsmerkmal, ohne Rücksicht auf Fahrtüchtigkeit (Rz 24). Der Wert von 0,5 ‰ in Abs I enthält bereits einen Sicherheitszuschlag zum Ausgleich der möglichen Streuungsbreite der BAK-Bestimmungsmethoden (s Begr Rz 1, krit *Stein* NZV **99** 441, StV **01** 356), BGH NZV **01** 267 (270), Zw DAR **01** 422, so schon zum früheren Gefahrengrenzwert von 0,8 ‰ Bay MDR **74** 1042, Dü VRS **94** 352 (355), Ha StV **01** 355 (abl *Stein*), NJW **76** 382, Bra NJW **75** 227, Ko NJW **74** 1433, Hb DAR **75** 220 (str, näher: *Hentschel,* Trunkenheit, Rz 521 ff). Dh, im BAK-Wert von 0,5‰ ist der inzwischen von der Rspr als ausreichend erachtete (BGHSt **37** 89 = NJW **90** 2393) Sicherheitszuschlag von 0,1‰ enthalten, BGH NZV **01** 267 (270) (s Begr zum ÄndG v 27. 4. 98, Rz 1), *Bode* BA **01** 206 ff, 220. Die vorgeschriebenen Analysemethoden (arithmetisches Mittel aus 3 Widmark- und 2 ADH-Untersuchungen oder 4 Untersuchungen bei Mitverwendung der Gaschromatographie, s § 316 StGB Rz 52 ff) gelten auch hier, Dü VRS **94** 352, *Mayr* DAR **74** 65. Weder einer der Analysenwerte noch der Mittelwert darf zur BAK-Ermittlung aufgerundet werden, die dritte Dezimale bleibt außer Betracht, BGHSt **28** 1 = NJW **78** 1930, Dü BA **79** 61, Ha VRS **56** 147 (VRS **50** 226 ist aufgegeben), NJW **76** 2309, Kö VRS **50** 207, *Lundt* BA **76** 158. Sie darf auch bei der Berechnung des Mittelwertes nicht mitberücksichtigt werden, s § 316 Rz 53. Bei Mittelwerten unter 1‰ darf die **Variationsbreite** 0,1‰ nicht übersteigen, s § 316 StGB Rz 53 mit Nachweisen. Eine Mitteilung der Einzelwerte durch das Untersuchungsinstitut ist auch in Grenzwertnähe nicht zwingend geboten, KG BA **00** 115 (s § 316 StGB Rz 58). Der Mittelwert darf auch aus mehr als 5 Einzelergebnissen errechnet werden, s § 316 StGB Rz 53 mit Nachweisen. Auch die 2. Alternative in I (zu einer entsprechenden BAK führende Alkoholmenge im Körper) ist grundgesetzkonform, BVerfG NJW **78** 882. Einfluß von Krankheiten: § 316 StGB Rz 61.

6. Eine Alkoholmenge im Körper (Magen-Darm-Kanal und Blut) ist tatbestands- **12** mäßig, die im weiteren Verlauf, auch noch nach der Fahrzeit, Kö BA **75** 401, Ha VRS **52** 55, Ko VRS **69** 231, zu 0,5‰ bis zu 1,09‰ BAK führt. Unerheblich ist, wann der beim Fahren vorhandene Körperalkohol ins Blut gelangt, Ko VRS **49** 194, **69** 231, Ha VRS **52** 55. Eine sog Anflutungsphase zwischen Trinkende und Invasionsgipfel liegende Schädigung entspricht derjenigen im Gipfelbereich, s *Heifer* BA **73** 7 f. Dem trägt § 24a dadurch Rechnung, daß er eine Alkoholmenge „im Körper" genügen läßt, die später, auch noch nach dem Fahren, zu mindestens 0,5‰ BAK führt. Zum Nachweis genügt also schon ein nicht zurückgerechnetes Meßergebnis ab 0,5‰ BAK (erste Alternative).

Werden weniger als 0,5‰ BAK gemessen, so ist, soweit möglich (s § 316 StGB **13** Rz 59), in der Abbauphase auf die Fahrtzeit zurückzurechnen wie bei § 316 StGB, Ha VRS **52** 138, Kö BA **81** 57. Die von der Rspr aufgestellten Grundsätze über das Rückrechnungsverbot ohne Sachverständigen für die ersten beiden Stunden nach Trinkende bei normalem Trinkverlauf (s § 316 StGB Rz 59) gelten auch für § 24a, Kö BA **81** 57, VRS **64** 294. Vom Ergebnis möglicher Rückrechnung hängt der etwaige Nachweis der ersten Alternative („Alkohol im Blut") ab. Befand sich der Betroffene bei der Blutentnahme noch in der Anflutungsphase, so scheidet dann die erste Alternative aus. Ob sich in diesem Fall das Vorliegen der zweiten Alternative („Alkoholmenge im Körper") nachweisen läßt, hängt davon ab, ob sich im Einzelfall nach gesicherter wissenschaftlicher Erkenntnis ein weiterer Anstieg bis auf mindestens 0,5‰ BAK mit Gewißheit feststellen läßt.

7. Ein Nachtrunk zwischen Fahrtbeendigung und Blutentnahme, sofern er glaubhaft **14** ist, muß bei Prüfung beider Alternativen zugunsten des Betroffenen berücksichtigt werden. Die durch ihn zugeführte Alkoholmenge ist von der festgestellten BAK abzuziehen (§ 316 StGB Rz 59 ff). Zur Überprüfbarkeit von Nachtrunkbehauptungen durch Untersuchung der Blutprobe auf Begleitalkohole, s § 316 StGB Rz 50 (näher: *Hentschel,* Trunkenheit, Rz 107 ff); bei Atemalkoholmessung scheidet diese Möglichkeit aus.

15 **8. Lit:** *Bürgel,* Nochmals: Der Gefahrengrenzwert im 0,8-Promille-Gesetz, NJW **74** 594. *Händel,* Anwendung und Auswirkungen des 0,8-Promille-Gesetzes, BA **73** 353. *Heifer,* Zur Praktikabilität des 0,8‰-Gesetzes, BA **73** 192. *Derselbe,* Anmerkung zum Entwurf eines Gesetzes zur Änderung des StVG (§ 24 a StVG), BA **72** 407. *Derselbe,* Der Gefahrengrenzwert von 0,8 pro mille, BA **73** 1. *Held,* Der Gefahrengrenzwert im 0,8-Promille-Gesetz, NJW **73** 2243. *Hentschel,* Trunkenheit, Fahrerlaubnisentziehung, Fahrverbot, 9. Aufl. 2003. *Derselbe,* Die Neufassung des § 24 a StVG durch ÄndGe v 27. und 28. 4. 1998, NJW **98** 2385. *Janiszewski,* Die Fahrt unter Alkoholeinfluß als OW und als Vergehen, BA **74** 155. *Krüger/Schöch,* Absenkung der Promillegrenze – Ein zweifelhafter Beitrag zur Verkehrssicherheit, DAR **93** 334. *Rüth,* Rechtsfragen zum 0,8-Promille-Gesetz, DAR **74** 57. *Scheffler,* ... Bemerkungen zur Gesetzgebung am Beispiel von § 24 a StVG, BA **02** 174. *Weidemann,* Sicherheitsabschlag im Rahmen des § 24 a StVG?, DAR **75** 176.

16 **9. Atemalkohol.** Nach rechtsmedizinischen Erkenntnissen scheidet unmittelbare Konvertierung einer gemessenen Atemalkoholkonzentration (AAK) in BAK-Werte aus, s § 316 Rz 52 a. Um eine AAK im Rahmen des § 24 a berücksichtigen zu können, bedurfte es daher der gesetzlichen **Festlegung eines eigenen AAK-Wertes als Tatbestandsmerkmal,** BGH NZV **01** 267. Allerdings kann die Mitwirkung des Betroffenen an der Atemalkoholmessung, anders als die Duldung der Blutprobenentnahme (§ 81 a StPO), nicht erzwungen werden. Der in Abs I genannte Wert von 0,25 mg/l AAK entspricht dem im BGA-G „Atemalkohol" S 53 errechneten Wert, s auch *Schoknecht* VGT **92** 339, krit dazu jedoch Denkschrift „Atemalkoholprobe" BA **92** 110, 117, *Grüner/Bilzer* BA **92** 164, 169 f, *Iffland/Bilzer* DAR **99** 4. Der Kritik *Heifers* BA **98** 231, der Gesetzestext gehe insofern von falschen Voraussetzungen aus, als eine gemessene AAK nur als Richtgröße, nicht aber als zuverlässige Meßgröße verstanden werden könne, begegnet der BGH NZV **01** 267 (269) mit dem Hinweis, der Umstand, daß die gemessene AAK nur als Richtgröße anzuerkennen sei, liege in der Natur der Sache und berühre die Einschätzungsprärogative des GGebers nicht. **Verfassungsbedenken** gegen die gesetzliche Regelung bestehen nach BGH NZV **01** 267 (Anm *Hillmann* DAR **01** 278), trotz im rechtsmedizinischen Schrifttum (zB *Bilzer* ua BA **97** 89, *Gilg* BA **99** H 6 Supplement 1, S 35) für möglich gehaltener (uU erheblicher) Benachteiligung des Betroffenen bei AAK-Messung im Einzelfall (s auch § 316 StGB Rz 52 a) nicht, weil eine solche Benachteiligungsmöglichkeit in Wahrheit nicht gegeben sei. Der GGeber habe bei der Festlegung des AAK-Wertes in § 24 a nicht willkürlich gehandelt. Da dieser AAK-Wert gegenüber dem BAK-Wert ein tatbestandliches aliud sei, seien Einwände, die sich auf die Höhe der BAK beziehen, schon im Ansatz verfehlt. Im Ergebnis (keine Verfassungsbedenken) ebenso Bay NZV **00** 295 (zust *König,* krit *Wilske* NZV **00** 399). Wie im BAK-Gefahrengrenzwert (0,5 ‰) ist auch in dem gesetzlichen AAK-Wert ein **Sicherheitszuschlag** in Höhe von 0,05 mg/l zum Ausgleich der bei allen Meßverfahren zu berücksichtigenden Streuung infolge der durch den GGeber vorgenommenen Umrechnung enthalten, BGH NZV **01** 267 (270), Bay NZV **00** 295, aM *Bode* BA **01** 209 ff, 220. Die zunächst höchst umstritten gewesene Frage, ob dieser Sicherheitszuschlag ausreichend ist oder ob in bezug auf die AAK eigene Sicherheitszuschläge zu ermitteln sind, die allgemein zu Abschlägen vom gemessenen Wert führen (s Rz 17), wird nach inzwischen hM verneint, BGH NZV **01** 267, 269 (zust *Hillmann* DAR **01** 278, abl *Bode* BA **01** 208 ff, ZfS **01** 281), Bay NZV **00** 295 (zust *König,* abl *Bode* ZfS **00** 316, BA **00** 217 ff, *Schäpe* DAR **00** 490, krit *Wilske* NZV **00** 399, 401, *Seier* NZV **00** 434), BaySt **03** 15 = DAR **03** 232, Stu VRS **99** 286, Ha NZV **01** 440, **02** 414, VRS **101** 53, Dr BA **01** 370. Danach ist die Rspr nicht legitimiert, den durch Gesetz festgelegten AAK-Grenzwert durch Sicherheitsabschläge zu relativieren, BGH NZV **01** 267, 270. Eine Verfassungsbeschwerde gegen Verurteilung ohne Vornahme von Sicherheitsabschlägen wurde vom BVerfG ZfS **02** 95 (Anm *Bode*) nicht angenommen. Daher **kein Sicherheitsabschlag** vom gemessenen Mittelwert bei Messung mit einem bauartzugelassenen, geeichten Meßgerät unter Beachtung der **Verfahrensbestimmungen,** BGH NZV **01** 267 (269), BaySt **03** 15 = DAR **03** 232, Ha VRS **101** 53, namentlich: **Doppelmessung in einem Abstand von höchstens 5 Min nach 20 Min Wartezeit** ab Trinkende, **Kontrollzeit von 10 Min** (die in der Wartezeit von 20 Min enthalten sein kann), Einhaltung der zulässigen **Variationsbreite** zwischen den Einzelwerten, BGA-G „Atemalkohol" S 12, 56 f. **Erfüllung dieser im BGA-G „Atemalkohol" gestellten Anforderungen** ist nach der sich aus der Begr (Rz 2) ergebenden Intention des GGebers unabdingbar, **anderenfalls** ist die **Messung unverwertbar**, Dr NStZ **04** 352. Das gilt auch für die 20 minütige Wartezeit, Dr NStZ **04** 352, *Scheffler* BA **04** 468, einschränkend *Kar* NZV **04** 426 (Anm *Slemeyer* und *Scheffler* BA **04** 467, 468) (gilt jedenfalls bei Meßwerten in Grenzwertnähe), zumal diese zur Vermeidung von Benachteiligungen des Betroffenen während der Anflutungsphase notwendig ist, BGAG „Atemalkohol" 3.4, 4.1, *Iffland* NZV **04** 438, aM Ce NZV **04** 318, AG Borna BA **04** 272 (aufgehoben durch Dr NStZ **04** 352). Maßgeblich für die Einhaltung der Kontrollzeit von 10 Min ist der Beginn der Messung, nicht der Geräteeinschaltung, KG VRS **100** 337. Zur Frage, ob sich eine Verlängerung empfiehlt, s *Schuff ua* BA **02** 145 (bejahend), *Schoknecht* NZV **03** 68 (verneinend). Die **Variationsbreite** darf bei Mittelwerten bis 0,4 mg/l 0,04 mg/l und bei Mittelwerten über 0,4 mg/l 10 % des Mittelwertes nicht übersteigen, Bay NZV **00** 295, Jn DAR **04** 598, Ha BA **04** 268, s DIN VDE 0405-3 Nr 6.1. Verstoß gegen etwaige gemeinschaftsrechtliche Meldepflichten gem Art 8 Richtlinie 83/189/EWG, ABl Nr L 109 S 8 (Übermittlung von Entwürfen technischer Vorschriften an die Kommission) in bezug auf das Meßgerät führen nicht zu einem Beweisverwertungsverbot, EuGH StV **99** 130. Ist bei den gemessenen Einzelwerten die **dritte Dezimale** nach dem Komma angegeben, so darf diese wegen ihres nur geringen Aussagewertes nicht zur Berechnung des Mittelwertes mitberücksichtigt werden, Bay DAR **01** 370, BaySt **01** 76 = DAR **01** 465, Brn VRS **107** 49, Dü ZfS **03** 517, Kö NZV **01** 137, Dr BA **01** 370, AG Kö NZV **00** 433, AG Fra/O BA **03** 61, aM *Schoknecht* BA **01** 349 unter Hinweis auf das gegenüber der BAK-Messung unterschiedliche Meßverfahren und den Umstand, daß der AAK-Wert zahlenmäßig nur die Hälfte des entsprechenden BAK-Wertes beträgt.

Lit: *Bode,* Neue Regelungen für Fahren unter Alkohol und Drogen im deutschen Ordnungswidrigkeitenrecht, BA **98** 220. *Derselbe,* Rechtliche Probleme der Atemalkohol-Nachweisverfahren, BA **99** 249; *Derselbe,* Dräger Alcotest 7110 Evidential – ein Meßgerät zur gerichtsverwertbaren Atemalkoholanalyse?, BA **00** 134. *Derselbe,* Neufassung des § 24a Abs. 1 StVG ..., BA **01** 203. *Geppert,* Zur Einführung verdachtsfreier Atemalkoholkontrollen in rechtlicher Sicht, Spendel-F S 655. *Hentschel,* Die Neufassung des § 24a StVG durch Änderungsgesetze v 27. und 28. 4. 1998, NJW **98** 2385. *Hillmann,* Atemalkoholanalyse bei VVerstößen, ZfS **01** 98. *Iffland,* Wartezeit bei Atemalkoholmessungen und notwendige Angaben im Meßprotokoll..., NZV **04** 433. *Iffland/Hentschel,* Sind nach dem Stand der Forschung Atemalkoholmessungen gerichtsverwertbar?, NZV **99** 489. *Janker,* Der langsame Abschied von der Blutprobe – Aktuelle Fragen zum Führen von Kraftfahrzeugen unter Alkoholeinfluß nach § 24 a Abs. 1 StVG sowie § 316 StGB, DAR **02** 49. *Maatz,* Atemalkoholmessung – Forensische Verwertbarkeit und Konsequenzen aus der AAK-Entscheidung des BGH, BA **02** 21.

Nach § 3 I Nr 4 Eichordnung (BGBl I **88** 1657, **92** 1653) müssen **Atemalkohol-** **17** **meßgeräte** für die amtliche Überwachung des Straßenverkehrs geeicht sein (s Rz 16), KG VRS **102** 131. Die **Eichgültigkeitsdauer** beträgt nach Anl B Nr 18.5 zur Eichordnung $1/2$ Jahr, KG VRS **102** 131. Zur Eichung von Atemalkoholmeßgeräten, s *Schoknecht/Barduhn* BA **99** 159. **Fehlende Eichung** oder Bauartzulassung des Meßgerätes führt zur Unverwertbarkeit der Messung, kann also nicht durch Sicherheitsabschläge kompensiert werden, s *Maatz* BA **02** 31, *Janker* DAR **02** 53. Die Verwendbarkeit des Gerätes setzt voraus, daß eine Beeinträchtigung des Meßergebnisses zum Nachteil des Betroffenen durch die Vielzahl experimentell festgestellter physiologischer Einflüsse ausgeschlossen ist. Als mögliche, das Meßergebnis **verfälschende Störfaktoren** sind in verschiedenen Untersuchungen namentlich festgestellt worden: die Luftfeuchtigkeit, *Grüner* JR **89** 80, Temperatureinflüsse, BGA-G „Atemalkohol" S 20 f, 55, *Bilzer/Grüner* BA **93** 228, *Wilske/Eisenmenger* DAR **92** 43, *Gilg/Eisenmenger* DAR **97** 4, Mundrestalkohol, BGA-G „Atemalkohol" S 57, *Plaisch/Heifer* NZV **92** 340, *Wilske* DAR **00** 18, auch in Zahnfleischtaschen oder aus Zahnprothesenhaftmitteln, *Gilg/Eisenmenger* DAR **97** 5, 6, Magenluft (Aufstoßen), *Wilske/Eisenmenger* DAR **92** 45, Denkschrift „Atemalkoholprobe" BA **92** 113, Hypersalivation (vermehrte Speichelbildung), *Tsokos/Bilzer* BA **97** 405, *Bilzer/Hatz* BA **98** 327, durch „Schnüffeln" aufgenommene andere flüchtige Substanzen und Lösungsmittel, BGA-G „Atemalkohol" S 27 f, *Kijewski ua* BA **91** 243, *Kijewski/Sprung* BA **92** 350, *Aderjan* BA **92** 360 (Klebstofflösemittel), *Bilzer/Grüner* BA **93** 228, Verwendung von Mundwässern, Rachensprays, Toiletten- und Rasierwässern, *Dettling ua* BA **03** 343, *Wilske/Eisenmenger* DAR **92** 43, *Gilg/Eisenmenger* DAR **97**

1 StVG § 24a III. Straf- und Bußgeldvorschriften

5, Atemkapazität, *Pluisch/Heifer* NZV **92** 340, *Krause ua* BA **02** 5, und Atemtechnik (Hyper- und Hypoventilation), BGA-G „Atemalkohol" S 21, 55, *Wilske* DAR **00** 17, NZV **00** 401, *Schuff ua* BA **02** 244, *Wilske/Eisenmenger* DAR **92** 44 ff, möglicherweise auch Lungenerkrankungen, *Bilzer ua* BA **97** 90, *Heifer ua* BA **95** 218. Nach *Römhild ua* BA **01** 223, *Krause ua* BA **02** 5 kann die Art der Atmung zu Differenzen bis zu ±0,05 mg/l führen. Nur bei **Ausschluß einer Beeinflussung durch Störfaktoren** der geschilderten Art kann für Atemalkoholmeßgeräte eine **Bauartzulassung** durch die Physikalisch-Technischen Bundesanstalt erteilt werden. Für das Atemalkoholmeßgerät „Alcotest 7110 Evidential, Typ Mk III" (*Dräger*) liegt eine solche seit dem 17. 12. 1998 vor. Im praktischen Versuch stellten *Schmidt ua* BA **00** 92 zuverlässiges Erkennen von Mundrestalkohol und Alkohol in der Umluft fest. Andererseits belegen Untersuchungen von *Dettling ua* BA **03** 343, daß eine Kontrollzeit von 10 Minuten nicht in allen Fällen eine Verfälschung des Meßergebnisses durch äthanolhaltige Inhalationssprays, Mundspüllösungen und Mundgele ausschließt. Entsprechend den Anforderungen des BGA-G „Atemalkohol" erfolgt die Messung durch dieses Gerät zweimal in zeitlichem Abstand, und zwar mit zwei verschiedenen Meßsystemen, nämlich mittels eines Infrarot-Detektors (IR) und eines elektrochemischen Detektors (EC), s *Lagois* BA **00** 77, *Löhle* NZV **00** 189, *Knopf ua* NZV **00** 195. Daß die Infrarotmessung entgegen dem BGA-G „Atemalkohol" nicht in zwei Wellenlängenbereichen erfolgt, wird durch die zusätzliche elektrochemische Messung kompensiert, *Bay* NZV **00** 295, *Löhle* NZV **00** 192, *Knopf ua* NZV **00** 196, *Slemeyer* BA **00** 204, *Lagois* BA **00** 346, zw *Bode* BA **00** 136. Der zum Teil kritisierte Umstand, daß nur 3 Messungen erfolgen und nur 2 Werte ausgedruckt werden, aus denen der Mittelwert gebildet wird, s *Wilske* DAR **00** 18, *Bode* ZfS **00** 173, 316, BA **00** 135, 219, *Hillmann* DAR **00** 293, ZfS **01** 100, AG Meiningen DAR **00** 375, AG Brn DAR **00** 538, ist nach BGH NZV **01** 267 (270) unschädlich, weil der GGeber nicht gehalten sei, die vom BGH für die BAK-Messung entwickelten Anforderungen auch der auf einem andersartigen Verfahren beruhenden AAK-Messung zugrunde zu legen. Bei Verwendung eines geeichten, bauartzugelassenen Gerätes unter Beachtung der Verfahrensbestimmungen (s Rz 16) ist für die Feststellung der in Abs I genannten AAK der **gemessene Wert entscheidend**, und zwar **ohne Sicherheitsabschläge**, s Rz 16. Dies bedeutet im Ergebnis, daß der im Gesetz als Tatbestandsmerkmal genannte AAK-Wert nicht den „wahren" Wert, sondern den gemessenen bezeichnet, BGH NZV **01** 267 (270), krit *Hentschel* NJW **01** 718. Vor dem grundlegenden Beschluß des BGH v 3. 4. 01 (NZV **01** 267) waren demgegenüber teilweise Abschläge als notwendig erachtet worden, Ha (Vorlagebeschl) NZV **00** 426 (Anm *Bode* ZfS **00** 461, abl *Schoknecht ua* BA **00** 449), AG Kö NZV **00** 430 (Anm *Seier, Ludovisy* DAR **00** 488), AG Mü NZV **00** 180 (abl *Schoknecht*), AG Bergisch Gladbach MDR **00** 639, DAR **00** 326, AG Brn DAR **00** 538, *Löhle* NZV **00** 192, 194, *Bode* ZfS **00** 174, BA **00** 139, *Hillmann* ZfS **01** 100, abw *Bay* NZV **00** 295 (zust *König*, abl *Bode* ZfS **00** 316, BA **00** 217 ff, *Schäpe* DAR **00** 490, krit *Wilske* NZV **00** 399, 401, *Seier* NZV **00** 434), Stu VRS **99** 286, AG Kitzingen ZfS **00** 171 (abl *Bode*), AG Freyung BA **00** 395, *Slemeyer* BA **00** 208. Die Kontroverse dürfte durch BGH NZV **01** 267 erledigt sein. Die Messung mit einem geeichten Gerät ist von der Rspr als **standardisiertes Verfahren** (s § 3 StVO Rz 56b) anerkannt worden, BaySt **03** 15 = DAR **03** 232, Jn DAR **04** 598, Kar NZV **04** 426, Hb NZV **04** 269, Brn VRS **107** 49, Dü ZfS **03** 517, Ha BA **04** 268, Zw VRS **102** 117, KG VRS **100** 337, wohl auch BGH NZV **01** 267 (268), krit *Wilske* NZV **00** 399, aM AG Baden-Baden BA **03** 386 (abl *Slemeyer* BA **04** 35, *Schoknecht* BA **04** 45), so daß grundsätzlich die Angabe des Meßverfahrens und des Meßergebnisses **im Urteil** ausreichend ist, Bay DAR **03** 232, Hb NZV **04** 269, Brn VRS **107** 49, Dü VRS **103** 386, Ce BA **04** 465, Stu VRS **99** 286, Ha VD **04** 308 (unter Aufgabe der früheren, abw Rspr), BA **04** 268, VRS **102** 115, KG VRS **100** 337, wobei es nach teilweise vertretener Ansicht nicht einmal der Mitteilung der ausgedruckten Einzelwerte bedarf, Ce BA **04** 465, Dü VRS **103** 386, ZfS **03** 517, Ha BA **04** 268, VD **04** 308, Stu VRS **99** 286, Zw VRS **102** 117 (aM Bay NZV **00** 295, BaySt **01** 76 = DAR **01** 465, **03** 232, Jn DAR **04** 598, Brn VRS **107** 49), während andere Gerichte zusätzlich Angaben über Bauartzulassung, Eichung und Einhaltung der Bedingungen für das Meßverfahren (s Rz 16) verlangen, Jn DAR **04** 598, Zw VRS **102** 117, Dü ZfS **03** 517 (Eichung), *Maatz* BA **02** 31 (Eichung), offengelassen von Dü VRS **103** 386. **Anhaltspunkte für Meßfehler im Einzelfall** hat der Tatrichter jedoch im Rahmen der Aufklärungspflicht und auf entsprechenden Beweisantrag nachzugehen, BGH NZV **01** 267 (271).

Lit: *Bilzer/Hatz,* Vergleichende Untersuchungen zwischen der BAK, der Speichel- und AAK ..., BA **98** 321. *Bilzer ua,* Zur Frage der forensischen Beweissicherheit der Atemalkoholanalyse, BA **94** 1. *Bilzer ua,* Experimentelle Untersuchungen mit dem Evidential 7110 Mk II ..., BA **97** 89. *Dettling ua,* Verfälschungen der Atemalkoholmessung durch alkoholhaltige Inhalationssprays, Mundspüllösungen und Mundgele, BA **03** 343. *Gilg/Eisenmenger,* Zur Beweissicherheit und forensischen Akzeptanz von Atemalkoholanalysen mit neuen „beweissicheren" Geräten, DAR **97** 1. *Heifer,* Atemalkoholanalyse – Erfahrungen, Probleme, Erwartungen, BA **00** 103. *Hillmann,* Atemalkoholmessung – Erwartungen und Erfahrungen, DAR **00** 289. *Iffland/Hentschel,* Sind nach dem Stand der Forschung Atemalkoholmessungen gerichtsverwertbar?, NZV **99** 489. *Iffland ua,* Bedenken gegen die Verwertbarkeit des Atemalkoholspiegels in der forensischen Praxis, NJW **99** 1379. *Iffland/Bilzer,* Zweifel an dem beweissicheren Alkoholnachweisverfahren mit dem „Alcotest 7110 Evidential", DAR **99** 1. *Dieselben,* Wurden Politiker und Öffentlichkeit über die Beweissicherheit der Atemalkoholanalyse ... getäuscht?, JbVerkR **99** 266. *Iffland ua,* Gerichtsverwertbarkeit von Atemalkoholmessungen, DAR **00** 9. *Kijewski ua,* Zur Verfälschung der Messung der Atemalkoholkonzentration, BA **91** 243. *Knopf ua,* Bestimmung der Atemalkoholkonzentration nach DIN VDE 0405, NZV **00** 195. *Köhler ua,* Fehlerhafte Atemalkoholmessung?, BA **00** 286. *Lagois,* Dräger Alcotest 7110 Evidential ..., BA **00** 77. *Löhle,* Zur Physik der Meßtechnik des Dräger Alcotest 7110 MK III Evidential, NZV **00** 189. *Pluisch,* Medikamente im StrV, NZV **99** 1. *Pluisch/Heifer,* Rechtsmedizinische Überlegungen zum forensischen Beweiswert von Atemalkoholproben, NZV **92** 337. *Römhild ua,* Zu den naturwissenschaftlichen Voraussetzungen für eine „beweissichere" AAK-Messung, BA **01** 223. *Schmidt ua,* Praktische Erfahrungen beim Einsatz des Atemalkoholtestgerätes 7110 Evidential MK III, BA **00** 92. *Schoknecht,* Grundlagen und Grenzwerte der beweissicheren Atemalkoholmessung, VGT **92** 331. *Schoknecht ua,* Der Einfluß des Hysterese-Effektes bei der beweissicheren Atemalkoholmessung, BA **00** 449. *Schuff ua,* Untersuchungen zum Quotienten BAK/AAK in der Resorptionsphase ..., BA **02** 145. *Slemeyer,* Zur Frage der Fehlergrenzen bei der beweisfähigen Atemalkoholanalyse, BA **00** 203. *Slemeyer ua,* Blut- und Atemalkohol-Konzentration im Vergleich, NZV **01** 281. *Wilske,* Die „beweissichere Atemalkoholprobe" – Wie beweissicher ist sie?, DAR **00** 16. *Derselbe,* Atemalkoholgrenzwert und -messung, NZV **00** 399. *Wilske ua,* Die Atemalkoholprobe: Möglichkeiten und Grenzen, DAR **92** 41.

Siehe ferner: Intersiziplinäres Symposion Atemalkohol/Blutalkohol (Köln 1999), BA **99** H 6, Supplement 1.

Nach dem Gesetz besteht **Gleichwertigkeit beider Meßverfahren,** Dr BA **01** 370, AG Fra/O BA **03** 61. Wurde die alkoholische Beeinflussung des Betroffenen sowohl durch Atemalkoholmessung als auch durch Blutuntersuchung ermittelt, so kann schon im Hinblick auf die fehlende Konvertierbarkeit (s Rz 16) bei Abweichungen der Ergebnisse grundsätzlich keiner der beiden Messungen ein höherer Beweiswert beigemessen werden. Hinzu kommt, daß zwischen den Messungen regelmäßig eine Zeit verstrichen sein wird, die je nach dem Stadium der Alkoholkurve beim Betroffenen zu Veränderungen geführt haben kann. Es genügt also, daß einer der gemessenen Werte den Gefahrengrenzwert des Abs I erreicht, *Maatz* BA **02** 32. **Bei signifikanten Abweichungen** der Ergebnisse trotz unmittelbar nacheinander durchgeführter Messungen stellt sich allerdings die Frage nach der Zuverlässigkeit der Meßergebnisse. Bei deren Klärung ist zu berücksichtigen, daß der Blutuntersuchung angesichts der mindestens vierfachen Analyse mit unterschiedlichen Untersuchungsmethoden ein besonders hoher Grad an Zuverlässigkeit zukommt, *Maatz* BA **02** 33, *Janker* DAR **02** 54, AG Fra/O BA **03** 61, zumal darüber hinaus nur die BAK durch Nachuntersuchung überprüft werden kann, Dr BA **01** 370. In solchen Fällen kann Hinzuziehung eines Sachverständigen geboten sein, s Kar DAR **03** 235 (zu § 316 StGD). **18**

10. Auch das Führen von Kfzen **unter Wirkung anderer berauschender Mittel** ist unter den Voraussetzungen von Abs II ow. Damit sollen vor allem die zahlreichen Fälle erfaßt werden, in denen trotz rauschmittelbedingter Beeinträchtigung der Leistungsfähigkeit als Kf wegen Fehlens von Beweisgrenzwerten für sog absolute Fahrunsicherheit eine strafrechtliche Ahndung nicht möglich ist. Die Beeinträchtigung der Fahrtüchtigkeit durch die in der **Anlage** (zu § 24a), vor Rz 1, genannten Mittel beruht etwa auf durch ihren Einfluß verursachten Störungen wie zB Euphorie (Cannabis, Heroin, Morphin, Kokain), Konzentrationsstörungen (Cannabis, Heroin, Morphin), Wahrnehmungsstö- **19**

1 StVG § 24a   III. Straf- und Bußgeldvorschriften

rungen (Cannabis, Heroin, Morphin), Halluzinationen (Cannabis, Kokain), Verlängerung der Reaktionszeit (Heroin, Morphin), erhöhter Risikobereitschaft und Enthemmung (Kokain) sowie unterschiedlichen psychopathologischen Störungen anderer Art. S OVG Hb VRS **92** 389 (Cannabis). Abs II ist grundgesetzkonform, BaySt **03** 1 = NZV **03** 252, Sa VRS **102** 458, Zw VRS **102** 300.

20 a) Nur der Einfluß der in der **Anlage** (vor Rz 1) genannten berauschenden Mittel ist tatbestandsmäßig. Änderung und Ergänzung der Anl aufgrund wissenschaftlicher Erkenntnisse erfolgt durch RVO nach Maßgabe der Ermächtigungsnorm des Abs V.

21 b) Zum Tatbestand des Abs II gehört lediglich das KfzFühren im StrV „**unter der Wirkung**" eines der in der Anlage genannten Mittels; nur darauf muß sich die Schuld (bei vorsätzlicher Tat also der Vorsatz) erstrecken (s Rz 26). Werden die in Anl 2 bezeichneten Substanzen nicht im Blut nachgewiesen, entfällt eine Ahndung, auch wenn Rauschmittelkonsum (zB durch Urinprobe oder Geständnis) festgestellt ist, AG Saalfeld NStZ **04** 49; eine Berechnung der auf den Betroffenen einwirkenden Substanzen ohne Nachweis im Blut, etwa aufgrund seiner Angaben oder aufgrund von Zeugenaussagen, kommt im Hinblick auf II S 2 nicht in Betracht, Ha BA **01** 285, *Nehm* AG-VerkRecht-F S 363, abw *Stein* NZV **99** 450, **01** 485. Auch immunologische Tests reichen nicht aus, *Aderjan ua*, BA **03** 337. Umgekehrt ist das Merkmal „*unter der Wirkung*" festgestellt, wenn eine der Substanzen der Anl 2 im Blut nachgewiesen ist, Sa VRS **102** 120, Zw VRS **102** 300, *Nehm* AG-VerkRecht-F S 363, einschränkend *Stein* NZV **99** 449, ohne daß eine Mindestgrenze überschritten sein müßte, BaySt **04** 5 = NZV **04** 267, Zw VRS **102** 300, *Stein* NZV **99** 448, **03** 251. Zweifel an der Verfassungsmäßigkeit (Übermaßverbot) einer Ahndung auch bei Unterschreitung rechtsmedizinisch anerkannter **analytischer Grenzwerte,** die die Annahme einer Wirkung und eines zeitnahen Konsums aus naturwissenschaftlicher Sicht nicht mehr zulassen, bei *Nehm* AG-VerkRecht-F S 366, der in solchen Fällen Einstellung nach § 47 OWiG vorschlägt. Zur Frage der Sanktion bei Feststellung nur von Geringstmengen, s *Weibrecht* VD **03** 39. Zur Nachweisgrenze von THC, s *Schmitt ua* BA **99** 362. Der Tatbestand ist nur erfüllt, wenn feststeht, daß eine der in der Anl genannten Substanzen **im Zeitpunkt der Fahrt** im Blut nachweisbar war, Bay NZV **04** 267, nicht zB, wenn eine solche erst zwischen der Fahrt und der Blutentnahme durch Stoffwechsel entstanden ist. Nach dem Inhalt von Abs II, insbesondere dem Zusammenhang der Sätze 1 und 2, setzt der Tatbestand nicht darüber hinaus die Feststellung einer *konkreten* rauschmittelbedingten Beeinträchtigung der für das Führen von Kfzen relevanten Leistungsfähigkeit des Betroffenen voraus, Bay NZV **04** 267, Sa VRS **102** 120, s Begr Rz 5, *Bönke* NZV **98** 395, *Hentschel* NJW **98** 2389, aM *Riemenschneider/Paetzold* DAR **97** 63, s Rz 24. Dies würde im übrigen dem Zweck der Bestimmung zuwiderlaufen; denn die Schwierigkeiten der Feststellung relativer Fahrunsicherheit, die nach der amtlichen Begr Anlaß für den OW-Tatbestand waren (s Rz 3), bestünden dann in gleicher Weise bei der Prüfung einer konkreten Beeinträchtigung. Es genügt also der iS von II S 2 nachgewiesene Einfluß der Rauschmittel, wobei deren *allgemeine* Eignung, Beeinträchtigungen der Fahrtüchtigkeit herbeizuführen, ausreicht (s Begr Rz 5). Zur Problematik der Regelung in bezug auf das Merkmal „Wirkung", s *Stein* NZV **99** 444 ff.

22 c) **Ausnahme bei Arzneimitteleinnahme.** Nicht ow ist das Verhalten des Betroffenen nach Abs II S 1, 2 dann, wenn die festgestellte Substanz ausschließlich durch die *bestimmungsgemäße* Einnahme eines Arzneimittels in das Blut gelangt ist, vorausgesetzt, die Einnahme wurde für einen konkreten Krankheitsfall ärztlich verordnet. Kann das im Blut nachgewiesene berauschende Mittel nach Art und Menge grundsätzlich auch auf bestimmungsgemäßer Medikamenteneinnahme beruhen, ist bei Schweigen des Betroffenen diese Möglichkeit nicht ohne weiteres „in dubio pro reo" zu unterstellen, s *Maatz* BA **99** 148. Auch wenn diese Voraussetzung erfüllt ist, hindert dies nicht etwa eine Verurteilung gem §§ 316, 315 c StGB im Falle nachgewiesener Fahrunsicherheit (s Rz 24). Trotz Aufnahme der in Anl 2 genannten Substanzen infolge Arzneimitteleinnahme bleibt es im übrigen bei der Ahndung als OW gem II S 1, wenn der Einfluß der nachgewiesenen Substanzen auf **Mißbrauch des Arzneimittels** beruht, weil die Arznei dann nicht „bestimmungsgemäß" angewendet wurde, s *Jagow* VD **98** 170, *Maatz* BA **99** 148.

Lit: *Aderjan ua,* Immunologische Messungen von Substanzen im Blut reichen für den Nachweis einer OW im Sinne des § 24a Abs 2 StVG nicht aus, BA **03** 337. *Bönke,* Die neue Bußgeldvorschrift gegen Drogen im StrV (§ 24a II StVG), NZV **98** 393. *Hentschel,* Neuerungen bei Alkohol und Rauschmitteln im StrV, NJW **98** 2385. *Jagow,* Drogen im StrV, VD **98** 169. *Maatz,* Arzneimittel und VSicherheit, BA **99** 145. *Nehm,* Auf der Suche nach Drogengrenzwerten, AG-VerkRecht-F S 359. *Riemenschneider/Paetzold,* Absolutes Drogenverbot im StrV – Zur Reform des § 24a StVG, DAR **97** 60. *Schmitt ua,* Berechnung der Nachweis-, der Erfassungs- und der Bestimmungsgrenze von THC im Serum, BA **99** 362. *Stein,* Offensichtliche und versteckte Probleme im neuen § 24a II StVG („Drogen im StrV"), NZV **99** 441.

11. Auf Fahrunsicherheit oder geminderte Fahrtüchtigkeit kommt es nach § 24a I und II tatbestandsmäßig nicht an, BGH NZV **01** 267 (270), Sa VRS **102** 120, KG BA **00** 115, also auch nicht auf die Frage des Zusammentreffens von Alkohol- und Medikamentwirkung mit anderen Rauschmitteln, Krankheit, mit Übermüdung oder anderen Anomalien, welche die Fahrfähigkeit berühren (s BRDrucks 7/133 und § 316 StGB). § 24a umschreibt in Abs I ebenso wie in Abs II einen abstrakten Gefährdungstatbestand von idR erheblichem Gewicht, Zw VRS **102** 300, Ha NJW **74** 1777. Maßgebend sind lediglich die Alkoholmenge „im Körper" einschließlich etwaigen Restalkohols, KG BA **00** 115, bzw die im Blut nachgewiesenen Substanzen nach Anl 2. Bei durch Alkohol oder Rauschmittel mitbedingter Fahrunsicherheit zur Fahrtzeit kommen je nach Tatbestandslage die §§ 315c, 316 StGB in Betracht. Die Bußgeldbestimmung des § 24a ist Auffangtatbestand im Verhältnis zu jenen Strafvorschriften.

12. Fahrlässigkeit reicht aus (III). Die Berufung auf sogenannte Trinktabellen kann nie exkulpieren, weil Trinktabellen nicht außer dem **Alkohol**gehalt der Getränke auch Körpergewicht, Konstitution, Menge und Art der Magenfüllung sowie die Trinkgeschwindigkeit berücksichtigen und daher irreführen, erst recht bei Restalkohol. Nicht einmal bei derselben Person wird dieselbe Trinkmenge stets dieselbe meßbare Wirkung hervorbringen. Deshalb ist die naturwissenschaftlich gesicherte Erkenntnis, daß niemand vor dem, während des oder nach dem Trinken genau voraussehen kann, welche BAK er später haben werde (*Heifer* BA **72** 409), regelmäßig geeignet, den Fahrlässigkeitsvorwurf zu unterstützen. Jedes „Herantrinken" (Rz 11) an die Gefahrgrenze mit oder ohne Tabelle, lediglich offensichtlich geringste Trinkmengen ausgenommen, begründet den Vorwurf bewußter Fahrlässigkeit, sofern diese Grenze dabei erreicht oder überschritten wird. Fahrlässigkeit kann allerdings entfallen, wenn der Grenzwert erst durch unbewußt genossenen Alkohol erreicht wurde, mit dem der Betroffene nicht zu rechnen brauchte, Kö NStZ **81** 105, Ol DAR **83** 90. Glaubwürdigkeit entsprechender Einlassungen ist aber besonders sorgfältig zu prüfen, weil heimliches Zufügen von Alkohol der Lebenserfahrung widerspricht, s § 316 StGB Rz 26. Wer aufgrund der Umstände mit der Möglichkeit rechnen muß, daß ihm angebotene Getränke **berauschende Mittel nach Abs II** enthalten, handelt fahrlässig, wenn er nach deren Genuß ein Kfz führt, KG DAR **03** 82 (Anm *Scheffler* BA **03** 451, krit Anm *Nick,* zust *Stein* NZV **03** 252). Ist nicht auszuschließen, daß ein geringer, im Blut nachgewiesener Morphinwert auf den Genuß von handelsüblichem **Mohngebäck** beruht, s *Andresen/Schmoldt* BA **04** 191, *Rochholz ua* BA **04** 319, so wird idR jedenfalls der Vorwurf fahrlässigen Verhaltens entfallen.

Vorsatz setzt **im Fall des Abs I** voraus, daß der Betroffene zumindest mit einer BAK in der in Abs I genannten Höhe rechnete und sie in Kauf nahm, Zw VRS **76** 453. Er liegt auch vor, wenn es dem Kf beim Trinken gleichgültig war, welche BAK er bei der beabsichtigten Fahrt oder später erreichen werde, er aber bei der Fahrt die Möglichkeit einer daraus resultierenden BAK in Höhe des Grenzwertes in Kauf nahm. Daß er mit der Möglichkeit alkoholbedingter Fahrunsicherheit rechnete, genügt dagegen nicht, Zw VRS **76** 453. Von der Höhe der BAK allein kann nicht auf Vorsatz geschlossen werden; auch der allgemeine Hinweis auf einschlägige Vorverurteilungen genügt nicht zur Begründung von Vorsatz, Bay DAR **87** 304. Entgegen Ce NZV **97** 320 dürfte allein der Umstand, daß die genossene Alkoholmenge zu einer den Gefahrengrenzwert um 0,15 ‰ übersteigenden BAK geführt hat (noch zum früheren Gefahrengrenzwert von 0,8 ‰), nicht schon „in aller Regel" die Feststellung von Vorsatz rechtfertigen und auch der Versuch, sich einer PolKontrolle zu entziehen, vielfach nur auf bewußte Fahrlässigkeit schließen lassen. **Im Fall des Abs II** braucht sich der Vorsatz nur auf das Fahren unter der Wirkung eines der in Anl 2 genannten berauschenden Mittels zu erstrecken, s KG DAR **03** 82 (Anm *Stein* NZV **03** 251), nicht etwa auf eine spürbare Wirkung, Zw VRS **102** 300, und auch nicht auf die Nachweisbarkeit der in der Anl bezeichneten Substanzen im Blut (s Begr, Rz 5), Zw VRS **102** 300, *Riemenschneider* S 269 („objektive Bedingung der Ahndbarkeit"). Das Urteil muß angeben, ob Vorsatz oder Fahrlässigkeit festgestellt wurde, Bay DAR **00** 366, Dü VRS **103** 386, Ko VRS **78** 362.

27 **13. Die Geldbuße** darf bei Vorsatz bis zu 1500 €, bei Fahrlässigkeit (§ 17 II OWiG) bis zu 750 € betragen. Im **Höchstmaß** überschreitet sie daher den Normalrahmen bei VOWen (§§ 24 StVG, 17 OWiG) um 500 €. Davon ist bei der Zumessung auszugehen. Höchstmaß ist bei fahrlässigem Ersttäter näher zu begründen, Ko VRS **49** 444. Zur Berücksichtigung der wirtschaftlichen Verhältnisse gilt das gleiche wie bei OW gem § 24 (s dort Rz 48 a). Der Bußgeldkatalog sieht für die OW des Abs I folgende **Regelsätze** bei fahrlässiger Tatbegehung vor: beim 1. Verstoß 250 € und 1 Monat FV, beim 2. Verstoß 500 € und 3 Monate FV, beim 3. Verstoß 750 € und 3 Monate FV. **Wiederholungsfall** auch bei voraufgegangener Verurteilung nach § 315c I Nr 1a oder § 316 StGB, Dü NZV **93** 405. Jedoch entbindet die BKatV Bußgeldstelle und Gericht nicht von der Pflicht einer Berücksichtigung der Umstände des Einzelfalles, insbesondere in bezug auf die Frage, ob überhaupt ein Regelfall gegeben ist. Zur Bindung der Gerichte an die Regelsätze der BKatV, s § 24 Rz 64. Auch im VZR eingetragene, noch tilgungsreife VOWen nach § 24 StVG können höhere Buße rechtfertigen, Dü VRS **81** 462. Zu den für die Bemessung der Geldbuße maßgebenden Umständen gehört zwar auch die **Höhe der BAK,** Ha VRS **48** 51, Ko VRS **49** 444. Geringfügiges Überschreiten des Gefahrengrenzwertes rechtfertigt aber keine Erhöhung, Ol ZfS **97** 36. Auch das nur knappe Unterschreiten des Beweisgrenzwertes von 1,1‰ dürfte für sich allein nicht ausreichen, um einen Regelfall iS der BKatV zu verneinen.

28 **14. Fahrverbot:** § 25 StVG. In den Fällen des § 24a StVG ist nur unter ganz besonderen Umständen kein FV zu verhängen, s § 25 Rz 18. Auch beim **Zurücktreten von § 24a** hinter eine tateinheitlich begangene Straftat gilt § 25 I 2, ist regelmäßig ein FV anzuordnen, § 21 I 2 OWiG, *Janiszewski* BA **74** 168. **Entziehung der Fahrerlaubnis** ist nach § 24a nicht zulässig. § 69 StGB bleibt jedoch unberührt.

29 **15. Zusammentreffen.** Zwischen Abs I und Abs II ist TE möglich, *Bode* BA **98** 228. Mit **anderen während der Alkoholfahrt begangenen OWen** steht § 24a in TE. Geldbuße und FV richten sich dann nach § 24a. Sexuelle Nötigung (§ 177 StGB) während Fahrtunterbrechung steht in TM, Ko NJW **78** 716. TE bei Alkoholfahrt mit nicht zugelassener Anhängerkupplung (§§ 18, 19 StVZO), Ha DAR **78** 81. Die **§§ 315c, 316 StGB,** welche Fahrunsicherheit zur Tatzeit voraussetzen, gehen bei Strafverhängung dem § 24a vor (§ 21 OWiG).

30 **16. Verfahren.** Eines rechtlichen Hinweis gem § 265 I StPO bedarf es, wenn Anklage gem § 316 StGB erhoben ist, nicht, Fra BA **02** 388. Eine in einem Strafverfahren entnommene **Blutprobe** darf verwendet werden, wenn sie auch im Bußgeldverfahren hätte entnommen werden dürfen (§ 46 IV S 2 OWiG). Zur BAK-Ermittlung bei zerbrochener Venüle und nur geringer Restblutmenge, Ko VRS **56** 111. Zur Nachprüfbarkeit der BAK-Analysen: § 316 StGB. IdR bedarf es nicht der Mitteilung der Analyseneinzelwerte im Urteil, s § 316 StGB Rz 58. Zu der im Bußgeldbescheid beschriebenen **Tat** gehört idR die gesamte Fahrt, über die sich die DauerOW erstreckt, Dü VRS **73** 470. Eine grenzüberschreitende Fahrt ist *eine* Tat, verfahrensrechtlich und sachlich-rechtlich; Aburteilung und Vollstreckung im Ausland ist in Anwendung des Rechtsgedankens des § 51 III StGB anzurechnen, Kar NStZ **87** 371. Vorsätzliche Verstöße gegen § 24a **verjähren** nach 1 Jahr, Fra BA **02** 388, Dü DAR **83** 366, fahrlässige nach 6 Monaten, BaySt **99** 109 = NZV **99** 476 (§ 31 OWiG), Dü VRS **47** 378, DAR **83** 366, Ha BA **04** 264, Ko VRS **71** 209, weil § 26 III nur OWen nach § 24 betrifft. Bei TE mit anderen OWen gilt für diese weiterhin die kürzere Verjährung, danach dürfen sie nicht mehr bußgelderhöhend verwendet werden. Ist eine Straftat nach §§ 316, 315c I Nr 1a (III) StGB nicht nachweisbar und OW gem § 24a verjährt, so hat Freispruch zu erfolgen; bloße Einstellung durch Urteil nach § 260 III StPO beschwert und

Fahrverbot § 25 StVG 1

führt zur Anfechtbarkeit, Ol VRS **68** 277, *Meyer-Goßner* vor § 296 Rz 14. Nach **Einstellung der tateinheitlichen Straftat** gem § 153 StPO ist Verurteilung nach § 24 a möglich, § 21 II OWiG, anders nach Einstellung gem § 153 a StPO, Bay DAR **82** 256, *Göhler* § 21 Rz 27. In § 24 a-Fällen hängen Bußgeldhöhe und FV so eng zusammen, daß der Rechtsfolgenausspruch in aller Regel nur im ganzen **anfechtbar** ist, s § 25 Rz 29.

Mangelnde Nachweise für Herstellung, Vertrieb und Ausgabe von Kennzeichen

24b (1) Ordnungswidrig handelt, wer vorsätzlich oder fahrlässig einer Vorschrift einer auf Grund des § 6 Abs. 1 Nr. 8 erlassenen Rechtsverordnung oder einer auf Grund einer solchen Rechtsverordnung ergangenen vollziehbaren Anordnung zuwiderhandelt, soweit die Rechtsverordnung für einen bestimmten Tatbestand auf diese Bußgeldvorschrift verweist.

(2) Die Ordnungswidrigkeit kann mit einer Geldbuße bis zu zweitausendfünfhundert Euro geahndet werden.

Fahrverbot

25 (1) ¹Wird gegen den Betroffenen wegen einer Ordnungswidrigkeit nach § 24, die er unter grober oder beharrlicher Verletzung der Pflichten eines Kraftfahrzeugführers begangen hat, eine Geldbuße festgesetzt, so kann ihm die Verwaltungsbehörde oder das Gericht in der Bußgeldentscheidung für die Dauer von einem Monat bis zu drei Monaten verbieten, im Straßenverkehr Kraftfahrzeuge jeder oder einer bestimmten Art zu führen. ²Wird gegen den Betroffenen wegen einer Ordnungswidrigkeit nach § 24 a eine Geldbuße festgesetzt, so ist in der Regel auch ein Fahrverbot anzuordnen.

(2) ¹Das Fahrverbot wird mit der Rechtskraft der Bußgeldentscheidung wirksam. ²Für seine Dauer werden von einer deutschen Behörde ausgestellte nationale und internationale Führerscheine amtlich verwahrt. ³Dies gilt auch, wenn der Führerschein von einer Behörde eines Mitgliedstaates der Europäischen Union oder eines anderen Vertragsstaates des Abkommens über den Europäischen Wirtschaftsraum ausgestellt worden ist, sofern der Inhaber seinen ordentlichen Wohnsitz im Inland hat. ⁴Wird er nicht freiwillig herausgegeben, so ist er zu beschlagnahmen.

(2 a) ¹Ist in den zwei Jahren vor der Ordnungswidrigkeit ein Fahrverbot gegen den Betroffenen nicht verhängt worden und wird auch bis zur Bußgeldentscheidung ein Fahrverbot nicht verhängt, so bestimmt die Verwaltungsbehörde oder das Gericht abweichend von Absatz 2 Satz 1, dass das Fahrverbot erst wirksam wird, wenn der Führerschein nach Rechtskraft der Bußgeldentscheidung in amtliche Verwahrung gelangt, spätestens jedoch mit Ablauf von vier Monaten seit Eintritt der Rechtskraft. ²Werden gegen den Betroffenen weitere Fahrverbote rechtskräftig verhängt, so sind die Fahrverbotsfristen nacheinander in der Reihenfolge der Rechtskraft der Bußgeldentscheidungen zu berechnen.

(3) ¹In anderen als in Absatz 2 Satz 3 genannten ausländischen Führerscheinen wird das Fahrverbot vermerkt. ²Zu diesem Zweck kann der Führerschein beschlagnahmt werden.

(4) ¹Wird der Führerschein in den Fällen des Absatzes 2 Satz 4 oder des Absatzes 3 Satz 2 bei dem Betroffenen nicht vorgefunden, so hat er auf Antrag der Vollstreckungsbehörde (§ 92 des Gesetzes über Ordnungswidrigkeiten) bei dem Amtsgericht eine eidesstattliche Versicherung über den Verbleib des Führerscheins abzugeben. ²§ 883 Abs. 2 bis 4, die §§ 899, 900 Abs. 1, 4, die §§ 901, 902, 904 bis 910 und 913 der Zivilprozessordnung gelten entsprechend.

(5) ¹Ist ein Führerschein amtlich zu verwahren oder das Fahrverbot in einem ausländischen Führerschein zu vermerken, so wird die Verbotsfrist erst von dem Tag an gerechnet, an dem dies geschieht. ²In die Verbotsfrist wird die Zeit nicht eingerechnet, in welcher der Täter auf behördliche Anordnung in einer Anstalt verwahrt wird.

(6) ¹Die Dauer einer vorläufigen Entziehung der Fahrerlaubnis (§ 111 a der Strafprozessordnung) wird auf das Fahrverbot angerechnet. ²Es kann jedoch angeordnet werden, dass die Anrechnung ganz oder zum Teil unterbleibt, wenn sie im Hinblick auf das Verhalten des Betroffenen nach Begehung der Ordnungswidrig-

1 StVG § 25   III. Straf- und Bußgeldvorschriften

keit nicht gerechtfertigt ist. ³Der vorläufigen Entziehung der Fahrerlaubnis steht die Verwahrung, Sicherstellung oder Beschlagnahme des Führerscheins (§ 94 der Strafprozessordnung) gleich.

(7) ¹Wird das Fahrverbot nach Absatz 1 im Strafverfahren angeordnet (§ 82 des Gesetzes über Ordnungswidrigkeiten), so kann die Rückgabe eines in Verwahrung genommenen, sichergestellten oder beschlagnahmten Führerscheins aufgeschoben werden, wenn der Betroffene nicht widerspricht. ²In diesem Fall ist die Zeit nach dem Urteil unverkürzt auf das Fahrverbot anzurechnen.

(8) Über den Zeitpunkt der Wirksamkeit des Fahrverbots nach Absatz 2 oder 2 a Satz 1 und über den Beginn der Verbotsfrist nach Absatz 5 Satz 1 ist der Betroffene bei der Zustellung der Bußgeldentscheidung oder im Anschluss an deren Verkündung zu belehren.

1   **1. Gesetzesmaterialien. Begr** (Drucks V/1319 S 90): *§ 25 übernimmt für den Bereich der Verkehrsordnungswidrigkeiten als* **Nebenfolge** *das erst durch das Zweite Gesetz zur Sicherung des Straßenverkehrs in das Strafgesetzbuch (§ 37) als Nebenstrafe eingeführte* **Fahrverbot.** *Auf diese Nebenfolge kann auch bei der Umstellung nicht verzichtet werden. Nach Umstellung der Übertretungstatbestände in Bußgeldtatbestände wäre das Fahrverbot im strafrechtlichen Bereich sonst nicht nur weitgehend entwertet; es ist als* **Denkzettel- und Besinnungsmaßnahme** *vielmehr gerade auch bei Ordnungswidrigkeiten unentbehrlich. Als eindringliches Erziehungsmittel kann es bei der Masse der Bagatellverstöße in besonderem Maße zur Hebung der Verkehrsdisziplin beitragen.*

2   *... Andererseits erscheint es erforderlich, das Ermessen der Bußgeldbehörde bei dieser immerhin bedeutsamen Nebenfolge genügend einzuschränken. Zu diesem Zweck soll der Anwendungsbereich des Fahrverbots im Bußgeldverfahren ausdrücklich an bestimmte enge Voraussetzungen geknüpft werden. ... in Betracht kommen vielmehr nur solche Verstöße, die unter* **„grober oder beharrlicher Verletzung der Pflichten eines Kraftfahrzeugführers"** *begangen worden sind. Mit der Beschränkung auf „grobe Verletzungen" soll zum Ausdruck gebracht werden, daß objektiv nur Pflichtverletzungen von besonderem Gewicht, namentlich abstrakt oder konkret gefährliche Ordnungswidrigkeiten in Frage kommen, die immer wieder die Ursache schwerer Unfälle bilden oder subjektiv auf besonders groben Leichtsinn oder grobe Nachlässigkeit oder Gleichgültigkeit zurückgehen. „Beharrlich" begangene Pflichtverletzungen sind solche, die zwar ihrer Art oder den Umständen nach nicht bereits zu den objektiv oder subjektiv „groben" Zuwiderhandlungen zählen müssen, durch deren wiederholte Begehung der Täter aber zeigt, daß ihm die für die Teilnahme am Straßenverkehr erforderliche rechtstreue Gesinnung und die notwendige Einsicht in zuvor begangenes Unrecht fehlen.*

3   *Eine weitere Beschränkung liegt darin, daß hier anders als bei den §§ 37 und 42 m StGB die dort erwähnte ‚Zusammenhangstat' (Handlungen, die bei oder im Zusammenhang mit dem Führen eines Kraftfahrzeugs begangen worden sind) entfällt. ... Im Bereich des Ordnungswidrigkeitenrechts kommt es ... nur darauf an, denjenigen nachdrücklich auf seine Pflichten als Kraftfahrzeugführer hinzuweisen, der allein durch sein verkehrswidriges Verhalten gefehlt hat.*

4   **Begr** zum StVG-ÄndG v 20. 7. 73 (BTDrucks 7/133): *... Die Bundesregierung ist der Ansicht, daß bei einem Kraftfahrer, der sich bisher sämtlichen Aufklärungs- und Belehrungsversuchen unzugänglich gezeigt hat, der trotz ständiger Berichterstattung in Presse, Rundfunk und Fernsehen über* **alkoholbedingte Straßenverkehrsunfälle** *mit seinem Leben und dem Leben seiner Mitbürger gespielt hat, indem er sich in angetrunkenem Zustand an das Steuer seines Fahrzeugs gesetzt hat, die Zahlung einer Geldbuße allein nicht immer ausreicht, ihn vor einem Rückfall zu warnen. Das Fahrverbot, das also in jedem Fall anzuordnen ist, wenn nicht ganz besondere Umstände vorliegen, die einen Verzicht auf die Anordnung rechtfertigen, soll dem Betroffenen eine nachhaltige Mahnung sein.*

5   **Begr** zum ÄndG v 26. 1. 1998 (BTDrucks 13/8655 S 13): **Zu Abs 2 a:** *Der Rechtsausschuß hat einen Vorschlag des SPD-Entwurfs in modifizierter Form aufgegriffen, durch den die Justiz von Einsprüchen entlastet werden soll, die allein eingelegt werden, um die Wirksamkeit der Fahrverbote auf einen späteren Zeitpunkt zu verschieben.*

Der Rechtsausschuß hat den Vorschlag, wonach der Betroffene innerhalb von vier Monaten nach Rechtskraft des Bußgeldbescheides den Zeitpunkt des Fahrverbots generell selbst bestimmen kann, auf Fälle begrenzt, in denen in den zwei Jahren zuvor kein Fahrverbot gegen den Betroffenen verhängt wurde. Durch die Bestimmung des Satzes 2 wird Mißbrauch ausgeschlossen, der darin beste-

Fahrverbot § 25 StVG **1**

hen könnte, daß ein Betroffener mehrere kurz hintereinander verhängte Fahrverbote zusammenlegt. Satz 2 bestimmt, daß in diesen Fällen in Abweichung von der sonst gültigen Regelung ausnahmsweise die Fahrverbotsfristen addiert werden.

Begr zum ÄndG v 24. 4. 1998 (BRDrucks 821/96 S 76): **Zu Abs 2:** *Für die Dauer* **6** *eines Fahrverbots wird ein von einer deutschen Behörde ausgestellter Führerschein in Verwahrung genommen, während bei ausländischen Führerscheinen das Fahrverbot bisher lediglich vermerkt wird. Dies beruht darauf, daß bei einer ausländischen Fahrerlaubnis ein Fahrverbot nur im Inland Wirkung entfaltet. Folge ist, daß der Inhaber einer deutschen Fahrerlaubnis während eines Fahrverbots mangels Führerschein im In- wie im Ausland kein Kraftfahrzeug führen kann, während der Inhaber einer ausländischen Fahrerlaubnis im Ausland weiter am Verkehr teilnehmen kann. Bei Inhabern einer Fahrerlaubnis aus einem Mitgliedstaat der Europäischen Union oder einem EWR-Staat, die sich in der Bundesrepublik Deutschland niedergelassen haben und aufgrund der Zweiten EU-Führerscheinrichtlinie hier unbefristet mit ihrer ausländischen Fahrerlaubnis ein Kraftfahrzeug führen können, ist diese Ungleichbehandlung nicht mehr zu rechtfertigen. Künftig soll ihr Führerschein deshalb wie ein deutscher Führerschein in der gleichen Situation in Verwahrung genommen werden.*

Zu Abs 3: *Bei anderen ausländischen Fahrausweisen bleibt es bei dem bisherigen Vermerk. ...* **7–10** *Ein solcher Fahrausweis kann sowohl ein Führerschein aus einem Mitgliedstaat der Europäischen Union oder einem EWR-Staat sein, nämlich dann, wenn der Inhaber seinen ordentlichen Wohnsitz nicht im Inland hat, als auch ein Führerschein aus einem Drittstaat.*

2. Das **Fahrverbot** kommt bei OWen nur als Nebenfolge in Betracht, da das OW- **11** Recht keine Strafen kennt. Es ist eine **Denkzettel- und Besinnungsmaßnahme** (s Begr, Rz 1), BaySt **03** 113 = NZV **04** 100, BaySt **04** 9 = NZV **04** 210, BaySt **02** 6 = NZV **02** 280, Kö NZV **04** 422, Ko DAR **04** 109, Schl DAR **00** 584, Zw DAR **00** 586, freilich, wie § 25 StVG bei verfassungskonformer Auslegung (Rz 13) ergibt und auch die Begr zeigt, nur bei groben oder beharrlichen Verstößen gegen § 24 StVG (Rz 2, 14, 15) sowie OWen gem § 24a. Anders als die Nebenstrafe des § 44 StGB ist es rein spezialpräventiv, generalpräventive Gesichtspunkte dürfen nicht herangezogen werden, Dü VRS **93** 226, Ha VRS **75** 58, *Berr* DAR **90** 149, *Hillmann* VGT **91** 59, *Hentschel* JR **92** 142, *Deutscher* NZV **97** 19, *Dreher/Fad* NZV **04** 235, s Bay NZV **94** 487, DAR **97** 115, aM BaySt **96** 110 = NZV **96** 464 (s dazu *Hentschel*, Trunkenheit, Rz 1000). Abgesehen von diesen Besonderheiten ist § 25 StVG dem § 44 StGB nachgebildet. § 25 I ist grundgesetzkonform, BVerfGE **27** 36 = NJW **69** 1623, DAR **96** 196, und verletzt nicht das Grundrecht auf freie Berufswahl, Ha NJW **74** 1777. Durch die Pol *sofort vollziehbare* FVe scheiden als „Verdachtsstrafe" auch de lege ferenda aus, s *Albrecht* NZV **98** 397. Wie § 44 StGB setzt das FV keine mangelnde Fahreignung voraus, aber ordnungswidriges Verhalten iS der §§ 24, 24a StVG von erheblichem Gewicht, Kö VRS **48** 225. Das Verbot ist beschränkbar (I). Nach dem Übermaßverbot muß es beschränkt werden, wenn ein **auf bestimmte FzArten beschränktes Verbot** als Denkzettel ausreicht, Bay NZV **91** 161, MDR **99** 1504, Dü NZV **94** 407, ZfS **96** 356, Ce NZV **89** 158, Ce NRpfl **92** 290, Kar NZV **93** 277. So kann es uU unangemessen sein, um des Denkzettelzwecks willen durch ein unbeschränktes FV einschneidende berufliche Nachteile herbeizuführen, zB wenn sich eine Ausnahme für landwirtschaftliche Traktoren aufdrängt, Dü NZV **94** 407, oder wenn der Betroffene die OW während der Freizeit begangen hat und ein eingeschränktes FV als Denkzettel ausreichen würde, s Ha VRS **53** 205, etwa bei Geschwindigkeitsüberschreitung mit privatem PKW durch Berufs-LkwFahrer, Ce NRpfl **92** 290, Dü ZfS **96** 356, AG Eisenach ZfS **95** 196, s aber Rz 18. Auch Ausnahme für Kleinkräder oder FmH kommt in Frage, AG Lüdinghausen DAR **92** 231. Bestimmte Arten von Kfzen: s § 69a StGB Rz 6. Keine Ausnahme vom FV für bestimmte Fahrzwecke, Ce DAR **96** 64, oder für ein bestimmtes Fz zu bestimmten Zwecken, Brn VRS **96** 233, Ce VRS **76** 33, Ha NJW **75** 1983. In Fällen der FVBeschränkung ist bei der FEB ein ErsatzFS für die ausgenommene KfzArt zu beantragen, s § 44 StGB Rz 11. Auch das Führen von **fahrerlaubnisfreien Kfzen** kann nach § 25 verboten werden. Insoweit reicht das FV sachlich weiter als die EdF, s Sa VRS **102** 458.

3. Gesetzliche Voraussetzungen. Zwar ist das Fahrverbot fakultativ, doch ist das **12** Ermessen der zuständigen Behörde und des Gerichts aus den in Rz 2, 3, 13, 14, 15 angegebenen Gründen an engere gesetzliche Voraussetzungen gebunden als im § 44 StGB.

1 StVG § 25   III. Straf- und Bußgeldvorschriften

Lit: *Berr/Schäpe,* Das FV, KVR. *Hentschel,* Trunkenheit, Fahrerlaubnisentziehung, Fahrverbot, 9. Aufl. 2003. *Ortner,* Das FV nach § 25 I S 1 StVG bei erstmaliger fahrlässiger Geschwindigkeitsüberschreitung?, DAR **85** 344. *Scheffler,* FV und OWRecht, NZV **95** 176. Zum nach BKatV **indizierten FV,** s Rz 22. Zur Frage der **Reformbedürftigkeit:** *Albrecht,* Sofortiges FV bei extremen Geschwindigkeitsüberschreitungen?, NZV **98** 397. *Bönke* VGT **97** 208. **Weitere Lit** zum FV: s § 44 StGB Rz 23.

13   **3 a. Nur bei OWen gemäß den §§ 24, 24 a StVG** ist ein FV zulässig und nur, wenn deshalb Geldbuße verhängt wird. Wird die OW gem § 21 I 1 OWiG nur deswegen nicht geahndet, weil **zugleich ein Straftatbestand erfüllt** ist, so kann indessen gleichwohl auf das FV erkannt werden (§ 21 I 2 OWiG). Soweit die BKatV in solchen Fällen bei OW gem § 24 StVG ein FV indiziert, gelten aber wegen der durch die Straftat verwirkten Geldstrafe abw Grundsätze als bei Ahndung nur der OW mit Geldbuße; trotz Inidizierung durch die BKatV wird die Nebenfolge dann vielfach entbehrlich sein, Kö NZV **96** 286 (Anm *Hentschel*), s aber *Göhler* § 21 Rz 14. Eine Verurteilung nur zu FV ist nicht zulässig, Dü VRS **86** 314. **Nur gegen den KfzFührer** ist die Nebenfolge zulässig, nicht auch gegen mögliche Mitverantwortliche, die das Kfz nicht geführt haben, s Rz 16. Zusammenhangstaten iS der §§ 44, 69 StGB genügen bei § 25 StVG nicht (Rz 3). Nur wenn die Nebenfolge mit dem **Grundsatz der Verhältnismäßigkeit** vereinbar ist, darf sie angeordnet werden, Bay NZV **91** 120, 199, DAR **95** 410, **00** 222. Zwar setzt die grundgesetzkonforme Anwendung von § 25 nach der Neubewertung durch das BVerfG DAR **96** 196 (Anm *Hentschel* DAR **96** 283, *Ludovisy* NJW **96** 2284) nicht mehr voraus, daß feststeht, auch durch eine empfindliche, im Wiederholungsfall verschärfte Geldbuße könne der angestrebte Erfolg nicht erreicht werden, s Rz 20 (so noch BVerfG NJW **69** 1623). Jedoch ändert auch diese Neubewertung nichts daran, daß das FV **bei einmaliger Zuwiderhandlung in der Mehrzahl der Fälle eine übermäßige Unrechtsfolge** wäre, BVerfG DAR **96** 196, und daher, falls es nicht durch die BKatV indiziert ist, nur in Frage kommt, wenn Geldbuße allein nicht ausreicht, Bay DAR **00** 222, Dü NZV **94** 445, DAR **99** 324, Kar NZV **93** 359, Kö NZV **93** 119, DAR **01** 87, KG NZV **94** 159, Ha VRS **100** 56, NZV **97** 129. In Fällen, in denen die Nebenfolge nicht gem § 4 BKatV indiziert ist, bedarf es also stets einer ausdrücklichen Prüfung der Verhältnismäßigkeit, BaySt **95** 16 = NZV **95** 287, DAR **04** 230, **01** 84. Selbst in den nach der BKatV ein FV indizierenden Fällen (s Rz 19 ff) kann im Einzelfall die Nebenfolge unangemessen und eine erhöhte Geldbuße ausreichend sein, s Rz 19. Wäre noch höhere, an sich rechtlich mögliche Geldbuße wegen der wirtschaftlichen Täterverhältnisse unvertretbar, so scheitert daran nicht die Verhängung eines für erforderlich gehaltenen FV, Ha VRS **57** 301, s aber Ha VRS **100** 56, s dazu *Hentschel,* Trunkenheit, Rz 999.

14   **3 b. Nur bei grober oder beharrlicher Verletzung der Pflichten als Kraftfahrzeugführer** ist das FV nach § 25 zulässig, Abs I. Das Erfordernis einer besonders gewichtigen Pflichtwidrigkeit als Voraussetzung eines FV nach § 25 bedeutet eine bewußte Einschränkung gegenüber § 44 StGB, BGH NJW **80** 2479. Wegen des geringeren Unrechtsgehalts der OWen unterliegt das FV nach § 25 strengeren Voraussetzungen als dasjenige nach § 44 StGB, Stu DAR **85** 86, Kar VRS **49** 145, Ol NJW **68** 2213. Bei Bagatellen und OWen, die nicht schon objektiv gewichtig sind („grob") oder „beharrlich" begangen wurden, scheidet es von vornherein aus. **Grobe Pflichtverletzungen** sind solche, die (objektiv) immer wieder Ursache schwerer Unfälle sind und (subjektiv) auf besonders grobem Leichtsinn, grober Nachlässigkeit oder Gleichgültigkeit beruhen, BGHSt **43** 241 = NZV **97** 525 (Anm *Hentschel* NZV **97** 527, *Scheffler* DAR **98** 157), Bay NZV **90** 401, Ce DAR **03** 323, Kar NJW **03** 3719, VRS **104** 454, Ha NZV **99** 92, Zw DAR **98** 362, *Geppert* DAR **97** 263 f, aM (objektive Gefährlichkeit reicht aus) Bay NZV **95** 497, Dü VM **93** 63, VRS **92** 32, Kar DAR **87** 26, Ko DAR **94** 287, KG NZV **95** 37. Auch bei objektiv grobem Verstoß setzt die Anordnung eines FV (subjektiv) ein **besonders verantwortungsloses Verhalten** des Fahrers voraus, BVerfG NJW **69** 1623, DAR **96** 196, BGHSt **38** 106 = NZV **92** 79, BGHSt **43** 241 = NZV **97** 525, BaySt **00** 146 = NZV **01** 135, NZV **90** 401, BaySt **03** 61 = NJW **03** 2253, Dr DAR **01** 318, Dü NZV **98** 384, KG NZV **94** 159, Jn DAR **95** 209, 260, **97**

455, Ha NZV **99** 92, VRS **98** 452, Bra NZV **99** 303, *Hentschel, Salger*-F S 473ff, DAR **96** 283, *Engelbrecht* DAR **94** 374, *Geppert* DAR **97** 263, *Deutscher* NZV **97** 20, *Zank* VGT **97** 243, das bei einmaligem, mit nur **einfacher Fahrlässigkeit** begangenem Verstoß idR nicht gegeben ist, BGHSt **43** 241 = NZV **97** 525 (Anm *Hentschel* NZV **97** 527, *Scheffler* DAR **98** 157), Kar VRS **104** 454, Kö VRS **102** 212, Jn DAR **95** 260 (abl *Janiszewski* NStZ **95** 584), Ce DAR **03** 323, NZV **98** 254, Ha NZV **98** 334, Dü NZV **97** 241, Zw DAR **98** 362, Bra NZV **99** 303, *Hentschel* JR **92** 142, *Geppert* DAR **97** 263f. Vorsätzliches Verhalten ist nicht Voraussetzung für die Anordnung der Nebenfolge, Kö NZV **89** 362, Kar NZV **94** 237. Bei erstmaligem fahrlässigen **Zuschnellfahren** kommt es, wenn nicht ein Regelfall iS der BKatV gegeben ist (s dazu Rz 22), grundsätzlich auf die Gesamtumstände an (Örtlichkeit, VDichte, fremde Gefährdung), Sa NZV **93** 38, Kar ZfS **92** 33, Stu ZfS **84** 350, Kö NZV **89** 362. Auch erstmaliges Zuschnellfahren kann aber bei sehr erheblicher Überschreitung zum FV führen, Kar DAR **90** 148, Kö NZV **91** 203, Ha VRS **90** 60, anders jedoch, wenn es auf nur auf leichte Fahrlässigkeit zurückzuführenden **Übersehen eines VZ** beruht, s Rz 20. Bei Vorsatz und Wiederholung kann die Nebenfolge geboten sein, auch wenn kein Regelall der BKatV vorliegt, Dü NZV **98** 38 (Überschreitung um 33 km/h außerorts).

Beharrliche Pflichtverletzung begeht nur, wer VVorschriften **aus mangelnder** 15 **Rechtstreue** verletzt, BGHSt **38** 231 = NJW **92** 1397, Bay NZV **96** 370, BaySt **03** 132 = DAR **04** 163, BaySt **03** 5 = DAR **03** 231, Kar NJW **03** 3719, Zw DAR **01** 327, Kö DAR **03** 183, NZV **01** 442, KG DAR **04** 594, Jn NZV **99** 304, Ha NZV **00** 53, Bra NZV **99** 303, etwa weil sie ihm auch in VLagen gleichgültig sind, wo es auf ihre Beachtung ankommt. Keine Beharrlichkeit bei mehrfachem Überschreiten der zulässigen Höchstgeschwindigkeit auf *einer* Fahrt, wenn der Kf nicht jeweils deswegen von der Pol angehalten wurde, s *Mürbe* AnwBl **89** 640. Andererseits kann vorsätzliche DauerOW durch Geschwindigkeitsüberschreitung auf längerer Strecke eine *beharrliche* Pflichtverletzung sein, KG NZV **91** 119, Ha VRS **51** 66. Auch der **zeitliche Abstand** zwischen den Zuwiderhandlungen ist von Bedeutung, Dü NZV **94** 445, Jn NZV **99** 304, Ha VRS **98** 392; keine Beharrlichkeit, wenn die Ahndung der letzten Tat gegenüber dem neuen Verstoß 2½ Jahre zurückliegt, Bay DAR **91** 362, oder gar mehr als 3 Jahre, Bay DAR **92** 468. Auf die Rechtskraft der die voraufgegangene Zuwiderhandlung ahndenden Entscheidung kommt es grundsätzlich an, nicht auf die Tatzeit, Bay NZV **95** 499, Dü DAR **99** 324, s BVerfG DAR **96** 196 (198). Rechtskräftige Ahndungen voraufgegangener Verstöße muß der Betroffene gegen sich gelten lassen, Ce VM **97** 43, einschränkend BaySt **03** 119 = NZV **04** 48 für den Fall näher begründeten Bestreitens der Täterschaft. Allerdings ist die Rechtskraft nicht stets Voraussetzung für die Annahme von Beharrlichkeit, etwa dann nicht, wenn eine Warnfunktion von der Zustellung der die voraufgegangenen Zuwiderhandlungen ahndenden Bußgeldbescheide ausgegangen ist, BaySt **03** 138 = VRS **98** 33, NZV **96** 370, Ha VRS **98** 44. Frühere OWen rechtfertigen den Vorwurf beharrlicher Pflichtverletzung nur, wenn ein **innerer Zusammenhang** zu der erneuten OW besteht, Bay DAR **01** 84, Ce DAR **03** 472, Dü ZfS **83** 127, Bra NZV **98** 420, s Kar DAR **99** 417, der zB zwischen Geschwindigkeits- und Abstandsverstößen gegeben ist, Bay DAR **00** 278, und den Dü VRS **69** 50 bei erheblicher Geschwindigkeitsüberschreitung ca 2 Monate nach der letzten von 2 Vorverurteilungen wegen Rotlichtverstoßes als gegeben ansieht. Frühere Verstöße gegen *Halter*pflichten haben außer Betracht zu bleiben (s Rz 13), Bay NZV **96** 37. Beharrlichkeit setzt zwar grundsätzlich keinen objektiv oder subjektiv groben Verstoß voraus, KG NZV **91** 119, BaySt **03** 132 = DAR **04** 163, BaySt **03** 5 = DAR **03** 231, Kö NZV **01** 442, Ha VRS **98** 44, Ko NZV **96** 373, Jn VRS **95** 56, Kar DAR **99** 417, insbesondere nicht Vorsatz, BGHSt **38** 231 = NJW **92** 1397, Bay DAR **04** 163, Kö NZV **01** 442, Ko NZV **96** 373. Auch eine Vielzahl nur leicht fahrlässiger Verstöße kann mangelnde Rechtstreue offenbaren, Kö NZV **01** 442, Bay DAR **04** 163, Ha VRS **98** 392. Jedoch beweist Wiederholung allein nicht Beharrlichkeit, denn VVerstöße kommen in den verschiedensten VLagen bei unterschiedlichster Motivation vor, Dü ZfS **89** 287, VM **93** 63, Bra NZV **98** 420 (jeweils dreimaliger Geschwindigkeitsverstoß), VM **91** 61, Jn DAR **97** 410, s aber BaySt **03** 132 = DAR **04** 163 (wonach sich Feststellungen des Gerichts hierzu erübrigen). War der erste **Verstoß unbedeutend**, so läßt sich beim zweiten nicht unbedingt auf beharrliche Pflichtverletzung schließen, Dü VRS **100** 356, Fra VM **79** 14; denn Verstöße von geringem Unrechtsgehalt führen nicht zwingend zur Annahme von Beharrlichkeit, Bay DAR **00** 278. Auch der Vorwurf *beharrlicher Geschwindigkeitsüberschreitung* ist nicht regelmäßig schon bei erster Wiederholung gerechtfertigt, wenn das Verschulden bei der früheren Begehung gering war, Bay DAR **88** 350, 351 (Überschreitung im Wiederholungsfall um 30–35%), NZV **89** 35, Dü VRS **96** 66, **100** 356, Ha DAR **91** 392, *Beck* DAR **88** 352, *Heck* NZV **91** 174. Entsprechend rechtfertigt auch ein bloßes Augenblicksversagen bei der Wiederholungstat nicht die Feststellung mangelnder Rechtstreue iS von Beharrlichkeit, Kar NJW **03** 3719, Bra NZV **99** 303, Kö DAR **03** 183, NZV **01** 442, Ha VRS **98** 392, 452. **Wiederholter Geschwindigkeitsverstoß um mindestens 26 km/h** (§ 4 II 2 BKatV), s Rz 23. Im übrigen kann ein FV wegen beharrlicher Geschwindigkeitsüberschreitung auch gerechtfertigt sein, wenn die Voraussetzungen des § 4 II S 2 BKatV nicht vorliegen, Zw DAR **01** 327, Dü NZV **94** 239, **98** 38, vorausgesetzt, der beharrliche Pflichtverstoß ist von ähnlich starkem Gewicht, BaySt **03** 5 = DAR **03** 231, **04** 230, **98** 448, Dü DAR **99** 324. Das gilt zB auch im Falle des Rechtskräftigwerdens der die voraufgegangene OW ahndenden Entscheidung erst nach Begehung der weiteren OW, Dü NZV **94** 41, DAR **98** 320, sofern der Betroffene bei Begehung der Wiederholungstat von der Entscheidung Kenntnis hatte, Ha NZV **98** 292, **00** 53. Bei Gesamtvorsatz (**E** 134) wird idR Beharrlichkeit und grobe Pflichtverletzung vorliegen.

16 3 c. Ein FV nach § 25 StVG ist **nur gegen den KfzF** zulässig, nicht auch gegen mögliche Mitverantwortliche, die das Kfz nicht geführt haben, Bay NJW **71** 770, Kö VRS **85** 209, aM *Dreher/Fad* NZV **04** 235. Verletzung von Halterpflichten allein reicht für ein FV nicht aus, Bay NZV **96** 37, Kö VRS **85** 209, Ha VRS **59** 468. Fehlt es an den Verhängungsvoraussetzungen, so kann die Geldbuße nicht ausgleichsweise anstelle eines FV erhöht werden, Kar NZV **91** 278, Ha DAR **91** 392, VRS **54** 454.

17 4. **Regelfahrverbote** sind in Abs I S 2 („*ist* in der Regel ... anzuordnen"), nach BVerfG DAR **96** 196 aber auch durch die in § 26a in Verbindung mit § 4 BKatV („kommt ... in der Regel *in Betracht*") getroffene Regelung in den dort abschließend genannten Fällen vorgesehen.

18 4 a. **Alkohol, berauschende Mittel. In der Regel** ist bei Verurteilung nach § 24a StVG (KfzFühren mit 0,5‰ BAK oder 0,25 mg/l AAK oder unter Wirkung berauschender Mittel) zu Geldbuße auch ein FV anzuordnen. Dies gilt auch, wenn die Verhängung von Geldbuße wegen OW nach § 24a nur an § 21 I OWiG scheitert, § 21 I 2 OWiG, *Janiszewski* 173 sowie BA **74** 168, *Göhler* § 21 Rz 14. OWen nach § 24a I, II haben regelmäßig erhebliches Gewicht. Gem Abs I S 2 kommt es, jedenfalls im Bereich des § 24a, auf weitergehende Pflichtverletzung iS grober oder beharrlicher Verletzung der Pflichten eines Kf nicht an, Ce BA **04** 465, Dü VRS **68** 282, **96** 228, DAR **93** 479. Die Tatbestände des § 24a I und II umschreiben vielmehr wegen der hohen Durchschnittsgefährlichkeit des KfzFahrens unter Alkohol und Drogen den Regelfall eines FV. Anders als beim RegelFV nach OW gem § 24 muß das Gericht hier nicht ausdrücklich im Urteil erkennen lassen, daß es sich der Möglichkeit eines Absehens von der Nebenfolge bewußt war, Ha BA **04** 177, VRS **101** 297, NZV **96** 246. **Absehen vom FV nur,** a) wenn die Tatumstände so aus dem Rahmen üblicher Begehungsweise fallen, daß die Vorschrift über das Regelfahrverbot offensichtlich nicht darauf zugeschnitten ist, Ha BA **04** 177, NZV **95** 496, **96** 246, ZfS **96** 316, Dü NZV **90** 240, VRS **92** 266, Kar NZV **93** 277, Kö NZV **94** 161, oder b) die Anordnung eine Härte ganz außergewöhnlicher Art bedeuten würde, Bay NZV **89** 243, DAR **91** 305, Sa VRS **102** 458, Brn DAR **96** 28, Dü NZV **96** 228, Kar NZV **93** 277, Kö NZV **94** 161, NStZ-RR **96** 52, Ha BA **04** 177, NZV **96** 246, **02** 414, Ol DAR **90** 150. **Außerhalb des Regelfalles** kann zB uU ein von vornherein nur auf wenige Meter beabsichtigtes gewesenes Fahren auf nächtlichem Gelände oder auf NebenStr abseits befahrener Strn ohne zu befürchtende Gefährdung anderer liegen, Kö NZV **94** 157, Ce DAR **90** 150 (zust *Berr*), Dü VRS **73** 142, Ha DAR **88** 63. Solche Umstände liegen dagegen nicht darin, daß die Tat mit einem Mofa begangen wurde, Dü NZV **97** 83, daß nichts passiert ist, daß die BAK den Grenzwert gerade erst erreicht oder nur gering überschritten hat, Dü VRS **96** 228,

Fahrverbot **§ 25 StVG 1**

DAR **93** 479, Bay NZV **89** 243, Kar NZV **93** 277, Ha NZV **95** 496, nur durch zusätzliche Einnahme eines alkoholhaltigen Medikaments, Ha BA **04** 177, oder erst nach dem Fahren erreicht hat oder auf Restalkohol beruht, Dü NZV **90** 240, VRS **96** 228, auch nicht in der Berufung auf eine Trinktabelle (§ 24a Rz 25). Eine **außergewöhnliche Härte** ist nicht schon gegeben bei beruflichen Nachteilen, Bay NZV **89** 243, DAR **91** 305, Ha DAR **00** 224, NJW **75** 1983, Dü VRS **68** 228, auch nicht bei langjährig unbeanstandetem „Vielfahrer", Dü VRS **96** 228, abw Sa ZfS **96** 114. Wirtschaftliche **Nachteile** sind häufige Folge eines Fahrverbotes und rechtfertigen idR keine Ausnahme, Ha BA **82** 190, VRS **75** 312. Drohender Arbeitsplatz- oder Existenzverlust als unausweichliche, im Urteil nachprüfbar im einzelnen zu begründende Folge eines FV kann ein Absehen rechtfertigen, Bay NZV **91** 436, Ol DAR **03** 574, Schl BA **92** 77, Kar NZV **93** 277, Ol ZfS **95** 34, Brn VRS **107** 49, DAR **96** 289, Ha ZfS **96** 316, Ko VRS **96** 228, anders, wenn diesem durch Urlaub während des FV begegnet werden kann, Bay DAR **85** 237, **89** 363, **90** 362, s Kar DAR **90** 148, Dü VRS **87** 450. Kein drohender Arbeitsplatzverlust wenn Kündigung offensichtlich rechtswidrig wäre, s Rz 25. Die Frage des Absehens vom FV des Abs I S 2 unterliegt in erster Linie tatrichterlicher Würdigung, Ha BA **04** 177, 268, Sa VRS **102** 458. Ein **eingeschränktes Fahrverbot** (Rz 11) ist nach dem Übermaßverbot auch hier zu prüfen, Bay NZV **91** 161, Br DAR **90** 190, Ha VRS **53** 205. Reichen vorliegende besondere Umstände noch nicht aus, um ein Absehen vom RegelFV zu rechtfertigen, so kann doch möglicherweise eine Beschränkung geboten sein, Bay NStZ **88** 120. Eine Ausnahme für Lkw und Busse kommt auch dann regelmäßig nicht in Frage, wenn die Tat mit einem Pkw in der Privatsphäre begangen wurde, Bay NZV **91** 161, Ce NZV **89** 158 (krit *Janiszewski* NStZ **89** 568), Kar NZV **93** 277, s aber Br DAR **90** 190. Das gilt erst recht bei einem Wiederholungstäter, Ha DAR **00** 224. **Dauer des FV:** § 24a Rz 27.

4b. Die Bußgeldkatalog-Verordnung (BKatV) ist, soweit nach § 4 BKatV in Fällen von § 25 I S 1 (OW gem § 24) ein FV „*in der Regel in Betracht*" kommt, ebenso wie die Anwendung jener Bestimmung durch die Rspr, grundgesetzkonform, BVerfG DAR **96** 196 (Anm *Hentschel* DAR **96** 283, *Ludovisy* NJW **96** 2284). Nach der Rspr gelten insoweit folgende Grundsätze: Bei diesen Zuwiderhandlungen ist ein **grober bzw beharrlicher Pflichtverstoß indiziert,** dessen Ahndung, abgesehen von besonderen Ausnahmefällen, eines FVs bedarf, BGHSt **38** 125 = NZV **92** 117 (zust *Janiszewski* DAR **92** 90, krit *Hentschel* JR **92** 139), BGHSt **38** 231 = NZV **92** 286, BGHSt **43** 241 = NZV **97** 525, BaySt **00** 146 = NZV **01** 135, DAR **03** 233, Kar VRS **104** 454, Zw DAR **03** 134, 531, Fra ZfS **04** 283, DAR **02** 82, Ce VRS **102** 310, Dü ZfS **00** 364, Kö DAR **03** 183, VRS **105** 296. Dabei betrifft die Indizwirkung zunächst, soweit keine gegenteiligen Anhaltspunkte erkennbar sind, auch die subjektive Seite des Vorwurfs (s Rz 14), BGHSt **43** 241 = NZV **97** 525, Bay DAR **00** 523, Fra ZfS **04** 283, DAR **02** 82, Ce NZV **98** 254, Ha NZV **99** 92, 302, Kö VRS **98** 126, Kar DAR **02** 229, VRS **98** 385. Jedoch dürfen die **konkreten Umstände des Einzelfalles** in objektiver und subjektiver Hinsicht nicht unberücksichtigt bleiben, BVerfG DAR **96** 196, BGHSt **38** 125 = NZV **92** 117, BGHSt **43** 241 = NZV **97** 525, Bay NZV **98** 212, Brn VM **04** 53, Ro NJW **04** 2320, DAR **01** 421, Kar VRS **100** 460, Kö ZfS **04** 88, DAR **03** 183, Dü DAR **00** 416, Ha NZV **01** 436, Zw DAR **03** 531, s BVerfG NZV **94** 157 (Anm *Göhler* NZV **94** 343), *Hentschel* JR **92** 140, 143, *Salger*-F S 486ff, *Engelbrecht* DAR **94** 374, *Scheffler* NZV **96** 481, *Geppert* DAR **97** 263, einschränkend BGHSt **38** 231 = NZV **92** 286, BaySt **99** 167 = DAR **00** 171, Zw DAR **03** 134, Ce VRS **102** 310, Dü NZV **93** 241, Kar VRS **88** 478, Ha NZV **95** 366, Bra ZfS **96** 194. Vielmehr müssen sich VB und Tatrichter **der Möglichkeit eines Absehens** vom FV, etwa bei gleichzeitiger Erhöhung der Geldbuße, **bewußt sein** und dies in den Entscheidungsgründen erkennen lassen, BGHSt **38** 125 = NZV **92** 117, BGHSt **38** 231 = NZV **92** 286, Bay DAR **03** 569, Zw DAR **03** 531, Ce VRS **102** 310, Nau VRS **100** 201, Dr DAR **99** 413, Dü DAR **03** 85, Kö VRS **99** 288, Ha DAR **04** 102, 407, VRS **106** 474 (anders aber in Fällen von I S 2, § 24a), einschränkend Ha DAR **97** 117, **02** 85, VRS **98** 208, gegen dieses Begründungserfordernis Ha NZV **00** 136, JMBlNRW **96** 248. Nicht nur bei Verneinung eines Regelfalles, sondern auch bei Unangemessenheit kann vom indizierten FV abgesehen werden, BGHSt **38** 125 = NZV **92** 117, BGHSt **38** 231 = NZV **92** 286, Bay NZV **94** 487 (Übermaßverbot), Kö DAR **03** 183, Nau VRS **100** 201, Dü ZfS **00** 364, Ha NZV **01** 436, Kar DAR **92** 437, Ol NZV **93** 198, Hb NZV **95** 163.

20 **Alleinige Rechtsgrundlage** für das FV bleibt die Bestimmung des § 25 I 1 StVG, die weder durch § 26a StVG noch durch § 4 BKatV eine Änderung erfahren hat, BGHSt **38** 125 = NZV **92** 117, BGHSt **38** 231 = NZV **92** 286, BGHSt **43** 241 = NZV **97** 525, Ro NJW **04** 2320, Kar NJW **03** 3719, Dr DAR **01** 318, Ha NZV **99** 92, Dü NZV **98** 320, Bra NZV **99** 303, s BVerfG DAR **96** 196. Auch in den nach BKatV ein FV indizierenden Fällen hat dieses daher zu unterbleiben, **wenn schon ein grober oder beharrlicher Pflichtverstoß verneint werden muß**, BGHSt **43** 241 = NZV **97** 525, BaySt **03** 61 = NJW **03** 2253, NZV **94** 370, Stu NStZ-RR **00** 279, Kö VRS **98** 389, Dü VRS **100** 356, Dr DAR **03** 205, KG NZV **94** 238, Ha NZV **98** 164, VRS **98** 452, Jn DAR **95** 209, 260, Kar NJW **03** 3719, Ce VM **96** 67, *Hentschel Salger*-F S 487, *Engelbrecht* DAR **94** 373, *Scheffler* NZV **95** 214, *Geppert* DAR **97** 263, *Deutscher* NZV **97** 19f, und zwar ohne Erhöhung der Geldbuße, Kar NJW **03** 3719, Ce DAR **03** 323, Jn DAR **95** 209, Ha NZV **99** 92, Dü VRS **97** 447, *Cierniak* NZV **98** 293, *Hentschel* NZV **97** 528. Daher darf das auf nur leichter Fahrlässigkeit beruhende **bloße Übersehen eines VZ**, weil es weder als grober noch als beharrlicher Pflichtverstoß gewürdigt werden kann (s § 41 Rz 249), nicht zur Verhängung eines FV führen; vielmehr ist in solchen Fällen trotz Vorliegens eines der nach BKatV ein FV indizierenden Tatbestände (ohne Erhöhung der Geldbuße) von der Anordnung der Nebenfolge abzusehen, BGHSt **43** 241 = NZV **97** 525 (Anm *Hentschel* NZV **97** 527, *Scheffler* DAR **98** 158), BaySt **98** 36 = NZV **98** 255, VRS **99** 288, Fra DAR **00** 177, Dü NZV **99** 391, Kar VRS **98** 385, Ro NJW **04** 2320, DAR **99** 277, Ha NZV **99** 215, Zw DAR **98** 362, Ce DAR **03** 323, NZV **98** 254, Bra NZV **99** 303, Kö DAR **03** 183, Nau ZfS **00** 318, *Hentschel* JR **92** 142f, *Salger*-F S 487, DAR **97** 103, *Geppert* DAR **97** 263, aM zB noch Dü NZV **97** 85, KG NZV **95** 369. Dies gilt grundsätzlich auch bei Übersehen eines VZ 274.1 (Tempo 30-Zone), *Hentschel* NJW **01** 468, einschränkend *Kramer* DAR **01** 105; zur Bedeutung von § 39 Ia StVO hierbei, s § 39 StVO Rz 37. Im Hinblick auf das Übermaßverbot ist **auch in den „Regelfällen" zu *prüfen***, ob nicht bei Erhöhung der Geldbuße (ausnahmsweise) vom indizierten FV abgesehen werden kann, Bay NZV **94** 370, Dü VRS **97** 256, NZV **93** 81, 320, DAR **95** 167, Ce ZfS **92** 427, Ha DAR **94** 411, NZV **01** 436, VRS **100** 56, s BVerfG DAR **96** 196, einschränkend Bay NZV **94** 327. Das gem § 4 BKatV indizierte FV setzt aber nicht die ausdrückliche Feststellung voraus, daß der angestrebte Erfolg auch durch erhöhte Geldbuße nicht erreicht werden könnte, BVerfG DAR **96** 196, BGHSt **38** 125 = NZV **92** 117, BGHSt **38** 231 = NZV **92** 286, Nau VRS **100** 201, Ol NZV **93** 278, Dü VRS **92** 386, VM **95** 94, Ha DAR **94** 411, VRS **90** 60 (insoweit ist BVerfGE **27** 36 = NJW **69** 1623 überholt).

21 Wird ein Regelfall bejaht und das Vorliegen eines Ausnahmefalles verneint, so ist zur Anordnung eines FV vielmehr eine **weitere Begründung entbehrlich**, Kö ZfS **04** 88, Fra ZfS **04** 283, Jn DAR **04** 663, Ro DAR **01** 421, Dü DAR **96** 66, VRS **97** 256, NZV **99** 477, Ce VRS **102** 310, KG NZV **95** 37, Ha DAR **04** 102, NZV **96** 247. Anders nur, wenn Anhaltspunkte für ein Abweichen ersichtlich sind, BGH NZV **92** 286, Bay NZV **98** 212, Ro DAR **01** 421, Kö NZV **98** 165, VRS **99** 288, Dü VRS **93** 366, Jn VRS **95** 56, was aber zB nicht allein schon deswegen der Fall sein dürfte, weil der Betroffene niedergelassener Arzt ist, *Cierniak* NZV **98** 293, *Deutscher* NZV **99** 114, aM Kö NZV **98** 293, und auch nicht allein deswegen, weil die für die Indizierung eines FV maßgebliche Grenze einer Geschwindigkeitsüberschreitung nur um wenige km/h überschritten wurde, aM Jn DAR **04** 665. Gibt der Tatrichter in den Gründen zu erkennen, daß er sich der Möglichkeit des Absehens bewußt war (Rz 19), so bedarf die Verneinung dieser Möglichkeit keiner näheren Begr, Ha NZV **01** 222. **Nicht die Einzelfallprüfung**, sondern **lediglich der Begründungsaufwand** wird im übrigen durch die BKatV eingeschränkt, BGHSt **38** 125 = NZV **92** 117, BGHSt **43** 241 = NZV **97** 525, Ro NJW **04** 2320, DAR **01** 421, Kö NZV **94** 161, VRS **99** 288, Ha NZV **00** 53, Hb NZV **95** 163, Dü NZV **98** 320, VRS **100** 356, Jn DAR **97** 455, *Geppert* DAR **97** 264f, *Ludovisy* NJW **96** 2284. Die neuerdings in der obergerichtlichen Rspr gelegentlich zu beobachtende Tendenz, bei bestimmten Berufsgruppen entgegen der durch die BKatV

Fahrverbot   § 25 StVG 1

geschaffenen Rechtslage im Urteil wieder eine ausführliche Begründung des indizierten FV zu fordern, s zB Ha DAR **98** 281, Kö NZV **98** 293 (aufgegeben: VRS **99** 288), Stu DAR **98** 205, läuft dem Ziel des § 4 BKatV (s BGHSt **38** 125, 231, BVerfG DAR **96** 196) zuwider, s *Cierniak* NZV **98** 293, *Deutscher* NZV **03** 120, **00** 110, *Hentschel* NJW **99** 697. **Überschreiten der Regeldauer** des FV gem BKatV, s Rz 27.

4 c. Die nach § 4 BKatV ein Fahrverbot indizierenden Zuwiderhandlungen 22 sind in § 4 BKatV in Verbindung mit der Anl zu § 1 Abs I BKatV abschließend aufgeführt. **Rspr:** Bei Überschreitung der innerorts zulässigen **Höchstgeschwindigkeit** nur wenige m hinter der Ortstafel kann ein für den Regelfall indiziertes FV uU unterbleiben, Bay NZV **95** 496, Ol NZV **94** 286, Kö VRS **96** 62, einschränkend Ol NZV **95** 288, Ha DAR **00** 580, ebenso, wenn der Schutzzweck der Geschwindigkeitsbeschränkung entfallen ist, Ce DAR **03** 323 (nicht mehr vorhandener Rollsplitt), uU auch wenn der konkrete Schutzzweck der Geschwindigkeitsbegrenzung trotz der Überschreitung nicht gefährdet wird, Dü NZV **96** 371 – abl *Deutscher* NZV **97** 22 – (30 km/h in WohnStr zum Schutz von Fußgängern/Kindern, Zuwiderhandlung zur Nachtzeit). Selbst grob fahrlässiges Nichtbeachten eines die Geschwindigkeit **aus Lärmschutzgründen** beschränkenden VZ muß nicht als grobe Pflichtverletzung zu würdigen sein, Bay NZV **91** 401 (zust *Hillmann* VGT **91** 56), zumal sowohl das strafrechtliche FV als auch die Nebenfolge des § 25 zur „*Hebung der VSicherheit*" (BRDrucks IV/651 S 13 f, BTDrucks V/1319 S 90) bzw zur Bekämpfung „*schwerer Unfälle*" (BTDrucks V/1319 S 90) eingeführt wurde, abw aber Bay NZV **94** 370 (krit *Scheffler* NZV **95** 214), Kar NJW **04** 1749 für den Fall eines nach BKatV indizierten FV, s auch Bay NZV **94** 487. Ob Rotlichtverstöße auf grober Verantwortungslosigkeit beruhen und ein FV rechtfertigen, hängt auch bei „später" Rotphase **(„qualifizierter" Rotlichtverstoß)** von den Umständen ab, s Kö DAR **94** 287, Hb NZV **95** 163. Zur Feststellung des Rotlichtverstoßes nach schon länger als 1 s dauernder Rotphase, § 37 Rz 61. Die für ein FV erforderliche grobe Pflichtverletzung wird trotz § 4 BKatV uU zu verneinen sein bei Irritation durch Sonneneinwirkung, s § 37 StVO Rz 64, einschränkend Kar DAR **97** 29, abw Ce NZV **96** 327, Ha NZV **99** 302, wobei jedoch zur Tatsache der Blendung und zum Verhalten des Betroffenen aufgrund der Blendung nähere Feststellungen zu treffen sind, Ha VRS **91** 383. Kein das FV indizierender grober Verstoß idR bei Ablenkung durch Grünlicht eines anderen, nicht maßgeblichen LichtZ (oder durch andere Umstände) nach anfänglichem Warten **(sog „Frühstart")**, Dü NZV **00** 91, DAR **96** 107, VRS **95** 432 (Linksabbieger), VRS **96** 386 (Folgen nach Weiterfahrt des Vorausfahrenden, „Mitzieheffekt"), VRS **97** 447, Stu NStZ-RR **00** 279, Kar NZV **96** 206, NJW **03** 3719 (jedenfalls bei erneutem Halt nach wenigen m), KG NZV **02** 50, Kö NZV **94** 330, DAR **95** 501, *Deutscher* NZV **97** 25, selbst bei dadurch verursachter Gefährdung oder Sachbeschädigung, Ha VRS **96** 64, **98** 392, NZV **95** 82, einschränkend Bay DAR **96** 103, Ha DAR **96** 469, Dü VRS **96** 141 (jeweils nur bei Ausschluß einer Gefährdung des QuerV), Ol NZV **93** 408, **94** 38 (wonach die ein FV notwendig machende besondere Verantwortungslosigkeit vom Ampelschaltplan abhängen soll?), Ha NJW **97** 2125 („qualifizierten" Verstoß bejaht, Absehen vom FV bei Erhöhung der Buße auf das 4 fache aber nicht beanstandet), aM (kein Absehen vom FV) Bay DAR **03** 233, Dü NZV **96** 117, Ha NStZ-RR **98** 117. Das gilt nicht bei Weiterfahrt ohne Halt, Bay NZV **02** 517. Kein Absehen vom FV bei „Frühstart" aber, wenn der Irrtum auf Ablenkung durch Telefonieren beruht, Dü NZV **98** 335, oder bei Irritation durch das weiß leuchtende Bussignal (§ 37 II Nr 4 S 2 StVO), KG VRS **99** 210. Kein FV trotz Durchfahren nach länger als 1 s dauernder Rotphase auch, wenn aufgrund der Umstände selbst eine abstrakte Gefahr für andere VT (zB QuerV oder Fußgänger) nicht in Betracht kommt, Dü DAR **02** 522, KG NZV **94** 238, Kö VRS **92** 228, **98** 389, zB bei ampelregelter **einspuriger VFührung** in Engstellen (etwa Baustellen-LZA), Dr DAR **02** 522, Kö NZV **94** 41, 330, Dü NZV **95** 35, Ha NZV **94** 369, Ce VM **96** 67, Ol NZV **95** 119 (LZA an nur einspurig befahrbarer Brücke), Bay DAR **96** 31 (Vorsatz), einschränkend insoweit Dü VRS **98** 47 (Baustellen-LZA, Vorbeifahren an schon haltenden Fzen), BaySt **96** 188 = NZV **97** 320 (bei Fußgänger-LZA), aM Bay DAR **03** 233, 280. Kein „qualifizierter" Verstoß mangels abstrakter Gefahr auch bei fahrlässigem Einfahren in die

1 StVG § 25   III. Straf- und Bußgeldvorschriften

Kreuzung trotz länger als 1 s dauernder Rotphase auf dem gesperrten Fahrstreifen für den GeradeausV, aber anschließendem Abbiegen in eine durch Grün freigegebene Richtung, KG NZV **01** 311. Absehen vom indizierten FV uU auch bei völligem Übersehen einer nur schwer wahrnehmbaren LZA, BaySt **03** 7 = DAR **03** 280, NZV **94** 287, Dü NZV **93** 409, AG Freiburg VRS **85** 51, Anhalteschwierigkeiten bei spiegelglatter Fahrbahn, Dr DAR **98** 280 (nur leichte Fahrlässigkeit), oder bei Schrittgeschwindigkeit zu verkehrsarmer Zeit, Dü VRS **90** 149. Der indizierte grobe Verstoß entfällt dagegen nicht ohne weiteres bei einer nur Gelb und Rot zeigenden Fußgänger-LZA, BaySt **96** 140 = NZV **97** 84. Da grobe Pflichtverletzung idR auch subjektiv grobe Nachlässigkeit oder Verantwortungslosigkeit voraussetzt, ist auch der (oft zufällige) Erfolg einer konkreten Gefährdung allein trotz § 4 BKatV kein geeignetes Kriterium, Ha DAR **95** 501, Dü NZV **93** 446, **97** 241, *Hentschel* NJW **92** 1077, **94** 707, abw Dü VRS **96** 141. Bei Schädigung durch Rotlichtverstoß kann **Mitverschulden** des Geschädigten ein nach BKatV in Betracht kommendes FV entbehrlich machen, Ha VRS **100** 460, Ce NZV **94** 40. Gefährdend **zu geringer Abstand** zum Vorausfahrenden rechtfertigt auch bei einem aus Gedankenlosigkeit handelnden Ersttäter ein FV, Bay NZV **91** 320, Sa NZV **91** 399. Hier ist zu berücksichtigen, daß vielfach schon die kleinste Unaufmerksamkeit zu folgenschweren Unfällen führen kann, Bay DAR **03** 569. **Wenden und Rückwärtsfahren auf AB** und KraftfahrStrn ist auch ohne konkrete Gefährdung eine grobe Pflichtverletzung iS von I S 1 (s auch BKatV), Bay NZV **97** 244, Ol NZV **92** 493, anders aber uU bei bloßem Übersehen des VZ 331. Kein Absehen vom indizierten FV nur deswegen, weil auf der KraftfahrStr ein Stau bestand, Bay NZV **97** 244. Nicht in jedem Falle besonders verantwortungslos ist das Rückwärtsfahren auf der AB-Standspur einer Verteilerfahrbahn, Dü VRS **68** 141, **70** 35.

Lit: *Engelbrecht*, Kein zwangsläufiges FV bei Mißachtung der länger als eine Sekunde andauernden Rotphase, DAR **94** 373. *Geppert*, Das ordnungsrechtliche FV, ... Einzelfallprüfung oder schematisierende Anwendung?, DAR **97** 260. *Hentschel*, Die Bedeutung der BKatV für das FV des § 25 I 1 StVG, JR **92** 139. *Derselbe*, Rechtsprobleme bei der Anordnung des FV nach § 25 I 1 StVG, Salger-F S 471. *Derselbe*, 35. Deutscher VGT ... – Das FV als Nebenstrafe und Nebenfolge, DAR **97** 101. *Hillmann*, Handhabung des FV nach § 25 StVG, VGT **91** 52. *Janiszewski*, Zur künftigen Handhabung des FV nach § 25 StVG bei groben Pflichtverletzungen, DAR **92** 90. *Jung*, Die unbefriedigende Handhabung des FV nach § 25 I 1 StVG und ihre Gründe, VGT **91** 44. *Mürbe*, Vereinbarkeit der FVe der BKatV mit höherrangigem Recht?, NZV **90** 97. *Scheffler*, „Grober Verstoß" bei Nichtbeachtung einer aus Lärmschutzgründen angeordneten Geschwindigkeitsbeschränkung, NZV **95** 214. *Derselbe*, Rechtsbeugung oder Verfolgung Unschuldiger?, NZV **96** 479. *Derselbe*, RegelFV bei Augenblicksversagen?, DAR **98** 157. *Zank*, Das FV als Nebenstrafe und Nebenfolge, VGT **97** 239.

23 Selbst **bei wiederholtem Überschreiten um mindestens 26 km/h (s § 4 II S 2 BKatV)** muß das Gericht die Tatumstände berücksichtigen, BGHSt **38** 125 = NJW **92** 446, Bra NZV **99** 303, Ha VRS **97** 449, so im Ergebnis, wenngleich einschränkend, auch BGHSt **38** 231 = NJW **92** 1397, aM Ce NZV **91** 199; so reicht zB Überschreitung infolge nur leicht fahrlässigen **Übersehens eines VZ** regelmäßig nicht aus, um ein FV auf Wiederholung iS von § 4 II S 2 BKatV zu stützen, Dr DAR **03** 472, Kar VRS **104** 454, Bra NZV **99** 303, Ha VRS **97** 449, Kö DAR **03** 183, NZV **01** 442, Nau ZfS **00** 318, s *Hentschel* JR **92** 143, anders nach Kö NZV **01** 442 bei bewußter, deutlicher Überschreitung der auch ohne das VZ geltenden Höchstgeschwindigkeit, nach Kar VRS **104** 454 selbst, wenn dies fahrlässig geschieht (9 km/h). Auch wenn die frühere Überschreitung um mindestens 26 km/h auf nur geringem Verschulden beruhte, ist § 4 II S 2 BKatV wegen Fehlens der Voraussetzungen des § 25 StVG nicht anwendbar, Dü VRS **100** 356, s auch Rz 15. Gegen die Würdigung schon erstmaliger Wiederholung als „Beharrlichkeit", *Scheffler* NZV **95** 177 (Überschreitung der Wortlautgrenze). Andererseits rechtfertigt in den in § 4 BKatV genannten Wiederholungsfällen nicht schon allein die Feststellung nur fahrlässiger Überschreitung überhaupt ein Absehen vom an sich verwirkten FV, Fra DAR **92** 470. Das Gericht kann ohne Prüfung von der Rechtmäßigkeit der rechtskräftigen Voreintragung ausgehen, Ce NZV **97** 488. Die Anwendung der Bestimmung setzt jedoch stets voraus, daß im Zeitpunkt der Anordnung der Nebenfolge die frühere Ahndung noch nicht tilgungsreif ist, Kar ZfS **97** 75. Vorübergehende Aufhebung der Rechtskraft der früheren Entscheidung durch Wiedereinsetzung in

Fahrverbot § 25 StVG 1

den vorigen Stand hindert die Anwendung von § 4 II S 2 BKatV nicht, Dü DAR **98** 320. § 4 II 2 BKatV ist grundgesetzkonform, BVerfG DAR **96** 196.

4 d. Absehen vom gem § 4 BKatV indizierten FV. Die **Voraussetzungen für ein** 24 **Absehen** vom indizierten FV sind geringer als beim RegelFV des Abs I S 2 (§ 24a StVG), zusf *Beck* DAR **97** 32. Schon „erhebliche Härten oder eine Vielzahl für sich genommen gewöhnlicher oder durchschnittlicher Umstände", BGHSt **38** 125 = NZV **92** 117, können ein Absehen vom FV rechtfertigen, Bay NZV **96** 374, Zw DAR **03** 134, 531, Ha DAR **03** 398, NZV **97** 281, Ro VRS **101** 380, Ce VRS **102** 310, Kö VRS **105** 296, Nau NZV **95** 161, s aber Fra NStZ-RR **00** 312, Ol NZV **95** 287, Ha NZV **03** 103, **97** 119, VRS **97** 272, Ko NZV **96** 373 (nur „Härte ganz außergewöhnlicher Art"), Dü NZV **96** 463 („unerträgliche Härte"). Dies unterliegt in erster Linie tatrichterlicher Würdigung, BaySt **02** 6 = NZV **02** 280, DAR **01** 82, Zw DAR **03** 134, Kö ZfS **04** 88, VRS **95** 126, Ol NZV **95** 287, Ha NZV **03** 103, DAR **03** 571, Dü ZfS **00** 364, „bis zur Grenze des Vertretbaren", Ha NZV **01** 436, DAR **99** 325, 416. In Betracht kommt etwa das **Zusammentreffen mehrerer entlastender Umstände**, Kö NStZ-RR **96** 52, wie zB nur geringfügiges Überschreiten des „Regelbereichs" nach der BKatV, fehlende Voreintragungen, nur kurzfristige Unaufmerksamkeit, lange zurückliegende Tat ohne weitere Auffälligkeit, geringes VAufkommen, Nachtzeit, Fehlen von Fußgängern, autobahnähnlicher Ausbau einer innerörtlichen Str, Anpassung an den fließenden V, Kar DAR **92** 437, Bay NZV **96** 78, Dü DAR **00** 416, Ha NZV **01** 436, abw Dü VRS **91** 203. Das Vorliegen eines dieser Umstände allein reicht jedoch idR nicht aus, zB geringes VAufkommen zur Nachtzeit, Ha NZV **03** 103, VRS **100** 56, Kö VRS **105** 296, Ro DAR **01** 421 (s aber Rz 22), nur lockere Bebauung bei Geschwindigkeitsverstoß, Bay NZV **97** 89. Bei Indizierung des FV durch Gefährdung oder Schachbeschädigung (zB Rotlichtverstoß) kann erhebliches **Mitverschulden** Anlaß zum Absehen von der Nebenfolge bieten, s Rz 22, ebenso der Umstand, daß der **Zweck** der Nebenfolge **schon erreicht** ist (Verzicht auf das KfzFühren in der irrigen Annahme eines wegen der Tat schon bestehenden FV), Ko DAR **04** 109. **Lange Zeit seit der Zuwiderhandlung** ohne weiteres Fehlverhalten kann uU aber auch für sich allein ein Absehen vom indizierten FV rechtfertigen, vor allem, wenn **mehr als 2 Jahre** vergangen sind, BaySt **04** 113 = NZV **04** 100, BaySt **04** 9 = NZV **04** 210, BaySt **02** 6 = NZV **02** 280, Ha VRS **106** 57 (Anm *Bode* ZfS **04** 137), BA **04** 175, Schl DAR **02** 326, VRS **100** 56, Nau ZfS **03** 96, Dü DAR **03** 85, Zw DAR **00** 586, Kö NZV **04** 422, **01** 442, Ro DAR **03** 530, DAR **01** 421 (Prüfungspflicht nach mehr als 2 Jahren), s *Schulz* ZfS **98** 363, NZV **02** 136, abgelehnt bei weniger als 2 Jahren, Dü DAR **03** 85, bei 1 Jahr und 9 Monaten: Ha ZfS **03** 521, bei 1 Jahr und 5 Monaten: Ha DAR **00** 580, bei 15 Monaten: Ha NZV **01** 436. Hierbei ist allerdings zu berücksichtigen etc, ob die lange Verfahrensdauer auf dem Prozeßverhalten des Betroffenen beruht, Kö NZV **00** 217, 430, KG VRS **102** 127, Ro DAR **01** 421, Schl DAR **00** 584, **02** 326, Fra ZfS **04** 283, aM *Bode* ZfS **04** 137, s *Hentschel* NJW **01** 721, oder jedenfalls in seinem Einflußbereich liegt, Bay NZV **04** 210, Kö NZV **04** 422; kein Absehen wegen langer Verfahrensdauer, wenn diese vom Betroffenen zu vertreten ist, Ha VRS **106** 57 (abl *Bode* ZfS **04** 137), KG NZV **02** 281, oder sein Prozeßverhalten gar darauf abzielte, Schl DAR **02** 584, nach teilweise vertretener Auffassung nur bei Verfahrensverzögerung in unlauterer Weise, Ha BA **04** 175, Zw DAR **00** 586. Im übrigen ist die **Zweijahresgrenze** immer **nur ein Anhaltspunkt**; entscheidend sind stets die konkreten Umstände des Falles, Bay NZV **04** 210, die die Einwirkung eines FV auf den Betroffenen trotz des Zeitablaufs geboten erscheinen lassen können, Kar NZV **04** 316. Bei mehrmonatigen Regel-FVen kann lange Verfahrensdauer uU nur eine geringere Verbotsfrist rechtfertigen, Bay NZV **04** 100, 210, DAR **04** 405, Nau ZfS **03** 96. Auch **Irrtum** kann Ausnahme rechtfertigen, etwa Verbotsirrtum, BaySt **03** 61 = NJW **03** 2253, DAR **03** 469, KG NZV **94** 159, Kö VRS **95** 435, oder Zuwiderhandlung aufgrund irriger Annahme einer Notstandslage, Bra NZV **01** 136, Ha DAR **96** 416, nicht aber zB bei ärztlicher Hilfeleistung aufgrund unkritisch angenommener Notstandssituation statt des sinnvolleren Einsatzes eines RettungsFzs, Fra NStZ-RR **01** 214.

Daß die Grenze der die Nebenfolge indizierenden **Geschwindigkeit** nur knapp über- 25 schritten wurde, reicht allein nicht, Kö VRS **105** 296, Nau NZV **95** 201, Ha VRS **88**

301, Dü VRS **94** 282, 288, ebensowenig der Umstand, daß der Geschwindigkeitsverstoß auf einer AB begangen wurde, Nau NZV **95** 201, oder die aus der Veränderung der örtlichen Verhältnisse hergeleitete irrige Annahme inzwischen erfolgter Aufhebung der Begrenzung, Ha DAR **01** 322. Hohe Kilometerleistung allein (**"Vielfahrer"**) rechtfertigt für sich allein kein Absehen, Bay NZV **96** 374, Dr DAR **01** 318, Dü NZV **93** 445, DAR **96** 66, Kö VRS **87** 40, Nau NZV **95** 161, Ha NZV **03** 103, 99 394, s BVerfG DAR **96** 196, anders uU aber im Zusammenwirken mit weiteren Besonderheiten des Falles, Kö NZV **94** 161. Daß es sich um den ersten Verstoß eines **lange Zeit unbeanstandeten Kf** handelt, reicht allein nicht, KG DAR **01** 413, Ha VRS **100** 56, NZV **03** 103, **97** 240, Dü VRS **94** 282, *Geppert* DAR **97** 266, einschränkend Sa ZfS **96** 113. Teilnahme an einer **Nachschulung** allein genügt nicht, Bay NZV **96** 374, Dü VRS **93** 226, AG Celle ZfS **01** 520 (abl *Bode* ZfS **01** 521, *Himmelreich/Lessing* NStZ **02** 307, jeweils unter Hinweis auf die inzwischen vom GGeber – allerdings in anderem Zusammenhang – anerkannte Bedeutung von Aufbauseminaren). **Berufliche oder wirtschaftliche Schwierigkeiten,** die bei einer Vielzahl von Berufen regelmäßig Folge des FV sind, reichen nicht für ein Absehen aus, sondern sind als selbstverschuldet hinzunehmen, Bay NZV **94** 327, VRS **101** 441, Schl NZV **03** 394, Kar NZV **04** 316, VRS **104** 454, Ha NZV **01** 355, Fra DAR **02** 82, NStZ-RR **02** 88, Kö VRS **105** 296, s BVerfG DAR **96** 196 (199). Das gilt grundsätzlich auch für BerufsKf (zB TaxiF), anderenfalls schiede die Nebenfolge hier praktisch aus, Ro VRS **101** 380, KG DAR **01** 413, Ha VRS **106** 466, NZV **97** 117, 446, DAR **00** 129, Dü NZV **96** 463. Es gilt insbesondere, wenn dieser sich durch entsprechende **Urlaubsplanung** auf das FV hätte einstellen können, Dü VRS **87** 450 (krit *Booß* VM **95** 14), anders uU bei selbständigem TaxiF mit nur einem Fz, Bay NZV **98** 212, Ol NZV **95** 405. IdR ist es dem Betroffenen zuzumuten, beruflichen Nachteilen infolge des FV durch rechtzeitige Planung von Urlaub während einmonatiger Verbotsfrist zu begegnen, Bay NZV **97** 89, Fra DAR **02** 82, Kö DAR **96** 507, Kar VRS **104** 454, Dü NZV **96** 463, Ce NZV **96** 117, Ha NZV **96** 247, Zw VRS **91** 197, s BVerfG NJW **95** 1541. Dies gilt umso mehr in den Fällen der Viermonatsfrist nach Abs IIa, BaySt **99** 125 = DAR **99** 559, VRS **101** 441, Kar NZV **04** 316, Fra NStZ-RR **01** 214, **02** 88, Ha NZV **01** 355, DAR **99** 84, VRS **97** 454; hier ist die Möglichkeit eines Verzichts auf die Nebenfolge nach besonders strengem Maßstab zu beurteilen, BaySt **99** 167 = DAR **99** 171, Fra DAR **02** 82, NStZ-RR **02** 88. Kein Absehen vom indizierten FV wegen besonderer beruflicher Härten, wenn der Betroffene sich schon bei Erhalt des Bußgeldbescheides darauf hätte einstellen können, Bay NZV **96** 374, **97** 89, *Deutscher* NZV **97** 27. Bei **drohendem Verlust des Arbeitsplatzes** oder der wirtschaftlichen Existenz durch das FV wird aber vielfach, wenn auch nicht zwingend, Kar NZV **04** 316, eine Ausnahme gerechtfertigt sein; in solchen Fällen ist daher die Nebenfolge auch in den „Regelfällen" näher zu begründen, Bay NZV **98** 212, KG DAR **04** 164, Kö NZV **04** 422, Brn VRS **107** 53, Fra NStZ-RR **00** 312, Dü DAR **96** 66, Ha VRS **100** 56, NZV **96** 77, Dr DAR **98** 401, Ce VRS **102** 310, NZV **96** 117, Zw VRS **91** 197, s BVerfG NZV **94** 157 (s Rz 18). Kein Absehen vom FV wegen Existenzgefährdung jedoch bei mehrfachem Wiederholungstäter, der dies als Freibrief für weiteres Fehlverhalten verstehen würde, Fra NStZ-RR **02** 88, s Brn VRS **107** 53. Nach Brn NStZ-RR **04** 93, Ce NZV **96** 291 (zust *Deutscher* NZV **97** 27) ist im Falle tatsächlich drohender Kündigung deren rechtliche Zulässigkeit wegen des Risikos ohne Bedeutung. Anders aber jedenfalls bei offensichtlicher Rechtswidrigkeit einer angedrohten Kündigung, Brn NStZ-RR **04** 93. Hohes Alter allein ist kein ausreichender Grund für Absehen vom indizierten FV, Ha DAR **01** 229. Auch schwere Gehbehinderung rechtfertigt allein nicht ohne weiteres einen Verzicht auf das indizierte FV, Ha NZV **99** 215, Fra NVZ **94** 286, jedoch uU Querschnittslähmung (Rollstuhlfahrer), Fra DAR **95** 260, AG Hof NZV **98** 388.

26   Ein **Absehen vom FV** in den Fällen des § 4 I, II 2 BKatV ist stets **näher zu begründen,** BGHSt **38** 231 = NZV **92** 286, Bay NZV **96** 374, Zw DAR **03** 134, Ce VRS **102** 310, Ro VRS **101** 380, Kar DAR **95** 337, Nau NZV **95** 161, Ko NZV **96** 373, Dü VRS **93** 200, Ha NZV **03** 103, DAR **03** 571, **01** 229 (s Begr, BRDrucks 140/89 S 28). Das Urteil muß die Erwägungen hinsichtlich der Glaubhaftigkeit von Angaben des Beschuldigten darlegen, der sich auf besondere Härten wie etwa drohenden Existenz-

Fahrverbot § 25 StVG **1**

oder Arbeitsplatzverlust beruft, Kö NZV **04** 422, Brn VM **04** 53, Zw DAR **03** 531 (Vorlage des Arbeitsvertrages), Ro VRS **101** 380, Ko NZV **96** 373, DAR **99** 227, Dü NZV **99** 477, Ce VRS **102** 310, Ha BA **04** 179, DAR **96** 325, Brn VRS **107** 53, **94** 114.

5. Dauer. Anrechnung vorläufiger Entziehung. Verfahren. Das FV dauert **ei- 27 nen Monat bis zu drei Monaten,** innerhalb dieses Rahmens Tage oder Wochen. Bei erstmaliger Anordnung wegen beharrlicher Pflichtverletzung beträgt es idR 1 Monat (§ 4 II S 1 BKatV), auch wenn es im konkreten Fall nicht auf § 4 S 1 BKatV gestützt werden kann, Dü NZV **98** 38, ebenso, wenn ein früheres FV schon lange zurückliegt, Bay DAR **99** 221 (über 3 Jahre, Tat mehr als 4 Jahre). Bemessung auf 3 Monate ist jedenfalls dann zu begründen, wenn nicht schon die Schwere des Verstoßes dafür spricht, s Ol DAR **77** 137, Kar VRS **53** 54. Bei Regelfällen von Verstößen, bei denen die BKatV ein FV indiziert, sowie bei Zuwiderhandlungen gegen § 24a StVG sind die **Sätze der BKatV** zu beachten. Auch insoweit ist jedoch zu prüfen, ob nicht der Einzelfall eine geringere FVDauer rechtfertigt, Zw DAR **03** 531. Geringere FVDauer bei lange zurückliegender Tat, s Rz 24. Bei erstmaliger Verhängung eines nach der BKatV indizierten FV wegen groben Verstoßes ist die Dauer, wenn nicht besondere erschwerende Umstände die Grenzen eines Regelfalles überschreiten, entsprechend der Vorgabe durch die BKatV auf die dort vorgesehene Frist zu bemessen, Ha NZV **01** 178, Dü NZV **98** 384. Auch ein wiederholtes FV ist nicht regelmäßig auf mehr als 1 Monat zu bemessen, der zeitliche Abstand ist von Bedeutung, Bay DAR **00** 39. Erfüllt ein Verhalten mehrere in der BKatV aufgeführte Tatbestände, die ein FV indizieren, so sind die in der BKatV vorgesehenen Verbotsfristen nicht ohne weiteres zu addieren, Stu NZV **96** 159. **Überschreiten der Regeldauer** des FV gem BKatV, setzt Nichterreichbarkeit der Erziehungs- und Warnzwecke ohne Verlängerung voraus, Bay NZV **94** 487, ZfS **95** 152, KG VM **02** 42, VRS **98** 290, **103** 223, Ha NZV **01** 178. Zunächst ist Erhöhung der Buße in Erwägung zu ziehen, Bay ZfS **95** 152. Das Fehlen nennenswerter beruflicher, wirtschaftlicher oder sonstiger Nachteile als Folge des FV im Einzelfall rechtfertigt allein keine Verlängerung der in der BKatV vorgesehenen Dauer, Bay NZV **94** 487. Nur knapp unter 1,1‰ liegende BAK begründet allein nicht die Annahme, es liege kein Regelfall mehr vor, Kö NZV **89** 404. **Bei TM** stets nur ein einheitliches FV, Bay VM **76** 57, Rpfleger **85** 455, Brn VRS **106** 212, Stu NZV **96** 159, ZfS **97** 277, Dü DAR **98** 113, NZV **98** 512, auch bei TM von OW und Straftat, Ce NZV **93** 157. Ist die FE vorläufig entzogen (§ 111a StPO) oder der FS beschlagnahmt (§ 94 StPO), amtlich verwahrt oder sichergestellt, so sind solche Zeiten auf das FV **anzurechnen,** weil sie Verbotswirkung gehabt haben, Abs VI. Bei entsprechender Dauer der Verwahrung kann das dazu führen, daß das FV als vollstreckt gilt. Muß vorläufige EdF (§ 111a StPO) auf ein FV angerechnet werden, so betrifft dies lediglich die Vollstreckung, Dü DAR **70** 195. Anrechnung rechtskräftiger EdF analog Abs VI nach Wiedereinsetzung in den vorigen Stand, Bay VRS **72** 278 (zust *Berz* JR **87** 513). Nichtanrechnung oder teilweise Nichtanrechnung sieht VI als Kannbestimmung nur noch für den Fall vor, daß das Verhalten des Betroffenen nach der OW Anrechnung oder Vollanrechnung nicht rechtfertigt. Das kann nur bedeuten, daß die Denkzettelwirkung des FV nicht eingetreten ist. Anordnung der Nichtanrechnung (V) muß im Urteilstenor stehen, Dü DAR **70** 195.

Ob **mehrere FVe** nacheinander in voller Dauer zu vollstrecken sind, ist str. Bejahend **28** zB AG Liebenwerda DAR **03** 42, AG Bottrop DAR **95** 262 (abl *Engelbrecht*), Hillebrand VD **77** 323, *Danner* VD **78** 29, *Bouska* VD **78** 105, LG Flensburg NJW **65** 2309 (zu § 44 StGB). Dafür spricht der Zweck der Nebenfolge als Denkzettel (so auch der BR in BTDrucks 13/6914) sowie die Regelung des Abs V, der nicht irgendeine amtliche Verwahrung meint, sondern die gem Abs II S 2 auf das jeweilige konkrete FV bezogene (zw). Nach inzwischen wohl **überwiegender Ansicht** jedoch laufen die Verbotsfristen in derartigen Fällen grundsätzlich in der Weise nebeneinander, daß die Verbotsfrist des zweiten Fahrverbots, wenn der FS wegen des ersten amtlich verwahrt wird, mit der Rechtskraft des zweiten beginnt, Bay NZV **93** 489 (Anm *Hentschel* DAR **94** 75), Brn VRS **106** 212, LG Münster NJW **80** 2481, AG Bra ZfS **02** 552, AG Herford DAR **00** 133, AG Münster DAR **97** 364, AG Augsburg NZV **90** 244 (abl *Hentschel*), AG Rotenburg ZfS **96** 156, AG Aurich MDR **98** 903, AG Paderborn ZfS **99** 219, *Widmaier* NJW

71 1158, *Karl* NJW **87** 1063, *Zank* VGT **97** 246, *Deutscher* NZV **98** 139. Davon geht jetzt offenbar auch der GGeber aus, wie die Begr zur Einfügung des Abs IIa (s Rz 5) zeigt. Anders aber in Fällen des Abs IIa, in denen die Fristen jedenfalls addiert werden, Rz 30.

Lit: *Karl,* Fahrverbote aufgrund verschiedener Verfahren, NJW **87** 1063. *Widmaier,* FV und TM von VOWen, NJW **71** 1158.

29 War ein FV weder im Bußgeldbescheid verhängt noch später angedroht, so ist gegebenenfalls ein **Hinweis in der HV** geboten, BGHSt **29** 274 = NJW **80** 2479, BaySt **99** 138 = VRS **98** 33, Zw ZfS **99** 359, Dü VRS **87** 203, NZV **90** 38, Stu VRS **44** 134, Kö VRS **48** 52, Ha NJW **80** 251, Ko VRS **71** 209. Wegen der Wechselbeziehung zwischen Bußgeldhöhe und Fahrverbot (Rz 13) kann das **Rechtsmittel** regelmäßig nicht auf das FV oder dessen Nichtanordnung beschränkt werden, BGH DAR **71** 54, Bay DAR **03** 233, Kar NJW **03** 3719, VRS **104** 454, Kö VRS **101** 218, Ha VRS **101** 448, Fra NStZ-RR **01** 214, Ro VRS **101** 380, anders nur bei völliger Unabhängigkeit, Bay VRS **72** 278, Ko NZV **96** 373 (Absehen vom „Regel"-FV nach § 4 BKatV), Ce NJW **69** 1187. Wird geltend gemacht, die dem FV zugrunde liegende Zuwiderhandlung sei nicht als grober Verstoß iS von § 25 I zu würdigen oder bilde keinen Regelfall iS der BKatV, so ist auch der Schuldspruch mitangefochten. Beschränkung auf die unterbliebene Entscheidung gem Abs IIa, s Rz 30. Auch Beschränkung auf den Rechtsfolgenausspruch scheidet aus, wenn den Feststellungen zur Schuld nicht eindeutig entnommen werden kann, daß ein grober Verstoß (Rz 14) gegeben ist, Kö VRS **102** 212. **Keine Schlechterstellung,** wenn das FV wegfällt, Geldbuße dafür auch (ohne Überschreitung des Bußgeldrahmens, Stu VRS **70** 288, Kar NJW **80** 148) erhöht wird, BGH NJW **71** 105, VRS **44** 54, Bay VRS **44** 310, Bra NZV **98** 420, Ko DAR **83** 27, Stu VRS **66** 467, DAR **85** 86, Dü VRS **68** 282, Kar DAR **87** 26, ZfS **92** 33, weil Bußgeld nach der gesetzlichen Rangfolge milder ist, aA *Peters* JR **71** 251. Ebenso grundsätzlich bei Herabsetzung der Verbotsfrist, Bay ZfS **95** 152. Die Gesamtschau kann ergeben, daß die Aufhebung der Bestimmung gem IIa über den Eintritt der Wirksamkeit („Viermonatsfrist") im Einzelfall bei gleichzeitiger Verkürzung der Verbotsfrist keine Schlechterstellung bedeutet, KG VRS **98** 290. Erstmalige Anordnung des FV bei zugunsten des Betroffenen erhobener Rechtsbeschwerde verstößt auch bei Ermäßigung der Geldbuße gegen das Verschlechterungsverbot, Kar NZV **93** 450.

30 **6. Wirksamkeit. Fristberechnung.** Das FV wird grundsätzlich **mit der Rechtskraft** der Bußgeldentscheidung wirksam (II). Gegenüber den zu FV gem § 44 StGB Verurteilen sind jedoch Betroffene, gegen die in den zwei Jahren vor Begehung der OW und auch bis zur Bußgeldentscheidung kein FV angeordnet worden ist (gleichgültig, ob nach § 25 StVG oder § 44 StGB, BaySt **98** 117 = VRS **96** 69), dadurch privilegiert, daß sie den Beginn der Wirksamkeit der Nebenfolge nach Maßgabe von Abs IIa **innerhalb der ersten 4 Monate** selbst bestimmen können, s *Albrecht* NZV **98** 131, *Hentschel* DAR **98** 130. Nur FV, nicht auch EdF, innerhalb der Frist des Abs IIa schließt die Privilegierung aus, Ha NZV **01** 440, Dr DAR **99** 222 (entgegen Dr dürfte es sich dabei aber nicht um ein Redaktionsversehen handeln, s *Hentschel* DAR **98** 137, *Bönke* NZV **99** 433, wie Dr aber *Deutscher* NZV **00** 110). Für die **Berechnung der Zwei-Jahresfrist** ist nicht der Zeitpunkt der früheren, ein FV anordnenden Entscheidung, sondern deren Rechtskraft entscheidend, BaySt **98** 117 = VRS **96** 68, *Albrecht* NZV **99** 177, *Schäpe* DAR **99** 372. Das folgt insbesondere aus dem Zweck der Ausnahmeregelung, die diejenigen davon ausschließen will, die sich die früher schon einmal angeordnete Nebenfolge innerhalb der folgenden zwei Jahre nicht haben zur Warnung dienen lassen; nur eine rechtskräftige Ahndung kann aber diesen Warneffekt entfalten, BGH NJW **00** 2685, aM Kar VRS **96** 138, *Deutscher* NZV **99** 115, 189. In diesen Fällen bestimmt die VB oder das Gericht im Tenor der Entscheidung (Hb DAR **99** 226), daß das FV erst mit Inverwahrungabe der FS nach deren Rechtskraft, spätestens aber vier Monate nach Eintritt der Rechtskraft wirksam wird. Nur die **Inverwahrungnahme mit Willen des Betroffenen** führt nach IIa zum Wirksamwerden des FV, nicht die Abgabe durch einen Dritten ohne seine Kenntnis, wie ohne weiteres aus dem Zweck des IIa (s Rz 5) folgt, abw wohl Ha NZV **01** 224. Abs IIa ist zwingend, kein Ermessen des Gerichts, Dü DAR **01** 39, VRS **95** 288, NZV **99** 139. Werden in derartigen Fällen weitere FVe verhängt, so werden die **Verbotsfristen** allerdings **addiert** (IIa S 2). Nach Sinn und Zweck der Regelung (s Rz 5), aber auch nach dem Wortlaut, hat dies auch zu gelten, wenn die mehreren FVe gleichzeitig rechtskräftig werden. Die Vorschrift des Satzes 2 in Abs IIa ist nicht isoliert zu lesen, sondern gilt nur im Rahmen der Regelung des Abs IIa, Brn VRS **106** 212. Soweit nach Bestimmung der Frist über das Wirksamwerden des FV gem Abs IIa eintretende **rechtliche oder tatsächliche Hindernisse einer FSAbgabe** entgegenstehen, hat dies auf das Wirksamwerden des FV und den Fristbeginn nach Maßgabe der getroffenen Bestimmung keinen Einfluß. Ist die Bestimmung iS von Abs IIa S 1 in der Entscheidung unterblieben, so bleibt es bei der Regelung des Abs II; jedoch ist Korrektur im Wege des Einspruchs bzw der Rechtsbeschwerde möglich, s *Katholnigg* NJW **98** 572, *Hentschel* DAR **98** 138 (139), die auf die unterbliebene Entscheidung nach Abs IIa beschränkt werden kann, Dü VRS **96** 68. Auf **Inhaber ausländischer FSe**, die nicht amtlich verwahrt werden, sondern einen Vermerk erhalten (Abs III), kann Abs IIa unmittelbar keine Anwendung finden. Da aber insoweit kein Grund für eine Schlechterstellung erkennbar ist, muß Abs IIa in der Weise entsprechend Anwendung finden, daß die Eintragung eines Vermerks der amtlichen Verwahrung gleich steht, s *Albrecht* NZV **98** 133.

Lit: *Albrecht,* Das neue Wahlrecht für den Antritt von FVen, NZV **98** 131. *Hentschel,* Die neue Vier-Monats-Frist für das Wirksamwerden von FVen ..., DAR **98** 138.

Im übrigen **beginnt die Verbotsfrist** eines wirksam gewordenen FV zu laufen **a)** 31 mit FSAblieferung in amtliche Verwahrung oder der Eintragung eines Vermerks in einen ausländischen FS, V 1, **b)** mit Rechtskraft der Entscheidung, wenn der Betroffene keine FE hat, BTDrucks IV/651 S 14 f, **c)** bei EdF vor Vollstreckung des FV mit Rechtskraft bzw Unanfechtbarkeit der Entscheidung über die EdF, weil dann die gleiche Lage eintritt wie unter b), LK (*Geppert*) § 44 Rn 64, s aber *Bouska* VD **78** 101 (mit Ablieferung des FS, § 69 III 2 StGB, § 3 II S 2 StVG), s hierzu auch *Hillebrand* VD **77** 321, *Danner* VD **78** 23, *Hentschel* DAR **88** 156, **d)** bei vorläufiger EdF in anderer Sache oder Anordnung der sofortigen Vollziehung verwaltungsbehördlicher EdF mit Eintritt von deren Wirkungen, weil die Rechtslage bezüglich dieser Wirkungen denen einer rechtskräftigen EdF entspricht und diese Maßnahmen weder Straf- noch Nebenfolgecharakter haben, aM *Martzloff* DÖV **85** 233, **e)** bei Verlust des FS vor Wirksamwerden des FV mit dessen Rechtskraft, bei späterem Verlust mit dem Tage des Verlustes, LG Hb DAR **03** 327, LK (*Geppert*) § 44 Rn 65, *Hentschel* DAR **88** 156, *Schäpe* DAR **98** 13, aM Dü NZV **99** 521 (mit Abgabe einer eidesstattlichen Versicherung entsprechend Abs IV). Wird der FS **bei einer unzuständigen Behörde in Verwahrung gegeben** (zB Pol oder Bußgeldstelle des Wohnortes), so könnten Praktikabilitätserwägungen dafür sprechen, dies für den Fristbeginn ausreichen zu lassen, s Empfehlung des VGT **97** 11, *Zank* VGT **97** 247, *Schäpe* DAR **98** 14, abw im Hinblick auf IIa *Albrecht* NZV **98** 134. Zur Anrechnung vorläufiger Maßnahmen: VI, s Rz 27. Solange eine Verbotsfrist noch läuft, darf auch bei Wiedererteilung der FE der FS nicht ausgehändigt werden, *Bouska* VD **78** 99. Anstaltsverwahrung des Betroffenen auf behördliche Anordnung einschließlich Strafvollstreckung rechnet nicht mit (Abs V S 2); sie würde die Wirkung des FV durchkreuzen, s § 44 StGB Rz 17. Zum Fall des VII (Aufschub der Rückgabe des amtlich verwahrten FS) s § 111 a StPO Rz 14. Für die Berechnung des **Endes der Verbotsfrist** gelten die §§ 59 a V, 37 IV 2 StVollStrO sinngemäß, s *Göhler* § 90 Rz 31, was für gerichtliche Bußgeldentscheidungen unmittelbar aus § 91 OWiG folgt, *Göhler* § 91 Rz 1. Danach ist der Monat nicht zu 30 Tagen, sondern nach der Kalenderzeit zu berechnen, die Monatsfrist also bis zu dem Tag, der durch seine Zahl dem Anfangstag entspricht.

Lit: *Bouska,* Der Einfluß eines FEEntzuges auf die Vollstreckung des FV § 25 StVG, VD **78** 99. *Danner,* Nochmals: Vollstreckung von FVen bei FSEntzug, VD **78** 23. *Hentschel,* Wann beginnt die Frist für das Fahrverbot nach §§ 44 StGB, 25 StVG, wenn amtliche Verwahrung eines FS aus rechtlichen oder tatsächlichen Gründen nicht möglich ist?, DAR **88** 156. *Hillebrand,* Vollstreckung von FVen bei FSEntzug, VD **77** 321. *Derselbe,* FVe der VBn und deren Vollstreckung – § 25 StVG, VD **78** 193. *Martzloff,* Vollstreckung eines gerichtlichen FV bei gleichzeitiger behördlicher EdF, DÖV **85** 233.

7. Vollstreckung. Der FS ist so lange amtlich zu verwahren, wie das Verbot dauert. 32 Erforderlichenfalls ist er zu beschlagnahmen (II). Bei gerichtlicher Verhängung des FV umfaßt die Beschlagnahmeanordnung der Vollstreckungsbehörde zugleich die Anordnung einer **Wohnungsdurchsuchung** beim FSInhaber, *Göhler* § 91 Rz 7, *Janiszewski* 215, s *Meyer-Goßner* § 463b Rz 1, str, s *Hentschel* NZV **96** 506, *Waechter* NZV **99** 273. Bei Anordnung der Nebenfolge durch Bußgeldbescheid bedarf eine Wohnungsdurchsuchung eines besonderen gerichtlichen Beschlusses; rechtliche Grundlage für einen solchen Beschluß ist der gesetzliche Beschlagnahmebefehl des Abs II S 4, s *Göhler* NZV **96** 508, *Hentschel* NZV **96** 508, *Janiszewski* NStZ **97** 269, *Waechter* NZV **99** 273, *Deutscher* NZV **00** 111, aM AG Berlin-Tiergarten NZV **96** 506, AG Leipzig DAR **99** 134, AG Kar VRS **97** 377. Vom Verurteilten abzugeben sind sämtliche von einer deutschen Behörde ausgestellten nationalen und internationalen Führerscheine, wie II S 2 nunmehr ausdrücklich klarstellt. Die Prüfbescheinigung gem § 5 FeV ist kein FS iS des Abs II S 2, Bay NZV **93** 199, *Berr* DAR **83** 7, s *Laube* PVT **83** 117. **Ausländische FSe** werden nur dann amtlich verwahrt, wenn sie von einer Behörde eines EU- oder EWR-Mitgliedstaates ausgestellt worden sind und wenn der Inhaber eines solchen FS seinen ordentlichen Wohnsitz (s § 2 Rz 3) im Inland hat (II S 3). In allen anderen Fällen dürfen ausländische FSe, um im Ausland benutzbar zu bleiben, nicht amtlich verwahrt werden. Jedoch dürfen sie zwecks Eintragung des FV beschlagnahmt werden (III). Alsbald nach der Eintragung sind sie zurückzugeben. Aufgrund Übereinkommens der **EU-Mitgliedstaaten** v 17. 6. 98 (ABl EG C 216/1 mit erläuterndem Bericht v 24. 6. 99, ABl EG 211 C 211/1) soll nach Ratifizierung durch die Vertragsstaaten in Zukunft auch die Vollstreckung von FVen durch VB und Gerichte aufgrund von VZuwiderhandlungen durch Betroffene mit ausländischer FE in deren ausländischem Wohnsitzstaat nach Maßgabe des Übereinkommens möglich sein, s dazu *Neidhard* DAR **99** 238, NZV **00** 240, *Brenner* DVBl **99** 877, *Berz* NZV **00** 145, *Bönke* BA **00** 40). Beschränkt sich das FV **auf bestimmte Arten von Kfzen**, ist für seine Dauer ein ErsatzFS für die nicht betroffene Art zu erteilen. Nach Verbotsablauf ist er zurückzugeben und der FS wieder auszuhändigen. Zur **Vollstreckung mehrerer FVe**, s Rz 28.

Lit: *Bouska*, FV und internationaler KfzV, DAR **95** 93. Weitere Lit: s Rz 31.

33 **8. Belehrung** über den Zeitpunkt, in dem das FV wirksam wird und über den Fristbeginn (Rz 28, 30, 31) bei Zustellung der Bußgeldentscheidung oder nach deren mündlicher Verkündung ist nötig (VIII). S auch § 268c StPO. Sie tritt zu der Belehrung gemäß § 66 OWiG hinzu. Fehlende, unrichtige oder unvollständige Belehrung wird zur Folge haben müssen, daß die Frist schon ab Rechtskraft der Bußgeldentscheidung läuft, soweit der Betroffene das FV trotz Nichtablieferung des FS respektiert hat. Die Belehrung soll die Tragweite des FV klarstellen, s Ce VRS **54** 128.

34 **9. Strafbarkeit** bei Mißachtung des FV: § 21 StVG.

Kostentragungspflicht des Halters eines Kraftfahrzeugs

25a (1) ¹Kann in einem Bußgeldverfahren wegen eines Halt- oder Parkverstoßes des Kraftfahrzeugs, der den Verstoß begangen hat, nicht vor Eintritt der Verfolgungsverjährung ermittelt werden oder würde seine Ermittlung einen unangemessenen Aufwand erfordern, so werden dem Halter des Kraftfahrzeugs oder seinem Beauftragten die Kosten des Verfahrens auferlegt; er hat dann auch seine Auslagen zu tragen. ²Von einer Entscheidung nach Satz 1 wird abgesehen, wenn es unbillig wäre, den Halter des Kraftfahrzeugs oder seinen Beauftragten mit den Kosten zu belasten.

(2) Die Kostenentscheidung ergeht mit der Entscheidung, die das Verfahren abschließt; vor der Entscheidung ist derjenige zu hören, dem die Kosten auferlegt werden sollen.

(3) ¹Gegen die Kostenentscheidung der Verwaltungsbehörde und der Staatsanwaltschaft kann innerhalb von zwei Wochen nach Zustellung gerichtliche Entscheidung beantragt werden. ²§ 62 Abs. 2 des Gesetzes über Ordnungswidrigkeiten gilt entsprechend; für die Kostenentscheidung der Staatsanwaltschaft gelten auch § 50 Abs. 2 und § 52 des Gesetzes über Ordnungswidrigkeiten entsprechend. ³Die Kostenentscheidung des Gerichts ist nicht anfechtbar.

Kostentragungspflicht des Halters eines Kraftfahrzeugs § 25a StVG **1**

1. Begr. S BRDrucks 371/82 S 37 ff. 1

2. Die ab dem 1. 4. 87 geltende Bestimmung bringt eine Teillösung des Problems der 2
sog **Kennzeichenanzeigen** für den Bereich des ruhenden Verkehrs (s dazu E 96 a). Sie
will zur Vermeidung von Ungerechtigkeiten beitragen, die nach bisherigem Recht dadurch entstanden sind, daß die Ermittlung des FzF bei Kennzeichenanzeigen weitgehend
von der Einlassung des Halters abhängt mit der Folge häufiger Einstellungen und Freisprüche unter Auferlegung der Verfahrenskosten und Auslagen des Betroffenen einschließlich seiner Anwaltskosten auf die Staatskasse. Der Kostentragungspflicht des Halters nach § 25 a liegt das Veranlasserprinzip zugrunde. Sie ist grundgesetzkonform,
BVerfG NZV **89** 398. Da es sich nicht um eine Sanktion mit strafähnlichem Charakter
handelt, sondern um Ersatz eines Kostenaufwands, wird weder das Schweigerecht des
Betroffenen noch das Verschuldensprinzip berührt, BVerfG NZV **89** 398, BayVBl **95**
210, LG Dü NZV **02** 243, s AG Mainz DAR **88** 103, *Jahn* JuS **90** 542, aM *Mürbe* DAR
87 71.

3. Voraussetzungen der Kostentragungspflicht des Halters oder seines Beauf- 3
tragten. Der äußere Tatbestand eines Halt- oder Parkverstoßes muß festgestellt sein (s
Rz 5), ohne daß der FzF bei angemessenem Aufwand vor Eintritt der Verfolgungsverjährung in einem Bußgeldverfahren ermittelt werden kann.

a) Die Vorschrift betrifft nur **Bußgeldverfahren,** findet also zB keine Anwendung, 4
wenn verkehrswidriges Halten oder Parken einen Straftatbestand erfüllt (etwa § 229
StGB) und der FzF im Strafverfahren nicht ermittelt werden kann. Auch im Verwarnungsverfahren gilt § 25 a nicht, Voraussetzung ist vielmehr die Einleitung eines Ermittlungsverfahrens mit dem Ziel bußgeldrechtlicher Ahndung (zB Übersendung eines Anhörungsbogens), s *Rediger* S 15 f, *Göhler* vor § 109 a Rz 7, vor § 59 Rz 27. Gegen wen
sich das Bußgeldverfahren richtet, ist für die Anwendung von § 25 a gleichgültig, *Janiszewski* DAR **86** 259, sofern es einen mit dem Fz des Halters begangenen Halt- oder
Parkverstoß betrifft.

b) Ein **Halt- oder Parkverstoß** muß objektiv festgestellt sein, *Rediger* S 237 ff, *Göhler* 5
vor § 109 a Rz 7, s AG Dü NZV **99** 142. Ist er festgestellt, so ist es allerdings nach
Wortlaut und Zweck des § 25 a gleichgültig, wer Anzeigenerstatter war, *Göhler* vor
§ 109 a Rz 7, abw AG Dü NZV **99** 142 (abgelehnt bei privater Anzeige). Halt- oder
Parkverstöße sind nicht nur OWen durch Zuwiderhandlung gegen §§ 12, 13 oder
18 VIII StVO, die speziell Halt- und Parkvorgänge im StrV regeln oder verbieten, sondern darüber hinaus auch alle anderen VOWen, die durch Halten oder Parken erfüllt
werden wie etwa solche gem § 1 II StVO, s *Janiszewski* DAR **86** 259, *Rediger* S 19, Verkehrsverbote durch VZ, die auch den ruhenden V betreffen (zB Z 250 oder verbotenes
Parken auf Radwegen), s *Rediger* S 21 ff, 26 ff, oder § 17 IV StVO (Beleuchtung haltender Fze), aM *Jan/Jag/Bur* Rz 2, *Rediger* S 20, *Berr/H/Schäpe* 705. Keine Halt- oder Parkverstöße iS von Abs I sind jedoch Verstöße gegen landesrechtliche Bestimmungen oder
Gemeindesatzungen betreffend das Abstellen von Fzen außerhalb des öffentlichen
VRaumes, AG Freiburg ZfS **87** 381, *Janiszewski* NStZ **88** 121, *Rediger* S 31 f, NZV **95**
122, weil das StVG, abgesehen von den Bestimmungen über die zivilrechtliche Haftung,
grundsätzlich nur den *öffentlichen* StrV betrifft (s §§ 1, 2, 3, 24) und § 25 a erkennbar in
Zusammenhang mit § 24 steht, aM AG Titisee-Neustadt OWi 33/93. Aus diesem Zusammenhang folgt, daß es sich beim Halt- oder Parkverstoß jedenfalls um eine OW
gem § 24 StVG handeln muß, s *Rediger* S 32; daher kann § 25 a zB auch nicht auf Verstöße gegen die EBO Anwendung finden, *Rediger* NZV **95** 122, aM AG Hannover 260–
230/92, AG Fra NZV **95** 121 sowie AG Fra Hö 9 b OWi 19/94. Es muß sich um Halten oder Parken-im Rechtssinne handeln; darunter fallen nur gewollte, nicht durch die
VLage veranlaßte Fahrtunterbrechungen, s § 12 StVO Rz 19, nicht zB Zuwiderhandlungen gegen die Vorschrift über das Verhalten bei Liegenbleiben (§ 15 StVO), auch
nicht Liegenbleiben auf der AB wegen Kraftstoffmangels (s § 18 StVO Rz 25). Verstöße
gegen § 12 V (Vorrang an Parklücken) betreffen nicht das Parken an sich, nicht den ruhenden V als solchen, und sind daher keine „Parkverstöße" iS von Abs Ia. Nicht von
§ 25 a I erfaßt werden ferner VOWen, die *nur bei Gelegenheit* des Haltens oder Parkens

1 StVG § 25a   III. Straf- und Bußgeldvorschriften

begangen oder festgestellt wurden, zB mangelnde Sicherung eines Fzs gegen unbefugte Benutzung, unnötiges Laufenlassen des Motors, LG Freiburg VRS **78** 300, Verstöße gegen die StVZO durch Inbetriebnehmen vorschriftswidriger Fze oder Verstöße durch Abstellen nicht betriebsbereiter Fze (zB § 32 StVO), weil diese nicht *parken*. § 25a findet auch Anwendung, wenn der Halt- oder Parkverstoß in **TE zu einer anderen OW** steht, *Jan/Jag/Bur* 2, aM LG Freiburg VRS **78** 300 jedoch für den Fall, daß der Schwerpunkt des Vorwurfs die andere OW betrifft.

6   c) Weitere Voraussetzung für die Kostentragungspflicht des KfzHalters ist schließlich die **Nichtfeststellbarkeit des Fahrzeugführers** bei Begehung des Halt- oder Parkverstoßes trotz angemessenem Ermittlungsaufwand innerhalb der Verjährungsfrist. Diese Voraussetzung ist zunächst immer dann erfüllt, wenn es objektiv nicht möglich ist, den FzF zu ermitteln, ferner in den Fällen, in denen die Ermittlung zwar innerhalb der Verjährungsfrist möglich wäre, dies aber einen unangemessenen Aufwand erfordern würde. Das bedeutet, daß die VB nicht gezwungen ist, zu Art und Schwere des Verstoßes außer Verhältnis stehende umfangreiche Nachforschungen durchzuführen. Insoweit lehnt sich die in Abs I ausdrücklich getroffene Regelung an die Rspr zu § 31a StVZO (Fahrtenbuch) bewußt an (s Begr BRDrucks 371/82 S 39).

7   Zur Frage des „unangemessenen Aufwandes" wird daher zunächst auf die Erläuterung zur entsprechenden Problematik in § 31a StVZO (dort Rz 3) verwiesen. Soweit die Ermittlungen im Verhältnis zur Bedeutung des Verstoßes in diesem Sinne angemessen und erfolgversprechend sind, muß die VB sie durchführen; anderenfalls entfällt die Kostentragungspflicht des Halters gem § 25a I. Dies gilt zB, wenn mögliche Feststellungen an Ort und Stelle unterblieben, s *Rediger* S 73, 78. Da die Zumutbarkeit des Ermittlungsaufwands auch in Bezug zur Schwere des Verstoßes und zu den Folgen der Betroffenen steht, ist bei der Frage, inwieweit die hierzu im Rahmen des § 31a StVZO ergangene Rspr auf § 25a übertragbar ist, immer zu berücksichtigen, daß die Kostenfolge dieser Bestimmung nach bloßem Halt- oder Parkverstoß weit weniger einschneidend ist als die Fahrtenbuchauflage, die Verletzung von VVorschriften in nennenswertem Umfang voraussetzt, s *Hentschel* DAR **89** 92, *Rogosch* NZV **89** 219. Die Überbürdung der Kosten und Auslagen auf den Halter setzt auch dessen **rechtzeitige Befragung** voraus. Diese hat zwar grundsätzlich innerhalb von zwei Wochen zu erfolgen, AG Konstanz 8 OWi 80/88, AG Minden DAR **88** 283, AG Bergisch Gladbach NZV **89** 366, AG Warendorf DAR **89** 392, *Suhren* NZV **88** 54, *Berr* DAR **91** 36, s § 31a StVZO Rz 6, aM AG Minden DAR **90** 73, *Rediger* S 102 (3 Wochen); jedoch erfüllt die VB, wenn der FzF, dem lediglich ein Halt- oder Parkverstoß vorzuwerfen ist, am Fz nicht angetroffen wird, ihre diesbezügliche Pflicht schon dadurch, daß eine schriftliche Verwarnung am Fz angebracht wird, AG Augsburg ZfS **88** 264, AG Detmold NZV **89** 367, AG Fra VM **89** 48, AG Konstanz 8 OWi 80/88, OVG Ko VRS **54** 380, *Kaufhold* VGT **87** 233, *Janiszewski* NStZ **88** 546, *Hentschel* DAR **89** 91, *Berr* DAR **91** 36, *Berr/H/Schäpe* 709, im Ergebnis ebenso AG Minden DAR **90** 73, s auch BVerfG NZV **89** 398, aM AG Würzburg VM **89** 87 (das allerdings in § 25a eine Vorschrift „am Rande der Rechtsstaatlichkeit" sieht, abl *Janiszewski* NStZ **90** 274), AG Bergisch Gladbach NZV **89** 366 (abl *Janiszewski* NStZ **89** 568), AG Zossen NZV **94** 451, AG Hohenstein-Ernstthal NZV **97** 453, *Rediger* S 85ff. Die Tatsache, daß es ungewiß ist, ob die am Fz angebrachte schriftliche Verwarnung den Halter (oder Beauftragten) erreicht, steht dem nicht entgegen (abw *Rediger* S 87), weil § 25a ausschließlich auf rechtzeitiges und ausreichendes Tätigwerden der VB abstellt, während es nicht darauf ankommt, ob der Halter die Nichtfeststellbarkeit des Fahrers zu vertreten hat. Die anschließende Versendung eines Anhörungsbogens braucht dann jedenfalls nicht innerhalb von 2 Wochen zu erfolgen, *Kaufhold* VGT **87** 235, AG Fra VM **90** 48 (erübrigt sich dann überhaupt; ebenso *Janiszewski* NStZ **90** 274). Reagiert der Halter auf rechtzeitige Übersendung eines Anhörungsbogens nicht, so sind von der VB idR weitere Ermittlungen nicht zu verlangen, AG Lörrach NZV **91** 285, *Suhren* NZV **88** 54, insbesondere nicht die Befragung des Halters als Zeuge, s *Rediger* S 122. Mit dem Einwand, den Anhörungsbogen nicht erhalten zu haben, kann der Halter nicht gehört werden (s oben), ebenso *Rediger* S 114f. Wurde keine schriftliche Verwarnung am Fz hinterlassen, die es dem Halter ermöglicht, der VB den Fahrer mitzuteilen und erhält er auch keinen Anhörungsbogen, so kann es allerdings unbillig sein

(Abs I S 2), ihn mit den Kosten zu belasten. Schweigt der Halter auf die schriftliche Verwarnung nicht, so hängt es vom Inhalt seiner Äußerung ab, ob und inwieweit der VB noch weitere Anfragen an ihn oder andere Nachforschungen zuzumuten sind, AG Lörrach NZV **91** 285, s dazu AG Würzburg VM **88** 64 (wohl zu strenge Anforderungen). An dem Erfordernis der Nichtfeststellbarkeit des Fahrers innerhalb der Verjährungsfrist kann es fehlen, wenn die Behörde auf Anfragen des auskunftbereiten Halters nicht rechtzeitig reagiert, AG Heidelberg NZV **95** 332. Benennt der Halter eine **im Ausland lebende Person als Fahrer,** so hat die VB geeignete und zumutbare Möglichkeiten der Überprüfung dieser Angabe zu nutzen, s Sa VRS **48** 211, *Rediger* S 158 f. Dazu kann auch eine Anfrage bei dem angeblichen Fahrer geeignet sein, abl insoweit aber *Rediger* S 159. Reagiert dieser nicht, so werden idR weitere Ermittlungen der VB nicht in Frage kommen, AG Kehl NZV **03** 150, NJW **02** 1966. Zur Inanspruchnahme internationaler Rechtshilfe ist die VB nach BVerfG NZV **89** 399 nicht verpflichtet.

4. Vor Eintritt der Verfolgungsverjährung muß die Ermittlung des FzF ohne unangemessenen Aufwand nicht möglich gewesen sein. Um diese Voraussetzung für die Kostentragungspflicht des Halters bejahen zu können, wird die VB idR den Eintritt der Verjährung eines möglicherweise von einem *Dritten* als Fahrer begangenen Halt- oder Parkverstoßes abwarten müssen, solange nicht auszuschließen ist, daß der zunächst schweigende Halter womöglich doch noch Angaben machen wird, s auch AG Lörrach NZV **91** 285, s aber *Rediger* S 200 ff. Sie darf allerdings nicht den Eintritt der Verjährung in bezug auf den *Halter* abwarten, s Rz 13. Die Möglichkeit einer Feststellung des FzF **nach Eintritt der Verfolgungsverjährung** hat keinen Einfluß auf die Kostentragungspflicht gem Abs I, weil dieser dann nicht mehr belangt werden kann. Benennt der Halter erst wenige Tage vor Verjährungseintritt den Fahrer, so wird die verbleibende Zeit oft nicht ausreichen, der VB die Nachprüfung zu ermöglichen; Unmöglichkeit der Ermittlung iS von Abs I ist dann gegeben, AG Augsburg ZfS **88** 264 (4 Tage), *Rediger* S 165 (weniger als 2 Wochen), *Berr/H/Schäpe* 713. 8

5. Zwingend vorgeschrieben ist die Kostentragungspflicht des Halters oder seines Beauftragten unter den Voraussetzungen des Abs I. Für ein Ermessen der VB, der Staatsanwaltschaft oder des Gerichts ist idR kein Raum. Hierdurch sollen uU erforderlich werdende zusätzliche aufwendige Auseinandersetzungen zur Frage rechtmäßiger Ermessensausübung vermieden werden (s Begr BRDrucks 371/82 S 39). Nur in **Härtefällen** ist ausnahmsweise von der Auferlegung der Verfahrenskosten auf den Halter abzusehen, wenn dies nämlich unbillig wäre, Abs I S 2. Das kann etwa dann der Fall sein, wenn es dem Halter trotz rechtzeitiger Befragung und zumutbarer Ermittlungen der VB (sonst fehlt es schon an den Voraussetzungen von S 1) und für ihn zumutbarer Kontrolle über die Benutzung seines Fzs nicht möglich ist, zur Aufklärung beizutragen (zB bei unverschuldeter Entwendung seines Fzs), nicht dagegen schon bei FzBenutzung durch einen großen Personenkreis mit seiner Zustimmung, s *Janiszewski* DAR **86** 258. Unbillig ist die Kostenauferlegung auch, wenn der FzF vom Halter rechtzeitig benannt wurde, sein diesbezügliches Schreiben jedoch ohne sein Verschulden nicht zu den Akten gelangt ist, AG Salzgitter ZfS **88** 189, *Rediger* S 229, oder wenn die VB dem Halter eine Frist für die Benennung des FzF genannt hat, deren Ende nach Eintritt der Verjährung liegt, AG Offenbach ZfS **89** 178. Wird wegen Unbilligkeit von einer Entscheidung nach Abs I S 1 gem Abs I S 2 abgesehen, so gilt auch Abs I S 1, Halbsatz 2 nicht, wonach der Halter seine notwendigen Auslagen selbst zu tragen hat; vielmehr gelten dann insoweit die allgemeinen Vorschriften (§§ 46 OWiG, 467 StPO), *Göhler* vor § 109 a Rz 22. § 25 a trifft hinsichtlich der Auslagenerstattung eine **abschließende Regelung,** die Erstattungsansprüchen auf anderer Rechtsgrundlage entgegensteht, LG Dü NZV **02** 243, 418. 9

6. Kostenschuldner ist der Halter oder *sein Beauftragter*. Diese Regelung entspricht derjenigen in § 31 a II StVZO für die Auferlegung der Pflicht zur Führung eines Fahrtenbuches. Damit werden die Fälle erfaßt, in denen der Halter die Disposition über das Fz vollständig auf eine andere Person übertragen hat, so daß ihm die Möglichkeit, auf die Benutzung des Fzs im einzelnen Einfluß zu nehmen, fehlt. Kostenschuldner ist dann *nur der Beauftragte, Rediger* S 63, 65. Dies gilt zB bei **FirmenFzen,** bei denen die Hal- 10 terpflichten wirksam auf bestimmte Mitarbeiter übertragen wurden (s dazu § 31 StVZO Rz 18) sowie bei Miet- oder Leihverträgen, soweit diese nicht die Haltereigenschaft des Mieters oder Entleihers begründen (s § 7 StVG Rz 16), s dazu *Rediger* S 46 ff. Sind in derartigen Fällen Mieter *und* Vermieter Halter, so trifft nach Sinn und Zweck des Abs I die dort bestimmte Kostenfolge für die Zeit des Vertragsverhältnisses nur den Mieter als denjenigen, der allein unmittelbar Einfluß auf das Fz ausübt. Der **Halterbegriff** ist derselbe wie in § 7, AG Osnabrück NZV 88 196; daß der Gesetzgeber diesem Begriff hier eine andere Bedeutung hätte zugrundelegen wollen, ist nicht erkennbar, zumal es auch ungerechtfertigt erschiene, jemanden hinsichtlich der Kosten haften zu lassen, der nicht tatsächlich über das Fz verfügt, s *Hentschel* DAR 89 90, *Rediger* S 44, aM AG Mannheim NZV 88 116 (abl Anm *Berz*), AG Essen DAR 89 115. Jedoch dürfen VB, StA und Gericht so lange davon ausgehen, daß der als Halter Eingetragene tatsächlich Halter ist, bis dieser das Gegenteil geltend macht, s *Janiszewski* NStZ 89 261, *Hentschel* DAR 89 90, *Rediger* S 44.

11   7. Da sich das Bußgeldverfahren gem Abs I nicht gegen den Halter oder seinen Beauftragten richten muß (s Rz 4), treffen ihn auch die Kosten eines **gegen einen Dritten** gerichteten Bußgeldverfahrens, wenn dieses unter den übrigen Voraussetzungen des Abs I zum Freispruch oder zur Einstellung führt. Das gilt zB in den Fällen, in denen der Dritte vom Halter als FzF benannt worden war. Die notwendigen Auslagen des Dritten sind dagegen in solchen Fällen nicht gem § 25a vom Halter zu tragen; diese sind vielmehr (weil sie nicht zu den Verfahrenskosten gehören) zugleich mit dem Freispruch oder der Einstellung der Staatskasse aufzuerlegen, s *Göhler* vor § 109a Rz 21, s *Rediger* S 252.

12   8. **Anhörung** des Halters oder seines Beauftragten ist geboten, bevor ihm gem Abs I Kosten und Auslagen auferlegt werden, einschränkend entgegen Abs II, 2. Halbsatz, AG Winsen (Luhe) NZV 94 293 (krit *Rediger*). Die Begr (BRDrucks 371/82 S 39) schlägt vor, zur Vermeidung zusätzlichen Verwaltungsaufwands entsprechende Hinweise schon in den Anhörungsbogen und ggf in den Bußgeldbescheid aufzunehmen, ebenso *Göhler* vor § 109a Rz 26, s *Berr/H/Schäpe* 717. Diese von den VBn zum Teil geübte Praxis ist indessen zumindest zw, weil in diesem Stadium die konkreten Tatsachen, auf die die Entscheidung gem § 25a später gestützt wird, noch gar nicht vorliegen. Dem Betroffenen wird dadurch zB nach Einspruchseinlegung ohne Angaben zur Sache die Möglichkeit genommen, vor Einstellung und Kostenauferlegung den FzF noch zu benennen oder Tatsachen darzulegen, die ein Absehen von der Kostenauferlegung aus Billigkeitsgründen (Abs I S 2) rechtfertigen, s *Suhren* NZV 88 54, *Hentschel* DAR 89 90, *Rediger* S 177 ff, AG Offenbach NZV 97 412. War der Betroffene nur im Anhörungsbogen auf die Kostentragungspflicht hingewiesen worden, so ist er jedenfalls in den Fällen hierzu nochmals zu hören, in denen die VB einen später ergangenen Bußgeldbescheid zurücknimmt, AG Delmenhorst NZV 88 158. Jedoch ist unterbliebene Anhörung insoweit unschädlich, als sie im gerichtlichen Verfahren (Rechtsbehelf, s Rz 15) nachgeholt werden kann, AG Kö bei *Rediger* Fn 527, *Rediger* S 187.

13   9. a) Die **Kostenentscheidung** ergeht gem Abs II mit der das Verfahren abschließenden Entscheidung, wenn diese Entscheidung aa) eine **Einstellung** oder bb) ein **Freispruch** ist und cc) darauf beruht, daß der FzF ohne unangemessenen Ermittlungsaufwand (s Rz 6, 7) nicht festgestellt werden konnte. Einstellung aus anderen Gründen, zB gem § 47 OWiG oder wegen Verjährung, s *Rediger* S 200, führt daher ebensowenig zur Kostentragungspflicht gem § 25a wie ein Freispruch, der aus anderen Gründen erfolgt als allein deswegen, weil der FzF nicht feststellbar war oder nur mit unverhältnismäßigem Ermittlungsaufwand hätte festgestellt werden können, s *Janiszewski* DAR 86 260. Die ausdrückliche Feststellung, daß der Halter seine **Auslagen** selbst zu tragen habe (Abs I S 1, Halbsatz 2) braucht in der Entscheidung nach § 25a nicht getroffen zu werden, *Göhler* vor § 109a Rz 22.

14   b) **Selbständige Kostenentscheidung** sieht Abs II nicht ausdrücklich vor. Die Entscheidung hat daher in aller Regel gleichzeitig mit derjenigen zu ergehen, die das Verfahren abschließt. Jedoch wird **in Ausnahmefällen,** etwa wenn rechtzeitige Anhörung

Kostentragungspflicht des Halters eines Kraftfahrzeugs § 25a StVG 1

dessen, dem die Kosten auferlegt werden sollen, vor der abschließenden Entscheidung nicht möglich ist, auch eine nachträgliche Kostenentscheidung gem Abs I zulässig sein, s *Janiszewski* DAR **86** 260 (davon geht auch die amtl Begr aus, BRDrucks 371/82 S 39). Liegen die Voraussetzungen für eine solche Ausnahme nicht vor, so ist die entgegen Abs II getroffene isolierte (nachträgliche) Kostenentscheidung unzulässig und auf rechtzeitig gestellten Antrag (Abs III) aufzuheben, s *Hentschel* DAR **89** 93, *Rediger* S 209; insoweit haben die gleichen Grundsätze zu gelten wie bei unterbliebener Kosten- und Auslagenentscheidung im Strafverfahren, s dazu zB *Meyer-Goßner* § 464 Rz 8.

10. Rechtsbehelf. Soweit die Kostenentscheidung gem § 25a bei Einstellung des 15 Verfahrens durch die VB oder die Staatsanwaltschaft ergeht, kann der von ihr betroffene Halter oder Beauftragte innerhalb von 2 Wochen ab Zustellung **gerichtliche Entscheidung** beantragen. Abs III S 2 erklärt § 62 II OWiG für entsprechend anwendbar. Danach ist für die Entscheidung das Gericht zuständig, das gem § 68 OWiG über einen Einspruch gegen einen wegen des Verstoßes ergangenen Bußgeldbescheid zu entscheiden hätte. Gem § 62 II S 2 OWiG gelten für den Antrag auf gerichtliche Entscheidung im übrigen die Vorschriften der §§ 297 bis 300, 302, 306 bis 309 und 311a StPO entsprechend. Das Gericht, nicht die VB, entscheidet auch über die Zulässigkeit (Rechtzeitigkeit) des Antrags, AG Kö NZV **91** 46, *Rediger* S 232 ff, aM *Göhler* DAR **89** 44. Das Gericht hat *alle* Voraussetzungen des § 25a zu prüfen, insbesondere auch die Haltereigenschaft und den Charakter der OW als „Halt- oder Parkverstoß", s *Rediger* S 239. Ausreichend (aber erforderlich) ist es insoweit, wenn dem Bußgeldvorgang zu entnehmen ist, woraus sich die Haltereigenschaft des Betroffenen zum Tatzeitpunkt ergibt (etwa KBA-Auskunft), und ferner, um welche Art von Verstoß es sich handelt; hierbei reicht Mitteilung einer Schlüssel-Nr und Beifügung des Schlüssels aus. Die gerichtliche Entscheidung ist ausreichend zu begründen (§§ 46 OWiG, 34 StPO), *Göhler* § 109a Rz 29, *Hentschel* DAR **89** 93; die Verwendung formularmäßig vorgefertigter Texte kann hierzu genügen, BayVerfGH BayVBl **89** 654. Bei unzureichender Ermittlung der Tatsachen, von denen die Kostentragungspflicht abhängt, kann das Gericht die Sache unter Aufhebung der Kostenentscheidung der VB an diese zurückverweisen, s *Göhler* DAR **89** 45, *Hentschel* DAR **89** 93, *Rediger* S 242.

a) **Belehren** müssen VB und Staatsanwaltschaft den Kostenschuldner über Frist und 16 Form des Rechtsbehelfs gegen die Entscheidung gem Abs I. Dies folgt für die VB aus § 50 II OWiG, für die Staatsanwaltschaft aus § 25a Abs III S 2, Halbsatz 2 in Verbindung mit § 50 II OWiG, s dazu Ro NZV **94** 287.

b) Bei Versäumung der zweiwöchigen Frist des Abs III S 1 zur Stellung des Antrags 17 auf gerichtliche Entscheidung kommt nach Maßgabe von § 52 OWiG **Wiedereinsetzung in den vorigen Stand** in Frage. Ist die Kostenentscheidung durch die Staatsanwaltschaft ergangen, so findet diese Bestimmung gem Abs III S 2, Halbsatz 2 entsprechende Anwendung.

11. Kein Rechtsmittel ist zulässig a) gegen die durch das Gericht gem § 25a ge- 18 troffene Entscheidung (Abs III S 3) und b) gegen die Entscheidung des Gerichts auf den gem Abs III S 1 eingelegten Rechtsbehelf (Abs III S 2 in Verbindung mit § 62 II S 2 OWiG), s dazu Ro NZV **94** 287.

12. Kosten- und Auslagenentscheidung bezüglich des Rechtsbehelfsverfah- 19 **rens:** §§ 25a III S 2 StVG, 62 II S 2 OWiG, 467 I, 473 I S 1 StPO, s AG Hannover NRpfl **88** 143. Bei erfolgreichem Antrag sind die Kosten des Rechtsbehelfs und die durch seine Einlegung dem Betroffenen entstandenen notwendigen Auslagen der kommunalen Gebietskörperschaft aufzuerlegen, deren VB den aufgehobenen Bescheid erlassen hat, AG Freiburg ZfS **87** 381, s *Göhler* vor § 105 Rz 56, § 62 Rz 32a. Die Festsetzung der Auslagen des Betroffenen erfolgt durch das Gericht (nicht durch die VB), LG Wuppertal NStZ **04** 224. § 109a OWiG betrifft nur Festsetzung einer Geldbuße bis 10 € durch Bußgeldbescheid und ist auf Fälle erfolgreichen Rechtsbehelfs gegen Kostenbescheide nach Abs I über 10 € nicht entsprechend anzuwenden, LG Hb VRS **74** 60, AG Sa NZV **89** 125, AG Bergisch Gladbach NZV **90** 204, *Rediger* S 247. **Gebühr** bei Entscheidung durch die VB: § 107 II OWiG, im Falle einer Entscheidung durch die

309

1 StVG § 26

Staatsanwaltschaft oder das Gericht: Kostenverzeichnis GKG Teil 7 Nr VII. Zw, ob auch für den erfolglosen Antrag auf gerichtliche Entscheidung gem Abs III eine Gebühr zu erheben ist. Mit dem in den Gebührentatbeständen des § 107 II OWiG und des Teils 7 Nr VII KV GKG verwendeten Begriff der „abschließenden Entscheidung" dürfte jedoch auf § 25 a Abs I und II verwiesen und somit die Entscheidung gemeint sein, die das Bußgeldverfahren abschließt, nicht dagegen die Entscheidung des Gerichts über den Rechtsbehelf nach Abs III. Das spricht dafür, daß GKG KV Nr 7700 keinen besonderen Gebührentatbestand für erfolglose Anträge gem Abs III enthält, im Ergebnis ebenso *Rediger* S 257. Daraus folgt: Wird das OW-Verfahren durch die VB abgeschlossen, so gilt § 107 II OWiG (Gebühr 13 €), bei Abschluß des Verfahrens durch die StA gilt GKG KV Nr 7710 (Gebühr 13 €), bei Abschluß (Einstellung oder Freispruch) durch das Gericht gilt GKG KV Nr 7700 (Gebühr 25 €); bei Antrag auf gerichtliche Entscheidung gem § 25 a III entsteht **keine zusätzliche Gebühr**, im Ergebnis ebenso AG Hannover NRpfl 88 143, AG Würzburg NZV 97 131 sowie JM NRW v 21. 12. 87 – 5662 – I B. 5. **Kostenansatz** bei Entscheidung durch die Staatsanwaltschaft (auch nach Rechtsbehelf gem Abs III): § 4 IIa GKG.

20   13. Lit: *Hentschel*, Gesetzliche Neuregelungen im StrVRecht, NJW 87 758, 760 ff. *Derselbe*, Die Kostentragungspflicht des Halters von Kfzs bei Halt- oder Parkverstößen, DAR 89 89. *Jahn*, Zur Verfassungsmäßigkeit der Kostenhaftung des KfzHalters nach § 25 a StVG, JuS 90 540. *Janiszewski*, Zur Kosten-Halterhaftung nach sog Kennzeichenanzeigen ..., DAR 86 256. *Kaufhold*, Die Kostentragungspflicht des Halters eines Kfzs nach § 25 a StVG, VGT 87 232. *Rediger*, Rechtliche Probleme der sog Halterhaftung nach § 25 a StVG, Diss, Bochum 1993. *Rogosch*, Zum Verhältnis der Kostenvorschriften des § 25 a StVG und des § 109 a OWiG bei Kennzeichenanzeigen, NZV 89 218. *Suhren*, Neue Erkenntnisse zur „Halterhaftung" bei Parkverstößen?, NZV 88 52.

Zuständige Verwaltungsbehörde; Verjährung

26 (1) ¹Bei Ordnungswidrigkeiten nach § 24, die im Straßenverkehr begangen werden, und bei Ordnungswidrigkeiten nach § 24 a ist Verwaltungsbehörde im Sinne des § 36 Abs. 1 Nr. 1 des Gesetzes über Ordnungswidrigkeiten die Behörde oder Dienststelle der Polizei, die von der Landesregierung durch Rechtsverordnung näher bestimmt wird. ²Die Landesregierung kann die Ermächtigung auf die zuständige oberste Landesbehörde übertragen.

(2) Bei Ordnungswidrigkeiten nach § 23 ist Verwaltungsbehörde im Sinne des § 36 Abs. 1 Nr. 1 des Gesetzes über Ordnungswidrigkeiten das Kraftfahrt-Bundesamt.

(3) Die Frist der Verfolgungsverjährung beträgt bei Ordnungswidrigkeiten nach § 24 drei Monate, solange wegen der Handlung weder ein Bußgeldbescheid ergangen noch öffentliche Klage erhoben ist, danach sechs Monate.

1   1. **Begr** zum ÄndG v 7. 7. 86: BRDrucks 371/82 S 40.

2   2. **Zuständigkeit bei OWen gemäß § 24 StVG im Straßenverkehr.** In Abweichung von der allgemeinen gesetzlichen Zuständigkeitsregelung (§ 36 OWiG) ist diejenige PolB oder -dienststelle zuständig, welche die Landesregierung, oder bei übertragener Ermächtigung (I) die zuständige oberste LandesB durch RVO bestimmt. Die Ermächtigung des Abs I S 1 ist grundgesetzkonform, insbesondere hinreichend bestimmt, BVerfGE 27 18 (35). Bezweckt ist möglichste Zentralisation der Zuständigkeit bei entsprechend qualifizierten Behörden, die einheitlichen Weisungen zugänglich sind und bei denen Aufklärung und Ahndung in denselben Händen liegen, so daß einheitliche und rasche Erledigung gewährleistet ist, auch unter Verwendung moderner technischer Einrichtungen, s BVerfGE 27 18 (35), Hb VRS 74 370. *Verfolgung* von VOWen (iS von § 36 OWiG) setzt einen Anfangstatverdacht voraus und ist daher nicht dasselbe wie **Verkehrsüberwachung**, s Fra NZV 92 248, NJW 92 1400, *Albrecht* DAR 03 540, *Melchers* VGT 89 111, *Bick/Kiepe* NZV 90 331 (str), aM *Fredrich* DAR 92 187, s *Bernstein* NZV 99 316 (321). **„Behörde oder Dienststelle der Polizei"** iS der Ermächtigung von Abs I S 1 können auch die Ordnungsbehörden sein, s *Pitschas/Aulehner* BayVBl 90 419, *Albrecht* DAR 03 540, *Bick/Kiepe* NZV 90 331, *Waechter* NZV 97 336, nicht aber zB die von der Pol organisatorisch getrennten Einwohnermeldeämter, KG

Zuständige Verwaltungsbehörde; Verjährung § 26 StVG 1

VRS 72 456 (zust *Janiszewski* NStZ 87 402). Soweit **Gemeinden** aufgrund spezieller landesrechtlicher Ermächtigungsnormen (s *Albrecht* DAR 03 540) VÜberwachung betreiben (s dazu die Übersicht bei *Döhler* DAR 96 37), s *Albrecht* DAR 03 539, darf dies aber jedenfalls nicht unter fiskalischen Aspekten geschehen, Stu NZV 90 439, Fra NZV 92 248, *Beck* AnwBl 92 377, DAR 94 483, *Steiner* DAR 96 273, was zu einem Vertrauensverlust bei den VT in die Objektivität von Überwachungsmaßnahmen und zu einer Aushöhlung des Opportunitätsprinzips bei der Verfolgung von OWen führen könnte, s *Janker* DAR 91 32, *Hornmann* DAR 99 162, *Hentschel* NJW 96 630, 98 655. Zur Verkehrsüberwachung durch Gemeinden in Hessen, s Fra NStZ-RR 01 120, *Joachim/Radtke* NZV 93 94, *Beck* DAR 94 483, *Friedrich* PVT 96 49, *Hornmann* DAR 99 158, in Brandenburg, s Brn DAR 96 64, in B/W, s Stu NZV 90 439 (Anm *Janker* DAR 91 32, *Standop* PVT 91 164), Kar NJW 93 1023. Die Überwachung der Einhaltung von VVorschriften wie zB der zulässigen Geschwindigkeit und die Verfolgung von Verstößen gehören zum Kern der originären Staatsaufgaben (s aber *Waechter* NZV 97 334 ff) und sind daher grundsätzlich den Angehörigen des öffentlichen Dienstes vorbehalten, BaySt 97 46 = NZV 97 276 (Anm *Ludovisy* DAR 97 208), BaySt 99 38 = NZV 99 258, *Steegmann* NJW 97 2157. Ob eine sachliche Zuständigkeit **kommunaler Zweckverbände** für die Verfolgung von VOWen besteht, hat Bay VD 04 302 offen gelassen, weil ein von einem solchen Verband erlassener Bußgeldbescheid jedenfalls nicht nichtig sei. Kein Recht Bediensteter einer kommunalen Ordnungsbehörde, **VT anzuhalten,** s § 36 StVO Rz 24. Überwachung **durch Private** im Auftrag der kommunalen Ordnungsbehörde unter Verwendung technischer Meßgeräte nur bei aktiver Teilnahme eines mit der Technik des Meßgerätes vertrauten Behördenangehörigen, Fra NZV 95 368 (bei *bewußter* Mißachtung uU Verwertungsverbot), BaySt 97 46 = NZV 97 276 (Beweisverwertungsverbot mangels Willkür im entschiedenen Fall abgelehnt, krit *Ludovisy* DAR 97 208), *Döhler* VGT 98 209), AG Freising DAR 97 31 (zust *Ludovisy*), AG Bernau DAR 98 76 (Beweisverwertungsverbot bei „grober Fahrlässigkeit" der VB). Nur so kann wirksam der Gefahr begegnet werden, daß der das OWRecht beherrschende Opportunitätsgrundsatz ausgehöhlt (KG NZV 97 50, *Ronellenfitsch* DAR 97 148, 151, *Nitz* NZV 98 13 f, *Hornmann* DAR 99 162) und die Objektivität der Messung durch sowohl bei der Kommune als auch beim Gerätevermieter bestehende fiskalische bzw wirtschaftliche Interessen gefährdet wird, s *Steegmann* NJW 97 2157, *Hornmann* DAR 99 158, abw *Radtke* NZV 95 430. Bay NZV 99 258 sieht es nicht als Umgehung dieser Grundsätze an, wenn die Geschwindigkeitsmessung durch einen organisatorisch in die Gemeinde integrierten und ihr unterstellten Leiharbeiter eines privaten Überwachungsunternehmens erfolgt (zw). Spätestens mit der Aufzeichnung der Daten, die ein Verhalten als bußgeldbewehrte Zuwiderhandlung erkennen lassen, ist der Beginn eines personenbezogenen Bußgeldverfahrens anzunehmen, der als hoheitliche Tätigkeit nicht Gegenstand einer Übertragung auf Private sein darf, KG NZV 97 48, BaySt 97 107 = NZV 97 486, AG Freising DAR 97 31, s *Waechter* NZV 97 337, *Nitz* NZV 98 14. Ob ein daraus resultierendes Beweiserhebungsverbot zu einem **Beweisverwertungsverbot** führt, läßt sich nicht allgemein beantworten, s BGH NJW 78 1390; je gravierender die Rechtsverletzung bei der Beweisgewinnung, umso eher kommt ein Beweisverwertungsverbot in Betracht, s KG NZV 97 50, Bay NZV 97 486, Fra NZV 97 368, AG Bernau DAR 98 76, vor allem bei willkürlichem, bewußtem Handeln zum Nachteil des Betroffenen, s *Hornmann* DAR 99 159, 162. Parküberwachung durch private „Arbeitsgemeinschaft" im Auftrag der Kommune, die durch Datenerfassung und Hinterlassen eines Hinweiszettels am Fz das Stadium des Beginns eines Bußgeldverfahrens erreicht, ist jedenfalls rechtswidrig, KG NZV 97 48 (Beweisverwertungsverbot), Bay NZV 97 486 (kein Beweisverwertungsverbot), AG Freising DAR 97 31. Die „Abteilung Verkehrsordnungswidrigkeiten" des **Einwohnermeldeamtes** Hb gehört ebenso wie die Pol zur Behörde für Inneres; ein von ihr erlassener Bußgeldbescheid ist iS des Abs I von einer „Behörde oder Dienststelle der Polizei" erlassen, Hb VRS 74 370. Wurde von einer Landesregierung eine Behörde bestimmt, die nicht „Polizei" iS von Abs I ist, so sind von dieser Behörde erlassene Bußgeldbescheide dennoch nicht ohne weiteres nichtig, KG VRS 72 456. Auf **Bahnanlagen** einschließlich der dort von der Bahn eingerichteten Parkplätze gelten auch nach der Umwandlung der Bundesbahn in die Bahn AG die Bestimmungen der

1 StVG § 26   III. Straf- und Bußgeldvorschriften

EBO mit bahnpolizeilicher Zuständigkeit des BGS, Bay NZV **97** 491. Bahnhofsvorplätze gehören idR nicht zu den Bahnanlagen, Hb DAR **87** 124 (zust *Berr*), der BGS als BahnPol ist daher dort örtlich nicht zuständig, Kar VRS **54** 78, Stu VM **73** 67, Ol NJW **73** 291, Ha VRS **56** 159 (außer bei Verladebetrieb der Bahn, Stu VM **73** 67), *Janiszewski/Buddendiek* Rz 29, aM *Dernbach* NJW **75** 679, *Weber* DÖV **70** 145. Ein wegen Parkverstoßes auf bahneigenem, aber allgemein zugänglichem Bahnhofsvorplatz von der Bundesbahndirektion erlassener Bußgeldbescheid ist daher unwirksam, Ha VRS **56** 159 (Verfahrenshindernis). Verwarnung durch den BGS als Bahnpolizei: § 26a Rz 52.

    Lit: *Albrecht*, Anhalterechte kommunaler Bediensteter zur Verfolgung von VVerstößen, DAR **03** 537. *Bernstein*, Zur Rechtsnatur von Geschwindigkeitskontrollen, NZV **99** 316. *Döhler*, Privatisierung der VÜberwachung? – Rechtliche Möglichkeiten und Grenzen, VGT **98** 202. *Hornmann*, Die Verfolgung von OWen durch Private ist unzulässig – auch in Hessen, DAR **99** 158. *Nitz*, Neuere Rspr zur Privatisierung der VÜberwachung, NZV **99** 11. *Ronellenfitsch*, Allgemeine Betrachtungen zur VÜberwachung durch Private, DAR **97** 147. *Steegmann*, VÜberwachung durch Private, NJW **97** 2157. *Steiner*, Möglichkeiten und Grenzen kommunaler und privater VÜberwachung, DAR **96** 272. *Waechter*, Die Organisation der VÜberwachung, NZV **97** 329.

3   § 26 I Satz 1 ist grundgesetzkonform, BVerfGE **27** 18 = NJW **69** 1619.

4   **3. Zuständig bei OWen gemäß § 24 StVG außerhalb des Straßenverkehrs**, also idR für diejenigen gemäß der StVZO, ist die gemäß § 36 I Nr 2a, II OWiG bestimmte VB, idR diejenige, welche die Materie bearbeitet. OWen dieser Art werden meist nicht durch die verkehrsüberwachende Polizei ermittelt, ausgenommen allerdings etwa Brems-, Beleuchtungs- und Ladungskontrollen im Verkehr, s auch § 24 Rz 70.

5   **4. Zuständig bei OWen gemäß § 23 StVG** (gewerbsmäßiges Feilbieten nicht vorschriftsmäßig gekennzeichneter FzTeile) ist gemäß II das Kraftfahrt-Bundesamt.

6   **5. Körperliche Untersuchung. Sicherheitsleistung.** Aufgaben der Pol: § 53 OWiG. Zur Feststellung verfahrensbedeutsamer Tatsachen dürfen die Ermittlungspersonen der StA (§ 152 GVG) die körperliche Untersuchung des Verdächtigen anordnen, jedoch nur die Entnahme von Blutproben und andere geringfügige Eingriffe (Schranke des § 46 IV OWiG). Sicherheitsleistung (§§ 46 I OWiG, 132 StPO): s § 24 Rz 75.

7   **6. Verfolgungsverjährung.** Die Verfolgung aller OWen gegen § 24 StVG verjährt gemäß der Sondervorschrift in Abs III in der ab 1. 4. 87 geltenden Fassung abweichend von § 31 II OWiG nach drei Monaten im Verfahren vor der VB. Nach Erlaß eines Bußgeldbescheides oder Erhebung der öffentlichen Klage dagegen gilt nunmehr eine 6 monatige Verjährungsfrist. Maßgebend ist das Datum des Erlasses des Bußgeldbescheides (bei EDV der dem Datum des Bußgeldbescheides entsprechende Tag des mechanischen Ausdrucks, Dü NZV **03** 51) bzw des Eingangs der Anklageschrift oder eines Antrags auf Erlaß eines Strafbefehls bei Gericht. Die Neuregelung trägt der Tatsache Rechnung, daß im Verfahren nach Einlegung des Einspruchs häufig mehr Zeit benötigt wird als im summarischen Verfahren, s Schl ZfS **95** 35, KG NStZ **99** 193. Hier hatte sich die Frist von 3 Monaten vielfach als zu kurz erwiesen (zB bei Vernehmungen durch den ersuchten Richter, Einholung von Sachverständigengutachten oder bei Überlastung der Gerichte mit der Folge, daß innerhalb von 3 Monaten keine Hauptverhandlung anberaumt werden konnte). Auch prozeßtaktischem Verhalten zwecks Herbeiführung der Verjährung soll durch die Neufassung entgegengewirkt werden (s Begr BRDrucks 371/82 S 40), KG NStZ **99** 193. Die 6 monatige Verjährungsfrist gilt auch nach Erlaß eines Bußgeldbescheides, der zurückgenommen wird (zB bis zum Erlaß eines neuen), Ce NZV **95** 40, *Gübner* NZV **98** 236. Die Streitfrage, ob die verlängerte Verjährungsfrist erst ab einer zwischen Erlaß und Zustellung des Bußgeldbescheides erfolgten Unterbrechung gilt, wenn dieser nicht gem § 33 I Nr 9 OWiG binnen 2 Wochen zugestellt wurde, was dem Wortlaut von Abs III entspricht (*„ergangen"*), so zB Bay NZV **99** 433 – Anm *Gübner* –, *Katholnigg* VGT **99** 253, abw KG NStZ **99** 193, *Gübner* NZV **98** 235, wurde durch den BGH, BGHSt **45** 261 = DAR **00** 74, in abl Sinne entschieden (zw *Korte* NStZ **00** 410). Nur bei fristgemäßer Zustellung bewirkt danach schon der Erlaß des Bußgeldbescheides die Verlängerung der Verjährungsfrist auf 6 Monate, anderenfalls

Bußgeldkatalog   § 26a StVG 1

erst dessen Zustellung, und zwar auch, wenn zwischenzeitlich eine andere Unterbrechungsmaßnahme getroffen wurde (krit *König* JR **00** 345 „*Rechtsfortbildung contra legem*"). *Verjährung* bei OWen gegen § 24 a StVG s dort. Die kurze Verjährung des § 26 III gilt auch für OWen gem § 130 OWiG, soweit dem Betriebsinhaber Ermöglichung von VOWen gem § 24 StVG durch unterlassene Aufsichtsmaßnahmen vorgeworfen wird, Kö VRS **78** 468. Bei Kennzeichenanzeigen ist nur eine gegen eine bestimmte Person als Betroffenen gerichtete Handlung (s den Katalog des § 33 I OWiG) zur **Verjährungsunterbrechung** geeignet, BGH NJW **97** 598, Bay DAR **88** 172, Ha DAR **00** 81, VRS **98** 208, zB die Anordnung der Versendung eines Anhörungsbogens an den Halter *als Betroffenen,* Ha DAR **00** 81, VRS **95** 273, **98** 441, Kö VRS **95** 119, Fra NStZ-RR **98** 346, Hb NZV **99** 95, DAR **99** 176, *Gübner* NZV **98** 232, *Göhler* § 33 Rz 14. Keine Unterbrechung dagegen, wenn sich der Anhörungsbogen alternativ an den Halter auch zur Ermittlung des Betroffenen richtet, Hb NStZ-RR **99** 21, Dr DAR **04** 535, oder wenn er insoweit unklar ist, Zw DAR **03** 184, AG Grünstadt ZfS **02** 502. oder widersprüchlich, AG Ahrensburg ZfS **04** 336; ebenso, wenn durch die Versendung eines Anhörungsbogens oder die Vernehmung eines Zeugen der noch unbekannte Fahrer erst ermittelt werden soll, zB weil der Halter als Täter nicht in Frage kommt (juristische Person), BGHSt **24** 321 = NJW **72** 914 (KG), **97** 598, Ha NZV **99** 261 (auch wenn ein zur Feststellung des FzF geeignetes Foto vorliegt). Zur Berechnung der Verjährung, wenn vorher die Verfolgung wegen eines Vergehens wirksam unterbrochen worden war, Kar VRS **37** 113. Kann die **angeklagte Straftat** nicht festgestellt werden und ist die tateinheitlich begangene **OW verjährt,** so ist nicht einzustellen, sondern freizusprechen, KG DAR **04** 459, Ol VRS **68** 277.

Lit: *Gübner,* Die Unterbrechung der Verfolgungsverjährung in Bußgeldsachen, NZV **98** 230. *Lehmann*/Wecker, Fehlerhafte Zustellung eines Bußgeldbescheides und die Verfolgungsverjährung, DAR **99** 283. *Schmitt,* Die zeitliche Begrenzung der Verjährungsunterbrechung bei der Verfolgung von OWen im Strafverfahren, DAR **69** 179.

Bußgeldkatalog

26a (1) Das Bundesministerium für Verkehr, Bau- und Wohnungswesen wird ermächtigt, durch Rechtsverordnung mit Zustimmung des Bundesrates Vorschriften zu erlassen über

1. die Erteilung einer Verwarnung (§ 56 des Gesetzes über Ordnungswidrigkeiten) wegen einer Ordnungswidrigkeit nach § 24,
2. Regelsätze für Geldbußen wegen einer Ordnungswidrigkeit nach den §§ 24 und 24 a,
3. die Anordnung des Fahrverbots nach § 25.

(2) **Die Vorschriften nach Absatz 1 bestimmen unter Berücksichtigung der Bedeutung der Ordnungswidrigkeit, in welchen Fällen, unter welchen Voraussetzungen und in welcher Höhe das Verwarnungsgeld erhoben, die Geldbuße festgesetzt und für welche Dauer das Fahrverbot angeordnet werden soll.**

Begr zur Neufassung durch ÄndG v 19. 3. 01 (BTDrucks 14/4304 S 12): *Mit der* **1** *Entscheidung – 2 BvF 1/94 – vom 2. März 1999 hat das Bundesverfassungsgericht seine frühere Rechtsprechung ausdrücklich aufgegeben, wonach die in den Fällen des Artikels 85 Abs. 2 Satz 1 GG (und entsprechend zu Artikel 84 Abs. 2 GG) geübte Staatspraxis, durch Bundesgesetz mit Zustimmung des Bundesrates an Stelle der Bundesregierung als Kollegialorgan einzelne Bundesminister zum Erlass allgemeiner Verwaltungsvorschriften zu ermächtigen, für zulässig erklärt worden war (BVerfGE 26, 338). Das Bundesverfassungsgericht hat nunmehr entschieden, dass allgemeine Verwaltungsvorschriften entsprechend dem Wortlaut des Grundgesetzes (Artikel 85 Abs. 2 Satz 1 GG) ausschließlich von der Bundesregierung als Kollegialorgan mit Zustimmung des Bundesrates erlassen werden können. Vor diesem Hintergrund ist nicht auszuschließen, dass die Ermächtigungsnorm des § 27, auch wenn diese den Sachbereich nach Artikel 84 Abs. 2 GG betrifft, einer verfassungsrechtlichen Prüfung nicht mehr standhalten würde. Sie wird deshalb nicht mehr angewandt. Vielmehr hat die Bundesregierung entschieden, die darauf gestützte Allgemeine Verwaltungsvorschrift für die Erteilung einer Verwarnung bei Straßenverkehrsordnungswidrigkeiten in eine allgemeine Verwaltungsvorschrift der Bundesregierung zu überführen, die unmittelbar auf Artikel 84 Abs. 2 GG beruht.*

1 StVG § 26a   III. Straf- und Bußgeldvorschriften

Um die in der Sache nicht gebotene Konsequenz zu vermeiden, dass über die Verwarnungsgeldregelsätze bis 75 DM, bei denen es um die geringfügigen Ordnungswidrigkeiten geht, die Bundesregierung als Kollegium zu entscheiden hat, während Bußgeldregelsätze ab 80 DM und Regelfahrverbote weiterhin das Bundesministerium für Verkehr, Bau- und Wohnungswesen erlässt, soll nunmehr mit der Änderung des § 26 a das Bundesministerium für Verkehr, Bau- und Wohnungswesen dazu ermächtigt werden, auch die Bestimmungen über die Verwarnungsgeldregelsätze in den Verordnungsrang zu erheben. Das hat zugleich den Vorteil, sämtliche Vorschriften über die Regelsanktionen bei Straßenverkehrsordnungswidrigkeiten in einem einzigen Regelwerk zusammenzuführen und damit die Transparenz des Verkehrsrechts zu verbessern.

...

Es ergeben sich keine Auswirkungen auf die Ahndungspraxis. Für die Bußgeldbehörden entfaltete der nach § 27 StVG erlassene Verwarnungsgeldkatalog stets Bindungswirkung; dies wird beibehalten. Bezüglich der Gerichte beschränkt sich die Neuerung auf deren auch formelle Bindung an die Verwarnungsgeldregelsätze. Das richterliche Ermessen, bei besonderen Umständen des Einzelfalles von den Regelsätzen abweichen zu können, besteht ebenso nach der Bußgeldkatalog-Verordnung, in die die Verwarnungsgeldregelsätze integriert werden sollen, und wird somit durch die Neuregelung nicht beeinträchtigt.

Die neue Verordnungsermächtigung lässt im Übrigen die geltende Allgemeine Verwaltungsvorschrift für die Erteilung einer Verwarnung bei Straßenverkehrsordnungswidrigkeiten (VerwarnVwV) vom 28. Februar 2000 (BAnz. S. 3048), die von der Bundesregierung erlassen worden ist, unberührt. Das gilt auch für künftige Änderungen der auf Artikel 84 Abs. 2 GG gestützten Verwaltungsvorschrift. Auf Artikel 1 Nr. 18 Buchstabe C wird verwiesen.

Die Änderung nimmt zugleich die Anpassung des in § 26 a genannten Ermächtigungsadressaten an den Organisationserlass vom 27. Oktober 1998 (BGBl. I S. 3288) vor.

Im Verhältnis zu § 58 Abs. 2 des Gesetzes über Ordnungswidrigkeiten ist der neue § 26 a Abs. 1 Nr. 1 die speziellere Regelung, die im Bereich der Verkehrsordnungswidrigkeiten den Erlass einer Rechtsverordnung vorsieht, die Bestimmungen zur Erteilung der Verwarnung enthält.

Übersicht

Allgemeine Verwaltungsvorschrift (VerwarnVwV) 3, 5
Anfechtbarkeit der Verwarnung 35, 36
Außendienst, Beamter 38–44

Beamter, Verwarnung 38–44

Ermächtigung zur Erteilung von Verwarnungen 45–52

Geringfügige Ordnungswidrigkeiten, Verwarnungsgegenstand 9–17, 18, 20, 23

Landesinterne Tatbestandskataloge 3, 22, 26, 35

Ordnungswidrigkeit gegen § 24 StVG, Verwarnungsverfahren 5 ff
–, geringfügige als Verwarnungsgegenstand 9–17, 18, 20, 23
–, Zweifel am Vorliegen 21

Polizeidienst, Verwarnung durch Beamte des 38–44

Tatbestandskataloge, landesinterne 3, 22, 26, 35

Tateinheit 27
Tatmehrheit 28

Verbindlichkeit der Katalogsätze 20
Verfahrenshindernis 8, 29, 32–34
Verwaltungsbehörde, Verwarnung durch 8–17
Verwarnung durch Verwaltungsbehörde 8–17
– durch Außen- und Polizeibeamte 38–44
–, Ermächtigung zur Erteilung 45–51
– ohne Verwarnungsgeld 22, 23
– als Verfahrenshindernis 8, 29, 32–34
Verwarnungsgegenstand: geringfügige Ordnungswidrigkeiten 9, 16, 18, 20, 22, 23
Verwarnungsgeld, Verwarnung ohne 22, 23
–, Zahlung, Zahlungsfrist 10 f, 30, 31
Verwarnungsgeldsätze 20
Verwarnungsverfahren, bei Ordnungswidrigkeiten gegen § 24 StVG 5 ff
VerwarnVwV s Allgemeine Verwaltungsvorschrift

Zahlung des Verwarnungsgeldes, Zahlungsfrist 10 f, 30, 31
Zweifel an Ordnungswidrigkeit 21

2 1. Bedeutung der auf § 26 a beruhenden Kataloge. Die Bestimmung greift nicht in den Inhalt der §§ 24, 24 a StVG in dem Sinne ein, daß die Ahndung von OWen nach jenen Vorschriften die Existenz eines Bußgeldkataloges oder die Festsetzung eines Regelsatzes in diesem voraussetzen würde, *Janiszewski* NJW **89** 3115, *Seidenstecher* VD **89** 267, *Jagow* NZV **90** 16, *Heck* NZV **91** 177. Das BMV hat erst mehr als 6 Jahre nach Inkrafttreten des § 26a durch die BKatV (alt) v 4. 7. 89 (BGBl I S 1305, 1447) den in

Bußgeldkatalog   § 26a StVG 1

§ 26a mit der Ermächtigung zugleich erteilten Auftrag erfüllt. Die neue BKatV v 13. 11. 01 (in Kraft getreten am 1. 1. 02) ist im **Buchteil 8** abgedruckt.

Gerichtliche Bindung an landesinterne **Tatbestandskataloge** zur Ahndung geringfügiger Ordnungswidrigkeiten besteht nicht; Entsprechendes gilt für die frühere, bis zum 31. 12. 01 gültig gewesene VerwarnVwV, die nicht auf der Ermächtigungsgrundlage des Abs I Nr 1 als RVO erlassen war, s § 24 Rz 65. **3**

Zur **Bindung der Gerichte an die Sätze des Bußgeldkataloges,** s § 24 Rz 64. **4**
Zur Bedeutung der BKatV für das FV nach § 25 StVG, s § 25 Rz 19 ff.

Lit: s § 24 StVG Rz 80.

2. Verwarnungsverfahren bei OWen gegen § 24 StVG. Bis zum 27. 3. 01 **5** (Inkrafttreten der Neufassung) regelte § 27 StVG (alt), in welchen Fällen eine OW gegen § 24 StVG durch Verwarnung (§§ 56 bis 58 OWiG) geahndet werden soll, und ermächtigte das BMV zum Erlaß allgemeiner Vwv. Die bis zum 31. 12. 01 gültig gewesene, von der BReg erlassene Vwv mit Verwarnungsgeldkatalog beruhte auf der Ermächtigungsgrundlage des Art 84 II GG. Die in §§ 56 ff OWiG getroffene Regelung wird durch die neue Ermächtigungsnorm des Abs I Nr 1 nicht berührt. Daher gilt nach wie vor: Nur wenn eine OW ihrer Natur nach, also allgemein, andere VT erheblich gefährden kann, oder wenn sie auf grob verkehrswidrigem oder rücksichtslosem Verhalten beruht, ist eine Verwarnungserteilung idR ausgeschlossen, jedoch auch hier nicht, wenn Verwarnung wegen ganz besonderer Umstände ausreicht. Dies ergibt sich außerdem aus § 56 I 2 OWiG: danach ist zunächst zu prüfen, ob bei geringfügigen OWen Verwarnung ohne Verwarnungsgeld ausreicht, *Janiszewski/Buddendiek* Rz 21, sofern nicht überhaupt von Ahndung abgesehen werden kann (§ 47 OWiG). Andernfalls kann eine Verwarnung mit Verwarnungsgeld erteilt werden.

Verwarnungsfähig sind Erwachsene unter den Voraussetzungen von § 12 OWiG, Ju- **6** gendliche nach § 3 I JGG. Wer noch nicht 14 Jahre alt ist, kann nicht verantwortlich ordnungswidrig handeln (§ 12 OWiG).

Die Verwarnung soll ein Bußgeldverfahren ersparen. **Sie enthält keine Entschei- 7 dung über das Vorliegen einer OW,** BVG DAR **73** 223, Ha VRS **57** 198, Kar NZV **90** 159, sondern einen – bei Erhebung von Verwarnungsgeld – einverständlich erteilten „Denkzettel" aus Anlaß einer möglichen OW. Die Verwarnung mit Verwarnungsgeld ist also ein mitwirkungsbedürftiger **Verwaltungsakt,** *Göhler* § 56 Rz 15, *Wolf/Harr* JR **91** 275 f, Dü DAR **84** 154, KG NZV **90** 123, im „äußersten Bagatellbereich", BVG VBl **73** 712, nicht formgebunden und auch mündlich zulässig. Sie schafft ein Verfahrenshindernis, § 56 IV OWiG. Das Verwarnungsgeld ist weder Strafe noch Ahndungsmittel, Ha VRS **57** 198. Verwaltungsgerichtliche Anfechtbarkeit der Verwarnung: Rz 35, 36. Ein gebührenpflichtiges abmahnendes Schreiben der VB wegen Nichtbeachtung einer Auflage beim Fahren ist keine Verwarnung iS von § 27, Bay NJW **75** 746.

3. Verwarnung durch die Verwaltungsbehörde. Maßgebend ist § 56 OWiG. Er **8** lautet in der ab 1. 3.98 geltenden Fassung:

Verwarnung durch die Verwaltungsbehörde

56 (1) ¹*Bei geringfügigen Ordnungswidrigkeiten kann die Verwaltungsbehörde den Betroffenen verwarnen und ein Verwarnungsgeld von fünf bis fünfunddreißig Euro erheben.* ²*Sie kann eine Verwarnung ohne Verwarnungsgeld erteilen.*

(2) ¹*Die Verwarnung nach Absatz 1 Satz 1 ist nur wirksam, wenn der Betroffene nach Belehrung über sein Weigerungsrecht mit ihr einverstanden ist und das Verwarnungsgeld entsprechend der Bestimmung der Verwaltungsbehörde entweder sofort zahlt oder innerhalb einer Frist, die eine Woche betragen soll, bei der hierfür bezeichneten Stelle oder bei der Post zur Überweisung an diese Stelle einzahlt.* ²*Eine solche Frist soll bewilligt werden, wenn der Betroffene das Verwarnungsgeld nicht sofort zahlen kann oder wenn es höher ist als zehn Euro.*

(3) ¹*Über die Verwarnung nach Absatz 1 Satz 1, die Höhe des Verwarnungsgeldes und die Zahlung oder die etwa bestimmte Zahlungsfrist wird eine Bescheinigung erteilt.* ²*Kosten (Gebühren und Auslagen) werden nicht erhoben.*

(4) *Ist die Verwarnung nach Absatz 1 Satz 1 wirksam, so kann die Tat nicht mehr unter den tatsächlichen und rechtlichen Gesichtspunkten verfolgt werden, unter denen die Verwarnung erteilt worden ist.*

9   **4. Begr** zu § 56 OWiG (Drucks V/1269 S 84): *"Absatz 1 läßt das Verwarnungsverfahren bei ‚geringfügigen' Ordnungswidrigkeiten zu. Der bisherige § 22 StVG spricht von ‚leichteren' Verkehrszuwiderhandlungen, der § 8 OWiG nennt Fälle von ‚geringer' Bedeutung. Der Entwurf will den Anwendungsbereich des Verwarnungsverfahrens im Vergleich zu diesen Vorschriften etwas erweitern....*

10 *Absatz 2 entspricht im wesentlichen § 8 Abs. 2 Satz 1 OWiG und dem bisherigen § 22 Abs. 1 Satz 2 StVG. Diese Regelungen werden allerdings in der Hinsicht erweitert, daß das Verwarnungsgeld nicht stets sofort bezahlt zu werden braucht, sondern daß dem Betroffenen auch eine kurze Zahlungsfrist bewilligt werden kann. In der Praxis hat sich gezeigt, daß diese Erweiterung aus Gründen der Gerechtigkeit und der Zweckmäßigkeit geboten ist.*
    ...

11 *Wird das Verwarnungsgeld nicht fristgerecht gezahlt, so ist die Verwarnung nicht wirksam. Die Sache muß dann im ordentlichen Bußgeldverfahren erledigt werden. Das kann zwar in Grenzfällen zu Unbilligkeiten führen, so z. B., wenn die Einzahlung ohne Verschulden des Betroffenen zu spät kommt. Der Entwurf verzichtet gleichwohl auf eine besondere Regelung zur Vermeidung derartiger Unbilligkeiten, weil aus praktischen Gründen eine einfache Verfahrensregelung, die der Masse der hier in Betracht kommenden Fälle gerecht wird, dringend geboten ist.*
    ...

12-17   Der **Rechtsausschuß** hat dazu ausgeführt (zu Drucks V/2600/01 S 8): *„... Die in Absatz 1 als Satz 2 eingefügte Sollvorschrift stellt einerseits klar, daß sich die Verwaltungsbehörde bei geringfügigen Ordnungswidrigkeiten in der Regel darauf beschränken soll, eine Verwarnung zu erteilen, weil das Verfahren auf diese Weise rasch und ohne großen Aufwand erledigt werden kann. Andererseits ist aus dem Bedingungssatz der Hinweis zu entnehmen,* **daß neben einer Verwarnung mit Verwarnungsgeld auch eine solche ohne Verwarnungsgeld in Betracht kommt und daß deshalb zu prüfen ist, ob eine solche Verwarnung ausreichend ist....***
    ...

18 **5. Nur geringfügige OWen** iS von § 56 OWiG sind der Verwarnung durch die VB zugänglich. Das sind solche, bei denen Ahndung mit 35 € ausreicht (§ 1 I S 2 BKatV), s *Janiszewski* 180a. Dabei entscheidet nicht allein das objektive Gewicht der Zuwiderhandlung, sondern auch das Maß der Vorwerfbarkeit, s *Göhler* § 56 Rz 6. Aus § 56 I S 1 OWiG folgt, daß die VB (Pol) auch bei geringfügiger OW keineswegs verpflichtet ist, vom Erlaß eines Bußgeldbescheides (bzw einer OW-Anzeige) abzusehen, die Erteilung einer Verwarnung vielmehr in ihrem Ermessen liegt, Ko VRS **74** 389. Soweit Verwarnung nicht wirksam stattfindet (Rz 29 ff), gelten die Erläuterungen zu § 24 StVG. Fehlbeurteilung der Geringfügigkeit: Rz 20. Zur Wirksamkeit bei Anwendung unrichtiger Verwarnungsgeldsätze: Rz 29, 35.

19 Ein **Fahrverbot** ist nach Maßgabe von § 25 StVG nur neben Geldbuße zulässig, im Verwarnungsverfahren daher ausgeschlossen (§ 56 I OWiG).

20 **6. Verwarnung** ohne Verwarnungsgeld ist geboten, wo das ausreicht (§ 56 I OWiG, Übermaßverbot). Andernfalls beträgt das **Verwarnungsgeld** ab 1. 1. 2002 5 bis 35 € (§ 56 I OWiG). Maßgebend dafür waren bis zum Erlaß der neuen BKatV v 13. 11. 01 (RVO auf der Grundlage des Abs I Nr 1) die Sätze der bis zum 31. 12. 01 gültig gewesenen allgemeinen Verwaltungsvorschrift (AV, VerwarnVwV) der Bundesregierung idF v 28. 2. 2000 (VBl **00** 113, aufgehoben durch AV v 26. 11. 01, BAnz **01** 24505); ab 1. 1. 02 **gilt auch insoweit die BKatV** in der Fassung v 13. 11. 01 (§ 1 I 2 BKatV). Diese unterscheidet zwar in systematischer Hinsicht nicht mehr zwischen Bußgeldern und Verwarnungsgeldern; soweit sie feste Sätze vorsieht, sind diese jedoch als Verwarnungsgeldregelsätze für die VB bindend, Zwischensätze unzulässig. Verstöße, s Rz 29, 35. Ihre Ermessensregeln räumen dem ermächtigten Beamten einen Spielraum ein mit der Rechtsfolge, daß die Ermessensausübung im Zweifel gültig (Rz 29) und nur bei offensichtlicher Willkür unwirksam ist (Rz 35). Die Verwarnung bleibt wirksam, auch wenn die OW in Wahrheit nicht geringfügig ist, Kar VRS **52** 25. Bei **Ablehnung der Verwarnung** findet das Verfahren gemäß den §§ 35 ff OWiG statt. Die VB hat dann bei Geringfügigkeit der OW dieselben Katalogsätze zu beachten. Beim Einspruch gegen den Bußgeldbescheid entscheidet das Gericht innerhalb des gesetzlichen Bußgeldrahmens.

Bußgeldkatalog § 26a StVG **I**

6 a. Zweifelt der Beamte, etwa auf Gegenvorstellung, endgültig am Vorliegen ei- 21
ner OW, so darf er nicht verwarnen, weil dann kein Anlaß zum Einschreiten besteht,
anders nur, wenn sich zwischen ihm und dem Betroffenen kein Einverständnis über das
Vorliegen eines Verstoßes herstellen läßt (Rz 7).

6 b. Gemäß den §§ 47, 56 I OWiG, § 2 II BKatV ist auch bei jeder in der BKatV 22
(oder im landesinternen Tatbestandskatalog für geringfügige OW) bezeichneten OW
zuerst zu prüfen, ob sie so **unbedeutend** ist, daß **von einer Verwarnung abgesehen**
werden kann, oder ob **Verwarnung ohne Verwarnungsgeld** ausreicht (Opportuni-
tätsprinzip). Nur so können die zu tolerierenden bedeutungslosen Verstöße im Massen-
verkehr von den „geringfügigen" und den erheblichen OWen sinnvoll geschieden wer-
den.

Die Beurteilung einer OW als unbedeutend iS von § 2 II BKatV richtet sich nach der 23
VLage und allen dafür maßgebenden Umständen und kann insbesondere bei bloßen
Formalverstößen in Betracht kommen, s *Janker/Steffen* Polizei **04** 79. Sprechen die Um-
stände für fehlende Bedeutung, so ist von Verwarnung mit Verwarnungsgeld auch ab-
zusehen, wenn die OW als Durchschnittsfall in der BKatV verzeichnet ist. Dies uU bei
VStille ohne jede Belästigung, geschweige Gefährdung anderer, und vor allem bei sinn-
widrigem VZ. S **E** 122–124. Bei den in § 1 I S 2, § 2 III BKatV bezeichneten und bei
vergleichbaren OWen, soweit sie nicht im Einzelfall unbedeutend sind, ist Geringfügig-
keit anzunehmen. Fehlbeurteilung: Rz 20. Beim Zusammentreffen mehrerer Verwar-
nungen und Verwarnungsgelder (Rz 27, 28) ist zu prüfen, ob insgesamt noch Gering-
fügigkeit vorliegt, § 2 VIII BKatV.

Auch **schriftlich** am Fz oder nach Einladung zur Polizeiwache (VB) kann die Ver- 24
warnung ausgesprochen werden. Widerspricht allerdings der hinzukommende FzF der
Anbringung des Verwarnungszettels ausdrücklich, so entfällt mangels Mitwirkungsbe-
reitschaft die rechtliche Grundlage für eine Verwarnung gem § 56 I S 1 OWiG, Dü
DAR **84** 154 (dann keine rechtmäßige Amtsausübung iS von § 113 StGB mehr). Zur
mangelnden Unterbrechungswirkung hinsichtlich der Verjährung bei Anbringen einer
schriftlichen Verwarnung am Fz, s Kö VRS **61** 273.

Auf **Gegenvorstellung** kann der Vorgesetzte des Außenbeamten vor einer Verwar- 25
nung von dieser absehen oder sich auf Verwarnung ohne Verwarnungsgeld beschränken
(§§ 47, 56 OWiG). Nach wirksam erteilter Verwarnung ist dies nicht mehr möglich, da
sie, außer bei wirksamer Anfechtung (Rz 35), nicht mehr beseitigt werden kann
(Rz 29 ff).

6 c. Nicht in der BKatV bezeichnete OWen erfordern, wo Verwarnung ohne 26
Verwarnungsgeld nicht ausreicht (Rz 22, 23), angepaßte Sätze, die (nur für geringfügige
OWen) auch in landesinternen Tatbestandskatalogen enthalten sein können (s Begr,
BRDrucks 571/01 S 63). Bei **Fußgängern** soll idR ein Verwarnungsgeld von 5 €, bei
Radfahrern von 10 €, erhoben werden, auch wo die BKatV an sich höhere Sätze vor-
sieht (§ 2 IV BKatV).

6 d. Tateinheit und Tatmehrheit im Verwarnungsverfahren. Erfüllt dieselbe 27
Handlung (§ 24 StVG Rz 58) mehrere Tatbestände des § 24 StVG, nach denen sie als
OW geahndet werden kann, oder denselben Tatbestand mehrmals **(Tateinheit),** so
wird analog § 19 OWiG nur das höchste der vorgeschriebenen Verwarnungsgelder er-
hoben (§ 2 VI BKatV), *Wetekamp* DAR **86** 76, es sei denn, das Gesamtverhalten ist nicht
mehr geringfügig (§ 2 VIII BKatV) oder anderseits insgesamt so unbedeutend, daß Ver-
warnung ohne Verwarnungsgeld ausreicht und daher geboten ist (§ 56 I OWiG) (Rz 22,
23). Die gemäß § 56 III OWiG zu erteilende Bescheinigung umfaßt dann das tateinheit-
liche Verhalten. Das Verwarnungsgeld darf die Höchstgrenze (ab 1. 1. 02 35 €, § 56 I
S 1 OWiG nF) nicht überschreiten und muß die festen Sätze der BKatV einhalten.
Überschreitung: Rz 29, 35.

Weniger klar liegt es bei **Tatmehrheit.** Sie liegt vor, wenn mehrere selbständige 28
Handlungen einen oder mehrere Tatbestände erfüllen (§ 24 StVG Rz 59). Wird jede
dieser Handlungen einzeln gerügt, weil sie einzeln entdeckt wird, und reicht bloße
Verwarnung nicht aus (Rz 22, 23), so wird jede einzeln mit dem für sie vorgeschriebe-

nen Verwarnungsgeld geahndet (§ 20 OWiG). Das ist im Verhältnis zur Regelung bei TE unbefriedigend, hat aber in dem Verhältnis von TE und TM seinen Grund. Vor allem kann das summarische Verwarnungsverfahren durch Außenbeamte mit derart schwierigen rechtlichen Unterscheidungen nicht belastet werden. Stellt jedoch derselbe Beamte mehrere selbständige Verstöße hintereinander fest (Streifenwagen), die nunmehr zu ahnden sind, so fragt sich, ob sie alle einzeln (§ 20 OWiG), zusammengenommen auch über den Rahmen des § 56 I OWiG hinaus, gerügt werden dürfen, oder nur einzelne oder alle zusammen nur bis zu dieser Höchstgrenze, oder ob wegen Überschreitung der Höchstgrenze insgesamt oder teilweise Anzeige notwendig ist. Das Gesetz hat den Fall nicht bedacht. Nach § 2 VII BKatV ist wegen der mehreren Verstöße getrennt zu verwarnen. Zweifelhaft ist jedoch, ob § 56 OWiG dies deckt. An sich ist § 20 OWiG, welcher die Festsetzung gesonderter Bußen gebietet, zwingend, denn auch das Verwarnungsverfahren betrifft OWen. Anderseits will § 56 I OWiG dem ermächtigten Beamten schwerlich erlauben, Verwarnungsgeld über 35 € hinaus von demselben Betroffenen auf einmal zu erheben. Das Verwarnungsverfahren soll innerhalb enger Bußgeldgrenzen bleiben. Mißlich wäre jedoch die Folgerung, deshalb auf das Verwarnungsverfahren zu verzichten. In derartigen Fällen sollte daher, soweit möglich (§ 47 OWiG), die bedeutsamste der mehreren selbständigen OWen mit Verwarnungsgeld geahndet werden, oder mehrere zusammen bis zur gesetzlichen Höchstgrenze, die übrige(n) ohne Verwarnungsgeld, aM *Wetekamp* DAR **86** 76. Entsprechend wäre die Bescheinigung (§ 56 OWiG) zu erteilen. Nicht zulässig ist es, die mehreren OWen, jede mit dem vorgeschriebenen Satz, nebeneinander zu ahnden und dabei die Höchstgrenze des § 56 I S 1 OWiG zu überschreiten (s *Göhler* § 56 Rz 20, *Wetekamp* DAR **86** 76, aM *Janiszewski/Buddendiek* Rz 49a). Einzelverwarnungen bis zu insgesamt 35 € gleichzeitig sind jedoch zulässig. Wird so verfahren, dann erwächst in den Fällen bloßer Verwarnung zwar kein Verfahrenshindernis (§ 56 IV), Anzeige nach § 53 OWiG erübrigt sich aber.

29   **7. Zur Wirksamkeit der Verwarnung** mit Verwarnungsgeld gehört, daß der Betroffene richtig **belehrt** wird, also weiß, daß er das Vorliegen einer OW oder deren rechtliche Beurteilung im Bußgeldverfahren bestreiten kann (§ 56 II OWiG). Anderseits kann die VB eine unterbliebene oder unrichtige Belehrung später nicht zum Nachteil des Betroffenen geltend machen, um das Verfahrenshindernis des § 56 IV OWiG zu beseitigen, sofern sich der Betroffene mit der Verwarnung abgefunden hatte, s *Wetekamp* DAR **86** 77. Zweitens ist Voraussetzung, daß der Betroffene in Kenntnis des Weigerungsrechts vor förmlicher Verwarnung sein **Einverständnis** mit ihr erklärt (§ 56 II OWiG) und daß er formell verwarnt wird, Ha VRS **54** 134, KG NZV **90** 123. Ein Einverständnis nach anfänglicher Weigerung ist noch wirksam, *Wetekamp* DAR **86** 77. Endgültige Weigerung darf nicht vorzeitig angenommen werden, weil es psychologisch verständlich ist, daß der Betroffene an einem Verstoß, dessen objektives Vorliegen ja offenbleibt (Rz 7), zweifelt. Bei endgültiger Weigerung gilt § 53 OWiG. Nimmt der an sich verwarnungswillige Beamte irrig eine Weigerung an und erstattet er deshalb Anzeige, so wird ein Verfahrenshindernis verneint werden müssen, Ha VM **68** 43. Fehlbeurteilung der Geringfügigkeit: Rz 18, 35. Wird mit unrichtigem Verwarnungsgeldsatz (Rz 20) verwarnt, so ist nach dem Gesetzessinn, die Masse der geeigneten Fälle durch Verwarnung zu erledigen, nicht Unwirksamkeit anzunehmen. Vielmehr bleibt es bei dem unrichtigen Satz, wenn er zu niedrig ist; ist er höher als nach dem Katalog oder als die Höchstgrenze des § 56 I OWiG, so ist bei Anfechtung der richtige Satz maßgebend (Rz 35).

30   **7a. Sofortige oder fristgerechte Zahlung** des Verwarnungsgeldes ist Voraussetzung wirksamer Verwarnung, Dü NZV **91** 441, Kö VRS **88** 375, Ko VRS **56** 158, und zwar Entrichtung des festgesetzten Betrags bis zu 35 €. Verwarnung ohne Verwarnungsgeld bildet kein Verfahrenshindernis (§ 56 IV OWiG) (Rz 8, 32). Sofort bedeutet nicht, daß der Betroffene auf der Stelle zahlt. Wer im schriftliche Verwarnung von einem Kfz wegnimmt, an seinem eigenen falsch geparkten Kfz befestigt, um ihn später wieder am anderen Kfz anzubringen, verletzt dadurch keine Vorschrift, Hb NJW **64** 736, *Baumann* NJW **64** 705.

31   **Zahlungsfrist** von einer Woche (Sollvorschrift) soll dem Betroffenen bewilligt werden, der das Verwarnungsgeld nicht sofort zahlen kann, oder wenn es 10 € übersteigt

Bußgeldkatalog   § 26a StVG **1**

(§ 56 II OWiG). Die Frist ist in der Bescheinigung (§ 56 III OWiG) anzugeben. Gewahrt wird sie durch Einzahlung bei der bezeichneten Stelle oder bei der Post für diese Stelle (§ 56 II OWiG). Auf den Zahlungseingang kommt es dann nicht an, s *Wetekamp* DAR **86** 78. Die VB kann die Frist verlängern und dadurch eine verspätete Zahlung als rechtzeitig gelten lassen, s BTDrucks V/2600/01 S 8. Ergibt sich, daß die Zahlung vorsätzlich oder fahrlässig versäumt worden ist, so ist verspätete Zahlung zurückzuweisen (zurückzuüberweisen), andernfalls kann die Frist verlängert und die verspätete Zahlung solange angenommen werden, als noch kein Bußgeldbescheid durch Unterzeichnung ergangen ist, s *Bouska* VD **73** 153. Nichtangabe des Kennzeichens macht eine rechtzeitige Überweisung nicht ohne weiteres unwirksam, Fra DAR **68** 187. Eventuell muß die VB Rückfrage halten; unwirksam ist die Zahlung jedoch, wenn selbst bei zumutbarem Verwaltungsaufwand eine ordnungsgemäße Verbuchung unmöglich ist, Hauser VD **84** 17. Bei verspäteter Zahlung ist die Verwarnung unwirksam, s Rz 30. Die Annahme verspäteter Überweisung durch die VB ist für sich allein nicht ohne weiteres eine stillschweigende Fristverlängerung, Kö VM **84** 15, VRS **88** 375, anders uU bei Annahme in Kenntnis des Fristablaufs, Ko VRS **56** 158 (jedoch nicht bei Postüberweisung, s AG Dortmund NStZ **85** 79).

7 b. Verfahrenshindernis. Ist die Verwarnung mit Verwarnungsgeld wirksam   32
(Rz 29–31), so kann die Tat als OW nicht mehr unter den tatsächlichen und rechtlichen Gesichtspunkten der Verwarnung verfolgt werden (§ 56 IV OWiG) (Rz 8), strafrechtlich oder unter anderen OWGesichtspunkten jedoch weiterhin, Dü NZV **90** 487, **96** 251, Kar VRS **52** 25. Eine zB wegen unterbliebener Belehrung unwirksame Verwarnung hindert dagegen die weitere Verfolgung der Tat als OW nicht, Bay NZV **99** 258. Kein Verfahrenshindernis vor Zahlung des Bußgeldes, Ha JMBlNRW **78** 33, Dü NZV **91** 441. Nur durch rechtzeitige Entrichtung des Verwarnungsgeldes entsteht der Hindernis, Kö VM **84** 15, VRS **88** 375, Ha VRS **54** 134, Ko VRS **42** 375. Die Gründe für unterbliebene Zahlung sind ohne Bedeutung, Dü NZV **91** 441. Wurde entgegen § 56 II OWiG keine Zahlungsfrist gesetzt, so entsteht durch Zahlung nach Erlaß eines Bußgeldbescheides wegen derselben OW kein Verfahrenshindernis, KG NZV **90** 123 (zust *Göhler* NStZ **91** 74, abl *Wache* NZV **90** 124, *Wolf/Harr* JR **91** 273). Zur Beweiserleichterung ist dem Verwarnten eine kostenlose (§ 56 III S 2 OWiG) Bescheinigung über die Verwarnung, das Verwarnungsgeld, dessen Entrichtung und gegebenenfalls über die Zahlungsfrist und Zahlungsstelle zu erteilen (§ 56 III OWiG). Sie dient nur Beweiszwecken, wird formularmäßig erteilt und sollte, soweit möglich, den Betroffenen (kein unbedingtes Erfordernis, s BVGE **42** 209), jedenfalls aber die OW bezeichnen, weil sie den Beweis der Verwarnung sonst erschwert. Er muß die Verwarnung jedoch auch anders nachweisen können. Bestehen bei Versendung der Verwarnung mit einfachem Brief Zweifel über den Zeitpunkt des Empfangs durch den Betroffenen und damit über die Rechtzeitigkeit der Zahlung, so ist zugunsten des Betroffenen von Einhaltung der Wochenfrist auszugehen, Kö VM **85** 45. Verwarnung und Zahlung müssen positiv festgestellt werden können, Ha DAR **61** 176. Ergeht trotz Verwarnung ein Bußgeldbescheid, so wird der Betroffene die VB oder das Gericht von der Verwarnung verständigen und diese nachweisen müssen, Kar NJW **61** 1128. Rückzahlung rechtzeitig überwiesenen Verwarnungsgelds, etwa wegen vergessener Verwarnungsgeld-Nr, Ha VRS **54** 134, beseitigt das Verfahrenshindernis nicht, Fra DAR **68** 187, *Wetekamp* DAR **86** 79, s aber Rz 31. Die **Verwarnung ohne Verwarnungsgeld** ist in § 56 IV als Verfahrenshindernis nicht genannt, hindert also grundsätzlich die spätere Ahndung auch dann nicht, wenn der Betroffene bereit war, die beabsichtigte gebührenpflichtige Verwarnung anzunehmen, der PolB dann aber nur eine gebührenfreie erteilt, abw Bra DAR **67** 225. Jedoch sollte diese aus Gründen des Vertrauensschutzes unterbleiben, s *Janiszewski* 177 a.

Unter den tatsächlichen und rechtlichen Gesichtspunkten der Verwarnung   33
kann die Tat bußgeldrechtlich nicht mehr verfolgt werden, Ha VRS **50** 453. Das Verfolgungshindernis ist gem § 56 IV OWiG beschränkt, um unbillige Bevorzugung zu vermeiden. Nur innerhalb dieses engen Rahmens gilt das Verbot zweimaliger Ahndung. Alles, was die verwarnende Behörde bei der Verwarnung in tatsächlicher und/oder rechtlicher Beziehung bewußt, aus Nichtkenntnis oder versehentlich (Dü NZV **90** 487,

1 StVG § 26a   III. Straf- und Bußgeldvorschriften

Berz VOR 72 328) beiseite gelassen hat, bleibt, soweit selbständiger Beurteilung zugänglich, unter Ausschluß des durch die Verwarnung bereits Abgegoltenen verfolgbar, Dü NZV 96 251, etwa eine tateinheitlich mitbegangene andere OW (zB Verwarnung zwar wegen Links-, aber nicht wegen gleichzeitigen Zuschnellfahrens), Dü NZV 90 487, 96 251, Ko VRS 72 444, Kar VRS 53 368, bereits begangene, aber nicht mit erfaßte weitere gleiche oder ähnliche Tatakte oder Taten, erst recht nach der Verwarnung begangene weitere Tatakte einer DauerOW, Bay DAR 71 304, Dü NZV 96 251, Sa NJW 73 2310. Dem Betroffenen ist unmißverständlich zu eröffnen, was durch Verwarnung abgerügt werden soll, andernfalls wird er annehmen dürfen, der Gesamtvorgang sei durch Verwarnung erledigt, s Kö VRS 53 450 mit der Folge bestehenden Verfahrenshindernisses auch bezüglich der nicht gerügten OWTatbestände, Ko VRS 71 145. Eine gebührenpflichtige Verwarnung wegen Zuschnellfahrens schließt Verfolgung nach § 24a StVG nicht aus, Ha VRS 49 391. War die OW in Wahrheit nicht geringfügig (Rz 20), so behält die Verwarnung dennoch ihre Sperrwirkung. Durfte der Verwarnte annehmen, der gesamte Vorgang solle gerügt werden, und hat er der Verwarnung deshalb zugestimmt, so wird Sperrwirkung anzunehmen sein, Dü NZV 90 487, 96 251, *Göhler* § 56 Rz 43.

34   **Nur als Ordnungswidrigkeit** kann die Tat nicht mehr verfolgt werden, und zwar als solche gegen § 24 StVG. Stellt sich heraus, daß der gerügte Vorgang eine Straftat oder Teil einer solchen ist, so besteht insoweit kein Verfahrenshindernis, Kar VRS 52 25. Bei weiterer Verfolgung ist Verwarnungsgeld, anders als Bußgeld (§ 86 II OWiG), weder anzurechnen noch zurückzuzahlen, Bay NJW 61 1270, Kar VRS 53 368, str, s *Göhler* § 56 Rz 45, *Wetekamp* DAR 86 80. Es stellt keine Strafe dar, BVerfG NJW 67 1748, mag es auch als Strafbuße wirken. Es ist auch nicht zu erstatten, wenn sich später herausstellt, daß keine OW vorlag, selbst wenn Rückzahlung für diesen Fall zugesagt war, OVG Saarlouis VM 63 73. Denn das Verwarnungsverfahren will idR einen späteren Streit über den Vorgang, Strafbarkeit ausgenommen, abschneiden. S aber Rz 35. Das Verfahrenshindernis der wirksamen Verwarnung kann behördlich nicht wieder beseitigt werden, auch nicht durch Rücknahme der Verwarnung und Rückzahlung, Fra DAR 68 187, Dü DAR 61 235. Auch der PolB kann nach Zahlung und Ausstellung der Bescheinigung (§ 56 III OWiG) die Verwarnung nicht mehr zurücknehmen, Schl VM 59 46, SchlHA 59 199, Stu NJW 59 330. Verschlechterungsverbot: § 24 StVG Rz 72, 73, Verwertung früherer Verwarnungen im Verfahren zur EdF: § 3 StVG.

35   **7c. Als Verwaltungsakt** ist die Verwarnung mit Verwarnungsgeld zwar grundsätzlich **anfechtbar** (Art 19 IV GG), im Hinblick auf das erforderliche Einverständnis des Betroffenen jedoch nur in beschränktem Umfang. Durch das Einverständnis (§ 56 II OWiG) verzichtet der Verwarnte nicht auf jedes Rechtsmittel. Die etwaige Rechtswidrigkeit der Verwarnung und das Rechtsschutzbedürfnis des Betroffenen bleiben unberührt. Das Einverständnis bedeutet lediglich, daß der Betroffene, um ein Bußgeldverfahren zu vermeiden und etwaiger Eintragung im VZR zu entgehen, dem Verwarnungsverfahren zustimmt, außerdem, daß er in diesem summarischen Verfahren auf gerichtliche Nachprüfung des Hergangs und seiner Beurteilung als OW verzichtet, BVG NJW 66 1426, OVG Ko NJW 65 1781, abl *Peter* JZ 67 530. So kann er im Wege der Anfechtung nicht einwenden, es habe kein Verstoß vorgelegen, oder anderwärts seien gleichliegende Fälle niedriger geahndet worden, BVG NJW 66 1426, wohl aber, er habe der Verwarnung nicht zugestimmt, der Beamte sei nicht ermächtigt gewesen (§ 58 OWiG), BVG NJW 66 1426, er habe den gesetzlichen Höchstsatz des Verwarnungsgeldes (§ 56 I S 1 OWiG) überschritten, er habe eine unrichtige oder unvollständige Bescheinigung (§ 56 III OWiG) erteilt, oder der Betroffene sei nicht § 56 II nicht ordnungsgemäß belehrt, BVG NJW 66 1426, oder das Einverständnis sei durch Täuschung, Drohung oder Zwang bewirkt worden, OVG Ko NJW 65 1781. Er kann geltend machen, das Verwarnungsgeld sei unter Verstoß gegen die BKatV oder den landesinternen Tatbestandskatalog zu hoch festgesetzt worden, *Bode* DAR 69 59, denn er braucht weder die Sätze der BKatV noch gar die eines etwaigen Tatbestandskataloges als interne Anweisung zu kennen (aM *Göhler* § 56 OWiG Rz 33, *Janiszewski* 182b, offen gelassen von BVGE 24 12).

Stammt die Verwarnung von einer VB, so ist die Anfechtung dort anzubringen, an- 36
derenfalls bei der Behörde des verwarnenden Beamten. Bei berechtigter Anfechtung
nimmt die VB die Verwarnung zurück und zahlt das Verwarnungsgeld zurück. Ob gegen die ablehnende Entscheidung der VB Verwaltungsklage gegeben ist oder **Antrag auf gerichtliche Entscheidung** gem § 62 OWiG, ist str. Man wird das Verwarnungsverfahren zum Bußgeldverfahren im weiteren Sinne zu rechnen haben, VG Freiburg NJW **72** 919, *Göhler* § 56 Rz 37, aM *Rüth/Berr/Berz* § 27 StVG Rz 25, mit der Folge, daß § 62 OWiG Anwendung findet und der Verwaltungsrechtsweg ausscheidet, *Göhler* § 56 Rz 37, *Janiszewski* 185 f, *Bode* DAR **69** 59, *Wetekamp* DAR **86** 80, *Wolf/Harr* JR **91** 273 Fn 9, aM *Rüth/Berr/Berz* § 27 StVG Rz 25, *Pohl-Sichtermann/Demuth* MDR **71** 345. Die wirksam angefochtene Verwarnung darf durch die VB in gesetzlicher Form wiederholt werden. Es ist nicht anzunehmen, daß in diesem Fall nur im „ersten Zugriff" verwarnt werden darf. Die Verwarnung *ohne Verwarnungsgeld* ist nach wohl hM (weil kein Verwaltungsakt) nicht anfechtbar, sondern kann nur mit Gegenvorstellung und Dienstaufsichtsbeschwerde angegriffen werden, *Göhler* § 56 Rz 35, *Bode* DAR **87** 369, teilweise aM *Pohl-Sichtermann/Demuth* MDR **71** 345; auch Antrag auf gerichtliche Entscheidung gem § 62 OWiG ist nicht zulässig, *Göhler* § 56 Rz 35, aM Hb NJW **87** 2173 jedenfalls bei schriftlicher Verwarnung (abl *Bode* DAR **87** 369 und *Göhler* NStZ **88** 66).

Lit: *Bode,* Die Anfechtung der gebührenpflichtigen Verwarnung ..., DAR **65** 293. *Derselbe,* Das Verwarnungsverfahren, DAR **69** 57. *Derselbe,* Gerichtlicher Rechtsschutz gegen die Verwarnung ohne Verwarnungsgeld?, DAR **87** 369. *Hauser,* Verwarnung bei VOW, VD **84** 12. *Janiszewski/Buddendiek,* Verwarnungs- und Bußgeldkatalog mit Punktsystem (Kommentar), 9. Aufl 2004. *Janker/Steffen,* Die Erteilung von Verwarnungen bei VOW durch PolBe, Polizei **04** 78. *Pohl-Sichtermann/Demuth,* Rechtsschutz gegen verwarnungsbehördliche Verwarnungen, MDR **71** 345. *Wetekamp,* Rechtsfragen der Verwarnung bei VOW, DAR **86** 75. *Wolf/Harr,* Zur Wirksamkeit und Bindungswirkung des „Verwarnungsgeldangebots" nach § 56 OWiG, JR **91** 273.

8. Verwarnung durch Beamte des Außen- und Polizeidienstes. Maßgebend 37
sind die §§ 57, 58 OWiG. Sie lauten:

Verwarnung durch Beamte des Außen- und Polizeidienstes

57 (1) *Personen, die ermächtigt sind, die Befugnis nach § 56 für die Verwaltungsbehörde im* 38
Außendienst wahrzunehmen, haben sich entsprechend auszuweisen.
(2) *Die Befugnis nach § 56 steht auch den hierzu ermächtigten Beamten des Polizeidienstes zu, die eine Ordnungswidrigkeit entdecken oder im ersten Zugriff verfolgen und sich durch ihre Dienstkleidung oder in anderer Weise ausweisen.*

9. Begr (Drucks V/1269 S 85): ... Die Frage, in welchem Verfahrensabschnitt eine Ver- 39
warnung durch Polizeibeamte noch zulässig sein soll, entscheidet der Entwurf vorwiegend nach
pragmatischen Gesichtspunkten. Sie sind auch für die Einrichtung des Verwarnungsverfahrens
überhaupt maßgebend. Mit Hilfe des Verwarnungsverfahrens kann bei geringfügigen Ordnungswidrigkeiten das umständlichere förmliche Verfahren vermieden und der so ersparte Arbeits- und
Verwaltungsaufwand dazu benutzt werden, die Einhaltung der gesetzlichen Gebote und Verbote
verstärkt zu überwachen. Dieses Verfahren anzuwenden, empfiehlt sich aus der Sicht der polizeilichen Tätigkeit namentlich in den Fällen, in denen die Polizeibeamten im Rahmen ihres Ermittlungsauftrages ... Ordnungswidrigkeiten feststellen oder verfolgen. Andernfalls müßten die Polizeibeamten selbst bei geringfügigen Ordnungswidrigkeiten schriftliche Vernehmungen durchführen,
Akten anlegen und die Verhandlung der Verwaltungsbehörde übersenden. Anders ist allerdings die
Sachlage, wenn die Polizei von der zuständigen Verwaltungsbehörde ersucht wird, den Sachverhalt
zu ermitteln. In solchen Fällen muß die weitere Entscheidung über das Verfahren der Verwaltungsbehörde verbleiben. Sonst könnte die Polizei ein anhängiges Bußgeldverfahren durch eine Verwarnung sogar dann zum Abschluß bringen, wenn dies im Widerspruch zu der Auffassung der Verfolgungsbehörde stehen würde.

Der Entwurf läßt deshalb die Möglichkeit der Verwarnung nur zu, soweit die Beamten der Po- 40
lizei eine Ordnungswidrigkeit entdecken oder im ‚ersten Zugriff' verfolgen. Der Begriff des ‚ersten
Zugriffs', der im Schrifttum seit langem zur Kennzeichnung der ersten Ermittlungstätigkeit verwendet wird, grenzt den Anwendungsbereich der Vorschrift in zweifacher Weise ein: Die Ermittlungshandlungen dürfen einmal zeitlich das erste Stadium noch nicht überschritten haben. Liegt die

1 StVG § 26a 　　　　　　　　　　　III. Straf- und Bußgeldvorschriften

erste Ermittlungstätigkeit schon einige Zeit zurück, so sind regelmäßig Akten angelegt, die dann auch der zuständigen Verwaltungsbehörde zur Entscheidung vorgelegt werden sollen. Das Verwarnungsverfahren durch die Polizei kommt außerdem nur in Betracht, wenn die Polizei von sich aus einschreitet, also nicht auf Ersuchen oder im Auftrag der Verfolgungsbehörde tätig wird. Im letzteren Falle handelt sie nicht mehr im ‚ersten Zugriff‘, vielmehr läßt dann die Verwaltungsbehörde in einem bereits laufenden Verfahren durch die Polizei Ermittlungsverhandlungen vornehmen (§ 161 StPO i. V. m. § 37 Abs. 1 des Entwurfs).
...

41–44   *Es ist ... geprüft worden, ob die Befugnis nach § 45 (jetzt § 56 OWiG) nur den Beamten des Polizeidienstes übertragen werden sollte, die im Außendienst tätig werden. Eine solche Beschränkung hält der Entwurf jedoch aus praktischen Gründen nicht für empfehlenswert. Bei den künftigen Verkehrsordnungswidrigkeiten kann, soweit die Behörden oder Dienststellen der Vollzugspolizei nicht Bußgeldbehörde sind, ein Verwarnungsverfahren durch Beamte geboten sein, die zeitweise im Innendienst (z. B. auf dem Polizeirevier) ihren Dienst verrichten....*

10. Ermächtigung zur Erteilung der Verwarnung

45   **58** (1) ¹*Die Ermächtigung nach § 57 Abs. 2 erteilt die oberste Dienstbehörde des Beamten oder die von ihr bestimmte Stelle.* ²*Die oberste Dienstbehörde soll sich wegen der Frage, bei welchen Ordnungswidrigkeiten Ermächtigungen erteilt werden sollen, mit der zuständigen Behörde ins Benehmen setzen.* ³*Zuständig ist bei Ordnungswidrigkeiten, für deren Verfolgung und Ahndung eine Verwaltungsbehörde des Bundes zuständig ist, das fachlich zuständige Bundesministerium, sonst die fachlich zuständige oberste Landesbehörde.*

(2) *Soweit bei bestimmten Ordnungswidrigkeiten im Hinblick auf ihre Häufigkeit und Gleichartigkeit eine möglichst gleichmäßige Behandlung angezeigt ist, sollen allgemeine Ermächtigungen an Verwaltungsangehörige und Beamte des Polizeidienstes zur Erteilung einer Verwarnung nähere Bestimmungen darüber enthalten, in welchen Fällen und unter welchen Voraussetzungen die Verwarnung erteilt und in welcher Höhe das Verwarnungsgeld erhoben werden soll.*

46–50   **11. Begr** (Drucks V/1269 S 86): *Nach Absatz 1 Satz 1 erteilt die oberste Dienstbehörde des Beamten oder die von ihr bestimmte Behörde die Ermächtigung nach § 46 (jetzt 57) Abs. 2. Diese Regelung entspricht dem bisherigen § 22 Abs. 3 StVG. Da den Beamten des Polizeidienstes künftig nicht nur bei Verkehrsordnungswidrigkeiten, sondern allgemein bei Ordnungswidrigkeiten die Befugnis eingeräumt werden kann, eine Verwarnung mit einem Verwarnungsgeld auszusprechen, muß die Vorschrift über die Erteilung der Ermächtigung ergänzt werden. Die Durchführung des Verwarnungsverfahrens greift in die Kompetenz der sachlich zuständigen Verwaltungsbehörde ein, weil diese nach Zahlung des Verwarnungsgeldes gehindert ist, die Tat als Ordnungswidrigkeit zu verfolgen. Deshalb bestimmt Satz 2, daß sich die oberste Dienstbehörde wegen der Frage, bei welchen Ordnungswidrigkeiten Ermächtigungen nach § 46 (jetzt 57) Abs. 2 erteilt werden sollen, mit der zuständigen Behörde ins Benehmen setzen soll.*

51   **12. Ermächtigt** werden können durch Verwaltungsakt der zuständigen Behörde (§ 58 OWiG) Beamte des Außen- und Polizeidienstes. Die Ermächtigung ist gesetzliche Voraussetzung der Befugnis, Verwarnungen (§ 56 OWiG) zu erteilen. Fehlt die Ermächtigung, so ist die Verwarnung unwirksam (Rz 35), kann aber noch durch einen ermächtigten Beamten nachgeholt werden. Die Ermächtigung wird im Einzelfall oder allgemein für bestimmte Beamte erteilt. Jeder ermächtigte Beamte ist im Außendienst mit einem Ausweis hierüber zu versehen (§ 57 I OWiG), den er bei der Amtshandlung vorzuzeigen hat (§ 57 I OWiG). Im Fall des II können sich Beamte des Polizeidienstes auch durch Dienstkleidung oder in anderer Weise ausweisen. Bloßer Ausweismangel beeinträchtigt die Wirksamkeit der Verwarnung (Rz 29) nicht. Der Begriff „Beamte" in der amtlichen Überschrift des § 57 OWiG meint nicht nur Beamte im formellen Sinn, sondern alle Personen, die kraft Bundes- oder Landesrechts zur Verwarnung ermächtigt sind, auch Angestellte und andere Hilfspersonen, BVG VBl **70** 710, *Göhler* § 57 Rz 2, *Bouska* VD **68** 165. Auch Innendienstbeamte können nach § 58 OWiG ermächtigt werden. Dabei ist vor allem an die Fälle gedacht, in denen der Außenbeamte den Betroffenen nur durch Vorladung am Fz erreicht. Verwarnung kommt nur in Betracht, wenn der ermächtigte Beamte von sich aus tätig wird, auch nach Vorladung des Betroffenen

Führung und Inhalt des Verkehrszentralregisters § 28 StVG 1

zur Dienststelle, nicht auch, wenn die VB zwecks Vorbereitung eigener Entscheidungen um Ermittlung ersucht (Rz 39, 40). **BGS-Beamte als Bahnpol** können außerhalb der Bahnanlagen nicht ermächtigt werden (§ 26 Rz 2).

13. Straftatbestände. „Verwarnung" durch einen angeblichen VPolB ist Amtsanmaßung in Tateinheit mit Betrug, BGH GA **64** 151. Die Pflicht, Verwarnungsgelder entgegenzunehmen, aufzubewahren und darüber später abzurechnen, ist eine Treupflicht iS von § 266 StGB, Kar 3 Ss 154/72. Wer als Anhalteposten ein an sich angezeigtes Verwarnungsgeld pflichtwidrig nicht erhebt, verletzt § 336 StGB nicht, Ha VRS **57** 198. 52

27 (weggefallen)

IV. Verkehrszentralregister

Führung und Inhalt des Verkehrszentralregisters

28 (1) Das Kraftfahrt-Bundesamt führt das Verkehrszentralregister nach den Vorschriften dieses Abschnitts.

(2) Das Verkehrszentralregister wird geführt zur Speicherung von Daten, die erforderlich sind
1. für die Beurteilung der Eignung und der Befähigung von Personen zum Führen von Kraftfahrzeugen,
2. für die Prüfung der Berechtigung zum Führen von Fahrzeugen,
3. für die Ahndung der Verstöße von Personen, die wiederholt Straftaten oder Ordnungswidrigkeiten, die im Zusammenhang mit dem Straßenverkehr stehen, begehen oder
4. für die Beurteilung von Personen im Hinblick auf ihre Zuverlässigkeit bei der Wahrnehmung der ihnen durch Gesetz, Satzung oder Vertrag übertragenen Verantwortung für die Einhaltung der zur Sicherheit im Straßenverkehr bestehenden Vorschriften.

(3) Im Verkehrszentralregister werden Daten gespeichert über
1. rechtskräftige Entscheidungen der Strafgerichte, soweit sie wegen einer im Zusammenhang mit dem Straßenverkehr begangenen rechtswidrigen Tat auf Strafe, Verwarnung mit Strafvorbehalt erkennen oder einen Schuldspruch enthalten,
2. rechtskräftige Entscheidungen der Strafgerichte, die die Entziehung der Fahrerlaubnis, eine isolierte Sperre oder ein Fahrverbot anordnen sowie Entscheidungen der Strafgerichte, die die vorläufige Entziehung der Fahrerlaubnis anordnen,
3. rechtskräftige Entscheidungen wegen einer Ordnungswidrigkeit nach § 24 oder § 24a, wenn gegen den Betroffenen ein Fahrverbot nach § 25 angeordnet oder eine Geldbuße von mindestens vierzig Euro festgesetzt ist, soweit § 28a nichts anderes bestimmt,
4. unanfechtbare oder sofort vollziehbare Verbote oder Beschränkungen, ein fahrerlaubnisfreies Fahrzeug zu führen,
5. unanfechtbare Versagungen einer Fahrerlaubnis,
6. unanfechtbare oder sofort vollziehbare Entziehungen, Widerrufe oder Rücknahmen einer Fahrerlaubnis durch Verwaltungsbehörden,
7. Verzichte auf die Fahrerlaubnis,
8. unanfechtbare Ablehnungen eines Antrags auf Verlängerung der Geltungsdauer einer Fahrerlaubnis,
9. die Beschlagnahme, Sicherstellung oder Verwahrung von Führerscheinen nach § 94 der Strafprozeßordnung,
10. unanfechtbare Entscheidungen ausländischer Gerichte und Verwaltungsbehörden, in denen Inhabern einer deutschen Fahrerlaubnis das Recht aberkannt wird, von der Fahrerlaubnis in dem betreffenden Land Gebrauch zu machen,
11. Maßnahmen der Fahrerlaubnisbehörde nach § 2a Abs. 2 Satz 1 Nr. 1 und 2 und § 4 Abs. 3 Satz 1 Nr. 1 und 2,

1 StVG § 28

12. die Teilnahme an einem Aufbauseminar und die Art des Aufbauseminars und die Teilnahme an einer verkehrspsychologischen Beratung, soweit dies für die Anwendung der Regelungen der Fahrerlaubnis auf Probe (§ 2a) und des Punktsystems (§ 4) erforderlich ist,
13. Entscheidungen oder Änderungen, die sich auf eine der in den Nummern 1 bis 12 genannten Eintragungen beziehen.

(4) Die Gerichte, Staatsanwaltschaften und anderen Behörden teilen dem Kraftfahrt-Bundesamt unverzüglich die nach Absatz 3 zu speichernden oder zu einer Änderung oder Löschung einer Eintragung führenden Daten mit.

(5) ¹Bei Zweifeln an der Identität einer eingetragenen Person mit der Person, auf die sich eine Mitteilung nach Absatz 4 bezieht, dürfen die Datenbestände des Zentralen Fahrerlaubnisregisters und des Zentralen Fahrzeugregisters zur Identifizierung dieser Personen genutzt werden. ²Ist die Feststellung der Identität der betreffenden Personen auf diese Weise nicht möglich, dürfen die auf Anfrage aus den Melderegistern übermittelten Daten zur Behebung der Zweifel genutzt werden. ³Die Zulässigkeit der Übermittlung durch die Meldebehörden richtet sich nach den Meldegesetzen der Länder. ⁴Können die Zweifel an der Identität der betreffenden Personen nicht ausgeräumt werden, werden die Eintragungen über beide Personen mit einem Hinweis auf die Zweifel an deren Identität versehen.

(6) Die regelmäßige Nutzung der auf Grund des § 50 Abs. 1 im Zentralen Fahrerlaubnisregister gespeicherten Daten ist zulässig, um Fehler und Abweichungen bei den Personendaten sowie den Daten über Fahrerlaubnisse und Führerscheine der betreffenden Person im Verkehrszentralregister festzustellen und zu beseitigen und um das Verkehrszentralregister zu vervollständigen.

1   **Begr** zur Neufassung durch ÄndG v 24. 4. 1998 (BRDrucks 821/96 S 53 f, 76 f): *Die Änderungen zielen vor allen Dingen darauf ab, die Erfordernisse des Datenschutzes entsprechend den Grundsätzen des Volkszählungsurteils des Bundesverfassungsgerichts vom 15. Dezember 1983 (BVerfGE 65, 1ff.) in der erforderlichen Weise zu berücksichtigen. Insbesondere soll sichergestellt werden, daß nur die für die Registerzwecke notwendigen Tatbestände und Entscheidungen eingetragen und Auskünfte aus dem Register nur insoweit erteilt werden, als dies zur Erfüllung der dem Empfänger obliegenden Aufgaben erforderlich ist. Das Prinzip der Vollauskunft muß deshalb durch den Grundsatz der Teilauskunft ersetzt werden: Übermittlung nicht aller Daten, sondern nur derjenigen Daten, die für die Aufgabenerfüllung der Empfänger notwendig sind. ...*

2   **Zu Abs 2:** *Neu aufgenommen wird in § 28 Abs. 2 eine Beschreibung der **Zweckbestimmungen des Registers**, die Maßstab sowohl für Art und Umfang der einzutragenden Entscheidungen als auch für die Verwendung der Daten sind. Bisher lagen – wenn auch nicht ausdrücklich festgelegt – der Führung des Verkehrszentralregisters in der Hauptsache folgende Zwecke zugrunde:*
– Eignungsbeurteilung von Kraftfahrern sowie
– Beurteilung von Wiederholungstätern in Straf- und Ordnungswidrigkeitenverfahren.
Diese Registerzwecke sind nunmehr in Absatz 2 Nr. 1 und 3 verankert.
Weiter sind die Daten nach Absatz 2 Nr. 2 erforderlich zur Prüfung der Berechtigung zum Führen von Kraftfahrzeugen. Dieser Bereich der polizeilichen Gefahrenabwehr wird als Registerzweck besonders definiert, da er von dem Zweck nach Nummer 1 nicht erfaßt wird. Es handelt sich dabei namentlich um die Klärung bei Polizei- oder Grenzkontrollen, ob dem Betreffenden die Fahrerlaubnis entzogen ist oder ein Fahrverbot auferlegt wurde. Im Rahmen von ZEVIS erfolgt bereits heute eine entsprechende Nutzung (§ 30a StVG).
Die Konkretisierung der Zweckbestimmungen wird abgeschlossen mit der Behandlung der Halterverantwortlichkeit in Absatz 2 Nr. 4 (Beurteilung der Zuverlässigkeit von Personen, die z. B. als Fahrzeughalter für die Einhaltung der zur Sicherheit im Straßenverkehr bestehenden Vorschriften verantwortlich sind). Dies bedeutet aber keineswegs, daß sämtliche Verstöße dieses Personenkreises im VZR eingetragen werden; so werden die Verstöße der Unternehmer und Disponenten nach dem Fahrpersonalgesetz nach wie vor allein im Gewerbezentralregister registriert. Auch werden nicht sämtliche im VZR befindlichen Eintragungen in das Punktsystem einbezogen, sondern nur die in § 28 Abs. 3 Nr. 1 bis 3 StVG aufgeführten (vgl. § 4 Abs. 2 StVG).
*... Nummer 2 deckt auch Datenspeicherungen und -übermittlungen bei **erstmals** auffälligen Tätern ab, da nur mit Hilfe des Registers festzustellen ist, ob es sich um einen Erst- oder einen Wiederholungstäter handelt.*

Führung und Inhalt des Verkehrszentralregisters § 28 StVG 1

Zu Abs 3: *Die Neuregelung des § 28 Abs. 3 übernimmt im wesentlichen den bisherigen In- 3 halt aus dem alten § 28 StVG und dem § 13 StVZO.*

Neu aufgenommen wurden entsprechend der präzisierten Registerzwecke nach Absatz 2 die Verwarnung mit Strafvorbehalt (Nummer 1), die Beschlagnahme, Sicherstellung oder Verwahrung von Führerscheinen nach § 94 der StPO (Nummer 9), unanfechtbare Entscheidungen ausländischer Gerichte und Verwaltungsbehörden, in denen Inhabern einer deutschen Fahrerlaubnis das Recht aberkannt wird, von der Fahrerlaubnis in dem betreffenden Land Gebrauch zu machen (Nummer 10) sowie die Teilnahme an einem Aufbauseminar, die Art des Seminars und die Teilnahme an einer verkehrspsychologischen Beratung (Nummer 12).

Die ausländischen Entscheidungen nach Nummer 10 gehen weder in das Punktsystem (§ 4) ein noch kommt ihnen eine tilgungshemmende Wirkung (§ 29 Abs. 6) zu. Sie haben jedoch informatorische Bedeutung und können bei der Eignungsbeurteilung herangezogen werden. Eintragungen nach Nummer 10 ebenso wie nach Nummer 9 dienen der Information, ob und inwieweit das betreffende Fahrerlaubnisrecht eingeschränkt ist (Zweck nach § 28 Abs. 2 Nr. 2). Eintragungen nach Nummer 10 können aber auch Hinweise auf Eignungsmängel geben.

Maßnahmen der Fahrerlaubnisbehörde nach den Regelungen der Fahrerlaubnis auf Probe und des Punktsystems (Nummer 11) wurden bisher nur in den örtlichen Fahrerlaubnisregistern gespeichert. Da diese Register in Anbetracht der Schaffung eines Zentralen Fahrerlaubnisregisters wegfallen werden (vgl. unten I 7f.), müssen diese Maßnahmen künftig zentral gespeichert werden. Da sie den Bestand der Fahrerlaubnis nicht berühren, soll die Speicherung im VZR erfolgen.

Eintragungen nach Nummer 12 sind Hilfe für die Beurteilung, ob und inwieweit Punkt-Gutschriften gewährt werden können.

1. Das **Verkehrszentralregister** (VZR) wird vom Kraftfahrt-Bundesamt (KBA) ge- 4 führt (I). Die **Zweckbestimmungen** des VZR sind in Abs II abschließend aufgeführt; sie bilden den Maßstab nicht nur für Art und Umfang der einzutragenden Daten sondern auch für deren Verwertung (s Rz 2). Zweifel bei Überschneidungen von Eintragungen im VZR und im BZR: *Händel* NJW **71** 1549.

2. **Inhalt des VZR.** Eingetragen werden rechtskräftige Entscheidungen der Gerichte, 5 unanfechtbare oder sofort vollziehbare Verwaltungsentscheidungen, soweit sie in Abs III Nr 1–13 aufgeführt sind, ferner strafrichterliche vorläufige FSMaßnahmen, Erklärungen über den Verzicht auf die FE, Maßnahmen der FEB bei FE auf Probe und im Rahmen des Punktsystems, Teilnahme an Aufbauseminaren und verkehrspsychologischer Beratung nach Maßgabe von Nr 12 sowie schließlich Entscheidungen oder Änderungen in bezug auf erfolgte Eintragungen. Für die Eintragungsfähigkeit solcher Entscheidungen, die zwar nach der ab 1. 1. 1999 geltenden Neufassung von § 28 der Eintragung unterliegen, nicht aber nach der früheren Fassung, kommt es auf den Zeitpunkt der Tatbegehung an, nicht auf den der Entscheidung; Eintragung erfolgt dann gem der **Übergangsbestimmung** des § 65 VI nur bei Tatbegehung vor Inkrafttreten der Neufassung. Das gilt etwa für die FSSicherstellung gem § 94 StPO und die Aberkennung des Rechts, von einer deutschen FE im Ausland Gebrauch zu machen, durch eine ausländische Stelle. Widerrufe und Rücknahmen einer FE werden eingetragen, wenn sie nach dem 1. 1. 1999 unanfechtbar oder sofort vollziehbar geworden sind (§ 65 VII). Für die Teilnahme an Aufbauseminaren kommt es insoweit auf den Zeitpunkt ihres Abschlusses an; Eintragung nur bei Abschluß des Seminars ab dem 1. 1. 1999 (§ 65 VIII). **Zu speichern** sind im VZR nur im Rahmen von Abs III die in § 59 FeV genannten Daten.

Die **Eintragung** von Entscheidungen ist **kein anfechtbarer Verwaltungsakt**, BVG 6 VRS **73** 303 (zust *Jagow* VD **87** 169, *Lässig* JuS **90** 459), OVG Lüneburg DAR **01** 171, VG Bra NZV **01** 535, NVwZ-RR **02** 484, auch nicht, soweit sie zur Belastung mit Punkten nach § 4 führt, s § 4 Rz 19. Das KBA prüft weder die Tatsache, ob die mitgeteilte Entscheidung ergangen ist, noch deren Unanfechtbarkeit oder gar inhaltliche Richtigkeit, BVG VRS **73** 303, *Lässig* JuS **90** 459.

a) **Gerichtliche Entscheidungen** sind überwiegend nur bei Rechtskraft einzutragen 7 (III Nr 1–3), außerdem vorläufige EdF nach § 111 a StPO. Ob der Verurteilte FzFührer, Halter oder sonstiger VT war, ist unerheblich. Es genügt Beteiligung an einer OW (§ 14 OWiG). Straftaten, die nicht typische VZuwiderhandlungen sind, werden nur eingetragen, soweit sie „im Zusammenhang mit dem StrV begangen" worden sind (III Nr 1), stets aber auch solche, die mit der Maßregel der §§ 69–69 b StGB oder mit FV geahndet werden (III Nr 2). Zusammenhang mit dem StrV setzt Einfluß auf den Verkehr oder VTeilnahme als Anlaß voraus, jedoch ist eine eigene aktive Teilnahme am StrV (etwa durch eigenhändiges FzFühren) nicht erforderlich. Verbale oder tätliche Angriffe aus Anlaß eigener oder fremder VTeilnahme, die den Tatbestand einer Beleidigung bzw Körperverletzung erfüllen, genügen, Zw NZV **01** 482 („Vogel"). Die OW gem § 23 StVG (gewerbsmäßiges Feilbieten nicht vorschriftsmäßig gekennzeichneter FzTeile) ist als gewerbepolizeilicher Verstoß nicht eintragungsfähig.

8   **Gesamtstrafen** dürfen nur im Rahmen von III Nr 1 und 2 eingetragen werden, also soweit die gerichtliche Entscheidung wegen einer „im Zusammenhang mit dem StrV begangenen" Tat auf Strafe oder Verwarnung mit Strafvorbehalt erkennt oder einen entsprechenden Schuldspruch enthält oder wenn eine FEMaßregel oder ein FV verhängt ist (s § 59 III FeV).

9   Soweit die gerichtliche Entscheidung eine **Verurteilung wegen OW** betrifft, gilt Abs III Nr 3; unbedeutende VOWen unterliegen danach nicht der Eintragung. Maßgebend ist bei Verurteilungen wegen OWen nach § 24 StVG, ob das Bußgeld 40 € erreicht oder überschreitet, oder ob ein FV gem § 25 StVG angeordnet ist. In diesen Fällen besteht Eintragungspflicht, soweit sich nichts anderes aus § 28 a ergibt.

10   b) **Verwaltungsbehördliche Entscheidungen** werden regelmäßig nur bei Unanfechtbarkeit oder sofortiger Vollziehbarkeit ins VZR eingetragen, Maßnahmen der FEB gem Abs III Nr 11 nach den Bestimmungen über die FE auf Probe oder über das Punktsystem jedoch stets. **Bußgeldentscheidungen der VB** werden unter den gleichen Voraussetzungen eingetragen wie gerichtliche Bußgeldentscheidungen (s Rz 9).

11   c) **Sonstige Entscheidungen,** die der Eintragung unterliegen, betreffen zB Verzichte auf die FE (III Nr 7), FS-Sicherstellungen und -verwahrungen (III Nr 9) und die Teilnahme an Aufbauseminaren und verkehrspsychologischen Beratungen (III Nr 12). Der Verzicht auf eine FE wird (abw vom früheren Recht, § 13 I Nr 4 StVZO alt) auch dann eingetragen, wenn er nicht während eines Entziehungsverfahrens erklärt wird. Die Teilnahme an Aufbauseminaren oder verkehrspsychologischen Beratungen unterliegt nach Maßgabe von III Nr 12 der Eintragung, weil Aufbauseminare gem § 4 III Nr 2 nur einmal innerhalb von 5 Jahren angeordnet werden (s § 4 Rz 11), freiwillige Seminarteilnahme und verkehrspsychologische Beratung auch nur einmal innerhalb von 5 Jahren zu einem Punktabzug führen dürfen (s § 4 Rz 20) und weil auch die Art des jeweiligen Seminars für die Beurteilung, ob (erneut) eine Seminarteilnahme anzuordnen ist, im Rahmen der §§ 2 a, 4 von Bedeutung ist (s § 4 Rz 4).

12   **3. Mitteilungen an das KBA.** Die Gerichte, Staatsanwaltschaften und anderen Behörden haben dem KBA unverzüglich die Daten mitzuteilen, die nach Abs III zu speichern sind oder die zu Änderungen oder Löschungen von Eintragungen führen (IV). Die Mitteilung ist kein anfechtbarer Verwaltungsakt, VG Bra NVwZ-RR **02** 484. Bußgeldentscheidungen unter 40 € sind, wenn nicht ein FV angeordnet ist, nur mitzuteilen, wenn der Regelsatz nach der BKatV diesen Betrag oder mehr vorsieht und nur mit Rücksicht auf die wirtschaftlichen Verhältnisse des Betroffenen eine niedrigere Buße festgesetzt wurde (§ 28 a). Mitzuteilen ist auch, wenn eine vorläufige Entscheidung unanfechtbar wird, bei EdF auch Dauer und Beginn der Sperrfrist. Aufhebung der vorläufigen EdF (§ 111 a StPO) oder vorzeitige Aufhebung der Fahrerlaubnissperre sind als Daten, die zu einer Änderung oder Löschung führen, ebenfalls unverzüglich mitzuteilen. Das gleiche gilt für die Ablehnung eines Antrags auf vorläufige EdF, die zur Aufhebung einer FSBeschlagnahme führt. Mitteilungspflichtig sind die Gerichte oder Behörden, die die betreffende Entscheidung erlassen bzw die betreffende Maßnahme angeordnet haben. Bei gerichtlichen Entscheidungen richtet sich die Zuständigkeit für die Mitteilung auch nach Aufhebung des § 13 b StVZO (alt), der dies ausdrücklich regelte, nach den Justizverwaltungsvorschriften über Mitteilungen in Strafsachen, zumal § 59 FeV insoweit keine Regelung enthält und der Begr (BRDrucks 821/96 S 77) zu entnehmen ist, daß eine inhaltliche Änderung der früheren Regelung nicht beabsichtigt war. Namensänderungen teilt das Gericht oder die VB mit, durch deren Entscheidung die Änderung er-

folgt ist, oder vor der die zur Änderung führende Erklärung abgegeben wurde. Fernmündliche oder fernschriftliche Übermittlung ist nicht zulässig; die Übermittlung erfolgt im Rahmen von automatisierten Verfahren über Telekommunikationsnetze (§ 1 VwV VZR, BAnZ **00** 17269). Gem der Allgemeinen Festlegungen Nr 3.1 des aufgrund § 4 III VwV VZR vom KBA bekanntgegebenen Bundeseinheitlichen Tatbestandskataloges (BAnz **04** Nr 126a) werden vom KBA ab 1. 1. 03 Mitteilungen über VOWen nur noch angenommen, wenn die Tatbestandsnummer des Kataloges angegeben ist. Zur Überprüfung der Rechtmäßigkeit der Mitteilung unter Angabe der Tatkennziffer mit der sich aus ihr ergebenden Punktbewertung, s § 4 Rz 19.

4. Bei **Zweifeln an der Identität** einer eingetragenen Person können nach Maßgabe von Abs V Datenbestände anderer Register genutzt oder Auskünfte aus den Melderegistern eingeholt werden. Bleiben danach Zweifel bestehen, so ist bei den Eintragungen ein entsprechender Hinweis anzubringen (V S 4). **13**

5. **Nutzung des Zentralen Fahrerlaubnisregisters** zur Feststellung und Beseitigung von Fehlern und Abweichungen im VZR ermöglicht Abs VI. Zentrales und örtliches Fahrerlaubnisregister: §§ 49 ff FeV. **14**

6. Lit: *Jagow,* Die rechtliche Bedeutung von Eintragungen und Tilgungen im VZR, VD **87** 169. *Lässig,* Registereintragungen als Verwaltungsakte?, JuS **90** 459. **15**

Eintragung beim Abweichen vom Bußgeldkatalog

28a ¹Wird die Geldbuße wegen einer Ordnungswidrigkeit nach den §§ 24 und 24a lediglich mit Rücksicht auf die wirtschaftlichen Verhältnisse des Betroffenen abweichend von dem Regelsatz der Geldbuße festgesetzt, der für die zugrunde liegende Ordnungswidrigkeit im Bußgeldkatalog (§ 26a) vorgesehen ist, so ist in der Entscheidung dieser Paragraph bei den angewendeten Bußgeldvorschriften aufzuführen, wenn der Regelsatz der Geldbuße
1. vierzig Euro oder mehr beträgt und eine geringere Geldbuße festgesetzt wird oder
2. weniger als vierzig Euro beträgt und eine Geldbuße von vierzig Euro oder mehr festgesetzt wird.
²In diesen Fällen ist für die Eintragung in das Verkehrszentralregister der im Bußgeldkatalog vorgesehene Regelsatz maßgebend.

1. **Begr** (BTDrucks 9/2201 S 5): *Die Regelung des neuen § 28a wurde aufgrund der Anhebung der Eintragungsgrenze auf 80 DM notwendig. Da es sich bei den danach noch einzutragenden Verkehrsverstößen nicht um geringfügige Ordnungswidrigkeiten handelt, sind nach § 17 Abs. 3 Satz 2 OWiG auch die wirtschaftlichen Verhältnisse des Täters bei der Bemessung der Geldbuße zu berücksichtigen. Dies kann im Einzelfall dazu führen, daß die Eintragungsgrenze bei der Bemessung der Geldbuße nur deswegen über- bzw. unterschritten wird, weil der Täter besonders wohlhabend bzw. in einer schlechten wirtschaftlichen Lage ist. § 28a stellt sicher, daß die Eintragung in das Register unabhängig von diesen persönlichen Verhältnissen erfolgt.* **1**

2. Zusätzlich zu den gem § 66 I Nr 3 OWiG im Bußgeldbescheid und nach §§ 46 I OWiG, 260 V StPO nach der Urteilsformel aufzuführenden angewendeten Bußgeldvorschriften ist § 28a anzugeben, wenn trotz eines im Bußgeldkatalog vorgesehenen Regelsatzes von 40 € oder mehr eine geringere oder trotz einer Regel-Buße unter 40 € eine Buße von 40 € oder mehr festgesetzt wird, sofern dies **nur mit Rücksicht auf die** besonders ungünstigen bzw besonders günstigen **wirtschaftlichen Verhältnisse** des Betroffenen geschieht (§ 17 III OWiG). Das Zitiergebot ist zwingend; fehlt der Hinweis, so hat die Eintragung der Entscheidung in das VZR (§ 28 III Nr 3) zu unterbleiben, VG Göttingen NVwZ-RR **99** 502. Die Vorschrift gilt nicht in Fällen, in denen aus anderen Gründen – etwa vom Regelfall abweichendes Ausmaß der Schuld – eine niedrigere Geldbuße festgesetzt wird, als für den Regelfall vorgesehen. Nur den Hinweis auf § 28a hat die Entscheidung zu enthalten, nicht dagegen einen Ausspruch über die Eintragungspflicht, Dü VRS **83** 361. **2**

1 StVG § 29   IV. Verkehrszentralregister

3   Soweit S 1 Nr 2 Entsprechendes für den Fall vorsieht, daß der Regelsatz weniger als 40 € beträgt, ist diese Bestimmung gegenstandslos, weil die BKatV Regelsätze unter 40 € nicht kennt.

28b (weggefallen)

Tilgung der Eintragungen

29 (1) ¹Die im Register gespeicherten Eintragungen werden nach Ablauf der in Satz 2 bestimmten Fristen getilgt. ²Die Tilgungsfristen betragen

1. zwei Jahre
   bei Entscheidungen wegen einer Ordnungswidrigkeit,
2. fünf Jahre
   a) bei Entscheidungen wegen Straftaten mit Ausnahme von Entscheidungen wegen Straftaten nach § 315c Abs. 1 Nr. 1 Buchstabe a, den §§ 316 und 323a des Strafgesetzbuchs und Entscheidungen, in denen die Entziehung der Fahrerlaubnis nach den §§ 69 und 69b des Strafgesetzbuchs oder eine Sperre nach § 69a Abs. 1 Satz 3 des Strafgesetzbuchs angeordnet worden ist,
   b) bei von der Fahrerlaubnisbehörde verhängten Verboten oder Beschränkungen, ein fahrerlaubnisfreies Fahrzeug zu führen,
   c) bei der Teilnahme an einem Aufbauseminar oder einer verkehrspsychologischen Beratung,
3. zehn Jahre
   in allen übrigen Fällen.

³Eintragungen über Maßnahmen der Fahrerlaubnisbehörde nach § 2a Abs. 2 Satz 1 Nr. 1 und 2 und § 4 Abs. 3 Satz 1 Nr. 1 und 2 werden getilgt, wenn dem Betroffenen die Fahrerlaubnis entzogen wird. ⁴Sonst erfolgt eine Tilgung bei den Maßnahmen nach § 2a ein Jahr nach Ablauf der Probezeit und bei Maßnahmen nach § 4 dann, wenn die letzte mit Punkten bewertete Eintragung wegen einer Straftat oder Ordnungswidrigkeit getilgt ist. ⁵Verkürzungen der Tilgungsfristen nach Absatz 1 können durch Rechtsverordnung gemäß § 30c Abs. 1 Nr. 2 zugelassen werden, wenn die eingetragene Entscheidung auf körperlichen oder geistigen Mängeln oder fehlender Befähigung beruht.

(2) Die Tilgungsfristen gelten nicht, wenn die Erteilung einer Fahrerlaubnis oder die Erteilung des Rechts, von einer ausländischen Fahrerlaubnis wieder Gebrauch zu machen, für immer untersagt ist.

(3) Ohne Rücksicht auf den Lauf der Fristen nach Absatz 1 und das Tilgungsverbot nach Absatz 2 werden getilgt

1. Eintragungen über Entscheidungen, wenn ihre Tilgung im Bundeszentralregister angeordnet oder wenn die Entscheidung im Wiederaufnahmeverfahren oder nach den §§ 86, 102 Abs. 2 des Gesetzes über Ordnungswidrigkeiten rechtskräftig aufgehoben wird,
2. Eintragungen, die in das Bundeszentralregister nicht aufzunehmen sind, wenn ihre Tilgung durch die nach Landesrecht zuständige Behörde angeordnet wird, wobei die Anordnung nur ergehen darf, wenn dies zur Vermeidung ungerechtfertigter Härten erforderlich ist und öffentliche Interessen nicht gefährdet werden,
3. Eintragungen, bei denen die zugrunde liegende Entscheidung aufgehoben wird oder bei denen nach näherer Bestimmung durch Rechtsverordnung gemäß § 30c Abs. 1 Nr. 2 eine Änderung der zugrunde liegenden Entscheidung Anlaß gibt,
4. sämtliche Eintragungen, wenn eine amtliche Mitteilung über den Tod des Betroffenen eingeht.

(4) Die Tilgungsfrist (Absatz 1) beginnt
1. bei strafgerichtlichen Verurteilungen mit dem Tag des ersten Urteils und bei Strafbefehlen mit dem Tag der Unterzeichnung durch den Richter, wobei dieser Tag auch dann maßgebend bleibt, wenn eine Gesamtstrafe oder eine einheitliche Jugendstrafe gebildet oder nach § 30 Abs. 1 des Jugendgerichtsgesetzes auf Jugendstrafe erkannt wird oder eine Entscheidung im Wiederaufnahmeverfahren ergeht, die eine registerpflichtige Verurteilung enthält,

Tilgung der Eintragungen § 29 StVG I

2. bei Entscheidungen der Gerichte nach den §§ 59, 60 des Strafgesetzbuchs und § 27 des Jugendgerichtsgesetzes mit dem Tag der Entscheidung,
3. bei gerichtlichen und verwaltungsbehördlichen Bußgeldentscheidungen sowie bei anderen Verwaltungsentscheidungen mit dem Tag der Rechtskraft oder Unanfechtbarkeit der beschwerenden Entscheidung,
4. bei Aufbauseminaren und verkehrspsychologischen Beratungen mit dem Tag der Ausstellung der Teilnahmebescheinigung.

(5) ¹Bei der Versagung oder Entziehung der Fahrerlaubnis wegen mangelnder Eignung, der Anordnung einer Sperre nach § 69a Abs. 1 Satz 3 des Strafgesetzbuchs oder bei einem Verzicht auf die Fahrerlaubnis beginnt die Tilgungsfrist erst mit der Erteilung oder Neuerteilung der Fahrerlaubnis, spätestens jedoch fünf Jahre nach der beschwerenden Entscheidung oder dem Tag des Zugangs der Verzichtserklärung bei der zuständigen Behörde. ²Bei von der Fahrerlaubnisbehörde verhängten Verboten oder Beschränkungen, ein fahrerlaubnisfreies Fahrzeug zu führen, beginnt die Tilgungsfrist fünf Jahre nach Ablauf oder Aufhebung des Verbots oder der Beschränkung.

(6) ¹Sind im Register mehrere Entscheidungen nach § 28 Abs. 3 Nr. 1 bis 9 über eine Person eingetragen, so ist die Tilgung einer Eintragung vorbehaltlich der Regelungen in den Sätzen 2 bis 6 erst zulässig, wenn für alle betreffenden Eintragungen die Voraussetzungen der Tilgung vorliegen. ²Eine Ablaufhemmung tritt auch ein, wenn eine neue Tat vor dem Ablauf der Tilgungsfrist nach Absatz 2 begangen wird und bis zum Ablauf der Überliegefrist (Absatz 7) zu einer weiteren Eintragung führt. ³Eintragungen von Entscheidungen wegen Ordnungswidrigkeiten hindern nur die Tilgung von Entscheidungen wegen anderer Ordnungswidrigkeiten. ⁴Die Eintragung einer Entscheidung wegen einer Ordnungswidrigkeit – mit Ausnahme von Entscheidungen wegen einer Ordnungswidrigkeit nach § 24a – wird spätestens nach Ablauf von fünf Jahren getilgt. ⁵Die Tilgung einer Eintragung einer Entscheidung wegen einer Ordnungswidrigkeit unterbleibt in jedem Fall so lange, wie der Betroffene im Zentralen Fahrerlaubnisregister als Inhaber einer Fahrerlaubnis auf Probe gespeichert ist. ⁶Wird eine Eintragung getilgt, so sind auch die Eintragungen zu tilgen, deren Tilgung nur durch die betreffende Eintragung gehemmt war.

(7) ¹Eine Eintragung wird nach Eintritt der Tilgungsreife zuzüglich einer Überliegefrist von einem Jahr gelöscht. ²Während dieser Zeit darf der Inhalt der Eintragung nicht übermittelt und über ihn keine Auskunft erteilt werden, es sei denn, der Betroffene begehrt eine Auskunft über den ihn betreffenden Inhalt.

(8) ¹Ist eine Eintragung über eine gerichtliche Entscheidung im Verkehrszentralregister getilgt, so dürfen die Tat und die Entscheidung dem Betroffenen für die Zwecke des § 28 Abs. 2 nicht mehr vorgehalten und nicht zu seinem Nachteil verwertet werden. ²Unterliegen diese Eintragungen einer zehnjährigen Tilgungsfrist, dürfen sie nach Ablauf eines Zeitraums, der einer fünfjährigen Tilgungsfrist nach den Vorschriften dieses Paragraphen entspricht, nur noch für ein Verfahren übermittelt und verwertet werden, das die Erteilung oder Entziehung einer Fahrerlaubnis zum Gegenstand hat. ³Außerdem dürfen für die Prüfung der Berechtigung zum Führen von Kraftfahrzeugen Entscheidungen der Gerichte nach den §§ 69 bis 69b des Strafgesetzbuchs übermittelt und verwertet werden.

Begr zur Neufassung durch ÄndG v 24. 4. 1998 (BRDrucks 821/96 S 54, 77): *Mit der Neuregelung wird die Aufgabe des Verkehrszentralregisters als Instrument der Verkehrssicherheit unterstrichen. Entscheidend für die Bemessung der Tilgungsfristen ist hier (anders als im Bundeszentralregister) nicht der Gedanke der Resozialisierung, sondern der Bewährung im Sinne der Verkehrssicherheit. …* 1

Zu Abs 1: *… Eine Differenzierung nach Höhe des Strafmaßes erfolgt nicht mehr. Damit wird für Straftaten mit mehr als drei Monaten Freiheitsstrafe die Tilgungsfrist von bislang zehn Jahren auf nunmehr fünf Jahre reduziert. Eine Ausnahme wird bei Alkoholstraftaten gemacht, für die generell die Zehnjahresfrist gilt. Dies ist erforderlich wegen der besonders hohen und lang andauernden Rückfallwahrscheinlichkeit bei Alkoholtätern. …* 1a
Eine weitere Ausnahme von der fünfjährigen Tilgungsfrist besteht für Entscheidungen, in denen das Gericht die Entziehung der Fahrerlaubnis von §§ 69 und 69b des Strafgesetzbuches angeordnet hat. Bisher galt nur für die Entziehung durch die Verwaltungsbehörde stets eine zehnjährige Tilgungsfrist, bei gerichtlichen Entziehungen hing die Frist von der Höhe des Strafmaßes ab, eine

1 StVG § 29 IV. Verkehrszentralregister

Differenzierung, die im Hinblick darauf, daß der Betroffene sich in allen Fällen als ungeeignet zum Führen von Kraftfahrzeugen erwiesen hat, nicht sachgerecht erscheint. Ausgenommen sind ferner Entscheidungen, in denen das Gericht eine isolierte Sperre nach § 69a Abs. 1 Satz 3 des Strafgesetzbuches anordnet. Für den Fall der Entziehung der Fahrerlaubnis ist die Anordnung der Sperre nach § 69a Abs. 1 Satz 1 und 2 des Strafgesetzbuches miterfaßt.
...

1b   **Zu Abs 5:** *Absatz 5 regelt den herausgeschobenen Tilgungsbeginn bei Versagung oder Entziehung der Fahrerlaubnis. Die Tilgungsfrist beginnt erst mit Erteilung oder Neuerteilung der Fahrerlaubnis, da während der Zeit der Entziehung eine Bewährung durch Teilnahme am Straßenverkehr nicht stattfinden kann. Außerdem soll sichergestellt werden, daß bei erneuter Antragstellung die Behörde Kenntnis der Mängel erhält, die zu diesen Entscheidungen geführt haben.*

1c   **Zu Abs 8:** *Absatz 8 enthält das – bisher noch nicht gesetzlich fixierte – Verwertungsverbot für getilgte und tilgungsreife Entscheidungen, das bisher nur aus Sinn und Zweck des Registers hergeleitet wurde.*
     Die Verwertungsregelungen des Bundeszentralregistergesetzes bleiben unberührt. Dies gilt auch für das Verwertungsverbot für Entscheidungen, die auch im Bundeszentralregister eingetragen und dort bereits getilgt sind. Um die Einhaltung des Verbots auch in der Praxis sicherzustellen, wird in Satz 2 die Verwertung dieser Entscheidungen auf eine Tilgungsfrist von fünf Jahren begrenzt. Hiervon ausgenommen ist die Verwertung für die Prüfung der Berechtigung zum Führen von Kraftfahrzeugen sowie für Verfahren, die die Erteilung oder Entziehung einer Fahrerlaubnis zum Gegenstand haben. Insoweit sind die Regelungen für das VZR maßgeblich.
     Außerdem wird durch eine Änderung des § 52 BZRG (vgl. Artikel 5) die bisher mögliche unbefristete („ewige") Verwertung für Verfahren, die die Erteilung oder Entziehung der Fahrerlaubnis zum Gegenstand haben, abgeschafft. Durch die neue Regelung in Absatz 8 des § 29 StVG wird künftig die Verwertung auf die dort vorgesehenen Fristen begrenzt.
     Absatz 8 trifft nur eine Regelung für die im VZR erfaßten gerichtlichen Entscheidungen, weil solche Entscheidungen – obgleich im VZR getilgt und gelöscht – möglicherweise noch im BZR stehen. Für die nur im VZR enthaltenen Eintragungen (Ordnungswidrigkeiten und Verwaltungsentscheidungen) bedarf es keines ausdrücklichen Verwertungsverbots, wenn diese im VZR getilgt und nach Absatz 7 gelöscht sind.

1d   **Begr** zum ÄndG v 24. 8. 04 (BTDrucks 15/1508 S 15): *Die gerichtliche Praxis ist bei Verkehrszuwiderhandlungen nicht unerheblich mit Rechtsbehelfen befasst, die nur zu dem Zweck eingelegt werden, das Verfahren hinauszuzögern, auf diese Weise die Tilgung bereits in das Verkehrszentralregister (VZR) eingetragener Verstöße zu erreichen und Maßnahmen zu verhindern, die nach dem Punktsystem anzuordnen sind.*
     ... Durch den Entwurf soll dem entgegengetreten werden. ...
     ... Die bisherige Anknüpfung der Ablaufhemmung an die Rechtskraft (bei gerichtlichen und verwaltungsbehördlichen Bußgeldentscheidungen) bzw. an den Tag des ersten Urteils oder der Unterzeichnung des Strafbefehls durch den Richter (bei Straftaten) hat sich als nicht ausreichend erwiesen. Von einer Bewährung im Sinne der Verkehrssicherheit kann schon dann nicht mehr gesprochen werden, wenn der Betroffene eine neue Tat begeht.
...

Zu Abs 4: *... Für den Beginn der Tilgungsfrist und der Ablaufhemmung sollen künftig unterschiedliche Zeitpunkte gelten. Während es für den Beginn der Tilgungsfrist weiterhin beispielsweise bei strafgerichtlichen Verurteilungen auf den Tag des ersten Urteils und bei gerichtlichen und verwaltungsbehördlichen Bußgeldentscheidungen auf die Rechtskraft der beschwerenden Entscheidung ankommt, sollen diese Ereignisse für die Beurteilung der Entscheidung, ob eine Verkehrszuwiderhandlung zur Hemmung der Tilgung einer alten Eintragung führt, nicht mehr entscheidend sein. Die Aufzählung in § 29 Abs. 4 ist daher auf den Beginn der Tilgungsfristen zu beschränken.*

Zu Abs 6: *Von einer Bewährung im Sinne der Verkehrssicherheit kann schon bei Begehen einer neuen Tat vor Eintritt der Tilgungsreife nicht mehr gesprochen werden. Daher soll eine Ablaufhemmung nicht nur dann eintreten, wenn eine weitere Entscheidung eingetragen ist, sondern auch dann, wenn eine weitere Verkehrszuwiderhandlung begangen wurde, die zu einer Eintragung*

Tilgung der Eintragungen   § 29 StVG **I**

führt. Um für das Verkehrszentralregister Klarheit zu schaffen, wann es eine Eintragung löschen kann, sollen jedoch nur Taten erfasst werden, die dem Verkehrszentralregister bis zum Ablauf der Überliegefrist der alten Eintragung bekannt werden.

Zu Abs 7: *In das Verkehrszentralregister werden bei Verurteilungen nur rechtskräftige Entscheidungen eingetragen. Mit der Überliegefrist wird verhindert, dass eine Entscheidung aus dem Register entfernt wird, obwohl vor Eintritt der Tilgungsreife ein die Tilgung hemmendes Ereignis eingetreten ist, von dem die Registerbehörde noch keine Kenntnis erhalten hat. Da künftig bereits das Begehen einer neuen Tat – sofern dies zu einer Eintragung führt – die Tilgung von Eintragungen hemmt, muß die Überliegefrist erheblich verlängert werden. Denn der Zeitraum zwischen Tat und Eintragung ist wesentlich länger als zwischen erstem Urteil (bei Straftaten) bzw. Rechtskraft (bei Ordnungswidrigkeiten) und Eintragung.*

1. Die Tilgung besteht in der Entfernung der Eintragungen aus dem VZR oder ihrer Unkenntlichmachung. Tilgung bedeutet Bewährung, VG Neustadt ZfS **01** 569; die zugrunde liegenden Vorgänge scheiden für künftige Beurteilung im Rahmen der Zwecke des § 28 II aus (s Rz 12). Das Verwertungsverbot des § 51 BZRG hat umfassende Wirkung („im Rechtsverkehr"), BVG NJW **77** 1075, BGH VR **98** 488 (keine Berücksichtigung bei Glaubwürdigkeitsbeurteilung von Zeugen), VG Neustadt ZfS **01** 569 (keine Berücksichtigung im Rahmen der FE auf Probe). Sein Zweck ist ungehinderte Wiedereingliederung ohne neues Aufgreifen längst gesühnter Taten, BVG 6 C 43/76 v 30. 7. 78. Abw davon steht bei der Tilgung im VZR nicht die Resozialisierung, BVG NJW **77** 1077, sondern der Gedanke der Bewährung im Sinne der VSicherheit im Vordergrund (s Rz 1). **Belastend verwertete VZR-Eintragungen** sind im Urteil so anzugeben, daß das Revisionsgericht Tilgung oder Tilgungsreife prüfen kann, BGHSt **39** 291 = NZV **83** 485, Bay DAR **77** 200, Sa ZfS **96** 234, Bra DAR **90** 189, Nau ZfS **99** 38.

Die Tilgungsregelung kollidiert nicht sachwidrig mit dem Grundsatz der Wahrheitserforschung und Gesamtbeurteilung (s zB § 46 StGB „Vorleben") zwecks richtiger Strafzumessung (s aber *Dreher* JZ **72** 618, *Willms* Dreher-F **77** 137, *Götz* JZ **73** 496). Angemessen lange zurückliegende Vorfälle darf der Gesetzgeber innerhalb fester Grenzen (Tilgungsreife) um vorrangiger Gründe willen (Sozialisation, Persönlichkeitsschutz) ohne Grundgesetzverstoß, BVerfG NJW **74** 179, von rechtlich nachteiliger Verwertung ausschließen, s BVG VRS **52** 390.

2. Die **Tilgungsfristen** betragen nach Maßgabe von Abs I S 2 Nr 1–3 zwei, fünf oder zehn Jahre. Die kurze Tilgungsfrist von 2 Jahren gilt nach der Neufassung durch ÄndG v 24. 4. 1998, abw von § 13a StVZO (alt), nur noch für OWen. Die fünfjährige Tilgungsfrist bei Straftaten gilt unabhängig von Art und Höhe der Strafe. Ausgenommen von der Tilgung nach 5 Jahren sind Alkoholstraftaten (I S 2 Nr 2a) und Verurteilungen mit EdF oder FESperre; hier gilt die 10jährige Tilgungsfrist. Die Tilgungsfrist für die Teilnahme an Aufbauseminaren oder verkehrspsychologischen Beratungen beträgt 5 Jahre im Hinblick auf die Regelung, wonach innerhalb von 5 Jahren wegen freiwilliger Teilnahme an solchen Veranstaltungen nur einmal ein Punkteabzug nach dem Punktsystem des § 4 erfolgen darf (s § 4 Rz 21). Für Entscheidungen, die vor dem 1. 1. 1999 (Inkrafttreten der Neufassung von § 29 durch ÄndG v 24. 4. 1998) eingetragen worden sind, ist die **Übergangsbestimmung** des § 65 IX zu beachten, wonach für Entscheidungen, die zu diesem Zeitpunkt eingetragen waren, zunächst (bis zum 1. 1. 2004) die alten Tilgungsfristen (§§ 29 alt, 13a StVZO alt) gelten und damit auch die sich daraus ergebenden Rechtsfolgen, VG Regensburg NZV **00** 223, s aber VG Dü NZV **01** 141 (143). Die im Einzelfall möglicherweise kürzeren Tilgungsfristen der Neuregelung gelten für solche Eintragungen also in den ersten 5 Jahren nach deren Inkrafttreten nicht (Begr, s § 65).

a) Eine **Sonderregelung für Maßnahmen bei FE auf Probe und nach dem Punktsystem** enthält Abs I S 3. Wird die FE entzogen, so werden die Maßnahmen nach § 2a II S 1 Nr 1 und 2 bzw nach § 4 III S 1 Nr 1 und 2 (zB Verwarnung, Anordnung der Seminarteilnahme) stets getilgt. Sonst werden diese Maßnahmen bei FE auf Probe ein Jahr nach Ablauf der Probezeit getilgt und beim Punktsystem (§ 4) unmittelbar nach Tilgung der letzten mit Punkten bewerteten Zuwiderhandlung (I S 4). Für die

1 StVG § 29 IV. Verkehrszentralregister

nach den Bestimmungen über die FE auf Probe oder über das Punktsystem erfolgte EdF gilt hinsichtlich der Tilgungsfrist nicht Abs I S 3, 4, sondern Abs I S 2 Nr 3: zehnjährige Tilgungsfrist.

6 b) **Verkürzte Tilgungsfristen** bei Entscheidungen aufgrund **körperlicher oder geistiger Mängel** oder **fehlender Befähigung** können durch RVO auf der Ermächtigungsgrundlage des § 30c I Nr 2 zugelassen werden. Auf dieser Ermächtigungsgrundlage beruht § 63 FeV über die vorzeitige Tilgung von Eintragungen über EdF, vorläufige EdF und FS-Sicherstellungen (§ 94 StPO).

7 c) Den **Beginn der Tilgungsfrist** regeln Abs IV und V. Beginn bei **Strafurteilen:** Tag des 1. Urteils, bei **Strafbefehlen:** Tag der Unterzeichnung (IV Nr 1), bei **Bußgeldentscheidungen,** auch gerichtlichen (Urteil, Beschluß): Tag der Rechtskraft bzw Unanfechtbarkeit (IV Nr 3), Brn DAR **95** 301. Die Regelung in bezug auf den Beginn der Tilgungsfrist bei Bußgeldentscheidungen beruht auf der im Gegensatz zur Fünfjahresfrist bei Straftaten nur kurzen Tilgungsfrist von zwei Jahren, s Begr zu § 13a I S 4 (alt), VBl **73** 400. Ein Abstellen auf den Zeitpunkt der Unterzeichnung des Bußgeldbescheides oder des erstinstanzlichen Urteils hätte zur Folge, daß Bußgeldentscheidungen bei längerer Verfahrensdauer nur kurz oder gar nicht ins Register kämen. Dies hätte einen Anreiz zur Einlegung Rechtsmitteln nur zum Zweck der Verfahrensverschleppung geschaffen. Bei **Versagung oder Entziehung der FE** wird der Beginn der Tilgungsfrist bis zur Erteilung oder Wiedererteilung der FE hinausgeschoben, bei Unterbleiben einer FEErteilung allerdings nur 5 Jahre seit der Versagung oder Entziehung bzw des Zugangs der Verzichtserklärung, s OVG Saarlouis DAR **04** 540 (Abs V); Begr, s Rz 1b.

8 d) Zur **Ablaufhemmung** der Tilgungsfrist führt die **Eintragung weiterer** gem § 28 III Nr 1–9 eintragungspflichtiger Entscheidungen (VI S 1), s OVG Lüneburg ZfS **04** 141. Sonst tilgungsreife Eintragungen bleiben dann im VZR, bis die Tilgungsreife für alle Eintragungen gegeben ist, wobei aber Eintragungen wegen OWen nicht auch die Löschung tilgungsreifer Verurteilungen wegen Straftaten hindert (VI S 3). Alle **Eintragungen wegen OWen,** auf Verwaltungs- oder Gerichtsentscheidung beruhend, sind grundsätzlich jeweils 5 Jahre nach dem in I bestimmten Zeitpunkt zu tilgen, auch wenn zwischenzeitlich weitere Eintragungen hinzugekommen sind **(absolute Tilgungsfrist),** weil sie danach keine ausreichende Erkenntnisgrundlage mehr darstellen (VI S 4). Ausgenommen hiervon nur Eintragungen wegen einer OW nach § 24a StVG wegen ihres erheblichen Gewichts und ihres möglichen besonderen Indizcharakters für die Fahreignung. Für sie gilt also die allgemeine Regelung (VI S 1). Im übrigen findet jedenfalls keine Tilgung eingetragener Entscheidungen wegen Ordnungswidrigkeiten statt, solange der Betroffene im Zentralen FERegister als Inhaber einer FE auf Probe gespeichert ist (VI S 5). Diese Regelung trägt dem Umstand Rechnung, daß § 2a IIa die Verlängerung der Probezeit auf vier Jahre bestimmt, wenn die Teilnahme an einem Aufbauseminar angeordnet worden ist, Eintragungen wegen OWen gem Abs I S 2 Nr 1 aber grundsätzlich nach zwei Jahren zu tilgen sind, s Beschlußempfehlung des Ausschusses für Verkehr (BTDrucks 13/7888 S 108). Zur Ablaufhemmung der Tilgungsfrist führt auch die **Begehung einer neuen Tat vor Ablauf der Tilgungsfrist,** sofern sie bis zum Ablauf der Überliegefrist (Abs VII) eingetragen wird. Beginn der Tilgungsfrist (Abs IV) und Beginn der Ablaufhemmung (Abs VI) sind also seit Inkrafttreten der Änderung des § 29 durch das 1. JustizmodernisierungsG v 24. 8. 04 (BGBl I S 2198, 2300) unterschiedlich geregelt (s Begr Rz 1d). Die Änderung ist am 1. 2. 2005 in Kraft getreten (Art 14 S 2).

9 e) **Keine Tilgungsfrist** gilt für Entscheidungen, wonach die Erteilung einer FE für immer untersagt ist (II). Eine gerichtliche FESperre für immer gem § 69a I S 2 StGB wird also nicht gelöscht. Entsprechendes gilt für die Untersagung des Rechts, von einer ausländischen FE wieder Gebrauch zu machen (§§ 69b I S 1, 69a I S 2 StGB). Im Falle vorzeitiger Aufhebung einer für immer angeordneten Sperre nach § 69a VII StGB, die gem § 28 III Nr 13 ins VZR einzutragen ist, gelten die Tilgungsfristen des Abs I S 2 Nr 2 a) und 3.

10 **3. Ohne Rücksicht auf den Lauf von Fristen** nach Abs I und das Tilgungsverbot des Abs II (s Rz 9) erfolgt Tilgung in den in Abs III genannten Fällen, ua stets dann,

Tilgung der Eintragungen § 29 StVG **I**

wenn ihre Tilgung im BZR angeordnet ist. Auf III Nr 3 beruht die Bestimmung des § 63 II FeV über die Tilgung vorläufiger FSMaßnahmen (§§ 94, 111a StPO) nach Aufhebung der betreffenden Entscheidung.

4. Überliegefrist. Gem Abs VII führt Tilgungsreife nicht zur sofortigen Löschung. **11** Die Tilgung erfolgt vielmehr erst nach einer Überliegefrist von einem Jahr. Dadurch soll verhindert werden, daß eine Eintragung getilgt wird, obwohl möglicherweise schon vor Eintritt der Tilgungsreife eine weitere eintragungspflichtige Tat begangen worden ist, die eine Tilgung zwar wegen der Ablaufhemmung nach Abs VI S 2 hindern würde (Rz 8), die aber dem KBA noch nicht bekannt ist, weil sie noch nicht mitgeteilt worden ist (s Rz 1 d), s OVG Greifswald VRS **104** 153. Allerdings darf die tilgungsreife Eintragung während der Überliegefrist nicht übermittelt werden, Auskunft über ihren Inhalt darf nur an den Betroffenen selbst erteilt werden (VII S 2). Die Vorschrift des Abs VII über die Überliegefrist gilt nach der **Übergangsbestimmung** des § 65 IX S 2 auch für solche Entscheidungen, die bei Inkrafttreten der Neufassung von § 29 durch ÄndG v 24. 4. 1998 (in Kraft getreten am 1. 1. 1999) schon im VZR eingetragen waren.

5. Verwertungsverbot. Im Gegensatz zur früheren Fassung enthält § 29 idF des **12** ÄndG v 24. 4. 1998 nunmehr ein ausdrückliches Verwertungsverbot, soweit gerichtliche Entscheidungen im VZR getilgt sind (VIII). Nach der Löschung (VII) dürfen die Tat und die Entscheidung dem Betroffenen für die in § 28 II genannten Zwecke nicht mehr vorgehalten und nicht zu seinem Nachteil verwertet werden, s KG DAR **04** 101. Eine getilgte Zuwiderhandlung darf daher insbesondere auch bei der Strafzumessung, der Bußgeldbemessung oder der Frage, ob und ggf in welcher Höhe ein FV zu verhängen ist, keine Berücksichtigung mehr finden (§ 28 II Nr 3). Das Verbot schließt die Verwertung als Tatindiz sowie straf- oder bußgelderhöhend aus. Das umfassendere (s Rz 2) Verwertungsverbot des § 51 I BZRG bleibt unberührt (s Begr, Rz 1 c). Ist also zB nach den Bestimmungen des BZRG Tilgungsreife eingetreten, so ist die Entscheidung auch dann nicht mehr zum Nachteil des Betroffenen verwertbar, wenn sie im VZR noch nicht getilgt ist (s Begr Rz 1 c). Umgekehrt gilt aber das Verwertungsverbot bei Tilgung im VZR auch, wenn die betreffende Verurteilung im BZR noch nicht tilgungsreif ist, KG DAR **04** 101. Tilgungsreife sind wesensgleich: in beiden Fällen wird über die Verurteilung weder eine Auskunft erteilt, noch darf sie zum Nachteil des Betroffenen verwertet werden, BGH NJW **73** 66, Bay DAR **96** 243, KG DAR **04** 101, Kar NJW **73** 291, Kö VRS **71** 214, Dü VRS **85** 120, Schl DAR **92** 311, Nau ZfS **99** 38. Der maßgebliche **Zeitpunkt für ein Verwertungsverbot** wegen Tilgungsreife ist nicht der Tattag, sondern der Tag des Erlasses des letzten tatrichterlichen Urteils, Bay DAR **01** 412, **96** 243, Kö NZV **00** 430, VRS **99** 67, Nau DAR **99** 228, VRS **100** 201, Bra DAR **90** 189, Schl DAR **92** 311, Zw VRS **91** 197. Aus § 25 IIa läßt sich nichts Gegenteiliges herleiten, Bay DAR **01** 412. Vom Verwertungsverbot unberührt bleiben aus der Tat oder der Verurteilung entstandene Rechte Dritter (§ 51 II BZRG) und gesetzliche Rechtsfolgen der früheren Tat sowie behördliche und gerichtliche Entscheidungen aufgrund der früheren Tat, s *Brauser* NJW **73** 1007 (1008).

a) **Begrenzung der Verwertbarkeit auf fünf Jahre.** Ist eine Zeit verstrichen, die **13** einer fünfjährigen Tilgungsfrist entspricht, so tritt für Eintragungen, die einer zehnjährigen Tilgungsfrist unterliegen, bereits ein Verwertungsverbot ein (VIII S 2). Begr, s Rz 1 c. Dieses Verwertungsverbot ist allerdings eingeschränkt; es gilt nicht für Verfahren, die die Erteilung oder Entziehung der FE zum Gegenstand haben (VIII S 2). Es gilt auch nicht für die Prüfung der Berechtigung zum Führen von Kfzen; insoweit dürfen eingetragene gerichtliche Entscheidungen nach §§ 69–69b StGB (EdF, FESperre) auch nach Ablauf der Fünfjahresfrist des Abs VIII S 2 übermittelt und verwertet werden (VIII S 3).

b) In **Verfahren über Erteilung oder Entziehung der FE** darf eine frühere Tat, **14** abw von § 51 I BZRG, auch dann noch berücksichtigt werden, wenn sie in bezug auf das BZR tilgungsreif oder bereits gelöscht ist, solange sie nach §§ 28 bis 30b noch verwertet werden darf (§ 52 II S 1 BZRG), also nicht mehr, wie nach früherem Recht, unbefristet. Insoweit ist das Verwertungsverbot des § 51 BZRG gelockert, um den Gerichten und FEBen die Beurteilung der Kraftfahreignung besser zu ermöglichen. Eine

333

1 StVG § 29 IV. Verkehrszentralregister

weitere Lockerung des Verwertungsverbotes enthält § 52 II S 2 BZRG. Danach dürfen, abw von § 51 I BZRG, **für die Prüfung der Berechtigung zum Führen von Kfzen** strafgerichtliche Entscheidungen über EdF und FESperre (§§ 69–69 b StGB) übermittelt werden. Gegen § 52 II BZRG bestehen keine verfassungsrechtlichen Bedenken, BVG NJW **77** 1164 (zur früheren Fassung). Er schränkt das Verwertungsverbot des § 51 I BZRG nur ein, BVG NJW **77** 1075. Eine besondere Regelung für die Verwertbarkeit von Eintragungen in solchen Verfahren enthält auch Abs VIII S 2, 3 (s Rz 13). Die Einschränkung des Verwertungsverbots durch § 52 II gilt nur für die dort genannten Verfahren, nicht zB auch für die Strafzumessung, Fra VM **77** 31, NZV **97** 245, Kar VRS **55** 284, Dü VM **77** 94, Ha VRS **64** 317. Nach der **Übergangsvorschrift** des § 65 IX S 1, Halbsatz 2 dürfen auch vor dem 1. 1. 99 eingetragene, abw von der jetzigen Rechtslage noch der kürzeren Tilgungsfrist von nur 5 Jahren unterliegende Straftaten (zB nach §§ 315c I Nr 1a, 316, 323a StGB) im Verfahren der Erteilung oder Entziehung der FE nach Maßgabe des § 52 II BZRG in der bis zum 31. 12. 98 geltenden Fassung bis zu dem einer 10jährigen Tilgungsfrist entsprechenden Tag verwertet werden, s BVG NZV **01** 531. Dabei handelt es sich nicht um verfassungswidrige Rückwirkung, VGH Ma DAR **03** 577. Für die Berechnung des Tages, der iS der Übergangsbestimmung des § 65 IX S 1, Halbsatz 2 *„einer zehnjährigen Tilgungsfrist entspricht"*, gilt § 29 nF, also auch die Regelung der Abs IV und V hinsichtlich des Beginns der Tilgungsfrist, OVG Saarlouis DAR **04** 540 (zust *Kalus* VD **04** 191). Zur Frage der Verwertbarkeit von Entscheidungen, die am 1. 1. 99 bereits getilgt waren aber nach neuem Recht im VZR noch nicht tilgungsreif wären, s VG Regensburg NZV **00** 223, VG Dü NZV **01** 223.

15 c) Für **nur im VZR einzutragende Ordnungswidrigkeiten** enthält Abs VIII keine ausdrückliche Regelung hinsichtlich der Verwertbarkeit nach Tilgung; denn dort ist nur die Rede von „gerichtlichen Entscheidungen", weil nur solche auch im BZR eingetragen sein können. Für den Fall, daß solche Entscheidungen im VZR getilgt sind, aber möglicherweise noch im BZR stehen, gilt das Verwertungsverbot des Abs VIII. Für nur im VZR enthaltene Eintragungen (OWen und Verwaltungsentscheidungen) bedurfte es nach Ansicht des GGebers (s Rz 1c) keines ausdrücklichen Verwertungsverbotes, wenn sie im VZR gelöscht sind. Mit der Regelung des Abs VIII ist die zu § 29 aF ergangene Rspr (dieser enthielt kein ausdrückliches Verwertungsverbot) weitgehend gegenstandslos. Sie ging ganz überwiegend schon für die frühere Rechtslage davon aus, daß nach dem Zweck der Tilgungsvorschriften für das VZR und das BZR getilgte oder tilgungsreife Eintragungen über OWen nicht mehr zum Nachteil des Betroffenen verwertet werden dürfen, Ce NJW **73** 68, Kö VRS **71** 214, Bra DAR **90** 189, Dü VRS **86** 190, **89** 142, s *Granderath* ZRP **85** 319, *Rebmann/Uhlig* § 51 Rz 15. Hieran hat sich durch Abs VIII im Ergebnis nichts geändert, Nau VRS **100** 201. Wie der Begr zu entnehmen ist, war es nicht etwa Absicht des GGebers, Bußgeldentscheidungen der VBen hinsichtlich ihrer Verwertbarkeit nach der Tilgung anders zu behandeln als gerichtliche. Keine Verwertbarkeit im gerichtlichen Verfahren nach Einspruchseinlegung auch dann, wenn bei Erlaß des Bußgeldbescheides noch keine Tilgungsreife eingetreten war, Ha DAR **81** 157, Dü VRS **85** 120.

16 d) **Nicht registerpflichtige Ahndungen, nicht geahndete Sachverhalte.** Eine sachbedingte Schwäche der Regelungen über Tilgung und Verwertungsverbot liegt darin, daß nicht abgeurteilte Sachverhalte im Prinzip nachteilig verwertbar bleiben, Dü VRS **73** 394, sofern der Zumessungsgrundsatz der Sachbezogenheit streng beachtet bleibt. Das gilt für nicht registerpflichtige Entscheidungen aller Art und für die Sachverhalte bei Freisprüchen, KG VRS **52** 305, Bay VM **74** 10, Dü JMBlNRW **86** 45, VRS **73** 392, Kö VRS **71** 214, Kar NZV **90** 159, ferner für nicht eintragungspflichtige Bußgeldentscheidungen, Dü VRS **73** 392. Dies gilt jedoch nur, solange sie bei Registerpflichtigkeit noch nicht tilgungsreif wären, Dü JMBlNRW **86** 45, VRS **73** 392, Bay NJW **73** 1762, Kö VRS **71** 214, Kar NZV **90** 159; denn es geht nicht an, eine Vergünstigung zu versagen, die dem Täter hinsichtlich einer schwerer geahndeten Handlung zustünde. Verwarnungen nach §§ 26a StVG, 56 OWiG sind unverwertbar, weil sie das Vorliegen einer OW offenlassen (§ 27 StVG Rz 7), Kar NZV **90** 159, aM Dü VRS **73** 392.

Übermittlung §30 StVG I

e) **Behördenakten und -aufzeichnungen,** soweit sie nicht eintragungsfähige oder im BZR/VZR zumindest tilgungsfähige Eintragungen und Sachverhalte betreffen, sind nach den Grundsätzen der §§ 29 VIII StVG, 51 f BZRG ebenfalls im nachteiligen Sinn unverwertbar, weil sonst der klare Wortlaut der gesetzlichen Regelung und der in den dazu gehörigen amtlichen Begründungen bestätigte gesetzgeberische Wille zu lediglich selektiver Verwertbarkeit länger zurückliegender Verstöße umgangen würde. Das VZR ersetzt örtliche Karteien und macht sie unverwertbar, s BVG NJW **77** 1075. BVGE **18** 239 = NJW **64** 1686 ist aufgegeben. 17

6. Amtspflichtverletzung ist Auskunft oder nachteilige behördliche Verwertung trotz Tilgung oder Tilgungsreife. 18

Übermittlung

30 (1) Die Eintragungen im Verkehrszentralregister dürfen an die Stellen, die
1. für die Verfolgung von Straftaten, zur Vollstreckung oder zum Vollzug von Strafen,
2. für die Verfolgung von Ordnungswidrigkeiten und die Vollstreckung von Bußgeldbescheiden und ihren Nebenfolgen nach diesem Gesetz und dem Gesetz über das Fahrpersonal im Straßenverkehr oder
3. für Verwaltungsmaßnahmen auf Grund dieses Gesetzes oder der auf ihm beruhenden Rechtsvorschriften

zuständig sind, übermittelt werden, soweit dies für die Erfüllung der diesen Stellen obliegenden Aufgaben zu den in § 28 Abs. 2 genannten Zwecken jeweils erforderlich ist.

(2) Die Eintragungen im Verkehrszentralregister dürfen an die Stellen, die für Verwaltungsmaßnahmen auf Grund des Gesetzes über die Beförderung gefährlicher Güter, des Kraftfahrsachverständigengesetzes, des Fahrlehrergesetzes, des Personenbeförderungsgesetzes, der gesetzlichen Bestimmungen über die Notfallrettung und den Krankentransport, des Güterkraftverkehrsgesetzes einschließlich der Verordnung (EWG) Nr. 881/92 des Rates vom 26. März 1992 über den Zugang zum Güterkraftverkehrsmarkt in der Gemeinschaft für Beförderungen aus oder nach einem Mitgliedstaat oder durch einen oder mehrere Mitgliedstaaten (ABl. EG Nr. L 95 S. 1), des Gesetzes über das Fahrpersonal im Straßenverkehr oder auf Grund dieser Gesetze erlassenen Rechtsvorschriften zuständig sind, übermittelt werden, soweit dies für die Erfüllung der diesen Stellen obliegenden Aufgaben zu den in § 28 Abs. 2 Nr. 2 und 4 genannten Zwecken jeweils erforderlich ist.

(3) Die Eintragungen im Verkehrszentralregister dürfen an die für Verkehrs- und Grenzkontrollen zuständigen Stellen übermittelt werden, soweit dies zu dem in § 28 Abs. 2 Nr. 2 genannten Zweck erforderlich ist.

(4) Die Eintragungen im Verkehrszentralregister dürfen außerdem für die Erteilung, Verlängerung, Erneuerung, Rücknahme oder den Widerruf einer Erlaubnis für Luftfahrer oder sonstiges Luftfahrpersonal nach den Vorschriften des Luftverkehrsgesetzes oder der auf Grund dieses Gesetzes erlassenen Rechtsvorschriften an die hierfür zuständigen Stellen übermittelt werden, soweit dies für die genannten Maßnahmen erforderlich ist.

(5) ¹Die Eintragungen im Verkehrszentralregister dürfen für die wissenschaftliche Forschung entsprechend § 38 und für statistische Zwecke entsprechend § 38 a übermittelt und genutzt werden. ²Zur Vorbereitung von Rechts- und allgemeinen Verwaltungsvorschriften auf dem Gebiet des Straßenverkehrs dürfen die Eintragungen entsprechend § 38 b übermittelt und genutzt werden.

(6) ¹Der Empfänger darf die übermittelten Daten nur zu dem Zweck verarbeiten und nutzen, zu dessen Erfüllung sie ihm übermittelt worden sind. ²Der Empfänger darf die übermittelten Daten auch für andere Zwecke verarbeiten und nutzen, soweit ihm auch für diese Zwecke hätten übermittelt werden dürfen. ³Ist der Empfänger eine nichtöffentliche Stelle, hat die übermittelnde Stelle ihn darauf hinzuweisen. ⁴Eine Verarbeitung und Nutzung für andere Zwecke durch nichtöffentliche Stellen bedarf der Zustimmung der übermittelnden Stelle.

1 StVG § 30   IV. Verkehrszentralregister

(7) ¹Die Eintragungen im Verkehrszentralregister dürfen an die zuständigen Stellen anderer Staaten übermittelt werden, soweit dies
1. für Verwaltungsmaßnahmen auf dem Gebiet des Straßenverkehrs,
2. zur Verfolgung von Zuwiderhandlungen gegen Rechtsvorschriften auf dem Gebiet des Straßenverkehrs oder
3. zur Verfolgung von Straftaten, die im Zusammenhang mit dem Straßenverkehr oder sonst mit Kraftfahrzeugen, Anhängern oder Fahrzeugpapieren, Fahrerlaubnissen oder Führerscheinen stehen,

erforderlich ist. ²Der Empfänger ist darauf hinzuweisen, daß die übermittelten Daten nur zu dem Zweck verarbeitet oder genutzt werden dürfen, zu dessen Erfüllung sie ihm übermittelt werden. ³Die Übermittlung unterbleibt, wenn durch sie schutzwürdige Interessen des Betroffenen beeinträchtigt würden, insbesondere wenn im Empfängerland ein angemessener Datenschutzstandard nicht gewährleistet ist.

(8) ¹Dem Betroffenen wird auf Antrag schriftlich über den ihn betreffenden Inhalt des Verkehrszentralregisters und über die Punkte unentgeltlich Auskunft erteilt. ²Der Antragsteller hat dem Antrag einen Identitätsnachweis beizufügen.

(9) ¹Übermittlungen von Daten aus dem Verkehrszentralregister sind nur auf Ersuchen zulässig, es sei denn, auf Grund besonderer Rechtsvorschrift wird bestimmt, daß die Registerbehörde bestimmte Daten von Amts wegen zu übermitteln hat. ²Die Verantwortung für die Zulässigkeit der Übermittlung trägt die übermittelnde Stelle. ³Erfolgt die Übermittlung auf Ersuchen des Empfängers, trägt dieser die Verantwortung. ⁴In diesem Fall prüft die übermittelnde Stelle nur, ob das Übermittlungsersuchen im Rahmen der Aufgaben des Empfängers liegt, es sei denn, daß besonderer Anlaß zur Prüfung der Zulässigkeit der Übermittlung besteht.

1   **Begr** zur Neufassung durch ÄndG v 24. 4. 1998 (BRDrucks 821/96 S 54, 79): *Die Übermittlung der Daten gemäß § 30 steht unter dem Leitgedanken, daß der Nutzer bzw. Empfänger diese nur insoweit erhalten soll, als sie zu seiner Aufgabenerfüllung unbedingt erforderlich sind. Dieser Grundsatz wird auch für die durch Rechtsverordnung zu treffenden Einzelregelungen Maßstab sein. Vor allem soll – soweit möglich – das Prinzip der Vollauskunft durch das der Teilauskunft („Übermittlung nur der ‚erforderlichen' Daten") ersetzt werden. ...*

2   *... Entsprechend den Aufgaben der jeweiligen Stellen erfolgt eine konkrete Zweckbindung der Übermittlung der Eintragungen im Verkehrszentralregister. Damit wird dem Erfordernis des Datenschutzes Rechnung getragen. Die bisherige Vorschrift wurde insbesondere ergänzt hinsichtlich der Übermittlung an Stellen außerhalb des Geltungsbereichs des Gesetzes (Absatz 7), der Verwendung für wissenschaftliche Zwecke etc. (Absatz 5) sowie der Auskunft an den Betroffenen (Absatz 8).*

3   **2. Auskunft aus dem Verkehrszentralregister.** § 30 ist einschränkend, nicht ausdehnend auszulegen, die Eintragungen dürfen nur für die vorgeschriebenen Zwecke verwertet werden, BVG NJW **77** 1075 (zur früheren Fassung). Dies gilt nach dem Inhalt der Neufassung in noch stärkerem Maß als bisher. Da, abw von bis der bis 31. 12. 1998 geltenden Fassung, die Verwertung nicht mehr „für Zwecke der Strafverfolgung", sondern nur noch **zu den in § 28 II genannten Zwecken** zulässig ist, findet gem Abs I zB eine Übermittlung von Eintragungen, die einen Zeugen betreffen, nicht mehr statt (LG Ma NJW **81** 1795 ist durch die Neufassung überholt, s jetzt § 28 II Nr 3). Abs V ermöglicht die Übermittlung und Nutzung von Eintragungen aus dem VZR zur Vorbereitung von straßenverkehrsrechtlichen Rechts- und Verwaltungsvorschriften und – insoweit die frühere Regelung ausdehnend – für **wissenschaftliche und statistische Zwecke.** Übermittlung von Daten nach § 30: § 60 FeV.

4   **3.** Grundsätzlich erfolgt die Übermittlung von Daten aus dem VZR nur auf Ersuchen der auskunftsberechtigten Stelle (IX S 1). Aufgrund besonderer Rechtsvorschriften ist die Registerbehörde jedoch zur **Nachricht von Amts wegen** verpflichtet. Das gilt etwa für den Punktestand eines FEInhabers zur Vorbereitung von Maßnahmen der FEB nach dem Punktsystem (§ 4 VI). Die Einzelheiten der Art der Auskunftsübermittlung sind in §§ 2, 3 VwV VZR geregelt. Fernmündliche oder fernschriftliche Übermittlung ist unzulässig (§ 2 I 2 VwV VZR).

5   **4. Auskunftsberechtigt** sind die in Abs I bis V bezeichneten Stellen, ausschließlich für die dort benannten Zwecke, nicht für andere, an sich gerechtfertigte Verwaltungs-

zwecke, BVG NJW **77** 1075, andernfalls Ersatzpflicht wegen Amtspflichtverletzung. Entsprechendes gilt für das KBA bei Erteilung unzulässiger Auskunft. Nutzung durch den Empfänger nur zu dem Zweck, der der Übermittlung zugrunde lag, zu anderen Zwecken jedoch dann, wenn auch diese die Datenübermittlung gerechtfertigt hätten (VI S 1 und 2). Etwa wegen beabsichtigter Anstellung eines Behördenfahrers darf daher nicht Auskunft erteilt werden. Die gerichtliche Aufklärungspflicht kann Einholung einer Auskunft des VZR gebieten, Dü VM **60** 17. Soweit es zur Prüfung der Berechtigung zum Führen von Fahrzeugen (§ 28 II Nr 2) und zur Beurteilung der Zuverlässigkeit (§ 28 II Nr 4) erforderlich ist, sind auch die in Abs II bezeichneten Stellen auskunftsberechtigt, die nach dem G über die Beförderung gefährlicher Güter, dem KfSachvG, FahrlG, PBefG, GüKG und in den Bereichen Notfallrettung und Krankentransport Verwaltungsmaßnahmen zu treffen haben. Nur zur Prüfung der Berechtigung zum Führen von Fzen (§ 28 II Nr 2) werden Auskünfte auch den für Verkehrs- und Grenzkontrollen zuständigen Stellen erteilt. **Ausländische Stellen** erhalten Auskunft nach Maßgabe des Abs VII nur zu den dort genannten Zwecken und nur, wenn dadurch nicht schutzwürdige Interessen des Betroffenen, insbesondere wegen mangelnden Datenschutzes im Empfängerland, beeinträchtigt werden (VII S 3). Auskunft über getilgte oder tilgungsreife Eintragungen begründet Ersatzpflicht wegen Amtspflichtverletzung. Jeder hat Anspruch auf Mitteilung aller ihn betreffenden Eintragungen, sofern er dies schriftlich unter Beifügung eines Identitätsnachweises beantragt; die Auskunft ist unentgeltlich (VIII). Identitätsnachweis: amtliche Beglaubigung der Unterschrift, Personalausweis, Paß oder deren beglaubigte Ablichtung, behördlicher Dienstausweis (§ 64 I FeV). Bei Auskunft an beauftragten Rechtsanwalt ist Vorlage der Vollmacht oder einer beglaubigten Ausfertigung davon erforderlich (§ 64 II FeV).

Abruf im automatisierten Verfahren

30a (1) Den Stellen, denen die Aufgaben nach § 30 Abs. 1 und 3 obliegen, dürfen die für die Erfüllung dieser Aufgaben jeweils erforderlichen Daten aus dem Verkehrszentralregister durch Abruf im automatisierten Verfahren übermittelt werden.

(2) Die Einrichtung von Anlagen zum Abruf im automatisierten Verfahren ist nur zulässig, wenn nach näherer Bestimmung durch Rechtsverordnung (§ 30 c Abs. 1 Nr. 5) gewährleistet ist, daß

1. dem jeweiligen Stand der Technik entsprechende Maßnahmen zur Sicherstellung von Datenschutz und Datensicherheit getroffen werden, die insbesondere die Vertraulichkeit und Unversehrtheit der Daten gewährleisten; bei der Nutzung allgemein zugänglicher Netze sind Verschlüsselungsverfahren anzuwenden und

2. die Zulässigkeit der Abrufe nach Maßgabe des Absatzes 3 kontrolliert werden kann.

(3) [1]Das Kraftfahrt-Bundesamt hat über die Abrufe Aufzeichnungen zu fertigen, die die bei der Durchführung der Abrufe verwendeten Daten, den Tag und die Uhrzeit der Abrufe, die Kennung der abrufenden Dienststelle und die abgerufenen Daten enthalten müssen. [2]Die protokollierten Daten dürfen nur für Zwecke der Datenschutzkontrolle, der Datensicherung oder zur Sicherstellung eines ordnungsgemäßen Betriebs der Datenverarbeitungsanlage verwendet werden. [3]Liegen Anhaltspunkte dafür vor, daß ohne ihre Verwendung die Verhinderung oder Verfolgung einer schwerwiegenden Straftat gegen Leib, Leben oder Freiheit einer Person aussichtslos oder wesentlich erschwert wäre, dürfen die Daten auch für diesen Zweck verwendet werden, sofern das Ersuchen der Strafverfolgungsbehörde unter Verwendung von Personendaten einer bestimmten Person gestellt wird. [4]Die Protokolldaten sind durch geeignete Vorkehrungen gegen zweckfremde Verwendung und gegen sonstigen Mißbrauch zu schützen und nach sechs Monaten zu löschen.

(4) [1]Das Kraftfahrt-Bundesamt fertigt weitere Aufzeichnungen, die sich auf den Anlass des Abrufs erstrecken und die Feststellung der für den Abruf verantwortlichen Person ermöglichen. [2]Das Nähere wird durch Rechtsverordnung (§ 30 c Abs. 1 Nr. 5) bestimmt.

(5) [1]Durch Abruf im automatisierten Verfahren dürfen aus dem Verkehrszentralregister für die in § 30 Abs. 7 genannten Maßnahmen an die hierfür zustän-

1 StVG § 30a   IV. Verkehrszentralregister

digen öffentlichen Stellen in einem Mitgliedstaat der Europäischen Union oder einem anderen Vertragsstaat des Abkommens über den Europäischen Wirtschaftsraum übermittelt werden:
1. die Tatsache folgender Entscheidungen der Verwaltungsbehörden:
    a) die unanfechtbare Versagung einer Fahrerlaubnis, einschließlich der Ablehnung der Verlängerung einer befristeten Fahrerlaubnis,
    b) die unanfechtbaren oder sofort vollziehbaren Entziehungen, Widerrufe oder Rücknahmen einer Fahrerlaubnis,
    c) die rechtskräftige Anordnung eines Fahrverbots,
2. die Tatsache folgender Entscheidungen der Gerichte:
    a) die rechtskräftige oder vorläufige Entziehung einer Fahrerlaubnis,
    b) die rechtskräftige Anordnung einer Fahrerlaubnissperre,
    c) die rechtskräftige Anordnung eines Fahrverbots,
3. die Tatsache der Beschlagnahme, Sicherstellung oder Verwahrung des Führerscheins nach § 94 der Strafprozeßordnung,
4. die Tatsache des Verzichts auf eine Fahrerlaubnis und
5. zusätzlich
    a) Klasse, Art und etwaige Beschränkungen der Fahrerlaubnis, die Gegenstand der Entscheidung nach Nummer 1 oder Nummer 2 oder des Verzichts nach Nummer 4 ist, und
    b) Familiennamen, Geburtsnamen, sonstige frühere Namen, Vornamen, Ordens- oder Künstlernamen, Tag und Ort der Geburt der Person, zu der eine Eintragung nach den Nummern 1 bis 3 vorliegt.

²Der Abruf ist nur zulässig, soweit
1. diese Form der Datenübermittlung unter Berücksichtigung der schutzwürdigen Interessen der Betroffenen wegen der Vielzahl der Übermittlungen oder wegen ihrer besonderen Eilbedürftigkeit angemessen ist und
2. der Empfängerstaat die Richtlinie 95/46/EG des Europäischen Parlaments und des Rates vom 24. Oktober 1995 (ABl. EG Nr. L 281 S. 31) anwendet.

³Die Absätze 2 und 3 sowie Absatz 4 wegen des Anlasses der Abrufe sind entsprechend anzuwenden.

Begr *zur Neufassung durch ÄndG v 24. 4. 1998 (BRDrucks 821/96 S 80): § 30a Abs. 1 regelt die Übermittlung durch Abruf im automatisierten Verfahren. Nach der bisherigen Bestimmung war die on-line-Übermittlung beschränkt auf bestimmte Empfänger und auf im einzelnen aufgezählte Daten im Hinblick auf entzogene Fahrerlaubnisse. Diese Vorschrift wurde durch Gesetz vom 28. Januar 1987 eingeführt, um für das Zentrale Verkehrsinformations-System (ZEVIS), soweit es um die Übermittlung von Fahrerlaubnisdaten des VZR geht, eine bereichsspezifische Rechtsgrundlage zu schaffen. Es handelte sich dabei um eine Übergangsvorschrift, die bis zu einer Gesamtregelung für das VZR gelten sollte.*
*Der neue § **30a Abs.** 1 läßt den Abruf im automatisierten Verfahren an die in § 30 Abs. 1 bis 3 genannten Stellen zu.*
Zugriffsberechtigt sind damit die Strafverfolgungs-, -vollstreckungs- und -vollzugsbehörden, Bußgeldbehörden und die Fahrerlaubnisbehörden (§ 30 Abs. 1), die Polizei- und Grenzkontrollbehörden (§ 30 Abs. 3) sowie die Behörden, denen die Aufgaben nach § 30 Abs. 2 obliegen. Bei den Behörden nach Absatz 1 und 3 ist im Hinblick auf die ca. 48 Millionen Fahrerlaubnisinhaber in der ganzen Bundesrepublik Deutschland die Anzahl der täglichen Bearbeitungsfälle im allgemeinen sehr hoch. Ähnliches gilt für die Behörden nach Absatz 2. Außerdem ist für die Polizei- und Grenzkontrollbehörden die Klärung der Fahrberechtigung häufig eilbedürftig, so daß es gerechtfertigt ist, diesen Empfängern die Möglichkeit der Übermittlung durch Abruf im automatisierten Verfahren einzuräumen.
Die Aufzählung der Daten, die im einzelnen übermittelt werden dürfen, erfolgt durch Rechtsverordnung.
*Die notwendigen Regelungen über die Maßnahmen zur Sicherung gegen Mißbrauch des on-line-Abrufverfahrens und über die Protokollierung der Abrufe sind in den **Absätzen 2 bis 4** enthalten.*
*Mit der Neufassung der Sätze 2 und 3 von **Absatz 3** werden zwei Regelungen getroffen:*
– Einmal wird die Möglichkeit eröffnet, daß die Protokolldaten nicht nur – wie bisher – ausschließlich zur Datenschutzkontrolle verwertet werden dürfen, sondern daß sie darüber hinaus künftig auch zur Verfügung stehen sollen, wenn dies zur Aufklärung oder Verhütung einer

schwerwiegenden Straftat gegen Leib, Leben oder die Freiheit einer Person erforderlich ist. Die Erfahrungen haben gezeigt, daß solche Fälle in der Praxis durchaus eintreten können. Auch hierauf hat die Bundesregierung im Erfahrungsbericht zu ZEVIS (a. a. O., S. 12) hingewiesen.
– Durch die zweite Regelung wird die bisherige Aufbewahrungsfrist der Protokolldaten von drei auf künftig sechs Monate verlängert. Die bisherigen Erfahrungen haben gezeigt, daß die alte Frist von drei Monaten in einer Reihe von Fällen zu kurz ist.

Absatz 5 enthält die Möglichkeit, in bestimmten Fällen und unter bestimmten Bedingungen Abrufe im automatisierten Verfahren an bestimmte ausländische Behörden in EU- und EWR-Staaten zuzulassen. Die on-line-Übermittlung ist beschränkt auf im einzelnen aufgezählte Daten im Hinblick auf entzogene Fahrerlaubnisse, die bisher schon im Inland im automatisierten Verfahren abgerufen werden konnten, (vgl. § 30a Abs. 1 a. F.). Die verwaltungsbehördlichen und gerichtlichen Aberkennungen des Rechts, von einer ausländischen Fahrerlaubnis Gebrauch zu machen, sind nicht mehr ausdrücklich genannt, gleichwohl aber erfaßt, da diese Entscheidungen unter den Begriff „Entziehung" fallen (vgl. Artikel 1 – Nr. 7 – § 3 Abs. 1 und 2, Artikel 3 Nr. 4 – § 69b StGB). Die in Satz 2 unter Nummer 1 und 2 genannten Voraussetzungen sind der entsprechenden Vorschrift von § 14 Abs. 3 des Entwurfs für ein BKA-Gesetz (BT-Drucks. 13/1550) nachgebildet. Allerdings wird in § 30a Abs. 5 der neue Standard (Anwendung der Datenschutz-EG-Richtlinie 95/46/EWG) gefordert. Satz 3 übernimmt grundsätzlich die zur Mißbrauchssicherung und Protokollierung für Abrufe im Inland geltenden Vorschriften.

(BTDrucks 13/7888 S 108): Während eines Fahrverbotes darf der Fahrerlaubnisinhaber nicht am Straßenverkehr teilnehmen. Dies muß durch die Polizei bei Kontrollen auch im EU-Ausland sofort und ohne großen Aufwand überprüft werden können. Ein On-line-Abruf auch dieser Entscheidung ist deshalb erforderlich.

Begr zum ÄndG v 11. 9. 2002 (BTDrucks 14/8766 S 60): **Zu Abs 4:** *Auf Grund der technisch neu gestalteten Authentifizierung haben die weiteren Aufzeichnungen in Bezug auf die Nachvollziehbarkeit der Abrufe eine große Bedeutung. So kann z. B. die für den Abruf verantwortliche Person allein durch diese Daten ermittelt werden, wenn die Authentifizierung über eine für mehrere Nutzer einheitliche Kennung erfolgt und eine weitere Eingrenzung durch eindeutig zugeordnete Endgerätekennungen technisch nicht mehr möglich ist. Daher sind die weiteren Aufzeichnungen bei jedem Abruf durchzuführen. Um einerseits zu gewährleisten, dass die übermittelnde Stelle jederzeit die Möglichkeit hat, die Abrufe stichprobenartig oder anlassbezogen z. B. im Rahmen einer Datenschutzkontrolle auswerten zu können und um gleichzeitig eine Mehrfachspeicherung von Protokolldaten aus Datenschutzgründen zu vermeiden, obliegt die Aufzeichnung analog Absatz 3 einheitlich dem Kraftfahrt-Bundesamt. Nachdem die zur Aufzeichnung verpflichtete Stelle in Absatz 4 Satz 1 eindeutig festgelegt ist, beschränkt sich die Ermächtigung nach § 30c Abs. 1 Nr. 5 StVG auf Regelungen zur inhaltlichen Ausgestaltung der weiteren Aufzeichnungen.*

Automatisiertes Anfrage- und Auskunftsverfahren beim Kraftfahrt-Bundesamt

30b (1) ¹Die Übermittlung von Daten aus dem Verkehrszentralregister nach § 30 Abs. 1 bis 4 und 7 darf nach näherer Bestimmung durch Rechtsverordnung gemäß § 30c Abs. 1 Nr. 6 in einem automatisierten Anfrage- und Auskunftsverfahren erfolgen. ²Die anfragende Stelle hat die Zwecke anzugeben, für die die zu übermittelnden Daten benötigt werden.

(2) Solche Verfahren dürfen nur eingerichtet werden, wenn gewährleistet ist, daß
1. die zur Sicherung gegen Mißbrauch erforderlichen technischen und organisatorischen Maßnahmen ergriffen werden und
2. die Zulässigkeit der Übermittlung nach Maßgabe des Absatzes 3 kontrolliert werden kann.

(3) ¹Das Kraftfahrt-Bundesamt als übermittelnde Behörde hat Aufzeichnungen zu führen, die die übermittelten Daten, den Zeitpunkt der Übermittlung, den Empfänger der Daten und den vom Empfänger angegebenen Zweck enthalten. ²§ 30a Abs. 3 Satz 2 und 3 gilt entsprechend.

Begr (BRDrucks 821/96 S 81): *§ 30b schafft die Rechtsgrundlage für die Auskunftserteilung von Daten aus dem Verkehrszentralregister unter Nutzung von automatisierten Anfrage- und*

1 StVG § 30c IV. Verkehrszentralregister

Auskunftsverfahren, wie IT-gestütztes Telefaxverfahren, Verfahren mittels File-Transfer oder Teletext.
Die bislang bestehenden Übermittlungsregelungen aus dem Verkehrszentralregister (§§ 30, 30a) und dem Zentralen Fahrzeugregister (§§ 35, 36) werden in ihrer Ausgestaltung nicht allen IT-Verfahren gerecht.
Die speziellen Datenschutz- und Datensicherheitsregelungen, die gemäß §§ 30a und 36 an das ZEVIS gestellt werden, sind für neu einzurichtende vollautomatisierte Datenübermittlungsverfahren weder erforderlich noch praktikabel. ZEVIS (Abruf im automatisierten Verfahrens gewährt dem Empfänger mittels on-line-Verbindung ohne Eingriffsmöglichkeit des KBA einen unmittelbaren Zugriff durch eine Einrichtung einer stets bestehenden Leitungsverbindung. Dies ist jedoch nicht bei allen Verfahren vorgesehen, wenn auch die im Gesetz neugeregelten sonstigen automatisierten Verfahren die Datenübermittlung vom Zeitpunkt der Anfrage beim KBA bis zum Eingang der Auskunft beim Empfänger ohne menschliches Eingreifen ermöglichen.
Sowohl bei IT-gestützten Telefaxverfahren als auch bei Verfahren mittels File-Transfer oder Teletext werden vom KBA gesteuerte, zur Datenverarbeitung notwendige Schnittstellen geschaffen, die die Unmittelbarkeit des Übermittlungsverfahrens unterbrechen.
Deshalb reichen die in § 30b Abs. 2 und 3 vorgesehenen Maßnahmen zur Mißbrauchssicherung und Protokollierung aus.

Anm: Standards für die Übermittlung von Anfragen an die Zentralen Register und Auskünften aus den Zentralen Registern (SDÜ-VZR-ANF), VBl **04** 4.

Ermächtigungsgrundlagen, Ausführungsvorschriften

30c (1) **Das Bundesministerium für Verkehr, Bau- und Wohnungswesen wird ermächtigt, Rechtsverordnungen mit Zustimmung des Bundesrates zu erlassen über**

1. **den Inhalt der Eintragungen einschließlich der Personendaten nach § 28 Abs. 3,**
2. **Verkürzungen der Tilgungsfristen nach § 29 Abs. 1 Satz 5 und über Tilgungen ohne Rücksicht auf den Lauf der Fristen nach § 29 Abs. 3 Nr. 3,**
3. **die Art und den Umfang der zu übermittelnden Daten nach § 30 Abs. 1 bis 4 und 7 sowie die Bestimmung der Empfänger und den Geschäftsweg bei Übermittlungen nach § 30 Abs. 7,**
4. **den Identitätsnachweis bei Auskünften nach § 30 Abs. 8,**
5. **die Art und den Umfang der zu übermittelnden Daten nach § 30a Abs. 1, die Maßnahmen zur Sicherung gegen Mißbrauch nach § 30a Abs. 2, die weiteren Aufzeichnungen nach § 30a Abs. 4 beim Abruf im automatisierten Verfahren und die Bestimmung der Empfänger bei Übermittlungen nach § 30a Abs. 5,**
6. **die Art und den Umfang der zu übermittelnden Daten nach § 30b Abs. 1 und die Maßnahmen zur Sicherung gegen Mißbrauch nach § 30b Abs. 2 Nr. 1.**

(2) [1]**Das Bundesministerium für Verkehr, Bau- und Wohnungswesen wird ermächtigt, allgemeine Verwaltungsvorschriften mit Zustimmung des Bundesrates**
1. **über die Art und Weise der Durchführung von Datenübermittlungen,**
2. **über die Zusammenarbeit zwischen Bundeszentralregister und Verkehrszentralregister**

zu erlassen. [2]**Die allgemeinen Verwaltungsvorschriften nach Nummer 1, soweit Justizbehörden betroffen sind, und nach Nummer 2 werden gemeinsam mit dem Bundesministerium der Justiz erlassen.**

Begr (BRDrucks 821/96 S 81): *Enthält die notwendigen Ermächtigungsgrundlagen zum Erlaß von Verordnungen und allgemeinen Verwaltungsvorschriften. Sie waren zum Teil bislang in § 47 enthalten. Absatz 2 Nr. 2 schafft dabei die Grundlagen für die angestrebte Zusammenarbeit von Bundeszentral- und Verkehrszentralregister.*

Gemeinsame Vorschriften §§ 31 bis 64 StVG 1

V. Fahrzeugregister

31 bis 47 – eingefügt durch das Gesetz zur Änderung des Straßenverkehrsgesetzes vom 28. 1. 1987 (BGBl. I S. 486) – enthalten Regelungen zur Führung und Nutzung des Zentralen Fahrzeugregisters und der Datei „entzogene Fahrerlaubnisse" beim Kraftfahrt-Bundesamt sowie der örtlichen Fahrzeugregister bei den Zulassungsstellen (**Zentrales Verkehrsinformations-System – ZEVIS**).

Da diese Bestimmungen keinen straßenverkehrsrechtlichen Inhalt haben, wird von einer Erläuterung abgesehen.

Die Vorschriften sind im Anhang **(9)** abgedruckt.

VI. Fahrerlaubnisregister

48 bis 63 - eingefügt durch das Gesetz zur Änderung des Straßenverkehrsgesetzes und anderer Gesetze vom 24. 4. 1998 (BGBl. I S. 747) – enthalten Bestimmungen über die örtlichen und das Zentrale Fahrerlaubnisregister, deren Zweck und Inhalt sowie die Übermittlung und Löschung von Daten.

Da auch diese Vorschriften keinen verkehrsrechtlichen Inhalt haben, sind sie hier nicht zu erläutern.

Die Vorschriften sind im Anhang **(9)** abgedruckt.

VII. Gemeinsame Vorschriften, Übergangsbestimmungen

Gemeinsame Vorschriften

64 ¹Die Meldebehörden haben dem Kraftfahrt-Bundesamt bei der Änderung des Geburtsnamens oder des Vornamens einer Person, die das 14. Lebensjahr vollendet hat, für den in Satz 2 genannten Zweck neben dem bisherigen Namen folgende weitere Daten zu übermitteln:

1. Geburtsname,
2. Familienname,
3. Vornamen,
4. Tag der Geburt,
5. Geburtsort,
6. Geschlecht,
7. Bezeichnung der Behörde, die die Namensänderung im Melderegister veranlaßt hat, sowie
8. Datum und Aktenzeichen des zugrunde liegenden Rechtsakts.

²Enthält das Verkehrszentralregister oder das Zentrale Fahrerlaubnisregister eine Eintragung über diese Person, so ist der neue Name bei der Eintragung zu vermerken. ³Eine Mitteilung nach Satz 1 darf nur für den in Satz 2 genannten Zweck verwendet werden. ⁴Enthalten die Register keine Eintragung über diese Person, ist die Mitteilung vom Kraftfahrt-Bundesamt unverzüglich zu vernichten.

Begr (BRDrucks 821/96 S 87): *Die im Verkehrszentralregister und im Zentralen Fahrerlaubnisregister über eine bestimmte Person enthaltenen Eintragungen können nur aufgefunden werden, wenn die bei der Suche verwendeten Merkmale ... Vorname und Geburtsname mit den im Register eingetragenen Merkmalen übereinstimmen. Ändert sich der Name, so kann eine Suche mit dem neuen Namen nur dann dazu führen, daß über diese Person im Register enthaltene Eintragungen aufgefunden werden, wenn der neue Name bereits im Register vermerkt ist. Um die Erteilung zutreffender Auskünfte aus dem Register zu gewährleisten, ist deshalb die Unterrichtung des KBA von einer Namensänderung aufgrund einer gerichtlichen Entscheidung, der Entscheidung einer deutschen Verwaltungsbehörde oder einer gegenüber der zuständigen Behörde abgegebenen Erklärung vorgesehen. Die Mitteilungen können nicht auf Personen beschränkt werden, über die das Register eine Eintragung enthält, da dies den entscheidenden Behörden in der Regel nicht bekannt ist. Allerdings gilt die Regelung nur für Personen, die das 14. Lebensjahr vollendet haben. Ent-*

scheidungen, die Personen unter 14 Jahren betreffen, dürfte das Register nur in äußerst seltenen, zu vernachlässigenden Fällen enthalten, da die Schuldfähigkeit bzw. Verantwortlichkeit nach § 19 StGB und § 12 OWiG erst mit dem vollendeten 14. Lebensjahr einsetzt, vorher also keine Entscheidungen wegen Straftaten und Ordnungswidrigkeiten ergehen können; außerdem dürfen Kraftfahrzeuge erst ab dem 15. Lebensjahr geführt werden, so daß Verwaltungsentscheidungen ebenfalls kaum früher zu erwarten sind. Das KBA darf die Mitteilungen nur zur Aktualisierung der Personendaten von im Verkehrszentralregister und im Zentralen Fahrerlaubnisregister eingetragenen Personen verwenden. Mitteilungen über nicht eingetragene Personen hat das KBA unverzüglich zu vernichten.

...

Begr zum ÄndG v 11. 9. 2002 (BTDrucks 14/8766 S 60): ... *Für das Verkehrszentralregister erfolgt die Namenssuche und die Identifizierung der eingetragenen Personen grundsätzlich über den Geburtsnamen und das Geburtsdatum. Die Änderung beschränkt deshalb die Übermittlung der Meldebehörden auf die Änderung des Geburtsnamens (z. B. Adoption) und die Änderung des Vornamens, d. h. auf die Fälle, die wesentliche Suchkriterien in den Registern sind. Damit wird sichergestellt, dass auch bei Nichtvorliegen des Führerscheins anhand der Eintragungen im Personaldokument eine Abfrage erfolgen kann. Die Änderungen beschränken die Mitteilungen der Meldebehörden auf das erforderliche Maß, ohne die Auskunftsfähigkeit des Registers zu beeinträchtigen.*

Übergangsbestimmungen

65 (1) [1]Registerauskünfte, Führungszeugnisse, Gutachten und Gesundheitszeugnisse, die sich am 1. Januar 1999 bereits in den Akten befinden, brauchen abweichend von § 2 Abs. 9 Satz 2 bis 4 erst dann vernichtet zu werden, wenn sich die Fahrerlaubnisbehörde aus anderem Anlaß mit dem Vorgang befasst. [2]Eine Überprüfung der Akten muss jedoch spätestens bis zum 1. Januar 2014 durchgeführt werden. [3]Anstelle einer Vernichtung der Unterlagen sind die darin enthaltenen Daten zu sperren, wenn die Vernichtung wegen der besonderen Art der Führung der Akten nicht oder nur mit unverhältnismäßigem Aufwand möglich ist.

(2) [1]Sind Straftaten oder Ordnungswidrigkeiten vor dem 1. Januar 1999 begangen worden, richten sich die Maßnahmen nach den Regelungen über die Fahrerlaubnis auf Probe nach § 2a in der vor dem 1. Januar 1999 geltenden Fassung. [2]Treten Straftaten und Ordnungswidrigkeiten hinzu, die ab 1. Januar 1999 begangen worden sind, richten sich die Maßnahmen insgesamt nach § 2a in der ab 1. Januar 1999 geltenden Fassung.

(3) Die vor dem 1. Januar 1999 auf Grund von § 2c vom Kraftfahrt-Bundesamt gespeicherten Daten sind in das Zentrale Fahrerlaubnisregister zu übernehmen.

(4) [1]Sind Straftaten oder Ordnungswidrigkeiten vor dem 1. Januar 1999 begangen worden, richten sich die Maßnahmen nach dem Punktsystem in der Fassung der Allgemeinen Verwaltungsvorschrift zu § 15b der Straßenverkehrs-Zulassungs-Ordnung. [2]Treten Straftaten und Ordnungswidrigkeiten hinzu, die ab 1. Januar 1999 begangen worden sind, richten sich die Maßnahmen nach dem Punktsystem des § 4; dabei werden gleichgestellt:
1. den Maßnahmen nach § 4 Abs. 3 Satz 1 Nr. 1 die Maßnahmen nach § 3 Nr. 1 der Allgemeinen Verwaltungsvorschrift zu § 15b der Straßenverkehrs-Zulassungs-Ordnung,
2. den Maßnahmen nach § 4 Abs. 3 Satz 1 Nr. 2 (Anordnung eines Aufbauseminars oder Erteilung einer Verwarnung)
   a) die Begutachtung durch einen amtlich anerkannten Sachverständigen oder Prüfer für den Kraftfahrzeugverkehr nach § 3 Nr. 2 der Allgemeinen Verwaltungsvorschrift zu § 15b der Straßenverkehrs-Zulassungs-Ordnung,
   b) Nachschulungskurse, die von der Fahrerlaubnisbehörde als Alternative zur Begutachtung durch einen amtlich anerkannten Sachverständigen oder Prüfer für den Kraftfahrzeugverkehr nach § 3 Nr. 2 der Allgemeinen Verwaltungsvorschrift zu § 15b der Straßenverkehrs-Zulassungs-Ordnung zugelassen wurden.

[3]Der Hinweis auf die verkehrspsychologische Beratung sowie die Unterrichtung über den drohenden Entzug der Fahrerlaubnis nach § 4 Abs. 3 Satz 1 Nr. 2 Satz 3 bleibt unberührt.

Übergangsbestimmungen § 65 StVG I

(5) Anerkennungen nach § 4 Abs. 9 Satz 6 können unter den dort genannten Voraussetzungen ab dem 1. Mai 1998 vorgenommen werden.

(6) Soweit Entscheidungen in das Verkehrszentralregister nach § 28 in der vor dem 1. Januar 1999 geltenden Fassung nicht einzutragen waren, werden solche Entscheidungen ab 1. Januar 1999 nur eingetragen, wenn die zugrunde liegenden Taten ab 1. Januar 1999 begangen wurden.

(7) Soweit Widerrufe oder Rücknahmen nach § 28 Abs. 3 Nr. 6 in das Verkehrszentralregister einzutragen sind, werden nur solche berücksichtigt, die nach dem 1. Januar 1999 unanfechtbar oder sofort vollziehbar geworden sind.

(8) Eintragungen nach § 28 Abs. 3 Nr. 12 sind nicht vorzunehmen, wenn das Aufbauseminar vor dem 1. Januar 1999 abgeschlossen worden ist.

(9) ¹Entscheidungen, die vor dem 1. Januar 1999 im Verkehrszentralregister eingetragen worden sind, werden bis 1. Januar 2004 nach den Bestimmungen des § 29 in der bis zum 1. Januar 1999 geltenden Fassung in Verbindung mit § 13a der Straßenverkehrs-Zulassungs-Ordnung getilgt; die Entscheidungen dürfen nach § 52 Abs. 2 des Bundeszentralregistergesetzes in der bis zum 31. Dezember 1998 geltenden Fassung verwertet werden, jedoch längstens bis zu dem Tag, der einer zehnjährigen Tilgungsfrist entspricht. ²Abweichend hiervon gilt § 29 Abs. 7 in der Fassung dieses Gesetzes auch für Entscheidungen, die bei Inkrafttreten dieses Gesetzes bereits im Verkehrszentralregister eingetragen waren.

(10) ¹Ein örtliches Fahrerlaubnisregister (§ 48 Abs. 1) darf nicht mehr geführt werden, sobald
1. sein Datenbestand mit den in § 50 Abs. 1 genannten Daten in das Zentrale Fahrerlaubnisregister übernommen worden ist,
2. die getroffenen Maßnahmen der Fahrerlaubnisbehörde nach § 2 a Abs. 2 und § 4 Abs. 3 in das Verkehrszentralregister übernommen worden sind und
3. der Fahrerlaubnisbehörde die Daten, die ihr nach § 30 Abs. 1 Nr. 3 und § 52 Abs. 1 Nr. 3 aus den zentralen Registern mitgeteilt werden dürfen, durch Abruf im automatisierten Verfahren mitgeteilt werden können.

²Örtliche Fahrerlaubnisregister dürfen noch bis spätestens 31. Dezember 2005 geführt werden. ³Maßnahmen der Fahrerlaubnisbehörde nach § 2 a Abs. 2 Satz 1 Nr. 1 und 2 und § 4 Abs. 3 Satz 1 Nr. 1 und 2 werden erst dann im Verkehrszentralregister gespeichert, wenn eine Speicherung im örtlichen Fahrerlaubnisregister nicht mehr vorgenommen wird.

(11) Bis zum Erlass einer Rechtsverordnung nach § 26 a Abs. 1 Nr. 1 ist die Allgemeine Verwaltungsvorschrift für die Erteilung einer Verwarnung bei Straßenverkehrsordnungswidrigkeiten vom 28. Februar 2000 (BAnz. S. 3048), auch soweit sie nach Artikel 84 Abs. 2 des Grundgesetzes geändert wird, weiter anzuwenden.

Begr (BRDrucks 821/96 S 87): *§ 65 enthält die notwendigen Übergangsbestimmungen. Sie sind notwendig, soweit altes Recht durch neues ersetzt wird. Besonders hinzuweisen ist auf folgende Bestimmungen:*

Zu Absatz 1
Registerauskünfte etc., die sich in den Akten befinden, müssen künftig aus Datenschutzgründen in der Regel nach zehn Jahren vernichtet bzw. die darin enthaltenen Daten gesperrt werden. Für die Zukunft können die Fahrerlaubnisbehörden die Arbeitsabläufe so organisieren, daß der damit verbundene Aufwand hinnehmbar ist. In der Vergangenheit wurde dieser Aspekt bei der Aktenführung nicht berücksichtigt. Für eine kurzfristige Durchsicht der vorhandenen Aktenbestände auf zu vernichtende Unterlagen bzw. auf zu sperrende Daten fehlt es den Fahrerlaubnisbehörden an Personal. Die Unterlagen brauchen daher in diesem Fall erst vernichtet bzw. gesperrt zu werden, wenn sich die Fahrerlaubnisbehörde ohnehin aus anderem Anlaß mit dem Vorgang befaßt, spätestens aber innerhalb von 15 Jahren nach Inkrafttreten des Gesetzes.

*Unter **Absatz 6** fallen insbesondere Entscheidungen nach § 94 StPO (§ 28 Abs. 3 Nr. 9) und Entscheidungen ausländischer Stellen, die Inhaber deutscher Fahrerlaubnisse betreffen (§ 28 Abs. 3 Nr. 10).*

*Nach **Absatz 9** ist die neue Regelung der Tilgungsfristen bis zum Ablauf von fünf Jahren nach Inkrafttreten des Gesetzes nur auf Entscheidungen anzuwenden, die nach dem Inkrafttreten dieses Gesetzes eingetragen worden sind. Dies gilt auch für solche Fälle, in denen die neue Regelung kür-*

zere Tilgungsfristen enthält. Dies ist nur bei Straftaten mit Freiheitsstrafe von mehr als drei Monaten, in denen keine Entziehung der Fahrerlaubnis angeordnet wurde, der Fall. Eine Anwendung des neuen, günstigeren Rechts auch auf solche bereits eingetragenen Entscheidungen würde zu einem unverhältnismäßig großen Verwaltungsaufwand führen. Für die Umstellung, die nur einen sehr geringen Anteil der Eintragungen betrifft, würden 14 zusätzliche Mitarbeiter benötigt, da hierzu eine Überprüfung des gesamten Bestandes der Eintragungen erforderlich wäre. Die Fortgeltung der alten Tilgungsbestimmungen für Eintragungen aus der Zeit vor Inkrafttreten des Gesetzes ist ebenfalls aus Kostengründen auf fünf Jahre beschränkt worden.

Absatz 10 bestimmt, daß nach dem vollständigen Aufbau des Zentralen Fahrerlaubnisregisters und der Übernahme der Maßnahmen der Fahrerlaubnisbehörde nach § 2a Abs. 2 und § 4 Abs. 3 sowie der on-line-Verbindung der Fahrerlaubnisbehörden mit den zentralen Registern die örtlichen Fahrerlaubnisregister nicht mehr geführt werden, da sie dann entbehrlich sind. Damit wird eine nur einmalige Datenspeicherung gewährleistet (Datenschutz). Außerdem wird dadurch eine Aufwandsreduzierung bei den örtlichen Fahrerlaubnisbehörden erreicht.

Unerläßliche Voraussetzungen sind, daß
– die betreffenden Daten vollständig in das Zentrale Fahrerlaubnisregister und das Verkehrszentralregister übernommen sind und
– für die örtliche Fahrerlaubnisbehörde die Möglichkeit des Abrufs im automatisierten Verfahren aus dem Zentralen Fahrerlaubnisregister und dem Verkehrszentralregister besteht.

Als spätester Termin für den Wegfall der örtlichen Register legt das Gesetz den 31. Dezember 2005 fest. Falls dieser Termin aus organisatorischen oder technischen Gründen nicht gehalten werden kann, muß die Frist verlängert werden.

Begr zum ÄndG v 19. 3. 01 (BTDrucks 14/4304 S 13): **Zu Abs 4:** *Mit der Ergänzung wird deshalb klargestellt, dass bei Anwendung des § 4 auch die Maßnahmen einbezogen bzw. gleichgestellt werden, die gegen den Betroffenen bereits aufgrund der Regelungen des bisherigen Punktsystems nach der Allgemeinen Verwaltungsvorschrift zu § 15b Straßenverkehrs-Zulassungs-Ordnung ergriffen wurden. Dabei sind die Begutachtung der Kenntnisse von Verkehrsvorschriften mit der ggf. erforderlichen Fahrprobe und eine alternativ angebotene Nachschulungsmaßnahme dem neuen Aufbauseminar nach § 4 Abs. 8 gleichgestellt worden.*

Die bisher gegen die Betroffenen nach altem Recht bereits ergriffenen Maßnahmen im Zuge des neuen Punktsystems nicht zu berücksichtigen und ihnen damit die Möglichkeit der Rückstufung zu ermöglichen, würde zu einer erheblichen Nichtberücksichtigung von Punkten führen. Dieses Ergebnis ist nicht gewollt und auch sachlich nicht gerechtfertigt, zumal es sich um einen Personenkreis handelt, der bisher in erheblichem Maße Verkehrsvorschriften nicht beachtet hat.

Zu Abs 9: *Die übergangsweise Beibehaltung der kurzen Frist von fünf Jahren einerseits, das Abschneiden der Verwertungsvorschrift des § 52 Abs. 2 Bundeszentralregistergesetz nach dem 31. Dezember 1998 andererseits, führt in der Praxis jedoch zu großen Unzuträglichkeiten und Ungerechtigkeiten. Die Fahrerlaubnisbehörden sind gerade im für die Verkehrssicherheit sehr sensiblen Alkoholbereich gehindert, wie in der Vergangenheit die strafgerichtlichen Entscheidungen über die fünfjährige Tilgungsfrist hinaus zu verwerten. Diese Lücke ist dadurch zu schließen, dass für die bis Ende 1998 im VZR eingetragenen Straftaten nicht nur die alten Tilgungsfristen, sondern auch die alte Verwertungsvorschrift des § 52 Abs. 2 Bundeszentralregistergesetz weiter angewendet werden kann, allerdings bis maximal zehn Jahre. Mit der Befristung auf zehn Jahre ist auch der Gleichstand mit der ab 1. Januar 1999 geltenden Neuregelung hergestellt, die generell eine Tilgungsfrist (und damit auch insoweit eine Verwertung) bis zehn Jahre vorsieht.*

Begründung
des Bundesverkehrsministers zur
Straßenverkehrsordnung
(VBl **70** 797)

I. Entstehungsgeschichte: 21. Aufl.   1–10

II. Leitgedanken

1. Der Gegenstand ...

2. Der Inhalt

a) Unfallträchtige Verstöße

Dem Verkehrstod gilt es zu begegnen. Die wenigen Hauptregeln, deren Verletzung die Über-   11
zahl der Unfälle herbeiführt, sind bereits oben erwähnt. Sie müssen klar herausgestellt werden. Erst
wenn man dem Verkehrsteilnehmer im einzelnen sagt, wie er sich in solchen Verkehrslagen und bei
solchen Fahrmanövern zu verhalten hat und worauf er dabei zu achten hat, entbindet man ihn von
gefährlichem „Problemfahren"; erst solche Konkretisierung schafft auch die notwendige Grundlage
für die dringend notwendige, nachdrückliche Bekämpfung dieser unfallträchtigen Verkehrsverstöße,
schon ehe etwas „passiert" ist.

... (30. Aufl.)

Es muß schon dann eingeschritten werden können, wenn ein Verhalten nur abstrakt gefährlich   12
ist. Durch Ausweitung des § 1 auf abstrakt gefährliches Verhalten abzuhelfen, verbieten schon
rechtsstaatliche Gründe. Dies würde aber auch faktisch wenig nützen. Denn der § 1 taugte nicht
einmal in seinem beschränkten Rahmen zur Bekämpfung von Verstößen ohne Schadensfolgen.
Will man Ernst mit dem dringenden Anliegen machen, die Bekämpfung der Unfallgefahren sogar
vorzuverlegen und schon abstrakt gefährliches Fehlverhalten in breiter Front zu verhindern, so muß
die StVO nicht bloß aus rechtlichen Gründen durch die Schaffung weiterer Gebots- und Verbots-
tatbestände ergänzt werden; diese müssen besonders unfallträchtiges Fehlverhalten fest umreißen
und dürfen eine konkrete Gefährdung oder Behinderung nicht voraussetzen. Allerdings muß die
Normierung ins einzelne gehender Verkehrsvorschriften aus alsbald zu erörternden Gründen auf
solche Fälle beschränkt bleiben.

b) Sonstige Verkehrsregeln

Das Wesen des Verkehrs selbst ist es, das dem Verkehrsgesetzgeber im übrigen Zurückhaltung   13
beim Erlaß von Verkehrsregeln auferlegt. Man muß sich vor Augen halten, daß Normen auf kei-
nem anderen Gebiet in das Leben selbst so unmittelbar eingreifen wie Verkehrsvorschriften. **Es ist
ein Irrtum, zu glauben, daß es dem Gesetzgeber auf diesem Gebiet frei stünde, zu regle-
mentieren, was ihn am grünen Tisch zweckmäßig dünkt. Schon ungewohnte Verhaltens-
weisen ließe sich der Verkehr allenfalls widerwillig aufzwingen, Verhaltensvorschriften, die
ihm zuviel zumuten, würde er nicht respektieren. Der Verkehr hilft sich am besten selbst.
Er schafft sich seine eigenen „Gesetze". Dabei sind auch diese „Gesetze" nicht selten
ständigem Wandel unterworfen. Der Gesetzgeber darf daher Verkehrsregeln grundsätzlich
nur dann und erst dann festlegen, wenn sie bereits allgemein praktiziert werden und im
Verkehr solche Anerkennung gefunden haben, daß jeder, der sich nicht an sie hält, allge-
mein als Störenfried empfunden wird.** Eine Ausnahme gilt nur für international verein-
barte Regeln. Sie zu lernen und zu beachten kann und muß den Verkehrsteilnehmern auch in
unserem Lande zugemutet werden, es sei denn, sie seien wegen der besonderen Verkehrsverhältnisse
bei uns unpraktikabel, wie einige international vereinbarte Park- oder Haltverbote (vgl. zu § 12
und zu Zeichen 295).

Wie der Verkehrsteilnehmer sich zu verhalten hat, könnte ihm zudem der Gesetzgeber gar nicht
für jeden einzelnen Fall sagen. Dazu ist das Verkehrsgeschehen viel zu vielfältig. Aber selbst wenn
der Gesetzgeber all das reglementieren wollte, was sich allenfalls noch reglementieren ließe, entstün-
de ein unübersehbares Gestrüpp von Verkehrsregeln, das kein Verkehrsteilnehmer im Gedächtnis

2 STVO-Begr. Begründung

behalten könnte, so daß ihm im entscheidenden Augenblick die ausdrückliche Normierung doch nicht hülfe. Das Hauptanliegen der Verordnung ist es, wie schon gesagt, strenge Regeln für besonders unfallträchtige Fahrmanöver und Verkehrslagen aufzustellen. Sie gilt es daher klar herauszustellen.

14 *Dazu kommt, daß der Gesetzgeber, der den Straßenverkehr regeln will, mannigfachen Motiven Rechnung tragen muß. Im Straßenverkehr genügt es eben nicht, darauf bedacht zu sein, daß kein anderer an Leib, Leben oder Eigentum Schaden nimmt. Dem Verkehrsteilnehmer muß auch die vermeidbare Behinderung anderer untersagt werden. Ohne dieses Verbot wäre der moderne Verkehr nicht mehr denkbar.... Im Straßenverkehr ist anständiges Verhalten schon seit Jahrzehnten von der Öffentlichkeit anerkannte rechtliche Pflicht. Und das muß so bleiben.*

15 *Eine besonders lästige Verkehrsbehinderung ist deshalb in § 11 „Besondere Verkehrslagen" nur kurz normiert. Im übrigen beschränkt sich die Verordnung auf das Verbot konkreten Schädigens und Gefährdens sowie konkreten und unnötigen Behinderns und Belästigens in § 1 Abs. 2. Das ist eine alte deutsche Verkehrsrechtstechnik. Eine entsprechende Formel findet sich auch im Weltabkommen über den Straßenverkehr.*

16 *Dieselben Gründe, die den Verkehrsgesetzgeber zur Zurückhaltung beim Erlaß von Vorschriften zwingen, nötigen ihn mehr als andere Gesetzgeber dazu, sich immer wieder unbestimmter Rechtsbegriffe zu bedienen. Man muß des öfteren dehnbare Begriffe verwenden, die deutlich genug machen, worauf es ankommt, die aber zum anderen der Vielfalt des Lebens gerecht werden. Begriffe wie „wenn die Verkehrsdichte das rechtfertigt" (§ 2 Abs. 2), „wenn die Verkehrslage es erfordert" (§ 11 Abs. 2, § 25 Abs. 1 und 3), „wenn nötig" (§ 9 Abs. 3, § 17 Abs. 2, § 20 Abs. 2, § 26 Abs. 1), um nur einige Beispiele zu nennen, sind unentbehrlich, wie bei den einzelnen Paragraphen zu zeigen sein wird. Dabei wurde der Begriff „wenn nötig" überall da, wo es möglich war, durch Hinweis auf eine Gesetzesbestimmung konkretisiert (§ 22 Abs. 4 und 5, § 27 Abs. 4, § 32 Abs. 1).*

17–21 **3. Die Darstellung:** 21. Aufl.

4. Der Aufbau

22–27 *Der Aufbau muß nicht bloß das systematische Lesen erleichtern, sondern auch so übersichtlich sein, daß der Leser ohne weiteres das findet, was er gerade sucht. Beiden Erfordernissen kann weitgehend schon dadurch genügt werden, daß das Thema jedes einzelnen Paragraphen in einer knappen und klaren Überschrift mitgeteilt wird. Die der alten StVO bereits beigegebene Inhaltsübersicht ist zudem beibehalten. ...* (21. u. 30. Aufl).

2. Straßenverkehrsordnung (StVO)*

Vom 16. November 1970
(BGBl I 1565), zuletzt geändert: 22. 1. 04 (BGBl I 117)

Inhaltsübersicht

I. Allgemeine Verkehrsregeln

- § 1 Grundregeln
- § 2 Straßenbenutzung durch Fahrzeuge
- § 3 Geschwindigkeit
- § 4 Abstand
- § 5 Überholen
- § 6 Vorbeifahren
- § 7 Benutzung von Fahrstreifen durch Kraftfahrzeuge
- § 8 Vorfahrt
- § 9 Abbiegen, Wenden und Rückwärtsfahren
- § 10 Einfahren und Anfahren
- § 11 Besondere Verkehrslagen
- § 12 Halten und Parken
- § 13 Einrichtungen zur Überwachung der Parkzeit
- § 14 Sorgfaltspflichten beim Ein- und Aussteigen
- § 15 Liegenbleiben von Fahrzeugen
- § 15 a Abschleppen von Fahrzeugen
- § 16 Warnzeichen
- § 17 Beleuchtung
- § 18 Autobahnen und Kraftfahrstraßen
- § 19 Bahnübergänge
- § 20 Öffentliche Verkehrsmittel und Schulbusse
- § 21 Personenbeförderung
- § 21 a Sicherheitsgurte, Schutzhelme
- § 22 Ladung
- § 23 Sonstige Pflichten des Fahrzeugführers
- § 24 Besondere Fortbewegungsmittel
- § 25 Fußgänger
- § 26 Fußgängerüberwege
- § 27 Verbände
- § 28 Tiere
- § 29 Übermäßige Straßenbenutzung
- § 30 Umweltschutz und Sonntagsfahrverbot
- § 31 Sport und Spiel
- § 32 Verkehrshindernisse
- § 33 Verkehrsbeeinträchtigungen
- § 34 Unfall
- § 35 Sonderrechte

II. Zeichen und Verkehrseinrichtungen

- § 36 Zeichen und Weisungen der Polizeibeamten
- § 37 Wechsellichtzeichen und Dauerlichtzeichen
- § 38 Blaues Blinklicht und gelbes Blinklicht
- § 39 Verkehrszeichen
- § 40 Gefahrzeichen
- § 41 Vorschriftzeichen
- § 42 Richtzeichen
- § 43 Verkehrseinrichtungen

III. Durchführungs-, Bußgeld- und Schlußvorschriften

- § 44 Sachliche Zuständigkeit
- § 45 Verkehrszeichen und Verkehrseinrichtungen
- § 46 Ausnahmegenehmigung und Erlaubnis
- § 47 Örtliche Zuständigkeit
- § 48 Verkehrsunterricht
- § 49 Ordnungswidrigkeiten
- § 50 Sonderregelung für die Insel Helgoland
- § 51 Besondere Kostenregelung
- § 52 Entgelt für die Benutzung tatsächlichöffentlicher Verkehrsflächen
- § 53 Inkrafttreten

Auf Grund des § 6 Abs. 1 des Straßenverkehrsgesetzes in der Fassung der Bekanntmachung vom 19. Dezember 1952 (Bundesgesetzbl. I S. 837), zuletzt geändert durch Artikel 23 des Kostenermächtigungs-Änderungsgesetzes vom 23. Juni 1970 (Bundesgesetzbl. I S. 805), wird mit Zustimmung des Bundesrates verordnet:

I. Allgemeine Verkehrsregeln

Grundregeln

1 (1) **Die Teilnahme am Straßenverkehr erfordert ständige Vorsicht und gegenseitige Rücksicht.**

(2) Jeder Verkehrsteilnehmer hat sich so zu verhalten, daß kein Anderer geschädigt, gefährdet oder mehr als nach den Umständen unvermeidbar, behindert oder belästigt wird.

---

* Die Paragraphenüberschriften sind amtlich.

Allgemeine Verwaltungsvorschrift zur Straßenverkehrsordnung (VwV-StVO)

Vom 22. 10. 1998
(BAnz 99 Nr 246 b = VBl **99** 290, **01** 1419 = VBl **01** 276)

Nach § 6 Abs. 1 des Straßenverkehrsgesetzes in der Fassung der Bekanntmachung vom 19. Dezember 1952 (Bundesgesetzbl. I S. 837), zuletzt geändert durch Artikel 23 des Kostenermächtigungs-Änderungsgesetzes vom 23. Juni 1970 (Bundesgesetzbl. I S. 805), wird mit Zustimmung des Bundesrates folgende Allgemeine Verwaltungsvorschrift erlassen:

Abschnitt A

Vwv zu § 1 Grundregeln

1   1   I. Die Straßenverkehrs-Ordnung (StVO) regelt und lenkt den öffentlichen Verkehr.

2   2   II. Öffentlicher Verkehr findet auch auf nicht gewidmeten Straßen statt, wenn diese mit Zustimmung oder unter Duldung des Verfügungsberechtigten tatsächlich allgemein benutzt werden. Dagegen ist der Verkehr auf öffentlichen Straßen nicht öffentlich, solange diese, zum Beispiel wegen Bauarbeiten, durch Absperrschranken oder ähnlich wirksame Mittel für alle Verkehrsarten gesperrt sind.

3/4   3   III. Landesrecht über den Straßenverkehr ist unzulässig (vgl. Artikel 72 Abs. 1 in Verbindung mit Artikel 74 Nr. 22 des Grundgesetzes). Für örtliche Verkehrsregeln bleibt nur im Rahmen der StVO Raum.

Übersicht

Andere 32
Automatismus 8–10

Behindern 40, 41
Belästigen 42–44
Beschmutzen anderer 34, 36, 40, 42
Besonnenheit, Geistesgegenwart 27, 28

„Defensives" Fahren 25

Kein Erzwingen von Vorrängen 5

Fahrfähigkeit, persönliche 31

Gefährden 35–39
Geistesgegenwart 27, 28
Grundregel 5–10

Kenntnis der Verkehrsvorschriften 19

Landesrecht 3/4, 12

Nötigung 47

Öffentlicher Straßenverkehr 2, 13–16
Opportunitätsgrundsatz 11
Ordnungswidrigkeit 46

Polizeikontrolle, Warnung vor – 40, 42

Reaktionszeit 30

Schädigen 34
Schreckzeit 29
Sinnvolle Beachtung der Verkehrsregeln 6
Strafrecht 47

Verhalten, eigenes verkehrswidriges 22
Verhaltens-Automatismus 8–10
Verkehrsflächen, nicht dem fließenden V dienende 5
Verkehrsregeln, sinnvolle Beachtung 6
Verkehrsteilnehmer 17, 18
Vertrauensgrundsatz 20–26

Zivilrecht 45
Zusammentreffen 48

5   **1. Grundregel** ist ständige Vorsicht und gegenseitige Rücksicht aller VT. Sicherheit geht stets vor, Bay VRS **59** 217, Dü VRS **52** 210, eigene Wünsche und Bedürfnisse treten ihr gegenüber zurück, auch im Interesse der verkehrsschwachen Menschen (Kinder, Kranke, Gebrechliche). Vorsicht und Rücksicht beruhen ua auf der Grundvoraussetzung aufmerksamer Fahrbahn- und VBeobachtung und in aller Regel beidhändiger Lenkung; nur dann wird das Fz zweckgerecht beherrscht. Wer sich daran nicht hält, zB die Fahrbahn nennenswerte Zeit aus den Augen läßt, setzt schuldhaft ein Gefahrelement und hat keinen Anspruch auf Schreckzeit (Rz 29), BGH VR **62** 164. Beispiele: Nichtbeachtung der Fahrbahn wegen Ablenkung (Zigarettenanzünden; herabfallende Zigarette oder Glut, herabfallende Tonkassette; Kaugummi (s § 3 Rz 67); allzu lebhaftes Gespräch;

Grundregeln § 1 StVO **2**

Radiobedienung, Fortbildung durch Tonträger, soweit es übermäßig von der Beobachtung ablenkt (s § 23), Gestikulieren, Zärtlichkeiten; längeres Sichwegdrehen), s Sa VR **74** 183, Fra VR **73** 690. Weitere Fahrerpflichten: § 23. Die Grundregel ergänzt die Spezialregeln, BGH VRS **5** 586, BGHSt **12** 282 = NJW **59** 637, und bildet insoweit ein Schuldelement. Unmittelbar greift sie nur gemäß II ein. Sie ist besonders zu beachten, wo die speziell auf den fließenden V zugeschnittenen Regeln nur eingeschränkte Bedeutung haben können wie auf **Verkehrsflächen, die nicht als Fahrbahn dienen,** zB zum öffentlichen VRaum gehörenden Parkplätzen, Tankstellen usw, wo besondere Maßstäbe für die zu beachtenden Sorgfaltspflichten gelten, Dü NZV **02** 87, Ha VRS **99** 70, Kö NZV **94** 438, insbesondere das Gebot besonderer Umsicht und der Örtlichkeit angepaßter Geschwindigkeit, Dü NZV **02** 87, s auch § 8 Rz 31a. Mißbrauch solcher Flächen zu Abkürzungszwecken oder zur Umgehung von Stau oder LZA führt nicht zu erhöhten Sorgfaltsanforderungen im Verhältnis zu zwecksprechender Benutzung und auch nicht zu erhöhter BG, Dü NZV **02** 87, weil beides nicht vom Zweck der Benutzung abhängen kann. Subsidiarität: Rz 48.

Die allgemeine Vorsichts- und Rücksichtspflicht gilt auch gegenüber VT, denen höchstmögliche Sorgfalt vorgeschrieben ist, Ko VRS **48** 350 (**E** 150). Andererseits muß die Rücksichtnahme umfassend und allgemein sein, sie darf nicht einen VT zum Nachteil anderer begünstigen, *Imhof* DAR **74** 253, *Kullik* PTV **80** 344, deshalb kein gefährdendes Ausbiegen auf den AB-Überholstreifen vor aufgerücktem Verkehr, um anderen das Einfahren zu erleichtern. I mahnt zu gesittetem Verhalten und zum Sicheinfügen in die jeweilige Lage. Rechthaberei und belehrendes Verhalten widersprechen dem, ebenso Erzwingung einer Befugnis. Bei erkennbarer Rechtsverletzung muß der Berechtigte zurückstehen, wenn sonst Gefahr entstünde.

Lit: *Böcher,* Verantwortung im StrV in juristischer, psychologischer und pädagogischer Sicht, NZV **89** 209. *Guntermann,* Wechselwirkung von Moral und gesetztem Recht im StrV, VGT **81** 21. *Jagusch,* Flexibilität und Starrheit in der neuen StVO ..., NJW **71** 1. *Möhl,* „Generalklauseln" der StVO, DAR **75** 60. *Reimer,* Aggressionstrieb im StrV, ZBlVM **68** 78. *Westerhoff,* VRecht und Verfassung, NJW **85** 457. *Zeitz,* „Wechselwirkung der Moral des VT und der Moral des gesetzten Rechts im StrV", DAR **81** 208.

1a. Sinnvolle Beachtung der VRegeln (**E** 122–124), wie auch § 11 StVO sie vorschreibt, ist eine notwendige Folgerung aus der Grundregel ständiger Vorsicht und gegenseitiger Rücksicht. Besonders Kf müssen ihr Verhalten ständig der vermutlichen Weiterentwicklung der jeweiligen Lage anpassen (Vorausschau), Kar VRS **100** 460. Würde wörtliches Befolgen einer Regel behindern oder gefährden, so ist sie sinnvoll angepaßt zu handhaben, Dü VR **77** 139, und jeder VT darf erwarten, daß die Behörden dies ohne Kleinlichkeit berücksichtigen. Beispiele: **E** 122–124. Weicht andererseits ein Kf von einer Regel nicht ab, so wird dies idR nur vorwerfbar sein, wenn sich das Abweichen als nötig aufdrängen mußte, s Bay VRS **17** 232 (zust *Hartung* JR **59** 390), wie überhaupt die Anforderungen an VT in Notsituationen nicht überspannt werden dürfen. **6**

Vorschriften sollen nicht kleinlich angewendet werden, besonders nicht unbedeutende und im Massenverkehr alltägliche, s *Möhl* VOR **72** 76. Anwendung ohne Kleinlichkeit bedeutet nicht Bagatellisierung (Fürunwichtighalten), sondern ohne sinnwidrige Enge, Sachwidrigkeit, Unzumutbarkeit, Schikane. **7**

1b. Zum Problem der **Verhaltensautomatismen** s **E** 84, 85. **8/9**

Selbst **Fußgänger** kommen ohne ständige Aufmerksamkeit nicht aus. Ihr einziger Automatismus besteht im Grunde in der Regel: beim Überqueren der Fahrbahn erst nach links, dann nach rechts blicken. Beim Überqueren von EinbahnStr stimmt die Regel bereits nicht mehr, noch weniger bei „unechten" EinbahnStr mit entgegengesetzter Fahrtrichtung der Straba. Richtig ist daher auch hier allein sinnvolles Einfügen in die VLage. **10**

1c. Der **Opportunitätsgrundsatz** (**E** 72) ist zu beachten, wenn sinnvoll angepaßtes VVerhalten zur Abweichung vom Wortlaut einer Regel führt, oder wenn der Verstoß ungefährlich und unbehindernd war und möglicherweise sogar im Interesse ungefährdet fließenden Verkehrs lag, soweit hier nicht ohnedies ein Rechtfertigungsgrund (**E** 122–124) angenommen wird. **11**

1d. Landesrecht über StrV ist unzulässig (Rz 3/4). Näher: **E** 1, 46, 47. **12**

349

13   **2. Dem öffentlichen Straßenverkehr** dienen alle Flächen (§ 1 StVG), die der Allgemeinheit zu VZwecken offenstehen, BGH DAR **04** 529, NZV **98** 418, VR **72** 832, KG VRS **106** 343, Dü NZV **93** 161, Stu VRS **59** 304, Kar VRS **59** 154, OVG Münster VRS **20** 471 (**E** 23), bei straßenrechtlicher **Widmung** oder bei Gemeingebrauch mit **Zustimmung des Berechtigten,** KG VRS **104** 24, Dü NZV **94** 490, Kö VRS **50** 236, ohne Rücksicht auf Eigentumsverhältnisse, BGH VR **85** 835, Bay VRS **70** 53, Zw NZV **90** 476, Kö VM **00** 86, NZV **94** 121. Voraussetzung ist ausdrückliche oder stillschweigende (Rz 2) Freigabe durch den Berechtigten zur allgemeinen VBenutzung und Benutzung (Rz 2) in dieser Weise, s BGH NJW **04** 1965, DAR **04** 529, VR **85** 835, Bay VRS **64** 375, Kö VM **00** 86, NZV **94** 121, Hb VM **73** 56, Dü VRS **74** 181, JR **92** 300 (Anm *Hentschel*) = NZV **92** 120 (Anm *Pasker*), Zw NZV **90** 476, OVG Münster DAR **00** 91. Dabei kommt es nicht auf den inneren Willen, sondern auf die für VT erkennbaren äußeren Umstände an, Bay VRS **63** 287, **73** 57. Straßenrecht: **E** 49–51. Öffentliche Straße kann auch ein Weg in Privateigentum sein, BGH NJW **75** 444, auch vorübergehend, Ol VRS **60** 472. Zur Frage der Wirksamkeit des Widerrufs einer vor Jahren erteilten Zustimmung zur öffentlichen Benutzung einer Str durch einen von mehreren Eigentümern, s Ko VRS **67** 146. Wer die allgemeine VBenutzung **stillschweigend duldet,** dessen entgegenstehender Wille ist für sich allein unbeachtlich (Widmung durch schlüssiges Verhalten), Ol VRS **33** 90, aM Ba VR **69** 85 (bloßes Dulden des Gehens auf Privatgrundstück). Entscheidend ist allein, daß *tatsächlich* Zugänglichkeit für die Allgemeinheit besteht, daß faktische Öffentlichkeit vorliegt, Bay NZV **92** 455, Fra VR **82** 555, Dü VRS **75** 61. Stillschweigende Duldung, wenn der Eigentümer nichts gegen beliebiges Parken unternimmt, Dü VRS **50** 427. Liegen diese Voraussetzungen vor, so kommt es auf etwaige zeitliche, Bay VOR **72** 73 (stundenweise), oder sachliche Einschränkungen (Fze bestimmten Gesamtgewichts) nicht an, Ha VBl **67** 432, Ol VBl **54** 443 (vorübergehende Freigabe), Bra VRS **27** 392, Schl VM **71** 66 (Sperrung für einzelne VArten, Zw NZV **90** 476 (nur Radf und Fußgänger), Bay VRS **70** 53 (Fußgängerzone), auch nicht auf VBedeutung, VDichte, Ausbau, Ol VRS **34** 244, Anliegerverkehr, Ce VR **75** 1152, Mü DAR **84** 89, oder die Eigenschaft als Sackgasse, BGH VM **57** 14, Br VRS **28** 24. VDichte und Widmungsakt sind unerheblich, falls der Berechtigte öffentlichen Verkehr duldet, BGH VR **85** 835, VM **72** 76, Bay VM **72** 33. Nichtöffentlichkeit nur, wenn der Berechtigte die Allgemeinbenutzung der Fläche tatsächlich nicht duldet, also keine abweichende Übung entstehen läßt, Ha VRS **52** 369.

14   **2a. Dem öffentlichen Verkehr dient:** der allgemein benutzbare Weg zu Privatgrundstücken, Mü VR **66** 1016, Ha VRS **41** 37, eine zu mehreren Wohnhäusern führende private, aber nicht besonders gekennzeichnete, gemeinsame Zufahrt, Bay VRS **64** 375, eine Privatstraße, mit Eigentümerduldung benutzt, BGH NJW **75** 444, VR **69** 832, die private Zufahrt zum Steinbruch bei Benutzung durch beliebige Abholer, Bra VRS **26** 220, der private Forstweg, den auch Holzkäufer benutzen, BGH VR **66** 690, auch wenn er für Holzabfuhr nur zeitweise frei ist, BGH VM **63** 44, ein nur Fußgängern und Radf freigegebener Waldweg, Bay VM **71** 53, die jedermann offenstehende Bundesbahn-VerladeStr, Ha VRS **27** 291, Sa DAR **62** 188, Ce DAR **65** 100, Ol VM **66** 54, auch wenn die Zufahrt Unbefugten durch Schilder untersagt ist, Schl VM **58** 15, Bahnhofsvorplätze, auch wenn sie der Bundesbahn gehören, s *Bouska* VD **72** 65 (sie gehören nicht zu den Bahnanlagen iS von § 64 b EBO, str, s § 26 StVG Rz 2), die Verladerampe für Luftfracht auf eingezäuntem Flughafen, Br VRS **28** 24, die Fahrstreifen und Stellflächen (Unfallflucht möglich) öffentlicher **Parkplätze,** KG DAR **78** 20, Kar VRS **54** 153, Dü VRS **39** 204, Kö VRS **48** 453, Stu VM **73** 62 (Regeln: § 8), allgemein zugängliche Parkplätze, KG VRS **104** 24, Dü DAR **00** 175, auch auf Warenhausdächern oder entsprechendem Gelände, Ha VRS **99** 70, Ol DAR **99** 73, unabhängig von etwaiger Gebührenpflicht, BGH NJW **04** 1965, der Parkplatz einer Gastwirtschaft, auch wenn beliebigen Gästen vorbehalten, BGHSt **16** 7 = NJW **61** 1124, Dü JR **92** 300 (Anm *Hentschel*) = NZV **92** 120 (Anm *Pasker*), jedenfalls solange die Gaststätte offenhält, anders uU für die Zeit der Betriebsruhe, s Stu NJW **80** 68 (Parkhaus), Hb VRS **37** 278, KG VRS **60** 130 (jeweils Tankstelle), LK (*König*) § 315b Rz 7, aM Dü JR **92** 300 – Gaststättenparkplatz – (zust *Pasker* NZV **92** 120, abl *Hentschel* JR **92** 300), im allgemein

Grundregeln § 1 StVO **2**

zugänglichen Parkhaus (auch zB Warenhausparkplatz) alle der ordnungsgemäßen Benutzung dienenden Fahr- und Stellflächen, Fra NZV **94** 408, Stu MDR **79** 862, KG VRS **64** 104, VM **84** 32, ferner ein der Öffentlichkeit zugänglicher Firmenparkplatz, KG VRS **65** 333, ein von Bewohnern und Kunden verschiedener Firmen benutzter Hinterhofparkplatz, OVG Münster DAR **00** 91, die Fahrbahn eines allgemein zugänglichen Kaufhaus-Betriebshofes, KG VM **83** 14, die Fußgängerzone eines „Einkaufszentrums", Kar VRS **53** 472, umzäuntes, nur durch Tore zugängliches **Großmarktgelände,** das Käufern ohne Begrenzung auf bestimmten Personenkreis offensteht, Kar VM **89** 7, auch wenn für Zufahrt mit Fzen Parkerlaubnis verlangt wird, Bay VRS **62** 133, anders, wenn Ausweis der Markthallenverwaltung erforderlich ist, BGH NJW **63** 152, s Rz 16, Wege auf privatem **Fabrikgelände,** soweit jedermann offen, Bra VRS **8** 144, Stu VBl **61** 15, Kar NJW **56** 1649, DAR **57** 20, auch wenn durch Schild „Privatstraße" gekennzeichnet und nachts durch Schranke geschlossen, Fra VR **82** 555, Privatfahrbahnen auf großem, jedermann mit Passierschein zugänglichem Betriebsgelände ohne weitere Kontrolle, Br MDR **80** 421 (faktisch öffentlich), die Zufahrten zu geöffneten **Tankstellen** und der Raum bei den Zapfstellen, BGH VR **85** 835, Bay VRS **24** 69, Dü NZV **02** 87, VRS **59** 282, KG VM **83** 60, außer bei Betriebsruhe, Hb VRS **37** 278 (Münztank), das Tankstellengelände trotz Betriebsruhe jedoch dann, wenn vom Berechtigten keine Maßnahmen gegen seine Benutzung zB als Parkplatz ergriffen werden, KG VRS **60** 130. Zum öffentlichen VGrund gehört die nach dem Entgelt zu befahrende Zufahrt zum Waschbereich einer Tankstelle, Bay NJW **80** 715, das nach Lösen einer Eintrittskarte jedermann zugängliche Gelände eines Reitvereins bei Turnierveranstaltungen, Ce VRS **92** 109. Öffentlicher VRaum ist wegen der Vielzahl der möglichen Benutzer uU auch ein größeres, mit VZ versehenes **Klinikgelände,** Fra VR **74** 580, VGH Ka VM **89** 55, bei allgemeiner Zugänglichkeit auch trotz Umzäunung und Kontrollschranke, LG Dr NZV **99** 221, s aber Ba VR **76** 76, eine städtische Mülldeponie auch bei Benutzungsbeschränkung auf Ein- und Umwohner, Zw DAR **80** 376, uU bei zugelassenem Verkehr auch eine Deichkrone. Ist öffentlicher Verkehr von einem Grundstück deutlich ausgeschlossen und nur ausnahmsweise zu bestimmten Zeiten ermöglicht, so dient es dem öffentlichen Verkehr nur während dieser Ausnahmezeiten, Ha VRS **48** 44. Haltestreifen einer BundesStr sind öffentliche VFlächen, Dü VM **72** 48. Bei Flächen, die sich äußerlich als Fahrwege darstellen, ist Zugehörigkeit zum öffentlichen VRaum anzunehmen, sofern nicht beim Fahren deutlich erkennbare Merkmale (Tore, Schilder, versenkter Bordstein) dagegen sprechen, s *Möhl* VOR **73** 40, abw Bay DAR **72** 219.

StrEinteilung nach örtlichem und überörtlichem Verkehr, Gemeingebrauch, Sondernutzung, Ortsdurchfahrt: FStrG und LandesStrGe. Dazu **E** 23, 49–51. Wer Grund und Boden für öffentlichen Verkehr freigibt, muß ihn verkehrssicher halten (**Verkehrssicherungspflicht:** § 45 StVO). Bei Nichtöffentlichkeit muß der zugelassene Benutzerkreis klar bezeichnet sein, Fra NJW **66** 2178. **15**

2 b. Nicht dem öffentlichen Verkehr dient: ein Straßengraben, Ha VRS **39** 270, ein durch unversenkte Bordsteine von der Fahrbahn getrennter Grünstreifen zum Gehweg hin, ebenso Grünstreifen, die durch Anlage oder Bewuchs offensichtlich der VBenutzung entzogen sind, BGH DAR **04** 529, Kö VRS **65** 156, Dü NZV **93** 161 (krit *Kullik* PVT **93** 70), ein Parkhaus außerhalb der Öffnungszeit (Restverkehr unter Wächteraufsicht), Stu NJW **80** 68, Tankstellengelände während der Betriebsruhe, soweit der Inhaber seinen Willen erkennbar gemacht hat, für diese Zeiten keinen öffentlichen Verkehr zu dulden (zB Abschalten der Zapfsäulen und der Beleuchtung), KG VRS **60** 130, Hb VRS **37** 278, ein durch einen entfernbaren Zaun und Verbotstafeln allgemein **gesperrter Weg,** auch wenn er für bestimmten Personen freigegeben ist, Bra VRS **27** 458, ein für alle VArten gesperrter Weg (Rz 2), auch bei vorübergehender Baustellen-Absperrung für deren Dauer (Rz 2), s Bay DAR **70** 251, jedoch nur bei Absperrung durch feste bauliche Einrichtungen, nicht schon durch bloße Absperrgeräte (§ 43 III Nr 2), Bay VRS **68** 139, Ko VRS **105** 10, Nau ZfS **02** 569, für Renndauer abgesperrter StrRaum während der Absperrdauer, Bra VR **76** 81, der **Privatweg** nur zu einem einzigen Haus bei alleiniger Benutzung durch Bewohner und deren Besucher, ein zu einem Wohngebäude gehörender Garagenvorplatz (auch ohne Absperrung), Kö VM **00** 86, ein Hof **16**

351

ausschließlich als Wohnungszugang, Garagenhof und Entladeplatz für Anlieger. Der Begriff des geschlossenen Privatwegs ist eng auszulegen und auf enge Wege beschränkt, Ha VRS **37** 265. Bei Unterscheidung zwischen öffentlichem Weg und Grundstücksausfahrt kann es nur auf allgemein sichtbare Merkmale ankommen, Bay VM **72** 33. Kein öffentlicher VRaum sind Wege auf Werksgelände (StVO aber entsprechend anwendbar), BGH NJW **04** 1965, soweit es nicht allgemein zugänglich ist (zB Ausweis), Ha VR **75** 1033, Großmarktgelände nur für Benutzer mit Ausweis der Markthallenverwaltung, BGH NJW **63** 152, KG VM **87** 56, s aber Rz 14, Kasernengelände, BGH VRS **26** 255, 334, VR **64** 271, Kö VR **93** 589, Ha NZV **93** 477, auch nicht bei recht weitem, aber geschlossenem Benutzerkreis, Bay NJW **63** 501, Kar VRS **60** 439, Ce VR **72** 402, DAR **59** 22. Nichtöffentlich ist ein **Parkplatz** bei Beschränkung des Zugangs auf Personen, die in enger persönlicher Beziehung zum Berechtigten stehen oder aus Anlaß der Platzbenutzung treten, Ha VRS **52** 369, ebenso ein Parkplatz, der den Mitarbeitern bestimmter Firmen vorbehalten ist, während die Benutzung durch die Allgemeinheit nicht geduldet wird, s Bay VRS **66** 290, ein Privatparkplatz, den allein bestimmte Garagenmieter zum Ein- und Ausfahren benutzen dürfen, Bra VRS **27** 458, ein den Bewohnern eines Wohnblocks vorbehaltenes, in dessen unmittelbarer Nähe befindliches Parkdeck auch ohne Absperrung und Hinweisschild, wenn sich aus seiner baulichen Gestaltung die Beschränkung für einen bestimmten Benutzerkreis ergibt, Hb DAR **83** 89, eine von einem Hausbewohner gemietete Parkbucht vor dem Haus, auch ohne Absperrung, sofern eine andere deutliche Abgrenzung vom öffentlichen VRaum erkennbar ist, Bay NJW **83** 129. Bei Unfällen **außerhalb des öffentlichen Verkehrs** gilt die StVO nicht, sondern die allgemeine Pflicht zu verkehrsüblicher Sorgfalt, wie sie sich in § 1 StVO ausprägt, s Ha NZV **93** 477, Nü VR **80** 686, aus der sich ergeben kann, daß entsprechend den StVO-Regeln zu fahren ist, Kö VR **93** 589, VRS **86** 9, Fra VR **82** 555, KG VM **86** 86, **87** 56 (ohne Vertrauen für „Vorfahrtberechtigten").

Lit: *Böhm,* Rechtlich-öffentliche und tatsächlich-öffentliche Wege, DAR **66** 169. *Ebert,* Die Rechtsnatur von VFlächen, PVT **83** 430. *Ganschezian-Fink,* Öffentlicher V auf Privatwegen, NJW **63** 1808. *Hünnekens/Schulte,* Öffentlicher V auf Betriebs- und Werksgelände, BB **97** 533. *Müller-Vorwerk,* Liegt „öffentlicher V" auf Warenhausdächern vor …?, MDR **63** 721. *Schäcker,* Parkplätze und Kraftfahrverkehr auf Werksgelände, BB **63** 602. *H. W. Schmidt,* Öffentlicher StrV, DAR **63** 345. *Derselbe,* Der Begriff der Öffentlichkeit im Verkehrsrecht, KVR, „Öffentliche Str".

17   **3. Verkehrsteilnehmer** (VT) ist, wer öffentliche Wege im Rahmen des Gemeingebrauchs (Begriff: **E** 49, 50) benutzt, Ko MDR **93** 366, KG VM **86** 86, Dü JZ **88** 571, ohne Rücksicht auf den Benutzungswillen, also auch bei versehentlicher VTeilnahme, KG VRS **18** 44, Stu DAR **63** 358. Sondernutzung: **E** 51. Alle VT sind im Prinzip gleichrangig, von ausdrücklich geregelten Ausnahmen abgesehen (Sonderrechtsfze, Parksonderrechte, Taxistandplatz, Bahnvorrang, eigene Busspur). VTeilnahme setzt verkehrserhebliches Verhalten voraus, Einwirken auf einen VVorgang durch Handeln oder pflichtwidriges Unterlassen in Beteiligungsabsicht, BGHSt **14** 24 = NJW **60** 924 (Anm *Hartung*), Bay NZV **92** 327, VRS **44** 365, Hb VRS **23** 139, Ce VRS **31** 212, Dü VRS **31** 125, Stu VRS **30** 78. Am Verkehr nimmt teil, ohne Rücksicht auf den Zweck, wer, um zu fahren, das Trieb- oder Fahrwerk des Kfz bedient, etwa durch Lösen der Handbremse, Gangschalten, Starten (Anfahren nicht erforderlich, sofern technisch möglich), BGHSt **7** 315 = NJW **55** 1040, Ol DAR **62** 130, Dü VM **57** 62. Der Begriff der Verkehrsteilnahme ist weiter als der des FzFührens. Beispiele für VTeilnahme: Anschieben eines Krades, um den Motor anspringen zu lassen, Ce RdK **53** 156, Ol VRS **9** 27, Zurücksetzen ohne Motorkraft, Dü VRS **5** 298, Schieben eines Kraftrollers, Dü VM **58** 24, Anhalten auf öffentlicher Straße und Schlafen bei Abblendlicht, Bay DAR **64** 350, Abstellen des Fz im VRaum oder Parken, Hb VRS **23** 139, Ce VM **72** 68, VGH Ka NJW **99** 3650, VG Berlin DAR **01** 234, Lenken des abgeschleppten Kfz, Ha VRS **22** 220, der Soziusfahrer auf dem Krad, BGH VRS **18** 415, Stu VM **60** 40, der Fahrgast, der den Fahrer vorsätzlich ablenkt, Bay VRS **13** 285, oder durch Zuruf beeinflußt, Sa VM **67** 5, der Beifahrer, der auf die Lenkung einwirkt, Kö VM **71** 15, der Fußgänger überall im öffentlichen VRaum, Ko MDR **93** 366, der Busschaffner, der dem Fahrer verkehrsbezogene Zeichen gibt, KG VRS **34** 137, die Straba, soweit sie öffentlichen VRaum be-

Grundregeln § 1 StVO **2**

fährt, mitbefährt oder kreuzt, BGH NJW **75** 449, der Lokf beim Befahren eines höhengleichen Übergangs, Ha VRS **31** 379, der Bahnbedienstete, der auf dem Übergang WarnZ gibt, Ha VRS **31** 379, der BaggerF bei verkehrsbezogener Tätigkeit auf öffentlicher Straße, Ha DAR **64** 115. Verkehrsbezogenes Fahrverhalten liegt vor, sofern sich das Fz schon oder noch wenigstens teilweise auf öffentlichem VGrund befindet, BGHSt **18** 393 = NJW **63** 1838 (Anm *Rutkowsky*), Bay DAR **73** 109, oder nach Sorgfaltsfehler auf öffentlichem VGrund, oder wenn das VVerhalten bereits auf die bevorstehende VTeilnahme bezogen ist, Bay VRS **44** 365. Bei Unfall sofort nach Verlassen öffentlichen VGrundes, aber noch durch die bisherige Fahrweise bedingt, gilt § 1, Hb VRS **38** 218.

Keine Verkehrsteilnahme: Versuch der Zündung des nicht fahrfähigen Motors, Ha NJW **56** 1289, bei wegen Trunkenheit vergeblichem Versuch, den Zündschlüssel einzuführen, Ha VRS **22** 384, oder wer sich zwar auf den Führersitz des fahrbereiten Kfz setzt, um wegzufahren (laufender Motor, Abblendlicht), aber dazu nicht kommt, Kö NJW **64** 2026, der Versuch, ein Kfz aus einer Aufbruchstelle außerhalb des öffentlichen VRaums hinauszufahren, Kö VRS **27** 302, der Arbeiter, der eine Arbeitsstelle beschildern soll, Ko DAR **64** 198, bloßes Mitfahren, KG VRS **34** 136, Ha VM **60** 59, Ce DAR **52** 156, Hb VM **65** 8 (anders als Halter oder Dienstvorgesetzter, soweit für die Fahrweise mit verantwortlich), der verkehrsregelnde PolB, KG NJW **65** 2310, nach Ha VBl **66** 68 nicht der Schrankenwärter (aber § 315b StGB möglich), nicht der Bedienstete des Bauamts, der Kanaldeckel heraustehen läßt, Bay VM **76** 75, nicht der Bauunternehmer, der StrArbeiten ausführen läßt, Ha VRS **5** 623, und auch nicht die Bauarbeiter, nicht der Müllwerker, der sich beim Fahren festhalten muß, Bay VRS **26** 221. Der Geschädigte braucht nicht VT zu sein (Rz 32). **18**

4. Kenntnis der Verkehrsvorschriften: E 142, 156, 157. **19**

5. Der Vertrauensgrundsatz (E 136), dessen Reichweite mit wachsendem Verkehr enger zu werden scheint, ist unentbehrlich, denn ein Gebot, jedes mögliche verkehrswidrige fremde Verhalten vorsorglich in Rechnung zu stellen, würde den fließenden Verkehr lahmlegen. Zu rechnen ist aber mit solchen Fehlern, die erfahrungsgemäß oft oder nach den Umständen gerade jetzt vorkommen können, Bay NZV **89** 121, Ha NZV **93** 66, Dü VRS **54** 298, s *Jan/Jag/Bur* § 1 Rz 24. Der Vertrauensgrundsatz ist berechtigt, soweit er Überspannung der Sorgfaltsanforderungen verhindert. Die Rspr ist nicht in dem Sinne folgerichtig, daß der Umfang des Vertrauen-Dürfens immer von der Häufigkeit gewisser VVerstöße abhängig wäre. Zwar erlaubt sie im Prinzip die Berufung auf den Vertrauensgrundsatz umso weniger, je häufiger solches Fehlverhalten vorkommt, kann aber die notwendigen Ausnahmen nicht stets genau an der statistischen Häufigkeit des Verstoßes messen. So unterstützt sie zB das Vertrauen des Vorfahrtberechtigten trotz häufiger Wartepflichtverletzungen, hält aber anderseits das Vertrauen auf hindernisfreie Fahrbahn trotz recht seltener Fahrbahnhindernisse für unbeachtlich. Eine konsequente Orientierung an der statistischen Häufigkeit bestimmter Verstöße würde indessen verkehrserzieherisch nachteilige Folgen nach sich ziehen. Diese Verstöße würden nämlich mit zunehmender Häufigkeit insofern gewissermaßen rechtlich aufgewertet, als zunehmende Disziplinlosigkeit oder Nachlässigkeit im StrV den im Interesse des VFlusses notwendigen Vertrauensgrundsatz mehr und mehr aushöhlen müßten, s *Kirschbaum*, Der Vertrauensschutz im deutschen StrVRecht, S 175. Daher gilt der Vertrauensgrundsatz zugunsten des Kf nach wie vor auch gegenüber Radf, KG VM **87** 22. Krit zum Vertrauensgrundsatz aus verkehrspsychologischer Sicht, *Barthelmess* NZV **98** 358 ff. **20**

Der Kf muß mit fremden Verkehrswidrigkeiten, die nur ausnahmsweise vorkommen oder außerhalb der Erfahrung liegen, nicht rechnen, DGl VR **66** 1157, BGHSt **13** 169 = VRS **17** 233, Ha VOR **74** 116, Fra VM **75** 93, KG VRS **68** 284, auch nicht mit verkehrswidrigem Verhalten solcher VT, die er noch nicht sieht, BGH VRS **5** 218, Bra NRpfl **60** 256, *Martin* DAR **53** 164, *Böhmer* JZ **53** 142, **55** 156. Einzelheiten bei den Einzelvorschriften. Wer im Rahmen des Vertrauensgrundsatzes fährt, verhält sich rechtmäßig, BGH VRS **14** 30, *Jan/Jag/Bur* § 1 Rz 25. Dieser ist aber keine Rechtsnorm, sondern nur Anhalt für Vorhersehbarkeit, daher keine Berufung auf Verbotsirrtum, Hb VM **67** 79. Im Verhältnis des VTeilnehmers zum Verkehrssicherungspflichtigen gilt er nicht, Ol VRS **31** 161. **21**

22   **5 a. Eigenes verkehrswidriges Verhalten** (in der kritischen Situation, *Krümpelmann, Lackner*-F S 292, 294) nimmt die Berufung auf den Vertrauensgrundsatz, weil es gefährdet, BGH DAR **03** 308, VR **66** 686 (gestaffeltes Hinterherfahren), Nü VR **92** 1533, Mü VRS **31** 329, KG VM **82** 94, VRS **66** 152, sogar bei grober Schuld des anderen Beteiligten, Kar NZV **90** 199, KG VRS **23** 33, Ol VRS **32** 270, Hb VM **67** 79. Der Vertrauensgrundsatz begrenzt den Schutzzweck der einschlägigen Norm auf verkehrsgemäßes Verhalten. Wer sich verkehrswidrig verhält, darf rechtlich nicht erwarten, daß andere diese Gefahr durch erhöhte Vorsicht ausgleichen, BGHSt **9** 92 = NJW **56** 800, DAR **54** 58, Fra JR **94** 77, Ha VRS **48** 192, Hb VM **55** 23. Anders nur bei Nichtursächlichkeit des vorschriftswidrigen Verhaltens unter Berücksichtigung des Schutzzwecks der verletzten Norm für den Unfall, BGH DAR **03** 308, Neust DAR **54** 259, oder bei dem, der schuldlos annimmt, zu seiner Fahrweise berechtigt zu sein, BGH GA **59** 52, *Martin* DAR **59** 59. Der Vertrauensgrundsatz schützt auch den Kf unter Alkoholeinfluß (soweit er sich im übrigen vorschriftsmäßig verhält), BGH VRS **21** 5.

23   **Kein Vertrauensgrundsatz** herrscht gegenüber fremden Verstößen, die erfahrungsgemäß häufig vorkommen, so daß mit ihnen immer zu rechnen ist, BGHSt **12** 81, **13** 169 = VRS **17** 233, VR **66** 1157, Bay VM **56** 28, Dü VR **87** 909, VRS **54** 298, KG VRS **68** 284, Ha VOR **74** 116. Einzelheiten bei den Einzelvorschriften.

24   **5 b. Nur unter normalen Verhältnissen** darf der Kf im dargelegten Rahmen korrektes Verhalten erwarten, BGH GA **59** 52, Ol DAR **99** 73, also nicht, wenn er einen Verstoß bemerkt oder pflichtgemäß bemerken müßte, Ol DAR **99** 73, Ha VRS **47** 59, Kö VRS **50** 200. Bei offensichtlichem fremden verkehrswidrigen Verhalten ist der Vertrauensgrundsatz unanwendbar, ebenso wenn der Verstoß bei gehöriger Sorgfalt hätte bemerkt werden müssen, Ha VRS **47** 59, Hb MDR **56** 33, Ol MDR **59** 389. Wer einen fremden Verstoß oder VUnsicherheit bemerkt, muß sich darauf einstellen, Ko VRS **66** 219, Mü VRS **31** 329, und besonders vorsichtig fahren, BGH VM **56** 8, VRS **19** 344, Bay DAR **51** 146. Wer sich erkanntermaßen verkehrswidrig verhält, bei dem ist mit weiteren Verstößen zu rechnen, BGH VRS **5** 133, idR jedenfalls mit gleichartigen, BGH VRS **34** 356, **26** 331, bei erkennbarer allgemeiner Untüchtigkeit uU sogar überhaupt, BGH VRS **34** 356, **26** 331. Kein Vertrauen darauf, daß eine verkehrswidrige Verhaltensweise beibehalten werde, Bay VRS **67** 136. Auch **in den Fällen gesteigerter Sorgfaltspflicht** (E 150) darf der VT in gewissem Umfang auf die Beachtung der VRegeln durch andere vertrauen, KG VRS **60** 382, **68** 284. Gegenüber jüngeren, nicht verkehrserfahrenen **Kindern** gilt der Vertrauensgrundsatz nicht, s § 25 Rz 27, gegenüber älteren Kindern nur eingeschränkt, BGH NJW **86** 183, **87** 2375, Ha VM **73** 70, Dü VRS **63** 66, mit diesen Einschränkungen aber auch nach Einfügung des § 3 IIa, BGH NZV **94** 149, **01** 35, VR **92** 890, Bay NJW **82** 346, Brn NZV **00** 122, Kö DAR **01** 510, KG NZV **88** 104, Ha NZV **01** 302, VR **96** 906, Stu NZV **92** 196, Dü NZV **93** 198, *Weber* DAR **88** 187, aM AG Kö NJW **82** 2008. Mit nicht verkehrsgerechtem Verhalten 11 jähriger Kinder braucht nur bei konkreten hierauf hindeutenden Umständen gerechnet zu werden, Bay VRS **59** 218, Ol ZfS **91** 321, Dü VRS **63** 66, Fra VR **84** 1093, s Ba NZV **93** 268, KG VRS **104** 35 (jeweils $10^{1}/_{2}$ Jahre), ebenso nach Ba VR **86** 791 bei 9 jährigen (s aber § 828 II BGB, s § 9 StVG Rz 12). Führt ein Radweg in einer markierten Furt über eine vorfahrtberechtigte Str, so darf der bevorrechtigte Kf nicht auf Beachtung der Vorfahrt durch 10 jährigen Radf vertrauen, BGH NZV **97** 391. Kein Vertrauen des StrabaF, daß ein auf das Gleis zu rennender 10 jähriger stehen bleibt, KG VRS **104** 35. Die Tatsache, daß Kinder aufgrund der Entwicklung ihrer physischen und psychischen Fähigkeiten in der Regel frühestens ab Vollendung des **10. Lebensjahres** in der Lage sind, die sich insbesondere aus dem motorisierten StrV ergebenden Gefahren zu erkennen und sich entsprechend zu verhalten, hat zur Änderung und Ergänzung des § 828 BGB geführt, s Begr BTDrucks 14/7752 S 11, 26 f. Diesen Erkenntnissen wird auch bei der Frage Rechnung zu tragen sein, ab welchem Alter auf verkehrsgerechtes Verhalten vertraut werden darf, s auch § 25 StVO Rz 26. Dabei wird allerdings nach der Art des konkreten Fehlverhaltens des Kindes zu differenzieren sein.

25   **6.** Der Begriff des **„defensiven Fahrens"** bildet den Gegenpol zum Vertrauen auf verkehrsgerechtes Verhalten anderer: Nur wenn der VT in gewissem Maße darauf ver-

Grundregeln   § 1 StVO **2**

trauen darf, daß andere sich verkehrsgerecht verhalten, kann der V überhaupt fließen, nur wenn mit Fehlern anderer gerechnet wird, kann andererseits dem Bedürfnis nach VSicherheit Rechnung getragen werden. Defensive Fahrweise ist durch weitgehenden Verzicht auf das Vertrauen in richtiges Verhalten des übrigen V gekennzeichnet. Die Forderung nach defensivem Fahren (*Wimmer* DAR **63** 369, **64** 37, **65** 29) empfiehlt in jeder Lage größere als die an sich rechtlich gebotene Sorgfalt und ist insoweit nützlich (§ 1: „ständige Vorsicht und gegenseitige Rücksicht"). Am Vertrauensgrundsatz ändert sie nichts, auch bewirkt sie keine strengere Schuldbeurteilung, weil sie als Forderung nach äußerster Sorgfalt über die gesetzlichen Pflichten teilweise hinausgeht. Ihre sprachlich unglückliche Fassung setzt gleichsam ständige Aggressionsabwehr voraus und verwirrt dadurch die unentbehrliche kooperative Grundhaltung. In unklaren Rechts- oder VLagen fordert die Rspr ohnedies bereits das risikoärmste Verhalten entsprechend der vermutlich strengsten einwirkenden Vorschrift (**E** 140).

    Lit: *Böhmer,* Der Vertrauensgrundsatz im StrV in der Rspr, JR **67** 291. *Clauß,* Vertrauen zum „Vertrauensgrundsatz"?, JR **64** 207. *Kirschbaum,* Der Vertrauensschutz im deutschen StrVRecht, Berlin 1980. *Krumme,* Wandlung des Vertrauensgrundsatzes in der Rspr des BGH, ZVS **61** 1. *Krümpelmann,* Die Verwirkung des Vertrauensgrundsatzes bei pflichtwidrigem Verhalten in der kritischen Situation, *Lackner*-F S 289. *Martin,* Das defensive Fahren und der Vertrauensgrundsatz, DAR **64** 299. *Möhl,* Voraussehbarkeit der Folgen verkehrswidrigen Verhaltens und Vertrauensgrundsatz, DAR **72** 57. *Derselbe,* Zum Grundsatz des defensiven Fahrens, VOR **72** 73. *Sanders,* Vertrauensgrundsatz und VSicherheit, DAR **69** 8.   26

    7. Besonnenheit und Geistesgegenwart (**E** 86, 144) ist idR auch bei unvorhergesehenen VVorgängen Rechtspflicht, besonders innerorts, Ha VRS **50** 101, etwa wenn sich die Fußbremse unvermuteterweise nicht betätigen läßt, Dü DAR **77** 26, Hb VM **61** 27. Vom geistesgegenwärtigen Kf ist bei Gefahr uU Bremsen, Hupen und Ausweichen zugleich zu verlangen, BGH VM **66** 35. Alltägliche Vorgänge wie Abstoppen des Vorausfahrenden dürfen keinen Kf erschrecken oder zu unrichtiger Reaktion veranlassen. Kopflosigkeit in selbstgeschaffener Gefahr entschuldigt nicht, BGH GA **56** 293. Auch bei eigenem Fahrfehler kann die Verantwortlichkeit für eine Schreckreaktion ausnahmsweise ausgeschlossen sein, wenn eine Zwischenursache (**E** 100) außerhalb der Lebenserfahrung mitwirkt (Klemmen des Gaspedals bei schuldhaftem Schleudern), Bay VRS **11** 142 (Anm *Hammer* NJW **57** 111).   27

    Kopflosigkeit infolge unverschuldeter Gefahr ist nicht vorwerfbar, auch nicht bei unzweckmäßiger Reaktion, s **E** 86, 137, es sei denn, diese war nach allen Umständen völlig verfehlt, BGH VRS **5** 368. Wer unverschuldet binnen Sekundenbruchteilen ausbiegen muß, um einen Anprall zu vermeiden, und keinen Gegenverkehr sieht, handelt nicht falsch, auch wenn sich das später als unzweckmäßig erweist (§§ 222, 229 StGB), BGH VRS **33** 358. Reaktions- und Schreckzeit: Rz 29, 30.   28

    8. Schreckzeit, Reaktionszeit sind wichtig für die Beurteilung der Fahrlässigkeit bei VVerstößen. Maßgebend ist die individuelle Reaktion, die unterschiedlich und nur teilweise beeinflußbar ist (**E** 86, 144), s Bay VRS **58** 445. Schreckzeit steht nur dem zu, der schuldlos durch maschinelles Versagen oder einen VVerstoß überrascht wird, BGH VRS **23** 375, Kö VRS **96** 344, von einem **nicht zu vermutenden Ereignis,** BGH NZV **94** 149, Ha NZV **90** 36 (Bremsversagen), KG DAR **78** 339, Stu VRS **41** 361 (nicht unter 0,5 s), Dü VRS **51** 311, Ha VRS **67** 190 (ins Fz laufender Schäferhund, mindestens 1 s), nicht dagegen bei Gefahr, die sich erkennbar entwickelt, Sa VRS **30** 103, nicht bei selbstverschuldeter Gefahr, BGH VRS **22** 91, Kö NJW **67** 1240, etwa aus fahrlässigem oder zu schnellem Fahren, BGH DAR **55** 229, Mü NJW **50** 556, Ha VRS **43** 345 (Blendung). Wer als TankzugF eine Kurve höchstzulässig schnell befährt, muß bei Reifenpanne sehr rasch reagieren können (nur 0,75 s Schreck- und Reaktionszeit), Ko VRS **53** 273. Schreckzeit steht zu, wenn bei einem ordnungsgemäß gewarteten Kfz die **Bremse versagt,** BGH VR **63** 95, Dü VRS **51** 311. Ein BerufsLkwF muß trotz Erschreckens über plötzliches Bremsversagen eine offensichtlich ungeeignete, gefährliche Gegenmaßnahme unterlassen und dafür die sich aufdrängende, naheliegende wählen, Ko VRS **44** 28. Schreck- und Reaktionszeit bei versagender Fahrbremse: § 41 StVZO Rz 27. **Innerorts** wegen notwendiger steter Reaktionsbereitschaft vielfach keine Zubil-   29 ligung von Schreckzeit, Ha VRS **50** 101, **43** 184, s jedoch Kar VRS **50** 196. Während heftigen Gewitters soll ein Kf nach KG VM **70** 85 ohne erlaubte Schreckzeit mit nahem Einschlag rechnen und daher „langsamer" fahren müssen. Keine Schreckzeit dessen, der eine AB-Baustellen-Schmalspur trotz in Gegenrichtung liegengebliebenem Lkw achtlos befährt, wenn hinter dem Lkw jemand hervortritt, Ha VRS **39** 423. Zur Schreckzeit *Graßberger,* Psychologie des Strafverfahrens S 93. S die §§ 3, 4, 5, 6 StVO. **Blendung:** §§ 3, 17 StVO.

30 Die **Reaktionszeit** (im engeren Sinne: ohne Bremsansprechzeit) läuft vom Erkennen des Sachverhalts bis zur körperlichen Reaktion ab und hängt von der Körperbeschaffenheit ab, BGH DAR **57** 158, VRS **11** 430, *Hartmann* VGT **82** 50, s **E** 86. *Wahrnehmen* der den Sachverhalt bildenden VT oder Gegenstände ist nicht identisch mit *Erkennen* des die Gefahr bildenden Sachverhalts, das allein für den Beginn der Reaktionszeit maßgebend ist, *Hartmann* VGT **82** 50 f, abw *Roddewig* DAR **83** 383 (Eintritt der Gefahr), s dazu *Dannert* DAR **97** 491. Sie beträgt nach der Rspr einen Sekundenbruchteil und ist kürzer, wenn der Handelnde vorbereitet und ruhig ist, länger meist in Überraschung oder Bestürzung, BGH VRS **11** 430, Dü VRS **51** 311. Sie läßt sich nachträglich experimentell für eine vergangene bestimmte Lage nicht zuverlässig ermitteln, BGH VRS **36** 189. Ihre Dauer wird auch durch die Zahl der in Betracht kommenden Reaktionsweisen (zB Bremsen oder Ausweichen) beeinflußt, *Hartmann* VGT **82** 50, *Meyer-Gramcko* Verkehrsunfall **90** 192, Ha VRS **67** 190 (verlängerte Reaktions- und Bremsansprechzeit von 1,5 s im Anschluß an Schreckzeit von 1 s nach Zusammenstoß mit Schäferhund). Bei einem unvermuteten Vorgang beträgt die Reaktions- und Bremsansprechzeit eine „knappe" Sekunde, s BGH NJW **00** 3069, KG VRS **107** 23, **104** 4, Ha VR **80** 685. Stör- und Schreckreize können die Reaktionszeit verlängern oder verkürzen, *Moser* ZVS **69** 3. Dämmerung kann eine verlängerte Reaktionszeit (retinale Verzögerung), Ausgleich nur durch angepaßte Fahrweise. Die Zeit bis zum Erkennen der Gefahr kann bei Dunkelheit durch Readaptionszeiten nach Einfluß höherer Leuchtdichten (Scheinwerfer, leuchtende Tafeln usw) verlängert werden, *Roddewig* DAR **83** 383. Erhöhung der Reaktionsdauer zugunsten des Kf bei Dunkelheit und geringem Kontrast, Ha NZV **95** 357 (1,0 s, auf die Fahrbahn tretender Fußgänger), s *Dannert* DAR **97** 487. Zur eigentlichen Reaktionszeit tritt die mechanisch bedingte **Bremsansprechzeit** (Zeit der Kraftübertragung bis zum Ansprechen der Bremse). Rspr: Eine kürzere **Reaktions- und Bremsansprechzeit** (= Reaktionszeit im weiteren Sinne, s BGH NJW **00** 3069, *Dannert* DAR **97** 482) als zusammen 0,8 s kommt in aller Regel nicht in Betracht, Bay VRS **58** 445. Im Stadtverkehr, wo gesteigerte Aufmerksamkeit nötig ist, können 0,75 s als Reaktions- und Bremsansprechzeit ausreichen, Sa NJW **68** 760, Dü VRS **51** 311, im allgemeinen betragen sie zusammen, auch innerorts, Kö VRS **57** 191, Dü DAR **77** 26, **0,7 bis 0,8 s, höchstens 1 s,** KG VR **76** 391, BGH NJW **00** 3069, VRS **38** 44, 104, VR **66** 829 (0,8 s bei umsichtigem Fahrer), NZV **94** 149, Kö VRS **96** 344 (jeweils 0,8 s bei gebotener Bremsbereitschaft). *Engels* BASt **21** 378 hält die von der Rspr bisher zugebilligten Reaktionszeiten für wesentlich zu kurz, da nur an Laborversuchen unter Vorwarnung und optimalen körperlichen Bedingungen der Probanden orientiert. Die Obergrenze der Systemreaktionsdauer liegt real im ungewarnten Verkehr nach seiner Meinung wesentlich über den bisher zugebilligten Reaktionszeiten. Eine 99% der Personen und Fälle Rechnung tragende Reaktionszeit (im engeren Sinne) muß nach *Hartmann* VGT **82** 54 1,2 sec betragen. Die Rspr muß unter Berücksichtigung der konkreten Situation und der Person des Unfallbeteiligten individuell differenzieren (Alter, Kf-Erfahrung, Sehvermögen usw), s *Spiegel* VGT **82** 89 f, DAR **82** 369, *Löhle,* Verkehrsunfall **83** 139. Je länger die dem FzF zuzubilligende Reaktionszeit ist, desto geringer ist im Hinblick auf den verlängerten Anhalteweg die angemessene Geschwindigkeit, s *Maatz* VGT **94** 224, 226. Schema des zeitlichen Ablaufs eines Notbremsvorgangs, s *Engels* DAR **82** 362. Bremsen, Bremsverzögerung, Bremsspur, Vermeidbarkeit des Unfalls durch rechtzeitiges Bremsen: § 3 Rz 44, 58.

Lit: *Dannert,* Die Reaktionszeit des Kf, DAR **97** 477. *Engels,* Die neuen Erkenntnisse über die Reaktionszeiten des Kf ..., DAR **82** 360. *Hartmann,* Die physiologischen Grundlagen der Reaktionszeit im StrV, VGT **82** 49. *Löhle,* Neue wissenschaftliche Erkenntnisse zur Reaktion von Kf ..., Verkehrsunfall **83** 139. *Meyer-Gramcko,* Reaktion und Reaktionszeit, Verkehrsunfall **90** 191. *Reckten-*

Grundregeln § 1 StVO 2

wald, 75 Jahre Rspr zur Reaktionsdauer im StrV, ZVS **80** 52. *Roddewig,* Verlängerte Reaktionszeiten durch Readaptionseffekte im nächtlichen StrV, DAR **83** 383. *Sattler,* Schrecksekunde und zivilrechtliche Fahrlässigkeit, NJW **67** 422. *Spreng,* Informationsverarbeitung und Reaktionsverhalten, ZVS **69** 81. *Spiegel,* Die neuen Erkenntnisse über die Reaktionszeit des Kf und die Rspr, VGT **82** 84.

9. Gegenwärtige Fahrfähigkeit: E 130–132, 141. 31

10. Jeder andere ist durch § 1 gegen Gefährdung oder Schädigung durch VT und 32 nach Maßgabe von § 1 auch gegen Belästigung durch sie geschützt, auch als NichtVT, Kö VRS **95** 321, Ce VRS **31** 212, zB der bloße Insasse oder Mitfahrer, BGHSt **12** 282, Kö VRS **95** 321, VM **88** 61, der Eigentümer des Ladeguts, Bay DAR **66** 306, Ha DAR **60** 121, VBl **66** 694, eines bei dem Verstoß verletzten Tieres, Mü VAE **37** 102. Dagegen betrifft das *Behinderungs*verbot nur Verkehrsteilnehmer, VG Berlin NZV **90** 248; iS von Abs II ist nur behindert, wer zu einem anderen als von ihm beabsichtigten *Verkehrsverhalten* gezwungen wird, Ha VRS **52** 208, wobei es genügt, daß er überhaupt gehindert wird, am öffentlichen V teilzunehmen, Ha VRS **38** 73 (Blockieren einer FzAusfahrt). Nicht ausnahmslos wird der „andere" individuell festgestellt werden müssen; wer nachts innerorts oder tagsüber auf belebter Straße mit defektem Auspuff, also ohne Geräuschdämpfung unter lautem Knallen fährt, belästigt offensichtlich, aM Zw VRS **53** 56.

Der Eigentümer des vom Täter gelenkten Fz ist in diesem Sinn kein anderer, wenn nur das Fz beschädigt worden ist, BGHSt **12** 282 = NJW **59** 637, NZV **92** 148, Bay DAR **66** 306, NJW **64** 213, Ha VBl **66** 694, aM *Hartung* NJW **66** 15, auch nicht der Eigentümer des mitgeführten Anhängers, Ha VBl **66** 694.

Auch ein an sich rechtlich geringfügiger VVerstoß kann ausreichen, einen der nach 33 § 1 tatbestandlichen „Erfolge" zu bewirken, s Fra DAR **57** 192. Zur Verkehrsbeeinträchtigung durch einen Kf, der das Kfz vom Beifahrersitz aus nur unsicher lenken kann, Bay VRS **56** 194.

11. Schädigen darf kein VT einen anderen, der seinerseits nicht VT sein muß 34 (Rz 32). Das Verbot gilt absolut. Unter Schädigung versteht § 1 neben Körperschäden nur vermögensrechtlich wägbare Nachteile, KG VRS **72** 380, Hb DAR **65** 329, Ha VRS **42** 360. Bloßes Anstoßen an ein fremdes Fz schädigt nicht stets, auch nicht jede Verletzung von Baumrinde, KG VRS **72** 380. KfzBeschädigung im Parkhaus durch unachtsames Türöffnen, Kar VRS **55** 372. Kein **Ausweichen vor einem kleinen Tier,** wenn sonst anderweit höherer Schaden entstünde (Abwägung in Eile ist maßgebend), Ko VR **04** 464 (grobfahrlässig), KG VRS **34** 108, s dazu § 4 Rz 11. Ein LkwF soll anhalten und die Zwillingsreifen auf eingeklemmte Steine absuchen müssen, wenn sich auf der Fahrbahn oder nach Befahren eines Feldwegs größere Steine eingeklemmt haben können, Stu VR **71** 651. Auch bei Schädigung kann der Vorwurf noch leicht sein und Verhängung einer nicht eintragungspflichtigen Geldbuße rechtfertigen, Hb DAR **77** 109. § 1 verpflichtet zur Rücksicht auf Fußgänger auf dem Gehsteig und auch dazu, ihre Beschmutzung zu vermeiden (Ausbiegen, Verlangsamen). Der Kf verletzt die Sorgfalt, wenn er so schnell fährt, daß **Straßenschmutz** Fußgänger besudelt und diese dadurch schädigt, Dü VM **66** 6, AG Fra NJW-RR **95** 728, AG Kö NJW **80** 45, s Schl VM **56** 17 (Schädigung offengelassen, jedenfalls aber Belästigung). Erhebliches Besudeln eines Fußgängers kann nach AG Kö NJW **80** 645 einen Schmerzensgeldanspruch auslösen (str.). Beschmutzen von Fußgängern als Behinderung, Rz 40, als Belästigung, Rz 42.

12. Gefährdung liegt vor, wenn Schaden für Leib oder Leben eines anderen wahr- 35 scheinlich ist und sein Ausbleiben nur vom Zufall abhängt, Bay VRS **48** 296, NJW **88** 273, Kar NZV **92** 248, Kö DAR **96** 507, s auch § 315b StGB Rz 2, § 315c StGB Rz 3, 28. Das Verbot gilt absolut. Der Kf muß alle Sicherungseinrichtungen seines Fz benutzen, auch wenn er ihre Notwendigkeit nicht durchschaut, BGHSt **15** 386 = NJW **61** 888, Fra NJW **85** 1353, und niemand darf so fahren, daß er andere von vornherein gleichsam unvermeidlich gefährdet, BGH VM **66** 73. *Demuth,* Zur konkreten Gefahr bei den StrVDelikten, VOR **73** 436.

12 a. Gefährdungsfälle: eine Fahrweise, die andere zu sehr starkem **Bremsen** 36 zwingt, Kar NZV **92** 248, Schl VM **56** 24, *Löhle* NZV **94** 305, oder zu plötzlichem Ausweichen, Ol DAR **51** 194, zB auch extrem langsames Fahren nachts auf AB ohne

2 StVO § 1 I. Allgemeine Verkehrsregeln

ausreichende Warnung, Ol VRS **79** 351 (25 km/h), gewolltes scharfes Bremsen und blockierendes Querstellen, Ol VRS **32** 274, plötzliches Bremsen wegen eines Kleintieres, s § 4 Rz 11, ebenso plötzliches Ausweichen mit Schleudern, um ein Kleintier nicht zu überfahren, KG VRS **72** 461. Wer einen StrabaF zur Schnellbremsung zwingt, gefährdet die Fahrgäste, Schl VM **65** 87. Unnötiges Beschmutzen der Scheiben des Überholten durch **Überholen** bei Nässe oder Schneematsch und größerer Fahrgeschwindigkeit mit zu geringem Seitenabstand oder zu kurzem Einscheren vor dem Überholten kann nicht nur behindern oder belästigen, s Bay VRS **27** 376, sondern uU auch gefährden (sekundenlange Sichtsperre). Gefährdend ist Schneiden nach Überholen (§ 5), zu dichtes Linksauffahren neben einem anderen Linksabbieger, KG VM **77** 55, Nichtwarnung trotz uU gebotenen WarnZ (§ 16), Schl VM **72** 67, Dü DAR **99** 543 (Warnblinklicht bei extrem langsamem Fahren), zu dichtes Vorbeifahren an in Gegenrichtung haltendem oder gerade anfahrendem MüllFz oder mit zu hoher Geschwindigkeit im Verhältnis zum möglichen Abstand, Zw VM **82** 6, Ha NJW-RR **88** 866, Verlieren ungenügend befestigter Ladungsteile oder von Zubehör, Abkippen des Ladungsrestes durch ruckartiges Anfahren, Ko VRS **57** 116, Verschmutzen der Straße oder Liegenlassen von Gegenständen (§ 32). Zu geringer **Abstand** zum Vorausfahrenden (§ 4 Rz 1, 2/3, 5 ff) gefährdet dann iS von II, wenn der „gefährdende Abstand", dh die in weniger als 0,8 sec durchfahrene Strecke, nicht nur ganz vorübergehend unterschritten wird. Sicherheitsabstand, gefährdender Abstand, s § 4 Rz 5, 6. Nichteinhalten des seitlichen Sicherheitsabstandes: § 2 Rz 35, 41, § 5 Rz 54–58, § 6 Rz 11, § 20 Rz 9, § 25 Rz 18. Wer als Linksabbieger bemerkt, daß er rechts überholt wird, wenn auch unzulässigerweise, darf sich nicht trotzdem gefährdend in den rechten Fahrstreifen eindrängen, s Bay VRS **58** 448. Kann der Kf vom Sitz aus den **Raum unmittelbar vor oder hinter dem Fz** nicht überblicken, so ist **Anfahren** ohne Vergewisserung oder Einweiser unzulässig, BGH VM **61** 49, Mü NZV **91** 390 (Bagger), Ha VRS **23** 37 (Nachschaupflicht unter dem Lkw, weniger streng Stu VRS **47** 21), Fra VRS **31** 293, etwa wenn aus dem Schulbus soeben Kinder ausgestiegen sind (§ 20 II, IV), Bay VRS **37** 269. Den toten Winkel vor seinem Fz muß der LkwF berücksichtigen, ehe er nach verkehrsbedingtem Anhalten weiterfährt, KG VM **99** 11. Auch der an der Haltestelle anfahrende Busf muß sich vergewissern, daß sich vor seinem Fz keine Personen im „toten Winkel" befinden, Mü NZV **91** 389. Wer auf schmaler Straße neben Kindern und Kleinkindern einen Fahrgast einsteigen läßt, ohne die Kinder ununterbrochen im Auge zu behalten, darf grundsätzlich nur anfahren, wenn er sicher weiß, daß kein Kind vor den Wagen gelaufen ist, s aber Dü VRS **41** 158. Ohne konkrete Anhaltspunkte braucht ein Kf aber nicht damit zu rechnen, daß eine aus seinem Fz ausgestiegene Person gestürzt ist und im nicht einsehbaren Raum vor seinem Fz liegt, Sa NZV **92** 75.

37   Bei besonders gefährlicher Lage kann sich **Halten oder Parken** nach II uU auch an sonst erlaubter Stelle einer BundesStr verbieten, s Bay VRS **59** 375, Stu DAR **74** 298. Parken an steiler, glatter Engstelle kann gefährden, Bay VRS **31** 129. Auch kurzfristiges Halten an unübersichtlicher StrStelle kann gefährden, Bay VRS **59** 219. Gefährdung aussteigender Fahrgäste durch Busfahrer, der, ohne darauf hinzuweisen, nicht ganz nahe am Bordstein hält, Kar VR **81** 266. Sorgfalt beim Ein- und Aussteigen: § 14. Vorfahrt: § 8.

38   **12 b. Nicht unter den Gefährdungsbegriff** des § 1 fällt das gesteuerte Kfz, s Rz 32, und nicht die Gefährdung fremder Sachen, Ha VRS **32** 284 (StrBaum), denn sie ist nicht Gefährdung eines „anderen", KG VRS **35** 455, *Jan/Jag/Bur* Rz 73, *Möhl* JR **67** 108, **70** 32. **Sachwerte** schützt § 1 nur bei Schädigung, aM BGHSt **12** 282 und **22** 368, wonach auch Sachgefährdung gegen § 1 verstoße, sofern die Sache der StrVSicherheit dient „oder sonst verkehrsbezogen" ist, im Ergebnis ebenso Hb VRS **34** 145. Das ist aus sprachlichen wie logischen Gründen abzulehnen. Nach Ansicht des BGH würde, wer ein VZ umfährt, andere VT (welche?) dadurch bereits unmittelbar gefährden, obwohl § 1 nur Fälle „konkreter" Gefährdung trifft. Zur Frage einer Befreiung vom Gefährdungsverbot durch § 35 (Sonderrechte), s § 35 Rz 4.

39   **12 c. Die konkrete Gefährdung** ist im Urteil nachprüfungsfähig festzustellen, KG VRS **15** 455, Fra VRS **68** 376. Die Feststellung, jemand habe sich über solche Fahrweise geärgert, genügt nicht, Dü VM **59** 10.

Grundregeln § 1 StVO **2**

13. Behindern heißt, fremdes beabsichtigtes Verhalten einigermaßen nachhaltig 40 beeinträchtigen oder verhindern, s BGHSt **34** 238 = NJW **87** 913. Rechtmäßigkeit des beeinträchtigten Verhaltens fordern BaySt **66** 118, VRS **71** 299, Ha VRS **52** 208, *Booß* VM **77** 62, *Bouska* DAR **85** 138, ausdrücklich offengelassen von BGHSt **34** 238 = NJW **87** 913. Jedoch würde dies den oft gefährlichen Hang zu gegenseitiger Bevormundung der VT untereinander fördern und ist deshalb in diesem Umfang bedenklich, s auch *Helmken* NZV **91** 372, *Kaiser, Salger*-F S 60. Keine Behinderung deshalb zwar, wenn das verhinderte Verhalten hätte gefährden können, jedoch behindert, wer bloßes **Überholen mit höherer als erlaubter Geschwindigkeit verhindert,** s Schl VM **77** 61 (zust *Helmken* NZV **91** 375), abw BGHSt **34** 238 = NJW **87** 913 (krit *Janiszewski* NStZ **87** 115), Bay VRS **71** 299 – 1. Strafsenat – (krit *Janiszewski* NStZ **86** 542), dessen 2. Strafsenat jedoch dann Nötigung für möglich hält(!), Bay NStZ **86** 541 (s dazu § 5 Rz 72). Mehr als nach den Umständen vermeidbar behindert ein Verhalten den Verkehr nur, das die notwendigen und unvermeidbaren Gegebenheiten übersteigt, Ha VRS **48** 377, und nur im konkreten Fall: uU Anfahren und Schrägstellen des Kfz, um sich dann besser in den Verkehr eingliedern zu können, Hb VRS **11** 292, s aber Ha VRS **60** 469. Parken im Profilbereich der Straba, Dü VRS **66** 333. **Verhindern des Ausfahrens** dessen, der widerrechtlich auf Privatgrund parkt, Ha VRS **38** 73, der Tankwart, der zugunsten ausfahrender Kunden den Fahrverkehr aufhält, Kö VRS **9** 51, Versperren steiler Engstelle durch ein hängenbleibendes Lieferfz, Bay VRS **31** 129, Behinderung von Kanalbauarbeiten durch falsches Parken, Zw VM **77** 4, Zwang zu scharfem Bremsen, Sicheindrängen in eine Kolonne: Rz 42/43, unrichtige Anzeige der Richtungsänderung, Hb VRS **28** 196, Parken derart, daß sich der Verkehr auch bei großer Sorgfalt kaum durchschlängeln kann, Ha VRS **31** 283, unachtsamer Fahrstreifenwechsel, Ha VRS **46** 384, grundloses Verlangsamen oder Anhalten vor Grün, KG VRS **47** 316. Der Einfahrende kann den durchgehenden Verkehr behindern, auch wenn durch das Einfahren niemand gefährdet wird, s Ce VRS **52** 450. Wer wegen vorausseehbar winterlicher Verhältnisse unterwegs mit **Sommerreifen** behindernd liegenbleibt, verletzt II. Behinderung durch Langsamfahren: § 3, an Engstellen: § 6. Parkverbot nach § 1 II, s § 12 Rz 44. **Warnung anderer vor PolKontrollen** ist an sich nicht ow, Stu NZV **97** 242, Zw VRS **64** 454, Hb DAR **60** 215, Kö DAR **59** 247, s Ce NZV **89** 405; Behinderung der Pol bei ihrer Kontrolle kommt nicht in Betracht, weil die Beamten nicht als VT behindert werden, Ha VRS **52** 208, s Rz 32, allerdings Belästigung (s Rz 42) – uU auch Behinderung – anderer VT, etwa wenn diese zu starkem Abbremsen veranlaßt werden oder Nachfolgende dadurch zum Ausweichen gezwungen sind, Hb DAR **60** 215, KG VRS **19** 58, s Kö DAR **59** 247 (jedoch gehört zum Behindern, daß sich der andere behindert fühlt). Wer durch vermeidbar zu geringen Seitenabstand beim Überholen die Scheiben des überholten Fzs stark mit Schneematsch verschmutzt, behindert iS von II, Bay VRS **27**, 376.

Keine Behinderung iS von § 1 ist eine kurze Ansammlung bei Flugblattverteilung, 41 KG VRS **34** 468. Wer ein besonders interessantes, zugelassenes Fz öffentlich parkt und dadurch eine Ansammlung bewirkt, macht nur von einem Recht Gebrauch, aM Hb NJW **62** 1529 (bei am Fz angebrachtem Verkaufsangebot). Drücken einer Knopfampel durch einen Kf (Drücken durch Kf hält den Längsverkehr nicht länger auf als durch einen einzelnen Fußgänger), aM Br VM **63** 23. Kurzes Behindern des fließenden Verkehrs durch Anhalten zwecks Aussteigens und Gepäckaushändigung an einer an sich übersichtlichen Stelle ist als zumutbare Behinderung hinzunehmen, Bay VRS **59** 219, ebenso ein infolge Parkens erforderliches Ausweichen oder kurzes Anhalten, Kö VRS **60** 467, oder ein die Rechte eines anderen einschränkendes Parken bei sofortiger Wegfahrbereitschaft, Du NZV **94** 288. Wer beim Anfahren vom Fahrbahnrand den fließenden V geringfügig beeinträchtigt, behindert nicht iS von § 1 II, Ha VRS **60** 469. Das durch Ausscheren des Vorausfahrenden auf AB zum Zwecke des Überholens erforderliche leichte Abbremsen ist uU (VDichte) hinzunehmen. Die darin liegende Behinderung kann iS von II unvermeidbar sein, Bay VRS **62** 61. Durchfahren von Spitzkehren auf BundesStr im Gebirge mit Bus unter notwendiger Mitbenutzung der Gegenfahrbahn verstößt für sich allein auch dann nicht gegen II, wenn auf Hilfspersonen zur Warnung des GegenV verzichtet wird, Bay VRS **61** 141. Gegenüber den verkehrsüblichen fahrlässigen Belästigungen und Behinderungen ist Notwehr ausgeschlossen (**E** 113, 114).

Wer an einer Parklücke den Vortritt hat (§ 12), behindert durch das Einparken andere Parkinteressenten nicht, s Bay NJW **77** 115. Das Behinderungsverbot schützt nicht auch Betätigungen, die keine VTeilnahme sind, s Rz 32, 40.

42 14. **Belästigung** anderer (Rz 32), soweit vermeidbar, ist untersagt. Das Belästigungsverbot schützt auch NichtVT, zB PolB bei Radarkontrolle, Ha VRS **52** 208 (Störung der Messung durch Parken in unmittelbarer Nähe des RadarFzs), zw möglicherweise Zw VRS **53** 56, s im übrigen Rz 40. Keine „Belästigung" anderer VT, die an der Warnung vor PolKontrolle aus verletztem Rechtsgefühl Anstoß nehmen, Bay NJW **63** 1884 (zust *Pelchen* JR **64** 27). Unvermeidliche geringe Belästigungen fallen nicht unter § 1. Voraussetzung ist, daß die Beeinträchtigung nach Art und Maß das VBedürfnis übersteigt und als störend empfunden wird, Ha GA **62** 155. Vermeidbare Belästigung: Kolonnenspringen bei unklarer Lage ohne die Gewißheit, vorn eine Lücke zu finden, Kar VRS **45** 315, aM Dü VM **68** 78, Schneiden eines VT, soweit es nicht sogar gefährdet, Bedrängen auf der AB durch dichtes Aufschließen und ständige Signale (sofern nicht Nötigung), längeres Hinterherfahren mit Scheinwerferlicht (300 m), Dü VRS **22** 310, NJW **61** 1783, bedrängende Anhaltversuche durch Leute, die mitgenommen werden wollen, Bay NJW **53** 1723, Besudeln von Fußgängern mit StrSchmutz (Pfütze), Dü VM **66** 6, Schl VM **56** 17, Ce NRpfl **53** 229 (soweit nicht Schädigung, s Rz 34), Abstellen von Lkws in WohnStr über den Gemeingebrauch hinaus, s dazu jetzt § 12 IIIa, vermeidbarer **Lärm** durch Türenknallen, obwohl sich die Tür auch leise schließen läßt (s § 30), s KG VRS **23** 219, nächtliches Fahren mit unbeladenem, lärmendem Anhänger, Dü VM **62** 11, mehrfaches geräuschvolles Hin- und Herfahren in einer Kurve mit Bremsen und Beschleunigen durch KradfGruppe, Bay DAR **01** 84, ängstigendes Zickzackfahren mit quietschenden Reifen, Dü VM **65** 90, Stu DAR **54** 305, Einbiegen mit quietschenden Reifen vor Fußgängern, Hb VM **67** 83, überlautes Bremsquietschen, Dü VM **68** 44, überlaute Straba in einer Gleiskehre, BGH NJW **68** 1133. Laufenlassen des Motors, s § 30 Rz 13, 13 a. Jedoch wird bei Lärmbelästigung vielfach Verstoß gegen die (speziellere, s § 30 Rz 16) Vorschrift des § 30 I 1 vorliegen.

43 Daß Kfze in Kolonne uU wiederholt eine freigegebene DirnenStr durchfahren, ist rechtmäßig, denn es gibt keine VBeschränkung auf „sittliche" Zwecke (Grundsatz der VFreiheit), s § 30 Rz 14, s auch *Baumann* JZ **67** 610, aM Ha NJW **67** 1924, Ce VRS **37** 123.

44 Behinderung oder Belästigung müssen durch Tatsachenfeststellungen belegt sein, Kö DAR **59** 247.

Lit: Boos, VM **62** 35 (gegen übermäßiges Hupen). *Weigelt,* Belästigung der Anwohner durch VLärm, DAR **61** 250, ... durch Parken, DAR **61** 251. *Wiethaup,* Übermäßiger Autolärm in straf-, zivil- und öffentlichrechtlicher Sicht, DAR **62** 76.

45 15. **Zivilrecht.** § 1 ist SchutzG (§ 823 BGB), BGH VR **57** 616, Mü NZV **91** 389, NJW **85** 981. § 1 umfaßt als SchutzG auch Schäden dadurch, daß ein Dritter in die Unfallstelle hineinfährt, BGH NJW **72** 1804, Zw VRS **33** 371. Nichtbeachtung von VVorschriften rechtfertigt nicht stets den Schluß auf Voraussehbarkeit eines Schadens, BGH VR **66** 164 (E 139, 140). Beim Zusammenwirken mehrerer schadenverursachender Umstände ist dem verantwortlichen Kf nur sein Verursachungsanteil zuzurechnen, Ce VR **80** 632 (Kolonnenführer sichert Baustelle ungenügend ab). Wer Gefahr für Leib oder Leben eines anderen verursacht, haftet, wenn er sie nicht wieder beseitigt, Bay VRS **31** 129.

46 16. **Ordnungswidrig** sind Verstöße gegen § 1 II (§ 49 I Nr 1), während I nur einen stets beachtenswerten, didaktischen Grundsatz festhält. Die Verbote der Schädigung, Behinderung und Belästigung anderer sind hinreichend bestimmt, BVerfG DAR **68** 329 (noch zur Übertretung), aM *Lange-Fuchs* NJW **67** 1843. Auch Unterlassen rechtlich gebotenen Verhaltens kann § 1 verletzen, Bay VRS **31** 129. Der Kf, der zunächst die Opfer versorgt und darüber die VSicherung vergißt, trifft kein Vorwurf, Stu DAR **58** 222. Notwehr: **E** 113, 114. Nicht vorwerfbar ist objektiv unsachgemäße Reaktion in unverschuldet gefährlicher Lage, s E 86. Ow Verstoß gegen das Gebot des Abs II setzt stets *konkrete* Behinderung, Gefährdung usw voraus, Dü VRS **74** 285, **79** 131, s auch Rz 39. Die Behinderung/Schädigung muß feststehen, daß sie sich nur nicht ausschließen läßt, genügt nicht, Kar VRS **57** 455. Verstoß gegen eine Bestimmung der StVO mit Schädigung oder Gefährdung eines VT erfüllt für sich allein nur dann tateinheitlich den

Grundregeln § 1 StVO **2**

Tatbestand des § 1 II, wenn Vermeidung speziell dieses Schadens oder dieser Gefahr Schutzzweck jener StVO-Bestimmung ist, Bay VRS **71** 68. Wer allein infolge Vorfahrtverletzung gegenüber einem FzF einen anderen, nicht vorfahrtberechtigten VT schädigt, handelt *insoweit* nicht (tateinheitlich) ow gem § 1, weil dieser Schaden außerhalb des Schutzzwecks der verletzten Bestimmung liegt, Bay VRS **70** 33. Auch extrem geringer, gefährdender Abstand rechtfertigt nicht ohne weiteres die Annahme *vorsätzlicher* Gefährdung, Bay NZV **92** 415.

17. Strafrecht. Ow Behinderung ist nicht stets schon Gewalt iS einer **Nötigung,** 47 nur weil der andere dadurch sein Fahrverhalten ändern mußte (zB geringfügiges Ausweichen), Kö NZV **89** 157. Selbst stärkere vorsätzliche Behinderungen der Weiterfahrt erfüllen nicht ohne weiteres dieses Merkmal, die Motivation kann entscheidend sein, Bay NZV **89** 240 (vorübergehendes Blockieren durch verbotswidriges Parken), Kö NZV **00** 99 (Einscheren in eine FzKolonne). Den sich verkehrswidrig Verhaltenden darf nur die Polizei sistieren (§§ 46 OWiG, 163b StPO). Daher ist Behindern oder blockierendes Querstellen, um **einen Kf zu rügen,** nicht erlaubt, sondern Nötigung, Kö DAR **04** 469, vor allem wenn der Weg auf Verlangen nicht unverzüglich freigegeben wird, Bay NJW **70** 1803, Kö NJW **68** 1892. Kein VT darf einen anderen zwangsweise „belehren", BGH VM **71** 57, oder ihm den Weg verstellen, um ihn zur Rede zu stellen, Schl VRS **66** 344 (Notwehr dagegen: s **E** 114). Wer zu Belehrungszwecken seine Geschwindigkeit ohne verkehrsbedingten Grund erheblich verringert, um dem Nachfolgenden seine geringe Geschwindigkeit aufzuzwingen, nötigt, BaySt **02** 88 = NZV **01** 527. **Sperren** des linken AB-Fahrstreifens durch LkwF vor Baustellenverengung bei Stau auf dem rechten Fahrstreifen für die Dauer von 6 Min soll nach LG Dr NZV **98** 83 (Anm *Paul* NZV **98** 312) keine Gewalt iS von § 240 StGB sein. Anders aber jedenfalls bei Blockieren des linken Fahrstreifens bei Stau, um ein Überholen zu verhindern, s *Paul* NZV **98** 312. Ow Versperren der Fahrbahn ist jedenfalls dann keine Gewalt iS einer Nötigung, wenn Ausweichen des Behinderten möglich ist, s Dü VRS **73** 283. Der **Beschluß des BVerfG** v 10. 1. 95, NJW **95** 1141, zum Merkmal der *Gewalt* in § 240 StGB läßt die Rspr zur Nötigung durch Blockieren der Bewegungsfreiheit von VT unberührt, soweit diese nicht nur psychisch, sondern physisch behindert werden, (abl *Sinn* NJW **02** 1024), BGH StV **02** 360, Kö NZV **00** 99, Dü NZV **00** 301. Daher ist das Merkmal der Gewalt auch bei StrBlockaden mit Hilfe sperrender Fze erfüllt, BVerfG NJW **02** 1031, Kar NJW **96** 1551, Ha VRS **92** 208, aM *Berz* VGT **96** 72f. Dagegen ist selbst vorsätzliche **Beeinträchtigung der Weiterfahrt eines Kf durch Fußgänger** regelmäßig keine Gewaltausübung iS des Nötigungstatbestands, BGHSt **41** 231 = NZV **95** 493, StV **02** 360, nach teilweise vertretener Ansicht, zB *Herzberg* GA **96** 557, aber Drohung mit empfindlichem Übel. Jedoch können Personen, die die Fahrbahn blockieren, indem sie sich Fzen in den Weg stellen, nach BGHSt **41** 182 = NZV **95** 453 (zust *Krey/Jaeger* NStZ **95** 542, *Herzberg* GA **96** 562, abl *Suhren* DAR **96** 311, *Berz* VGT **96** 72f, *Zöller* GA **04** 155) auch unter Zugrundelegung des vom BVerfG NJW **95** 1141 zur sog Sitzblockade vertretenen Standpunkts nötigen, wenn sie die unmittelbar durch ihre körperliche Anwesenheit zum Stehen gebrachten Fze als physisches Hindernis (s BVerfG NJW **02** 1031) für nachfolgende FzF benutzen. Wer durch bloße körperliche Anwesenheit VT am Weitergehen oder Weiterfahren hindert, kann auch unter Berücksichtigung von BVerfG NJW **95** 1141 nötigen, wenn dadurch ein *physisches* Hindernis entsteht, Bay PVT **96** 30, s BVerfG NJW **02** 1031 (abl *Sinn* NJW **02** 1024), zB wenn er sich auf die Motorhaube legt, BGH StV **02** 360, erst recht, wenn er sich gegen das Fz stemmt, Nau NStZ **98** 623. Verhindern des Überholens als Nötigung, s § 5 Rz 72. Bei einmaligen, kurzen behindernden VVorgängen wird es vielfach an der Verwerflichkeit des Verhaltens (§ 240 II StGB) fehlen, Kö NZV **00** 99. Nötigung durch Zufahren in Nötigungsabsicht auf einen kontrollierenden PolB, BGH VM **72** 25, durch Zufahren auf Fußgänger, um diese zum Beiseitespringen zu zwingen, Kö VRS **95** 375.

Lit: *Herzberg,* Strafbare Nötigung durch Versperren des Fahrwegs?, GA **96** 557. *Zöller,* Zur Strafbarkeit sog Sitzblockaden, GA **04** 147.

18. Zusammentreffen. Wo eine Spezialvorschrift dieselben Folgen wie § 1 vorsieht, 48 geht sie vor, BGH VRS **3** 405, Ha VRS **53** 294, KG VRS **33** 375, **32** 284, DAR **67**

223. Soweit Verstoß gegen eine speziellere Vorschrift Behinderung nicht voraussetzt, kommt daneben OW nach § 1 II in Frage (TE), wenn konkrete Behinderung verursacht wurde, Kö NZV **97** 365. Werden bei verbotswidrigem Befahren einer Fußgängerzone Fußgänger behindert, so steht § 49 III Nr 4, § 41 II Nr 5 daher in TE zu § 49 I Nr 1, § 1 II, aM Dü VRS **67** 151. Hinter § 3 II tritt § 1 II zurück, Ha VM **72** 79. TE bei Vorfahrtsverletzung, wenn der Wartepflichtige den Berechtigten schädigt, Br VRS **30** 72. TE mit § 32 I, KG VRS **51** 388. Keine TE von II mit § 32 mangels Behinderung oder Gefährdung, Ha VRS **52** 375. Verhältnis zu § 5 dort Rz 71. Bei Straftaten tritt eine OW nach Maßgabe von § 21 OWiG zurück (§ 24 StVG Rz 68). Wahlweise Feststellung von OWen: § 24 StVG Rz 76.

Lit: *Koch,* Generalklausel und Sondervorschriften im StrVRecht, DAR **59** 309. *Rüth,* Konkurrenzprobleme im VRecht, DAR **63** 262.

Straßenbenutzung durch Fahrzeuge

2 (1) ¹Fahrzeuge müssen die Fahrbahn benutzen, von zwei Fahrbahnen die rechte. ²Seitenstreifen sind nicht Bestandteil der Fahrbahn.

(2) Es ist möglichst weit rechts zu fahren, nicht nur bei Gegenverkehr, beim Überholtwerden, an Kuppen, in Kurven oder bei Unübersichtlichkeit.

(3) Fahrzeuge, die in der Längsrichtung einer Schienenbahn verkehren, müssen diese, soweit möglich, durchfahren lassen.

(3 a) ¹Beträgt die Sichtweite durch Nebel, Schneefall oder Regen weniger als 50 m, müssen sich die Führer kennzeichnungspflichtiger Kraftfahrzeuge mit gefährlichen Gütern so verhalten, daß eine Gefährdung anderer ausgeschlossen ist; wenn nötig, ist der nächste geeignete Platz zum Parken aufzusuchen. ²Gleiches gilt bei Schneeglätte oder Glatteis.

(4) ¹Radfahrer müssen einzeln hintereinander fahren; nebeneinander dürfen sie nur fahren, wenn dadurch der Verkehr nicht behindert wird. ²Sie müssen Radwege benutzen, wenn die jeweilige Fahrtrichtung mit Zeichen 237, 240 oder 241 gekennzeichnet ist. ³Andere rechte Radwege dürfen sie benutzen. ⁴Sie dürfen ferner rechte Seitenstreifen benutzen, wenn keine Radwege vorhanden sind und Fußgänger nicht behindert werden. ⁵Das gilt auch für Mofas, die durch Treten fortbewegt werden.

(5) ¹Kinder bis zum vollendeten 8. Lebensjahr müssen, ältere Kinder bis zum vollendeten 10. Lebensjahr dürfen mit Fahrrädern Gehwege benutzen. ²Auf Fußgänger ist besondere Rücksicht zu nehmen. ³Beim Überqueren einer Fahrbahn müssen die Kinder absteigen.

Begr zu § 2 (VBl **70** 801):

1 *Der Paragraph richtet sich an den Längsverkehr. Entsprechend dem Prinzip des Aufbaus wird nur der Fahrverkehr angesprochen.*

2 *Der Paragraph kennt nur drei Straßenteile: die Fahrbahn, den Fahrstreifen als Teil der Fahrbahn und den Seitenstreifen. Die Begriffe „Fahrbahn" und „Seitenstreifen" werden, wie bisher, nicht definiert. ...*

3 *Als Absatz 3 ist eingefügt, was über das Verhalten des Längsverkehrs von Fahrzeugen gegenüber ebenfalls längsverkehrenden Schienenbahnen zu sagen ist; auch das gehört thematisch zur Frage der Benutzung der Fahrbahn.*

4–7 **Zu Absatz 1:** *Der erste halbe Satz verbietet nicht bloß die Benutzung der Gehwege durch Fahrzeuge, sondern auch die der Seitenstreifen. Damit wird die Meinung eines Oberlandesgerichts abgelehnt, daß ein Kraftfahrer in die Erwägungen über die angesichts der Sichtweite zulässige Geschwindigkeit auch die Möglichkeit einbeziehen darf, notfalls den Seitenstreifen zur Verfügung zu haben. ...*

8 **Zu Absatz 2:** *Der Satz 1 enthält das Rechtsfahrgebot. Dem Werk von Meyer-Jacobi-Stiefel, Band I S. 136 und Band II S. 183 Tab. 262, ist zu entnehmen, daß Verstöße gegen dieses doch für jeden eigentlich selbstverständliche Gebot eine sehr häufige Unfallursache mit beträchtlichem Personenschadenanteil (Schwerpunkt im außerörtlichen Verkehr) darstellt. Angesichts solcher Bedeutung bedarf es einer besonders eindringlichen Fassung dieses Gebots. ...*

Straßenbenutzung durch Fahrzeuge § 2 StVO 2

Da die Worte „möglichst weit rechts" nicht starr sind, kann die bisherige Rechtsprechung im 9–11
Prinzip beibehalten werden, die beschränkte Abweichungen dann für zulässig erklärt, wenn dies wirklich verkehrsgerecht und vernünftig ist. Gewisse Restriktionen der von ihr bislang herausgearbeiteten besonderen Umstände, unter denen dies gestattet sein soll, verlangt allerdings der Gesetzeswortlaut. Der Formulierung ist übrigens auch zu entnehmen, daß der Abstand vom rechten Fahrbahnrand desto größer sein darf, je schneller ein Fahrzeug im Rahmen des Zulässigen fährt; der Langsamfahrende kann, wie er es schon jetzt muß, „äußerst rechts" fahren; dem Schnelleren ist das nicht „möglich". Deshalb stößt sich dieses Gebot „möglichst weit rechts" auch nicht mit dem des Einordnens „möglichst weit rechts" vor dem Abbiegen nach rechts in § 9 Abs. 1. ...

Zu Absatz 3: *... Hier wird entsprechend dem Aufbau der Verordnung nur das Verhältnis* 12
Längsverkehr und längsfahrende Schienenbahn, in § 9 das Problem abbiegender Längsverkehr und Schienenbahn erörtert. Schließlich ist zu beachten, daß in § 8 für Vorfahrt eine Sonderregelung für Schienenbahnen fehlt, im Gegenteil dort von „Fahrzeugen aller Art" die Rede ist, Schienenbahnen also nicht ausgenommen sind.

Die Rechtsprechung hat richtig erkannt, daß die Worte „soweit möglich" in § 8 Abs. 6 StVO 13
(alt) nicht pleonastisch sind – Unmögliches kann ein Gesetz nicht verlangen –, daß vielmehr beim modernen Massenverkehr sehr wohl einmal ausnahmsweise eine Verkehrslage gegeben sein kann, die eine vorübergehende Behinderung einer Straßenbahn im Interesse des Gesamtverkehrsablaufs notwendig macht. ...

Zu Absatz 4: *Durch die Streichung des Wortes „grundsätzlich" (§ 28 alt) wird verdeutlicht,* 14
daß das Nebeneinanderfahren stets verboten ist, wenn dadurch der übrige Verkehr auch nur behindert wird.

Daß das Gesetz im Prinzip das Fahren „zu zweit nebeneinander" als das uU noch Erträgliche 15
ansieht, ergibt § 27 Abs. 1, wo geschlossenen Verbänden von Radfahrern nur dies gestattet wird. Auch ein Fahren „zu zweit nebeneinander" kann selbstverständlich nur zugelassen werden, wenn „dadurch der Verkehr nicht behindert wird." Nur wenn Verkehrslage und Örtlichkeit dies zulassen, ist es ausnahmsweise erlaubt.

Daß in Satz 2* nur Seitenstreifen gemeint sind, die für den vom Gesetzgeber gedachten Zweck 16
benutzbar sind, braucht nicht gesagt zu werden, weil selbstverständlich.

Begr zur ÄndVO v 22. 3. 1988 (VBl **88** 220): 16 a
Zu Abs 3 a: – *Begründung des Bundesrates* –
...
Durch den Austritt von gefährlichen Gütern oder deren Reaktionen (z. B. Brand, Explosionen) werden Menschen und Umwelt in hohem Maße gefährdet. Dies gilt vor allem bei Gefahrguttransporten, bei denen die Fahrzeuge kennzeichnungspflichtig sind (z. B. bei Beförderungen in Tanks oder in größeren Mengen in Versandstücken).

... Satz 1 des neuen Absatzes 3a stellt auf die Sichtsituation ab, bei der nach § 17 Abs. 3 letzter Satz StVO Nebelschlußleuchten benutzt werden dürfen. Die übrigen Witterungsverhältnisse, die besonders sorgfältiges Fahren auslösen, werden durch die unbestimmten Rechtsbegriffe „Schneeglätte" und „Glatteis" umrissen. Zwar wird damit dem betroffenen Verkehrsteilnehmer kein mit exakten Maßeinheiten umschriebener Tatbestand vorgegeben. Die Begriffe erscheinen jedoch, ähnlich wie dies die Rechtsprechung beim Begriff „Nässe" angenommen hat, hinreichend bestimmt. ...

Begr zur ÄndVO v 22. 12. 92 – BRDrucks 786/92 (Beschluß) – 16 b
Zu Abs 1 Satz 2: *... Die nach wie vor von einem Teil der Rechtsprechung vertretene Auffassung, der Seitenstreifen sei Bestandteil der Fahrbahn, ... führt auch zu verkehrstechnisch sinnwidrigen Folgerungen: Ist z. B. für eine Fahrbahn Überholverbot mit dem Zeichen 276 oder 277 angeordnet und fahren auf dem befestigten Seitenstreifen neben der Fahrbahn z. B. langsame landwirtschaftliche Zug- oder Arbeitsmaschinen oder ähnliche langsame Kraftfahrzeuge, so würde unter Zugrundelegung der Bewertung des Seitenstreifens als eines Bestandteils der Fahrbahn dieses Überholverbot auch im Verhältnis zu den auf dem Seitenstreifen fahrenden langsamen Fahrzeugen gelten. Dies aber wäre sinnwidrig ...*

---

* Jetzt Satz 4.

16 c **Begr** zur ÄndVO v 7. 8. 97 (VBl **97** 688): **Zu Abs 4 Satz 2:** *Die Radwegebenutzungspflicht dient der Entmischung und Entflechtung des Fahrzeugverkehrs. Sie ist aus Gründen der Verkehrssicherheit in der Regel sachgerecht. Allerdings befinden sich heute zahlreiche Radwege entweder in einem baulich unzureichenden Zustand oder entsprechen nach Ausmaß und Ausstattung nicht den Erfordernissen des modernen Radverkehrs. Die Benutzung solcher Radwege ist daher für Radfahrer im allgemeinen nicht ohne weiteres zumutbar. Andererseits ist es vertretbar, die Benutzung solcher Radwege dort noch anzubieten, wo dies nach Abwägung der Interessen für einen Teil der Radfahrer, z. B. ältere Radfahrer, vorteilhaft ist. Die Pflicht zur Benutzung von Radwegen wird deshalb auf solche Radwege beschränkt, die durch die Straßenverkehrsbehörde orts- und verkehrsbezogen mit Zeichen 237, 240 oder 241 gekennzeichnet sind.*

...

Zu Abs 5: *Eine Abwägung der Interessen radfahrender Kinder gegenüber den Interessen von Fußgängern, die den Gehweg benutzen, ergibt, daß einerseits die Verpflichtung radfahrender Kinder, bis zum vollendeten 8. Lebensjahr den Gehweg zu benutzen, aufrecht erhalten werden muß, daß aber für Kinder bis zum vollendeten 10. Lebensjahr eine Benutzungsmöglichkeit geschaffen werden muß. Dafür spricht insbesondere, daß aus pädagogischer Sicht die schulische Radfahrausbildung der Kinder nicht vor dem 10. Lebensjahr abgeschlossen werden kann. Diese Lücke zwischen dem 8. und 10. Lebensjahr muß deshalb geschlossen werden.*
Der Ausschluß der Gehwegbenutzung, wenn Radwege vorhanden sind, wird aufgegeben. Die Gestaltung der Radwege (z. B. baulicher Radweg, Radfahrstreifen) und deren Führung sind vielfältig. Diese Ausnahme ist deshalb den Kindern nicht immer vermittelbar, aber auch nicht immer zumutbar. ...

Vwv zu § 2 Straßenbenutzung durch Fahrzeuge
Zu Absatz 1

17 1 I. Zwei Fahrbahnen sind nur dann vorhanden, wenn die Fahrstreifen für beide Fahrtrichtungen durch Mittelstreifen, Trenninseln, abgegrenzte Gleiskörper, Schutzplanken oder andere bauliche Einrichtungen getrennt sind.

2 Ist bei besonders breiten Mittelstreifen, Gleiskörpern und dergleichen der räumliche Zusammenhang zweier paralleler Fahrbahnen nicht mehr erkennbar, so ist der Verkehr durch Verkehrszeichen auf die richtige Fahrbahn zu leiten.

17 a II. Für Straßen mit drei Fahrbahnen gilt folgendes:

3 1. Die mittlere Fahrbahn ist in der Regel dem schnelleren Kraftfahrzeugverkehr aus beiden Richtungen vorzubehalten. Es ist zu erwägen, auf beiden äußeren Fahrbahnen jeweils nur eine Fahrtrichtung zuzulassen.

4 2. In der Regel sollte die Straße mit drei Fahrbahnen an den Kreuzungen und Einmündungen die Vorfahrt erhalten. Schwierigkeiten können sich dabei aber ergeben, wenn die kreuzende Straße eine gewisse Verkehrsbedeutung hat oder wenn der Abbiegeverkehr aus der mittleren der drei Fahrbahnen nicht ganz unbedeutend ist. In solchen Fällen kann es sich empfehlen, den äußeren Fahrbahnen an den Kreuzungen und Einmündungen die Vorfahrt zu nehmen. Das ist aber nur dann zu verantworten, wenn die Wartepflicht für die Benutzer dieser Fahrbahnen besonders deutlich zum Ausdruck gebracht werden kann. Auch sollen, wo möglich, die äußeren Fahrbahnen in diesen Fällen jeweils nur für eine Richtung zugelassen werden.

5 3. In vielen Fällen wird sich allein durch Verkehrszeichen eine befriedigende Verkehrsregelung nicht erreichen lassen. Die Regelung durch Lichtzeichen ist in solchen Fällen aber schwierig, weil eine ausreichende Leistungsfähigkeit kaum zu erzielen ist. Anzustreben ist daher eine bauliche Gestaltung, die eine besondere Verkehrsregelung für die äußeren Fahrbahnen entbehrlich macht.

17 b 6 III. Auf Straßen mit vier Fahrbahnen sind in der Regel die beiden mittleren dem schnelleren Fahrzeugverkehr vorzubehalten. Außerhalb geschlossener Ortschaften werden sie in der Regel als Kraftfahrstraßen (Zeichen 331) zu kennzeichnen sein. Ob das innerhalb geschlossener Ortschaften zu verantworten ist, bedarf gründlicher Erwägungen vor allem dann, wenn in kleineren Abständen Kreuzungen und Einmündungen vorhanden sind. Wo das Zeichen „Kraftfahrstraße" nicht verwendet werden kann, wird in der Regel ein

Straßenbenutzung durch Fahrzeuge § 2 StVO **2**

Verkehrsverbot für Radfahrer und andere langsame Fahrzeuge (Zeichen 250 mit entsprechenden Sinnbildern) zu erlassen sein.
Durch Zeichen 283 das Halten zu verbieten, empfiehlt sich in jedem Fall, wenn es nicht schon durch § 18 Abs. 8 verboten ist. Die beiden äußeren Fahrbahnen bedürfen, wenn die mittleren als Kraftfahrstraßen gekennzeichnet sind, keiner Beschilderung, die die Benutzung der Fahrbahn regelt; andernfalls sind sie durch Zeichen 251 für Kraftwagen und sonstige mehrspurige Kraftfahrzeuge mit Zusatzschild z. B. „Anlieger oder Parken frei" zu kennzeichnen; zusätzlich kann es auch ratsam sein, zur Verdeutlichung das Zeichen 314 „Parkplatz" anzubringen. Im übrigen ist auch bei Straßen mit vier Fahrbahnen stets zu erwägen, auf den beiden äußeren Fahrbahnen jeweils nur eine Fahrtrichtung zuzulassen.

Zu Absatz 3

7   Wo es im Interesse des Schienenbahnverkehrs geboten ist, den übrigen Fahrverkehr vom Schienenraum fernzuhalten, kann das durch einfache bauliche Maßnahmen, wie Anbringung von Bordsteinen, oder durch Fahrstreifenbegrenzungen (Zeichen 295) oder Sperrflächen (Zeichen 298) oder durch geeignete Verkehrseinrichtungen, wie Geländer oder Absperrgeräte (§ 43 Abs. 1 und 3) erreicht werden. **18**

Zu Absatz 4 Satz 1

8   Auf das Gebot des Hintereinanderfahrens sind die Radfahrer bei allen sich bietenden Gelegenheiten hinzuweisen. Wenn bei Massenverkehr von Radfahrern, vor allem bei Betriebsschluß oder Schichtwechsel größerer Betriebe, ein Hintereinanderfahren nicht möglich ist, ist darauf hinzuwirken, daß sich die Radfahrer möglichst gut in die Ordnung des Verkehrs einfügen. **19**

Zu Absatz 4 Satz 2

9   I. Allgemeines **20**
   1. Der Radverkehr muß in der Regel ebenso wie der Kraftfahrzeugverkehr die Fahrbahn benutzen. Die Anlage von Radwegen kommt im allgemeinen dort in Betracht, wo es die Verkehrssicherheit, die Verkehrsbelastung, die Verkehrsbedeutung der Straße oder der Verkehrsablauf erfordern. Die Kennzeichnung mit dem Zeichen 237, 240 oder 241 begründet für den Radverkehr die Radwegebenutzungspflicht. Sie trennt dann den Fahrzeugverkehr und dient damit dessen Entmischung sowie dem Schutz des Radverkehrs vor den Gefahren des Kraftfahrzeugverkehrs.

10   2. Aus Gründen der Verkehrssicherheit ist es am besten, wenn zur Umsetzung einer im Einzelfall erforderlichen und verhältnismäßigen Radwegebenutzungspflicht ein Radweg baulich angelegt wird. Die Anlage von Radwegen ist deshalb wünschenswert und soll auch weiterhin angestrebt werden.

11   3. Ist ein baulich angelegter Radweg nicht vorhanden und dessen Anlage auch nicht absehbar, kommt die Abtrennung eines Radfahrstreifens von der Fahrbahn in Betracht. Ein Radfahrstreifen ist ein für den Radverkehr bestimmter, von der Fahrbahn nicht baulich, sondern mit Zeichen 295 „Fahrbahnbegrenzung" abgetrennter und mit dem Zeichen 237 „Radweg" gekennzeichneter Teil der Straße, wobei der Verlauf durch wiederholte Markierung des Zeichens 237 verdeutlicht werden kann. Das Zeichen 295 ist in der Regel in Breitstrich (0,25 m) auszuführen; vgl. zu § 41 Abs. 3 Nr. 9. Erwogen werden kann auch eine Kombination zwischen einem baulich angelegten Radweg (z. B. im Streckenverlauf) und einem Radfahrstreifen (z. B. vor Kreuzungen und Einmündungen). Zum Radfahrstreifen vgl. Nummer II zu Zeichen 237; Rn. 2ff.

12   4. Ist ein Radfahrstreifen nicht zu verwirklichen und ist ein Mischverkehr nicht vertretbar, kann die Anlage eines getrennten Fuß- und Radweges erwogen werden; vgl. zu Zeichen 241.

13   5. Ist ein Radweg oder Radfahrstreifen nicht zu verwirklichen und ist ein Mischverkehr vertretbar, kann auf der Fahrbahn die Anlage eines Schutzstreifens oder auf dem Gehweg die Öffnung für den Radverkehr (z. B. Zeichen 240 „gemeinsamer Fuß- und Radweg" oder Zeichen 239 „Fußgänger" mit dem Zusatzschild 1022-10 „Radfahrer

2 StVO § 2   I. Allgemeine Verkehrsregeln

frei") erwogen werden. Der Anlage eines Schutzstreifens auf der Fahrbahn soll dabei in der Regel der Vorzug gegeben werden. Zum Schutzstreifen vgl. Nummer II zu Zeichen 340 (Rn. 2ff.), zum Gehweg vgl. zu Zeichen 239 und zu Zeichen 240.

20 a   II. Radwegebenutzungspflicht

14   *Ist aus Verkehrssicherheitsgründen die Anordnung der Radwegebenutzungspflicht mit den Zeichen 237, 240 oder 241 erforderlich, so ist sie, wenn nachfolgende Voraussetzungen erfüllt sind, vorzunehmen.*

15   *Voraussetzung für die Kennzeichnung ist, daß*
        1. eine für den Radverkehr bestimmte Verkehrsfläche vorhanden ist oder angelegt werden kann. Das ist der Fall, wenn
            a) von der Fahrbahn ein Radweg baulich oder ein Radfahrstreifen mit Zeichen 295 „Fahrbahnbegrenzung" abgetrennt werden kann oder
            b) der Gehweg von dem Radverkehr und dem Fußgängerverkehr getrennt oder gemeinsam benutzt werden kann,

16   *2. die Benutzung des Radweges nach der Beschaffenheit und dem Zustand zumutbar sowie die Linienführung eindeutig, stetig und sicher ist. Das ist der Fall, wenn*

17   *a) er unter Berücksichtigung der gewünschten Verkehrsbedürfnisse ausreichend breit, befestigt und einschließlich eines Sicherheitsraums frei von Hindernissen beschaffen ist. Dies bestimmt sich im allgemeinen unter Berücksichtigung insbesondere der Verkehrssicherheit, der Verkehrsbelastung, der Verkehrsbedeutung, der Verkehrsstruktur, des Verkehrsablaufs, der Flächenverfügbarkeit und der Art und Intensität der Umfeldnutzung. Die lichte Breite (befestigter Verkehrsraum mit Sicherheitsraum) soll in der Regel dabei durchgehend betragen:*

18   *aa) Zeichen 237*
                – *baulich angelegter Radweg*   *möglichst 2,00 m*
                                                                     mindestens 1,50 m

19   – *Radfahrstreifen (einschließlich Breite des Zeichens 295)*   *möglichst 1,85 m*
                                                                        mindestens 1,50 m

20   *bb) Zeichen 240*
                gemeinsamer Fuß- und Radweg
                innerorts   *mindestens 2,50 m*
                außerorts   *mindestens 2,00 m*

21   *cc) Zeichen 241*
                – *getrennter Fuß- und Radweg*
                für den Radweg   *mindestens 1,50 m*

        Zur lichten Breite bei der Freigabe linker Radwege für die Gegenrichtung vgl. Nummer II 3 zu § 2 Abs. 4 Satz 3; Rn. 37ff.

22   *Ausnahmsweise und nach sorgfältiger Überprüfung kann von den Mindestmaßen dann, wenn es aufgrund der örtlichen oder verkehrlichen Verhältnisse erforderlich und verhältnismäßig ist, an kurzen Abschnitten (z. B. kurze Engstelle) unter Wahrung der Verkehrssicherheit abgewichen werden.*

23   *Die vorgegebenen Maße für die lichte Breite beziehen sich auf ein einspuriges Fahrrad. Andere Fahrräder (vgl. Definition des Übereinkommens über den Straßenverkehr vom 8. November 1968, BGBl. 1977 II S. 809) wie mehrspurige Lastenfahrräder und Fahrräder mit Anhänger werden davon nicht erfaßt. Die Führer anderer Fahrräder sollen in der Regel dann, wenn die Benutzung des Radweges nach den Umständen des Einzelfalles unzumutbar ist, nicht beanstandet werden, wenn sie den Radweg nicht benutzen;*

24   *b) die Verkehrsfläche nach den allgemeinen Regeln der Baukunst und Technik in einem den Erfordernissen des Radverkehrs genügenden Zustand gebaut und unterhalten wird und*

25   *c) die Linienführung im Streckenverlauf und die Radwegeführung an Kreuzungen und Einmündungen auch für den Ortsfremden eindeutig erkennbar, im Verlauf stetig und insbesondere an Kreuzungen, Einmündungen und verkehrsreichen Grundstückszufahrten sicher gestaltet sind.*

Straßenbenutzung durch Fahrzeuge § 2 StVO 2

26   Das Abbiegen an Kreuzungen und Einmündungen sowie das Einfahren an verkehrsreichen Grundstückszufahrten ist mit Gefahren verbunden. Auf eine ausreichende Sicht zwischen dem Kraftfahrzeugverkehr und dem Radverkehr ist deshalb besonders zu achten. So ist es notwendig, den Radverkehr bereits rechtzeitig vor der Kreuzung oder Einmündung im Sichtfeld des Kraftfahrzeugverkehrs zu führen und die Radwegeführung an der Kreuzung oder Einmündung darauf abzustimmen. Zur Radwegeführung vgl. zu § 9 Abs. 2 und 3; Rn. 3ff.

27   3. und bei Radfahrstreifen die Verkehrsbelastung und Verkehrsstruktur auf der Fahrbahn sowie im Umfeld die örtlichen Nutzungsansprüche auch für den ruhenden Verkehr nicht entgegenstehen. Vgl. Nummer II zu Zeichen 237; Rn. 2ff.

28   III. Über die Kennzeichnung von Radwegen mit dem Zeichen 237, 240 oder 241 entscheidet die Straßenverkehrsbehörde nach Anhörung der Straßenbaubehörde und der Polizei. In die Entscheidung ist, soweit örtlich vorhanden, die flächenhafte Radverkehrsplanung der Gemeinden und Träger der Straßenbaulast einzubeziehen. Auch kann sich empfehlen, zusätzlich Sachkundige aus Kreisen der Radfahrer, der Fußgänger und der Kraftfahrer zu beteiligen.   20 b

29   IV. Die Straßenverkehrsbehörde, die Straßenbaubehörde sowie die Polizei sind gehalten, bei jeder sich bietenden Gelegenheit die Radverkehrsanlagen auf ihr Zweckmäßigkeit hin zu prüfen und den Zustand der Sonderwege zu überwachen. Erforderlichenfalls sind von der Straßenverkehrsbehörde sowie der Polizei bauliche Maßnahmen bei der Straßenbaubehörde anzuregen. Vgl. Nummer IV 1 zu § 45 Abs. 3; Rn. 56.   20 c

Zu Absatz 4 Satz 3

   I. Andere Radwege   21

30   1. Andere Radwege sind baulich angelegt und nach außen erkennbar für die Benutzung durch den Radverkehr bestimmt. Sie sind jedoch nicht mit dem Zeichen 237, 240 oder 241 gekennzeichnet. Solche Radwege kann der Radverkehr in Fahrtrichtung rechts benutzen. Es kann aber nicht beanstandet werden, wenn sie der Radverkehr nicht benutzt.

31   2. Der Radverkehr kann deshalb auch bei anderen Radwegen, insbesondere an Kreuzungen, Einmündungen und verkehrsreichen Grundstückszufahrten nicht sich selbst überlassen bleiben.

32   3. Es ist anzustreben, daß andere Radwege baulich so hergestellt werden, daß sie die (baulichen) Voraussetzungen für eine Kennzeichnung der Radwegebenutzungspflicht erfüllen.

33   4. Ist die Kennzeichnung der Radwegebenutzungspflicht unerläßlich, erfüllt der andere Radweg aber noch nicht die (baulichen) Voraussetzungen, kann die Kennzeichnung ausnahmsweise und befristet vorgenommen werden, wenn die Belange der Verkehrssicherheit gewahrt bleiben. Bei der Straßenbaubehörde sind gleichzeitig Nachbesserungen anzuregen.

34   5. Scheidet auf absehbare Zeit eine solche Herstellung des anderen Radweges aus und ist auch die an sich unerläßliche Kennzeichnung der Radwegebenutzungspflicht nicht möglich, soll dessen Auflassung bei der Straßenbehörde angeregt werden. Gleichzeitig sollen andere Maßnahmen (Radfahrstreifen, Schutzstreifen) geprüft werden.

   II. Freigabe linker Radwege für die Gegenrichtung   22

35   1. Die Benutzung von in Fahrtrichtung links angelegten Radwegen in Gegenrichtung ist mit besonderen Gefahren verbunden und deshalb aus Gründen der Verkehrssicherheit grundsätzlich nicht erlaubt. Links angelegte Radwege können allerdings, wenn eine sorgfältige Prüfung nichts Entgegenstehendes ergeben hat, durch die Straßenverkehrsbehörden im Einzelfall mit Zeichen zur Benutzung durch die Radfahrer auch in Gegenrichtung freigegeben werden. Davon soll außerorts bei nur einseitig angelegten Radwegen in der Regel und innerorts nur in besonderen Ausnahmefällen Gebrauch gemacht werden.

36   2. Die Freigabe linker Radwege für die Gegenrichtung kann die Zahl der Fahrbahnüberquerungen für den Radverkehr senken. Andererseits entstehen neue Konflikte mit dem entgegenkommenden Radverkehr und an den Kreuzungen, Einmündungen und ver-

kehrsreichen Grundstückszufahrten. Die Prüfung auch anderer Maßnahmen ist deshalb unabdingbar. Zu denken ist hier auch daran, den Bedarf zum Linksfahren, z. B. durch ein verbessertes Angebot von Überquerungsmöglichkeiten usw., zu verringern.

37 3. Voraussetzung für die Freigabe ist, daß
a) der Radweg baulich angelegt ist,
b) für den Radweg in Fahrtrichtung rechts eine Radwegebenutzungspflicht besteht,
c) die lichte Breite des Radweges einschließlich der seitlichen Sicherheitsräume (vgl. Nummer II. 2 Buchstabe a zu § 2 Abs. 4 Satz 2; Rn. 17ff.) durchgehend in der Regel 2,40 m, mindestens 2,00 m, beträgt und
d) die Führung an den Kreuzungen, Einmündungen und verkehrsreichen Grundstückszufahrten eindeutig und besonders gesichert ist.

Unabdingbar für die besondere Sicherung ist die ausreichende Sichtbeziehung zwischen dem Kraftfahrzeugverkehr und dem in beiden Fahrtrichtungen fahrenden Radverkehr. Vor allem ist auch auf die Sicht der nach links über den Radweg abbiegenden Kraftfahrer zu achten. Diese erwarten und erkennen die damit verbundenen Gefahren häufig nicht ausreichend.

38 4. An Kreuzungen und Einmündungen sowie an verkehrsreichen Grundstückszufahrten ist in der Regel
a) der abbiegende Kraftfahrzeugverkehr auf der Vorfahrtstraße mit dem seitwärts aufgestellten Zeichen 138 „Radfahrer" und dem Zusatzschild 1000-30 und
b) der Fahrzeugverkehr auf der untergeordneten Straße mit dem Zeichen 205 „Vorfahrt gewähren!" und dem angebrachten Zusatzschild „Sinnbild eines Radfahrers und von zwei gegengerichteten waagerechten Pfeilen" auf die besonderen Gefahren eines neben der durchgehenden Fahrbahn verlaufenden und zu kreuzenden Radweges aufmerksam zu machen. Zum Standort des Zeichens 205 vgl. Nummer I zu den Zeichen 205 und 206; Rn. 1. Im Zweifel und bei abgesetzten Radwegen vgl. Nummer I zu § 9 Abs. 3; Rn. 16.

Zu Absatz 4 Satz 4

23 **39** Ein Seitenstreifen ist der unmittelbar neben der Fahrbahn liegende Teil der Straße. Er kann befestigt oder unbefestigt sein.
40 Radfahrer haben das Recht, einen Seitenstreifen zu benutzen. Eine Benutzungspflicht besteht dagegen nicht. Sollen Seitenstreifen nach ihrer Zweckbestimmung auch der Benutzung durch Radfahrer dienen, ist auf eine zumutbare Beschaffenheit und einen zumutbaren Zustand zu achten.

Übersicht

Abstand nach rechts 9–11, 41
Arbeitsfahrzeuge 43
Ausnahmen vom Rechtsfahrgebot 33, 35, 43, 44
Ausweichen 25
Autobahn 40
–, Einfahren 44
–, Fahrstreifen mit unterschiedlicher Geschwindigkeitsbeschränkung 40
–, Kriechspur 63
–, Standspur 25

Benutzung
– der Seitenstreifen 16, 68
– des rechten Fahrbahnrandes 69
Beschleunigungsstreifen 25 a
Besondere Umstände und Rechtsfahrgebot 43
Bus 64

Durchfahrvorrang, Schienenbahn 12, 13, 64, 65

Eigener Gleiskörper 64
Einbahnstraße 32

Einfahren AB 44
Eis 43, 72

Fahrbahn 2, 17 f, 25–27
–, Benutzungspflicht 4–7, 24, 26, 27
–, Hindernisse 43
–, Markierung 43
–, mehrere getrennte 17–17 b, 27
–, mitbenutzte (durch Bahn) 64, 65
–, rechte 26
–, rechter -rand 69
–, schlechte 43
Fahrgeschwindigkeit 40, 42
Fahrweise der Radfahrer 15, 70, 71
Freilassen der Schienen 64, 65
Fußgängerbereich 30

Gefährliche Güter 72
Gegenverkehr 36–39
Gehweg 4–7, 29–29 b
Getrennte Fahrbahnen 17–17 b, 27
Glätte 72
Gleichgerichteter Längsverkehr 64, 65

Straßenbenutzung durch Fahrzeuge § 2 StVO **2**

Halten 25
Hindernisse 43

Kriechspur, AB 63
Kuppe 36, 37
Kurve 36–39

Langsamfahrer äußerst rechts 9–11, 40, 42
Längsverkehr, gleichgerichteter 64, 65
Linienbus 64

Mehrzweckstreifen s Seitenstreifen
Möglichst weit rechts 9–11, 35–42

Nebel 33, 44, 72

Ordnungswidrigkeiten 73

Parken auf Seitenstreifen 25

Radfahren auf Gehwegen 29 ff.
Radfahrer, Radwege 19–23, 28, 66–67 b
–, bis zu Zehnjährige 29 a,b
–, Schutzstreifen 69
Radfahrstreifen 20, 28, 67
Rechtsfahrgebot 8–11, 33–42
–, Ausnahmen 33, 35, 43, 44
Regen 72

Schienen, Freilassen 64, 65
Schienenbahn, Durchfahrvorrang 12, 13, 64, 65

Schmale Fahrbahn, Unübersichtlichkeit 35, 39
Schneefall 72
Schutzstreifen für Radfahrer 69
Seitenstreifen 2, 4–7, 16, 23, 25, 68
–, Benutzung 16, 25, 68
–, Tragfähigkeit 23, 25
Sicherheitsabstand nach rechts 9–11, 41
Sichtweite, weniger als 50 m 72
Sonderwege 28
Standspur 25

Tragfähigkeit, Seitenstreifen 23, 25

Überholtwerden 36
Umstände, besondere 43
Unübersichtlichkeit 36–39

Vertrauensgrundsatz 34
Verzögerungsstreifen 25 a
Vortritt
–, der Schienenbahnen 12, 13, 64, 65
–, soweit möglich 65
–, kein – der Linienbusse 64

Warnposten 45
Wölbung der Fahrbahn 43

Zivilrecht 74

1. Pflicht zur Fahrbahnbenutzung mit Fahrzeugen. I betrifft nur den Fahrverkehr, nicht auch das Halten und Parken, Ce VR **76** 1068, KG VRS **45** 66, BVG NZV **93** 44, aM Ko VRS **45** 48. Denn § 2 regelt den fahrenden Längsverkehr (Begr), BGHSt **33** 278 = NJW **85** 2540, Hb DAR **85** 292, VM **88** 94. Dieser hat die Fahrbahn zu benutzen, außer, soweit möglich, beim Halten, Parken (§ 12), bei Pannen, die zum Liegenbleiben führen (§ 15 Rz 3, § 18 Rz 24), und soweit er nicht auf Sonderwege verwiesen ist. Aus Abs I S 1, Halbsatz 2 und Abs II folgt, daß die Fahrbahn nur in Richtung ihres Verlaufs (z.B. bei Richtungsfahrbahnen) befahren werden darf, KG VM **96** 66 („ungeschriebenes Tatbestandsmerkmal"), grundsätzlich auch nicht quer zu den Fahrtrichtungen, KG VM **96** 66 (Radf). Die Fahrbahn ist durch die Art ihrer Befestigung (Bauweise) oder durch eine Fahrbahnbegrenzung (Z 295) gekennzeichnet. Breite und Grenzen der befestigten Fahrbahn müssen äußerlich deutlich sichtbar sein, BGH VRS **4** 178, KG VRS **62** 63 (unterschiedlicher Belag, Bordstein), denn das Verhalten des fahrenden Verkehrs und die VSicherheit hängen davon ab. Auf wegerechtliches Eigentum kommt es nicht an. Auf der Fahrbahn ist der Fahrverkehr gegenüber den Fußgängern, soweit sie sie mitbenutzen dürfen, nicht geradezu bevorrechtigt, jedoch müssen Fußgänger dort die Beschränkungen gemäß den §§ 25, 26 beachten, die meist auf Vorrang des Fahrverkehrs hinauslaufen. Fehlen Sonderwege, müssen auch die sonst auf sie verwiesenen VT (Reiter, Radf) die Fahrbahn benutzen. In die Fahrbahn ohne Abgrenzung eingelassene Gleise dürfen ohne vermeidbare Bahnbehinderung befahren werden bei ausreichender StrBreite auch zum Überholen benutzt werden, abw Kar VR **78** 971. **Sonderfahrstreifen** für Busse und Taxis sowie (ZusatzZ) Radf (Z 245) sind keine Seitenstreifen, sondern Bestandteil der Fahrbahn, LG Fra DAR **93** 393. Von der Fahrbahn baulich oder durch VZ abgegrenzte Schienen (Markierungsknopfreihe) gehören nicht dazu, Dü VBl **65** 91, Ha 1 Ss OWi 1047/72, und dürfen allenfalls zu vorsichtigem Ausweichen mitbenutzt werden, s Ha VRS **9** 410, aber nicht bei Nebel, Dü VM **65** 91. Abzuziehen sind auch durch Bauzäune abgegrenzte Teile, Ha VRS **7** 222, nicht dagegen nur durch Absperrgeräte (§ 43) von der übrigen Fahrbahn abgegrenzte vorübergehende Baustellenbereiche, KG VRS **62** 63. Fahrstreifen: § 7. **24**

1 a. Seitenstreifen (I S 2) ist der befestigte oder unbefestigte, unmittelbar neben der Fahrbahn befindliche (befahrbare) Teil der Str, Jn NZV **98** 166, DAR **99** 71, Kö NZV **97** 449, Ha DAR **94** 409, Dü VRS **72** 296, einschließlich etwaiger Haltebuchten, Bay **25**

DAR **03** 128, s auch § 12 Rz 58. Der Seitenstreifen umfaßt nach dem Wortsinn nur einen Bereich, der schmaler ist als die Fahrbahn; optisch zur anderen (der Fahrbahn abgewandten) Seite hin abgegrenzte Bereiche gehören nicht dazu, Jn NZV **98** 166 (Baumreihe). Grünflächen neben der Str, die nicht VFlächen sind, sind keine Seitenstreifen, Kar NZV **91** 38. Radwege sind keine Seitenstreifen iS von IV, sondern Sonderwege (§ 41 II 5) und schließen die Benutzung zum Parken durch Kfze aus. Seitenstreifen (Bankette, „Mehrzweckstreifen", „Standspuren") gehören, soweit sie nicht gem Z 223.1 die rechtliche Qualität eines Fahrstreifens erlangt haben, **nicht zur Fahrbahn** (Abs I S 2), s Fra VRS **82** 255, dienen nicht dem fließenden V und dürfen das reguläre Fahrverhalten nicht beeinflussen (Begr). Ihr baulicher Zustand braucht nicht dem der Fahrbahn zu entsprechen, Brn VRS **102** 188. Von Kfzen und Fuhrwerken dürfen sie nur nach Maßgabe von §§ 5 VI 3, 41 III Nr 3b (Z 295) zum Fahren und im übrigen nur ausnahmsweise mit ihrem Zustand entsprechender Vorsicht benutzt werden (Halten, Parken, Liegenbleiben, Ausweichen, Jn DAR **99** 71), und zwar nur mit ermäßigter Geschwindigkeit, nicht mit der auf der Fahrbahn erlaubten, Brn VRS **102** 188. Bei Hindernissen auf der Fahrbahn kann es uU erlaubt sein, vorsichtig den Seitenstreifen mitzubenutzen, Dü DAR **00** 477 (Parkstreifen, um an MüllFz vorbeizufahren). Vorbeifahren, Ausweichen: § 6, Halten, Parken: § 12, Liegenbleiben: § 15. Das **Bankett** dient nicht dem FahrV, Nü DAR **04** 150, es soll warnen und das Zurücklenken ermöglichen, Schl NZV **95** 153, Jn DAR **99** 71, und darf hierzu benutzt werden, ebenso bei Tragfähigkeit zum Halten, Parken, Ausweichen und bei einer Panne, Bay VRS **34** 76. Aus dem Bauzustand des Banketts muß seine Tragfähigkeit einigermaßen hervorgehen, BGH NJW **57** 1396, Stu DAR **55** 108. Hat es keine feste Decke, so dürfen schwere Fze es nicht benutzen, BGH NJW **57** 1396, VRS **14** 58. S § 45 Rz 53. Auch der linke AB-Randstreifen zum Grünstreifen hin gehört nicht zur Fahrbahn, er ermöglicht nur deren Ausnutzung bis zum Rand und mitunter das Ausweichen und Beiseitefahren im Notfall, s Kö VR **66** 834. Unzulässiges Befahren der **AB-Standspur** verstößt gegen das Gebot des Abs I, Dü VRS **70** 35, NJW **94** 1809, Kö VRS **74** 139, s auch § 18 Rz 14b.

Lit: *Schmidt,* Die rechtliche Stellung des Seitenstreifens, KVR.

25 a **1 b. Beschleunigungsstreifen** sind nach wohl überwiegender Ansicht nicht Bestandteil der Richtungsfahrbahn, sondern selbständige Fahrbahnen, Bay DAR **70** 276, Ha DAR **75** 277, Ko DAR **87** 158, *Cramer* § 5 Rz 6, *Jan/Jag/Bur* § 5 Rz 59, obwohl § 42 VI Nr 1e (der dann überflüssig wäre) geeignet ist, die Ansicht zu stützen, wonach es sich um unselbständige Bestandteile der Richtungsfahrbahn handelt, BGHSt **30** 85 = NJW **81** 1968, Kö VRS **62** 303. Sie dienen ausschließlich dem zügigen Einfädeln, soweit der durchgehende Verkehr dies zuläßt, Ko DAR **87** 158; deshalb gilt das Rechtsfahrgebot des durchgehenden Verkehrs für sie nicht, s Fra VR **86** 1195. Auf Beschleunigungsstreifen darf zwecks zügigen Einfädelns schneller gefahren werden als auf dem angestrebten Fahrstreifen, s § 5 Rz 20. Das gilt nach Dü VRS **107** 109, Ha DAR **75** 277, *Janiszewski* DAR **89** 410, aM *Seidenstecher* DAR **89** 412 auch für **Verzögerungsstreifen,** wogegen allerdings die in § 42 VI Nr 1f) S 2 getroffene Regelung sprechen könnte.

Lit: *Mühlhaus,* Beschleunigungs- und Verzögerungsstreifen, DAR **75** 64.

26 **1 c.** Bei **zwei Fahrbahnen** ist die rechte zu benutzen (I S 1). Fahrbahnen in diesem Sinn sind nur baulich oder durch VEinrichtungen getrennte, s Vwv, Rz 17, nicht nur durch eine Fahrstreifenbegrenzung (Z 295) oder verschiedenen Belag unterschiedene, auch nicht Fahrstreifen oder Sonderwege (Rz 28–30). AB-Falschfahrer: § 18. Schienen in Straßenmitte ohne bauliche Abgrenzung (Mitbenutzung durch Fahrverkehr) schaffen keine zwei Fahrbahnen.

27 Die Benutzung **mehrerer getrennter Fahrbahnen** ist durch VZ zu regeln (Vwv, Rz 17). Straßen mit mehreren getrennten Fahrbahnen bleiben zwar dieselbe Straße, doch gelten Zusatzschilder „Frei für Anlieger" nur für die Fahrbahn, an der sie aufgestellt sind, aM Ce VRS **34** 473, andere Anlieger dürfen diese Fahrbahn nicht benutzen.

28 **2. Sonderwege** sind die Rad-, Reit- und Gehwege (Z 237, 238, 239), Rad- und Gehwege auch ohne Kennzeichnung, wenn sie baulich oder auf andere Weise (zB Radfahrstreifen, Vwv Rn 11, s Rz 20) deutlich von Fahrbahnen oder Seitenstreifen zur

Straßenbenutzung durch Fahrzeuge § 2 StVO 2

Sonderbenutzung abgetrennt sind. Offensichtliche bauliche Beschaffenheit oder örtliche Verhältnisse können auch ohne VZ anzeigen, daß bestimmte Fze von der Benutzung ausgeschlossen sind, s BGH DAR **58** 51. Radwege: Rz 67. Sonderwege dürfen nur und müssen von ihrer VArt benutzt werden (§ 41 II Nr 5, Ausnahme: § 2 IV S 3, V), BGH VRS **37** 443, Bay VRS **56** 48, nur notfalls auch von anderen VT, bei vorrangigem Interesse daran, s Hb DAR **60** 241, Kö VRS **15** 405, s Rz 29 (Gehweg). Inline-Skater dürfen den Radweg nicht benutzen, weil sie den Regeln für Fußgänger unterliegen, s § 25 Rz 12. Befugte wie unbefugte Sonderwegbenutzer müssen bei Begegnungen rechts bleiben (Abs II) und links überholen (§ 5). Durch VVerbote (Z 250–269) können bestimmte VArten von einer Fahrbahn ausgeschlossen werden. Busspuren für den öffentlichen Personenverkehr: Rz 24 und § 37 Rz 56, Z 245.

2 a. Gehwege (Begriff: § 25 Rz 12, s auch Rz 4–7 und Z 239) sind als Sonderwege 29
den Fußgängern vorbehalten, andere VArten sind, außer an Grundstücksausfahrten und die bis zu 10 jährigen Radf (Rz 29 a), von ihnen ausgeschlossen, s Kö VRS **102** 469, Dü VR **96** 1121, BVG VM **80** 75. Mit Gefährdung durch Fze müssen Fußgänger dort nicht rechnen, Mü VM **77** 38. Auf Gehwegen darf der Fußgänger entsprechend seiner Persönlichkeitsentfaltung frei gehen, stehen und auch seitliche Bewegungen machen, ohne sich einem Fahrlässigkeitsvorwurf auszusetzen. Er unterliegt nur dem § 1 II. Kinder mit „Spielfahrrädern" (s Rz 29 a) dürfen sich nur auf Gehflächen bewegen (§§ 24 I, 31), aber nur langsam und ohne Gefährdung anderer, Mü VM **77** 38. Krankenfahrstühle und besondere Fortbewegungsmittel (§ 24) dürfen auf Gehflächen benutzt bzw geführt werden. Fahrräder und andere Fze dürfen nach Maßgabe von § 25 II von Fußgängern auf Gehwegen mitgeführt (zB geschoben) werden. Im übrigen sind Mopeds, FmH, Mofas, über 10 jährige Radf und alle Kfze, anderen Fze und Reiter von ihnen ausgeschlossen, BVG VM **80** 75. Kurzes Befahren des Gehwegs aus Zwangsgründen nur unter äußerster Sorgfalt und bei sofortiger Anhaltebereitschaft, s Ha VR **87** 1246, Fußgänger haben stets den Vortritt. Wer einen Kf hindert, den Gehweg rechtswidrig zu befahren, verletzt § 1 nicht (Selbstjustiz ist jedoch unerlaubt), Dü VM **69** 94. Ist das Erreichen eines Grundstücks (= VFläche, die nicht dem fließenden V dient, s § 9 Rz 45), zB auch eines Parkplatzes, einer Tankstelle usw, nur über einen Gehweg möglich, so darf dieser mit Fzen überquert werden, bei Einrichtung einer besonderen Zufahrt (abgesenkter Bordstein) jedoch nur dort, BGHSt **33** 278 = NJW **85** 2540, Dü DAR **84** 156, VRS **81** 379, Hb DAR **85** 292. Das **Radfahren auf Gehflächen** ist grob verkehrswidrig, Ce MDR **03** 928, **01** 1236, Ha VR **87** 1246, NZV **95** 152, Kar NZV **91** 154, und rücksichtslos. Zur zunehmenden Mißachtung von VRegeln durch Radf (die 1998 31.412 Unfälle mit Personenschaden verursachten, s Begr zur Änderung der VerwarnVwV, VBl **00** 117), s Ha NZV **96** 449, *Spiegel* VGT **84** 474 (mit Entgegnung *Eger* PVT **84** 371), *Kramer* NZV **00** 283, *Weinberger* DNP **87** 189, *Lang* VGT **99** 99, *Kullik* PVT **95** 140. Ein erwachsener Radf, der widerrechtlich den Gehweg befährt und mit einem sich beim Verlassen einer Grundstücksausfahrt vorschriftsmäßig verhaltenden Kf kollidiert, hat seinen Schaden allein zu tragen, Ce MDR **03** 928, Kar NZV **91** 154 (Anm *Haarmann* NZV **92** 175), Ha NZV **95** 152, Mü ZfS **97** 171 (selbst bei geringfügigem Mitverschulden des Kf), ebenso bei Kollision mit einem gegenüber dem FahrbahnV wartepflichtigen FzF, s § 8 Rz 30, s dazu auch § 9 StVG Rz 16. Wer als Radf einen auf dem Radweg fahrenden anderen Radf unter Benutzung des durch eine durchgehende Linie getrennten Gehwegs überholt und mit ihm kollidiert, weil der Überholte nach links ausschert, haftet mit, Ha NZV **95** 316. Das Verbot des Radfahrens auf Gehwegen dient auch dem Schutz von Kf, die eine Ausfahrt über den Gehweg verlassen, Hb NZV **92** 281 (krit, im Ergebnis zust Anm *Grüneberg*), Ha NZV **95** 152, s auch Kar NZV **91** 154, aM Dü NZV **95** 119, *Haarmann* NZV **92** 175, *Greger* § 16 StVG Rz 102, nach BGH NJWE-VHR **96** 114, Dü VR **96** 1120 (zust *Looschelders* VR **96** 1123, abl *Greger* NZV **97** 39) auch dem Schutz anderer, ebenfalls verbotswidrig den Gehweg befahrender Radf iS einer Haftung aus § 823 I BGB bei dadurch verursachter Schädigung, aM Fra VM **96** 39 (zust *Grüneberg* NZV **97** 419). Eltern, Aufsichtspflichtige und Lehrer, welche über achtjährige Kinder zum Befahren von Gehflächen mit nicht zugelassenen Fzen ermuntern oder veranlassen, sind OW-Beteiligte (§ 14 OWiG), s *Pardey* DAR **01** 5, und haften zivilrechtlich für Schäden,

s *Dü* MDR **75** 580. Ein ZusatzZ (Radf frei) erlaubt das Radfahren nur in der Richtung, für die es erkennbar aufgestellt ist. Mitbenutzung des Gehwegs zum Parken: § 12. Kombinierter Geh- und Radweg: § 41 Z 237.

29 a **Kinder bis zum vollendeten achten Lebensjahr** sind von der Fahrbahn und vom Radweg ausgeschlossen und müssen den rechten oder linken Gehweg benutzen (V), und zwar in beiden Richtungen, KG VRS **68** 284, *Händel* DNP **80** 253, *Bouska* DAR **82** 112, *Beck* S 44. Auf der Fahrbahn sind sie wegen ihres entwicklungsbedingten Verkehrsunverständnisses (§ 25 Rz 26), das die Kf idR mißverstehen, besonders gefährdet. Fehlt ein Gehweg, dürfen sie die Fahrbahn benutzen, *Ha* MDR **00** 454, *Jan/Jag/Bur* 64. Zu den Gehwegen werden auch alle Fußgängerbereiche zu rechnen sein, *Bouska* DAR **82** 113. Auf die Gehwegbreite kommt es nicht an. Er muß auch bei teilweiser unerlaubter Mitbeparkung benutzt werden. Die Vorschrift ist nicht auf VTeilnahme iS zielgerichteten Fahrens beschränkt. Das Motiv des Kindes beim Radfahren ist unbeachtlich. Gehwegbenutzung daher auch beim spielerischen Umherfahren. Eine sinnvolle, an den VBedürfnissen orientierte Auslegung wird ergeben, daß Kinder bis zum 8. Lebensjahr entgegen dem Wortlaut des Abs V in Begleitung Erwachsener auf der Fahrbahn fahren dürfen (Familienausflug), *Bouska* DAR **82** 112, aM LG Mönchengladbach DAR **03** 562, *Beck* S 45 sowie DAR **80** 236, *Händel* DNP **80** 253. **Kinder zwischen dem 8. und 10. Lebensjahr** dürfen auf Gehwegen radfahren, können aber wahlweise auch die Fahrbahn oder Radwege benutzen. Kinder über 10 Jahre dürfen Gehwege nicht mit Fahrrädern befahren, sondern müssen die Fahrbahn benutzen, s *Händel* DNP **80** 253, *Bouska* VD **80** 199, DAR **82** 112 (alle noch zur früheren Fassung von Abs V), anders im Hinblick auf die Neufassung des § 24 I durch die 9. ÄndVO nunmehr jedoch dann, wenn sie Kinderfahrräder fahren. Bei Schnee und Winterglätte sind Fahrräder besonders instabil. Hier wird nicht zu verlangen sein, daß ein breiterer Streifen geräumt und abgestumpft wird, als für zwei Fußgänger nebeneinander nötig. Unter solchen Umständen ist Fahrradbenutzung durch kleinere Kinder möglicherweise mißbräuchlich. An Ausfahrten, bei denen die Fahrbahn nur durch Überqueren eines Gehweges zu erreichen ist, müssen Kf die neue Regelung berücksichtigen und ihre Fahrweise nicht nur auf Fußgänger, sondern auch auf radfahrende Kinder einstellen, s § 10 Rz 10 a. Bei Dunkelheit besteht Beleuchtungspflicht. Die rechtliche Behandlung vorschriftsmäßig den Gehweg mit Rädern befahrender Kinder **nach den für den FußgängerV geltenden Regeln** hat zur Folge, daß solche Kinder auf dem Gehweg auch entgegen der EinbahnStrRichtung fahren dürfen. Das Kind darf Fußgängern entgegenfahren und sie überholen. In beiden Fällen muß es „besondere Rücksicht" nehmen (V S 2), was nur bei geringer Geschwindigkeit und äußerster Vorsicht (= Verständigung) möglich sein wird, uU muß das Kind vorübergehend absteigen. Da Kinder unter 10 Jahren, erst recht unter 8 Jahren, nur sehr eingeschränkt als Adressaten der in Abs V S 2 und 3 getroffenen Regelung in Frage kommen, wenden sich diese Bestimmungen vor allem auch an die **Aufsichtspflichtigen,** namentlich die Eltern. Diese haben die Kinder entsprechend zu belehren, KG MDR **97** 840, *Händel* DNP **80** 253, *Schmid* DAR **82** 149, und dürfen ihnen die Fahrradbenutzung im öffentlichen VRaum erst dann gestatten, wenn sie sich von der Beherrschung des Rades und der Rücksichtnahme auf andere VT durch das Kind überzeugt haben, KG MDR **97** 840. OW der Eltern nach § 49 I Nr 2, § 2 V 3 kommt aber nur in den Formen der Anstiftung oder Beihilfe nach § 14 OWiG in Betracht. Regelmäßig werden sie also nicht zur Rechenschaft gezogen werden können, s *Bouska* DAR **82** 113. Zivilrechtlich werden sich die Eltern zumeist exkulpieren können (§ 832 I 2 BGB), s *Fuchs-Wissemann* DRiZ **80** 458, *Ce* NJW-RR **88** 216, aber nicht ohne weiteres, wenn aufgrund der Umstände mit gesteigerter Risikobereitschaft des Kindes zu rechnen ist, KG MDR **97** 840. Vorschriftswidrig mit dem Kind auf dem Gehweg mitfahrende Eltern können bei Schädigung Dritter durch das Kind wegen Aufsichtspflichtverletzung haften, BGH NJW-RR **87** 1430.

Mit der Regelung in Abs V S 3, wonach auf dem Gehweg fahrende Kinder beim **Überqueren einer Fahrbahn** absteigen müssen, ist zugleich geklärt, daß für sie nicht etwa ein dem Benutzer der parallel verlaufenden Fahrbahn zustehendes Vorfahrtsrecht gilt. Eine unterschiedliche Behandlung von Fußgängern und radfahrenden Kindern auf Gehwegen im Verhältnis zu den übrigen VT, insbesondere dem V auf den Fahrbahnen,

Straßenbenutzung durch Fahrzeuge § 2 StVO 2

wäre unerträglich. Der „Gehwegverkehr" muß insoweit insgesamt einheitlichen Regeln unterliegen. Daher steht radfahrenden Kindern auch dann **kein Vorfahrtsrecht** zu, wenn sie entgegen Abs V S 3 nicht absteigen, s Dü VRS **63** 66, *Jan/Jag/Bur* Rz 64, *Beck* S 44, aM *Bouska* DAR **82** 112, **89** 162; vielmehr haben sie sich auch dann wie Fußgänger zu verhalten. Entsprechendes gilt für das Abbiegen des Fahrbahnverkehrs im Verhältnis zum kindlichen RadfahrV auf Gehwegen, s § 9 Rz 43.

Die Fahrvorschrift in V ist sehr problematisch, weil sie zwecks Kinderschutzes ältere und gebrechliche Fußgänger ihres letzten Refugiums im VRaum beraubt und sie uU erheblich und mit schwer lösbaren Vermögensfolgen gefährdet, *Händel* DAR **85** 211, im übrigen aber auch auf den Gehwegen gehende und spielende Kleinkinder erheblichen Gefahren aussetzt. Dies gilt nach der Erweiterung der Ausnahmeregelung auf bis zu 10jährige durch ÄndVO v 7. 8. 97 umso mehr. Die Vorschrift, auf Fußgänger sei besondere Rücksicht zu nehmen, wird schwerlich Schutzwirkung haben, s Rz 29a. Auch wirft V zahlreiche Sanktionsprobleme auf: nach § 12 OWiG beginnt die Vorwerfbarkeit erst mit dem vollendeten 14. Lebensjahr, dazu steht das Gebot „besonderer Rücksichtnahme" in V in unvereinbarem Gegensatz. Es ist zu fragen, ob der Gesetzgeber nicht für gesetzliche Vorkehrungen (etwa Sonderfonds, Gefährdungshaftung, s *Lang* VGT **93** 103) zum Schadensausgleich zugunsten von Unfallopfern nicht deliktsfähiger auf dem Gehweg radfahrender Kinder zu sorgen gehabt hätte, s *Fuchs-Wissemann* DRiZ **80** 458.

29b

Lit: *Böhmer,* Zum Problem der radfahrenden Kinder, DAR **81** 146. *Fuchs-Wissemann,* Radfahren auf Gehwegen, DRiZ **80** 456. *Schmid,* Haftungsprobleme des § 2 StVO, DAR **82** 149.

2 b. Fußgängerbereiche (Rechtsgrundlage: §§ 6 I Nr 15 StVG, 45 I b Nr 3, 4 StVO) sind Gehwege und -bereiche, OVG Münster VRS **99** 316, mit zeitlich und sachlich beschränktem Anlieger- und LieferfahrV, soweit durch Zusatzschild zu § 39 StVO ausdrücklich zugelassen, Ko VRS **57** 448, ohne Parkerlaubnis während der Sperrzeit, Ce VRS **74** 66, Ol DAR **90** 271, Kö VRS **92** 362, weil auch Inanspruchnahme durch den ruhenden V „Benutzung" ist. Sie werden durch Z 242/243 gekennzeichnet und stehen nur Fußgängern offen, auch mit Krankenfahrstühlen, Rollstühlen, die nicht in § 24 I genannt sind (s § 24 II), geführten Fahrrädern und „sonstigen Fortbewegungsmitteln" (§ 24 StVO). Alle anderen Fze und Radfahrer (Ausnahme: V) sind ausgeschlossen, auch parkende Kräder, Kö VRS **92** 362. Besondere Verhaltensvorschriften für Fußgänger würden dem Wesen eines Gehbereichs widersprechen. Während des erlaubten Anlieger- und LieferVs müssen sie auf diesen jedoch angemessen und ohne dessen Vortritt Rücksicht nehmen (§ 1 StVO), anderseits hat dieser im Schritt zu fahren (dazu: § 42 Rz 181 zu Z 325/326), auch Radf (§ 41 II 5e bei Z 239 sowie § 41 II Nr 5 bei Z 242/243) und, soweit möglich, rechts (§§ 1 II, 2), damit die Fußgänger, an das grundsätzliche Rechtsfahrgebot gewöhnt, nicht überrascht werden und der Charakter als Gehzone gewahrt bleibt. Die gebotene Schrittgeschwindigkeit wird Überholen idR ausschließen. Bei vorfahrtähnlichen Lagen innerhalb großer Fußgängerzonen muß an sich rechts vor links gelten, stets aber Verständigung (§ 1), für das Einfahren in den allgemeinen Verkehr gilt § 10. Fußgängerbereiche sind idR durch **straßenrechtliche Umwidmung** und bauliche Umgestaltung zu schaffen, s BVG BayVBl **76** 692, OVG Lüneburg NJW **79** 1422, der die verkehrsrechtlichen Beschilderung zu entsprechen hat (VZ 242, uU 250). s *Bouska* VD **78** 243, *Körner* und *Kersten* BayVBl **87** 487. Die straßenrechtliche Umwidmung zur Fußgängerzone schließt ein Befahren grundsätzlich aus, erlaubt jedoch uU die Erteilung von Sondernutzungserlaubnissen zB für Anlieger, s VGH Ma DÖV **80** 730. Ein zum Zwecke der Einrichtung eines Fußgängerbereichs ohne wegerechtliche Widmungsbeschränkung aufgestelltes VZ 242 ist (trotz Fehlerhaftigkeit des Verwaltungsaktes) zu befolgen, Dü VRS **67** 151. Parken entgegen Z 239 oder Z 242 ist ausschließlich nach StVO, nicht auch als Verstoß gegen Gemeindesatzung zu ahnden, Bay VRS **70** 53. Zur Frage der Beeinträchtigung von Gewerbebetrieben durch Anlage von Fußgängerbereichen, BGH NJW **80** 2703.

30

Lit: *Peine,* Die Einrichtung von Fußgängerzonen, DÖV **78** 835, *Derselbe,* Rechtsfragen der Einrichtung von Fußgängerstraßen, Diss Bielefeld 1978. *Wendrich,* Zum unerlaubten Parken von Kfzen in Fußgängerbereichen, DVBl **87** 505.

2 c. Radweg: Rz 20, 20a, 21, 28, 67–67b.

31

2 StVO § 2   I. Allgemeine Verkehrsregeln

32   **3. Einbahnstraßen** müssen an allen Kreuzungen und Einmündungen gekennzeichnet sein. Das Z 267 (Verbot der Einfahrt) untersagt jedes Einfahren, auch rückwärts oder auf dem Gehweg, Hb VRS **30** 382. Auch auf Einbahnstraßen (Z 220) herrscht Rechtsfahrgebot (Abs II, s Rz 33). Auf dem Gehweg radfahrende Kinder unter 10 Jahren, s Rz 29 a. Radwege in EinbahnStr dürfen nicht in der gesperrten Richtung befahren werden, s Rz 67. **Kreisverkehr** ist Einbahnverkehr mit Rechtsfahrgebot, Ha DAR **04** 90 (auch bei nur einem Fahrstreifen), Sa NJW **73** 2216, Schl VM **59** 65, jedoch mit Spielraum, da er nur nach rechts hin verlassen werden kann, s Ce VM **66** 45.

33   **4. Das Rechtsfahrgebot** (II) schützt nur den erlaubten Gegen- und Überholverkehr, BGHSt **34** 127 = NJW **86** 2651, NZV **91** 23, Ha NZV **03** 181, Schl NZV **03** 188, Kö VR **03** 219, KG VM **92** 71, Dü NZV **94** 328, *Haarmann* NZV **93** 374, nicht auch Kreuzende und Ein- und Abbieger, BGH NJW **81** 2301, VR **77** 524, **75** 37, Bay NZV **89** 359, VRS **59** 222, Jn DAR **00** 570, Sa VR **81** 580, Kö VRS **94** 249, Ko VRS **50** 112, Dü NZV **88** 151, Ba VRS **84** 203, auch nicht überquerende Fußgänger, Ha NZV **03** 181, Kö VR **03** 219, Nü VR **80** 338, Kar VR **79** 478, KG VM **85** 19, Ce ZfS **88** 188, oder solche, die sich aus anderen Gründen auf der Fahrbahn befinden, Kö VR **03** 219, VRS **99** 401. Jedoch fragt sich, ob diese Einschränkung sachgerecht und unfallverhütend ist, weil jeder VT idR mit Beachtung des Rechtsfahrgebots rechnet und uU (s § 8 Rz 54 a) rechnen darf, zw auch Dü VRS **75** 413, anders denn auch mit erwägenswerten Gründen Ce VR **81** 80 (Linkseinbieger), *Himmelmann* NZV **88** 153, Ha DAR **04** 90 (KreisV), s *Peters* NZV **90** 261, s auch KG VM **89** 23 (erhöhte BG), Kö VRS **99** 249 (Mithaftung). Nach Nü VR **79** 1114 schützt es nicht den auf dem linken Fahrstreifen einer AB Liegengebliebenen (zw), s *Haarmann* NZV **93** 377. Jedenfalls schützt es nicht den diesem Gebot zuwiderhandelnden Kf selbst vor links befindlichen Hindernissen, Ha NZV **00** 169 (insoweit kein Mitverschulden). Das Rechtsfahrgebot macht die Fahrbahn „breiter", erleichtert das Überholen und gilt in sachbedingter Weise für alle VArten, Straßen und Sonderwege, also auch im EinbahnV (KreisV), s Rz 32, bei Vorfahrt, Bay VBl **66** 118, Zw VRS **38** 311, auf der AB wie den KraftfahrStr, s Bay VRS **29** 468, Kö VRS **28** 287, Schl VM **62** 42, auf der AB jedoch nicht im Verhältnis zu gegenläufigen Benutzern, Fra VR **78** 187. Auf breiten Strn, deren jeweils mehrspurige Fahrbahnhälften durch Z 295 (durchgehende Linie) voneinander getrennt sind, schützt das aus Abs II folgende Gebot, innerhalb der rechten Fahrbahnhälfte rechts zu fahren, nicht den auf der links der durchgezogenen Linie entgegenkommenden V, Stu NZV **91** 393. II ist keine starre Regel, s Rz 35, maßgebend sind Örtlichkeit, Fahrbahnart und -beschaffenheit, Fahrgeschwindigkeit, Sicht, Gegenverkehr ua, der Kf hat **Spielraum**, wenn er sich in vernünftiger Weise rechts hält, BGHZ **74** 25 = NJW **79** 1363, NZV **96** 444, **90** 229, Ha DAR **04** 90, Kö VR **03** 219. Dies gilt zB auch, wenn er sich der Fahrweise einer Kolonne anpassen muß, außer er soll als einziger Vorausfahrender überholt werden, BGH VRS **59** 324. Auf breiter Fahrbahn wird Fahren unmittelbar rechts von der Mitte oft verkehrswidrig sein, s *Möhl* DAR **70** 226, anders bei triftigem Grund, zB bei Dunkelheit, Kö VR **03** 219 (Fußgänger!), Kar VRS **34** 232, oder bei Nebel, wo es der Sicht mehr dient als scharfes Rechtsfahren, oder bei höherer Fahrgeschwindigkeit (Begr), sofern angemessener Sicherheitsabstand zur Mitte bleibt, BGH NZV **90** 229 (Krad in Linkskurve), Stu DAR **62** 218, Bay VRS **44** 142, s dazu Rz 44, und wenn weder nachfolgender noch Gegenverkehr behindert wird, Ha DAR **61** 206 (s Rz 35–41, 43–45). Ausnahmen für tätige Spreng- und Kehrmaschinen und im Rahmen von § 35 (Sonderrechtsfze).

34   Wer korrekt rechts fährt, **darf darauf vertrauen**, daß Entgegenkommende dies auch tun, KG VRS **17** 123, und daß sie rechts bleiben, BGH VR **57** 616, Ba VM **76** 94, und nicht die Fahrbahnbegrenzung überfahren, Sa VM **76** 86, Ha VRS **17** 74, vor allem nicht in der Kurve einer schmalen Straße, BGH NZV **96** 444, Tüb DAR **52** 142, und daß jemand, der ihm mehr zur Mitte entgegenkommt, rechtzeitig genügend weit nach rechts ausweichen wird, BGH VRS **11** 107, **23** 276, Mü VRS **31** 329, Ha VRS **40** 465, es sei denn, der Entgegenkommende fährt ihm immer mehr in den Weg, Mü VR **66** 668, dann muß er verlangsamen und sich auf Anhalten einrichten, Mü VR **66** 668, Bay VRS **62** 211, Kar VR **87** 692, zumindest WarnZ geben, BGH VR **62** 616, 1056, Ha

VRS **21** 279, sofern er nach den Umständen annehmen darf, daß das noch ausreicht. Kein Vertrauensgrundsatz bei in Schlangenlinie entgegenkommendem Radf, Kö VRS **50** 200. Bei Eisrinnen auf der Fahrbahn kann Verständigung nötig sein, Ko DAR **66** 162. Trotz eines **auf seiner Fahrbahnhälfte Entgegenkommenden** hat der FzF idR rechts zu bleiben; Ausweichen nach links nur, wenn rechtzeitiges Zurückkehren des Entgegenkommenden auf die richtige Fahrbahnseite unwahrscheinlich ist, Bay VRS **62** 211, Ha ZfS **97** 288 (objektives Fehlverhalten ist dabei nicht ohne weiteres schuldhaft, s E 144). Ein Kf muß damit rechnen, daß ein ihm auf der falschen Fahrbahnseite entgegenkommender Radf noch verspätet auf die andere Seite zu gelangen versucht, Bay VRS **67** 136. **Das Rechtsfahrgebot verletzt,** wer sich auf breiter Fahrbahn ohne vernünftigen Grund nicht auf seiner Seite rechts hält, BGHZ **74** 25 = NJW **79** 1363, wer vorwerfbar zu weit nach links gerät, Bay VRS **23** 68. Wer entgegen dem Z 214 wenden will und sich hierzu unerlaubterweise nach links hin einordnet, verletzt das Rechtsfahrgebot, KG VRS **55** 219.

Lit: *Haarmann,* Der Schutzzweck des Rechtsfahrgebots, NZV **93** 374. *Jagusch,* Bemerkungen zum Kurvenschneiden, DAR **71** 234. *Möhl,* Rechtsfahren nach geltendem und künftigem Recht, DAR **65** 261. *Schmid/Scherer,* Rechtsfahren, KVR. *Schmid/Scherer,* Die Zulässigkeit des Linksfahrens, KVR.

4a. Möglichst weit rechts ist zu fahren (II). „Möglichst weit rechts" ist kein starrer Begriff, es läßt verkehrsgerechte Abweichungen zu (Begr), BGH NZV **96** 444, **90** 229, Bay NZV **90** 122, VRS **62** 377 (Nebel), Kö VR **03** 219, Ha DAR **00** 265, Fra VR **99** 770, Dü NZV **97** 321, s auch Rz 33. Bei der Auslegung sind Örtlichkeit, Fahrbahnbreite und -beschaffenheit, FzArt, Ladung, Gegenverkehr, parkende Fze, erlaubte und gefahrene Geschwindigkeit, Sicht, Dunkelheit und alle weiteren Umstände zu berücksichtigen, Bay NZV **90** 122, Ha DAR **04** 90, **00** 265, Fra VR **99** 770, DAR **79** 336, Zw VRS **74** 420. Je behindernder (Langsamfahren) oder gefährdender (Gegenverkehr, Überholen) ein Fahren mehr zur Mitte hin wäre, um so schärfer rechts ist zu fahren. Die Vorschrift gewährt je nach Fahrbahnbreite und den übrigen Umständen im Rahmen des Vernünftigen (innerhalb der rechten Fahrbahnhälfte, BGH NZV **96** 444, Ha DAR **00** 265) **Spielraum,** s Rz 33. Das Rechtsfahrgebot bedeutet nicht äußerst rechts oder soweit technisch möglich, Bay VRS **62** 377, sondern angemessen weit rechts unter Einhaltung von etwa 1 m zum rechten Fahrbahnrand, s Rz 41. Abweichen nur, wenn Rechtsfahren unmöglich, gefährlich oder unzumutbar, wenn Abweichen verkehrsgerecht ist, Ko VRS **43** 286. Es ist so weit rechts zu fahren, wie ohne Gefährdung möglich, Ce DAR **64** 248, ohne die Pflicht zu Schlangenlinien (parkende Fze, s aber Rz 42: langsame Fze), stets mehr oder weniger weit rechts von der Mitte, BGH VM **66** 58, Kö JR **56** 342, je nach erlaubter Fahrgeschwindigkeit und entsprechend breiter Straße auch weniger scharf rechts, BGH VRS **16** 359, Bay DAR **73** 51. Dem Rechtsfahrgebot ist idR noch genügt, wenn der Kf einen **Abstand zur Mittellinie** (Rz 41) von etwa 0,5 m einhält, BGH NZV **90** 229, Bay VRS **62** 379, Kö VR **03** 219, Kar VR **87** 692, VRS **47** 18 (nicht auf besonders breiten Fahrbahnen), auch in unübersichtlicher Kurve bei GegenV, Bay VRS **61** 55. Je schneller zulässigerweise gefahren wird, desto größer darf (und muß) der Abstand nach rechts sein (Begr). Bankette (Seitenstreifen) bleiben außer Betracht, auch befestigte, s Ha VM **63** 48. Der Längsverkehr darf sie nicht benutzen (Rz 25). **Auf schmaler Straße** ist umso schärfer rechts und dann auch entsprechend langsamer zu fahren, Schl NZV **91** 431. Auch auf schmaler Straße ohne Gegenverkehr ist etwa 1 m Sicherheitsabstand zur rechten Fahrbahnkante kein Verstoß gegen das Rechtsfahrgebot, Kar VRS **47** 18, Sa VM **74** 85, Dü VRS **48** 134, s Bay NZV **90** 122, auch nicht bei Hinausragen eines Lkw über die Mittellinie, Bay DAR **73** 51; anders aber bei Unübersichtlichkeit (Kurve, Kuppe), hier ist äußerst rechts zu fahren, BGH NZV **96** 444, Ha DAR **00** 265. Ist die Fahrbahn so schmal, daß zügiger BegegnungsV überhaupt unmöglich ist, so verstößt nach Bay NZV **90** 122, falls „auf halbe Sicht" gefahren wird, solange weder Gegen- noch ÜberholV sichtbar ist, Fahren über die Fahrbahnmitte hinaus nicht gegen Abs II, abw BGH NZV **96** 444. Fahrer breiter Kfze, die einander auf schmaler Fahrbahn begegnen, müssen sich verständigen, Sa VM **72** 65. Wer **abknickender Vorfahrt** folgt, biegt nicht ab (§ 9, wenngleich Fahrtrichtungsanzeige geboten

2 StVO § 2 I. Allgemeine Verkehrsregeln

ist, s § 42 II) und muß daher möglichst weit rechts fahren, kein Einordnen zur Mitte, Bay VM **72** 49, Fra DAR **83** 81.

36   **Nur beispielhaft** sind Gegenverkehr, Überholtwerden, das Verhalten vor Kuppen, bei Unübersichtlichkeit und in Kurven als Gründe für möglichst weites Rechtsfahren in Abs II genannt. Dieses ist auch unter anderen, ähnlichen Verhältnissen vorgeschrieben, wenn Fahren weiter links behindern oder gefährden könnte. In den Beispielsfällen trifft dies erfahrungsgemäß besonders häufig zu.

37   Eine **Kuppe** ist eine Bodenwelle, die entgegenkommende Fze ganz, nicht nur im unteren Teil verbirgt. Vor Kuppen ist scharf rechts zu fahren, Kö DAR **58** 225, Ol DAR **58** 222. Ausweichen nach links ist grobfahrlässig, BAG VRS **19** 316.

38   **Unübersichtliche Kurven** sind ausnahmslos scharf rechts zu befahren, BGH VR **66** 1076, DAR **59** 59, Neust VRS **28** 30, nicht im Mittelbereich einer nur 6 m breiten Fahrbahn, BGH VR **61** 228, Abstand von mindestens 50 cm zur Mittel-Leitlinie bei 80 cm zum rechten Fahrbahnrand ist aber auch bei GegenV und unübersichtlicher Kurve idR ausreichend, Bay VRS **61** 55. Wer eine unübersichtliche Kurve schneidet, kann die Folgen allein zu tragen haben, Nü VR **72** 76. Wer vor schmaler, unübersichtlicher Linkskurve Fußgängern begegnet, darf nicht nach links ausweichen, sondern muß anhalten und sie vorbeilassen, Bay VM **70** 33.

39   **Unübersichtlichkeit** zwingt ausnahmslos zu scharfem Rechtsfahren bei angepaßter Fahrgeschwindigkeit, weil Gefahr sonst niemals ausgeschlossen werden kann, KG VM **71** 84 (steile Bergstraße), auch nicht bei Fahrstreifenbegrenzung (Z 295), Ha VRS **17** 74. Worauf die Unübersichtlichkeit beruht, ist ohne Bedeutung, zB auf parkenden Fzen, Bay VBl **53** 188, Sa DAR **59** 136, Wegkrümmungen, Randbewuchs, Rauch, BGHZ VR **63** 1013, Sa VM **58** 53, der eigenen Fahrgeschwindigkeit.

40   **Auch auf der AB** (§ 18) ist rechts zu fahren, bei langsamer Fahrweise äußerst rechts („50"), Ce NJW **66** 1868, bei mehrspurig abzweigender AB auch im Abzweigungsbereich auf dem rechten Fahrstreifen, Fra VR **96** 1553. Ausnahmen vom Rechtsfahrgebot: Überholen und wenn besondere Umstände es vernünftig erscheinen lassen, Schl VM **63** 47. Niemand darf unnötig auf der Überholspur bleiben (häufiger Verstoß); nach dem Überholen ist alsbald wieder rechts einzuscheren, Bay VRS **29** 468. Näher § 5. Wer überholt, braucht schnellerem Verkehr vor Beendigung nicht zu weichen, Fra VM **64** 23. **Linksausbiegen auf der AB,** wenn es das Einfahren anderer ohne Beeinträchtigung des durchgehenden Verkehrs erleichtert, ist zulässig, s Kö VM **65** 23 (§§ 11, 18). Der durchgehende Verkehr darf aber nicht ohne Rücksicht auf dort einfahrende Fze auf den Beschleunigungsstreifen hinüberlenken, Bay VM **79** 10, s Rz 25 a. Sind auf **mehrstreifiger Fahrbahn** von rechts nach links **unterschiedliche Höchstgeschwindigkeiten** (Z 274) vorgeschrieben, so darf der der eigenen gewählten und sachlich erlaubten Fahrgeschwindigkeit entsprechende Fahrstreifen benutzt werden. Nebeneinanderfahren: § 7.

41   **4 b. Sicherheitsabstand** zum rechten Fahrbahnrand (§ 1 II) ist auch bei scharfem Rechtsfahren einzuhalten, BGH VR **66** 472. **1 m genügt** idR und widerspricht andererseits auch nicht dem Rechtsfahrgebot, Bay VRS **62** 379, Fra VR **99** 770, Dü VR **83** 348, NZV **92** 232, Kar VRS **47** 18, Sa VM **74** 85, doch entscheiden die Umstände (Fahrt, Geschwindigkeit, Fahrbahnbreite, Sicht usw), Fra DAR **79** 336, s BGH VRS **20** 99, 257 (Omnibus), Bay VRS **44** 142. Auch in einer unübersichtlichen Kurve und bei Gegenverkehr reicht ein Abstand nach rechts von 80 cm aus, sofern zur Mittellinie mindestens 50 cm Abstand gehalten werden, Bay VRS **61** 55. In unübersichtlichen Kurven bedarf es dann nicht der Einhaltung des Sicherheitsabstandes nach rechts, wenn dadurch das Fz zur Mitte oder gar darüber hinaus geraten würde, Kar VR **87** 692. Der Luftraum über dem Rad- oder Gehweg oder Seitenstreifen muß von überstehenden Fz- oder Ladungsteilen freibleiben, Neust VRS **12** 293. Der seitliche Abstand zum Fahrbahnrand **darf idR 0,50 m nicht unterschreiten,** Mü VR **74** 676, jedenfalls dann nicht, wenn mit VT von rechts, insbesondere Fußgängern, gerechnet werden muß, s Dü NZV **92** 232, vor allem mit dem Hervortreten zwischen parkenden Fzen, Mü VRS **65** 331, anders, wenn LkwF anderenfalls bei regem V seinen Fahrstreifen nach links verlassen müßte, Ha NZV **93** 27. Muß ein LkwF mit nicht sichtbaren Radf rechts neben seinem Fz rechnen (s § 5 VIII), so muß er dies durch ausreichenden Abstand nach rechts

Straßenbenutzung durch Fahrzeuge § 2 StVO **2**

berücksichtigen, Ce NZV **90** 481. **Vorbeifahren an haltenden oder parkenden Fzen,** s § 6 Rz 7. Der Seitenabstand zum Bordstein braucht sich nicht nach der Möglichkeit unvorsichtigen **Türöffnens** durch Haltende zu richten, Hb VR **74** 267; jedoch muß er so bemessen sein, daß geringes Öffnen der Tür möglich bleibt, KG VM **90** 58, s BGH VR **87** 38. 1m seitlicher **Abstand zum Gehweg** genügt im Stadtverkehr dem Rechtsfahrgebot, Sa VM **74** 85. IdR ist 1m Seitenabstand zum Fußgänger nötig und ausreichend, auch bei Dunkelheit und höherer Fahrgeschwindigkeit (88km/h), Bay VRS **58** 445, je nach Örtlichkeit und Geschwindigkeit können auch 60 cm genügen, Ha ZfS **04** 446. Bei besonders lebhaftem Fußgängerverkehr ist größerer Abstand zum Gehweg geboten, Dü NZV **92** 232, VRS **97** 97, VM **75** 79. Abstand zu Fußgängern: § 25, beim Überholen: § 5.

4 c. Langsamfahrer müssen äußerst rechts fahren, um das Überholen zu erleichtern, **42** vor allem Radfahrer und Mopeds (Mofas) (s Begr), Mü ZfS **92** 42, auch wenn der Fahrbahnrand mangelhaft ist, Fra VM **62** 43, aber noch zumutbar. Bleibt rechts von einer Fahrbahnbegrenzung (Z 295) ausreichender StrRaum, so müssen langsame Fze dort fahren (§ 41 III 3b). Kleinere Langsamfahrer müssen größere Lücken zwischen parkenden Fzen ausnutzen, also gestreckte Schlangenlinien fahren, es sei denn bei VRuhe.

4 d. Ausnahmen vom strikten Rechtsfahrgebot (Rz 33–42) kommen nur bei **43** besonderen Umständen in Betracht, die aber zahlreich sind und vom VHindernis über die Gefahrabwehr bis zur sachangepaßten Fahrvernunft reichen. Das Rechtsfahrgebot ist nicht kleinlich auszulegen, s Rz 33. Doch unter keinen Umständen darf Abweichung gefährden, BGH VR **66** 929 (s Rz 45). Willkürliches, beliebiges Abweichen ist unzulässig. Kraft Gesetzes ausgenommen sind **Fze der StrUnterhaltung** und -reinigung, soweit Linksfahren erforderlich ist (§ 35), bei entsprechend deutlicher Kennzeichnung, auch auf der AB, BGH DAR **66** 269 (auffallend gekennzeichnete, weithin sichtbare Kehrmaschine), Dü VR **69** 356 (Arbeitsfz mit rot-weißem Anstrich und Warnleuchte bei übersichtlicher AB-Fahrbahn). **Fahrbahnhindernisse** dürfen bei entsprechender VSicherung vorsichtig links umfahren werden (§ 6, Vorbeifahren). Schlaglöcher rechts können Abweichen vom Rechtsfahrgebot rechtfertigen, KG MDR **99** 864, Ce GA **73** 151, Mü DAR **39** 259, ebenso Eisrillen oder starkes Glatteis (gewölbte Fahrbahn), Fra VM **57** 17, Mü DAR **40** 6. Wer seine Fahrt jenseits einer Kreuzung in eine geradeaus weiterführende, aber nach links versetzte Str fortsetzen will, darf schon bei Erreichen der Kreuzung zur Mitte hin eingeordnet fahren, Sa VR **81** 580. Ausnahme vom Rechtsfahrgebot bei Fahrstreifenmarkierungen innerorts: § 7 III, bei dichtem Verkehr: § 7 I.

Bei dichtem Nebel ist Verlegen der Fahrlinie mehr nach links, jedoch nicht bis zur **44** StrMitte, nicht zu beanstanden, Ha VOR **73** 467, Neust VRS **10** 170, solange überhaupt Orientierung möglich ist, Bay VRS **13** 369, zB an deutlicher Mittellinie, Bra DAR **59** 221 (aber Langsamfahren). Bei dichtem Nebel auf breiter Str und schlecht erkennbarem Fahrbahnrand ist es sachgerecht, ca 50 cm neben der gut sichtbaren Leitlinie der Fahrbahnmitte und ca 1,90 m links vom rechten Fahrbahnrand zu fahren, Bay VRS **62** 377. **Auf schmaler Einbahnstr** darf die Mitte befahren werden, wenn rechts ein Baugerüst die Sicht auf Fußgänger behindert, Kö VRS **26** 133. **Linksausbiegen auf der AB,** s Rz 40.

Ausgeschlossen ist jedes Abweichen vom Rechtsfahrgebot, wenn es andere be- **45** hindern oder gefährden könnte, wo Behinderung oder Gefährdung also nicht auszuschließen ist, zB vor unübersichtlichen Kurven oder Kuppen (Rz 35 ff). Wer mit einem Lastzug eine unübersichtliche Kurve aus zwingendem Grund links durchfahren muß, hat einen **Warnposten** aufzustellen, BGH VR **68** 847, Kö VRS **31** 119.

Fahren in Fahrstreifen, Kolonnenfahren nebeneinander, Fahrbahnveren- **46–61** **gung, Fahrstreifenwegfall:** §§ 7, 42 VI Nr 1 d.

Fahrstreifenfahren im Bereich von Lichtzeichen: § 37 IV. **62**

4 e. Die **Kriechspur der AB** muß von „schnellen" Fzen nicht gem Abs II benutzt **63** werden. Sie ist kein Sonderweg, sondern unselbständiger Bestandteil der Richtungsfahrbahn, s § 18 Rz 14a, und darf daher von jedem nach § 18 zugelassenen VT mit jeder erlaubten Geschwindigkeit benutzt werden. Schneller fahren als auf den übrigen Fahrstreifen nur unter den Voraussetzungen des § 7 II, IIa. Sonst kein Rechtsüberholen,

377

BGHSt **23** 128 = NJW **70** 62, Bay VM **72** 51. Am Ende der Kriechspur hat der Verkehr auf den übrigen Fahrstreifen der AB Vortritt. Zur AB-Kriechspur s auch § 18 Rz 14 a, 17.

64   **5. Durchfahrvorrang der Schienenbahn.** Im Längsverkehr steht der Bahn idR („soweit möglich", Rz 65) Vorrang (nicht Vorfahrt iS von § 8) vor anderen VT zu, weil sie ein fahrplanabhängiges, schienengebundenes Massenverkehrsmittel mit langem Bremsweg ist, BGH VRS **20** 405, Kar VR **97** 333, Dü NZV **92** 190, VRS **71** 264. Trotz Bindung an die allgemeinen StVO-Regeln, s BVG NZV **00** 309, darf der Strabaf normalerweise auf den Vorrang **vertrauen,** Kar VR **97** 333, Dü NZV **94** 28, denn Schnellbremsung ist gefährdend. Ein Strabaf muß nicht damit rechnen, daß ein vor ihm rechts fahrendes, links blinkendes Kfz unvermittelt auf die Gleise fährt, Dü VRS **47** 384. Sieht der Strabaf aber Kfze im Gleisbereich, die diesen vermutlich nicht verlassen können, so muß er sich trotz des Vorrangs hierauf einrichten, Dü VR **81** 784, DAR **76** 191. Der Bahn muß zur Durchfahrt genügend lichter Raum bleiben, s § 9 Rz 36, andere Fze müssen uU dicht an den Bordstein fahren, Ha DAR **57** 306, OVG Br NZV **91** 127. Auch vor LichtZ darf der Schienenraum zum Nebeneinanderauffahren nur mitbenutzt werden, wenn bis zur Grünphase keine Bahn von hinten herannahen kann (s § 9, Abbiegen). Benutzt die Bahn einen baulich getrennten Gleiskörper, so muß er auch beim Auffahren an unterbrochenen Stellen (Kreuzungen, Einmündungen) freibleiben. **Nur in Längsrichtung** im Verhältnis zum gleichgerichteten und entgegenkommenden FahrV, Dü VRS **63** 250, soweit die Bahn die Fahrbahn mitbenutzt (Begr), gilt III, nicht auch zum ruhenden (dann aber § 12 IV S 5 und uU § 1 II StVO, s § 12 Rz 37 d), Ce VR **76** 1068, Dü VRS **66** 333, *Grüneberg* NJW **92** 948 f, abw Ha VRS **80** 258. Einfahren der Straba vom besonderen Gleiskörper in die Fahrbahn, s § 10 Rz 6. Abgrenzung des Schienenraums von der Fahrbahn: Vwv (Rz 18). III betrifft nicht die abbiegende Straba, diese muß beim Links- wie Rechtsabbiegen den entgegenkommenden bzw nachfolgenden Verkehr erst durchfahren lassen, s *Filthaut* NZV **92** 397. Wechseln die Schienen jedoch nur ihre Lage im StrKörper, so gilt das Bahnvorrecht nach III. Linksabbiegender Verkehr und Schienenbahn, abbiegende Schienenbahn und Längsverkehr: § 9. **Linienbusse** fallen nicht unter III, haben aber die Rechte aus § 1, BGH VRS **25** 249 = VR **63** 952, Dü DAR **71** 276, und den Abfahrvorrang (§ 20 V).

65   **Soweit möglich** besteht der Vorrang der Bahn, also stets, wenn er bei richtigem Verhalten eingeräumt werden kann, bei normaler VLage idR, Kar VR **97** 333, aber zB nicht bei notwendigem Ausweichen auf Schienen, um einer Gefahr zu entgehen, wenn später eine Bahn herankommt und zum Beiseitefahren kein Platz mehr ist, auch nicht in den besonderen VLagen des § 11. Bei durch parkende Kfze verengter Fahrbahn muß ein Kf uU zurückbleiben und die nachfolgende Straba vorfahren lassen, Dü DAR **76** 191, ebenso bei Fahrbahnverengung, Kar VR **97** 333. Ausweichen nach links in den Schienenraum wegen Baustelle verstößt nicht gegen III, wenn die Straba sich in größerer Entfernung von hinten nähert, Dü VR **81** 784. Es gibt VLagen, die vorübergehende Behinderung der Bahn im Interesse des Gesamtablaufs notwendig machen (Rz 13). Bei der Prüfung ist die Ausgangslage beim Einordnen zu berücksichtigen. Solange mit Gewißheit keine Bahn nachfolgt, kann der Vorrang nicht verletzt und dürfen die Gleise daher mitbenutzt werden, soweit das Rechtsfahrgebot es zuläßt, KG VRS **88** 115. Im Zweifel, VStockung ausgenommen, müssen sie freibleiben. Ist mit Durchfahrt der nachfolgenden Straba zu rechnen, so muß deren Profilraum freibleiben, sonst Mitschuldvorwurf, Ha VR **80** 172, Dü VRS **68** 35. Verlaufen Gleise über längere Strecke geradeaus, so wird es auf frühe Sichtbarkeit der Bahn und ihre Entfernung ankommen, stets aber ist die Ausgangslage bei der KfzAnkunft maßgebend, KG DAR **61** 176.

Lit: *Böhmer*, Zum Begriff der Bahnen innerhalb des VRaums einer öffentlichen Str ..., MDR **61** 473. *Filthaut*, Die Verpflichtung des FahrV, Straba ungehinderte Durchfahrt zu gewähren, DAR **73** 309.

66   **6. Radfahrer** bilden wegen ihrer Beweglichkeit, der oft mehr oder weniger unvermeidlich schwankenden Fahrlinie (Seitenwind, Steigung), BGH VR **61** 178, Sa VM **80** 79, Hb NZV **92** 281, KG MDR **99** 865, und nicht immer ausreichender VEinordnung ein besonderes Problem, zumal sie auch selber im Fahrverkehr gefährdet sind. Nach

Straßenbenutzung durch Fahrzeuge § 2 StVO **2**

Möglichkeit gehören sie daher auf Sonderwege (Z 237). Auch im BegegnungsV ist ihnen gegenüber ausreichender Sicherheitsabstand einzuhalten, Ha NZV **97** 479 (1 m). Der Fahrradbegriff ist in der StVZO nicht definiert. **Fahrräder** sind gem Art 1 lit l ÜbStrV Fze mit wenigstens zwei Rädern, bewegt ausschließlich durch Muskelkraft des oder der Fahrer (Pedale uä), BVG NZV **01** 493, VGH Ma VM **01** 13. Darunter fallen auch Rennräder, Dü NZV **92** 290, Liegefahrräder, BVG NZV **01** 493, VGH Ma VM **01** 13, sowie Klappräder für Erwachsene und Jugendliche. Nach der Definition des ÜbStrV fallen auch dreirädrige Fze, soweit sie die übrigen Kriterien erfüllen, unter den Fahrradbegriff, ebenso Fahrräder mit Anhänger. Fahrräder, die nach Größe und Höhe für Jugendliche und Erwachsene ungeeignet sind, sind nur dann Fahrräder iS von § 2, wenn es sich nicht um Kinderfahrräder iS von § 24 I handelt; dann sind sie von Gehwegen ausgeschlossen, soweit nicht V 1 die Gehwegbenutzung ausdrücklich vorschreibt oder gestattet. Zur Haftung Erwachsener, die Kindern nach vollendetem 10. Lebensjahr das Befahren der Gehwege mit Fahrrädern erlauben, s Rz 29. Keine Verletzung der **Aufsichtspflicht,** wenn einem fast 6jährigen erlaubt wird, im Wohnungsumfeld auf dem Gehweg radzufahren, AG Brühl ZfS **02** 275, einen für Fußgänger und Radf freigegebenen kreuzungsfreien Weg mit dem Rad zu befahren, Ce NJW-RR **88** 216, oder wenn einem knapp 7 Jahre alten Kind das Radfahren in einem verkehrsberuhigten Bereich gestattet wird, Ha NZV **01** 42. Desgleichen nach LG Ol NRpfl **88** 10 bei Radfahren eines fast 7jährigen in Wohnungsnähe auf nur für den AnliegerV freigegebener Str (Abs V S 1?). Keine Aufsichtspflichtverletzung, wenn die Mutter ein 5$^1\!/_2$jähriges Kind auf verkehrsarmer WohnStr ohne Gehwege ihrem Fahrrad in 5 bis 10 m Abstand auf einem Kinderfahrrad folgen läßt, LG Nü-Fürth NZV **96** 153, LG Mönchengladbach DAR **03** 562 (auf Radweg), oder es auf einem dem Kind vertrauten Radweg einige m vorausfahren läßt, LG Sa ZfS **03** 9. Ebenso, wenn sie einem 5jährigen Kind gestatten, eine verkehrsarme AnwohnerStr ohne Gehwege mit dem Rad zu befahren, Ha MDR **00** 454.

6 a. Radwege, bezeichnete (Z 237) wie nur baulich gestaltete unbezeichnete, sind **67** Sonderwege, KG VM **84** 94, Kö VRS **71** 223. Sie dienen der Fernhaltung der Radf von der Fahrbahn, also der VEntmischung und Unfallverhütung, BVG NZV **01** 493, Hb NZV **92** 281, Ha NZV **95** 26, Kö VRS **96** 345, s Begr zu Abs IV S 2 (Rz 16 c) und Vwv (Rz 20). Deshalb haftet entgegen LG Mü I DAR **92** 347 (abl *Berr*) der Radf mit, der infolge Mißachtung des Gebots des Abs IV S 2 mit einer sich öffnenden Tür eines parkenden Pkw kollidiert, oder beim Rechtsüberholen auf der Fahrbahn mit einem entgegenkommenden Linksabbieger zusammenstößt, aM LG Berlin NJW-RR **03** 678, ebenso bei Kollision mit überholendem Kfz, Ha NZV **95** 26. Auch nur baulich dargestellte Radwege (dazu Bay VRS **56** 48, Fra VM **04** 37) sind Sonderwege nur für Radf, desgleichen solche, die ohne bauliche Abgrenzung optisch durch Fahrbahnbegrenzung (Z 295) und Z 237 gekennzeichnet sind (Radfahrstreifen, s Vwv Rn 11, Rz 20), Kö VRS **71** 223, *Jagow* VD **87** 97; Wiedergabe des VZ 237 ausschließlich auf dem abgetrennten Fahrbahnstreifen genügt dabei aber nicht, *Bouska* NZV **91** 129. Das Ende eines Radwegs bedarf grundsätzlich keiner Kennzeichnung, s § 41 Rz 248 Z 237. In Einbahnstr dürfen Radwege, sofern sie nicht durch VZ (Abs IV S 2) freigegeben sind, nur in der erlaubten Fahrrichtung benutzt werden (häufiger Verstoß), BGH NJW **82** 334, Hb VRS **47** 453, zw *Bouska* DAR **82** 110. Radwege dürfen nicht zugeparkt oder durch parkende Kfze eingeengt werden, s VG Berlin NZV **93** 368. Kombinierte Geh- und Radwege: Z 240, 241. Wer sich auf dem Rad schieben läßt, muß den Radweg benutzen, Ce VRS **25** 471. **Benutzungspflicht** durch Radf besteht für durch Z 237, 240 oder 241 gekennzeichnete rechts verlaufende Radwege oder links verlaufende, für die Fahrtrichtung durch Z 237, 240 oder 241 freigegebene (IV S 2), auch für Linksabbieger, soweit nicht § 9 abw Verhalten zuläßt (Einordnen), s § 9 Rz 38. Die Benutzungspflicht gilt grundsätzlich für alle Arten von Fahrrädern (soweit sie, anders als etwa Kinderräder, Fze iS der StVO sind), s Rz 67 a. Der übrige Verkehr ist von den Radwegen ausgeschlossen. **Zuständlich unbenutzbare Radwege** (tiefer Schnee, Eis, Löcher) müssen nicht benutzt werden, BGH NZV **95** 144, Dü NZV **92** 290, Kö NZV **94** 278, *Bouska* NZV **91** 130, *Kettler* NZV **97** 498, Radf müssen dann auf den Seitenstreifen oder die

Fahrbahn ausweichen. Entsprechendes gilt für zu schmale Radwege bei mehrspurigen Fahrrädern (Dreiräder, Anhänger), s Rz 67a. Die Regeln über die Radwegbenutzung gelten außer für Radf auch für Mofas, die durch Treten bewegt werden (Abs IV S 5). Für sie besteht Pflicht zur Benutzung durch VZ gekennzeichneter Radwege, § 41 II Nr 5b. Werden sie mit Motorkraft gefahren, darf der Radweg nur benutzt werden, wenn er durch Zusatzschild für Mofas freigegeben ist (jedoch keine Benutzungspflicht, § 41 Rz 248 Z 237). Das gilt auch für Leichtmofas. Kräder sind von den Radwegen ausgeschlossen.

67a **Rechts verlaufende Radwege** *müssen* benutzt werden, wenn sie durch Z 237, 240 oder 241 gekennzeichnet sind (IV S 2), sie *dürfen* benutzt werden, auch wenn sie nicht durch diese VZ bezeichnet sind, sich aber baulich zweifelsfrei als Radwege darstellen (IV S 3). Nur bei Kennzeichnung durch VZ gilt der Grundsatz der Entmischung uneingeschränkt. Radfahrer sind dann von Fahrbahn und Seitenstreifenbenutzung ausgeschlossen, bei Zuwiderhandlung Mithaftung, s Rz 67. Die **Benutzungspflicht** gilt grundsätzlich für alle Arten von Fahrrädern, BVG NZV **01** 493, auch zB für Liegeräder, BVG NZV **01** 493, VGH Ma VM **01** 13, NZV **03** 301 (Anm *Bitter*), für mehrspurige Fahrräder jedoch dann nicht, wenn Benutzung (etwa wegen zu geringer Radwegbreite) nicht zumutbar ist, s Vwv Rn 23 (Rz 20a), *Kettler* NZV **04** 62 (Fahrradtaxen). Diese Grundsätze gelten auch, wo beiderseits ausreichend breite Radwege vorhanden sind. Ausnahme: ist ein links verlaufender Radweg (s Rz 67b) durch Z 237, 240 oder 241 in der beabsichtigten Fahrtrichtung freigegeben, so darf der Radf den Radweg entsprechend seinem Fahrtziel wählen, BGH NZV **97** 70, *Bouska* NZV **91** 130, VD **80** 198. Ist kein rechter Radweg vorhanden und ein links verlaufender nicht freigegeben, so entfällt die Entmischung, die Radf müssen dann den rechten Seitenstreifen oder die Fahrbahn benutzen. Links in EinbahnStr-Richtung verlaufende Radwege werden durch Befahren in entgegengesetzter Richtung nicht „rechte" Radwege iS von IV 2, s BGH NJW **82** 334, ohne Z 237 ist die Benutzung in dieser Richtung vielmehr untersagt, s Rz 67.

67b **Links verlaufende Radwege** ohne Z 237, 240 oder 241 sind für die beabsichtigte Fahrtrichtung gesperrt. Bei **Freigabe in Gegenrichtung** durch die genannten VZ dürfen sie wahlweise auch in der Gegenrichtung benutzt werden, s Rz 67a, auch außerorts, und zwar auch nach Überqueren von Einmündungen und Kreuzungen ohne Wiederholung des VZ, selbst nach Beginn eines auch rechts verlaufenden Radwegs, BGH NZV **97** 70. Solche Freigabe in Gegenrichtung soll nach der Vwv Rn 35 (Rz 22) innerorts nur in besonderen Ausnahmefällen erfolgen und setzt ausreichende Radwegbreite (Vwv Rn 37: mindestens 2 m) und besondere Sicherung des fahrenden AbbiegeV voraus (Z 138 mit Zusatzschild 1000-30 bzw. Z 205 mit Zusatzschild gem § 41 II Nr 1b, s Vwv Rn 38, Rz 22), der dort aber mit Radf, die sich in Gegenrichtung nähern, rechnen muß, s § 8 Rz 52. Mit verbotswidrig den linken Radweg befahrenden Radf hat insbesondere auch der aus einem Grundstück Ausfahrende zu rechnen, KG VRS **68** 284. Auch die Regelung über die Benutzung linker Radwege bezweckt, wie das allgemeine Rechtsfahrgebot, nur den Schutz des Gegen- und Überholverkehrs (auf dem Radweg), nicht des Einbiege- und Querverkehrs, BGHSt **34** 127 = NJW **86** 2651, KG DAR **93** 257. Bei nur links verlaufenden durch VZ freigegebenen Radwegen besteht **Benutzungspflicht** (Abs IV S 2). Ist das Befahren des Radwegs **in falscher Richtung** Ursache einer Fehlreaktion des Entgegenkommenden und eines daraus resultierenden Schadens, so haftet der Falschfahrer, LG Nü-Fürth NZV **91** 433. Für den entgegen IV S 3 auf dem linken Radweg Fahrenden ist eine Kollision mit entgegenkommendem Radf ohne Hinzutreten weiterer Umstände vorhersehbar, wenn der Radweg zum gefahrlosen Begegnen zu schmal ist, Bay VRS **73** 382 (80 cm). Haftungsverteilung bei Kollision zwischen alkoholbedingt fahrunsicherem Radf mit einem verbotswidrig den „linken" Radweg befahrenden Radf, Ha NZV **92** 318 (40:60 zu Lasten des alkoholisierten Radf).

68 **6b. Seitenstreifen** (Rz 23, 25) rechts dürfen von Radf benutzt werden, wenn Radwege fehlen und Fußgänger dort nicht behindert werden (IV S 4). Links gelegene Seitenstreifen dürfen nach IV nicht benutzt werden. Radf brauchen aber, auch wenn sie überholt werden, nicht auf das Bankett auszuweichen, wenn es zum Befahren nicht geeignet ist, s Ha VR **83** 466.

Straßenbenutzung durch Fahrzeuge § 2 StVO **2**

Der rechte **Fahrbahnrand** ist zu benutzen (II), wo benutzbare Radwege oder Sei- 69
tenstreifen fehlen, und zwar die äußerste rechte Seite (Rz 42), es sei denn, dort liegen
Gleise, aM Ha VRS **19** 78 (Ausnahme: V). Bei regem Verkehr innerorts (und auch
außerorts) müssen Radfahrer scharf rechts fahren, besonders bei schlechter Sicht
(Dunkelheit, Regen), Sa VM **80** 40. Ein Radf, der verkehrswidrig in der Mitte fährt,
muß mit Rechtsüberholen rechnen und darf nicht ohne Rückschau zum rechten Fahr-
bahnrand fahren, Mü ZfS **92** 42 (Mithaftung). Abgesessene Radfahrer müssen die Räder
äußerst rechts hintereinander schieben, Bay VM **63** 67. Beim Radfahren sind 75 cm **Si-
cherheitsabstand** zum Gehweg richtig, BGH DAR **57** 211, Bra VRS **2** 124 (70 cm),
1,5 m sind zuviel, BGH VRS **4** 282. **Stauen sich Kfze,** so dürfen Radf und MofaF
langsam und äußerst vorsichtig zwischen den wartenden Fzen und dem rechten Fahr-
bahnrand hindurchfahren, sofern ausreichend Platz vorhanden ist (§ 5 VIII), s § 5 Rz 65.
Ein **Schutzstreifen** für Radf, am rechten Fahrbahnrand durch Leitlinie (Z 340) ge-
kennzeichnet, ist, anders als der Radweg, kein Sonderweg. Radf müssen den Schutzstreifen
benutzen; das folgt aus dem Rechtsfahrgebot des Abs II. Benutzung des Schutzstreifens
durch andere Fze: § 42 Rz 181 Z 340.

Einzeln hintereinander müssen Radfahrer in der Regel fahren, nebeneinander nur, 70
wenn der Verkehr nicht behindert wird, oder auf FahrradStrn, § 41 II Nr 5 (Z 244). Der
Verkehr muß berücksichtigen, daß diese Regel bei größeren Betrieben vor und nach der
Schicht nicht beachtet werden kann, weil An- und Abfahrt in Reihe oder Doppelreihe
sonst zu zeitraubend wären. Auch geschlossene Verbände von Radfahrern (§ 27 I StVO)
dürfen den Verkehr durch Fahren zu zweien nebeneinander auf der Fahrbahn nicht be-
hindern. Bei dichtem Verkehr ist ihnen das Auseinanderziehen zur Einerreihe zuzumu-
ten. Behindert wird der Verkehr bereits durch Erschweren des Überholens, Begegnens
und Ausweichens, s Bay NJW **55** 1767. Fahren Radfahrer verbotswidrig, verkehrsbehin-
dernd nebeneinander, so handeln alle außer dem Rechtsfahrenden ow, aM Br NJW **59**
1288, es sei denn, auch dieser müßte das Bankett oder einen Sonderweg benutzen. Krit
zur derzeitigen Regelung in Abs IV, V, *Kettler* NZV **00** 275 ff mit Erwiderung *Kramer*
NZV **00** 283 f.

Wer von rechts **auf den links verlaufenden Radweg kreuzen** will, muß zurück- 71
schauen und rechtzeitig Zeichen geben, er braucht äußerste Sorgfalt (§ 9, Abbiegen,
§ 10, Einfahren). Damit, daß Radfahrer unvermittelt auf die Gegenfahrbahn fahren, muß
mangels Anzeichens niemand rechnen, BGH VR **67** 659, aber mit **VWidrigkeiten ei-
nes Halbwüchsigen,** der in den Pedalen stehend fährt, Schl VM **62** 11, oder eines ent-
gegenkommenden Sechsjährigen, BGH VRS **23** 273, oder an Stellen, wo VWidrigkei-
ten Jugendlicher üblich sind, soweit ein VT dies weiß, Sa VRS **26** 449.

Lit: *Bouska,* Rechtsprobleme des RadfahrV, DAR **82** 108. *Derselbe,* Die Pflicht zur Radwegbe-
nutzung, NZV **91** 129. *Gerdes,* Das Fahrrad, VD **83** 66. *Gersemann,* Rechtsfragen beim direkten
und indirekten Linksabbiegen von Radf, DAR **86** 44. *Grüneberg,* RadfUnfälle im StrV ohne Kfz-
Beteiligung, NZV **97** 417. *H. W. Schmidt,* KfzV und Radfahrer, DAR **66** 281. *Derselbe,* Fahrver-
halten der Radf, KVR.

7. Gefährliche Güter. Eine besondere Verhaltensvorschrift bei Sichtweiten unter 72
50 m oder glatter Fahrbahn infolge Schnee oder Eis enthält Abs IIIa. Wegen der erhöh-
ten Gefahr, die von kennzeichnungspflichtigen Kfzen mit gefährlichen Gütern ausgeht,
verlangt diese Bestimmung unter den dort genannten ungünstigen Witterungs- oder
Fahrbahnverhältnissen äußerste Sorgfalt (s **E** 150). Völligen Ausschluß möglicher Ge-
fährdung iS absoluter Vermeidbarkeit ist dagegen mit der Formulierung „Gefährdung
ausgeschlossen" ebensowenig gemeint wie bei den übrigen Vorschriften der StVO dieses
Wortlauts. Allerdings kann extreme Sichtbehinderung oder Fahrbahnglätte (zB plötzlich
einsetzende überfrierende Nässe) die Weiterfahrt als überhaupt nicht mehr verantwortbar
erscheinen lassen; dann muß der zum Parken geeignete Platz aufgesucht werden.
Sonst sind vor allem die Geschwindigkeit und der Abstand zum Vorausfahrenden in be-
sonderem Maße den Verhältnissen anzupassen. Als zum Parken geeigneter Platz kommt
außer Parkplätzen jede Stelle in Frage, an der das Parken nicht verkehrswidrig ist, in
Notfällen uU auch die Standspur der AB, s *Bouska* DAR **89** 162. Abs IIIa S 2 gilt nicht
stets bei winterlichen StrVerhältnissen schlechthin, sondern nur bei Glätte. Schneematsch
zB ist nicht mit Schneeglätte gleichzusetzen, Bay NZV **89** 443, Ha NZV **98** 213. Bei

mehrspurigen Fahrbahnen kommt es auf die Verhältnisse auf dem tatsächlich befahrenen Fahrstreifen an, Ha NZV **98** 213. Gefährliche Güter und Kennzeichnungspflicht: s Vwv zu VZ 261 (abgedruckt bei § 41 II Nr 6 Rz 96 b).

73 8. **Ordnungswidrig** (§ 24 StVG) sind Verstöße gegen eine Vorschrift über die StrBenutzung durch Fze nach § 2 (§ 49 I Nr 2). Kurvenschneiden über die Mittellinie verstößt auch dann gegen Abs II, wenn die Kurve übersichtlich ist und der Kf überzeugt ist, daß er dadurch weder den GegenV noch Nachfolgende beeinträchtigen könne, BGH NJW **70** 2033 (abl *Jagusch* DAR **71** 234), s E 124. Schuldhaftes Schleudern nach links verletzt II, s Hb VM VRS **24** 453. Verstoß gegen I, wenn jemand **unter Benutzung eines Parkplatzes „überholt"**, s Bay VRS **25** 223 (s § 5 Rz 19 a), *Seidenstecher* DAR **93** 84, oder eine LZA umfährt, Bay VRS **61** 289, anders, wenn die Fläche nicht ausschließlich dem Parken, sondern auch dem fließenden V dient, Bay VRS **61** 289; Verstoß gegen Abs I von Ol NJW **85** 1567 verneint bei Durchfahren eines Kundenparkplatzes (hier ist wesentlich von Bedeutung, ob es sich um öffentlichen VRaum handelt), insoweit aM *Janiszewski* NStZ **85** 509, der unabhängig davon Verstoß gegen Abs I annimmt). **Umfahren einer LZA** über Gehweg und Tankstellengelände verstößt gegen Abs I, Kö DAR **85** 229, *Janiszewski* NStZ **85** 258, 507. Die teilweise abw Ansicht des BGH BGHSt **33** 278 = NJW **85** 2540 (abl *Seidenstecher* DAR **93** 84), Dü NZV **02** 87, ähnlich Dü DAR **84** 156 (Parkplatzgelände), fördert Mißbrauch von nicht dem fließenden V dienenden Flächen neben der Fahrbahn durch den LängsV. Wer ohne zu überholen **links von einer Trennlinie (Z 295)** oder über dieser fährt, verletzt die §§ 2, 41 in TE. Unzulässiges Überholen verletzt nicht zugleich § 2, weil das Überholverbot als Sonderregel vorgeht, Sa VRS **42** 149. Wer links von einer Trennlinie (Z 295) oder auf dieser überholt und anders nicht überholen könnte, verletzt nur § 41 III 3 a, nicht auch § 2, Kö VM **72** 69, auch nicht immer § 5, weil Z 295 nicht das Überholen regelt, Dü VRS **62** 302. Überholen unter Benutzung einer Sperrfläche (Z 298) verletzt nicht zugleich § 2, Dü NZV **90** 241. **Konkurrenzen:** Mehrfaches unzulässiges Linksfahren jeweils nach Rückkehr auf die rechte Seite begründet mehrere selbständige Verstöße, Bay VBl **68** 670 (E 134, 150 a). TE bei Nichtbeachtung des Z 208 (Dem GegenV Vorrang gewähren!) und nicht scharfem Rechtsfahren auf schmaler Fahrbahn, s Bay VRS **31** 224. TE mit § 1 ist möglich, Ha VRS **8** 60. Bei Verstoß gegen Abs III a ist TE mit §§ 3 und 4 möglich. Wer eine Rotampel über Gehwege und andere Flächen umfährt, die nicht zum durch die LZA geschützten Bereich gehören, verletzt außer I nicht auch § 37, Ha VRS **55** 292, s § 37 Rz 50, 61. Bei VBehinderung durch unzulässiges Nebeneinanderfahren von Radfahrern tritt § 1 zurück. **Unerlaubtes Parken auf Gehwegen** verstößt gegen § 12, nicht gegen § 2, weil die Materie nicht im § 2 geregelt ist, sondern, wenn auch nicht abschließend, in § 12 IV, Kö VRS **71** 214, Dü VRS **61** 64, KG VRS **45** 66, aM noch Dü VRS **43** 381, Ko VRS **45** 48, von beiden inzwischen aufgegeben: s Dü VRS **61** 65. Zur **Bußgeldbemessung** bei Benutzung des AB-Seitenstreifens, das nicht zum Zwecke schnelleren Vorwärtskommens erfolgt, Ha NZV **95** 83.

74 9. **Zivilrecht.** Bei unklarem Herüberkommen eines entgegenkommenden Kfz muß der Kf jedenfalls bremsen, sonst, besonders beim Versuch des Linksausweichens, wird er idR mithaften, Fra VR **73** 377, s aber Bay VRS **62** 211, s Rz 34. **Der Anschein** (E 157 a) spricht gegen den von gerader oder gekrümmter Fahrbahn Abkommenden, BGH NZV **96** 277, Nau VRS **104** 415, KG VRS **104** 5, Fra VR **87** 281, Sa VR **84** 1185, Ce NZV **90** 432, **98** 155, Kö VR **90** 390, Kar VRS **86** 85, Nau VRS **92** 328, Mü NZV **00** 207 (auch bei fehlender Fahrbahnmarkierung und Nebel), der auf der falschen StrSeite mit GegenV kollidiert, BGH JZ **86** 251, Fra ZfS **92** 329, VRS **80** 401, Dü VRS **74** 417, Nü VR **70** 553, gegen den, der in unübersichtlicher Kurve auf der linken StrSeite kollidiert, BGH DAR **61** 14, der auf enger Straße links fährt oder ohne fremde Behinderung auf die unrichtige StrSeite gerät, BGH VR **64** 166, **62** 989, Dr NZV **00** 365, Kö VR **90** 390, Ha NZV **93** 354, gegen den, der bei Glatteis schleudert, s § 3 Rz 66, aber nicht gegen den bei Reifglätte rutschenden Radf, KG MDR **99** 864. Der Anschein spricht gegen den, der auf den ABGrünstreifen oder gar auf die Gegenfahrbahn gerät, Kar VRS **86** 85, sofern keine technische Einrichtung versagt hat, BGH DAR **58** 67, oder kein Niveauunterschied der Fahrbahn das Abkommen verursacht hat, Nü VR **64**

Geschwindigkeit § 3 StVO **2**

1178 (Überhöhung der Überholbahn). Gegen die Anwendung des Anscheinsbeweises zu Lasten des aus der Kurve getragenen Fzf: II. Arbeitskreis des VGT 1987 (**87** 8). Der Anscheinsbeweis wird **durch bewiesene Tatsachen entkräftet,** aus denen sich die ernsthafte Möglichkeit eines abw Geschehnisablaufs ergibt, BGH VR **84** 44, Ha NZV **03** 180, Kö VR **89** 526, zB wenn voraufgegangene **plötzliche Lenkbewegung** für Ausweichreaktion spricht, BGH JZ **86** 251, Brn VRS **106** 99, 247, Fra VRS **80** 401, wenn ein Lenkungsschaden ursächlich gewesen sein kann, Dü NZV **93** 393, Kö VR **77** 437, oder Luftverlust durch Reifenschaden, Dü NZV **93** 393 (plötzlicher Luftverlust), Kö VR **89** 526 („schleichender Plattfuß" vorn), abw Ha NZV **93** 354 („schleichender Plattfuß" hinten), oder wenn der von der Fahrbahn Abkommende unmittelbar zuvor trotz GegenV überholt wurde, BGH NZV **96** 277, s Ha NZV **98** 155 (überhaupt bei Abkommen in unmittelbarem Zusammenhang mit einem Überholvorgang). Kein Anschein für verkehrswidrige Fahrweise des in der StrMitte mit dem GegenV Kollidierenden, wenn der Entgegenkommende zuvor in die Gegenfahrbahn geraten war, Sa DAR **84** 149. Bremst ein FzF, weil ihm ein anderer unter Mitbenutzung der falschen Fahrbahnseite entgegenkommt, so spricht der Anschein gegen diesen, wenn der Bremsende dabei verunglückt, Kar VR **87** 692. Kein Anscheinsbeweis gegen den Kf, wenn sein gebremstes Kfz allmählich auf die linke Fahrbahnseite gerät, ohne daß sich die Bremsursache beweisen läßt, Ol VR **78** 1148. Kein Anscheinsbeweis für Kurvenschneiden des Entgegenkommenden, wenn ein Kfz bei starkem Nebel vor dessen Scheinwerfern nach rechts aus der Fahrbahn ausweicht, BGH VR **61** 137. Der Kollisionsort weist nicht stets auf **Schuld** des von seiner Fahrbahnseite abgewichenen Kf hin, BGH VRS **27** 248. Bei Frontalzusammenstoß in unübersichtlicher S-Kurve kann beiderseits gleiche Schuld in nicht scharfem Rechtsfahren liegen, BGH VR **64** 633. Bei Abkommen von der Fahrbahn spricht der Anschein für Schuld, jedoch nicht auch für **grobe Fahrlässigkeit,** Schl MDR **99** 1323, Kö VR **90** 390, Ha VRS **57** 86, s Fra VR **87** 927. Grobe Fahrlässigkeit, wenn ein Lastzug auf gerader Strecke von dem GegenV auf die Böschung gerät, Nü VR **64** 1184, idR bei Lenken des Fzs in die Fahrbahnhälfte des GegenV, Ha VR **97** 961, oder bei Abkommen von der Fahrbahn infolge Alkoholisierung und überschnellen Fahrens, Nü VR **73** 171. Bei Fahranfänger muß Abkommen des Fzs auf die Gegenfahrbahn bei gerader Strecke nicht ohne weiteres grob fahrlässig sein, Ce NZV **93** 187. **Alleinschuld** bei Kollision auf breiter Straße jenseits der Mittellinie, außer bei bewiesenem fremdem Fahrfehler, Dü VRS **74** 417, VR **72** 649. Wer verkehrswidrig zu weit links fährt, kann bei **Kollision mit einem 6 jährigen Radfahrer** aus einer Grundstücksausfahrt allein zu haften haben, Ce VR **78** 1144. Haftungsprobleme bei radfahrenden Kindern unter 10 Jahren auf Gehwegen: Rz 29b. Wer vor sich einen Dreizehnjährigen am linken Fahrbahnrand in selbstgefährdender Weise in gleicher Richtung fahren sieht, muß mit plötzlichem Fahrbahnüberqueren rechnen, Ko VRS **58** 27. Alleinhaftung des widerrechtlich den Gehweg befahrenden erwachsenen Radf, s Rz 29a. Wer sich scharf rechts gehalten hat, wird nach § 17 III StVG entlastet sein, BGH VRS **21** 258 (zu § 7 II StVG alt). Zurücktreten der **BG des Rechtsfahrenden** bei rechtswidrig herüberkommendem GegenV, BGH VM **92** 71, VR **69** 738. Die BG eines rechtsfahrenden Krades tritt zurück, wenn der entgegenkommende Pkw auf enger Straße in leichter Kurve nicht äußerst rechts fährt, BGH VR **67** 286. Entsprechendes gilt für die BG eines auf dem linken von zwei Fahrstreifen für eine Richtung fahrenden Pkw, wenn die LkwAufbauten eines Entgegenkommenden über die durchgehende Mittellinie (Z 295) ragen, Stu NZV **91** 393. Zurücktreten der Straba-BG bei Kollision mit Pkw in einer Engstelle infolge Mißachtung des Straba-Vorrangs nach Abs III, Kar VR **97** 333.

Geschwindigkeit

3 (1) ¹Der Fahrzeugführer darf nur so schnell fahren, daß er sein Fahrzeug ständig beherrscht. ²Er hat seine Geschwindigkeit insbesondere den Straßen-, Verkehrs-, Sicht- und Wetterverhältnissen sowie seinen persönlichen Fähigkeiten und den Eigenschaften von Fahrzeug und Ladung anzupassen. ³Beträgt die Sichtweite durch Nebel, Schneefall oder Regen weniger als 50 m, so darf er nicht schneller als 50 km/h fahren, wenn nicht eine geringere Geschwindigkeit geboten ist. ⁴Er darf

2 StVO § 3 I. Allgemeine Verkehrsregeln

nur so schnell fahren, daß er innerhalb der übersehbaren Strecke halten kann. ⁵Auf Fahrbahnen, die so schmal sind, daß dort entgegenkommende Fahrzeuge gefährdet werden könnten, muß er jedoch so langsam fahren, daß er mindestens innerhalb der Hälfte der übersehbaren Strecke halten kann.

(2) Ohne triftigen Grund dürfen Kraftfahrzeuge nicht so langsam fahren, daß sie den Verkehrsfluß behindern.

(2a) Die Fahrzeugführer müssen sich gegenüber Kindern, Hilfsbedürftigen und älteren Menschen, insbesondere durch Verminderung der Fahrgeschwindigkeit und durch Bremsbereitschaft, so verhalten, daß eine Gefährdung dieser Verkehrsteilnehmer ausgeschlossen ist.

(3) Die zulässige Höchstgeschwindigkeit beträgt auch unter günstigsten Umständen

1. innerhalb geschlossener Ortschaften für alle Kraftfahrzeuge   50 km/h,
2. außerhalb geschlossener Ortschaften
    a) für Kraftfahrzeuge mit einem zulässigen Gesamtgewicht über 3,5 t bis 7,5 t, ausgenommen Personenkraftwagen,
    für Personenkraftwagen mit Anhänger und Lastkraftwagen bis zu einem zulässigen Gesamtgewicht von 3,5 t mit Anhänger und für Kraftomnibusse, auch mit Gepäckanhänger   80 km/h,
    b) für Kraftfahrzeuge mit einem zulässigen Gesamtgewicht über 7,5 t, für alle Kraftfahrzeuge mit Anhänger, ausgenommen Personenkraftwagen sowie Lastkraftwagen bis zu einem zulässigen Gesamtgewicht von 3,5 t
    und für Kraftomnibusse mit Fahrgästen, für die keine Sitzplätze mehr zur Verfügung stehen   60 km/h,
    c) für Personenkraftwagen sowie für andere Kraftfahrzeuge mit einem zulässigen Gesamtgewicht bis 3,5 t   100 km/h.
    Diese Geschwindigkeitsbeschränkung gilt nicht auf Autobahnen (Zeichen 330) sowie auf anderen Straßen mit Fahrbahnen für eine Richtung, die durch Mittelstreifen oder sonstige bauliche Einrichtungen getrennt sind. Sie gilt ferner nicht auf Straßen, die mindestens zwei durch Fahrstreifenbegrenzung (Zeichen 295) oder durch Leitlinien (Zeichen 340) markierte Fahrstreifen für jede Richtung haben.

(4) Die zulässige Höchstgeschwindigkeit beträgt für Kraftfahrzeuge mit Schneeketten auch unter günstigsten Umständen 50 km/h.

Begr zu § 3 ... Zu Absatz 1:

1/2 *Die bisherige gesetzliche Regelung (§ 9 Abs. 1 Satz 1 StVO) erschöpft sich darin, eine Fahrgeschwindigkeit zu fordern, welche die Erfüllung der Pflichten des Fahrzeugführers jederzeit gestattet; ergänzend wird dies in Satz 2 für „unübersichtliche Stellen" besonders eingeschärft. Das ist an sich sachgerecht; die Bestimmung kann daher inhaltlich übernommen werden.*

3 *... Zur weiteren Konkretisierung wird das Gebot des „Fahrens auf Sicht" aufgenommen; ... Diese Regel besagt, daß auch unter günstigsten sonstigen Verhältnissen keinesfalls schneller gefahren werden darf, als daß ein Halten innerhalb der noch übersehbaren Strecke möglich wäre. Das gilt für jeden, der sich einer sichtbeschränkenden Kurve oder Kuppe nähert, ebenso wie für den, der wegen eines Wolkenbruchs nur wenige Schritte weit sieht, oder für den, der bei Nacht auf den Wirkungsbereich seiner Scheinwerfer angewiesen ist (Ausnahmen für Autobahnen: § 18 Abs. 6). In unzähligen Fällen werden aber die übrigen aufgezählten Faktoren nur eine erheblich geringere Fahrgeschwindigkeit zulassen. Die Faktoren sind, wie das Wort „insbesondere" eindeutig besagt, nur beispielhaft, also bewußt unvollständig aufgenommen; der Versuch, vollständig zu sein, müßte scheitern. Das sind neben der eigenen Fahrfertigkeit und dem jeweiligen physischen und psychischen Befinden („persönliche Fähigkeiten"), neben dem Zustand von Fahrzeug und Ladung, neben dem Zustand der Straßendecke, dem Ausbau und der Breite der Fahrbahn und der Art der Straßenführung („Straßenverhältnisse") vor allem eben jene „Verkehrs- und Sichtverhältnisse". ...*

4–6 *Wird durch den Gesetzesbefehl des Fahrens auf Sicht dem Fahrzeugführer die äußerste Grenze seiner Fahrgeschwindigkeit unter den günstigsten sonstigen Umständen aufgezeigt, so darf in einem Gesetz, das jeden ansprechen will, das ausdrückliche Gebot des Fahrens auf mindestens halbe Sichtweite auf schmalen Straßen nicht fehlen. Die Fassung ist volkstümlich; der Laie versteht sehr wohl, was und weshalb man das von ihm verlangt.*

Geschwindigkeit § 3 StVO **2**

Zu Absatz 2: Der Absatz übernimmt eine Weltregel. „Triftig" ist ein Grund, wenn er subjektiv oder objektiv das Langsamfahren rechtfertigt, z. B. wegen mangelhafter Motorleistung oder weil es gegen Autokrankheit empfindlichen Mitfahrern bei schnellerem Fahren übel wird. Keinesfalls ist hier das an Zeichen 275 (vorgeschriebene Mindestgeschwindigkeit) geknüpfte Verbot entsprechend anwendbar. **7**

Zu Absatz 3: ... Zu Nr. 2: Es war auch erwogen worden, ob nicht im Interesse der Gleichmäßigkeit des Verkehrsflusses eine Anhebung der zulässigen Höchstgeschwindigkeiten auch für schwere Fahrzeuge und für Züge, vor allem aber auch für Kraftomnibusse, sich verantworten ließe. Der Gesetzgeber sieht davon ab, weil der technische Stand dieser Fahrzeuge, namentlich auch der im Ausland zugelassenen, solche Lockerung noch nicht allgemein zuläßt. Übrigens sind auch die ausländischen Vorschriften auf diesem Gebiet fast nirgendwo milder. **8**

Zu Abs. 2a: Die Unfallsituation bei Kindern, Hilfsbedürftigen und älteren Menschen ist nach wie vor besorgniserregend. Der Deutsche Bundestag, der Deutsche Verkehrsgerichtstag, der Deutsche Verkehrssicherheitsrat, die Deutsche Verkehrswacht u. a. fordern deshalb eine konkrete Verhaltensvorschrift für die Fahrzeugführer, um den Schutz der genannten Verkehrsteilnehmer zu verbessern. ... Der Bundesminister für Verkehr war sich nach eingehender Diskussion mit den zuständigen obersten Landesbehörden darin einig, daß hier in erster Linie ein Geschwindigkeitsproblem angesprochen wird. ... **9**
Bei Fassung des neuen Absatzes 2a ist auch klargestellt worden, daß die Verminderung der Geschwindigkeit und die Bremsbereitschaft für sich allein nicht genügen; vielmehr wird durch die Formulierung „Gefährdung dieser Verkehrsteilnehmer ausgeschlossen" deutlich gemacht, daß von dem Fahrzeugführer das Äußerste an Sorgfalt verlangt wird, um eine Gefährdung der Kinder, Hilfsbedürftigen und älteren Menschen zu vermeiden.
Das setzt allerdings voraus, daß der Fahrzeugführer die geschützten Personen sieht oder bei dem hier zu fordernden Maß an Sorgfalt hätte sehen oder nach den Umständen mit ihnen hätte rechnen müssen.

Zu Abs. 4: ... Aus Gründen der Straßenschonung und der Verkehrssicherheit hat die Bundesanstalt für Straßenwesen und der Fachausschuß Kraftfahrzeugtechnik vorgeschlagen, die zulässige Höchstgeschwindigkeit beim Fahren mit Schneeketten auf 50 km/h festzulegen. Dieser Wert ist nicht neu; denn bereits in den Bauartgenehmigungen wird eine zulässige Höchstgeschwindigkeit, in der Regel 50 km/h, festgelegt ...

Begr zur ÄndVO v 15. 10. 91 (VBl **91** 703):
Zu Abs. 1 Satz 3: Die regelmäßig bei schlechten Sichtverhältnissen, insbesondere bei Nebel, auftretenden Massenunfälle beruhen in der Regel auf einem der Sichtweite nicht angemessenen Fahrverhalten der Kfz-Führer. ... **10**
Die allgemeinen, für schlechte Sichtverhältnisse geltenden Verhaltensregeln reichen nicht aus, um dem Phänomen der Nebelunfälle gerecht zu werden. ...
Bund und Länder sehen daher die Notwendigkeit, bei extrem schlechten Sichtverhältnissen dem Kraftfahrzeugführer für eine bestimmte, für ihn erkennbare Sichtweite (50 m = Regelabstand der Leitpfosten) eine eingängige Präzisierung der allgemeinen Verhaltensregeln zu geben.
...
Mit der Ergänzung des § 3 Abs. 1 StVO wird die Geschwindigkeitsobergrenze für eine bestimmte Sichtweite unabhängig von den persönlichen Fähigkeiten des Fahrers oder der technischen Ausrüstung des Fahrzeugs festgelegt. Sie verhindert die gerade bei Nebel häufig auftretenden subjektiven Fehleinschätzungen der zulässigen Geschwindigkeit durch den Fahrer und gibt diesem durch die ziffernmäßige Geschwindigkeitsbeschränkung eine nachvollziehbare Orientierung.
...
Begr zur ÄndVO v 7. 8. 97 (VBl **97** 688): **Zu Abs. 3:** – Begründung des Bundesrates – Das geltende Recht unterwirft Pkw und Kraftfahrzeuge bis zu 2,8 t zulässigem Gesamtgewicht den gleichen Vorschriften. Grund ist die „technische Vergleichbarkeit". Die technische Fortentwicklung der Fahrzeuge gestattet es heute, auch Kraftfahrzeuge mit einem zulässigen Gesamtgewicht bis zu 3,5 t mit dem Pkw gleich zu behandeln, die Verkehrssicherheit wird nicht beeinträchtigt. Einer generellen Anhebung der Gewichtsgrenze von 2,8 t auf 3,5 t steht damit nichts im Wege. **10 a**
Zudem ist die Anhebung der Gewichtsgrenze auch aus rechtssystematischen Gründen zu befürworten. Aufgrund der 2. EG-Führerscheinrichtlinie wird die Bundesrepublik Deutschland die in-

2 StVO § 3   I. Allgemeine Verkehrsregeln

ternational übliche Einteilung der Fahrerlaubnisklassen einführen. Die Grenze zwischen der Pkw-Klasse B (bisher Klasse 3) und der Lkw-Klasse C (bisher Klasse 2) verläuft dann bei einem zulässigen Gesamtgewicht des Fahrzeuges von 3,5 t (bisher 7,5 t). Die Anhebung der Gewichtsklasse von 2,8 t auf 3,5 t führt so zu einer Harmonisierung der verhaltensrechtlichen mit den fahrerlaubnisrechtlichen Bestimmungen.

Vwv zu § 3 Geschwindigkeit

11   1   *Sattelkraftfahrzeuge zur Lastenbeförderung sind Lastkraftwagen im Sinne der StVO.*

Übersicht

Abblendlicht 3, 32–35
Ablenkung von den Fahraufgaben 67
Alkohol 42
Aufheben von Gegenständen während der Fahrt 67
Außerorts, Höchstgeschwindigkeit 54, 54 a
Autobahn 27
Beobachtung der Fahrbahn 14, 25, 67
Beweisfragen 57–64
Blendung 32, 36, 37
Blindsekunde 32
Bremsansprechzeit 44
Bremsen 19–20, 44
Bremsspur 58
Bremsweg 44, 58
Eigenschaften von Fahrzeug und Ladung 43
Einschränkung des Sichtgrundsatzes 3, 17–40
Eis 18–21
Elektronische Weg-Zeit-Messung 62 a
Engpaß 16, 26
Fahrbahn
–, Blickabwendung 67
–, schmale 16, 17
Fahrbahnhindernis 25
Fahrfähigkeit 41, 42
Fahrlicht 3, 32–35, 37
Fahrzeug, Eigenschaften 43
–, nicht vertrautes 41
Foto als Beweismittel 57
Funkstoppverfahren 60
Gefälle 20, 23, 44
Gegenverkehr 29
Geschwindigkeitsbegrenzung 45, 46, 49–54
–, innerorts 50–52
Geschwindigkeitsschätzung 63
Glätte 18–21
Grund, triftiger zum Langsamfahren 7, 47, 48
Halbe Sicht, Fahren auf 16
Hilfsbedürftige 29 a
Höchstgeschwindigkeiten, zulässige 8, 9, 38, 49–54 a, 55 d
Innerorts, Fahrgeschwindigkeit 50–52
Kinder 29 a
Kolonnenfahren 29
Körperzustand 41, 42
Kurve 26
Ladung 43
Langsamfahren, behinderndes 7, 47, 48
LASER-Messung 61
Massenverkehrsmittel 31

Nässe 18
Nebel 38
Nichtbeachtung der Fahrbahn 67
Ordnungswidrigkeiten 56
Ortstafel 50–53
Parkplätze 16
Police-Pilot-System 62 a
Radarmessung 59
Randstreifen 23
Rauch 39
Reaktionszeit 44
Regen 18 f, 33, 38
Richtgeschwindigkeit 55–55 c
Schaublatt 57
Scheinwerferlicht 3, 32–35, 37
Schneefall 38
Schneeglätte 18–21
Schneeketten, Höchstgeschwindigkeit 9, 55 d
Sehen 33, 37
Seitenraum 14, 24, 25
Sicht, schlechte 32 ff
Sicht, halbe 16
Sichtgrundsatz 3–6, 12–17
Sichtgrundsatz, Einschränkung durch widrige Umstände 3, 17–40
Sorgfalt, äußerste 9, 29 a
Spiegelmeßverfahren 60
Strafrecht 65
Straßenbahn 31
Straßenverhältnisse 3, 17–21
–, örtliche 24–26
Tachometeranzeige 57, 62
Tachometervergleichung 62
Tiere auf der Fahrbahn 30
Übersichtlichkeit 24, 26
Umstände, widrige 3, 17–40
Verkehrslage und Fahrgeschwindigkeit 3, 29
Verkehrszeichen, Geschwindigkeitsbeschränkung durch 45, 46
Vertrauensgrundsatz 14, 52
Video/Computer-Meßmethode 62 a
Vorsatz 56
Warnung vor Radarkontrollen 59
Wasserglätte 18
Wildwechsel 28
Wind 40
Wohnmobil 54
Zivilrecht 66, 67
Zonengeschwindigkeit 45

Geschwindigkeit § 3 StVO **2**

1. Fahrgeschwindigkeit. Zügig ist zu fahren, nicht ohne triftigen Grund langsam, **12** stets beherrscht, Ol NZV **90** 473, Kö VRS **50** 193, und auf Sicht, auf schmalen Straßen auf halbe Sicht, innerhalb vorgeschriebener Höchstgeschwindigkeiten und den objektiven und subjektiven Gesamtumständen angepaßt, Bay VRS **59** 224. § 3 will Unfälle infolge Zuschnellfahrens verhindern, Ko VRS **41** 269. Dem Bedürfnis nach raschem Vorankommen geht Sicherheit stets vor, BGH DAR **51** 190, VRS **11** 436. Zum bautechnischen Begriff der Straßen-Entwurfsgeschwindigkeit, *Mäcke/Beckmann* ZVS **83** 14, *Teichgräber* ZVS **83** 53. I gilt auch für das Überholen und Abbiegen (Begr). Die Überholgeschwindigkeit soll optimal hoch sein, um abzukürzen, Kö DAR **67** 17, niemals höher als zulässig (§ 5). Auf freier Strecke und bei entsprechender VLage, vor allem auf der AB, ist uU Höchstgeschwindigkeit zulässig, jedoch erfordert besonders schnelles Fahren ausnahmslos höchste Aufmerksamkeit, BGH VRS **18** 36, Ha DAR **91** 455, Stu VR **66** 531. Mit zunehmender Fahrgeschwindigkeit wächst die Konzentration auf die Fahrbahn, die Peripherie wird entsprechend verspätet wahrgenommen, *Graßberger*, Psychologie des Strafverfahrens S 13. Die richtige Einschätzung der eigenen Fahrgeschwindigkeit hängt von Fahrbahnbreite, Randbebauung, FzGröße, Fahrgeräuschen und ähnlichen Faktoren ab; sie wird durch längere Fahrt beeinträchtigt, s *Meyer-Gramcko* Verkehrsunfall **90** 157 f. Auch Radfahrer dürfen nirgends unangemessen schnell fahren, Ce MDR **01** 1349, Ol MDR **57** 547. Sie müssen insbesondere, weil sie optisch und akustisch schlechter wahrnehmbar sind als Kf, soweit auf andere VT Rücksicht zu nehmen ist, eine Geschwindigkeit einhalten, die diese von einem Radf erwarten, Kar VRS **78** 329. Je nach den Umständen ist stets rechtzeitig, Ha NJW **75** 841, zu verlangsamen, Hb VM **66** 29, Ol VM **66** 39, nicht abrupt, weil das Insassen und nachfolgenden Verkehr gefährden kann (§ 4), Sa VM **67** 6. Wer zu schnell fährt (abgesehen von geringen Überschreitungen), dem steht keine Schreckzeit zu, BGH VRS **34** 205.

Lit: Cless, Geschwindigkeitsüberschreitung als Unfallursache, DAR **65** 235. *Mäcke/Beckmann,* **13** Geschwindigkeit und ihre Bedeutung für die VSicherheit, ZVS **83** 14. *Möhl,* Die richtige Bemessung der Geschwindigkeit, DAR **68** 29. *Meyer-Gramcko,* Wahrnehmen und Schätzen von Geschwindigkeiten, Verkehrsunfall **90** 155. *Mühlhaus,* Abstand – Auffahren, DAR **67** 260. *Derselbe,* Die Ursächlichkeit von VVerstößen und Trunkenheit für den Unfall (zur Ursächlichkeit der Fahrgeschwindigkeit), DAR **72** 170. *Mühlhaus/Mayr/Reinken,* Die Geschwindigkeit, KVR. *Teichgräber,* Die Bedeutung der Geschwindigkeit für die VSicherheit, ZVS **83** 53. *Zerban,* Angemessene Geschwindigkeit und Geschwindigkeitsbeschränkung …, ZVS **83** 2.

2. Innerhalb der übersehbaren Strecke muß der Fahrer anhalten können, BGH **14** VRS **19** 124, VR **56** 796, Ha NZV **04** 356, Kö VR **03** 219, Ce MDR **01** 1349, KG VM **96** 20, Zw NZV **93** 153, auf schmaler Fahrbahn bei möglicher Gefährdung anderer schon auf halbe Sichtweite (I S 5), s Rz 16. Nur Fahren auf Sicht erlaubt es, rechtzeitig anzuhalten, Kar VRS **36** 274. Auch unter Einrechnung zulässiger Schreckzeit darf der Anhalteweg nicht größer als die Sichtweite sein, BGH VM **65** 39. Der Sichtgrundsatz soll davor schützen, auf Hindernisse (Rz 25) aufzufahren, Jn NZV **02** 464, Ce VR **73** 450, aber auch vor Kollision mit Entgegenkommenden, Bay VRS **58** 366, Kö VOR **74** 46, aM Ce VR **73** 450. Die Vorschrift, eine der wichtigsten über die Fahrgeschwindigkeit, Stu VRS **77** 44, legalisiert die Regel des Fahrens auf Sicht (Begr) als äußerste Geschwindigkeitsgrenze unter günstigsten Umständen, die sich je nach den objektiven und subjektiven Umständen (Rz 17–40) weiter ermäßigt (Begr), Bay VRS **59** 224, Ha VR **90** 318. Die Übersehbarkeit der Strecke kann durch die verschiedensten Umstände beeinträchtigt werden (Kurve, Kuppe, Witterung, Dunkelheit, Nebel, unzulängliche Beleuchtung oder Scheinwerfer, Blendung und ähnliches) (Begr). Unbehindert ist der Überblick nur, wenn der Fahrer sieht, daß die soeben zu befahrende Strecke frei ist, auch bei ungünstigster Sicht (Blendung), BGH VR **69** 373, Bay DAR **62** 184, Ha VR **90** 318. Maßgebend ist außer der überblickbaren Strecke der individuelle Anhalteweg des Kfz, BGH NJW **74** 1378, VRS **30** 272, Ko VRS **72** 461, der je nach objektiven und subjektiven Faktoren wechselt, wobei sich der Fahrer auf den jeweils ungünstigsten Faktor einstellen muß. Das **Sichtfahrgebot** betrifft nur die Sicht *vor* dem Fz, BGH NZV **02** 365, **98** 369, NJW **85** 1950, Ha VRS **82** 12, Kö VRS **67** 140; es ist daher erfüllt, wenn neben einem dem Anhalteweg entsprechenden Fahrbahnteil ein *angemessener* **Seitenraum** (zB Gehweg, Dü NZV **02** 90, Ha NZV **91** 194, Fahrbahnrand, Jn NZV

2 StVO § 3 I. Allgemeine Verkehrsregeln

02 464) als hindernisfrei erkannt wird, mit nachträglich von der Seite auftauchenden Hindernissen braucht der FzFührer idR nicht zu rechnen, s Rz 25, Ko VRS **72** 461. Im übrigen muß der FzF aber auch vor unvermuteten Hindernissen auf der Fahrbahn anhalten können, Ko NJWE-VHR **96** 126, VRS **72** 461, Schl NZV **95** 445. Bei **Dunkelheit** genügt auf breiten Strn (mehr als 6 m) idR freie Sicht auf die rechte Fahrbahnhälfte, Kö VRS **67** 140, *Jan/Jag/Bur* 29, s BGH VRS **13** 468, aM BGH NJW **87** 2377 unter Bezugnahme auf ein zur früheren StVO ergangenes Urteil (1953). Damit, daß sich ein Entgegenkommender mit einer ins Gewicht fallenden Geschwindigkeit verkehrswidrig auf ihn zu bewegen könnte, braucht der Kf nicht zu rechnen, insoweit ist das Sichtfahrgebot durch den **Vertrauensgrundsatz** begrenzt, KG NZV **03** 483, **02** 230, VRS **103** 406, Ha VR **99** 898; dieser Gesichtspunkt bleibt aber außer Betracht, wenn die Geschwindigkeit auch hinsichtlich eines ruhenden Hindernisses zu hoch gewesen wäre, BGH VR **83** 153, Ha VR **99** 898, Kar VR **87** 692. Daß der Kf mit am rechten Fahrbahnrand **entgegenkommenden Fußgängern** rechnen muß, verpflichtet ihn jedenfalls dann nicht zur Einhaltung einer geringeren Geschwindigkeit, wenn die Fahrbahnbreite ein Vorbeifahren mit ausreichendem Abstand erlaubt, Bay VRS **60** 348.

15 **2 a. Der Sichtgrundsatz gilt** auch auf FernVStr, Fra NZV **90** 154, und AB, Bra NZV **02** 176, Ba NZV **00** 49, Fra NZV **01** 169, **90** 154, Kö NZV **95** 400, Ha NZV **89** 234, auch bei fremdverschuldeten Hindernissen, Ol NZV **90** 473, Bra VR **83** 157, Ha NZV **89** 234. Auch § 18 VI hebt den Grundsatz des Fahrens auf Sicht unter den dort genannten Umständen auf AB nicht auf, sondern grenzt ihn ein, s § 18 Rz 19. Der Sichtgrundsatz gilt für Radf, Nü NZV **04** 358, Ce NZV **03** 179 (Mithaftung des Radf bei Kollision mit querendem Fußgänger), KG NZV **03** 483, Ha NZV **02** 129, DAR **02** 351, und idR auch für die Straba, BGH NZV **91** 114, NJW **75** 449, Ce VR **76** 1068, Dü VM **66** 45, Fra VR **67** 850, doch nicht auf eigenem Gleiskörper außerhalb der Straße, Bay VRS **14** 219, offengelassen von BGH VRS **14** 121 (Rz 31). Auf Hindernisfreiheit noch nicht überblickbarer, auf der Fahrbahn verlegter Gleisstrecken darf der StrabaF daher nicht vertrauen, Ce VR **76** 1068.

16 **2 b. Auf schmaler Fahrbahn** muß der Kf schon **auf der Hälfte der übersehbaren Strecke** anhalten können, Abs I S 5, s Jn NZV **02** 125, Ko VRS **68** 179. Das Gebot des Fahrens auf halbe Sicht soll den GegenV schützen, Bay VRS **58** 366. Schmal ist eine Fahrbahn, die bei ausreichendem Zwischenraum Fahrbegegnung mit einem 2,5 m breiten Fz nicht erlaubt (Begr), Hb VRS **84** 169. Dies kann auch dann zutreffen, wenn das eigene Fz schmal ist und daher die Mitte nicht berührt, Schl NZV **91** 431. Wer diese Fahrregel beachtet, darf idR darauf **vertrauen,** daß auch der GegenV dies tut, Bay VM **70** 33. Wer auf halbe Sicht anhaltebereit fahren muß, braucht nicht mit entgegenkommenden Linksfahrern zu rechnen, für seine Sichtweite kommt es vielmehr auf die Mitte der für ihn sichtbaren Gegenfahrbahn an, Bay VRS **58** 368. Der Fahrer eines überbreiten landwirtschaftlichen Fz muß an unübersichtlicher Stelle einer schmalen Straße keinen Warner vorausschicken, wenn der GegenV wegen der geringen Breite ohnehin auf halbe Sicht fahren muß, Bay VRS **25** 217. Können begegnende Fze nicht mit Sicherheitsabstand passieren, so muß jedes auf der Hälfte der übersehbaren Strecke anhalten können, Ce VR **76** 151. Der LkwF muß auf halbe Sichtweite fahren, wenn er in enger Kurve mit breitem Fz bei angemessenem Abstand vom Fahrbahnrand mehr als die halbe Straßenbreite einnimmt, BGH VRS **29** 188, ebenso wer auf schmaler Straße nach rechts Abstand hält, BGH VR **66** 472, Bay NZV **90** 122. Schrittgeschwindigkeit ist nötig, wenn Kfze auf schmaler Straße kaum aneinander vorbeikommen, Sa VM **83** 44, Ha VR **78** 47, **76** 738. Bei Begegnung auf schmaler Fahrbahn kann die **BG** dessen, der richtig und vorsichtig gefahren ist, gegenüber Verstößen des anderen ganz zurücktreten, Ce VR **76** 151. Ähnlich erhöhte Sorgfalt ist auch bei baulich breiterer Fahrbahn nötig, die **durch parkende Fze verengt** ist, KG VM **74** 75 („50" zu schnell), VRS **19** 359, auch dann ist Fahren auf halbe Sicht geboten, Hb VRS **84** 169, Ko VRS **68** 179, nicht aber bei vereinzeltem Hindernis (parkender Lkw) auf der Gegenfahrbahn, Ba VR **82** 583. Auf Zufahrtswegen innerhalb von **Parkplätzen** ist bei beschränkter Übersicht Schrittgeschwindigkeit geboten, Ce DAR **00** 216, Fra NZV **01** 36, KG VM **77** 23.

Geschwindigkeit § 3 StVO 2

3. Langsamer als auf Sicht ist zu fahren bei widrigen objektiven oder (und) subjektiven Umständen, wie I S 2 sie beispielhaft (Kar VM **75** 61) aufzählt. Sie zwingen zur Verringerung der Fahrgeschwindigkeit auf diejenige, welche diesen Umständen entspricht, Bay VRS **59** 224. In Betracht kommen vor allem StrAusbau, StrDecke, StrFührung, Fahrbahnbreite (Begr), Witterung, Beleuchtung, VLage, FzZustand und Fahrfähigkeit des Fahrers. Ihnen muß die Fahrgeschwindigkeit entsprechen, Hb VM **66** 29 (unübersichtliche VLage), Ha VR **90** 318 (Streulicht durch Regentropfen auf Helmvisier), auch auf BundesStr, BGH VRS **21** 241, besonders auch bei WarnZ, BGH VRS **7** 73, Stu VRS **77** 44 (Baugrube). Diese Anforderungen lassen sich nicht in Zahlen ausdrücken. Der Kf kann sie nur durch vorbeugende Vorsicht und Erfahrung bewältigen. Je ungünstiger der StrZustand ist, um so strengere Anforderungen sind an die Fahrweise zu stellen, Ce VR **65** 961. 17

3 a. Straßenverhältnisse. Nässe. Glätte. Auf gut geführter, breiter Straße mit guter Decke dürfen auch bei Feuchtigkeit und Nässe (nicht bei großen Pfützen) erhebliche Geschwindigkeiten gefahren werden, wenn der Anhalteweg innerhalb der Sichtweite bleibt, BGH NZV **88** 100, KG VRS **13** 149, auch auf der AB und ihren Zubringern, Kö VM **98** 87 (Überschreiten der AB-Richtgeschwindigkeit). Doch muß der Kf die StrDecke bei Nässe für den Fall des Bremsens beobachten, BGH VRS **7** 367. Besonders bei Regenbeginn oder Nieselregen droht Schmierfilm, Dü VM **59** 12, Ha 5 Ss 205/72, vor allem bei Schlüpfrigkeit selbst trockener Oberfläche (Blaubasalt), Ha VRS **13** 234 (Blaubasaltdecken sind gefährlich, „Amtshaftung"?). Bei feuchter Fahrbahn ist die erhöhte Sturzgefahr aller ZweiradF einschließlich der Kräder auf Schmutz, Strabaschienen, Unebenheiten und Markierungen zu berücksichtigen. Glätte durch nassen Zementstaub, BGHZ **62** 186 = NJW **74** 987. Starker Regen legt die Gefahr von **Wasserglätte (Aufschwimmen, § 36 StVZO)** nahe und zwingt daher idR zum Verlangsamen, BGH VR **75** 373, Dü VR **75** 160, Ce VR **65** 961. Wasserglätte droht zB: wo die Fahrbahn plötzlich hell spiegelt, wo Reifenspuren des Vorausfahrenden (Wasserverdrängung) plötzlich abreißen, in Mulden und Senken, in Spurrillen, Dü DAR **99** 38, allgemein bei Platzregen. Bei oder nach Platzregen muß ein Kf auf Straßen in hügeligem Gelände mit tieferen und größeren Pfützen rechnen und entsprechend langsam fahren, Bay VM **71** 29, Dü VM **75** 82, s Ko DAR **99** 419. Bei starkem Regen kann eine Geschwindigkeit von 100 km/h auch am Tage auf AB-ähnlicher Str zu hoch sein, Nü VM **82** 10. Auch 50 km/h können uU bei Wolkenbruch und Sturm zu hoch sein, Sa VM **73** 59. Wer aber bei Platzregen mit Scheibenwischern und Scheinwerfern noch mit 50 km/h auf Sicht fahren kann, handelt idR nicht vorwerfbar, Kö VRS **37** 40. Nur teilweise Wasserglätte, wenn einzelne Räder noch greifen, kann zum Ausbrechen des Kfz führen, Ha VRS **56** 46. Zu schnell ist gefahren, wer in einer Kurve bei Bremsen in die Gegenfahrbahn rutscht, Ce DAR **76** 130. Auf im übrigen guter Fahrbahn braucht im Bereich einer Überflutung nicht ohne weiteres mit gefährlichen Unebenheiten gerechnet zu werden, Kö VR **92** 1268. Geschwindigkeit auf nasser **Autobahn**, s auch § 18 Rz 19. 18

Nötigt die Kurvengeschwindigkeit zu starkem **Bremsen** mit der Folge des Ausbrechens des Fzs, so ist die Geschwindigkeit unangepaßt, Ha VRS **105** 183. An sich kann ein Kfz auch bei einfacher VLage einmal **schleudern** (große Unebenheit, tiefliegende Schienen, Schmierstelle, Ölfleck), Schleudern in nasser Kurve beweist nicht stets Zuschnellfahren, Ha VRS **16** 352 (s aber Rz 66). IdR weist Schleudern auf der Fahrbahn aber auf mangelnde Sorgfalt hin, Dü DAR **77** 186. Die richtige Maßnahme gegen Schleudern ist Gaswegnehmen unter Auskuppeln und Gegenlenken, s Bay VRS **11** 142, Ha VRS **20** 459 (s Rz 20). 19

3 b. Eis- und Schneeglätte nötigt zu angepaßtem Fahren, Dr DAR **01** 318, Ha NJWE-VHR **96** 116, Dü NZV **93** 158, Nü NZV **93** 149. Der Anhalteweg muß innerhalb der Sichtweite bleiben und je nach den Umständen noch wesentlich kürzer sein. Der Kf muß gefahrlos lenken und rechtzeitig anhalten können, BGH VR **66** 1077, Dr DAR **01** 318, Dü NZV **93** 158. Bei Glätte darf ein Lastzug nur so schnell fahren, daß er vor Rot ohne Schleudern anhalten kann („30" zu schnell), Ha VM **70** 86, Ko VRS **44** 433. Auf schneeglatter, aber freier Str muß eine Geschwindigkeit von 40 km/h nicht zu hoch sein, KG VM **83** 24, anders aber „40" auf eisglatter, leicht abfallender Straße, BGH 20

389

2 StVO § 3   I. Allgemeine Verkehrsregeln

Betr **70** 1829, ebenso 30 km/h beim Abschleppen eines Omnibusses auf vereister Fahrbahn, BGH VR **59** 792. Es gibt keinen Erfahrungssatz, daß „40" innerorts bei Schneeglätte zu schnell seien, Bay VRS **58** 394. **Abstände** sind bei Glätte zu vergrößern, Ha DAR **69** 251. Ist im Dunkeln mit Glätte zu rechnen, ohne daß sie sich näher feststellen ließe, so muß entsprechend verlangsamt werden, Ha VRS **48** 379. Bei Winterglätte können uU objektive Faktoren gefährdend zusammenwirken, die sich auch bei großer Sorgfalt vorher nicht verläßlich abschätzen lassen. Daher weist besonders hier nicht jeder Unfall auf Schuld hin, s Bay NZV **93** 121. Auch bei gestreuter AB darf der Kf nicht überall mit Streuen rechnen (§ 45 Rz 62). Bei spiegelglatter Str muß sich der Kf auch auf die Möglichkeit einstellen, daß der **Vorausfahrende** die Kontrolle über sein Fz verliert, Nü NZV **93** 149, ohne Anhaltspunkte aber nicht darauf, daß einem Überholenden beim Wiedereinscheren ein Fahrfehler unterläuft, Ha NZV **97** 477. Auf schneeglatter, verengter Straße muß er beim Sturz eines vorausfahrenden Radfahrers noch rechtzeitig anhalten können, Nü VR **69** 288. Bei Schneeglätte ist mit verunglückten Fzen auf infolge Kuppe nicht einsehbarem Fahrbahnabschnitt zu rechnen und so langsam zu fahren, daß bei Beginn des Gefälles angehalten werden kann, Ha VR **82** 171. Bei **Gefälle** auf glatter Straße muß der Bergabfahrende so fahren, daß er nicht plötzlich bremsen muß, falls ein Bergauffahrender nach links ausweichen muß, Kö VR **76** 1095. Wer auf leicht abschüssiger Str mit Schneeglätte bei Sicht von 137 m vor einem Hindernis nicht anhalten kann, trägt Alleinschuld, Ha VR **78** 749. Bei **Schleudern auf Glatteis** ist Bremsen unsachgemäß, BGH VRS **4** 323, Bay VBl **60** 251. Nur Gaswegnehmen unter Auskuppeln und Gegenlenken kann nützen, wenn nicht rechtzeitig weich heruntergeschaltet worden ist, s Bay VBl **60** 251, Ol DAR **60** 230. Bei hartem Bremsen besteht Schleudergefahr, Kö VRS **31** 158 (Rz 19). Bedeutung von Schneeglätte oder Glatteis für Führer kennzeichnungspflichtiger Kfze mit **gefährlichen Gütern:** § 2 III a.

21   Bei Nässe in Gefrierpunktnähe muß auch der Kf stets **mit Glätte rechnen,** BGH VR **68** 303, Bay NZV **93** 121, Ce VRS **104** 253, DAR **79** 305, Bra ZfS **94** 197, Ha NZV **89** 233, jedenfalls bis in den Vormittag hinein, Sa VM **73** 24. In der Haupt-Winterzeit bei Dunkelheit und Schnee an den StrRändern muß sich der Kf auf Fahrbahnglätte einstellen, Ko VRS **63** 354. Eisgefahr besonders auf Brücken, Kö DAR **98** 317, **67** 281, und in Waldstücken, Fra ZfS **92** 329. Wer auf schneeglatter Fahrbahn schleudert, hat den Anschein gegen sich, s § 2 Rz 74. **Nicht mit Glatteis rechnen** muß ein Kf aber auch bei null Grad ohne besondere Anzeichen, zB Unfall, Ha NZV **89** 233, auf trockener Fahrbahn, BGH VR **76** 995, VRS **38** 48, Fra ZfS **92** 329, Kö DAR **98** 317, zB nicht ohne weiteres stets in den frühen Morgenstunden im Winter, Bay NZV **93** 121, auch nicht in jedem Falle bei Reif am Rande eines schattigen StrStücks, Kö DAR **98** 317, Ha DAR **60** 359, s aber Ha VR **97** 331, oder bei Stadtdurchfahrt, wenn er vorher nur Matsch und gestreute Kurven angetroffen hat, Ha DAR **56** 168. Bei vorher eisfreier Straße muß er nicht schon aus wechselndem Baumbestand und Böschungen auf Eis schließen, Ha DAR **56** 251, s aber Bay NZV **93** 121. In SWDeutschland muß auch ein besonders sorgfältiger Kf am 1. Mai nachts nicht mehr mit Glatteis rechnen, Sa VM **74** 70. Der Fahrer eines LastFz muß vor **abschüssiger Strecke,** wenn mit Eis zu rechnen ist, den Zustand durch Begehen prüfen, BGH VR **65** 379. Der Kf darf damit rechnen, daß **andere VT,** insbesondere Fußgänger, StrGlätte ebenfalls berücksichtigen und sich entsprechend vorsichtig verhalten, Bay VRS **58** 394. Wer mit Glatteis rechnet, darf deshalb aber noch nicht damit rechnen, daß auch ein Begegnender auf vereister Stelle bereits entsprechend verlangsamt hat, BGH VR **65** 690.

22   Begegnen mit **Streuwagen** des Winterdienstes mit „50" ist beiderseits zu schnell, Nü VM **63** 88.

23   **3 c.** Unbefestigte **Randstreifen** dürfen mit einem Fahrrad nur langsam befahren werden (Loch), Ol VM **66** 52, ebenso tiefe **Querrinnen,** Nü VM **62** 73. Mit **Ölflecken** auf der Fahrbahn muß kein Kf rechnen, Fra VM **75** 94. Zur Erkennbarkeit einer frischen Ölspur auf der Fahrbahn, Ba VRS **72** 88. Vor **Gefälle** müssen schwere LastFze verlangsamen und einen niedrigeren Gang nehmen, BGH VRS **12** 205, **8** 456, um die Bremswirkung des Motors auszunutzen, die Fußbremse schonen, um Fading (Nachlassen der Bremswirkung durch Überhitzung) und Luftdruckabfall zu vermeiden, und den

Geschwindigkeit § 3 StVO 2

Druckluftmesser ständig beobachten, Ha VRS **44** 30. **Schienen,** die uneben in nassem Steinpflaster liegen, dürfen nur vorsichtig befahren werden, Bay VRS **11** 229. Über trockene Schienen darf der Kf mit guten Reifen und mäßiger Geschwindigkeit idR auch spitzwinklig fahren, BGH VR **61** 236, Stu DAR **65** 110.

4. Die örtlichen Straßenverhältnisse können ebenfalls zum Verlangsamen zwingen, besonders innerorts, wo sich erfahrungsgemäß eher Hindernisse auf der Fahrbahn befinden, BGH VR **64** 624, Ol NJW **62** 263. Maßgebend ist die gesamte Örtlichkeit, Ce VRS **31** 34, soweit sie die Weiterfahrt beeinflussen kann, Hb VM **64** 21, Ce VRS **31** 34. **Gelände neben der Fahrbahn** kommt für Unübersehbarkeit nur in Betracht, soweit es die Sicht auf die Fahrbahn beeinträchtigt, BGH NZV **90** 227, Kö NZV **92** 233, Dü VRS **72** 29, Ce VRS **49** 25, 283 (s auch Rz 14). Keine Pflicht zum Verlangsamen daher allein wegen schwer einsehbarer Grundstücksausfahrten, BGH NZV **90** 227. Bebauung mit Wohnhäusern und am Fahrbahnrand parkende Fze sind allein kein Grund zur Verlangsamung wegen Unübersichtlichkeit, Ha NZV **90** 473 (50 km/h innerorts nicht zu schnell). Fahrgeschwindigkeit des Vorfahrt- und Wartepflichtigen: § 8, beim Abbiegen: § 9, vor Fußgängerüberwegen: § 26, an Haltestellen: § 20, vor höhengleichen Bahnübergängen: § 19, auf der AB: § 18. **24**

4 a. Mit Fahrbahnhindernissen, auch nachts mit unbeleuchteten, BGH VRS **33** 368, Ha NZV **04** 356, **99** 128, Bra NZV **02** 176, Ba NZV **00** 49, Ko DAR **03** 377 (Soldat in Tarnkleidung), **01** 404, Zw NZV **93** 153, Schl VR **95** 476, Jn NZV **02** 464 (schwarze Kuh), Nü VRS **104** 200, Nau NZV **99** 466 (jeweils Fußgänger), auch auf AB (s Rz 27), muß der Kf rechnen, innerorts ohne Schreckzeit, BGH VRS **25** 51, Mü NZV **94** 106, Schl NZV **95** 445, auch bei spiegelnd nasser Fahrbahn, Ha VRS **50** 101, aber nicht mit solchen, die unvermittelt von der Seite oder von oben her in die Fahrbahn gelangen, BGH NJW **85** 1950, **74** 1379, Bay VRS **60** 131, Ha NZV **04** 356, VRS **82** 12, KG NZV **02** 230, Jn NZV **02** 464, Kö VRS **90** 345, Kar VRS **78** 329 (Hervortreten zwischen parkenden Fzen), Kö VRS **89** 105, 446, Ko VRS **55** 327 (vom Müllfz abspringender Müllwerker), VRS **72** 461, Ol NZV **90** 158 (Fußgänger oder Radf aus Grundstücksausfahrten), Stu DAR **91** 179. Das Sichtgebot gilt nicht für solche Hindernisse, mit denen der Kf unter keinem vertretbaren Gesichtspunkt rechnen mußte, BGH VM **74** 66, Stu DAR **91** 179 (jeweils falsch entgegenkommender Überholer), Ha VR **99** 898 (unbeleuchtet entgegenkommendes Fz bei Dunkelheit), Ce VRS **49** 283 (Fußgänger aus Seitenstraße). Nichterkennen **ungewöhnlich schwer sichtbarer Hindernisse** (klein, kontrastarm, AB), auf die nichts hindeutet, ist nicht vorwerfbar, BGH NJW **84** 2412, VM **73** 5 (im Fahrbereich entgegenragende Stange eines Weidezauns), Ha ZfS **97** 165, DAR **77** 23, Dü DAR **77** 186, Ha NZV **88** 64 (reflektierende Warntafel auf AB), NZV **90** 231 (Eisenteil auf AB), Nü DAR **96** 59 (Schlagloch), LG Kö MDR **91** 1042 (Eisenstange auf AB), *Kuckuk* VR **77** 436. Nimmt der Kf ein Hindernis wahr, so muß er alsbald ausreichend verlangsamen, schon bevor er weiß, worin es besteht, Ha NJW **75** 841. Ragt rechts aus einer Einfahrt ein Lkw in die Fahrbahn, so muß er mit Rücksicht auf Kinder verlangsamen, Mü VRS **76** 92. Nach dem Sichtgrundsatz muß kein Kf damit rechnen, daß innerhalb der Sichtstrecke ein wegen ungünstiger Beleuchtungsverhältnisse nicht sichtbarer, dunkel gekleideter **Mensch auf der Fahrbahn** liegen könnte, Bay VRS **59** 215, Ha GA **72** 89; Entsprechendes gilt idR nicht für auf der Fahrbahn gehenden oder stehenden Fußgänger, Ha NJWE-VHR **96** 10, Nau NZV **99** 466. GefahrZ 136 (Kinder), s § 40 Rz 102. Personen auf der Fahrbahn: § 25. Einem Hindernis darf sich der Kf nur mit mäßiger Geschwindigkeit nähern, solange es ein Mensch sein, BGH VRS **27** 109, Bay VRS **20** 365, Ha VRS **50** 101, oder sonst Unfallgefahr bestehen könnte. **25**

4 b. Vor **Kuppen** und unübersichtlichen **Kurven** ist die Geschwindigkeit anzupassen, BGH VR **63** 241, Ce VR **73** 450. Rechtzeitig vor der Kurve ist zu bremsen, nicht erst in ihr. Überschnelles Durchfahren einer Kurve mit einem Krad ist ein grober Verstoß, BGH VR **62** 1208, vor allem bei Linksfahren (Kurvenschneiden) ohne ausreichende Sicht, BGH VR **66** 1076. Abkommen von der Fahrbahn in Doppelkurve bei einwandfreiem Kfz spricht gegen den Kf, es sei denn, plötzliche Gefahr kann ihn überrascht **26**

391

haben, Ce VR **74** 1226, s § 2 Rz 74. In starken Gefällekurven ist äußerst vorsichtige Fahrweise geboten, BGH VR **74** 569. Bleibt zwischen begegnenden Lastzügen in der Kurve nur Abstand von 20 cm, so sind „30" zu schnell; für solche Geschwindigkeit müßte der Abstand mindestens 1 m betragen, Ha VRS **25** 291. Vor einem nicht einsehbaren **Engpaß** sind „60" zu schnell, Ol DAR **58** 161, Neust VRS **27** 272. **Baustellen** sind besonders vorsichtig und angemessen langsam zu befahren, auch wenn kein VZ herabgesetzte Geschwindigkeit vorschreibt, Sa VRS **44** 456, Kö VM **74** 40 (AB). Wer an gekennzeichneter Baustelle an sichtbehindernder Baumaschine mit 2 m seitlichem Abstand vorbeifährt, muß aber nicht so langsam fahren, daß er vor einem unvermittelt hervortretendem Arbeiter noch anhalten kann, Bay VRS **39** 455. Wer einen hoch **bepflanzten Mittelstreifen** kreuzt, muß sich in die neue Fahrbahn hineintasten (zu hoher Bewuchs ist Amtspflichtverletzung), KG VM **66** 41.

27   **4c.** Die **Autobahnen** und außerörtlichen Kraftfahrstraßen mit getrennten Richtungsfahrbahnen (§ 18) sind vielfach so angelegt, daß sie auch bei hoher Fahrgeschwindigkeit Sicht bieten; wo dies aus örtlichen Gründen nicht zutrifft, darf der Benutzer mit VZ rechnen, Kö DAR **60** 182. Fahrgeschwindigkeit bei Abblendlicht: § 18. Mit plötzlichen **Hindernissen** muß der Kf jedoch tags und nachts auch auf der AB rechnen, Bra NZV **02** 176, Ko DAR **01** 404, Ha NZV **00** 369, Ba NZV **00** 49, Fra NZV **90** 154, s Rz 25, ausgenommen solchen, deren Entstehung oder Nichtbeseitigung auf verletzter Aufsichtspflicht beruht, BGHSt **10** 121 = NJW **57** 682 (abl Anm *Salger*). Ungewöhnlich schwer erkennbare Hindernisse: Rz 25, Bay VRS **22** 380. **An Unfallstellen** darf stets nur mit besonderer Sorgfalt und angepaßter Geschwindigkeit vorbeigefahren werden, s Zw VR **79** 1066, VRS **47** 421 (wenn nicht Hilfe zu leisten ist). Wer sich einer Unfallstelle mit liegengebliebenen Kfzen nähert, braucht äußerste Vorsicht und muß sofort anhalten können, BGH VR **75** 373. Daher darf an einem auf der AB quer stehenden Fz nur langsam, stets bremsbereit und vorsichtig vorbeigefahren werden, Kar MDR **91** 543. ABFahrgeschwindigkeit: § 18. ABRichtgeschwindigkeit: Rz 55 ff.

28   **4d. Wildwechsel** finden sich auch an nicht gekennzeichneten Stellen, auch auf den AB, s Fra NZV **90** 154, KG NZV **93** 313, Kö VRS **89** 446, und sind dann dort am gefährlichsten, besonders während der Dämmerung. Größte Gefahr im Mai, Oktober und November. Auf Straßen durch oder an Waldbestand kann eine Fahrgeschwindigkeit um oder über „80" zu hoch sein, Fra NZV **90** 154, Kö VRS **89** 446, *Baum* PVT **91** 138, s Dr NJW-RR **02** 1030. Bei Ausweichen besteht dann Schleudergefahr, der Bremsweg wird zu lang. Ist ein Zusammenstoß unvermeidbar, empfiehlt sich festes (bei Fzen ohne ABV stoßweises) Bremsen bei festgehaltenem Steuer ohne Ausweichversuch. Bremsen mit Ausweichen oder lediglich Ausweichen führt meist zum Schleudern, ADAC-Untersuchung, Fahrl **68** 394, und kann uU grob fahrlässig sein, Brn VRS **102** 44, s Ha NZV **96** 410 (Fahrlässigkeit aber verneint, s E 131). Beim Z 142 muß sich der Kf auf Wildwechsel einrichten unter Berücksichtigung aller ihm bekannten Umstände (Tageszeit, Straßenbreite, überblickbare Geländebreite). Näheres: s § 40 Rz 102. WarnZ und Wildschutzzäune: § 45 Rz 53. Zum Nachweis eines Zusammenstoßes mit Haarwild, Hb ZfS **86** 279, Nü VR **79** 950, *Theda* VP **83** 27.

       Lit: *Baum*, VUnfälle mit Wild, PVT **91** 137. *Böhmer*, Unbeleuchtete Hindernisse auf der Fahrbahn ..., MDR **60** 100. *Dressel*, Wild und Fallwild auf AB und BundesStr, DAR **74** 291. *Schleusener/ Molketin*, Die zivil- und strafrechtliche Haftung bei KfzUnfällen durch Wild, KVR „Wild". *Theda*, Zum Nachweis eines Wildschadens, VP **83** 27. *Weigelt*, Hindernisse auf der Fahrbahn, DAR **60** 226.

29   **5.** Auch die **Verkehrslage** kann die Sichtfahrgeschwindigkeit reduzieren (I S 2). Sie ist dem Verkehr anzupassen, Ol VM **66** 39, Sa VRS **30** 53, dabei ist zu berücksichtigen, daß andere fahrtechnisch und nach ihrer VErfahrung weniger beweglich sein können, Dü VM **62** 47, daß verkehrswidriges Fahren sie unsicher machen und zu falscher Reaktion verleiten kann, Bay DAR **66** 82, Ha VRS **30** 126. Auf gänzlich unvernünftiges fremdes Verhalten muß sich der Kf nur einstellen, wenn er es erkennt, s BGH DAR **57** 57. Verlangsamen kann bei Sichtbehinderung durch andere nötig sein, BGH VRS **3** 247, Sa DAR **59** 136, ebenso vor allem bei **unklarer VLage**, Bay VRS **39** 71, Ha VRS **30** 126, bei der Verlangsamung und große Aufmerksamkeit nötig sind, so daß der

Geschwindigkeit § 3 StVO **2**

Kf notfalls sofort anhalten kann, BGH VRS **31** 106, **34** 283, **33** 120 (BundesStr), BGH NZV **91** 114 (Notbremsung durch Straba bei unklarer VLage), Bay VM **66** 65. Unklare Lage besteht, wenn der Kf die Entwicklung des Verkehrs vor ihm nicht sicher beurteilen kann, Ha VRS **60** 38, Kö VM **83** 68. Unklar ist eine VLage, wenn sie sich nach den Umständen nicht beurteilen läßt (lebhafter FußgängerV auf der Fahrbahn, Fastnachtsmesse), Ko VRS **44** 192. Der Vertrauensgrundsatz gilt dann nicht, Ko VRS **44** 192. Verhalten von **Fußgängern:** § 25. Im Bereich des Fußgängerverkehrs von Großveranstaltungen muß der Kf mit besonderer Sorgfalt und angepaßter Geschwindigkeit fahren, Dü VM **79** 15. Am frühen Neujahrsmorgen ist innerorts mit Angetrunkenen zu rechnen, Dü VM **75** 93. In Gasthaus- oder Vergnügungsgegenden ist außerhalb des Werktagsverkehrs mit Fußgängern auf der Fahrbahn zu rechnen, KG VM **74** 57. WinkZ eines auf der Fahrbahn Stehenden können ein Gefahrhinweis sein, Bay VRS **5** 548, ebenso, wenn voraus ein PolFz mit Blaulicht steht, Dü VR **95** 232, DAR **66** 249 (s § 38 Rz 12), oder **Anzeichen von Unfallhindernissen** erkennbar sind, Kö VRS **27** 111, Sa VM **66** 6, Neust VRS **17** 68, auf die uU auch eine Warnblinkanlage hinweisen kann, Bay DAR **86** 59, Kö VRS **68** 354. Warnblinklichtanlage eines auf dem Standstreifen stehenden Fzs nötigt aber nicht in jedem Falle zur Herabsetzung der Geschwindigkeit, Bay DAR **86** 59. Schwebt voraus ein (Pol)-Hubschrauber niedrig über der Fahrbahn, so ist mit einem Unfall zu rechnen und entsprechend zu verlangsamen, BGH VR **76** 995. Auf stark besetzter **AB** ist stets mit Stockung und Bremsnotwendigkeit zu rechnen (Abstand!), BGH VRS **29** 435. Gerät auf der AB der Vordermann aus der Fahrbahn nach links, so soll der Hintermann mit scharfem Zurücklenken nach rechts auf die alte Fahrbahn nicht rechnen müssen (?), BGH VR **62** 178. **FzStau** auf der Gegenfahrbahn und auf dem rechten Fahrstreifen nötigt den Überholenden auf innerstädtischer Str allein nicht zur Geschwindigkeitsherabsetzung unter 50 km/h, Ha NZV **93** 314. Läßt eine in Gegenrichtung stehende **Kolonne** eine Tankstellenausfahrt frei und kann der begegnende Kf nicht ausreichenden Seitenabstand zu ihr halten, so muß er so langsam fahren, daß er Kf, die sich durch die Lücke hinaustasten, nicht gefährdet, Bay DAR **71** 221. Wer eine stehende Kolonne unerlaubt rechts überholt, muß so langsam fahren, daß er etwaigen Querverkehr an freigelassenen Lücken nicht gefährdet (§ 5), Nü VR **74** 1007. Bei Linksüberholen einer zum Stillstand gekommenen FzSchlange sind im Bereich freigelassener Lücken an Einmündungen uU 25 km/h zu schnell, KG VM **85** 25 (s § 5 Rz 41). Daß auf genügend breiter Fahrbahn (7,6 m) **beiderseits Fze parken**, nötigt allein nicht zum Verlangsamen, BGH NZV **98** 369, Ha VRS **30** 77, anders bei verengter Fahrbahn (Rz 16, 17), BGH VR **66** 523, **67** 286, KG VM **74** 75. 25–30 km/h eines **Radf** auf Radweg innerorts mit Sichtbehinderung zur Fahrbahn durch parkende Fze ist zu schnell, KG VM **84** 94. Beim Rechtsüberholen eines Radfahrers darf nicht auf dessen Linksbleiben vertraut werden, daher Vorsicht und angepaßte Fahrgeschwindigkeit, Ko VRS **41** 259. Vorausfahrende jugendliche Radf, s § 5 Rz 40. Wer bei **GegenV** genügend freien Raum hat, muß nicht verlangsamen, BGH VR **61** 229, **67** 286 (Krad), mit einem herüberschleudernden Fz muß er nicht rechnen, Nü VR **68** 78, doch muß er sofort verlangsamen, wenn er das Schleudern bemerkt, und notfalls anhalten, BGH VR **63** 361, VRS **15** 94 (Schlangenlinie des Entgegenkommenden), BGH DAR **55** 17 (schleudernder Lastzuganhänger). Allein der Umstand, daß die Str durch ein **Wohngebiet** führt, erfordert kein Unterschreiten der zulässigen Höchstgeschwindigkeit, BGH NZV **98** 369, **90** 227. Angepaßte Geschwindigkeit gegenüber **Kindern:** Rz 29a sowie § 25 Rz 26ff. Die beim Z 136 (Kinder) zulässige Fahrgeschwindigkeit richtet sich vor allem nach den Sichtverhältnissen, Br VR **81** 80. Näheres zu Z 136: § 40 Rz 102. Könnten rollschuhfahrende Kinder nach der Sachlage auf die Fahrbahn geraten, so müssen vorbeifahrende Kf angepaßt verlangsamen, Stu VR **77** 456. Vorbeifahren an haltendem Bus: § 20. Fahrgeschwindigkeit beim Überholen: § 5, beim Abbiegen: § 9, an Fußgängerüberwegen: § 26. Fußgänger: § 25.

5a. Äußerste Sorgfalt (Fahrregel) ist dem FzF (vor allem dem Kf, aber auch zB dem StraBaF oder Radf, *Lemcke* ZfS **04** 442) **gegenüber Hilfsbedürftigen** (Behinderten), **Älteren** (Gebrechlichen) und **Kindern** im Fahrbereich auferlegt (II a). Ob der zur Hilfsbedürftigkeit führende Zustand dauernder oder vorübergehender Natur, verschuldet **29a**

oder unverschuldet ist, ist ohne Bedeutung, BGH VR **00** 199. Voraussetzung ist, daß die Personen aufgrund äußerer Merkmale *erkennbar* einer der in IIa genannten verkehrsschwachen Gruppen angehören, BGH VR **00** 199, Schl VR **87** 825 (verneint bei erwachsen wirkendem 13jährigen), Ha NZV **99** 418, **91** 466, VRS **80** 261. Demgegenüber scheint Mü NZV **88** 66 vom FzF allen VT gegenüber stets die besondere Sorgfaltspflicht des Abs IIa zu verlangen, solange er sich nicht überzeugt hat, daß diese *nicht* zu der geschützten Gruppe gehören (auch gegenüber 16jährigen sei IIa zu beachten, solange nicht auszuschließen sei, daß es sich nicht um „Kinder" handele); dies ist abzulehnen, weil die in der StVO im einzelnen aufgezählten Fälle höchster Sorgfalt eben nicht die Regel, sondern die Ausnahme sind. Verlangt wird nach den Umständen **höchstmögliche Sorgfalt** wie zB in den §§ 7 V, 9 V und 10 (**E** 150), KG VRS **70** 463, Ha VRS **80** 261, *Bouska* VD **80** 199. Dies bedeutet aber nicht schlechthin unbedingten Gefährdungsausschluß im Sinn von absoluter Vermeidbarkeit, keine Gefährdungshaftung (*Beck* DAR **80** 236), Bay NJW **82** 346, Dü NZV **93** 198, Stu NZV **92** 196, Kar VRS **71** 62, Ha VRS **80** 261. Die Sorgfaltsregel betrifft alle FzF, auch, trotz ihres langen Bremsweges, die Straba, s Ha NZV **93** 112. Der besonderen (äußersten) Sorgfalt bedarf es allerdings dann nicht, wenn die VSituation keine Gefährdung erwarten läßt, BGH NZV **94** 273, Ol VRS **87** 17. **Die in IIa besonders geschützte Person** muß bei gehöriger Aufmerksamkeit **bemerkt werden** können, oder mit ihrer Anwesenheit im Fahrbereich muß nach demselben Maßstab gerechnet werden müssen, BGH NZV **02** 365, **94** 149 (Z 136), NJW **86** 183, Fra NJW **98** 206, KG VM **99** 11, Ha VR **94** 1489, Dü NZV **93** 198, Kö VRS **99** 326, Mü VRS **93** 256, Schl VR **99** 334, Dr NZV **99** 293. Der Kf muß die Möglichkeit gehabt haben, ihr etwaiges gefährdendes Verhalten beim Fahren zu berücksichtigen, vor allem durch Verlangsamen und stetige Bremsbereitschaft (nur Beispiele, Bay NJW **82** 346) (Rz 9). Keine Pflicht zur Verminderung der Fahrgeschwindigkeit gem IIa daher, wo mit Personen aus dem besonders geschützten Kreis nicht aufgrund **konkreter Anhaltspunkte** zu rechnen ist, BGH NZV **02** 365, **91** 23, **90** 227, Schl NZV **03** 188, Kö DAR **01** 510, Schl VR **99** 334, Ha NZV **90** 473. Die bloße Tatsache, daß in der durchfahrenen Str auch Kinder wohnen und möglicherweise auf dem Gehweg spielen, begründet allein noch nicht die Pflicht zur **Herabsetzung der Geschwindigkeit** unter das im übrigen zulässige Maß, BGH NZV **90** 227, Ha NZV **01** 302, Dü NZV **02** 90 (auf dem Gehweg gehendes Kind), Mü VRS **75** 249, Nü VRS **66** 3, s aber Nau VRS **92** 401 (den Inhalt von IIa wohl überdehnend), Ha VRS **75** 84, ebensowenig das Auftauchen von Fußgängern nachts in der Nähe einer Gastwirtschaft, Kö VRS **67** 140, s dazu auch § 25 Rz 24. In Wohnstraßen kann beim Vorbeifahren an verdeckend parkenden Fzen „50" uU zu hoch sein, nicht jedoch stets bei guter Übersicht, Ha DAR **89** 148, s Ha NZV **90** 473, idR auch nicht 25 km/h, Ha NJW-RR **87** 1250. Die Verpflichtung zur Geschwindigkeitsanpassung an die VVerhältnisse in anderen Fällen (Auflauf, Veranstaltung, Gruppenbildung, Unachtsamkeit, Abgelenktheit) besteht neben IIa weiter. Fährt der Kf bereits vor Erkennen der geschützten Personen mit einer diesen gegenüber **unbedenklichen Geschwindigkeit,** so verlangt IIa nicht eine weitere Herabsetzung, Bay NJW **82** 346. Erst recht ergibt eine sinnvolle Auslegung, daß, wer schon Schrittgeschwindigkeit fährt, idR nicht weiter vermindern muß, soweit nicht zur Gefahrenabwehr erforderlich. Nötigenfalls hat aber auch derjenige seine Geschwindigkeit zu vermindern, der nur 30 km/h fährt, Kar DAR **89** 25 (Kindergarten). Bei Abschrankungen und Gittern zum Schutz von Fußgängern wird er idR weiterhin durchfahren dürfen, sofern er keinen Verstoß bemerkt, ebenso bei Kindern, die vor Rot warten. Soweit durch die herabgesetzte Fähigkeit des geschützten Personenkreises zu verkehrsgerechtem Verhalten ein solches nicht erwartet werden kann, darf der Kf darauf auch nicht vertrauen. Das bedeutet aber nicht, daß der **Vertrauensgrundsatz** in allen Fällen schlechthin ausgeschlossen wäre, BGH NZV **94** 273, Ol NZV **90** 153, Stu NZV **92** 196, Kar NJW-RR **87** 1249, s auch § 1 Rz 24. Nicht jede im Blickfeld des Kf erscheinende Person der in Abs IIa genannten Gruppen erfordert also in jedem Falle sofortige Verlangsamung, obwohl Gefahr für verkehrswidriges Verhalten nicht voraussehbar ist, BGH NZV **01** 35 (auf dem Gehweg radfahrendes Kind), **02** 365, Stu NZV **92** 196, Ce VR **87** 360, KG NJW-RR **87** 284, Ha VRS **80** 261. **Kinder** sind auch die über Achtjährigen, BGH NZV **97** 391, Dü

NZV **02** 90, Hb NZV **90** 71, Ba NZV **93** 268; jedoch ist zw, ob und inwieweit fast 14Jährige noch zur Gruppe der Hilfsbedürftigen iS von Abs IIa gehören, bejahend Ha NZV **00** 167, **96** 70, Hb NZV **90** 71, Mü VR **84** 395, Kar VR **86** 770, *Scheffen* VR **87** 122 im Hinblick auf den ohne Einschränkung im Text verwendeten Begriff „Kind", s aber Schl VR **87** 825 (13 Jahre), Ha VRS **80** 261, *Weber* DAR **88** 192. Trotz Abs IIa muß ein Kf daher bei einem 11jährigen ohne konkrete Umstände nicht ohne weiteres mit unbesonnenem Verhalten rechnen, Ol ZfS **91** 321, s § 1 Rz 24. Die Definition des Straf- und Jugendschutzrechts läßt sich auf das StrVRecht nicht übertragen, weil Abs IIa einen völlig anders gearteten Schutzzweck verfolgt, s *Hentschel* NJW **87** 996, *Weber* DAR **88** 192. Bei erkennbarer Schutzbedürftigkeit infolge entwicklungsbedingter unbesonnener Verhaltensweisen kann allerdings auch ein 14jähriger noch Kind iS von Abs IIa sein. Jedenfalls hängt das Ausmaß der nach Abs IIa zu beobachtenden erhöhten Sorgfalt vom Alter des Kindes entscheidend ab, Bay DAR **89** 114, Ha NZV **00** 259, **96** 70. Zum Verhalten des Kf gegenüber Kindern s auch § 25 Rz 26 ff. Auch der Begriff „**ältere Menschen**" ist unklar. Ältere können besonders umsichtig und rüstig sein, anders bei erkennbar Unbeholfenen und körperlich Beeinträchtigten, denen aber auch dann bereits höchste Sorgfalt zukommt, wenn sie noch nicht „älter" sind, wie auch bei Unachtsamen. „Ältere Menschen" iS von IIa sind zunächst jedenfalls aufgrund ihres Alters erkennbar hilfsbedürftige Personen, *Händel* DNP **80** 253, DAR **85** 211, die den Anforderungen des Verkehrs nicht mehr in vollem Umfang gewachsen sind, KG VRS **70** 463, aber auch alle Personen, bei denen – auch ohne konkrete Anhaltspunkte – aufgrund ihres Alters damit gerechnet werden muß, daß sie die *konkrete* VSituation nicht übersehen und meistern werden, BGH NZV **94** 273, Fra NZV **01** 218, zusf *Lemcke* ZfS **04** 442. Hilfsbedürftig iS des Abs IIa können auch **Betrunkene** sein, BGH VR **00** 199, Kö VRS **67** 140, AG Kö VRS **65** 9 (abl *Hempfling* BA **83** 363), LG Kö VR **84** 796, *Mollenkott* VR **85** 723. Kein Vertrauen in verkehrsgerechtes Verhalten eines Fußgängers daher, der sich winkend und schwankend auf der Fahrbahn bewegt, BGH VR **00** 199.

5 b. Bei **Tieren auf der Fahrbahn** wird der Kf nach Möglichkeit Rücksicht nehmen und vorsichtig vorbeifahren, BGH NZV **97** 176, Stu DAR **64** 170, es sei denn, Bremsen und Ausweichen würde jemand gefährden, KG VRS **104** 5, **34** 108, Ha VRS **28** 383, Fra VRS **28** 364, s Neust VRS **26** 205 (Kleintiere), s § 4 Rz 11. Wer bei hoher Geschwindigkeit eine plötzliche Lenkbewegung macht, um einem Kleintier auszuweichen, handelt schuldhaft, BGH NZV **97** 176, KG VRS **104** 5 (jeweils: grobfahrlässig), Ha NZV **98** 328, anders uU bei Kradf, Ha VRS **101** 33. Kurze Schreckzeit innerorts, wenn unvorhersehbar ein Hund vor das Krad läuft, BGH VR **66** 143. Mit plötzlichem Auftauchen eines Hundes außerorts auf der Fahrbahn braucht kein Kf zu rechnen, Kö DAR **74** 72. Vor unruhigen oder scheuenden Pferden ist langsam zu fahren, notfalls anzuhalten, doch erst bei unmittelbarer Gefahr des Scheuens, vor allem bei ungeschirrten oder führerlosen Tieren, BGH VRS **20** 255. Der Verkehr darf mit verkehrsgewohnten Zugtieren idR rechnen, BGH VRS **20** 255, s auch Ce DAR **52** 141 (Trecker und scheuende Pferde). Wer mit einem schweren Lkw nahe an Reitern vorbeifahren muß, hat mit Scheuen zu rechnen und muß sofort anhalten können, Ha VRS **42** 27. Neben Schafherden ist sehr langsam zu fahren, notfalls anzuhalten, Ol DAR **57** 16, ebenso neben ungesichertem Vieh an der Straße, Bay VRS **5** 548, Schl VM **56** 45. Überhohe Geschwindigkeit („90") bei auf die Fahrbahn verirrten Weidetieren, Nü VR **66** 42. S § 17 StVG Rz 35 f. Wildwechsel: Rz 28.

6. Auch **Massenverkehrsmittel** wie Straßenbahnen dürfen idR nicht schneller als angemessen fahren, anders nur im dichten Stadtverkehr bei übersichtlich hindernisfreien Gleisen, s Dü VM **71** 40. StraBaF dürfen auf öffentlichen VFlächen oder bei Kreuzen solcher Flächen, auch unbedeutender Nebenwege, grundsätzlich nur **auf Sicht** so fahren, daß sie rechtzeitig anhalten können, BGH NZV **91** 114, NJW **75** 449, s Rz 15. Der StraBaF muß dem besonders langen Anhalteweg seines Fzs Rechnung tragen, Nau VR **96** 722. Wer zur Schonung der Fahrgäste stets nur mäßig bremsen darf, muß so angepaßt fahren, daß er vor Rot noch anhalten kann, s KG VRS **52** 298. Das Bestreben, Verspätung auszugleichen, berechtigt nicht zu überschnellem Fahren, BGH VRS **10** 223, vor allem nicht bei Sichtbehinderung, Kö VRS **4** 222, doch will Fra VR **67** 851 im

2 StVO § 3   I. Allgemeine Verkehrsregeln

dichten Verkehr bei gutem Überblick Ausnahmen zugunsten der Straba machen. **Auf besonderem Bahnkörper** darf der StrabaF grundsätzlich auch im Bereich von Fußgängerfurten bei Grün zeigender Fußgänger-LZA mit der nach der BOStrab zulässigen Geschwindigkeit fahren, Bay NZV **91** 78. Sonst gilt § 3, BVG NZV **00** 309, KG VRS **104** 35, s auch Rz 15, im Bereich von Bahnübergängen ohne Andreaskreuz auch bei besonderem Bahnkörper, Bay NZV **91** 78, KG VRS **104** 35, Stu NZV **92** 196, VRS **79** 402, ebenso bei im Kreuzungsbereich (öffentliche Str) den besonderen Bahnkörper querenden Fußgängerüberwegen (oder Fußgängerfurten), BGH NZV **91** 114. Auch der StrabaF muß im öffentlichen StrRaum mit unvermuteten, unbeleuchteten **Hindernissen** rechnen, Dü VM **66** 45, außer mit auf kürzeste Entfernung erst entstehenden, und muß rechtzeitig anhalten können, KG VRS **104** 35, Dü VR **68** 675. Innerorts darf der StrabaF damit rechnen, daß sich **Fußgänger** beim Überschreiten von Gleisen umsehen, auf Warnsignale achten, BGH VR **61** 475, und die Gleise rechtzeitig freigeben, BGH NJW **75** 449, KG VRS **104** 35, soweit sie dazu in der Lage sind, BGH VR **91** 114. Jedoch verpflichtet eine Gruppe ausgelassener Jugendlicher in 40 m Entfernung auf den Gleisen zur sofortigen Reduzierung einer Geschwindigkeit von 35–40 km/h, Nau VR **96** 732. Ist erkennbar, daß ein Fußgänger im Gleisbereich oder auf engem Raum (75 cm) zwischen den Gleisen und herannahenden Kfzen stehen bleibt und diesen nicht ungefährdet verlassen kann, so muß der StrabaF eine Notbremsung einleiten, BGH NZV **91** 114, KG VRS **104** 35.

32   7. **Schlechte Sicht, Scheinwerfer- und Abblendlicht, Blendung, Nebel und Wind** beeinflussen die Fahrgeschwindigkeit, denn sie verkürzen idR die Sicht oder beeinträchtigen die Fahrstabilität. Dämmerung verlängert die Reaktionszeit (retinale Verzögerung), dies läßt sich nur durch angepaßte Fahrweise ausgleichen. **Bei Dunkelheit** darf der Anhalteweg nicht länger als die Sichtweite sein, BGH NJW-RR **87** 1235 (mangelhaft beleuchteter Panzer mit Tarnanstrich), Kö VR **03** 219, KG VM **96** 20, Ol NZV **90** 473, Ha NZV **89** 190. Ungewöhnlich schwer zu erkennende Hindernisse, s Rz 25. Kradf müssen bei Dunkelheit und Regen der Sichtbehinderung durch Regentropfen auf dem Helmvisier Rechnung tragen, Ha VRS **101** 25, NZV **90** 190. Bei Sichtbeeinträchtigungen eines Kradf durch Dämmerung und Dunst, Lichtreflexe auf regennasser schwarzer Teerdecke und Regentropfen auf Helmvisier können mehr als 30 km/h innerorts zu schnell sein, Ha NZV **89** 190. Vor einem im Dunklen auf der AB liegenden Reifen muß der Kf idR noch anhalten oder ausweichen können, Ba VR **76** 889, s aber BGH NJW **84** 2412, s dazu auch Fra NZV **91** 270. Wer bei Dunkelheit auf ein liegengebliebenes Fz auffährt, ist idR entweder zu schnell gefahren oder hat zu spät reagiert, BGH NJW-RR **87** 1235 (Wahlfeststellung), Ha NZV **00** 169, Schl VR **95** 476 (Anscheinsbeweis). Die Sichtweite hängt von der individuellen **Reichweite der Scheinwerfer** ab, BGH VRS **30** 272, Kö VRS **31** 158, uU verlängert durch andere Lichtquellen, BGH NJW **87** 2377, DAR **57** 158, Kar DAR **61** 231, aber ohne Berücksichtigung der Scheinwerfer entgegenkommender Fze, Dü VM **60** 39, denn sie erzeugen beim Sichkreuzen die Blindsekunde, in der man nichts erkennen kann, auch wenn das andere Fz steht, BGH VRS **30** 347, Ol DAR **55** 302, KG VRS **4** 520. Fahren auf der AB mit Abblendlicht: § 18 Rz 19. Führer kennzeichnungspflichtiger Kfze mit **gefährlichen Gütern** haben sich bei Sichtweiten von weniger als 50 m infolge Nebels, Schneefalls oder Regens gem § 2 III a zu verhalten.

33   Wegen der verzögerten **Hell-Dunkel-Adaptation** sollte der direkte Blick in entgegenkommende Scheinwerfer vermieden werden. Zur Problematik der Leuchtdichte und der Adaptation, *Kuckuk* DAR **76** 253, *Roddewig* ZVS **83** 162, DAR **83** 383 (Readaption nach Einfluß leuchtender Tafeln, Wegweiser usw). Bei besonders schlechter Sicht gelten besonders strenge Anforderungen an angepaßte Geschwindigkeit, Ce VR **65** 961, zB wenn die Sicht wegen angefrorener oder nasser Windschutzscheibe kürzer als der Lichtkegel ist, Bay VBl **70** 79, Br NJW **66** 266. Zwischen Lampen der **StrBeleuchtung** ist die Fahrgeschwindigkeit dem dunkelsten Fahrbahnteil anzupassen, BGH VRS **33** 117 (nasse Kopfsteine), Bay DAR **62** 184, Ha DAR **77** 23, Ce VRS **39** 337. Dunkelzonen zwischen Leuchten können die Reichweite des Abblendlichts verkürzen, Ha DAR **73** 302. Bei StrBeleuchtung werden Schattenzonen zwischen den Beleuchtungskörpern uU

Geschwindigkeit § 3 StVO **2**

nicht ausreichend aufgehellt, hier sind Personen uU auch im Abblendlicht nicht zu sehen, Bay VRS **25** 342, Ha VRS **24** 431, Kö VRS **29** 279. Auf 7 m breiter innerörtlicher mit StrBeleuchtung versehener Str ist ein Kf aber nicht ohne Vorliegen besonderer Umstände verpflichtet, die allgemein zulässige Höchstgeschwindigkeit von 50 km/h zu unterschreiten, Ha VRS **80** 256. Der Sichtbeeinträchtigung durch **Reflexe auf nasser Fahrbahn** muß ein erfahrener Kf begegnen, BGH VRS **73** 102 (106), Ha NZV **89** 190, VRS **78** 5, NJW **75** 841, auch solchen durch Streulicht auf regennassem Kradhelm, s Rz 32. Die **Gegenfahrbahn** auf breiten Strn muß der Kf bei Dunkelheit nur aus Anlaß beobachten, str, s Rz 14. Beim **Befahren einer Linkskurve im Dunkeln** ist wegen verkürzter Sicht durch den nach rechts auswandernden Lichtkegel angepaßt zu verlangsamen, Sa VM **78** 53, die Fahrgeschwindigkeit ist dem kürzer beleuchteten Fahrbahnteil anzupassen, Ha VRS **43** 345, **40** 345, Sa DAR **62** 162.

7a. Wer mit **Abblendlicht** fährt, muß innerhalb der kürzeren Reichweite des Abblendlichtes anhalten können, Ha NZV **00** 369, Kö NZV **00** 400 (jeweils AB), VR **03** 219. Dunkel gekleidete Fußgänger sind selbst innerhalb der geometrischen Reichweite des Abblendlichts nicht stets wahrnehmbar, hell gekleidete dagegen uU schon, wenn sie sich noch außerhalb dieses Bereichs befinden, s *Löhle* ZfS **99** 409. Bei asymmetrischer Abblendung ist die geringere Reichweite des linken Scheinwerfers unter Berücksichtigung etwaiger Blendung maßgebend, Kö NZV **95** 400, Sa VM **78** 53, Ha VRS **51** 29, DAR **77** 23, Ol VRS **32** 270, sie kann jedoch bis 75 m und darüber reichen, BGH VRS **33** 368, s Ha VRS **39** 261, und ist für jedes Kfz gesondert zu ermitteln, Ha VRS **30** 227. Die Scheinwerfer müssen die zum Anhalten benötigte Strecke und rechts und links des Fahrstreifens noch je 1 m des angrenzenden Geländes beleuchten, Bay VRS **59** 292, Ce VRS **39** 337, Ha VRS **30** 227, **39** 261, s Kö VRS **67** 140, aM noch BGH VR **66** 736 (ganze 6 m breite Fahrbahn). Bei mehreren Fahrstreifen je Richtung müssen mindestens die Grenzen der Nachbarstreifen mit beleuchtet sein. Wer zum Überholen die Gegenfahrbahn benutzt, muß nicht nur am Fahrbahnrand gehende Fußgänger rechtzeitig wahrnehmen können, sondern auch solche, die verkehrswidrig auf der Fahrbahn gehen, Nau NZV **99** 466.

Wer abblendet, muß verlangsamen, nachdem er die vorher als frei erkannte Strecke durchfahren hat, BGH VRS **24** 205, Bay NJW **65** 1493, KG VM **96** 20. Dabei genügt es, wenn er die dem Abblendlicht entsprechende Geschwindigkeit nach Durchfahren dieser Strecke erreicht hat, auch wenn vorher eine unbedeutende SeitenStr einmündet, Bay NJW **65** 1493. Auch auf der AB ist die Fahrgeschwindigkeit dem Abblendlicht anzupassen, BGHSt **16** 145 = NJW **61** 1588, VR **65** 88, Ha NZV **92** 407, zum Inhalt des § 18 VI, s § 18 Rz 19. **Rspr zur Geschwindigkeit bei Abblendlicht:** mehr als 70 km/h zu schnell: Ha r + s **00** 281, 60 km/h zu schnell: BGH VM **63** 35, Fra NZV **90** 154 (grobes Verschulden), mehr als 40 km/h zu schnell: Kö VR **03** 219, s aber Br DAR **63** 253 („45" nicht zu schnell). Grobes Verschulden insbesondere bei „80–90", BAG DAR **62** 274, und erst recht bei „90" vor einer Kurve, BGH VRS **24** 369. Doch sind bei solchen Zahlen individuelle Lichtkegel und individueller Bremsweg zu berücksichtigen. Wer mit Abblendlicht nach rechts abbiegt, kann dessen Reichweite nicht ausnutzen und muß sich deshalb wegen der Dunkelzone nach rechts hin auf sofortiges Anhalten einrichten, s BGH VM **77** 41. Wer bei Abblendlicht gerade noch innerhalb der Sichtweite anhalten kann, braucht ein Höchstmaß an Aufmerksamkeit, Ce DAR **60** 363.

7b. Bei **Blendung** ist so zu verlangsamen, daß innerhalb der vorher als frei erkannten Strecke angehalten werden kann, BGH NJW **76** 288, Ko VD **93** 161, Schl VR **83** 691, Hb VRS **87** 249, Kö VM **72** 92, gleichgültig, woher die Blendung kommt, Schl VM **75** 82. Der geblendete Kf darf nicht „blind" weiterfahren, BGH VR **72** 258, Ko VR **74** 442, Fra VRS **76** 4 (Sonne), uU muß er durch Fernlicht prüfen, sofern niemand geblendet wird, ob sein Anhalteweg der Sichtweite noch entspricht, Ce VRS **39** 431. Wer geblendet ist, muß bis zu erneuter Übersicht mit Hindernissen rechnen, denn er fährt nicht auf Sicht, s Ko VRS **105** 414. Wer durch mehrere, nicht klar zuzuordnende Leuchten geblendet wird, muß verlangsamen, bis er die Strecke vor sich als hindernisfrei erkennt, Ko VRS **105** 414. **Schreckzeit** steht ihm wegen der Häufigkeit des Blendens allenfalls

34

35

36

bei nicht zu vermutender Blendung zu, doch muß er danach sofort richtig reagieren, BGH VRS **4** 126, Bay DAR **62** 184, Kö VM **72** 92. Da der Kf mit Personen auf der Fahrbahn rechnen muß, BGH VRS **32** 266, **33** 166, auch wenn ein Gehweg vorhanden ist, keine Schreckzeit insoweit nach kurzer Blendung, BGH VRS **38** 119. Keine Schreckzeit bei plötzlicher Blendung dessen, der zu schnell fährt, Ha VRS **43** 345. **Blendung durch Sonne** kann zum Verlangsamen zwingen, BGH VRS **27** 119, Ha NZV **94** 400, Ko VR **74** 442, Stu DAR **63** 225. Wer infolge Blendung durch Sonnenlicht nicht erkennen kann, welches Licht eine **LZA** abstrahlt, muß verlangsamen und notfalls anhalten, um sich zu vergewissern, LAG Nds VR **82** 968.

37 Der geblendete Kf muß **sofort verlangsamen und sich auf Anhalten einrichten**, BGH DAR **60** 60, es sei denn die überblickte Strecke war vor kurzer Blendung frei und weit länger als der Anhalteweg, BGH VRS **35** 117. Bei völliger Blendung muß er vorübergehend anhalten, Ha VRS **25** 60, Sa VRS **17** 439, sonst handelt er idR unfallursächlich, Ha VRS **25** 60. Wer stark und länger geblendet wird, darf nicht mit „30–40" weiterfahren, BGH VRS **23** 17. Grobe Fahrlässigkeit bei „100" trotz Blendung, Stu VR **64** 757. Hat der Kf vor der Blendung Gefahr vom benachbarten Gelände her erkannt, so muß er verlangsamen und sie berücksichtigen, Schl VM **56** 30. Keine Berufung auf besondere Blendung wegen eines Sehfehlers, denn seine Sehfehler muß jeder Kf kennen, BGH VR **67** 808 (s Rz 41, E 141). Damit daß ein **Entgegenkommender plötzlich aufblendet**, muß der Kf nicht rechnen, BGHSt **12** 81 = NJW **58** 1982, VRS **24** 369, Ha VRS **15** 44, Sa VRS **17** 439, es sei denn, dieser kommt aus einer Kurve und muß sich erst orientieren, Sa VRS **17** 439. Rechtzeitiges Abblenden: § 17.

38 7 c. Bei **Nebel** wird vielfach, auch auf SchnellStr, viel zu schnell gefahren. Er beeinträchtigt die Sicht weit mehr als Dunkelheit. Führt der Nebel zu Sichtweiten unter 50 m, s dazu *Bouska* DAR **92** 281, so darf unter keinen Umständen schneller als 50 km/h gefahren werden (Abs I S 3). Auf Strn mit Leitpfosten kann deren Abstand als Orientierungshilfe zur Feststellung einer so geringen Sichtweite dienen; denn dieser beträgt gem § 43 III Nr 3 idR 50 m. Auch mit einer solchen Geschwindigkeit darf bei Sichtweiten von weniger als 50 m natürlich nur gefahren werden, wenn nicht aufgrund der übrigen Bestimmungen des § 3 (Sichtfahrgebot, Verkehrs-, Wetterverhältnisse usw) oder aufgrund amtlichen VZ eine geringere Geschwindigkeit geboten ist; Abs I S 3 Halbsatz 2 stellt dies ausdrücklich klar. Ist der Nebel sehr dicht, kann es nötig sein, beiseite zu fahren und anzuhalten, BGH VRS **4** 461, Bay DAR **52** 153, wo das verkehrssicher möglich ist. 100 m Sichtweite nötigen auf gut ausgebauter, beleuchteter Str nicht ohne weiteres zur Ermäßigung unter 50 km/h, Ol VRS **69** 252. Bei nur 30 m Sicht muß der Abstand zum Vordermann auch für plötzliches Bremsen ausreichen, Ce VRS **31** 383. Wer schon mehrfach auf Nebel gestoßen ist, besonders in feuchter Gegend, muß weiterhin mit Nebelbänken rechnen, Schl VM **64** 48, Br VRS **9** 369. Fährt bei Nebel auf der AB ein Kfz auf ein vorausfahrendes auf, so besteht ein ursächlicher Zusammenhang, wenn auf den deswegen anhaltenden Hintermann dessen Hintermann auffährt, BGH NJW **65** 1177. Wer nach Anhalten bei dichtem Nebel ganz langsam in eine VorfahrtStr einbiegt, handelt gegenüber zu schnell fahrenden Berechtigten nicht fahrlässig, s § 8 Rz 59. Bei Sichtbeschränkung durch **Regen** oder **Schneefall** hat entsprechendes zu gelten. Insbesondere darf auch bei durch Regen oder Schneefall auf weniger als 50 m herabgesetzter Sicht eine Geschwindigkeit von 50 km/h nicht überschritten werden (Abs I S 3), uU ist noch langsamer zu fahren. Ist die schneeglatte Straße wegen Schneefalls nur auf 10 m übersehbar, sind „30" zu schnell, Ol DAR **61** 309.

39 Bei **Rauch** ist zu verlangsamen (Sichtfahrgebot), KG VM **74** 96, und Vorsicht geboten, wenn die linke Fahrbahnhälfte verhüllt ist, Sa VM **58** 53. Wer wegen plötzlicher **Scheibenverschmutzung** nicht sofort verlangsamt, sondern auf die Gegenfahrbahn fährt, haftet, Fra VR **80** 196.

40 7 d. Mit **starkem Wind** muß der Kf besonders an stürmischen Tagen und bei Gewittern (Kö VRS **37** 39, KG VM **70** 85) rechnen und Windstöße durch Gegenlenken ausgleichen. Gerät er dabei in Windschatten, so kann ihn das für kurze Zeit nach der windabgewandten Seite drücken, BGH VRS **12** 211. Bei starker Windbö ist dem Kradf nur ein Vorwurf zu machen, wenn er sie hätte voraussehen müssen, oder wenn er sich

Geschwindigkeit   § 3 StVO 2

unzweckmäßig verhalten hat, BGH VRS **16** 359, Schl VM **71** 95 (Fehmarnsundbrücke).

Lit: *Cramer,* Zur Haftung bei Dunkelheitsunfällen, DAR **76** 337. *Eckert,* Der Dunkelheitsunfall, NZV **92** 95. *Gramberg-Danielsen,* Anpassungsfähigkeit und Leistungsgrenzen des Sehorgans, BASt **16** 79. *Derselbe,* Der Dunkelheitsunfall aus ophthalmologischer Sicht, VGT **90** 162. *Günther,* Die Problematik des Dunkelheitsunfalles im StrV, k + v **68** 237. *Harbauer,* Blendung von rückwärts, DAR **65** 11. *Harms,* Sehmängel als Unfallursache, ZVS **86** 36. *Hartmann,* Sehen, Wahrnehmen und Erkennen im StrV, DAR **76** 326. *Hentschel/Berr,* Blendung, KVR. *Kuckuk/Reuter,* Die Methodik der Aufklärung von Dunkelheitsunfällen ..., DAR **76** 253. *Löhle,* Dunkelheitsunfälle, ZfS **99** 409. *Roddewig,* Verlängerte Reaktionszeiten durch Readaptionseffekte im nächtlichen StrV, DAR **83** 383. *Derselbe,* Readaptionszeiten im nächtlichen StrV ..., ZVS **83** 162. *Schmidt-Clausen,* Der Dunkelheitsunfall, VGT **90** 150.

8. Die persönlichen Fähigkeiten des Fahrers, vor allem Erfahrung und wechselnder Körperzustand, bedingen die zulässige Fahrgeschwindigkeit mit, BGH VRS **5** 133, Kö VR **66** 530, Ha VRS **13** 32, denn der Fahrer muß diese Fähigkeiten stets berücksichtigen. S E 141, 141 a, § 2 FeV, § 31 StVZO Rz 10. Niemand darf so schnell fahren, daß er das Fz nicht mehr beherrscht, BGH VR **66** 1156, jeder muß die Grenzen seiner Fahrfähigkeit beachten, BGH VRS **9** 296, vor allem der Anfänger, aber auch der Kranke oder Gealterte, s Ce DAR **51** 16, Bra VRS **2** 124 (78jähriger Radfahrer), der Sehbehinderte auch dann, wenn eine geschwindigkeitsbeschränkende Auflage gem § 23 FeV aufgehoben wurde, BGH VRS **69** 439. Wer die FE erst erworben oder lange nicht benutzt hat, muß selbstkritisch fahren und darf nicht unzulängliche Ausbildung oder mangelnde Erfahrung vorschützen (**E** 141a). Mit einem noch nicht vertrauten Kfz muß jeder vorsichtig fahren, s Hb VM **65** 5, ebenso mangels Fahrererfahrung bei Dunkelheit, Ha VRS **12** 106. Vor jeder Fahrt muß der Kf bedenken, ob er den voraussichtlichen Umständen (AB, dichter Verkehr, Fahrstrecke, Eis, Nebel, Dunkelheit) gewachsen sein wird, BGH VRS **11** 428, im Zweifel muß er die Fahrt unterlassen, Ha VRS **25** 455, Stu VBl **59** 23, oder rechtzeitig pausieren. Wer seine langsame Reaktion kennt, muß entsprechend langsamer und vorsichtig fahren, BGH VM **65** 25. Mangels besonderer Umstände darf ein Neuling auf einer BundesStr mit „50" fahren, Dü VM **62** 73. 41

Alkohol soll der Fahrer meiden, er beeinträchtigt alle Fahrfunktionen und führt bei größerer BAK zur Fahrunsicherheit (§§ 24a StVG, 315c, 316 StGB). Zur Frage der Vermeidbarkeit eines Unfalls für einen alkoholbedingt fahrunsicheren FzF, wenn die von ihm eingehaltene Geschwindigkeit bei einem nüchternen Fahrer nicht zu beanstanden gewesen wäre, s § 316 StGB Rz 10; näher *Hentschel,* Trunkenheit, 322 ff. 42

Lit: *Mühlhaus,* Fahrgeschwindigkeit nach Alkoholgenuß ..., DAR **70** 125.

9. Die Eigenschaften von Fahrzeug und Ladung sind bei der Fahrgeschwindigkeit zu berücksichtigen (I): Fahrwerk, Straßenlage, Windempfindlichkeit, Bremsverzögerung und -zustand, Scheinwerferleistung, Nebelscheinwerfer, Reifenzustand, Motorleistung (Anzugskraft, Beschleunigung), Art und Verstauung der Ladung, deren Schwerpunkt, zT zusammen mit dem StrAusbau und der Witterung. Ladung: § 22. Die Fahrgeschwindigkeit muß der Ladungsstabilität entsprechen, Ha NJW **72** 1531 (Betonplatten), Dü NJW-RR **93** 94 (Pferde). Durch Dachlast und höhere Zuladung veränderte Fahreigenschaften muß der Fahrer durch Langsamerfahren ausgleichen (§ 22 Rz 13). Kraftf müssen beim Durchfahren von Kurven der durch Schräglage eingeschränkten Bremsmöglichkeit Rechnung tragen, BGH NZV **94** 184, Kar VR **87** 694. FzMängel: § 23. Bremsverzögerung: § 41 StVZO. Brems- und Reaktionszeit: § 1 Rz 29, 30. 43

Von einem geistesgegenwärtigen Kf ist bei Gefahr je nach Sachlage **Bremsen, Hupen** und Ausweichen zugleich zu verlangen, BGH VM **66** 35. Bei unvermuteten, unverschuldeten Ereignissen steht dem Kf außer der Reaktionszeit (§ 1 Rz 29, 30) auch eine Schreckzeit zu (**E** 86, § 1 Rz 29). Wer eine Gefahr anders meistern kann, muß Vollbremsung vermeiden, BGH NJW **67** 211, VM **63** 9. Jede Fahrgeschwindigkeit, die nach Sachlage zu langen **Bremsweg** bedingt, ist zu hoch. Wer einen nicht abbremsbaren (§ 41 StVZO) Anhänger mitführt, muß nicht deshalb langsamer als allgemein zulässig fahren, Dü VM **67** 64. Im Gefälle ist der Bremsweg länger als auf ebener oder steigender Straße, ebenso bei Glätte (Regen, Schmiere, Schmutz, Schnee, Eis, Ölspur) und auf 44 wenig griffigem StrBelag, zB auf womöglich gewölbtem Blaubasalt, BGH VRS **23** 270. Rutschfördernde Glätte neuer Reifen: § 36 StVZO Rz 5. Die individuelle Bremsverzögerung hängt von der Bremsbeschaffenheit und allen übrigen Umständen ab, BGH VRS **27** 119, ist sie schlecht, so muß der Kf uU unterhalb der zulässigen und nach den übrigen Umständen möglichen Geschwindigkeit bleiben, Kar VRS **10** 330. Bei der **Bremswegberechnung** dürfen nicht schematisch und ohne einen Sachverständigen Verzögerungen von 7–8 m/s^2 unterstellt werden, Hb DAR **80** 184, Ha VRS **38** 313. Bremsspur: Rz 58. Wäre der Schaden beim Bremsen vermieden worden, so ist dieses Unterlassen **ursächlich,** BGH VM **56** 31. Eine Kollision mit einem anderen VT wäre durch rechtzeitiges Bremsen vermeidbar gewesen, wenn der FzF dann entweder das Fz vor der Kollisionsstelle zum Stillstand gebracht hätte (räumliche Vermeidbarkeit) oder diese erst erreicht hätte, nachdem der geschädigte VT den Kollisionspunkt schon wieder verlassen hätte (zeitliche Vermeidbarkeit), BGH NZV **92** 359, NJW **00** 3069.

Lit: *Förste,* Erwägungen zum Bremsweg, DAR **97** 341. *Kurz,* Die Bremswegberechnung, DAR **78** 257.

45 10. **Geschwindigkeitsbegrenzungen durch Verkehrszeichen** gehen den VRegeln des § 3 vor (§ 39 III), inner- wie außerorts. Durch VZ 274, 275 können sie ausschließlich **für einzelne Straßen** angeordnet werden, niemals für ein StrNetz durch Aufstellung nur an den Zufahrten, Fra DAR **70** 55 (Wiederholung an den einzelnen Straßen). Soll die Begrenzung für ein Gebiet gelten, so bedarf dies der Kennzeichnung durch VZ 274.1/274.2 (geschwindigkeitsbegrenzte Zone), s § 41 Rz 248, § 45 Rz 37. Geschwindigkeitsbeschränkungen durch VZ für das gesamte Straßennetz eines Bundeslandes oder einer Gemeinde unter Umgehung bundesrechtlicher Kompetenz ist unzulässig und rechtsfehlerhaft, s § 45 Rz 27. Innerorts dürfen die StrVB die zulässige Geschwindigkeit durch Z 274 erhöhen (§ 45 VIII). Die zulässige Höchstgeschwindigkeit begrenzende **VZ gelten** auch bei verbotswidriger StrBenutzung, BGH VRS **18** 191. Ordnen zwei VZ 274 nebeneinander unterschiedliche Geschwindigkeitsbeschränkungen an (Versehen), so gilt nur das die höhere Fahrgeschwindigkeit erlaubende VZ, Bay VRS **57** 64. Sind innerorts mehr als 50 km/h zugelassen, so gilt das für Fze aller Art (§ 41 bei Z 274), Kar VRS **26** 72. Zum Zusatzschild „Bei Nässe" s § 41 Rz 248 zu Z 274. Überholen berechtigt nicht zum Überschreiten gebotener Höchstgeschwindigkeit, es sei denn als einziges Gefahrabwehrmittel (Notstand), BGH VRS **12** 417, Bay Fahrl **67** 97, Schl VRS **91** 299, VR **74** 703, Ko VRS **55** 423, Kö DAR **67** 17, Mü NJW **66** 1270, Fra DAR **63** 244. Das VZ 278 hebt nur die Begrenzung durch VZ 274 auf, Dü VM **63** 48, das im Rahmen von § 41 II aufzustellen ist. Das Z 275 (Mindestgeschwindigkeit) hebt allgemeine Geschwindigkeitsbegrenzungen, die diejenigen des § 3 III 2 b für schwere Kfze, nicht auf. **Geltungsbereich des Streckenverbots** durch VZ: § 41 II Nr 7 zu 278, s § 41 Rz 248 zu Z 274. Die Geltungsbereiche einer Geschwindigkeitsbeschränkung und eines Überholverbots fallen nicht notwendigerweise zusammen, s Nü DAR **63** 330. Bei geschwindigkeitsbeschränkenden VZ darf idR angenommen werden, daß sie der durchschnittlichen Sachlage entsprechen, es sei denn, die örtlichen Verhältnisse sind aus besonderen Gründen gegenwärtig unübersichtlich (Schichtwechsel, parkendes Kfz, haltender Bus), BGH VM **73** 3, Kö VRS **90** 346. Auch bei durch VZ beschränkter Höchstgeschwindigkeit vor Bahnübergängen darf sich der Kf trotz § 19 II mangels besonderer Umstände mit der zugelassenen Geschwindigkeit dem Bahnübergang nähern, Bay DAR **81** 153, Ha VM **68** 84. Ist die Geschwindigkeit durch VZ in einem Baustellenbereich begrenzt, so braucht der Kf idR nicht allein deswegen noch stärker zu verlangsamen, weil ein Bauarbeiter aus dem markierten Arbeitsbereich in den für den V freigegebenen Fahrbahnraum geraten könnte, Ce NZV **96** 31. Ist die Höchstgeschwindigkeit auf 40 km/h unter Hinweis auf Schleudergefahr beschränkt (Z 114), so muß ein Kf bei Überschreitung auch ohne erkennbare Anzeichen mit einem Unfall rechnen, Bay DAR **76** 301.

46 **Auf der AB** sind Abstände von 1500 m zwischen den Z 274 nicht unangemessen, Stu DAR **63** 360, sofern dazwischen keine Zufahrt war. Nach Ha NZV **96** 247 soll eine Messung 1300 m nach dem letzten VZ auch dann nicht zu beanstanden sein, wenn sich dazwischen eine Zufahrt ohne Wiederholung des VZ befand. Eine AB-Geschwindig-

Geschwindigkeit § 3 StVO 2

keitsbeschränkung (Baustelle) gilt auch für Fze, die innerhalb der Verbotsstrecke einfahren, BGH VRS **25** 412, nach BaySt **98** 107 = NZV **98** 386 auch nach Fahrtunterbrechung auf Parkplatz im Falle inzwischen geänderter Höchstgeschwindigkeit durch Wechsel-VZ, s aber § 41 Rz 29. Wird ein zu Recht sehr schnell fahrender Kf (AB) **durch eine Geschwindigkeitsbeschränkung überrascht** („80") und verlangsamt er nunmehr erst wie vorgeschrieben, so trifft ihn möglicherweise kein Vorwurf, Fra DAR **69** 137. Eine Vollbremsung ist ihm nicht zuzumuten, Sa ZfS **87** 30, AG Sa ZfS **85** 187 (Reduzierung von 200 km/h auf 100 km/h innerhalb von 270 m). Bei ungewöhnlich hoher Geschwindigkeit muß er aber schon von weitem sorgfältig auf etwaige Geschwindigkeitsbeschränkungen durch VZ achten, s BaySt **01** 4 = NZV **01** 220; eine Beschilderung durch „Geschwindigkeitstrichter" (120, 100, 80 km/h) trifft ihn nicht überraschend, Dü NZV **96** 209. **Vor Ende der Geschwindigkeitsbegrenzung** darf der Kf nicht über das zulässige Maß beschleunigen; eine Messung kurz vor dem Ende entlastet ihn daher nicht, Brn VRS **107** 61 (keine „Meßtoleranz", s Rz 51). Psychologische Untersuchungen sprechen dafür, daß die Kf angepaßte, **nachvollziehbare Geschwindigkeitsbegrenzungen** zu beachten pflegen, nach Örtlichkeit und VLage (wirklich oder scheinbar) unangepaßte jedoch nicht, s *Winkler* k + v **71** 93. Über sachlich ungerechtfertigte und aus ideologischen Gründen angeordnete Geschwindigkeitsbeschränkungen auf AB, s *Kullik* PVT **03** 70. Wer schneller als durch das VZ 274, 274.1 erlaubt fährt, verletzt § 41 (§ 49 III Nr 4), s Rz 56. Irrtum über den Inhalt eines geschwindigkeitsbegrenzenden VZ, s Rz 56.

11. Verkehrsbehinderndes Langsamfahren ohne triftigen Grund ist unzulässig 47 (II). Es verleitet zu riskantem Überholen. Die Vorschrift greift nur ein, ist aber notwendig, wenn grundloses Langsamfahren „den Verkehrsfluß behindert", bei einem einzelnen Hintermann daher nur bei nennenswerter, längerer Behinderung. Sie gilt für alle Straßen und wird sich vorwiegend bei dichtem Verkehr auswirken, also im StadtV, der möglichst gleichmäßige Fahrgeschwindigkeit der Beteiligten voraussetzt, s (zu § 1 alt) Bay NJW **67** 1974, auf Ortsdurchfahrten, VorfahrtStr, außerörtlichen Strn mit geringer Überholmöglichkeit (kurviger Verkauf, GegenV), Ko NJW **67** 2074, DAR **66** 277, besonders auf Überholverbotsstrecken, Schl VM **62** 90 (anhalten). Langsamfahren iS von II führt nicht zum StrBenutzgsverbot wie bei VZ 275 (Begr). Müssen auf leicht kurviger Strecke bei erlaubten und vertretbaren 100 km/h mehrere Fze auf 3 km hinter einem ohne triftigen Grund nur 50 km/h fahrenden Pkw herfahren, so verletzt dessen Fahrer Abs II, AG Gemünden DAR **97** 251. Sachlich grundloses Verlangsamen vor Grün kann II verletzen, KG VRS **47** 316, Dü VRS **65** 62. Wer in oder gleich nach einer unübersichtlichen Kurve durch langsamstes Fahren ein Hindernis bildet, kann strafrechtlich haften müssen, Ha VRS **49** 182. Ein in die AB einfahrender Lastzug muß alsbald soweit als möglich und zulässig beschleunigt werden, Ce VR **73** 352. Wer nachts einen Lastzug ungewöhnlich verlangsamt und ohne triftigen Grund zu langsam fährt, ohne Nachfolgende durch Zeichen zu warnen (AB), **haftet** bei Kollision mit, Ce VR **76** 50 (wird auch bei verkehrsbedingtem zu langsamem Fahren aus technischem Grund gelten müssen, weil nur das Warnen der Gefahr entgegenwirkt), Dü DAR **99** 543 (Bagger mit 6 km/h bei Dunkelheit). Mithaftung eines bei Tage die AB mit nur 60 km/h befahrenden PkwF, der auf einen anderen Fz auffährt, AG Wilhelmshaven NZV **03** 181.

Triftigen Grund zum Langsamfahren hat, wer dies aus objektiven (Motorleistung, 48 Ladung, Dü NJW-RR **93** 94, Unterwegsmangel) oder subjektiven Gründen (Körperzustand, VLage, Wetter) (Begr) darf oder sogar muß, zB auch innerhalb einer langsamen grünen Welle, BGH VR **62** 621, oder im mehr- oder einstreifigen Kolonnenverkehr. S Kö VRS **20** 223, Ha VM **63** 53. Wer an Parkstreifen oder Parkuhren eine Lücke sucht, hat triftigen Grund, weil er idR nur kurze Zeit behindert. Langsamfahren im Haltverbot, um jemand einsteigen zu lassen oder eine Hausnummer zu suchen, ist kein triftiger Grund, wenn beides auch weniger behindernd möglich wäre. Erschwerter Fahrstreifenwechsel nach rechts, um demnächst auszufahren, kommt erst kurz vor der Ausfahrt als triftiger Grund zum Langsamerfahren in Betracht, Kö VM **74** 23. Vermeidung hoher Geschwindigkeiten im Interesse des Umweltschutzes ist zu begrüßen. Wer aber allein deswegen *behindernd* langsam fährt, weil er glaubt, dadurch einen Beitrag zur Schonung

2 StVO § 3 I. Allgemeine Verkehrsregeln

der Umwelt zu leisten, oder aus „erzieherischen" Gründen, verstößt gegen Abs II und kann uU nötigen (Blockieren des Überhol-Fahrstreifens der AB, um die Nachfolgenden zu geringerer Geschwindigkeit zu zwingen), s dazu *Molketin* MDR **91** 206.

Lit: *Molketin*, Zur „Mindestgeschwindigkeit" des Kf, MDR **91** 206. *Schmidt*, Langsamfahren als Behinderung, SchlHA **67** 33.

49 **12. Zulässige Höchstgeschwindigkeiten ohne VorschriftZ** schreiben III, IV vor. Sie gelten nur unter günstigsten Umständen, entbinden also nicht von den Grundregeln des I, Ol NZV **90** 473 (Dunkelheit), müssen vorbehaltlich § 18 V 2 auch auf KraftfahrStr (Z 331), Ha VM **70** 63, und beim Überholen eingehalten werden, s Rz 45. Gebotene Höchstgeschwindigkeiten sind SchutzGe auch zugunsten von Fußgängern, welche die Fahrbahn überschreiten, BGH VR **72** 558. Begrenzung der zulässigen Höchstgeschwindigkeit bei Nebel, Schneefall und Regen (Abs I S 3), s Rz 38. Geschwindigkeitsbegrenzung durch VZ: Rz 45, 46. Erwägenswerte psychologische Bedenken gegen einige starre Geschwindigkeitsgrenzen, *Gunzert* DAR **66** 329, *Undeutsch* DAR **66** 324 mit Beispielen, *Herwig* ZVS **12** 194.

50 **12 a. Innerorts** beträgt die Höchstgeschwindigkeit, außer auf der AB (§ 18), unter günstigsten Umständen, s *Fra* DAR **01** 217, für alle Kfze „50" (III Nr 1). Die vorgeschriebene Ortshöchstgeschwindigkeit soll die Gefahr innerorts verringern und schafft an sich keine Schutzzone über das VZ 311 hinaus, Bay VRS **57** 360, Dü NZV **92** 238, wird jedoch schon vorher Gefahr durch einen unachtsamen Fußgänger erkennbar, so entfällt der Vertrauensschutz und der Kf muß angemessen verlangsamen, Bay VM **80** 41. Die Ortsgeschwindigkeit ist begrenzt, damit sich jeder auf die innerorts häufigen mannigfachen VVorgänge rechtzeitig einstellen kann, Ko VRS **55** 423. Bei normalen Verhältnissen darf sie ausgenutzt werden, BGH NZV **02** 365, Dü NZV **94** 70 (Dunkelheit), KG VRS **83** 98, Kar VR **79** 478. Wo das VZ 274 steht, geht es III Nr 1 vor (§ 39 III). Die 50 km/h-Grenze beginnt bei der **Ortstafel** (VZ 310), s Rz 51, sofern nicht durch Z 274 etwas anderes bestimmt ist, Ha VRS **25** 219, und endet, jeweils ohne Rücksicht auf Bebauung, Ha DAR **62** 273, bei VZ 311 (§ 42 III), Dü VRS **64** 460. Die Ortstafel gilt auch (Erkennbarkeit vorausgesetzt), wenn Unbefugte sie umgedreht haben, Ha VRS **25** 296. Der VT muß sich idR an die Ortstafeln halten können, so wie sie stehen, andererseits muß die VB überwachen, ob der Standort der Ortstafel wegen fortgeschrittener Bebauung dem VBedürfnis noch entspricht (s Richtlinien für die rechtliche Behandlung von Ortsdurchfahrten VBl **76** 220, **84** 30). Fehlt sie bei geschlossener Bebauung, so gilt die 50-km/h-Grenze nicht, weil VRegeln deutlich sein und VZ im Fahren mit einem Blick erfaßbar sein müssen. Es geht nicht an, daß Gerichte klare gesetzliche Regelungen gegensätzlich auslegen, so aber Ha VM **96** 68, MDR **69** 1033, Dü VRS **64** 460 (eindeutig geschlossene Bauweise). Eine höhere Geschwindigkeit kann sich dann jedoch nach Abs I verbieten. Beginnende Bebauung verpflichtet, auf die Ortstafel zu achten, Ha VM **60** 76 (einzelne Häuser mit Gärten beiderseits sprechen nicht für eine geschlossene Ortschaft, Ha VRS **36** 228). Dichte Bebauung, Bürgersteige usw können dem FzF die Gewißheit aufdrängen, daß er sich in geschlossener Ortschaft befindet, Schl NZV **93** 39, Ha VM **96** 68. Folgt bei zusammenhängenden Ortsteilen später die Ortshinweistafel (Z 385), so endet hier die 50-km/h-Grenze ohne Rücksicht auf die Art der Bebauung, Ha DAR **63** 389, Dü VM **73** 85. Irrtum über den Begriff der geschlossenen Ortschaft ist Tatbestandsirrtum (§ 11 OWiG).

51 Die Geschwindigkeitsbeschränkung gilt in aller Regel **vom Ortsschild ab**, Bay NZV **95** 496, Ol NZV **94** 286, Kö VRS **96** 62, eine „Toleranzstrecke" kommt allenfalls bei schwerer Erkennbarkeit des VZ in Betracht, Sa ZfS **87** 30, Stu VRS **59** 251. Dennoch muß der Kf nicht vor oder an dem Ortsschild abrupt auf „50" verlangsamen, er darf eine gewisse Meßtoleranz erwarten, Bay NZV **95** 496, Ol NZV **94** 286 (50 m nach dem Schild), Kö VRS **96** 62, Ha VRS **97** 453, jedoch nicht mehr 150 m nach dem Ortsschild, Ha VRS **56** 200. Bei spät erkennbarer Ortstafel keine Gewaltbremsung, außer bei Gefährdung anderer, Schl VM **66** 88, Bay NZV **95** 496. Die Ortstafel (Z 310) ist zwar ein RichtZ (§ 42), ordnet aber an, daß von ihr ab die innerörtlichen VVorschriften gelten (§ 42 III). Die Ortshöchstgeschwindigkeit muß auch beim Überholen eingehalten werden, Ko VRS **55** 423, s Rz 45. Defekter Tachometer, s Rz 56.

Geschwindigkeit § 3 StVO 2

Die VT dürfen **nicht darauf vertrauen,** daß die 50 km/h-Grenze innerorts genau 52
eingehalten wird, KG DAR **00** 260, Ol NZV **94** 26, Ha VRS **46** 222 (Überschreitung
bis zu 50% muß in Rechnung gestellt werden), aM BGH VRS **21** 277 (Fußgänger darf
vertrauen), Schl VM **58** 59, vor allem nicht unmittelbar hinter der Ortstafel, Ol VR **85**
1096. Auch eine Geschwindigkeitsüberschreitung um mehr als 60% durch den Bevor-
rechtigten muß der Wartepflichtige, soweit erkennbar, berücksichtigen, s § 8 Rz 53, § 9
Rz 39. Allerdings darf ein wartepflichtiger VT (§ 8) darauf vertrauen, daß ein noch *nicht
sichtbarer* Bevorrechtigter keine wesentlich überhöhte Geschwindigkeit einhält, Kar VRS
44 66.

Bei dem Z 311 (Ortstafel, Rückseite) darf der Kf wieder beschleunigen, falls die 53
Umstände es erlauben, nicht vorher, Ol NZV **96** 375 (kein Vertrauen in Unterbleiben
von Messungen), aber uU mildere Ahndung, s Rz 56b. Unklarheit geht nicht zu seinen
Lasten, Kö VRS **17** 307. Maßgebend ist der Standort des Z 311, Dü VM **58** 64 Nr 130,
auch bei weiterer Bebauung, denn Nachlässigkeiten der Behörde bei Überprüfung des
Standorts gehen nicht zu Lasten des Verkehrs, s Rz 50. **Fehlt das Z 311,** so endet die
geschlossene Ortschaft am Beginn völlig unbebauten Gebiets, nicht schon bei bloßen
Bebauungslücken zwischen zwei Ortsteilen (wenn sie deutlich als bloße Lücken erschei-
nen), Bay DAR **61** 207, Sa VM **81** 70; sie endet dann auch beim VZ 385, s Rz 50. Zur
Bedeutung der Orts(end)tafel s auch VZ 311.

12 b. Außerorts gelten die in III Nr 2a–c bezeichneten Höchstgeschwindigkeiten 54
auch unter günstigsten Umständen. Da diese Grenzen vor Gefährdung durch übermäßig
schnell bewegte Massen schützen, Mü NJW **66** 1270, gelten sie absolut, BGH VR **67**
802, und können durch VZ nicht erhöht werden (s Z 274), auch nicht durch das
RichtZ 380 (Richtgeschwindigkeit), s Dü VM **65** 92. **Auf AB** und außerorts auf
KraftfahrStrn, deren Fahrstreifen für eine Richtung durch Mittelstreifen oder sonstige
bauliche Einrichtungen getrennt sind, gilt § 18 V, s § 18 Rz 19. **LkwBegriff:** § 21
Rz 10, § 18 Rz 19. SattelKfze für Lastenbeförderung sind Lkw. **Wohnmobile** bis 3,5 t
unterliegen Abs III Nr 2c (100km/h), über 3,5 t bis 7,5 t fallen sie (weil sie keine Pkw
sind) unter Abs III Nr 2a (80km/h), bei mehr als 7,5 t gilt Abs III Nr 2b (60km/h), s
Berr 416 ff. Wohnmobile bis 3,5 t mit Anhänger werden trotz des Wortlauts von Abs III
Nr 2b analog der Ausnahmeregelung für Pkw und Lkw mit Anhänger zu behandeln sein
(III Nr 2b mit 2a: 80km/h), s § 23 StVZO Rz 18, s dazu auch *Berr* 419. Wohnmobile
mit Anhänger auf AB und außerörtlichen KraftfahrStrn mit getrennten Richtungsfahr-
bahnen: § 18 V Nr 1 (80km/h). Für selbstfahrende **Arbeitsmaschinen** über 2,8 t (bis
7,5 t) gilt III Nr 2a, s Dü VRS **95** 53. Höchstgeschwindigkeit der GleiskettenFze und
eisenbereiften Fze: § 36 StVZO, der Kfze mit Schneeketten: § 3 IV.

12 c. Höchstgeschwindigkeit „100" gilt auf allen öffentlichen Straßen außerorts 54a
(außer AB [Z 330], Straßen mit Mittelstreifen oder anderer baulicher Trennung der
Fahrbahnen für eine Richtung von denen der Gegenrichtung und Straßen mit minde-
stens zwei Fahrstreifen für jede Richtung, falls Fahrstreifenbegrenzungen [Z 295] oder
Leitlinien [Z 340] die Fahrstreifen trennen), Abs III Nr 2 c. ABen sind auch Straßen mit
nur je einer Richtungsfahrbahn, sofern sie durch das Z 330 gekennzeichnet sind. Die
Begrenzung gilt für Pkw und andere Kfze mit zulässigem Gesamtgewicht bis 3,5 t
(III Nr 2c). Pkw: § 23 StVZO. Führen diese Kfze Anhänger mit, so gilt für sie die 80-
km/h-Grenze des III 2a. Tempo „100" darf nur unter günstigsten Umständen gefahren
werden, soweit nicht vorrangige Umstände allgemein oder individuell langsameres Fahren
erfordern, zB der Sichtfahrgrundsatz (Rz 3–6, 12–15, 17), Ol NZV **90** 473 (Dunkel-
heit), die Straßen-, Verkehrs- oder Wetterverhältnisse, die individuelle Fahrfähigkeit, die
Eigenschaften von Fz oder Ladung. Auf den bezeichneten tempobegrenzten Straßen
dürfen die VB mit Zustimmung der obersten LandesB die zulässige Höchstgeschwindig-
keit durch Z 274 auf bis zu „120" festsetzen, § 45 Abs VIII. Richtlinien hierfür VBl **72**
545 = StVRL Nr 3. Auf den von der Begrenzung ausgenommenen AB und autobahn-
ähnlichen SchnellStrn gelten die allgemeinen Geschwindigkeitsgrundsätze; die Ausnah-
me gilt, wie sich zweifelsfrei aus der Stellung innerhalb III Nr 2 c und aus § 18 V ergibt,
nur für Pkw und andere Kfze bis 3,5 t, Bay NZV **99** 393, *Rüth/Berr/Berz* Rz 83
(unzutreffend: AG Weiburg NStZ-RR **96** 346). Schadhaftigkeit der Z 295 oder 340

2 StVO § 3   I. Allgemeine Verkehrsregeln

beseitigt deren Wirkung nicht, solange eines dieser VZ als erkennbar vorhanden gelten darf. Wegen der erheblichen erlaubten Fahrgeschwindigkeit kann es nicht darauf ankommen, ob die Gegenfahrbahn mehrere derart bezeichnete Fahrstreifen hat (zB neue Decke vor Kennzeichnung), weil sich dies von der anderen Fahrbahn aus nicht sicher und ständig überblicken läßt. Maßgebend muß ausreichende Markierung in der gefahrenen Richtung sein, weil sie den Schluß auf entsprechende Markierung aller Fahrstreifen rechtfertigt.

55   12 d. VO über eine allgemeine Richtgeschwindigkeit auf Autobahnen und ähnlichen Straßen (Autobahn-Richtgeschwindigkeits-VO) v 21. 11. 1978 (BGBl I 1824).

Auf Grund des § 6 Abs. 1 Nr. 3 des Straßenverkehrsgesetzes in der im Bundesgesetzblatt Teil III, Gliederungsnummer 9231-1, veröffentlichten bereinigten Fassung, der zuletzt durch das Gesetz vom 3. August 1978 (BGBl. I S. 1177) geändert wurde, wird mit Zustimmung des Bundesrates verordnet:

§ 1. (1) Den Führern von Personenkraftwagen sowie von anderen Kraftfahrzeugen mit einem zulässigen Gesamtgewicht bis zu 3,5 t wird empfohlen, auch bei günstigen Straßen-, Verkehrs-, Sicht- und Wetterverhältnissen
1. auf Autobahnen (Zeichen 330),
2. außerhalb geschlossener Ortschaften auf anderen Straßen mit Fahrbahnen für eine Richtung, die durch Mittelstreifen oder sonstige bauliche Einrichtungen getrennt sind, und
3. außerhalb geschlossener Ortschaften auf Straßen, die mindestens zwei durch Fahrstreifenbegrenzung (Zeichen 295) oder durch Leitlinien (Zeichen 340) markierte Fahrstreifen für jede Richtung haben,

nicht schneller als 130 km/h zu fahren (Autobahn-Richtgeschwindigkeit). Das gilt nicht, soweit nach der StVO oder nach deren Zeichen Höchstgeschwindigkeiten (Zeichen 274) oder niedrigere Richtgeschwindigkeiten (Zeichen 380) bestehen.

§ 2. Im übrigen bleiben die Vorschriften der Straßenverkehrs-Ordnung unberührt und gelten entsprechend für diese Verordnung. Die in § 1 genannten Zeichen sind die der Straßenverkehrs-Ordnung.

§ 3. Diese Verordnung gilt nach § 14 des Dritten Überleitungsgesetzes in Verbindung mit Artikel 33 Abs. 2 des Kostenermächtigungs- Änderungsgesetzes vom 23. Juni 1970 (BGBl. I S. 805) auch im Land Berlin.

§ 4. Diese Verordnung tritt am Tage nach der Verkündung in Kraft.

55 a   **Begr:** VBl **78** 478.

55 b   **Autobahn-Richtgeschwindigkeit.** Die Empfehlung ist nicht zwingend, ihre Nichteinhaltung deshalb nicht ow, es sei denn, die Fahrweise verletzt andere Vorschriften, zB die §§ 1, 3, 4, 17, 41 Z 274 StVO. Trifft dies nicht zu, so spricht Grenzüberschreitung, die in die Verantwortung des Kf gestellt ist, nicht gegen ihn. Gleichwohl appelliert die VO an das Verantwortungsbewußtsein der Kf, besonders der unerfahrenen, und legt ihnen die sanktionslose Rechtspflicht auf, die Empfehlung stets zu bedenken, soweit sie nicht nach allen stets wechselnden Umständen der Gefahrlosigkeit des Schnellerfahrens gewiß sein können.

55 c   **Zivilrechtlich** beeinträchtigt Schnellerfahren, wie auch gelegentliches Zuschnellfahren, weder den Versicherungsvertrag noch den Haftpflichtversicherungsschutz. Das vorausgesetzte Risiko erhöht sich wesentlich und nachhaltig allenfalls bei gewohnheitsmäßig riskantem Zuschnellfahren. Jedoch kann die BG erhöht sein (zu schnell bewegte Masse), BGH NZV **99** 242, Ce ZfS **91** 150, *Jordan* VGT **95** 302, s § 17 StVG Rz 11. Rechtsgründe für Beweislastumkehr sind nicht ersichtlich, insbesondere können sie nicht dem VOZweck entnommen werden, s aber BGH NZV **92** 229. Zum Wesen einer Empfehlung gehört es, daß Nichtbefolgung nicht rechtlich beeinträchtigen darf, s AG Kö VRS **87** 95. Dessenungeachtet soll nach überwiegender Ansicht, BGHZ **117** 337 = NZV **92** 229 (zust *Reiff* VR **92** 716, *Gebhardt* DAR **92** 296), Kö VR **92** 1366 (zust *Reiff*), VM **98** 87, Ha NZV **94** 193, **00** 42, DAR **00** 218, Fra VR **97** 74, einem Kf, der die Richtgeschwindigkeit überschritten hat, die Berufung auf Unabwendbarkeit (§ 17 III

Geschwindigkeit § 3 StVO **2**

StVG) von vornherein versagt sein, falls er nicht nachweisen kann, daß vergleichbare Unfallfolgen auch bei 130 km/h eingetreten wären; nur wer Richtgeschwindigkeit einhalte, verhalte sich wie ein „Idealfahrer", ebenso *Reiff* VR **92** 291 f, aM Ha NZV **90** 269 (abl Anm Greger), Ce ZfS **91** 150. In aller Regel kann Überschreitung der Richtgeschwindigkeit jedenfalls keinen (Mit-) Schuldvorwurf begründen (§ 254 BGB), BGHZ **117** 337 = NZV **92** 229, Ha NZV **00** 371, ZfS **99** 413, KG VM **85** 63, Ce ZfS **91** 150, Schl NZV **93** 152, Kö VM **98** 87, *Reiff* VR **92** 288, 292, zw *Greger* NZV **90** 270, denn war die gefahrene Geschwindigkeit durch § 3 gedeckt, so kann bloße Nichtbeachtung der Empfehlung folgerichtig keinen Rechtsvorwurf begründen, war sie es nicht, so ist beim Erfahrenen und Geübten wie beim Unerfahrenen bereits § 3 verletzt. Die RichtgeschwindigkeitsVO sollte daher im Interesse der VSicherheit angesichts der zunehmenden VDichte gerade auch auf AB durch eine verbindliche Begrenzung der Höchstgeschwindigkeit ersetzt werden.

Lit: *Jagusch*, Probleme der Richtgeschwindigkeit, NJW **74** 881. *Reiff*, Unabwendbares Ereignis trotz Überschreitung der AB-Richtgeschwindigkeit?, VR **92** 288.

12 e. Schneeketten, gleich aus welchem Material, beschränken die Höchstgeschwindigkeit, wenn angelegt, oder auch nur an einem Anhänger angelegt, bei allen Kfzen und Anhängern ausnahmslos auf „50" (Abs IV), auch auf der AB oder auf Kraftfahrstr, sie schließen nach § 18 I autobahnberechtigte Kfze von deren Benutzung nicht aus. Die Vorschrift in IV dient dem Fahrbahnschutz und der Fahrsicherheit. **55 d**

13. Ordnungswidrig (§ 24 StVG) handelt, wer zumindest fahrlässig, Bay VRS **23** 120, gegen die Vorschrift über die Geschwindigkeit verstößt (§§ 3, 49 I Nr 3) und wer entgegen § 41 eine durch VorschriftZ gegebene Anordnung nicht befolgt (§ 49 III Nr 4), Bay NZV **95** 375. Erlaubt das **VZ 274 innerorts** mehr als 50 km/h, so verletzt, wer schneller fährt, nicht § 41 II Nr 7, sondern § 3 III Nr 1, weil das VZ die innerorts erlaubte Höchstgeschwindigkeit nur erhöht hat (§ 45 VIII), Bay VRS **51** 221, **44** 461, BaySt **98** 117 = VRS **96** 69, *Rüth* DAR **74** 171, *Jan/Jag/Bur* 124, aM Dü VRS **82** 367. Bei Nichtbeachtung des **Z 274 außerorts** dagegen geht § 41 II Nr 7 dem § 3 vor (ow nach § 49 III Nr 4), Bay DAR **87** 302, Ha VRS **97** 212, Dü VRS **85** 133, DAR **96** 66. Die speziellen Geschwindigkeitsbeschränkungen in **§ 18 V** gehen vor, Bay VRS **58** 432, Dü VRS **84** 302. Alle Warnmerkmale für eine gem **Abs I** notwendige geringere Fahrgeschwindigkeit muß der Kf gekannt haben oder haben kennen können, s Kö Ss 71/73. OW durch Verstoß gegen **Abs II a (Kinder, Hilfsbedürftige)** setzt konkrete Gefährdung voraus, Kö NJW **83** 2953, *Janiszewski* NStZ **84** 114. **§ 3 II (Langsamfahren)** geht als Sondervorschrift dem § 1 II vor. Befahren der AB mit 30 km/h ohne die Möglichkeit des Überholtwerdens und ohne verständigen Grund verletzt § 3 II, nicht auch § 1 II, Ha VM **72** 79. Ein Verstoß gegen I kann mit § 1 in **TE** stehen, Dü VM **66** 6, so auch bei zu schnellem Linksfahren (§§ 3, 2). Nicht jedes Zuschnellfahren iS von III verletzt auch I, s Ce NJW **62** 408. Bei zu geringem Abstand geht § 4 I als Spezialvorschrift vor, TE der §§ 3 I und 4 I nur, wenn die Fahrgeschwindigkeit auch aus anderen Gründen zu hoch ist, Ha DAR **73** 167. Dem Zuschnellfahren vorausgehende oder örtlich nachfolgende fremde Gefährdung (§ 1) steht zu III 1 in **TM,** Ko VRS **55** 290. Mehrere Geschwindigkeitsüberschreitungen: Rz 56a. Zuschnellfahren um wenige km/h (hier 3 km/h) ist nicht stets **fahrlässig,** Bay DAR **77** 53. **Defekter Tachometer** schließt Fahrlässigkeit bei Geschwindigkeitsüberschreitung nicht ohne weiteres aus, Bay DAR **02** 81, Kö DAR **01** 135, Dü NZV **92** 454. Wer den Defekt kennt, unterliegt besonderer Sorgfaltspflicht, BaySt **99** 167 = DAR **00** 171, Kö DAR **01** 135, und genügt dieser nicht durch Anpassung an die Geschwindigkeit anderer, Bay DAR **00** 171. Wer den Wagen seit längerer Zeit fährt, weiß es, wenn er anstatt „50" „72" fährt und kann sich idR nicht auf einen unrichtigen Tachometer berufen, Ha DAR **72** 251. Wesentliches Zuschnellfahren erkennt der Kf auch ohne Tacho, Kö DAR **01** 135, Dü NZV **92** 454, Ce DAR **78** 169, Ha DAR **72** 251. In solchen Fällen ist er für eine gemessene Geschwindigkeitsüberschreitung ohne Abzug zusätzlicher Toleranzen verantwortlich, Kö DAR **01** 135. Zulässiges Fehlen des Tachometers (§ 57 StVZO) **entschuldigt nicht,** Schl VM **58** 17, auch nicht das Bestreben, einen anderen am Zuschnellfahren zu hindern (Selbstjustiz), Ha VM **61** 37, oder den flüchtenden Schädiger zu stellen, Ha **56**

2 StVO § 3 I. Allgemeine Verkehrsregeln

VRS **23** 452. Entschuldigung durch Putativnotstand bei vermeintlichem Raub, Ha VRS **50** 390, **35** 342. Zuschnellfahren kann durch **Notstand gerechtfertigt** sein, Dü VM **74** 23 (Überholen durch einen Lastzug mit schleuderndem Anhänger soll vermieden werden), Sa VRS **47** 421 (vermeintliche Autofalle), Hinweis auf Verlust oder Warnung vor drohendem Verlust von Ladung, Ha DAR **96** 244, Kö NZV **95** 119, nach Nau DAR **97** 30 uU auch bei dichtem Auffahren durch den Nachfolgenden (hier wird meist allmähliches Verlangsamen ausreichen oder Aufleuchtenlassen des Bremslichts). Starke Bauchschmerzen nur 4 km von der Wohnung entfernt rechtfertigen erhebliche Geschwindigkeitsüberschreitung nicht, Dü VRS **54** 160. Kein rechtfertigender Notstand, wenn ein näher gelegenes Krankenhaus ebenso schnell ohne Geschwindigkeitsüberschreitung erreichbar gewesen wäre, AG Schwäbisch-Hall NJW **97** 2765. Ob Geschwindigkeitsüberschreitung zwecks Leistung **ärztlicher Hilfe** durch Notstand gerechtfertigt ist, Bay NZV **91** 81, Dü VRS **88** 454, NZV **96** 122 (einsetzende Wehen bei Taxifahrgast), Ha NZV **96** 205, hängt von den konkreten Umständen des Falles ab, BaySt **99** 159 = NJW **00** 888; die Beurteilung des Bestehens gegenwärtiger Gefahr ist dabei objektiv zu beurteilen, nicht vom Standpunkt des Betroffenen, Bay NJW **00** 888 (abgelehnt bei akuten Rückenschmerzen und Kreislaufstörungen nach Bandscheibenoperation). Der durch die Überschreitung erreichte Zeitgewinn muß für die Abwendung der Gefahr entscheidend sein, s BaySt **99** 159 = NJW **00** 888, Dü NZV **96** 122. Zu prüfen ist daher, ob der womöglich nur geringe Zeitgewinn entscheidend zur Abwendung der drohenden Gesundheitsgefahren geeignet war, Dü NZV **96** 122. Bringt die Geschwindigkeitsüberschreitung einen für die Beseitigung der Gefahr nur unwesentlichen Zeitgewinn, so ist sie nicht durch Notstand gerechtfertigt, Dü VRS **93** 442 (Schmerzbehandlung), Nau DAR **00** 131: Geschwindigkeitsüberschreitung zum Zwecke ärztlicher Hilfeleistung ist nicht durch Notstand gerechtfertigt, wenn Einsatz des Rettungsdienstes möglich gewesen wäre, Fra NStZ-RR **01** 214 (RegelFV bejaht). Der sittlich berechtigte Wunsch, Verwandte möglichst schnell zu einem Sterbenden zu bringen, rechtfertigt erhebliche Geschwindigkeitsüberschreitungen nicht (AB-Baustelle), Kö VRS **59** 438. Gegenüber der durch Überschreiten der zulässigen Höchstgeschwindigkeit begründeten abstrakten Gefahr für Menschen tritt die **Rettung eines Tieres** grundsätzlich zurück, Dü NStZ **90** 396. IdR daher keine Rechtfertigung einer Geschwindigkeitsüberschreitung um fast 60 km/h in geschlossener Ortschaft zum Zwecke rascher Behandlung eines lebensgefährlich erkrankten Hundes, Hb VM **81** 63, oder um 54 km/h auf der AB zur Rettung eines Wellensittichs, Dü NStZ **90** 396. Zum rechtfertigenden und entschuldigenden Notstand: E **118**, 152. Das **Festnahmerecht des § 127 StPO** rechtfertigt nicht auch Geschwindigkeitsüberschreitung bei der Verfolgung, Jn VM **98** 45. Rechtfertigungsgründe allgemein: E **112**–128. Die Überschreitung bekannter Höchstgeschwindigkeit (Z 274) allein belegt keinen **Vorsatz,** Ha NZV **98** 124, Dü VM **78** 34, ZfS **97** 194, anders, wenn dies bewußt geschieht, Ha DAR **02** 176, **98** 281, Dü VRS **93** 442. Bremsen im Augenblick der Radarmessung begründet nicht ohne weiteres die Feststellung von Vorsatz, Ko VR **73** 72. Ist dem Betroffenen die zulässige Höchstgeschwindigkeit bekannt, so liegt Vorsatz umso näher, **je größer die Überschreitung** ist, KG DAR **04** 594, VRS **100** 471, Ko DAR **99** 227. Auf Straßen iS von Abs III Nr 2c (100 km/h) wird der Kf eine Überschreitung um 40 km/h und mehr regelmäßig wahrnehmen, BGH NZV **97** 529 (150 km/h), Bay NZV **99** 97, Ko DAR **99** 227. Nach KG VRS **100** 471, DAR **04** 594, ist allgemein bei Überschreitung um 40% und mehr regelmäßig von Vorsatz auszugehen (Erfahrungssatz). Innerorts wird eine Überschreitung um mehr als 50 % vielfach vorsätzlich sein, s Dü NZV **99** 477 (80 statt 50), **99** 139 (82 statt 50 km/h), DAR **98** 402 (89 km/h statt 50). Jedenfalls ist Überschreitung um 80% und mehr bei Kenntnis der zulässigen Geschwindigkeit idR vorsätzlich, Bay NStZ **87** 548 (180 statt 100 km/h, Annahme nur fahrlässiger Überschreitung ist dann näher zu begründen), BaySt **98** 22 = DAR **98** 79 (94 statt 50 km/h), Ha VRS **90** 210 (97 statt 50 km/h), KG VM **04** 76 (um nahezu 100% innerorts), Dü VRS **69** 50 (109 km/h statt 50 innerorts), **91** 149 (111 statt 60 auf AB), s Jung VGT **91** 49. Allein der Umstand, daß gem § 39 Ia innerorts abseits der VorfahrtStrn mit **Tempo-30-Zonen** zu rechnen ist, rechtfertigt nicht die Annahme von Vorsatz, s Ce DAR **01** 38 (zur Rechtslage vor Einfügung des Abs Ia in § 39). Es gibt keinen Erfahrungssatz des Inhalts, daß gut sichtbare

Ortseingangstafeln nicht übersehen werden können, Schl DAR **92** 311. Vorsatz dann nur, wenn der Kf aus der Örtlichkeit (zB Bebauung) den Schluß gezogen hat (nicht: hätte ziehen müssen!), er befinde sich innerorts, Bay DAR **04** 99. Entsprechendes gilt auch für andere VZ, s § 41 Rz 249. Bei behauptetem Übersehen sämtlicher VZ eines sog „Geschwindigkeitstrichters" ist die Annahme nur fahrlässiger OW näher zu begründen, Dü DAR **97** 282. Ist dem Betroffenen wegen der Überschreitung der nach § 3 III zulässigen Höchstgeschwindigkeit Vorsatz, wegen Überschreitung einer demgegenüber durch VZ noch weiter eingeschränkten zulässigen Geschwindigkeit aber nur Fahrlässigkeit vorzuwerfen (Übersehen des VZ), so ist er wegen vorsätzlicher OW gem § 49 I Nr 3 zu verurteilen, Bay NZV **96** 375. Der **Irrtum,** eine Geschwindigkeitsbegrenzung durch VZ betreffe nur die aufgebrochenen StrStellen, ist Verbotsirrtum, Schl VM **57** 23.

13 a. Mehrere Geschwindigkeitsüberschreitungen auf einer Fahrt werden zumeist nicht nur im materiellen, s E 150a, sondern auch im prozessualen Sinn mehrere Taten sein, BaySt **02** 134 = VRS **101** 446 (Anm *Seitz* JR **02** 524), NZV **95** 407, **96** 160, Jn NZV **99** 478, Kö Ss 187/97 (Z), einschränkend BaySt **97** 17 = NZV **97** 282; vor allem bei größerem räumlichen oder zeitlichen Abstand handelt es sich um verfahrensrechtlich selbständige Taten, Bay DAR **96** 31, Jn NZV **99** 478, Kö NZV **96** 292 (30 Min), Dü NZV **96** 503, oder wenn zwischendurch die Fahrt unterbrochen und das Fz abgestellt wurde, BaySt **97** 40 = NZV **97** 489, **98** 515, Dü NZV **94** 118, **96** 503, VRS **90** 296, Ha NZV **99** 220 (jeweils Schaublattauswertung). Bei kurzer zeitlicher Aufeinanderfolge können mehrere Überschreitungen aber auch *eine* prozessuale Tat bilden, s BaySt **97** 40 = NZV **97** 489, NZV **94** 448, ZfS **97** 315, Zw DAR **03** 281, Dü NZV **96** 296, 503, Stu NZV **97** 243, nach BaySt **97** 17 = NZV **97** 282 überhaupt idR so lange, bis das Fz ohne verkehrsbedingten Grund zum Stillstand gebracht wird (neue Tat erst nach Fortsetzung der Fahrt). IdR kein Gesamtvorsatz im StrVR: E 134, kaum auch fahrlässige **natürliche Handlungseinheit:** E 150a. Mehrmaliges Zuschnellfahren während derselben kurzen oder langen Fahrt bildet idR keine „natürliche Handlungseinheit", vielmehr liegt TM vor, BaySt **97** 17 = NZV **97** 282, BaySt **97** 40 = NZV **97** 489, ZfS **97** 315, Kö NZV **04** 536, Dü DAR **98** 113, Ha DAR **74** 22, s aber *Zeising* NZV **94** 383, E 150a. Durch nur jeweils ganz kurzfristige, durch die VLage oder den StrVerlauf bedingte Unterbrechungen einer Geschwindigkeitsüberschreitung wird eine **DauerOW** (Verstoß gegen die *gleiche* Geschwindigkeitsbegrenzung) nicht in mehrere EinzelOWen aufgespalten, Bay NZV **93** 162, Ha ZfS **94** 187. Keine DauerOW bei mehrfachem Mißachten unterschiedlicher Geschwindigkeitsbegrenzungen, AG Sigmaringen DAR **95** 33, s Kö Ss 187/97 (Z).

13 b. Verurteilung nach § 3 I 1 setzt eine klare richterliche Vorstellung über die objektiv und subjektiv zulässige Fahrgeschwindigkeit voraus, Bay VRS **53** 434, Dü DAR **99** 38, Kö VRS **89** 446, Ko DAR **78** 26; ausdrückliche Feststellungen hierzu sind aber entbehrlich, wenn ein Unfall zweifelsfrei auf zu hoher Geschwindigkeit beruht, Dü DAR **98** 38. OW wegen nicht angepaßter Geschwindigkeit gem **§ 3 I 2** nur bei Feststellung erhöhter Unfallwahrscheinlichkeit, Dü NZV **92** 496, nicht aufgrund eines durch kurzfristige Beobachtung gewonnenen subjektiven Eindrucks von PolBen, Dü NZV **98** 167. Nur bei offensichtlich weit überhöhter Fahrgeschwindigkeit muß im Urteil die angemessene nicht festgestellt werden, Hb VM **66** 29, Ko VRS **53** 360, andernfalls ist die Überschreitung festzustellen, BGH VRS **28** 430, KG VRS **21** 226, Stu DAR **63** 335. Bei Geschwindigkeitsmessung muß das Urteil die **Meßmethode** mitteilen, Ko ZfS **03** 615, Ha DAR **04** 108, NZV **02** 245, Dü NZV **97** 321, Kö VRS **93** 206, und, wenn es sich nicht um ein „standardisiertes" Verfahren handelt (s unten), die Frage möglicher Fehlerquellen erörtern, Ha NZV **02** 245. Die Frage der Zuverlässigkeit bestimmter Meßverfahren unterliegt **tatrichterlicher Würdigung,** BGHSt **43** 277 = NZV **98** 120. Beruht die Überzeugung des Tatrichters von der Überschreitung der zulässigen Höchstgeschwindigkeit auf **mit anerkannten Geräten im weithin standardisierten Verfahren** gewonnenen Meßergebnissen, so genügt, wenn sich der Tatrichter der Fehlermöglichkeit bewußt war, idR die **Mitteilung des Meßverfahrens und des berücksichtigten Toleranzwertes im Urteil,** BGHSt **39** 291 = NZV **93** 485, Nau NZV **96** 330, Ro DAR **01** 421, zB bei Messung mittels Radar, BGH NZV **93** 485, BaySt **02** 120

= NZV **03** 203, DAR **98** 360, Kö VRS **101** 373, Ha DAR **04** 464, NZV **03** 398, VRS **105** 353, Kar NZV **95** 198, Laser (Angabe des Gerätes), BGHSt **43** 277 = NZV **98** 120, KG NZV **04** 153, Ol NZV **95** 37, Sa NZV **96** 207, Ha VRS **97** 144, DAR **99** 416, ProViDa, Ha DAR **04** 42, NZV **01** 178; darüber hinaus muß er sich von der Zuverlässigkeit der Messung nur bei Vorliegen konkreter Anhaltspunkte für Meßfehler überzeugen, BGH NZV **93** 485, BGHSt **43** 277 = NZV **98** 120, BaySt **02** 120 = NZV **03** 203, DAR **98** 481, Kö DAR **01** 421, Ha VRS **105** 353, DAR **00** 129, Zw DAR **00** 225 (ProViDa), nicht dagegen, weil der Betroffene das angewandte Meßverfahren generell in Zweifel zieht, BGH NZV **98** 120; krit zu dieser Rspr *Prell/Kuchenbauer* DAR **99** 53. Unterbleibt die ausdrückliche Angabe der *Höhe* des abgezogenen Toleranzwertes, so ist dies unschädlich, wenn der Gerätetyp mitgeteilt wird und die Messung keine Besonderheiten aufwies, Ha NZV **00** 264. Standardisierte Verfahren in diesem Sinne sind nicht nur voll automatisierte, menschliche Handhabungsfehler ausschließende Verfahren, sondern solche, bei denen aufgrund vereinheitlichter Normen und festgelegter Bedingungen für Anwendung und Ablauf unter gleichen Voraussetzungen gleiche Ergebnisse zu erwarten sind, BGHSt **43** 277 = NZV **98** 120, Bay DAR **98** 360, Kö VRS **101** 373. Bei Einsatz eichfähiger Meßgeräte muß dem Urteil zu entnehmen sein, daß **gültige Eichung** vorlag und die **Bedienungsvorschriften** beachtet wurden, Fra ZfS **01** 233. Bei **Messung durch Hinterherfahren** muß das Urteil idR die Länge der Meßstrecke, die Abstandsverhältnisse auf dieser und die Geschwindigkeit des nachfahrenden Kfz auf der Strecke angeben, Bay NZV **94** 448, Zw DAR **02** 182, Ha VRS **104** 312, **102** 302, DAR **98** 75, Dü NZV **92** 41, Kö NZV **94** 77, VRS **86** 360, und bei Dunkelheit oder schlechten Sichtverhältnissen zusätzliche Angaben über die Beobachtungsmöglichkeiten der PolB enthalten, Bay DAR **00** 320, Zw DAR **02** 182, Ha DAR **02** 176, DAR **03** 429, VRS **104** 226, ZfS **99** 84 (Nebel), Br ZfS **98** 355, Dü NZV **99** 138. Der Regelsatz der **Buße** wird bei Überschreitung der innerörtlichen Höchstgeschwindigkeit nur wenige m hinter der Ortstafel zu ermäßigen sein, s Ol NZV **94** 286 Kö VRS **96** 62, s aber Ha DAR **00** 580 (jeweils Absehen vom FV). Entsprechendes kann bei Messung wenige m hinter dem die Geschwindigkeit begrenzenden VZ in Betracht kommen, s Bay DAR **98** 481, abgelehnt bei 110 m von Fra NStZ-RR **01** 120, oder bei Messung wenige m vor dem Ortsausgangs Z (311), Bay NZV **02** 576 (Absehen vom FV). S auch Rz 51. Der für innerörtliche Überschreitung vorgesehene Regelsatz gilt grundsätzlich auch auf einer innerörtlichen AB, KG NZV **94** 37. Geschwindigkeitsüberschreitungen bis 15 km/h „in mehr als 2 Fällen nach Fahrtantritt" iS der BKatV (erhöhte Buße) sind alle zwischen dem Beginn der Fahrt und ihrem Ende begangenen Überschreitungen, auch wenn sie jeweils prozessual oder materiell selbständige Taten bilden, Kö Ss 187/97 (Z), aM Ce NZV **95** 197.

57   **14. Beweisfragen.** Meßmethoden: s auch § 4. Meßfoto als Beweismittel, s § 24 StVG Rz 76. Kein Beweisverwertungsverbot bei Nichtbeachtung verwaltungsinterner Richtlinien, s Kö DAR **97** 362, zB bezüglich der Örtlichkeit der Messung, Ol NZV **96** 375, Kö VRS **96** 62, oder der bei Messung durch Nachfahren zu verwendenden Fze, Kö NZV **97** 529. Die tatrichterliche Überzeugung, der Betroffene sei mit der ihm aufgrund Messung vorgeworfenen Geschwindigkeit gefahren, kann auch auf dessen **Geständnis** gestützt werden, BGHSt **39** 291 = NZV **93** 485, Jn DAR **04** 663, Ko NStZ **04** 396, Kö VRS **105** 296, Stu VRS **81** 129, Ce NZV **91** 199, aM Dü NZV **92** 41, 121, VRS **84** 302. Dann ist auch die Angabe des Meßverfahrens und des Toleranzwertes (s Rz 56b) im Urteil entbehrlich, Jn DAR **02** 325, Ko NStZ **04** 396, ZfS **03** 615, Schl NZV **03** 394 (abl *Röttgering*), Kö NZV **03** 100 (Anm *Molketin* NZV **03** 201), VRS **101** 373, Ro VRS **101** 384, *Niehaus* NZV **03** 411, aM Ha DAR **04** 407, 464, VRS **101** 282, **102** 218. Auch *fahrlässige* Geschwindigkeitsüberschreitung kann aufgrund Geständnisses festgestellt werden, wenn dieses auf eigenen Feststellungen des Betroffenen beruht, BGHSt **39** 291 = NZV **93** 485, Kö NZV **91** 203, Dü NZV **94** 117, einschränkend Dü NZV **93** 79, VRS **78** 306, **82** 50. Radschlupf beeinflußt die **Tachomessung** nicht merkbar, Ha DAR **60** 365, auch nicht auf Kopfsteinen, Ha VRS **40** 75 (s die Tacho-Anzeigetoleranzen, § 57 StVZO). Der Tachometer des UnglücksFz kann infolge Gewalteinwirkung unrichtig stehengeblieben sein und beweist dann die Fahrgeschwindigkeit nicht, Ha DAR **60** 123. Der Kf muß nicht seine Unschuld nachweisen; beruft er

Geschwindigkeit § 3 StVO 2

sich zur Entlastung auf seinen Tachometer, so ist dieser Beweis zu erheben, Kö DAR **58** 337. Jedoch schließt defekter Tacho Fahrlässigkeit nicht ohne weiteres aus, s Rz 56. Zur Feststellung der Geschwindigkeit durch **Auswertung der Fahrtschreiber-Schaublätter**, s § 57 a StVZO Rz 6. Anforderungen an die Feststellungen im Urteil, s Rz 56 b. Täterfeststellung und Halter: **E** 96 a.

Bremsweg: Rz 43, 44. Schreck- und Reaktionszeit (**E** 86, § 1 StVO Rz 29, 30) sind **58** zu berücksichtigen, sie sind individuell verschieden. Die Fahrgeschwindigkeit zur Unfallzeit kann nur aus der tatsächlichen, nicht aus der an sich erzielbaren Bremsverzögerung geschlossen werden, Zw DAR **79** 76. Nachträgliche Bremswegberechnung setzt technische Kenntnisse eines Sachverständigen voraus, Bay DAR **56** 165, s *Engels* VGT **88** 113, vor allem bei Umständen, die ihn verlängern, s BGH VRS **16** 126. Lit: Rz 46. Die **Bremsspur** zeichnet sich infolge verringerter Räderdrehung ab, die Blockierspur entsteht durch Rutschen der stillstehenden Räder, s Ha VRS **41** 367. Starkes Bremsen muß nicht stets zum Radieren der Reifen führen, Fra VRS **49** 451, KG VM **75** 93. Notbremsungen durch mit ABV ausgerüstete Pkw verursachen auf normal befahrenen Strn überwiegend keine auswertbaren Spuren, *Engels* VGT **88** 117, NZV **89** 89, Verkehrsunfall **90** 45, *Grandel* Verkehrsunfall **89** 339, **90** 11. Der daraus folgende Wegfall eines wichtigen Mittels zum Nachweis der Geschwindigkeit an Unfällen beteiligter Fze könnte durch die Einführung eines Unfallschreibers (Kurzwegschreibers, s § 57 a StVZO Rz 3) ausgeglichen werden, s *Vogt* NZV **89** 333. Allein aus der Brems- und (oder) Blockierspur läßt sich die Fahrgeschwindigkeit nicht sicher ermitteln, Ha VRS **41** 367, **39** 295, Kar VRS **38** 187, KG VRS **12** 453, insbesondere nicht anhand von Tabellen, KG VM **57** 70; denn der Bremsweg ist fast stets länger als die Bremsspur, BGH VRS **23** 375, Ha VRS **39** 295, Sa VRS **37** 228, Dü VRS **3** 359, erst recht bei durch ein Hindernis (Kollision) abbrechender Bremsspur, KG DAR **76** 240, VRS **11** 217 (221), Ha VRS **41** 367. Zur Geschwindigkeitsberechnung aus Bremsspuren, s Ce VRS **52** 425, *Engels* VGT **88** 113. Stets ist der Abstand der Vorder- von den Hinterrädern von der Bremsspur abzuziehen, BGH VRS **23** 375. Zum Beweiswert einer polizeilichen Brems- und Fahrspurskizze, Ha NJW **72** 966.

Radarmessungen sind standardisierte Meßverfahren iS der in Rz 56b geschilderten **59** Rspr (Nachweise s dort); sie sind beweiskräftig, wenn das Gerät geeicht ist und richtig aufgestellt und bedient wird, Kö DAR **01** 421, NZV **90** 279, Zw NZV **93** 279, Dü DAR **89** 232. Es genügt Einhaltung der in der Eichordnung (BGBl I 1988, 1657) vorgesehenen Frist (Gültigkeit der Eichung bis zum Ablauf des auf die Eichung folgenden Kalenderjahres), Kö VRS **67** 462, s auch *Löhle* DAR **84** 396. Überkleben der Bleiplombe (Sicherungsstempel) mit einem transparenten oder nicht transparenten, aber entfernbaren Klebeband durch die Pol zum Schutz der Plombe beeinträchtigt nicht die Gültigkeit der Eichung, solange die Möglichkeit bestehen bleibt, den Sicherheitsstempel in Augenschein zu nehmen, Kö NZV **02** 471, DAR **01** 421, AG Kö DAR **01** 41. Ist die Eichung nicht fristgerecht erfolgt, so wird ein zusätzlicher Sicherheitsabschlag zu machen sein, *Kneist* DAR **84** 412, s Rz 62. Es gibt keinen Erfahrungssatz, wonach Radargeräte unter allen Umständen zuverlässig messen, BGHSt **39** 291 = NZV **93** 485, BaySt **02** 120 = NZV **03** 203, Kö VRS **88** 376, Dü NZV **92** 121, VRS **85** 222, Ko VRS **73** 72, Zw NZV **93** 279. Nach neuerer Rspr genügt **im Urteil** bei Verwendung anerkannter Geräte idR die **Angabe des Meßverfahrens und des berücksichtigten Toleranzwertes**, s Rz 56 b. Dabei ist die Art des verwendeten Gerätes genau zu bezeichnen, Ha VRS **106** 469. Ohne konkreten Anlaß sind im Urteil auch Feststellungen darüber, daß das Gerät geeicht war, entbehrlich, Dü NZV **94** 41. Die **Meßtoleranz** bei Radarmessung beträgt 3 km/h bei Geschwindigkeiten unter 100 km/h und 3% des gemessenen Wertes bei höheren Geschwindigkeiten, Ha DAR **00** 129, **94** 408, *Beck/Löhle* 2.3.5., und gleicht alle gerätetypischen Fehlerquellen aus, BaySt **02** 120 = NZV **03** 203, Ha DAR **94** 408. Die **Radarfotobeurteilung** liegt allein beim Tatrichter, BGHSt **29** 18 = NJW **79** 2318. Die Abbildung mehrerer Fze auf dem Kontrollbild bedeutet nicht, daß sie sich alle zugleich im Meßstrahl befunden haben müssen, Ha DAR **72** 167. Auch wenn das Radarfoto mehrere Fze im Meßbereich zeigt, kann dies unschädlich sein, zB wenn das weitere Fz in entgegengesetzter Richtung fährt, Ha NZV **90** 402. Zur Identifizierung des Fahrers mittels Fotos, s § 24 Rz 76. Nach *Lührs/Michel,* Verkehrsunfall **82**

203, kann bei allen derzeit eingesetzten Meßgeräten idR davon ausgegangen werden, daß Beeinflussung des Meßergebnisses durch Funkanlagen ausgeschlossen ist. Keine Störung des Gerätes Multanova VR F 6 durch in Betrieb befindliches Autotelefon, Dü NZV **93** 40, aber uU zu hohe Messung im Nahbereich (bis 15 m) bei Einstellung des Gerätes auf „fern", Ko NZV **03** 544. Messung mittels eines **Radar-Handgerätes** („**Radarpistole**") ist in der Rspr als zuverlässig anerkannt worden, wenn das Gerät geeicht war, der messende PolB an einem Einführungslehrgang teilgenommen hat, die Zulassungsbedingungen erfüllt sowie die Bedienungsanleitung beachtet worden sind und sich kein weiteres fahrendes Fz im Meßbereich befand, Bay NZV **92** 161. Das Gerät liefert jedoch nur unter verkehrsarmen Verhältnissen zuverlässige Ergebnisse und scheidet daher innerorts weitgehend aus, s *Beck/Löhle* 2.4.6. Zum „Speedphot M-Moving Radar", Dü NZV **95** 290, DAR **95** 373. Das Mitführen eines betriebsbereiten **Radarwarngerätes** ist gem § 23 Ib verboten und ow, s § 23 Rz 38, jedoch nach Außerkrafttreten des § 15 FAG durch das TKG v 25. 7. 96 (BGBl I 1120, s jetzt TKG v 22. 6. 04, BGBl I 1190) nicht mehr mit Strafe bedroht, s § 23 Rz 39. Nach der verwaltungsgerichtlichen Rspr kann **Warnung anderer VT vor Radarkontrollen** durch Ordnungsverfügung untersagt werden, OVG Münster NZV **97** 326, VG Saarlouis DAR **04** 338 (mit zw Begr in bezug auf entsprechende Rundfunkdurchsagen); zur Frage eines Verstoßes gegen Bestimmungen der StVO durch solche Warnung, s § 1 Rz 40, 42, § 16 Rz 18.

60   Das **Funkstoppverfahren** (Messung durch mehrere Stoppuhren, s dazu *Löhle* DAR **84** 401) ist bei äußerster Sorgfalt zulässig, Schl VM **70** 32, Kö VRS **37** 386, auch im Dunklen, Dü VM **79** 64, doch genügt nicht die Bekundung, alle Messungen seien korrekt durchgeführt, Schl VM **70** 32. Erforderlich sind idR Ausmessung der 300 m langen Meßstrecke unter Verwendung eines geeichten Hilfsmittels, Zeitmessung mittels dreier geeichter Stoppuhren, Variationsbreite von nicht mehr als 1 s zwischen den gestoppten Zeiten, Dü VRS **73** 69, und Addition einer Toleranz von 1 s zur längsten gestoppten Zeit, die zum Ausgleich aller denkbaren Fehlerquellen jedenfalls ausreicht, *Löhle* DAR **84** 402 (0,4 bis 0,7 s), KG VRS **85** 62 (mindestens 0,4 s). Nach Hb VRS **74** 62 genügt auch eine Meßstrecke von 150 m, wobei mögliche Fehlerquellen durch einen Zuschlag von 0,7 s ausgeglichen seien. Näher: *Beck/Löhle* 2.9. Das **Urteil** muß die Meßstrecke, die gestoppten Werte und die Beachtung der Funkstopp-Dienstanweisung belegen, KG VRS **85** 62, Ha VRS **47** 386, Ko VRS **50** 389, Dü VRS **73** 69, und bei Verwertung von Messungen, die der Dienstanweisung nicht entsprechen, die Gründe für die tatrichterliche Überzeugungsbildung nachprüfbar darlegen, Dü VRS **73** 69. Die durchschnittliche Geschwindigkeit beim Durchfahren der Meßstrecke **errechnet sich** wie folgt: Länge der Meßstrecke in Metern dividiert durch gemessene Zeit in Sekunden multipliziert mit 3,6. Auch das **Spiegelmeßverfahren** ist zuverlässig, Ko VRS **69** 302, Ce VRS **71** 216, Kar NJW **72** 2235. Die Länge der Meßstrecke ist festzustellen und im Urteil mitzuteilen, Ko VRS **68** 58. Ob und inwieweit bei Abweichungen von Dienstanweisungen zur Durchführung des Spiegelmeßverfahrens das Meßergebnis verwertbar ist, unterliegt der Beurteilung des *Tatrichters,* Ko VRS **69** 302, Ce VRS **71** 219 (eventuell erhöhter Sicherheitszuschlag), s auch Rz 62. Zum Spiegelmeßverfahren, s *Löhle* DAR **84** 400. Nach *Beck/Löhle* 2.8 d) sollte der längsten gestoppten Zeit ein Toleranzwert von 0,3 bis 0,5 s addiert werden. Zu den notwendigen Korrekturen zum Ausgleich von Fehlerquellen des in Nds angewandten Verfahrens, Ce VRS **71** 216. Geschwindigkeitsermittlung durch Feststellung der Fahrzeit auf einer bestimmten Strecke **mittels Stoppuhr vom fahrenden PolFz** birgt zahlreiche Fehlerquellen in sich; bei 500 m Meßstrecke und geeichter Stoppuhr hält Stu VM **73** 78 einen Abzug von 10% der errechneten Geschwindigkeit für ausreichend und erforderlich.

61   Das eigentlich der Abstandsmessung dienende **Distanova**-Verfahren ist auch zur Feststellung der *Geschwindigkeit* geeignet, wenn von der sich aus den beiden Fotografien ergebenden Fahrstrecke mindestens 1 m abgezogen wird, Stu VRS **66** 57. Geschwindigkeitsmessung mittels **Koaxialkabelverfahrens** ist in der Rspr als zuverlässig anerkannt, Kö NZV **94** 78 (V-Control II), s dazu *Löhle* DAR **84** 397 (Truvelo M 4, Truvelo M 4[2]), ZfS **93** 328 (Traffiphot-S), *Beck/Löhle* 2.7.1 (Traffiphot-S), 2.7.2 (Truvelo M 4-2). Das Urteil braucht idR nur das angewandte Meßverfahren und den in Abzug gebrachten Toleranzwert (3 km/h) mitzuteilen, Kö NZV **94** 78, denn es handelt sich um ein

Geschwindigkeit § 3 StVO **2**

"standardisiertes Verfahren" (s Rz 56 b), Kö VRS **105** 227. Von zwei unterschiedlichen Meßwerten (zulässige Abweichung ±2 km/h) ist der niedrigere zugrunde zu legen, s *Beck/Löhle* 2.7.2., abw Ko NZV **03** 495 (maßgebend sei der auf dem Foto *rechts* eingeblendete Wert des Hauptgerätes). Messung mittels eines geeichten (nichtstationären) Truvelo M 4² wurde als zuverlässig anerkannt, Zw NZV **92** 375, Ko PVT **95** 156. Zuverlässige **LASER-Messung** setzt voraus, daß der Laserstrahl während der gesamten Messung auf dieselbe FzStelle *senkrecht* auftrifft, auch zB auf das Kennzeichen, Kar VRS **95** 419, nicht womöglich auf horizontale FzTeile, s *Beck/Löhle* 2.5.1. Über Meßfehler durch horizontales Schwenken und Stufenprofil beim Lasergerät Riegl LR-90-235/P, s *Löhle* NZV **95** 265. **Meßtoleranz:** 3 km/h bei Geschwindigkeiten bis 100 km/h, 3% vom gemessenen Wert bei höheren Geschwindigkeiten, BaySt **96** 134 = VRS **92** 353, Ha DAR **94** 408, **99** 416, Sa NZV **96** 207, Ol NZV **95** 37, *Beck/Löhle* 2.5.1, *Soller* PVT **97** 206. LASER-Messung mit den gebräuchlichen Geräten ist nach inzwischen hM (jedenfalls in bezug auf den eigentlichen Meßvorgang) ein "standardisiertes Verfahren" iS von BGHSt **39** 291 = NZV **93** 485 (s Rz 56 b), BGHSt **43** 277 = NZV **98** 120, Bay DAR **99** 563, KG NZV **04** 153, VRS **101** 456, Ha DAR **02** 85, Dü VRS **99** 131, Kö VRS **96** 62, Sa NZV **96** 207, und zwar im Grundsatz ohne Rücksicht auf Tageszeit oder VDichte, Ha NZV **97** 187; Prüfung der Zuverlässigkeit durch den Tatrichter und Darlegungen im Urteil danach mithin nur bei konkreten Anhaltspunkten für Meßfehler. Ohne Anhaltspunkte für Fehlmessung genügt daher im Urteil Angabe des Gerätes und der Toleranz, s Rz 56 b. Mangels fotografischer Dokumentation können aber bei hoher VDichte uU **Zuordnungsfehler** zu berücksichtigen sein, BGHSt **43** 277 = NZV **98** 120, Fra NZV **95** 457, Ol NZV **95** 37, Ha VRS **92** 275, *Löhle* ZfS **94** 153, *Beck/Löhle* 2.5.1 sowie DAR **94** 472. Entsprechendes gilt bei schlechten Sichtverhältnissen, BGH NZV **98** 120, Hb DAR **96** 154, Nau NZV **96** 419, Ce NZV **98** 77 (Dunkelheit). Dann kann uU Pflicht zur Aufklärung durch den Tatrichter geboten sein, insbesondere nach entsprechendem Beweisantrag, BGH NZV **98** 120. Wie die tatrichterliche Praxis zeigt, kann auch in der Art und Weise der **Übermittlung der abgelesenen Daten** (Geschwindigkeit) an den Meßprotokollführer und deren Übertragung in das Meßprotokoll eine erhebliche Fehlerquelle begründet sein, s AG Kö NZV **98** 84 (Anm *Hillmann*), *Hentschel* NJW **98** 654. Zur **Lichtschrankenmessung** werden Mehrfach-Lichtschrankengeräte (zB μP 80/VI) und μP 80/VIII-4) verwendet. Das Verfahren ist in der Rspr als zuverlässig anerkannt, Bay NZV **88** 30, VRS **74** 384, Bra NZV **99** 303, s dazu *Löhle* DAR **84** 398 ff, *Beck/Löhle* 2.6, Stu DAR **93** 72, AG Kar DAR **92** 351, vorausgesetzt einwandfreie Handhabung des Gerätes entsprechend der Bedienungsanleitung, Durchführung der erforderlichen Funktionsprüfungen, gültige Eichung und Abzug zum Ausgleich von Fehlerquellen, Stu VRS **81** 129, Ha DAR **93** 72, Kar ZfS **93** 105, KG NZV **93** 202. Bei Verwendung anerkannter Geräte, die nach standardisiertem, vielfach erprobtem Verfahren arbeiten, genügt aber **im Urteil** Mitteilung des Meßverfahrens und des Toleranzwertes, Bra NZV **99** 303, s Rz 56. Abzuziehender Toleranzwert: 3 km/h bei Geschwindigkeiten unter 100 km/h, sonst 3% vom gemessenen Wert, s Bra NZV **99** 303. Zur Funktionskontrolle bei Verwendung des Gerätes eso μP 80 s Bay NZV **90** 360.

Hinterherfahren mit Tachometervergleichung kann als Beweis ausreichen, Fra NStZ-RR **02** 19, Ha VRS **102** 302, NZV **95** 199, KG NZV **91** 119, Dü NZV **94** 239, Schl NZV **91** 437 (Anm *Selk*), grundsätzlich auch, wenn zwischen dem Fz des Betroffenen und dem PolFz ein anderes Fz fährt, Bay VRS **61** 143, Dü NZV **91** 201, Kö NZV **91** 202, zw Dü VM **77** 60. Es handelt sich um ein standardisiertes Verfahren iS der Rspr des BGH (s Rz 56 b), Ha VRS **102** 302, ebenso nach Bay DAR **98** 360 Nr 22 Messung mittels "Proof Speed"-Meßgerätes (Videoanlage mit Datengenerator), Sicherheitsabschlag: 10 %, s auch BaySt **98** 109 = NZV **98** 421 Nr 21 (Proof-Electronic). Zu schnelles Hinterherfahren mit zu geringem Abstand mag ow sein, der so gewonnene Beweis ist jedoch verwertbar, Bay NJW **74** 1342 (krit *Schneider* NJW **74** 1914). Die Meßstrecke muß ausreichend lang, der Abstand des folgenden Fzs gleichbleibend und möglichst kurz, die Geschwindigkeitsüberschreitung wesentlich (mindestens 20 km/h mehr als erlaubt) sein, Bay DAR **00** 320, Ha DAR **97** 285, Dü NZV **94** 239, DAR **86** 29, VRS **74** 289, Ko VRS **70** 38. Die Rspr verlangt grundsätzlich folgende **Höchstabstände:** Höchstens 30 m bei 40–60 km/h, Bay VRS **88** 58 (61), 50 m bei 61–90 km/h, Bay

62

2 StVO § 3   I. Allgemeine Verkehrsregeln

NZV **94** 448, Bra DAR **89** 110, Dü VRS **74** 289, Kö VM **82** 68, zwischen 91–120 km/h höchstens 100 m, Bay DAR **96** 288, Bra DAR **89** 110, Dü VRS **74** 289, Kö VM **82** 68, Ko VRS **70** 38. Je kürzer die Meßstrecke ist, desto genauere Angaben sind im Urteil hinsichtlich des Abstands zu machen, Hb VM **76** 61. Die dabei von der Rspr geforderten Höchstabstände zwischen messendem und gemessenen Fz sind *Richtwerte*, geringe Abweichungen im Einzelfall sind oft unvermeidbar und unschädlich, Bra DAR **89** 110, Dü VRS **74** 289, **67** 129, Kö VM **82** 68, oder, je nach Umfang der Abweichung, durch höheren Sicherheitsabschlag auszugleichen, Ha VRS **102** 302, KG VRS **102** 104. Eine Messung auf nur 500 m mit einem Abstand von 400 m und einer abgelesenen Geschwindigkeit von über 100 km/h ist unbrauchbar, Ce DAR **86** 60; Entsprechendes gilt bei nur 400 oder 500 m Meßstrecke und 300 m Abstand, Ko VRS **78** 303. Wesentlich längere Meßstrecke als grundsätzlich erforderlich kann Fehlerquelle durch zu großen Abstand uU ausgleichen, Bay DAR **96** 288, BaySt **96** 40 = DAR **96** 323 (nähere Darlegungen im Urteil), Stu VRS **66** 467, uU auch Angaben im tatrichterlichen Urteil über die Größe des gleichbleibenden Abstands entbehrlich machen, KG NZV **91** 119; bei sehr großem Abstand (600 m) werden aber Darlegungen im Urteil über StrVerlauf und Beobachtungsmöglichkeit idR erforderlich sein, Bay DAR **96** 323. Bei nur ca 100 m Abstand und Orientierung lediglich an den Rücklichtern des gemessenen Fzs auf nicht beleuchteter BundesStr ist optische Einschätzung etwa **gleichbleibenden Abstands** durch geübten PolB möglich, Fra NStZ-RR **02** 19, Ce NZV **04** 419 (Orientierung an den Leitplanken). Verringert sich der Abstand zum gemessenen Fz auf der Meßstrecke zwischen 80 und 120 m, so ist das Meßergebnis unbrauchbar, Hb VM **76,** 61. Vergrößert sich der Abstand zum vorausfahrenden Fz, so kann die Messung auf zu kurzer Meßstrecke auch ohne zusätzlichen Sicherheitsabschlag verwertbar sein, Dü VRS **83** 352. Hinterherfahren mit 130 km/h bei zu kurzer Meßstrecke kann nach Ko VRS **78** 303 die Feststellung einer Überschreitung zulässiger 50 km/h rechtfertigen, wenn sich der Abstand vergrößert hat. **Meßstrecke** beim Hinterherfahren etwa 300–400 m, Schl VM **74** 31, Hb VM **76** 61, s Kö VRS **47** 355, möglichst nicht unter 300 m, Bra DAR **89** 110, Dü VRS **74** 289, bei Geschwindigkeiten von 100 km/h und mehr nicht unter 500 m, Bra DAR **89** 110, Dü VRS **83** 352, **74** 289, Ko VRS **70** 38. Auch dies sind Richtwerte, deren Unterschreitung aufgrund besonderer Umstände im Einzelfall unschädlich sein kann, Dü VRS **83** 352, und uU durch entsprechende Abzüge auszugleichen ist, Fra DAR **97** 285 (20 % bei 250 m Meßstrecke und ungeeichtem Tacho). Unter besonderen Umständen kann bei Hinterherfahren mit Tachovergleichung schon eine Meßstrecke von 70 m ausreichen, KG VRS **59** 386. Hinterherfahren mit 100 km/h über 300 m bei gleichbleibendem Abstand von 60 m kann ausreichen, Ha VRS **43** 217, nicht jedoch über nur 200 m bei 100 m Abstand, Ko VRS **70** 38. Anforderungen an die **Angaben im Urteil:** Rz 56 b. Die Höhe des Abschlags zum **Ausgleich von Messungsungenauigkeiten** und sonstigen Fehlerquellen bei Hinterherfahren ist Tatfrage, Ce NZV **04** 419, Dü DAR **99** 413, Kö NZV **91** 202, MDR **98** 650, Nau NZV **98** 39, wie überhaupt die Beurteilung der Frage, ob und inwieweit die Meßergebnisse zum Beweis einer Geschwindigkeitsüberschreitung geeignet sind, Sache des Tatrichters ist, Dü DAR **99** 413, **86** 29, Stu DAR **90** 392. Dies gilt auch, wenn im Einzelfall bestimmte von der Rspr verlangte Erfordernisse nicht erfüllt sind (zu geringe Meßstrecke, zu großer Abstand); das Ergebnis ist dann nicht ohne weiteres unverwertbar, sondern oft durch höheren Abschlag (Tatfrage) korrigierbar, Ha VRS **102** 302, Dü VRS **65** 60 (zusätzliche 10% bei abgelesenen 145 km/h und 200 m Abstand). Vergrößert sich der Abstand zum gemessenen Fz, können niedrigere Toleranzabzüge gerechtfertigt sein, Dü NZV **94** 239. Die Rspr unterscheidet zwischen geeichten und nicht geeichten Tachometern des nachfahrenden PolFzs: Danach genügt bei **geeichtem Tachometer** idR ein Abzug von 10% vom gemessenen Wert, Bay VM **97** 20, NZV **93** 162, Dü VM **74** 87, KG DAR **67** 198, VRS **33** 65. Fährt das PolFz ausreichend lange gleichbleibend schnell, während sich das gemessene Kfz stetig entfernt, so genügt beim Nachfahren mit geeichtem Tacho ein Abzug von 3%, mindestens 3 km/h, Ha VRS **53** 296. Fehlende Eichung führt nicht etwa zur Unverwertbarkeit der Messung, KG NZV **95** 456. Jedoch werden zusätzliche Abzüge verlangt, deren Größe davon abhängt, ob der Tachometer justiert ist oder nicht: Bei **justiertem Tachometer** verlangt die neuere Rspr zum Ausgleich von

Ungenauigkeiten des Tachometers und sonstigen Meßungenauigkeiten (zB durch Ablesefehler, Reifenabnutzung, zu geringen Reifendruck, Abstandsschwankung usw) je nach Laufleistung der Reifen seit der letzten Justierung sowie Meßabstand und Meßstrecke einen Abschlag von zwischen 13,5 und 15%, Ha VRS **102** 302, Dü DAR **98** 113, NZV **94** 239, **90** 318, Kö NZV **91** 202. Justierung bedeutet Prüfung und Einstellung durch den Gerätehersteller oder eine Fachwerkstatt in vorgeschriebenen Abständen (zumeist jährlich), s Dü NJW **88** 1039. Bei **nicht justiertem Tachometer** ist die Rspr völlig uneinheitlich: Nach Stu VRS **79** 43 (Beschl v 15. 2. 90) reichen 7% vom Skalenendwert (s § 57 II Nr 1 StVZO aF), weitere 3% von der verbleibenden Geschwindigkeit und weitere 3 km/h; dagegen werden teilweise auch 10% Abschlag vom abgelesenen Wert und 7% des Skalenendwertes verlangt, Dü NZV **92** 496, VM **77** 60, VRS **63** 143, Ha DAR **97** 285, oder 12% vom abgelesenen Wert plus 7% vom Skalenendwert, Kö NZV **91** 202, MDR **98** 650, oder gar 15% plus 7% vom Skalenendwert, Dü NZV **97** 321, **93** 280, DAR **96** 324, VRS **92** 356 (13,5 bzw 15%), Sa ZfS **95** 197. Nach aA ist ein Gesamtabzug von 20% erforderlich und ausreichend, Bay VRS **92** 26, Zw DAR **02** 182, Ol ZfS **92** 246, Kö VRS **56** 52, DAR **81** 364. Übersteigt die *abgelesene* Geschwindigkeit die durch das gemessene Fz erreichbare erheblich, so kann, sofern die Messung überhaupt noch verwertbar ist, ein zusätzlicher Sicherheitsabzug nötig sein, Dü DAR **99** 413. Soweit ein Abzug vom Skalenendwert zu machen ist, läßt sich ein solcher von 7 % für Fze, die nach dem 1. 1. 91 erstmals in den V gekommen sind, kaum begründen, weil § 57 II StVZO idF v 23. 7. 90 mit der Übergangsvorschrift des § 72 II StVZO für neuere Fze eine so hohe Toleranz nicht mehr zuläßt, s CeVRS **106** 460, DüNZV **92** 356 (s § 57 StVZO Rz 1). Bei geprüftem Tacho, gleichbleibendem Abstand und ausreichender Meßstrecke (idR nicht unter 500 m) kann auch Messung **aus einem vorausfahrenden Kfz** genügen, wenn ein zweiter Beamter mit eigenem Rückspiegel den gleichbleibenden Abstand überwacht, BaySt **01** 6 = NZV **01** 271, VM **97** 20, Dü VRS **55** 375, VM **73** 21. Läßt sich überzeugend begründen, daß und wie der gleichbleibende Abstand vom vorausfahrenden PolKfz aus kontrolliert worden ist, so reicht dies, Ha VRS **47** 311. Detaillierte Feststellungen dazu sind erforderlich, wenn das vorausfahrende Fz mit nur einer Person besetzt ist, Bay NZV **01** 271. Gelegentliche Blicke in den Rückspiegel genügen nicht, Ce NZV **93** 490. Der erschwerten Beobachtungsmöglichkeit nach hinten ist Rechnung zu tragen, Bay VM **97** 20. Bedenken gegen Kontrollen auf diese Weise durch ZivilFze der Pol, s § 4 Rz 15. Zusf zum Tachometervergleich bei Nach- oder Vorausfahren, *Krumm* NZV **04** 377. **Lit:** s Rz 64.

Geschwindigkeitsfeststellung mittels eines **elektronischen Gerätes zur Zeit-Weg-Messung** beim Nachfahren **(ProViDa, Police-Pilot-System)** ist in der Rspr als „standardisiertes Verfahren" iS von BGHSt **39** 291 = NZV **93** 485 (s Rz 56 b) anerkannt, Ha DAR **04** 42, NZV **01** 90, KG VRS **100** 471, Dü VRS **99** 297, Kö DAR **99** 516, Zw DAR **01** 327. **Im Urteil** genügt daher Mitteilung des Meßverfahrens und des in Abzug gebrachten Toleranzwertes, Ha NZV **01** 90, Kö DAR **99** 516, Dü VRS **99** 297. War die beim Nachfahren gefertigte Videoaufzeichnung Gegenstand des Augenscheins, so kann im Urteil gem § 267 I S 3 StPO darauf verwiesen werden, Zw VRS **102** 102. Zum Ausgleich von Fehlerquellen genügt in Fällen von mehr als 100 km/h für den Regelfall ein **Abzug von 5%,** Ha DAR **04** 42, VRS **100** 201, Zw DAR **00** 225, Dü VRS **99** 297, Kö DAR **99** 516, Ce NZV **90** 39 (krit *Berr* DAR **89** 470), Bra NZV **95** 367. Dieser Wert gleicht auch Abweichungen durch Reifenverschleiß oder veränderten Reifendruck aus, BaySt **04** 89 = VRS **105** 444; er genügt daher auch bei Wechsel der Reifen gleicher Größe nach der Eichung, Ce NZV **97** 188. Bedarf es nicht des Auslösens und Stoppens am Beginn bzw Ende der Meßstrecke, sondern ermittelt das Police-Pilot-System die Geschwindigkeit unmittelbar mit Hilfe des von einem elektronischen Steuergerät angezeigten Tachometerwertes, so ist nach Stu DAR **90** 392 über die im Eichschein angegebene Fehlergröße hinaus ein weiterer Abzug nicht erforderlich. S dazu *Plöckl* DAR **91** 236. Erhöhter Sicherheitszuschlag bei Überschreitung der Eichgültigkeit, KG NZV **94** 37 (20%). Bei Anwendung des HICO-NEAS-Systems ist ein Abzug von 10% von der errechneten Durchschnittsgeschwindigkeit jedenfalls nicht zu gering, KG NZV **96** 79, **90** 160, VM **96** 36 (vom nachfolgenden Fz gemessen), VRS **85** 59 (vom stehenden PolFz).

63 **Geschwindigkeitsschätzungen** durch Beobachter sind zwar nicht völlig ausgeschlossen, Bay DAR **01** 37, Ha NZV **98** 169, Dü NZV **89** 163, s Ha und AG Dortmund NZV **92** 378, aber höchst vorsichtig zu bewerten, Bay DAR **58** 338, Ha NZV **98** 169, Dü NZV **98** 167, **89** 163, Einzelheiten bei *Graßberger,* Psychologie des Strafverfahrens, S 53, *Meyer-Gramcko* Verkehrsunfall **90** 155, 159 f. Sehr erhebliche Übergeschwindigkeit läßt sich durch Beobachtung feststellen, Bay DAR **01** 37 (wesentlich schneller als Schrittgeschwindigkeit), eine solche um etwa 10–20 km/h bei mittleren Geschwindigkeiten aber nicht, Ce VR **73** 526. Eingrenzung der Geschwindigkeit auf einen engen Bereich durch Schätzung (zB 60–70 km/h) ist idR nicht möglich, Bay VRS **65** 461. Zum Wert einer Geschwindigkeitsschätzung durch KfzInsassen, BGH VR **73** 745. **Motorlärm** führt idR irre: er ist nach Motorart und -größe verschieden und wächst in niedrigeren Gängen, also idR bei langsamem Fahren, mit der Drehzahl. Zur großen Fehlerquote von Zeit- und Geschwindigkeitsschätzungen, *Streck* VGT **76** 189. Solches Schätzen setzt besondere Aufmerksamkeit und große Erfahrung voraus, abgesehen von Fällen offensichtlich überschnellen Fahrens, Dü VRS **30** 444 („100" innerorts). Schätzungen Ungeschulter ohne Einbeziehung ausreichender Bezugstatsachen sind idR unverwertbar, Ha VRS **58** 380. Dunkelheit erschwert auch bei StrBeleuchtung jede Schätzung im mittleren Geschwindigkeitsbereich, s Ha VRS **58** 380. Verläßlicher sind Schätzungen, die durch andere Tatsachen gestützt werden, Ha VRS **23** 54, Neust MDR **63** 1034, Schl VM **63** 8. Eine **Geschwindigkeitsschätzung durch PolB** („100") kann verwertbar sein, Ha DAR **74** 77. BGH VRS **38** 104 spricht Schätzungen durch PolB bei Nacht („80–90") „hohen Grad von Zuverlässigkeit" zu. Die Überzeugung eines PolB, die Geschwindigkeit sei zu hoch gewesen, reicht als Beweis allein nicht aus, Bay VRS **53** 434. **Im Urteil** sind Geschwindigkeitsfeststellungen allein aufgrund von Schätzungen stets in kritischer Weise näher zu begründen, Ha VRS **58** 380.

64 Lit: *Beck/Löhle,* Fehlerquellen bei pol Meßverfahren, 7. Aufl. 2001. *Dieselben,* Fehlerquellen bei Geschwindigkeitsmessungen, DAR **94** 465. *Berr,* Meßmethoden bei Geschwindigkeitsüberschreitungen, ZAP F 28 S 729. *Förste,* Bremsweg, KVR. *Grandel,* Geschwindigkeitsmessungen durch Nachfahren, Verkehrsunfall **82** 251, **83** 2. *Grandel/Thumm,* Geschwindigkeitsmessung durch Nachfahren, Verkehrsunfall **83** 311. *Kneist,* Die Zuverlässigkeit technischer Überwachungsmethoden von VDelikten ..., DAR **84** 409. *Krumm,* Geschwindigkeitsmessung und Abstandsfeststellung durch Nach- oder Vorausfahren, NZV **04** 377. *Löhle,* Genauigkeit polizeilicher VÜberwachungen, DAR **84** 394. *Derselbe,* Geschwindigkeitsberechnung anhand von Brems- und Blockierspuren, ZfS **89** 145. *Derselbe,* LASER-Verkehrsgeschwindigkeitsmeßsysteme, ZfS **94** 153. *Mayr/Reinken,* Die Messung der Geschwindigkeit von Kfzen, KVR „Geschwindigkeit". *Schleusener,* Der Anhalteweg, KVR. *E. Schneider,* Zeit- und Geschwindigkeitsangaben von Zeugen, MDR **75** 15. *Soller,* Laser-Geschwindigkeitsmessung, PVT **97** 203. *Thumm,* Meßsicherheit des Lasergeschwindigkeitsmeßgerätes Riegl LR 90-235/P ..., DAR **98** 116. *Derselbe,* Fahrversuche zur Meßgeschwindigkeit von Lasergeschwindigkeitsstandmeßgeräten, NZV **99** 403.

65 **15. Strafrecht. Fahrlässige Unfallverursachung** (§§ 229, 222 StGB), wenn ein Kf den angefahrenen Fußgänger bei Dunkelheit wegen der im Hinblick auf seine Geschwindigkeit zu geringen Reichweite des Scheinwerferlichtes erst aus einer Entfernung wahrnehmen konnte, die kürzer war als sein Anhalteweg, Ha VRS **61** 266. Auch wenn der Kf zu geringe Geschwindigkeitsanzeige des Tachos nicht erkennen konnte und der Unfall bei der angezeigten Geschwindigkeit nicht eingetreten wäre, entfällt der Vorwurf der Fahrlässigkeit, sofern auch diese Geschwindigkeit pflichtwidrig war, Stu VRS **69** 441, s **E** 135. Bleibt die Möglichkeit des Bremsversagens bei Vorwurf der fahrlässigen Tötung durch zu schnelles Fahren offen, so ist zu prüfen, ob die Tötung bei zulässiger Geschwindigkeit trotz Bremsversagens vermeidbar gewesen wäre, Kö VRS **29** 118, s Stu VRS **27** 441. Zur **Ursächlichkeit** zu hoher Geschwindigkeit für eine Körperverletzung, wenn der Erfolg auch durch zu hohe Geschwindigkeit eines nachfolgenden Dritten herbeigeführt worden wäre, s **E** 100. War der Zusammenstoß auch bei Fahren auf Sicht unvermeidbar, so begründet überhöhte Geschwindigkeit allein nicht den Vorwurf schuldhafter Unfallverursachung, BGH VRS **26** 203. Ursächlichkeit allgemein: **E** 98–103. Wird infolge Überschreitung der durch VZ begrenzten Höchstgeschwindigkeit ein Unfall herbeigeführt, dient aber die Geschwindigkeitsbegrenzung nicht der Vermeidung von Unfällen gerade dieser Art, so liegt der Erfolg außerhalb des **Schutzzwecks der**

Geschwindigkeit § 3 StVO 2

Norm mit der Folge, daß auf die Mißachtung des VZ ein Fahrlässigkeitsvorwurf nicht gestützt werden kann, BGH NJW **85** 1950, Ha VRS **61** 353. Ursächlichkeit einer Geschwindigkeitsüberschreitung innerorts oder innerhalb einer durch VZ gekennzeichneten Verbotsstrecke für einen außerhalb dieser Bereiche sich ereignenden Unfall mit Körperverletzungs- oder Tötungserfolg begründet keine strafrechtliche Verantwortlichkeit für diesen Erfolg, weil der Schutzbereich der Geschwindigkeitsbegrenzung auf die Verbotszone beschränkt ist, Ha VRS **61** 353. Dies gilt auch, wenn der Kf die Gefahr schon innerhalb der Verbotszone erkannt hat, Ha VRS **61** 353, aM insoweit Bay VRS **57** 360. Der Schutzzweck des § 3 III umfaßt jedoch auch den Fall, daß eine Kollision im Kreuzungsbereich unterblieben wäre, wenn der FzF bei Einhaltung der zulässigen Höchstgeschwindigkeit *nach Eintritt der konkreten kritischen VLage* den Kollisionsort erst zu einem Zeitpunkt erreicht hätte, in dem der andere Beteiligte diesen bereits verlassen haben würde, BGHSt **33** 61 = NJW **85** 1350, krit *Puppe* JZ **85** 295, abl *Ebert* JR **85** 356, *Streng* NJW **85** 2809, s *Peters* JR **92** 50 (s dazu **E** 101). Kann der Kf infolge zu hoher Geschwindigkeit seiner Haltepflicht nach Z 206 nicht nachkommen, liegt auch Verstoß gegen § 3 I 2 vor mit der Folge strafrechtlicher Verantwortlichkeit auch für Zusammenstoß mit dem *wartepflichtigen* links abbiegenden GegenV (§ 222 StGB), Zw VRS **60** 197. Entsprechendes gilt bei Kollision mit einem im Einmündungs-(Kreuzungs)bereich die Fahrbahn überquerenden Fußgänger infolge einer Geschwindigkeit, die auch eine *Vorfahrtbeachtung* unmöglich gemacht hätte, Bay VRS **65** 154.

16. Zivilrecht, soweit nicht schon in den andern Anmerkungen erwähnt: Befahren einer BundesStr unter normalen Verhältnissen mit „80" erhöht die **BG** nicht, BGH VR **75** 1121 (Anm *Booß* VM **75** 89). Erhöhung der BG durch hohe Geschwindigkeit, s im übrigen § 17 StVG Rz 11. Erhebliches, aber nicht unfallursächliches Zuschnellfahren muß **Unabwendbarkeit** (§ 17 III StVG) nicht schlechthin ausschließen, s Stu VR **80** 341 (zu § 7 II StVG alt). Geringfügige Überschreitungen der zulässigen Höchstgeschwindigkeit begründen kein **Mitverschulden** des Geschädigten, KG VRS **72** 335. Bei vorhersehbarer Reifglätte können „20–30" Mitschuld begründen, KG DAR **77** 134. Unfallmitschuld wegen Zuschnellfahrens mit Abblendlicht, Stu DAR **74** 189. Wer für die Straßen- und Sichtverhältnisse zu schnell fährt, muß seinen Schaden uU allein tragen, Ha VRS **105** 183 (zu hohe Kurvengeschwindigkeit und Kollision mit Entgegenkommenden durch bremsbedingtes Ausbrechen des Fzs), Ce MDR **01** 1349 (Auffahren auf stehendes Fz durch Radf). Bei zu schnellem, gefährdendem Fahren wird **Voraussehbarkeit** des Unfalls nicht hinzukommendes Bremsversagen ausgeschlossen, BGH NJW **64** 1565 (Anm *Schmitt* NJW **64** 2010), VRS **29** 430, Bay RdK **53** 48. Wer innerorts statt der vorgeschriebenen „50" mit „80" überholt, kann nicht einwenden, ein dadurch verursachter Unfall sei unvorhersehbar gewesen, KG VRS **36** 104. Kein **haftungsbegründender Ursachenzusammenhang** liegt darin, daß das Fz bei zulässiger Geschwindigkeit nicht am Unfallort gewesen wäre, es sei denn, die Geschwindigkeitsüberschreitung habe nach Eintritt der konkreten kritischen VLage stattgefunden, s **E** 101. Allgemeines zur Kausalität: **E** 104–111. Voraussetzung ist, daß beim Unfall eine der Gefahren mitgewirkt hat, um derentwillen die Fahrgeschwindigkeit begrenzt war, Kö VR **90** 390, Dü NZV **92** 238. Nichtbeachtung einer Bestimmung des § 3 über die Geschwindigkeit begründet nur dann einen Schadensersatzanspruch, wenn die verletzte Norm in der konkreten VSituation (auch) gerade dem Schutz des Geschädigten diente, BGH NZV **91** 23 (zu Abs II a). Der Sich plötzlich an einer Kreuzung auftauchende andere VT fällt in den Schutzbereich von § 3 I Satz 2, Ce VRS **49** 25. Bei genereller Geschwindigkeitsbegrenzung durch VZ ist es jedoch gleichgültig, welchem speziellen Zweck die Begrenzung dienen sollte, sie schützt vielmehr alle VT, BGH DAR **03** 308, NZV **91** 23 (Z 274), *Birkmann* DAR **91** 214. Im übrigen kommt es darauf an, wie der Vorgang bei richtiger Fahrweise von der Erkennbarkeit der Gefahr an abgelaufen wäre, Br NZV **88** 142, Ol DAR **55** 303. Zu den Anforderungen an die Feststellung der Ursächlichkeit einer Überschreitung der zulässigen Höchstgeschwindigkeit um nur 10 km/h für eine FzKollision, s BGH VR **82** 442. § 3 umfaßt als **SchutzG** (§ 823 BGB), BGH NJW **85** 1950, Dü NJW-RR **93** 94, Fra NJW **98** 548, auch Schäden, die dadurch entstehen, daß ein Dritter in die Unfallstelle hineinfährt, BGH NJW **72** 1804. Der An-

scheinsbeweis (E 157a) spricht für Verschulden dessen, der auf freier Strecke **von der Fahrbahn abkommt** (s § 2 Rz 74), gegen den, der auf eis- oder schneeglatter Straße schleudert, BGH VR **62** 786, **63** 585, MDR **71** 1001, Fra ZfS **92** 329, VR **87** 469, Ol DAR **88** 273, Ha NZV **98** 115, Nü NZV **93** 149, VRS **86** 267 (Rauhreif), Dü VR **95** 311 (vorausgesetzt, daß die Glätte vorhersehbar war, s Rz 21, BGH VR **65** 690, **71** 842, Ce VRS **104** 253, Schl NZV **98** 411, s aber BGH VR **69** 895, Fra ZfS **92** 329), oder wegen der Ladung, Dü NJW-RR **93** 94 (Pferde), oder der auf den ABGrünstreifen oder gar auf die Gegenfahrbahn gerät, Dü VR **82** 777, Fra VR **87** 469; er entfällt durch Beweis von Tatsachen, die eine Irritierung oder Behinderung durch einen Mitfahrenden möglich erscheinen lassen, KG VRS **68** 29. Kein Anschein jedoch gegen den, der auf gerade verlaufender, trockener AB nach plötzlichem Bremsen schleudert, Kar VRS **89** 195. Bei Schleudern infolge von Wasserglätte spricht der Anschein für Zuschnellfahren oder unrichtiges Bremsen, s Dü VR **75** 160. Auch gegen den auf nasser, geteerter BundesStr Schleudernden spricht der Anschein, BGH VRS **26** 323, VR **60** 523, gegen den, der bei beginnendem Regen mit „70" aus der Kurve schleudert, BGH VR **63** 955. Wer bei Dunkelheit und Nässe auf der AB von der Fahrbahn abkommt, entkräftet den Anscheinsbeweis durch den Nachweis der ernsthaften Möglichkeit, durch ein anderes Fz zu einer plötzlichen Reaktion gezwungen worden zu sein, Kö VR **82** 708. Der Anschein spricht gegen den auf einen Glatteisunfall vor ihm **Auffahrenden,** Dü DAR **77** 186, gegen den, der im Dunkeln auf ein unbeleuchtetes Hindernis auffährt, BGH NJW **84** 50, VR **63** 1026, Ko DAR **01** 404, Ha NZV **00** 169, ZfS **97** 165, Dü VR **78** 142, Hb VRS **87** 249, vorausgesetzt, dieses befand sich schon bei Annäherung auf der Fahrbahn, BGH NZV **89** 265, Ko DAR **01** 404. Kein Anscheinsbeweis für Fahrerschuld, wenn der Verunglückte unversehens vor das Fz gelaufen sein kann, Fra VRS **51** 81, BGH MDR **63** 572. Haftung des Verkehrssicherungspflichtigen bei schlüpfriger Fahrbahn: § 45 Rz 53.

67 Nicht jede geringfügige Geschwindigkeitsüberschreitung begründet den **Vorwurf der Fahrlässigkeit,** Kö VR **83** 188 (Überschreitung um 1,6%), s Bay DAR **77** 53 (um 5% – im Rahmen strafrechtlicher Fahrlässigkeit –), aM *Schroers* VR **83** 189 (stets schuldhaft), Stu VR **82** 782 (um 5%). Überschreitung der ABRichtgeschwindigkeit: Rz 55 c. Erst recht ist nicht jede Überschreitung der angemessenen Geschwindigkeit **grobfahrlässig,** BGH VRS **65** 374, Ha VR **87** 1206 (Verstoß gegen das Sichtfahrgebot auf AB), Ha VR **94** 42 (Schreckreaktion). Innerorts „75" bei 0,8‰ BAK können grobfahrlässig sein, Ko VR **73** 1159. Innerörtliches Zuschnellfahren um „30" ist iS der Automietbedingungen nicht von vornherein grobfahrlässig, KG VM **78** 31, ebensowenig jedes Überschreiten der angemessenen Geschwindigkeit auf AB, BGH VRS **65** 347. Grobfahrlässig herbeigeführt ist der Versicherungsfall, wenn der Unfall auf einer Geschwindigkeitsüberschreitung von ca 100% beruht, Mü DAR **83** 78, aber nicht, wenn die Geschwindigkeitsbegrenzung erst kurz vor der Unfallstelle angeordnet war, Fra ZfS **02** 242 (3,5 s Fahrzeit). Grobe Fahrlässigkeit bei Unfall aufgrund Ausbrechens des FzHecks infolge Abbruchs eines mit erheblicher Geschwindigkeitsüberschreitung begonnenen Überholvorgangs wegen GegenV, Dü ZfS **01** 265. Wer auf ein auf der AB befindliches Hindernis auffährt, vor dem über eine Strecke von 800 m mehrfach durch VZ gewarnt wird, handelt idR grobfahrlässig, Dü NZV **01** 81. Grobe Fahrlässigkeit des kaskoversicherten Kf, dessen Fz aus der Kurve gerät, Kar VR **64** 1096, Sa r+s **81** 96, der trotz VZ („50") und VZ 114 (Schleudergefahr) mit 90 km/h schleudert und umkippt, Kö ZfS **03** 553, der nachts auf schlüpfriger Fahrbahn bei Sichtweite von nur 20 bis 30 m infolge Nebels 80 bis 100 km/h fährt, Nü ZfS **89** 131, der auf schneeglatter Fahrbahn mit 85 km/h in einer Kurve von der Fahrbahn abkommt, LG Hannover VR **04** 857, der mit 200 km/h zügig zu einem vorausfahrenden Fz aufschließt im Vertrauen darauf, dieses werde den Fahrstreifen rechtzeitig geräumt haben, Ha DAR **91** 455, der nachts auf der Überholspur der AB, hinter anderen Fzen herfahrend, nicht mit plötzlichem Bremsen rechnet, Dü NZV **03** 289, der die FzBeherrschung wegen Ablenkung durch „Wettfahrt" verliert, Kö MDR **01** 29. Zur Frage grober Fahrlässigkeit bei Aquaplaning, Ha VR **85** 678. **Ablenkung von den Fahraufgaben** (zB Nichtbeachtung der Fahrbahn) wegen ablenkender Tätigkeiten im Zusammenhang mit Rauchen, Suchen von Gegenständen oder Beschäftigung mit Mitfahrenden (zB Kindern) ist grob fahrlässig, Kö MDR **98** 1411, DAR **01** 364 (Telefonieren bei 120 km/h trotz Nebel und nasser Fahr-

bahn), Fra MDR **95** 905 (Zigarette-Anzünden), Stu VR **99** 1359, Nü NJWE-VHR **98** 172 (jeweils Blickabwendung zwecks Suche im Handschuhfach). Grobe Fahrlässigkeit des Kf, der sich bei 70 km/h auf nächtlicher LandStr wegen einer von ihm selbst zu verantwortenden Gefahr in Richtung FzFond umdreht, Sa MDR **04** 874, der bei 120 km/h längere Zeit nach den Kindern auf dem Rücksitz sieht, Kö VR **83** 575, anders bei spontanem, nur kurzem Kopfwenden, LG Kö VR **83** 1069, oder bei plötzlichem Aufschrei eines Kindes, Sa ZfS **04** 223. Grob fahrlässig ist erst recht längere Blickabwendung ohne besonderen Grund auf schmaler, nasser Fahrbahn bei erheblicher Geschwindigkeit, Mü NZV **94** 401. Entsprechendes gilt für den Kf, der bei 50 km/h 10 s lang seine Aufmerksamkeit dem Schloß des Sicherheitsgurtes zuwendet, um sich anzuschnallen, Kar VR **91** 181, und für Blickabwendung wegen **Aufhebens herabgefallener Gegenstände** (Kaugummi, Musikcassette, Zigarette usw), Fra NVersZ **01** 322 („Handy"), Dü MDR **97** 350 (Greifen nach herabfallendem wertvollen, ungesichert auf dem Fahrersitz abgelegten Gegenstand), Ko VRS **101** 333 (Greifen nach einem Gegenstand im Fußraum), Ha ZfS **00** 347, Kö MDR **98** 1411, VRS **99** 171, Kar VR **86** 770, Jn ZfS **96** 340, Ce ZfS **94** 20 (vom Beifahrersitz); LG Sa ZfS **86** 277, LG Gießen MDR **96** 48, uU auch für das Absuchen des FzBodens mit den Händen ohne Abwenden des Blickes von der Fahrbahn, Ha ZfS **87** 20, verneinend Ha NZV **91** 234. Nicht grob fahrlässig ist schon das Tasten nach einem Gegenstand im Handschuhfach in Lenkradnähe oder einem offenen Fach darüber, ohne den Blick von der Fahrbahn zu wenden, Ba DAR **84** 22, LG Arnsberg NJW-RR **89** 1304, s dazu *Frank* ZfS **97** 361. Nach Fra MDR **98** 43 keine grobe Fahrlässigkeit bei kurzer Blickabwendung, um vom Beifahrersitz herübergerutschte und dadurch behindernde Gegenstände wieder zurückzuschieben. Reflexartiges Greifen nach einer auf die Kleidung gefallenen brennenden **Zigarette** begründet nicht den Vorwurf grober Fahrlässigkeit, Dr DAR **01** 498, LG Mü NJW-RR **89** 55, anders nach LAG Dü ZfS **89** 418 der Versuch, während der Fahrt Zigarettenglut von der Hose zu entfernen, weil Reflexbewegung wegen der Häufigkeit des Herabfallens von Glut ausscheide. Grobe Fahrlässigkeit auch, wenn das Herabfallen von Zigarettenglut auf leichtfertigem Hantieren beruht, Kar NZV **92** 367. S auch § 23 Rz 12. Grob fahrlässig iS des § 61 VVG handelt, wer für mehrere sec bei 120 km/h während eines Fahrstreifenwechsels seine Aufmerksamkeit dem **Autoradio** zuwendet, LG Fra NZV **01** 480, bei 60–70 km/h vor einer Kurve auf das Wechseln einer Tonband-Cassette richtet, Ce ZfS **84** 184, oder bei gerade verlaufender Fahrbahn wegen Auswechslens der Cassette für längere Zeit seine Aufmerksamkeit von der Fahrbahn abwendet, Nü NJW-RR **92** 360. Keine grobe Fahrlässigkeit uU bei nur kurzem Blick auf den Cassettenrecorder auf gerade verlaufender BAB, LG Osnabrück ZfS **85** 24 (bei 150 km/h), oder bei 50 km/h in einer langgezogenen Kurve ohne Abwendung von der Fahrbahn, Mü NJW-RR **92** 538, idR auch nicht bei Betätigen einer Taste am Autoradio, Ha DAR **01** 128 (CD-Wechsel durch Tastendruck). S auch § 23 Rz 12 f. Wer während zügiger Fahrt eine **Straßenkarte studiert** und dadurch die Fahrbahn nicht beobachten kann, handelt grob fahrlässig, ArbG Freiburg VR **91** 225 (AB). **Verstellen des Sitzes** während der Fahrt kann grobfahrlässig sein, Sa VR **04** 1308.

Lit: *Bockelmann,* Zum Problem der Geschwindigkeitsbegrenzung, DAR **67** 98. *Ebert,* Der Schutzzweck von Geschwindigkeitsvorschriften als Problem objektiver Erfolgszurechnung, JR **85** 356. *Frank,* Aufheben von Gegenständen während der Fahrt als grobe Fahrlässigkeit, ZfS **97** 361. *Fuchs,* Kausalzusammenhang und Haftungsbeschränkung, DAR **60** 5. *Mühlhaus,* Abstand – Auffahren, DAR **67** 260. *Müller,* Überhöhte Geschwindigkeit als grob fahrlässige Herbeiführung des Versicherungsfalles in der Kaskoversicherung, DAR **81** 5. *Streng,* Zum rechtlichen Zusammenhang zwischen überhöhter Geschwindigkeit und Verkehrsunfall, NJW **85** 2809.

Abstand

4 (1) ¹Der Abstand von einem vorausfahrenden Fahrzeug muß in der Regel so groß sein, daß auch dann hinter ihm gehalten werden kann, wenn es plötzlich gebremst wird. ²Der Vorausfahrende darf nicht ohne zwingenden Grund stark bremsen.

(2) ¹Kraftfahrzeuge, für die eine besondere Geschwindigkeitsbeschränkung gilt, sowie Züge, die länger als 7 m sind, müssen außerhalb geschlossener Ortschaften

2 StVO § 4   I. Allgemeine Verkehrsregeln

ständig so großen Abstand von dem vorausfahrenden Kraftfahrzeug halten, daß ein überholendes Kraftfahrzeug einscheren kann. ²Das gilt nicht,
1. wenn sie zum Überholen ausscheren und dies angekündigt haben,
2. wenn in der Fahrtrichtung mehr als ein Fahrstreifen vorhanden ist oder
3. auf Strecken, auf denen das Überholen verboten ist.

(3) Lastkraftwagen mit einem zulässigen Gesamtgewicht über 3,5 t und Kraftomnibusse müssen auf Autobahnen, wenn ihre Geschwindigkeit mehr als 50 km/h beträgt, von vorausfahrenden Fahrzeugen einen Mindestabstand von 50 m einhalten.

1 **Begr zu § 4. Zu Absatz 1:**
Wie dringlich es ist, sowohl dem Vorausfahrenden als auch dem Nachfolgenden Verhaltensvorschriften zu geben, zeigt die Untersuchung von Meyer-Jacobi-Stiefel, Band I S. 88–91 und Band III S. 34; danach beruhten 26,3% der Unfälle auf ungenügendem Abstand vom Vordermann. Es ist daher dem Nachfolgenden ein Abstand vorzuschreiben, der ihm ein Halten auch bei plötzlichem Bremsen des Vordermannes ermöglicht, d. h. der sogenannte Sicherheitsabstand. Daß der Nachfolgende dann „hinter ihm" muß halten können, also nicht etwa zum Ausscheren genötigt sein darf, verlangt die besondere Gefährlichkeit solch überraschenden Verhaltens für Dritte. Noch konkreter zu werden, ist nicht tunlich. Die vom Bayerischen Obersten Landesgericht geprägte Formel, daß der Abstand diejenige Strecke übersteigen müsse, die in einer Sekunde zurückgelegt wurde, bringt, wie die Empfehlung der Fachliteratur, neuerdings auch eines Zivilsenats des Bundesgerichtshofes, auf halben Tachometerabstand zu fahren, nur Faustregeln und eignet sich daher nicht zur Aufnahme in ein materielles Gesetz.

2/3 *Es wäre fehlsam, den Sicherheitsabstand ausnahmslos zu fordern. Die Obergerichte unter Führung des Bayerischen Obersten Landesgerichts haben das Verlangen eines Sicherheitsabstandes zu Recht nicht für angebracht gehalten in geballtem Stadtverkehr, so beim Anfahren an einer Lichtzeichenanlage oder dann, wenn der Nachfahrende sehen kann, daß der Vordermann freie Bahn hat. Es wäre zu besorgen, daß eine Vorschrift, die nicht immer gilt und häufig überhaupt nicht eingehalten werden könnte, an Ernstlichkeit einbüßen würde. Die Grundregel zwingt den Fahrzeugführer, sich stets, bevor er den Sicherheitsabstand aufgibt, darüber Gedanken zu machen, ob dies nach der Verkehrslage geboten oder gerechtfertigt ist. Das grundsätzliche Gebot an den Nachfahrenden, einen Sicherheitsabstand einzuhalten, bedurfte der Ergänzung durch ein striktes Gebot an den Vorausfahrenden, nämlich niemals ohne zwingenden Grund scharf zu bremsen. Der Begriff des zwingenden Grundes ist trotz seiner Abstraktheit wohl allgemein verständlich; es kann auch nicht zweifelhaft sein, daß er wesentlich enger ist als der des triftigen Grundes (§ 3 Abs. 2). Zu plötzlichem Bremsen kann z. B. eine gefährliche Verkehrssituation zwingen, keinesfalls aber die verspätete Erkenntnis, daß man hätte abbiegen müssen. ...*

4 **Zu Absatz 2:** *Diese der Förderung des Verkehrsflusses dienende Bestimmung übernimmt im wesentlichen Artikel 13 Abs. 4 des Weltabkommens über Straßenverkehr. Sie tritt an die Stelle des unpraktikabel gewordenen § 14 StVO (alt).*

4a **Begr** zur ÄndVO v 22. 3. 1988 (VBl **88** 220):
Zu Abs 3: – *Begründung des Bundesrates* – ... *Um den Führern von Lastkraftwagen und Omnibussen bessere Anhaltspunkte für die Bemessung des notwendigen Sicherheitsabstandes zu geben und insbesondere um die polizeiliche Überwachung des Abstandes zu erleichtern, ist eine Ergänzung der Vorschrift geboten. Das Maß von 50 m entspricht dem Abstand der Leitpfosten am Fahrbahnrand.*

Begr zur ÄndVO v 7. 8. 97 (VBl **97** 688): S § 3 Rz 10a.

Übersicht

Abstand, zum Vorausfahrenden 1, 2/3, 5 ff
–, nach hinten 5
–, Größe 1, 2/3, 5 ff.
–, Faustregeln 1, 6
–, beim Überholen 6
–, im Stadtverkehr 2/3, 7, 8
–, bei grüner Welle 7

–, beim Anfahren bei Grün 8
–, in Kolonne 2/3, 7–9
–, bei Nebel 10
Anfahren bei Grün 8
Anscheinsbeweis 18
Auffahren 11, 16–18
Aufrücken zum Überholen 14

Abstand   § 4 StVO **2**

Ausnahmen vom Einscherabstand außerorts 14

Bremsen, kein starkes ohne zwingenden Grund 2/3, 11

Bremszeichen des Vorausfahrenden, Verhalten 9, 10

Einscherabstand der Lastfahrzeuge 4a, 12–14
–, Ausnahmen 14

Gefährdender Abstand 6

Grüne Welle 7

Kolonnenfahren, Abstand 2/3, 7–9

Nebel 10

Nötigung 16

Massenauffahrunfälle 17, 18

Ordnungswidrigkeit 15

Sicherheitsabstand 6

Sorgfaltspflicht des Vorausfahrenden 1–3, 11

Stadtverkehr, Abstand 2/3, 7, 8

Strafrecht 16

Überholen, Abstand beim 6

Zivilrecht 17, 18

1. Sicherheitsabstand zum Vorausfahrenden. Der Abstand muß idR (Ausnah- **5** men unten) ausreichen, um auch bei plötzlichem Bremsen des Vordermanns noch anhalten zu können, Bay VRS **62** 380, Kar VM **96** 8, NJW-RR **88** 28, auch vor einer Ampel, KG VM **83** 13, Ce VR **76** 545, und auch auf der AB, BGH NJW **87** 1075, Ce VRS **75** 313. Jedoch braucht der Nachfolgende nicht mit **ruckartigem Stehenbleiben** des Vorausfahrenden zu rechnen, BGH NJW **87** 1075, Ko NJW-RR **99** 175, VRS **74** 199, KG VRS **74** 251, Ha VM **86** 63, Ce VRS **75** 313. Das gilt auch für das Fahren in AB-Kolonne, BGH NJW **87** 1075, KG VRS **74** 251, Ha DAR **63** 249. Der Abstand muß also nicht die Möglichkeit einbeziehen, der Vorausfahrende könne aufprallen, also ohne vollen Bremsweg zum Stehen kommen, BGH NJW **87** 1075, KG NZV **03** 97, VRS **74** 251, Ha NZV **93** 68, Kö VRS **87** 172, einschränkend KG DAR **95** 482, es sei denn, dies ist nach den erkennbaren Umständen immerhin möglich, zB auf AB bei erkennbar dichtem Auffahren des Vorausfahrenden oder zu schnellem Fahren des Vorausfahrenden bei Abblendlicht, BGH NJW **87** 1075, Ce VRS **75** 313. Daher braucht der Abstand auch regelmäßig nicht so bemessen zu werden, daß auch **ohne Aufleuchten der Bremslichter** des Vordermannes ein Auffahren vermieden wird, wenn dieser plötzlich bis zum Stillstand abbremst (anders, wenn – etwa durch Stau – das Abbremsen vorhersehbar ist), Bay VRS **62** 380, DAR **89** 361, Kar VRS **62** 408, s Dü VRS **74** 105, aM Neust MDR **56** 312, LG Berlin VM **00** 87 (zähflüssiger innerörtlicher V nach Anfahren an LZA). Eine bloße mäßige Geschwindigkeitsverminderung muß der Nachfolgende allerdings auch ohne Bremslichter rechtzeitig wahrnehmen, Ha DAR **69** 251. Vorausfahrendes Fz ist nicht ein solches, das zwecks Überholens nach links ausgeschert ist, Ha VRS **55** 61, wenn kein Anhalt für Wiedereinscheren spricht. I gilt auch für den Abstand zwischen Krafd, Ha MDR **80** 521. Dem § 4 ist nicht die Pflicht zu entnehmen, den Abstand so zu bemessen, daß vor plötzlich sichtbar werdenden Hindernissen nach **Ausscheren des Vorausfahrenden** rechtzeitiges *Ausweichen* möglich ist, BGH NJW **87** 1075, KG NZV **03** 97, VRS **74** 251, aM möglicherweise Ko NZV **92** 408 (krit Anm *Greger*), Ba NZV **00** 49, Ce VRS **100** 169. Außer dem Abstand zum Vordermann muß der Kf nicht auch seinen **Abstand nach hinten** zum nachfolgenden Fz beachten, Stu DAR **56** 279, jeder ist für ausreichenden Abstand nach vorn verantwortlich, Ha VRS **21** 66. Der Vorausfahrende muß nicht zwecks Abstandsvergrößerung schneller fahren, nur weil der Nachfolger zu stark aufgerückt ist; vielmehr wird er den ihn gefährdenden Hintermann, soweit gefahrlos möglich, durch kurze **Bremslichtwarnung** (Antippen ohne eigentliches Bremsen) auf sein verkehrswidriges Verhalten hinweisen dürfen, s Kar NZV **91** 234 (kein Mitverschulden einer dadurch verursachten Fehlreaktion des Dränglers, abl *Greger* § 16 Anh Rz 11), s aber Kö VR **82** 558 ($^1/_3$ Mithaftung), offengelassen von Kö NZV **97** 318. **Abstand zum überholten Fz** nach hinten beim Wiedereinscheren, s § 5 Rz 51 f.

Der Abstand richtet sich nach **Örtlichkeit und Lage** sowie der Fahrgeschwindigkeit, **6** Ha VR **01** 1257. Ausreichender Abstand **(Sicherheitsabstand)** ist bei normalen Verhältnissen die in 1,5 s durchfahrene Strecke, Bay VRS **62** 380, VM **71** 21, KG NZV **03** 97, VRS **78** 92, Kö VRS **67** 286, VM **84** 4, Dü VRS **74** 451, Ce VR **79** 916, Ha VM **86** 63, Ko VRS **71** 66, nur ganz vorübergehend kürzer, Ha VRS **50** 68, größer beim Kolonnenfahren wegen des sich nach hinten fortsetzenden Bremszeitverlusts, s *Prell/Kuchenbauer* DAR **99** 53. Auch **auf der AB** beträgt der nötige Abstand idR, je nach

StrVerhältnissen, Wetter und individueller Bremsverzögerung, etwa 1,5 s/Fahrstrecke, Bay VM **79** 73, Ce VRS **75** 313, Kar NJW **72** 962, 2235, Fra VRS **52** 143, Dü VRS **64** 376, Ol VRS **67** 54, auf nasser AB mindestens 1,5 s/Fahrstrecke, BGH VR **68** 670, auch nachts, Hb VM **67** 46, VRS **33** 59, erst recht auf der Überholspur, BGH VR **69** 900. Dem Kf kann als Anhaltspunkt für den erforderlichen Mindestabstand etwa der **halbe Tachowert** dienen, s BGH NJW **68** 450 (Anm *Förste* VR **68** 894). Da dieser auch der BKatV – allerdings nur bei erheblicher Unterschreitung – als Bemessungsmaßstab für die Bußgeldhöhe dient, soll die zitierte Rspr (1,5 s-Abstand) nach Ha NZV **94** 79 (jedenfalls im OW-Bereich) überholt sein, s dazu Rz 15. **Lkw mit zulässigem Gesamtgewicht von mehr als 3,5 t und Kom** müssen auf AB bei Geschwindigkeiten von mehr als 50 km/h jedenfalls *mindestens* 50 m Abstand (= Abstand zwischen den Leitpfosten) einhalten (Abs III). Begr: Rz 4 a. Das bedeutet nicht, daß dieser Abstand stets ausreichend wäre; je nach Witterungs- und Fahrbahnverhältnissen kann die tatsächlich gefahrene Geschwindigkeit nach der allgemeinen Regel des Abs I einen größeren Abstand erfordern, Zw NZV **97** 283. **Wer überholen will,** darf den Abstand grundsätzlich erst vermindern, wenn er ausscheren und zügig vorbeifahren kann, Bay VM **70** 91, Ha VRS **26** 219, jedoch verlängert das den Überholvorgang unnötig, wenn der Vorausfahrende offensichtlich freie Bahn hat (s Begr, Rz 2/3). Abstand beim Überholen: § 5. **Berechnung** des Abstands: Geschwindigkeit in km/h geteilt durch 3,6 ergibt Geschwindigkeit in m/sec; die zum Durchfahren des festgestellten Abstands benötigte Zeit ergibt sich, wenn die Anzahl der Meter (Abstand) durch die Geschwindigkeit (m/sec) dividiert wird. Vom *Sicherheitsabstand* zu unterscheiden ist der **gefährdende Abstand**. Ein solcher liegt vor, wenn er geringer ist als die in 0,8 sec durchfahrene Strecke, Kö NZV **92** 371, VM **84** 4, VRS **67** 286, Dü VRS **74** 451, **64** 376. Wer, außer im dichten Stadtverkehr, **nicht nur ganz vorübergehend** geringeren Abstand als 0,8 s/Fahrstrecke zum Vordermann einhält, gefährdet diesen idR (§ 1 StVO, § 315 c StGB), Bay NJW **88** 273, VM **79** 73, VRS **59** 285, Ha NZV **94** 120, Dü VRS **74** 451, DAR **78** 188, Fra VRS **56** 286, Kö VM **84** 4, einschränkend *Berz* NZV **89** 413 f. 300 m Fahrstrecke ist jedenfalls nicht ganz vorübergehend, zu dichtes Auffahren daher gefährdend, Bay NZV **92** 415 (10 m bei 116 km/h), VRS **40** 285 (128 km/h). 250–300 m werden von der Rspr bei höheren Geschwindigkeiten regelmäßig als Mindeststrecke für die Annahme einer Gefährdung verlangt, Kar NJW **72** 2235, Dü VRS **62** 297, Ce NJW **79** 325, Kö DAR **83** 364, s Dü VRS **64** 376. Gegen eine solche Festlegung auf mindestens 250–300 m jedoch Kö VRS **66** 463 mit dem zutreffenden Hinweis darauf, daß der Unterschreitung des gefährdenden (0,8-sec-)Abstands immer schon eine Unterschreitung des Sicherheits- (1,5-sec-)Abstands vorausgegangen sein muß, s auch Bay VRS **57** 305, Ce NZV **91** 281, Ol VRS **67** 57. Ob zu geringer Abstand konkret gefährdet hat, ist im übrigen überwiegend Tatfrage, setzt Berücksichtigung aller Umstände voraus und hängt nicht begriffsnotwendig von etwas längerer Fahrstrecke ab, Bay VM **79** 73, Fra VRS **68** 376. Ergibt sich nur ganz vorübergehend zu kurzer Abstand zum schnelleren Vorausfahrenden durch dessen zuvor erfolgten Fahrstreifenwechsel oder Abbremsen, so ist § 4 nicht verletzt, Ha VRS **46** 216, Kar VM **75** 37, Ce DAR **78** 328, Kö DAR **83** 364 (andernfalls würde sachgerechtes Fahren bestraft), s Kar VRS **49** 448 (AB).

7 Im dichten **Stadtverkehr** ist stets gespannte Aufmerksamkeit nötig, Hb VR **67** 564, doch darf der **Abstand geringer** sein (Begr, Rz 2/3), Bay VM **71** 21, Ha VM **86** 63, Br VR **77** 158, wenn nicht mit plötzlichem Anhalten des Vordermannes zu rechnen ist, Ha VRS **29** 43, 297, Stu VRS **27** 139, Schl VM **57** 4, KG VM **57** 4, zB bei **grüner Welle,** Ha NJW **67** 2324, und langsamer Fahrt, Ha VRS **43** 371, Kö VM **72** 88, anders im Ampelbereich bei zu erwartendem Wechsel auf Gelb, Dü DAR **75** 303. Bei grüner Welle soll der Kf mit plötzlichem Anhalten des Vordermanns auch nicht rechnen müssen, wenn er dessen Fahrbahn nicht sieht, „geringer" Abstand ist zulässig, Dü VM **69** 21, aM Hb VR **67** 564 (kein Vertrauensgrundsatz). Die Rspr ist insoweit uneinheitlich. Verkürzter Abstand im Stadtverkehr ist auch zulässig, wenn der Vorausfahrende offensichtlich freie Fahrt hat (Begr, Rz 2/3), Br VR **77** 158. Anhalten bei Normalbremsung des Vorgängers muß möglich sein, Dü VM **67** 22. Für **abnorm verkürztes, ruckartiges Anhalten** des Vorausfahrenden muß der Abstand zwar grundsätzlich nicht bemessen sein, s Rz 5, jedoch uU selbst bei Auffahren des Vorausfahrenden ausreichen, wenn da-

Abstand § 4 StVO **2**

mit zu rechnen war, Ha VM **86** 63. Wer im Stadtverkehr mit „45" und 10 m Abstand auf den Vorausfahrenden auffährt, weil dieser auf das mißverstandene Zeichen eines PolB plötzlich bremst, handelt nicht fahrlässig, Ce VRS **27** 295, s auch Kö VOR **74** 53. Vor allem im **Stoßverkehr** ist ausnahmsweise geringerer Abstand zulässig, wenn die vorausliegende Fahrbahn erkennbar hindernisfrei ist und bei erhöhter Bremsbereitschaft, Br VR **77** 158. Dann reicht als verkürzter Abstand bei höchster Bremsbereitschaft 0,75 s/Fahrstrecke aus, s Kö VRS **57** 477. So sollen bei hindernisfreier Fahrbahn 7 m Abstand bei „30" ausreichen, Ba VR **67** 786, 10 m Abstand bei Nässe und „40", Kö VRS **37** 216, s auch Kö VM **72** 88. Solches Fahren verpflichtet zu gesteigerter Aufmerksamkeit, andernfalls erhöhte Schuld, Ko VR **78** 649. Stets ist verkürzter Abstand durch **erhöhte Bremsbereitschaft** auszugleichen, s Kö VOR **74** 53, Ha NZV **98** 464, VM **86** 63, Zw VRS **85** 216. Beim **Anfahren nach verkehrsbedingtem Warten** ist ein solcher Abstand einzuhalten, daß Schwierigkeiten des Vordermanns beim An- und Weiterfahren nicht zum Auffahren führen, KG VRS **46** 66, Br VR **77** 158.

Beim **Anfahren bei Grün** darf ausnahmsweise so angefahren werden, wie die Fze **8** stehen, sonst würde die Grünphase nicht ausgenutzt und der Verkehr behindert (Begr, Rz 2/3), Ha NZV **98** 464, LG Gießen DAR **04** 152. I Satz 1 ist beim Anfahren bei Grün nicht anwendbar (Rz 2/3), wenn im KolonnenV die Gefahr plötzlicher Hindernisse erkennbar gering ist, s Begr (Rz 2/3), KG VM **93** 27, LG Nürnberg-Fürth VR **90** 286, aM KG VM **74** 57 (abl *Booß*), jedoch ist dann besonders sorgfältig mit besonderer Aufmerksamkeit und erhöhter Bremsbereitschaft zu fahren (§ 1), Ha NZV **98** 464, Kar VRS **73** 334. Es bleibt zu beachten, ob ein Vorausfahrender verlangsamt oder bremst. Die (verkürzten, Rz 7) Abstände sind erst beim Weiterfahren herzustellen, sofern dazu bis zur nächsten Ampel Raum ist, s Stu VRS **27** 139. Die Ausnahme gilt nicht, wenn die Fahrstreifen hinter der LZA nicht in der bisherigen Weise fortgeführt werden, Stu VRS **70** 466. Auf etwaige Ortszulassung des Vorausfahrenden braucht niemand zu achten, Ha DAR **68** 116, mit verkehrswidrigem Sicheindrängen in eine Kolonne niemand zu rechnen, Ba VR **67** 786. Leicht gestaffeltes Fahren zur Beobachtung der Vorausfahrenden kann je nach Lage bedenklich sein, Kö VRS **37** 216, doch sollte stets durch die Scheiben der Vorderleute hindurch der Vorausverkehr möglichst beobachtet werden, um Verlangsamung rechtzeitig zu erkennen und nach hinten signalisieren zu können.

Fahren in **aufgeschlossener Kolonne** erfordert größte Aufmerksamkeit, Beobach- **9** tung nach vorn und erhöhte Bremsbereitschaft, Kö VRS **28** 42, Hb VR **67** 564. Wer zu kurzen Abstand vor dem Vorausfahrenden bemerkt, wird den seinigen entsprechend verlängern, um verkürzten Anhalteweg des Vorausfahrenden notfalls ausgleichen zu können, KG DAR **95** 482, Ha VRS **17** 458. Mit plötzlichem Anhalten des Vorausfahrenden muß im KolonnenV gerechnet werden, KG DAR **95** 482, VRS **24** 138, Ha VM **86** 63, Schl VM **64** 37. Zum Abstand im dichten StadtV s Rz 7.

Bei **Nebel** (Sicht 30 m) muß der Abstand auch auf plötzliches Bremsen des Voraus- **10** fahrenden eingerichtet sein, weil der Vorausverkehr unsichtbar ist, Ce VM **66** 71. Bei zu geringem Abstand werden auffällige Ausweichbewegungen des Vorausfahrenden mitzumachen sein, Mü NJW **68** 653. Kurzes **Bremszeichen** des Vorausfahrenden nötigt bei ausreichendem Abstand noch nicht dazu, sich auf Anhalten einzurichten (aber zu erhöhter Aufmerksamkeit), Ce VRS **36** 443. Beträchtliche **Verlangsamung des Vorausfahrenden** fordert besondere Vorsicht, Ko DAR **64** 279. Abs I gilt für alle FzArten; auch ein **Radfahrer** muß daher ausreichend Abstand halten, Ha VR **01** 1257, Schl SchlHA **56** 319. Ausreichender Abstand der **Straba** ist auch auf einem besonderen Bahnkörper vor gefährlichen Stellen nötig, BGH VRS **14** 121, Ausnahmen selbst bei auf der Fahrbahn verlegten Gleisen aber im dichten, doch übersichtlichen Verkehr, Fra VR **67** 851.

2. Nicht ohne zwingenden Grund stark bremsen darf der Vorausfahrende, also **11** nicht grundlos überraschend verlangsamen. Diese Pflicht ergänzt diejenigen des Hintermannes, Abstand zu halten (Begr, Rz 2/3). Das Verbot starken Bremsens ohne zwingenden Grund will Auffahrunfälle im dichteren Verkehr verhindern, Stu VRS **56** 119, Nü VR **78** 1174. Plötzliches Bremsen ist nicht notwendigerweise auch ein besonders starkes, Ce VR **76** 545, Kar VRS **76** 414, sondern nur ein das Maß normalen Bremsens deutlich übersteigendes, KG VR **02** 1571. **Nur bei zwingendem Grund** darf stark gebremst werden, nämlich bei plötzlicher Gefahr, Bay VRS **71** 380, Ko VM **92** 92, Kö VRS **95** 331 (wesentlich enger als „triftiger" Grund im § 3 II, Begr). Zwingender Grund zum Bremsen besteht, wenn andernfalls andere oder der Bremsende gefährdet oder geschädigt werden könnten, KG NZV **93** 478, VM **83** 13, und nur, wenn aus Gründen gebremst wird, die dem Schutzgegenstand des Bremsverbots mindestens gleichwertig sind, Sa ZfS **03** 118, KG VM **00** 79, NZV **93** 478, Fra DAR **84** 157, Kar NJW-RR **88** 28. Einsatzhorn eines optisch noch nicht wahrgenommenen WegerechtsFzs rechtfertigt starkes Bremsen vor Einfahrt in eine Kreuzung, Ha NZV **98** 464. **Kein zwingender Grund ist gegeben,** wenn zB gebremst wird, um jemanden aufzunehmen, KG NZV **93** 478 (Taxifahrgast), VM **76** 60, oder wegen zu spät erkannter Parkmöglichkeit, Bay DAR **84** 234, KG NZV **03** 42, VM **74** 57, oder bei bloßem Orientierungsirrtum, oder um abzubiegen, Bay VRS **71** 380, KG VR **02** 1571 (Begr). Kurze Sichtbehinderung durch Spritzwasser rechtfertigt idR keine Vollbremsung, KG VM **79** 68 (überwiegende Haftung des Bremsenden). Starkes Bremsen **wegen eines Kleintiers** verstößt gegen Abs I S 2, wenn dadurch die VSicherheit beeinträchtigt werden kann, Sa ZfS **03** 118 (Eichhörnchen), Kö VR **93** 1168 (Taube), Kar NJW-RR **88** 28 (Wildente), Mü DAR **74** 19 (Igel), LG Aachen ZfS **85** 129 (Kaninchen), AG St Ingbert ZfS **86** 353 (Eichhörnchen), AG Liebenwerda MDR **97** 737 (Fuchs), s auch Kö VRS **86** 264 (Güterabwägung bei unverhofftem Bremsen wegen Taube), Dü VR **94** 592 (grobe Fahrlässigkeit bei plötzlichem Bremsen wegen eines Hasen), anders nach Fra VM **84** 37 (abl *Booß*), *Andelewski* NZV **01** 62f, wenn trotz Gefahr unbedeutenden Sachschadens (ca 35 €) des Nachfolgenden wegen einer Katze gebremst wird (abzulehnen, weil das Risiko des Nachfolgenden bei erkennbarer Auffahrgefahr idR nicht abschätzbar sein wird, s *Janiszewski* NStZ **84** 405), ähnlich KG VM **00** 79 (Dackel), LG Ko DAR **01** 227, abwegig AG Mü VM **85** 88 (Igel). § 90a BGB steht der hier vertretenen Auffassung nicht entgegen, s Hb ZfS **92** 377, s aber *Andelewski* NZV **01** 62. Denn Leben und Gesundheit von Menschen haben natürlich nach wie vor entsprechend der vom Gesetz vorgenommenen Wertung zweifelsfrei Vorrang vor dem Leben eines Tieres, KG VRS **104** 5, Sa ZfS **03** 118. Starkes Bremsen wegen eines größeren Hundes ist dagegen nicht grundlos iS von Abs I S 2, LG Landau NZV **89** 76 (Alleinhaftung des Auffahrenden), s AG Ratingen NJWE-VHR **98** 110 (angeleinter Spitz). Besteht wegen ausreichend großen Abstandes des nachfolgenden Verkehrs, keine ernstliche Gefahr, so darf der Vorausfahrende **auch ohne zwingenden Grund scharf bremsen,** weil dann die in I S 2 vorausgesetzte Lage nicht besteht, KG NZV **03** 43, VM **00** 79, Fra DAR **84** 157, Ha VRS **50** 312. Auch bei doppeltem Sicherheitsabstand zum Hintermann, dem kein weiteres Kfz folgt, gilt das Bremsverbot nicht, Stu VRS **56** 119, Kar VRS **76** 414. Bremsung **vor LichtZ:** § 37 Rz 48f. Wer trotz Grün wegen des Z 205 abrupt bremst, handelt nicht aus zwingendem Grund, KG VM **74** 57, anders bei Einleitung der Bremsung trotz Grünlichts, aber Phasenwechsel anzeigender Vorampel (Blinklicht), Ha NZV **95** 25. **Bei Gelb** nach Grün wird der Hintermann mit plötzlichem Bremsen des Vorausfahrenden idR rechnen müssen, wenn auch nicht mit Notbremsung. Wer bei Beginn der Gelbphase nach Geschwindigkeit und Annäherung vor der Kreuzung nicht mehr anhalten kann, hat keinen triftigen Grund zum plötzlichen Bremsen, KG VM **83** 13, Dü DAR **75** 303, anders dagegen, wer sich bei „spätem" Gelb oder bei Rot der Haltelinie nähert; er darf auf ausreichenden Sicherheitsabstand des Nachfolgenden vertrauen und auch, wenn er seine Geschwindigkeit noch nicht herabgesetzt hat, plötzlich stark bremsen, ohne zuvor den rückwärtigen V zu beobachten, KG VM **83** 13, Kar VRS **72** 168, s § 37 Rz 48. Normales Bremsen wegen möglicher Gefahr **muß nicht angekündigt werden,** der Hintermann muß damit rechnen und entsprechend großen Abstand halten, Kar VRS **76** 414, Ha DAR **73** 167. Anzeige des Haltens: § 12 Rz 20. Plötzliche Vollbremsung dessen, dem auf seiner Fahrbahnhälfte unverhofft ein Fz entgegenkommt, ist idR nicht vorwerfbar, Kö VR **89** 59, s dazu auch E 86. Kein **verkehrsgefährdendes scharfes Bremsen,** um andere zu warnen, Bay VRS **43** 390, oder nur um den Hintermann auf falsches Verhalten aufmerksam zu machen (Blendung), Ko 1 Ss 146/72, oder wegen Lichtreflexes in der ausgeschalteten Rotampel, Stu VRS **45** 243. **Bremsversuche** auf der Straße sind nur bei VRuhe zulässig. Auch bei ungerechtfertigt starkem Bremsen des Vorausfahrenden überwiegt idR aber der **Haftungsanteil** des Auffahrenden, s Rz 17.

Fahrlässiges **Aufprallen auf den Vorausfahrenden** ist kein starkes Bremsen iS von I S 2, auch nicht, wenn der Aufprallende allmählich hätte abbremsen und stehenbleiben können, s *Booß* VM **75** 62, aM *Br* VM **75** 62, das den Begriff des Bremsens hier in sein physikalisches Gegenteil umdeutet. **Bremslichtwarnung** bei gefährdendem Dicht-Auffahren, s Rz 5.

3. **Einscherabstand außerorts** haben Kfze zu halten, für die eine besondere Geschwindigkeitsbeschränkung gilt, sowie Züge über 7 m Länge (Abs II). Die Vorschrift dient dem VFluß durch leichteres Überholen (Begr). Kfze mit besonderer Geschwindigkeitsbeschränkung: § 3 III Nr 2a, b, nicht auch c, weil die Vorschrift dann auch für alle Pkw und das gesamte einstreifige StrNetz gälte, was nicht beabsichtigt ist, s *Bouska* VD **76** 339. Die Vorschrift ersetzt nicht diejenige über die Pflicht der Führer aller langsam gefahrenen Fze, sich an geeigneter Stelle überholen zu lassen (§ 5 VI), sie steht neben ihr und ergänzt sie. 12

Gemäß II muß der eingehaltene Einscherabstand reichlich das **Doppelte des üblichen Sicherheitsabstands** betragen, damit nach dem Einscheren des Überholers alsbald wieder vor und hinter ihm der notwendige Abstand besteht. Doch wird es bei der Knappheit des VRaumes idR ausreichen müssen, wenn sich dieser Abstand alsbald wiederherstellen läßt. Die Führer von Kfzen, die unter II fallen, werden jedenfalls, von den drei Ausnahmen abgesehen, stets darauf zu achten haben, daß sie bald nach jedem Überholtwerden („ständig") wieder mindestens mit doppeltem Abstand zum Vordermann (nicht nur zum nächsten vorausfahrenden LastFz) fahren, also mit einem Abstand, der ihre Tachometerzahl nicht unterschreitet. 13

Ausnahmen: a) **bei mindestens 2 Fahrstreifen in Fahrtrichtung,** wo also ohne Einscheren überholt werden kann, darf der Abstand geringer sein. Fze, die unter II fallen, dürfen so lange aufschließen, wie dieser StrAusbau andauert, nicht nur bei Z 295, 296, sondern auch wenn die Fahrbahnbreite das Fahren in mindestens zwei unbezeichneten Fahrstreifen in Fahrtrichtung zuläßt (§ 7 I 2). Bei nur 3 Fahrstreifen insgesamt für beide Richtungen, wo der mittlere Fahrstreifen dem Überholen in beiden Richtungen dient, gilt die Ausnahme nicht, der Einscherabstand ist einzuhalten. Zwar sind in Fahrtrichtung dann uU 2 benutzbare Fahrstreifen vorhanden, doch nicht wegen GegenV. b) **Wo nicht überholt werden darf** (Z 276, uU 295, 296, nicht auch Z 277), braucht, soweit das Überholverbot reicht, kein Einscherabstand gehalten zu werden. Kfze gemäß II dürfen hier aufrücken und können uU ihren nächsten Überholvorgang ohne Behinderung des übrigen Verkehrs besser vorbereiten. Vor dem Ende eines Überholverbots müssen sie den Einscherabstand rechtzeitig wieder herstellen. c) **Wer selbst zulässigerweise überholt** und zu diesem Zweck ausschert, darf und muß zum Vordermann aufrücken, sofern er die Überholabsicht vorher rechtzeitig und deutlich (§ 5) angekündigt hat. Zu spätes Ankündigen, zB erst beim Ausscheren, erlaubt kein Aufrücken. 14

4. **Ordnungswidrig** (§ 24 StVG) ist der vorsätzliche oder fahrlässige Verstoß gegen eine Vorschrift über den Abstand im § 4 (§ 49 I Nr 4), also zB zu dichtes Aufrücken auch ohne Belästigung, bei Gefährdung oder Belästigung in TE mit § 1. Konkrete Gefährdung ist also nicht etwa Voraussetzung für einen Verstoß gegen § 4 Abs I S 1, Bay VM **79** 73, Fra VRS **68** 376, s Rz 6. Die Bußgeldbewehrung von Verstößen gegen Abs I S 1 genügt dem verfassungsrechtlichen Bestimmtheitsgebot, Zw VRS **85** 212. Das in der BKatV enthaltene Kriterium des halben Tachowertes (= 1,8 s-Abstand, s *Beck/Löhle* 3.1.4) ist *Berechnungsmaßstab* für die Regelbuße, nicht Definition des „Sicherheitsabstands", aM Ha NZV **94** 79 (abl *Prell/Kuchenbauer* DAR **99** 49), zumal die BKatV erst bei ganz erheblichen Unterschreitungen dieses Wertes Regelbußen vorsieht und im übrigen OW-Tatbestände *voraussetzt*, nicht aber selbst solche begründet. Für die Bußgeldbemessung im Regelfall gilt jedenfalls die in der BKatV vorgeschriebene Berechnungsweise, Ha NZV **94** 79. Wenngleich auch die **Unterschreitung des Sicherheitsabstands** iS des Abs I S 1 nur dann ow ist, wenn sie **nicht nur ganz vorübergehend** geschieht, Dü NZV **93** 242, Zw VRS **85** 217, Kö VM **84** 4, VRS **66** 463, **67** 286, Fra VRS **68** 376, müssen die teilweise sehr strengen Anforderungen der Rspr an die Feststellung eines *gefährdenden Abstandes* hinsichtlich der Mindeststrecke zu dichten Auffahrens (s Rz 6) dann nicht erfüllt sein, s Ol VRS **67** 54, aM wohl Ko VRS **71** 66; zu ge- 15

ringe Dauer kann aber Verschulden ausschließen. Kö VRS **66** 463 hält Unterschreitung auf mindestens 150 m für erforderlich, aber auch ausreichend, wenn auf den voraufgegangenen 150 m keine den Vorwurf zu dichten Auffahrens ausschließende Veränderung (zB Bremsen des Vorausfahrenden) eingetreten ist und die Unterschreitung mindestens 25% beträgt. Der Einwand, der Vorausfahrende habe den Abstand durch seine Fahrweise plötzlich verringert (Gaswegnahme, Bremsen, Einscheren in eine Lücke), muß widerlegt sein, Dü DAR **78** 188, VM **78** 58. Dreimaliges Unterschreiten des Sicherheitsabstands für jeweils mehr als 1 s auf knapp 1 km ist ow, Bay NZV **94** 241 (Vorsatzannahme nicht beanstandet). *Vorwerfbares* Unterschreiten des **50 m-Abstands für Lkw und Kom** gem III ist grundsätzlich auch dann ow, wenn es nur ganz vorübergehend ist, Zw NZV **97** 283 (abl *Förste* NZV **98** 39). **Starkes Bremsen** ohne zwingenden Grund verkürzt den erforderlichen Abstand, ist daher eine Abstandsregel und fällt unter § 49 I Nr 4, Ha 5 Ss OWi 20/73. Normales Bremsen oder Verlangsamen fällt nicht unter § 4 I 2 (Langsamfahren ohne triftigen Grund: § 3 II), auch nicht notwendigerweise starkes Bremsen. Bleibt der Hintermann beim unzulässigen Bremsen noch außerhalb des in S 1 gebotenen Abstandes zum Bremsenden, so ist das Bremsen mangels ausreichend nahe aufgerückten Folgeverkehrs nicht ow. **Konkurrenzen:** Gegenüber § 4 I (zu geringer Abstand) tritt § 3 I zurück, TE beider Vorschriften nur, wenn die Fahrgeschwindigkeit auch aus anderen Gründen zu hoch ist, Ha DAR **73** 167, Sa VRS **36** 309; bei Gefährdung des Vordermannes, etwa weil er unverhofft bremsen muß, TE auch mit § 1, Bay VRS **35** 191, Ha DAR **73** 167, ebenso bei Unterschreitung des gefährdenden Abstands (0,8 s-Abstand), Ha NZV **94** 120, s Rz 6. Gefährdet oder behindert grundlos scharfes Bremsen den Hintermann noch nicht, so verletzt es nur § 4 I S 2, andernfalls besteht TE mit § 1 II, Ha VRS **45** 317. Keine einheitliche Tat bei mehreren Verstößen auf derselben Fahrt, Ha VRS **47** 193. Regelmäßig kein Gesamtvorsatz: E 134 und keine natürliche Handlungseinheit: E 150 a. **Das Urteil muß feststellen,** auf welcher tatsächlichen Grundlage die Geschwindigkeitsfeststellung beim Abstandmessen beruht, Kö VM **79** 76, **84** 4, DAR **83** 364. Es muß nachprüfbar darlegen, warum der Abstand zu gering gewesen sei, Ha VRS **51** 302. Es muß insbesondere mitteilen, nach welchem Verfahren Abstand und Geschwindigkeit gemessen wurden, Dü VRS **59** 45, VRS **64** 144, VM **78** 58, Kö VM **84** 4. Bei Anwendung anerkannter technischer Verfahren braucht das Urteil ohne konkrete Anhaltspunkte keine Einzelheiten zur Durchführung von Funktionsprüfungen, Beachtung der Richtlinien für die Bedienung, zur ordnungsgemäßen Aufstellung des Gerätes usw mitzuteilen, Bay DAR **94** 122 (stationäre Videokamera). Die unterschiedlichen Verfahren zur **Abstandmessung von AB-Brücken** werden von der Rspr überwiegend als zuverlässig (auch zur Feststellung gefährdend geringen Abstandes gem § 1 II) anerkannt, s Ha VRS **55** 211, Dü VRS **64** 144, 376, **74** 449, DAR **83** 364, **85** 87 (Anm *Berr*), Kö VM **84** 4, VRS **67** 286, Ol VRS **67** 54, Kö VRS **66** 463 (jeweils „Traffipax"), Fra DAR **78** 169 („FESAM"), Stu VRS **54** 145 („Distanova", dazu: *Löhle ua* DAR **83** 69, *Grandel/Thumm* Verkehrsunfall **84** 61, 91, *Löhle* DAR **84** 405). Zur Feststellung des gefährdenden Abstandes ist idR ein **15-prozentiger Abzug** von dem in 0,8 s zurückgelegten Fahrweg der Kfze zu machen, Bay VRS **59** 285. Ein 15%-Abschlag ist jedoch nicht schlechthin geboten, vielmehr unterliegt etwaige Fehlerbeurteilung des Meßvorgangs der freien Beweiswürdigung, Ce VRS **58** 264. Zu berücksichtigen ist bei diesen und ähnlichen Verfahren, daß nach ophtalmologischen Erkenntnissen Abstandsveränderungen in einer Entfernung von mehr als 190 m auch von geschulten Personen idR nur dann sicher beobachtet werden können, wenn sie mehr als 25 % betragen, s *Hartmann*, Gutachten für Kö VRS **66** 463, AG Homburg ZfS **97** 393 (Anm *Gebhardt*), s auch *Gramberg-Danielsen* MDR **83** 534, *Löhle* DAR **83** 69, *Prell/Kuchenbauer* DAR **99** 52. Bedenken gegen die Zuverlässigkeit einer Abstandsmessung von AB-Brücke mittels stationärer Videokamera mit Zeitgenerator JVC/Piller Typ CG-P 50: AG Wolfratshausen NZV **94** 410. Über Fehlerquellen bei der Video-Abstandsmessung, *Soller* PVT **96** 168. Das Video-Abstandsmeßverfahren **VAMA** wurde von der Rspr als standardisiertes Meßverfahren (s § 3 Rz 56 b) anerkannt, Ha VRS **106** 466 (kein Toleranzabzug bei Geschwindigkeiten unter 154 km/h), näher *Beck/Löhle* 3.1.4. Durch **Hinterherfahren** auf einem anderen Fahrstreifen werden erfahrene PolB bei längerer, gleichbleibender Meßstrecke einen auffällig verkürzten Abstand des Vorausfahrenden zu des-

Abstand § 4 StVO **2**

sen Vordermann ausreichend schätzen können, Dü DAR **00** 80, VRS **56** 57, NZV **93** 242, nicht jedoch ohne weiteres auch ungeübte, Dü DAR **00** 80, NZV **93** 242 (Darlegung hierzu im Urteil erforderlich), und nicht aus einer Entfernung von 100 m, Ha NStZ-RR **97** 379 (auch nicht bei nachträglicher Rekonstruktion der Abstandsverhältnisse aus der Erinnerung), vielfach auch nicht bei Hinterherfahren auf demselben Fahrstreifen, Dü DAR **02** 464. Messung durch Hinterherfahren unter Verwendung eines „Police-Pilot-Systems" mit **Video-Aufnahme** wurde bei Abzug von 5% Meßtoleranz hinsichtlich der gemessenen Geschwindigkeit von Ce NZV **91** 281 als zuverlässig anerkannt. Die Auswertung des Videobandes und die darauf beruhende Abstandsberechnung sind im Urteil darzulegen, Dü VRS **99** 133. Abstandsmessung mittels Video-Aufnahme **vom Hubschrauber** aus, Ko NZV **92** 495. Inwieweit Feststellung zu geringen Abstands durch **Vorausfahren** möglich ist (Beobachten durch die Heckscheibe mittels Innenspiegels), ist Tatfrage; sichere Beobachtungen und Schätzungen durch Zeugen auf diese Weise werden kaum möglich sein, Kö VRS **60** 62, s Bay ZfS **97** 20, Ce NZV **93** 490; wegen der erheblichen Fehlerquellen reicht ein Sicherheitszuschlag von 33,3% zum geschätzten Wert nicht aus, Dü VRS **68** 229. Mindestvoraussetzung: ununterbrochene Spiegelbeobachtung durch erfahrenen PolB und genaue Messung von Zeit und Strecke, Ko VRS **71** 66. Die „Meß"-Methode, etwa durch vorausfahrende ZivilFze der Pol, ist im übrigen abzulehnen, weil sie geeignet ist, ow Verhalten des Nachfolgenden zu fördern, s aber Bay ZfS **97** 20.

5. Strafrecht. Bedrängende Fahrweise gegenüber dem Vorausfahrenden unter **16** wesentlicher Unterschreitung des Sicherheitsabstandes kann, wenn es auch einen besonnenen Kf in Furcht oder Sorge zu versetzen vermag, Gewalt iS des **§ 240 I StGB** sein, Bay NZV **90** 238, **93** 357, Dü NZV **96** 288, Kö NZV **92** 371, **95** 405, Ha DAR **90** 392, NZV **91** 480, Kar VRS **94** 262, s *Haubrich* NJW **89** 1197. Nötigung, wenn das Gesamtverhalten den Vorausfahrenden erschrecken und zu unfallträchtiger Reaktion veranlassen kann, Kar DAR **79** 308. Von entscheidender Bedeutung für die Beurteilung derartigen Verhaltens als Nötigung sind die **Dauer und Intensität der Zwangseinwirkung** und das **Maß der dadurch bewirkten Gefährdung** des Vorausfahrenden, Bay NZV **93** 357, Fra NZV **04** 158, Kö NZV **92** 371, Kar VRS **94** 262, Stu DAR **98** 153, Ha NZV **91** 480, DAR **90** 392 (abgelehnt im dichten AB-Verkehr bei 80 km/h, $^1/_2$ m Abstand, Lichthupe), Dü VRS **66** 355, KG VRS **63** 120. Wer über mehrere km bei hoher Geschwindigkeit (105 km/h) auf der AB-Überholspur auf wenige m dicht an das vorausfahrende Fahrzeug heranfährt und dessen Fahrer durch Hupen und Blinken so verunsichert, daß er die eigene Überholabsicht aufgibt und die Überholspur verläßt, begeht eine Nötigung, BGHSt **19** 263 = NJW **64** 1426 (2 m), Ha DAR **00** 368. Dichtes Hinterherfahren über längere Strecke bei erheblicher Geschwindigkeit auf der AB-Überholspur mit Ansetzen zum Linksvorbeidrängen am Vorausfahrenden verletzt die §§ 240, 315c I Nr 2b, 52 StGB, Kö VRS **44** 16, s auch Bay NJW **88** 273, Zw VRS **85** 212. S § 315c StGB. Versuchte Nötigung auch bei Auffahren auf 5 m bei 120 km/h auf einer Strecke von 500 m der AB-Überholspur unter Betätigung von Hupe und Lichthupe, Kö VRS **61** 425, nicht aber ohne weiteres auch ohne Abgabe solcher Zeichen, Bay NZV **93** 357. Auch auf einer BundesStr kann dichtes Aufrücken über mehrere 100 m hin unter ständigem Hupen und Blinken nötigend wirken, Ha DAR **74** 76, Kar VRS **57** 21. Der „Sitzblockade"-Beschluß des BVerfG (NJW **95** 1141) gibt keinen Anlaß zu einer Änderung dieser Rspr, Kö NZV **00** 99, Kar VRS **94** 262, *Berz* VGT **96** 70. Entscheidend sind jedoch immer die Umstände des Einzelfalles, namentlich **Örtlichkeit, Annäherungsgeschwindigkeit und Intensität** der Einwirkung auf den Willen des Vorausfahrenden (Kürze des Abstands, Betätigen von Hupe, Lichthupe, Fahrtrichtungsanzeiger usw), Bay NStZ **90** 238, NZV **93** 357, Stu DAR **98** 153, Ha DAR **90** 392, Kar VRS **94** 262, Kö VRS **67** 224. Einmaliges **kurzfristiges Nahekommen** auf der AB bei hoher Geschwindigkeit auf 5 m nötigt nur unter besonderen Umständen, Bay NZV **90** 238 (bei 120 km/h auf 170 m unter Betätigung der Lichthupe verneint), Ha NZV **91** 480, Kar VRS **57** 415. Jedoch kann auch kurzes dichtes Auffahren, wenn es wiederholt geschieht, Nötigung sein, Kar VM **72** 34. Selbst einmaliges dichtes Heranfahren auf weniger als 1 m auf AB bei 100 km/h kann Nötigung sein, wenn die Annäherungsgeschwindigkeit hoch ist und Hupe, Lichthupe sowie linker Fahrtrichtungsanzeiger betätigt werden; Kö VRS **67** 224. Wer als Vorausfahrender ohne sachlich gerechtfertigten Grund bei hoher Geschwindigkeit **scharf bremst,** um den Nachfolgenden ebenfalls zu scharfem Bremsen zu zwingen, nötigt, BGH NZV **95** 325 (zust *Berz* NZV **95** 298, VGT **96** 69), BaySt **02** 88 = NZV **01** 527, Dü VM **92** 14, VRS **73** 41 (80 km/h), NZV **89** 441, Kö NZV **97** 318, **00** 99, nicht aber schon dann, wenn das nicht verkehrsbedingte Bremsen nur zu einer kurzfristigen Behinderung des Nachfolgenden führt, Kar VRS **94** 262. Keiner Nötigung macht sich schuldig, wer durch **kurzes Aufleuchtenlassen der Bremslichter** ohne eigentliches Bremsen den Drängler warnt (s Rz 5), Kö NZV **97** 318. Außergewöhnlicher Erregungszustand des Vorausfahrenden über Bedrängung und schließliche Kollision kann **Körperverletzung** sein (Gliederzittern), Fra VRS **38** 49, s Stu VRS **42** 112.

17 6. Zivilrecht. § 4 ist **SchutzG** auch zugunsten der Fußgänger, Mü NJW **68** 653. Zu geringer Abstand ist **ursächlich,** wenn die Kollision sonst gewiß unterblieben wäre, s Kö VM **79** 94. Fährt bei Nebel ein Kfz auf der AB auf ein vorausfahrendes Fz auf, so hängt es hiermit ursächlich zusammen, wenn auf ein nachfolgendes Fz, das deswegen anhält, ein weiteres auffährt, BGH NJW **65** 1177. **Wer auf den Vorausfahrenden auffährt, war idR unaufmerksam oder zu dicht hinter ihm;** dafür spricht der Anschein, s Rz 18. **Nichtaufleuchten der Bremslichter** des Vorausfahrenden entkräftet idR die Verschuldensvermutung, Kar VRS **62** 408, str, s Rz 5. Die BG des Vorausfahrenden ist bei Nichtaufleuchten der Bremslichter doppelt so hoch wie die des schuldlos Auffahrenden, Kar VRS **62** 408. Die BG eines Militärradladers, der auf AB mit aus Gründen der Tarnung schwach leuchtenden Bremslichtern abbremst, ist so stark erhöht, daß den Auffahrenden nicht stets Alleinhaftung trifft, Stu NZV **92** 34. Andererseits kann selbst erhöhte BG durch Ausfall *eines* Bremslichts gegenüber schuldhaftem Auffahren völlig zurücktreten, Dü VRS **74** 105. **Zu geringer Abstand** zum Vorausfahrenden **erhöht die BG,** KG DAR **75** 324. IdR wird der von hinten Auffahrende mangels besonderer Umstände **allein zu haften** haben, Sa ZfS **03** 120, Ha VR **01** 206, KG VM **76** 60, **83** 13, auch wenn er seinerseits von einem Nachfolgenden aufgeschoben wurde, Ha NZV **02** 175, s aber Nü DAR **82** 329. UU aber **Mithaftung des** stark abbremsenden **Vorausfahrenden** aus erhöhter BG, Ha NZV **93** 435 ($^1/_4$). Mithaftung des auf der AB zu langsam Fahrenden, s § 3 Rz 47. Mithaftung des Auffahrenden zu $^1/_4$, der sich bei spiegelglatter Fahrbahn nicht auf Schleudern des Vorausfahrenden eingestellt hat, Nü NZV **93** 149, zu $^1/_5$, der mit einem unmittelbar nach Fahrstreifenwechsel wegen FzStaus Bremsenden kollidierte, Nau VRS **100** 173, Ha VR **01** 206, NZV **94** 484 ($^1/_4$). Gleichmäßige Schadensteilung bei Auffahren auf links abbiegendes Fz bei Fahrlässigkeit beider Kf, Sa r+s **81** 100. Auch bei unverhofft starkem **Bremsen des Vorausfahrenden ohne zwingenden Grund** wird idR der Haftungsanteil des Auffahrenden überwiegen, KG NZV **03** 43, VR **02** 1571, Kar NJW-RR **88** 28, Kö VR **93** 1168, VRS **95** 331, MDR **95** 577. Trotz Verstoß des Vorausfahrenden gegen Abs I 2 idR $^2/_3$-Mithaftung des Auffahrenden, KG VR **02** 1571, NZV **03** 42, **93** 478, Ko VM **92** 92, bei zusätzlichen zu Lasten des Auffahrenden ins Gewicht fallenden Umständen auch mit einer höheren Quote, KG VR **02** 1571, NZV **93** 478 ($^3/_4$), im umgekehrten Fall uU aber auch mit geringerer Quote, KG VR **02** 1571, Sa ZfS **03** 120, zB bei grundlosem Abbremsen kurz nach Anfahren bei Grün, KG NZV **03** 42, VM **82** 88 ($^1/_2$), oder Alleinhaftung des Bremsenden, KG VRS **106** 354 (grundloser plötzlicher Halt nach Anfahren bei Grün), Fra VRS **49** 451, Ce VR **73** 280. Wer auf der AB aus zwingenden Gründen grundlos stark bremst, trägt bei Auffahren der Hintermänner idR weitaus überwiegend den Schaden, Dü MDR **74** 42, Ha NZV **93** 68 (Alleinhaftung auch gegenüber dem weiteren Nachfolgenden). Mitschuld des Vorausfahrenden, der abrupt bremst, weil er den Abbiegepunkt verfehlt hat, Dü VR **76** 545. 60% Mithaftung bei grundlosem, abruptem Bremsen auf Überholfahrstreifen einer BundesStr, Ko VRS **68** 251. Völliges **Zurücktreten der BG des Auffahrenden** bei vorsätzlicher Herbeiführung der Auffahrgefahr durch den Vorausfahrenden (scharfes Bremsen zum Zwecke der Maßregelung des Nachfolgenden), LG Mönchengladbach NZV **02** 375, ebenso wenn der Unfall bei ausreichendem Sicherheitsabstand nur dadurch verursacht wurde, daß sich das Fz des Vorausfahrenden infolge

Abstand § 4 StVO 2

grober Fahrlässigkeit querstellte, Ha VR **81** 788, oder bei Auffahren auf den Vorausfahrenden während des Anfahrens bei Grün (s oben sowie Rz 8) gegenüber dem Fehlverhalten eines Dritten, der den Vorausfahrenden zu unerwartetem Bremsen zwingt, KG VM **93** 27. Keine Schuld am Auffahren, wenn sich ein Überholender plötzlich eindrängt und den **Abstand dadurch verkürzt,** KG VRS **24** 138. Schadenteilung 1:1, wenn nicht festgestellt werden kann, ob der Auffahrunfall durch einen Fahrfehler des Auffahrenden oder durch Fahrstreifenwechsel des Vorausfahrenden verursacht wurde, Ce VR **82** 960. Wer beim **Kettenunfall** durch zu dichtes Aufschließen zum Vordermann und Aufprall auf diesen den Anhalteweg seines Hintermannes verkürzt hat, muß seinen Heckschaden teilweise selber tragen, Ce VR **74** 669. Schadenverteilung 1:1, wenn ungeklärt bleibt, ob der Auffahrende durch seinen Nachfolger auf den Vordermann aufgeschoben wurde und dieser seinerseits vorher auf den Vorausfahrenden aufgefahren sein kann, Nü DAR **82** 329. Zur **Beweisregel des § 830 I 2 BGB,** wenn mehrere Kfze unmittelbar nacheinander aufeinander auffahren, Ce VR **77** 1008, *Hartung* VGT **81** 179 = VR **81** 696, *Lehr* VGT **86** 143, *Heitmann* VR **94** 138, s auch Fra VRS **75** 256. Keine Anwendbarkeit von § 830 I 2 BGB, wenn ungeklärt ist, ob der Geschädigte selbst den Schaden verursacht hat oder ein anderer, Ba NZV **04** 30. Schadenschätzung bei ungeklärtem Verlauf eines doppelten Auffahrunfalls, BGH NJW **73** 1283, Kar VR **81** 739, Dü NZV **95** 486. Zur versicherungstechnischen Abwicklung der Schadensregulierung nach Massenunfällen, s *Jedamus* VGT **81** 200, *Deichl* DAR **89** 47.

Beim Auffahren, auch im AB-Kolonnenverkehr, spricht der **Anschein gegen den** 18 **auffahrenden Hintermann,** BGH NZV **89** 105, Dü NZV **03** 289, KG NZV **03** 42, **93** 478, Nau VRS **100** 173, Fra VRS **75** 256, Kar VM **96** 8, VRS **77** 100, Ha NZV **03** 423, VR **01** 206, 1257 (Radf), Kö NZV **04** 29, VRS **90** 341, auch wenn der Vorausfahrende hat bremsen müssen, Kö VR **76** 670, Kar NJW-RR **88** 28, VRS **77** 100, wenn auch nicht zugleich für etwaige Schuldverteilung, Nau NZV **95** 73, Kar NJW-RR **88** 28, Kö VR **76** 670, Dü VR **76** 545, insbesondere nicht für Alleinschuld des Auffahrenden, Kar VRS **77** 100. Widerlegt wird der Anscheinsbeweis durch Gegenbeweis, erschüttert durch die Möglichkeit eines atypischen Verlaufs, BGH NZV **89** 105, Nau VRS **100** 173, KG VM **97** 43, Kö VRS **98** 321, MDR **95** 577, Ha MDR **98** 712, Kar VM **96** 8, die vom Auffahrenden darzulegen und zu beweisen ist, Kö NZV **04** 29, VR **91** 1195, Ha VR **01** 206, KG VM **97** 76, MDR **01** 808. Diese Grundsätze gelten im Kern auch bei Auffahren durch StraBaF, Dü NZV **94** 28 (unter Aufgabe von Dü VR **76** 499, VRS **71** 264), abw im Hinblick auf deren längeren Bremsweg und ihren Vorrang nach § 2 III Dr VRS **90** 422, Dü VRS **68** 35. Der **Anscheinsbeweis greift nicht ein,** wenn aufgrund erwiesener Tatsachen die Möglichkeit besteht, daß der Vorausfahrende unvorhersehbar ruckartig (Unfall) zum Stehen gekommen ist, Ko NJW-RR **99** 175, s *Lepa* NZV **92** 132, offengelassen von Dü NZV **98** 203 (ebenso aber jedenfalls wenn dies unstreitig ist). Kein Anscheinsbeweis, wenn der Vorausfahrende erst wenige Augenblicke vor dem Auffahrunfall in den **Fahrstreifen** des Auffahrenden **gewechselt** ist, Nau VM **03** 45, VRS **100** 173, KG VM **97** 76, MDR **03** 1228, Ha VR **01** 206, MDR **98** 712, Br VR **97** 253, Kö VRS **92** 197, Kar VR **91** 1071 (Einscheren unmittelbar vor dem Überholten und sofortiges Bremsen), Ha NZV **98** 115 (Schleudern), oder erwiesene Tatsachen, zB Schrägstellung des vorausfahrenden Fzs im Zeitpunkt der Kollision, für diese Möglichkeit sprechen, Nau VM **03** 45, Ol NZV **91** 428, Kö VR **91** 1195, VRS **93** 46. Kein Anschein zB für Verschulden dessen, der im durchgehenden V der AB auf ein kurz zuvor von der Beschleunigungsspur auf den Fahrstreifen eingefahrenes Fz auffährt, weil Vorfahrtverletzung in Betracht kommt, BGH NJW **82** 1595, Ce VR **92** 842, Ha NZV **94** 229, Ko VR **94** 361, KG NZV **00** 43, DAR **01** 399. Kein Anscheinsbeweis gegen den auf ein querstehendes Fz Auffahrenden, dem der Vorausfahrende noch eben ausweichen konnte, Fra VRS **80** 263. Hatte der Vorausfahrende hinter einer sichtbehindernden Kurve sein **Fz zurückgesetzt,** so spricht der Anschein gegen schuldhaftes Auffahren des Hintermannes, Ce VR **74** 438. Ergibt eine Beweisaufnahme die Möglichkeit der Mitverursachung des Auffahrens des Nachfolgenden durch gleichzeitiges Zurückfahren oder -rollen des Vorausfahrenden, so kann der gegen den von hinten Aufprallenden sprechende Anschein erschüttert sein, KG DAR **77** 20. Ist überhaupt ungeklärt, ob der Nachfolgende aufgefahren oder aber der Vorausfahrende, rückwärts fahrend, gegen das hinter ihm *stehende* Fz gestoßen ist, so gilt kein Anscheinsbeweis, Ha VRS **100** 438, Kö NJW-RR **86** 773, LG Detmold ZfS **00** 385, LG Kö NZV **91** 476; für die *Tatsache* des Auffahrens gibt es nämlich keinen Anscheinsbeweis, s *Schneider,* Beweis und Beweiswürdigung, 5. Aufl 1994 Rn 472, einschränkend bei ansteigender Fahrbahn Stu NZV **90** 236. **Erschüttert ist der Anscheinsbeweis** bereits durch die bewiesene Tatsache, daß ein anderes Fz auf den Auffahrenden von hinten ebenfalls aufgefahren ist, Nü DAR **82** 329, Fra VRS **75** 256. Daher kann der Anscheinsbeweis bei Kettenunfällen allenfalls hinsichtlich des letzten Auffahrenden eingreifen, Kar VR **82** 1150 (aber Entkräftung durch Beweis eines durch Auffahren des Vordermannes verkürzten Anhalteweges), *Lehr* VGT **86** 149, s auch Dü NZV **95** 486 (Anm *Greger*). Abkommen von der Fahrbahn und anschließendes Querstellen des Fzs des Vorausfahrenden entkräftet den Anscheinsbeweis, Ha VR **81** 788. Der Anscheinsbeweis wird **nicht dadurch entkräftet,** daß sich der Vordermann nach vorn hin nicht verkehrsgerecht verhalten habe, BGH MDR **60** 42, VR **64** 263, Kö VR **63** 864, aber durch nachgewiesenes Bremsversagen, BGH VR **63** 95. Plötzliches starkes Bremsen des Vordermannes allein erschüttert den Anscheinsbeweis nicht, s Rz 17, anders uU, wenn dies unter Verstoß gegen I 2 geschieht, KG VM **83** 13, Ce ZfS **84** 257, Kö VRS **90** 341, Ko VRS **68** 251 (grundloses abruptes Bremsen auf Überholspur einer BundesStr), Kö MDR **95** 577 (Bremsen an vermeintlich roter LZA), s aber Kar NJW-RR **88** 28, offengelassen von KG VM **89** 37. Keine Erschütterung des Anscheinsbeweises wegen Haltens des Vorausfahrenden in 2. Reihe zum Zwecke des Rückwärtseinparkens, KG VM **85** 26.

19 Lit: *Andelewski,* Der Tierschutz im StrV, NZV **01** 61. *Förste,* Probleme zum Sicherheitsabstand, DAR **73** 148. *Derselbe,* Der Sicherheitsabstand zum Vorausfahrenden, KVR „Abstand". *Gramberg-Danielsen/Holtz,* Zur Überwachung des Sicherheitsanstandes von Kfzen auf AB, MDR **83** 534. *Grandel/Thumm,* Experimentelle Untersuchungen der menschlichen Fähigkeit, Abstands- und Geschwindigkeitsverhalten zweier nachfolgender Pkw ... einzuschätzen, Verkehrsunfall **84** 61, 91. *Greger,* Haftungsfragen beim Serienunfall, NZV **89** 58. *Härlein, Jedamus,* Die Schadensabwicklung bei Massenunfällen, VGT **81** 161, 200. *Hartung,* Möglichkeiten und Grenzen des zivilen Haftpflichtrechts bei Massenauffahrunfällen, VR **81** 696 = VGT **81** 179. *Heitmann,* Massenunfälle als haftungsrechtliches Problem, VR **94** 135. *Kneist,* Die Zuverlässigkeit technischer Überwachungsmethoden, DAR **84** 409 (zur Abstandsmessung S 415 ff). *Lehr,* Probleme bei Massenunfällen, VGT **86** 143. *Lienen,* Der Sicherheitsabstand beim Hinterherfahren, NJW **59** 1574. *Löhle,* Genauigkeit polizeilicher VÜberwachungsmethoden, DAR **84** 394 (zur Abstandsmessung S 404 ff). *Löhle ua,* Das Distanova-Abstandsmeßverfahren, DAR **83** 69. *Maier/Bickelhaupt,* Verkehrstechnisch maximal mögliche zeitliche Abstände bei FzPaaren, die mit dem modifizierten Distanova-Verfahren gemessen wurden, DAR **86** 279. *Mühlhaus,* Abstand – Auffahren, DAR **67** 264. *Prell/Kuchenbauer,* Problematik des Abstands nach § 4 Abs 1 StVO ..., DAR **99** 49. *Schimmelpfennig,* Neue Möglichkeiten zur Rekonstruktion von Massenkarambolagen, DAR **84** 139. *Schröer,* Abstand zum Vorausfahrenden ..., KVR. *Schlund,* Der Massenunfall, KVR.

Überholen

(1) Es ist links zu überholen.

(2) ¹Überholen darf nur, wer übersehen kann, daß während des ganzen Überholvorgangs jede Behinderung des Gegenverkehrs ausgeschlossen ist. ²Überholen darf ferner nur, wer mit wesentlich höherer Geschwindigkeit als der zu Überholende fährt.

(3) **Das Überholen ist unzulässig:**
1. bei unklarer Verkehrslage oder
2. wo es durch Verkehrszeichen (Zeichen 276, 277) verboten ist.

(3 a) **Unbeschadet sonstiger Überholverbote dürfen die Führer von Kraftfahrzeugen mit einem zulässigen Gesamtgewicht über 7,5 t nicht überholen, wenn die Sichtweite durch Nebel, Schneefall oder Regen weniger als 50 m beträgt.**

(4) ¹Wer zum Überholen ausscheren will, muß sich so verhalten, daß eine Gefährdung des nachfolgenden Verkehrs ausgeschlossen ist. ²Beim Überholen muß ein ausreichender Seitenabstand zu anderen Verkehrsteilnehmern, insbesondere zu

Fußgängern und Radfahrern, eingehalten werden. ³Der Überholende muß sich sobald wie möglich wieder nach rechts einordnen. ⁴Er darf dabei den Überholten nicht behindern.

(4a) Das Ausscheren zum Überholen und das Wiedereinordnen sind rechtzeitig und deutlich anzukündigen; dabei sind die Fahrtrichtungsanzeiger zu benutzen.

(5) ¹Außerhalb geschlossener Ortschaften darf das Überholen durch kurze Schall- oder Leuchtzeichen angekündigt werden. ²Wird mit Fernlicht geblinkt, so dürfen entgegenkommende Fahrzeuge nicht geblendet werden.

(6) ¹Wer überholt wird, darf seine Geschwindigkeit nicht erhöhen. ²Der Führer eines langsameren Fahrzeugs muß seine Geschwindigkeit an geeigneter Stelle ermäßigen, notfalls warten, wenn nur so mehreren unmittelbar folgenden Fahrzeugen das Überholen möglich ist. ³Hierzu können auch geeignete Seitenstreifen in Anspruch genommen werden; das gilt nicht auf Autobahnen.

(7) ¹Wer seine Absicht, nach links abzubiegen, angekündigt und sich eingeordnet hat, ist rechts zu überholen. ²Schienenfahrzeuge sind rechts zu überholen. ³Nur wer das nicht kann, weil die Schienen zu weit rechts liegen, darf links überholen. ⁴Auf Fahrbahnen für eine Richtung dürfen Schienenfahrzeuge auch links überholt werden.

(8) Ist ausreichender Raum vorhanden, dürfen Radfahrer und Mofa-Fahrer Fahrzeuge, die auf dem rechten Fahrstreifen warten, mit mäßiger Geschwindigkeit und besonderer Vorsicht rechts überholen.

Begr zu § 5

Die Vorschrift wendet sich nur an den Fahrverkehr. Falsches Überholen steht hinsichtlich der Gefährlichkeit für Leib und Leben mit an höchster Stelle unter den Unfallursachen (vgl. Meyer-Jacobi-Stiefel, Band I S. 104: Personenschadenanteil 21,6%). Dieselben Autoren haben ermittelt, daß zwar die Fälle überwiegen, in denen überhaupt nicht hätte überholt werden dürfen, daß aber auch bei der Durchführung der Überholung bis zum Wiedereinordnen häufig Fehler gemacht werden ... 1/2

Zu Absatz 2: *Nach den erwähnten Untersuchungen (Band I S. 103 Abschnitt VII und S. 105 Abschnitt VII) „werden 36,7% aller Überholunfälle dadurch heraufbeschworen, daß überholt wird, obwohl dieses Fahrmanöver im betreffenden Augenblick schlechthin unzulässig war!". Verantwortungsloses Überholen an Stellen, an denen der Überholvorgang nicht mit Sicherheit innerhalb der übersehbaren Strecke der Fahrbahn abgeschlossen werden kann, verbieten schon die Worte „wer übersehen kann". Die Worte „während des ganzen Überholvorgangs" im Zusammenhang mit den folgenden Verhaltensvorschriften zeigen, daß das Überholen – wie das auch die Rechtsprechung zutreffend anerkannt hat – mit dem Ansetzen beginnt und erst mit dem Wiedereinordnen nach rechts endet. Während dieser ganzen Zeit, also auch noch im letzten Stadium, muß eine Gefährdung oder auch nur Behinderung des Gegenverkehrs von Anfang an als ausgeschlossen betrachtet werden können. Mit den Worten „ausgeschlossen ist" übernimmt der Gesetzgeber jene Formulierung des § 17 StVO (alt). Da diese Formel von der Rechtsprechung richtig dahin verstanden worden ist, daß damit das Äußerste an Sorgfalt verlangt wird, und da eine weniger strenge Formulierung den Irrtum besorgen ließe, daß hier ein Weniger verlangt würde, wird diese Formulierung beibehalten. Der Führer hat danach vor jedem Überholen gründliche und gewissenhafte Erwägungen darüber anzustellen, ob sich seine Absicht verantworten läßt. Jeder geringste Zweifel, ob nicht der Gegenverkehr auch nur zur Verlangsamung veranlaßt werden könnte, muß dazu führen, das Manöver zu unterlassen. Fehlschätzungen gehen zivilrechtlich stets zu Lasten des Überholenden und schützen ihn auch in aller Regel nicht vor Bußgeld oder Strafe. ...* 3

Zu Absatz 3: Zu Nr. 1: *Von der Übernahme der Vorschrift, daß das Überholen an unübersichtlichen Stellen verboten ist, hat der Gesetzgeber abgesehen; der Begriff ist viel zu eng und daher sogar irreführend. Gegen den Gesetzestext, der das Verbot „bei unklarer Verkehrslage" – eine häufig wiederkehrende Formel aus der höchstrichterlichen Rechtsprechung – aufstellt, kann dies nicht eingewandt werden. Da der Gegenverkehr schon durch Absatz 2 ausreichend geschützt ist, kann sich die Unklarheit der Verkehrslage nur auf vorhandenen Querverkehr und vor allem auf das Verhalten des zu Überholenden beziehen. Ungeklärt ist dessen Verhalten jedenfalls so lange, wie nicht klar ist, daß dieser nicht Anstalten trifft, abzubiegen oder seinerseits zu überholen; unklar* 4 *ist die Verkehrslage auch, solange sich der Fahrzeugführer nicht vergewissert hat, ob der zu Überholende nicht ausscheren muß, um an einem Hindernis auf der Fahrbahn vorbeizufahren.*

5 **Zu Absatz 4:** *... Rückschaupflicht vor jedem Überholen zu gebieten, wäre verfehlt. Wer z. B. einen Fußgänger überholt und dazu nicht auszuscheren braucht, hat zur Rückschau keinen Anlaß. Unter einem Ausscheren ist aber nicht jede noch so geringfügige Seitwärtsbewegung zu verstehen. Wenn der Sicherheitsabstand zu einem Fahrzeug, das als links daneben fahrend gedacht wird, durch die Seitwärtsbewegung nicht aufgebraucht würde, liegt kein Ausscheren vor. Daß sich aus der Rückschaupflicht vor dem Ausscheren eine Umkehrung der Verantwortlichkeit ableiten ließe, wird durch Absatz 3 Nr. 1 ausgeschlossen; vgl. dazu oben zu Absatz 3, zu Nr. 1. Dem Nachfolgenden bleibt die vorgehende und ausnahmslos bestehende Pflicht, den Vordermann aufmerksam zu beobachten.*

6/7 *Die Weltregel des Blinkens bei jedem Ausscheren sogar innerhalb geschlossener Ortschaften wird übernommen ...*

8 *Daß sich der Überholende so bald wie möglich wieder nach rechts einzuordnen habe, ergibt sich an sich schon aus § 2 Abs. 2; die Wiederholung an dieser Stelle ist gerechtfertigt angesichts der häufig zu beobachtenden Unsitte, auch weiterhin auf dem Überholstreifen zu bleiben, obwohl weder die Verkehrsdichte noch die Verkehrslage das erlaubt. Der letzte Satz macht deutlich, daß in keinem Falle eine Behinderung erlaubt ist, insbesondere die Notwendigkeit, sich wegen Gegenverkehrs schnellstens wieder nach rechts einzuordnen, das „Schneiden" des Überholten nicht als unvermeidbar (§ 1 Abs. 2) rechtfertigt.*

9 **Zu Absatz 5:** *Diese Vorschrift erlaubt die Ankündigung der Überholabsicht durch Schall- oder Leuchtzeichen nur noch außerhalb geschlossener Ortschaften.*

10 *Ein Bedürfnis, auch innerhalb geschlossener Ortschaften wenigstens bei Nacht die Abgabe von Leuchtzeichen zu solchem Zwecke zu gestatten, wie es noch § 12 StVO (alt) tut, ist nicht anzuerkennen; diese Erlaubnis verleitet im Gegenteil dazu, sich das Überholen auf solche Weise zu erzwingen. Das neue Verbot dient so der Beruhigung des innerörtlichen Verkehrs.*

11 *Kurz gegeben werden Warnzeichen nur dann, wenn sie stoßweise und auch insgesamt nur wenige Sekunden gegeben werden. An die Stelle des zu weit gehenden Verbots von Leuchtzeichen, wenn Verkehrsteilnehmer geblendet werden „können", tritt das beschränktere tatsächlichen Blendens.*

12 **Zu Absatz 6:** *Während Satz 1 geltendes Recht aufrechterhält, wird mit dem Satz 2 eine wichtige Vorschrift des Weltrechts übernommen. Schlangen hinter langsamen, schweren Lastkraftwagen sind nicht bloß aus Gründen der Verkehrsflüssigkeit unerwünscht, sondern auch, weil ungeduldige Personenkraftwagenführer erfahrungsgemäß zu gefährlichen Überholmanövern neigen.*

13 **Zu Absatz 7:** *Der Absatz bringt zwei schon heute geltende Ausnahmen vom Rechtsüberholverbot in verbesserter sprachlicher Fassung. Erwähnenswert ist nur, daß Voraussetzung solchen Rechtsüberholens in Satz 1 auch die gegenwärtige Anzeige der beabsichtigten Fahrtrichtungsänderung ist, das Rechtsüberholen also auch dann verboten ist, wenn der Eingeordnete das Blinken inzwischen eingestellt hat; in solchen Fällen wird sich das Überholen regelmäßig wegen Unklarheit der Verkehrslage überhaupt verbieten.*

13 a **Begr** zur MaßnVO (VBl 75 673):

Zu Absatz 4 Satz 2: *a) Wenn man den Verkehrsteilnehmer über sein Verhalten beim Überholen umfassend unterrichten will, muß das Gebot ausreichenden Seitenabstandes ausdrücklich aufgestellt werden. ... überholt werden auch Fußgänger und Radfahrer. Beobachtungen zeigen aber, daß viele Kraftfahrer es unterlassen, hinter solchen Verkehrsteilnehmern ihre Fahrgeschwindigkeit auf Schrittgeschwindigkeit zu ermäßigen, wenn ein Fahrzeug entgegenkommt und der Seitenabstand zu diesen schwächeren Verkehrsteilnehmern oft nicht ausreicht. Dieser Unsitte soll durch Aufnahme des neuen Satzes 2 entgegengewirkt werden.*

13 b **Begr** zur ÄndVO v 21. 7. 80 (VBl 80 514):

Zu Abs. 6 Satz 3: *Die Ergänzung soll es ermöglichen, daß bei Straßen mit Mehrzweckstreifen langsamere Fahrzeuge auf den Mehrzweckstreifen ausweichen, um schnelleren Verkehrsteilnehmern das Überholen zu erleichtern. Die Änderung entspricht einem Formulierungsvorschlag des Bund-Länder-Fachausschusses für den Straßenverkehr und die Verkehrspolizei vom 14./15. Februar 1978.*

Überholen § 5 StVO 2

Begr zur ÄndVO v 22. 3. 88 (VBl **88** 220): 13 c

Zu Abs 4: *Bisher waren die Vorschriften über die Sorgfaltspflichten desjenigen, der zum Überholen ausscheren wollte, hinsichtlich der Autobahnen und der anderen Straßen unterschiedlich geregelt (§ 5 Abs. 4 Satz 1, § 18 Abs. 4).*

§ 5 Abs. 4 Satz 1 verlangte nur, daß auf den nachfolgenden Verkehr geachtet werden müsse, während § 18 Abs. 4 verlangte, daß eine Gefährdung des nachfolgenden Verkehrs ausgeschlossen sein müsse. Dieses Gefährdungsverbot wird jetzt auch auf die Straßen ausgedehnt, die keine Autobahnen sind. Die Regelung wird in den § 5 Abs. 4 Satz 1 aufgenommen.

Damit erfolgt eine Zusammenfassung in **einer** *Vorschrift für alle Straßen.*

Hier soll auch deutlich gemacht werden, daß der Überholende sich – auch auf Autobahnen – sobald wie möglich wieder nach rechts einordnen muß. Dem unzulässigen Linksfahren auf den Autobahnen soll damit entgegengewirkt werden.

Zu Abs 6: *Bisher war auf Kraftfahrstraßen das Ausweichen eines langsamen Fahrzeugs auf den Standstreifen nicht zulässig. Dieses Ausweichen soll jedoch auf Kraftfahrstraßen nunmehr zugelassen werden.*

Der Begriff „Mehrzweckstreifen" führte immer wieder zu Mißverständnissen und soll daher ganz entfallen.

Zu Abs 8: *… Wenn aber rechts neben der Autoschlange ausreichend Platz vorhanden ist, ist es den Radfahrern und Mofa-Fahrern nicht zuzumuten, hinter einem Auto zu warten und durch Abgase belästigt zu werden. Die jetzige Änderung bringt hier Klarheit und erlaubt das Aufschließen.*

Begr zur ÄndVO v 15. 10. 91 (VBl **91** 703): 13 d

Zu Abs. 3 a: *Die Erfahrung lehrt, daß auch bei derart geringen Sichtweiten zumindest auf Autobahnen noch überholt und die situationsangepaßte Fahrgeschwindigkeit nicht eingehalten wird. In vielen Fällen lösen Lkw, auch wenn sie nicht den ersten Unfall in der Kette verursachen, erst die schwerwiegenden Folgen aus, wenn sie, oft auf der Überholspur, in die Unfallstelle hineinfahren. …*

Die Regelung stellt die Geltung bereits bestehender Überholverbote, ohne diese im einzelnen aufzuführen, nicht in Frage. Sie schwächt mithin solche Überholverbote, vor allem diejenigen, die für unklare Verkehrslagen und damit auch für Sichtbehinderungen bestehen, nicht ab. …

Vwv zu § 5 Überholen und § 6 Vorbeifahren

1 An Teilnehmern des Fahrbahnverkehrs, die sich in der gleichen Richtung weiterbewegen wollen, aber warten müssen, wird nicht vorbeigefahren; sie werden überholt. Wer durch die Verkehrslage oder durch eine Anordnung aufgehalten ist, der wartet. 14

Vwv zu § 5 Abs. 6 Satz 2

1 Wo es an geeigneten Stellen fehlt und der Verkehrsfluß wegen Lastkraftwagenverkehrs immer wieder leidet, ist der Bau von Haltebuchten anzuregen. 15

Übersicht

Abblenden 61
Abbrechen des Überholens 29, 32, 36, 62
Abstand 52, 54–58
–, seitlicher 13 a, 54–58
–, gefährdender 56–58
Anfahren, gemeinsames, bei Grün 16, 62
Ankündigung des Überholens 9–11, 46, 59
Anschlußüberholen 31
Ausscheren, Rückschaupflicht vorher 5, 42–43, 61
Äußerste Sorgfalt 3, 13 c, 25, 26, 42
Autobahn, Einfahren 43
Baustelle 21
Beginn des Überholverbots 36 f

Begriff des Überholens 3, 16 ff
Behinderung des Gegenverkehrs 3, 4, 25–27, 29
Behinderter Überblick 4, 34
Beschleunigungsstreifen 20
Beschleunigungsverbot 62
Blendung 34

Deutliches Zeichengeben 6/7, 9–11, 46–51

Einbahnstraße 70
Einfahren in AB 43
Eingeholter, Pflichten 12, 61–63
Einordnen nach Überholen 8, 51–53
Ende des Überholverbots 36

2 StVO § 5   I. Allgemeine Verkehrsregeln

Fahrbahn
–, schmale 54
Fahrgeschwindigkeit 32, 54–56, 62, 65
Fahrstreifen, mehrere 28
Fahrweise, unsichere 34
Fußgänger 13 a, 19, 54–56
Fußgängerüberweg 39

Gegenverkehr, Gefährdung, Überholverbot 3, 4, 25–27
Grün, Anfahren bei 62

Kinder, Überholen von – 40, 55
Kolonne, Einfahren in AB 43
–, Lücke 41
–, vorausfahrende 34, 40
Kradfahrer, Hindurchfahren zwischen FzKolonnen 64
Kriechspur 20

Langsamfahrer 12, 13 b, 63
Linksabbieger, Rechtsüberholen 67, 68
Linksüberholen 24

Mehrspurverkehr 64–66
Mehrzweckstreifen s Seitenstreifen

Nebel 34, 38 a
Nötigung 72

Ordnungswidrigkeiten 71

Paarweises Linksabbiegen 67

Radfahrer, Überholen von – 13 a, 40, 55 f, 61, 74
–, Rechtsüberholen durch - 65
Rechtsfahren 61
Rechtsüberholen 13, 64–69
– des Linksabbiegers 67, 68
Rechtzeitiges Zeichengeben 6/7, 9–11, 46–51
Regen 38 a
Rückschaupflicht 5, 42–44/45

Schienenfahrzeug, Überholen 69, 70
Schneefall 38 a
„Schneiden" 8, 52
Schwere Kfze (über 7,5 t) 38 a

Seitenabstand 54–58
Seitenstreifen 13 b, 13 c, 19 a, 66
Sonderweg 20
Sorgfaltspflicht des Überholenden 40–60
Strafvorschriften 72
Streckenverbot 36

Toter Winkel 43

Überblick, behinderter 4, 34
Überholen, Begriff 3, 16 ff.
– Beginn 22
– Ende 23, 51, 52
– mehrerer Vorausfahrender 53
–, Ankündigung 9–11, 46, 59
Überholender, Pflichten 40–60
Überholgeschwindigkeit 32
Überholstrecke, vorheriger Überblick 3, 4, 25, 26, 28
Überholverbote 3, 4, 25–26, 33–36, 38 a
–, an Fußgängerüberwegen 39
–, bei Warnblinklicht von Linien- und Schulbussen 39
–, unklare Lage 4, 34, 35
–, durch Verkehrszeichen 36 ff
–, für Kfze über 7,5 t bei geringer Sichtweite 38 a
–, Ende 36
Unklares fremdes Verhalten 34

Verkehrslage, unklare, Überholverbot 4, 34, 35
Verkehrszeichen, Überholverbot durch 36 ff
Verlangsamen als Überholerleichterung 12, 63
Verlangsamung 62
Verzögerungsstreifen 20
Vorbeifahren an haltenden Fahrzeugen 18, 58
Vorrang 27, 40
Vortritt 40, 41

Warnblinklicht bei Linien- und Schulbussen 39
Warnzeichen 9–11, 59, 60
Warten zur Überholerleichterung 12, 63

Zeichengeben 6/7, 9–11, 46–51
Zivilrecht 73, 74
Zweitüberholen 30

16   **1. Überholen** ist der tatsächliche, absichtslose Vorgang des Vorbeifahrens auf demselben StrTeil (Fahrbahn, Dü VRS **107** 109, NZV **90** 278, **93** 359, NJW **94** 1809) an einem anderen VT, der sich in derselben Richtung bewegt oder verkehrsbedingt (Weisung, Anordnung, LichtZ, VLage), idR in Fahrstellung, wartet (Rz 14), BGHSt **22** 137 = NJW **68** 1533, BGHSt **25** 293 = NJW **74** 1205, **75** 1330, Bay DAR **79** 111, Kar NZV **03** 493, Dü NZV **97** 491, Kö NZV **95** 7, VRS **96** 335, Schl VM **96** 19, KG NZV **98** 376, oder soeben anfährt, Ha DAR **73** 277, Fra VRS **76** 108, oder anhalten will, aber noch deutlich fährt; anders nur, wenn das im Anhalten begriffene Fz durch Rechtsheranfahren und Abbremsen fast bis zum Stillstand einem haltenden Fz gleichkommt, s Rz 18 (dann Vorbeifahren, § 6). Eine Erhöhung der Geschwindigkeit setzt der Begriff des Überholens ebensowenig voraus wie einen Fahrstreifenwechsel, Dü NZV **90** 319. Überholabsicht ist nicht Voraussetzung, Dü NZV **90** 319, Zw VM **77** 66, Ce VM **63** 77. Zusf zum Überholbegriff, Dü VRS **59** 151. **Verkehrsbedingt** ist zB Abwarten des Gegenverkehrs vor einem Hindernis, Warten vor der Rotampel, BGH NJW **75** 1330, Dü VRS **70** 41, einem VPosten, Warten bei Stockung, BVG NZV **94** 413, vor der geschlossenen Schranke, am Grenzübergang, Kar NZV **03** 493 (selbst bei absehbar mehrstündiger Dauer), aber auch das Warten aus Gefälligkeit gegenüber einem anderen VT (Vorfahrt-, Vorrangverzicht, Anhalten für querenden Fußgänger), Kö VRS **96** 335. Wer

Überholen   **§ 5 StVO 2**

an Fzen vorbeifährt, die hinter einem haltenden Bus (Haltestelle) warten, überholt sie, Dü DAR **80** 277. Der vor einer Einfahrt zwecks Türöffnens verharrende Kf wartet nicht verkehrsbedingt, an ihm wird (sofern zulässig) vorbeigefahren, Bay VRS **58** 450, wartet er aber als Linksabbieger Gegenverkehr oder als Rechtsabbieger den gleichgerichteten Geradeausverkehr ab, so ist dies verkehrsbedingt, und er wird überholt.

Dabei ist bei Vorhandensein mehrerer Fahrstreifen das **Nebeneinanderauffahren** 17 links wie rechts, sofern es nicht gegen ein ÜberholverbotsZ (Überholverbot) verstößt (Rz 36), nach den Überholregeln erlaubt. Kein unzulässiges Rechtsüberholen daher, wenn von zwei vor Rot wartenden Fzen das rechte schneller anfährt, Dü DAR **66** 26, Ha VRS **29** 234, Schl SchlHA **63** 285, KG VRS **29** 94, Kö NJW **63** 2386, wenn der Rechtsfahrende bei einsetzendem Grün zügig rechts an weiter links Anfahrenden vorbeifährt, Ha VM **69** 71, Kar VRS **33** 449, Dü DAR **59** 324, oder wenn auf dem rechten Fahrstreifen bis zum Haltestrich vorgefahren wird, obwohl weiter links, verkehrsgerecht oder nicht, bereits Fze warten. Sonst würde der Verkehr trotz freier Fahrstreifen unsachgemäß behindert. S § 7 und *Demuth* JurA **71** 389. Auch beim erlaubten Nebeneinanderfahren wird rechts oder links überholt, BGH NJW **75** 1332, Hb VRS **43** 386.

Vorbeigefahren wird an den nicht verkehrsbedingt, also idR nicht in Fahrstellung, 18 haltenden VT (Rz 14), an Haltenden, Parkenden, liegengebliebenen Fzen, Kar NZV **03** 493, Schl VM **96** 14 (Müllfz), Ha VM **73** 32, an kurz vor dem Halten am Fahrbahnrand praktisch zum Stillstand gekommen, Bay DAR **89** 361, Dü VR **75** 429, VRS **63** 60, an fahrplanbedingt haltenden öffentlichen VMitteln, BaySt **62** 306, Dü DAR **80** 277, aber nicht an den dahinter wartenden Fzen, s Rz 16, am Geradeausfahrenden, der den entgegenkommenden Linksabbieger freiwillig abwartet, Dü VM **73** 63 (Fall unangebrachter, weil uU gefährdender Höflichkeit, aM *Booß* VM **73** 63).

Für **Fußgänger** im Verband (§ 27) Reiter, Viehtreiber und -führer (§ 28) gelten die 19 Fahrverkehrsregeln kraft ausdrücklicher Vorschrift entsprechend. Dabei ist zu berücksichtigen, daß allenfalls Reiter jemals überholt werden, während alle anderen langsam beweglichen Fußgänger (Treiber) nur überholt werden. Auch Fußgänger können im Rechtssinn überholt werden, zB, wenn sie auf der Fahrbahn Fze mit sich führen, Bay VM **73** 73. Hinsichtlich des *Überholenden* spricht die Begr zwar nur vom Fahrverkehr (Rz 1/2), erwähnt aber andererseits den „überholten Fußgänger" (Rz 5, 13a), während die Vwv von „Teilnehmern des Fahrbahnverkehrs" spricht (Rz 14). Bleibt der Fußgänger freiwillig stehen, um das nachfolgende Fz vorbeizulassen, so wird an ihm vorbeigefahren, § 5 gilt dann nicht, Bay VM **73** 73. Benutzen Fußgänger, berechtigt oder nicht, die rechte Fahrbahnseite, so sind sie jedenfalls mit gebührender Rücksicht mit ausreichendem seitlichem Abstand zu überholen (Rz 54).

Nur auf demselben Straßenteil (derselben Fahrbahn, s Rz 16) darf und kann, so- 19a weit zulässig, im Rechtssinn überholt werden, nicht auf einem für den Verkehr gesperrten, Ha VRS **50** 140, nicht mit Hilfe eines Parkplatzes, eines einer anderen VArt vorbehaltenen Sonderwegs (Rz 20) oder des Seitenstreifens (§ 2 I 2), Dü VRS **91** 387. Sperrflächen (Z 298) gehören zur Fahrbahn, unzulässige Benutzung zum Rechtsüberholen verletzt zugleich Abs I, Dü VM **90** 38, NZV **90** 241 (Anm *Booß* VM **90** 60). Überholen bei Z 295 (durchgezogene Trennlinie): § 41 Z 295. **Auf ABen** darf ausschließlich auf den durchgehenden Fahrbahnen überholt werden, das Vorbeifahren an dort Vorausfahrenden **mit Hilfe anderer VFlächen,** zB im Bereich eines AB-Kreuzes, eines Parkplatzes oder einer Raststätte, ist kein Überholen im Rechtssinne, verletzt daher nicht § 5, sondern § 2 I wegen Benutzung einer dem durchgehenden V nicht gewidmeten Fläche, Dü NZV **90** 278, *Booß* VM **76** 13. Ein **Verstoß gegen § 2 I** ist es daher, wenn „überholt" wird unter Benutzung der Standspur, durch Befahren von Raststättengelände, Fra VRS **46** 191, Parkplätzen, Bay VRS **66** 291, Bay DAR **87** 266 (es sei denn, dieser wäre ursprünglich zum Zwecke des Parkens aufgesucht worden), Nebenfahrbahnen, die nur über Raststättenzufahrten erreichbar sind, Stu VRS **53** 209, parallel laufenden Verteilerfahrbahnen, soweit sie ausschließlich dem aus- und einfahrenden V dienen, Dü VRS **53** 378, anders, wenn die Verteilerfahrbahn ursprünglich, aber infolge Irrtums, zwecks Verlassens der durchgehenden Fahrbahn aufgesucht wurde, Dü NZV **90** 278, oder wenn die Nebenfahrbahn auch dem durchgehenden V dient, AG Baden-Baden VRS **68** 67. **Hindurchfahren in der Mitte** zwischen befahrenen Fahrstreifen, s Rz 64.

433

2 StVO § 5 I. Allgemeine Verkehrsregeln

20 **Sonderwege,** ausschließlich einer VArt zugewiesen, dürfen nur von Teilnehmern dieser VArt (zB Radf, Mopedf) zum Überholen untereinander benutzt werden, nicht im Verhältnis zu einer anderen, so nicht Seitenstreifen im Verhältnis zur Fahrbahn oder Gehwege, Ha VRS **32** 449. **Beschleunigungsstreifen** sind nach überwiegender Ansicht selbständige Fahrbahnen, s § 2 Rz 25a. Bei dieser rechtlichen Einordnung ist das Vorbeifahren unter Benutzung dieser Streifen an Fzen auf der durchgehenden Fahrbahn und umgekehrt schon im Rechtssinne kein Überholen, Bay DAR **70** 276, Ko DAR **87** 158, Dü VRS **04** 109, DAR **81** 19, Ha DAR **75** 277. Beschleunigungsstreifen dienen ausschließlich dem zügigen Einfädeln in den durchgehenden Verkehr, soweit dieser dies erlaubt, s § 2 Rz 25a. Einfahrende dürfen auf dem Beschleunigungsstreifen schneller fahren als Teilnehmer des durchgehenden Verkehrs (§ 42 VI 1e), Ha VRS **56** 124, Bra VM **76** 37, auch wenn auf der durchgehenden Fahrbahn ein Überholverbot besteht, Dü DAR **81** 19, diese aber auch schneller als Einfahrende, Bay DAR **70** 276, Ko DAR **87** 158. Zur Frage des Überholens auf dem **Verzögerungsstreifen** (Ausfahrstreifen), s § 18 Rz 20. Verbot des „Überholens" unter **Benutzung des Standstreifens** der AB, s § 18 Rz 14b. Die **Kriechspur** ist ein Fahrbahnteil, BGHSt **30** 85 = NJW **81** 1968, Kö VRS **62** 303, und erlaubt kein Rechtsüberholen der Normalspurfahrer, BGHSt **23** 128, Bay VM **72** 51, Fra VM **68** 84. Überholen auf der AB, s auch § 18.

21 Wird **auf AB-Baustellen** der Verkehr zweistreifig übergeleitet oder einstreifig fort- und einstreifig übergeleitet und sind die Fahrstreifen baulich deutlich voneinander getrennt, so kann Vorfahren von Kfzen auf der einen Spur ohne Spurwechsel vor solchen auf der anderen Spur nicht als Überholen gelten (Rz 19a), auch nicht, wenn vor der Überleitung ein ÜberholverbotsZ steht. Dieses untersagt dann nur Überholen vor Beginn der Überleitung.

22 Das **Überholen beginnt** spätestens mit dem Ausscheren nach links, Ko NZV **93** 318, Dü VRS **70** 292, Kar VRS **74** 166. Ist der Überholende bereits vorher links gefahren, beginnt es mit der deutlichen Verkürzung des Sicherheitsabstandes (§ 4) mit Überholgeschwindigkeit in Überholabsicht, Bay DAR **93** 269, Dü NZV **89** 441, VRS **66** 355, Kar NJW **72** 962, *Haubrich* NJW **89** 1198. Zweitüberholen, Anschlußüberholen: Rz 30, 31. Wer sein Fz nur ein wenig nach links lenkt, um Übersicht darüber zu gewinnen, ob Überholmöglichkeit besteht, überholt noch nicht, Bay DAR **88** 366, *Jan/Jag/Bur* 8, anders, wenn er dabei auf die Gegenfahrbahn ausschert und beschleunigt, Kar VR **04** 776, s Ha VR **96** 181.

23 **Beendet** ist das Überholen mit dem Wiedereinordnen nach rechts mit ausreichendem Abstand (Rz 51–53), Ha DAR **00** 265, Dü NZV **88** 149, Kö VM **78** 61, bei weiterem Linksfahren des Überholenden, sobald kein verständiger Zusammenhang mit dem Überholen mehr besteht, Bay VM **72** 51, **68** 33, auch wenn der Überholende verkehrswidrig weiterhin links fährt. Im gleichgerichteten MehrstreifenV ohne Wiedereinordnen ist das Überholen mit dem Erreichen des notwendigen Abstandes zum Überholten beendet, BGHSt **25** 293 = NJW **74** 1205, s Ko VRS **61** 460, aber nicht, wie Hb VRS **43** 385 annimmt, schon nach Überholen mit ganzer eigener FzLänge (abzulehnen, weil es gefährdet und je nach Wegfall des rechten oder linken Fahrstreifens zu unterschiedlichen Ergebnissen führt).

24 **Links** ist zu überholen, auch auf EinbahnStr und im KreisV. Nebeneinanderfahren: §§ 7, 37 IV, 42 VI 1d. Auch Radfahrer haben einander idR links zu überholen, da sie zum FahrV rechnen. Rechtsüberholen: Rz 64–70. SchienenFze: Rz 69, 70. Obusse sind beweglich und werden daher links überholt. Auf der AB-Standspur darf nicht „überholt" werden (Verstoß gegen das Fahrbahnbenutzungsgebot), s § 18 Rz 14b.

Lit: *Förste,* Überholverbot auf Bundes- und LandStrn bei Dunkelheit?, NZV **02** 217. *Kuhlig,* Die Abbremsmöglichkeiten schneller Fze bei plötzlichem Ausscheren des Voranfahrenden, DAR **60** 224. *Mayr/Scherer,* Überholen, KVR. *Mühlhaus,* Überholen mit und ohne Überholabsicht, DAR **68** 169. *Müller,* Sorgfaltspflichten beim Überholen, DAR **59** 312.

25 **2. Ausgeschlossen** muß Gefährdung oder nennenswerte, nicht nur belanglose (Ha VRS **48** 377) Behinderung des Gegenverkehrs bis zur Beendigung (Rz 23) des Überholens sein, Dü VRS **52** 210, Kö DAR **77** 192, Ko VRS **66** 219, sonst ist es unzulässig (II). Ist die Überhollage nicht nur unklar, sondern ersichtlich gefährlich, ist Überholen

Überholen § 5 StVO **2**

verboten (II Satz 1), Ha VRS **59** 271. Nichtbeachtung dieser Regel ist eine häufige Unfallursache (Begr). Zum Gegenverkehr kann auch ein auf der StrMitte entgegenkommender Fußgänger gehören, Zw VRS **40** 441. **Nicht zum Gegenverkehr** gehören Fze, die in die zum Überholen benutzte Straße von links her soeben erst einbiegen, solange sie noch nicht eingeordnet sind, BGH NZV **96** 27, Ha VRS **101** 81, KG VRS **45** 466, s aber § 8 Rz 47. Zumindest zw ist auch, ob zum Gegenverkehr auch vorfahrtberechtigter Verkehr von rechts gehört, so Ha VRS **51** 68, wer jedoch als an sich Wartepflichtiger unmittelbar vor einer unübersichtlichen Kreuzung noch überholt, kann der Wartepflicht nicht genügen und überholt jedenfalls trotz unklarer VLage (III Nr 1), s Rz 34. Ausgeschlossen bedeutet **äußerste Sorgfalt** (E 150), KG VR **74** 36. Maßgebend ist jedoch nicht besondere Fahrfertigkeit, sondern durchschnittliche Fähigkeit. In erster Linie haftet der Überholer für gefahrlosen Ablauf, BGH NJW **75** 312, Ko VR **96** 1427, Kö DAR **77** 192. Überholen darf nur, wer mit Gewißheit gefahrlos beenden kann, KG VRS **101** 56, Kar VM **75** 23 (jeweils Kolonne), Ha VM **77** 78, NJW-RR **98** 1555 (Rechtskurve). Der Überholer muß überblicken können, daß der **gesamte Vorgang vom Ausscheren bis zum Wiedereingliedern** mit richtigem Abstand unter Berücksichtigung etwaigen (zB erst während des Überholens auftauchenden, KG VRS **101** 56) Gegenverkehrs für einen durchschnittlichen Fahrer ohne irgendein Wagnis gefahr- und behinderungslos möglich sein werde (Begr), BGH VR **00** 736 (auch bei Dunkelheit, krit *Förste* NZV **02** 217), Ha DAR **00** 265, KG VRS **101** 56, auch auf Straßen mit getrennten Fahrbahnen (Rz 28). Muß er zum Überholen die Gegenfahrbahn benutzen, darf er nur überholen, wenn er diese auf der gesamten zum Überholen benötigten Strecke zuzüglich des Weges überblicken kann, den ein etwaiges mit zulässiger Höchstgeschwindigkeit entgegenkommendes Fz zurücklegt, Ha DAR **00** 265, Dü NZV **94** 290, DAR **96** 290. Dies gilt von dem Augenblick an, von dem der Überholvorgang nicht mehr gefahrlos abgebrochen werden kann, Dü NZV **94** 290, ZfS **97** 354. Im Zweifel hat er zurückzustehen, BGH VRS **17** 331, Dü VRS **52** 210. Überhaupt ist nicht nur die Örtlichkeit entscheidend, sondern auch die Geschwindigkeit der beteiligten Fze, Kö VRS **65** 392 (erlaubtes Überholen in einer Kurve bei Schrittempo des Überholten). Reicht die rechte Fahrbahnseite zum Überholen aus, so darf die linke nicht mitbenutzt werden, BGH VR **59** 905, Bay DAR **66** 306, wobei auch der notwendige Seitenabstand einzurechnen ist (Rz 54–58). S § 2. Der **Gegenverkehr ist nicht behindert,** wenn er auf seiner Fahrbahn nur in zumutbarer Weise verkehrsangepaßt fahren, zB geringfügig nach rechts ausweichen muß, Ha VM **75** 56, s aber Rz 26, 28. Mit scharfem Rechtsfahren des Gegenverkehrs darf der Überholer im übrigen aber nicht rechnen, Dü VR **77** 60. Ausgeschlossen kann Behinderung von Gegenverkehr auch sein, wenn der Überblick gezeigt hat, daß kein entgegenkommen kann, der Überblick muß nicht während des gesamten Überholvorgangs bestehen bleiben, Ha DAR **72** 82 (vorhergehender Einblick in die Str hinter einer Kurve).

Keine äußerste Sorgfalt zeigt, wer Überholen trotz bedrohlichen Gegenverkehrs **26** nicht abbricht oder diesen nicht ständig beobachtet, BGH VRS **11** 436, wer nicht die ganze notwendige Überholstrecke schon vorher überblicken kann, Ha VRS **62** 214, wer trotz zu kurzer Sicht und ohne Rückschermöglichkeit zum Überholen ansetzt, Bay DAR **68** 22, wer den Verlauf der Überholstrecke erst während des Überholens erkennen kann (abknickende BundesStr im Ortsbereich), BGH VM **70** 14, wer mit dem Überholen beginnt, obwohl es nur mit überhöhter Geschwindigkeit möglich ist, BGH VRS **12** 417, wer überholt, obwohl er wegen einer Bodenwelle oder Kuppe entgegenkommende Fze gar nicht oder teilweise sehen kann, Bay VRS **38** 154, Ol DAR **58** 222, Kö DAR **58** 225, Schl VM **67** 8, ebenso vor und in unübersichtlichen Kurven mit möglichem GegenV, BGH NJW **60** 1524, Bay VRS **21** 378, Schl DAR **63** 170, oder wenn sich das Überholen bis in den Bereich einer Kuppe hineinziehen muß, Ce VRS **34** 78, wer den Gegenverkehr zum Ausweichen nötigt, Dü VM **66** 93 (nur 1,30 m für Radf), oder darauf vertraut, der Gegenverkehr werde ausweichen, Dü VR **77** 60, wer das Überholen auf schmaler Straße fortsetzt, obwohl Radfahrer gestaffelt entgegenkommen, Dü VRS **2** 61, wer nicht beachtet, daß der Gegenverkehr auf schmaler Straße nahe zur Mitte fährt, BGH VRS **13** 34, wer bei genügendem Abstand nach rechts dem Gegenverkehr zu wenig Raum läßt, BGH NJW **75** 1448, VRS **13** 275, wer die Ge-

2 StVO § 5 I. Allgemeine Verkehrsregeln

schwindigkeit des Gegenverkehrs falsch einschätzt, es sei denn, sie wäre nach allen Umständen offensichtlich unvernünftig, BGHSt **8** 200, DAR **56** 26, wer das Verhältnis zweier Entgegenkommender zueinander falsch einschätzt und deshalb übersieht, daß der zweite den ersten überholen will, BGH VRS **25** 438, wer eine stockende Kolonne überholt, BGH VR **69** 756, Kar VM **75** 23, ohne daß er vorn mit Gewißheit eine Einscherlücke erkannt hat, KG NZV **98** 377, Kar VRS **45** 315, es sei denn, die Straße ist mehrstreifig, Ce NJW **65** 1726, Dü VM **65** 90, s Bay VRS **29** 110, wer ohne Rücksicht auf Gegenverkehr neben zwei vor einer Ampel wartenden Kolonnen vorfährt, KG VRS **30** 317. Äußerste Sorgfalt beachtet nicht, wer **im Dunklen** vor dem Überholen nicht aufblendet, weil er dann den Überholweg nicht überblickt, s Möhl DAR **70** 233, wer in der Dämmerung nicht mit entgegenkommenden unbeleuchteten Fzen rechnet, Ha VRS **62** 214, Ce VR **78** 947. Nach Einbruch der Dunkelheit – nicht schon in der Dämmerung – braucht sich die Sorgfalt allerdings nur auf beleuchtete Fze zu erstrecken, Ha VRS **99** 898, **62** 214. Wer bei Nebel ohne äußerste Sorgfalt überholt, ist auch verantwortlich, wenn das GegenFz zu schnell und unbeleuchtet fährt, s Kö VRS **40** 194.

27 Wollen einander entgegenkommende Fze beide überholen, so hat **Vorrang,** wer zuerst korrekt dazu ansetzt, es sei denn, sein Überholweg wäre erheblich länger, Ce NJW **68** 1342, auch wenn das eine Fz auf der eigenen Fahrbahnseite überholen kann, Ha VRS **11** 472, Schl VM **59** 24. Im geringsten Zweifel überholt keines von beiden, wenn sie einander schon nahe sind.

28 Auf Straßen mit **drei oder mehr Fahrstreifen** darf auch bei Gegenverkehr überholt werden, BGH VM **59** 76, VRS **5** 387, Ko VRS **66** 219, Ha VBl **55** 444, Ce DAR **58** 77, wenn Gefährdung anderer ausgeschlossen ist, BGH VRS **26** 86, und wenn der gesamte Überholweg vorher als frei überblickt werden kann, Ce VRS **34** 78, Fra VRS **88** 114. Dient der mittlere von drei Fahrstreifen den FzFührern beider Fahrtrichtungen zum Überholen, so gilt ebenfalls das Prioritätsprinzip, das Überholen ist jedoch abzubrechen, wenn erkennbar wird, daß der Vorrang des zuerst Ausscherenden vom GegenV mißachtet wird, Ko VRS **66** 219. Daß der Gegenverkehr auf breiter Straße ausweicht, kann bei äußerster Sorgfalt nicht erwartet werden, s Dü VR **77** 60, wenn es auch meist zutreffen wird. Überholen beim Nebeneinanderfahren: §§ 7, 37 IV und VZ 340 (§ 42 VI). Beschleunigungsstreifen: Rz 20 und VZ 340.

29 **Falsche Vorausschätzung der Überholmöglichkeit** ist ein Fehler, gegen den „nur wenige Kf stets mit Sicherheit gefeit" sind (!), Bay VM **70** 51. Aus einem fahrenden Kfz heraus ist die Schätzung der Fahrgeschwindigkeit eines entgegenkommenden Kfz besonders schwierig, Mü VR **76** 1144. Deshalb muß der Überholwillige im geringsten Zweifel zurückstehen. **Taucht während des Überholens Gegenverkehr auf,** so ist es spätestens jetzt abzubrechen, Ha VM **66** 80, DAR **73** 277, darauf hat der nachfolgende Verkehr Rücksicht zu nehmen (§ 1). Zum Verstoß gegen Abs II S 1 in solchen Fällen, s Rz 71.

30 **Zweitüberholen** (Überholen eines soeben Überholenden) ist zwar nicht allgemein verboten, Bay DAR **62** 272 (gleichzeitiges Überholen eines Radf), setzt aber voraus, daß drei Fze ausreichend nebeneinander fahren können, Bay DAR **62** 272. Äußerster Sorgfalt (E 150) wird es nur beim Fehlen jeden Gegenverkehrs außer in sicherer Entfernung entsprechen. Vortritt, wenn mehrere überholen wollen, s Rz 40. Ist der Vorausfahrende bereits deutlich zum Überholen ausgeschert, so wird sein Hintermann in aller Regel kein Zweitüberholen versuchen dürfen, weil er es vermutlich nicht gefahrlos wird beenden können, Ce VR **79** 476.

31 **Anschlußüberholen** wird, außer auf Richtungsfahrbahnen, äußerster Sorgfalt meist widersprechen, soweit vorausfahrende Überholer den Gegenverkehr verdecken und das verläßliche Abschätzen des Überholwegs erschweren, jedenfalls wenn die linke Fahrbahnseite mitbenutzt wird, s Bra DAR **93** 345, VRS **30** 55. Mit plötzlichem Bremsen des Vorausfahrenden muß der Anschlußüberholer nicht rechnen, wenn der Vorausfahrende schon kurz vor dem Wiedereinordnen steht, Ha VRS **23** 279. Befindet sich der Überholende bereits neben dem auf den Seitenstreifen ausgewichenen Eingeholten, so braucht er das Beschleunigen nicht im Hinblick auf VI S 1 zugunsten seines ebenfalls überholenden Hintermannes abzubrechen, vielmehr hat dieser zurückzustehen, aM wohl Ha VM **72** 11.

Überholen   § 5 StVO 2

Lit: *Bouska,* Wann muß auf Fahrbahnen mit mehreren Fahrstreifen für eine Richtung der linke Fahrstreifen für ein schnelleres nachfolgendes Fz freigemacht werden?, DAR **85** 137. *Mühlhaus,* Zum Überholen auf mehrspurigen Richtungsfahrbahnen, DAR **73** 38.

3. Die Überholgeschwindigkeit muß wesentlich höher sein als die des Überholten 32 (II S 2), auch mangels Gegenverkehrs, damit das Überholen abgekürzt wird, doch nicht höher als allgemein zulässig, s § 3 Rz 45, und nie höher als beherrschbar, BGH VR **66** 1156. Überholen setzt nicht stets Beschleunigung voraus, Kö VRS **50** 461. Zeigt sich erst beim Überholen, daß die Geschwindigkeitsdifferenz zu gering bleibt, so ist es ungefährdend abzubrechen, Bay DAR **60** 365, Ha NZV **91** 480. Innerorts reichen auf breiter Straße 10 km/h Differenz an sich aus, BGH VR **68** 1040, bei 40 km/h reichen 50 km/h zum Überholen aus, Bay VRS **15** 302, Kö VRS **87** 19, auf freier Strecke unter klaren Verhältnissen auch 5–10 km/h, BGH VRS **30** 349, sonst aber nicht, BGH VM **59** 14, idR auch nicht auf AB, Fra VR **94** 700, s *Albrecht* NZV **02** 156, noch weniger 3–4 km/h bei langem Überholweg, Ol VRS **24** 170. Im FahrstreifenV (§ 7) muß der Überholer nicht wesentlich schneller fahren als der Überholte, weil das Sicheinordnen nach rechts nach dem Überholen entfällt, s Kö VRS **53** 139. Wer mit zulässiger Geschwindigkeit überholt, behindert schnellere Nachfolgende nicht iS von § 1.

Lit: *Möhl,* Wann ist die Geschwindigkeit eines überholenden Fahrzeugs „wesentlich" höher als die des Überholten? DAR **61** 217.

4. Überholverbote (III, IIIa) **schützen** den Gegenverkehr, Vorausfahrende und den 33 nachfolgenden Verkehr, der durch falsches Überholen eines Vorausfahrenden gefährdet werden kann, BGH VR **68** 578. Daher ist jedes Überholen unzulässig bei unklarer Lage (Rz 34, 35) und im Bereich von durch VZ angeordneten Überholverboten (Rz 36–38). Sie bezwecken nicht den Schutz aus einem Grundstück Einfahrender (§ 10), Sa VM **80** 39. Überholverbot zum Schutz von Fußgängern besteht gem § 26 III an Fußgängerüberwegen (§ 26 Rz 20). Überholverbote **gelten** für jede Phase des Überholens, auch für den Beginn, Dü VRS **70** 292. Beginn und Ende des Überholverbots durch VZ, s Rz 36.

4 a. Unklare Verkehrslage (III Nr 1), gleichgültig warum unklar, Bay 2 St 571/72 34 OWi, NZV **90** 318, verbietet jedes Überholen, Zw VRS **40** 441. Der Begriff der unklaren VLage richtet sich nach den objektiven Umständen, nicht nach dem Gefühl des Überholwilligen (der im Zweifel aber zurückzustehen hat), Kö VR **02** 1167, Dü NZV **97** 491, Zw VM **79** 38, abw Hb VM **67** 95. Unklar ist die Lage, wenn nach allen Umständen mit ungefährdendem Überholen nicht gerechnet werden darf, Bay NZV **90** 318, Sa VRS **106** 171, MDR **03** 506, Jn VRS **105** 449, KG DAR **02** 557, ZfS **02** 519, Kö VR **02** 1167, Kar NZV **99** 166. Bezieht sich die Unklarheit nur auf das Erkennen etwaigen (also auch bei Überholbeginn noch nicht sichtbaren) Gegenverkehrs und von dessen Verhalten, so gilt nur Abs II S 1, nicht Abs III Nr 1 („unklare Verkehrslage"); denn diese Bestimmung meint nur den QuerV und den zu Überholenden, s Begr, Rz 4, KG VRS **101** 56, Ko VRS **72** 463, aber wohl auch den nachfolgenden V, s auch BGH VR **68** 578. Da II 1 nur den GegenV schützt, ist es zu eng, unklare VLage (III Nr 1) nur auf Unklarheiten aus VVorgängen zu beschränken, so aber Ko VRS **61** 280, nicht aber auch bei **Unübersichtlichkeit aus Gründen der Örtlichkeit** oder Beleuchtungsverhältnisse anzunehmen (EinbahnStr, getrennte Fahrbahnen). Unklare VLage daher auch zB bei sichtbehindernder StrFührung, BGH NZV **96** 27, Sa VRS **106** 171, MDR **03** 506, Kar VR **04** 776, Kö VR **02** 1167, Dü VRS **65** 64. Unklare Lage, wenn der Kf die anderen VT oder die Fahrbahn wegen natürlicher Beschaffenheit, der **Witterungs- und Beleuchtungsverhältnisse,** Regens, Schneegestöbers, Nebels, Kö VRS **47** 31, Dunkelheit oder Dämmerung nicht ausreichend genau sehen kann, Bay VRS **21** 378, Ha VRS **62** 216, bei zu geringer Scheinwerferreichweite, Bay 6 St 88/72, bei starker Sonnenblendung, Ha VRS **25** 443, Stu DAR **63** 225, oder längerer Blendung durch Scheinwerfer, Stu DAR **65** 103, wenn Rauch die Fahrbahn stark verhüllt, Sa VM **58** 53, oder gleich mit Lokomotivqualm zu rechnen ist, Br VRS **5** 68, oder bei dichtem Nebel, Ko VRS **47** 31, auch auf breiter Straße, Bay VM **56** 28, bei größerer Geschwindigkeit und Wasserstaub, Schl VM **57** 73 (Tatfrage). Unklare VLage, wenn ein Wartepflichtiger gefährdet werden könnte, Kö VR **02** 1167, Kar VRS **43** 306, Ko VRS **72**

437

2 StVO § 5   I. Allgemeine Verkehrsregeln

463. Unklare VLage vor allem auch, wenn sich nicht verläßlich beurteilen läßt, was der **Vorausfahrende** jetzt sogleich tun wird, Sa VRS **106** 171, MDR **03** 506, KG VRS **106** 173, DAR **02** 557, Mü NZV **93** 232, Schl NZV **94** 30, Kö VRS **89** 432, wenn er sich unklar verhält, Kar NZV **99** 166, Kö DAR **77** 192, s aber Rz 35, wenn er in seiner Fahrweise unsicher erscheint, Ha DAR **72** 195, wenn es den Anschein hat, er wolle abbiegen, ohne daß dies deutlich wird, Kar NZV **99** 166, KG NZV **93** 272, Kö VRS **89** 432, Schl VR **76** 975 (Radfahrer), oder er suche eine Parkmöglichkeit, Kö VRS **96** 407, wenn es scheint, der Vorausfahrende wolle soeben seinerseits überholen, BGH VRS **21** 404, Ko DAR **73** 105, oder jedenfalls aufgrund der Umstände damit zu rechnen ist, Kar DAR **01** 34, Mü NZV **93** 232 (ausgenommen den Fall zulässigen Zweitüberholens, Rz 30), wenn Umstände dafür sprechen, der Vorausfahrende werde unter Ausbiegen an einem Hindernis vorbeifahren, Ha VBl **57** 465, bei unklarer Einordnung des Vorausfahrenden ohne deutliches RichtungsZ, BGH VRS **15** 463, Bay MDR **66** 169, VM **64** 35 (EinbahnStr), Ko VRS **47** 211, Ha VM **77** 78, KG VM **74** 75, Dü VRS **33** 310 (s aber Rz 35), bei linkem BlinkZ des Vorausfahrenden ohne Linkseinordnen, Bay DAR **66** 82, KG ZfS **02** 519, NZV **93** 272, Hb VR **61** 1145, Zw VRS **31** 383, KG VM **90** 52, 91 (aber kein Überholverbot auf AB bei hoher Geschwindigkeit und Blinken des zu Überholenden bei schon dicht aufgerücktem Überholer), wenn der Vorausfahrende offensichtlich ein falsches RichtungsZ zeigt, s Bay VBl **66** 119, wenn der Vorausfahrende aus unklarem Grund auf der StrMitte anhält, Ko VRS **47** 211, BGH VRS **15** 463, Ha VRS **41** 37, zB vor einer Linkseinmündung, Ko VRS **50** 74, oder innerorts auf wenig befahrener BundesStr unter Einordnen zur Mitte hin auffällig verlangsamt, Ha VM **77** 78 (s aber Rz 35). Unklare Lage durch einen Rechtsabbieger in ein Grundstück, der vorher nach links ausbiegen muß und deshalb zunächst links blinkt, Sa VM **78** 95, oder durch hinter ihm auf dem linken Fahrstreifen wartende Fze, die seinen Fahrtrichtungsanzeiger verdecken, KG VM **85** 67, oder wenn ein vorausfahrender Lastzug links blinkt; entweder will er überholen oder auf Gegenverkehr aufmerksam machen, LG Ro ZfS **03** 498; umgekehrt kann Rechtsblinken in solchen Fällen Rechtsabbiegen oder aber freie Überholbahn ankündigen, LG Ro ZfS **03** 498. Unklare VLage, wenn ein **vorausfahrender Radfahrer** auf sehr schlechter Fahrbahn von rechts nach links und dort weiterfährt, BGH VRS **21** 53, wenn sich ein rechts vorausfahrender Radfahrer einem rechts haltenden Fz nähert und unklar ist, ob er davor anhalten oder nach links abbiegen werde, KG VRS **53** 271, wenn radfahrende Kinder sich unbesonnen verhalten, Dü VM **65** 93. Unklare VLage, wenn eine **Kolonne vorausfährt,** deren Spitze unsichtbar ist und möglicherweise ein Hindernis links umfahren muß, Schl VR **74** 867, Ha DAR **72** 134, oder links abbiegen will, Kar NZV **99** 166, Fra NZV **89** 155, oder ein anderes Fz aus der Kolonne, Bay NJW **68** 2157, Bra DAR **93** 345, überhaupt Kolonnenspringen ohne sichere Lücke vorn, Kar VRS **45** 315, VM **75** 23. Unklare VLage jedoch nicht stets für den letzten Kolonnenfzer in einer Kolonne hinter einem langsam fahrenden Fz, weil bei fehlender Überholabsicht der Vorausfahrenden sonst jedes Überholen und damit Auflösung der Kolonne ausgeschlossen wäre, Kar VR **02** 1434, s *Hentschel* NJW **93** 1175 (s dazu auch Rz 40), zu sehr verallgemeinernd daher KG VM **92** 28. Die VLage ist unklar bei Überholen einer soeben bei Grün anfahrenden FzKolonne von 8–10 Fzen unter vollständiger Benutzung der Gegenfahrbahn, Fra VR **82** 1008. Unklare VLage für Überholer einer rechtsfahrende Kolonne, wenn ein Fz anhält, um einem Linkseinbieger von rechts her durch eine **Kolonnenlücke** das Kreuzen zu ermöglichen, Bay DAR **89** 361, NJW **65** 1341, KG VM **85** 25, DAR **78** 107, VR **74** 370, Kö VRS **28** 452, nicht aber, wenn in der überholten Kolonne eine Lücke für ein parkendes Fz freigehalten wird, um diesem das Einfädeln zu ermöglichen, Bay VRS **65** 152, s auch Rz 41. Unklare VLage ferner nach einem AB-Warnschild „**Unfall**", weil die Unfallstelle auch den Überholstreifen einbeziehen könnte, Dü VM **57** 73, bei erheblicher, nicht nur ganz vorübergehender **Sichtbehinderung durch andere Fze,** Kar VR **04** 776, zB bei einem sichtversperrenden Vorausfahrenden auf enger Straße, Bay JR **60** 26 *(Hartung),* DAR **59** 333 (Verständigung!), wenn ein vorausfahrender Überholer die Sicht nimmt, Nü VR **61** 1024, Bra DAR **93** 345.

35   **Keine unklare Verkehrslage** besteht allein wegen durchgezogener **Mittellinie** (Z 295) in einer Kurve, Ha DAR **60** 366, Kö VRS **21** 453, auch nicht, wenn diese sich

im Bereich einer Abzweigung befindet, Ha DAR **92** 31, nicht allein wegen Gegenverkehrs auf breiter, übersichtlicher Straße, s Ha VRS **48** 377, wegen **kurzer Sichtbehinderung** durch kleine Hindernisse, Bay DAR **62** 272, auch nicht allein wegen großer Aufbauten des Vorausfahrenden, Dü VM **76** 62. Allein die Tatsache, daß der Überholvorgang nicht mehr rechtzeitig vor **Erreichen von Z 276** (Überholverbot) beendet werden kann, führt nicht zu unklarer VLage, Dü VRS **65** 64. Relatives **Langsamfahren des Vorausfahrenden** ohne sonstige Auffälligkeit schafft für sich allein keine unklare Lage, doch deutet „Schleichen" meist auf Parklückensuche und, je nach Örtlichkeit, auch möglicherweise unvermitteltes Ausscheren nach links hin, wodurch eine unklare Lage entstünde, aM wohl Kar VRS **54** 68, das diesen Unterschied nicht berücksichtigt. Unklare VLage nicht durch bloßes Rechts-Langsamfahren des Vorausfahrenden auf ausreichend breiter Straße, Fra VM **73** 96, Ko VRS **105** 418. Die Lage wird auch nicht allein dadurch unklar, daß ein Vorausfahrender vor einer linken Abzweigung auffallend langsam fährt, ohne sich aber nach links einzuordnen, Bay VRS **72** 295, **61** 61, 63, KG VRS **106** 173, ZfS **02** 519, Ko VRS **70** 467, aM Schl NZV **94** 30. Selbst wenn der Vorausfahrende dabei zur Fahrbahnmitte hin oder an der Mittellinie fährt, entsteht eine das Überholen verbietende VLage nur, wenn Umstände hinzutreten, die für *unmittelbar* folgendes Linksabbiegen sprechen können, Bay VRS **61** 63, Kö VRS **60** 222, **65** 392, Ha VRS **53** 138, s KG DAR **02** 557, NJW-RR **87** 1251, aM Bay VRS **69** 53, **72** 295, in Fällen, in denen das Abweichen vom Rechtsfahrgebot nicht gem § 7 erlaubt ist. Keine unklare VLage, weil ein vorausfahrender Pkw einen langsam vorausfahrenden Lastzug oder Traktor **nicht überholt,** Zw VRS **48** 127, Bay VRS **72** 295, auch nicht nach dem Ende eines Überholverbots, Bay VRS **71** 382, s Jn VRS **105** 449, daß ein Kradf ohne Verringerung des Abstands zum vorausfahrenden Lkw auf dem rechten AB-Fahrstreifen links fährt, Ha NZV **95** 194, nicht allein dadurch, daß sich der Abstand zwischen zwei vorausfahrenden Lastzügen verkürzt, Kar DAR **61** 231, überhaupt nicht allein deshalb, weil ein Vorausfahrender zum Vordermann aufschließt und unauffällig ohne Blinken hinter ihm herfährt, Bay NJW **74** 1912, Kar VR **02** 1435 (Überholen einer FzKolonne, s Rz 34), nicht bei bloßem **Überholen** auf einer Kreuzung ohne Anzeichen für Linksabbiegen, Brn VRS **106** 18 (23), Nü NZV **03** 89, Kar VRS **34** 232, nicht dadurch, daß der Eingeholte, der soeben überholt hat, noch nicht völlig zur Normalspur zurückgelenkt hat, BGH VR **67** 557. Aus der Tatsache, daß der Vorausfahrende ungewöhnlich früh durch Einordnen und **Fahrtrichtungsanzeige** Linksabbiegeabsicht ankündigt, folgt für den gem Abs VII S 1 rechts Überholenden keine unklare VLage, Bay NZV **90** 318. Keine unklare VLage allein wegen **Anhalteabsicht** des Vorgängers, Ha 5 Ss OWi 1385/72. Daß ein Vorausfahrender in Höhe eines Feldwegs anhält und zurückstößt, schafft noch keine unklare VLage (kein Abbiegezeichen), Bay VRS **59** 225. Links-Blinken eines **am rechten Fahrbahnrand Haltenden** schafft allein keine unklare Verkehrslage, Stu VRS **65** 66 (zumeist wird nicht Überholen vorliegen, sondern ein Fall von §§ 6, 10). Wer ein soeben vom rechten Fahrbahnrand unter Betätigen des linken Fahrtrichtungsanzeigers anfahrendes Kfz überholt, muß ohne besondere Anzeichen nur mit dessen Sicheinordnen in die Fahrlinie rechnen, nicht mit sofortigem Linksabbiegen, Bay VRS **70** 40, Zw VRS **57** 135. Keine unklare VLage allein durch vor Rotlicht haltende FzSchlange auf Parallelfahrstreifen, BGH NJW **85** 1950.

Lit: *Seib,* Überholen an unübersichtlichen Stellen, DAR **64** 159. *Weigelt,* Überholverbot für Lkw, DAR **58** 327.

4b. Überholverbote durch Verkehrszeichen (III Nr 2) begründen die Z 276, 277, sofern ein mehrspuriges Kfz oder ein Beiwagenkrad überholt werden soll (§ 41 II Nr 7, Streckenverbote). Beim Z 276 dürfen **einspurige Kfze** (Kräder, Mopeds, Mofas) nur andere einspurige Fze überholen, beim Z 277 auch mehrspurige Fze. Ein Überholverbot (Z 276) betrifft stets nur die auf derselben Fahrbahn fahrenden Fze untereinander, Kö NZV **92** 415. AB-Standspur, s § 18 Rz 14b. Der Irrtum, das Überholverbot gelte nicht für überholende Kräder, ist ein vermeidbarer Verbotsirrtum, Ha VRS **10** 468, denn jeder Kf muß besonders die für seine VArt geltenden Vorschriften kennen (E 142); dies gilt trotz abw Ansicht des AG Düren NJW **80** 1117 (VZ 276 verstoße insoweit gegen Art 3 I GG), nachdem die obergerichtliche Rspr entgegen AG Düren entschieden

36

hat, s § 41 Rz 248, zum Verbotsirrtum in solchen Fällen s auch § 24 StVG Rz 35. Die Z 276, 277 gelten nicht bei Anbringung an der KfzRückseite, Bay VRS **19** 147, und nicht für das Überholen einer Straba, da sie kein Kfz (§ 1 StVG) ist, Br NJW **64** 1193. Der Gesetzgeber hat § 41 II Nr 7 in Kenntnis dieses Sachverhalts formuliert. Sie gelten auch bei **Aufstellung auf nur einer StrSeite,** wenn Aufstellung auf beiden nahegelegen hätte, Ha VRS **15** 376, Schl VM **64** 23. Bei MehrstreifenV kann Übersehen eines nur rechts aufgestellten GebotsZ durch Linksfahrer aber entschuldbar sein, weil andere Fze es verdeckt haben können, Ha VRS **54** 301, deshalb sind solche Zeichen dort auch links aufzustellen. Einschränkung des Z 276 durch ein **Zusatzschild** „Ausgenommen Kfze unter 20 km" betrifft solche, die der Überholer nach dem äußeren Eindruck beim Fahren dahin beurteilen darf, daß sie bauartbedingt nicht schneller fahren können, abw Kö VM **56** 46, VRS **11** 67. Überholverbote für Busse und Wohnwagengespanne: Z 276 mit Zusatztafel. **Beim Z 276** muß das Überholen im wesentlichen mit richtigem Abstand und mit zulässiger Geschwindigkeit abgeschlossen sein, Kar VRS **53** 291, s Rz 37, auch vor vorausliegendem Fahrstreifenwegfall, andernfalls ist es, soweit gefahrlos möglich, sofort abzubrechen, BGHSt **25** 293 = NJW **74** 1205 (zw *Booß* NJW **74** 1879), BGHSt **26** 73 = NJW **75** 1330, Dü VRS **59** 152, VM **75** 88, Ha VRS **46** 387. Bis zum Z 276 muß der Überholer ausreichenden Abstand zum Überholten hergestellt haben, auch wenn er sich nicht wieder nach rechts einordnen muß, BGHSt **25** 293 = NJW **74** 1205, BGHSt **26** 73 = NJW **75** 1330, Dü VRS **65** 64. Das Verbot beginnt sofort, wenn oben das Z 276 angebracht ist, darunter das Z 120 (verengte Fahrbahn) und an diesem der Zusatz „100 m", Ce VRS **30** 220, bei anderer Anordnung bestehen Zweifel über den Verbotsbeginn, Ha VRS **30** 76. Das **Z 276 endet,** auch wenn es hinter Einmündungen nicht wiederholt wird, erst bei dem Z 280 bis 282, s § 41 Rz 248 nach Z 276, abgesehen von Streckenkennzeichnung durch ein Zusatzschild oder bei deutlicher Beschränkung auf eine Gefahrstelle. Beim Z 276 darf ein Vorausfahrender auch dann nicht überholt werden, wenn er gleich nach rechts abbiegen wird, Ha VRS **53** 466, oder wenn er zur Hälfte die Standspur befährt, Ha VOR **73** 473. Benutzung von Seitenstreifen: § 41 Rz 248. Das Überholverbot gem Z 276 gilt grundsätzlich für jede Art des Überholens, erfaßt also auch das Rechtsüberholen, Bay VRS **72** 301, Ko NZV **92** 198, Kö NZV **92** 415, Hb DAR **83** 332, *Janiszewski* NStZ **84** 548, str. Bei mehreren Fahrstreifen verbietet es das Überholen verkehrsbedingt **wartender FzSchlangen,** Kar NZV **03** 493. An Kreuzungen und Einmündungen von links verbieten die Z 276, 277 jedoch nicht, **links eingeordnete, wartende (§ 9 III) Linksabbieger** zu überholen, da dies den Geradeausverkehr sinnwidrig und gefährlich stoppen würde, Bay DAR **87** 94, Ko NZV **92** 198, Mü VR **81** 866, offen gelassen von Hb DAR **83** 332; das gilt nicht, wenn der Überholende selbst links abbiegt, Bay DAR **87** 94. Wo das Z 276 (Überholverbot) steht, dürfen **vor Rot Wartende** trotz § 37 IV nicht überholt werden, denn VZ gehen den allgemeinen Regeln vor, BGHSt **25** 293 = NJW **74** 1205, BGHSt **26** 73 = NJW **75** 1330, Fra VRS **51** 376, Kö VRS **67** 289, Dü VRS **70** 41, *Bouska* VD **72** 325, *Mühlhaus* VD **72** 327, s Rz 17, aM Ha NJW **72** 652, Dü VRS **44** 374, Bay VRS **45** 70 (Bahnschranke), auch nicht zwecks Linksabbiegens, Kö VM **75** 83, auch nicht bei Zögern des Wartenden nach Aufleuchten des Grünlichts infolge Unaufmerksamkeit, Kö VRS **67** 289, oder nach Unterbrechung des Überholens durch Anhalten vor der LZA, Dü VRS **70** 41. Kann der Vordermann bei beginnendem Grün aus technischem Grund nicht anfahren, so darf der Nachfolgende, sofern niemand behindert wird, auch im Überholverbot an ihm vorbeifahren, denn der Vordermann hält jetzt nicht mehr verkehrsbedingt (Rz 14, 16), aM Ce VRS **35** 149. Erweitert sich die Anzahl der Fahrstreifen kurz vor der LZA um einen durch Pfeile (Z 297) gekennzeichneten **Linksabbieger-Fahrstreifen,** so wird eine an den Verkehrsbedürfnissen orientierte Auslegung jedoch ergeben, daß bei FzStau auf dem Fahrstreifen für Geradeausfahrer das Überholen auf dem Linksabbiegerfahrstreifen trotz Z 276, 277 nicht verboten ist; entsprechendes gilt für den umgekehrten Fall (Stau des links abbiegenden Verkehrs bei freiem Fahrstreifen für den GeradeausV, Kö NZV **92** 415, s *Bouska* VD **75** 119. Für berechtigte Benutzer eines durch die Linie 295 gebildeten Fahrstreifens für Linksabbieger gilt das Z 276 nicht, Kö VRS **35** 216. Zum Z 276 s auch § 41 Rz 248.

Überholen § 5 StVO **2**

Überholen darf nur, wer es spätestens **vor Beginn der Verbotsstrecke abschließen** 37
kann, BGHSt **25** 293 = NJW **74** 1205, Kö ZfS **03** 132, NVersZ **01** 169. Nach Möglichkeit muß sich der Kf vorher vergewissern, daß nahe voraus kein Streckenverbot besteht, Ce DAR **63** 360 (mitunter unerfüllbar). Wer innerhalb einer Überholverbotsstrecke wendet, muß auch bei der Rückfahrt mit einem Überholverbot rechnen, Ha VRS **50** 75. Wer vor dem Abbiegen nach links einen Lkw überholen will, muß zunächst so fahren, daß er sich über etwaige ÜberholverbotsZ unterrichten kann, Ha VM **72** 39. Die **Fahrstreifenbegrenzung** (Z 295) erlaubt das Überholen, wenn der Überholer sie nicht berühren muß, s § 41 Rz 248. Befahren eines für den GegenV durch Z 297 (Pfeile) gekennzeichneten Fahrbahnteils beim Überholen ist nicht verboten, bei Abgrenzung durch Fahrstreifenbegrenzung (Z 295) kommt jedoch Verstoß gegen § 41 III Nr 3 in Betracht, Kö DAR **92** 31, VRS **64** 292.
Überholverbote für Lkw bestimmten Gewichts betreffen das zulässige Gesamtge- 38
wicht, Fra DAR **65** 159. SattelFze stehen Lkw gleich, Dü VRS **27** 297. Darauf, daß Lkw auf der AB Überholverbote beachten, soll ein Kf nicht vertrauen dürfen, Dü VM **65** 70.

4 c. Bei Sichtweiten von weniger als 50 m infolge **Nebels, Schneefalls oder Re-** 38 a
gens besteht Überholverbot für die Führer von Fzen mit einem zulässigen Gesamtgewicht von **mehr als 7,5 t.** Anders als das durch VZ 276, 277 begründete Überholverbot ist das des Abs III a nicht auf das Überholen mehrspuriger Kfze und mit Beiwagen fahrender Kräder beschränkt. Es gilt also grundsätzlich auch für einspurige Fze. Überholt werden auch Fußgänger und Radf, s Begr zu Abs IV (Rz 5) sowie zu Abs IV S 2 (Rz 13a), s auch Rz 19. Eine sinnvolle Auslegung wird jedoch ergeben, daß auch unter den Voraussetzungen des Abs III a jedenfalls Fußgänger überholt werden dürfen, weil anderenfalls rasch FzKolonnen mit Schrittgeschwindigkeit entstehen müßten. Solche wollte der VOGeber aber gerade vermeiden, wie die Begr zeigt: Weil solche Kolonnenbildung als nicht ungefährlich erscheint, wurde davon abgesehen, das Überholverbot des Abs III a auch auf Pkw und Lkw bis 7,5 t auszudehnen (VBl **91** 703). Eine ausdrückliche Ausnahme für das Überholen von Radf wäre unter diesem Aspekt folgerichtig gewesen, eventuell auch eine dem Überholverbot gem Z 276, 277 entsprechende Regelung. Höchstgeschwindigkeit bei Sichtweiten von weniger als 50 m durch Nebel, Regen oder Schneefall, s § 3 I S 3.

4 d. **Überholverbot an Fußgängerüberwegen:** § 26 Rz 20, bei Warnblinklicht 39
von **Linien- und Schulbussen:** § 20 Rz 7.

5. **Pflichten des Überholenden** (IV, IVa). Der Überholende muß **auf die Fahr-** 40
weise des Eingeholten achten und darf ihn nicht gefährden, BGH VR **65** 82, Kö VRS **90** 339 (auch auf AB), Kar DAR **74** 79, Ol VM **66** 38, etwa wenn dieser nach links ausweichen muß, BGH VRS **18** 87. Mit Ausscheren des Vorausfahrenden wegen eines erkennbaren Hindernisses auf dessen Fahrstreifen muß er uU rechnen, Dü VRS **63** 339. Er muß sich auch auf die Möglichkeit geringfügiger seitlicher Fahrbewegungen des zu Überholenden innerhalb von dessen Fahrstreifen einstellen, Nau DAR **01** 223, Ha VRS **92** 182. **Überholen mehrerer Fze (Kolonne)** ist grundsätzlich nicht verboten, KG DAR **02** 557. Jedoch trifft denjenigen, der bei hoher Geschwindigkeit, auch auf der AB, mehrere Kfze überholt, eine erhöhte Sorgfaltspflicht, ihm steht die sog Schrecksekunde nicht zu, BGH VM **67** 25, Dü ZfS **81** 161. Wer eine Kolonne überholen will, muß nach der Örtlichkeit sicher sein, daß kein Vorausfahrender links abbiegen will, Bra DAR **93** 345, Ce VR **80** 195, Kar VRS **49** 210, s Rz 34, braucht damit aber bei Fzen, deren Fahrtrichtungsanzeiger er sehen kann, mangels Anzeige nicht zu rechnen, Bay VRS **72** 295, s auch Rz 61. Auch ein auf dem **Radweg** überholender Radf braucht mit plötzlichem Linksabbiegen des vorausfahrenden Radf ohne Richtungszeichen nicht zu rechnen, Mü VRS **69** 254. Wer als Kf auf recht schmaler Str ein auf dem Seitenstreifen **radfahrendes Kind** von 7 Jahren überholt, muß verlangsamen und warnen, Ol VM **79** 45, ebenso bei einer Gruppe radfahrender schulpflichtiger und kleinerer Kinder auf schmaler WohnStr, Ol NZV **94** 111. Besondere Sorgfalt ist beim Überholen eines radfahrenden Kindes auf schmaler Str mit GegenV geboten, Ha NZV **89** 270. Bei Radf, die um die Wette fahren, muß der Kf verlangsamen und warnen, Ol RdK **54** 125. Ohne

gegenteilige Anhaltspunkte darf er aber auf ordnungsmäßiges Fahren selbst einer 7jährigen Radf vertrauen, BGH NJW-RR **87** 1432. Der Kf muß sich daher auch nach Einfügung des § 3 II a nur unter besonderen Umständen darauf einstellen, daß ein unauffällig rechts radfahrendes Kind von 9 Jahren oder mehr plötzlich nach links lenken oder unversehens nach links abbiegen werde, Bay NJW **82** 346 (krit *Booß* VM **82** 28), Ba VR **86** 791 (jeweils 9 Jahre), Bay VRS **59** 217 (11 Jahre), KG VM **88** 12 (10 Jahre, krit *Booß*), Bay 1 St 165/83, Nau VR **02** 999 (jeweils 14 Jahre). Das gilt nach Ol VRS **45** 389 bei einem 9jährigen trotz WarnZ 138 40 m vor Beginn eines linken Radweges. Vor dem Überholen eines zu weit links fahrenden 10jährigen Radf ist jedoch WarnZ zu geben, Sa VM **82** 69. Der Überholende darf weder zu früh **ausscheren,** noch zu lange auf der Überholspur bleiben, BGH VRS **10** 291 (s auch Begr zu Abs IV, Rz 13 c). Bis zum Ausscheren muß er den Mindestabstand zum Vorausfahrenden einhalten (§ 4), um überraschende Fahrmanöver zu vermeiden, Bay VM **70** 91, Ha VRS **49** 58, **40** 69, Kö VRS **40** 436, s § 4 Rz 6. Nähert sich von hinten ein Fz und diesem ein schnelleres, so hat **Überholvortritt,** wer sich dem Vordermann so genähert hat, daß er zwecks Überholens ausscheren muß, Bay NJW **74** 1912, KG NZV **02** 229. Wollen aber mehrere hintereinander fahrende Fze überholen, so hat das Vortritt, das zuerst korrekt dazu ansetzt, Bay VRS **64** 55, Kar VR **02** 1434, KG VM **95** 38, nicht idR das vorderste, aM Ha NJW **69** 2156, Schl VR **74** 1090, denn wenn dessen Fahrer trotz Überholmöglichkeit zuwartet, entsteht hinter ihm Unklarheit und er hält den Verkehr auf. Aus einer FzSchlange heraus darf idR zuerst derjenige überholen, der zuerst unter Anzeige ordnungsmäßig dazu angesetzt hat, BGH NJW **87** 322, jedoch dann nicht, wenn Vorausfahrende ihre Überholabsicht ebenfalls bereits anzeigen, wobei er mit solcher Anzeige erst rechnen darf, sobald der Vorausfahrende den nötigen Überblick gewinnt, weil eine frühere, gleichsam vorsorgliche Anzeige IVa widerspräche („das Ausscheren ... ist anzukündigen"), s Rz 47. Einen Grundsatz, wonach bei drei oder mehr hintereinander fahrenden Kfzen stets die vorderen Vorrang hätten („bessere Rechtsposition"), kann es beim gegenwärtigen Mischverkehr nicht geben, Ha VM **86** 6, aM Ha VM **72** 11, Schl DAR **75** 76. Maßgebend sind vielmehr stets VLage und Überholweg. Keine Schreckzeit für den sich mit hoher Geschwindigkeit Nähernden, der damit rechnen muß, daß der Vorausfahrende zuerst überholen werde, Ha VM **86** 6.

41   **Wer bereits klar überholt,** braucht währenddessen nicht auf seine Nachfolger zu achten, die auch überholen wollen, KG NZV **02** 229, Kar DAR **74** 79, einem Schnelleren muß er nicht weichen, Bay VRS **34** 470, DAR **76** 170, Ce VRS **40** 218, und seine Überholabsicht muß er nicht weiterhin nach hinten anzeigen, Bay VRS **57** 209. Ist eine Lücke rechts größer als zwei Sicherheitsabstände (§ 4), dann muß er einscheren und Schnellere vorbeilassen, anders, wenn er dabei verlangsamen müßte, s Rz 53. Wer relativ langsamer jemand fährt, um so eher hat er in Lücken einzuscheren. Wer eine **wartende FzSchlange** überholt, muß für den Querverkehr freigelassene Lücken an Kreuzungen und Einmündungen beachten und dort mit Querverkehr rechnen, Bay NZV **88** 77, KG DAR **01** 399, VRS **104** 21, NZV **03** 182, **92** 486 (Überholen unter verbotswidriger Benutzung eines Sonderfahrstreifens für Busse), LG Berlin NJW-RR **03** 678 (rechts überholender Radf), außer bei LichtZ, Bay VM **88** 76, KG VRS **103** 406, auch mit querenden Fußgängern im Einmündungsbereich, KG VM **85** 25, s auch Rz 34. Wer eine wartende FzReihe links überholt, muß aber nicht mit Fzen rechnen, die nach Parken auf dem Gehweg eine Kolonnenlücke kreuzen, KG VRS **60** 137, an einer Kolonnenlücke vor einer Grundstücksausfahrt im Hinblick auf die erhöhten Sorgfaltspflichten gem § 10 idR auch nicht mit QuerV durch die Lücke, KG VRS **103** 406, DAR **01** 399, NZV **98** 376, s *Hentschel* NJW **93** 1175, abw Bay VRS **65** 152, VM **71** 28, Ha NZV **92** 238 (Tankstelle). Abweichendes kann uU für den Linksüberholenden gelten, wenn ein Fz der *fahrenden* Kolonne erkennbar hält, um einem von rechts aus einer Ausfahrt Kommenden das Einbiegen zu ermöglichen, Ko VR **81** 1136. Dagegen braucht sich der eine FzKolonne rechts Überholende nicht auf das Einbiegen Entgegenkommender durch eine Kolonnenlücke in eine Grundstückseinfahrt einzustellen, KG NZV **03** 182, VM **98** 34, aM Kar NZV **98** 472; dies gilt erst recht für den die Kolonne rechts auf der Busspur überholenden Bus gegenüber dem entgegenkommenden in die Einfahrt Einbiegenden, Sa NZV **92** 234.

Überholen § 5 StVO 2

5 a. **Rückschaupflicht** besteht zwar nicht in allen Fällen des Überholens ausnahmslos 42
(Begr, Rz 5), zB nicht, wenn zum Überholen des Vorausfahrenden (Radfahrer) nur
leicht nach links ausgebogen werden muß und die Straße breit ist. Jedoch ist sie vor dem
Ausscheren stets geboten, zumal Abs IV S 1 **äußerste Sorgfalt** gegenüber dem nachfolgenden V verlangt, soweit das Überholen ein Ausscheren erfordert, Kar VR **02** 1434.
Bedeutung der Formulierung „Gefährdung ausgeschlossen": s Rz 25, **E** 150. Die Feststellung konkreter Gefährdung setzt idR Angaben zu den Geschwindigkeiten der beteiligten Fze voraus, nicht jedoch bei Kollision durch mangelnde Sorgfalt des Ausscherenden, Dü NZV **94** 488. **Ausscheren:** Verlegen der Fahrlinie über die linke Begrenzung
des eigenen Fahrstreifens hinaus, wenn auch nur teilweise. Wer den Fahrstreifen nicht
verläßt, sondern nur wenig ausbiegt, schert nicht aus, s *Bouska* VD **71** 193, s Ce DAR
99 453. Wer ausscheren will, muß sich **vorher vergewissern,** daß er dies ohne wesentliche Behinderung oder Gefährdung aufgerückter Hintermänner tun kann (Rückspiegel), KG NZV **02** 229, Dü NZV **94** 488, als Führer eines langsamen Fzs (Lkw) auch
gegenüber schnell herannahenden Fzen auf demselben Fahrstreifen, Ha DAR **01** 165,
und zwar auf allen Straßen, nicht nur auf AB (s Begr, Rz 13 c), auch wenn er nur einen
Teil der Überholspur zum Überholen braucht, Kö MDR **65** 483, oder nur Raum bis
zur Fahrbahnmitte. Wo keine Geschwindigkeitsbeschränkung besteht, ist mit hohen
Geschwindigkeiten Nachfolgender zu rechnen, KG NZV **02** 229, Ha DAR **01** 165.
Unzulässig ist das Ausscheren zwecks Überholens, wenn es nachfolgende Fze zu
scharfem Bremsen oder anderen ungewöhnlichen Fahrmanövern zwingen würde, Dü
VR **97** 334, Kar NZV **92** 248, VRS **74** 166, Ko DAR **80** 182, Kö VR **78** 143, s BGH
VR **71** 1063. Dagegen verbietet Abs IV S 1 das Ausscheren zum Überholen nicht immer schon dann, wenn dadurch eine nur leichte Behinderung (geringfügiges Abbremsen) verursacht wird, Bay VRS **62** 61, s Dü NZV **94** 488; entscheidend wird die
VDichte sein. Ist Überholverkehr nahe aufgerückt, so ist das Ausscheren aufzuschieben,
Nü VR **70** 644, BGH VR **62** 254, Schl VM **64** 91 (Rückschaupflicht am Ende eines
Überholverbots), keinesfalls darf der Nachfolgende zu kräftigem Bremsen gezwungen
werden. Nähert sich auf der Überholspur (200 m) Schnellverkehr, so darf ein LkwF mit
nur 53 km/h nicht zum Überholen noch ausscheren, zumal dann nicht, wenn er alsbald
noch weiter verlangsamen will, Ko VRS **59** 36. Stets ist allmählich auszuscheren, niemals abrupt. Wer kurz vor einem Aufgerückten zwecks Überholens ausschert, handelt
grobfahrlässig, KG NZV **02** 229, VR **78** 1072 (30 m bei „140"), Kar VRS **74** 166 (50
m bei „160", Alleinhaftung).

Je größer der **tote Winkel** des Rückspiegels ist, den jeder Kf kennen muß, um so 43
länger muß er nach hinten beobachten, KG VRS **66** 152, Ha VM **66** 85, Ce VRS **32**
384. Ein LkwF muß **auf der AB** vor dem Ausscheren auch auf von hinten auf demselben Fahrstreifen sich nähernde Fze achten und mit deren Überholen rechnen, Ha DAR
01 165. Wer **in die AB einfährt,** muß sich, bevor er überholt, zunächst einmal in den
VFluß auf dem rechten Fahrstreifen einfügen, s § 18 Rz 16, erst recht darf er nicht alsbald nahe vor einem Schnelleren zur Überholspur hinüberfahren, Kö VRS **25** 23.

Die Rückschaupflicht besteht auch **innerorts,** die dazu ergangene Rspr zur StVO 44/45
1937 ist durch Abs IV S 1 überholt.

5 b. **Rechtzeitiges und deutliches Zeichengeben** mit dem Fahrtrichtungsanzeiger 46
außer rechtzeitiger sorgfältiger Rückschau ist die zweite notwendige Voraussetzung vor
dem Ausscheren (IVa). Die Ankündigungspflicht besteht in erster Linie gegenüber dem
Nachfolger, Dü NZV **94** 488, Ha DAR **75** 53, aber auch gegenüber Vorausfahrenden,
weil diese vor Fahrstreifenwechsel oder Richtungsänderung eine Rückschaupflicht
haben, Ha VRS **47** 58, Ce VM **87** 27, aM Bay DAR **72** 338, dessen Ansicht aber § 1
widerspräche und eine gefährliche Lücke des § 5 öffnen würde. Die Zeichen sind zu geben, bis sich der Verkehr darauf einstellen konnte, und rechtzeitig genug, um zu warnen. Rechtzeitiges Zeichengeben entbindet nicht von weitergehenden VPflichten (§ 1).
Verspätete Anzeige steht dem Unterlassen gleich, Sa VM **57** 73. Deutlich und klar
wahrnehmbar muß das Zeichen sein, Stu DAR **55** 67.

Erst wenn das Ausscheren nach Erfüllung der Pflichten gem IV 1 möglich ist, darf es 47
angezeigt werden; **verfrühtes Betätigen des Fahrtrichtungsanzeigers** irritiert den

443

nachfolgenden V, Ce DAR **99** 453. Zeichengeben verschafft keinen Vorrang gegenüber aufgerückten FzFührern (häufiger Verstoß).

48 **Ohne rechtzeitiges Zeichen** darf niemand ausscheren, Bay VRS **64** 55, Dü NZV **94** 488, Kar VRS **74** 166, auch nicht bei Nichtbenutzung der Überholspur, Kö DAR **57** 81, Ha VRS **17** 66 (Lastzug), auch nicht nach rechts in Fällen erlaubten Rechtsüberholens (Abs VII S 1). Der Nachfolgende darf idR darauf **vertrauen,** daß der Vorausfahrende vor dem Überholen Zeichen gibt, Bay VRS **64** 55; s aber Rz 40 (Überholen von Kolonnen). Erlischt der Blinker des Vorausfahrenden ohne Ausscheren wieder, so darf der Nachfolgende mit Wegfall der Überholabsicht rechnen, Bay MDR **60** 698, Dü NZV **94** 488, umso sorgfältiger muß jeder Kf etwaiges verfrühtes automatisches Zurückstellen (Lenkbewegung) berücksichtigen. **Das Wiedereinscheren** nach dem Überholen ist ebenfalls rechtzeitig und deutlich mit dem Fahrtrichtungsanzeiger anzukündigen (IV a), also bereits, wenn der Überholte es wahrnehmen kann. Wiedereinscheren wegen Abbruchs des Überholvorgangs ist nachfolgenden FzFührern, die inzwischen aufgeschlossen haben, anzukündigen (§ 1), nicht jedoch „Anschlußüberholern", die ebenfalls schon ausgeschert sind, insoweit aM Sa VM **81** 37 mit abl Anm *Booß*. Nach jedem Wiedereinscheren ist das Zeichen alsbald deutlich zurückzunehmen, um nicht Rechtsabbiegen vorzutäuschen. Wer alsbald nach dem Überholen links abbiegen will, muß nicht zurückscheren und hat deshalb nicht dieses, sondern das Linksabbiegen rechtzeitig und deutlich anzukündigen. Beim erlaubten Fahrstreifenfahren (§§ 7, 37 IV, 42 VI) entfällt mit der Pflicht zum Zurückscheren auch die Anzeigepflicht.

49 **Innerorts** ist das Ausscheren, einer Weltregel entsprechend, ebenso anzukündigen, obwohl es je nach den örtlichen Verhältnissen mit demjenigen zwecks Abbiegens in ein Grundstück oder in eine andere Straße verwechselt werden kann. Diese Gefahr kann nur durch erhöhte Aufmerksamkeit des Überholers und Folgeverkehrs ausgeglichen werden (präzises Zurückstellen des Blinkers beim Überholer, Annahme unklarer Lage beim Nachfolger).

Lit: *Hentschel/Janker,* Die Fahrtrichtungsanzeige, KVR. *Möhl,* Richtungszeichen nach geltendem und künftigem Recht, DAR **65** 197.

50 **Warnzeichen** (§ 16) zur Ankündigung des Überholens: Rz 59, 60.

51 **5 c. Wieder rechts einordnen** muß sich der Überholer so bald als möglich (IV). Damit ist das Überholen beendet (Rz 23). Das Blockieren des Überholens durch unzulässiges Linksfahren, wo Sicheinordnen nach rechts geboten wäre, ist ein erheblicher Verstoß, weil es zu gefährdendem Aufrücken oder Rechtsüberholen anreizt. Daß der Nachfolgende nur unter Überschreiten der zulässigen Höchstgeschwindigkeit überholen konnte, berechtigt nicht zur Beibehaltung des Überholfahrstreifens, s *Bouska* DAR **85** 137. Das Einordnen als Rechtspflicht ergibt sich, vom Fahrstreifenfahren abgesehen, schon aus § 2 (Rechtsfahren) (Begr, Rz 8) und wird hier als Gebot wiederholt. Es erfordert erneute Fahrtrichtungsanzeige (Rz 48) und setzt etwa den nötigen Sicherheitsabstand (§ 4) voraus, damit es den Überholten weder gefährdet noch behindert, Bay VRS **23** 388, Ko DAR **67** 25, Bra VRS **32** 372, einen Abstand, der etwa der 1-s-Fahrstrecke entspricht, Ko VRS **45** 209. Wer nach dem Überholen auf der Gegenfahrbahn bleibt, kann bei einem Unfall nicht grobe VWidrigkeit des anderen Beteiligten einwenden, Ha VRS **48** 192. Im Fahrstreifenverkehr gehört zum Überholen kein Wiedereinordnen nach dem Vorbeifahren, BGHSt **25** 293 = NJW **74** 1205, 1879 (zw *Booß*).

52 Bei richtig eingestelltem **Rückspiegel** verhält sich der Überholer korrekt, der sich nach dem Überholen erst nach rechts einordnet, wenn der Überholte im Rückspiegel erscheint, s Ba VR **71** 769. Zu dichtes Einscheren bei Nässe oder Matsch mit Beschmutzen der Frontscheibe des Überholten, s § 1 Rz 36. Hat sich der Überholer richtig eingeordnet, so muß nun wieder der Überholte für richtigen Abstand sorgen, Nü VR **61** 574. Nach beendetem Überholen muß sich der Überholer nicht weiterhin nach rückwärts orientieren, Dü VRS **48** 134. **Schneiden** mit Bremszwang ist grob verkehrswidrig, Dü VRS **64** 7, Ol VRS **15** 336, bei Fremdgefährdung § 315 c I Nr 2 b StGB (falsches Überholen), s § 315 c StGB Rz 33. Wer kurz nach dem Überholen rechts abbiegt und den Überholten deshalb stark schneidet, handelt rücksichtslos und haftet bei

Überholen § 5 StVO 2

Unfall überwiegend, Mü VR **76** 693, Ko VRS **47** 31. Auch ein überholender Radf darf den Überholten nicht schneiden, Schl SchlHA **56** 319. Schneiden kann Nötigung sein (§ 240 StGB), s Rz 72. Die BG des Überholten tritt bei Kollision dann zurück, Mü VR **66** 1015, ihn trifft bei Unfall keine Schuld, Ko DAR **67** 25. Plötzliches Bremsen dessen, der geschnitten wird, ist nicht fahrlässig, Dü VM **76** 87.

Beim **Überholen mehrerer Vorausfahrender** kurz hintereinander muß der Über- 53
holende nicht dazwischen jeweils wieder rechts einscheren, um § 2 zu genügen, Bay NJW **55** 1041, besonders nicht, wenn er die Geschwindigkeit hierzu vermindern, Dü VM **65** 46, und gestreckte Schlangenlinien fahren müßte, BGH VRS **6** 200, Bay DAR **66** 56. Eine 500-m-Lücke wird er aber auch bei erheblicher Geschwindigkeit idR zum Einscheren benützen müssen, Ce DAR **68** 278. Auf der AB zwingt eine Lücke von nur 200 m zwischen mit „100" Fahrenden den mit „120" Überholenden nicht zum Einscheren, Kar VRS **53** 373. Wer nicht wenigstens 20 sec ohne Verminderung der Geschwindigkeit in einer Lücke auf dem rechten Fahrstreifen weiterfahren kann, braucht idR nicht in diese einzuscheren, Bay DAR **90** 187. Überholen auf der **Autobahn,** s auch § 18 Rz 20.

5 d. Ausreichenden Seitenabstand zum Überholen muß der Überholer zu jedem 54
VT bis zur Beendigung einhalten, BGH NJW **75** 312, Ha VR **87** 670, Kar NZV **90** 199, besonders zu Fußgängern und Radf (IV), auch beim Rechtsüberholen. Er richtet sich nach der eigenen FzArt und Fahrgeschwindigkeit, den Fahrbahnverhältnissen, dem Wetter und nach der Eigenart des Eingeholten, BGH VRS **10** 252, Bay MDR **87** 784, Sa VM **74** 85. Die Seitenabstände zum Überholten und zum Gegenverkehr müssen so ausreichend groß sein, daß sie Schreckreaktionen anderer VT ausschließen, Ko VRS **59** 116. Bei ausreichendem Seitenabstand muß auf gerader Straße mit Gefährdung nicht gerechnet werden, BGH VR **62** 1156. Der Seitenabstand darf **nicht bedrängend gering** sein, BGH VR **65** 87, Kar VR **02** 1434, Ha VRS **35** 430 (Lastzug), so daß er den Eingeholten erschreckt, s Kar VR **02** 1434, besonders auf der AB, BGH VRS **22** 279, und Fehlreaktion (**E** 86) heraufbeschwört. Könnte ein Lastzug nur bedrängend dicht überholen, weil die Fahrbahn relativ schmal ist, so darf er nicht überholen, Kar VR **78** 749. Sieht sich auch ein erfahrener Überholter unwillkürlich zu einer Ausweichbewegung nach rechts veranlaßt, so hat der Überholer zu geringen Seitenabstand eingehalten, Ha VRS **52** 145. Würde der Sicherheitsabstand zu einer überholten Kolonne bei GegenV zu knapp, ist der Überholvorgang bei Auftauchen Entgegenkommender sofort abzubrechen, Kö VR **82** 585. Bleibt **auf schmaler Straße** nur geringer Seitenabstand, muß der Überholer entweder zurückbleiben (zB bei nahem Gegenverkehr) oder, wenn dies ungefährlich ist, angepaßt verlangsamen, Ha VRS **21** 375. Er muß dann die Überholabsicht ankündigen und sich mit dem Eingeholten verständigen, s Rz 59. Der Eingeholte wird sich hier uU auf geringeren seitlichen Abstand einrichten müssen und scharf rechts fahren, s Ba VR **78** 351. **IdR** reicht **1 m Seitenabstand** beim Überholen aus, auch gegenüber einem Mopedf auf feuchter Straße, Ol VR **62** 814, Stu VR **67** 69, außer gegenüber Radf (s Rz 55), bei schlechter Fahrbahn, bei ungünstigem Wetter, hoher Überholgeschwindigkeit, unsicherem Verhalten des zu Überholenden, Bay MDR **87** 784, Kar VR **02** 1434, Dü VM **75** 79, stets zum Eingeholten gemessen. Bei unruhigen Zugtieren ist besondere Vorsicht nötig, ebenso beim Überholen von Reitern, Ha NZV **94** 190 (Geschwindigkeitsverringerung, Seitenabstand). Beim Rechtsüberholen eines eingeordnet haltenden Linksabbiegers ist ein Seitenabstand von 50 cm jedenfalls ausreichend, Kö VRS **63** 142.

Beim **Überholen von Radf** ist stets durch Ausschwenken zu berücksichtigen, KG 55
ZfS **02** 513, vor allem bei Glätte, KG VR **74** 36, Wind und in Steigungen, BGH VRS **27** 196, Fra DAR **81** 18, Ha VRS **30** 77 (Moped), Neust VRS **15** 129 (Gewitterregen), Kö VRS **31** 158 (Eiskrusten). Radf, die sich auf WarnZ hin umsehen, schwanken oft nach links, Ha DAR **56** 335. Beim Überholen mehrerer Radf nebeneinander (§ 2 IV) ist besondere Vorsicht nötig. Bei einer Gruppe radfahrender kleinerer Kinder ist mit Unbesonnenheiten zu rechnen, Ha VRS **47** 266. Im übrigen ist mit Unsicherheit des Radf und besonders großem Schwanken bei Überholen durch gewöhnliche Fze nicht zu rechnen, Stu VR **67** 69, denn daran müssen Radf auch außerorts gewöhnt sein. Wer als

Kf einen Radf überholt, muß je nach dessen Fahrweise und seiner eigenen Fahrgeschwindigkeit ausreichenden Seitenabstand einhalten, **mindestens 1,5–2 m,** KG ZfS 02 513, Ha NZV **95** 26, **91** 466, Sa VM **80** 79. Auf freier LandStr und bei einwandfreier Fahrweise reichen etwa 1,90 m Abstand aus, Kö VRS **26** 356. UU (Unsicherheiten des Radf, schwierige Fahrbahn- oder Witterungsverhältnisse) sind etwa 2 m Seitenabstand nötig, oder das Überholen ist zurückzustellen, Sa VM **71** 93, Schl VM **66** 54. 2 m Abstand ist auch beim Überholen eines Radf notwendig, wenn auf dem Rad ein Kind befördert wird, Kar DAR **89** 299 (4jähriges Kind auf Gepäckträger). Benutzen Radf einen Sandstreifen mit Stufe zur Fahrbahn hin, so muß ein Überholender mit Sturz rechnen und mit großem Abstand überholen (2m), Schl VM **73** 60. Rechtsüberholen des zum Linksabbiegen zur Mitte hin eingeordneten Radf mit 2 m Seitenabstand ist ordnungsgemäß, Stu VR **71** 1178. Ein Seitenabstand des überholenden Pkw zum Radf von nur 60 cm ist zu gering, vor allem auf einer Steigung, Ko VRS **39** 343. Diese Grundsätze gelten nicht ohne weiteres auch bei **Mofafahrern,** Bay MDR **87** 784. Jedoch ist auch beim bergauf fahrenden Mofa mit Schwankungen nicht zu rechnen, Dü VM **75** 79. Auf das **Überholen von Radf durch Radf** sind die für Kf geltenden Grundsätze zum Mindest-Seitenabstand nicht übertragbar, weil die sonst ungleich größeren Masse und Geschwindigkeit des überholenden Fzs sowie Beeinträchtigung durch Luftzug und Motorgeräusch dann keine Rolle spielen, Fra NZV **90** 188. Auch auf nur 1,70 m breitem Radweg darf ein Radf daher einen anderen Radf überholen, jedenfalls nach Ankündigung durch Klingeln, Fra NZV **90** 188. Auf schmalen Radwegen, die nur sehr geringen Seitenabstand ermöglichen, darf ein Radf aber nicht überraschend überholen, Mü VRS **69** 254. Dem **Kradf, der überholt wird,** steht ein ganzer Fahrstreifen zu, er muß nicht zum StrRand fahren, auch nicht bei markierten Fahrstreifen auf der AB und auf anderen Straßen. Auch **Fußgänger,** die innerorts rechts oder links, außerorts überwiegend links zu gehen haben (§ 25), müssen beim Überholen ungefährdet bleiben, Ko VRS **42** 29, Bra VRS **4** 294. Ein Seitenabstand von 0,50 m reicht höchstens aus, wenn ein offensichtlich erfahrener Fußgänger auf der Fahrbahn steht und auf den Verkehr achtet. S § 2 Rz 41, § 6 Rz 11, § 20 Rz 9, § 25 Rz 18.

56   **Gefährdender Seitenabstand:** nur wenige cm bei hoher Geschwindigkeit auf der AB, Dü VM **59** 2, nur 1 m bei überholendem Langholzfuhrwerk (anders bei Pkw), BGH VRS **31** 404, so knappes Überholen eines Mopeds mit „60–70", daß schon leichtes Schwanken zur Kollision führen muß, BGH VRS **21** 170, nur 75–80 cm Seitenabstand, BGH MDR **58** 113, VRS **6** 437, Bra VRS **1** 197, nur 50 cm zwischen Straba und Radf, BGH VRS **34** 412 (kein Vortritt der nachfolgenden Straba in einer Engstelle), zwischen überholendem Krad und Pkw, Ha VR **87** 692, nur 40 cm zu einer ganz rechts reitenden Gruppe bei lautem Lastzuggeräusch, Dü VR **70** 771, nur 40 cm zum rechts auf einem unabgegrenzten Gehstreifen gehenden Fußgänger, der erschreckt werden kann, BGH VRS **13** 216.

57   Überholen mit nur 32 cm seitlichem Abstand ist idR **grobfahrlässig,** Zw VR **78** 66, auch wenn das überholte Kfz an sich spurtreu ist.

58   **Seitenabstand beim Vorbeifahren an haltenden Fzen:** § 6 Rz 11, § 20 Rz 9.

59   **6. Warnzeichen vor dem Überholen** sind nur außerorts zulässig (V), innerorts im Interesse der VBeruhigung (Begr, Rz 10) nur bei Gefahr. Bei ungestörtem Überholverlauf ist ein WarnZ entbehrlich, BGH VRS **20** 254, Fra NZV **00** 211, Sa VM **75** 93, so etwa bei VT, die offensichtlich korrekt scharf rechts fahren. Anders bei Unsicherheit des Vorausfahrenden, BGH VR **64** 777, oder bei Unaufmerksamkeit, Dü VM **65** 93, Ha VRS **28** 45. Auf schmalen Straßen darf, vor allem bei Sichtbehinderung, erst nach Verständigung überholt werden, Bay VM **60** 24, Sa VM **81** 89, Fra VM **63** 78, Ha DAR **60** 121. Wer auf schmalem Radweg einen anderen Radf durch Überholen gefährden würde, kann zur Abgabe eines KlingelZ verpflichtet sein, nicht jedoch, um dadurch einem verkehrswidrigen plötzlichen Linksabbiegen des Eingeholten entgegenzuwirken, Mü VRS **69** 254. Warnung von Radf vor dem Überholen, s im übrigen Rz 40. Wer die **Überholspur unberechtigt benutzt** (§ 2), darf durch kurzes Hupen oder Blinken zum Einscheren aufgefordert werden, BGH VR **68** 672, Bay VRS **62** 218, Kö VRS **28** 287, Ha VM **62** 58 *(Anm Booß),* doch nicht auf bedrängende Weise, denn diese kann uU

nötigen (Rz 72), besser von vornherein durch Linksblinken, sofern dies, wie auf der AB, nicht irreführen kann, s *Janiszewski* NStZ **82** 240, KG VRS **65** 220.

Das **Ankündigen** geschieht durch kurze, „stoßweise", insgesamt nur wenige Sekunden dauernde Schall- oder LeuchtZ (Begr, Rz 11), wobei Entgegenkommende **nicht geblendet** werden dürfen. Die Ankündigung ist nicht schon unzulässig, wenn sie nur geblendet werden *„könnten"*, sonden nur, wenn sie durch das Z tatsächlich geblendet würden (Begr, Rz 11). **60**

7. Pflichten des zu Überholenden. Mit Überholversuchen an gefährlichen Stellen muß ein Vorausfahrender nicht rechnen, BGH VRS **59** 326. Im übrigen muß er das Überholtwerden möglichst erleichtern, vor allem durch **korrektes Rechtsfahren** (§ 2 II), BGH VR **61** 347, Nau DAR **01** 223, aber nicht durch Ausweichen aufs Bankett, BGH VBl **58** 35, Ol DAR **56** 283, wenn er das bei Tragfähigkeit auch darf, BGH VRS **21** 170. Wer überholt wird, darf **nicht unerwartet nach links ausbiegen,** Nau DAR **01** 223, Ha VR **87** 692. IdR darf der Überholer mit verkehrsgemäßem Verhalten des zu Überholenden rechnen. Der mit Überholgeschwindigkeit ausgescherte Aufgerückte muß nicht mit vorschriftswidrigem Ausscheren des Vordermannes ohne Rückblick noch kurz vor ihm rechnen, s Bay VRS **59** 224. Nicht rechnen muß der Überholende mit plötzlicher Seitwärtsbewegung des Eingeholten, BGH NJW **75** 312, VR **67** 557, Bay VM **69** 2, Ha VRS **48** 268, Stu DAR **67** 26, nicht mit unvermitteltem Linksabbiegen, BGH VBl **54** 37, Fra NZV **00** 211, erst recht nicht, wenn der Eingeholte vorher ersichtlich Platz gemacht hat, RG RdK **49** 58. Damit, daß ein am rechten Fahrbahnrand fahrender **Radf** plötzlich auf die linke Fahrbahnhälfte lenken werde, braucht der Überholende nicht zu rechnen, LG Mühlhausen NZV **04** 359 (Alleinhaftung des Radf). Berücksichtigung von Lenkbewegungen durch (jugendliche) Radf, s Rz 40. Mit Rücksicht auf den Überholer **abblenden** muß der Überholte nicht, Bay NJW **64** 213, es sei denn bei Hinterherfahren mit geringerem Abstand (Blendung durch Rückspiegel, § 1). **Verhindern des Überholtwerdens** als Nötigung, s Rz 72. **61**

7 a. Beschleunigungsverbot (VI). Der Überholte darf ab Beginn des Überholvorgangs (idR Ausscheren, nicht vom „Eingeholtsein" ab) nicht mehr beschleunigen, weil dies den Überholweg verlängern und nicht mehr abschätzbar machen würde, Bay VM **78** 42, und zwar auch auf Straßen mit mehreren Fahrstreifen (zB der AB). Auch wer bei Grün anfährt und dabei links überholt wird, darf kein Wettfahren beginnen, er darf bis zur zulässigen Höchstgeschwindigkeit beschleunigen, doch so, daß das Überholen nicht wesentlich verlängert wird. Zwar muß, wer beschleunigen will, nicht vorher wegen etwaiger Überholer zurückblicken, Bay DAR **68** 166, merkt er aber, daß er überholt werden soll, so muß er sich darauf einrichten, Dü VM **70** 77, Ha NJW **72** 2096 (seitliches Auftauchen), und darf nicht weiter beschleunigen, Ha VRS **8** 227, auch nicht bei rechtswidrigem Überholtwerden (Gefährlichkeit!), Bay DAR **68** 166, auch nicht durch Selbstbeschleunigung in langem Gefälle, aM Ha VM **67** 8, denn auch dies verlängert den Überholweg. Das Beschleunigungsverbot kann auch durch Unachtsamkeit verletzt werden, Ha NJW **72** 2096. Bei unerlaubtem Beschleunigen darf der Überholer, uU schneller als an sich erlaubt, weiter überholen, wenn das Abbrechen jemanden gefährden würde, Dü NJW **61** 424, dann haftet der Überholte für die Folgen, BGH VR **64** 414, wenn sein Verhalten auch nicht Voraussehbarkeit der Folgen beweist, Bay DAR **57** 361. **Die Geschwindigkeit vermindern** wird er müssen, wenn sonst Gefahr entstünde, s BGH VR **60** 925, zB wenn sich Gefahr ersichtlich anbahnt, auch kann die Rücksicht (§ 1) auf den Überholer fordern, daß er jedenfalls seinen bisherigen Abstand nach vorn (§ 4) nicht verkürzt, Ce NRpfl **62** 70, es sei denn, er würde anderenfalls durch einen zu dicht vor ihm Einscherenden gefährdet, Ce NZV **90** 239. Wer überholt wird, darf aus triftigem Grund abbremsen, darf dadurch jedoch den Überholer nicht gefährden, etwa dessen Versuch, das Überholen abzubrechen und sich hinter dem zu Überholenden wieder einzuordnen, aM Fra VR **79** 725. Wartepflicht der Langsamfahrer: Rz 63. **62**

7 b. Langsamere Fahrzeuge (= langsamer fahrende) jeder Art, die (zB wegen dauernden Gegenverkehrs) nicht überholt werden können, müssen verlangsamen, an geeigneter Stelle notfalls warten, um „mehreren unmittelbar folgenden Fzen" das Überholen zu ermöglichen (Abs VI S 2, 3). Die wichtige Vorschrift entspricht einer Weltregel, sie **63**

fördert den VFluß, vermeidet Schlangenbildung und gefährdendes Überholen (Begr, Rz 12). Ein **„langsameres" Kfz** führt, wer nur erheblich langsamer fahren kann oder will als die gerade beteiligten anderen Kfze, Kar NZV **92** 122, s Stu DAR **77** 276, auch wenn er triftige Gründe dafür hat, Kar NZV **92** 122. Daß er bauartbedingt langsam fährt, ist nicht Voraussetzung, Kar NZV **92** 122. Wer auf 6 km mit 65 km/h fährt, obwohl 100 km/h möglich und zulässig sind, unterliegt der Pflicht des Abs VI S 2, Kar NZV **92** 122. **Mehrere Fze** folgen unmittelbar, wenn wenigstens drei Fze (s *Cramer* Rz 108) mit dem gebotenen oder auch etwas größerem Abstand zu dem Langsamfahrer aufgeschlossen haben. **An nächster geeigneter Stelle** müssen Langsamfahrer verlangsamen oder anhalten, also nicht, wo Auffahrgefahr drohen kann. Bei Dunkelheit ist dies problematisch, da Anhalten trotz Beleuchtung hier gefährden kann. Dazu dürfen und sind ggf **Seitenstreifen** (Abgrenzung zur Fahrbahn durch Breitstrich, § 41 III 3 b) zu benutzen, um das Ausweichen und Warten zu erleichtern (VI), sofern sie erkennbar so ausreichend breit und befestigt sind, daß sie das fahrende Ausweichen (uU Mitbenutzung) und Warten des langsamen Kfz ermöglichen. Daß dies nicht auch für die Standspur der AB gilt (s dazu § 18 Rz 14 b), stellt Abs VI S 3, Halbsatz 2 ausdrücklich klar. Das Ausweichen oder Mitbenutzen des Seitenstreifens durch das wartende Kfz darf den auf den Streifen verwiesenen SonderV (§ 41 III 3 b) nicht gefährden, ihn aber uU durch kurzes Warten behindern, ohne dann § 1 zu verletzen. An Stellen mit häufigen Überholstörungen und Schlangenbildung sieht die Vwv zu VI 2 Haltebuchten vor.

64   8. **Rechtsüberholen** ist in den in VII bezeichneten Fällen zulässig (Rz 67–70), außerdem gemäß § 7 II bis III (dort Rz 10–15), § 41 III Nr 5. Rechtsüberholen bei Schlangenbildung: § 7, unter Benutzung einer Sperrfläche, s Rz 19 a. Die wenigen Ausnahmen zulässigen Rechtsüberholens **auf ABen** sind im Sicherheitsinteresse eng auszulegen, Bay DAR **79** 47, KG VRS **62** 139. Würde das Rechtsüberholverbot des § 5, zusammen mit der Ausnahme des § 7 (Nebeneinanderfahren), aber eng wörtlich genommen, so blieben Fälle fremden unrichtigen Verhaltens übrig, in denen Rechtsüberholen verboten und der Verkehr dadurch unzumutbar behindert wäre. So zB ist kein unzulässiges Rechtsüberholen anzunehmen, wenn jemand auf der AB-Normalspur gleichschnell weiterfährt, obwohl auf der Überholspur ein Fz, das ihn bereits etwas hinter sich gelassen hatte, mangels Motorkraft wieder zurückfällt, Bay NJW **64** 781, JR **64** 189 *(Hartung)*, s Ce VM **63** 77. Ihn zum Verlangsamen zu zwingen, wäre unangemessen und uU gefährlich behindernd. Rechtsüberholen **an einer auf der Überholspur stokkenden Kolonne,** § 7 II a (s § 7 Rz 12 a). Rechtsüberholen, insbesondere auf AB und KraftfahrStrn, ist auch erlaubt, wenn das überholte Fz auf der durchgehenden Fahrbahn bleibt, während der Überholende einen durch breite Leitlinie getrennten **Abzweig-Fahrstreifen** befährt, § 42 VI Nr 1 f, vorausgesetzt, daß der rechts Überholende beabsichtigt, der seinem Fahrstreifen zugeordneten abweichenden Richtung zu folgen, so schon Fra NJW **83** 128 (Anm *Booß* VM **83** 6). S dazu § 7 Rz 15. Im **Ampelbereich** mit markierten gleichgerichteten Fahrstreifen darf vor Rot rechts aufgefahren (= insoweit überholt) und innerorts auch (bei Übergang zu Grün) rechts fliegend überholt werden (§ 7 III), s aber Rz 36. Außerorts könnte – soweit nicht die Voraussetzungen des § 7 II a erfüllt sind – der Wortlaut des § 37 IV dafür sprechen, daß im Ampelbereich (auch ohne Fahrstreifenmarkierung) nur Nebeneinanderauffahren bei Rot (= insoweit überholen) erlaubt ist, nicht jedoch (bei Farbwechsel) fliegendes Rechtsüberholen. Aus Gründen der VFlüssigkeit läßt aber Bay NJW **80** 1115 inner- wie außerorts bei Farbwechsel auch fliegendes Rechtsüberholen zu, auch bei nicht markierten Fahrstreifen (str, zum Problem: Ha MDR **70** 66, Ce VRS **54** 144, *Booß* VM **80** 42, *Demuth* JurA **71** 389, BGHSt **26** 73). Die Lösung des BayObLG dürfte den Vorzug verdienen, weil sie den Verkehr flüssig hält, ohne daß wesentliche Nachteile zu befürchten wären, s *Mersson* DAR **83** 281. Die Streitfrage ist nach Einfügung von § 7 II a nur noch von geringer Bedeutung. **Hindurchfahren mit einem Krad zwischen wartenden Kolonnen** ist unerlaubtes Rechtsüberholen, Stu VRS **57** 361, 364, Ha NZV **88** 105 (Alleinhaftung bei Kollision mit einem aus der linken Kolonne ausscherenden Fz), ebenso zwischen fahrenden, Dü NZV **90** 319, Stu VRS **57** 364, Schl VRS **60** 306; daran hat die Einfügung weder von Abs VIII noch von § 7 II a etwas geändert, s *Felke* DAR **88** 74, weil erlaubtes Rechtsüberholen, abgesehen von der Ausnahme des Abs VIII, grundsätzlich einen freien Fahrstreifen für den Überholenden voraussetzt, KG NZV **96** 365, Dü NZV **90** 319, VM **90** 38, VRS **68** 134, *Weigel* DAR **00** 394. Ein solches Verhalten ist gefährlich, weil es zu Kollisionen führen kann, wenn die überholten Fze sich innerhalb der von ihnen beanspruchten Fahrstreifen nach rechts oder links bewegen.

Radfahrer und **Mofafahrer** dürfen Fze, die auf dem rechten Fahrstreifen warten (zB LZA), mit mäßiger Geschwindigkeit und besonderer Vorsicht rechts überholen, falls ausreichender Raum dazu vorhanden ist, Abs VIII, nicht aber auch unter Benutzung anderer Fahrstreifen solche, die dort warten, Ha NZV **01** 39 (Linksabbiegerstreifen). Die durch ÄndVO 1988 eingefügte Bestimmung legalisiert eine schon vorher geübte Praxis und entspricht den Verkehrsbedürfnissen. Ausreichender Raum ist nur vorhanden, wenn die verbleibende Fahrbahnfläche ein gefahrloses Befahren durch den ZweiradF ohne Gefahr der Kollision mit den wartenden Fzen oder einem rechts verlaufenden Bordstein gewährleistet, s *Felke* DAR **88** 74 (mindestens 1 m), krit zur Regelung in Abs VIII *Gahrau* VD **87** 248, *Berr* DAR **88** 100. Nur *wartende* Fze dürfen gem Abs VIII rechts überholt werden, dh solche, die zum Stillstand gekommen sind, nicht fahrende, auch nicht langsam rollende, bei denen im übrigen das Erfordernis ausreichenden Raumes infolge Veränderung der Fahrlinie nicht abschätzbar wäre. Die erlaubte „mäßige" Geschwindigkeit richtet sich nach den konkreten VVerhältnissen und der sich daraus ergebenden Beherrschbarkeit der beim Überholen entstehenden Gefahren, Ha NZV **00** 126. Die Führer wartender Fze haben die Möglichkeit rechts überholender Radf und Mofas beim Anfahren und – im Hinblick auf den Vorrang geradeaus fahrender Radf und FmH (§ 9 III S 1) – vor allem beim Rechtsabbiegen zu berücksichtigen. Entsprechendes gilt für das Öffnen der Tür durch Fahrgäste, Ha NZV **00** 126. 65

Seitenstreifen (Z 295) sind keine Sonderwege, s § 41 Rz 248 Z 295. Benutzung zum Zwecke des „Rechtsüberholens" verstößt gegen § 2 I 1, nicht auch gegen § 5 I (die abw Rspr ist durch § 2 I S 2 überholt, ebenso die Rspr, die § 7 II bis III für anwendbar hielt), Dü NZV **93** 359, NJW **94** 1809. Benutzung durch langsame Fze zur Erleichterung des Überholens, s Rz 63 sowie gemäß § 41 III 3b, aa, s § 41 Rz 248 zu Z 295. Befahren des Seitenstreifens als Fahrstreifen (Z 223.1), § 41 Rz 248. 66

Lit: *Gahrau*, Rechtsüberholen durch Radf?, VD **87** 248. *Lehne*, Das Rechtsvorbeifahren an nach links eingeordneten Fahrzeugen, DAR **60** 9. *Mersson*, Zur Problematik des Rechtsüberholens, DAR **83** 280. *Weigel*, Dürfen sich MotorradF ... „durchschlängeln"?, DAR **00** 393.

8a. Der korrekte Linksabbieger (§ 9) ist rechts zu überholen (VII S 1). Er muß sich richtig links eingeordnet haben und seine Abbiegeabsicht (noch) ankündigen (Begr, Rz 13), Kö VRS **84** 330, Stu VR **77** 88, Ha VR **78** 470. Weitere Voraussetzungen verlangt Abs VII S 1 nicht, insbesondere nicht unmittelbares Bevorstehen des Linksabbiegens, Bay NZV **90** 318. VII Satz 1 geht I vor, Bay DAR **77** 139. Wer den eingeordneten Linksabbieger trotz dessen rechtzeitiger Anzeige noch links überholt, haftet überwiegend, Ko VR **78** 576 (zust *Fuchs-Wissemann* DAR **94** 148). Die Rechtsüberholpflicht besteht erst recht, wenn sich der Vorausfahrende noch weiter als bis zur Mitte nach links hin eingeordnet hat, Bay DAR **77** 139. Ist bei richtiger Kundgabe der Abbiegeabsicht Rechtsüberholen wegen Enge nicht möglich, so muß der Überholer warten, Ol VR **63** 864. Solange sich der Linksabbieger noch nicht ordnungsgemäß eingeordnet hat, gilt Abs VII S 1 nicht, Ol NZV **93** 233, Kö VRS **84** 330, Ko VRS **65** 464, ebensowenig bei bloßem Linkseinordnen ohne linke Fahrtrichtungsanzeige, KG VM **85** 67, Kö VRS **84** 330. Hat der Vorausfahrende das Blinken wieder eingestellt, außer nach dem Einmünden auf der Linksabbiegespur (§ 41 III Nr 5, s Rz 68), gilt VII S 1 nicht (Begr, Rz 13); es besteht eine unklare VLage, und das Überholen erfordert größte Vorsicht oder ist zurückzustellen (Rz 34). VII Satz 1 gilt bis zum Beginn des eigentlichen Abbiegens beim an sich zulässigen **paarweisen Abbiegen** (s § 7 Rz 16) auch im Verhältnis mehrerer Linksabbieger untereinander, Bay DAR **87** 94, VRS **58** 448, VM **75** 19, jedoch nicht mehr *während* des Abbiegens, Bay VRS **58** 448, Ce VRS **66** 374, wenn nicht die Voraussetzungen des § 7 II bis III vorliegen. Umgekehrt gilt bei erlaubtem paarweisen Abbiegen nach links das Verbot des Linksüberholens (Abs VII S 1) mit Beginn des eigentlichen Abbiegevorgangs nicht, Ce VRS **66** 374. 67

68 Mit **Ausschwenken** des eingeordneten Linksabbiegers in den benachbarten Fahrstreifen braucht der ordnungsgemäß rechts Überholende nicht zu rechnen, KG VM **04** 61 (Sattelzug, unklare VLage?). Bloßes Einordnen des Vorausfahrenden zur Mitte ohne linkes RichtungsZ oder Linksblinken ohne Einordnen als „unklare VLage", s Rz 34, 35. Wer sich auf dem **Linksabbiegepfeil (Z 297)** eingeordnet hat, darf rechts überholt werden (§ 41 III Nr 5), s *Mersson* DAR **83** 281. Solange er sich dort noch nicht vollständig eingeordnet hat, darf er weder nach § 5 VII S 1 noch nach § 41 III Nr 5 rechts überholt werden, Ko VRS **65** 464. **Wer links abbiegen will,** darf einen bereits eingeordneten anderen Linksabbieger (Z 297 zwischen Leitlinien) rechts überholen (§ 41 III Nr 5), falls er sich ohne Behinderung (§ 1 II) mit zulässigem ausreichendem Abstand noch vor ihn setzen kann, Kö VM **74** 7 *(Booß)*, **78** 61, VRS **51** 453.

69 8 b. **Schienenfahrzeuge** sind rechts zu überholen (VII), links, wenn die Schienen zu weit rechts liegen, auf Fahrbahnen für eine Richtung rechts oder links. Vorbeifahren an Haltestellen: § 20. Linksüberholen der Straba ist zulässig, wenn „die **Schienen zu weit rechts** liegen", so daß überhaupt kein zweipuriges Fz rechts überholen könnte, wobei es auf andere VT zwischen Schienen und Bordstein nicht ankommt, oder wenn wegen einer Baustelle rechts nicht überholt werden kann, Dü MDR **73** 933. Ein öffentliches VMittel hält beim Ein- oder Aussteigen oder fahrplanbedingtem Warten nicht verkehrsbedingt, es wird daher nicht überholt, an ihm wird vorbeigefahren, BaySt **62** 306.

70 Auf Fahrbahnen für eine Richtung (**Einbahnstr,** Z 220) dürfen SchienenFze rechts oder links überholt werden, soweit möglich jedoch rechts (Rechtsfahrgebot). Ist auf einer Einbahnstr die linke Spur durch Pfeil 297 den Linksabbiegern, die rechte den Rechtsabbiegern vorbehalten, so darf ein Linksabbieger nicht auf der unrichtigen Spur überholen, Dü VM **68** 85. Auch in „unechten" Einbahnstr, wo die Straba auch entgegenkommt, darf sie links oder rechts überholt werden, doch mit größter Sorgfalt, BGHSt **16** 133 = NJW **61** 1779, Bay NJW **61** 576.

71 9. **Ordnungswidrig** (§ 24 StVG) sind Verstöße gegen § 5 I– IVa, V S 2, VI, VII (§ 49 I Nr 5). Verstöße von Radf und Mofaf gegen Abs VIII sind als solche nicht bußgeldbewehrt, können aber zugleich Zuwiderhandlungen gegen Abs I (zB bei nicht „ausreichendem Raum"), gegen § 3 I (keine „mäßige Geschwindigkeit") oder § 1 II darstellen. **Irrtum** über die Bedeutung des Überholens verbietender VZ, wenn R 36. Verstoß gegen Abs II S 1 ist bereits **vollendet,** wenn mit dem Ausscheren begonnen wird, obwohl Behinderung des GegenV nicht absehbar ist, Dü VRS **70** 292 (s aber Rz 22). Wird das Überholen abgebrochen, weil es erst auf einer unübersichtlichen Strecke beendet werden könnte, so ist sein Beginn für sich allein nur dann nicht ow, wenn das nicht vorhersehbar war, s Rz 25. Beendigung des Überholens mit überhöhter Geschwindigkeit als einziges Gefahrabwehrmittel, Bay Fahrl **67** 97 (**E** 117). Auch wenn ein Vorausfahrender freie Straße anzeigt, bleibt der Überholer verantwortlich, Schl DAR **63** 254, s Fra NJW **65** 1335. **Zusammentreffen:** Bei Gefährdung des Nachfolgenden ist Abs IV S 1 gegenüber § 1 II speziell, Kar NZV **92** 248, TE jedoch bei Schädigung, Dü NZV **94** 488. Wer trotz unklarer Lage überholt und danach, um dem Gegenverkehr auszuweichen, den Überholten schneidet, verletzt III Nr 1, IV S 4 zugleich, Ko VOR **73** 472. TE zwischen § 5 III und § 1 ist möglich, s Zw VRS **31** 383. Zum Verhältnis des II 1 zum § 1 II, Ha VRS **59** 273. Wird das Überholen nur behindert, so tritt § 1 gegenüber § 5 IV S 4 zurück, weil diese Vorschrift Behinderung voraussetzt, Bay DAR **75** 164, Ha DAR **72** 81. TE mit § 1 bei Gefährdung des Überholten, Ha DAR **72** 81, Bay DAR **75** 164. Wer unzulässigerweise überholt, verletzt nicht zugleich das Rechtsfahrgebot, denn das Überholverbot geht als Sonderregel vor, Dü VRS **52** 210, Sa VRS **42** 149. Bei Überholen trotz Unüberblickbarkeit des Überholwegs geht II S 1 dem Abs III Nr 1 vor, Bay VM **72** 51, VRS **70** 292, Ha VRS **59** 271, s Rz 34. Wer unter Überfahren einer **durchgehenden Linie** (Z 295) überholt und es sonst nicht könnte und zurückstehen müßte, verletzt nur § 41 III 3 a, nicht auch § 2, Kö VM **72** 69, auch nicht immer § 5, weil Z 295 nicht das Überholen regelt, s Rz 37.

72 10. **Strafvorschriften.** Gefährdung im StrV durch grob verkehrswidriges, rücksichtslos falsches Überholen oder falsches Fahren bei Überholvorgängen: § 315 c I Nr 2b, III StGB. Wer mutwillig durch ständiges verkehrswidriges Überholen und Sicheindrängen in Lücken Entgegenkommende und Überholte über 2 km hin zum Bremsen und Ausweichen zwingt, **nötigt** sie, Kö VRS **57** 196. **Schneiden** kann Nötigung sein, Kö VRS **73** 385, Ce NRpfl **62** 68, auch unter Berücksichtigung von BVerfG NJW **95** 1141, (Gewaltbegriff, s auch BVerfG NJW **02** 1031), Stu NZV **95** 285, Kö NZV **95** 405, *Berz* NZV **95** 299; die Intensität der Einwirkung ist entscheidend. Wer auf der AB zweimal hintereinander rechts überholt, dann in geringe Lücken auf der Überholbahn einschert, dabei den Überholten schneidet und zu starkem Bremsen zwingt, nötigt ihn und verletzt § 315c I Nr 2b StGB, Dü VM **70** 76. Den Vorausfahrenden nötigt, wer, auch ohne Gefährdung, ihn mehrfach überholt, knapp schneidet und zum Notbremsen zwingt, weil er vermeintlich zu langsam fahre, Ko VRS **55** 278, KG DAR **69** 81, Mü VR **66** 1015 (BG des Überholten tritt dann zurück). Kurzes Überholen des Überholten wegen nahenden GegenV ist nicht ohne weiteres Nötigung, auch wenn der Überholte dadurch veranlaßt wird, sein Fz nach rechts zu lenken, Kar VM **99** 31. **Bedrängendes, dichtes Auffahren** als Nötigung, s § 4 Rz 16. Wann **Verhinderung des Überholtwerdens** Nötigung ist, hängt von allen Umständen ab (strenger Maßstab), Bay DAR **90** 187, NStZ **86** 541, Dü NZV **00** 301, Stu NZV **91** 119, Kö NZV **93** 36. Das Merkmal der „Verwerflichkeit" wird idR nur bei Handeln ohne vernünftigen Grund vorliegen, etwa bei Schikane, Mutwillen, „Erziehungsabsicht" usw, Bay DAR **90** 187, s aber Kö NZV **93** 36 (verneint bei „Reglementierung" eines Dränglers). Mehrmaliges Linksausscheren und Verlangsamen bis „20" aus Ärger, um das Überholtwerden zu verhindern, als Nötigung, Ko VRS **55** 355. Wer auf breiter, übersichtlicher Strecke jedesmal, wenn ein Hintermann zulässigerweise überholen will, nach links ausschert, um ihn zu behindern, nötigt ihn, BGHSt **15** 390, VM **63** 57, NJW **62** 1629, Fra VRS **51** 435. Soweit das Überholen allein durch **Blockieren des Nachfolgenden** mittels des eigenen Fzs vereitelt wird, scheitert die bisherige Rspr (§ 240 StGB) nicht an dem Beschluß des BVerfG v 10. 1. 95, NJW **95** 1141 (krit *Altvater* NStZ **95** 278, *Krey* JR **95** 265, *Herzberg* GA **96** 557), wonach bloße körperliche Anwesenheit, auch mit dem Ziel, ein Passieren zu verhindern, nicht den Gewaltbegriff des § 240 StGB erfüllt, wenn der andere dadurch *psychisch* gehemmt wird, seinen Willen durchzusetzen. Denn bei Blockieren anderer durch Kf wird nicht, wie bei sog. „Sitzblockaden", nur der Körper eingesetzt, sondern ein Kfz, s *Amelung* NStZ **96** 231, im übrigen handelt es sich dabei um physische Behinderung, s BGH NZV **95** 325, BGHSt **41** 182 = NZV **95** 453 (zust *Krey/Jaeger* NStZ **95** 542, krit *Amelung* NStZ **96** 230, abl *Hruschka* NJW **96** 160), NJW **95** 2862, Kar NJW **96** 1551, Dü NZV **00** 301, *Altvater* NStZ **95** 280, *Krey* JR **95** 265, 270f, aM *Berz* NZV **95** 299, *Suhren* DAR **96** 310, VGT **96** 71, so zB bei Vereiteln des Überholtwerdens durch Beschleunigen und Verlangsamen nach dem Wiedereinscheren des Nachfolgenden, um ihm die eigene Geschwindigkeit aufzunötigen, Bay VRS **70** 441. Nötigung: ständiges Abwechseln zwischen Rechts- und Linksfahren über einige Zeit auf der AB, um Überholtwerden zu verhindern, Ha VRS **57** 347, *Suhren* DAR **96** 310; Verhindern des Überholens mit höherer als zulässiger Höchstgeschwindigkeit (zu „Erziehungszwecken"), Bay NStZ **86** 541, *Helmken* NZV **91** 372, *Kaiser, Salger*-F S 60. Auch nach der vor dem genannten Beschluß des BVerfG ergangenen Rspr liegt im übrigen Nötigung **nur bei sittlich besonders mißbilligenswertem** und damit **verwerflichem Blockieren** des Überholstreifens vor, Dü NZV **00** 301, Kö NZV **93** 36, **97** 318, Kar VRS **55** 352, und bei planmäßiger Behinderung auf längerer Strecke ohne vernünftigen Grund, Stu NZV **91** 119, Dü NZV **00** 301. Selbst wer 25 km auf der AB den linken Fahrstreifen benutzt und dadurch Überholen des Nachfolgenden verhindert, handelt nicht verwerflich, wenn er wegen des Verkehrs befürchten müßte, nicht mehr auf den Überholfahrstreifen zurückkehren zu können, Bay DAR **90** 187. **Verhinderung des Wiedereinscherens** des Überholenden durch dichtes Aufschließen zum Vorausfahrenden ist jedenfalls dann keine Nötigung, wenn der Überholende nur mit gefährdendem Abstand einscheren könnte, Ce NZV **90** 239. **Das Urteil** muß die als Nötigung beurteilten Umstände nachprüfbar schildern, Ha VRS **49** 100, Fra VRS **51** 435.

Lit: *Berz*, Zur Nötigung im StrV nach der „Sitzdemonstration"-Entscheidung des BVerfG, NZV **95** 297. *Busse*, Nötigung im StrV, 1968. *Helmken*, Wider Schulmeisterei und Faustrecht auf deutschen Strn, NZV **91** 372. *Schmidt*, Fragen des Fahrens auf der AB, DAR **65** 145. *Rüth/Müller/ Scherer*, Nötigung im StrV, KVR.

73 **11. Zivilrecht.** III Nr 1 ist **SchutzG** gegen gefährdende Überholer, Schl VR **74** 867; III Nr 2 auch zugunsten des nachfolgenden Verkehrs, BGH VR **68** 578. **Schuldhaft handelt,** wer den mit „75" Vorausfahrenden auf nur 4,5 m breiter, stark gewölbter Straße überholt, BGH VR **67** 710, wer als Anschlußüberholer (s Rz 31) den V vor sich nicht übersehen kann, Bra DAR **93** 345, wer in unübersichtlicher Kurve überholt, BGH VR **63** 1207, Kö ZfS **86** 278 (grob fahrlässig iS von § 61 VVG), wer auf der AB als Lastzugf mit zu geringer Differenzgeschwindigkeit überholt, s Bay NJW **61** 1078, Stu DAR **62** 190, Bra VRS **21** 461, oder auf den Überholfahrstreifen ausschert, ohne sich vergewissert zu haben, daß dieser nach vorn frei ist, Ha NJWE-VHR **96** 210 (grob fahrlässig). Im Stadtverkehr muß kein Kf damit rechnen, daß aus dem verdeckten Raum vor dem Überholten heraus plötzlich Fußgänger auf die Fahrbahn treten, BGH VR **63** 239, auch nicht an Kreuzungen ohne Fußgängerüberweg, BGH VR **66** 685, anders beim Überholen eines neben parkenden Kfzen soeben anfahrenden Lkw bei regem Fußgängerverkehr (?), Ha VRS **31** 197. Auch bei Glatteis muß ein Überholer nicht damit rechnen, daß ein mit „50" Vorausfahrender die FzHerrschaft verliert, Schl VM **72** 62. **Äußerste Sorgfalt** (§ 17 III StVG, **E** 150) des Überholers nur, wenn er sich rechtzeitig vor dem Ausscheren um den rückwärtigen Verkehr kümmert, BGH VR **68** 1041, Kar VR **02** 1434. Zur **groben Fahrlässigkeit** iS von § 61 VVG bei Zusammenstoß mit Entgegenkommendem unmittelbar nach Überholen, s BGH VR **82** 892, bei Überholen einer FzKolonne, Ha VR **91** 294, beim teilweisen Ausscheren in die Gegenfahrbahn in nicht einsehbarer Rechtskurve, Ha VR **96** 181, bei Überholen in durch VZ gekennzeichneter gefährlicher Kurve unter Überfahren einer durchgehenden Linie, Kö NVersZ **01** 169. Grob fahrlässig (**E** 149) handelt, wer auf der AB so knapp vor einem Schnelleren ausbiegt, daß dieser gefahrbremsen muß, BGH VR **67** 347, auch wenn der so Behinderte 160 km/h fährt, Kar VRS **74** 166 (Alleinhaftung), wer trotz durch VZ gekennzeichneter Engstelle ohne Sicht auf GegenV versucht, einen Lkw mit Anhänger zu überholen, Kar VR **92** 1507, wer einen links blinkenden Lkw überholt, Ro ZfS **03** 498, wer nach Überholen vor Rechtskurve im Kurvenbereich auf die Gegenfahrbahn gerät, Ha NJW-RR **98** 1555, aber nicht, wer den Windschatten des überholten Lastzugs nicht berücksichtigt, BGH VR **69** 77. **Haftungsverteilung:** Wer schneller als zulässig fährt, ist am Begegnungszusammenstoß **mitschuldig,** wenn der Unfall sonst unterblieben wäre, Mü NJW **66** 1270. Mitschuld des Überholenden, der den Überholvorgang fortsetzt, obwohl er mit Ausscheren des Vorausfahrenden wegen Hindernisses rechnen mußte, Dü VRS **63** 339 (Mithaftung zu 1/3), insbesondere nach Überschreiten der zulässigen Höchstgeschwindigkeit, Kö VR **91** 1301 (Mithaftung zu $^1/_2$ im Baustellenbereich), der bei geringfügiger Überschreitung der zulässigen Höchstgeschwindigkeit mit dem ohne ausreichende Rückschau zwecks Überholens ausscherenden Vordermann kollidiert, Ha VM **86** 6. Zur Mithaftung bei Überschreiten der AB-Richtgeschwindigkeit, s § 17 StVG Rz 16. Auch im Verhältnis zum Überholten trägt der Überholer idR die Verantwortung, jedoch schließt das dessen etwaige Mitverantwortung nicht aus (Ausbiegen des Überholten), KG VR **71** 547, Bra DAR **93** 345. Weit überwiegende Schuld dessen, der extrem weit links überholt bei Kollision mit einem entgegenkommenden, schlecht beleuchteten Moped, Mü VRS **55** 409. Kein deutlich höheres Verschulden dessen, der die Fahrertür seines geparkten Fzs öffnet, gegenüber dem aus der Gegenrichtung kommenden Kf, der beim Überholen eines anderen Fzs mit zu geringem Abstand an dem parkenden Wagen vorbeifährt, BGH DAR **81** 148 (abl Anm *Schmid* DAR **81** 256). Tatfrage, ob die **BG des Überholers** die des Überholten übersteigt, Ha VR **78** 47, **76** 1071, s § 17 StVG Rz 8, 13. Bei Unfall zwischen Überholendem und Entgegenkommendem ohne FzBerührung und ohne Verschulden auf beiden Seiten Haftung 70:30 zu Lasten des Überholers, Brn DAR **95** 327. Überholen auf dem Überholstreifen der AB erhöht die BG idR nicht, Hb VR **75** 911. Erhöhte BG bei Überholen mehrerer hintereinander fahrender Fze auf unbeleuchteter AB bei Nacht mit 200 km/h, Dü ZfS **81** 161. Weicht ein Radf beim Überholtwerden unvorhersehbar plötzlich weit nach links ab, so haftet er allein, die **KfzBG tritt zurück,** Dü VR **72** 1031, LG Mühlhausen NZV **04** 359. Gegenüber riskanten Überholversuchen kann die BG des Überholten ganz zurücktreten, Kö VR **88** 277, Fra VR **79** 725, Mü VR **78** 285, Dü VR **77** 60, zB bei grobfahrlässigem Rechtsüberholen auf schmaler Fahrbahn, Mü VR **79**

747. Wer einen korrekt eingeordneten Linksabbieger grob verkehrswidrig noch links zu überholen sucht (Überholverbot, zu schnell), haftet allein, Mü VR **75** 1058. S dazu auch § 9 Rz 55. Alleinhaftung des Überholenden, der den Entgegenkommenden zu gefährlicher Bremsung mit Unfallfolge veranlaßt, Ko VR **96** 1427. S auch § 17 StVG Rz 17.

Für Verletzungen dessen, der infolge verkehrswidrigen Überholens zu einer Notbremsung veranlaßt wird, kann **auch ohne FzBerührung** Haftung des Überholenden nach § 7 StVG und § 823 BGB gegeben sein, BGH VR **83** 985. Wer jemand durch verkehrswidriges Überholen zum Notbremsen zwingt, haftet auch für Schleuderfolgen, BGH VR **62** 83. Bei Kollision spricht der **Anschein** nicht stets für Sorgfaltsmangel des Überholenden, BGH NJW-RR **87** 1048, NJW **75** 312, Ol NZV **91** 156, Ha VR **76** 1071, KG NJW-RR **87** 1251, uU aber gegen diesen, wenn er den Überholten streift, je nach Anstoßstelle und Fahrbewegung, Stu VR **67** 69, LG Sa ZfS **03** 175, er spricht gegen ausreichenden Abstand, wenn beim Vorbeifahren ein Fz gestreift und ein dicht daneben Stehender verletzt wird, BGH VRS **5** 266, Kö VM **63** 37. Bei Zusammenstoß mit Entgegenkommendem auf dessen Fahrbahnseite unmittelbar nach Überholen eines sichtbehindernden Fzs spricht die Lebenserfahrung für unmittelbar adäquate Verursachung durch den Überholenden, BGH VR **82** 892. Kein Anscheinsbeweis für Schuld dessen, der in die Gegenfahrbahn gerät, weil ein Großtier plötzlich vor ihm auftaucht, BGH VR **64** 1102. 74

Vorbeifahren

6 ¹Wer an einem haltenden Fahrzeug, einer Absperrung oder einem sonstigen Hindernis auf der Fahrbahn links vorbeifahren will, muß entgegenkommende Fahrzeuge durchfahren lassen. ²Muß er ausscheren, so hat er auf den nachfolgenden Verkehr zu achten und das Ausscheren sowie das Wiedereinordnen – wie beim Überholen – anzukündigen.

Begr zu § 6: Die Vorschrift ist neu. Sie bringt die Lösung der Frage, welcher Verkehrsrichtung der Vorrang gebührt, wenn die Fahrbahn durch ein Hindernis vorübergehend verengt ist. Sie gibt den Vorrang derjenigen Verkehrsrichtung, deren Fahrstreifen frei ist. Diese Lösung entspricht der einhelligen Verkehrsübung, übrigens auch in anderen europäischen Ländern. Diese Verkehrsübung zu legalisieren, erscheint um so dringlicher, als die Verkehrsübung bei dauernder (baulicher) Verengung der Fahrbahn ebenso einhellig dem den Vorrang gewährt, der zuerst den Engpaß erreicht hat; dadurch gegebene Anreiz zur Beschleunigung wird so den Beteiligten für die übergroße Zahl der Begegnungsfälle genommen. Der erwähnte Fall der Begegnung vor einer dauernden Fahrbahnverengung wird nicht ausdrücklich behandelt; dieser Fall ist auch in der StVO (alt) nicht geregelt und hat bisher in der Praxis noch zu keinen Zweifeln Anlaß gegeben. 1

… Die strengen Normen für die Zulässigkeit des Überholens dürfen nicht auf das Vorbeifahren übertragen werden. … Daß der Vorbeifahrende sich im übrigen wie der Überholende zu verhalten hat, ist in Satz 2 ausdrücklich gesagt. 2

Vwv s § 5 **Rz 14**

1. Hindernisse auf der Fahrbahn iS dieser Vorschrift sind haltende Fze, Absperrungen (§ 43) und sonstige Hindernisse (§ 32, herabgestürztes Ladegut, Schneeverwehung, Schl MDR **85** 327), also der Substanz nach **vorübergehende Verengungen** der Fahrbahn (Begr), soweit ihr Umfahren die Fahrbahn des Gegenverkehrs zumindest teilweise einbezieht und diesen daher behindern kann, Kö VRS **53** 374. Zu den Absperrungen iS von § 6 Satz 1 gehören auch solche vorübergehende Baustellen, die nicht durch festere Einrichtungen (Bauzaun), sondern nur durch Absperrgeräte (§ 43) von der übrigen Fahrbahn getrennt sind, KG VRS **62** 63. Eine Engstelle ist stets nur ein begrenztes Stück einer sonst für Begegnungen ausreichend breiten Straße, Schl VR **82** 1106, Mü VR **77** 550. Eine Engstelle iS von § 6 besteht nur, wenn am Hindernis nur links vorbeigefahren werden kann und für unbehinderten Gegenverkehr dabei kein Raum bleibt, Kar DAR **04** 648, Dü DAR **80** 187, Schl VR **82** 1106, Kö VRS **53** 374. Reicht der verbleibende Platz für Begegnung, so gelten §§ 1 und 2, Kar DAR **04** 648. Wer an parkenden Fzen vorbeifahren will, ohne die Gegenfahrbahn mitbenutzen zu müssen, muß dennoch zurückstehen, wenn mit Gegenverkehr zu rechnen ist, der sich 3 vermutlich oder bereits erkennbar nicht scharf rechts hält und die Mittellinie berührt, s KG VRS **91** 465, Ce VR **80** 772. § 6 regelt, welche Verkehrsrichtung bei vorübergehender Fahrbahnverengung durch Hindernisse **Vortritt** hat, KG VRS **54** 217, s Rz 5. Satz 1 regelt nur das Verhältnis zu beim Beginn des Vorbeifahrens bereits sichtbarem Gegenverkehr, Bay VRS **45** 63, Ha NZV **95** 27, nicht den Fall bloß möglichen, später sichtbar werdenden GegenV, Ha NZV **95** 27. Den Gegensatz bilden dauernde bauliche Verengungen (Rz 8–10), Dü DAR **72** 338. § 6 räumt dem aus einer wartepflichtigen SeitenStr Einbiegenden keinen Vorrang gegenüber dem zum Zwecke des Vorbeifahrens Ausscherenden ein, Dü VRS **63** 60. Die Vorschrift ist unzulänglich, weil sie das Verhalten vor Engstellen nicht allgemein und einheitlich regelt. Des Zusammenhangs wegen wird der Vortritt bei dauernder baulicher Verengung in Rz 8 mitbehandelt, zumal ihn auch die Begr zum § 6 erwähnt. Mangels Gegenverkehrs darf eine **Fahrstreifenbegrenzung (Z 295) überfahren** werden, wenn Gefährdung ausgeschlossen und an dem Hindernis sonst nicht vorbeizukommen ist, s § 41 Rz 248 (Z 295). § 6 betrifft nicht den Fall des **Wegfalls eines gleichlaufenden Fahrstreifens,** Hb VRS **44** 313, KG VRS **45** 61. Vortritt des gleichgerichteten Verkehrs bei Fahrbahnverengung (parkendes Fz, Baustelle, Wegfall eines Fahrstreifens): § 2 Rz 65, § 7 Rz 18 ff. Reißverschlußverfahren: § 7.

4 Vor einer **unübersichtlichen Engstelle** muß der Wartepflichtige besonders vorsichtig prüfen, ob Vorbeifahren den Gegenverkehr behindern würde, s Bay VRS **45** 63, Kar DAR **89** 106, Ha VRS **26** 306. Ist an einer unübersichtlichen Engstelle Gegenverkehr nicht erkennbar, so darf mit größter Vorsicht an einem Hindernis unter Benutzung der Gegenfahrbahn vorbeigefahren werden (§ 1), Bay VRS **58** 450, LG Hagen ZfS **03** 121, s Rz 3, uU ist dann WarnZ erforderlich, Schl MDR **85** 327. Wer das Hindernis vor einer Kurve ohne sichtbaren Gegenverkehr links umfährt, muß diesen sichern, Ol VM **66** 47, und WarnZ geben, Ha DAR **71** 111, AG Lobenstein ZfS **00** 482, insbesondere Schrittgeschwindigkeit einhalten und bei Auftauchen eines entgegenkommenden Fzs sofort anhalten, Ba VR **82** 583. Kann beim Vorbeifahren am Hindernis an unübersichtlicher Stelle jederzeit Gegenverkehr auftauchen, so muß der Vorbeifahrende sofort anhalten oder die Gegenfahrbahn räumen können, s Bay VM **73** 73, Ha NZV **95** 27. Mit Ausweichen oder scharfem Rechtsfahren Entgegenkommender darf er nicht rechnen, BGH VRS **27** 35, muß sich aber auch nicht auf völlig falsche Reaktion einstellen, Bay DAR **78** 190. **Mithaftung des Entgegenkommenden,** der wegen parkender Fze auf der anderen Fahrbahnseite oder wegen anderer Hindernisse mit GegenV auf seiner Fahrbahnseite rechnen muß und sich nicht darauf einstellt (Fahren auf Sicht), Ha NZV **95** 27.

Lit: *Berz,* Zum Vorrang an Engstellen, DAR **74** 147. *Mayr/Scherer,* Vorbeifahren, KVR. *Mühlhaus,* BegegnungsV in der oberstrichterlichen Rspr, DAR **65** 321.

5 **2. Durchfahrvorrang des Gegenverkehrs,** soweit erkennbar, Schl VM **96** 14, MDR **85** 327, Hb VRS **84** 169, besteht bei **vorübergehender Verengung** der rechten Fahrbahn, die keine Begegnung ohne Mitbenutzung der Gegenfahrbahn ermöglicht (Rz 3, 4). Anders als bei dauernder baulicher Verengung (Rz 8–10) kommt es nicht darauf an, wer die Engstelle zuerst erreicht, denn § 6 will jeden Anreiz zur Beschleunigung vor vorübergehenden Hindernissen ausschließen (Begr). Vorrang hat der Gegenverkehr vielmehr schon, wie bei Vorfahrt (§ 8), wenn er am zügigen, wenn auch notfalls angepaßt langsamen Durchfahren nennenswert gehindert wäre. Der Wartepflichtige muß warten, wenn der Gegenverkehr sonst nennenswert verlangsamen oder erst Gewißheit darüber abwarten müßte, ob sein Vorrang beachtet wird. Wie bei der Vorfahrt (§ 8) muß sich der Wartepflichtige vor dem Hindernis klar als solcher verhalten. Er muß durch sein Verhalten anzeigen, daß er warten werde, sonst haftet er, KG VM **80** 44. Befindet er sich in der Engstelle, so muß er diese bei herannahendem GegenV idR rasch räumen, nicht aber darin anhalten, Ko NZV **93** 195. **Bei Nichtbeachtung des Vorrechts** (Ordnungswidrigkeit) muß der Bevorrechtigte zurückstehen, KG VRS **91** 468, Kar DAR **89** 106, Ha VRS **52** 213, sonst Mithaftung, Ko NZV **93** 195. Bei **beiderseitiger Einengung** gilt nicht § 6, sondern § 1, Zw DAR **80** 54, s KG VRS **91** 465. Können einander begegnende Fze trotz der Engstelle **gleichzeitig passieren,** so müssen sie verlangsamen und sich den Raum unter äußerstem Ausweichen teilen, ist der

Vorbeifahren § 6 StVO 2

Raum dafür zu eng, muß warten, wer die Gegenfahrbahn mitbenutzen muß, müßten dies beide, so hat der näher Herangefahrene Vortritt, andernfalls ist Verständigung nötig, s Bay VRS **63** 215, Zw DAR **80** 54, Dü DAR **80** 187, Ha VRS **52** 213. Parken beiderseits Fze, so daß zu vorsichtigen Begegnungen zweier Fze Raum bleibt, so müssen beide äußerst langsam fahren und sich den freien Raum gleichmäßig teilen, Bay VM **70** 92, Zw DAR **80** 54.

3. Rückschaupflicht hat, wer zum Umfahren des Hindernisses zur Gegenfahrbahn hin 6 ausscheren muß, KG VRS **53** 271. Beachtung des nachfolgenden Verkehrs: Er muß sich vor dem Ausscheren vergewissern, daß dadurch schon nahe aufgerückte, sich von hinten nähernde FzF nicht gefährdet werden, ohne daß diesen allerdings ein Vorrang zustünde, s dazu *Bouska* VD **74** 113. Wer vor der Engstelle wegen Gegenverkehrs gewartet hat, darf nur nach Rückschau und Zeichengeben zum Durchfahren ansetzen, sofern nachfolgender Verkehr noch ausreichend weit zurück ist, Kö VM **71** 94. Der vor dem Hindernis Wartende darf nicht darauf vertrauen, daß ihn seine Hintermänner nach Beendigung des Gegenverkehrs zuerst anfahren lassen, Kö DAR **62** 21, wenn dies auch ihre Pflicht ist. Die Rückschaupflicht gilt inner- wie außerorts, auch wenn der nachfolgende Verkehr das Hindernis rechtzeitig sieht, Stu VRS **28** 40, Hb VM **66** 53, Ha DAR **61** 93. Bloßes Zeichengeben genügt in keinem Fall des Linksausbiegens, Ha DAR **61** 93. Näheres zur Rückschaupflicht: § 5 Rz 42–45. Der Sorgfaltsmaßstab ist beim Ausscheren vor dem Überholen allerdings höher als in § 6 S 1 (s § 5 IV S 1 „Gefährdung ausgeschlossen").

4. Rechtzeitiges Zeichengeben gehört neben der Rückschaupflicht zur gebotenen 7 Sorgfalt dessen, der ein Hindernis unter Ausscheren zur Gegenfahrbahn links umfahren will, KG VRS **53** 271, Kö VRS **41** 456. Anzeigepflicht: § 5 Rz 46–49. Auch der Kehrmaschinenfahrer muß rechtzeitig Zeichen geben und vorher zurückblicken, er darf auf Beachtung nicht vertrauen, aM Br MDR **63** 241. Bei Abwarten längeren Gegenverkehrs ist das Zeichen spätestens rechtzeitig vor dem Anfahren zu geben. Umfahren eines Hindernisses ohne Verlassen des eigenen Fahrstreifens muß idR nicht angezeigt werden, weil es kein Ausscheren ist, s § 5 Rz 42. Rechtzeitig und deutlich anzukündigen ist, wo erforderlich, auch das Rückscheren nach Umfahren des Hindernisses.

5. Dauernde bauliche Verengung, die zur Begegnung von Fzen höchstzulässiger 8 Breite nicht ausreicht (etwa 5 m), kommt außerorts nur selten und unter besonderen Umständen vor, die sich nur schwer beseitigen lassen mögen (Brücke), anders neuerdings innerorts (sog „Straßenrückbau"). Hier hat **Vortritt,** wer die Engstelle mit deutlich ausreichendem Vorsprung vor dem Gegenverkehr erreicht, BGH DAR **54** 307, Ha NZV **97** 479, Dü DAR **72** 338, Sa VM **78** 72; er darf darauf vertrauen, Bay DAR **61** 177, muß aber auf den Gegenverkehr Rücksicht nehmen, Schl VM **62** 51. Ein die Fahrbahn einengender Bauzaun beschränkt die Fahrbahn auf den freibleibenden Teil und ist deshalb kein vorübergehendes Hindernis auf der Fahrbahn iS von § 6, Bay VRS **61** 463, **68** 139, KG VRS **62** 63, Ha VRS **59** 296, anders bei Absperrgeräten (§ 43), KG VRS **63** 63, Bay VRS **68** 139. Ist eine Straße so schmal, daß Fze einander nur durch Bankettausweichen oder anderswie begegnen können, so besteht ausnahmslos Verständigungspflicht, Mü VR **77** 550, s dazu auch § 3 Rz 16. In **unübersichtlicher Engstelle** ist beiderseits besondere Vorsicht nötig, Ha VRS **30** 376. Ist auch unter Mitbenutzung befahrbarer Seitenstreifen, Bay VRS **31** 224, zB zur ansteigenden Böschung hin, Sa VM **75** 36, bei größter Vorsicht **Vorbeifahren unmöglich,** Br DAR **57** 363, so muß einer so weit zurückfahren, bis es sich ermöglichen läßt, Bay DAR **67** 336 (steile Engstelle), und zwar der, dem es nach Örtlichkeit, Beweglichkeit und Rückfahrweg am ehesten zuzumuten ist. Öffentlichen VMitteln ist Umkehren und Rückwärtsfahren idR nicht zuzumuten. **Verengt sich eine zunächst ausreichend breite Str** so, daß reibungsloses Begegnen im verengten Teil der Str nicht möglich ist, so ist der aus dem breiten StrTeil sich Nähernde gegenüber dem aus dem schmalen StrStück Kommenden wartepflichtig; darauf, daß er dies vor der Verengung tun werde, darf der andere vertrauen, Bay VRS **63** 215.

6. Ausweichen (Rechtsausweichen) ist an sich eine Folge des Rechtsfahrgebots (§ 2). 9 Es wird hier mitbehandelt, weil es nur bei so enger Fahrbahn in Betracht kommt

455

(vorübergehender wie Dauerverengung), daß Fze höchstzulässiger Breite einander ohne Ausweichen nicht begegnen können. Auszuweichen ist rechtzeitig nach rechts, uU beiderseits, je nach Fahrbahn- und Seitenstreifenbeschaffenheit, auch wenn der Entgegenkommende zu weit links fährt, s Mü VR **61** 45, Kö VRS **20** 146. Ein zweifelsfrei tragfähiges Bankett ist, soweit nötig, mitzubenutzen, Bay VM **66** 52, VRS **34** 76, Ha VRS **33** 364, auch mit einem SchwerFz, Ha VM **73** 31, aber nicht mit einem Lastzug, der absinken würde, s BGH VRS **21** 170, Bay VRS **31** 224, Ko VR **76** 1051, Sa VM **75** 36, Ha VRS **33** 364.

10   Der Rechtsfahrende darf vor und beim Ausweichen damit rechnen, daß auch Entgegenkommende scharf rechts fahren und rechtzeitig ausweichen (soweit sie das können), s BGH VR **62** 616, 1056, Nü VR **60** 912, Ha VRS **21** 271, und daß Entgegenkommende einander nicht noch vor der Engstelle überholen, s BGH VRS **18** 121. Er muß berücksichtigen, daß Züge oder Langholzfuhrwerke nicht ganz rechts fahren können und in Kurven ausschwenken. Gestattet eine vereiste Engstelle kein gefahrloses Begegnen, so ist Verständigung nötig, Mü VR **60** 862. Genügt Ausweichen im Fahren nicht oder ist es örtlich unmöglich, so ist an geeigneter Stelle anzuhalten und der Entgegenkommende vorbeizulassen, auch wenn er sich vorher unrichtig verhalten haben sollte, Hb JR **61** 74, Ha VM **62** 75, zB seinerseits keine Anstalten zum Ausweichen macht. Mitschuld dessen, der in eine Engstelle einfährt, wo er einem rasch Entgegenkommenden allenfalls im Schritt ausweichen kann, BGH VRS **36** 356. Bankettmitbenutzung zum Ausweichen: § 2. *Schleusener,* Ausweichen, KVR.

11   **7. Ausreichender Seitenabstand** ist auch beim Vorbeifahren an haltenden Fzen einzuhalten, doch wird er nicht stets 1 m betragen müssen, Bay NJW **56** 1767, KG VRS **91** 465, Hb VRS **84** 169, s § 2 Rz 41, andererseits so viel, daß Fußgänger sich hinter dem haltenden Fz gefahrlos orientieren können (mindestens 50 cm?), Ha VRS **21** 60, Ce NRpfl **62** 9, s § 14. Im Zweifel ist der Seitenabstand groß zu nehmen oder zu warten. An rechts parkenden, **ersichtlich leeren Fzen** wird auch mit weniger als 1 m seitlichem Abstand vorbeigefahren werden dürfen, anders auf breiter Fahrbahn ohne GegenV, KG VM **85** 76 (Breite 12,20 m); bei sehr schmaler Str können uU weniger als 50 cm Abstand vom parkenden Fz genügen, Mü VRS **75** 249. Kann das haltende Fz besetzt sein, so ist etwaiges Türöffnen zu berücksichtigen, BGH DAR **81** 148, 35 cm bei „50" sind dann zu wenig, BGH VRS **11** 249. Der Vorbeifahrende muß **Personen am haltenden Kfz** berücksichtigen, die sich an diesem zu schaffen machen, Ha NZV **04** 408, Zw VR **76** 74. Beugt diese sich in das Fz, so muß mit einer Vergrößerung des Öffnungswinkels gerechnet werden, Ha NZV **04** 408; dann ist ein Abstand des Vorbeifahrenden von 10 cm zu der teilweise geöffneten Tür zu gering, Nü DAR **01** 130, beim Vorbeifahren an einer in der geöffneten FzTür stehenden Person auch ein Abstand von nur 1 m, LG Berlin VR **02** 864. Kein Mitverschulden des in sein Fz Einsteigenden, der 50 cm neben seinem Fz von Vorbeifahrendem erfaßt wird, Kar VR **89** 269. Beim Vorbeifahren an einem in gleicher Fahrtrichtung haltenden **Müllfz** genügt auch bei Glätte idR 1 m Abstand, Ha VRS **39** 198. Vorbeifahren an haltendem **Bus:** § 20 Rz 9.

12   **8. Ordnungswidrig** (§ 24 StVG) verhält sich, wer vorsätzlich oder fahrlässig gegen eine Vorschrift über das Vorbeifahren nach § 6 verstößt (§ 49 I Nr 6). Wer die Gegenfahrbahn mitbenutzt, um ein Hindernis links zu umfahren, unterliegt dabei nicht der gesteigerten, äußersten Sorgfalt wie der Überholende (Begr), anders wer an solcher Stelle nach Aufhören des Gegenverkehrs trotz des Hindernisses seinen Vordermann überholt (§ 5), auch wenn dieser noch nicht angefahren ist, denn Teilnehmer des Fahrbahnverkehrs, die sich in gleicher Richtung weiterbewegen wollen, aber verkehrsbedingt warten müssen, werden begrifflich überholt (§ 5 Rz 14).

Benutzung von Fahrstreifen durch Kraftfahrzeuge

7 (1) ¹Auf Fahrbahnen mit mehreren Fahrstreifen für eine Richtung dürfen Kraftfahrzeuge von dem Gebot, möglichst weit rechts zu fahren (§ 2 Abs. 2), abweichen, wenn die Verkehrsdichte das rechtfertigt. ²Fahrstreifen ist der Teil einer Fahrbahn, den ein mehrspuriges Fahrzeug zum ungehinderten Fahren im Verlauf der Fahrbahn benötigt.

Benutzung von Fahrstreifen durch Kraftfahrzeuge § 7 StVO **2**

(2) Ist der Verkehr so dicht, daß sich auf den Fahrstreifen für eine Richtung Fahrzeugschlangen gebildet haben, so darf rechts schneller als links gefahren werden.

(2a) Wenn auf der Fahrbahn für eine Richtung eine Fahrzeugschlange auf dem jeweils linken Fahrstreifen steht oder langsam fährt, dürfen Fahrzeuge diese mit geringfügig höherer Geschwindigkeit und mit äußerster Vorsicht rechts überholen.

(3) ¹Innerhalb geschlossener Ortschaften – ausgenommen auf Autobahnen (Zeichen 330) – dürfen Kraftfahrzeuge mit einem zulässigen Gesamtgewicht bis zu 3,5 t auf Fahrbahnen mit mehreren markierten Fahrstreifen für eine Richtung (Zeichen 296 oder 340) den Fahrstreifen frei wählen, auch wenn die Voraussetzungen des Absatzes 1 Satz 1 nicht vorliegen. ²Dann darf rechts schneller als links gefahren werden.

(4) Ist auf Straßen mit mehreren Fahrstreifen für eine Richtung das durchgehende Befahren eines Fahrstreifens nicht möglich oder endet ein Fahrstreifen, so ist den am Weiterfahren gehinderten Fahrzeugen der Übergang auf den benachbarten Fahrstreifen in der Weise zu ermöglichen, daß sich diese Fahrzeuge unmittelbar vor Beginn der Verengung jeweils im Wechsel nach einem auf dem durchgehenden Fahrstreifen fahrenden Fahrzeug einordnen können (Reißverschlußverfahren).

(5) ¹In allen Fällen darf ein Fahrstreifen nur gewechselt werden, wenn eine Gefährdung anderer Verkehrsteilnehmer ausgeschlossen ist. ²Jeder Fahrstreifenwechsel ist rechtzeitig und deutlich anzukündigen; dabei sind die Fahrtrichtungsanzeiger zu benutzen.

Begr (VBl 75 673): 1

...

Absatz 4* enthält die Vorschriften des bisherigen § 7 Satz 2 (1. Halbsatz) und Satz 3. Er stellt zudem klar, daß denjenigen, der den Fahrstreifen wechseln will, ein Höchstmaß an Sorgfaltspflicht trifft: eine Gefährdung anderer Verkehrsteilnehmer muß hierbei ausgeschlossen sein. Das gilt für alle Arten des Nebeneinanderfahrens.

Im geltenden Recht ist nicht geregelt, auf welche Weise dann, wenn ein Fahrstreifen endet, den 1a
auf diesem Streifen fahrenden Fahrzeugen ein Einordnen in die weiterführenden Fahrstreifen ermöglicht werden soll. Die VO will die Abwicklung des Verkehrs weiterhin der Verständigung zwischen den Beteiligten überlassen. Demgegenüber hält es der Bundesrat für unerläßlich, daß im Interesse der Rechts- und der Verkehrssicherheit eine klare Verhaltensvorschrift erlassen wird. Hierbei bietet sich das Reißverschlußverfahren an. Dies gilt in erster Linie für den innerörtlichen Verkehr; es ist jedoch auch für den außerörtlichen Verkehr im Hinblick darauf, daß Engstellen auf freier Strecke verhältnismäßig selten sind, vertretbar. ...

Begr zur ÄndVO v 22. 3. 88: 2

Zu Abs 1 und 3: *Die zulässigen Abweichungen vom Rechtsfahrgebot und die freie Fahrstreifenwahl innerhalb geschlossener Ortschaften werden auf alle Arten von Kraftfahrzeugen ausgedehnt. Kritik gegen die bisherige Beschränkung auf „mehrspurige Kraftfahrzeuge" bzw. Pkw sowie Lkw bis zu einem zulässigen Gesamtgewicht von 2,8 t** gab es insbesondere von seiten der sich hierdurch benachteiligt fühlenden Motorradfahrer.*

... Es ist geprüft worden, ob man die Mopeds und Mofa 25 von dieser Regelung ausnehmen sollte. Der Verordnungsgeber hat hiervon abgesehen, weil von diesen langsameren Kraftfahrzeugen erwartet werden kann, daß sie schon im Interesse ihrer eigenen Sicherheit sich möglichst rechts auf der Fahrbahn halten. Sollten sich diese Erwartungen nicht erfüllen, wird eine entsprechende Rechtsänderung in Betracht zu ziehen sein.

Zu Abs 2a: *Nach der Rechtsprechung ist das Rechtsüberholen auf Autobahnen und autobahnähnlich ausgebauten Straßen auch dann zulässig, wenn sich nicht auf* **allen** *Fahrstreifen für eine Richtung Fahrzeugschlangen gebildet haben (BGH VRS 35 S. 141, OLG Hamm VRS 47 S. 216, BayObLG VRS 54 S. 212).*

Die Voraussetzungen *hierfür sind folgende:*
– *Auf dem linken Fahrstreifen stehender Verkehr oder eine Geschwindigkeit von höchstens 60 km/h,*

---

* Jetzt Abs. 5.
** Jetzt 3,5 t.

- *Fahren auf dem rechten Fahrstreifen, bei stehendem Verkehr auf dem linken Fahrstreifen, mit einer Geschwindigkeit von nicht mehr als 20 km/h,*
- *Fahren auf dem rechten Fahrstreifen, bei fließendem Verkehr auf dem linken Fahrstreifen, mit nicht höherer Differenzgeschwindigkeit als 20 km/h (bis max. 80 km/h),*
- *äußerste Vorsicht bei diesem Überholvorgang.*

Auch der überwiegende Teil der Literatur hält dieses Rechtsüberholen für zulässig (vgl. Zitate in der erwähnten Entscheidung des BayObLG). Diese von der Rechtsprechung entwickelte Regelung wird jetzt im Grundsatz in die StVO übernommen werden. Es wurde davon abgesehen, die Höchstgeschwindigkeiten im einzelnen aufzuführen. Durch die Formulierung, daß die linke Fahrzeugschlange „steht oder langsam fährt", wird deutlich, daß es sich um eine Geschwindigkeit handeln muß, die – auch auf Autobahnen – sich dem stehenden Verkehr nähert, jedenfalls aber deutlich unterhalb von 60 km/h liegen muß. ...

Begr zur ÄndVO v 7. 8. 97 (VBl **97** 688): S § 3 Rz 10 a.

Begr zur ÄndVO v 11. 12. 2000 (VBl **01** 7): **Zu Abs 4:** Bei endenden Fahrstreifen ist das Reißverschlussverfahren bereits rechtlich eindeutig geregelt. Vielfach wird es jedoch durch die Verkehrsteilnehmer, indem sie sich zu früh auf den weiterführenden Fahrstreifen einordnen, fehlerhaft praktiziert. Die Änderung verdeutlicht dem Fahrzeugführer, dass der Übergang auf den durchgängig befahrbaren Fahrstreifen erst am Beginn der Engstelle vorzunehmen ist.

Vwv zu § 7 Benutzung von Fahrstreifen durch Kraftfahrzeuge

Zu den Absätzen 1 bis 3

3 1 I. Ist auf einer Straße auch nur zu gewissen Tageszeiten mit so dichtem Verkehr zu rechnen, daß Kraftfahrzeuge vom Rechtsfahrgebot abweichen dürfen oder mit Nebeneinanderfahren zu rechnen ist, empfiehlt es sich, die für den gleichgerichteten Verkehr bestimmten Fahrstreifen einzeln durch Leitlinien (Zeichen 340) zu markieren. Die Fahrstreifen müssen so breit sein, daß sicher nebeneinander gefahren werden kann.

2 II. Wo auf einer Straße mit mehreren Fahrstreifen für eine Richtung wegen ihrer baulichen Beschaffenheit nicht mehr wie bisher nebeneinander gefahren werden kann, ist durch geeignete Markierungen, Leiteinrichtungen, Hinweistafeln oder dergleichen zu zeigen, welcher Fahrstreifen endet. Auf Straßen mit schnellem Verkehr ist zu prüfen, ob eine Geschwindigkeitsbeschränkung erforderlich ist.

Zu Absatz 3

4 3 Werden innerhalb geschlossener Ortschaften auf Straßen mit mehreren Fahrstreifen für eine Richtung Leitlinien markiert, so ist anzustreben, daß die Anzahl der dem geradeausfahrenden Verkehr zur Verfügung stehenden Fahrstreifen im Bereich von Kreuzungen und Einmündungen nicht dadurch verringert wird, daß ein Fahrstreifen durch einen Pfeil auf der Fahrbahn (Zeichen 297) nur einem abbiegenden Verkehrsstrom zugewiesen wird. Wenn das Abbiegen zugelassen werden muß, besondere Fahrstreifen für Abbieger aber nicht zur Verfügung stehen, so kommt u. U. die Anbringung kombinierter Pfeile, z. B. Geradeaus/Links, in Frage.

5 1. Ein **Fahrstreifen** setzt keine Fahrbahnmarkierung voraus, maßgebend ist allein die von einem *mehrspurigen* Fz benötigte Breite (Abs I S 2), KG NZV **03** 182; der von einem Motorrad in Anspruch genommene geringere Raum bildet keinen Fahrstreifen, Dü ZfS **90** 214. Das **Fahrstreifenfahren** gehört zu den wichtigsten Erfordernissen des Massenverkehrs, Ha VRS **54** 301. Die StVO enthält ein recht verwickeltes Regelsystem über das Nebeneinanderfahren: wesentliche Regeln stehen in § 7 (Nebeneinanderfahren und Rechtsüberholerlaubnis bei VDichte, Fahrstreifenwahl innerorts bei mehreren markierten Fahrstreifen und innerörtliche Rechtsüberholerlaubnis, Rechtsüberholen langsam fahrender FzSchlangen, Beschränkung des Fahrstreifenwechsels in allen Fällen), weitere in § 5 VIII (Rechtsüberholen wartender Fze durch Radf und Mofaf), § 37 IV (Nebeneinanderfahren im Bereich von LichtZ), in § 41 III Nr 5 (Nebeneinanderfahren über Pfeilen), in § 42 VI Nr 1 d (drei markierte Richtungsfahrstreifen außerorts) und in § 42 VI Nr 1 f (Nebeneinanderfahren und Rechtsüberholen im Bereich von Abzweigfahrstreifen), wobei die Voraussetzungen erlaubten Nebeneinanderfahrens variieren, so daß zwar aufeinander abgestimmte, aber kaum sinnfällige Regeln vorliegen. Sachlich handelt

Benutzung von Fahrstreifen durch Kraftfahrzeuge   § 7 StVO **2**

es sich um Ausnahmen vom Rechtsfahrgebot (§ 2) zur besseren Fahrbahnausnutzung, Ha DAR **76** 276.

Lit: *Haarmann,* Der Fahrstreifenwechsel, DAR **87** 139. *Kramer,* Rechtsfahrgebot auf BAB mit gesetzlichen sowie durch die Rspr entwickelten Ausnahmen, VD **00** 1. *Kuckuk,* Der V auf mehreren Fahrstreifen, DAR **80** 97. *Mayr/Scherer,* Nebeneinanderfahren, KVR. *Möhl,* Die „freie" Wahl des Fahrstreifens, DAR **76** 292. *Mühlhaus,* Der mehrspurige V nach der neuen StVO, VOR **72** 27. *Derselbe,* Durchbruch zum mehrreihigen StadtV, VD **77** 2. *Seidenstecher,* Fahrbahnbenutzung und Fahren in Fahrstreifen, DAR **93** 83.

2. Verkehrsdichte rechtfertigt das Fahrstreifenfahren von Kfzen abw von § 2 II **6** (Rechtsfahrgebot) inner- wie außerorts, soweit mehrere Fahrstreifen, mindestens zwei, von je etwa 3 m Breite, markiert oder nicht, in Fahrtrichtung vorhanden sind (I S 1). Die frühere Beschränkung auf *mehrspurige* Kfze ist durch ÄndVO v 22. 3. 88 aufgegeben. Die Bestimmung gilt auch für Moped- und Mofaf, die jedoch nicht nur im Interesse des VFlusses, sondern auch im Interesse ihrer eigenen Sicherheit auf dem rechten Fahrstreifen bleiben sollten (s Begr Rz 2). Durch die Einbeziehung von Moped- und Mofaf in die neue Regelung sind sowohl die vom VOGeber durchaus erkannten Gefährdungen dieser ZweiradF als auch VBehinderungen zu befürchten, krit auch *Felke* DAR **88** 76. Führen zwei Mofaf mit 25 km/h je eine FzSchlange nebeneinander an, so wird trotz Abs I S 1 uU Verstoß gegen § 1 II (Behinderung „mehr als nach den Umständen unvermeidbar") in Betracht kommen. Definition des Fahrstreifens: I Satz 2. Überholen: Rz 10. Fahrstreifenwechsel: Rz 16, 17.

Verkehrsdichte im Sinn von I besteht, wenn, wer mit erlaubter Geschwindigkeit **7** fahren will (§ 3), beim Rechtsfahren (§ 2) entweder aus Abstandsgründen (§ 4) verlangsamen oder aber ein Überholen (§ 5) an das andere reihen müßte, so daß die Ausnutzung weiter links vorhandener Fahrstreifen vernünftig ist. Der Begriff stellt wohl geringere Anforderungen als derjenige der Fahrzeugschlange in II. **Nebeneinanderfahren im Bereich von Lichtzeichen: § 37 IV.**

3. Bei drei Richtungsfahrstreifen außerorts, markiert durch Z 340, darf der **8** **mittlere Fahrstreifen** durchgängig befahren werden, soweit auch nur hin und wieder rechts davon ein Fz, auch ein einspuriges oder NichtKfz, hält oder fährt (§ 42 VI Nr 1 d). Auf VDichte kommt es hier nicht an. Eine im Verhältnis zu den rechts fahrenden Fzen höhere Geschwindigkeit verlangt § 42 VI Nr 1 d nicht ausdrücklich, jedoch gehen insoweit die Vorschriften des § 7 I, III und des § 37 IV vor, soweit sie das Nebeneinanderfahren regeln, s *Booß* VM **90** 44, s aber Dü NZV **90** 39 = VM **90** 44. Einzelne Überholvorgänge oder das Vorbeifahren (§ 6) sollen nicht zum Fahren gestreckter Schlangenlinien zwingen, Dü NZV **90** 39. Fährt oder hält auf dem rechten Fahrstreifen über eine längere Strecke hin niemand, so gilt das Rechtsfahrgebot (§ 2), weil der rechte Fahrstreifen eine ungenutzte Kriechspur ist. Die Länge der Strecke, auf der kein Fz den rechten Fahrstreifen befährt, ist dabei allein nicht entscheidend; vielmehr kommt es auf die Dauer des möglichen Fahrens auf dem rechten Fahrstreifen an, die von den gefahrenen Geschwindigkeiten abhängt, Ce VRS **64** 382. Erlaubt die Benutzung des rechten Fahrstreifens trotz vorausfahrender Fze die Beibehaltung der Geschwindigkeit auf längere Zeit (deutlich mehr als 20 sec), so gilt das Rechtsfahrgebot, Dü NZV **90** 39. Im übrigen ist auch auf einer AB mit drei gleichgerichteten Fahrstreifen nach dem Überholen grundsätzlich wieder auf den mittleren Fahrstreifen einzuscheren, Ce DAR **68** 278, bei VStille auf den rechten. Ist bei drei gleichgerichteten Fahrstreifen **der rechte geschwindigkeitsbeschränkt,** so dürfen VT, die schneller fahren (dürfen), den mittleren Fahrstreifen benutzen (AB), Fra VM **76** 56. Bei **vier gleichgerichteten Fahrstreifen** darf unter den Voraussetzungen des § 42 VI Nr 1 d durchgängig der zweite von rechts befahren werden. **§ 42 VI Nr 1 d gilt auf allen Strn außerorts** einschließlich AB, und zwar auch, wenn einer der drei Fahrstreifen eine Kriechspur (§ 2 Rz 63) ist, LG Gera VM **98** 93. Überholen: Rz 10. Fahrstreifenwechsel: Rz 16, 17.

4. Freie Fahrstreifenwahl besteht innerorts für Kfze mit zulässigem Gesamtge- **9** wicht bis zu 3,5 t bei mehreren markierten Fahrstreifen (mindestens zwei) für eine Richtung auch ohne VDichte (Rz 6) (III). Die Vorschrift gilt gleichermaßen für Pkw und Kräder ebenso wie für Lkw, aber auch Wohnmobile, sofern deren zulässiges Gesamtgewicht 3,5 t nicht übersteigt. Die Regelung gilt nicht für eine innerörtliche AB (Z 330), jedoch für KraftfahrStr (Z 331), Kö VM **80** 30. III regelt Ausnahmen vom Rechtsfahrgebot und vom Gebot des Linksüberholens, Ha DAR **76** 276, Hb VRS **51** 450, Dü VRS **74** 289. Bei fehlender Ortstafel entscheidet Beginn und Ende der deutlich geschlossenen Bauweise, Kö VM **80** 30. Überholen: Rz 10, Fahrstreifenwechsel: Rz 16, 17.

10   5. **Rechts überholt** werden (= rechts schneller fahren als links, Abs II, III: BGHSt **26** 73 = NJW **75** 1330, Dü VRS **74** 289 – Anm *Booß* VM **88** 45 –, s auch § 5 Rz 64– 69) darf beim Fahrstreifenfahren nur in vier gesetzlich bezeichneten Fällen und stets nur bei Beachtung der zulässigen Fahrgeschwindigkeit (§ 3), BGHSt **22** 137 = NJW **68** 1533, Schl VRS **78** 418, und sorgfältiger Beobachtung auf benachbarten Fahrstreifen Vorausfahrender, Kö VRS **36** 131, trotz deren höchster Sorgfaltspflicht bei Fahrstreifenwechsel (Rz 17). Auch im FahrstreifenV darf vom Z 276 ab nicht mehr überholt werden, Kö VRS **53** 139, Bay VRS **72** 301, s aber § 5 Rz 36. Beim Fahren nach III gilt das Erfordernis höherer Überholgeschwindigkeit des Überholers und das Verbot an den zu Überholenden, nicht zu beschleunigen, nicht, Ha DAR **76** 276; entsprechendes gilt für Abs II a. Die **vier Fälle erlaubten Rechtsüberholens** beim Fahrstreifenfahren sind:

11   a) **Schlangenbildung.** aa) **Abs II:** Auf den gleichgerichteten Fahrstreifen, ausreichend breit, markiert oder nicht, inner- wie außerorts auf Straßen jeder Art, durch Fze jeder Art. Der Begriff der FzSchlange stellt keine allzu hohen Anforderungen, Bay VM **72** 78. Sie besteht schon dann, wenn mehrere Kfze, wohl mindestens drei, Sa VRS **48** 187, *Seidenstecher* DAR **93** 85, offengelassen von Bay VM **72** 78, mit nicht mehr als dem Doppelten der erforderlichen Mindestabstände fahren (je etwa 2,5 s/Fahrstrecke), Bay VM **72** 78, *Möhl* DAR **71** 31. Außerorts, besonders auf der AB, wird wegen der durchschnittlich höheren Fahrgeschwindigkeit die erforderliche FzZahl vielleicht höher sein müssen, *Seidenstecher* DAR **93** 85, s Bay VM **72** 78.

12   Weist die Richtungsfahrbahn **mehr als zwei Fahrstreifen** auf, so müßten sich nach dem Wortlaut von II („auf den") auf allen Streifen Schlangen gebildet haben. Das überfordert jedoch die Kf und verhindert die Raumausnutzung. Bei mehr als zwei Fahrstreifen kann kein Kf, am wenigsten auf dem rechten oder ganz linken, die FzDichte auf allen Fahrstreifen gleichzeitig ständig beobachten, es muß ausreichen, wenn sie sich nach seinem allgemeinen Eindruck nicht wesentlich ändert. Es muß vor allem auf Beobachtung der eigenen und des benachbarten Fahrstreifens ankommen, Hb VRS **43** 386, denn anderenfalls könnten gerade die Rechtsfahrenden mehr als bei nur zwei gleichgerichteten Fahrstreifen gehemmt werden, aM möglicherweise Ha NJW **72** 782. Außerdem hätte bei drei gleichgerichteten Fahrstreifen die Auflösung der linken Schlange die Wirkung, daß die Benutzer des rechten Fahrstreifens von nun an nicht schneller fahren dürften als die des mittleren. Das ist unvollziehbar und kann deshalb nicht gemeint sein, s *Seidenstecher* DAR **93** 85. Wäre nur der linke (Abbieger) und der Mittelstreifen (Geradeausfahrer) stark besetzt, so dürften EinzelFze auf dem rechten Fahrstreifen nicht überholen. Dies muß jedoch bei gehöriger Vorsicht nach wie vor erlaubt sein, KG VM **71** 237.

12 a   bb) Schlangenbildung **auf dem linken Fahrstreifen (Abs IIa)** erlaubt unter den Voraussetzungen des Abs II a Rechtsüberholen: Die FzSchlange auf dem linken Fahrstreifen muß entweder stehen oder langsam fahren. Langsam ist eine Geschwindigkeit von weniger als 60 km/h (s Begr Rz 2: „deutlich unterhalb von 60 km/h"). Die Vorschrift beruht auf der früheren Rspr, die auf AB unter bestimmten Voraussetzungen (s Begr Rz 2) vorsichtiges Rechtsüberholen höchstens 60 km/h fahrender FzSchlangen schon vor Einfügung des Abs IIa für zulässig erachtete. Zu überholen ist die FzSchlange mit äußerster Vorsicht und nur mit geringfügig höherer Geschwindigkeit. Entsprechend der genannten älteren Rspr wird die Mehrgeschwindigkeit nicht mehr als 20 km/h betragen dürfen, KG NZV **03** 182, LG Görlitz NZV **02** 563, *Bouska* DAR **89** 163, *Seidenstecher* DAR **93** 85. IIa erlaubt nicht das Rechtsüberholen durch einzelne FzF, die zu diesem Zweck aus der langsamen Kolonne nach rechts ausscheren, um sich weiter vorn wieder links einzudrängen; insoweit gilt die Rspr zur früheren Rechtslage fort, zB Bay

VRS **56** 120, Dü VRS **63** 69. Abs IIa gilt nur im Verhältnis mehrerer Fahrstreifen zueinander, nicht im Verhältnis zu VFlächen, die vom FzV nicht benutzt werden dürfen, Dü NZV **90** 241 (Sperrfläche, Z 298, abl insoweit *Booß* VM **90** 60), LG Görlitz NZV **02** 563, weil zulässiges Rechtsüberholen außer in Fällen des Abs VIII (Radf, Mofaf) grundsätzlich einen freien Fahrstreifen für den Überholenden voraussetzt (s § 5 Rz 64) und weil die Bestimmung nicht ein Rechtsüberholen erlauben kann, das nur unter Verletzung anderer Vorschriften möglich wäre. Soweit die Voraussetzungen des IIa vorliegen, gilt die Erlaubnis, langsame oder stehende FzSchlangen zu überholen, auf allen Strn mit mehreren gleichgerichteten Fahrstreifen.

b) **Freie Fahrstreifenwahl innerorts (Abs III)** bei mindestens zwei markierten Fahrstreifen auch ohne VDichte. Unter den Voraussetzungen von III dürfen auch EinzelFze rechts überholen, Dü VRS **74** 289, Hb DAR **76** 304, Ha DAR **76** 276, auch wenn der rechte Fahrstreifen durch einen unterbrochenen Breitstrich abgetrennt ist (kein Seitenstreifen, abw insoweit Ce VRS **54** 144). Die erhöhten Anforderungen des Abs IIa („mit äußerster Vorsicht") gelten für das Rechtsüberholen gem III nicht, Ha NZV **00** 85. Zweiradfahrer dürfen nicht die Trennlinie zwischen den Fahrstreifen als weiteren Fahrstreifen benutzen und zwischen den FzKolonnen hindurchfahren; darauf, daß dies beachtet wird, darf der Kf, der den Fahrstreifen wechseln will, vertrauen, Schl VRS **60** 306, s dazu auch § 5 Rz 64. **13**

c) **Fahrzeuge, die sich gemäß Abbiegepfeil (§ 41 III Nr 5) links eingeordnet haben,** dürfen rechts überholt werden. **14**

d) **Auf rechts abzweigenden Fahrstreifen, durch breite Leitlinie getrennt (Z 340),** insbesondere auf AB und KraftfahrStrn, dürfen Abbieger schneller fahren als die auf den durchgehenden Fahrstreifen bleibenden Fze, also rechts überholen, und zwar ab Beginn der Leitlinie, **§ 42 VI Nr 1 f.** IdR sind abzweigende Fahrstreifen durch Vorwegweiser gekennzeichnet. Die Regelung gilt nur für solche FzF, die der Abzweigung folgen wollen („Abbieger"). Rechtsüberholen unter Benutzung des abzweigenden Fahrstreifens, um sich später wieder auf dem durchgehenden Fahrstreifen einzuordnen, erlaubt die Vorschrift nicht, Dü NZV **90** 281, **95** 162 (anders bei irrtümlicher Einordnung auf der Abzweigung), VRS **82** 139. Sie dient der ungehinderten „Vorsortierung" der Verkehrsströme durch verkehrslenkende Beschilderung und Fahrstreifenführung, s Begr VBl **88** 227. Für Verzögerungs-(Ausfahr)streifen gilt sie nicht (§ 42 VI Nr 1 f S 2), s dazu § 18 Rz 20. **15**

6. **Fahrstreifenwechsel** widerspricht wegen seiner latenten Gefahren, BVG JZ **70** 67, dem Grundsatz des Fahrstreifenfahrens und soll deshalb nur bei verkehrsbedingter Notwendigkeit stattfinden, nicht schon, um nur einige Sekunden zu gewinnen. Häufiger Fahrstreifenwechsel, nur um schneller voranzukommen, bringt nichts ein und gefährdet häufig den VFluß und einzelne VT. Soweit die Voraussetzungen des Abs V für einen Fahrstreifenwechsel nicht erfüllt sind, darf der Verkehr daher auf strikte Beibehaltung des Fahrstreifens vertrauen, KG VM **88** 50, Ha VRS **60** 141. Jedoch ist der Fahrstreifenwechsel nur durch Abs V eingeschränkt, Ha DAR **76** 276. Nicht gefährdender Fahrstreifenwechsel zwecks erlaubten Rechtsüberholens ist zulässig, Ha DAR **76** 276. Bei dichtem Verkehr oder Schlangenbildung wird Abs V das Wechseln in aller Regel auf das Ausnutzen größerer Lücken beschränken, welche ausreichenden Abstand nach hinten und vorn ermöglichen, Ha VR **92** 624, oder auf den Fall des besonderen Hindernisses (Kollision, Langsamfahren). Bei lockerem Verkehr dagegen darf unter äußerster Sorgfalt gewechselt werden. Die Pflicht zur besonderen Sorgfalt beim Fahrstreifenwechsel räumt dem nachfolgenden Verkehr kein Vorrecht ein; ordnungsgemäß angezeigten Fahrstreifenwechsel **muß der nachfolgende Verkehr ermöglichen** (§ 1), Bay VRS **56** 114, VM **73** 39, Kar VRS **58** 56, s Ha VR **92** 624. Wer sich dabei äußerst sorgfältig verhält (Rz 17), so daß der nachfolgende Verkehr unbehelligt bleibt, darf erwarten, daß er ihm ermöglicht wird (§ 1), Bay VM **73** 39, Kö VM **74** 23, VRS **36** 131, jedoch darf er ihn nicht erzwingen, Kö VM **74** 23. Beabsichtigen auf **dreistreifiger Fahrbahn** zwei Kfze von rechts und links her auf den mittleren Fahrstreifen zu fahren, so hat das Kfz mit deutlichem Vorsprung Vortritt, im Zweifel ist (außer den Blinkzeichen) Verständigung **16**

durch Handzeichen geboten. **Kein Fahrstreifenwechsel** iS von Abs V ist das Wechseln auf einen **nach einer Sperrfläche beginnenden neuen Fahrstreifen** unmittelbar nach Passieren der Sperrfläche, s LG Dortmund NJW-RR **03** 1260. Wer als **Linksabbieger** mehrere gleichgerichtete Fahrstreifen der Straße, in die er abbiegt, kreuzen muß, um auf den angestrebten rechten Fahrstreifen zu gelangen, wechselt den Fahrstreifen nicht iS von V. Beim an sich zulässigen **gemeinsamen Linksabbiegen** enden die Fahrstreifen an der Einmündung oder Kreuzung bzw beginnen danach neu. Fortsetzung der Fahrt nach dem Abbiegen in einem anderen als dem zuvor benutzten Fahrstreifen ist daher kein Fahrstreifenwechsel iS von § 7, Bay NStZ **88** 121, KG NZV **91** 194, AG Wiesbaden NJW-RR **03** 1678. Mehrere durch breiten **Grünstreifen** getrennte Fahrbahnen für die gleiche Richtung, s § 8 Rz 34a.

17 **Äußerste Sorgfalt** (E 150) fordert jeder Fahrstreifenwechsel (V: „in allen Fällen"), Bra VR **03** 1566, Ha VR **92** 624, auch wenn er nur teilweise vollzogen wird, KG VM **96** 21, Dü VM **87** 79, gleichgültig, ob die Fahrstreifen markiert sind oder nicht, KG VM **96** 21, **86** 53, Dü VRS **74** 216. Trotz der Formulierung „in allen Fällen" gilt Abs V nur für die Fälle des Nebeneinanderfahrens und der freien Wahl des Fahrstreifens iS der Absätze I bis IV, *Booß* VM **73** 78, **83** 84, allerdings auch und erst recht für unzulässiges Fahrstreifenfahren in der dort geschilderten Weise, also ohne daß die Voraussetzungen dafür gegeben sind, *Drees (Kuckuk)* Rz 18. Entgegen Kö VR **03** 1186 wird Abs V auch gegenüber dem nur verkehrsbedingt wartenden FzF (LZA) zu beachten sein. **Abs V gilt nicht** bei Fahrstreifenwechsel im Zusammenhang mit **Überholen und Abbiegen**, vielmehr gelten die Sonderbestimmungen der §§ 5, 9, Nau DAR **01** 223, differenzierend *Haarmann* DAR **87** 144. Auch im Verhältnis der parallel zur durchgehenden Fahrbahn verlaufenden **Verteilerfahrbahn im Bereich von ABKreuzen** zu den tangential in diese einmündenden Zufahrten gilt Abs V nicht, Dü NZV **89** 404 (Verständigungspflicht) (zust *Booß* VM **89** 95). Ebensowenig gilt Abs V im Verhältnis **zwischen dem fließenden und ruhenden V** (Anfahren), KG DAR **04** 387, Mü NJW-RR **94** 1442, LG Duisburg ZfS **02** 573, *Haarmann* VR **86** 667, DAR **87** 145, *Jan/Jag/Bur* 22, aM Kö VR **86** 666. Nicht nur behinderndes oder gefährdendes Wechseln ist untersagt, sondern jeder Wechsel, bei dem fremde **Gefährdung nicht ausgeschlossen** ist, KG MDR **03** 1228, Kar VRS **58** 56, Hb DAR **76** 304. Der Maßstab ist also strenger als der des § 1. Äußerste Sorgfalt setzt **ausreichende Rückschau** voraus, KG VRS **106** 23, bei mehreren gleichgerichteten Fahrstreifen überall dorthin, wo Gefährdung eintreten könnte, Bay VRS **40** 466, Kar VRS **78** 322, Berücksichtigung des nachfolgenden Verkehrs und ausreichenden Abstand zu ihm auf dem angestrebten Fahrstreifen, uU, bei längerem Ablauf, auch eine zweite Rückschau unmittelbar vor dem beabsichtigten Wechseln. Der berechtigte Spurwechsler muß sich vergewissern, daß er keinen Nachfolgenden gefährdet (Anzeige, Rückblick), KG VM **80** 23. Das Erfordernis äußerster Sorgfalt ist idR erfüllt, wenn der Kf vor dem Fahrstreifenwechsel nach links in Innen- und Außenspiegel blickt, sich nach links umsieht und rechtzeitig den Fahrtrichtungsanzeiger betätigt, Stu VRS **60** 306. Jeder Fahrstreifenwechsel ist **rechtzeitig und deutlich anzuzeigen**, KG VRS **106** 23, Kar VRS **58** 56; kein Verhalten entgegen dieser Anzeige, Fra DAR **77** 81, auch bei fehlender Markierung. Fahrstreifenwechsel ohne rechtzeitige Anzeige ist (bei nachfolgendem Verkehr) stets unzulässig, s Kar VRS **58** 56. Die Anzeigepflicht schützt nur Teilnehmer des gleichgerichteten Verkehrs, nicht auch verkehrswidrig Entgegenkommende, KG VRS **57** 402, VR **79** 1031. Plötzliches, nicht rechtzeitig angekündigtes Wechseln, zB verspätetes Einordnen unter Schneiden rückwärtiger VT, Dü VRS **37** 303, Sa NJW **73** 2216, ist stets unsorgfältig, nicht nur wegen der Unvorhersehbarkeit für andere, BGH VRS **33** 362, und kann Alleinhaftung begründen, s § 17 StVG Rz 16. Auf rechtzeitige Anzeige wird der V idR vertrauen dürfen, Kar VRS **78** 322, Hb VM **62** 50, Kö VRS **39** 267, KG VRS **35** 304. Wer das Einordnen nicht rechtzeitig und äußerst sorgfältig vorbereitet und durchführt, kann einen Umweg fahren müssen. **Setzt sich eine wartepflichtige Straße als rechter Fahrstreifen der VorfahrtStr fort** (Z 295 oder 340), so dürfen nunmehr die Benutzer der VorfahrtStr nur mit besonderer Vorsicht (V) auf diesen Fahrstreifen hinüberwechseln, Bay VRS **56** 114. Der Einmündende darf in solchen Fällen zügig auf dem bisher von ihm benutzten, sich auf der VorfahrtStr fortsetzenden Fahrstreifen weiterfahren; anderenfalls wäre der Zweck einer solchen StrFüh-

Benutzung von Fahrstreifen durch Kraftfahrzeuge § 7 StVO 2

rung vereitelt, s § 8 Rz 27. Fremde **Mitschuld** oder Mitverursachung: **E** 150. Bei Kollision mit dem Nachfolgenden unmittelbar nach Fahrstreifenwechsel spricht der **Anschein** für Mißachtung der Sorgfaltspflicht nach Abs V, KG VRS **106** 23, DAR **03** 317, MDR **03** 1228, Ha VR **01** 206, Nau VRS **100** 173, Br VR **97** 253, Kö VRS **93** 46.

7. Engstelle. Fahrstreifenwegfall. Reißverschlußverfahren. Enden markierte 18 Fahrstreifen, so sollen Leiteinrichtungen anzeigen, welche(r) Fahrstreifen weiterführen (Vwv Rn 2, Rz 3). Solche „Leitlinien" können nur klärend wirken, allgemeine Vortrittsregeln aber nicht ersetzen, weil die StVO mit Ausnahme der Halt- und Wartelinie (Z 294, 341) in Zusammenhang mit § 8 keine anderen Wartemarkierungen auf der Fahrbahn kennt.

Kein Vortrittsproblem entsteht vor Engstellen, Baustellen, Unfallsperren, versetzten 19 StrWeiterführungen und dem Ende breiteren Ausbaus, wenn die Fze bei lockerem Verkehr noch jeweils mit Abstand (§ 4) hintereinander auf den verschiedenen Fahrstreifen herannahen, s KG VM **87** 70. Dann hat, da Gegenverkehr hier ausscheidet, jeder mit Vorsprung Eintreffende Vortritt und kann sich nach rechts oder links hin auf den weiterführenden Fahrstreifen einordnen, BGH VRS **30** 105.

Das Reißverschlußverfahren gilt zwingend (IV), sobald der Abstand der auf den 20 mehreren Fahrstreifen ankommenden Fze kein Einordnen auf den durchgehenden Fahrstreifen mit ausreichendem Abstand (§ 4) mehr zuläßt, LG Hanau ZfS **04** 205, Fra ZfS **04** 207, was nicht voraussetzt, daß vorher schon in Schlangen gefahren worden sein müßte, Fra ZfS **04** 207. Bei so dichtem Verkehr hat der Rechtsfahrer nur noch als Benutzer des (der) weiterführenden Fahrstreifens **Vortritt**, KG VRS **68** 339, LG München I DAR **02** 458. Mit ihm beginnt der Reißverschluß, KG VM **96** 21, **87** 70, VRS **68** 339, Schl VR **80** 490, Stu VRS **64** 296, LG München I DAR **02** 458. Welcher Fahrstreifen als „durchgehend" anzusehen ist, kann müncen auch ohne Fahrbahnmarkierung und ohne Z 121 aus dem StrVerlauf ergeben, KG VRS **68** 339, Stu VRS **64** 296. Die am Durchfahren gehinderten Fze müssen sich auf dem (den) durchgehenden Fahrstreifen unter besonderer Rücksichtnahme und bei angemessen herabgesetzter Fahrgeschwindigkeit (§§ 1, 3) im Wechsel 1 : 1 (entsprechend je nach Zahl der ankommenden wie weiterführenden Fahrstreifen) einordnen (einschränkend *Seidenstecher* DAR **93** 86). Der auf dem durchgehenden Fahrstreifen Fahrende darf seinen **Vorrang nicht erzwingen,** KG VRS **68** 339 (krit zur Haftungsquote 50 *Fuchs-Wissemann* DAR **94** 147), LG München I DAR **02** 458, s *Seidenstecher* DAR **93** 86 (kein Vorrang im Rechtssinne). Wer bei Reißverschlußbildung die Spur wechselt, darf **nicht darauf vertrauen,** daß ihm dies ermöglicht wird, LG Hanau ZfS **04** 205, er muß den Spurwechsel rechtzeitig anzeigen, zurückschauen und allmählich hinüberfahren. Dies folgt nunmehr, nach Neugliederung der Absätze in § 7 durch ÄndVO v 22. 3. 88, aus Abs V, KG VM **96** 21, Fra ZfS **04** 207, AG Rüsselsheim NZV **01** 308. **Abs IV gilt** auch bei Fahrbahnverengung durch parkende Fze, KG VM **87** 70, oder andere Hindernisse, und zwar auch dann, wenn die dadurch entstehende Sperrung eines Fahrstreifens jenseits einer Kreuzung beginnt, KG VRS **54** 215, ebenso bei versetzter und zugleich verengter StrFortführung nach einer Kreuzung, Stu VRS **64** 296. Entspricht die Örtlichkeit dem Z 121 (Verengung rechts), so haben sich nach dem Wortlaut von IV die Rechtsfahrenden unter Vortritt des ersten Linksfahrers ohne Überholversuch nach links hin einzuordnen, KG VM **90** 91 (abl Anm *Booß*), **84** 23 (abl *Booß,* weil Abs IV dem zum Fahrstreifenwechsel Genötigten keine Wartepflicht auferlege, gegen ihn *Fuchs-Wissemann* DAR **94** 147), VRS **57** 321, DAR **80** 186, Schl VR **80** 490, ebenso umgekehrt im Falle des seitenverkehrten Z 121 (Verengung links), Stu VRS **64** 296. Entspricht die Örtlichkeit dem Z 120 oder steht dieses Zeichen, so muß als klare Regel bei gleichauf fahrenden Kfzen der Rechtsvortritt mit nachfolgendem Sicheinordnen aus beiden Fahrstreifen her gelten, und zwar unter Beachtung von § 1, s KG DAR **80** 186, Schl VR **80** 490. Das **Einfädeln** auf dem weiterführenden Fahrstreifen erfolgt gem Abs IV erst **unmittelbar am Beginn der Verengung.** Bis dahin darf der endende Fahrstreifen auch zum Überholen genutzt werden. Zu einem (den VFluß behindernden) früheren Fahrstreifenwechsel besteht kein Anlaß; abw Verhalten kann zwar nicht als Verstoß gegen § 7 geahndet werden (s Rz 21), uU aber gem § 1 II ow sein. FzF, die sich früher eingeordnet haben, müssen denjenigen, die den endenden Fahrstreifen weiter befahren haben, nach Maßgabe von IV den Fahrstreifenwechsel ermöglichen, Verhindern des Einfädelns nach Maßgabe von Abs IV ist als Verstoß gegen § 1 II ow, s Rz 21. Zur Förderung richtigen Verhaltens kann das durch das BMV (VBl **01** 47) bekannt gegebene Zusatzschild „Reißverschluß erst in 200 m" aufgestellt werden. **BW-Verbände** (§ 27) haben unter den Voraussetzungen von § 35 I an Engstellen nach Warnung Vortritt, VBl **71** 538. Zu den **Haftungsanteilen** bei falscher Reißverschlußbildung, KG VRS **57** 324. Mithaftung des im „Reißverschluß" Vortrittsberechtigten zu ¹/₃: KG VM **84** 23.

21   8. Ordnungswidrigkeiten: §§ 24 StVG, 49 I Nr 7 StVO. Verstöße gegen IV, zB Verhindern des Einfädelns, s *Bouska* DAR **01** 27, sind nach § 1 zu ahnden, da § 49 *insoweit* keine Bußgeldvorschrift enthält, s *Haarmann* DAR **87** 143. Unachtsames Wechseln auf den Schutzstreifen für Radf (§ 42 VI Nr 1 g) verstößt nicht gegen Abs V (s § 42 Rz 182).

Vorfahrt

8 (1) ¹An Kreuzungen und Einmündungen hat die Vorfahrt, wer von rechts kommt. ²Das gilt nicht,
1. wenn die Vorfahrt durch Verkehrszeichen besonders geregelt ist (Zeichen 205, 206, 301, 306) oder
2. für Fahrzeuge, die aus einem Feld- oder Waldweg auf eine andere Straße kommen.

(2) ¹Wer die Vorfahrt zu beachten hat, muß rechtzeitig durch sein Fahrverhalten, insbesondere durch mäßige Geschwindigkeit, erkennen lassen, daß er warten wird. ²Er darf nur weiterfahren, wenn er übersehen kann, daß er den, der die Vorfahrt hat, weder gefährdet noch wesentlich behindert. ³Kann er das nicht übersehen, weil die Straßenstelle unübersichtlich ist, so darf er sich vorsichtig in die Kreuzung oder Einmündung hineintasten, bis er die Übersicht hat. ⁴Auch wenn der, der die Vorfahrt hat, in die andere Straße abbiegt, darf ihn der Wartepflichtige nicht wesentlich behindern.

Begr zu § 8:

1   *Diese Vorschrift wendet sich an den Fahrverkehr ...*

2   **Zu Absatz 1:** *Der Absatz bestimmt, wer die Vorfahrt an Kreuzungen und Einmündungen hat. Er bringt keine Änderung des bestehenden Rechtszustandes.*

3   *Mit Recht hat es die Rechtsprechung für erforderlich gehalten, dort, wo ein unbedeutender Seitenweg einmündet, zwar keine Ausnahme von dem Grundsatz „Rechts vor Links" zu machen, aber dem Benutzer eines solchen Seitenweges ein Verhalten vorzuschreiben, das eine Gefährdung der Benutzer der querenden Straße ausschließt. Diese Rechtsprechung, die sich auf § 1 stützt, kann und soll auch künftig bestehen bleiben, obwohl nun in Anlehnung an das Weltabkommen den Benutzern von Feld- und Waldwegen die Vorfahrt genommen wird. Daß damit Wiesen-, Sand- und Moorwege gleichfalls gemeint sind, kann nicht zweifelhaft sein. Die übergroße Zahl der Benutzer eines Feldweges kennt diesen als solchen, so daß schon aus diesem Grunde die Bestimmung dem Verkehr auf der anderen Straße weitgehend Schutz gewähren wird. Dennoch dürfen auch Ortsfremden, wenn dem Verkehr wirklich gedient sein soll, keine komplizierten Überlegungen zugemutet werden. Daher darf überall dort, wo nicht auf den ersten Blick erkennbar ist, daß es sich um einen Feld- oder Waldweg handelt, die Beschilderung nicht fehlen. Das wird die Vwv vorschreiben.*

4/5   **Zu Absatz 2:** *... In Satz 1 erscheint zunächst der Rechtsgedanke wieder, der bisher in § 9 Abs. 2 StVO (alt) nur einen unzulänglichen Niederschlag gefunden hatte. „Wer in eine Vorfahrtstraße. ... einbiegen oder diese überqueren will, hat mäßige Geschwindigkeit einzuhalten" fordert von etwa – die Wartepflicht setzt einen anderen, der die Vorfahrt hat, voraus – Wartepflichtigen zu viel und gibt dem anderen zu wenig. Ist eine Kreuzung nach beiden Seiten weithin übersehbar und nähert sich dort kein Fahrzeug, dann besteht kein Anlaß, die Fahrgeschwindigkeit zu ermäßigen. Dagegen erfordert es die Flüssigkeit des Verkehrs nicht nur auf Kreuzungen, wo die*

Vorfahrt durch Verkehrszeichen geregelt ist, sondern auch überall dort, wo an Kreuzungen „Rechts vor Links" gilt, daß der Wartepflichtige demjenigen, der die Vorfahrt hat, rechtzeitig zu erkennen gibt, daß er warten wird. Das gilt nicht bloß dort, wo die gegenseitige Annäherung auf weite Strecken zu erkennen ist, sondern und vor allem dort, wo dies erst auf kürzere Entfernung möglich ist. Das geforderte „Fahrverhalten" besteht vor allem darin, die Geschwindigkeit rechtzeitig zu mäßigen. Je später sich die beiden sehen können, um so geringer muß die Geschwindigkeit des Wartepflichtigen sein. Die Vorschrift will der verbreiteten, den Verkehrsfluß hemmenden und denjenigen, der die Vorfahrt hat, irritierenden Unsitte Wartepflichtiger steuern, an die Kreuzung forsch heranzufahren und erst auf den letzten Metern scharf zu bremsen.

Der zweite Satz gibt die Anforderungen wieder, welche an den Wartepflichtigen unmittelbar vor der Kreuzung gestellt werden. Sie sind im Hinblick auf das Weltabkommen gegenüber den sehr strengen Anforderungen, die die Rechtsprechung bisher stellte, geringfügig gelockert worden. Das Weltabkommen verbietet dem Wartepflichtigen nur dann, seine Fahrt fortzusetzen, wenn er dadurch den Vorfahrtberechtigten zwingen könnte, Richtung oder Geschwindigkeit unvermittelt zu ändern. Damit nimmt das Weltabkommen jedenfalls eine nicht besonders erhebliche Behinderung des Vorfahrtberechtigten in Kauf. Das ist sachgerecht. Es kann dem Vorfahrtberechtigten sehr wohl zugemutet werden, auch einmal zugunsten eines Wartepflichtigen wenigstens den Fuß vom Gashebel zu nehmen, obwohl er dadurch schon behindert wird. 6

Die Wiederholung der schon in § 5 Abs. 2 verwendeten Formulierung „übersehen kann" unterstreicht, daß auch hier eine angestrengte Beobachtung des Verkehrs auf der anderen Straße gefordert wird. Ob sich dieser Verkehr auf der richtigen oder auf der falschen Straßenseite bewegt, ist ebenso belanglos, wie, ob dieser eine angemessene Geschwindigkeit einhält. Jedes Verschätzen geht auch hier zu Lasten des Wartepflichtigen. 7

In Satz 2 wird für das Verhalten des Wartepflichtigen vorausgesetzt, daß dieser den Verkehr auf der anderen Straße übersehen kann. Dann muß man ihm bei Unübersichtlichkeit solches „Übersehen" auch ermöglichen. In solchen Fällen erlaubt daher Satz 3 dem Wartepflichtigen, sich vorsichtig in die Kreuzung hineinzutasten, bis er die Übersicht hat. Der plastische Ausdruck „hineintasten" wurde der Rechtsprechung entnommen. 8

Der letzte Satz übernimmt die Rechtsprechung, wonach der Abbiegende seine Vorfahrt nicht durch das Abbiegen verliert und ein Vorfahrtfall auch schon dann vorliegt, wenn die Fahrlinien der beiden Fahrzeuge sich nicht kreuzen, sondern sich nur nähern. 9

Begr zur ÄndVO v 22. 3. 88 (VBl **88** 22): 10

Die in § 8 Abs. 3 Satz 2 normierte Wartepflicht für Fußgänger, die sich mit Fahrzeugen auf der Fahrbahn bewegen, hat häufig zu theoretischen Erörterungen darüber geführt, wie sie sich zu der Regelung in § 9 Abs. 3 letzter Satz (Wartepflicht des abbiegenden Fahrzeugführers gegenüber Fußgängern) verhalten. In der Praxis spielt diese Vorschrift keine Rolle. Sie kann gestrichen werden. Es gibt also insoweit keine besondere Vorfahrtregel mehr. Im Verhältnis der Fußgänger, die sich mit einem Fahrzeug auf der Fahrbahn bewegen, und den Fahrzeugführern gilt an Kreuzungen und Einmündungen der Grundsatz der gegenseitigen Verständigung.

Auch der Satz 1 des § 8 Abs. 3 ist entbehrlich. Es ist selbstverständlich, daß die Vorschriften über die Vorfahrt nur für Fahrzeuge gelten können sowie für die Verkehrsteilnehmer, die den Fahrzeugen gleichgestellt sind (§ 27 Abs. 1, § 28 Abs. 2).

Vwv zu § 8 Vorfahrt
Zu Absatz 1

Verkehrsregelung an Kreuzungen und Einmündungen 11

/ I. 1. Kreuzungen und Einmündungen sollten auch für den Ortsfremden erkennbar sein. Wünschenswert ist es, daß sie schon durch ihre bauliche Beschaffenheit auffallen. Wenn das nicht der Fall ist, sollten bei der Straßenbaubehörde bauliche Veränderungen angeregt werden. Ist eine ausreichende Erkennbarkeit nicht gewährleistet, sollten die zu der Kreuzung oder Einmündung gehörenden Verkehrszeichen (positive und negative Vorfahrtzeichen oder Gefahrzeichen 102 „Kreuzung") in der Regel auf beiden Seiten der Straße und ausnahmsweise auch über der Fahrbahn angebracht werden. Auch ergänzende Maßnahmen, wie Veränderung des Unterbrechungsverhältnisses der Leitlinien in der untergeordneten Straße, verzerrte Wiedergabe der aufgestellten Schilder auf der Fahrbahn (vgl.

§ 42 Abs. 6 Nr. 3) in ausreichender Entfernung oder eine besondere Beleuchtung können sich empfehlen.

11 a 2 2. *Bei schiefwinkligen Kreuzungen und Einmündungen ist zu prüfen, ob für den Wartepflichtigen die Tatsache, daß er an dieser Stelle andere durchfahren lassen muß, deutlich erkennbar ist, und ob die Sicht aus dem schräg an der Straße mit Vorfahrt wartenden Fahrzeug ausreicht. Ist das nicht der Fall, so ist mit den Maßnahmen zu Nummer I 1 und II zu helfen; des öfteren wird es sich empfehlen, bei der Straßenbaubehörde eine Änderung des Kreuzungswinkels anzuregen.*

12 3 *II. Die Verkehrsregelung an Kreuzungen und Einmündungen soll so sein, daß es für den Verkehrsteilnehmer möglichst einfach ist, sich richtig zu verhalten. Es dient der Sicherheit, wenn die Regelung dem natürlichen Verhalten des Verkehrsteilnehmers entspricht. Unter diesem Gesichtspunkt sollte, wenn möglich, die Entscheidung darüber getroffen werden, ob an Kreuzungen der Grundsatz „Rechts vor Links" gelten soll oder eine Regelung durch Verkehrszeichen vorzuziehen ist und welche Straße dann die Vorfahrt erhalten soll. Bei jeder Regelung durch Verkehrszeichen ist zu prüfen, ob die Erfaßbarkeit der Regelung durch Längsmarkierungen (Mittellinien und Randlinien, die durch retroreflektierende Markierungsknöpfe verdeutlicht werden können) im Verlauf der Straße mit Vorfahrt verbessert werden kann.*

13 4 *1. Im Verlauf einer durchgehenden Straße sollte die Regelung stetig sein. Ist eine solche Straße an einer Kreuzung oder Einmündung mit einer Lichtzeichenanlage versehen oder positiv beschildert, so sollte an der nächsten nicht „Rechts vor Links" gelten, wenn nicht der Abstand zwischen den Kreuzungen oder Einmündungen sehr groß ist oder der Charakter der Straße sich von einer Kreuzung oder Einmündung zur anderen grundlegend ändert.*

14 5 *2. Einmündungen von rechts sollte die Vorfahrt grundsätzlich genommen werden. Nur wenn beide Straßen überwiegend dem Anliegerverkehr dienen (z. B. Wohnstraßen) und auf beiden nur geringer Verkehr herrscht, bedarf es nach der Erfahrung einer Vorfahrtbeschilderung nicht.*

15 6 *3. An Kreuzungen sollte der Grundsatz „Rechts vor Links" nur gelten, wenn*
   a) die kreuzenden Straßen einen annähernd gleichen Querschnitt und annähernd gleiche, geringe Verkehrsbedeutung haben,
   b) keine der Straßen, etwa durch Straßenbahngleise, Baumreihen, durchgehende Straßenbeleuchtung, ihrem ortsfremden Benutzer den Eindruck geben kann, er befinde sich auf der wichtigeren Straße,
   c) die Sichtweite nach rechts aus allen Kreuzungszufahrten etwa gleich groß ist und
   d) in keiner der Straßen in Fahrstreifen nebeneinander gefahren wird.

16 7 *4. Müßte wegen des Grundsatzes der Stetigkeit (Nummer 1) die Regelung „Rechts vor Links" für einen ganzen Straßenzug aufgegeben werden, weil für eine einzige Kreuzung eine solche Regelung nach Nummer 3 nicht in Frage kommt, so ist zu prüfen, ob nicht die hindernde Eigenart dieser Kreuzung, z. B. durch Angleichung der Sichtweiten, beseitigt werden kann.*

17 8 *5. Der Grundsatz „Rechts vor Links" sollte außerhalb geschlossener Ortschaften nur für Kreuzungen und Einmündungen im Verlauf von Straßen mit ganz geringer Verkehrsbedeutung gelten.*

18 9 *6. Scheidet die Regelung „Rechts vor Links" aus, so ist die Frage, welcher Straße die Vorfahrt zu geben ist, unter Berücksichtigung des Straßencharakters, der Verkehrsbelastung, der übergeordneten Verkehrslenkung und des optischen Eindrucks der Straßenbenutzer zu entscheiden. Keinesfalls darf die amtliche Klassifizierung der Straßen entscheidend sein.*

10 *a) Ist eine der beiden Straßen eine Vorfahrtstraße oder sind auf einer der beiden Straßen die benachbarten Kreuzungen positiv beschildert, so sollte in der Regel diese Straße die Vorfahrt erhalten. Davon sollte nur abgewichen werden, wenn die Verkehrsbelastung der anderen Straße wesentlich stärker ist oder wenn diese wegen ihrer baulichen Beschaffenheit dem, der sie befährt, den Eindruck vermitteln kann, er*

befände sich auf der wichtigeren Straße (z. B. Straßen mit Mittelstreifen oder mit breiter Fahrbahn oder mit Straßenbahngleisen).

11 b) Sind beide Straßen Vorfahrtstraßen oder sind auf beiden Straßen die benachbarten Kreuzungen positiv beschildert, so sollte der optische Eindruck, den die Fahrer von der von ihnen befahrenen Straße haben, für die Wahl der Vorfahrt wichtiger sein als die Verkehrsbelastung.

12 c) Wird entgegen diesen Grundsätzen entschieden oder sind aus anderen Gründen Mißverständnisse über die Vorfahrt zu befürchten, so muß die Wartepflicht entweder besonders deutlich gemacht werden (z. B. durch Markierung, mehrfach wiederholte Beschilderung), oder es sind Lichtzeichenanlagen anzubringen. Erforderlichenfalls sind bei der Straßenbaubehörde bauliche Maßnahmen anzuregen.

13 7. Bei Kreuzungen mit mehr als vier Zufahrten ist zu prüfen, ob nicht einzelne Kreuzungszufahrten verlegt oder gesperrt werden können. In anderen Fällen kann die Einrichtung von der Kreuzung wegführender Einbahnstraßen in Betracht kommen. 19

14 8. Bei der Vorfahrtregelung sind die Interessen der öffentlichen Verkehrsmittel besonders zu berücksichtigen; wenn es mit den unter Nummer 6 dargelegten Grundsätzen vereinbar ist, sollten diejenigen Kreuzungszufahrten Vorfahrt erhalten, in denen öffentliche Verkehrsmittel linienmäßig verkehren. Kann einer Straße, auf der eine Schienenbahn verkehrt, die Vorfahrt durch Verkehrszeichen nicht gegeben werden, so ist eine Regelung durch Lichtzeichen erforderlich; keinesfalls darf auf einer solchen Kreuzung die Regel „Rechts vor Links" gelten. 20

15 III. 1. Als Vorfahrtstraßen sollen nur Straßen gekennzeichnet sein, die über eine längere Strecke die Vorfahrt haben und an zahlreichen Kreuzungen bevorrechtigt sind. Dann sollte die Straße solange Vorfahrtstraße bleiben, wie sich das Erscheinungsbild der Straße und ihre Verkehrsbedeutung nicht ändern. Bei der Auswahl von Vorfahrtstraßen ist der Blick auf das gesamte Straßennetz besonders wichtig. 21

16 a) Bundesstraßen, auch in ihren Ortsdurchfahrten, sind in aller Regel als Vorfahrtstraßen zu kennzeichnen.

17 b) Innerhalb geschlossener Ortschaften gilt das auch für sonstige Straßen mit durchgehendem Verkehr.

18 c) Außerhalb geschlossener Ortschaften sollten alle Straßen mit erheblicherem Verkehr Vorfahrtstraßen werden.

19 2. Im Interesse der Verkehrssicherheit sollten im Zuge von Vorfahrtstraßen außerhalb geschlossener Ortschaften Linksabbiegestreifen angelegt werden, auch wenn der abbiegende Verkehr nicht stark ist. Linksabbiegestreifen sind um so dringlicher, je schneller die Straße befahren wird. 22

20 3. Über die Beschilderung von Kreuzungen und Einmündungen vgl. Nummer VII zu den Zeichen 205 und 206 (Rn. 11 ff.), von Vorfahrtstraßen vgl. zu den Zeichen 306 und 307, von Bundes- und Europastraßen vgl. zu den Zeichen 401 und 410. 23

21 IV. Über die Verkehrsregelung durch Polizeibeamte und Lichtzeichen vgl. zu § 36 Abs. 2 und 4; Rn. 3 ff. sowie Nummer IV zu den Nummern 1 und 2 zu § 37 Abs. 2; Rn. 12. 24

Übersicht

Abknickende Vorfahrt 43
Anhaltepunkt 56
Anscheinsbeweis 69
Ausfahrt 35
Ausnahmen 73
Autobahn, Vorfahrt 65/66

Beobachtung des Wartepflichtigen 47
Berechtigter, Fahrgeschwindigkeit 48
–, verkehrswidriges Verhalten 30
–, Vertrauensgrundsatz 49–54
Beschleunigungsstreifen 34 b

Bordstein, versenkter 35
Breite Fahrbahn 62

Einmündung 2, 11 ff., 32, 34–35
Erzwingen der Vorfahrt 47

Fahrbahn, breite 62
Fahrgeschwindigkeit des Berechtigten 48
Fahrlinien 27
Fahrtrichtungsanzeige des Berechtigten 54
Fahrverhalten des Berechtigten 9, 63
– des Wartepflichtigen 4/5, 56
Fehlerhafte Verkehrszeichen 45

Feldweg 3, 46, 56
Fußgänger mit Fahrzeugen 10, 66

Gehweg, abgesenkter 35

Haftung des Wartepflichtigen 68 ff
„Halbe" Vorfahrt 38
„Hineintasten" 58

Kolonnenverkehr 47, 54 a
Kraftfahrstraße, Vorfahrt 65/66
Kreisverkehr 37
Kreuzung 2, 11, 11 a, 32, 33

Lastzug, langsamer 62
Lichtzeichen 44
Linksabbieger, wartepflichtiger 63

Mehrzweckstreifen s Seitenstreifen
Mittelstreifen 34 a, 62 f

Nichtbeachtung der Vorfahrt 48

Ordnungswidrigkeiten 74–76

Parkplatz, Platz 31 a

Radwege 28, 30, 42, 52
Rechtsabbieger, wartepflichtiger 55, 64
Richtungsanzeige, abknickende Vorfahrt 43
Rückwärtsfahren 29

Schadenverteilung 69 f, 72
Seitenstreifen 34 a
Sichtbarkeit des Berechtigten 55
Sorgfalt des Wartepflichtigen 6–8, 57
Stoppstraße 60, 61
Strafrecht 77

„T-Einmündung" 14, 37, 51

Überschnelles Fahren 48, 53, 56, 69 a
Unabwendbares Ereignis 71
Unklare Verkehrslage 47
Unklares Verhalten 56

Verkehrszeichen, Vorfahrt 11 ff, 39–46
Vertrauensgrundsatz 49–54
Verzicht 37
Vorfahrt 1, 25, 29
– ohne Verkehrszeichen 38
– kraft Verkehrszeichen 11 ff, 39–46
–, abknickende 43
–, „halbe" 38
–, kein Erzwingen 47
–, bei verbotswidrigem Befahren der Straße oder des Radweges 30, 52
–, Zurückstehen, Verzicht 37, 47, 48
–, Nichtbeachtung 48
– auf AB und Kraftfahrstraßen 65/66
Vorfahrtberechtigter, Pflichten 47, 48
–, Fahrweise 9, 63
Vorfahrtbereich 28
Vorfahrtstraße 39–43

Waldweg 3, 46, 56
–, stets wartepflichtig 46
Warnposten 58, 62
Wartepflichtiger, Pflichten 4–8, 55–59
–, Sorgfalt 6–8, 57
–, Vertrauensgrundsatz 49–54
–, Beobachtung des 47
–, nicht sichtbarer 55
–, Haftung 68 ff

Zivilrecht 67–72

25 **1. Vorfahrt** hat mangels abweichender VZRegelung, wer von rechts gefahren kommt (I), s Rz 38, mit Fzen aller Art (§ 24). Die **Vorfahrtregelung gilt** nur für das Verhältnis von Fzen zueinander, BGH VR **70** 328, Bay VRS **65** 154, Ce VM **75** 58, und für solche VT, die FzF gleichgestellt sind (zB Reiter, Viehtreiber, § 28 II) s Begr Rz 10. **Für Fußgänger mit Fahrzeugen** (zB mit geschobenen Fahrrädern, Mopeds, Krädern, Handwagen, Schubkarren) gilt die Regelung des § 8 nicht, s Rz 10, ebensowenig für marschierende Kolonnen mangels polizeilicher Regelungen; erst nach dem Einrücken auf die Kreuzung erlangen sie das Vorrecht nach § 27. Kein Vorrang des Fußgängers, der ein Fahrrad schiebt oder Pferd führt, BGH VM **63** 3, NJW **58** 259 (*Hartung*), Bay VRS **65** 154. Kein Vorfahrtfall daher, wenn ein wartepflichtiger Radf die VorfahrtStr zu Fuß überquert und erst in der neuen Fahrtrichtung wieder aufsteigt, BGH VR **70** 328. § 8 gilt **nur für beiderseits öffentliche Straßen** (§ 1 Rz 2, 13–16), BGH VM **72** 76, nicht im Verhältnis zu einmündenden Fußgängerwegen – auch nicht bei beschränkt zugelassenem FzV –, Bay VRS **71** 304, Schl NZV **93** 233, oder Grundstückseinfahrten, BGH VRS **12** 414, KG VRS **35** 458. Ist unklar, ob von rechts her nur eine Einfahrt (Rz 35) einmündet, so muß jeder Beteiligte § 1 beachten, Kö NJW **64** 311, Ol VM **67** 52. Unterschiedliche VDichte, BGH VM **72** 76, Kar VRS **44** 229, Gewohnheitsrecht oder Verwaltungsanordnungen ändern die Vorfahrt nach I nicht, BGH VRS **10** 413, Kö VRS **11** 301. Vorfahrt setzt grundsätzlich das Recht voraus, den betreffenden StrTeil zu befahren, Fra DAR **99** 39 (s Rz 30). Vorfahrt besteht auch gegenüber den VT auf einer **für den Fahrverkehr gesperrten Straße,** Mü VR **59** 215, aM Hb VM **62** 69, bei Sperrung für den Durchgangsverkehr, wie für einzelne VArten oder für alle Fze, wenn sie verkehrswidrig trotzdem befahren wird, BGH VRS **24** 175, Dü VRS **31** 457. Sie haben also zu warten, auch wenn sie von rechts kommen, aM Dü VR **68** 905, Kar NZV **92** 189, aM auch Kar VRS **35** 154 jedenfalls bei nur teilweisem

oder vorübergehendem VVerbot (als VRegel unpraktikabel). Wer eine EinbahnStr verbotswidrig oder erlaubterweise (§ 35) gegenläufig befährt, muß warten, s Rz 30. Kein Vorfahrtsrecht auch für auf dem Gehweg fahrende Radf, s Rz 30. Denn ein Vorfahrtsrecht setzt begrifflich das – zumindest grundsätzlich bestehende – Recht des Fahrens voraus, BGH NJW **86** 2651, Ha VR **87** 1246. Anders, wenn jedenfalls überhaupt FzV in der betreffenden Fahrtrichtung zulässig ist. Daher ändert zB Beschränkung auf AnliegerV die Vorfahrt nicht, Ce ZfS **01** 492, Dü VRS **73** 299, Ha VR **87** 1246. Maßgebend ist die Widmung für den öffentlichen Verkehr oder dessen Stattfinden unter Duldung durch den Berechtigten, dann gelten die Vorfahrtregeln auch für PrivatStr und deren Kreuzungen und Einmündungen. Versenkter Bordstein: Rz 35. Vertrauensgrundsatz: Rz 49 ff.

Dem **Fahrer** obliegt die Beachtung der Vorfahrtregeln. Bei mangelnder Einsicht **26** des Busfahrers nach rechts in die vorfahrtberechtigte Str wegen der Bauart des Busses kann es ausreichen, wenn der Fahrer eine zuverlässige Auskunft von Fahrgästen über die VSituation auf der VorfahrtStr einholt, Bay VRS **60** 305. Jeder Kolonnenfahrer ist für die Vorfahrt selbst verantwortlich, unabhängig vom Vorausfahrenden, Kö VRS **8** 228, s aber § 27 (Verbände).

Wenn die Fahrlinien sich schneiden, berühren oder einander hemmend nä- 27 hern, kommt ein Vorfahrtfall in Betracht, Kar VRS **93** 102, Zw VRS **57** 310, Kö VRS **84** 426. Der Regelung in § 8 unterliegt daher auch der Fall, daß ein FzF aus wartepflichtiger Str in die bevorrechtigte Str und ein anderer aus der bevorrechtigten in die untergeordnete Str einbiegt, BGH NJW **56** 1798, sofern sich der Wartepflichtige dem Berechtigten dabei zumindest hemmend nähert. Der Berechtigte muß zügig und unbehindert durchfahren können, BGH VM **65** 27, VR **64** 1195, Bay VBl **66** 118, Mü VRS **30** 20, Ha VRS **30** 130, Br VRS **30** 172, auch noch in Kreuzungsnähe, KG VR **77** 82, DAR **76** 240, Kö NZV **89** 437 (Kollision 30 m nach Einbiegen in VorfahrtStr), wobei geringes Gaswegnehmen, Ausweichen (aM BGH VM **71** 67) und andere **unwesentliche Behinderungen** als unvermeidbar außer Betracht bleiben, KG NZV **00** 43, VM **96** 5. Daß sich der Wartepflichtige nach dem Einbiegen bereits vollständig auf der VorfahrtStr eingeordnet hat, schließt bei Kollision einen Vorfahrtfall nicht aus, Bay VRS **29** 472, Stu VRS **97** 15. Könnte der Berechtigte mühelos überholen oder seine Fahrgeschwindigkeit derjenigen des vor ihm eingebogenen Wartepflichtigen anpassen, so ist seine Vorfahrt nicht verletzt (anders bei erheblicher Geschwindigkeitsdifferenz), Bra VRS **82** 422, Mü VR **73** 947, Ha VOR **73** 486. Bloßes achtloses Einfahren in die VorfahrtStr ohne fremde Beeinträchtigung verletzt § 8 nicht, Zw VM **80** 4. **Kein Vorfahrtfall** bei klarem, behinderungsfreiem Vorsprung des einen Fz, s BGH VR **57** 529, Ha VOR **74** 486, auch wenn der sonst Berechtigte die VorfahrtStr schon verlassen hat, Bay VRS **27** 230, s aber Rz 28. Nicht § 8, sondern § 9 V gilt, wenn der Berechtigte nach Inanspruchnahme seines Vorfahrtsrechts wendet und mit dem nun einfahrenden Wartepflichtigen kollidiert, KG NZV **04** 355. Kein Vorfahrtfall auch, wenn sich ein Fahrstreifen der wartepflichtigen Str als zusätzlicher rechter Fahrstreifen der VorfahrtStr fortsetzt und der Vorfahrtberechtigte auf diesen hinüberwechselt, Bay VRS **56** 114, s Rz 64, § 7 Rz 17. Keine Vorfahrtverletzung, wenn der Wartepflichtige auf seiner rechten Fahrbahnseite noch vor dem Kreuzungsbereich kollidiert, Ha VRS **26** 462, s Rz 28.

1 a. Den Vorfahrtbereich bildet das „Einmündungsviereck" und die linke Fahr- **28** bahnhälfte der untergeordneten Str, dh die **gesamte Kreuzungsfläche,** BGH NJW **74** 949, BGHSt **34** 127 = NJW **86** 2651, KG NZV **02** 79, Ha NZV **98** 26, **in ganzer Fahrbahnbreite,** BGH VR **75** 38, Kar VRS **103** 21, Jn DAR **00** 570, Ha NZV **98** 26, VRS **101** 81, Dü NZV **94** 328, Kö NZV **89** 437, KG VRS **85** 270, bei rechtwinkligen Kreuzungen begrenzt durch die Fluchtlinien beider Fahrbahnen einschließlich der Radwege, BGHSt **20** 238, **34** 127 = NJW **86** 2651, Betr **71** 720, Fra VM **04** 37, DAR **88** 279, KG VRS **54** 255, Kar VRS **53** 301, bei **trichterförmiger Erweiterung** der bevorrechtigten Str einschließlich der Fläche bis zu den Endpunkten des Trichters, BGH NJW **71** 843, Bay VBl **71** 493, Ha NZV **97** 180, Dü VR **76** 1181, Zw VRS **43** 222, Schl VM **72** 79. Die Vorfahrt steht auch Benutzern von **Seitenstreifen** (§ 41 III Nr 3b) im Verhältnis zu anderen Strn zu, falls ihre allgemeinen Voraussetzungen gegeben sind.

Diese Grundsätze gelten auch bei Kombination mit abknickender Vorfahrt, BGH NJW **74** 949, **83** 2939, Ba VRS **43** 402, einschließlich der Fahrbahn zur Weiterfahrt, Hb VM **68** 15. **Beim Abbiegen** umfaßt der Vorfahrtbereich auch die rechte Fahrbahn der anderen Straße, KG DAR **78** 20, Ha VRS **26** 462, nicht auch der linken Fahrbahnseite der untergeordneten Str, in die eingebogen wird, KG VRS **85** 270, VM **84** 44, DAR **78** 20, Dü VRS **58** 269. Schneidet der linkseinbiegende Vorfahrtberechtigte jedoch die Kurve, indem er die für ihn linke Fahrbahnseite der untergeordneten Str befährt, so kann der Wartepflichtige, wenn er bei guter Übersicht bis zur Schnittlinie der Einmündung vorfährt, gegen § 1 II verstoßen, falls er sich auf solche Fahrweise des Berechtigten nicht einstellt, Fra DAR **88** 279 (zw), s Ha NZV **98** 26. Bei **trichterförmig** erweiterter, vorfahrtberechtigter Einmündung hat der links abbiegende Berechtigte Vorfahrt auf der gesamten, bis zu den Endpunkten des Trichters erweiterten Fahrbahn der VorrechtsStr, BGHSt **20** 238 = NJW **65** 1772, VR **63** 279, Ha NZV **98** 26, VR **75** 1127, Fra NZV **90** 472. Münden zwei durch VZ wartepflichtige Straßen in einem kurzen gemeinsamen Stück in die VorfahrtStr ein, so hat der in eine dieser Straßen abbiegende Berechtigte Vorfahrt bis zur vollständigen Einordnung auf deren rechter Fahrbahn, Ha VRS **53** 412. Bei **platzartiger Fahrbahnerweiterung** hat, mangels Vorfahrtregelung durch VZ (s Ha NZV **97** 180), Vorfahrt, wer von rechts in die erweiterte Fahrbahn einfährt. Eine durchgezogene Linie auf der VorfahrtStr, Ol DAR **68** 329, oder unterbrochene Leitlinien engen den Vorfahrtbereich nicht ein, BGH NJW **83** 2939, Ha NZV **97** 180 (jeweils abknickende Vorfahrt), Hb DAR **68** 250, LG Aachen ZfS **01** 251. Im übrigen gilt das Vorfahrtrecht auf der bevorrechtigten Str auch bei **vorschriftswidrigem Linksfahren**, s Rz 30, aber **nicht für Sperrflächen** (Z 298), Ha VRS **59** 5, Dü DAR **80** 119. Vorfahrtverletzung bei gefährdender oder behindernder Annäherung der Fahrlinien auch **außerhalb des Kreuzungsbereichs**, solange das Verhalten des Wartepflichtigen noch unmittelbar einwirkt, Kö VRS **94** 249, KG VR **77** 82, s Rz 27, 55.

29   **Die Vorfahrt besteht** beim Abbiegen bis zum vollständigen Verlassen der VorfahrtStr, Dü VR **66** 1056, auch beim **Rückwärtsfahren**, BGH NJW **58** 672, BGHSt **13** 368 = NJW **60** 395, Kar VRS **55** 246, Dü DAR **84** 123, aber mit besonderer Rücksicht auf Wartepflichtige, Bay VM **66** 65, KG VRS **106** 343, oder wenn der Berechtigte alsbald nach Überqueren der anderen Straße in ein Grundstück einfahren will, Bay VM **66** 65, BGHSt **13** 368 = NJW **60** 395, oder wenn der Wartepflichtige schon auf der Kreuzung ist, dort aber anhält, Ce VRS **16** 150, denn es gibt keinen Übergang der Vorfahrt auf den Wartepflichtigen, BGH VRS **4** 429, sondern nur deren Verlust, wenn sie streitig gemacht wird, weil sie nicht erzwungen werden darf (Rz 47). Anhalten des Rückwärtsfahrenden auf Warnzeichen des an sich Wartepflichtigen kann Verzicht bedeuten, s Ha VRS **52** 299.

30   **1 b. Verkehrswidriges Verhalten des Berechtigten beseitigt seine Vorfahrt grundsätzlich nicht**, BGHSt **34** 127 = NJW **86** 2651, VRS **30**, 23, KG NZV **02** 79, Kö VRS **99** 322, Fra NZV **90** 472, VM **93** 2. Er verliert sie weder durch Unterlassen von WarnZ, noch durch unerlaubt schnelles Fahren, BGH DAR **86** 142, KG **02** 79, Kö VRS **99** 322, Kar ZfS **86** 130, Stu DAR **89** 387 (dann aber uU Mitschuld), Nü ZfS **86** 65 (Mitschuld bei 30% Überschreitung verneint), noch durch unerlaubtes Überholen, BGH VRS **11** 117, KG VR **75** 909, Ha VM **75** 62, noch durch falsches Abbiegen nach links in engem Bogen (Kurvenschneiden), BGH VR **66** 294, **64** 1195, Sa VRS **30** 229, Dü VRS **31** 475, Fra NZV **90** 472 (soweit der Wartepflichtige den Vorfahrtbereich – Einmündungsviereck und *linke* Fahrbahnhälfte der untergeordneten Str – befährt, s Rz 28), noch dadurch, daß er zu weit links fährt, Jn DAR **00** 570, Ha NZV **98** 26, Dü NZV **94** 328, Kö NZV **89** 437, VRS **66** 255, oder links von einer Fahrstreifenbegrenzung, Ol DAR **64** 142, noch durch falsche Richtungsanzeige, BGH DAR **66** 25, Ha NZV **03** 414, KG VM **93** 2, Dü VR **76** 546, s aber Rz 52, 54. Nur bei Mißbrauch des Vorfahrtsrechts (§ 1 II) trifft den Berechtigten ein Vorwurf, BGH VR **77** 524. Wer allerdings **verbotswidrig** eine Str **in falscher Richtung** befährt (EinbahnStr, falsche Richtungsfahrbahn), hat niemals ein Vorfahrtsrecht, weil das fehlende Recht, die Str in dieser Richtung zu befahren, begrifflich ein Vorfahrtsrecht ausschließt (s Rz 25), BGHSt **34** 127 = NJW **86** 2651, **82** 334, Bay NStZ **86** 543, KG VM **90** 35, Fra VR **82** 554.

Keine Vorfahrt hat daher auch, wer aus für ihn gesperrter Str von rechts kommt, str, s Rz 25. Str auch, ob Vorfahrt haben kann, wer **verbotswidrig den linken Radweg** befährt (§ 2 IV S 3). Man wird dies aus den gleichen Gründen wie bei Befahren einer Einbahnstr in falscher Richtung verneinen müssen, Br VR **97** 765, Ha 13 U 227/82, Ce VRS **68** 471, Hb VR **87** 106 (Kradf) (s *Hentschel* NJW **86** 1310); aM jedoch BGHSt **34** 127 = NJW **86** 2651 (krit *Weinberger* DNP **87** 189), weil Befahren eines Radweges in verbotener Richtung dem Befahren einer Einbahnstr in verbotener Richtung nicht vergleichbar sei; wie BGH auch Fra VM **04** 37 (aber Mithaftung), Dü NZV **00** 506, Ha NZV **92** 364 (selbst bei Str mit begrüntem Mittelstreifen), **97** 123, ZfS **96** 284 (mit haftungsrechtlich unbefriedigender Konsequenz). Jedenfalls muß der Wartepflichtige mit Befahren des Radweges in falscher Richtung rechnen und handelt schuldhaft, wenn er sich nicht darauf einstellt, s Rz 52. Auch Führer anderer Fze, die nicht berechtigt sind, den Radweg zu befahren, können begrifflich auf diesem kein Vorfahrtrecht haben, aM Kö VR **88** 834 (Kleinkraftrad), ebensowenig, wie einem den **Gehweg** befahrenden Radf jemals ein Vorfahrtsrecht zustehen kann, Ce MDR **01** 1236, Dü VR **96** 1121, KG VM **90** 35, Ha VR **87** 1246, AG Stralsund NZV **03** 290 (jeweils Alleinhaftung), Fra DAR **99** 39; hier gilt für den Radf allein § 10. Auf Halten des Berechtigten an Bahnübergängen nach **Aufleuchten von Blinklicht oder LichtZ** iS von § 19 II Nr 2 darf der Wartepflichtige nicht vertrauen, Kö VRS **62** 307, ebensowenig idR auf Beachtung einer nahe gelegenen Fußgänger-LZA, BGH VR **90** 739 (740), Ha NZV **98** 246, Hb VRS **49** 394, Kö VRS **62** 307, Dü VR **77** 85, Stu VRS **69** 304, LG Gießen VR **98** 1169, aM Bay VRS **64** 385, Kö VR **02** 1302, Ce VR **86** 919, Ko VRS **42** 33, AG Kö VRS **85** 20, auf Beachtung solcher und sonstiger nicht den V im Verhältnis zu der betreffenden Einmündung regelnder LZA nur dann, wenn diese erkennbar und unmißverständlich vom Schutzbereich der LZA mitumfaßt ist, Bay VRS **35** 383, Kö VRS **62** 307, s Ha VM **73** 22. S dazu auch Rz 44.

Lit: *Dannert,* Das Einbiegen nach links in eine nur begrenzt einsehbare VorfahrtStr, NZV **95** 132. *Kürschner,* Vorrangs- und Vorfahrtsprobleme ..., NZV **89** 174. *Mayr/Scherer,* Vorfahrtstraßen und Stopstraßen, KVR „Vorfahrt". *Mayr,* „Rechts vor links", DAR **73** 227. *Mühlhaus,* Die Bedeutung von VVerstößen des Vorfahrtberechtigten für die Schuld am Unfall, DAR **69** 1. *Ries,* Vorfahrt bei gesperrten Str und Einbahnstraßen, DAR **67** 179. *Ruß/Reinken,* Allgemeines über die Vorfahrt ..., KVR „Vorfahrt". *Dieselben,* Verhalten des Inhabers der Vorfahrt und des Wartepflichtigen, KVR „Vorfahrt".

1 c. Verzicht auf Vorfahrt darf der Wartepflichtige nur annehmen, wenn der Berechtigte dies unmißverständlich anzeigt, BGH DAR **60** 137, Ha NZV **00** 415, KG VRS **106** 440, Ko NZV **93** 273, Sa VM **82** 4. Vertrauen auf Verzicht nur nach Verständigung, BGH VR **77** 154, KG VRS **106** 440, Ko NZV **93** 273. An den Nachweis eines Vorfahrtverzichts sind **strenge Anforderungen** zu stellen, KG VRS **106** 440, Ha NZV **00** 415, die Beteiligten müssen sich nachweisbar verständigt haben, wozu mißbräuchliches **Blinken mit den Scheinwerfern** (§ 16) nicht ausreicht, weil es mißverständlich ist, KG VM **93** 67, Ko NZV **91** 428, **93** 273, MDR **00** 415, aM Ha NZV **88** 24. **Kein Verzicht** liegt in bloßem kurzem Abstoppen zwecks Umblicks oder verkehrsbedingtem Halten des Berechtigten, BGH VR **66** 690, Kö DAR **57** 135, nicht in nur verzögertem Fahrverhalten, KG VR **73** 257, nicht darin, daß der Berechtigte scharf rechts fährt und verlangsamt, Ha VRS **6** 397. Wer als Berechtigter anhält, zB weil er nach rechts hin wartepflichtig ist, verzichtet dadurch nicht auf die Vorfahrt nach links hin, sondern nur bei deutlicher Geste, Sa VM **82** 4, KG DAR **73** 157. Es müssen Umstände hinzutreten, die eindeutig zeigen, daß er gerade wegen des Wartepflichtigen angehalten hat; der Berechtigte darf nach solchem Anhalten nur mit besonderer Vorsicht in die kreuzende Straße einfahren; er muß dabei auf das Verhalten der Wartepflichtigen achten, BGH NJW **58** 259, KG DAR **73** 157. Ein Radf behält Vorfahrt, auch wenn er als Berechtigter mit Rücksicht auf andere bremst, sichtlich zögert oder sogar anhält und sich auf der Fahrbahn abstützt; Wartepflichtige müssen ihm durch ihr Verhalten anzeigen, daß sie ihn vorfahren lassen, es sei denn, er verzichtet durch deutliche Geste. Hatte der Berechtigte (aus einer T-Einmündung kommend) vor dem Abbiegen angehalten, so muß er berücksichtigen, daß dies von einem Wartepflichtigen **als Vorfahrtverzicht mißdeutet** werden und diesen zum Durchfahren verleiten könnte, Ha VRS **58** 382, Sa VM **80** 70, des-

31

gleichen überhaupt bei längerem Zögern des Berechtigten, der seinerseits in anderer Richtung wartepflichtig ist, Sa VM **82** 4. Ein **Verzicht auf Vorfahrt** gilt stets nur für den Verzichtenden (s aber **E** 146), Kö VR **73** 1074, KG DAR **71** 237, BGH VRS **11** 171, auch beim Durchfahren einer Lücke im zweispurigen Kolonnenverkehr (Hindurchtasten), KG VM **92** 75, Mü VR **67** 67, wo der Berechtigte beim unerlaubten Rechtsüberholen an den Kolonnenlücken uU auf die Vorfahrt verzichten muß, Nü VR **74** 1007. Einen Verzicht auf die Vorfahrt muß der Wartepflichtige **beweisen**, KG VM **80** 87. Die Wartepflicht entfällt ausnahmsweise, wenn alle Vorfahrtberechtigten gemäß § 11 I zweifelsfrei warten.

31a   **2. Auf Plätzen und anderen größeren Verkehrsflächen ohne irgendwelche Fahrbahneinteilung** ist Verständigung nötig (§ 1 II), BGH NJW **63** 152 (Großmarkt), KG VRS **106** 343 (Betriebsgelände), Dü NZV **88** 231, Kö NZV **94** 438 (jeweils Tankstelle), Dü DAR **00** 175, Ha VRS **99** 70, Fra ZfS **94** 5 (jeweils Parkplatz ohne „Fahrbahnnetz"), Stu VM **73** 62, s § 1 Rz 5, weil weder Kreuzungen noch Einmündungen vorhanden sind. Dabei kann aber der Rechtsgedanke des Abs I ergänzend Berücksichtigung finden, Kö NZV **94** 438. Auf **Parkplätzen** markierte Fahrspuren sind keine dem fließenden Verkehr dienenden Straßen und gewähren deshalb **keine Vorfahrt**, Dü DAR **00** 175, Ko DAR **99** 405, Kar VM **89** 7, AG Bad Bramstedt ZfS **99** 55, auch keinen Vorrang gegenüber dem Ausparkenden gem § 10, Ol VRS **63** 99, **82** 419, aM KG VM **84** 32 (Vorrang des durchgehenden Verkehrs), so daß auch im Verhältnis zwischen ihnen Verständigungspflicht (§ 1) besteht, weil sie nur dem Suchverkehr nach Stellplätzen dienen, Ko VRS **48** 133, mag der von rechts Kommende vielleicht auch Vortritt erwarten, Sa NJW **74** 1099, ähnlich wohl Stu VRS **45** 313. Die Vorfahrt- und Vorrangregeln gelten dort nur, wo die angelegten Fahrspuren eindeutigen Straßencharakter haben, Dü DAR **00** 175, Ce DAR **00** 216, Ol VRS **63** 99, **82** 419. Demgegenüber wollen Dü VRS **56** 294, KG VM **77** 23, DAR **78** 20, Nü NJW **77** 1888, Ha DAR **76** 110, NJW **74** 1913, Br VM **75** 48 (ohne Vertrauen darauf), Ce VR **75** 265, *Bouska* VD **75** 185 im Verhältnis baulich oder sonstwie bezeichneter Fahrspuren (Wege) auf Parkplätzen untereinander Vorfahrtgrundsätze anwenden, weil bloße Verständigungspflicht nicht ausreiche, Dü VRS **56** 294. Mit Rücksicht auf Rangierende muß der die Fahrspuren zwischen den Parktaschen Befahrende **stets bremsbereit** sein, KG VRS **104** 24, 25 km/h sind jedenfalls zu schnell, OL VRS **63** 99, KG VRS **64** 104, VM **84** 32 (angemessen im allgemeinen nicht mehr als 10 km/h), AG Bad Bramstedt ZfS **99** 55. Auch auf Fahrspuren mit StrCharakter innerhalb von Parkplätzen kann Schrittgeschwindigkeit geboten sein (Mithaftung des Vorfahrtberechtigten), Fra NZV **01** 36 (s § 3 Rz 16). Auf Parkplätzen ohne bezeichnete Fahrstreifen und Stellflächen gilt § 1, wobei vor allem das Ausfahren ermöglicht werden muß, um optimale Nutzung zu erreichen, Ha NJW **76** 2359. Da Parkplätze und Parkhäuser dem *ruhenden* V dienen, Ha VRS **99** 70, KG VRS **104** 24, **64** 104, 106, trifft der dort **rückwärts Ausparkende** nicht auf fließenden Verkehr, sondern auf Benutzer der Parkplatzfahrbahn, die gegenseitigen Rücksichtspflichten sind deshalb (verglichen mit den Pflichten aus den §§ 9, 10) mehr und einander angenähert, Ha VRS **99** 70, Stu NJW-RR **90** 670, Kö MDR **95** 152, einen Vertrauensgrundsatz zugunsten des „fließenden" Vs gegenüber dem wartepflichtigen Ausfahrenden gibt es nicht, Dü VRS **61** 455, Stu NJW-RR **90** 670 (Haftung des rückwärts Ausparkenden zu ²/₃), Ol VRS **82** 419, Kö MDR **95** 152, VRS **96** 412. Wenngleich § 10 für das Verhalten des Ausparkenden nicht gilt, ist doch der **Rechtsgedanke des § 10** bei der Beurteilung seiner Pflichten zu berücksichtigen, Ol VRS **63** 99, aM Ol VRS **82** 419. Ausnahmsweise kann § 10 auch unmittelbar gelten, wenn nämlich die Fahrfläche zwischen den Parktaschen durch optische Abgrenzungen und Fahrstreifenbegrenzung in der Mitte als dem FahrV dienende Fahrbahn ausgestaltet ist, Kar VM **89** 7, s Kö VRS **96** 412 (§ 10 entsprechend, Haftung des Ausparkenden zu ³/₄). Zu den Sorgfaltsregeln beim Befahren eines Werkparkplatzes, für den die StVO gelten soll, Kö DAR **80** 344.

32   **3. Nur für Kreuzungen und Einmündungen** gilt die Vorfahrtregel nach § 8; das gilt grundsätzlich für Abs I S 1 und S 2 gleichermaßen, wie auch die Begr (s Rz 2) zeigt, aM insoweit *Kürschner* NZV **92** 216, s aber § 41 Rz 248 Z 205. Beschaffenheit und

Kennzeichnung von Kreuzungen und Einmündungen: Vwv Rn 1 (Rz 11). Nur wenn der kreuzende oder einmündende Weg dem *FahrV* gewidmet ist, handelt es sich um eine Kreuzung oder Einmündung iS von Abs I, s Dü NZV **88** 231. Die Vorfahrtregeln gelten daher nicht beim Einfahren in eine nur über abgesenkten Bordstein und Gehweg erreichbare Str; diese bildet keine Einmündung, Kar VR **94** 362 (Anm *v. Rosenberg*), s § 10 sowie § 9 Rz 45. Die StrBenennung ist für den Kreuzungs- oder Einmündungsbegriff ohne Bedeutung, Ha VR **79** 357, Kar VRS **55** 246. VZRegelungen sollen dem natürlichen psychologischen Verhalten der VT möglichst entsprechen, so daß Einmündungen von rechts möglichst die Vorfahrt zu nehmen ist, um den natürlichen VFluß nicht zu hemmen (Vwv Rn 5). Durchgehende StrStrecken sollen möglichst zügige Regelungen erhalten (Vwv Rn 4).

Kreuzungen sind die Schnittflächen zweier oder mehrerer sich schneidender Fahrbahnen verschiedener Straßen, Ha DAR **69** 279, Ba VRS **43** 402, die sich jenseits, uU seitlich versetzt, fortsetzen, BGH NJW **74** 949, Dü DAR **00** 175. Kreuzungsbereich: Rz 28, 30. StrStücke außerhalb der Schnittflächen gehören nicht zur Kreuzung, Ha VBl **57** 79, doch kann es die Vorfahrt auch verletzen, **wenn Fze erst außerhalb der Kreuzung zusammenstoßen,** s Rz 55. Ob ein StrZug mehrere dicht nebeneinander liegende Straßen in einer einzigen Kreuzung quert, hängt von der Örtlichkeit ab, Hb DAR **73** 82. **33**

Einmündung ist jedes Zusammentreffen von Straßen mit nur einer Fortsetzung, BGH NJW **74** 949, Dü DAR **00** 175, rechtwinklig oder schräg, s Bay DAR **66** 250, oder auch platzähnlich, Kar VRS **55** 246. Sie sollten aus psychologischen Gründen (*Undeutsch* DAR **66** 321) und solchen des VFlusses keine Vorfahrt haben (Rz 14). Wer in Richtung der einheitlichen Fortsetzung fährt, hat die Vorfahrtregeln zu beachten, s BGH DAR **64** 223. Eine Einmündung bildet auch eine als Einbahnstr geregelte Fahrbahn derselben Straße, die nach Umfahrung einer Grünfläche in die Gegenfahrbahn einmündet, KG VRS **59** 48. Wer beim Zufahren auf eine **StrGabel** bisher eine VorfahrtStr befuhr, muß darauf achten, in welchem Ast sie sich fortsetzt. Mündet eine Str in der Weise in eine andere, daß sie sich in zwei Äste gabelt, so gilt im Verhältnis des auf die Gabelung Zufahrenden zu dem aus einem der Äste Entgegenkommenden Abs I S 1 (rechts vor links), Ko VRS **62** 464, aM Bay VM **69** 81, wonach in solchen Fällen kein Vorfahrts- sondern ein Begegnungsfall vorliegt. Münden von derselben Seite her **zwei NebenStr an derselben Stelle** in die VorfahrtStr ein, so gilt im Verhältnis der auf die VorfahrtStr Zufahrenden rechts vor links, einerlei wie sie weiterfahren wollen, Stu NZV **94** 440, Kö VR **92** 249. Hat sich bei um einige Meter getrennten Einmündungen der von der linken Zufahrt Kommende in die VorfahrtStr bereits eingegliedert, so hat er Vorfahrt, Kö VR **92** 249, Br DAR **65** 179. Wer **als Wartepflichtiger vor einer breiten VInsel bereits nach links in die VorfahrtStr eingebogen ist,** hat nunmehr gegenüber solchen VT Vorfahrt, die aus der Gegenrichtung kommend auf einer durch diese Insel abgetrennten Fahrbahn nach rechts in die VorfahrtStr einbiegen, Bay DAR **78** 282, Dü VM **77** 5, aM *Kullik* DAR **85** 336. **34**

Lit.: *Kullik*, Vorfahrtsregelung und Regelung des BegegnungsV an plangleichen VKnoten mit sog „Abbiegestreifen", DAR **85** 334.

Die Verschmelzung zweier Fahrstreifen zu einem gibt keine Vorfahrt iS von § 8. S dazu § 7 Rz 18, 20. Laufen bisher baulich **getrennte Fahrbahnen derselben Straße** spitzwinklig zu einer Fahrbahn zusammen, so gilt § 8 nicht, aber mangels notwendiger Regelung durch VZ rechts vor links, soweit nicht § 7 IV eingreift. Das gilt nicht für denjenigen, der auf einer EinbahnStr mit zwei durch einen mehrere Meter breiten bepflanzten Grünstreifen getrennten Fahrbahnen unter Benutzung einer Mittelstreifenunterbrechung die linke Fahrbahn aufsucht, um dort in gleicher Richtung weiterzufahren, Hb VRS **68** 293 (dann nach Hb aaO § 7 V, richtig wohl § 10, s *Booß* VM **85** 44, weil der Mittelstreifendurchbruch ein „anderer StrTeil" ist). Einmündungen von Feld- und Waldwegen: Rz 36. Einmündungen über versenkte Bordsteine: Rz 35. Ausfahrten: Rz 25, 35. **34 a**

Beschleunigungsstreifen dienen ausschließlich, soweit möglich, dem zügigen Einfädeln in den durchgehenden Verkehr, dieser hat stets Vortritt, auf der AB kraft § 18 III, **34 b**

auf anderen Straßen, weil Beschleunigungsstreifen ihrer Zweckbestimmung nach nicht zu Kreuzungen (Einmündungen) gerechnet werden können, Kö VRS **62** 303, aM *Mühlhaus* DAR **75** 64. Zwar erstreckt sich das Vorfahrtsrecht (außerhalb von BAB und KraftfahrStrn, dort Sonderregelung des § 18 III) auch auf den Beschleunigungsstreifen als Bestandteil der Gesamtfahrbahn, idR darf der den Beschleunigungsstreifen zweckentsprechend benutzende Wartepflichtige aber mangels entsprechender Anzeichen darauf vertrauen, daß der fließende V auf den durchgehenden Fahrstreifen den Beschleunigungsstreifen für den einmündenden V freihalten werde.

35   Keine Einmündungen iS von § 8 sind **Ausfahrten,** die zwar dem öffentlichen Verkehr dienen (aus Parkplätzen, Tankstellen, Parkhäusern, Betriebshöfen), aber nicht dem durchgehenden, s BGH VR **85** 835, Ol ZfS **92** 332; wer sie in Richtung der Straße benutzt, muß sich nach § 10 (Einfahren) verhalten. Dazu gehören auch für den durchgehenden Str abzweigende erkennbar nur der Anschließung an den Verkehr dienende gemeinsame Zufahrten zu einer Häusergruppe, Bay VRS **65** 223, Fra VR **92** 331. Keine Vorfahrt von Rechtseinmündungen, die über einen **abgesenkten Bordstein** herausführen; nach § 10 S 1 hat sich der über den abgesenkten Bordstein Einfahrende vielmehr so zu verhalten, daß eine Gefährdung anderer ausgeschlossen ist, dh, er hat dem fließenden V den Vorrang zu gewähren, s § 10 Rz 6a. Die vor Änderung des § 10 durch ÄndVO v 22. 3. 88 teilweise abw Rspr ist überholt. Auf den Vorrang darf auch vertrauen, wer als Benutzer der durchgehenden Straße die Bordsteineinmündung kennt, Ce VR **77** 1032. Ausfahren durch eine Kolonnenlücke: § 10. Keine Einmündung ist eine durch gepflasterte Fortsetzung des Gehwegs von der Fahrbahn deutlich getrennte Zufahrt, Dü DAR **75** 187. Ausschließlich die sich dem herannahenden Kf bietenden **baulichen Verhältnisse**, nicht die VFrequenz, entscheiden über Einmündung oder Ausfahrt, s § 10 Rz 5. Maßgebend ist unabhängig von Eigentumsverhältnissen und Widmung das sich dem VT bietende äußere Erscheinungsbild, s § 10 Rz 5.

36   **4. Feld- und Waldwege** (Wiesen-, Sand- und Moorwege, Begr, und vergleichbare Pfade, nicht auch Radwege) gewähren, außer untereinander, Zw VRS **45** 388, keine Vorfahrt (I Nr 2). Hier müssen VZ nur aufgestellt werden, wenn Ortsfremde nach Örtlichkeit, Breite und Ausbau des Nebenwegs Zweifel haben können (Begr). Dann wird die Bezeichnung idR Amtspflicht sein. Der Begriff Feld- oder Waldweg richtet sich allein nach dem **äußeren Anschein** (Beschaffenheit), nicht nach der VBedeutung, Ko VRS **69** 101, Dü VRS **47** 61, *Schneider* DAR **76** 63, s auch Begr Rz 3, aM BGH NJW **76** 1317, KG VM **99** 18, Mü VR **81** 561, Dü VR **81** 862, VRS **73** 299, Kö VRS **66** 378: ausschließlich die VBedeutung des Weges, also die Benutzung, zumindest überwiegend, zu land- oder forstwirtschaftlichen Zwecken und das Fehlen überörtlicher Bedeutung. Die Verkehrsbedeutung wird aber vielfach den beteiligten VT nicht bekannt sein und ist daher für die rasch zu treffende Entscheidung über mögliche Wartepflicht kein geeignetes Kriterium, s Ko VR **03** 1454 (zu § 10 S 1). Feste Decke schließt allein die Eigenschaft als Feld- oder Waldweg nicht aus, BGH NJW **76** 1317, Fra VR **92** 331, aM Ha VRS **49** 147, Zw VRS **45** 395, *Booß* VM **84** 62. Wer weiß, daß er einen durch VZ nur für land- und forstwirtschaftliche Fze freigegebenen Weg befährt, hat jedenfalls Abs I S 2 Nr 2 zu beachten, auch wenn der Charakter des Weges für Ortsunkundige nicht ohne weiteres erkennbar ist, Fra VR **92** 331. Zufahrtswege zu Einzelhäusern oder Häusergruppen sind idR keine Feldwege, s BGH NJW **76** 1317, KG VM **99** 18, Dü VRS **73** 299, aber uU „Ausfahrten", s Rz 35. Feldweg iS von Abs I S 2 Nr 2 ist auch ein nur für AnliegerV freigegebener, mit Schranke versehener unbefestigter Parzellenweg in Kleingartengebiet, Br NJW-RR **91** 858. Wer nach Sachlage zweifeln muß, ob Feldweg oder Straße, muß die strengere Sorgfalt beachten, BGH NJW **76** 1317, **77** 632, und sich auf Wartepflicht einrichten, Bay DAR **75** 190, Ha VRS **49** 147, anderenfalls Mithaftung, Ko VRS **69** 101 (40%). Wer als Berechtigter aus einem dem Anschein nach unbedeutenden Nebenweg kommt, braucht erhöhte Sorgfalt (§ 1), KG VM **99** 18, Mü DAR **76** 104.

37   **5. Kreisverkehr** hat nur dann Vorfahrt, wenn an der Einmündung in den Kreis die VZ 215 und 205 **nach Maßgabe von § 9a** angebracht sind. In allen anderen Fällen muß, wer sich im KreisV befindet, von rechts Kommende vorfahren lassen. Doch wurde

vor Einführung von § 9a durch die 33. ÄndVStVR v 11. 12. 00 vielfach durch das Z 205 bei den Einmündungen und entsprechend durch die Z 301, 306 im Kreisel dem KreisV Vorfahrt gewährt. Diese Regelungen gelten nach wie vor, soweit Beschilderung gem § 9a fehlt. Bei kleinen Kreisverkehren ist entsprechend der bis zum 31. 1. 01 geltenden früheren Vwv zu Z 209–214 Rn 12 (S 3) zumeist nur an den Einmündungen in den Kreis das „negative" VorfahrtZ (205) angebracht, nicht aber im Kreis das „positive" Z 301. Diese Regelung ist problematisch, weil sie mit I S 1 nicht in Einklang steht und daher dem im Kreis Fahrenden Vorfahrt nur als „Reflex" aus dem „negativen" VorfahrtZ gewährt (s Rz 45), s *Kramer* VD **99** 156, sie sollte überall rasch durch eine Beschilderung gem § 9a ersetzt werden.

Lit: *Kramer*, Die Renaissance der Kreisverkehrsplätze ..., VD **99** 145.

6. Wo vorfahrtregelnde Verkehrszeichen fehlen, hat Vorfahrt, wer von rechts 38 gefahren kommt (I), auch mehrere Fze hintereinander zugleich. Wegen der Zunahme vorfahrtregelnder VZ tritt diese Grundregel an Bedeutung zurück. Bedeutsam bleibt sie idR nur noch bei beiderseits verkehrsarmen Straßen (Vwv Rn 6). Ungeregelte, nach rechts jeweils unübersichtliche Kreuzungen verpflichten den Berechtigten zu besonderer Beachtung der §§ 1, 3, vor allem zu angepaßter Fahrgeschwindigkeit als nach rechts hin Wartepflichtiger (**„halbe Vorfahrt"**) und schützen damit insoweit auch den ihm gegenüber Wartepflichtigen, der als von links Kommender auf angepaßte Fahrweise vertraut, BGHZ **14** 240 (VGS), VR **67** 283, VM **77** 91 (Mithaftung des zu schnell fahrenden Vorfahrtberechtigten zu $^1/_4$), BGHSt **17** 302, Kar DAR **96** 56, Sa VR **81** 580, Ha DAR **02** 508 (Mithaftung des Berechtigten zu ¼), **00** 64, KG NZV **88** 65, Zw NZV **90** 476. Treffen Fze aus allen Richtungen ohne ausreichenden Vorsprung in der Kreuzung zusammen, so müssen sie sich über Vorfahrt und Wartepflicht verständigen (§ 1), s auch § 11 II, KG VM **90** 76. Vorfahrtregelung bei Ausfahrt aus **verkehrsberuhigtem Bereich** und Einfahrt in einen solchen, s § 42 Rz 181.

Lit: *Mühlhaus,* Zur Vorfahrt an VInseln, VD **72** 101, 161.

7. Vorfahrt kraft Verkehrszeichen verschaffen, und zwar je für sich allein, BGH 39 NJW **77** 632, die Z 301 (Vorfahrt) und 306 (VorfahrtStr), aufgestellt auf der zu bevorrechtigenden Straße, nicht auch die Z 401 (BundesStr) und 410 (EuropaStr). Das Z 301 gibt nur an der nächsten Kreuzung (Einmündung) Vorfahrt, Mü DAR **76** 104, das Z 306 dagegen bis zum nächsten Z 205, 206 oder 307, BGH NJW **77** 632, Ba VR **77** 182, auch wenn es versehentlich nicht an jeder Kreuzung (Einmündung) steht, BGH NJW **76** 1317, Kar VR **84** 1077, Mü DAR **76** 104. Schon aus Abschirmungsgründen (sonst Amtspflichtverletzung) müssen in der wartepflichtigen Straße zwar stets auch die Z 205 oder 206 stehen (I Nr 1), doch beeinträchtigt ihr versehentliches Fehlen die durch die Z 301/306 für sich allein eingeräumte Vorfahrt in der bevorrechtigten Straße nicht, BGH VR **77** 58, NJW **76** 1317, Kar VR **84** 1077, Dü VR **76** 1180, Mü DAR **76** 104. Haftung wegen Fehlens entsprechender VZ in der untergeordneten Str bei abknickender Vorfahrt, s § 45 Rz 51. Stehen die Z 205 oder 206 versehentlich allein, so verpflichten sie dennoch zum Warten (Anhalten), s Rz 45. Ein Verkehrsspiegel ist kein amtliches VZ, sondern nur ein Hilfsmittel zur VSicherheit, Kar VR **80** 1172. Mit richtiger Beschilderung darf der Verkehr rechnen, BGH VRS **25** 53. Wer **fehlerhafte Zeichensetzung** (Fehlen negativer VorfahrtZ trotz Z 306) kennt, darf auf scheinbares Vorfahrtsrecht nicht vertrauen, sondern muß auf Verständigung fahren, Mü DAR **76** 104. Andererseits wird fehlerhafte Zeichensetzung den Ortsunkundigen, der ihr oder dem örtlichen Bild vertrauen muß, idR entschuldigen, BGH VRS **50** 169. Jede VZ-Regelung sollte **psychologischen und fahrtechnischen Bedürfnissen** entsprechen und Vorfahrt einräumen, wo die Örtlichkeit zügige Weiterfahrt ermöglicht und nahelegt, jedoch Warten vorschreiben, wo wegen der StrFührung oder aus anderen beachtlichen Gründen verlangsamt werden muß, sonst ist sie unfallfördernd (Vwv Rn 3ff, Rz 12–14).

„An" der Kreuzung oder Einmündung ist die Regelung geboten (I), innerorts also 40 unmittelbar davor (§ 42 II), außerorts wegen der größeren Fahrgeschwindigkeit 150–250 m davor (§ 42 II). Doch sind auch VZ verbindlich, die noch deutlich und nicht irreführend kurz dahinter stehen, s KG VRS **11** 217. Steht ein VZ nur in einer Fahrtrich-

2 StVO § 8 I. Allgemeine Verkehrsregeln

tung, so gilt es in der Gegenrichtung nicht, s Bay VRS **28** 117, Hb VBl **51** 91. Allgemeines über VZ: §§ 39–41. Anbringung der VZ: § 45.

41 **Die Regelung durch Verkehrszeichen gilt inner- wie außerorts** gleichermaßen. An Feld- oder Waldwegen sind vorfahrtregelnde VZ nur noch nötig, wenn örtliche oder bauliche Verhältnisse irreführen können (Vwv zu Z 205, 206 Rn 11).

42 Wer die VorfahrtStr befährt, hat **Vorfahrt gegenüber links und rechts** beim Geradeausfahren und Abbiegen in wartepflichtige Straßen, BGHSt **12** 320, NJW **59** 638. Beim Z 301 oder 306 hat auch Vorfahrt, wer erst wenige Meter vorher als Wartepflichtiger in die VorfahrtStr eingefahren ist, Ha VRS **52** 215, s aber BGH NJW **74** 949 (abknickende Vorfahrt). Das Z 205 verpflichtet zum Warten und verschafft dem Berechtigten kraft Gesetzes Vorfahrt, Bay VM **78** 74, Bra VR **74** 267. Die Z 205 (Vorfahrt gewähren) und 206 (Halt! Vorfahrt gewähren) regeln, wie die Wartepflicht auszuüben ist, untereinander sind sie gleichrangig, so daß insoweit rechts vor links gilt, BGH NJW **74** 949, Bay VM **78** 57, Ba VRS **43** 402. **Radwege** gehören zur Straße, auch wenn das VorfahrtZ zwischen Fahrbahn und Radweg steht, Hb DAR **63** 273, nicht aber solche, die, vor der Kreuzung (Einmündung) einige m von der bevorrechtigten Str weggeführt, in die untergeordnete Str münden, Ha NZV **00** 468 (Anm *Bouska*), auch nicht die Gehwege, soweit sie etwa von Kindern unter 10 Jahren mit Fahrrädern befahren werden (s § 2 StVO Rz 29a), s Dü VRS **63** 66. Ist ein zur Fahrtrichtung des FzVerkehrs links verlaufender Radweg durch VZ freigegeben, so kann zur Warnung des wartepflichtigen Verkehrs das ZusatzZ zu Z 205 gem Abs II Nr 1b angebracht werden. Das an einer SeitenStr vor einem Radweg stehende HaltZ (206) gilt auch für den in den Radweg der VorfahrtStr abbiegenden Radf, Ha VRS **16** 73.

43 **Bei abknickender Vorfahrt** werden durch vorfahrtregelnde VZ mit Zusatztafel zu Z 306, Ba VR **77** 182, zwei an einer Kreuzung/Einmündung zusammentreffende Straßen entsprechend der Hauptverkehrsrichtung zu einem bevorrechtigten StrZug zusammengefaßt, Fra DAR **83** 81. Wer ihr folgt, muß dies rechtzeitig und deutlich ankündigen (§ 42 II), BGHZ **44** 257 = NJW **66** 108, Ol DAR **99** 179. Wer eine nach rechts abknickende VorfahrtStr geradeaus verläßt, ist wartepflichtig gegenüber dem von rechts auf der VorfahrtStr herankommenden Verkehr, Ha VRS **51** 73, Ce VM **66** 39. Wer eine nach rechts abknickende VorfahrtStr nach links verläßt, hat Vorfahrt vor dem aus der gradlinigen Verlängerung seiner bisherigen Fahrtrichtung ihm Entgegenkommenden, Ha VRS **28** 54, ist aber wartepflichtig gegenüber Fzen, die von rechts aus der VorfahrtStr kommen, Ha VM **70** 47, Ce VRS **29** 145. Auch wer bei links abknickender Vorfahrt geradeaus weiterfährt, hat vor von rechts Kommenden im gesamten, auch trichterförmigen, Kreuzungsbereich Vorfahrt, weil sich der Verkehr auf der VorfahrtStr sonst stauen könnte, BGHZ **56** 1 = NJW **71** 843, Hb VRS **35** 220. Auch bei abknickender Vorfahrt gilt für die beiden untergeordneten Schenkel untereinander rechts vor links, auch wenn einer mit StopZ 206 (294) gekennzeichnet ist, der andere mit Z 205 (Vorfahrt gewähren), BGH NJW **74** 949, Bay VM **78** 57. Im Bereich der abknickenden Vorfahrt mußte nach Einführung dieser Regelung zunächst wegen der für viele FzF anfangs bestehenden Schwierigkeiten mit falschen **Fahrtrichtungsanzeigen** gerechnet werden, Zw DAR **74** 166; die Rspr versagte dem davon betroffenen VT daher bislang in solchen Fällen den Vertrauensschutz hinsichtlich richtiger Blinkzeichen, Bay DAR **86** 126, **74** 302, Dü NJW **77** 1245, s Zw MDR **75** 77. Dies dürfte jedoch heute nicht mehr gerechtfertigt sein, Ol DAR **99** 179, Zw VRS **80** 48 (abl Berr DAR **91** 69). Wer abknickender Vorfahrt folgt, ändert seine Fahrtrichtung, wer sie geradeaus verläßt, ändert sie nicht, vielmehr ist der tatsächliche Verlauf der Str entscheidend; eine Pflicht zur Fahrtrichtungsanzeige besteht dann nicht, s § 9 Rz 19. Wer eine nur in ihrem „natürlichen" Verlauf ohne Bezeichnung durch das Zusatzschild zu Z 306 abknickende VorfahrtStr geradeaus verläßt, ändert die Fahrtrichtung nicht und muß deshalb nicht blinken, folgt er dagegen der abknickenden Vorfahrt, so muß er Zeichen geben, Ha VRS **51** 141. Wer sein beabsichtigtes Abbiegen gemäß abknickender Vorfahrt nicht anzeigt, schafft erhöhte Gefahr und haftet überwiegend, Dü NJW **77** 1245. Zeitweilige **Regelung durch Pol oder LichtZ** hebt abknickende Vorfahrt solange auf, BGH VRS **30** 23.

Lit: *Bouska*, Rechtsprobleme der „abknickenden Vorfahrt", DAR **61** 328.

Vorfahrt § 8 StVO 2

Lichtzeichen gehen der Vorfahrtregel vor (§ 37 I), Ha VRS **49** 455, sofern sie sich 44
auf dieselbe StrStelle beziehen und intakt sind. Dh, Grün geht dem Z 205 vor, Ha VRS
23 63. Jedoch kein Vorfahrtverlust durch Rotlicht an einer Engstelle hinter der Kreuzung mit Schild, bei Rot sei schon vor der Kreuzung anzuhalten, Bay VM **70** 67. Auf
eine 40 m entfernte Rotampel der VorfahrtStr darf sich der Wartepflichtige nicht verlassen, er muß die gesamte VorfahrtStr beobachten, Ha VM **73** 22. Kein Vorfahrtverlust
durch LichtZ, die nur eine **Fußgängerfurt** sichern, Ha NZV **01** 261, DAR **97** 277
(jeweils aber Mithaftung des „Rotlichtfahrers" zu ²/₃), Kar VRS **100** 460, s auch Rz 30,
und kein Außerkraftsetzen des Z 205 (Vorfahrt gewähren) durch Grün zur Sicherung
einer Furt, Bay VM **63** 89, Hb VM **75** 50. Die LichtZ einer von der Kreuzung/Einmündung entfernten Fußgängerampel ändern die Vorfahrt an der Kreuzung nicht, s Ha
NZV **98** 246, Stu VRS **57** 251. Auf abschirmendes Rot einer Fußgängerampel in
der VorfahrtStr darf sich der Wartepflichtige nicht verlassen, s Rz 30. Bei **Ampelausfall**
gelten die allgemeinen Vorfahrtregeln, insbesondere die (regelmäßig für solche Fälle aufgestellten) vorfahrtregelnden VZ, einschränkend Kö VRS **59** 454 (nur bei willentlichem
Abschalten). Zeigt die LZA infolge eines Defektes ständig Grün, so wird der Fehler dem
sich der Ampel nähernden FzF oft nicht erkennbar sein mit der Folge, daß es für ihn idR
bei der Berechtigung bleibt, in den durch die LZA geschützten Bereich einzufahren
(§ 37 II Nr 1 S 1), Kö VR **66** 1060. Zur Pflicht, bei Ampelversagen, auf Vorrecht zu
verzichten, s § 11 Rz 6. Bei infolge Versagens dauernd leuchtendem Rot darf nur mit
äußerst vorsichtig in die Kreuzung eingefahren werden, weil mit Dauer-Grün des
QuerV zu rechnen ist, s § 37 Rz 50; die vorfahrtregelnde Beschilderung gilt dann nicht
(„extremer Mißtrauensgrundsatz"), Kö VRS **59** 454, VR **66** 1060 (selbst bei Weisung
durch PolB, soweit dieser nicht den gesamten KreuzungsV regelt). Befindet sich bei
Ampelausfall ein an sich Wartepflichtiger schon auf der Kreuzung, so muß der Berechtigte darauf Rücksicht nehmen, Mü VR **70** 232.

Abgeschirmt muß die durch VZ gewährte Vorfahrt (Rz 39) allein schon aus Sicher- 45
heitsgründen durch die Z 205 oder 206 werden (Begr zu § 42, zu Z 301, 306), BGH
NZV **00** 412. Das zeigt auch die Fassung von I Nr 1. Stehen die letzteren versehentlich
allein (sog „vereinsamtes" VZ 205/206), so verpflichten sie dennoch, zu warten
(anzuhalten) und „Vorfahrt" zu gewähren, BGH NJW **77** 632, Bay VRS **58** 150, Kö
VRS **86** 9, Mü DAR **76** 104. Kraft gebotener Wartepflicht (Haltepflicht) verschaffen sie,
gleichsam als Reflex, der anderen Straße praktisch Vorfahrt, die dort jedoch nicht angezeigt ist und deshalb, weil sich derart Berechtigte bei Ortsunkundigkeit nach rechts hin
für wartepflichtig halten werden, nur gemäß Verständigung praktiziert werden kann, s
BGH VR **69** 832. Die Inanspruchnahme des nur scheinbaren Vorrechts aufgrund Erkennens des für den anderen geltenden Z 205 oder 206 wird idR nicht vorwerfbar sein,
BGH VRS **15** 123, s aber Bra NJW **56** 1650. Derart mangelhafte Beschilderung ist eine
Amtspflichtverletzung.

Gefährlicher ist für Ortsunkundige der umgekehrte Fall bloßer Kennzeichnung als 46
VorfahrtStr (Rz 39) ohne die vorgeschriebene Abschirmung durch die Z 205/206, weil
hier der Berechtigte (Rz 39), idR auf Beachtung seiner Vorfahrt durch Wartepflichtige
vertrauend und entsprechend fahrend, an der Kreuzung (Einmündung) auf für ihn von
rechts kommende, ungewarnte VT trifft, die sich ihrerseits irrig für vorfahrtberechtigt
halten, BGH VR **77** 58, VRS **26** 253, und halten dürfen, BGH NZV **00** 412, Kar VR
84 1077. Auch hier liegt Amtspflichtverletzung vor, Kar VR **84** 1077. Wer die fehlerhafte Beschilderung kennt, muß als Berechtigter den möglichen Irrtum der Wartepflichtigen berücksichtigen, als Wartepflichtiger die Vorfahrt einräumen.

8. Pflichten des Vorfahrtberechtigten. Auch der Berechtigte hat die §§ 1, 11 zu 47
beachten und muß den Wunsch nach zügigem Fahren zurückstellen gegenüber Leben,
Gesundheit und Eigentum der anderen VT, BGH VM **59** 8, Ko VRS **105** 414, Kö VR
97 465, 640, Ha VR **89** 755; s auch § 11 (besondere VLagen). Er darf nicht regelwidrig
fahren und kann sich dann nicht damit entlasten, er habe keinen Unfall voraussehen
können, Kar VRS **100** 460, KG DAR **74** 297. Der **vorfahrtberechtigte Linksabbieger** muß in die für ihn rechte Fahrbahnhälfte der untergeordneten Straße abbiegen,
ohne deren linke Fahrbahnhälfte zu schneiden, Dü VRS **58** 269, s Rz 28. Zwar darf der

Vorfahrtberechtigte **vor Linkseinmündungen** noch **überholen** und dabei, mit Abstand zum linken Fahrbahnrand, die linke StrSeite mitbenutzen, BGH VR **75** 38, Ha VRS **101** 81, auch wenn er die Einmündung nicht überblicken kann, Neust MDR **62** 842, doch kann Mitschuld in Betracht kommen, Ha VM **75** 62, KG DAR **74** 297. Er darf nicht zum Überholen auf die Gegenfahrbahn ausscheren, wenn ein Wartepflichtiger von links kommend rechts einbiegt, weil diese Fahrbahnseite im übrigen frei ist, Bay DAR **68** 189, **76** 108, Kö VRS **86** 33, aM Dü VRS **60** 416, s Rz 54 a. Grundloses unfallursächliches Linksfahren des Berechtigten, das dem Entlastungsbeweis nach § 17 III StVG entgegensteht, kann seinen Ersatzanspruch mindern, Sa VM **77** 16. An nicht einsehbaren Einmündungen muß er den **Abstand zum Fahrbahnrand einhalten,** den ein Wartepflichtiger benötigt, um sich in die vorfahrtberechtigte Straße hineinzutasten (s Rz 58), BGH DAR **81** 86, Nü ZfS **98** 373 (hälftige Mithaftung). Ist die Einmündung unübersichtlich, so kann der Berechtigte Anlaß haben, mit Vorfahrtverletzung zu rechnen, Kö VR **97** 640, Ce VR **76** 345. Wer **von rechts aus einer Einmündung** in eine breite DurchgangsStr **einbiegt,** der nach den Vwv eigentlich Vorfahrt gebührt, wird mit Unübersichtlichkeit mit Nichtbeachtung seiner Vorfahrt rechnen und diese mit besonderer Sorgfalt ausüben müssen. Erkennbar bestrittene **Vorfahrt** darf der Berechtigte **nicht erzwingen,** BGH VR **63** 282, KG NZV **02** 79, Kö VR **97** 465, Ha VRS **48** 136, erst recht nicht bei Zweifel über die Vorfahrt, BGH NJW **77** 632, Stu NZV **94** 440, Kar Justiz **73** 172, es sei denn er konnte die Vorfahrtverletzung nicht rechtzeitig erkennen, BGH VR **66** 164. Blind darf er sich auf fremde Wartepflicht nicht verlassen, er muß aufmerksam fahren, besonders wenn er die Gefährlichkeit der Kreuzung kennt, Bra VRS **13** 286, Stu VM **59** 73, oder bei LZAusfall, s Rz 51 a. Den Wartepflichtigen muß er möglichst beobachten, BGH VR **59** 900 (keine Schreckzeit bei Unaufmerksamkeit), KG VM **63** 86, Ol MDR **59** 389, besonders bei Radf, die fremde Vorfahrt oft nicht genügend beachten, BGH VRS **6** 440, und Wartepflichtige, die sich in die bevorrechtigte Str „hineintasten" (s Rz 58), Ko VRS **105** 417. Zur Mitschuld des Berechtigten, Rz 70. Wer als Berechtigter eine **Kolonne links überholt,** muß nicht vor jeder Lücke so langsam fahren, daß er notfalls sofort anhalten kann, Kö VR **73** 1074, aber mit ausreichendem seitlichem Abstand oder so langsam, daß ein Ausfahrender sich ungefährdet bis zum Überblick vortasten kann, Bay VM **88** 76, DAR **85** 234, KG VRS **105** 104, DAR **01** 399, Nü VR **78** 1046, s aber § 5 Rz 34, 41. Dies gilt nicht auch bei einem einzelnen vor der Einmündung haltenden Fz, KG DAR **01** 399. Nach Dü MDR **80** 406 soll der Kolonnenüberholer vor jeder Lücke in der stehenden Kolonne mit einem Querfahrer rechnen und entsprechend anhaltebereit fahren müssen, s dagegen Dü VR **81** 556 (s Rz 69). Auch Benutzer eines Sonderfahrstreifens für Busse oder Taxis sind beim Überholen von Kolonnen an Lücken im Einmündungsbereich zu besonderer Sorgfalt verpflichtet, s KG NZV **92** 486 (Mithaftung). **Langsam beweglichen VT** muß der Berechtigte ermöglichen, schon begonnenes Überqueren zu beenden (§ 11), Ko VRS **105** 414 (Traktor mit Anhängern), Hb VM **57** 67, wenn die Vorfahrt gegenüber schwer beweglichen Lastzügen an sich auch bestehenbleibt, BGH DAR **56** 328. „Halbe Vorfahrt": Rz 38.

48   **8 a. Fahrgeschwindigkeit des Vorfahrtberechtigten.** Dieser muß die VLage und vorgeschriebene Höchstgeschwindigkeiten (§§ 3, 41) berücksichtigen. Doch darf er damit rechnen, daß nicht sichtbare Wartepflichtige seine Vorfahrt beachten, BGH VR **77** 524, VM **66** 34, Mü VR **78** 973, Kar VRS **30** 69, und braucht seine zulässige Fahrgeschwindigkeit daher mangels Gegenanzeige, BGH VM **66** 34, nicht zu vermindern, BGH VR **77** 524, BGHSt **7** 118 (VGS), VRS **15** 346, KG NZV **02** 79, Kö VRS **90** 343, auch nicht hohe Geschwindigkeit („120"), doch ist eine Kollision dann für ihn kein unabwendbares Ereignis (§ 17 III StVG), BGH VR **67** 883. Der Berechtigte muß nicht so langsam fahren, daß er vor einem von rechts her unvermutet auftauchenden Wartepflichtigen noch anhalten kann, Kö VR **73** 1075. Vor Feld- und Waldwegen (Rz 36) ist grundsätzlich kein Verlangsamen nötig. Wer als Berechtigter eine Kreuzung nicht überblicken kann, muß aber seine Fahrgeschwindigkeit auf plötzlich dort auftauchende Wartepflichtige einrichten, Ko VR **93** 1169, Ce VR **76** 345, Dü VM **71** 64. Wer als Berechtigter wegen eines Hindernisses die VorfahrtStr ganz links befahren muß, muß

Vorfahrt § 8 StVO 2

trotz seiner Vorfahrt an der Kreuzung so langsam fahren, daß er dort keinen sich **herantastenden Wartepflichtigen** anfährt, Ko VRS **46** 189. Der besonders sorgfältige Berechtigte wird vor unübersichtlichen Kreuzungen mit wartepflichtigen Fzen rechnen, die sich langsam vortasten, Kö VRS **50** 114, KG VM **74** Nr 93. **Bei Anhalt für Nichtbeachtung der Vorfahrt** muß der Berechtigte verlangsamen, notfalls zurückstehen, BGH VRS **4** 32, Ha VR **89** 755, Kar VRS **30** 69, s Rz 47. Der nach links hin Vorfahrtberechtigte darf nur so schnell fahren, daß er nach rechts hin seine Wartepflicht erfüllen kann („halbe Vorfahrt"), s Rz 38. Konnte der Berechtigte die Kollision nur durch Beschleunigen zu vermeiden hoffen, darf ihm unterlassenes Bremsen nicht vorgeworfen werden, BGH DAR **56** 328. Wer **als Berechtigter zu schnell fährt,** kann mithaften, s Rz 69a.

9. **Vertrauensgrundsatz.** Vorfahrtverletzungen sind häufig und oft folgenreich. Der Vertrauensgrundsatz spielt deshalb hier eine besondere Rolle. 49

Der Berechtigte darf idR auf Vorfahrtbeachtung vertrauen, BGH DAR **03** 308, VR **77** 524, KG NZV **02** 79, VRS **104** 21, Kö NZV **89** 437, VRS **99** 327, auch als besonders sorgfältiger Fahrer (§ 17 III StVG), BGH NJW **85** 2757, VR **67** 283 (zu § 7 II StVG alt), auch gegenüber nicht sichtbaren Wartepflichtigen, BGH NJW **85** 2757, KG NZV **02** 79, VRS **104** 21, Mü VR **78** 973, soweit er mit angepaßter Geschwindigkeit fährt, BGHSt **7** 118, VM **66** 338, 1157, Kar VRS **30** 69 (anders VR **77** 883), dann – bei freier Sicht nach rechts – auch bei „halber" Vorfahrt (s Rz 38), BGH NJW **85** 2757, KG NZV **02** 79, auch als Linksabbieger, Mü VR **67** 265, auch gegenüber Kf, welche soeben die AB verlassen, Bay DAR **62** 190, obgleich diese häufig zu schnell fahren; er muß ohne Gegenanzeichen nicht verlangsamen, Sa VM **81** 4, s Rz 48. Er darf damit rechnen, daß eine EinbahnStr nicht gegenläufig befahren wird, Ha VRS **6** 159, Hb VRS **47** 453, daß auch ein rasch heranfahrender Wartepflichtiger anhalten und warten werde, solange das als möglich erscheint, BGH GA **65** 297, KG VR **72** 466, Dü VRS **73** 299 (Rz 56), oder er nicht offensichtlich achtlos ist, Kar VOR **74** 64, daß der schon haltende Wartepflichtige nicht wieder anrollt, BGH VR **63** 952, Br DAR **64** 133, Ol VR **63** 296; ein solches plötzliches Wiederanfahren wäre für ihn ein unabwendbares Ereignis, KG VM **71** 3. Auf breiter Str darf er uU auch dann noch auf Beachtung seines Vorfahrtsrechts vertrauen, wenn der von links kommende Wartepflichtige bis zur StrMitte langsam vorfährt (s Rz 62), Bay VRS **67** 137, Sa VM **72** 68. Auf Vorfahrtbeachtung darf er auch rechnen, wenn der Wartepflichtige die VorfahrtStr nur schwer überblicken kann, BGH NJW **85** 2757 (Hecke), Dü VR **77** 139, zumal da die Übersichtlichkeit für ihn anders darstellen mag, als die Kreuzung/Einmündung ist für ihn unübersichtlich, aM Sa VM **74** 60, abl *Booß.* Sieht der Berechtigte sich einen Lkw einbiegen, so muß er nicht damit rechnen, daß dieser nur das Zugfz eines (noch dazu ungekennzeichneten) Abschleppzuges sei, KG VRS **104** 21, Ha VR **80** 685. Zur Einschränkung des Vertrauensgrundsatzes an sog „T-Einmündungen", s Rz 51. 50

Nicht vertrauen darf der Berechtigte auf Vorfahrtbeachtung bei eigener VWidrigkeit BGHSt **13** 172 (E **136**, § 1 Rz 22), zB Überschreitung der zulässigen Höchstgeschwindigkeit, Stu NZV **94** 194, KG VM **82** 94, Ol VR **85** 1096, obgleich er auch dann die Vorfahrt behält (s Rz 30). Regelwidriges Linksfahren allein beseitigt den Vertrauensgrundsatz nicht, weil das Rechtsfahrgebot nicht den QuerV schützt (s § 2 Rz 33), Kö VRS **66** 255. Kein Vertrauen auf Vorfahrtbeachtung, wenn die Umstände gegen Beachtung sprechen, BGH VM **66** 34, BGHSt **7** 118 (VGS), **13** 173, Bay NZV **89** 121, Ha VR **89** 755, Dü DAR **75** 330, VR **81** 862, KG VM **83** 40, Kö VRS **66** 255, während die nur allgemeine Möglichkeit von Vorfahrtverletzungen das Vertrauen auf Beachtung nicht ausschließt, BGHSt **17** 301. Zu diesen Umständen gehören die **örtlichen Verhältnisse,** zB unklare Beschilderung, Glatteis, dichter Nebel, die Beschaffenheit eines Fahrbahntrichters, Zweifel über eine Einmündung als Einfahrt oder Feldweg, s BGH NJW **77** 632, Bay NZV **89** 121, Nü DAR **89** 107, Dü VR **81** 862, Stu VR **83** 252, Ko VRS **69** 101, Umleitungen und Sperren bei Bauarbeiten, Stu VRS **29** 46, Zweifel über die Regelung bei Begegnung mit einem Fz aus einem optisch „untergeordnet" erscheinenden Fahrweg heraus, BGHZ **20** 290, Ce DAR **75** 273, längeres Zögern des Berechtigten vor dem Wiederanfahren wegen eigener Wartepflicht in anderer Richtung 51

479

2 StVO § 8 I. Allgemeine Verkehrsregeln

("halbe Vorfahrt"), Sa VM **82** 4, ein kurzzeitig sichtversperrendes Hindernis (zB Müllwagen), das zum Vorbeitasten zwingt, Kö DAR **72** 193, VRS **43** 214, KG VM **77** 70, Stu VR **80** 1078; erschwerte Sicht in die vorfahrtberechtigte Str aufgrund der allgemeinen örtlichen Verhältnisse erschüttert das Vertrauen in die Beachtung des Vorfahrtsrechts allein dagegen nicht, s Rz 50. Wer in die VorfahrtStr soeben erst einbiegt, darf auf Beachtung seiner (künftigen) Vorfahrt noch nicht vertrauen, Bay VRS **55** 456. Einmündungen von rechts her ("T-Einmündungen") ist aus psychologischen Gründen die Vorfahrt zu nehmen (Vwv Rn 5, Rz 14), Ko DAR **04** 272, wer sie befährt, darf auf Vorfahrt nicht vertrauen, BGHSt **17** 301, Bay NStZ **87** 548, Ko DAR **04** 272, *Möhl* DAR **73** 228.

51 a **Fremdes Verhalten** kann das Vertrauen in die Vorfahrt ebenfalls ausschließen, zB ist bei unklarer Lage mit Behinderung zu rechnen, Kar Justiz **73** 172, KG DAR **74** 297, VR **75** 51, Kö VM **75** 7, bei erkennbar unsicherer Fahrweise oder Ablenkung, Kö VR **97** 640, bei mißverständlichem Zeichen von PolB, bei Versuchen Wartepflichtiger, bei starkem Verkehr auch geringe Lücken auf der VorfahrtStr auszunutzen, s BGH VR **76** 343, gegenüber einem offensichtlich unachtsamen Radf unmittelbar vor der VorfahrtStr, Kar VRS **46** 68, gegenüber Radf oder anderen Fzen, welche bei Ampelausfall die VorfahrtStr kreuzen oder kreuzen wollen, BGH VRS **45** 168, Ha VR **89** 755.

52 **Der Wartepflichtige** kann sich auf den Vertrauensgrundsatz nur beschränkt berufen, BGH NZV **96** 27, Bay DAR **75** 277, VM **75** 58, **79** 10, Fra NZV **90** 472. Er darf idR nur auf das Unterbleiben atypischer, grober Verstöße des Berechtigten vertrauen, s Rz 54a. Der Wartepflichtige darf nicht darauf vertrauen, daß eine durch VZ nur vorübergehend gesperrte, im übrigen bevorrechtigte Str nicht verbotswidrig befahren werde, Kö VRS **66** 51 (s dazu auch Rz 25, 30). Da der Wartepflichtige häufig nicht erkennen kann, ob ein **Radweg** der vorfahrtberechtigten Str für beide Richtungen freigegeben ist (§ 2 IV 3, Z 237), insbesondere, wenn eine Kenntlichmachung durch VZ fehlt (s § 2 Rz 67a), muß er idR mit Radf-V aus beiden Richtungen rechnen, BGHSt **34** 127 = NJW **86** 2651, Ha ZfS **96** 284, NZV **97** 123, NZV **99** 86, AG Kö VRS **65** 7, VRS **70** 334, s KG VRS **68** 284, *Bouska* DAR **82** 111, ebenso mit Befahren des Radweges entgegen der EinbahnStr-Richtung (aM Hb VRS **47** 453); ihn trifft daher ein Verschulden, wenn er es unterläßt, auf solche Radf zu achten, s BGH NJW **82** 334 (bei Radwegbenutzung entgegen der Einbahnstr, weil häufig zu beobachtende Disziplinlosigkeit), Br VR **97** 765 (Mithaftung des Kf zu $^2/_3$), Ha 13 U 227/82 (Mithaftung zu $^1/_3$), NZV **97** 123 (Mithaftung zu $^2/_3$), ZfS **96** 284 (Mithaftung des Kf zu $^3/_4$ gegenüber dem vorsätzlich verkehrswidrig fahrenden Radf!), NZV **99** 86, AG Köln NJW **82** 345, aM Hb VRS **47** 453. Verstoß kann – soweit nicht OW gem § 8 angenommen wird (str, s Rz 30) – jedenfalls gem § 1 II geahndet werden.

53 **Rechnen muß er** vor allem mit häufigen Verstößen Berechtigter, Dü VRS **50** 228, zB daß dieser vorschriftswidrig **nicht rechts fährt** oder sogar links, BGH VRS **10** 19, GA **65** 297, NZV **96** 27, Fra NZV **90** 472, Dü NZV **94** 328, daß er **schneller als erlaubt** fährt, KG DAR **00** 260, Kö ZfS **95** 250, auch außerorts, Ko DAR **73** 278, wobei sich das einzukalkulierende Maß der Überschreitung nicht generell festlegen läßt, Kö VM **60** 71, sondern von den Verhältnissen abhängt, BGH NJW **84** 1962. Daher können hier keine starren Zahlen gelten. UU müssen aber auch Geschwindigkeitsüberschreitungen um **mehr als 60%** in Rechnung gestellt werden, BGH NJW **84** 1962 (100%), DAR **86** 142, Schl VRS **80** 5 (mehr als 100%), Kar ZfS **86** 130 (150 km/h innerorts), Stu DAR **89** 387, aM Ha DAR **65** 248 (innerorts), VRS **93** 253 (nicht 80% innerorts). Es kommt entscheidend auf die Erkennbarkeit der Überschreitung für den Wartepflichtigen an, s Schl VRS **80** 5. Grundsätzlich darf jedoch der Wartepflichtige darauf vertrauen, daß sich kein Vorfahrtberechtigter aus nicht einsehbarer Position mit wesentlich überhöhter Geschwindigkeit nähert, BGH VR **66** 936, KG DAR **00** 260, Nü NZV **91** 353 (s Rz 55). Rechnen muß er damit, daß der Berechtigte eine überhohe Geschwindigkeit, die er hätte erkennen müssen, beibehalten werde, BGH VR **66** 164, uU (aber nicht idR, s Rz 54a) auch, daß er **trotz Überholverbots überholt**. Darf auf der VorfahrtStr überholt werden, so darf sich der Wartepflichtige nicht auf Abschirmung durch einen Fußgängerüberweg verlassen, Dü VRS **50** 228, oder durch eine nicht zur Kreuzung/Einmündung gehörige **Ampel**, s Rz 30, 44. Der Wartepflichtige muß damit

Vorfahrt $\S$ 8 StVO **2**

rechnen, daß Berechtigte auf der VorfahrtStr nicht bereits an der vor der Einmündung befindlichen Haltelinie einer LZA anhalten, sondern erst vor der jenseits der Einmündung einen Überweg sichernden Rotampel, Bay VRS **58** 150. Rechnen muß er damit, daß der **abbiegende Berechtigte** nach links keinen weiten Bogen nimmt, Kö VRS **60** 61, insbesondere, wenn er aus einer trichterförmigen rechten Einmündung nach links abbiegt, BGH VR **63** 279, daß der Berechtigte der vorgeschriebenen **Pfeilrichtung** (Z 297 zwischen Z 340) nicht folgen werde, Dü VM **72** 47. Auf Vorfahrtverzicht darf er nur bei klarer Verständigung bauen, und nur für jeden Berechtigten einzeln, s Rz 31.

Der Fahrtrichtungsanzeige des Berechtigten darf der Wartepflichtige vertrauen, BGH VM **74** 67, KG NZV **90** 155, VR **91** 934, Bay VRS **63** 289, Ha DAR **91** 270, VRS **61** 52, Dü NStZ **82** 117, Dr VR **95** 234, Ol NZV **92** 454, Mü DAR **98** 474, Ko VRS **64** 297, Zw VRS **80** 48 (str), auch wenn die vorher erkannte Anzeige in der letzten Annäherungsphase durch ein vorausfahrendes Kfz verdeckt wird, Bay VRS **59** 365, jedoch nicht blindlings, Hb DAR **75** 278, Ko VRS **64** 297, vor allem nicht bei abweichender Fahrweise des Berechtigten (Einordnen, Verlangsamen), auf welche er achten muß, Ce DAR **04** 390, Ha NZV **03** 414, DAR **91** 270, KG NZV **90** 155, Stu VRS **46** 215, oder anderen dagegen sprechenden Umständen, Ha VRS **56** 378, sowie bei Mehrdeutigkeit der Fahrtrichtungsanzeige (Ankündigung des Wiedereinscherens nach Überholen, mehrere Abbiegemöglichkeiten), Ol NZV **92** 454, Ha VRS **61** 52, Kö DAR **78** 138, zB auch wenn dieser soeben unter Anzeige ein Hindernis umfahren hatte, Ha VRS **47** 59, KG VR **75** 52 (Fahrweise). Soweit aber Zweifel in dieser Hinsicht nicht gerechtfertigt sind, darf auf das angekündigte Abbiegen vertraut werden, ohne daß **zusätzliche Anzeichen** zu verlangen wären, Ha VRS **61** 52, *Hentschel/Janker* KVR „Fahrtrichtungsanzeige" S 14ff, aM Ha NZV **03** 414, Kar DAR **01** 128, KG VM **93** 2, LG Halle VR **02** 1525. Eine gewisse Problematik dieser Auffassung könnte allerdings darin gesehen werden, daß vergessenes Zurückstellen nach Überholen oder Abbiegen häufig ist und auch nach längerem Fahren von der gewollten Anzeige kaum zu unterscheiden ist. Auch bei **abknickender Vorfahrt** darf nunmehr wohl idR auf richtige Anzeige vertraut werden, s Rz 43. 54

Vertrauen darf der Wartepflichtige ohne vorherige Gegenanzeichen auch auf **ungestörten Motorlauf** seines Fzs, Neust DAR **57** 302 und auf richtiges Verhalten ihm gegenüber Wartepflichtiger, Bay VM **75** 58, s aber Rz 51. Er darf darauf vertrauen, daß Berechtigte sich **nicht grob verkehrswidrig** verhalten, also nicht außergewöhnliche Verstöße begehen werde, BGHSt **13** 173, **20** 238, KG DAR **78** 20, **74** 297, Bay DAR **75** 277, VRS **58** 152, Ko VRS **42** 440, Dü DAR **77** 161, Kar DAR **77** 248, vor allem wenn sie noch nicht sichtbar sind, BGHSt **20** 238 (s Rz 55), daß ihn ein linksabbiegender Berechtigter nicht auf seiner rechten Fahrbahn schneidet, KG VRS **54** 255, Mü VRS **59** 81, daß der Berechtigte den nötigen Abstand zum Fahrbahnrand hält, Sa VM **76** 40. Mit Vorfahrt aus der falschen Richtung einer EinbahnStr braucht er nicht zu rechnen, Hb VRS **47** 453, anders allenfalls bei ersichtlich (!) nur vorübergehend angebrachtem VZ, Sa VM **70** 47, s auch Rz 25, 30. Wer als Wartepflichtiger durch eine **Kolonnenlücke** auf die Gegenseite der VorfahrtStr fahren will, muß idR nicht mit Befahren des gesperrten (Z 295) Gleisbereichs in StrMitte rechnen, Bay VM **74** 33, und darf im allgemeinen darauf vertrauen, daß ihm durch FzF, die die Kolonne überholen, das Vortasten ermöglicht wird, Bay VM **88** 76. Überschnelles Fahren des Berechtigten, s Rz 53. Der Wartepflichtige darf idR damit rechnen, daß **Überholverbote** und Fahrstreifenbegrenzungen auf der VorfahrtStr beachtet werden, Bay VM **74** 33, Br VRS **32** 473, daß ein Berechtigter, der **keine Fahrtrichtungsänderung anzeigt**, sich nicht einordnet und nicht verlangsamt, geradeaus weiterfahren werde, Bay VRS **63** 289, Ce VM **71** 72, VRS **41** 309. Der Wartepflichtige darf **beim Rechtsabbiegen** idR darauf vertrauen, daß von rechts kommende vorfahrtberechtigte Fze auf der rechten Fahrbahnhälfte bleiben und nicht plötzlich zum Überholen nach links ausscheren, BGH NJW **82** 2668, Bay DAR **76** 108, Dü VR **02** 1168, Ha VRS **101** 81, Kö VRS **86** 33, s Rz 64, aM Dü VRS **60** 416, Ol VRS **78** 25, *Haarmann* NZV **93** 379, sofern kein FzF eine Überwechselabsicht auf den anderen Fahrstreifen anzeigt, Ha VRS **60** 141, s *Maase* DAR **72** 323. Anderenfalls wäre ihm bei starkem VAufkommen von rechts und freier Fahrbahn von links das Einbiegen häufig praktisch unmöglich. Anders aber, wenn wegen 54a

481

2 StVO § 8 I. Allgemeine Verkehrsregeln

des StrVerlaufs die Sicht auf nachfolgende Fze durch das erste sich von rechts nähernde Fz verdeckt ist, BGH NZV **96** 27, abw Bay DAR **76** 108, oder wenn aufgrund der Umstände mit Fahrstreifenwechsel ohne Ankündigung zu rechnen ist, Ha VRS **60** 141 (Wechsel auf freien Fahrstreifen vor Rotlicht-Ampel). Der Wartepflichtige darf auf Beachtung der **Beleuchtungspflicht** vertrauen, KG DAR **83** 82, Dü VRS **5** 317.

55 **10. Pflichten des Wartepflichtigen** (II S 1, 2). Die Wartepflicht besteht **nur gegenüber sichtbaren Berechtigten,** also nicht, soweit diese aufgrund des StrVerlaufs (Kuppe, Kurve) noch nicht erkennbar sind, BGH NZV **94** 184 (zust *Dannert* NZV **95** 132), VR **84** 1147, **85** 246, Dü VR **02** 1168, Kö NZV **99** 126, VRS **94** 249, Ha NZV **01** 171, **94** 277, Mü ZfS **97** 245, Ko VR **89** 1310, s auch Rz 53. Das gleiche gilt bei fehlender Wahrnehmbarkeit aus anderen Gründen, zB Nebel, Schl NZV **94** 439, also immer dann, wenn sich der Wartepflichtige auf das **für den Berechtigten geltende Sichtfahrgebot** berufen kann. Wer bei dichtem Nebel ganz langsam in eine VorfahrtStr abbiegt, verhält sich gegenüber einem schnellfahrenden Berechtigten nicht fahrlässig, Ha VRS **7** 226, s Ce VRS **27** 476, Nü DAR **89** 107. Ist der Berechtigte noch nicht zu sehen (Sicht 75 m bis Kurve), dann darf der Wartepflichtige idR zügig in die VorfahrtStr einbiegen, BGH NZV **94** 184, Ce VR **79** 380, abw (Hineintasten) Kö NZV **99** 126 (krit Anm *Molketin* zur Haftungsverteilung); im Hinblick auf das für etwaige Vorfahrtberechtigte geltende Sichtfahrgebot braucht er sich dann nicht eines Einweisers zu bedienen, BGH NZV **94** 184, Nü NZV **91** 353 (Ausnahmen: s Rz 58). Die **Wartepflicht** gilt für die Kreuzungsfläche (Rz 28, 29) und darüber hinaus bis zur vollständigen Einordnung des Wartepflichtigen auf der VorfahrtStr, Dü VR **76** 1179, auch **wenn sich die Fahrlinien erst jenseits der Kreuzung berühren,** Bay VRS **25** 224, Kar VRS **103** 21, KG DAR **76** 240, Hb VRS **26** 143, Mü VRS **30** 20, s auch Rz 33. Erst mit richtiger Eingliederung in den Querverkehr ist die Wartepflicht erfüllt, Ce VR **72** 468 (zu weites Rechtsabbiegen), Kö VRS **94** 249. Wartepflicht besteht auch, wenn der Wartepflichtige schon auf der Kreuzung ist, dort aber hält, Ce VM **58** 51, aber nicht mehr nach Beendigung des Einbiegens und Befahren der VorfahrtStr bei ausreichendem Vorsprung, BGH VR **67** 178 (Rz 57). Ist der vorher Wartepflichtige bereits 100 m auf der VorfahrtStr gefahren, so behindert er deren Benutzer nicht mehr, dann idR auch nicht § 1, Fra VRS **50** 134. Ist ein nach links abgebogener Radf auf der VorfahrtStr schon 25 m gefahren, bevor der „Berechtigte" ihn erreicht, so kann er die Vorfahrt nicht verletzt haben, BGH VR **64** 653, s auch Fra VRS **50** 134. Der Wartepflichtige muß idR **zügig abbiegen,** damit er den vorher etwa noch nicht sichtbaren Verkehr nicht beeinträchtigt, Ha NZV **94** 277, VRS **36** 444, Kö VRS **90** 343, Ko VRS **62** 305. Warten in der Mitte zwischen den beiden Fahrbahnhälften der VorfahrtStr, s Rz 62. Keine Wartepflicht, wenn bei **Verkehrsstockungen (§ 11)** alle Vorfahrtberechtigten zweifelsfrei warten, der Weg des Wartepflichtigen aber frei ist.

56 **10 a. Deutlich auf Wartepflicht fahren** muß der Wartepflichtige, nämlich durch sein Fahrverhalten anzeigen, daß er warten werde (II S 1). Er darf an die Vorfahrtstelle nicht forsch heranfahren und dann erst bremsen, sondern muß, wo nötig, rechtzeitig deutlich verlangsamen (Begr) und anhalten. Mäßige Geschwindigkeit bedeutet solches Fahren, daß Anhalten ohne starkes Bremsen möglich bleibt, Dü NZV **88** 111, aM möglicherweise Ha VOR **74** 61. Die Vorfahrt ist verletzt, wenn sich der Wartepflichtige so verhält, daß der Berechtigte Verletzungen befürchten muß und sich deshalb nunmehr unfallverhütend verhält, Ha DAR **00** 63, VRS **53** 294, Dü NZV **88** 111. Die Vorfahrt ist vor der Vorfahrtstelle zu beachten, nicht in ihr, Bay DAR **75** 277, Dü NZV **88** 111, KG VRS **26** 132, Ko VRS **73** 70, denn auch der Berechtigte muß die Voraussetzungen der Vorfahrt rechtzeitig verläßlich abschätzen können, Bay DAR **24** 238. Durchfahren ohne Verlangsamung darf der Wartepflichtige nur, wenn ein Vorfahrtfall nach Lage ausgeschlossen ist. Wartepflichtverletzung auch, wenn der überhöht schnell fahrende Berechtigte stark bremsen muß, Ha VRS **50** 467, Ce VRS **49** 25, Kö VRS **31** 271. An der Haltlinie (Z 294) muß (Rz 60), an der Wartelinie (Z 341) sollte der Wartepflichtige **anhalten,** sonst dort, wo er auch abbiegenden Vorfahrtverkehr nicht behindert, Stu DAR **68** 337, doch ist geringfügiges Hineinragen in die VorfahrtStr unschädlich, wenn es niemand behindert oder verunsichert, Ha VRS **13** 374. Besteht dort keine ausreichende

Vorfahrt **§ 8 StVO 2**

Übersicht, so ist dort anzuhalten, wo diese besteht. Wer bis zur Sichtlinie vorrollt, verletzt die Vorfahrt nicht (uU aber § 1 II, falls er erkennen kann, daß ihn ein Linksabbieger dort schneiden könnte), Dü VRS **58** 269. Die Sichtlinie kann sich durch länger andauernde Sichtbehinderung vorübergehend ändern, Kar VRS **43** 306. Besteht auf dem Mittelstreifen der VorfahrtStr ein Sichthindernis, so ist die Wartepflicht, unter Berücksichtigung des von links kommenden Verkehrs auf der VorfahrtStr, auf der **Durchfahrt des Mittelstreifens** dort zu erfüllen, wo der vorfahrtberechtigte Verkehr überblickt werden kann, Ha VRS **48** 59. Ist das Fz des wartepflichtigen Linksabbiegers länger als der Mittelstreifendurchbruch der VorfahrtStr, so darf er dort nicht warten, Kö DAR **76** 17, s aber Rz 62.

10 b. Weder gefährden noch wesentlich behindern darf der Wartepflichtige den 57 Berechtigten (II S 2), Dü VRS **75** 413. Jedes Verschätzen, soweit zurechenbar, geht zu Lasten des Wartepflichtigen (Begr, Rz 7), Kö DAR **75** 214, Ha VR **80** 685, wenn auch nicht jede Wartepflichtverletzung grobfahrlässig sein muß, Kö VR **76** 71. Er darf nur weiterfahren, wenn gewiß ist, daß er keinen Berechtigten nennenswert behindert, KG NZV **99** 85, Kö VRS **81** 417, auch nicht durch Anfahren nach vorherigem Warten. Kommt kein bevorrechtigter Verkehr heran, so darf der „Wartepflichtige" in die VorfahrtStr einfahren. Der Berechtigte darf **weder gefährdet noch „besonders erheblich behindert"** werden (Begr), er darf nicht „gezwungen werden, Richtung oder Geschwindigkeit unvermittelt zu ändern" (Begr), kurzes Gaswegnehmen und (oder) geringes Ausbiegen ist ihm zuzumuten (Begr, Rz 6), s Rz 27. Der Berechtigte wird nicht dadurch behindert, daß er den Wartepflichtigen kurz nach dem Abbiegen überholen muß, Ha VBl **57** 79, oder daß dieser ihn schon beim Abbiegen überholt, Ha VRS **25** 310. Damit anerkennt § 8 das VBedürfnis. **Vorfahrtverletzung** liegt vor, wenn sich die Fahrlinien nahe berühren, Bay VBl **66** 118, so daß dem Berechtigten wenig Spielraum bleibt, BGH VR **64** 619 („keinerlei Spielraum") und er Kollision befürchtet, BGH VR **63** 282, Bay VRS **26** 227, Nü VR **65** 772, Kö DAR **63** 171, unsicher wird, BGH VR **59** 792, und sich so verhält, wie es ihm in der Bedrängnis nötig erscheint, Ko VR **75** 913, auch wenn sich später zeigt, daß es nicht nötig war, Bay VRS **24** 238, Fra VRS **29** 465, Br VRS **30** 72. Sieht der Wartepflichtige auf der VorfahrtStr (Z 306) in etwa 180 m Entfernung eine Straba halten, deren Gleisbereich er beim Sicheinordnen in die VorfahrtStr mitbenutzen muß, so darf er im Gleisbereich nicht warten und ihn allenfalls dann zum Sicheinordnen benutzen, wenn er die Fahrweise der Straba dadurch nicht wesentlich behindert (so zutr *Booß* VM **79** 39 gegen Zw VRS **56** 469).

Bei beschränkter Sicht auf Vorfahrtberechtigte besteht nur in Ausnahmefällen 58 die Pflicht zur **Einweisung** durch Hilfspersonen, BGH NZV **94** 184 (zust *Dannert* NZV **95** 134), Bay NZV **90** 81, Dü VRS **60** 224. Auch bei Nebel mit 40 m Sicht und stellenweisem Glatteis muß ein LkwF beim Linksabbiegen keinen Warnposten aufstellen, aber sorgfältig beobachten, Ha VRS **27** 19, s Schl NZV **94** 439 (30 m Sicht, Mithaftung des Wartepflichtigen nur aus BG mit 30%). Bei Unübersichtlichkeit und Schwerbeweglichkeit ist jedoch uU ein Warnposten notwendig, BGH VR **65** 188, Fra VRS **97** 94, Ha VR **80** 685. Daher kann der Führer eines langsamen Traktors mit Anhänger bei Nebel verpflichtet sein, vor dem Überqueren der vorfahrtberechtigten Str Warneinrichtungen aufzustellen, Ko VR **89** 1310. Selbst bei Einsehbarkeit der bevorrechtigten Str auf 100 m und trotz des Sichtfahrgebots muß sich der Fahrer eines besonders langen und schwerfälligen Lastzuges uU eines Warnpostens bedienen (Dunkelheit), § 1 II StVO, BGH VR **84** 1147 (Haftung 7:3 zu Lasten des Lastzugf) – krit *Dannert* NZV **95** 135 –, s Bay VRS **61** 386, regelmäßig aber nicht bei klaren Sichtverhältnissen am Tage, BGH NZV **94** 184. IdR darf sich der Wartepflichtige bei Unübersichtlichkeit nur in die VorfahrtStr **hineintasten,** daß er notfalls sofort anhalten kann, BGH DAR **81** 86, VR **77** 524, Bay NZV **90** 81, KG NZV **02** 79, Ko VR **93** 1169, Dü VRS **60** 224, Sa VM **77** 16. Wird ein Vorfahrtberechtigter sichtbar, so muß der Wartepflichtige, wenn ein zügiges Freimachen des Einmündungsbereichs nicht möglich ist, sofort anhalten, BGH NZV **94** 184 (abl *Dannert* NZV **95** 136). Vortasten bedeutet **zentimeterweises Vorrollen** bis zum Übersichtspunkt mit der Möglichkeit, sofort anzuhalten, BGH NJW **85** 2757, Ce ZfS **01** 492, Ha NZV **93** 477, Ko VR **93** 1169, KG VRS **105** 104, DAR **03** 481,

Schrittgeschwindigkeit genügt dazu nicht, KG NZV **99** 85, **02** 79. Dabei muß er sich soweit wie möglich rechts halten, nicht des besseren Überblicks wegen weit links (§ 2), *Booß* VM **74** 70, aM KG VM **74** 69. Ist die VorfahrtStr durch eine wartende **FzKolonne** nicht einsehbar, so darf sich der Wartepflichtige vorsichtig durch eine frei gehaltene Lücke vortasten, Bay NZV **88** 77, muß aber notfalls sofort anhalten können, BGH VRS **28** 435, Ha VRS **40** 115. Bei **nur ganz vorübergehender Sichtsperre** kein Hineintasten, sondern Abwarten, BGH VR **77** 524, Stu VM **69** 6, Bay NJW **69** 2296, Fra VR **75** 957, so etwa bei sichtversperrenden Fzen, die sich ihrerseits vortasten, KG VM **82** 65. **Kein Hineintasten** bei Unübersichtlichkeit, wenn der Wartepflichtige ein bevorrechtigtes Kfz kommen sieht oder am Lichtkegel erkennen müßte, Bay DAR **76** 82.

59   Auf infolge der **Vegetation am StrRand** (Buschwerk, hohes Gras) spät erkennbare vorfahrtberechtigte Einmündungen hat der Wartepflichtige seine Geschwindigkeit einzustellen, Fra NZV **90** 472. Nur wenn der *Gewißheit* besteht, daß er durch ein **sichtversperrendes neben ihm fahrendes Fz** gegenüber etwaigen Bevorrechtigten zuverlässig abgeschirmt ist, darf der Wartepflichtige in dessen „Schatten" ohne ausreichende Sicht in die bevorrechtigte Str einfahren, Bay VRS **70** 33 (zB neben schwerem Lkw). Zur **Sichtbeschränkung durch die Bauart** des geführten Fzs s Rz 26.

60   **10 c.** Bei **Stoppstraßen,** die ausschließlich durch Kennzeichnung mit Z 206 (Halt! Vorfahrt gewähren) entstehen, genügt kurzes Anhalten, Ha VRS **31** 287, Dü VM **62** 35, der innere Vorgang des Beurteilens ist nicht zu prüfen. **Zu halten ist** an der Haltelinie, s dazu § 41 Rz 248 Z 294, *Bouska* VD **76** 269, mangels Übersicht dort an der Stelle der besten Übersicht, BGH VR **73** 39, Bay VM **64** 4. Der Wartepflichtige darf dann bis zur Fluchtlinie vorfahren, deshalb darf ein linksabbiegender Berechtigter ihn dort nicht schneiden, KG VRS **54** 255. **Fehlt eine Haltelinie,** so ist zu halten, wo die bevorrechtigte Str ausreichend weit eingesehen werden kann; das kann uU auch schon in einer gewissen Entfernung von der Fluchtlinie der Fall sein, Bay VRS **70** 51. Anfahren erst, wenn fremde Vorfahrt nicht beeinträchtigt wird. Haltgebot nach BGH NJW **52** 985 grundsätzlich auch, wenn vorher schon hinter dem Vordermann angehalten werden mußte, s aber Rz 61 und § 41 Rz 248 (Z 294). Sind die Fahrbahnen der VorfahrtStr baulich getrennt (Parkplatz, Grünanlage), so gilt das HaltZ nur für die Fahrbahn, an der es steht, KG VRS **11** 373. S auch § 41 Rz 248 Z 206.

61   HaltZ sollten, wie WechsellichtZ, nur bei dringendem VBedürfnis angebracht werden (§§ 39 I, 45 IX). Sie dürfen nicht zu bloßen Fleißübungen der VT auf leerer Straße führen (**E** 122, 124).

62   **10 d. Zügig und ohne vermeidbare Verzögerung überqueren** muß der Wartepflichtige die VorfahrtStr, wenn der überblickbare Teil frei ist, aber nur kurz, Fra VM **77** 32, Ce VR **79** 380. Unnötiges Langsamfahren, zB im 2. Gang, Ha VRS **24** 146, kann die Vorfahrt verletzen, wenn der Berechtigte nicht vorbeikann, BGH VRS **15** 346. Ein offensichtliches Hängenbleiben des Wartepflichtigen auf der Kreuzung muß der Berechtigte berücksichtigen, Ha VRS **76** 372. Grundsätzlich darf der Wartepflichtige erst in die bevorrechtigte Str einfahren, wenn aus beiden Richtungen kein vorfahrtberechtigter V naht, Kar VR **93** 123. **Sehr breite Fahrbahnen** darf der Wartepflichtige derart kreuzen, daß Berechtigte unbehindert davor oder dahinter vorbeifahren können (er darf aber keine unklare Lage schaffen), Bay DAR **75** 277, Ha VRS **35** 219, uU darf er also bis zur Mitte fahren, wenn dem von rechts Kommenden auf seiner Fahrbahnseite genügend Platz zum Vorbeifahren bleibt, BGH VRS **23** 181, Bay VRS **67** 137, dies jedoch nur, wenn der in Aussicht genommene Warteplatz in der StrMitte nicht noch durch ein anderes wartendes Fz blockiert ist, Ko VRS **62** 305. Eine VorfahrtStr mit breitem Mittelstreifen darf er idR in Etappen überqueren, Bay DAR **75** 277, Kö VRS **26** 375, KG VM **66** 59.

63   **10 e.** Wer sich als **Linksabbieger** vollständig in die VorfahrtStr eingeordnet hat, hat Vorfahrt vor einem erst nach dem Einordnungspunkt von rechts her kommenden Rechtsabbieger, Dü VR **76** 1180. Hält sich der Linksabbieger auf der VorfahrtStr weiterhin links, so ist es ein Vorfahrtfall, wenn ein Berechtigter ihn dort alsbald rechts passiert, Bay VM **70** 4. Der nach links abbiegende Radf verletzt die Vorfahrt eines andern

Vorfahrt § 8 StVO **2**

Radf bereits, wenn dieser ausweichen muß, BGH VR **71** 909 (Geringfügigkeit?). Wird aus einer durch einen **Mittelstreifen** in zwei Richtungsfahrbahnen geteilten Straße in eine kreuzende, nicht vorfahrtberechtigte Str links eingebogen, so ist der Eingebogene, der sich bereits auf der kreuzenden Str im **Mittelstreifendurchbruch** befindet, gegenüber dem auf der anderen Richtungsfahrbahn sich nähernden V wartepflichtig (soweit nicht nach § 9 III, jedenfalls gem § 8 I S 1), Ha VRS **29** 231. Biegt der Benutzer einer Straße, die durch eine breite Mittelanlage in zwei gleichartige Fahrbahnen geteilt ist, nach links in eine bevorrechtigte Straße ein, so erlangt er den VT gegenüber, die die andere gleichartige Fahrbahn in entgegengesetzter Richtung benutzen, Vorfahrt, weil sein in die bevorrechtigte Straße eingebogenes Fz beim Kreuzen des Mittelstreifens den Benutzern der anderen Fahrbahn wie ein Fz erscheint, das auf der VorfahrtStr herangekommen ist, BGH NJW **60** 816, BGHSt **16** 19 = NJW **61** 1075, aM *Kullik* DAR **85** 336, auch wenn die beiden Fahrbahnen durch breite Inseln getrennt sind, Bay VRS **25** 468, Hb VRS **24** 234. Befindet sich der auf einer durch Mittelstreifen geteilten Fahrbahn Wendende im Mittelstreifendurchbruch auf der kreuzenden Fahrbahn, so gelten im Verhältnis zu den ihm dort entgegenkommenden Fzen nicht die Vorfahrtregeln, sondern die des § 9 (s § 9 Rz 50), LG Berlin VR **01** 78.

10 f. Auch die **Wartepflicht des Rechtsabbiegers** besteht nur gegenüber bereits **64** sichtbaren Fzen, s Rz 55, für später erst sichtbar werdende gelten die Begegnungsregeln, Bay DAR **76** 108. Der Rechtsabbieger darf nur abbiegen, wenn er den Vorfahrtverkehr nicht behindert, mag dieser geradeaus weiterfahren oder abbiegen, BGH VRS **11** 409, NZV **96** 27, Fra NZV **90** 472. Kein Rechtsabbiegen, solange er sich dadurch zu knapp vor einen Berechtigten setzen würde, Bay VM **63** 36, 69, Kar VR **77** 673, es sei denn, dieser kann alsbald überholen, BGH VR **61** 178, also idR nicht auf relativ schmaler VorfahrtStr oder bei Gegenverkehr dort. Vor allem muß die rechte Fahrbahn der VorfahrtStr für ihn frei sein. Wer ohne Vorfahrtverletzung abgebogen ist, aber behindernd langsam weiterfährt, kann allenfalls noch § 3 II verletzen, s Ce VRS **36** 222. Wer als Wartepflichtiger nach rechts auf den rechten Fahrstreifen der VorfahrtStr abbiegen will, darf eine Lücke ausnutzen, wenn kein anderer Berechtigter anzeigt, auf den rechten Fahrstreifen überwechseln zu wollen, s *Maase* DAR **72** 323. Wer als Wartepflichtiger auf dem rechten Fahrstreifen der VorfahrtStr einbiegt, verletzt die Vorfahrt eines von links auf dem Überholstreifen herankommenden Berechtigten nur durch eine Fahrweise, die diesem objektiv Grund gibt, Behinderung zu befürchten, s Ha VRS **55** 144. Setzt sich die wartepflichtige Straße (Z 205) nach der Einmündung als **selbständiger rechter Fahrstreifen** (Z 295 oder 340) der VorfahrtStr fort, so darf der an sich Wartepflichtige zügig einfahren und mangels Gegenanzeichen damit rechnen, daß ihn die Benutzer der VorfahrtStr auf diesem Fahrstreifen nicht „schneiden", Bay VRS **56** 114. **Von rechts kommenden Verkehr** (auf der anderen Seite der VorfahrtStr) muß der Wartepflichtige nur berücksichtigen, wenn dieser möglicherweise nicht rechts bleibt (Überholen, Linksabbiegen), BGH NZV **96** 27, NJW **82** 2668, Bay DAR **76** 108, Dü VR **02** 1168, Ha VRS **30** 130, Kö VR **92** 68 (Ausbiegen), VM **70** 40, str, s Rz 54a.

11. Auf Autobahnen und Kraftfahrstraßen haben die durchgehenden Fahrbahnen **65/66** Vorfahrt (§ 18 III). Beschleunigungsstreifen sind wartepflichtig, s Rz 34b. S § 18 Rz 17.

12. Zivilrecht. Amtspflichtverletzung, wenn innerorts einander kreuzende Stra- **67** ßen beide als VorfahrtStr gekennzeichnet sind, BGH DAR **63** 130, oder bei einem zugewachsenen VZ „Vorfahrt gewähren", BGH VR **65** 1096, ebenso bei Fehlen eines „negativen" VorfahrtZ (205, 206) bei Einmündung in eine VorfahrtStr, s Rz 39, 46 „Vereinsamtes" Z 205 (206), s Rz 45.

Haftung des Wartepflichtigen und etwaige Schadenverteilung mit Berechtigten ist **68** im Licht von II S 2 zu sehen, der dem Wartepflichtigen die Folgen unrichtigen Verhaltens überwiegend zuschiebt, Kö VRS **99** 249. Verschätzen geht zu dessen Lasten (Rz 7, 57). Außerhalb des **Schutzzwecks** des § 8 liegen Gesundheitsschäden des Berechtigten infolge Aufregung, die nicht durch den Unfall, sondern durch das Verhalten des Wartepflichtigen nach dem Unfall ausgelöst wurde, BGHZ **107** 359 = NZV **89** 391 (zust *v Bar* JZ **89** 1071, *Dunz* JR **90** 115, abl *Börgers* NJW **90** 2535). Der Wartepflichtige hat

2 StVO § 8   I. Allgemeine Verkehrsregeln

den **Anschein** (**E** 157 a) schuldhafter Vorfahrtverletzung gegen sich, BGH NJW **76** 1317, KG NZV **02** 79, VRS **105** 104, Ha ZfS **01** 105, Kö VRS **99** 249, Ko NZV **93** 273, Stu NZV **94** 440. Das gilt jedoch nicht, wenn der wartepflichtige Rechtsabbieger nach dem Einbiegen auf der rechten Fahrbahnseite mit einem vorfahrtberechtigten Entgegenkommenden zusammenstößt, BGH NJW **82** 2668 (Haftung zu gleichen Teilen), Kö VR **92** 68, s Rz 64, 54 a. Der Anscheinsbeweis kann nur durch bewiesene Tatsachen entkräftet werden, zB solchen, aus denen folgt, daß der Berechtigte auch bei größter Sorgfalt nicht gesehen werden konnte, BGH VR **64** 639, Mü ZfS **97** 245, Kö VRS **94** 249, VR **78** 830, Nü VRS **87** 22, Stu VR **82** 782, Schl VRS **80** 5, Fra VRS **80** 111, sowie durch den Nachweis von Tatsachen, aus denen sich die Möglichkeit eines **atypischen Geschehnisablaufs** ergibt, Kö VR **81** 340 (Schleudern des Berechtigten gegen das bis zur Sichtlinie vorgezogene Fz des Wartepflichtigen), VRS **90** 343, **74** 109, Ko VR **89** 1310 (überhöhte Geschwindigkeit und Nebel), KG VRS **65** 333, durch den Nachweis überhöhter Fahrgeschwindigkeit des Berechtigten, BGH DAR **86** 142, Ha ZfS **01** 105 (bei nur 10% abgelehnt), Bra VRS **82** 422, Ce VR **73** 1147, Stu VR **82** 1175, s dazu auch Rz 53, 69a, des Fahrens ohne Beleuchtung bei Dunkelheit, KG DAR **83** 82, oder durch Hineintasten bei Unübersichtlichkeit, Dü VRS **47** 87. Hat sich der wartepflichtige Rechtsabbieger auf der VorfahrtStr noch nicht ohne Behinderung Berechtigter eingeordnet, so spricht der Anschein der Vorfahrtverletzung gegen ihn, Kar VR **77** 673. Bei Auffahren des auf der VorfahrtStr Fahrenden auf ein eingebogenes, wartepflichtiges Fz außerhalb des Einmündungsbereichs spricht der Anschein für Vorfahrtverletzung, wenn der Eingebogene die Normalgeschwindigkeit noch nicht erreicht hatte, Mü NZV **89** 438, KG NZV **04** 355 (aber nicht nach Wenden des Berechtigten, s Rz 27).

69   Bei Vorfahrtverletzung **tritt die BG des Berechtigten idR zurück**, KG NZV **02** 79, VRS **104** 21, Ce ZfS **01** 492, Ha ZfS **01** 105, Kö VRS **90** 346, Sa NZV **95** 23, uU auch erhöhte BG, Kar VR **77** 673, Zw VR **77** 1059, s aber Kö NZV **91** 429, auch bei Überschreiten der AB-Richtgeschwindigkeit, Kö VM **98** 87, im Einzelfall selbst bei Überschreiten der zulässigen Höchstgeschwindigkeit durch den Berechtigten, Nü ZfS **86** 65 (um 30%) (s aber Rz 69a). Auch die BG des soeben überholenden Berechtigten kann gegenüber der Vorfahrtverletzung des Wartepflichtigen außer Betracht bleiben, Hb VR **76** 893. Den Schaden trägt auch allein, wer als Wartepflichtiger durch eine Lücke einer auf der VorfahrtStr befindlichen FzKolonne in diese einfährt und dabei mit einem diese Kolonne überholenden Fz kollidiert, Dü VR **81** 556 (s aber Rz 47). Auch bei Mißlingen des Entlastungsbeweises gem § 17 III StVG wird die Schuld des Wartepflichtigen idR Mithaftung des Berechtigten beseitigen, BGH VR **63** 163 („kann"), KG VR **77** 909, Ha VRS **31** 298, KG VR **73** 1145, Ol VR **73** 1127. Linksfahren des Berechtigten entlastet den Wartepflichtigen nicht, weil das Rechtsfahrgebot nicht seinen Schutz bezweckt, Ce VRS **52** 59, Sa VM **77** 16, Kar VR **77** 673 (zw, s § 2 Rz 33), aM KG NZV **88** 65, Kö NZV **91** 429; Entsprechendes gilt für verbotswidriges Befahren einer AnliegerStr durch den Berechtigten, Ce ZfS **01** 492. Die **BG des Berechtigten** wird bei extremer Unvorsichtigkeit des Berechtigten und sehr geringer Schuld des Wartepflichtigen ins Gewicht fallen können, s Kar VR **77** 673, etwa, wenn der Berechtigte nicht ausweicht, obwohl er dies gefahrlos kann, s Ce VR **68** 904. Überhöhte Geschwindigkeit des Berechtigten, s Rz 69a. Dagegen begründet geringe Mitschuld des Berechtigten nicht stets Mithaftung, KG VR **72** 466. Bei mangelnder Aufmerksamkeit des Berechtigten (s Rz 47) kommt Mitschuld in Betracht, BGH VR **65** 37, Ol VR **63** 296, Stu NZV **94** 440, Kö VR **97** 640. Mithaftung des Vorfahrtberechtigten zu 30% bei Verstoß gegen das Rechtsfahrgebot, Kö VRS **99** 249 (s aber § 2 Rz 33). Mithaftung des Berechtigten zu 60%, der in einer infolge hohen Graswuchses schwer erkennbaren Einmündung links fährt, Fra NZV **90** 472, zu 50% bei Nichteinhalten der rechten Fahrbahnseite trotz schlecht einsehbarer untergeordneter Einmündung links, Stu VRS **97** 15, zu 25% bei erlaubtem Überholen auf der Gegenfahrbahn und Kollision mit dort Einbiegendem (erhöhte BG), Ha VRS **101** 81. Mithaftung des Berechtigten auch, wenn dieser erheblich zu spät auf eine Vorfahrtverletzung reagiert, Kö VRS **81** 417. Stellt sich der Vorfahrtberechtigte bei LZA-Ausfall auf erkennbare Vorfahrtverletzung nicht ein, kommt Mithaftung von $1/3$ in Betracht, Ha VR **89** 755. Wer als Vorfahrtberechtigter einen ein-

Vorfahrt **§ 8 StVO 2**

geordneten Linksabbieger verbotswidrig noch links überholt und deshalb mit einem einbiegenden Wartepflichtigen kollidiert, ist mitschuldig, Ha VRS **48** 136. Wer auf Beachtung seines Vorfahrtsrechts gegenüber dem aus rechts einmündendem Feld- oder Waldweg kommenden Wartepflichtigen vertraut, kann überwiegend haften müssen, Ko VRS **69** 101 (60 : 40), s Rz 36. Bei **grob verkehrswidrigem Verhalten des Berechtigten** kann die Schuld des Wartepflichtigen ganz zurücktreten, Sa VRS **47** 49. Keine Haftung des Wartepflichtigen, der einen groben Verstoß des Berechtigten nicht erkennen konnte, Ha VRS **31** 298. Fährt der Berechtigte trotz Ankündigung des Abbiegens unversehens geradeaus weiter, so kann er allein haften müssen, KG NZV **90** 155, VR **91** 934, DAR **75** 41, Dü DAR **77** 161, s aber Dr VR **95** 234 (30 % Mithaftung des Wartepflichtigen), Mü DAR **98** 474 (40%), Ha NZV **03** 414 (²/₃), KG VM **93** 2 (Alleinhaftung des Wartepflichtigen, wenn nicht zusätzliche Umstände für Abbiegen sprechen), s dazu Rz 54, ebenso bei Fahren ohne Beleuchtung trotz Dunkelheit, KG DAR **83** 82.

Erhebliches **Zuschnellfahren** begründet, sofern es für den Schaden mitursächlich ist, **69a** KG VRS **107** 22, DAR **00** 260, **04** 524, beträchtliche **Mithaftung des Vorfahrtberechtigten,** KG VRS **104** 193, NZV **99** 85 (zu ³/₄), **03** 481, DAR **04** 524 (zu ¹/₂), Kö VRS **96** 344 (zu ¹/₄), ZfS **95** 250, Kar DAR **88** 26, VR **87** 290 (zu ²/₅), Nü VR **99** 247 (zu ¹/₃), Stu DAR **97** 26, Ol DAR **94** 29 (jeweils zu ¹/₂), Schl NZV **93** 113 (zu ⁴/₅), oder sogar Alleinhaftung, KG VM **82** 94, DAR **92** 433 (Überschreitung um 100% und Verstoß gegen das Sichtfahrgebot), Stu NZV **94** 194 (78% Überschreitung, Gefälle, nasse Fahrbahn, BerufsV), Ha VRS **93** 253 (80% innerorts), LG Berlin VRS **107** 13 (Krafd, nahezu 100%), AG Kö VRS **87** 95. Schadensquote von ²/₃ zu Lasten des Berechtigten bei Überschreiten der zulässigen Höchstgeschwindigkeit um mehr als 100% und Benutzen der linken Fahrbahnhälfte, KG VRS **65** 333. Nach teilweise vertretener Ansicht sollen selbst geringfügige Geschwindigkeitsüberschreitungen durch den Berechtigten zu beachtlicher Mithaftung führen, Stu VR **82** 782 (¹/₄ Mithaftung bei 105 statt zulässiger 100 km/h!), Kö VR **92** 110 (¹/₄ Mithaftung bei 65 statt zulässiger 60 km/h), KG VRS **107** 22, s dagegen Ha ZfS **01** 105 (Überscheiten um 10%), Nü ZfS **86** 65 (keine Mitschuld trotz Überschreitung um 30%). S dazu auch Rz 48. Mißachtung der Vorfahrt „rechts vor links" rechtfertigt auch bei 45 km/h statt erlaubter 30 km/h nicht stets den Vorwurf grober Fahrlässigkeit, Dü VR **97** 56. Zuschnellfahren bei sog „halber Vorfahrt", s Rz 38.

Überfahren eines Stopschildes ist nicht stets **grob fahrlässig,** Br DAR **02** 308, KG **70** DAR **01** 211, Ha VR **93** 826, Nü NJW-RR **96** 988. Nach teilweise in der Rspr vertretener Auffassung soll es *idR* grob fahrlässig iS von § 61 VVG sein, Kö ZfS **02** 388, LG Zw VR **91** 804, s Ha NZV **93** 480, Zw NZV **92** 76; dies wird aber wie bei Rotlichtverstößen von den Umständen abhängen. Grobe Fahrlässigkeit jedenfalls bei zügigem Durchfahren des Wartepflichtigen, insbesondere aber bei Nichtbeachtung des Stopschildes, obwohl zuvor durch andere VZ auf die Kreuzung und das Stopschild hingewiesen wurde, Br DAR **02** 308, Zw NZV **92** 76, Ha NZV **93** 480, ZfS **98** 262, Ol r+s **97** 324, ähnlich Nü NJW-RR **96** 988, wenn es beidseitig aufgestellt war, Kar NZV **03** 420, Ha r+s **00** 54, Kö ZfS **02** 388, oder bei gelbem Blinklicht einer abgeschalteten LZA, Kö NZV **02** 374.

Wer sich bei Verletzung seiner Vorfahrt auf **unabwendbares Ereignis** (§ 17 III **71** StVG) beruft, muß nachweisen, daß auch ein besonders umsichtiger Kf den Unfall nicht hätte abwenden können, BGH NJW **76** 1317, VR **64** 48. Auch bei sog „halber" Vorfahrt (Rz 38) kann die Vorfahrtverletzung für den Berechtigten unabwendbar sein, BGH NJW **85** 2757. Unabwendbarkeit für den Berechtigten, wenn ein Wartepflichtiger so unklar fährt (Bremsen, dann Abbiegen), daß der Berechtigte stark bremsen muß und sich verletzt, BGH VR **67** 779. Keine Unabwendbarkeit, wenn der Berechtigte die Unfallgefahr berücksichtigen konnte, Kö DAR **60** 136, zB Annäherung des Wartepflichtigen auf abschüssiger, durch Schneematsch glatter Str, Stu VR **83** 252.

Zur **Haftung der vorfahrtberechtigten Straba,** BGH VR **67** 138. Schadensvertei- **72** lung zwischen wartepflichtigem Radf und Straba (Bahn 1/5), BGH VR **67** 138.

Lit: *Böhmer,* Schadenverteilung bei Verletzung der Vorfahrt, VR **60** 487. *Füchsel,* Schadenverteilung bei Kreuzungszusammenstößen, VR **62** 1128. *Schröer,* Zivilrechtliche Auswirkungen der Vorfahrt, KVR.

2 StVO § 8 I. Allgemeine Verkehrsregeln

73 **13. Ausnahmen** von den Vorfahrtregeln: Vortritt vor den Vorfahrtberechtigten haben **Sonderrechtsfze,** soweit sie nach § 35 I von den Vorschriften der StVO befreit sind, und WegerechtsFze (§ 38 I), weil die Anordnung, ihnen sogleich freie Bahn zu schaffen, auch den bevorrechtigten Querverkehr betrifft (*Schmidt* DAR **53** 57). Steht ein SonderrechtsFz verdeckend vor der Kreuzung, so ist es vorsichtig zu passieren, bis die Vorfahrtverhältnisse klar sichtbar werden, KG VM **77** 70. Unter den Voraussetzungen von § 35 I dürfen geschlossene **BW-Verbände** Vorrang beanspruchen, s VBl **71** 538, sonst sind sie wartepflichtig, nur darf der Verkehr sie nicht unterbrechen (§ 27).

74 **14. Ordnungswidrig** (§ 24 StVG) handelt, wer die Vorfahrt verletzt oder nicht rechtzeitig durch sein Fahrverhalten anzeigt, daß er warten werde (§ 49 I Nr 8). Unwesentliche Behinderung (kurzes Gaswegnehmen) ist als idR unvermeidbar hinzunehmen (Rz 27, 58). Kein Vorwurf gegen den Wartepflichtigen bei einem StopZ, das unrichtig aufgestellt oder kaum sichtbar ist, BGH VRS **5** 309. **Über ein Tatbestandsmerkmal irrt,** wer tatsächliche Umstände nicht kennt oder verkennt, die für die Vorfahrt bedeutsam sind. Irrtum über die Vorfahrtvorschriften ist **Verbotsirrtum,** BGH VRS **25** 53. Verbotsirrtum bei zweifelhaften VZ kann unvermeidbar sein, Ha DAR **58** 250, dazu *Weigelt* DAR **55** 1337, **58** 238. Im Zweifel muß der Kf die vorsichtigere Fahrweise wählen. Bei entschuldigtem Verbotsirrtum ist die Fahrweise einem wirklich Berechtigten zuzubilligen, BGH VRS **15** 123, Bra NJW **56** 1650, *Weigelt* DAR **58** 238. Entsprechend darf der Irrende auf seine vermeintliche Vorfahrt nicht vertrauen, wenn er ihre (vermeintliche) Nichtbeachtung erkennt oder erkennen muß, Ol DAR **60** 364. Wer die Vorfahrt beansprucht, **behindert** den Wartepflichtigen nicht iS von § 1, Bay VM **66** 91, aber wohl doch, wenn er die Vorfahrt erzwingt oder behindernd zu erzwingen versucht (dann Verstöße einerseits gegen § 8 I, anderseits gegen § 1).

75 Zur **Feststellung einer Vorfahrtverletzung** gehört Darlegung der beiderseitigen Sichtverhältnisse und Geschwindigkeit (keine Behinderung des Berechtigten, wenn er nur überhohe Geschwindigkeit herabsetzen muß), KG VRS **30** 383. Zur Begründung des Vorwurfs zu schnellen Heranfahrens des Wartepflichtigen müssen alle erforderlichen Tatsachen überprüfbar im Urteil stehen, Ha VRS **53** 59. Die Verteidigung des Wartepflichtigen, er habe den Berechtigten nicht sehen können, muß geprüft werden, Ha DAR **61** 91. Eine Vorfahrtverletzung an ganz anderem Ort als dem bezeichneten, wenn auch unter gleichen Umständen und Beteiligten, ist nicht dieselbe „**Tat**" iS von § 264 **StPO,** Neust VRS **27** 361.

76 Die **Nichtbeachtung der Z 205, 206** gehört zum Tatbestand der Vorfahrtverletzung, sie geht darin auf, gegenüber § 41 II Nr 1 b ist **I S 1 Nr 1 speziell,** Dü NZV **91** 161, Zw VM **77** 43. Gesetzeseinheit daher auch zwischen Nichtbefolgen des Haltgebots eines StopZ und Vorfahrtverletzung, KG VRS **26** 132, Ce VM **64** 7, aM Bay DAR **59** 50, Dü VM **65** 53. Bei **Gefährdung, Behinderung oder Belästigung** des Berechtigten geht § 8 dem § 1 vor (Spezialität), bei **Verletzung oder Schädigung** besteht TE mit § 1, Dü NZV **91** 161, VRS **74** 288, Ha VRS **74** 36. Fährt der Wartepflichtige so schnell, daß er die Vorfahrt nicht einräumen kann, so besteht **TE zwischen Abs I und § 3 I,** weil Vorfahrtverletzung Geschwindigkeitsüberschreitung nicht voraussetzt, Bay NJW **86** 860, Ha VRS **53** 294.

77 **15. Strafrecht.** Wer an unbeschilderter Kreuzung so schnell fährt, daß er seiner Wartepflicht gegenüber von rechts nahenden bevorrechtigten VT nicht nachkommen könnte, ist auch für eine durch Kollision mit einem von links kommenden Wartepflichtigen verursachte **Körperverletzung** verantwortlich, wenn diese bei angemessener Geschwindigkeit vermieden worden wäre, Ha VRS **61** 283, s Rz 38. Vorfahrtverletzung ist mangels länger andauernder Einwirkung idR keine **Nötigung,** Dü NZV **88** 187. **Gefährdung** durch **grob verkehrswidriges, rücksichtsloses Nichtbeachten der Vorfahrt,** s § 315 c I Nr 2 a, III StGB.

Abbiegen, Wenden und Rückwärtsfahren

9 (1) ¹Wer abbiegen will, muß dies rechtzeitig und deutlich ankündigen; dabei sind die Fahrtrichtungsanzeiger zu benutzen. ²Wer nach rechts abbiegen will, hat sein Fahrzeug möglichst weit rechts, wer nach links abbiegen will, bis zur Mitte, auf Fahrbahnen für eine Richtung möglichst weit links einzuordnen, und zwar rechtzeitig. ³Wer nach links abbiegen will, darf sich auf längs verlegten Schienen nur einordnen, wenn er kein Schienenfahrzeug behindert. ⁴Vor dem Einordnen und nochmals vor dem Abbiegen ist auf den nachfolgenden Verkehr zu achten; vor dem Abbiegen ist es dann nicht nötig, wenn eine Gefährdung nachfolgenden Verkehrs ausgeschlossen ist.

(2) ¹Radfahrer, die auf der Fahrbahn abbiegen wollen, müssen an der rechten Seite der in gleicher Richtung abbiegenden Fahrzeuge bleiben, wenn dort ausreichender Raum vorhanden ist. ²Radfahrer, die nach links abbiegen wollen, brauchen sich nicht einzuordnen. ³Sie können die Fahrbahn hinter der Kreuzung oder Einmündung vom rechten Fahrbahnrand aus überqueren. ⁴Dabei müssen sie absteigen, wenn es die Verkehrslage erfordert. ⁵Sind Radverkehrsführungen vorhanden, so haben Radfahrer diesen zu folgen.

(3) ¹Wer abbiegen will, muß entgegenkommende Fahrzeuge durchfahren lassen, Schienenfahrzeuge, Fahrräder mit Hilfsmotor und Radfahrer auch dann, wenn sie auf oder neben der Fahrbahn in der gleichen Richtung fahren. ²Dies gilt auch gegenüber Linienomnibussen und sonstigen Fahrzeugen, die gekennzeichnete Sonderfahrstreifen benutzen. ³Auf Fußgänger muß er besondere Rücksicht nehmen; wenn nötig, muß er warten.

(4) ¹Wer nach links abbiegen will, muß entgegenkommende Fahrzeuge, die ihrerseits nach rechts abbiegen wollen, durchfahren lassen. ²Führer von Fahrzeugen, die einander entgegenkommen und jeweils nach links abbiegen wollen, müssen voreinander abbiegen, es sei denn, die Verkehrslage oder die Gestaltung der Kreuzung erfordern, erst dann abzubiegen, wenn die Fahrzeuge aneinander vorbeigefahren sind.

(5) Beim Abbiegen in ein Grundstück, beim Wenden und beim Rückwärtsfahren muß sich der Fahrzeugführer darüber hinaus so verhalten, daß eine Gefährdung anderer Verkehrsteilnehmer ausgeschlossen ist; erforderlichenfalls hat er sich einweisen zu lassen.

Begr zu § 9 ...

Auch § 9 wendet sich nur an den Fahrverkehr. 1/2

§ 11 der geltenden StVO verwendet den Begriff der Fahrtrichtungsänderung als eine Zusammenfassung dessen, was sie in § 8 Abs. 3 unter „Einbiegen in eine andere Straße" und unter „Einfahren (in ein Grundstück)" (§ 17 Abs. 1) versteht. An Stelle dieser drei Begriffe (Fahrtrichtungsänderung, Einbiegen, Einfahren), von denen sich keiner umfassender verwenden läßt, wird der des „Abbiegens" gesetzt. 3

Zu Absatz 1: Der Absatz bringt im wesentlichen geltendes Recht. Allerdings verlangt er, abweichend von § 11 Abs. 1 StVO (alt), das Blinken auch dann, wenn weit und breit niemand im Weg ist. Das wird von umsichtigen Fahrern schon heute so geübt und hat den Vorzug, den Fahrer an automatische Betätigung des Blinkers zu gewöhnen. 4

Eine gewisse sachliche Änderung liegt ferner darin, daß Linksabbiegern das Ausfahren eines weiten Bogens nicht mehr ausdrücklich befohlen wird ... 5

Die Entwicklung geht andere Wege. Das Ausfahren des weiten Bogens würde stärkeren Verkehr selbst auf großräumigen Kreuzungen hemmen; auf engen Kreuzungen kämen die Fahrzeuge überhaupt nicht aneinander vorbei, so daß der einzelne, in Zeiten des Spitzenverkehrs eine ganze Reihe von Fahrzeugen, warten müßte. Der Verkehr muß eben in solchen Fällen das Minus an gesetzlicher Regelung durch größere Vorsicht ausgleichen und tut es auch. Straßenbauer und Verkehrsbehörden gehen immer mehr dazu über, durch bauliche Maßnahmen oder durch Markierung von Leitlinien den Abbiegeverkehr in flachen Bogen über Kreuzungen zu lenken. Auch das wird je länger je mehr Einfluß auf die Fahrweise der Linksabbieger haben... .

Satz 3 will das Problem lösen, wie sich die Vorschrift des § 2 Abs. 3 zu dem Gebot des Einordnens „bis zur Mitte" verhält. Die Rücksicht auf die Schienenbahn soll danach dann zurücktreten, wenn eine Schienenbahn noch nicht sichtbar herankommt. 6

2 StVO § 9 I. Allgemeine Verkehrsregeln

7–10 *Der letzte Satz dient dem Schutz des nachfolgenden Verkehrs. Während die Pflicht zur Rückschau vor dem Einordnen heute schon völlig unbestritten ist, und eine nochmalige Rückschau (vor dem Abbiegen) nur für den Fall gefordert wird, daß die Verkehrslage sie erfordert (vgl. die Zusammenstellung der Rechtsprechung bei Floegel-Hartung 18. Aufl. 16 b zu § 8 StVO), befreit die Verordnung nun, im Sicherheitsinteresse weitgehend, von der zweiten Rückschau nur für den Fall, daß eine Gefährdung nachfolgenden Verkehrs ausgeschlossen ist, z. B. beim Einordnen an den linken Fahrbahnrand... .*

11 **Zu Absatz 5:** *Die Worte „darüber hinaus" verweisen auf die in den vorhergehenden Absätzen begründeten Pflichten und machen deutlich, daß bei diesen besonders gefährlichen Fahrmanövern ein Übriges zu tun ist. Wie weit die „darüber hinaus" bestehenden Pflichten je nach den Umständen gehen können, wird durch die ausdrücklich erwähnte Pflicht, sich erforderlichenfalls einweisen zu lassen, aufgezeigt.*

Während das Gefährdungsverbot hier erwähnt werden muß, weil dafür strengere Anforderungen an Vorsicht und Aufmerksamkeit des Wartepflichtigen gestellt werden, als § 1 Abs. 2 verlangt („ausgeschlossen ist"; vgl. zu § 5 zu Absatz 2), kann von der Wiedergabe der übrigen in § 1 Abs. 2 enthaltenen Verbote abgesehen werden.

Begr zur ÄndVO v 21. 7. 80 (VBl **80** 514):

11 a **Zu Abs. 3 Satz 2:** *Nach Maßgabe verkehrspolitischer Zielsetzung hat der Verordnungsgeber dem öffentlichen Personennahverkehr Priorität vor dem Individualverkehr eingeräumt und das in mehreren Vorschriften der StVO verankert. Mit Rücksicht darauf ist auch der Eigenart der in § 9 Abs. 3 StVO behandelten Verkehrsart Rechnung getragen und den in gleicher Richtung fahrenden Schienenfahrzeugen Vorrang eingeräumt worden. Die gleiche Interessenlage wie bei Schienenfahrzeugen ist nach Einführung des Zeichens 245 auch für Linienomnibusse auf Sonderfahrstreifen gegeben... .*

11 b **Begr** zur ÄndVO v 22. 3. 88 (VBl **88** 221):

Zu Abs 2: *... Insbesondere bei starkem Fahrzeugverkehr auf der Fahrbahn wurden manche Radfahrer unsicher, wenn sie sich zwischen dem Fahrzeugverkehr zur Fahrbahnmitte einordnen sollten.*

Schon seit einigen Jahren wird deshalb in der Verkehrsaufklärung den Radfahrern empfohlen, „indirekt" nach links abzubiegen. Der Radfahrer soll zunächst die Fahrbahn der von rechts einmündenden Straße überqueren und sodann, wie ein Fußgänger, im rechten Winkel die Fahrbahn der Straße kreuzen, die er verlassen will. Die Möglichkeit des indirekten Linksabbiegens wird jetzt in die Verordnung übernommen. Verfehlt wäre es gewesen, den Radfahrern ein derartiges Verhalten beim Linksabbiegen in allen Fällen auch vorzuschreiben... .

11 c **Begr** zur ÄndVO v 19. 3. 92 (VBl **92** 186):

Zu Abs. 4 Satz 2: *Die Vorschrift bestimmt für das jeweilige Linksabbiegen zweier entgegenkommender Fahrzeuge das in der Praxis bereits häufig angewendete und in der ehemaligen StVO-DDR vorgeschriebene sogenannte tangentiale Abbiegen als Regelfall. Diese Form des Abbiegens hat sich für die Mehrzahl dieser Begegnungsfälle bewährt. Für Fälle, in denen diese Abbiegeform, z. B. aus Platzgründen ungeeignet ist, ist aber auch das Abbiegen nach der Vorbeifahrt zuzulassen.*

11 d **Begr** zur ÄndVO v 7. 8. 97 (VBl **97** 688): **Zu Abs 2 Satz 5:** *Folgeänderungen zur Benutzungspflicht für Radwege. Damit wird klargestellt, daß an Kreuzungen und Einmündungen einer vorhandenen Radwegeführung immer dann zu folgen ist (Verhaltenspflicht), wenn diese im Zuge eines Radweges markiert wurde. Auf die Kennzeichnung des Radweges mit Zeichen 237, 240 oder 241 oder die Freigabe für gegenläufigen Radverkehr kommt es insofern nicht an. Weiterhin wird damit klargestellt, daß mehrere Radwegeführungen (z. B. nur Wahlmöglichkeit für indirektes und direktes Abbiegen) markiert sein können.*

Vwv zu § 9 Abbiegen, Wenden und Rückwärtsfahren

Zu Absatz 1

12 1 *I. Wo erforderlich und möglich, sind für Linksabbieger besondere Fahrstreifen zu markieren. Auf Straßen innerhalb geschlossener Ortschaften mit auch nur tageszeitlich starkem Verkehr und auf Straßen außerhalb geschlossener Ortschaften sollte dann der Beginn der*

Abbiegen, Wenden und Rückwärtsfahren § 9 StVO **2**

Linksabbiegestreifen so markiert werden, daß Fahrer, die nicht abbiegen wollen, an dem Linksabbiegestreifen vorbeigeleitet werden. Dazu eigenen sich vor allem Sperrflächen; auf langsamer befahrenen Straßen genügen Leitlinien.

2   II. *Es kann sich empfehlen, an Kreuzungen Abbiegestreifen für Linksabbieger so zu markieren, daß aus entgegengesetzten Richtungen nach links abbiegende Fahrzeuge voreinander vorbeigeführt werden (tangentiales Abbiegen). Es ist dann aber immer zu prüfen, ob durch den auf dem Fahrstreifen für den nach links abbiegenden Gegenverkehr Wartenden nicht die Sicht auf den übrigen Verkehr verdeckt wird.*   **12 a**

Zu Absatz 2

3   I. Die Radverkehrsführung ist eine Markierung, welche z. B. die Linienführung eines   13
Radweges über Kreuzungen und Einmündungen hinwegführt. Die Radverkehrsführung kann, muß aber nicht, mit dem Zeichen 237, 240 oder 241 gekennzeichnet sein. Der auf einem Radweg herankommende Radverkehr hat deshalb der markierten Radverkehrsführung auch dann zu folgen, wenn für den Radweg keine Radwegebenutzungspflicht besteht.

   II. An Kreuzungen und Einmündungen   **13 a**

4   1. Zur Radwegeführung dienen vor allem Radfahrerfurten, Radfahrerschleusen, aufgeweitete Radaufstellstreifen und Abbiegestreifen. Die Radfahrerfurten geben gleichzeitig das indirekte Abbiegen, die Radfahrerschleusen, aufgeweitete Radaufstellstreifen und Abbiegestreifen gleichzeitig das direkte Abbiegen vor.

5   2. Radfahrerfurten sind stets im Zuge von gekennzeichneten Vorfahrtsstraßen (vgl. Nummer III zu § 8 Abs. 1; Rn. 15 ff.) und an Lichtzeichenanlagen zu markieren. Die Markierung besteht aus 2 unterbrochenen Quermarkierungen in Breitstrich (0,25 m), die in der Regel 2,00 m Abstand haben. Davon abweichend beträgt der Abstand bei der Freigabe linker Radwege für die Gegenrichtung in der Regel 3,00 m und bei gemeinsamen Fuß- und Radwegen mindestens dessen Breite.

6   3. Radfahrerschleusen und aufgeweitete Radaufstellstreifen können zusätzlich an Lichtzeichenanlagen dann markiert werden, wenn dem Radverkehr die Wahlmöglichkeit zwischen dem indirekten und direkten Abbiegen eröffnet werden soll. Dies setzt eine sorgfältige Überprüfung voraus, welche die besonderen örtlichen und verkehrlichen Gegebenheiten zu berücksichtigen hat. Bei Radfahrerschleusen wird das Einordnen zum Abbiegen durch vorgeschaltete Lichtzeichen ermöglicht. Voraussetzung ist, daß der Radweg mit Radwegebenutzungspflicht neben der Fahrbahn verläuft und die vorgeschalteten Lichtzeichen für den Kraftfahrzeugverkehr auf der Fahrbahn und den Radverkehr auf dem Radweg mindestens 30 m vor den Hauptlichtzeichen entfernt sind. Das Haltgebot für den Kraftfahrzeugverkehr auf der Fahrbahn an den vorgeschalteten Lichtzeichen und das Haltgebot für den gesamten Verkehr wird an dem Hauptlichtzeichen zusätzlich mit Zeichen 294 „Haltlinie" gekennzeichnet.

7   Bei aufgeweiteten Radaufstellstreifen wird das Einordnen zum Abbiegen im Gegensatz zur Radfahrerschleuse nur mit dem Hauptlichtzeichen und durch zwei Zeichen 294 „Haltlinie" ermöglicht, wobei das Haltgebot für den Kraftfahrzeugverkehr auf der Fahrbahn durch ein vorgeschaltetes Zeichen 294 mit räumlichem und verkehrlichem Bezug zur Lichtzeichenanlage angeordnet wird. Radfahrerschleusen ist in der Regel der Vorzug vor aufgeweiteten Radaufstellstreifen zu geben.

8   4. Abbiegestreifen können in besonders gelagerten Einzelfällen an Lichtzeichenanlagen, aber auch an gekennzeichneten Vorfahrtstraßen, markiert werden, wenn eine Radwegeführung mit der Möglichkeit des direkten Abbiegens unabdingbar ist und die Anlage insbesondere von Radfahrerschleusen ausscheidet.

9   Bei Abbiegestreifen werden auf der Fahrbahn neben den Abbiegefahrstreifen für den Kraftfahrzeugverkehr mit Zeichen 295 „Fahrstreifenbegrenzung" eigene Abbiegefahrstreifen für den Radverkehr markiert.

10   Der Radverkehr muß dazu den Radweg unter Beachtung der allgemeinen Verhaltensregeln des § 10 Satz 1 verlassen und auf die Fahrbahn einfahren. Bei Radwegen mit Radwegebenutzungspflicht ist die Möglichkeit zum Verlassen des Radweges mit Zeichen 297 „Pfeil links und Pfeil gerade" zu kennzeichnen und zusätzlich mit einem

| | 11 | *Zusatzschild deutlich zu machen. Bei Radfahrstreifen kann Zeichen 296 „einseitige Fahrstreifenbegrenzung" genügen.*

5. *Das direkte Abbiegen darf mit einer Radwegeführung nur dann vorgegeben werden, wenn*
| | | a) *an Kreuzungen und Einmündungen mit Lichtzeichenanlage die Verkehrsbelastung an der (an allen) Knotenpunktzufahrt(en) bei höchstens 1200 Kfz/Std. liegt und nicht mehr als 2 Fahrstreifen zu überqueren sind;*
| | 12 | b) *an Kreuzungen und Einmündungen mit durch Verkehrszeichen bevorrechtigten Knotenpunktzufahrten die Verkehrsbelastung bei bis zu 800 Kfz/Std. liegt und nur ein Fahrstreifen je Fahrtrichtung zu überqueren ist;*
| | 13 | c) *in wartepflichtigen und nicht mit Lichtzeichen signalisierten Knotenpunktzufahrten dann, wenn hierfür ein besonderes und unabweisbares Bedürfnis besteht.*
| | 14 | 6. *Die Verkehrsfläche innerhalb der Markierung kann rot eingefärbt sein. Davon soll nur in besonderen Konfliktbereichen im Zuge gekennzeichneter Vorfahrtsstraßen Gebrauch gemacht werden. An Lichtzeichenanlagen und Kreuzungen mit „Rechts vor Links-Regelung" ist von einer Rot-Einfärbung abzusehen.*
| 13 b | 15 | III. *Eine bauliche Unterstützung der Radwegeführung (z. B. Radfahrerfurt auf Aufpflasterung) ist nicht ausgeschlossen. Die Zuordnung der Aufpflasterung zur Fahrbahn sollte dann auch baulich (z. B. durch entsprechende Materialien) zum Ausdruck kommen. Bauliche Maßnahmen können bei der Straßenbaubehörde angeregt werden.*

Zu Absatz 3

| 14 | 16 | I. *Darüber, ob Radfahrer noch neben der Fahrbahn fahren, wenn ein Radweg erheblich von der Straße abgesetzt ist, entscheidet der optische Gesamteindruck. Können Zweifel aufkommen oder ist der abgesetzte Radweg nicht eindeutig erkennbar, so ist den Radfahrern durch ein verkleinertes Zeichen 205 eine Wartepflicht aufzuerlegen.*
| 15 | 17 | II. *Über Straßenbahnen neben der Fahrbahn vgl. Nummer VII zu Zeichen 201; Rn. 17–19.*

Übersicht

Abbiegen 16–49
–, unterbrochenes 18
–, mehrfaches kurz hintereinander 18, 24
–, zweimaliges 18, 24
– in Fahrstreifen 27, 33
– bei Lichtzeichen 40
– in ein Grundstück 3, 44–49
–, Rücksicht auf Fußgänger 28, 39, 43
Abbieger, Ankündigungspflicht 4, 17–21, 46
Abknickende Vorfahrt 16, 19, 39

Bogen
– voreinander 30
–, weiter 30

Deutliches Ankündigen 4, 17–21, 46
Doppelte Rückschau 7–10, 25, 26, 48

Einbahnstraße 35, 51
Einordnen zur Mitte 6, 31, 32
–, Rückschaupflicht vorher 7–10, 24
–, rechtzeitig und deutlich 27, 31, 47
– auf Schienen 36
–, kein „Schneiden" 24
Entgegenkommende Rechtsabbieger, Vorrang 37

Fahrstreifen, Abbiegen in 27, 33
Fahrstreifenverkehr 33
Feldweg, Abbiegen in 45
Fußgänger, Rücksicht auf 28, 39, 43

Grundstück, Abbiegen in 3, 44–49

Kolonnenlücke 41
Kradfahrer 19
Kreisverkehr 19

Längsverkehr, Richtungsänderung 16
–, Warten bei 28, 29, 39, 40, 43
–, Vorrang 28, 39–43, 49
Lichtzeichen, Abbiegen bei 40
Linksabbiegen voreinander 30
Linksabbieger 5, 6, 29

Mehrfaches Abbiegen 18, 24

Ordnungswidrigkeiten 54

Paarweises Abbiegen 27, 33, 35

Radfahrer 13 ff, 19, 21, 28, 42
–, abbiegende 38
Radverkehrsführung 13 ff, 38
Rechtsabbieger 27, 42
–, Vorrang entgegenkommender 37
–, nachfolgender Verkehr 27 a, 28
Rechtseinordnen 27
Rechtzeitiges Ankündigen 4, 17–21, 46
Richtungsänderung im Längsverkehr 16
Rückschau, zweite 7–10, 25, 26, 48
Rückschaupflicht vor dem Einordnen 7–10, 24
Rücksicht auf Fußgänger 28, 39, 43
Rückwärtsfahren 51 f

Abbiegen, Wenden und Rückwärtsfahren **§ 9 StVO 2**

Schienen 36, 49
„Schneiden", kein – beim Einordnen 24
Sonderfahrstreifen, Vorrang vor Abbiegern 11 a
  39
Sorgfalt 22
–, höchste 11, 52, 53
Straßenbahn, herankommende 36

Tangentiales Abbiegen 30
Toter Winkel 24, 25

Unterbrochenes Abbiegen 18

Vertrauensgrundsatz 19, 20, 34, 36, 41
Vorfahrt, abknickende, 16, 19
Vorrang des Längsverkehrs 28, 39–43, 49
– entgegenkommender Rechtsabbieger 37

Wenden 11, 50, 52

Zivilrecht 55
Zweimaliges Abbiegen 18, 24

1. Abbiegen. § 9 erfaßt alle Richtungsänderungen im fahrenden Längsverkehr, also **16** jede Fahrtrichtungsänderung, die aus dem gleichgerichteten Verkehr herausführt (Begr). Abbiegen bedeutet, die Fahrbahn seitlich verlassen (außer auf einen Park- oder Seitenstreifen) oder im Bogen die Gegenrichtung oder die andere StrSeite ansteuern, Bay VM **73** 43. Bloßer Fahrspurwechsel ist kein Abbiegen, Ha DAR **74** 195, KG NZV **94** 159. Das Abbiegen ist als Ganzes zu sehen, es beginnt daher (uU mit höchster Sorgfalt, **E** 150) bereits mit der Rückschaupflicht, dem Blinken und Einordnen, nicht erst mit dem Bogenfahren, aM Fra VR **73** 845. Bloße Verlegung der Fahrbahnlinie beim Vorbeifahren: §§ 2, 6, beim Überholen: § 5. Kein Abbiegevorgang, außer bei VStille, kann ohne Rücksichtspflicht des Abbiegenden wie des Längs- und Querverkehrs ablaufen. Der Längsverkehr, entgegenkommender wie gleichgerichteter (III), hat Vorrang vor dem Abbieger (Rz 39–43, 49). Dies ist ein wesentlicher Grundsatz, Stu VR **80** 363. Die Pflichten des Abbiegers steigern sich, je nach dem Abbiegeziel, von erhöhter Vorsicht (Rückschau, Ankündigungspflicht, Einordnen) bis zur höchsten Sorgfalt, welche Gefährdung anderer ausschließt (Rz 11, 52, **E** 150). Je weniger erkennbar im Fahrverkehr das Abbiegeziel ist (Nebenweg, Grundstückseinfahrt, mehrere Einfahrten hintereinander), um so sorgfältiger muß sich der Abbieger verhalten, Dü DAR **74** 192, Ha VRS **15** 137. Die Abbiegevorschriften gelten auch für das Rückwärtsabbiegen. Richtungspfeile auf der Fahrbahn: Rz 35, § 41. Richtungsänderung ist auch das Abbiegen in ein Grundstück, Kar VRS **47** 105. Fahren gemäß abknickender Vorfahrt ist kein Abbiegen iS von § 9, Bay VRS **65** 233, DAR **86** 126, und erfordert daher Rechtsfahren, Bay VM **72** 49. Jedoch Pflicht zur Fahrtrichtungsanzeige, § 42 II, s Rz 19. Bei Wegegabeln ist anzeigepflichtig, wer aus einer der Gabelungen in die andere oder aus der gemeinsamen Verlängerung in eine der Gabelungen fährt, es sei denn, diese ist bei vernünftiger Verkehrsauffassung als Fortsetzung der bisherigen Fahrtrichtung anzusehen, BGH NJW **66** 108. Bei mehreren Abzweigungen ist neben der Richtungsanzeige besondere Sorgfalt nötig, Dü VRS **18** 461.

Lit: *Möhl*, Das Abbiegen nach geltendem und künftigem Recht, DAR **66** 197, 225. *Berr/Janker*, Das Abbiegen im öffentlichen StrV, KVR.

2. Rechtzeitig und deutlich ankündigen muß der Abbieger sein Vorhaben, und **17** zwar mit dem Fahrtrichtungsanzeiger (§ 54 StVZO), KG NZV **03** 182, sonst behelfsweise, damit alle Beteiligten sich danach richten können, Ha VRS **44** 46, auch bei an sich unerlaubtem Abbiegen, Zw VM **77** 45, Bay NZV **90** 318. Das Zeichen richtet sich auch an verkehrsregelnde Beamte, die es bei ihren Anweisungen berücksichtigen. Anzuzeigen sind auch durch VZ zwingend gebotene Richtungsänderungen (zB durch Z 209), Ce VRS **52** 219. Deutlich ist das Zeichen, wenn jeder Beteiligte es klar wahrnehmen kann, Stu DAR **55** 67.

Auch die Straba muß das Abbiegen anzeigen (s §§ 40 III, 51 VIII BOStrab), Bay NJW **67** 407. Das Zeichen ist während der gesamten Wartezeit vor dem Abbiegen so lange zu geben, bis die Abbiegeabsicht allgemein erkennbar geworden ist. Sofort nach dem Abbiegen ist es zurückzunehmen.

Wer das **Abbiegen unterbricht,** muß das Zeichen zurücknehmen und erneut **18** geben, KG VRS **17** 142 (sonst unklare Lage). **Zweimaliges Abbiegen** kurz hintereinander erfordert besondere Vorsicht (§ 1). Hier muß das Zeichen, mit deutlicher Unterbrechung, zweimal gegeben werden, KG VM **79** 23. Der Blinker darf nicht ununterbrochen anzeigen, weil das nach dem ersten Abbiegen mißverstanden werden kann.

Auch wer zunächst den Fahrstreifen wechseln und kurz danach links abbiegen will, muß die Anzeige deutlich unterbrechen, Ko VOR **73** 489. Kein *deutliches* Ankündigen des Linksabbiegens aus einem Überholvorgang, bei dem ununterbrochen der linke Fahrtrichtungsanzeiger betätigt wird, Bay VRS **71** 380. Abs I S 1 schreibt die Benutzung des Fahrtrichtungsanzeigers unabhängig davon vor, ob sich andere VT, an die sich die Ankündigung richten könnte, in der Nähe befinden oder nicht, Ce VRS **52** 219, s Begr. Bei Ausfall des linken Blinkers des vorausfahrenden Anhängers hängt ein Schuldvorwurf gegen einen Linksüberholer davon ab, wann dieser den linken Blinker des Zugfzs erkennen und ob er dann noch gefahrlos zurückbleiben konnte, Zw VRS **48** 127. Ist der Fahrtrichtungsanzeiger verdeckt (Ladung), so sind die Zeichen behelfsmäßig deutlich zu geben, Schl VM **56** 76, beim Fuhrwerk jedoch nicht durch bloßes seitliches Hinausstrecken der Peitsche, weil das auch anderen Zwecken dienen kann, KG DAR **38** 169.

19 Wer **abknickender Vorfahrt** (Z 306 mit Zusatzschild) folgt, muß das anzeigen, § 42 II, s Ko VRS **55** 294, Bay VM **72** 49, Ha VRS **51** 141. Zur Geltung des Vertrauensgrundsatzes insoweit, s § 8 Rz 43. Wer bei abknickender Vorfahrt geradeaus weiterfährt, muß dies nicht anzeigen, Ha VM **74** 54, VRS **51** 73, 143, Zw DAR **74** 166, Bay DAR **86** 126, aM *Möhl* NJW **63** 1096. Betätigt der Kf in solchen Fällen gleichwohl den Fahrtrichtungsanzeiger, so verhält er sich nur dann verkehrswidrig, wenn er dadurch dem Gebot des § 1 II zuwiderhandelt, Ha VM **74** 54, aM Bay DAR **86** 126 („darf nicht"), Ol NZV **94** 26, und möglicherweise Zw VRS **80** 48 („Verbot mißverständlichen Zeichengebens") – abl Anm *Berr* DAR **91** 69 –; wird ein anderer Kf dadurch irritiert, kann er sich jedenfalls nicht nach § 17 III StVG entlasten, Fra MDR **77** 671 (zu § 7 II StVG alt). Wer eine nur im „natürlichen" Verlauf, ohne Bezeichnung durch das Zusatzschild zu Z 306, gekrümmte VorfahrtStr geradeaus verläßt, ändert die Fahrtrichtung nicht und darf deshalb nicht blinken, Ha VRS **51** 141. Wer auf einer autobahnmäßig ausgebauten BundesStr mit deutlicher rechter Fahrbahnbegrenzung vor einer rechts beginnenden schmalen Abzweigung links blinkt, weil er der BundesStr folgen will, schafft unklare Verhältnisse, weil er den Anschein des Fahrstreifenwechsels erweckt, Ko VR **77** 1110. Der in einen **nicht durch VZ 215 und 205 gekennzeichneten Kreisverkehr** (s § 9a) nach rechts Einbiegende muß, obwohl er dem natürlichen StrVerlauf folgt, KG NZV **94** 159, RichtungsZ geben, *Kramer* VD **99** 148, auch wenn Z 211 aufgestellt ist, *Harthun* DAR **71** 255, muß nicht zu benutzende Ausfahrten ohne linke Fahrtrichtungsanzeige passieren, Ce VR **80** 562, und hat sein Ausfahren erneut anzuzeigen, Kö DAR **63** 388, *Kramer* VD **99** 148. Bei kleinsten, verkehrsinselartigen Kreisverkehren kann indessen die rechte Fahrtrichtungsanzeige wegen der unmittelbar folgenden nächsten „Ausfahrt" zu gefährlichen Mißverständnissen führen, so daß – wie bei Kreisverkehren nach § 9a – nur das Verlassen des KreisV anzuzeigen ist, s *Kramer* VD **99** 148. Die Auffassung des KG VRS **65** 219, das Verbleiben im KreisV mit mehreren Fahrstreifen dürfe durch linke Fahrtrichtungsanzeige verdeutlicht werden, begegnet Bedenken, weil dies, wie der entschiedene Fall zeigt, als Ankündigung des Fahrstreifenwechsels nach links (§ 7 IV 2) mißdeutet werden kann (§ 1 II). Im KreisV darf aus technischem Grund (Zurückstellen) niemand darauf vertrauen, daß ein rechts blinkender Vorausfahrender die nächste Ausfahrt benutzen werde, KG VM **79** 56. **Kreisverkehr mit VZ 215, 205:** s § 9a. Auch **Kradf** ohne Fahrtrichtungsanzeiger und **Radf** haben bis zur deutlichen Durchführung des Abbiegens Anzeigepflicht, s BGH VRS **15** 462, Kö VRS **8** 73, der Handzeichen gebende Krad- oder Radfahrer aber nicht mehr während des Abbiegens, Kö NJW **52** 950, Ha NZV **90** 26 (Bedienung). Hat der Kradbeifahrer das Zeichengeben übernommen, haftet er neben dem Fahrer, Ol DAR **54** 134. Auf BlinkZ, die nicht offensichtlich auf Irrtum beruhen, **darf idR vertraut werden**, Dü VM **67** 6, s auch § 8 Rz 54. Bei paarweisem Rechtsabbiegen jedoch kein Vertrauen des Linksfahrenden in die Fahrtrichtungsanzeige des Rechtsfahrenden, KG VRS **69** 305. Der Längsverkehr darf darauf vertrauen, daß der Linksabbieger seine Absicht rechtzeitig deutlich anzeigt, BGH VR **66** 188.

20 **Rechtzeitig** ist das Zeichen, wenn sich der Verkehr auf das Abbiegen einstellen kann, BGH VR **62** 1203, Bay NZV **90** 318, Brn VRS **106** 18, KG DAR **02** 557, Dü VRS **89** 278. Dafür ist weniger die Entfernung zum Abbiegepunkt maßgebend, als vielmehr die Zeit zwischen Anzeigebeginn und Abbiegen unter Berücksichtigung der Fahrgeschwin-

digkeit, BGH VM **63** 11, KG VRS **65** 222, Bay NZV **90** 318. Wird das Zeichen zu früh und (oder) zu kurz gegeben, so kann das zu Irrtum führen. Anzeigen 80 m vor dem Abbiegen ist nicht verfrüht, Hb VM **66** 23, wenn es nicht nach der Örtlichkeit mißverständlich ist. 5 s vor dem Abbiegen bei „30" reichen zusammen mit richtigem Einordnen aus, BGH VRS **25** 264. Reichen Schreckzeit plus Anhalteweg des Nachfolgers nicht aus, war das Zeichen verspätet gegeben, Ha VRS **17** 68, normale Reaktion vorausgesetzt. Wer sich auf mehrspuriger Fahrbahn als Linksabbieger besonders frühzeitig links einordnet, muß schon früher Zeichen geben, wenn er langsamer als zulässig fährt, Bay DAR **69** 53. Wer vor einer Kreuzung verkehrsbedingt anhalten muß, muß schon vor dem Anfahren anzeigen, ob er abbiegt, Ha VRS **17** 147. Auf rechtzeitiges Zeichengeben soll, weil es oft unterlassen wird, nicht vertraut werden dürfen, BGH VRS **31** 37, aM BGH VRS **6** 326, Ha VRS **34** 137 bei Linksblinken und Linkseinordnen. Wer das Linksabbiegen nicht anzeigt, kann sich nicht darauf berufen, der Überholer habe schon einen links blinkenden Hintermann unerlaubt überholt, Mü VRS **32** 88.

Abbiegen eines **Radfahrers** ohne Richtungszeichen ist grob verkehrswidrig, Bay VRS **4** 421, BGH DAR **52** 10, **54** 19. Völliges Zurücktreten der BusBG bei plötzlichem Linksabbiegen eines Radf unter Benutzung einer Fußgängerfurt bei Rot, KG VM **87** 22. Ein Kf braucht nicht darauf gefaßt zu sein, daß ein Radf, der ihm auf der StrMitte entgegenkommt, plötzlich ohne Richtungsanzeige in eine Einfahrt abbiegt, BGH VR **61** 423; er darf idR darauf vertrauen, daß ein 12jähriger entgegenkommender Radf nicht verkehrswidrig vor ihm links abbiegen werde, Ol VRS **66** 258. Überholen jugendlicher Radf, s § 5 Rz 40. Der Kf braucht nicht damit zu rechnen, ein Radf, der bei Dunkelheit auf einer LandStr links fährt, werde überraschend rechts abbiegen, BGH VRS **6** 294. Hat der Hintermann den abbiegenden Radf nicht bemerkt, so soll es unerheblich sein, daß dieser kein Zeichen gegeben hat (bedenklich, denn eine anzeigende Armbewegung wäre möglicherweise aufgefallen), BGH VR **67** 808, JZ **68** 103 (zust *Deutsch*). Abbiegen von Radf im übrigen: Rz 38. 21

Rechtzeitiges Zeichengeben befreit nicht von den **weiteren Sorgfaltspflichten.** Der Abbieger muß sich außerdem rechtzeitig deutlich einordnen (Rz 27, 31, 32), verlangsamen und vorher, meist zweimal, Rückschau halten (Rz 24–26, 29, 48). Außerdem bestehen die Pflichten nach § 1. Wer das Linksabbiegen aufgibt, um den Hintermann noch links überholen zu lassen, muß seine Richtungsanzeige zurücknehmen, BGH VM **66** 1. Ist die Abbiegestelle des Vorausfahrenden nach der Örtlichkeit unklar, so muß dieser durch seine Fahrweise anzeigen, wo er abbiegen werde (rechtzeitige Bremsverzögerung außer Anzeige und Linkseinordnen), Kö VM **72** 63. Je weniger klar das Abbiegeziel für andere VT ist, umso größer sind die Anforderungen an die Sorgfalt des Abbiegenden, Brn VRS **106** 18. Ein in stark befahrener Straße abbiegender überlanger Zug ist uU seitlich besonders zu sichern, Hb VM **61** 28, vor allem im Dunkeln, BGH VRS **19** 434, Kar VRS **46** 27. 22

Hat der Linksabbieger seine Absicht korrekt angezeigt, so muß sich **der nachfolgende Verkehr** darauf einstellen und bei richtigem Einordnen rechts überholen (§ 5), nötigenfalls warten, BGH VRS **37** 351. Durfte der Abbieger überzeugt sein, daß sich der nachfolgende Verkehr auf das Abbiegen eingerichtet habe, so trifft ihn keine Schuld, Ha DAR **74** 79. Wer Abbiegen anzeigt, aber geradeaus weiterfährt, verwirrt andere und muß dies durch besondere Sorgfalt ausgleichen (uU § 1), KG VRS **57** 173. 23

Lit: *Hentschel/Janker,* Die Fahrtrichtungsanzeige, KVR. *Herwig,* Faktor Fahrzeug und Häufigkeit des Unterlassens der Richtungsanzeige, ZVS **69** 270. *Kramer,* Die Renaissance der Kresiverkehrsplätze …, VD **99** 145. *Kullik,* Der KreisV, PVT **01** 70.

3. Rückschaupflicht besteht ausnahmslos rechtzeitig vor dem Einordnen und neben der Ankündigungspflicht. I hat die Rückschaupflicht des Linksabbiegers verschärft, so daß es auf frühere Rspr insoweit nicht mehr ankommt, Ko VRS **51** 454. **Rückschau und Anzeige verschaffen keinen Vorrang gegenüber nahe aufgerücktem Verkehr.** Zur Rückschau ist der Außen- und Innenspiegel zu benutzen, Ko DAR **62** 339, Kö VRS **89** 432, unter Berücksichtigung des toten Winkels, Fr VR **70** 1037, s Rz 25. Die Sichtverhältnisse aus seinem Kfz (toter Winkel) muß jeder Kf kennen und berücksichtigen, Fra VM **78** 94, Kö NZV **95** 74, KG VM **95** 51. Je länger das 24

2 StVO § 9 I. Allgemeine Verkehrsregeln

abbiegende Fz ist, um so größere Sorgfalt und Rücksicht auf den Verkehr ist notwendig, Dü VRS **64** 409. Keinesfalls darf sich der Linksabbieger zu knapp vor den auf der linken Fahrspur Fahrenden setzen, Bay NJW **64** 1632. Wer verspätet auf eine rechts gleichlaufende Abbiegespur einschwenkt, muß rechtzeitig zurückblicken und den nachfolgenden Verkehr berücksichtigen, Ha VRS **34** 304. Wer außerorts ohne Rückschau (bei im übrigen ungeklärter Sachlage) links abbiegt, haftet überwiegend, Ko VRS **52** 324, Kö DAR **77** 192. Unterlassene Rückschau des Linksabbiegers erhöht dessen BG im Verhältnis zum Linksüberholer, Kö VR **79** 166. Wer ohne Einordnen und Rückschau nach links in ein Grundstück abbiegt, haftet allein, Fra VR **77** 772. Wer kurz nach dem Abbiegen nochmals abbiegen will, muß vorher erneut zurückschauen, Ha VRS **26** 457. Linksabbiegende Radf, die unmittelbar vorher noch links überholt werden, müssen berücksichtigen, daß hinter dem überholenden Kfz noch weitere folgen können.

25 **Zweite Rückschau** unmittelbar vor dem Abbiegen **nach links und rechts,** Dü VM **75** 80, inner- wie außerorts ist jetzt in aller Regel geboten, Bay DAR **74** 303, Dü VM **75** 7. Der richtige Zeitpunkt der nach Abs I S 4 erforderlichen zweiten Rückschau bestimmt sich nach den Geschwindigkeits- und Abstandsverhältnissen des Einzelfalles, Ce VR **86** 349. Die Regelung will allgemein zur zweiten Rückschau anhalten, Ausnahmen nur innerhalb enger Grenzen, keine Ausnahme zB bei Z 276, Stu VM **78** 78; s auch Fra VM **78** 94, Bay VRS **61** 382, VM **75** 45. Die Pflicht zur zweiten Rückschau vor dem Abbiegen verhütet Unfälle und überfordert nicht, sie sollte deshalb möglichst uneingeschränkt gelten, I Satz 4 also eng auf die Fälle beschränkt werden, daß Gefährdung nachfolgenden Verkehrs aus baulichen Gründen ausgeschlossen ist, nicht schon aus rechtlichen (wie zB Z 295), Ce VR **86** 349, Bay VRS **58** 451, aM möglicherweise BGH NJW-RR **87** 1048, bei welchen Ausnahmen (§ 35) und Verstöße nicht selten sind, s Bay VRS **58** 451, ebenso jedenfalls in Fällen von Staubildung Bay VRS **61** 382 (krit *Janiszewski* NStZ **81** 473), anders jedoch Zw VM **77** 46, Ba VM **74** 76, KG VM **77** 55. Jedenfalls entfällt sie nur bei technischer Unmöglichkeit des Linksüberholtwerdens, oder wenn dies besonders grob verkehrswidrig wäre und deshalb auch bei größter Sorgfalt nicht voraussehbar ist, Bay VRS **58** 451, DAR **74** 303, VRS **61** 382, Dü VRS **59** 49, **64** 409, Ko VRS **51** 455, KG VM **77** 55, Fra NZV **89** 155, oder bei Gewißheit, daß der nachfolgende Verkehr das Abbiegen nach links erkannt hat und berücksichtigt, Ko VOR **73** 489, Dü VRS **95** 184. Zweite Rückschau ist nur entbehrlich, wenn jede Gefährdung nachfolgenden Verkehrs und durch diesen ausgeschlossen ist (= höchste Sorgfaltsstufe, E 150). Inner- wie außerorts kommen dafür bei der Geräuschlosigkeit mancher Pkw und ihrer erheblichen Fahrgeschwindigkeit praktisch nur noch Fälle absoluter VStille in Betracht, außerdem diejenigen, in denen sich der Abbieger so weit links eingeordnet hat, daß er dort aus baulichen Gründen oder nur unter besonders grobem VVerstoß (Linksumfahren eines Fahrbahnteilers oder einer besonders abgesicherten Linksabbiegerspur) nicht versehentlich überholt werden kann, Bay VM **75** 45, VRS **47** 462. Der Linksabbieger muß bei nahe aufgerücktem Nachfolgeverkehr mit dem Abbiegen warten, Fra DAR **77** 81, Kö DAR **77** 192. Bei der zweiten Rückschau vor dem Linksabbiegen sind auch VT zu beachten, die sich auf der rechten Seite von hinten nähern, Bay VM **75** 45, KG VM **04** 61, Mü VR **81** 560, wobei der „tote Winkel" nicht entlastet, Brn VRS **102** 28, Mü VR **81** 560. Wer mit einem langen, hinten weit **ausschwenkenden Fz** (Ladung) abbiegt, muß sich äußerst sorgfältig verhalten, KG VM **04** 61, Ko VRS **105** 418 (Egge), auch nach links, wenn das FzHeck nach links ausschwenkt, KG VRS **107** 18 (Hinweis „Fz schwenkt aus" entlastet nicht), NZV **91** 193 (Bus), Ha NZV **94** 399 (Sattelauflieger); notfalls muß er Warnposten aufstellen, Stu DAR **74** 163, s Bay VRS **48** 427. Wer erst nach links ausbiegen muß, um rechts abbiegen zu können, muß besonders sorgfältig auf den Verkehr achten, Kö VRS **48** 427, Bay NZV **91** 162, und ein von hinten herankommendes Fz rechts vorbeilassen, Sa VM **78** 95, Ol VR **78** 1027, Dü DAR **76** 248, wenn das Abbiegen sonst nicht gefahrlos wäre, insbesondere wenn er den linken Fahrtrichtungsanzeiger betätigt hatte, Ol NZV **93** 233. Mit äußerster Sorgfalt handelt ein Rechtsabbieger nicht, der das nicht berücksichtigt, Stu DAR **74** 163, Bay NZV **91** 162. Auch nach rechts müssen Rechtsabbieger vor dem Abbiegen nochmals zurückschauen, insbesondere mit Rücksicht auf Zweiradfahrer zwischen Kfz und Bordstein, Br VM **76** 23, Bay NZV **91** 162, es sei denn, angesichts des zu

geringen Abstands zum rechten Fahrbahnrand brauchte mit solchen nicht gerechnet zu werden, Bay VRS **60** 308, NZV **91** 162. Bloßes korrektes Einordnen und Zeichengeben befreit von der zweiten Rückschau nicht, Ha VR **76** 1094, weil unrichtiges Links- wie Rechtsüberholen erfahrungsgemäß nicht selten ist und diese Erfahrung bei höchster Sorgfalt des Abbiegens nahezu stets zweite Rückschau erfordert. Der höchst sorgfältige Abbieger wird unmittelbar vor dem Abbiegen ausnahmslos nochmals zurückschauen, ausgenommen er kann der rückwärtigen VLage völlig gewiß sein (wie zB in getrennt geführter Abbiegespur). Bei Pkws ist diese gesteigerte Pflicht relativ leicht erfüllbar, bei Lastzügen uU schwerer, Dü VRS **49** 29, was der Verkehr berücksichtigen muß, schwerer auch bei Radfahrern und solchen Kradf, die noch mit der Hand anzeigen und Gleichgewicht halten müssen. Auch bei ihnen kann eine zweite Rückschau uU unzumutbar sein, etwa bei sehr engen StrVerhältnissen. Auch darauf muß sich der nachfolgende Verkehr einstellen. Auf schmalen Straßen, die nur undeutliches Einordnen ermöglichen, können Linksabbieger uU auch nach der zweiten Rückschau zur weiteren Beobachtung des Nachfolgenden verpflichtet sein, besonders vor schwer erkennbaren Feldwegen, s Fra VM **77** 46, ebenso bei schwer erkennbarem Abbiegen mit langsamem Treckergespann, Ha NZV **93** 396.

Wer bei zweiter Rückschau erkennt, daß er als Linksabbieger noch links überholt werden soll, muß zurückstehen, Fra VM **77** 46, Dü VRS **64** 409, Kö VRS **89** 432, und warten, ohne sein Fz wieder nach rechts zu lenken, Ha VR **82** 1055. *Krause*, Zur nochmaligen Rückschaupflicht, DAR **74** 208. *Lamby*, Doppelte Rückschaupflicht beim Abbiegen, DAR **94** 211. **26**

4. Rechtsabbieger müssen sich rechtzeitig, so daß sich der Folgeverkehr darauf einstellen kann, möglichst weit rechts einordnen, Ha NZV **91** 268. Vorherige Rückschau- und Ankündigungspflicht: Rz 17 bis 21, 24, 25. Richtungspfeile auf der Fahrbahn (Z 297): § 41 Rz 248. **Gleichzeitiges Rechtsabbiegen in mehreren Fahrstreifen** ist trotz des Einordnungsgebotes zulässig, Bay VRS **60** 391, KG VRS **69** 305, bei entsprechender Fahrbahnbreite im Interesse besserer Ausnutzung des großstädtischen VRaumes, soweit ohne Verstoß gegen das Verbot vermeidbarer Behinderung anderer möglich, auch über das paarweise Abbiegen hinaus (dreispurig), KG NZV **89** 363; bei Sichtbehinderung auf einen Fußgängerüberweg jedoch nur mit großer Vorsicht, Dü VM **65** 54. Beim paarweisen Rechtsabbiegen darf die linke Reihe die rechte nicht einengen und muß ihr notfalls Vortritt lassen, Bay DAR **74** 304, KG NZV **91** 194, VRS **69** 305 (auch wenn der rechts Fahrende entgegen zuvor erfolgter Fahrtrichtungsanzeige geradeaus weiterfährt). Hat eine vor Rot wartende Schlange an einer rechten Einmündung eine Lücke freigelassen, so darf ein Rechtsabbieger links überholen und durch die Lücke rechts abbiegen, sofern dies niemand beeinträchtigt, Dü VM **77** 78 (nur ganz ausnahmsweise bei einwandfreier Übersicht). **Längere Fze** werden oft links ausbiegen müssen und können dann uU die linke Fahrbahnhälfte berühren. Dabei dürfen sie durch Ausscheren oder herausragende Ladung niemand gefährden, Bay VM **70** 66. Auch muß der FzF nach dem Linksausbiegen, bevor er sein Fz nach rechts lenkt, besonders sorgfältig prüfen, ob andere VT seine Absicht erkennen konnten, Ha NZV **91** 268. Wer als Busfahrer rechts abbiegen will, zunächst aber warten und einigen Abstand zum rechten Fahrbahnrand halten muß, darf sich beim Abbiegen, jedenfalls bei lebhaftem Radfahrverkehr, nicht auf Blinker und rechten Rückspiegel verlassen, sondern muß den toten Winkel selber einsehen (lassen), Ha DAR **73** 195. S im übrigen Rz 28. Der Rechtsabbieger muß damit rechnen, daß ein rechts verlaufender „Mehrzweckstreifen" (Begr zu Z 295), den er überqueren muß, gleichlaufend befahren wird (Vorrecht des Längsverkehrs, Rz 39ff). **27**

SchienenFze, FmH und Radf, die auf oder neben der Fahrbahn **in gleicher Richtung** fahren, haben Vorrang (III S 1), ebenso Linienbusse und sonstige Fze auf ihnen vorbehaltenen Sonderfahrspuren (III S 2), s Rz 39, sowie auf gleicher Höhe befindliche geradeaus gehende Fußgänger (III S 3), s Rz 43 und § 25. Der Rechtsabbieger darf sie nicht behindern, wenn sie sich vor oder auf gleicher Höhe mit ihm befinden oder nahe aufgerückt sind, Kö VRS **59** 456. Der Bestimmung kommt nach Einfügung des § 5 VIII (Rechtsüberholen wartender Fze durch Radf und Mofaf) verstärkte Bedeutung **28**

zu. Nach früher überwiegend vertretener Ansicht sollte der LkwF, der in der Absicht, nach rechts abzubiegen, an einer Rot zeigenden LZA wartet, bei rechtzeitiger Fahrtrichtungsanzeige darauf vertrauen dürfen, daß rechts neben ihm in den „toten Winkel" einfahrende Radf sein RichtungsZ beachten, Kö VRS **59** 425, Ha VRS **55** 349. Diese Rspr geht von einer durch die technischen Möglichkeiten (durch § 56 III StVZO inzwischen verbesserten) der Beobachtung nach rechts beschränkten Rückschaupflicht aus, es sei denn, der LkwF habe zu spät RichtungsZ gegeben oder kurz vor Erreichen der LZA Radf überholt oder es hätten sich jugendliche Radf im Bereich vor der LZA aufgehalten. Sie stützt sich auf ältere Entscheidungen wie zB BGH VRS **27** 267, Bay VRS **29** 369, Kö VRS **51** 304. Die erwähnte ältere Rspr ist jedoch insofern überholt, als sie jeweils Radf betraf, denen nach damaligem Recht – anders als nach Abs III S 1 in der geltenden Fassung – gegenüber dem Rechtsabbieger *Vorrang* zustand. Im Hinblick auf diesen nunmehr bestehenden Vorrang des geradeausfahrenden Radf ist daher trotz der technischen Schwierigkeiten von dem wartenden LkwF zu verlangen, daß er sich entweder vor dem Rechtsabbiegen vergewissert, daß sich rechts neben seinem Fz keine Radf eingeordnet haben, etwa durch ständige Beobachtung des rechten Außenspiegels (bei den in § 56 III StVZO genannten Kfzen vor allem des Anfahrspiegels und zusätzlichen großwinkligen Rückspiegels) während des Wartens, Ha VRS **73** 280, Bay VRS **74** 137 (zust *Janiszewski* NStZ **88** 122, Anm *Berr* DAR **88** 99), KG NZV **89** 122, oder daß er sich beim Abbiegen sehr langsam (zentimeterweise) vortastet, Mü NZV **89** 394, Br NZV **92** 35, KG VM **95** 51. Das gilt vor allem, wenn der Lkw unmittelbar links neben einem Radweg (Bay VRS **74** 137, KG NZV **89** 122) oder Seitenstreifen (Ha VRS **73** 280) wartet. Eine Pflicht zur ständigen Beobachtung des rechten Spiegels während des Wartens wird allerdings dann verneint werden müssen, wenn Radf nur dadurch neben den Lkw gelangen können, daß sie sich in einen dazu an sich zu schmalen Raum zwischen Lkw und Fahrbahnrand drängen, s Bay VRS **74** 137.

29 **5. Der Linksabbieger** muß rechtzeitig zurückschauen (Rz 24, 25), das Abbiegen ankündigen (Rz 17–21), verlangsamen, sich nach links einordnen (Rz 31–36), und nötigenfalls warten, um das Vorrecht des Längsverkehrs zu beachten (Rz 39–43), alles sinnvoll kombiniert. Er darf erst abbiegen, nachdem er sich Gewißheit verschafft hat, daß er Nachfolgende nicht gefährdet, Brn VRS **102** 28. Vor dem Anfahren braucht der wartende LkwF nicht damit zu rechnen, daß sich ein verbotswidrig rechts überholender Radf unsichtbar vor seinem Fz eingeordnet hat, Ha NZV **01** 39. Der Linksabbieger braucht besondere (nicht „höchste") Sorgfalt, s aber Kö DAR **77** 192. Er muß die linke Fahrbahn auf kürzestem Weg überqueren und schnellstmöglich wieder freigeben, Sa ZfS **03** 537, Ha VRS **76** 253, NZV **94** 318, um noch nicht sichtbaren GegenV nicht zu beeinträchtigen. Entgegenkommender Verkehr: Rz 39. Wer als Linksabbieger aus einer Einbahnstr keine Übersicht hat, darf sich uU nicht vorher links einordnen oder muß sich einweisen lassen, Dü VR **77** 139. Mit dem Einweiser muß der Fahrer ständig (Blick)verbindung haben, s Ko VRS **58** 256. Der Linksabbieger muß Fußgänger berücksichtigen, die ihn etwa am zügigen Abbiegen über die Gegenfahrbahn hinweg hindern könnten, KG VM **76** 21 (jedoch müssen sich auch Fußgänger in solchen Fällen kooperativ verhalten, § 1). Pflichten gegenüber Nachfolgenden: Rz 24, 25. Wer aus einer Kolonne nach links abbiegt, muß dies rechtzeitig anzeigen und bei langsamer Kolonnenfahrt mit Überholtwerden durch einspurige Kfze rechnen, Kö VRS **44** 315. Pflichten gegenüber Entgegenkommen: Rz 39 ff.

30 **Abzubiegen** ist in verkehrsangemessener Weise unter gesteigerter Vorsicht (Begr). Der Linksabbieger hat den Linksbogen so anzulegen, daß § 2 beachtet und anschließend das Rechtsfahrgebot beachten kann, Bay DAR **76** 51, Zw VRS **48** 294. Er darf beim Abbiegen die gerade Linie nicht überfahren, welche die Mitte der verlassenen Straße am Beginn des Kreuzungsbereichs mit der Mitte der Straße nach dem Kreuzungsbereich verbindet, in welche abgebogen wird, Bay VRS **51** 373, auch nicht bei trichterförmig erweiterter Einmündung, aus der abgebogen wird, Fra NZV **90** 472, Ha NZV **98** 26. Ein **weiter Linksbogen** ist stets zu nehmen, wenn die Sicherheit es erfordert, Zw VRS **48** 294, zB beim Linksabbiegen in eine spitzwinklig einmündende Straße, Ha VRS **45** 457. Der Linksbogen muß so weit bleiben, daß von links kommen-

der oder dort wartender Verkehr nicht beeinträchtigt wird, KG DAR **78** 20, Zw VRS **48** 294, Bay VRS **51** 373, Kö NZV **92** 279. Der vorfahrtberechtigte Linksabbieger muß einen weiten Bogen fahren, wenn er sonst einen entgegenkommenden Rechtsabbieger behindern würde, Dü VR **79** 381, **76** 1181, Stu VRS **42** 438. Ist der Einblick nach links behindert, so ist der Linksbogen weiter zu nehmen und mit Sichtgeschwindigkeit zu fahren (§ 3), Bay DAR **76** 51, Dü VR **76** 1181, notfalls im Schritt, Kö VRS **51** 72. Beim Linksabbiegen in Einbahnstr braucht mangels Beeinträchtigung erlaubten Gegen- oder Überholverkehrs (s § 2 Rz 33) kein weiter Bogen gefahren zu werden, Stu VRS **71** 302. Linksabbiegen auf kurvenreicher Straße setzt idR weite Linksbogen voraus, weil sonst der vorherige zweite Rückblick erschwert ist, Ha VRS **40** 68. Wer nach links in eine trichterförmig verbreiterte Straße abbiegen will, muß den Mittelpunkt der Trichterbreite rechts umfahren, jedenfalls aber so, daß er unmittelbar auf die rechte Fahrbahn der angestrebten Straße gelangt, Bay VRS **59** 369, s auch BGHSt **16** 255 = NJW **61** 2358. Das Rechtsfahrgebot (§ 2) bleibt auch für Linksabbieger im Trichter verbindlich, s Fra NZV **90** 472. Der Wegfall des ausdrücklichen Gebots, weite Linksbogen zu fahren, zwingt außerdem zur Verständigung mit allen anderen Beteiligten. Kommt dem Linksabbieger ein Fz entgegen, dessen Fahrer ebenfalls erkennbar links abbiegen will, so muß er grundsätzlich vor der Fahrlinie des anderen („tangential") abbiegen. **Tangentiales Abbiegen** ist nunmehr gem Abs IV S 2 für den Regelfall vorgeschrieben. Es war auch vor Einfügung der neuen Bestimmung ohnehin seit Jahrzehnten bewährter Brauch. Die Vorschrift legalisiert diese Praxis und bildet eine Ausnahme von der Regel des § 2 II (Rechtsfahrgebot). Nur wenn die VLage oder die Ausgestaltung der Kreuzung tangentiales Abbiegen nicht erlaubt, dürfen die einander begegnenden Linksabbieger umeinander herumfahren; wird in solchen Fällen trotzdem tangential abgebogen, so wird dies aber nicht als Verstoß gegen Abs IV S 2 ow sein, s *Bouska* DAR **92** 283 (uU aber § 1 II).

Lit: *Göhler*, Sorgfaltspflicht des Linksabbiegers gegenüber nachfolgendem Verkehr, DAR **59** 94. *Koch*, Der überforderte Linksabbieger, DAR **65** 40. *Maase*, Linksabbieger auf Ampelkreuzungen, DAR **67** 212. *Möhl*, (Die) Sorgfaltspflicht des Linksabbiegers gegenüber dem nachfolgenden V, DAR **59** 120, **61** 129. *Mühlhaus*, Linkseinbiegen auf trichterförmig erweiterten Einmündungen, DAR **73** 281.

5 a. Einordnen bis zur Mitte, nicht darüber hinaus, Ce VR **80** 195, muß sich der **31** Linksabbieger rechtzeitig und dabei verlangsamen, in Einbahnstr möglichst weit links, außer auf dem Linksabbiegen vorbehaltenen Fahrbahnteilen, Kö VRS **51** 453. Die Regel hält den Verkehr fließend, denn der nachfolgende Verkehr darf bei richtigem Linkseinordnen rechts überholen (§ 5). Das Einordnen muß unmißverständlich in klarer Fahrweise, Hb VM **66** 39, nicht abrupt, Sa VRS **46** 212, und rechtzeitig, nämlich möglichst frühzeitig geschehen, Kö DAR **77** 192, in engen Straßen nicht zu früh, innerorts idR nicht früher als 100 m vor dem Abbiegen, Ha DAR **58** 225, „angemessen" vorher, Dü VM **62** 58, auf breiten Straßen, besonders wenn Verkehr nachfolgt, uU auch bis zu 500 m vorher, Bay VM **69** 1, doch dann auch mit frühem Zeichengeben, Bay VM **69** 1, auch außerorts, sofern sonst andere gefährdet werden, BGHSt **11** 357, NJW **58** 1245, und vor dem Abbiegen in ein Grundstück. Einordnen außerorts mit schnellem V erst 30 m vor der Abbiegestelle reicht nicht aus; idR ist eine mehrfach größere Entfernung erforderlich, Dü VR **83** 40; ist dies wegen kurz zuvor erfolgtem Einbiegen nicht möglich, ist der nachfolgende V erst vorbeizulassen, Dü VR **83** 40. Besitzt die Fahrbahn einen durch Z 297 gekennzeichneten Fahrstreifen für Linksabbieger, müssen diese sich dort einordnen, Ko VRS **65** 464. S im übrigen: § 41 Rz 248. Das Einordnen entfällt nicht schon dann, wenn dadurch kein ausreichender Platz zum Rechtsüberholen durch Nachfolgende (§ 5 Abs VII S 1) geschaffen wird, Bay VRS **64** 57, sondern erst dann, wenn geringe Fahrbahnbreite es nicht deutlich erlaubt, dann ist scharf rechts eine VLücke abzuwarten. Bei 6,7 m Breite ist es deutlich möglich, Ha VRS **28** 228, ebenso bei 6 m, Bay VRS **64** 57. Kein Vorwurf, wenn dazu erst eine Messung nötig wäre, Ha DAR **60** 241 (**E** 130).

Die **Fahrbahnmitte** bemißt sich nicht nach Berechnung, sondern so, wie sie sich im **32** Verkehr darstellt, Hb VM **63** 70, Ha VM **66** 32, KG VR **73** 234. Maßgebend ist die etwaige Fahrbahnkennzeichnung, Ha VM **66** 32, außer bei stellenweiser Schneeverengung; ihr Überfahren ist fahrlässig, Kö VR **75** 543, Br VRS **28** 50, außer bei ganz geringfügigem Überfahren, BGH NJW **59** 1367, Mü VR **66** 787. Naher Gegenverkehr darf durch Überfahren der Mitte nicht beirrt werden, Ce DAR **56** 102, Ha DAR **59** 51 (Straße 6 m breit), oder gar behindert, BGH NJW **59** 1367. Ist bei Z 296 die unterbrochene Linie nur so entfernt worden, daß Reste sichtbar sind, so bleibt das Abbiegen erlaubt, Dü DAR **76** 214.

33 Bei drei **gleichgerichteten Fahrstreifen** (s Z 340 bei § 42 VI) Einordnen auf der linken Spur links, KG VM **66** 59, s Hb VM **65** Nr 125, auf Straßen mit insgesamt drei Fahrstreifen auf dem mittleren, Ha VM **66** 32, Hb VRS **27** 231, ein sehr langes Fz so weit links, daß das Abbiegen noch gefahrlos möglich wird (nachfolgender Verkehr), KG VRS **31** 381. **Mehrstreifiges Aufreihen von Linksabbiegern** ist bei entsprechender Örtlichkeit zulässig, die Abbieger müssen beim Abbiegen Rücksicht aufeinander nehmen, Ha VRS **21** 290, AG Wiesbaden NJW-RR **03** 1678, rechts darf dann, wo paarweises Abbiegen nicht durch Fahrbahnmarkierung ausdrücklich vorgesehen ist, nicht überholt werden, vielmehr haben die eingeordneten Linksabbieger Vortritt, Bay VM **75** 18, 19; paarweises Linksabbiegen und Überholen, s § 5 Rz 67. Einbahnstr: Rz 35. Will jemand sein Fz auf einem **links gelegenen Parkplatz** abstellen, so darf er sich erst zur Mitte einordnen, wenn er sicher ist, dort eine Parklücke zu finden, Ce VRS **21** 141.

34 Der **Entgegenkommende** darf darauf **vertrauen**, daß der Linksabbieger nur bis zur Fahrbahnmitte vorfährt, BGH VRS **61** 180, KG VM **85** 19, solange kein Anlaß für das Gegenteil besteht, BGH VRS **29** 335, VR **65** 899, Ha NZV **02** 367 (eigene, für den Abbiegenden schwer erkennbare hohe Geschwindigkeit). Der Linksabbieger braucht idR nicht damit zu rechnen, daß ein Entgegenkommender ohne erkennbaren Grund fast die Straßenmitte benutzt, BGH DAR **57** 106, Hb VRS **20** 307, es sei denn, er erkennt vorschriftswidrige Fahrweise oder hätte sie bei pflichtmäßiger Aufmerksamkeit erkennen können, Hb VRS **20** 307. Einordnen auf Schienen: Rz 36. Zur Feststellung eines nachprüfbaren Sachverhalts gehört bei dem Vorwurf, sich nicht ordnungsmäßig eingeordnet zu haben, die Angabe, wie breit die Fahrbahn ist und wie der Fahrer gefahren ist, wie sein Abstand zur linken Bordsteinkante zuvor gewesen ist und wie sich dieser vor der Kreuzung geändert hat, KG VRS **23** 222.

35 In **Einbahnstraßen** hat sich der Linksabbieger möglichst weit links einzuordnen, soweit dies andere nicht gefährdet, Neust DAR **60** 122, Stu NZV **94** 440. Auch hier ist mehrspuriges, vorsichtiges Linksabbiegen je nach den Umständen zulässig, Ha VRS **47** 389, **48** 59, Bay NJW **59** 2127. Auf „unechten" Einbahnstr mit Strabagegenverkehr müssen alle Fzf diesen berücksichtigen, BGHSt **16** 133 = NJW **61** 1779, Bay NJW **61** 576, VRS **22** 226. Gegen Strabaverkehr in beiden Richtungen auf Einbahnstr: Vwv Rn 6 zu Z 220.

36 **5 b. Auf Schienen** dürfen sich Linksabbieger nur einordnen, wenn keine Straba „sichtbar herankommt" (Begr), und bei Berücksichtigung der VLage auch nicht alsbald herankommen kann, KG VRS **106** 356, Hb VR **74** 38, **92** 108, nur dann behindern sie kein Schienenfz. Ist rückwärts in näherer Entfernung, verglichen mit der vermutlichen Wartezeit des Abbiegers, keine Straba in Sicht, obwohl ein längerer Streckenteil überblickbar ist, so dürfen Linksabbieger das Gleis zum Einordnen mitbenutzen und dort bleiben, auch wenn später eine Straba herankommt, Dü VR **73** 639, Ha NZV **91** 313. Bei **Auffahren** ist die Bahn dann allein verantwortlich, s § 17 StVG Rz 44. Ist die rückwärts überblickbare Strecke nur kurz (Gleisknie), so wird das Gleis freibleiben müssen, s Ha VR **92** 108. Folgt eine Straba nach, darf sich ein Linksabbieger (Einfahrender) nicht behindernd auf den Schienen einordnen (doch uU Mitschuld des auffahrenden Strabaf), BGH NJW **62** 860, DAR **76** 271, Kö VR **71**, 1069, Hb VR **76** 1139, Dü VR **81** 784, Ha VR **81** 961, s auch § 17 StVG Rz 44. Wer sich bei nachfolgender Straba kurz vor dieser zum Linksabbiegen auf den Schienen einordnet, aber warten muß, hat diese wieder zu verlassen oder geradeaus weiterzufahren, Ha VR **72** 962, **81** 961. Vor allem darf niemand unvermittelt vor der Bahn auf die Gleise fahren, Br VR **69** 929, dann entfällt jede Bahnhaftung, s § 17 StVG Rz 44, der Behindernde hat deren Auffahren dann verschuldet, und für ihn streitet kein Anscheinsbeweis gegen die auffahrende Straba, Dü NZV **94** 28, Ha VRS **73** 338. Kollisionsmitschuld des Linksabbiegers, der

Abbiegen, Wenden und Rückwärtsfahren § 9 StVO 2

den Fahrbereich der entgegenkommenden Straba nicht ganz freiläßt, Ha VR **74** 1228. Stets muß der Bahn genügend lichter Raum zum Durchfahren bleiben, BGH DAR **76** 271, Hb VR **68** 975, auch bei Fahrbahnverengung, Kar VRS **33** 381. Der Linksabbieger muß dem Gleisbereich so fernbleiben, daß der Strabaf keine Kollision befürchten muß, BGH DAR **76** 271. Müßte sich ein Linksabbieger wegen starken Gegenverkehrs auf Strabaschienen einordnen, so darf er die voranfahrende Straba nicht kurz vorher noch überholen, Br VR **69** 929. Keinen Unterschied macht es, ob das Gleis nur gelegentlich befahren wird, Dü VM **61** 77. **Der Strabaf** muß den zur Durchfahrt nötigen Profilraum berücksichtigen, Dü VR **74** 1111. Daß ihm jemand auf den Schienen vorausfährt, nötigt ihn (je nach Entfernung und Örtlichkeit) im allgemeinen noch nicht zu starkem Bremsen, Hb VR **71** 1177, Dü VR **66** 764. Fährt ein Pkw in einiger Entfernung vor ihm auf die Schienen, so nötigt ihn dies nicht zu sofortiger Vollbremsung, wenn er mit rechtzeitigem Verlassen der Schienen rechnen kann, Ha NZV **91** 313. Der Strabaf darf sich darauf verlassen, daß niemand kurz vor der fahrenden Bahn das Gleis besetzt, BGH VR **65** 885, Dü VRS **47** 384, **81** 14, NZV **94** 28, auch nicht bei Fahrbahnverengung, Dü VR **66** 764, Bay VRS **6** 55, es sei denn, er erkennt dies rechtzeitig.

5 c. **Entgegenkommende Rechtsabbieger** haben Vortritt vor dem eingeordneten Linksabbieger. Der Linksabbieger, der zwar gleichzeitig, aber in so großem Abstand von der rechten Bordkante abbiegt, daß er den entgegenkommenden Rechtsabbieger nicht hemmt, verletzt dessen Vorrecht nicht, Bay VRS **28** 230. Auf das Rechtsbleiben des Rechtsabbiegers darf er dabei aber nicht vertrauen, Hb DAR **68** 187, Kar DAR **97** 26. Wer nach links in eine mehrstreifige VorfahrtStr abbiegt, darf nicht darauf vertrauen, ein ihm entgegenkommender, vorfahrtberechtigter Rechtsabbieger werde nur in den für ihn rechten Fahrstreifen abbiegen, Bay VRS **55** 456. IV S 2 gilt nur für den Fall gemeinsamen Links- bzw Rechtsabbiegens in dieselbe gemeinsame Fahrtrichtung. Die Bestimmung gilt dagegen nicht, wenn der entgegenkommende Rechtsabbieger über eine durch VInsel abgetrennte besondere Rechtsabbieger-Fahrbahn mit Z 205 in die QuerStr geleitet wird, auf der der Linksabbieger dann schon einige Meter bis zur Einmündung des entgegenkommenden Rechtsabbiegers zurückgelegt hat, s § 8 Rz 34. 37

6. **Abbiegende Radfahrer** bleiben beim Rechtsabbiegen rechts eingeordnet. Beim Linksabbiegen haben sie sich entweder rechts von anderen Linksabbiegern einzuordnen, Kar VRS **46** 217, vorausgesetzt, es ist ausreichend Raum dazu vorhanden (Abs II S 1) (dürfen diese dazu aber nicht rechts überholen, wenn nicht die Voraussetzungen des § 5 VIII gegeben sind, s § 5 Rz 65); oder sie müssen die Fahrbahn hinter der Kreuzung oder Einmündung vom rechten Fahrbahnrand aus überqueren (Abs II S 2, 3). Beide Möglichkeiten bestehen wahlweise, auch wenn genügend Raum zum Einordnen (rechts neben links abbiegenden Fzen) zur Verfügung steht. Der Radf darf sich auch dann vor dem Linksabbiegen gem Abs I S 2, II S 1 auf der Fahrbahn einordnen, wenn Radwege vorhanden sind, Ha NZV **90** 26 (zust Anm *Hentschel*), Brn VR **96** 517, anders nur bei Radwegeführung (Abs II S 5). Beim sog „indirekten Linksabbiegen" bleibt der Radf zunächst rechts, überquert die Kreuzung oder Einmündung und biegt erst dann nach links ab. Wegen des geradeausfahrenden Verkehrs ist besonders sorgfältig auf nachfolgende Fze zu achten (Abs I S 4) und notfalls abzusteigen (Abs II S 4). Einer womöglich vorhandenen Radverkehrsführung (Vwv Rn 4 ff, Rz 13 ff) ist stets zu folgen (Abs II S 5), gleichgültig, ob es sich dabei um eine Radwegeführung im Zusammenhang mit einem durch VZ gekennzeichneten Radweg handelt oder nicht (s Rz 11 d), s *Kettler* NZV **97** 500. Radwegeführung ist eine Fahrbahnmarkierung, die den Radweg erkennbar auf der Kreuzung weiterführt, Brn VR **96** 517, *Hentschel* NZV **90** 28. Im übrigen bleibt der Radf beim indirekten Abbiegen „Abbieger" und unterliegt nicht etwa den für den QuerV oder querenden FußgängerV geltenden Regeln. 38

7. **Vorrang des entgegenkommenden und des gleichgerichteten Längsverkehrs** (III). Gegenverkehr aller Art, auch Radf, Mopeds und Mofas, muß der Linksabbieger ohne wesentliche Behinderung vor dem Abbiegen durchfahren lassen, Kar VRS **51** 376, der Rechtsabbieger, der sich nicht ganz rechts einordnen konnte, uU auch nachfolgende Fze; war er rechts eingeordnet, darf er erst abbiegen, wenn dies den rechts 39

501

verlaufenden Radf- und FmH-Verkehr sowie SchienenFze und Fußgänger (Rz 28) nicht behindert. **Sonderfahrstreifen** (Z 245) gewähren berechtigten Benutzern (Linienomnibussen und gekennzeichneten Taxen) Durchfahrvorrang vor dem *gleichgerichteten* (s *Booß* VM **91** 21) abbiegenden Individualverkehr, links wie rechts. Sie dienen, wie die Straba, dem öffentlichen Nahverkehr und haben deshalb Rechts- wie Linksabbiegern gegenüber keine Wartepflicht, sondern dürfen ungehindert durchfahren. Unberechtigte Benutzer von Sonderfahrstreifen dürfen nicht kraft III 2 geradeaus durchfahren, KG VM **91** 20, **92** 75, VRS **87** 411, s KG VM **00** 78 (paralleles Abbiegen); sie verdunkeln jedoch die Sachlage, ihnen gegenüber muß der Abbiegeverkehr besondere Vorsicht zeigen, KG VRS **87** 411 (414), LG Darmstadt 7 S 386/83. Sie behalten im übrigen ihren Vorrang gem III 1, Stu DAR **95** 32 (zust *Janiszewski* NStZ **95** 273), *Booß* VM **91** 21, aM KG VM **91** 20, NZV **92** 486, VRS **87** 411. Wer die **abknickende VorfahrtStr** geradeaus weiterfahrend verläßt, ist „Linksabbieger" iS von III (nicht von I, daher keine Anzeigepflicht), also gegenüber dem auf der VorfahrtStr „entgegen" kommenden V wartepflichtig, Ha VRS **51** 73. Entsprechendes („Rechtsabbieger" iS von III) gilt für den umgekehrten Fall des Geradeausfahrens bei links abknickender VorfahrtStr, Bay DAR **86** 126, Ol DAR **99** 126. Den Vorrang haben auch **entgegenkommende Radf, Mopedf** und schwerer bewegliche Fze, Kö VRS **31** 229, nicht jedoch, wenn sie den Gehweg benutzen, KG VM **90** 35, Fra DAR **99** 39. Wegen der vorrangigen Bedeutung der Durchfahrregel gilt diese auch bei pflichtwidrigem Verhalten des Entgegenkommenden. Der Linksabbieger muß darauf achten, ob er etwa einen Radweg kreuzt und einen Radf am Durchfahren hindert, Bay VRS **56** 48. Der Linksabbieger muß nicht damit rechnen, daß ihm ein Radf ohne Licht entgegenkommt, Kö VRS **31** 229. Das „vereinsamte" VZ 206 (s § 8 Rz 45) schließt den **Vorrang des Entgegenkommenden gegenüber dem Linksabbieger** nicht aus, BGH VR **63** 660. Der GegenV darf sich sein Vorrecht vor dem Linksabbieger nicht erzwingen, wenn er erkennen muß, daß es mißachtet wird, BGH VR **63** 633; er ist von eigener Sorgfalt nicht freigestellt, Kö MDR **56** 165. Wer vor einer Rechtseinmündung anhält und aussteigt, muß einen entgegenkommenden Linksabbieger erst abbiegen lassen, bevor er wieder anfährt, Ha DAR **73** 24. Der eingeordnete Linksabbieger muß den gesamten entgegenkommenden Geradeausverkehr durchfahren lassen, Kar VR **74** 1209, VRS **51** 376, VRS **47** 464, Dü VM **74** 23, auch etwa zu weit links Fahrende, Kar VR **78** 971. Mit Beibehaltung des Fahrstreifens durch entgegenkommende Fze darf er nicht rechnen, Ha NZV **95** 29. Die Wartepflicht besteht nur gegenüber erkennbarem GegenV, nicht gegenüber Fzen, die wegen des StrVerlaufs (Biegung, Kuppe) noch gar nicht sichtbar sind, Sa ZfS **03** 537, Ha VRS **76** 253. Wer jedoch wegen eines Hindernisses den Gegenverkehr nicht sehen kann, muß sich beim Linksabbiegen wie ein Wartepflichtiger verhalten, Bay VRS **19** 312, zB wegen entgegenkommender Linksabbieger, einschränkend insoweit (trotz Abs III und § 5 VII S 1) Ce NZV **94** 193. Keine Wartepflicht, wenn der Abbieger die Fahrbahn des Entgegenkommenden mit Gewißheit rechtzeitig sicher kreuzen kann, BGH VRS **18** 265. Ein einzelner Entgegenkommender, welcher ihm Vortritt einräumen will, entbindet ihn nicht von der Wartepflicht (Fall gefährdender Höflichkeit), Dü VM **73** 63 (krit Anm *Booß*), Sa NZV **92** 234, KG NZV **03** 182, auch nicht gegenüber solchen Entgegenkommenden, die unberechtigt einen Sonderfahrstreifen befahren (Z 245), KG VR **82** 583 (betr. Wenden). Läßt ein Geradeausfahrer dem Linksabbieger Vortritt, so gilt das nicht auch für den übrigen Längsverkehr, KG VM **74** 27. Der Vorrang besteht auch gegenüber der abbiegenden Straba, Bay DAR **65** 184. In Gegenrichtung stehende Fze muß der Linksabbieger nicht beobachten, ob sie etwa anfahren werden, Ha VRS **39** 233. Der Linksabbieger darf darauf vertrauen, daß ein Entgegenkommender, der sich auf einem Linkspfeil mit Z 295 eingeordnet hat, auch so abbiegen werde, Ha VRS **48** 144. Der Führer eines entgegenkommenden Fzs verliert sein Vorrecht gegenüber dem Linksabbieger, wenn er selbst durch Betätigen des linken Fahrtrichtungsanzeigers und Abbremsen zum Stillstand den Anschein erweckt, links abzubiegen, Dü DAR **81** 40. In bezug auf *Vorrang*verzicht gelten die gleichen Grundsätze wie für Verzicht auf Vorfahrt (§ 8 Rz 31). Linksabbieger müssen sich vor dem Abbiegen über die **Fahrgeschwindigkeit der Entgegenkommenden** vergewissern, mit nur mäßiger Geschwindigkeit dürfen sie nicht rechnen, BGH VRS **41** 426, Zw DAR **00**

312. Nach teilweise vertretener Ansicht sollen sie idR mit Verletzung der 50 km/h-Grenze innerorts um bis zu 60% durch den durchfahrenden Geradeausverkehr rechnen müssen, Ha VRS **46** 389, VM **71** 87 (krit *Booß*), Kö VRS **41** 460, aM Ha DAR **71** 218, Fra VRS **34** 303. Welche Höhe möglicher Geschwindigkeitsüberschreitungen zu berücksichtigen ist, hängt von den Verhältnissen ab; soweit erkennbar, ist auch Überschreitungen um mehr als 60% Rechnung zu tragen, BGH NJW **84** 1962 (100%), Ko NJW-RR **04** 392 (40%), s KG VM **01** 19. Der Entgegenkommende verliert durch Überschreitung der zulässigen Höchstgeschwindigkeit nicht seinen Vorrang, BGH DAR **03** 308, Ha NZV **01** 520, **02** 367, KG VM **01** 19 (100 % Überschreitung), Zw DAR **00** 312 (57% Überschreitung), Ko NJW-RR **04** 392. Läßt der Linksabbieger den Gegenverkehr nicht durchfahren, so trifft ihn **idR volle Haftung,** s Rz 55.

Lit.: *Kullik,* Vorfahrtsregelung und Regelung des Begegnungsverkehrs an plangleichen VKnoten mit sog „Abbiegefahrstreifen", DAR **85** 334.

Bei Grün muß der Linksabbieger in die Kreuzung einfahren und abbiegen, sobald **40** der Gegenverkehr es erlaubt, BGH NZV **92** 108, Kar VRS **51** 376, oder ein Grünpfeil, BGH NZV **92** 108, Hb VM **67** 54, aber nicht blindlings, BGH VM **79** 9, sondern unter Beobachtung der allgemein erforderlichen Sorgfalt unter Berücksichtigung etwaiger Nachzügler, BGH NZV **92** 108. Wer die Kreuzung als Linksabbieger für den Längsverkehr räumen muß, der muß mit V von rechts mit fliegendem Start rechnen, BGH VRS **34** 358 (zu knapp eingestellte Ampel ist uU ein Milderungsgrund), Kö VRS **54** 101. Konnte er bis zum Beginn der nächsten Grünphase für den LängsV die Kreuzung nicht räumen, so muß ihm der entgegenkommende LängsV dies unter Verzicht des ihm sonst gem Abs III zustehenden Vorrangs ermöglichen (§ 11 II), Ha NZV **91** 31 (bei Kollision mangels notwendiger Verständigung Haftung zu je $^1/_2$). Mit verdeckten Gelbdurchfahrern muß der Linksabbieger rechnen, auch noch mit solchen zu Beginn der Rotphase, BGH VM **79** 9, Ha VR **80** 722, NZV **89** 191, KG VM **92** 82, **93** 67. Überhaupt muß er damit rechnen, daß entgegenkommende bei Gelb oder sogar beginnendem Rot noch durchfahren, Dü VRS **104** 122, VM **87** 11, Ha VRS **89** 23. Die Wartepflicht des Linksabbiegers gegenüber entgegenkommenden Fzen besteht daher grundsätzlch auch im Verhältnis zu solchen Fz-Führern des GegenVs, die **verbotswidrig noch bei Rot in den Kreuzungsbereich einfahren,** KG VRS **103** 412, NZV **91** 271, Dü VRS **104** 122, Ce NZV **94** 40, VRS **102** 325, Ha NZV **01** 520, **89** 23, aM Hb VRS **58** 58, Zw VRS **66** 150. Fehlt eine besondere LZA für Linksabbieger, so gilt für den bei Grün in die Kreuzung eingefahrenen, dort den GegenV abwartenden FzF keinerlei Ampelregelung, Dü VRS **59** 408, sondern Abs III, Ha NZV **01** 520. Regelmäßig kann er nämlich dann die Phase der für den GegenV maßgeblichen LZA nicht kennen (von Umständen, die er nicht kennen kann, kann die Zulässigkeit, die Fahrt fortzusetzen, aber niemals abhängen). Etwas anderes mag gelten, wenn *sichere* Anzeichen dafür vorliegen, daß die LZA für den GegenV Rot zeigt, Ol DAR **64** 20, Dü VM **87** 11, Ha VRS **89** 23, Bra NZV **95** 408 (Fußgänger-LZA). Dazu genügt das Anfahren des QuerVs (häufig schon bei Gelb) nicht, vor allem dann nicht, wenn der Linksabbieger nicht überblicken kann, welche Fze noch geradeaus durchfahren; denn aus dem Verhalten des QuerVs läßt sich kein Vertrauen auf das des GegenVs herleiten, s BGH VM **79** 9, Dü VM **87** 11. Auch das Anhalten einiger Fze des GegenVs reicht allein nicht, weil manche FzF sogleich bei Beginn der Gelbphase anhalten, andere noch bei „spätem" Gelb und sogar bei Rot durchfahren, Ha NZV **01** 520, Dü VM **87** 11, KG VM **93** 67, aM Bay DAR **75** 135, Hb VRS **58** 58. Anders, wenn weitere Umstände hinzukommen: neben dem Anhalten von Fzen des GegenVs bereits in Bewegung befindlicher QuerV und keine entgegenkommenden Fze auf den anhaltenden Fzen noch freien Fahrstreifen, KG VRS **62** 261, VM **93** 67, Dü VM **87** 11, Ce NZV **94** 40. Auf Beachtung einer jenseits der Kreuzung oder Einmündung befindlichen **Fußgängerampel** durch den GegenV, die für beide Richtungen Rotlicht abstrahlt, wird sich der Linksabbieger verlassen dürfen, BGH NJW **82** 1756, aM Fra VRS **34** 303. Wer in der Kreuzung hängenbleibt (Motoraussetzer), muß sein weiteres Verhalten mit dem dann fahrberechtigten Verkehr abstimmen, KG VRS **58** 61. Ist das Linksabbiegen durch einen **Grünpfeil** geregelt, so ist es nur bei dessen Aufleuchten erlaubt, auch bei Grün für Geradeausfahrer ist zu warten, VG Hannover VRS **53** 398. Vertrauen auf Grünpfeil für Linksabbieger, s § 37 Rz 47. Wer als Linksabbieger bei Grünpfeil keine Kollision mit durchlaufendem Verkehr befürchten mußte, dessen BG kann ganz zurücktreten, KG NJW **75** 695, DAR **74** 190, denn der durchlaufende Verkehr muß dann Rot haben, Ol VM **66** 27, KG NJW **75** 695. Das soll nach KG VRS **62** 261 selbst dann gelten, wenn Grünpfeil fehlt, der Linksabbieger aber aus anderen Umständen den zutreffenden Schluß zieht, daß die LZA für den GegenV Rot zeigt (zw, s oben).

41 Wer als Entgegenkommender links **durch eine Kolonnenlücke** hindurch abbiegen will, muß sich anhaltebereit vortasten, um keinen Geradeausfahrer zu behindern, Dü VR **80** 634, Bay VRS **60** 133. Er darf nicht darauf vertrauen, daß keine durch entgegenkommende Fze (Kolonne) verdeckten Moped- oder Radf am Fahrbahnrand/Radweg mit Vorrang geradeausfahren, besonders wenn eine in Gegenrichtung stockende Kolonne eine Einmündung für Linksabbieger freiläßt, im Zweifel muß er auch insoweit zurückstehen, abw *v. Blumenthal* VR **75** 1160. Ist der trennende Mittelstreifen so bewachsen, daß ein **Linksabbieger den GegenV nicht sehen kann,** so muß er sich mit größter Vorsicht hineintasten (Verletzung der VSicherungspflicht?), KG VM **66** 41, bei vollständig fehlender Sicht aus baulichen Gründen sogar einweisen lassen, KG VM **85** 19. Verdeckt eine entgegenkommende Straba die Sicht, so ist damit zu rechnen, daß sie überholt werden könnte, Hb VBl **52** 163. Der durchgehende Gegenverkehr darf **auf Beachtung seines Vorrangs vertrauen,** Kar VRS **45** 112, KG VRS **61** 210, solange nichts dagegen spricht, Mitschuld aber bei überhöhter Fahrgeschwindigkeit oder Erkennbarkeit gefährdenden Abbiegens, BGH VR **72** 459, bei erheblicher Geschwindigkeitsüberschreitung uU überwiegende Haftung, BGH NJW **84** 1962 (Überschreitung um 100%), s Rz 55. Auf Schnellverkehrsstraßen (nur auf diesen?) muß niemand damit rechnen, daß ein Entgegenkommender plötzlich links abbiegt, BGH VR **66** 188, wohl aber, daß er sich zur Mitte einordnet, BGH NJW **59** 1367. Der Strabaf, der vor einer Bedarfshaltestelle bremst, aber weiterfährt, muß mit Mißverständnis eines eingeordneten, entgegenkommenden Linksabbiegers rechnen, Stu VRS **15** 273.

42 Auch beim **Rechtsabbiegen** kann es vorkommen, daß die Fahrlinie des Längsverkehrs gekreuzt werden muß, zB wenn der Entgegenkommende auf der für ihn linken Seite einen Radweg benutzt. Auch hier hat der entgegenkommende Längsverkehr Vorrang, ebenso der in Abs III genannte schon aufgerückte, gleichgerichtete Längsverkehr auf oder neben der Fahrbahn. Wer als Rechtsabbieger einen Radweg kreuzt, muß dort den Radfahrern aus beiden Richtungen Vorrang lassen, Ce NRpfl **58** 165. Rechtsabbiegen nur ohne Beeinträchtigung des gleichgerichteten Verkehrs (Überholen einer stehenden Kolonne und Rechtsabbiegen durch offengelassene Lücke), Dü VRS **52** 210. Wer mit einem Lkw gleich nach dem Anfahren rechts abbiegen will, muß auf rechts etwa aufgerückte Radf achten, s Rz 28, erst recht, wenn er wegen der FzLänge durch anfängliches Linksausbiegen eine unklare Lage geschaffen hat, notfalls muß er kurz anhalten, Ol DAR **57** 52 (Rz 25). Ist nachfolgender Verkehr schon nahe, muß die Straba mit dem Rechtsabbiegen warten; andernfalls muß der Längsverkehr bis zum Anhalten abbremsen, Bay NJW **67** 407. Ein Radweg an der Außenseite eines Verteilerkreises hat Vorrang, Kö VRS **25** 228. Verläßt ein Radf den abbiegenden Radweg, um auf der Fahrbahn geradeaus weiterzufahren, so besteht jedenfalls dann keine Anzeigepflicht, wenn er seine Fahrlinie nicht nach links verlegen muß; gegenüber Rechtsabbiegern hat er Vorrang, s Dü VM **65** 92. Aus § 10 (von anderen StrTeilen auf die Fahrbahn einfahren) wird aber zu folgern sein, daß in solchen Fällen Anzeigepflicht (links) besteht, wenn der Radf nach links auf den rechten Fahrbahnrand hinüberlenken muß. Radf neben der Fahrbahn: Rz 13, 28. Straba neben der Fahrbahn: § 41 Rz 16–22 (Vwv).

43 **8. Auf Fußgänger,** die geradeaus gehen oder entgegenkommen, muß der Abbieger links wie rechts besondere Rücksicht nehmen, sie vorbeilassen und notfalls anhalten (III), Kö VRS **59** 456, *Bouska* VD **76** 108, 109, auch die Straba, Mü VRS **32** 249 (s aber § 11). Diese Pflicht besteht nicht erst gegenüber Fußgängern, die schon sichtbar sind, sondern stets dann, wenn mit solchen Fußgängern gerechnet werden muß, Bay VRS **65** 233, NZV **89** 281. Fußgänger brauchen nicht rückwärts auf abbiegende Fze zu achten, Hb VRS **10** 466, *Kuckuk* VR **78** 1101. Doch dürfen sie beim Überqueren nicht zögern (§ 25). Verhalten sie sich sichtlich unaufmerksam, so ist besondere Aufmerksamkeit und Vorsicht geboten, Kö VM **80** 67. Wer äußerst langsam nach links abbiegt, wird idR nicht damit rechnen müssen, daß ein Fußgänger, der bereits auf der für den Kf linken Fahrbahnseite ist, erschrickt und zurückspringt, s Kar VRS **46** 392. Die besondere Rücksichts- und Wartepflicht auch gegenüber Fußgängern anzunehmen, welche die Fahrbahn nur nahe dem Kreuzungs- oder Einmündungsbereich überschreiten, ist bedenklich, weil sich solche Fußgänger unsorgfältig verhalten und dieses Verhalten auch nicht so typisch ist, daß allgemein damit gerechnet werden müßte; für solche Fußgänger gelten vielmehr die zu § 25 III entwickelten Regeln, s *Greger* NZV **90** 411, aM KG VM **75** 1. Die Pflichten des Abs III S 3 bestehen auch gegenüber VT, die im FußgängerV besondere Fortbewegungsmittel iS von § 24 I (zB Greifreifenrollstühle) oder Krankenfahrstühle (§ 24 II) benutzen, sowie gegenüber den Gehweg befahrenden bis zu 10 Jahre alten Radf, die allerdings absteigen müssen (§ 2 V 3), s dazu Bay NZV **89** 281 (Anm *Booß* VM **89** 68). III S 3 gilt ferner gegenüber Inline-Skatern (s § 24 Rz 6), Kar NZV **99** 44, wobei aber zu berücksichtigen ist, daß diese Bestimmung (wie auch § 2 V S 3 zeigt) auf Fußgänger, also VT zugeschnitten ist, die sich mit Schrittgeschwindigkeit bewegen und nicht auf mit 15–20 km/h (s *Vieweg* NZV **98** 3) herannahende VT. Die Pflichten nach III S 3 bestehen nicht gegenüber Fußgängern, die auf der Fahrbahn Fahrzeuge mitführen (insoweit Verständigungspflicht, s § 8 Rz 10). Rücksicht auf Fußgänger bei abknickender Vorfahrt, s § 42 II.

9. Abbiegen in ein Grundstück (V). Es gelten die allgemeinen Abbiegeregeln, **44** BGH VR **72** 459, KG VM **95** 51. Gefährdung muß dabei ausgeschlossen sein (Rz 52, 53, E 150), Dü VR **75** 429, Sa VM **78** 95, Ol VR **78** 1027. Abs V dient dem Schutz des fließenden Verkehrs, nicht auch der VT auf dem Grundstück, in das abgebogen wird, Dü NZV **88** 231, **93** 198 (abl *Booß* VM **93** 28), oder dem aus dem Grundstück Ausfahrenden, Kar VRS **77** 45, Dü NZV **91** 392, Ha NZV **94** 154, LG Kar VM **03** 48. Wegen der ihm abverlangten äußersten Sorgfalt trägt der in ein Grundstück Abbiegende die Gefahr nahezu allein, bei Kollision mit durchgehendem Verkehr spricht der Anschein gegen ihn, Ha VR **79** 266, Sa NZV **92** 234. Im übrigen hat auch der Abbieger in ein Grundstück die Ankündigungs- und Einordnungspflicht, er muß idR zweimal zurückschauen, Ol VR **78** 1027, den Vorrang des Längsverkehrs beachten (III), auch den der Radf, KG VM **95** 51 (Radweg), und Rücksicht auf Fußgänger nehmen. Die Pflicht zu äußerster Vorsicht beginnt bereits mit der Rückschau, der Wahl der Fahrlinie, dem Zeichengeben und Verlangsamen zwecks Abbiegens, diese Vorgänge gehören zum einheitlichen Abbiegevorgang und lassen sich nicht in Vorbereitung und eigentliches Abbiegen trennen, wie Bra VM **76** 37 meint. Die Pflichten aus V gelten für alle Fze.

Der **Grundstücksbegriff** richtet sich nicht nach dem Eigentum; nach der Widmung **45** für den öffentlichen Verkehr (§ 1 Rz 13–16) nur insofern, als Grundstücke iS des § 9 alle VFlächen sind, die nicht dem fließenden Verkehr dienen, Dü NZV **88** 231, **93** 198 (abl *Booß* VM **93** 28). Die Unterscheidung ist funktionell bestimmt: maßgebend ist, ob das Fz den fließenden Verkehr verläßt (Gegenteil: § 10 StVO: Einfahren), Fra DAR **88** 243, aM Dü NZV **93** 360; denn dieser Vorgang, weniger die bloße FzBewegung auf einem Parkplatz oder anderen Grundstück, birgt die eigentliche Gefahr für den Abbieger und den übrigen Verkehr, s KG VM **82** 8, Dü NZV **88** 231. Nach ihr muß sich daher auch die Unterscheidung und das Anwendungsgebiet der höchsten Sorgfalt gemäß V richten. Grundstücke sind: Vorplätze ohne besondere Ein- und Ausfahrt, Bra NJW **65** 1095, Parkstreifen außerhalb der Fahrbahn, deutlich von ihr getrennt, s Ha VR **76** 1094, VRS **16** 387, Kö VRS **89** 432, **99** 39, aM Kö VRS **58** 222, Dü NZV **93** 360, KG VM **74** 35 (zust *Booß*), **82** 8 (das aber Abs V entsprechend anwendet), *Booß* VM **93** 28, öffentliche Parkplätze, Ce DAR **73** 306, Privatparkplätze, Zufahrt zu Übungsgelände auch bei gutem Ausbau, Ol VRS **33** 90, Zufahrt zu einem Grundstück, Fra DAR **88** 243, Zufahrt zur Tankstelle, Stu DAR **56** 117, Dü NZV **88** 231, *Martin* JR **63** 193, Grünstreifen neben der Fahrbahn, AB-Parkplätze und der von der AB aus befahrbare Teil einer stillgelegten Ausfahrt als Halteplatz, ebenso Parkplätze an AutoStr. Verlassen der Fahrbahn und Einfahren in eine nur über abgesenkten Bordstein und Gehweg erreichbare Str ist Abbiegen in ein Grundstück, s Kar VR **94** 362. Abs V gilt für das Ausfahren auf einen Mittelstreifen zwischen getrennten Fahrbahnen zwecks Parkens ohne Rücksicht auf dessen *Grundstücks*eigenschaft, KG VM **80** 44. **Feldwege** sind nicht Grundstücken iS von Abs V gleichzustellen, Nü DAR **01** 170, VR **81** 288; die Umstände können aber gesteigerte Vorsicht erfordern, Brn VRS **02** 28, Nü DAR **01** 170. Höchste Sorgfalt des Abbiegers: Rz 52, 53.

    Lit: *Schleusener,* Grundstückseinfahrten im StrV, KVR. *Schnitzerling,* Das Kfz auf und vor dem Privatgrundstück, DAR **62** 229. *Wimmer,* „Überführte" StrEinmündung – „Eingeschnittene" Grundstückseinfahrt, DAR **67** 182.

46   **Rechtzeitig anzukündigen** (Rz 20) durch Verlangsamen und Zeichengeben hat der Abbieger in ein Grundstück seine Absicht (I), KG ZfS **02** 519, Hb VR **68** 504, Schl VM **65** 16. Wer mit einem langen Fz bei ungünstiger Sicht in ein Grundstück abbiegen will, muß den Verkehr besonders sichern, Kö VM **63** 39, VRS **25** 312. Wer wegen seiner Ladung nach hinten nichts sieht und sich auch nicht nach links einordnen kann, muß sich einweisen lassen und eine verläßliche Auskunft ohne Zögern befolgen, bevor sich die VLage ändern kann, Dü VM **73** 72.

47   **Rechtzeitig deutlich einordnen** (Rz 27, 31 ff) muß sich der Abbieger (I), BGHSt **11** 296, VRS **18** 95, KG ZfS **02** 519, Dü VR **83** 40, damit der Verkehr links Eingeordnete rechts überholen kann, Ha DAR **60** 23. Erlaubt die schmale Straße kein Einordnen, so ist größte Sorgfalt unter Rückschau nötig. V enthält keine bloße „Schockvorschrift" mit Ankündigungsbedeutung, vielmehr muß der Linksabbieger in ein Grundstück jeden möglicherweise kollidierenden Folge- oder Gegenverkehr durch zweiten Umblick feststellen und berücksichtigen, Falschüberholer also uU vor dem Abbiegen durchfahren lassen, aM Schl VR **79** 1036. Wer auf schmaler Straße ohne die Möglichkeit des Rechtsüberholens nach links in ein Grundstück abbiegen will, muß nahe aufgerückten Verkehr, der sonst scharf bremsen müßte, vor dem Abbiegen erst überholen lassen, Kar VRS **47** 105. Wer nach rechts in engem Bogen einfahren kann, darf nach links nur ausholen, wenn er keinen Hintermann beeinträchtigt, Stu NJW **61** 41. Wer erst nach links ausbiegen muß, um nach rechts in ein Grundstück abbiegen zu können, muß sich äußerst sorgfältig vergewissern, ob er etwa rechts überholt wird, Bay NZV **91** 162, insbesondere, wenn er den linken Fahrtrichtungsanzeiger betätigt hatte, Sa VM **78** 95. Wer derart rückwärts in ein Grundstück abbiegen will, daß er zunächst zum linken Fahrbahnrand hinüberfährt, um dann zurückzusetzen, beginnt das Abbiegen in das Grundstück mit höchster Sorgfaltspflicht bereits mit dem Linkshinüberfahren, nicht erst mit dem Zurücksetzen, denn das einheitliche, insgesamt gefährliche Fahrmanöver kann nicht, noch dazu unter teilweise geringerer Sorgfaltsanforderung, in zwei angeblich unterschiedliche gefährliche Teile zerlegt werden (aM Ha VRS **57** 35).

48   **Doppelte Rückschaupflicht** (Rz 25) hat der Abbieger in ein Grundstück, nämlich rechtzeitig vor dem Einordnen und erneut vor dem Abbiegen, Bay NZV **91** 162, KG ZfS **02** 519, Ol VR **78** 1027. Der Linksabbieger muß sich vergewissern, daß die Nachfolger sein Richtungszeichen verstanden haben, Hb VM **66** 40. Nach I ist nochmalige Rückschau vor dem Abbiegen nur dann nicht nötig, wenn Gefährdung des nachfolgenden Verkehrs ausgeschlossen ist. Wem die StVO höchste Sorgfalt (**E** 150) auferlegt, Stu VM **72** 69, VRS **44** 149, dem kann die zweite Rückschau allenfalls in den in Rz 25 bezeichneten Fällen erlassen sein, KG VRS **62** 95, s Ha VR **76** 1094 (BGHSt **15** 178, VR **61** 188 sind durch Neufassung überholt). Wer als Pkwf rechtzeitig Rechtsabbiegen ankündigt, deutlich verlangsamt (bis zu „10") und mit nur 0,90 m Seitenabstand in ein Grundstück abbiegt, muß nicht nochmals zurückschauen und mit einem absolut unvernünftigen Rechtsüberholversuch eines Krafd nicht rechnen, Dü DAR **80** 157. Wer bei Rückschau oder 2. Rückschau als richtig eingeordneter Linksabbieger bemerkt, daß das Abbiegen einen nahe aufgerückten Überholer gefährden würde, muß diesen vorbeilassen, Schl VR **74** 703 (zu § 9 V).

49   Das **Vorrecht des beiderseitigen Längsverkehrs** (III, Rz 28, 39, 40) auf oder neben der Fahrbahn und der Fußgänger (Rz 43) hat auch der in ein Grundstück Abbiegende zu beachten, KG VM **95** 51. Gemäß I darf er sich vorher auf längs verlegten Schienen nur einordnen, wenn kein Schienenfz sichtbar herankommt, Kö VR **71** 1069 (Rz 36).

Abbiegen, Wenden und Rückwärtsfahren § 9 StVO 2

9 a. **Wenden** ist das Umdrehen des Fz in die Gegenrichtung auf derselben Str, BGH NZV **02** 376, gleichviel wie und zu welchem Zweck, nicht auch ungewolltes, BGH NZV **02** 376, Kö VRS **74** 139 (Schleudern), auch ohne Fahrabsicht, in die Gegenrichtung, BGHSt **27** 233 = NJW **77** 2085, BGHSt **31** 71 = NJW **82** 2454, NZV **02** 376, BaySt **97** 111 = NZV **97** 489, **01** 526, Dü VM **91** 84, Ko DAR **86** 155, Kö VRS **74** 139, denn der Wendevorgang selbst ist gefährlich, nicht das spätere Weiterfahren, aM Ce DAR **76** 111. Das Wenden ist mit dem Erreichen der Gegenrichtung vollendet, Bay PVT **96** 255, Ce VM **83** 87. Zu wenden ist an günstigster Stelle und auf die schonendste Art, bei starkem Verkehr ist stattdessen ein Umweg zu fahren, Ha VR **01** 1169. Vor, an und hinter unübersichtlichen Stellen muß es unterbleiben, Ha VR **01** 1169, Ce VRS **100** 289. Wenden unmittelbar hinter einer Kurve erhöht die BG, Kö VRS **57** 401. I Satz 2 (Einordnen) gilt nicht, der Wendende darf vom rechten StrRand aus dazu ansetzen, wenn das nach Lage zweckmäßig ist, Schl VRS **53** 143, Dü VRS **64** 10. Wenden geschieht stets als Fahr(Rangier)vorgang, es genügt, daß das Fz in die Gegenrichtung gedreht wird, s Bay NJW **77** 1416, aM Ce DAR **76** 111, das Fahrabsicht in Gegenrichtung verlangt und verkennt, daß auch ein Umdrehmanöver auf der Standspur und dem anschließenden äußeren Grünstreifen der AB „auf der AB" stattfindet, mag es auch im Einzelfall ausnahmsweise weniger gefährlich für andere sein. Im übrigen Wenden nur bei Mitbenutzung der bisher befahrenen Fahrbahn, BGHSt **31** 71 = NJW **82** 2454, aM KG VR **76** 474. Daher **kein Wenden,** sondern zweifaches Linksabbiegen, wenn Kf von AB-Einfahrt über eine mehr als 100 m lange VerbindungsStr (Notfahrbahn) die AB-Ausfahrt erreicht und auf dieser zurückfährt, BGHSt **31** 71 = NJW **82** 2454, Bay VRS **61** 146, aM Ce VM **80** 78. Einzelheiten in bezug auf AB: § 18 Rz 21. Kein Wenden auf der bisher befahrenen Straße, wenn nicht nur eine Kreuzung (Einmündung) zum Wenden mitbenutzt, sondern nach dem Rechtsabbiegen in eine andere Straße gewendet und dann nach links in die bisher befahrene Straße abgebogen wird, Dü VRS **50** 232. Bei durch **Mittelstreifen** getrennten Fahrbahnen ist dessen Breite von Bedeutung. Ist die Gegenfahrbahn erreichbar, ohne daß zuvor, nach Einbiegen in den Mittelstreifendurchbruch, eine gewisse Strecke geradeaus gefahren wird, so ist Wenden (Abs V) anzunehmen, Dü VRS **97** 269, Ha NZV **97** 438, insbesondere wenn ein Anhalten in der Mittelstreifenunterbrechung nicht möglich wäre. Das gilt jedenfalls wenn der Mittelstreifen schmaler ist als das wendende Fz lang, BGHSt **31** 71 = NJW **82** 2454, KG VM **81** 61. Ähnelt er dagegen baulich einer Kreuzung oder Einmündung in dem Sinne, daß bis zur Gegenfahrbahn nach dem Einbiegen in den Mittelstreifen erst eine Geradeausfahrt erforderlich ist, so gewinnt der Kf die Gegenfahrbahn nicht durch Wenden im Rechtssinn, sondern durch zweimaliges Linksabbiegen (wobei Ha NZV **97** 438, Dü VRS **97** 269 eine „nicht ganz unbedeutende" Strecke verlangen, ohne dies zu präzisieren). Dann gelten I–IV, KG VM **74** 85, VM **77** 55, DAR **75** 129, Ha NZV **97** 438, Kar VRS **60** 143 (jedenfalls bei Benutzung einer den Mittelstreifen kreuzenden bevorrechtigten Straße). Die Gegenmeinung von *Booß* DAR **75** 36 und KG VM **75** 78 überzeugt nicht, weil ein durchbrochener breiter Mittelstreifen zugleich als Kreuzung (Einmündung) mit anderen Straßen dienen kann und dann kein überzeugender Grund für Ungleichbehandlung Kreuzender und „Wendender" besteht. Ohne Rücksicht auf die Breite des Mittelstreifens hat derjenige, der dem Wendenden aus einer dem Mittelstreifendurchbruch gegenüberliegenden Str entgegenkommt, den Vorrang (auch bei VZ 205!), Hb DAR **81** 327, LG Berlin VR **01** 78, LG Kar DAR **00** 123. Wer zum Wenden mit ganzer FzLänge rechts heran oder auf einen rechten Parkstreifen fährt und zunächst anhält, ist gemäß seiner Fahrweise Anfahrender nach § 10. Wenden derart, daß unter vollständigem Verlassen der Fahrbahn eine **Grundstücksausfahrt** benutzt wird, unterliegt den Regeln für Abbiegen in ein Grundstück und anschließendes Einfahren aus diesem in die Fahrbahn, s § 10 Rz 5, denen für das Wenden nur, wenn die Fahrbahn nicht vollständig verlassen wird, BGH NZV **02** 375, Bay NZV **96** 161, Ko DAR **86** 155, Kö DAR **00** 120, s KG VM **74** 19. Wenden erfordert **äußerste Sorgfalt** (E 150), Schl VRS **53** 143, was Berufung auf den Vertrauensgrundsatz nicht völlig ausschließt, Fra VM **76** 92, KG VRS **66** 152. Zur äußersten Sorgfalt des Wendenden gehört es, daß er nicht in der Nähe einer unübersichtlichen Kurve, sondern in gut überblickbaren Verkehrsbereichen wendet, Ce VRS **100** 289, Kö VR **79** 678, und daß er, auch unter Benutzung von Parkraum, nur

507

wendet, wenn er auf der Fahrbahn neimand gefährden kann, Ce VRS **100** 289, Kö VRS **57** 7. Der Wendende trägt die Hauptverantwortung, Sa VM **77** 23, Kö VR **79** 41, was fremde Mitschuld nicht ausschließt, s dazu Rz 52. Gegen ihn spricht der **Anschein,** BGH DAR **85** 316, KG NZV **02** 230. Die Feststellung einer erheblichen Überschreitung der zulässigen Höchstgeschwindigkeit durch den mit dem Wendenden kollidierenden FzF ist geeignet, den Anscheinsbeweis zu erschüttern, BGH DAR **85** 316. Jedoch muß der Wendende grundsätzlich auch mit Überschreitung der zulässigen Geschwindigkeit in gewissem Maße rechnen, Ce VRS **100** 289, nach Fra VM **76** 92, aber nicht mit im Rückspiegel nicht erkennbarem Zuschnellfahren des Berechtigten um 60% innerorts, s aber Rz 39. Äußerste Sorgfalt erfordert idR Umblick, Rückschau nicht nur durch den Rückspiegel und ständige Beobachtung nach beiden Richtungen, Ko DAR **74** 276. Soweit Fze des fließenden Verkehrs durch andere Fze verdeckt werden können, sind die Grundsätze über den „toten Winkel" heranzuziehen (s § 5 Rz 43), KG VRS **66** 152. Im übrigen gelten die in Rz 44 ff, 52 über das Abbiegen in ein Grundstück dargelegten Grundsätze entsprechend. Wird eine Einmündung benutzt, muß die Umschau auch den dortigen Verkehr einbeziehen. Wer mit einem Tanklastzug unter Benutzung einer Grundstückseinfahrt wenden will, muß unmittelbar vor dem Abbiegen nochmals auf rückwärtigen Verkehr achten, Ko VRS **42** 113. Aus dem Grundsatz äußerster Sorgfalt folgt nicht zwingend, daß auf verkehrsreichen Fahrbahnen nicht auch durch Zurücksetzen gewendet werden dürfte, maßgebend ist die Lage, s KG VM **73** 16. Wer durch Linksabbiegen und Zurücksetzen wenden will, muß sich idR vorher zur StrMitte hin einordnen und das Abbiegen rechtzeitig anzeigen, Schl VRS **53** 143. Wer wenden will, muß fließenden Verkehr aus beiden Richtungen vorher vorbeilassen (III), Schl VRS **53** 143, und darf ihn nicht mehr als unvermeidbar (§ 1) behindern. Verzichtet ein (oder mehrere) Entgegenkommender auf sein Vorrecht, so bleibt der Wendende anderen Entgegenkommenden gegenüber wartepflichtig (auch wenn diese unberechtigt einen Sonderfahrstreifen benutzen, Z 245), KG VR **82** 583. Im Dunkeln muß das Wenden uU unterbleiben, wenn es bei starkem Verkehr nicht zügig möglich ist, Ha VRS **24** 230. Solange sich der rückwärts Wendende auf Einweisung verlassen muß, ist er entlastet, wenn er keinen Grund hat, deren Verläßlichkeit anzuzweifeln, Dü VM **76** 91. Wer es beim Wenden darauf ankommen läßt, daß der Verkehr ausweichen werde, handelt grobfahrlässig, BGH VR **60** 755. Auf der AB und auf KraftfahrStr ist Wenden ausnahmslos verboten: § 18 StVO, § 315c I Nr 2f StGB. Wer einen Lastzug auf dunkler BundesStr wenden will, muß besondere Sicherungen treffen (Warnleuchten, Posten), Schl VM **63** 88, BGH VRS **27** 117. **Auf Wendeplätzen** haben bereits wendende Kfze Vortritt, AG Br VR **74** 475. Wird in einer Stichstr der Verkehr auf einem Wendeplatz baulich in die Gegenrichtung zurückgelenkt, so greift V nicht ein (sind dort mehrere Fahrtrichtungen möglich, kommt aber Anzeigepflicht wegen Linksabbiegens in Betracht), s Ce VRS **54** 367, Kö VRS **96** 345. Wenden s auch § 41 Rz 248 zu VZ 297.

Lit: *Booß,* Zweifelsfragen zum Wenden auf Straßen mit zwei getrennten Richtungsfahrbahnen, DAR **75** 36. *Mühlhaus,* Das Wenden, DAR **77** 7. *Schleusener/Scherer,* Das Wenden im öffentlichen StrV, KVR.

51 **9b. Rückwärtsfahren** ist Fahren in Heckrichtung, BaySt **97** 111 = NZV **97** 489, Ce VM **83** 87, Stu NJW **76** 2223, VRS **58** 203, Kö VRS **74** 139, Dü VM **91** 84, nicht auch Vorwärtsfahren in falscher Richtung. Es ist nur zulässig, wenn Gefährdung anderer ausgeschlossen ist (V, E 150), Kar VR **77** 1012, Fra NJW **98** 548, Nü NZV **91** 67, Dü VRS **87** 47, Ha NZV **98** 372, gleichgültig, ob das Fz mit Rückfahrscheinwerfern ausgerüstet ist oder nicht, s § 52a StVZO Rz 3. Die erhöhte Sorgfaltspflicht des Abs V gilt auch für den rückwärts Abbiegenden, Sa VM **78** 51. Die Vorschrift regelt primär die besondere Sorgfaltspflicht gegenüber dem fließenden (deshalb idR rascheren) Verkehr, Stu NJW **04** 2255, Ko DAR **00** 84, Fra DAR **80** 247, schützt aber auch FußgängerV, Kö DAR **01** 222. Sie ist aber auf Parkplätzen und in Parkhäusern, in denen „fließender" V nicht stattfindet (s § 8 Rz 31 a), nur mit Einschränkungen anzuwenden, Stu NJW **04** 2255, KG VRS **64** 104, Fra VRS **57** 207, s aber Hb DAR **00** 41, und gilt auch nicht für das Rückwärtsrangieren innerhalb einer Parklücke am Fahrbahnrand im Verhältnis zu den parkenden Fzen, Stu NJW **04** 2255, Ko DAR **00** 84. Zur Tragweite des Maßstabs

Abbiegen, Wenden und Rückwärtsfahren   § 9 StVO **2**

äußerster Sorgfalt beim Rückwärtsfahren Bay VRS **58** 396 und § 10 Rz 10 ff. Vorherige und ständige Rückschau ist hier unerläßlich. Rückwärts zu fahren ist auf der rechten Fahrbahnseite iS des Vorwärtsfahrens, möglichst weit rechts, ständig bremsbereit, bei rückwärtigem Verkehr ist sofort anzuhalten, Bay VRS **31** 374. Der zurückstoßende Kf muß darauf achten, daß der Gefahrraum hinter dem Kfz frei ist und von hinten wie von den Seiten her freibleibt, Ol VRS **100** 432, Dü VRS **87** 47, er muß andernfalls sofort anhalten können; auf bloße Annäherungen an diesen Raum kann und muß er daneben nicht auch noch achten, Bay VM **77** 17. Nur überblickbarer und mit Gewißheit freier Raum darf rückwärts befahren werden, sonst ist ein **Einweiser** erforderlich und der Vertrauensgrundsatz gilt nicht, BGH VRS **31** 440, Ce VRS **50** 194, Kar VR **77** 1012, NZV **88** 185, Ol VRS **100** 432 (toter Winkel hinter Lkw), Ha NZV **98** 372 (Sichtbehinderung durch Kopfstütze), Nü NZV **91** 67 (hinter Pkw befindliches Kind), Dü VRS **87** 47 (Lkw), auch bei einem Omnibus, BGH VRS **15** 438, beim Rückwärtsfahren in eine Toreinfahrt, Mü VR **60** 645, aus einem Grundstück auf die Fahrbahn, s § 10 Rz 13, oder aus einer wartepflichtigen Str (Z 205) mangels Einsicht in die VorfahrtStr, KG VRS **69** 457. Kann sich der Kf nicht selbst überzeugen und hat er keinen Einweiser, so darf er nicht rückwärts fahren, BGH VRS **29** 275, Dü VRS **54** 219. Eine Hilfsperson haftet für höchste Sorgfalt straf- und zivilrechtlich, Dü VM **62** 12, s BGH VRS **20** 161, aber neben dem Fahrer, der sich auch selbst vergewissern muß, daß er beim Zurückfahren niemand gefährdet, BGH VR **60** 635. Wer sein Fz rückwärts in einer **Haltverbotszone** anhält, um zurückzusetzen, verletzt dadurch nicht ein bestehendes Haltverbot, BGH DAR **63** 250, Ce VRS **20** 158, aM Ha DAR **64** 115 (auch das Rechtsfahrgebot). Das Rückwärtsfahren **auf der AB** ist verboten: § 18, außer bei äußerster Vorsicht bei Tank- und Raststellengelände und bei AB-Parkplätzen, wo es notwendig sein kann. Wer rückwärts in einen **Parkplatz** einfährt, muß sich ständig über den freien Raum vergewissern und auf Aussteigende achten, Mü VR **60** 189. Da die Fahrstreifen von Parkplätzen und Parkhäusern als Einrichtungen, die nicht dem fließenden, sondern dem ruhenden V dienen, vorsichtig und bremsbereit zu befahren sind, ist das sich grundsätzlich aus Abs V ergebende hohe Risiko des Rückwärtsfahrenden beim rückwärts Ausparkenden gegenüber dem an den Parktaschen Vorbeifahrenden geringer, Fra VRS **57** 207, KG VRS **64** 104. Der auf Parkplätzen rückwärts Ein- oder Ausparkende muß stets mit anderen VT (Fzen und Fußgängern) hinter seinem Fz rechnen, Ha VRS **99** 70. Zur Sorgfalt des Rückwärtsausparkenden gegenüber Benutzern der Parkplatzfahrbahn s im übrigen § 8 Rz 31 a. **Auf Werkstatthöfen,** BGH VRS **9** 406, Werkstraßen und Baustellen gelten die Rückwärtsfahrregeln entsprechend, Kar VRS **48** 197, Hb VM **66** 27. Zurücksetzen, auch in privatem Hofraum, nur mit äußerster Sorgfalt, ggf unter verläßlicher Einweisung, Dü VRS **54** 219, **55** 412, Ha VR **78** 749. Der in eine **Richtungsfahrbahn** Einbiegende muß idR nicht mit entgegen der vorgeschriebenen Fahrtrichtung Rückwärtsfahrenden rechnen, KG VR **93** 711. Rückwärtsfahren auf Richtungsfahrbahnen gegen die Fahrtrichtung über mehrere Meter zwecks Erreichens einer Parklücke ist (anders als bloßes Rückwärtseinparken) unzulässig, KG VRS **60** 382, DAR **96** 366, Hb DAR **00** 41, aM (selbst auf Einbahnstr) Jan/Jag/Bur Rz 67. Wer in eine Einbahnstr abbiegt, muß nicht mit plötzlichem Rückwärtsrollen eines dort ungeparkt haltenden (wartenden) Kfz rechnen, Ha VM **77** 95. Rückwärtsbewegung zwecks Einparkens ist auch in Einbahnstr zulässig, jedoch kein Rückwärtsfahren über mehr als nur ganz kurze Strecken, s § 41 Rz 248 Z 220. Wer rückwärts fährt, besonders auf einer EinbahnStr, wo dies niemand erwartet, muß den rückwärtigen Verkehr ständig äußerst sorgfältig beobachten und sofort anhalten können (Einparken), bei Unfall spricht der Anschein gegen ihn, Dü VRS **55** 412. Wer verbotswidrig eine EinbahnStr rückwärts in Gegenrichtung befährt, kann sich nicht auf den Vertrauensgrundsatz berufen (querende Fußgänger), Kö VRS **35** 181. **Ungewolltes Zurückrollen** ist nicht Rückwärtsfahren iS von Abs V, Stu VM **73** 61, Dü NZV **00** 303, VRS **63** 471 (aber uU § 1 II). Muß der Kf beim Anfahren mit Rückwärtsrollen rechnen, so muß er sich vorher vergewissern, daß dies niemand schädigt, Sa VM **79** 12. *Schleusener,* Rückwärtsfahren im StrV, KVR.

9 c. Ausgeschlossen muß Gefährdung anderer beim Abbiegen in ein Grundstück, **52** beim Wenden oder Rückwärtsfahren sein (V). § 9 fordert höchstmögliche Sorgfalt

(= größtmögliche Vorsicht, Bay VRS **58** 451) (**E** 150), beim Abbiegen neben den übrigen Abbiegepflichten (Rz 16–43), Kar VRS **48** 196, Schl VM **73** 55, Stu VM **72** 69, VR **76** 73, VRS **44** 149, **78** 420, Ce DAR **73** 306, Fra VRS **51** 120, jedoch nur im Verhältnis zum fließenden V, nicht auch gegenüber einem aus demselben Grundstück Ausfahrenden, LG Aachen NZV **89** 118, aM Kö VR **92** 332, einschränkend auch Kö NZV **94** 321, s Rz 44. Ob der Abbieger in ein Grundstück äußerste Sorgfalt gewahrt hat, richtet sich nach allen darzulegenden Umständen, Ha DAR **74** 79. Diese Sorgfalt muß den gesamten entgegenkommenden wie nachfolgenden Verkehr einbeziehen. In aller Regel schließt sie Schreckzeit des Abbiegers aus, Schl VM **61** 62. Der Abbieger in ein Grundstück, Wendende und Rückwärtsfahrer **trägt die Verantwortung praktisch allein,** Kö VR **99** 993, Dü VR **83** 40, NZV **92** 238, KG VM **91** 2, NZV **02** 230, Stu VRS **78** 420, Ha NZV **97** 438, fremde Mitschuld ausgenommen, Ce VRS **100** 289 (Geschwindigkeitsüberschreitung), Ko MDR **95** 475, Fra VRS **51** 120, Dü DAR **74** 192, VR **82** 553. **Keine äußerste Sorgfalt** erbringt, wer sich nicht möglichst deutlich einordnet, nicht verlangsamt oder kein deutliches RichtungsZ gibt, BGH VR **64** 681, Hb VM **66** 40, wer durch zu spätes Einordnen und Zeichengeben Auffahren des Nachfolgenden verursacht, Dü VR **83** 40, wer vor dem Rechtseinbiegen nach vorherigem Linksausholen nicht mit Rechtsüberholtwerden durch Kradf rechnet, Bay NZV **91** 162, wer vor einer schwer erkennbaren Einfahrt seine Absicht nicht deutlich anzeigt, Kö DAR **58** 197, Ha DAR **60** 23, wer nach dem Einordnen wegen zu nahe aufgerückten Folgeverkehrs erst noch beschleunigt und dadurch eine unklare Lage schafft, BGH VR **69** 900, wer mit einem Bus auf einer BundesStr ohne Warnposten wendet, Ko VRS **49** 31, wer durch Querstehen blockiert, weil er sich vorher keine Klarheit über die Einfahrmöglichkeit verschafft hat, Dü VRS **64** 10, aM Ha DAR **61** 285 (deutliche Sichtbarkeit innerorts auf 90 m), Schuld des Blockierenden auch bei Unaufmerksamkeit des Auffahrenden, s Kö DAR **66** 306 (wohl Tatfrage), wer im Dunkeln mit einem Lastzug längere Zeit zum Abbiegen braucht, ohne Sicherungsleuchten aufzustellen oder Warnlicht einzuschalten, Kö VRS **25** 312, Ha DAR **93** 347, wer als Abbieger überhöhte Fahrgeschwindigkeit anderer nicht berücksichtigt, Fra VM **76** 92 (zur Höhe der zu berücksichtigenden Geschwindigkeitsüberschreitung, s Rz 39).

53 **Gleicht eine StrEinmündung äußerlich einer Einfahrt,** so ist äußerste Sorgfalt geboten, Ol VM **67** 52. Nach Ansicht von Stu VR **76** 73 erfordert **Unabwendbarkeit** (§ 17 III StVG) eine Umsicht, die über die höchste Sorgfalt gemäß der StVO noch hinausgeht.

54 **10. Ordnungswidrig** (§ 24 StVG) sind Verstöße gegen die Vorschriften über das Abbiegen, Wenden und Rückwärtsfahren nach § 9 I, II S 1, 4 und 5 sowie II bis V (§ 49 I Nr 9). Linkseinordnen ohne Abbiegeabsicht verletzt § 2, bei Behinderung oder Belästigung anderer § 1, bei Gefährdung anderer § 9 I, bei deren Schädigung die §§ 1, 9 I in TE, s Hb VM **66** 40. Abbiegen ohne Rückschau oder, wo erforderlich, ohne zweite Rückschau verletzt § 9 I. Nichteinordnen vor dem Abbiegen verletzt nur § 9, nicht auch § 2, s Ha VRS **31** 303. Bei fremder Behinderung oder Gefährdung tritt § 1 gegenüber § 9 zurück, KG VRS **63** 380, Dü NZV **89** 317, TE nur bei Schädigung. Wer ohne RichtungsZ abbiegt, handelt erst durch das Abbiegen ow, Bay DAR **61** 94. Vorzeitiges Anzeigen der Richtungsänderung verletzt bei Irreführung, Behinderung oder Gefährdung anderer § 1, Ha VRS **17** 68, ebenso wenn der Kf trotz des RichtungsZ geradeaus weiterfährt, Hb VRS **28** 196. Versehentlich unrichtiges Anzeigen ohne Nachteil ist in aller Regel belanglos. Wer sich vor FarbZ ohne Abbiegeabsicht **unrichtig einordnet** und dadurch andere behindert, verletzt § 1, s Schl VM **66** 28 (Verengung), doch muß der schuldlos unrichtig Eingeordnete nicht deshalb in falscher Richtung weiterfahren, weil er sonst behindert würde, Bay NJW **59** 1788. Wer als Ortsfremder den Verkehr durch unrichtiges Einordnen versehentlich kurz behindert, hat geringe Schuld, Hb VM **65** 30, bei schlechter Wegweisung uU überhaupt keine. Wer kurz vor dem Abbiegen noch überholt und sich dann unter Verlangsamung einordnet, den Überholten aber nicht behindert, handelt nicht verkehrswidrig, BGH VRS **24** 15. Behinderndes Einordnen auf Gleise verletzt nur § 9 I, § 1 tritt zurück. Die Befürchtung, Mischbeton im Fz könne verhärten, rechtfertigt Wenden auf einer KraftfahrStr (Z 331) nicht, s Zw VRS **57** 357.

11. Zivilrecht (soweit nicht schon in den vorausgehenden Rz mitbehandelt): Hat der 55 durch Verstoß eines anderen VT gegen Abs V Geschädigte die zulässige Höchstgeschwindigkeit um 20% überschritten, haftet er zu ¼ mit, Kar VR **82** 807. Bei **Kollision mit dem geradeausfahrenden GegenV** haftet der Linksabbieger grundsätzlich allein, KG VRS **103** 412, NZV **91** 274, DAR **94** 153, Stu VR **80** 363, Ko VD **93** 135, Kö VRS **101** 352, auch wenn das entgegenkommende Fz bei Grün in fliegendem Start an noch stehenden Fzen rechts vorbei in den Einmündungsbereich einfährt, KG VM **82** 66. Linksabbiegen vor schnell herannahendem Längsverkehr läßt sogar dessen etwaige Schuld und BG uU ganz zurücktreten, BGH VR **64** 514, Ko NJW-RR **04** 392, Stu VR **80** 363, Kö VRS **89** 352, auch bei Grün, BGH VR **63** 633. Anders bei erheblicher Geschwindigkeitsüberschreitung, Ko NJW-RR **04** 392. Schadenteilung bei für den Linksabbieger erkennbarer Überschreitung um mehr als 50% außerorts, Zw DAR **00** 312. Jedoch überwiegende Mithaftung des überschnell Entgegenkommenden bei Kollision mit einem Linksabbieger, der die überhöhte Fahrgeschwindigkeit nicht erkennen konnte, BGH VR **80** 943, Ha NZV **94** 318, s BGH NJW **84** 1962, oder der, zu langsam abbiegend, diesen bei Beginn des Abbiegens infolge des StrVerlaufs noch nicht sehen konnte (2:1), Ha VRS **76** 253. ⅓ Mithaftung des Entgegenkommenden bei Überschreitung der innerörtlichen Höchstgeschwindigkeit von 50 km/h um 20 km/h, Ce MDR **97** 1120, ⅔ Mithaftung bei 100 statt 50 km/h innerorts, KG VM **01** 19. Alleinhaftung bei Überschreiten um 30 km/h innerorts, Kar VR **80** 1148, bei Überschreitung um 40 km/h, AG Ludwigshafen NZV **03** 45. Alleinhaftung des Entgegenkommenden, wenn der Linksabbieger **bei grünem Abbiegepfeil** eingebogen ist, KG VM **87** 37, NZV **94** 31, **99** 512, DAR **94** 153; bleibt dies ungeklärt, Schadenteilung 1:1, BGH NZV **92** 108, **96** 231, **97** 350, Fra NZV **00** 212, KG NZV **99** 512, VRS **103** 412, Ha NZV **90** 189, VR **99** 1509, Dü NZV **95** 311, *Menken* DAR **89** 55, wegen der im Rahmen von § 17 StVG geltenden Beweisgrundsätze (s § 17 StVG Rz 31) und weil LichtZ die allgemeinen Vorrangregeln verdrängen, aM (2 : 1 zu Lasten des Linksabbiegers) KG VM **90** 51, **93** 67, NZV **91** 271, **94** 31, **95** 312, *Klimke* DAR **87** 321. Dagegen bleibt es bei der Alleinhaftung des Linksabbiegers, wenn bei Kreuzung **ohne Grünpfeil** ungeklärt bleibt, ob der GegenV bei Rot (oder jedenfalls verbotswidrig bei Gelb) gefahren ist, KG VM **87** 37, Ha NZV **89** 191, Ko VD **93** 135. Ist ein solcher Ampelverstoß des GegenV festgestellt, so kommt Mithaftung des Geradeausfahrenden gegenüber dem ohne Grünpfeil Abbiegenden in Betracht, Dü VRS **104** 122 (60 : 40 zu Lasten des Linksabbiegers), KG VM **84** 37 (1 : 1), **93** 67, **99** 91, Fra VR **81** 578, Ha NZV **89** 191 (1 : 1), VRS **89** 23 (60 : 40 zu Lasten des Geradeausfahrenden), ebenso gegenüber dem vor Aufleuchten des Grünpfeils Abbiegenden, KG VM **92** 82, Ce VRS **102** 325 (⅔ : ⅓ zu Lasten des Abbiegenden). Wer bei Grün links abbiegt, aber durch einen Überweg aufgehalten wird, ist für seitliches Angefahrenwerden von rechts her nicht verantwortlich, Dü VRS **35** 311. **Ein Kf muß nicht damit rechnen,** daß ein Radf plötzlich ohne Zeichen links abbiegt, daß ein Kradf ohne Ankündigung links in einen Feldweg abbiegt, BGH VR **57** 787. **Haftungsverteilung zwischen Abbieger und nachfolgendem Verkehr:** Wer ohne Rücksicht auf ein überholendes Fz plötzlich **links abbiegt,** kann den Schaden allein zu tragen haben, Nü NZV **03** 89, KG ZfS **02** 519, Fra NZV **00** 211. Jedoch nur ⅔-Haftung des grob verkehrswidrig links Abbiegenden bei Kollision mit einem trotz unklarer VLage Überholenden, KG VM **90** 52, s Bra DAR **93** 345 (3/5). Läßt sich nicht aufklären, ob ausnahmsweise Rechtsüberholen geboten war, so haftet bei Kollision der Linksabbiegende überwiegend, Ko VR **78** 676, Ha NZV **93** 397. Schadenshalbierung zwischen einem Mopedf, der ohne Zeichen und deutliches Linkseinordnen links abbiegt, und einem Kfz, der ihn überschnell von hinten anfährt, BGH VR **70** 466, ebenso bei Nichtbeachten des Fahrtrichtungsanzeigers eines links Abbiegenden (Grundstück) durch Überholenden und Nichtbeachten des vom Überholenden gegebenen Hupsignals durch den Abbiegenden, KG VRS **62** 95. Gleichmäßige Schadensteilung bei Auffahren auf links abbiegendes Kfz bei Fahrlässigkeit beider Kf, Sa r + s **81** 100, KG NZV **93** 272, Schl VR **96** 866. Haftung zu gleichen Teilen bei fehlender zweiter Rückschau des Linksabbiegers und Überholen durch einen Nachfolgenden trotz Überholverbots innerorts, Dü VRS **64** 409, oder bei unklarer VLage, KG VRS **95** 406, Kar NZV **99** 166, Kö VRS **96** 407, **99** 39 (Abbiegen in ein

Grundsrtück), bei Ausschwenken des FzHecks nach links während des Rechtsabbiegens und Kollision mit links Geradeausfahrendem, der dies nicht berücksichtigt, Ha NZV **94** 399, s aber LG Mü I NZV **98** 74 (keine Haftung des abbiegenden Busf). $^2/_3$-Haftung des ohne ausreichende zweite Rückschau links einbiegenden Führers eines landwirtschaftlichen Gespanns bei Kollision mit nachfolgendem Krad, Kö VRS **93** 277. $^2/_3$-Haftung des in einer Rechtskurve eine Kolonne mit doppelter Geschwindigkeit Überholenden, der das Blinkzeichen eines Vorausfahrenden, in ein Grundstück Abbiegenden wegen des StrVerlaufs nicht sieht, Ha NZV **93** 313. Jedoch Alleinhaftung des ohne Fahrtrichtungsanzeige und rechtzeitiges Einordnen in ein Grundstück Abbiegenden bei Kollision mit ordnungsgemäß Überholendem, KG DAR **02** 557, NJW-RR **87** 1251, Ce VRS **89** 24. Alleinhaftung des mit hoher Geschwindigkeit herannahenden Kradf, der das BlinkZ des seiner Rückschaupflicht genügenden, links abbiegenden TraktorF schuldhaft übersieht, Nü VRS **88** 107, ebenso bei Kollision mit ordnungsgemäß abbiegendem Pkw und Geschwindigkeitsüberschreitung durch den Kradf, Dü NZV **98** 72. Haftungsverteilung 60 : 40 zu Lasten des mit einer Zgm mit 2 Anhängern ohne richtiges Einordnen und ohne Fahrtrichtungsanzeige **rechts Abbiegenden** bei Kollision mit zu schnell fahrendem, rechts überholendem Pkw, Fra VRS **78** 339. Keine Mithaftung *aus Verschulden* des durch einen Rechtsabbiegenden Geschädigten allein wegen unberechtigten Befahrens eines Sonderfahrstreifens (Schutzzweck), KG VRS **87** 411 (414); zur Haftungsverteilung in solchen Fällen im übrigen, s KG VM **00** 78. Verhält sich der nach rechts in ein Grundstück Abbiegende korrekt, so haftet ein achtlos von hinten Auffahrender allein, KG DAR **76** 74. Gegenüber unvorhersehbarem grobem Verschulden des Pkwf tritt die BG eines nach links in ein Grundstück abbiegenden Lkw uU ganz zurück, Dü VR **81** 68. Alleinhaftung eines den Linksabbieger und 6 hinter ihm fast zum Stehen gekommene Fze grob verkehrswidrig Überholenden, Fra NZV **89** 155. Wer mit einem langen, schwerfälligen Fz bei schlechter Sicht ohne Sicherung durch Warnposten in eine BundesStr abbiegt, kann sich nicht auf ein unabwendbares Ereignis berufen, Ha VRS **19** 462, Ol DAR **61** 310, Dü VM **62** 57. Wer sich unter solchen Umständen nicht in die Gegenfahrbahn hineintastet und Gegenverkehr nicht vorbeiläßt, gegen den spricht **der Anschein**, BGH VR **66** 1074, VM **67** 3. Kein Anscheinsbeweis gegen die Straba beim Auffahren auf einen Linksabbieger, Dü VR **69** 334, Ha NZV **91** 313, oder gegen den, der auf einen Rechtsabbieger rückwärts seitlich aufführt, Ce NJW **66** 2020 (Grundstückseinfahrt). Der Anschein spricht gegen den Linksabbieger, der mit einem ihn ordnungsgemäß Überholenden kollidiert, KG DAR **02** 557, der nicht blinkt, Sa VR **75** 1132, oder der mit einem Entgegenkommenden in dessen Fahrbahn kollidiert, KG NZV **03** 182, Ko NJW-RR **04** 392, Ha VR **96** 645, NZV **89** 191, Stu VR **80** 363, Kö VRS **73** 179, nicht jedoch, wenn ungeklärt ist, ob der Grünpfeil für Linksabbieger leuchtete, Ha NZV **90** 189. Der Anscheinsbeweis ist erschüttert, wenn der Entgegenkommende trotz Dunkelheit ohne Licht fährt, Kö VRS **73** 179, oder wesentlich zu schnell, Sa ZfS **03** 537, Ol ZfS **95** 168. **Wenden:** Die BG eines im fließenden V mit dem Wendenden kollidierenden Motorrades tritt zurück, wenn der Wendende den V durch Querstehen blockiert, weil er sich vorher keine Klarheit verschafft hat, Dü VRS **64** 10, oder weil er an unübersichtlicher Stelle gewendet hat, Ha VR **01** 1169. Kein Mitverschulden eines zwei stehende FzKolonnen überholenden Kradf bei Kollision mit einem FzF, der unter Ausnutzung einer Lücke in der linken Kolonne wendet (aber Anrechnung der BG des Kradf), Mü DAR **81** 356. Wer mit einem Pkw nur etwa 15 m vor dem nachfolgenden Lkw plötzlich wendet, so daß der Lkw notbremsen muß, soll nach KG DAR **72** 20 dennoch ein Auffahren des Lkw-Hindermannes auf den Lkw nur zum geringeren Teil verursacht haben; dies widerspricht jedoch der Pflicht zu äußerster Sorgfalt. Regelmäßiges Zurücktreten der BG des an der Kollision schuldlosen Kf, in dessen Fahrbahn der Wendende gerät, s Rz 52. Mit- oder Alleinhaftung des mit dem Überholer Kollidierenden jedoch zB bei mitursächlicher Geschwindigkeitsüberschreitung, KG NZV **02** 230. Bei **Kollision während des Zurücksetzens** spricht der Anschein für Verschulden des Rückwärtsfahrenden, KG VM **88** 32 (Alleinhaftung). Der Anschein spricht für Alleinschuld des rückwärts vom Parkstreifen in die Fahrbahn Einfahrenden bei Kollision mit dem fließenden V; idR keine Mithaftung des anderen in solchen Fällen, Fra VR **82** 1079. Erhebliches Mitverschulden dessen, der sich in Kenntnis baldigen Zurücksetzens eines Lkw hinter diesen begibt, Ol VRS **100** 432 ($^2/_3$ Mithaftung).

Lit: **Klimke**, Schadensausgleich des Linksabbiegers bei ungeklärter Ampelstellung, DAR **87** 321. **Menken**, Die Haftungsverteilung zwischen einem mit Grünpfeil geführten Linksabbieger und einem entgegenkommenden Geradeausfahrer bei nicht aufgeklärter Ampelfarbe, DAR **89** 55.

Kreisverkehr

9a (1) ¹Ist an der Einmündung in einen Kreisverkehr Zeichen 215 (Kreisverkehr) unter Zeichen 205 (Vorfahrt gewähren!) angeordnet, hat der Verkehr auf der Kreisfahrbahn Vorfahrt. ²Bei der Einfahrt in einen solchen Kreisverkehr ist die Benutzung des Fahrtrichtungsanzeigers unzulässig. ³Innerhalb des Kreisverkehrs ist das Halten auf der Fahrbahn verboten.

(2) ¹Die Mittelinsel des Kreisverkehrs darf nicht überfahren werden. ²Ausgenommen davon sind Fahrzeuge, denen wegen ihrer Abmessungen das Befahren des Kreisverkehrs sonst nicht möglich wäre. ³Mit ihnen darf die Mittelinsel überfahren werden, wenn eine Gefährdung anderer Verkehrsteilnehmer ausgeschlossen ist.

Begr zu § 9a (VBl **01** 7):

Der Kreisverkehr als eine besondere Knotenpunktform erfährt in Deutschland eine „Renaissance". Dies wirft verkehrsrechtliche Fragen auf, die aus Gründen der Verkehrs- und Rechtssicherheit beantwortet werden müssen. **1**

An die Kombination des neuen Zeichens 215 „Kreisverkehr" (blaue Ronde mit drei gekrümmten weißen Pfeilen entgegen dem Uhrzeigersinn) mit Zeichen 205 (Vorfahrt gewähren!) an allen Einmündungen des Kreisverkehrs werden besondere Verhaltensregeln für den Kreisverkehr geknüpft; insbesondere die Vorfahrt für den Verkehr im Kreis sichert die Leistungsfähigkeit der Kreisverkehre. Dadurch wird das vorfahrtgebende Zeichen im Kreisverkehr entbehrlich. Zeichen 205 bleibt jedoch erforderlich, da von dem neuen Zeichen 215 keine vorfahrtregelnde Anordnung ausgehen kann.

Zu Abs 1: *Mit Absatz 1 Satz 2 wird bei Einfahrt in einen Kreisverkehr mit der o. g. Zeichen-Kombination die Pflicht zur Setzung des Fahrtrichtungsanzeigers nach rechts aufgegeben. Damit soll die in der Praxis vor allem in kleinen Kreisverkehren immer wieder aufgetretene Unsicherheit zur Zeichensetzung ausgeräumt werden. Kleine Kreisverkehrsplätze zeichnen sich durch eine dichte Abfolge von Ein- und Ausfahrten aus. Hier ist das Setzen des „Blinkers" bei der Einfahrt in den und das Zurücknehmen des Blinkers im Kreisverkehr sowie das erneute Setzen vor Verlassen des Kreisverkehrs kaum noch praktikabel. Vor allem kann ein bei der Einfahrt „rechts" gesetzter Fahrtrichtungsanzeiger Risiken eröffnen, da andere Verkehrsteilnehmer irrtümlich annehmen können, dass der Kreisverkehr bereits an der nächsten Ausfahrt wieder verlassen werden soll.* **2**

Bei der Ausfahrt aus dem Kreisverkehr muss es aus Verkehrssicherheitsgründen bei der allgemeinen Blinkpflicht bleiben. Hier ist die Blinkpflicht zur Orientierung des in den Kreisverkehr einbiegenden Verkehrsteilnehmers unverzichtbar, der dem Verkehr im Kreisverkehr die Vorfahrt zugewähren hat.

Zu Abs 2: *Absatz 2 behandelt besondere Regelungen für Kreisverkehre, die wegen ihrer geringen Abmessung mit einer überfahrbaren Mittelinsel ausgestaltet sind. Nach Satz 3 gilt für das nur im Ausnahmefall erlaubte Überfahren der Mittelinsel der höchste Sorgfaltsmaßstab der Straßenverkehrs-Ordnung.* **3**

...

Vwv zu § 9a Kreisverkehr

1   I. Die Zeichen 205 und 215 sind an allen einmündenden Straßen anzuordnen (vgl zu Zeichen 215). **4**

2   II. Der Fahrradverkehr ist entweder wie der Kraftfahrzeugverkehr auf der Kreisfahrbahn zu führen oder auf einem baulich angelegten Radweg (Zeichen 237, 240, 241). Ist dieser baulich angelegte Radweg eng an der Kreisfahrbahn geführt (Absatzmaß max. 4–5 m), so sind in den Zufahrten die Zeichen 215 (Kreisverkehr) und 205 (Vorfahrt gewähren!) vor der Radfahrerfurt anzuordnen. Ist der baulich angelegte Radweg von der Kreisfahrbahn abgesetzt oder liegt der Kreisverkehr außerhalb bebauter Gebiete, so ist in der Regel für den Radverkehr Zeichen 205 anzuordnen. **5**

6	3	*III. Zur Anordnung von Fußgängerüberwegen auf den Zufahrten vgl. R-FGÜ.*
7	4	*IV. Ein Kreisverkehr darf nur angeordnet werden, wenn die Mittelinsel von der Kreisfahrbahn baulich abgegrenzt ist. Dies gilt auch, wenn die Insel wegen des geringen Durchmessers des Kreisverkehrs von großen Fahrzeugen überfahren werden muss.*
8	5	*V. Zeichen 295 als innere Fahrbahnbegrenzung ist in Form eines Breitstrichs auszuführen (vgl. RMS).*
9	6	*VI. Außerhalb geschlossener Ortschaften ist der Kreisverkehr mit Vorwegweiser (Zeichen 438) anzukündigen.*

10 **Anwendungsbereich.** § 9a gilt nur für Kreisverkehre, an deren Einmündung die Kombination der VZ 215 (Kreisverkehr) und 205 (Vorfahrt gewähren!) nach Maßgabe von I S 1 angebracht ist. Fehlen VZ oder steht nur das Z 205 oder das Z 215, so gelten die allgemeinen Vorschriften, zB hinsichtlich der Fahrtrichtungsanzeige § 9, s § 9 Rz 19, hinsichtlich der Vorfahrt § 8, s § 8 Rz 37.

11 **1. Vorfahrt.** Die Kombination der VZ 205 (Vorfahrt gewähren!) mit dem neu in § 41 II Nr. 2 aufgenommenen Z 215 (Kreisverkehr) gewährt dem V auf der Kreisfahrbahn Vorfahrt. Anders als nach der vor dem 1. 3. 1971 geltenden früheren StVO (VZ Bild 27b) gewährt das neue VZ (Kreisverkehr) unmittelbar keine Vorfahrt, sondern nur dann, wenn es unter dem Z 205 (Vorfahrt gewähren!) angeordnet ist, und zwar für denjenigen, der es bereits passiert hat und sich im Kreis befindet, gegenüber denjenigen, die ihrerseits in den Kreisverkehr einbiegen. Wer an einer Stelle in den Kreis eingefahren ist, an der die Kombination der Z 215 und 205 aufgestellt ist, darf sich darauf verlassen, daß an den weiteren Einmündungen in den Kreis ebenfalls diese Z angebracht sind; selbst ihr Fehlen (Amtspflichtverletzung, s § 8 StVO Rz 39) würde aber sein Vorfahrtsrecht nicht beseitigen, s BGH VersR 1976, 1317; OLG Karlsruhe VersR 1984, 1077 (für den Fall eines positiven Vorfahrtzeichens bei Fehlen eines entsprechenden negativen Zeichens an der einmündenden Straße). Für andere Kreisverkehre, bei denen an der Einmündung nur das Z 205 aufgestellt ist, gilt Abs I nicht. Dort folgt die Wartepflicht des in den KreisV Einfahrenden aus dem Z 205, ein Vorfahrtsrecht für den die Kreisbahn Befahrenden bei Fehlen positiver VorfahrtZ im Kreis allerdings im Hinblick auf § 8 I S 1 („rechts vor links"), abweichend von der Regel des § 8 I S 1, gewissermaßen nur als „Reflex" aus dem für den Einbiegenden geltenden negativen Vorfahrtzeichen, s § 8 Rz 37.

12 **2. Fahrtrichtungsanzeige.** Vor der Einfahrt in einen Kreisverkehr, der durch die Kombination der VZ 205 und 215 gekennzeichnet ist, darf der Fahrtrichtungsanzeiger nicht benutzt werden (I S 2). Die Regelung trägt dem Umstand Rechnung, daß die Fahrtrichtungsanzeige beim Einbiegen in die in letzter Zeit zunehmend eingerichteten kleinen und kleinsten Kreisverkehre mit zum Teil äußerst geringem Radius zu Mißverständnissen führen konnte. Bei derartigen Mini-Kreisverkehren ist das Setzen des „Blinkers" bei der Einfahrt in den und das Zurücknehmen des Blinkers im Kreisverkehrs sowie das erneute Setzen vor Verlassen des Kreisverkehrs kaum noch praktikabel und kann andere Verkehrsteilnehmer irritieren (s Begr, Rz 2). Hinsichtlich des Verlassens des Kreises gilt die allgemeine Regelung über die Fahrtrichtungsanzeige; dh der den Kreisverkehr Verlassende hat, weil er im Sinne des § 9 I S 1 abbiegt, dies rechtzeitig und deutlich anzukündigen.

13 **3. Haltverbot.** I S 3 enthält im Interesse des VFlusses ein Haltverbot innerhalb des Kreisverkehrs auf der Fahrbahn, soweit der Kreisverkehr durch die in I S 1 genannte VZ-Kombination gekennzeichnet ist.

14 **4. Verbot des Befahrens der Mittelinsel.** Gem II S 1 darf die Mittelinsel des Kreisverkehrs nicht überfahren werden. Daß bei kleinen Kreisverkehren vielfach zu beobachtende Schneiden der durch die Kreisfahrbahn beschriebenen Kurve unter Mitbenutzung der Mittelinsel ist also grundsätzlich verboten, Ha DAR **04** 90. Dies gilt auch, wo entgegen der Vwv Rn 5 (Rz 8) eine Kennzeichnung der Mittelinsel durch eine durchgehende Linie (Z 295) fehlt, wie aus der Ausnahmebestimmung des § 41 III Nr 3b

Einfahren und Anfahren § 10 StVO **2**

S 5 folgt. Eine Verurteilung wegen Überfahrens der Mittelinsel ist nur möglich, wenn diese unter Berücksichtigung der herrschenden Verkehrs-, Witterungs- und Beleuchtungsverhältnisse eindeutig erkennbar ist, nicht zB wenn die Grenze zwischen der eigentlichen Fahrbahn und der Mittelinsel nur durch schlecht wahrnehmbare Unterschiede in der Pflasterung oder kaum das Niveau der Fahrbahn übersteigende Andeutungen von Flachbordsteinen nur zu erahnen ist. Soweit in Rn 4 der Vwv (Rz 7) „bauliche Abgrenzung" vorgeschrieben ist, wird dies nicht näher beschrieben. Im übrigen gilt auch im KreisV des **Rechtsfahrgebot** des § 2, Ha DAR 04, 90.

Die Neuregelung in II S 2 trägt dem Umstand Rechnung, daß **längere Fahrzeuge,** 15 zB Busse, kleine Kreisverkehre oft nur unter Benutzung der Mittelinsel befahren können. Führern solcher Fahrzeuge ist dies ausdrücklich erlaubt, wenn eine Gefährdung anderer Verkehrsteilnehmer ausgeschlossen ist. Das bedeutet, daß, soweit ein Ausnahmefall gegeben ist, der Fahrzeugführer beim Überfahren der Mittelinsel einem gesteigerten Sorgfaltsmaßstab unterliegt; er hat also über die allgemein geforderte Sorgfalt hinaus ein Höchstmaß an Vorsicht obwalten zu lassen (s E 150). Die Ausnahme des Abs 2 S 2 gilt auch, wenn beim Befahren der Mittelinsel eine diese begrenzende durchgezogene Linie überfahren werden muß, § 41 III Nr 3 lit b) S 5.

Ordnungswidrig gem §§ 49 I Nr 9a StVO, 24 StVG ist das Betätigen des Fahrt- 16 richtungsanzeigers entgegen I S 2, das Halten auf der Fahrbahn innerhalb des nach I S 1 beschilderten Kreisverkehrs, das Überfahren der Mittelinsel entgegen Abs II. Unterlassen der Fahrtrichtungsanzeige beim Verlassen des Kreisverkehrs ist ow gem § 9 I S 1 (§ 49a Nr 9). Verletzung des dem im Kreis befindlichen FzF gem I S 1 gewährten Vorfahrtrechts ist als Verstoß gegen die sich aus § 8 ergebenden Pflichten ow (§§ 8, 49 I Nr 8).

Lit: *Bouska*, KreisV, NZV **01** 27. *Hentschel*, KreisV, NJW **01** 465. *Huppertz*, Haltverbot im KreisV, VD **03** 155. *Kullik*, Der KreisV, PVT **01** 70.

Einfahren und Anfahren

10 ¹Wer aus einem Grundstück, aus einem Fußgängerbereich (Zeichen 242 und 243), aus einem verkehrsberuhigten Bereich (Zeichen 325/326) auf die Straße oder von anderen Straßenteilen oder über einen abgesenkten Bordstein hinweg auf die Fahrbahn einfahren oder vom Fahrbahnrand anfahren will, hat sich dabei so zu verhalten, daß eine Gefährdung anderer Verkehrsteilnehmer ausgeschlossen ist; erforderlichenfalls hat er sich einweisen zu lassen. ²Er hat seine Absicht rechtzeitig und deutlich anzukündigen; dabei sind die Fahrtrichtungsanzeiger zu benutzen. ³Dort, wo eine Klarstellung notwendig ist, kann Zeichen 205 stehen.

Begr zu § 10: *Die geltende StVO fordert in ihrem § 17 mit Recht für das Ausfahren aus* 1 *Grundstücken das Äußerste an Sorgfalt. Schon der Vorentwurf (DAR 1963 S. 29 ff.) sah vor, man dürfe nicht weniger von denen verlangen, die von anderen Straßenteilen auf die Fahrbahn einfahren. Das sind Fahrzeuge, die auf Gehwegen, Seitenstreifen oder von der Fahrbahn abgesetzten Parkplätzen gehalten haben oder die auf Straßen mit mehr als zwei Fahrbahnen einen Fahrbahnwechsel vornehmen. Auch ihnen ist im Interesse der Sicherheit des Verkehrs anzusinnen, sich erforderlichenfalls einweisen zu lassen … Zu den von anderen Straßenteilen Einfahrenden gehören schließlich auch die Radfahrer, die von Radwegen oder Seitenstreifen auf die Fahrbahn einbiegen. Auch sie müssen mehr als besondere Rücksicht, wie sie bisher § 27 Abs. 3 StVO verlangt, nämlich das Äußerste an Sorgfalt aufbieten. Sie werden sich zwar kaum je einweisen lassen müssen; dafür haben sie dann eben bei Unübersichtlichkeit abzusitzen.*

Die Verordnung geht noch weiter. Sie fordert dieses Äußerste an Sorgfalt auch von dem, der vom 2 *Fahrbahnrand anfahren will. Auch diese verschärften Anforderungen an den Fahrverkehr sind geboten, weil ein Schwerpunkt unfallträchtiger Fahrstreifenänderungen im plötzlichen Ausscheren nach links beim Anfahren liegt …*

Begr zur ÄndVO v 21. 7. 80 (VBl **80** 514): 3

Zu Satz 1: *In der StVO fehlt eine Regelung über das Verhalten des Fahrzeugführers, der einen gekennzeichneten, verkehrsberuhigten Bereich verläßt. Durch die vorgeschlagene Regelung wäre sichergestellt, daß niemand den verkehrsberuhigten Bereich unter Inanspruchnahme einer im*

515

Interesse der allgemeinen Verkehrssicherheit nicht wünschenswerten Vorfahrt verlassen kann. Anderenfalls müßte diese Regelung durch eine entsprechende Beschilderung ersetzt werden... .

3 a **Begr** zur ÄndVO v 22. 3. 88 (VBl **88** 221): *Nach geltendem Recht muß derjenige, der aus einem Grundstück usw. auf eine Straße einfährt, sich so verhalten, daß eine Gefährdung anderer Verkehrsteilnehmer ausgeschlossen ist. Von ihm wird also ein ganz besonderes Maß an Sorgfalt, das Äußerste an Sorgfalt, verlangt. Dies muß ferner nicht nur dann gelten, wenn jemand aus einem verkehrsberuhigten Bereich (Zeichen 325/326) hinausfährt, sondern auch dann, wenn jemand aus einem Fußgängerbereich hinausfährt. Denn auch aus diesen Bereichen kommen während der Ladezeiten Kraftfahrzeuge. Dasselbe gilt, wenn z. B. eine Wohnstraße, in der Anliegerverkehr zugelassen ist, über einen abgesenkten Bordstein auf eine andere Straße geführt wird.*

Alle diese Fälle sind gleich zu behandeln. Die Ergänzung des § 10 trägt dem Rechnung.

Zur Klarstellung wird bemerkt, daß in all diesen Fällen nicht der Grundsatz rechts vor links gilt, sondern dem Ausfahrenden die besondere Sorgfaltspflicht des § 10 gegenüber jeglichem Verkehr auf der Straße obliegt, in die er einfährt.

3 b **Begr** zur ÄndVO v 7. 8. 97 (VBl **97** 688): *Ausnahme von dem Grundsatz, daß Zeichen 205/206 nur an Kreuzungen und Einmündungen von Fahrbahnen zur Regelung der Vorfahrt aufgestellt werden (§ 8 Abs. 1). Davon soll nur im Einzelfall dort Gebrauch gemacht werden, wo besondere Umstände dies aus Gründen der Verkehrssicherheit dringend erfordern. Es soll dabei die negative Beschilderung mit Zeichen 205/206 (abweichend von BGH, Urteil vom 24. März 1988 – DAR S. 269) genügen, da die Zeichen nur die allgemeine Verhaltensregel des § 10 Satz 1 klarstellen und verdeutlichen sollen. Allerdings wird wegen des Vorrangs der Verkehrszeichenregelung (§ 39 Abs. 2) der Gefährdungsausschluß anderer abgeschwächt. Bereits deshalb ist eine zurückhaltende Anwendung angebracht.*

Entscheidend ist der optische Gesamteindruck, die räumliche Nähe zur Vorfahrtsstraße und die Gefahrenabwägung im Einzelfall.

Übersicht

Abgesenkter Bordstein 3 a, 6 a
Andere Straßenteile 6
Anfahren 7
– vom Fahrbahnrand 7
– ohne Überblick 7
– rückwärts 7
–, äußerste Sorgfalt 2, 10–16
Anzeigepflicht 16
Äußerste Sorgfalt 2, 10–16

Deutliches Anzeigen 16
Dunkelheit 13

Einfahren 4
– aus Grundstück auf die Straße 5
– rückwärts 13 f
–, Haltepunkt beim 11
–, äußerste Sorgfalt 2, 10–16
Einweiser 13

Fahrbahnrand, Anfahren vom 7
Fließender Verkehr, Vorrang 8
–, Rücksichtspflicht 9
Fußgängerbereich 3 a, 6 a

Gehweg 4, 14
Grundstück 5, 11

Kolonnenlücke 9

Ordnungswidrigkeiten 17

Richtungsanzeige 16
Rückschau 7, 10–16
Rücksichtspflicht des fließenden Verkehrs 9
Rückwärtsanfahren 7
Rückwärtseinfahren 13 f

Sorgfalt, äußerste 2, 10–16

Überblick beim Anfahren 7
Umblick 15

Verkehrsberuhigter Bereich 3, 6 a
Vertrauen 12
Vorrang des fließenden Verkehrs 8

Warnposten 13

4 **1. Einfahren** ist die Fahrbewegung aus einem Grundstück, einem Fußgängerbereich oder einem verkehrsberuhigten Bereich (Rz 3, 6 a), aber auch über einen abgesenkten Bordstein auf eine öffentliche Straße (insoweit Gegenstück zu § 9, Abbiegen in ein Grundstück), außerdem die Fahrbewegung von anderen, nicht dem Fahrverkehr dienenden StrTeilen, zB einer markierten Parkfläche, Ha VR **78** 261, auf die dem durchgehenden Verkehr dienende Fahrbahn, beides Vorgänge, die alle Beteiligten gefährden können. § 10 stellt sie unter einheitliche Grundsätze. Deshalb ist im Bereich des § 10 die

Einfahren und Anfahren **§ 10 StVO 2**

Unterscheidung zwischen Grundstücken (s § 9 Rz 45) und anderen StrTeilen entbehrlich, KG VM **83** 53. Zur Straße gehört beim Einfahren (etwa aus einem Grundstück) nicht nur die Fahrbahn, sondern (wie aus der abw Formulierung in der 2. Alternative von I S 1 folgt) auch der Gehweg (s Rz 14) und Radweg. Bei äußerlich als Fahrwegen erscheinenden Flächen wird Zugehörigkeit zur Fahrbahn anzunehmen sein, solange nicht im Fahren deutlich erkennbare bauliche Merkmale (Tore, Schilder) dagegen sprechen, *Möhl* VOR **73** 40, abw Bay DAR **72** 219. Außerdem ergeben sich einige sachbedingte Unterschiede bei der Anzeigepflicht (Rz 16). Der Vorgang des Einfahrens ist erst dann beendet, wenn sich das Fz endgültig in den fließenden V eingeordnet hat, oder wenn es auf der Str wieder verkehrsgerecht abgestellt ist, Dü VRS **60** 420.

Aus einem Grundstück fährt zB auf eine öffentliche Straße ein, wer einen Hofraum 5 verläßt, Kö VRS **21** 301 (Autobus), BGH VRS **20** 126, oder sonst ein nicht dem öffentlichen Verkehr dienendes Grundstück, Kar VRS **44** 229, etwa einen Tankstellenbereich, Ha VRS **34** 226, Kar VRS **77** 45, LG Kar VM **03** 48, eine Buszufahrt zum Busbahnsteig, Stu VR **70** 846, ein Anwesen, einen Acker, Ha NZV **97** 267, KG VAE **39** 373, Grünstreifen, ein noch nicht freigegebenes Teilstück eines StrNeubaus, Fra NZV **94** 280, oder wer zwecks Wendens in eine Grundstückseinfahrt völlig zurückgesetzt hatte, BGH NJW **57** 100, VRS **22** 131, Kö DAR **00** 120, Ko DAR **86** 155 (**E** 59), aM KG VM **74** 19, das auf diesen Fall § 9 V anwendet. Maßgebend für die verkehrsrechtliche Einordnung als Straße oder Ausfahrt sind die äußerlich erkennbaren Merkmale, BGH VR **77** 58, Bay VRS **65** 223, NZV **94** 279, Ko DAR **04** 272, Kö NZV **94** 279, VRS **85** 15, Br NJW-RR **91** 958, Sa VM **81** 70, Ol DAR **83** 31, teilsweise abw BGH NJW-RR **87** 1237 (die nach außen in Erscheinung tretende Verkehrsbedeutung als nicht dem fließenden V dienender Zugang zu einem Grundstück), Ol ZfS **92** 332, s § 8 Rz 35, im Zweifel ist Verständigung geboten, Kö VRS **85** 15. Die Länge der Zufahrt ist für die Qualifikation als öffentliche Str oder Grundstücksausfahrt ohne Bedeutung, Sa VM **81** 70, Kö VRS **85** 15. Für Fußgänger, die größere Fze mit sich führen (zB Handwagen), wird § 10 entsprechend gelten müssen, da sie den fließenden Verkehr und sich selbst bei Unachtsamkeit nicht weniger als ein im Schritt Einfahrender gefährden, ausgenommen Fußgänger, die ein Fahrrad oder Moped schieben, denn sie haben die Beweglichkeit eines Fußgängers, s Schl VM **81** 29. Viehtreiben quer über die Straße: § 28.

Andere Straßenteile gehören zur Straße im verkehrsrechtlichen Sinn, sie dienen je- 6 doch nicht dem durchgehenden Verkehr, BGH VR **85** 835, KG VM **83** 53, Bay VRS **65** 223, Stu VRS **69** 390, s Kar VRS **55** 246, zB Parkstreifen neben der Fahrbahn, Ha VR **78** 261, Kö VR **86** 666, Parkplätze, Ce DAR **00** 216, Ha VR **75** 1033, NZV **93** 436 (AB), KG VM **83** 53, Zufahrten zu Parkplätzen, Dü VM **70** 69, Kar VM **89** 7, der Gehweg, s Ha VRS **16** 387, Schl SchlHA **58** 344, wenn darauf geparkt worden war, die Seitenstreifen rechts und links, BGH VR **63** 438, der befahrbare Bahnkörper innerhalb einer öffentlichen Straße, wenn er nicht dem durchgehenden Verkehr dient, s LG Karlsruhe NZV **92** 241, auch der für andere Fze nicht befahrbare parallel zur Fahrbahn verlaufende Bahnkörper (kein Vorrang der Straba gem § 2 III), LG Bochum VM **84** 88, *Filthaut* NZV **92** 397, aM *Maur* NZV **90** 220, ein von der Fahrbahn abzweigender, parallel mit ihr verlaufender und später wieder in sie einmündender Fahrweg zu Häusern, Dü DAR **73** 301, eine von der Str abzweigende und wieder in sie einmündende, dem Schienen- und BusV vorbehaltene Wendeschleife, Dü VRS **63** 3, die Anschlußstellen der AB (§ 18). Entscheidend ist die aufgrund äußerer Merkmale erkennbare Absonderung von den StrTeilen, die dem fließenden V dienen, KG VM **83** 53, Kar VM **89** 7. Sonderfahrstreifen für Busse und Taxis (s § 2 Rz 24) sind nicht andere StrTeile; insoweit gilt für den Fahrstreitenwechsel § 7, LG Fra DAR **93** 393. Von einem anderen StrTeil iS von § 10 fährt auch der einen Radweg verlassende Radf auf die Fahrbahn (s Begr Rz 1), KG ZfS **02** 513, Kö VRS **96** 345, Dü VM **65** 92, abw Kö VRS **78** 349, das bei Verlassen des Radweges und Aufsuchen der anderen StrSeite § 9 III entsprechend anwendet. Das gilt auch für Radwege einer vorfahrtberechtigten Str, die, vor einer Einmündung (Kreuzung) von der bevorrechtigten Str einige m weggeführt, in die untergeordnete Str münden, s *Bouska* NZV **00** 469, abw Ha NZV **00** 468, das § 25 III anwenden will. Vortritt auf Parkplätzen: § 8 Rz 31a. Rückwärtsausfahren aus einer Parknische auf die Fahrbahn nur unter Beachtung der §§ 9 V, 10, KG VR **77** 1103.

6a **Verkehrsberuhigte Bereiche** (VZ 325, 326, Begriff: § 42 IV a) sind rechtlich weder Grundstücke noch andere StrTeile iS von § 10, sondern neuartige VBereiche mit eigenen Verhaltensregeln in § 42 IV a. Ihre Interessenlage stellt sie jedoch hinsichtlich des Einfahrens in den fließenden Verkehr den Grundstücken und „anderen StrTeilen" gleich. Auch bei ihnen erfordert das Verlassen, also Einfahren in den fließenden Verkehr ein Zurückstehen unter Beachtung höchster Sorgfalt (**E** 150). Sie gewähren unter keinen Umständen Vorfahrt (§ 8). Die Teilnehmer des fließenden Verkehrs, auch Fußgänger, haben Vortritt. Entsprechendes gilt für Fußgängerbereiche (VZ 242, 243, Begriff: § 41 II Nr 5). Abw Regelung durch VZ, s § 41 Rz 248 Z 205. Aus einem verkehrsberuhigten Bereich auf eine Straße wird auch eingefahren, wenn das Z 326 (Ende) nicht unmittelbar an der Einmündung (Fahrbahnrand) der aus dem Bereich herausführenden Str, sondern bereits an der Fluchtlinie der Bebauung angebracht ist, LG Gießen DAR **96** 25, s aber Ha StVE 22 (zust *Janiszewski* NStZ **97** 270), LG Ko NJWE-VHR **98** 260. Vorfahrt bei Einfahren in verkehrsberuhigten Bereich, s § 42 Rz 181. Ob im **Fußgängerbereich** FzVerkehr durch Zusatzschild zugelassen ist, hat für § 10 keine Bedeutung, LG Kar NZV **92** 241. Zufahrten, die über einen **abgesenkten Bordstein** auf eine Str führen, sind von geringer VBedeutung, dienen insbesondere nicht dem fließenden V und sind daher, auch wenn sie keine Grundstücksausfahrten im Rechtssinne sind, solchen gleichgestellt. Damit ist zugleich geklärt, daß FzF, die sie befahren, keine Vorfahrt zustehen kann, wenn sie eine andere Str über den abgesenkten Bordstein erreichen; § 8 I S 1 (rechts vor links) gilt nicht (s Begr Rz 3a), Ko VR **03** 1454, Zw VRS **82** 51. Das gilt unabhängig von der tatsächlichen VBedeutung der Zufahrt, Ko VR **03** 1454. Auf die Breite oder Beschilderung mit StrNamen kommt es nicht an, Zw VRS **82** 51. Der Begriff des „abgesenkten Bordsteins" entspricht dem der „Bordsteinabsenkung" in § 12 III Nr 9, s § 12 Rz 57 a. S 1 gilt erst recht, wenn die Einmündung über einen *nicht* abgeflachten Bordstein führt, Zw VRS **82** 51, *Kürschner* NZV **89** 177. Zum umgekehrten Fall des Verlassens einer Str über einen Bordstein und Gehweg in eine in die Fahrbahn mündende Zufahrt iS von Satz 1, s Kar VR **94** 362 (s § 8 Rz 32, § 9 Rz 45).

7 **2. Das Anfahren** vom rechten oder linken Fahrbahnrand aus ist das Inbewegungsetzen des Fzs zwecks Wiedereingliederung in den Fahrverkehr, nicht bloßes Zurechtrücken in einer Parklücke ohne Wegfahrabsicht, aM KG VM **75** 92. Es steht dem Einfahren an Gefährlichkeit gleich und setzt daher rechtzeitige Rückschau, Ankündigung (Rz 15, 16) und äußerste Sorgfalt (**E** 150) voraus. Der Anfahrende muß Gewißheit haben, daß seine Fahrbahn frei ist, s Rz 10, vor allem beim schrägen Rückwärtsanfahren, bei welchem BG uU ganz zurücktreten kann, BGH VR **63** 358, beim Anfahren vom linken StrRand aus, s Ha VRS **16** 387, wobei der Gegenverkehr zu kreuzen ist, beim Hervorfahren hinter einem abgestellten Fz, Ol MDR **57** 547, beim Anfahren, um sogleich nach links abzubiegen, weil das RichtungsZ als bloßes Einordnungszeichen verkannt werden kann, Dü VR **72** 404, s Bay VRS **70** 40, Dü VR **87** 909, oder beim Anfahren eines Busses aus der Haltebucht ohne Sicht nach hinten (Hineintasten), Schl VM **67** 22 (doch hat der Bus ab Haltestelle im Linienverkehr Vorrang, § 20). Wer trotz nachfolgenden Verkehrs nach links hin anfährt und die Fahrbahn sperrt, erzeugt höhere BG als ein Fz des fließenden Verkehrs, Fra VR **74** 92. Gegen die Pflicht zu äußerster Sorgfalt verstößt bei großer VDichte im Hinblick auf die unerläßliche gegenseitige Rücksichtnahme nicht, wer nach Richtungsanzeige anfährt, wenn der nachfolgende Verkehr noch weit genug entfernt ist, um sich darauf einzustellen, Bay DAR **58** 277, auch bei geringer Behinderung (Gaswegnahme), Hb DAR **56** 281 (Schrägstellen zwecks besseren Rückblicks), Hb VM **69** 14, Kö VRS **10** 223, Ha VRS **60** 469 (vorsichtiges Hineintasten, um Sicht zu gewinnen). Allein darin, daß ein FzF des fließenden V dadurch in einer an sich nicht notwendigen Weise reagiert und für ihn infolgedessen eine Gefahrenlage entsteht, liegt noch kein Verstoß gegen die Pflichten aus § 10, Ha VRS **60** 469. Der an sich vorrangige Verkehr muß dem Anfahrenden ermöglichen, eine ausreichend große Lücke zum Eingliedern auszunutzen (§ 11), doch genügen dazu 50 m bei „70" des Herankommenden nicht, Zw VRS **30** 317. Wer von links aus anfährt, darf sich nicht auf Rechtsfahren anderer verlassen, er muß sich vergewissern und im Zweifel zurückstehen. § 10 gilt nicht bei Anfahren nach Halten in 2. Reihe, dieses richtet sich

Einfahren und Anfahren § 10 StVO 2

nach § 1, Dü VRS **64** 458. Zwar steht der Wortlaut des § 10 nicht der teilweise vertretenen Ansicht entgegen, die Bestimmung regele die Sorgfaltspflichten des Anfahrenden gegenüber jedem VT, so zB KG VM **86** 86, *Mühlhaus* DAR **75** 238; aus der Begr (Rz 2) und dem Zweck der Vorschrift folgt aber, daß die besondere Sorgfaltspflicht nur gegenüber dem fließenden V besteht, Ha VRS **45** 461, *Cramer* Rz 23. Auch das **Wiederanfahren nach verkehrsbedingtem Anhalten** fällt nicht unter § 10, sondern unter § 1, Zw VM **77** 53, Bay DAR **84** 31, VRS **67** 461, s KG VRS **106** 173. Zu den Sorgfaltspflichten des anfahrenden FzF, der den **Raum unmittelbar vor dem Fz** nicht übersehen kann, s § 1 Rz 36.

Der fließende Fahrbahnverkehr hat Vorrang gegenüber den Benutzern nicht zur 8 Fahrbahn gehörender Flächen, BGH VRS **56** 203, Kar VRS **44** 229, LG Kar VM **03** 48. Ob das im fließenden Verkehr befindliche Fz weiterfahren oder alsbald halten oder parken will, ist unerheblich, Zw VRS **51** 144, Ha DAR **97** 275, desgleichen, ob es seinerseits in das Grundstück einfährt, aus dem der Wartepflichtige ausfährt, Kar VRS **77** 45, Dü NZV **91** 392. Dem gem § 10 bevorrechtigten „fließenden" V ist auch ein mit laufendem Motor in 2. Reihe Müll ladendes Müllfz zuzurechnen, KG VM **01** 27, **83** 54, **96** 21 (s aber Dü DAR **00** 477 sowie Rz 10). Der fließende Verkehr darf idR auf Beachtung seines Vorrangs vertrauen, BGH VRS **56** 203, Bay VRS **30** 128, KG DAR **04** 387, Kar VR **75** 1034, Ha VRS **31** 294, DAR **95** 24, Hb VM **66** 39, LG Kar VM **03** 48, auch wenn der Anfahrende links blinkt, es sei denn, der Teilnehmer des fließenden Verkehrs war dem Anfahrenden erst kurz vorher sichtbar geworden, Bay VRS **31** 128. Er darf den Vorrang aber nicht erzwingen, muß mäßige Behinderung hinnehmen und das Ein- oder Anfahren erleichtern (§ 1, zB durch Verlangsamen), s Rz 7, 9. Mit unvermutetem Anfahren eines parkenden Fz braucht der Verkehr ohne besonderen Grund nicht zu rechnen, Bay DAR **66** 83, Dü VM **66** 69, LG Duisburg ZfS **02** 573, doch kann dies je nach Sachlage zum Zurückbleiben zwingen, Ha VRS **30** 126. Wer sich jedoch einem Linien- oder Schulbus an dessen Haltestelle nähert, muß mit dessen Anfahren nach Anzeige rechnen und ihm Vorrang geben (§ 20), s Dü VM **64** 26, Ha VRS **31** 294, Sa VRS **24** 457. § 10 bestätigt diese Grundsätze der älteren Rspr nicht ausdrücklich. Sie sind jedoch sachgemäß und waren dem VOGeber bekannt. Es ist daher davon auszugehen, daß ihnen der VOGeber durch kenntnisnehmendes Schweigen zugestimmt hat.

Rücksicht hat trotz des grundsätzlichen Vorrangs der fließende (und unrichtig par- 9 kende, KG VM **80** 85) Verkehr auf den Ein- oder Anfahrenden im Rahmen der §§ 1, 11 zu nehmen, BGH VRS **56** 202, Stu VR **78** 977, Mü VR **74** 676 (seitlicher Abstand), Kar VR **75** 1034, und mäßige Behinderung durch das Ein- oder Anfahren in Kauf zu nehmen, Kar VR **75** 1034, Bay DAR **61** 172, Ol DAR **61** 202, jedenfalls bei an sich ausreichend großer Einscherlücke (Rz 7). Sonst käme bei dichtem Verkehr, soweit nicht eine benachbarte Ampel für Lücken sorgt, jedes Ein- oder Anfahren zum Erliegen. Der fließende Verkehr darf den Vorrang daher nicht erzwingen und muß das Ein- und Anfahren durch Gaswegnehmen oder leichteres Abbremsen, wenn nötig, erleichtern, Ol DAR **60** 366, Dü VM **64** 39, Mü VRS **84** 206. Andererseits verhält sich der Anfahrende nicht äußerst sorgfältig, der auf solche Rücksicht vertraut oder zu geringe Lücken ausnutzt und dadurch gefährlich kurze Abstände (§ 4) erzwingt. Das Ein- und Anfahren erfordert in besonderem Maß Zusammenwirken der Beteiligten. War der Hintermann beim Anfahren noch weit genug entfernt und konnte er es rechtzeitig sehen, so kann jede ursächliche Schuld des Anfahrenden entfallen, BGH VM **57** 57. Wer den Anfahrenden überholt, muß seinen Seitenabstand darauf einrichten, daß dieser der ordentlichen Fahrlinie zustrebe, Mü VR **74** 676. Der fließende Verkehr muß im Hinblick auf noch nicht sichtbare Einfahrende so fahren, daß er rechtzeitig anhalten kann, auf schmaler Fahrbahn auf halbe Sichtstrecke, Bay VM **73** 17, 52, abw Kö VR **64** 77. Innerorts sind „70" auf schmaler, unübersichtlicher OrtsStr grob verkehrswidrig, Ce VRS **51** 305. Das Einfahren aus einem Grundstück zwecks Linksabbiegens **durch eine Kolonnenlücke** hindurch ist idR so gefährlich, daß es unterbleiben muß, der Verkehr muß mit solchen Versuchen nicht rechnen, KG DAR **76** 213. Die Grundsätze über die Vorsichtsmaßnahmen beim Überholen einer stehenden FzKolonne, in der eine Lücke für den QuerV freigelassen ist (s § 8 Rz 47, § 11 Rz 6), gelten hier nicht, ebensowenig vor solchen Lücken, die zugunsten parkender Fze zum Zwecke des Einfädelns frei-

519

2 StVO § 10 I. Allgemeine Verkehrsregeln

gehalten werden, Bay VRS **65** 152. Auch VorfahrtStrBenutzer, die eine in Gegenrichtung stehende Kolonne mit Lücken (Tankstellenausfahrt) passieren, müssen jedoch dort ausreichend seitlichen Abstand einhalten oder so langsam fahren, daß ein Ausfahrender sich gefahrlos bis zum Überblick vortasten kann, Bay DAR **71** 221.

10 3. **Ausgeschlossen muß Gefährdung des fließenden Verkehrs** durch den Ein- oder Anfahrenden sein. Von ihm wird äußerste Sorgfalt gefordert (**E** 150), BGH VR **85** 835, Kar DAR **77** 109, KG DAR **76** 213, VRS **68** 284, Sa VM **76** 92, Bay VM **73** 51, Dü VM **74** 6, Zw VRS **71** 220, Ce NZV **91** 195, auch nach nur kurzem Anhalten, Dü VM **78** 60. Der Ein- oder Anfahrende muß sich vergewissern, daß die Fahrbahn für ihn im Rahmen der gebotenen Sicherheitsabstände (§ 4) frei ist, Bay DAR **58** 278, und daß er niemand übermäßig behindert. Auch mit rückwärts fahrenden Fzen muß er rechnen, wo dies erlaubt ist, Kö NZV **94** 321 = § 9 StVO Nr 90. Die Verantwortung für die Sicherheit des Vorgangs trifft vor allem ihn, BGH VRS **56** 203, Schl VR **79** 362, Kar VR **75** 1034, was fremde Mitschuld nicht ausschließt, Ko VRS **48** 350, Bay VRS **45** 211, VM **76** 33, Hb NZV **92** 281, und zwar gegenüber dem Verkehr von rechts und links und, je nach Sachlage, dem nachfolgenden wie entgegenkommenden Verkehr bis zur vollen Eingliederung, Ha DAR **73** 24, Sa VRS **43** 64, Kö VR **86** 666. Auf Beibehaltung des Fahrstreifens durch den fließenden V darf er sich nicht verlassen, KG DAR **04** 387, Kö VR **86** 666, LG Duisburg ZfS **02** 573 (Alleinhaftung), auch nicht auf Befahren der rechten Fahrbahnseite, BGH NZV **91** 187, Ce NZV **91** 195, oder Einhaltung der zulässigen Höchstgeschwindigkeit, Dü VR **87** 909, Ce NZV **91** 195, Fra NZV **94** 280. Diese Pflicht zur höchsten Sorgfalt setzt gegebenenfalls Rückschau, gegebenenfalls rechtzeitiges, deutliches Zeichengeben voraus (Rz 16), sie schließt Beachtung der Sichtverhältnisse ein, Kar DAR **77** 109. Sie besteht in allen Fällen des Ein- und Anfahrens (Rz 4–7) und gilt auch für Sonderrechtsfze (Müllwagen), Dü VM **78** 60 (s aber Rz 8). Beim Anfahren nach Halten oder (verbotenem) Parken in 2. Reihe kann aus § 1 ein gleich hohes Maß der Sorgfaltspflicht folgen, KG VM **86** 68, **96** 21 (Müllfz), **01** 27. Der Sorgfaltsmaßstab für Einfahrende schließt die Alleinverursachung durch den Teilnehmer am fließenden V nicht aus, Dü VM **79** 20, Ko VRS **48** 350, Bay VM **74** 53, vor allem nicht fremde atypische grobe Verstöße, Bay VM **74** 33 (**E** 150). Die äußerste Sorgfaltspflicht gilt nur im Verhältnis zum fließenden Verkehr, KG VRS **107** 96, nicht auch gegenüber einem auf der anderen StrSeite noch Ausfahrenden, Ha VRS **45** 461, oder gegenüber einem am Fahrbahnrand wartenden Fußgänger, der die Fahrbahn überqueren will, Ha NZV **95** 72. Ob der Parkplatz, aus dem eingefahren wird, öffentlich ist, ist für die notwendige äußerste Sorgfalt unerheblich, KG DAR **71** 292. Ist ausnahmsweise zur Klarstellung das Z 205 (Vorfahrt gewähren) aufgestellt, so gilt für das Sorgfaltsverhalten die Regelung des § 8 II, die dann gem § 39 III der (strengeren) Regel des § 10 vorgeht (s Rz 3b), *Bouska* DAR **97** 338.

11 Bei Kollision mit dem fließenden Verkehr spricht der **Anschein** gegen den aus einem Grundstück oder von einem anderen StrTeil in die Fahrbahn Fahrenden, Ce NJW-RR **03** 1536, Sa MDR **03** 506, ZfS **92** 333, KG NZV **96** 365, **98** 376, Ha VRS **72** 344, Kö DAR **96** 464, Mü NZV **90** 394, Ol ZfS **92** 332, VRS **96** 14. Bei Unfall mit dem vom Fahrbahnrand aus Anfahrenden spricht der Anschein gegen diesen, Brn DAR **02** 307, KG VM **01** 27, Fra VR **99** 864, ebenso gegen den von der AB-Standspur auf den Fahrstreifen Einfahrenden, LG Gießen ZfS **00** 335 (Alleinhaftung). Fährt ein Radf plötzlich unachtsam vom Seitenstreifen auf die Fahrbahn, kann Haftung des Kf entfallen, BGH VR **63** 438. Besonders erhöhte Sorgfaltspflicht besteht beim Einfahren **im Dunkeln,** BGH VM **56** 15, womöglich mit einem Zug, Kö DAR **63** 301, und beim **Rückwärtseinfahren** auf eine Straße, BGH NJW **52** 796, Dü VM **66** 47, s Ha DAR **62** 90. Wer durch eine Lücke in einer wartenden **Kolonne** einfährt, muß mit links vorfahrenden Fzen rechnen, KG VM **65** 63, Ha VBl **67** 480, s dazu Rz 9. Der in eine **Einbahnstr** oder Richtungsfahrbahn (§ 2 I) Einfahrende muß nicht mit Fahrverkehr aus verbotener Richtung rechnen, Kö VRS **20** 230, Ol NZV **92** 487 (Alleinhaftung des anderen), auch nicht mit unerlaubtem Rückwärtsfahren, KG VRS **60** 382, DAR **96** 366, Kö VR **92** 332. Zur **Haftungsverteilung** bei Kollision des Einfahrenden mit dem fließenden V, s § 17 StVG Rz 10, 18.

Einfahren und Anfahren § 10 StVO **2**

Der Einfahrende muß höchstmögliche Sorgfalt anwenden, darf aber grundsätzlich **12** auf Beachtung der VRegeln durch den fließenden Verkehr **vertrauen,** Bay DAR **73** 250, VRS **45** 211, einschränkend Brn VRS **93** 28 (Rückwärtseinparken), wie auch dieser auf Beachtung seines Vorrangs, s Rz 8. Der Einfahrende darf darauf vertrauen, daß der fließende Verkehr nicht schneller als auf Sicht fährt, Ce VRS **51** 305, s Zw VRS **71** 220, mit häufigen Verstößen des Fahrverkehrs muß er aber rechnen, zB auch mit Geschwindigkeitsüberschreitungen, s Rz 10, oder dem Überfahren von Haltlinien, Hb VR **77** 1033. Zur Frage, inwieweit mit Überschreitung der zulässigen Höchstgeschwindigkeit zu rechnen ist, s im übrigen § 8 Rz 53. Wer aus einer Tankstelle nach rechts hin ausfährt, muß nicht mit überholendem Gegenverkehr auf der für diesen linken StrSeite rechnen, Bay DAR **68** 189.

Eines **Einweisers** (**E** 146) muß sich der aus einem Grundstück Einfahrende bedienen, **13** wenn im Hinblick auf die örtlichen Verhältnisse selbst vorsichtiges Hineintasten in die Fahrbahn ohne Gefährdung des fließenden Verkehrs nicht möglich wäre, KG VM **01** 27, Mü NZV **90** 274, **94** 106. Dies ist aber nicht stets dann der Fall, wenn er die Fahrbahn nicht genügend überblicken kann, sondern nur in Ausnahmefällen, Bay NStZ **87** 548, Ce VRS **51** 305. Einweisung ist nur bei besonderer Sachlage nötig, Fra VM **76** 48, Zw VRS **71** 220, zB bei mangelnder Sichtmöglichkeit infolge der Besonderheiten des benutzten Fzs, BGH NZV **91** 187 (Schaufellader), dagegen auch bei sehr schmaler Straße nicht, wenn der Ausfahrende auch als Entgegenkommender (ohne einzubiegen) kein geringeres Hindernis wäre (Fahren auf Sicht), Bay VM **73** 51, Ce VRS **51** 305. Entscheidend sind immer die örtlichen Verhältnisse, Ha VRS **33** 467, Ce VM **69** 32; insbesondere hängt die Pflicht zur Inanspruchnahme eines Einweisers auch davon ab, ob die Einfahrt für den fließenden V gut erkennbar ist, dieser also Fze, die sich in die Fahrbahn hineintasten, rechtzeitig wahrnehmen kann, Ce VRS **51** 305, Bay VRS **61** 386, **68** 295, NStZ **87** 548, Fra VM **76** 48. Wenngleich auch für den Rückwärtsfahrenden diese Pflicht nur ausnahmsweise besteht, Ha VRS **33** 467, Bay VRS **68** 295, KG VM **87** 45, werden bei versperrter Sicht vor allem ihn die Verhältnisse oft dazu zwingen, sich einweisen zu lassen, Hb VM **66** 39, Ko VRS **67** 284, KG VM **87** 45, oder einen Warnposten hinzuzuziehen, Ha VRS **30** 233 (zur Warnung von Fußgängern). Einweisen lassen muß sich idR, wer mit einem schwerfälligen oder langen Fz längere Zeit zum Einfahren braucht, Ba VR **77** 821, Sa VM **80** 88, Ha VRS **38** 222, Ce VRS **51** 305, Dü VR **96** 1386, oder wer bei Nebel, Mü VR **86** 1082, oder bei Dunkelheit mit einem langen Fz oder Zug einfährt, BGH VR **68** 1162 (Warnposten, Warnlampen), Dü VM **68** 95 (Zugm mit Anhänger), VR **96** 1386 (Mähdrescher mit Anhänger), Br VRS **11** 72 (Warnposten mit Laterne), Ce DAR **61** 279, Ha VRS **25** 372, NZV **97** 267 (Traktor mit 2 Anhängern ohne seitliche Beleuchtung), Mü NZV **94** 106, sonst muß er das Tageslicht abwarten, BGH VR **68** 1162, Dü VM **68** 95. Wer zum Einfahren länger braucht (schweres Zugfz, Anhänger), ist uU auch bei übersichtlicher Straße zu besonderer Sicherung (Einweiser, Warnposten) verpflichtet, Sa VM **80** 88. Geringe Sichtweite wegen Straßenkrümmung oder Kuppe macht im Hinblick auf das Sichtfahrgebot für den fließenden V keinen Einweiser oder Warnposten erforderlich, Bay ZfS **85** 94, VRS **61** 386, Ol VRS **96** 14, Zw VRS **71** 220 (anders bei ungünstigen Sichtverhältnissen, zB Dunkelheit), s BGH VR **84** 1147, s aber Mü NZV **90** 274. Auch auf schneeglatter Straße muß bei nur 35 m Sicht muß sich der Einfahrende nicht unbedingt einweisen lassen, denn der fließende Ortsverkehr muß den Wetter- und Sichtverhältnissen entsprechend langsam fahren, Bay VM **73** 17, s aber KG VM **87** 46 (Hinzukommen von Sichtbehinderung durch parkende Fze). Wer aus einem Parkplatz mit einem Lastzug mit Warnblinkern langsam (rund 20 s) nach links auf eine BundesStr einfährt, braucht keinen Warnposten, Bay 6 St 194/71 (hängt von Sichtverhältnissen und der VDichte ab). Wer als Einfahrender wegen parkender Fze, Hecken, Zäune, Mauern ua Hindernisse wenig Überblick hat, darf sich ohne Einweiser **bis zum Sichtpunkt vortasten,** wird er trotz größter Sorgfalt angefahren, kann er schuldlos sein, Bay 5 St 123/71, Bay VRS **61** 384, ZfS **85** 94, NStZ **87** 548, aM Ce NZV **91** 195 (ohne Begr); eines Einweisers muß er sich jedoch dann bedienen, wenn sich Mauer oder Zaun (nicht auch Fze!) unmittelbar am Fahrbahnrand befinden und die Ausfahrt verdecken, Bay VRS **61** 386, ZfS **85** 94. Geringe Sicht, Glätte und FzLänge können den vom rechten Parkstreifen her Einfahren-

521

2 StVO § 10   I. Allgemeine Verkehrsregeln

den uU zwingen, sich einweisen zu lassen, Ha DAR **70** 333. Soweit die eigene mögliche höchste Sorgfalt des Kf beim Einfahren reicht, bleibt er neben einem Einweiser verantwortlich, muß sich über dessen Warnbereitschaft auch bei eingespielter Zusammenarbeit also vorher vergewissern, Kö VRS **12** 298, erst recht darf er sich nicht, soweit er selbst beobachten kann, auf einen Fremden verlassen, Kö VRS **24** 398. Nur mangels eigener Beobachtungsmöglichkeit darf er sich auf einen zuverlässigen Helfer verlassen, Ha DAR **58** 252, Bra DAR **56** 247 (Tankwart), Br VM **65** 7. Der Einweiser darf die Straße, außer bei Gefahr, für den fließenden Verkehr nicht sperren oder zu sperren versuchen, denn dieser hat im Rahmen des § 1 Vorrang (Rz 8, 9). Außer Sichtverbindung können auch Zurufe des Einweisers ausreichen, Ha DAR **62** 61.

14   Die erforderliche äußerste Sorgfalt schließt Fußgänger **auf dem Gehweg** ein, Dü VM **78** 43, KG VRS **68** 284, aM AG Augsburg ZfS **01** 446 (abl *Diehl*), ebenso **Radwegbenutzer**, Dü VM **79** 20, KG VRS **68** 284, DAR **93** 257, Ha NJWE-VHR **98** 179 (Alleinhaftung des KfzF), grundsätzlich auch solche, die unerlaubt den „linken" Radweg befahren, KG DAR **93** 257 (entgegen KG aber wohl keine „Vorfahrt", s § 8 Rz 30). Äußerste Sorgfalt schließt auch die besondere Beachtung radfahrender Kinder auf dem Gehweg und den Gehweg rechtswidrig Befahrender ein, Dü VRS **63** 66, NZV **96** 119, KG DAR **93** 257, Hb NZV **92** 281 (zust *Grüneberg*). Radfahrende bis zu Achtjährige fahren idR mit entwicklungsbedingtem Bewegungsdrang, so daß der Ein- oder Ausfahrende nicht mehr nur mit Fußgängergeschwindigkeiten rechnen darf. Im Verhältnis zu schnellfahrenden Kindern kann aber Mitschuld des Kindes in Betracht kommen, im Verhältnis zu rechtswidrig den Gehweg Befahrenden (vor allem in Einbahnstraßen in Gegenrichtung) uU sogar deren Alleinschuld, s § 2 Rz 29. Je nach Örtlichkeit darf der aus einem Grundstück Einfahrende uU quer über den Radweg vor der Fahrbahn anhalten, falls der Radweg frei ist, um Überblick zu gewinnen, ein später herannahender Radwegbenutzer muß dann warten, der Einfahrende muß vor ihm nicht zurücksetzen, Dü VM **79** 20. Der rückwärts auf die Straße Einfahrende muß damit rechnen, daß Fußgänger noch hinter ihm vorbeigehen, Dü VM **78** 43, Ha VRS **30** 233, Hb VM **66** 39.

15   **4. Umschau und Rückblick** gehören beim Anfahren wie beim Einfahren von einem anderen StrTeil aus zur gebotenen höchsten Sorgfalt, weil sich die Lage sonst nicht beurteilen läßt, Dü VM **78** 60, Ha VRS **46** 222, s Ko VRS **38** 56, auch wenn das Anfahren ausnahmsweise nicht zur Verlegung der Fahrlinie nach links führt, denn ein Hintermann könnte alsbald rechts anhalten wollen, Zw VM **76** 88, Bay NJW **67** 1769, Ha DAR **61** 93, BGH VRS **13** 220. Rückschaupflicht: § 9 Rz 24–26. Die Umschau bezieht sich beim An- wie Einfahren auf den Verkehr aus beiden Richtungen, auch auf herannahende Radf und Mopedf, Ha VRS **46** 222. Besonders wichtig ist die Rückschau, wenn das RichtungsZ des Anfahrenden wegen der Nähe abzweigender Straßen mehrdeutig ist, Ce VRS **15** 136. Wer sich gleich nach dem Anfahren zur StrMitte einordnet und links abbiegen will, muß vorher nochmals zurückschauen, Dü VR **70** 1161.

16   **5. Rechtzeitig und deutlich anzukündigen** sind An- wie Einfahren, Näheres: §§ 5 Rz 46–49, 9 Rz 17–20. Auch das gehört zur äußersten Sorgfalt, und es entbindet nicht von ihr, Fr VR **74** 92. Keine äußerste Sorgfalt beim Ausfahren aus einer Parklücke ohne Blinken, wenn zudem in Schräglage noch gewartet werden muß, KG VM **74** 75. Die Benutzung des Fahrtrichtungsanzeigers ist ausdrücklich vorgeschrieben auch für Fälle, in denen die Fahrlinie nur wenig oder gar nicht verlegt wird, aM *Mühlhaus* DAR **75** 238. Der Einfahrende muß durch Blinken anzeigen, wohin er fahren will, Hb VM **66** 40, was freilich nur bei abknickender Fahrlinie und nur denjenigen VT erkennbar wird, denen der anzeigende Blinker zugewandt ist. In allen anderen Fällen (zB beim geradeaus weiterfahrenden Einfahrenden) muß die unzulängliche oder unmögliche Anzeige durch äußerste Umsicht des Einfahrenden ersetzt werden, s Ce VRS **15** 136. Der Anfahrende darf sich nicht auf Beachtung seines RichtungsZ verlassen, zumal da er den rückwärtigen Verkehr vorbeilassen muß. Er wird trotz rechtzeitigen Blinkens (Bay VRS **30** 128, VBl **66** 119) nochmals zurücksehen müssen, sonst keine äußerste Sorgfalt. Wer vom rechten StrRand her anfährt, aber sogleich rechts abbiegen will, muß zuerst links, dann sogleich rechts blinken. Auch der wieder anfahrende Linien- oder Schulbus muß trotz seines

Besondere Verkehrslagen § 11 StVO 2

Vorrangs (§ 20) rechtzeitig links blinken. Ein Radf, der an einer Kreuzung den rechts abbiegenden Radweg verläßt und mit Vorrang (§ 9) geradeaus weiterfährt, muß jedenfalls dann kein Zeichen geben, wenn er seine Fahrlinie nicht nach links verlegen muß, sonst aber wohl nach § 10, s § 9 Rz 42 (Dü VM **65** 92 insoweit teilweise überholt).

6. Ordnungswidrig (§ 24 StVG) sind Verstöße gegen eine Vorschrift des § 10 über **17** das Einfahren oder Anfahren (§ 49 I Nr 10), soweit öffentlicher VRaum in Betracht kommt oder einbezogen ist. Wer beim Einfahren in den Verkehr noch auf einem nicht dem fließenden Verkehr dienenden StrTeil oder auf nichtöffentlichen VGrund aus Unachtsamkeit kollidiert, verletzt § 1 II, s Bay DAR **73** 109. Ist zur Klarstellung Z 205 aufgestellt (s Satz 3), so ist Nichtbeachtung Verstoß gegen § 8 II (s Rz 10). Behinderung des fließenden Verkehrs durch Ein- oder Anfahren: § 1.

Lit.: *Bouska*, Der „abgesenkte Bordstein" in der StVO, DAR **98** 385. *Hentschel/Berr*, Anfahren, **18** KVR. *Schleusener*, Einfahren, KVR. *Schleusener/Scherer*, Grundstücksausfahrten im StrV, KVR. *Kürschner*, Vorrangs- und Vorfahrtprobleme ..., NZV **89** 174. *Derselbe*, Vorrang für in und aus Fußgängerbereichen fahrende Schienenbahnen gegenüber QuerstraßenV, NZV **92** 215.

Besondere Verkehrslagen

11 (1) **Stockt der Verkehr, so darf trotz Vorfahrt oder grünem Lichtzeichen niemand in die Kreuzung oder Einmündung einfahren, wenn er auf ihr warten müßte.**

(2) **Stockt der Verkehr auf Autobahnen und Außerortsstraßen mit mindestens zwei Fahrstreifen für eine Richtung, so müssen Fahrzeuge für die Durchfahrt von Polizei- und Hilfsfahrzeugen in der Mitte der Richtungsfahrbahn, bei Fahrbahnen mit drei Fahrstreifen für eine Richtung zwischen dem linken und dem mittleren Fahrstreifen, eine freie Gasse bilden.**

(3) **Auch wer sonst nach den Verkehrsregeln weiterfahren darf oder anderweitig Vorrang hat, muß darauf verzichten, wenn die Verkehrslage es erfordert; auf einen Verzicht darf der andere nur vertrauen, wenn er sich mit dem Verzichtenden verständigt hat.**

Begr zu § 11: *Den modernen Massenverkehr in Fluß zu halten, ist nur möglich, wenn jeder* **1** *einzelne sich auf die jeweilige Verkehrslage einstellt. Jedem ist daher aufgegeben, sein Augenmerk auch darauf zu richten, ob er nicht durch sein Verhalten dazu beitragen kann und muß, verwickelte Verkehrslagen zu entwirren. Da sich der Massenverkehr auf die Dauer nur durch Mithilfe aller aufrechterhalten läßt, bedarf es auch der Möglichkeit, grobe Störenfriede zur Rechenschaft zu ziehen. Bisher konnte lediglich auf Grund des allgemeinen Verbots vermeidbarer Behinderung eingeschritten werden. Richtig gesehen ist diese Regelung lückenhaft. Denn es ist jedenfalls zweifelhaft, ob Verkehrsteilnehmer, denen die Verordnung ausdrücklich Vorrang einräumt, dieses Verbot verletzen können. Die Rechtsprechung hat zwar Vorfahrtberechtigte, die, auf ihr „Recht" pochend, einen Unfall herbeigeführt haben, wegen Verletzung des bisherigen § 1 bestraft. Dabei ging es aber jeweils um Schädigungstatbestände. Es ist schwerlich aus § 1 zu entnehmen, daß die Beanspruchung eines Vorrangs, welche die Behinderung Wartepflichtiger zur Folge hat, etwa verboten sein könnte. Denn der, dem der Vorrang im Interesse der Flüssigkeit des Verkehrs eingeräumt ist, behindert zwangsläufig den Wartepflichtigen, und zwar nach den Umständen durchaus vermeidbar. Er soll im Regelfall sogar behindern; denn der Verkehrsfluß würde schon in bedenklichem Maße gehemmt, wenn auch nur ein erheblicher Teil der mit Vorrang Ausgestatteten davon keinen Gebrauch machte. § 1 paßt insoweit für Vorrangfälle nicht. Es ist daher notwendig, ausdrücklich zu normieren, daß auch Verkehrsteilnehmer, denen Vorrang eingeräumt ist, u. U. darauf verzichten müssen ...*

Absatz 2* konkretisiert in gewissemUmfang den § 1 Abs. 1... . Beispielhaft sind auch folgende **2** *Verkehrssituationen: Ein an sich wartepflichtiger Lastzug ist auf eine nach beiden Seiten nur auf kurze Strecken übersehbare Straße bis zur Mitte eingefahren, um dann auf diese Straße nach links einzubiegen. Auf der von ihm blockierten Straßenseite sammelt sich eine Reihe von Fahrzeugen; wenn in diesem Augenblick einzelne Fahrzeuge von rechts herankommen, so haben sie zu warten,*

---

* Jetzt Absatz 3.

2 StVO § 11   I. Allgemeine Verkehrsregeln

bis dieser Zug die Kreuzung freigemacht hat. Dasselbe gilt, wenn auf einer schmalen Straße ein Linksabbieger auf einzelne entgegenkommende, geradeaus fahrende Fahrzeuge warten müßte, und sich hinter ihm schon eine Fahrzeugschlange gebildet hat; dann haben die entgegenkommenden Fahrzeuge gegebenenfalls zu warten. Dasselbe gilt an Straßenengpässen. Aber auch Fußgänger oder Radfahrer, auf die von abbiegenden Fahrzeugen ja besondere Rücksicht zu nehmen ist, haben stehen zu bleiben, wenn die abbiegenden Fahrzeuge durch das ihnen vorgeschriebene Warten den Verkehrsfluß auf der anderen Straße behindern würden. Fußgänger müsen auch davon abgehalten werden, einen Fußgängerüberweg gerade dann zu betreten, wenn ein ganzer Pulk von Kraftfahrzeugen herankommt.

3   *Ohne gegenseitige Rücksicht geht es in solchen Fällen nicht. Die Norm ist freilich in anderer Richtung gewollt eng gefaßt. Die Formel „wenn die Verkehrslage es erfordert" will Fälle ausnehmen, in denen es nur zweckmäßig und nicht eindeutig geboten ist, auf den Vorrang zu verzichten. Nur wirkliche Störenfriede werden erfaßt.*

4   *Der zweite Halbsatz des Absatzes 2* ist notwendig. Fehlte er, so wäre jedenfalls problematisch, inwieweit der Vertrauensgrundsatz hier Geltung hat. Ihn in den hier behandelten Fällen einzuschränken, ist im Interesse der Sicherheit geboten. Im übrigen zeigt der halbe Satz ausdrücklich, daß die Verordnung den Vertrauensgrundsatz im Prinzip nicht antasten will.*

4 a   **Begr** zur ÄndVO v 19. 3. 92 (VBl **92** 186):

      Zu Abs. 2: Die Vorschrift dehnt die Verpflichtung zur Bildung einer freien Gasse auch auf Außerortsstraßen mit mehreren Fahrstreifen für eine Richtung aus. Eine Beschränkung dieser Verpflichtung nur auf Autobahnen trägt dem gestiegenen Verkehrsaufkommen nicht mehr Rechnung.

5   **1. Abstehen vom Vorrang bei untypischer Verkehrslage** (III). Erfordert es die VLage, nicht bloße Zweckmäßigkeit, so sollen Vorrangberechtigte in sinnvoller Weise zurückstehen, also auf Weiterfahren oder anderweiten Vorrang verzichten. III konkretisiert die Grundpflicht ständiger Vorsicht und gegenseitiger Rücksicht (Begr). § 11 verpflichtet jeden, verwickelte Lagen durch angepaßtes Verhalten mit zu entwirren oder sie jedenfalls nicht durch unvernünftiges Verhalten zu verstärken, BGH VR **77** 154. Sicherheit geht starrer Regelanwendung vor, Dü VR **77** 139. Wenn § 11 III auch keine bußgeldbewehrten Rechtspflichten begründet, so kann Nichtbeachtung im Einzelfall doch andere VRegeln verletzen. Droht bei wörtlicher Regelbeachtung Gefahr, so ist sinnvolles Vermeiden der Gefahr, soweit möglich, sogar Pflicht (§ 1 II, **E** 122). Als letzter Ausweg zur Unfallvermeidung sind auch Verkehrswidrigkeiten in Kauf zu nehmen, Br VRS **3** 414, *Fuchs-Wissemann* DAR **95** 280.

6   **Einzelfälle:** Wer beim Nebeneinander- oder gestaffelten Fahren den Fahrstreifen beibehält, muß dem Vorausfahrenden den Fahrstreifenwechsel ermöglichen (Begr). Der Rechtsfahrende auf der AB soll, sofern er keinen Hintermann behindert, nach links ausbiegen, um Einfahrenden das Einfädeln zu erleichtern (Begr). Wer als Abbieger eine Fahrbahnseite blockiert, dem sollen bevorrechtigte VT zügiges Abbiegen ermöglichen (Begr). Wer als Linksabbieger andere übermäßig aufhält, den soll der an sich vorrangige Geradeausverkehr abbiegen lassen (Begr). Behindert ein wartepflichtiger Abbieger den Verkehr ungewöhnlich, so sollen Fußgänger und Radf, die mit Vorrang geradeausgehen (fahren) dürfen, zurückstehen (Begr). III kann einen Radwegbenutzer uU zum Warten verpflichten, falls ein aus einem Grundstück Ausfahrender den Radweg versperren muß, weil er sonst keinen Überblick gewinnen kann, s Dü VM **79** 20, s auch § 10 Rz 14. An Fußgängerüberwegen bevorrechtigte Fußgänger sollen durch ihr Vorrecht nicht ganze Autopulks aufhalten, wenn sie keinen besonderen Grund zur Eile haben (Begr). Steht auf der VorfahrtStr die rechte Kolonne still, so müssen sich Fze, die links überholen, auf Querverkehr aus rechts freigelassenen Lücken einrichten, Fra VR **75** 957, Hb VM **68** 82. Stehen Fze zu nahe am Gleisbereich, so muß die Straba warten (§ 2 III). Fahren bei Betriebsschluß aus Großbetrieben große Radfahrergruppen aus, so muß der Verkehr dies berücksichtigen (§ 2 IV). Kommen in einem unüberschaubaren Engpaß Fze aneinander nicht vorbei, so muß der zurückfahren, dem es geringere Mühe macht. Der fließende Verkehr muß auf Ein- oder Anfahrende Rücksicht nehmen, s § 10 Rz 9, ebenso der

---

* Jetzt Absatz 3.

Besondere Verkehrslagen   § 11 StVO **2**

Vorfahrtverkehr auf lange wartende Wartepflichtige (§§ 8, 10). Bei Ampelversagen muß sich der Verkehr unter größter Vorsicht selbst helfen (§ 37). Bei verkehrsreichen Kreuzungen muß der nach Ampelversagen bevorrechtigte V dem QuerV für Zeitintervalle, die etwa einer Ampelphase entsprechen, das Passieren der Kreuzung durch Verzicht auf das eigene Vorrecht ermöglichen, Dü DAR **83** 379 (krit *Fuchs-Wissemann* DAR **95** 281). Ist jeder von mehreren FzF jeweils einem anderen gegenüber wartepflichtig, so ist zur Entwirrung der Lage nach Verständigung einem die Fortsetzung der Fahrt zu ermöglichen, KG VM **90** 76 (s auch § 8 Rz 38).

Der **Vertrauensgrundsatz,** den die StVO an sich unberührt läßt (Begr), wird durch 7
§ 11 II sinngemäß eingeschränkt, Stu VRS **69** 390. Da § 11 stets regelwidrige VLagen betrifft, darf niemand auf Verzicht der Bevorrechtigten vertrauen, bevor er sich mit ihm verständigt hat (Handzeichen). Verständigen bedeutet Einigkeit über das weitere Verhalten, Vieldeutigkeit oder Unschlüssigkeit genügen nicht. Ohne deutliche Erkennbarkeit darf ein Wartepflichtiger nicht darauf vertrauen, daß ein an sich Bevorrechtigter eine Einmündung zur Durchfahrt freilassen werde, Bay VRS **58** 153, VM **80** 49.

2. Kein Vorrang bei Verkehrsstockung. I behandelt zur Verdeutlichung einen 8
Beispielsfall der allgemeinen Regel in III, s Ha NZV **88** 24, **93** 405. Der Verkehr kann sich so verdichten, daß auch von Vorrangberechtigten (Vorfahrt, Grün) gefordert werden muß, zur Entwirrung oder wenigstens nicht zur weiteren Verstopfung beizutragen (Begr). Das Behinderungsverbot des § 1 reicht dazu nicht aus, weil Bevorrechtigte idR schon durch Vorrangausübung andere behindern (Begr). Deshalb schränkt I einen an sich gegebenen Vorrang bei Stockung ein. I ist Ausfluß des übergeordneten Grundsatzes ständiger Vorsicht und gegenseitiger Rücksicht (§ 1) und ein Beispiel (Begr) für das sachbedingte Erfordernis, VRegeln nicht ins Gegenteil des Bezweckten umschlagen zu lassen (s § 1 Rz 6). Er ist also keine eng auszulegende Ausnahmevorschrift, wie Ha VRS **45** 395 meint, sondern Teil einer übergeordneten Grundregel (**E** 122–124). Doch kann eine Generalklausel sinnvoller Regelanwendung wegen Unbestimmtheit kein OW-Tatbestand sein. Ow sind deshalb nur Verstöße in den in I bezeichneten Fällen, s Stu VRS **69** 304. Wo PolB den Verkehr durch Licht- oder HandZ regeln, wird nicht § 11 gelten, sondern die Sorgfaltspflicht der VT nach § 36 I.

Der Verkehr stockt iS von I bei solcher Überfüllung der Kreuzung/Einmündung 9
mit wartenden Fzen in der beabsichtigten Richtung – nicht auch solchen des QuerV, Ha NZV **93** 405 –, daß sie diesen Bereich bei freier Fahrt mit einiger Gewißheit nicht alle werden verlassen können, KG VM **77** 24, VRS **48** 462, Dü NZV **94** 491, *Möhl* DAR **70** 231, *O. H. Schmitt* VOR **72** 46, nicht schon, wenn auf geräumiger Kreuzung bereits mehrere Fze warten (meistens Abbieger) und Platz für weitere ohne Anhalt für späteres Zurückbleiben besteht, Br VM **76** 93, Dü DAR **73** 81, **89** 112, und auch nicht, wenn ein Abbieger bei an sich dichtem Verkehr und Grün nur deshalb nicht weiterfahren kann, weil ein Vorausfahrender unvorhersehbar hängenbleibt, Bay VRS **56** 126. Überhaupt begründet die bloße Möglichkeit einer nach dem Einfahren entstehenden Stokkung nicht das Verbot des Abs I, Dü NZV **94** 491. Auch das Einfahren und Warten mehrerer Linksabbieger in einer Kreuzung bis zum Abfluß des Längsverkehrs bleibt erlaubt, *Möhl* DAR **70** 231, *O. H. Schmitt* VOR **72** 48. Vorfahrt oder Grün erlauben nur dann keine Einfahrt, wenn der Kf sieht, daß er sie nicht rechtzeitig wieder verlassen kann, Stu VRS **38** 378, Ha VRS **45** 395, Dü DAR **89** 112. Ob der Verkehr stockt, richtet sich außerdem nach der bei der Ankunft beurteilbaren Frequenz des Fahrstreifens, welcher zu Kreuzung befahren werden soll, es kann also, Raum um richtig eingeordneten Warten vorausgesetzt, für den Geradeausfahrenden anders als für Links- oder Rechtsabbieger liegen. Reicht auf einer VorfahrtStr eine vor Rot oder aus anderem Grund haltende FzSchlange noch über die nächste zurückliegende Kreuzung oder Rechtseinmündung hinweg, so müssen Berechtigte, ähnlich wie an Bahnübergängen (§ 19 IV), diesen Kreuzungs- oder Einmündungsbereich für den Querverkehr (geradeaus, Linksabbiegen) freilassen, nicht auch für wartepflichtige Rechtsabbieger, die sich in die Schlange einordnen wollen, Ha NZV **88** 24. Diesen gegenüber muß nicht jeder Bevorrechtigte warten, nur weil er in Kolonne fährt. Sie müssen nur ab und zu Gelegenheit zum Einordnen erhalten (§ 1). Wer in einer vorfahrtberechtigten Kolonne fährt,

525

darf Kreuzungen und Rechtseinmündungen also nur befahren, wenn er sie zügig passieren kann, so auch *Meyer* JR **71** 32, aM Bay VRS **39** 457. Stockt der Verkehr auf der Kreuzung, so braucht ein dort Wartender nur gegenüber solchen Kfzen zurückzusetzen, die mit Hilfe dieser Lücke in anderer Richtung weiterfahren könnten, und nur, wenn das Zurücksetzen niemand beeinträchtigt (§ 1), Ko VRS **43** 215.

§ 11 birgt insoweit Ungewißheit in sich, als der Abfluß von in einer Kreuzung Wartenden von vorher nicht sichtbaren Umständen abhängen und daher vom Berechtigten nicht stets vorher verläßlich beurteilt werden kann (Panne, Ungeschicklichkeit, verspätetes Anfahren, störendes Vorkommnis im Längsverkehr). In solchen Fällen verhält sich der noch Einfahrende nicht ow. Überhaupt kommt es bei dem Vorrechtsverzicht nicht auf das an sich zweckmäßige Verhalten an, sondern darauf, was die VLage unbedingt, für jeden erkennbar, erfordert (Begr), s Ha VRS **45** 395. Die Vorschrift soll nur offensichtliche Störenfriede erfassen (Begr). Auch im Fall von I darf auf Verzicht nur nach Verständigung vertraut werden, Fra VRS **55** 64, s Bay VRS **58** 153, Ha NZV **88** 24.

Lit: *Fuchs-Wissemann*, Anmerkungen zu § 11 Abs 3 Halbs 1 StVO, DAR **95** 278. *Möhl*, „Generalklauseln" der StVO, DAR **75** 60. *Naumann*, Sozialethische Lernziele im StrV, BA **80** 234 (243: zu Flexibilitätsschwierigkeiten deutscher VT). *O. H. Schmitt*, Verhalten bei VStockungen (auch zu den §§ 19, 26 StVO), VOR **72** 42.

10 **3. Durchfahrt für Hilfsfahrzeuge** ist bei längerer Stockung auf der AB und auf außerörtlichen Strn mit mindestens zwei Fahrstreifen, nicht schon bei kurzen Stockungen infolge Zähflüssigkeit, dadurch zu gewähren, daß die Kf vom Beginn der Schlange (dem Hindernis) her in der Mitte durch Ausweichen nach rechts und links unter Benutzung befahrbarer Seitenstreifen eine Gasse bilden. Polizeifze, Krankenwagen, Arzt- und Abschleppfze müssen durchfahren können, Kö VM **70** 63. Bei drei Fahrstreifen derselben Richtung müssen sich Benutzer des linken Fahrstreifens nach links, die der anderen Fahrstreifen so weit nach rechts einordnen, daß zwischen dem linken und dem mittleren Fahrstreifen ausreichender Raum für HilfsFze entsteht; bei 4 Fahrstreifen derselben Richtung ist die Gasse über der mittleren Trennlinie („in der Mitte") zu bilden. Keinesfalls darf die Gasse zum Sichvordrängen mißbraucht werden. Die Vorschrift überträgt die frühere, nur auf AB und KraftfahrStrn geltende Regelung des § 18 IX (alt) auch auf andere Strn, sofern sie außerhalb geschlossener Ortschaften (Z 310, 311) liegen und mindestens zwei Fahrstreifen (Begriff: § 7 I 2) für eine Richtung aufweisen. Ob die Fahrstreifen markiert sind, ist ohne Bedeutung, s § 7 Rz 5. S dazu auch die Begr zu § 18 IX (alt), VBl **88** 222f.

11 **4. Ordnungswidrig** (§ 24 StVG) sind nur Verstöße gegen I und II (§ 49 I Nr 11). Wegen der komplexen Lage bei großer VDichte wird sich die Verfolgung auf eindeutige Verstöße beschränken müssen, s *O. H. Schmitt* VOR **72** 55. III enthält keinen OW-Tatbestand, trotz der nur didaktisch gemeinten Wendungen „muß" und „darf". Wäre, abgesehen von I, das Abweichen von einer Regel der Sicherheit dienlicher gewesen als starre Befolgung, so wird einem Kf die Befolgung doch nicht zum Vorwurf gereichen können, Bay JR **59** 390 (zust *Hartung*). Wer gegen § 11 I verstößt und dadurch andere behindert, verletzt in TE auch § 1, denn Behinderung gehört nicht zum Tatbestand des § 11.

Halten und Parken

12 (1) Das Halten ist unzulässig
1. an engen und an unübersichtlichen Straßenstellen,
2. im Bereich von scharfen Kurven,
3. auf Beschleunigungsstreifen und auf Verzögerungsstreifen,
4. auf Fußgängerüberwegen sowie bis zu 5 m davor,
5. auf Bahnübergängen,
6. soweit es durch folgende Verkehrszeichen oder Lichtzeichen verboten ist:
   a) Haltverbot (Zeichen 283),
   b) eingeschränktes Haltverbot (Zeichen 286),

Halten und Parken § 12 StVO **2**

c) Fahrbahnbegrenzung (Zeichen 295 Buchstabe b, bb),
d) Richtungspfeile auf der Fahrbahn (Zeichen 297),
e) Grenzmarkierung für Halteverbote (Zeichen 299),
f) rotes Dauerlicht (§ 37 Abs. 3),
7. bis zu 10 m vor Lichtzeichen und den Zeichen „Dem Schienenverkehr Vorrang gewähren" (Zeichen 201), „Vorfahrt gewähren!" (Zeichen 205) und „Halt! Vorfahrt gewähren!" (Zeichen 206), wenn sie dadurch verdeckt werden und
8. vor und in amtlich gekennzeichneten Feuerwehrzufahrten,
9. an Taxenständen (Zeichen 229).

(1 a) Taxen ist das Halten verboten, wenn sie einen Fahrstreifen benutzen, der ihnen und den Linienomnibussen vorbehalten ist, ausgenommen an Bushaltestellen zum sofortigen Ein- und Aussteigenlassen von Fahrgästen.

(2) Wer sein Fahrzeug verläßt oder länger als drei Minuten hält, der parkt.

(3) Das Parken ist unzulässig
1. vor und hinter Kreuzungen und Einmündungen bis zu je 5 m von den Schnittpunkten der Fahrbahnkanten,
2. wenn es die Benutzung gekennzeichneter Parkflächen verhindert,
3. vor Grundstücksein- und ausfahrten, auf schmalen Fahrbahnen auch ihnen gegenüber,
4. bis zu je 15 m vor und hinter Haltestellenschildern (Zeichen 224),
5. (gestrichen)
6. vor und hinter Andreaskreuzen (Zeichen 201)
   a) innerhalb geschlossener Ortschaften (Zeichen 310 und 311) bis zu je 5 m,
   b) außerhalb geschlossener Ortschaften bis zu je 50 m,
7. über Schachtdeckeln und anderen Verschlüssen, wo durch Zeichen 315 oder eine Parkflächenmarkierung (§ 41 Abs. 3 Nr. 7) das Parken auf Gehwegen erlaubt ist,
8. soweit es durch folgende Verkehrszeichen verboten ist:
   a) Vorfahrtstraße (Zeichen 306) außerhalb geschlossener Ortschaften,
   b) Fahrstreifenbegrenzung (Zeichen 295 Buchstabe a) oder einseitige Fahrstreifenbegrenzung (Zeichen 296 Buchstabe b),
   c) Parken auf Gehwegen (Zeichen 315), auch mit Zusatzschild,
   d) Grenzmarkierung für Parkverbote (Zeichen 299) und
   e) Parkplatz (Zeichen 314) mit Zusatzschild,
9. vor Bordsteinabsenkungen.

(3a) ¹Mit Kraftfahrzeugen mit einem zulässigen Gesamtgewicht über 7,5 t sowie mit Kraftfahrzeuganhängern über 2 t zulässiges Gesamtgewicht ist innerhalb geschlossener Ortschaften
1. in reinen und allgemeinen Wohngebieten,
2. in Sondergebieten, die der Erholung dienen,
3. in Kurgebieten und
4. in Klinikgebieten
das regelmäßige Parken in der Zeit von 22.00 bis 06.00 Uhr sowie an Sonn- und Feiertagen unzulässig. ²Das gilt nicht auf entsprechend gekennzeichneten Parkplätzen sowie für das Parken von Linienomnibussen an Endhaltestellen.

(3b) ¹Mit Kraftfahrzeuganhängern ohne Zugfahrzeug darf nicht länger als zwei Wochen geparkt werden. ²Das gilt nicht auf entsprechend gekennzeichneten Parkplätzen.

(4) ¹Zum Parken ist der rechte Seitenstreifen, dazu gehören auch entlang der Fahrbahn angelegte Parkstreifen, zu benutzen, wenn er dazu ausreichend befestigt ist, sonst ist an den rechten Fahrbahnrand heranzufahren. ²Das gilt in der Regel auch für den, der nur halten will; jedenfalls muß auch er dazu auf der rechten Fahrbahnseite rechts bleiben. ³Taxen dürfen, wenn die Verkehrslage es zuläßt, neben anderen Fahrzeugen, die auf dem Seitenstreifen oder am rechten Fahrbahnrand halten oder parken, Fahrgäste ein- oder aussteigen lassen. ⁴Soweit auf der rechten Seite Schienen liegen sowie in Einbahnstraßen (Zeichen 220) darf links gehalten und geparkt werden. ⁵Im Fahrraum von Schienenfahrzeugen darf nicht gehalten werden.

(4 a) Ist das Parken auf dem Gehweg erlaubt, so ist hierzu nur der rechte Gehweg, in Einbahnstraßen der rechte oder linke Gehweg zu benutzen.

(5) ¹An einer Parklücke hat Vorrang, wer sie zuerst unmittelbar erreicht; der Vorrang bleibt erhalten, wenn der Berechtigte an der Parklücke vorbeifährt, um rückwärts einzuparken oder wenn er sonst zusätzliche Fahrbewegungen ausführt, um in die Parklücke einzufahren. ²Satz 1 gilt entsprechend für Fahrzeugführer, die an einer freiwerdenden Parklücke warten.

(6) Es ist platzsparend zu parken; das gilt in der Regel auch für das Halten.

Begr zu § 12 ...

1   **Zu Absatz 2:** ... *Was auf einer Parkverbotsstrecke unbedenklich gestattet werden kann, ist in Absatz 2 gesagt. Der Gesetzgeber darf sich, wenn er eine sachgerechte Lösung finden will, nicht darauf beschränken, bei der Parkdefinition eine obere zeitliche Grenze des Haltens zu ziehen. Denn auch das Verlassen des Fahrzeugs ist von Bedeutung. Überall, wo das Parken verboten ist, verlangt das Verkehrsinteresse auch bei kürzerem Halten einen jederzeit abfahrtbereiten Fahrzeugführer. Daß dieser, sobald das haltende Fahrzeug zum Hindernis wird, dann auch wirklich wegfahren muß, gehört zu jenen Selbstverständlichkeiten, die der Verkehrsgesetzgeber nicht aussprechen darf. Das ergibt sich aus § 1.*

Die Verordnung zieht die Zeitgrenze, bei der das Halten zum Parken wird, strikt bei 3 Minuten. Der Vorentwurf hatte flexibler von „wenigen Minuten" gesprochen. Mag solche Regelung auch eine der jeweiligen Örtlichkeit besser angepaßte Handhabung der Vorschrift gestatten, so liegt es doch wohl im Interesse der Verkehrsteilnehmer, eine klare Regelung zu erhalten.

... Was unter dem Verlassen des Kraftfahrzeugs zu verstehen ist, das ist der ausgedehnten, sachlich zutreffenden Rechtsprechung zu § 35 StVO (alt) allgemein verständlich zu entnehmen.

2   **Zu Absatz 3:** ... *Zu Nr. 6: Das bisher in § 16 Abs. 1 Nr. 3 enthaltene Verbot wird sachgerecht konkretisiert. Die Bundesbahn strebt an Übergängen ein freies Sichtdreieck vom 50-m-Punkt an. Innerhalb geschlossener Ortschaften läßt sich wegen der Parkraumnot das Parkverbot nicht aufrechterhalten; erforderlichenfalls ist dort durch Verkehrszeichen abzuhelfen ...*

3   **Zu Absatz 4:** *Der Absatz bringt in Übereinstimmung mit dem Weltabkommen Vorschriften darüber, wo auf der Straße und wie dort zu parken und zu halten ist. Ob ein Seitenstreifen zum Parken geeignet ist, kann für den Verkehrsteilnehmer zweifelhaft sein. In solchen Fällen kann durch Aufstellung des Unterrichtungszeichens 388 das Notwendige gesagt werden. Es liegt im Interesse der Verkehrssicherheit, Fahrzeuge auch zu kurzem Halten, wie es der zweite Satz verlangt, an den Fahrbahnrand zu verweisen; das Halten „in zweiter Reihe" wird damit untersagt. Die Vorschrift darf freilich nur als Regelsatz aufgestellt werden, der Ausnahmen duldet. Wenn Verkehrslage und Örtlichkeit es zulassen, genügt es durchaus, „auf der rechten Seite" zu halten; dadurch wird zugleich häufig schwieriges Einordnen zwischen parkenden Fahrzeugen und stets das nicht ungefährliche Anfahren vom Fahrbahnrand (vgl. § 10) vermieden.*

Satz 3★ übernimmt jegliches Recht; es dient lediglich der Klarstellung, wenn neben Halten auch das Parken ausdrücklich erwähnt wird.

4   **Zu Absatz 5★★:** *Diese Vorschrift ist durch die herrschende Parkraumnot diktiert. Wie man vom Verkehr verlangen muß, daß er sich in den Verkehrsfluß einfügt, so kann man ih dazu verpflichten, auch beim Parken das Allgemeininteresse nicht zu vernachlässigen und nicht mit dem knappen Parkraum verschwenderisch umzugehen. Der Satz ist kein Programmsatz, sondern enthält ein durch § 24 StVG bußgeldbewährtes Gebot (§ 49 Abs. 1 Nr. 12). Daß er sich nicht mehr konkretisieren läßt, derjenige, dem die erforderliche Verkehrgesittung fehlt, bedarf der Erziehung. Es ist sachgemäß. für den, der nicht parken (sondern nur halten) will, die Vorschrift nur als Regelsatz aufzustellen.*

5   **Begr** zu Abs. 3 Nr. 2 (VBl **75** 674): *Weder die Generalklausel des § 1 StVO noch das Verbot des Parkens in zweiter Reihe (§ 12 Abs. 4 Satz 1) bieten für die Praxis eine ausreichende Handhabe, um das Parken an den Stellen zu verhindern, an denen es die Benutzung ausgewiesener Parkflächen unmöglich macht. Die vorgesehene Vorschrift will ... eine verständliche Regelung schaffen. Sie wirkt der unerwünschten Schilderanhäufung entgegen ...*

★ Jetzt Satz 4.
★★ Jetzt Abs. 6.

Halten und Parken § 12 StVO **2**

Begr zu Abs. 4 a (VBl **75** 674): *Aus Gründen der Verkehrssicherheit ist das Parken auf der* 6 *Fahrbahn entgegen der Fahrtrichtung, ausgenommen in Einbahnstraßen oder wenn rechts Schienen liegen, verboten. Die Ergänzung dient der Klarstellung, daß dies auch für das Parken auf Gehwegen gilt.*

Begr zur ÄndVO v. 21. 7. 80 (VBl **80** 516): 7
Zu Abs. 3 a: *S Begr zu § 6 StVG … Das Parkverbot wird beschränkt auf die reinen, allgemeinen und besonderen Wohngebiete, auf die Sondergebiete, die der Erholung dienen (z. B. Wochenendhausgebiete, Ferienhausgebiete, Campingplatzgebiete), auf Kurgebiete und Klinikgebiete.*
Diese Begriffe sind der Baunutzungsverordnung vom 15. September 1977 (BGBl. I S. 1763) entnommen. Sie sind dort auch näher definiert. Bei Auswahl der Gebiete, in denen das Parkverbot gelten soll, ist der Bundesminister für Verkehr von folgenden Erwägungen ausgegangen:
Im Interesse des Schutzes der Nachtruhe der Wohnbevölkerung vor Lärm- und Abgasbelästigungen durch ankommende und abfahrende Lkw ist das Nachtparkverbot dort unerläßlich, wo die Wohn- und Erholungsfunktion eines Gebietes eindeutig im Vordergrund steht. Da es sich auf der anderen Seite um einen nicht ganz unerheblichen Eingriff in den Gewerbebetrieb eines Unternehmers handelt, sollen die Gebiete vom Parkverbot ausgenommen sein, die nicht in erster Linie dem Wohnen oder der Erholung dienen, z. B. Kerngebiete, Gewerbegebiete, Industriegebiete, aber auch die sogenannten Mischgebiete.
…
Der Verordnungsgeber ist sich darüber im klaren, daß die Auslegung des unbestimmten Rechtsbegriffs „regelmäßig" nicht ganz einfach ist. Gleichwohl wurde auf eine Konkretisierung in der Verordnung verzichtet. Zur Verdeutlichung sei bemerkt, daß nicht gewollt ist, das Parken im Einzelfall zu verbieten. Das wäre zu weitgehend.
Nicht der Unternehmer soll getroffen werden, der selbst oder dessen Fahrer den Lkw ein- oder zweimal, d. h. in Ausnahmefällen, in den betroffenen Gebieten parkt. Das Parkverbot soll sich vielmehr auf den Unternehmer beziehen, der die Straße dadurch als Betriebshof mißbraucht, daß er Nacht für Nacht oder an den Wochenenden, und damit regelmäßig, seinen Lkw dort parkt oder parken läßt. Dabei würde ein gelegentliches Aussparen einiger Nächte oder einiger Wochenenden der Regelmäßigkeit nicht entgegenstehen.
…

Zu Abs. 4 Satz 1: *Ebensowenig wie es hingenommen werden kann, daß auf einem in* 8/9 *Fahrtrichtung links gelegenen Seitenstreifen gehalten oder geparkt wird, kann dies auf einem Parkstreifen geduldet werden. Die Ergänzung stellt dies klar.*
Änderung durch den Bundesrat. Begr: Die Änderung dient der dringend notwendigen Klarstellung der in Rechtsprechung und Literatur strittigen Frage, ob sog. Parkstreifen, die entlang der Fahrbahn für das Parken von Fahrzeugen in Längsrichtung angelegt sind, unter die Vorschrift des § 12 Abs. 4 Satz 1 StVO fallen.
…

Begr zur ÄndVO v 22. 3. 88 (VBl **88** 221): 10
Zu Abs 1 Nr. 8: *… Das Fehlen eines derartigen Haltverbots hat zu Schwierigkeiten in der Praxis, zu ärgerlichen Auseinandersetzungen mit Autofahrern und auch zu Behinderungen der Feuerwehr geführt. Es ist selbstverständlich, daß es für den Verkehrsteilnehmer erkennbar sein muß, daß es sich um eine Feuerwehrzufahrt handelt. Erforderlichenfalls ist ein entsprechendes Schild aufzustellen.*

Zu Abs 3 b: *– Begründung des Bundesrates – … Das Problem der Belästigung, insbesondere* 11 *ein „Überwintern" von Wohnwagenanhängern sowie der Wegnahme von Parkraum, ist vor allem aus den Ballungsgebieten bekannt; dem sollte entgegengewirkt werden.*

Zu Abs 5 und 6: *– Begründung des Bundesrates – Angesichts der erheblichen Parkraumnot* 12 *und der nicht eindeutigen, lediglich auf die Vorschriften über verbotene Behinderung (§ 1 Abs. 2) gestützten Rechtsprechung soll der Vorrang an einer Parklücke deutlich geregelt werden. Dabei gilt der Grundsatz, daß Vorrang an einer Parklücke derjenige hat, der sie zuerst unmittelbar, also nicht z. B. auf der gegenüberliegenden Fahrbahnseite, erreicht. Da in der Regel rückwärts einzuparken ist, muß der Berechtigte meist an der Parklücke vorbeifahren, um rückwärts einzuparken. Diese*

2 StVO § 12 I. Allgemeine Verkehrsregeln

Situation wird nicht selten von nachfolgenden Fahrzeugen dazu benutzt, ihrerseits zu versuchen, in die Lücke einzufahren. Deshalb wird bestimmt, daß der Vorrang des Berechtigten bei Fahrbewegungen, die notwendig sind, um sachgerecht in die Parklücke einzufahren, erhalten bleibt.

Ist eine Parklücke noch nicht vorhanden, bereitet sich jedoch der Fahrer eines geparkten Fahrzeugs erkennbar auf die Abfahrt vor und wartet unmittelbar an dieser Stelle ein anderes Fahrzeug, so soll der Fahrer dieses Fahrzeugs Vorrang beim Besetzen der Parklücke in gleicher Weise haben, als wenn die Parklücke bereits vorhanden wäre.

13/14 **Begr** zur ÄndVO v 19. 3. 92 (VBl **92** 186):

Zu Abs. 3 Nr. 9: Städte und Kommunen richten vermehrt sogenannte Rollstuhlabsenkungen an Bordsteinkanten ein, um den Rollstuhlfahrern die Auf- und Abfahrt zu erleichtern. Diese Bordsteinabsenkungen werden leider häufig zugeparkt. Mit Ausnahme der 5-m-Zone an Straßenecken und an Aus- und Einfahrten kann dieses Parken bisher wegen mangelnder Rechtsgrundlagen nicht geahndet werden. Es wird daher gefordert, das Parken an allen abgesenkten Bordsteinen in der StVO zu verbieten.

Zu Abs. 4 Satz 2: In § 12 Abs. 4 Satz 2 StVO ist nur der zweite Halbsatz bußgeldbewehrt. Hält ein Fahrzeugführer auf einem Gehweg oder einem Radweg, ohne zu parken, so ist bisher strittig, ob dieses Verhalten geahndet werden kann. Durch die Änderung wird klargestellt, daß selbst dann, wenn der Regelfall des Halbsatzes 1 nicht zutrifft, jedenfalls auf der Fahrbahn gehalten werden muß, während andere Straßenteile nicht zum Halten benutzt werden dürfen.

Zu Abs. 4 Satz 5: Das Halten und Parken im Fahrraum von Schienenfahrzeugen ist bisher nur nach den allgemeinen Regeln des Verhaltensrechts (§ 1 Absatz 2 StVO) unzulässig. Ein ausdrückliches Verbot erscheint jedoch zweckmäßig. Die Vorschrift übernimmt die bisherige Regelung aus der ehemaligen StVO-DDR.

15 **Begr** zur ÄndVO v 14. 12. 93 (VBl **94** 172):

Zu Abs. 1 Nr. 9: Begründung des Bundesrates zu Buchstaben a, b:

Im Interesse eines möglichst reibungslosen Taxiverkehrs müssen die rechtlichen Voraussetzungen für das Freihalten der Taxenstände von unberechtigt haltenden und parkenden Fahrzeugen verbessert werden.

Zu Abs. 4 Satz 3: Begründung des Bundesrates zu Buchstabe c:

Unter Berücksichtigung der Rechtsprechung zu dem Begriff des Ein- oder Aussteigens bei Zeichen 286 (eingeschränktes Haltverbot) soll es ermöglicht werden, daß Taxifahrer z. B. ältere oder behinderte Fahrgäste mit Gepäck in der Wohnung abholen oder in die Wohnung zurückbegleiten dürfen. Da damit das Fahrzeug verlassen wird, reicht dazu die bisherige Fassung der Vorschrift nicht aus.

Vwv zu § 12 Halten und Parken

Zu Absatz 1

16   1   *Halten ist eine gewollte Fahrtunterbrechung, die nicht durch die Verkehrslage oder eine Anordnung veranlaßt ist.*

Zu Absatz 3 Nr. 1 und Nr. 8 Buchst. d)

16 a   2   *Wo an einer Kreuzung oder Einmündung die 5-m-Zone ausreichende Sicht in die andere Straße nicht schafft oder das Abbiegen erschwert, ist die Parkverbotsstrecke z. B. durch die Grenzmarkierung (Zeichen 299) angemessen zu verlängern. Da und dort wird auch die bloße Markierung der 5-m-Zone zur Unterstreichung des Verbots ratsam sein.*

Zu Absatz 3 a

17   3   *I. Die Straßenverkehrsbehörden sollten bei den Gemeinden die Anlage von Parkplätzen anregen, wenn es für ortsansässige Unternehmer unmöglich ist, eigene Betriebshöfe zu schaffen. Bei Anlage derartiger Parkplätze ist darauf zu achten, daß von ihnen keine Störung der Nachtruhe der Wohnbevölkerung ausgeht.*

17 a   4   *II. Wirkt sich das regelmäßige Parken schwerer Kraftfahrzeuge oder Anhänger in anderen als den aufgeführten Gebieten, z. B. in Mischgebieten, störend aus, kommen örtliche, zeitlich beschränkte Parkverbote in Betracht (§ 45 Abs. 1).*

Halten und Parken　　　　　　　　　　　　　　　　　　　**§ 12 StVO 2**

Zu Absatz 4

5　Wo es nach dem äußeren Anschein zweifelhaft ist, ob der Seitenstreifen für ein auf der Fahr-　18
bahn parkendes Fahrzeug fest genug ist, darf wegen Nichtbenutzung des Seitenstreifens nicht
eingeschritten werden. Über die Kennzeichnung unzureichend befestigter Seitenstreifen vgl. zu
Zeichen 388.

Übersicht

Abgesenkter Bordstein 57 a
Abgrenzung des Parkbegriffs 1, 42, 42 a
Abschleppen aus Parkverboten 64 ff
Andreaskreuz, Parkverbot 2, 50
Anhänger 42 a, 60 a, 60 aa
Anzeige des Haltens 20
Aufstellen beim Parken 4, 58–58 c, 60
Ausnahme vom Parkverbot 43
Aussteigen 30, 31

Bahnübergang, Haltverbot 27
Behinderndes Parken 44 ff
Behinderte 60 b
Beladen, Halten zum 30, 32–34
Beschleunigungsstreifen, Haltverbot 25
Betriebsstörung 19
Bewachung der Fahrzeuge 57
Bewohner 60 b
Bordsteinabsenkungen 57 a

Dauer des Ladens 32–34
Dauerlicht, rotes 37
Dauerparken 42, 42 a
DDR, Länder der ehemaligen 68

Einbahnstraße, Parken 58 b
Eingeschränktes Haltverbot 30–34
Einmündung 45
Einsteigen 30, 31
Engstelle 22, 23, 42
Entladen 30, 32–34
–, Nebenverrichtungen 31, 33, 34

Fahrbahnen, mehrere, Parken 58 b
Fahrbahnrand, Halten 38, Parken 58 b
Fahrräder 38, 42, 55
Fahrstreifenbegrenzung, Haltverbot 35
–, Parkverbot 54
Feiertagsparkverbot 60 a
Feuerwehrzufahrt 37 b
Fußgängerüberweg, Haltverbot 26

Gebührenpflichtiger öffentlicher Parkplatz 57
Gefährdendes Parken 44
Gegenstände, Laden 32–34
Gehweg, Mitbenutzung beim Halten 41
–, Mitbenutzung beim Parken 55, 61
Gemeingebrauch 12 f
Grenzmarkierung für Haltverbote 36 a
Grenzmarkierung für Parkverbote 56
Grundstücksein- und -ausfahrt, Parkverbot 47

Halten 1, 9, 16, 19
–, Anzeige 20
– zum Ein- und Aussteigen 30, 31
– zum Be- und Entladen 30, 32–34
– wo? 3, 38, 40, 41
–, Taxen 37 e, 40 a

– in zweiter Reihe 3, 9, 40, 40 a
–, unzulässiges 21 ff, 35 ff, 41 a
Haltestelle, Parkverbot 48
Haltverbote 22–37 e, 41 a
–, Verbotsstrecken 28, 29
–, Kennzeichnung 28
–, VZ 283 29
–, VZ 286 30–34

Kennzeichnung von Verbotsstrecken 28, 44
Kreuzung, Parkverbot 45
Kurve, scharfe, Haltverbot 24

Lastzug, Entladen 33, 34
Lieferverkehr 32, 33
Liegenbleiben 19
Linksparken 58 a, b

Markierung auf Parkplätzen 57, 58 c, d
Mehrere Fahrbahnen, Parken 58 b

Nachtparkverbot 60 a
Nebenverrichtungen beim Ladegeschäft 31, 33,
　34
Nicht öffentlicher Verkehrsraum 58, 58 b, 58 d
Nötigung 62

Ordnungswidrigkeit 61

Parken 1, 42 ff
– wo? 3 f, 58–60
–, platzsparendes 4, 58 c
–, nicht behinderndes 44, 46
–, Gehwegmitbenutzung 55
– in zweiter Reihe 40 a, 60
Parklücke, Vortritt 59
Parkplatz 57
Parksonderberechtigungen 60 b
Parkverbote 2 f, 7, 44–54, 57 a, 60 a
–, Grenzmarkierungen 56
–, Ausnahmen 43
Parkverbotsstrecke 44
Platzsparendes Parken 4, 58 c
Post, Ausnahmegenehmigung 29, 40

Rechter Seitenstreifen, Halten 38
Rechts parken 3, 58 ff
Richtungspfeile auf der Fahrbahn, Haltverbot 36
Rotes Dauerlicht, Haltverbot 37

Schachtdeckel, Parkverbot 51
Schienen 37 d, 58 b, 64
Schräg- und Querparken 58 d
Schwerbehinderte, Parkerleichterung 60 b
Schwerfahrzeuge 60 a
Seitenstreifen, Halten 38
–, Parken 3, 8, 58 ff
Stelle, unübersichtliche 22, 23
Strafrecht 62

531

2 StVO § 12 I. Allgemeine Verkehrsregeln

Taxen 37 e, 40 a
Taxenstand, Haltverbot 37 c

Unübersichtliche Stelle 22, 23

Verbotsstrecke 28, 29, 44
Verdecken von Verkehrszeichen 37 a
Verkehrsbehinderung, unvermeidbare 34
Verkehrsinsel, Parken an 58 b
Verkehrszeichen
–, Parkverbot durch 52–54
–, Haltverbot 28
–, Verdecken von 37 a

Verschlüsse, Parkverbot über 51
Verwaltungsrecht 65 f
Verzögerungsstreifen, Haltverbot 25
Vorfahrt auf Parkplätzen 57
Vortritt an Parklücken 59

Warten, verkehrsbedingtes 16, 19, 39
Widmung 57

Zivilrecht 63 f, 67
Zweiräder 38, 42, 55
Zweite Reihe, Halten 3, 40
–, Parken 40 a, 60

19 **1. Halten** ist jede gewollte, nicht durch die VLage oder eine Anordnung (§§ 36, 37, 38, 41) veranlaßte Fahrtunterbrechung (Vwv Rn 1, s Rz 16), Kar NZV **03** 493, Dü VRS **98** 299, Kö VRS **92** 362, auf der Fahrbahn, uU auch auf Seitenstreifen, Fra NJW **88** 1803, also nicht das Anhaltenmüssen oder Liegenbleiben wegen wirklicher oder vermeintlicher Betriebsstörung (§ 15), Kö VM **74** 15 (aber die Zeit verzögerter Pannenbehebung, s weiter unten), auch nicht, wenn bis zum Eintreffen technischer Hilfe Besorgungen gemacht werden, KG VRS **66** 153, nicht das Warten bei Rot, Warnlichtanlage oder geschlossener Schranke, BGHSt **14** 149, DAR **60** 149, Kar NZV **03** 493, Dü DAR **60** 26, oder auf Weisung, das Warten vor LZA auch dann nicht, wenn der FzF nach Aufleuchten des Grünlichts infolge Unaufmerksamkeit zögert, Kö VRS **67** 289, nicht das verkehrsbedingte Abwarten des Gegenverkehrs beim (auch unzulässigen) Abbiegen, Kö DAR **76** 139, nicht das Warten in FzStau vor Zufahrten zu Parkhäusern, Tankstellen uä (verkehrsbedingt durch das Warten des jeweiligen Vordermannes), *Berr/H/Schäpe* 10, aM *Hauser* DAR **84** 272, auch nicht das Warten vor geschlossener Grenzabfertigungsanlage oder am Ende einer dort wartenden FzSchlange, Bay VRS **60** 146, Kar NZV **03** 493, aber das Halten zum Ein- und Aussteigen, Be- und Entladen (zweckbedingtes Halten) ohne Rücksicht auf das Abstellen des Motors, ebenso das Warten bis zum Öffnen eines Einfahrttores bei Mitbenutzung der Fahrbahn, s Kö DAR **57** 111. Ungewolltes Liegenbleiben wegen **Betriebsstörung** wird jedoch von dem Augenblick an (freiwilliges) Halten, in dem Behebung des Fehlers oder Abschleppen möglich gewesen wäre, Fra NJW **88** 1803, s Kö VM **74** 15. Liegenbleiben an einer Stelle, wo Halten oder Parken verboten ist, verpflichtet zur unverzüglichen Entfernung des Fzs, OVG Münster NZV **00** 310 (in Großstädten idR innerhalb 1 Std.). Die Zeit spielt für den Begriff des Haltens nur insofern eine Rolle, als der Haltende, der sein Fz verläßt oder länger als drei Minuten hält, auch zum Be- oder Entladen, parkt (§ 12 II) (zeitbestimmtes Halten), BGHSt **28** 143, Bay VRS **55** 66, aM KG VRS **51** 384, so daß nunmehr auch die Parkvorschriften (III–VI) für ihn gelten. Das Halten setzt die Bewegung mit Fzen voraus, zu denen die „besonderen Fortbewegungsmittel" (§ 24) nicht zählen. Halten und Parken werden nur in § 12 geregelt, nicht auch in § 2, Ce VR **76** 1068.

20 **1 a. Anzeige des Haltens** (§ 11 I 1 alt) schreibt die StVO nicht mehr vor, s Fra VRS **72** 419. Rechtzeitiges und deutliches Aufleuchtenlassen der Bremslichter ist jedoch sachgerecht; auch mehrfaches Betätigen der Bremse zu diesem Zweck kann uU – etwa auf Schnellstraßen – geboten sein (§ 1), damit der nachfolgende V nicht durch überraschendes Anhalten gefährdet wird, BGH VR **86** 489, Ha NZV **94** 28 (Halten auf freier Strecke wegen Taube). Überholen kurz vor dem Anhalten ohne Anzeige ist grob verkehrswidrig, VGH Ka VRS **29** 392. Haltende oder parkende Kfze sind nicht nach § 15 zu sichern, bei schwerer Erkennbarkeit aber nach § 1; außerdem gilt § 17, s § 15 Rz 3.

21 **2. Halten ist unzulässig** an den in I Nr 1 bis 9 sowie IV S 5 bezeichneten Stellen und im Geltungsbereich der in Nr 6 genannten Z 283, 286, 295, 297, 299 und roten Dauerlichts (§ 37) nach deren Maßgabe. Haltverbote sind zugleich Parkverbote, KG VRS **51** 384, Stu VRS **71** 457, Kö VR **90** 100. Auf der AB und den KraftfahrStr ist Halten und Parken außerhalb der bezeichneten Parkplätze verboten (§ 18). Jeder FzF muß auch unabhängig von VZ nach der Örtlichkeit, uU auch nach der VLage

Halten und Parken § 12 StVO 2

(abgestellte Fze) prüfen, ob er halten darf, Bay DAR **78** 190, etwa in Engstellen (§ 1 II); zB hält ein besonders sorgfältiger Kf (§ 17 III StVG) auf einer BundesStr an geeigneter Stelle außerhalb der Fahrbahn, Stu DAR **74** 298. Soweit Übersicht, Ausweichmöglichkeit, Zufahrt und Zugang zur Fahrbahn es erfordern, gelten Haltverbote für Fahrbahn und Seitenstreifen, s Rz 22, 24, 26–28, 30 ff, *Bouska* VD **73** 129. Im Bereich von Parkverboten darf gehalten (§ 12 II) werden, es sei denn, in unmittelbarer Nähe bestünde eine Parkmöglichkeit, dann kann ein Verstoß gegen § 1 II in Betracht kommen. Zur Frage, wann kurzes Halten an unverbotener Stelle § 1 II verletzt, s Rz 44 sowie § 1.

2 a. Haltverbot an engen und an unübersichtlichen Straßenstellen (I Nr 1). 22
Die Vorschrift betrifft enge wie unübersichtliche Stellen, beide Merkmale brauchen nicht zusammenzutreffen, Dü JMBlNRW **83** 106. Sie dient der Sicherstellung ausreichenden Raumes für den fließenden V, Dü NZV **90** 201, VRS **98** 299, VGH Ma DAR **02** 284. Wegen des Überblicks und der etwaigen Ausweichmöglichkeit gilt das Verbot auch für den Seitenstreifen, *Bouska* VD **73** 130. Eng ist eine StrStelle idR, wenn der zur Durchfahrt insgesamt freibleibende Raum für ein Fz höchstzulässiger Breite (§ 32 I Nr 1 StVZO) zuzüglich 50 cm Seitenabstand bei vorsichtiger Fahrweise nicht ausreichen würde, Bay NJW **60** 1484, Dü NZV **90** 201, VRS **98** 299, Ha NZV **95** 402, VG Mü NZV **91** 88, VG Berlin NZV **98** 224, ohne daß es dann auf die wirkliche Breite des behinderten Fz ankommt, BGH VR **66** 365. Die Gegenfahrbahn ist dabei mitzurechnen, weil andernfalls 8 m breite Straßen Engstellen wären, s VG Mü NZV **91** 88. Nicht mitzurechnen ist jedoch eine auf der anderen Seite der Fahrbahn gekennzeichnete, nicht belegte Parkfläche, Dü VRS **98** 299. Die StrBreite im übrigen StrVerlauf ist ohne Bedeutung („StrStelle"), Ol VR **66** 365. Die Engstelle kann baulich bedingt sein, zB durch eine VInsel, oder durch Eishöcker oder Schneehaufen, Bay VRS **31** 129, Mü VR **60** 569, durch abgestellte Fze, BGH VR **66** 365, Ce VR **76** 1068, Dü VM **65** 48 (dann Haltverbot für Hinzukommende, solange der Zustand dauert), Ha VRS **9** 226 (auf der anderen StrSeite verengend abgestelltes Fz), selbst durch unerlaubt abgestellte oder parkende Fze, Kar VRS **45** 316. Bleiben 3,4 m zur Durchfahrt frei, so ist eine StrStelle nicht eng iS von I Nr 1, Bay VRS **59** 376. Auf Straßen mit beschränktem Fahrverkehr (Z 253) wird uU schmalerer Durchfahrraum ausreichen, Bay VRS **27** 232. Durch eine Trennlinie (Z 295, 296 Fahrstreifen A) wird eine StrStelle nicht eng iS von § 12 I Nr 1, weil die Sondervorschriften des § 41 III Nr 3 a, 4 b dort nur das Parken einschränken, Sa VM **81** 84. Halten kann hier nach § 1 II unzulässig sein, s aber Rz 44. Das Anhalten auf einem Überholstreifen ist idR als gefährlich zu unterlassen, Dü VR **74** 1112. Das Haltverbot ist streng auszulegen. Wer in steiler Engstelle versperrend hängenbleibt, muß sie durch Zurückstoßen alsbald freimachen, er darf nicht von dort aus zu Fuß liefern, Bay VRS **31** 129.

Unübersichtlich ist eine Stelle, wenn ungenügender Überblick es hindert, den Verkehr vollständig zu überblicken und Gefahr zu vermeiden, Bay DAR **78** 190, Dü 23
JMBlNRW **83** 106, VM **88** 43, auch Kreuzungen/Einmündungen, Ce VRS **32** 474, Dü JMBlNRW **83** 106, verdeckende Kuppen, auch wenn vor stehende Fze von beiden Seiten aus gut sichtbar sind, Bay VRS **35** 392. Darunter fällt auch Sichtverkürzung durch abgestellte Fze, Geräte, Bauzäune, ausgenommen bei ganz vorübergehender Sichtbehinderung. Weitere Fälle: § 5 Rz 34, 35. Zusätzliche Erschwerungen und Gefährdung durch haltende Fze sollen von an sich schon unübersichtlichen Stellen ferngehalten werden.

2 b. Im Bereich von scharfen Kurven (I Nr 2) ist jedes Halten auf Fahrbahnen 24
oder Seitenstreifen unzulässig, weil Haltende dort unvermutete Hindernisse bilden können, auch bei Übersichtlichkeit. Kurve ist gekrümmter Straßenverlauf bezogen auf eine einheitliche Fahrbahn, Brn VRS **106** 307; die Schnittstelle zweier Straßen an Einmündungen und Kreuzungen fallen nicht hierunter, Dü JMBlNRW **83** 106. Wendeschleifen am Ende einer Sackgasse („Wendehammer") sind nicht „Kurve" iS von I S 2, eine analoge Anwendung scheidet aus, Brn VRS **106** 307. Scharfe Kurven sind nicht nur solche mit geringer Überblickbarkeit und Fahren auf „halbe Sicht", sondern überhaupt solche mit geringem Radius, ohne daß Schleudergefahr bestehen muß, s Ce NJW **60** 1485. „Im Bereich" scharfer Kurven gilt das Verbot, also für beide Fahrbahnseiten, BGH NJW

533

71 474, und je nach Art und Beschaffenheit der Straße bereits angemessen weit vor der Kurve, in ihr und ausreichend weit hinter ihr, bis keine Gefährdung durch verengendes Halten mehr in Betracht kommt.

25 **2 c. Das Haltverbot auf Beschleunigungs- und Verzögerungsstreifen** (I Nr 3) dient dem ungefährdenden Beschleunigen zwecks Einfädelns in den durchgehenden Verkehr und dem entsprechenden Verzögern vor dem Ausfahren oder Abbiegen. Beides darf nicht durch Hindernisse auf diesen Fahrstreifen behindert werden. Für Seitenstreifen gilt dies nicht. Beschleunigungs- wie Verzögerungsstreifen dienen dem Ein- bzw Ausgliedern aus durchgehenden Fahrbahnen, s § 2 Rz 25 a. Verbindungsstreifen zwischen Ein- und Ausfahrspuren („3. Fahrspur") gehören nicht hierher. S § 18.

26 **2 d. Auf Fußgängerüberwegen und bis zu 5 m davor** (I Nr 4) darf auch auf Seitenstreifen nicht gehalten werden, weil haltende Fze die Sicht auf Wartende verdecken können. Demselben Sicherungszweck dient das Überholverbot bei vor Fußgängerüberwegen wartenden Fzen. S § 26. Auch an Haltestellen muß die Straba den Fußgängerüberweg freilassen, BGH MDR **75** 833. Näher: § 26 Rz 18. Ein Z 283 mit Beschränkung auf bestimmte Zeiten durch Zusatzschild in diesem Bereich ist widersprüchlich, ein Mißverständnis durch VT nicht vorwerfbar, Bay VRS **64** 383. Fußgängerüberwege iS des Abs I Nr 4 sind nur solche, die durch Z 293 („Zebrastreifen") gekennzeichnet sind, Bay VRS **65** 299 (s § 26 Rz 10). Abs I Nr 4 verbietet daher nicht das Halten und Parken im Bereich von Fußgängerfurten mit LZA (s § 37 Rz 58); dort kann jedoch Abs I Nr 7 in Frage kommen, soweit die LZA verdeckt wird, im übrigen § 1 II StVO (s aber Rz 44).

27 **2 e. Auf Bahnübergängen** (§ 19), auch solchen ohne Bahnvorrang, darf niemals gehalten werden, weil sonst Gefahr besteht, daß der Übergang bei Bedarf nicht sofort freigemacht werden kann (I Nr 5), s Fra VR **88** 295. Auch bei Stockung ist daher stets vor dem Andreaskreuz anzuhalten, s § 19 Rz 28. Parken an Bahnübergängen: Rz 50.

28 **3. Haltverbot durch Verkehrszeichen** (I Nr 6) besteht im Geltungsbereich der in Nr 6 bezeichneten Verkehrs- und LichtZ (Rz 29–37). Haltverbotsstrecken: § 41 II Nr 8 c. Der Geltungsbereich von VerbotsZ muß so klar sein, daß jeder Kf beim Fahren weiß, was gefordert wird, Kö VRS **36** 462 (s § 39). Das Haltverbot beginnt bei den Z 283, 286 für die StrSeite, auf der das Zeichen steht, und gilt bis zur nächsten Kreuzung oder Einmündung auf derselben StrSeite, § 41 II Nr 8 b. Es endet uU vorher, wenn sein erkennbarer Zweck nicht mehr fortbesteht, Bay NZV **93** 409 (idR keine Fortgeltung nach Z 250 mit ZusatzZ), oder wenn im Verlauf der Str angebrachte VZ oder VEinrichtungen (zB Parkuhr, s § 13) eine abw Regelung treffen, VG Meiningen DAR **01** 89. Auf VBedeutung oder Breite der Einmündung kommt es nicht an; mangels Wiederholung des VZ endet das Haltverbot auch an einer über einen abgesenkten Bordstein führenden Einmündung, Bay NZV **88** 154 (Begr teilweise durch § 10 nF überholt). Eine wirksame Ausdehnung des durch Z 283, 286 begründeten Haltverbots auch auf die andere StrSeite durch Zusatzschild ist nicht möglich, Ha MDR **92** 278. Längere Verbotsstrecken können durch Pfeile auf dem VZ gemäß § 41 II Nr 8 c gekennzeichnet werden. Die VZ sind in angemessenen Abständen zu wiederholen, ungekennzeichnete Zwischenstrecken von 300 m sind zu lang, Ha JMBlNRW **63** 292. Über die Anfangs- und EndZ hinaus kann die Verbotsstrecke durch Pfeile nicht ausgedehnt werden, Ce VRS **26** 74, Bay VM **76** 10, Dü VM **73** 24. Ist durch Pfeile ein EndZ angekündigt, so wirkt das Verbot für Befahrer der bisherigen Verbotsstrecke auch über Kreuzungen oder Einmündungen hinaus fort, an denen es nicht wiederholt ist, s Bay VRS **26** 62, denn die Sonderregel in § 41 II 8 c dürfte als Ausnahme von 8 b zu gelten haben. Auf Großstadtstr ohne haltende Fze ist mit Halt- oder Parkverboten zu rechnen und danach auszuschauen, Ha VRS **29** 139.

29 **3 a. Das Haltverbot (Z 283)** untersagt jedes, auch kürzestes, Halten auf der Fahrbahn, BVG NZV **93** 44, nicht auch auf dem Seitenstreifen, Ha VRS **47** 63, bei entsprechendem Zusatzschild auch auf dem Seitenstreifen, Hb DAR **76** 305, Bay VRS **45** 141, *Bouska* VD **77** 165. Die Z 283/286 gelten ohne Zusatzschild nur für die Fahrbahn, nicht

Halten und Parken § 12 StVO 2

auch für Park- und Ladebuchten, s § 41 Rz 248 Z 283. Sind die VZ 283/286 mit dem Zusatzschild „auf dem Seitenstreifen" versehen, so ist das Halten (Parken) nur auf diesem untersagt. Park- und Ladebuchten gehören zu den Seitenstreifen (s Rz 58), s *Bouska* VD 78 17, 367. Um Mißverständnisse zu vermeiden, sollte das Zusatzschild aber gleichwohl den Parkstreifen als solchen bezeichnen, s VG Mü NZV 91 488. Untersagt ist, ausgenommen Notfälle (E 117 ff.), auch Halten zum Ein- oder Aussteigen, das Halten von Taxen, Hb VRS 14 293, und das Halten zum Be- oder Entladen, Neust DAR 58 55. Das Zusatzschild „ausgenommen BauFze" berechtigt den Bauleiter zum Halten, Ce VRS 30 232. Pfeile auf dem Zeichen: Rz 28. 100 m nach HaltverbotsZ wird der Kf, wenn dazwischen keine Einmündung liegt, noch mit Haltverbot rechnen und sich danach umsehen müssen, Dü VM 66 47. Die Z 283 mit oder ohne Zusatzschild „In der Bucht" verbietet das Halten auf der Abbiegespur ins Parkhaus, Bay DAR 74 166. Wer im Haltverbot (Z 283) hält und dort schwer erkennbar ist, haftet für Auffahrunfälle, Ha VR 78 470. Das absolute Haltverbot des Abs I Nr 6 a dient auch dem Schutz die Fahrbahn überquerender Fußgänger, BGH NJW 83 1326, Kö NJW-RR 87 478, Bay NZV 93 409, nach Mü NJW 85 981 auch das eingeschränkte (Abs I Nr 6 b), zw, s *Weber* DAR 84 174, aM Schl NJW-RR 91 34. Gegenüber einer Grundstücksausfahrt dient es auch dem Schutz Ein- und Ausfahrender, Kö NJW-RR 87 478. Ob es dem Schutz des fließenden Verkehrs vor Auffahren auf haltende Fze dient, hängt von den Umständen ab, die zu seiner Anordnung führten, Bay NZV 89 201. Nach hM ist Abs I Nr 6 a in Verbindung mit Zusatzschild „Bauarbeiten" **kein SchutzG** zugunsten des in den Arbeiten behinderten Bauunternehmers, BGH NJW 04 356, AG Fra NJW-RR 90 730, *Grüneberg* NJW 92 947, *Janssen* NJW 95 626, weil Zweck der zur Aufstellung des VZ ermächtigenden Bestimmung des § 45 (I, VI) Erleichterung des V und Verhütung von VGefahren ist, s § 45 Rz 42, und es sich bei den durch das VZ bewirkten Vorteilen für den Bauunternehmer nur um einen Reflex der im Allgemeininteresse getroffenen Maßnahme handelt, aM LG Mü I NJW 83 288, AG Waiblingen NZV 02 272. *H. Weber*, Der Schadensersatzanspruch des Bauunternehmers beim Versperren einer Baustellenzufahrt durch verkehrsbehindernd abgestellte Kfze, DAR 94 251. Zum Z 283 s auch § 41 Rz 248. Ausnahmegenehmigung für **PostFze** zum kurzfristigen Halten zwecks Briefkastenentleerung: VBl 03 783.

3 b. Das eingeschränkte Haltverbot (Z 286) ist eigentlich ein *Parkverbot*, denn es 30 untersagt Halten auf der Fahrbahn über 3 Minuten, § 41 II Nr 8, also Parken (s Abs II), ohne Zusatzschild dagegen nicht auf dem Seitenstreifen oder in einer Parkbucht, Hb DAR 76 305, ausgenommen zum Ein- und Aussteigen und zum Be- oder Entladen ohne vermeidbare Verzögerung. Diese vier erlaubten Zwecke berechtigen stets zum Halten ohne vermeidbare Behinderung (Rz 38–41). Halten zu anderem Zweck ist unerlaubt, soweit es länger als 3 Minuten dauert (= Parken, s Abs II), zB vermeidbares Ausdehnen des Ein- oder Aussteigens oder Be- und Entladens, Bay NJW 67 120, sobald der vertretbare Rahmen überschritten ist, s Kö VM 62 27, aber nicht schon von Anbeginn deshalb, weil Überschreitung geplant war, Stu VM 67 95 (keine Gesinnungsahndung). Halten bis zu 3 Minuten, gleichgültig zu welchem Zweck, ist bei eingeschränktem Haltverbot stets erlaubt, soweit nicht andere Gründe (§ 1) entgegenstehen. Das Z 286 ohne Zusatzschild gilt nur für die Fahrbahn, nicht auch für Seitenstreifen oder eine Parkbucht, Hb DAR 76 305. Das Z 286 wird in Großstädten zu häufig aufgestellt mit der Folge, daß es von den VT vielfach nicht mehr beachtet wird; sparsamere Verwendung empfiehlt sich daher dringend, s *Spoerer* VGT 84 192. Zu Z 286 s auch § 41 Rz 248. Zum Umfang des Schutzwecks, s Rz 29. Mithaftung des verbotswidrig fahrbahnverengend „im eingeschränkten Haltverbot" Parkenden, wenn sein Fz beim Vorbeifahren gestreift wird, LG Nü-Fürth NZV 91 434. Zonenhaltverbot, s § 41 Rz 248 Z 290, 292.

Lit: *Hauser*, Das eingeschränkte Haltverbot, VD 90 4. *Huppertz*, Die Einrichtung von Lkw-Ladezonen, VD 98 112.

Halten zum Ein- oder Aussteigen muß sich darin einschließlich geringer Neben- 31 verrichtungen erschöpfen, Ha 2 Ss 886/65, zB Warten auf den Fahrgast nicht länger als wenige Minuten, Ha VRS 36 77, Benachrichtigung sofort bereiter Fahrgäste, Fra NJW 52 675, Zimmernachfrage und Gepäckausladen vor dem Hotel. Ist mit dem Erscheinen des Fahrgastes in Kürze zu rechnen, darf das Warten auf ihn über drei Minuten hinaus auch das Abholen in der Wohnung oder einen entsprechenden Zeitraum einschließen, den ein anderswo wartender Fahrgast ohne unnötige Verzögerung zum Erreichen des Fzs und Einsteigen braucht, s Bay VRS **57** 140 (6 Min noch erlaubt), *Bouska* VD **79** 125, *Berr/H/Schäpe* 81. Im Bereich des eingeschränkten Haltverbots (Z 286) darf auch über drei Minuten hinaus gehalten werden, wenn zum Aussteigenlassen noch unvermeidbare Nebenverrichtungen gehören (Kind wird in Tagesstätte verbracht), KG VRS **59** 230, *Bouska* VD **81** 113. Unerlaubtes Halten, wenn der Fahrer 10 Minuten weggeht, Ha 2 Ss 886/65, bei längerem Warten, weil die Fahrgäste säumen, Ce DAR **57** 277, Br VRS **7** 469, oder Warten auf unbestimmte Zeit, Ha NJW **59** 255, oder bei langwierigen Erkundigungen, Fra VM **61** 90, Verabredungen, Ha DAR **58** 339, oder Mitgehen des Fahrers zum Bahnhof, Kar VBl **60** 628. Denn wer sein Fz verläßt oder länger als 3 Minuten hält, parkt (II). Diese Frist wird auch für die Zeitdauer des Ein- oder Aussteigens durchschnittlichen Anhalt bieten, wenn sie darauf auch nicht unmittelbar zutrifft, wie sich aus der Nichtanwendbarkeit beim Be- und Entladen ergibt.

32   **Halten zum Be- oder Entladen** ist für sachnotwendige Dauer erlaubt, doch darf es durch ein Zusatzschild zeitlich beschränkt, wenn auch entgegen § 41 II Nr 8 bei Z 286 nicht ausgeschlossen werden. Be- oder Entladen setzt außerhalb des geschäftlichen Lieferverkehrs Güter von einiger Größe oder einigem Gewicht voraus, deren Tragen über weitere Strecke nicht zumutbar ist, Kar VM **75** 21, Ha VM **75** 21, KG VRS **33** 314, zB Handgepäck, Ha DAR **53** 138, Gemüsekörbe, Br VRS **19** 151, DAR **60** 185, größere Pakete, Dü VRS **6** 315, auch bei Auflieferung bei der Post, Br VM **58** 5, oder bei nur einem einzigen Kunden, Neust DAR **60** 242, Ha VRS **20** 314, Hartgeld nur bei größerem Gewicht, nicht schon aus Sicherheitsgründen, Ha VM **75** 21, *Berr/H/Schäpe* 93, aM Kö VRS **21** 381. Im geschäftlichen Lieferverkehr läßt die Rspr teilweise aber auch leichte Gegenstände ausreichen, zB Lesemappen, Ce VRS **10** 72, kleinere Pakete, BGH NJW **60** 54, Bay VM **66** 82, Br VM **63** 24, oder besonders hohen Wert oder Empfindlichkeit des Gutes, Kö VRS **21** 381, beim Verkaufsfahrer auf Lieferfahrt sogar bloße Nachfrage beim Kunden, Br DAR **58** 226.

33   Zum Be- oder Entladen rechnen übliche, damit unmittelbar verbundene **Nebenverrichtungen,** OVG Münster NZV **96** 87, wo bloße Übergabe an den Empfänger nicht ausreicht, zB bei schweren Gütern Verbringen an den endgültigen Standort, Br VRS **31** 133, kurze Wartezeit zur Abnahme, Neust NJW **52** 1228, alles, was üblicherweise zum Liefern gehört, sofern es nicht überlange dauert, Bay VM **66** 82, Br VM **58** 5, zB zügiges Kaufen und Aushändigen, Bezahlen, Einfüllen, Kontrolle von Ware und Leergut, Nachbestellen und sofortiges Laden des Nachbestellten, Transport entladener Gegenstände zum Lagerort, Hb VM **60** 26. Der sachlich nötige Zeitaufwand hängt von Art und Gewicht des Gutes ab und muß dem Üblichen entsprechen, Br VRS **23** 60, s Dü VM **68** 86.

34   **Kein Be- oder Entladen** ist hiernach das Kaufen leichter Gegenstände, Br RdK **53** 85, Schl SchlHA **43** 297, Ha VRS **4** 630, Ko DAR **57** 276, das Abholen eines verpackten Anzugs, das Überbringen einer Rolle Zeichenpapier, Kö VRS **8** 75, dazu BGH NJW **60** 54, das Abholen von Schließfachpost, Br VRS **15** 198, das Abliefern oder Abholen von Gerichtspost, Kar VM **75** 21, von Geld oder Schecks, KG VRS **33** 314, das Auf- und Einstellen eines Fernsehgeräts, Kö VM **69** 64 (jedoch bloße Übergabe), halbstündiges Warten auf Verpacken, Dü VM **68** 16, längeres Warten auf Annahmebereitschaft, Dü VM **69** 96, auf Warenprüfung, Neust VRS **9** 371, auf längere Kontrolle umfangreicher Lieferungen, auf Aussondern von Waren, Ha VRS **23** 75, Sa VRS **36** 229 (s aber Bay NJW **67** 120, VRS **32** 59), auf Abrechnen und Bezahlen, Ol RdK **53** 158, Dü VRS **23** 389, auf das Schlagen von Tannenbäumen zwecks Abtransports, Sa DAR **59** 136, Warten während geschäftlicher Besprechung und während des Anbietens, Br VRS **9** 228, überhaupt nicht Warten auf längere Nebenverrichtungen, Bay NJW **67** 120, oder 20 minütiges Auffüllen eines Automaten, Kö DAR **61** 346, überhaupt Warten, obwohl noch längere Zeit bis zum Laden vergehen wird, Kö VRS **6** 77, 15 minütiges Warten ohne Ladetätigkeit, Ha VRS **35** 394, weiteres Warten nach beendetem Laden, Ko DAR **69** 133, Waschen und Umziehen nach Beendigung der Ladetätigkeit, Dü DAR **91** 431. Gelegentliches Abholen von Gerät und Material am haltenden Werk-

Halten und Parken § 12 StVO **2**

stattwagen ist kein Entladen iS des Z 286, s Kö VRS **28** 59. Irrtum über den Begriff des Be- und Entladens kann ein unvermeidbarer Verbotsirrtum sein, da der Begriff umständebezogen ist. Halten in zweiter Reihe: Rz 40. Das Abstellen eines Sattelaufliegers auf Stelzen ist kein Entladen, sondern idR Parken eines Anhängers, s *Thubauville* VM **96** 31, abw (in anderem Zusammenhang) Fra VM **96** 30. Allerdings kann das Abstellen des entladenen Lkw-Anhängers im Bereich des Z 286 während der Entladezeit des Motorwagens zum Ladegeschäft gehören, BGH NJW **71** 384, s aber Kö VM **67** 96. Soweit Halten zum Ein- oder Aussteigen oder zum Be- oder Entladen zulässig und das Fz ordnungsgemäß aufgestellt ist (Rz 38 bis 41), muß der Verkehr die unvermeidbare Behinderung hinnehmen, auch wenn anderswo entladen werden könnte (Hof, Einfahrt), s Br VRS **22** 309, Bay VRS **31** 129, Dü VM **62** 91. Vermeidbare Behinderung durch Nichtbenutzung anderer Haltemöglichkeiten verstößt für sich allein nicht gegen § 1, Ladegeschäfte verstoßen nur noch bei unsachgemäßer Aufstellung und Behinderung, Gefährdung oder Schädigung gegen § 1, s Dü VM **69** 14, Bay VM **66** 81. S Rz 38 ff.

3 c. Bei Fahrbahnbegrenzung (Z 295) ist Halten nach Maßgabe von § 41 III Nr 3 b bb unzulässig (I Nr 6 c): Links von ihr, auf der Fahrbahn, darf nicht gehalten werden, wenn rechts von ihr ausreichend befestigter StrRaum zur Verfügung steht oder, wie daraus zu folgern ist, soweit solcher Raum ausreicht, so daß nötigenfalls auch auf der Linie zu halten ist. **35**

3 d. Wo Richtungspfeile auf der Fahrbahn zwischen Leitlinien (Z 340) oder Fahrstreifenbegrenzungen (Z 295) markiert und damit die Fahrtrichtungen an der folgenden Kreuzung oder Einmündung vorgeschrieben sind, darf im Bereich der Markierungen auf der Fahrbahn (§ 41 III Nr 5) nicht gehalten werden, auch nicht zum Ein- oder Aussteigen oder Be- oder Entladen. Halten würde das zügige Einordnen und Abbiegen erschweren, den Verkehr zu gefährlichem Fahrstreifenwechsel zwingen, oder ihn ungebührlich aufhalten, s Ha NZV **99** 291. **36**

3 e. Grenzmarkierungen für Haltverbote (Z 299) bezeichnen, verlängern oder verkürzen vorgeschriebene Haltverbote (§ 41 III Nr 8). **36 a**

3 f. Rotes Dauerlicht über einem Fahrstreifen (§ 37 III) wird durch rote gekreuzte Schrägbalken dargestellt. Es untersagt die Benutzung dieses Fahrstreifens und jedes Halten auf der Fahrbahn vor dem LichtZ. **37**

3 g. Verdeckend innerhalb 10 m vor LichtZ (§ 37) und den Z 201 (Dem Schienenverkehr Vorrang gewähren), 205 (Vorfahrt gewähren!) und 206 (Halt! Vorfahrt gewähren!) ist Halten untersagt (I Nr 7). Mehr als 10 m vor solchen Zeichen besteht kein Haltverbot, innerhalb der 10 m-Strecke besteht es bei Sichtbehinderung auf das Zeichen, gegebenenfalls auch beim Halten auf Seitenstreifen. Abs I Nr 7 ist SchutzG iS von § 823 II BGB, Kö VR **90** 100. **37 a**

3 h. Feuerwehrzufahrten können ihren Zweck nicht erfüllen, wenn sie durch haltende oder parkende Fze blockiert sind. Vor und in solchen Zufahrten besteht daher gem Abs I Nr 8 Haltverbot, sofern sie durch ein amtliches, also auf Veranlassung der nach Landes- oder Gemeinderecht zuständigen Behörde, aufgestelltes Schild, KG NZV **92** 291, gekennzeichnet sind. Private Kennzeichnung genügt nicht, KG NZV **92** 291, Kö NZV **94** 121. Auf den baurechtlichen Hintergrund der Einrichtung der Feuerwehrzufahrt kommt es nicht an, KG NZV **92** 291. Freizuhalten ist die Zufahrt in einer Breite, die das ungehinderte Ein- und Ausfahren, auch von LöschFzen, gewährleistet, s *Hauser* VD **91** 199, nicht auch der Raum unmittelbar daneben, Ha MDR **98** 281. Ein Haltverbot auch gegenüber der Zufahrt entsprechend dem Parkverbot gegenüber von Grundstückseinfahrten auf schmalen Strn besteht nicht; wird dort geparkt, so gilt Abs III Nr 3. Das Halten *in* einer amtlich gekennzeichneten Feuerwehrzufahrt, die nicht öffentlicher VRaum ist, kann von Nr 8 nicht erfaßt werden, weil Halten und Parken außerhalb öffentlichen VRaumes in der StVO nicht geregelt ist (s Rz 58), Ha NZV **90** 440, Kö NZV **94** 121, *Vogel* NZV **90** 421. Das Verbot des Abs I Nr 8 ist einer Ausdehnung auf sonstige Feuerwehrflächen, die nicht Zufahrt iS der Bestimmung sind, nicht zugäng- **37 b**

537

lich, KG NZV **94** 407. Wer in einer Feuerwehrzufahrt iS von Abs I Nr 8 nicht nur hält, sondern parkt, verstößt zugleich gegen Abs III Nr 3, s *Vogel* NZV **90** 420.

> Lit: *Vogel*, ... Halten vor und in amtlich gekennzeichneten Feuerwehrzufahrten, NZV **90** 419. *Hauser*, Parkfreie Zonen zugunsten der Feuerwehr, VD **91** 198.

37 c   **3 i. An Taxenständen** (Z 229) dürfen, auch auf Seitenstreifen, nur betriebsbereite Taxen halten, Hb VM **66** 64, kein als Taxi und Mietwagen zugelassener Pkw, dessen Fahrer keine FE zur Personenbeförderung hat, Ha VRS **21** 465. Die Neufassung hat das früher insoweit nur bestehende Parkverbot durch ein Haltverbot ersetzt (ÄndVO v 14. 12. 93). Damit ist die Streitfrage, inwieweit Be- und Entladen erlaubt ist (s BGHSt **39** 119) überholt. Bei markierten Taxenhalteplätzen muß das Z 229 nicht unbedingt am Beginn des allgemeinen Parkverbots stehen, Ha VRS **50** 469. Ein Zusatzschild kann die Zahl der zugelassenen Taxen angeben, oder Z 299 die Länge der Verbotsstrecke bezeichnen. S § 41 zu Z 229.

37 d   **3 j. Im Fahrraum von Schienenfahrzeugen** darf nicht gehalten werden, IV S 5. Das Verbot erstreckt sich nicht nur auf den eigentlichen Gleisbereich, sondern („Fahrraum") auch auf den Raum daneben, soweit er von der Bahn benötigt wird. Der Bahn muß genügend lichter Raum zur Durchfahrt bleiben. Verkehrsbedingtes Anhalten und Warten ist nicht „Halten" iS von Abs IV S 5, Ha VRS **100** 438 (s Rz 19). Insoweit gelten §§ 2 III und 9 I S 3.

37 e   **3 k. Haltverbot für Taxen** besteht auf Sonderfahrstreifen für Linienomnibusse (Z 245), um diese nicht zu behindern, ausgenommen an freien Bushaltestellen ganz kurzfristig zum sofortigen Ein- und Aussteigen von Fahrgästen (I a). Nähert sich ein Linienbus, so wird die Taxe unverzüglich Platz machen müssen.

38   **4. Möglichst auf dem rechten Seitenstreifen** oder unter dessen Mitbenutzung bei Tragfähigkeit ist zu halten, sonst jedenfalls auf der rechten Fahrbahnseite rechts, Kar VRS **48** 63, NZV **90** 189, und stets platzsparend. Seitenstreifen verlaufen in unterschiedlicher Länge, ohne Sonderwege zu sein, neben der Fahrbahn. Ist der Seitenstreifen ausreichend tragfähig, das Halten nicht nur ganz kurz, Ha 4 Ss 827/72, und der Verkehr lebhaft, so muß er mitbenutzt werden. Nicht tragfähige Seitenstreifen können durch Z 388 gekennzeichnet sein. Bei Zweifel über die Tragfähigkeit besteht keine Benutzungspflicht. Der Ort des Haltens und Parkens richtet sich nur nach § 12 IV, nicht (auch) nach § 2 I, KG VRS **45** 66, *Mühlhaus* DAR **74** 30, aM Dü VRS **43** 381, es sei denn, ein Fz hätte in nennenswertem Umfang andere StrTeile als die Fahrbahn befahren, s *Bouska* DAR **72** 255, KG VRS **45** 66, aM Ko VRS **45** 48. Mangels tragfähiger Seitenstreifen ist idR am äußersten **Fahrbahnrand** zu halten, BGHSt **17** 240 = NJW **62** 1405, *Booß* VM **74** 13, s dazu Rz 13/14, parallel zum Fahrbahnrand, für den Fahrverkehr möglichst unbehindernd, Bay VRS **31** 129, Dü VM **66** 46, KG VM **56** 26, auch zum Be- oder Entladen, Schl DAR **62** 213, Ce VRS **15** 142, mit Pferdefuhrwerken in ausreichendem Abstand von Gehwegen (50 cm), Nü VR **82** 174. Daraus, daß der Haltende die Fahrbahnmitte nicht überragt, folgt nicht schon, daß er „auf der rechten Fahrbahnseite rechts" steht, denn hierzu muß er sich, soweit der Raum reicht, soweit rechts wie möglich halten, aM KG NJW **77** 65. Busf haben an Haltestellen scharf rechts heranzufahren, dürfen dabei aber Fahrgäste nicht gefährden, Ha VRS **15** 61. Wer nicht scharf rechts oder auf der falschen StrSeite hält, gegen den spricht bei einem Auffahrunfall der Anschein der Ursächlichkeit, BGH VR **69** 715. Rechter Fahrbahnrand, s auch Rz 58 b. **Unbeleuchtete Kleinkrafträder,** FmH, Fahrräder, Handfze und unbespannte Fuhrwerke müssen auch bei erlaubtem Halten im Beleuchtungsfall von der Fahrbahn entfernt werden (§ 17 IV). Solche Kleinfze werden stets anderwärts Platz finden. Daß rechts (benutzte) **Schienen** liegen, schließt Parken und Halten rechts außerhalb des Schienenbereichs bei Beachtung von Abs IV S 5 und § 1 II nicht aus. Links darf nur gehalten werden, wenn sonst Schienenfze behindert würden, nicht lediglich wegen Be- oder Entladens. In **Einbahnstr** (Z 220) darf scharf rechts oder scharf links gehalten werden (IV), Bay DAR **76** 277, auch bei Strabaverkehr in Gegenrichtung, ohne dessen Behinderung, BGHSt **16** 133, NJW **61** 1779, Bay NJW **61** 576.

Halten und Parken § 12 StVO **2**

Lediglich **verkehrsbedingtes Warten** ist kein Halten (Rz 16, 19) und geschieht daher in der Fahrlinie, Dü DAR **66** 26, Bay VM **66** 52, BGHSt **19** 149, auch in der Form des Nebeneinanderaufstellens, soweit zulässig, BGHSt **14** 149, Dü VM **58** 18. **39**

Halten in zweiter Reihe, links neben parkenden Fzen (nicht neben anderen Hindernissen, zB Schneewällen, Bay VRS **64** 380), ist im Regelfall untersagt, denn Haltende müssen jedenfalls auf der rechten Fahrbahnseite rechts halten (IV S 2) (Begr), bei kurzem Halten wie beim Halten zum Ein- oder Aussteigen oder zum Be- oder Entladen. Hinzunehmen nach § 1 ist es in Ausnahmefällen, je kürzer und dringlicher es ist (Ladegeschäfte bestimmter Art) und je weniger es den Verkehr behindert, Dü VM **88** 43, näher *Bouska* VD **79** 6. Halten in zweiter Reihe über 3 Minuten zwecks Ladegeschäfts ist vorschriftswidriges Parken (IV) und auch nicht durch Z 286 erlaubt, BGHSt **28** 143 = NJW **79** 224, *Bouska* VD **79** 4, aM KG NJW **77** 65. Unabweisbaren Interessen kann dadurch genügt werden, daß es 3 Minuten nicht übersteigt, ferner durch VZ oder Ausnahmegenehmigung (§ 46), BGHSt **28** 143 = NJW **79** 224. Halten in zweiter Reihe nur, wenn das Interesse hieran gegenüber dem des fließenden Verkehrs überwiegt, Bay DAR **76** 277, s Hb VM **76** 79. Nur wenn Örtlichkeit oder VLage nicht entgegenstehen (geringer Verkehr, breite Fahrbahn, gering behinderndes Durchfahren), darf ausnahmsweise in zweiter Reihe gehalten werden, etwa ganz kurz, Bay VM **72** 52, KG VR **80** 85, uU auch bei fehlender Haltemöglichkeit in Fahrzielnähe, KG VM **74** 13, VRS **51** 383. Jedoch sind sehr strenge Anforderungen zu stellen, die Bequemlichkeit des einzelnen hat gegenüber dem Interesse des fließenden Verkehrs zurückzustehen, s *Hauser* DAR **84** 276. Unzulässig wird es stets sein, wenn in erreichbarer Nähe eine Parklücke oder andere Abstellmöglichkeit besteht, s Bay VM **72** 52. Halten auf schmaler Fahrbahn „in zweiter Reihe" zwecks Lieferung ist jedenfalls dann unzulässig, wenn es stark behindert und sogar zum Mitbefahren des gegenüberliegenden Gehwegs zwingt, Dü VM **79** 7. Sieht sich ein Kf innerorts auffällig gewarnt, so ist baldiges Rechtsheranfahren und -halten, uU sogar in zweiter Reihe, zwecks Nachschau sachgemäß, KG VM **73** 36. Um einen Gebrechlichen aufzunehmen, darf vorübergehend in zweiter Reihe störend gehalten werden, jedoch nicht unter Mitbenutzung der anderen StrSeite, Sa VRS **46** 69. Bei nennenswerter Behinderung ist es unzulässig, ohne weitere Güterabwägung zugunsten von Liefertätigkeit. Diese beschränkt sich auf Fälle nur geringer Behinderung (Begr). Bei stärkerer Behinderung durchgehenden Verkehrs ist dem, der halten will, schwierigeres, umständliches Einordnen in eine Lücke zuzumuten (Begr). Wer in zweiter Reihe hält, muß sein Recht hierzu nachweisen, KG VM **80** 85. Halten in 2. Reihe zum Zwecke des Rückwärtseinparkens ist grundsätzlich erlaubt, KG VM **85** 26. Ausnahmegenehmigung für **PostFze** zum kurzfristigen Halten in zweiter Reihe zwecks Briefkastenleerung: VBl **03** 783. **40**

Lit: *Bouska,* Halten und Parken in zweiter Reihe, VD **69** 261.

Taxen dürfen ausnahmsweise in zweiter Reihe halten und in den engen Grenzen von Abs IV S 3 auch parken, also nur zum Zwecke des Ein- oder Aussteigenlassens von Fahrgästen. Der Begriff ist hier in gleicher Weise zu verstehen wie beim Z 286 (s Rz 31). Dazu gehören kurzes, aber uU auch mehr als 3 Minuten dauerndes Warten auf Fahrgäste sowie notwendige Nebenverrichtungen wie Abrechnen und Ausladen des Gepäcks, aber auch Abholen in der Wohnung, im Hotel, Restaurant usw (also auch kurzes Verlassen des Fzs), s *Hentschel* NJW **94** 637. Im übrigen gilt § 1 II auch für Taxen. **40a**

Mitbenutzung des Gehwegs zum Halten und Be- oder Entladen sieht IV nicht vor, zumal da Fze über 2,8 t (§ 42 IV) dessen Tragkraft übersteigen oder Schachtabschlüsse beschädigen könnten. Ist es nicht durch VZ 315 ausdrücklich erlaubt, so ist es (außer in notstandsähnlichen Fällen, KG VRS **45** 66) verboten, wie die Formulierung von Abs IV S 2 („Fahrbahnseite") nunmehr ausdrücklich klar stellt (s Rz 13/14). Verstoß gegen Abs IV S 2 *Halbsatz 2* ist (anders als Halbsatz 1) bußgeldbewehrt. Gehweg: § 2 Rz 29, § 25 Rz 12. **41**

5. Parken (II). Parken ist als **Gemeingebrauch** (s *Berr/H/Schäpe* 582ff) überall erlaubt und nur durch die §§ 1 II, 12, 13 eingeschränkt, BGH VRS **58** 225, Dü DAR **86** 157, Ha DAR **87** 158, VG Neustadt ZfS **02** 311. Auch das Abstellen von **Zweirädern** **42**

539

2 StVO § 12   I. Allgemeine Verkehrsregeln

ist grundsätzlich Parken im Rechtssinn, OVG Lüneburg VBl **03** 650, VG Lüneburg VRS **104** 236, *Berr/H/Schäpe* 613; jedoch gelten nicht alle in § 12 getroffenen Regelungen (einige dem Wortlaut nach, andere nach Sinn und Zweck) zB auch für Fahrräder, VG Lüneburg VRS **104** 236, *Kettler* NZV **03** 212, *Berr/H/Schäpe* 615, s Rz 55. Auch Parken auf Gehwegen ist keine Sondernutzung, seine Zulässigkeit richtet sich ausschließlich nach StrVRecht (s Rz 55), VG Berlin VRS **63** 234. Parken ist Gemeingebrauch (**E** 50) an öffentlichen Straßen im Rahmen ihrer Widmung und der VVorschriften, nämlich das Aufstellen zugelassener betriebsfähiger Fze zur Benutzung bei Bedarf auf beliebige Zeit, BVG DAR **66** 193, Ha DAR **87** 158, Dü VRS **74** 285 (krit *Kullik* PVT **88** 98), *Booß* VOR **74** 100, nicht mit jeweils zwecks Fahrens erst zu befestigendem rotem Kennzeichen, Bay VM **77** 17, aber auch Dauerparken nachts und feiertags (Laternengarage), BVG NJW **70** 962, s *Walter* DÖV **83** 233. Es ist **bundesrechtlich abschließend geregelt**, auch längeres Parken zugelassener und betriebsbereiter Kfze kann nur durch nach der StVO zulässige Maßnahmen beschränkt werden, BVGE **44** 193 = NJW **74** 761, DÖV **78** 886, VRS **40** 468, NJW **66** 1190. Eine landesrechtliche Regelung, die das regelmäßige FzEinstellen in Wohnungs- oder Arbeitsplatznähe zu Sondernutzung erklärt, ist daher nichtig, s **E** 46, 49. Die in der StVO getroffenen Regelungen des Parkens sind grundgesetzkonform, BVerfG VRS **68** 1. Wer sein Fz ohne die Möglichkeit sofortigen Eingreifens und Wegfahrens verläßt, Bay DAR **76** 277, *Hauser* DAR **84** 273, oder länger als 3 Minuten hält, vom Einparken ab gerechnet, auch zum Ein- oder Aussteigen oder zum Be- oder Entladen, der parkt (Rz 40), Bay VRS **55** 66. Zum Problem des Haltens zwecks Ladegeschäfts über 3 Minuten als Parken *Bouska* VD **77** 49, **78** 177, **79** 4 (dem BGH zust). Sein **Kfz verläßt** idR nicht, wer es nach dem Aussteigen so im Auge behält, daß er nötigenfalls sofort damit wegfahren kann, Dü VM **79** 7, Ce VRS **72** 80, Ol NZV **93** 491, anders aber, wenn andere Berechtigte dies nicht erkennen können (Behindertenparkplatz), Dü NZV **96** 161. Das Fz verläßt nicht, wer das Steuer einer anderen fahrbereiten Person übergibt, Ce VRS **72** 80, enger Dü DAR **95** 499 in Fällen der Benutzung von Flächen, die Parksonderberechtigten vorbehalten sind (Behindertenparkplatz). Aussteigen auf weniger als 3 Minuten bei sofortiger Wegfahrbereitschaft macht das Halten nicht zum Parken, Bay VRS **51** 459. II will das Parken als Unterfall des Haltens und Hauptfall des ruhenden Verkehrs umschreiben (Begr). Der ruhende Verkehr ist lediglich Unterbrechung des fließenden, Bay VM **77** 17, BVGE **34** 320. Durch die VLage, durch Anordnung (Rz 16, 19) oder Panne **erzwungenes Warten** ist kein Parken, auch nicht, wenn der FzF, solange Weiterfahrt nicht möglich ist, sein Fz verläßt, Kar NZV **03** 493, Dü NZV **89** 81. Vorschriftsgerechtes Parken wird nicht dadurch unzulässig, daß später andere Parkende die Stelle unpassierbar machen, Dü VM **73** 78. An sich zulässiges Parken kann § 1 verletzen, wenn es dem Zweirichtungsverkehr keine zwei Fahrstreifen mehr läßt, obwohl in nächster Nähe günstiger geparkt werden konnte, Bay VM **70** 33, (Parkbeginn ist maßgebend), s aber Rz 44.

42 a   Entscheidend für die Frage, ob Gemeingebrauch oder Sondernutzung vorliegt, ist der **Zweck der StrBenutzung** mit dem Fz; überwiegt der Verkehrszweck des im öffentlichen VRaum stehenden Fzs, so handelt es sich um Gemeingebrauch und damit um Parken, s Dü NZV **91** 40, OVG Hb VRS **98** 396, anders dagegen, wenn der öffentliche VRaum vorrangig für andere Zwecke in Anspruch genommen wird, OVG Münster DAR **01** 183. Das Abstellen eines **nicht zugelassenen** oder abgemeldeten **Fzs** gehört nicht zum Gemeingebrauch, Bay VM **77** 17, OVG Münster NZV **04** 428, und ist deshalb im öffentlichen VRaum unzulässig. Abgestellt sind Fze, die aus dem Verkehr gezogen sind und daher aus der Geltung des StrVR herausfallen, entweder weil sie nicht zugelassen sind oder nicht fahrbereit sind oder praktisch nicht als VMittel benutzt werden, Bay VM **77** 17, BVG MDR **60** 533, VBl **70** 351. Unzulässig ist daher das Abstellen ausschließlich **zu Werbezwecken**, BVG DAR **66** 193, OVG Hb VRS **107** 73, **98** 396, VG Fra NVwZ-RR **04** 375, Dü NZV **91** 40, LG Fra NVwZ-RR **03** 387, krit *Manssen* DÖV **01** 154 Fn 37, auch bei gelegentlichem Standortwechsel mit eigener Kraft; eines **nicht betriebsfähigen Fz,** auch wenn zugelassen, eines Fz mit verkehrsbeeinträchtigendem Mangel zur späteren Reparatur, Ha VRS **41** 74. Parken eines vorschriftswidrigen, verkehrsunsicheren Fzs, das – wenn auch ow – zum Fahren benutzt wird, ist keine Sondernutzung, insbesondere kein Lagern von Abfall, Bay VRS **66** 227, aM *Dovarak*

Halten und Parken § 12 StVO **2**

NVwZ **86** 103. Das Aufstellen von **Anhängern ohne ZugFz** ist grundsätzlich Parken und bei Beachtung der Vorschriften des § 12 erlaubt, BVG NJW **86** 337, VG Fra NVwZ-RR **04** 375, und zwar ohne einschränkende VZ-Regelung auch auf AB-Parkplätzen, Fra NStZ-RR **96** 250. Dies folgt aus Abs III a und III b, die ausdrückliche Regeln für das Parken von Anhängern enthalten, s BVG NJW **86** 337, Kar VRS **65** 465 (Segelflugzeuganhänger); die gegenteilige Ansicht, zB Ko DAR **83** 302 (Wohnhänger) ist jedenfalls durch Einfügung des Abs III b überholt. Zur Frage einer Möglichkeit von Beschränkungen insoweit durch VZ, s *Huppertz* VD **98** 232. Parken von Kfz-Anhängern ohne ZugFz für mehr als 2 Wochen ist gem Abs III b verboten, s Rz 60 aa. Dient das Abstellen eines **Wohnmobils** in erster Linie dem Wohnen, so liegt kein Gemeingebrauch mehr vor, Bra VRS **61** 226, Schl VM **03** 4, *Berr* 472 ff. Das Ruhen oder Übernachten in Wohnwagen/Campinganhängern im öffentlichen VRaum auf Reisen zum Zwecke der Wiederherstellung der körperlichen Fahrtüchtigkeit ist erlaubter Gemeingebrauch, darüber hinaus aber genehmigungspflichtige Sondernutzung, Schl 1 Ss OWi 5/85, VM **03** 4 (einschränkend), *Bouska* VD **78** 211, *Berr* 472 ff sowie DAR **84** 253, DAR **90** 11. Soweit das Übernachten in Wohnmobilen dem ruhenden V zuzurechnen ist, kann es nicht durch Landesbestimmungen eingeschränkt werden (s § E 46f), dies übersieht AG Eutin DAR **84** 263 (abl *Berr* DAR **84** 253). **Bereitstellung von Miet-Lkw** für Kunden auf der Straße übersteigt den Gemeingebrauch, weil die Straße kein Abstellplatz für Mietgegenstände ist, Bay VRS **57** 318, *Wendrich* DVBl **87** 509, aM VG Meiningen NZV **96** 88, zw *Jan/Jag/Bur* 37. Die Tatsache, daß es sich um betriebsbereite Fze handelt, deren möglichst baldige Inbetriebnahme durch den Kunden erstrebt wird, ändert nichts daran, daß es sich um Lagerung gewissermaßen einer Ware handelt und nicht um (ruhenden) Verkehr, aM BVG NJW **82** 2332, VGH Mü BayVBl **79** 688, Dü NZV **91** 40, *Jagow* VD **81** 129, *Bismark* BayVBl **83** 456, *Steiner* JuS **84** 7. Solche Fze bilden dann uU VHindernisse (§ 32), s *Mühlhaus* VD **70** 163, *Kullik* VD **70** 171. Entsprechendes gilt für die Bereitstellung (auch zugelassener) Kfze mit dem **vorrangigen Zweck des Verkaufs,** Bay VRS **63** 476, *Berr/H/Schäpe* 3, aM Ko DAR **83** 302, *Bismark* BayVBl **83** 456, zw *Manssen* DÖV **01** 154 Fn 37, nicht jedoch, wenn ein Fz in erster Linie am ruhenden V teilnimmt und lediglich während des Parkens mit einer Verkaufsofferte versehen ist, Ha DAR **87** 158, OVG Münster DAR **01** 183.

Ausgenommen von den Parkverboten des § 12 (Rz 44–57), auch des Z 286 **43** (Rz 30 ff), ist – weil er nicht im Rechtssinne „parkt" – gemäß II, wer wegfahrbereit bis zu 3 Minuten im Parkverbot hält. Maßgebend ist in solchen Fällen allein die Dreiminutengrenze, nicht der Zweck des Haltens, doch muß der Fahrer wegfahrbereit in FzNähe sein. Spätestens nach 3 Minuten muß er wegfahren (Begr). Be- oder Entladen über 3 Minuten wird von den Parkverboten erfaßt, Ce NZV **91** 81.

6. Parkverbote (III bis III b enthalten abschließende Regelungen, Fra DAR **78** 83, **44** KG VRS **65** 299) bestehen in den Fällen gemäß III Nr 1 bis 7 und soweit Parken durch die in III Nr 8 bezeichneten Z 306, 295, 296, 315, 299 und 314 mit Zusatzschild untersagt ist, weil es dann erfahrungsgemäß den Verkehr gefährdet oder besonders behindern kann. Selbstverständlich darf erst recht in Haltverboten (I) nicht geparkt werden, Dü VRS **98** 299. Ein Parkverbot innerhalb verkehrsberuhigter Bereiche enthält § 42 IV a Nr 5. Außerdem ist Parken allgemein untersagt, wo es gefährdet oder mehr als unvermeidbar behindert oder belästigt (§ 1), Bay DAR **78** 190, Ce VM **67** 53. Ausnahme: § 35 VI (Sonderrechte). Im Hinblick auf den umfangreichen Verbotskatalog sind an ein Halt- oder **Parkverbot nach § 1 II** strenge Anforderungen zu stellen, Bay VM **80** 84, Kö VRS **92** 282, VG Mü NZV **91** 88, *Berr/H/Schape* 628; es ist daher auf wirkliche Ausnahmesituationen beschränkt, BGH VR **86** 489, Bay VRS **64** 380, Kö VRS **60** 467. Durch Parken verursachtes Erfordernis des Ausweichens oder kurzen Anhaltens ist von anderen VT hinzunehmen, Kö VRS **60** 467. Haltverbotsstrecken, Beginn und Ende: Rz 28, § 41. Soweit Übersicht, Ausweichmöglichkeit, Zufahrt oder Zugang zur Fahrbahn es erfordern, gelten **Parkverbote des Abs III** außer für die Fahrbahn auch für Seitenstreifen, s Rz 45–54, *Bouska* VD **73** 129. Da das Parken ein Unterfall des Haltens ist, gehen die Haltverbote (I) den Parkverboten (III) vor. Ist die Straße innerorts von Parkfzen frei, muß der Kf nach HaltverbotsZ ausschauen, s Rz 28.

2 StVO § 12 I. Allgemeine Verkehrsregeln

44 a   Da polizeiliche **Weisungen** (§ 36) den VRegeln und VZ vorgehen, darf die Weisung auch ein an sich rechtmäßiges Verhalten, zB erlaubtes Parken, modifizieren, zB können erlaubt Parkende aus polizeilich vorrangigem Grund weg- oder an eine andere Stelle gewiesen werden. Umgekehrt darf ein Beamter vorübergehend Parken im Parkverbot gestatten.

45   **6 a. Vor und hinter Kreuzungen und Einmündungen** besteht Parkverbot auf Fahrbahnen und Seitenstreifen bis zu je 5 m von den Schnittpunkten der Fahrbahnkanten (III Nr 1), um Übersicht und Abbiegen nicht zu behindern, BGH VRS **18** 206, Kö VRS **70** 468, Kar DAR **89** 113, OVG Münster VRS **99** 380. Im Hinblick auf § 25 III S 1 dient das Parkverbot aber auch die Fahrbahn überquerenden Fußgängern, OVG Münster VRS **99** 380, aM Schl NJW-RR **91** 34. Bei **abgerundeten Einmündungen** mit bogenförmiger Bordsteinkante ist der gedachte Schnittpunkt maßgebend, Bay VRS **59** 377, **61** 463, Ha VRS **7** 227, Kar DAR **89** 113. III Nr 1 gilt auch an Einmündungen mit besonders großen Einmündungsbögen, bei denen der gedachte Schnittpunkt der verlängerten Fahrbahnkanten mehr als 5 m vom Beginn des Bogens entfernt ist; dann verstößt das Parken am Beginn der Biegung nicht gegen III Nr 1, Bay VRS **59** 375, *Cramer* Rz 69, *Rüth/Berr/Berz* Rz 63, abw *Hermanns* NZV **03** 562. Das gilt uU sogar für das Parken in der Mitte des Bogens, wenn ein dort parkendes Fz mindestens 5 m vom gedachten Schnittpunkt der verlängerten Fahrbahnkanten entfernt ist, Bay VRS **59** 377; in diesen Fällen ist aber § 1 zu beachten. Maßgebend ist die tatsächliche, auch vorübergehend (Bauzaun!) bestehende Fahrbahnbegrenzung, Bay VRS **61** 463. Einmündung iS von Abs III Nr 1 setzt stets voraus, daß die Fahrbahnkante einen Winkel bildet; die von links abknickender VorfahrtStr geradeaus abzweigende Str ist keine Einmündung, Kar DAR **89** 113. Das Verbot betrifft auch Einmündungen von Straßen mit vollständiger FzSperre (Z 250), weil § 35 (Sonderrechte) zu beachten bleibt, Ol VRS **48** 146, Dü VM **88** 23 (Anm *Booß*). Bewirkt vorschriftswidriges Parken zu dicht an der Kreuzung Unübersichtlichkeit, so kommt Mitverursachung durch den Falschparker in Betracht, Fra VR **74** 440, KG VR **78** 140. Wer unerlaubt weniger als 5 m vor einer Einmündung/Kreuzung dicht vor einem geparkten Kfz parkt, darf nicht damit rechnen, daß dieses später nach hinten wird ausparken können, KG VRS **55** 228. Das Verbot gilt nicht für die der Einmündung gegenüberliegende StrSeite, Kar DAR **89** 113. Parken auf Kreuzungen verstößt nicht gegen III Nr 1, sondern gegen IV 1, KG NZV **91** 163.

Lit: *Hermanns*, Praktische Probleme der Anwendung der 5-m-Zone des § 12 III Nr 1 StVO, NZV **03** 561.

46   **6 b. Parkflächenbenutzung** darf durch Parkende nicht ver- oder behindert werden. Wer so parkt, daß eine gekennzeichnete Parkfläche (Z 314, 315, Parkstreifen oder -bucht, auch auf Gehweg, *Berr/H/Schäpe* 164) nicht ordnungsgemäß zum Ein- oder Ausparken benutzt werden kann, verletzt III 2, Dü VRS **98** 299. Verhindert iS von Nr 2 ist die Parkflächenbenutzung nicht erst bei Unmöglichkeit, sondern schon dann, wenn sie für weniger geschickte Kf mit so großen Schwierigkeiten verbunden ist, daß sie davon Abstand nehmen, Dü VRS **98** 299, Ha VRS **64** 231. III 2 ist nicht verletzt, wenn die Behinderung erst durch das Hinzukommen weiterer Fze entsteht, Dü VRS **64** 300, zw *Berr/H/Schäpe* 167. Eintritt einer konkreten Behinderung (dann § 1) ist nicht Voraussetzung für Verstoß gegen Nr. 2, Dü VM **95** 95, Ha VRS **64** 231. S Rz 5. Aufstellen auf Parkplätzen: Rz 57.

47   **6 c. Vor Grundstücksein- und -ausfahrten** besteht Parkverbot, auf schmaler Fahrbahn auch ihnen gegenüber (III Nr 3) und bei Behinderung dann auch auf den Seitenstreifen. Dies ist auch bei der Einrichtung einer Linienbus-Endhaltestelle zu beachten, OVG Saarlouis NJW **04** 2995. III 3 ist Schutzgesetz **zugunsten der Berechtigten,** Kar VRS **55** 249. Es schützt den Anlieger und dessen Besucher vor Behinderung oder Belästigung beim Aus- und Einfahren, Kar NJW **78** 274, Nü NJW **74** 1145, Bay VM **75** 51, NZV **94** 288, Kö DAR **83** 333, KG VRS **68** 297, Dü VRS **78** 367. Der Berechtigte darf vor seiner Einfahrt parken und anderen das Parken dort gestatten, denn das Verbot dient nur ihm selbst, Bay DAR **75** 221, **92** 270, Kö DAR **83** 333, Dü VRS **81** 379, NZV **94** 162. Parken darf dort auch, wer jederzeit bereit und fähig ist, die Einfahrt freizumachen, Ko DAR **59** 251 (Sitzenbleiben im Fz), s Dü NZV **94** 288. Der Begriff

Halten und Parken § 12 StVO **2**

der **Grundstücksein- und -ausfahrt** richtet sich nach den gesamten baulichen Umständen, KG VRS **68** 297, einen versenkten Bordstein setzt er nicht voraus, BGH NJW **71** 851, enger Ce VM **69** 38. Grundstück: § 10 Rz 5. Grundstücke iS von Nr 3 können auch öffentliche VFlächen sein, die dem ruhenden Verkehr dienen, denn das Parkverbot vor Einfahrten will unbehindertes Ein- und Ausfahren sichern, *Hauser* VD **82** 342, s auch Ce DAR **73** 306 (zu § 9 V), aM Schl VM **85** 30. Auch zB Zufahrten zu Tankstellen, Gaststättenparkplätzen uä gehören daher dazu. Gegen Nr 3 verstößt auch, wer den Verkehr nicht behindert, weil niemand die Einfahrt benutzen will, Ce VM **69** 38, KG VRS **68** 297 (Feuerwehrzufahrt), oder wer einen Ausfahrenden behindert, der das Grundstück widerrechtlich befährt, Ha MDR **69** 601, aber nicht vor einer offensichtlich jetzt unbenutzbaren „Einfahrt", KG VRS **62** 142, wohl auch dann nicht, wenn die Unbenutzbarkeit nur dem Parkenden bekannt ist, s KG VRS **62** 142. Beharrliches Blockieren der Ausfahrt kann nötigen, Ko VRS **49** 32, *Molketin* NZV **00** 149. Dem dürfte die Auslegung des Gewaltbegriffs durch BVerfG NJW **95** 1141 nicht entgegenstehen, weil nicht nur der Körper, sondern ein Kfz eingesetzt wird, s *Amelung* NStZ **96** 230, und es sich um physische und nicht nur, wie bei Blockieren durch Personen, um psychische Einwirkung handelt, s BVerfG NJW **02** 1031, BGH NZV **95** 325, BGHSt **41** 182 = NZV **95** 453 (zust *Krey/Jaeger* NStZ **95** 542, krit *Amelung* NStZ **96** 230), Kar NJW **96** 1551, *Altvater* NStZ **95** 280, s § 5 Rz 72, aM *Berz* NZV **95** 300. Kurzparkzonen (Z 290 oder 314 mit Zusatzschild) gelten nicht für den unmittelbaren Bereich von Grundstückseinfahrten, die von parkenden Fzen freizulassen sind und dem Berechtigten oder dem von diesem Ermächtigten zum Parken unbeschränkt offenstehen, s *Bouska*, Parken vor Grundstücksein- und ausfahrten innerhalb von Kurzparkzonen, VD **66** 65. Für das Parken auf privaten, dem öffentlichen Verkehr nicht gewidmeten Flächen (Hof, Garagenzufahrt) gilt III 3 nicht, Fra DAR **75** 27, VG Stu DAR **99** 282. Maßgebend ist die Benutzbarkeit der Einfahrt, nicht der Benutzungsgrad, KG VRS **68** 297. Grundsätzlich besteht Parkverbot **in der Breite einer normalen Toreinfahrt,** jedoch derart, daß das unbehinderte Ein- und Ausfahren unter den örtlichen Verhältnissen möglich sein muß, s Kar Justiz **79** 237, OVG Br VRS **57** 230. Freizuhalten ist die Einfahrt in der Breite der Gebäudeöffnung, also idR auf etwa 3 m, Ol VRS **32** 153, bei breiteren Einfahrten, wie etwa bei Parkhäusern oder Doppelgaragen, in deren Breite, KG VRS **53** 302, während es bei einer **Garagenreihe** oder einem Vorhof genügen wird, wenn das Einfahren und Ausfahren dort parkender Fze ohne schwierige Fahrmanöver möglich bleibt, Kö VRS **25** 151, Fra NJW **69** 1074, *Hauser* VD **82** 344, *Berr/H/Schäpe* 180. Überlänge des Garagenfzs oder andere außergewöhnliche Besonderheiten bleiben bei der Auslegung von Nr 3 außer Betracht, Fra VRS **58** 368. Parkverbot besteht vor geradliniger Zufahrt über die Freifläche zur Einfahrt (Garage); ein Einfahrender braucht sich nicht auf andere Teile der Freifläche, die Zufahrt über Bürgersteig oder Nachbargrundstück verweisen zu lassen, Dü VRS **78** 367. Wer auf seinem Grundstück außer der Garagen- oder Hofeinfahrt einen **Fz-Stellplatz** einrichtet, schafft zusätzlichen Parkraum und hat Anspruch auf ausreichende Bewegungsfreiheit zum kenntlichen Stellplatz. Keinen Anspruch hat der Grundstückseigentümer darauf, daß weiterer StrRaum vor seiner Grundstücksfront von parkenden Fzen freigehalten werde. **Parken neben Ausfahrten,** wenn es III 3 entspricht, wird die Sicht und Bewegungsmöglichkeit des Ein- oder Ausfahrenden bei dichtem Verkehr zwar idR beeinträchtigen, muß bei Abwägung der beteiligten Interessen und nach § 1 aber als nahezu unvermeidlich hingenommen werden, s Kö DAR **60** 184, aM aber Kö VR **71** 427. Parken auf dafür nicht freigegebenen **Gehwegen** vor Grundstückseinfahrten verstößt nicht gegen Abs III, sondern gegen Abs IV, KG VRS **73** 473, VG Saarlouis ZfS **00** 275, *Rüth/Berr/Berz* 67, s Rz 55. **Schmal** ist die Fahrbahn, wenn ein Fz von der Breite der Einfahrt bei beiderseitigem Parken nicht ohne schwieriges Rangieren ein- oder ausfahren kann, KG VRS **48** 464, *Hauser* VD **82** 350, wenn es bei Ausnutzung des nutzbaren VRaums mehr als nur mäßig rangieren müßte, Ha VM **78** 69, Sa NZV **94** 328, OVG Ko DAR **99** 421, VG Neustadt ZfS **02** 311, aM Kar VRS **55** 249 (Pkw muß ohne Rangieren ausfahren können). Mäßiges Rangieren ist dem durchschnittlich geübten Berechtigten zuzumuten, dreimaliges nicht, Fra VRS **58** 368, VG Neustadt ZfS **02** 311. Zur Frage eines Anspruchs des Anliegers auf Maßnahmen der VB, s § 45 Rz 28 a. Abschleppen: Rz 64 ff. Bei andauernder oder drohender

2 StVO § 12   I. Allgemeine Verkehrsregeln

Störung kommt Unterlassungsklage gemäß § 1004 BGB in Betracht, Kar NJW **78** 274. Straf-, zivil- und verwaltungsrechtliche Aspekte, s *Molketin* NZV **00** 149 ff.

48   **6 d. An Haltestellenschildern** (Z 224) besteht Parkverbot bis zu je 15 m vor und hinter ihnen (III Nr 4), des Zugangs der Fahrgäste wegen auch auf dem Seitenstreifen. Die Grenzmarkierung Z 299 kann das Verbot bezeichnen, verlängern oder verkürzen (s dort). Sie muß so lang sein, daß öffentliche VMittel an den StrRand heranfahren können. Haltestellenschilder stationierter fremder Truppen begründen kein Parkverbot, da sie in der StVO nicht enthalten sind, aM Br VRS **5** 62. III Nr 4 gilt aus wohl beachtlichen Gründen auch außerhalb der üblichen Betriebszeiten, *Mühlhaus* VD **75** 2. Wird durch Halten (bis zu 3 Min, Abs II) in der Parkverbotszone des Abs III Nr 4 das Erreichen der Haltestelle durch einen Omnibus behindert, kann Verstoß gegen § 1 vorliegen (Ermöglichen des Abfahrens: § 20 V).

49   **6 e. An Taxenständen** (Z 229) war das Parken gem Abs III Nr 5 (alt) verboten. Die Nr wurde durch ÄndVO v 14. 12. 93 gestrichen. Jetzt besteht gem Abs I Nr 9 Haltverbot (s Rz 37 c).

50   **6 f. Vor und hinter Andreaskreuzen** muß der Überblick auf die Bahnstrecke durch Parkverbote freigehalten werden (III Nr 6), innerorts (Z 310, 311) wegen des beschränkten Parkraums bis zu je 5 m vom Andreaskreuz, außerorts gemäß dem von der Bahn angestrebten Sichtdreieck bis zu je 50 m (Begr), auch auf Seitenstreifen.

51   **6 g. Über Schachtdeckeln und andern Verschlüssen** (III Nr 7) darf auf Gehwegen auch dann nicht geparkt werden, wenn es im übrigen durch Z 315 oder Parkflächenmarkierung erlaubt ist, Kö VRS **72** 382, VBl **69** 516 (Begr).

52   **7. Parkverbote durch Verkehrszeichen** (III Nr 8) werden außer durch sämtliche Haltverbote durch die VZ 295, 296, 299, 306, 314, 315 gemäß dort bezeichneter Maßgabe begründet (Rz 53–57), Bay VM **80** 27. Der Geltungsbereich einschließlich des Zusatzschildes muß klar und zweifelsfrei sein, Kö VRS **36** 462, Dr DAR **97** 160 (unklare Kombination mehrerer ZusatzZ). Unklarheit geht zu Lasten der VB, Bay DAR **61** 259. S § 39 Rz 31 a, 33, 34. Die genannten VZ verbieten auch die Fortsetzung eines schon bestehenden Parkvorgangs, wenn sie **erst nach Beginn des Parkens** erkennbar oder erst danach **aufgestellt** werden, BVG DAR **97** 119 (Anm *Berr,* zust *Hendler* JZ **97** 782, *Hansen/Meyer* NJW **98** 284 mit Entgegnung *Mehde* NJW **99** 767), Kö NZV **93** 406, OVG Hb DAR **04** 543, OVG Münster DAR **95** 377, VM **96** 63, VG Berlin DAR **01** 234, einschränkend VGH Ma DÖV **91** 163, s *Bitter/Konow* NJW **01** 1391, s Rz 61, 66, sowie § 41 Rz 247. Ein Pannenfz muß schnellstmöglich aus dem Verbotsbereich entfernt werden, Schl VM **65** 25, s Rz 19. Parkverbote sind **zeitlich oder sachlich beschränkbar,** doch nicht durch Ausnahmen, die das Verbot praktisch wieder aufheben, BVG NJW **67** 1627, und nur im Rahmen von § 45, also zB nicht für einzelne StrBenutzer, etwa Behörden, Konsuln oder andere Anlieger. Näher: § 45 Rz 28. Bewußtes Parken im Bereich solcher angezeigter Ausnahmen ist bis zur erfolgreichen Anfechtung jedoch unzulässig (§ 41 Rz 247). Parken an verbotener Stelle verstößt nur bei mehr als normaler Behinderung auch gegen § 1, Dü VM **64** 30. Das Parkverbot **Z 314** mit Zusatzschild vermindert sich durch das Zusatzschild, Ha VRS **42** 148, Bay VM **80** 27. Das **Z 286** ist als Parkverbot auch zu beachten, es gilt aber nicht für durchgehend zur Fahrbahn gehörige Fläche gilt, Zw VRS **45** 468. Für von der Fahrbahn deutlich getrennte, in den Gehweg eingeschnittene Park- und Ladebuchten gelten die **Z 283/286** nur bei deutlicher Einbeziehung durch ein Zusatzschild (Rz 29, 30). Haltverbot vor und in amtlich gekennzeichneten Feuerwehrzufahrten: Abs I Nr 8.

53   **7 a. Das VZ Vorfahrtstraße** (Z 306) untersagt außerorts (Z 310, 311) Parken solange, wie es Vorfahrt gewährt, Ko DAR **77** 325, nämlich bis zum nächsten Z 205 (Vorfahrt gewähren!), 206 (Halt! Vorfahrt gewähren!), oder Z 307 (Ende der VorfahrtStr), aber nur auf der Fahrbahn (§ 42 II bei Z 306) und soweit Parken nicht ausnahmsweise durch Z 314 erlaubt wird. Das VorfahrtZ 301 untersagt das Parken nicht. Wer außerorts an Z 205 oder 206 vorbei in eine andere Straße abbiegt, muß damit rechnen, daß dies eine VorfahrtStr sein könnte, Bay DAR **76** 277. Die Vorschrift dient

Halten und Parken § 12 StVO **2**

dem Schutz des fließenden Verkehrs in *beiden* Richtungen, BGH VRS **72** 38. Sie gilt nicht bei geschlossener Bebauung ohne Z 310, BGH VRS **72** 38.

7 b. Fahrstreifenbegrenzung (Z 295) oder **einseitige Fahrstreifenbegrenzung** 54 (Z 296 Buchst b) bedingt ein Parkverbot auf der Fahrbahn, wenn zwischen dem parkenden Fz und der Linie nicht ein Fahrstreifen von mindestens 3 m verbleibt (§ 41 III Nr 3, 4). Ist die durchgezogene Linie als Fahrbahnbegrenzung verwendet (Z 295), so darf links von ihr weder gehalten (Rz 35) noch geparkt werden, soweit rechts von ihr ausreichend befestigter StrRaum zum Halten und Parken verfügbar ist (Rz 35). Mit dieser Maßgabe darf auch auf BundesStr geparkt werden, soweit es nicht gegen § 1 verstößt.

7 c. Parken auf oder unter Mitbenutzung des Gehwegs ist auch nach Wortlaut 55 und Sinn der Neuregelung (§ 42 IV zu Z 315) nur gemäß Z 315 und außerdem über Parkflächenmarkierungen (§ 41 III Nr 7) erlaubt, Bay VM **75** 43, Kö VRS **102** 469, *Hauser* VD **91** 35, aM *Seebald* NZV **90** 138, stets ausgenommen über Schachtdeckeln und anderen Verschlüssen (Rz 51), und nur Fzen mit zulässigem Gesamtgewicht bis zu 2,8 t; außerhalb der genannten Kennzeichnungen ist es auch dem Grundstückseigentümer im Bereich der eigenen Grundstücksausfahrt nicht erlaubt, Fra DAR **84** 230 (abl *Angersbach*), KG VRS **73** 473, Dü VRS **81** 379. Begriff des Gehwegs: § 25 Rz 12. Abs IV verbietet nicht das *Überfahren* des Gehwegs zum Parken auf unbebautem Grundstück, Hb DAR **85** 292. Das **Z 315** (mit Varianten) ordnet an, wie parkende Fze aufzustellen sind und **untersagt das Fahrbahnparken**, (s Abs III Nr 8 c), str, aber hM: BGHSt **26** 348 = VRS **51** 232, KG VRS **53** 303, Kö VRS **72** 382, *Cramer* § 42 Anm C zu Z 315, aM *Harthun* DAR **71** 256, *Bouska* DAR **72** 258, *Lewin* PVT **96** 258. Dagegen enthält **Parkflächenmarkierung auf dem Gehweg** durch parallel zur Bordsteinkante verlaufende weiße Linie ohne Z 315 **kein Parkverbot auf der Fahrbahn,** Kö VRS **72** 382 (s aber Abs III Nr 2). Erlaubtes Gehwegparken stets nur, außer auf Einbahnstr, auf dem rechten Gehweg (IV a, Rz 6). Soweit Gehwegparken unerlaubt ist, gilt dies auch für Eigentümer oder Pächter des Grundstücks, dessen Teil der Gehweg ist, Ko VRS **45** 48, anders aber, soweit die Duldung öffentlichen Verkehrs durch den Eigentümer ohne weiteres widerrufen werden könnte, Bay VRS **64** 140, Dü NZV **94** 490, Jn NZV **97** 448, VG Saarlouis ZfS **00** 275. Kein Verstoß gegen das Verbot des Parkens auf Gehwegen, wenn ein an den Gehweg angrenzender, von diesem jedoch nicht erkennbar abgegrenzter Grundstücksteil zum Parken benutzt wird, der vom Eigentümer eigens zu diesem Zweck gepflastert wurde, Bay VRS **64** 140, KG NZV **92** 416. Richtlinien über Freigabe von Gehwegen zum Parken und Kennzeichnung solcher Flächen, VBl **60** 551. Ein Anspruch des Anliegers auf ermessensfehlerfreie Zulassung des Gehwegparkens vor seinem Betriebsgrundstück besteht nicht, BVG DÖV **80** 916. Solche Parkflächen sind von der Fahrbahn aus anzusteuern, nicht über den Gehweg, KG VRS **53** 303, Dü VM **69** 94, und auch hier gilt die 5 m-Grenze zur StrEcke (Rz 45), Ha DAR **69** 25. Auch auf breiten Gehwegen ohne Fußgängerbehinderung ist die Mitbenutzung des Gehwegs außerhalb der Kennzeichnung durch Z 315 unzulässig, Dü VRS **43** 381, Ko VRS **45** 48, KG VRS **45** 66 (außer in notstandsähnlichen Fällen), auch nur mit den rechten Rädern, Bay VM **75** 43, *Hauser* VD **91** 35, *Jan/Jag/Bur* 61, aM insoweit *Mühlhaus* DAR **74** 34, auch zwischen Bäumen, Dü NZV **94** 372, Ha DAR **94** 409. 100-prozentige Schwerbehinderung begründet nach Dü DAR **82** 336 allein noch keine notstandsähnliche Situation. Das grundsätzliche Verbot des Parkens auf Gehwegen wird im Hinblick auf Platzbeanspruchung, fehlende Beweglichkeit und dem FußgängerV drohende Gefahren (Umstürzen) trotz § 17 IV S 4 auch für **Motorräder** zu gelten haben, Berr/H/Schäpe 339, s OVG Luneburg VBl **03** 650, Kö VRS **92** 362, AG Charlottenburg 209 C 90/85, nicht jedoch (soweit nicht § 1 entgegensteht, s OVG Lüneburg VBl **03** 650) für **Fahrräder** (die nach Maßgabe von § 25 II S 1 auch auf Gehwegen geschoben werden dürfen), OVG Lüneburg VBl **03** 650, VG Lüneburg VRS **104** 236, *Berr/H/Schäpe* 339, 616, *Kettler* NZV **03** 211. Zum Problem der Ordnungswidrigkeit des Gehwegparkens, *Seebald* DAR **78** 240, NZV **90** 138, des Abstellens von Fahrrädern auf Gehwegen, *Kettler* NZV **03** 209.

Lit: *Hauser,* Parken auf Gehwegen, VD **91** 34. *Koch,* Parken auf nicht gekennzeichneten Gehwegen, DAR **59** 149. *Kullik* (Zum Verbot des Gehwegparkens) PVT **88** 98. *Lewin,* Die Rechtsbedeutung des Z 315 StVO, PVT **96** 258. *Derselbe,* Parken auf Gehwegen, PVT **97** 24. *Seebald,* Das Parken auf Seitenstreifen und Gehwegen, NZV **90** 138.

56 **7 d. Grenzmarkierungen für Parkverbote** (Z 299) bezeichnen, verlängern oder verkürzen vorgeschriebene Parkverbote (§ 41 III Nr 8) (Rz 48).

57 **7 e. Auf Parkplätzen (Z 314)** darf nicht entgegen den Zusatzschildern geparkt werden, welche die Parkerlaubnis zeitlich oder sachlich einschränken (§ 42 zu Z 314), Bay VM **80** 27, NZV **92** 83, Kö DAR **91** 173 (Mithaftung des verbotswidrig auf LkwParkplatz parkenden PkwF bei Beschädigung durch Lkw). Parksonderberechtigungen zugunsten von Behinderten, Blinden, Bewohnern: Rz 60 b. Außerdem ist entsprechend den Markierungen zu parken, die anordnen, wie die Fze aufzustellen sind (§ 41 III Nr 7). **Parkplatzmarkierungen:** s § 41 Rz 248 vor Z 299. **Öffentliche Parkplätze** sind die durch Z 314 bezeichneten Flächen, außerdem solche, die mit Duldung des Eigentümers üblicherweise zum Parken benutzt werden (§ 1 Rz 13), zB der Parkplatz für Gäste einer Gaststätte, BGHSt **16** 7, NJW **61** 1124, allgemein zugängliche Parkhausstellflächen, Kar VM **78** 12. Private FzBewachung auf öffentlichen VFlächen ist Sondernutzung und daher unzulässig, BVG VM **70** 70. Auf öffentlichem VGrund dürfen daher keine gebührenpflichtigen Parkplätze eingerichtet werden, Bewachung ist dort nur auf Wunsch des Benutzers zulässig, BVG VM **70** 70, s MDR **57** 149 *(Bettermann, Blomeyer).* S *Bouska* VD **70** 129. Ein Privatgrundstück kann zum Parken derart allgemein freigegeben werden, daß es während der Dienststunden nur Bediensteten offensteht, Bay VRS **41** 42. Eine widerruflich dem Verkehr überlassene Fläche darf wieder abgetrennt und als Behördenparkplatz verwendet werden, OVG Münster VRS **42** 397. Zur Verkleinerung eines dem öffentlichen V tatsächlich überlassenen Parkplatzes, BVG NJW **74** 1916. Ist ein Parkplatz nur über den Gehsteig erreichbar, so darf dieser überquert werden, Mü NJW **51** 123. Geschwindigkeit auf Parkplätzen, s § 8 Rz 31 a. Verstellte Einfahrt: Rz 46, 47. Unwirksame Haftungsfreizeichnung des Parkplatzeigentümers, LG Hb VR **67** 1163. Zur Verkehrssicherungspflicht und Haftung des Unternehmers auf Betriebsparkplatz, BAG JZ **75** 675. Besondere Kennzeichnung von Stadtrandparkplätzen im Park-and-ride-System, VZ 316. Vorfahrt auf Parkplätzen: § 8 Rz 31 a. *Wiethaup,* Lärmstörungen durch einen öffentlichen Parkplatz, DAR **73** 93.

57 a **8. Vor Bordsteinabsenkungen** (III Nr 9) darf nicht geparkt werden. Die Vorschrift gilt nur für die Fahrbahn *(„vor"* Bordsteinabsenkungen), VG Schwerin DAR **98** 405, *Huppertz* DNP **94** 302, ist aber bereits dann verletzt, wenn das Fz teilweise auch auf dem Bordstein oder dem Gehweg steht, VG Schwerin DAR **98** 405. Ist der Bordstein auf längere Strecke flach (oder das Fahrbahnniveau angehoben), so handelt es sich nicht um eine „Bordsteinabsenkung", Kö DAR **97** 79, s *Huppertz* DNP **94** 302; das Verbot gilt vielmehr nur dort, wo ein vom übrigen Bordsteinverlauf deutlich abgegrenzter Bereich abgesenkt ist, Kö DAR **97** 79, *Berr/H/Schäpe* 246 c. Nur diese Auslegung entspricht dem Begriff der „Absenkung" und dem Gesetzeszweck (s Begr, Rz 13/14), s LG Paderborn NZV **03** 40, *Bouska* DAR **98** 385 (jeweils zu § 10), wobei allerdings eine Eingrenzung auf nur etwa 1 PkwLänge, s Kö DAR **97** 79, zu eng sein dürfte, s *Huppertz* DAR **97** 505. Ob die Absenkung die Zufahrt zu einer Grundstückseinfahrt bildet, ist ohne Bedeutung, s *Hentschel* NJW **92** 2062. Die Regelung dient der erleichterten Auf- und Abfahrt von Rollstuhlfahrern (Begr, s Rz 13/14). Das an sich erlaubte Parken vor Grundstückseinfahrten durch den Berechtigten (s Rz 47) verstößt bei abgesenktem Bordstein gegen III Nr 9, der für diesen Fall keine Ausnahme enthält (Redaktionsversehen?), *Berr/H/Schäpe* 246 d, *Huppertz* DNP **94** 302, *Lewin* PVT **94** 199, aM *Bouska* DAR **92** 284, jedoch wird weitestgehend von § 47 OWiG Gebrauch zu machen sein, s *Hentschel* NJW **92** 2062.

Lit: *Huppertz,* Verbotswidriges Parken vor Bordsteinabsenkungen, DNP **94** 302. *Derselbe,* Parken vor Bordsteinabsenkungen, DAR **97** 504. *Lewin,* Parken vor Bordsteinabsenkungen, PVT **94** 193.

58 **9. Rechte Seitenstreifen** sind bei ausreichender Tragfähigkeit zum Parken zu benutzen (Abs IV S 1), nicht aber rechts verlaufende Radwege, Ce VRS **45** 469, Gehwege (Rz 55) oder ersichtlich nur dem Gehen gewidmete Grundstücke, Ol VRS **25** 369.

Halten und Parken § 12 StVO 2

Seitenstreifen sind befahrbare Flächen unmittelbar neben der Fahrbahn, s § 2 Rz 25, auch **Park- und Ladebuchten und -streifen** für den ruhenden Verkehr (IV Satz 1), Bay VRS **68** 139, Kö VRS **102** 469, Dü VRS **75** 224, *Bouska* DAR **72** 255, nicht Flächen jenseits von Sonderwegen, Grünstreifen, die durch Anlage oder Bewuchs dem Verkehr offensichtlich entzogen oder durch unversenkte Bordsteine von Fahrflächen getrennt sind, Kö VRS **65** 156, Kar NZV **91** 39, Dü NZV **93** 161 (krit *Kullik* PVT **93** 70), NZV **97** 189, *Hauser* DAR **84** 273; Parken außerhalb öffentlichen VRaums ist in der StVO nicht geregelt, Kö VRS **65** 156, Hb VM **88** 94, Kar NZV **91** 39, Dü NZV **93** 161, s auch Rz 58d, 61. Ein Trennstreifen zwischen Fahrbahn und Radweg, nicht durch eine Bordschwelle von der Fahrbahn getrennt, aber benutzbar und breit genug, muß auch bei Aufstellung des Z 283 ohne Zusatzschild zum Parken benutzt werden, Ce VRS **45** 469. Ist der Seitenstreifen zum Parken nicht breit genug, so verletzt ein in die Fahrbahn hineinragende Parkende nicht § 12, Sa VM **75** 60, anders bei Z 283 (Verstoß gegen Abs I Nr 6a), Ce VRS **45** 469. Das Zusatzschild „auf dem Seitenstreifen" zu Z 286 gilt auch für Parkbuchten als Teile des Seitenstreifens, s Rz 29. Auf dem Seitenstreifen ist so scharf rechts wie möglich zu parken (Rz 58c); teilweise Mitbenutzung der Fahrbahn bei ausreichendem Platz auf dem Seitenstreifen (Parkbucht) verstößt gegen Abs IV S 1, Dü VRS **75** 224, erst recht das Parken vollständig neben dem Seiten-(Park-)streifen, KG NZV **90** 200 (anders bei nicht nur vorübergehender Unbenutzbarkeit, zB infolge lagernden Baumaterials). Kein Verstoß gegen die Pflicht zur Benutzung des Seitenstreifens, wenn dieser unterbrochen ist und neben der Unterbrechung am Fahrbahnrand geparkt wird, KG VRS **60** 392. Ausnahmen von den Halt- und Parkverboten des Abs IV: § 46 I Nr 3.

Linke Seitenstreifen dürfen nur noch benutzt werden, wenn rechts auf der Fahrbahn Schienen liegen, in EinbahnStr (§ 12 IV Satz 4), und wenn die linke Parkbucht zum Schräg- oder Querparken (ohne Rücksicht, in welcher Richtung schräg) eingerichtet ist, auch, wenn ihre Tiefe dies erlaubt, entsprechende Parkleitlinien aber (noch) fehlen. Das Fahrbahnüberqueren zu solchen Parkflächen ist zulässig. Das Linksparken entgegen der Fahrtrichtung ist unzulässig, laut Begr (Rz 6) aus Sicherheitsgründen, obgleich uU nicht ungefährliche Wendemanöver zum Parkstreifen hin erlaubt bleiben. S Ol VM **78** 40, Ha DAR **74** 109. 58a

Am rechten Fahrbahnrand ist zu parken, Kar VRS **48** 63, wenn Seitenstreifen fehlen oder nicht ausreichend tragfähig sind („sonst"), in Einbahnstr und auf ABParkplätzen, die von der Normalspur ableiten und später wieder in sie einmünden, auch links, Bay DAR **76** 277, NJW **62** 407, *Lütkes* MDR **63** 184, links auch, wenn rechts behindernd Schienen liegen (IV). Das Parken auf nicht am Fahrbahnrand gelegenen Fahrbahnteilen ist unzulässig (Rückschluß aus IV), KG VRS **62** 63, Dü VRS **72** 296. Nur durch Absperrgeräte (§ 43) gekennzeichnete Baustellenabgrenzungen bilden keinen Fahrbahnrand (anders bei Bauzäunen), KG VRS **62** 63 (krit *Hauser* DAR **84** 274), Bay VRS **68** 139. Die Fahrbahn verengende Schneewälle können ihrerseits einen Fahrbahnrand bilden (Parken aber uU Verstoß gegen § 12 I Nr 1 oder § 1 II), Bay VRS **64** 380. Rechter Fahrbahnrand ist auch der quer verlaufende Abschluß einer Sackgasse bei Parken in linker Fahrtrichtung, Bay VRS **63** 297. Dagegen verstößt Parken in Mittelstreifendurchlässen gegen Abs IV S 1, KG VRS **72** 127, auch bei Durchlässen im Bereich von Einmündungen und Kreuzungen, weil diese keine selbständigen Fahrbahnen, sondern Teil der Kreuzung (Einmündung) sind, KG NZV **91** 163. Am Fahrbahnrand zum Gehweg darf auch geparkt werden, wenn diese Stelle nur kurz ist und im übrigen vollgeparkte Parkstreifen vorhanden sind, Bay VRS **59** 233. Zum Seitenabstand bei Parken mit Pferdefuhrwerken s Rz 38. Kein erlaubtes Fahrbahnparken neben einer Parkbucht, Ha VRS **57** 367. Bei zwei oder mehr **baulich voneinander getrennten Fahrbahnen** (§ 2 Rz 26, 27) mit VZRegelung ist nach denselben Grundsätzen scharf rechts zu parken, soweit zulässig, ebenso an **VInseln** (Begriff: Dü VM **67** 80, VRS **33** 315, Ce DAR **63** 362). An links vom Fahrstreifen liegenden VInseln darf, soweit Parken überhaupt erlaubt ist, nicht geparkt werden (Linksparken), auch nicht zwecks Abladens am Mittelstreifen, KG VR **75** 1103, nie auf der StrMitte, auch nicht bei Schienen auf der linken und rechten StrSeite, Kar VRS **48** 63. Abs IV S 1 betrifft nur das Verhältnis zu anderen StrTeilen, besagt also nichts über die Zulässigkeit des Parkens außerhalb des öffentlichen 58b

547

2 StVO § 12 I. Allgemeine Verkehrsregeln

VRaumes, Stu VRS **63** 388. **Verkehrsberuhigte Bereiche** sind keine *Fahrbahnen*, s § 42 Rz 181 Z 325/326, Abs IV gilt daher nicht, Kö NZV **97** 449.

58 c **Platzsparend** ist bei jeder Aufstellungsweise zu parken (Abs VI), idR parallel zur Fahrbahn, s Rz 58 d, so scharf als möglich rechts (bzw links), unter Ausnutzung ausreichend großer Parklücken bei teilweise belegtem oder teilweise unbenutzbarem Randstreifen (§ 1). Parkleitlinien sind zu beachten. Platzsparend parkt, wer den Abstand nach vorn, hinten und uU seitlich je nach Sachlage so gering wie möglich hält, Dü VM **73** 78, wobei der Zustand beim Einparken maßgebend ist und spätere Veränderungen hierüber uU täuschen können. Das Ausparken des jeweiligen FzTyps (unterschiedlicher Wendekreis) durch einen durchschnittlichen Fahrer muß möglich bleiben, KG VRS **55** 228, wozu bei griffigem Untergrund ein Gesamtabstand nach vorn und hinten von etwa 2 m ausreichen wird, bei Eiskrusten nicht, s Ha DAR **62** 303. Hat der parkende Vordermann weniger Abstand als 1 m zu seinem Vordermann, so muß der Hinzukommende dies in etwa ausgleichen. Wer beim Parken zu einem abgestellten Fz ohne triftigen Grund mehr als 1 m, aber weniger als 7 m Abstand läßt, wird VI meist verletzen, Dü VM **73** 78. Einiges Manövrieren beim Wegfahren kann nötig sein, Kunstleistungen dürfen jedoch weder beim Zugang zum geparkten Fz vorausgesetzt werden, KG DAR **66** 305, noch beim Ausparken. Wer in diesem Sinn korrekt parkt, dem kann Nichtbenutzung nahe gelegener freier Parkflächen nicht vorgeworfen werden.

58 d **Schräg- oder Querparken** ist nur ausnahmsweise, zB uU auf breiten Strn zur besseren Parkraumausnutzung, BGHSt **17** 240 = NJW **62** 1405, KG NZV **92** 249, *Jan/Jag/Bur* Rz 75, und auf breiten Parkstreifen ohne Hineinragen in die Fahrbahn erlaubt, unter Beachtung etwa vorhandener Aufstellmarkierungen und nur so, daß nicht zwei Stellflächen zugleich besetzt werden, doch muß es bei ungünstiger Aufstellung bereits parkender Fze auch hier auf günstigste Raumausnutzung ankommen (Rz 58 c). Beim Nebeneinanderparken ist beiderseits ein Zwischenraum von 70 cm zum nächsten Fz zum Aus- und Einsteigen geboten. Obwohl § 12 das Quer- und Schrägparken nicht ausdrücklich untersagt, wird dem Abs IV S 1, wonach „an den rechten Fahrbahnrand heranzufahren" ist, das grundsätzliche Gebot des Parallelparkens zu entnehmen sein, s *Berr/H/Schäpe* 315 f, *Huppertz* VD **02** 214. Dies gilt auch für Motorräder, KG NZV **92** 249, und Pkw geringer Länge („Mikroklasse"), s *Huppertz* VD **02** 213 (unter Hinweis auf erschwertes Ein- und Ausparken längsparkender FzF wegen Hinausragens quer parkender Fze über die Fluchtlinie), aM (bei markiertem Seitenstreifen) *Wagner* NZV **02** 257. Bei einer Reihe längs parkender Fze rechnet der fließende V nicht mit dem Verlassen einer Parklücke quer in die Fahrbahn hinein, zumal der so Ausparkende seiner Pflicht nach § 10 S 2 (Fahrtrichtungsanzeige) nicht nachkommen kann. Gegen Ausnahmen vom grundsätzlichen Verbot des Quer- und Schrägparkens *Hauser* DAR **84** 275. § 12 verbietet nicht Quer- oder Schrägparken unter Mitbenutzung nichtöffentlichen VRaumes neben der Fahrbahn, soweit es platzsparend ist, Stu VRS **63** 388, oder unter Mitbenutzung des durch weiße Linie (ohne Z 315) zum Parken freigegebenen Gehwegs, Kö VRS **72** 382.

Lit: *Huppertz*, Klein-Pkw: Ein Smart parkt quer, VD **02** 213. *Wagner*, ... Die Zulässigkeit des Parkens quer zur Fahrtrichtung ..., NZV **02** 257.

59 Eine Parklücke entsteht erst mit der Freigabe durch den Benutzer. **Vortritt** hat, wer sie, unmittelbar einfahrbereit, zuerst erreicht, Abs V S 1, auch bei Rückwärts- Einrangieren, V S 1, Halbsatz 2, nicht dessen Hintermann, dem es gelingt, zuerst vorwärts einzufahren. Auch durch andere Rangiermanöver, die zum Einparken erforderlich sind, geht der Vorrang dessen, der die Parklücke zuerst erreicht hat, nicht verloren, auch wenn er sich dabei von ihr zunächst entfernen muß. Allerdings muß er sie zuvor „unmittelbar" erreicht haben, s *Fuchs-Wissemann* DAR **94** 147; wer sich auf der gegenüberliegenden StrnSeite befindet, erfüllt diese Voraussetzung noch nicht. Ist die Parklücke noch besetzt, wird sie jedoch erkennbar alsbald frei werden, so hat der Wartende vor dem erst Hinzukommenden den Vortritt, Abs V S 2. Voraussetzung ist, daß der FzF, dessen Fz die Lücke noch besetzt hält, erkennbar Anstalten macht, diese zu verlassen. Warten in der bloßen Hoffnung, ein Platz werde demnächst frei werden, genügt nicht, Dü NZV **92** 199, *Fuchs-Wissemann* DAR **89** 54, *Berr/H/Schäpe* 605. Da Abs V 2 nicht ow Verhalten honorieren will, kann er nicht demjenigen Vorrang einräumen, dessen Warten einen Bußgeldtatbestand erfüllt, *Fuchs-Wissemann* DAR **89** 54. Die Vorschrift des Abs V gewährt nur dem FzF selbst Vorrang; andere Personen können diesem die Parklücke nicht „reservieren", Bay NZV **95** 372. **Lit:** s Rz 60c.

Parken in zweiter Reihe neben Fzen, die auf dem Seitenstreifen, s Ha NZV **92** **60** 115, am Fahrbahnrand oder teilweise am Fahrbahnrand parken, s Bay VRS **64** 380, ist im Gegensatz zu kurzem, nicht behinderndem Halten (Rz 40) nach IV S 1 ausnahmslos unzulässig (Rz 58b), BGHSt **28** 143 = NJW **79** 224, Dü VM **79** 7, Ha NZV **91** 271, **92** 115 (Laden), denn es dauert idR einige Zeit, s auch Rz 40. Soweit es, insbesondere in Ladefällen, den V nicht nennenswert behindern kann, kommt jedoch gem § 47 I, II OWiG Absehen von einer Ahndung als OW in Frage, s E 72, § 24 StVG Rz 67 (Opportunitätsgrundsatz), s *Hauser* DAR **84** 275, 277, *Berr/H/Schäpe* 326. **Parken am Fahrbahnrand neben Fzen,** die vollständig auf nicht dem FzVerkehr dienenden Flächen (zB Gehweg) stehen, ist kein Parken in 2. Reihe, Bay VRS **59** 233, **64** 380, Kö VRS **72** 382, kann jedoch gegen Abs III Nr 2 verstoßen, Kö VRS **72** 382, *Berr/H/Schäpe* 164, s Rz 46. Ladegeschäft: Rz 40. Haftungsfragen: Rz 63.

Nacht- und Feiertagsparkverbote für Schwerfahrzeuge und schwerere An- **60a** **hänger in geschützten Gebieten** (III a). Die Parkverbotsvorschrift enthält im Interesse des Schutzes der Einwohner der in ihr bezeichneten Gebiete räumliche, zeitliche und sachliche Parkbeschränkungen für Kfze mit zulässigem Gesamtgewicht über 7,5 t und KfzAnhänger über 2 t. Entscheidend ist das im FzSchein eingetragene zulässige Gesamtgewicht, BaySt **97** 104 = NZV **97** 530. Die Vorschrift gilt auch für SattelZgm ohne Auflieger, weil es gleichgültig ist, ob das zulässige Gesamtgewicht durch Ladung oder durch die Sattellast eines Aufliegers erreicht wird, Bay NZV **97** 530. Die Verbote des Abs IIIa gelten innerorts für die in den Ziffern 1 bis 4 bezeichneten Gebiete, täglich für die bezeichneten Nachtstunden und außerdem sonn- und feiertags. Der **Feiertagsbegriff** ist wie in § 30 IV zu verstehen, *Bouska* VD **80** 205, *Berr/H/Schäpe* 276. Begriffsbestimmung nach dem Feiertagsrecht der Bundesländer würde zu unterschiedlichen Feiertagsbegriffen innerhalb der StVO führen, s *Hauser* VD **82** 8. Wegen der Gewichtsbeschränkung für Anhänger bleiben die meisten Wohnwagen und Verkaufsanhänger parkberechtigt, weil sie nicht unter III a fallen (zum Parken von Anhängern, s Rz 42a, 60aa). Das Parkverbot knüpft nicht an den Begriff des besonderen Wohngebietes (§ 4a BaunutzungsVO) an, sondern an den Begriff **„reines und allgemeines Wohngebiet"** aus der BaunutzungsVO, Bay NZV **90** 282, Ha VRS **66** 53. Er ist für Fremde örtlich oft nicht erkennbar. Jedoch ist nur „regelmäßiges" Parken untersagt. Halter und Fahrer müssen sich bei der Absicht regelmäßigen Parkens bei der VB nach dem Verbotsbereich erkundigen. Dies ist ihnen zuzumuten, krit *Beck* DAR **80** 237. Nach Hinweis durch die Pol kann sich niemand mehr auf Unkenntnis berufen, *Bouska* VD **80** 205, *Berr* DAR **82** 314. Vielfach wird ein reines oder allgemeines Wohngebiet aufgrund der tatsächlichen Bebauung der betreffenden Str und der unmittelbaren Nachbarschaft als solches erkennbar sein, Ha VRS **66** 53. Kein Parkverbot nach Abs IIIa jedoch, wenn das Gebiet im Bebauungsplan nicht als reines oder allgemeines Wohngebiet festgesetzt ist (§§ 8 BBauG, 1 III, 3, 4 BaunutzungsVO), wie aus den in Abs IIIa Nr 1 gebrauchten Begriffen folgt (s Begr, Rz 7), ebenso *Rüth/Reinken,* KVR „Parken" S 44, aM Bay NZV **90** 282, Ha VRS **66** 53, *Berr/H/Schäpe* 284, wonach allein das äußere Erscheinungsbild entscheidend sein soll. **Regelmäßig parkt,** wer nicht nur ab und zu (Begr), sondern mehrfach, wenn auch mit gelegentlichen Unterbrechungen, irgendwo in einer Schutzzone oder einer benachbarten parkt, etwa mangels eigener Abstellflächen, oder bei der Wohnung des Fahrers oder Halters. Der Begriff setzt eine gewisse Häufigkeit voraus, aber nicht „fast jeden Tag". Wöchentlich einmal dürfte darunter fallen, Ha VRS **66** 53, *Berr/H/Schäpe* 288, *Berr* DAR **82** 314. Aber auch größere Abstände können bei ständiger Wiederholung zur Annahme von „Regelmäßigkeit" ausreichen, Ha VRS **66** 53. Gegensatz: gelegentlich (*Bouska* VD **80** 205). Parken solcher Fze nur in Ausnahmefällen bleibt zulässig (Begr). Kann in Härtefällen auch die VB keine Parkmöglichkeit bereitstellen, kommt uU eine Ausnahmegenehmigung in Betracht. **„Entsprechend gekennzeichnete Parkplätze"** iS der Ausnahmebestimmung des Abs III a S 2 sind nicht etwa solche, die nur durch Z 314 gekennzeichnet sind; vielmehr ist eine besondere Kenn-

2 StVO § 12   I. Allgemeine Verkehrsregeln

zeichnung erforderlich, aus der sich die Berechtigung ergibt, *Berr/H/Schäpe* 286, aM *Bouska* VD **80** 205.

60 aa   Auch das Aufstellen von **Anhängern ohne ZugFz** im öffentlichen StrnRaum ist im Rahmen des § 12 erlaubtes Parken, soweit diese Fze betriebsbereit sind, s Rz 42 a. Werden Anhänger jedoch für Wochen und Monate (zB Überwintern von Wohnanhängern) aus dem V genommen und abgestellt, so kann auch von *ruhendem V* keine Rede mehr sein. Abs III b verbietet daher das Parken von KfzAnhängern ohne ZugFz, soweit es länger als 2 Wochen dauert, und zwar nicht etwa nur in den in Abs III a genannten Gebieten, sondern auf allen öffentlichen VFlächen, außer auf entsprechend gekennzeichneten Parkplätzen (s dazu Rz 60 a). Verstöße sind durch § 49 Nr 12 bußgeldbewehrt; jedoch kann die Vorschrift dadurch umgangen werden, daß der Anhänger nach Ablauf der 2-Wochenfrist versetzt wird; dann beginnt die Frist von neuem, aM *Hauser* DAR **90** 11, einschränkend *Berr/H/Schäpe* 299. Wird der Parkplatz für die Dauer einer Fahrt für andere Fze freigegeben, so kann die Unterbrechung der 2-Wochenfrist entgegen *Fra* DAR **93** 305 nicht vom Zweck der Fahrt abhängig sein; auch wenn eine 30 minütige Fahrt nur der Umgehung der Vorschrift des Abs III b dient, beginnt die Frist von neuem, s *Berr* DAR **93** 305. Bloßes Verbinden mit einem ZugFz ohne Standortveränderung unterbricht das Parken nicht, *Darr* NZV **89** 298, *Hauser* DAR **90** 10. Ein auf fahrzeugfremde Stützen (Steine, Holz) aufgebockter Wohnanhänger ist nicht bertriebsbereit und parkt nicht im Rahmen des Gemeingebrauchs, *Hauser* DAR **90** 10. Das *Wohnen* im Wohnanhänger ist auch innerhalb der Zwei-Wochenfrist kein zulässiges Parken, sondern Sondernutzung, s Rz 42 a.

60 b   **Parksonderberechtigungen** (Zusatzschilder zu den Z 286, 314 und 315). Durch die Zusatzschilder „Rollstuhlfahrersymbol" Nr 1044–10, 1020–11, 1044–11 bzw die Zusatzschilder Nr 1020–32, 1044–30 zu den VZ 286, 290, 314 und 315 können Parkflächen für **Schwerbehinderte, Blinde oder Bewohner städtischer Quartiere** reserviert werden, auch mit zeitlicher Begrenzung (zB Parkschein), VGH Ma NZV **02** 54. Dabei ist die Parkerlaubnis nicht davon abhängig, daß der Behinderte das von ihm benutzte Fz selbst führt, Bay DAR **85** 355, *Berr/H/Schäpe* 553. Jedoch ist die Berechtigung des Behinderten nicht übertragbar, VG Berlin NZV **96** 48. Kennzeichnung einer Zone mit Beschilderungen wie etwa Z 286 mit Zusatz „Anwohnerparkgebiet" ist unwirksam; die Kennzeichnung muß vielmehr § 41 II Nr 8 entsprechen, Dü NZV **96** 248 (Anm *Thubauville* VM **96** 69). Zusatzschilder mit dem veralteten Begriff „Anwohner" bleiben gem § 53 XVI bis 31. 12. 03 (mit der Bedeutung „Bewohner") gültig. Ein eingeschränktes Haltverbot mit Ausnahme für Bewohner mit Parkausweis gilt nach sinnvoller Regelauslegung nicht vor der Grundstücksausfahrt für den Berechtigten, Dü NZV **94** 162. Zur Frage der Zulässigkeit einer Parkplatzreservierung für Bewohner in Strn, die für Nichtanlieger gesperrt sind, s *Fuchs-Wissemann* DAR **86** 307. **Benutzung entgegen dem Zusatzschild** verstößt gegen Abs I Nr 6 b bzw III Nr 8 e (§ 49 I Nr 12) oder § 42 IV (§ 49 III Nr 5). Sonderberechtigungen müssen am Kfz überprüft werden können, deshalb ist der amtliche Parkausweis im oder am Kfz von außen gut lesbar anzubringen, s § 41 II Nr 8, § 42 IV. Wo genau der Ausweis anzubringen ist, ist nicht näher geregelt und durch Auslegung zu ermitteln. In der amtl Begr heißt es dazu: „Die Parksonderberechtigung des angesprochenen Personenkreises muß für die Überwachungsorgane erkennbar sein" (VBl **80** 517, zu § 12 IV b aF). „Gut lesbar ausgelegt" ist der Ausweis danach jedenfalls nicht, wenn erst ein Absuchen des Fzs erforderlich ist. IdR wird der Parkausweis hinter der Windschutz- oder Seitenscheibe dieses Erfordernis erfüllen. Auslegen auf der Hutablage wurde von Kö NZV **92** 376 als ausreichend angesehen. Nichtanbringung durch einen Berechtigten ist zwar als solches nicht ow, jedoch gilt dann die Ausnahme vom eingeschränkten Haltverbot bzw die Park-Ausnahmegenehmigung nicht, VGH Ma DAR **92** 273, so daß OW gem Abs I Nr 6 b, III Nr 8 c oder e (§ 42 IV) in Frage kommt.

60 c   **Lit:** *Berr,* Parkverbot in Wohngebieten und von Anhängern, DAR **82** 314. *Derselbe,* Zur Zulässigkeit des Übernachtens in einem Wohnmobil auf einem öffentlichen Parkplatz, DAR **84** 253. *Berr/Hauser/Schäpe,* Das Recht des ruhenden V, 2. Aufl 2004. *Darr,* Das Anhängerparkverbot nach § 12 III b StVO, NZV **89** 297. *Fuchs-Wissemann,* Vorrang an Parklücken, DAR **89** 52. *Grüneberg,* Schadensersatzpflicht bei verkehrsbehindernd abgestellten Kfzen, NJW **92** 945. *Hauser,* Park-

Halten und Parken § 12 StVO 2

erleichterungen für Behinderte, VD **89** 21, 32. *Derselbe,* Wohnmobile und Wohnanhänger im ruhenden V, DAR **90** 9. *Rüth/Reinken,* Halten und Parken, KVR „Parken". *Schmitz,* Rechtmäßigkeit der bereichsbezogenen Einführung von Anwohnerparkrechten, NVwZ **88** 602. *Walter,* Die Gebührenpflicht der „Laternengarage" ..., DÖV **83** 233.
Lit zum Abschleppen falsch parkender Fze, s Rz 66.

10. Ordnungswidrigkeit. Strafrecht. Ow handelt, wer vorsätzlich oder fahrlässig 61 eine Vorschrift über das Halten oder Parken nach § 12 I, I a, III, III a, III b S 1, IV S 1, S 2 Halbs 2, S 3 oder 5 oder IV a bis VI verletzt (§ 49 I Nr 12). Parken auf nicht ausreichend befestigtem Seitenstreifen (Abs IV) ist aber nicht bußgeldbewehrt, selbst dort nicht, wo Z 388 aufgestellt ist, weil kein VorschriftZeichen, s Kö VRS **65** 156. Wer parken will, muß in der Nähe auf VorschriftZ achten, Ha DAR **58** 338, auch wenn er gewendet hat, Br VRS **10** 375, aber er muß nicht nach ihnen suchen. Dauerparker müssen kontrollieren, ob Umstände eintreten, die ein zulässigerweise begonnenes Parken verbieten und dieses ggf beenden, Kö NZV **93** 406, Jn NZV **95** 289, OVG Hb DAR **04** 543, wobei die Anforderungen nicht überspannt werden dürfen, *Janiszewski* NStZ **95** 587; bloße (nicht naheliegende) **Möglichkeit einer VZÄnderung** verpflichtet aber idR nicht zur Entfernung des Fzs vor Antritt einer Reise von wenigen Wochen, Kö NZV **93** 406 – Anm *Notthoff* ZfS **95** 81 – (Überlassung der FzSchlüssel an Dritten nur, wenn zuverlässige Vertrauensperson zur Verfügung steht), s auch *Janiszewski* NStZ **95** 587, abw OVG Hb DAR **04** 543. S auch Rz 66. Wer seine Geschäftsräume zwecks Ladegeschäfts nur unter Verletzung von VVorschriften oder der baulichen Vführung erreichen kann, darf sich über diese nicht hinwegsetzen, sondern muß eine Erlaubnis oder Ausnahmegenehmigung erwirken, Kö VM **80** 47. Parkverstöße können auch durch **Unterlassen** begangen werden, Ha VRS **61** 130 (Halter), Kö NZV **93** 406, Jn NZV **95** 289. **Teilnahme:** E 91–95. Außer dem Fahrer kann der Halter oder Weisungsberechtigte Täter sein, der unzulässiges Parken veranlaßt oder trotz Kenntnis, soweit ihm möglich, nicht verhindert oder beendet, Kö VRS **47** 39, Ha VRS **47** 465, Bay VM **63** 15, Dü VRS **61** 64, Stu VRS **53** 78. Wer das Steuer übernimmt, das Kfz aber im Parkverbot stehen läßt, wo der frühere Fahrer es geparkt hat, ist von nun an verantwortlich, Stu VRS **39** 373. Keine Pflicht des Halters jedoch, sich nach Benutzung des Fzs durch eine andere Person darüber zu vergewissern, daß es ordnungsgemäß geparkt ist, Ha VRS **61** 131. Bei mehreren FzHaltern ist jeder von ihnen nach FzGebrauch für richtiges Parken allein verantwortlich, s Kar VRS **58** 272, NJW **79** 2259. **Parken entgegen** einer Anordnung gem **Zusatzschild** zu Z 314, 315 ist ow gem §§ 42 IV, 49 III Nr 5, s Rz 60b. Im übrigen geht § 12 anderen Vorschriften (§§ 2, 41, 42) als die **speziellere** vor, Kö VRS **50** 236, Ce VR **76** 1068, Dü VRS **69** 56, TE mit § 1 aber bei VBehinderung oder -Gefährdung, Ha DAR **60** 239 (Abstellen von Lastfzen in enger DurchgangsStr), aM Bay VM **66** 81 (§ 1). Verstoß gegen § 1 II durch Parken, s Rz 44. Unerlaubtes Gehwegparken verletzt § 12 IV, Bay VM **75** 43, Ha VRS **59** 298, KG VRS **45** 66, Dü VRS **61** 64, **82** 209, Kö VRS **71** 214, BVG NZV **93** 44, *Berr/H/Schäpe* 337, aM Kö VRS **45** 48, Dü VRS **43** 381 (aufgegeben, s VRS **61** 64), DAR **82** 336, *Kullik* PVT **88** 98, *Seebald* NZV **90** 138 (nach dessen Ansicht die StVO das Gehwegparken überhaupt nicht verbiete). Gehwegparken von Fzen über 2,8 t verstößt auch dann gegen IV (nicht gegen III Nr 8c), wenn Z 315 aufgestellt ist, s *Lewin* PVT **97** 24. Halten auf Gehwegen ist gem IV S 2 (§ 49 I Nr 12) ow, s Rz 13/14. Gehwegbenutzung zum Halten und Parken ist idR vorsätzlich, Dü NZV **96** 251. Verstöße gegen das Z 315 durch Parken entgegen seiner bildlichen Anordnung über die Art der FzAufstellung ist ow gem §§ 12 III 8c, 49 I 12, KG VRS **53** 303. Parken in Fußgängerbereichen, s § 2 Rz 30. Da Verstoß gegen Abs III a „Regelmäßigkeit" voraussetzt, sind mehrere Fälle des verbotswidrigen Parkens gem Abs III a nur *eine* Tat, Ha VRS **66** 53. Das Aufstellen eines Arbeitsfzs auf dem Gehweg ist kein unerlaubtes Parken, es verletzt vielmehr § 32, wenn es unerlaubt geschieht, Ha VRS **59** 298, ebenso Abstellen eines betriebsunfähigen Fzs, Dü VRS **74** 285. Parken auf **Grünanlagen**, die nicht dem öffentlichen *Verkehr* dienen, kann nach landesrechtlichen oder kommunalen Bestimmungen ow sein, Dü NZV **97** 189 (s E 46). Behinderndes Parken außerhalb von Parkverboten verletzt § 1, s BGH VR **66** 364, Dü VM **62** 91, Ce VM **67** 53, Sa VRS **21** 62 (störender Geruch), s aber Rz 44. **Rechtfertigender Notstand** (§ 16 OWiG) des verkehrsbehindernd parkenden Schulbusf, s Kö

VRS **64** 298. Bloßes polizeiliches Dulden rechtfertigt Parken im Verbotsbereich nicht (**E** 128), Hb DAR **66** 275. Halten unter **Mitbenutzung der anderen Fahrbahnhälfte** ist stets ow, BGHSt **28** 143 = NJW **79** 224. Halten ist auch an einer an sich erlaubten Stelle unzulässig, wenn es gefährden oder mehr als unvermeidbar behindern kann, Bay DAR **78** 190, s aber Rz 44. Halten „**in zweiter Reihe**" verletzt IV Satz 2 Halbsatz 1, ist aber gem § 49 I Nr 12 nur als Verstoß gegen § 1 II bußgeldbewehrt, Bay DAR **78** 204, *Hauser* DAR **84** 276. Fortsetzen unerlaubten Parkens (Parkuhr) **trotz Verwarnung,** kann (nochmals) geahndet werden, Bay DAR **71** 304. Wird dem Betroffenen irrtümlich vorgeworfen, mit einem fremden, von einem anderen geführten Fz einen Parkverstoß begangen zu haben, so ist der am gleichen Ort zu gleicher Zeit begangene Parkverstoß mit dem eigenen Fz nicht **dieselbe Tat (§ 264 StPO),** Bay VRS **67** 362. Werden im Rahmen der **Überwachung von Parkverstößen** Reifen mit Kreidestrichen markiert, so ist dies vom FzEigentümer zu dulden, VG Freiburg NZV **98** 47. Zur Überwachung durch Private, s § 26 StVG Rz 2.

62   **Nötigung,** wer als gem Abs V Bevorrechtigter einen anderen FzF zum Platzmachen veranlaßt mit der Drohung, er werde dessen Fz „kaputtfahren", Dü NZV **92** 199, wer auf privatem Parkplatz den Parkwächter langsam fahrend wegstößt, Schl SchlHA **69** 265, wer die Einfahrt in eine Parklücke durch gefährdendes Zufahren erzwingt, auch wenn der andere das Einfahren zu Unrecht verwehrt, Dü VM **78** 59, Bay NJW **68** 824, VRS **24** 425, NZV **95** 327, wer den anderen fahrend aus der Lücke verdrängt, Ha NJW **70** 2074, *Kaiser, Salger*-F S 59, *Berz* VGT **96** 72. Jedoch wird Nötigung (mangels Verwerflichkeit) teilweise verneint, wenn die Gefahr für die den Parkplatz freihaltende Person bei langsamer Fahrweise des die Einfahrt Erzwingenden gering ist (trotz Berührens mit dem Fz), Stu NJW **66** 745 (abl *Bockelmann* ebenda, *Rasehorn* NJW **68** 1246), Hb NJW **68** 662, Ha DAR **69** 274, Bay DAR **91** 367, Nau DAR **98** 28. Wer durch Besetzen einer Parklücke das Einfahren durch einen anderen verhindert, nötigt diesen dadurch jedenfalls nicht, wenn ihm nach Abs V der Vorrang zusteht, Dü NZV **92** 199 (s dazu *Janiszewski* NStZ **92** 274). Keine Gewalt iS einer Nötigung ist Zurücksetzen, um in eine Parklücke einzufahren, auch wenn sich dadurch der Nachfolgende seinerseits zum Zurücksetzen veranlaßt sieht, Kö NZV **89** 157. Auch Gewaltanwendung, die nur Sachschaden begründen könnte, kann verwerflich und deshalb Nötigung sein, Kö VRS **56** 281. Vorsätzliches Blockieren der Bewegungsfreiheit anderer VT durch verkehrswidriges Parken oder Halten kann, auch unter Zugrundelegung des Gewaltbegriffes des BVerfG, NJW **95** 1141 (krit *Altvater* NStZ **95** 278, *Krey* JR **95** 265) Nötigung sein (s Rz 47), abw *Berz* NZV **95** 300, *Hruschka* JZ **95** 745, nicht stets aber bei nur vorübergehender Vereitelung der Weiterfahrt des Nachfolgenden; die Motive sind zu berücksichtigen, Bay NZV **89** 240. Wer ein anderes Fz trotz Aufforderung zur Wegfreigabe blockiert hält, nötigt, Ko MDR **75** 243, VRS **20** 436, s *Kaiser, Salger*-F S 57, jedoch nicht ohne weiteres bei bloß vorübergehender und unwesentlicher Behinderung, Dü VM **93** 62. Wer rechtswidrig eine Parklücke versperrt und sich gegen das Weggedrängtwerden durch langsames Fahren nur durch selbstrettende Abwehrreaktionen wehrt, nötigt den Kf nicht, Kö NJW **79** 2056 (Fehlen der Verwerflichkeit), *Kaiser, Salger*-F S 59, aM *Schmid* DAR **80** 81. Bloßes passives Behindern des in eine freie Parklücke Einfahrenden durch Stehenbleiben einer Person in der Lücke ist nach BVerfG NJW **95** 1141 als nur psychische Einwirkung auf den Kf keine Gewaltausübung iS des Nötigungstatbestandes, s *Berz* VGT **96** 72; es ist nur Verstoß gegen § 1, so im Ergebnis auch schon Ha VRS **59** 426 (allerdings nur mangels Verwerflichkeit). Blockieren einer Ausfahrt als Nötigung, s Rz 47. *Busse,* Nötigung in StrVR, 1968. Das unberechtigte Anbringen einer Plakette („Arzt") am Kfz, um sich Parkerleichterung zu erschleichen, fällt nicht unter § 132a StGB, Bay NJW **79** 2359.

63   **11. Zivil- und Verwaltungsrecht.** Haltverbot als SchutzG, s Rz 29, 37a. Wer ein negatives VorfahrtZ durch unzulässiges Halten verdeckt, haftet; jedoch Mitverschulden des Wartepflichtigen, der, obwohl die Umstände für die Möglichkeit eines solchen VZ sprechen, ohne weiteres annimmt, es gelte „rechts vor links", Kö VR **90** 100. Wer Halten oder Liegenbleiben auf der AB an verbotener Stelle zu vertreten hat, haftet für Auffahren auch mangels Auf-Sicht-Fahrens des Auffahrenden, Kö VRS **37** 195. Mit-

Halten und Parken § 12 StVO **2**

haftung des verbotswidrig Haltenden bei Kollision mit dem fließenden V, wenn das Haltverbot dem fließenden V dient, Ha NZV **99** 291 (Abs I Nr 6 d), LG Kar VRS **100** 387 (Abs III Nr 4). Die BG eines haltenden Fzs kann durch Halten auf der falschen StrSeite erhöht sein, Kar NZV **90** 189. Zweidrittelhaftung dessen, der mit einem Lkw im Dunkeln auf der linken StrSeite mit Abblendlicht hält, im Verhältnis zum auffahrenden Gegenverkehr, Sa VM **71** 96. Gegenüber achtlosem Auffahren auf ein geparktes Kfz (Unfallhilfe) kann geringe Schuld des unrichtig Parkenden ganz zurücktreten, Ko VR **77** 1034. Wer unerlaubt in 2. Reihe hält und dadurch die Sicht des aus einer Grundstücksausfahrt in die Fahrbahn einbiegenden FzFührers behindert, verursacht den bei einer Kollision zwischen dem Ausfahrenden uns dem fließenden V entstehenden Schaden adäquat mit, KG VM **80** 85. Entsprechendes gilt bei verkehrswidrigem, sichtbehinderndem Parken im Einmündungs- oder Kreuzungsbereich und dadurch bedingter Vorfahrtverletzung durch einen Dritten, Kar DAR **92** 220 (40% Mithaftung). Zurücktreten der Pkw-BG, wenn die PkwF gegen eine ungesicherte, waagerecht in den VRaum ragende Ladeklappe eines verbotswidrig in 2. Reihe parkenden Lkws fährt, Ha NZV **92** 115 (zust *Greger*). Der Mithaftung für einen durch Parken in zweiter Reihe mitverursachten Unfall kann nicht mit dem Hinweis begegnet werden, der Unfall habe sich auch bei zulässigem kurzem *Halten* in zweiter Reihe ereignen können, Ha NZV **91** 271. Mithaftung kraft BG bei Parken zwecks Entladens dicht neben einer Garagenausfahrt mit erheblicher Sichtbehinderung des Ausfahrenden, obwohl solches Parken erlaubt ist, Kö VR **71** 427. Halten/Parken mit betriebswarmem Diesel und eingelegtem Rückwärtsgang kann die BG erhöhen, s Bra VR **76** 448. RsprÜbersicht zur Mithaftung bei falschem Parken: *Berr*, DAR **93** 418. Verkehrssicherungspflicht auf Parkplätzen: § 45 Rz 51, 64.

Parken auf einem nicht öffentlichen Privatparkplatz ist **verbotene Eigenmacht,** Stu **64** VRS **78** 205, AG Essen DAR **02** 131, AG Mü DAR **93** 30, deren sich der Berechtigte gemäß § 859 BGB erwehren darf, wenn polizeiliche Maßnahmen unterbleiben, s *Schünemann* DAR **97** 270, jedoch nicht durch Blockieren des rechtswidrig parkenden Fzs, OVG Ko NJW **88** 929, OVG Saarlouis NZV **93** 336, auch nicht durch Verwendung einer sog Parkkralle, s *Metz* DAR **99** 392 (uU Nötigung), sondern indem er es sofort **abschleppen** läßt, OVG Saarlouis NZV **93** 336, AG Essen DAR **02** 131, AG Fürstenfeldbruck DAR **85** 257. Dabei ist die Bedeutung des Begriffs „sofort" in § 859 III BGB str. Nach teilweise vertretener Ansicht ist der Begriff rein zeitlich zu verstehen ohne Rücksicht auf die Kenntniserlangung von der Besitzentziehung, *Palandt/Bassenge* § 859 Rz 6, *Schünemann* DAR **97** 267 (innerhalb von 30 Min), während es nach aA genügt, daß der Berechtigte das Abschleppen veranlaßt, sobald er nach den Umständen gegen die Besitzstörung vorgehen kann, s LG Fra NJW-RR **03** 312 (so schnell, wie nach objektiven Maßstäben möglich), NJW **84** 183, AG Mü DAR **93** 30 (2 bis 3 Std später), uU erst bei Entdeckung am selben Abend, Kar Justiz **78** 71, nach teilweise vertretener Ansicht auch noch am folgenden Tag, LG Fra NJW-RR **03** 312, NJW **84** 183, AG Essen DAR **02** 131, nach AG Deggendorf DAR **84** 227, *Berr/H/Schäpe* 620, gem §§ 858, 859 Abs I BGB ohne die zeitliche Begrenzung des § 859 III, aM Br DAR **84** 224 (nur, solange der Parkende sein Fz noch nicht verlassen hat), AG Mü NJW **96** 853 (nicht mehr 7½ Std nach dem Abstellen des Fzs). Entgegen § 859 III BGB verlangen AG Fra NJW-RR **89** 83 und AG Berlin-Wedding NJW-RR **91** 353 zuvor angemessene Wartezeit, abl *Berr/H/Schäpe* 621, *Janssen* NJW **95** 626. Die Besitzwehrung durch Abschleppen setzt konkrete Behinderung nicht voraus, AG Freising DAR **87** 156. Kostenerstattungsanspruch gegen den Parkenden: § 823 II BGB (§ 858 BGB), AG Mü DAR **93** 30, *Schwarz/Ernst* NJW **97** 2552 f, gegen den Halter: § 683 BGB, AG Fra NJW **90** 917, AG Mainz r + s **85** 57, *Jan/Jag/Bur* Rz 397, *Berr/H/Schäpe* Rz 621, *Schwarz/Ernst* NJW **97** 2551, aM AG Darmstadt NJW-RR **03** 19. **Sperrendes Parken:** Wer ausfahrtversperrend parkt, verletzt ein Schutzgesetz, Nü NJW **74** 1145, *Grüneberg* NJW **92** 946, *Hauser* VD **82** 353, verletzt bei Blockieren eines Fzs aber auch fremdes Eigentum iS von § 823 I BGB, AG Kö DAR **88** 98, *Dörner* DAR **79** 11, *Grüneberg* NJW **92** 945, s BGHZ **55** 153 = NJW **71** 886 (Sperrung eines Schiffes), und verwirkt dadurch Schadenersatz (§ 823 BGB). Die Einschränkungen gemäß § 859 II, III BGB liegen tatbestandlich nicht vor. Der Behinderte darf sich der verbotenen Eigenmacht gegen seine Besitzausübung mit der dazu ausreichenden Gewalt erwehren (§ 859 I BGB), VG Saar-

2 StVO § 12 I. Allgemeine Verkehrsregeln

louis NZV **91** 47, durch Abschleppenlassen auf Kosten des Störers dann, wenn mildere ausreichende Mittel (zB rasche Umfrage, Wegschieben, uU Benutzung öffentlicher VMittel oder einer Taxe) nicht in Betracht kommen. Der Behinderte ist nach den Grundsätzen der GoA berechtigt, das seine Garagenausfahrt versperrende Fz abschleppen zu lassen, *Palandt/Sprau* § 677 Rz 6; nach AG Essen DAR **02** 131, AG Fra NJW **90** 917, AG München DAR **81** 358, AG Neumünster DAR **87** 387 (Privatparkplatz), AG Tüb DAR **84** 231 (Lagerraum), *Grüneberg* NJW **92** 948 (Baustellenzufahrt) mit Anspruch auf Aufwendungsersatz gem § 683 BGB, aM insoweit wegen fehlenden Interesses und mutmaßlichen Willens des Geschäftsherrn AG Br DAR **84** 224, AG Berlin-Wedding NJW-RR **91** 353. Wer sich verbotener Eigenmacht durch Abschleppen des widerrechtlich parkenden Fzs erwehrt, dem steht bis zur Erstattung der dadurch entstandenen Kosten grundsätzlich ein Zurückbehaltungsrecht an dem Fz zu, Stu VRS **78** 205. Zur Frage eines Zurückbehaltungsrechts des Abschleppunternehmers bei Abschleppen in privatem Auftrag, s *Wien* DAR **01** 62f. Schadensersatzpflicht bei einfahrtversperrendem Parken, s AG Charlottenburg ZfS **81** 1, *Grüneberg* NJW **92** 947 (nur gegenüber dem Grundstückseigentümer bzw -besitzer). Zur Schadenminderungspflicht gegenüber Falschparken (einfahrtversperrend), AG Schöneberg MDR **78** 493. S *Hoffstetter* NJW **78** 256, *Dörner* DAR **79** 10, *Grüneberg* NJW **92** 947, AG Kar NJW **77** 1926, abw AG Heidelberg NJW **77** 1541. Zum kostenpflichtigen Abschleppen eines Arbeitnehmerkfz vom Betriebshof, LAG Dü Betr **77** 1754. Zum Schadensersatzanspruch des Straba-Betreibers bei Blockieren der Schienen durch Fze, s *Grüneberg* ZfS **91** 254, NJW **92** 948, AG Bonn NZV **92** 450. Bei andauernder oder drohender Störung durch denselben Störer kommt auch Unterlassungsklage (§ 1004 BGB) in Betracht, Kar NJW **78** 274, s AG Suhl DAR **02** 461. Zur Frage des Anspruchs eines Bauunternehmers auf Erstattung der Abschleppkosten bei **Behinderung von Bauarbeiten** durch Parken trotz Haltverbots, AG Fra NJW-RR **90** 730 – verneinend – (krit *Janssen* NJW **95** 625), s auch Rz 29.

65   Bei **Gefahr für die öffentliche Sicherheit und Ordnung** darf die Pol uU das gefährdende Fz entfernen lassen. Ob Bedienstete sog kommunaler Parküberwachungen oder PolHostessen für derartige polizeiliche Maßnahmen zuständig sind, ist str, bejahend (für Bayern) *Jahn* NZV **89** 301, *Biletzki* NZV **96** 306, BayVBl **90** 428, *Perrey* BayVBl **00** 614, einschränkend VGH Mü NZV **90** 47, **92** 207, DÖV **90** 483, BayVBl **91** 433, *Pitschas/Aulehner* BayVBl **90** 422 (Anordnung durch die Pol, jedoch bei genauer Kenntnis der örtlichen Verhältnisse auch aufgrund telefonischer Benachrichtigung durch solche Bedienstete ohne persönlichen Augenschein, krit zu diesem Modell *Jahn* NZV **89** 300, *Biletzki* NZV **96** 305, BayVBl **90** 424), verneinend VG Mü NZV **89** 327. Voraussetzung für die Abschleppanordnung ist Unaufschiebbarkeit der Maßnahme unter Beachtung des Übermaßverbots (**E** 2), VG Würzburg NVwZ-RR **89** 138, VG Berlin DAR **99** 90, *Bouska* DAR **83** 147. Die Maßnahme wird idR **unverhältnismäßig** sein, wenn der FzF ohne größere Nachforschungen in unmittelbarer Nähe erreichbar ist, BVG DAR **02** 470 (im entschiedenen Fall verneint), OVG Br DAR **85** 127, VGH Ka NZV **90** 408, OVG Ko DAR **99** 421, oder die Entfernung des Fz durch ohne Schwierigkeiten mögliche Benachrichtigung des Halters erreicht werden kann, VG Gießen NJW **01** 2346 (Taxi). Unverhältnismäßigkeit uU, wenn nicht einmal der Versuch unternommen wird, den sich in unmittelbarer Nähe aufhaltenden FzF unter der unübersehbar im Fz zurückgelassenen Telefonnummer zu erreichen, VG Hb ZfS **01** 570 (abl *Haus*, aufgehoben durch OVG Hb NJW **01** 3647), *Schwabe* DVBl **02** 1561, s VG Kar VM **02** 63 (kein Absehen von der nach dem VwVG B/W grundsätzlich erforderlichen Androhung des Zwangsmittels), einschränkend insoweit BVG NZV **02** 285, OVG Hb NJW **01** 3647, VG Gießen NZV **04** 54, VG Berlin NZV **04** 55, anders, wenn sofortige Rückkehr zum Fz ausgeschlossen erscheint, VG Berlin DAR **02** 189, s VGH Ma DAR **03** 329. Keine Pflicht der VB zur Ermittlung des nicht ohne weiteres feststellbaren Aufenthaltsortes des FzF oder Halters, BVG DAR **02** 470, VGH Ka NVwZ-RR **99** 23, OVG Schl NVwZ-RR **03** 647, DAR **02** 330, VG Gießen NJW **01** 2346. Bewohner mit Parkausweis genießen bei unzulässigem Parken gegenüber Abschleppmaßnahmen keinen besonderen Schutz, VGH Ma NJW **03** 3363. Abschleppen auf einen (entfernten) Sammelplatz ist unverhältnismäßig, wenn Umsetzen auf benachbarte Parkfläche möglich ist, BVG DAR **02** 470. Abschleppen stets nur durch zuverlässige Abschlepper, BGH NJW **77** 628. Die

Halten und Parken § 12 StVO **2**

Rechtsgrundlage ist dem Polizeiaufgabenrecht der Länder zu entnehmen, OVG Münster VRS **100** 234, *Fischer* JuS **02** 446, *Bouska* DAR **83** 147. Soweit spezielle landesgesetzliche Regelungen (wie etwa § 14 I HbSOG) fehlen, werden von der Rspr als rechtliche Grundlage die polizeirechtlichen landesgesetzlichen Generalklauseln, VGH Ka NVwZ-RR **95** 29, VGH Mü DAR **83** 239, OVG Münster VRS **100** 234, NJW **81** 478, VG Freiburg DVBl **79** 745, oder auch Sicherstellung nach den Landespolizeigesetzen angesehen, Bay NZV **92** 289, OVG Schl NVwZ-RR **03** 647, OVG Münster VRS **100** 234, NJW **82** 2277, VRS **69** 475, VG Ka NVwZ **85** 212, VG Münster VRS **73** 319, *Köhler* BayVBl **84** 630, *Schwabe* NJW **83** 371, *Kierse* DAR **95** 400, jedenfalls bei Abschleppen zur polizeilichen Verwahrstelle: VGH Mü DAR **89** 154, DÖV **90** 483, NZV **90** 47, gegen Abschleppen als „Sicherstellung" *Steinhilber* NJW **83** 2429, VGH Ka NVwZ **87** 909, OVG Lüneburg ZfS **94** 468, differenzierend: VGH Mü NJW **84** 2962, NZV **92** 207 (keine Sicherstellung, wenn das Fz nicht in polizeilichem Gewahrsam bleibt), offengelassen von OVG Münster NZV **90** 407. Die Rechtmäßigkeit des Abschleppens als **Ersatzvornahme** (VGH Ma NJW **03** 3363, DAR **03** 329, OVG Schl NVwZ-RR **03** 647, OVG Hb VRS **100** 478) ist nach dem Vollstreckungsrecht der Länder zu beurteilen, BVG NJW **82** 348, ZfS **94** 189, OVG Münster VRS **100** 234. Abschleppen im Wege der Ersatzvornahme ohne vorherige Androhung nach PolG B/W, s VGH Ma NZV **90** 286, NJW **90** 2270, DVBl **91** 1370, ZfS **95** 237, BremPolG, s OVG Br DAR **85** 127, nach HbVwVG, s OVG Hb PVT **90** 331, nach SchlHVwG, s OVG Schl NVwZ-RR **03** 647, nach PolG NRW, s VG Münster VRS **73** 319, nach PVG Rh.Pfalz, s OVG Ko DÖV **86** 37, NVwZ **88** 658, nach dem SOG Sa-Anh, s OVG Magdeburg DAR **98** 403, nach HessSOG, s VGH Ka NVwZ-RR **99** 23. Abschleppen im Wege **unmittelbarer Ausführung** (bei Fehlen einer Grundverfügung in Form eines VZ oder einer Parkuhr) nach HessSOG, VGH Ka NVwZ-RR **95** 29, **99** 23. **Sofortiges Abschleppen ist zulässig**, wenn besondere Umstände für sofortige Störungsbeseitigung sprechen. Es muß erforderlich und verhältnismäßig sowie für den Betroffenen zumutbar sein, BVG ZfS **94** 189, OVG Hb VRS **104** 468, OVG Münster NJW **98** 2465, VGH Ka NVwZ-RR **99** 23. Dabei soll die B nach BVG NZV **02** 285, VG Gießen NZV **04** 54 mit der Abschleppmaßnahme auch general- und spezialpräventive Zwecke verfolgen dürfen, abl insoweit mit Recht *Schwabe* DVBl **02** 1562. Der Eintritt einer konkreten **Behinderung** anderer VT ist nicht Voraussetzung, BVG VRS **101** 239, OVG Hb ZfS **03** 320, rechtfertigt jedoch idR ein Abschleppen, BVG NZV **02** 285, OVG Hb ZfS **03** 320. Beispiele: Ganz versperrter Gehweg, BVG NZV **93** 44, **02** 285, OVG Münster NJW **81** 478, OVG Lüneburg ZfS **94** 468, VG Würzburg NVwZ-RR **89** 138, oder Radweg, OVG Hb VRS **99** 381, VG Berlin NZV **93** 368 (bei Behinderung von Radf auch teilweise Radwegblockierung, OVG Hb VRS **99** 381, VG Berlin DAR **00** 182); Blockieren einer StrEinmündung, OVG Berlin VM **82** 64; Abstellen in einer durch Z 286 gekennzeichneten Feuerwehr-Bewegungszone, Dü VRS **82** 246, BVG NZV **02** 285, VGH Mü BayVBl **91** 433, s VGH Ma (Z 283, „Brandschutzzone"); Blockieren eines Sonderfahrstreifens für Linienbusse (Z 245), VGH Ka NJW **84** 1197, ZfS **93** 359; Fahrzeugabstellen in Fußgängerzone, BVG NZV **93** 44, Bay NZV **92** 289, OVG Münster NJW **82** 2277, VGH Mü NJW **84** 2962 (zust *Köhler* BayVBl **84** 630), NZV **90** 47, OVG Ko NVwZ **88** 658, aber nicht in Nachtstunden ohne Fußgängerverkehr, OVG Lüneburg NVwZ-RR **89** 647; Beeinträchtigung der Funktion eines verkehrsberuhigten Bereichs durch Parken außerhalb gekennzeichneter Flächen, OVG Münster VRS **94** 159; unberechtigtes Parken auf Behindertenparkplatz, BVG NZV **02** 285, VGH Ma DAR **03** 329, VGH Mü NJW **96** 1979, OVG Schl NVwZ-RR **03** 647, OVG Münster NZV **00** 310, OVG Magdeburg DAR **98** 403, Busparkplatz, OVG Münster DAR **99** 185, vor Bordsteinabsenkung, VG Schwerin DAR **98** 405, oder auf Bewohnerparkplatz, VGH Mü NJW **90** 270, VGH Ma ZfS **95** 237, auch ohne konkrete Behinderung eines Berechtigten, VGH Mü NJW **89** 245, VGH Ma ZfS **95** 237, OVG Schl DAR **02** 330, OVG Münster NZV **00** 310; mehr als $1/2$ stündiges Parken in zentral gelegener Ladezone in innerstädtischem Geschäftsviertel (VZ 286 mit Hinweis „Ladezone"), OVG Münster NJW **98** 2465; verbotswidriges Parken über mehr als 1 Std, VG Gießen NZV **04** 54; Sperren der Durchfahrt nach Bauzaunerrichtung, OVG Ko DÖV **86** 37; Versperren einer Parkplatzausfahrt, OVG Ko

555

NJW **86** 1369; Parken entgegen Abs I Nr 1 an enger StrStelle, VG Berlin NZV **98** 224; verbotswidriges Halten in wenig übersichtlichem Einmündungsbereich, VGH Ma NZV **90** 286 (Anm *Jahn*); Parken im 5 m-Bereich einer Einmündung entgegen Abs III Nr 1, OVG Münster VRS **99** 380; Hineinragen des Fzs in die Fahrbahn. Auch in Fällen der genannten Art kann sofortiges Abschleppen jedoch dann unverhältnismäßig sein, wenn im konkreten Fall keine oder nur eine ganz vorübergehende Störung eintritt, VGH Mü NZV **90** 47. Allein auf eine negative Vorbildwirkung verbotswidrigen Parkens für andere darf die Abschleppmaßnahme nicht gestützt werden, BVG NZV **93** 44, **02** 285, OVG Hb ZfS **03** 320, OVG Lüneburg ZfS **94** 468, VGH Ma ZfS **95** 237, s aber BVG NZV **90** 205 (krit *Jahn* NZV **90** 379 f), VGH Ka NZV **90** 408, VGH Mü BayVBl **91** 433, NZV **92** 207. Genügt zur Beseitigung der Verkehrsbehinderung die Entfernung eines von **mehreren** vorschriftswidrig parkenden **Fzen,** so ist das Abschleppen mehrerer Fze ermessensfehlerhaft und rechtswidrig, VG Gelsenkirchen 8 K 192/83. Tritt eine VBehinderung erst durch das Parken zweier Fze ein, so ist nur der als zweiter Hinzukommende verantwortlich; werden, weil dies nicht feststellbar ist, beide abgeschleppt, so haftet der ordnungsgemäß als erster Parkende nicht für die Kosten, OVG Münster NZV **01** 94. Im absoluten Haltverbot befindliche Fze können bei VGefährdung abgeschleppt werden, falls Halter oder Fahrer nicht umgehend erreichbar sind, OVG Lüneburg VRS **58** 233, nach VGH Ka NVwZ-RR **95** 29 stets, auch ohne Hinzutreten weiterer Umstände. In anderen Fällen unzulässigen Parkens und Abstellens ist berechtigter sofortiger Vollzug Voraussetzung, OVG Hb NJW **01** 3647, OVG Münster DÖV **78** 59, VRS **69** 475, dessen Voraussetzungen aber zu Unrecht (Maßgebot, **E** 2) teilweise schon durch den **bloßen Parkverstoß** als erfüllt betrachtet werden; wie hier: *Kottmann* DÖV **83** 500, *Biletzki* NZV **96** 305, VGH Mü NVwZ **88** 657 (unzulässiges Gehwegparken ohne Behinderung, zust Jahn NZV **89** 301), BVG NZV **93** 44, **02** 285, OVG Lüneburg NVwZ-RR **89** 647, ZfS **94** 468, VG Mü DÖV **88** 88, NVwZ **88** 667, VG Berlin DAR **89** 90, VGH Ma ZfS **95** 237, aM aber die wohl hM, BVG NJW **78** 656, BayVBl **83** 632, DAR **83** 398 (abl *Berr*), VGH Mü DAR **89** 154 (Gehwegparken bei ca 4 m verbleibender Restbreite), OVG Br VRS **54** 395, VGH Ka NZV **90** 408, NVwZ-RR **99** 23, OVG Schl DAR **01** 475, OVG Münster NZV **90** 407. Denn keineswegs jeder Formalverstoß beeinträchtigt bereits die öffentliche Sicherheit oder Ordnung, VGH Mü NVwZ **88** 657, OVG Hb NJW **01** 3647, *Berr* DAR **82** 307, *Jahn* BayVBl **90** 425, NZV **90** 378 (aM zB *Wiethaup* DAR **73** 264), so sehr, daß Verwarnung oder Geldbuße nicht ausreichen, BVG NZV **93** 44 (Gehwegparken), VG Freiburg NJW **00** 2602 (bloßes Nichtauslegen des Bewohnerparkausweises). Verstoß gegen das Übermaßverbot daher idR Abschleppen bei bloßem – auch mehrstündigem – Überschreiten der Parkzeit, aM BVG MDR **84** 255, DAR **83** 398 (abl *Berr*), VGH Mü NJW **99** 1130, OVG Hb DAR **82** 306 (bei mehr als 3 Std, abl *Berr*), PVT **90** 331 (bei mehr als 1 Std). Berechtigtes Abschleppen nach fast 30 stündigem Parken an unbeteiligter Parkuhr, davon 15 Stunden während der Parkzeitbeschränkung, BVG VRS **74** 397. Zum Abschleppen, wenn das Fz ***vor* der Aufstellung des Haltverbots-VZ** abgeparkt wurde, VGH Ma DÖV **91** 163, VGH Ka NJW **97** 1023 (jeweils: keine Kostenerstattung, s aber Rz 66), OVG Hb DAR **04** 543 (Kostenanspruch der VB). Berechtigtes Abschleppen aus Parkscheibenzone am folgenden Tag: VG Mü M 5870 XVII 28. Gegen den Blockierer eines rechtswidrig auf einem Privatgrundstück parkenden Fzs darf die Pol einschreiten, wenn er seinerseits als Berechtigter um mögliche polizeiliche Hilfe nicht nachgesucht hat, OVG Ko NJW **88** 929, OVG Saarlouis NZV **93** 366 (abl *Gornig* JuS **95** 208). Zum Abschleppen von **Fahrrädern,** s *Kettler* NZV **03** 209.

66 Anspruch auf Ersatz der **Abschleppkosten** nach den landesgesetzlichen Bestimmungen setzt Rechtmäßigkeit der Maßnahme voraus, VGH Mü NZV **90** 47, **92** 207, OVG Schl NVwZ-RR **03** 647, OVG Münster VRS **100** 234, OVG Br DAR **86** 159. Dabei kommt es nur auf die Wirksamkeit des Halt- oder Parkverbots an, nicht auch auf die Rechtmäßigkeit der VZ-Regelung, OVG Hb VRS **104** 474 (s Rz 247). Heranziehung des PolPflichtigen gem PolG BW nach pflichtgemäßem Ermessen der Pol, VGH Ma DÖV **91** 163, DVBl **91** 1370. Gesetzliche Regelungen, die die Heranziehung des Eigentümers zu den Abschleppkosten vorsehen, verstoßen nicht ohne weiteres gegen Art 14 GG, BVG NJW **92** 1908. Anspruch gegenüber dem FzEigentümer gem SOG Hb nur,

soweit es diesem möglich war, auf das Fz einzuwirken, OVG Hb NJW **92** 1909, abw insoweit OVG Br DAR **86** 159 für die Rechtslage in Br. Speziell zur Rechtslage in Hessen: VGH Ka NVwZ **88** 655, NZV **90** 408, NVwZ-RR **95** 29, VG Fra/M. NVwZ-RR **94** 90 (zu HessSOG nF), *Schild* NVwZ **85** 170, *Graulich* NVwZ **88** 604, *Dienelt* NVwZ **94** 664, in NRW: OVG Münster VRS **100** 234, in Sa-Anh: OVG Magdeburg DAR **98** 403. Eine für die Pol nicht erkennbare Notstandssituation des Störers im Zeitpunkt des Abstellens des Fzs schließt seine Inanspruchnahme für die Abschleppkosten nicht aus, VG Saarlouis ZfS **00** 88. Wird der Abschleppvorgang abgebrochen, so ist die Kostenerhebung unverhältnismäßig, wenn unmittelbar darauf ein benachbartes Fz abgeschleppt wird, OVG Hb VRS **99** 381. Zum Verwaltungsrechtsweg bei Streit über durch behördliche Ersatzvornahme veranlaßte Abschleppkosten, OVG Münster NJW **80** 1974, VGH Ka VM **81** 15. Der Anspruch auf Erstattung von Abschleppkosten richtet sich gegen den Fahrer als Verhaltensverantwortlichen, VGH Mü NJW **84** 1196, BayVBl **87** 404, **89** 438 (vorrangig), OVG Ko NJW **86** 1369 (ausnahmsweise), OVG Br DAR **86** 159, oder gegen den Halter als Zustandsverantwortlichen, VGH Mü NJW **79** 2631, NVwZ **87** 912, BayVBl **87** 119 (jedenfalls bei Überlassung des Fzs an einen anderen in Kenntnis früherer Parkverstöße durch diesen), BayVBl **87** 404, **89** 438 (subsidiär bei Nichterreichen eines Verhaltensstörers), VG Berlin NZV **01** 56 (bei im Ausland wohnendem FzF), VGH Ma ZfS **95** 437, OVG Hb NJW **92** 1909, *Wegmann* BayVBl **84** 685, *Kränz* BayVBl **85** 301, *Schwab* VD **86** 228 (wahlweise nach Ermessen), OVG Ko NJW **86** 1369 (grundsätzlich), OVG Br DAR **86** 159, VG Münster VRS **73** 319. Zur Frage eines Anspruchs gegen den früheren Halter, der die Meldepflichten aus § 27 III 1 StVZO nicht erfüllt hat, s § 27 StVZO Rz 25. Da auch das Dauerparken im Grundsatz zulässig ist (§ 12 kennt keine zeitliche Höchstgrenze), BVG DAR **79** 251, VGH Ka NJW **97** 1023, ist eine Kostenerstattungspflicht des Abgeschleppten, der das Fz **vor Aufstellung des HaltverbotsZ** geparkt hat, für den Regelfall abzulehnen, VGH Ma DÖV **91** 163, *Berr* DAR **91** 120, differenzierend *Perrey* VBl **00** 617. Die Rspr hat diesen Grundsatz jedoch erheblich eingeschränkt. So ist die Kostenbelastung des FzHalters nach BVG DAR **97** 119 (Anm *Hansen/Meyer* NJW **98** 284, abl *Berr* DAR **97** 120, krit *Mehde* NJW **99** 767, zust *Hendler* JZ **97** 782), OVG Hb DAR **04** 543, nicht unverhältnismäßig, wenn zwischen dem Aufstellen des VZ und dem Abschleppen des bis dahin ordnungsgemäß parkenden Fzs 4 Tage verstrichen sind, nach VGH Ka NJW **97** 1023 (Anm *Michaelis* NJW **98** 122), VG Berlin DAR **01** 233 eine Frist von 3 Tagen, nach OVG Hb DAR **95** 264 (krit *Berr*), wenn zwischen dem Aufstellen des VZ und seinem Wirksamwerden mindestens 3 Werktage und ein Sonn- oder Feiertag liegen, nach OVG Münster DAR **95** 377, VM **96** 63 (Anm *Thubauville*) 48 Stunden, sowie nach VGH Ma DVBl **91** 1370, wenn mit alsbaldiger Änderung und Störungseintritt zu rechnen war (überklebtes HaltverbotVZ). Zum Anspruch des Landes auf Ersatz des Aufwandes für Tätigwerden eines PolB im Zusammenhang mit dem Abschleppen, VGH Mü DAR **83** 239 (verneinend), OVG Hb VRS **72** 226 (bejahend). Keine Kostenersatzpflicht des Eigentümers eines gestohlenen Kfz, das die Pol auf einem öffentlichen Parkplatz auffindet und ohne Notwendigkeit sofortigen Vollzugs abschleppen läßt, OVG Münster NJW **78** 720. Zur Kostenerstattung für AbschleppFz, wenn das verkehrswidrig parkende Fz vor dessen Eintreffen entfernt wird, VGH Ka NJW **84** 1197, VGH Ma DAR **02** 473. Zur Kostentragung bei Abschleppen aus einem zugunsten Privater eingerichteten Haltverbotsbereich, *Emde/Kreuter* NZV **94** 420. Zum Ersatzanspruch einer *Privatperson*, die ein in Haltverbotszone parkendes Fz abschleppen läßt, AG Schöneberg NJW **84** 2954. Ein **Zurückbehaltungsrecht** wegen der Abschleppkosten steht der StrVB jedenfalls dann nicht zu, wenn das betreffende Landespolizeigesetz ein solches nicht ausdrücklich regelt (s zB HbSOG § 14 III), *Fischer* JuS **02** 449, *Würtenberger* DAR **83** 155, s VGH Ka VM **81** 15. Dagegen wird ein solches Zurückbehaltungsrecht für das Abschleppen anordnenden Stelle in den Ländern einhellig bejaht, deren Polizeigesetze es gestatten, die Herausgabe sichergestellter Sachen von der Erstattung der Sicherstellungs- und Verwahrungskosten abhängig zu machen, OVG Münster VRS **65** 317, OVG Magdeburg DAR **98** 403, *Wien* DAR **01** 61, *von Mallinckrodt* Polizei **83** 389 (abw zu PolG NRW aber LG Aachen VM **01** 15). Danach scheitert das Zurückbehaltungsrecht in diesen Fällen also nicht an dem zunächst noch fehlenden Leistungsbescheid, abw *Steinhilber* NJW

83 2430. Soweit ein Zurückbehaltungsrecht der anordnenden Behörde anzuerkennen ist, kann es dem Betroffenen in deren Auftrag durch das Abschleppunternehmen mitgeteilt werden, OVG Münster VRS **65** 317, s aber Dü NZV **99** 299 (wonach jedenfalls das Einziehen der Kosten durch den Abschleppunternehmer unzulässige Rechtsausübung ist). Die polizeiliche Abschleppanordnung eines verkehrswidrig geparkten Kfzs ist im Verhältnis zum Halter und Fahrer **hoheitliche Amtsausübung,** während ihre Geschäfte mit dem Abschleppunternehmer privatrechtlicher Natur sind, BGH NJW **77** 628, NZV **93** 223, Kö VR **84** 762, Dü VR **97** 239. Läßt die Pol ein Fz im Rahmen der Eingriffsverwaltung (als Ersatzvornahme) abschleppen, so wird der von ihr beauftragte Abschleppunternehmer gewissermaßen als ihr „Erfüllungsgehilfe" tätig und handelt trotz Beauftragung auf privatrechtlicher Grundlage sowohl gegenüber dem Eigentümer als auch gegenüber anderen VT hoheitlich, BGH NZV **93** 223 – Bergung eines UnfallFzs – (im Ergebnis zust *Kreissl* NVwZ **94** 349, „Verrichtungsgehilfe"), Ha NJW **01** 375, str, zB aM Dü Nü VR **66** 1016. Für Schäden beim Abschleppen haftet dem FzEigentümer daher nur die anordnende Körperschaft (§ 839 BGB, Art 34 GG), BGH NZV **93** 233, Ha NJW **01** 375, anders noch BGH NJW **78** 2502 (§ 328 BGB), abw aber auch VGH Mü NJW **99** 1130. Nach Ha NJW **01** 375, jedoch keine Amtshaftung der das Abschleppen anordnenden Stelle für Schäden, die erst während der Verwahrung des Fzs beim Abschleppunternehmer entstehen, weil dieser insoweit nicht mehr als „Werkzeug" der auftraggebenden Körperschaft anzusehen sei, zw, aM *Lampert* NJW **01** 3526. Das Haltverbot (I Nr 6) schützt nicht die Interessen des Abschleppunternehmers (§ 254 BGB), BGH NJW **78** 2502. Zur Haftung des Abschleppunternehmers, *Würtenberger* DAR **83** 158.

Lit: *Biletzki*, Rechtsprobleme beim Abschleppen unerlaubt geparkter Kfze, NZV **96** 303. *Bouska*, Abschleppen von Kfzen auf Veranlassung der Pol, VGT **83** 282 = DAR **83** 147. *Fischer*, Das polizeiliche Abschleppen von Kfzen, JuS **02** 446. *Geiger*, Die Haftung des Kfz-Halters für polizeiliche Abschleppkosten, BayVBl **83** 10 (mit Entgegenung von *Samper* BayVBl **83** 333). *Graulich*, Die gesetzliche Regelung der unmittelbaren Ausführung im hessischen PolRecht und ihre Bedeutung für die Abschleppkostenpraxis, NVwZ **88** 604. *Haus*, Das Abschleppen von Kfzen, ZfS **99** 135. *Jahn*, Abschleppen von Kfzen zur Gefahrenabwehr – Eine der Pol vorbehaltene Aufgabe?, NZV **89** 300. *Derselbe*, Negative Vorbildwirkung als Abschleppgrund?, NZV **90** 377. *Derselbe*, Pol Abschleppmaßnahmen … durch Einsatz sog kommunaler Parküberwacher, BayVBl **90** 424. *Janssen*, Abschleppen im bürgerlichen Recht, NJW **95** 624. *Jung*, Abschleppen von Kfzen (zivil- und haftungsrechtliche Fragen), VGT **83** 307 = DAR **83** 151. *Derselbe*, „Sofortige" Selbsthilfe zum Abschleppen eines fremden Pkw, VD **81** 87. *Kettler*, Das Abschleppen von Fahrrädern, NZV **03** 209. *Kierse*, Die Kostenpflicht des Störers bei Abschleppen eines Kfz …, DAR **95** 400. *Kottmann*, Das Abschleppen von Fzen, DÖV **83** 493. *Lampert*, Schäden an Kfzen als Folge behördlich veranlaßter Abschleppmaßnahmen. *Metz*, Verwendung von Parkkrallen auf Kundenparkplätzen, DAR **99** 392. *Michaelis*, Kostenpflicht beim Abschleppen von Kfzen aus einer erst nachträglich eingerichteten Halteverbotszone, NJW **98** 122. *Perrey*, Abschleppen von Kfzen, BayVBl **00** 609. *Pitschas/Aulehner*, Pol Gefahrenabwehr durch kommunale Parküberwachung?, BayVBl **90** 417. *Remmert*, Rechtsdogmatische Probleme des Umsetzens VZ-widrig geparkter Kfze, NVwZ **00** 642. *Schünemann*, Privates Abschleppen von Kfz – contra legem?, DAR **97** 267. *Schwab*, Das Abschleppen von Kfzen, VD **86** 225. *Schwabe*, … Abschleppen unberechtigt abgestellter Fze, NJW **83** 369. *Schwarz/Ernst*, Ansprüche des Grundstücksbesitzers gegen „Falschparker", NJW **97** 2550. *Steinhilber*, Sicherstellung verbotswidrig abgestellter Fze?, NJW **83** 2429. *Stollenwerk*, Abschleppmaßnahme der Pol zum Schutz privater Rechte, VD **96** 81. *Wilksen/Brenneisen*, Das Abschleppen von Fzen vor dem BVerwG, PVT **98** 4. *Würtenberger*, Zurückbehaltungsrechte und Schadensersatzansprüche beim Abschleppen verbotswidrig parkender Kfze, VGT **83** 291 = DAR **83** 155.
Lit zum Abschleppen unverschlossener Fze **zwecks Eigentumssicherung,** s § 14 Rz 21.

67 Haftung für Beschädigungen des **verbotswidrig in Feuerwehranfahrtzone** abgestellten Fzs nur für grobe Fahrlässigkeit (§ 680 BGB), LG Mü I NJW **76** 898. Zur **Auflage an einen Gastwirt,** den Gehweg vor seinem Betrieb von Fzen freizuhalten, Ha DVBl **75** 584. Ein **Anliegeranspruch** auf Zulassung des Gehwegparkens besteht nicht, BVG VRS **59** 312.

68 **12. Überleitungsbestimmungen für die neuen Bundesländer:**
Anl I Kap XI B Nr 14 d) zum Einigungsvertrag

d) Das Zeichen 401 – Bundesstraßennummernschild – im Sinne des § 12 Abs. 3 Nr. 8 Buchstabe a steht dem Zeichen 306 – Vorfahrtstraße – gleich.

Einrichtungen zur Überwachung der Parkzeit

13 (1) ¹An Parkuhren darf nur während des Laufens der Uhr, an Parkscheinautomaten nur mit einem Parkschein, der am oder im Fahrzeug von außen gut lesbar angebracht sein muß, für die Dauer der zulässigen Parkzeit gehalten werden. ²Ist eine Parkuhr oder ein Parkscheinautomat nicht funktionsfähig, so darf nur bis zur angegebenen Höchstparkdauer geparkt werden. ³In diesem Fall ist die Parkscheibe zu verwenden (Abs. 2 Satz 1 Nr. 2). ⁴Die Parkzeitregelungen können auf bestimmte Stunden oder Tage beschränkt sein.

(2) ¹Wird im Bereich eines eingeschränkten Haltverbots für eine Zone (Zeichen 290 und 292) oder beim Zeichen 314 durch ein Zusatzschild die Benutzung einer Parkscheibe (Bild 291) vorgeschrieben, so ist das Halten nur erlaubt,
1. für die Zeit, die auf dem Zusatzschild angegeben ist, und
2. wenn das Fahrzeug eine von außen gut lesbare Parkscheibe hat und wenn der Zeiger der Scheibe auf den Strich der halben Stunde eingestellt ist, die dem Zeitpunkt des Anhaltens folgt.

²Wo in dem eingeschränkten Haltverbot für eine Zone Parkuhren oder Parkscheinautomaten aufgestellt sind, gelten deren Anordnungen. ³Im übrigen bleiben die Halt- und Parkverbote des § 12 unberührt.

(3) Einrichtungen zur Überwachung der Parkzeit brauchen nicht betätigt zu werden
1. beim Ein- oder Aussteigen sowie
2. zum Be- oder Entladen.

Begr zu § 13:

Zu Absatz 1: Durch die Neufassung sollen zunächst zwei Streitfragen gelöst werden. Da die Parkzeit auf die Dauer des Laufs der Uhr beschränkt wird, ist die Ausnutzung der Restparkzeit erlaubt. Wenn der zweite Satz sagt, daß die längste auf der Uhr angegebene Parkzeit nicht überschritten werden dürfe, so ist es damit erlaubt, dann nachzuwerfen, wenn bei einer Uhr, die für mehrere Parkzeiten eingerichtet ist, die höchstzulässige Parkzeit noch nicht ausgenutzt worden ist....

Zu Absatz 2: Die Parkscheibe soll legalisiert werden. Ein Bedürfnis dazu ist anzuerkennen. Nur darf sie die Parkuhr, die sich bewährt hat, nicht verdrängen. Dort, wo der Parkraum so knapp ist, daß für einen kurzfristigen Umschlag der parkenden Fahrzeuge gesorgt werden muß, ist die Parkscheibe nicht verwendbar. Gewollt oder ungewollt ungenaue Einstellung der Scheibe auf den Zeiger – es geht um Millimeter – würde das auskalkulierte Parkumschlagprogramm durcheinanderbringen. Eine wirksame Überwachung wäre in solchen Fällen nicht möglich. Wo nur eine Parkdauer von einer viertel oder einer halben Stunde erlaubt werden kann, läßt sich das Ziel bloß mit Hilfe der Parkuhr erreichen. Nur dort, wo man großzügig sein kann, und etwa nur das sogenannte Dauerparken, vor allem von Beschäftigten, die ihre Wagen von Geschäftsbeginn am Morgen bis zum Geschäftsschluß am Abend vor ihrer Arbeitsstätte stehen lassen, unterbunden werden muß, genügt die Parkscheibe, um diesen Zweck zu erfüllen....

Außer im Bereich eines Zonenhaltverbots wird die Verpflichtung zur Verwendung der Parkscheibe auf Parkplätzen zugelassen, die durch Zeichen 314 mit entsprechendem Zusatzschild gekennzeichnet sind.*

Begr zur ÄndVO v 21. 7. 80 (VBl **80** 514):

Zu den Abs. 1–3: Die Straßenverkehrsbehörden sollen die Möglichkeiten erhalten, die höchstzulässige Parkzeit auch mit Hilfe eines sogenannten Parkscheinautomaten zu überwachen. Sie werden zu prüfen haben, ob dies im Einzelfall sachgerecht ist. Der Vorteil dieses Automaten liegt darin, daß man anstelle vieler Parkuhren mit nur einer Einrichtung für eine Parkfläche auskommt (z. B. Erhaltung eines kulturhistorisch wertvollen Stadtbildes; Mehrfachnutzung eines Platzes als Park- und Marktplatz).

Begr zur ÄndVO v 22. 3. 88 (VBl **88** 221f):

Zu Abs. 1: Die Änderung stellt klar, daß es nicht ausreicht, den Parkschein so im Auto zu plazieren, daß man ihn von außen sehen kann. Er muß vielmehr von außen auch „lesbar" sein ....

---

* Seit der MaßnVO v 27. 11. 75 (BGBl I 2967) auch durch Z 315 (VBl **75** 674).

(zu Satz 2 und 3): – *Begründung des Bundesrates* – *Damit wird der Rechtsprechung gefolgt (vgl. BGH, Beschl. v. 25. 1. 1983 – VM S. 57), wonach das Parken an einer defekten Parkuhr nur für die auf der Uhr angegebene höchstzulässige Parkdauer erlaubt ist. Zur Kontrolle ist die Parkscheibe zu verwenden.*

Begr zur ÄndVO v 9. 11. 89 (VBl **89** 780):

Zu Abs. 2: – *Begründung des Bundesrates* – *Die Verhaltensvorschriften des § 13 Abs. 2 werden der neuen Bedeutung der Zeichen 290, 292 angepaßt. Dabei wird, in Übereinstimmung mit der Bedeutung des Zeichens 290 als eingeschränktes Haltverbot, künftig nicht mehr das „Parken", sondern das „Halten" geregelt. Gegenüber der bisherigen Rechtslage bringt dies keine Einschränkung der Möglichkeiten des ruhenden Verkehrs, weil das eingeschränkte Haltverbot nunmehr – zusätzlich zum zweckgebundenen Halten zum Ein- oder Aussteigen bzw. Be- oder Entladen – auch ein nicht zweckgebundenes Halten bis zu drei Minuten zuläßt.*

Vwv zu § 13 Einrichtungen zur Überwachung der Parkzeit

Zu Absatz 1

4 1 I. Wo Parkuhren aufgestellt sind, darf das Zeichen 286 nicht angebracht werden.

   2 II. Parkuhren sind vor allem dort aufzustellen, wo der Parkraum besonders kostbar ist und daher erreicht werden muß, daß möglichst viele Fahrzeuge nacheinander für möglichst kurze, nach oben genau begrenzte Zeit, parken können. Die Parkzeiten sind dort nach den örtlichen Bedürfnissen festzulegen. Vor Postämtern kann z. B. eine Höchstparkdauer von 15 Minuten genügen, vor anderen öffentlichen Gebäuden und Kaufhäusern je nach Art der dort geleisteten Dienste oder der Art der Warenangebote eine solche von 30 Minuten bis zu 1 Stunde. Wo das Parken für längere Zeit erlaubt werden kann oder nur das Dauerparken unterbunden werden muß, können Parkuhren mit einer Höchstparkdauer von mehr als einer Stunde aufgestellt werden.

5 3 III. Vor dem Aufstellen von Parkuhren sind die Auswirkungen auf den fließenden Verkehr und auf benachbarte Straßen zu prüfen.

   4 IV. Parkuhren sind wirksam zu überwachen. Es empfiehlt sich, dafür Hilfskräfte einzusetzen.

   5 V. Unerlaubt haltende Fahrzeuge können nach Maßgabe der polizeilichen Vorschriften kostenpflichtig abgeschleppt werden.

   6 VI. Über Parkuhren in Halteverbotszonen vgl. Nummer II zu den Zeichen 290 und 292; Rn. 2.

6 7 VII. Parkscheinautomaten kommen insbesondere in Betracht, wo Parkuhren nicht aufgestellt werden können, weil die Parkflächen mehrfach genutzt werden (z. B. als Markt- und als Parkplatz).

   8 Der Parkschein soll mindestens folgende gut lesbare Angaben enthalten:
      1. Name des Parkplatzes,
   9 2. Datum und
   10 3. Ende der Parkzeit.

Zu Absatz 2

7 11 I. Parken mit Parkscheibe darf nur in Halteverbotszonen (Zeichen 290) oder dort vorgeschrieben werden, wo das Zeichen 314 oder 315 aufgestellt ist.

   12 II. Die höchstzulässige Parkdauer darf nicht niedriger als auf eine Stunde angesetzt werden.

   13 III. Auf der Vorderseite der Parkscheibe sind Zusätze, auch solche zum Zwecke der Werbung, nicht zulässig.

Übersicht

Allgemeinverfügung 8
Anbringung der Parkscheibe 11 a
Aussteigen 9
Beladen 9

Einsteigen 1, 9
Einstellung der Parkscheibe 12
Entladen 9
Haltezeiten 1, 4, 8

Einrichtungen zur Überwachung der Parkzeit § 13 StVO **2**

Kleinfahrzeug 8
Modell der Parkscheibe 11 a
Ordnungswidrigkeiten 13
Parkscheibe 1, 7, 11–12
–, Anbringung 11 a
–, Einstellung 12
Parkscheinautomat 2, 6, 8 a
Parkuhr 8
–, defekte 8

–, unrichtiger Lauf 8
–, Rechtsbedenken gegen 10
Parkzeit, Verlängerung 1, 8
Platztausch 8
Rechtsbedenken gegen Parkuhren 10
Restparkzeit, Ausnutzung 1, 8
Verhältnismäßigkeitsgrundsatz 10
Verlängerung der Parkzeit 1, 8

1. Parkuhren sind Allgemeinverfügungen, nicht Verkörperung von Rechtsnormen, **8** BVerfG NJW **65** 2395 (abl *Hoffmann* NJW **66** 875), Hb DAR **67** 114, **89** 475, Dü ZfS **82** 127, VG Meiningen DAR **01** 89, die ein eingeschränktes Haltverbot aussprechen, verbunden mit dem Gebot des Wegfahrens bei Nichtvorliegen oder Wegfall der Voraussetzungen von Abs I, s Rz 8 a. Zu ihrer polizeirechtlichen Problematik *Rupp* JuS **67** 165. An nicht laufenden Parkuhren darf zum Ein- oder Aussteigen und Be- oder Entladen (näher § 12) gehalten werden (Abs III), außerdem in Zeitspannen, in denen das Haltverbot gemäß Uhraufschrift nicht gilt. Im übrigen darf nur während des Laufs der Uhr bis zur Höchstparkdauer gehalten werden. Verlängerung der Parkzeit bis zur zugelassenen Höchstparkdauer durch Nachwerfen ist zulässig (Begr), Ce DAR **76** 305. Restparkzeit („während des Laufes der Uhr") darf ohne weiteres Einwerfen ausgenutzt werden (Begr). Parkflächenmarkierungen (§ 41 III Nr 7) sind einzuhalten (s aber § 12 Rz 57) und dürfen nicht von außerhalb der Parkuhrflächen haltenden (parkenden) Fzen eingeengt werden (s § 12 III Nr 2 und § 1). Im Zwischenraum kein Parken, Bay NJW **62** 1686, Ha StVE 8, doch gilt die Regelung auch ohne Leitlinien, Ce VRS **38** 361. Haben zwei Kleinfze im vorgeschriebenen Parkraum derselben Parkuhr gemeinsam Platz, so wäre es Raumverschwendung, wenn sie nicht gemeinsam parken dürften, denn der Sinn der Parkuhr ist Rationierung, s *Berr/H/Schäpe* 398. Fze, die wegen ihrer Größe die einzelne Parkfläche überschreiten, dürfen nicht aufgestellt werden, s *Hauser* DAR **90** 9. Ist die **Parkuhr defekt**, so ist eine Parkscheibe zu verwenden; es darf auch dann nur bis zur Höchstparkdauer geparkt werden, Abs I S 2, 3. Unbenutzbar ist sie, wenn nicht ordnungsgemäß eingeworfen werden kann oder der Zeiger bei Einwurf nicht anzeigt. Der Benutzer muß das Einwerfen versucht haben, BGHSt **31** 220 = NJW **83** 1071. Wer kein geeignetes Geldstück hat, um die Uhr in Gang zu setzen, darf dort nicht parken, AG Lahr NJW **85** 3090 (abgenutzte Münze), *Berr/H/Schäpe* 394, aM *Gern* NJW **85** 3058, *Allgaier* DAR **86** 306, s *Hentschel* NJW **86** 1309. Läuft die Parkuhr zu schnell, ist die richtige Zeitdauer maßgebend, Hb VM **69** 31. Ist das Uhrwerk mit Toleranz eingestellt, so daß der Zeiger mehr als die gewählte Parkzeit anzeigt, so endet die Parkzeit erst mit dem Stillstand der Uhr, Ce DAR **76** 305. Darüber hinaus steht dem Benutzer eine „Karenzzeit" nicht zu, Ha NJW **84** 746; soweit eine solche allerdings durch das Überwachungspersonal zugebilligt wird, steht sie jedem Benutzer zu, Hb VM **69** 31. Zur Bedeutung des Zusatzschildes „werktags", s § 39 Rz 31 a. Ein durch VZ begründetes Haltverbot endet an einer im weiteren Verlauf der Str aufgestellten Parkuhr, VG Meiningen DAR **01** 89. Sind im Bereich von Parkuhren VZ 283 (Haltverbot) mit Zusatzschild aufgestellt, wonach das Haltverbot außerhalb der auf der Parkuhr verzeichneten Zeit gilt, so sind diese VZ widersprüchlich, Ce VRS **65** 67. Vereinbarter Platztausch nach Ende der Höchstparkzeit ist auch bei Neueinwurf als Verstoß gegen das angeordnete Kurzparken unzulässig, Hb MDR **69** 244 (aM *Cramer* 23, zw *Rutkowsky* NJW **69** 626). Andererseits darf der Kf nach Ablauf der Höchstparkzeit einen benachbarten, soeben freiwerdenden Platz wieder auf Höchstdauer benutzen. Mit Recht stellt *Cramer* JurA **71** 365 darauf ab, ob inzwischen andere VT in die Stellfläche hätten einfahren können. Zu- und Abfahrten zu Parkflächen mit Parkuhren müssen freibleiben (§ 12 III Nr 2), Dü VM **70** 48. Parkgebühren: § 6 a VI StVG.

Parkscheinautomaten (I) sind amtliche VEinrichtungen (§ 43 I). Ihr Geltungsbereich muß durch das VZ 314 oder 315 mit Zusatzschild „mit Parkschein" unmißverständlich gekennzeichnet sein. Sie sprechen ein modifiziertes Haltverbot aus, verbunden **8 a**

mit dem Gebot, bei Nichtvorliegen oder Wegfall der Voraussetzungen von Abs I, das Fz wegzufahren, BVG VRS **74** 397, VGH Ka NVwZ-RR **99** 23, OVG Hb VRS **100** 478. Geeignet sind sie vorwiegend für Parkplätze, aber auch für längere Parkstreifen. Haben mehrere Fze in einer markierten „Parktasche" Platz, so ist für jedes Fz ein Parkschein zu lösen, Ko DAR **04** 108, *Berr/H/Schäpe* 418. Der Parkschein kann auch dann iS von I 1 „gut lesbar" angebracht sein, wenn er durch die Heckscheibe gelesen werden kann, Bay VRS **90** 64; anders lautende Hinweise auf dem Schein sind unbeachtlich. S dazu auch § 12 Rz 60b. Ein Nachlösen über die Höchstparkzeit hinaus ist unzulässig, *Hauser* VD **82** 143. Für das Ende der Parkzeit ist ausschließlich die auf dem Parkschein ausgedruckte Zeit maßgebend; keine Addition bei gleichzeitigem Auslegen mehrerer Parkscheine, Br DAR **97** 454. Der Parkschein ist eine **Urkunde,** die die Entrichtung der Parkgebühr bestätigt, Kö NZV **01** 481. Ist der Parkscheinautomat defekt, so darf mit Parkscheibe bis zur Höchstparkdauer geparkt werden (Abs I S 2, 3), s Rz 8. Ist die Funktionstüchtigkeit in der Weise eingeschränkt, daß die Münzen für die gewünschte (kurze) Parkdauer nicht angenommen werden, so darf für diese Zeit unter Verwendung der Parkscheibe geparkt werden, Zw NZV **91** 362.

9   **1a.** Zum **Ein- und Aussteigen, Be- und Entladen** (§ 12) darf auch an der nicht laufenden Parkuhr und ohne Benutzung eines Parkscheinautomaten gehalten werden (Abs III), das allgemeine Haltverbot gilt insoweit nicht (Begr). Das Ein- und Aussteigen wird 3 Minuten übersteigen dürfen, schließt aber längeres Warten nicht ein. Be- und Entladen darf länger als drei Minuten dauern, Dü DAR **91** 432, es ist aber ohne vermeidbares Zögern durchzuführen, s dazu § 12 Rz 32–34. Bei sachlicher Berechtigung darf es die Höchstparkdauer überschreiten, ebenso *Cramer* JurA **71** 364, *David* VD **82** 81, *Hauser* VD **82** 107, 139, *Berr/H/Schäpe* 412, aM *Bouska* DAR **72** 258. **Halten bis zu drei Minuten** ohne die Zwecke des Abs III ist stets nur bei ordnungsgemäßer Betätigung der nach Abs I bzw II vorgeschriebenen Überwachungseinrichtung erlaubt, *Bouska* DAR **72** 258, *Berr/H/Schäpe* 412; die abw Ansicht von Ol NZV **93** 491 („Halten" bedeute in Abs II „Parken") unterstellt dem VOGeber die Verwendung ein und desselben Begriffs („Halten") mit unterschiedlichem Inhalt entgegen der in § 12 II ausdrücklich gegebenen Legaldefinition. Daß Zuwiderhandlungen insoweit nicht gem § 12 III Nr 8e ow sind, steht nicht entgegen, sie sind ow gem § 49 I Nr 13.

Lit: *Gern/Schneider,* Die Bedienung von Parkuhren mit ausländischem Geld, NZV **88** 129. *Hauser,* Parkuhren – Parkscheinautomaten – Parkscheiben, VD **82** 98, 139. *Holzkämper,* Die Bemessung von Parkgebühren unter Berücksichtigung umweltpolitischer Gesichtspunkte, DÖV **93** 475. *Kodal,* Die Parkuhr und die Parkgebühr, NJW **62** 480. *Maier-Härting,* Parken von LKW und Bussen an Parkuhren, DAR **64** 247. *Roth,* Die Parkuhr und die Parkgebühr, NJW **61** 2192.

10   **1b. Rechtsbedenken** gegen die Einrichtung der Parkuhr und des Parkscheinautomaten könnten sich aus der Annahme ergeben, daß die zugrundeliegende Allgemeinverfügung das verfassungskräftige Übermaßverbot (BVerfGE **19** 349, **20** 155, 186, **21** 181) verletze (**E** 6). S dazu 32. Aufl. Parkuhr, Automat und Parkscheibe stehen im § 13 gleichwertig nebeneinander; soweit ihre Gleichwertigkeit reicht, hat die VB gemäß dem Gebot des Mindesteingriffs die den VT weniger beeinträchtigende Parkscheibe zu wählen, VGH Ma NJW **78** 1278. Jedoch sieht die Rspr überwiegend den Grundsatz der Verhältnismäßigkeit durch die dem Kf auferlegte Pflicht zur Gebührenzahlung ausdrücklich als nicht verletzt an, BVG NJW **80** 851, VGH Mü BayVBl **94** 753; die Parkuhr sei das wirksamere Mittel zur Beschleunigung des Umschlags der parkenden Fze bei knappem Parkraum und zur Beeinflussung der Wahl des VMittels. Der berechtigte Zweck, knappen Parkraum für Kurzparker freizuhalten, läßt sich indessen durch Parkscheiben, dieselbe Überwachung wie bei der Parkuhr vorausgesetzt, kostenlos ebenso vollständig erreichen, s Zw NZV **91** 362, *Hebrank* NVwZ **96** 977, aM BVG NJW **80** 851, Bay NJW **78** 1274, *Hauser* VD **82** 101, *Muthesius* Städtetag **82** 586. Daher ist die Parkscheibe der zureichende geringstmögliche Eingriff. Umweltpolitische Erwägungen sind nach derzeitiger Rechtslage insoweit kein geeigneter Einwand, als die Gebühr ausschließlich nach den Kriterien des Parkraumwertes bemessen werden darf (was sich früher auch aus § 6 a VI S 4 StVG in der bis zum 21. 1. 04 geltenden Fassung ergab), s *Holzkämper* DÖV **93** 477, *Jahn* NZV **94** 10, *Fechner* DVBl **97** 14.

Einrichtungen zur Überwachung der Parkzeit **§ 13 StVO 2**

2. Parkscheiben sind für den Bereich von **Zonenhaltverboten** (Z 290, 292) und 11 für Parkplätze (Z 314 oder 315 mit Zusatzschild) zugelassen. Zonenhaltverbote können nur durch die Z 290, 292 gemeinsam angeordnet werden, s § 41 Rz 248. Das Z 290 wird nur durch das Z 292 aufgehoben und gilt, anders als Z 286, nicht nur für die Fahrbahn, sondern auch für Seitenstreifen, Parkstreifen und alle anderen öffentlichen VFlächen, s § 41 II Nr 8 Z 290–292 S 2. Die allgemeinen Halt- und Parkverbote gelten auch in Bereichen, in denen mit Parkscheibe geparkt werden darf (II S 3). Die Pflicht zur Parkscheibenbenutzung gilt für alle Fze, nicht dagegen für „besondere Fortbewegungsmittel" (§ 24), Ko VRS **54** 302.

Die Parkscheibe ist im Fz so anzubringen, daß sie von außen einwandfrei ablesbar ist 11a (II). Ist dies gewährleistet, so ist es gleichgültig, ob die Scheibe vorn oder hinten, auf der dem Gehweg oder der Fahrbahn zugewandten FzSeite, ausgelegt ist, Nau NZV **98** 168. Der Kf braucht die Parkscheibe bei Dunkelheit nicht zu beleuchten. Der Kontrollierende muß sie aber anleuchten können. Beim Zonenhaltverbot muß das Z 290 an allen Zufahrten stehen. Maßgebend ist die auf dem Z 290 aF (s § 53 VII) oder dem Zusatzschild zu Z 290 oder 314 (Parkplatz) bezeichnete erlaubte Parkzeit. Be- oder Entladen im Zonenhaltverbot kann nicht auf dessen Parkhöchstdauer beschränkt sein, es ist vielmehr durch die Ladedauer begrenzt, Bay DAR **79** 27, *Berr/H/Schäpe* 429, s *Cramer* 25, JurA **71** 366.

Einzustellen ist die Parkscheibe auf den Strich der halben Stunde, die dem Parkbeginn folgt, so daß volle Parkzeit zur Verfügung steht. Als Masseneinrichtung zur Parkraumrationierung wird diese Vorschrift formal zu handhaben sein: wer versehentlich den Strich der laufenden halben Stunde einstellt, muß sich daran festhalten lassen; wer eine schon verstrichene halbe Stunde einstellt oder erst die übernächste, parkt unerlaubt. Wer auf einen Zwischenraum zwischen zwei Strichen einstellt, muß sich so behandeln lassen, als hätte er den nächstfolgenden Strich eingestellt. Wer drei auf unterschiedliche Ankunftszeiten eingestellte Parkscheiben auslegt, verhindert wirksame Kontrolle und parkt unerlaubt, Kö VRS **58** 154. Eine „Karenzzeit" nach Ablauf der Parkzeit steht dem Parkenden nicht zu, Ha NJW **84** 746. Sieht ein Zusatzschild zu Z 314 zwei zeitlich getrennte Kurzparkzeitabschnitte vor und beginnt das Parken während der freien Zeit, so ist der Zeiger der Parkscheibe zumindest auf den Strich der ersten halben Stunde nach Beginn des folgenden Kurzzeitabschnitts einzustellen, sofern dieser zum Parken beansprucht werden soll (aber unvermeidbarer Verbotsirrtum), Bay NJW **78** 1275.

Sind innerhalb von Zonenhaltverboten (Z 290) Parkuhren aufgestellt, so gelten diese (Rz 8–10) (Vwv Rn 6 und Vwv Rn 2 zu Z 290).

3. Ordnungswidrig (§ 24 StVG) sind Verstöße gegen die Vorschriften über Park- 13 uhren, Parkscheinautomaten oder Parkscheiben (§ 49 I Nr 13). Dies gilt auch für privat bewirtschaftete Parkhäuser, sofern dort öffentlicher V herrscht und die Überwachungseinrichtungen auf amtlicher Anordnung beruhen (s § 41 Rz 247), Fra NZV **94** 408. Irrtum über die Parkuhr als Verbotsirrtum, Hb DAR **67** 114. Wer die Parkzeit nach Verwarnung weiter überschreitet, ohne daß der verwarnende Beamte dies voraussehen konnte, kann wegen dieser Dauertat (nochmals) belangt werden, Bay DAR **71** 304. Wer bei Parkscheibengebot ohne Parkscheibe parkt, verletzt § 13 auch, wenn er sich an die zeitliche Beschränkung hält, Bay NJW **65** 60, Dü DAR **89** 392. Bloßes **Dulden** macht das der Behörde bekannte vorschriftswidrige Verhalten nicht rechtmäßig, solange keine Ausnahme durch bekanntgegebene behördliche Entschließung bewilligt ist; stillschweigende Genehmigung einer Ausnahme ist schon wegen § 46 III nicht möglich. Verbotsirrtum darüber wäre mangels Erkundigung schuldhaft. Keine **Strafbarkeit** wegen Betruges oder Erschleichens von Leistungen bei Einwurf geringwertiger ausländischer Münzen, Metallscheiben oder ähnlicher Gegenstände, Sa VRS **75** 345, Bay NZV **91** 317 (zust *Graul* JR **91** 435), *Berr/H/Schäpe* 394, aM *Gern/Schneider* NZV **88** 130, *Wenzel* DAR **89** 455. Auslegen eines bezüglich des Parkzeitendes verfälschten Parkscheins ist kein Betrug, aber Urkundenfälschung, Kö NZV **01** 481. Abschleppen bei Parkzeitüberschreitung: § 12 Rz 65.

2 StVO § 14   I. Allgemeine Verkehrsregeln

Sorgfaltspflichten beim Ein- und Aussteigen

14 (1) Wer ein- oder aussteigt, muß sich so verhalten, daß eine Gefährdung anderer Verkehrsteilnehmer ausgeschlossen ist.

(2) ¹Verläßt der Führer sein Fahrzeug, so muß er die nötigen Maßnahmen treffen, um Unfälle oder Verkehrsstörungen zu vermeiden. ²Kraftfahrzeuge sind auch gegen unbefugte Benutzung zu sichern.

Vwv zu § 14 Sorgfaltspflichten beim Ein- oder Aussteigen

Zu Absatz 2

1-4   1 *Wenn der Führer eines Kraftfahrzeugs sich in solcher Nähe des Fahrzeugs aufhält, daß er jederzeit eingreifen kann, ist nichts dagegen einzuwenden, wenn eine besondere Maßnahme gegen unbefugte Benutzung nicht getroffen wird. Andernfalls ist darauf zu achten, daß jede vorhandene Sicherung verwendet, insbesondere auch bei abgeschlossenem Lenkradschloß das Fahrzeug selbst abgeschlossen wird; wenn die Fenster einen Spalt offen bleiben oder wenn das Verdeck geöffnet bleibt, ist das nicht zu beanstanden.*

Übersicht

Abrollsicherung 11, 12, 16
Abziehen des Zündschlüssels 14–16
Aussteigen 5
–, Abziehen des Zündschlüssels 14–16
Bewachung 1–4, 13, 15
Einsteigen 5
Fuhrwerk 12
Halter, Sorgfaltspflicht 19
–, Haftung, Schwarzfahrt 20
Höchste Sorgfalt 9
Kraftrad 15
Lenkschloß 14, 15
Moped 15
Ordnungswidrigkeiten 21
Rückschau 6
Rückspiegel 6

Schwarzfahrt 20
Seitenabstand des Vorbeifahrenden 8
Sicherung gegen unbefugte Benutzung 1–4, 13–19
Sorgfaltspflicht des Halters 19
Trecker 16
Türen 14
Türöffnen nach links 6
– nach rechts 7
–, spaltweise 6
–, höchste Sorgfalt 9
Umschau 6
Unbefugte, Sicherung gegen 1–4, 13–19
Verkehrssicherung 1–4, 10–12
Verlassen des Fahrzeugs 1–4, 10ff
Verschließen, Türen und Lenkschloß 14, 15
Vertrauensgrundsatz 8
Vorbeifahrender, Seitenabstand 8
Zündschlüssel abziehen 14–16

5   1. **Ein- und Aussteigen** aus einem Fz, vor allem Kfz, darf niemanden gefährden (I). Unfälle durch unvorsichtiges Türöffnen sind häufig, aber nahezu immer vermeidbar (Begr). I schreibt höchste Sorgfalt (**E** 150) des Aus- oder Einsteigenden vor, Ha DAR **00** 64, so daß Unfälle hierbei, eigene wie fremde, häufig zu Lasten des Ein- oder Aussteigenden gehen (Rz 8, 9). Von innen sollte die linke Tür stets mit der rechten Hand, die rechte mit der linken Hand geöffnet werden, weil dies den Öffnenden an rechtzeitigen Rückblick erinnert und diesen durch Körperdrehung erleichtert.

6   Wer die **linke Wagentür öffnen** will, muß zunächst nach hinten beobachten; reicht der Rückblick nicht weit genug, darf er die Tür langsam spaltweise öffnen, Ha VM **70** 15, Kö VRS **72** 293, VM **92** 93, KG VM **90** 58 (bis zu 10 cm), weiter erst, wenn mit Gewißheit niemand kommt. Soweit – wie bei modernen Pkw idR – Beobachtung nach hinten auch ohne spaltweises Türöffnen möglich ist, ist auch dieses ohne vorherige Rückschau unzulässig, BGH DAR **81** 148. Türöffnen ohne vorherigen Rückblick ist unzulässig, Ha VRS **40** 60, auch bei möglicher Brandgefahr, KG VM **74** 96, auch bei Unkenntnis eines links der Tür befindlichen Radwegs, Kö VM **92** 93 (falsches Parken). Rückspiegel und geöffnete Fenster sind zum Rück- und Umblick zu benutzen, bevor etwa die Tür geöffnet wird, Dü DAR **76** 215, KG VRS **32** 138, Ha DAR **66** 137. Bemerkt der Kf, daß von hinten ein Fz naht, so muß er dieses im Auge behalten und darf seine Tür nicht gefährdend öffnen, s BGH NJW **71** 1095. Kein rasches und zu weites

Sorgfaltspflichten beim Ein- und Aussteigen § 14 StVO **2**

Öffnen ohne ausreichende vorherige Umschau, BGH VRS **19** 404, DAR **81** 148, Ce VRS **76** 105, 107, auch wenn der Kfz-Bug weiter von der Fahrbahnkante entfernt steht als das Heck, denn der Abstand des Vorbeifahrenden dient vor allem dem Schutz gegen Türöffnen, Bay VM **69** 94. Beim Halten nach schräg rechts darf, falls Verkehr von hinten nahe ist, die linke Tür zum Aussteigen oder Umblick nicht weiter als in einer Linie mit dem linken Wagenheck geöffnet werden. Auch auf GegenV ist zu achten, BGH VR **86** 1231, **87** 37, Ha DAR **00** 64. Herrscht Fahrverkehr auf der Fahrbahnseite des haltenden oder parkenden Kfz, so gehört es zur Gefahrminderungspflicht des nach links hin Aussteigenden, daß er die Tür nicht länger als unbedingt nötig offenläßt und sich dort auch nicht länger als notwendig aufhält, aM wohl KG DAR **73** 156. Wer sich nach dem Aussteigen zur Fahrbahnseite nochmals in das Fz beugt, muß sich zuvor erneut über herannahenden V vergewissern, Bay VRS **78** 60. Unnötig langes Offenlassen der Wagentür zur Fahrbahn, etwa zum Lüften beim Parken, kann gefährden oder belästigen (§ 1). Abs I richtet sich an jeden FzInsassen, der FzF ist nicht verpflichtet, Fahrgäste auf ihre Pflicht gem Abs I besonders hinzuweisen, KG VM **86** 20, einem Kind muß er jedoch das Öffnen verbieten, Ha DAR **63** 306. Der zur Fahrbahn Ausgestiegene darf diese nicht plötzlich und ohne Umschau überqueren, damit muß ein Kf nicht rechnen, Kö VM **80** 46, Ce NJW **57** 513. Kein Ein- oder Aussteigender darf den fließenden Verkehr vermeidbar behindern, dieser hat Vorrang (§ 1, Begr), Br DAR **63** 329.

Türöffnen nach rechts unterliegt denselben strengen Regeln. Es kann Radf **7** (Radweg oder rechter Fahrbahnrand) und Fußgänger auf dem Gehweg gefährden, Ha NZV **00** 126, Mü VR **96** 1036. Zum Radweg hin darf die Tür, wenn überhaupt, nur langsam und „zentimeterweise" geöffnet werden, Ha VM **70** 15. Ein Taxif muß den Fahrgast auf den Radweg hinweisen, wenn die Tür in diesen hineinragt, Bay NJW **61** 615, Kö VM **92** 93. Im übrigen aber insoweit regelmäßig keine Garantiepflicht des Fahrers gegenüber dem rechts aussteigenden Mitfahrer, Mü VR **96** 1036, Ha NZV **00** 126. Auf Radwegen brauchen Radf nicht, um Unfällen durch vorschriftswidriges Türöffnen zu begegnen, Abstand von am Bordstein parkenden Pkw zu halten, Ha VM **70** 15, das entbindet jedoch nicht von Rücksichtnahme (§ 1) auf VT auf der unmittelbar benachbarten Fahrbahn.

2. Vertrauen darf der fließende Verkehr nur darauf, daß Wagentüren nicht plötzlich **8** weit geöffnet werden, BGH DAR **81** 148, VRS **19** 404, **20** 122, Hb VR **74** 267; im übrigen muß er mit spaltweisem Türöffnen rechnen und entsprechenden Seitenabstand einhalten, sofern das Fz nicht erkennbar leer ist, BGH DAR **81** 148, KG VRS **69** 98. Der notwendige Mindestabstand richtet sich nach den Umständen, Sa VRS **37** 274. Ein Abstand zu einem haltenden Pkw, in dem sich eine Person aufhält, von weniger als 50 cm ist jedenfalls idR zu knapp, KG VRS **69** 98. Bei dichtem Verkehr darf ein Radf jedoch ohne Mitschuld mit 35 cm Zwischenraum an einem parkenden Transporter vorbeifahren, Sa VM **73** 14. Mitschuld des Radf, der zu dicht neben einem haltenden, besetzten Kfz vorbeifährt, KG VM **72** 57, Mü VR **96** 1036. Alleinhaftung des Radf, der infolge zu geringen Abstands gegen eine nur 10 cm geöffnete FzTür fährt, KG VM **90** 58. Keine Mitschuld des Radf, der an einem verbotswidrig teilweise auf dem Radweg haltendem Pkw vorbeifährt, ohne sich auf Türöffnen einzustellen, Kö VM **92** 93. Das Gebot äußerster Sorgfalt des Abs I für den Aussteigenden wird ein Vertrauen in ausreichenden Seitenabstand des fließenden Verkehrs weitgehend ausschließen, KG VRS **69** 98, aM noch Ha DAR **70** 212 zur früheren Fassung der StVO. Stürzt ein Radf dicht neben der soeben geöffneten FzTür, so spricht der Anschein für Ursächlichkeit des Türöffnens, KG VM **72** 57.

3. Ausgeschlossen (**E** 150) muß die Gefährdung, nicht notwendigerweise auch Be- **9** hinderung (§ 1) anderer VT, Ha DAR **00** 64, durch das Türöffnen und Ein- oder Aussteigen sein, Dü DAR **76** 215. Wer ein- oder aussteigt oder die Tür öffnen will, von innen wie von außen, hat den Verkehr vorher mit äußerster Sorgfalt zu beobachten und sich danach einzurichten. Naht Verkehr von hinten, der vor Beendigung des Ein- oder Aussteigens herangekommen sein kann, so bedingt äußerste Sorgfalt, daß so lange jedes Türöffnen unterbleibt, KG VRS **69** 98. Wer von hinten einen Radf kommen sieht, muß sich beim Türöffnen und Aussteigen so verhalten, daß ein Unfall ausgeschlossen ist,

565

2 StVO § 14 I. Allgemeine Verkehrsregeln

vor allem muß er den Radf bis zur Vorbeifahrt beobachten, Dü VM **73** 31. Auf Ausweichbewegungen anderer darf nicht vertraut werden, obwohl sie, soweit angängig, nach § 1 zu fordern sind. Wird beim Ein- oder Aussteigen ein anderer VT geschädigt, so spricht der Beweis des ersten Anscheins für fahrlässige Sorgfaltspflichtverletzung des Ein- bzw Aussteigenden, Ha DAR **00** 64, KG VM **86** 20. Kommt es erst nach dem Aussteigen beim Weggehen zum Unfall, so beruht dieser nicht auf einer Verletzung von Abs I, *Booß* VM **86** 21, s LG Berlin ZfS **01** 353 (Anm *Diehl*), abw KG VM **86** 20.

10 **4. Beim Verlassen des Fahrzeugs** (Kfz, Anhänger, Zug, Fuhrwerk) muß der Fahrer den rollenden Verkehr so sichern, daß niemand gefährdet werden kann. Wer sein Kfz aus den Augen läßt, verläßt es von diesem Zeitpunkt ab, KG VRS **59** 228. Verlassen iS von Abs II ist das Fz immer, wenn sofortiges Eingreifen (zB gegen unbefugte Benutzung) nicht mehr möglich ist, Dü VRS **70** 379. Kein Stehenlassen, wenn das Fz andere gefährden kann (Auffahren, Abrollen, unruhige Pferde). Maßgebend sind die Umstände. Der Gefahr des Anspringens eines noch betriebswarmen Dieselmotors infolge Anstoßes durch ein anderes Fz ist mittels Feststellbremse zu begegnen, Kö ZfS **94** 361 (anderenfalls Haftung). Der Fahrer darf sich vom Fz erst entfernen, wenn er den Verkehr ausreichend gesichert und das Notwendige gegen mögliche Störung getan hat.

11 Beim Parken **im Gefälle** ist das Kfz uU außer durch die Handbremse auch anderweitig gegen Abrollen zu sichern (Gangeinlegen, Keil, Stein, Einschlagen der Vorderräder hangwärts), BGH NJW **62** 1164, 1971, Ko VRS **50** 336, AG Fra NZV **03** 242 (zust *Mecklenbrauck* NZV **03** 387). Rollt ein Kfz ab, so spricht der Anschein für mangelnde Sicherung, Kö DAR **74** 299, LG Hanau NJW-RR **92** 1251, AG Fra NZV **03** 242. Zur Frage grober Fahrlässigkeit bei unbeabsichtigtem Wegrollen, s Rz 20. Die in § 41 XIV StVZO bezeichneten Fze haben Unterlegkeile mitzuführen und zu benutzen. Beleuchtung stehender Fze: § 17.

12 **Fuhrwerke** (von Tieren gezogene Landfze) dürfen bespannt unbeaufsichtigt im öffentlichen VRaum nur stehenbleiben, wenn das Gespann überhaupt ausreichend gesichert werden kann. Steht das Gespann neben der Straße auf dem Acker, so gilt § 14 ebenfalls, wenn VBeeinträchtigung möglich ist. Der Fahrer darf die Aufsicht über das Fz einem zuverlässigen Dritten übertragen.

13 **5. Kraftfahrzeuge sind gegen Benutzung durch Unbefugte zu sichern** (II, SchutzG, s Rz 20). II 2 begründet eine Garantiepflicht gegen Rechtsbrecher, BGH VRS **56** 4, 6, OVG Ko DÖV **89** 173. Wer einen zuverlässigen Wächter bestellt oder selbst sofort eingreifen kann, braucht nicht noch weiter etc zu sichern (Vwv), BGH VM **61** 10, Jn DAR **04** 144. Nach Ba VM **75** 6 soll der Zündschlüssel auch bei zuverlässiger Bewachung stets abzuziehen sein. Beobachtung von der Wohnung aus oder aus dem Friseurladen während des Haareschneidens genügt nicht, Schl VM **66** 56, 64. Wer sich am FzHeck zu schaffen macht, kann nicht sofort eingreifen und muß daher den Schlüssel abziehen, Jn DAR **04** 144 (Verstoß fahrlässig, aber nicht grobfahrlässig). Geschütztes Rechtsgut in II ist die Verkehrssicherung gegen KfzBenutzung durch Unbefugte, insbesondere solche ohne FE, s. auch Rz 20.

14 Befindet sich das abgestellte Kfz unbewacht auf einer öffentlichen Verkehrs- oder doch jedermann zugänglichen Fläche, so sind **alle vorgeschriebenen und vorhandenen Sicherungen** zu betätigen, BGH VM **70** 15, Dü VRS **70** 379, Kö NJW-RR **96** 601, auch bei Lkw, Zw VR **80** 435. Sicherungen: § 38a StVZO. Die vorgeschriebenen Sicherungen können unbefugte Benutzung nicht ganz ausschließen, sie müssen sie aber erschweren, BGH NJW **81** 113. Fenster und Türen sind zu verschließen, der Zündschlüssel ist abzuziehen und das Lenkradschloß zu verriegeln, BGH VM **71** 75. Gegen spaltweit geöffnete Fenster hat die Vwv (I) nichts einzuwenden, s AG Norden DAR **86** 325. Verschließen des Lenkungsschlosses, BGH Betr **71** 233, der Fenster und Türen genügt (Vwv, s Rz 1-4), anders, wenn dabei die FzSchlüssel im Wageninnern bleiben, BGH NJW **81** 113, Fra VR **83** 464, Abziehen des Zündschlüssels allein genügt auch bei verschlossenen Türen nicht, BGHSt **17** 289 = NJW **62** 1579, Ha VRS **31** 283, Schl VM **66** 56, Ol NJW **66** 942, auch nicht bei Abstellen auf einem Privatgrundstück, BGH VR **64** 300, Ol NJW **66** 942. Verschließen bei laufendem Motor genügt nicht, BGH VM **70** 15, auch nicht verschlossene Türen bei unverriegelter Lenkung, Hb MDR **70** 336

(Verlust des Versicherungsschutzes), enger Ha VR **73** 121, 242, **70** 313 (auch lediglich leichte Fahrlässigkeit möglich). Liegt ein FzSchlüssel im Handschuhfach, so sind die übrigen Sicherungen idR nutzlos, weil diese Nachlässigkeit die unbefugte FzBenutzung erheblich erleichtert, BGH NJW **81** 113. Beim Taxi genügen bei geschlossener Trennscheibe verschlossene Vordertüren, Ol VRS **36** 316. In der verschlossenen **Garage** genügt Abziehen des Zündschlüssels, Hb DAR **61** 28, KG VRS **61** 244, doch ist dabei Sicherheitsschloß zu verlangen, s Nü VRS **66** 188. Entsprechendes gilt für in gleicher Weise gesicherte **Hallen, Höfe usw,** Nü VRS **66** 188. Im verschlossenem Hofraum müssen der Zündschlüssel abgezogen und die Türen versperrt werden, wenn Benutzung durch Personen mit Zutritt zu befürchten ist, Bay VRS **23** 76, VM **62** 44. Anderenfalls sind die üblichen Sicherungsvorkehrungen am Fz bei Abstellen auf Privatgrund entbehrlich, soweit dieses dort auf andere Weise ausreichend vor fremder Benutzung geschützt ist, KG VR **81** 244. Halbe Mitschuld des Fahrers, der das Kfz in einer bewachten Sammelgarage offen mit Zündschlüssel läßt, damit rangiert werden kann (?), KG VR **68** 440. Bei einer **Tankstelle** darf das Kfz zum Waschen mit Einverständnis des Personals offen mit Schlüssel abgestellt werden, wenn dem Kunden keine abweichende Handhabung bekannt ist, Dü DAR **75** 328, BAG VR **68** 266. Dagegen genügt nach dem Tanken beim Verlassen des Fzs zum Bezahlen an der Kasse Einrasten des Lenkradschlosses ohne Verschließen der Türen nicht, KG VM **83** 60. Wer Fz und Schlüssel der **Werkstatt** zur Wartung übergibt, darf auch ohne Absprache auf sichere Verwahrung gegen Schwarzfahrt vertrauen, Dü VR **76** 151, auch bei frei zugänglichem Werkstatthof, Kö VR **73** 285. Solange Reparaturfze in einer Werkstatt noch nicht zum Abholen abgestellt sind, wird auf Betriebsgelände der Zündschlüssel steckenbleiben dürfen, s BGH VM **71** 75, enger Br VR **69** 524. Ohne konkreten Anlaß muß der Kf bei kurzer Abwesenheit nicht damit rechnen, daß sich einer seiner **Mitfahrer** des stecken gelassenen Schlüssels bedienen wird, BGH VR **84** 1152, s auch Rz 17. Bleibt das Verdeck eines **Kabrioletts** geöffnet, was die Vwv (Rz 1–4) zuläßt, so wird durch Abschließen der Tür keine nennenswerte weitere Sicherung erreicht, sie darf dann unterbleiben, s *Müller* VD **03** 245; mit geschlossenem Verdeck ist das Fz dagegen ebenso zu sichern wie eine Limousine, Dü VRS **70** 379; entsprechendes gilt für Fze mit abnehmbarem Dach. Wegen der Gefährlichkeit von Schwarzfahrten sind an die Sicherungspflicht strengste Anforderungen zu stellen, Zw VR **80** 435. Ein völlig ungesichertes Fz kann uU im Rahmen **polizeilicher Gefahrenabwehr** auf Kosten des Verhaltens- oder Zustandsverantwortlichen abgeschleppt werden, OVG Ko DÖV **89** 173, VG Mü NZV **99** 487 (im Ergebnis abgelehnt); jedoch erscheint, wenn die Maßnahme dem Interesse des Eigentümers widersprechen könnte, Zurückhaltung geboten, s *Hebeler* NZV **02** 161. Erscheint Sicherstellung zwecks Eigentumssicherung geboten, so muß der Eigentümer die damit verbundene Kostenbelastung hinnehmen, BVG NZV **00** 514, VGH Mü NJW **01** 1960 (Rechtmäßigkeit des Abschleppens bejaht), s VG Mü NZV **99** 487, VG Stu NVwZ-RR **00** 591, VG Fra NJW **00** 3224 (Rechtmäßigkeit der Maßnahme nach Lage des Falles jeweils abgelehnt). Die Sicherungspflicht gegen unbefugten Gebrauch schützt nicht das Interesse des Abschleppunternehmers bei schädigendem Abschleppen, BGH VR **78** 1071.

Bei **Krafträdern** und Mopeds sind, da sie Kfze sind, dieselben strengen Anforderungen zu stellen. Abschließen der Zündung und Lenkung genügt, s BGH NJW **59** 629, Ol DAR **60** 177. Wer auf bewachtem Parkplatz das Lenkschloß nicht sperrt, verletzt jedenfalls § 14 (gegen grobe Fahrlässigkeit aber Dü DAR **56** 47), ebenso bei ungesichertem Abstellen des Krades an einer Hauswand hinter anderen Rädern, die erst weggeräumt werden müßten. Bei kurzer Abwesenheit und geeigneter Aufsicht darf der Zündschlüssel steckenbleiben, Stu VBl **59** 275, anders bei Beauftragung eines Unbekannten, AG Siegen MDR **59** 666. 15

Wird ein beim **Lkw** vorhandenes, aber nicht vorgeschriebenes Lenkradschloß (§ 38a StVZO) nicht benutzt, so liegt darin keine versicherungsrechtliche grobe Fahrlässigkeit, BGH NJW **74** 48. Bei einem abgestellten **Trecker** ist die Andrehkurbel zu entfernen, BGH VRS **19** 411. Wird ein Trecker abschüssig abgestellt, so genügen Anziehen der Fußbremse und Einschalten eines Ganges nicht, wenn zu befürchten ist, daß Unbefugte diese Sicherungen unwirksam machen, Ce VRS **21** 253. 16

2 StVO § 14   I. Allgemeine Verkehrsregeln

17   Verstoß gegen § 14, wenn der Kf den Zündschlüssel einem **Mitfahrer** überläßt, der keine FE hat, ohne Gewähr zu haben, daß dieser das Kfz nicht fährt, Kö DAR **57** 83, Ha NJW **83** 2456. Der Fahrer hat vorzusorgen, daß sein Kfz oder das ihm anvertraute Kfz nicht durch Personen ohne FE oder durch Fahrunsichere (Alkohol) gefahren wird, BGH VR **71** 350, Ha NJW **83** 2456, er darf das Fz auch nicht für kurze Zeit in der „Obhut" betrunkener Fahrgäste lassen, ohne den Zündschlüssel mitzunehmen, BGH VM **58** 49. Der Lkwf soll bei Fahrtunterbrechung den Zündschlüssel vor einem Beifahrer sicher verwahren müssen, den er nicht näher kennt, BGH VM **60** 71.

18   **Schlüsselverwahrung** zur Verhinderung unbefugter FzBenutzung, s § 7 StVG Rz 55.

19   An die Sorgfalt des **Halters** werden strengste Anforderungen gestellt, Zw VR **80** 435, Ol NZV **99** 294. Vorkehrungen gegen Benutzung durch jugendliche Familienangehörige, s § 7 StVG Rz 55.

20   6. Die Vorschrift ist auch von Bedeutung für den **Ausschluß der Haftbarkeit des Halters für Schwarzfahrten** (§ 7 III StVG). Schwarzfahrten bewirken besonders häufig Unfälle, daher ist das Sicherungsgebot des § 14 berechtigt, BGH Betr **71** 233, Ol NZV **99** 294. Ermöglicht der Kf entgegen § 14 eine Schwarzfahrt, so kann er nach § 823 BGB für einen Unfall haften müssen, BGH VR **61** 446, Kö NJW **57** 346, KG VM **83** 60, auch bei einem Fluchtversuch vor der Pol, BGH NJW **81** 113. Wer sein Kfz als Halter nicht ausreichend sichert, haftet auch für Vorsatz bei der Schwarzfahrt, BGH NJW **71** 459. Für den angestellten Fahrer haftet der Halter (§ 831 BGB). Die Halterhaftung für Schwarzfahrt entfällt bei vorschriftsmäßiger Sicherung. S § 7 III StVG. § 14 ist **Schutzgesetz** (§ 823 BGB), BGH NJW **81** 113, VRS **56** 6, Betr **71** 234, Jn DAR **04** 144, KG VM **92** 82, Zw VR **80** 435, Kö DAR **67** 16, aber nur hinsichtlich des Schutzes vor den mit der KfzBenutzung durch Unbefugte verbundenen erhöhten Gefahren im StrV, Kar VRS **83** 34. **Grobe Fahrlässigkeit (§ 61 VVG)**, wenn der Fahrer unbeabsichtigtes Rollen des Fzs dadurch fördert, daß er es mit laufendem Motor abstellt, ohne die Handbremse zu betätigen oder den Wahlhebel in Position D zu bringen, Ha VR **96** 225, wenn er ein Kfz im Gefälle abstellt, ohne die Handbremse zu betätigen und ohne den Gang einzulegen, Dü ZfS **02** 438, anders, wenn sich ein Fz bei leichtem Gefälle wegen unzureichend angezogener Handbremse erst nach 10 Min in Bewegung setzt, Dü ZfS **01** 173. Grobe Fahrlässigkeit des Fahrers, wenn er das Fz auf einer städtischen Str mit laufendem Motor außer Sichtweite stehen läßt, Ko ZfS **04** 367, ebenso idR, wenn er im unverschlossenen Pkw den Zündschlüssel zurückläßt, Fra MDR **03** 632 (verneint bei Hilfeleistung), Ce VR **86** 1013, Ha NZV **91** 195, VR **98** 489, oder den Schlüssel im verschlossenen Kfz, wenn ein Öffnen der Lenkradsperre sonst nur schwer möglich wäre, LG Kö VR **66** 331, oder den Schlüssel an einem serienmäßig eingerichteten „Versteck" am Fz zurückläßt, Nü NZV **95** 154, ebenso, wenn er das Lenkradschloß nicht einrasten läßt, Kö VR **65** 1066, einschränkend Jn NJW-RR **96** 352, sowie bei offenem Stehenlassen mit steckendem Zündschlüssel vor der Werkstatt zur Reparatur, Ha VR **82** 1137, oder außer Sichtweite auf ungesichertem Gelände vor Gewerbebetrieb, Ko ZfS **01** 122. Anders bei versehentlichem Zurücklassen des Schlüssels im Fz, Mü NJW-RR **94** 1446, sowie uU bei versehentlichem Steckenlassen im Kofferraumschloß, Dü NVersZ **99** 386 (Tiefgarage), abw Ha VR **00** 1233 (Parkplatz). Zurücklassen des Zündschlüssels im Fz beim Bezahlen an Tankstelle ist jedenfalls dann nicht grobfahrlässig, wen das Fz zwischen anderen „eingekeilt" ist und eine Person am Fz bleibt, Fra VR **03** 319. Abstellen fabrikneuer, unverschlossener Kfze mit Schlüssel im Handschuhfach im verschlossenen Werkhof kann hinsichtlich der Kaskoversicherung grobfahrlässig sein, Nü VR **71** 311. Zurücklassen des Fzs auf frei zugänglichem Betriebsgelände und Einwerfen des FzSchlüssels in ungesicherten Außenbriefkasten ist grob fahrlässig, anders bei Briefkasten in der Eingangstür oder Hauswand, Kö DAR **01** 312. Keine grobe Fahrlässigkeit bei verschlossenen Türen und abgezogenem Zündschlüssel ohne Lenkschloßverriegelung in bewachtem Parkhaus, Kö VR **68** 561. Grob fahrlässig handelt, wer zwar Lenkung und Türen abschließt, den Schlüssel aber sichtbar im Kfz hängen läßt, auch wenn er sich angetrunken im Schlafteil des Fz aufhält, Hb VR **71** 165. Grobe Fahrlässigkeit, wenn ein Kfz nachts offen im verschlossenen Hotelhof mit dem Reserveschlüssel abgestellt wird (§ 61 VVG), Hb VR **70** 362. Ver-

Liegenbleiben von Fahrzeugen § 15 StVO **2**

wahren des Zündschlüssels im Handschuhfach ist idR grobfahrlässig, Kar VR **76** 454, Kö VR **96** 1360 (Cabriolet), auch im verschlossenen Handschuhfach, Ce VR **80** 425, Ha VR **81** 724, **84** 151, aM BGH NJW **86** 2838, differenzierend Jn ZfS **99** 23 (nur, wenn es für den Versicherungsfall mitursächlich ist). Grobe Fahrlässigkeit bei Zurücklassen des Schlüssels in einem im Wagen verbliebenen Kleidungsstück, Fra ZfS **86** 374, oder in der verschlossenen Mittelkonsole eines Cabriolets, Kar ZfS **96** 458. Zum Schuldnachweis bei im Kfz zurückgelassenem FzSchlüssel, BGH NJW **81** 113. Keine grobe Fahrlässigkeit iS von § 61 VVG bei Zurücklassen des Zündschlüssels in einem nicht zugelassenen geringwertigen Fz, das auf einem gegen unbefugten Zutritt mit Stacheldraht besonders gesicherten Betriebshof für eine Nacht abgestellt wird, Fra VR **82** 566. Ablage des Zweitschlüssels im verschlossenen Handschuhfach des verschlossen geparkten Kfz ist in der Kaskoversicherung grobfahrlässig, Ce VR **80** 425, Ha VR **84** 151, Fra VR **88** 1122, nicht dagegen stets, wenn ein besonderes Versteck im Wagen verwendet wird, LG Ravensburg VR **83** 948, Kö NZV **93** 32, auch nicht bei Verstecken des Zweitschlüssels im Wohnmobil, Fra ZfS **83** 311. Nicht grob fahrlässig iS von § 61 VVG ist das Zurücklassen des FzScheins im Handschuhfach des ordnungsgemäß verschlossenen Fzs, weil der Versicherungsfall dadurch nicht gefördert wird, BGH VR **96** 621, Ha VR **84** 229, NZV **91** 116, Fra DAR **84** 150, Kö VR **83** 847, Kar ZfS **95** 260, LG Stu MDR **92** 1133, aM LG München I VR **81** 545, LG Dortmund ZfS **85** 85. Entsprechendes gilt für das Zurücklassen des FzBriefs im Handschuhfach, Kö ZfS **04** 221, *Lücke* r + s **95** 286, *Rixecker* ZfS **00** 209, aM Kö r + s **95** 203, LG Stu MDR **92** 1133. Der kaskoversicherte Eigentümer eines Motorrollers handelt nicht grobfahrlässig, wenn er ihn nachts auf der Str abstellt und das Vorderrad durch Abschließen der Lenkung blockiert, LG Berlin NJW **60** 680.

Lit: *Hebeler*, Die Sicherstellung von Kfzen im Wege des Abschleppens zum Schutz des Eigentümers wegen Verlust- und Beschädigungsgefahr …, NZV **02** 158. *Hohenester*, Die Sorgfaltspflichten des Kf beim Verlassen seines Fzs, DAR **58** 5. *Müller*, § 14 StVO: Vernachlässigte Verhaltenspflichten?, VD **03** 237. *H. W. Schmidt*, Sicherung des verlassenen Kfz, DAR **66** 124. *Schnitzerling*, Das Kfz auf und vor dem Privatgrundstück, DAR **62** 229.

7. Ordnungswidrig (§ 24 StVG) handelt, wer beim Ein- oder Aussteigen oder Verlassen des Fzs eine der im § 14 bestimmten Pflichten verletzt (§ 49 I Nr 14). Wer ein Kfz auf einem Privatgrundstück ungenügend gesichert verläßt, handelt ow, wenn er mit fremder Benutzung im Verkehr rechnen muß, BGHSt **15** 357 = NJW **61** 686. Bei Belassen eines ungesicherten Kfz auf der Straße muß der Fahrer uU auch mit tödlichem Unfall durch Unbefugte rechnen, BGH VRS **20** 282. Die Sicherungspflicht des § 14 obliegt unterwegs immer dem Fahrer, Kö VRS **36** 228 (es sei denn, der Halter fährt oder fährt mit). Alkoholbedingtes Unterlassen von Sicherung gegen Abrollen kann die §§ 315 b, c StGB verletzen, BGHSt **19** 371 = NJW **64** 1911. **21**

Liegenbleiben von Fahrzeugen

15 ¹Bleibt ein mehrspuriges Fahrzeug an einer Stelle liegen, an der es nicht rechtzeitig als stehendes Hindernis erkannt werden kann, so ist sofort Warnblinklicht einzuschalten. ²Danach ist mindestens ein auffällig warnendes Zeichen gut sichtbar in ausreichender Entfernung aufzustellen, und zwar bei schnellem Verkehr in etwa 100 m Entfernung; vorgeschriebene Sicherungsmittel, wie Warndreiecke, sind zu verwenden. ³Darüber hinaus gelten die Vorschriften über die Beleuchtung haltender Fahrzeuge.

Begr zu § 15: VBl **70** 809. 1/2

1. Warnblinklicht (§ 53 a StVZO) ist sofort und als erstes, BGH VM **63** 51, Dü VM **3** **74** 87, Sa VM **74** 70, einzuschalten und auch nach Aufstellen weiterer Zeichen (S 2) eingeschaltet zu lassen, Hb VRS **61** 294, wenn ein mehrspuriges Kfz so liegenbleibt, daß es nicht rechtzeitig als stehendes Hindernis erkannt werden kann. Ausfall des Warnblinklichts durch Erschöpfung der Batterie ist in Betracht zu ziehen, BGH NJW-RR **88** 406. Die Vorschrift betrifft nur mehrspurige Fze, die nicht ohne weiteres aus dem VBereich entfernt werden können. **Liegenbleiben** auch bei solcher Beeinträchtigung wichtiger Betriebseinrichtungen, daß weitere VTeilnahme unter den bestehenden Verhält-

569

nissen andere gefährden würde (bejaht bei Beleuchtungsausfall bei Dunkelheit, verneint für Dauerrot der Blinker), Zw VM **77** 43. Auch ein nach einem Unfall im VRaum stehendes Kfz ist iS der Vorschrift liegengeblieben, selbst wenn sich später Fahrfähigkeit herausstellt, s BGH VR **77** 36. Kein Liegenbleiben im Rechtssinn bei nur kurzer Verzögerung der Weiterfahrt, zu der zB nur wenige Start- oder Rangierversuche gehören, KG VRS **58** 61, Schl NZV **92** 488. Wer vor einer geschlossenen Grenzabfertigung stundenlang warten muß, bleibt nicht liegen iS von § 15, denn lediglich eine administrative, nicht verkehrsbedingte Maßnahme hindert ihn am Weiterfahren, aM beiläufig Bay VM **81** 12. Kann ein mehrspuriges Fz bei einer Panne beiseitefahren oder -geschoben werden, bildet es kein Hindernis, wenn es völlig außerhalb des VBereichs steht, es sei denn, Arbeiten am Fz beziehen den Fahrbahnrand mit ein. Liegen bleibt ein Fz, das sich, gleichgültig weshalb, Dü VM **74** 87, nicht aus eigener Kraft fort- oder aus dem VBereich wegbewegen kann, Stu DAR **82** 400, Dü VRS **63** 70. Während des Anschiebens des liegengebliebenen Kfz (elektrischer Defekt) gehört das Fz zum Fahrverkehr, Sa VM **77** 75. Liegengeblieben ist nur ein stehendes Kfz, nicht schon ein solches, das ohne Motorkraft noch ausrollt, Ko DAR **72** 219. Das Liegenbleiben kann auch durch den Körperzustand des Fahrers bedingt sein, *Cramer* JurA **71** 370. Das Liegenbleiben dauert so lange, wie nach allen technischen Gegebenheiten unvermeidlich, später ist es gewolltes Halten, Kö VM **74** 15. Beim ersten Anzeichen für Liegenbleiben (blockierender Motor) ist sofort unter ausreichender VSicherung rechts heran- oder hinauszufahren, KG VM **74** 96, Sa VM **74** 48. Wer auf der AB wegen Unfalls oder Panne halten muß, hat unverzüglich auf den Seitenstreifen zu fahren und den Verkehr zu sichern, Kö NJW **66** 933, Mü VR **66** 1082, BGH VR **68** 196, 199. **Mehrspurige Kfze** iS des § 15 sind solche, bei denen an mindestens einer Achse zwei Räder laufen, Kräder also auch dann nicht, wenn sie einen Beiwagen führen. Liegenbleiben wegen Ausfalls der Beleuchtungseinrichtungen während der Dauer der Beleuchtungspflicht: § 17. Ein liegenbleibendes Fz muß mit den zu seiner Ausrüstung vorgeschriebenen Mitteln gesichert werden. Bei einem Fuhrwerk kommen Warndreiecke oder Laternen in Betracht, sofern es von der Fahrbahn nicht entfernt werden kann. Unter den strengen Voraussetzungen des § 315 c I Nr 2 g StGB ist Nichtsichern liegengebliebener Fze ein Vergehen. Wer unfallbedingt liegenbleibt und sofort Warnblinklicht zeigt, darf sich erst um den Unfallschock des Mitfahrers kümmern, bevor er das Warndreieck aufstellt, BGH VR **77** 36, Sa VM **74** 70. **Haltende oder parkende** Kfze sind nicht nach § 15 zu sichern, bei schlechter Erkennbarkeit aber nach den §§ 17, 1, BGH VR **86** 489, Ce VM **72** 68, nach Stu DAR **82** 400 analog § 15, zB Fze von Hilfeleistenden (AB, Dunkelheit), BGH NJW **75** 1834, Ko DAR **77** 325. Bei einer Stauung hat der Fahrer des jeweils auf kurze Zeit letzten Kfz keine Sicherungspflicht, s *Martin* VR **72** 384, doch wird er alsbald die Warnblinklichtanlage einschalten, s § 16 Rz 15. Vom Wiederanfahren ab braucht die Kf nach Liegenbleiben seines Lkw das Warnblinklicht nicht mehr zu betätigen, wenn dies vorübergehend auch noch zweckmäßig sein mag, Br VR **80** 1147. Liegenbleiben auf der **Autobahn,** s auch § 18 Rz 24.

4   2. **Das Warndreieck** (§ 53 a StVZO), oder bei Fzen, bei denen dessen Benutzung nicht vorgeschrieben ist, ein auffällig warnendes Zeichen, ist sofort nach Einschalten des Warnblinklichts (wo vorgeschrieben) als zweites gut sichtbar ausreichend weit hinter dem Pannenfz aufzustellen, BGH NJW-RR **87** 1235. Die Entfernung richtet sich nach der Geschwindigkeit des zu erwartenden Verkehrs. Sie wird meist viel zu kurz gewählt. Bei schnellem Verkehr sind „etwa" 100 m Mindestentfernung nötig, auf der AB mindestens 150 m = 200 Schritte, Stu VRS **80** 181. Bewegliche rückwärtige Sicherungsmittel (Blinkleuchte) sind stets am rechten Fahrbahnrand aufzustellen, nicht auf der Fahrbahn, Kar DAR **02** 34, Sa VM **80** 40. Steht das Pannenfz in oder hinter einer Kurve, so gehört das WarnZ ausreichend weit vor die Kurve. Kann das Pannenfz so weit außerhalb von Fahrbahn und Randstreifen aufgestellt werden, daß die Fahrbahn auch bei Arbeiten am Fz nicht mitbenützt wird, braucht kein WarnZ aufgestellt zu werden. Aber Kofferraumdeckel öffnen (stehendes Fz!). Bei notwendig raschem Handeln (ABUnfall) kann es entschuldbar sein, daß der verunglückte Kf Warnblinklicht einschaltet, das Warndreieck aber erst aufstellen will, nachdem er sich mit anderen Unfallbeteiligten befaßt hat, BGH

Liegenbleiben von Fahrzeugen § 15 StVO **2**

VR **77** 36, Nü VR **76** 643. Wird das Warndreieck vom Verkehr zerstört, so muß der Kf den Verkehr anderweit vorläufig sichern (Blinken, Kofferraumdeckel öffnen, Ablegen ungefährdender Gegenstände neben der Fahrbahn), Sa VM **74** 48. Das Aufstellen eines Plastikbierkastens mit vollen Flaschen hinter dem abgestellten Pannenfz zwecks Warnung ist unsachgemäß und gefährdend, Kö VR **78** 771 (unvermutetes Hindernis). Warneinrichtungen auf der Innenseite von Kofferraumdeckeln genügen nicht, BMV StV 7 – 8034 W/66, auch nicht auf etwa aufzustellenden Kraftstoffkanistern, VBl **64** 18 (Gefahr), uU ist auch der Gegenverkehr behelfsmäßig zu warnen. Kein Vorwurf wegen eines nicht aufgestellten Warnschildes, wenn es nach den Umständen den Warnzustand nicht verbessert hätte, Kar DAR **02** 34, VR **79** 1034 (Unfallfz steht gedreht mit leuchtenden Scheinwerfern). Vorbeifahren an liegengebliebenen Fzen: § 6 Rz 3, 4. Autobahn: § 18 Rz 23–25. Die vorgeschriebenen Warnzeichen sind sofort aufzustellen und unmittelbar vor dem Weiterfahren wieder einzusammeln, BGH NJW **75** 1834. Sind die **in § 15 genannten Sicherungsmaßnahmen nicht möglich,** so ist je nach Ausmaß der durch das Liegenbleiben verursachten Gefahr auf andere Weise zu warnen, insbesondere bei einem nachts unbeleuchtet auf der AB-Überholspur quer stehenden Fz, Fra ZfS **04** 303.

3. Zu beleuchten sind Fze neben diesen Sicherungsmaßnahmen außerdem unter den Voraussetzungen des § 17 und gemäß dieser Vorschrift.

4. Die Pflicht zu geeigneter Absicherung bei Liegenbleiben gilt auch für **ausländische Fze,** BGH VM **68** 89, und zwar auch für Fze von Angehörigen der ausländischen Streitkräfte; Art 57 V Zusatzabkommen zum Natotruppenstatut steht nicht entgegen, Ba VR **81** 987. Die Berufung auf Unabwendbarkeit (§ 17 III StVG) kann daher versagt bleiben, wenn der Führer eines auf der AB liegengebliebenen, im Ausland zugelassenen Kfzs von mehr als 3,5 t zulässigem Gesamtgewicht in Deutschland nicht vorsorglich die hier vorgeschriebene (§ 53 a StVZO) Warnleuchte mitgeführt hat, um das Fz zu sichern, Stu VRS **80** 181.

5. Zivilrecht. Nimmt der Kf pflichtwidrig zu wenig Treibstoff oder nicht die vorgeschriebenen Sicherungsmittel mit (§ 53 a StVZO), so kann das auffahrursächlich sein, BGH DAR **58** 218, Ha VRS **16** 35. Die Sicherungsmittel sind leicht erreichbar mitzuführen, Stu DAR **58** 222. Das Unterlassen gebotener Sicherung spricht für Unfallursächlichkeit (AB), Dü DAR **77** 186. Geschieht trotz ordnungsmäßiger Sicherung ein Unfall, so ist die abgesicherte Gefahr nicht mehr ursächlich, BGH VR **69** 895, Jn VR **98** 251. Näher: **E** 103, 147. Wer das Warndreieck nicht sofort aufstellt, handelt schuldhaft, BGH NJW-RR **87** 1235. Haftungsverteilung zwischen dem nachts auf AB nicht auf Sicht fahrenden Kf und dem dadurch verletzten Fahrer eines unbeleuchtet und ohne jede Warnung auf der Überholspur quer stehenden Fzs ¾ zu ¼ zu Lasten des Liegengebliebenen, Fra ZfS **04** 303. Für die Zeit zwischen dem Zurückholen des Sicherungsmittels nach Behebung der Panne und dem Wiederabfahren kann der Kf nicht haften, s BGH NJW **75** 1834 und *Booß* VM **72** 53. Wer bei der Behebung einer Panne die Fahrbahn betreten muß, unterliegt dabei nicht den Regeln für Fußgänger, Jn VR **98** 250 (AB). Wer ein liegengebliebenes Kfz auf der Fahrbahn anschieben hilft, muß sich Fehler des Fahrers nicht zurechnen lassen, Sa VM **77** 75. Die nötige Sicherung ist, besonders nach einem AB-Unfall, so umsichtig vorzunehmen, daß der Sichernde dabei nicht selber zu Schaden kommt (sonst § 254 BGB), BGH VR **77** 36, Ha NZV **94** 394.

Lit: *Böhmer,* Unbeleuchtete Hindernisse auf der Fahrbahn bei Dunkelheit, MDR **60** 100.

6. Ordnungswidrig (§ 24 StVG) handelt, wer als Fzf, uU aber auch als Beifahrer oder mitfahrender Halter, das liegengebliebene Fz nicht gemäß § 15 sichert und, wenn nötig, beleuchtet (§ 49 I Nr 15, 17). Kein Schuldvorwurf gegen den Fahrer, der sich vor an sich dringend nötigen Sicherungsmaßnahmen erst vergewissert, ob Beteiligte verletzt sind, s BGH VR **77** 36. Wer ein Fahrhindernis bereitet, dessen Mitverantwortlichkeit (**E** 147) endet erst, wenn nach ausreichender Sicherung wieder ein ordnungsgemäßer Zustand eingetreten ist, Kö VRS **45** 183. Keine analoge Anwendung der Bußgeldbestimmung auf unzureichende Sicherung eines nicht liegengebliebenen, sondern bewußt und gewollt abgestellten Fzs (aber eventuell § 1 II), Dü VRS **63** 70. Ein liegenbleibendes Fz hält (parkt) nicht iS des § 12, der Fahrer verletzt diese Vorschrift daher nicht, s § 12 Rz 19. **Strafvorschriften:** §§ 315 b I 2, 315 c I Nr 2 g StGB.

Abschleppen von Fahrzeugen

15a (1) **Beim Abschleppen eines auf der Autobahn liegengebliebenen Fahrzeugs ist die Autobahn (Zeichen 330) bei der nächsten Ausfahrt zu verlassen.**

(2) **Beim Abschleppen eines außerhalb der Autobahn liegengebliebenen Fahrzeugs darf nicht in die Autobahn eingefahren werden.**

(3) **Während des Abschleppens haben beide Fahrzeuge Warnblinklicht einzuschalten.**

(4) **Krafträder dürfen nicht abgeschleppt werden.**

1   **Begr** zur ÄndVO v 21. 7. 80 (VBl **80** 514):

Zu den §§ 15 a, 16 II Satz 2: Das Abschleppen liegengebliebener Fahrzeuge mittels einer Behelfsvorrichtung (Kabel, Seil usw.) auf Autobahnen ist im Hinblick auf die erhebliche Geschwindigkeitsdifferenz zwischen dem fließenden Verkehr und dem abgeschleppten Fahrzeug besonders gefährlich und sollte deshalb auf das unumgängliche notwendige Maß beschränkt werden. Die Ergänzung entspricht im übrigen einer CEMT-Empfehlung.

1a   **Begr** zur ÄndVO v 22. 3. 88 (VBl **88** 222):

Zu Abs. 4: Das Abscheppen von liegengebliebenen Krafträdern ist gefährlich. Ein entsprechendes Verbot wurde bisher aus einer entsprechenden Anwendung des § 23 Absatz 3 Satz 1 hergeleitet. Angesichts der Tatsache jedoch, daß die Vorschriften über das Abschleppen von Fahrzeugen in einem besonderen Paragraphen zusammengefaßt sind, ist es aus rechtssystematischen Gründen notwendig, dieses Verbot ausdrücklich in die Abschleppvorschrift zu übernehmen.

2   **1. Allgemeine Grundsätze für das Verhalten beim Abschleppen.** Die Führer des schleppenden und der Lenker des abgeschleppten Fz müssen vereinbaren, wie sie sich während des Schleppens verständigen werden, Ko VRS **42** 424, Ba VR **60** 672. Der Abgeschleppte muß sich der Fahrweise des Abschleppenden anpassen (weiches Bremsen), Ko VRS **42** 447. Auf einer Gefällstrecke muß der Fahrer des schleppenden Fz, der beschleunigt, darauf gefaßt sein, daß der Fahrer des geschleppten Fz Fehler macht, BGH VRS **15** 268. Beim Abschleppen muß der Fahrer des schleppenden Fz das geschleppte im Rückspiegel ständig beobachten; Abstimmung der Fahrweise ist unerläßlich, Ce DAR **61** 280. Die Abschleppvorrichtung muß den Umständen entsprechen (Schleppstange bei 8,4 t Schleppgewicht und längerem Schleppweg), Ha VRS **30** 137. **Fahrlässig** handelt, wer ohne jede Abschlepperfahrung auf schneeglatter Str ein mittels Seiles abgeschlepptes Fz lenkt, Schl VRS **82** 259.

3   **2. Das Abschleppverbot auf Autobahnen** beruht auf der Schutzerwägung, Abschleppvorgänge auf der AB wegen der dort üblichen hohen Fahrgeschwindigkeit auf das absolut Notwendige zu beschränken. Bleibt ein Kfz auf der AB liegen, ist es bei der nächsten Ausfahrt hinauszuschleppen. Im übrigen sind alle Abschleppvorgänge von der AB (VZ 330), nicht auch von den KraftfahrStr (VZ 331), ausgeschlossen. Kein Einfahren in die AB zwecks bequemeren Abschleppens. Die Vorschrift betrifft nur das *Abschleppen*, nicht auch das *Schleppen*. Abschleppen: §§ 6 I S 3 FeV, 18 Rz 10–12 StVZO. Ob das liegengebliebene Fz mit allen Rädern auf der Fahrbahn rollt oder nur mit denen einer Achse, ist unerheblich, Schl VRS **64** 234. § 15 a gilt für jedes abschleppende Kfz, für nichtgewerbliche wie für gewerbliche Abschlepp- oder Pannenhilfsfze. Jedes Abschleppfz muß während des Abschleppvorgangs **Warnblinklicht** betätigen. Gelbes Blinklicht ist daneben im Rahmen von § 38 III zulässig. Ist das Warnblinklicht beim Abschleppfz ausgefallen, bleibt das Abschleppen trotzdem zulässig, weil Instandsetzung auf oder neben der Fahrbahn gefährlich oder unmöglich sein kann, ebenso wie längeres Liegenbleiben im Verkehr. Die Pflicht zur Betätigung des Warnblinklichts besteht bei jedem Abschleppvorgang auch außerhalb der AB und für das abschleppende wie das

Warnzeichen § 16 StVO **2**

Pannenfz. Bei eingeschaltetem Warnblinklicht sind Richtungsänderungen uU behelfsmäßig anzuzeigen. **Das Abschleppen von Krafträdern** ist unzulässig, Abs IV.

3. Ordnungswidrigkeit: § 49 I Nr 15a. Verbotswidriges Abschleppen auf AB **4**
(Abs I) ist für sich allein nicht zugleich Verstoß gegen § 18 I StVZO (nicht zugelassener Anhänger), Bay DAR **92** 362.

Lit: s § 18 StVZO Rz 12.

Warnzeichen

16 (1) Schall- und Leuchtzeichen darf nur geben
1. wer außerhalb geschlossener Ortschaften überholt (§ 5 Abs. 5) oder
2. wer sich oder andere gefährdet sieht.

(2) ¹Der Führer eines Omnibusses des Linienverkehrs oder eines gekennzeichneten Schulbusses muß Warnblinklicht einschalten, wenn er sich einer Haltestelle nähert und solange Fahrgäste ein- oder aussteigen, soweit die Straßenverkehrsbehörde für bestimmte Haltestellen ein solches Verhalten angeordnet hat. ²Im übrigen darf außer beim Liegenbleiben (§ 15) und beim Abschleppen von Fahrzeugen (§ 15a) Warnblinklicht nur einschalten, wer andere durch sein Fahrzeug gefährdet oder andere vor Gefahren warnen will, zum Beispiel bei Annäherung an einen Stau oder bei besonders langsamer Fahrgeschwindigkeit auf Autobahnen und anderen schnell befahrenen Straßen.

(3) Schallzeichen dürfen nicht aus einer Folge verschieden hoher Töne bestehen.

Begr zu § 16

Zu Absatz 1: *Der Absatz begnügt sich damit, aus § 12 StVO (alt) den Rechtsgedanken zu* **1/2**
übernehmen, daß jede Abgabe von Warnzeichen als mißbräuchlich verboten ist, die nicht zur (erlaubten) Ankündigung des Überholens gestattet ist oder zur Warnung konkret gefährdeter Verkehrsteilnehmer geschieht. Dabei ist nicht mehr von der Gefahr durch das herannahende Fahrzeug die Rede, weil Warnzeichen u. U. auch aus einem haltenden Fahrzeug geboten sind, z. B. dann, wenn ein unachtsamer anderer Verkehrsteilnehmer aufzufahren droht. ...

Zu Absatz 2: *Fahrzeugführer, deren Fahrzeuge mit Warnblinkanlage (§ 53 a Abs. 4, § 72* **3**
Abs. 2 – zu § 53 a Abs. 4 – StVZO) ausgerüstet sind, neigen zu deren übertriebenen Benutzung; deshalb sind eingehende Benutzungsvorschriften geboten.

Zu Absatz 3: *Das Verbot muß bestehen bleiben, weil die Ausrüstungsvorschriften (hier: § 55* **4**
StVZO) nicht für Ausländer im internationalen Verkehr gelten, die deshalb mit ihren Mehrklanghupen zu uns einreisen dürfen.

Begr zur ÄndVO v 18. 7. 95 (VBl **95** 531): **4a**

Zu Abs 2 Satz 1: *Die Vorschrift legt fest, wann der Führer eines Schulbusses oder eines Linienbusses das Warnblinklicht im Interesse der Sicherheit der Fahrgäste dieser Beförderungsmittel einschalten muß. Dabei legen die Straßenverkehrsbehörden fest, für welche Haltestellen dies erfolgen soll. Näheres regelt die VwV-StVO.*

Begr zur ÄndVO v 7. 8. 97 (VBl **97** 689): **Zu Abs 2 Satz 2:** – Begründung des **4b**
Bundesrates – *Die wissenschaftliche Auswertung schwerer Unfälle auf Autobahnen hat ergeben, daß Fahrzeuge, die im Verhältnis zum allgemeinen Verkehrsablauf extrem langsam fahren, eine besondere Gefahr darstellen. Deshalb hat sich bei den Benutzern der Autobahn mit Recht die Übung herausgebildet, bei Annäherung an einen erkennbaren Stau Warnblinklicht einzuschalten. Dadurch werden nachfolgende Fahrzeuge wirksam gewarnt. Eine ähnliche Gefahrensituation besteht dann, wenn Fahrzeuge auf schnell befahrenen Straßen extrem langsam fahren, z. B. an Steigungen oder aufgrund technischer Probleme. Hier ist allerdings die Übung, Warnblinklicht einzuschalten, noch nicht verbreitet. Um die genannten Gefahren soweit möglich zu vermindern, sollen in § 16 Abs. 1 Nr. 2 StVO beide Sachverhalte als Beispiele aufgeführt werden, ohne daß dadurch die Vorschrift materiell verändert wird. Die beispielhafte Nennung ist geeignet, sachgerechtes Verhalten zu fördern. Ebenso besteht die Möglichkeit, diese Fälle im Rahmen der Ausbildung und Prüfung von Fahrerlaubnisbewerbern noch deutlicher als bisher zu behandeln.*

2 StVO § 16 — I. Allgemeine Verkehrsregeln

Vwv zu § 16 Warnzeichen

Zu Absatz 1 Nr. 2

5 1 Gegen mißbräuchliche Benutzung des Warnblinklichts ist stets einzuschreiten. Das ist immer der Fall, wenn durch ein Fahrzeug der Verkehr nicht gefährdet, sondern nur behindert wird, z. B. ein Fahrzeug an übersichtlicher Stelle be- oder entladen wird.

Zu Absatz 2

5 a 2 Die Straßenverkehrsbehörden haben sorgfältig zu prüfen, an welchen Haltestellen von Schulbussen sowie von Omnibussen des Linienverkehrs der Fahrer des Busses das Warnblinklicht einzuschalten hat. Maßgebliches Kriterium sind dabei die Belange der Verkehrssicherheit.

3 Dort, wo sich in der Vergangenheit bereits Unfälle zwischen Fahrgästen und dem Kraftfahrzeugverkehr an der Haltestelle ereignet haben, ist die Anordnung, das Warnblinklicht einzuschalten, indiziert. Andererseits spricht das Nichtvorkommen von Unfällen, vor allem bei Vorhandensein von Querungshilfen für Fußgänger (z. B. Fußgängerüberweg, Lichtsignalanlage) in unmittelbarer Nähe der Haltestelle, gegen eine entsprechende Anordnung. Auch die Höhe des Verkehrsaufkommens, das Vorhandensein baulich getrennter Richtungsfahrbahnen, insbesondere bei mehrstreifiger Fahrbahnführung, sowie die bauliche Ausgestaltung der Haltestelle selbst (z. B. Absperrgitter zur Fahrbahn) sind in die Entscheidung einzubeziehende Abwägungskriterien. Die Lage der Haltestelle in unmittelbarer Nähe einer Schule oder eines Altenheimes spricht für das Einschalten des Warnblinklichts. Unter Umständen kann es auch in Betracht kommen, das Einschalten des Warnblinklichtes nur zu bestimmten Zeiten, gegebenenfalls auch für bestimmte Tagesstunden, anzuordnen.

4 Maßgeblich für die Entscheidung, an welcher Haltestelle die Anordnung, das Warnblinklicht einzuschalten, erforderlich ist, ist in jedem Fall die Sachkunde und die Ortskenntnis der Straßenverkehrsbehörden. Entsprechendes gilt für die Anordnung, in welcher Entfernung von der Haltestelle das Warnblinklicht eingeschaltet werden soll.

5 Die Anordnung, wo das Warnblinklicht eingeschaltet werden muß, ist gegenüber den Busbetreibern und den Fahrern der Busse auszusprechen.

6 **1. Schall- und Leuchtzeichen** darf nur geben, wer außerhalb geschlossener Ortschaft überholt (§ 5) oder sich oder andere („konkret") gefährdet sieht. Warnpflicht besteht, wenn sonst Gefahr entstünde oder Gefahr sonst nicht beseitigt werden kann (§ 1, Begr zu § 16) (Rz 8–11). Hupen, um einen anderen VT zur Freigabe der Fahrbahn zu veranlassen, ist nur unter den Voraussetzungen von Abs I Nr 1 oder 2 erlaubt, Kö VRS **65** 468. Schall- und LeuchtZ sind einander gleich. Ein LeuchtZ darf nicht blenden. Längeres Aufblenden ist kein WarnZ und daher unzulässig, durch Blenden kann es gefährden und muß schon deshalb unterbleiben. § 16 betrifft alle VT, soweit sie Warnvorrichtungen führen, auch die Bahn bei StrMitbenutzung, Bay VRS **14** 217. Ist der Beteiligte schon gewarnt, so ist kein WarnZ mehr zulässig, Ol VRS **15** 353. SchallZ: §§ 55, 64a StVZO. Soweit zur Warnung sachgemäß, ist die Lichthupe auch innerorts zulässig. *Schröer*, Warnzeichen der FzF, KVR.

7 **2. Wer überholt,** darf, soweit nötig, Schall- und LeuchtZ geben, jedoch nur außerorts (§ 5 V). Ist die AB-Normalspur frei, darf der Überholende kurz zur Freigabe der Überholspur auffordern, Nichtfreigabe verletzt § 2, BGH VR **68** 672, Ha VM **62** 58 (*Booß*), DAR **62** 191, Bay VRS **62** 218. WarnZ beim Überholen: § 5 Rz 59, 60.

8 **3. Wer sich oder andere gefährdet sieht** (subjektives Element!), gleichgültig wodurch, darf, soweit nötig, ein WarnZ geben und muß es tun, wenn sich die Gefahr anders nicht beseitigen läßt, Dü VRS **56** 2, Schl DAR **71** 273, Kar VRS **49** 210, Kö NZV **92** 33. **Beispiele:** Warnpflicht des Lastzugf, der sich bei Bremsversagen nur durch Befahren des Gehwegs retten kann, Fra VRS **41** 32, bei gefährdendem Langsamfahren auf AB, Fra NJW **85** 1353 (zum Einschalten des Warnblinklichts: Rz 15). Wer sein und ein anderes Kfz durch Kollision gefährdet sieht, muß Warnz geben (§ 1), Schl VM **72** 67. Ausgiebigeres Hupen bei einem unaufmerksam in Schlangenlinie entgegenkommenden Radf, Kö VRS **50** 200, WarnZ vor Überholen eines zu weit links fahrenden 10 jährigen Radf, s § 5 Rz 40. Wer im haltenden Fz bemerkt, daß er ein rangierendes Kfz gefährdet (und dieses ihn), aber kein Warnz gibt, macht sich idR mitschuldig, abw möglicherweise Fra VRS **56** 45. Das Überqueren eines Fußgängerüberweges begründet für sich allein keine Pflicht des Strabaf zur Abgabe eines WarnZ, Kö NZV **92** 32. **Nur bei Gefahr** für sich oder andere, also wenn ein VVorgang nach verständiger Beurteilung unmittelbar in Schaden umzuschlagen droht („konkrete" Gefahr), im Unterschied zu Vorgängen, die erfahrungsgemäß nicht selten zu Schäden führen, ist ein WarnZ zulässig, aus fahrendem wie stehendem Fz (bei Gefahr fremden Auffahrens, Begr), also zB nicht Warnblinklicht, um allgemein vor Glatteis zu warnen, wie auch II ergibt, s Rz 9, anders aber zwecks Warnung bei einer AB-Falschfahrt (s § 18). Ob Gefahr besteht, hat der Warnende von seinem Blickpunkt aus zeitlich rasch nach pflichtgemäßem Ermessen zu beurteilen (BRDrucks 420/70 Nr 6). Er darf im Verkehr mangels Gegenanzeichens erwarten, daß sich Erwachsene nicht völlig unbedacht verhalten. Bei am StrRand wartenden Fußgängern muß ohne besondere Anzeichen nicht mit Gefahr gerechnet werden, Bay NJW **78** 1491. Fußgänger, die von einer VInsel aus die Fahrbahn weiter überqueren wollen, brauchen nicht schon deshalb gewarnt zu werden, wenn sie dort abgewandt, aber ohne ein Anzeichen für Weitergehen stehen, Dü VR **73** 40. Maßgebend sind die örtlichen und Vverhältnisse. Das **Betätigen der „Lichthupe"**, um Vorrangverzicht zu signalisieren, ist gem Abs I unzulässig (und ow), insoweit zumindest mißverständlich BGH NJW **77** 1057, Ha NZV **88** 24. Reicht ein Schallzeichen nach der Gesamtlage nicht aus (auch nicht der Fahrtrichtungsanzeiger), so ist, soweit wirksamer, durch Lichthupe zu warnen und umgekehrt, uU sogar auch durch die Warnblinkanlage, Fra NJW **85** 1353; zu wählen ist, wofür oft nur ein Augenblicksentschluß in Betracht kommen wird, die wirksamste Art der Warnung, s Sa VM **78** 51. Wer unnütz mit Lichthupe „warnt" (Blickverbindung), muß mit Mißverständnis rechnen, s BGH NJW **77** 1057, krit *Mühlhaus* VD **78** 1, *Kindermann* DAR **78** 173. Ein geistesgegenwärtiger Kf (§ 17 III StVG) verbindet, soweit bei Gefahr nötig, Hupen, Bremsen und Ausweichen miteinander, BGH DAR **66** 50, s aber BGH VR **75** 1121.

4. Nur allgemein mögliche Gefährdung genügt nach § 16 nicht, zB genügt nicht 9 die allgemeine Möglichkeit, daß auf enger Straße Fußgänger auf die Fahrbahn treten könnten, Schl MDR **56** 504, s Rz 8.

Andere Gefahren als die beiden in I genannten berechtigen nach § 16 nicht zu 10 WarnZ, wie aus I und der Begr hervorgeht. Jedoch gibt es **gefahrähnliche Lagen** an der Grenze von Gefahrfällen, die bei sinnvollem Verhalten zumindest nach § 1 zum Warnen verpflichten müssen. So hat ein schwerer Lkw in enger Kurve bei Mitbenutzung der Gegenfahrbahn vorsorglich zu warnen, BGH VR **66** 541, Ol VM **66** 47, Ha VRS **39** 461, Dü VM **58** 33, sofern nicht sogar ein Warnposten nötig ist, ebenso bei Nebel, wenn nicht ganz rechts gefahren werden kann, Neust VRS **10** 170, Dü VM **66** 56, es sei denn, Motorgeräusch und Beleuchtung machen das Fz deutlich sichtbar und wahrnehmbar, aM Nü VM **61** 90. Drohende Gefährdung anderer wird schon bei Einbiegen bei Nebel in eine VorfahrtStr mit einem schweren Kfz (Bus) angenommen werden dürfen, Dü VR **73** 967. Der Busf, der beim Anfahren an der Haltestelle (s § 10 Rz 7) etwaige Personen vor seinem Fz im „toten Winkel" nicht sehen kann, muß WarnZ geben, Kar VR **81** 579, Mü NZV **91** 389.

Die **Gefährdung von Eigentum und anderen Rechtsgütern** berechtigt nach 11 § 16 nicht zu WarnZ („andere gefährdet"), aber nach § 1 (keinen anderen schädigen) und als Notwehr oder Nothilfe (**E** 113, 114). So darf ein Kf, der die Tür gefährlich geöffnet hält oder dessen Fz die Durchfahrt hindernd verengt, der aber selbst bei Durchfahrt nicht gefährdet werden kann, gemäß § 1 durch HupZ an verkehrsgerechtes Verhalten gemahnt werden.

5. Rechtzeitig und deutlich ist zu warnen, so daß sich der Verkehr auf den Vor- 12 gang einrichten kann, BGH VRS **6** 264, Dü DAR **56** 54. Je nach Lage ist zugleich mit dem WarnZ nachher oder schon vorher zu verlangsamen, uU so, daß sofortiges Anhalten möglich ist, BGH DAR **57** 152, Ha VRS **12** 368.

6. Würde das Warnzeichen nichts nützen oder die Gefahr vergrößern (Begr) 13 oder erst schaffen, so ist es unzulässig, BGH VRS **22** 425, besonders wenn Fußgänger erschrecken oder unsicher werden könnten, BGH VM **56** 13 (Anhupen aus nächster Nähe). S Rz 8 (Lichthupe). Tiere sind bei WarnZ unberechenbar, wenn Kühe oft auch ausweichen.

14   **7. Eine Folge verschieden hoher Töne** ist als WarnZ unerlaubt (III). Ausländer dürfen solche Hupen im StVO-Bereich nicht benutzen (Rz 4). WarnZ gemäß § 16 müssen sie gleichwohl abgeben können.

15   **8. Warnblinklicht** muß eingeschaltet werden von Führern eines Linien- oder Schulbusses nach Maßgabe von II S 1; wenn ein Kfz unterwegs liegenbleibt, nach Maßgabe von § 15; allgemein, wenn der Kfzf nur so, nicht durch andere Warnzeichen, damit rechnen kann, Gefahr für sich oder andere abzuwenden (§ 1), insbesondere beim Abschleppen (§ 15 a). **Linienbus- und Schulbusf** müssen das Warnblinklicht nur an bestimmten Haltestellen einschalten; um welche Haltestellen es sich handelt, wird den Busbetreibern von der StrVB bekannt gegeben. An diesen Haltestellen ist das Warnblinklicht nicht nur während des Fahrgastwechsels, sondern schon beim Annähern an die Haltestelle einzuschalten. Schulbus: s § 20 Rz 4. Der Busf „nähert" sich der Haltestelle, wenn er, für andere VT und wartende Fahrgäste erkennbar, unmittelbar die Haltestelle ansteuert; bei eingeschaltetem Warnblinklicht besteht dann Überholverbot (§ 20 III). Die StrVB kann (Abs II S 1: „soweit") eine bestimmte (oder ungefähre, s *Bouska* DAR **95** 398) Entfernung festsetzen. Haltestelle: Z 224. Vor der Abfahrt darf der Busf das Warnblinklicht abschalten, wenn niemand mehr ein- oder aussteigt. Das Aussteigen ist idR mit dem Verlassen des Busses beendet, s *Bouska* DAR **95** 398, jedenfalls mit dem Erreichen einer sicheren Position nach Verlassen des Busses, s *Hentschel* NJW **96** 239, nach *D. Müller* VD **04** 187 erst nach etwa beabsichtigter StrÜberquerung. **In allen anderen Fällen** möglicher Gefahr darf das Warnblinklicht benutzt werden, wie nunmehr Abs II S 2 ausdrücklich klarstellt, auch zur Warnung vor Gefahren im StrBereich (Unfall, Hindernis), Kö VRS **68** 354, Bay DAR **86** 59. Von einem Verband von MilitärFzen können Gefahren ausgehen, die das Einschalten von Warnblinklicht rechtfertigen oder sogar geboten erscheinen lassen, Ha DAR **91** 338 (im Ergebnis abl *Booß* VM **92** 17). Entsprechendes gilt für einen bei Dunkelheit mit 6 km/h fahrenden Bagger (Mithaftung), Dü DAR **99** 543. Die Neufassung von II S 2 (ÄndVO v 7. 8. 97) nennt beispielhaft Annäherung an einen Stau und besonders langsames Fahren auf AB und SchnellStrn. Eine Pflicht, auf diese Weise vor Stau zu warnen, besteht aber idR nicht, Zw NZV **98** 24. Auch zur Warnung vor einem entgegenkommenden Falschfahrer darf Warnblinklicht eingeschaltet werden. Bei erlaubtem Halten in zweiter Reihe (s § 12 Rz 40) kann nach Abs II S 2 nF („andere vor Gefahren warnen") uU Warnblinklicht zulässig sein, s *Booß* VM **88** 43. Im Übrigen ist übermäßige Verwendung jedoch zu vermeiden, s Rz 3.

16   **9. Ausnahmen:** § 46 II. Blaues und gelbes Blinklicht: § 38.

17   **10. Zivilrecht.** Rechtzeitige WarnZ befreien den Kf nicht von weitergehenden Sorgfaltspflichten, BGH NJW **60** 1524. Ersatzpflicht, wenn ein Fußgänger wegen unangebrachter WarnZ verunglückt, BGH Fahrl **68** 412, uU aber Mitschuld des Fußgängers, BGH VR **67** 348. Wer einen vorschriftsmäßig eingeordneten Abbieger durch unrichtige Warnzeichen verwirrt und zu unrichtiger Reaktion veranlaßt, haftet, Ha DAR **61** 24. Keine erhöhte BG deshalb, weil ein Kf auf unvorhersehbares Überqueren der Fahrbahn durch Fußgänger nur mit Notbremsung oder Warnzeichen reagiert, BGH VM **75** 89.

18   **11. Ordnungswidrig** (§ 24 StVG) handelt, wer entgegen § 16 WarnZ gibt (§ 49 Nr 16), zB um jemand, der abgeholt wird, zu benachrichtigen oder um vor PolKontrollen (Radarmessung usw) zu warnen, Zw VRS **64** 454, Ce NZV **89** 405 (jedoch keine Bußgelderhöhung wegen Behinderung der Arbeit der Pol). Nichteinschalten des Warnblinklichts durch Linien- der Schulbusf gem Abs II S 1 ist ow. Belästigendes, bedrängendes Hupen, um zum Weiterfahren zu veranlassen, nötigt den stehenden Vordermann nicht, Schl VM **74** 14, Dü NZV **96** 288. Nötigung durch dichtes Auffahren unter Abgabe von Schall- oder LichtZ, s § 4 Rz 16. Bei unzulässigem Lärm durch SchallZ tritt § 117 OWiG zurück, *Rüth* DAR **75** 10.

Beleuchtung

17 (1) ¹Während der Dämmerung, bei Dunkelheit oder wenn die Sichtverhältnisse es sonst erfordern, sind die vorgeschriebenen Beleuchtungseinrichtungen zu benutzen. ²Die Beleuchtungseinrichtungen dürfen nicht verdeckt oder verschmutzt sein.

(2) ¹Mit Begrenzungsleuchten (Standlicht) allein darf nicht gefahren werden. ²Auf Straßen mit durchgehender, ausreichender Beleuchtung darf auch nicht mit Fernlicht gefahren werden. ³Es ist rechtzeitig abzublenden, wenn ein Fahrzeug entgegenkommt oder mit geringem Abstand vorausfährt oder wenn es sonst die Sicherheit des Verkehrs auf oder neben der Straße erfordert. ⁴Wenn nötig, ist entsprechend langsamer zu fahren.

(2 a) Krafträder müssen auch am Tage mit Abblendlicht fahren.

(3) ¹Behindert Nebel, Schneefall oder Regen die Sicht erheblich, dann ist auch am Tage mit Abblendlicht zu fahren. ²Nur bei solcher Witterung dürfen Nebelscheinwerfer eingeschaltet sein. ³Bei zwei Nebelscheinwerfern genügt statt des Abblendlichts die zusätzliche Benutzung der Begrenzungsleuchten. ⁴An Krafträdern ohne Beiwagen braucht nur der Nebelscheinwerfer benutzt zu werden. ⁵Nebelschlußleuchten dürfen nur dann benutzt werden, wenn durch Nebel die Sichtweite weniger als 50 m beträgt.

(4) ¹Haltende Fahrzeuge sind außerhalb geschlossener Ortschaften mit eigener Lichtquelle zu beleuchten. ²Innerhalb geschlossener Ortschaften genügt es, nur die der Fahrbahn zugewandte Fahrzeugseite durch Parkleuchten oder auf andere zugelassene Weise kenntlich zu machen; eigene Beleuchtung ist entbehrlich, wenn die Straßenbeleuchtung das Fahrzeug auf ausreichende Entfernung deutlich sichtbar macht. ³Auf der Fahrbahn haltende Fahrzeuge, ausgenommen Personenkraftwagen, mit einem zulässigen Gesamtgewicht von mehr als 3,5 t und Anhänger sind innerhalb geschlossener Ortschaften stets mit eigener Lichtquelle zu beleuchten oder durch andere zugelassene lichttechnische Einrichtungen kenntlich zu machen. ⁴Fahrzeuge, die ohne Schwierigkeiten von der Fahrbahn entfernt werden können, wie Krafträder, Fahrräder mit Hilfsmotor, Fahrräder, Krankenfahrstühle, einachsige Zugmaschinen, einachsige Anhänger, Handfahrzeuge oder unbespannte Fuhrwerke dürfen bei Dunkelheit dort nicht unbeleuchtet stehen gelassen werden.

(4 a) Soweit bei Militärfahrzeugen von den allgemeinen Beleuchtungsvorschriften abgewichen wird, sind gelb-rote retroreflektierende Warntafeln oder gleichwertige Absicherungsmittel zu verwenden. Im übrigen können sie an diesen Fahrzeugen zusätzlich verwendet werden.

(5) Führen Fußgänger einachsige Zug- oder Arbeitsmaschinen an Holmen oder Handfahrzeuge mit, so ist mindestens eine nach vorn und hinten gut sichtbare, nicht blendende Leuchte mit weißem Licht auf der linken Seite anzubringen oder zu tragen.

(6) Suchscheinwerfer dürfen nur kurz und nicht zum Beleuchten der Fahrbahn benutzt werden.

Begr zu § 17

Zu Absatz 1: *Der Absatz wendet sich an den fließenden wie an den ruhenden Verkehr und an alle Arten von Verkehrsteilnehmern, denen Beleuchtungseinrichtungen vorgeschrieben sind. Welche Beleuchtungseinrichtungen das sind, erfahren die Kraftfahrer, Radfahrer und Fuhrleute aus der StVZO, die Führer geschlossener Verbände aus § 27 und die Viehtreiber aus § 28.* 1

Wenn die Verordnung an der bisherigen Formel der StVO (alt) (z. B. § 23 Abs. 1) „vom Hereinbrechen der Dunkelheit" nicht festhält und statt dessen „während der Dämmerung, bei Dunkelheit ..." sagt, so soll damit nur deutlich gemacht werden, für welche Zeiten die Beleuchtung vorgeschrieben ist. Da die Dunkelheit in unseren Breitengraden nicht hereinbricht, sondern allmählich eintritt und weicht, erscheint eine solche Klarstellung als notwendig. Eine Rechtsänderung ist damit nicht beabsichtigt. 2

In Anlehnung an die Weltregeln wird die Vorschrift der Beleuchtung bei Tage („wenn die Witterung es erfordert" § 23 Abs. 1 alt) sachgerecht erweitert. Nicht nur die Witterung kann das erfordern, sondern auch sonstige Beeinträchtigung der Sicht, so z. B. örtliche Gegebenheiten, wie ein unbeleuchteter Tunnel. 3

4   **Zu Absatz 2:** Der erste Satz verlangt von den Kraftfahrern außerhalb wie innerhalb geschlossener Ortschaften unter den Voraussetzungen des Absatzes 1 Satz 1 beim Fahren stets die Benutzung mindestens des Abblendlichts. Zunächst konnte das nicht verlangt werden, weil die CEMT-Regeln entgegenstanden. Die Verkehrsübung war in den europäischen Ländern so verschieden, daß es in einigen Ländern freigestellt wurde, ob man während der Dämmerung oder auf beleuchteten Straßen mit Abblendlicht oder nur mit Standlicht fährt. Gerade das aber ist unter dem Gesichtspunkt der Verkehrssicherheit fast unerträglich. Fährt ein Kraftfahrzeug mit Abblendlicht und ein anderes in der Nähe mit Standlicht, so besteht die Gefahr, daß das letztere von anderen Verkehrsteilnehmern, insbesondere von querenden Fußgängern, gar nicht wahrgenommen wird. Ein solches Verkehrsbild verleitet auch zu Fehleinschätzungen über die Fahrgeschwindigkeit der verschieden beleuchteten Fahrzeuge ...

5   **Zu Absatz 3:** Auch dieser Absatz wendet sich nur an Kraftfahrer. Er bringt im wesentlichen das, was heute schon gilt. Das Weltabkommen erlaubt die Benutzung der Nebelscheinwerfer nicht bloß bei Nebel und Schneefall, sondern auch bei „starkem Regen". Da der Begriff „starker Nebel" in § 33 Abs. 4 StVO (alt) der Rechtsprechung Schwierigkeiten bereitet hat, wählt die Verordnung sachgerecht für alle drei Niederschlagsarten das praktikablere Kriterium der erheblichen Sichtbehinderung. Die Benutzungsvorschrift für Nebelschlußleuchten ... ist ähnlich motiviert wie die für Warnblinklicht (§ 16 Abs. 2). Bei der Nebelschlußleuchte kommen überzeugende Sicherheitsgründe hinzu. Ihre Lichtstärke liegt an der Blendstörgrenze ... Deshalb wird die durch Nebel gezogene Grenze der Sichtweite auf 50 m festgesetzt ...

6   **Zu Absatz 5:** Der Inhalt des Paragraphen 24 Abs. 1, Abs. 2 und Abs. 5 StVO (alt) über die Beleuchtung von Fuhrwerken wird in die StVZO verwiesen und in Ausrüstungsvorschriften umformuliert ...

Aus der Begr zur MaßnVO 75 (VBl **75** 674):

7   **Zu Abs. 4:** Das Parken von Fahrzeugen mit einem zulässigen Gesamtgewicht von mehr als 2,8 t★ und von Anhängern ist gefahrenträchtiger als das Parken von Personenkraftwagen. Die genannten Fahrzeuge sind trotz verhältnismäßig guter Aufhellung durch die Straßenbeleuchtung oft erst auf geringe Entfernung erkennbar. Die Sicherheit ... erfordert daher diese Beleuchtungsregel. Die Ergänzung stellt an die Führer der betroffenen Fahrzeuge auch keine übertriebenen Anforderungen. Sachgerecht wird die Vorschrift auf die auf der Fahrbahn haltenden Fahrzeuge beschränkt.

Die Neufassung stellt klar, daß alle unbeleuchteten kleineren Fahrzeuge, die der Führer ohne große Schwierigkeiten von der Fahrbahn entfernen kann, bei Dunkelheit dort nicht stehen gelassen werden dürfen.

8   **Begr** zur ÄndVO v 21. 7. 80 (VBl **80** 514):

Zu Abs. 4 Satz 3: Die Ergänzung ist erforderlich, weil
a) aus dem bisherigen Wortlaut nicht klar hervorgeht, daß sich Satz 3 nur auf Fahrzeuge bezieht, die innerorts abgestellt sind,
b) damit die durch die Zulassung von retroflektierenden Warntafeln anstelle ‚eigener Lichtquelle' im Wege einer Verlautbarung des Bundesministers für Verkehr (vgl. VkBl S. 264) geschaffene Rechtsunsicherheit beseitigt und weitergehende technische Entwicklungen der Beleuchtung ermöglicht werden.

9   **Begr** zur ÄndVO v 22. 3. 88 (VBl **88** 222):

Zu Abs. 2 a: Nach amerikanischen und schwedischen Untersuchungen kann die Verkehrssicherheit der Krafträder ganz wesentlich dadurch erhöht werden, daß sie auch bei Tage mit Abblendlicht fahren. Sie sind dann für den übrigen Verkehr eher erkennbar. Insbesondere geht die Zahl der Zusammenstöße mit dem entgegenkommenden abbiegenden Verkehr zurück.

Die Europäische Konferenz der Verkehrsminister hat deshalb empfohlen, in der nationalen Gesetzgebung vorzusehen, daß Krafträder auch am Tage mit Abblendlicht fahren müssen (Empfehlung des Ministerrats vom 27. 11. 1980).

...

Zu Abs. 4 a: Wenn Militärfahrzeuge bei Manövern Sonderrechte nach § 35 StVO in Anspruch nehmen und bei Dunkelheit ohne Beleuchtung fahren, kann das insbesondere bei Panzern

---

★ Jetzt 3,5 t.

Beleuchtung § 17 StVO **2**

zu schweren Verkehrsunfällen führen. Durch eine Kennzeichnung mit gelb-roten retroreflektierenden Warntafeln, wie sie schon heute teilweise verwendet werden oder durch gleichwertige Absicherungen wird der Gefahr von Auffahrunfällen vorgebeugt.

Begr zur ÄndVO v 7. 8. 97 (VBl **97** 688): S § 3 Rz 10 a.

Vwv zu § 17 Beleuchtung

Zu Absatz 1

1 Es ist zu beanstanden, wenn der, welcher sein Fahrzeug schiebt, Beleuchtungseinrichtungen 10 durch seinen Körper verdeckt; zu den Beleuchtungseinrichtungen zählen auch die Rückstrahler (§ 49 a Abs. 1 Satz 2 StVZO).

Zu Absatz 2

2 I. Es ist darauf hinzuwirken, daß der Abblendpflicht auch gegenüber Radfahrern auf Rad- 11 wegen sowie bei der Begegnung mit Schienenfahrzeugen und gegenüber dem Schiffsverkehr, falls die Führer dieser Fahrzeuge geblendet werden können, genügt wird. Einzelner entgegenkommender Fußgänger wegen muß dann abgeblendet werden, wenn sie sonst gefährdet wären (§ 1 Abs. 2).

3 II. Nicht nur die rechtzeitige Erfüllung der Abblendpflicht und die darauf folgende Pflicht 11 a zur Mäßigung der Fahrgeschwindigkeit sind streng zu überwachen; vielmehr ist auch darauf zu achten, daß nicht

4   1. Standlicht vorschriftswidrig verwendet wird,
5   2. Blendwirkung trotz Abblendens bestehen bleibt,
6   3. die vordere Beleuchtung ungleichmäßig ist,
7   4. Nebelscheinwerfer, Nebelschlußleuchten oder andere zusätzliche Scheinwerfer oder Leuchten vorschriftswidrig verwendet werden.

Zu Absatz 4

8 Andere zugelassene lichttechnische Einrichtungen zur Kennzeichnung sind Park-Warntafeln 12 nach § 43 Abs. 4. Einzelheiten über die Verwendung ergeben sich aus § 51 c Abs. 5 StVZO. Die Park-Warntafeln unterliegen einer Bauartgenehmigung nach § 22 a StVZO.

Zu Absatz 4 a

9 Machen Militärfahrzeuge, insbesondere Panzer, von den Sonderrechten nach § 35 Gebrauch 12 a und fahren ohne Beleuchtung, so sind sie mit gelb-roten retroreflektierenden Warntafeln oder gleichwertigen Absicherungsmitteln zu kennzeichnen.

Übersicht

Abblenden, rechtzeitiges 11, 11 a, 22–25
Abblendlicht 4, 18 a, 20, 24–27
–, Reichweite 24
Angepaßte Fahrgeschwindigkeit 11 a, 26
Arbeitsmaschine 36
Aufblenden beim Überholen 23
Ausnahmen 39
Ausnutzung der Straßenbeleuchtung 33
Außerorts, Beleuchtung 31
Beleuchtung haltender Fahrzeuge 7, 8, 30–35
– durch eigene Lichtquelle 7, 8, 30–33
– außerorts 31
– innerorts 7, 8, 32, 33
– liegenbleibender Fahrzeuge 34
Beleuchtungseinrichtungen 10, 15, 19
Beleuchtungspflicht 13
Blenden von rückwärts 23
Dämmerung 2, 16
Dunkelheit 2, 16

Fahrgeschwindigkeit 12, 26
Fahrzeuge, haltende 7, 8, 30–35
–, liegenbleibende 34
Fernlicht 20, 23
Fußgänger 36
Handfahrzeug 7, 36
Kennzeichnung, seitliche 14
Kleinfahrzeug, unbeleuchtetes 7, 35
Krafträder 18 a
Liegenbleibendes Fahrzeug 34
Militärfahrzeuge 18 b
Nebel 5, 27–29
Nebelscheinwerfer 28
Nebelschlußleuchte 29
Ordnungswidrigkeiten 40
Örtliche Verhältnisse 18
Parkleuchte 32

Rechtzeitiges Abblenden 11, 11 a, 22–25
Regen 5, 27–29
Reichweite des Abblendlichts 24
Rekonstruktion des Beleuchtungszustands 41

Sanktion 40/41
Schneefall 5, 27–28
Sichtbehinderung, Wetter 5, 27–29
Standlicht 4, 20
Stehenlassen, Kleinfahrzeug 7, 35

Straßenbeleuchtung 33
Suchscheinwerfer 37

Überholen, Aufblenden 23
Unsichtiges Wetter 3, 17, 27

Verdeckt 10, 19
Verkehr, fließender, ruhender 1, 13
Verschmutzt 10, 19
Vertrauensgrundsatz 14

Zivilrecht 38

13   1. **Beleuchtungspflicht** gilt unter den Voraussetzungen von I für alle VT des fließenden und ruhenden Verkehrs, für die Beleuchtungseinrichtungen vorgeschrieben sind (Begr) (Kfze, Radf, Fuhrwerke, Viehtreiber, Verbände). Verstöße bewirken erfahrungsgemäß leicht Unfälle, Dü VR **75** 143, **72** 377. Die Beleuchtungspflicht dient dem eigenen Schutz wie dem des fließenden und ruhenden Verkehrs, *Bouska* VD **73** 315. Für fahrende Kfze gilt sie ausnahmslos, für ruhende Kfze überall, wo Kollision, auch mit Fußgängern, Dü VRS **14** 376 (zu § 23 alt), *Bouska* VD **73** 313 (insoweit aM Kar NZV **00** 86), möglich ist. Außer auf Fahrbahnen und Randstreifen gilt sie deshalb nicht für solche Parkbuchten, wo nach örtlichen Verhältnissen Fahr- oder FußgängerV möglich ist, s Stu VRS **44** 369, *Bouska* VD **73** 311, außerdem auf Gehwegen, auf welchen Parken erlaubt ist, auf als Fahrstreifen von der Fahrbahn abzweigenden Parkplätzen (AB), Bay NJW **62** 407, Hb VRS **32** 121, *Lütkes* MDR **63** 184, auf Verbindungsstreifen von AB-Anschlußstellen, Ha VRS **26** 317, nicht aber auf gesonderten Abstellflächen neben durchgehenden Parkplätzen, *Bouska* VD **73** 318; sie gilt sodann für gekennzeichnete oder als solche deutlich erkennbare Fahrflächen öffentlicher Parkplätze, *Bouska* VD **73** 311, nicht aber auf den Abstellflächen öffentlicher Parkplätze inner- oder außerorts, ohne Rücksicht auf Leitlinien. Dort muß jeder Einfahrende mit parkenden, unbeleuchteten Fzen rechnen, die den fließenden Verkehr nicht beeinträchtigen können, aM insoweit Stu VRS **44** 369. Auf Privatparkplätzen außerhalb des öffentlichen Verkehrs besteht keine Beleuchtungspflicht, Stu VRS **44** 369. Ein Fahrrad ohne Beleuchtung darf geschoben werden, es rechnet zum FußgängerV, Ce VR **60** 562, BGH VM **59** 16 (abl *Booß*). Verantwortlich für die Beleuchtung ist der Fahrer (§ 23), eine innerbetriebliche Anordnung tritt zurück (**E** 48), Dü VM **73** 22. Beleuchtungseinrichtungen und -pflicht anderer VT: §§ 66 a StVZO, 27, 28 StVO.

14   Der Verkehr darf mangels Gegenanzeichen **auf Beachtung der Beleuchtungspflicht vertrauen,** Ha VRS **28** 303, BGH VRS **22** 137, KG DAR **83** 82, auch durch Radf trotz häufiger Verstöße, *Schmidt*, KVR, Radf im StrV S 28, *Blumberg* NZV **94** 255, Kö VRS **31** 229, abw Bay VBl **57** 607, Ol VRS **32** 270 (Radf ohne Licht auf BundesStr), nicht aber bei Dämmerung, solange viele Fze offensichtlich noch ohne Licht fahren, Ha VRS **28** 303. Eine Schreckreaktion wegen Begegnung mit einem unbeleuchteten Kfz bei Dunkelheit wird idR nicht vorwerfbar sein (**E** 86). Zur Sicherung muß ein Zug uU auch seitlich beleuchtet werden, Hb VM **65** 4. Zur Verwendung von Sicherungsleuchten, wenn ein Lkw nachts zwecks Einfahrens in ein Grundstück auf offener LandStr hält, Kö VRS **25** 312. Sicherungspflicht beim Liegenbleiben: § 15.

15   1 a. **Vorgeschriebene lichttechnische Einrichtungen:** §§ 17, 27, 28 StVO, 49 a, 50, 51, 51 a, b, 52, 53, 53 b, 53 c, d, 54 b, 60 IV, 66 a, 67 StVZO.

16   1 b. **Während der Dämmerung, bei Dunkelheit oder wenn die Sichtverhältnisse es sonst erfordern,** ist die vorgeschriebene Beleuchtung nötig (I). Dämmerung, Dunkelheit: auf genaue Definition oder Abgrenzung kommt es nicht an. Auch astronomische Daten geben allenfalls Anhaltspunkte. Maßgebend sind die Sichtverhältnisse. Daher ist Beleuchtung im Zweifel nötig, wenn das natürliche Licht Umriß und Ende des Fz für schnellfahrende VT auf größere Entfernung (300 m?) nicht mehr deutlich erkennen läßt, Ha VRS **28** 303, Dü VR **75** 143, also bereits bei Zwielicht, Ha VRS **62** 214. Maßgebend ist nicht der allgemeine Stand der Dämmerung, sondern die Sichtminderung am Ort des Fz, Dü VR **70** 1160. Nur bei besonders schwieriger Beurteilung wird ein

Beleuchtung § 17 StVO **2**

Lichtgutachten einzuholen sein, Ko DAR **74** 276. Beleuchtung ist bei beginnender Dämmerung spätestens einzuschalten, wenn nachfolgende Fze bereits beleuchtet sind, weil unbeleuchtete Fze vor beleuchteten schwerer wahrgenommen werden. Da deutliches Sehen bei Dämmerung schwieriger als bei Dunkelheit ist, wo die anderen VT beleuchtet sind, BGH VR **59** 513, ist Beleuchtung schon frühzeitig beim geringsten Zweifel einzuschalten, Ha VRS **62** 214, nicht erst, wenn die meisten anderen VT beleuchtet fahren. Fährt die übergroße Mehrzahl der Kf beleuchtet, außer bei Tageslicht, so ist das ein Indiz für die Notwendigkeit beleuchteten Fahrens, Ha VM **73** 8.

Bei **unsichtigem Wetter** gilt im Grundsatz dasselbe, vor allem bei Nebel (Rz 27) **17** und starkem Regen oder Schneetreiben. Nebel mit geringen Sichtweiten erfordert Beleuchtung, s Rz 27, ebenso auch beim Durchfahren häufiger Nebelbänke (Abblendlicht, niemals Standlicht!). Ist die Sichtweite geringer als der doppelte Anhalteweg, so ist auch auf der AB Beleuchtung (Abblendlicht) einzuschalten, Ha VRS **59** 379.

Auch die **örtlichen Verhältnisse** können Beleuchtungspflicht begründen, wenn die **18** Sicht sonst zu schlecht ist, zB ein Tunnel oder dichter, hoher Wald (Begr).

Lit: *Aulhorn*, Der Dunkelheitsunfall, k+v **69** 70. *Bodmann*, Zur Bewertung der Beleuchtungsverhältnisse im nächtlichen StrV, k+v **69** 78. *Eckert*, Der Fußgängerunfall in der Dunkelheit und seine Rekonstruktion, NZV **92** 474. *Füchsel/Förster*, Die Beleuchtung der Kfze und ihrer Anhänger, DAR **70** 10. *Fürst*, Der Dunkelheitsunfall, k+v **69** 91. *Gaisbauer*, Über den Begriff der Dunkelheit, VR **67** 740. *Hartmann*, Sehen, Wahrnehmen und Erkennen im StrV, DAR **76** 326. *Hölcke*, VUnfälle während der Dämmerung, DRiZ **62** 17. *Kramer*, Pro und Contra zum Fahren mit Licht auch am Tage, VD **02** 279. *Maas*, Dämmerungszeit und Dämmerungshelligkeit im Zusammenhang mit der Beleuchtungspflicht, DAR **69** 29. *Oswald*, Die Beleuchtung der Kfze bei Nebel, Schnee und Regen, DAR **74** 295. *Schmidt-Clausen*, Das lichttechnische Gutachten bei Dunkelheitsunfällen, DAR **82** 3.

1 c. Krafträder müssen auch am Tage mit Abblendlicht fahren (Abs II a), weil sie dadurch für den übrigen Verkehr besser erkennbar sind. Von einer Beleuchtungspflicht für alle Fze wurde bewußt abgesehen, weil die bessere Erkennbarkeit der Kräder dadurch wieder in Frage gestellt wäre. Die Beleuchtungspflicht des Abs II a gilt für alle motorisierten Zweiräder, also auch für Mopeds und Mofas (die gem § 50 VI a StVZO mit einem Scheinwerfer für Dauerabblendlicht ausgerüstet sein müssen), nicht jedoch für Leichtmofas, die nur Fahrradbeleuchtung haben (§§ 67 StVZO, 2 LeichtmofaAusnVO), also nicht über „Abblendlicht" iS von Abs II a verfügen. **18 a**

1 d. Militärfahrzeuge sind uU von der Beleuchtungspflicht befreit (§ 35 I, V). Fahren sie abw von § 17 – etwa im Monöver – bei Dunkelheit ohne Beleuchtung (Panzer), so besteht erhöhte Unfallgefahr. Sie müssen daher in solchen Fällen mit gelbroten retroreflektierenden Tafeln oder gleichwertigen Absicherungsmitteln gesichert werden (Abs IV a S 1), die auch zusätzlich zu den Beleuchtungseinrichtungen verwendet werden dürfen, Abs IV a S 2. **18 b**

2. Nicht verdeckt oder verschmutzt dürfen Rückstrahler und lichttechnische **19** Einrichtungen sein, damit die Beleuchtung gut sichtbar ist. Vor allem nach längeren Fahrten bei Schmutzwetter oder auf schmutzigem Gelände (Baufz) ist das bedeutsam. Bei Verdeckung durch Anbaugeräte gilt die spezielle Vorschrift des § 53b IV StVZO, Bay VRS **70** 381. Eine Ausnahme vom Verdeckungsverbot gilt für Zgm und deren Anhänger bei Brauchtumsveranstaltungen nach Maßgabe von § 1 Ia der 2. VO über Ausnahmen von straßenverkehrsrechtlichen Vorschriften.

3. Mit Abblendlicht oder Fernlicht (soweit zulässig) ist zu fahren, III (Abblend- **20** licht) dient vor allem der Erkennbarkeit des Fzs, gemessen an der jeweiligen Fahrgeschwindigkeit. **Standlicht (Begrenzungsleuchten) ist im Fahrbetrieb während der Dauer der Beleuchtungspflicht unzulässig,** nicht auch zB bei Warten vor Rot, denn II untersagt nur das Fahren mit Standlicht, nicht auch das Warten, *Booß* VM **75** 86, *Knippel* DAR **76** 153, aM Kö VRS **49** 395, im Gegensatz zu anderen Ländern, die Standlicht noch erlauben oder sogar vorschreiben. Es ist jedoch gefährlich, weil es im gemischten Verkehr vom Abblendlicht überstrahlt werden kann (Rz 27), auch läßt es sich schwer erkennen, ob ein Fz näherkommt und wie schnell, Ha VRS **42** 108. Außerdem ist es im Schnellverkehr, vor allem auf der AB, und erst recht bei Nebel unzureichend. Auch auf der AB kann es auf rechtzeitige Erkennbarkeit des Kfz von vorn ankommen (Einfahren, Unfall, Parkplatz), Bay NJW **70** 1141. Ausnahme: Standlicht neben Nebelscheinwerfern (Rz 28).

21   4. **Fernlicht,** sonst von den VVerhältnissen abhängig, ist auf Straßen mit durchgehender, ausreichender Beleuchtung unzulässig (II). Wer ein Hindernis zu spät erkennt, weil er zulässiges Fernlicht nicht eingeschaltet hatte, muß sich dies im Schadensfall als Verschulden entgegenhalten lassen, Ha NZV **01** 348.

22   5. **Rechtzeitig abzublenden** ist, wenn ein Fz entgegenkommt oder mit geringem Abstand vorausfährt, oder wenn die Sicherheit auf oder neben der Straße es sonst erfordert (II). Abblendlicht: § 50 StVZO. Rechtzeitig abgeblendet ist, wenn der Entgegenkommende nicht ins Scheinwerferlicht gerät. Deshalb wird idR vor Kurven abzublenden sein, es sei denn, es kommt in naher Entfernung niemand entgegen. Abzublenden ist auch, wenn der Entgegenkommende nicht abblendet, Ol DAR **54** 24. Abzublenden ist auch gegenüber Radf auf Radwegen, Schienenfzen und Schiffen, soweit die Fahrer geblendet werden können (Vwv Rn 2), ebenso gegenüber Verbänden aller Art, gegenüber einzelnen Fußgängern, falls sie sonst gefährdet wären (Vwv Rn 2). Keine Blendung auf der AB bei hoch bepflanzten Mittelstreifen, wenn die Fze jeweils die rechten Fahrstreifen benutzen, Dü VM **65** 46, auch nicht bei gerader Trasse. Wer so unsachgemäß überholt, daß er danach wegen Blendung abrupt bremsen muß und den Überholten dadurch schädigt, ist nicht entschuldigt, Sa VRS **42** 37. *Schleusener/Scherer*, Abblenden, KVR.

23   **Blenden von rückwärts** ist unerlaubt (II S 3, **E** 114), doch nur bei Hinterherfahren mit unverändert geringem Abstand, Dü NJW **61** 1783, 1745 *(Baumann)*, Sa VRS **42** 37, nicht beim Überholen. Sicheres Überholen würde wegen der bei Abblendlicht gebotenen geringeren Fahrgeschwindigkeit (Rz 26) sonst unmöglich werden. Daher muß es, soweit nicht Gegenverkehr geblendet wird, mit Fernlicht zulässig sein, Ha DAR **70** 132; darauf muß sich der Überholte einstellen, Ha DAR **61** 148, einschränkend BGH VR **00** 736 (nur kurzes Aufblenden zu Beginn des Überholens). Auch der Überholte braucht idR nicht aus Rücksicht auf den Überholer abzublenden, Bay NJW **64** 213, es sei denn, es kommt jetzt zum gleichbleibend nahen Hinterherfahren. Zur Blendung s im übrigen § 3 Rz 32 ff. *Maase*, Blendung von rückwärts, DAR **61** 9. *Hentschel/Berr*, Blendung, KVR.

24   **Abgeblendetes Licht** reicht meist 50 m und darüber, BGH VRS **24** 287, **27** 40, Ha DAR **93** 347. Im Zweifel muß die Reichweite individuell ermittelt werden. Die Mindestsichtweite mit abgeblendeten Scheinwerfern nimmt mit der senk- und waagerechten Abstand eines Gegenstandes von der Fahrbahn ab, BGH VRS **15** 276.

25   Auch Abblendlicht kann blenden (Vwv Rn 5), entweder wegen ungleichmäßiger Vorderbeleuchtung (Vwv Rn 6), oder wegen überlasteter Hinterachse ohne Niveauausgleich. Trotz Abblendens ist im übrigen Blendung überempfindlicher Personen möglich. Einem geblendeten Kf kann bei besonderen Straßen- und VVerhältnissen verlängerte Reaktionszeit zustehen, BGH VRS **27** 107.

26   6. **Die Fahrgeschwindigkeit** (näher § 3) ist der verkürzten Sichtweite anzupassen. Bei Dunkelheit kann das Auge nur einen geringen Bruchteil der am Tage möglichen Informationen aufnehmen, s *Hartmann* DAR **76** 326. An der äußeren Hell/Dunkelgrenze der Scheinwerfer beträgt die Leuchtdichte und damit die Sehschärfe nur noch 5% und weniger der Tageswerte, s *Hartmann* DAR **76** 328. Die dämmerungsbedingte retinale Verzögerung (**E** 130) verlängert die Reaktionszeit jedes Kf und muß durch langsameres Fahren ausgeglichen werden (II S 4), idR durch Fahren auf Sicht (Begr). AB: § 18. Die Anpassung muß beendet sein, wenn der Kf das Ende der vorher überblickten Strecke erreicht, BGH VRS **29** 417, Bay NJW **65** 1493. Mit Hindernissen, die nach dem Abblenden von der Seite her in die Fahrbahn geraten, muß er auch außerhalb der AB nicht rechnen, Bay VRS **24** 310, s auch § 3 Rz 25.

27   7. **Erhebliche Sichtbehinderung durch Nebel, Schneefall oder Regen,** uU auch durch Smog, erfordert auch am Tage Fahren mit Abblendlicht (III). Fahren bei Nebel oder stark unsichtigem Wetter mit Standlicht ohne Nebelscheinwerfer, ein grober, häufiger Fehler (Rz 20), ist gefährlich und verboten, weil Standlicht zu spät erkannt

Beleuchtung § 17 StVO **2**

wird, Bay VM **70** 34. Anderseits wird Scheinwerferlicht vom Nebel reflektiert und läßt ihn als Wand erscheinen. Unter den Voraussetzungen des III S 1 (erhebliche Sichtbehinderung) ist auch Fernlicht zwar nicht unzulässig, weil in § 17 nicht ausdrücklich verboten, Bay NJW **64** 1912 (zu der sachlich gleichlautenden Vorschrift des § 33 IV aF), aM Ha NStZ **88** 266, regelmäßig aber wohl unangebracht. Bei welcher Sichtweite die Voraussetzungen des Abs III S 1 vorliegen, hängt von der Art der Straße ab (zulässige Geschwindigkeit, GegenV oder getrennte Fahrbahnen, Erlaubtsein des Überholens, innerorts oder außerorts usw), Ko VRS **64** 305. Gelegentliche Einschränkung der Sichtweite durch Spritzwasser des Vorausfahrenden begründet nicht die Pflicht aus III S 1, Kö VRS **98** 321. Abblendlicht ist idR nötig auf der AB und auf KraftfahrStr bei weniger Sicht als etwa 150 m (Ce DAR **82** 28, nicht schon bei 150 m Sichtweite), auf anderen Straßen außerorts als etwa 120 m (Ko VRS **64** 305: auf gut ausgebauter BundesStr außerorts schon bei 100 m), innerorts unter 70 m, s *Bouska* VD **80** 13, anderseits Ce VRS **31** 387, Bay NJW **70** 1141. Ragt ein Fz erheblich über die StrMitte hinaus, so darf es bei erheblicher Sichtbehinderung nur fahren, wenn die vordere Seitenbeleuchtung des hinausragenden FzTeils vorschriftsmäßigem Abblendlicht gleichkommt, Ha VM **63** 95.

7a. Nebelscheinwerfer dürfen nur bei erheblicher Sichtbehinderung durch Nebel, Schneefall oder Regen (III) benützt werden und zwar neben Abblendlicht. Zwei Nebelscheinwerfer dürfen zusammen mit Standlicht benutzt werden, bei einspurigen Fzen für sich allein. Im Abblendlicht geht die Wirkung von Nebelscheinwerfern leicht unter und verbessert die Sichtweite nicht wesentlich, anders als neben Standlicht (Begrenzungsleuchten). Der Gegenverkehr wird durch zwei Nebelscheinwerfer ebenso wie durch Abblendlicht gewarnt. Bei Nebelbänken dürfen Nebelscheinwerfer brennen, bis mit Sicherheit kein Nebel mehr auftreten wird, Schl VM **70** 88, Kar DAR **57** 249. Dabei ist einige Prüfzeit zuzubilligen, Sa DAR **62** 26. 28

7b. Nebelschlußleuchten (§ 53 d StVZO) dürfen inner- und außerorts nur bei sehr starkem Nebel (Sicht unter 50 m) benutzt werden (III). Um Mißbrauch zu verhindern, ist die geringe Sichtweite vorgeschrieben. Anhaltspunkte: Leitpfostenentfernung idR 50 m; 4 Striche des Z 340 auf Straßen, 3 Striche auf der AB entsprechen etwa 50 m. Die Lichtstärke der Nebelschlußleuchte liegt an der Blendstörgrenze. Sie darf daher nur benutzt werden, wenn sie den nachfolgenden Verkehr bei normalem Abstand nicht blendet und den Gegenverkehr nicht überstrahlt. Die Zulässigkeit sollte auf die Fälle dichten Schneetreibens und starken Regens ausgedehnt werden; vor allem auf AB führen dann Nässeschleier hinter den Fzen dazu, daß deren Schlußleuchten erst auf kurze Entfernung erkennbar sind. 29

8. Mit eigener Lichtquelle zu beleuchten sind haltende Fze aller Art ausnahmslos überall, soweit sie verkehrsbedingt anhalten (Rz 13), außerdem außerorts (IV), andere lichttechnische Einrichtungen und retroreflektierende Warntafeln genügen, außer im Falle des Abs IV a (MilitärFze), außerorts nicht. Ferner innerorts alle auf der Fahrbahn haltenden Fze mit zulässigem Gesamtgewicht von mehr als 3,5 t und Anhänger gleich welchen Gewichts, auch wenn sie unzulässigerweise Radwege besetzen, endlich alle Kleinfze (IV S 4), die pflichtwidrig nicht von der Fahrbahn und von Radwegen entfernt worden sind, Pkws innerorts nur, sofern die StrBeleuchtung das Fz nicht auf ausreichende Entfernung deutlich sichtbar macht (IV S 2). Innerorts auf der Fahrbahn haltende Fze über 3,5 t (außer Pkw) und Anhänger dürfen und müssen vorn und hinten auf der der Fahrbahn zugewandten Seite mit amtlich geprüften Warntafeln (Z 630, § 43 IV) gekennzeichnet sein, s § 51 c StVZO, sofern sie nicht mit eigener Lichtquelle oder einer anderen zugelassenen lichttechnischen Einrichtung beleuchtet bzw versehen sind. Für die Beleuchtungspflicht gelten strenge Anforderungen, BGH VR **61** 851. Mondlicht ersetzt keinerlei vorgeschriebene Beleuchtungsquelle, Dü VM **57** 74. Auf Parkplätzen (außer AB) geparkte Fze aller Art dürfen unbeleuchtet sein, s Rz 13. AB-Parkplatz: Rz 31. 30

8a. Außerorts muß jedes Fz, gleich welcher Art, ausnahmslos durch eigene Lichtquellen beleuchtet sein. Die eigene Beleuchtung muß nach vorn und hinten das Fz auf ausreichende Entfernung deutlich kenntlich machen. Zu benutzen sind die vorgeschriebenen Beleuchtungseinrichtungen, soweit intakt, notfalls mitzuführende Leuchten 31

2 StVO § 17 I. Allgemeine Verkehrsregeln

(§§ 49a, 66a StVZO). Für den Fall des Ausfalls aller eigenen Lichtquellen (zu denen die Innenbeleuchtung nicht zählt) wird man zumindest bei Lastfzen das Mitführen einer gebrauchsfertigen Laternenausrüstung und bei Halten auf der Fahrbahn deren sofortige Benutzung fordern müssen, und zwar neben dem Aufstellen des Warndreiecks bzw der Warnleuchte in ausreichender Entfernung hinter dem Kfz/Anhänger (§ 1 II), aM Zw VM **77** 43. Andere Fze werden von der Fahrbahn zu entfernen sein, falls sie nicht anderweit verkehrssicher abgestellt werden können. Auch ein bei Dunkelheit geschobenes Moped ist zu beleuchten, Ce NJW **61** 1169, Sa VM **70** 55, anders bei Fahrrädern, s Rz 13. Auch auf durchgehenden AB-Parkplätzen sind Kfze durch eigene Einrichtungen zu beleuchten, Hb DAR **67** 196, Bay NJW **62** 407, Stu NZV **93** 436, ebenso abgestellte Anhänger, Hb DAR **67** 196. Wer bei Dunkelheit einen Anhänger auf der Straße abstellt, muß für andauernde ausreichende Beleuchtung durch eigene Lichtquelle und gereinigte Rückstrahler sorgen, BGH VM **71** 45. Wer unter den Voraussetzungen des § 17 auf dem Haltestreifen einer BundesStr parkt, muß sein Fz vorschriftsgemäß beleuchten, Dü VM **72** 48, auch bei Breitstrich-Abtrennung, Stu VRS **44** 369.

32   **8 b. Innerorts** sind ganz oder teilweise auf der Fahrbahn haltende Fze von mehr als 3,5 t Gesamtgewicht (außer Pkw) und Anhänger, sowie dort nicht fortgeräumte Kleinfze (Rz 30) mit eigener Lichtquelle zu beleuchten (s aber Rz 30, 35). Bei Pkw bzw Fzen bis 3,5 t einschließlich genügt ausreichende Straßenbeleuchtung (IV) bzw Kenntlichmachung der Fahrbahnseite des Fz durch Parkleuchten oder andere zugelassene reflektierende Mittel, zB in amtlich genehmigter Bauart (Prüfzeichen) ausgeführte Park-Warntafeln (Z 630, § 42 IV), Ce NZV **99** 469, und zwar auch auf Parkstreifen neben der Fahrbahn. Stets ist bei rechts stehendem Fz die linke hintere FzBegrenzung deutlich zu kennzeichnen. Die Schlußleuchten müssen funktionieren, Ha VM **63** 96. IV 3 ist für Fze über 3,5 t und Anhänger gegenüber IV 2 speziell; daher genügt Park-Warntafel auch, wo zusätzliche StrBeleuchtung fehlt, Ce NZV **99** 469. Ob die OrtsStr Teil einer BundesStr ist, darauf kommt es nicht an, Ha DAR **64** 26. Das Fz darf nicht unbeleuchtet bleiben, wenn es später dunkel oder unsichtig wird, Hb VR **62** 387, Stu VRS **21** 89. Kein Vertrauen darauf, daß die Witterung günstig bleibt, BGH NJW **53** 996.

33   **Macht die Straßenbeleuchtung** (nicht andere fremde Lichtquellen) **den Pkw** (bzw das Fz bis zu 3,5 t) **auf ausreichende Entfernung deutlich sichtbar,** so ist Eigenbeleuchtung entbehrlich (IV S 2). Ausschließlich auf die StrBeleuchtung kommt es jetzt an, helle Reklame, Schaufenster und dgl reichen nicht aus. Die Straßenbeleuchtung muß für die ganze Dauer der Beleuchtungspflicht ausreichen. Innenbeleuchtung des Fz reicht nicht aus, Ha VRS **7** 390, auch nicht Anstrahlung durch andere Kfze, BGHSt **11** 389, VRS **15** 222, KG VRS **17** 285. Die StrBeleuchtung muß die Umrisse des Fz zumindest zur VSeite hin deutlich zeigen, KG VRS **17** 284, Hb VRS **32** 121, Ha VRS **13** 306, zumindest auf 40 m, Hb VM **56** 6, Ce VRS **63** 72. Erkennbarkeit als Schatten auf nur 20 m ist zu wenig, Ha VRS **22** 56. Beleuchtung durch eine StrLaterne auf der anderen StrSeite genügt nicht (Tatfrage), BGH VRS **19** 280. Auch vom Parkstreifen in die Fahrbahn hineinragende Großfze (Rz 30) sind mit eigener Lichtquelle zu beleuchten (s aber Rz 30). Der Kf muß sich unterrichten, ob die StrBeleuchtung ausreichende Zeit brennt, Bra NJW **57** 1848.

34   **9. Liegenbleibende Fahrzeuge** sind nach Maßgabe der §§ 15 und 17 zu beleuchten und zu sichern, s BGH NJW-RR **88** 406, vor allem, wenn die eigenen Beleuchtungseinrichtungen ausfallen oder wenn das Fz durch seine Stellung den Verkehr ungewöhnlich behindert (Schrägstellung), oder wenn die FzBeleuchtung wegen der FzStellung schlecht oder nicht erkennbar ist, Neust VRS **15** 200. Wer den im Hinblick auf zu erwartende Erschöpfung der Batterie eintretenden Ausfall von Warnblinklicht und Beleuchtung nicht berücksichtigt, handelt fahrlässig, BGH NJW-RR **88** 406. Ein Kfz, das nachts auf der linken Fahrbahnseite liegenbleibt, muß das Signalbild nicht umstellen; es wird durch Abblendlicht nach vorn genügend gesichert, Bay NJW **56** 1041. Bei **Ausfall der FzBeleuchtung** ist die Fahrt zu unterbrechen und der Verkehr zu sichern, Zw VM **77** 43. Bei Ausfall einer Schlußleuchte auf einer BundesStr kann kurze Weiterfahrt zwecks Reparatur zulässig sein, Mü VR **66** 858 (anders auf der AB, auf FernverkStr oder bei größerer Entfernung).

Beleuchtung § 17 StVO 2

10. Das Stehenlassen unbeleuchteter Kleinfahrzeuge auf der Fahrbahn ist un- 35
zulässig, Zw VRS **48** 298. Sie müssen unter den Voraussetzungen von IV schon bei
Dämmerung oder anderer starker Sichtbehinderung von Fahrbahnen und Sonderwegen
entfernt werden. Die Vorschrift betrifft nur die aufgezählten Fze, Krafträder, FmH,
Fahrräder, Krankenfahrstühle, einachsige Zugmaschinen, einachsige Anhänger, Handfze
und unbespanntes Fuhrwerk, auch beladen (Erntewagen). Auch kurzfristiges Belassen im
Verkehr unter Aufsicht ist unzulässig, denn es würde die Gefahr nicht beseitigen. Die
Vorschrift gilt auch auf geringer befahrenen Straßen. Pflichtwidrig nicht weggeräumte
Kleinfze dieser Art sind mit eigener Lichtquelle zu beleuchten. Der Radf, der im Dunkeln eine Panne behebt, muß dies abseits von der Straße tun, Bay VRS **16** 307.

11. Von Fußgängern mitgeführte Handfahrzeuge und einachsige Zug- oder 36
Arbeitsmaschinen sind gemäß V zu beleuchten. Ein Anhänger hinter einem unbeleuchteten, geführten Fahrrad muß vorschriftsmäßig beleuchtet sein, Ol VRS **25** 458. S
auch Rz 13, 31.

12. Suchscheinwerfer (§ 52 StVZO) dürfen nur kurz und nicht zur Fahrbahnbe- 37
leuchtung benutzt werden (VI). Das Anstrahlen eines PolFz, um es dem Fahrgast zu zeigen, soll unerlaubt sein (§ 56 OWiG?), KG VRS **36** 374.

13. Zivilrecht. IV (Beleuchtung haltender Fze) ist SchutzG, BGHZ **69** 895, Kar VR 38
83 90. Stößt ein beleuchtetes Fz bei Dämmerung mit einem unbeleuchteten zusammen,
so kann die BG des unbeleuchteten überwiegen, KG DAR **83** 82 (trotz Vorfahrtberechtigung). **Fährt ein Kf auf ein unbeleuchtetes Hindernis auf,** so spricht der **Anscheinsbeweis** für schuldhafte Fahrweise, BGH DAR **60** 16, NJW-RR **88** 406, Zw
VR **71** 575, Ha VR **87** 491, Kar VR **89** 302, Weber DAR **84** 173, nicht jedoch bei
Hindernissen im Luftraum über der Fahrbahn, BGH VM **73** 5, auch nicht beim Auffahren auf ein Kfz, das in ein Grundstück einfährt, Ce NJW **66** 2020, oder bei Ablenkung durch gefährdende Art der Warnung, Zw VR **71** 575. **Ursächlichkeit:** E 97 ff.
Keine Unfallsursächlichkeit mangelhafter Fremdbeleuchtung, wenn der Unfall auch bei
ausreichender Beleuchtung geschehen wäre, Hb DAR **72** 188. Bei Beleuchtungsverstößen spricht der **Anschein** für Unfallsursächlichkeit, BGH VR **64** 296, Dü DAR **76** 215,
Hb VR **62** 387, KG DAR **83** 82, Ha VR **87** 491, NZV **90** 312, Kö VRS **73** 176; auch
gegen den, der im Dunkeln ein Fz mit verschmutzten Rückstrahlern am Fahrbahnrand
abstellt, BGH VRS **21** 171, 328, oder außerorts sein haltendes Fz nur mit Parkleuchte
sichert, Mü VR **83** 1064 (Mithaftung zu $1/2$ bei Auffahren eines von hinten kommenden
Kf). Fehlt Sicherung, so muß der Sicherungspflichtige beweisen, daß es auch bei ausreichender Sicherung zum Unfall gekommen wäre, BGH VR **68** 646, Ha NZV **90**
312. Fall der Nichtursächlichkeit fehlender rückwärtiger Beleuchtung für einen Aufprallunfall, Bay VM **81** 10. Ursächlicher Zusammenhang zwischen dem Abstellen unbeleuchteter Panzerfze und Auffahren, wenn der Auffahrende die Fze nicht rechtzeitig sehen konnte, BGH VR **61** 851. Fehlende Fuhrwerksbeleuchtung als Unfallursache, BGH
VR **62** 566. **Haftungsverteilung** 70 : 30 zu Lasten des grobfahrlässig ohne Beleuchtung fahrenden Mofafahrers bei Kollision mit entgegenkommendem, vor ihm linkseinbiegendem Pkw, Kö VRS **73** 176. Alleinhaftung des bei Dunkelheit unbeleuchtet 65
km/h fahrenden Kradf bei Kollision mit entgegenkommendem Pkw, Ha VR **99** 898.
Haftungsverteilung bei Auffahren auf einen unbeleuchtet auf der AB stehenden Anhänger, der sich wegen verschlissener Anhängerkupplung unbemerkt vom ZugFz gelöst hat,
Bra VR **83** 157 ($4/5$: $1/5$ zugunsten des Auffahrenden), bei Auffahren auf einen unbeleuchtet in die Fahrbahn ragenden Anhänger, Ha VR **87** 491 ($2/3$. $1/3$ zugunsten des
Auffahrenden), DAR **93** 247 (Alleinhaftung des Halters des Lkw mit Anhänger), s auch
§ 17 StVG Rz 9. Wer bei Dunkelheit und Nebel auf einem unbeleuchteten Moped
mitfährt, hat keinen Ersatzanspruch gegen den schuldhaft handelnden Fahrer, Sa VM **78**
62. Mitschuld ist zu prüfen, wenn unzureichende Beleuchtung Mitursache sein kann,
BGH DAR **56** 78. Wer die Sicherungspflicht übernommen hat, kann mitverantwortlich
sein, wenn ein unbeleuchteter Anhänger nachts auf einer BundesStr steht, BGH VR **63**
1026. Ein Kfz fremder Streitkraft, das den deutschen Beleuchtungsvorschriften nicht genügt, ist besonders gesichert abzustellen, BGH VR **66** 493. Die Erfahrung spricht nicht

dafür, daß jemand wegen Blendung durch ein entgegenkommendes Kfz mit dem eigenen Kfz nach links gerät, Dü DAR **74** 74.

39 14. **Ausnahmen:** §§ 35, 46 II StVO, § 53 c StVZO.

40 15. **Sanktion.** Ordnungswidrig (§ 24 StVG) handelt, wer gegen die Vorschriften über die Beleuchtung und gegen das Stehenlassen unbeleuchteter Fze im Verkehr (§ 17) verstößt, und wer entgegen § 27 V (IV) als Führer eines geschlossenen Verbandes nicht dafür sorgt, daß der Verband die Beleuchtungsvorschrift des § 17 befolgt (§ 49 I Nr 17, II Nr 1). Beleuchtungsausfall ist nicht vorwerfbar, wenn er während der Fahrt auftritt, ohne daß der FzF darauf hätte aufmerksam werden müssen, Dü ZfS **83** 95. Wer ein Fz bei Beleuchtung mit eigener Lichtquelle zurückläßt, muß dafür sorgen, daß sie funktionstüchtig bleibt, BGH VRS **15** 468, Ha VRS **4** 8, Schl SchlHA **58** 344. Abblendlicht am abgestellten Fz ist keine Belästigung, Ha DAR **63** 23. Ob bei einem Fz ein Scheinwerfer durch Panne so verstellt ist, daß er trotz Abblendens noch blendet, kann nur ein Sachverständiger beurteilen, Ol DAR **58** 244. Irrtum über Sichtweite bei Nebel ist Tatbestandsirrtum, Stu DAR **57** 167.

41 Gegen § 315c I Nr 2g, III StGB verstößt, wer unter den dort genannten weiteren Voraussetzungen haltende oder liegengebliebene Fze nicht auf ausreichende Entfernung kenntlich macht. Bei Pflichtenkollision (**E** 119) kein Vorwurf, wenn der Pflichtige über der Versorgung der Verletzten die Gefahr weiterer Unfälle übersieht, Stu DAR **58** 222. **Rekonstruktion des Beleuchtungszustands** ist nach Unfällen häufig durch technisches Sachverständigengutachten möglich, s *Frei-Sulzer* Krim **71** 291, *Benicke* DAR **89** 57, Verkehrsunfall **89** 234. Bei der Feststellung, ob eine Biluxbirne beim Unfall gebrannt hat, ist das Rasterelektronenmikroskop dem Lichtmikroskop idR überlegen, Kar VRS **50** 47, *Benicke* DAR **89** 64.

Autobahnen und Kraftfahrstraßen

18 (1) ¹Autobahnen (Zeichen 330) und Kraftfahrstraßen (Zeichen 331) dürfen nur mit Kraftfahrzeugen benutzt werden, deren durch die Bauart bestimmte Höchstgeschwindigkeit mehr als 60 km/h beträgt; werden Anhänger mitgeführt, so gilt das gleiche auch für diese. ²Fahrzeug und Ladung dürfen zusammen nicht höher als 4 m und nicht breiter als 2,55 m sein. ³Kühlfahrzeuge dürfen nicht breiter als 2,6 m sein.

(2) Auf Autobahnen darf nur an gekennzeichneten Anschlußstellen (Zeichen 330) eingefahren werden, auf Kraftfahrstraßen nur an Kreuzungen oder Einmündungen.

(3) Der Verkehr auf der durchgehenden Fahrbahn hat die Vorfahrt.

(4) *(gestrichen)*

(5) ¹Auf Autobahnen darf innerhalb geschlossener Ortschaften schneller als 50 km/h gefahren werden. ²Auf ihnen sowie außerhalb geschlossener Ortschaften auf Kraftfahrstraßen mit Fahrbahnen für eine Richtung, die durch Mittelstreifen oder sonstige bauliche Einrichtungen getrennt sind, beträgt die zulässige Höchstgeschwindigkeit auch unter günstigsten Umständen

1. für Kraftfahrzeuge mit einem zulässigen Gesamtgewicht von mehr als 3,5 t, ausgenommen Personenkraftwagen,
für Personenkraftwagen mit Anhänger, Lastkraftwagen mit Anhänger, Wohnmobile mit Anhänger und Zugmaschinen mit Anhänger sowie für Kraftomnibusse ohne Anhänger oder mit Gepäckanhänger 80 km/h,
2. für Krafträder mit Anhänger und selbstfahrende Arbeitsmaschinen mit Anhänger,
für Zugmaschinen mit zwei Anhängern sowie für Kraftomnibusse mit Anhänger oder Fahrgästen, für die keine Sitzplätze mehr zur Verfügung stehen 60 km/h,
3. für Kraftomnibusse ohne Anhänger,
   a) die nach Eintragung im Fahrzeugschein geeignet sind, eine Höchstgeschwindigkeit von 100 km/h zu fahren,
   b) deren Motorleistung mindestens 11 kW/t des zulässigen Gesamtgewichts beträgt und
   c) an deren Rückseite eine mit dem Siegel der Zulassungsstelle versehene „100"-Plakette angebracht ist, 100 km/h.

Autobahnen und Kraftfahrstraßen § 18 StVO **2**

(6) Wer auf der Autobahn mit Abblendlicht fährt, braucht seine Geschwindigkeit nicht der Reichweite des Abblendlichts anzupassen, wenn
1. die Schlußleuchten des vorausfahrenden Kraftfahrzeugs klar erkennbar sind und ein ausreichender Abstand von ihm eingehalten wird, oder
2. der Verlauf der Fahrbahn durch Leiteinrichtungen mit Rückstrahlern und, zusammen mit fremdem Licht, Hindernisse rechtzeitig erkennbar sind.

(7) Wenden und Rückwärtsfahren sind verboten.

(8) Halten, auch auf Seitenstreifen, ist verboten.

(9) ¹Fußgänger dürfen Autobahnen nicht betreten. ²Kraftfahrstraßen dürfen sie nur an Kreuzungen, Einmündungen oder sonstigen dafür vorgesehenen Stellen überschreiten; sonst ist jedes Betreten verboten.

(10) ¹Die Ausfahrt von Autobahnen ist nur an Stellen erlaubt, die durch die Ausfahrttafel (Zeichen 332) und durch das Pfeilschild (Zeichen 333) oder durch eins dieser Zeichen gekennzeichnet sind. ²Die Ausfahrt von Kraftfahrstraßen ist nur an Kreuzungen oder Einmündungen erlaubt.

Begr zu § 18:
Nach dem Weltabkommen unterscheidet sich die Autobahn von den Kraftfahrstraßen im wesentlichen nur noch dadurch, daß jene kreuzungsfrei sein müssen, diese es nicht zu sein brauchen. Die Benutzungsvorschriften für beide Arten von Autostraßen sind dieselben. Die nationalen Gesetzgebungen sind hinsichtlich gewisser Zulassungsvorschriften (bauartbedingte Mindestgeschwindigkeiten) und bei der Anordnung von Höchstgeschwindigkeiten frei ... 1–3

Zu Absatz 3: Die Vorfahrtregel des § 13 Abs. 5 (alt) wird auf Kraftfahrstraßen ausgedehnt. Die „durchgehende Fahrbahn" umfaßt alle Fahrstreifen für den durchgehenden Verkehr einschließlich der sogenannten Kriechspuren, nicht aber die Beschleunigungsstreifen, die der zügigen Einfädelung des in die Autobahn einfahrenden Verkehrs dienen. 4–9

Begr zur ÄndVO v 22. 3. 88 (VBl 88 222):

Zu Abs. 5: – Begründung des Bundesrates – ... Der Begrenzung der Höchstgeschwindigkeit 10
auf 60 km/h in § 3 Abs. 3 Nr. 2 Buchstabe b StVO liegt der Gedanke zugrunde, daß eine höhere Geschwindigkeit auf normalen Außerortsstraßen die Verkehrssicherheit beeinträchtigen könnte. Diese Überlegungen treffen für autobahnähnliche Kraftfahrstraßen nicht zu.

Aus diesem Grund sollten derartig ausgebaute Kraftfahrstraßen, wenigstens was die zulässige Höchstgeschwindigkeit angeht, Autobahnen gleichgestellt werden... .

... das Wohnmobil als solches fällt unter keine der in § 18 Abs. 5 Satz 2 Nr. 1 bis 3 StVO genannten Fahrzeugarten. Es ist insbesondere kein Pkw. Deshalb unterliegt ein Wohnmobil bis zu einem zulässigen Gesamtgewicht von 2,8 t★ mit Anhänger ebenfalls keiner Geschwindigkeitsbeschränkung. Die StVO enthält insoweit eine wohl unbeabsichtigte Lücke, die zu schließen ist. Es gibt keinen hinreichenden Grund, Wohnmobile mit Anhänger auf Autobahnen schneller fahren zu lassen als Personenkraftwagen mit Anhänger... .

Zu Abs. 8: Es hat sich als notwendig erwiesen, klarzustellen, daß auch das Halten auf dem 11
sogenannten Pannenstreifen der Autobahnen und Kraftfahrstraßen verboten ist. Diese sind keine Mehrzweckstreifen.

Begr zur ÄndVO v 19. 3. 92: VBl **92** 186; zur ÄndVO v 25. 10. 94: BRDrucks 12
782/94.

Begr zur ÄndVO v 7. 8. 97 (VBl **97** 688): S § 3 Rz 10a.

Vwv zu § 18 Autobahnen und Kraftfahrstraßen
1 Vgl. zu den Zeichen 330, 331, 332, zu den Zeichen 332 und 333, zu Zeichen 334, zu 13
den Zeichen 330, 332 bis 334 und 448 bis 453, zu Zeichen 336 und zu den Zeichen
330, 331, 334 und 336.

★ Jetzt 3,5 t.

2 StVO § 18   I. Allgemeine Verkehrsregeln

Übersicht

Abblendlicht 19
Anhalten, unerlaubtes 25
Ausfahren 28
Ausnahmen 23, 31
Autobahn 1–3, 14
–, Einfahren 16
–, Ausfahren 28
–, Vorfahrt 4, 17
–, Abblendlicht 19

Bauartbedingte Mindestgeschwindigkeit 14
Breite von Fahrzeug und Ladung 15

Durchfahrt, Hilfsfahrzeuge 12, 26
Durchgehender Verkehr, Vorfahrt 4, 17

Einfahren 16, 17
Erleichtern des Einfahrens 17

Fahrgeschwindigkeit 19
–, Fahrstreifen mit unterschiedlicher Geschwindigkeitsbeschränkung 19
Fahrzeugmaße 15
Falschfahrer 18 a
Fußgängerverbot 27

Geschwindigkeit 19

Halten, Verkehrssicherung 24
–, unerlaubtes 25
Haltverbot 23–25
Hilfsfahrzeuge 12, 26
Höhe der Fahrzeuge und Ladung 15

Kraftfahrstraße 1–3, 14, 19
Kraftomnibus 19
Kraftstoffmangel 25
Kriechspur 14 a, 17, 20
Kühlfahrzeuge 15

Ladungshöhe 15
Langsamfahren 14

Mindestgeschwindigkeit, bauartbedingte 14
Mittelstreifen 21

Nötigung 20, 29

Ordnungswidrigkeiten 29

Randstreifen 14 b
Rückwärtsfahren verboten 21, 22

Spurwechsel 20
Standspur 14 b
Stockung 12, 26

Überholen 20
Überqueren des Mittelstreifens 21
Unerlaubtes Anhalten 25

Verkehrssicherung beim Anhalten und Liegenbleiben 24
Verzögerungsstreifen 20
Vorfahrt des durchgehenden Verkehrs 4, 17

Wenden verboten 21, 22
Wohnmobil 19

Zeichengeben 18
Zivilrecht 30

13 a   **Neunte Verordnung über Ausnahmen von den Vorschriften der Straßenverkehrs-Ordnung (9. Ausnahmeverordnung zur StVO)**

Vom 15. Oktober 1998 (BGBl. I 3171), zuletzt geändert am 27. 10. 2003 (BGBl. I 2169)

§ 1. Abweichend von § 18 Abs. 5 Nr. 1 der Straßenverkehrs-Ordnung beträgt auf Autobahnen (Zeichen 330) und Kraftfahrstraßen (Zeichen 331) die zulässige Höchstgeschwindigkeit auch unter günstigsten Umständen für Personenkraftwagen mit Anhänger (Kombination) und für mehrspurige Kraftfahrzeuge mit einem zulässigen Gesamtgewicht bis zu 3,5 t mit Anhänger (Kombination), für Kraftomnibus-Anhänger-Kombinationen jedoch nur, wenn der Kraftomnibus mit einem zulässigen Gesamtgewicht bis zu 3,5 t als Zugfahrzeug eine Tempo 100 km/h-Zulassung nach § 18 Abs. 5 Nr. 3 der Straßenverkehrs-Ordnung hat, 100 km/h, wenn

1. die zulässige Masse des Anhängers den Wert (x mal Leermasse Zugfahrzeug) nicht überschreitet; es gilt:
   a) für alle Anhänger ohne Bremse und für Anhänger mit Bremse, aber ohne hydraulische Schwingungsdämpfer: X = 0,3,
   b) für Wohnanhänger mit Bremse und hydraulischen Schwingungsdämpfern: X = 0,8,
   c) für andere Anhänger mit Bremse und hydraulischen Schwingungsdämpfern: X = 1,1, wobei als Obergrenze in jedem Fall der jeweils kleinere Wert der beiden folgenden Bedingungen gilt:
      d) zulässige Masse Anhänger ≤ zulässige Masse Zugfahrzeug,
      e) zulässige Masse Anhänger ≤ zulässige Anhängelast gemäß Fahrzeugschein,

2. ein amtlich anerkannter Sachverständiger oder ein Prüfingenieur einer amtlich anerkannten Überwachungsorganisation gemäß Nummer 1 der Anlage zu dieser Verordnung bestätigt hat,
   a) daß die Voraussetzungen der Nummer 1 vorliegen (die Massen sind den Eintragungen in den Fahrzeugscheinen zu entnehmen),
   b) ob der Anhänger ohne Bremse oder mit Bremse und mit hydraulischen Schwingungsdämpfern ausgerüstet ist,
   c) daß die Anhängerreifen für eine Geschwindigkeit von 100 km/h keinen Zuschlag zum Lastindex erhalten haben, jünger als sechs Jahre sind und mindestens der Geschwindigkeitskategorie L (= 120 km/h) entsprechen,
   d) daß das Zugfahrzeug mit einem automatischen Blockierverhinderer (ABS) ausgerüstet ist,
3. die Straßenverkehrsbehörde gemäß Nummer 2 der Anlage zu dieser Verordnung die zulässige Höchstgeschwindigkeit der Kombination von 100 km/h bescheinigt,
4. die von der Straßenverkehrsbehörde mit der Bescheinigung gemäß Nummer 2 der Anlage zu dieser Verordnung ausgegebenen und gesiegelten Tempo-100 km/h-Plaketten an der Kombination angebracht sind, wobei die große Plakette an der Rückseite des Anhängers, die kleine Plakette mittig, am oberen Rand der Innenseite der Windschutzscheibe des Zugfahrzeuges anzubringen ist und
5. die Bestätigung des Sachverständigen gemäß Nummer 1 der Anlage zu dieser Verordnung und die Bescheinigung der Straßenverkehrsbehörde gemäß Nummer 2 der Anlage zu dieser Verordnung vom Fahrzeugführer während der Fahrt mitgeführt und zuständigen Personen auf Verlangen zur Prüfung ausgehändigt wird.

§ 2. Der Bestätigung eines amtlich anerkannten Sachverständigen oder eines Prüfingenieurs einer amtlich anerkannten Überwachungsorganisation nach § 1 Nr. 2 dieser Verordnung ist die Bestätigung einer in anderen Mitgliedstaaten der Europäischen Gemeinschaften oder in anderen Vertragsstaaten des Abkommens über den Europäischen Wirtschaftsraum zugelassenen Stelle gleichwertig, wenn die der Bestätigung dieser Stellen zugrunde liegenden technischen Anforderungen, Prüfungen und Prüfverfahren denen der deutschen Stellen gleichwertig sind und die Bestätigung in deutscher Sprache erstellt wurde oder eine amtlich beglaubigte Übersetzung in deutscher Sprache vorgelegt und nach Maßgabe des § 1 Nr. 5 dieser Verordnung während der Fahrt mitgeführt und zuständigen Personen auf Verlangen zur Prüfung ausgehändigt wird.

§ 3. Die Reifen des Anhängers sind nach Ablauf eines Alters von sechs Jahren zu erneuern; das Alter der Reifen ergibt sich aus der Bestätigung des Sachverständigen gemäß Nummer 1 der Anlage zu dieser Verordnung. Die neuen Reifen dürfen für eine Geschwindigkeit von 100 km/h keinen Zuschlag zum Lastindex erhalten, müssen jünger als sechs Jahre sein und mindestens der Geschwindigkeitskategorie L (= 120 km/h) entsprechen. Ansonsten und bei Veränderungen an der Kombination nach Bestätigung des Sachverständigen richtet sich die zulässige Höchstgeschwindigkeit für die Kombination nach den Regelungen der Straßenverkehrs-Ordnung.

§ 4. Die Ausführung der großen Tempo-100 km/h-Plakette für den Anhänger richtet sich nach § 58 Abs. 2 der Straßenverkehrs-Zulassungs-Ordnung. Die Vorschrift gilt entsprechend für die auf der Innenseite der Windschutzscheibe des Zugfahrzeuges anzubringende kleine Tempo-100 km/h-Plakette mit der Maßgabe, daß der Durchmesser dieser Plakette 80 mm und die Schriftgröße 30 mm betragen muß.

§ 5. Diese Verordnung tritt am Tage nach der Verkündung in Kraft. Sie tritt mit Ablauf des 31. Dezember 2006 außer Kraft.

Begr: VBl **98** 1312; zur ÄndVO v 23. 3. 01: VBl **01** 204; zur ÄndVO v 27. 10. 03: VBl **03** 782.

2 StVO § 18 I. Allgemeine Verkehrsregeln

14 **1. Autobahnen und Kraftfahrstraßen. Mindestgeschwindigkeit.** Für die Benutzung der AB (Z 330) und KraftfahrStr (Z 331) gelten mehrere Regeln gemeinsam. Die Eigenschaft als AB oder KraftfahrStr richtet sich ausschließlich nach dem Standort der Z 330, 331, 334, 336, nicht nach dem Ausbau, Dü VRS **94** 232, Ha VRS **48** 65. AB-Nebenfahrbahnen wie die Zu- und Abfahrten an AB-Tankstellen und die Verbindungsfahrbahnen zwischen den Aus- und Einfahrten der Anschlußstellen, Verbindungsfahrbahnen zwischen der durchgehenden Fahrbahn und einem Parkplatz sowie dessen Ausfahrverbindung zur durchgehenden Fahrbahn, sind Bestandteile der AB, weil diese ABTeile zwischen den konstituierenden Z 330 und 334 liegen, Bay VRS **58** 154, *Booß* VM **79** 30, Dü VRS **94** 232, offengelassen Dü VM **79** 29. **Parkplätze, Tank- und Raststättengelände** gehören zwar zur AB, sie unterliegen jedoch nicht den Sonderregeln des § 18, BGHSt **47** 252 = NZV **02** 376, Bay VRS **58** 154, Fra VRS **57** 311, Ko NZV **94** 83 (abl *Booß* VM **94** 16). ABen und KraftfahrStr dienen dem Schnellverkehr. Zugelassen sind Kfze, deren bauartbedingte Höchstgeschwindigkeit, ebenso bei Anhängern, durch den FzSchein ausgewiesen, mehr als 60 km/h beträgt (I). Zugelassen ist also auch, wer so schnell fahren kann, aber langsamer fährt, Dü DAR **59** 134, doch kann dies gegen § 3 II verstoßen, außerdem ist dann erhöhte Aufmerksamkeit gegenüber dem Schnellverkehr zu fordern, Mü VR **62** 459, bei Gefahr des Auffahrens Nachfolgender WarnZ (Warnblinkanlage), Fra NJW **85** 1353 (20–30 km/h), VRS **86** 89 (Rundumleuchten bei Militärkolonne mit 15–25 km/h). Besonders im Bereich von Überholverboten wird grundloses Langsamfahren stets gegen § 3, uU auch gegen § 1 verstoßen, s Rz 19. Wer wegen eines Defekts sehr langsam fahren muß, hat bei nächster Gelegenheit beiseite zu fahren, sonst haftet er bei Auffahrunfall, Kö NJW **65** 2310, außerdem muß er äußerst rechts bleiben, Ce VR **66** 966. Bei nächster Gelegenheit muß er ausfahren. Wer wegen Motorschadens verlangsamen muß, muß durch mehrfaches Antippen der Bremsen warnen (Lkw), BGH VM **73** 4. Kleinkräder und Motorroller, auch zulassungsfreie, die die Mindestgeschwindigkeit bauartbedingt erbringen, sind zugelassen, FmH ausgeschlossen. Soweit § 18 nicht Sonderregeln vorsieht, gelten die allgemeinen Regeln. Rechtsfahren: §§ 2, 7. Fahrstreifenfahren, Fahrstreifenwechsel, Wegfall eines Fahrstreifens, Fahrstreifenverengung: § 7. Allgemeine Fahrgeschwindigkeit: Rz 19 und § 3. Abstand: § 4. Nebeneinanderfahren: §§ 7, 37, 42 VI. Parken: § 12. Richtlinien für AB-Wildschutzzäune, VBl **75** 478.

14a Die **AB-Kriechspur** (§ 2 Rz 63) ist kein Sonderweg, sondern Teil der Gesamtfahrbahn, BGHSt **30** 85 = NJW **81** 1968, Kö VRS **62** 303, „schnelle" Kfze müssen sie nicht benutzen, VZ sind jedoch zu beachten, BGHSt **23** 128 = NJW **70** 62. Wegfall der Kriechspur: Rz 17.

14b Die **Standspur** (rechter Seitenstreifen oder „Pannenstreifen", s Begr zu VIII) gehört, wie auch der linke Randstreifen zum Grünstreifen hin, zur AB, ist jedoch nicht durch VZ 223.1 abw geregelt, nicht Bestandteil der Fahrbahn (§ 2 I 2), BGHSt **30** 85 = NJW **81** 1968, Fra VRS **46** 71, Kö VRS **50** 370, Ol VRS **60** 312, Dü VRS **68** 141, Ha VR **91** 83. Der Fahrbahnbelag der Standspur entspricht oft demjenigen der übrigen AB, optische Trennung wird idR durch Z 295 (Fahrbahnbegrenzung) erreicht. Die Standspur dient nicht dem normalen FahrV. Zweck: KfzAbstellen bei Not- oder Unfällen (§ 16 OWiG), Ha VR **91** 83, VRS **59** 228, Dü VRS **47** 214, Ol VRS **60** 312, bei Pannen ohne Weiterfahrmöglichkeit oder -recht, (Rz 23, 24), bei Kraftstoffmangel, überhaupt zwecks Sicherung bei Liegenbleiben, Bra ZfS **94** 197, Ba VR **78** 256. Befahren der Standspur ist (soweit nicht durch Z 223.1 angeordnet), nur in Ausnahmefällen, stets mit äußerster Vorsicht, Mü NVZ **94** 399, zulässig, etwa, um PannenFze möglichst rasch und ohne unnötige Behinderung des fließenden V von der AB zu entfernen oder durch Pol- und RettungsFze (§ 35), BGHSt **30** 85 = NJW **81** 1968, Ol VRS **60** 312, *Seidenstecher* DAR **93** 83, soweit erforderlich auch zur Bildung einer freien Gasse zwischen den Fahrstreifen für HilfsFze (§ 11 II), sowie bei völlig irregulären Verhältnissen, zB Glatteis, Unfall oder entgegenkommendem Falschfahrer. Trotz Trennung durch Z 295 gilt für die Standspur § 41 III 3b aa nicht. Die Standspur ist kein Mehrzweckstreifen, s Begr zu Abs VIII (Rz 11). Langsamfahrer (Panne) im DurchgangsV dürfen sie nicht mitbenutzen, Halten ohne zwingenden Grund ist unzulässig (VIII), s Rz 23, ebenso Rückwärtsfahren (VII), Ol VRS **60** 312, Dü VRS **68** 141. Soweit die frühere

Autobahnen und Kraftfahrstraßen § 18 StVO **2**

Rspr die Standspur als Bestandteil der Richtungsfahrbahn ansah (zB BGHSt **30** 85), ist sie mit der Einfügung von Satz 2 in § 2 I durch die 12. StVO-ÄndVO v 22. 12. 92 (BGBl I 2482, in Kraft getreten am 1. 4. 93) gegenstandslos geworden. Das bedeutet, daß der Kf, der **unter Benutzung der Standspur Fze „überholt"**, die den regulären Fahrstreifen befahren, nur gegen § 2 I, nicht aber auch gegen § 5 I verstößt, s § 5 Rz 66, s auch Begr zur 12. StVO-ÄndVO (§ 2 Rz 16b). Ohne polizeiliche Weisung darf auch bei Stau auf den Fahrstreifen nicht auf der Standspur an der stockenden Fz Kolonne vorbeigefahren werden, um die nächste Ausfahrt zu erreichen, BGHSt **30** 85 = NJW **81** 1968, Dü VRS **47** 214, *Bouska* VD **77** 205. Ein solches Verhalten kann zu erheblichen Gefahren für diejenigen führen, die ordnungsgemäß den Fahrstreifen benutzen und von diesem in die Ausfahrt einbiegen. Allgemein zum Seitenstreifen (Bankett): § 2 Rz 25. An Eng- oder Baustellen kann die Standspur, durch VZ (Markierung, Markierungsknopfreihen) gekennzeichnet, **vorübergehend als Fahrstreifen** dienen, Bay DAR **79** 111. Auch soweit dies nicht durch VZ 223.1 geschieht, ist Benutzung dann jedenfalls nicht vorwerfbar (Verbotsirrtum), s *Bouska* NZV **00** 29. Anordnung der Benutzung als Fahrstreifen: § 41 Rz 248 zu Z 223.1.

Lit: *Bitzl ua*, Unfälle an AB-Knotenpunkten, ZVS **71** 136. *Bouska*, Die verkehrsrechtliche Einordnung der sog „Standspur" auf AB, VD **77** 197. *Derselbe*, ... Zur verkehrsrechtlichen Einordnung der sog „Standspur" ..., VD **79** 43. *Hentschel*, Freigabe des Seitenstreifens als Fahrstreifen, NJW **02** 1238. *Mühlhaus*, Über die Standspur der AB, DAR **78** 162. *H. W. Schmidt*, Fahrverhalten auf der AB, KVR „Autobahn". *Derselbe*, Fragen des Fahrens auf der AB, DAR **65** 145.

2. Höhe und Breite von Fahrzeug und Ladung entsprechen den im § 22 vorgeschriebenen Maßen (4 m und 2,55 m). Daran haben sich auf allen AutoStrn auch mit land- oder forstwirtschaftlichen Erzeugnissen beladene Fze zu halten. Die Sonderregelung des Abs I S 4 für KühlFze (2,6 m Breite) beruht auf der in § 32 I Nr 4 StVZO enthaltenen Regelung. **15**

3. Einfahren darf der Verkehr auf die AB nur an den gekennzeichneten Anschlußstellen (Z 330), und nur in der baulich gekennzeichneten, erlaubten Fahrtrichtung (Rz 18a), nicht auf benutzbaren anderen Wegen, auch wenn dort kein VerbotsZ steht, Bay DAR **57** 21, weil das den durchgehenden Verkehr gefährden und das gefahrlose Einfädeln meist erschweren würde. Das Einfahren über einen vom allgemeinen StrNetz aus erreichbaren Raststättenbereich ist höchstens I allenfalls Gästen erlaubt, weil die von diesem Bereich aus benutzbaren ABZufahrten dem allgemeinen Verkehr nicht eröffnet und für die Aufnahme bloßen einfahrenden Durchgangsverkehrs nicht bestimmt sind. Erst recht darf nicht über das Raststättengelände auf die AB eingefahren werden, wenn die Zufahrt zu diesem nur für Zulieferer freigegeben ist (Z 250 mit Zusatz), Ko VRS **65** 468. Einfahren idR nur hintereinander, Hb NZV **00** 507, außer bei sehr ruhigem Durchgangsverkehr, weil sonst erhebliche Behinderungsgefahr entstehen kann, s Ce VR **73** 928, aM wohl Ha VR **78** 674 mit zw Begr. Ein einfahrender Lastzug muß alsbald so weit als möglich beschleunigen, um den fließenden Verkehr nicht zu gefährden oder zu behindern, Ce VR **73** 352. Bei schlechter rückwärtiger Übersicht muß die Beschleunigungsspur voll ausgenutzt und an deren Ende notfalls eine ausreichende Lücke abgewartet werden, Fra VM **76** 15. Benutzer der durchgehenden Fahrstreifen müssen nicht mit unvermitteltem Einfahren von Seitenstreifen aus kurz vor ihnen rechnen, Fra VM **75** 93. Der Einfahrende darf nicht in einem Zug sofort auf den Überholfahrstreifen fahren, sondern muß sich vor dem Überholen im Hinblick auf die hohen Geschwindigkeiten auf AB zunächst in den VFluß auf dem rechten Fahrstreifen einfügen, um sich unter Beachtung einer gesteigerten Sorgfaltspflicht in Ruhe über den nachfolgenden V zu orientieren, BGH NJW **86** 1044. Wer beim Einfahren sofort auf den Überholstreifen und anderen Fzen in den Weg fährt, ist idR allein verantwortlich, Ha NZV **92** 320, **94** 229, insbesondere bei starkem Abbremsen, Ce VR **79** 916. Ein ÜberholverbotsZ beim Z 331 (Einfahrt zu einer KraftfahrStr) gilt mindestens bis zur vollen Einordnung des Einfahrenden auf der durchgehenden Fahrbahn, Ha VRS **55** 62. **16**

4. Vorfahrt vor dem Einfahrenden hat der durchgehende Verkehr auf der AB und den KraftfahrStr (III). Auf Beachtung darf er vertrauen, Kö VM **98** 87. Der einfahrende Verkehr ist wartepflichtig und darf nur so einfahren, daß er den durchgehenden Verkehr **17**

nicht gefährdet oder behindert, Ko VR **94** 361, KG DAR **01** 399, VM **00** 43, Kar NZV **96** 319. Durchgehende Fahrbahn: alle Fahrstreifen für durchgehenden Verkehr einschließlich der Kriechspuren (Begr). Bei freier Überholspur sollten Durchfahrende vorübergehend rechtzeitig und deutlich dorthin ausbiegen, um das Einfahren zu erleichtern (§ 11), Kö VRS **28** 143, Ko VR **94** 361, doch ohne Behinderung Überholender, auch dürfen Einfahrende darauf nicht vertrauen, Kö VRS **28** 143, Ko VR **94** 361. Anschlußstellen zum Einfahren im Sinn dieser Regelung sind auch Ausfahrten aus ABParkplätzen, Schl VM **61** 84. Gemeinsame Verzögerungs- und Beschleunigungsstreifen in AB-Kreiseln gehören zum durchgehenden Verkehr und verschaffen Vorfahrt, Ha VBl **70** 188. Benutzer der **Kriechspur** (§ 2 Rz 63) haben vor dem Einfahrenden Vorfahrt, wenn sie schon nahe an die Einfädelstelle herangekommen sind (Begr). Das ist besonders für Fze mit langem Bremsweg bedeutsam. Der Einfahrende darf nur Lücken benutzen, die entweder den durchgehenden Verkehr nicht zu wesentlichem Verlangsamen zwingen, oder diesem ermöglichen, gefahrlos auf den Überholstreifen auszuweichen, Ko DAR **87** 158. Muß der durchgehende Verkehr vor dem Einfahrenden abbremsen, so hat dieser seine Wartepflicht verletzt, Ha VRS **99** 332, VR **80** 92, ZfS **93** 365, Kar NZV **96** 319. Wer in eine zu geringe Lücke zwischen einem AB-Stau und einem herannahenden Lastzug noch auf die Fahrbahn einfährt, trägt überwiegende Schuld, Kö VR **73** 91. Die Vorfahrt des durchgehenden Verkehrs ist besonders sorgfältig zu beachten, doch kann dieser, wenn er hinter dem Vorfahrtverletzer nicht nach Möglichkeit abbremst, mithaften müssen, Mü VR **78** 651, oder uU auch den Schaden allein zu tragen haben, Kar NZV **96** 319. Am Ende der **Kriechspur** hat wiederum, wie aus ihrem Zweck folgt, der Schnellverkehr auf der Normalspur im Verhältnis zu ihr Vorrang, Bay VM **72** 51, auch wenn dies nicht durch VZ angeordnet ist, doch hat er, soweit möglich, das Zurückgliedern durch Linksausweichen zu ermöglichen (§ 11). Alle Einfahrenden müssen sich mit größter Sorgfalt eingliedern. Vom durchgehenden Verkehr ist ohne Rechtspflicht zu erwarten, daß er dies, soweit möglich, durch rechtzeitiges deutliches Linksausbiegen fördert (§ 11), Ha VRS **99** 332, Kö VM **65** 23, jedoch nur, wenn dies mit Sicherheit niemand gefährdet oder behindert, s Stu VRS **45** 437. Hierauf darf aber der Wartepflichtige selbst dann nicht vertrauen, wenn der Vorfahrtberechtigte den linken Fahrtrichtungsanzeiger betätigt, Ha ZfS **93** 365. Sog **Verteilerfahrbahnen,** die im Bereich von ABKreuzen parallel zu den durchgehenden Fahrbahnen verlaufen, dienen im Verhältnis zu den tangential in sie einmündenden Zufahrten nicht iS von Abs III dem durchgehenden V, Dü VRS **67** 375, NZV **89** 404 (Verständigungspflicht) (zust *Booß* VM **89** 95), *Bouska* NZV **00** 31. **Beschleunigungsstreifen** (§ 8 Rz 34b) gehören nicht zu den „durchgehenden Fahrbahnen", von dort Einfahrende sind daher wartepflichtig, BGH NJW **86** 1044, Kö VRS **65** 68, Ko DAR **87** 158, Kar NZV **96** 319. Doch ist ihnen gegenüber Rücksicht zu üben, weil sie sonst nicht mit höherer Geschwindigkeit einfahren können. Das Nichtausnutzen eines Einfädelstreifens (Beschleunigungsstreifens) beim Einfahren in die durchgehende Fahrbahn kann unfallursächlich sein, Ha VR **75** 542. Wer vom Beschleunigungsstreifen auf die durchgehende Fahrbahn mit solcher Geschwindigkeit und solchem Abstand vom Nachfolgenden einfährt, daß dieser nicht verlangsamen muß, weil die AB im übrigen frei ist und der Abstand alsbald wieder größer wird, beeinträchtigt die Vorfahrt nicht (Abstand beim Einfahren halber Tachoabstand), s Ha 3 Ss OWi 1110/72. Hat ein soeben langsam eingefahrener Lastzug die AB schon etwa 40 m auf der Normalspur befahren, so kommt idR auch gegenüber einem mit „140" auf 250 m Aufgerückten keine Vorfahrtsverletzung mehr in Betracht, Ha VRS **40** 297. Wer als zweiter FzF früher als der Vorausfahrende vom Beschleunigungsstreifen auf den rechten Fahrstreifen nach links ausschert (s aber Rz 16), erlangt ein Vorfahrtsrecht gegenüber dem auf dem Beschleunigungsstreifen Verbleibenden, Bay VM **70** 60, Ko DAR **87** 158, muß aber mit dessen Einfädeln rechnen und uU zurückstehen (§ 11 III), Ol DAR **80** 343; ihn trifft besondere Sorgfaltspflicht und bei Kollision Mitschuld, Ko DAR **87** 158, Ol DAR **80** 343 (Haftung zu $^3/_4$).

18 **4 a. Zeichengeben.** Wer in die AB an einer Anschlußstelle einfährt, kommt aus einem anderen StrTeil, ändert seine Fahrlinie nach links hin, braucht äußerste Sorgfalt (§ 10) und muß daher links blinken (§ 10). Auch Beschleunigungsstreifen sind *in diesem*

Autobahnen und Kraftfahrstraßen § 18 StVO 2

Sinn andere StrTeile (s im übrigen aber § 8 Rz 34b). Treffen zwei ABFahrbahnen in einer zusammen (Wartepflicht kraft VZ der von rechts kommenden Fahrbahn), so liegt weder Richtungsänderung noch Einfahren aus einem anderen StrTeil vor, so daß die §§ 9, 10 nicht gelten. Blinkpflicht besteht hier aber gem § 7 V 2 vor Fahrstreifenwechsel. Vorher ist nach hinten zu beobachten, dabei der tote Winkel zu berücksichtigen und rechtzeitig zu blinken, Dü VM **73** 77. Zeichengeben bei Ausfahren, s Rz 28.

Nur vorwärts und nicht abweichend von den VZ und der Wegweisung durch die offensichtliche bauliche Gestaltung der AB-Knoten und -dreiecke darf die AB befahren werden. Die ABen und KraftfahrStr mit ihren Ein- und Ausfahr- und Kreuzungssystemen einschließlich des Nebengeländes an Raststätten bilden zwischen den VZ 330/331 und 334/336 in sich geschlossene Einbahnsysteme, Bay VRS **58** 154, Stu VRS **52** 33, NJW **76** 2223, VRS **71** 459, Ko NZV **92** 406 (ausgenommen lediglich das Rangieren auf AB-Parkplätzen), diese dürfen nur in der durch VZ und bauliche Gestaltung angeordneten Weise und Richtung befahren werden. **Falschfahrt** entgegen der vorgeschriebenen Richtung ist an sich jedoch weder Wenden noch Rückwärtsfahren iS von VII, BaySt **97** 111 = NZV **97** 489, Bay VRS **67** 142, Stu VRS **58** 203, Kö VRS **60** 221, Ce VM **83** 87, aber Verstoß gegen § 2 I, Dü VM **91** 84, und zumeist § 1 II, unter den Voraussetzungen des § 315c I Nr 2f StGB auch strafbar. Dagegen kommt trotz des in aller Regel außerordentlichen objektiven und auch subjektiven Gewichts dieses Verstoßes unter hoher Gefährdung des StrV regelmäßig ein Hindernisbereiten (§ 315b I Nr 3 StGB) deswegen nicht in Betracht, weil dieser Tatbestand ausscheidet, wenn sich die verkehrsgefährdende Verhaltensweise in fehlerhafter VTeilnahme erschöpft, denn er setzt bewußte Zweckentfremdung des Fzs zu verkehrsfeindlichen Zwecken voraus (BGH NJW **69** 1444, s § 315b StGB Rz 13). Bei gemeldetem „Falschfahrer" ist scharf rechts zu fahren, jedes Überholen zu unterlassen und Betätigung der Warnblinkanlage gem § 16 II S 2 zulässig und angebracht. Verbindungsspuren zwischen Aus- und Einfahrten dürfen nicht rückwärts, Ce VM **80** 78, oder so befahren werden, daß Spitzen zwischen Fahrstreifen oder Sperrflächen durchfahren werden, um zur verpaßten Ausfahrt zurückzugelangen, s Bay VRS **58** 154, Ha DAR **73** 221, Fra VRS **45** 72, *Booß* VM **73** 46. Mit gegenläufigem Verkehr müssen ABBenutzer idR nicht rechnen, Fra VR **78** 187. S dazu „Untersuchungen zur Verhinderung von Falschfahrten auf ABn", Bundesanstalt für StrWesen, Köln 1981.

5. Fahrgeschwindigkeit (V, VI). Innerorts darf auf der AB schneller als 50 km/h gefahren werden. Allgemein zur Fahrgeschwindigkeit, bei Glätte, schlechter Sicht, Nebel, Blendung, Unübersichtlichkeit, Fahrbahnhindernissen, über Geschwindigkeitsbeschränkungen durch VZ, AB-Richtgeschwindigkeit, Abstand zum Vordermann, Auffahrunfälle, Nötigung durch dichtes Aufschließen, behinderndes Langsamfahren: §§ 3, 4. Benutzung von Fahrstreifen mit unterschiedlicher Geschwindigkeitsbeschränkung: § 2 Rz 40. Fahren mit Fern- und Abblendlicht: § 17. Die Regelung der unter günstigsten Umständen zulässigen Höchstgeschwindigkeit der in Abs V bezeichneten Kfze auf der AB weicht von derjenigen für KraftfahrStr ab (Begr). Autobahnähnliche KraftfahrStrn sind jedoch außerorts der AB gleichgestellt (Abs V 2). Voraussetzung ist Trennung der Richtungsfahrbahnen durch Grünstreifen, Bordsteine, Leitplanken oder ähnliche Einrichtungen; Fahrstreifenbegrenzungen genügen nicht, s *Bouska* DAR **89** 164. **Lkw-Begriff:** § 21 Rz 10. Die Eintragung im FzSchein ist nicht entscheidend (s auch § 30 Rz 10); Abs V S 2 Nr 1 gilt daher, wenn das Fz trotz Eintragung als Pkw nach Bauart und Einrichtung zum Gütertransport bestimmt ist, Bay DAR **03** 469 (zust *Kramer* VD **03** 267, *Blümel* DAR **04** 39), Kar VD **04** 274, abw AG Freiburg NZV **04** 265 (aufgehoben); denn nur bei Zugrundelegung der tatsächlichen Eigenschaften und der konkreten Einsatzart eines Fzs kann der Zweck der in § 18 getroffenen Geschwindigkeitsregelungen erreicht werden, s Kar VD **04** 274. Irrtum insoweit ist Verbotsirrtum, Bay DAR **03** 469 (Unvermeidbarkeit abgelehnt, im Ergebnis zw, s AG Freiburg NZV **04** 265, *Kramer* VD **03** 270), Kar VD **04** 274. Für **Wohnmobile** (die rechtlich weder Pkw noch Lkw sind) mit einem zulässigen Gesamtgewicht von mehr als 3,5 t gilt Abs V S 2 Nr 1 (80 km/h), auch mit Anhänger. Wohnmobile mit Ahänger: Abs V Nr 1 (80 km/h). Nach Maßgabe der 9. StVO-AusnahmeVO (Rz 13a) dürfen **Kombinationen** (Gespanne) (Pkw mit Anhänger, mehrspurige Kfze bis 3,5 t mit Anhänger), zunächst befristet bis 31. 12. 2006, auf AB und KraftfahrStrn 100 km/h fahren; Bestätigung des Sachverständigen und Bescheinigung der StrVB nach der Anl zur AusnVO (BGBl I **01** 470) müssen mitgeführt werden, Tempo-100-Plaketten müssen nach Maßgabe von § 1 Nr 4 der AusnVO an der Kombination angebracht sein. Für **Busse** (Kom) bis 3,5 t mit Anhänger gilt die 100 km/h-Regelung der 9. StVO-AusnahmeVO gem deren § 1 nur, wenn der Bus als Zugfz eine Tempo 100 km/h-Zulassung nach Abs V Nr 3 hat. Nach Maßgabe von Abs V S 2 Nr 3 beträgt für die dort genannten Busse die AB-Höchstgeschwindigkeit 100 km/h. Über die technische Eignung des einzelnen Kom für eine solche Geschwindigkeit unter Berücksichtigung der VSicherheit entscheidet die ZulB (s § 23 StVZO), s *Bouska* DAR **83** 263. Bei Vorliegen der Eignung ist die Eintragung im FzSchein auf Verlangen des Halters vorzunehmen (Rechtsanspruch). Text der Eintragung: „Für 100 auf Ab geeig.", BMV – StV 11/36.17.06 –, VBl **84** 161. Die 100 km/h-Plakette dient der Überwachung. Bei wahlweise als Kom oder Lkw zugelassenen Fzen kommt es auf die Art des Einsatzes bei der konkreten Fahrt an, BaySt **02** 154 = VRS **101** 457. Keine Eintragung in ausländischen Zulassungsscheinen, s *Bouska* DAR **83** 263; im Ausland zugelassene Busse unterliegen daher mangels Ausnahmegenehmigung (§ 46 StVO) der Regelung des Abs V Nr 1 (80 km/h). Ausnahmegenehmigung durch die oberste Landesbehörde, s § 46 II. Für selbstfahrende Arbeitsmaschinen über 2,8 t ohne Anhänger gilt V S 2 Nr 1, Dü VRS **98** 53. Bei Platzregen und überhaupt **bei Nässe** oder wassergefüllten Spurrillen droht allen Kfzen bei höherer Geschwindigkeit Wasserglätte (§ 3 Rz 18), so daß sie große Abstände halten und angemessen langsam fahren müssen, Kö VRS **44** 276. Fahren mit „110" bei lediglich regnerischem Wetter ohne besondere Umstände muß nicht grobfahrlässig sein (Kaskoversicherung), Nü VR **77** 659. Fahren mit 120 km/h auf regennasser AB bei Dunkelheit ist für sich allein kein schuldhaftes Verhalten, Kö VR **82** 708; denn die besonderen Verhältnisse auf AB erlauben auch bei Dunkelheit regelmäßig höhere Geschwindigkeiten als auf anderen Strn, Fra ZfS **93** 45. Auch auf der AB darf aber idR niemand damit rechnen, daß sich keine oder nur ausreichend beleuchtete **Hindernisse auf der Fahrbahn** befinden, s § 3 Rz 25, 27. Sichtgeschwindigkeit ist nötig, weil niemand darauf vertrauen darf, jenseits von Kuppen oder Kurven freie Fahrt zu haben, Ce VR **75** 264, *Lippold* NZV **92** 63, s § 3 Rz 15. Eine Eingrenzung des Sichtfahrgrundsatzes (§ 3) – keine eigentliche Ausnahme, BGH NJW **84** 2412, **87** 1075, Fra ZfS **02** 425, Ha NZV **00** 369, Ba NZV **00** 49 – beim **Fahren mit Abblendlicht** enthält VI: a) kein Kf muß ohne besonderen Anlaß (s Dü VM **79** 69) damit rechnen, daß zwischen den klar erkennbaren Schlußleuchten des auf demselben Fahrstreifen (Kö NZV **93** 271) Vorausfahrenden und ihm bei ausreichendem Abstand (nicht auch bei 300 m und mehr, Schl VR **95** 476) von der Seite her plötzlich ein Hindernis entsteht, BGH NJW **84** 2412, Ba NZV **00** 49 (nicht dagegen auch *vor* dem Vorausfahrenden), etwa durch einen verbotswidrig auf der Fahrbahn gehenden Fußgänger, Mü NZV **93** 26, b) andere Lichtquellen (Scheinwerfer des Gegenverkehrs, kurzes Aufblenden, Mondschein, helle Fahrbahn, rückstrahlende Leiteinrichtungen) können den Fahrbahnverlauf und Hindernisse auf der Fahrbahn, auch wenn niemand vorausfährt, uU schon auf erhebliche Entfernung deutlich zeigen und erlauben daher höhere Fahrgeschwindigkeit. Diese Regel gilt nicht für die nicht kreuzungsfreien Kraftfahrstr (Begr), Stu DAR **74** 189. Krit zur Formulierung des Abs VI *Bohnert* DAR **86** 11. **Fahrgeschwindigkeit an Unfallstellen**, s § 3 Rz 27. Korrektes **Langsamfahren** mit einem Lkw verpflichtet nicht, den übrigen Verkehr zu warnen („40–50"), Kar VR **79** 776, **75** 668. Mit einem nachts auf einer Steigung nur 50 km/h fahrenden Lkw muß ein Kf rechnen, Fra NZV **01** 169. Im übrigen müssen aber ABBenutzer mit grundloser erheblicher Unterschreitung der Mindestgeschwindigkeit des Abs I S 1 (60 km/h) nicht ohne weiteres rechnen, Fra VR **96** 1553 (35 km/h zu Orientierungszwecken). Wer ohne anzuerkennenden Grund auf AB als PkwF nur 60 km/h fährt, handelt schuldhaft, AG Wilhelmshaven NZV **03** 181. Ein wegen Steigung nur 25 km/h fahrender LkwF kann Anlaß haben, besonders auf den nachfolgenden V zu achten, Fra VR **99** 771 (keine Entlastung nach § 17 III StVG bei Auffahrunfall). Mithaftung des auf der AB zu langsam Fahrenden, s § 3 Rz 47. Fährt eine Militärkolonne (bei Dunkelheit) ungewöhnlich langsam, so ist der Verkehr ausreichend zu warnen (Warnblinken), Ce VR **77** 454.

Autobahnen und Kraftfahrstraßen § 18 StVO **2**

Lit.: *Bohnert,* Sichtgeschwindigkeit auf AB, DAR **86** 11. *Lippold,* Haftung der Opfer blinden Schnellfahrens auf der AB?, NZV **92** 63.

6. Überholen darf nur, wer gewiß sein kann, daß, falls er dazu **ausscheren** muß 20 (s § 5 Rz 42), Gefährdung des nachfolgenden Verkehrs (§ 5 IV S 1), Dü VR **97** 334, Ko DAR **80** 182, Kar VRS **74** 166, auf KraftStr in allen Fällen des Überholens auch Gefährdung des Gegenverkehrs (s § 5), ausgeschlossen ist, und bei ausreichendem Geschwindigkeitsunterschied (§ 5 II). Zum „nachfolgenden Verkehr" iS von § 5 IV S 1 gehört – wie nunmehr aus der durch ÄndVO v 22. 3. 88 geänderten Fassung von § 5 IV folgt – nicht auch der soeben Überholte, den der Überholer schneidet, so schon zu § 18 IV aF Zw VRS **53** 466. Geboten ist äußerste Sorgfalt des Überholenden (**E** 150, s § 5), Kö VR **78** 143. Eine nur leichte Behinderung (geringfügiges Abbremsen) hat der Nachfolgende trotz § 5 IV S 1 uU hinzunehmen, s § 5 Rz 42. Einzelheiten zur Sorgfaltspflicht gegenüber dem Nachfolgenden, § 5 Rz 42. Wer bei Dunkelheit mit hoher Geschwindigkeit (zB „140") eine erheblich langsamere Kolonne überholt, muß besonders sorgfältig auf etwa Ausscherende achten, Dü VR **78** 429, ist aber selbst bei Annäherungsgeschwindigkeit von 180 km/h nicht allgemein zum Verlangsamen verpflichtet, Bay VRS **59** 224, Ha DAR **71** 193, KG VM **85** 63, Kö VR **78** 143; mit plötzlichem Ausscheren auf geringe Entfernung muß er nicht rechnen, KG VRS **56** 264, Stu NZV **89** 437, auch nicht bei hoher Fahrgeschwindigkeit („170"), Ko VRS **42** 310, hat aber bei Erkennbarkeit solchen Verhaltens sofort zu verlangsamen, Stu NZV **89** 437, Kö VR **91** 1301. Mit hohen Fahrgeschwindigkeiten von hinten Aufrückender muß ein Vorausfahrender rechnen, Kö VR **78** 143, BGH NJW **86** 1044. Deshalb darf der Einfahrende nicht unmittelbar auf den Überholfahrstreifen hinüberfahren, s Rz 16. **Anzeigepflicht** besteht vor dem Ausscheren, vor Fahrstreifenwechsel und vor dem Wiedereinscheren nach dem Überholen (§ 5 IVa), nicht auch während längeren Überholens mehrerer Fze hintereinander. Auf zweispuriger AB ist Zweitüberholen unzulässig (§ 5). Der auf dem linken Fahrstreifen Überholende darf erst überholt werden, wenn er diesen vollständig verlassen hat, Fra VRS **88** 112. Der Kf muß sich vor dem Ausscheren auf den Überholfahrstreifen vergewissern, daß dieser vor ihm frei ist, Ha NJWE-VHR **96** 210. Auf der AB darf bei ausreichendem Geschwindigkeitsunterschied bei vollbesetztem rechtem Fahrstreifen auch überholen, wer zunächst noch keine Wiedereinscherlücke erkennt. Nach dem Überholen ist wieder **rechts einzuscheren,** § 5 IV S 3. Die Einscherlücke ist groß genug, wenn der Einscherende bei beibehaltener Fahrgeschwindigkeit etwa 10 s in ihr verbleiben kann, aM Kar VRS **55** 352 (20 s; die Einscherregel verdient jedoch strenge Beachtung, weil ihre korrekte Befolgung vorbildlich wirkt und weil sperrendes Linksfahren bei den hohen AB-Fahrgeschwindigkeiten gefährliche Aggressionen auslösen und zum verbotenen Rechtsüberholen verleiten kann). Übersteigt die Überholgeschwindigkeit diejenige des Überholten erheblich und ist die Lücke ausreichend, so muß der Überholer alsbald nach Erreichen des Sicherheitsabstands zum Überholten nach rechts einscheren, da der Abstand der VSicherheit genügt und sich außerdem sofort weiter zu vergrößern beginnt, aM Kar VRS **55** 352 (doppelter Abstand). Wer bei unverminderter Geschwindigkeit alsbald wieder ausscheren müßte, muß nicht nach rechts einscheren, um sich überholen zu lassen, Kar VRS **55** 352. Ordnet sich der Überholer, obwohl möglich, nicht alsbald wieder nach rechts ein, so kann er sich vor späterem Zurückscheren über den nachfolgenden Verkehr auf dem rechten Fahrstreifen orientieren müssen, s Bay NJW **75** 2076 *(Booß).* Es ist links zu überholen. **Rechtsüberholen** von Kolonnen auf der AB: § 7 II a, s auch § 5 Rz 64, § 7 Rz 10 ff. Wer mit Fernlicht oder Lichthupe mit hoher Geschwindigkeit dicht aufschließt, um zu verdrängen, **nötigt,** s § 4 Rz 16. Da der mit „150" Vorausfahrende keine gestreckten Schlangenlinien fahren und deshalb nur in besonders große Lücken einscheren muß, wird Nötigung eines Überholwilligen nur unter besonderen Umständen bei sehr ruhigem Verkehr in Betracht kommen, Fra VRS **51** 435. Ein **Überholverbot** (Z 276) gilt nur zwischen Benutzern der Normalspur(en), verbietet dagegen nicht das Überholen eines die Standspur befahrenden Fzs, Bay DAR **79** 111 (s aber Rz 14 b). **Zweigen ein oder mehrere Fahrstreifen nach rechts in eine andere Richtung ab,** so ist es Abbiegern nach der neuen Vorschrift des § 42 VI Nr 1 f nunmehr ausdrücklich erlaubt, dort ab Beginn einer breiten Leitlinie „schneller als auf der durchgehenden Fahrbahn" zu fahren, also rechts zu überholen, s dazu § 7 Rz 15. Das gilt jedoch nach S 2 der Bestimmung nicht für **Verzögerungsstreifen** (Ausfahrstreifen). Danach dürfte auf ihnen, wenn nicht die Voraussetzungen des § 7 II a vorliegen, s *Bouska* DAR **89** 163, anders als auf Einfahrstreifen, der durchgehende Verkehr grundsätzlich (Ausnahmen: § 7 II, II a) nicht überholt werden, *Seidenstecher* DAR **89** 412 (krit zu einer unterschiedlichen Behandlung von Beschleunigungs- und Verzögerungsstreifen *Felke* DAR **88** 77, **89** 180). Gegen eine Gleichstellung des Ausfahrstreifens mit dem Beschleunigungsstreifen hinsichtlich des Rechtsüberholens könnte sprechen, daß dies zu gefährlichen Situationen führen kann, wenn der Nachfolgende früher als der Vorausfahrende auf den Verzögerungsstreifen wechselt. Trotz § 42 VI Nr 1 f, letzter Satz wird aber der Verzögerungsstreifen (ebenso wie der Beschleunigungsstreifen) wohl überwiegend als selbständige Fahrbahn angesehen; dann jedoch stellt das Schnellerfahren auf ihm kein Überholen im Rechtssinne dar (s § 2 Rz 25 a, § 5 Rz 20), Dü VRS **107** 109, Ha DAR **75** 277, *Janiszewski* DAR **89** 410, *Mersson* DAR **83** 283. Stockt der V auf den durchgehenden Fahrstreifen, so muß der Ausfahrende jedenfalls nicht warten, sondern darf nach Maßgabe des § 7 II a vorsichtig rechts auf dem Verzögerungsstreifen (nicht schon vor dessen Beginn auf der Standspur!) vorbeifahren (bzw überholen). Der durchgehende V darf **nicht unter Benutzung anderer ABTeile** (Raststättengelände, Parkplätze) „überholt" werden, s § 5 Rz 19 a. **Kriechspuren** sind Teile der Gesamtfahrbahn, s § 2 Rz 63, und dürfen daher nicht zum Überholen benutzt werden, Bay VM **72** 51.

Lit: *Janiszewski*, Zur Zulässigkeit des Schnellerfahrens auf abgehenden Fahrstreifen, DAR **89** 410. *Mersson*, Zur Problematik des Rechtsüberholens, DAR **83** 280. *Seidenstecher*, Zur Unzulässigkeit des Rechtsüberholens auf dem Verzögerungsstreifen ..., DAR **89** 412.

21 **7. Wenden und Rückwärtsfahren** sind auf AB und KraftfahrStr verboten, weil sie gefährden, Bay VRS **58** 154. Begriff des Wendens: § 9 Rz 50. Das Wendeverbot gilt auch im Falle (vorübergehender) Vollsperrung eines AB-Teilstücks, Ha NZV **98** 40. Wendeverbot auch auf Kraftfahrstr mit breitem Mittelstreifen und QuerV, Ha VRS **45** 256. Wenden auf einer KraftfahrStr kann jedoch uU relativ ungefährlich sein und dann eine niedrigere als die Katalogbuße rechtfertigen, Bay DAR **73** 307. Bei Wenden innerhalb einer AB-Baustelle mit „50"-Gebot hält Schl VM **74** 63 geringeres Bußgeld für angebracht (zw: welche wirkliche Geschwindigkeit hatten Baustellen- und Gegenverkehr?). Unter den Voraussetzungen des § 315 c StGB ist Wenden oder versuchtes Wenden auf AB und KraftfahrStr ein Vergehen. Unzulässig ist Wenden (s § 9) auf der bisherigen Fahrbahn wie das Überqueren des Grünstreifens, BGHSt **27** 233 = NJW **77** 2085, Bay VRS **52** 146, oder Befahren eines Notübergangs, auch ohne SperrZ, BGH VRS **6** 59, Bay DAR **53** 199, um zur Gegenfahrbahn zu gelangen. **Kein Wenden** iS von Abs VII, wenn dazu die dem fließenden V dienenden Flächen einschließlich Verzögerungs- und Beschleunigungsstreifen sowie Ein- und Ausfahrten, mit den dazu gehörigen Seitenstreifen und Mittelstreifen, verlassen werden und die Gegenrichtung nach Durchfahren von Parkplätzen und anschließendem Einbiegen erreicht wird, BGHSt **47** 252 = NZV **02** 376, Stu VRS **99** 376 (Durchfahren zweier gegenüber liegender Parkplätze einer KraftfahrStr), aM Bay NZV **01** 526; denn für die Definition des Wendens gilt nicht der straßenrechtliche Begriff der „Straße", BGHSt **47** 252 = NZV **02** 376. Unter Zugrundelegung dieser Kriterien ist auch die Rspr überholt, nach der verbotenes Wenden angenommen wurde, wenn es unter Inanspruchnahme *eines* rechts oder links der Fahrbahn gelegenen Parkplatzes geschieht, so zB Bay VRS **62** 143, Ko NZV **92** 406 (s Voraufl). Kein Wenden auf der KraftfahrStr daher erst recht, wenn dieses auf einer daneben befindlichen nicht öffentlichen Fläche geschieht, Dü DAR **83** 90 (dann Verstoß gegen Abs X und II). Verbotenes Wenden jedoch bei Inanspruchnahme eines zur Haltebucht erweiterten Seitenstreifens, BaySt **02** 155 = DAR **03** 128. Wer die AB-Einfahrt nach links verläßt und über eine mehr als 100 m lange VerbindungsStr (Notfahrbahn) die AB-Ausfahrt erreicht, um auf dieser zurückzufahren, wendet nicht, sondern biegt zweimal links ab, BGHSt **31** 71 = NJW **82** 2454, Bay VRS **61** 146, ähnlich Dü VRS **59** 380 für einen nur 13 m langen Notübergang, aM Ce VM **80** 78. Eine derartige Fahrweise ist gefährlich und widerspricht der erkennbaren VFührung auf AB, verstößt jedoch nach Bay VRS **63** 291 mangels besonderer VZ nicht gegen die StVO,

Autobahnen und Kraftfahrstraßen § 18 StVO **2**

auch nicht gegen Abs X (zw, weil der so Fahrende die in Abs X genannten VZ, die für ihn die Erlaubnis zum Verlassen der AB begründen, nicht passiert, s *Hentschel* NJW **83** 1646); in Betracht kommt ggf § 1. Wer auf ABKnoten nach verpaßter Abbiegespur eine als Zufahrt von einem anderen AB-Teilstück dienende Verbindungstangente befährt, um wieder auf die verpaßte Spur zu gelangen, wendet nicht, Fra VM **73** 46, VRS **45** 72 (Rz 18a). Abbiegen im spitzen Winkel in eine von rechts einmündende AB-Tangente ist nicht Wenden, Bay VRS **67** 142 (das aber ow „Ausfahren" iS von Abs X annimmt). Wer unter Benutzung einer Ausfahrt (Stu VRS **58** 203) oder nach Überfahren einer ununterbrochenen Linie, in gleicher Richtung weiterfahrend (Kö VRS **60** 221), die AB gegenläufig befährt („Geisterfahrer"), wendet nicht. „Falschfahren" entgegen der vorgeschriebenen Fahrtrichtung: Rz 18a. **Dagegen wendet,** wer vom Beschleunigungsstreifen im Linksbogen über die durchgezogene Linie hinweg auf die Gegenfahrbahn fährt, um dort in Gegenrichtung zu fahren, wendet, Kö VRS **50** 135, einschränkend Bay VM **96** 60 für den Fall des Überquerens der durchgehenden Richtungsfahrbahnen und Weiterfahren auf der gegenüberliegenden Ausfahrt (abzulehnen, weil im entschiedenen Fall offenbar auch Beschleunigungs- und Verzögerungsstreifen Bestandteile der KraftfahrStr waren und diese Straßenteile dem fließenden V dienen). Verlust von Ladegut kann Wenden unter größter Vorsicht **rechtfertigen,** sofern es das sicherste Mittel zur Gefahrbeseitigung ist (Notstand), s Kö DAR **56** 131. Auch wo es aus anderen Gründen notwendig ist (Baufz), oder wenn ein Fahrer versehentlich in die Gegenfahrbahn eingefahren ist, wird er unter größter Vorsicht wenden dürfen, wenn dies die am wenigsten gefährliche Maßnahme zur Beseitigung der von der Falschfahrt ausgehenden Gefahr ist, Kar VRS **65** 470 (im Ergebnis zust *Hruschka* JZ **84** 241), Kö NZV **95** 160. Rückwärtiger Verkehr ist, soweit möglich, stets vorher zu sichern, Nü VR **63** 276, zB durch Posten mit Warnlicht oder Warnflagge, Ha VM **61** 21, VRS **21** 388. Wer auf einen unzulässigerweise Wendenden auffährt, muß sich in aller Regel seine BG nicht anrechnen lassen, Mü VR **60** 188, Ko NZV **92** 406. Oft wird Wenden für den Auffahrenden ein unabwendbares Ereignis sein, BGH VRS **14** 89, VR **57** 787, Ko MDR **59** 843; grobe Fahrlässigkeit des Auffahrenden wird jedenfalls ausscheiden, BGH VR **60** 802. Der **Anschein** spricht für Schuld dessen, der den Mittelstreifen überquert, Ko NZV **92** 406, dieser haftet auch bei gerade noch vermiedener Kollision für einen Kollaps des Hintermanns, Nü VR **63** 644.

Auch **Rückwärtsfahren** (= Fahren in Heckrichtung) (s § 9 Rz 51) auf AB wie **22** KraftfahrStr ist unzulässig, weil Behinderung oder Gefährdung des nachfolgenden Verkehrs, Dü VM **66** 71, VRS **37** 302. Alle Straßen zwischen den Z 330 und 334 (durchgehende Fahrbahnen wie Zu- und Abfahrten) gehören zur AB und unterliegen, mit Ausnahme des Tankstellen- und Raststättengeländes mit seinen Parkplätzen, s Rz 14, (anders aber Zu- und Abfahrten), Ce VM **81** 28, dem Rückwärtsfahrverbot, Bay VRS **58** 154, Fra VRS **46** 71, Stu VRS **71** 459, ebenso auch die sog Standspur, Ol VRS **60** 312, Dü VRS **68** 141, **70** 35, Stu VRS **71** 459. Wer von der KraftfahrStr in eine Str, einen Weg oder ein Grundstück abbiegt und von dort rückwärts in die KraftfahrStr zurückfährt, um in Gegenrichtung weiterzufahren, verstößt gegen das Verbot des Rückwärtsfahrens, Bay NZV **96** 161. Wer versehentlich als Ausfahrender in eine AB-Einfahrt gerät und dies alsbald bemerkt, wird ausnahmsweise unter größter Vorsicht zurückstoßen dürfen (§ 16 OWiG), weil Falschfahren in verbotener Richtung die Gefahr idR ebenso vergrößern würde wie Abstellen des Kfz auf dem Fahrstreifen, s Kö VRS **56** 63. S Rz 29. AB-Falschfahrt („Geisterfahrer"), s Rz 18a.

8. Halten ist auf der AB und den KraftfahrStr verboten, weil gefährdet (VIII), au- **23** ßer in zwingenden Notfällen (Panne, Unfall, drohendes Hindernis, Fahruntüchtigkeit, für notwendig erachtete Hilfe), BGH NJW **75** 1024, 1834, Schl NZV **93** 109, Ce NRpfl **70** 46, Sa DAR **88** 382 (nicht wegen Kleintier auf der Fahrbahn). Halten zwecks Hilfe, BGH VM **75** 89, Fra VR **88** 750, Schl NZV **93** 109. Das Haltverbot schließt ein Parkverbot außerhalb der bezeichneten Parkplätze ein, Kö NJW **66** 934, und gilt ohne VZ oder Ankündigung für den gesamten Autobahnbereich einschließlich der Anschlußstellen, BGHSt **18** 188 = NJW **63** 597, Fra DAR **01** 504, Stu VR **78** 430, der Verzögerungs- und Beschleunigungsstreifen, Kar DAR **02** 34, der Zu- und Abfahrten an

2 StVO § 18 I. Allgemeine Verkehrsregeln

Parkplätzen, Bay VRS **59** 54, und der Seitenstreifen („Standspur"), Ha VR **91**,83, ausgenommen AB-Teile, die der Sicherheit und Leichtigkeit des Verkehrs nicht dienen (Stichweg von Parkplatzzufahrt zum Raststättenhof), Bra VRS **32** 475 (Beispiel sinnvoller Regelauslegung), Kö NZV **94** 83 (Tankstellengelände, abl *Booß* VM **94** 16). Heftiger Regen berechtigt auch einen Kradf nicht zum Halten auf dem Seitenstreifen, Ce VR **03** 658. **Beispiele berechtigten Anhaltens,** stets nur für unbedingt notwendige Zeit (Ha VRS **28** 145): Betriebsunfähigkeit des Kfz, BGH VR **61** 322, plötzlich vereiste Windschutzscheibe, Ce DAR **56** 16, abgesprungener Reifen, der von der Fahrbahn entfernt werden muß, Ce NRpfl **70** 46, Jn VR **98** 250, herabgefallenes Koffergestell, BGH VRS **26** 325, nicht auszuschließender schwerer FzDefekt nach Unfall, Kar DAR **02** 34, Abwarten der Pol nach Unfall, Kar VRS **7** 415, BGH VR **61** 330, notwendige Unfallhilfe, BGH NJW **01** 149 (Abschleppen eines PannenFzs), NJW **75** 1834, Fra VR **88** 750.

24   **Sofortige Verkehrssicherung** ist bei unvermeidbarem Anhalten, mit Ausnahme wegen Stockung, erstes Gebot, BGH NJW **75** 1834, Fra VR **88** 750 (Warndreieck); das gilt auch für den Pannenhelfer, Fra VR **88** 750, es sei denn er bildet kein zusätzliches Hindernis, BGH NJW **01** 149. Die Sicherung des Verkehrs geht einer Schadenbeseitigung vor, BGH VRS **15** 374, Ba VR **78** 256, Fra VR **88** 750. Ist im Hinblick auf die Fahrbahnverhältnisse mit Schleudern anderer Fze zu rechnen, kann es schuldhaft sein, bei Notfall auf der Standspur im Kurvenbereich zu halten, Ha VR **91** 83. Sicherung bei **Liegenbleiben:** § 15 StVO, § 53a StVZO, Zw NZV **01** 387, Ha VRS **47** 65. Sie besteht außerdem im sofortigen Beiseitefahren, vom rechten Fahrstreifen aus nach rechts vollständig, ohne Hineinragen in den Fahrstreifen, Ba VR **78** 256, auf den Seitenstreifen (Begr), BGH VR **68** 196, Kö NJW **66** 934, Ce NRpfl **70** 46, Fra VR **88** 750, soweit er ausreichend befestigt ist, BGH VRS **15** 374, nicht auch auf eine nicht tragfähige Grasnarbe, BGH VR **63** 115^b, Ha MDR **60** 1012. Das gilt auch nach Unfall mit bedeutendem Schaden; aus § 34 II Nr 2 ergibt sich nichts Gegenteiliges, Zw NZV **01** 387. Wer auf der Überholspur fahrunfähig wird, muß möglichst auf den Grünstreifen (Mittelstreifen) ausweichen, BGH VM **67** 49, Mü NZV **97** 231, Zw NZV **01** 387, soweit wie möglich zur Leitplanke hin. Das von Zw NZV **01** 387 geforderte Entfernen eines auf der Überholspur entgegen der Fahrtrichtung zum Stehen gekommenen Fzs über den rechten Fahrstreifen zur Standspur ohne polizeiliche Hilfe wird auf AB zumeist um ein vielfaches gefährlicher sein als bestmögliche Sicherung bis zum Eintreffen der Pol. Schuldhaft handelt, wer das havarierte Fz auf der Fahrbahn anhält, obwohl er es im Gefälle bis zu einer vorher erkennbaren Abstellbucht rollen lassen könnte, BGH VRS **23** 92. Ist gesichertes Anhalten rechts nicht möglich, aber in kurzer Entfernung voraus, so muß der Kf auch um den Preis eines Felgenschadens dorthin fahren, BGH VR **79** 323. Ein liegengebliebenes Kfz muß so schnell wie technisch möglich flottgemacht oder von der AB entfernt werden, sonst insoweit unerlaubtes Halten (VIII), Dü VRS **58** 281, Kö VM **74** 15. Wer mit Motorschaden hängenbleibt, muß das Kfz schnellstens von der Fahrspur vollständig entfernen, Ba VR **78** 256, uU auch durch Zurück-Hinausrollen, selbst wenn das nicht ungefährlich ist, Bay 2 St 645/71 OWi. Ein auf der linken Spur der StadtAB in einer Linkskurve haltendes Löschfz ist durch Blaulicht und FzBeleuchtung nach hinten nicht ausreichend gesichert, Warnlampen müssen bis zur Abfahrt stehenbleiben, KG VRS **42** 91. Bildet sich rasch eine Stauung (Unfall), so hat der Fahrer des jeweils auf ganz kurze Zeit letzten Kfz keine Sicherungspflicht gemäß § 15, *Martin* VR **72** 384. Unterbleibt ausreichende Sicherung, so spricht der **Anschein** für den Auffahrenden, widerlegbar durch den Nachweis von dessen Unachtsamkeit, BGH NJW **71** 431. Wer einen Lastzug ohne zwingenden Grund mangelhaft gesichert auf der AB abstellt, verursacht Auffahren auch dann adäquat, wenn der Auffahrende fahrlässig fährt, BGH VR **61** 150. Wer auf der AB schuldhaft bewirkt, daß ein anderes Kfz halten muß, **haftet für Auffahrschaden,** BGH VR **61** 330, **63** 342, Dü VR **78** 142, uU bei Mitschuld des mit Abblendlicht Auffahrenden, BGH VM **67** 49, auch für Auffahren bei eigenem verschuldetem Liegenbleiben, wenn der Auffahrende nicht auf Sicht gefahren war, Kö VM **69** 56, aber nicht für Schleudern und Auffahren dessen, der das weithin sichtbare Hindernis zu spät bemerkt, Ha VRS **25** 58. Keine adäquate Unfallursache setzt, wer sein PannenFz ordnungsgemäß gesichert rechts abstellt

Autobahnen und Kraftfahrstraßen § 18 StVO 2

und dadurch einen Hintermann nur zum Ausweichen auf die Überholspur nötigt, BGH VR **61** 322.

Da Halten immer eine gewollte, nicht durch die VLage oder eine Anordnung gebotene Fahrtunterbrechung ist, s § 12 Rz 19, verstößt das Liegenbleiben wegen **Kraftstoffmangels** und ähnlicher Störungen (Reifenpanne) auch bei Vorhersehbarkeit nicht gegen VIII, Ha VRS **57** 215 (zust *Bouska* VD **80** 307), *Janiszewski* NStZ **88** 546. In Betracht kommt aber in derartigen Fällen ein Verstoß gegen § 15 oder 1 II, Ha VRS **57** 215, DAR **61** 176, bei Ursächlichkeit des Liegenbleibens infolge schuldhaft nicht vorhergesehener Betriebsstörung für Auffahrunfall auch Bestrafung nach §§ 222, 229 StGB, Kö VRS **50** 110, s § 23 Rz 27. Zur zivilrechtlichen Haftung in solchen Fällen, s BGH VRS **20** 11, Ha NZV **94** 75.

9. Durchfahrt für Hilfsfahrzeuge ist bei längerer Stockung durch Bilden einer freien Gasse zu gewähren. Diese Pflicht ist nunmehr gem § 11 II nicht mehr auf AB und KraftfahrStrn beschränkt (s dazu § 11 Rz 10). Zur vorschriftswidrigen Benutzung der Standspur bei Stockung s Rz 14b.

10. Fußgängerverbot (IX) für AB und KraftfahrStr: § 25 Rz 20, 21. Bei Stockungen ist Aussteigen zwecks Orientierung nur mit größter Vorsicht zur fahrstreifenabgewandten Seite zulässig. Nur mit Vorsicht ist auch das Betreten der Fahrbahn oder der Standspur in Ausnahmefällen nach Unfällen, Pannen usw zulässig, etwa um die Pol oder ABMeisterei zu benachrichtigen, Mü NZV **94** 399, **97** 231.

11. Das Ausfahren aus der AB ist nur an den gemäß X bezeichneten Stellen erlaubt (Z 332, 333, Ausfahrttafel, Pfeilschild), Ha VRS **48** 65, *Booß* VM **73** 46, aus KraftfahrStr nur an Kreuzungen und Einmündungen. Innerhalb eines AB-Knotens, der einen AB-Strang mit anderen verbindet, jedoch nicht mit dem übrigen StrNetz, gibt es keine Ausfahrt im Sinn von X, Ha VRS **48** 65, *Booß* VM **73** 46, aM Fra VM **73** 46, **84** 66, Bay VRS **67** 142 (wonach jedes Verlassen der durchgehenden Fahrbahn „Ausfahren" sein soll, was doch dann auch für Zufahrten zu AB-Parkplatzgelände gelten müßte). Die Einfahrregeln gelten entsprechend (Rz 16, 18). Wer ausfährt, ändert seine Fahrtrichtung und hat dies rechtzeitig durch **Rechtsblinken** anzuzeigen (§ 9), LG Berlin NZV **00** 45. Gabelt sich die AB in der Weise, daß von bisher vier Fahrstreifen zwei links und zwei rechts weitergeführt werden, so liegt kein Abbiegen iS von § 9 vor, gleichgültig, ob der linke oder rechte Ast der Gabel unter Beibehaltung des Fahrstreifens weiterbefahren wird. Anderenfalls wäre Zeichen zu geben, das bei Befahren der beiden mittleren Fahrstreifen als Ankündigung eines Fahrstreifenwechsels mißverstanden und zu erheblichen Störungen führen würde. Auf die **Ausfahrspur** muß sich der Kf so rechtzeitig einordnen, daß er niemanden beeinträchtigt (§ 1), nicht notwendigerweise schon an ihrem Beginn, keinesfalls mehr nach Beginn der durchgezogenen Trennlinie, Dü VM **76** 87. Wer seine Fahrgeschwindigkeit zu früh vor der Ausfahrt zu sehr herabsetzt („50"), erhöht seine BG und kann bei Kollision überwiegend verantwortlich sein, Ce VR **75** 56. Unmittelbar vor dem Ausfahrbeginn (nicht des Ausfahrstreifens) muß der Ausfahrende so verlangsamt haben, daß er die Schnecke gefahrlos befahren kann (bewußtes Bremsen). Wer auf der AB-Ausfahrt stark verlangsamt und rechts herausfährt, darf nicht ohne VBeachtung wieder zur Mitte lenken, Nü VR **66** 1085. Vorbeifahren mit „80" auf der Normalspur mit 1,5 m Abstand an einer auf der Ausfahrspur haltenden Kolonne ist richtig, mit plötzlichem Heraustreten aus der Kolonne muß dann niemand rechnen, Kö VRS **36** 197. Wer sich irrig und unwiderruflich zum Ausfahren eingeordnet hat, darf über das Verbindungsstück zur Einfahrt korrekt wieder einfahren. Bei Falschfahrt auf der Gegenfahrbahn kann das Verlassen unter Benutzung einer Einfahrt gem § 16 OWiG gerechtfertigt sein, Bay DAR **92** 368.

12. Ordnungswidrig (§ 24 StVG) sind Verstöße gegen die Vorschriften über die Benutzung der AB und KraftfahrStr nach § 18 I bis III, V S 2 (Höchstgeschwindigkeit), VI bis X (§ 49 I Nr. 18). Benutzen der AB entgegen der vorgeschriebenen Fahrtrichtung: Rz 18a. Wer den langsamen Kolonnenverkehr auf der mittleren Spur durch Anhalten behindert, um alsbald zwecks Ausfahrens in eine Lücke des auf der rechten Spur

2 StVO § 18 I. Allgemeine Verkehrsregeln

wartenden Verkehrs zu gelangen, mag die §§ 3 II, 7 verletzen, § 18 VIII jedoch nicht, *Booß* VM **74** 23, aM Kö VM **74** 23, VRS **47** 57. V Satz 2 Nr 1 geht § 3 III Nr 2 vor, Bay VRS **58** 432, Dü VRS **84** 302. Bei Gefährdung, Behinderung oder Belästigung des nach III Berechtigten geht § 18 III dem § 1 vor (Spezialität), Bay DAR **82** 245. Abs III geht dem § 8 vor, Dü VRS **85** 112. Bloßes Anhalten in der Absicht des Wendens rechtfertigt nicht Ahndung als Verstoß gegen VII, BaySt **96** 48 = VRS **92** 37. Ausnahmsweise gerechtfertigtes **Zurücksetzen** (§ 16 OWiG) wegen eines FzDefekts beim Befahren des Beschleunigungsstreifens, Kö VRS **59** 53. Übelkeit der schwangeren Ehefrau rechtfertigt kein Rückwärtsfahren auf dem AB-Seitenstreifen, um die AB zu verlassen, Dü VM **80** 95. Rückwärtsfahren auf der Standspur rechtfertigt eine geringere Bußgeldhöhe als sonst auf AB und KraftfahrStrn, Dü VRS **70** 35, s Dü VRS **71** 459 (Standspur einer Verteilerfahrbahn). **Nötigung** durch dichtes, bedrängendes Auffahren, s Rz 20 und § 4 Rz 16.

30   **13. Zivilrecht** (soweit nicht schon in den anderen Anmerkungen erwähnt): Mitschuld des überhöht schnell Fahrenden bei Kollision mit einem Einfahrenden, Ha VR **80** 92. Erhöhte BG durch Ausscheren eines Lastzugs zwecks Überholens, weil er die AB-Überholspur für schnellere Fze vorübergehend sperrt, BGH VR **71** 1063. Wer auf der AB verkehrsgefährdend anhält, um das vom Vordermann verlorene Reserverad zu bergen, besorgt dessen Geschäft, BGH VR **70** 620. Wer die AB gegenläufig befährt, haftet für alle Folgen idR allein und kann den rechtmäßig Entgegenkommenden nicht deren Rechtsfahrpflicht entgegenhalten, Fra VR **78** 187. Gerät ein Kfz über den Mittelstreifen hinweg auf die Gegenfahrbahn, so spricht der Anschein für Schuld, wenn technisches Versagen ausscheidet, s § 2 Rz 74. Fahren mit **ungenügendem Abstand** im AB-Kolonnenverkehr ist schuldhaft, Nü VR **72** 447. Auch im AB-Kolonnenverkehr spricht der Anschein gegen den von hinten Auffahrenden, Kö VR **78** 143, außer bei Gegenbeweis oder Nachweis eines atypischen Verlaufs, Kö VR **71** 945, s § 4 Rz 17. Beim Auffahren auf ein soeben vom Beschleunigungsstreifen auf die durchgehende Fahrbahn eingeschertes Fz durch ein Fz des durchgehenden Verkehrs spricht der Anschein gegen den Einscherenden, Ha VRS **99** 322, Ko VR **94** 361, KG DAR **01** 399, VM **96** 5 (s § 8 Rz 68); dies gilt aber nicht, wenn der Vorfahrtberechtigte mit einem Dritten kollidiert (Ausweichen), KG NZV **00** 43; zur Haftungsverteilung s auch Rz 17. Als Schädiger haftet auch, wer den Schaden mittelbar durch eine von ihm zu vertretende Kettenreaktion anderer herbeiführt (AB-Auffahrunfall), Dü DAR **77** 186. Bei einer Massenkarambolage (Nebel) kann es uU unmöglich sein, die Unfallkausalität zwischen eingepferchten Fzen durch Anscheinsbeweis zu ermitteln, s Kö DAR **73** 190, s auch § 4 Rz 17. Zur Haftung bei ungeklärt abgelaufener Massenkarambolage, Nü VR **78** 1174. Schadensschätzung bei ungeklärtem Verlauf eines doppelten Auffahrunfalls, BGH NJW **73** 1283. Wer auf der AB auf einen langsam bergauffahrenden Lastzug von hinten auffährt, kann im Verhältnis zum Lastzug Alleinschuld haben, Zw VR **73** 166. Wer seinen **Lastzug infolge eines Fahrfehlers umwirft** und alle Fahrspuren sperrt, bleibt für einen Auffahrunfall mitverantwortlich, solange nicht nach allen Umständen ausreichend gewarnt worden ist und der Verkehr nicht ordnungsgemäß steht (**E 101, 103, 109, 110, 147**), Kö VRS **45** 183. Zur Ursächlichkeit des Umkippens eines Lastzugs auf glatter AB für eine Massenkollision, Ce VR **77** 258. Gegenüber der BG eines Lastzuges, der bei Dunkelheit auf AB wendet, tritt die BG eines Pkw, dessen Fahrer bei Abblendlicht die Geschwindigkeit (Fahren auf Sicht) um nur 14 km/h überschreitet, zurück, Kö NZV **95** 400. Alleinhaftung des unberechtigt auf der **Standspur** am FzStau Vorbeifahrenden, der mit einem nach Unfall Ausgestiegenen kollidiert, Mü NZV **94** 399, oder der die Standspur beim Auffahren als „Verlängerung" des Beschleunigungsstreifens mißbraucht und mit einem dort berechtigt haltenden Fz kollidiert, LG Gießen NZV **03** 576. Kein Mitverschulden dessen, der ein liegengebliebenes Fz mit eingeschalteter Warnblinkanlage auf der Standspur zur nahe gelegenen Ausfahrt schiebt, wenn ein anderes Fz von hinten auffährt, Bra NZV **01** 517.

31   **14. Ausnahmen:** § 46 I, II. Ausnahme für bestimmte Busse hinsichtlich der Höchstgeschwindigkeit, s Rz 19.

Bahnübergänge

19 (1) ¹Schienenfahrzeuge haben Vorrang
1. auf Bahnübergängen mit Andreaskreuz (Zeichen 201),
2. auf Bahnübergängen über Fuß-, Feld-, Wald- oder Radwege und
3. in Hafen- und Industriegebieten, wenn an den Einfahrten das Andreaskreuz mit dem Zusatzschild „Hafengebiet, Schienenfahrzeuge haben Vorrang" oder „Industriegebiet, Schienenfahrzeuge haben Vorrang" steht.

²Der Straßenverkehr darf sich solchen Bahnübergängen nur mit mäßiger Geschwindigkeit nähern.

(2) ¹Fahrzeuge haben vor dem Andreaskreuz, Fußgänger in sicherer Entfernung vor dem Bahnübergang zu warten, wenn
1. sich ein Schienenfahrzeug nähert,
2. rotes Blinklicht oder gelbe oder rote Lichtzeichen gegeben werden,
3. die Schranken sich senken oder geschlossen sind oder
4. ein Bahnbediensteter Halt gebietet.

²Hat rotes Blinklicht die Form eines Pfeiles, so hat nur zu warten, wer in die Richtung des Pfeiles abbiegen will. ³Das Senken der Schranken kann durch Glockenzeichen angekündigt werden.

(3) Lastkraftwagen mit einem zulässigen Gesamtgewicht über 7,5 t und Züge haben in den Fällen des Absatzes 2 Nr. 2 und 3 außerhalb geschlossener Ortschaften auf Straßen, auf denen sie von mehrspurigen Fahrzeugen überholt werden können und dürfen, schon unmittelbar nach der einstreifigen Bake (Zeichen 162) zu warten.

(4) Kann der Bahnübergang wegen des Straßenverkehrs nicht zügig und ohne Aufenthalt überquert werden, ist vor dem Andreaskreuz zu warten.

(5) Wer einen Fuß-, Feld-, Wald- oder Radweg benutzt, muß sich an Bahnübergängen ohne Andreaskreuz entsprechend verhalten.

(6) ¹Vor Bahnübergängen ohne Vorrang der Schienenfahrzeuge ist in sicherer Entfernung zu warten, wenn ein Bahnbediensteter mit einer weiß-rot-weißen Fahne oder einer roten Leuchte Halt gebietet. ²Werden gelbe oder rote Lichtzeichen gegeben, gilt § 37 Abs. 2 Nr. 1 entsprechend.

(7) Die Scheinwerfer wartender Kraftfahrzeuge dürfen niemand blenden.

Begr zu § 19 ...

Zu Absatz 2: *Auch er enthält geltendes Recht. Die Erwähnung der gelben und roten Lichtzeichen ist notwendig geworden, weil sie schon da und dort auch an Bahnübergängen von Eisenbahnen des öffentlichen Verkehrs statt des roten Blinklichts Verwendung finden. Neben Nummer 1 ist Nummer 4 deshalb so notwendig, weil es Fälle geben kann, in denen sich zwar ein Schienenfahrzeug noch nicht nähert, aber ein Bahnbediensteter auf Grund innerdienstlicher Anordnung bereits niemand mehr auf den Übergang lassen darf.* 1/2

Dagegen will die Verordnung ein Haltgebot nicht allein durch „hörbare Zeichen" (§ 3a Abs. 4 Buchst. b StVO alt) aufrechterhalten, obwohl das Weltabkommen das vorsieht. Abgesehen davon, daß sich dann wohl in aller Regel „ein Schienenfahrzeug nähert", wird sonst nirgends im Straßenverkehrsrecht an akustische Zeichen allein ein Gebot geknüpft; das ist, nicht allein der Schwerhörigen wegen, unmöglich. Statt dessen wird der Verkehrsteilnehmer durch den letzten Satz dieses Absatzes belehrt, daß das Senken von Bahnschranken durch Glockenzeichen angekündigt werden kann. Kann dem Verkehrsteilnehmer nachgewiesen werden, daß er die Glockenzeichen trotz des Lärms seines Fahrzeugs gehört hat oder hätte vernehmen können, so hat er gewußt, daß sich ein Schienenfahrzeug nähert oder er hätte das wissen müssen. Die Rechtslage ist deshalb doch die gleiche wie sie das Weltabkommen vorsieht. 3

Zu Absatz 3: *Die Vorschrift ist neu, aber dringend erforderlich. Läßt man schwere Lastfahrzeuge mit den übrigen Fahrzeugen unmittelbar vor dem Andreaskreuz warten, so halten sie durch ihre Schwerfälligkeit die spätere Wiederanfahrt der angesammelten Fahrzeuge in unerträglicher Weise auf. Sie sollen daher weiter hinten warten. Diese Norm wird auf Bahnübergängen mit Blinklicht, Lichtzeichen oder Schranken beschränkt, weil sich Bahnübergänge ohne technische Sicherung nur auf Straßen von untergeordneter Verkehrsbedeutung finden und eine wesentliche Beeinträchtigung des Verkehrsflusses bei der Wiederanfahrt in solchen Fällen nicht zu besorgen ist ...* 4–6

2 StVO § 19 I. Allgemeine Verkehrsregeln

7   **Zu Absatz 7:** *§ 33 Abs. 1 Satz 3 StVO (alt) verlangt nur das Abblenden. Je nach den Ortsverhältnissen, insbesondere bei ansteigender Straße, können aber auch Abblendlichter blenden; dann verlangt die Neufassung das Abschalten der Scheinwerfer. „Niemand" dürfe geblendet werden, heißt: weder der Lokomotivführer noch der Gegenverkehr.*

Übersicht:

Andreaskreuz 10, 11, 13
Anhalten der Schranken 19
Annäherung mit mäßiger Geschwindigkeit 15
Aufgehende Schranken 21

Bahn, Betriebsgefahr 36, 37
–, Verkehrssicherungspflicht 29
Bahnpersonal, Pflichten an Bahnübergängen 30
Bahnübergang, Verhalten vor 3, 14–28
–, beschrankter 17 ff
–, mit Warnlicht 24
–, unbeschrankter 16
–, ohne Vorrang 27
–, Warten vor 4–6, 25, 26, 28
Bahnvorrang 8–13
Betriebsgefahr der Bahn 36, 37
Blendverbot für Kraftfahrzeuge 34

Dunkelheit, Warnung bei 33

Fahrzeuge
–, schwere, warten 4–6, 26
Feld- und Fußwege 11
Fußgänger 25

Geschwindigkeit, mäßige vor Bahnübergängen 15
Gleisbereich, Haltverbot 28

Hafengebiet 12
Herabgehende Schranke 18, 19

Industriegebiet 12
Kraftfahrzeuge, Blendverbot 34
Lastzüge, Wartepunkt 4–6, 26
Öffnen der Schranken 31, 32
Ordnungswidrigkeiten 39
Radwege 11
Rechtzeitiges Schließen und Öffnen der Schranken 19, 31, 32
Schienenfahrzeuge, Vorrang 8, 9
Schließen der Schranken 18, 19, 31
Schranken, aufgehende 21
–, herabgehende 18, 19
–, nicht bahnbediente 23
Schrankenwärter 31
–, Zeichen des 22
Strafrecht 40

Verhalten vor Bahnübergängen 3, 14–28
Verkehrssicherungspflicht der Bahn 29
Vorrang der Schienenfahrzeuge 8, 9
–, Bahnübergänge ohne 27

Waldweg 11
Warnlicht 24
Warnung bei Dunkelheit 33
Warten vor Bahnübergängen 4–6, 25, 26, 28

Zeichen des Schrankenwärters 22
Zivilrecht 35–38

8   **1. Vorrang der Schienenfahrzeuge.** Für StrBenutzer an Bahnübergängen gilt ausschließlich § 19, Bay VM **77** 65, Dü NZV **89** 482. Die EBO enthält keine Vorschriften für StrVT. Bay VRS **46** 58 erkennt jedoch einen Bußgeldbescheid der Bahn nach § 64 b EBO wegen Nichtbeachtung geschlossener Schranken als gültig an.

9   Schienenfze haben auf höhengleichen Übergängen mit Straßen Vorrang, wenn das Andreaskreuz (Z 201) aufgestellt ist, und in Hafengebieten, an deren Eingängen das Andreaskreuz mit dem Zusatzschild „Hafengebiet, Schienenfahrzeuge haben Vorrang" steht, entsprechend in Industriegebieten (I 3), ferner auf Bahnübergängen über Fuß-, Feld-, Wald- und Radwege auch ohne Andreaskreuz. In allen anderen Fällen besteht kein Bahnvorrang nach § 19. Dieselbe Regelung gilt zB auch für die Straba und für Bahnen des nichtöffentlichen Verkehrs, etwa Industrie- und Zechenbahnen. Der Vorrang setzt voraus, daß die Bahn auf besonderem Bahnkörper fährt und den Verkehrsweg höhengleich kreuzt, BGH VRS **8** 438. Er gilt auch für die noch haltende Bahn nach dem Fahrgastwechsel, Dü NZV **89** 482. § 19 gilt nur für Bahnübergänge im Zuge öffentlicher Straßen (auch Sackstraßen), andernfalls gilt § 62 EBO, Bay DAR **72** 221, Kö NZV **97** 365. Bahnvorrang besteht auch, wenn die Straße auf die Gleise führt (Warnkreuz) und diese zur Weiterfahrt mitbenutzt werden müssen, Kö VM **57** 435, *Filthaut* NZV **92** 395. Muß nach den Umständen damit gerechnet werden, daß ein auf den Gleisen zum Stehen gekommenes Kfz diese nicht rechtzeitig verlassen wird, so entfällt der Bahnvorrang (§ 11 II), Kar VR **92** 370.

10   **1 a. Das Andreaskreuz** (Z 201), soweit vorgeschrieben, begrenzt den Bahnvorrang, BGH NJW **60** 2009 (Straba), KG VM **98** 51, Bay VRS **48** 270. Dieser geht jedem anderen vor (Vorfahrt), Bay VM **59** 50, KG VM **98** 51. Das Andreaskreuz ist ein

Bahnübergänge **§ 19 StVO 2**

VorschriftZ. Nichtbeachtung ist Sorgfaltsverletzung, BGH VM **58** 49. Für den Straba-vorrang genügt es, daß sie nur an einer Seite des verkreuzten Übergangs auf besonderem Bahnkörper verläuft, BGH VM **61** 10.

1 b. An **Fuß-, Feld-, Wald- und Radwegen,** also unbedeutenden, häufig ver- 11
kehrsarmen Nebenwegen hat die Bahn auch ohne Andreaskreuz Vorrang (I Nr 2). Der Geh- und Fahrverkehr auf solchen Wegen muß sich vor Bahnübergängen wie vor Andreaskreuzen verhalten. Er darf nur mäßig schnell herannahen und hat die Warte- und Verhaltenspflichten gemäß I–IV, VI und VII (V). Die Eigenart als Nebenweg wird idR augenfällig sein, wo nicht, werden als Amtspflicht (§ 45) Andreaskreuze aufzustellen sein. Auf die straßenrechtliche Klassifizierung allein kann es nicht ankommen, da unbeschrankte Bahnübergänge gefährlich sind und die Regelung auch für Ortsfremde ausreichend sicher sein muß.

1 c. Hafengebiet, Industriegebiet: Vwv Rn 6 zu VZ 201 (s bei § 41 Rz 13). 12

1 d. Kein Bahnvorrang aus § 19 besteht, wo I nicht vorliegt. Fehlt das Andreas- 13
kreuz, so gilt im übrigen für die etwaige Vorfahrt der § 8, KG VM **98** 51, Hb VM **65** 47, Ha VRS **27** 468, auch für die Straba innerhalb öffentlicher Straßen auf besonderen Bahnkörper, Bay VM **59** 50, s KG VRS **104** 35. Bahn und Straße, auch BundesStr, sind dann gleichberechtigt, Vorfahrt hat, sofern nicht VorfahrtZ (Z 205, 206, 301, 306, 307) aufgestellt sind, wer von rechts kommt (außer aus Feld-, Fuß- und Waldwegen). Das gilt auch für die Bahnen des nichtöffentlichen Verkehrs (Privatanschluß-, Werk-, Gruben- und Feldbahnen), jedoch nicht für Hafen- und Industriegebiete gemäß I 3. Liegen Bahngleise auf öffentlichen Straßen ohne besonderen Bahnkörper, so gelten die allgemeinen VZ und Weisungen der PolB (§§ 36 ff). Keine Kreuzung ist es, wenn Strabagleise auf längerer Strecke schräg von der StrMitte nur zur StrSeite geführt sind, BGH VRS **10** 413, *Filthaut* NZV **92** 395.

2. Verhalten vor Bahnübergängen. Für alle VT gilt ausschließlich § 19, das Eisen- 14
bahnrecht enthält keine straßenverkehrsrechtlichen Vorschriften mehr, Bay VM **77** 65, Schl VM **57** 43. An allen Bahnübergängen besteht erhöhte Gefahr, s Bay VRS **100** 466. Die Bahn kann nicht ausweichen. Ihr Bremsweg ist lang. Deshalb stehen vor Bahnübergängen GefahrZ (Z 150, 151, 153, 156, 159, 162).

2 a. Nur mit mäßiger Geschwindigkeit darf sich der StrV dem Übergang nä- 15
hern (I). Sie muß ausreichen, die vorgeschriebene Wartepflicht zu erfüllen. Das ergibt sich auch ohne Bahnvorrang aus § 1. Was „mäßig" ist, hängt von den Umständen, insbesondere der Art des Bahnübergangs, ab, Bay NJW **85** 1568, Stu VRS **80** 410. Bei mit automatischem Warnlicht gesichertem Übergang innerorts müssen 50 km/h nicht zu schnell sein, Bay NJW **85** 1568, Schl DAR **85** 291 (abl *Booß* VM **86** 20), nach Stu VRS **80** 410 auch nicht ohne weiteres bei erkennbar außer Betrieb gesetzter LichtZ-Anlage. Bei Beschränkung der zulässigen Höchstgeschwindigkeit vor Bahnübergängen durch VZ darf sich der Kf mangels besonderer Umstände mit der durch VZ zugelassenen Geschwindigkeit dem Bahnübergang nähern, Bay DAR **81** 153, Schl DAR **85** 291 (krit *Booß* VM **86** 20). **Überholen** vor Bahnübergängen ist zwar nicht verboten, doch wegen der Geschwindigkeitsbeschränkung und mangelnder Übersicht meist untunlich. Ist Überholen zulässig und vor dem Andreaskreuz noch Platz, so darf an wartenden Lkws vorbei gefahren werden (Rz 26). Ist der Bahnübergang durch das ÜberholverbotsZ 276 gesichert, so darf niemand bei geschlossener Schranke an wartenden Fzen vorbeifahren, auch nicht bei ausreichend breiter Fahrbahn, BGHSt **25** 293 = NJW **74** 1205, Ha VRS **46** 387, aM Bay VM **73** 17.

2 b. Vor unbeschrankten Bahnübergängen ist größte Aufmerksamkeit Rechts- 16
pflicht, BGH VM **62** 8, Ko NZV **02** 184, Fra VR **86** 707, Sa NZV **93** 31, Nau NZV **98** 326. Der Kf muß stets mit Bahnverkehr rechnen, Ol VRS **103** 354, Fra VR **88** 295. Je unübersichtlicher die Strecke, um so größer muß die Vorsicht sein, es ist dann so zu fahren, daß der Kf auf kürzeste Entfernung anhalten kann, Ol NZV **99** 419, VRS **103** 354, Fra VRS **12** 12, jedenfalls solange er die Sicherungen des Übergangs nicht aus-

2 StVO § 19   I. Allgemeine Verkehrsregeln

machen kann, Ol NZV **99** 419, VRS **23** 150, notfalls mit Schrittgeschwindigkeit, BGH VRS **21** 356, KG VM **98** 51, Ol NZV **99** 419, VRS **103** 354, uU muß der Kf vor dem Übergang anhalten und sich vergewissern, Bay VRS **5** 51, Ol NZV **99** 419, VRS **103** 354, oder auch den Motor abstellen (Nebel, starker Schneefall, Glatteis), einen Beobachter voraussenden, Schl VM **57** 43, Ha VRS **20** 218, sein Radiogerät abschalten und ein Einfahrsignal der Bahn am Übergang beachten, BGH NJW **52** 713, wenn er Pfeif- und Läutesignale sonst nicht hören kann, BGH VRS **13** 244. Einzige Ausnahme: klare Übersicht, daß sich kein Zug nähert. Wer an einem unbeschrankten Bahnübergang einen abfahrbereiten Zug stehen sieht, darf sich nicht darauf verlassen, dessen Abfahrt werde durch Warnposten angezeigt werden, auch wenn dies bisher geschehen ist, Ha VRS **41** 122. Eine Bahn „nähert" sich nur dann noch nicht, wenn sie vom Übergang noch so weit entfernt ist, daß jede Beeinträchtigung des Schienenverkehrs durch Fze auf dem Übergang offensichtlich noch ausgeschlossen ist, Bay DAR **72** 221, VM **72** 58. Grobfahrlässig handelt, wer vor einem erkanntermaßen nahe herangekommenen Triebwagen noch durchfährt, Schl VRS **12** 15. Wenden auf einem Bahnübergang ist grob leichtfertig, Kö MDR **54** 38.

17   **2 c.** Auch **beschrankten Bahnübergängen** darf sich der Kf nur mit mäßiger Geschwindigkeit nähern (Rz 15), so daß er in den Fällen des II an richtiger Stelle anhalten kann, Mü NZV **02** 43, Ha VRS **29** 49. Schranken und Halbschranken sind VEinrichtungen (§ 43), durch welche die Bahn neben dem Andreaskreuz ihr Vorrecht anzeigt. Bei geöffneter, unbewegter Schranke darf der Kf mangels Gegenanzeichen darauf vertrauen, daß kein Zug kommt, auch bei Unübersichtlichkeit, BGH GA **58** 51. Zwar muß er auf Läutezeichen achten, die die Bahn übrigens nicht geben muß (II), Ha VRS **29** 49, erforderlichenfalls das Fenster öffnen und das Radio abschalten, Bay VRS **62** 144, doch braucht er den Motor nicht abzustellen. Mäßig wird bei Übergängen mit Blinklicht und Schranken idR nur weniger als „40" sein, s Kö VRS **58** 455. Mit „50–60" darf der Kf nur fahren, wenn die Schranken offenstehen und keinerlei Anzeichen für ein bevorstehendes Schließen sprechen, Bay NJW **60** 1264. Der Fahrer eines langsamen Zuges (Kran) muß sich auch bei Polizeibegleitung uU vorher an den Bahnwärter wenden, BGH VR **60** 1049. Glockenzeichen gebieten für sich allein nicht Halt, sie verpflichten jedoch, mit äußerster Sorgfalt auf die unmittelbar bevorstehenden Haltgebote gemäß II zu achten und sich demgemäß zu verhalten, Bra VRS **54** 222.

18   **2 d. Senken sich die Schranken,** so ist vor dem Andreaskreuz anzuhalten (Rz 25, 26). Keine Schreckzeit, wenn das Z 150 aufgestellt ist, Schl VM **65** 48. Wer beim Beginn des Senkens noch gefahrlos anhalten kann, muß es tun, Kö VRS **58** 455, auch wenn die Schranke ruckend niedergeht, Bay VRS **11** 69. Das Wartegebot setzt ein, sobald der erste Schrankenbaum sich zu senken beginnt, jede abweichende Auslegung wäre gefährlich, Fra VRS **44** 231. Wer das Läutewerk nicht hören kann, muß seine Fahrgeschwindigkeit auf sofortiges Anhalten einrichten, Ce VRS **38** 307, Bay VRS **62** 144. Die Haltgebote in II 1–4 gelten auch für Fze im Bereich zwischen dem Andreaskreuz und der Schranke, Bra VRS **54** 222. Kann der Kf bei beginnendem Senken nicht mehr anhalten, so darf er durchfahren und sich darauf verlassen, daß die Schranke nicht überraschend fällt, Dü VM **61** 72.

19   Bei **Anhalten der Schranke** eindeutig zwecks Durchlassens darf der Kf durchfahren, auch wenn das Anhalten unerlaubt war, Ha VRS **21** 368, doch nur solche Kf, die Gewißheit haben, daß sich das Anhalten auf sie bezieht, andere müssen warten, kein Raum für Verbotsirrtum, Kö VRS **17** 304.

20   Wer wegen fehlerhaften Fahrens die **Schranken durchbricht,** handelt schuldhaft. Durchfahren einer unbeleuchteten Schranke muß nicht grobfahrlässig sein (Schaden Kf 2/3, Bahn 1/3), BGH VR **67** 132.

21   Bei **aufgehender Schranke** darf der Kf mit Sorgfalt anfahren, Schl VM **61** 76, s BGH VR **61** 950, 1016 *(Böhmer).*

22   Über **Handzeichen des Schrankenwärters** muß sich der Kf vor der Schranke Gewißheit verschaffen.

23   **Nicht bahnbediente Schranken** an Übergängen von Privatwegen müssen verschließbar und verschlossen sein, BGH DAR **55** 199.

Bahnübergänge § 19 StVO 2

3. Bahnübergänge mit Warnlicht. Leuchtet an einem Bahnübergang (Straba auf 24 besonderem Bahnkörper) das Warnlicht nicht auf, so darf der Verkehr mangels Übersicht darauf vertrauen, daß keine Bahn kreuzen wird, Bay NJW **75** 840, **85** 1568, aM Schl VM **65** 16. Ist Halten vor dem Andreaskreuz nur durch Gewaltbremsung möglich, darf der Bahnübergang nach Aufleuchten des Lichtzeichens noch überquert werden, Bay DAR **81** 153, NJW **85** 1568, Kar VRS **62** 219. Zumutbar ist eine **mittelstarke Bremsung** (Bremsverzögerung 4 m/s^2), Kar VRS **62** 219, Schl DAR **85** 291. Rotes Blinklicht bedeutet unbedingtes Haltgebot, auch noch, wenn der Zug passiert hat, Ha DAR **62** 59. Am Bahnübergang mit Warnlicht kann erhöhte Bahn-BG durch **grobe Fahrlässigkeit** des Kf uU als unfallsächlich zurücktreten, s § 17 StVG Rz 42. Einen Bahnübergang bei rotem Blinklicht zu überqueren, wird selbst bei geringfügigem Versagen des Kf idR grob fahrlässig sein, BAG VRS **21** 156, Ol ZfS **90** 135, s Fra VRS **70** 321, nach Ol ZfS **90** 135, Kö VRS **93** 40 wegen der besonders hohen Anforderungen an die Aufmerksamkeit beim Überqueren eines Bahnübergangs auch bei Blendung oder Reflexion durch tiefstehende Sonne, abw Ha VR **83** 465. Besondere Vorsicht des Kf ist geboten, wenn das Warnlicht durch Laub, Äste uä erkennbar verdeckt ist, Ha NZV **93** 28. Lichtzeichenregelung nach II 2 ist auch an **Bahnübergängen ohne Bahnvorrang** zulässig (VI S 2).

4. Wartepflicht des StrV besteht in den Fällen von II, V, VI für Fußgänger deutlich 25 vor der Schranke oder in sicherer Entfernung vom Gleisbereich, für Fze nach Maßgabe von II, III, spätestens vor dem Andreaskreuz. Die Wartepflicht gemäß II ist streng auszulegen, denn sie will schon die Entstehung möglicherweise gefährdender Situationen verhindern, Bay DAR **72** 221.

Lkw über 7,5 t und alle Züge haben bei LichtZ sowie bei sich senkender oder ge- 26 schlossener Schranke auf Strn außerorts, wo sie nach der Örtlichkeit von mehrspurigen Kfzen überholt werden dürfen und können, bei der einstreifigen Bake (Z 162) zu warten, damit schnellere Fze die Wartezeit zum Vorfahren nutzen können. Erkennen solche Lkwf das HaltZ erst später, so haben sie sinngemäß jetzt sofort anzuhalten. Pkw mit Wohnwagen sind Züge. Wohnmobile sind keine Lkw, s § 23 StVZO Rz 18, *Berr* 1, 455.

5. Auch an **Bahnübergängen ohne Vorrang** ist stets mit Bahnverkehr zu rechnen, 27 es sei denn, es kommt offensichtlich kein Zug, Stu VRS **26** 68.

6. Zügig überqueren müssen FzF den Bahnübergang (Abs IV). Auch ohne Zugan- 28 kündigung dürfen sie nicht auf dem Bahnübergang stehen bleiben, Kö NZV **90** 152. Bei stockendem, dichtem Verkehr über den Bahnübergang muß vermieden werden, daß bei Zugankündigung (II) Fze im Gleisbereich anhalten (FzSchlange). Daher darf nur einfahren, wer jenseits des Gleisbereichs mit Gewißheit genügend Platz zum Anhalten oder Weiterfahren hat (IV), Fra VR **88** 295, also zB nicht, solange ein Fz oder VPosten jenseits des Übergangs die Fahrtrichtung sperrt, Ol VRS **15** 459. Bei beschränkter Sicht muß Gewißheit bestehen, den Gleisbereich rechtzeitig verlassen zu können, Bay DAR **72** 221. Irrt der Kf darüber, den Gleisbereich zügig überqueren zu können, so muß er ihn sofort räumen, auch wenn sich keine Bahn nähert, Ha VR **73** 864. Wer mit einer Panne auf dem Übergang liegenbleibt, muß damit rechnen, daß jederzeit ein Zug kommen kann, BGH LM § 1 HaftpflG Nr 5, Kö MDR **54** 38.

7. Verkehrssicherungspflicht der Bahn auf höhengleichen Übergängen besteht 29 nach § 14 EKrG 1971 (BGBl I 337), § 11 EBO. Die Regelung in § 14 EKrG hinsichtlich der Erhaltungslast (Kostentragung durch die Bahn, soweit Eisenbahnanlage) ist verfassungsgemäß, BVG VBl **75** 104. Zur Sicherung verwendet die Bahn Blinklichtanlagen mit oder ohne Halbschranken, Schranken, Hörsignale, Drehkreuze, Abschlüsse und Posten. Die Art der Sicherung richtet sich nach der VBedeutung des Übergangs. § 11 EBO idF v 8. 5. 91 (BGBl I 1098) unterscheidet schwachen (täglich idR höchstens 100 Kfze, mäßigen (mehr als 100 bis 2500 Kfze) und starken Verkehr (mehr als 2500 Kfze neben anderem Verkehr). Diesen Umständen entsprechend ist der Übergang zu sichern, späterer VSteigerung anzupassen, BGH NJW **54** 640, Fra VR **88** 295, zu beleuchten, BGH VR **67** 132. Die Maßnahmen müssen Sicherung gewährleisten, BVG VBl **67** 69. Eigenverantwortlich muß die Bahn prüfen, ob aufsichtsbehördlich angeordnete Maßnahmen (noch) genügen, BGH VRS **13** 244, **6** 92. Je gefährlicher der Übergang baulich ist, um so strengere Anforderungen sind zu stellen, BGH VR **65** 84, Ol NZV **99** 419, Kö NZV **90** 152, Fra NZV **95** 443. Führte Übersehen des Blinklichts schon mehrfach zu Unfällen, so sind durch die Bahn weitere Sicherungsmaßnahmen zu treffen, Ol NZV **99** 419. Verletzung der VSicherungspflicht, wenn der Fahrbahnrand auf dem Übergang nicht markiert und nicht abgeschrägt ist, Mü NZV **00** 207 (Steckenbleiben eines Kf im Schotterbett nach Abkommen von der Fahrbahn bei Nebel). Bei Zusammentreffen einer stark befahrenen StrKreuzung, die auch Linksabbiegen erlaubt, mit einem Bahnübergang, muß die Bahn trotz Beschrankung zusätzliche Sicherheitsvorkehrungen treffen, Kö NZV **90** 152. Verletzung der VSicherungspflicht der Bahn, wenn die Beschilderung nicht der (vorübergehend erhöhten) VBedeutung der Str entspricht, Mü NZV **00** 206. Bei ganz unübersichtlichen, unbeschrankten Übergängen sind Warnposten nötig, Ha VRS **31** 379. Wird ein „Schlängelgitter" für Fußgänger erkennbar umgangen, muß die Bahn Vorkehrungen dagegen treffen, Nau NZV **98** 326. Neben der Bahn kann der Träger der Baulast der kreuzenden Str verkehrssicherungspflichtig sein, BGH NZV **94** 148 (Beschränkung der Sicht auf Warnz durch Zweige). Richtlinien über Abhängigkeit zwischen der technischen Sicherung von Bahnübergängen und der VRegelung an benachbarten StrKreuzungen und -einmündungen, VBl **72** 547, **77** 90, **84** 38 = StVRL Nr 1.

30 **8. Pflichten des Bahnpersonals an Übergängen.** Der Lokführer, der den Übergang befährt, unterliegt an sich § 1, BGH VRS **5** 304, Nü VR **85** 891, Sa NZV **93** 31. Doch braucht er bei Bahnvorrang nicht so langsam zu fahren, daß er vor einem Wartepflichtigen jederzeit anhalten kann, KG VM **98** 51, Nü VR **85** 891, Sa NZV **93** 31. Er darf darauf vertrauen, daß Kfze mit noch hinreichendem Anhalteweg vor Rot anhalten, Ko VRS **48** 267, Kö VRS **93** 40. Allein wegen Zuschnellfahrens eines Kfz vor einem unbeschrankten Bahnübergang muß ein Triebwagen noch nicht verlangsamen, Ce VR **77** 361. Nur wenn er bemerkt, daß ein StrFz nicht anhält, oder dies bemerken müßte, muß er versuchen, den Zusammenstoß zu vermeiden, BGH VR **67** 1197 (unbeschrankt, 15 km/h), KG VM **98** 51, Sa NZV **93** 31. Auf Bestürzung kann er sich dabei nicht berufen, BGH VRS **21** 14. Die Strecke muß er ständig beobachten und seine Sicherheitsvorschriften einhalten, BGH VRS **7** 54, Nü VR **85** 891. Nach Vorschrift hat er zu läuten und darf mangels Gegenanzeichen auf Beachtung des Läutezeichens vertrauen, Kö MDR **54** 38. Der Strabaf, der auf besonderem Bahnkörper mit Vorrecht eine Straße kreuzt, darf auf das Vorrecht auch vertrauen, wenn er vorher an einer Bedarfshaltestelle nicht gehalten hat, Bay VBl **61** 609. Auf die Beachtung des Andreaskreuzes darf er vertrauen, Ha NJWE-VHR **97** 83, auch wenn die Warnlichtanlage ausgefallen ist, Ko VRS **84** 416.

31 Der **Schrankenwärter** muß die Schranke rechtzeitig schließen, BGH VRS **25** 197, nicht nur nach seinem Zeitgefühl, BGH VRS **20** 58, wenn ihm für das Schließen und Öffnen auch ein Spielraum zusteht, BGH VRS **19** 405, 408. Ist der Übergang belebt, so darf er an sich gebotenes Schließen nicht für ein langsames Fz unterbrechen und nicht darauf rechnen, er werde die folgende Kolonne noch anhalten können, BGH VRS **11** 430.

32 Zu früh öffnen darf er die Schranke auch nicht, BGH VRS **25** 197. Auf mehrgleisigen Strecken darf er erst öffnen, wenn er weiß, daß auf dem anderen Gleis kein Zug und keine verspätete Durchfahrt gemeldet ist, BGH VRS **10** 105, und nicht schon, wenn der letzte Wagen noch auf dem Übergang ist, obwohl er mit vorzeitigem Losfahren eines Kf nicht rechnen muß, Ha VRS **13** 138.

33 Bei Dunkelheit ist durch geschwenktes Rotlicht zu warnen, Weißlicht führt irre, Ha VRS **31** 379.

34 **9. Niemanden blenden,** weder den Lokf noch den Gegenverkehr, dürfen die Scheinwerfer wartender Kfze (VII). Nach der Örtlichkeit kann dazu uU gänzliches Ausschalten der Scheinwerfer gehören (Rz 7).

35 **10. Zivilrecht (Haftung).** Das Schrankenbedienen gehört zur Verkehrssicherungspflicht der Bahn, BGH VRS **6** 943, Bra VBl **54** 369. Der Schrankenwärter ist Verrichtungsgehilfe (§ 831 BGB), Ko VRS **9** 321. Verletzung der Verkehrssicherungspflicht, wenn die Aufsichtsbehörde gesteigerter Verkehrsfrequenz des Übergangs nicht Rechnung trägt, BGH NJW **54** 640, wenn die Bahn gegen Verdecken des Warnlichts durch

Laub keine Maßnahmen ergriffen, Ha NZV **93** 28. Haftung der Bahn gem § 823 BGB, wenn sie es unterläßt, auf Beseitigung von Sichtbehinderungen auf die Warnanlage durch Zweige hinzuwirken, BGH NZV **94** 146. Zur Haftung, wenn das Warnblinklicht, auf dessen Funktion ein Kf vertrauen darf, möglicherweise verspätet aufgeleuchtet hat, Stu VR **79** 1129, KG VM **80** 56.

Zur **Betriebsgefahr** der Bahn, s § 17 StVG Rz 39 ff. **36**

Selbst erhöhte BG der Bahn kann gegenüber grobem Verschulden des Kf zurücktreten, s § 17 StVG Rz 42. **37**

Die bevorrechtigte Straba haftet mit Ausnahme höherer Gewalt, auch bei verkehrsgerechtem Verhalten des Fahrers, BGH VR **67** 138. Der **Anschein** spricht gegen den, der trotz rechtzeitig geschlossener Schranke vom Zug erfaßt wird, BGH VRS **10** 22, Ce NZV **88** 22, oder auf einem sonst ordnungsgemäß gesicherten Übergang, Kö DAR **64** 111, Ko VRS **84** 416, KG VM **98** 51. Zur Frage des Anscheinsbeweises für verkehrsbedingtes Halten vor dem Bahnübergang, s Fra VR **81** 841. Grobe Fahrlässigkeit, s Rz 24. **38**

11. Ordnungswidrig (§§ 24 StVG, 49 StVO) handelt, wer die Regeln über die Fahrgeschwindigkeit (§ 19 I S 2, V) verletzt, wer entgegen § 19 II bis VII an unrichtiger Stelle wartet oder andere blendet, sodann der Verbandsführer, der nicht dafür sorgt, daß der Verband die §§ 19 II, IV, VI 19 I–III (Vorränge) beachtet. Neben Abs I finden andere Bestimmungen über Vorfahrt und Vorrang keine Anwendung, Dü NZV **89** 482, Kö NZV **97** 365, neben II S 1 Nr 2 insbesondere auch nicht § 37, BaySt **01** 41 = VRS **100** 465, Kö NZV **97** 365. TE mit Verstoß gegen § 37 allerdings, wenn die LZA sowohl den V auf den Schienen als auch die unmittelbar davor befindliche Einmündung oder Kreuzung schützt, Bay VRS **100** 465. **39**

12. Strafrecht. Greift § 315 StGB ein, so tritt § 19 StVO zurück (§§ 21 OWiG, 24 StVG). Zur Tragweite des § 315 StGB an Bahnübergängen, BGH NJW **60** 2009, außerdem VRS **19** 442. Gefährdung durch unsachgemäßes Bedienen der Schranken (uU § 315 b StGB), Ha VBl **66** 68. Beschädigung eines Lastzugs durch zu spätes Schrankenschließen als Hindernisbereiten (§ 315 b StGB), BGH VRS **19** 452. Ist die Bahn an Kreuzungen mit Fahrbahnen nach § 19 vom StrV abgeschirmt, so nimmt sie nicht iS von § 315 d StGB am StrV teil, Stu VM **72** 93. Erhöhte Fahrlässigkeit als Straferhöhungsgrund bei Kenntnis der Gefährlichkeit des Übergangs; Mitschuld des Bahnbediensteten bei Nichtbeachtung von Fahrdienstvorschriften als Milderungsgrund beim Kf, BGH VRS **21** 356. **40**

Lit: *Böhmer*, Unbeschränkte Eisenbahnübergänge …, MDR **56** 654. *Filthaut*, Rechte und Pflichten des Verkehrs an den Übergängen mit besonderen Bahnkörpern und allgemeinen Bahnen, NZV **92** 395. *Kodal/Krämer*, Straßenrecht, 6. Aufl. 1999, Kap 20. *Mayr/Scherer*, Verhalten des Kf am Eisenbahnübergang, KVR „Eisenbahnübergang". *Stiegler*, Eisenbahnrechtliche Planfeststellung und VSicherungspflicht an schienengleichen Bahnübergängen, MDR **58** 71. *Weber/Scherer*, Die Zivilrechtliche Haftung für Unfälle an Eisenbahnübergängen, KVR „Eisenbahnübergang". **41**

Öffentliche Verkehrsmittel und Schulbusse

20 (1) An Omnibussen des Linienverkehrs, an Straßenbahnen und an gekennzeichneten Schulbussen, die an Haltestellen (Zeichen 224) halten, darf, auch im Gegenverkehr, nur vorsichtig vorbeigefahren werden.

(2) Wenn Fahrgäste ein- oder aussteigen, darf rechts nur mit Schrittgeschwindigkeit und nur in einem solchen Abstand vorbeigefahren werden, daß eine Gefährdung von Fahrgästen ausgeschlossen ist. ²Sie dürfen auch nicht behindert werden. ³Wenn nötig, muß der Fahrzeugführer warten.

(3) Omnibusse des Linienverkehrs und gekennzeichnete Schulbusse, die sich einer Haltestelle (Zeichen 224) nähern und Warnblinklicht eingeschaltet haben, dürfen nicht überholt werden.

(4) ¹An Omnibussen des Linienverkehrs und an gekennzeichneten Schulbussen, die an Haltestellen (Zeichen 224) halten und Warnblinklicht eingeschaltet haben, darf nur mit Schrittgeschwindigkeit und nur in einem solchen Abstand vorbeigefahren werden, daß eine Gefährdung von Fahrgästen ausgeschlossen ist. ²Die Schrittgeschwindigkeit gilt auch für den Gegenverkehr auf derselben Fahrbahn.

2 StVO § 20   I. Allgemeine Verkehrsregeln

³Die Fahrgäste dürfen auch nicht behindert werden. ⁴Wenn nötig, muß der Fahrzeugführer warten.

(5) ¹Omnibussen des Linienverkehrs und Schulbussen ist das Abfahren von gekennzeichneten Haltestellen zu ermöglichen. ²Wenn nötig, müssen andere Fahrzeuge warten.

(6) Personen, die öffentliche Verkehrsmittel benutzen wollen, müssen sie auf den Gehwegen, den Seitenstreifen oder einer Haltesteleninsel, sonst am Rand der Fahrbahn erwarten.

1   **Begr** zur ÄndVO v 18. 7. 95 (VBl **95** 532):

Zu Abs 1 bis 4: Die Neufassung des § 20 Abs. 1 und 1 a erfolgt im Interesse der Sicherheit sowohl der Fahrgäste in Schulbussen als auch in Omnibussen des Linienverkehrs.

Schüler werden in Schul-, zumeist aber in Linienbussen zur Schule befördert. Darüber hinaus benutzen sie die Linienbusse auch in ihrer Freizeit. Die jungen Fahrgäste sind altersbedingt aber nicht in jedem Fall in der Lage, die Gefahren des Straßenverkehrs zutreffend einzuschätzen und sich insoweit richtig zu verhalten. Beim Erreichen bzw. beim Verlassen des Busses bringen sie nicht immer die erforderliche Achtsamkeit auf.

Nach der bisherigen Regelung sollte diesem Sachverhalt durch Anordnung einer „mäßigen Vorbeifahrgeschwindigkeit" an Schulbussen Rechnung getragen werden. Mit der neuen Verhaltensvorschrift soll die Zahl der verletzten und getöteten Schüler bei ihrer Beförderung in Schul- und Linienbussen – bei letzteren war bisher lediglich ein „vorsichtiges Vorbeifahren" vorgeschrieben – weiter verringert werden.

Die angeordnete Schrittgeschwindigkeit gewährleistet in Gefahrensituationen ein sofortiges Anhalten durch den Kfz-Verkehr und trägt damit der Sicherheit aller Fahrgäste in Schul- und Linienbussen ausreichend Rechnung... .

2   **Begr** zur ÄndVO v 22. 3. 88 (VBl **88** 223):

Zu Abs 5: Der Vorrang vor dem übrigen Verkehr beim Abfahren von einer Haltestelle soll nicht nur den Linienbussen, sondern auch den Schulbussen zukommen. Auch diese fahren nach einem Fahrplan, und es ist gerechtfertigt, sie vor dem Individualverkehr zu bevorzugen.

Vwv zu § 20 Öffentliche Verkehrsmittel und Schulbusse
Zu Absatz 4

3   *1*   *I. Vor der Festlegung von Haltestellen von Schulbussen sind von der Straßenverkehrsbehörde neben Polizei und Straßenbaubehörde auch Schule, Schulträger und Schulbusunternehmer zu hören. Dabei ist darauf zu achten, daß die Schulbusse möglichst – gegebenenfalls unter Hinnahme eines Umwegs – so halten, daß die Kinder die Fahrbahn nicht überqueren müssen.*

3a   *2*   *II. Es ist vorzusehen, daß Schulbusse nur rechts halten. Die Mitbenutzung der Haltestellen öffentlicher Verkehrsmittel ist anzustreben.*

4   **1. Öffentliche Verkehrsmittel** sind Straßenbahnen, Kraftomnibusse und Obusse, nicht Taxen. Straßenbahnen sind Schienenbahnen, die ausschließlich oder überwiegend der Personenbeförderung im Orts- oder Nachbarschaftsbereich dienen (§ 4 PBefG). Beförderungsmittel, die im StrV nicht teilnehmen, scheiden für § 20 aus. Omnibusse sind nach Bauart und Einrichtung zur Beförderung von Personen bestimmte Kraftfahrzeuge mit mehr als 8 Fahrgastplätzen, § 30 d I StVZO. Darunter fallen auch Obusse, weil im Rahmen des § 20 die auf dem StVG beruhende Begriffsbestimmung gilt und nicht die des PBefG (§ 4 IV), s *Filthaut* NZV **96** 59, DAR **95** 277, *Hentschel* NJW **96** 239, aM *Seidenstecher* DAR **95** 427. Linienverkehr ist eine zwischen bestimmten Ausgangs- und Endpunkten eingerichtete regelmäßige Verbindung, auf der Fahrgäste an bestimmten Haltestellen ein- und aussteigen können (§ 42 PBefG). **Schulbusse** sind Fze, die für Schülerbeförderung besonders eingesetzt und nach Maßgabe von § 33 IV BOKraft kenntlich gemacht sind. Sorgfaltspflicht öffentlicher Beförderungsmittel gegenüber Fahrgästen, s *Schleusener/Scherer,* Omnibusrecht, KVR.

5   **2. Vorbeifahren an Haltestellen.** Haltestellen: Z 224 (Straba und Linienbusse). Schulbushaltestelle: Z 224 mit Zusatzschild. § 20 I–IV gelten nur für öffentliche Haltestellen, Bay DAR **73** 332, Ha MDR **01** 387, nämlich für die durch diese beiden HaltestellenZ gekennzeichneten StrStellen in der ganzen Länge des jeweils haltenden Zuges (Omnibusses) einschließlich einiger Meter davor und dahinter, Dü VM **70** 8, enger *D. Müller* VD **04** 183, bei Doppelhaltestellen nur für den StrTeil, an welchem öffentliche VMittel gerade halten, nicht für Fahrstreifenwechsel auf freier Strecke, Ha MDR **01** 387. Hält das VMittel rechts am Bordstein oder so nahe an diesem, daß nur links vorbeigefahren werden kann, so ist vorsichtig vorbeizufahren (I). Haltestellen an VInseln: Rz 8. Die Pflicht zu vorsichtigem Vorbeifahren gilt nach der am 1. 8. 95 in Kraft getretenen Neufassung auch gegenüber gekennzeichneten Schulbussen, ferner gegenüber allen in Abs I genannten VMitteln auch für den GegenV, soweit diesem nicht eine durch Mittelstreifen getrennte Richtungsfahrbahn zur Verfügung steht, s *Bouska* DAR **95** 398, *Filthaut* NZV **96** 59. „Vorsichtiges" Vorbeifahren wird idR eine mäßige Geschwindigkeit voraussetzen. Ist mit unbesonnenem Hervortreten von Kindern zu rechnen, so kann, auch wenn die Voraussetzungen der Absätze I und IV nicht vorliegen, Schrittgeschwindigkeit geboten sein, Ol NZV **88** 103.

Nur mit Schrittgeschwindigkeit darf an den in Abs I genannten VMitteln rechts 6 wie links („vorsichtig") vorbeigefahren werden, **wenn Fahrgäste ein- oder aussteigen,** weil diese erfahrungsgemäß nicht immer auf Fze achten, BGH VM **57** 69, Ce ZfS **88** 188, Fra JR **94** 77, obwohl sie dies müssen, auch von VInseln aus, BGH VRS **15** 466. Einsteigende müssen, solange keine Straba nahe herangekommen ist, das Vorrecht des Fahrverkehrs beachten, ebenso Fußgänger, die eine VInsel betreten oder verlassen. Schrittgeschwindigkeit: s § 42 Rz 181 Z 325/326 sowie *Hentschel* NJW **96** 240. Abs II gilt auch für Radf auf Radwegen, s Begr. Je lebhafter der Fußgängerverkehr beim Ein- und Aussteigen ist, um so mehr Vorsicht ist geboten. **Eingeschaltetes Warnblinklicht** eines an einer Haltestelle haltenden Linien- oder gekennzeichneten Schulbusses verpflichtet auch ohne Fahrgastwechsel stets zu Schrittgeschwindigkeit beim Vorbeifahren, und zwar auch den GegenV auf derselben Fahrbahn (nicht bei Trennung der Richtungsfahrbahnen durch Mittelstreifen). Die erhöhte Sorgfaltspflicht beim Vorbeifahren besteht aber nur, solange das Warnblinklicht in Betrieb ist, Ol NZV **88** 103, NZV **91** 468 (jeweils Schulbus). Die Verhaltensvorschriften der Abs I–IV dienen, wie aus dem **Schutzzweck** der Vorschrift folgt (s Begr, Rz 1), nur dem Schutz der Benutzer der öffentlichen VMittel, nicht anderen Fußgängern, LG Mü I NZV **00** 473 (zust *Bouska*), aM Kö VRS **102** 436 (zust *D. Müller* VD **04** 182). Jedoch wird eine dem Abs I entsprechende Verhaltenspflicht bei Haltestellen vielfach schon aus § 1 II folgen, *Bouska* NZV **02** 474, Kö VRS **102** 436. IV schützt, soweit er Schulbusse betrifft, ausschließlich die den Schulbus benutzenden Schulkinder, Ha VRS **60** 38, s Rz 18.

3. **Nähert sich** ein öffentliches VMittel oder ein gekennzeichneter Schulbus der 7 Haltestelle, so greift die erhöhte Sorgfaltspflicht (II) bereits ein, sobald die Fahrgäste die Fahrbahn zu betreten beginnen, um einzusteigen, Ha MDR **74** 1018, KG NJW **63** 1065. Erfahrungsgemäß beachten sie den Fahrverkehr dann nicht mehr sorgfältig, BGH VRS **17** 43, Br VM **66** 7. Wer sich als Kf zugleich mit einer Straba einer Haltestelle nähert und den Vorausfahrenden bremsen sieht, muß mit überquerenden Fußgängern rechnen, Ha VRS **40** 439. Fahrgäste, die sich allzu früh auf der Fahrbahn aufstellen, handeln schuldhaft. Der Fahrverkehr muß auf sie Rücksicht nehmen, doch nicht nach dem Maßstab des § 20. Naht noch keine Straba, so gelten für die Sorgfalt des Fahrverkehrs an Haltestellen die §§ 1, 3 I, s BGH NJW **55** 510. Nähert sich ein Linien- oder gekennzeichneter Schulbus **mit eingeschaltetem Warnblinklicht** der Haltestelle, so darf er nicht mehr überholt werden (III), s § 16 II S 1. Das wird auch bei kurzer Unterbrechung des Annäherungsvorgangs durch verkehrsbedingtes Anhalten des Busses zu gelten haben, obwohl sich der Bus dann nicht mehr im Wortsinne „nähert", s *Bouska* DAR **95** 399, *Filthaut* NZV **96** 60, *Hentschel* NJW **96** 240. Wird das Warnblinklicht verfrüht eingeschaltet, so daß für andere FzF ein Zusammenhang mit einem bevorstehenden Halten noch nicht erkennbar ist, so fehlt es an den Voraussetzungen des Abs III (sich „nähern", s § 16 Rz 15). Verstoß gegen III ist seit 23. 2. 96 (Inkrafttreten der ÄndVO v 14. 2. 96, BGBl I 216) bußgeldbewehrt, s Rz 17.

2 StVO § 20   I. Allgemeine Verkehrsregeln

8   An **Haltestelleninseln** darf der Kf darauf vertrauen, daß Wartende und Aussteigende nicht unverhofft auf die Fahrbahn treten, BGH NJW **67** 981, VM **59** 9. Er muß sich angemessen sorgfältig verhalten, Dü VM **74** 16, doch gilt die strenge Regel des II nicht, *Jan/Jag/Bur* Rz 6, *Bouska* DAR **95** 399.

     Lit: *Bouska,* Mehr Sicherheit im Bereich von Omnibushaltestellen, DAR **95** 397. *Filthaut,* Vorbeifahren und Überholen an Straba- und Omnibushaltestellen, NZV **96** 58. *Hentschel,* Die neuen Bestimmungen über das Überholen an Haltestellen, NJW **96** 239. *D. Müller,* Verhaltensrecht an Bushaltestellen, VD **04** 181.

9   4. Der **Seitenabstand** beim Vorbeifahren rechts am haltenden VMittel muß **während des Ein- und Aussteigens** von Fahrgästen so bemessen sein, daß er Gefährdung ausschließt (Rz 10), und zwar auf dem gesamten Vorbeifahrweg, Stu NJW **65** 644, Ce NJW **61** 2117. Das gleiche gilt für das Vorbeifahren an Linienbussen und gekennzeichneten Schulbussen, die an einer Haltestelle **mit eingeschaltetem Warnblinklicht** halten (IV). Vorbeifahren an einem haltenden Linienbus oder gekennzeichneten Schulbus während des Fahrgastwechsels (Abs II) mit **mindestens 2 m seitlichem Abstand,** Kö VRS **102** 436, Fra JR **94** 77 (Anm *Lampe*), Ol NZV **88** 103, oder so langsam, daß sofortiges Anhalten möglich ist, BGH JZ **69** 742, Bay DAR **73** 332, Fra JR **94** 77, KG DAR **76** 300, ebenso während eingeschalteten Warnblinklichts (Abs IV). Muß auf schmaler Straße an einem haltenden Bus (mit totem Winkel) vorbeigefahren und können 2 m seitlicher Abstand nicht eingehalten werden, so ist mit sofortiger Anhaltemöglichkeit vorbeizufahren, BGH VR **73** 1045, Kö VRS **102** 436, Kar NZV **89** 393. Der Kf muß nicht damit rechnen, daß hinter einem haltenden, anfahrenden oder in Gegenrichtung haltenden Bus Personen unachtsam die Fahrbahn überqueren, aber damit, daß sie unvorsichtig hervortreten, um sich zu orientieren, BGH NJW **68** 1532, Ha VRS **47** 222, Stu VRS **40** 292, Bay VRS **40** 214, Kö VRS **64** 434, uU auch damit, daß Kinder und Jugendliche von rechts unachtsam die Fahrbahn überqueren, Ce NZV **91** 228. Wer mit zulässigen „60" an einem **in Gegenrichtung** haltenden Bus mit 5 m Seitenabstand vorbeifährt, verhält sich richtig, sofern er mit besonders verkehrsungewandten Fußgängern (Kindern, alten Leuten) nicht rechnen muß, Hb VRS **41** 261 (s aber § 3). 2 m Abstand vom in Gegenrichtung haltenden Bus sind idR ausreichend, Kö VRS **64** 434. Die strenge Regel des II S 1 gilt hier nicht, weil nicht rechts vorbeigefahren wird, der FzVerkehr also nicht zwischen dem haltenden öffentlichen VMittel und dem Gehweg durchfährt, Ha NZV **95** 75.

10   5. **Ausgeschlossen** muß die Gefährdung in allen Fällen von II S 1 und IV S 1 sein. Der Kf muß hinsichtlich Fahrgeschwindigkeit und Abstand die durchschnittlich erdenkliche Sorgfalt angewendet haben. Näher: E 150. Dieser strenge Maßstab ist jedoch nur gerechtfertigt, wenn die übrigen Merkmale von II und IV nicht überdehnt werden (Rz 9).

11   6. **Anhalten und warten** muß der Kf, wenn das Weiterfahren Fahrgäste, die ein- oder aussteigen, gefährden oder auch nur behindern würde. Das gilt nach Abs II während des Ein- und Aussteigens an allen Haltestellen und darüber hinaus an den Haltestellen, an denen gem § 16 II 1 Warnblinklicht eingeschaltet ist, schon ab dem Aufleuchten des Warnblinklichts. Das bedeutet andererseits nicht, daß Fußgänger, die dem Bus zustreben oder nach dem Verlassen einer Straba die Fahrbahn überschreiten, nicht auf den FahrV zu achten hätten. II S 2 und IV S 3 enthalten keine eigentliche Vorrangregelung, s *Bouska* DAR **95** 399. Im Zweifel muß ein sorgfältiger Kf aber in solchen Fällen anhalten, wenn sogar Schrittfahren riskant wäre.

12   7. **Abfahrende Omnibusse des Linienverkehrs und Schulbusse (V).** V enthält eine Sonderregelung des Anfahrens, weil ein „einzelnes" Fz kein fahrplangebundenes Massenverkehrsmittel aufhalten soll, BGHSt **28** 218 = NJW **79** 1894, Dü VRS **82** 378. Omnibusse iS von Abs V sind auch Obusse, *Filthaut* DAR **84** 277 (s Rz 4). Begriffsbestimmung des Linienverkehrs: Rz 4. Auch bezüglich der Schulbusse gilt Abs V nur an gekennzeichneten Haltestellen. V schränkt den Vorrang des fließenden Verkehrs (§ 10) dahin ein, daß dieser eine Behinderung durch rechtzeitig angezeigtes Abfahren des Lini-

Öffentliche Verkehrsmittel und Schulbusse   § 20 StVO **2**

en- bzw Schulbusses durch Verlangsamen bei mittelstarker Bremsung (keine Notbremsung), Bay NZV **90** 402, Dü DAR **90** 462, und notfalls Warten hinnehmen muß. Der Busf darf bei rechtzeitiger Anzeige des Abfahrens mit Beachtung durch den fließenden Verkehr, auch Kolonnenverkehr, rechnen, BGHSt **28** 218 = NJW **79** 1894 (Bedenken gegen das Ergebnis der Entscheidung bestehen deshalb, weil dies bei auf 2 m aufgerücktem Fließverkehr zweifelhaft bleiben muß und auf Erzwingen des Vortritts hinausläuft), Bay NZV **90** 402, Dü DAR **90** 462, VRS **82** 378, *Filthaut* DAR **84** 279, aber nicht *blindlings* darauf vertrauen, Dü VRS **65** 336, DAR **90** 462. Trotz seines Vortritts unterliegt der Linienbus der allgemeinen Sorgfaltspflicht, Br VR **76** 545, Dü VRS **65** 156, **82** 378, DAR **90** 462, jedoch nicht der gesteigerten nach § 10 S 1, Fra VRS **54** 368, Dü DAR **90** 462, *Rüth/Berr/Berz* § 10 Rz 17, aM Dü VM **74** 14. Er darf seinen Vorrang nicht erzwingen, BGHSt **28** 218 = NJW **79** 1894, Hb VR **76** 1138, Dü VRS **65** 156, 336, *Filthaut* DAR **84** 280. Das Busvorrecht besteht auch, wenn er vom Fahrbahnrand abfahren will und dabei die linke Spur benutzen muß, Hb VR **76** 1138, Dü VRS **82** 378; sonst gilt es nur für das Weiterfahren auf dem rechten Fahrstreifen. Das Anfahrvorrecht des Busf (V) gilt nicht auch für das sofortige Ansteuern des linken Fahrstreifens, dafür gilt § 7 V, der nahe aufgerückte Verkehr hat dort Vortritt, Bay VRS **58** 457, Ha VRS **53** 377, Dü VRS **64** 409. Im Verhältnis zum Entgegenkommenden gilt das Vorrecht nicht, aM *Filthaut* DAR **84** 279, offengelassen von Kö VRS **64** 434; muß der Bus beim Anfahren wegen Hindernisses auf der rechten Fahrbahnseite auf die Gegenfahrbahn ausweichen, so gilt § 6 S 1. Das Vorrecht darf nicht gefährdend ausgeübt werden, wie etwa bei verspäteter oder Nichtanzeige, BGHSt **28** 218 = NJW **79** 1894, Bay NZV **90** 402, Dü VM **74** 14, VRS **60** 225, **65** 336, **82** 378, DAR **90** 462, Kö VRS **67** 59, zB nicht gegenüber einem nahe aufgerückten Pkw, der notbremsen müßte; vielmehr darf der Busf nur eine mittelstarke Bremsung (3–4 m/sec^2) erwarten, Kö VRS **67** 59, *Kürschner* NZV **89** 175. *Filthaut,* Das Vorrecht des Omnibuslinienverkehrs beim Anfahren von gekennzeichneten Haltestellen, DAR **84** 277.

8. Ein- und Aussteigen. Fahrgäste müssen auf dem Gehweg, dem Seitenstreifen **13** oder auf Haltestelleninseln, mangels dessen am Fahrbahnrand warten (Abs VI). Vor Inseln darf der Kf darauf vertrauen, daß Wartende die Fahrbahn freilassen, BGH NJW **67** 981. Der Kf darf darauf vertrauen, daß an einer leeren Haltestelle wartende Fahrgäste, deren Verhalten er klar überblicken kann, ihn unbehindert vorbeifahren lassen, Ha VRS **40** 439. Ist die Bahn herangekommen, brauchen die Wartenden nicht bis zum Anhalten zu warten, ehe sie auf die Fahrbahn treten, BGH VM **55** 5. Der Busf darf an der Haltestelle dicht **an den Bordstein heranfahren,** uU muß er dabei Wartende jedoch warnen, wenn sie allzu dicht am Fahrbahnrand stehen, s Sa VM **80** 88. Wer zu nahe der Bordsteinkante wartet und deshalb mit dem Bus kollidiert, hat einen erheblichen Schadensanteil selber zu tragen, Ha VR **78** 876. **Auf- und Abspringen** während der Fahrt, auch wenn es sonst niemand gefährdet, schließt die Bahnhaftung idR aus, BGH VBl **56** 330, auch wenn versehentlich die Tür offensteht, BGH VRS **22** 249. Wer verbotswidrig aufspringt, haftet dafür, wenn er jemand dadurch zu Fall bringt, Stu VR **62** 1117.

Ausgestiegene Fahrgäste und solche, die einsteigen wollen, müssen die Fahrbahn **14–16** auf kürzestem Weg quer zur Fahrtrichtung mit Vorsicht und ohne Aufenthalt überschreiten, Mü NZV **91** 389, Ha NZV **95** 75 (§ 25) (Rz 8, 9, 11).

9. Ordnungswidrig (§§ 24 StVG, 49 StVO) sind alle Zuwiderhandlungen gegen **17** § 20 (§ 49 I Nr 19b), seit 23. 2. 96 (Inkrafttreten der ÄndVO v 14. 2. 96, BGBl I 216) auch Verstöße gegen III (Überholverbot). Das Überholen eines sich mit Warnblinklicht einer Haltestelle nähernden Linien- oder Schulbusses wurde vorher zunächst als Verstoß gegen Abs III nicht von § 49 I Nr 19b („*an Haltestellen*" und „*haltenden Schulbussen*") erfaßt, *Seidenstecher* DAR **95** 428, *Bouska* DAR **95** 399, konnte daher nur nach anderen Bestimmungen (§§ 1 II, 5 III Nr 1) ow sein. Verstoß gegen II S 2 setzt konkrete Behinderung voraus, Dü DAR **97** 408. Wer als Linienbusf ohne Rücksicht auf nahe aufgerückten Folgeverkehr anfährt, verletzt uU §§ 1, 10 in TE, Dü VM **74** 14 (s aber Rz 12).

10. Strafrecht. Verletzt der Kf unter Verstoß gegen das Gebot des § 20 IV beim **18** Vorbeifahren an einem Schulbus einen *erwachsenen* Fußgänger, der in Höhe des Schulbusses die Fahrbahn überquert, so liegt dieser Erfolg außerhalb des Schutzbereiches der verletzten Norm (s **E** 100) mit der Folge, daß Bestrafung nach § 229 StGB mangels Ursächlichkeit der Sorgfaltspflichtverletzung nicht auf diesen Verstoß gestützt werden kann, Ha VRS **60** 38, str, s Rz 6.

Personenbeförderung

21 (1) Es ist verboten, Personen mitzunehmen
1. auf Krafträdern ohne besonderen Sitz,
2. auf Zugmaschinen ohne geeignete Sitzgelegenheit oder
3. in Wohnwagen mit nur einer Achse oder mit Doppelachse hinter Kraftfahrzeugen.

(1 a) ¹Kinder bis zum vollendeten 12. Lebensjahr, die kleiner als 150 cm sind, dürfen in Kraftfahrzeugen auf Sitzen, für die Sicherheitsgurte vorgeschrieben sind, nur mitgenommen werden, wenn Rückhalteeinrichtungen für Kinder benutzt werden, die amtlich genehmigt und für das Kind geeignet sind. ²Das gilt nicht in Kraftomnibussen mit einer zulässigen Gesamtmasse von mehr als 3,5 t. ³Abweichend von Satz 1 dürfen Kinder auf Rücksitzen ohne Sicherung durch Rückhalteeinrichtungen befördert werden, wenn wegen der Sicherung von anderen Personen für die Befestigung von Rückhalteeinrichtungen für Kinder keine Möglichkeit mehr besteht.

(2) ¹Auf der Ladefläche von Lastkraftwagen dürfen nur bis zu 8 Personen mitgenommen werden, wenn sie die Ladung begleiten müssen, auf der Ladefläche zu arbeiten haben oder wenn sie mit dem für ihren Arbeitgeber eingesetzten Fahrzeug zu oder von ihrer Arbeitsstelle befördert werden. ²Auf der Ladefläche von Anhängern darf niemand mitgenommen werden. ³Jedoch dürfen auf Anhängern, wenn diese für land- oder forstwirtschaftliche Zwecke eingesetzt werden, Personen auf geeigneten Sitzgelegenheiten mitgenommen werden. ⁴Das Stehen während der Fahrt ist verboten, soweit es nicht zur Begleitung der Ladung oder zur Arbeit auf der Ladefläche erforderlich ist.

(3) Auf Fahrrädern dürfen nur Kinder unter 7 Jahren von mindestens 16 Jahre alten Personen mitgenommen werden, wenn für die Kinder besondere Sitze vorhanden sind und durch Radverkleidungen oder gleich wirksame Vorrichtungen dafür gesorgt ist, daß die Füße der Kinder nicht in die Speichen geraten können.

1   **Begr** zur ÄndVO v 22. 3. 88 (VBl **88** 223):
    Zu Abs. 1 a: ... *Die Kinderhalteeinrichtungen sind amtlich genehmigt, wenn sie entsprechend der ECE-Regelung Nr. 44 gebaut, geprüft, genehmigt und gekennzeichnet sind. Die Eignung der Kinderhalteeinrichtungen zur Verwendung auf Vordersitzen ergibt sich aus der Genehmigung sowie der Einbauanweisung, die von den Herstellern den Kinderhalteeinrichtungen beizufügen ist... .*

2   **Begr** zur ÄndVO v 22. 12. 92 (BRDrucks 786/92):
    Zu Abs. 1 a: *Zu Satz 1*
    Die Vorschrift legt die allgemeine Sicherungspflicht für Kinder unter Verwendung amtlich genehmigter und für das Kind geeigneter Rückhalteeinrichtungen fest. Ab einer Körpergröße von 150 cm sind keine besonderen Rückhalteeinrichtungen für Kinder erforderlich; sie müssen dann mit dem Erwachsenen-Gurt gesichert werden (§ 21 a Abs. 1 Satz 1 StVO).
    Zu Satz 3
    Die Regelung stellt klar, daß eine Sicherungspflicht auf Rücksitzen auch für Kinder nur insoweit gefordert werden kann, als Befestigungsmöglichkeiten für Rückhalteeinrichtungen vorhanden und benutzbar sind. Für den Fall, daß bei Ausnutzung der Rückhalteeinrichtungen ausnahmsweise die Mitnahme eines weiteren Kindes möglich ist, sollte dies nicht untersagt werden. Dies entspricht auch der Regelung der Richtlinie 91/671/EWG. Es kommt hinzu, daß es sich schon aus technischen Gründen um seltene Fälle und dabei um kurze Beförderungsstrecken handeln dürfte.

2 a **Begr** zur ÄndVO v 25. 6. 98 (VBl **98** 599): **Zu Abs 1 a Satz 2:** *Die nunmehr in Satz 2 enthaltene Neuregelung besteht darin, daß die Kindersicherungspflicht in speziellen Kinderrückhaltesystemen – die bisher uneingeschränkt alle Arten von Kraftfahrzeugen betraf – künftig*

Personenbeförderung § 21 StVO **2**

nicht in Kraftomnibussen über 3,5 t zulässige Gesamtmasse gilt. Kinder sollen in diesen Kraftomnibussen vielmehr mit den vorhandenen Beckengurten gesichert werden. Die Verpflichtung hierzu ergibt sich aus § 21 a Abs. 1 Satz 1 StVO.

...

Der Überschlag des Kraftomnibusses ist der Unfalltyp, der die schwerwiegendsten Folgen für die Insassen hat. Auf Grund der Massenverhältnisse treten demgegenüber die Folgen eines Frontalaufpralls („Klappmessereffekt") zurück. Das Herausschleudern oder Umherschleudern kann durch die Sicherung mit dem Beckengut auch ohne Kinderrückhaltesystem wirkungsvoll verhindert werden, wenn das Kind mehr als ca. 10 kg wiegt und aufrecht sitzend befördert werden kann.

...

Für die Erstreckung der Ausnahme auch auf Kraftomnibusse bis einschließlich 3,5 t zulässige Gesamtmasse sowie auf andere Kfz über 3,5 t zulässige Gesamtmasse besteht keine Veranlassung, weil bei Ausrüstung mit Sicherheitsgurten diese in der Regel mit Dreipunktgurten erfolgen muß.

Vwv zu § 21 Personenbeförderung

Zu den Absätzen 1 und 2

1 „Besonderer Sitz" ist eine Vorrichtung, die nach ihrer Bauart dazu bestimmt ist, als Sitz zu dienen, mag diese Zweckbestimmung auch nicht die ausschließliche sein. Geeignet ist eine Sitzgelegenheit nur dann, wenn man auf ihr sicher sitzen kann; bei Anhängern, die für land- oder forstwirtschaftliche Zwecke verwendet werden, kann das auch die Ladefläche sein. 3

Zu Absatz 1 a

2 Geeignet sind Rückhalteeinrichtungen für Kinder, die entsprechend der ECE-Regelung Nr. 44 (BGBl. 1984 II S. 458, mit weiteren Änderungen) gebaut, geprüft, genehmigt und entweder mit dem nach ECE-Regelung Nr. 44 vorgeschriebenen Genehmigungszeichen oder mit dem nationalen Prüfzeichen nach der Fahrzeugteileverordnung gekennzeichnet sind. Dies gilt entsprechend für Rückhalteeinrichtungen für Kinder der Klasse 0 (geeignet für Kinder bis zu einem Gewicht von 9 kg), wenn für sie eine Betriebserlaubnis nach § 22 StVZO vorliegt. 4

3 Die Eignung der Rückhalteeinrichtungen für Kinder zur Verwendung auf Vordersitzen ergibt sich aus der Genehmigung sowie der Einbauanweisung, die vom Hersteller der Rückhalteeinrichtung für Kinder beizufügen ist.

Zu Absatz 2

4 Satz 1 stellt nur die Beförderung von Arbeitskräften zwischen verschiedenen Arbeitsstätten zu betrieblichen Zwecken und nicht die regelmäßige Beförderung zwischen Wohnung und Arbeitsstätte frei; jedoch ist die Beförderung von Arbeitskräften, die zur Durchführung bestimmter Arbeitsvorhaben in Gemeinschaftsunterkünften untergebracht sind oder die sich an einem bestimmten Punkt regelmäßig zur Arbeitsaufnahme sammeln, zu und von ihren Arbeitsstellen nicht zu beanstanden. 5

3. VO über Ausnahmen von straßenverkehrsrechtlichen Vorschriften 5a
Vom 5. Juni 1990
(BGBl I 999), geändert durch VO v. 22. 12. 1992 (BGBl I 2480)

§ 1. Abweichend von § 22a Abs. 1 Nr. 27 der Straßenverkehrs-Zulassungs-Ordnung brauchen besondere Rückhalteeinrichtungen für behinderte Kinder in Kraftfahrzeugen nicht in einer amtlich genehmigten Bauart ausgeführt zu sein, wenn

1. die Konstruktion dem Stand der Technik entspricht,
2. der Rückhalteeinrichtung eine Einbau- und Gebrauchsanweisung beigegeben ist, in der die Kraftfahrzeuge und Kraftfahrzeugtypen angegeben sind, für die sie verwendbar ist.

§ 2. Abweichend von § 21 Abs. 1a der Straßenverkehrs-Ordnung dürfen behinderte Kinder in Kraftfahrzeugen mitgenommen werden, wenn eine besondere Rückhalteeinrichtung im Sinne des § 1 benutzt wird und in einer ärztlichen Bescheinigung, die auf den Namen des behinderten Kindes ausgestellt ist, bestätigt wird, daß anstelle einer bauartgenehmigten Rückhalteeinrichtung nach § 22a Abs. 1 Nr. 27 der Straßenverkehrs-Zulassungs-Ordnung nur eine besondere Rückhalteeinrichtung verwendet werden kann. Die ärztliche Bescheinigung darf nicht älter als 4 Jahre sein. Sie ist mitzuführen und zuständigen Personen auf Verlangen zur Prüfung auszuhändigen.

§ 3. Diese Verordnung gilt nach § 14 des Dritten Überleitungsgesetzes in Verbindung mit Artikel 3 des Gesetzes zur Änderung des Straßenverkehrsgesetzes vom 28. Dezember 1982 (BGBl. I S. 2090) auch im Land Berlin.

§ 4. Diese Verordnung tritt am Tage nach der Verkündung in Kraft.

Begr: VBl 90 445.

5b 7. **VO über Ausnahmen von den Vorschriften der Straßenverkehrs-Ordnung**
Vom 17. Dezember 1997
(BGBl I S 3196, geändert durch VO vom 18. 11. 2002, BGBl I S 4414)

§ 1. Abweichend von § 21 Abs. 1a Satz 1 der Straßenverkehrs-Ordnung wird die Verpflichtung zur Sicherung von Kindern mit amtlich genehmigten und geeigneten Rückhalteeinrichtungen auf Rücksitzen in Taxen, soweit nicht eine regelmäßige Beförderung gegeben ist, auf die Verwendung von Rückhalteeinrichtungen der Gewichtsklassen I, II und III im Sinne der Nummer 2.1.1 der ECE-Regelung Nr. 44, in Kraft gesetzt durch Verordnung vom 26. April 1984 (BGBl. II S. 458), zuletzt geändert durch Verordnung vom 21. Januar 1992 (BGBl. II S. 75), beschränkt. Dabei müssen nur bis zu zwei Kinder in Rückhalteeinrichtungen gesichert werden, wobei wenigstens für ein Kind eine Sicherung mit einer Rückhalteeinrichtung der Gewichtsklasse I möglich sein muß.

§ 2. Diese Verordnung tritt am 1. Januar 1998 in Kraft. Sie tritt mit Ablauf des 31. Dezember 2005 außer Kraft.

Begr: VBl 98 98, 03 3.

6 1. **Keine Personen mitnehmen** dürfen Kf in den drei Verbotsfällen des I, weil das unfallträchtig wäre. Personenbeförderung ist bezweckte Ortsveränderung, BGH NJW **51** 403. Personenmitnahme im Pkw: §§ 23 StVO, 8a, 16 StVG, entgeltliche Personenbeförderung: § 8a StVG.

7 Auf **Krafträdern** ist die Mitnahme nur auf **besonderem Sitz** erlaubt (I Nr 1). Das ist eine Vorrichtung, die der Bauart nach zum Sitzen dient, wenn auch nicht ausschließlich (Vwv Rn 1), BGHSt **16** 160 = NJW **61** 1828, nicht ein nur auf das Schutzblech geschnalltes Kissen, Ol DAR **57** 364, nicht nur das Bodenbrett eines Kraftrollers, ein Gleiskettenschutz oder PkwKotflügel. Für den Beifahrer müssen beiderseits Fußstützen und außerdem ein Handgriff vorhanden sein (§ 35a StVZO). Auf dem Schoß des Beifahrers darf kein Kind mitgenommen werden, BGHSt **16** 160 = NJW **61** 1828. Beifahrersitze auf Mopeds sind auszugestalten wie bei Kleinkrafträdern, Ha VRS **13** 305.

8 Auf **Zugmaschinen** darf niemand ohne **geeignete Sitzgelegenheit** mitgenommen werden (I Nr 2), zB nicht auf dem Schutzblech oder Kettenschutz, Ha VRS **2** 195. Geeignet ist eine Sitzgelegenheit, wenn man auf ihr sicher sitzen kann (Vwv Rn 1). Beförderung auf Anhängern von Zugm: Rz 11.

9 In ein- oder doppelachsigen **Wohnwagen hinter Kraftfahrzeugen** darf niemand mitgenommen werden (I Nr 3). Der Begriff der Doppelachse ist in § 34 I StVZO nicht mehr definiert. Für § 21 I Nr 3 wird aber die in § 34 I S 3 in der bis 16. 7. 86 geltenden Fassung enthaltene Definition zugrunde zu legen sein (Achsenabstand mindestens 1 m und weniger als 2 m), s *Jan/Jag/Bur* Rn 3, *Huppertz* PVT **91** 234.

9a **Kinder** bis zum vollendeten 12. Jahr, die kleiner als 150 cm sind, dürfen in Kfzen auf allen Sitzen, für die Sicherheitsgurte vorgeschrieben sind (§ 35a IV, V StVZO), grundsätzlich nur mitgenommen werden, wenn amtlich genehmigte, geeignete Kinder-Rückhalteeinrichtungen benutzt werden (Abs Ia). Diese am 1. 4. 93 in Kraft getretene Vorschrift setzt die Richtlinie EWG des Rates vom 16. 12. 91 zur Angleichung der Rechtsvorschriften der Mitgliedstaaten über die Gurtanlegepflicht in Kfzen mit einem Gewicht von weniger als 3,5 t (ABl EG Nr. L 373 S. 26) in deutsches Recht um. Zur künftigen Neuregelung aufgrund inzwischen erfolgter Änderung dieser Richtlinie, s *Kramer* VD **03** 124. Die Kinder-Rückhalteeinrichtung muß entsprechend der ECE-Regelung Nr 44 (BGBl II 1984, 458) gebaut, geprüft, genehmigt und durch Prüfzeichen gekennzeichnet sein, s § 22a I Nr 27 StVZO. Geeignet ist sie nur, wenn sie gem der Einbauanweisung montiert ist (s Begr). In Kfzen integrierte Rückhalteeinrichtungen für Kinder müssen der Richtlinie 2000/3/EG (ABl EU Nr L 79 S 6) entsprechen (§ 35a XII StVZO). Bis zu 12jährige Kinder, die größer als 150 cm sind, müssen vorgeschriebene Sicherheitsgurte für Erwachsene anlegen. Für die gelegentliche Mitnahme von Kindern auf den Rücksitzen von **Taxen** gilt das Beförderungsverbot des Satzes 1 (Abs Ia) bei Nichtbenutzung von Kinder-Rückhalteeinrichtungen nur eingeschränkt. Nach der am 31. 12. 05 außer Kraft tretenden) Ausnahmevorschrift des § 1 der 7. StVOAusnV (s Rz 5b) genügt das Mitführen von insgesamt zwei Rückhalteeinrichtungen der Gewichtsklassen I, II und III iS der ECE-Regelung Nr 44 und die dadurch ermöglichte Sicherung von wenigstens zwei beförderten Kindern. Diese Übergangsregelung geht davon aus, daß die Beförderung von mehr als zwei Kindern in Taxen selten ist. Die ECE-Regelung Nr 44 unterscheidet 5 Gewichtsklassen nach dem Körpergewicht des Kindes: 0 = weniger als 10 kg, 0+ = weniger als 13 kg, I = 9 bis 18 kg, II = 15 bis 25 kg, III = 22 bis 36 kg. Die Ausnahmeregelung gilt aber nur für die gelegentliche, nicht für regelmäßige Kinderbeförderung. Um regelmäßige Beförderung handelt es sich vor allem, wenn Kinder überwiegend mit dem Taxi zB zur Schule oder zum Kindergarten gefahren werden (s Begr, BRDrucks 786/92 S 5), auch wenn dies mit wechselnden Fzen geschieht, s Bay VerkMin PVT **93** 110, *Bormuth* DAR **93** 122. Eine Ausnahme besteht gem Ia S 2 für die Beförderung von Kindern in **Kom** mit mehr als 3,5 t Gesamtmasse; in diesen Fzen genügt Sicherung mit den vorhandenen Beckengurten (§ 21a I). Können Kinder-Rückhalteeinrichtungen auf den Rücksitzen von Kfzen nur deswegen nicht befestigt werden, weil wegen der Sicherung anderer Personen dazu keine Möglichkeit besteht, so gilt nach Abs Ia S 3 ebenfalls eine Ausnahme; das Mitnahmeverbot ohne die in S 1 vorgeschriebene Sicherung gilt also nicht, wenn im Hinblick auf andere FzInsassen keine Rückhalteeinrichtung für das Kind vorhanden und benutzbar ist. In Kfzen, die nach dem Zulassungsverfahren für die Stationierungsstreitkräfte zugelassen sind, dürfen abw von Ia nach den Vorschriften der Heimatländer zugelassene Kinder-Rückhalteeinrichtungen benutzt werden, § 1 der 5. StVOAusnV (BGBl I **94** 623). **Behinderte Kinder** dürfen abw von Abs Ia mitgenommen werden, wenn eine besondere Rückhalteeinrichtung iS von § 1 der 3. VO über Ausnahmen von straßenverkehrsrechtlichen Vorschriften (s Rz 5a) benutzt wird (§ 2 der AusnahmeVO). Eine nicht mehr als 4 Jahre alte ärztliche Bescheinigung über die Notwendigkeit der Verwendung einer besonderen Rückhalteeinrichtung ist mitzuführen. Die Regelung trägt dem Umstand Rechnung, daß die Mitnahme behinderter Kinder auf den Rücksitzen insbesondere bei zweitürigen Fzen Schwierigkeiten bereiten kann, s Begr, VBl **90** 446. Eine Ausdehnung der Ausnahmevorschrift auf die Rücksitze und damit Anpassung an die Neufassung von § 21 Ia ist durch VO v 22. 12. 92 (BGBl I 2480) erfolgt, s Rz 5a (Begr: VBl **94** 142). Zur Mitnahme eines Kleinkindes auf dem Lkw-Beifahrersitz, Kar VRS **50** 413. Zur Beförderung von Kindern in Wohnmobilen, s *Berr* 515 ff.

Lit: *Kramer*, Kindersicherung und Gurtanlegepflicht in Fzen, VD **03** 124. *Sandl*, Kindersicherungspflicht ab 1. 4. 1993, DAR **93** 194.

2. Auf der Ladefläche eines Lkw dürfen in den vier Fällen des II bis zu 8 Personen ohne Erlaubnis mitgenommen (befördert) werden, nämlich als Begleitpersonen der Ladung (Aufladen, Abladen, Einbauen, Montage, Verstauen), oder weil sie auf der Ladefläche arbeiten müssen, oder bei Beförderung zwischen zwei Arbeitsstellen aus betrieblichen Gründen (Abholen und Rückbeförderung von Begleitpersonen, Montagetrupp), oder für land- oder forstwirtschaftliche Zwecke. Das Verbot in II richtet sich nicht nach dem Grad möglicher Gefährdung, Ha VRS **53** 384. Ladefläche ist die Fläche zur Beförderung von Gütern und Gegenständen. Lkw sind Kfze, nach Bauart und Einrichtung zur Güterbeförderung bestimmt (§ 4 PBefG), BaySt **97** 69, Kar VD **04** 274, Ha VRS **56** 127, Dü NZV **91** 483. Aufgesattelte Anhänger von Sattelschleppern sind Lkw in diesem Sinn. Das Beförderungsverbot gilt auch für rings umschlossene Ladeflächen mit Sitzen,

Fra VM **68** 88. Bei den Mitgenommenen ist nur ihre Funktion im Verhältnis zur Ladung oder Betriebsstätte maßgebend. Es genügt zB, wenn sie bei oder nach der Lieferung Arbeiten auszuführen haben, Ko NJW **57** 1529. Beim KfzTransport auf der Ladefläche eines Pannenfz hat der Fahrer des transportierten Kfz keine Sicherungsaufgabe und darf deshalb nicht im beförderten Fz sitzen, Ha VRS **53** 384, VRS **56** 127. Regelmäßige Beförderung von der Einzelwohnung des Beschäftigten zum Betrieb (Arbeitsstätte) und zurück, wenn es auf „Aufsammeln" hinausläuft, fällt nicht unter II und ist daher unerlaubt. Gemeint ist die Beförderung zwischen Betriebsstätten zu betrieblichen Zwecken, aber auch von Gemeinschaftsunterkünften und Sammelplätzen (Arbeitsstätte) und umgekehrt (Vwv Rn 4). Mitfahren im Stehen: II S 4. *Wiederhold,* Personenbeförderung auf Ladeflächen ... (insbesondere bei Umzügen), VD **83** 46.

11 **3. Auf Anhängern** (aufgesattelte Anhänger s Rz 10), auch solchen, die nicht von motorisierten Fzen gezogen werden, Br DAR **81** 265, darf auf der Ladefläche niemand mitgenommen werden (Schleudergefahr), auch nicht auf Fahrradanhängern, Br DAR **81** 265, *Jan/Jag/Bur* Rz 5, *Rüth/Berr/Berz* Rz 10. Ob eine Analogie zu Abs III in bezug auf die Beförderung von Kindern unter 7 Jahren bei *Ausstattung des Anhängers mit Sitzen* trotz des eindeutigen Verbots des Abs II 2 in Frage kommt, ist zw im Hinblick auf Abs II S 3, der insoweit eine Ausnahme ausdrücklich nur für die dort genannten Anhänger macht, im Ergebnis bejahend jedoch *Huppertz* PVT **93** 54, *Seidenstecher* NZV **94** 342, *Ternig* DAR **02** 108, verneinend (im Hinblick auf Sicherheitsbedenken) *Kullik* PVT **92** 296, **93** 55. Lehnt man die Anwendbarkeit von II 2 schon wegen Fehlens des Merkmals „Ladefläche" bei solchen Anhängern ab (so *Huppertz* und *Seidenstecher* aaO), so müßte dies zur Erlaubnis der Beförderung auch älterer Personen auf Anhängern mit Sitzen führen, s aber *Seidenstecher* NZV **94** 342. Das BMV geht offensichtlich von der Zulässigkeit der Kinderbeförderung in Fahrradanhängern aus, die mit geeigneten Sitzen und Rückhaltesystemen ausgestattet sind, s BMV VBl **99** 703 (Merkblatt für das Mitführen von Anhängern hinter Fahrrädern). Ausnahmen vom Beförderungsverbot auf Ladeflächen von Anhängern: Auf für land- oder forstwirtschaftliche Zwecke verwendeten Anhängern dürfen auf der Ladefläche bis zu 8 Personen (II S 3) mitgenommen werden, die für diese Zwecke tätig sind, sofern sie „geeignete Sitzgelegenheiten" benutzen. Dazu genügt in diesem Fall die Ladefläche (Vwv Rn 1). Sitze müssen nicht fest eingebaut sein. **Mitfahren im Stehen** (auf der Ladefläche sowohl des ZugFzs als auch des Anhängers) ist nur erlaubt, wenn es zur Begleitung der Ladung oder zur Arbeit auf der Ladefläche nötig ist (II S 4). Auf örtlichen Brauchtumsveranstaltungen dürfen unter den Voraussetzungen des § 1 III, IV der 2. VO über Ausnahmen von straßenverkehrsrechtlichen Vorschriften (s § 18 StVZO Rz 2b) auf Anhängern hinter land- oder forstwirtschaftlichen Zgm Personen – auch stehend – befördert werden.

12 **4. Aus anderen als den in II bezeichneten Gründen** dürfen Personen auf Ladeflächen nur mit besonderer Erlaubnis mitgenommen werden. Ausnahmenerteilung durch die StrVB: § 46 I Nr 5a. Im übrigen können die in § 46 I S 2 bezeichneten Dienststellen für die dort bezeichneten Dienstbereiche Ausnahmen bewilligen. Daneben tritt die allgemeine Ausnahmebefugnis der obersten Landesbehörden oder des BMV gemäß § 46 II.

13 **5. Beifahrer auf Krafträdern** dürfen nicht im gefährlichen Damenreitsitz, sondern müssen mit dem Gesicht in Fahrtrichtung sitzen. Voraussetzung ist ein vorgeschriebener Beifahrersitz. Sie müssen sich, vor allem bei zu erwartender Beschleunigung, ausreichend festhalten, KG VM **96** 76. Beifahrer auf Krädern, s auch § 35a StVZO Rz 5.

14 **6. Auf Fahrrädern** dürfen keine Personen mitgenommen werden. Bei mehrsitzigen Tandems mit einem Fahrer je Sitz sind beide Personen *Fahrer* (arbeitsteiliges Führen) und werden nicht iS von III *mitgenommen,* abw *Kettler* NZV **04** 63. Zum Betrieb sog Fahrradtaxen („Velotaxis") bedarf es daher einer Ausnahmegenehmigung gem § 46, s *Kramer* VD **02** 144, aM *Kettler* NZV **04** 63 (mit beachtlichen Argumenten, aber entgegen dem insoweit eindeutigen Wortlaut, s **E** 58). Empfehlungen für die Entscheidung über Anträge auf Zulassung des Betriebs von Fahrradtaxen, VBl **03** 429 = StVRL § 41 Nr 12. Fahrer ab 16 Jahren dürfen Kinder unter 7 Jahren auf besonderen Sitzen mitnehmen,

Sicherheitsgurte, Schutzhelme § 21a StVO **2**

wenn die Speichen des Rades so verkleidet sind (III), daß die Füße keinesfalls hineingeraten können (Begr). S § 35a StVZO. Besonderer Sitz: Vwv Rn 1. Das Kind darf weder auf dem Rahmen sitzen, noch auf der Lenkstange, noch im Arm gehalten werden. Richtlinien für Kindersitze an Fahrrädern, VBl **80** 788 = StVRL § 30 STVZO NR 6.

Lit: *Kramer*, Velotaxi: Zur rechtlichen Einordnung von Fahrradtaxen, VD **02** 143.

7. Ordnungswidrig (§ 24 StVG) handelt, wer entgegen einer Vorschrift des § 21 I, **15** Ia, II oder III Personen mitnimmt oder unterwegs unberechtigt (II S 4) steht (§ 49 I Nr 20). Ow als Verstoß gegen Ia ist sowohl die Sicherung von Kindern mit amtlich nicht genehmigten Rückhalteeinrichtungen als auch das Nicht*benutzen* (S 1) vorhandener, amtlich genehmigter Einrichtungen (s auch Begr zu S 1, Rz 2), insoweit abw *Petersen* NZV **96** 393. Soweit die Mitnahme verboten ist, richtet sich die Vorschrift an den FzF, nicht gegen die Mitgenommenen, wer aber in die Fahrweise eingreift, kann selbst eine Vorschrift verletzen, Ol DAR **57** 364, **61** 309. Soweit Abs II S 4 das Stehen verbietet, wendet sich die Bestimmung nur an die Beförderten, aM Bay VRS **65** 226 (abl *Booß* VM **83** 65), anderenfalls müßte der FzF während der Fahrt die Beachtung der Vorschrift durch die Beförderten kontrollieren, s auch § 23 Rz 22. Für die OW gegen § 21 kommt es auf Gefährdung des unerlaubt Beförderten nicht an, Ha VRS **7** 202.

8. Zivilrecht. SchutzG (§ 823 BGB) ist § 21, soweit die Beförderten in Betracht **16** kommen. Für schuldhafte Verletzung der Beförderten haften Kfzf und -halter nach den allgemeinen Bestimmungen, OGH NJW **50** 143, Kar VBl **51** 107. Gefahrerhöhung bei Mopedüberladung durch einen Beifahrer, BGH VR **67** 493. Haftung zu gleichen Teilen zwischen dem Führer des Krades und dem Sozius, wenn jener ohne Warnung plötzlich stark beschleunigt und der Beifahrer wegen ungenügenden Festhaltens vom Krad fällt, KG VR **96** 76. Mitschuld dessen, der auf einem Krad ohne Beifahrersitz mitfährt, Nü DAR **57** 267, Ba VR **88** 585, jedoch nur, soweit der Verstoß ursächlich für den Eintritt des Schadens ist und zwischen diesem und dem Schaden ein Rechtswidrigkeitszusammenhang besteht, s E 107. *Etzel*, Haftungsfragen durch … Kinderrückhaltevorrichtungen in Kfzen, DAR **94** 301.

Sicherheitsgurte, Schutzhelme

21a (1) ¹Vorgeschriebene Sicherheitsgurte müssen während der Fahrt angelegt sein. ²Das gilt nicht für

1. Taxifahrer und Mietwagenfahrer bei der Fahrgastbeförderung,
2. Lieferanten beim Haus-zu-Haus-Verkehr im Auslieferungsbezirk,
3. Fahrten mit Schrittgeschwindigkeit wie Rückwärtsfahren, Fahrten auf Parkplätzen,
4. Fahrten in Kraftomnibussen, bei denen die Beförderung stehender Fahrgäste zugelassen ist,
5. das Betriebspersonal in Kraftomnibussen und das Begleitpersonal von besonders betreuungsbedürftigen Personengruppen während der Dienstleistungen, die ein Verlassen des Sitzplatzes erfordern,
6. Fahrgäste in Kraftomnibussen mit einer zulässigen Gesamtmasse von mehr als 3,5 t beim kurzzeitigen Verlassen des Sitzplatzes.

(2) Die Führer von Krafträdern und ihre Beifahrer müssen während der Fahrt amtlich genehmigte Schutzhelme tragen.

Begr (VBl **75** 675 ff): **1**

… Es ist erwiesen, daß durch die Benutzung von Sicherheitsgurten die Zahl der Unfalltoten und Schwerverletzten erheblich gesenkt werden kann.

Maßgebende Unfallforscher sind der Ansicht, daß von 4 Autofahrern 2 noch am Leben und von 4 Schwerverletzten 3 nur leicht oder gar nicht verletzt wären, wenn sie Gurte getragen hätten… .

Die Verpflichtung zum Anlegen vorgeschriebener Sicherheitsgurte stellt keinen **verfassungsrechtlich** *unzulässigen Eingriff in die allgemeine Handlungsfreiheit dar. Es steht außer Frage, daß der Gesetzgeber auch Vorschriften erlassen kann, die nur dem Schutz des Betroffenen dienen. Man* denke hierbei z. B. an die Vorschriften über Personenbeförderung (§ 21). Danach dürfen keine Personen in einachsigen Wohnwagen mitgenommen werden; auf der Ladefläche von Anhängern dürfen grundsätzlich keine Personen befördert werden.

Bei der Anschnallpflicht kommt jedoch noch folgender Gesichtspunkt hinzu: Eine angeschnallte Person wird im Falle eines Unfalls nicht nur selbst vor Schaden bewahrt; sie ist vielmehr häufig in der Lage, noch sachgerecht zu reagieren. So kann u. U. eine weitere Schädigung dritter Personen vermieden werden. Ferner: Verletzungen können bei Autokollisionen auch dadurch verursacht oder verschlimmert werden, daß bei der Kollision ein Insasse gegen einen anderen geschleudert wird. Nach neueren amerikanischen Untersuchungen der Michigan-Universität war dies in 22% von 4000 untersuchten Autozusammenstößen der Fall.

Die beabsichtigte Vorschrift dient also nicht nur dem Schutz der Betroffenen, sondern der Verkehrssicherheit allgemein ...

In Übereinstimmung mit den geltenden oder beabsichtigten gesetzlichen Regelungen in der Schweiz und in Schweden sind bestimmte Ausnahmen von der Anlegepflicht vorgesehen, die den Bedürfnissen der Praxis Rechnung tragen. Die Taxifahrer und Mietwagenfahrer sind von der Anlegepflicht ausgenommen wegen der persönlichen Gefährdungen, denen sie in Ausübung ihres Berufes ausgesetzt sind. Schon wiederholt konnten Taxifahrer oder Mietwagenfahrer einem Anschlag auf ihr Leben nur dadurch entgehen, daß sie sich aus der geöffneten Tür fallen ließen.

› Von Lieferanten oder Handelsvertretern im Haus-zu-Haus-Verkehr, die nur kürzeste Entfernungen in langsamer Fahrgeschwindigkeit zurücklegen, kann das jedesmalige Anlegen des Sicherheitsgurtes im Auslieferungsbezirk billigerweise nicht verlangt werden.

Bei Fahrten mit Schrittgeschwindigkeit kann auf die Pflicht zum Anlegen des Sicherheitsgurtes verzichtet werden.

Schutzhelme können die Folgen von Kraftradunfällen erheblich mindern und damit zur Erhaltung von Menschenleben beitragen. Die Verwendung eines geeigneten Kopfschutzes ist damit für Kraftfahrer von entscheidender Bedeutung. ...

1 a   **Begr** zur ÄndVO v 28. 2. 85 (VBl **85** 228): ... *Die Zweckmäßigkeit einer Helmtragepflicht für Mofa-Fahrer ist unbestritten. Das Verkehrssicherheitsprogramm 1984 der Bundesregierung (Bundestags-Drucksache 10/1449 S. 19 Nr. 34) spricht sich für diese Maßnahme aus, nachdem Untersuchungen des HUK- Verbandes und der Bundesanstalt für Straßenwesen ergeben haben, daß dadurch die Unfallfolgen erheblich reduziert werden können. 1982 sind 357 Mofa-Fahrer getötet, 7 493 schwer und 15 094 leicht verletzt worden. Nach den genannten Untersuchungen haben Mofa-Fahrer in über 50% der Unfälle auch Kopfverletzungen; bei einer 100%igen Helmtragequote würden sich die kopfbezogenen Unfallfolgen um ca. 25% und der Anteil der Kopfverletzungen an tödlichen und schweren Unfallfolgen sogar um 70% reduzieren.* ...

1 b   **Begr** zur ÄndVO v 22. 3. 88 (VBl **88** 223): **Zu Abs. 1:** *– Begründung des Bundesrates – ... Es ist nicht zu rechtfertigen, Taxi- und Mietwagenfahrer, wenn sie keine Fahrgäste befördern, bei der Gurtanlegepflicht anders zu behandeln als andere Kraftfahrer, die sich nicht angurten. Auf der Leerfahrt sind sie den Gefahren, die ihnen von Fahrgästen drohen können, nicht ausgesetzt. Deshalb sollte auf den Sicherheitsgewinn für den Fahrer nicht verzichtet und bei der Leerfahrt der Sicherheitsgurt angelegt werden.*

...

Zu Abs. 2: *Bisher war die Art des Schutzhelms nicht vorgeschrieben. Inzwischen gibt es hierüber eine ECE-Regelung. Deren Einhaltung wird nunmehr zur Pflicht gemacht.*
...

1 c   **Begr** zur ÄndVO v 22. 12. 92 (BRDrucks 786/92): ... *Die Auswertung der Unfallstatistiken hat gezeigt, daß Kinder bei Straßenverkehrsunfällen häufiger als Mitfahrer im Pkw (41%) getötet werden als Fußgänger (36%) oder als Radfahrer (19%). Eltern schätzen dieses Risiko falsch ein. Die meisten Eltern sind der Auffassung, daß die Kinder beim Radfahren (ca. 56%) und beim Spielen außer Haus (ca. 35%) am stärksten gefährdet sind. Mit der Einführung einer allgemeinen Sicherungspflicht auch für Kinder wird deren Verletzungsrisiko spürbar verringert werden.*
...

1 d   **Begr** zur ÄndVO v 25. 6. 1998 (BRDrucks 328/98 S 14): **Zu Abs 1 S 2 Nr 4-6:** *Die Einführung weiterer Ausnahmen von der Gurtanlegepflicht trägt dem Umstand Rechnung, daß nach § 35a StVZO neuerdings auch bestimmte Busse mit Sicherheitsgurten ausgerüstet sein*

Sicherheitsgurte, Schutzhelme § 21a StVO **2**

müssen. Diese Ausrüstungspflicht führt in Verbindung mit § 21a Abs. 1 Satz 1 StVO („*Vorgeschriebene Sicherheitsgurte müssen während der Fahrt angelegt sein.*") zugleich zu einer uneingeschränkten Gurtanlegepflicht. Diese Konsequenz ließe sich aber nicht in vollem Umfang vertreten:
– Problematisch ist zunächst der Fall, daß ein Bus, der der Ausrüstungsvorschrift der StVZO unterliegt, auf einer Fahrt mit zugelassenen Stehplätzen eingesetzt wird. Den Busreisenden auf einem Sitzplatz der bußgeldbewehrten Anschnallpflicht zu unterwerfen, während gleichzeitig stehende Fahrgäste befördert werden, wäre unverhältnismäßig. Daher ist für solche Fahrten der Katalog der Ausnahmen von der Anschnallpflicht um eine neue Nummer 4 zu erweitern. ...
– Eine weitere Ausnahme von der Anschnallpflicht gewährt die neue Nummer 5 für das Betriebspersonal in Kraftomnibussen bei Fahrten, für die eine Anschnallpflicht gilt. Der moderne Reisebusverkehr würde erheblich an Attraktivität verlieren, wenn die heute zum Standard gehörenden Serviceleistungen wie das Servieren von Getränken am Platz und die individuelle Betreuung der Reisenden durch eine ausnahmslose Anschnallpflicht auch für das Betriebspersonal unterbunden würden.
... Das Betriebspersonal ist im Fall eines Unfalls in gleichem Maß wie die Fahrgäste gefährdet. Die Ausnahme war daher auf diejenigen Fälle zu beschränken, die in Nummer 5 aufgeführt sind. Überlegt wurde des weiteren, ob der Begriff „Betriebspersonal" durch den Terminus „Begleitpersonal" ersetzt werden sollte. Dies war abzulehnen, weil dann auch Personen erfaßt worden wären, für die die Ausnahme von vornherein nicht zu rechtfertigen ist (Stadtführer, Reiseleiter u. ä.). Der Begriff „Betriebspersonal" hat auch den Vorteil, in der BOKraft definiert zu sein, was die Auslegung erleichtert. Hierunter fällt nämlich das im Fahrdienst (Anwendung des Ausnahmetatbestandes scheidet logisch aus) oder zur Bedienung von Fahrgästen eingesetzte Personal (§ 8 Abs. 1 der Verordnung über den Betrieb von Kraftfahrunternehmen im Personenverkehr – BOKraft –).

Vwv zu § 21a Sicherheitsgurte, Schutzhelme
Zu Absatz 2

1   Amtlich genehmigt sind Schutzhelme, die entsprechend der ECE-Regelung Nr. 22 (BGBl. **1e**
1984 II S. 746, mit weiteren Änderungen) gebaut, geprüft, genehmigt und mit dem nach der ECE-Regelung Nr. 22 vorgeschriebenen Genehmigungszeichen gekennzeichnet sind.

Bis auf weiteres dürfen auch Schutzhelme verwendet werden, die nicht amtlich genehmigt sind. Dabei muß es sich aber jedenfalls um Kraftrad-Schutzhelme mit ausreichender Schutzwirkung handeln. Es gilt die 2. Ausnahmeverordnung zur StVO vom 19. März 1990 (BGBl. I S. 550) geändert durch die Verordnung vom 22. Dezember 1992 (BGBl. I S. 2481).

8. AusnahmeVO zur StVO v 20. 5. 1998 (BGBl I 1130)

§ 1. Abweichend von § 21a Abs. 2 der Straßenverkehrs-Ordnung vom **1f**
16. November 1970 (BGBl. I S. 1565, 1971 I S. 38), die zuletzt durch die Verordnung vom 7. August 1997 (BGBl. I S. 2028) geändert worden ist, brauchen die Führer von Krafträdern während der Fahrt keinen Schutzhelm zu tragen, wenn
1. das Kraftrad den Anforderungen der Anlage zu dieser Verordnung entspricht und
2. die vorhandenen Rückhaltesysteme angelegt sind.

Begr (VBl **98** 559): Um den immer dichter werdenden Straßenverkehr in Ballungsgebieten wirksam zu bewältigen, wurde von der Industrie ein Kraftfahrzeug entwickelt, das die positiven Eigenschaften eines Personenkraftwagens – wie Sicherheit, Komfort, Wetterschutz und Emissionsverhalten – mit den Vorteilen eines motorisierten Einspurfahrzeugs – nämlich geringer Verkehrsflächenbedarf beim Fahren und Parken, geringe Anschaffungs- und Unterhaltskosten sowie geringer Kraftstoffverbrauch – vereint (im folgenden Alternativfahrzeug genannt). Bei diesem neuartigen Zweiradkonzept sitzt der Fahrer aufrecht wie auf einem Motorroller. Ein spezielles Rückhaltesystem in Verbindung mit einer Rahmenkonstruktion mit Überrollbügeln und ein Frontcrashelement bieten dem Fahrer im Kollisionsfall einen, dem Personenkraftwagen ähnlichen Überlebensraum. Bei angelegtem Rückhaltesystem soll deshalb das Tragen eines Schutzhelmes entbehrlich sein. ...

619

2 StVO § 21a   I. Allgemeine Verkehrsregeln

> *Bei Vorliegen der konstruktiven Beschaffenheit eines Kraftrades entsprechend den Anforderungen der Anlage zu dieser Verordnung wird dem Fahrzeugführer beim Unfall ein dem Personenkraftwagen ähnlicher Überlebensraum zur Verfügung gestellt. Hat der Kraftradführer die vorhandenen Rückhaltesysteme angelegt, ist er insbesondere vor Kopfverletzungen so geschützt, daß das Tragen eines Schutzhelmes für ihn entbehrlich ist. Dem trägt diese Verordnung durch die Befreiung von der Schutzhelmtragepflicht des § 21a Abs. 2 der Straßenverkehrs-Ordnung Rechnung.*
> *...*

2   **1.** Die Pflicht, **Schutzhelme** zu tragen, gilt gem Abs II auch für Mofafahrer, s Rz 1b, jedoch nicht für Leichtmofas iS der Anlage zur Leichtmofa-AusnVO, s § 2 Leichtmofa-AusnVO (Buchteil **10**) und gem § 1 der 6. StVOAusnV (BGBl I **94** 624) auch nicht für Kräder mit bauartbedingter Höchstgeschwindigkeit bis 20 km/h. Führer von Quads (§ 18 StVZO Rz 20b) unterliegen nicht der Schutzhelmpflicht, s *Ternig* ZfS **04** 4, *Huppertz* VD **04** 210. Soweit Schutzhelme nicht durch unzweckmäßige Blenden die Sicht einengen oder verzerren und hierdurch gefährden, ist die Tragepflicht gerechtfertigt, weil deren Vorteile beim Sturz offensichtlich und Nachteile bisher unbekannt sind. Schutzhelme – auch solche von Mofafahrern – genügen zwar gem Abs II grundsätzlich nur dann den Anforderungen dieser Bestimmung, wenn sie amtlich genehmigt, dh entsprechend der ECE-Regelung Nr 22 gebaut und mit Prüfzeichen versehen sind. Jedoch dürfen gem § 1 der 2. StVOAusnV v 19. 3. 90 (BGBl I 555) idF v 22. 12. 92 (BGBl I 2481), s § 53 Rz 2, amtlich nicht genehmigte Helme zunächst unbefristet weiterverwendet werden. Dabei muß es sich aber jedenfalls um *Krad-Schutzhelme* mit ausreichender Schutzwirkung handeln, VG Augsburg DAR **01** 233, irgendwelche Helme anderer Art genügen nicht, s Begr zur 2. StVO-AusnahmeVO, VBl **90** 230. Religiöse Kleidungsvorschriften entbinden nicht von der Helmtragepflicht, *Kreutel* DAR **86** 41. Nichttragen durch Kradf wie -beifahrer ohne triftigen Grund – etwa körperlicher oder gesundheitlicher Art, s BGH NJW **83** 1380 – begründet deshalb Fahrermitschuld (§ 254 BGB), uU auch eine Obliegenheitsverletzung in der Unfallversicherung (näher § 9 StVG Rz 17). Ausnahmen: 8. AusnahmeVO zur StVO (Rz 1f).

3   **2. Sicherheitsgurte** (Becken-, Dreipunkt- oder Hosenträgergurte, § 35a StVZO). Ihr außerordentlicher Schutzwert im Regelfall ist unbestreitbar, s *Friedel* ua ÄrzteBl **86** 243, *Ernst/Brühning* ZVS **90** 2. Zweckmäßig ausgewählt, richtig angepaßt und angelegt, mindern jedenfalls Dreipunkt- und Hosenträgergurte, zusammen mit richtig konstruierten FzSitzen, mit Kopfstützen und Frontscheiben aus Sicherheitsglas im Regelfall bei Kollisionen die Verletzungsfolgen, weil sie erhebliche Teile der Bewegungsenergie aufnehmen. Die Anschnallpflicht ist deshalb gerechtfertigt, auch gegenüber lediglich psychologischen Bedenken, die individuell hemmen mögen. *Danner*, Zur Unfallminderung durch Gurte, VGT **76** 37. Nur **während der Fahrt** besteht die Anlegepflicht, Ce ZfS **81** 326. Ob dazu auch (verkehrsbedingtes) Anhalten gehört, ist str. Nicht nur das vom VT, an sich die StVO (in „volkstümlicher, klarer und allgemein geläufiger" Sprache wenden will, s Begr VBl **70** 799) allgemein mit dem Begriff „Fahren" gleichgesetzte Wort „Fahrt", sondern auch die Ausnahme für „Fahrten" mit Schrittgeschwindigkeit (Abs I S 2 Nr 3), s *Hentschel* NJW **86** 1311, spricht dafür, daß der Gurt nach dem Anhalten nicht angelegt sein muß, auch nicht, wenn es sich um kurze verkehrsbedingte Fahrtunterbrechung handelt, Ce DAR **86** 28 (LZA), Dü VRS **72** 211, auch nicht beim Versuch, den Motor eines Pkws zu starten, Ba VR **85** 344. Nach abw Ansicht soll dagegen „Fahrt" als „Gesamtvorgang der Benutzung des Kfz als Beförderungsmittel" zu verstehen sein und auch kurzzeitige verkehrsbedingte Fahrtunterbrechungen umfassen, BGH NJW **01** 1485 (zust *Kramer* VD **01** 121, krit *Hentschel* NJW **01** 1471, abl jedenfalls in bezug auf OW *Halm/Scheffler* DAR **01** 333), KG VRS **70** 299, LG Hannover NJW-RR **89** 1510 (LZA), *Janiszewski* NStZ **87** 274. Nichtanlegen: Rz 4. Ohne Ausnahmegenehmigung gilt die Anschnallpflicht des Abs I auch für Fahrlehrer, Kö VRS **69** 307, und Krankenwagenfahrer, KG VRS **70** 294. Mitfahren im Liegen befreit den Beifahrer nicht von der Anschnallpflicht, Kar VR **85** 788. **Vorgeschrieben** – und damit anzulegen – sind auch Sicherheitsgurte in ausländischen Fzen nach Maßgabe von § 3 II IntVO. Zur Frage, für welche Kfze, wo in ihnen und ab wann Gurte vorgeschrieben sind, *Kuckuk* DAR **80** 1. S § 35a StVZO und die Übergangsvorschrift des § 72 II StVZO. Die Anlegepflicht des

Sicherheitsgurte, Schutzhelme **§ 21a StVO 2**

Abs I S 1 gilt auch für Frauen, Anhaltspunkte für größere gesundheitliche Risiken liegen nicht vor, BGH VR **81** 548 (Schwangere: s Rz 12). Soweit Gurte für Rücksitze vorgeschrieben sind, wurde die Anlegepflicht durch die 7. ÄndVO vom 6. 7. 84 auch auf sie ausgedehnt (Abs I S 1). Jedoch besteht keine Nachrüstungspflicht. Zur Anschnallpflicht und den Rechtsfolgen des Nichtanschnallens *Weber* DAR **80** 142.

2 a. Nur der angepaßte Gurt sichert optimal. Er muß der Körperbeschaffenheit des 4 Trägers entsprechen, richtig angepaßt und so angelegt sein, daß er die durch § 35 a StVZO erstrebte Rückhaltewirkung vollständig erfüllt, Ha NJW **86** 267, VRS **69** 460, Ol DAR **86** 28. Das ist nicht der Fall, wenn der Schultergurt nicht fest am Körper anliegt, bei Automatikgurten mit der Hand körperfern gehalten, Ha NJW **86** 267, oder unter der Achsel hindurchgeführt wird, Ha VRS **69** 460, Ol DAR **86** 28, Dü VRS **80** 291, AG Bra NJW **85** 3088. Kleinwüchsige und Kinder bis zu 12 Jahren können Gurte vorerst meist nicht straff anlegen. Bei ihnen und allen anderen Trägern besteht bei zu losem Sitz, zB oberhalb des Beckens, Gefahr des Hinausrutschens und traumatischer Bauchverletzungen. Kinder bis zum vollendeten 12. Lebensjahr, die weniger als 150 cm Körpergröße aufweisen, müssen daher durch amtlich genehmigte Kinder-Rückhalteeinrichtungen nach Maßgabe von § 21 I a gesichert werden, s dort Rz 9 a. Behinderte Kinder, s § 21 Rz 5 a, 9 a. Im übrigen besteht bei Wirkungslosigkeit oder gar Gefährlichkeit des Sicherheitsgurtes wegen körperlicher Besonderheiten die Möglichkeit der Befreiung von der Anlegepflicht durch Ausnahmegenehmigung (§ 46 I Nr 5 b), s Rz 12. Entfallen der Anlegepflicht aus gesundheitlichen Gründen auch ohne Ausnahmegenehmigung, s Rz 12. **Beschädigte und verschlissene** Gurte haben keine ausreichende Sicherungswirkung und sind zu erneuern, ebenso bei Überdehnung nach Unfall, s AG Goslar DAR **84** 295.

Die Gurtanlegepflicht ist **verfassungskonform,** verstößt insbesondere nicht gegen 5 Grundrechte, BVerfG 1 BvR 331/85, BGHZ **74** 25 = NJW **79** 1363, Ha NJW **85** 1790, Stu NJW **85** 3085, Kö DAR **77** 1133, **78** 105, VRS **69** 307, Ol VRS **68** 438, Bay VRS **69** 150, Ha VM **86** 31, KG VRS **70** 294.

Gegner der Gurtanlegepflicht haben insbesondere geltend gemacht, daß in Einzelfällen auch Verschlimmerungen der Unfallfolgen durch den Sicherheitsgurt nicht auszuschließen sind. Demgegenüber ist mit der hM auf die Tatsache hinzuweisen, daß dem geringen Risiko des Gurtanlegens (Nachteile in höchstens 0,5 bis 1% der Fälle), s dazu *Friedel* ua ÄrzteBl **86** 243, ein hohes Maß an Schutz gegenübersteht, das nicht nur dem einzelnen, sondern auch der Allgemeinheit dient, zumal der infolge Gurtanlegens handlungsfähig gebliebene FzF nach einem Unfall oft weitere Schäden abwenden kann, BVerfG NJW **87** 180, BGHZ **74** 25 = NJW **79** 1363, Ha NJW **85** 1790, Stu NJW **85** 3085. Gegen eine Anlegepflicht: *Jagusch* NJW **77** 940, *Geiger* DAR **76** 324, *Streicher* NJW **77** 282, VGT **74** 92, *Mühlhaus* (8. Aufl) § 21 a, *Lisken* NJW **85** 3053; *für* die in § 21 a getroffene Regelung und gegen die geäußerten verfassungsrechtlichen Bedenken aber zB ferner: *Knippel* VR **68** 335, **70** 710, NJW **77** 939, **76** 884, *Schlund* DAR **78** 218, **76** 57, *Schröder* DAR **72** 266, *v Brunn* DAR **74** 141, *Cramer* 1.

Lit: *Allgaier,* Zur Haftung für Gurtschäden, VR **93** 676. *Ernst/Brühning,* Wirksamkeit der Gurt- 6 anlegepflicht für PkwInsassen ..., ZVS **90** 2. *Friedel ua,* Auswirkungen der Gurtanlegepflicht – Ärztliche Aspekte, ÄrzteBl **86** 243. *Fuchs-Wissemann,* Anschnallpflicht – Mitverschulden und Konsequenzen, DRiZ **83** 312. *Häublein,* Zur Bewertung des Mitverschuldens des Geschädigten bei Mißachtung der Gurtpflicht, VR **99** 163. *Hentschel,* Gurtanlegepflicht trotz Unterbrechung der Fahrt?, NJW **01** 1471. *Kreutel,* Schutzhelmtragepflicht für Kradf, DAR **86** 38. *Landscheidt,* Schadensersatz und Sicherheitsgurt, NZV **88** 7. *Lisken,* Freispruch für „Gurtmuffel" – ein Polizeiproblem?, NJW **85** 3053. *Löhle,* Zu den Schutzwirkungen der Sicherungssysteme Airbag und Sicherheitsgurt ..., DAR **96** 8. *Ludolph,* Beweiswert unfallmedizinischer Gutachten bei Verstößen gegen die Anschallpflicht, NJW **82** 2595. *Müller,* Der Aufopferungsanspruch im Zusammenhang mit der Gurtanlegepflicht, NJW **83** 593. *Notthoff,* Anschnallpflicht für Kinder in Pkw, DAR **92** 292. *Schlund,* Sicherheitsgurt und Mitverschulden, DAR **78** 215 = VGT **78** 79. *Schnupp,* Probleme bei der Gurtanlegepflicht, PVT **87** 209. *Schwabe,* Aufopferungsansprüche bei Gurtschäden?, NJW **83** 2370. *Seebode,* Freisprüche für „Gurtmuffel", JR **86** 265. *Sefrin,* Die Befreiung von der Gurttragepflicht – Fragen der Befürwortung durch den Arzt, Deutsches Ärzteblatt **83** 44. *Weber,* Anschnallpflicht und Lohnfortzahlung, DAR **83** 9. *Derselbe,* Nachweis der Kausalität zwischen Nichtanschnallen des KfzInsassen und dessen Verletzungen, NJW **86** 2667. *Zimmer,* Der Sicherheitsgurt als Rückhaltesystem in Fzen, Verkehrsunfall **85** 336.

3. Sanktionen. Nichttragen eines geeigneten Schutzhelms ist gem § 49 I Nr 20 a bußgeldbewehrt, ab 1. 10. 85 auch für Mofafahrer (Art 2, 4. ÄndVO v 28. 2. 85 – BGBl I S 499). Dies widerspricht nicht dem Grundgesetz, weil das Tragen von Schutzhelmen keine nennenswerten Nachteile nach sich zieht, BVerfG NJW **82** 1276, Stu VRS **61** 388. Ow ist nunmehr gem § 49 I Nr 20 a auch Nichtanschnallen, soweit Gurte vorgeschrieben sind (§ 35 a IV, V, § 72 II StVZO zu § 35 a), und zwar auf Vorder- und Rücksitzen. Auch die Bußgeldbewehrung der Gurtanlegepflicht ist **verfassungskonform**, BVerfG NJW **87** 180, Ol VRS **68** 438, Bay VRS **69** 150, Ha NJW **85** 1790, **86** 267, VM **86** 31, Kö VRS **69** 307, Stu NJW **85** 3085, Dü JZ **86** 456, aM AG Albstadt NJW **85** 927, AG Würzburg NJW **86** 304 (abl *Schnupp* PVT **87** 209). Verstoß gegen § 21 a I und II ist DauerOW, Dü VRS **73** 387; Konkurrenzfragen, s § 49 Rz 3. Auch das Nichtanlegen des Gurtes durch Fahrgäste in Kom mit mehr als 3,5 t zulässigem Gesamtgewicht ist – abw von der bis zum 1. 4. 04 geltenden Fassung des § 49 I Nr 20 a – bußgeldwehrt. Nicht *angelegt* iS von I S 1 (§ 49 I Nr 20 a) und damit ow ist der Gurt auch dann, wenn er falsch angelegt ist, dh in einer Weise, die den Schutzzweck nicht erfüllt, Ha NJW **86** 267, VRS **69** 460, Ol DAR **86** 28, AG Bra NJW **85** 3088, s Rz 4. Entsprechendes gilt für unsachgemäßes Helmtragen, *Kreutel* DAR **86** 40 (nicht oder nicht ordnungsgemäß geschlossener Kinnriemen). Läßt sich der Gurt wegen eines technischen Fehlers nicht anlegen, so kommt OW nach § 21 a nicht in Frage, Bay NZV **90** 360, möglicherweise aber Verstoß gegen § 35 a StVZO. Bei Mitnahme eines Beifahrers, der gegen Abs I S 1 oder II S 1 verstößt, kann Beteiligung (§ 14 OWiG) in Betracht kommen, Ha JMBlNRW **82** 212, KG VRS **70** 294, jedoch nicht schon durch das bloße FzFühren, weil dadurch nur die Anschnallpflicht *begründet* wird, KG VRS **70** 294 (zust *Seidenstecher* VD **91** 134, zum Ergebnis krit *Janiszewski* NStZ **86** 257), **70** 469, Bay NZV **93** 491, näher dazu *Bouska* DAR **84** 265. Verstoß gegen Abs I S 2 Nr 4 (Nichtbenutzung vorhandener Kinder-Rückhalteeinrichtungen) ist nunmehr – anders als § 21 I a S 2 aF – bußgeldbewehrt; verantwortlich ist der FzF. Nach Maßgabe von § 8 IIa S 2 BOKraft muß der **Busfahrer** vor Fahrtantritt die Fahrgäste auf die Pflicht zum Anlegen von Sicherheitsgurten hinweisen; Verstoß ist gem § 45 II Nr 1 BOKraft bußgeldbewehrt. Im übrigen ist der FzF, soweit keine **Garantenpflicht** (E 87 ff) besteht (uU bei schuldunfähigen Mitfahrern) nicht verpflichtet, die Mitfahrer zum Anlegen der Gurte anzuhalten, s BMV v 28. 8. 86 VBl **86** 508. Bei fahrlässiger Tötung (Körperverletzung) kann Nichtbenutzung des Gurts durch den Getöteten (Verletzten) uU ein Strafmilderungsgrund sein, Bay DAR **79** 81, Ha VRS **60** 32.

4. Zivilrecht. Nichttragen des **Schutzhelms** durch Kradf und deren Beifahrer begründet bei Unfällen mit adäquater Kopfverletzung Mitschuld, weil Nachteile des Helmtragens nicht bekannt sind, BGH NJW **65** 1075, **83** 1380, Mü NJW **78** 324, VR **81** 560, Sa VM **81** 70 (Mithaftung zu 3/10), Br VR **78** 469, Nü VRS **77** 23 (Mithaftung zu 30%), Ko VRS **78** 414, Schl NZV **91** 233. Kein Mitschuldvorwurf aber allein wegen zu lockeren Kinnriemens, Ha MDR **00** 1190. Sind gerade die Verletzungen eingetreten, vor denen der Helm allgemein schützen soll, so spricht der Beweis des ersten Anscheins für Ursächlichkeit, BGH NJW **83** 1380, Nü VRS **77** 23. Für Radf besteht keine Rechtspflicht zum Helmtragen. Keine Mitschuld des Radf daher, der keinen Schutzhelm getragen hat, Ha NZV **01** 86, **02** 129, VR **01** 1257, Nü DAR **99** 507 (abl *Thubauville* VM **00** 20), ZfS **91** 40, Stu VRS **97** 18, s auch BGH NJW **79** 980.

Nichtanschnallen. Der Gurtnutzen überwiegt die seltenen möglichen Nachteile (0,5–1% der Gurtunfälle, s BGH NJW **79** 1364) so sehr, daß ein einsichtiger, verantwortungsbewußter Fahrer (soweit durch Abs I vorgeschrieben) angeschnallt fahren muß, um sich nicht einem **Mitschuldvorwurf** auszusetzen, BGHZ **74** 25 = NJW **79** 1363, **01** 1485, EBE **90** 286, BGHZ **119** 268 = NZV **93** 23, VR **81** 548, Kar NZV **89** 470, Mü NJW-RR **99** 820. Dies galt auch für Taxi- und Mietwagenfahrer bei Leerfahrt schon vor der ausdrücklichen Beschränkung der Ausnahmevorschrift auf Fahrgastbeförderung, BGHZ **83** 71 = NJW **82** 985, VR **83** 153 (s Rz 3). Nichtangurten kann die durch denselben Unfall veranlaßten Körperschäden unterschiedlich (oder überhaupt nicht) beeinflussen, deshalb kommen Mitschuldkürzungen nur hinsichtlich des dadurch veranlaßten Mehrschadens in Betracht, BGH NJW **80** 2125. Dann Mitverschulden

Sicherheitsgurte, Schutzhelme **§ 21a StVO 2**

grundsätzlich auch eines erst 15 jährigen, Ce VR **83** 463. **Kein Mitschuldvorwurf** aber, wenn das Kfz im Unfallzeitpunkt weder aus- noch nachrüstungspflichtig war, BGH NJW **79** 1366, Sa NZV **99** 510, sowie idR, wenn im konkreten Fall eine Anlegepflicht nicht bestand, BGH EBE **01** 50. Sind jedoch vorhandene, aber noch **nicht vorgeschriebene** Gurte nicht benutzt worden, so wird angesichts des inzwischen vorhandenen allgemeinen Bewußtseins über den Nutzen des Gurtanlegens nunmehr der Mitverschuldensvorwurf gerechtfertigt sein, Kar VRS **65** 96, Fra ZfS **86** 1, anders noch BGH VRS **56** 431, Sa VM **81** 70 bei Unfall vor 1976. Vor dem 1. 8. 84 (Inkrafttreten der Änderung von Abs I S 1, Anschnallpflicht auf Rücksitzen) noch kein Mitverschulden bei Nichtanschnallen auf dem Rücksitz, auch wenn das Fz entsprechend ausrüstungspflichtig war, s Ko VR **83** 568, Ce VR **85** 787, s dazu *Weber* DAR **86** 162. Mitverschulden auch bei Nichtangurten in Ländern ohne entsprechende Pflicht, KG VM **82** 62. **Nichtanschnallen während eines Haltes** begründet nach BGH NJW **01** 1485 (krit *Hentschel* NJW **01** 1471) Mitschuld, soweit danach Fahrtunterbrechungen als zur „Fahrt" iS von Abs I angesehen werden (s Rz 3), abw Ce ZfS **81** 326 (jedenfalls bei freiwilligem Halt). **Mitfahrt** in einem vorschriftswidrig nicht mit Gurten ausgestatteten Fz rechtfertigt ebenfalls keinen Mitschuldvorwurf, BGH VRS **64** 107. Das gleiche muß für Mitfahrt auf einem Beifahrersitz gelten, dessen Gurt defekt ist, s aber KG VM **87** 78, oder wenn ohne Verstoß gegen geltende Bestimmungen mehr Personen mitfahren als Sitzplätze und Gurte vorhanden sind, Kar NZV **99** 422 (Mitverschulden jedoch aus anderen Gründen bejaht) (s dazu § 23 Rz 22), zw *Seidenstecher* VD **91** 135 f. Kein Mitverschulden dessen, der sich zum Schlafen auf den Beifahrersitz gesetzt hat und den Fahrtbeginn nicht bemerkt, Ko VRS **68** 167, Ha NZV **98** 155. **Ob der Gurt angelegt war,** läßt sich idR anhand seiner Dehnung, von Spuren an der Kleidung und der Gurttraumen an der Brust klären. UU kann auch der Anscheinsbeweis hierzu herangezogen werden, s Rz 9 a. Ausnahmegenehmigungen aus triftigem körperlichem Grund (Rz 12 sowie § 46 I 5 b) werden einen Mitschuldvorwurf idR ausschließen, BGHZ **119** 268 = NZV **93** 23; entsprechendes gilt, wenn jedenfalls die Voraussetzungen für eine Ausnahmegenehmigung vorlagen, BGHZ **119** 268 = NZV **93** 23. Kein Mitschuldvorwurf uU auch in den Fällen von § 21 a I Nr 1 und 2, s BGHZ **119** 268 = NZV **93** 23, AG Kö VRS **84** 262, hier werden die Umstände entscheiden müssen. Mögliche Ausnahmen vom Mitschuldvorwurf beim Nichtangurten: größerer Verband im Tragegebiet, Zustand nach chirurgischen Eingriffen in diesem Gebiet, Erkrankungen mit akuter Druckempfindlichkeit, Ekzeme, nach BGHZ **119** 268 = NZV **93** 23 aber nur, wenn die VB deswegen zur Erteilung einer Ausnahmegenehmigung verpflichtet wäre. Nicht-Nachstellen eines zu lockeren und daher wirkungslosen Statikgurtes ist wie Nichtanlegen zu behandeln, KG VRS **62** 247, VM **84** 87, bei nur teilweiser Wirkungslosigkeit jedoch geringere Mithaftung als bei Nichtanschnallen, Sa VM **84** 23. Der Mitverschuldensvorwurf entfällt nicht deswegen, weil der Gurt infolge pflichtwidrigen Unterlassens einer Reparatur funktionsuntüchtig war, Fra ZfS **86** 1.

Im Bereich **gurtunabhängiger Verletzungen** scheidet ein Mitschuldvorwurf aus, **9 a** Schl VR **80** 656, Ha VR **97** 593. Stets ist zu prüfen, ob ein angelegter Gurt nach Unfallart (zB bei hoher Geschwindigkeit) genützt hätte, BGH VR **79** 528, Kö VR **02** 908, in besonderen Fällen mag Nichtanschnallen keine Mitschuld begründen, BGHZ **74** 25 = NJW **79** 1363, Kar NZV **89** 470, *Schlund* DAR **79** 216. Kein Ersatz für Platzwunden (Stirn), die bei Angurtung vermieden worden wären, Ha VRS **59** 5. Der Haftpflichtige hat, bei typischen Verläufen auch nach den Grundsätzen des **Anscheinsbeweises,** BGH NJW **80** 2125, NZV **90** 386, Ba VR **82** 1075, Kar VR **85** 788, NZV **89** 470, Ha VM **86** 21, NZV **98** 155, Fra ZfS **86** 289, Ko ZfS **94** 291, Stu VRS **97** 18 (Hclm), krit *Ludolph* NJW **82** 2595 (gegen ihn mit Recht *Weber* NJW **86** 2670), die Voraussetzungen der Mitschuld des Verletzten zu beweisen, insbesondere auch die Ursächlichkeit des Nichtanschnallens bzw Nichttragens des Helms für die Verletzungen, verbleibende Zweifel gehen zu seinen Lasten, BGH NJW **80** 2125, VR **81** 548, Kö VR **02** 908, KG VRS **62** 247, VM **84** 87, **86** 35, Kar NZV **89** 470, krit *Landscheidt* NZV **88** 7 (der Beweislastumkehr für erwägenswert hält), s dazu *Weber* NJW **86** 2671 ff. Auch für die Behauptung des Schädigers, der Verletzte sei nicht angeschnallt gewesen, kann der Anscheinsbeweis streiten, wenn allgemeine Erfahrungssätze zu dem Schluß führen, daß Art und Ausmaß der Verletzungen bei Unfällen der festgestellten Art regelmäßig nur bei Nichtangeschnallten zu beobachten sind, BGH NZV **90** 386, Kö VR **02** 908, Ko DAR **91** 294, Zw VRS **84** 177. Insbesondere schwere Gesichtsverletzungen können den Anscheinsbeweis dafür begründen, daß der Verletzte nicht angeschnallt war, Ba VR **82** 1075, **85** 786, Fra ZfS **86** 289. Dagegen spricht der Anschein idR nicht für Ursächlichkeit des Nichtanschnallens bei seitlichem Aufprall mit erheblicher Deformierung der FzSeite, wo der Verletzte saß, Ha VRS **76** 112. Der Mitschuldvorwurf setzt voraus, daß der **Ersatzpflichtige für jede Verletzung gesondert darlegt und beweist,** daß der Verletzte mit Gurt überhaupt nicht oder weniger schwer verletzt worden wäre, KG VM **82** 63, Ha VM **86** 21, *Kuckuk* DAR **80** 4. Dieser Nachweis wird auch mit Hilfe eines unfallmedizinischen Gutachtens oft schwierig sein, s *Ludolph* NJW **82** 2595. Geringere Verletzungen des angeschnallten Fahrers können darauf hinweisen, daß die schwereren des nichtangeschnallten Beifahrers auf dem Nichtanschnallen beruhen, s BGH NJW **80** 2125. Kann sich das Gericht nicht unter Überwindung aller wesentlichen Zweifel davon überzeugen, daß Anschnallen zu insgesamt (nennenswert?) geringeren Verletzungen geführt hätte (§ 286 ZPO), so ist keine Mitschuld erwiesen, BGHZ **53** 256, KG VR **79** 1032. Für die Behauptung des Geschädigten, er würde angegurtet andere, ebenso schwere Verletzungen davongetragen haben, ist dieser beweispflichtig, Dü DAR **85** 59, Kar NZV **89** 470. Ein begründeter Mitschuldvorwurf ist unwahrscheinlich bei Frontalkollisionen etwa ab „50", ebenso bei Schrägkollisionen, beim Unterfahren und Überrolltwerden, bei seitlicher Kollision bei dem auf der Gefahrseite Sitzenden; er besteht im übrigen nur in Höhe des nachweisbaren Gurtnutzens bei Berücksichtigung der jeweiligen Umstände, s Schl VR **80** 656, Kar MDR **79** 845. FzSchäden werden durch das Gurtproblem wohl nur ausnahmsweise beeinflußt werden.

9 b § 254-**Kürzungen** betreffen stets nur den durch Nichtanschnallen verursachten Kostenanteil bei Körper- und FzSchäden. Die Mithaftung kann, wenn der Schädiger nur nach § 7 StVG haftet, höher sein als bei Verschuldenshaftung, Kar NZV **90** 151, KG VM **90** 92. Je nach Ausmaß des Verursachungsbeitrags, BG und Schuldgrad und BG des Schädigers und Ausmaß der eigenen Sorgfalt des Geschädigten (§ 17 III StVG) kann sich der Mitschuldvorwurf milder darstellen oder auch ganz zurücktreten, BGH NZV **98** 148, Ha VR **97** 593, Mü NJW-RR **99** 820, LG Stu NZV **04** 409, s *Fuchs-Wissemann* DRiZ **83** 314, abw (nur bei Vorsatz) *Häublein* VR **99** 166f. Obwohl das Nichtanschnallen mehrere zugleich eintretende Körperschäden unterschiedlich beeinflussen kann, darf eine durchschnittlich angemessene einheitliche Mitschuldquote angenommen werden, BGH NJW **80** 2125, VRS **60** 94. Zur Kürzung bei Nichtanschnallen in Durchschnittsfällen: 20 bis 25%, KG VRS **57** 402, Ce DAR **79** 305, Mü DAR **79** 306, Dü ZfS **85** 59, abw *Häublein* VR **99** 165f, bei schweren Verletzungen: 30%, Dü **85** 59 (krit *Häublein* VR **99** 165 Fn 27), Sa VRS **72** 412, Kar NZV **90** 151. In Einzelfällen kann eine Mithaftungsquote von 50% und mehr in Frage kommen, Fra VRS **73** 171, etwa bei besonders schwerem Verschulden des Verletzten gegen sich selbst, Mü VR **85** 868 – Anm *Dunz* VR **85** 1196 – (Gesichtsverletzungen einer Kosmetikerin), oder bei Haftung des Schädigers nur nach § 7 StVG, BGH VRS **60** 94, KG VRS **62** 247, Fra ZfS **86** 130, uU aber auch bei Deliktshaftung, KG VM **86** 35. Feste Quoten lassen sich nicht aufstellen; die Umstände des Einzelfalles (Unfallhergang, Verschulden des Schädigers, Ausmaß des Mitverschuldens des Geschädigten unter Berücksichtigung der Art der Verletzungen) sind entscheidend, BGH VRS **60** 94, KG VRS **62** 247, Kar NZV **89** 470, Ha VR **97** 593 (Schadensverursachung durch absolut fahruntüchtigen Kf), näher *Landscheidt* NZV **88** 9f, *Häublein* VR **99** 163. *Händel,* Zur Anwendung des BGH-Gurturteils, NJW **79** 2289.

9 c Nichtanschnallen ist idR **kein Verschulden iS des § 3 EFZG,** weil dies einen groben Verstoß gegen eigene Interessen voraussetzen würde, s LAG Dü DAR **81** 94, *Frank* DAR **82** 118, *Kuckuk* Betr **80** 302 (der selbst bei risikoreichen Sportarten wie zB Drachenfliegen verneint wird, BAG NJW **82** 1014), aM BAG NJW **82** 1013, LAG Berlin NJW **79** 2327, s *Weber* DAR **83** 9. Unfallverursachung durch Gurtanlegen erst während der Fahrt ist nicht ohne weiteres **grobfahrlässig (§ 61 VVG),** Sa VR **84** 1185. **Der Fahrer kann dem Beifahrer für solche Verletzungen haften müssen,** die dieser dadurch erlitten hat, daß er, nicht angeschnallt, im Fz schlief und vor Fahrtantritt vom

Fahrer nicht geweckt wurde, Kar VR **85** 788; ihm obliegt die Fürsorgepflicht, für das Anschnallen seines alkoholisierten mitfahrenden Ehegatten zu sorgen, Fra ZfS **86** 289, nach Ha NZV **96** 33 überhaupt gegenüber alkoholisierten Insassen, s auch Rz 7.

Für **Gurtschäden** wird der Ersatzpflichtige (§ 7 StVG, § 823 BGB, Vertragshaftung) **10** zu haften haben, weil sie, als bloßes Gurttrauma wie als Verschlimmerung durch den Gurt, aus jedenfalls zulässiger und statistisch überwiegend positiver Vorsorge in ursächlicher Verbindung mit dem Unfall erwachsen, aM *Allgaier* VR **93** 676. Ein **Aufopferungsanspruch** gegen die BRep im Falle von Gurtschäden, für die kein Ersatzanspruch gegen Dritte besteht, soweit ohne den Gurt weder diese noch statt ihrer vergleichbare andere Schäden eingetreten wären, ist nicht gegeben; denn die nach § 21a I S 1 gebotene Verhaltensweise dient ganz überwiegend dem einzelnen selbst; str, aM *Müller* NJW **83** 593, *Allgaier* VR **93** 676, *Fuchs-Wissemann* DRiZ **83** 312 (jedenfalls nach Einführung der Bußgeldbewehrung), wie hier: *Greger* § 9 StVG Rz 68, *Schlund* VGT **78** 79, 90ff, *Schwabe* NJW **83** 2370.

5. Ausnahmen: a) Sicherheitsgurt: Soweit Abs I S 2 Nr 1 **Taxifahrer** und **Miet- 11 wagenfahrer** von der Anlegepflicht ausnimmt, gilt das nur für die Berufsausübung, nicht für private Fahrten mit dem Taxi, *Weber* DAR **86** 5, und nur bei Fahrgastbeförderung, nicht bei Leerfahrt, Dü DAR **98** 450. Nach Sinn und Zweck der Ausnahmebestimmung des Abs I S 1 Nr 1 galt die Befreiung auch schon vor Änderung der Vorschrift durch die 9. StVO-ÄndVO nicht bei Leerfahrt, Ce DAR **88** 140, entfiel daher der *Mitverschuldens*vorwurf gem § 254 I BGB (s Rz 9) nicht, wenn der Taxifahrer bei Leerfahrt den Sicherheitsgurt nicht anlegte, BGHZ **83** 71 = NJW **82** 985 (zust *Schlund* JR **82** 408, *Kreutel* VD **85** 7, *Mindorf* DAR **85** 283, *Weber* DAR **86** 1), Hb MDR **87** 696. Nunmehr begründet Nichtanschnallen durch Taxi- und Mietwagenf auf Leerfahrt nicht nur regelmäßig den Vorwurf des Mitverschuldens, sondern ist darüber hinaus – im Gegensatz zur früheren Fassung (vor dem 1. 10. 88), Ce DAR **88** 140, Ha DAR **88** 174.– auch ow, Dü VRS **80** 291. **Lieferanten im Haus-zu-Haus-Verkehr** sind nicht nur Überbringer von Waren, sondern auch Personen, die Sachen anderer Art bringen oder abholen und dabei innerhalb eines bestimmten Bereichs das Fz nach Zurücklegen kürzester Entfernungen immer wieder verlassen müssen, wie zB Postzusteller, Amtsboten usw, Bay NJW **87** 855. Für Personen, die Leistungen anderer Art im Haus-zu-Haus-V erbringen, wird man die Bestimmung entsprechend anzuwenden haben. Fahrstrecken von jeweils mehr als 500m zwischen den einzelnen Haltepunkten fallen jedenfalls nicht mehr unter die Ausnahmeregelung, Fra VRS **77** 302. Aber auch Strecken von 300m werden idR nicht als „kürzeste Entfernungen" angesehen werden können, die „in langsamer Fahrgeschwindigkeit" zurückgelegt werden (s Begr, Rz 1) und als Haus-zu-Haus-Verkehr iS von I S 2 Nr 2 eine Ausnahme von der Gurtanlegepflicht rechtfertigen, Dü NZV **91** 482, **92** 40. Die Befreiung nach Nr 2 gilt nur innerhalb des Bezirks, in dem die Fahrt laufend unterbrochen wird, nicht auch auf der Hin- und Rückfahrt, Bay NJW **87** 855, Dü NZV **91** 482. Bei Fahrten mit **Schrittgeschwindigkeit** braucht der Gurt nicht angelegt zu werden, Abs I S 2 Nr 3, und zwar gilt dies nicht nur beim Rückwärtsfahren und auf Parkplätzen; diese Fälle sind vielmehr nur Beispiele, Stu VRS **70** 49, Dü VRS **72** 211. Die Ausnahme gilt daher auch für andere Fälle des Schrittfahrens, s Begr Rz 1 (insoweit jedoch einschränkend Stu VRS **70** 49: nicht über längere Strecken, KG VRS **70** 299, Dü VRS **72** 211: nicht bei verkehrsbedingtem Schrittfahren). Schrittgeschwindigkeit: § 42 Rz 181 Z 325/326. Abs I S 2 Nrn 4 bis 6 enthalten Ausnahmen von der Anschnallpflicht für bestimmte Fälle bei **Fahrten in Kom.** Die Nr 5 betrifft nur Serviceleistungen, und zwar nur solche, die ein Verlassen des Sitzplatzes notwendig machen. Das gilt zB für das Bringen von Erfrischungen oder die Versorgung von Fahrgästen etwa mit einem Medikament (Tablette) und ähnliche Dienste, erlaubt aber nicht zB das Stehen des Reiseleiters während der Abgabe von Erläuterungen. Im übrigen gilt die Ausnahme nur für das in Nr 5 ausdrücklich genannte Personal. Für die Definition des Begriffs „Betriebspersonal" gilt § 8 I BOKraft (Personal, das im Fahrdienst oder zur Bedienung von Fahrgästen eingesetzt ist). Die Bestimmung in Nr 6 erlaubt Fahrgästen nur das *kurzfristige* Verlassen des Platzes, etwa, um den Platz zu wechseln, ein Gepäckstück zu öffnen, ein Getränk zu holen, eine etwa vorhandene Toilette aufzusuchen, und zwar nur soweit zur Erledigung solcher Verrichtungen erforderlich, nicht aber zB, um eine Unterhaltung mit einem anderen Fahrgast zu führen. **Kinder bis zum 12. Lebensjahr,** s § 21 Rz 9a. **b) Schutzhelm:** Nach Maßgabe von § 1 der 8. AusnahmeVO zur StVO sind Führer von Krädern, die den Anforderungen der Anlage zu der AusnahmeVO entsprechen, von der Helmtragepflicht befreit.

12 **Ausnahmegenehmigungen** von der **Gurtanlegepflicht,** soweit Abs I S 2 Nr 1 bis 4 nicht zutreffen, sehen § 46 I S 1 Nr 5 b und S 3 vor. S dazu auch Vwv zu § 46 Rn 93 ff (abgedruckt bei § 46 Rz 13). An die Erteilung einer Ausnahmegenehmigung sind strenge Anforderungen zu stellen, VG Augsburg DAR **01** 233. Zu eng aber wohl BGHZ **119** 268 = NZV **93** 23, wonach sie auf die Fälle beschränkt sein soll, in denen Gurtbenutzung zu ernsthaften Gesundheitsschäden führen würde (danach würde bloße Verursachung selbst starker Schmerzen durch den Gurt nicht ausreichen). Maßgebend ist die Körperbeschaffenheit. Ist Gurttragen hiernach oder aus gesundheitlichem Grund unzumutbar, so scheitert eine Anlegepflicht auch ohne Ausnahmegenehmigung objektiv bereits hieran, s BGH NJW **83** 1380 (betreffend Schutzhelm), VG Fra DAR **89** 73, zw Ol DAR **86** 28; die abw Auffassung, Dü NZV **91** 240, würde bei objektiv gegebener gesundheitlicher Unzuträglichkeit der Gurtbenutzung praktisch zu einem Fahrverbot führen, solange keine Ausnahmegenehmigung erlangt werden konnte, und berücksichtigt nicht, daß zB bei plötzlichen, vorübergehenden Beeinträchtigungen eine Ausnahmegenehmigung nicht in Betracht kommt. Bei Dauerzuständen keine Befristung der Ausnahmegenehmigung durch die Behörde. Atemabhängiges Druckgefühl nach Rippenbruch macht Gurtanlegen nicht ohne weiteres unzumutbar, Fra VRS **73** 171. Die Vwv zu § 46 Nr 5b (Vwv Rn 93ff) ist nicht abschließend und schließt eine Ausnahmegenehmigung in den dort nicht genannten Fällen nicht aus, VG Düsseldorf VM **81** 21 (zum Antrag eines Fahrlehrers), VG Fra DAR **89** 73 (zur abw Formulierung des ärztlichen Attests). Je nach Art der gesundheitlichen Beeinträchtigung kann die Ausnahmegenehmigung auch dann zu erteilen sein, wenn das Attest zwingende Notwendigkeit nicht ausdrücklich bescheinigt, VG Fra DAR **89** 73. Vielfach wird eine spezielle Gurtbeschaffenheit ausreichen, um körperlichen Besonderheiten gerecht zu werden (zB Gurtpolsterung, sog „Hosenträgergurt" usw). Die Befürchtung von Nachteilen des Gurtanlegens für Schwangere oder Träger von Herzschrittmachern erscheinen aus medizinischer Sicht nicht begründet, *Sefrin* ÄrzteBl **83** 44, *Friedel ua* ÄrzteBl **86** 243, *Luff ua* ZVS **85** 121 (Schrittmacher). Soweit gesundheitliche Gründe das Tragen des **Schutzhelms** ausschließen, wird idR eine Ausnahmegenehmigung zu erteilen sein, BGH VR **83** 440, Vwv Rn 96 zu § 46 (s § 46 Rz 13), einschränkend VG Augsburg DAR **01** 233 (nur bei Angewiesensein auf das Krad und geringen Fahrstrecken). Richtlinien für Ausnahmegenehmigungen, VBl **76** 437, **86** 508. Muster eines Ausweises über gem § 46 erteilte Ausnahmegenehmigung: VBl **86** 206, 558, **88** 183.

13 **Ordnungswidrigkeit:** Rz 7.

Ladung

22 (1) **Die Ladung sowie Spannketten, Geräte und sonstige Ladeeinrichtungen sind verkehrssicher zu verstauen und gegen Herabfallen und vermeidbares Lärmen besonders zu sichern.**

(2) ¹**Fahrzeug und Ladung dürfen zusammen nicht breiter als 2,55 m und nicht höher als 4 m sein.** ²**Fahrzeuge, die für land- oder forstwirtschaftliche Zwecke eingesetzt werden, dürfen, wenn sie mit land- oder forstwirtschaftlichen Erzeugnissen oder Arbeitsgeräten beladen sind, samt Ladung nicht breiter als 3 m sein.** ³**Sind sie mit land- oder forstwirtschaftlichen Erzeugnissen beladen, dürfen sie samt Ladung höher als 4 m sein.** ⁴**Kühlfahrzeuge dürfen nicht breiter als 2,6 m sein.**

(3) ¹**Die Ladung darf bis zu einer Höhe von 2,5 m nicht nach vorn über das Fahrzeug, bei Zügen über das ziehende Fahrzeug hinausragen.** ²**Im Übrigen darf der Ladungsüberstand nach vorn bis zu 50 cm über das Fahrzeug, bei Zügen bis zu 50 cm über das ziehende Fahrzeug betragen.**

(4) ¹**Nach hinten darf die Ladung bis zu 1,5 m hinausragen, jedoch bei Beförderung über eine Wegstrecke bis zu einer Entfernung von 100 km bis zu 3 m; die außerhalb des Geltungsbereichs dieser Verordnung zurückgelegten Wegstrecken**

Ladung §22 StVO 2

werden nicht berücksichtigt. ²Fahrzeug oder Zug samt Ladung darf nicht länger als 20,75 m sein. ³Ragt das äußerste Ende der Ladung mehr als 1 m über die Rückstrahler des Fahrzeugs nach hinten hinaus, so ist es kenntlich zu machen durch mindestens
1. eine hellrote, nicht unter 30 × 30 cm große, durch eine Querstange auseinandergehaltene Fahne,
2. ein gleich großes, hellrotes, quer zur Fahrtrichtung pendelnd aufgehängtes Schild oder
3. einen senkrecht angebrachten zylindrischen Körper gleicher Farbe und Höhe mit einem Durchmesser von mindestens 35 cm.
⁴Diese Sicherungsmittel dürfen nicht höher als 1,5 m über der Fahrbahn angebracht werden. ⁵Wenn nötig (§ 17 Abs. 1), ist mindestens eine Leuchte mit rotem Licht an gleicher Stelle anzubringen, außerdem ein roter Rückstrahler nicht höher als 90 cm.

(5) ¹Ragt die Ladung seitlich mehr als 40 cm über die Fahrzeugleuchten, bei Kraftfahrzeugen über den äußeren Rand der Lichtaustrittsflächen der Begrenzungs- oder Schlußleuchten hinaus, so ist sie, wenn nötig (§ 17 Abs. 1), kenntlich zu machen, und zwar seitlich höchstens 40 cm von ihrem Rand und höchstens 1,5 m über der Fahrbahn nach vorn durch eine Leuchte mit weißem, nach hinten durch eine mit rotem Licht. ²Einzelne Stangen oder Pfähle, waagerecht liegende Platten und andere schlecht erkennbare Gegenstände dürfen seitlich nicht hinausragen.

Begr zur ÄndVO v 11. 12. 00 (VBl **01** 7): **Zu Abs 2:** *Die Änderung zur Ladungsbreite* **1** *beim Transport land- oder forstwirtschaftlicher Arbeitsgeräte vollzieht die maximal zulässige Breite von 3 m für land- und forstwirtschaftliche Arbeits- oder Anbaugeräte gemäß § 32 Abs. 1 Nr. 2 StVZO nach. So wird der Transport von Arbeits- oder Anbaugeräten mit einer Breite von mehr als 2,55 m zur landwirtschaftlichen Arbeitsstelle erleichtert, die bislang nur in Längsrichtung verladen werden konnten. Aus Verkehrssicherheitsgründen muss es für die Arbeits- oder Anbaugeräte weiter bei der maximal zulässigen Höhe von 4 m bleiben. Die Änderung macht die redaktionelle Anpassung der ganzen Vorschrift notwendig.*

Zu Abs 3: *… Satz 1 legt fest, dass dieses Verbot des Ladungsüberstandes nach vorn nur noch* **2** *bis zu einer Höhe von 2,5 m gilt. Bis zu dieser Höhe gebietet es die Verkehrssicherheit zum Schutze vorausfahrender Kraftfahrzeugführer, Fußgänger und Radfahrer, den Raum über der Fahrbahn freizuhalten.*

Unter dem Gesichtspunkt der Verkehrssicherheit ist es vertretbar, ab einer Höhe von 2,5 m einen geringfügigen Ladungsüberstand von bis zu 50 cm zuzulassen. Die Änderung in Satz 2 trägt dem Rechnung.

Zu Abs 4: *Die Erweiterung der Länge von bislang höchstzulässigen 20 m auf 20,75 m für* **3-9** *Fahrzeug oder Zug samt Ladung vollzieht die Erweiterung der höchstzulässigen Länge von bislang 18 m auf 18,75 m in § 32 Abs. 4 S. 1 Nr. 4 i. V. m. Absatz 7 StVZO nach.*

Vwv zu § 22 Ladung
Zu Absatz 1

1 I. Zu verkehrssicherer Verstauung gehört sowohl eine die Verkehrs- und Betriebssicherheit **10** nicht beeinträchtigende Verteilung der Ladung als auch deren sichere Verwahrung, wenn nötig Befestigung, die ein Verrutschen oder gar Herabfallen unmöglich machen.

2 II. Schüttgüter, wie Kies, Sand, aber auch gebündeltes Papier, die auf Lastkraftwagen befördert werden, sind in der Regel nur dann gegen Herabfallen besonders gesichert, wenn durch überhohe Bordwände, Planen oder ähnliche Mittel sichergestellt ist, daß auch nur unwesentliche Teile der Ladung nicht herabfallen können.

3 III. Es ist vor allem verboten, Kanister oder Blechbehälter ungesichert auf der Ladefläche zu **11** befördern.

4 IV. Vgl. auch § 32 Abs. 1.

1. Sachgerecht verkehrssicher zu verstauen sind Ladung, Spannketten, Geräte **12** und sonstige Ladeeinrichtungen (I). Die Vorschrift schützt außer den VT auch dem Ver-

2 StVO § 22   I. Allgemeine Verkehrsregeln

kehr benachbarte Personen und Gegenstände, welche durch die Beförderung der Ladung gefährdet, verletzt oder beschädigt werden könnten (Häuser, Brücken, Durchfahrten, VAnlagen), Ha VRS **27** 300, Dü VRS **77** 369, VM **93** 70, durch ihre Beschaffenheit (Explosivstoffe, Chemikalien) oder das Verstauen (Anstoßen, Lärm, Herunterfallen, Wegsprühen, Rz 16). Sie darf niemand behindern, etwa durch vorschriftswidrigen Umfang oder Herunterfallen, und niemanden mehr als unvermeidbar belästigen, etwa durch Klappern bei schlechter Befestigung oder Beschmutzen anderer Fze oder von Passanten, Ha VRS **7** 213. Abtropfendes Wasser: § 32. Soweit das Verstauen die Betriebssicherheit des Kfz berührt, kommt nach Maßgabe von BGH Betr **70** 1314 auch Haftung des Transportunternehmers in Betracht. *Schleusener,* Die FzLadung, KVR.

13   **1a. Sachgerechtes Verstauen** setzt Beachtung der in der Praxis anerkannten Regeln des Speditions- und Fuhrbetriebs analog den Regeln der Baukunst im § 319 StGB voraus, Dü VRS **77** 369. Der Inhalt der VDI- Richtlinie 2700 „Ladungssicherung auf Strfzen" dürfte gegenwärtig die technisch anerkannten Beladungsregeln umfassen und deshalb allgemein zu beachten sein, BaySt **02** 110 = DAR **02** 562, Dü VM **93** 70, Ko VRS **82** 53, näher dazu *Egger* VD **79** 97, unterliegt aber der richterlichen Nachprüfung, BaySt **02** 110 = DAR **02** 562, Ko VRS **82** 53. Gegen Herabfallen und vermeidbares Lärmen (Rz 15) der Ladung ist der Verkehr stets zu sichern (BRDrucks 420/70 Nr 10), s Dü NZV **92** 494, Kö VRS **88** 171. Einer durch verkehrswidriges Verhalten eines Dritten erforderlich werdenden Notbremsung muß die Sicherung der Ladung standhalten, Dü MDR **84** 945, VRS **77** 369, VM **93** 70, Ko VRS **82** 53. Beim Bremsen drängt die Ladung nach vorn, beim Beschleunigen nach hinten, beim Kurvenfahren nach außen. Der gemeinsame Schwerpunkt der Ladung soll in der Mittellinie des Kfz möglichst niedrig liegen. Gegen die Vorderwand soll die Ladung abgestützt sein. Jeder Lkwf muß wissen, daß ungleichmäßige Verteilung schwerer Lasten die Lenkfähigkeit beeinträchtigt, die Schleudergefahr erhöht, das Bremsen erschwert, sogar zur Blockierung einzelner Räder führen kann; der Bremskraftregler kann fehlerhafte Lastverteilung nicht ausgleichen, Ha VRS **20** 462. Ladungsverteilung auf Triebwagen und Anhänger: § 42 StVZO, BGH VRS **19** 348. Jede Ladung ist nach ihrer Eigenart zu befestigen, Schüttgüter müssen ausgeglichen und dürfen nicht wesentlich höher als die Seitenborde sein (Herunterfallen), s Dü NZV **92** 494. Bis zur Bordwandkante reichende Sand- oder Kiesladungen sind abzudecken, falls andere Sicherung nicht ausreicht, Kö VR **88** 171. Die Aufbauten müssen dicht und das Schüttgut gegen Verstreuen bedeckt sein, KG VRS **49** 295, Kö NZV **94** 484. Lange Ladungsteile sind zu bündeln und fest zu verspannen. Schwere Teile sind reißfest gegen Rutschen und Kippen festzuspannen, Bra VR **03** 1567. Ladung und mitfahrende Personen dürfen die Betriebssicherheit nicht beeinträchtigen. Vermeidbare Transportgeräusche müssen vermieden werden (Rz 15). Die Ladung ist den besonderen Fahrtverhältnissen gemäß zu befestigen (schlechte Straße), Kö VRS **8** 381. Bei hohen und schweren Lasten (Kippgefahr) kann ein Tieflader zu verwenden sein, BGH VRS **16** 192. Ist das Ladegut gegen Erschütterung empfindlich, muß der Fahrer die Befestigung in Abständen, zumindest nach holprigen Stellen prüfen, BGH VRS **17** 462. Langholz ist durch Spannketten und Eisenklammern zu befestigen, Tüb VBl **51** 74, weitere Befestigung ist erforderlich, wenn die Stämme glitschig sind, BGH VRS **10** 75. Feuchte Abfälle dürfen nicht seitlich herausspritzen und andere behindern oder gefährden, Ol VRS **42** 59. Daß eine Vorsichtsmaßnahme nicht üblich ist, schließt nicht aus, daß sie im Einzelfall erforderlich ist, BGH VRS **10** 75. Auch eine nicht gegen § 22 verstoßende Ladung (gebündelte Stahlmatten) kann uU eine weitere Sicherung nötigen, jedoch nicht derart, daß auch völlig achtloses fremdes Verhalten abgeschirmt wäre, Bay VM **74** 68. Die Weisung, einen Transport mit einem vorschriftswidrig beladenen Fz durchzuführen, bindet nicht, BGH VR **79** 417. **Dachlasten** und vollbeladene Kofferräume verändern die Pkw-Fahreigenschaften wesentlich (Anzugvermögen, Überholweg, Kurvenstabilität, Windempfindlichkeit, Brems- und Lenkeigenschaften), dies muß ein sorgfältiger Kf berücksichtigen. Zur zulässigen Dachlast, s *Niklitsch* PVT **86** 71. Trotz Beachtung der Bedienungsanleitung nicht sichere Befestigung auf Fahrradträger muß nicht fahrlässig sein, Bra NZV **95** 406. Zur Ladungssicherung auf Dachlastträgern, in KombiFzen (§ 23 VI a StVZO aF) und Pkw-Anhängern, s *Bläsius* Verkehrsunfall **86** 337.

Ladung § 22 StVO 2

1 b. Zur **Ladung** iS von § 22 gehören alle Sachen, die das Fz im Einzelfall befördern 14
soll, BaySt **99** 89 = NZV **99** 479, zB auch Gepäck und Werkzeugkisten, soweit diese
nicht zur FzAusrüstung gehören. Inwieweit Zubehörgegenstände „Ladung" sind, ist zw,
s *Huppertz* DNP **91** 215; ein sinnvolles Ergebnis ist erreichbar, wenn man zur eigentlichen Ladung nur die Sachen rechnet, zu deren Beförderung das Fz eingesetzt wird
(Zweck), s zB *Müller*, StrVRecht, 20. Aufl, S 901, *Cramer* Rz 8, auch nach späterem
Wegfall der Beförderungsabsicht (Schüttgutreste), Bay DAR **94** 381. Auf den beabsichtigten Verbleib des Gutes am Zielort kommt es nicht an, BaySt **99** 89 = NZV **99** 479.
Keine Ladung wären danach zB idR Reserve-Kraftstoffbehälter, Ersatzrad usw, aM
Huppertz DNP **91** 215 (Mitführungspflicht als negatives Kriterium). Nicht zur Ladung
gehören nachlaufende TrägerFze für austauschbare Ladungsbrücken, VGH Mü Bay-
VBl **91** 243, oder ein abgeschlepptes Fz, Fra DAR **57** 192. Gelegentlich am FzHeck
befestigte, zu Ladezwecken mitgeführte Gabelstapler sind Ladung, BaySt **99** 89 = NZV
99 479. In gleicher Weise wie die eigentliche Ladung sind aber gem Abs I Spannketten, Planen, Geräte und sonstige Ladeeinrichtungen zu sichern. Austauschbare Ladungsträger, die Fze miteinander verbinden oder Zugkräfte übertragen, sind FzTeile, § 42 III
2 StVZO, s Bay NZV **89** 284, Dü NZV **92** 84 (zur Übergangsregelung). Mitfahrende
Personen: §§ 21, 23. Gewicht der Ladung, Überladen: § 34 StVZO.

Lit: *Hillmann*, Verstöße gegen VVorschriften über ordnungsgemäße Ladung ..., ZfS **03** 387.
Schleusener/Berr, Die Ladung von Fzen im StrVRecht, KVR „Ladung".

1 c. Vermeidbarer Transportlärm ist unzulässig (I). Das Verbot klärt eine Streit- 15
frage (Begr). Neben dem sachgerechten Verstauen (Verwahren, Verteilen, Befestigen,
Abdecken) sind bei Gefahr vermeidbaren Lärms Vorkehrungen geboten, sofern Befestigen allein nicht ausreicht.

1 d. Kies- und Sandfahrzeuge verursachen, neben der möglicherweise gefährden- 16
den StrVerschmutzung (§ 32), häufig erhebliche Gefahr durch fliegenden Sand und kleine Steine, die zur Zertrümmerung der Frontscheiben überholender und besonders entgegenkommender Kfze und zu Lackbeschädigungen führen. Durch die in der Vwv
Rn 2 (s Rz 10) genannten Vorkehrungen ist sicherzustellen, daß auch das Herabfallen
nur unwesentlicher Mengen verhindert wird. Bloßes Befeuchten einer Sandladung genügt allenfalls bei ganz kurzer, langsamer Fahrt, Ha DAR **75** 249.

1 e. Vieh aller Art in Kfzen zu befördern ist nur zulässig, wenn nachgewiesen ist, daß 17
die über den Versand von Vieh erlassenen Anordnungen eingehalten sind, oder daß solche Anordnungen nicht bestehen. Merkblatt über Aufbauten von Viehtransportfzen und
Fundstellen der Rechtsvorschriften: VBl **92** 615.

2. Bis zu 2,55 m breit und 4 m hoch dürfen Fz und Ladung zusammen sein (II). II 18
S 4 wurde im Hinblick auf die höchstzulässige Breite von KühlFzen (jetzt § 32 I Nr 4
StVZO) eingefügt. Kein Ladungsteil darf verkehrsgefährdend hinausragen (Ausnahme:
Rz 22). Kommt es dennoch vor, so sind solche Teile bei den zulässigen Maßen einzurechnen. Richtlinien für Kenntlichmachung überbreiter/überlanger Strfze und bestimmter hinausragender Ladungen, VBl **74** 2, **76** 477, **83** 23 = StVRL § 32 StVZO Nr 1. Bei
einem Lkw mit 4 m hohem Aufbau ist auch auf den Luftraum über der Fahrbahn zu
achten, s Ha VM **72** 13. Der Fahrer eines überbreiten beladenen Lastzugs kann mit Sicherung durch ein vorausfahrendes Begleitfz nicht rechnen, wenn die Verbindung zu
ihm abgerissen ist, Bay VRS **17** 52.

2 a. Fahrzeuge bei Verwendung für land- oder forstwirtschaftliche Zwecke 19
dürfen ohne Rücksicht auf Eigentum und Haltereigenschaft bei Beladung mit land- oder
forstwirtschaftlichen Erzeugnissen oder mit Arbeitsgeräten samt Ladung höher als 4 m,
aber nicht breiter als 3 m sein. Die Einbeziehung von Arbeitsgeräten durch die Neufassung des Abs II durch ÄndVO v 11. 12. 00 soll den Transport von Arbeits- oder Anbaugeräten mit einer Breite von mehr als 2,55 m zur landwirtschaftlichen Arbeitsstelle
erleichtern. Sie entspricht der Regelung in § 32 I Nr. 2 StVZO, wonach die höchstzulässige Breite bei land- oder forstwirtschaftlichen Arbeitsgeräten 3 m beträgt. Die Ausnahme gilt nicht für die AB und für KraftfahrStrn (§ 18 I 2). Sie setzt *unmittelbar* der

2 StVO § 22   I. Allgemeine Verkehrsregeln

Ausübung der Landwirtschaft dienende Tätigkeiten voraus, in aller Regel also Fahrten zwischen dem landwirtschaftlichen Betrieb und den Wirtschaftsflächen, Bay VM **86** 28. Für Transporte von land- oder forstwirtschaftlichen Erzeugnissen oder von Arbeitsgeräten außerhalb land- und forstwirtschaftlicher Zwecke (Händler, Fuhrunternehmer) gilt die Erleichterung nicht, Bay VM **86** 28, allgemein auch nicht für die Fz- und Zuglänge. Langholzfuhren: Rz 13, 22, 26. Die Höchstbreite gilt auch für Sitzbretter im forstwirtschaftlichen Holzfuhrbetrieb, Tüb DAR **52** 112.

20   **3. Nach vorn** gilt das Verbot des Hinausragens der Ladung über das ziehende Fz gem Abs III nur bis zu einer Ladungshöhe von 2,5 m, weil es die Verkehrssicherheit zum Schutz vorausfahrender Kraftfahrzeugführer, Fußgänger und Radfahrer nur erfordert, den Raum über der Fahrbahn bis zu dieser Höhe frei zu halten. Ab einer Höhe von 2,5 m ist ein geringfügiger Ladungsüberhang bis zu 50 cm zugelassen (s Begr Rz 2).

21   **4. Nach hinten** darf die Ladung ohne Rücksicht auf die Entfernung bis zu 1,5 m hinausragen, bei Beförderung bis zu 100 km bis zu 3 m (IV), wobei Wegstrecken außerhalb des StVO-Geltungsbereichs nicht zählen (IV). Maßgebend ist die insgesamt geplante Strecke, vorzeitiger Abbruch ist ohne Einfluß, Ha VRS **61** 389, *Janiszewski* NStZ **81** 473. Daß das Hinausragen durch die zu geringe Länge der Ladefläche bedingt ist, setzt Abs IV (trotz eines entsprechenden Zwecks der Bestimmung) nicht voraus, BaySt **99** 89 = NZV **99** 479.

22   Ragt das äußerste Ende der Ladung bis zu 1 m über die Rückstrahler des Fz hinaus, so braucht es nicht besonders gekennzeichnet zu werden. Bei ungleichmäßiger Länge ist der längste Ladungsteil maßgebend, Ol VRS **7** 317. Ragt das äußerste Ladungsende mehr als 1 m über die FzRückstrahler hinaus, so ist es nach Maßgabe von IV besonders zu kennzeichnen (hellrote, gespreizte Fahne bestimmter Größe, hellrotes, pendelnd aufgehängtes Schild oder entsprechende zylindrische Körper, rote Leuchte, Rückstrahler). Diese besondere Sicherung muß andauern, solange sich das Fz mit der überstehenden Ladung im Verkehr befindet, Bay VRS **4** 146. Für Hubladebühnen gilt die Vorschrift des § 53b V StVZO, nicht § 22 IV, LG Bonn VR **04** 79. Die bei Dunkelheit anzubringende rote Leuchte muß nicht pendeln, Ha VRS **22** 381. Befindet sich die rote Leuchte an der linken hinteren Runge des abgestellten Anhängers statt am äußersten überstehenden Ladungsende, so braucht der Auffahrende die Ursächlichkeit der unrichtigen Anbringung nicht zu beweisen, BGH DAR **56** 300.

23   **5. Nicht länger als 20,75 m** darf ein Fz oder Zug samt Ladung sein, auch bei Verwendung für land- oder forstwirtschaftliche Zwecke (IV S 2). Verantwortlichkeit: §§ 23 StVO, 31 StVZO.

24   **6. Seitlich mehr als 40 cm hinausragende Ladung** ist bei eingeschränkter Sicht iS von § 17 I durch Leuchten gemäß V besonders zu kennzeichnen. Zu messen ist von den FzLeuchten ab, bei Kfzen vom äußersten Rand der Lichtaustrittsfläche der Begrenzungsleuchten ab (V). Die Vorschrift erlaubt nur das Hinausragen gekennzeichneter größerer Ladungsteile. Einzelne Stangen, Platten oder schlecht erkennbare Gegenstände dürfen auch bei Kennzeichnung nicht hinausragen (V S 2).

25   **7. Anbaugeräte an Kraftfahrzeugen** sind wie hinausragende Ladung zu sichern. S Begr, § 53b StVZO und Rz 22, 24.

26   **8. Ausnahmen:** §§ 46 II, 47. Richtlinien für Ausnahmegenehmigungen für überlange, überbreite, überhohe oder überstehende Ladungen, VBl **69** 146.

27   **9. Ordnungswidrig** (§ 24 StVG) sind alle in § 49 I Nr 21 mit § 22 bezeichneten Zuwiderhandlungen. Fahrlässigkeit bei nicht ausreichend gesicherter Ladung nur bei Vorhersehbarkeit des Herabfallens, Bra NZV **95** 406. Zur Frage des Verschuldens des FzF bei mangelhafter Ladungssicherung, s *Hillmann* ZfS **03** 388f. Verstoß gegen IV 1, 2. Alternative, ist bereits bei Beginn der Fahrt ow, nicht erst nach 100 km, Ha VRS **61** 389, s Rz 21. Überladen: §§ 31, 34 StVZO. Gegen § 22 zuwiderhandeln kann insbesondere der FzF, Dü VM **94** 52, daneben aber auch jede für die Ladung verantwortliche Person (zB Leiter der Ladearbeiten), Stu VRS **64** 308, *Cramer* Rz 38, *Rüth/Berr/Berz*

Rz 24, aM *Hillmann* ZfS **03** 391 (unter Verkennung der unmittelbaren Einflußmöglichkeit dieser Personen). Beachtung der VDI-Richtlinie 2700 (s Rz 13) entlastet idR, es sei denn, dem Betroffenen ist die Notwendigkeit eines abw Verhaltens im konkreten Fall bekannt, BaySt **02** 110 = DAR **02** 562. Verantwortlichkeit des FzF im übrigen: § 23 StVO, des Halters: § 31 II StVZO. TE mit § 1 II ist möglich, Dü NZV **92** 494. Verstöße gegen § 22 sind auch ow, wenn niemand geschädigt, gefährdet behindert oder belästigt wird, Bay VM **61** 34, VRS **24** 300, Ha VRS **27** 300, Dü NZV **92** 494. Wer § 22 zuwiderhandelt, verstößt nicht zugleich gegen § 23, der insoweit nur Auffangbestimmung ist, Dü VRS **67** 145. Gefährdung allein durch die Beschaffenheit der Ladung trotz richtigen Verstauens, Ce DAR **57** 245.

Sonstige Pflichten des Fahrzeugführers

23 (1) ¹Der Fahrzeugführer ist dafür verantwortlich, daß seine Sicht und das Gehör nicht durch die Besetzung, Tiere, die Ladung, Geräte oder den Zustand des Fahrzeugs beeinträchtigt werden. ²Er muß dafür sorgen, daß das Fahrzeug, der Zug, das Gespann sowie die Ladung und die Besetzung vorschriftsmäßig sind und daß die Verkehrssicherheit des Fahrzeugs durch die Ladung oder die Besetzung nicht leidet. ³Er muß auch dafür sorgen, daß die vorgeschriebenen Kennzeichen stets gut lesbar sind. ⁴Vorgeschriebene Beleuchtungseinrichtungen müssen an Kraftfahrzeugen und ihren Anhängern sowie an Fahrrädern auch am Tage vorhanden und betriebsbereit sein, sonst jedoch nur, falls zu erwarten ist, daß sich das Fahrzeug noch im Verkehr befinden wird, wenn Beleuchtung nötig ist (§ 17 Abs. 1).

(1 a) ¹Dem Fahrzeugführer ist die Benutzung eines Mobil- oder Autotelefons untersagt, wenn er hierfür das Mobiltelefon oder den Hörer des Autotelefons aufnimmt oder hält. ²Dies gilt nicht, wenn das Fahrzeug steht und bei Kraftfahrzeugen der Motor ausgeschaltet ist.

(1 b) ¹Dem Führer eines Kraftfahrzeuges ist es untersagt, ein technisches Gerät zu betreiben oder betriebsbereit mitzuführen, das dafür bestimmt ist, Verkehrsüberwachungsmaßnahmen anzuzeigen oder zu stören. ²Das gilt insbesondere für Geräte zur Störung oder Anzeige von Geschwindigkeitsmessungen (Radarwarn- oder Laserstörgeräte).

(2) Der Fahrzeugführer muß das Fahrzeug, den Zug oder das Gespann auf dem kürzesten Weg aus dem Verkehr ziehen, falls unterwegs auftretende Mängel, welche die Verkehrssicherheit wesentlich beeinträchtigen, nicht alsbald beseitigt werden; dagegen dürfen Krafträder und Fahrräder dann geschoben werden.

(3) ¹Radfahrer und Führer von Krafträdern dürfen sich nicht an Fahrzeuge anhängen. ²Sie dürfen nicht freihändig fahren. ³Die Füße dürfen sie nur dann von den Pedalen oder den Fußrasten nehmen, wenn der Straßenzustand das erfordert.

Begr zur ÄndVO v 21. 7. 80:VBl **80** 514.   1

Begr zur ÄndVO v 22. 3. 88 (VBl **88** 224): **Zu Abs. 2:** *Die Möglichkeit, liegengebliebene Zweiräder zu schieben, wird auf alle Krafträder ausgedehnt.*   2

Begr zur ÄndVO v 11. 12. 00 (VBl **01** 8): **Zu Abs 1:** *Die Änderung trägt dem Umstand Rechnung, dass nach der Einfügung des § 90 a BGB Tiere nicht mehr unter den Begriff „Sachen" zu subsumieren sind.*   3

Zu Abs 1a: *Die Vorschrift regelt die Benutzung eines Mobil- oder Autotelefons durch den Fahrzeugführer, also auch den Radfahrer. Sie gewährleistet, dass der Fahrzeugführer während der Benutzung des Mobil- oder Autotelefons beide Hände für die Bewältigung der Fahraufgabe frei hat. Die Benutzung schließt neben dem Gespräch im öffentlichen Fernsprechnetz sämtliche Bedienfunktionen wie das Anwählen, die Versendung von Kurznachrichten oder das Abrufen von Daten im Internet etc. ein.*   4

Der Fahrzeugführer darf das Mobil- oder Autotelefon benutzen, wenn er dazu das Telefon oder den Telefonhörer nicht aufnehmen oder halten muss. Insoweit soll es der Verantwortung des Fahrzeugführers überlassen bleiben, ob er in Kenntnis der auch dann noch bestehenden Risiken der mentalen Überlastung und Ablenkung von der eigentlichen Fahraufgabe ein Telefongespräch führt.

2 StVO § 23 I. Allgemeine Verkehrsregeln

Gleiches gilt für das Betätigen der weiteren Bedienfunktionen, die unter der genannten Bedingung ebenfalls weiter erlaubt bleiben. Auch insoweit obliegt es der Verantwortung des Fahrzeugführers, die davon ausgehenden Beeinträchtigungen so gering wie möglich zu halten, z. B. durch die Anwahl mittels Sprachsteuerung oder zumindest durch die Eingabe von Kurzwahlnummern, um den Wählvorgang möglichst wenig ablenkend zu gestalten.
...
Eine Untersuchung der Bundesanstalt für Straßenwesen (BASt) aus dem Jahr 1997 hat ergeben, dass 1996 20 Tote, 100 Schwer- und 450 Leichtverletzte dem Telefonieren am Steuer zumindest mitursächlich zuzurechnen waren. Hinzu kam eine nicht abschätzbare Dunkelziffer.
...
Wissenschaftliche Untersuchungen haben ergeben, dass sich durch die Benutzung einer Freisprecheinrichtung während des Telefongesprächs sowohl die Unsicherheits-Fehler (spätes Bremsen, Nichteinhalten der Fahrspur etc.) als auch die Fahrfehler (Übersehen von Verkehrszeichen, Fahrten in die falsche Richtung etc.) im Vergleich zu einem Gespräch ohne Freisprecheinrichtung um mehr als 50% reduzieren lassen.
...
Während des Gesprächs selbst bietet eine Freisprecheinrichtung jedoch, weil beide Hände für die eigentlichen Fahraufgaben zur Verfügung stehen, entscheidende Sicherheitsvorteile. Dies gilt für den Kraftfahrzeugverkehr, ist aber auch für den Fahrradverkehr so offenkundig, dass es zur Rechtfertigung des Verbotes auch für diese Art der Verkehrsteilnahme keiner weiteren Untersuchung bedarf.
...
Satz 2 erlaubt die Benutzung eines Mobil- oder Autotelefons durch den Fahrzeugführer unter den dort genannten Voraussetzungen. Damit bleibt die Benutzung bei längerem Stillstand wie z. B. im Stau oder bei längerem Halt vor einer geschlossenen Bahnschranke mittels Aufnehmen oder Halten des Telefons oder Telefonhörers weiter erlaubt....

5-7 **Begr** zur ÄndVO v 14. 12. 01 (VBl **02** 140, 142): **Zu Abs 1 b:** ... *Die Neuregelung soll der Intention des Gesetzgebers folgend, vor allem zur Sicherung einer erfolgreichen Bekämpfung von Geschwindigkeitsverstößen und anderen Verkehrszuwiderhandlungen beitragen. Sie soll verhindern, dass sich Kraftfahrer durch technische Vorkehrungen im Kraftfahrzeug Maßnahmen der Verkehrsüberwachung entziehen können. Darüber hinaus dient sie der Rechtsklarheit.*
...
Nicht nur einzelne technische Geräte wie die derzeit am meisten verbreiteten Radarwarngeräte und Laserstörgeräte werden von dem Verbot erfasst, sondern auch andere technische Lösungen, die einen vergleichbaren Effekt erreichen. Das gilt insbesondere für die Verknüpfung der Warnung vor stationären Überwachungsanlagen mit modernen Zielführungssystemen; die entsprechenden Geräte geben die Warnung ebenfalls automatisiert und ortsbezogen ab.
...
Im Interesse des Vollzugs wird neben dem tatsächlichen Betreiben auch das betriebsbereite Mitführen untersagt. Anderenfalls müsste für den Nachweis eines Verstoßes in jedem Einzelfall belegt werden, dass das Gerät tatsächlich betrieben worden ist; dies wäre nicht praktikabel. Durch die Beschränkung auf das betriebsbereite Mitführen erfolgt zugleich die Abgrenzung gegenüber dem gewerblichen Transport solcher Geräte, etwa im grenzüberschreitenden Güterverkehr, der nicht verboten werden soll.
...

Vwv zu § 23 Sonstige Pflichten des Fahrzeugführers

Zu Absatz 1

8 **1** I. Bei Kraftwagen, die neben dem Innenspiegel nur einen Außenspiegel haben, ist gegen sichtbehinderndes Bekleben und Verstellen der Rückfenster mit Gegenständen einzuschreiten. Zu beanstanden ist das Fehlen eines zweiten Außenspiegels auch dann, wenn ein mitgeführter Anhänger die Sicht beim Blick in den Außen- oder Innenspiegel wesentlich beeinträchtigt. Auch der sichtbehindernde Zustand der Fenster (z. B. durch Beschlagen oder Vereisung) ist zu beanstanden.

9 **2** II. Fußgänger, die Handfahrzeuge mitführen, sind keine Fahrzeugführer.

Sonstige Pflichten des Fahrzeugführers § 23 StVO **2**

Übersicht

Ablenkung von den Fahraufgaben 12 f
Autotelefon 13, 40

Begleitperson 10
Beleuchtungseinrichtung 36
Besetzung des Fahrzeugs 17, 22
Bremsprobe 25

Fahrerplatz 15
Fahrtbeginn, Prüfung vor 25
Fahrtüchtigkeit 11
Fahrzeug 14
–, Vorschriftsmäßigkeit 17–20
–, Verkehrssicherheit 21
Fahrzeugführer 9, 10
–, Verantwortlichkeit 10, 11
Freie Sicht 8, 15
Fuhrwerkslenker 34

Gefahrerhöhung 40
Gehör 1, 16
Gespann 17

Hund, Beförderung im Fahrzeug 19

Kennzeichen, saubere 24
Kopfhörer 1, 16
Kradfahrer 37
Kraftrad 23, 35, 37

Ladung 17–20
–, Verstauen 19, 20
Luftdruck 33

Mängel, unterwegs 2, 26–33, 35
–, nicht gefährdende 33
Mobiltelefon 13

„Notrecht" 26

Ordnungswidrigkeiten 39

Personenbeförderung 22, 23
Prüfung vor Fahrtbeginn 25

Radarwarngeräte 5–7, 38, 39
Radfahrer 20, 37

Sicht, freie 8, 15
Sonderpflichten, Rad- und Kradfahrer 37

Technische Geräte zur Anzeige von Überwachungsmaßnahmen 5–7, 38, 39
Telefonieren 13

Verantwortlichkeit des Fahrzeugführers 10, 11
– für freie Sicht 8, 15
Verkehrssicherheit des Fahrzeugs 21
Verstauen der Ladung 19, 20

Zivilrecht 40
Zug 17

1. Der Fahrzeugführer ist verantwortlich nach § 23 I, II für VSicherheit des Fz, **10** der Ladung und Besetzung, für einwandfreie Sicht beim Fahren und nach Maßgabe der §§ 31 I, 69a V Nr 2 StVZO, 2, 75 Nr 1 FeV (s § 2 FeV) für seine eigene körperliche Leistungsfähigkeit. Unsorgfältig fährt, wer mit ungeeignetem Schuhwerk fährt, BGH VM **57** 32. Die Überwachungspflicht des Fahrers ist als Schutzpflicht gegenüber den übrigen VT gegen erhöhte Gefahr durch mangelhaften FzZustand ernst zu nehmen, BGH VR **76** 147, Bay DAR **00** 223. An seine Sorgfaltspflicht sind strenge Anforderungen zu stellen, Bay VRS **46** 395, Ha VRS **74** 243, Dü VM **97** 21, s Rz 21. § 23 gilt auch für außerdeutsche Kfzf (Art 8 I IntAbk, Kö VRS **57** 381. Verantwortlichkeit des Halters: § 31 StVZO. **Fahrzeugführer iS von § 23** ist, wer das Fz lenkt, mit Ausnahme der Fußgänger mit Handfzen (Rz 9), die nicht unter § 23 fallen. Verantwortlichkeit des Lenkers eines abgeschleppten Fzs, s § 18 StVZO Rz 10. Allgemeine Sorgfaltspflicht des Fzf im Verkehr: § 1. Kfzf: § 2 StVG. Verantwortlich für die Betriebssicherheit ist unbeschadet der FzZulassung und regelmäßigen Pflichtuntersuchungen (§ 29 StVZO) der Fahrer, BGH NJW **52** 233, VRS **8** 211, auch der nur aushilfsweise fahrende, BGH VM **62** 8, NJW **59** 2062, Ha VRS **43** 426, bei **Fahrerwechsel** der, welcher gerade fährt, Mü VR **66** 858, oder der den Betriebsvorgang beherrscht, BGH NJW **59** 1979, ohne Entlastungsmöglichkeit durch den pausierenden Beifahrer, Mü VR **66** 858, BGHSt **1** 112, VRS **3** 161, anders bei Unterstützung durch den Beifahrer bei einem einzelnen VVorgang. Mängel hat der Fahrer dem Halter zu melden, falls er sie nicht selber behebt. Mitnahme einer **Begleitperson** ist nur unter besonderen Umständen nötig, BGH DAR **64** 322, jedoch hat diese nur Pflichten bei VVorgängen, die der Fahrer allein nicht ohne Gefahr bewältigen kann, und der Fahrer kann sich idR nicht mit Störung durch einen Beifahrer entschuldigen (Tatfrage), BGH VRS **33** 431. Fahrlehrer bei Ausbildungsfahrt: § 2 Rz 15 StVG.

Daß der Fahrer bei der Fahrt **fahrtüchtig** sein muß, folgt aus § 2 FeV. Näher zur **11** Fahrtüchtigkeit und zu ihrer Beeinflussung durch körperliche oder geistige Mängel, s § 2 FeV. § 23 StVO betrifft speziell die Beeinträchtigung von Sicht und Gehör durch Besetzung, Ladung, Geräte oder Fahrzeugzustand und schließt insoweit die Vorschrift des § 2

FeV aus, Kö VRS **73** 148. Ältere Kf (etwa ab 50) verringern ihre **Sehleistung** bei Dunkelheit durch die Benutzung getönter Scheiben uU erheblich und damit auch ihre Sichtweite, sie sollten deshalb auf diesen Wärmedämmungskomfort verzichten. Zur zunehmenden Kurzsichtigkeit bei abnehmender Helligkeit (Nachtmyopie), *Hartmann* DAR **76** 331. Starke Plusgläser in breiten Fassungen als Gefahr, *Hartmann* DAR **76** 330. Das Tragen von Sonnenbrillen, auch polarisierten, bei Dämmerung und Dunkelheit gegen Blendung ist nutzlos und gefährdet. **Übermüdung:** s § 2 FeV Rz 5-7.

12 **2. Ablenkung von den Fahraufgaben.** Über signifikanten Einfluß des **Blickes auf FzArmaturen** auf die Unfallhäufigkeit berichten *Wierwille/Tijerina* ZVS **97** 67. Zur Ablenkung durch Navigationsgeräte, s *Hagemeister/Kettler* NZV **02** 481. **Rauchen** oder Anzünden einer Zigarette beim Fahren kann zu Ablenkung von den Fahraufgaben und damit zu einer Sicherheitsbeeinträchtigung führen, ist aber grundsätzlich nicht verboten und allein in der Kaskoversicherung nicht grob fahrlässig, Stu VR **86** 1119, auch nicht falsche Reaktion auf unvorhergesehenes Herunterfallen von Glut, KG VR **83** 494, oder eine kurze Handbewegung, um ein Insekt zu verscheuchen, Ba NZV **91** 473; s dazu auch § 3 Rz 67. Fahren mit brennender Zigarette im Mund kann aber bei schwierigen VVerhältnissen grob fahrlässig sein, Dü NJW **80** 2262.

13 Benutzung eines **Mobil- oder Autotelefons** kann die Beherrschung des Fzs einschränken, s *Corinth* PVT **93** 46, *Händel* PVT **96** 262, *Graß/Staak* NZV **98** 189, *Niendorf* VGT **99** 76, und ist gem Abs Ia verboten, wenn der FzF dazu das Telefon oder den Hörer *aufnimmt oder hält*. Das Verbot gilt für alle Handhabungen bei der Bedienung des Gerätes, also nicht nur für das Telefonieren (s Begr, Rz 4), Ha NZV **03** 98 (Lesen einer Notiz), und gilt für Führer jeder Art von Fzen, auch zB für Radf; es will gewährleisten, daß der FzF während der Benutzung des Mobil- oder Autotelefons beide Hände für die Bewältigung der Fahraufgabe frei behält (s Begr, Rz 4). Eine Ausnahme von dem Verbot enthält Ia S 2 für den Fall, daß das Fz steht, wobei bei Kfzen hinzukommen muß, daß der Motor ausgeschaltet ist. Solange das Fz in Bewegung oder der Motor in Betrieb ist, obwohl das Fz nicht in Bewegung ist, ist die Benutzung untersagt, wenn hierbei Telefonhörer oder Mobiltelefon in der Hand gehalten oder *aufgenommen* werden. Aus dieser Formulierung folgt, daß etwa das Wählen der Telefonnummer durch Betätigen der Tasten eines auf der Mittelkonsole oder gar auf dem Beifahrersitz liegenden Mobiltelefons trotz der damit verbundenen Ablenkung und Inanspruchnahme einer Hand noch nicht unter das Verbot fällt, s *Bouska* NZV **01** 28, während z B das Telefonieren mit zwischen Kopf und Schulter gehaltenem Hörer untersagt ist, obwohl beide Hände frei bleiben, weil hierdurch der Hörer jedenfalls im Sinne der neuen Vorschrift *„aufgenommen"* wurde. Nutzt der Fahrzeugführer einen nur kurzen Halt, etwa an einer LZA, an einer geschlossenen Bahnschranke oder im Stop-and-go-Verkehr zum erlaubten Telefonieren, indem er den Motor abschaltet, und setzt er seine Fahrt, um nicht gegen das neue Verbot zu verstoßen, verspätet fort, so kann OW gem § 1 II in Frage kommen. **Funkgeräte** fallen nicht unter Ia, Analogie scheidet aus, obwohl die Möglichkeiten der Fahrerbeeinträchtigung die gleichen sind. Haftungsfragen, s Rz 40.

Lit: *Corinth*, Orientierende Versuche zur Beeinflussung der Reaktionszeit durch das Autotelefon, PVT **93** 46. *Kramer, Maisch, Niendorf*, Telefonieren im Auto, VGT **99** 44, 55, 73. *Graß/Staak*, Einschätzung der VGefährdung durch Nutzung von Mobiltelefonen im internationalen Vergleich, NZV **98** 189. *Händel*, Telefonieren während der Fahrt, PVT **98** 262. *Hagemeister/Kettler*, Ablenkung durch moderne Navigationsgeräte, NZV **02** 481. *Kärger*, Das Mobiltelefon im Auto – Rechtsfragen des privaten und dienstlichen Telefonierens am Steuer, DAR **98** 266.

14 **3. Fahrzeuge** sind alle technischen Vorrichtungen zum ortsverändernden Fahren mit Ausnahme der „besonderen Fortbewegungsmittel" des § 24 (Schiebe- und Greifreifenrollstühle, Rodelschlitten, Kinderwagen, Roller uä), die nicht zu den Fzen iS der StVO rechnen. Fze sind also vor allem Kfze, auch Mofas, Hb VM **76** 39, Straßenbahnen, Omnibusse, Fuhrwerke, Fahrräder, FmH, land- und forstwirtschaftliche fahrende Arbeitsgeräte, andere fahrende Arbeitsgeräte (Schneepflüge, Bagger, Straßenbaumaschinen, Kräne), Hand- und Schubkarren. Luft- und Wasserfze und Schienenbahnen auf ausschließlich eigenem Gleiskörper fallen nicht in den Bereich der StVO. Ein **Zug** ist eine Mehrheit verbundener Fze, bei Kfzen also eines Zugfz mit einem Anhänger, Br NJW **63** 726.

Zuglänge: § 32 StVZO. Mehrere Anhänger: § 32a StVZO. Anhänger hinter Omnibus oder Sattelfz: § 32a StVZO. Abschleppen: § 18 StVZO. Schleppen: § 33 StVZO.

4. Für **freie Sicht und unbeeinträchtigtes Gehör** verantwortlich ist der Fahrer. **15** Dementsprechend hat er seinen Platz einzunehmen (bei Kfzen) oder zu wählen. Bei Kfzen gewährleisten die Bauvorschriften die nötige Sicht vom **Fahrerplatz** aus bei Links- wie Rechtslenkung. Daß der Fahrer das Kfz vom Fahrersitz (§ 35a StVZO) aus lenkt, unterstellt die StVO zweifellos, eine bußgeldbewehrte Vorschrift hierüber besteht jedoch im übrigen nirgends, so daß der Fahrer, der das Kfz anderweit lenkt, jedoch nicht sicher lenken kann, hierfür nur unter den Voraussetzungen von § 1 II oder bei Schädigung zivil-, straf- und bußgeldrechtlich haftet (Fahrlehrer lenkt mit Hilfe der Doppelbedienungseinrichtung vom Beifahrersitz aus), Bay VRS **56** 194, AG Menden VM **00** 7. Die zu befahrende Strecke muß bei jeder FzBewegung voll überblickbar sein, vorwärts wie rückwärts, Ko VRS **58** 256. Bei nur einem Außen**spiegel** dürfen Rückfenster nicht durch Ladung oder andere Gegenstände verstellt (Begr), Fenster nicht mit Plaketten verklebt sein, die die Sicht einschränken (Begr und Vwv). Behindert ein Anhänger die Sicht nach hinten, so ist ein zweiter Rückspiegel nötig (Vwv), § 56 II StVZO. Der Innenspiegel muß stets benutzbar bleiben, Ha DAR **59** 55, Ol VRS **16** 297, es sei denn, die Unbenutzbarkeit (Gepäckstücke) werde durch einen zusätzlichen rechten Außenspiegel ausgeglichen, *Weigelt* DAR **59** 125. Die Höhe und Breite der Ladung (§ 22) darf nicht so beschaffen sein, daß die Sicht nach hinten unter Zuhilfenahme der Spiegel unmöglich ist, Ha VRS **19** 69. Verschmutzung der Windschutz**scheibe** fördert Streulicht und damit Blendung, s *Hartmann* DAR **76** 332. Es genügt nicht, nur etwa 40 cm der Windschutzscheibe zu enteisen oder an den Seitenfenstern nur ein Loch freizumachen, s Br VRS **30** 226, NJW **66** 266. Ob die Sicht in solchen Fällen ausgereicht hat, kann das Gericht ohne Sachverständigen feststellen, BGH VRS **28** 362. Fahren mit vereister oder beschlagener Heckscheibe verstößt dann nicht gegen § 23, wenn zwei Außenspiegel ausreichende Sicht nach hinten gewähren, Kar DAR **86** 327, Dü VRS **80** 376. Dem durch Fensterholme bedingten **toten Winkel** nach vorn (s dazu *Straub* VR **88** 1008) hat der Kf Rechnung zu tragen. Wer sich beim Lenken umdreht, sich im Kfz anderweit zu schaffen macht und deswegen die Fahrbahn nicht genügend beachtet, handelt iS der Kaskoversicherung grobfahrlässig, Fra VR **73** 610, anders bei kurzem Kopfwenden, s § 3 Rz 67.

Verantwortlich ist der FzF gem I S 1 auch für **unbeeinträchtigtes Gehör**. Überlaute **16** Benutzung beliebiger **Tonübertragungsgeräte** im Kfz oder von Kopfhörern schafft künstliche „Schwerhörigkeit", s Kö VRS **73** 148, und beeinträchtigt die VSicherheit, weil ein wichtiger Sinn für die Wahrnehmung von Geräuschen, die für das eigene Verhalten in der Gesamtschau der Eindrücke aus den Verkehrsabläufen von Bedeutung sein können (s Begr VBl **80** 514), ausgeschaltet ist (I), LG Aachen VR **92** 843 ($^1/_3$ Mithaftung bei Kollision mit SonderrechtsFz), s *Bouska* VD **79** 317, *Corinth* PVT **93** 8. Das gilt zB für Warnsignale, fremdes Fahrgeräusch, Pannenanzeichen usw. Radf mit Kopfhörer („Walkman") verstoßen gegen Abs I S 1, sobald die Lautstärke des Gerätes die akustische Wahrnehmung nicht nur ganz unwesentlich beeinträchtigt, Kö VRS **73** 148. Nach- und Vorteile des Musikhörens bei Orts- und Überlandfahrten, VBl **71** 665, unter bestimmten Umständen wird die Fahrsicherheit beeinträchtigt, s *Corinth* PVT **93** 8.

Lit: *Bouska*, Darf der Führer eines Kfz Rundfunksendungen oder Kassettenmusik über Kopfhörer anhören?, VD **79** 315. *Corinth*, Untersuchungen über die Wahrnehmbarkeit von Sondersignalen im Auto mit und ohne gleichzeitigem Musikhören, PVT **93** 8.

5. Vorschriftsmäßig müssen Fz, Zug, Gespann, Ladung und Besetzung sein, den **17** Bau- und Betriebsvorschriften der StVZO entsprechen, Kö VM **88** 61, und den §§ 21 (Personenbeförderung), 22 (Ladung) genügen (Begr). Dafür ist der Fahrer im Rahmen des ihm Möglichen und Zumutbaren verantwortlich, auch wenn er das Fz zur weiteren Führung übernimmt, BGH VRS **29** 26, und zwar für Fahrt und Abladen, da auch hierbei noch Schäden entstehen können, BGH VRS **29** 26. Ein Kfz ist vorschriftsmäßig, wenn es entsprechend der StVZO gebaut und ausgerüstet und außerdem betriebssicher ist, Hb NJW **66** 1277, Schl VM **67** 13, Ce VBl **61** 997, Dü VRS **67** 289; ausreichender

Treibstoffvorrat gehört nicht zur Vorschriftsmäßigkeit, s Rz 27. Bei handelsüblichem Dieseltreibstoff muß der Kf allenfalls bei extremem Klimaunterschied die VSicherheit prüfen (Kälteverdickung), BGH VM **68** 89. Duldungs- und Mitwirkungspflicht des Fahrers bei Kontrollen: §§ 36 V StVO, 31 b StVZO. Zur Untersagung des Betriebs vorschriftswidriger Fze, *Kreutel,* Polizei **83** 335, *Geppert* DAR **88** 15. Wird ein Fz zur Überprüfung der VSicherheit durch die Pol sichergestellt, so haftet für Schäden der Staat (Amtshaftung), Mü VR **95** 1054. Der Kf muß alle vorgeschriebenen FzEinrichtungen funktionell ausreichend benutzen können, BGHSt **15** 386 = NJW **61** 886, Ol VRS **16** 297. Verwendung für den FzTyp nicht zugelassener Reifen ist vorschriftswidrig, Hb DAR **72** 16. Bei VUnsicherheit darf das Fz so lange nicht benutzt werden, KG VRS **49** 295 (Fahrablehnung). Das alles gilt auch für den deutschen Fahrer bei den Stationierungsstreitkräften, Dü VM **59** 6. Der Käufer eines neuen Kfz darf nach Übergabedurchsicht **auf Betriebssicherheit vertrauen,** braucht also zB nicht die Radmuttern nachzusehen, Ha MDR **63** 216, anders bei Kauf eines sehr alten Fzs von unbekannter Privatperson (Überprüfung durch Fachwerkstatt geboten), BGH NZV **95** 310, Ce VR **97** 202. Wird das Fz regelmäßig fachmännisch gewartet (Kupplung), so darf sich der Fahrer, wenn ihm kein besonderer Mangel auffällt, hierauf verlassen, BGH VR **76** 147, Bay VRS **46** 395, VM **74** 53. Bei verwahrlosten Kfzen ist besondere Sorgfalt geboten, Kö VRS **14** 32. **Außerdeutsche Kfze** sind vorschriftsmäßig iS von §§ 11 I IntVO, 23 I 2 StVO, wenn sie die Anforderungen des Art 3 IntAbk (RGBl 1930 II S 1233, im Verhältnis der Vertragsparteien des ÜbStrV nach dessen Art 48 aufgehoben) bzw des ÜbStrV Anhang 5 Kap III Nr 54 (BGBl I 1977 S 811) erfüllen, Bay VM **78** 27, KG VRS **69** 309, s *Bachmann* VD **93** 101 mit Übersichtstabelle. Reifen mit geringerer als der in § 36 StVZO vorgeschriebenen Profiltiefe sind als „Vorrichtungen" iS des Art 3 Abs III IntAbk nicht betriebssicher und damit nicht vorschriftsmäßig, Bay VM **78** 27, zust *Bouska* VD **77** 327. Unterwegsmängel: Rz 26–35.

18   Lit: *Bachmann,* Bau- und Ausrüstungsvorschriften für ausländische Fze, VD **93** 101. *Dvorak,* Liegenbleiben mit einem Kfz wegen Kraftstoffmangels, DAR **84** 313. *Kreutel,* Untersagung/Beschränkung des Betriebs von Fzen durch PolBe, Polizei **83** 335. *Mühlhaus,* Ursächlichkeitsprüfung bei mangelhaftem Zustand des Fzs, DAR **72** 174.

19   **Die Ladung** muß verkehrssicher verstaut sein (§ 22). Betriebssicherheit in beladenem Zustand setzt voraus, daß das Kfz die Ladung unter normalen Umständen gefahrlos befördern kann (nicht bei Kopflastigkeit), Sa VM **76** 53. Dafür ist der Fahrer verantwortlich, auch wenn andere, die er nicht beaufsichtigt, das Fz beladen, Dü VM **67** 87, oder wenn er das Fz zur weiteren Führung übernimmt, BGH VRS **29** 26, nach Kö VRS **24** 74 bei Lastzuganhängern sogar, wenn nur ein Sachkundiger den Verladefehler feststellen und beseitigen kann. An die Sorgfalt des Fahrers sind insoweit zwar strenge Anforderungen zu stellen, doch keine unzumutbaren. Er haftet für Mängel, die sich aufdrängen und für solche, die bei hinreichender Sorgfalt ohne spezielle Verladeerfahrung erkennbar sind. Überladen: § 34 StVZO, § 31 II StVZO. Vorschriftsmäßiges Verstauen befreit nicht von der allgemeinen Sorgfaltspflicht beim Fahren (veränderte Fahreigenschaften des Fz). Bei **Beförderung eines Hundes** ist sicherzustellen, daß die sichere FzBeherrschung durch das Tier nicht beeinträchtigt wird, s Nü NZV **90** 315, **98** 286, VM **94** 17 (jeweils grobe Fahrlässigkeit bei Mitführen eines Hundes ohne Sicherungsmaßnahmen).

20   **Radfahrer** dürfen Gegenstände mitführen, die ihre Bewegungsfreiheit beim Fahren, das Zeichengeben und andere Personen oder Sachen nicht beeinträchtigen, und zwar dann auch einhändig oder in einer Tasche an der Lenkstange, Neust VRS **5** 428, Ha NZV **92** 318, am zweckmäßigsten auf dem Gepäckträger. Das Mitführen einer durch Arbeitsgerät beschwerten fast 2 m langen Leiter dürfte mit den Sicherheitsbedürfnissen des modernen Verkehrs nicht mehr vereinbar sein, aM noch Neust VRS **9** (1955) 472. Benutzung von Kopfhörern („Walkman") durch Radf, s Rz 16.

21   **6. Auch für die Verkehrssicherheit des Fahrzeugs** neben der Betriebssicherheit ist der Fahrer im Rahmen des ihm Zumutbaren verantwortlich, weil ein den Bauvorschriften der StVZO an sich entsprechendes Fz **gefährdende Mängel** haben (Rz 26 ff) oder unterwegs liegenbleiben kann (§ 15). Die Verkehrssicherheit ist beeinträchtigt, wenn durch Steigerung der normalen von dem Fz ausgehenden Gefahr der Eintritt einer

Sonstige Pflichten des Fahrzeugführers § 23 StVO **2**

konkreten Gefahr für andere (auch beförderte Personen) wahrscheinlicher wird, Dü DAR **00** 223, Kö VM **88** 61. Personenbeförderung: Rz 22, 23. Betriebssicherheit: Rz 17, 19. Verantwortlich ist der Fahrer für alle FzMängel, die er kennt oder bei zumutbarer Aufmerksamkeit kennen müßte, BGH VRS **8** 211, KG VRS **101** 291, zB weil er den Mangel bei zumutbarer Prüfung bemerkt hätte, Bay VRS **4** 623, KG VRS **5** 465, Ce VRS **39** 33, oder weil er ein älteres Fz fährt, das, wie er weiß, lange nicht mehr gewartet worden ist, BGH VR **66** 565 (Lenkungsschaden), Ha NZV **90** 36 (Bremsausfall), oder weil der Fehler leicht bemerkbar war, obwohl an sich ein KfzMeister für Wartung sorgt, BGH NJW **64** 1631. Doch genügt **regelmäßige Wartung** durch die Betriebswerkstatt, Ol VRS **13** 378, VM **58** 6, es sei denn, der Fehler ist für den Fahrer leicht bemerkbar, Bay VRS **46** 395, VM **74** 53. Ein neuer Fahrer muß mit einem, wie er weiß, regelmäßig gewarteten Kfz nur Bremsversuche anstellen, andere Untersuchungen nur, wenn er mit einem verborgenen Mangel zu rechnen hat, Bay DAR **78** 199. **Bremsproben,** s Rz 25. Bei älterer Bauart muß sich der Kf um Verkehrssicherheit erst recht kümmern, Ol VRS **21** 354 (Lenkung, Bremsen), auch wer ein gebrauchtes Kfz erstmalig benutzt, Dü VR **70** 802. Unzulässig großes **Lenkradspiel** bei Gebrauchtfzen zu erkennen erfordert Erfahrung, BGH VR **72** 267. Ein Lenkradspiel bis zu 5 cm reicht noch aus, s BGH VR **72** 267. Mit **Motorversagen** muß der Fahrer nur aus Anlaß rechnen, Neust DAR **57** 302. Weiß er, daß der Motor beim Gaswegnehmen leicht stehenbleibt, darf er in lebhaftem Verkehr nicht fahren (Ampel). Ohne besonderen Anlaß keine Pflicht zur ständigen Beobachtung der Ölkontrollampe, Ba VRS **72** 88. Ausreichendes Tanken: Rz 27. Hinweise, wie im Winter bei Dieselmotoren störende Paraffinausscheidungen vermieden werden können, *Seifert* PTV **80** 524. Der Fahrer ist verantwortlich für voll **wirksame Bremsen,** die nicht erst nach mehrmaligem Pedaldruck ansprechen, Hb VM **66** 72, auch bei Mietfzen, BGH NJW **67** 212, s BGH VR **67** 254, aber nicht bei einem fast neuen Fz, mit richtiger Bremseinstellung gerechnet werden darf, BGH VRS **27** 348. Auch wer das Fz vorübergehend fährt, muß die Bremsen prüfen, BGH DAR **61** 341, Ha VRS **43** 426 (Rz 25). Daß Bremsflüssigkeit nachgefüllt werden muß, ist nicht stets ein Anzeichen für Mängel der Bremseinrichtung. Der Bremskraftregler muß auf das Gewicht der Ladung eingestellt, BGH VRS **13** 210, der Anhänger an die Luftdruckbremse angeschlossen sein, Ol DAR **65** 282. Für verborgene Mängel der Bremsen ist der Fahrer nur verantwortlich, wenn er den Mangel hätte erkennen und abstellen können, Ha VRS **16** 142. Bremsmängel unterwegs: Rz 30. **Weitere Beispiele:** Der Fahrer ist verantwortlich für geschlossene Wagentüren, Stu VM **68** 45, VRS **35** 307, für ordnungsgemäßes Verschließen der Plane eines Lkw, Kö VM **02** 43, für unverdeckte Fahrtrichtungsanzeiger (Ladung), Schl VM **56** 76, für den Reifenzustand, auch wenn der Halter Ordnungsmäßigkeit versichert (s § 36 StVZO), BGHSt **17** 277 = NJW **62** 1523, s Bra VRS **30** 300, für ordnungsmäßige Scheinwerfer und Scheinwerferstellung (Rz 31), für richtiges Abblendlicht und funktionierende Schluß- und Bremsleuchten (Rz 30, 31), für äußerlich erkennbare Mängel der Anhängerkupplung (doch muß sie nicht zur Prüfung regelmäßig auseinandergebaut werden), Ha VRS **21** 352, für mehr als nur behelfsmäßige Reparatur eines wiederholt schadhaften FzTeils, Nü VR **61** 622. Für Anhänger, besonders lange nicht gewartete, gilt dieselbe Prüfpflicht, BGH VM **60** 1, VRS **17** 388. Bei Anzeichen eines schwerwiegenden elektrischen Defekts am Lkw (Funkensprühen, selbständiges Anfahren) darf der Kf nicht weiterfahren, Ha VM **73** 86. Ihm bekannte schwache Scheibenwischerleistung muß er beim Fahren berücksichtigen, Sa VM **71** 92.

Personenbeförderung in Omnibussen: § 34a StVZO, auf Lkw-Ladeflächen: § 21. **22**
Besetzung meint die außer dem Fahrer im Kfz beförderten Personen, Bay DAR **79** 45. Nicht vorschriftsmäßig ist die Besetzung, wenn sie die VSicherheit beeinträchtigt, zB durch Überzahl, Zustand oder die Art der Unterbringung der Mitfahrenden, Bay DAR **79** 45, Kö VM **88** 61. Nicht unter § 23 I 2 fällt dagegen vorschriftswidriges Verhalten beförderter Personen, soweit es nicht die VSicherheit beeinträchtigt, wie zB Nichtanlegen des Gurtes, Bay NZV **93** 491, KG VRS **70** 297, 469 (Taxif), *Janiszewski* NStZ **82** 505, *Bouska* DAR **84** 265, s Ha JMBlNRW **82** 212, aM KG VM **82** 62 (abl Anm *Booß*), Ha NZV **96** 33, Kar NZV **99** 292. Beförderung von Personen im Kofferraum, die die Beine heraushängen lassen, beeinträchtigt die VSicherheit (auch zB durch die Gefahr des

2 StVO § 23 I. Allgemeine Verkehrsregeln

Herausfallens und durch Ablenkung des Fahrers), Kö VM **88** 61. Im Rahmen des zulässigen Gesamtgewichts und der VSicherheit dürfen auch mehr Personen im Pkw mitfahren, als Sitzplätze im KfzSchein angegeben sind, Dü NJW **76** 683, Kar VM **81** 36, NZV **99** 422, Bay VRS **66** 280, Sa NZV **90** 161, *Seidenstecher* VD **91** 134. Durch Mitfahrer (Beifahrer) darf sich der Kf nicht ablenken lassen, *Bode* DAR **75** 86, BGH VRS **7** 68. Lebhafte, erkennbar Betrunkene oder Angetrunkene dürfen nur auf Rücksitzen mitfahren, BGHSt **9** 335, NJW **56** 1603, VRS **26** 34, Ha VRS **54** 197, VRS **48** 200, Kö NJW **67** 1240 (auf dem Nebensitz keine Schreckzeit), AG Hameln VR **02** 776 (anspruchsausschließendes Mitverschulden des FzF bei Beförderung auf dem Beifahrersitz), auch im Taxi, Ha VR **77** 139, es sei denn, der Fahrer kann einer Belästigung sicher begegnen, Ha VRS **54** 197. *Jagow*, Wieviele Personen dürfen mit dem FS der Kl 3 ... befördert werden?, VD **87** 193. *Seidenstecher*, Besetzung von Kfzen, VD **91** 133.

23   Der **Kraftradfahrer** darf Personen nur auf dem vorgeschriebenen Sitz mitnehmen (§ 21) und muß ihr Verhalten beim Fahren berücksichtigen können, BGH NJW **51** 673, denn es kann den Kradf und den übrigen Verkehr gefährden, BGH VRS **7** 68, zB durch Behindern beim Lenken, etwa bei Angetrunkenheit, BGH DAR **60** 58, oder bei Ängstlichkeit und Ungeschicklichkeit des Beifahrers, die der Kradf durch vorsichtige Fahrweise ausgleichen muß, BGH VR **63** 577. S § 21.

24   **7. Die vorgeschriebenen Kennzeichen** sind bei fahrendem wie ruhendem Verkehr stets gut lesbar zu halten (I), unterwegs, solange es nach der Witterung sorgfältigerweise möglich ist (spritzender Schmutz). Vor dem Führen eines fremden Kfz, auch mit FzSchein, muß sich der Fahrer vom Vorhandensein gestempelter amtlicher Kennzeichen überzeugen, Ha VRS **58** 64. S § 60 StVZO.

25   **8. Vor Fahrtantritt** muß sich der Fahrer von der Vorschriftsmäßigkeit und Verkehrssicherheit des Fz überzeugen, Ha VRS **74** 218, Stu NZV **91** 68, Dü VM **93** 23, besonders vom Bremszustand, Ce VRS **37** 67 (geht bei regelmäßig gewartetem Pkw zu weit). Lastzugf müssen **Bremsproben** machen vor Fahrantritt, aber auch, wenn sie unterwegs den Bremskraftregler umstellen, Ko VRS **51** 98, **41** 267, s Sa VM **70** 96, und nach jeder längeren Fahrpause, Fra VR **80** 196, LG Göttingen ZfS **92** 245. Nach jedem Eingriff in die Bremsanlage eines Kfzs ist stets eine Bremsprobe erforderlich, BGH VRS **65** 140. Das unterwegs nötige gelegentliche Bremsen genügt zur Prüfung nicht, Ko VRS **51** 98. Führt Unterlassen zum Liegenbleiben (§ 15), so kann es für Auffahrunfälle ursächlich sein, BGH DAR **58** 218, Ha DAR **61** 176, jedoch dann nicht, wenn der Verkehr so sorgfältig gesichert worden ist, daß das Auffahren bei auch nur geringer Sorgfalt des Auffahrenden vermeidbar war (**E** 147). Bremsmängel unterwegs: Rz 30. Den Verschluß von **Ersatzkanistern** muß der Fahrer nur aus besonderem Anlaß vor der Fahrt prüfen, Dü VM **77** 22.

26   **9. Unterwegs** sind Mängel, welche die VSicherheit beeinträchtigen, sofort zu beseitigen, andernfalls ist das Fz auf kürzestem Weg aus dem Verkehr zu ziehen, Bay VM **88** 67, KG VRS **101** 291, Dü VRS **50** 238. Nach dem Zweck von Abs II, vor den Gefahren zu schützen, die von verkehrsunsicheren Fzen ausgehen, verstößt nicht gegen §§ 23, 49 I Nr 22, wer das PannenFz auf der AB nicht unverzüglich auch von der Standspur entfernt (uU aber gegen § 18 VIII), Fra VRS **58** 281. Abs II gewährt dem FzF zu diesem Zweck ein sog **„Notrecht"** zur vorübergehenden Weiterbenutzung des mangelhaften Fzs je nach Art (Gefährlichkeit) des Mangels, BGH VRS **65** 140, Bay DAR **84** 325. Soweit dieses Notrecht besteht, handelt der FzF nicht ow durch Verstoß gegen Beschaffenheitsvorschriften, Bay DAR **84** 325, VRS **69** 465, bei Ausübung des Notrechts ohne die im Hinblick auf den Mangel gebotene besondere Vorsicht auch nicht ow gem §§ 23, 49 I Nr 22, Bay DAR **84** 325. Mitbenutzung der AB ist dabei nur gemäß § 15a erlaubt (Abschleppen). Das Notrecht gilt nur bei unvorhersehbar aufgetretenem Mangel, Hb VRS **50** 145, Stu NZV **94** 243. Diese Voraussetzung ist bei erneutem Auftreten eines zuvor unsachgemäß reparierten Mangels nicht gegeben, Dü VRS **69** 233. Unvorhersehbar sind nur Schadenumstände außerhalb verständiger Erwägung (nicht schlechte Bremsen), BGH VRS **37** 271. Wer sein ausgeliehenes Kfz mit abgefahrenen Reifen zurückhält und alsbald damit fährt, kann sich nicht auf II berufen, Hb

DAR **75** 279. Zum Notrecht bei Reifenpanne: § 36 StVZO. Vorhandene Prüfeinrichtungen muß der Kf aus Anlaß unterwegs benutzen (Luftdruckmesser, Lenkungsspiel, Bremsversuch), BGH VRS **6** 298, VM **55** 25, uU bei Anzeichen für einen Mangel auch wiederholt, Bay DAR **55** 120. Kö Betr **72** 528 sieht in dem Wort „alsbald" anstatt bisher „unverzüglich" eine geringfügige Erweiterung des Notrechts. Ob und inwieweit ein solches Notrecht zum Weiterfahren zur nächsten Werkstatt besteht, hängt entscheidend von der Art des Mangels und der daraus entstehenden Beeinträchtigung der VSicherheit ab, BGH VRS **65** 140, Bay DAR **84** 325, Dü VRS **69** 233. **Verantwortlich für Behebung** ist der Fahrer, nicht auch der Beifahrer, Mü VR **66** 858. Bemerkt der Kf eine gefährdende Betriebsstörung oder Anzeichen für eine solche, so muß er sofort beiseite fahren, anhalten und sie beheben oder beheben lassen, ebenso bei auffälligen Zurufen oder Zeichen anderer VT, die auf Mängel hindeuten, Ha VRS **31** 464, VM **66** 96. Ziehen die Bremsen ungleich, ist mit Bremsmangel und Ausbrechen des Fz bei Vollbremsung zu rechnen und entsprechend vorsichtig zu fahren, Dü VM **70** 78. Bei Wirkungslosigkeit der Bremsanlage ist jegliche Weiterfahrt unzulässig, s Rz 30.

Wer nicht ausreichend **tankt,** besonders vor Nachtfahrten, Kar NJW **75** 838, BGH GA **59** 53, oder vor ABFahrten, BGH VRS **15** 38, Ha DAR **61** 176, oder wer verkehrsgefährdend anhalten müßte, Kar VRS **49** 264, um den Reservetank umzuschalten, Ha VRS **36** 220, oder wer nicht auf festen Tankverschluß achtet, Ha DAR **66** 106, handelt fahrlässig und hat einen Auffahrunfall bei Liegenbleiben idR zu vertreten, Kar VRS **49** 264, Stu VRS **27** 269, außer bei ausreichender VSicherung (§ 15). Allein durch Ausgehen des Treibstoffs unter nicht gefährdenden Umständen wird das Fz aber nicht vorschriftswidrig, Ce VRS **11** 227, Ha VRS **57** 215 (zust *Bouska* VD **80** 307), aM KG VRS **47** 315, *Dvorak* DAR **84** 313, *Huppertz* VD **99** 253. Dies gilt auch auf der AB, weil die Frage der Vorschriftsmäßigkeit eines Fzs nicht von der Art der benutzten VWege, der Entfernung des Fahrtziels und der Dichte des Tankstellennetzes abhängen kann, einschränkend Dü DAR **00** 223 (Verstoß gegen § 23 bejaht bei gefährdendem Liegenbleiben). Unterwegs **auslaufendes Dieselöl** kann verschuldetes Liegenbleiben begründen, aber auch ein Hindernis mit Beseitigungspflicht (§ 32), s BGH VRS **6** 439.

Lenkungsmängel unterwegs werden oft für mangelhafte Wartung sprechen, BGH VM **55** 25. Der Fahrer muß unverzüglich auf kürzestem Weg vorsichtig zur nächsten Werkstatt fahren, Ha VRS **5** 639, Schl VM **57** 74, ebenso, wenn überhaupt, bei **Kupplungsschaden,** besonders auf der AB, Bra VRS **16** 211 (uU ist Abschleppen nötig). 28

Versagen die **Scheibenwischer,** hängt vorsichtiges Weiterfahren von Fahrgeschwindigkeit und Regendichte ab. Schwache Wischerleistung ist durch angepaßtes Fahren auszugleichen, Sa VM **71** 92. Bei Ausfall des **Fahrtrichtungsanzeigers** müssen AB und verkehrsdichte BundesStr verlassen werden, bis zur nächsten Reparaturgelegenheit sind WinkZ zu geben. 29

Die **Bremswirkung** (s § 41 StVZO) ist während der Fahrt zu beobachten, besonders bei Lastfzen, s BGH VRS **22** 211, Fra VR **80** 196. Versagen beide Bremssysteme, ist die Weiterfahrt unzulässig, Ha VBl **67** 343. Kein Notrecht zur Werkstattfahrt bei Wirkungslosigkeit der Bremsanlage, BGH VRS **65** 140, auch nicht mit praktisch nicht mehr funktionstüchtiger Handbremse, Ha VRS **56** 135. Bei einem Omnibus muß in bergigem Gelände auch die Handbremse funktionieren, BGH VRS **10** 282, vor längerem Gefälle muß bei einem schweren Lkw oder Lastzug beachtet werden, ob der Luftdruck in den Bremsbehältern ausreicht, BGHSt **7** 307, VRS **8** 456, **6** 298. Versagen bei verkehrswidrigem Fahren die Bremsen, so beseitigt dies nicht den adäquaten Zusammenhang zwischen Fahrweise und Unfall, BGH VR **65** 1048. Versagt das **Bremslicht,** darf nur weitergefahren werden, wenn bei notwendigem Verlangsamen oder Anhalten niemand gefährdet werden kann, idR also nur bei besonders ruhigem Verkehr. 30

Erlischt die **Beleuchtung** unterwegs, ist sofort möglichst beiseite zu fahren oder scharf rechts anzuhalten und zuerst der Verkehr zu sichern (§ 15), BGH VR **64** 621, Mü VR **66** 1082. Der Kf braucht damit idR nicht zu rechnen, KG VRS **39** 29, Bay DAR **55** 120, Ce VM **56** 54. Versagen des linken Scheinwerfers ist besonders gefährlich und wird ungesichertes Weiterfahren idR ausschließen (irreführende Signalwirkung), s Dü VM **59** 82. Der Fahrer ist verantwortlich bei auffällig weitreichendem Abblendlicht, oder wenn Entgegenkommende Blendung anzeigen, Kö VRS **16** 468, obwohl insoweit 31 regelmäßige zuverlässige Überwachung genügt, Kar DAR **65** 108. Fällt die **rückwärtige Beleuchtung** aus, erst den Verkehr sichern, dann reparieren, BGH VR **63** 342. Die Rücklichter dürfen nicht durch die Ladeklappe verdeckt, BGHSt **15** 386 = NJW **61** 888, oder schadhaft sein, BGHSt **10** 339, VRS **13** 297, oder ganz fehlen, Bay NJW **63** 1886, bei Ausfall erhöhte BG, Ol VRS **6** 89. Innerbetriebliche Regelungen, zB über die Beleuchtung abgestellter Kfze, beseitigen die Fahrerpflichten aus § 23 nicht, Ko VRS **58** 460, Dü VM **73** 22. S Rz 36. **Vereisung der Scheiben:** Rz 15.

32 Die verstaute **Ladung** (§ 22) ist auch unterwegs zu beobachten, Kö VRS **8** 381, auch wenn der Kf ein anderweitig beladenes Fz, Dü VM **67** 87, zur weiteren Führung übernimmt, BGH VRS **29** 26. Langsamfahren eines **schadhaften Lkws** auf der AB, s § 18 Rz 14.

33 **Nicht verkehrsgefährdende Mängel** zwingen nicht zu sofortigem Verlassen des Verkehrs, doch sind sie nach Fahrtbeendigung zu beheben. Bei Auspuffbeschädigung ist Weiterfahrt zur Werkstatt zulässig, Ha VBl **67** 343. Bei unterwegs auftretender Unbenutzbarkeit des Sicherheitsgurtes darf die Fahrt fortgesetzt werden, Bay NZV **90** 360. Zu geringer **Luftdruck** der Reifen kann die VSicherheit des Fzs erheblich beeinträchtigen, *Thumm* NZV **01** 59; zur Frage der Fahrlässigkeit bezüglich eines dadurch verursachten Unfalls, s BGH VR **83** 399, NZV **95** 310, Ce VRS **64** 322, Kar VR **87** 1097, Ha ZfS **96** 409, *Weber* DAR **84** 171. Unterlassene Luftdruckprüfung begründet allein weder Haftung noch den Anschein für Schadensursächlichkeit zu geringen Druckes, Stu NZV **91** 68. Gerät ein Pkw wegen ungleichen Reifenluftdrucks ins Pendeln, so muß der Kf dies durch Langsamerfahren ausgleichen, Dü VR **72** 282. Einen für das Kfz nicht zugelassenen Ersatzreifen darf der Kf nach einer Panne allenfalls dazu benutzen, das Kfz auf kürzestem Weg aus dem Verkehr zu ziehen und abzustellen, jedoch nicht für eine Fahrt zur Werkstatt, Ha VRS **55** 378. Wagenklima und VSicherheit, VBl **72** 61.

34 **Fuhrwerkslenker** dürfen unter normalen Umständen bei verkehrsgewöhnten Pferden aufsitzen, auch auf BundesStr, Kar NJW **63** 498, anders nur, wenn sie ihre VPflichten vom Bock aus nicht erfüllen können, Kar NJW **62** 1064 (BundesStr mit dichtem LkwVerkehr).

35 **Krafträder** dürfen bei Panne geschoben werden (II). Die Vorschrift umfaßt alle motorisierten Zweiräder vom Mofa bis zum schweren Krad (Begr).

36 **10. Die vorgeschriebenen lichttechnischen Einrichtungen** hat der Fahrer bei Kfzen, deren Anhängern und an Fahrrädern auch bei Tage betriebsfertig mitzuführen (I S 4), sonst nur, falls FzBetrieb bei Beleuchtungspflicht (§ 17) zu erwarten ist. Dafür ist er verantwortlich. Auch tagsüber kann aus Witterungsgründen Beleuchtung des Fz vorübergehend nötig werden. Vorgeschriebene lichttechnische Einrichtungen: §§ 49 a, 50–53, 53 a–d, 54 a, b, 60, 66 a, 67 StVZO. Zug- oder Arbeitsmaschinen an Holmen und Handfze: § 17 V. Nicht für Beleuchtung mitverantwortlich sind Beifahrer bei Lkw und Krad, Mü VR **66** 858, oder andere Hilfspersonen bei der Fahrt, Hb VRS **1** 296.

37 **11. Radfahrer** und Kradf dürfen sich nicht an Fze anhängen, nicht freihändig fahren und die Füße nicht von den Pedalen oder Fußrasten nehmen, weil das Gefahr bringt, sei denn, schlechter Wegzustand erfordert es ausnahmsweise (III). Die Vorschrift bezieht Krad- und Kleinkradf ein (Begr). Schieben eines Fzs durch einen Radf oder Kradf kann zwar die VSicherheit ähnlich beeinflussen wie Anhängen, wird aber von Abs III S 1 nicht erfaßt; sprachlich bezeichnet „Anhängen" nämlich geradezu das Gegenteil von „Schieben". Eine Änderung des Wortlauts der Bestimmung wäre daher wünschenswert. Zur Rechtmäßigkeit der Einwilligung in eine Körperverletzung, wenn der Radf, der sich am Kfz vereinbarungsgemäß festgehalten hatte, verunglückt, Bay VRS **53** 349. Loslassen der Lenkstange mit einer Hand ist nicht verboten und zB beim Zeichengeben oder Mitführen von Gegenständen mitunter nötig, KG VM **81** 88. Schon in VBl **50** 230 (BMV) ist auf erfahrungsgemäß schlechte VDisziplin der Radf als Unfallursache hingewiesen. Radf ohne Licht trifft man bei Dämmerung und sogar Dunkelheit in Wohnvierteln noch häufig an, s auch § 2 Rz 29.

38 **12. Technische Geräte zur Anzeige von Überwachungsmaßnahmen** (Radarwarn-, Laserstörgeräte). Abs I b untersagt (auf der durch ÄndG v 19. 3. 01 in § 6 StVG eingefügten Ermächtigungsgrundlage des Abs I Nr 3 i) technische Vorkehrungen des KfzF, die dazu bestimmt sind, dem wirksamen Schutz gegen VÜberwachung zu dienen, insbesondere dem Zweck, sich Geschwindigkeitskontrollen zu entziehen. Darunter fallen vor allem sog Radarwarngeräte, „Gegenblitzgeräte" und Laserstörgeräte. Ib S 2 enthält nur Beispiele zur Verdeutlichung, ist aber nicht etwa abschließend. **Verkehrsüberwachungsmaßnahmen** iS von Ib sind alle Maßnahmen der für die VÜberwachung zuständigen Stellen (s § 26 StVG Rz 2) zur Feststellung von Zuwiderhandlungen gegen straßenverkehrsrechtliche Vorschriften (zB der StVO, StVZO, FeV), nicht aber zB statistische Erhebungen oder VBeobachtungen zur Datengewinnung für wissenschaftliche Zwecke oder zur Vorbereitung von verkehrsregelnden Maßnahmen der StrVB. Verboten sind alle **technischen Geräte,** die dazu *bestimmt* sind, solche Überwachungsmaßnahmen anzuzeigen oder zu stören; darauf, ob sie tatsächlich dazu geeignet sind, kommt es nicht an (s Begr, Rz 5-7). Nicht verboten sind umgekehrt Geräte, die zwar geeignet, aber nicht dazu bestimmt sind, VÜberwachungen anzuzeigen. Anderenfalls fielen auch Autoradios darunter, soweit zB in Rundfunksendungen Hinweise auf die Standorte konkreter Geschwindigkeitskontrollen erfolgen. Für das Verbot des Abs Ib genügt es andererseits, daß bei Geräten mit verschiedenen Funktionen eine davon speziell zur Anzeige oder Störung von VÜberwachungen dient, etwa auch die Ausstattung eines Autoradios oder eines Zielführungsgerätes mit einem zur Anzeige von Überwachungsmaßnahmen bestimmten Zusatzgerät (s Begr, BRDrucks 751/01 S 12). Untersagt sind der **Betrieb** und das **betriebsbereite Mitführen** eines verbotenen Gerätes; auf die Absicht des Einsatzes des mitgeführten Gerätes kommt es nicht an. Betriebsbereit ist ein Gerät, wenn es in der Weise mitgeführt wird, daß es jederzeit während der Fahrt ohne größere technische Vorbereitungen eingesetzt werden könnte, s *Hentschel* NJW **02** 1238, nicht zB aber, wenn es ohne eine solche Einsatzbereitschaft, etwa verpackt zu Verkaufszwecken, nur im Fz transportiert wird (s Begr, Rz 5-7), oder wenn es funktionsuntüchtig, zB fehlerhaft ist. Daß das im übrigen betriebsbereite Gerät nicht eingeschaltet oder der Stecker herausgezogen ist, ändert nichts am Verbot des Abs Ib.

Lit: *Hentschel,* Änderungen der StVO durch die 35. ÄndVStVR, NJW **02** 1237.

13. Ordnungswidrig (§ 24 StVG) handelt, wer gegen eine Vorschrift des § 23 ver- **39** stößt (§ 49 I Nr 22). Das gilt auch für das Verbot des Abs Ia (Telefonieren) und des Abs Ib (Radarwarn- und ähnliche Geräte). Verstoß gegen Abs Ia ist regelmäßig vorsätzlich; deshalb enthält die BKatV, deren Regelsätze von fahrlässiger Begehung ausgehen, keinen Regelsatz (s Begr zur ÄndVO v 22. 1. 02, BRDrucks 843/03 S 18, die insoweit auf den Bundeseinheitlichen Tatbestandskatalog hinweist). Zweiradfahren nur auf dem Hinterrad ist als solches nicht ow, Bay DAR **85** 263 (evtl jedoch Verstoß gegen § 3 I 1). Keine Befreiung von gesetzlichen Fahrerpflichten durch betriebliche Anordnungen (Abhängigkeit vom Arbeitgeber aber uU Milderungsgrund), Ko VRS **58** 460. Zur **inneren Tatseite** gem Abs I und II gehört, daß der Fahrer wußte oder bei gehöriger Sorgfalt hätte wissen müssen, daß das Fz nicht verkehrssicher war (Rückspiegel), Ol VRS **16** 297; dagegen ist es unerheblich, ob die VSicherheit durch das Verhalten anderer gegen seinen Willen beeinträchtigt wird (Mitfahrer), Kö VM **88** 61. Fzführen durch Nichtgeeignete: §§ 31 I, 69a V Nr 2 StVZO, 2 I, 75 Nr 1 FeV. **Konkurrenzen:** TE, wenn jemand in verkehrsuntüchtigem Zustand mit einem nicht verkehrssicheren Fz am Verkehr teilnimmt, BGHSt **6** 229, Neust VRS **27** 28, oder wenn dieselbe Kontrolle mehrere technische Mängel am selben Fz aufdeckt, Fra VM **55** 37, Bay NJW **58** 1833. Fährt der Halter sein Kfz selber, so geht § 23 dem § 31 II StVZO vor, Ha VRS **47** 467, Dü VM **73** 64, Ko VRS **63** 150, KG VRS **69** 309. Gehörbeeinträchtigung durch Geräte (zB Kopfhörer) verletzt nicht zugleich § 2 FeV; § 23 StVO ist insoweit speziell, Kö VRS **73** 148. Wer ein Fz in vorschriftswidrigem Zustand fährt, verletzt, soweit vorhanden, die einschlägige Sondervorschrift, nicht zugleich auch § 23, Bay VM **72** 25, DAR **74** 173, **92** 388, NZV **90** 360, BGH NJW **74** 1663, Ce VM **76** 40, Kar VRS **47** 294, **46** 197, Ha VRS **47** 467, **74** 218, Dü DAR **86** 92, VRS **74** 294, **77** 371, **78** 312, **90** 200, KG VRS **82** 149, abl *Bouska* VD **74** 230. Gegen zu weitgehende Anwendung der §§ 23, 49 I Nr 22 StVO als Auffangtatbestand in allen Fällen, in denen ein Verstoß gegen Vorschriften der StVZO zur FzBeschaffenheit nicht speziell in § 69a StVZO sanktioniert ist,

2 StVO § 23 I. Allgemeine Verkehrsregeln

Janiszewski NStZ **84** 406 unter Hinweis auf möglicherweise *bewußte* Nicht-Sanktionierung durch den VOGeber (fehlende Genehmigung für Rundumleuchte, § 52 IV StVZO, nach Dü VRS **67** 289 ow gem § 23). Verhältnis zu § 22, s dort Rz 27. Bei Mitnahme zu vieler Personen im Führerhaus verletzt nur der Fahrer den § 23, wie § 49 I Nr 22 ergibt. Nicht mehr **mit Strafe bedroht** ist das gem Ib ow Betreiben eines **Radarwarngerätes** nach Außerkrafttreten des § 15 FAG durch das TKG v 25. 7. 96 (BGBl I 1120, s jetzt TKG v 22. 6. 04, BGBl I 1190), LG Berlin DAR **97** 501, *Goll* PVT **96** 327, *Albrecht* DAR **99** 145, aM LG Cottbus DAR **99** 466 (abl *Newi*), das das Tatbestandsmerkmal des „Abhörens von Nachrichten" in § 89 TKG in einer die Grenzen erlaubter Auslegung überschreitenden Weise ausdehnt, s *Möller* NZV **00** 116, anders allerdings noch gem § 15 FAG (alt) nach zwar bestrittener, aber hM, BGHSt **30** 50 = NJW **81** 831 (s 34. Aufl). Jedoch ist **Sicherstellung und Vernichtung** zur Gefahrenabwehr rechtmäßig, VGH Mü NZV **98** 520 (zust *Möller* NZV **00** 118), VG Hannover ZfS **02** 160, VG Berlin ZfS **99** 544, DAR **00** 282, VG Hb VD **01** 239, s VGH Ma VM **03** 8, VG Schl NZV **00** 103 (jedenfalls Sicherstellung). Die Beeinträchtigung des Meßfotos durch **Gegenblitzanlage** erfüllt als bloßes Verhindern einer zu Beweiszwecken verwendbaren technischen Aufzeichnung nicht den Tatbestand des § 268 StGB, LG Flensburg DAR **00** 132, *Geppert* DAR **00** 106, aM AG Tiergarten DAR **99** 182 (abl *Rahmlow* JR **00** 388).

40 **14. Zivilrecht.** Keine Mitschuld, wenn ein ungewöhnliches Motorgeräusch noch eine kurze Strecke fahrend abgehört wird, Kö NJW **65** 109. Führt verkehrswidriges Fahren zusammen mit einem verborgenen Mangel zum Unfall, so haftet der Fahrer bei gewöhnlichem Verschleiß (Nichtwartung!), oder wenn gerade ein solcher Mangel bei solchem Verstoß erfahrungsgemäß nicht auszuschließen ist, BGHSt **12** 75 = NJW **58** 1980. Kein Anscheinsbeweis gegen den Fahrer, wenn die verölte Handbremse zu schwach wirkt und ein Bremspedal aus ungeklärtem Grund klemmt, BGH VRS **11** 414. Wer ein Fz im Dunkeln anhält, um auf Gefährdung wegen fehlender Schlußleuchte hinzuweisen, führt ein Geschäft des gewarnten Fahrers und der unfallbedrohten Hintermänner (Berufung auf § 680 BGB), BGH NJW **65** 1271. Telefonieren beim Fahren entgegen Abs Ia dürfte nunmehr (entgegen der früheren Rechtslage, s Kö ZfS **00** 545) grob fahrlässig sein, vor allem bei längerer Blickabwendung durch Greifen des Gerätes oder Wählen, s *Kärger* DAR **98** 268f, und bei hohen Geschwindigkeiten, Ko VR **99** 503 (170 km/h). Keine Haftung des FzF aus Verschulden, wenn der auf dem Beifahrersitz Beförderte infolge nicht ohne weiteres erkennbarer starker Trunkenheit ins Steuer greift und dadurch zu Schaden kommt, AG Lübeck NZV **93** 316. Grobe Fahrlässigkeit (§ 61 VVG) bei Beförderung eines erkennbar stark Betrunkenen auf dem Beifahrersitz, LG Frankenthal VR **00** 721. **Gefahrerhöhung** ist die bewußte, gewollte Änderung der gefahrerheblichen Umstände, BGHZ **50** 385, NJW **75** 978, Nü ZfS **87** 180. Sie liegt vor bei fortgesetztem wissentlichen Gebrauch eines nicht verkehrssicheren Fzs, BGH VR **77** 341, Kö VR **75** 999, Ha NZV **88** 226, Nü ZfS **92** 202. Zur Gefahrerhöhung gehört Kenntnis vom mangelhaften Zustand des Kfz, BGH VR **77** 341, **75** 1017, Dü DAR **04** 391, NJW-RR **04** 1479, Kö VR **90** 1226, Hb VR **96** 1095. Kenntnis der gefahrerhöhenden Auswirkung des Mangels ist nicht erforderlich, Kö VR **90** 1226. Willkürliche Gefahrerhöhung iS von § 23 VVG ist aber auch bei arglistiger Nichtkenntnis des gefahrerhöhenden Umstands gegeben, BGH VR **69** 747, 987, **71** 558, Dü DAR **04** 391, NJW-RR **04** 1479. Der Kenntnis verschließt sich arglistig nur, wer immerhin mit mangelhaftem Zustand rechnet, leichtfertige Gedankenlosigkeit in dieser Beziehung genügt nicht, BGH VR **71** 407, 539. Er muß die Nachprüfung unterlassen, um sich den Rechtsvorteil zu sichern, BGH VRS **63** 188, Kö VR **90** 1226, ZfS **97** 306, Hb VR **96** 1095, s auch § 36 StVZO Rz 12. Gefahrerhöhung bei wiederholter Übersetzung eines Kleinkraftrades, BGH DAR **67** 246, bei Benutzung eines überschnellen Mopeds, BGH VR **70** 412 (78 km/h), eines auf 50 km/h Höchstgeschwindigkeit veränderten Mofas, Sa ZfS **90** 60, bei Weiterbenutzung, auch wenn das Kfz schon beim Versicherungsantrag wesentlich verkehrsunsicher war (§§ 23, 29a VVG), BGH NJW **67** 1758, 2207 (abl *Hohenester*). Drängt sich der wesentliche Mangel (Auswandern der Räder) auch dem unerfahrenen Kf auf, so spricht eine widerlegbare Vermutung für dessen Kenntnis vom gefahrerhöhenden Umstand, Kö VR **75** 999, Sa ZfS **90** 60 (augenfällige Veränderungen an Mofa). Gefahrerhöhung ist möglich bei mehrfachem erheblichen Überladen, Ha NZV **90** 315, bei fehlerhafter Ladeklappe, wenn der Halter diesen Zustand kennt, Fra VR **70** 266, bei Überführung eines Anhängers mit schlechten Bremsen, Dü VR **61** 991, überhaupt bei mangelhaftem Zustand der Bremsanlage, BGH VR **86** 255 (s § 41 StVZO Rz 8), bei antragswidriger Beförderung einer unzulässigen Personenzahl, BGH VR **64** 156.

Besondere Fortbewegungsmittel

24 (1) **Schiebe- und Greifreifenrollstühle, Rodelschlitten, Kinderwagen, Roller, Kinderfahrräder und ähnliche Fortbewegungsmittel sind nicht Fahrzeuge im Sinne der Verordnung.**

(2) **Mit Krankenfahrstühlen oder mit anderen als in Absatz 1 genannten Rollstühlen darf dort, wo Fußgängerverkehr zulässig ist, gefahren werden, jedoch nur mit Schrittgeschwindigkeit.**

Begr zur ÄndVO v 22. 3. 88 (VBl **88** 224): 1–4

Durch die Aufnahme der Schiebe- und Greifreifenrollstühle, die als Ersatz für die Beine dienen, wird eine Erleichterung bei der Ausstattung dieser Fortbewegungsmittel erzielt. Eine vergleichbare Regelung wird in die StVZO aufgenommen.

Die neue Fassung des Absatzes 2 wird eine Erhöhung der Verkehrssicherheit für Rollstuhlfahrer ermöglichen. Diese Regelung bedeutet, daß die Rollstuhlfahrer (Fahrer von Krankenfahrstühlen nach der StVZO) rechtlich wie Fußgänger behandelt werden.

Dabei wird davon ausgegangen, daß es sich in der Regel um die Benutzung von nicht zulassungspflichtigen Rollstühlen (Krankenfahrstühlen) handelt, die mit Schrittgeschwindigkeit bewegt werden.

Vwv zu § 24 Besondere Fortbewegungsmittel

Zu Absatz 1

1   I. Solche Fortbewegungsmittel unterliegen auch nicht den Vorschriften der StVZO. 5
2   II. Schieberollstühle sind Rollstühle mit Schiebeantrieb nach Nr. 2.1.1, Greifreifenrollstühle sind Rollstühle mit Greifreifenantrieb nach Nr. 2.1.2 der DIN 13240 Teil 1.
3   III. Kinderfahrräder sind solche, die üblicherweise zum spielerischen Umherfahren im Vorschulalter verwendet werden.

Zu Absatz 2

4   Krankenfahrstühle sind Fahrzeuge.

1. Besondere Fortbewegungsmittel iS von § 24 sind solche, die ohne wesentliche 6 Gefährdung von Fußgängern dem Gehwegverkehr zugeordnet werden können, Mü VM **77** 38, und deren Benutzer bei Unterwerfung unter die Regeln für Fze nicht nur den FzV behindern würden, sondern auch erhöhten Gefahren ausgesetzt wären, BGHZ **150** 201 = NZV **02** 225. Gemeinsam ist ihnen geringe Größe, meist geringes Eigengewicht und stets ihre bau- und benutzungsbedingte, relativ geringe Fahrgeschwindigkeit; sie werden, jedenfalls im öffentlichen Verkehr, idR nur mit Schrittgeschwindigkeit oder wenig darüber bewegt, so daß in aller Regel nur geringe Gefahr von ihnen ausgeht, Kö VRS **87** 61. Sie werden zumeist ohne Steigerung der Bewegungsenergie durch Schieben, Ziehen, Stoßen oder Abstoßen bewegt, Mü VM **77** 38. § 24 schließt eine Reihe von Kleinfzen vom FzBegriff iS der StVO aus. Schiebe- und Greifreifenrollstühle, Rodelschlitten, Kinderwagen, Roller, (auch wenn sie von Erwachsenen benutzt werden, Ol NZV **96** 464, zust *Janiszewski* NStZ **97** 270, s Begr zu § 16 StVZO, VBl **03** 744), Rollschuhe (s unten), Skier, Kinderschlitten, kleine Schiebkarren, kleine Handwagen, Kö VRS **87** 61, und ähnliche Fortbewegungsmittel gelten nicht als Fze und sind deshalb auf dem Gehweg, nicht auf Fahrbahnen oder Seitenstreifen, mitzuführen, Stu VBl **59** 372 (Kinderroller). Roller iS von Abs I sind auch die sog Miniroller („Kickboards", „Skooter"), s *Ternig* VD **01** 29. Wo Gehwege fehlen, haben Fußgänger mit solchen

2 StVO § 24 I. Allgemeine Verkehrsregeln

Fortbewegungsmitteln außerorts idR äußerst links zu gehen, nur nach Maßgabe von § 25 I auch rechts. Die Benutzer der in Abs I genannten besonderen Fortbewegungsmittel, auch Schiebe- und Greifreifenrollstuhl-Fahrer, unterliegen nicht den Regeln für den FzV, sondern den für den FußgängerV geltenden Normen, *Seidenstecher* DAR **97** 105. Die erwähnten Kleinfze unterliegen nicht den Vorschriften der StVZO; sie brauchen keine Rückstrahler zu führen und müssen nicht beleuchtet sein (Vwv Rn 1). Auf ihren etwaigen Transportinhalt kommt es nicht an, auch nicht auf die Benutzungsart; Fußgänger mit „besonderen Fortbewegungsmitteln" unterliegen allen für Fußgänger geltenden Regeln. Fußgänger mit Handfzen sind nicht FzFührer (§ 23 Rz 9), Mü DAR **84** 89. Fortbewegungsmittel iS von § 24 dürfen auf EinbahnStr (Z 220) auch in Gegenrichtung bewegt oder mitgeführt werden, weil sie nicht Fze sind. **Rollbretter** (näher § 31) sind keine Fortbewegungsmittel iS von § 24, sondern Sportgeräte, s § 31 Rz 6. Da Rollbretter bei zweckentsprechender Verwendung regelmäßig nicht mit Schrittgeschwindigkeit bewegt werden, ist ihre Benutzung auf Gehwegen und in Fußgängerbereichen entgegen den tatsächlichen Gegebenheiten im Grunde rechtlich unzulässig (wie sich jedenfalls aus dem insoweit entsprechend heranzuziehenden Abs II ergibt). Das gilt im Ergebnis auch für sog **Inline-Skates**, wenn sie (wie idR) mit höheren Geschwindigkeiten gefahren werden, Ol NZV **00** 470 (Anm *Bouska*), *Grams* NZV **97** 67, *Seidenstecher* DAR **97** 105, *Schmid* DAR **98** 9; sie sind als eine Form von Rollschuhen besondere Fortbewegungsmittel iS von I, BGHZ **150** 201 = NZV **02** 225, Ko DAR **01** 167, Kar NZV **99** 44, Ce NZV **99** 509, *Seidenstecher* DAR **97** 105, *Schmid* DAR **98** 8, *Kramer* VGT **98** 252, aM (*Fahrzeuge*) insoweit Ol NZV **00** 470 (abl *Bouska*), *Grams* NZV **97** 67, *Vogenauer* VR **02** 1347 ff (1484), unklar *Frommhold* NZV **02** 359, differenzierend *Vieweg* NZV **98** 5 f (unter Würdigung von Untersuchungen über Durchschnittsgeschwindigkeit, Bremsweg, Breitenbedarf und Unfallrisiken). **Kinderfahrräder** sind nicht Fahrräder, auch mit Stützrädern, die gemäß den Körpermaßen von Kindern im Vorschulalter gebaut sind und zum spielerischen Umherfahren benutzt werden, s Kar NZV **91** 355. Von allen Fahrrädern mit größeren Baumaßen, gleich wer sie benutzt, geht höhere Gefahr als von den oben definierten besonderen Fortbewegungsmitteln aus, sie sind deshalb Fahrräder, s Dü VR **75** 863. S auch *Berr* DAR **92** 161, *Schmidt*, KVR, Radf im StrV S 3. Fahrräder und nicht besondere Fortbewegungsmittel sind daher auch die sog BMX-Räder, s *Mai* PVT **83** 282, § 67 StVZO Rz 7. Gehwegbenutzung durch Kinder unter 10 Jahren mit Fahrrädern, s auch § 2 V. Besondere Fortbewegungsmittel iS von Abs I sind auch als Kinderspielzeug hergestellte Dreiräder mit Elektroantrieb (bis 6 km/h), s *Ternig* VD **01** 32.

Lit: *Frommhold*, Verhaltenspflichten von Inlineskatern im StrV, NZV **02** 359. *Grams*, Was sind „Skater": Fze oder Spielzeuge?, NZV **97** 65. *Kramer*, Inline-Skates und Skateboards, VGT **98** 250. *Dieselbe*, Aktuelle Rechtsfragen zum Inlineskaten, VD **01** 255. *Nakas*, Inline-Skating als unfallanalytischer Sicht, NZV **99** 278. *Robatsch*, Geschwindigkeiten, Bremsweg und Breitenbedarf von Inline-Skatern, ZVS **98** 25. *Schmid*, „Inlineskater" – Mobilität in der rechtlichen Grauzone, DAR **98** 8. *Seidenstecher*, „Inline-Skates", DAR **97** 104. *Ternig*, Wie sollte man Kickboards und Elektro-Dreiräder einordnen?, VD **01** 29. *Vieweg*, Inline-Skating ..., NZV **98** 1. *Vogenauer*, Die zivilrechtliche Haftung von Inlineskatern im StrV, VR **02** 1345, 1478. *Dieselbe*, Die rechtliche Einordnung von Inline-Skates im StrV, NZV **02** 537. *Wendrich*, Inline-Skating und Skateboarding in Fußgängerbereichen und auf Gehwegen aus straßenrechtlicher Sicht, NZV **02** 212. *Wiesner*, Inline-Skates und Skateboards im StrV – Haftungs- und versicherungsrechtliche Fragen, NZV **98** 177.

7 **2. Krankenfahrstühle** jeder Breite, Fahrgeschwindigkeit und Betriebsart und nicht in Abs I genannte Rollstühle sind Fze, Bay DAR **00** 532, und dürfen daher die Fahrbahn benutzen. Abw von § 2 I dürfen sie jedoch gem § 24 II auch überall dort gefahren werden, wo FußgängerV zulässig ist, also auf Gehwegen, in Fußgängerbereichen oder auf Seitenstreifen. Sie müssen dann jedoch Schrittgeschwindigkeit einhalten. Auf Fahrbahnen und Seitenstreifen müssen sie rechts fahren. § 25 II gilt für die Benutzer von Krankenfahrstühlen nicht, denn diese werden nicht „mitgeführt".

8 **3. Ordnungswidrigkeit,** soweit Fußgänger solche Kleinfortbewegungsmittel nicht auf Gehwegen oder entgegen § 25 II mitführen: § 25. Unrichtiges Fahren mit Krankenfahrstühlen: §§ 2, 3, 24 II (§ 49 I Nr 23).

Fußgänger

25 (1) ¹Fußgänger müssen die Gehwege benutzen. ²Auf der Fahrbahn dürfen sie nur gehen, wenn die Straße weder einen Gehweg noch einen Seitenstreifen hat. ³Benutzen sie die Fahrbahn, so müssen sie innerhalb geschlossener Ortschaften am rechten oder linken Fahrbahnrand gehen; außerhalb geschlossener Ortschaften müssen sie am linken Fahrbahnrand gehen, wenn das zumutbar ist. ⁴Bei Dunkelheit, bei schlechter Sicht oder wenn die Verkehrslage es erfordert, müssen sie einzeln hintereinander gehen.

(2) ¹Fußgänger, die Fahrzeuge oder sperrige Gegenstände mitführen, müssen die Fahrbahn benutzen, wenn sie auf dem Gehweg oder auf dem Seitenstreifen die anderen Fußgänger erheblich behindern würden. ²Benutzen Fußgänger, die Fahrzeuge mitführen, die Fahrbahn, so müssen sie am rechten Fahrbahnrand gehen; vor dem Abbiegen nach links dürfen sie sich nicht links einordnen.

(3) ¹Fußgänger haben Fahrbahnen unter Beachtung des Fahrzeugverkehrs zügig auf dem kürzesten Weg quer zur Fahrtrichtung zu überschreiten, und zwar, wenn die Verkehrslage es erfordert, nur an Kreuzungen oder Einmündungen, an Lichtzeichenanlagen innerhalb von Markierungen oder auf Fußgängerüberwegen (Zeichen 293). ²Wird die Fahrbahn an Kreuzungen oder Einmündungen überschritten, so sind dort angebrachte Fußgängerüberwege oder Markierungen an Lichtzeichenanlagen stets zu benutzen.

(4) ¹Fußgänger dürfen Absperrungen, wie Stangen- oder Kettengeländer, nicht überschreiten. ²Absperrschranken (§ 43) verbieten das Betreten der abgesperrten Straßenfläche.

(5) Gleisanlagen, die nicht zugleich dem sonstigen öffentlichen Straßenverkehr dienen, dürfen nur an den dafür vorgesehenen Stellen betreten werden.

Begr zu § 25

Zu Absatz 1: *Der Absatz bringt kaum Neues. Wenn Fußgänger außerhalb geschlossener Ortschaften an den linken Fahrbahnrand nur dann verwiesen werden, wenn das „zumutbar" ist, so entspricht das der Interessenlage. Für den Fahrverkehr genügt es zu wissen, daß er auch auf der rechten Straßenseite mit (unbeleuchteten) Fußgängern zu rechnen hat; aus welchen Gründen diese sich dort und nicht links bewegen, ist für ihn gleichgültig. Zur Unterrichtung der Fußgänger die Ausnahmefälle deutlicher abzugrenzen, ist nicht möglich; dafür sind sie zu verschiedenartig. Es gibt zunächst Fälle der Unmöglichkeit: ein Blinder, dessen Hund auf Rechtsgehen dressiert ist; aber auch einem Gehbehinderten, dem wegen der Art seiner Körperschäden das Linksgehen schwerfällt, muß gestattet sein, rechts zu gehen. Vor allem aber ist es oft die Örtlichkeit, die das Linksgehen unzumutbar machen kann. So ist von Fußgängern z. B. nicht zu verlangen, entlang einer linksaufragenden Felspartie oder einer dort befindlichen Mauer in einer scharfen Linkskurve links zu gehen, wenn sie rechts bei Gefahr durch einen bloßen Schritt in einen danebenliegenden Acker die Straße verlassen können. Es ist auch mindestens sehr problematisch, ob solche Fußgänger, sobald die Mauer aufhört und sie nun auch links ins Freie ausweichen könnten, etwa verpflichtet wären, alsbald die Straßenseite zu wechseln, etwa auch dann, wenn sie nur eine kurze Strecke danach rechts die Straße verlassen wollen; das Verlangen einer solch doppelten Fahrbahnüberquerung wäre offenkundig verkehrsabträglich. Die Ausnahmefälle lassen sich also konkreter nicht abgrenzen. Es genügt, wenn der Fußgänger für das Abweichen von der Regel triftige und vernünftige Gründe hat. Die Lösung ist um so erträglicher, als es sich bei diesem Gebot um eine reine Schutznorm für die Fußgänger selbst handelt, die dem Fahrverkehr keine Erleichterung bringt ...* 1–3

Zu Absatz 3: *Der Absatz übernimmt weithin § 37 Abs. 2 StVO (alt), will aber die Anforderungen an die Fußgänger im Interesse von deren Sicherheit noch etwas erhöhen. Mit dem zusätzlichen Gebot, die Fahrbahn „zügig" zu überschreiten, ist wohl nur etwas ausdrücklich gesagt, was heute schon gilt. Damit soll nur kürzer und deutlicher gesagt werden, was in § 37 Abs. 2 (alt) als „in angemessener Eile" bezeichnet wird. Die Eile muß den persönlichen Fähigkeiten und der Verkehrslage angemessen sein (so schon Müller zu dem inzwischen aufgehobenen § 37a StVO). Das weitere Gebot, die Fahrbahn nur an Kreuzungen oder Einmündungen, an Lichtzeichenanlagen innerhalb von Markierungen (sogenannten Fußgängerfurten) oder auf Fußgängerüberwegen zu überschreiten, wenn die Verkehrslage dies erfordert, ist ein dringendes Erfordernis der Verkehrssicherheit. Noch weitergehend Fußgänger in der Nähe von Fußgängerüberwegen stets auf diese zu verweisen, ist ab-* 4 zulehnen; ein solches Gebot hätte zwar eine gewisse erzieherische Bedeutung, erschiene aber in ruhigen Verkehrszeiten als überspannt.

5–8 Der Hauptanwendungsfall des letzten Satzes ist die Kreuzung, an der nicht alle Zufahrten für Fußgänger markiert sind. Hier muß dem Fußgänger unter Umständen ein Umweg zugemutet werden ...

Vwv zu § 25 Fußgänger

Zu Absatz 3

9   1   I. Die Sicherung des Fußgängers beim Überqueren der Fahrbahn ist eine der vornehmsten Aufgaben der Straßenverkehrsbehörden und der Polizei. Es bedarf laufender Beobachtungen, ob die hierfür verwendeten Verkehrszeichen und Verkehrseinrichtungen den Gegebenheiten des Verkehrs entsprechen und ob weitere Maßnahmen sich als notwendig erweisen.

   2   II. Wo der Fahrzeugverkehr so stark ist, daß Fußgänger die Fahrbahn nicht sicher überschreiten können, und da, wo Fußgänger den Fahrzeugverkehr unzumutbar behindern, sollten die Fußgänger entweder von der Fahrbahn ferngehalten werden (Stangen- oder Kettengeländer) oder der Fußgängerquerverkehr muß unter Berücksichtigung zumutbarer Umwege an bestimmten Stellen zusammengefaßt werden (z. B. Markierung von Fußgängerüberwegen oder Errichtung von Lichtzeichenanlagen). Erforderlichenfalls ist bei der Straßenbaubehörde der Einbau von Inseln anzuregen.

   3   III. 1. Die Markierungen an Lichtzeichenanlagen für Fußgänger, sogenannte Fußgängerfurten, bestehen aus zwei in der Regel 4 m voneinander entfernten, unterbrochenen Quermarkierungen. Einzelheiten ergeben sich aus den Richtlinien für die Markierung von Straßen (RMS). Vgl. zu § 41 Abs. 3.

   4   2. Wo der Fußgängerquerverkehr dauernd oder zeitweise durch besondere Lichtzeichen geregelt ist, sind Fußgängerfurten zu markieren. Sonst ist diese Markierung, mit Ausnahme an Überwegen, die durch Schülerlotsen, Schulweghelfer oder sonstige Verkehrshelfer gesichert werden, unzulässig.

   5   3. Mindestens 1 m vor jeder Fußgängerfurt ist eine Haltlinie (Zeichen 294) zu markieren; nur wenn die Furt hinter einer Kreuzung oder Einmündung angebracht ist, entfällt selbstverständlich eine Haltlinie auf der der Kreuzung oder Einmündung zugewandten Seite.

10 6   IV. Über Fußgängerüberwege vgl. zu § 26.

   7   V. Wenn nach den dort genannten Grundsätzen die Anlage von Fußgängerüberwegen ausscheidet, der Schutz des Fußgängerquerverkehrs aber erforderlich ist, muß es nicht immer geboten sein, Lichtzeichen vorzusehen oder Über- oder Unterführungen bei der Straßenbaubehörde anzuregen. In vielen Fällen wird es vielmehr genügen, die Bedingungen für das Überschreiten der Straße zu verbessern (z. B. durch Einbau von Inseln, Haltverbote, Überholverbote, Geschwindigkeitsbeschränkungen, Beleuchtung).

   8   VI. Die Straßenverkehrsbehörde hat bei der Straßenbaubehörde anzuregen, die in § 11 Abs. 4 der Straßenbahn-Bau- und Betriebsordnung vorgesehene Aufstellfläche an den für das Überschreiten durch Fußgänger vorgesehenen Stellen zu schaffen; das bloße Anbringen einer Fahrstreifenbegrenzung (Zeichen 295) wird nur ausnahmsweise den Fußgängern ausreichenden Schutz geben.

Zu Absatz 5

11 9   Das Verbot ist bußgeldbewehrt durch § 63 Abs. 2 Nr. 1 der Straßenbahn-Bau- und Betriebsordnung; wenn es sich um Eisenbahnanlagen handelt, durch § 64 b der Eisenbahn-Bau- und Betriebsordnung.

Übersicht

Abbiegende Fußgänger 50
Abgelenkte Personen 25 ff
Absperrung 51
Anscheinsbeweis 54 f

Ausnahmen 56
Äußerster Fahrbahnrand, Gehen 14, 17, 19
Außerorts, Linksgehpflicht 15–17
Autobahn, Fußgängerverbot 20

Fußgänger § 25 StVO **2**

Beachtung des Fahrverkehrs 14 f, 22 ff, 33–37
Behindern von Fußgängern 46–48
Benutzen von Fußgängerüberwegen 4, 45
Beschmutzen 40
Betagte 23
Betrunkene 24

Dichter Verkehr, Überschreiten durch Fußgänger 4, 43

Einbahnstraße 49

Fahrbahn, Überschreiten 4, 9, 10, 22 ff, 41, 42
Fahrbahnrand, Gehen 1–3, 14, 17, 19
Fahrgeschwindigkeit 23–32
Fahrtrichtung, Überschreiten quer zur 42
Fahrverkehr, Beachtung durch Fußgänger 14 f, 22 ff, 33–37
–, Rücksicht auf Fußgänger 38–40
Fußgänger, Beachtung des Fahrverkehrs 14 f, 22 ff, 33–37
–, mit Fahrzeugen abbiegende 50
–, mit Fahrzeugen oder sperrigen Gegenständen 46–48
Fußgängerüberweg 4, 45

Gebrechliche 23
Gegenstände, sperrige 46–48
Gehen am Fahrbahnrand 14, 17, 19
–, Linksgehpflicht 15–17
–, verkehrswidriges 17
Gehwegbenutzung, Pflicht 12
Gehweise 14–19
Gleise, Überschreiten 11, 52, 57
Grün, Überschreiten bei 35
Inline-Skater 12, 15

Jogging 15

Kinder, Rücksicht auf 26 ff
–, Anscheinsbeweis gegen Kf bei Unfall mit – 55
–, radfahrende 31
–, spielende 26 ff, 30
Kraftfahrstraße, Gehverbot 21

Lichtzeichen, Überschreiten bei 4, 44
Linksgehen, unzumutbares 16
Linksgehpflicht außerorts 15–17

Menschengruppe 25 ff

Ordnungswidrigkeiten 57

Rechtwinkliges Überschreiten der Fahrbahn 22, 42
Rücksicht auf Kinder 26 ff
–, Fußgänger 38–40
–, den Fahrverkehr 14 f, 22 ff, 33–37

Seitenabstand, Vorbeifahren 18
Seitenstreifen, begehbarer 13
Spielende Kinder 26 ff, 30

Überschreiten der Fahrbahn 9, 10, 22 ff, 41, 42
–, zügig und rechtwinklig 4, 22, 41, 42
–, stückweises 34, 37
– bei Grün 35
– bei dichterem Verkehr 4, 43
– bei Lichtzeichen 4, 44
– wo? 4, 22, 43–45
– von Gleisen 11, 52, 57
Unbeholfene, Unachtsame 23, 24

Vertrauensgrundsatz 14, 15, 18, 19, 27, 33, 34, 36–39
– gegenüber Kindern 27

Zivilrecht 53
Zügiges Überschreiten 4, 22, 41, 42

1. Wo Gehwege vorhanden sind, wenn auch nur auf einer StrSeite, Stu VRS **37** 197, BGH NJW **57** 223, VM **64** 25 (Fußweg in Unterführung), VRS **17** 420, müssen Fußgänger sie inner- wie außerorts benutzen (I). Inline-Skater unterliegen im StrV den Regeln für Fußgänger, BGHZ **150** 201 = NZV **02** 225 (krit *Frommhold* NZV **02** 359, *Vogenauer* VR **02** 1481 f), Ko DAR **01** 167, Ha NZV **99** 509, aM Ol NZV **00** 470 (differenzierend *Bouska* NZV **00** 472), sie dürfen daher weder die Fahrbahn benutzen noch Radwege, Kar NZV **99** 44; auf Gehwegen müssen sie besondere Rücksicht auf Fußgänger nehmen, BGH NZV **02** 225, und uU Schrittgeschwindigkeit einhalten, nämlich immer dann, wenn dies zum Schutz anderer Fußgänger nötig ist, Kar NZV **99** 44, Ce NZV **99** 509, s *Kramer* VD **01** 256. **Gehwege** sind solche öffentlichen VFlächen, die zur Benutzung durch Fußgänger bestimmt und eingerichtet sowie durch Trennung von der Fahrbahn aufgrund ihrer Gestaltung (Pflasterung, Plattenbelag, Bordstein oder andere Trennlinie) äußerlich als solche erkennbar sind, Kö VRS **102** 469, Kar NZV **04** 271, DAR **00** 307, Dü VRS **82** 211, 363, NZV **94** 372, VR **96** 1121, VRS **91** 309, Ha DAR **94** 409. Unbefestigtes, mit Bäumen bepflanztes Gelände am Rande ist Bestandteil des Gehwegs, wenn es nicht von der Fläche, die betreten werden darf, erkennbar abgegrenzt ist (Bepflanzung, Stahlrohr), Kar NZV **04** 271, Kö VRS **93** 452, Dü NZV **94** 372. Kombinierter Geh- und Radweg: § 41 Z 237. Die Fahrbahn dürfen Fußgänger nur benutzen, wenn kein begehbarer Gehweg und auf keiner Seite ein gegenwärtig begehbarer Seitenstreifen vorhanden ist, Ha VM **72** 16, Dü VR **72** 793, auf andere Möglichkeiten (Sommerweg, Pfad im Gelände) müssen sie sich nach dem klaren Wortlaut des § 25 I nicht verweisen lassen (str), s Rz 14. Gehwege pflegen baulich von der Fahrbahn deutlich abgegrenzt zu sein, vor allem durch Bordsteine, uU auch durch Randlinien.

Auch Ortsfremden müssen sie bei Sorgfalt erkennbar sein. Für den Fz-(auch Anlieger-) Verkehr gesperrte Straßen stehen Gehwegen gleich. Mangelhafte Gehwege braucht der Fußgänger nicht zu benutzen, wenn das besonders mühevoll ist oder die Schuhe verdirbt, s Schl VM **64** 8 (Kiesschotter). Bankette sind zu benutzen, wenn sie als Gehweg vorgesehen und geeignet sind, BGH VRS **14** 296. Einbeziehung eines Sommerwegteils in die Fahrbahn macht den Rest nicht ohne weiteres zum Gehweg, Ol DAR **57** 18. Auf dem Gehweg darf sich der Fußgänger vor Fahrverkehr sicher fühlen, Ha VRS **19** 358, Hb VM **59** 23 (Ausnahme: § 2 V), doch muß er, wie der Fahrverkehr, s BGH VRS **13** 20 (Radf), **Abstand zur Bordsteinkante** halten (§ 1), Hb VRS **17** 155, s BGH NJW **65** 1708 (Mitverschulden bei Gehen am äußersten Gehwegrand ohne zwingenden Grund), Dü VRS **67** 1 (Warten am Rande einer VInsel im Profilbereich der Straba, Alleinhaftung des Fußgängers), aM Dü NZV **92** 232 (Mitverschulden im Ergebnis aber wohl zu recht verneint). Mit 25 cm in den Gehweg ragenden FzTeilen vorbeifahrender Fze braucht der Fußgänger jedoch idR nicht zu rechnen, Dü NZV **92** 232. Richtlinien zur sicheren Führung des FußgängerV, VBl **64** 223. Wer als Schädiger einem Fußgänger Nichtbenutzung des Gehwegs als Mitschuld vorwirft, muß Begehbarkeit des Gehwegs zur Unfallzeit nachweisen (Schlackenweg), Ce VR **79** 451.

13 **Begehbare Seitenstreifen** sind in derselben Weise wie Gehwege zu benutzen, wo Gehwege fehlen, BGH VRS **17** 420. Seitenstreifen (Bankette) sind StrTeile, die erkennbar nicht zur Fahrbahn gehören (s Abs I S 2 sowie § 2 Rz 25), aber nicht als Gehweg ausgebaut sind. Ungepflegte (unpassierbare) Seitenstreifen müssen nicht benützt werden, BGH VM **67** 33. Innerhalb des Seitenstreifens muß der Fußgänger nicht äußerst links gehen, Fra VRS **82** 255 (kein Mitverschulden). Wer nachts außerorts trotz eines begehbaren Seitenstreifens 1,60 m neben dem Fahrbahnrand auf der Fahrbahn geht, handelt grob verkehrswidrig, Ha VR **72** 308.

Lit: *Greger*, Haftungsfragen beim Fußgängerunfall, NZV **90** 409. *Kielhorn*, Tödliche StrVUnfälle von Fußgängern, ZBlVM **72** 129. *Martin*, Vertrauensgrundsatz und Kinder im StrV, DAR **63** 117. *Mittelbach*, Kraftfahrer und Fußgänger, DAR **61** 244. *Schleiermacher*, Auffällige Beziehungen in der Statistik von Fußgängerunfällen, ZVS **71** 48. *Schnitzerling*, Die Gefährdung des Minderjährigen im StrV ..., DAR **72** 318. *Schröer*, Fußgänger im StrV, KVR. *Sprenger/Molketin*, Gebrechliche im StrV, KVR. *Weis*, Strafrechtliche Haftung bei VUnfällen von Fußgängergruppen, NJW **61** 1662.

14 **1 a. Am äußeren Fahrbahnrand** ist zu gehen, wo begehbare Gehwege oder Seitenstreifen fehlen, **innerorts** nach Wahl links oder rechts (I S 3), beim Rechtsgehen aber unter besonders sorgfältiger VBeachtung, BGH VR **67** 257, denn auf der Fahrbahn hat der Fahrverkehr Vorrang, BGH VRS **32** 206. Überhaupt ist bei jeder Fahrbahnbenutzung, auch am äußersten Rand, der **Fahrverkehr zu beachten**, auch wenn er gering ist, BGH VRS **6** 87, Ha VRS **19** 129, besonders bei Regen oder Dunkelheit, BGH DAR **63** 193. Nachts muß ein Fußgänger vor Fzen rechtzeitig zur äußersten Fahrbahnseite ausweichen, bei drohender Gefährdung auch auf den Randstreifen, BGH VR **72** 258, Dü VR **75** 1052, Ha VR **85** 357, NZV **95** 483 (auch außerorts, anderenfalls Mitverschulden), s Rz 15. Wer innerorts am äußersten Rand geht, muß vor einem langsamen Kfz nicht beiseite treten, er darf darauf vertrauen, daß der Kf gehörigen Abstand (§ 5 IV) hält, Ol DAR **62** 256. Ist lebhafter Verkehr oder wird überholt, so kann er uU auch einmal beiseite treten müssen, BGH VRS **32** 206, Dü VR **75** 1052, Ce DAR **84** 124 (Erkennbarkeit der Gefährdung durch ein von hinten nahendes Fz – Anm *Berr*), doch darf der Fahrverkehr darauf nicht vertrauen. Nach Meinung von BGH DAR **60** 72, Ha VM **72** 16 soll aus Gründen der VSicherheit uU sogar ein begehbarer Pfad neben der Straße benutzt werden müssen, ebenso *Greger* NZV **90** 411 (unter Hinweis auf § 1 II, jedoch ohne § 25 insoweit als spezielle Regelung zu sehen). Diese Auffassung widerspricht Abs I S 2, der zur Benutzung des Fahrbahnrandes berechtigt (Rz 12). Ausweichen bei begegnenden Fzen, s Rz 15. Sind **Gehstreifen unbenutzbar** (Eis, hoher Schnee, Krusten), so darf der Fußgänger auf der Fahrbahn gehen, BGH NZV **95** 144, muß sich aber so verhalten, daß ein Fz nicht seinetwegen bremsen muß, BGH VM **63** 1. Dann sind Fahrverkehr wie Fußgänger zu äußerster Sorgfalt und Rücksichtnahme verpflichtet, BGH NZV **95** 144, Sa VRS **23** 302. Fahrgeschwindigkeit bei Fußgängern auf der Fahrbahn: § 3. Mit entgegenkommenden Fußgängern braucht der Kf nur im

Fußgänger § 25 StVO 2

Bereich des Fahrbahnrandes zu rechnen, Bay VRS **60** 384. Kf müssen nicht damit rechnen, daß ein Fußgänger vom Fahrbahnrand **plötzlich auf die Fahrbahn** tritt, BGH VRS **32** 437, Bay VRS **55** 183, Kö VRS **56** 29, Ha NZV **99** 374, Dü VR **76** 152, idR auch nicht zwischen stehenden Fzen hervor, Ha NZV **93** 314 (FzStau), uU jedoch mit seitlichem Ausweichen vom Bankett oder Grasstreifen, um am Fahrbahnrand weiterzugehen, BGH NZV **89** 265 (krit Anm *Kääb*). Wer unmittelbar vor einem Bus achtlos die Fahrbahn betritt, kann auch bei erhöhter BusBG den Schaden allein tragen müssen, Dü VR **73** 40. Gehen Fußgänger innerorts verkehrswidrig, so muß der Kf deshalb nicht mit weiteren derartigen Verstößen rechnen, Stu VRS **37** 197. Wer ein defektes Kfz auf der Fahrbahn anschieben hilft, unterliegt nicht § 25, Sa VM **77** 75. *Bender,* Dürfen Fußgänger bei zulässiger Fahrbahnbenutzung nebeneinander gehen? MDR **60** 462.

1 b. Außerorts besteht Linksgehpflicht, soweit zumutbar (I S 3). Der linksgehen- **15** de Fußgänger kann sich auf den Fahrverkehr (Gegenverkehr) besser einstellen und ist deshalb idR dort weniger gefährdet. Die Vorschrift schützt den Fußgänger- wie Fahrverkehr, BGHSt **10** 369 = NJW **57** 1526, VRS **32** 206. Geschlossene Ortschaft: § 3. Es ist äußerst links zu gehen, es sei denn, die Straße ist hinreichend breit und der Fahrverkehr nicht dicht, s BGH VRS **11** 89, VR **64** 633 (nachts). Läufer („Jogging") sind „Fußgänger" und unterliegen den Bestimmungen des § 25; sie verhalten sich verkehrsgerecht, wenn sie außerorts am linken Fahrbahnrand laufen, Kö VRS **65** 169 (kein Mitverschulden bei Unfall mit entgegenkommendem Krad). Entsprechendes gilt für Rollschuhfahrer und Inline-Skater, BGHZ **150** 201 = NZV **02** 225, *Wiesner* NZV **98** 180, s Rz 12, Empfehlung des VGT 98 NZV **98** 146, aM Ol NZV **00** 470 (abl *Bouska*), AG Bersenbrück ZfS **99** 375 (II S 2 entsprechend), *Vogenauer* NZV **02** 1486 (weil „immer" iS von I S 3 unzumutbar). Das Linksgehgebot **verpflichtet den Fußgänger nicht grundsätzlich zum Platzmachen,** wenn ein Fz grundlos allzu scharf rechts fährt, BGH VRS **16** 186, 270, 276, VR **62** 1086 (nachts). Ein entgegenkommender Fußgänger muß idR nicht auf die Grasnarbe ausweichen, Kö VRS **50** 193. Überhaupt braucht derjenige, der ordnungsgemäß am Fahrbahnrand geht, grundsätzlich begegnenden Fzen nicht von der Fahrbahn weg Platz zu machen, er darf auf ausreichenden Abstand vertrauen, BGH VR **67** 706. Auch nachts auf unbeleuchteten Strn hat er zwar auf Fze Rücksicht zu nehmen, es trifft ihn jedoch keine *allgemeine* Pflicht zum Beiseitetreten und Abwarten, BGH DAR **60** 72, Ce VR **70** 187, Kö VRS **65** 169. UU kann er allerdings verpflichtet sein, auszuweichen und Fze vorbeizulassen, vor allem **bei erkennbar drohender Gefährdung,** wenn dies gefahrlos und ohne Schwierigkeiten möglich ist, BGH VR **72** 258, Ha DAR **01** 166, Kö VRS **65** 169. Dies gilt zB auch, wenn die Sicht bei Dunkelheit zusätzlich durch Regen oder Nebel stark beeinträchtigt ist, Ce VR **70** 187, Mü VR **70** 628, Ha VR **85** 357 (Mitverschulden). Ungeordnet gehende **Personengruppen** aller Art gelten nicht als geschlossene Verbände und haben deshalb bei Zumutbarkeit äußerst links zu gehen, uU auch scharf links hintereinander, BGH VRS **27** 40, **32** 206. Ist Raum für unbehinderte FzBegegnung, dürfen Fußgänger auch nebeneinander gehen. Bei guter Begehbarkeit sind Seitenstreifen zu benutzen, Ol VM **68** 87.

Ist Linksgehen außerorts unzumutbar, so darf der Fußgänger rechts gehen. Das **16** gilt auch für Inline-Skater, BGHZ **150** 201 = NZV **02** 225 (linker Fahrbahnrand uneben). Beispiele: Begr (Rz 1–3). Es müssen nach allen Umständen triftige, vernünftige Gründe dafür bestehen, rechts zu gehen. Solche Umstände sind zB: Unmöglichkeit des Zurücktretens von der Fahrbahn (Felswand, Mauer, Abgrund, Graben), Körperbehinderung (Oberschenkelamputierte, Blinde), *Booß* VM **60** 11, BMV VBl **58** 515. Auch in unübersichtlichen Kurven ohne genügend Ausweichmöglichkeit nach links oder ohne Übersicht über den entgegenkommenden Fahrverkehr, der sich an solchen Stellen äußerst rechts halten muß, darf äußerst rechts gegangen werden, BGH VM **64** 84. Wer aus triftigem Grund rechts gehen durfte, muß nicht bei geänderten Verhältnissen alsbald wieder nach links zurückkehren. Er muß nicht fortwährend, um sich „anzupassen", die Fahrbahn überqueren (Begr), es sei denn, Linksgehen wäre auf längere Strecke wieder möglich.

Verkehrswidrig geht, wer sich mehrere Meter **vom Fahrbahnrand entfernt** hält, **17** oder gar achtlos auf der Fahrbahnmitte, Bay DAR **59** 19. Wer andere Fußgänger zur Mitte hin „überholt", muß alsbald danach wieder zum Rand gehen und während des

649

Überholens besonders auf Fze achten, BGH VRS **6** 264, ebenso wer eine Fahrbahnverengung (Baustelle) passiert, BGH VR **62** 89.

18 Gemäß dem Linksgehgebot außerorts müssen Kf damit rechnen, daß ihnen auf ihrer Fahrbahnseite **Fußgänger entgegenkommen,** sie müssen auf sie besondere Rücksicht nehmen, dürfen sie nicht abdrängen, sondern müssen notfalls zur Mitte hin ausweichen oder anhalten. Der Anschein spricht gegen den, der einen am rechten Fahrbahnrand entgegenkommenden Fußgänger anfährt, es sei denn, er war unvorhersehbar geblendet, BGH VRS **50** 15. Der vorschriftsmäßig beleuchtete Kradf braucht nicht damit zu rechnen, daß ihm auf der StrMitte ein Fußgänger entgegenkommt, Ha VRS **16** 122. IdR mindestens 1 m **Seitenabstand** zu entgegenkommenden Fußgängern, Kö VRS **50** 193, Ko VRS **41** 115, bei höherer Fahrgeschwindigkeit mehr. Hält der Pkwf, der mäßig schnell fährt, von einem rüstigen Fußgänger, der ihm zügig entgegenkommt, 70 cm Abstand, so braucht er nicht damit zu rechnen, daß dieser falsch reagieren werde, BGH VRS **30** 101. Doch wird der Kf auch weiterhin darauf gefaßt sein müssen, daß Fußgänger **auf der Fahrbahn rechts gehen,** Ko VRS **41** 115, weil er meist nicht überblicken kann, ob sie nicht Grund dazu haben, Zw VRS **44** 275. Beim Vorbeifahren an rechts willkürlich „geordnet" gehenden Halbwüchsigen, auf deren Achtlosigkeit nichts hindeutet, können bei 50 km/h 1,20 m Seitenabstand ausreichen, Kö VRS **47** 182. Mindestabstand von 1 m zu einem achtlosen Fußgänger auf der Fahrbahn, Sa VM **79** 87. Wer ein unklares Hindernis auf der Fahrbahn sieht, muß damit rechnen, daß dies ein Mensch sein könne, BGHSt **10** 3, VRS **12** 54. Der geblendete Kf muß mit Menschen auf der Fahrbahn rechnen, BGH VRS **32** 266.

19 **Einzeln hintereinander gehen** müssen bei Dunkelheit, schlechter Sicht oder dichtem Verkehr alle Fußgänger, soweit sie die Fahrbahn mitbenutzen (I), und zwar innerwie außerorts und ohne Rücksicht auf die erlaubte Gehseite. Doch wird der Fahrverkehr, so wichtig diese neue Regel auch ist, darauf nicht vertrauen dürfen.

20 **2. Die Autobahn** dürfen Fußgänger, von Notfällen abgesehen, aus VGründen nicht betreten (§ 18), außer dienstlich. Für die ABParkplätze gilt das Verbot nicht, Stu VM **61** 90 *(Booß).* Kommt auf der AB ein Fußgänger winkend entgegen, so muß der Kf verlangsamen (Unfall), BGH VRS **26** 325.

21 **Kraftfahrstraßen** (Z 331) dürfen Fußgänger nicht betreten, Radf nicht befahren, aber an Kreuzungen und Einmündungen zügig überqueren (§§ 18, 25).

22 **3. Das Überschreiten der Fahrbahn** (III) fordert von Fußgängern erhöhte Sorgfalt (Begr), s Rz 33. Sicherheitsanweisungen an die Pol: Vwv Rn 1. Vor und beim Überschreiten ist der Fahrverkehr zu beachten (Rz 33). Es muß zügig und rechtwinklig zur Fahrtrichtung geschehen (Rz 41, 42). Wo der Fußgänger die Fahrbahn überquert, steht ihm frei, ausgenommen den Fall dichteren Verkehrs („wenn die VLage es erfordert") (Rz 43–45). Er muß nicht die schmalste Stelle aussuchen, Ce NJW **56** 1044, oder eine VInsel. Überschreiten der Fahrbahn 50 m neben einer Fußgänger-LZA unter Überqueren eines bepflanzten, durch Leitplanken gesicherten Mittelstreifens kann grobfahrlässig sein, Mü DAR **01** 407, s KG VRS **104** 1 (25 m). Mit verkehrswidrigem Fahren braucht der Fußgänger idR nicht zu rechnen, BGH NJW **66** 1211. Näher zu den **Pflichten des Fußgängers** beim Überschreiten der Fahrbahn, s Rz 33 ff. Fze sollen **an überquerenden Fußgängern möglichst hinten vorbeifahren,** BGH VRS **17** 276, **29** 437, **59** 165, VR **65** 1054, NJW **87** 2377, KG VRS **69** 417, VM **89** 23, vor allem wenn diese von rechts kommen, BGH VM **73** 3, KG VRS **69** 417, außer auf EinbahnStr, wo auch links gefahren wird, Ha DAR **60** 360, oder wenn der von links kommende Fußgänger noch weit links ist. Daß ein Kf nicht hinter einem überquerenden Fußgänger vorbeigefahren ist, ist ihm nicht vorzuwerfen, wenn dies hätte irritieren können, Dü DAR **76** 190. Der Versuch, noch knapp vor dem Fußgänger vorbeizukommen, kann zu dessen Schreckreaktion führen, BGH GA **55** 367, VM **69** 91, s BGH VRS **59** 165. Wer hinter dem Fußgänger vorbeifährt, muß ihn beobachten, Ce VRS **37** 300. Mit schwerhörigen Fußgängern muß kein Kf rechnen (?), Bra VRS **30** 447 (doch wird ihn uU Achtlosigkeit zur Vorsicht mahnen).

23 Auf **gebrechliche, betagte, unbeholfene, unsichere oder unachtsame Leute** muß der Verkehr, auch nach Blickkontakt, Hb VRS **57** 187, besondere Rücksicht

Fußgänger § 25 StVO **2**

nehmen, weil sie sich nicht oder nur schwer anpassen können oder sich achtlos verhalten, Hb VM **66** 44, BGH VRS **17** 204, **20** 326, Ce VRS **41** 392, Ko VRS **42** 278, KG VRS **70** 463. Insoweit kein Vertrauensgrundsatz, Kö VRS **52** 276, Kar NJW-RR **87** 1249, s aber § 3 Rz 29 a. Doch ist VUnsicherheit nur bei offensichtlich **hohem Alter** oder **Gebrechlichkeit** vorauszusetzen, nicht zB schon bei jeder alten Frau, BGH VRS **17** 204, Hb VM **66** 44, Ce VRS **41** 392, aber bei jedem erkennbaren Anzeichen von Unsicherheit, Kö VRS **52** 276, BGHZ **20** 336, Hb VM **66** 44. Auch bei älteren Fußgängern braucht aber nicht stets mit verkehrswidrigem Überqueren der Fahrbahn gerechnet zu werden, die Umstände sind maßgebend, Bay VRS **65** 461 (krit *Krümpelmann, Lackner*-F 303). S auch § 3 Abs II a. Wer einen Fußgänger zügig und achtlos kreuzen sieht, muß sich auf **Unaufmerksamkeit** und Schreckreaktion einstellen, Dü VM **70** 38. Auf Fußgänger auf der Fahrbahn, die sich offensichtlich verkehrswidrig verhalten (Pullover über den Kopf gezogen), ist äußerste Rücksicht zu nehmen, Ce VRS **42** 278. Weicht ein Kf vor einem die Fahrbahn unachtsam betretenden Fußgänger nach links aus, so ist ihm daraus idR kein Vorwurf zu machen, Zw VR **72** 593.

Auch auf **Betrunkene** und Angetrunkene muß der Verkehr jede mögliche Rücksicht 24 nehmen, BGH VRS **21** 341 (beschlagene Windschutzscheibe), Ce NRpfl **61** 157, notfalls anhalten, Ce DAR **57** 73, und auf verkehrswidriges Verhalten beim Überschreiten der Fahrbahn gefaßt sein, Kö VRS **52** 186, **75** 87, BGH VRS **18** 52, **60** 429, **68** 897, VM **68** 89 (Silvester). Doch müssen Anzeichen für Angetrunkenheit sprechen, Dü NZV **94** 70. Ein Kf muß die Wirtshausheimkehrer vom Vormittag des Osterfeiertages nicht für angetrunken halten, BGH VRS **18** 123, auch nicht einen nächtlichen Fußgänger nur wegen Gasthausnähe, BGH VM **76** 9, Ha NZV **99** 374, oder freitag nacht („Zahltag"), KG VM **87** 40. Anders nach Kö VRS **75** 87 Samstag nacht zur Sperrstundenzeit, anders auch, wenn in der Nacht nach Fastnacht ein Fußgänger auf der Fahrbahn steht, BGH VM **65** 25. **Zurücktreten der BG,** s § 9 StVG Rz 13 ff. **Mitschuld betrunkener Fußgänger,** s § 9 StVG Rz 15.

An einer **Menschengruppe** auf der Fahrbahn, die irgendwie **abgelenkt** ist, ist besonders vorsichtig vorbeizufahren, BGH VR **60** 737 (Theater), Kö VRS **99** 401 25 (Jugendliche). Kein Vertrauensgrundsatz, Kö VRS **52** 186. Bei mehreren Fußgängern, welche die Fahrbahn überqueren wollen, muß sich der Kf nach dem achtlosesten richten, Sa VM **75** 13. Bewegt sich auf der Fahrbahn eine größere Menschenmenge, so ist mit äußerster Vorsicht zu fahren, Tüb VBl **53** 294, der Vertrauensgrundsatz gilt dann nicht, Ko VRS **44** 192.

Besondere Rücksicht ist auf Kinder zu nehmen, weil sie sich infolge Unerfahrenheit dem StrV nicht anpassen können, s auch § 3 Abs II a. Die Abgabe von WarnZ 26 mit der Hupe ist bei ihnen ein besonders geeignetes Mittel zur Gefahrenabwehr, Sa VM **82** 69. **Kleineren Kindern** erscheinen parkende Autos wegen ihrer geringen Augenhöhe hoch, sie haben geringe Körperbeherrschung und neigen zu Spontanreaktionen, vermischen Realität und Phantasie, *Limbourg* VGT **01** 40, sie können sich kaum konzentrieren, *Limbourg* VGT **01** 40, können Geräusche schlecht orten und trennen, Fahrgeschwindigkeiten nicht schätzen, Schl NZV **03** 188. Insbesondere bei kleineren Kindern muß mit jeder Unbesonnenheit gerechnet werden, *Limbourg* VGT **98** 211, *Scheffen* DAR **91** 124 = VGT **91** 95, BGH VRS **4** 128, Ha VR **98** 898, Stu NZV **92** 196, Ko VRS **48** 201, Dü VRS **63** 257, Sa VRS **80** 164, Schl VRS **75** 282. Trotz § 3 II a muß der Kf aber nur dann besondere Vorkehrungen (zB Verringerung der Geschwindigkeit) zur Gefahrenabwehr treffen, **wenn das Verhalten der Kinder und die Situation den Eintritt einer Gefahr befürchten lassen,** BGH NZV **01** 35, NJW **86** 184, VR **92** 890, Ol VRS **87** 17, Ha NZV **00** 259, **01** 302. Von **Schulkindern** mit zunehmendem Alter kann erwartet werden, daß sie ihr Verhalten auf die Gefahren des V einstellen, Ha NZV **90** 473 (8½ Jahre), Bay DAR **89** 114 (10 Jahre), Hb NZV **90** 71, Ha VRS **80** 261 (12 Jahre). Ein Kf braucht nicht damit zu rechnen, daß ein 10 jähriger trotz Beobachtung des V plötzlich auf die Fahrbahn tritt, Bay DAR **89** 114, s Ha NZV **96** 70 (13 jähriger). Der Möglichkeit plötzlicher Fahrbahnüberquerung durch ein 10½ jähriges Kind muß aber durch rechtzeitiges Verlangsamen begegnet werden, wenn dieses startbereit, quer zur Fahrbahn auf dem Fahrradsattel sitzend, nur auf die gegenüberliegende StrSeite blickt, Ha VR **96** 906. Droht verkehrswidriges Verhalten eines Neunjährigen,

651

so muß ein Kf warnen und notfalls sehr langsam fahren, Dü VM **76** 55. Bei einem Achtjährigen, der auf der Fahrbahnmitte kurz verhält, darf nicht auf Stehenbleiben und Abwarten vertraut werden, Stu VRS **59** 260. Damit, daß ein $8^{1}/_{2}$ jähriger blindlings auf die Fahrbahn läuft, braucht nicht ohne Anhaltspunkte stets gerechnet zu werden, Dü VM **76** 61, Ce VR **87** 360, ebenso nach KG NJW-RR **87** 284 bei 8 jährigem, anders uU bei Kindergruppe (s Rz 28) auf dem Gehweg im Bereich einer das Überqueren erleichternden VInsel, Ha NZV **00** 259. Auch bei einem sich verkehrsgerecht verhaltenden über 9 Jahre alten Kind muß nicht ohne weiteres mit plötzlichem, achtlosem Überqueren der Fahrbahn gerechnet werden, Kar VR **86** 770, Stu NZV **92** 196 (Strabaschienen). S aber § 1 Rz 24.

27 Beim Vorbeifahren an **Kleinkindern** muß der Kf jederzeit anhalten können, er darf sie nicht aus den Augen lassen, Ko VRS **48** 201, Mü VR **75** 672, Dü VR **76** 595, Sa VRS **70** 106, **80** 282, Ha NZV **91** 194, Schl NZV **95** 24. Rollt ein Ball auf die Fahrbahn, so muß ein Kf darauf gefaßt sein, daß jemand dem Ball nachläuft, BGH VRS **18** 45, MDR **60** 239. Ein Ball auf der Fahrbahn mahnt zur Vorsicht und Verlangsamung, Hb VRS **31** 358. Bei Kleinkindern, die vom Gehweg aus ein Reklameluftschiff beobachten, muß ein Kf damit rechnen, daß sie unüberlegt auf die Fahrbahn laufen, Ha VRS **17** 436, oder dorthin zurücklaufen, Sa VRS **36** 218. Ein Junge von 10 Jahren ist nicht mehr Kleinkind in diesem Sinne, BGH VM **63** 1, Ba NZV **93** 268. Daß unbeaufsichtigte kleine Kinder unüberlegt handeln, muß jeder Kf mit äußerster Vorsicht berücksichtigen (Warnz, Verlangsamung, § 3 II a), BGH VRS **21** 4, **23** 445 NJW **68** 249, Ha VRS **40** 120, Sa VRS **30** 352, Dü VR **77** 160, Ce FRZ **66** 107, Kö MDR **66** 325, VR **82** 154, Kar VRS **48** 91, VR **79** 653, Kö VRS **70** 373, Schl VRS **75** 282, besonders bei Kindergruppen auf beiden Fahrbahnseiten, BGHZ **63** 89, Ol VM **66** 39, VRS **87** 17, Sa VRS **40** 53, Ha VRS **40** 267. Der **Vertrauensgrundsatz** gilt gegenüber ersichtlich verkehrserfahrenen Kindern, Dü VRS **63** 66, Fra VR **84** 1093 (11 Jahre), auch nach Einfügung des § 3 II a, s § 1 Rz 24, aber nicht gegenüber unbehüteten Kleinkindern, BGH VRS **46** 114, Bay VM **74** 45, Kö VR **82** 154, VRS **70** 373, s *Beck* S 28, *Pardey* ZfS **02** 267 f, zB nicht bei einem 6 jährigen Kind an der Fahrbahnkante, Kö VRS **34** 113, Ha VM **73** 70, auch nicht bei zwar schulpflichtigen, aber unter 8 Jahre alten an der Fahrbahn wartenden Kindern, Dü VRS **63** 257, Kar VRS **71** 62. Gibt ein achtjähriges Kind dem abbiegenden Kf ein Freizeichen, so hat dieser keinen Anlaß, zu befürchten, das Kind werde sich jetzt unachtsam verhalten, BGH VRS **4** 175. Wer auf schmaler Straße (5,5 m) mit „50" fährt, muß nicht damit rechnen, daß sich von zwei einem Schaufenster zugewandten Kindern (10 und 5 Jahre) das kleinere plötzlich umdreht und auf die Fahrbahn läuft, Zw VRS **41** 113. Nur gegenüber Kleinkindern soll die Versagung des Vertrauensgrundsatzes keiner besonderen Begr bedürfen, Hb VRS **76** 945 (?, s Rz 26). Fehlt jedes Anzeichen für eine VWidrigkeit, so soll nach Sa VRS **47** 343 ausnahmsweise der Vertrauensgrundsatz auch bei kleineren Kindern gelten (s aber Rz 26). **Warnzeichen „Kinder"**, s § 40 Rz 102. Besondere Vorsicht und uU ein WarnZ ist nötig, wenn ein unbeaufsichtigtes 7 jähriges Kind unaufmerksam abgewandt neben der Fahrbahn steht, BGH VR **68** 475. Besondere Umstände können es ausnahmsweise notwendig machen, das Kind auch während des Vorbeifahrens noch seitlich im Auge zu behalten, BGH VR **92** 202. Auf ein **abgewandt stehendes oder in Fahrtrichtung laufendes Kind** muß sich ein Kf sofort einstellen (WarnZ, Verlangsamung), Kö VR **78** 853, KG VR **79** 137, VRS **56** 425, Ha VR **79** 653, Kö VRS **70** 373, s aber Ha VM **86** 22 (keine Warnpflicht bei abgewandt stehendem $8^{1}/_{2}$ jährigem). Läuft ein 8 jähriges Kind anstatt auf dem Gehweg auf dem Radweg neben der Fahrbahn her, muß der Kf mit Unbesonnenheit rechnen und warnen, Ha VRS **45** 428. Zur **Aufsichtspflicht** über kleinere Kinder, s Rz 32 a.

28 **Kindergruppen** (7–10 Jahre) neigen zu unberechenbarem Verhalten; besonders sorgfältiges Vorbeifahren ist geboten, BGH DAR **68** 244, Ha NZV **00** 259, Kar VR **83** 252, Ol VR **94** 116, Schl NZV **95** 24 (6 Jahre). Bei Scharen von Schulkindern beiderseits und Reifglätte höchstens „15" und mehr als 1 m seitlicher Abstand, Dü VM **68** 79. Bei einer bewegten Kindergruppe 40 m voraus ist WarnZ und Bremsbereitschaft nötig, Kar VRS **35** 212. Ein Kf muß damit rechnen, daß ein kleines Kind aus einer Gruppe größerer plötzlich über die Straße zu anderen Kindern läuft, Schl SchlHA **59** 55, daß,

Fußgänger § 25 StVO **2**

nachdem eines von zwei Kindern die Str in Richtung einer anderen Kindergruppe überquert hat, das andere folgen wird, Ol VRS **87** 17. Dem Kf, der sich auf enger Straße einer Kindergruppe nähert, die er durch SchallZ gewarnt hat, ist Reaktionszeit zuzubilligen, wenn aus der 5 bis 6 m vom Fahrbahnrand entfernten Gruppe plötzlich ein Kind auf die Fahrbahn zuläuft, BGH VR **59** 615. Beachtet von zwei Zehnjährigen am Bordstein an einer Übergangsstelle nur einer den Verkehr, so muß sich der Kf auf Hinüberlaufen einrichten, Kö VM **74** 47. Ist von mehreren Kindern eines verkehrswidrig über die Fahrbahn gelaufen, ist mit weiteren VWidrigkeiten zu rechnen, KG VR **74** 368.

Besondere Vorsicht ist in der Nähe von **Schulen** erforderlich, wenn sich die Kinder 29 auf dem Schulweg befinden, da sie dann abgelenkt sind und zu Unbesonnenheiten neigen, Bra DAR **56** 303, Dü VM **59** 3, Ol VM **66** 39, Mü VR **84** 395. Auch in Schulnähe und trotz Z 136 braucht jedoch mit unachtsamem Überqueren der Str durch einen sich unauffällig verhaltenden 10jährigen nicht gerechnet zu werden, Bay DAR **83** 241 (bei *Rüth*). Auch in der Nähe einer ihm bekannten Schule bei Schulbeginn muß ein Kf nicht mit achtlosem Kreuzen einer BundesStr durch einen vorher verdeckten Radf rechnen, Ha VRS **35** 271. Stehen nach Schulschluß acht- bis neunjährige Kinder beisammen, so muß ein Kf darauf gefaßt sein, daß eines plötzlich über die Straße läuft, Dü VM **65** 70. Ein Pkwf handelt aber nicht ohne weiteres fahrlässig, wenn er mit „40 bis 50" an einer Schule vorbeifährt, obwohl 3 oder 4 Schüler auf dem Gehweg stehen, Dü NJW **65** 2401. Anderseits können mehr als 20 km/h bei Vorbeifahren an Schülergruppen (10–12 Jahre) auf dem Gehweg an Schulen zu schnell sein, Mü VR **84** 395. Die Pflicht, auf Kinder Rücksicht zu nehmen, gilt auch für die Straba und geht der Pflicht vor, zum reibungslosen Verkehr beizutragen, Dü VM **59** 3. Bei Annäherung an eine Gruppe von Kindern, die aus einem Schulgebäude kommen, muß die Straba mit Schrittgeschwindigkeit und WarnZ fahren, BGH VR **61** 908. Der **Bus (Schulbus),** der auf einen Platz mit wartenden Kindern fährt, muß im Schritt fahren und anhalten, sobald Kinder in den toten Winkel geraten, Kö VR **73** 847, s Ko NJW **77** 60 (Schulbus), uU Mitschuld von Kindern. Drängen sich Kinder dem herannahenden Schulbus entgegen, so kann Annäherung an die Haltestelle mit Schrittgeschwindigkeit geboten sein, Kö VR **90** 434 (13 km/h zu schnell!), VRS **89** 93, s auch BGH VR **80** 270. Keine allgemeine Pflicht des Linienbusf jedoch, sich mit Schrittgeschwindigkeit der Haltestelle zu nähern, weil sich unter den Wartenden auch Schüler befinden, Kö VRS **89** 93. Werden nebenherlaufende Kinder durch einen Bus unmittelbar gefährdet, so muß der Busf anhalten; kann er die Gefährdung nicht bemerken, so werden an einer Haltestelle (Schulbus) Schutzgitter anzubringen sein, s Ko NJW **77** 60. Zur Sorgfaltspflicht des Schulbusf, der vor der Haltestelle anhält und danach bei wartenden Kindern zur Haltestelle vorfahren muß, s auch Ka VRS **50** 198. An Kindern, die einen Kindergarten verlassen, ist im Schritt mit sofortiger Anhaltemöglichkeit vorbeizufahren, Stu VR **79** 1039.

Spielende Kinder, besonders kleinere, sind achtlos, damit muß der Kf rechnen, 30 BGH VR **70** 286, MDR **61** 42, NZV **88** 102, KG VR **75** 770 (Schneeballwerfen), er darf sie nicht aus den Augen lassen und muß jederzeit halten oder ausweichen können, Dü VR **77** 160, Sa VRS **30** 53, **70** 106, Kö MDR **66** 325. In für den Durchgangsverkehr gesperrten Straßen in der Nähe einer Siedlung muß sich der Kf darauf einrichten, daß spielende Kinder sich plötzlich verkehrswidrig verhalten, BGH VR **67** 607, VM **55** 39. Auf in Fahrbahnnähe rollschuhfahrende Kinder ist besonders zu achten, Fra VR **84** 1093 (11 Jahre), s auch Rz 32. Umfährt ein Pkwf auf schmaler Straße ein parkendes Auto, so daß er bis dicht an den linken Bordstein fahren muß, und befinden sich dort spielende Kinder, so muß er so verlangsamen, daß er notfalls sofort halten kann, Sa VRS **30** 52. Befinden sich spielende Kinder auf der Fahrbahn oder am Fahrbahnrand, Ce VR **72** 494, so ist WarnZ und Verlangsamung nötig, BGH VRS **12** 326, auch bei Zehnjährigen, Ha VRS **51** 101, nicht aber bei spielenden auf dem Gehweg befindlichen größeren Kindern (mindestens 12–13jährig) ohne konkrete Anhaltspunkte für verkehrswidriges Verhalten, BGH NJW **82** 1149. Dagegen können mehr als 20 km/h bei Vorbeifahren an 8jährigen in Fahrbahnnähe spielenden Kindern zu schnell sein, Ha NZV **88** 102. Konnte ein spielendes Kind erst zu spät bemerkt werden, kein Vorwurf, Ko VRS **46** 437, BGH VRS **23** 371, Kar VRS **48** 91. Auf schmaler, ruhiger Straße muß der Kf auch Kinder auf den Gehwegen im Auge behalten, BGH VR **74** 138. Bei **Kindern von 6**

bis **7 Jahren** ist vorsichtige Fahrweise auch geboten, wenn sie sich am Fahrbahnrand befinden, BGH VRS **26** 348, KG VM **97** 52, Fra VM **01** 86 (7½ Jahre, 50 km/h innerorts zu schnell). Besondere Vorsicht gegenüber Kindern, die um die Wette laufen, BGH VRS **18** 358.

31 Damit, daß ein **bisher unsichtbares Kind** plötzlich auf die übersichtliche Fahrbahn läuft, braucht ein Kf nur bei triftigem Grund zu rechnen, BGH NJW **85** 1950, NZV **90** 227, Schl VR **99** 334, Kö DAR **01** 510, VR **82** 154, Dü VRS **72** 29, Mü VRS **75** 249, Kar VM **75** 15, auch bei Geschwindigkeitsbegrenzungen auf 30 km/h, Schl VRS **97** 100, etwa wenn er weiß, daß an bestimmter verdeckter Stelle Kinder zu spielen pflegen, Ce VM **67** 23. Keine Vorwerfbarkeit daher, wenn sich der Kf nicht darauf eingestellt hat, daß 7,5 m hinter einem Bus ein bis dahin nicht sichtbar gewesenes Kind im Laufschritt die Fahrbahn überquert, Kar DAR **84** 18. Ein Kf muß nicht damit rechnen, daß ein Kind mit einem Kinderfahrrad plötzlich aus einer Grundstücksausfahrt auf die Fahrbahn fährt, BGH NZV **90** 227, oder hinter einem eingezäunten Vorgarten ein Kind **unversehens hervortritt** und vor den Wagen läuft, Ha DAR **56** 23, oder aus einer Grundstücksausfahrt auf die Fahrbahn fährt oder läuft, Ol NZV **90** 153, oder **zwischen parkenden Fzen** hervor, BGH NJW **85** 1950, Kö DAR **01** 510, Dü VRS **72** 29, KG VM **97** 52 (trotz Z 136), **99** 11, Ha DAR **89** 148, NZV **91** 194, auch nicht bei spielenden Kindern auf der anderen StrSeite, Kar VRS **38** 187, anders uU in Wohnsiedlungen, wo Kinder häufig achtlos spielen, BGH VM **70** 74, Sa VRS **70** 106 (mehr als 30 km/h zu schnell), Ha NZV **88** 102, s aber Ha DAR **89** 148 (48 km/h nicht beanstandet). Auf unbesonnenes Hervortreten eines Kindes zwischen parkenden Fzen muß sich der Kf jedoch einstellen, wenn er ein quer in die Fahrbahn ragendes Kinderfahrrad sieht, BGH VR **81** 1054, s BGH VR **84** 67, wenn Personen am Fz auf die Möglichkeit eines in FzNähe befindlichen Kindes hindeuten, Mü VRS **93** 256, oder wenn er das Kind zuvor auf dem Gehweg gesehen hatte, Ha NZV **91** 194. Auch in ländlichen Gegenden braucht ein Kf nicht ohne weiteres darauf gefaßt zu sein, daß ein Kind auf die Fahrbahn läuft, BGH VRS **20** 132, so nicht auf schmaler Weinbergstraße aus dichtem Gebüsch hervor, Kar VR **67** 195. Läuft in dörflicher Gegend ein Kind über die Straße (Roller), wird der Kf idR mit weiteren Kindern rechnen müssen, Kö VM **69** 6, VRS **36** 201. Wer als Kf ein **radfahrendes Kind** den Gehweg befahren sieht, vor allem unter riskanten Umständen (Fußgängerverkehr, Hindernisse auf schmalem Gehweg), muß seine Fahrweise anpassen, Dü VR **78** 768, Ha NZV **91** 152. Kommen ihm auf dem (schmalen) rechten Gehweg zwei unter 8 Jahre alte Kinder mit Kinderfahrrädern entgegen, die sich einer Haltestelle mit dort auf dem Gehweg wartender Person nähern, so muß er damit rechnen, daß eines der Kinder auf die Fahrbahn gerät, BGH NJW **86** 184, ähnlich Stu VRS **74** 401. Kommt ihm auf seiner Fahrbahnseite am Fahrbahnrand ein 13jähriger Radf entgegen, der zuvor den Gehweg befahren hatte, muß er sich darauf einstellen, daß dieser vor ihm auf die andere (richtige) Fahrbahnseite wechseln werde, wo andere Kinder fahren, Ha NZV **00** 167. Ein Kf, dem auf dem Gehweg ein Neunjähriger im Go-Cart entgegengefahren kommt, muß nicht damit rechnen, daß der Junge unvermittelt auf die Fahrbahn und ihm in den Weg fahren werde, Stu VRS **42** 31.

32 Auf **Halbwüchsige** auf dem Gehweg, die sich verkehrsmäßig benehmen, braucht der Kf idR keine besondere Rücksicht zu nehmen, Ha VRS **47** 266, **46** 112, **80** 261, BGH VRS **46** 114, Kar VRS **46** 122. Der Grundsatz besonderer Rücksicht gilt nicht, wenn gute Gründe dafür bestehen, das Kind sei einer bestimmten VLage gewachsen, BGH VM **62** 64. Der Kf, der eine Gruppe größerer (mindestens **12–13jähriger**) Kinder auf dem Gehweg wahrnimmt, muß nur dann mit verkehrswidrigem, unvorsichtigem Verhalten rechnen und vorbeugende Maßnahmen treffen, wenn konkrete Umstände befürchten lassen, eines der Kinder werde unversehens auf die Fahrbahn laufen, BGH NJW **82** 1149, Hb NZV **90** 71, s aber Ha NZV **93** 397. Von einem 12jährigen Gymnasiasten kann idR umsichtiges, verkehrsgerechtes Verhalten erwartet werden, Mü VR **84** 395, Ha VR **90** 986. Mit plötzlichem Überqueren der Fahrbahn durch einen 12jährigen parallel zur Fahrbahn auf dem Gehweg laufenden Jungen muß ein Kf nicht ohne weiteres rechnen, Ha VRS **80** 261. Bei einem zwölfjährigen Mädchen auf einer BundesStr auf dem Schulweg kann angenommen werden, daß es nicht mehr verkehrsunerfahren ist (Lkw), BGH VRS **24** 47. Daß ein Schulkind auf dem Grünstreifen auf ein

Fußgänger § 25 StVO 2

vorsorgliches WarnZ nicht deutlich reagiert, nötigt nicht zu der Annahme, es könne unvermittelt auf die Fahrbahn treten, Ol DAR **63** 194. Doch muß der Kf auch bei größeren Kindern darauf gefaßt sein, daß sie bei Ablenkung plötzlich auf die Fahrbahn laufen, BGH VRS **46** 114, **24** 200, Stu VRS **27** 125, Kar VRS **46** 122, Hb NZV **90** 71. Bewegen sich in Fahrbahnnähe rollschuhlaufende 12jährige Kinder auf die Fahrbahn zu, ohne auf Hupzeichen zu reagieren, muß sich der Kf auf die Notwendigkeit des Anhaltens oder Ausweichens einstellen, Stu VM **77** 25, s auch Dü VR **78** 768 (auf dem Gehweg radfahrender 9jähriger).

Der **Aufsicht eines Erwachsenen** über ein Kleinkind darf der Kf idR vertrauen, **32 a** BGHSt **9** 92, NJW **56** 800, VRS **10** 381, Bay VM **74** 45, VRS **47** 53, KG NZV **03** 483. Er muß nicht befürchten, ein Kind in Begleitung Erwachsener werde plötzlich auf die Straße laufen, BGH VR **92** 890, KG NZV **03** 483, Kö VRS **28** 266, oder nach Warten in der Fahrbahnmitte plötzlich von den Erwachsenen weglaufen, um die Fahrbahn vollends zu überqueren, Kar VR **82** 450, Stu NZV **92** 185. Zum Ersatzanspruch des Kf gegen den Aufsichtspflichtigen eines Siebenjährigen, dem er ausweicht, wobei er verunglückt, Ce DAR **76** 73. Die Eltern verletzen ihre Aufsichtspflicht, wenn sie nicht stets in der Lage sind zu verhindern, daß ihr sie begleitendes 2jähriges Kind auf die Fahrbahn läuft, Dü VR **92** 1233; ebenso, wenn sie ein 4jähriges Kind auf dem Gehweg einer verkehrsreichen VorfahrtsStr unbeaufsichtigt mit Murmeln spielen lassen, KG VM **89** 52, ihm gestatten, auf dem Roller fahrend, einen verkehrsreichen Fußgängerüberweg zu überqueren, Ha NZV **95** 112, oder einem 2½jährigen Kind das unbeaufsichtigte Spielen auf Strn (Gehweg) mit lebhaftem Fz- und FußgängerV gestatten, Fra ZfS **93** 116. Anders dagegen, wenn sie ein 6jähriges Kind nach den ersten Wochen nicht weiterhin auf dem Schulweg begleiten, AG Gummersbach MDR **86** 237, s Ce NJW-RR **88** 216, oder den 4½ und 6½ Jahre alten Geschwistern den gemeinsamen Heimweg vom 150 m entfernten Kindergarten gestatten, Kar DAR **89** 25. Nach AG Fra NJW-RR **97** 1314 keine Aufsichtspflichtverletzung der Eltern, wenn sie einem 6jährigen den Schulbesuch mit dem Fahrrad gestatten, s auch § 2 Rz 66. Der Aufsicht eines Dreizehnjährigen über ein Kleinkind darf ein Kf nur vertrauen, wenn er ausreichender Beaufsichtigung gewiß sein darf, Bay VM **74** 45. Daß ein vierjähriges Kind an der Hand eines elfjährigen ruhig auf dem Gehweg einer Dorfstraße geht, rechtfertigt nicht das Vertrauen, es werde dort bleiben, BGH VR **61** 614.

Lit: *Beck,* Kinder, Jugendliche und StrV, 1982. *Fuchs,* Die deliktsrechtliche Verantwortung der Eltern für Schäden von und an Kindern im StrV, NZV **98** 7. *Haberstroh,* Haftungsrisiko Kind – Eigenhaftung des Kindes und elterliche Aufsichtspflicht, VR **00** 806. *Limbourg,* Psychologische Grundlagen der Lern- und Leistungsmöglichkeiten von Kindern im StrV, VGT **01** 39. *Limbourg, Steffen, H. Müller,* Kinder im StrV – Fragen der Haftung, VGT **98** 211. *Molketin,* Kinder im StrV, KVR. *Scheffen,* Schadensersatzansprüche bei Beteiligung von Kindern und Jugendlichen an VUnfällen, VR **87** 116. *Pardey,* Aufsichts- und Schutzpflichten zur Teilnahme von Kindern am StrV, DAR **01** 1. *Schnitzerling,* Die Gefährdung und Verletzung des Kindes im StrV, DAR **77** 57. *Wiegand,* Das Kind im StrV, k + v **69** 265. *Winkler,* VUnfälle mit Kindern, k + v **69** 257.

3 a. Beachtung des Fahrverkehrs durch Fußgänger vor und beim Überschreiten **33** der Fahrbahn nach beiden Richtungen ist geboten (III). Außerhalb von Fußgängerüberwegen hat der **FzV grundsätzlich Vorrang,** weil die Fahrbahn in erster Linie dem FzV dient, BGH NJW **00** 3069, **84** 50, Fra NZV **01** 218, KG NZV **03** 483, VRS **104** 1, Kö ZfS **93** 258, Ba VR **92** 1531, Ol NZV **94** 26, und darf die Fahrbahn nur besonders sorgfältig überquert werden, BGH NJW **00** 3069, **84** 50, Bay NJW **78** 1491, KG VRS **107** 27, **104** 1, VM **99** 11, Ha VRS **82** 12, Kö ZfS **93** 258, Ba VR **92** 1531. Daß Fußgänger sich vorher umschauen, bezeichnet die Begr als selbstverständlich. Wer die Fahrbahn überschreiten will, darf idR **auf Abbiegeanzeigen vertrauen,** auch hinter Kreuzungen und Einmündungen, KG VRS **57** 173. Wegen der Dauer des Fahrbahnüberschreitens muß er jedoch auch Kfze mit Abbiegeanzeige weiterhin beachten, KG VRS **57** 173. Niemand darf eine Fahrbahn betreten, ohne sich **vorher nach links** (bei EinbahnStr in Fahrtrichtung, s Rz 36) **zu vergewissern,** daß kein Fz naht, BGH VR **64** 168, KG NZV **03** 483, Ba VR **92** 1531. Ist die Fahrbahn nach links hin unübersichtlich (Linkskurve), so kann es mangels entgegenstehender Umstände geboten sein, auch nach dem Betreten der Fahrbahn weiterhin zunächst noch nach links zu sehen, s

2 StVO § 25 I. Allgemeine Verkehrsregeln

den allerdings abweichend liegenden Fall BGH VRS **59** 163. Damit, daß Kfze von links aus einer Kurve überschnell herankommen, muß der überquerende Fußgänger nicht rechnen, BGH VRS **59** 165. Umblick ist geboten, auch bei Grün, BGH NJW **66** 1211, VRS **31** 3 (Rz 35). Auf den bevorrechtigten Fahrverkehr ist Rücksicht zu nehmen, also **bei Annäherung eines Fz zu warten,** BGH NJW **00** 3069, Ha NZV **03** 181, VR **66** 877, KG VRS **104** 1, VM **99** 50, Kö ZfS **93** 258. Kurz vor einem Kfz darf ein Fußgänger die Fahrbahn nicht zu überqueren versuchen, darauf darf der Kf vertrauen, KG VRS **107** 27, VR **72** 104, Mü VR **86** 6. Auch der nach links hin Ausgestiegene darf die Fahrbahn nicht achtlos überqueren, damit braucht niemand zu rechnen, Ce NJW **57** 513, auch nicht damit, daß jemand im Dunkeln **unvermittelt auf die Fahrbahn springt,** BGH VRS **19** 282 (s dazu auch Rz 14), auch nicht nach einer soeben beendeten Veranstaltung, BGH VRS **35** 117. Der Fußgänger darf sich **hinter einem haltenden Fz hervor** vorsichtig orientieren, Bay VRS **40** 214, Kö VRS **41** 368, muß aber auf etwaiges Zurücksetzen achten, Fra VM **59** 6. Wer die Straße vor einer haltenden Straba überschreitet, muß auf Fahrverkehr von links achten, auch wenn noch ausgestiegen wird, BGH VRS **4** 494. Wer vor einem haltenden Lkw hervortritt, muß auf möglicherweise vorbeifahrende/überholende Fze achten, Kö VRS **96** 335. Wer verkehrsunsicher ist, sollte die Straße nur auf Überwegen, an VInseln oder Ampeln überschreiten. Ein rüstiger Fußgänger darf 200 m vor einem Kfz eine 6,30 m breite vereiste Straße überschreiten, Bay DAR **65** 82. Auch der **Strabaf** darf damit rechnen, daß Fußgänger auf den Gleisen auf den Fahrverkehr achten, BGH VRS **25** 251, **20** 331. Stehenbleiben auf Gleisen ist erhöht schuldhaft, Fra VRS **51** 81. Die Sorgfaltspflichten beim Überschreiten der Fahrbahn gelten auch für das **Überschreiten von Radwegen,** Ce NZV **03** 179, Ha NZV **99** 418, *Janiszewski* NStZ **85** 115, s KG VM **84** 94. Fußgänger, die die Fahrbahn nicht mit besonderer Vorsicht überqueren, trifft **Mitschuld,** s Rz 53. **Grobe Fahrlässigkeit** eines Fußgängers beim Überschreiten der Fahrbahn, s Rz 53.

34 Bleibt ein Erwachsener **auf der Fahrbahn stehen** und sieht er zum Fz hin, so darf der Kf idR annehmen, er werde ihn vorbeifahren lassen, BGH VM **58** 31, VRS **26** 28, Dü VM **76** 59, Ha VRS **42** 202, Fra ZfS **85** 317, KG VRS **70** 463, VM **93** 85, s Stu VRS **66** 92, wenn nichts dagegen spricht, doch gehört dazu zumindest auf schmaler Fahrbahn Blickverbindung, sonst ist WarnZ und Verlangsamen nötig, Kö VRS **45** 432, KG VR **68** 259. Verharrt ein Fußgänger, der das Kfz kommen sieht, nach dem Überqueren von drei Fahrstreifen, so darf der Kf annehmen, er werde ihn vorbeilassen, Ha VRS **35** 24. IdR darf ein Kf nur auf breiten Fahrbahnen und klarem Verhalten des Fußgängers unter Blickverbindung damit rechnen, daß dieser auf der Fahrbahnmitte das Vorbeifahren abwartet, Ha VRS **59** 260. Bei Blickverbindung mit einem auf der Fahrbahnmitte verkehrsgerecht wartenden Fußgänger darf der Kf idR auf dessen Abwarten vertrauen, BGH NJW **77** 1057, KG VM **93** 85, anders uU bei einer Personengruppe, s Rz 25. Die Fahrgeschwindigkeit ist möglicher Unbesonnenheit des in der Mitte gebliebenen Fußgängers anzupassen, BGH VR **68** 848, NJW **60** 831, Ha VR **00** 1515, KG VM **93** 85, auch ist ein angemessener Seitenabstand einzuhalten, BGH NJW **62** 25, KG VM **93** 85. Die Lichthupe ist meist ein mißverständliches und deshalb gefährliches Verständigungszeichen, s § 16 Rz 8. Zwar ist feste Blickverbindung nicht stets möglich, aber kurzes Stutzen des Fußgängers reicht nicht aus, nur deutliches Verharren gibt dem Vertrauensgrundsatz zugunsten des Kf Raum, Kö VRS **52** 276, KG VRS **70** 463. Stehenbleiben auf der Fahrbahn ist nämlich oft auch nur eine plötzliche Reaktion und erlaubt keinen Schluß auf weiteres verkehrsgerechtes Verhalten, Ha VRS **16** 287, vor allem nicht, wenn zwei Fze zugleich auf den Stehengebliebenen zukommen, die vor und hinter ihm vorbeifahren wollen, Ol VRS **15** 289. Tritt ein überquerender Fußgänger vor dem nahenden Kfz zwei Schritte zurück, darf der Kf idR annehmen, er dürfe vorbeifahren, aber nicht, wenn er den Fußgänger vorher durch Lichthupe und „Kompressorhorn" erschreckt hat, Ko VRS **41** 184. Bei unklarem Stehenbleiben auf der Fahrbahn (betagt, eifriges Gespräch) muß der Kf notfalls sofort anhalten können, Kö VRS **35** 179. Bei einem auf der Fahrbahnmitte stehenden, erkennbar hochbetagten Fußgänger ist auch nach Blickkontakt noch mit falscher Reaktion zu rechnen, Hb DAR **79** 335 (78 J), Kar NJW-RR **87** 1249 (71 J). Verhält sich ein achtjähriges Kind kurz auf der Fahrbahnmitte, so ist sein weiteres Verhalten idR ungewiß, Ha MDR **80** 598.

Fußgänger § 25 StVO **2**

Beim **Umspringen auf Grün** oder ein entsprechendes FreigabeZ muß der Fußgän- 35
ger mit Vorsicht queren, doch muß er nicht mit Nachzüglern rechnen, BGH NJW **66**
1211. Wer beim Umspringen auf Rot noch auf der Fahrbahn ist, muß beschleunigt, aber
umsichtig weitergehen (§ 37 II Nr 5), s § 37 Rz 58. Verhalten an Fußgängerfurten mit
LZA, s auch Rz 44 sowie § 37 Rz 58.

Spätestens **ab Straßenmitte** muß der Fußgänger **nach rechts sehen.** Von rechts 36
kommende Fze darf er im Weiterfahren nicht behindern, auch nicht zu anderem Fahren
nötigen, BGH DAR **57** 235, Ha NZV **03** 181, und sich nicht darauf verlassen, daß sie
hinter ihm vorbeifahren, Ha DAR **58** 339, abw Dü VRS **83** 100. Ist die Straße schmal,
muß er warten, bis weder von links noch von rechts ein Fz kommt, s BGH NJW **84** 50,
Ha NZV **03** 181. Wer als Fußgänger, zusammen mit gleichgerichtetem Querverkehr,
die Fahrbahn an einer Kreuzung bis zur Mitte überquert hat, darf sich darauf verlassen,
daß er nicht von links her angefahren wird, BGH VRS **34** 18. Wer von rechts her die
Mitte bereits überschritten hat, muß nicht mehr damit rechnen, daß ein von links kommen-
des Fz werde noch vor ihm vorbeifahren wollen, obwohl die Fahrbahn hinter dem Fuß-
gänger frei ist, BGH VRS **17** 276, oder unter Mißachtung einer durchgehenden Linie,
Mü VR **95** 1596. Hat ein Fußgänger eine breite Straße von rechts her bereits bis über
die Mitte hinaus überquert, so darf ein Kf mit ausreichendem Seitenabstand (1,5 m) hin-
ter ihm vorbeifahren, Ha VRS **56** 27. **Auf EinbahnStrn** müssen Fußgänger von vorn-
herein in Fahrtrichtung sehen, s BGH VRS **23** 333, VR **62** 1012, Kö VRS **34** 436, Ba
VR **71** 136. Wer eine EinbahnStr überschreitet, braucht auf Verkehr aus der Gegen-
richtung nicht gefaßt zu sein, Nü VR **61** 644.

Wer eine breite, belebte Straße so überschreitet, daß er, soweit es der von links kom- 37
mende Verkehr gestattet, **zunächst bis zur Mitte geht** und dort wartet, bis er auch
die andere Fahrbahnhälfte überqueren kann, verhält sich richtig, BGH VR **66** 873,
NJW **60** 2255, Nü DAR **01** 170, Mü NZV **94** 188; das kann auf innerörtlichen, be-
leuchteter Str uU auch bei Dunkelheit gelten, Hb VRS **87** 249, Kö VRS **92** 241. Damit
muß auf breiten Fahrbahnen ein Kf rechnen, und darauf darf er vertrauen, sofern er si-
cher ist, daß der Fußgänger ihn gesehen hat (ausreichender Seitenabstand), s Rz 39. Auf
außerörtlichen schmalen Strn mit höherer zulässiger Geschwindigkeit (70 km/h) darf da-
gegen bei Dunkelheit nicht in der Mitte gewartet werden, BGH NJW **84** 50, vor allem
nicht, wenn sie schlecht ausgeleuchtet sind, auch nicht am Tage bei belebter BundesStr,
die nur durch Überklettern von Leitplanken betreten werden kann, Kar VRS **74** 86.
Verkehrswidrig ist das Warten des Fußgängers *in* einem markierten Fahrstreifen, vor al-
lem bei hoher VDichte, Ha NZV **97** 123. Wer auf einer nur 6 m breiten Str, ein Fahr-
rad führend, in der Mitte stehen bleiben muß, verhält sich nicht verkehrsgerecht, Ha
NZV **03** 181. Etappenweises Überqueren einer innerörtlichen, nur ca 7 m breiten Fahr-
bahn bei Dunkelheit kann grob fahrlässig sein, Ha VRS **78** 5 (Nässe, künstliche Be-
leuchtung, dunkle Kleidung). Wer die Straße **in einer Dunkelzone** (Mitte zwischen
zwei Leuchten) überquert und demgemäß im Scheinwerferlicht schwer zu erkennen ist,
muß besonders sorgfältig auf den Fahrverkehr achten (Wirkung der Dunkelzone darf
nicht als allgemein bekannt vorausgesetzt werden), BGH VR **61** 856, 996, NJW **84** 50.
Vorsicht ist besonders bei nächtlichem Überqueren einer BundesStr geboten, BGH VRS
15 432. Damit, daß dem herannahenden langsamen Kfz **verdeckte Überholer** folgen
könnten, muß der Fußgänger rechnen, BGH NJW **84** 50, Hb VM **60** 20, selbst wenn
Überholen dort verboten ist, BGH VR **56** 571. Wer ein Fahrrad 50 m von einer Am-
pelfurt entfernt durch vor Rot wartende FzReihen schiebt und dabei übersieht, daß von
links her ein Kraftrad überholen könnte, verhält sich fahrlässig, denn dieser typische
Vorgang ist häufig, *Booß* VM **79** 70, aM KG VM **79** 70.

3 b. Umgekehrt ist auch der Fahrverkehr trotz Vorrangs dem überqueren- 38
den Fußgänger Rücksicht schuldig, BGH VR **69** 1115, Mü r + s **86** 6, KG VRS
74 257. Er muß die gesamte Fahrbahnbreite zwecks rechtzeitigen Erkennens querender
Fußgänger beobachten, Nü DAR **01** 170, Kö VRS **92** 241, Dr NZV **99** 293, KG NZV
88 104, und außerorts, wo Gehwege fehlen, auf Fußgänger achten, die auf dem Bankett
gehen, BGH NZV **89** 265, oder sich dort aufhalten, BGH NZV **99** 242, ebenso auf
am Fahrbahnrand wartende, „auf der Stelle laufende" Jogger, Kö VR **02** 1167. Auf

beobachtete oder bei genügender Sorgfalt wahrnehmbare Unachtsamkeit oder VSchwäche muß er sich durch rücksichtsvolle Fahrweise einstellen (Rz 23), Kö VRS **52** 276, 186, Dü VR **77** 160, Ha VM **70** 7 (Überqueren durch mehrere Fußgänger zugleich), Mü r + s **86** 6, KG VRS **74** 257. Bei starkem Regen ist auf Fußgänger auf der Fahrbahn besondere Rücksicht zu nehmen, Dü VM **75** 70. Wer innerorts eine stehende Kolonne auf der Gegenfahrbahn überholt, muß mit überquerenden Fußgängern rechnen, die nur auf den GegenV achten, Kö VR **02** 1167, KG DAR **78** 107, VRS **49** 262, Mü VR **96** 1506. Halten Fze auf einem von mehreren Fahrstreifen an, so muß ein Kf, der diese überholt, damit rechnen, daß dies geschieht, um einem Fußgänger das Überqueren der Fahrbahn zu ermöglichen, KG VRS **62** 326 (Haftung des Kf zu 2/3). Wer innerorts erheblich zu schnell fährt, verunsichert überquerende Fußgänger und muß auch mit Zurückspringen von der Fahrbahnmitte aus rechnen, Ha VRS **59** 114. Ein in Überraschung zurückspringender Fußgänger muß nicht unbedingt Mitschuld haben, BGH VR **70** 818. Mit der Schreckwirkung von HupZ oder seines Fahrgeräusches auf den Fußgänger muß er je nach Lage rechnen, BGH VR **67** 348. Bei sonst verkehrsfreier Fahrbahn gewöhnlicher Breite darf sich ein Kf nicht darauf verlassen, daß ein von links überquerender Fußgänger auf der Fahrbahnmitte seine Vorbeifahrt abwarten werde, Ol VRS **42** 436. Daß ein auf der StrMitte verharrender Fußgänger weiterhin stehenbleiben werde, darf ein Kf annehmen, s Rz 34. Es besteht kein Erfahrungssatz, daß Fußgänger auf HupZ hin stehenbleiben oder zurücktreten, BGH VRS **27** 346. Bei Dunkelheit können sie sich leicht verschätzen, BGH VRS **38** 44, NJW **87** 2377. Mit Unaufmerksamkeit ist zu rechnen, wenn jemand mit einem schweren Sack auf die Fahrbahn zugeht, Ha VRS **32** 119. Will der Kf hinter einem **von links kommenden Fußgänger** vorbeifahren, so muß er damit rechnen, daß dieser meint, das Fz fahre auf ihn zu und zurückspringt, Kö VRS **28** 264, Ha VRS **29** 191, Dü VR **79** 649, KG VM **85** 68. Solches Linksvorbeifahren wird idR falsch sein, BGH VR **70** 818. Ein Kf, der auf dem mittleren von 3 Fahrstreifen einer Richtungsfahrbahn fahrendes Fz links überholt, muß damit rechnen, daß ein von links gekommener, auf dem mittleren Fahrstreifen verharrender Fußgänger umkehren werde, KG VM **82** 36. Auf schmaler Straße darf ein Kf nicht darauf vertrauen, ein von links kommender und bisher nur nach links blickender Fußgänger werde rechtzeitig noch nach rechts schauen, Bay VRS **25** 460.

39   Im übrigen darf der Kf **auf verkehrsgemäßes Verhalten Erwachsener beim StrÜberqueren mangels Gegenanzeichen vertrauen,** Ha VRS **56** 27, Kö VRS **91** 264, Stu VRS **66** 92, Mü r + s **86** 6, KG VM **93** 85. Ein Kf darf idR darauf vertrauen, daß ein wartender Fußgänger die Fahrbahn nicht achtlos überquert, jedoch nur, wenn er mit angepaßter Geschwindigkeit fährt (hier: zu schnell vor dem Ortsendeschild), Bay VRS **58** 221. Außerorts darf der Kf mit achtsamem Fahrbahnüberqueren durch Fußgänger rechnen, eine Bremspflicht beginnt, sobald er unachtsames Verhalten bemerken muß, s Kö VRS **59** 118. Vertrauen darf der Fahrverkehr darauf, daß wartende Fußgänger bei FzAnnäherung nicht auf die Fahrbahn treten, Bay NJW **78** 1491, auch nicht von einer rechts verlaufenden Parkbucht aus, Kö VRS **56** 29, Ha NZV **99** 418, auch nicht an Fußgängerfurten bei Ampelausfall, Ol VRS **69** 252, oder wenige m hinter einer für den FahrV Grün zeigenden LZA, KG VRS **104** 1, daß ein Fußgänger die Straße mit nötiger Vorsicht betritt und überquert, BGH NJW **66** 1211, Bay VRS **58** 221, KG VM **99** 11, daß Fußgänger eine FernVStr nicht ohne Beachtung des Fahrverkehrs überqueren, BGH VRS **26** 203, KG VRS **83** 98, daß sie nicht aus nächster Nähe von der Seite her im Scheinwerferlicht auftauchen, BGH VRS **25** 47, NZV **89** 265, Br DAR **63** 253, Stu VRS **40** 292, nicht gedankenlos oder plötzlich vor das Kfz laufen, BGH VR **64** 826, **62** 638, VRS **20** 129, **23** 177, 373, Kö VRS **52** 186, **91** 264, Bra VRS **30** 447, KG VRS **70** 463, auch nicht nachts vorher nicht sichtbare betrunkene, Kö VRS **99** 163, daß sie beim Durchqueren zweier FzKolonnen zwischen diesen nicht stehenbleiben, Bay VM **70** 4, aus einem sichtversperrenden Hauseingang nicht blindlings auf die Fahrbahn treten, BGH NJW **61** 1622, nicht plötzlich hinter einem haltenden und von diesem verdeckten Fz auf die Fahrbahn laufen, Ol VR **81** 289 (Milchsammelwagen), zwischen parkenden Kfzen hindurch nicht ohne Umblick auf die Fahrbahn treten, Ce DAR **02** 309, Kö VRS **52** 186, KG VRS **83** 98, auch nicht in Kleinstädten, BGH VRS **30** 192, Ha VRS **30** 77, auch nicht zwischen verkehrsbedingt wartenden Fzen, Dü VRS **72** 29.

Fußgänger § 25 StVO 2

Daß Fußgänger zwischen parkenden Fzen bis zum benutzbaren Fahrstreifen vortreten und sich orientieren, ist zweckmäßig und zwingt den Kf noch nicht zur Annahme unachtsamen Weitergehens, Bay DAR **71** 109, Kö VRS **41** 368. Der Kf darf idR darauf vertrauen, daß ein HupZ aus genügender Entfernung beachtet wird, BGH GA **56** 293, Ha VRS **12** 368. Ohne Anhaltspunkt muß kein Kf damit rechnen, daß ein abgewandt stehender Erwachsener sich plötzlich umdreht und rasch auf die Fahrbahn tritt, Stu DAR **71** 332. Wer mit seitlichem Abstand von 1,30 m an einem zwischen den Rädern eines Treckers stehenden Fußgänger vorbeifährt, muß nicht damit rechnen, daß ihm der Fußgänger plötzlich vor den Kühler läuft, Ba VR **79** 475. Hat ein Fußgänger die Fahrbahn von links her bereits mehr als zur Hälfte überquert, so braucht ein Kf ohne besonderen Anhalt nicht mit Umkehr und Zurückgehen zu rechnen, Bay DAR **72** 163, KG DAR **86** 323, s aber Rz 38. Der Kf braucht nicht damit zu rechnen, daß in der Fahrbahnmitte wartende Fußgänger plötzlich loslaufen, um die Fahrbahn vollends zu überqueren, Kar VR **82** 450, Fra ZfS **85** 317, s Rz 34. Der Strabaf darf darauf vertrauen, daß ein Fußgänger nicht ungeachtet seiner Signale achtlos auf das Gleis tritt, BGH VR **61** 475, Fra VRS **51** 81. **Kein Vertrauensgrundsatz** gegenüber Fußgängern, die sich offensichtlich nicht umsehen, Ko VRS **42** 278, KG VRS **69** 417; dann ist mit Weitergehen zu rechnen und sofort zu bremsen, KG VRS **69** 417 (Haftung des Kf zu ½).

Der Kf verletzt die Sorgfalt, wenn er so schnell fährt, daß **spritzender Straßenschmutz** Fußgänger besudelt (§ 1 Rz 34). **40**

3 c. Zügig ist die Fahrbahn zu überschreiten, ohne vermeidbares Zögern (Begr), mit **41** der individuell zumutbaren Eile, BGH GA **56** 293, KG VRS **107** 27. Alter, Körperzustand und VVerhältnisse sind zu berücksichtigen. Betont langsames Gehen ist ow, doch darf der Kf keine schnellere Gangart verlangen, Hb VM **55** 8. Eine schmale Str ist grundsätzlich in einem Zuge zu überqueren, wenn gewährleistet ist, daß weder von links noch von rechts nahende Fze behindert werden, Ha NZV **03** 181. Im übrigen verstößt durch den V veranlaßtes Stehenbleiben auf der Fahrbahn nicht gegen III S 1, Ha NZV **98** 372, Nü DAR **01** 170, s Rz 37. Durch den Verkehr nicht bedingter Aufenthalt auf der Fahrbahn ist unzulässig, BGH VM **58** 26. Sehr Gehbehinderte werden nach Möglichkeit Fußgängerüberwege benutzen (Rz 43, 44). Auch achtlos zu schnelles Überqueren ist ow (Rz 33).

3 d. Auf dem kürzesten Weg quer zur Fahrtrichtung ist die Fahrbahn zu überqueren, nicht sehr schräg, BGH GA **56** 293, KG VRS **107** 27, Kö DAR **78** 17. Die Beurteilung darf aber nicht kleinlich sein. Zur Schuldabwägung nach Überfahren eines angetrunkenen Fußgängers, der die Fahrbahn im Bereich einer unübersichtlichen Kurve schräg überquert, Kö DAR **78** 17. **42**

3 e. Bei dichterem Verkehr („wenn die VLage es erfordert") darf die Fahrbahn nur **43** an Kreuzungen und Einmündungen, innerhalb der Markierungen von LZA (Rz 44) oder auf Fußgängerüberwegen (Rz 45) überschritten werden, nicht mehr auf anderen StrTeilen, Abs III S 1. Diese Regel bündelt den Fußgängerübergangsverkehr zu den Zeiten dichteren Fahrverkehrs an bestimmten Stellen und schaltet dadurch auf den übrigen Strecken Gefahr aus, Ha VRS **49** 297. Sicherheitsanweisungen an die Polizei: Vwv Rn 1. Den Begriff „VLage" den jeweiligen Gesamtumständen gleichzusetzen, würde seine mögliche Wortbedeutung überschreiten, bei seiner Auslegung wird es deshalb nur auf VDichte, Fahrgeschwindigkeit und die örtlichen Sichtverhältnisse ankommen können, von welchen Beobachtung und richtige Beurteilung der VLage abhängen, Kö DAR **78** 17 (offen in BGH DAR **77** 98, aM Bay VM **72** 21, Ha VRS **49** 297, Greger NZV **90** 410. Welche der drei Möglichkeiten der Fußgänger zum Überqueren benutzt, steht ihm an sich frei, Mü NZV **94** 188. Sind an **Kreuzungen oder Einmündungen** jedoch Fußgängerüberwege eingerichtet, so muß er sie benutzen, Abs III S 2. Auf verkehrsarmer Straße braucht jedoch nicht der nächste Fußgängerüberweg aufgesucht zu werden, BGH VR **61** 84, VRS **19** 401. Das wäre bei ruhigem Verkehr, so ausdrücklich die Begr, überspannt. Die Vorschrift des Abs III S 1 greift ein, wenn der Fahrverkehr so stark ist, daß der Fußgänger bei korrektem Verhalten erhebliche Zeit auf eine Lücke warten müßte. S BGH VR **69** 1115: wenn Überqueren „bedrohlich" wäre; KG VM **89**

2 StVO § 25   I. Allgemeine Verkehrsregeln

61: wenn es mit besonderen Schwierigkeiten und Gefahren verbunden wäre. Zum Begriff „an der Kreuzung" Ce VRS **32** 63. 15 m daneben sind nicht mehr „an" der Kreuzung/Einmündung, KG VR **78** 450, offen BGH VRS **52** 245. Wer an einer Kreuzung quert, muß nicht rückwärts auf abbiegenden Verkehr achten, dieser ist zur Rücksicht verpflichtet und muß notfalls halten (§ 9 III), Hb VRS **10** 466, Ol NJW **66** 1236. Unter den Voraussetzungen von Abs III S 1, 2 darf die Straße nicht 30 m neben einem Fußgängerüberweg überquert werden (Mitschuld), BGH VRS **26** 327, KG VR **63** 837, Ha VRS **49** 297, oder 40 m entfernt vom nächsten Ampelübergang, BGH NJW **00** 3069 (39–43 m), KG VM **89** 61, VRS **104** 1, 83 98 (33,5 m). Das Überqueren belebter Stadtstr 50 m von einem Ampelübergang entfernt zwischen parkenden und haltenden Fzen hindurch ist verkehrswidrig, KG DAR **78** 107. Wer als Fußgänger innerorts bei Dunkelheit und lebhaftem Verkehr die Fahrbahn 20 m neben dem Ampelübergang überquert, kann seinen Schaden anteilig oder allein tragen müssen, KG VRS **57** 9, Fra VR **79** 920. Ein zusätzlicher Weg von 200 m (LZA 100 m entfernt) ist dem Fußgänger idR nicht zuzumuten, Hb VRS **87** 249. Fußgängerüberwege an Kreuzungen sind auch zu benutzen, wenn dann uU eine Fahrbahn mehr überquert werden muß, KG VM **69** 17. Bei Dunkelheit und besonders schlechter Sicht sind Ampelübergänge oder Fußgängerüberwege zu benutzen, wenn dies keinen größeren Umweg erfordert, KG DAR **77** 70, VM **82** 16, BGH DAR **77** 98, Ce DAR **90** 179 (Mithaftung zu 2/3). Liegen mehrere Kreuzungen/Einmündungen so dicht beisammen, daß ein Ampelübergang oder Fußgängerüberweg zwischen ihnen nur wenige m von beiden entfernt ist, so liegt er „an" jeder der Kreuzungen/Einmündungen und ist deshalb ausschließlich zu benutzen, die kurze Strecke zwischen dem Übergang und jeder der Kreuzungen/Einmündungen zum Überschreiten dagegen nicht, Bay VM **72** 21 (die Länge der Entscheidung zeigt Regelundeutlichkeit, so daß die innere Tatseite wohl hätte verneint werden sollen). Das Gebot des Abs III, die Fahrbahn unter den dort genannten Umständen nur an bestimmten Stellen zu überqueren, gilt nicht für **Radwege**, KG VM **84** 94, abl *Janiszewski* NStZ **85** 115. Zu den beiderseitigen Pflichten an Fußgängerüberwegen: § 26.

44   **3 f. An Lichtzeichenanlagen** ist die Straße nur bei Grün innerhalb der Markierungen zu überqueren, III S 1 (s Vwv Rn 2), und zwar stets, nicht nur, wenn die VLage es erfordert, BGH NZV **90** 150. Wer außerhalb der Markierung der LichtzAnlage oder des Fußgängerüberwegs geht, aber in deren Nähe, hat trotzdem die FarbZ oder Zeichen der PolB zu befolgen. Hat der Fußgänger Grün, so braucht er mit schnellfahrenden Nachzüglern nicht zu rechnen, s Rz 35, muß aber auf solche achten. Der Fahrverkehr muß damit rechnen, daß Fußgänger die Übergangsmarkierungen nicht genau einhalten, Kar VM **75** 56 (doch dann Mitschuld). Auch bei Grün müssen Fußgänger in der Furt auf abbiegende Kfze achten, sonst Mitschuld, Ha VR **78** 380, die jedoch gegenüber der BG des einbiegenden Kfz zurücktreten kann, zB zu spätes Reagieren auf einbiegenden Bus, KG VM **81** 75. Wer bei Grün alsbald achtlos die Fahrbahn betritt, ohne den Fahrverkehr zu berücksichtigen, handelt unsorgfältig, BGH NJW **60** 2235. Eine offensichtlich für Fußgänger bestimmte Ampel ist auch zu beachten, wenn das Fußgängersymbol fehlt oder der Vwv nicht genau entspricht, Dü VRS **17** 296. Keine Mitschuld, wenn der Fußgänger die Markierung auf der dem herannahenden V abgewandten Seite der Fußgängerfurt nicht beachtet, BGH NZV **90** 150, anders jedoch uU bei Kollision mit *abbiegendem* Fz, wenn diesem ein Verstoß gegen § 9 III 3 zur Last gelegt wird, s aber Kö VR **75** 477 (Mitschuld bei 3–5 m außerhalb der Markierung verneint). Das Vorbeifahren der Straba mit 25–30 km/h und Warnzeichen an einer **Fußgängerinsel** im Zuge eines Ampelüberganges ist idR zulässig, Fra VR **76** 1135. Auf VInseln darf ein Fußgänger nicht gefährlich nahe am Bordstein stehen, Fra VR **76** 1135. Ampelübergänge sollen stets als Fußgängerfurten ausgebildet sein, nie als Fußgängerüberwege (Z 293), weil deren Regeln während des Ampelbetriebs nicht gelten. Druckknopf-Ampeln, s § 37 Rz 58.

45   **4. Fußgängerüberwege** s § 26. Wer die Straße an einer Kreuzung oder Einmündung überquert, hat sie stets zu benutzen, auch bei ruhigem Verkehr, Abs III S 2. Außerhalb dieser Bereiche wird der Fußgänger jedoch bei ruhigem Verkehr nicht auf sie verwiesen (Rz 43), weil das Überspannung wäre (Begr). Beampelte Fußgängerüber-

Fußgänger § 25 StVO 2

wege: Rz 44 u § 26 Rz 12. *H. W. Schmidt,* Verpflichtung zur Benutzung des Überwegs, VR **68** 234.

5. Fußgänger mit Fahrzeugen oder sperrigen Gegenständen (II) haben kein 46 Wahlrecht zwischen Fahrbahn oder Gehweg (Begr). Fußgänger mit „besonderen Fortbewegungsmitteln" (§ 24) sind schlicht Fußgänger. Schiebe- und Greifreifenrollstühle, Rodelschlitten, Kinderwagen, Roller und ähnliche Gegenstände sind keine Fze iS der StVO (§ 24) und dürfen daher nur dort auf der Fahrbahn mitgeführt werden, wo der Fußgänger sie mangels Gehwegs oder begehbaren Seitenstreifens benutzen muß, und auf der Gehseite, die er zu benutzen hat (Rz 14–19). Mit **Krankenfahrstühlen** und solchen Rollstühlen, die nicht in § 24 I genannt sind, darf der Gehweg im Schritt benützt werden (§ 24 II), jedoch, wie daraus hervorgeht, wahlweise auch die Fahrbahn, dann aber stets der rechte Fahrbahnrand (II). Unbenutzbare Fze iS der StVO und sperrige Gegenstände sind im Interesse des Fahrverkehrs auf Gehwegen und Seitenstreifen mitzuführen (Abs I), wenn dies die anderen Fußgänger nicht „erheblich behindert", wenn der Gehweg (Seitenstreifen) nur schmal und (oder) stark begangen ist. Trifft dies nicht zu, so ist das Mitführen auf dem Gehweg oder Seitenstreifen Pflicht und Fahrbahnbenutzung unzulässig. **Pflicht zur Gewegbenutzung** besteht auch, wenn ab und zu dort Fußgängern ausgewichen werden muß. Die Vorschrift ist sinnvoll als Entlastung des Fahrverkehrs zu verstehen, solange dies den Fußgängern zugemutet werden kann. Kinderwagen, Kinderroller sind daher stets auf dem Gehsteig (Seitenstreifen) zu schieben, Fahrräder, Mopeds, Kräder, Schiebkarren, kleine Handwagen nur mangels erheblicher Behinderung des Fußgängerverkehrs. Bei allen Fzen iS der StVO und sperrigen Gegenständen kommt es nur noch auf das Merkmal der erheblichen Behinderung der Fußgänger auf dem Gehweg an.

Behindern mitgeführte sperrige Gegenstände den Fußgängerverkehr auf dem 47 Gehweg (Seitenstreifen), so ist die Fahrbahn zu benutzen, und zwar die gebotene Gehseite (Rz 14–19, 46). Dabei kann das Mitführen des sperrigen Gegenstands (Leiter, Stange, Sportgerät) das an sich gebotene Linksgehen außerorts wegen Gefahr ausschließen.

Behindern mitgeführte Fahrzeuge iS der StVO, vor allem geschobene Fahrräder, 48 den Gehweg- oder Seitenstreifenverkehr, so ist zwingend ausschließlich der rechte Fahrbahnrand zu benutzen (II S 2), Ha VRS **28** 45, bei Fahrverkehr hintereinander, Bay VRS **25** 452. Das Linksgehgebot für Fußgänger außerorts gilt insoweit nicht.

Einbahnstraßen ohne Gehweg dürfen mit Fzen, die iS der StVO keine Fze sind 49 (§ 24), auch in Gegenrichtung benutzt werden, mit Krankenfahrstühlen und anderen Fzen iS der StVO nur in Fahrtrichtung (Z 220), s Ce NJW **61** 1169, Ha VRS **28** 45.

Fußgänger mit Fahrzeugen, die links abbiegen wollen (§ 9), dürfen sich auf der 50 Fahrbahn abweichend von der allgemeinen Regel nicht links einordnen, weil sie, rechts von der StrMitte wartend, mehr als Fze gefährdet wären und VHindernisse bilden würden (II). Sie müssen aber die Richtungsänderung anzeigen.

6. Absperrungen (Stangen- und Kettengeländer, § 43), soweit amtlich angebracht, 51 dürfen Fußgänger nicht überschreiten und die von Absperrschranken (§ 43) eingefaßten Flächen nicht betreten (IV).

7. Gleisanlagen auf besonderem Bahnkörper, die nicht zugleich dem öffentlichen 52 Verkehr dienen, dürfen nur an den vorgesehenen, besonders kenntlichen Stellen betreten werden (V), um die Gefahr des Bahnbetriebs zu verringern (Begr). Bei Überschreiten an unerlaubter Stelle kann jede Haftung für die BG der Bahn entfallen, BGH VR **63** 874, **64** 88 *(Böhmer).* Auch Kf brauchen mit solchen Überschreitungen nicht zu rechnen, Kö VRS **29** 31.

8. Zivilrecht. Zivilrechtliche Fragen werden nachfolgend nur erörtert, soweit sie 53 nicht wegen des Zusammenhangs schon in den vorstehenden Rz oder bei § 9 StVG behandelt werden. Wer mit angepaßter Geschwindigkeit auf Sicht fährt und beim plötzlichen Auftauchen eines Fußgängers von der Seite sofort reagiert, handelt ohne Verschulden, Ha VRS **82** 12. § 25 ist **SchutzG** (§ 823 BGB), s LG Kar VRS **6** 165. **Mitverschulden** eines Fußgängers setzt nicht regelwidriges Verhalten voraus, s § 9 StVG Rz 5. Wer zu spät vor einem Kfz sein Fahrrad über die Straße schiebt, ist bei Dunkelheit

661

mit schuld, BGH VR **65** 294. Mitschuld bei Fahrbahnbenutzung anstatt des Gehwegs, BGH VRS **18** 85, VR **68** 1092, Ol VRS **72** 410, auch bei Gehwegwechsel auf die andere StrSeite und trotz Rückstrahlern an den Schuhabsätzen, BGH VR **64** 1203. Mitschuld dessen, der außerorts auf der unrichtigen Seite geht, Zw VR **68** 905. Fußgänger, die die Fahrbahn nicht mit besonderer Vorsicht überqueren, trifft Mitschuld, KG VM **01** 10, VRS **104** 1, Ba VR **92** 1531, Ko VRS **64** 250, Kar VRS **78** 329. Wer die Fahrbahn bei besonders ungünstiger Sicht überquert, ist mit schuldig, wenn er ohne „größeren" Umweg einen Ampelübergang hätte benutzen können, KG VM **01** 10, VR **77** 1162, Ce DAR **90** 179. Mitschuld bei Überschreiten der Fahrbahn an der breitesten Stelle, wenn die Breite wenige m entfernt nur einen Bruchteil beträgt, Ol NZV **94** 26 (5,6 m statt 25 m). Erhebliches Mitverschulden dessen, der ohne zwingenden Grund am äußersten Rand des Gehwegs geht und angefahren wird, BGH VRS **28** 362, NJW **65** 1708. Mitschuld verletzter Fußgänger: § 9 StVG Rz 13–15. **Schadenverteilung** 60 : 40 zu Lasten eines vorher nicht wahrnehmbaren die Fahrbahn bei Rot überquerenden Kindes, Hb VR **81** 558. Das Mitverschulden eines iS von § 3 IIa schutzbedürftigen Fußgängers kann geringer zu veranschlagen sein, Fra NZV **01** 218. Wer quert, ohne zuerst nach links zu sehen, auf unechter EinbahnStr nach beiden Seiten, muß seinen Schaden allein tragen, BGH VR **66** 1142. Ein grob unachtsam überquerender Fußgänger, zB an einer Kreuzung bei Rot, BGH VR **61** 357, kann seinen Schaden allein zu tragen haben, s § 9 StVG Rz 13, oder jedenfalls zur Hälfte, Ce VR **77** 1131, oder anteilig, Kö DAR **78** 17. Hat sich ein Kf gegenüber einem unvorsichtigen Fußgänger ausreichend sorgfältig verhalten, so kann seine BG ganz zurücktreten, s § 9 StVG Rz 13. Wer mit Abblendlicht zu schnell und einen Fußgänger anfährt, kann Alleinschuld haben, BGH VR **60** 348. Haftungsanteile bei Kollision eines den Radweg unachtsam überschreitenden Fußgängers mit zu schnell fahrendem Radf, KG VM **84** 94 ($^2/_3$: $^1/_3$ zu Lasten des Radf), bei Kollision eines zwischen parkenden Fzen hervortretenden Fußgängers mit zu schnell fahrendem Radf, Kar VRS **78** 329 (hälftig). Näher zu Haftungsfragen beim Fußgängerunfall, *Greger* NZV **90** 409 mit tabellarischer RsprÜbersicht zur Haftungsabwägung. Das Betreten der Fahrbahn ohne Beachtung des FzV ist idR **grob fahrlässig**, KG VM **99** 50, **01** 10. Grobe Fahrlässigkeit dessen, der kurz vor einem nahenden Fz die Fahrbahn zu überqueren versucht, KG VRS **107** 27, Ce MDR **04** 994, der achtlos mit gesenktem Kopf auf die Fahrbahn tritt, BGH VR **64** 846, oder den Blick nach rechts vor dem Überqueren unterläßt, Ha NZV **93** 314, der eine in unmittelbarer Nähe befindliche LZA-geregelte Fußgängerfurt nicht benutzt, KG VRS **104** 1, der bei dunklem, unsichtigem Wetter auf dem knapp 1 m breiten Streifen zwischen Fahrbahn und Strabagleis, Fra VR **70** 1162, oder nachts bei Regen und spiegelnder Fahrbahn in dunkler Kleidung in der Mitte einer nur ca 7 m breiten Str Fze abwartet, Ha VRS **78** 5. Leichtfertig handelt, wer als Fußgänger die Fahrbahn im Dunkeln so überquert, daß er für den Fahrverkehr verdeckt ist und diesen auch selber teilweise nicht sieht, KG VM **78** 56, der bei Dunkelheit mit dunkler Kleidung, ohne auf Fze zu achten, die Fahrbahn überquert, Ha VRS **80** 256, der bei Dunkelheit, aus dem Wald kommend, achtlos seinem Hund auf die Fahrbahn nachläuft, Kö VRS **89** 105, oder nachts betrunken, in dunkler Kleidung trotz vorhandenen Gehwegs auf der Fahrbahn geht, Nü VRS **104** 200. **Zur Amtshaftung für Schülerlotsen,** Kö VR **68** 676, abl *Martens* NJW **70** 1029.

54 Der **Anscheinsbeweis** (E 157a) spricht gegen den Fußgänger, der mit 1,95‰ BAK (reaktionsgestört) die Straße überquert, Ha VR **77** 762, **68** 86 (s aber § 9 StVG Rz 15), gegen den Fußgänger, der von einem von links kommenden Kfz auf dessen rechter Fahrbahnseite angefahren wird, BGH NJW **53** 1066, **54** 185, Dü DAR **77** 268, *Greger* NZV **90** 413, s Nü VRS **66** 3, einschränkend BGH VM **57** 64, Fra VM **57** 67, gegen den, der ohne besondere Umstände nur wegen eines herankommenden Kfz erschrickt und hinfällt, BGH VR **74** 196 (Mitschuld), gegen den Kf, der bei Dunkelheit und schlechter Sicht einen Fußgänger am StrRand anfährt, Mü VR **70** 628, BGH VM **76** 189, nicht jedoch, wenn dieser betrunken war, Mü VR **87** 317 (1,67‰), gegen den Kf, der bei Dunkelheit mit einem Fußgänger kollidiert, den er bei Beachtung des Gebots des Fahrens auf Sicht hätte sehen müssen (Fußgänger hat schon 5 m auf der Fahrbahn zurückgelegt:) KG VRS **69** 417, (Fußgänger überquert die Fahrbahn von links:) BGH VR **83** 1039 (zust *Greger* NZV **90** 413), Kö ZfS **93** 258, Hb VRS **87** 249.

Fußgängerüberwege § 26 StVO **2**

Kein Anscheinsbeweis spricht gegen den Fahrer, wenn ein Fußgänger überraschend 55
auf die Fahrbahn tritt, BGH DAR **68** 239, oder stets gegen den Kf nur deswegen, weil
der Fußgänger die Fahrbahn von links überquert hat, KG VM **89** 61, oder gegen den
Radf, wenn ein Fußgänger bei Morgendämmerung so unvermittelt quert, daß auch
aufmerksame Fahrer kollidiert wären, BGH VR **68** 804, oder gegen den Fußgänger, der
erst nach Überschreiten der StrMitte auf breiter Fahrbahn von links angefahren wird,
BGH VRS **19** 401, oder gegen den außerorts links Gehenden, der von vorn angefahren
wird, aM Mü VR **66** 620. Zum Anscheinsbeweis, wenn ein Fußgänger im Dunkeln am
rechten Fahrbahnrand angefahren wird, BGH VR **67** 257. Da bei verkehrserfahrenen
Kindern – mit Einschränkung – auf verkehrsgerechtes Verhalten mangels entgegenstehender
konkreter Anhaltspunkte auch nach Einfügung von Abs II a in § 3 vertraut werden
darf, Bay NJW **82** 346, spricht der Anschein bei Unfällen mit solchen Kindern nicht
grundsätzlich gegen den Kf, Kar VR **86** 770, *Greger* § 16 StVG Rz 420, *Sprenger*, Fußgänger
im StrV, KVR, S 32, 44, im Ergebnis ebenso Ha NJW-RR **87** 1250, aM AG Kö
NJW **82** 2008, VR **84** 767, VRS **72** 256.

9. Ausnahmen: § 46 I Nr 2, II. 56

10. Ordnungswidrig (§ 24 StVG) handelt, wer gegen § 25 I–IV verstößt (§ 49 I 57
Nr 24). Verstoß gegen Abs V, s Rz 11. Geht ein Ausländer auf der unrichtigen Fahrbahnseite,
so ist ein Verbotsirrtum in den ersten Monaten seines Hierseins entschuldigt,
Ha DAR **58** 307. Der Vorwurf, einen **Fußgänger fahrlässig überfahren** zu haben,
setzt die Feststellung voraus, daß sich der Fußgänger so lange erkennbar auf der Fahrbahn
befunden hat, daß der Unfall bei gehöriger Sorgfalt des Kf vermeidbar gewesen
wäre, Zw VRS **48** 94. Berücksichtigung des Mitverschuldens eines ohne zwingenden
Grund am äußersten Gehwegrand gehenden Fußgängers bei der Strafzumessung im
Rahmen von § 222 StGB, BGH VRS **28** 362.

Fußgängerüberwege

26 (1) ¹**An Fußgängerüberwegen haben Fahrzeuge mit Ausnahme von Schienenfahrzeugen
den Fußgängern sowie Fahrern von Krankenfahrstühlen oder
Rollstühlen, welche den Überweg erkennbar benutzen wollen, das Überqueren der
Fahrbahn zu ermöglichen.** ²Dann dürfen sie nur mit mäßiger Geschwindigkeit
heranfahren; wenn nötig, müssen sie warten.

(2) Stockt der Verkehr, so dürfen Fahrzeuge nicht auf den Überweg fahren,
wenn sie auf ihm warten müßten.

(3) **An Überwegen darf nicht überholt werden.**

(4) **Führt die Markierung über einen Radweg oder einen anderen Straßenteil, so
gelten diese Vorschriften entsprechend.**

Begr zur ÄndVO v 22. 3. 88 (VBl **88** 224): 1
Zu Abs. 1 Satz 1: *Durch diese Ergänzung der Vorschrift werden die Rollstuhlfahrer in die
Regelung für Fußgänger einbezogen (vgl. auch zu Nr. 19).*
Zu Abs. 1 Satz 2: *Durch die Änderung wird klargestellt, daß ein Kfz dann mit mäßiger
Geschwindigkeit an einen Fußgängerweg heranfahren muß, wenn ein Fußgänger den Übergang erkennbar
überschreiten will ...*
Zu Abs. 3: – *Begründung des Bundesrates* – *Die bisherige Regelung, nach der ein Überholen
in bestimmten Fällen zulässig war, hat zu gefährlichen Situationen und teilweise schweren Unfällen
geführt. Im Interesse der Verkehrssicherheit an Überwegen ist ein generelles Überholverbot angebracht.*

Vwv zu § 26 Fußgängerüberwege

I. Örtliche Voraussetzungen 2

1 1. *Fußgängerüberwege dürfen nur innerhalb geschlossener Ortschaften und nicht auf* 3
Straßen angelegt werden, auf denen schneller als 50 km/h gefahren werden darf.
2 2. *Die Anlage von Fußgängerüberwegen kommt in der Regel nur in Frage, wenn auf
beiden Straßenseiten Gehwege vorhanden sind.*

3. *Fußgängerüberwege dürfen nur angelegt werden, wenn nicht mehr als ein Fahrstreifen je Richtung überquert werden muß. Dies gilt nicht an Kreuzungen und Einmündungen in den Straßen mit Wartepflicht.*

4. *Fußgängerüberwege müssen ausreichend weit voneinander entfernt sein; das gilt nicht, wenn ausnahmsweise zwei Überwege hintereinander an einer Kreuzung oder Einmündung liegen.*

5. *Im Zuge von Grünen Wellen, in der Nähe von Lichtzeichenanlagen oder über gekennzeichnete Sonderfahrstreifen nach Zeichen 245 dürfen Fußgängerüberwege nicht angelegt werden.*

6. *In der Regel sollen Fußgängerüberwege zum Schutz der Fußgänger auch über Radwege hinweg angelegt werden.*

II. Verkehrliche Voraussetzungen

Fußgängerüberwege sollten in der Regel nur angelegt werden, wenn es erforderlich ist, dem Fußgänger Vorrang zu geben, weil er sonst nicht sicher über die Straße kommt. Dies ist jedoch nur dann der Fall, wenn es die Fahrzeugstärke zuläßt und es das Fußgängeraufkommen nötig macht.

III. Lage

1. *Fußgängerüberwege sollten möglichst so angelegt werden, daß die Fußgänger die Fahrbahn auf dem kürzesten Wege überschreiten.*

2. *Fußgängerüberwege sollten in der Gehrichtung der Fußgänger liegen. Wo Umwege für Fußgänger zum Erreichen des Überwegs unvermeidbar sind, empfehlen sich z. B. Geländer.*

3. *Bei Fußgängerüberwegen an Kreuzungen und Einmündungen ist zu prüfen, ob es nicht ausreicht, über die Straße mit Vorfahrt nur einen Fußgängerüberweg anzulegen. Bei Einbahnstraßen sollte dieser vor der Kreuzung oder Einmündung liegen. An Kreuzungen und Einmündungen mit abknickender Vorfahrt darf ein Fußgängerüberweg auf der bevorrechtigten Straße nicht angelegt werden.*

4. *Vor Schulen, Werksausgängen und dergleichen sollten Fußgänger nicht unmittelbar auf den Fußgängerüberweg stoßen, sondern durch Absperrungen geführt werden.*

5. *Im Zuge von Straßen mit Straßenbahnen ohne eigenen Bahnkörper sollen Fußgängerüberwege nicht angelegt werden. Fußgängerüberwege über Straßen mit Schienenbahnen auf eigenem Bahnkörper sollen an den Übergängen über den Gleisraum mit versetzten Absperrungen abgeschrankt werden.*

IV. Markierung und Beschilderung

1. *Die Markierung erfolgt mit Zeichen 293.*
Auf Fußgängerüberwege wird mit Zeichen 350 hingewiesen. In wartepflichtigen Zufahrten ist dies in der Regel entbehrlich.

2. *Vor Überwegen, die nicht an Kreuzungen oder Einmündungen liegen, ist in der Regel durch das Zeichen 134, gegebenenfalls mit Entfernungsangabe auf einem Zusatzschild, zu warnen.*

V. Beleuchtung

Durch Beleuchtung muß dafür gesorgt werden, daß auf dem Fußgängerüberweg befindliche und am Gehwegrand wartende Fußgänger bei Dunkelheit auch bei ungünstigen Verhältnissen (z. B. bei nasser Straße) vom Kraftfahrer rechtzeitig wahrgenommen werden können.

VI. Richtlinien

Das Bundesministerium für Verkehr gibt im Einvernehmen mit den zuständigen obersten Landesbehörden Richtlinien für die Anlage und Ausstattung von Fußgängerüberwegen (R-FGÜ) im Verkehrsblatt bekannt.

1. **Vorrang der Fußgänger und Rollstuhlfahrer** besteht an vorschriftsmäßig durch das Z 293 gekennzeichneten Fußgängerüberwegen (I). Fußgängern und Roll-

Fußgängerüberwege § 26 StVO **2**

stuhlfahrern, welche erkennbar die Fahrbahn überqueren wollen, müssen Fze (außer Schienenbahnen) dies ermöglichen. Schiebe- und Greifreifenrollstühle sind durch § 24 I ohnehin Fußgängern gleichgestellt; nach § 24 II dürfen jedoch auch Benutzer anderer Rollstühle und von Krankenfahrstühlen statt der Fahrbahn den Gehweg befahren; wollen sie den Überweg benutzen, so gilt der Vorrang auch für sie. Fußgänger, welche ein Fahrrad führen, haben Vorrang, als Radf jedoch nicht, Ha NZV **93** 66, **96** 449, Dü NZV **98** 296, *Hentschel* NJW **88** 1124, *Grünberg* NZV **97** 420, aM (entgegen dem insoweit eindeutigen Text von Abs I S 1) Dü MDR **87** 1029. Entscheidend ist die Fußgängereigenschaft zu dem Zeitpunkt, in dem sich für den FzF die Pflichten des § 26 ergeben, unerheblich, ob der ein Rad mitführende Fußgänger *nach* Verlassen des VRaumes neben der Fahrbahn das Rad besteigt, Stu DAR **88** 101 = StVO § 315c StGB Nr 22. Anlage von Fußgängerüberwegen, örtliche und verkehrliche Voraussetzungen, Lage, Markierung, Beschilderung, Beleuchtung: Vwv Rn 17 (Rz 7). Richtlinien für Anlage und Ausstattung von Fußgängerüberwegen (R-FGÜ 2001), VBl **01** 474.

Zwar wirken die Vwv den durch Fußgängerüberwege neben ihrer Schutzwirkung **9** entstehenden Gefahren teilweise entgegen. Doch sind an verkehrsreichen Kreuzungen Ampelanlagen sicherer und zweckmäßiger. Fußgängerüberwege schützen allein die Fußgänger beim Überqueren, sie bezwecken nicht auch den Schutz die VorfahrtStr überquerender Fze, KG bei *Darkow* DAR **74** 235.

Fußgängerüberwege iS von § 26 entstehen ausschließlich durch deutliche Anbrin- **10** gung des Z 293 (Zebrastreifen) auf der Fahrbahn, Bay NJW **68** 313, Ha NJW **69** 440, Dü VRS **78** 140, in deren ganzer Breite, KG bei *Darkow* DAR **78** 89 (andernfalls ist aber Vorsicht geboten). Ampelregelung: Rz 12. Ist das Zebramuster so abgefahren, daß objektiv Zweifel möglich sind, so besteht auch für Ortskundige kein Fußgängerüberweg, Bay VM **72** 4, VRS **41** 307, Ha VRS **39** 340, Fra NJW **68** 312, *Bouska* VD **71** 277. Maßgebend muß das Bild sein, das der herankommende fremde Kf hat. Doch hat er Grund zu besonderer Sorgfalt, wenn er Zebrastreifenreste entdeckt (§ 1), Ko VRS **46** 450, DAR **73** 50. Der Fahrverkehr darf dann auf Beachtung seines Vorrangs aber nur vertrauen, wenn zuverlässig feststeht, daß Fußgänger nicht auf die Fahrbahn treten werden, Bay VM **72** 4, VRS **40** 215, Ha VRS **39** 340. Fußgängerüberwege müssen stets so markiert sein, daß sie rechtzeitig einwandfrei erkennbar sind; läßt sich das nicht erreichen, zB im Winter, so sind sie solange aufzuheben, BGH NJW **71** 1213 (abgefahrene Markierung), auch bei Unkenntlichkeit wegen Schnees, das GefahrZ 134 allein konstituiert keinen Fußgängerüberweg (Sichtbarkeitsgrundsatz), *Booß* VM **80** 6, *Knippel* DAR **80** 243, aM Ol VRS **58** 285. Das Z 134 ist nur ein WarnZ, Bay NJW **68** 313, Ha NJW **69** 440, das Z 350 nur ein konstitutives HinweisZ, das jedoch von Bedeutung für das Überholverbot des Abs III ist, s Rz 20). Überwege werden so häufig ungenau und einige Meter daneben begangen, daß Kf dies berücksichtigen müssen, Kar VRS **44** 370, **45** 140, Stu VRS **41** 265. Der Fußgängerschutzbereich des Z 293 reicht mindestens 4 m seitlich über die Markierung hinaus, Ha VRS **54** 223. Damit, daß ein Fußgänger 9 m neben dem Überweg zwischen Autos hindurch unaufmerksam schnell die Fahrbahn betritt, muß ein Kf idR nicht rechnen, Kar VRS **45** 140. 14 Schritte neben dem Überweg ist ein Fußgänger außerhalb des Überwegbereichs, Ko VRS **49** 140.

Angemessen schnell („zügig") sind Fußgängerüberwege zu begehen. Die Regel des **11** § 25 III gilt auch hier. Doch behält auch der aus Gebrechlichkeit oder Vorsatz (zu) langsam gehende Fußgänger das Vorrecht. Er verstößt, wenn er zügiger gehen könnte, gegen § 25.

Wo **Lichtzeichen** den Verkehr regeln, gilt § 26 (auch an Zebrastreifen, Z 293) nicht, **12** es gelten nur die FarbZ (§ 37 I), Ha NZV **96** 449, Kö VM **80** 68, aM Ko VM **76** 12. Mit dem Z 293 bezeichnete Überwege gelten während des Betriebs der LichtZ als nicht vorhanden, Hb VRS **45** 398. Es gelten die Regeln für LichtZ (§ 37). S dazu § 37 Rz 58 und § 25 Rz 44. Kombination von Zebrastreifen mit LZA: § 25 Rz 9, § 37 Rz 45b, 58. Fußgängerfurten ohne Zebrastreifen sind auch bei Ampelausfall keine Fußgängerüberwege iS von § 26, Kö VRS **51** 72, Hb VRS **45** 398, VM **74** 16, Dü VRS **78** 140, auch nicht bei etwaigem Vorhandensein der Z 134 oder 350. Auch bei Grün an der vorausliegenden Kreuzung darf der Kf einen markierten Fußgängerüberweg davor nur bei völliger Übersichtlichkeit befahren, Bay VM **75** 91.

Lit: *Hoppe,* Kraftfahrer und Fußgänger am Zebrastreifen, DAR **68** 173. *Möhl,* Kraftfahrer und Fußgänger nach der Novelle zur StVO v. 30. April 1964, JR **64** 332. *Mühlhaus,* Verhalten an Fußgängerüberwegen, DAR **70** 197. *H. W. Schmidt,* Verhalten an Fußgängerüberwegen, DAR **67** 100. *Sprenger,* Fußgänger im StrV.

13   **1 a. Erkennbar** für den Fahrverkehr muß die Absicht des Fußgängers oder Rollstuhlfahrers sein, den Überweg jetzt zu benutzen. Maßgebend ist die objektive Erkennbarkeit. Das Gesamtverhalten des Fußgängers ist hierbei entscheidend, einer ausdrücklichen, an den FzF gerichteten Anzeige bedarf es nicht, BGHSt **20** 215 = NJW **65** 1236, Schl VM **76** 38, KG NZV **92** 40. Kf müssen daher auch mit durch Fze verdeckten Fußgängern, und vor allem Rollstuhlfahrern, rechnen, nur nicht mit solchen, die aus baulichen Gründen niemand vorher sehen kann, s *Mühlhaus* DAR **70** 199, zB nicht mit aus einer Seitenstr kommenden, Ce VM **75** 71, 72. Die Fußgänger haben beim geringsten Zweifel Vorrang, Schl VM **76** 38, Ha VRS **47** 468, DAR **81** 154, KG NZV **92** 40, Dü DAR **98** 318, nicht nur bei offensichtlicher Benutzungsabsicht, wie Hb VM **66** 55 meint, so daß sich stets Verständigung durch Blickverbindung und Handzeichen empfiehlt, keinesfalls durch die mißverständliche Lichthupe. Sofortige Benutzungsabsicht ist bereits anzunehmen, wenn ein Fußgänger zügig auf den Überweg zugeht oder dort wartet, Kö DAR **75** 17, Schl VM **76** 38, KG NZV **92** 40, Kar NZV **92** 330, Dü DAR **98** 318, sogar auch, wenn er dabei nach rechts sieht, anstatt auf den herannahenden Verkehr, Ha GA **74** 249, KG NZV **92** 40. Obwohl der Vorrang nicht von ausdrücklichen Zeichen des Fußgängers gegenüber dem FzV abhängt, s oben, sollten Fußgänger ihre Benutzungsabsicht deutlich machen. Zügiges Gehen in einiger Entfernung rechtwinklig zum Überweg (parallel zur Fahrbahn) genügt dazu nicht, Hb VM **70** 79, Ha DAR **81** 154, auch nicht, wenn sich der Fußgänger dabei dem Überweg nähert, Ce VM **88** 13, Kar NZV **92** 330. Mit dem plötzlichen Überschreiten des Überwegs durch solche Fußgänger, die ohne erkennbare entsprechende Absicht parallel zur Fahrbahn gehen, braucht der Kf nicht zu rechnen, Ha ZfS **04** 446, DAR **81** 154. Wer sich, rechtwinklig zum Überweg stehend, zu einer Kinderkarre hinabbeugt, gibt keine Überquerungsabsicht zu erkennen, Hb VRS **59** 300. I ist verletzt, wenn der Kf weiterfährt, weil er die deutliche Anzeige eines Schulkindes, den Überweg benutzen zu wollen, aus Unachtsamkeit nicht wahrnimmt, Ol VRS **58** 286. **Verzicht** des Fußgängers nur bei eindeutiger Anzeige, Ha VRS **51** 309. Bloßes Kopfnicken genügt nicht, Ol ZfS **81** 388. Durchgefahren werden darf bei wartenden Fußgängern nur bei eindeutigem, nicht durch forsches Heranfahren erzwungenem Verzicht der (des) Fußgänger(s), Dü DAR **82** 407, KG NZV **92** 40. Wer als Fußgänger auf dem Zebrastreifen nur stehenbleibt, weil ein Kfz rasch herannaht, verzichtet nicht auf sein Vorrecht (er will sich nur schützen), Ha VRS **56** 380. Kurzes Verharren ist kein eindeutiger Verzicht, BGH VRS **38** 278, s auch BGHSt **20** 215 = NJW **65** 1236, Kö DAR **75** 17, ebensowenig das Zurückkehren auf den Gehweg beim Herannahen eines Fzs, Bay VRS **62** 466. Der angezeigte Verzicht eines Fußgängers gilt nicht auch für andere; anders bei Kleinkindern, deren Verhalten der Verzichtende erkennbar beherrscht, Dü DAR **82** 407. Vor größeren Autopulks sollten Fußgänger warten (§ 11 III). Sie dürfen ihren Vorrang weder erzwingen noch achtlos auf den Überweg treten, s KG bei *Darkow* DAR **74** 235.

14   An Fußgängerüberwegen herrscht weder für Kf noch für Fußgänger der Vertrauensgrundsatz, Ce NZV **01** 79, Hb DAR **66** 251, Ha VRS **49** 397, VR **69** 139, aM BGH NJW **66** 1211. Der **Überwegbenutzer** hat den Fahrverkehr mit Sorgfalt zu beachten, Ce NZV **01** 79, KG VR **77** 1008, besonders im Dunkeln bei Regen, Kar VR **71** 177. Er darf sich nicht bedingungslos darauf verlassen, daß ihm FzF den Vorrang einräumen werden, Ce NZV **01** 79, und muß sich daher nach links und rechts umsehen und im Falle erkennbarer Gefährdung durch nahe Fze warten, BGH NJW **82** 2384, VRS **65** 94. Ist ein mit 50 km/h fahrendes Fz noch 70 m entfernt, so darf er jedoch davon ausgehen, daß ihm das Überqueren ermöglicht werde, BGH NJW **82** 2384. Auch ein besonders sorgfältiger Kf muß nicht damit rechnen, daß nicht sichtbare Erwachsene einen Überweg achtlos betreten (außer beaufsichtigte Kleinkinder), BGH VR **68** 356, Ce VM **88** 13, aM Kö VR **66** 836. Führt der Fußgängerüberweg über einen Mittelstreifen, so muß ein Fußgänger auch vor dem Betreten der Gegenfahrbahn die nötige Sorgfalt zeigen, KG VR **77** 1008. Verharrt ein Fußgänger auf der Mittelinsel und wartet bereits ein Kfz,

Fußgängerüberwege § 26 StVO 2

so ist idR anzunehmen, daß er sich nur vergewissern will, ob alle Kfz anhalten, Ha VRS **51** 309. **Der Kf** muß beide Enden des Überwegs beobachten, BGHSt **36** 200, die beiderseitigen Gehwegzonen, Fra VM **77** 77, den Überweg und Passanten in dessen Nähe, Kar VRS **45** 40, Ce VM **75** 71, 72, Ha DAR **81** 154. Versperrt ein parkendes Fz die Sicht auf den Überweg, oder wird er in Gegenrichtung soeben befahren, so muß der Kf von beiden Seiten mit achtlosen Benutzern rechnen, kein Vertrauensgrundsatz, Ko VRS **44** 99, Kar VRS **44** 370, **45** 40, Ha DAR **60** 363, VRS **32** 377, er muß so fahren, daß er notfalls sofort anhalten kann, Ce VRS **39** 234, Kö VRS **41** 111 (Rz 20, Überholverbot), gleichgültig, was den Überweg teilweise verdeckt, Kö VRS **41** 121. Wer den Überweg nicht vollständig überblicken kann, muß sich so verhalten, als ob Fußgänger ihn begehen wollten, Stu VRS **41** 265. S auch Rz 16. Hält ein Bus unmittelbar hinter einem Fußgängerüberweg, so ist die Lage so gefährlich, daß sich Kf an den Überweg nur herantasten dürfen, Kö VRS **41** 368 (behördliche Mitschuld?). Haltverbot vor und auf Fußgängerüberwegen: § 12 I 4.

1 b. Gegenüber Schienenfahrzeugen besteht der Fußgängervorrang an Zebrastreifen nicht. Als Massenverkehrsmittel sollen sie möglichst unbehindert bleiben. Außerdem ist ihr Bremsweg zu lang. Daher dürfen Fußgänger einen Überweg erst benutzen, wenn die Straba erkennbar zum Halten abbremst, Br VM **65** 5. Trotz des Vortritts muß der Strabaf aber vor nicht einsehbaren Fußgängerüberwegen entweder unter geringfügiger Geschwindigkeitsermäßigung läuten oder deutlich verlangsamen, BGH NJW **76** 2014, Dü VR **83** 861. Dies gilt jedoch nicht in gleichem Maße in den Fällen, in denen ein Fußgängerüberweg einen besonderen Bahnkörper kreuzt, Dü VR **83** 861. 15

2. Mit mäßiger Geschwindigkeit (I) ist an Fußgängerüberwege heranzufahren, sobald die Absicht eines Fußgängers oder Rollstuhlfahrers, den Überweg zu benutzen, erkennbar ist („dann", s Begr Rz 1), nicht stets, Kar NZV **92** 330, so schon für die vor dem 1. 10. 88 geltende Fassung zB Ha VM **72** 70 (abl *Booß*), DAR **81** 154. Wer trotz am Überweg wartender Fußgänger nicht mäßig schnell heranfährt, setzt sie außerstande, zu warten und zwingt dadurch die bevorrechtigten Fußgänger zum Warten, behindert sie also in aller Regel, abw möglicherweise Dü VRS **56** 64. Die Art des Heranfahrens, idR mit deutlicher Verlangsamung, muß dem Fußgänger zeigen, daß ihm das Vorrecht belassen wird, Kar VRS **45** 40, und es soll dem Kf rechtzeitiges Anhalten ermöglichen, Dü VM **66** 64, Ha VRS **31** 462. Welche Geschwindigkeit „mäßig" ist, richtet sich nach der Beobachtungsmöglichkeit, der Breite der Fahrbahn, dem Fußgängerverkehr und der Fahrlinie, Ce VM **75** 71. Mäßig schnell fährt heran, wer ohne hartes Bremsen sofort anhalten kann (Lastzug mit 20km/h 30m vor Überweg), Ha VRS **51** 310, Dü VM **67** 56, DAR **74** 160. Heranfahren mit „40" erlaubt kein rechtzeitiges Anhalten, KG VR **77** 1008, Dü VM **74** 37, DAR **74** 160. „25" sind idR mäßig, Fra DAR **68** 247, auch „30", Schl VM **76** 38, vor allem wenn der Fußgänger den Überweg überraschend betritt, Fra DAR **68** 247. „50" sind zu hoch, wenn dem Überweg mehrere Fußgänger zustreben und auf der anderen StrSeite ein abfahrbereiter Bus steht, BGH VR **66** 269. Schrittgeschwindigkeit ist dann idR aber zulässig, Dü VM **67** 80. Im übrigen kann sich die Pflicht zur Einhaltung geringer Geschwindigkeit vor Fußgängerüberwegen aber auch aus der Grundregel des § 3 I ergeben. Wer den Überweg mit den angrenzenden Gehwegzonen nicht überblicken kann, darf nur sofort anhaltebereit an ihn heranfahren, Fra VM **77** 77, Kar VOR **73** 501, auch wenn sichtbare Fußgänger dem Kfz Vortritt einräumen, Ha VRS **54** 223, auch die Straba (§ 1), BGH NJW **76** 2014. Die Fahrgeschwindigkeit muß auch verdeckte Fußgänger berücksichtigen, KG VRS **36** 202, Dü VR **69** 380, MDR **69** 392. 16

3. Notfalls warten muß der Fahrverkehr, wenn Fußgänger, die den Vorrang ausüben, sonst beeinträchtigt, zB erschreckt oder verwirrt würden, zB ältere oder gebrechliche Personen, Schl VM **76** 38. Sieht der Kf, daß Fußgänger den Überweg betreten, BGH NJW **66** 1211, Dü VRS **84** 306, oder sonst durch ihr Gesamtverhalten Benutzungsabsicht anzeigen, so muß er sofort anhalten, es sei denn, er kann bei normalem Weitergehen der Fußgänger vorsichtig weiterfahren, entweder bei langem oder bei in 17

667

der Mitte geteiltem Überweg (VInsel), oder sonst nach Verständigung. Ausweichen und vor dem Fußgänger in einem Bogen Vorbeifahren genügt nicht, wenn der Fußgänger dadurch verunsichert oder behindert wird, Dü VRS **84**, 306. Bei langen Überwegen und von links kommenden Fußgängern muß nicht jedes Durchfahren auch behindernd wirken (§ 1), Ol VRS **58** 286, Kö VRS **64** 310, Dü VRS **84** 309, DAR **93** 273. Beeinflußt das Befahren eines bereits betretenen Fußgängerüberwegs den Fußgänger ausnahmsweise überhaupt nicht, so ist § 26 nicht verletzt, Dü VRS **59** 381, NZV **93** 39, VRS **84** 306, **88** 211, Stu VRS **61** 67, Kö VRS **64** 310, Ce NZV **92** 122, KG NZV **92** 40, Ha DAR **95** 501, ZfS **96** 276. Dies gilt umso mehr, wenn der Fußgänger die Fahrbahn noch gar nicht betreten hat, Dü VRS **64** 460, Ha DAR **95** 501. Dagegen soll der FzF nach Dü VRS **84** 307 stets schon dann gegen Abs I verstoßen, wenn seine Weiterfahrt den Fußgänger nur zu besonderer Aufmerksamkeit veranlaßt (Vorbeifahren in 2,5 m Abstand). Anhalten muß auch, wer in einer Kolonne fährt (rechtzeitige deutliche Bremsanzeige nach hinten), es sei denn bei Selbstgefährdung wegen zu nahe aufgerückten Nachfolgers.

18   **4. Das Halten** oder Parken ist „auf" dem Fußgängerüberweg und „bis zu 5 m davor" verboten (§ 12 I Nr 4), um die Sicht auf ihn freizuhalten. Dies beseitigt eine wesentliche Gefahrenquelle, denn aus verdecktem Raum auftauchende Fußgänger sind besonders gefährdet. Halten bedeutet hier jedes Stehenbleiben oder Abstellen aus anderen als verkehrsbedingten Gründen, ausgenommen also das Warten von Fzen bei benutztem Überweg, BGH VRS **49** 243, *Breugst* NJW **64** 1359. Derartiges unzulässiges Halten auf oder vor dem Fußgängerüberweg ist unfallursächlich, wenn der andere Kf den Überweg sonst rechtzeitig erkannt hätte, Ha DAR **69** 216. Dieses Haltverbot betrifft auch die Straba, auch bei abweichender Dienstanweisung, BGH VRS **49** 243. Halten hinter dem Überweg fällt nicht unter das Haltverbot, BGH VRS **49** 243, obwohl dies bei öffentlichen VMitteln gefährden kann (beschränkter Überblick, achtloses Verhalten von Fahrgästen).

19   **5. Freizuhalten** ist der Fußgängerüberweg bei stockendem Verkehr (Schlange) von wartenden Fzen (II), damit Fußgänger ihn weiterhin benutzen können. Diese Vorschrift, die sich bisher aus § 1 ergab, entspricht § 11 (besondere VLagen). Doch wird auf den Überweg gefahren werden dürfen, wenn er vermutlich noch mit ganzer FzLänge oder nahezu ganz passiert werden kann, s *O. H. Schmitt* VOR **62** 46, Ol VRS **58** 286.

20   **6. Überholen** an Fußgängerüberwegen ist verboten (Abs III). Das Überholverbot besteht nur im Bereich des eigentlichen Überweges, dh, soweit keine VZ 350 aufgestellt sind, auf der entsprechenden Fahrbahnmarkierung (Zebrastreifen), andernfalls ab dem Z 350. Ein vorher begonnener Überholvorgang muß bis dahin beendet sein; ist dies nicht möglich, so ist er abzubrechen. Das GefahrZ 134 steht *vor* dem Fußgängerüberweg und löst das Überholverbot des Abs III noch nicht aus; jedoch wird ein sorgfältiger Kf zwischen Z 134 und dem Fußgängerüberweg idR nicht überholen, s *Bouska* DAR **89** 164. III gilt nicht für die Straba, es dient nur der Erfüllung der Wartepflicht nach I, BGH NJW **76** 2014, s auch Rz 15. Haltende Fze werden nicht überholt (s § 5 Rz 18); sie verdecken jedoch meist einen Teil des Überweges, so daß das Vorbeifahren an ihnen besondere Vorsicht voraussetzt. Eine an den Verkehrsbedürfnissen orientierte Auslegung wird ergeben, daß bei FzStau auf einem von mehreren Fahrstreifen der freie Fahrstreifen äußerst vorsichtig weiter befahren werden darf (= Überholen), *Bouska* DAR **89** 164.

21   **7. Zivilrecht.** Zeichen eines Schülerlotsen am Zebrastreifen entlasten den Kf nicht von gesetzlicher Sorgfalt, Dü VM **69** 15. Stößt ein angetrunkener Kf auf dem Zebrastreifen mit einem Fußgänger zusammen, so soll der Anschein für alkoholbedingte Unaufmerksamkeit des Kf sprechen, Ha VR **65** 863 (häufige Überwegunfälle mit nüchternen Kf sprechen dagegen). Den Fußgänger, der trotz nahe an den Fußgängerüberweg herangefahrenen Fzs sein Vorrecht erzwingen will, trifft ein Mitverschulden, BGH VRS **65** 94. Keine Mitschuld des Fußgängers auf einem beleuchteten Überweg, den ein unbeleuchtetes Kfz dort anfährt, KG DAR **69** 323, eines Fußgängers, der durch ein mit 50 km/h fahrendes Fz auf beleuchtetem Fußgängerüberweg angefahren wird, das bei Betreten der Fahrbahn noch 70 m entfernt war, BGH NJW **82** 2384. Mitschuld verletzter Fußgänger: s auch § 9 StVG.

8. Ordnungswidrigkeit: § 49 I Nr 24 b. Erschrecken, Verwirren oder gar Gefährden des Fußgängers setzt OW nicht voraus, Dü VRS **84** 306. Zurücktreten von § 1, Fra DAR **68** 247, KG VRS **35** 287, DAR **67** 223, Ko VOR **73** 503, VRS **46** 154, anders bei Schädigung. Mitschuld des Fußgängers kommt in Betracht und ist stets zu prüfen, KG VRS **36** 202. Keine OW, wenn das Befahren des Überwegs keinen bevorrechtigten Fußgänger behindert oder belästigt, Ha VRS **48** 148, DAR **95** 501, Kö VRS **64** 310, Ce NZV **92** 122, Dü NZV **93** 39, DAR **00** 176, VRS **84** 309, s Rz 17.

9. Strafrecht. § 315 c I Nr 2 c StGB: falsches Fahren an Fußgängerüberwegen. Einzelheiten, s dort. Mitschuld des Fußgängers ist stets zu prüfen, KG VRS **36** 202. Gefährdender, vorschriftswidriger Zustand der Markierung Z 293 kann strafrechtliche Verantwortlichkeit des verantwortlichen Bediensteten begründen (§§ 222, 229 StGB), ebenso *Bouska* VD **71** 281. Belästigendes Hupen, damit der vor dem Überweg wartende Vordermann weiterfährt, ist keine Gewaltandrohung und deshalb keine versuchte Nötigung, Schl VM **74** 14.

Verbände

27 (1) ¹Für geschlossene Verbände gelten die für den gesamten Fahrverkehr einheitlich bestehenden Verkehrsregeln und Anordnungen sinngemäß. ²Mehr als 15 Radfahrer dürfen einen geschlossenen Verband bilden. ³Dann dürfen sie zu zweit nebeneinander auf der Fahrbahn fahren. ⁴Kinder- und Jugendgruppen zu Fuß müssen, soweit möglich, die Gehwege benutzen.

(2) Geschlossene Verbände, Leichenzüge und Prozessionen müssen, wenn ihre Länge dies erfordert, in angemessenen Abständen Zwischenräume für den übrigen Verkehr frei lassen; an anderen Stellen darf dieser sie nicht unterbrechen.

(3) ¹Geschlossen ist ein Verband, wenn er für andere Verkehrsteilnehmer als solcher deutlich erkennbar ist. ²Bei Kraftfahrzeugverbänden muß dazu jedes einzelne Fahrzeug als zum Verband gehörig gekennzeichnet sein.

(4) ¹Die seitliche Begrenzung geschlossen reitender oder zu Fuß marschierender Verbände muß, wenn nötig (§ 17 Abs. 1), mindestens nach vorn durch nicht blendende Leuchten mit weißem Licht, nach hinten durch Leuchten mit rotem Licht oder gelbem Blinklicht kenntlich gemacht werden. ²Gliedert sich ein solcher Verband in mehrere deutlich voneinander getrennte Abteilungen, dann ist jede auf diese Weise zu sichern. ³Eigene Beleuchtung brauchen die Verbände nicht, wenn sie sonst ausreichend beleuchtet sind.

(5) Der Führer des Verbandes hat dafür zu sorgen, daß die für geschlossene Verbände geltenden Vorschriften befolgt werden.

(6) Auf Brücken darf nicht im Gleichschritt marschiert werden.

Vwv zu § 27 Verbände

Zu Absatz 1

1 Abweichend von den (nur sinngemäß geltenden) allgemeinen Verkehrsregeln ist darauf hinzuwirken, daß zu Fuß marschierende Verbände, die nach links abbiegen wollen, sich nicht nach links einordnen, sondern bis zur Kreuzung oder Einmündung am rechten Fahrbahnrand geführt werden.

Zu Absatz 2

2 Leichenzügen und Prozessionen ist, soweit erforderlich, polizeiliche Begleitung zu gewähren. Gemeinsam mit den kirchlichen Stellen ist jeweils zu prüfen, wie sich die Inanspruchnahme stark befahrener Straßen einschränken läßt.

Zu Absatz 3

3 Bei geschlossenen Verbänden ist besonders darauf zu achten, daß sie geschlossen bleiben; bei Verbänden von Kraftfahrzeugen auch darauf, daß alle Fahrzeuge die gleichen Fahnen, Drapierungen, Sonderbeleuchtungen oder ähnlich wirksamen Hinweise auf ihre Verbandszugehörigkeit führen.

Zu Absatz 4

4 4 Bedarf ein zu Fuß marschierender Verband eigener Beleuchtung, so ist darauf zu achten, daß die Flügelmänner des ersten und des letzten Gliedes auch dann Leuchten tragen, wenn ein Fahrzeug zum Schutze des Verbandes vorausfährt oder ihm folgt.

5 1. **Geschlossener Verband** ist eine geordnete, einheitlich geführte und als Ganzes erkennbare Personen- oder FzMehrheit (bei Radf ab 16 Radf). Maßgebend sind einheitliche Führung, geschlossene Bewegung, bei Fzen, außer Radf, auch einheitliche Kennzeichnung (Wimpel, Schilder, FzArt und -farbe, uU Beleuchtung) und Fahren mit vorgeschriebenem Abstand, weil die geschlossene Gliederung bei ihnen sonst nicht ohne weiteres erkennbar ist, Bay VM **74** 67, Kar NZV **91** 154. Im Rahmen der StVO ist er wie *ein* VT zu behandeln mit der Folge, daß zB nach berechtigtem Einfahren in eine Kreuzung oder Passieren einer Einmündung durch das erste Fz der Kolonne die einzelnen dem Verband angehörigen Fze trotz nunmehr auftauchender bevorrechtigter VT (rechts vor links, VZ- oder LZA-Regelung) nicht wartepflichtig werden, Mü VRS **72** 170, Kar NZV **91** 154, LG Verden NZV **89** 324, *Riecker* VR **82** 1034, LG Rottweil VR **86** 1246 (Linksabbiegen des Verbandes bei später nahendem GegenV). Jedoch dürfen FzF im Verband nicht blind dem Vorausfahrenden folgen und das Verbandsvorrecht erzwingen, Kar NZV **91** 154. Ein geschlossener Verband kann auch aus wenigen Fahrzeugen bestehen, Nü VR **78** 1045, Kar NZV **91** 154, LG Verden NZV **89** 324 (mindestens 3). Solange der Zusammenhang der Kfze erkennbar ist (Kennzeichnung, FzTyp, Abstände), ist der Verband geschlossen und unterliegt den Regeln gemäß § 27, auch wenn er Lücken für den übrigen Verkehr zum Überholen oder Durchqueren freihält, wie II es vorschreibt, Ha DAR **91** 338, LG Verden NZV **89** 324 (30 m Abstand), Kar NZV **91** 154 (100 m Abstand), *Riecker* VR **79** 236, aM Nü VR **78** 1045. Beispiele: geführte Kinder- und Jugendgruppen, Schulklassen, die mangels Gehwegs geordnet zu Fuß die Fahrbahn benutzen müssen (bei vorhandenen Gehwegen sind diese zu benutzen, dann kein geschlossener Verband); mehr als 15 Radf, die geordnet auf der Fahrbahn fahren, dürfen zu zweit nebeneinander fahren, wenn sie den Verkehr nicht behindern (Begr zu § 2), s § 2 Rz 70; auf Radwegen gelten sie stets als Einzelpersonen. Da das Verbandsvorrecht andere VRegeln zurückdrängt, muß die Verbandszugehörigkeit jedes einzelnen Fzs unmißverständlich erkennbar sein, ohne weitere Überlegungen zu erfordern, einheitliche Bauweise und Abblendlicht bei Tage reichen nicht aus, Bay VM **74** 67 (abl *Booß*). Eine FzKolonne bei Stauung ist kein geschlossener Verband, Schl VM **63** 46. Bilden sich größere Lücken im Verband, so entfällt das Merkmal des geschlossenen Verbandes und Querfahren ist zulässig, sonst würde der Verkehr übermäßig behindert, aM Dü VR **69** 1027 (allein Kennzeichnung sei maßgebend). Ein einzelnes Fz, das dem Verband nachfährt, hat kein Vorrecht. S § 35 (Sonderrechte).

Lit: *Bouska*, Vorrang von Verbänden an Kreuzungen und Einmündungen, VD **71** 313. *Riecker*, Das „Kolonnenvorrecht" der Bundeswehr, VR **82** 1034. *Schweinoch*, Zum Vorrecht geschlossener Verbände …, DAR **61** 265.

6 2. **Die allgemeinen Verkehrsregeln** und polizeilichen Anordnungen und Weisungen gelten für geschlossene Verbände sinngemäß (Begr), vor allem die §§ 2, 3, 5, 6, 8 bis 12, 15, 17 bis 19, 20, 26, 36 ff. Ein marschierender Verband, der links abbiegen soll, ordnet sich vorher nicht nach links ein, da das nicht deutlich möglich wäre, er wird bis zum Abbiegen auf der rechten Fahrbahnseite geführt und biegt nach Richtungsänderungs Z ab (Begr), anders ein FzVerband. Vorfahrt steht Verbänden grundsätzlich nur nach den allgemeinen Regeln des § 8 zu; s aber Rz 7. Ausfahren eines Verbandes überbreiter Kfze von der AB in eine Bundesstraße, BGH VRS **44** 12. Demonstrationszüge müssen die VRegeln beachten, soweit diese die Versammlungsfreiheit nicht beengen (sonst gilt das VersammlungsG), *Bleckmann-Hilf*, Demonstration und StrV, 1970 S 37.

7 3. **Unterbrechungsverbot** (II). Geschlossene Verbände (ausgenommen Wegerechtsfze, § 35), Leichenzüge und Prozessionen haben weder Vorrecht noch Vorrang, doch darf der übrige Fahr- wie Gehverkehr sie nicht unterbrechen und nur in freigelassenen Zwischenräumen passieren. Niemand darf das Durchfahren oder Durchgehen also erzwingen. Nur insoweit besteht ein Verbot, ihre einheitliche Bewegung zu hemmen.

Beachtet der Verkehr das Hemmungsverbot nicht, darf der Verband es nicht erzwingen, Ol VM **71** 5. Wer sich beim Überholen eines fahrenden Verbandes wegen Gegenverkehrs vorübergehend in eine Lücke einordnen muß, hemmt oder behindert ihn nicht. Eine geschlossen über die Straße geführte Schulklasse darf nicht durchfahren werden, Dü VM **58** 15 (wohl nur auf § 1 zu stützen). Leichenzug ist die Gesamtheit der Personen und Fze, die dem Verstorbenen das Trauergeleit geben (Bestattung, Überführung). Prozessionen sind rituelle Umzüge der Geistlichkeit und Gemeindemitglieder aus festlichen Anlässen um Kirchen oder auf öffentlichen Straßen. Andere Umzüge fallen nicht unter § 27, auch nicht als geschlossene Verbände und nicht kraft gesonderter PolVorschrift, weil für solche gemäß der erschöpfenden StVO kein Raum ist. Zum Vorrang geschlossener militärischer und nichtmilitärischer Verbände, s § 1 StrVerkSiV (BGBl I **80** 1795). Verhalten gegenüber geschlossenen BW-Verbänden, VBl **71** 538, **87** 282 (Geltung der Verhaltenshinweise auch gegenüber amerikanischen, britischen, belgischen, niederländischen und kanadischen Streitkräften). Demonstrationen: Rz 6.

Bei längeren Verbänden usw haben die Verbandsführer (V) oder die Polizei (bei Leichenzügen und Prozessionen) **angemessene Zwischenräume freizuhalten.** Diese Lücken dienen dem Überholtwerden wie dem Querverkehr (II). Das gilt sinngemäß auch, wenn die Polizei Umzüge leitet, die nicht unter § 27 fallen. Selbsthilfe des übrigen Verkehrs ist gefährlich und unzulässig. Ist der Verband auseinandergerissen und als solcher nicht mehr ohne weiteres erkennbar (Rz 5), so entfällt das Hemmungsverbot, LG Verden NZV **89** 324. Zur Haftungsverteilung bei Kollision innerhalb der Kolonne mit einem anderen Kfz, Nü VR **78** 1045.

4. Der Verbandsführer (Aufsichtsführende) ist für Beachtung sämtlicher Regeln des § 27 verantwortlich (Rz 12), bei Leichenzügen und Prozessionen idR die Pol. Der Verbandsführer ist für die VSicherheit bei Beachtung der VVorschriften verantwortlich, Ol VM **71** 5, seine Hilfspersonen hat er nach Zuverlässigkeit auszuwählen und zu überwachen, Ol VM **71** 5.

5. Brücken (Fahr- wie Fußgängerbrücken) dürfen nicht stabilitätsgefährdend schwingen, daher ist auf ihnen Marschmusik mit Gleichschritt unzulässig (VI, Begr).

6. Beleuchtung. Unter den Voraussetzungen des § 17 (bei Dämmerung, Dunkelheit oder wenn die Sicht es sonst erfordert) sind marschierende oder reitende Verbände vorn durch weiße, hinten durch rote Leuchten oder gelbes Blinklicht so zu kennzeichnen, daß ihre seitliche Begrenzung deutlich sichtbar ist. Diese Leuchten sind also jeweils vom vorderen und hinteren linken und rechten Flügelmann (Reiter) auf der verkehrszugewandten Seite zu tragen, auch wenn ein Leit- oder Warnfz vorausfährt (Vwv Rn 4). Rückstrahlende Armbinden, andere WarnZ, geschwenkte Taschenlampen genügen allein nicht. Marschiert der Verband in deutlich getrennten Abteilungen (= mehrere Verbände), so ist jede Abteilung so zu beleuchten. Beleuchtung ist nur entbehrlich, wenn der Verband auf der gesamten Strecke durch andere Lichtquellen deutlich und rechtzeitig sichtbar beleuchtet ist. Neben den vorgeschriebenen Leuchten sind weitere Kennzeichnungsmittel zugelassen.

7. Ordnungswidrig (§§ 24 StVG, 49 StVO) handelt der Verbandsführer in den in § 49 II Nr 1 bezeichneten Fällen, der Führer einer Kinder- oder Jugendgruppe, der diese entgegen § 27 I nicht den Gehweg benutzen läßt (§ 49 II Nr 2), wer entgegen § 27 VI auf Brücken gemeinschaftlich mit anderen im Gleichschritt marschiert (§ 49 I Nr 24) und wer entgegen II einen geschlossenen Verband unterbricht (§ 49 II 1 a). In anderen Fällen handeln Verbandsangehörige nicht ow, weil § 49 dies nicht vorsieht.

Tiere

28 (1) ¹Haus- und Stalltiere, die den Verkehr gefährden können, sind von der Straße fernzuhalten. ²Sie sind dort nur zugelassen, wenn sie von geeigneten Personen begleitet sind, die ausreichend auf sie einwirken können. ³Es ist verboten, Tiere von Kraftfahrzeugen aus zu führen. ⁴Von Fahrrädern aus dürfen nur Hunde geführt werden.

(2) ¹Für Reiter, Führer von Pferden sowie Treiber und Führer von Vieh gelten die für den gesamten Fahrverkehr einheitlich bestehenden Verkehrsregeln und Anordnungen sinngemäß. ²Zur Beleuchtung müssen mindestens verwendet werden:
1. beim Treiben von Vieh vorn eine nicht blendende Leuchte mit weißem Licht und am Ende eine Leuchte mit rotem Licht,
2. beim Führen auch nur eines Großtieres oder von Vieh eine nicht blendende Leuchte mit weißem Licht, die auf der linken Seite nach vorn und hinten gut sichtbar mitzuführen ist.

1 **Begr** zu § 28: VBl **70** 814.

Vwv zu § 28 Tiere

Zu Absatz 1

2   1   *I. Die Halter von Federvieh sind erforderlichenfalls dazu anzuhalten, die notwendigen Vorkehrungen zur Fernhaltung ihrer Tiere von der Straße zu treffen.*

3   2   *II. Wenn Hunde auf Straßen mit mäßigem Verkehr nicht an der Leine, sondern durch Zuruf und Zeichen geführt werden, so ist das in der Regel nicht zu beanstanden.*

4   3   *III. Solange Beleuchtung nicht erforderlich ist, genügt zum Treiben einer Schafherde in der Regel ein Schäfer, wenn ihm je nach Größe der Herde ein Hund oder mehrere zur Verfügung stehen.*

5   **1. Haus- und Stalltiere. Verkehrsverbot.** Zu den Haus- und Stalltieren gehören alle üblicherweise oder individuell in Europa in Stall oder Haus gehaltenen Tiere, auch Federvieh (Hausgeflügel), aber nicht Tauben und Katzen, weil sich diese nicht dauernd einsperren lassen (Begr), Ol MDR **58** 604. Hunde sind Haustiere, Ko DAR **99** 505, Dü VM **86** 96.

6   **1 a. Von der Straße fernzuhalten** sind Haus- und Stalltiere (Rz 5), die den Verkehr gefährden können. Wo das zutrifft, müssen Tierhalter die Halteplätze genügend hoch einzäunen (Vwv Rn 1). Weidetiere: § 17 StVG. Auf einer Dorfstr, zumal bei Dunkelheit, braucht niemand mit führerlosen Pferden zu rechnen, BGH VR **62** 45. Koppeltiere, die auf ungeklärte Weise in den Verkehr gelangen, Hb MDR **69** 73. Haftungsfragen: § 17 StVG Rz 34.

7   **1 b. Zugelassen** im Verkehr sind Haus- und Stalltiere (Rz 5) bei ausreichender Beaufsichtigung, also idR nicht autoscheue Pferde, ungerittene oder übernervöse Reitpferde. Verkehrsungewohnte Rennpferde müssen im StrV transportiert oder geführt werden, Ha VM **71** 56. Die Einwirkungsmöglichkeiten richten sich nach der Art des Tieres, müssen aber mit Gewißheit bestehen. Die Aufsichtsperson muß dazu geeignet sein (Erfahrung, Geschicklichkeit, Kraft). Bei der unzulänglicher Aufsicht ist das Tier im Verkehr nicht zugelassen (Sonntagsreiter auf ungebärdigem Pferd, kleines Kind, das mit einem Hund spielt). Ein 13jähriger ist nicht grundsätzlich ungeeignet, einen Hund zu führen, Fra NZV **03** 486. Bei Kutschern darf die VB das Eignungszeugnis eines Arztes oder Sachverständigen einholen. Ungeeigneten kann das Tierführen untersagt oder unter Auflage erlaubt werden (§ 3 FeV). Die StrVB hat angemessene (Verhältnismäßigkeit) Maßnahmen zu treffen (Scheuklappen, Hilfszügel, Beißkörbe, Warntafeln an „Schlägern"). Angemessen ist jeweils die am wenigsten beeinträchtigende, noch ausreichende Maßnahme (keine Verwendung als Reit-, aber als Spannpferd). Untersagung weiterer Verwendung kommt nur äußerstenfalls in Betracht.

8   Zugtiere werden idR durch Zügel vom Fz oder Sattel aus gelenkt, bei ganz ruhigen Pferde- oder Ochsengespannen uU auch durch Zuruf im Nebenhergehen.

9   Strengste Anforderungen an Pferdehalter hinsichtlich Auswahl und Beaufsichtigung des Fahrers und der Gerätschaften, BGH VR **61** 346. Pferdeführer müssen links vom Tier gehen, 2 Pferde dürfen sie ungekoppelt nicht führen, gekoppelt bis zu 4 Pferde (Begr). Ein Reiter kann nur 2 Handpferde führen, mehr kann er weder vom Sattel aus noch abgesessen sicher beisammenhalten. An Fuhrwerken darf rechts am Zugpferd oder hinten am Fz ein kurz angekoppeltes Tier mitgeführt werden. Saugfohlen dürfen nicht unangekoppelt gehen, Sommer- oder Reitwege sind zu benutzen (Z 238), sonst die Fahrbahn. Pferde dürfen nicht getrieben werden. Ein Kf darf mit verkehrsgewohnten

Zugtieren rechnen, jedoch nicht bei unangeschirrten Pferden, BGH VRS **20** 255, VR **61** 346. Schafe: Vwv Rn 3 und Rz 12.

Hunde, wenn auf Zuruf gehorsam, brauchen (unbeschadet spezieller landesgesetzlicher Regelungen) auf Straßen mit mäßigem Verkehr idR nicht an der Leine geführt zu werden (Vwv Rn 2), Bay VRS **72** 366, Kö NZV **03** 485, Fra NZV **03** 486, Ko DAR **99** 505, Mü DAR **99** 456. Eine entsprechende Verpflichtung ergibt sich weder aus § 28 noch aus § 1 StVO, BGHSt **37** 366 = NZV **91** 277. Die nach Abs I S 2 erforderliche Einwirkungsmöglichkeit ist nur gegeben, solange sich der Hund im Blickfeld der Begleitperson befindet, Bay VRS **72** 366. Dann braucht ein solcher Hund, weil ein Radf naht, nicht zurückgerufen zu werden, Br VRS **23** 41, und auch nicht festgehalten. Anders bei einem schwerhörigen Hund, Mü HRR **39** 418 oder bei einem, der zu Beißerei neigt, Br VRS **24** 461. Das Verhalten des Hundes in der Vergangenheit ist für die Beurteilung seiner VSicherheit entscheidend, Dü VRS **68** 144, Bay VRS **74** 360. Auch wenn man einen Hund gefahrlos über die Straße schicken kann, kann der Verkehr es verbieten, ihn frei zurückzurufen, Kö VRS **24** 143. Hat sich ein Hund losgerissen und ist über die Fahrbahn gelaufen, so kann es ein Verschulden begründen, ihm nicht zu folgen, sondern lediglich zu versuchen, ihn zurückzurufen, Ha DAR **00** 406. Läßt der Halter den Hund entgegen Abs I S 2 ohne Begleitung im öffentlichen VRaum herumlaufen, kann er für Unfallfolgen strafrechtlich verantwortlich sein, Dü VM **86** 96. Ein Jagdhund darf nicht auf Suche geschickt werden, wenn er ohne Einwirkungsmöglichkeit auf die Straße laufen könnte, Ol DAR **62** 212, Ba NJW-RR **90** 735. Gemeindesatzungen über Anleinen von Hunden, s E 46.

In ländlichen Gegenden wird der Kf mit **Geflügel** auf der Straße rechnen müssen, AG Winsen MDR **58** 604, AG Bramsche MDR **58** 515 (s Vwv Rn 1), uU auch mit Enten, Ol DAR **61** 344.

Für **Schafherden** außerhalb der Beleuchtungszeit genügt idR ein Schäfer mit, je nach Größe der Herde, ausgebildeten Hunden (Vwv Rn 3). Der Schafhalter muß geprüfte Hütehunde verwenden, Ol DAR **57** 16. S auch Rz 16.

Lit: *Asmus,* Viehtreiben im StrV, DAR **63** 161. *H. W. Schmidt,* Tiere im Verkehrsrecht, KVR. *Derselbe,* Hunde im StrV, DAR **62** 232. *Derselbe,* Weidesicherung und StrV, DAR **65** 174. *Stollenwerk,* Tiere im StrV, DNP **95** 189.

2. Von **Kraftfahrzeugen und Fahrrädern** aus ist jedes Tierführen untersagt, weder angebunden noch von Hand oder gar durch Mitlaufenlassen auf Zuruf (I). Es verträgt sich nicht mit dem Lenken des Fz, kann Tierquälerei und VGefährdung durch das mitlaufende Tier sein (§ 1 TierschutzG) (Begr). Einzige Ausnahme: Führen von Hunden durch Radf (I S 4). Größere, schnell laufende Hunde dürfen von Fahrrädern aus geführt werden, soweit mit dem TierschutzG vereinbar, Kö NZV **03** 485.

3. Die **Verkehrsregeln und Anordnungen für den Fahrverkehr** gelten für Reiter, Pferdeführer, Treiber und Viehführer sinngemäß (II). Sie müssen deshalb die Fahrbahn und, soweit Sonderwege bezeichnet sind (Z 238), ausschließlich diese benutzen. Von Gehwegen sind sie ausgeschlossen. Feld- und Waldwege, die gleichzeitig, wenn auch beschränkt, zum Fahren mit mehrspurigen Fzen dienen, dürfen auch Reiter benutzen (§ 2 I), ebenso durch bloße Benutzung entstandene Pfade, wenn sie nicht offensichtlich dem Fußgängerverkehr vorbehalten sind, s VBl **73** 770. Landesrechtliche Regelungen des Reitens im Walde, s **E** 46. Auf Reitwegen ist Pferdeführen erlaubt (Z 238).

An **allgemeinen Verkehrsregeln** (außer Anordnungen, § 36) kommen in Betracht: die Grundregel (§ 1), die Vorschriften über Benutzung der Fahrbahn (§ 2), soweit keine Reitwege bestehen, das Einhalten der äußersten Seite (§ 2), das Abbiegen (§ 9), die Benutzung der rechten Fahrbahn, das Anzeigen der Richtungsänderung (§ 9), über besondere VLagen (§ 11), das Ein- und Anfahren (§ 10) (etwa beim Reiten, aber auch beim Viehtreiben, Mü VRS **84** 206). Für die Beleuchtung gilt II. Nach Streichung des § 8 III durch ÄndVO v 22. 3. 88 (s § 8 Rz 10) kann es nicht mehr zw sein, daß auch die Vorfahrtregeln des § 8 für die in Abs II genannten VT wie zB Reiter gelten, so schon für die frühere Rechtslage *Rüth/Berr/Berz* Rz 16. Reiter auf öffentlichen Waldwegen müssen die Gangart so wählen, daß sie niemanden behindern oder gefährden, Bay VM **71** 53.

16 Beim **Viehtreiben** hat der Treiber auf den Verkehr, dieser auf die Herde Rücksicht zu nehmen (§ 1), Mü VRS **84** 206 (Alleinhaftung des FzF trotz Verstoßes des Treibers gegen § 10). Die Zahl der Treiber richtet sich nach den Umständen (Zahl der Tiere, Weglänge, Art und Breite der Straße, Tageszeit, VDichte, uU StrFührung), Bay VRS **57** 211. Einige Behinderungen über kürzere Strecke muß der FahrV zumindest auf Nebenstr in Kauf nehmen, Bay VRS **57** 211. Kann das Treiben nach den Umständen den Verkehr gefährden, sind an die Zahl der Treiber, die Art und Zeit des Treibens strengere Anforderungen zu stellen als bei nur ganz vorübergehender Behinderung, Bay VRS **57** 211. Ausreichende Beaufsichtigung nach vorn und hinten ist nötig. Auf ländlichen OrtsStr genügen für 10 Kühe 2 Treiber, Nü VR **68** 285, 458 *(Schmidt)*, Ce VRS **9** 412. Bei nicht schwieriger VLage genügen für 8 Kühe 3 Treiber, Schl VM **61** 84. Kinder können größeres Vieh idR nicht sicher treiben. Dreizehnjährige aus der Landwirtschaft können geeignete Treiber sein, Bay VRS **57** 211. Viehtreibrahmen hinter Schleppern: § 46 Rz 14 (Vwv). Bei VBehinderung ist auf dem Sommerweg zu treiben, Ol DAR **57** 16. Auf der Fahrbahn müssen Treiber ausreichend einwirken können, Ol VRS **3** 417. Ist die Benutzung der gesamten StrBreite durch eine Schafherde unvermeidbar, so ist für ausreichende und rechtzeitige Warnung des Gegenverkehrs zu sorgen, Bay NZV **89** 482. Entlang einer Fahrstreifenbegrenzung (Z 295, 296) darf in aller Regel kein Vieh getrieben, ist es unvermeidlich, müssen Warner vorausgesandt werden (Begr). Für das Viehtreiben quer über die Straße gelten die §§ 1, 10, Bay DAR **73** 110, es ist äußerste Sorgfalt (**E** 150) geboten, um den Verkehr zu warnen, uU müssen die Tiere einzeln geführt werden, wenn der Fahrverkehr sonst gefährdet werden kann, Bay DAR **73** 110, VRS **44** 366. Über das Sichtfahrgebot hinaus braucht sich der Kf auch in ländlichen Gegenden nicht auf die Möglichkeit einer auf seiner Fahrbahnhälfte entgegenkommenden Viehherde einzustellen, Bay DAR **82** 242 (bei *Rüth*).

17 4. Zu **beleuchten** sind geführte Pferde und getriebenes Vieh entsprechend II (Begr). Beleuchtungszeit: § 17. Die Mindestbeleuchtung ist in II S 2 getrennt für das Treiben und Führen vorgeschrieben. Die Beleuchtungspflicht gilt auch für Schafherden, so daß zum Tragen der zweiten Leuchte dann eine weitere Person nötig ist, auch beim Treiben quer über eine BundesStr, Fra VM **62** 60. II gilt auch beim Zusammenkoppeln verschiedenartiger größerer Tiere. Die vorgeschriebenen Leuchten müssen von den Treibern so getragen werden, daß die Begrenzung des Viehtriebs nach links für den Fahrverkehr von vorn und hinten deutlich erkennbar ist, Bay DAR **73** 110. Treiben vorschriftswidrigen oder nicht beleuchteten Viehs kann einen Anscheinsbeweis begründen, BGH VR **59** 805. Großtiere sind auch exotische Tiere (Begr). Die Beleuchtungspflicht der Reiter ergibt sich jetzt aus § 1 (Begr). Die Beleuchtungsvorschrift des II Nr 1 regelt nur den Längsverkehr durch Viehtrieb, nicht auch das Treiben quer über die Straße, Bay DAR **73** 110, Ko ZfS **88** 200. Ein im Dunkeln quer über die Fahrbahn geführtes Großtier muß beiderseits ausreichend beleuchtet sein, KG VM **78** 56, Ko ZfS **88** 200.

18 5. Verstoß gegen § 28 kann zur **Haftung** für Schäden führen; die Vorschrift ist SchutzG iS von § 823 II BGB, Fra NZV **03** 486, Mü MDR **00** 393. **Tierhalterhaftung:** § 833 BGB. Unfälle zwischen Kfz und Tier: § 17 StVG.

19 6. **Ordnungswidrigkeit** (§§ 24 StVG, 49 StVO). Tierhalter und Verantwortliche: § 49 II Nr 3, Reiter, Tierführer und -treiber: § 49 II Nr 4.

Übermäßige Straßenbenutzung

29 (1) Rennen mit Kraftfahrzeugen sind verboten.

(2) ¹Veranstaltungen, für die Straßen mehr als verkehrsüblich in Anspruch genommen werden, bedürfen der Erlaubnis. ²Das ist der Fall, wenn die Benutzung der Straße für den Verkehr wegen der Zahl oder des Verhaltens der Teilnehmer oder der Fahrweise der beteiligten Fahrzeuge eingeschränkt wird; Kraftfahrzeuge in geschlossenem Verband nehmen die Straße stets mehr als verkehrsüblich in Anspruch. ³Der Veranstalter hat dafür zu sorgen, daß die Verkehrsvorschriften sowie etwaige Bedingungen und Auflagen befolgt werden.

Übermäßige Straßenbenutzung   § 29 StVO **2**

(3) ¹Einer Erlaubnis bedarf der Verkehr mit Fahrzeugen und Zügen, deren Abmessungen, Achslasten oder Gesamtgewichte die gesetzlich allgemein zugelassenen Grenzen tatsächlich überschreiten. ²Das gilt auch für den Verkehr mit Fahrzeugen, deren Bauart dem Führer kein ausreichendes Sichtfeld läßt.

Begr zur ÄndVO v 22. 3. 88 (VBl **88** 224): 1

Zu Abs 3: *Hier wird klargestellt, daß trotz einer Ausnahmegenehmigung nach § 70 StVZO es einer Erlaubnis nach § 29 Abs. 3 StVO nicht bedarf, wenn im Einzelfall die nach den §§ 32 und 34 StVZO zulässigen Abmessungen, Achslasten oder Gewichte tatsächlich nicht überschritten werden.*

Vwv zu § 29 Übermäßige Straßenbenutzung

Zu Absatz 1

1   I. *Rennen im Sinne des § 29 Abs. 1 sind Wettbewerbe oder Teile eines Wettbewerbes* **1 a**
     (z. B. Sonderprüfungen mit Renncharakter) sowie Veranstaltungen (z. B. Rekordversuche) zur Erzielung von Höchstgeschwindigkeiten mit Kraftfahrzeugen. Auf die Art des Starts (Gemeinsamer Start, Gruppenstart, Einzelstart) kommt es dabei nicht an.

2   II. *Das Verbot gilt auch für nichtorganisierte Rennen.*

3   III. *Eine Ausnahmegenehmigung für eine Rennveranstaltung mit Kraftfahrzeugen darf in der Regel nur dann erteilt werden, wenn Straßen benutzt werden, die nur geringe Verkehrsbedeutung haben. Die von der Veranstaltung in Anspruch genommenen Straßen sind zu sperren. In jedem Fall ist zu prüfen, ob eine zumutbare Umleitung für den Verkehr vorhanden ist und ob das Interesse an der Veranstaltung so stark überwiegt, daß die Beeinträchtigung des allgemeinen Verkehrs hingenommen werden kann.*

4   IV. *Die genehmigende oberste Landesbehörde kann es der zuständigen Straßenverkehrsbehörde oder höheren Verwaltungsbehörde überlassen, im Erlaubnisverfahren die erforderlichen Maßnahmen zu treffen, Bedingungen zu stellen und Auflagen zu machen.*

Zu Absatz 2

5   I. *Erlaubnispflichtige Veranstaltungen* **1 b**
       1. *Motorsportliche Veranstaltungen*
       Diese sind stets dann erlaubnispflichtig, wenn 30 Fahrzeuge und mehr am gleichen Platz starten oder ankommen. Unabhängig von der Zahl der teilnehmenden Fahrzeuge besteht eine Erlaubnispflicht nach Maßgabe folgender Grundsätze:

Faktor	Merkmal	erlaubnispflichtig ja	nein
1. Geschwindigkeit	a) vorgeschriebene Durchschnittsgeschwindigkeit	×	
	b) vorgeschriebene Mindestgeschwindigkeit	×	
2. Strecke	a) vorgeschriebene Streckenführung		
	b) Ermittlung des Siegers nach meistgefahrenen Kilometern	×	
	c) freie Streckenwahl ohne Kontrollstelle	×	
	d) freie Streckenwahl mit Kontrollstellen (Dauer bis zu einer Woche)		×
3. Zeit	a) vorgeschriebene Fahrtzeit	×	
	b) ohne Bewertung der Fahrtzeit		×
4. Besonderheiten	a) Sonderprüfungen	×	
	b) geschlossener Verband		×

6   *Wenn in der Ausschreibung einer motorsportlichen Veranstaltung ein Faktor enthalten ist, der eine Erlaubnis erforderlich macht, so ist diese Veranstaltung erlaubnispflichtig, auch wenn die anderen Faktoren eine Erlaubnis nicht erfordern.*

7	*Nicht erlaubt werden dürfen:* *a) Ballon-Begleitfahrten,* *b) Moto-Ball,* *c) Fahrten mit Motorschlitten,* *d) Stock-Car-Rennen,* *e) Autovernichtungs- oder Karambolagerennen. Dasselbe gilt für vergleichbare Veranstaltungen.*
8	*2. Veranstaltung mit Fahrrädern* *Erlaubnispflichtig sind* *a) Radrennen,* *b) Mannschaftsfahrten.* *Dasselbe gilt für vergleichbare Veranstaltungen.*
9	*3. Sonstige Veranstaltungen* *Erlaubnispflichtig sind* *a) Volksmärsche und Volksläufe, wenn mehr als 500 Personen teilnehmen oder das überörtliche Straßennetz (ab Kreisstraße) beansprucht wird,* *b) Radmärsche,* *c) Umzüge bei Volksfesten u. ä.*
10	*Dasselbe gilt für vergleichbare Veranstaltungen. Ortsübliche Prozessionen und andere ortsübliche kirchliche Veranstaltungen sowie kleinere örtliche Brauchtumsveranstaltungen sind verkehrsüblich und somit nicht erlaubnispflichtig. Es soll aber darauf hingewirkt werden, daß diese Veranstaltungen der zuständigen Straßenverkehrsbehörde angezeigt werden, damit diese im Einvernehmen mit der Polizei die notwendigen Maßnahmen im Interesse der Sicherheit und Ordnung treffen kann.*
11	*II. Allgemeine Grundsätze* *Die nachfolgenden Vorschriften verpflichten den Veranstalter nicht unmittelbar; die Erlaubnisbehörde hat die erforderlichen Maßnahmen zu treffen, insbesondere entsprechende Auflagen zu machen oder Bedingungen zu stellen.*
12	*1. Veranstaltungen sollen in der Regel auf abgesperrtem Gelände durchgeführt werden. Ist das wegen der Eigenart der Veranstaltung nicht möglich, so sollen Straßen nur benutzt werden, wenn dadurch die Sicherheit oder Ordnung des allgemeinen Verkehrs nicht beeinträchtigt wird.*
13	*2. Die Erlaubnispflicht erstreckt sich auch auf Straßen mit tatsächlich öffentlichem Verkehr; für deren Benutzung ist zusätzlich die Zustimmung des Verfügungsberechtigten erforderlich.*
14	*3. Auf das Erholungs- und Ruhebedürfnis der Bevölkerung ist besonders Rücksicht zu nehmen. Veranstaltungen, gleich welcher Art, die geeignet sind, die Nachtruhe der Bevölkerung zu stören, dürfen für die Zeit von 22.00 bis 6.00 Uhr nicht erlaubt werden.*
15	*4. Eine Erlaubnis darf nur für solche Veranstaltungen erteilt werden, die von einem Veranstalter organisiert und verantwortlich durchgeführt werden.*
16	*5. Eine Erlaubnis darf nur solchen Veranstaltern erteilt werden, die die Gewähr dafür bieten, daß die Veranstaltung entsprechend der Ausschreibung und den Bedingungen und Auflagen der Erlaubnisbehörde abgewickelt wird. Diese Gewähr bietet ein Veranstalter in der Regel nicht, wenn er eine erlaubnispflichtige Veranstaltung ohne Erlaubnis durchgeführt oder die Nichtbeachtung von Bedingungen oder Auflagen einer erlaubten Veranstaltung zu vertreten hat. In diesen Fällen soll für eine angemessene Dauer keine Erlaubnis mehr erteilt werden.*
17	*6. Der Veranstalter muß sich durch eine gegenüber der Erlaubnisbehörde abzugebende schriftliche Erklärung verpflichten, den Bund, die Länder, die Landkreise, die Gemeinden und sonstige Körperschaften des öffentlichen Rechts von allen Ersatzansprüchen freizustellen, die aus Anlaß der Veranstaltung aufgrund gesetzlicher Haftpflichtbestimmungen von Teilnehmern oder Dritten erhoben werden könnten. Er muß sich ferner verpflichten, die Wiedergutmachung aller Schäden zu übernehmen, die – auch*

Übermäßige Straßenbenutzung § 29 StVO **2**

ohne eigenes Verschulden von Teilnehmern – durch die Veranstaltung oder aus Anlaß ihrer Durchführung an den zu benutzenden Straßen einschließlich der Verkehrszeichen und Verkehrseinrichtungen sowie an Grundstücken (Flurschäden) entstehen. Bei Veranstaltungen mit Fahrrädern und sonstigen Veranstaltungen im Sinne von Nummer I 3 wird auf die Erklärung nach Satz 2 verzichtet, soweit sie sich auf Straßenschäden bezieht. Im übrigen bleiben die gesetzlichen Vorschriften über die Haftpflicht des Veranstalters unberührt.

18 7. Der Veranstalter muß eine Veranstaltungshaftpflichtversicherung, die auch die sich aus Nummer 6 ergebenden Wagnisse deckt, mit folgenden Mindestversicherungssummen abschließen:

19 a) Bei Veranstaltung mit Kraftwagen und bei gemischten Veranstaltungen
1 000 000 DM für Personenschäden (für die einzelne Person mindestens 300 000 DM),
200 000 DM für Sachschäden,
40 000 DM für Vermögensschäden;

20 b) bei Veranstaltungen mit Motorrädern und Karts
500 000 DM für Personenschäden (für die einzelne Person mindestens 300 000 DM),
100 000 DM für Sachschäden,
10 000 DM für Vermögensschäden;

21 c) Bei Radsportveranstaltungen
(als vereinigte Sport-, Unfall- und Haftpflichtversicherung zulässig)
500 000 DM für Personenschäden (für die einzelne Person mindestens 200 000 DM),
100 000 DM für Sachschäden,
10 000 DM für Vermögensschäden;

22 d) Bei sonstigen Veranstaltungen
50 000 DM bis 500 000 DM je nach Größe der Veranstaltung (als Rahmendeckungssumme); Abweichungen sind zulässig.

23 8. Unabhängig von Nummer 7 muß bei motorsportlichen Veranstaltungen, die auf nichtabgesperrten Straßen stattfinden, für jedes teilnehmende Fahrzeug der Abschluß eines für die Teilnahme an der Veranstaltung geltenden Haftpflichtversicherungsvertrages mit folgenden Mindestversicherungssummen nachgewiesen werden:

a) Bei Veranstaltungen mit Kraftwagen
2 000 000 DM pauschal;
b) Bei Veranstaltungen mit Motorrädern und Karts
1 000 000 DM pauschal.

24 9. Bei Rennen und Sonderprüfungen mit Renncharakter haften Veranstalter, Fahrer und Halter nach Maßgabe der gesetzlichen Bestimmungen über Verschuldens- und Gefährdungshaftung für die Schäden, die durch die Veranstaltung an Personen und Sachen verursacht worden sind. Haftungsausschlußvereinbarungen sind zu untersagen, soweit sie nicht Haftpflichtansprüche der Fahrer, Beifahrer, Fahrzeughalter, Fahrzeugeigentümer sowie der Helfer dieser Person betreffen. Für ausreichenden Versicherungsschutz zur Deckung von Ansprüchen aus vorbezeichneten Schäden hat der Veranstalter zu sorgen. Mindestversicherungssummen sind:

25 a) Für jede Rennveranstaltung mit Kraftwagen
1 000 000 DM für Personenschäden pro Ereignis,
300 000 DM für die einzelne Person,
200 000 DM für Sachschäden,
40 000 DM für Vermögensschäden.

26 b) für jede Rennveranstaltung mit Motorrädern und Karts
500 000 DM für Personenschäden pro Ereignis,
300 000 DM für die einzelne Person,
100 000 DM für Sachschäden,
20 000 DM für Vermögensschäden.

2 StVO § 29 I. Allgemeine Verkehrsregeln

27 Außerdem hat der Veranstalter für eine Unfallversicherung für den einzelnen Zuschauer in Höhe folgender Versicherungssummen zu sorgen:
30 000 DM für den Todesfall,
60 000 DM für den Invalidätsfall (Kapitalzahlung je Person).

28 Hierbei muß sichergestellt sein, daß die Beträge der Unfallversicherung im Schadensfall ohne Berücksichtigung der Haftungsfrage an die Geschädigten gezahlt werden. In den Unfallversicherungsbedingungen ist den Zuschauern ein unmittelbarer Anspruch auf die Versicherungssumme gegen die Versicherungsgesellschaften einzuräumen.

29 Der Veranstalter hat ferner dafür zu sorgen, daß an der Veranstaltung nur Personen als Fahrer, Beifahrer oder deren Helfer teilnehmen, für die einschließlich etwaiger freiwilliger Zuwendungen der Automobilklubs folgender Unfallversicherungsschutz besteht:
15 000 DM für den Todesfall,
30 000 DM für den Invalidätsfall (Kapitalzahlung je Person).
Die Nummern 7 und 8 bleiben unberührt.

30 10. Die Erlaubnisbehörde hat vom Veranstalter schriftliche Erklärungen zu verlangen, wonach er und die Teilnehmer auf Schadenersatzansprüche gegen den Straßenbaulastträger verzichten, die durch die Beschaffenheit der bei der Veranstaltung zu benützenden Straßen samt Zubehör verursacht sein können. Die Straßenbaulastträger und Erlaubnisbehörden übernehmen keine Gewähr dafür, daß die Straßen uneingeschränkt benutzt werden können.

31 11. Wenn notwendig, sind im Streckenverlauf, insbesondere an Gefahrenstellen (z. B. vor Kreuzungen oder Einmündungen mit Vorfahrtregelung, vor Bahnübergängen) zuverlässige, durch Armbinden kenntlich gemachte Ordner aufzustellen. Polizeiliche Befugnisse stehen den Ordnern nicht zu. Die Ordner haben Weisungen der Polizei zu befolgen.

32 12. Anfang und Ende der Teilnehmerfelder sind durch besonders gekennzeichnete Fahrzeuge (Spitzen- und Schlußfahrzeuge) oder durch Personen anzuzeigen, soweit die Art der Veranstaltung das zuläßt.

33 13. Dem Veranstalter kann aufgegeben werden, in der Tagespresse und in sonst geeigneter Weise rechtzeitig auf die Veranstaltung hinzuweisen.

34 14. Die Teilnehmer an einer Veranstaltung genießen kein Vorrecht im Straßenverkehr; sie haben die Straßenverkehrsvorschriften, ausgenommen auf gesperrten Straßen, zu beachten.

III. Erlaubnisverfahren

35 1. Allgemeines
a) Der Antragsteller ist darauf hinzuweisen, daß die Bearbeitung der Anträge in der Regel zwei Monate erfordert.

36 b) Für das Verfahren werden vom Bundesministerium für Verkehr nach Abstimmung mit den zuständigen obersten Landesbehörden Formblätter herausgegeben und im Verkehrsblatt veröffentlicht.

37 c) Wagenrennen, Motorradrennen und Sonderprüfungen mit Renncharakter betreffende Anträge sind nur zu bearbeiten, wenn zugleich Gutachten von Sachverständigen, vor allem über die Geeignetheit der Fahrstrecken und über die gebotenen Sicherungsmaßnahmen, vorgelegt werden.
Das Streckenabnahmeprotokoll des Deutschen Motor Sport Bundes e.V. Hahnstr. 70, 60528 Frankfurt (DMSB) ist in der Regel ein Gutachten in diesem Sinne.

38 d) Neben der Polizei sind stets auch die Straßenverkehrsbehörden, die Straßenbaubehörden, die Straßenbaulastträger, die Forstbehörden und die Naturschutzbehörden, soweit ihr Zuständigkeitsbereich berührt wird, zu hören. Die Beteiligung der Bahnunternehmen im Anhörverfahren ist erforderlich, wenn Bahnstrecken höhengleich (Bahnübergänge) oder nicht höhengleich (Überführungen) gekreuzt oder Bahnanlagen berührt werden. Eine von der Straßenbaubehörde etwa geforderte Sondernutzungsgebühr ist im Erlaubnisbescheid gesondert festzusetzen.

Übermäßige Straßenbenutzung § 29 StVO 2

39 e) Forderungen der nach Buchstabe d gehörten Stellen werden grundsätzlich im Erlaubnisbescheid durch entsprechende Bedingungen und Auflagen berücksichtigt. Kann die Polizei, eine Straßenbaubehörde, ein Straßenbaulastträger oder ein Bahnunternehmen Erstattung von Aufwendungen für besondere Maßnahmen aus Anlaß der Veranstaltung verlangen, so hat sich der Antragsteller schriftlich zur Erstattung zu verpflichten.

40 f) Die Erlaubnis soll erst dann erteilt werden, wenn die beteiligten Behörden und Dienststellen gegen die Veranstaltung keine Bedenken geltend gemacht haben.

41 2. Rennen mit Kraftfahrzeugen
a) Rennen nach Nummer I zu Absatz 1 (Rn. 1) dürfen nur auf abgesperrten Straßen durchgeführt werden. Die Absperrung hat durch Absperrschranken längs und quer zur gesperrten Straßenstrecke oder durch ähnlich wirksame Maßnahmen zu geschehen.

42 b) Bevor die Erlaubnis erteilt wird, müssen
aa) die Ausnahmegenehmigung von der Vorschrift des § 29 Abs. 1,

43 bb) das Streckenabnahmeprotokoll des DMSB oder das Gutachten eines von dem betreffenden Land im Einzelfall zugelassenen oder von einer zuständigen Behörde beauftragten Sachverständigen über die Eignung der Strecke für das Rennen und

44 cc) der Nachweis des Abschlusses der in den Nummern II 7, 8 und 9 (Rn. 18 ff.) genannten Versicherungen vorliegen.

45 c) Ein Streckenabnahmeprotokoll des DMSB oder ein sonstiges Gutachten ist nicht erforderlich, wenn das Rennen auf der gleichen Strecke wiederholt wird. Dann genügt eine rechtsverbindliche Erklärung der DMSB oder des Gutachters, daß sich die Strecke seit der letzten Abnahme weder in baulicher noch in rennmäßiger Hinsicht verändert hat.

46 d) Dem Rennen muß stets ein Training, das Teil des Wettbewerbs ist, vorausgehen; das gilt nicht für Sonderprüfungen mit Renncharakter.
Fahrer, die am Pflichttraining nicht teilgenommen haben, sind für das Rennen nicht zugelassen.

47 e) Beginn und Ende des Rennens sind auf geeignete Weise bekanntzugeben, damit die erforderlichen Sicherheitsmaßnahmen der zuständigen Stellen eingeleitet und wieder aufgehoben werden können.

48 f) Vor und während des Rennens hat der Veranstalter Verbindung mit der Polizeieinsatzleitung herzustellen und zu halten. Besondere Vorkommnisse während des Rennens sind der Einsatzleitung der Polizei sofort bekanntzugeben. Es ist ausschließlich Sache des Veranstalters, für die Sicherheit der Teilnehmer, Sportwarte und Zuschauer innerhalb des Sperrbereichs zu sorgen. Die Polizei hat lediglich die Aufgabe, verkehrsregelnde Maßnahmen außerhalb des Sperrbereichs – soweit erforderlich – zu treffen, es sei denn, daß ausnahmsweise (z. B. weil die Zuschauer den Anordnungen der Ordner nicht nachkommen) auf ausdrückliche Weisung ihres Leiters ein Einsatz innerhalb des Sperraums erforderlich ist.

49 g) Dem Veranstalter ist der Einsatz einer ausreichenden Zahl von Ordnern entlang der Absperrung aufzuerlegen. Umfang, Art und Beschaffenheit der Sicherungen ergeben sich aus den örtlichen Verhältnissen. Dabei sind die Auflagen im Streckenabnahmeprotokoll oder im Sachverständigengutachten zu beachten.

50 h) Der Veranstalter
aa) darf nur solche Fahrer am Rennen teilnehmen lassen, die eine gültige Fahrerlizenz des DMSB oder bei Ausländern eine gültige Lizenz der zuständigen ausländischen Organisationen besitzen,

51 bb) hat die bei der Abnahme der Rennstrecke festgesetzten Sperrzonen abzugrenzen, zu beschildern und mit eigenen Kräften zu überwachen,

52 cc) hat einen Sanitätsdienst mit den erforderlichen Ärzten, Unfallstationen und Krankentransportwagen einzurichten,

53 dd) hat für ausreichenden Feuerschutz zu sorgen und die notwendigen hygienischen Anlagen bereitzustellen,

54 ee) hat auf Verlangen der Erlaubnisbehörde eine Lautsprecheranlage um die Rennstrecke aufzubauen und während des Rennens in Betrieb zu halten; diese An-

2 StVO § 29   I. Allgemeine Verkehrsregeln

lage und andere vorhandene Verständigungseinrichtungen müssen der Polizei zur Verfügung gestellt werden, falls das im Interesse der öffentliche Sicherheit oder Ordnung notwendig ist,

55   ff) hat dafür zu sorgen, daß die Rennstrecke während des Wettbewerbs nicht betreten wird. Ausgenommen davon sind Sportwarte mit besonderem Auftrag der Rennleitung und Personen, die von der Rennleitung zur Beseitigung von Ölspuren und sonstigen Hindernissen sowie für den Sanitäts- und Rettungsdienst eingesetzt werden; sie müssen eine auffällige Warnkleidung tragen,

56   gg) hat die Untersuchung sämtlicher Rennfahrzeuge vor dem Rennen durch Sachverständige zu veranlassen. Hierbei sind vornehmlich die Teile genau zu untersuchen, die die Verkehrssicherheit der Fahrzeuge beeinflussen können,

57   hh) hat die Fahrzeuge der Rennleitung besonders deutlich zu kennzeichnen.

58   i) Das Rennen darf erst beginnen, wenn die Rennstrecke durch den Veranstalter freigegeben worden ist.

59   3. Sonstige motorsportliche Veranstaltungen

         a) Es dürfen nur solche Fahrer zum Start zugelassen werden, die
         aa) eine gültige Fahrerlaubnis besitzen und
         bb) nachweisen können, daß ihr Fahrzeug ausreichend versichert ist.

60   b) Fahrzeuge, die nicht den Vorschriften der StVZO entsprechen, sind von der Teilnahme auszuschließen. Teilnehmer, die ihr Fahrzeug, insbesondere die Auspuffanlagen oder die Beleuchtungseinrichtungen, nach dem Start verändern, sind unverzüglich aus der Wertung zu nehmen.

61   c) Jedem Teilnehmer ist eine Startnummer zuzuteilen, die deutlich sichtbar rechts oder links am Fahrzeug anzubringen ist. Von einer entsprechenden Auflage kann abgesehen werden, wenn die Art der Veranstaltung diese Kennzeichnung entbehrlich macht. Die Startnummernschilder dürfen erst bei der Fahrzeugabnahme angebracht und müssen nach Beendigung des Wettbewerbs oder beim vorzeitigen Ausscheiden sofort entfernt werden.

62   d) Alle an der Veranstaltung teilnehmenden Fahrzeuge sind vor dem Start von einem Sachverständigen zu überprüfen. Hierbei sind vornehmlich die Teile genau zu untersuchen, die die Verkehrssicherheit der Fahrzeuge beeinflussen können.

63   e) Der Abstand der Fahrzeuge beim Start darf eine Minute nicht unterschreiten.

64   f) Kontrollstellen dürfen nur abseits von bewohnten Grundstücken an geeigneten Stellen eingerichtet werden. Der allgemeine Verkehr darf durch die Kontrollstellen nicht beeinträchtigt werden.

65   g) Bei Wettbewerben, die ohne Fahrerwechsel über mehr als 450 km geführt werden oder die mehr als acht Stunden Fahrzeit erfordern, muß eine Zwangspause von mindestens 30 Minuten eingelegt werden.

66   h) Die Fahrzeugbesatzung muß aus mindestens zwei Personen bestehen, wenn die Art der Veranstaltung (z. B. Suchfahrt) dies erfordert.

67   i) Im Rahmen einer Veranstaltung dürfen je 30 km Streckenlänge je eine, insgesamt jedoch nicht mehr als fünf Sonderprüfungen mit Renncharakter auf öffentlichen Straßen durchgeführt werden. Der Veranstalter kann nach Maßgabe landesrechtlicher Vorschriften zusätzlich abseits öffentlicher Straßen weitere Sonderprüfungen mit Renncharakter abhalten. Sonderprüfungsstrecken auf öffentlichen Straßen dürfen in der Regel während einer Veranstaltung nur einmal durchfahren werden.

68   k) Die Polizei wird nicht nur Verstöße der Teilnehmer gegen die Verkehrsvorschriften verfolgen, sondern sie auch dem Veranstalter anzeigen. Dem Veranstalter ist daher aufzugeben, die Teilnehmer zu verpflichten, die Bordbücher oder -karten auf Verlangen Polizeibeamten zur Eintragung festgestellter Verstöße gegen straßenverkehrsrechtliche Bestimmungen auszuhändigen. Der Veranstalter ist verpflichtet, bei Feststellung solcher Eintragungen den betreffenden Teilnehmer aus der Wertung zu nehmen. Er ist ferner verpflichtet, während der Fahrt verkehrs- oder betriebsunsicher gewordene Fahrzeuge aus dem Wettbewerb zu nehmen.

69   l) die Fahrzeiten sind unter Berücksichtigung der Straßenverhältnisse so zu bemessen, daß jeder Teilnehmer in der Lage ist, die Verkehrsvorschriften zu beachten.

Übermäßige Straßenbenutzung § 29 StVO **2**

70   4. *Radsportveranstaltungen*
        a) Eine Radsportveranstaltung soll in der Regel nur auf Straßen erlaubt werden, die keine oder nur eine geringe Verkehrsbedeutung haben.
71   *b) Die Zahl der zur Sicherung erforderlichen Begleitfahrzeuge ist im Erlaubnisbescheid festzulegen, die Höchstzahl der Begleitfahrzeuge kann beschränkt werden; die Begleitfahrzeuge müssen gekennzeichnet sein. Werbung an diesen Fahrzeugen ist gestattet.*
72   *c) In der Regel muß die Straße zumindest im ersten und letzten Teilabschnitt gesperrt werden. Der Gegenverkehr kann an Ausweichstellen vorübergehend angehalten werden.*
73   5. *Sonstige Veranstaltungen*
        a) Volksmärsche, Volksläufe und Radmärsche sollen nur auf abgelegenen Straßen (Gemeindestraßen, Feld- und Waldwegen) zugelassen werden.
74   *b) Für ausreichenden Feuerschutz (Waldbrände), Sanitätsdienst und hygienische Anlagen ist zu sorgen.*
75   *c) Es empfiehlt sich die Teilnehmer in Gruppen starten zu lassen.*
76   *d) Bei Umzügen wird der Verkehr, soweit erforderlich, von den Straßenverkehrsbehörden in Zusammenarbeit mit anderen Stellen, insbesondere mit der Polizei, geregelt.*
77   IV. *Öffentliche Versammlungen und Aufzüge*
      Öffentliche Versammlungen unter freiem Himmel und Aufzüge, für die die Bestimmung des § 14 des Versammlungsgesetzes gilt, bedürfen keiner Erlaubnis. Notwendige Maßnahmen verkehrlicher Art hat die Straßenverkehrsbehörde der für Versammlungen zuständigen Behörde vorzuschlagen, damit sie bei den Anordnungen nach den Bestimmungen des Versammlungsgesetzes berücksichtigt werden.
78   V. *Veranstaltungen auf nichtöffentlichen Straßen*
      Für Veranstaltungen auf nicht gewidmeten Straßen ohne tatsächlich öffentlichen Verkehr gilt Landesrecht.

Zu Absatz 3 Großraum- und Schwerverkehr

79   I. Fahrzeuge und Fahrzeugkombinationen, deren Abmessungen, Achslasten oder Gesamtgewichte die nach den §§ 32 und 34 StVZO zulässigen Grenzen überschreiten oder bei denen das Sichtfeld (§ 35b Abs. 2 StVZO) eingeschränkt ist, bedürfen einer Ausnahmegenehmigung nach § 70 StVZO.   **1 c**

80   II. Die Abmessungen eines Fahrzeugs oder einer Fahrzeugkombination sind auch dann überschritten, wenn die Vorschriften über die Kurvenläufigkeit (§ 32d StVZO) nicht eingehalten werden.

81   III. Eine Erlaubnis ist nicht erforderlich, wenn
        1. nicht das Fahrzeug oder die Fahrzeugkombination, sondern nur die Ladung zu breit oder zu hoch ist oder die Vorschriften über die Abmessungen nur deshalb nicht eingehalten werden, weil die Ladung nach vorn oder nach hinten zu weit hinausragt; in diesem Fall ist nur eine Ausnahme von den in Betracht kommenden Vorschriften des § 22 und gegebenenfalls des § 18 Abs. 1 Satz 2 erforderlich (vgl. Nummer I bis V zu § 46 Abs. 1 Nr. 5; Rn. 13 ff.),
82   2. eine konstruktiv vorgesehene Verlängerung oder Verbreiterung des Fahrzeugs, z. B. durch Ausziehen der Ladefläche oder Ausklappen oder Anstecken von Konsolen usw., nicht oder nur teilweise erfolgt und das Fahrzeug in diesem Zustand den Bestimmungen des § 32 StVZO entspricht,
83   3. bei einem Fahrzeug, dessen Zulassung einer Ausnahmegenehmigung nach § 70 StVZO bedarf, im Einzelfall das tatsächliche Gesamtgewicht und die tatsächlichen Achslasten nicht die in § 34 Abs. 3 StVZO festgelegten Grenzen überschreiten.
    IV. *Voraussetzungen der Erlaubnis*
      1. Eine Erlaubnis darf nur erteilt werden, wenn
84   a) der Verkehr nicht – wenigstens zum größten Teil der Strecke – auf der Schiene oder auf dem Wasser möglich ist oder wenn durch einen Verkehr auf dem Schienen-

oder Wasserweg unzumutbare Mehrkosten (auch andere als die reinen Transportmehrkosten) entstehen würden und

85 b) für den gesamten Fahrtweg Straßen zur Verfügung stehen, deren baulicher Zustand durch den Verkehr nicht beeinträchtigt wird und für deren Schutz keine besonderen Maßnahmen erforderlich sind, oder wenn wenigstens die spätere Wiederherstellung der Straßen oder die Durchführung jener Maßnahmen vor allem aus verkehrlichen Gründen nicht zu zeitraubend oder zu umfangreich wäre.

86 2. Eine Erlaubnis darf außerdem nur erteilt werden:
a) Für die Überführung eines Fahrzeugs oder einer Fahrzeugkombination, dessen tatsächliche Abmessungen, Achslasten oder Gesamtgewichte die nach den §§ 32 und 34 StVZO zulässigen Grenzen überschreiten oder

87 b) für die Beförderung folgender Ladungen:
aa) **Einer** unteilbaren Ladung
Unteilbar ist eine Ladung, wenn ihre Zerlegung aus technischen Gründen unmöglich ist oder unzumutbare Kosten verursachen würde.
Als unteilbar gilt auch das Zubehör von Kränen.

88 bb) Einer aus **zwei Teilen** bestehenden Ladung, wenn die Teile aus Festigkeitsgründen nicht als Einzelstücke befördert werden können und diese unteilbar sind.

89 cc) **Mehrerer** einzelner Teile, die je für sich wegen ihrer Länge, Breite oder Höhe die Benutzung eines Fahrzeugs mit einer Ausnahmegenehmigung nach § 70 StVZO erfordern und unteilbar sind, jedoch unter Einhaltung der nach § 34 StVZO zulässigen Gesamtgewichte und Achslasten.

90 dd) Zubehör zu unteilbaren Ladungen; es darf 10 Prozent des Gesamtgewichts der Ladung nicht überschreiten und muß in dem Begleitpapier mit genauer Bezeichnung aufgeführt sein.

91 3. Hat der Antragsteller vorsätzlich oder grob fahrlässig zuvor einen Verkehr ohne die erforderliche Erlaubnis durchgeführt oder gegen die Bedingungen und Auflagen einer Erlaubnis verstoßen, so soll ihm für einen angemessenen Zeitraum keine Erlaubnis mehr erteilt werden.

V. Das Verfahren

92 1. Der Antragsteller ist darauf hinzuweisen, daß die Bearbeitung der Anträge in der Regel zwei Wochen erfordert und bei statischer Nachrechnung von Brückenbauwerken längere Fristen erforderlich sind. Von diesem Hinweis kann nur dann abgesehen werden, wenn der Antragsteller nachweist, daß die Beförderung eilbedürftig ist, nicht vorhersehbar war und geeigneter Eisenbahn- oder Schifftransportraum nicht mehr rechtzeitig zur Verfügung gestellt werden kann; dabei ist ein strenger Maßstab anzulegen.

93 Aus dem Antrag müssen mindestens folgende technische Daten des Fahrzeugs oder der Fahrzeugkombination einschließlich der Ladung ersichtlich sein:

94 Länge, Breite, Höhe, zulässiges und tatsächliches Gesamtgewicht, zulässige und tatsächliche Achsenlasten, Anzahl der Achsen, Achsabstände, Anzahl der Räder je Achse, Motorleistung, Art der Federung, Kurvenlaufverhalten, Abmessungen und Gewicht der Ladung, Höchstgeschwindigkeit des Transports, amtliches Kennzeichen von Zugfahrzeugen und Anhängern sowie die Bodenfreiheit.

95 2. Außer in den Fällen der Nummer 4 hat die zuständige Straßenverkehrsbehörde die nach § 8 Abs. 6 des Bundesfernstraßengesetzes oder den entsprechenden landesrechtlichen Bestimmungen zu beteiligenden Straßenbaubehörden sowie die Polizei und, wenn Bahnstrecken höhengleich (Bahnübergänge) oder nicht höhengleich (Überführungen) gekreuzt oder Bahnanlagen berührt werden, auch die Bahnunternehmen zu hören. Geht die Fahrt über den Bezirk einer Straßenverkehrsbehörde hinaus, so sind außerdem die Straßenverkehrsbehörden zu hören, durch deren Bezirk der Fahrtweg führt; diese verfahren für ihren Bezirk nach Satz 1. Die zuständige Erlaubnisbehörde hat im Anhörverfahren ausdrücklich zu bestätigen, daß die Abwicklung des Transports auf dem Schienen- oder Wasserweg unmöglich oder unzumutbar ist.

96 Ist die zeitweise Sperrung einer Autobahn-Richtungsfahrbahn erforderlich, bedarf es der Zustimmung der höheren Verwaltungsbehörde. Den beteiligten Behörden sind die

Übermäßige Straßenbenutzung § 29 StVO **2**

in Nummer V 1 aufgeführten technischen Daten des Fahrzeugs oder der Fahrzeugkombination mitzuteilen.

97   3. Geht die Fahrt über das Gebiet eines Landes hinaus, so ist unter Mitteilung der in Nummer V 1 aufgeführten technischen Daten des Fahrzeugs oder der Fahrzeugkombination die Zustimmung derjenigen höheren Verwaltungsbehörde einzuholen, durch deren Bezirk die Fahrt in den anderen Ländern jeweils zuerst geht. Auch für diese Behörden gilt Nummer 2 Satz 1. Auf die Anhörung der Polizei kann im Rahmen des Zustimmungsverfahrens in der Regel verzichtet werden. Eine Unterrichtung der Polizei über die Erteilung von Erlaubnissen für Großraum- und Schwertransporte ist jedoch unbedingt sicherzustellen. Die Zustimmung der genannten Behörden darf nur mit der Begründung versagt werden, daß die Voraussetzung nach Nummer IV 1 Buchstabe b (Rn. 85) in ihrem Bezirk nicht vorliegen. Die zuständigen obersten Landesbehörden können die für das Anhörverfahren bei der Erteilung von Dauererlaubnissen ohne festgelegten Fahrtweg zuständigen höheren Verwaltungsbehörden bestimmen. Führt die Fahrt nur auf kurze Strecken in ein anderes Land, so genügt es, statt mit der dortigen höheren Verwaltungsbehörde unmittelbar mit der örtlichen Straßenverkehrsbehörde und der örtlichen Straßenbaubehörde des Nachbarlandes Verbindung aufzunehmen.

98   4. Von dem in Nummer 2 und 3 angeführten Anhörungsverfahren ist abzusehen, wenn folgende tatsächliche Abmessungen, Achslasten und Gesamtgewichte im Einzelfall nicht überschritten werden und Zweifel an der Geeignetheit des Fahrtweges, insbesondere der Tunnelanlagen und an der Tragfähigkeit der Brücken, nicht bestehen:

  a) Höhe über alles   4 m
  b) Breite über alles   3 m

99   c) Länge über alles:
       – Einzelfahrzeuge (ausgenommen Sattelanhänger)   15 m
       – Sattelkraftfahrzeuge   20 m
         wenn das Kurvenlaufverhalten in einer Teilkreisfahrt unter
         Anwendung des § 32 d StVZO eingehalten wird   23 m
       – Züge   23 m

100 d) Achslasten
       – Einzelachsen   11,5 t
       – Doppelachsen
         Achsabstand:
         1 m bis weniger 1,3 m   17,6 t
         1,3 m bis 1,8 m   20,0 t

101 e) Gesamtgewicht
       aa) Einzelfahrzeuge
           – Fahrzeuge mit zwei Achsen
             (ausgenommen Sattelanhänger)   18,0 t
           – Kraftfahrzeuge mit drei Achsen   27,5 t
           – Anhänger mit drei Achsen   25,0 t
           – Kraftfahrzeuge mit zwei Doppelachsen, deren Mitten
             mindestens 4,0 m voneinander entfernt sind, sowie Sat-
             telzugmaschinen und Zugmaschinen mit vier Achsen   33,0 t

102   bb) Fahrzeugkombinationen
           (Züge und Sattelkraftfahrzeuge)
           – mit drei Achsen   29,0 t
           – mit vier Achsen   38,0 t
           – mit mehr als vier Achsen   41,8 t

103 Dies gilt auch, wenn das Sichtfeld eines Kraftfahrzeugs (§ 35 b Abs. 2 StVZO) eingeschränkt ist.

104 5. a) An den Nachweis der Voraussetzungen der Erlaubniserteilung nach Nummer IV sind strenge Anforderungen zu stellen. Über das Verlangen von Sachverständigengutachten vgl. § 46 Abs. 3 Satz 2. Die Erteilungsvoraussetzungen dürfen nur dann als amtsbekannt behandelt werden, wenn in den Akten dargelegt wird, worauf sich

diese Kenntnis gründet. Haben Absender und Empfänger Gleisanschlüsse, ist eine Erlaubniserteilung nur zulässig, wenn sich aus einer Bescheinigung der für den Versandort zuständigen Güterabfertigung ergibt, daß eine Schienenbeförderung nicht möglich oder unzumutbar ist. Von dem Nachweis darf nur in dringenden Fällen abgesehen werden.

105 b) Die Straßenverkehrsbehörde hat, wenn es sich um einen Verkehr über eine Wegstrecke von mehr als 250 km handelt, nach Nummer V 2 und 3 ein Anhörverfahren vorgeschrieben ist und eine Gesamtbreite von 4,20 m oder eine Gesamthöhe von 4,80 m (jeweils von Fahrzeug und Ladung) nicht überschritten wird, sich vom Antragsteller vorlegen zu lassen:

106 aa) eine Bescheinigung der für den Versandort zuständigen Güterabfertigung darüber, ob und gegebenenfalls innerhalb welcher Fristen und unter welchen Gesamtkosten die Schienenbeförderung bzw. die gebrochene Beförderung Schiene/Straße möglich ist,

107 bb) im gewerblichen Verkehr eine Bescheinigung des Frachtführers oder des Spediteurs über die tarifmäßigen Beförderungsentgelte und die Entgelte für zusätzliche Leistungen,

108 cc) im Werkverkehr den Nachweis über die gesamten Beförderungskosten; wird der Nachweis nicht erbracht, kann das tarifmäßige Beförderungsentgelt zuzüglich der Entgelte für zusätzliche Leistungen als Richtwert herangezogen werden.

109 c) Die Straßenverkehrsbehörde hat, wenn es sich um einen Verkehr über eine Wegstrecke von mehr als 250 km handelt und eine Gesamtbreite von 4,20 m oder eine Gesamthöhe von 4,80 m (jeweils von Fahrzeug und Ladung) oder ein Gesamtgewicht von 72 t überschritten wird, sich vom Antragsteller vorlegen zu lassen:

110 aa) eine Bescheinigung der nächsten Wasser- und Schiffahrtsdirektion darüber, ob und ggf. innerhalb welcher Fristen und unter welchen Gesamtkosten die Beförderung auf dem Wasser bzw. die gebrochene Beförderung Wasser/Straße möglich ist,

111 bb) im gewerblichen Verkehr eine Bescheinigung des Frachtführers oder des Spediteurs über die tarifmäßigen Beförderungsentgelte und die Entgelte für zusätzliche Leistungen,

112 cc) im Werkverkehr den Nachweis über die gesamten Beförderungskosten; wird der Nachweis nicht erbracht, kann das tarifmäßige Beförderungsentgelt zuzüglich der Entgelte für zusätzliche Leistungen als Richtwert herangezogen werden.

113 In geeigneten Fällen kann die Straßenverkehrsbehörde die Bescheinigung auch für Transporte mit weniger als 250 km Wegstrecke verlangen. Die Vorlage der Bescheinigungen nach den Doppelbuchstaben aa, bb oder cc ist nicht erforderlich, wenn ein Transport auf dem Wasserweg offensichtlich nicht in Betracht kommt.

114 VI. Der Inhalt des Erlaubnisbescheides

1. Der Fahrtweg ist in den Fällen festzulegen, in denen nach Nummer V 2 und 3 (Rn. 95ff.) ein Anhörungsverfahren vorgeschrieben ist. Dabei müssen sämtliche Möglichkeiten des gesamten Straßennetzes bedacht werden. Eine Beeinträchtigung des Verkehrsflusses in den Hauptverkehrszeiten muß vermieden werden. Auch sollte der Fahrweg so festgelegt werden, daß eine Verkehrsregelung nicht erforderlich ist.

115 2. Erforderlichenfalls ist auch die Fahrzeit festzulegen. Jedenfalls in den Fällen, in denen nach Nummer V 2 und 3 (Rn. 95ff.) ein Anhörungsverfahren vorgeschrieben ist, soll für Straßenabschnitte, die erfahrungsgemäß zu bestimmten Zeiten einen erheblichen Verkehr aufweisen, die Fahrzeit in der Regel wie folgt beschränkt werden:

116 a) Die Benutzung von Autobahnen ist in der Regel von Freitag 15 Uhr bis Montag 9 Uhr zu verbieten und, falls diese Straßen starken Berufsverkehr aufweisen, auch an den übrigen Wochentagen von 6 Uhr bis 8.30 Uhr und von 15.30 Uhr bis 19 Uhr. Vom 1. Juli bis 31. August sowie von Gründonnerstag bis Dienstag nach Ostern und von Freitag vor Pfingsten bis Dienstag danach sollte solchem Verkehr die Benutzung der Autobahnen möglichst nur von 22 Uhr bis 6 Uhr erlaubt werden. Gegebenenfalls kommt auch ein Verbot der Autobahnbenutzung an anderen Feiertagen (z. B. Weihnachten) sowie an den Tagen davor und danach in Betracht.

Übermäßige Straßenbenutzung § 29 StVO **2**

117 b) Auf Bundesstraßen samt ihren Ortsdurchfahrten und auf anderen Straßen mit erheblichem Verkehr außerhalb geschlossener Ortschaften darf solcher Verkehr in der Regel nur von Montag 9 Uhr bis Freitag 15 Uhr erlaubt werden. Die Benutzung von Straßen mit starkem Berufsverkehr ist in der Regel werktags von 6 Uhr bis 8.30 Uhr und von 15.30 Uhr bis 19 Uhr zu verbieten.
Zu Buchstabe a und b:

118 Ist die Sperrung einer Autobahn, einer ganzen Fahrbahn oder die teilweise Sperrung einer Straße mit erheblichem Verkehr notwendig, so ist das in der Regel nur in der Zeit von 22 Uhr bis 6 Uhr zu erlauben.

119 3. Von der Fahrzeitbeschränkung nach Nummer VI 2 Buchstabe a Satz 2 kann abgesehen werden, wenn Last- und Leerfahrten mit Fahrzeugen oder Fahrzeugkombinationen durchgeführt werden, deren transportbedingte und nach der Ausnahmegenehmigung gemäß § 70 StVZO bzw. nach der Erlaubnis gemäß § 29 Abs. 3 zulässige Höchstgeschwindigkeit 80 km/h beträgt, sofern sie die in Nummer V 4 Buchstabe a bis c (Rn. 98, 99) aufgeführten Abmessungen nicht überschreiten. Von der Fahrzeitbeschränkung nach Nummer VI 2 kann ferner abgesehen werden, wenn der Antragsteller nachweist, daß die Beförderung eilbedürftig ist und bei einer Beschränkung der Fahrzeit die termingerechte Durchführung des Transportauftrags nicht gewährleistet ist. Dies gilt jedoch nicht, wenn die Eilbedürftigkeit durch Verschulden des Antragstellers entstanden ist.

120 Ein Abweichen soll nicht zugelassen werden, wenn es erhebliche Einschränkungen des allgemeinen Verkehrs zu Verkehrsspitzenzeiten oder auf Strecken mit starkem Verkehrsaufkommen zur Folge haben würde. In diesen Fällen muß der Transport auf weniger bedeutende Straßen ausweichen.

121 4. Um einen reibungslosen Ablauf des Großraum- und Schwerverkehrs sicherzustellen, kann die zuständige Polizeidienststelle im Einzelfall von der im Erlaubnisbescheid festgesetzten zeitlichen Beschränkung abweichen, wenn es die Verkehrslage erfordert oder gestattet.

122 5. a) Soweit es die Sicherheit oder Ordnung des Verkehrs erfordert, sind Bedingungen zu stellen und Auflagen zu machen; insbesondere werden die von den Straßenverkehrsbehörden, den Straßenbaubehörden und Bahnunternehmen mitgeteilten Bedingungen, Auflagen und Sondernutzungsgebühren grundsätzlich in die Erlaubnis aufgenommen. Erforderlichenfalls ist für die ganzen Fahrtweg oder für bestimmte Fahrstrecken die zulässige Höchstgeschwindigkeit zu beschränken.

123 b) Es ist vorzuschreiben, daß die Fahrt bei erheblicher Sichtbehinderung durch Nebel, Schneefall oder Regen oder bei Glatteis zu unterbrechen und das Fahrzeug möglichst außerhalb der Fahrbahn abzustellen und zu sichern ist.

124 c) Die Auflage, das Fahrzeug oder die Fahrzeugkombination besonders kenntlich zu machen, ist häufig geboten, etwa durch Verwendung von Kennleuchten mit gelbem Blinklicht (§ 38 Abs. 3) oder durch Anbringung weiß-rot-weißer Warnfahnen oder weiß-roter Warntafeln am Fahrzeug oder Fahrzeugkombination selbst oder an einem begleitenden Fahrzeug. Auf die „Richtlinien für die Kenntlichmachung überbreiter und überlanger Straßenfahrzeuge sowie bestimmter hinausragender Ladungen" (VkBl. 1974 S. 2) wird verwiesen.

125 d) Außerdem ist die Auflage aufzunehmen, daß vor Fahrtantritt zu prüfen ist, ob die im Erlaubnisbescheid festgelegten Abmessungen, insbesondere die vorgeschriebene Höhe, eingehalten werden.

126 6. Der Antragsteller hat bei der Antragstellung folgende Haftungserklärung bzw. folgenden Haftungsverzicht abzugeben: „Soweit durch den Transport Schäden entstehen, verpflichte ich mit, für Schäden an Straßen und deren Einrichtungen sowie an Eisenbahnanlagen, Eisenbahnfahrzeugen, sonstigen Eisenbahngegenständen und Grundstücken aufzukommen und Straßenbaulastträger, Polizei, Verkehrssicherungspflichtige und Eisenbahnunternehmer von Ersatzansprüchen Dritter, die aus diesen Schäden hergeleitet werden, freizustellen. Ich verzichte ferner darauf, Ansprüche daraus herzuleiten, daß die Straßenbeschaffenheit nicht den besonderen Anforderungen des Transportes entspricht."

127 7. Es kann geboten sein, einen Beifahrer, weiteres Begleitpersonal und private Begleitfahrzeuge mit oder ohne Wechselverkehrszeichen-Anlage vorzuschreiben. Begleitfahrzeuge mit Wechselverkehrszeichen-Anlage sind gemäß „Merkblatt über die Ausrüstung eines privaten Begleitfahrzeuges" auszurüsten. Ein Begleitfahrzeug mit Wechselverkehrszeichen-Anlage darf nur vorgeschrieben werden, wenn wegen besonderer Umstände das Zeigen von Verkehrszeichen durch die Straßenverkehrsbehörde anzuordnen ist. Diese Voraussetzung liegt bei einem Großraumtransport insbesondere vor, wenn bei einem Transport

128 a) auf Autobahnen und Straßen, die wie eine Autobahn ausgebaut sind
  – bei zwei oder mehr Fahrstreifen plus Seitenstreifen je Richtung die
    Breite über alles   4,50 m
  – bei zwei Fahrstreifen ohne Seitenstreifen je Richtung die Breite über alles 4,00 m
    (bei anderen Querschnitten ist die Regel sinngemäß anzuwenden)
    oder

129 b) auf anderen Straßen in der Regel
  die Breite über alles von   3,00 m
  die Länge über alles von   27,00 m
  überschritten wird,

130 c) auf allen Straßen
  der Sicherheitsabstand bei Überführungsbauwerken von 10 cm nicht eingehalten werden kann.
  Die Voraussetzungen liegen ebenfalls vor, wenn im Richtungsverkehr aufgrund des Gewichtes des Transportes nur eine Einzelfahrt oder die Fahrt mit Pkw-Verkehr über Brücken durchgeführt werden darf.

131 Eine polizeiliche Begleitung ist grundsätzlich nur erforderlich, wenn
  a) bei Autobahnen und Straßen, die wie eine Autobahn ausgebaut sind
    – bei zwei oder mehr Fahrstreifen plus Seitenstreifen je Richtung die Breite über alles von 5,50 m,
    – bei zwei Fahrstreifen ohne Seitenstreifen je Richtung die Breite von 4,50 m
    oder
  b) auf anderen Straßen
    – die Breite über alles von 3,50 m
  überschritten wird.

132 Polizeiliche Maßnahmen aus Anlaß eines Transportes sind nur erforderlich, wenn
  a) der Gegenverkehr gesperrt werden muß,
  b) bei einer Durchfahrt durch ein Überführungsbauwerk oder durch sonstige feste Straßenüberbauten der Transport nur in abgesenktem Zustand erfolgen kann
    oder
  c) bei sonstigen schwierigen Straßen- oder Verkehrsverhältnissen
    oder
  d) eine besondere Anordnung für das Überfahren bestimmter Brückenbauwerke aufgrund der Länge des betreffenden Bauwerkes erforderlich ist.

133 Sofern eine polizeiliche Begleitung/polizeiliche Maßnahme erforderlich ist, ist der Transport frühzeitig, in der Regel spätestens 48 Stunden vor Fahrtantritt, bei der für den Ausgangsort zuständigen Polizeidienststelle anzumelden.

134 8. Entfällt nach Nummer V 4 (Rn. 98ff.) das Anhörverfahren, so ist dem Erlaubnisnehmer die Auflage zu erteilen, vor der Durchführung des Verkehrs in eigener Verantwortung zu prüfen, ob der beabsichtigte Fahrtweg für den Verkehr geeignet ist.

VII. Dauererlaubnis

135 1. Einem Antragsteller kann, wenn die Voraussetzungen nach Nummer IV (Rn. 84ff.) vorliegen und er nachweist, daß er häufig entsprechenden Verkehr durchführt, eine auf höchstens drei Jahre befristete Dauererlaubnis für Großraum- und Schwerverkehr erteilt werden.

136 2. Eine Dauererlaubnis darf nur erteilt werden, wenn
  a) polizeiliche Begleitung nicht erforderlich ist und

	b) der Antragsteller Großraum- und Schwertransporte schon längere Zeit mit sachkundigen, zuverlässigen Fahrern und verkehrssicheren Fahrzeugen ohne Beanstandung durchgeführt hat.
137	3. Die Dauererlaubnis ist auf Fahrten zwischen bestimmten Orten zu beschränken; statt eines bestimmten Fahrtwegs können dem Antragsteller auch mehrere zur Verfügung gestellt werden. Eine Dauererlaubnis kann auch für alle Straßen im Zuständigkeitsbereich der Erlaubnisbehörde und der benachbarten Straßenverkehrsbehörden erteilt werden. Für Straßenverkehrsbehörden mit kleinen räumlichen Zuständigkeitsbereichen können die obersten Landesbehörden Sonderregelungen treffen.
138	4. In die Dauererlaubnis ist die Auflage aufzunehmen, daß der Antragsteller vor der Durchführung des Verkehrs in eigener Verantwortung zu überprüfen hat, ob der beabsichtigte Fahrtweg für den Verkehr geeignet ist. Die Maße und Gewichte, die einzuhalten sind, und die Güter, die befördert werden dürfen, sind genau festzulegen.
139	5. Für die Zustellung und Abholung von Eisenbahnwagen zwischen einem Bahnhof und einer Versand- oder Empfangsstelle kann eine befristete Dauererlaubnis erteilt werden, wenn der Verkehr auf der Straße und deren Zustand dies zulassen.
140	6. Die höhere Verwaltungsbehörde, die nach § 70 Abs. 1 Nr. 1 StVZO eine Ausnahmegenehmigung von den Vorschriften der §§ 32 und 34 StVZO erteilt, kann zugleich eine allgemeine Dauererlaubnis für eine Überschreitung bis zu den in Nummer V 4 aufgeführten Abmessungen, Achslasten und Gesamtgewichten erteilen. Dies gilt auch, wenn das Sichtfeld (§ 35 b Abs. 2 StVZO) eingeschränkt ist. Die Dauererlaubnis ist auf die Geltungsdauer, höchstens jedoch auf drei Jahre, und den Geltungsbereich der Ausnahmegenehmigung nach § 70 Abs. 1 Nr. 1 StVZO zu beschränken.
141	7. Eine Dauererlaubnis darf nur unter dem Vorbehalt des Widerrufs erteilt werden. Sie ist zu widerrufen, wenn der Verkehrsablauf unzumutbar beeinträchtigt wird oder sonstige erhebliche Belästigungen oder Gefährdungen der Verkehrsteilnehmer eingetreten sind. Die Dauererlaubnis kann widerrufen werden, wenn der Erlaubnisinhaber eine Auflage nicht erfüllt.
142	8. Im übrigen sind die Vorschriften in Nummer I bis VI sinngemäß anzuwenden.

VIII. Sonderbestimmungen für Autokräne

143	1. Die Vorschriften in Nummer IV 1 Buchstabe a (Rn. 84) sowie in Nummer V 5 Buchstabe b und V 5 Buchstabe c (Rn. 105 ff.) sind nicht anzuwenden.
144	2. Die Vorschriften in Nummer VI 2 (Rn. 115 ff.) sind nicht anzuwenden, wenn folgende Abmessungen, Achslasten und zulässigen Gesamtgewichte nicht überschritten werden:

	a) Höhe über alles	4 m
	b) Breite über alles	3 m
	c) Länge über alles	15 m
	d) Einzelachslast	12 t
	e) Doppelachslast	24 t
	f) Zulässiges Gesamtgewicht	48 t

145	3. Im übrigen sind die Vorschriften in Nummer I bis VII sinngemäß anzuwenden.

1. Rennen mit Kfzen (zB Geschicklichkeitsfahrten, Zuverlässigkeits- oder Leistungsprüfungsfahrten) sind im öffentlichen VRaum verboten (l), nicht organisierte („wilde") (Vwv Rn 2), aber auch motorsportlich organisierte, BVG NZV **97** 372 (krit *Krampe* DAR **97** 377), auch Motorradrennen, auch wenn die Teilnehmer einzeln oder pulkweise abgelassen werden, Kar VRS **66** 56, OVG Münster DAR **96** 369, oder Rekordversuche einzelner Kfz, auch sog Sprintprüfungen, Dü VM **01** 5, Bra NZV **95** 38, Sternfahrten als Zeitfahren, erst recht nichtorganisierte („wilde") Rennen, Ha NZV **97** 515. Maßgebend sind die Fahrregeln. Rennen: wenn zur Siegerermittlung, ohne Rücksicht auf Streckenlänge, also auch bei Kurzstreckenprüfungen, die Höchstgeschwindigkeit zumindest mitbestimmend ist, s Vwv Rn 1, (Rz 1 a), BGHZ **154** 316 = NZV **03**

321, BVG NZV **97** 372, Bra NZV **95** 38, uU auch ohne vorherige Absprache, Ha NZV **97** 367, 515, nicht aber bei ganz unbedeutendem Einfluß auf das wesentlich von der Geschicklichkeit abhängende Ergebnis, Ha NZV **89** 312 (Funksignalsuchfahrt, „Fuchsjagd"). Rennen iS von Abs I ist auch ein Wettbewerb, bei dem die höchste Durchschnittsgeschwindigkeit bei der Zurücklegung der Strecke zwischen Start und Ziel ermittelt wird, BGHZ **154** 316 = NZV **03** 321, Kar VRS **66** 56 (Rallye mit Start in Dänemark und Ziel in Spanien). Bei Rallyes unterliegen nur die Fahrtstrecken dem Verbot des Abs I (und damit einer Genehmigungspflicht), auf denen eine Wertung erfolgt, OVG Münster DAR **96** 369. Das grundsätzliche Verbot von Rennen ist durch die Ermächtigungsnorm des § 6 I Nr 3 StVG gedeckt, BVG NZV **97** 372. Ist eine Ausnahme (Rz 3) erteilt, so haben Rennteilnehmer keinerlei Vorrechte im Verkehr. Der Hinweis des Veranstalters, daß die VRegeln einzuhalten sind, ist für die rechtliche Einordnung eines Wettbewerbs als Rennen bedeutungslos, Kar VRS **66** 56. Dü DAR **76** 305 hält eine Orientierungsfahrt von etwa 6 Kfzen unter Beachtung aller VRegeln bei Verbot des Zuschnellfahrens unter Zeitkontrolle, ohne daß es auf die *Geschwindigkeit* ankommt, für genehmigungspflichtig, ohne darzutun, inwiefern Zahl, Verhalten oder Fahrweise der Teilnehmer sich von der üblichen und erlaubten StrBenutzung unterscheiden; der Hinweis auf die Vwv reicht zur Begr nicht aus, soweit die Vwv über § 29 II hinausgeht (E 4a). Zuverlässigkeitsfahrten zur Erprobung des Dauerbetriebs von Kfzen sind keine Rennen, RGZ **130** 162. Auf nichtöffentliche Straßen (Rennbahnen) bezieht sich I nicht, jedoch auf Strecken, die zugleich als Rennstrecken dienen. Das mit dem Befreiungsvorbehalt des § 46 II ausgestaltete grundsätzliche Verbot des Abs I ist verhältnismäßig und verstößt nicht gegen Art 9 GG, OVG Lüneburg DVBl **96** 1441.

3 **Ausnahmen** von I (Vwv Rn 3) kann die oberste Landesbehörde genehmigen (§ 46 II), BVG NZV **97** 372 (krit *Thubauville* VM **98** 22), OVG Münster DAR **96** 369. Formblätter für erlaubnispflichtige Veranstaltungen nach § 29 StVO, VBl **79** 746. Auf eine Ausnahmegenehmigung vom Rennverbot besteht kein Rechtsanspruch, BVG VRS **53** 236. Um ein Unterlaufen der gesetzlichen Regel des Abs I zu vermeiden, sind an die Ausnahmeerteilung strenge Anforderungen zu stellen, OVG Münster VM **94** 55 (abl Anm *Seidenstecher* DAR **95** 95); gegen zu repressive Rspr *Ronellenfitsch* DAR **95** 246 f. Andererseits widerspräche eine generelle Ablehnung aus grundsätzlichen, jede Rennveranstaltung betreffenden Erwägungen der bei der Ermessensausübung gebotenen Abwägung im Einzelfall, OVG Münster DAR **96** 369. Die Ausnahmeerteilung setzt auch nicht voraus, daß ein dringendes öffentliches Interesse an der Durchführung der Veranstaltung besteht, BVG 3 C 2.97(insoweit nicht abgedruckt in NZV **97** 372). Bei der Ermessensentscheidung ist der Lärmschutz der Anlieger durch Auflagen sicherzustellen, BVG VRS **53** 236. Die Interessen Erholungsuchender gehen dem Interesse um eine Ausnahmegenehmigung nachsuchenden Rennveranstalters idR vor, BVG NZV **94** 374, einschränkend *Ronellenfitsch* DAR **95** 247. Die Versagung der beantragten Ausnahme kann auch auf Gründe des Naturschutzes gestützt werden, OVG Lüneburg DVBl **96** 1441, VG Freiburg NZV **89** 207. Versagung der Ausnahmegenehmigung aus Gründen der Gefährlichkeit und des Landschaftsschutzes kann auch dann ermessensfehlerfrei sein, wenn bisher jahrelang für die gleiche Veranstaltung Genehmigungen erteilt wurden, OVG Lüneburg ZfS **92** 142, OVG Münster VM **94** 55 (krit *Ronellenfitsch* DAR **95** 246).

4 **2. Veranstaltungen als Sondernutzung** öffentlicher VFlächen sind erlaubnispflichtig (II). Sondernutzung: E 51. II S 2 regelt die Grenze des noch Verkehrsüblichen abschließend, Dü VM **77** 20. Kraft ausdrücklicher Vorschrift nehmen Kfze im geschlossenen Verband (§ 27) die Straße stets mehr als verkehrsüblich in Anspruch (Erlaubnispflicht: Vwv Rn 5 ff). Zum Begriff der Veranstaltung gehört ein gewisser organisatorischer Aufwand und Umfang, Hb VM **62** 49, dessen Wirkungen den allgemeinen Verkehr stören. Merkmale sind nach II die Zahl der Teilnehmer einschließlich der Zuschauer, *Ronellenfitsch* DAR **95** 245, das Verhalten der Teilnehmer oder die Fahrweise der beteiligten Fze, zB bei Sportveranstaltungen, Schaustellungen, Jahrmärkten und anderen Märkten. Zur Genehmigungspflicht von Wallfahrten, s *Rebler* BayVBl **02** 661. Daß die Veranstaltung mit der Benutzung zu Verkehrszwecken zusammenhängt, ist also nicht erforderlich, vielmehr fallen auch „stationäre" Veranstaltungen unter Abs II, BVG NZV **89** 325, aM

Kar VRS **53** 472, *Manssen* DÖV **01** 157. Hierher gehören auch öffentliche Veranstaltungen mit Rollbrettern (§ 31). Filmaufnahmen auf Straßen sind erlaubnispflichtig, Hb VRS **15** 371. Motorzuverlässigkeitsfahrten auf öffentlichen Straßen mit Kontrollposten und Zeitnahme fallen unter II S 1, Dü VRS **56** 356. Radfahrveranstaltungen: Vwv Rn 8. Durch die Erlaubniserteilung kann die VB nicht zugleich eine verschuldensunabhängige Veranstalterhaftung begründen, Kö VR **92** 470. Anbringung notwendiger VZ und VEinrichtungen: § 45 V.

Keine Veranstaltung iS von § 29 sind öffentliche Versammlungen und Aufmärsche im Freien (§§ 14ff VersammlungsG), BVG NZV **89** 325; sie sind lediglich anmeldepflichtig und können nur bei Gefahr für die öffentliche Sicherheit und Ordnung verboten werden. Auch das Aufstellen eines Propagandastandes kann jedoch nach Abs II erlaubnispflichtig sein, s BVG NZV **89** 325, aM Kar VRS **53** 472. Bloßes verkehrserhebliches Verhalten Einzelner ist nicht schon eine Veranstaltung, es kann aber gegen § 33 (VBeeinträchtigung) verstoßen. 5

Ausnahmen: Vwv und § 46. Erlaubnisverfahren, Bedingungen und Auflagen: Vwv Rn 35ff. Antragsmuster für die Erlaubnis von Zuverlässigkeitsfahrten, Rallies und Sonderprüfungen, VBl **71** 618. Die **Erlaubniserteilung** ist nicht allein deswegen rechtsfehlerhaft, weil die Veranstaltung mit gewissen Beeinträchtigungen für die Anlieger verbunden ist (eingeschränkte Anfahrmöglichkeit, Lärm, Abgase), VG Ko DAR **92** 394. Kosten bei Mitwirkung von StrBauB im Erlaubnisverfahren, *Rott* VD **75** 53. 6

2a. Sorgfaltspflicht des Veranstalters. KfzRennen auf öffentlichen Strn, die eigens für die Veranstaltung gesperrt werden, bedürfen besonderer Sicherungsvorkehrungen, BGH VM **82** 17. Der Veranstalter muß kompetent und zuverlässig sein. Er hat für Beachtung der VVorschriften und etwaiger Bedingungen und Auflagen zu sorgen (II). Er kann eine juristische Person sein, Ha DAR **75** 51. Veranstalter und Rennleiter haften den Zuschauern, die durch ein wegen unterlassener Sicherungsmaßnahmen von der Bahn abkommendes Fz verletzt werden, BGH NJW **75** 533. Neben dem Sportwart haftet auch der Vereinsvorsitzende, wenn er mit der Durchführung von Auflagen befaßt gewesen ist oder bemerkt hat, daß die Auflagen bei der Veranstaltung unbeachtet bleiben, Ha DAR **75** 51. Verantwortlich für Anordnung und Einhaltung der besonderen Sicherungsvorkehrungen sind alle mit Genehmigung, Veranstaltung und Durchführung in irgendeinerweise Weise befaßten Personen, BGH VM **82** 17. Veranstaltender Radsportverein und dessen für die Organisation eines Radrennens verantwortlicher 1. Vorsitzender haften aus Verletzung der VSicherungspflicht, wenn die Absicherung der Rennstrecke unzureichend ist, Ha NZV **00** 256, wenn nicht für ausreichenden Streckendienst gesorgt ist, Stu VRS **67** 172, oder gegen Regelverstöße nicht eingeschritten wird, Kö VR **92** 470. Der Ausrichter ist für die Ausschaltung solcher Gefahren verantwortlich, die über das mit dem Rennen unvermeidliche Risiko hinausgehen, Ha NZV **00** 256. Die Zuschauer sind vor den mit dem Rennen verbundenen typischen Gefahren zu schützen, soweit möglich und zumutbar, Stu VR **87** 1153. Die VSicherungspflicht obliegt dem Veranstalter auch gegenüber den *Teilnehmern* des Rennens, Kar VR **86** 662, Ha NZV **00** 256, allerdings nur, soweit Gefahren zu begegnen ist, die über die dem Rennsport typischerweise innewohnenden Gefahren hinausgehen, BGH VR **86** 705. Kein Mitverschulden des Radsportlers, der bei einem StrRennen dort vorhandene, für den normalen V angebrachte geschwindigkeitsbegrenzende VZ nicht beachtet, Ha NZV **00** 256. Grobe Fahrlässigkeit des Rennleiters, der ein beim Training liegengebliebenes Kfz nicht alsbald von der Piste entfernen läßt, KG DAR **77** 295. Grobe Fahrlässigkeit kann der Rennleiter auch gegenüber anderen Rennteilnehmern nicht abbedingen, KG DAR **77** 295. Gerät ein RennFz in die Zuschauer, so haftet das genehmigende Land höchstens aus Amtspflichtverletzung, nicht wegen Verletzung der VSicherungspflicht, BGH VR **62** 618. Die **Teilnehmer** genehmigter Veranstaltungen haften nach StVO/StVG auch auf abgesperrten Straßen, RGZ **150** 73, Ko NJW-RR **94** 1369. Haftung untereinander idR nur für schuldhaftes, regelwidriges Verhalten, im übrigen (stillschweigender) Haftungsverzicht, *Geigel/Kunschert* **25** 274, BGHZ **154** 316 = NZV **03** 321 (Autorennen), Zw VRS **94** 1366 (Rad-Trainingsfahrt), Ha NZV **97** 515 („wildes" Rennen zweier Kf). Einem Zuschauer, der die Absperrung auf öffentlicher Straße 7 durchbrochen hat, muß der Rennfahrer, wenn er kann, ausweichen und darf seine Gewinnaussicht nicht über das fremde Leben stellen. Zur Anwendbarkeit der Ausschlußklausel des § 2b Nr 3b AKB (s §§ 4 Nr 4, 5 I KfzPflVV) bei polizeilich genehmigter Rallye, BGH VR **76** 381, dazu *Bentlage* VR **76** 1118.

Lit: *Krampe*, Rennen mit Kfzen sind verboten?, DAR **97** 377. *Ronellenfitsch*, Die Zulassung von Automobilsportveranstaltungen, DAR **95** 241. *Derselbe*, Zur Abwägung bei der Zulassung von Automobilveranstaltungen, DAR **95** 274.

8 **3. Groß- und Schwerverkehr** auf öffentlichen Straßen ist erlaubnispflichtig, jetzt im Rahmen der authentischen Definition von III. Im Verkehr dürfen Großraum- und SchwerFze nur mit Erlaubnis gemäß III eingesetzt werden. Zuständige Behörde für die Erlaubniserteilung nach Abs III, s §§ 44 III a, 47 I S 3. Antragsteller und Transporteur müssen nicht identisch sein, Inhaber der Erlaubnis kann auch werden, wer den Transport nicht selbst durchführt, OVG Münster VRS **83** 298 („Genehmigungs-Service"). Die Regelung bezieht die Kfze ein, deren Führer bauartbedingt kein ausreichendes Sichtfeld haben (III S 2), zB gewisser Bagger und Kranwagen (Begr). Werden die nach den §§ 32, 34 StVZO zulässigen Grenzen überschritten oder wird die Vorschrift über Kurvenläufigkeit (§ 32d StVZO) nicht eingehalten, so ist eine Ausnahmegenehmigung nach § 70 StVZO nötig, die jedoch nur die *allgemeine* VZulassung betrifft und die Erlaubnis nach III 1 für den Einsatz des Fzs im konkreten Fall (mit örtlichen und zeitlichen Maßgaben, s Vwv Rn 114 ff) nicht ersetzen kann. Ist nur die Ladung zu breit, zu hoch, oder ragt sie nach vorn oder hinten vorschriftswidrig hinaus, so genügt anstatt der Erlaubnis nach § 29 eine Ausnahmegenehmigung nach den §§ 18 I, 22 (Vwv Rn 79 zu Abs III), s Dü NZV **90** 321, VRS **79** 131. Dadurch ist das Verhältnis der Erlaubnis nach § 29 zu den Ausnahmegenehmigungen nach der StVZO geklärt. III schützt die StrDekken gegen Überbelastung. Die Maße und Gewichte gemäß der StVZO (§§ 32, 34) gelten als unbedenklich. Erlaubnispflicht nach III nur, wenn das tatsächliche Fz-Gesamtgewicht die allgemein zugelassene Grenze überschreitet, wie die Neufassung des Abs III nunmehr klarstellt (s Begr Rz 1), so schon für die vor dem 1. 10. 88 geltende Fassung, Ha VRS **54** 304. Eine Erlaubnis gemäß III darf nur erteilt werden, wenn nachgewiesenermaßen eine unteilbare Ladung zu befördern ist oder das Sonderfz überführt werden muß, oder wenn von mehreren Frachtstücken bereits jedes für sich allein nur in einem Großraumfz befördert werden kann, nicht aber, wenn das Sonderfz konkurrenzwidrig zum Großtransport teilbarer Güter verwendet wird, s *Klewe* VD **78** 377. Kann ein Transport nach Art und Beschaffenheit besondere VGefahr bewirken, sind **Sicherheitsanweisungen** des Unternehmers nötig, BGH VRS **10** 252. Polizeibegleitung nur ausnahmsweise in den in der Vwv Rn 131 zu Abs III genannten Fällen (s Begr zur Vwv – alt –, VBl **92** 196). Über Amtspflichtverletzung bei solcher Begleitung, BGH VRS **20** 405, VR **61** 438. Richtlinien für Großraum- und Schwertransporte, VBl **92** 199, **03** 786. Merkblatt über die Ausrüstung von privaten BegleitFzen zur Absicherung von Großraum- und Schwertransporten, VBl **92** 218, **03** 786.

9 Voraussetzungen der Erlaubnis, Verfahren, Anhörung von Behörden, Erlaubnisbescheid, Bedingungen, Auflagen, Dauererlaubnis: Vwv. Sie bezweckt, durch verschärfte Genehmigungspraxis einen wesentlichen Teil der Schwer- und Großtransporte im Fernverkehr auf Bahn und Binnenschiff zu verlagern und die verbleibenden vom Stoßverkehr (Berufs- und Reiseverkehr) fernzuhalten, Ha VRS **54** 304. Zur Erlaubniserteilung für Beförderung mehrerer einzelner Ladungsstücke Stu VRS **62** 220. Örtliche Zuständigkeit für Erlaubnisse: § 47. Zur Zuständigkeit für die Erlaubniserteilung (§ 44 III a) *Saller* VD **90** 150.

Lit: *Rebler*, Das System von Ausnahmegenehmigungen und Erlaubnissen..., dargestellt am Beispiel der Groß- und Schwertransporte, NZV **04** 450. *Saller*, Die Sicherung von Großraum- und Schwertransporten..., PVT **95** 291.

10 **4. Ausnahmen:** S oben und §§ 35, 46. Die Erlaubnisbescheide sind mitzuführen, § 46 III S 3, jedoch genügt das Mitführen fernkopierter Bescheide, § 46 III S 4.

11 **5. Ordnungswidrig** (§ 24 StVG) handelt, wer sich als Kf entgegen § 29 I an einem KfzRennen beteiligt (§ 49 II Nr 5), wer entgegen den §§ 29 II eine unerlaubte Veran-

Umweltschutz und Sonntagsfahrverbot § 30 StVO **2**

staltung durchführt oder als Veranstalter entgegen § 29 II Satz 3 nicht dafür sorgt, daß die in Betracht kommenden Vorschriften oder Auflagen befolgt werden (§ 49 II Nr 6), und wer entgegen § 29 III ein dort genanntes Fz oder einen dort genannten Zug führt (§ 49 II Nr 7). Normadressat von III ist, wie § 49 II 7 zeigt, nur der Fzf, Bay VRS **58** 458, BaySt **96** 160 = VRS **92** 440, Dü NZV **90** 321, Ko VRS **76** 395. Zur Rechtfertigung des Fahrers eines Schwertransports, der entgegen der Auflage ohne Beifahrer fährt, weil er sonst seinen Arbeitsplatz gefährdet glaubt, Ol NJW **78** 1869. Zur Beteiligung an einer OWi gemäß III, Bay VRS **58** 458, BaySt **96** 160 = VRS **92** 440, Ko VRS **76** 395, Dü NZV **90** 321. Wer zwar nicht als Veranstalter auftritt, aber als Sportleiter die Endkontrolle der Zuverlässigkeitsfahrt vornimmt (oder eine andere Funktion wahrnimmt), ist Beteiligter, Dü VRS **56** 365. Wer an einem Rennen (Rallye) iS von Abs I als sog „Co-Driver" teilnimmt, ist an der OW des FzF iS des § 14 OWiG beteiligt, Kar VRS **66** 56. TE zwischen Verstoß gegen Abs III und Zuwiderhandlung gegen die Bestimmungen der StVZO über Abmessungen, Achslasten und Gesamtgewichte ist möglich, BaySt **96** 160 = VRS **92** 440, s Rz 8. Ist eine Ausnahmegenehmigung nach § 70 II StVZO in bezug auf Abmessungen und Gewichte erteilt, wird aber eine tageszeitliche Beschränkung der Erlaubnis nach III mißachtet, so liegt nicht zugleich ein Verstoß gegen §§ 32, 34 StVZO vor, AG Brühl DAR **97** 412.

Umweltschutz und Sonntagsfahrverbot

30 (1) ¹Bei der Benutzung von Fahrzeugen sind unnötiger Lärm und vermeidbare Abgasbelästigungen verboten. ²Es ist insbesondere verboten, Fahrzeugmotoren unnötig laufen zu lassen und Fahrzeugtüren übermäßig laut zu schließen. ³Unnützes Hin- und Herfahren ist innerhalb geschlossener Ortschaften verboten, wenn andere dadurch belästigt werden.

(2) Veranstaltungen mit Kraftfahrzeugen bedürfen der Erlaubnis, wenn sie die Nachtruhe stören können.

(3) ¹An Sonntagen und Feiertagen dürfen in der Zeit von 0 bis 22 Uhr Lastkraftwagen mit einem zulässigen Gesamtgewicht über 7,5 t sowie Anhänger hinter Lastkraftwagen nicht verkehren. ²Das Verbot gilt nicht für
1. kombinierten Güterverkehr Schiene-Straße vom Versender bis zum nächstgelegenen geeigneten Verladebahnhof oder vom nächstgelegenen geeigneten Entladebahnhof bis zum Empfänger, jedoch nur bis zu einer Entfernung von 200 km,
1 a. kombinierten Güterverkehr Hafen-Straße zwischen Belade- oder Entladestelle und einem innerhalb eines Umkreises von höchstens 150 Kilometern gelegenen Hafen (An- oder Abfuhr),
2. die Beförderung von
    a) frischer Milch und frischen Milcherzeugnissen,
    b) frischem Fleisch und frischen Fleischerzeugnissen,
    c) frischen Fischen, lebenden Fischen und frischen Fischerzeugnissen,
    d) leichtverderblichem Obst und Gemüse,
3. Leerfahrten, die im Zusammenhang mit Fahrten nach Nummer 2 stehen,
4. Fahrten mit Fahrzeugen, die nach dem Bundesleistungsgesetz herangezogen werden. Dabei ist der Leistungsbescheid mitzuführen und auf Verlangen zuständigen Personen zur Prüfung auszuhändigen.

(4) Feiertage im Sinne des Absatzes 3 sind
Neujahr,
Karfreitag,
Ostermontag,
Tag der Arbeit (1. Mai),
Christi Himmelfahrt,
Pfingstmontag,
Fronleichnam,
    jedoch nur in Baden-Württemberg, Bayern, Hessen, Nordrhein-Westfalen, Rheinland-Pfalz und im Saarland,
Tag der deutschen Einheit (3. Oktober),
Reformationstag (31. Oktober),
    jedoch nur in Brandenburg, Mecklenburg-Vorpommern, Sachsen, Sachsen-Anhalt und Thüringen,

2 StVO § 30   I. Allgemeine Verkehrsregeln

Allerheiligen (1. November),
    jedoch nur in Baden-Württemberg, Bayern, Nordrhein-Westfalen, Rheinland-Pfalz und im Saarland,
1. und 2. Weihnachtstag.

1-4   **Begr** zur ÄndVO v 22. 3. 88 (VBl **88** 224):

    Zu Abs 3: *In Anlehnung an die Ausnahmeregelung in der Ferienreise-Verordnung vom 13. Mai 1985 (BGBl. I S. 774) werden jetzt auch der kombinierte Verkehr Schiene-Straße, Beförderung von frischer Milch, frischem Fleisch, frischen Fischen, leichtverderblichem Obst und Gemüse sowie die damit im Zusammenhang stehenden Leerfahrten und Fahrten mit Fahrzeugen, die nach dem Bundesleistungsgesetz herangezogen werden, vom Sonn- und Feiertagsfahrverbot ausgenommen. Für diese Transporte wurden bisher Ausnahmegenehmigungen erteilt. Durch den Wegfall wird in erheblichem Umfang die Verwaltung entlastet. Mehr als 50 000 Ausnahmegenehmigungen im Jahr werden dadurch entbehrlich. Diese StVO-Änderung dient der Verwaltungsvereinfachung.*

    Im übrigen werden auch weiterhin in dringenden Fällen Einzel- oder Dauerausnahmegenehmigungen erteilt, z. B. zur Aufrechterhaltung des Betriebes öffentlicher Versorgungseinrichtungen sowie Lebendviehtransporte zur Versorgung der Bevölkerung mit frischem Fleisch.

5   **Begr** Zur ÄndVO v 19. 3. 92: VBl **92** 186; zur ÄndVO v 18. 7. 95: VBl **95** 532.

    Begr zur ÄndVO v 7. 8. 97 (VBl **97** 689): **Zu Abs 3:** *Es besteht kein sachlicher Grund, den kombinierten Verkehr Hafen – Straße, also von und zu den Seehäfen und Häfen der Binnenwasserstraßen, anders als den kombinierten Verkehr Schiene – Straße zu behandeln. Die Entfernungsangabe – 150 km Luftlinie im Umkreis um den Binnen- bzw. Seehafen – trägt dabei den Festlegungen gemeinsamer Regeln im kombinierten Güterverkehr zwischen den Mitgliedstaaten der EU Rechnung (Richtlinie 92/106/EWG).*

Vwv zu § 30 Umweltschutz und Sonntagsfahrverbot

Zu Absatz 1

6   1   *I. Unnötiger Lärm wird auch verursacht durch*

                1. unnötiges Laufenlassen des Motors stehender Fahrzeuge,

      2   *2. Hochjagen des Motors im Leerlauf und beim Fahren in niedrigen Gängen,*

      3   *3. unnötig schnelles Beschleunigen des Fahrzeugs, namentlich beim Anfahren,*

      4   *4. zu schnelles Fahren in Kurven,*

      5   *5. unnötig lautes Zuschlagen von Wagentüren, Motorhauben und Kofferraumdeckeln.*

      6   *II. Vermeidbare Abgasbelästigungen treten vor allem bei den in Nummer 1 bis 3 aufgeführten Ursachen auf.*

Zu Absatz 2

7   7   *I. Als Nachtzeit gilt die Zeit zwischen 22.00 und 6.00 Uhr.*

      8   *II. Nur Veranstaltungen mit nur wenigen Kraftfahrzeugen und solche, die weitab von menschlichen Behausungen stattfinden, vermögen die Nachtruhe nicht zu stören.*

      9   *III. Die Polizei und die betroffenen Gemeinden sind zu hören.*

Zu Absatz 3

8   10   *Vom Sonntagsfahrverbot sind nicht betroffen Zugmaschinen, die ausschließlich dazu dienen, andere Fahrzeuge zu ziehen, ferner Zugmaschinen mit Hilfsladefläche, deren Nutzlast nicht mehr als das 0,4fache des zulässigen Gesamtgewichts beträgt.*

      11   *Das Sonntagsfahrverbot gilt ebenfalls nicht für Kraftfahrzeuge, bei denen die beförderten Gegenstände zum Inventar der Fahrzeuge gehören (z. B. Ausstellungs-, Filmfahrzeuge).*

9   **1. Veranstaltungen mit Kraftfahrzeugen** zur Nachtzeit (22 bis 6 Uhr, Vwv Rn 7), sind erlaubnispflichtig, soweit sie die allgemeine Nachtruhe stören können. Störung der Nachtruhe, Anhörung der Polizei und der betroffenen Gemeinden: Vwv Rn 8, 9. Schon wenn die Möglichkeit der Störung der Nachtruhe mehr als einiger weniger Personen besteht, ist Erlaubnispflicht gegeben. Der Schutz der Nachtruhe geht motorsportlichen Veranstaltungen zur Nachtzeit idR vor. *Wiethaup*, Rspr zum StrVLärm, DAR **74** 152.

2. Feiertagsfahrverbot. Die Regelung schränkt den StrSchwerverkehr an Sonn- und 10
gesetzlichen Feiertagen ein zugunsten des Personenverkehrs und des gleichmäßigen
Vflusses sowie im Interesse der Lärm- und Abgasverringerung, s OVG Münster NZV **95**
43. Begriff des Lastkraftwagens, s § 21 Rz 10. Die Eintragung im FzSchein ist nicht entscheidend, BaySt **97** 69 = NZV **97** 449, Ha NZV **97** 323 (aber möglicherweise unvermeidbarer Verbotsirrtum, Dü NZV **91** 483), s auch § 18 Rz 19. Das Verbot betrifft alle öffentlichen Straßen, auch Sattelfze zur Güterbeförderung, Leerfze und Züge, ferner alle Anhänger ohne Rücksicht auf das Gewicht des ziehenden Lkw, Fra DAR **83** 332, und Zgm mit Hilfsladefläche, deren Nutzlast 40% des zulässigen Gesamtgewichts übersteigt (s Vwv Rn 10, zu Abs III), Ce VM **87** 71, Dü NZV **91** 483. Zgm mit geringerer Hilfsladefläche gelten nicht als Lkw iS von Abs III, BaySt **97** 104 = NZV **97** 530 (insoweit früher abw Bay VM **73** 76, das an seiner damaligen Auffassung aber nicht mehr festhält, Stellungnahme v 12. 5. 87 an Ce Ss OWi 21/87 = VM **87** 71). Zgm ohne eigene Transportfläche, welche lediglich dazu eingerichtet sind, andere Fze (Anhänger) zu ziehen, sind keine Lkw (Rz 8), auch wenn sie im FzSchein als solche bezeichnet sind, Dü NZV **91** 483, Kö NZV **94** 164. Das gilt zB auch für SattelZgm ohne Sattelanhänger, Bay DAR **93** 369. Anhänger hinter Lkw sind auch Wohnwagen (Wohnanhänger), Stu VM **81** 56, s BMV VBl **80** 678; Wohnmobile sind aber keine Lkw, s § 23 Rz 18, *Berr* 1, 533. Feiertäglicher Gütertransport mit Kfzen bleibt auf Fze unter 7,5 t ohne Anhänger beschränkt, bei denen der Fahrlärm und der wirtschaftliche Anreiz zur Benutzung geringer sind. Ein Kfz unter 2,8 t, das sich konstruktiv als Lkw darstellt und nicht nach Art der früheren Kombinationsfze (§ 23 VI a StVZO aF) in einen Pkw verwandelt werden kann, ist ein Lkw iS von III, auch wenn es mehrere Sitzplätze aufweist, und fällt beim Mitführen eines Anhängers unter III, Ha VRS **47** 469, BaySt **97** 69 = NZV **97** 449. Die Vorschrift ist grundgesetzkonform, BVerfG NJW **56** 1673 (zu § 4a, alt).

2 a. Feiertage iS von § 30 sind außer den Sonntagen ausschließlich alle in IV be- 11
zeichneten Tage. Die Liste enthält alle bundesgesetzlichen oder kraft übereinstimmenden
Landesrechts gebotenen Feiertage (Begr). Anderweitige landesrechtliche Feiertagsregelung wäre unerheblich, maßgebend bliebe IV.

2 b. Ausgenommen vom Feiertagsfahrverbot sind die Fze des StrDienstes der öf- 12
fentlichen Verwaltungen (§ 35 VI), außerdem der kombinierte GüterV Schiene-Straße
und Hafen-Straße nach Maßgabe von Abs III Nr 1, 1 a, die in Nr 2 genannten Beförderungen bestimmter frischer oder leicht verderblicher Lebensmittel einschließlich der damit in Zusammenhang stehenden Leerfahrten (Nr 3) sowie schließlich Fahrten mit Fzen, die nach dem BundesleistungsG herangezogen werden. Die Voraussetzungen für die Ausnahme sind nur erfüllt, wenn es sich bei den in Ziff. 2 a) bis d) um Produkte handelt, deren baldiger Transport wegen ihrer geringen Haltbarkeit notwendig ist, OVG Lüneburg NRpfl **97** 270. Liste des BMV mit unter Abs III Nr 2 fallenden Produkten, VBl **98** 844. Die Entfernungsangabe in III Nr 1 betrifft nicht die Luftlinie, sondern Straßenkilometer, BaySt **98** 25 = VM **98** 50. Die Ausnahmeregelung in III Nr 1 greift nicht ein, wenn vom Entladebahnhof über einen Umweg ein Zwischenlager, etwa der Wohnort oder Betriebssitz des Spediteurs, angefahren und die Fahrt von dort zum Empfänger fortgesetzt wird, s BaySt **98** 25 = VM **98** 50 (jedenfalls bei dadurch bedingtem Überschreiten der 200-km-Entfernung). Die Streckenbegrenzungen in III Nr 1 und 1 a verstoßen weder gegen die Wettbewerbsfreiheit noch gegen den Gleichheitsgrundsatz, OVG Münster NZV **95** 43 (zu III Nr 1). Beförderung der in III Nr 2 genannten Produkte iS der Ausnahmeregelung liegt nicht schon dann vor, wenn solche Produkte zu anderen Gütern zugeladen werden; vielmehr muß die Fahrt in erster Linie der Beförderung von Lebensmitteln gem III Nr 2 dienen (s RundErl VerkMin NRW III C 2 – 22–30 v 23. 5. 89: Zuladung anderer Güter bis höchstens 10% des Ladungsvolumens). Ausgenommen sind ferner Kfze, bei denen die beförderten Güter das Inventar bilden (Ausstellungs- und Filmfze, Vwv Rn 11).

Lit: *Rebler*, Sonntagsfahrverbot für Lkw auf deutschen Strn, VD **04** 259.

3. Das **Lärmverbot** (I) betrifft nur „unnötiges", über sachgemäße Benutzung hinaus- 13
gehendes Lärmen, Bay VM **74** 34, Kö VRS **56** 471, Ko VRS **47** 444, im öffentlichen

StrV, sonst uU § 117 OWiG, Bay VM **76** 51, von Fzen aller Art, nicht dagegen Geräuschverstärkung durch technisch sachgerechte, wenn auch im Einzelfall gegen andere Vorschriften der StVO verstoßende Benutzung, Bay VRS **65** 300 (Überschreiten der zulässigen Höchstgeschwindigkeit). Die Vorschrift bedient sich in rechtsbedenklicher Weise allgemeiner Begriffe. Einzelfälle: Laufenlassen des Motors bei stehendem Fz ohne technischen Grund, Bay VM **74** 34, KG VRS **63** 390, Kö VRS **72** 384, „Hochjagen" des Motors im Leerlauf und beim Fahren in niedrigen Gängen, Kö VRS **56** 471, überschnelles Beschleunigen beim Anfahren, aber nach Meinung des Gesetzgebers auch sonst, Kurvenquietschen, wie es auftritt, wenn die Profiltiefe der Reifen für die Kurvengeschwindigkeit zu gering ist, „unnötig" lautes Zuschlagen von Türen und anderen FzVerschlüssen (Vwv Rn 1 ff). Die Bedenklichkeit dieser Kriterien ergeben schon Begriffe wie „unnötig", „zu schnelles Beschleunigen" und „Hochjagen". Wird die Vorschrift nicht zurückhaltend angewendet, so kann sie unbeabsichtigt schikanös wirken, Ko VRS **46** 158. Unnötiges Lärmen kann darin bestehen, daß ein innerörtlicher Platz in belästigender Fahrweise umrundet wird (Abbremsen vor Kurven und volles Gasgeben beim Beschleunigen), Ko VRS **47** 444. „Kurvenquietschen", s Kö VRS **63** 379. Wer ohne Schalldämpfer oder mit defektem Auspuff weithin hörbar knallend fährt, außer zur Werkstatt oder um das Kfz aus dem Verkehr zu nehmen, lärmt unnötig, aM wohl Zw VRS **53** 56. Ob die Geräuschverursachung „unnötig" ist, hängt von einer Abwägung der Interessen des Verursachers und etwaiger Lärmbetroffener unter Berücksichtigung der örtlichen und zeitlichen Gegebenheiten ab, Bay VRS **63** 219, **66** 295 (Warmlaufenlassen), Kö VRS **72** 384. Wenn gegen technisch nicht erforderliches **Laufenlassen der Motoren** stehender Fze eingeschritten wird, besonders von Dieselmotoren beim Ladegeschäft, so ist das zu begrüßen. Ergreift ein Firmeninhaber keine ausreichenden Maßnahmen gegen unnötiges störendes Laufenlassen der Motoren ihn beliefernder Lkw, so steht dem hierdurch gestörten Nachbarn ein Unterlassungsanspruch nach § 1004 I S 2 BGB zu, BGH Zeitschrift für Lärmbekämpfung **82** 64. Bei unnötigem Laufenlassen genügt auch schon geringer Lärm, BGHSt **26** 340 = NJW **76** 1699. Bei leisem Leerlaufgeräusch kommt es auf alle Umstände (Geräuschkulisse) an, BGHSt **26** 340 = NJW **76** 1699. Bei I S 1 und 2 kommt es auf Belästigung bestimmter Personen nicht an, BGHSt **26** 340, das Verhalten muß aber belästigen können, BGHSt **26** 340, Ha VRS **48** 149. Betriebsbedingtes kurzes Laufen im Stand (wenig über 1 min) ist kein unnützes Lärmen, Ko VRS **46** 158, Bay VM **74** 34. Laufenlassen des Taxidieselmotors auf einige Minuten, um das Fz zu heizen, auf einem Taxenstandplatz mit erheblichem Lärm verletzt § 30 nicht, Fra VM **77** 19, s Bay VRS **63** 219. Nächtliches Laufenlassen eines LkwDieselmotors in einer WohnStr zwecks Füllens des Bremsdruckluftbehälters wird nur unter besonderen Umständen zulässig sein, wenn Auffüllen zu anderer Zeit oder an nicht störenden Orten unzumutbar ist, s Dü VRS **47** 381, ähnlich Bay VRS **66** 295 (vor 7 Uhr). Lärm durch Lautsprecherbetrieb an Krädern oder Fahrrädern, s § 33 Rz 5, 14.

13 a   **Abgasbelästigung** ist untersagt, soweit unnützes Laufenlassen des Motors andere durch Abgas belästigen „kann", BGHSt **26** 340 = NJW **76** 1699, und insoweit über konkretes Belästigen hinaus, das bereits kraft § 1 II unzulässig war und weiterhin ist, KG VRS **63** 390, Kö VRS **72** 384. Das Vorliegen von Umständen, die das Laufenlassen als *geeignet* erscheinen lassen, andere zu belästigen, genügt. Ob ein solches Belästigtwerdenkönnen bereits darin liegen kann, daß das Abgas in solchen Fällen nur die Luft verschlechtert, oder daß jederzeit Personen hinzukommen können, ist offen und wird Tatfrage sein müssen. Ein besserer aktiver Schutz gegen vermeidbare Abgase liegt in flüssiger VRegelung durch gut geregelte Grüne Wellen und sorgfältig ausgewogene Ampelschaltung. Laufenlassen eines Taximotors zum Zweck des Heizens, s Rz 13. Laufenlassen eines Lkw-Motors bei kurzem, aber länger als 1 min dauerndem Verlassen des Fzs mit Gefahr der Abgasbelästigung, um das FzInnere warm zu halten, ist dagegen „unnötig" iS von Abs I S 2, KG VRS **63** 390, ebenso während des Parkens bei 10 Grad Außentemperatur, Kö VRS **72** 384.

14   Das **Verbot „unnützen" Hin- und Herfahrens innerorts bei Belästigung anderer** (I S 3) dürfte durch § 6 StVG so nicht gedeckt sein, AG Cochem VM **86** 47, und dem Bestimmtheitsgebot (Art 103 II GG, s dazu *Göhler* § 3 Rz 5) nicht genügen. Der Begriff „unnütz" verletzt das Prinzip der VFreiheit und des erlaubten Gemeingebrauchs.

Wer sich, allein oder gemeinsam mit anderen, bei ruhigem oder dichtem Verkehr gemäß den VRegeln und VZ bewegt, verhält sich rechtmäßig und belästigt durch seine VTeilnahme nicht im Rechtssinn. Einziger VZweck ist Ortsveränderung von Personen und Gütern, auch beim Spazierenfahren oder bei sportlicher Betätigung, BVG VRS **40** 396. Behördliche Nützlichkeitsbeurteilung ist über den Rahmen von § 6 StVG hinaus ausgeschlossen, s *Cramer* Rz 16, ausgenommen Fälle vorübergehender Sicherheits- oder Ordnungsgefährdung. Das übersieht die Rspr zu I S 3, zB Stu VRS **43** 311, Ha VRS **46** 396, **48** 149, offengelassen von Kö VRS **56** 471, wie hier aber AG Cochem VM **86** 47. Jedenfalls setzt ein Verstoß die Feststellung einer konkreten Belästigung voraus, Stu VRS **43** 311, Br DAR **97** 282. Vermeidbare Belästigung/Behinderung anderer, auch von Anliegern, bleibt ow. Die in I S 3 gemeinten VVorgänge lassen sich in drei Gruppen erfassen: a) Radfahrergruppen umkreisen ständig Häuserblocks oder Plätze; die dadurch bewirkte VVerdichtung ist unverbietbar, gegen Fahrverstöße greifen die §§ 2 IV und ggf 1 II ein; ein Lärmproblem entsteht hier meist nicht; b) bei vermeidbarem, belästigendem Fahrgeräusch (s Stu VRS **43** 311) durch einen einzigen Kf greifen die §§ 30 I S 1, 1 II ein, bei frisiertem Motor/Auspuff auch die §§ 30 I, 69a III Nr 1 StVZO; c) übermäßiges Fahrgeräusch allein wegen VVerdichtung ist unverbietbar, Abhilfe nur durch lenkende oder beschränkende Maßnahmen möglich. Wie hier im Ergebnis auch *Cramer* 16: nur bei vermeidbarer Belästigung. Der Beschränkung von I S 3 auf geschlossene Ortschaften ist nicht zu entnehmen, daß Lärmbelästigungen durch „unnützes" **Hin- und Herfahren außerorts** erlaubt wären, Bay DAR **01** 84.

4. Ausnahmen: § 46 I Nr 7, II. Bei unterschiedlicher Feiertagsregelung in den Ländern kann die Ausnahme vom Sonntagsfahrverbot (Abs III) auch für bestimmte Strn oder Strecken erteilt werden. Die allgemeine Ausnahme für Kfze im österreichischen Durchgangsverkehr zwischen Salzburg und Lofer, soweit er einen bestimmten deutschen Straßenzug benutzt, s VO des BMV v 25. 7. 56 (betreffend § 4a alt), BAnz **56** Nr 145 S 1, wurde durch VO des BMV und des Bundesumweltministers v 25. 9. 92, BAnz **92** Nr 186 S 8077, mit Wirkung v 3. 10. 92 aufgehoben. 15

5. Ordnungswidrigkeit: § 49 I Nr 25. Gegen das Feiertagsfahrverbot des Abs III kann auch der Halter durch Anordnen oder Ermöglichen verstoßen, Bay VRS **70** 471. Wer selbst fährt, ordnet nicht an, die nach BKatV für Anordnen oder Zulassen vorgesehene erhöhte Buße gilt daher nicht für den fahrenden Halter, Ce NZV **04** 368, AG Schwabach DAR **00** 180 (zust *Eckardt*). Bei Verstößen ist sicherzustellen, daß das Fz die Fahrt während der Sperrzeit nicht fortsetzt. Bei landesrechtlicher Abschaffung eines der in Abs IV genannten Tage als gesetzlicher Feiertag (s Rz 11) wird uU unvermeidbarer Verbotsirrtum in Frage kommen. Ow ist das Nichtmitführen oder Nichtaushändigen des Leistungsbescheides in Fällen der Heranziehung nach dem BundesleistungsG. I S 1 geht § 1 II vor, Ha VRS **48** 149, s aber Bay DAR **01** 84 (das bei Lärmbelästigung OW gem § 1 II angenommen hat). I S 1 und 3 können in TE stehen, Ha VRS **48** 149. § 117 OWiG tritt als bloßer Auffangtatbestand trotz seiner höheren Bußgeldandrohung zurück, *Göhler* 17. Ausländische Fze sind während der Sperrzeiten an der Grenze zurückzuweisen. I 3 ist durch § 6 StVG in der Mehrzahl der bezeichneten Fälle nicht gedeckt (Rz 14). 16

Sport und Spiel

31 Sport und Spiele auf der Fahrbahn und den Seitenstreifen sind nur auf den dafür zugelassenen Straßen erlaubt (Zusatzschilder hinter Zeichen 101 und 250).

Begr zu § 31: VBl **70** 815. 1

Vwv zu § 31 Sport und Spiel

1   I. *Gegen Spiele auf Gehwegen soll nicht eingeschritten werden, solange dadurch die Fußgänger nicht gefährdet oder wesentlich behindert oder belästigt werden.* 2

2   II. 1. *Die Straßenverkehrsbehörden sollten, selbst in stärker bewohnten Innenbezirken von Großstädten, die Schaffung von Spielplätzen anregen. Auch wenn Spielplätze und*

2 StVO § 31   I. Allgemeine Verkehrsregeln

                sonstige Anlagen, wo Kinder spielen können, zur Verfügung stehen, muß geprüft werden, wie Kinder auf denjenigen Straßen geschützt werden können, auf denen sich Kinderspiele erfahrungsgemäß nicht unterbinden lassen.

       3   *Eine Möglichkeit hierzu kann die Einrichtung von Spielstraßen sein. Sie kommt aber nur dann in Frage, wenn es möglich ist, die Straße auch für den Anliegerverkehr zu sperren. Dann ist Zeichen 250 mit dem Zusatzschild „Spielstraße" aufzustellen.*

       4   *2. Wohnstraßen und auch andere Straßen ohne Verkehrsbedeutung, auf denen der Kraftfahrer mit spielenden Kindern rechnen muß, brauchen nach der Erfahrung nicht zu „Spielstraßen" erklärt zu werden. Auch das Zeichen 136 ist dort in der Regel entbehrlich. Gegen Kinderspiele sollte dort nicht eingeschritten werden.*

3   5   *III. 1. Die Freigabe von Straßen zum Wintersport, besonders zum Rodeln, ist auf das unbedingt notwendige Maß zu beschränken. Vor allem sind nur solche Straßen und Plätze dafür auszuwählen, die keinen oder nur geringen Fahrzeugverkehr aufweisen.*

       6   *2. Wo die Benutzung von Skiern oder Schlitten ortsüblich ist, ist nicht einzuschreiten. Wenn es aus Gründen der Verkehrssicherheit erforderlich ist, sind in solchen Orten verkehrsrechtliche Anordnungen zu treffen (Zusatzschild hinter Zeichen 101, Zusatzschild hinter Zeichen 250).*

4   **1.** Die Vorschrift sucht den notwendigen Ausgleich zwischen den Gefahren des wachsenden Verkehrs und der Spielplatznot der Jugend, zu deren gesundem Aufwachsen ausreichende Spiel- und Sportmöglichkeiten gehören. § 31 dürfte die Grenzen im Prinzip richtig ziehen.

5   **2.** Allgemeines **Sport- und Spielverbot** auf der Fahrbahn und den Seitenstreifen mit Erlaubnisvorbehalt ist angeordnet, auch auf Fahrbahnen und Seitenstreifen außerorts, weil Sport und Spiele dort behindernd und gefährdend wären. Die Vorschrift gilt nicht für Gehwege, dort ist auch behinderndes Spielen erlaubt, jedoch kein gefährdendes (§ 1 II), s *Seidenstecher* DAR **97** 106.

6   **3. Sport.** Dazu gehören vor allem Mannschaftsspiele und gewertete Sportübungen, Bay DAR **01** 84. Wintersport: Vwv Rn 5 f. Freigabe von Straßen und Plätzen für Sportzwecke: Vwv. Sie ist auf das unbedingt Notwendige und auf verkehrsarme Flächen zu beschränken (Vwv Rn 5). Ausnahmen werden ausschließlich durch VZ angeordnet, zB auf durch Z 250 für den FzV gesperrten Strn durch Z 101 mit Zusatzschild „Sport", „Wintersport". Rodeln ist im StrBereich idR nur gemäß durch VZ angezeigten Erlaubnissen zulässig, außer- wie innerorts. Wo die Benutzung von Skiern oder Schlitten ortsüblich ist (Wintersportplätze), darf jeder sie auch auf öffentlichen Straßen benützen, soweit dies nicht durch VZ mit Zusatzschild untersagt ist (BRDrucks 428/70 Nr 14, s Vwv Rn 6). Als VT unterliegt er den allgemeinen Vorschriften der StVO, Mü VM **84** 46 (Rodler). Wer als Kf auf abschüssiger Straße abfahrenden Rodelschlitten begegnet, muß ihnen ausweichen oder anhalten, Dü 4 U 42/58, braucht aber, wenn das Rodeln nicht ausdrücklich erlaubt ist, seinem Fz keinen Warnposten vorauszuschicken, Mü VM **84** 46 (Anm *Booß*). **Rollbretter** sind weder Fze noch sonstige Fortbewegungsmittel (§ 24), aM *Scheffen* NZV **92** 387, *Jung* PVT **93** 78, *Grams* NZV **94** 173, sondern Sportgeräte, s *Kramer* VGT **98** 253; denn anders als jene dienen sie nicht der Ortsveränderung, sondern sportlichen und spielerischen Übungen auf zumeist kleineren Flächen. Sie erfüllen im übrigen auch nicht die Anforderungen der StVZO an für den öffentlichen StrV zugelassene Fze (s zB §§ 16 I, 30, 64, 66a IV S 1 StVZO), s *Wiesner* NZV **98** 178. Sie dürfen auf Fahrbahnen, deren Seitenstreifen und dem Fahrverkehr zugänglichen Plätzen nicht benutzt werden, ausgenommen auf bezeichneten Spielstraßen, *Beck* S 39, *Scheffen* NZV **92** 387, in Fußgängerzonen nur, solange dort kein Lieferverkehr erlaubt ist, weil diese dann auch als Fahrbahn dienen und Gefährdungen unvermeidlich wären (s Rz 5), aM *Jung* PVT **93** 79, *Seidenstecher* DAR **97** 106, *Wendrich* NZV **02** 215, und überall, wo FußgängrV zulässig ist, nur mit Schrittgeschwindigkeit (s § 24 Rz 6). Auf Gehwegen und in Fußgängerzonen außerhalb zugelassenen Lieferverkehrs dürfen sie als Kinderspielzeuge mit geringer Bewegungsgeschwindigkeit, also allenfalls behindernd, benutzt werden, keinesfalls jedoch durch Halbwüchsige und Erwachsene (größeres Körpergewicht) mit erheblicher Bewegungsgeschwindigkeit, zB auch im Gefälle, weil dies andere

Verkehrshindernisse   § 32 StVO **2**

VT in aller Regel gefährdet (§ 1 II). Bei unzulässigem Motorantrieb (s *Bouska* VD **77**
109) kann ein der Fortbewegung dienendes Rollbrett Fahrzeug iS der StVO und StVZO
sein, s *Grams* NZV **94** 172 (uU Kfz). Organisierte Rollbrettveranstaltungen auf öffentli-
chen VFlächen: § 29. *Grams*, Motorbetriebene Skateboards als Kfz im StrV?, NZV **94**
172. *Lauton*, Sport und Spiel im StrV ... Probleme der Rollbrettfahrer, PTV **77** 334.
Rollschuhe, Inline-Skates, s § 24 Rz 6.

4. Spiel: Grundsätzlich gilt für Fahrbahnen und Seitenstreifen inner- wie außerorts 7
ein Spielverbot mit Erlaubnisvorbehalt. Die Kinder müssen vor VGefahr geschützt wer-
den, der Verkehr vor kindlicher Unbesonnenheit und Gefährdung durch Spielen auf den
Straßen. Das Spielverbot betrifft auch Erwachsene und Jugendliche und, wo keine Er-
laubnis angezeigt ist, alle Straßen mit einiger VFrequenz. Auf Gehwegen innerorts sind
Spiele nach § 1 II zu beurteilen.

Die VB sollen, soweit irgend möglich, Spielplätze schaffen, wo sich die Jugend unge- 8
fährdet bewegen kann (Vwv Rn 2). Soweit das nicht möglich ist und es sich nicht um
ruhige Wohnstr handelt (Vwv Rn 3), ist zu prüfen, ob SpielStr eingerichtet werden
können (VZ 250 mit Zusatzschild). Hat eine solche an sich geeignete Straße zuviel Ver-
kehr, so ist zu prüfen, ob das Z 136 aufzustellen und Geschwindigkeitsbeschränkung an-
zuordnen ist. In Sackgassen kann das Z 357 mit Zusatzschild in Betracht kommen. Auf
durch VZ bezeichneten SpielStrn dürfen Kinder überall spielen. Kf, soweit zugelassen,
müssen dort stets mit dem Auftauchen bisher nicht sichtbarer Kinder – ohne Vertrauen
auf verkehrsgerechtes Verhalten – rechnen, s Bra DAR **63** 353, Kö VRS **36** 360.

5. Weitere Ausnahmen: § 46 I Nr 8, II. Zuständigkeit: § 47.   9

6. Ordnungswidrig (§ 24 StVG) handelt, wer entgegen § 31 Sport treibt oder spielt 10
(§ 49 I Nr 26). Eingezogen können Rollbretter bei ow Verwendung nicht werden
(§§ 22 OWiG, 24 StVG), bei Gefahr im Verzug ist jedoch polizeiliche Sicherstellung
möglich.

Verkehrshindernisse

32 (1) ¹Es ist verboten, die Straße zu beschmutzen oder zu benetzen oder Ge-
genstände auf Straßen zu bringen oder dort liegen zu lassen, wenn dadurch
der Verkehr gefährdet oder erschwert werden kann. ²Der für solche verkehrswidri-
gen Zustände Verantwortliche hat sie unverzüglich zu beseitigen und sie bis dahin
ausreichend kenntlich zu machen. ³Verkehrshindernisse sind, wenn nötig (§ 17
Abs. 1), mit eigener Lichtquelle zu beleuchten oder durch andere zugelassene
lichttechnische Einrichtungen kenntlich zu machen.

(2) Sensen, Mähmesser oder ähnlich gefährliche Geräte sind wirksam zu verklei-
den.

Begr zur ÄndVO v 22. 3. 88 (VBl **88** 224): *Bisher mußten Hindernisse auf der Fahrbahn* 1/2
entweder durch Leuchten mit rotem Licht oder, falls sich das Hindernis nicht über die gesamte
Breite der Fahrbahn erstreckt, mit einem gelben Licht kenntlich gemacht werden. Die Verordnung
verlangt nunmehr entweder eine eigene Lichtquelle oder andere zugelassene lichttechnische Einrich-
tungen. Hier kommt insbesondere die weiß-rot-schraffierte vollreflektierende Warntafel in Betracht.

Vwv zu § 32 Verkehrshindernisse
Zu Absatz 1

1   I. Insbesondere in ländlichen Gegenden ist darauf zu achten, daß verkehrswidrige Zustände 3
    infolge von Beschmutzung der Fahrbahn durch Vieh oder Ackerfahrzeuge möglichst un-
    terbleiben (z. B. durch Reinigung der Bereifung vor Einfahren auf die Fahrbahn), jeden-
    falls aber unverzüglich beseitigt werden.

2   II. Zuständige Stellen dürfen nach Maßgabe der hierfür erlassenen Vorschriften die ver- 4
    kehrswidrigen Zustände auf Kosten des Verantwortlichen beseitigen.

3   III. Kennzeichnung von Containern und Wechselbehältern   5
    Die Aufstellung von Containern und Wechselbehältern im öffentlichen Verkehrsraum be-
    darf der Ausnahmegenehmigung durch die zuständige Straßenverkehrsbehörde.

4	Als „Mindestvoraussetzung" für eine Genehmigung ist die sachgerechte Kennzeichnung von Containern und Wechselbehältern erforderlich.
5	Einzelheiten hierzu gibt das Bundesministerium für Verkehr im Einvernehmen mit den zuständigen obersten Landesbehörden im Verkehrsblatt bekannt.

6/7 **1 a. Hindernisse auf der Straße** (I). Zur **Straße** gehören außer der Fahrbahn auch Seitenstreifen, Rad- und Gehwege, VG Dü NVwZ **01** 1191. **Hindernisse** bilden: auf der Fahrbahn verlorene Ersatzreifen, Ce NRpfl **70** 46, abgestellte Baumaschinen, die weggebracht werden sollen, Ko NJW **61** 2021, Kö VRS **27** 64, Baugerüste und -geräte, ein Bagger an ungesicherter Stelle, Kö VRS **27** 64, ein in die Fahrbahn ragendes Förderband, Ha VRS **17** 309, eine Seilwinde, Ko VRS **72** 128, Baumaterial aller Art auf Fahrbahn, Seitenstreifen oder Gehsteig, Ha VRS **27** 63, Kö VRS **63** 76, Stu VR **67** 485, BGH VRS **20** 337, Fra NJW **66** 1040 (übermäßiger Gemeingebrauch), OVG Münster VRS **21** 478, Ol VRS **12** 135, Container, Dü NJWE-VHR **96** 161, eine verlorene Pflugschar, Ko VR **77** 627, behindernde Wasserstaubwolke, Dü NJW **61** 2224, längere, breite Dieselölspur, Dü VM **77** 22, verschmierte Fahrbahn durch Ackerschmutz, Seifenlauge oder Öl, BGH NJW **58** 1450, Bay VRS **30** 135, Ha VRS **30** 225, Schl VM **55** 44, Ol VRS **34** 244, Ba VRS **72** 88, Kö VR **96** 207 (Nichtbeseitigung kann uU § 315b I 3 StGB verletzen, Kö VRS **49** 183), durch PanzerFze, Stu NJW **59** 2065, auch auf ländlichen Straßen geringerer Bedeutung, aM Kö VR **71** 745 (Beseitigung nach Arbeitsschluß), Sa VM **79** 56 (Ackererde) – keine Beseitigungspflicht jedoch bei der im Rahmen des Üblichen liegenden Verschmutzung durch landwirtschaftlichen Betrieb auf Wirtschaftswegen, Dü VR **81** 659, Kö VR **96** 207 (s Rz 11) –, breiige Rückstände und Schlamm auf der Fahrbahn, Ha DAR **64** 26, Bay VRS **30** 135, OVG Lüneburg VRS **14** 224, auf der Fahrbahn liegen gebliebenes Wild nach Kollision mit Fz, s Baum PVT **91** 139, Leitern zum Obstpflücken (bei Dunkelheit und unsichtigem Wetter unzulässig), Glatteis in der Nähe von Kühltürmen oder durch abtropfendes Wasser, Kö VBl **56** 701, Bay VRS **49** 62, Ha VRS **21** 232, Abrollsteine, VBl **49** 129, oder zerkleinertes Holz, Stu VR **61** 646, ein umgeworfener Telegrafenmast, Nü DAR **61** 336, Überqueren einer Straße mit langer Gerüststange ohne genügende Sicherung, BGH VRS **26** 166, Viehkot, Kö VM **68** 79, Aufstellen betriebsunfähiger oder abgemeldeter Kfze auf der Straße oder zu anderen verkehrsfremden Zwecken (Reklame), Bay NJW **56** 961, KG VRS **22** 223, Ko VRS **62** 145, Zw VRS **72** 130, Bay VRS **74** 285, DAR **96** 415 (Krad), VGH Mü VBl **65** 669, s BVG NJW **66** 1190 (dazu § 33 I), sofern sie (Tatfrage) den Verkehr behindern oder erschweren können, zB durch Parkbehinderung anderer, Kar VRS **59** 153, Abschrankung eines bisher dem Verkehr gewidmeten Grundstücks, Bay VRS **20** 441, NZV **92** 455, in den schmalen Gehsteig ragender Warenautomat, Bay VM **69** 4, außer bei Geringfügigkeit, Bay VRS **36** 464, eine in die Fahrbahn ragende Markise, Ha VRS **17** 309, eine über die Fahrbahn gespannte Meßschnur, weil sie zu gefährdendem Bremsen veranlassen kann, KG VRS **51** 388. Wer ein Kabel über der Fahrbahn aufhängt, muß kontrollieren, ob es nicht mit weniger als 4 m lichter Höhe (Fahrzeughöhe) durchhängt, Ha VRS **41** 396. Wer ein auf seinem Grundstück abgestelltes Kfz auf die Straße schiebt und dort störend und nicht zu VZwecken stehenläßt, verletzt I, Bay VRS **57** 60. Wohnwagenaufstellung ohne ZugFz: s § 12 Rz 42a, 60aa.

8 **1 b. Keine Hindernisse** iS von § 32 sind betriebsfähige, nicht zu verkehrsfremden Zwecken auf der Str stehende oder in diese hineinragende Fze oder FzTeile, Kar NZV **00** 86, Dü DAR **82** 29, mit Panne oder durch Unfall liegengebliebene Fze, doch ist (§ 15) der Verkehr zu sichern, BGH VM **61** 23, Mü VR **60** 187 (Räumpflicht), bloße Rauchschwaden, da kein Gegenstand, aM Ko DAR **65** 334. Auf rechtzeitig erkennbare Feldberieselung muß sich der Kf einstellen (kurze Sichtbehinderung), Dü DAR **77** 188. Die bloße Gefahr, ein Gegenstand könne auf die Straße geraten, genügt nicht, Tüb VBl **50** 255. Ein eingebauter Kanaldeckel fällt nicht unter I, Bay VM **76** 75, VRS **51** 387, auch nicht das Aufbringen eines schlüpfrigen Bindemittels beim StrBau (s § 45), Stu VRS **54** 147, sog StrRückbau durch Fahrbahnverengung, Dü VR **96** 518, oder fest in die Fahrbahndecke eingebaute Aufpflasterungen oder Fahrbahnschwellen, Ko MDR **00** 451, VGH Ma NZV **92** 462, OVG Lüneburg VM **97** 55, *Greger* § 16 StVG

Verkehrshindernisse **§ 32 StVO 2**

Rz 123, aM wohl *Gall* NZV **91** 135, ebensowenig Sperrpfosten iS von § 43 zur Verhinderung verbotenen KfzV, Ro DAR **01** 408, LG Stralsund VRS **101** 17. Dagegen sind „Möblierungen" von Fahrbahnen mit Blumenkübeln, Betonhindernissen oder das Aufbringen transportabler, etwa aus Metallteilen zusammengesetzter Fahrbahnschwellen zum Zwecke der „Verkehrsberuhigung" idR verkehrsgefährdende Hindernisse iS von § 32 I, Fra NZV **91** 469, Dü NJW **93** 865, *Greger* § 16 StVG Rz 123, *Stollenwerk* VR **95** 21, s auch *Hentschel* NJW **90** 683, **92** 1080, **95** 632, *Berr* DAR **91** 281, 283, **92** 377, aM Dü NJW **96** 731, Sa MDR **99** 1440, OVG Münster 13 B 3506/92 (Blumenkübel in geschwindigkeitsbeschränkter Zone), Ha NZV **94** 400 (Blumenkübel auf der Fahrbahn *ohne* gleichzeitige Geschwindigkeitsbegrenzung durch VZ!), *Landscheidt/Götker* NZV **95** 92. Abs I S 1 ist eindeutig und läßt in seiner derzeitigen Fassung keine Ausnahme für *gewollte* VBehinderung zum Zwecke der „VBeruhigung" zu, aM Ha NZV **94** 400. Kein Hindernis iS von Abs I sind allerdings Blumenkübel auf Sperrflächen (VZ 298), Dü NJW **93** 865, OVG Saarlouis ZfS **02** 364. Auch verstößt zwar die Ausstattung öffentlicher Parkplätze mit Blumenkübeln zur Begrenzung von Park- und Fahrflächen nicht gegen § 32, Ko DAR **80** 357, kann aber, falls diese beim Rangieren nur schlecht sichtbare Hindernisse bilden, eine Verletzung der VSicherungspflicht darstellen. Blumenkübel uä in verkehrsberuhigten Bereichen, s § 42 Rz 181 zu Z 325/326. Betonpoller auf Gehwegen, um das Parken zu verhindern, s Dü NJW **95** 2172.

2. Nur wenn der Verkehr durch das Hindernis **gefährdet oder erschwert werden** **9** **kann,** greift § 32 ein. „Erschwert" besagt, daß nur geringfügige Behinderung außer Betracht bleibt (Begr). Der Gegenstand muß den Verkehr nicht konkret erschweren oder gefährden, es genügt, daß dies möglich und nicht nur ganz unwahrscheinlich ist, Bay DAR **78** 278, Ce NJW **79** 227, Dü VRS **52** 377, **77** 303, Kar VRS **53** 472, KG VRS **51** 388, Ko VRS **62** 145, **72** 128, Zw VRS **72** 130, Dü VRS **74** 285, Fra NZV **91** 469, OVG Münster NJW **75** 989, BVG DAR **74** 55. Das Belegen eines Parkplatzes durch ein nicht zugelassenes Kfz kann behindern oder erschweren, Dü VM **75** 69, VG Br NVwZ-RR **00** 593. Propagandaständer als Erschwerung, Kar DÖV **76** 535 (klargestellt VRS **53** 472). Ob vom Haustier (Hund) auf dem Gehweg abgelegter Kot unter I fällt, ist wegen des Erfordernisses der VGefährdung oder -erschwerung wohl eher zu verneinen, obgleich Ausgleiten möglich ist, s Ce NJW **79** 227. Zu bejahen jedoch bei erheblicher Verschmutzung der Fahrbahn durch Viehkot, s *Wiederhold* VD **84** 154.

Lit: *Franzheim*, Strafrechtliche Verantwortlichkeit für durch StrRückbau verursachte Unfälle, NJW **93** 1837. *Landscheidt/Götker*, Veränderungen der Fahrbahn durch Aufstellen von Blumenkübeln ..., NZV **95** 91. *Weigelt*, Hindernisse auf der Fahrbahn, DAR **60** 226. *Wiederhold*, Verunreinigung der Fahrbahn durch Vieh, VD **84** 154.

3. Unverzügliche Beseitigung des Hindernisses ist geboten (I), und zwar im Rah- **10** men des Zumutbaren, Ba VRS **72** 88. Jede mögliche Gefahr ist alsbald zu beseitigen. Verantwortlich ist zunächst, wer die Gefahrquelle geschaffen hat, Ha VRS **52** 375, Ce NRpfl **70** 46 (verlorener Reifen), er muß die Folgen seines Verhaltens abwenden (**E** 90), BVG **14** 304, Schl NJW **66** 1269, zB durch KettenFze verursachten Schmutz beseitigen, Ce VR **65** 574, Schl NJW **66** 1269, oder auf die Fahrbahn geratenen Ackerlehm, Schl NZV **92** 31, oder Sand, Ko DAR **02** 269, den Verkehr vor einer Ölspur sichern, Ha VRS **30** 225, Fra DAR **55** 282, Ba VRS **72** 88. Neben dem Fahrer können auch der Halter, Besteller oder Anlieger verantwortlich sein oder werden, uU unter Ausschluß weiterer Fahrerverantwortlichkeit, Ha VRS **52** 375. Die Reichweite der Fahrerverantwortlichkeit in Betrieben hängt ua von der Betriebsorganisation ab (Leihcontainer), Ha VRS **52** 375. Für richtigen Tankverschluß ist der Fahrer verantwortlich, Ha VRS **30** 225. Doch ist nur räumpflichtig, wem das mit seinen Mitteln möglich und zumutbar ist (nicht der Fahrer bei Schmutzmassen, dann aber sofortige Warn- und Meldepflicht), Fra VRS **35** 224. Innerhalb gekennzeichneter Baustellen wird während der Bauzeit die durchlaufende Fahrbahn nur besenrein zu halten sein, vollständige tägliche Entfernung eines Schmutzfilms kann nicht erwartet werden, Sa VM **74** 63, s Dü DAR **01** 401. Beseitigungspflicht unabhängig davon, ob die Sicherung noch anderen Personen oder Behörden obliegt, Fra VM **61** 69. Die Rechtspflicht zur Beseitigung umfaßt auch

Überwachung des Hindernisses gegen gefährdende Eingriffe Unbefugter, falls es nicht sogleich beseitigt werden kann.

11 4. **Sofortige Kennzeichnungspflicht** in ausreichender Weise besteht, wenn das Hindernis nicht sofort beseitigt werden kann (Begr), Dü DAR **01** 401 (Verschmutzung). Verpflichtet ist auch hier der für das Hindernis Verantwortliche, zB beim Kabelziehen der Vorarbeiter, Hb VM **58** 30, s Ha VRS **41** 396, beim Vermessen der Meßtruppleiter, KG VRS **13** 472, bei Fahrbahnverschmutzung der Fahrer, Ha VRS **30** 225, oder Einheitsführer. Kenntlichmachung entsprechend § 15 (Warndreieck an richtiger Stelle, nötigenfalls Beleuchtung). Ausreichend kenntlich gemacht ist das Hindernis, wenn sich der Verkehr rechtzeitig darauf einstellen kann, BGH NJW **55** 1837, Hb VM **58** 30. Das Z 123 genügt bei Verschmutzung nicht, BGH VR **75** 714. Kann Unrat nach Viehtrieb nicht sofort entfernt werden, so ist ein WarnZ aufzustellen, BGH NJW **62** 34, und zwar, von unwesentlicher Verschmutzung abgesehen, auf allen Straßen. Auf BundesStr muß mangels Anzeichens niemand mit Erdverschmutzung rechnen, Mü VR **66** 1082, aber auf ländlichen Straßen geringerer Bedeutung, Ko VR **71** 745. Wöchentlich dreimalige Fahrbahnreinigung während der Rübenernte genügt, Fra VR **78** 158, wenn nicht das Ausmaß der Verschmutzung zusätzliche Maßnahmen erforderlich macht (s Schl NZV **92** 31). Bei starker Verschmutzung mit Schleudergefahr ist neben VZ 114 durch Zusatzschild auf die verschmutzte Fahrbahn hinzuweisen, Schl NZV **92** 31. Bei einem befahrbaren Wirtschaftsweg für landwirtschaftliche Zwecke ist höhere Verschmutzung hinzunehmen, der Benutzer muß seine Fahrweise darauf einstellen, Dü VR **73** 945, Kar VR **73** 972, Kö VR **96** 207. Unter den Voraussetzungen des § 17 I ist **Beleuchtung** durch eigene Lichtquelle oder Kenntlichmachung durch andere lichttechnische Einrichtungen geboten, zB durch weiß-rote vollreflektierende Warntafeln, s Fra VRS **82** 282 (Holzrückemaschine). Diese Verpflichtung gilt nicht nur für bewegliche Hindernisse, sondern auch für Verkehrshindernisse, die zur „Verkehrsberuhigung" auf der Fahrbahn eingerichtet werden, LG Ko DAR **91** 456.

12 Unberührt bleibt die **polizeirechtliche Befugnis**, ein Hindernis auf Kosten des Verpflichteten zu entfernen (Vwv Rn 2). Zur Beseitigung auf Kosten des Verpflichteten, BGHZ **65** 354 = NJW **76** 619, VGH Ma ZfS **02** 203 (Ölspur), VG Br NVwZ-RR **00** 593, s auch BGHZ **65** 384. Verwaltungsrechtliche Beseitigungspflicht: § 7 III BFernStrG, s OVG Münster VBl **72** 288. Abschleppen und Verschrotten eines schrottreifen Fzs ist rechtmäßig, VGH Ka NJW **99** 3650 (teilweise „ausgeschlachtetes" Fz), LG Duisburg VR **82** 177 (seit 2 Jahren abgestelltes Fzs ohne gültige Kennzeichen nach vergeblichem Versuch der Eigentümerfeststellung). Bemerkt die Pol ein Hindernis (Ölspur), so muß auch sie den Verkehr alsbald sichern, Ce VR **63** 48.

Lit: *Huttner*, Abgemeldete/betriebsunfähige Fze auf öffentlichen Flächen, NZV **98** 56.

13 5. **Gefährliche Geräte** sind auf Straßen wirksam zu verkleiden, nicht nur die in II angeführten (Begr), auch bei Zulassung als selbstfahrendes Arbeitsgerät, Kö VRS **15** 292 (Mähbalken). II ist Ausfluß der allgemeinen Verkehrssicherungspflicht, Bay DAR **78** 278. Damit dürfte die von Bay VRS **70** 381 vertretene Auffassung nur schwer vereinbar sein, wonach die Anwendung der Vorschrift auf die Ladung und mitgeführte Gegenstände beschränkt sein soll, während auf gefährliche Zubehörteile eines Fzs ausschließlich § 30 c StVZO anzuwenden sei (abl auch *Janiszewski* NStZ **86** 158). „Ähnlich gefährliche Geräte" sind solche, welche wegen ihrer Konstruktion und/oder Transportart gefährliche, auch stumpfe Verletzungen bewirken können (ungeschützte Bootsschraube), Bay DAR **78** 278. „Ährenteiler" (Spitzen von Holmteilen beiderseits von Mähbalken) sind „ähnlich gefährliche Geräte", Ha VRS **48** 385. Als Sicherung sind Futterale oder Umwicklungen zu verwenden, die vorstehende Haspel am Mähdrescher reicht als Schutzvorrichtung nicht aus, Ha VRS **48** 385.

14 6. **Zivilrecht.** Die Vorschrift ist SchutzG (§ 823 BGB), BGH VRS **20** 337, Ce NJW **79** 227, Dü NJWE-VHR **96** 161, Ba VRS **72** 88, Fra NZV **91** 469, VRS **82** 282 (Abs I Nr 3). Sie schützt die VSicherheit, nicht spielende Kinder vor umherliegenden Gegenständen, Dü NJW **57** 1153, s LG Ulm MDR **59** 302. Verkehrssicherungspflicht beim StrBau: § 45, bei Schaffung von Hindernissen zur „VBeruhigung": § 45. Amtspflicht-

verletzung der Pol, die, statt ein gefährliches Hindernis auf der AB zu beseitigen, abwartet, bis StrWärter dies tun, Fra VM **03** 13. Wer durch Hindernisbereiten andere zur Notbremsung veranlaßt, haftet. Zur Haftung bei Unfall durch ein über die Fahrbahn gespanntes, nicht kenntlich gemachtes Seil bei Bauarbeiten, BGH VRS **59** 91. Ortsübliches, vorübergehendes Stehenlassen einer Mülltonne auf dem Gehweg im Rahmen der Entsorgung verstößt nicht gegen die Verkehrssicherungspflicht, Ha NZV **91** 152 (mehr als 2 Std). Der Tierhalter als solcher haftet nicht für Kotverschmutzung nach Viehtrieb, LG Kö MDR **60** 924, aber nach § 32. Der Tierhalter haftet, wenn sein überfahrenes Tier auf der Fahrbahn liegenbleibt und alsbald zur Ursache eines Ausweichunfalls wird, Ce VR **80** 430. Mithaftung des Bushalters zu $^1/_4$ bei Unfall durch Schleudern infolge erkennbar verschmutzter Fahrbahn und bei nicht ausreichendem Abbremsen, Schl NZV **92** 31. Haftungsverteilung 3:2 zu Lasten eines PkwF, der auf einen ungenehmigt und ungesichert auf beleuchteter Fahrbahn abgestellten Container auffährt, Dü NJWE-VHR **96** 161. Kein Anspruch gegen die Gemeinde, die ein $2^1/_2$ Monate auf der Str abgestelltes UnfallFz verschrotten läßt, wegen überwiegenden Verschuldens des Eigentümers, LG Duisburg VR **83** 471; näher dazu *Biletzki* NJW **98** 282.

7. Ausnahmen: §§ 46 I Nr 8, II, 35 (Sonderrechte). Mindestanforderungen an die **15** Kennzeichnung von Containern bei Ausnahmeerteilung, s VBl **82** 186, **84** 23 sowie Vwv Rn 3 ff (Rz 5). Kein Anspruch auf Erteilung einer Sondernutzungserlaubnis zwecks Aufstellens eines Containers für Altkleidersammlung, VG Dü NVwZ **01** 1191. Über Ausnahmegenehmigung bei beeinträchtigenden Baustellen *Rott* VD **72** 107. Örtliche Zuständigkeit: § 47.

8. Ordnungswidrig (§ 24 StVG) verhält sich, wer einer Bestimmung des § 32 zuwider- **16** handelt (§ 49 I Nr 27). Soweit FzWaschen § 32 verletzt, ist eine entsprechende örtliche VO, die das FzReinigen im öffentlichen VRaum verbietet, ungültig, Dü VRS **77** 303. Ob die Vorschriften der LandesStrGe über die Sondernutzung öffentlicher Strn ohne Erlaubnis, soweit gleichzeitig gegen § 32 verstoßen wird, durch diese Vorschrift verdrängt werden (kurze Verjährung!), war umstritten und wurde wohl überwiegend bejaht, zB Dü VM **75** 69, Kö VRS **63** 78 (§ 59 I Nr 1 StrWG NRW), Ko VRS **60** 473, Zw VRS **72** 130 (§§ 41 I, 53 I Nr 5 LStrG RhPf), Kar VRS **65** 465 (§§ 16, 54 I Nr 1 StrG B/W). Der BGH BGHSt **47** 181 = NZV **02** 193 hat die Frage jedoch inzwischen auf einen Vorlagebeschluß des KG verneint, ebenso Kar VRS **56** 380, NJW **76** 1360. Danach kann eine Zuwiderhandlung gegen § 32 zugleich auch als ungenehmigte Sondernutzung nach landesrechtlichen Bestimmungen geahndet werden, weil diese Bestimmungen, anders als das StrVR, nicht der Abwehr von Gefahren für den StrV dienen (s E 1, 49). TE zwischen I S 1 und § 1 II, KG VRS **51** 390. TE mit § 1 II bei konkreter Gefährdung, Dü VM **77** 22, Ha VRS **52** 376.

S die §§ 315b, 316a StGB. **17**

Verkehrsbeeinträchtigungen

33 (1) ¹**Verboten ist**
1. der Betrieb von Lautsprechern,
2. das Anbieten von Waren und Leistungen aller Art auf der Straße,
3. außerhalb geschlossener Ortschaften jede Werbung und Propaganda durch Bild, Schrift, Licht oder Ton,

wenn dadurch Verkehrsteilnehmer in einer den Verkehr gefährdenden oder erschwerenden Weise abgelenkt oder belästigt werden können. ²Auch durch innerörtliche Werbung und Propaganda darf der Verkehr außerhalb geschlossener Ortschaften nicht in solcher Weise gestört werden.

(2) ¹Einrichtungen, die Zeichen oder Verkehrseinrichtungen (§§ 36 bis 43) gleichen, mit ihnen verwechselt werden können oder deren Wirkung beeinträchtigen können, dürfen dort nicht angebracht oder sonst verwendet werden, wo sie sich auf den Verkehr auswirken können. ²Werbung und Propaganda in Verbindung mit Verkehrszeichen und Verkehrseinrichtungen sind unzulässig.

2 StVO § 33 — I. Allgemeine Verkehrsregeln

1 **Begr** zu § 33: VBl **70** 816.

Vwv zu § 33 Verkehrsbeeinträchtigungen
Zu Absatz 1 Nr. 1

2   1 *Lautsprecher aus Fahrzeugen erschweren den Verkehr immer.*

Zu Absatz 1 Nr. 2

3   2 *Das Ausrufen von Zeitungen und Zeitschriften wird den Verkehr nur unter außergewöhnlichen Umständen gefährden oder erschweren.*

Zu Absatz 2

4   3 *I. Schon bei nur oberflächlicher Betrachtung darf eine Einrichtung nicht den Eindruck erwecken, daß es sich um ein amtliches oder sonstiges zugelassenes Verkehrszeichen oder eine amtliche Verkehrseinrichtung handelt. Verwechselbar ist eine Einrichtung auch dann, wenn (nur) andere Farben gewählt werden.*

       4 *II. Auch Beleuchtung im Umfeld der Straße darf die Wirkung der Verkehrszeichen und Verkehrseinrichtungen nicht beeinträchtigen.*

       5 *III. Wenn auf Grundstücken, auf denen kein öffentlicher Verkehr stattfindet, z. B. auf Fabrik- oder Kasernenhöfen, zur Regelung des dortigen Verkehrs den Verkehrszeichen oder Verkehrseinrichtungen gleiche Einrichtungen aufgestellt sind, darf das auch dann nicht beanstandet werden, wenn diese Einrichtungen von einer Straße aus sichtbar sind. Denn es ist wünschenswert, wenn auf nichtöffentlichem Raum sich der Verkehr ebenso abwickelt wie auf öffentlichen Straßen.*

5   **1. Verkehrsbeeinträchtigungen** durch Lautsprecherbetrieb, das gewerbliche Anbieten von Waren und Leistungen aller Art auf der Straße (beides inner- wie außerorts) und außerdem außerorts jede Werbung und Propaganda (Bild, Schrift, Licht, Ton) untersagt § 33 für den Fall, daß sie verkehrsgefährdende oder -erschwerende Wirkung haben können, OVG Lüneburg SchlHA **80** 46 (Rz 9). Ob ein allgemeines Werbeverbot mit Art 5 GG in Einklang steht, ist noch offen, s BVerfG NJW **76** 559. § 33 schließt landesrechtliche Vorschriften aus anderen Gesichtspunkten als denen der VSicherheit nicht aus, Dü NJW **75** 1288, Hb DAR **84** 325 (Verstoß gegen landesrechtliche Norm zur Lärmbekämpfung bei Lautsprecheranlage an Krad), Bay NZV **88** 188. Andererseits hat eine landesrechtliche Bauerlaubnis keinen Einfluß auf die Vereinbarkeit einer Anlage mit § 33, enthält insbesondere keine Ausnahmebewilligung in bezug auf diese Bestimmung, OVG Fra NZV **97** 53.

6   **1a. Lautsprecherlärm** wird erfaßt, wenn er mit gewisser Wahrscheinlichkeit den Verkehr stören (Begr) und die VSicherheit beeinträchtigen kann, OVG Lüneburg DÖV **80** 731. Nach Ansicht der Vwv Rn 1, den den Inhalt des § 33 nicht ausdehnen kann, BVG MDR **70** 533, ist Lautsprecherbetrieb aus Fzen stets verkehrserschwerend. Doch ist dies Tatfrage (Rz 9). Der störende Lautsprecher kann auch aus einem Grundstück heraus auf den öffentlichen VRaum einwirken. Schalltrichter ohne elektrische Verstärker sind keine Lautsprecher iS von § 33, OVG Münster VBl **72** 539. Zur Zulässigkeit ungenehmigter Lautsprecherwerbung vor politischen Wahlen, Ko NJW **69** 1501. Auch soweit schon die Möglichkeit der Belästigung von VT zum Verbot politischer Lautsprecherwerbung ausreicht (Rz 9), ist § 33 nach hM mit Art 5 GG vereinbar, OVG Münster VBl **72** 539, Dü NZV **90** 282, s Ha NJW **76** 2172, 2174. Ausnahmen vom Lautsprecherverbot nur bei Veranstaltungen „von außergewöhnlicher Bedeutung oder aus höherwertigen Gründen (zB Katastrophenschutz)", nicht zwecks politischer Werbung, OVG Münster VBl **72** 539. Zur Frage, ob eine nach § 15 I VersammlungsG zulässige Lautsprecherverwendung dennoch gegen § 33 I verstoßen kann, BVG VRS **57** 68. Das VersammlungsG verdrängt die Erlaubnispflicht nach § 33 nur, wenn die Versammlung oder deren Vorbereitung ohne Lautsprecher undurchführbar wäre, Kar VRS **51** 391, Ko 2 B 36/69. Zur Lautsprecherbenutzung bei Demonstrationen, Kar VRS **51** 391. Geht die Störungswirkung eines bei der Demonstration mitgeführten Lautsprechers über die von der Kundgebung ohnedies verursachte Störung nicht hinaus, so trifft das Lautsprecherverbot nicht zu, BVG VRS **57** 68, VG Schl DÖV **91** 256.

1 b. Unmittelbares Anbieten von Waren und Leistungen aller Art auf der Straße ist überall unzulässig, wenn es zumindest verkehrserschwerende Wirkung haben kann. Das Anbieteverbot von Waren und Leistungen auf der Straße ist durch § 6 StVG gedeckt und verletzt Art 12 GG nicht, BVG NJW **74** 1781, NZV **94** 126, OVG Münster VRS **41** 472, auch nicht Art 5 III GG, soweit es sich um Produkte aus dem Bereich der Kunst handelt, BVG VRS **60** 398. Wirtschaftswerbung und Propaganda fallen nicht unter diesen Begriff. Anbieten ist jede Kundgabe der Bereitschaft, Waren zu liefern oder Leistungen zu erbringen, gleichgültig wer diese Kundgabe letztlich veranlaßt, BVG NJW **74** 1781, Bay VRS **54** 75, OVG Münster VRS **41** 472. Anbieten auch, wenn die Ware nicht sofort ausgehändigt werden kann, OVG Berlin VM **66** 78. „Auf der Straße" bedeutet auch wesentliches Hineinwirken in den öffentlichen VRaum von einem Standort neben der Straße her, Bay VM **73** 25, BVG NZV **94** 126, VGH Ka NVwZ-RR **92** 3. VGefährdung durch das Anbieten ist nicht Voraussetzung, BVG VBl **70** 711, VRS **39** 309 (Rz 9). I Nr 2 hindert verwaltungsrechtliche Benutzungsregelungen nicht, die sich nicht vorwiegend auf VTeilnahme (Sicherheit und Leichtigkeit des V) beziehen, zB über Gemüsehandel auf öffentlichen VFlächen, Ha NJW **77** 687, oder Sondernutzung durch Eisverkauf aus Kfz, Stu VRS **67** 60.

1 c. Wirtschaftswerbung und Propaganda aller Art ist nur außerorts unzulässig, weil sie dort den Verkehr nach Ansicht des Gesetzgebers zu sehr beeinträchtigen würde, soweit das im Einzelfall zutrifft (Rz 9). Innerorts ist sie nur unerlaubt, soweit sie außerörtlichen Verkehr zumindest erschweren könnte, OVG Münster VRS **48** 389, zB Werbung für Diskothek durch Lichtstrahlen am Himmel, VGH Mü BayVBl **96** 343, 12×9 m große Werbeprismenanlage auf 20 m hohem Pylon in AB-Nähe, OVG Fra NZV **97** 53. Gesetzliche Ermächtigung: § 6 I Nr 3g StVG. Innerorts ist das Bedürfnis nach Wirtschaftswerbung so stark, daß das Gesetz keine Einschränkung vorsieht. Hier muß die Werbung nur I S 2 beachten (Rz 9). Der Verkehr muß hier stets mit ablenkenden Einwirkungen rechnen. Ob die Reklame ortsgebunden ist oder von VT ausgeht, berührt die Verbotswirkung nicht, VBl **62** 112. Die Vorschrift untersagt nur, aber ausnahmslos, für den StrV abträgliche Werbung, BVG NJW **74** 1781. Die Zulässigkeit von Werbeanlagen außerorts richtet sich abschließend nach I Nr 3, VGH Mü BayVBl **75** 79, **96** 343. § 6 I Nr 3g StVG hindert Landesrecht über Außenwerbung innerorts nicht, BVerfG NJW **72** 859.

2. Nur wenn es Verkehrsteilnehmer so ablenken oder belästigen kann, daß dies den Verkehr gefährden oder erschweren würde, sind Lautsprecherbetrieb, Kar VRS **53** 472, OVG Lüneburg SchlHA **80** 46, Warenanbieten und außerörtliche Werbung unzulässig, wobei die abstrakte Gefahr einer Beeinträchtigung genügt, Dü NZV **90** 282, BVG NZV **94** 126, **00** 310, VGH Mü BayVBl **96** 343, OVG Fra NZV **97** 53, VG Ansbach VM **99** 71, s *Rebler* BayVBl **03** 233. Die Formel bezweckt, den § 33 im Rahmen der Ermächtigung des § 6 StVG zu halten, sie ist also einschränkend gemeint (Begr). Durch Verquickung mehrerer Normativa ist sie undeutlich, doch wird sie, wie im § 32, so auszulegen sein, daß unbedenkliche Einwirkungen ausgenommen bleiben, Bay VRS **44** 319, **54** 75. Nicht jede VMittelwerbung (Reklamefahrt mit Kfz) beeinflußt den Verkehr nachhaltig, BVerfG NJW **76** 559. Das Anbieten von Waren und Leistungen auf öffentlichen Straßen ist nur unzulässig, soweit es VT in verkehrsgefährdender oder -erschwerender Weise ablenken oder belästigen könnte, VGH Ma VM **74** 12, VGH Mü BayVBl **75** 79, Bay NZV **88** 188. Das breite Aufstellen von Kisten mit Waren auf dem Gehsteig kann erschweren, Ha VRS **17** 463. Gefährdet oder erschwert wird der Verkehr etwa durch Beeinträchtigung des Fahrverkehrs oder der Fortbewegungsfreiheit der Fußgänger (Stauung), Bay VRS **54** 75, Br NJW **76** 1359. Wo das nach den Umständen ausgeschlossen ist, ist es rechtmäßig (zu eng daher wohl BVG VM **70** 83 zu § 42 II StVO 1937). Nicht allein Ablenkung oder Belästigung einzelner VT entscheidet. Beides muß den Verkehr zumindest erschweren können. In aller Regel ist das zu verneinen bei einem Kfz, das mit einem Verkaufszettel aufgestellt ist, Bay VRS **54** 75, KG VRS **34** 383, jedenfalls bei Aufstellung im Rahmen des Gemeingebrauchs, Hb VRS **42** 449, oder bei bloßer Verkaufsbereitschaft eines fliegenden Händlers ohne störendes Anpreisen, aM Kö VRS **43** 471, oder beim Verteilen von Werbezetteln, das den Verkehr kaum beeinflußt, Bay NJW **67** 1190, aM BVG VRS **39** 313, oder bei einem fliegenden Zeitungsstand, aM Kö MDR **68** 947. Nur entfernte Beeinträchtigungsmöglichkeit genügt nicht, auch nicht das Fz-Aufstellen auf einer öffentlichen Parkfläche, so daß sie anderen Parkern solange entzogen ist, Bay DÖV **77** 905, jedoch kann darin, sofern der Zweck der VTeilnahme bei der Aufstellung dem Verkaufszweck gegenüber zurücktritt, verletzter Gemeingebrauch (**E** 50, 51) liegen, Bay VRS **54** 75. Das Ausrufen von Zeitungen, Zeitschriften und Extrablättern ist idR nicht verkehrserschwerend (Vwv Rn 2). Soweit es überhaupt vorkommt, wird eher die Nachricht als das Ausrufen der mögliche Erschwerungsgrund sein. Art 5 GG ist dabei zu beachten. Flugblattverteilung auf innerörtlichen Straßen gehört zum Gemeingebrauch, anders nur bei konkreter, ernsthafter Sicherheitsgefährdung oder bei Gefährdung der öffentlichen Ordnung, OVG Lüneburg NJW **77** 916, s dazu Stu NJW **76** 201. Zur Werbung durch Aufstellen von Ständen und Tischen im Gehbereich (mit RsprÜbersicht), BGHSt **28** 275 = NJW **79** 1610. Zur Wahlsichtwerbung auf öffentlichen Straßen, BVG NJW **75** 1289, 1293. Zum Verkauf (Verteilung) politischer Schriften auf öffentlichen Straßen in NRW, Dü NJW **75** 1288, Ha NJW **76** 2172. Zur Erlaubnispflichtigkeit der Straßenverteilung politischer Schriften, *Crombach* DVBl **77** 277.

10   3. **Übergreifende Werbung** ist unzulässig (I). Erschwert innerörtliche Werbung und Propaganda den außerörtlichen Verkehr zumindest, so muß sie unterbleiben. Werbeanlagen mit blinkendem oder farbigem Licht, VBl **62** 112, OVG Fra NZV **97** 53. 40 m hohe Prismenwerbeanlage in 130 m Abstand von der AB ist unzulässig, OVG Münster NZV **00** 310. Zur Zulässigkeit einer unbeleuchteten Werbeschrift innerhalb der AB-Schutzzone in unmittelbarer Nähe eines AB-Knotens, OVG Münster VRS **55** 471. Die StVO-Vorschriften über Außenwerbung schränken landesrechtliche Generalklauseln über Gefahrabwehr nicht ein, OVG Münster NJW **65** 267.

11   4. Das **Verbot bloßer Reklamefahrten und des Reklameparkens** (früher I 3) ist nichtig, weil insoweit ein Erlaubnisverfahren mit Verbotsvorbehalt ausreichen würde, BVerfG NJW **76** 559, 1083 (krit *Wagner*). Ein übermäßiges absolutes Werbefahrverbot kann enteignungsgleiche Wirkung haben und einen Entschädigungsanspruch auslösen, wenn nach dem Übermaßverbot auch ein Erlaubnisverfahren mit Verbotsvorbehalt ausgereicht hätte, s BGH VRS **59** 401, VM **80** 89, JZ **81** 27.

Lit: *Nedden,* Der Handel auf den öffentlichen Strn, NJW **56** 81. *Pappermann,* Die Verteilung politischen Werbematerials auf öffentlichen Str, NJW **76** 1341. *Rebler,* Die Behandlung von Werbeanlagen im öffentlichen StrRaum, BayVBl **03** 233. *Schmidt-Tophoff,* Die VMittelreklame, DÖV **68** 313. *Derselbe,* Reklame und VSicherheit, DVBl **62** 461. *Steinberg,* Meinungsfreiheit und StrNutzung, NJW **78** 1898. *Stollenwerk,* Häufung von Werbeanlagen im StrV, VD **04** 97.

12   5. **Schutz der Verkehrszeichen und -einrichtungen.** Amtliche VZ und -einrichtungen dürfen nur nach Maßgabe von § 45 von den dort bezeichneten Behörden aufgestellt und angebracht werden. Sie allein sind für den StrV zuständig. Doch ist es erwünscht, daß auch auf privaten Grundstücken der Verkehr nach den allgemeinen VRegeln abläuft und durch entsprechende Zeichen beeinflußt wird. Jedoch dürfen sie nicht so verwendet werden, daß sie sich auf den öffentlichen Verkehr auswirken, was nicht heißt, daß sie von dort aus nicht dürften gesehen werden können (Begr) (II). Maßgebend ist, ob die privaten Zeichen den amtlichen (§§ 40–43) gleichen, nach Art, Farbe, Größe oder Anbringung mit ihnen verwechselt werden oder sie sonst in ihrer VWirkung beeinträchtigen können, BVG VRS **17** 239, VGH Ma VM **82** 14. VZ an privaten Einfahrten: Begr. Nicht auf die Sichtbarkeit von der Straße her kommt es an, sondern darauf, ob das Zeichen den Verkehr stören kann (Beispiel: Begr, Vwv Rn 4, zu II), weil es bei auch nur oberflächlichem Sehen mißverstanden werden kann. Auch Beleuchtung im Umfeld der Straße kann VZ oder -einrichtungen beeinträchtigen (Vwv Rn 4). Die Möglichkeit der Beeinträchtigung genügt, OVG Münster VRS **15** 79. Das Z 250, an der Einmündung eines Privatwegs in eine BundesStr privat aufgestellt, wird den Verkehr idR beeinflussen können, Ce VM **77** 24. Ob Verwechslungs- oder Beeinträchtigungsgefahr besteht, ist Tatfrage, maßgebend ist das Gesamtbild des flüchtigen Beschauers, VGH Ka VM **70** 75, Ko VRS **66** 222. Große Werbetafel als Beeinträchtigung eines VerbotsZ, VGH Ka VM **76** 67. Farblich und grafisch von VZ völlig abweichende,

jedoch in Form von VZ gestaltete private Wegweiser unterliegen nicht dem Verbot des Abs II, VGH Ma VM **82** 14. Gelbe Rundumleuchten an Gaststätteneingang können uU zur Verwechslung mit Blinklichtanlagen (Verkehrseinrichtungen gem § 43 I) führen, s Ko VRS **66** 222 (das allerdings auf Verwechslungsgefahr mit Rundumlicht nach § 52 IV StVZO abstellt, auf den sich § 33 II StVO nicht bezieht). Landesrechtliche Generalklauseln über Gefahrabwehr bleiben unberührt, OVG Münster NJW **65** 267. Werbung und Propaganda aller Art an („in Verbindung mit") amtlich aufgestellten VZ und VEinrichtungen ist unzulässig, weil sie den Verkehr verunsichern könnte. Doch dürfen, wo diese Gefahr nicht besteht, Modelle und Abbildungen der VZ in Verbindung mit Werbung verwendet werden.

Lit: *Bouska*, Verwendung amtlicher VZ an der Nahtstelle zwischen privaten und öffentlichen VFlächen, VD **77** 353. *Welt*, Untersagung farbiger Lichtreklame-Anlagen wegen Farbübereinstimmung mit VZ? BB **65** 1210.

6. Ausnahmen von II sind möglich (Begr). Weitere Ausnahmen von § 33, zB für Märkte, Katastrophenfälle (Lautsprecherverwendung), § 46 I Nr 9, 10, II. Örtliche Zuständigkeit: § 47. Eine Ausnahme vom Verbot des Warenanbietens auf öffentlichen Straßen wird nur in Betracht kommen, wenn sie den Normzweck des VSchutzes nicht nennenswert beeinträchtigt, s VGH Ma VD **79** 155, was kaum je der Fall sein wird, weil damit die abstrakte Gefährdung des V, deren Ausschluß die Vorschrift gerade bezweckt, in Kauf genommen würde, VG Ansbach VM **99** 71. Wird die Ausnahme erteilt, so ersetzt sie zugleich eine nach BFernStrG erforderliche Sondernutzungserlaubnis, VGH Ka NVwZ-RR **92** 3. Zur Ermessensentscheidung bei Ausnahmegenehmigungen zur Meinungskundgabe über Lautsprecher, BVG VRS **49** 77. Lautsprecherübertragung von Schallzeichen iS von § 16 darf nicht genehmigt werden, Dü NZV **90** 282. Außerhalb der Zeiten unmittelbarer Wahlvorbereitung muß den Parteien keine Sondernutzungserlaubnis zur Aufstellung von Plakatständern im innerörtlichen VRaum erteilt werden, BVGE **56** 56. **13**

7. Ordnungswidrigkeit (§ 24 StVG): § 49 I Nr 28. § 23 III Nr 2 des Hamburgischen WegeG (Feilbieten von Fzen zum Verkauf auf öffentlichen Wegen) tritt gemäß Art 31 GG hinter § 33 I Nr 2 StVO zurück, Hb VRS **42** 447. Jedoch schließt eine Zuwiderhandlung gegen § 33 die gleichzeitige Anwendung landesrechtlicher Bestimmungen über die Ahndung ungenehmigter Sondernutzung nicht aus, BGHSt **47** 181 = NZV **02** 193. § 117 OWiG tritt als bloßer Auffangtatbestand trotz seiner höheren Bußgelddrohung zurück, *Göhler* 17. Bei verkehrsbeeinträchtigendem Lärm geht § 33 entsprechenden Ländernormen (LärmVOen, Immisionsschutzgesetzen) vor, s Ha NJW **75** 1897 (zu § 2 LärmbekämpfungsVO alt), Hb DAR **84** 325 (zu § 2 LärmVO Hb). **14**

Unfall

34
(1) ¹Nach einem Verkehrsunfall hat jeder Beteiligte
1. unverzüglich zu halten,
2. den Verkehr zu sichern und bei geringfügigem Schaden unverzüglich beiseite zu fahren,
3. sich über die Unfallfolgen zu vergewissern,
4. Verletzten zu helfen (§ 323 c des Strafgesetzbuches),
5. anderen am Unfallort anwesenden Beteiligten und Geschädigten
   a) anzugeben, daß er am Unfall beteiligt war und
   b) auf Verlangen seinen Namen und seine Anschrift anzugeben sowie ihnen Führerschein und Fahrzeugschein vorzuweisen und nach bestem Wissen Angaben über seine Haftpflichtversicherung zu machen,
6. a) solange am Unfallort zu bleiben, bis er zugunsten der anderen Beteiligten und der Geschädigten die Feststellung seiner Person, seines Fahrzeuges und der Art seiner Beteiligung durch seine Anwesenheit ermöglicht hat oder
   b) eine nach den Umständen angemessene Zeit zu warten und am Unfallort Namen und Anschrift zu hinterlassen, wenn niemand bereit war, die Feststellung zu treffen,

2 StVO § 34   I. Allgemeine Verkehrsregeln

7. unverzüglich die Feststellungen nachträglich zu ermöglichen, wenn er sich berechtigt, entschuldigt oder nach Ablauf der Wartefrist (Nummer 6 Buchstabe b) vom Unfallort entfernt hat. ²Dazu hat er mindestens den Berechtigten (Nummer 6 Buchstabe a) oder einer nahe gelegenen Polizeidienststelle mitzuteilen, daß er am Unfall beteiligt gewesen ist, und seine Anschrift, seinen Aufenthalt sowie das Kennzeichen und den Standort seines Fahrzeugs anzugeben und dieses zu unverzüglichen Feststellungen für eine ihm zumutbare Zeit zur Verfügung zu halten.

(2) Beteiligt an einem Verkehrsunfall ist jeder, dessen Verhalten nach den Umständen zum Unfall beigetragen haben kann.

(3) Unfallspuren dürfen nicht beseitigt werden, bevor die notwendigen Feststellungen getroffen worden sind.

1   **Begr** (VBl **75** 676): *Durch das 13. StrRÄndG ist der § 142 StGB reformiert und in § 6 Abs. 1 Nr. 4a StVG die Ermächtigung geschaffen worden, das Verhalten nach einem Verkehrsunfall umfassend zu regeln. Nachdem § 142 StGB nunmehr das strafwürdige Verhalten genau beschreibt, ist es erforderlich, in Entsprechung dazu dem Verkehrsteilnehmer positiv im einzelnen aufzuzeigen, wie er sich nach einem Verkehrsunfall zu verhalten hat.*
    …

2   **1. Das Verhalten der Beteiligten nach Unfällen,** nicht auch unbeteiligter Personen, Kar NJW **85** 1480, regelt § 34 (Rechtsgrundlage: § 6 I Nr 4a StVG) durch Aufstellung eines selbständigen Pflichtenkatalogs im Anschluß an § 142 StGB (Sichentfernen). Der Unfallbegriff ist derselbe wie in § 142 StGB, Kar VRS **54** 462, setzt also Fremdschaden voraus, Ce VRS **69** 394. Nach einem VUnfall (§ 142 StGB) muß jeder Beteiligte (II, § 142 StGB) sofort halten, den Verkehr sichern, sich über die Unfallfolgen vergewissern, Verletzten helfen (§ 323c StGB), sich den anderen Beteiligten oder Geschädigten, nicht bloßen Hilfswilligen, als Beteiligter vorstellen, auf Verlangen seine Person und das Bestehen der Haftpflichtversicherung durch Belege nachweisen, die nötigen Feststellungen am Unfallort abwarten, nach vergeblichem Warten Namen und Anschrift am Unfallort hinterlassen, endlich nach berechtigtem oder entschuldigtem Sichentfernen oder nach Sichentfernen nach ausreichendem Warten die nötigen Feststellungen durch Mitteilung an die Berechtigten oder an eine nahe gelegene PolDienststelle ermöglichen, außerdem darf er in keinem dieser Fälle Unfallspuren vor den notwendigen Feststellungen verwischen oder beseitigen. Das Entfernen des unfallbeteiligten, unbeschädigten Fzs fällt nicht unter Abs III, Stu NZV **92** 327. Auch Abs III wendet sich nur an Unfallbeteiligte, Kar NJW **85** 1480. § 34 will aufzeigen, wie sich im VT nach einem VUnfall zu verhalten hat, er bezweckt nicht, den nur bei Vorsatz eingreifenden § 142 StGB dahin zu ergänzen, daß auch fahrlässiges Nichtbemerken des Unfalls als OWi geahndet wird, Bay VRS **56** 205. Trotz des Wortlauts des § 49 I Nr 29 genügt daher fahrlässige Unkenntnis des Unfalls nicht, der Täter muß wissen oder damit rechnen und in Kauf nehmen, daß sich ein VUnfall ereignet hat, Bay VRS **56** 205, **61** 154, BGHSt **31** 55 = NJW **82** 2081 (Anm *Hentschel* JR **83** 216), *Spiegel* DAR **83** 193, aM Ol VRS **57** 62. Ein Schaden von 613 € ist nicht geringfügig, sondern so erheblich, daß der Geschädigte vor dem Beiseitefahren zumindest die Feststellung des Unfallstandorts seines Fz abwarten darf, Kö DAR **79** 226 (1200 DM).

3   **2. Das Verhältnis der Vorschrift zu § 142 StGB** richtet sich danach, daß § 34 teils Hilfspflichten für andere Pflichten vorsieht, teils solche, die sich mit Begehungsweisen der Unfallflucht völlig decken oder decken können, teils darüber hinausgehende. Demgemäß sind **nicht bußgeldbewehrt** (§ 49 I Nr 29): die Vergewisserungspflicht (I 3), Kar VM **78** 20, die Pflicht, Verletzten zu helfen (I 4), weil § 323c StGB vorgeht, die bloße Wartepflicht am Unfallort (I 6a) und die Pflicht, in gewissen Fällen nachträgliche Feststellungen zu ermöglichen (I 7), Bay DAR **79** 233. Die Vergewisserungspflicht ist bloße Hilfspflicht zur Klärung des Unfallbegriffs; alle hier angeführten Pflichten dienen der Unterrichtung der Beteiligten über richtiges Verhalten. Ihr rechtliches Verhältnis zu Vorschriften des StGB ist mangels Bußgeldbewehrung ohne Bedeutung.

4   **Stets zurücktretend** gegenüber § 142 StGB verhalten sich mehrere andere Pflichtverstöße. Eine OW tritt zurück, wenn eine Handlung gleichzeitig Straftat und OW ist

Sonderrechte § 35 StVO **2**

(§ 21 OWiG). Auszugehen ist hierbei davon, welches konkrete Verhalten als Straftat abgeurteilt wird. Gegenüber § 142 StGB tritt hiernach zurück die Pflicht, nach einem VUnfall sofort zu halten (I 1) (s § 142 StGB Rz 24–26, 32), LG Flensburg DAR **78** 279, die Wartepflicht, Kar VM **78** 20, die Versäumung der Vorstellungspflicht (I Nr 5 a, b) (§ 142 StGB Rz 11, 33–38, 45, 48); uU, je nach rechtlicher Beurteilung bei § 142 StGB (s dort Rz 37), das pflichtwidrige Beseitigen von Unfallspuren vor den nötigen Feststellungen (Rz 5). Bei Absehen von Strafe gem § 142 IV StGB gilt § 21 II OWiG (Ahndung als OW möglich, s *Göhler* § 21 Rz 27), *Bönke* NZV **00** 131, *Böse* StV **98** 513.

Tatmehrheit mit § 142 StGB kann vorliegen bei Nichtsicherung des Verkehrs und 5 Nichtbeiseitefahren bei geringfügigem Schaden (I 2), weil § 142 solche Pflichten nicht umfaßt, uU bei Sichentfernen nach ausreichendem Warten ohne Feststellungen oder bei Nichthinterlassen von Name und Anschrift am Unfallort (I 6 b), endlich in den Fällen der Spurenbeseitigung vor den notwendigen Feststellungen (III), sofern man nicht annimmt, daß die Vorstellungspflicht, soll sie Sinn haben, von vornherein die Pflicht einschließt, alles unverändert zu lassen (zw, s § 142 StGB Rz 37; Rz 33: Rolle als Beteiligter, 34: korrektes Sichausweisen, 35–37: Ermöglichen der FzFeststellung und der Art der Beteiligung). Nimmt man dies an, so treten Verstöße gegen III hinter § 142 StGB zurück.

Sonderrechte

35 (1) Von den Vorschriften dieser Verordnung sind die Bundeswehr, der Bundesgrenzschutz, die Feuerwehr, der Katastrophenschutz, die Polizei und der Zolldienst befreit, soweit das zur Erfüllung hoheitlicher Aufgaben dringend geboten ist.

(1 a) Absatz 1 gilt entsprechend für ausländische Beamte, die auf Grund völkerrechtlicher Vereinbarungen zur Nacheile oder Observation im Inland berechtigt sind.

(2) Dagegen bedürfen diese Organisationen auch unter den Voraussetzungen des Absatzes 1 der Erlaubnis,
1. wenn sie mehr als 30 Kraftfahrzeuge im geschlossenen Verband (§ 27) fahren lassen wollen,
2. im übrigen bei jeder sonstigen übermäßigen Straßenbenutzung mit Ausnahme der nach § 29 Abs. 3 Satz 2.

(3) Die Bundeswehr ist über Absatz 2 hinaus auch zu übermäßiger Straßenbenutzung befugt, soweit Vereinbarungen getroffen sind.

(4) Die Beschränkungen der Sonderrechte durch die Absätze 2 und 3 gelten nicht bei Einsätzen anläßlich von Unglücksfällen, Katastrophen und Störungen der öffentlichen Sicherheit oder Ordnung sowie in den Fällen der Artikel 91 und 87 a Abs. 4 des Grundgesetzes sowie im Verteidigungsfall und im Spannungsfall.

(5) Die Truppen der nichtdeutschen Vertragsstaaten des Nordatlantikpaktes sind im Falle dringender militärischer Erfordernisse von den Vorschriften dieser Verordnung befreit, von den Vorschriften des § 29 allerdings nur, soweit für diese Truppen Sonderregelungen oder Vereinbarungen bestehen.

(5 a) Fahrzeuge des Rettungsdienstes sind von den Vorschriften dieser Verordnung befreit, wenn höchste Eile geboten ist, um Menschenleben zu retten oder schwere gesundheitliche Schäden abzuwenden.

(6) ¹Fahrzeuge, die dem Bau, der Unterhaltung oder Reinigung der Straßen und Anlagen im Straßenraum oder der Müllabfuhr dienen und durch weiß-rot-weiße Warneinrichtungen gekennzeichnet sind, dürfen auf allen Straßen und Straßenteilen und auf jeder Straßenseite in jeder Richtung zu allen Zeiten fahren und halten, soweit ihr Einsatz dies erfordert, zur Reinigung der Gehwege jedoch nur, wenn das zulässige Gesamtgewicht bis zu 2,8 t beträgt. ²Dasselbe gilt auch für Fahrzeuge zur Reinigung der Gehwege, deren zulässiges Gesamtgewicht 3,5 t nicht übersteigt und deren Reifeninnendruck nicht mehr als 3 bar beträgt. ³Dabei ist sicherzustellen, daß keine Beschädigung der Gehwege und der darunterliegenden Versorgungsleitungen erfolgen kann. ⁴Personen, die hierbei eingesetzt sind oder Straßen oder in deren Raum befindliche Anlagen zu beaufsichtigen haben, müssen bei ihrer Arbeit außerhalb von Gehwegen und Absperrungen auffällige Warnkleidung tragen.

2 StVO § 35 I. Allgemeine Verkehrsregeln

(7) Meßfahrzeuge der Regulierungsbehörde für Telekommunikation und Post (§ 66 des Telekommunikationsgesetzes) dürfen auf allen Straßen und Straßenteilen zu allen Zeiten fahren und halten, soweit ihr hoheitlicher Einsatz dies erfordert.

(8) Die Sonderrechte dürfen nur unter gebührender Berücksichtigung der öffentlichen Sicherheit und Ordnung ausgeübt werden.

1 **Begr** zur ÄndVO v 22. 3. 88 (VBl **88** 224):

Zu Abs. 5a: Die Ergänzung des Satzes 1 ermöglicht z. B. auch Sonderrechtsfahrten mit Blutkonserven.

Die Vorschriften des § 38 werden entsprechend angepaßt.

Bisher können Einsatzfahrzeuge des Rettungsdienstes Sonderrechte nur in Anspruch nehmen, wenn sie blaues Blinklicht und Einsatzhorn benutzen. Das bedeutet, daß z. B. in der Nacht bei geringem Verkehr ein Rettungsfahrzeug im Einsatz nur dann schneller als erlaubt fahren darf, wenn es blaues Blinklicht und Einsatzhorn benutzt. Eine Inanspruchnahme der Sonderrechte nur mit Blaulicht ist nicht zulässig.

Durch die vorgesehene Änderung wird es möglich, daß Fahrzeuge des Rettungsdienstes, wenn höchste Eile geboten ist, um Menschenleben zu retten, Sonderrechte in Anspruch nehmen können, ohne das Einsatzhorn zu benutzen. Blaues Blinklicht allein darf nach § 38 Abs. 2 nur an der Einsatzstelle verwendet werden.

Zu Abs. 6: Die Regelung des Satzes 1 zur Absicherung der Fahrzeuge wird dem technischen Stand angepaßt.

§ 35 Abs. 6 beschränkt das zulässige Gesamtgewicht der Fahrzeuge, die zur Gehwegreinigung eingesetzt werden dürfen, auf 2,8 t. Der Zweck dieser Vorschrift besteht darin, Schäden an unterirdisch verlegten Leitungen zu verhindern. Dieser Zweck wird auch dann erreicht, wenn zwar schwerere Fahrzeuge zum Reinigen der Gehwege eingesetzt werden, deren Bodendruck aber nicht größer ist als bei einem vergleichbaren 2,8-t-Fahrzeug.

Die Ergänzung des Absatzes 6 trägt dieser Überlegung Rechnung.

Begr zur ÄndVO v 19. 3. 92 (VBl **92** 187):

Zu Abs. 1a: Bei dieser Änderung handelt es sich um eine Umsetzung des Schengener Zusatzübereinkommens in bezug auf die zur Nacheile berechtigten Beamten der Vertragsstaaten dieses Übereinkommens.

2 **Begr** zur ÄndVO v 11. 12. 00 (VBl **01** 9): **Zu Abs 1a:** *Die Änderung trägt dem Umstand Rechnung, dass in internationalen Verträgen über polizeiliche Zusammenarbeit die Gewährung von Vorrechten im Straßenverkehr über die Nacheile hinaus auch bei der Observation vorgesehen ist.*

Der Kreis der berechtigten Beamten ergibt sich aus dem jeweiligen völkerrechtlichen Vertrag. Dazu können neben Polizeibeamten auch Beamte des Zollfahndungsdienstes gehören....

Zu Abs 7: *Bislang umfasst Absatz 7 Satz 1 potenziell alle Postunternehmen, die Universaldienstleistungen nach dem Postgesetz (PostG) erbringen. Das PostG sieht die Auferlegung von Grundversorgungspflichten nur für den Fall vor, dass das in § 11 PostG umschriebene Mindestangebot an Postdienstleistungen nicht bereits durch den Markt erbracht wird oder zu erwarten ist, dass entsprechende Leistungsstörungen eintreten werden. Eine entsprechende Grundversorgungspflicht ist aber bisher keinem Unternehmen auferlegt worden.*

Mithin geht die geltende Fassung des § 35 Abs. 7 Satz 1 entweder ins Leere oder führt bei extensiver Auslegung zu der nicht vertretbaren Konsequenz, dass alle Postdienstleister Sonderrechte im Straßenverkehr in Anspruch nehmen könnten.

Sonderrechte im Straßenverkehr werden durch § 35 StVO aber nur Institutionen zugestanden, die hoheitlich tätig sind (Polizei, Feuerwehr) oder die hoheitliche Aufgaben erfüllen (Rettungsdienst). Privaten Dienstleistern standen hingegen nie Sonderrechte im Straßenverkehr zu. Würden solche eröffnet, könnten entsprechende Forderungen anderer Wirtschaftsbereiche kaum mehr abgelehnt werden, ohne den Anschein der Willkür zu erwecken. Die Vielzahl der dann potenziell Sonderberechtigten wäre wegen der damit einhergehenden Beeinträchtigung des allgemeinen Verkehrs nicht hinnehmbar.

Die Streichung des Satz 1 in Absatz 7 trägt diesem Umstand Rechnung. Für die Messfahrzeuge der Regulierungsbehörde für Telekommunikation und Post muss es auch künftig im Hinblick auf

Sonderrechte § 35 StVO **2**

ihre hoheitliche Tätigkeit bei den Sonderrechten im Straßenverkehr bleiben. Die in der Neuregelung erfolgte redaktionelle Anpassung verfolgt diesen Zweck.

Vwv zu § 35 Sonderrechte

Zu den Absätzen 1 und 5

1. I. Bei Fahrten, bei denen nicht alle Vorschriften eingehalten werden können, sollte, wenn möglich und zulässig, die Inanspruchnahme von Sonderrechten durch blaues Blinklicht zusammen mit dem Einsatzhorn angezeigt werden. Bei Fahrten im Geschlossenen Verband sollte mindestens das erste Kraftfahrzeug blaues Blinklicht verwenden. **2 a**
2. II. Das Verhalten geschlossener Verbände mit Sonderrecht
Selbst hoheitliche Aufgaben oder militärische Erfordernisse rechtfertigen es kaum je und zudem ist es mit Rücksicht auf die öffentliche Sicherheit (Absatz 8) auch dann wohl nie zu verantworten, daß solche geschlossenen Verbände auf Weisung eines Polizeibeamten (§ 36 Abs. 1) nicht warten oder Kraftfahrzeugen, die mit blauem Blinklicht und Einsatzhorn (§ 38 Abs. 1) fahren, nicht freie Bahn schaffen.

Zu Absatz 2

3. I. Die Erlaubnis (§ 29 Abs. 2 und 3) ist möglichst frühzeitig vor Marschbeginn bei der zuständigen Verwaltungsbehörde zu beantragen, in deren Bezirk der Marsch beginnt. **2 b**
4. II. Die zuständige Verwaltungsbehörde beteiligt die Straßenbaubehörden und die Polizei. Geht der Marsch über den eigenen Bezirk hinaus, so beteiligt sie die anderen zuständigen Verwaltungsbehörden. Berührt der Marsch Bahnanlagen, so sind zudem die Bahnunternehmen zu hören. Alle beteiligten Behörden sind verpflichtet, das Erlaubnisverfahren beschleunigt durchzuführen.
5. III. Die Erlaubnis kann auch mündlich erteilt werden. Wenn es die Verkehrs- und Straßenverhältnisse dringend erfordern, sind Bedingungen zu stellen oder Auflagen zu machen. Es kann auch geboten sein, die Benutzung bestimmter Straßen vorzuschreiben.
6. IV. Wenn der Verkehr auf der Straße und deren Zustand dies zulassen, kann eine Dauererlaubnis erteilt werden. Sie ist zu widerrufen, wenn der genehmigte Verkehr zu unerträglichen Behinderungen des anderen Verkehrs führen würde.

Zu Absatz 3

7. In die Vereinbarungen sind folgende Bestimmungen aufzunehmen: **2 c**
   1. Ein Verkehr mit mehr als 50 Kraftfahrzeugen in geschlossenem Verband (§ 27) ist möglichst frühzeitig – spätestens 5 Tage vor Marschbeginn – der zuständigen Verwaltungsbehörde anzuzeigen, in deren Bezirk der Marsch beginnt. Bei besonders schwierigen Verkehrslagen ist die zuständige Verwaltungsbehörde berechtigt, eine kurze zeitliche Verlegung des Marsches anzuordnen.
8. 2. Ein Verkehr mit Kraftfahrzeugen, welche die in der Vereinbarung bestimmten Abmessungen und Gewichte überschreiten, bedarf der Erlaubnis. Diese ist möglichst frühzeitig zu beantragen. Auflagen können erteilt werden, wenn es die Verkehrs- oder Straßenverhältnisse dringend erfordern. Das Verfahren richtet sich nach Nummer II zu Absatz 2 (Rn. 4).

Zu Absatz 4

9. Es sind sehr wohl Fälle denkbar, in denen schon eine unmittelbar drohende Gefahr für die öffentliche Sicherheit oder Ordnung einen jener Hoheitsträger zwingt, die Beschränkungen der Sonderrechte nicht einzuhalten. Dann darf das nicht beanstandet werden. **2 d**

Zu Absatz 5

10. I. Das zu Absatz 2 Gesagte gilt entsprechend. **2 e**
11. II. In Vereinbarungen über Militärstraßen nach Artikel 57 Abs. 4 Buchstabe b des Zusatzabkommens zum NATO-Truppenstatut (BGBl. 1961 II S. 1183), zuletzt geändert durch Artikel 2 des Gesetzes vom 28. September 1994 (BGBl. 1994 II S. 2594), in der jeweils geltenden Fassung, sind die zu Absatz 3 erwähnten Bestimmungen (Rn. 7 und 8) aufzunehmen.

12   III. Die Truppen können sich der zuständigen militärischen Verkehrsdienststelle der Bundeswehr bedienen, welche die erforderliche Erlaubnis einholt oder die erforderliche Anzeige übermittelt.

Zu Absatz 6

2 f 13   I. Satz 1 gilt auch für Fahrzeuge des Straßenwinterdienstes, die zum Schneeräumen, Streuen usw. eingesetzt sind.
14   II. Die Fahrzeuge sind nach DIN 30 710 zu kennzeichnen.
15   III. Nicht gekennzeichnete Fahrzeuge dürfen die Sonderrechte nicht in Anspruch nehmen.
16   IV. Die Warnkleidung muß der EN 471 entsprechen. Folgende Anforderungsmerkmale der EN 471 müssen hierbei eingehalten werden.
17   1. Warnkleidungsausführung (Absatz 4.1) mindestens die Klasse 2 gemäß Tabelle 1,
18   2. Farbe (Absatz 5.1) ausschließlich fluoreszierendes Orange-Rot gemäß Tabelle 2,
19   3. Mindestrückstrahlwerte (Absatz 6.1) die Klasse 2 gemäß Tabelle 5.
20   Warnkleidung, deren Warnwirkung durch Verschmutzung, Alterung oder Abnahme der Leuchtkraft der verwendeten Materialien nicht mehr ausreicht, darf nicht verwendet werden.

Übersicht

Abwägung 4–6, 8
Anlagen im Straßenraum 13
Atlantikpakt 2 a, 7, 23
Ausübung der Sonderrechte, Voraussetzungen 4, 5, 8
Erlaubnis zur übermäßigen Straßenbenutzung 9, 10
Feuerwehr 3, 23
Gefahr für den Bestand der Bundesrepublik 2 a, 11
Katastrophe 2 a, 3, 11
Müllabfuhr 13, 23
Nachprüfbarkeit 5, 6
Nato-Truppenstatut 7, 23
Ordnung und Sicherheit 5, 8, 11
Ordnungswidrigkeiten 22

Postfahrzeuge 15–21
Privatfahrzeug 3, 5
Rettungsdienst 3, 12
Sicherheit und Ordnung 7, 8, 11
Sonderrechte 1–4
Spannungsfall 11
Straßenbenutzung, übermäßige 9–11
Straßenwartungsfahrzeuge 1, 13
Unglücksfall 1, 11
Verband 2 a
Verteidigungsfall 11
Warnkleidung 13, 14, 22
Warnanstrich 13
Wegerechtsfahrzeuge 3, 12
Zivilrecht 5, 23

3   **1. Sonderrechte** stehen unter den im § 35 geregelten Voraussetzungen zu: den Rettungsdienstfzen (auch schon bei der Hinfahrt zum Gefährdeten), der Bundeswehr, dem Bundesgrenzschutz, der Feuerwehr, den Organen des Katastrophenschutzes, der Pol, dem Zolldienst (Abs I) sowie den aufgrund völkerrechtlicher Vereinbarungen zur Nacheile oder zur Observation (s dazu Begr Rz 2) im Inland berechtigten ausländischen Polizeibeamten (Abs I a), s dazu Rz 1, 2. Welche Beamten die Sonderrechte nach § 35 Ia in Anspruch nehmen dürfen, ist dem jeweiligen völkerrechtlichen Vertrag zu entnehmen. Als Ausnahmevorschrift ist § 35 **eng auszulegen**, Stu NZV 02 410. Zu den **Rettungsdienstfzen** gehören alle Fze, welche ihrer Bestimmung nach der Lebensrettung dienen, auch wenn sie private Halter haben, BGH NJW 92 2882 = StVG § 852 BGB Nr 13, Kö VRS **59** 382. Trotz unterschiedlicher Definition in den Rettungsdienstgesetzen der Länder (s OVG Münster NZV 00 514), ergibt sich aus dem Inhalt und Zweck von Abs V a, daß es sich um Fze zur Rettung bei Notfällen handeln muß, s auch § 52 StVZO Rz 6. Soweit die für den in Abs I genannten Institutionen im Rettungsdienst eingesetzt sind, gilt Abs I, nicht Abs V a, Bay VRS **65** 227. Zur **Feuerwehr** gehören die Feuerschutzpolizei, die freiwillige Feuerwehr, Stu NZV 02 410, und die freiwilligen Pflicht- und Werkfeuerwehren. Aufgabe der Feuerwehren ist idR außer Brandlöschung auch Rettung von Menschen, Bergen von Habe und Hilfe bei sonstigen Notfällen, BGHZ **37** 336 = NJW **62** 1767, VBl **72** 29, KG VRS **32** 291, Bay

Sonderrechte § 35 StVO **2**

VRS **65** 227. Bei Vorliegen eines konkreten Einsatzbefehls wird ein Angehöriger der Feuerwehr grundsätzlich, soweit zur Gefahrenabwehr „dringend geboten" (Abs I), auch auf der zur Durchführung des Einsatzes erforderlichen Fahrt mit privatem Pkw zur Feuerwehrstation oder Sammelstelle Sonderrechte in Anspruch nehmen dürfen, wenn die übrigen Voraussetzungen vorliegen, Stu NZV **02** 410 (zust *Jäcksch* NZV **02** 412, *Kullik* PVT **02** 105, abl *Otto* NZV **02** 522), AG Herford 3 OWi 34 Js 1419/00, *Kullik* NZV **94** 61, *Dickmann* NZV **03** 220, so offensichtlich auch Bra Ss (B) 14/90, im Hinblick auf das Fehlen von Einsatzhorn und Blinklicht jedoch nur besonders zurückhaltend, Stu NZV **02** 410 (nur mäßige Geschwindigkeitsüberschreitung, insoweit krit *Jäcksch* NZV **02** 412), einschränkend Fra StVE 6 (nur mit speziellem FeuerwehrFz), anders aber bei bloßer Vorbereitung eines zu erwartenden Einsatzes, s Rz 5. Im Grundsatz stehen der Feuerwehr die Sonderrechte auch auf Rück- und Übungsfahrten zu, BGHZ **20** 290 = NJW **56** 1633 (s aber Rz 5, 6, 8). *Hartung,* Vorrechte der Feuerwehr, NJW **56** 1625. Der Begriff der **Polizei** in Abs I ist weit auszulegen; alle Dienststellen und Beamten, die nach den Polizeiaufgabengesetzen oder aufgrund anderer Bestimmungen Polizeiaufgaben hoheitlicher Art zu erfüllen haben, fallen darunter, zB auch der BGS, uU auch Vollzugsbeamte der Ordnungsämter als OrtsPolB und Hilfspolizeibeamte, denen nach LandesG (zB POG Rh/Pf) polizeiliche Befugnisse zustehen (s aber Rz 5). Zur Pol zählen auch die Jagd-, Forst- und Fischereiaufseher, s *Kullik* NZV **94** 59. Bei ihnen ist jedoch das Übermaßverbot (Rz 5, 6, 8), besonders bedeutsam. Pol iS von I sind auch Steuerfahnder, soweit sie polizeiliche Befugnisse ausüben (§ 404 AO), KG VRS **63** 148, Ce VRS **74** 220. Der BGS als Bahnpolizei ist nur auf Bahnbetriebsgrundstücken zuständig, nicht auf Grundstücken, die der Bahn nur gehören, Ce VRS **27** 440. Das Vorrecht des I steht auch dem PolB zu, der außerhalb der Dienstzeit einschreitet, Ha VRS **20** 378, Stu NZV **92** 123, AG Siegen VM **96** 66. Geschlossener Verband: § 27. Wegerechtsfze, Krankenwagen: § 38. Polizeiliche Zeichen und Weisungen (§ 36) gehen stets vor.

§ 35 **befreit nur von StVO-Pflichten,** ändert die VRegeln und -gebote jedoch 4 nicht, zB nicht die Vorfahrt, er schränkt jene Rechte jedoch zugunsten des Sonderrechtsfz bis hin zum Ausschluß ein, BGHZ **63** 327 = NJW **75** 648. Unter den Voraussetzungen des Abs I stehen dem FzF die Sonderrechte (Befreiung von den Vorschriften der StVO) auch zu, wenn das Fz weder Horn noch Blaulicht führt oder wenn diese nicht betätigt werden, KG NZV **03** 481, VRS **68** 299, Kö NZV **96** 237, Dü VM **75** 70, *Bouska* VD **79** 161, zB wo das Einsatzhorn die Aufgabenerfüllung gefährden würde, abw KG VRS **56** 241, Dü VRS **63** 3; nur die Inanspruchnahme des Wegerechts setzt gem § 38 I Einsatz beider Warnvorrichtungen voraus. IdR ist Nichtbeachtung von VRegeln, soweit zulässig, im Sicherheitsinteresse aber durch Blaulicht und Einsatzhorn anzuzeigen (Vwv Rn 1), OVG Lüneburg ZfS **97** 397. Abs I befreit aber uU auch von der Vorschrift des § 38 II über die Benutzung von blauem Blinklicht allein, KG VRS **68** 299. Verhältnis geschlossener Verbände mit Sonderrecht zu Wegerechtsfzen und gegenüber Weisungen von PolB: Vwv Rn 2. Befreiung von der allgemeinen Sorgfaltspflicht des § 1 oder des § 11 kommt allenfalls in Betracht, soweit der übrige Verkehr nur belästigt oder behindert wird, **nicht aber gefährdet oder gar geschädigt,** Nü NZV **01** 430, Bra NZV **90** 198, Stu NZV **92** 123, KG NZV **92** 456, Ko VR **81** 1136, AG Kö VRS **64** 411, *Kullik* NZV **94** 58, *Jan/Jag/Bur* 14; soweit BGH VRS **32** 321, Anm *Deutsch* JZ **67** 639 (Befreiung vom allgemeinen Gefährdungsverbot) sowie Ce VRS **61** 287, Bay VM **83** 9, KG VRS **68** 299 (Befreiung vom Schädigungsverbot!) weitergehen, ist das nicht zu billigen. Vielmehr hat auch der Sonderrechtsfahrer die Pflicht, andere VT vor Schäden zu bewahren, BGH VR **63** 662, auch bei Verfolgung von Straftaten. In Katastrophenfällen mag es uU anders liegen, BGH VRS **32** 321. S auch § 16 OWiG (rechtfertigender Notstand). Keine Gefährdung anderer bei Geschwindigkeitskontrollen, Kö VRS **32** 468, auch nicht mit Blaulicht und Horn (§ 38). Das Übermaßverbot wird fremde Schädigung kaum jemals rechtfertigen. In Betracht kommen wird vor allem: Schnellerfahren als sonst erlaubt, Ha VRS **20** 378, Nichteinhaltung der Wartepflicht, Rechtsüberholen, Linksfahren, Nichtbeachtung von LichtZ, Fahren entgegen einem Fahrverbot, Halten und Parken im Haltverbot, auf Grünflächen. Ob Verfolgung mit Blaulicht und Horn zu riskanter Fahrweise berechtigt, hängt vom Gewicht des Verdachts und den VVerhältnissen ab, s Kar NJW **61** 2362. *Weigelt,* Ausnahmen und Sonderrechte im öffentlichen StrV, DAR **60** 286. Zum Verhältnis der Sonderrechte des § 35 zur straßenrechtlichen Sondernutzung, *Eiffler* NZV **00** 319.

5 **1 a. Nur soweit es zur Erfüllung hoheitlicher Aufgaben dringend geboten ist,** besteht das Sonderrecht gemäß I, und auch dann nur unter gebührender Berücksichtigung der öffentlichen Sicherheit und Ordnung (Rz 8). Eine Dienstfahrt allein genügt nicht, sondern die öffentliche Aufgabe muß, abgesehen von gewissem sachlichem Gewicht, bei Beachtung der VRegeln oder einzelner VRegeln nicht, nicht ordnungsgemäß oder nicht so schnell wie zum allgemeinen Wohl erforderlich erfüllt werden können („dringend geboten"), Kö VM **77** 52, KG VRS **63** 148, *Riecker* VR **82** 1034. Davon hängt der jeweilige Umfang der Befreiung von den Vorschriften der StVO ab, Ha DAR **91** 338. Gewicht, Bedeutung und die Frage der Aufschiebbarkeit der Dienstaufgabe sind gegen die Folgen bei etwaiger Nichtbeachtung einer VRegel in der jeweiligen Lage unterwegs abzuwägen, KG NZV **00** 510 (Observierung einer Person), Ba VM **76** 94, Ce VRS **74** 220. Sofortige Erfüllung der Dienstaufgabe muß vom richtig verstandenen Gemeininteresse aus wichtiger sein als der etwaige Nachteil bei Regelnichtbeachtung, Stu NZV **92** 123. Bei bloßen **Übungsfahrten** bevorrechtigter Institutionen (selbst soweit sie als Erfüllung hoheitlicher Aufgaben anzusehen sind), wird es an diesem Erfordernis vielfach fehlen. Daran scheitert die Inanspruchnahme von Sonderrechten auch, wenn die Dienstaufgabe ohne Nachteil auch später oder bei Beachtung der StVO ebenso erfüllt werden kann. Deshalb steht das Sonderrecht vor allem in dringenden Not- oder Eilfällen bei entsprechend vorrangiger öffentlicher Aufgabe zu, zB zur Beseitigung größerer Gefahr, zur Lebensrettung, zur Abwendung besonders schweren Schadens, bei der **Verfolgung von OWen** idR nur, wenn dies niemand gefährdet oder schädigt (Rz 8, enger AG Tiergarten DAR **65** 182), also zB nicht, wenn der Opportunitätsgrundsatz die Verfolgung nicht erfordert. Das **Sonderrecht besteht nicht,** um einen Zeugen unter fremder Gefährdung (Durchfahren bei Rot) rechtzeitig zum Gericht zu bringen, Dr DAR **01** 214, *Jan/Jag/Bur* 8, oder eine Sportmannschaft zum Stadion, einen Sportler ins Funkhaus, einen Politiker oder Staatsgast rechtzeitig zum Empfang oder Flugplatz, oder bei einem bloßen Ausflug der Feuerwehr im Gegensatz zur Einsatzfahrt oder der Fahrt zur Rückkehr zum Depot (weil dies erneut der Bereitschaft dient), in aller Regel auch nicht, um einem gefährdend schnell oder ohne Sicherheitsabstand oder sonst regelverletzend fahrenden Dienstfz hinterher- oder vorausfahrend durch riskante Fahrmanöver den Weg zu „bahnen". Keine Sonderrechte für Fahrten, die nicht unmittelbar hoheitlichen oder Rettungsaufgaben dienen, sondern nur deren Vorbereitung, AG Groß-Gerau NZV **92** 333 (zust *Göhler* NStZ **93** 72, abl *Kullik* PVT **93** 73, NZV **94** 59, 61, DAR **95** 126), Fra 2 Ws (B) 421/91 OWiG (s NZV **92** 334, abl *Kullik* PVT **98** 11, krit *Dickmann* NZV **03** 221), Fra StVE 6, s aber Rz 3. Zur Beurteilung, ob das Abweichen von den Regeln der StVO in diesem Sinne „dringend geboten" ist, steht dem FzF ein **Beurteilungsspielraum** zu, Ce VRS **74** 220, Stu NZV **92** 123, Fra ZfS **95** 85, KG VR **98** 780, NZV **00** 510 (Anm *Müller* VD **01** 203). Beim Aufstellen des Sonderrechtsfz trotz Haltverbots hat die VSicherheit bei minderen Aufgaben mehr Vorrang als bei bedeutungsvollen, KG VM **77** 70. Der Sonderrechtsfahrer muß sich nach dem Inhalt des Fahrbefehls und der ihm bekannten Lage richten. Ob für die Fahrer eines **Rettungsdienstes** höchste Eile iS von Va geboten ist, richtet sich nach dem Einsatzbefehl und dessen Glaubwürdigkeit, nicht nach späterer objektiver Betrachtung, die der Einsatzf nicht anstellen konnte, Kö VRS **59** 382, OVG Lüneburg ZfS **97** 397. Nach Va kann auch der Transport von Blutkonserven oder medizinischem Material die Inanspruchnahme von Sonderrechten rechtfertigen, wenn dieser unmittelbar den genannten Zwecken dient, s Begr zu Va (Rz 1), OVG Lüneburg ZfS **97** 397. War höchste Rettungseile geboten oder durfte der Fahrer hierauf jedenfalls nach den Umständen verständigerweise schließen, so durfte er auch dann mit Blaulicht und Einsatzhorn fahren, wenn aus besonderen Gründen kein formeller Einsatzbefehl hierfür vorlag, Bay VRS **59** 385. An dem hoheitlichen Charakter der Fahrt ändert sich in solchen Fällen auch dann nichts, wenn die Einsatzfahrt objektiv nicht erforderlich war, KG VM **89** 77. Wer das Sonderrecht mißbräuchlich beansprucht, handelt widerrechtlich und haftet straf- wie zivilrechtlich, Dü VR **71** 185. Der VT darf nicht nachprüfen, ob das Sonderrecht befugt beansprucht

Sonderrechte § 35 StVO **2**

wird, außer bei offensichtlicher Widerrechtlichkeit (freiwillige Feuerwehr auf Vergnügungsfahrt).

Gerichtlich nachprüfbar ist, ob das Fz überhaupt in den Kreis der Sonderrechtsträ- 6
ger nach I fällt, ob es eine vorrangig dringende öffentliche Aufgabe erfüllt hat, ob das Sonderrecht zu fremder Gefährdung berechtigte, ob das Abweichen von einer VRegel ermessensmißbräuchlich war, KG VR **98** 780, Ba VM **76** 94. Soweit das Übermaßverbot (Rz 8) mitspricht, besteht stets Nachprüfbarkeit, denn es bestimmt die Grenzen der behördlichen Befugnis im Einzelfall verfassungskräftig.

1 b. Die nichtdeutschen Truppen des Nordatlantikpakts haben mit allen ihren 7
Fzen die StVO zu beachten, außer im Fall dringenden militärischen Erfordernisses (V), doch auch dann unter Berücksichtigung der öffentlichen Sicherheit und Ordnung (VIII), BGH NZV **90** 112. Von § 29 (übermäßige StrBenutzung) sind sie nur im Rahmen von Sonderregelungen oder Vereinbarungen befreit. Für diese Truppen regelt sich die StrBenutzung nach dem **Nato-Truppenstatut** 1951 (BGBl **61** II 1190) mit Zusatzvertrag 1959 (BGBl **61** II 1215). Der Vertrag sichert den stationierten Streitkräften und ihren Mitgliedern samt zivilem Gefolge die Benutzung der öffentlichen VWege zu. Deutschland erkennt die Fahrerlaubnisse und Führerscheine der Truppenangehörigen nebst zivilem Gefolge der Entsendestaaten an oder erteilt den bezeichneten Personen deutsche Fahrerlaubnisse zur Führung von Dienst- und Privatfzen. Alle bezeichneten Personen haben die deutschen VRegeln zu beachten. Die Fahrer von Truppenfzen, nicht Personen des zivilen Gefolges, dürfen nur bei dringendem militärischem Erfordernis unter Berücksichtigung der öffentlichen Sicherheit und Ordnung, soweit unvermeidbar, von VRegeln abweichen (Art 57 IV a ZA). Art 57 IV a ZA verdrängt die deutschen VVorschriften, BGH NZV **90** 112. StrBenutzung mit übergroßen oder überschweren Kfzen und Anhängern (§ 29 III) ist nur gemäß Vereinbarung mit den StrVB zulässig, außerhalb solcher Vereinbarungen nur bei Unglücksfällen, Katastrophen oder „im Falle des Staatsnotstandes" (Art 57 IV b ZA). Die Pflicht, selbstgeschaffene VGefahr wieder abzuwenden, trifft auch die verbündeten Streitkräfte, BVGE **14** 304, JZ **66** 785. Diese können sich zwar bei der Erfüllung der ihnen obliegenden Sicherungsaufgabe Dritter bedienen, bleiben aber verkehrssicherungspflichtig, soweit die Aufgabe von dritter Seite nicht ausreichend erfüllt wird, BGH NZV **90** 112. Blaulicht und gelbes Rundumlicht vor überbreitem Panzer (3,75 m) mit über 1 m nach innen versetzten Scheinwerfern auf 7,5 m breiter Str bei Dunkelheit reicht nicht aus, BGH NZV **90** 112. Ob dringende militärische Erfordernisse gebieten, von VVorschriften abzuweichen, entscheidet die militärische Dienststelle, Bay NJW **60** 1070. *Bouska*, NATO-Truppenstatut und StrVR, DAR **63** 291. *Kodal*, Die Benutzung der öffentlichen Straßen durch Bundeswehr und Stationierungstruppen, DAR **56** 229. Vereinbarungen über MilitärStr: Vwv Rn 7 f. Zur Frage eines Weisungsrechts von BW-Feldjägern oder ausländischer MilitätPol, s § 36 Rz 17.

1 c. Nur gemäß dem auch den Gesetzgeber bindenden **Übermaßverbot** (E 2) und 8
unter Berücksichtigung der öffentlichen **Sicherheit und Ordnung** (VIII) dürfen die Sonderrechte beansprucht werden. Dabei zwingt das absolut vorrangige Übermaßverbot zur Wahl des jeweils am geringsten in die VOrdnung eingreifenden, andere weder gefährdenden noch gar schädigenden Mittels. Auch Gesichtspunkte der Wahrung der öffentlichen Ordnung werden übrigens fremde Gefährdung kaum und Schädigung nie rechtfertigen können und die öffentliche Sicherheit, zB bei der Verbrechensbekämpfung, allenfalls ganz ausnahmsweise, s Rz 4. Die Ansicht, VIII „konkretisiere" das Übermaßverbot abschließend, also einengend, verkennt dessen Verfassungsrang als Teil des Rechtsstaatsprinzips (E 2). Sonderrechte dürfen **nur unter größtmöglicher Sorgfalt** wahrgenommen werden, BGHZ **63** 327 = NJW **75** 648, Nü VRS **103** 321, KG VR **89** 268, Schl VR **96** 1096, s Kar VRS **72** 83. Es ist abzuwägen, welches Maß an Wagnis nach Dienstzweck und VLage zulässig ist, Ba VM **76** 94. Das Vorrecht rechtfertigt idR nicht das Durchfahren bei Rot mit einem begleiteten Schwertransport, Kar VR **74** 38. Über **fremden Vorrang** darf sich der Wegerechtsfahrer nur hinwegsetzen, wenn er nach ausreichender Ankündigung sieht, daß der Verkehr ihm Vorrang einräumt, BGH NJW **71** 616, Jn DAR **00** 65, Fra VR **81** 239, Ha VR **82** 250, KG VM **82**

37, **85** 77, **89** 77, VR **89** 268, VRS **82** 412, NZV **92** 456, Dü NZV **92** 489, Bra NZV **90** 198. Daher darf er nicht drauflosfahren, KG VM **89** 77, nicht in eine unübersehbare Lage hinein, ohne anhalten zu können, Kö VRS **9** 373 (Löschfz), nicht ohne rechtzeitiges WarnZ, BGH VRS **9** 305, nicht bei Glatteis mit 40 km/h in eine Kreuzung bei Rot, KG VM **85** 77. Je mehr der Sonderrechtsfahrer von VRegeln abweicht, umsomehr muß er WarnZ geben und sich vergewissern, daß der Verkehr sie befolgt, BGH VRS **36** 40, VR **74** 577, KG NZV **03** 126, VRS **105** 174, **100** 329, Dü NZV **92** 489. Besonders bei regelmäßigem Verkehr darf der Vorrechtsfahrer nicht auf allgemeine Berücksichtigung seines Vortritts vertrauen, er muß sich hiervon überzeugen, Nü VR **77** 64, Dü VR **88** 813. **Weiterfahrt bei Rot** nur bei Gewißheit, daß sich der Verkehr hierauf eingestellt hat, BGHZ **63** 327 = NJW **75** 648, Bay VM **83** 9, Nü NZV **01** 430, VRS **103** 321, Ha VR **97** 1547, KG VRS **105** 174, NZV **92** 456, Dü VM **89** 77, Bra NZV **90** 198, anderenfalls Mithaftung des Halters des WegerechtsFzs, Ha VR **97** 1547, KG VM **89** 77 (jeweils zu $2/3$), **88** 321 (zu $3/4$), **81** 95 (Alleinhaftung), Nü DAR **00** 69 (Alleinhaftung, Blaulicht ohne Einsatzhorn), Schl VR **96** 1096 (60%). Innerorts wird der Wegerechtsfahrer darauf vertrauen dürfen, daß Kfze, die das Einsatzfz mit Blaulicht und Horn wahrnehmen müssen und noch ausreichend weit entfernt sind, ihn durchfahren lassen, Kö DAR **77** 324. In aller Regel darf nur die Rücksicht auf Behinderung oder Belästigung des Verkehrs zurücktreten (§ 1), s Rz 4. Auch stationierte **Streitkräfte** müssen VGefahr vermeiden, BVGE **14** 304. Nehmen überbreite Fze mehr als eine Fahrbahnseite ein, so ist die Straße entweder für den allgemeinen Verkehr zu sperren, oder an den einmündenden Straßen sind Warnposten aufzustellen, Sicherung durch Rundumlicht am Anfang und Ende der Kolonne genügt nicht, Mü VR **76** 1165. Bei Manöverfahren der Bundeswehr befreit Abs I von den Vorschriften der StVO, soweit dringende militärische Notwendigkeit dies erfordert, Ha DAR **91** 338 (was entgegen Ha bei Rückfahrt nach beendetem Manöver idR zu verneinen sein wird, s *Booß* VM **92** 19). Unter den Voraussetzungen von § 35 I dürfen BW-Verbände (§ 27) an Kreuzungen, Einmündungen und Engstellen unter ausreichender Warnung Vorrang beanspruchen, VBl **71** 538. Auch die Vorrangbeanspruchung durch militärische FzVerbände unterliegt jedoch den Einschränkungen des Abs VIII, Mü VRS **72** 170, s dazu *Janiszweski* NStZ **87** 404. Die Abwägung nach VIII ist gerichtlich nachprüfbar.

9 2. **Erlaubnis** bleibt unter den organisatorischen und sachlichen Voraussetzungen des I erforderlich bei jeder übermäßigen StrBenutzung (§ 29) und bei Kolonnen von mehr als 30 Kfzen im geschlossenen Verband (§ 27) (II). Erlaubnisverfahren, Dauererlaubnis, Bedingungen, Auflagen: Vwv Rn 3 ff. Kolonnen bis zu 30 Fzen benutzen die Straße nach der Fassung von II nicht übermäßig.

10 Auch die **Bundeswehr** darf Straßen nur im Rahmen des Gemeingebrauchs nutzen, sonst bedarf sie grundsätzlich der Erlaubnis (II). Im Rahmen von Vereinbarungen darf sie für den Militärverkehr ausgebaute und freigegebene Straßen auch ohne Erlaubnis nutzen (III). BW-Vereinbarungen: Vwv Rn 7. Richtlinien hierfür, VBl **59** 90, **65** 319. Sie betreffen ein Fernstraßensystem, das der BW Bewegungsfreiheit verschafft, und Straßen zwischen Garnisonsorten, die der Truppe die Bewegung zwischen Werkstätten, Unterbringungs- und Übungsplätzen ermöglichen. Darüber hinausgehende Benutzung öffentlicher Wege (Manöver uä) nur gegen Entschädigung (BundesLeistungsG idF 1961). Sperrbefugnisse der BW: § 2 UZwGBw (BGBl 1965 I 796) mit AV (VMBl **65** 381). Ausübung der BW-Sonderrechte, VMBl **59** 387, **60** 77. *Haeger*, BW-Kolonnen im StrV, NJW **61** 764.

11 3. **Unglücksfälle, Katastrophen, Störung der öffentlichen Sicherheit oder Ordnung, Spannungs- und Verteidigungsfall, Abwehr von Gefahren für den Bestand des Bundes.** In diesen Fällen dürfen die Sonderrechte gemäß I ohne die Beschränkungen in II, III ausgeübt werden (IV). Übermäßige StrBenutzung und Großkolonnen sind hier also ohne Erlaubnis oder Vereinbarung unbeschränkt zulässig. Abweichen von der StVO auch hier nur unter Berücksichtigung der öffentlichen Sicherheit und Ordnung (VIII). Geschlossener Verband: § 27. Abwehr von Gefahren für den Bestand des Bundes: Art 91, 87 IV GG. VRegelung und Objektschutz durch die Streitkräfte im Spannungs- und Verteidigungsfall: Art 87a III GG.

Sonderrechte § 35 StVO **2**

4. Wegerechtsfahrzeuge. Anzeigen des Vorrechts: § 38 StVO. Wegerechtsfze: 12
V a (Rettungsdienstfze) und §§ 52 III, 55 StVZO. Wegerechtsfze nicht in I genannter
Organisationen dürfen das Vorrecht des Fahrens mit Blaulicht und Horn ausüben
(Warnung) und sind unter den Voraussetzungen von Abs V a von den Vorschriften der
StVO befreit (s § 38 Rz 10). Kennzeichnung von Arztfzen bei ärztlicher Hilfe, § 46
Rz 19.

5. Straßenwartungsfahrzeuge, Müllabfuhr, Warnkleidung. Alle in VI bezeich- 13
neten Wartungs- und Reinigungsfze sind durch rot-weiße Warnmarkierungen zu kenn-
zeichnen (Vwv Rn 14 ff). Nur bei entsprechender Kennzeichnung dürfen sie, soweit die
Verwendung dies erfordert, ohne Beachtung der VRegeln, jedoch unter Beachtung von
§ 1, Hb VM **57** 17 (Straßenbeleuchtung), Ko VR **94** 1320, überall und in jeder Rich-
tung fahren und halten (VI, Begr). Lediglich auffällige anderweite Kennzeichnung
(orangefarbener Anstrich und gelbe Rundumleuchte) genügt nicht, Ol VM **80** 52. Das
Hineinragen eines mit Warnanstrich versehenen Baufzs in die Fahrbahn um 0,50 m auf
übersichtlicher Strecke ist nicht pflichtwidrig, Ko VR **80** 239. VI befreit im Rahmen
von VIII vom Haltverbot (Z 283), KG VM **77** 70. In aller Regel werden Randstreifen
(Bankette) im Rechtsfahren abzuräumen sein, im Linksfahren entgegen der Fahrtrich-
tung nur, wenn ganz besondere Umstände dies erfordern, weniger eng möglicherweise
Ba VM **76** 94. Eine allgemeine Befreiung von den VVorschriften im Umfang des Abs I
gewährt Abs IV nicht, Ko VR **94** 1320, Jn DAR **00** 65. StrDienstfze sind nach § 8 war-
tepflichtig und müssen auch bei Rot (§ 37) warten, weil ihr Einsatz ein Abweichen von
der Wartepflicht nicht fordert, Jn DAR **00** 65. Ein nach Aufleuchten von Grün begon-
nener Kehrvorgang im Kreuzungsbereich darf aber auch dann beendet werden, wenn
die LZA inzwischen erneut umgeschaltet hat und nunmehr dem QuerV freie Fahrt ge-
währt, Jn DAR **00** 65, Dü VR **82** 656. Auch **Fze im StrWinterdienst** fallen unter VI
(Vwv Rn 13). Befahren des linken AB-Fahrstreifens mit nur 15 km/h durch Schnee-
räumFz mit Rundumleuchte erfordert keine zusätzlichen Sicherungsmaßnahmen, Bra
NZV **02** 176 (jedoch – wie der Fall zeigt – zu empfehlen). **Anlagen im StrRaum** iS
von VI S 1 sind nicht nur solche mit unmittelbarer Bedeutung für den Verkehr, sondern
zB auch Abwasser- und Versorgungsleitungen sowie im Boden verlegte Kabel; Abs VI
gilt daher unter den übrigen Voraussetzungen von S 1 auch zB für Fze der Wasser- Gas-,
Stromversorgungsunternehmen und der Telekommunikation. An einsammelnden Fzen
der **Müllabfuhr** ist langsam und mit ausreichendem Zwischenraum vorbeizufahren, Ha
VRS **35** 58, Dü VRS **64** 458, Zw VM **82** 6, idR mit Schrittgeschwindigkeit oder 2 m
Mindestabstand, Ha NJW-RR **88** 866, LG Münster ZfS **02** 422. Ihnen ist, auch im
Hinblick auf zu erwartendes Anfahren, besondere Aufmerksamkeit zu widmen, KG VM
96 21. Besondere Verantwortlichkeit der Müllwagenfahrer und entsprechende Überwa-
chungspflicht des Unternehmers, s DÜ VR **71** 573. Bei der Abwägung hinsichtlich des
Sonderrechts fällt Müllabfuhr als bedeutungsvolle Aufgabe ins Gewicht, KG DAR **76**
268. Nach Sinn und Zweck des Abs VI wird der Begriff „Müll" weit auszulegen sein
und nicht nur unverwertbaren Abfall, sondern auch andere von den Haushalten der
Entsorgung zugeführte Stoffe umfassen, die einer Wiederverwertung zugeführt werden
können. Verdeckende Aufstellung eines Müllfzs vor einer Kreuzung mit Z 206 kann uU
rechtmäßig sein (aber Mithaftung aus BG), KG VR **77** 723. **Fze zur Gehwegreini-
gung** sind an die Gesamtgewichtsgrenze von VI S 1 und 2 gebunden, die Führer solcher
Fze haben sicherzustellen, daß dabei weder die Gehwege noch darunterliegende Ver-
sorgungsleitungen beschädigt werden (VI S 3).

Auffällige Warnkleidung müssen außerhalb von Gehwegen und Absperrungen alle 14
Personen tragen, die bei den in VI bezeichneten Fzen tätig sind, oder die Straßen und
StrAnlagen beaufsichtigen, Müllwerker, auf die der Verkehr stets Rücksicht zu nehmen
hat, und Bedienstete der StrReinigung. Warnkleidung muß bei jeder Witterung und
unter allen Sichtverhältnissen auffällig wirken, um hinreichend zu sichern (zB rückstrah-
lendes Orange, Vwv Rn 18, s Rz 2 a), übliche Berufskleidungsfarben, zB Weiß, reichen
dazu nicht aus, s *Booß* VM **75** 8, *Berr* DAR **84** 12, Dü VM **75** 8. Arbeiten nahe beim
vorschriftsmäßig gekennzeichneten Wartungsfz entbinden nicht von der Pflicht zum
Tragen von Warnkleidung, Ha VM **58** 71 (Weichenreinigen).

2 StVO § 35   I. Allgemeine Verkehrsregeln

15   **6. Meßfahrzeuge der Regulierungsbehörde für Telekommunikation.** Nach der Neufassung von Abs VII durch ÄndVO v 11. 12. 00 dürfen nur *Meßfahrzeuge* der Regulierungsbehörde für Telekommunikation und Post Sonderrechte in Anspruch nehmen, indem sie auf allen Straßen und Straßenteilen zu allen Zeiten fahren und halten dürfen, soweit ihr hoheitlicher Einsatz dies erfordert. Besondere Kennzeichnung der privilegierten Fze ist nicht Voraussetzung. Im Gegensatz zur bis zum 31. 1. 01 geltenden früheren Fassung von Abs VII (s 36. Aufl) unterliegt es nun keinem Zweifel mehr, daß die Fze von **Postunternehmen,** sei es der Post AG oder privater Unternehmen, bei der Zustellung von Postsendungen oder im Zusammenhang mit dem Leeren von Briefkästen nach § 35 VII nicht von den Vorschriften der StVO befreit sind. Daher wurde am 15. 5. 00 eine **Ausnahmegenehmigung** zugunsten der Post AG (und der von ihr beauftragten Subunternehmen) zum Befahren von Fußgängerbereichen und zum Halten trotz HaltverbotsZ im Bereich von 10 m vom zu leerenden Briefkasten erteilt (VBl 03 783).

16   **Nur soweit es der hoheitliche Einsatz erfordert,** steht das Sonderrecht zu, und zwar stets unter Berücksichtigung der öffentlichen Sicherheit und Ordnung (VIII), Ha NZV **95** 402, LG Mü I NJW-RR **04** 238. Maßstab ist das auf die jeweilige Dienstaufgabe ausgerichtete, gerichtlich insoweit nachprüfbare Ermessen. Das Erfordernis ist zB bei Befahren des Geh- oder Radweges mit Kfz erfüllt, wenn das anderenfalls in kürzesten Abständen notwendige Einordnen in den fließenden V zu erheblichen Schwierigkeiten und Gefahren führen würde, LG Bielefeld VR **81** 938.

17   **Auf allen Straßen und Straßenteilen** im Rahmen des Unumgänglichen steht das Sonderrecht zu, also auch auf Geh- und anderen Sonderwegen (für Fze bis zu 2,8 t), auf für den Fahrverkehr gesperrten StrFlächen (Z 250, Fußgängerzonen). Zur Berechtigung, mit Postfzen auch dem KfzVerkehr entwidmete Strn zu befahren, s BVG NZV **89** 445 („autofreie Ferieninsel"). Näher zum Verhältnis der Sonderrechte des § 35 zum StrRecht s *Lorenz* DÖV **90** 517.

18   **Ohne zeitliche Beschränkung** steht es zu, es befreit daher die bezeichneten Meß-Fze auch vom Lkw-Sonn- und Feiertagsverbot (§ 30 III).

19   **Auf das Fahren und Halten (Parken)** ist im übrigen das Sonderrecht beschränkt, alle anderen VRegeln sind einzuhalten. Es befreit vor allem von Halt- und Parkbeschränkungen, auch von etwaigen Sperrzeiten beim Halten und Parken (§ 12). Die Befreiung betrifft die Z 250, 251, 253, 286, 290, 299, nicht zB die Z 262 ff bis 277, aber zB, bei Beachtung von Abs VIII, auch den Bereich des Z 283. In zweiter Reihe darf, wenn anders nicht möglich, bei nur geringer Behinderung kurz gehalten werden, AG Berlin-Tiergarten VR **74** 508 (dann auch kein Verstoß gegen § 1). Bei Unvermeidbarkeit dürfen Fze bis zu 2,8 t mit besonderer Vorsicht auch Geh- und andere Sonderwege benutzen.

20   **Keine Befreiung** besteht zB vom Rechtsfahr-, Rechtspark- und -haltegebot, von den allgemeinen Geschwindigkeitsbeschränkungen, von § 1, den Überhol- und Vorfahrtregeln, von der Pflicht zur äußersten Sorgfalt beim Einfahren, Anfahren und Abbiegen in Grundstücke, Kö 7 U 122/74. Das Fahren gegen den Einbahnverkehr oder fahrbahnverengendes Parken oder Halten bei Dunkelheit wird idR VIII verletzen.

21   **Die öffentliche Sicherheit und Ordnung** setzt auch dem Sonderrecht nach Abs VII Grenzen und ist gebührend zu berücksichtigen (vgl Rz 8). Das setzt sorgfältige Abwägung voraus, denn jedes Abweichen von VRegeln fordert erhöhte Sorgfalt, Dü VRS **64** 458. Ordnungswidrig ist das Gefährden von Sachen, zB des Gehwegs durch zu schwere Last, das unnötige Behindern von Bauarbeiten, gefährdend jedes Fahren, Halten oder Parken, das Dritte schädigen oder vermeidbar behindern kann, idR auch zeichenverdeckendes Halten oder Parken, überhaupt Nichtbeachtung der in § 12 I Nr 1 bis 5, 6 d, 6 e und 7 bezeichneten Sachlagen. Vermeidbare Behinderung oder Belästigung ist unzulässig, soweit verständigerweise vorhersehbar, während unvermeidbare geringe Behinderungen oder Belästigungen hingenommen werden müssen. Verstöße gegen diese Grundsätze machen das Verhalten rechtswidrig.

22   **7. Ordnungswidrig** (§§ 24 StVG, 49 StVO) handelt, wer entgegen VI S 1, 2 oder 3 auf Gehwegen mit Fzen über 2,8 t bzw 3,5 t bei zu hohem Reifendruck reinigt oder da-

Sonderrechte § 35 StVO 2

bei die Vermeidung von Schäden nicht sicherstellt (§ 49 IV 1), wer entgegen VI S 4 keine auffällige Warnkleidung trägt (§ 49 IV 1a), wer entgegen § 35 VIII Sonderrechte ausübt, ohne die öffentliche Sicherheit und Ordnung gebührend zu berücksichtigen (§ 49 IV 2), dann – soweit Abs I eingreift – nicht auch OW wegen Verstoßes gegen andere Vorschriften der StVO, Bay VM **83** 9, KG VRS **68** 299, NZV **00** 510 (Anm *Müller* VD **01** 203). Wer dagegen Sonderrechte unbefugt ausübt (sich anmaßt), oder seinen Beurteilungsspielraum überschreitet und deswegen ein nicht bestehendes Sonderrecht ausübt, fällt, soweit § 49 den Tatbestand ausdrücklich bezeichnet, unter die verletzte StVO-Vorschrift, s *Müller* VD **01** 206. Unverschuldeter Verbotsirrtum über das Sonderrecht, Ha VRS **19** 198.

8. Zivilrecht. Einhaltung der VVorschriften ist **Amtspflicht** des Kfzf und des Streifenführers bei Einsatzfahrten gegenüber jedem VT, KG VRS **56** 241, VM **82** 37, Ol VR **63** 1087. Bei einem Unfall der Feuerwehr auf Dienstfahrt können Ansprüche auch nach § 839 BGB, Art 34 GG entstehen, BGH VR **58** 688. Einsatzfahrt eines KatastrophenschutzFzs ist hoheitliche Tätigkeit, Haftung nach § 839 BGB, Art 34 GG neben § 7 StVG, KG VM **82** 37. Bei schuldhaft ermöglichter mißbräuchlicher Fahrt uU Amtshaftung, Dü VR **71** 185. Nichtbeachtung dienstlicher Anweisung oder Befehle über das Verhalten im StrV begründet Amtspflichtverletzung, Mü VR **76** 1165. Städtische Müllabfuhr als hoheitliche oder privatrechtliche Tätigkeit, s § 16 StVG Rz 17. Anwendbarkeit von § 839 I 2 BGB bei schuldhafter Schadensverursachung unter Inanspruchnahme von Sonderrechten, s § 16 StVG Rz 20. Die Befreiung von der Beachtung deutscher Vorschriften berührt die Haftung der Natotruppe nicht, Mü VR **76** 1165. Wer sich auf ein Sonderrecht des die Fahrbahn eines bevorrechtigten Pkw kreuzenden UnfallrettungsFzs beruft, muß die seine Vorfahrt begründenden Umstände beweisen, BGH NJW **62** 1767, KG VRS **105** 174. Vor dem Durchfahren einer Kurve auf enger Str muß die Besatzung eines Panzers den GegenV **wirksam warnen,** Schl NZV **93** 113. Wird vor einem Verband überbreiter Kfze ausreichend gewarnt, so muß der GegenV auch unter übersichtlichen Verhältnissen damit rechnen, daß solche Fze beim Abbiegen in eine BundesStr vorübergehend die andere Fahrbahn einengen, BGH VR **73** 35. Zur **anteiligen Haftung** bei Kollision des EinsatzFzs, das bei Rot durchfährt, Fra VR **79** 1127, KG VRS **105** 107, VM **82** 37. Konnte der Vorfahrtberechtigte blaues Blinklicht und Einsatzhorn nicht wahrnehmen, kommt Alleinhaftung des Halters des EinsatzFzs in Frage, KG VR **89** 268. Die BG des SonderrechtsFzs kann völlig zurücktreten, wenn ein FzF kurz vor dessen Herannahen unverhofft den Fahrstreifen wechselt, Dü VR **88** 813. Daß ein **verfolgender Streifenwagen** verunglückt, hat ein mit 120 km/h Flüchtender zu vertreten, s Nü VM **80** 45. S dazu § 16 StVG Rz 5, § 142 StGB Rz 78. Ein Unfall des verfolgenden PolWagens ist durch den Verfolgten nur adäquat verursacht, wenn die Rechtsverletzung durch den Verfolgten noch andauert, nicht auch bei bloßem Überfahren von Rot, wenn gegen den Verfolgten ein Steckbrief besteht, Dü VR **70** 713. Kein Schadensersatzanspruch bei Schädigung durch das verfolgende PolFz, wenn der Geschädigte die Verfolgung herausgefordert hat und das Verhalten der PolBen rechtmäßig war, Ce VRS **100** 248.

Lit: *Dickmann,* Sonderrechte mit dem Privat-Pkw? – Problematiken des § 35 StVO für Mitglieder der Freiwilligen Feuerwehren, NZV **03** 220. *Eiffler,* Zum Verhältnis von straßenverkehrsrechtlichen Sonderrechten und straßenrechtlichen Sondernutzungen, NZV **00** 319. *Krumme,* Sonderrecht und Wegerecht der Feuerwehr bei Übungsfahrten, DAR **75** 151. *Kullik,* „Sonderrecht" (§ 35 I StVO) und „Wegerecht" (§ 38 I StVO) – eine Gegenüberstellung, NZV **94** 58. *Lorenz,* Die Bedeutung der Sonderrechte gem § 35 StVO in ihrem Verhältnis zum StrRecht, DÖV **90** 517. *Riekker,* Das „Kolonnenvorrecht" der Bundeswehr, VR **82** 1034. *Ternig,* Sonderrechte für Fze mit besonderen Aufgaben, VD **04** 102.

II. Zeichen und Verkehrseinrichtungen

Zeichen und Weisungen der Polizeibeamten

36 (1) ¹Die Zeichen und Weisungen der Polizeibeamten sind zu befolgen. ²Sie gehen allen anderen Anordnungen und sonstigen Regeln vor, entbinden den Verkehrsteilnehmer jedoch nicht von seiner Sorgfaltspflicht.

(2) An Kreuzungen ordnet an:
1. Seitliches Ausstrecken eines Armes oder beider Arme quer zur Fahrtrichtung: „Halt vor der Kreuzung".
Der Querverkehr ist freigegeben.
Hat der Beamte dieses Zeichen gegeben, so gilt es fort, solange er in der gleichen Richtung winkt oder nur seine Grundstellung beibehält.
Der freigegebene Verkehr kann nach den Regeln des § 9 abbiegen, nach links jedoch nur, wenn er Schienenfahrzeuge dadurch nicht behindert.
2. Hochheben eines Armes:
„Vor der Kreuzung auf das nächste Zeichen warten",
für Verkehrsteilnehmer in der Kreuzung:
„Kreuzung räumen".

(3) Diese Zeichen können durch Weisungen ergänzt oder geändert werden.

(4) An anderen Straßenstellen, wie an Einmündungen und an Fußgängerüberwegen, haben die Zeichen entsprechende Bedeutung.

(5) ¹Polizeibeamte dürfen Verkehrsteilnehmer zur Verkehrskontrolle einschließlich der Kontrolle der Verkehrstüchtigkeit und zu Verkehrserhebungen anhalten. ²Das Zeichen zum Anhalten kann der Beamte auch durch geeignete technische Einrichtungen am Einsatzfahrzeug, eine Winkerkelle oder eine rote Leuchte geben. ³Mit diesen Zeichen kann auch ein vorausfahrender Verkehrsteilnehmer angehalten werden. ⁴Die Verkehrsteilnehmer haben die Anweisungen der Polizeibeamten zu befolgen.

Begr zu § 36

1   **Zu Absatz 1:** *Weisungen und Zeichen der Polizeibeamten unterscheiden sich grundsätzlich dadurch, daß jene sich nur an einzelne bestimmte Verkehrsteilnehmer richten (Einzelverfügung), diese aber an alle, die es angeht (Allgemeinverfügung). Die Unterscheidung ist nötig, weil nach Absatz 3 die Weisungen den Zeichen der Polizeibeamten vorgehen sollen. Da beide Arten von Anordnungen praktisch ineinander übergehen, will die Verordnung Klarheit dadurch schaffen, daß sie allein bestimmte Handbewegungen der Polizeibeamten in Absatz 2 als sogenannte Zeichen herausstellt. Alle übrigen Anordnungen der Polizeibeamten sind sonach Weisungen. Sie können sowohl durch Winken als auch durch Zuruf oder Pfeifen gegeben werden und müssen nur deutlich genug sein, um rechtliche Bedeutung zu erlangen.*

2–9   *Satz 2 klärt das Verhältnis dieser Weisungen und Zeichen zu anderen Anordnungen und sonstigen Regeln. Was der Polizeibeamte anordnet, soll „allen" anderen Anordnungen und Regeln vorgehen. Anordnungen sind sowohl die durch die allgemeinen Verkehrsregeln gegebenen wie die folgenden Sonderanordnungen; sonstige Regeln finden sich gleichfalls in den allgemeinen Verkehrsregeln, aber auch unter den Richtzeichen (z. B. das positive Vorfahrtzeichen). Daß auch die Zeichen und Weisungen der Polizeibeamten Anordnungen sind, ergibt das Wort „andere"* ...

10   **Begr** zur ÄndVO v 19. 3. 92 (VBl **92** 187):
Zu Abs 5: *Für eine effiziente Überwachung durch die Polizei und für die Sicherheit der Polizeibeamten ist es erforderlich, daß Verkehrsteilnehmer auch von einem nachfolgenden Polizeifahrzeug angehalten werden können. Hierdurch werden lange Verfolgungsfahrten und riskante Überholmanöver bei der Verfolgung von Straftätern vermieden. Die neue Regelung verringert die bei dem bisherigen Verfahren auftretenden Gefahren für die anhaltenden Polizeibeamten, die eventuellen Straftätern z. B. im Scheinwerferlicht ausgesetzt waren....*
Ergänzende Begründung des Bundesrates zu Satz 1
Die Änderung soll klarstellen, daß die Polizei berechtigt ist, auch ohne konkreten Anlaß eine Verkehrskontrolle zu dem Zweck durchzuführen, die Fahrtüchtigkeit von Fahrzeugführern festzustellen. Dies hat insbesondere Bedeutung für Kontrollen zur Feststellung von Fahrzeugführern, die

Zeichen und Weisungen der Polizeibeamten § 36 StVO **2**

durch Alkoholgenuß fahruntüchtig sind. Eine Verpflichtung der kontrollierten Verkehrsteilnehmer, etwa an einem Atemalkoholtest aktiv mitzuwirken oder eine Blutentnahme (§ 81a StPO) ohne konkreten Verdacht zu dulden, wird dadurch nicht begründet.

Vwv zu § 36 Zeichen und Weisungen der Polizeibeamten
Zu Absatz 1

1 I. Dem fließenden Verkehr dürfen nur diejenigen Polizeibeamten, die selbst als solche oder deren Fahrzeuge als Polizeifahrzeuge erkennbar sind, Zeichen und Weisungen geben. Das gilt nicht bei der Verfolgung von Zuwiderhandlungen. **11**

2 II. Weisungen müssen klar und eindeutig sein. Es empfiehlt sich, sie durch Armbewegungen zu geben. Zum Anhalten kann der Beamte eine Winkerkelle benutzen oder eine rote Leuchte schwenken.

Zu den Absätzen 2 und 4

3 I. Ist der Verkehr an Kreuzungen und Einmündungen regelungsbedürftig, so sollte er vorzugsweise durch Lichtzeichenanlagen geregelt werden; selbst an besonders schwierigen und überbelasteten Kreuzungen werden Lichtzeichenanlagen im allgemeinen den Anforderungen des Verkehrs gerecht. An solchen Stellen kann es sich empfehlen, Polizeibeamte zur Überwachung des Verkehrs einzusetzen, die dann erforderlichenfalls in den Verkehrsablauf eingreifen. **12**

4 II. Wenn besondere Verhältnisse es erfordern, kann der Polizeibeamte mit dem einen Arm „Halt" anordnen und mit dem anderen abbiegenden Verkehr freigeben. **13**

5 III. Bei allen Zeichen sind die Arme so lange in der vorgeschriebenen Haltung zu belassen, bis sich der Verkehr auf die Zeichen eingestellt hat. Die Grundstellung muß jedoch bis zur Abgabe eines neuen Zeichens beibehalten werden. **14**

6 IV. Die Zeichen müssen klar und bestimmt, aber auch leicht und flüssig gegeben werden. **14 a**

Zu Absatz 5

7 I. Verkehrskontrollen sind sowohl solche zur Prüfung der Fahrtüchtigkeit der Führer oder der nach den Verkehrsvorschriften mitzuführenden Papiere als auch solche zur Prüfung des Zustandes, der Ausrüstung und der Beladung der Fahrzeuge. **15**

8 II. Straßenkontrollen des Bundesamtes für den Güterfernverkehr (§ 12 Abs. 1 und 2 GüKG) sollen in Zusammenarbeit mit der örtlich zuständigen Polizei durchgeführt werden. **16**

Übersicht

Achtungszeichen 23
Anhalten, zur Verkehrskontrolle 10, 15, 16, 24f
Anordnungen 1, 2–9, 20
Befolgung, sinngemäße 21
Erkennbarkeit von Zeichen und Weisungen 11, 14a, 17
Haltzeichen 10, 13, 22
Militärpolizei 17
Ordnungswidrigkeiten 27
Polizeibeamter 1, 2–9, 18–20

Schülerlotse s. Verkehrshelfer
Sinngemäße Befolgung 21
Strafrecht 28
Verkehrserhebungen 24f
Verkehrshelfer 17, 26
Verkehrskontrolle 15, 16, 24
Verkehrsregeln 2–9, 20
Vorrang der Zeichen und Weisungen 2–9, 20
Weisungen 1, 2–9, 11, 18–20
–, Vorrang 2–9, 20
Zeichen der Polizeibeamten 1, 2–9, 18–20
Vorrang 2 9, 20
Zivilrecht 26

1. Zu befolgen sind die Zeichen und Weisungen der PolB von allen VT in dieser Eigenschaft, Ha MDR **76** 781, auch von Fußgängern außerhalb bezeichneter Übergänge, aber noch innerhalb der Kreuzungsbereiche, Bay VRS **17** 297, oder von Schienenfzf im allgemeinen VBereich, Neust DAR **52** 44. Die Weisung muß **erkennbar von einem PolB** ausgehen, Ha JZ **72** 372. Sind PolB in Zivil nicht als solche deutlich erkennbar, so muß die Weisung nicht befolgt werden, Herausstrecken einer Kelle aus ei- **17**

nem als solches nicht kenntlichen PolFz genügt nicht, Bay VRS **48** 232. Im fließenden Verkehr müssen Beamte, die Zeichen und Weisungen erteilen, durch Kleidung oder durch ihr PolFz erkennbar sein (Vwv Rn 1), Sa VRS **47** 387. Weisungen darf jeder für den allgemeinen Verkehr zuständige Beamte erteilen, auch bei innerdienstlicher Unzuständigkeit, Ha JZ **72** 371. Sie sind nicht allein deswegen unwirksam, weil sie gegen interne Vwv verstoßen, also zunächst zu befolgen, s Bay DAR **75** 137. Es genügt, daß die Weisung zwecks Verkehrsregelung gegeben und vom PolB nach pflichtgemäßem Ermessen für erforderlich gehalten wird, Ha VRS **54** 70. Nur nichtige oder rechtlich oder tatsächlich unausführbare Weisungen brauchen nicht befolgt zu werden, Ha VRS **54** 70, s *Bouska* DAR **84** 35. Die Weisung, Glassplitter zu durchfahren, ist allenfalls bei polizeilichem Notstand rechtmäßig, andernfalls nichtig und muß nicht befolgt werden, jedoch muß der Kf auf Weisung beiseitefahren, Kö NJW **79** 2161, zw *Stelkens* NJW **80** 2174. Telefonische Weisung genügt, wenn sie erkanntermaßen von der Pol ausgeht, Ha JZ **72** 372, zw *Möhl* JR **72** 431, abl *Booß* VM **72** 71. **Verkehrshelfer** (zB Schülerlotsen) sind nicht Beamte, ihre Zeichen sind warnende Hinweise, Dü VRS **36** 30. Sie haben keine obrigkeitlichen Befugnisse, s § 42 Rz 164–179. Nichtbefolgen ihrer Hinweise ist nicht ow, *Bornuth* NZV **92** 298. Die Nichtbeachtung von Zeichen oder Weisungen von **BW-Posten** zur VWarnung oder Vorrangregelung ist für sich allein nicht ow, s VBl **71** 538, jedoch kann sie gegen eine andere Vorschrift verstoßen. **BW-Feldjäger** üben keine verkehrsregelnde Funktion aus und haben keine Weisungsbefugnis im zivilen StrV. Das gleiche gilt für **ausländische MilitärPol**, auch in überwiegend oder ausschließlich von Angehörigen der Truppe und ihren Familien bewohnten Gebieten außerhalb militärischer Bereiche; jedoch empfiehlt sich die Beachtung von Warnsignalen und Hinweisen bei StrBenutzung durch Militär-FzKolonnen sowie bei Unfällen und Gefahr.

Lit: *Bouska,* Weisungen der Pol nach § 36 StVO, DAR **84** 33. *Dvorak,* Polizeiliches Haltegebot zur VKontrolle …, JR **82** 446. *Geppert,* Zur Einführung verdachtsfreier Atemalkoholkontrollen aus rechtlicher Sicht, Spendel-F S 655. *Kullik,* Kontrollbefugnisse der Pol im StrV, BA **88** 360. *Weigelt,* Kein blinder Gehorsam gegenüber PolB, DAR **61** 11.

18 **1a. Die Zeichen** der PolB richten sich stets an alle VT, die es angeht, weil sie am gerade zu regelnden VVorgang teilnehmen (Allgemeinverfügungen, s Begr). Darin unterscheiden sie sich von individuellen Weisungen, die ein zuständiger PolB aus triftigen Grunde überall im Verkehr an einzelne VT oder Gruppen von solchen im Rahmen von § 6 StVG geben darf. Nur zwei Zeichen sieht die StVO vor, deren Nichtbeachtung ow ist, nämlich das seitliche Ausstrecken eines oder beider Arme (II Nr 1) (Rz 22) und das Hochheben eines Armes (II Nr 2) (Rz 23). Individuelle Weisungen (Rz 19, 20) gehen diesen Zeichen vor (Begr).

19 **1b. Weisungen** richten sich stets an einzelne VT oder klar begrenzte Gruppen von solchen (Begr), regeln eine konkrete Lage, BVG DAR **75** 250, Kö VRS **57** 143, **64** 59, Ha VRS **52** 208, Dü DAR **94** 330, und unterscheiden sich dadurch von den Zeichen (Rz 18), denen sie vorgehen. Eine Weisung ist ein sofort vollziehbarer Verwaltungsakt (§ 80 II VwGO), Dü DAR **80** 378. Sie können in beliebiger Form ergehen, unmittelbar oder durch Zuruf, Wink, Pfiff, eindeutige Handbewegung (Begr), müssen jedoch deutlich anordnen, was geschehen soll, Kö VM **77** 53, wobei Unklarheit den Betroffenen nicht belastet, Kö VM **77** 54, Kar VM **96** 8. Maßgebend ist ihr erkennbarer Inhalt, bezogen auf die Sachlage. Die Weisung muß **unmittelbar einen VVorgang regeln** wollen, BGHSt **32** 248 = NJW **84** 1568, BVG DAR **75** 250, Ha MDR **76** 781, Kö VRS **57** 143, **64** 59, Ko VRS **71** 70, Dü VM **86** 72, *Janiszewski* NStZ **83** 513, *Bouska* DAR **84** 33, auch des ruhenden Verkehrs, Br VBl **59** 260, Kö VRS **20** 300, sowie auch wenn der Betroffene danach einen geringen Umweg fahren muß, Ha VRS **54** 70. Nach hM meint § 36 I nur unmittelbar verkehrsregelnde Verfügungen, nicht dagegen solche Anordnungen, die nur die Beseitigung oder Verhütung eines vorschriftswidrigen Zustands oder Verhaltens bezwecken, BVG VM **75** 75, Ha DAR **78** 27, Dü VRS **60** 149, DAR **94** 330, Ko VRS **61** 68, Kö VRS **67** 62, *Bouska* DAR **84** 33, aM Ha VRS **52** 208 (Aufforderung zur Unterlassung belästigenden Parkens), Ha VRS **46** 397 (Anordnung, die Fahrt wegen Überschreitung der Tageslenkzeit nicht fortzusetzen), Stu NJW **84**

Zeichen und Weisungen der Polizeibeamten § 36 StVO **2**

1572 (Anhalten eines Kf, um Geschwindigkeitsüberschreitung zu beenden). **Keine Weisung** iS von § 36 I daher die Aufforderung, ein abgestelltes Fz zu verschließen, Ce VM **66** 94, die gesperrte Fläche einer Str zu verlassen, Ha DAR **78** 27, oder die Auflagen einer Ausnahmegenehmigung einzuhalten, Kö VRS **67** 62, auch nicht die Weisung einer Streifenwagenbesatzung, die ergeht, um ein rascheres Eintreffen am Einsatzort zu ermöglichen, Stu VRS **61** 223 (Nichtbefolgen möglicherweise aber Verstoß gegen § 1 II) krit Anm *Dvorak* PVT **83** 38. Keine Weisung iS von Abs I, wenn sich der PolB ersichtlich auf einen bloßen Hinweis beschränken, aber keine Anordnung treffen will, s Ce VM **66** 166, Ol VM **56** 35 (Hinweis auf VSperre, die zu beachten sei). Ein bloßes HupZ kann keine Weisung sein, Dü VM **65** 46. Die Weisung, ein Kfz heranzufahren, ersetzt keine FE, Bay VM **62** 9. **Beispiele für Weisungen** dagegen: die im Hinblick auf zu erwartendes VAufkommen vorausschauend erteilte Anordnung, an bestimmter Stelle nicht zu parken, Dü VRS **60** 150, und ähnliche Anordnungen die zugleich mit der Beseitigung eines vorschriftswidrigen Zustands, vor allem auch zur Verhütung einer zu erwartenden daraus resultierenden Behinderung oder Gefährdung des Verkehrs getroffen werden, s auch *Bouska* DAR **84** 33, die Aufforderung, ein den fließenden V behinderndes Fz wegzufahren, Dü NZV **94** 330, auch Weisungen, die zur Beseitigung einer andauernden Beeinträchtigung der VSicherheit ergehen (Untersagen der weiteren VTeilnahme durch fahrunsicheren Fahrer oder mit verkehrsunsicherem Fz), BGHSt **32** 248 = NJW **84** 1568, *Dvorak* Polizei **84** 242. Gemäß § 3 II darf ein Langsamfahrer zum angemessenen Schnellerfahren angewiesen werden. Haltgebot nach Abs V, s Rz 24. Die Weisung muß von einem **zuständigen PolB** ausgehen, also nicht von einem BahnpolB außerhalb des Bahnbereichs, Ce NJW **67** 944, VRS **32** 150. Weisungen können nachträglich nicht gerichtlich nachgeprüft werden, weder auf Notwendig- noch Zweckmäßigkeit, auch wer sie für rechtswidrig hält, muß sie idR zunächst angepaßt befolgen, Dü VM **67** 72, Br VBl **59** 260, Bay VRS **48** 232, anders nur bei Nichtigkeit oder Unausführbarkeit der Weisung, Dü DAR **80** 378. Die Ablehnung der Weisung, beiseitezufahren, kann wegen erheblicher Interessenverletzung gerechtfertigt sein (§ 16 OWiG), Kö VRS **57** 143. Zur Rechtswidrigkeit der Weisung eines Außendienstmitarbeiters der StrVB, aus Gründen der Gefahrenabwehr ein nach StVO zulässiges Parken zu beenden, s *Dvorak* PVT **84** 402.

1 c. Vorgehen müssen die Zeichen und Weisungen der PolB allen „anderen Anordnungen und sonstigen Regeln", wenn sie ihren Zweck erreichen sollen (I S 2). Allgemeine VRegeln, Sonderregeln und auch die VZ treten daher insoweit zurück (Begr), Ha VRS **23** 63, Fra DAR **65** 331, erst recht innerbetriebliche Vorschriften des Kf, Kö VM **75** 86 (Busunternehmen). So etwa kann der zuständige PolBeamte gestatten, eine EinbahnStr in Gegenrichtung zu befahren, oder untersagen, an sonst erlaubter Stelle zu parken. **20**

1 d. Stets sinngemäß sind Zeichen und Weisungen vom Kf oder Halter zu befolgen, angepaßt und ungefährdend, Dü VR **74** 1112, VM **86** 72, sie entbinden nicht von eigener Sorgfaltspflicht (I), KG VM **80** 7, Ha DAR **73** 277. Nicht befolgt wird eine erkennbar wegen gestörten VFlusses durch Schaulustige erteilte Aufforderung zur Weiterfahrt bei erneutem Anhalten nach wenigen 100 m, Dü VM **86** 72. Zeigt sich, daß ein Zeichen oder eine Weisung der Lage offensichtlich nicht entspricht, sondern gefährden könnte, so ist es sinngemäß zu befolgen oder durch anderes verkehrsgerechtes Verhalten zu ersetzen, Dü VR **74** 1112. Auf spezielles Einwinken darf der Abbieger nicht vertrauen, KG bei *Darkow* DAR **74** 238. Eine polizeiliche Weisung (das Kfz zurückzusetzen) entbindet den Kf nur dann von eigener Sorgfalt, ob dies gefahrlos möglich sei, wenn er nach den Umständen gewiß sein kann, daß der PolB dies gewährleistet, Bay VRS **59** 234. Wer auf polizeiliche Weisung in belästigender oder gefährdender Weise anhält, kann § 1 II verletzen, Kö VRS **59** 462. Auch auf WarnZ von Verkehrshelfern (Schülerlotsen) (Rz 17) ist sinngemäß zu reagieren. **21**

2. Das Haltzeichen (II) ist das erste der beiden einzigen im § 36 vorgesehenen polizeilichen Zeichen. Es besteht im seitlichen Ausstrecken eines oder beider Arme quer zur Fahrtrichtung und bedeutet „Halt vor der Kreuzung (Einmündung, Überweg)", soweit **22**

Fze noch nicht in sie eingefahren sind. Zugleich ist der Querverkehr dadurch freigegeben; er fährt in eigener Verantwortung, nicht auf Anordnung (Begr) weiter oder biegt nach den Regeln des § 9 ab, solange er Schienenfze dadurch nicht stört (II Nr 1). Die Regelung gilt für andere StrStellen (Einmündungen, Fußgängerüberwege) entsprechend (II, IV) und kann durch Weisungen (Rz 19), auch eines zweiten Beamten, ergänzt werden (Begr), zB bei verstopfter Kreuzung im Stoßverkehr (s § 11). Hält ein Eingreifposten im Stoßverkehr den entgegenkommenden Verkehr durch Hochheben des Armes an und weist er einen Linksabbieger zum Verlassen der Kreuzung an, so darf sich dieser hierauf trotz seiner grundsätzlichen Sorgfaltspflicht auch dann verlassen, wenn er nicht den gesamten entgegenkommenden Geradeausverkehr überblicken kann, KG VM **76** 90. Das HaltZ gibt dem Querverkehr Erlaubnis, nicht Anweisung zum Weiterfahren (Rz 21), doch verhält sich nur verkehrsgerecht, wer diesen nicht durch Zögern oder sinnwidriges Verharren stört (§§ 1, 3 II). Nach links darf nur ohne Störung des Längsverkehrs, auch der Schienenfze, abgebogen werden (§ 9). Daher werden Linksabbieger bis zur Kreuzungsmitte vorfahren und dort nach Abreißen des Längsverkehrs auf der freigegebenen Straße abbiegen. Das HaltZ gilt, solange der Beamte in derselben Richtung winkt oder seine Grundstellung beibehält.

23   **3. Das Achtungszeichen** besteht im Hochheben eines Armes. Die Begr bezeichnet es als Zwischenbefehl, weil es VT außerhalb des Kreuzungsbereichs anweist, vor diesem das nächste Zeichen abzuwarten, während VT in der Kreuzung diese verlassen müssen. Das Achtungszeichen gilt außer an Kreuzungen auch an anderen StrStellen (II, IV) und kann durch Weisungen ergänzt werden (III).

24   **4. Anhalten zur Verkehrskontrolle und Verkehrserhebungen** dürfen PolB die VT (V). Ermächtigung: § 6 I Nr 3 StVG. VKontrollen dienen der Sicherheit oder Ordnung des StrV (Fahrtüchtigkeit, FzPapiere, Betriebssicherheit), Stu VRS **59** 464. V erfaßt Weisungen und Zeichen zwecks Anhaltens an fahrende Fze und solche an haltende Fze zwecks Stehenbleibens, Ce VRS **17** 150, VM **61** 76. Anhalteweisung kann auch das Verfolgen unter Verwendung von Blaulicht und Einsatzhorn sein, Kö VRS **67** 295. Auch diese HaltZ sind sinnvoll und angepaßt zu befolgen, Kö VRS **37** 306, Bay VRS **4** 620, durch Anhalten an nächster, geeigneter Stelle, nicht zB durch gefährdendes, abruptes Bremsen, Ha DAR **73** 277. Verkehrskontrolle: Vwv Rn 7. Kontrollen müssen das Übermaßverbot berücksichtigen, sich also im wesentlichen auf Stichproben beschränken; s aber *Legat* BA **88** 374. Sie sind aber auch ohne konkreten Anlaß zulässig (s Rz 10). Außer bei Gefahr im Verzug darf die Pol zur Absicherung von Kontrollen keine VZ aufstellen, dennoch aufgestellte sind jedoch zu beachten, Stu VRS **59** 464. Anhalten nur wegen Straftatverdachts, also zwecks Strafverfolgung, ist durch § 6 StVG nicht gedeckt und nur kraft StPO und Polizeirechts zulässig, BGHSt **32** 248 = NJW **84** 1568, Ha VRS **51** 226, Zw VM **81** 83, Kö VRS **67** 293, *Janiszewski* NStZ **83** 513. Ob und ggf unter welchen Voraussetzungen Anhalten **wegen einer konkreten VStraftat oder VOW** Weisung nach I, V ist, wird unterschiedlich beurteilt. Für Annahme einer bußgeldbewehrten Weisung in solchen Fällen: Zw VM **81** 83, Ha VRS **65** 230, NStZ **83** 513, Dü VRS **73** 387, NZV **96** 458 (krit *Seier/Rohlfs*), *Dvorak* JR **82** 448, *Bouska* DAR **84** 33; aM Kö VRS **59** 462, **64** 59, Ko VRS **71** 70, Bay VRS **72** 132, *Albrecht* DAR **03** 541, *Janiszewski* NStZ **83** 513. Dient das Anhaltegebot *ausschließlich* der Ahndung einer zuvor begangenen VOW, so handelt es sich weder um eine Weisung nach Abs I noch um Anhalten „zur Verkehrskontrolle", BGHSt **32** 248 = NJW **84** 1568. In aller Regel wird der PolB in solchen Fällen aber auch die mitzuführenden Papiere kontrollieren. Dann aber dient es zugleich der *Verkehrskontrolle* iS von Abs V, s Vwv Rn 7 (Rz 15), *Janiszewski* NStZ **83** 514, *Hentschel* NStZ **84** 271, Dü VRS **73** 387, NZV **96** 458 (krit *Seier/Rohlfs*), und ist gem §§ 36 V, 49 III Nr 1 bußgeldbewehrt, s *Huppertz* PVT **90** 48, aM Bay VRS **72** 132, wonach VKontrolle nach Abs V nur vorliegen soll, wenn das Anhalten *in erster Linie* der allgemeinen Vorbeugung dient (zust *Geppert*, Spendel-F 663, krit *Janiszewski* NStZ **87** 116). Dem fließenden Verkehr dürfen nur Beamte Zeichen und Weisungen geben, die **durch Uniform** oder Polfze **erkennbar** sind (Vwv Rn 1), Sa VRS **47** 387. Ein kontrollierender uniformierter PolB muß sich nicht noch gesondert ausweisen, Sa VM **75** 63. Bedienstete kommunaler Ordnungsbehörden fallen grundsätz-

Polizeiliche Anhaltezeichen bei VKontrollen sind individuell zu vollstreckende 25
Verfügungen (§ 113 StGB), ihre Durchsetzung ist eine Vollstreckungshandlung, BGHSt
25 313 = NJW 74 1254, Ce NJW 73 2215, Dü NZV 96 458. Kontrollierende PolB
haben kraft Amtspflicht für verkehrssichere Aufstellung jedes angehaltenen Kfz zu sorgen, LG Wuppertal VR 80 1034. Gefährdende Durchführung der Kontrolle ist Amtspflichtverletzung auch hinsichtlich der Kosten eines ergebnislosen Verfahrens aufgrund einer auf die Kontrolle gestützten Anzeige, BGH VRS 16 167. Weisungen zwecks Kontrolle dürfen nicht gefährden, deshalb ist das Stoppen auf einer Überholspur idR als gefährlich zu unterlassen, s Dü VR 74 1112. Das AnhalteZ kann auch durch technische Einrichtungen am PolFz, und zwar auch gegenüber vorausfahrenden VT, zB durch Leuchtschrift auf dem Fz, Lautsprecher usw, gegeben werden (s Rz 10). Wird ein Kf aus 100 m Entfernung durch deutliches Kellenschwenken **zum Anhalten aufgefordert,** obwohl er vorher zulässigerweise abbiegen will, so muß er dort anhalten, wo dies gefahrlos möglich ist, jedoch in Sichtweite des PolB, *Booß* VM 77 54, abw Kö VRS 53 215. Wer zur Kontrolle aus der Nähe zum Anhalten aufgefordert wird, muß anhalten und sich kontrollieren lassen, erforderlichenfalls eine angemessene Zeit warten, Kö VRS 67 293, er darf weder weiterfahren noch vor dem PolB abbiegen noch wenden und zurückfahren, Bay NJW 78 1537, aM Fra VRS 54 451, und für den Fall, daß der Kf das HaltZ vorwurfsfrei übersehen durfte, weil er sich auf die VLage beim Abbiegen zu konzentrieren hatte, auch Dü VRS 55 379. Je nach Lage genügt es, in Sicht- oder Rufweite des PolB anzuhalten, Kö VM 77 54, aM *Huppertz* PVT 90 49 im Hinblick auf Abs V S 4. Ob die weitergehende deutliche Weisung zum Heranfahren bis zum PolB nach V zu befolgen ist, ist zw, offen gelassen von Bay NJW 78 1537 (rechte Spalte), dürfte aber wohl trotz Abs V S 4 zu verneinen sein, so (für die frühere Fassung) *Booß* VM 77 54, s Ko VRS 61 68, aM Kö VM 77 53. Denn **weitergehende Weisungen** als die zum Anhalten und die unmittelbar mit der Durchführung der Kontrolle erforderlichen Anweisungen sind durch Abs V nicht gedeckt, so zB nicht die Aufforderung zu wenden und dem PolB zu folgen, Ko VRS 61 68, zwecks Blutprobenentnahme zum Streifenwagen zu gehen, Ko VRS 61 392, oder auf die andere StrSeite zum PolFz zu fahren, Kö VRS 64 59, ebenso *Jan/Jag/Bur* Rz 4, 12. Dagegen hat der zum Zwecke der Verkehrskontrolle angehaltene FzF solchen **Anweisungen gem Abs V S 4** nachzukommen, die unmittelbar der Ermöglichung der Kontrolle dienen. Dazu gehört etwa die Anweisung auszusteigen, um dem PolB die Überprüfung des Fzs oder der VTüchtigkeit des FzF zu ermöglichen, Dü NZV 96 458 (Anm *Seier/Rohlfs*), oder die Aufforderung, Beleuchtungseinrichtungen zu Überprüfungszwecken zu betätigen, nicht aber das Ersuchen, im Rahmen von Verkehrserhebungen Angaben zu machen. Abs V ermächtigt nicht zur Anordnung von Blutentnahmen ohne konkreten Verdacht und verpflichtet nicht zur Mitwirkung an einem Atemalkoholtest (s Rz 10), *Geppert, Spendel*-F 664ff, *Hentschel* NJW 92 2064, *Salger* DRiZ 93 313. Die Mitwirkung an Umfrageaktionen bei Verkehrserhebungen ist freiwillig. S im übrigen zu den Mitwirkungs- und Duldungspflichten des Fahrers bei Kontrollen: § 31b StVZO. Zur **Untersagung des Betriebs vorschriftswidriger Fze** durch die Pol, *Kreutel*, Polizei 83 335, *Dvorak*, Polizei 84 240.

5. Zivilrecht. Wer als PolB einen Kf durch Zeichen zum Befahren einer unüber- 26
sichtlichen Kreuzung veranlaßt, muß ihm das Befahren ermöglichen und andere Fze uU stoppen, BGH VR 61 253. Amtshaftung bei polizeilicher Weisung zur Weiterfahrt trotz erkennbarer Gefahrenlage, Kö NZV 93 64 (Nichtberücksichtigung roten LichtZ durch PolB). Zur Amtshaftung für Verkehrshelfer (Schülerlotsen), Kö NJW 68 655, abl *Martens* NJW 70 1029. Zur Amtshaftung für WarnZ eines PolB bei Glatteis, BGH VR 66 447.

6. Ordnungswidrig (§ 24 StVG) handelt, wer entgegen § 36 I bis IV ein Zeichen 27
oder eine Weisung oder entgegen Abs V S 4 ein Haltgebot oder eine zur Ermöglichung einer VKontrolle oder -erhebung dienende Anweisung (s Rz 25) nicht befolgt (§ 49 III Nr 1). Die Einfügung des Hinweises auf den Satz 4 des § 36 V in § 49 III Nr 1 ist zwar

mißverständlich, weil S 4 nur das Befolgen von Anweisungen, S 1 aber das Anhalten regelt; aus der ausdrücklichen Erwähnung des Haltbegots folgt aber, daß auch die „Anweisung" anzuhalten ow bleibt, s *Hentschel* NJW **92** 2064, *Geppert, Spendel*-F 661, 670. Nichtbefolgung einer Weisung ist nur im Bereich der Betätigung als VT ow, nicht aus Gründen der allgemeinen Strafverfolgung, BGHSt **32** 248 = NJW **84** 1568, Kö VRS **53** 473, VM **81** 39, Ha MDR **76** 781, VRS **51** 226, Zw VM **81** 83 (s Rz 24). Kann der VT nach den Umständen (Zivilstreife) eine polizeiliche Weisung nicht als solche erkennen, so ist er schuldlos, Bay DAR **75** 137, aber Fahrlässigkeit genügt, Ha VM **69** 47. Der Fahrer eines haltenden Fzs, der, anstatt – wie ihm von der Pol aufgegeben – zu wenden, dem PolFz zu folgen und an anderer Stelle zwecks Ahndung einer OW zu halten, lediglich wegfährt, handelt weder nach I noch nach V ow, ebensowenig, wer der Aufforderung, sich zwecks Entnahme einer Blutprobe zum Streifenwagen zu begeben, nicht nachkommt, s Rz 25. Irrtum über den Sinn eines Handzeichens ist Tatbestandsirrtum, Kö VRS **26** 107, über die Rechtmäßigkeit des Zeichens Verbotsirrtum, Ha VRS **5** 634. TE des Verstoßes gegen § 36 mit demjenigen gegen die Vorschriften der StVO oder StVZO, auf deren Beachtung die Weisung gerichtet war, Ha VRS **7** 221. Zur Notwendigkeit auch der Berufsangabe nach VOWen, Ce VRS **53** 458, Bay VRS **57** 53. Zeichen von BW-Feldjägern oder -Posten: Rz 17. Warnung anderer vor einer VKontrolle verletzt keine Vorschrift, s § 1 Rz 40, sofern sie nicht behindern, sonst § 1, s dort Rz 40, s dazu § 3 Rz 59. Warnung vor PolKontrolle, Radarmessung usw mittels Lichthupe, s § 16 Rz 18.

28   **7. Strafrecht.** Der Versuch, den Halt gebietenden VPosten umzufahren, kann versuchte vorsätzliche Tötung sein (§§ 212, 211 StGB), BGH VRS **16** 202. Bedrohliches Zufahren auf kontrollierende Beamte, um der Kontrolle zu entgehen, kann gewaltsamer Widerstand sein, auch wenn zuletzt noch ausgewichen werden soll, Ha NJW **73** 1240. Zufahren auf kontrollierenden PolB als „ähnlicher, ebenso gefährlicher Eingriff" iS von § 315b StGB, s dort Rz 13. Zur Widerstandleistung (§ 113 StGB) durch plötzliches dichtes Vorbeifahren an den kontrollierenden PolBeamten, Ko DAR **80** 348. Wer anweisungswidrig nicht anhält, sondern den daraufhin schräg vorgefahrenen PolWagen durch dichtes Heranfahren zum Gasgeben zwingt, verletzt § 113 StGB, Fra DAR **72** 48.

Wechsellichtzeichen, Dauerlichtzeichen und Grünpfeil

37 (1) **Lichtzeichen gehen Vorrangregeln, vorrangregelnden Verkehrsschildern und Fahrbahnmarkierungen vor.**

(2) ¹**Wechsellichtzeichen haben die Farbfolge Grün – Gelb – Rot – Rot und Gelb (gleichzeitig) – Grün.** ²**Rot ist oben, Gelb in der Mitte und Grün unten.**

1. ¹**An Kreuzungen bedeuten:**
Grün: „Der Verkehr ist freigegeben".

²**Er kann nach den Regeln des § 9 abbiegen, nach links jedoch nur, wenn er Schienenfahrzeuge dadurch nicht behindert.**

³**Grüner Pfeil: „Nur in Richtung des Pfeiles ist der Verkehr freigegeben".**

⁴**Ein grüner Pfeil links hinter der Kreuzung zeigt an, daß der Gegenverkehr durch Rotlicht angehalten ist und daß Linksabbieger die Kreuzung in Richtung des grünen Pfeils ungehindert befahren und räumen können.**

⁵**Gelb ordnet an: „Vor der Kreuzung auf das nächste Zeichen warten".**

⁶**Keines dieser Zeichen entbindet von der Sorgfaltspflicht.**

⁷**Rot ordnet an: „Halt vor der Kreuzung".**

⁸**Nach dem Anhalten ist das Abbiegen nach rechts auch bei Rot erlaubt, wenn rechts neben dem Lichtzeichen Rot ein Schild mit grünem Pfeil auf schwarzem Grund (Grünpfeil) angebracht ist.** ⁹**Der Fahrzeugführer darf nur aus dem rechten Fahrstreifen abbiegen.** ¹⁰**Er muß sich dabei so verhalten, daß eine Behinderung oder Gefährdung anderer Verkehrsteilnehmer, insbesondere des Fußgänger- und Fahrzeugverkehrs der freigegebenen Verkehrsrichtung, ausgeschlossen ist.**

¹¹**Schwarzer Pfeil auf Rot ordnet das Halten, schwarzer Pfeil auf Gelb das Warten nur für die angegebene Richtung an.**

Wechsellichtzeichen, Dauerlichtzeichen und Grünpfeil § 37 StVO **2**

[12] Ein einfeldiger Signalgeber mit Grünpfeil zeigt an, daß bei Rot für die Geradeaus-Richtung nach rechts abgebogen werden darf.
2. An anderen Straßenstellen, wie an Einmündungen und an Markierungen für den Fußgängerverkehr, haben die Lichtzeichen entsprechende Bedeutung.
3. Lichtzeichenanlagen können auf die Farbfolge Gelb – Rot beschränkt sein.
4. [1] Für jeden von mehreren markierten Fahrstreifen (Zeichen 295, 296 oder 340) kann ein eigenes Lichtzeichen gegeben werden. [2] Für Schienenbahnen können besondere Zeichen, auch in abweichenden Phasen, gegeben werden; das gilt auch für Linienomnibusse und Taxen, wenn sie einen vom übrigen Verkehr freigehaltenen Verkehrsraum benutzen.
5. [1] Gelten die Lichtzeichen nur für Fußgänger oder nur für Radfahrer, so wird das durch das Sinnbild eines Fußgängers oder eines Fahrrades angezeigt. [2] Für Fußgänger ist die Farbfolge Grün – Rot – Grün; für Radfahrer kann sie so sein. [3] Wechselt Grün auf Rot, während Fußgänger die Fahrbahn überschreiten, so haben sie ihren Weg zügig fortzusetzen.
6. Radfahrer haben die Lichtzeichen für Fußgänger zu beachten, wenn eine Radwegfurt an eine Fußgängerfurt grenzt und keine gesonderten Lichtzeichen für Radfahrer vorhanden sind.

(3) [1] Dauerlichtzeichen über einem Fahrstreifen sperren ihn oder geben ihn zum Befahren frei.
[2] Rote gekreuzte Schrägbalken ordnen an:
„Der Fahrstreifen darf nicht benutzt werden, davor darf nicht gehalten werden".
[3] Ein grüner, nach unten gerichteter Pfeil bedeutet:
„Der Verkehr auf dem Fahrstreifen ist freigegeben".
[4] Ein gelb blinkender, schräg nach unten gerichteter Pfeil ordnet an:
„Fahrstreifen in Pfeilrichtung wechseln".

(4) **Wo Lichtzeichen den Verkehr regeln, darf nebeneinander gefahren werden, auch wenn die Verkehrsdichte das nicht rechtfertigt.**

Begr zur ÄndVO v 21. 7. 80: VBl **80** 518. **Begr** zur ÄndVO v 22. 3. 88 (VBl **88** 225): **1-11**

Zu Abs 2 Nr 6: – *Begründung des Bundesrates* – *Radwege werden häufig unmittelbar neben einer Fußgängerfurt angeordnet. In diesen Fällen ist es aus Gründen der Verkehrssicherheit nicht vertretbar, daß für Radfahrer die Lichtzeichen für den Kraftfahrzeugverkehr gelten, die in der Regel eine längere Grünphase haben als die für Fußgänger. Wenn Radfahrer bei „Rot für Fußgänger" noch die Straße überqueren, üben sie eine unerwünschte Sogwirkung auf Fußgänger aus. Außerdem besteht die Gefahr, daß abbiegende Kraftfahrer sich an dem „Rot für Fußgänger" orientieren und dabei den Vorrang von Radfahrern nicht beachten.* **12**
…

Begr zur ÄndVO v 19. 3. 92: VBl **92** 187. **13**
Begr zur ÄndVO v 14. 12. 93 (VBl **94** 172): **Zu Abs 2 Nr 1 Sätze 8 bis 10:** … *Die Grünpfeil-Regelung gilt gegenwärtig auf Grund der Verordnung über die vorübergehende Weiterverwendung des grünen Pfeilschildes an Lichtzeichenanlagen vom 20. Dezember 1991 (BGBl. I S. 2391) in den neuen Bundesländern und im Land Berlin. Eine dort durchgeführte Untersuchung der BASt hat festgestellt, daß die Leistungsfähigkeit bei Einsatz der Schilder an geeigneten Knotenpunkten nicht unwesentlich erhöht wird.* …
Sicherheitsbedenken bestehen bei Anbringung der Schilder an dafür geeigneten Knotenpunkten nicht. Die Untersuchung der BASt hatte in den neuen Bundesländern wesentliche Beeinträchtigungen der Sicherheit für Fußgänger und Fahrzeuge nicht nachweisen können, ebensowenig negative Folgen für die Verkehrsunfallentwicklung… .
Ein zusätzlicher Sicherheitsgewinn wird mit der Einführung des ausdrücklichen Haltgebotes vor dem Abbiegen erwartet, da der Fahrzeugführer in stärkerem Maße als beim Rechtsabbiegen, das ohne Hintunterbrechung erfolgt, die freigegebenen Verkehrsrichtungen beobachten kann und muß.
Das Übereinkommen über Straßenverkehrszeichen vom 8. November 1968 sowie das europäische Zusatzübereinkommen vom 1. Mai 1971 (BGBl. II 1977 S. 809; BGBl. II 1979 S. 923) stehen der Regelung nicht entgegen.
Hauptvoraussetzung für das Rechtsabbiegen bei Lichtzeichen Rot ist das an der Lichtzeichenanlage angebrachte Schild mit grünem Pfeil auf schwarzem Grund. Weitere Voraussetzung ist, daß

beim Abbiegen der Fußgänger- und Fahrzeugverkehr der freigegebenen Verkehrsrichtungen nicht behindert wird und eine Gefährdung ausgeschlossen ist... .

Fußgänger und Fahrzeugführer müssen sich darauf verlassen können, daß bei freigegebener Verkehrsrichtung die Fahrbahn gefahrlos überquert oder befahren werden kann.

...

– Begründung des Bundesrates – Das Rechtsabbiegen bei Rot ist ein atypischer Verkehrsvorgang, der eine gesteigerte Sorgfaltspflicht des Abbiegenden erfordert. Infolgedessen muß der Gefährdungsausschluß gegenüber dem Mitverkehr, ähnlich wie beim Wenden oder Rückwärtsfahren, stärker ausgeprägt sein, und zwar z. B. auch gegenüber den Rad- oder Mofafahrern, denen nach § 5 Abs. 8 StVO ausdrücklich das Rechtsüberholen gestattet ist... .

Begr zur ÄndVO v 14. 12. 01: **Zu Abs 3:** VBl **02** 142, 143 f.

Vwv zu § 37 Wechsellichtzeichen, Dauerlichtzeichen und Grünpfeil

14 1 *Die Gleichungen der Farbgrenzlinien in der Farbtafel nach DIN 6163 Blatt 5 sind einzuhalten.*

Zu Absatz 1

15 2 *So bleiben z. B. die Zeichen 209 ff. „Vorgeschriebene Fahrtrichtung" neben Lichtzeichen gültig, ebenso die die Benutzung von Fahrstreifen regelnden Längsmarkierungen (Zeichen 295, 296, 297, 340).*

Zu Absatz 2

16 3 *I. Die Regelung des Verkehrs durch Lichtzeichen setzt eine genaue Prüfung der örtlichen Gegebenheiten baulicher und verkehrlicher Art voraus und trägt auch nur dann zu einer Verbesserung des Verkehrsablaufs bei, wenn die Regelung unter Berücksichtigung der Einflüsse und Auswirkungen im Gesamtstrassennetz sachgerecht geplant wird. Die danach erforderlichen Untersuchungen müssen von Sachverständigen durchgeführt werden.*

17 4 *II. Wechsellichtzeichen dürfen nicht blinken, auch nicht vor Farbwechsel.*

18 5 *III. Die Lichtzeichen sind rund, soweit sie nicht Pfeile oder Sinnbilder darstellen. Die Unterkante der Lichtzeichen soll in der Regel 2,10 m und, wenn die Lichtzeichen über der Fahrbahn angebracht sind, 4,50 m vom Boden entfernt sein.*

19 6 *IV. Die Haltlinie (Zeichen 294) sollte nur soweit vor der Lichtzeichenanlage angebracht werden, daß die Lichtzeichen aus einem vor ihr wartenden Personenkraftwagen noch ohne Schwierigkeit beobachtet werden können (vgl. aber III 3 zu § 25; Rn. 5). Befindet sich z. B. die Unterkante des grünen Lichtzeichens 2,10 m über einem Gehweg, so sollte der Abstand zur Haltlinie 3,50 m betragen, jedenfalls über 2,50 m. Sind die Lichtzeichen wesentlich höher angebracht oder muß die Haltlinie in geringerem Abstand markiert werden, so empfiehlt es sich, die Lichtzeichen verkleinert weiter unten am gleichen Pfosten zu wiederholen.*

Zu den Nummern 1 und 2

20 7 *I. An Kreuzungen und Einmündungen sind Lichtzeichenanlagen für den Fahrverkehr erforderlich,*
   1. wo es wegen fehlender Übersicht immer wieder zu Unfällen kommt und es nicht möglich ist, die Sichtverhältnisse zu verbessern oder den kreuzenden oder einmündenden Verkehr zu verbieten,

   8 *2. wo immer wieder die Vorfahrt verletzt wird, ohne daß dies mit schlechter Erkennbarkeit der Kreuzung oder mangelnder Verständlichkeit der Vorfahrtregelung zusammenhängt, was jeweils durch Unfalluntersuchungen zu klären ist,*

   9 *3. wo auf einer der Straßen, sei es auch nur während der Spitzenstunden, der Verkehr so stark ist, daß sich in den wartepflichtigen Kreuzungszufahrten ein großer Rückstau bildet oder einzelne Wartepflichtige unzumutbar lange warten müssen.*

21 10 *II. Auf Straßenabschnitten, die mit mehr als 70 km/h befahren werden dürfen, sollen Lichtzeichenanlagen nicht eingerichtet werden; sonst ist die Geschwindigkeit durch Zeichen 274 in ausreichender Entfernung zu beschränken.*

Wechsellichtzeichen, Dauerlichtzeichen und Grünpfeil § 37 StVO **2**

11 III. Bei Lichtzeichen, vor allem auf Straßen, die mit mehr als 50 km/h befahren werden dürfen, soll geprüft werden, ob es erforderlich ist, durch geeignete Maßnahmen (z. B. Blenden hinter den Lichtzeichen, übergroße oder wiederholte Lichtzeichen, entsprechende Gestaltung der Optik) dafür zu sorgen, daß sie auf ausreichende Entfernung erkennbar sind. Ferner ist die Wiederholung von Lichtzeichen links von der Fahrbahn, auf Inseln oder über der Straße zu erwägen, weil nur rechts stehende Lichtzeichen durch voranfahrende größere Fahrzeuge verdeckt werden können. 22

12 IV. Sind im Zuge einer Straße mehrere Lichtzeichenanlagen eingerichtet, so empfiehlt es sich in der Regel, sie aufeinander abzustimmen (z. B. auf eine Grüne Welle). Jedenfalls sollte dafür gesorgt werden, daß bei dicht benachbarten Kreuzungen der Verkehr, der eine Kreuzung noch bei „Grün" durchfahren konnte, auch an der nächsten Kreuzung „Grün" vorfindet. 23

13 V. Häufig kann es sich empfehlen, Lichtzeichenanlagen verkehrsabhängig so zu schalten, daß die Stärke des Verkehrs die Länge der jeweiligen Grünphase bestimmt. An Kreuzungen und Einmündungen, an denen der Querverkehr schwach ist, kann sogar erwogen werden, der Hauptrichtung ständig Grün zu geben, das von Fahrzeugen und Fußgängern aus der Querrichtung erforderlichenfalls unterbrochen werden kann. 24

14 VI. Lichtzeichenanlagen sollten in der Regel auch nachts in Betrieb gehalten werden; ist die Verkehrsbelastung nachts schwächer, so empfiehlt es sich, für diese Zeit ein besonderes Lichtzeichenprogramm zu wählen, das alle Verkehrsteilnehmer möglichst nur kurz warten läßt. Nächtliches Ausschalten ist nur dann zu verantworten, wenn eingehend geprüft ist, daß auch ohne Lichtzeichen ein sicherer Verkehr möglich ist. Solange die Lichtzeichenanlagen, die nicht nur ausnahmsweise in Betrieb sind, nachts abgeschaltet sind, soll in den wartepflichtigen Kreuzungszufahrten gelbes Blinklicht gegeben werden. Darüber hinaus kann es sich empfehlen, negative Vorfahrtzeichen (Zeichen 205 und 206) von innen zu beleuchten. Solange Lichtzeichen gegeben werden, dürfen diese Vorfahrtzeichen dagegen nicht beleuchtet sein. 25

15 VII. Bei der Errichtung von Lichtzeichenanlagen an bestehenden Kreuzungen und Einmündungen muß immer geprüft werden, ob neue Markierungen (z. B. Abbiegestreifen) anzubringen sind oder alte Markierungen (z. B. Fußgängerüberwege) verlegt oder aufgehoben werden müssen, ob Verkehrseinrichtungen (z. B. Geländer für Fußgänger) anzubringen oder ob bei der Straßenbaubehörde anzuregende bauliche Maßnahmen (Verbreiterung der Straßen zur Schaffung von Stauraum) erforderlich sind. 26

16 VIII. Die Schaltung von Lichtzeichenanlagen bedarf stets gründlicher Prüfung. Dabei ist auch besonders auf die sichere Führung der Abbieger zu achten. 27

17 IX. Besonders sorgfältig sind die Zeiten zu bestimmen, die zwischen dem Ende der Grünphase für die eine Verkehrsrichtung und dem Beginn der Grünphase für die andere kreuzende Verkehrsrichtung liegen. Die Zeiten für Gelb und Rot-Gelb sind unabhängig von dieser Zwischenzeit festzulegen. Die Übergangszeit Rot und Gelb (gleichzeitig) soll für Kraftfahrzeugströme eine Sekunde dauern, darf aber nicht länger als zwei Sekunden sein. Die Übergangszeit Gelb richtet sich bei Kraftfahrzeugströmen nach der zulässigen Höchstgeschwindigkeit der Zufahrt. In der Regel beträgt die Gelbzeit 3 s bei zul. $V = 50$ km/h, 4 s bei zul. $V = 60$ km/h und 5 s bei zul. $V = 70$ km/h. Bei verkehrsabhängigen Lichtzeichenanlagen ist beim Rücksprung in die gleiche Phase eine Alles-Rot-Zeit von mindestens 1 s einzuhalten, ebenso bei Fußgänger-Lichtzeichenanlagen mit der Grundstellung Dunkel für den Fahrzeugverkehr. Bei Fußgänger-Lichtzeichenanlagen soll bei Ausführung eines Rücksprungs in die gleiche Fahrzeugphase die Mindestsperrzeit für den Fahrzeugverkehr 4 s betragen. 28

18 X. Pfeile in Lichtzeichen 29

1. Solange ein grüner Pfeil gezeigt wird, darf kein anderer Verkehrsstrom Grün haben, der den durch den Pfeil gelenkten kreuzt; auch darf Fußgängern, die in der Nähe den gelenkten Verkehrsstrom kreuzen, nicht durch Markierung eines Fußgängerüberwegs Vorrang gegeben werden. Schwarze Pfeile auf Grün dürfen nicht verwendet werden.

19 2. Wenn in einem von drei Leuchtfeldern ein Pfeil erscheint, müssen auch in den anderen Feldern Pfeile gezeigt werden, die in die gleiche Richtung weisen. Vgl. X 6.

20	3. Darf aus einer Kreuzungszufahrt, die durch ein Lichtzeichen geregelt ist, nicht in allen Richtungen weitergefahren werden, so ist die Fahrtrichtung durch die Zeichen 209 bis 214 vorzuschreiben. Vgl. dazu Nummer VI zu den Zeichen 209 bis 214 (Rn. 7 und 8). Dort, wo Mißverständnisse sich auf andere Weise nicht beheben lassen, kann es sich empfehlen, zusätzlich durch Pfeile in den Lichtzeichen die vorgeschriebene Fahrtrichtung zum Ausdruck zu bringen; dabei sind schwarze Pfeile auf Rot und Gelb zu verwenden.
21	4. Pfeile in Lichtzeichen dürfen nicht in Richtungen weisen, die durch die Zeichen 209 bis 214 verboten sind.
22	5. Werden nicht alle Fahrstreifen einer Kreuzungszufahrt zur gleichen Zeit durch Lichtzeichen freigegeben, so kann auf Pfeile in den Lichtzeichen dann verzichtet werden, wenn die in die verschiedenen Richtungen weiterführenden Fahrstreifen baulich so getrennt sind, daß zweifelsfrei erkennbar ist, für welche Richtung die verschiedenen Lichtzeichen gelten. Sonst ist die Richtung, für die die Lichtzeichen gelten, durch Pfeile in den Lichtzeichen zum Ausdruck zu bringen.
23	Hierbei sind Pfeile in allen Lichtzeichen nicht immer erforderlich. Hat z. B. eine Kreuzungszufahrt mit Abbiegestreifen ohne bauliche Trennung ein besonderes Lichtzeichen für den Abbiegeverkehr, so genügen in der Regel Pfeile in diesen Lichtzeichen. Für den anderen Verkehr sollten Lichtzeichen ohne Pfeile gezeigt werden. Werden kombinierte Pfeile in solchen Lichtzeichen verwendet, dann darf in keinem Fall gleichzeitig der zur Hauptrichtung parallel gehende Fußgängerverkehr freigegeben werden (vgl. XI; Rn. 27 ff.).
24	6. Wo für verschiedene Fahrstreifen besondere Lichtzeichen gegeben werden sollen, ist die Anbringung der Lichtzeichen besonders sorgfältig zu prüfen (z. B. Lichtzeichenbrücken, Peitschenmaste, Wiederholung am linken Fahrbahnrand). Wo der links abbiegende Verkehr vom übrigen Verkehr getrennt geregelt ist, sollte das Lichtzeichen für den Linksabbieger nach Möglichkeit zusätzlich über der Fahrbahn angebracht werden; eine Anbringung allein links ist in der Regel nur bei Fahrbahnen für eine Richtung möglich, wenn es für Linksabbieger lediglich einen Fahrstreifen gibt.
25	7. Wo der Gegenverkehr durch Rotlicht aufgehalten wird, um Linksabbiegern, die sich bereits auf der Kreuzung oder Einmündung befinden, die Räumung zu ermöglichen, kann das diesen durch einen nach links gerichteten grünen Pfeil, der links hinter der Kreuzung angebracht ist, angezeigt werden. Gelbes Licht darf zu diesem Zweck nicht verwendet werden.
26	8. Eine getrennte Regelung des abbiegenden Verkehrs setzt in der Regel voraus, daß für ihn auf der Fahrbahn ein besonderer Fahrstreifen mit Richtungspfeilen markiert ist (Zeichen 297).

30   XI. Grünpfeil

27	1. Der Einsatz des Schildes mit grünem Pfeil auf schwarzem Grund (Grünpfeil) kommt nur in Betracht, wenn der Rechtsabbieger Fußgänger- und Fahrzeugverkehr der freigegebenen Verkehrsrichtungen ausreichend einsehen kann, um die ihm auferlegten Sorgfaltspflichten zu erfüllen. Es darf nicht verwendet werden, wenn
28	a) dem entgegenkommenden Verkehr ein konfliktfreies Abbiegen nach links signalisiert wird,
29	b) für den entgegenkommenden Linksabbieger der grüne Pfeil gemäß § 37 Abs. 2 Nr. 1 Satz 4 verwendet wird,
30	c) Pfeile in den für den Rechtsabbieger gültigen Lichtzeichen die Fahrtrichtung vorschreiben,
31	d) beim Rechtsabbiegen Gleise von Schienenfahrzeugen gekreuzt oder befahren werden müssen,
32	e) der freigegebene Fahrradverkehr auf dem zu kreuzenden Radweg für beide Richtungen zugelassen ist oder der Fahrradverkehr trotz Verbotes in der Gegenrichtung in erheblichem Umfang stattfindet und durch geeignete Maßnahmen nicht ausreichend eingeschränkt werden kann,

33   f) für das Rechtsabbiegen mehrere markierte Fahrstreifen zur Verfügung stehen oder
34   g) die Lichtzeichenanlage überwiegend der Schulwegsicherung.

35   2. An Kreuzungen und Einmündungen, die häufig von seh- oder gehbehinderten Personen überquert werden, soll die Grünpfeil-Regelung nicht angewandt werden. Ist sie ausnahmsweise an Kreuzungen oder Einmündungen erforderlich, die häufig von Blinden oder Sehbehinderten überquert werden, so sind Lichtzeichenanlagen dort mit akustischen oder anderen geeigneten Zusatzeinrichtungen auszustatten.

36   3. Für Knotenpunktzufahrten mit Grünpfeil ist das Unfallgeschehen regelmäßig mindestens anhand von Unfallsteckkarten auszuwerten. Im Falle einer Häufung von Unfällen, bei denen der Grünpfeil ein unfallbegünstigender Faktor war, ist der Grünpfeil zu entfernen, soweit nicht verkehrstechnische Verbesserungen möglich sind. Eine Unfallhäufung liegt in der Regel vor, wenn in einem Zeitraum von drei Jahren zwei oder mehr Unfälle mit Personenschaden, drei Unfälle mit schwerwiegendem oder fünf Unfälle mit geringfügigem Verkehrsverstoß geschehen sind.

37   4. Der auf schwarzem Grund ausgeführte grüne Pfeil darf nicht leuchten, nicht beleuchtet sein oder nicht retroreflektieren. Das Schild hat eine Breite von 250 mm und eine Höhe von 250 mm.

Zu Nummer 2

38 Vgl. für verengte Fahrbahn Nummer II zu Zeichen 208 (Rn. 2); bei Festlegung der Phasen ist sicherzustellen, daß auch langsamer Fahrverkehr das Ende der Engstelle erreicht hat, bevor der Gegenverkehr freigegeben wird.

Zu Nummer 3

39 Die Farbfolge Gelb-Rot darf lediglich dort verwendet werden, wo Lichtzeichenanlagen nur in größeren zeitlichen Abständen in Betrieb gesetzt werden müssen, z. B. an Bahnübergängen, an Ausfahrten aus Feuerwehr- und Straßenbahnhallen und Kasernen. Diese Farbfolge empfiehlt sich häufig auch an Wendeschleifen von Straßenbahnen und Oberleitungsomnibussen. Auch an Haltebuchten von Oberleitungsomnibussen und anderen Linienomnibussen ist ihre Anbringung zu erwägen, wenn auf der Straße starker Verkehr herrscht. Sie oder Lichtzeichenanlagen mit drei Farben sollten in der Regel da nicht fehlen, wo Straßenbahnen in eine andere Straße abbiegen.

Zu Nummer 4

40   I. Vgl. Nummer X 6 bis 8 zu den Nummern 1 und 2; Rn. 24 bis 26.

41   II. Besondere Zeichen sind die der Anlage 4 der Straßenbahn-Bau- und Betriebsordnung aufgeführten. Zur Markierung vorbehaltener Fahrstreifen vgl. zu Zeichen 245.

Zu Nummer 5

42   I. Im Lichtzeichen für Fußgänger muß das rote Sinnbild einen stehenden, das grüne einen schreitenden Fußgänger zeigen.

43   II. Lichtzeichen für Radfahrer sollten in der Regel das Sinnbild eines Fahrrades zeigen. Besondere Lichtzeichen für Radfahrer, die vor der kreuzenden Straße angebracht werden, sollten in der Regel auch Gelb sowie Rot und Gelb (gleichzeitig) zeigen. Sind solche Lichtzeichen für einen abbiegenden Radfahrverkehr bestimmt, kann entweder in den Lichtzeichen zusätzlich zu dem farbigen Sinnbild des Fahrrades ein farbiger Pfeil oder über den Lichtzeichen das leuchtende Sinnbild eines Fahrrades und in den Lichtzeichen ein farbiger Pfeil gezeigt werden

Zu Nummer 6

44 In den Fällen, in denen Radfahrer- und Fußgängerfurten nebeneinander liegen, bieten sich folgende Lösungen an:
  1. Für Radfahrer wird kein besonderes Lichtzeichen gegeben. Durch ein Zusatzschild kann deutlich gemacht werden, daß die Radfahrer die Lichtzeichen für Fußgänger zu beachten haben.

45   2. In den roten und grünen Lichtzeichen der Fußgängerlichtzeichenanlage werden jeweils die Sinnbilder für Fußgänger und Radfahrer gezeigt.

2 StVO § 37   II. Zeichen und Verkehrseinrichtungen

46 3. *Über der Lichtzeichenanlage für Fußgänger wird Zeichen 241 angebracht.*
47 4. *Neben dem Lichtzeichen für Fußgänger wird ein zweifarbiges Lichtzeichen für Radfahrer angebracht.*
Beide Lichtzeichenanlagen müssen jeweils die gleiche Farbe zeigen.

Zu Absatz 3

36 48 *I. Dauerlichtzeichen dürfen nur über markierten Fahrstreifen (Zeichen 295, 296, 340) gezeigt werden. Ist durch Zeichen 223.1 das Befahren eines Seitenstreifens angeordnet, können Dauerlichtzeichen diese Anordnung und die Anordnungen durch Zeichen 223.2 und Zeichen 223.3 unterstützen, aber nicht ersetzen (vgl. Nummer V zu den Zeichen 223.1 bis 223.3; Rn. 5).*

36 a 49 *II. Die Unterkante der Lichtzeichen soll in der Regel 4,50 m vom Boden entfernt sein.*
36 b 50 *III. Die Lichtzeichen sind an jeder Kreuzung und Einmündung und erforderlichenfalls auch sonst in angemessenen Abständen zu wiederholen.*
37 51 *IV. Wird ein Fahrstreifen wechselweise dem Verkehr der einen oder der anderen Fahrtrichtung zugewiesen, müssen die Dauerlichtzeichen für beide Fahrtrichtungen über allen Fahrstreifen gezeigt werden. Bevor die Fahrstreifenzuweisung umgestellt wird, muss für eine zur Räumung des Fahrstreifens ausreichende Zeit das Zeichen gekreuzte rote Balken für beide Richtungen gezeigt werden.*

Übersicht

Abbiegen 45, 45 b, 66 f
Ampeldefekt 50
Amtshaftung 63
Anhalten 48
Ausnahmen 60

Beachtung von Nachzüglern 45
Befolgung, sinnvolle 44, 45

Dauerlichtzeichen 36, 59
Durchfahren 48, 48 a

Fahrstreifen, markierte, Lichtzeichen 33, 55
–, Dauerlichtzeichen 36, 59
Farbanordnung 41
Farbfolge 32, 42
– Gelb-Rot 32, 54
„Feindliches" Grün 63
Fliegender Start 45
Fußgängerlichtzeichen 34, 35, 45 b, 58

Gelb 29, 32, 34, 48, 49
Gelbes Blinklicht 25, 39, 43
Gelbpfeil 52
Gelb-Rot 32, 54
Grün 23 f, 28 ff, 45–47
–, Verhalten bei 45 ff
–, Wartepflicht trotz 45 a
Grünpfeil 29, 30, 47, 53 f

Halten 50

Kreuzung verlassen 49, 45, 45 a, 64

Lichtzeichen 38
–, Vorrang 39
–, sinnvolle Befolgung 44, 45
–, Nebeneinanderfahren bei 57
– für Radfahrer 34, 58
– für markierte Fahrstreifen 33, 55

–, Dauerlichtzeichen 36, 59
–, Wechsellichtzeichen 16 ff, 40–43
Linienbus 56

Markierte Fahrstreifen, Lichtzeichen für 32, 33, 36, 37, 55
Mittelstreifen 45

Nachzügler 45, 45 a, 64
Nebeneinanderfahren 57
Neue Bundesländer 65

Ordnungswidrigkeiten 61

„Qualifizierter" Rotlichtverstoß 61

Radfahrer 34, 38
Radfahrerlichtzeichen 34, 58
Rot 28 f, 32, 34 f, 50
Roter Schrägbalken 37, 59
Rotpfeil 51

Schienenbahn, besondere Lichtzeichen 33, 56
Schrägbalken, rote 37, 59
Schwarzpfeil auf Rot 29, 51
– auf Gelb 29, 52
Sinnvolle Befolgung der Lichtzeichen 44, 45
Sonderfahrstreifen (Linienbusse, Taxen) 33, 56

Umgehen einer LZA-Regelung 50, 61
Umkehrstreifen 37, 59

Vorrang der Lichtzeichen 39
Vorrangregeln 39 a
Vorrangelnde Verkehrszeichen 39 b
– Fahrbahnmarkierungen 39 c

Wartepflicht trotz Grün 45
Wechsellichtzeichen 16 ff, 40–43
Wechselweise Fahrstreifenfreigabe 37, 59

Zivilrecht 62 ff
Zusatzzeichen 50

37 a **Richtlinien** für Signalanlagen 1992 (RiLSA 1992), s VBl **92** 356, **94** 602, **99** 409.

Wechsellichtzeichen, Dauerlichtzeichen und Grünpfeil § 37 StVO **2**

1. Lichtzeichen sind zulässig, wo mehrere VStröme einander berühren oder schnei- 38
den, vor allem an Kreuzungen, Einmündungen, Engstellen, Markierungen für Fußgängerverkehr, Bahnübergängen und uU an gefährlichen Grundstücksausfahrten. Überwiegend sind sie WechsellichtZ (II). Die zulässigen Lichtsignale sind ausschließlich in II geregelt, KG VRS **47** 317. Jede Lichtzeichenanlage regelt nur die Kreuzung (Einmündung), an der sie angebracht ist, nicht auch eine 20 m weiter liegende, KG VM **73** 7, Kö NZV **97** 269. Zwei durch Mittelstreifen getrennte Richtungsfahrbahnen gehören aber in diesem Sinne zu derselben Kreuzung, Kö NZV **97** 269 (Mittelstreifen 20 m breit). Ob ein StrZug mehrere dicht nebeneinander liegende Straßen in einer einzigen Kreuzung quert, hängt von der Örtlichkeit ab, Hb DAR **73** 82.

1 a. Vorrang haben die LichtZ vor den allgemeinen Vorrangregeln, den vorrangre- 39
gelnden VZ und Farbmarkierungen, BGHSt **26** 73 = NJW **75** 1330, Kö VRS **72** 212, Stu VRS **52** 216. Den Zeichen und Weisungen der PolB stehen sie nach (§ 36). Gelbes Blinklicht setzt Gebots- und VerbotsZ an der Kreuzung nicht außer Kraft, Dü DAR **60** 25. Das Z 205 (Vorfahrt gewähren) an der Kreuzung wird nicht durch eine Ampel aufgehoben, die 35 m vorher eine Fußgängerfurt sichert, Bay VRS **26** 58 (s § 8 Rz 30).

Vorrangregeln, einschließlich der dazu entwickelten RsprGrundsätze, sind zB: die §§ 6 39 a
Satz 1 (Vortritt bei Verengung und Dauerhindernissen), 5 (Vortritt beim Überholen), 8 (Vorfahrt, Bay VM **66** 36), 9 III, IV (Vorrang des gleichgerichteten Verkehrs gegenüber Abbiegern), 10 Satz 1 (Vorrang des fließenden Verkehrs), 26 (Vorrang der Fußgänger auf Überwegen), theoretisch auch § 18 III (Vorfahrt des durchgehenden AB-Verkehrs), 19 I (Vorrang der Schienenbahnen), 20 II, IV (Fußgänger-„Vorrang" an Haltestellen, s aber § 20 Rz 11). Ein grüner Pfeil gewährt auch dem (im übrigen verkehrsgerecht) Wendenden Vorrang vor dem Entgegenkommenden, LG Berlin DAR **00** 409.

Vorrangregelnde VZ sind die Halt- und Wartegebote Z 201 (Andreaskreuz), 205 39 b
(Vorfahrt gewähren!) (auch mit Zusatzschild „Verlauf der VorfahrtStr"), 206 (Halt! Vorfahrt gewähren!), 208 (Dem Gegenverkehr Vorfahrt gewähren!) und die RichtZ 301 (Vorfahrt), 306 (VorfahrtStr) (auch mit Zusatzschild „Verlauf der VorfahrtStr"), 308 (Vorrang vor dem Gegenverkehr).

Unberührt von I bleiben die vorgeschriebenen Fahrtrichtungen (Z 209, 211, 214, 220, 222), die Fahrbahnlängsmarkierungen (Z 295–297, 340, s Vwv Rn 2 [Rz 15]), alle Nichtvorrangregeln und -zeichen, zB Überholverbote, BGHSt **26** 73 = NJW **75** 1330 (zu Z 276), Geschwindigkeitsbeschränkungen und die allgemeine Sorgfaltspflicht des § 1, aus der uU die Verständigungspflicht folgt.

Vorrangregelnde Fahrbahnmarkierungen sind die Z 293 (Fußgängerüberweg) 39 c
und 294 (Haltlinie).

2. Wechsellichtzeichen (II) sind Allgemeinverfügungen (Begr), BGHSt **20** 128, 40
BGHZ **99** 249 = NJW **87** 1945, BVG VRS **33** 149, Ce NZV **99** 244, Ha VRS **50** 316, Kö VRS **59** 454, verfassungskonform, Hb VRS **24** 193, und auch bei mechanischer Auslösung durch Bodenschwellen oder Knopfdruck an Fußgängerfurten zu beachten, BGHSt **20** 128, Ce VRS **15** 219. Sind sie undeutlich, irreführend oder gefährdend („feindliches" Grün), so sind sie ohne Rücksicht auf rechtmäßiges Verhalten der für die VB handelnden Person rechtswidrig, BGHZ **99** 249 = NJW **87** 1945. Eine ständig auf Rot geschaltete LZA mit der Funktion eines Verbots der Einfahrt (Z 267) ist weder WechsellichtZ iS von II noch DauerlichtZ iS von III, Mißachtung daher kein Verstoß gegen § 37, Bay NZV **96** 81 (abl *Friehoff*), Jn NZV **97** 86. WechsellichtZ gelten jeweils nur für den ihnen zugeordneten StrTeil (Fahrbahn, Sonderweg, Fahrstreifen), uU nicht für den Gehweg (bei Benutzung als Parkflächenzufahrt), Dü VRS **54** 149. Je nach den örtlichen Gegebenheiten kann eine mittig über der Fahrbahn befindliche LZA für den baulich getrennten **Radweg** unbeachtlich sein, wenn auf diesem überdies keine Haltlinie angebracht ist, Ha VRS **107** 134 (Unklarheit). Umfahren auf anderen StrnTeilen: Rz 50. Die Ampel regelt nur den Fahrbahnverkehr, sie gilt nicht für jemanden, der sein Moped (wegen Aussetzens des Motors) auf dem Gehweg schiebt (und nach erneutem Startversuch weiterfährt), Dü VRS **59** 235. Durch die LZA geschützter Bereich: Rz 50.

Die **Farbanordnung** trägt auch farbenblinden VT Rechnung: Rot ist stets oben. 41

42 Die **Farbfolge** ist durch II festgelegt. Gleichzeitig läßt sie nur noch Rot/Gelb zu, um auf den Wechsel auf Grün besser vorzubereiten und den Verkehr flüssiger zu halten. Die Kombinationen Grün/Gelb oder blinkendes Grün oder gelbes Blinklicht, Ha VRS **50** 318, zur Vorbereitung auf Gelb sind unzulässig, die dazu ergangene Rspr ist gegenstandslos (s BGH NJW **61** 780).

43 **Zulässigkeit** von WechsellichtZ, Verkehrsabhängigkeit, Schaltung, Abstimmung (grüne Welle), Phasenregelung: Vwv Rn 12 ff. WechsellichtZ dürfen nicht blinken (Vwv Rn 4). Eine Ampel mit gelbem Sekundenblinklicht vor Dauergelb und folgendem Rot führt irre; einem Kf kann nicht vorgeworfen werden, er habe das bevorstehende Umschalten schon mit beginnendem Dauergelb bemerken müssen, Bay VM **74** 45. Bei der Farbfolge Gelb/Rot oder Grün/Gelb/Rot darf dem Gelb kein gelbes Blinklicht vorgeschaltet sein, weil ortsfestes gelbes Blinklicht (s § 38) nur Warnfunktion außerhalb des regulären Ampelbetriebs hat, Kö DAR **77** 332. Eine Ampel, die vor Gelb zunächst gelb blinkt, ist vorschriftswidrig, aber nicht nichtig und deshalb zu beachten, Ha VRS **50** 316 (innere Tatseite zw).

44 **Sinnvoll** und verkehrsangepaßt sind die WechsellichtZ zu befolgen, BGH VRS **5** 586, wie auch die Zeichen und Weisungen der PolB (§ 36), unter Beachtung der Grundregeln der §§ 1, 11, s BGH DAR **53** 238, Bay DAR **68** 83, VM **66** 36. II Nr 1 S 6 begründet keine selbständige Sorgfaltspflicht über § 1 hinaus, KG DAR **74** 190. **Nicht leuchtende Bedarfsampeln** (Druckknopf) für den kreuzungs- und einmündungsfreien DurchgangsV verpflichten für sich allein nicht zur Geschwindigkeitsreduzierung, Dü NZV **02** 90. Wer als Kf in eine Kreuzung einfährt, während die Regelung durch PolB soeben durch Wiederinbetriebnahme der Ampeln ersetzt wird, muß mit in der Kreuzung verbliebenen Fzen des QuerV rechnen, und er darf die Kreuzung auch nur mit besonderer Vorsicht wieder verlassen, KG VRS **59** 331. Fußgänger s Rz 58. § 11 (besondere VLagen) ist zu beachten.

45 **2 a. Grün bedeutet:** der Verkehr ist in der geregelten Richtung freigegeben (Nr 1). Auch nach dem Vorbeifahren am LichtZ darf nur in der freigegebenen Richtung weitergefahren werden, Ha VRS **54** 71. Die Rechtslage ist wie beim FreifahrtZ des § 36. Der Verkehr darf weiterfahren, uU auch abbiegen, jedoch in eigener Verantwortung unter Beachtung der Lage, BGH VR **75** 858 (Fußgänger), Dü VM **76** 38, Ol NJW **66** 1236, und mit angepaßter Geschwindigkeit, Sa VRS **44** 456, Kö VRS **45** 358. Bei links und rechts **versetzt aufgestellten Ampelmasten** erlaubt Grün des ersten nicht Durchfahren bei Rot des zweiten, Ha VRS **53** 474. Eine **unübersichtliche Kreuzung** (Nachzügler) darf auch bei Grün nur vorsichtig mit Anhaltebereitschaft durchfahren werden, Kö NZV **97** 269, Ol DAR **96** 404, KG DAR **78** 339, Dü VR **78** 1173, VRS **71** 261, Zw VR **81** 581. Im übrigen darf mangels besonderer Umstände vor Grün weder wesentlich verlangsamt noch angehalten werden, sonst **Behinderung Nachfolgender,** Dü DAR **92** 109, KG VRS **47** 316, s Dü VRS **65** 62. Solange die Ampel Grün zeigt, muß der Kf seine Geschwindigkeit nicht schon auf Anhalten vor Gelb einstellen, Kar VM **75** 61, auch nicht bei Handschaltung, KG VM **75** 57. Steht die Ampel ungewöhnlich weit vor der durch die Fluchtlinien gebildeten Kreuzung (gefährdende Anlage?), so muß der bei Grün noch Durchfahrende bei Anfahren des Querverkehrs, den er beachten muß, vor der Kreuzung warten; er darf die Kreuzung nicht vor diesem durchfahren, Kö NZV **97** 269, Ha VRS **49** 455. Eine **Pflicht zum Weiterfahren** bei Grün ergibt sich lediglich aus den §§ 1, 3 II, Dü VM **76** 39. Daher darf bei Grün nicht in eine Kreuzung usw einfahren, wer sieht, daß er sie nicht wieder rechtzeitig wird verlassen können (§ 11), Ol DAR **96** 404, Stu VRS **38** 378. Nach dem **Anfahren** bei Grün ist alsbald auf ausreichenden Abstand zum Vorausfahrenden zu achten, KG VR **79** 234, VRS **56** 241. Grün entbindet nicht von der Sorgfaltspflicht, BGH NZV **92** 108, VR **76** 858, Kö NZV **97** 269, Mü VR **76** 268 (s Abs II S 6). Der bei Grün Anfahrende darf nicht auf freie Kreuzung vertrauen, KG VRS **106** 165, Mü VR **75** 268. Er muß **Nachzüglern** das Verlassen ermöglichen und auf sie Rücksicht nehmen, BGHZ **56** 146 = NJW **71** 1407, **77** 1394, KG VRS **106** 165, NZV **03** 43, Dü VR **87** 468, VRS **71** 261, Kö VRS **72** 212, Zw VR **81** 581, aM *Booß* VM **93** 35 (kein Nachzüglervorrang), auch solchen in Mitteldurchbrüchen, BGHZ **56** 146 = NJW **71** 1407, **77** 1394, Kö NZV **97**

Wechsellichtzeichen, Dauerlichtzeichen und Grünpfeil **§ 37 StVO 2**

269, KG VRS **48** 462, nicht auch solchen, die zwar die LZA passiert haben, sich aber noch nicht im eigentlichen Kreuzungsbereich befinden, Dü NZV **97** 481, Ko NJWE-VHR **98** 156 (unter Aufgabe der früheren, abw Ansicht in VRS **68** 419), Kö VRS **72** 212, s auch Rz 45 a. Bei Mißachtung des Nachzüglervorrangs idR überwiegende Verursachung, s Rz 64. Kein „Nachzügler" mit Vorrang ist der in der Kreuzung Wendende, KG VM **85** 44. Im übrigen darf aber der bei Grün Anfahrende darauf vertrauen, daß der **Querverkehr** Rot hat und stillsteht, BGH NZV **92** 108, Kö NZV **96** 237, KG VM **81** 47, Dü VR **76** 1180, Kar VRS **50** 196. Je weiter der Farbwechsel auf Grün zurückliegt, umso mehr darf der bei Grün An- oder Durchfahrende idR auf freie Kreuzung ohne weitere Linksabbieger aus dem QuerV der vorhergehenden Phase vertrauen, Kö VRS **88** 25, Br VM **76** 93. Wer Grün hat, muß nicht mit noch seitlich in die Kreuzung Einfahrenden rechnen, BGHZ **56** 150 = NJW **71** 1407, **77** 1394, NZV **92** 108, und nicht mit Fußgängern, die entgegen Rot unvermittelt vor ein Fz treten, Hb VR **81** 558, Kar VRS **51** 434. Kann er übersehen, daß Nachzügler nicht behindert werden, darf er unmittelbar nach dem Umschalten auf Grün mit **fliegendem Start,** KG DAR **03** 515, in die Kreuzung einfahren, KG VM **85** 44. Kein Einfahren jedoch in eine unübersichtliche Ampelkreuzung mit fliegendem Start, BGH VM **68** 58, Dü VRS **71** 261, sonst Mitschuld, Bay VRS **34,** 42, Stu VRS **33** 376, Kö NZV **97** 269 (Mithaftung zu $^2/_3$), VRS **54** 101, auch wenn der von rechts Kommende bei Gelb nicht angehalten hat, Stu VM **67** 78, s KG VRS **39** 266, Schl VR **76** 674. Wer bei Grün „fliegend" in die Kreuzung einfährt, kann sich nicht auf den Vertrauensgrundsatz berufen, BGH NJW **61** 1576, Bay VRS **20** 153, KG DAR **03** 515, Zw VR **81** 581, Schl VR **75** 674, Kö VRS **54** 101. Zwar muß er nicht mit verbotswidrigem Querverkehr rechnen, BGHZ **56** 150, Kar VRS **51** 434, Hb VM **65** 51, Mü DAR **68** 268, aber mit Nachzüglern, KG DAR **03** 515, Ha NZV **03** 573 (80 % Mithaftung bei überhöhter Geschwindigkeit), Dü VRS **71** 261, Kar VR **76** 96, auch solchen, die unberechtigt in die Kreuzung gelangt sind, Zw VR **81** 581, Schl VR **75** 674.

45 a Wer bei Grün Haltelinie und LZA passiert hat, muß dennoch vor dem durch die Flucht- oder Fahrlinien gebildeten Kreuzungsraum anhalten, wenn er die Fahrt infolge **stockenden Verkehrs** nicht zügig fortsetzen kann und bei beginnendem QuerV damit rechnen muß, daß die LZA für seine Fahrtrichtung inzwischen auf Rotlicht umgeschaltet hat, Hb DAR **01** 217 (abl *Burghart*), NZV **94** 330, Dü NZV **97** 481, Ko NZV **98** 465 (unter Aufgabe von VRS **68** 419), Ha VRS **57** 451, Kö VRS **72** 212. Wer im Kreuzungsbereich aufgehalten worden ist, hat ihn bei Farbwechsel vorsichtig, Stu VRS **27** 464, Dü VR **87** 468, unter sorgfältiger Beachtung des einsetzenden Gegen- oder Querverkehrs (§ 11) mit Vorrang (s Rz 45) zu verlassen, BGH NJW **77** 1394, Dü VR **78** 1173, VRS **71** 261, Kö VRS **54** 101, **72** 212, KG VM **81** 75, **93** 21, Ha NZV **93** 405, anders, wenn er den eigentlichen Kreuzungsbereich noch nicht erreicht hat (s oben). Je länger er im Kreuzungsbereich aufgehalten wird, umso mehr muß er mit Phasenwechsel und anfahrendem QuerV rechnen, KG DAR **03** 515. Zögern im Kreuzungsbereich kann zur Mithaftung (uU auch Alleinhaftung) des Nachzüglers führen, s Rz 64. Bevorrechtigter Nachzügler in diesem Sinne ist auch, wer in der voraufgegangenen Grünphase als entgegenkommender Linksabbieger in der Kreuzung aufgehalten worden ist, KG VM **83** 84. Stehenbleiben von vorausfahrenden Fzen trotz Grün bewirkt unklare Lage und verpflichtet zu besonderer Sorgfalt, Ha VRS **47** 107. Wer in einer weiträumigen Kreuzung trotz Grün aufgehalten wird, muß damit rechnen, daß Fußgänger, sobald sie Grün erhalten, die Fahrbahn alsbald betreten werden, Kar VRS **48** 386. Wer in eine weiträumige Kreuzung bei Grün zu langsam einfährt, muß damit rechnen, daß der jenseits kreuzende Überweg inzwischen Grün erhält und sich auf Anhalten einrichten, jedoch müssen die Fußgänger ihm das Verlassen der Kreuzung ermöglichen, Dü VM **66** 54, KG VRS **32** 218, Ol NJW **66** 1236, Ce VR **67** 289.

45 b Wer bei Grün an eine **Fußgängerfurt** heranfährt, aber aufgehalten wird, muß bei Rot vor der Markierung warten, befindet er sich bereits auf dieser, darf er mit aller Vorsicht weiterfahren, Ha VRS **57** 451. Grün an Kreuzung befreit nicht von der Sorgfalt beim Befahren eines vorher liegenden markierten Fußgängerüberwegs, Bay VM **75** 91 (gefährdende Anlage?). Wer an einer Kreuzung bei Grün anfährt, muß auf Fußgänger achten, die die Fahrbahn noch überschreiten (§ 37 II Nr 5), Kö MDR **59** 488, doch

2 StVO § 37 II. Zeichen und Verkehrseinrichtungen

muß er ohne Anzeichen nicht damit rechnen, daß jemand bei Rot noch auf die Fahrbahn (Gleise) tritt, Fra VR **76** 1135, Ha VRS **34** 114, **68** 321 (auch nicht, wenn sich in einer wartenden Fußgängergruppe 12- bis 14jährige Kinder befinden). Wer sich bei Grün einer Fußgängerfurt nähert, muß seine Geschwindigkeit nicht im Hinblick auf Fußgänger herabsetzen, die die Fahrbahn bei Rot überqueren und vorher nicht zu sehen waren, Hb VR **81** 558. Wer beim Wechsel auf Grün durchfährt, muß jedoch auf etwa noch überquerende Fußgänger besonders achten, Sa VM **80** 28. Verhalten an Fußgängerfurten mit LZA, s auch § 25 Rz 35, 44. Ist ein Ampelübergang zugleich als Fußgängerüberweg (Z 293) ausgebildet, so darf ein Kf hier bei Grün nicht darauf vertrauen, daß sich keine Fußgänger, achtlose oder verzögerte, auf der Fahrbahn befinden, KG VM **77** 39, *Booß* VM **77** 39. Der bei Grün in die Kreuzung Einfahrende darf zunächst auf eine mögliche naheliegende Gefahr achten (Fußgänger), erst danach auch auf das Verhalten der bei Rot Wartepflichtigen, Kar VRS **50** 196, VR **78** 968. Bei Grün muß der **Linksabbieger** entgegenkommenden Geradeausverkehr durchfahren lassen, s § 9 Rz 40, mit Durchfahren bei Rot muß er bei diesem noch rechnen, s § 9 Rz 40. Wer mit fliegendem Start bei Grün an noch stehenden Fzen in den Einmündungsbereich einfährt, muß nicht mit noch entgegenkommenden Linksabbiegern rechnen, KG VM **82** 66.

46 Beim Zusammentreffen von Fzen mit **Grün aus verschiedenen Richtungen,** vor allem beim Weiterfahren in derselben Richtung gilt § 1 (Verständigungspflicht), nicht § 8 I (wegen § 37 I), s aber Dü VR **76** 1180. **Fußgängerüberwege** gelten bei Ampelregelung als nicht vorhanden (Abs I), Kfze brauchen also bei Grün nicht verlangsamt (§ 26 I S 2) heranzufahren, Bay NJW **67** 406, s aber Rz 58.

47 **2 b. Der grüne Pfeil** (Abs II Nr 1 S 3, 12) erlaubt Weiterfahrt nur in der angezeigten Richtung und untersagt sie in anderen Richtungen, BGH NZV **98** 119, Br VRS **37** 305, Ha VRS **54** 72, NZV **98** 255. Befindet sich der Grünpfeil 30 m von der Kreuzung entfernt, so hat er diese die Fahrtrichtung einschränkende Wirkung nicht, weil das Merkmal „An Kreuzungen" iS von Abs II Nr 1 S 1 und 3 nicht gegeben ist; es handelt sich dann um eine LZA „an anderen Straßenteilen" iS von Abs II Nr 2, Bay NJW **83** 2891. Gibt ein Farbpfeil das Linksabbiegen frei, so muß der entgegenkommende Geradeausverkehr solange gesperrt sein (sonst Amtspflichtverletzung), BGH NJW **72** 1806, NZV **92** 108, Ol VM **66** 27, Ha NZV **90** 189 (s Vwv Rn 18), darauf darf der Linksabbieger vertrauen, BGH NZV **92** 108, Bay VRS **58** 149, KG DAR **75** 51, **93** 67, NZV **91** 271, VRS **89** 280, Kar DAR **74** 223, Schl VR **84** 1098, Ha NZV **90** 189, einschränkend KG NZV **94** 31, auch auf gesperrten QuerV, Bay VRS **58** 147, er darf aber nicht blindlings abbiegen, sondern nur unter Beobachtung der im V allgemein erforderlichen Sorgfalt, BGH NZV **92** 108, VM **79** 9, s Abs II Nr 1 S 6; erkennt er jedoch weder Nachzügler noch eine drohende Rotdurchfahrt, so darf er im Vertrauen auf freie Kreuzung abbiegen, KG VRS **59** 365, Dü NZV **95** 311, auch bei durch Kfze verstellter Sicht auf den GegenV, BGH NZV **92** 108. Bei Grünpfeil darf in dieser Richtung mit zulässiger Geschwindigkeit gefahren werden, ohne Rücksicht auf etwaigen Farbwechsel, Ha VRS **41** 75. Eine andere Bedeutung als der grüne Pfeil als LichtZ hat das grüne Pfeilschild gem Abs II Nr 1 S 8 bis 10, s dazu Rz 53f. Haftungsfragen, s § 9 Rz 55.

48 **2 c. Gelb** ordnet an, an der Haltlinie (Kö VM **77** 6, NJW **77** 819) das nächste FarbZ abzuwarten (Nr 1), entweder Rot (Halt), oder Grün (Verkehr freigegeben). Steht Rot bevor, so muß der Kf anhalten, der dies noch mit normaler Betriebsbremsung (3,5 bis 4 m/s^2) tun kann, Bay VRS **70** 384, Ha NZV **03** 574, VRS **85** 466, KG VRS **67** 63, Br VRS **79** 38, Kö NJW **77** 819, und zwar an der Haltlinie, andernfalls vor der Ampel, auch wenn eine „Räumampel" im Kreuzungsbereich für Linksabbieger noch Grün zeigt, Ha VRS **51** 147, spätestens vor dem eigentlichen Kreuzungsbereich, Kö VM **77** 6, NJW **77** 819, Stu NJW **61** 2361, Kar DAR **75** 220, Ha VR **75** 757, Bay DAR **74** 174, Zw VRS **48** 460. Auch bei erheblich zurückliegender Ampel und Haltlinie (Z 294) ist bei Gelb, wenn gefahrlos möglich, spätestens vor dem Kreuzungsbereich anzuhalten, Ce VRS **55** 70, weil Durchfahren in solchen Fällen wegen der größeren Entfernung zwischen Ampel und Kreuzungsbereich erhöhte Gefahr für den Querverkehr brächte. Dabei darf ein Kf mit ausreichender Gelbphase nach Maßgabe der Richtlinien für Lichtsignalanlagen rechnen, Ce DAR **77** 220, *Menken* NJW **77** 794, aM Kö NJW **77** 819,

Wechsellichtzeichen, Dauerlichtzeichen und Grünpfeil **§ 37 StVO 2**

weil sich sein Anhalteweg sonst überraschend verkürzt (s Rz 48a). Die Richtlinien (s VBl **92** 356, **94** 602) sehen bei zulässiger Fahrgeschwindigkeit von „50, 60, 70" eine Gelbphase von 3, 4 bzw 5 s nach Grün bei zumutbarer mittlerer Bremsverzögerung (bei „70" 3 m/s^2, sonst 3,5 m/s^2) vor, deren schalttechnische Beachtung der Kf unterstellen darf (s auch Vwv Rn 17) und auf die er sich einzustellen hat, Br VRS **79** 38. Hiernach betragen die Anhaltewege bei zusätzlich 1 s Reaktions-, Bremsenansprech- und Schwellzeit 42 bzw 56 bzw 83 m. Soweit diese Anhaltewege bis spätestens zum Kreuzungsbereich ausreichen, muß und darf der Kf bremsen und dann anhalten, ohne vorher auf ausreichenden Abstand nach hinten zu achten, für den der Nachfolger verantwortlich ist, BGH NZV **92** 157, KG VRS **40** 264, VM **83** 13, Fra DAR **72** 83, Bay VRS **60** 381, Ha DAR **63** 309, Kö VRS **56** 118, Dü NZV **92** 201, Kar VM **96** 8, nach Meinung von Zw VRS **48** 460 sogar bei dessen Gefährdung, s dazu auch § 4 Rz 11. Das gilt selbst dann, wenn er die Gelbphase übersehen hat und bei Rot noch vor Erreichen der Kreuzung ist, Bay VRS **60** 381, anders aber bei an sich zulässiger Normalbremsung bei Gelb in der verkehrsfeindlichen Absicht, den erkennbar zum Durchfahren entschlossenen Nachfolgenden auffahren zu lassen, BGH NZV **92** 157. Notstand durch dicht aufgeschlossenen Nachfolgenden, s Rz 61. Eine 3-sec-Gelbphase reicht bei zulässiger Höchstgeschwindigkeit von 50 km/h jedenfalls zum gefahrlosen Anhalten vor der Haltlinie aus, Br VRS **79** 38. Zum Verhältnis der Fahrgeschwindigkeit zur verkürzten Gelbphase, Ha VRS **57** 146.

Reicht der Bremsweg bei mittlerem Bremsen bis zum Kreuzungsbereich 48a **nicht aus,** wäre dazu vielmehr starkes oder sogar Gewaltbremsen mit Blockierspur nötig, also gefährdendes Bremsen, so darf der Kf zügig und vorsichtig unter Beachtung des Querverkehrs durchfahren, BGH NZV **92** 157, Ha NZV **03** 574, **01** 520, KG NZV **92** 251, VM **92** 82, Br VRS **79** 38. UU kann er dann sogar zur Weiterfahrt zwecks Vermeidung von Unfällen verpflichtet sein, KG VM **89** 37. Keine Anhaltepflicht bei „50" und nur 20 m vor Gelb, Ko VRS **55** 147. Wer mit „40" erst 10 m vor der Ampel Gelb erhält, darf durchfahren und kann außerdem nicht bei Rot durchgefahren sein, s Kö VRS **55** 295. Bei „50" darf mit 3 s Gelbphase gerechnet werden, Ce DAR **77** 220, Kö VRS **33** 456, KG VRS **67** 63; bei erlaubten „70" und 65 m Annäherung will Kö NJW **77** 819 eine Gelbphase von 3,26 s noch ausreichen lassen (str), s *Grosser* Verkehrsunfall **85** 7. Nur 2 s Gelb erlauben idR bei großer Annäherung mit 50 km/h kein Anhalten vor Rot mehr, Kö VRS **52** 148, ein Rotverstoß wird dann idR nicht vorwerfbar sein, *Menken* NJW **77** 794. *Menken,* Probleme der kurzen Gelbphasen, NJW **77** 794, DAR **75** 262, **76** 235.

Für Verkehrsteilnehmer in der Kreuzung kann Gelb keine Bedeutung haben, 49 weil er es nicht sehen kann. S Begr zur ÄndVO vom 21. 7. 80, VBl **80** 518. Wer die Kreuzung als Linksabbieger verläßt, hat etwaigen Querverkehr von rechts mit fliegendem Start zu beachten (kein Vertrauensgrundsatz), aber uU zu knapp eingestellte Ampel als Milderungsgrund, BGH VRS **34** 358. VT, die inzwischen Grün haben, müssen denen, die die Kreuzung verlassen müssen, Vorrang lassen (Rz 45).

2 d. Rot ordnet an: Halt vor der Kreuzung (Nr 1), und zwar ohne Rücksicht dar- 50 auf, ob mit erlaubtem QuerV zu rechnen ist, Ce NRpfl **96** 129. Wer sich einer LZA nähert, darf nicht so dicht hinter einem Fz herfahren, daß ihm die Sicht auf die LZA genommen wird und er den Phasenwechsel auf Rot nicht sehen kann, Kö VRS **61** 152. Halten hinter der Haltlinie, s Rz 61. Die Straba muß ihre Fahrgeschwindigkeit so einrichten, daß sie vor Rot rechtzeitig anhalten kann, Dü VRS **57** 144, Dü NZV **94** 408, desgleichen Führer anderer Fze mit längerem Bremsweg (Ladung, Fahrgäste usw), Dü VRS **65** 62. Zu dem **durch die LZA geschützten Bereich** der LZA gehört nicht nur die eigentliche Fahrbahn, sondern auch parallel verlaufende Randstreifen oder Parkstreifen, Bay NZV **94** 80, Kö VRS **67** 232, Kar NZV **89** 158, Dü NZV **98** 41, sowie Gehwege, wenn der FzF nach Umfahren der LZA auf die Fahrbahn zurückkehrt, Kö VRS **61** 291, Ha VRS **65** 158, **103** 135, Dü NZV **93** 243, **98** 41, VRS **63** 75 (auch nach Abbiegen), **68** 377 (Ausweichen über Radweg), Fra VM **87** 14, Kar NZV **89** 158, aM Dü DAR **94** 247 (nur die Fahrbahn). Geschützt ist bei Kreuzungen jedenfalls der innerhalb der Haltelinien liegende Verkehrsraum, Fra VM **87** 14, Dü NZV **98** 41. Bei beson-

2 StVO § 37   II. Zeichen und Verkehrseinrichtungen

deren LZA für Radwege umfaßt umgekehrt der geschützte Bereich auch die Fahrbahn (kein Umfahren durch Ausweichen auf die Fahrbahn), Ce VRS **67** 294. Das wichtige Gebot des II Nr 1 S 7 setzt verkehrsgerechte Verwendung des WechsellichtZ und sinnvolle Phasen voraus, wenn es den Verkehr nicht unzumutbar stören soll (**E** 55, 56). Schützt die LZA Kreuzung und davor befindliche Fußgängerfurt, so verstößt gegen Abs II Nr 1 und Nr 2, wer zwar vor der Kreuzung, aber nach Einfahren in den Bereich der Fußgängerfurt hält, weil auch diese zu dem durch die LZA geschützten VRaum gehört, Bay VRS **67** 150, Ce NRpfl **96** 129, anders nach Ce ZfS **97** 325, solange andere Fahrstreifen derselben Fahrbahn noch Grün haben und die Fußgängerfurt daher durch Rot gesperrt ist (zw), abw AG Celle VM **00** 23. Wer beim Aufleuchten von Rot die Haltlinie bereits überfahren hat, muß, soweit noch gefahrlos möglich, dennoch vor dem Kreuzungsbereich anhalten, Ha VRS **48** 68, Kö VRS **60** 63, NZV **98** 297, Ce VM **83** 12. Regelt die LZA den V an einer Engstelle, so soll der FzF mangels Haltelinie bei Rot an der Ampel vorbei fahren und vor Erreichen der Engstelle abbiegen dürfen, wenn der GegenV dadurch nicht behindert wird, Bay DAR **82** 245 (bei *Rüth* mit berechtigter Kritik). Einzelne Geradeausfahrende dürfen bei Rot auch **auf Strabaschienen halten**, KG VM **59** 44, Abbieger nicht, weil sie bei Grün erst den Gegenverkehr durchfahren lassen müssen und die Straba behindern würden (§ 9 I). Auf den Schutz durch Rot darf sich der **Querverkehr** idR verlassen, Kö NJW **67** 785, auch Fußgänger, KG DAR **76** 159, aM bei weiträumiger Kreuzung KG VRS **32** 218. **Dauerrot bei Ampeldefekt** enthält kein absolutes Weiterfahrverbot, jedoch ist äußerste Vorsicht und Rücksichtnahme auf den Querverkehr geboten, Kö VRS **59** 454, Ha NStZ **99** 518 (Irrtum über Funktionsfähigkeit ist Tatbestandsirrtum). Nach Ha NStZ **99** 518 (zust *Schulte* DAR **99** 515) darf aber ein Funktionsfehler erst nach „erheblich" längerem Zeitraum als 3 Minuten Rotlichtdauer angenommen werden. Bei derart ungewöhnlich langer Rotphase sollte ein Hinweis für Ortsunkundige durch Zusatzschild erfolgen (VSicherungspflicht). Pflicht zum Verzicht des Bevorrechtigten bei Ampelversagen, s § 11 Rz 6. Weist ein PolB bei gestörtem Rotlicht (Dauerlicht) zum Überqueren der Kreuzung an, ist besondere Vorsicht geboten (Querverkehr), Kö VR **66** 1060. Ein **Schild vor einer Ampel** „Bei Rot bitte hier halten" ist kein GebotsZ, Ha VRS **49** 220. Auch wenn die entsprechende Aufforderung durch das Zusatzschild Nr 1012–35 (also durch Verkehrszeichen, s § 39 II 2) erfolgt, ist Nichtbeachtung nicht als solche bußgeldbewehrt, LG Berlin ZfS **01** 8 (uU aber § 1 II oder § 41 III Nr 2 mit Z 294 „Haltlinie", falls diese in bezug auf ihre Entfernung von dem durch die LZA geschützten Bereich diesem zugeordnet werden kann), LG Berlin NZV **00** 472, *Hentschel* NJW **92** 2064, *Kullik* PVT **94** 33, **98** 53, *Huppertz* PVT **96** 79. **Vor Überwegen** bedeutet Rot: Halt vor dem Überweg bzw vor der dazugehörigen Haltlinie, Stu VRS **52** 216, Dü VRS **78** 140. Befindet sich eine weitere Haltlinie an einer vor dem Übergang befindlichen Einmündung oder Kreuzung, so ist an dieser zu halten, Ha NZV **92** 409, soweit sie zweifelsfrei der LZA zuzuordnen ist, s *Kullik* PVT **94** 36. Rechtsabbiegen trotz Rotlichts bei **grünem Pfeilschild**, s Rz 66 f.

51   **2 e. Rote Pfeile oder schwarze Pfeile auf Rot** ordnen Halt für die angegebene Richtung an (Nr 1), Zw NZV **97** 324, Ha VRS **54** 71, Kö VRS **38** 151, Dü VM **68** 14. Rote Pfeile statt schwarzer Pfeile auf Rot sind nur noch bis zum 31. 12. 2005 gültig, s § 53 XII. Verwendung: Vwv Rn 20. Wer mit Grün für den GeradeausV in die Kreuzung einfährt und sie dort den Fahrstreifen wechselt, um in die durch Rotlicht gesperrte Richtung abzubiegen, verstößt – wenn es sich nicht um eine LZA nach II Nr 4 handelt (dazu: Rz 55) – gegen Abs II Nr 1 S 11, KG VRS **73** 75; entsprechendes gilt für den umgekehrten Fall, Zw NZV **97** 324. Wer trotz des Rotlichts in die gesperrte Richtung abbiegt, um dann jedoch nach Umfahren einer VInsel wieder in die Geradeausspur einzubiegen, handelt ow, Kö VRS **56** 472. Wer auf einer durch Z 297 gekennzeichneten Abbiegerspur bei Rot für den abbiegenden V (Pfeil) geradeaus weiterfährt, verstößt nicht gegen § 37, sondern gegen § 41 III Nr 5, es sei denn, es handelt sich um eine LZA nach II Nr 4, BGH NZV **98** 119 (120), Bay DAR **81** 241 (bei *Rüth*), s dazu *Hentschel* NJW **89** 1842.

52   **2 f. Gelbe Pfeile oder schwarze Pfeile auf Gelb** ordnen für die angegebene Richtung Warten an (Nr 1). Gelbe Pfeile statt schwarzer Pfeile auf Gelb sind nur noch

Wechsellichtzeichen, Dauerlichtzeichen und Grünpfeil § 37 StVO **2**

bis zum 31. 12. 2005 gültig, s § 53 XII. Verwendung: Vwv. Gelb blinkende, schräg abwärts gerichtete Pfeile ordnen den rechtzeitigen Wechsel von künftig gesperrten Fahrstreifen auf weiterführende an, zB wenn über Umkehrstreifen rote gekreuzte Schrägbalken folgen (§ 37 III) oder vor sonstigen Dauerverengungen, zB Tunneleinfahrten. Schwarze Pfeile auf Grün sind unzulässig (Vwv Rn 18).

2 g. Ein **Grünpfeil als nicht leuchtendes Pfeilschild** erlaubt das Rechtsabbiegen 53
trotz Rotlicht zeigender LZA nach Maßgabe von Abs II Nr 1 S 8 bis 10. Bei LZA vor KreisV erlaubt es aber nicht das Einbiegen in den Kreis mit anschließender Weiterfahrt im Kreis, sondern nur sofortiges Ausfahren bei der ersten Möglichkeit, KG NZV **94** 159, **02** 159. Das grüne Pfeilschild ist weder Wechsel- noch DauerlichtZ iS von § 37, s *Lewin* PVT **91** 117; insbesondere ist es in seiner rechtlichen Bedeutung nicht identisch mit dem LichtZ „grüner Pfeil" iS von Abs II S 5. Gestaltungsmerkmale, s BMV VBl **94** 294. Bei grünem Pfeilschild ist das Rechtsabbiegen trotz Rotlichts nur erlaubt, wenn der FzF zuvor angehalten hat. Hierdurch soll ein zusätzlicher Sicherheitsgewinn erreicht werden, weil der FzF durch das Anhalten in stärkerem Maße die freigegebenen VRichtungen beobachten kann als beim Abbiegen ohne Fahrtunterbrechung. Für das Anhalten gelten ähnliche Maßstäbe wie für das Halten beim Stopschild (Z 206). Zu halten ist dort, wo der Schutz der durch die LichtZ-Regelung bevorrechtigten VT (Fußgänger, Radf, QuerV) gewährleistet ist, also zB vor einer Fußgängerfurt, VG Berlin NZV **97** 327, bei Kreuzungen und Einmündungen ohne querende Radweg- oder Fußgängerfurt dort, wo der V der freigegebenen Richtungen zu übersehen ist. Ist dies nicht schon an der Haltlinie der Fall, so wird diese überfahren werden dürfen, weil dann ein Halten an der Haltlinie entsprechend § 41 III Nr 2 (mit Z 294) seinen Zweck verfehlen würde, s KG NZV **97** 199. Das Abbiegen mit Grünpfeil bei Rotlicht zeigender LZA ist nur auf dem äußersten rechten Fahrstreifen erlaubt. Der FzF hat sich dabei so zu verhalten, daß eine Behinderung oder Gefährdung anderer VT, insbesondere des Fußgänger- und FzV der freigegebenen VRichtung, ausgeschlossen ist. Gefordert ist eine über die allgemeine Sorgfaltspflicht des § 1 StVO hinausgehende äußerste Sorgfalt (s **E** 150). Dies erfordert vom Abbiegenden äußerste Umsicht, insbesondere Umblick und zuverlässige Beobachtungsmöglichkeit hinsichtlich der durch die LZA freigegebenen Richtung und der Fußgänger.

Die Grünpfeilregelung des Abs II Nr 1 S 8 bis 10 übernimmt den wesentlichen Inhalt 53 a
der früheren GrünpfeilVO in die StVO, wobei sie jedoch im Verhältnis zur früheren Regelung strengere Anforderungen an den Abbiegenden stellt. Die VRegel ist mit Recht auf Kritik gestoßen, s *Seidenstecher* NZV **91** 315, **92** 345, VD **93** 153, *Bouska* DAR **91** 164, **92** 282, vor allem im Hinblick auf Sicherheitsbedenken (abw *Vock* NZV **92** 173f unter Bezugnahme auf Dresdner Untersuchungen aus dem Jahre 1975, die kaum auf die Verhältnisse in den alten Bundesländern oder die inzwischen bestehende Dichte des KfzV in den neuen Ländern übertragbar sein dürften). Auch der VOGeber hat noch in der Begr zur 3. StVO-AusnahmeVO (VBl **91** 7) dezidiert eine dauerhafte Beibehaltung der Grünpfeilregelung aus Gründen der VSicherheit abgelehnt und betont, vordringliches Ziel müsse es bleiben, das Zusatzschild „schnell und überall zu entfernen". Entgegen der jetzt in der Begr ausdrücklich vertretenen Auffassung (s Rz 13) dürfte die Grünpfeilregelung im Widerspruch zum ÜbStrV v 8. 11. 68 stehen (ratifiziert durch G v 21. 9. 77, BGBl II 809, in Kraft getreten am 3. 8. 79, BGBl II 932), s *Seidenstecher* NZV **91** 215, **92** 345, VD **93** 158, NZV **94** 96, *Bouska* DAR **91** 164, **92** 283, aM *Albrecht* DAR **94** 90. Jedenfalls läuft die aus der StVO/DDR (§ 3 IV mit Bild 23) übernommene VRegel dem dringenden Gebot weitestgehender internationaler Harmonisierung der Verhaltensvorschriften im StrV zuwider.

Lit: *Albrecht*, Die bundesweite Einführung des Grünpfeils ..., DAR **94** 89. *Bouska*, Grünpfeil-VO, DAR **91** 282. *Hentschel*, Grünpfeil, NJW 1994, 637. *Lewin*, Rechtsbedeutung des Grünpfeils der DDR-StVO, PVT **91** 115. *Seidenstecher*, Rechtsabbiegen bei „Rot"?, NZV **91** 215, **92** 345. *Derselbe*, Der grüne Pfeil an LZA, VD **93** 153. *Derselbe*, Die Grünpfeil-Regelung in der StVO, NZV **94** 96. *Vock*, Rechtsabbiegen bei „Rot"?, NZV **92** 173.

2 h. Beschränkung auf die Farbfolge Gelb-Rot (Nr 3) ist bei Übergängen von 54
Eisen- und Straßenbahnen zulässig, um für die meiste Zeit Dauergrün zu vermeiden (Begr). Weitere Verwendungsmöglichkeiten: Vwv Rn 39. Hier erscheint Gelb nicht

nach Grün, sondern unvermittelt, das kann dafür sprechen, den Kf eine um die Überraschungszeit verlängerte Reaktionszeit beim Übergang auf Rot zuzubilligen, s *Bowitz* DAR **80** 15.

55   **3. Lichtzeichen für markierte Fahrstreifen** (Z 295, 296, 340) sind zulässig. Voraussetzung ist Fahrstreifenmarkierung wie vorgeschrieben. S auch Vwv Rn 26. Sind gleichgerichtete, markierte Fahrstreifen in dieser Weise mit eigenen LichtZ versehen, so hat jeder Kf das seines Fahrstreifens zu beachten, gleichgültig wie er später weiterfahren will, Bay NZV **01** 311, VRS **65** 301, Kö VRS **56** 472, ZfS **01** 318, *Rüth/Berr/Berz* Rz 47. Verbietet schon der iS von II S 2 Nr 4 einer Abbiegespur zugeordnete grüne Pfeil die Weiterfahrt in einer anderen als der angezeigten Richtung (Rz 47) und damit auch die Geradeausfahrt, so muß dies erst recht gelten, wenn der Abbiegestreifen durch schwarzen Pfeil auf Rot (oder roten Pfeil) gesperrt ist, BGH NZV **98** 119, aM Dü DAR **88** 100, Ha VM **97** 29 (krit *Thubauville*), s dazu *Hentschel* NJW **89** 1842. Benutzt der FzF bewußt zum Zweck der Umgehung einen Fahrstreifen, für den eine diesem zugeordnete LZA Grün zeigt, um im Einmündungs- oder Kreuzungsbereich, statt der vorgeschriebenen Richtung zu folgen, in den durch Rot gesperrten Fahrstreifen für eine andere Richtung zu wechseln, so liegt ein Rotlichtverstoß vor, wie auch sonst bei bewußtem Umfahren der LZA (s Rz 61), BGH NZV **98** 119 (120), Bay NZV **96** 120. Das soll nach BaySt **00** 90 = NZV **00** 422 (Anm *Herrmann* NZV **01** 386) selbst dann gelten, wenn der Entschluß, in die gesperrte Richtung zu fahren, erst im Kreuzungsbereich gefaßt wird. Wechselt ein FzF hinter der Haltlinie, aber noch vor Erreichen der Kreuzung vom durch Rot gesperrten in den freigegebenen Fahrstreifen, um dessen Fahrtrichtung zu folgen, so wird kein Verstoß gegen Abs II (Nr 4), sondern nur gegen § 41 III Nr 5 vorliegen, s Ce ZfS **94** 306. Solche LichtZ gelten auch dann nur für denjenigen Fahrstreifen, dem sie zugeordnet sind, wenn sie in Pfeilform die Richtung angeben, Bay NJW **83** 2891.

56   **4. Besondere Zeichen für Schienenbahnen und Linienomnibusse auf eigenen Fahrstreifen** sind nach Maßgabe von Nr 4 zulässig und durch § 6 I Nr 3 StVG gedeckt, KG VRS **47** 316, *Fromm* VM **72** 7, *Booß* VM **72** 7, *Schaaff* ZVS **70** 118, *Marschall* DAR **73** 283, aM *Harthun* DAR **71** 177, Dü DAR **71** 276. Die besonderen LichtZ sind in Anl 4 zur BOStrab aufgeführt, s Vwv Rn 41 (Rz 33). Zuwiderhandlung: Rz 61. *Twiehaus*, Busspuren aus verkehrstechnischer Sicht, DAR **73** 285. Mitbenutzung durch gekennzeichnete Taxis: Z 245. Für FzF, die den Sonderfahrstreifen unberechtigt benutzen, gelten nicht die besonderen LichtZ, sondern diejenigen für den allgemeinen FzV auf den übrigen Fahrstreifen, Bay VRS **67** 436, Hb VRS **100** 205; denn die besonderen LichtZ sind, anders als im Falle des Abs II Nr 4 S 1, nicht bestimmten Fahrstreifen, sondern nach Abs II Nr 4 S 2 bestimmten Fzen (Schienenbahn, Bus, Taxi) zugeordnet, aM Dü VRS **68** 70. Die besonderen Zeichen der Straba (LinsenZ, BOStrab) gehen im Kreuzungsbereich ebenso wie farbige WechsellichtZ vorrangregelnden VZ vor (Abs I), Hb VR **67** 814. Weißlicht für Busfahrstreifen ist zulässig; erlischt das Weißlicht, so muß der Busf, sofern ohne Gefahrbremsung möglich, anhalten, Dü VM **76** 48, soweit nicht eine für alle Fahrstreifen geltende Grünphase die Weiterfahrt erlaubt, LG Mainz NZV **95** 33.

57   **5. Nebeneinander** dürfen Kfze auch bei geringem Verkehr fahren, wo LichtZ inner- wie außerorts den Verkehr regeln (IV). Die Vorschrift sanktioniert die Übung, daß sich bei gleichgerichteten Fahrstreifen oder ausreichend breiter rechter Fahrbahn ein Fz bei Rot links oder rechts neben ein schon wartendes setzt und dann „gestaffelt" weiterfährt (Begr), Fra NJW **66** 2421, **67** 406. Sie gilt auch für Kräder. Fahrbahnmarkierung wird die Regel sein, ist aber nicht Voraussetzung. Soweit LichtZ für mehrstreifigen Verkehr gelten, nämlich vom Einflußbereich der ersten Ampel bis zur letzten, darf der Kf idR den Fahrstreifen frei wählen, also auch den linken Richtungsfahrstreifen benutzen, Dü VM **76** 96, BGHSt **26** 73 = NJW **75** 1330. Nach dem Ende der ampelgeregelten Strecke gilt wieder das Rechtsfahrgebot (§ 2), oder nach vorübergehendem Ausschalten aller Ampeln derselben Strecke, sofern vorher erkennbar. Bei ausgeschalteten Ampeln ist mangels der Voraussetzungen des § 7 rechts zu fahren (§ 2). IV enthält zwar keine ausdrückliche **Überholregelung**, läßt Rechtsüberholen im Flüssigkeitsinteresse aber auch

außerorts zu, Bay NJW **80** 1115, s BGHSt **25** 298 = VRS **47** 218 (zum Problem § 5 Rz 64). Das Z 276 (KfzÜberholverbot) schließt Nebeneinanderfahren mit Überholen aus, denn es geht der allgemeinen Regel des § 37 IV vor (§ 39 III), s § 5 Rz 36.

6. Fußgänger- und Radfahrer-Lichtzeichen zeigen entsprechende Sinnbilder 58 (Nr 5) (§ 25 Rz 44). Form dieser LichtZ: Vwv Rn 42, 43. Die besonderen LichtZ für **Radf** sind auch für Radf maßgebend, die statt des Radwegs die Fahrbahn neben dem Radweg benutzen, weil diese LichtZ nicht dem Sonderweg, sondern der FzArt zugeordnet sind, Abs II Nr 5 S 1, Kö VM **87** 53, Ce VRS **67** 294. Fehlen besondere LichtZ für Radfahrer und befindet sich *unmittelbar* neben einer Fußgängerfurt eine Radwegfurt, so gelten gem Abs II Nr 6 für dort fahrende Radf die LichtZ für Fußgänger. Voraussetzung ist deutliche Markierung der Radwegfurt auf der kreuzenden Fahrbahn (unterbrochene weiße Linie), anderenfalls keine „Radwegfurt" (krit dazu *Felke* DAR **88** 75). Bei gemeinsamem Geh- und Radweg sollten sich die Radf (erst recht) entsprechend verhalten, fahren sie bei Grün für den FahrV und Rot für Fußgänger in solchem Falle weiter, dürfte jedoch Ahndung als OW gegen das Analogieverbot verstoßen (zw). **FußgängerLichtZ** haben nur die Farbfolge Grün-Rot-Grün. Rot bedeutet hier: Halt vor dem Überweg, Stu VRS **52** 216. Daher haben Fußgänger, die bei Grün mit dem Überqueren der Fahrbahn begonnen haben, mit Vorsicht zügig weiterzugehen, BGH NZV **91** 144, KG VM **77** 39. Darauf hat der Fahrverkehr Rücksicht zu nehmen (§ 25). Wird ein überquerender Fußgänger von Rot überrascht und kann er die Fahrbahn auch bei angemessener Eile nicht mehr ganz überschreiten, so muß er auf einer Mittelinsel verharren, Sa VM **80** 28, s aber Ol NJW **66** 1236, 2026 (krit *Ganschezian-Finck*). Gehbehinderte werden breite Fahrbahnen ohne Mittelinseln zweckmäßigerweise nur zu Beginn der Grünphase betreten (Begr). Doch ist spätes Betreten kein Verstoß. Der Verkehr schuldet Alten und Gebrechlichen jede Rücksicht, s § 3 II a StVO. Verhalten des FzV, s Rz 45 b, 50. Überqueren der Fahrbahn im allgemeinen: §§ 25 (Fußgänger), 26 (Fußgängerüberwege). Ampelfurten (rechtlich zu unterscheiden von den Fußgängerüberwegen, § 26) schützen nur die Fußgänger, nicht auch kreuzende wartepflichtige Kfze, Kar VRS **100** 460, KG VR **77** 377. Im Bereich einer Fußgängerampel, die nur nach Druckknopfbetätigung Grün zeigt, sonst dagegen ständig auf Rot geschaltet ist, gilt Abs II Nr 1 in Verbindung mit Nr 2 uneingeschränkt; daraus folgt, daß an diesen Stellen die Fahrbahn nur nach Betätigen der Anlage überquert werden darf. Anders bei LZA, die ohne Druckknopf-Betätigung kein Rotlicht zeigen, sondern dunkel sind. Bei **Ampelausfall** an *Fußgängerfurten* gilt § 25 III, Ol VRS **69** 252 (Vorrang des fließenden Verkehrs), s § 25 Rz 33, 39, an *Fußgängerüberwegen* (Z 293) wieder Z 293 und § 26, s Kö DAR **75** 17 (besondere Vorsicht).

7. Dauerlichtzeichen über markierten Fahrstreifen sperren Fahrstreifen oder 59 lassen den Verkehr in der freigegebenen Richtung zu (III). Sie gehen Vorrangregeln, vorrangregelnden VZ und Fahrbahnmarkierungen vor, KG VRS **57** 402. Anwendung ist vorgesehen bei sogenannten Umkehrstreifen (wechselweise Freigabe für die eine oder andere Richtung) auf Straßen, auf denen zu bestimmten Zeiten einseitiger Richtungsverkehr stark überwiegt (Stoßverkehr), außerdem bei vollständiger Sperrung einzelner Fahrstreifen zwecks Wartung (Tunnels) oder bei Unfällen (Begr) und schließlich als unterstützende Maßnahme bei Anordnung des Befahrens des Seitenstreifens durch Z 223.1 (s Vwv Rn 48). Dient das DauerlichtZ der Sperrung eines Fahrstreifens in beiden Richtungen, s Dü VRS **63** 70, können Zusatzschilder eine bestimmte VArt, zB öffentliche VMittel, ausnehmen, Bay VRS **54** 73. **Rote Schrägbalken** ordnen hier an: die Spur darf nicht benutzt, davor darf gehalten werden. Ein **grüner, nach unten gerichteter Pfeil** ordnet an: diese Spur ist freigegeben und eigenverantwortlich, wenn auch im Vertrauen auf die Freigabe, zu benutzen. Solche DauerlichtZ sind nur über markierten Fahrstreifen (Z 295, 296, 340) zulässig (Vwv Rn 48). Anbringungsweise: Vwv Rn 49, 51. Farb- und Symbolwechsel findet bei wechselweiser Freigabe nur bei Umstellung eines Fahrstreifens statt. Vor der Umstellung sind ausreichend lange nach beiden Richtungen zugleich gekreuzte rote Balken zu zeigen, bis der Verkehr aus der künftig gesperrten Richtung abgeflossen ist (Vwv Rn 51). Erst dann darf die Fahrspur auf der anderen Seite durch den grünen Pfeil geöffnet werden.

2 StVO § 37 II. Zeichen und Verkehrseinrichtungen

60 **8. Ausnahmen:** § 46 II. Vorrang vor Grün haben Sonderrechtsfze unter den Voraussetzungen des § 35 I, und Wegerechtsfze (§ 38 I), weil ihnen vor allem auch der Querverkehr freie Bahn schaffen, sein Durchfahrrecht bei Grün also zurückstellen muß (*Schmidt* DAR **73** 57), beide jedoch ohne Vertrauen hierauf, weil feststehen muß, daß alle anderen VT die WarnZ bemerkt haben und beachten.

61 **9. Ordnungswidrig** (§ 24 StVG) sind Verstöße gegen § 37 (§ 49 III Nr 2). Wer nur auf seinem Fahrstreifen Grün hat (§ 37 II Nr 4) und deshalb weiterfährt, aber entgegen dem Z 297 (Geradeauspfeil) links abbiegt, verletzt nicht die Lichtzeichen-, sondern nur die Pfeilregel, Ha VRS **51** 149, Bay VRS **64** 148 (zw), anders nach BGH NZV **98** 119 (120) bei grünem Pfeil im Hinblick auf II S 2 Nr 3, anders im übrigen wohl auch bei zielgerichteter Umgehung, s Rz 55. Verstoß gegen die besonderen LichtZ für Straba, Bus oder Taxi ist ow gem Abs II Nr 2 in Verbindung mit Anl 4 zur BOStrab und §§ 49 Nr 2 StVO, 24 StVG, Kö DAR **01** 87. Aufnahmen einer automatischen **Rotlichtkamera** sind zulässige Beweismittel, KG NZV **92** 251, Ha VRS **84** 51, Kar NZV **93** 323, Hb DAR **95** 500, OVG Berlin DAR **00** 328. Ist das mit der Kamera gekoppelte Zeitmeßgerät nicht geeicht (s § 25 I Nr 3 EichG – BGBl I **92** 712 –), s Kar VRS **85** 467, so bleiben die Lichtbilder mit eingeblendeter Zeit seit Beginn der Rotphase verwertbar, jedoch ist ein Sicherheitsabschlag vorzunehmen, KG NZV **92** 251 (0,2 s), Ha NZV **93** 361 (idR durch Sachverständigen), **93** 492, VRS **84** 51, **85** 466, Kar NZV **93** 323, VRS **85** 467, Ce NZV **96** 419. Zu Problemen bei der Berechnung der Rotlichtzeit aufgrund der Überwachungsfotos, *Löhle/Beck* DAR **00** 3, 7. Nähere Angaben über die Arbeitsweise der Überwachungsanlage, ihre Eichung usw braucht das tatrichterliche Urteil, wenn es sich um ein amtlich zugelassenes Gerät eines erprobten, standardisierten technischen Verfahrens handelt (s § 3 Rz 56b), ohne konkreten Anlaß idR nicht zu enthalten, Bay DAR **94** 123 (zust *Bär*), Ce VM **96** 90. Jedoch muß es Meßmethode und eventuell zu berücksichtigende Toleranzen mitteilen, Dü DAR **03** 86. Wer bei Rot nicht schon **an der Haltlinie** hält, sondern erst danach im Raum bis zur Fluchtlinie der Kreuzung/Einmündung, verletzt nicht § 37 II, BGH NZV **98** 119 (120), Br DAR **02** 225, weil er den geschützten Querverkehr nicht beeinträchtigt, aber § 41 III Nr 2 (Z 294), ow nach § 49 III Nr 4 und ggf auch § 1 II, Bay NZV **94** 200, ZfS **94** 467, Kö NZV **95** 327, Ha VRS **85** 464, Ol NZV **93** 446, Ce ZfS **94** 306. Fehlt eine Haltlinie, darf jedenfalls die Fluchtlinie der Kreuzung/Einmündung nicht überfahren werden, Rz 50. Zusatzschild Nr 1012–35, s Rz 50. Beim Durchfahren bei Rot sind Feststellungen nötig, wo sich der Kf beim Umspringen auf Rot befand, und ob er unter Berücksichtigung der zulässigen Geschwindigkeit und der Dauer der Gelbphase noch gefahrlos anhalten konnte, Kö VM **84** 83, Hb DAR **93** 395, Jn NZV **99** 304, Br VRS **79** 38 (nicht auch Entfernung beim Umschalten auf Gelb); dazu gehört auch die Dauer der Gelbphase, Hb DAR **93** 395, Kar NZV **93** 323, nur uU (zB bei Vorsatz, KG VRS **101** 228) die Geschwindigkeit (zumal diese in aller Regel nicht zu ermitteln sein wird). Solche Feststellungen sind jedoch bei innerörtlichem Verstoß (50 km/h zulässige Höchstgeschwindigkeit, 3 s Gelbphase) entbehrlich, Ha VRS **91** 67, Hb DAR **95** 500, Dü NZV **96** 81, VRS **95** 439, **99** 294. Der Vorwurf, trotz ausreichender Entfernung bei Gelb nicht angehalten zu haben, setzt zuverlässige Messung voraus, Entfernungsschätzung durch PolB genügt nicht, KG VRS **67** 63. Nichterkennen des Rotlichts infolge zu dichten Auffahrens auf ein vorausfahrendes Fz bei Annäherung an eine LZA entschuldigt nicht, Kö VRS **61** 152. Überschreitung der zulässigen Höchstgeschwindigkeit entlastet jedoch nicht, Kö VM **84** 83, Br VRS **79** 38. Hat der Betroffene die LZA nicht beachtet, so setzt bedingter **Vorsatz** voraus, daß er jedenfalls mit Rotlicht rechnete; dazu wird entgegen Ce NZV **01** 354 (abl *Scheffler* BA **01** 469, *Wrage* NZV **02** 196, *Korte* NStZ **02** 584) nicht allein regelmäßig schon der Umstand genügen, daß das Übersehen des Rotlichts auf Ablenkung durch verbotenes Telefonieren beruhte. Schon längeres Andauern der Rotphase rechtfertigt nicht die Feststellung von Vorsatz, KG VRS **107** 214. Unter Berücksichtigung der Str- und Witterungsverhältnisse, der Ladung oder Besetzung (Glätte, Fahrgäste) zu hohe Geschwindigkeit (s Rz 50, § 3 I 2) rechtfertigt nicht Durchfahren bei Rot, Dü DAR **92** 109 (Glätte). Jedoch kann Gefährdung durch dicht aufgeschlossenen Nachfolgenden uU **Durchfahren bei Rot rechtfertigen** (§ 16 OWiG),

740

Dü NZV **92** 201, nicht aber ohne weiteres das bloße schnelle Annähern eines Nachfolgenden ohne Hinzutreten weiterer Gefahrenmomente, KG NZV **93** 362. Plötzliche Kolik rechtfertigt jedenfalls bei Querverkehr kein Rechtsabbiegen bei Rot, s Ha VRS **53** 365. Durchfahren bei Gelb rechtfertigt nicht ohne besondere Begründung den für Nichtbeachtung von Rot festgesetzten Katalogsatz, Hb VRS **58** 397. Die Ampelsignale betreffen nur Fze im Kreuzungs- oder Einmündungsbereich, das **Umfahren** außerhalb des durch die LZA geschützten Bereichs (s Rz 50) verletzt § 37 nicht, aber uU andere Vorschriften, zB § 2, Bay VRS **61** 289, Ha VRS **103** 135, Dü DAR **84** 156, NZV **93** 243, **98** 41, Kö DAR **85** 229, Ol NJW **85** 1567, aber auch diesen nicht, wenn zum Umfahren nur Fahrflächen benutzt werden (dann § 1 möglich), s dazu § 2 Rz 73. Bei Ausweichen über öffentlichen Parkplatz hängt Verstoß gegen § 2 davon ab, ob die Fläche ausschließlich Parkzwecken dient (VZ), Bay VRS **61** 289, OW abgelehnt von Ol NJW **85** 1567 bei Durchfahrt durch Kundenparkplatz. Wird die Ampel lediglich durch Ausweichen auf den Gehweg umgangen, so bleibt der FzF in dem durch die LZA geschützten Bereich und verstößt gegen II Nr 1 S 7, Kö VRS **61** 291, Dü VRS **63** 75, Ha NStZ-RR **02** 250, VRS **65** 158, Kar NZV **89** 158, aM Dü DAR **94** 247, ebenso bei Ausweichen über Radweg, Dü VRS **68** 377, oder Tankstellengelände zwecks Umfahrens der LZA bei fortdauerndem Rot und Wiedereinfahren in den geschützten Bereich, Bay NZV **94** 80; anders, wenn der Kf den hierdurch geschützten Kreuzungsbereich überhaupt nicht berührt, Dü DAR **84** 156 (Umfahren des Einmündungsbereichs über den Gehweg vor der Ampel, eine daran anschließende Fläche und Abbiegen in die einmündende Str über deren Gehweg), Dü NZV **93** 243 (zulässiges Abbiegen vor der LZA, Wenden und Einbiegen in die zuvor befahrene Str), Kö DAR **85** 229 (Umfahren über Tankstellengelände und anschließendes Abbiegen in QuerStr), Kar NZV **89** 158. Umfahren sollte zur Prüfung Anlaß geben, ob die Ampel das Abbiegen verkehrs- und umweltfreundlich regelt, was vielfach nicht zutrifft. Umfahren einer Radfahrer-LZA durch Ausweichen vom Radweg auf die Fahrbahn, s Rz 50. Verstöße gegen die **Grünpfeilregelung** (Abs II Nr 1 S 8 bis 10) sind ow, zB Rechtsabbiegen aus einem anderen als dem rechten Fahrstreifen, Nichtbeobachtung der äußersten Sorgfalt und darauf beruhende Behinderung oder Gefährdung des Fz- oder FußgängerV der freigegebenen Richtung; bei Verletzung oder Sachschaden TE mit § 1 II. Abbiegen ohne vorgeschriebenes Anhalten (II Nr 1 S 8) soll nach BKatV nicht als Verstoß gegen S 8, sondern gegen S 7 (Nichtbeachten des Rotlichts) geahndet werden, ebenso KG NZV **95** 199, VG Berlin NZV **97** 327. Bei **Bußgeldbemessung** für Durchfahren bei Gelb darf nicht ohne besondere Begr der für die Nichtbeachtung von Rot vorgesehene Katalogsatz zugrunde gelegt werden, s Hb VRS **58** 397. Bei Verstoß gegen Abs II Nr 4 S 2 (besondere LichtZ) können die für Rotlichtverstöße geltenden Sätze der BKatV entsprechend herangezogen werden, Kö DAR **01** 87. Soweit für die Ahndung (Bußgeldhöhe, FV) der Zeit zwischen Beginn der Rotphase und dem Verstoß entscheidende Bedeutung zukommt (**„qualifizierter" Rotlichtverstoß**), ist das Überfahren der Haltlinie ausschlaggebend, BGHSt **45** 135 = NJW **99** 2978, Bay NZV **95** 497, Ha NZV **02** 577, ZfS **01** 232, Dü NZV **00** 134, DAR **97** 322, Kö NZV **98** 472, VRS **100** 140, KG DAR **96** 503, Stu NZV **97** 450, Dr VM **98** 54. Nach Kö NZV **98** 297 daher kein qualifizierter Verstoß bei verkehrsbedingtem Halt nach Überfahren der Haltlinie und Weiterfahrt nach *erneuter,* mindestens 1 s andauernder Rotphase, zw, aM BGHSt **45** 135 = NJW **99** 2978 im Hinblick auf den Schutzzweck der entsprechenden Tatbestandsnummer der BKatV, Stu DAR **03** 574 (FV jedoch abgelehnt); vielfach wird es in solchen Fällen aber an einem *subjektiv* groben Verstoß (FV) fehlen (Mitzieheffekt), s Kö VRS **98** 389. Bei Fehlen einer Haltlinie soll es nach teilweise vertretener Ansicht auf das Einfahren in den geschützten Bereich ankommen, zB Bay NZV **95** 497, Ha ZfS **01** 232, NStZ-RR **96** 216, Dü NZV **00** 134, DAR **97** 322, nach aM auf das Vorbeifahren an der LZA, Kar NZV **95** 289, Dü DAR **97** 116, VRS **93** 462, Kö VRS **98** 389. Auch Verurteilung wegen qualifizierten Verstoßes kann auf Geständnis gestützt werden, Fra NStZ-RR **03** 314. Bloße Schätzungen durch Zeugen werden insoweit häufig nicht ausreichen, Bay NZV **02** 518, Kö VRS **100** 140, Ce NZV **94** 40, Dü DAR **03** 85, **98** 75, Ha NZV **98** 169, KG DAR **96** 503, Jn NZV **99** 304, s aber Dü VRS **93** 462. Im Bereich bis zu 2s genügt auch Zählen (21, 22) idR nicht, Bay NZV **95** 497, Ha NZV **01** 177, DAR **96** 415, aM

Dü VRS **93** 462, Kö VRS **106** 214, anders uU bei gezielter Überwachung, wenn hinzutretende Umstände die Schätzung erhärten und bei Zählen über diesen Bereich hinaus, Dü DAR **03** 85, NZV **00** 134, Ha NStZ-RR **96** 216, Brn DAR **99** 512, oder wenn konkrete Fakten die Schätzung bestätigen, KG NZV **02** 50 (Phasenwechsel der zugehörigen Fußgänger-LZA, Anfahren des QuerV), Ha NZV **02** 577 (das allerdings Beiziehung des Schaltplans verlangt). Auch Messung mittels Armbanduhr im Meßbereich bis 2 s begegnet Bedenken, KG VRS **107** 214, NZV **95** 240, Ha ZfS **00** 513. Bei Feststellung des Verstoßes mittels automatischer Überwachungsanlage müssen im Urteil Gerätetyp und Meßtoleranz angegeben werden, wenn der Grenzbereich von 1 s nur knapp überschritten wurde, Br DAR **02** 225, Ol DAR **96** 368. Abzug bei Messung mit geeichter Stoppuhr: 0,3 s zuzüglich eines weiteren Abzugs in Höhe der Verkehrsfehlergrenze der Stoppuhr (§ 33 IV EichO, Anl 19 Nr 3.1), Bay NZV **87** 368, KG VRS **102** 227, Dü VRS **99** 294. Feststellung schon länger als 1 s andauernder Rotphase aufgrund der Entfernung des Fzs zur Haltlinie beim Phasenwechsel setzt Angaben im Urteil über die Geschwindigkeit voraus, Kö NZV **93** 119, **95** 327. Zum Nichtvorliegen eines qualifizierten Verstoßes aufgrund besonderer Umstände und zum **Regel-FV** bei qualifiziertem Rotlichtverstoß, s § 25 StVG Rz 22.

Lit: *Löhle/Berr,* Rotlichtüberwachungsanlagen, DAR **95** 309. *Löhle/Beck,* Rotlichtüberwachung, DAR **00** 1.

62   **10. Zivilrecht.** Ob die StrVB Ampeln anbringt, soll idR Ermessensfrage sein (nicht wenn sonst Gefahr entstehen kann), BGH VR **67** 602. Ampeln sind sachgemäß und unfallverhütend aufzustellen und zu betreiben, s Br VR **77** 530, Dü VR **77** 455, 823. Jeder VT darf auf verkehrsgerechte und ungefährdende Phasierung vertrauen, Dü VR **77** 455, 823. Eine wegen einer Baustelle nötige Umphasierung darf auch unter ungünstigen Umständen keinen VT gefährden, Dü VR **77** 455. Eine vom Bauunternehmer ungenehmigt aufgestellte LZA ist nichtig und unbeachtlich, Ha VRS **52** 150 (s § 41 Rz 247). Eine „fußgängerfreundlichere" Ampelschaltung zur gewollten Behinderung des FahrV, um ihm die Innenstadt zu verleiden, ist nicht durch § 6 StVG gedeckt. Mittel des in der StVO normierten StrVRechts stehen in der Form des Mißbrauchs verkehrslenkender Lichtzeichen nicht zur Verfügung.

63   **Ordnungsgemäße Einrichtung,** Anbringung, richtige Programmierung und Schaltung der LZA ist Amtspflicht der StrVB, BGH NJW **72** 1806, VR **90** 739, Ha NZV **01** 379, Fra VM **84** 30, Unterhaltung der eingerichteten Anlage, technische Wartung und Vorsorge gegen Funktionsstörungen dagegen sind Gegenstand der VSicherungspflicht, BGHZ **91** 48 = VR **84** 759, BGHZ **99** 249 = NJW **87** 1945, Fra VM **84** 30, Zw NZV **89** 311, s *Rinne* NVwZ **03** 9, auch unterlassene Maßnahmen zur Gewährleistung der Standfestigkeit des Ampelmastes, Ko NZV **94** 192 (Verdrehen durch Wind). Die Pflicht zur Unterhaltung von LZA ist in NRW hoheitlich geregelt, s Ko VM **77** 52, ebenso in Rheinl/Pfalz, Zw NZV **89** 311, Ko NZV **94** 192. Nicht bei jeder Änderung der Phasenfolge besteht die Amtspflicht der StrVB, hierauf besonders hinzuweisen, Fra VM **84** 30. Haftung gem §§ 823, 839 BGB setzt Schuld voraus, s dazu BGH NJW **71** 2220, VRS **43** 81, *Jox* NZV **89** 134, auch bei unrichtiger Ampelaufstellung, Versagen, Dü MDR **76** 842, oder unrichtiger Schaltung, Dü VR **76** 1180, Ce VR **82** 76. Für Beweislastumkehr zu Lasten der StrVB insoweit bei Unfall aufgrund unrichtiger Signale: II. Arbeitskreis des VGT 1988 sowie *Jung* VGT **88** 74. Keine Haftung aus Verletzung der VSicherungspflicht bei **„feindlichem" Grün,** wenn entsprechende Sicherungseinrichtung vorhanden und Wartungsvertrag geschlossen war, mangels Verschulden, Ce VR **82** 76. Jedoch nach den Ordnungsbehörden- und PolVerwaltungsgesetzen der Länder Haftung ohne Verschulden bei feindlichem Grün als „rechtswidriger Maßnahme", BGHZ **99** 249 = NJW **87** 1945 (NRW; zust. *Peine* JZ **87** 824, *Jox* NZV **89** 135 f), Ha DAR **03** 520 (NRW), Zw NZV **89** 311 (Rheinl/Pfalz), Ce NZV **99** 244 (Nds), nicht auch bei gleichzeitigem Dauerlicht Rot und Rotgelb, weil diese Phasen Fahren nicht erlauben, Dü VR **89** 57. Fehlt eine derartige landesrechtliche Haftungsgrundlage, so kommt bei widersprüchlichen LichtZ Haftung aus enteignungsgleichem Eingriff in Frage, Kar NZV **93** 187. Unterläßt der Betreiber einer quarzuhrgesteuerten Baustellen-LZA die erforderliche tägliche Überprüfung, so spricht der Anscheinsbeweis

Wechsellichtzeichen, Dauerlichtzeichen und Grünpfeil § 37 StVO 2

dafür, daß „feindliches" Grün auf der Unterlassung beruht, Kö NZV **92** 364. Keine Amtspflichtverletzung, wenn bei einer Fußgänger-LZA nach Ende der Grünphase die für den FzVerkehr geltenden LichtZ für die verschiedenen Richtungen zeitversetzt auf Grün schalten, BGH VR **90** 739 (krit Anm *Menken* NZV **91** 148). Grün für Fußgängerfurt ist nicht Amtspflichtverletzung, wenn sich in der Mitte der Str eine Straba-Haltestelle befindet und ein gelbes Warnlicht das Nahen einer Straba anzeigt, Ha NZV **01** 379; anders, wenn eine mit LZA ausgestattete Fußgängerfurt über Bahngleise führt und vor dem trotz Grünlichts der Fußgänger-LZA möglichen Herannahen einer Straba nicht durch besonderes (nur beim Nahen der Straba leuchtendes) Signal gewarnt wird, Kö VM **01** 76. Eine „70er"-Grüne Welle bis kurz vor einem beampelten Bahnübergang gefährdet, BGH DAR **77** 16. Der Pflicht zur Unterhaltung der Ampelanlage ist genügt, wenn sie regelmäßig gewartet wird, doppelte Signalgeber besitzt und bei Ausfall aller Rotlichter automatisch auf gelbes Blinklicht schaltet, Kö DAR **77** 323. Fehlerhafte Handbedienung ist Amtspflichtverletzung, KG bei *Darkow* DAR **74** 225. Die Pflicht eines PolB, im Rahmen der Gefahrenabwehr die Beseitigung einer LZA-Störung zu veranlassen, ist Amtspflicht; auf sie findet das Haftungsprivileg des § 839 I 2 BGB Anwendung, BGHZ **91** 48 = VR **84** 759.

Lit: *Berger,* Mängel der Ampelregelung haftungsrechtlich, VR **72** 715. *Bull,* Ampelversagen als Schicksalsschläge?, DÖV **71** 305. *Füchsel,* Ersatzpflicht der StrVB bei gestörter Signalanlage, DAR **69** 197. *Heuß,* Haftung bei fehlerhafter Anzeige von VAmpeln, VR **62** 689. *Jox,* Zur Haftung bei fehlerhafter Ampelschaltung, NZV **89** 133. *Jung,* Die Haftung der öffentlichen Hand bei VUnfällen, VGT **88** 69. *Ossenbühl,* Enteignungsgleicher Eingriff und Gefährdungshaftung im öffentlichen Recht, JuS **71** 575.

In der Rspr wird überwiegend angenommen, daß das Durchfahren bei Rotlicht *in der Regel* – auch bei Ortsunkundigen – **grobfahrlässig** iS des § 61 VVG sei, Ko NZV **04** 255, DAR **01** 168, Jn VR **04** 463, Fra VR **01** 1276, Kar NJW-RR **04** 389, ZfS **04** 269, Kö NZV **03** 138, Ha VR **02** 603, ZfS **02** 82 (jeweils für den konkreten Fall aber verneint), Nü ZfS **94** 216 (einschränkend), aM Sa VR **83** 28, KG VR **75** 1041, Mü DAR **84** 18. Dies unterliegt **tatrichterlicher Würdigung,** BGH VR **03** 364, und wird von den Umständen abhängen, BGH VR **03** 364 (keine festen Regeln), Dü VR **92** 1086, Nü NJW-RR **96** 986, zB zu bejahen sein bei Nichtbeachten trotz schon länger währender Rotzeit, BAG NZV **90** 66, Stu NZV **92** 322 – jeweils ca 6 sec –, BGHZ **119** 147 = NZV **92** 402, anders aber kurz nach Phasenwechsel, wenn nicht besonders grobe Unaufmerksamkeit), Ha VR **82** 1046, **84** 727, NJW-RR **87** 609, Hb DAR **86** 328, Kar ZfS **90** 134, *Rocke* VGT **87** 112. Daß Rotlichtverstoß nicht stets grobfahrlässig ist, wird vom BGH, VR **03** 364, ausdrücklich betont, ebenso Ro ZfS **03** 356. Gegen Automatismus insoweit auch *Römer* NVersZ **01** 539. Grob fahrlässig ist das Nichtbeachten des Rotlichts infolge Ablenkung durch Telefonieren, BAG NZV **99** 164 (zu § 15 II AKB), durch im Fz lärmende Kinder, Kö ZfS **01** 318, oder durch persönliche Sorgen, Jn VR **04** 463. Grobe Fahrlässigkeit eines Kf, der mit 30 km/h auf eine 40 m entfernte Rot zeigende LZA zufährt und mit gleichbleibender Geschwindigkeit trotz des Rotlichts in die Kreuzung fährt, Kar VR **83** 76, der sich bei Wechsel auf Gelb 50 m vor der LZA entschließt, mit 60 km/h noch durchzufahren, Dü VR **93** 432, der wegen zu hoher Geschwindigkeit und mangelnder Beachtung von VZ vor der LZA nicht mehr rechtzeitig bremsen kann, Hb VR **84** 377, der seine Aufmerksamkeit Gegenständen auf dem Beifahrersitz zuwendet und dadurch die LZA übersieht, BAG NVersZ **00** 136, sich zur Orientierung auf Hinweisschilder konzentriert, Ro ZfS **03** 356, der bei günstigsten Verhältnissen drei die Kreuzung sichernde Ampeln und eine Vorampel nicht wahrnimmt, Ha NJW-RR **87** 609, der nachts zu verkehrsarmer Zeit das schon einige Sekunden leuchtende Rotlicht nicht beachtet, LG Mü I ZfS **85** 213. Irritation durch starke Sonneneinstrahlung soll nach wohl überwiegender Ansicht nicht vom Vorwurf grober Fahrlässigkeit entlasten, Ha NZV **98** 467, ZfS **99** 200, MDR **96** 1014, Dr VR **96** 577, LAG Nds VR **82** 968, LG Kö VR **84** 929, abw Kö NVersZ **99** 331, Mü DAR **84** 18, Fra VR **93** 826, LG Trier DAR **99** 319, *Römer* VR **92** 1189. Auch völliges Übersehen der LZA muß nicht stets grob fahrlässig sein, BGH VR **03** 364 (schwer erkennbare oder verdeckte LZA, überraschend eintretende schwierige VSituation), LG Ol VR **94** 1416.

Neben mangelnder Aufmerksamkeit können auch physikalisch, physiologisch und psychologisch begründete Kommunikationsstörungen beim Übersehen einer LZA eine Rolle spielen, s *Lewrenz* VGT **89** 23 f. Grobe Fahrlässigkeit kann auch bei einem Kf zu verneinen sein, der bei Rot anhält oder bremst, dann jedoch infolge unbewußter Fehlreaktion (zB Irreführung durch nicht maßgebliche LZA) trotz fortdauernden Rotlichts anbzw weiterfährt, BGH VR **03** 364, Mü NJW-RR **96** 407, NZV **96** 116, Jn VR **97** 961, Ha ZfS **91** 204, NZV **93** 438, **94** 442 (verneint bei Ablenkung durch Fußgänger-LZA *quer* zur Fahrtrichtung), Fra DAR **92** 432, Kö VRS **95** 364, MDR **98** 594, Ko NZV **04** 255 (Hupsignal), einschränkend Ha NVersZ **99** 271, ZfS **00** 346, Kö ZfS **02** 293, *Römer* VR **92** 1190, aM Kar NJW-RR **04** 389, Stu MDR **99** 1384, Kö ZfS **01** 550. Das gilt aber nicht für den, der, ohne nochmals auf die LZA zu achten, nur aufgrund eines Hupsignals losfährt, Ha ZfS **01** 416. Das Haltgebot des II Nr 1 S 7 dient auch dem Schutz des entgegenkommenden Linksabbiegers, BGH NJW **81** 2301. **Haftungsverteilung** bei Kollision zwischen Linksabbieger und geradeausfahrendem GegenV an LZA-gesicherter Kreuzung, s § 9 Rz 55. Wer bei Rot durchfährt und mit einem Kfz kollidiert, das bei Rot/Gelb in die Kreuzung gelangt ist, haftet zu $^3/_4$, KG VRS **57** 3. Haftungsverteilung von $^1/_4$ zu Lasten des mit „fliegendem Start" bei Grün in die Kreuzung Einfahrenden und $^3/_4$ zu Lasten des vorschriftswidrig die Kreuzung noch befahrenden Nachzüglers im QuerV, Zw VR **81** 581, zu 80 % zu Lasten des mit fliegendem Start schnell Fahrenden bei Kollision mit berechtigtem Nachzügler, Ha NZV **03** 573. Bei Mißachtung des Nachzüglervorrangs idR überwiegende Verursachung, KG VRS **106** 165 ($^2/_3$), VM **93** 35 (abl *Booß*), DAR **78** 48, oder sogar Alleinschuld, KG VRS **106** 165, DAR **03** 515, VM **93** 21, Dü VRS **71** 261, VR **87** 468. Räumt der Nachzügler die Kreuzung nicht mit der gebotenen Sorgfalt, so haftet er mit, Kö NZV **97** 269 ($^1/_3$), KG VM **81** 75 ($^1/_3$), DAR **03** 515 ($^1/_2$), **93** 21 (uU Alleinhaftung). Bei Kreuzungsunfall mit ungeklärter LZA-Schaltung kommt idR Schadenteilung in Betracht, KG VM **85** 53 (bei Kollision mit Linksabbieger s jedoch § 9 Rz 55). **Alleinhaftung** des bei Rot durchfahrenden Kf gegenüber einem Fußgänger, der bei Grün nur nicht nach links gesehen hat, KG VR **76** 1047, gegenüber dem bei Grünpfeil vor ihm links Abbiegenden, KG VM **86** 62, überhaupt regelmäßig gegenüber dem in dieselbe Kreuzung bei Grün Einfahrenden, KG VM **86** 62. Alleinhaftung des vorschriftswidrig in die Kreuzung noch einfahrenden Nachzüglers gegenüber dem bei Grün Anfahrenden, Ko NZV **98** 465, Hb DAR **01** 217. Wer als Fußgänger trotz Rot die stark befahrene Fahrbahn überquert, haftet allein, fremde BG tritt zurück, Kö VR **76** 1095, Br VR **81** 735, anders uU bei Kradf mit extrem hoher Beschleunigung, KG VM **86** 34. **Straba,** die bei Rot über die Kreuzung fährt, BGH VR **64** 164. Keine äußerste Sorgfalt des StrabaF, der bei nur kurzer Grünphase anfährt, ohne Kfze im Schienenbereich zu beachten, Ce VR **67** 289. Für eine Signalanlage, welche der Straba nahezu zusammen mit Linksabbiegern freie Geradeausfahrt gibt, haftet der StrabaUnternehmer bei Kollision allein (Signalanlage als Teil der Gesamtanlage) Kar VR **79** 60. Von den Kosten einer Lichtsignalanlage mit Straba-Sondersignalen hat der StrabaUnternehmer nur die durch seine StrSondernutzung veranlaßten zu tragen, BVG VR **80** 347.

Lit: *Römer,* Überfahren einer roten Ampel und Leistungsfreiheit des Versicherers, NVersZ **01** 539.

65 **11. Überleitungsbestimmungen für die neuen Bundesländer:**
Anl I Kap XI B III Nr 14 f) und g) zum Einigungsvertrag

f) Für bestehende Lichtsignalanlagen ist die Farbfolge GRÜN – GRÜN/GELB – GELB – ROT – ROT/GELB weiterhin zulässig; das Lichtzeichen GRÜN/GELB hat dann die Bedeutung des Lichtzeichens GRÜN im Sinne des § 37 Abs. 2 Nr. 1. Für die Lichtsignalanlagen, die nach Wirksamwerden des Beitritts neu errichtet oder umgerüstet werden, ist ausschließlich die Farbfolge gemäß § 37 Abs. 2 zulässig.

g) Lichtanlagen können bis zum 31. Dezember 1992 abweichend von § 37 Abs. 2 Nr. 3 auch rotes Blinklicht zeigen. Das rote Blinklicht hat dann die Bedeutung „HALT".

Blaues Blinklicht und gelbes Blinklicht

38 (1) ¹Blaues Blinklicht zusammen mit dem Einsatzhorn darf nur verwendet werden, wenn höchste Eile geboten ist, um Menschenleben zu retten oder schwere gesundheitliche Schäden abzuwenden, eine Gefahr für die öffentliche Sicherheit oder Ordnung abzuwenden, flüchtige Personen zu verfolgen oder bedeutende Sachwerte zu erhalten.
²Es ordnet an:
„Alle übrigen Verkehrsteilnehmer haben sofort freie Bahn zu schaffen."
(2) Blaues Blinklicht allein darf nur von den damit ausgerüsteten Fahrzeugen und nur zur Warnung an Unfall- oder sonstigen Einsatzstellen, bei Einsatzfahrten oder bei der Begleitung von Fahrzeugen oder von geschlossenen Verbänden verwendet werden.
(3) ¹Gelbes Blinklicht warnt vor Gefahren. ²Es kann ortsfest oder von Fahrzeugen aus verwendet werden. ³Die Verwendung von Fahrzeugen aus ist nur zulässig, um vor Arbeits- oder Unfallstellen, vor ungewöhnlich langsam fahrenden Fahrzeugen oder vor Fahrzeugen mit ungewöhnlicher Breite oder Länge oder mit ungewöhnlich breiter oder langer Ladung zu warnen.

Begr zur ÄndVO v 22. 3. 88 (VBl **88** 225): *Die Ergänzung ermöglicht z. B. auch Fahrten mit Blutkonserven unter Einsatzbedingungen.*   1/2

Begr zur ÄndVO v 19. 3. 92 (VBl **92** 187):   3
Zu Abs. 2: Die gegenwärtige Rechtslage läßt die Verwendung des blauen Blinklichts allein bei Einsatzfahrten nicht zu.
In der Praxis ist jedoch für Rettungsdienste, Feuerwehr sowie Polizei die Möglichkeit, das blaue Blinklicht alleine benutzen zu dürfen (z. B. Nachtzeit, einsatztaktische Gründe), sinnvoll. Für diesen Fall ist allerdings das Wegerecht nicht gegeben.
Zu Abs. 3: Die Vorschrift dient der Klarstellung, daß gelbes Blinklicht auch stationär eingesetzt werden kann.

Vwv zu § 38 Blaues Blinklicht und gelbes Blinklicht
Zu den Absätzen 1 bis 3

1   Gegen mißbräuchliche Verwendung von gelbem und blauem Blinklicht an damit ausgerüsteten Fahrzeugen ist stets einzuschreiten.   4

Zu Absatz 3

2   I. Gelbes Blinklicht darf auf der Fahrt zur Arbeits- oder Unfallstelle nicht verwendet werden, während des Abschleppens nur, wenn der Zug ungewöhnlich langsam fahren muß oder das abgeschleppte Fahrzeug oder seine Ladung genehmigungspflichtige Übermaße hat. Fahrzeuge des Straßendienstes der öffentlichen Verwaltung dürfen gelbes Blinklicht verwenden, wenn sie Sonderrechte (§ 35 Abs. 6) beanspruchen oder vorgebaute oder angehängte Räum- oder Streugeräte mitführen.   5

3   II. Ortsfestes gelbes Blinklicht sollte nur sparsam verwendet werden und nur dann, wenn die erforderliche Warnung auf andere Weise nicht deutlich genug gegeben werden kann. Empfehlenswert ist vor allem, es anzubringen, um den Blick des Kraftfahrers auf Stellen zu lenken, die außerhalb seines Blickfeldes liegen, z. B. auf ein negatives Vorfahrtzeichen (Zeichen 205 und 206), wenn der Kraftfahrer wegen der baulichen Beschaffenheit der Stelle nicht ausreichend klar erkennt, daß er wartepflichtig ist. Aber auch auf eine Kreuzung selbst kann so hingewiesen werden, wenn diese besonders schlecht erkennbar oder aus irgendwelchen Gründen besonders gefährlich ist. Vgl. auch Nummer VI zu § 37 Abs. 2 Nr. 1 und 2; Rn. 14. Im gelben Blinklicht dürfen nur schwarze Sinnbilder für einen schreitenden Fußgänger, ein Fahrrad, eine Straßenbahn, einen Kraftomnibus, einen Reiter oder ein schwarzer Pfeil gezeigt werden.   6

4   III. Fahrzeuge und Ladungen sind als ungewöhnlich breit anzusehen, wenn sie die gesetzlich zugelassenen Breiten überschreiten (§ 32 Abs. 1 StVZO und § 22 Abs. 2).   7

1. Blaues Blinklicht und Einsatzhorn zusammen bedeuten für andere VT, auch für Fußgänger, s Rz 11, „höchste Eile und größte Gefahr" (I), auch wenn diese Voraus-   8 setzungen im Einzelfall objektiv nicht vorliegen. Sie müssen dann sofort freie Bahn schaffen. Normadressaten sind alle VT, auch nach den VRegeln, zB bei Grün, KG VR **76** 193, an sich bevorrechtigte, BGHZ **63** 327 = NJW **75** 648. Die Regelung betrifft die Wegerechtsfze. Einsatzhorn: § 55 StVZO. Mit blauem Rundumblinklicht ausgerüstete Fze: § 52 III StVZO. Beide Zeichen dürfen zusammen nur verwendet werden, wenn höchste Eile geboten ist, um Menschenleben zu retten oder schwere gesundheitliche Schäden abzuwenden (s Begr Rz 1/2), eine Gefahr für die öffentliche Sicherheit oder Ordnung abzuwenden, flüchtige Personen zu verfolgen oder bedeutende Sachwerte zu erhalten, Ko DAR **59** 334, Dü NZV **92** 489. Mißbrauch: Vwv Rn 1. Transport eines Zeugen zum gerichtlichen Termin fällt nicht unter Abs I, Dr DAR **01** 214. Ob die genannten Voraussetzungen vorliegen, richtet sich nach dem Grundsatz der Verhältnismäßigkeit (**E** 2) von Wegerechtsausübung und Zweck (*Leibholz/Rinck/Hesselberger*, GG Art 20 Rz 776). Mißbrauch ist widerrechtlich. Doch muß die anordnende Dienststelle die Inanspruchnahme des Wegerechts oft aufgrund des vorläufigen Meldungsbildes anordnen, ohne die Dringlichkeit im einzelnen schon voll übersehen zu können, Bra VRS **19** 230. Insoweit ist sachgemäße Vorwegbeurteilung maßgebend. Ob die Voraussetzungen im Einzelfall vorgelegen haben, ist gerichtlich nachprüfbar, s aber Rz 11, und im Schadensfalle vom Wegerechtsfahrer zu beweisen, Dü NZV **92** 489, KG VRS **100** 329. Nichtvorliegen der Voraussetzungen muß sich der Schädiger im Schadenersatzprozeß entgegenhalten lassen, Dr DAR **01** 214.

Lit: *Krumme,* Sonderrecht und Wegerecht der Feuerwehr bei Übungsfahrten, DAR **75** 151. *D. Müller,* ... Rechtsprobleme beim Wegerecht, VD **02** 368.

9 **Nur beide Warnvorrichtungen zusammen schaffen Vorrecht,** Kö NZV **96** 237, KG NZV **03** 481, VRS **104** 355, VR **89** 268, Nau VM **95** 23, VGH Mü BayVBl **97** 374, doch mahnt Blaulicht ohne Einsatzhorn immerhin zur Vorsicht, s Rz 12. Die Regelung in § 38 besagt aber nicht, daß im Einsatz befindlicher Pol ohne Blinklicht und Einsatzhorn entgegen einer konkreten Aufforderung freie Bahn verweigert werden dürfte, s Stu VRS **61** 223 (möglicherweise Verstoß gegen § 1 II).

10 **Das Wegerechtsfahrzeug bleibt grundsätzlich an die Verkehrsregeln gebunden,** nur dürfen andere VT, welche freie Bahn schaffen müssen, ihren Vortritt, zB bei Grün, KG DAR **76** 15, VM **89** 77, VR **89** 268, Ha DAR **96** 93, oder bei Vorfahrt, Ol VR **77** 1162, ausnahmsweise nicht wahrnehmen, BGHZ **63** 327 = NJW **75** 648, Ha VRS **19** 198, KG VRS **24** 70, Ce NJW **70** 432. Befreiung von den Vorschriften der StVO nur unter den Voraussetzungen des § 35 I, Va StVO, OVG Lüneburg ZfS **97** 397. Der Einsatzfahrer schuldet dem Verkehr Rücksicht, Dü VR **88** 813, uU muß er sich beim Linksabbiegen bei Rot vortasten, KG NZV **03** 126, **92** 456, Dü VR **75** 266, bei Einfahren in unübersichtliche Kreuzung während der Rotphase Schrittgeschwindigkeit fahren, KG NZV **03** 126, VRS **105** 174, Ha DAR **96** 93, VR **97** 1547, Kö VR **85** 372. Über fremden Vorrang darf sich der Wegerechtsfahrer nur hinwegsetzen, wenn er nach ausreichender Ankündigung sieht, daß der Verkehr ihm Vorrang einräumt, s § 35 Rz 8. Nach vorübergehendem Aussetzen des Einsatzhorns muß er damit rechnen, daß andere VT Verzicht auf das Vorrecht annehmen, KG VM **81** 95. Nur wenn der Vorrechtsfahrer nach den Umständen annehmen darf, daß alle VT seine Zeichen wahrgenommen haben, darf er mit freier Bahn rechnen, BGH VRS **28** 208, VR **63** 662, Nü NZV **01** 430, KG NZV **03** 126, VRS **100** 329, Dü NZV **92** 489, Ha DAR **96** 93, s aber Stu VRS **32** 291, s auch § 35 Rz 8. Er muß den VTn eine gewisse Zeit einräumen, um auf die Zeichen zu reagieren, KG NZV **03** 126, DAR **03** 376, VRS **105** 174, VGH Mü BayVBl **97** 374. Der Vorrechtsfahrer darf annehmen, daß Fze in der Nähe (50m) die Zeichen wahrnehmen, BGH NJW **59** 339, KG VRS **100** 329. Schaffen alle VT ersichtlich freie Bahn, so darf das WegerechtsFzs auch bei Rot oder wartepflichtig machenden VZ durchfahren und auf freie Durchfahrt vertrauen, BGHZ **63** 327 = NJW **75** 648, KG VRS **100** 329, Fra VR **81** 239, OVG Hb DAR **01** 470. Krankenwagen dürfen zur Rettung mit Blaulicht und Horn fahren (§ 35), Dü VRS **73** 945, bei anzunehmender Leibes- oder Lebensgefahr auch schon auf der Hinfahrt zum Kranken oder Verunglückten. Rechtsüberholen kurz nach Einschalten des Einsatzhorns kann fahrlässig sein, weil das Horn die Vorausfahrenden idR zum scharfen Rechtsfahren veranlassen wird, KG VM **77** 55. Will

Blaues Blinklicht und gelbes Blinklicht § 38 StVO **2**

der Wegerechtsfahrer Grün abwarten, so führt Blaulicht irre und ist deshalb mißbräuchlich, KG DAR **76** 78. Kennzeichnung von Arztfzen bei ärztlicher Hilfe: Vwv Rn 139f zu § 46 (s dort Rz 19).

Sofort freie Bahn haben alle VT auf die Zeichen hin zu schaffen, auch Fußgänger, **11** Ha NJWE-VHR **98** 233, ohne Prüfung der Berechtigung, KG VM **98** 90, VRS **100** 329, Kar VR **74** 39, Kö VRS **67** 295, so daß sie das Vorrechtsfz möglichst nicht behindern. Das Gebot, freie Bahn zu schaffen, gilt unabhängig davon, ob die objektiven Voraussetzungen für die Verwendung von Blinklicht und Einsatzhorn auch tatsächlich gegeben waren, KG VM **82** 37, 41 (Anm *Booß*), **85** 77, NZV **98** 27, Kö VRS **67** 295, Dü NZV **92** 489. Zur Auswirkung mißbräuchlicher Verwendung auf die Haftpflicht, s KG VM **82** 41. Alle Fze, in Bewegung oder haltend, müssen beiseite oder rechts heran oder scharf rechts ganz langsam fahren, nötigenfalls – aber nicht immer, Kö VRS **67** 295 – anhalten, bis sie beurteilen können, ob sie das Vorrechtsfz behindern, s Bay VRS **16** 393, Dü VR **88** 813, NZV **92** 489, Ha NJWE-VHR **98** 233, ZfS **99** 55, auch wenn das WegerechtsFz noch sichtbar ist, Dü VR **85** 669. Bleibt die beabsichtigte Fahrtrichtung unklar, ist zu warten, KG VM **81** 87. Wer nicht ausmachen kann, woher das Vorrechtsfz kommt, darf an Ort und Stelle anhalten und sich zunächst orientieren, BGH NJW **62** 797, VRS **22** 191. Beim Beiseitefahren sind Fahrgeschwindigkeit und Beweglichkeit des Vorrechtsfz zu berücksichtigen, Bay VRS **16** 393. Ein Fahrverhalten, das andere schädigen könnte, ist dabei zu vermeiden, KG VM **89** 78. In eine Kreuzung oder Einmündung darf nur abbiegen, wer sich vergewissert hat, daß das WegerechtsFz nicht von dort kommt, Dü NZV **92** 489, Ha VR **97** 1547. Ungewöhnlicher Fahrweise anderer VT in Erfüllung ihrer Pflicht aus Abs I S 2 ist durch Vorsicht und Bremsbereitschaft zu begegnen, Dü VR **87** 1140. Bildung einer Gasse für HilfsFze, s § 11 II. Wer auf einer EinbahnStr links fährt, wird dort bleiben dürfen, wenn rechts genügend Platz zum Vorbeifahren ist, Dü VM **60** 39, VR **88** 813. FzF müssen dafür Sorge tragen, daß sie das Einsatzhorn hören können, KG NZV **92** 456. Wer mit starkem Innengeräusch fährt und deshalb das Einsatzhorn nicht hören kann, muß dies durch besondere Aufmerksamkeit ausgleichen, Nü VR **77** 64. Der Vorrang mehrerer Vorrechtsfze untereinander läßt sich nicht regeln und hängt von den Umständen ab (Begr). S § 35 (Sonderrechte).

2. Blaues Blinklicht allein gewährt keinen Vorrang (Rz 9) und darf nur als WarnZ **12** in den in II bezeichneten Fällen verwendet werden; dazu gehören nunmehr auch Einsatzfahrten, s Rz 3. Die VT müssen nicht damit rechnen, daß ein Einsatzfz nur mit blauem Blinklicht ohne Betätigung des Einsatzhorns bei Rot durchfahren wird, KG VRS **56** 241, s Kö NZV **96** 237. Ausrüstung mit blauem Blinklicht: § 52 III. Gibt blaues Blinklicht auch keinen Vorrang, so mahnt es doch zu erhöhter Vorsicht, BGH VM **69** 43, Ko DAR **04** 146, KG VRS **104** 355 (Herabsetzung der Geschwindigkeit), Kö NZV **96** 237, Dü VR **78** 744. Da von einem haltenden Fz ausgehendes Blaulicht vor allem auch vor Unfallstellen warnt (Abs II), Dü VR **95** 232, ist dort mit Hindernissen oder Verletzten auf der gesamten Fahrbahnbreite zu rechnen, die Geschwindigkeit daher erheblich zu verringern, Ko DAR **04** 146. Wer in eine so gesicherte Unfallstelle hineinfährt und eine Kollision herbeiführt, handelt grob fahrlässig, Ko DAR **04** 146. Einem Kf, dessen gesamte Aufmerksamkeit durch den Blick nach vorn in Anspruch genommen wird, ist kein Vorwurf zu machen, wenn er ein hinter ihm fahrendes PolFz mit Blaulicht (ohne Einsatzhorn) nicht bemerkt, Kar VRS **72** 83. Befreiung von der Vorschrift des Abs II, s § 35 Rz 4.

3. Gelbes Blinklicht ist ein GefahrZ (III). Nur die im § 52 IV bezeichneten Fze **13** dürfen es führen. Es darf ausschließlich in den in III bezeichneten Fällen verwendet werden. Verwendung auf Fahrt, Mißbrauch: Vwv Rn 1. III ist keine Ausrüstungsnorm. Doch werden aus Betriebsgründen ungewöhnlich langsam fahrende Kfze meist nach § 52 IV mit gelbem Blinklicht auszurüsten sein, s *List* VD **71** 37. Gelbes Blinklicht gibt kein Vorrecht. Gezeigt darf es nur werden, wenn das Fz zu seinem Sonderzweck gemäß III verwendet wird, von Abschleppwagen zB nicht auf der Fahrt zur Bergungsstelle, aber während der Bergung, bei der Rückfahrt nur, soweit III zutrifft (ungewöhnliches Langsamfahren, überbreites, überlanges oder sonst übergroßes Fz). Es warnt nur vor den Gefahren, die von dem Fz und den von diesem aus durchgeführten Arbeiten ausgehen, Dü VRS **82** 94, und veranlaßt andere VT zu besonderer Sorgfalt, Ko VRS **105** 417, KG VM **93** 27. Ortsfestes gelbes Blinklicht (Vwv Rn 14 zu § 37, zu § 38 Rn 2f) hat nur Warnfunktion und geht den allgemeinen Regeln und VZ nicht vor, sondern mahnt zu deren Beachtung, Kö NZV **02** 374, VRS **53** 309.

14   **4. Ordnungswidrig** (§ 24 StVG) handelt, wer entgegen § 38 I, II oder III S 3 blaues Blinklicht zusammen mit dem Einsatzhorn oder allein oder gelbes Blinklicht verwendet, oder entgegen § 38 I S 2 nicht sofort freie Bahn schafft (§ 49 III Nr 3). Nichtbeachten des LichtZ setzt zumindest Fahrlässigkeit voraus. Von schwerhörigen oder tauben VT muß erwartet werden, daß sie ihr Verhalten nach der erkennbaren Reaktion der übrigen VT einrichten (s Rz 11).

Verkehrszeichen★

39 (1) Angesichts der allen Verkehrsteilnehmern obliegenden Verpflichtung, die allgemeinen und besonderen Verhaltensvorschriften dieser Verordnung eigenverantwortlich zu beachten, werden örtliche Anordnungen durch Verkehrszeichen nur dort getroffen, wo dies aufgrund der besonderen Umstände zwingend geboten ist.

(1 a) Innerhalb geschlossener Ortschaften ist abseits der Vorfahrtstraßen (Zeichen 306) mit der Anordnung von Tempo 30-Zonen (Zeichen 274.1) zu rechnen.

(2) ¹Verkehrszeichen sind Gefahrzeichen, Vorschriftzeichen und Richtzeichen. ²Auch Zusatzschilder sind Verkehrszeichen. ³Die Zusatzschilder zeigen auf weißem Grund mit schwarzem Rand schwarze Zeichnungen oder Aufschriften. ⁴Sie sind dicht unter den Verkehrszeichen angebracht. ⁵Verkehrszeichen und Zusatzschilder können, auch gemeinsam, auf einer Trägerfläche aufgebracht werden. ⁶Abweichend von den abgebildeten Verkehrszeichen und Zusatzschildern können die weißen Flächen schwarz und die schwarzen Sinnbilder und der schwarze Rand weiß sein, wenn diese Zeichen nur durch Lichter erzeugt werden.

(2a) ¹Verkehrszeichen können auf einem Fahrzeug angebracht werden. ²Sie gelten auch, während das Fahrzeug sich bewegt. ³Sie gehen den Anordnungen der ortsfest angebrachten Verkehrszeichen vor.

(3) Regelungen durch Verkehrszeichen gehen den allgemeinen Verkehrsregeln vor.

(4) Werden Sinnbilder auf anderen Verkehrsschildern als den in §§ 40 bis 42 dargestellten gezeigt, so bedeuten die Sinnbilder:

★ Varianten s Katalog der Verkehrszeichen (VzKat 1992), BAnz 92 Nr 66a und Rz 31.

Verkehrszeichen § 39 StVO **2**

Personenkraftwagen

Personenkraftwagen
mit Anhänger

Lastkraftwagen
mit Anhänger

Kraftfahrzeuge und Züge,
die nicht schneller
als 25 km/h fahren
können oder dürfen

Krafträder,
auch mit Beiwagen,
Kleinkrafträder und Mofas

Mofas

Begr zur ÄndVO v 21. 7. 80: VBl **80** 514; zur ÄndVO v 22. 3. 88: VBl **88** 225.   1

Begr zur ÄndVO v 19. 3. 92 (VBl **92** 187):   2
Zu Abs. 2 a: *Die Ergänzung ... wurde notwendig, da die StVO im Grundsatz davon ausgeht, daß Verkehrszeichen auf eine Standort und/oder auf eine feste Strecke bezogen angeordnet und die Verkehrszeichen hierfür ortsfest aufgestellt werden. Die vorgesehene Ergänzung ist für die Anordnung von Verkehrszeichen auf Fahrzeugen bei der Firmenbegleitung von Großraum- und Schwertransporten erforderlich. Einsätze entsprechender beweglicher Verkehrszeichen durch die Polizei werden denkbar; in Baustellenbereichen werden sie bereits eingesetzt.*

Begr zur ÄndVO v 7. 8. 97 (VBl **97** 689): **Zu Abs 1:** – Begründung des Bundesrates   3
– *In der Bundesrepublik Deutschland war in der zurückliegenden Zeit ein zunehmender Trend zur Regelung aller Verkehrssituationen durch Verkehrszeichen festzustellen. Sie gehört inzwischen zu den Ländern mit der höchsten Verkehrszeichendichte. Diese übermäßige Beschilderung im Straßenverkehr führt zu einer allgemeinen Überforderung und Ablenkung der Verkehrsteilnehmer sowie zu Akzeptanzproblemen bei der Beachtung von Verkehrsvorschriften. Zugleich hat dies zu einer unerwünschten Abwertung der grundlegenden gesetzlichen Verhaltensvorschriften im Straßenverkehr im Bewußtsein der Verkehrsteilnehmer und damit zu einer Minderung der Bereitschaft zu einer eigenverantwortlichen Beurteilung der Verkehrssituation und der sich daraus ergebenden Verhaltensweise geführt. Die Verkehrsministerkonferenz hatte daher am 21./22. März 1996 beschlossen, daß eine effektive Reduzierung der Verkehrszeichenbeschilderung vor allem aus Gründen der Verkehrssicherheit dringend geboten sei.*
Der neue Absatz 1 von § 39 trägt dem Rechnung. Er verdeutlicht den Verkehrsteilnehmern die vorrangige Bedeutung der allgemeinen und besonderen Verhaltensvorschriften und daraus folgend die Subsidiarität der Verkehrszeichenanordnung. Zugleich verweist er auf die Verpflichtung der Kraftfahrer zum eigenverantwortlichen Verhalten im Straßenverkehr.

Begr zur ÄndVO v 11. 12. 00 (VBl **01** 9): **Zu Abs 1 a:** *Die Änderung ist Teil mehrerer*   4
Neuregelungen zu den Tempo 30-Zonen, durch die dieser durch Verkehrszeichen angeordneten zonenbezogenen Höchstgeschwindigkeit ein größeres Gewicht beigemessen wird.
...
Durch die Änderung wird hervorgehoben, dass der Fahrzeugführer abseits der Vorfahrtstraßen grundsätzlich mit der Anordnung von Tempo 30-Zonen rechnen muss. Der Fahrzeugführer kann sich damit kaum mehr darauf berufen, dass er eine konkrete Tempo 30 km/h-Anordnung übersehen habe.
Die Neuregelung dient zudem der Rechtssicherheit. § 39 Abs. 1 weist die Verkehrsteilnehmer darauf hin, dass sie örtliche Anordnungen durch Verkehrszeichen nur dort antreffen werden, wo dies auf Grund der besonderen Umstände „zwingend geboten" ist. Da die Anordnung von Tempo 30-Zonen nicht nur zur Sicherheit und Ordnung des Verkehrs, sondern z. B. auch zur Unterstützung einer geordneten städtebaulichen Entwicklung erfolgen kann, werden etwaige Rechtsunsicherheiten, ob auch in diesen Fällen eine Zonen-Anordnung als „zwingend geboten" im Sinne der Vorschrift anzusehen ist, ausgeschlossen.

2 StVO § 39 II. Zeichen und Verkehrseinrichtungen

Zu den §§ 39 bis 43 Allgemeines über Verkehrszeichen und Verkehrseinrichtungen

5 1 I. Die behördlichen Maßnahmen zur Regelung und Lenkung des Verkehrs durch Verkehrszeichen und Verkehrseinrichtungen sollen die allgemeinen Verkehrsvorschriften sinnvoll ergänzen. Dabei ist nach dem Grundsatz zu verfahren, so wenig Verkehrszeichen wie möglich anzuordnen.

2 Verkehrszeichen, die lediglich die gesetzliche Regelung wiedergeben, sind nicht anzuordnen. Dies gilt auch für die Anordnung von Verkehrszeichen einschließlich Markierungen, deren rechtliche Wirkung bereits durch ein anderes vorhandenes oder gleichzeitig angeordnetes Verkehrszeichen erreicht wird. Abweichungen bedürfen der Zustimmung der obersten Landesbehörde.

3 1. Beim Einsatz moderner Mittel zur Regelung und Lenkung des Verkehrs ist auf die Sicherheit besonders Bedacht zu nehmen.
Verkehrszeichen, Markierungen, Verkehrseinrichtungen, sollen den Verkehr sinnvoll lenken, einander nicht widersprechen und so den Verkehr sicher führen.
Die Wahrnehmbarkeit darf nicht durch Häufung von Verkehrszeichen beeinträchtigt werden.

4 2. Die Flüssigkeit des Verkehrs ist mit den zur Verfügung stehenden Mitteln zu erhalten. Dabei gehört der Förderung der öffentlichen Verkehrsmittel besondere Aufmerksamkeit.

6 5 II. Soweit die StVO und diese Allgemeine Verwaltungsvorschrift für die Ausgestaltung und Beschaffenheit, für den Ort und die Art der Anbringung von Verkehrszeichen und Verkehrseinrichtungen nur Rahmenvorschriften geben, soll im einzelnen nach dem jeweiligen Stand der Wissenschaft und Technik verfahren werden, den das Bundesministerium für Verkehr nach Anhörung der zuständigen obersten Landesbehörden im Verkehrsblatt erforderlichenfalls bekanntgibt.

6 III. Allgemeines über Verkehrszeichen:

7 1. Es dürfen nur die in der StVO abgebildeten Verkehrszeichen verwendet werden oder solche, die das Bundesministerium für Verkehr nach Anhörung der zuständigen obersten Landesbehörden durch Verlautbarung im Verkehrsblatt zuläßt.
Die Formen der Verkehrszeichen müssen den Mustern der StVO entsprechen.

8 7 2. Allgemeine Regeln zur Ausführung der Gestaltung von Verkehrszeichen einschließlich der verkehrsrechtlichen erforderlichen Anforderungen an ihre Materialien sind als Anlage zu dieser Verwaltungsvorschrift im Katalog der Verkehrszeichen (VzKat) – (BAnz Nr. 66a vom 3. April 1992) – ausgeführt.

9 8 3. Größe der Verkehrszeichen

a) Die Ausführung der Verkehrszeichen und Verkehrseinrichtungen ist auf das tatsächliche, individuelle Erfordernis zu begrenzen; unnötig groß dimensionierte Zeichen sind zu vermeiden.

9 b) Sofern in dieser Vorschrift nichts anderes bestimmt wird, erfolgt die Wahl der benötigten Verkehrszeichengröße – vor dem Hintergrund einer sorgfältigen Abwägung – anhand der folgenden Tabellen:

Verkehrszeichen	Größe 1 (70%)	Größe 2 (100%)	Größe 3 (125 bzw. 140%)
Ronde (ø)	420	600	750 (125%)
Dreieck (Seitenl.)	630	900	1260 (140%)
Quadrat (Seitenl.)	420	600	840 (140%)
Rechteck (H · B)	630 · 420	900 · 600	1260 · 840 (140%)

Maße in mm

Zusatzzeichen	Größe 1 (70%)	Größe 2 (100%)	Größe 3 (125%)
Höhe 1	231 · 420	330 · 600	412 · 750
Höhe 2	315 · 420	450 · 600	562 · 750
Höhe 3	420 · 420	600 · 600	750 · 750

Maße der Zusatzzeichen in mm

10 c) Größenangaben für Sonderformen (z. B. Zeichen 201 „Andreaskreuz"), die in dieser Vorschrift nicht ausgeführt werden, finden sich im VzKat.

Verkehrszeichen § 39 StVO **2**

11 d) In der Regel können die Verkehrszeichen folgenden Geschwindigkeitsbereichen zugeordnet werden:

Größen der Verkehrszeichen für Dreiecke, Quadrate und Rechtecke

Geschwindigkeitsbereich (km/h)	Größe
20 bis weniger als 50	1
50 bis 100	2
mehr als 100	3

Größen der Verkehrszeichen für Ronden

Geschwindigkeitsbereich (km/h)	Größe
0 bis 20	1
mehr als 20 bis 80	2
mehr als 80	3

12 e) Übergrößen der Verkehrszeichen können verwendet werden, wenn das an wichtigen Straßenstellen zur besseren Sichtbarkeit aus größerer Entfernung zweckmäßig ist.

13 f) Auf Autobahnen und autobahnähnlich ausgebauten Straßen ohne Geschwindigkeitsbeschränkung werden Verbote und vergleichbare Anordnungen zunächst durch Verkehrszeichen der Größe 3 angekündigt, Wiederholungen erfolgen in der Regel in der Größe 2.

14 g) In verkleinerter Ausführung dürfen nur diejenigen Verkehrszeichen angebracht werden, bei denen das in dieser Verwaltungsvorschrift ausdrücklich zugelassen ist. Das Verhältnis der vorgeschriebenen Maße soll auch bei Übergrößen und Verkleinerungen gegeben sein. Im übrigen sind bei allen Verkehrszeichen kleine Abweichungen von den Maßen zulässig, wenn dieses aus besonderen Gründen notwendig ist und keine auffällige Veränderung der Zeichen bewirkt wird.

15 4. Die Ausführung der Verkehrszeichen darf nicht unter den Anforderungen anerkannter 10 Gütebedingungen liegen.

16 5. Als Schrift ist die Schrift für den Straßenverkehr DIN 1451, Teil 2 zu verwenden. 11

17 6. Die Farben müssen den Bestimmungen und Abgrenzungen des Normblattes „Auf- 12 sichtsfarben für Verkehrszeichen – Farben und Farbgrenzen" (DIN 6171) entsprechen.

18 7. Alle Verkehrszeichen dürfen rückstrahlen oder von außen oder innen beleuchtet sein, so- 13 weit dies nicht ohnehin vorgeschrieben ist.

19 a) Vor allem bei Gefahrzeichen (§ 40) und Vorschriftzeichen (§ 41) empfiehlt sich in der Regel solche Ausführung (vgl. aber Nummer I zu Zeichen 283 und 286; Rn. 1).

20 b) Bei Verkehrszeichen, die rückstrahlen oder beleuchtet sind, ist darauf zu achten, daß die Wirkung der übrigen Verkehrszeichen nicht beeinträchtigt wird und Verkehrsteilnehmer durch die beleuchteten Verkehrszeichen nicht geblendet werden. Wo Verkehrszeichen von innen oder außen beleuchtet sind, müssen in der Nähe befindliche Verkehrszeichen, durch die eine Wartepflicht angeordnet oder angekündigt wird, mindestens ebenso wirksam beleuchtet sein.

21 c) Im Interesse der Gleichheit des Erscheinungsbildes der Verkehrszeichen bei Tag und Nacht ist in der Regel eine voll retroreflektierende Ausführung einer nur teilweise retroreflektierenden vorzuziehen.

22 d) Vgl. Nummer 16 Satz 2 und 3; Rn. 44.

23 e) Ein Verkehrszeichen ist nicht schon dann von außen beleuchtet, wenn es von einer Straßenleuchte, vielmehr nur dann, wenn es von einer eigenen Lichtquelle angestrahlt ist.

24 f) Verkehrszeichen können auch als Wechselverkehrszeichen in Wechselzeichengebern dargestellt werden. Solche Zeichen können zeitweise gezeigt, geändert oder aufgehoben werden. Für die Wechselzeichengeber haben sich verschiedene Techniken als zweckmäßig erwiesen. Einzelheiten enthalten die „Richtlinien für Wechselverkehrszeichen an Bundesfernstraßen (RWVZ)", die das Bundesministerium für Verkehr im Einvernehmen mit den zuständigen obersten Landesbehörden im Verkehrsblatt bekanntgibt.

14	25	8. Die Verkehrszeichen müssen fest eingebaut sein, soweit sie nicht nur vorübergehend aufgestellt werden. Pfosten und Rahmen sollen grau oder weiß sein.
15	26	9. Verkehrszeichen sind gut sichtbar in etwa rechtem Winkel zur Verkehrsrichtung auf der rechten Seite der Straße anzubringen, soweit nicht in dieser Verwaltungsvorschrift anderes gesagt ist.
	27	a) Links allein oder über der Straße allein dürfen sie nur angebracht werden, wenn Mißverständnisse darüber, daß sie für den gesamten Verkehr in einer Richtung gelten, nicht entstehen können und wenn sie so besonders auffallen und im Blickfeld des Fahrers liegen.
	28	b) Wo nötig, vor allem an besonders gefährlichen Straßenstellen, können die Verkehrszeichen auf beiden Straßenseiten, bei getrennten Fahrbahnen auf beiden Fahrbahnseiten aufgestellt werden.
16	29	10. Es ist darauf zu achten, daß Verkehrszeichen nicht die Sicht behindern, insbesondere auch nicht die Sicht auf andere Verkehrszeichen oder auf Blinklicht- oder Lichtzeichenanlagen verdecken.
17	30	11. Häufung von Verkehrszeichen Weil die Bedeutung von Verkehrszeichen bei durchschnittlicher Aufmerksamkeit zweifelsfrei erfaßbar sein muß, sind Häufungen von Verkehrszeichen zu vermeiden. Es ist daher stets vorrangig zu prüfen, auf welche vorgesehenen oder bereits vorhandenen Verkehrszeichen verzichtet werden kann.
	31	Sind dennoch an einer Stelle oder kurz hintereinander mehrere Verkehrszeichen unvermeidlich, so muß dafür gesorgt werden, daß die für den fließenden Verkehr wichtigen besonders auffallen. Kann dies nicht realisiert werden oder wird ein für den fließenden Verkehr bedeutsames Verkehrszeichen an der betreffenden Stelle nicht erwartet, so ist jene Wirkung auf andere Weise zu erzielen (z. B. durch Übergröße oder gelbes Blinklicht).
	32	a) Am gleichen Pfosten oder sonst unmittelbar über- oder nebeneinander dürfen nicht mehr als drei Verkehrszeichen angebracht werden.
	33	aa) Gefahrzeichen stehen in der Regel allein. Sie können mit Verkehrsverboten und Streckenverboten kombiniert werden, wenn durch das Gefahrzeichen vor der Gefahr gewarnt wird, deretwegen die Verbote ausgesprochen werden. Solche Kombinationen (z. B. Zeichen 103, 274 und 276, Zeichen 110 und 277, Zeichen 120, 264 und 274) sind zweckmäßig, weil das Gefahrzeichen dem Verkehrsteilnehmer klarmacht, warum die Vorschriften gegeben werden. Dann sind die Verkehrszeichen in möglichst geringer Entfernung vor der Gefahrstelle aufzustellen.
	34	bb) Mehr als zwei Vorschriftzeichen sollen an einem Pfosten nicht angebracht werden. Sind ausnahmsweise drei solcher Verkehrszeichen an einem Pfosten vereinigt, dann darf sich nur eins davon an den fließenden Verkehr wenden.
	35	cc) Vorschriftzeichen für den fließenden Verkehr dürfen in der Regel nur dann kombiniert werden, wenn sie sich an die gleichen Verkehrsarten wenden und wenn sie die gleiche Strecke oder den gleichen Punkt betreffen.
	36	dd) Verkehrszeichen, durch die eine Wartepflicht angeordnet oder angekündigt wird, dürfen nur dann an einem Pfosten mit anderen Verkehrszeichen angebracht werden, wenn jene wichtigen Zeichen besonders auffallen.
	37	ee) Dasselbe gilt für die Kombination von Vorschriftzeichen für den fließenden Verkehr mit Haltverboten.
	38	ff) Die Zeichen 201, 278 bis 282 und 350 dürfen mit anderen Verkehrszeichen nicht kombiniert werden.
	39	b) Dicht hintereinander sollen Verkehrszeichen für den fließenden Verkehr nicht folgen. Zwischen Pfosten, an denen solche Verkehrszeichen gezeigt werden, sollte vielmehr ein so großer Abstand bestehen, daß der Verkehrsteilnehmer bei der dort gefahrenen Geschwindigkeit Gelegenheit hat, die Bedeutung der Verkehrszeichen nacheinander zu erfassen.
18	40	12. An spitzwinkligen Einmündungen ist bei der Aufstellung der Verkehrszeichen dafür zu sorgen, daß Benutzer der anderen Straße sie nicht auf sich beziehen, auch nicht bei der Annäherung; erforderlichenfalls sind Sichtblenden oder ähnliche Vorrichtungen anzubringen.

Verkehrszeichen § 39 StVO **2**

41 13. a) Die Unterkante der Verkehrszeichen sollte, soweit nicht bei einzelnen Zeichen anderes gesagt ist, in der Regel 2 m vom Boden entfernt sein, über Radwegen 2,20 m, an Schilderbrücken 4,50 m, auf Inseln und an Verkehrsteilern 0,60 m. 19

42 b) Verkehrszeichen dürfen nicht innerhalb der Fahrbahn aufgestellt werden. In der Regel sollte der Seitenabstand von ihr innerhalb geschlossener Ortschaften 0,50 m, keinesfalls weniger als 0,30 m betragen, außerhalb geschlossener Ortschaften 1,50 m.

43 14. Verkehrszeichen sollen nur dort angebracht werden, wo dies nach den Umständen geboten ist. Über die Anordnung von Verkehrszeichen darf in jedem Einzelfall nur nach gründlicher Prüfung entschieden werden; die Zuziehung ortsfremder Sachverständiger kann sich empfehlen. Hierbei ist auch zu prüfen, ob sich anstelle der Verkehrszeichen oder zusätzlich eine bauliche Umgestaltung oder das Anbringen von Leiteinrichtungen empfiehlt; das ist bei der Straßenbaubehörde anzuregen. 20

44 15. Sollen Verkehrszeichen nur zu gewissen Zeiten gelten, dürfen sie sonst nicht sichtbar sein. Nur die Geltung der Zeichen 229, 245, 250, 251, 253, 255, 260, 261, 270, 274, 276, 277, 283, 286, 290, 314 und 315 darf statt dessen auf einem Zusatzschild, z. B. „8–16 h", zeitlich beschränkt werden. Verkehren öffentliche Verkehrsmittel zu gewissen Tageszeiten oder an bestimmten Wochentagen nicht, so kann auch das Parkverbot an ihren Haltestellen durch ein Zusatzschild zu dem Zeichen 224 beschränkt werden, z. B. „Parken Sa und So erlaubt". Vorfahrtregelnde Zeichen vertragen keinerlei zeitliche Beschränkungen, weder auf diese noch auf jene Weise. 21

45 16. Auf Straßen mit Straßenbeleuchtung ist darauf zu achten, daß die Verkehrszeichen von ihr erhellt werden; es empfiehlt sich daher, Verkehrszeichen entweder hinter den Leuchten aufzustellen oder sie an den Lichtmasten so anzubringen, daß sie vom Licht getroffen werden. Ist das nicht möglich, so müssen die Schilder rückstrahlen oder erforderlichenfalls (§ 17 Abs. 1) von innen oder außen beleuchtet sein. Das gilt nicht für die Zeichen 224, 229, 237, 239, 240, 241, 242, 243, 244, 244a, 283, 286, 314, 315, 355, 357 bis 359, 375 bis 377, 385, 388, 394 und 437. 22

46 17. Zusatzzeichen im besonderen 22a
a) Sie sollten, wenn irgend möglich, nicht beschriftet sein, sondern nur Sinnbilder zeigen. Wie Zusatzzeichen auszugestalten sind, die in der StVO oder in dieser Vorschrift nicht erwähnt, aber häufig notwendig sind, wird das Bundesministerium für Verkehr nach Anhörung der zuständigen obersten Landesbehörden in einem Verzeichnis im Verkehrsblatt bekanntgegeben. Abweichungen von den in diesem Verzeichnis aufgeführten Zusatzzeichen sind nicht zulässig; andere Zusatzzeichen bedürfen der Zustimmung der zuständigen obersten Landesbehörde oder der von ihr bestimmten Stelle.

47 b) Mehr als zwei Zusatzzeichen sollten an einem Pfosten, auch zu verschiedenen Verkehrszeichen, nicht angebracht werden. Die Zuordnung der Zusatzzeichen zu den Verkehrszeichen muß eindeutig erkennbar sein.

48 c) Zusatzzeichen zu beleuchteten oder retroreflektierenden Verkehrszeichen müssen wie diese beleuchtet sein oder retroreflektieren.

49 d) Entfernungs- und Längenangaben sind auf- oder abzurunden. Anzugeben sind z. B. 60 m statt 63 m, 80 m statt 75 m, 250 m statt 268 m, 800 m statt 750 m, 1,2 km statt 1235 m.

(Fortsetzung der Vwv: Rz 24)

Zusatzzeichen (BAnz 92 Nr 66a S 53–80): 23

Teil 8: Zusatzzeichen
– 8.1 Einteilung –

Die Zusatzzeichen werden in vier Hauptgruppen mit Untergruppen eingeteilt und den Nummern entsprechend zugeordnet:

1000–1019	Gruppe der allgemeinen Zusatzzeichen
1000	Richtungsangaben durch Pfeile
1001	Länge einer Verbotsstrecke
1002/1003	Hinweise auf den Verlauf von Vorfahrtstraßen

2 StVO § 39 II. Zeichen und Verkehrseinrichtungen

1004/1005	Entfernungsangaben
1006/1007	Hinweise auf Gefahren
1008/1009	Hinweise auf geänderte Vorfahrt, Verkehrsführung u. ä.
1010/1011	sonstige Hinweise mit grafischen Symbolen
1012/1013	sonstige Hinweise durch verbale Angaben

1020–1039	**Gruppe der „frei"-Zusatzzeichen**
1020/1021	Personendarstellungen (auch verbal)
1022/1023	Fahrzeugdarstellungen: Fahrzeuge ohne Motor und Krafträder
1024/1025	Fahrzeugdarstellungen: Fahrzeuge mit Motor außer Krafträder
1026/1027	Taxi, Krankenfahrzeuge u. ä. „frei" (verbale Angabe)
1028/1030	sonstige Verkehrsteilnehmer „frei" (verbale Angabe)

1040–1059	**Gruppe der beschränkenden Zusatzzeichen**
1040/1041	Zeitangaben: Stunden ohne Beschränkung auf Wochentage
1042/1043	Zeitangaben: mit Beschränkung auf Wochentage
1044/1045	Personendarstellungen
1046/1047	Fahrzeugdarstellungen: Fahrzeuge ohne Motor und Krafträder
1048/1049	Fahrzeugdarstellungen: Fahrzeuge mit Motor außer Krafträder
1050/1051	Fahrzeugdarstellungen: verbale Bezeichnung von Fahrzeugen mit Motor außer Krafträder
1052/1053	Fahrzeuge mit besonderer Ladung und sonstige Beschränkungen

ab 1060 ... **Gruppe der besonderen Zusatzzeichen**

z. B. Zusatzzeichen 1060-10: Gefahrzeichen für Wohnwagengespanne an Gefällestrecken mit starkem Seitenwind auf Autobahnen

– 8.2 Ausführung (Gestaltung) –

Zusatzzeichen 1000–1019 Gruppe der allgemeinen Zusatzzeichen
Zusatzzeichen 1000/1001: Richtungsangaben durch Pfeile

mit zugehörigen Unternummern

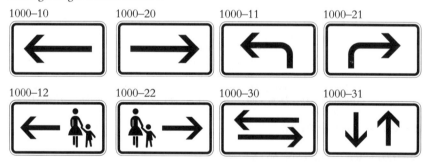

Zusatzzeichen 1000–1019 Gruppe der allgemeinen Zusatzzeichen
Zusatzzeichen 1001: Länge einer Verbotsstrecke

mit zugehörigen Unternummern

Verkehrszeichen § 39 StVO **2**

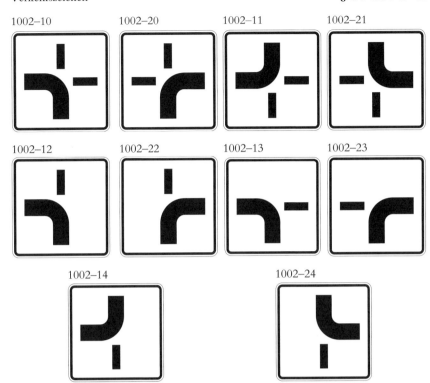

Zusatzzeichen 1000–1019 Gruppe der allgemeinen Zusatzzeichen
Zusatzzeichen 1004/1005: Entfernungsangaben

mit zugehörigen Unternummern

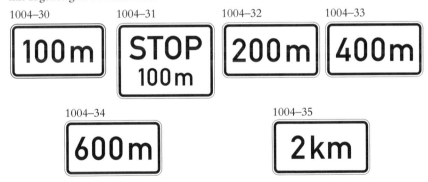

Zusatzzeichen 1000–1019 Gruppe der allgemeinen Zusatzzeichen
Zusatzzeichen 1006/1007: Hinweise auf Gefahren

mit zugehörigen Unternummern

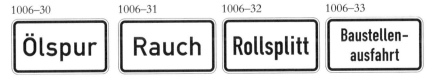

2 StVO § 39 — II. Zeichen und Verkehrseinrichtungen

1006–34   1006–35 1006–36  1006–37

1006–38  1006–39  1007–30

Zusatzzeichen 1000–1019 Gruppe der allgemeinen Zusatzzeichen
Zusatzzeichen 1008/1009: Hinweise auf geänderte Vorfahrt, Verkehrsführung u. ä.
mit zugehörigen Unternummern

1008–30 1008–31 1008–32 1008–33

Zusatzzeichen 1000–1019 Gruppe der allgemeinen Zusatzzeichen
Zusatzzeichen 1010/1011: Hinweise mit grafischen Symbolen
mit zugehörigen Unternummern

1010–10   1010–11   1010–12  1010–13

1010–14

Zusatzzeichen 1000–1019 Gruppe der allgemeinen Zusatzzeichen
Zusatzzeichen 1012/1013: sonstige Hinweise durch verbale Angaben
mit zugehörigen Unternummern

1012–30 Anfang 1012–31 Ende 1012–32 Radfahrer absteigen 1012–33 keine Mofas

Verkehrszeichen § 39 StVO **2**

Zusatzzeichen 1020–1039 Gruppe der „frei"-Zusatzzeichen
Zusatzzeichen 1020/1021: Personendarstellungen (auch verbal)
mit zugehörigen Unternummern

Zusatzzeichen 1020–1039 Gruppe der „frei"-Zusatzzeichen
Zusatzzeichen 1022/1023: Fahrzeugdarstellungen: Radfahrer, Krafträder, auch mit Beiwagen, Kleinkrafträder und Mofas
mit zugehörigen Unternummern

Zusatzzeichen 1020–1039 Gruppe der „frei"-Zusatzzeichen
Zusatzzeichen 1024/1025: Fahrzeugdarstellungen: mehrspurige Fahrzeuge
mit zugehörigen Unternummern

Zusatzzeichen 1020–1039 Gruppe der „frei"-Zusatzzeichen
Zusatzzeichen 1026/1027: Taxi, Krankenfahrzeuge u. ä. „frei" (verbale Angaben)
mit zugehörigen Unternummern

1026–30 — TAXI frei
1026–31 — Mofas frei
1026–32 — Linienverkehr frei
1026–33 — Einsatzfahrzeuge frei

1026–34 — Krankenfahrzeuge frei
1026–35 — Lieferverkehr frei
1026–36 — Landwirtschaftlicher Verkehr frei
1026–37 — Forstwirtschaftlicher Verkehr frei

Zusatzzeichen 1020–1039 Gruppe der „frei"-Zusatzzeichen
Zusatzzeichen 1026/1027: Taxi, Krankenfahrzeuge u. ä. „frei" (verbale Angaben)
mit zugehörigen Unternummern

1026–38 — Land- und forstwirtsch. Verkehr frei
1026–39 — Betriebs- und Versorgungsdienst frei

Zusatzzeichen 1020–1039 Gruppe der „frei"-Zusatzzeichen
Zusatzzeichen 1028/1029: sonstige Verkehrsteilnehmer „frei" (verbale Angaben)
mit zugehörigen Unternummern

1028–30 — Baustellenfahrzeuge frei
1028–31 — bis Baustelle frei
1028–32 — Anlieger bis Baustelle frei
1028–33 — Zufahrt bis |||||||||||||| frei

1028–34 — Fährbenutzer frei

Zusatzzeichen 1040–1059 Gruppe der besonderen Zusatzzeichen
Zusatzzeichen 1040/1041: Zeitangaben: Stunden ohne Beschränkung auf Wochentage
mit zugehörigen Unternummern

1040–10  10-16h
1040–30 — 16-18 h
1040–31 — 8-11h / 16-18h
1040–32 2 Std.

Verkehrszeichen § 39 StVO **2**

1040–33

Zusatzzeichen 1040–1059 Gruppe der besonderen Zusatzzeichen
Zusatzzeichen 1042/1043: Zeitangaben: mit Beschränkung auf Wochentage
mit zugehörigen Unternummern

1042–30   1042–31   1042–32   1042–33

  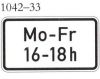

Zusatzzeichen 1040–1059 Gruppe der besonderen Zusatzzeichen
Zusatzzeichen 1044/1045: Personendarstellungen
mit zugehörigen Unternummern

1042–34   1042–35   1042–36   1042–37

1044–10   1044–11   1044–30

Zusatzzeichen 1040–1059 Gruppe der beschränkenden Zusatzzeichen
Zusatzzeichen 1046/1047: Fahrzeugdarstellungen: Krafträder, auch mit Beiwagen, Kleinkrafträder und Mofas
mit zugehörigen Unternummern

1046–11   1046–12

Zusatzzeichen 1040–1059 Gruppe der beschränkenden Zusatzzeichen
Zusatzzeichen 1048/1049: Fahrzeugdarstellungen: mehrspurige Fahrzeuge
mit zugehörigen Unternummern

1048–10   1048–11   1048–12   1048–13

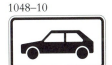   

2 StVO § 39
II. Zeichen und Verkehrseinrichtungen

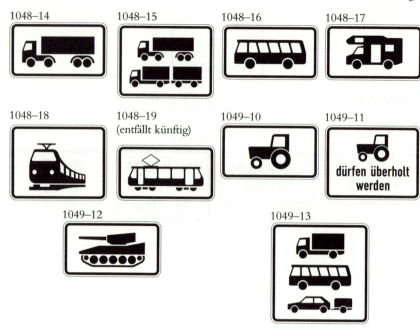

Zusatzzeichen 1040–1059 Gruppe der beschränkenden Zusatzzeichen
Zusatzzeichen 1050/1051: Fahrzeugdarstellungen: verbale Bezeichnungen von Fahrzeugen mit zugehörigen Unternummern

Zusatzzeichen 1040–1059 Gruppe der beschränkenden Zusatzzeichen
Zusatzzeichen 1052/1053: Fahrzeuge mit besonderer Ladung und sonstige Beschränkungen
mit zugehörigen Unternummern

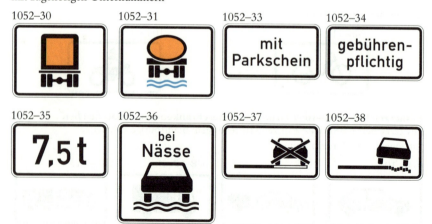

Verkehrszeichen $\qquad$ § 39 StVO **2**

1052–39

1053–30

Parken in gekennzeichneten Flächen erlaubt

Zusatzzeichen 1040–1059 Gruppe der beschränkenden Zusatzzeichen
Zusatzzeichen 1060: besondere Zusatzzeichen
mit zugehörigen Unternummern

1060–10

1060–11

1060–30

Streugut

Weitere Zusatzzeichen, s. Rz 41.

Fortsetzung der Vwv zu §§ 39 bis 43 (Nr. I–III: s Rz 5–22 a):

IV. Allgemeines über Markierungen (§ 41 Abs. 3 und 4 und § 42 Abs. 6)   24

50   1. Die Markierungen sind weiß (vgl. aber Nummer 3 vor Zeichen 350). Als weiße Markierungen sind auch metallfarbene Markierungsknöpfe anzusehen. Gelbe Markierungsknöpfe und gelbe Markierungen dürfen nur im Falle des § 41 Abs. 4 verwendet werden.

51   2. Anstelle von Markierungen, dürfen Markierungsknöpfe nur verwendet werden, wenn 25 dies in der StVO zugelassen ist und das auch nur dann, wenn es zweckmäßig ist, z. B. auf Pflasterdecken.

52   3. Dagegen können Markierungen aller Art durch das zusätzliche Anbringen von Markierungsknöpfen in ihrer Wirkung unterstützt werden; geschieht dies an einer ununterbrochenen Linie, so dürfen die Markierungsknöpfe nicht gruppenweise gesetzt werden. Zur Kennzeichnung gefährlicher Kurven und überhaupt zur Verdeutlichung des Straßenverlaufs an unübersichtlichen Stellen kann das Anbringen von Markierungsknöpfen auf Fahrstreifenbegrenzungen, auf Fahrbahnbegrenzungen und auf Leitlinien nützlich sein. Sperrflächen lassen sich auf solche Weise verdeutlichen. Markierungsknöpfe können an Fußgängerüberwegen von Nutzen sein.   26

53   4. Markierungsknöpfe ohne und mit Rückstrahlern müssen in Grund- und Aufriß eine abgerundete Form haben. Der Durchmesser soll nicht kleiner als 120 mm und nicht größer als 150 mm sein. Die Markierungsknöpfe dürfen nicht mehr als 25 mm aus der Fahrbahn herausragen.   27

54   V. Allgemeines über Verkehrseinrichtungen   28
Für Verkehrseinrichtungen gelten die Vorschriften der Nummer III 1, 2, 4, 5, 6, 7 a bis c, 7 e, 8, 10, 13 und 14 sinngemäß, Rn. 6 ff.

Vwv zu § 39 Verkehrszeichen

Zu Absatz 1

1   Auf Nummer I zu den §§ 39 bis 43 wird verwiesen; Rn. 1.   29

Zu Absatz 2

2   Verkehrszeichen, die als Wechselverkehrszeichen aus einem Lichtraster gebildet werden (sogenannte Matrixzeichen), zeigen die sonst schwarzen Symbole, Schriften und Ziffern durch   30

II. Zeichen und Verkehrseinrichtungen

weiße Lichter an, der sonst weiße Untergrund bleibt als Hintergrund für die Lichtpunkte schwarz. Diese Umkehrung für Weiß und Schwarz ist nur solchen Matrixzeichen vorbehalten.

Übersicht

Anbringung der Verkehrszeichen 6, 13 ff, 31–33, 35	Sichtbarkeit der Verkehrszeichen 14, 16, 19, 32–34
Befestigung 13, 31, 32	Unkenntlichkeit 32–34, 36
Größe 6, 9, 31	Unklarheit 14, 16, 20, 32–34
Neue Bundesländer 41	Verkehrszeichen 5 ff, 31
Ordnungswidrigkeit 40	Zeichenänderung 37, 38
Phantasiezeichen unzulässig 7, 31, 32	Zeichenhäufung 20, 21, 23, 36
Schilder 37	Zeichenkenntnis 37
	Zusatzschilder 31 a

31 **1. Verkehrszeichen. Allgemeines.** VZ dienen der sicheren, flüssigen Vführung (Vwv Rn 1 ff zu §§ 39 bis 43). Rechtsnatur: § 41 Rz 247. Einzelheiten: §§ 40–42. Die VRegelung geschieht nur durch VZ und VEinrichtungen (§ 45 Rz 41) gemäß Anordnung der StrVB (§ 45 Rz 42). Art der Anbringung und Ausgestaltung der VZ: § 45 Rz 43. Beschaffen, Anbringen, Unterhalten, Betrieb der VZ und VEinrichtungen: § 45 Rz 44. Zulässig sind ausschließlich in der StVO vorgesehene oder vom BMV im VBl zugelassene VZ und Sinnbilder, OVG Münster Betr **70** 1878, KG VRS **65** 299, Kö NZV **90** 483 (Vwv zu §§ 39 bis 43 Rn 6, dort Näheres über Formen und Muster, Maße, Übergröße, Verkleinerung, Schrift, Farben, Beleuchtung, rückstrahlend, Anbringung, Sichtbarkeit, Notwendigkeit, Zusatzschilder, Häufung, Kombination, Sinnbilder). Daß die StVO die VZ und VEinrichtungen abschließend regelt (**E** 6), schließt sinn- und zweckgerechte Auslegung der Einzelregelung nicht aus, BGH VRS **51** 232. Abweichende VZ in den **neuen Bundesländern,** s Rz 41. „PhantasieZ" s § 41 Rz 246. Maße der VZ einschließlich der Varianten, VzKat 1992 (BAnz **92** Nr 66 a). Bei Übergrößen wie Verkleinerungen ist das Maßverhältnis einzuhalten. Die Verwendung sogenannter Matrixzeichen (auch durch Fernsteuerung wandelbare Zeichen mit technisch notwendiger Farbumkehr) ist nunmehr ausdrücklich zulässig (II Satz 6), jedoch nur bei Erzeugung der Zeichen durch Licht. Verbindlich sind auch solche VZ, die nicht unmittelbar in der StVO enthalten sind, sich jedoch aus in dieser vorgesehenen Elementen zusammensetzen oder bloße spiegelbildliche **Abwandlungen** darstellen und in dieser Form vom BMV formell verlautbart sind (zB das Z 104 oder das Z 250 mit einem Sinnbild gemäß § 39, nicht aber zB ein auf den Boden gemaltes VZ 237 oder 239, das lediglich geeignet ist, auf ein entsprechendes VZ hinzuweisen, Bay DAR **84** 236 (bei *Rüth*). Geringe Abweichungen beeinflussen die Gültigkeit des VZ nicht, Bay VRS **71** 309, **72** 306, s aber § 41 Rz 246. Die Darstellung mehrerer VZ auf einer **gemeinsamen Trägerfläche** läßt II S 5 ausdrücklich zu; diese VZ entfalten die gleiche Wirkung wie solche auf einzelnen Schildern, BaySt **01** 4 = NZV **01** 220. Markierungen: Vwv zu §§ 39 bis 43 Rn 49 ff und §§ 41, 42. Ein Verkehrsspiegel ist kein VZ, sondern ein Sicherheitshilfsmittel, Kar VR **80** 1172. Im öffentlichen VRaum dürfen VZ **nur auf Anordnung der zuständigen StrVB** aufgestellt werden, Brn VRS **93** 28. Durch Unbefugte aufgestellte VZ sind **nichtig,** Kö VRS **92** 282; das gilt etwa für die Anbringung ohne Genehmigung der zuständigen VB durch Private, Brn VRS **93** 28, zB einen Gastwirt (Z 250), Ha VBl **65** 15, oder durch einen Bauunternehmer, VG Berlin NZV **90** 258; anders wenn die VB der Anbringung durch einen Bauunternehmer wenigstens zugestimmt hat, BVG NJW **70** 2075, oder die Aufstellung von der Anordnung der StrVB zwar abweicht, aber von der Pol (in Überschreitung ihrer sachlichen Zuständigkeit) veranlaßt wurde, Bay VRS **61** 138, oder wenn die Abweichung nur unwesentlich ist, OVG Münster NZV **01** 279. Nichtig sind VZ auch bei Aufstellung durch unzuständige Behörden, Bay NJW **65** 1973 (Flurbereinigungsamt), DAR **84** 121 (Forstverwaltung), so zB auch ein vom StrBauamt aufgestelltes VZ nur zur Sicherung von VKontrollen vor Zustimmung der StrVB, Fra NJW **68** 2072. S im übrigen § 41 Rz 247.

31 a **Zusatzschilder** (II S 2, Rz 22 a, 23, VzKat, BAnz **92** Nr 66 a) müssen weiß mit schwarzem Rand sein, Bay VRS **71** 309, **72** 306, sie können beliebige Anordnungen

Verkehrszeichen § 39 StVO **2**

durch Zeichen oder Aufschriften enthalten, Kar VM **80** 28, müssen aber **hinreichend klar** sein, BGHSt **27** 318 = VRS **54** 151, Bay VRS **68** 287, **69** 64, NZV **92** 83, Kar VM **80** 28, Ce VM **77** 51, VRS **53** 128 („bei Nässe", s § 41 Z 274), Kö NZV **92** 200, vor allem bei Kombination mehrerer ZusatzZ, Dr DAR **97** 160. VZ mit und ohne Zusatzschilder müssen inhaltlich bestimmt und widerspruchsfrei sein, Bay VM **78** 29, VRS **69** 64, NZV **89** 38. Die StVO zählt die Zusatzschilder nicht abschließend auf; durch Vwv zur StVO (s Vwv Rn 46, Rz 22 a) kann diese Rechtslage nicht eingechränkt werden, Bay VM **77** 50, VRS **61** 157, **68** 287, NZV **92** 83, BGH VRS **54** 151, Ce VM **77** 51, Dü VM **93** 43, VGH Ma VRS **107** 149, OVG Münster NZV **97** 414, aM Dü VM **95** 95 (Anm *Thubauville*), s dazu *Cramer* DAR **86** 207, *Bouska* DAR **92** 287. **Werktag** iS des Zusatzschildes „werktags" ist auch der Sonnabend, Ha NZV **02** 245, Dü DAR **91** 310, Hb DAR **84** 157, AG Rosenheim DAR **96** 70, zw *Ortbauer* DAR **95** 463. Der Zusatz „Mo–Fr" gilt nicht auch für gesetzliche Feiertage, s *Janker* NZV **04** 120. Das Zusatzschild Nr 1026–35 **„Lieferverkehr frei"** gestattet nur den Transport von Waren zu und von den im gesperrten Bereich liegenden Geschäften oder von Waren durch Gewerbetreibende an Private im Rahmen der Geschäftsausübung, BVG NZV **94** 125, nicht das Abholen und Bringen von Fahrgästen durch Reisebüro, Dü VRS **67** 151, nicht die Ablieferung von Geld durch Bankkunden an eine Bank, OVG Lüneburg VM **81** 54 (Anm *Booß*), nicht privaten Transport von Kleidung oder Wäsche zur Reinigung bzw Wäscherei, KG VRS **62** 65, überhaupt nicht die Zufahrt zu Geschäften durch Kunden, krit *Booß* VM **81** 55. **„Linienverkehr"** iS des Zusatzschildes Nr 1026–32 liegt nur bei fahrplanmäßigen Fahrten vor, nicht bei Leerfahrten. Begriffsbestimmung im übrigen: §§ 42, 43 PBefG. Der Zusatz gestattet die Durchfahrt unabhängig davon, ob das Befahren der Str im Rahmen des Fahrplans notwendig ist, Kö VRS **85** 143. **„Landwirtschaftlicher Verkehr"** iS von Zusatzzeichen Nr 1026–36 umfaßt nicht auch hobbygärtnerische Landbestellung, OVG Münster DAR **02** 474. Der Zusatz **„Frei für den Forstbetrieb"** entspricht inhaltlich dem Schild Nr 1026–37, Bay VRS **61** 392. Ein Zusatzschild **„Zufahrt zu den markierten Parkplätzen"** erlaubt nicht das Verweilen in dem gesperrten Bereich, um abzuwarten, ob gelegentlich ein Parkplatz frei werde, Ce VRS **74** 66 (anders aber wohl, wenn ein bestimmter Parkplatz gerade geräumt wird). Dagegen untersagt das Schild 1028–33 („Zufahrt bis ... frei") nicht ohne weiteres das Parken im Zufahrtbereich, s Dü VM **93** 43. Nur **Pkw oder Lkw** kennzeichnende Zusatzschilder (zB Nr 1048–10, –11, –13) gelten nicht auch für Wohnmobile, Schl NZV **91** 163, KG NZV **92** 162, *Berr* 462; Zusatzschild 1048–10 (Pkw) umfaßt nicht auch Pkw mit Wohnanhänger, anders jedoch Nr 1048–11 (Pkw mit Anhänger), s *Berr* 800. Da ZusatzZ Nr 1048–12 (anders als zB 1048–13) nicht nur Lkw betrifft, sondern Kfze über 3,5 t, ausgenommen Pkw (s Abs IV sowie Definition VZKat, BAnz **92** Nr 66a S 93 mit VBl **97** 702), gilt es nicht für Wohnmobile über 3,5 t, s Bay VRS **92** 437, s *Kullik* PVT **94** 333, aM Ha PVT **94** 332, Entsprechendes gilt für Z 1049-13, BaySt **97** 74 = NZV **97** 405. Zusatzschilder mit **erläuternden Hinweisen** über den Zweck eines durch VZ angeordneten Gebots oder Verbots haben keine konstitutive Bedeutung für dessen Wirksamkeit, Stu NZV **98** 422 („Luftreinhaltung"). Ein Zusatzschild „Lärmschutz" besitzt keinerlei Regelungsgehalt und unterliegt daher nicht den Anforderungen an Zusatzschilder, Sa NZV **89** 159. Zum Inhalt von Zusatzschildern zu Z 250 s auch § 41 Rz 248. Zusatzschilder sind **dicht unter dem zugehörigen VZ** anzubringen, auch gemeinsam mit diesem auf *einer* Tafel (II S 5, insoweit ist Bay VRS **71** 309, **72** 306 überholt); bei Zeichenhäufung am selben Pfosten muß ihre Zuordnung deutlich erkennbar sein, Bay VM **78** 29. Ein unter mehreren VZ angebrachtes Zusatzschild bezieht sich nur auf das unmittelbar darüber befindliche VZ, wie aus II S 4 folgt, BaySt **01** 4 = NZV **01** 220, **89** 38, BaySt **03** 61 = NJW **03** 2253, BVG NJW **03** 1408, OVG Hb VRS **104** 468 (abl *D. Müller* VD **04** 124, weil nicht eindeutig erkennbar). Ein von einem VVerbot befreiendes Zusatzschild behält seine Gültigkeit für den, der es kennt, auch, wenn es **unleserlich** geworden ist, Schl VM **87** 3 (Anm *Booß*).

Lit: *Huppertz,* Die Verwendung von ZusatzZ im öffentlichen StrV, PVT **93** 229. *Janker,* Zur Geltung von Haltverboten (Z 283 und 286) mit Zusatzschild „Montag–Freitag" an Wochentags-Feiertagen, NZV **04** 120. *D. Müller,* Mißverstandenes Parken im Haltverbot, VD **04** 124. *Ortbauer,* Der Begriff „Werktag" im StrV, DAR **95** 463.

32 **Deutlich sichtbare Anbringung** gehört zur Gültigkeit des VZ, BGH VR **65** 1096 (Verkehrssicherungspflicht!), Bay VRS **16** 197, Stu VR **78** 1075, VRS **95** 441. Haftung des VSicherungspflichtigen bei schuldhafter Nichtbeseitigung der Sichtbarkeitsbeeinträchtigung des VZ, Jn VM **98** 71. Das VZ gilt für die Richtung, in der es aufgestellt ist, Ce DAR **00** 578, Ol NRpfl **95** 135. VZ sind so anzubringen und VZ-Kombinationen so zu gestalten, daß auch ein Ortsunkundiger ihre Bedeutung ohne weitere Überlegung sofort eindeutig erkennen kann, Bay VM **78** 28, s Rz 33. An die Befestigung sind höchste Anforderungen zu stellen (AB), Kö DAR **65** 211. Hat der Sicherungspflichtige nicht für genügende Sichtbarkeit des VZ gesorgt, so haftet er, BGH VRS **29** 339 (Verletzung der Wartepflicht). Sind behelfsmäßige VZ mehrfach mißbräuchlich entfernt worden, muß der Sicherungspflichtige sie fest verankern, Kar VR **76** 95. Notwendigerweise lose aufgestellte VZ sind behelfsmäßig zu befestigen, s Dü VM **66** 47, und je nach Örtlichkeit (Vergnügungsviertel) und Umständen (Wochenende) streng zu überwachen, Kö VM **67** 13. **Aufstellungsmängel** bei Wahrnehmbarkeit des VZ beeinträchtigen seine Geltung nicht, Ha VRS **29** 139 (parallel zur Straße anstatt quer, jenseits des Gehwegs statt am Fahrbahnrand, Tatfrage), Bay VRS **40** 379, Stu VR **78** 1075. Ein unbefugterweise aus Sicht gedrehtes VZ bleibt objektiv gültig (uU jedoch bei Verstoß Verneinung der inneren Tatseite), Ha JMBlNRW **71** 166. Wird ein bewegliches VZ (Haltverbot) von Unbefugten so umgedreht, daß der fließende Verkehr es nicht erkennen kann, so ist ein Verstoß nur dem vorzuwerfen, der diesen Eingriff kennt, so wohl auch Ha VM **71** 6, aM OVG Münster DAR **97** 366 (abl *Hentschel* NJW **98** 652), VG Mü DAR **90** 193, wonach der VT verpflichtet sein soll, sich über den Inhalt zu informieren (zust *Hauser* DAR **91** 326). VZ sind außerhalb ihres gesetzlich definierten Geltungsbereichs unzulässig und unbeachtlich, es sei denn, ihre Nichtbeachtung könnte andere behindern oder gefährden (Verständigung nötig). VZ auf Privatgrundstücken ohne öffentlichen Verkehr: § 33 Rz 12. Größen- oder Befestigungsabweichungen beeinträchtigen die rechtliche Geltung idR nicht (Vwv Rn 12ff zu §§ 39–43), Bay VM **71** 23, s KG VRS **12** 128, aber Dü VM **66** 15 (zu kleines Z 205), auch nicht geringfügige Abweichungen, die den Sinngehalt nicht berühren, s Bay VRS **40** 379. Unwirksam sind **unkenntlich gewordene VZ**, die beim Fahren mit beiläufigem Blick nicht mehr richtig erfaßt werden können, Ol VRS **35** 250 (verrostete weiße Fläche), Kö VRS **31** 305, NZV **93** 406, Bay VRS **46** 307, Dü JMBlNRW **82** 43, s dazu *Härlein* NZV **89** 257, wobei die Umstände entscheiden, vor allem die Beurteilung im Fahren oder Halten. Dies gilt auch bei vorübergehender, etwa witterungsbedingter Unkenntlichkeit, Bay JZ **84** 683 (verschneit), Stu VRS **95** 441 (Zweige); die darauf beruhende Unkenntnis seines Inhalts kann den VT aber zu besonderer Vorsicht verpflichten (§ 1 I, II StVO), Bay NJW **84** 2110. Ein vorübergehend nicht erkennbares VZ entfaltet seine Wirksamkeit nach Erkennbarwerden, also auch seine etwaige Gebots- oder Verbotswirkung, Kö NZV **93** 406. Phantasiezeichen sind nichtig, s § 41 Rz 246.

33 Auf **ordnungsmäßige Beschilderung** darf der VT **vertrauen** und muß daher nicht nach VZ suchen, KG DAR **57** 81. Beim Zeichenaufstellen haben die StrVB auf den heutigen Schnellverkehr und ohne übermäßige Anforderungen auf den „durchschnittlichen VT" abzustellen, BGH NJW **70** 1126, Ha NZV **01** 379. VEinrichtungen müssen so beschaffen sein, daß ihre Anordnungen bei zumutbarer Aufmerksamkeit im Fahren **durch beiläufigen Blick erfaßt,** verstanden und befolgt werden können, BGH NJW **66** 1456, Bay VM **78** 29, NJW **84** 2112, Brn VRS **102** 336, Dü DAR **97** 283, Stu VRS **95** 441, Ha PVT **94** 332, ohne irrezuführen, BGH NJW **66** 1456, ohne jeden auch nur optischen Widerspruch zu einer anderen Lenkungsmaßnahme, BGH NZV **00** 412 (Vwv Rn 3 zu §§ 39 bis 43).

34 **Unklarheit** bei VZ oder Schildern (s auch Rz 31a) verletzt die Amtspflicht, Kar VR **78** 1173, und geht nicht zu Lasten des VT, Bay VM **78** 29, Kar VR **78** 1173, Sa VRS **47** 387, Ce VRS **34** 473, Ha PVT **94** 332, *Booß* VM **73** 87, doch hat dieser im Zweifel das vorsichtigere Verhalten zu wählen, Stu VRS **36** 134, KG NZV **99** 85 (im Ergebnis zw). Eine unklare Regelung kann unvermeidbaren Verbotsirrtum begründen, Bay VM **78** 29, Sa VRS **47** 387. Stehen vor einer weiträumigen Kreuzung mehrere VZ, von denen eines in der Kreuzung wiederholt wird, so hebt dies die übrigen nicht auf, Stu VRS **36** 134. *Moser,* Zur Klarheit von VZ, VOR **72** 409.

Verkehrszeichen § 39 StVO **2**

Die VZ sind **idR rechts anzubringen** (s § 41 II S 1), Ha VRS **107** 134, uU aber 35
auch links oder auf beiden StrSeiten (Vwv Rn 26 zu §§ 39 bis 43), s Bay VRS **16** 197,
und niemals überhäuft (Vwv Rn 3, 30 zu §§ 39 bis 43). Bei nur einem Fahrstreifen je
Richtung genügt idR Aufstellung auf der rechten Seite, BGH Betr **70** 2265. Ein rechts
aufgestelltes VZ ist verbindlich, auch wenn es außerdem auch links hätte stehen sollen,
Dü VM **70** 69, NZV **91** 204. *In der Regel* 2 m über dem Boden soll das VZ angebracht
sein (Vwv zu §§ 39-43 Rn 41), Abweichungen sind, wenn die Wahrnehmbarkeit nicht
beeinträchtigt wird, unschädlich, Brn VRS **102** 336. Sind VZ auf einem stehenden oder
fahrenden Fz angebracht (zB bei Baustellen-, Arbeits-, PolFzen, bei Großraumtranspor-
ten), Abs II a, so gehen sie ortsfest angebrachten VZ vor.

Lit: *Härlein*, Zu viele alte Schilder?, NZV **89** 257. *Hauser*, Mobile VZ, DAR **91** 324. *Lewin*,
Vorübergehend aufgestellte VZ, PVT **98** 87.

Mehr als drei VZ zugleich überschreiten die individuelle Wahrnehmungsgrenze, 36
verzögern die Reaktion und können dadurch gefährdend wirken, *Undeutsch* DAR **66**
324. Aber auch 3 VZ können gleichzeitig nicht von allen VT erfaßt werden, *Spoerer*
VGT **84** 189, *Latzel*, PVT **93** 165. Mit der zugelassenen höheren Fahrgeschwindigkeit
muß die Zahl der VZ relativ abnehmen. Bei mehreren VZ am selben Pfosten ist ein
Irrtum darüber, zu welchem Zeichen ein Zusatzschild gehört, nur unter besonderen
Umständen vorwerfbar, Bay VM **78** 29, abw BaySt **03** 61 = NJW **03** 2253, s dazu auch
Rz 31 a.

Lit: *Cohen*, VZ als gestörtes Kommunikationssystem, ZVS **95** 73. *Latzel*, Syntaktische Aspekte der
Aufstellung und des Ablesens von VZ, PVT **93** 165. *Spoerer*, Mehr oder weniger VZ?, VGT **84** 187.

Jeder VT darf damit rechnen, daß **verkehrserhebliche Anordnungen** durch *VZ* ge- 37
troffen werden; andere Schilder muß er nur lesen, wenn sie schon äußerlich offensicht-
lich etwas Verkehrserhebliches enthalten können, Bay VM **70** 67 (Schild: „bei Rot vor
der Kreuzung halten!", s dazu § 37 Rz 50). Beachtung angefochtener VorschrZ: § 41.
Jeder VT muß die Bedeutung der wesentlichen kennen, BGH VR **69** 832, auch die
Fußgänger im Verhältnis zum Fahrverkehr, sonst bei Ursächlichkeit der Unkenntnis
Schuld oder Mitschuld (**E** 141 a, 142). **Zurückhaltende Verwendung von VZ** ge-
bietet Abs I; Anordnungen durch VZ sind nur dort zu treffen, wo dies zwingend gebo-
ten ist. Liegen solche Umstände nicht vor, so verstößt die VZ-Anbringung gegen § 45
IX 1. Die einschränkenden Bestimmungen des Abs I und des § 45 IX 1 gelten grund-
sätzlich für *alle* VZ (bzw VEinrichtungen), zB auch solche, die den ruhenden V betref-
fen, s *Kettler* NZV **02** 62ff, nach Sinn und Zweck der Regelung (s Begr, Rz 3) aber in
erster Linie für VZ, die Verhaltensvorschriften begründen, und wohl nicht für solche,
deren Inhalt und Zweck offensichtlich von dem Erfordernis des Abs I nicht abhängen
kann, wie etwa bei manchen RichtZ, insoweit einschränkend *Kettler* NZV **02** 64. Je-
doch kann nicht nur die VSicherheit, sondern auch die im Interesse der Leichtigkeit und
Flüssigkeit erforderliche **Ordnung des Verkehrs** (§ 45 I S 1) dessen Regelung durch
VZ gebieten, zB durch Entmischung (Radwegbenutzung), s *Bouska* NZV **01** 320. Die
Neuregelung (ÄndVO v 7. 8. 97) ist zu begrüßen, weil sparsameres Anbringen von VZ
deren Beachtung fördert und eigenverantwortliches Verhalten der VT unter Besinnung
auf die Regeln der StVO stärkt. Freilich kann andererseits zB der Verzicht von vor-
fahrtregelnden VZ zugunsten der allgemeinen Vorfahrtregel (rechts vor links) den VFluß
erheblich beeinträchtigen oder etwa das Fehlen von ÜberholverbotsZ an gefährlichen
Stellen trotz eines sich schon aus § 5 ergebenden Verbotes beim Kf zu einer falschen
Einschätzung führen und die Bereitschaft zu gefährlichem Überholen fördern. Abs I a
hinsichtlich der Aufstellung von **VZ 274.1 (Tempo 30-Zonen)** enthält einen Hinweis
ohne eigentlichen konkreten Regelungsgehalt, soll aber nach der amtlichen Begr (Rz 4)
die begrüßenswerte Einschränkung von verkehrsbeschränkenden VZ teilweise wieder
zurücknehmen und in der Weise konstitutiv wirken, daß sich eine Prüfung des nach
Abs I vorgeschriebenen Erfordernisses erübrige, s *Kramer* DAR **01** 104 (was der Wort-
laut freilich nicht ergibt), s im übrigen § 45 Rz 37. Für die **Beurteilung des Verschul-
dens** bei Übersehen des VZ läßt sich Abs I a nur sehr eingeschränkt instrumentalisieren,
weil zum einen ohnehin mit VZ immer zu rechnen ist und zum anderen Abs I a an
dem Regel-Ausnahme-Verhältnis zwischen dem unangetastet gebliebenen Grundsatz des

2 StVO § 39   II. Zeichen und Verkehrseinrichtungen

§ 3 III Nr 1 und der Beschränkung der danach geltenden 50 km/h-Regel durch VZ nichts ändern kann, s *Hentschel* NJW **02** 726, abw *Kramer* DAR **01** 105, VD **01** 52.

Lit: *Kettler*, § 45 IX StVO – ein übersehener Paragraph?, NZV **02** 57.

38   Mit **Zeichenänderung** muß gerechnet werden, BGH NJW **70** 1126, Brn VRS **102** 336, doch muß sie deutlich sein, BGH NJW **70** 1126 (Vorfahrtänderung). In solchen Fällen empfehlen sich deutliche Hinweistafeln, s Vwv Rn 3 zu § 41 (§ 41 Rz 4), *Ganschezian-Finck* NJW **70** 1843. Bei Änderung der Vorfahrtregelung kann das Unterlassen besonderer Hinweise zu Haftung der StrVB führen, LG Marburg DAR **97** 279, s auch BGH NJW **70** 1126 (im Ergebnis wegen auffälligen Verhängens der alten VZ verneint), einschränkend Brn VRS **102** 336 (nur wenn Umfang des VAufkommens, Unübersichtlichkeit, Schnelligkeit des V Unaufmerksamkeit nahelegen). Wird eine langjährig bestehende Verkehrsführung geändert, so kann die StrVB uU verpflichtet sein, die Anwohner besonders darauf hinzuweisen, LG Bonn NZV **93** 34 (Umkehrung einer Einbahn-StrRichtung).

39   Die BRep Deutschland ist dem Europäischen **Übereinkommen über Straßenmarkierungen** vom 13. 12. 57 (G v 29. 6. 62, BGBl II 841) beigetreten; es ist am 3. 4. 63 in Kraft getreten (Bekanntmachung v 30. 8. 63, BGBl II 1293). Seinen Vorschriften ist in der StVO entsprochen. Richtlinien für die Markierung von Strn, s VBl **93** 667. Alle Brücken werden mit militärischen **Tragfähigkeitsschildern** versehen (runde Schilder auf gelbem Grund, schwarze Aufschriften). Für den zivilen Verkehr haben sie keine Bedeutung, VBl **56** 706. S dazu auch VBl **60** 377 (Mustervereinbarung über militärische Straßen- und Brückenbeschilderung) sowie VBl **83** 13 (Befahren von Brücken durch GleiskettenFze im KolonnenV).

40   2. § 39 enthält keine OW-Norm (§ 49). Maßgebend sind insoweit die übrigen StVO-Vorschriften einschließlich der §§ 41, 42. Soweit VZ in der StVO weder unmittelbar noch als Varianten vorgesehen sind, erlauben sie keine OW-Sanktion; als zu den Gesamtumständen des jeweiligen VVorgangs gehörig können sie jedoch je nach Inhalt zivil- oder strafrechtlich bedeutsam sein.

41   3. **Überleitungsbestimmungen für die neuen Bundesländer:**

Anl I Kap XI B III Nr 14 h) zum Einigungsvertrag

h) Neben den in den §§ 39 bis 43 geregelten Verkehrszeichen bleiben diejenigen Verkehrszeichen der Anlage 2 der Straßenverkehrs-Ordnung vom 26. Mai 1977 (GBl. I Nr. 20 S. 257), zuletzt geändert durch Verordnung vom 9. September 1986 (GBl. I Nr. 31 S. 417), gültig, die in ihrer Ausführung dem Sinn der in §§ 39 bis 43 geregelten Verkehrszeichen entsprechen. Es gelten die Bestimmungen der §§ 39 bis 43.

Die bis zum Wirksamwerden des Beitritts aufgestellten Verkehrszeichen gemäß Anlage 2 zur Straßenverkehrs-Ordnung der Deutschen Demokratischen Republik, die nicht in den §§ 39 bis 43 geregelt sind, bleiben mit hinweisendem Charakter gültig.

Anl II Kap XI B III Nr 4 e) zum Einigungsvertrag

e) **Die Verkehrszeichen der Anlage 2 Bilder 215 (Wendeverbot), 419 (nicht gültig für abgebildete Fahrzeugart), 421 (nicht gültig für Schwerst-Gehbehinderte mit Ausnahmegenehmigung) und 422 (gültig bei Nässe) behalten ihre bisherige Bedeutung.**

Zusatzzeichen nach Anl 2 der StVO/DDR

Bild 419   Bild 421   Bild 422
nicht gültig   nicht gültig   gültig bei Nässe
für abgebildete Fahrzeugart   für Schwerst-Gehbehinderte
                                           (mit Ausnahmegenehmigung)

Gefahrzeichen § 40 StVO **2**

Der rechtliche Inhalt der nach Anl I Kap XI B III Nr 14h fortgeltenden VZ der StVO/DDR entspricht demjenigen der vergleichbaren VZ der StVO, s dazu Bouska DAR **91** 162f. Das Nichtbeachten von VZ der StVO/DDR, die nur mit Hinweischarakter fortgelten, begründet keinen OW-Tatbestand. Im übrigen gilt für die Ahndung des Nichtbefolgens von fortgeltenden VZ der StVO/DDR Anl II Kap XI B Nr 4f zum Einigungsvertrag (abgedruckt bei § 49 StVO Rz 4).

Gefahrzeichen*

40 (1) Gefahrzeichen mahnen, sich auf die angekündigte Gefahr einzurichten.
(2) ¹Außerhalb geschlossener Ortschaften stehen sie im allgemeinen 150 bis 250 m vor den Gefahrstellen. ²Ist die Entfernung erheblich geringer, so kann sie auf einem Zusatzschild angegeben sein, wie

1

(3) Innerhalb geschlossener Ortschaften stehen sie im allgemeinen kurz vor der Gefahrstelle.
(4) Ein Zusatzschild wie

2

kann die Länge der Gefahrstrecke angeben.
(5) Steht ein Gefahrzeichen vor einer Einmündung, so weist auf einem Zusatzschild ein schwarzer Pfeil in die Richtung der Gefahrstelle, falls diese in der anderen Straße liegt.
(6) ¹Gefahrzeichen im einzelnen:

Zeichen 101

3

Gefahrstelle

²Ein Zusatzschild kann die Gefahr näher bezeichnen. ³So warnt das

Zusatzschild

4

vor schlechtem Fahrbahnrand. ⁴Das

Zusatzschild

5

erlaubt, auf dieser Straße Wintersport zu treiben, gegebenenfalls zeitlich beschränkt, wie „9–17 h".

---

* Varianten s Katalog der Verkehrszeichen (VzKat 1992), BAnz 1992 Nr 66a und § 39 Rz 31.

2 StVO § 40   II. Zeichen und Verkehrseinrichtungen

Vwv zu § 40 Gefahrzeichen

6 **1** I. Soweit bei den einzelnen Gefahrzeichen nichts anderes bestimmt ist, dürfen sie außerhalb geschlossener Ortschaften nur dann mehr als 250 m oder weniger als 150 m von der Gefahrstelle entfernt aufgestellt werden, wenn dies zur ausreichenden Unterrichtung der Kraftfahrer dienlich ist. Innerhalb geschlossener Ortschaften empfiehlt es sich, auf einem Zusatzschild die Entfernung anzugeben, wenn die Schilder auf Straßen mit erheblichem Fahrverkehr weniger als 30 m oder mehr als 50 m vor der Gefahrstelle stehen.

7 **2** II. Die Entfernung zur Gefahrstelle und die Länge der Gefahrstrecke auf Zusatzschildern mit Umstandswörtern wie „nach ...", „auf ..." bekanntzugeben, ist unzulässig. Solche Zusatzschilder müssen vielmehr den in der StVO angegebenen Beispielen entsprechen.

8 **3** III. Wegen der Aufstellung von Gefahrzeichen an Autobahnen vgl. Nummer II zu den Zeichen 330, 332 bis 334 und 448 bis 453; Rn. 5ff.

Vwv zu Zeichen 101 Gefahrstelle

9 **1** I. Das Zeichen darf nicht anstelle der anderen amtlichen Gefahrzeichen verwendet werden, es sei denn, daß in Notfällen das andere Zeichen nicht zur Verfügung steht. Auch die nähere Kennzeichnung der Gefahr auf einem Zusatzschild sollte nur in solchen Fällen unterbleiben. Vgl. auch Nummer I zu § 44 Abs. 2; Rn. 7 und 8.

10 **2** II. Vor Schienenbahnen ohne Vorrang darf nur durch dieses Zeichen samt einem Zusatzschild z.B. mit der Abbildung des Sinnbildes im Zeichen 151 gewarnt werden, bei nicht oder kaum benutzten Gleisen auch durch das Zeichen 112.

11 **3** III. Der Warnung vor „schlechtem Fahrbahnrand" bedarf es nur, wenn die Straße sonst gut ausgebaut ist und die Schadhaftigkeit des Randes schlecht erkennbar ist und bei erheblicher Geschwindigkeit gefährlich werden kann.

12   **Zeichen 102**

Kreuzung oder Einmündung
mit Vorfahrt von rechts

Vwv zu Zeichen 102 Kreuzung oder Einmündung mit Vorfahrt von rechts

13 Das Zeichen darf nur aufgestellt werden vor schwer erkennbaren Kreuzungen und Einmündungen von rechts, an denen die Vorfahrt nicht durch Vorfahrtzeichen geregelt ist. Innerhalb geschlossener Ortschaften ist das Zeichen im allgemeinen entbehrlich.

14   **Zeichen 103**   **Zeichen 105**
14 a

Kurve   Doppelkurve
(rechts)   (zunächst rechts)

768

Gefahrzeichen § 40 StVO

Vwv zu den Zeichen 103 und 105 Kurve

1 I. Die Zeichen für „Linkskurve" und „Doppelkurve (zunächst links)" sind als symmetrisches Gegenstück zu den Zeichen 103 und 105 auszuführen. Nur diese vier Ausführungen von Kurvenzeichen dürfen gezeigt werden; es ist unzulässig, etwa durch Änderung des Pfeils zu versuchen, den näheren Verlauf der Kurve darzustellen.

2 II. Mehr als zwei Kurven hintereinander sind durch ein Doppelkurvenzeichen mit einem Zusatzschild, das die Länge der kurvenreichen Strecke angibt, anzukündigen. Vor den einzelnen Kurven kann dann eine Warnung in der Regel unterbleiben.

3 III. Gefährliche Kurven
Wenn der Fahrer bei der Annäherung an eine Kurve den weiteren Straßenverlauf nicht rechtzeitig sehen kann und deshalb oder aus anderen Gründen nicht den richtigen Eindruck von der in der Kurve gefahrlos zu fahrenden Geschwindigkeit erhält, ist durch Zeichen 103 oder 105 oder durch Richtungstafeln (§ 43 Abs. 3 Nr. 3 Buchst. b) oder auf beide Weisen zu warnen:

4 1. Das Zeichen 103 ist anzubringen, wenn die in der Kurve mögliche Geschwindigkeit erheblich unter derjenigen liegt, die in der davor liegenden Strecke gefahren wird, und dies bei der Annäherung nicht ohne weiteres erkennbar ist.

5 2. Richtungstafeln kommen in Frage,
  a) wenn eine Kurve überhaupt nicht erwartet wird,

6 b) wenn nicht rechtzeitig zu erkennen ist, ob es sich um eine Rechts- oder Linkskurve handelt,

7 c) wenn sich die Krümmung der Kurve in deren Verlauf wesentlich ändert oder

8 d) wenn die Kurve bei gleichbleibender Krümmung eine größere Richtungsänderung bringt, als bei der Einfahrt in die Kurve zu vermuten ist.

9 In den Fällen a) und b) ist die Tafel so aufzustellen, daß sie vom Blick des Geradeausschauenden bei der Annäherung erfaßt wird, in den Fällen c) und d) dort, wo die Kurve gefährlich wird, gegebenenfalls an mehreren Stellen.

10 3. Zusätzlich zu einer Richtungstafel ist das Zeichen 103 immer dann notwendig, wenn die Richtungsänderung größer ist als vermutet oder wenn die Krümmung der Kurve zunimmt, sonst dann, wenn eine Richtungstafel nicht rechtzeitig erkennbar ist. Die zusätzliche Anbringung einer Richtungstafel zu den Gefahrzeichen kann notwendig sein, wenn es sich um eine besonders gefährliche Kurve handelt.

11 4. Handelt es sich nicht um eine, sondern um zwei oder mehrere unmittelbar hintereinander liegende Kurven, so ist statt des Zeichens 103 gegebenenfalls das Zeichen 105 anzubringen. Es kann erforderlich sein, auch vor der zweiten Kurve oder auch nur von dieser unter den obengenannten Voraussetzungen durch Richtungstafeln zu warnen.

12 In jedem Fall ist außerdem bei der Straßenbaubehörde eine Prüfung anzuregen, ob durch bauliche Maßnahmen eine Verbesserung erreicht werden kann.

13 IV. Läßt sich durch die Wahl des Aufstellungsorts nicht erreichen, daß das Zeichen zweifelsfrei auf die gefährliche Kurve bezogen wird (z. B. wenn vor dieser eine andere Kurve liegt), so ist durch geeignete Maßnahmen (z. B. Richtungstafeln in der gefährlichen Kurve, entsprechende Fahrbahnmarkierungen oder Wiederholung des Kurvenzeichens) dafür zu sorgen, daß die Warnung richtig verstanden wird.

14 V. Vgl. auch Nummer II zu Zeichen 114; Rn. 2.

Zeichen 108

Gefälle

Zeichen 110

Steigung

2 StVO § 40 II. Zeichen und Verkehrseinrichtungen

Vwv zu Zeichen 108 Gefälle und 110 Steigung

26 | 1 | I. Die Zeichen unterscheiden sich dadurch, daß im Zeichen „Gefälle" die angegebene Prozentzahl schräg abwärts steht, im Zeichen „Steigung" schräg aufwärts.

26 a | 2 | II. Es dürfen nur volle Prozentzahlen angegeben werden.

27 | 3 | III. Die Zeichen sollen nur dann aufgestellt werden, wenn der Verkehrsteilnehmer die Steigung oder das Gefälle nicht rechtzeitig erkennen oder wegen besonderer örtlicher Verhältnisse oder des Streckencharakters die Stärke oder die Länge der Neigungsstrecke unterschätzen kann. Im Gebirge kann selbst bei starker und langer Neigung oft auf solche Warnung verzichtet werden, während im Flachland unter Umständen schon Neigungen von 5 Prozent dazu Veranlassung geben können, dies namentlich dann, wenn auf der Gefäll- oder Steigungsstrecke sich Kurven oder Engstellen befinden, die nur mit mäßiger Geschwindigkeit durchfahren werden dürfen.

28 | 4 | IV. In der Regel ist die Länge der Gefahrstrecke auf einem Zusatzschild anzugeben.

29 | 5 | V. Vgl. auch Nummer V 3 zu Zeichen 275; Rn. 7.

30

Zeichen 112

Unebene Fahrbahn

Vwv zu Zeichen 112 Unebene Fahrbahn

31 | 1 | I. Das Zeichen ist vor allem aufzustellen, wenn Unebenheiten bei schneller Fahrt gefährlich werden können. Es darf aber nur an sonst gut ausgebauten Straßen aufgestellt werden, wenn deren Unebenheiten schlecht erkennbar sind.

31 a | 2 | II. Die Entfernung zwischen dem Standort des Zeichens und dem Ende der Gefahrstelle anzugeben, ist häufig empfehlenswert, dies namentlich dann, wenn vor einer unebenen Fahrbahn von erheblicher Länge gewarnt werden muß.

32 | 3 | III. Auch kann es zweckmäßig sein, kurz vor einer besonders unebenen Stelle das Zeichen zu wiederholen; auf einem Zusatzschild ist dann die Entfernung anzugeben, z. B. „20 m".

32 a | 4 | IV. Vgl. auch Nummer II zu Zeichen 101; Rn. 2.

33

Zeichen 113

**Schnee-
oder Eisglätte**

Vwv zu Zeichen 113 Schnee- oder Eisglätte

33 a | 1 | An Straßen, die nach allgemeiner Erfahrung zu Glatteisbildung neigen, z. B. auf Brücken, auf ungeschützten Dämmen, in kurzen Waldstücken, braucht das Gefahrzeichen „Schnee- oder Eisglätte" in der Regel nicht angebracht zu werden, vielmehr nur dann, wenn die Brücke, der Damm usw. nicht ohne weiteres zu erkennen ist. Muß aber an einer Gefahrstelle solcher Art das Gefahrzeichen aufgestellt werden, so darf es an entsprechenden Gefahrstellen im Verlauf der gleichen Straße nicht fehlen. Die Zeichen sind im Frühjahr zu entfernen.

Gefahrzeichen § 40 StVO **2**

Zeichen 114

Schleudergefahr bei Nässe oder Schmutz

Vwv zu Zeichen 114 Schleudergefahr bei Nässe oder Schmutz

1. I. Das Zeichen ist nur aufzustellen, wo der Verkehrsteilnehmer die bei Nässe oder Verschmutzung (z. B. durch angeschwemmtes Erdreich in Einschnitten) mangelnde Griffigkeit des Fahrbahnbelags trotz angemessener Sorgfalt nicht ohne weiteres erkennen kann. Ein Wechsel des Fahrbahnbelags gibt in der Regel dazu noch keinen Anlaß. Geht aber ein griffiger Belag in einen bei Nässe rutschgefährlichen über, so bedarf es jedenfalls außerhalb geschlossener Ortschaften der Warnung.

2. II. Wo Schleudergefahr nicht wegen mangelnder Griffigkeit des Fahrbahnbelags bei Nässe oder Schmutz entstehen kann, sondern wegen der Anlage oder der Führung der Straße, ist mit anderen Mitteln zu helfen, z. B. durch Beschränkung der Geschwindigkeit (Zeichen 274) oder durch Aufstellen eines Zeichens „Kurve" (Zeichen 103 ff.).

3. III. Vor der Beschmutzung durch Vieh oder Ackerfahrzeuge ist in der Regel nicht zu warnen; vgl. Nummer I zu § 32 Abs. 1; Rn. 1.

Zeichen 115

Steinschlag

Vwv zu den Zeichen 115, 117, 133 bis 144

1. Nur diese Zeichen dürfen spiegelbildlich gezeigt werden und nur dann, wenn sie links wiederholt werden; vgl. jedoch Nummer I zu Zeichen 117; Rn. 1.

Vwv zu Zeichen 115 Steinschlag

1. Wo mit Steinbrocken auf der Fahrbahn zu rechnen ist, so, wenn sich eine steile Felswand unmittelbar neben der Straße erhebt, bedarf es dieses Zeichens in der Regel nicht.

Zeichen 116

Splitt, Schotter

771

2 StVO § 40 II. Zeichen und Verkehrseinrichtungen

Zeichen 117

Seitenwind

Vwv zu Zeichen 117 Seitenwind

1. I. Droht Seitenwind in der Regel von der rechten Seite, so empfiehlt es sich, das Zeichen spiegelbildlich auszuführen.
2. II. Droht auf einer längeren Strecke Seitenwind, so kann das Zeichen wiederholt werden.

Zeichen 120

Verengte Fahrbahn

Zeichen 121

Einseitig (rechts) verengte Fahrbahn

Vwv zu den Zeichen 120 und 121 Verengte Fahrbahn

1. I. Das Zeichen 120 darf bei einseitig verengter Fahrbahn nur dann aufgestellt werden, wenn das Zeichen 121 in Notfällen nicht zur Verfügung steht.
2. II. Verengt sich die Fahrbahn nur allmählich – z. B. um 1 m auf 20 m – oder ist die Verengung durch horizontale und vertikale Leiteinrichtungen ausreichend gekennzeichnet, so bedarf es eines Zeichens nur dann, wenn die Straße sehr schnell befahren wird.
3. III. Auf Fahrbahnen für beide Richtungen ist das Zeichen aufzustellen, wenn sich die Fahrbahn auf weniger als zwei Fahrstreifen verengt. Dessen bedarf es auf verkehrsarmen engen Ortsstraßen nicht, wenn bereits bei der Einfahrt in die Straße zu erkennen ist, daß diese den Erfordernissen des modernen Verkehrs nicht genügt.
4. IV. Vgl. auch Nummer IV. Zu Zeichen 208; Rn. 4.

Zeichen 123

Baustelle

Zeichen 124

Stau

Gefahrzeichen § 40 StVO **2**

Zeichen 125 52

Gegenverkehr

Vwv zu Zeichen 125 Gegenverkehr

1 I. Das Zeichen ist stets aufzustellen, wenn eine Fahrbahn für eine Richtung vorübergehend 53 (z. B. wegen Bauarbeiten) in beiden Richtungen befahren wird. In übrigen geeigneten Fällen ist von diesem Zeichen nur sehr sparsam Gebrauch zu machen. Auf längeren Strecken kann sich eine Wiederholung des Zeichens empfehlen. Das Zusatzschild nach § 40 Abs. 4 darf dem Zeichen nicht beigegeben werden.

2 II. Vgl. auch Nummer I 5 zu Zeichen 220; Rn. 5. 54

Zeichen 128 55

Bewegliche Brücke

Vwv zu Zeichen 128 Bewegliche Brücke

1 Zur Sicherung des Verkehrs genügt die Aufstellung des Zeichens allein keinesfalls. Vor der 56 Brücke sind vielmehr Lichtzeichen zu geben, Schranken anzubringen oder dergleichen.

Zeichen 129 57

Ufer

Vwv zu Zeichen 129 Ufer

1 Das Zeichen ist nur anzubringen, wenn eine Straße auf ein unbeschranktes oder unzulänglich 58 gesichertes Ufer zuführt, vor allem auf Schiffsanlegestellen. Vor solchen Gefahrstellen ist in der Regel zu warnen; das gilt nicht in Hafengebieten. Erforderlichenfalls ist der Verkehr ergänzend durch Beschränkung der Fahrgeschwindigkeit (Zeichen 274) zu sichern.

Zeichen 131   **Zeichen 133** 59
60
61

Lichtzeichenanlage   Fußgänger

773

2 StVO § 40   II. Zeichen und Verkehrseinrichtungen

Zeichen 134

Fußgängerüberweg

Die Zeichen 128 bis 134 stehen auch innerhalb geschlossener Ortschaften in angemessener Entfernung vor der Gefahrstelle. Die Entfernung kann auf einem Zusatzschild angegeben sein (Absatz 2 Satz 2).

Vwv zu den Zeichen 131 Lichtzeichenanlage

62   1   I. Das Zeichen kommt dann in Betracht, wenn der Fahrverkehr die Lichtzeichen, z. B. wegen einer Kurve, nicht rechtzeitig sehen kann. Es kann sich empfehlen, dieses Zeichen auch bei Lichtzeichenanlagen an Baustellen oder bei der Inbetriebnahme einer neuen Lichtzeichenanlage vorübergehend zu verwenden.

    2   II. Auch vor Lichtzeichenanlagen, die nur Gelb und dann Rot geben (§ 37 Abs. 2 Nr. 3) kann durch dieses Zeichen gewarnt werden.

Vwv zu den Zeichen 133 bis 144

63   1   Eines dieser Zeichen spiegelbildlich zu zeigen, empfiehlt sich allenfalls dann, wenn es zusätzlich links angebracht ist und wenn die Gefahr gleichermaßen von beiden Seiten droht.

Vwv zu Zeichen 134 Fußgängerüberweg

63 a   Vgl. Nummer V 2 zu § 26; Rn. 16.

64   Zeichen 136

Kinder

Vwv zu Zeichen 136 Kinder

65   1   I. Wo erfahrungsgemäß Kinder häufig auf die Fahrbahn laufen, vor allem dort, wo eine Schule, ein Kindergarten oder ein Spielplatz in unmittelbarer Nähe ist, sollte das Zeichen aufgestellt werden. Zuvor ist aber immer zu prüfen, ob Kinder nicht durch Absperrungen ferngehalten werden können.

66   2   II. Vgl. auch Nummer II zu § 31; Rn. 2 bis 4.

67   Zeichen 138

Radfahrer kreuzen

Vwv zu Zeichen 138 Radfahrer kreuzen

68   1   Das Zeichen soll vor Stellen warnen, an denen Radfahrer häufig oder unvermutet die Fahrbahn kreuzen oder in sie einfahren. Kommen die Radfahrer von einer einmündenden oder

Gefahrzeichen § 40 StVO **2**

kreuzenden Straße, so bedarf es einer Warnung nicht, und zwar auch dann nicht, wenn die Radfahrer dort durch eine Radfahrerfurt (vgl. Nummer II zu § 9 Abs. 2; Rn. 4 ff.) gelenkt werden. Das gleiche gilt, wenn eine Radfahrerfurt in unmittelbarer Nähe einer Kreuzung oder Einmündung angebracht ist. Dagegen ist das Zeichen erforderlich, wenn außerhalb einer Kreuzung oder Einmündung ein für beide Richtungen gemeinsamer Radweg beginnt oder endet oder dort ein Radweg für eine Richtung endet und ein für beide Richtungen gemeinsamer Radweg auf der anderen Seite beginnt.

2 Das Zeichen mit dem Zusatzschild „Zwei gegengerichtete Pfeile" warnt vor Radwegen mit Radfahrverkehr in beiden Richtungen. Es soll aber nur ausnahmsweise an solchen Radwegen aufgestellt werden. An Kreuzungen und Einmündungen ist das Zeichen mit diesem Zusatzschild, z. B. in den untergeordneten Straßen, in der Regel nicht erforderlich, es sei denn, es handelt sich um eine Straßenstelle mit Unfallhäufung oder einen in Gegenrichtung freigegebenen linken Radweg (vgl. zu § 2 Abs. 4 Satz 3; Rn. 30 ff.).

Zeichen 140 69

Viehtrieb, Tiere

Vwv zu Zeichen 140 Viehtrieb, Tiere

1 Das Zeichen darf nur auf Straßen mit schnellerem Verkehr aufgestellt werden, auf denen häufig 70 Vieh über die Fahrbahn oder ihr entlang getrieben wird (z. B. Schafherden, Auftrieb zur Weide).

Zeichen 142 71

Wildwechsel

Vwv zu Zeichen 142 Wildwechsel

1 I. Dieses Zeichen darf nur auf Straßen mit schnellerem Verkehr aufgestellt werden. Auf ihnen 72 muß es aber überall dort stehen, wo Schalenwild häufig über die Fahrbahn wechselt. Diese Gefahrstellen sind in Besprechungen mit den unteren Jagdbehörden und den Jagdausübungsberechtigten festzulegen. Führt die Straße durch einen Wald oder neben einem Wald vorbei, der von einem Forstamt betreut wird, so ist auch diese Behörde zu beteiligen.

2 II. Die Länge der Gefahrstrecke ist in der Regel auf einem Zusatzschild anzugeben; ist die Gefahrstrecke mehrere Kilometer lang, so empfiehlt es sich, auf Wiederholungsschildern die Länge der jeweiligen Reststrecke anzugeben.

Zeichen 144 73

Flugbetrieb

2 StVO § 40 II. Zeichen und Verkehrseinrichtungen

Vwv zu Zeichen 144 Flugbetrieb

74 1 Das Zeichen dient der Warnung des Kraftfahrers vor überraschendem Flugverkehr. Es sollte daher auf Straßen mit schnellerem Verkehr dort aufgestellt werden, wo in der Nähe entweder ein Flugplatz liegt (vor Aufstellung des Zeichens und vor der Festlegung der Länge der Gefahrstrecke auf einem Zusatzschild sind die Flugschneisen zu ermitteln) oder militärische Tiefflugschneisen festgelegt sind.

Vor anderen Gefahrstellen kann durch Gefahrzeichen gleicher Art mit geeigneten Sinnbildern gewarnt werden.

(7) Besondere Gefahrzeichen vor Übergängen von Schienenbahnen mit Vorrang:

75 Zeichen 150   Zeichen 151
76

Bahnübergang mit Schranken   Unbeschrankter Bahnübergang
oder Halbschranken

oder folgende drei Warnbaken
etwa 240 m vor dem Bahnübergang

77 Zeichen 153   Zeichen 156
78

dreistreifige Bake (links)   dreistreifige Bake (rechts)
– vor beschranktem   – vor unbeschranktem
Bahnübergang –   Bahnübergang –
etwa 160 m vor dem Bahnübergang   etwa 80 m vor dem Bahnübergang

79 Zeichen 159   Zeichen 162
80

zweistreifige Bake (links)   einstreifige Bake (rechts)

Sind die Baken in erheblich abweichenden Abständen aufgestellt, so ist der Abstand in Metern oberhalb der Schrägstreifen in schwarzen Ziffern angegeben.

Gefahrzeichen § 40 StVO 2

Vwv zu den Zeichen 150 bis 162 Bahnübergang

1   I. Die Zeichen sollen rückstrahlen.   81-83
2   II. Die Zeichen sind in der Regel auf beiden Straßenseiten aufzustellen.
3   III. Die Zeichen dürfen nur vor Übergängen von Schienenbahnen mit Vorrang verwendet werden. Vgl. auch Nummer II zu Zeichen 101; Rn. 2.
4   IV. In der Regel sind die Zeichen 153 bis 162 anzubringen. Selbst auf Straßen von geringer Verkehrsbedeutung genügen die Zeichen 150 und 151 nicht, wenn dort schnell gefahren wird oder wenn der Bahnübergang spät zu erkennen ist.

Begr zu § 40:

Zu Absatz 2 bis 5: *Die Entfernung zur Gefahrenstelle wird z. B. mit 100 m angegeben.* 84/85
Zu der Länge der Strecke, für die die Gefahr besteht, wird die Entfernung zur Gefahrstelle hinzugerechnet und diese Gesamtstrecke auf dem Zusatzschild, wie es im Absatz 4 gezeigt wird, angegeben. Auch das ist weltweit vereinbart.

Zu Absatz 6: *Es folgen die verkleinerten Abbildungen der Gefahrzeichen. Von der Wiedergabe* 86 *der Maße wurde abgesehen. Darüber enthält das weltweite Verkehrszeichenabkommen eingehende Empfehlungen (Art. 6 Abs. 4 Buchst. c: kleine, normale, große und sehr große Maße). Sie werden, soweit angebracht, als Weisungen an die Behörden in die Vwv übernommen. Die abgebildeten Gefahrzeichen sind ausnahmslos weltweit vereinbart. Für die Reihenfolge gab die Bedeutsamkeit der einzelnen Zeichen kein brauchbares Kriterium ab. Vorausgestellt sind die Schilder, die vor Gefahren aus den Straßenverhältnissen, es folgen die, die vor Gefahren, die von außen drohen, warnen.*

Zu Zeichen 101: *Es ist zwar erwünscht, daß die Gefahr auf einem Zusatzschild näher bezeichnet wird; das kann aber schon deshalb nicht immer verlangt werden, weil vor allem bei vorübergehender Gefahr, z. B. an Unfallstellen oder bei Katastrophen, die eingesetzten Beamten die erforderlichen Zusatzschilder nicht stets zur Hand haben. In der Vwv wird angeordnet, daß keines der übrigen amtlichen Gefahrzeichen durch das allgemeine Gefahrzeichen ersetzt werden darf.* 87

In den gezeigten Zusatzschildern sind die Aufschriften durch Sinnbilder ersetzt. Es ist zweckmäßig, dem Zusatzschild Wintersport daneben die Bedeutung zu geben, daß hier Wintersport erlaubt sei. 88

Zu Zeichen 102: *Der Verkehrsteilnehmer wird besser unterrichtet und damit dient es auch* 89 *der Verkehrssicherheit, wenn das Zeichen künftig, entsprechend der Weltregelung, nur vor Kreuzungen und Einmündungen warnt, an denen die Vorfahrt des von rechts Kommenden zu beachten ist. Vor Kreuzungen und Einmündungen mit besonderer Vorfahrtregelung warnen andere Zeichen, wie schon der Text zu den Zeichen 205, 206 und 301 dartut.*

Zu Zeichen 103 und 105: *Die beiden Zeichen und ihre zwei Gegenstücke sind im Weltabkommen vorgesehen. In der Vwv wird ausdrücklich gesagt werden, daß es nur die vier Kurvenzeichen gibt. Es ist also untersagt, den Versuch zu unternehmen, den näheren Verlauf der Kurve durch Variationen der Pfeilrichtung kenntlich zu machen. Das wäre der Verkehrssicherheit abträglich nicht bloß, weil ein genaues Nachzeichnen des Verlaufs kaum möglich wäre, und zudem damit für das Fahrverhalten, insbesondere die einzuhaltende Geschwindigkeit, noch nicht alles gesagt wäre; hierfür sind vielmehr auch die Sichtverhältnisse in der Kurve wie auch die Kurvenlage von wesentlicher Bedeutung.* 90

Zu Zeichen 108 und 110: *Sie unterscheiden sich nur dadurch, daß im Zeichen „Gefälle"* 91 *die Zahlen schräg abwärts stehen, im Zeichen „Steigung" dagegen schräg aufwärts. Wirklich mißlich ist das nicht, weil das Gelände in aller Regel keinen Zweifel läßt, was der Fahrzeugführer zu erwarten hat.*

Zu Zeichen 112: *Es ist zweckmäßig, dieses Zeichen nicht nur zur Warnung vor einzelnen* 92 *Unebenheiten zu verwenden, sondern auch vor einer Fahrbahn in schlechtem Zustand. Im zweiten Fall muß die Länge der Gefahrstrecke auf einem Zusatzschild angegeben werden.*

Zu Zeichen 114: *Das Zeichen mit seiner bisherigen Bedeutung „Schleudergefahr" ärgert den* 93 *Verkehrsteilnehmer, wenn er ihm bei trockenem Wetter an ersichtlich gut ausgebauten Straßen begegnet. Dieser Ärger gibt dem Fahrzeugführer Anlaß, das Zeichen eben auch dann nicht ernst zu*

2 StVO § 40   II. Zeichen und Verkehrseinrichtungen

nehmen, wenn er allen Grund hat, das zu tun. Das Zeichen erhält daher den Namen „Schleudergefahr bei Nässe oder Schmutz". Die Vwv wird ausdrücklich die Verwendung des Zeichens dort verbieten, wo Schleudergefahr nicht wegen Nässe entstehen kann, sondern wegen der Anlage oder der Führung der Straße; in solchen Fällen, wird dort gesagt werden, ist mit anderen Mitteln zu helfen, z. B. durch Aufstellung des Zeichens „Kurve" oder durch Geschwindigkeitsbeschränkung.

94–98   Zu Zeichen 113, 116, 124: Bisher wurde auf Gefahren durch Glätte, durch hochfliegenden Splitt oder Schotter und durch Stau durch Zusatzschild zum Zeichen 101 hingewiesen. Da diesen Gefahrhinweisen immer mehr Bedeutung zukommt, sollen diese Gefahren durch „Gefahrzeichen" des § 40 zum Ausdruck gebracht werden. Die vorgesehenen Gefahrzeichen sind im Wiener Übereinkommen über Straßenverkehrszeichen vorgesehen.

99   Zu Zeichen 151: Es soll nur noch an Übergängen von Schienenbahnen mit Vorrang verwendet werden. Dadurch wird seine Bedeutung sachgemäß erhöht. Vor Industriegleisen wird künftig nur noch durch das Zeichen 101 mit einer Aufschrift auf einem Zusatzschild, wie Industriegleis, gewarnt werden oder durch Zeichen 112.

100   Begr zur ÄndVO v 7. 8. 97 (VBl **97** 689): **Zu Abs 1:** – Begründung des Bundesrates – Durch die generelle, auf alle Verkehrszeichen bezogene Regelung in § 39 Abs. 1 und § 45 Abs. 9 (neu) ist der lediglich auf Gefahrzeichen bezogene Satz 2 von § 40 Abs. 1 entbehrlich geworden.

101   **Gefahrzeichen** sollen vor allem VT warnen, die mit den örtlichen Verhältnissen nicht vertraut sind, Kö MDR **58** 425. Sie sind Ausfluß der Sicherungspflicht des Trägers der StrBaulast (§ 45) gegenüber allen VT und Anliegern, BGH NJW **66** 1456, auch solchen, die die Straße zwar zweckgerecht, aber verkehrswidrig benutzen, BGH NJW **66** 1456 (nicht zugelassenes Kfz). Von wem, wo und wie GefahrZ aufzustellen sind, richtet sich nach § 45, Fra VR **68** 1046. Zwischen VT und Sicherungspflichtigen gilt kein Vertrauensgrundsatz, Ol VRS **31** 161. Vor Besonderheiten der Straße, die ein sorgfältiger Kf mit beiläufigem Blick erfaßt, muß nicht gewarnt werden, BGH VRS **18** 10 (näher: § 45 Rz 51), auch nicht bei offensichtlich nur beschränkter Benutzbarkeit eines Weges, Nü VM **62** 21, BGH VR **61** 162. Ist auf einer BundesStr und LandStr I. Ordnung bei regelmäßigem Viehtrieb sofortige Unratentfernung nicht gesichert, muß gewarnt werden, BGH NJW **62** 34. S § 32. Die GefahrZ müssen unmißverständlich sein und ausreichend weit vor dem Hindernis stehen (II–IV), Kar VRS **3** 86, Kö VR **66** 857 (AB). Auf DurchgangsStr darf der Kf mit Warnung vor besonderer Gefahr rechnen, BGH VRS **18** 268, nach voraufgegangenen GefahrZ uU je nach Sachlage auch mit weiteren, BGH VR **60** 235. Linksanbringung s Vwv zu §§ 39 bis 43 Rn 27 und Schl VM **64** 23. Die sich aus GefahrZ für den Kf ergebenden **Verhaltenspflichten** lassen sich nicht generell festlegen, sondern sind je nach Art der angezeigten Gefahr unterschiedlich, Dü VRS **60** 265. Der Kf muß sich aber auf die Gefahr einstellen und die gebotenen Vorkehrungen treffen, bevor sie sich tatsächlich für ihn erkennbar konkretisiert, Dü VRS **60** 265. Bei ordnungsgemäß angebrachten GefahrZ kommt idR keine Schreckzeit in Betracht, BGH VRS **15** 276. Sicherung der Bahnübergänge: § 19. Zur Verhütung von Unglücksfällen dienende **WarnZ iS von § 145 StGB** sind, sachgemäße Verwendung vorausgesetzt (§ 40 I), nicht schon alle diejenigen WarnZ der StVO, bei denen die im VZ bezeichneten Umstände ohnedies ersichtlich sind, sondern nur jene, bei welchen ein nach § 145 StGB tatbestandsmäßiger Eingriff eine Gefahrsteigerung bewirkt, zB idR die Z 101, 114, 115, 117, 128, 129, 136, 151, 153–162. Rechtsnatur der VZ: § 41 Rz 247. Händel, Beeinträchtigung von Unfallverhütungseinrichtungen, DAR **75** 57. Rüth, Beeinträchtigung von Unfallverhütungsmitteln, KVR.

102   **VZ 101** (Gefahrstelle) mahnt auch Vorfahrtberechtigte zur allgemeinen Wachsamkeit (keine Schreckzeit), BGH RdK **54** 140. Wo sich erfahrungsgemäß schon bei geringem Bodenfrost Glatteis bildet (hoher Grundwasserspiegel), ist zu warnen, BGH VR **60** 930, an erfahrungsgemäß besonders glatteisgefährdeten Stellen auch auf der AB, BGH NJW **62** 1767 (unzulängliche Beschilderung), doch nur vor dem gefährdenden StrStück (Wald, Brücke), BGH VR **62** 1082. Rechtzeitig erkennbare Fernstraßenbrücken sind stets frostgefährdet, wie jeder Kf wissen muß, daher besteht dort weder Streu- noch Warnpflicht, BGH NJW **70** 1682. Zur Streupflicht s § 45 Rz 56 ff (62, 63). Ein Zusatz-

Gefahrzeichen § 40 StVO **2**

schild zum GefahrZ 101 stellt nur klar, aber gebietet nichts, Dü VR **74** 389. ● Das Z 102 (Kreuzung) mahnt zu besonderer Vorsicht gegenüber kreuzendem Verkehr, BGH VRS **23** 348, hat auf bestehende Vorfahrtregeln keinen Einfluß, Bay VRS **71** 304. Der Kf darf darauf vertrauen, daß schlecht sichtbare Kreuzungen außerorts gekennzeichnet sind, BGH VM **72** 76. ● Z 103: Gefährliche Kurven sind zu kennzeichnen, sonst Amtspflichtverletzung, Kö DAR **79** 165. Bei Ortsdurchfahrten, in welchen bei Nässe und Schmutz Schleudergefahr besteht, genügen idR die WarnZ 103, 114, Ba VR **81** 66. ● Das Z 112 (unebene Fahrbahn) ersetzt die baldige Beseitigung der Querrinne nicht. Bei Bodenwellen mit Schleudereffekt muß das Z 112 uU mit einer Geschwindigkeitsbeschränkung kombiniert werden, welche Gefährdung ausschließt, s Schl VR **80** 1150. ● Z 114: Gefährliche Stellen auf einer DurchgangsStr sind durch ein WarnZ vor ihrem Beginn (zB vor einem Waldstück) zu kennzeichnen, Fra VR **76** 1138. Die Kombination des Z 114 mit Z 274 schränkt die Geschwindigkeitsbegrenzung nicht auf die Fälle von Nässe oder Schmutz ein, Fra 2 Ws (B) 202/84. Wer trotz des Z 114 bei Nässe schleudert, hat den Anschein gegen sich, BGH VR **71** 439. ● Fahrbahnverengung ist durch die Z 120, 121 zu kennzeichnen, wenn sonst Gefahr droht, BGH NJW **58** 1436. ● Beim Z 123 hat der Kf in erster Linie auf die Bauarbeiter zu achten, nicht diese auf den Fahrverkehr, Kar VRS **48** 196. Das Z 123 warnt idR nicht ausreichend vor Fahrbahnverschmutzung und befreit auch nicht davon, solche zu beseitigen, BGH VR **75** 714. ● Das Z 136 (Kinder) zeigt nur die häufige Anwesenheit von Kindern an, es schließt das Vertrauen auf deren sachgerechtes Verhalten nicht schlechthin aus, BGH NZV **94** 149, KG VM **97** 52, **98** 84, Hb VR **76** 945, Ha NZV **96** 70, s § 1 Rz 24, § 25 Rz 27, und hat hinsichtlich des KfVerhaltens gegenüber von ihm wahrgenommenen Kindern keine Bedeutung, Ha NZV **96** 70. Es warnt nicht vor nur denkbarer abstrakter Gefahr (VStille), sondern nur beim Hinzutreten weiterer Umstände, vor allem vor möglichem plötzlichem Betreten der Fahrbahn durch Kinder, BGH NZV **94** 149, Bay VRS **59** 219. Es schreibt keine bestimmte Höchstgeschwindigkeit vor, Kar GA **70** 313, VRS **78** 166, Kö VR **89** 206, KG VM **98** 84 (s aber § 3 II a), doch muß der Kf so vorsichtig fahren, daß er kein Kind gefährdet, das plötzlich auf die Fahrbahn tritt, BGH VRS **42** 362, NZV **94** 149 (Bremsbereitschaft), Ha VRS **59** 145, KG VR **80** 928, Mü VR **84** 395, Kar VRS **78** 166 (§ 25), was je nach Örtlichkeit und Umständen auch Herabsetzung der Geschwindigkeit erfordern kann, BGH NZV **94** 149, Kö VR **89** 206. Mit plötzlichem Auftauchen von Kindern auf der Fahrbahn ist hier stets zu rechnen und daher anhaltebereit zu fahren, BGH VRS **42** 362, NZV **94** 149, Hb DAR **80** 184, KG VM **97** 52, **98** 84, Kö VR **79** 166, **89** 206, Ko VRS **48** 465, und zwar grundsätzlich ohne Rücksicht auf die Tageszeit, BGH NZV **94** 149, aber wohl nicht mit spielenden Kindern bei bereits völliger Dunkelheit, Fra VR **82** 152, offengelassen von BGH NZV **94** 149. Im Bereich von Schulen an Fußgängerüberwegen muß der FzF bei Z 136 so fahren, daß er auch bei Kindern, die er vorher nicht sehen konnte, und die achtlos im Laufschritt auf die Str treten, rechtzeitig anhalten kann, Ko VRS **62** 335. Soweit bei Z 136 mit Kindern auf der Fahrbahn zu rechnen ist, keine Zubilligung von Schreckzeit, BGH VRS **33** 350, NZV **94** 149, KG VM **97** 52, **98** 84. Die durch Z 136 gekennzeichnete Schutzzone umfaßt die Strecke zwischen den für beide Fahrtrichtungen aufgestellten VZ, hängt im übrigen von Art und Ausdehnung der gefährlichen Stelle (Schul-, Kindergartengelände usw) ab und erstreckt sich idR nach dem erkennbaren Ende dieses Bereichs noch auf eine Strecke die der Entfernung zwischen dem VZ und dem Beginn der Gefahrstelle entspricht, Kar VRS **71** 62. Schädigung eines die Fahrbahn überquerenden Erwachsenen fällt nicht in den Schutzbereich des VZ 136, KG VM **98** 84. ● Z 138 verlangt neben erhöhter Aufmerksamkeit des Kf eine der Möglichkeit plötzlichen Kreuzens der Fahrbahn durch Radfahrer angepaßte Geschwindigkeit, Dü VRS **60** 265, s Ol VRS **71** 172. ● Z 142: Es mahnt, bestimmte Gefahrumstände zu berücksichtigen, die hier sehr wahrscheinlich vorliegen. Der Kf muß dem Fahrbahnrand erhöhte Aufmerksamkeit widmen und sich auf rasche Reaktion einrichten sowie seine Geschwindigkeit anpassen, wobei allerdings eine generelle Höchstgeschwindigkeit nicht festgelegt werden kann, BGHZ **108** 273 = NZV **89** 390, Kö DAR **76** 48, KG NZV **93** 313, s dazu auch § 3 Rz 28. Kein Ausweichen vor Kleinwild, wenn dies Personen gefährden könnte, LG Verden VRS **55** 421, *Baum* PVT **91** 138, s auch § 4 Rz 11.

2 StVO § 41 Abs II Nr 1a   II. Zeichen und Verkehrseinrichtungen

103   Nichtbeachtung von GefahrZ ist für sich allein nicht ow (§ 49), KG VRS **25** 363.
104   Zur Fortgeltung von VZ nach Anl 2 der StVO/DDR in den **neuen Bundesländern**, s Überleitungsbestimmung bei § 39 Rz 41.

Vorschriftzeichen*

41 (1) Auch Schilder oder weiße Markierungen auf der Straßenoberfläche enthalten Gebote und Verbote.

(2) ¹Schilder stehen regelmäßig rechts. ²Gelten sie nur für einzelne markierte Fahrstreifen (Zeichen 295, 296 oder 340), so sind sie in der Regel darüber angebracht. ³Die Schilder stehen im allgemeinen dort, wo oder von wo an die Anordnungen zu befolgen sind. ⁴Sonst ist, soweit nötig, die Entfernung zu diesen Stellen auf einem Zusatzschild (§ 40 Abs. 2) angegeben. ⁵Andere Zusatzschilder enthalten nur allgemeine Beschränkungen der Gebote oder Verbote oder allgemeine Ausnahmen von ihnen. ⁶Besondere Zusatzschilder können etwas anderes bestimmen (zu Zeichen 237, 250, 283, 286, 290 und hinter Zeichen 277).

1. Warte- und Haltgebote
   a) An Bahnübergängen:

1   Zeichen 201

(auch liegend)
Andreaskreuz
Dem Schienenverkehr Vorrang gewähren!

Es befindet sich vor dem Bahnübergang, und zwar in der Regel unmittelbar davor. Ein Blitzpfeil in der Mitte des Andreaskreuzes zeigt an, daß die Bahnstrecke elektrische Fahrleitung hat. Ein Zusatzschild mit schwarzem Pfeil zeigt an, daß das Andreaskreuz nur für den Straßenverkehr in Richtung dieses Pfeiles gilt.

Vwv zu § 41 Vorschriftzeichen

2   1   *I. Es empfiehlt sich vielfach, die durch Vorschriftzeichen erlassenen Anordnungen dem fließenden Verkehr zusätzlich durch bauliche Maßnahmen oder durch Markierungen nahezubringen.*

3   2   *II. Vgl. Nummer III 7 Buchstabe a und Nummer 9 zu den §§ 39 bis 43; Rn. 19, 26 ff. Vorschriftzeichen dürfen allein über der Straße nur dann angebracht sein, wenn sie von innen oder außen beleuchtet sind oder wenn sie so rückstrahlen, daß sie auf ausreichende Entfernung auch im Abblendlicht deutlich erkennbar sind. Sonst dürfen sie dort nur zur Unterstützung eines gleichen, rechtsstehenden Verkehrsschildes angebracht werden.*

4   3   *III. Bei Änderungen von Verkehrsregeln, deren Mißachtung besonders gefährlich ist, z. B. Änderung der Vorfahrt, ist für eine ausreichende Übergangszeit der Fahrverkehr zu warnen, z. B. durch Polizeibeamte, durch Hinweise auf der Fahrbahnoberfläche (Nummer 3 vor Zeichen 350) oder durch auffallende Tafeln mit erläuternder Beschriftung.*

5   4   *IV. Für einzelne markierte Fahrstreifen dürfen Fahrtrichtungen (Zeichen 209 ff.) oder Höchst- oder Mindestgeschwindigkeiten (Zeichen 274 und 275) vorgeschrieben oder das Überholen (Zeichen 276 oder 277) oder der Verkehr (Zeichen 250 bis 266) verboten werden.*

---

* Varianten s Katalog der Verkehrszeichen (VzKat 1992), BAnz 1992, Nr 66a und § 39 Rz 31.

Vorschriftzeichen **Abs II Nr 1a § 41 StVO 2**

5 Es empfiehlt sich, Verbote oder Beschränkungen rechtzeitig vorher anzukündigen und, wenn einzelne Verkehrsarten ausgeschlossen werden, auf mögliche Umleitungen hinzuweisen.

1. Strecken- und Verkehrsverbote für einzelne Fahrstreifen werden auf folgende Weise bekanntgemacht:

6 Die Schilder sind in der Regel so über den einzelnen Fahrstreifen anzubringen, daß kein Zweifel darüber entstehen kann, für welche Fahrstreifen die einzelnen Schilder gelten; das wird in der Regel nur durch Fahnenschilder, Schilderbrücken oder Auslegermaste zu erreichen sein. Unter den Schildern Pfeile auf Zusatzschildern anzubringen, die auf die Fahrstreifen weisen, für die die einzelnen Schilder gelten, kann zweckmäßig sein.

7 Kann ein Schild so nicht angebracht werden oder ist das Verbot nur vorübergehend, wie an Baustellen, notwendig, so ist auf der rechten Seite der Straße eine weiße Tafel aufzustellen, auf welcher die Fahrstreifen durch schwarze Pfeile wiedergegeben sind und das Verbotszeichen in der für Schilder vorgeschriebenen Größe in dem betreffenden Pfeilschaft dargestellt ist. Diese Art der Bekanntgabe ist zur zulässig, wenn Verbote für nicht mehr als zwei Fahrstreifen erlassen werden. Werden die Verbote so erlassen, so sind sie durch die gleichen Schilder mit Entfernungsangabe auf einem Zusatzschild anzukündigen.

8 2. Bei Schildern der Zeichen 209 bis 214 kann es genügen, wenn die Schilder neben dem Fahrstreifen aufgestellt werden, für den sie gelten.

9 V. Soll die Geltung eines Vorschriftzeichens auf eine oder mehrere Verkehrsarten beschränkt 6 werden, so ist die sinnbildliche Darstellung der Verkehrsart auf einem Zusatzschild unterhalb des Verkehrszeichens darzustellen. Soll eine Verkehrsart oder sollen Verkehrsarten ausgenommen werden, so ist der sinnbildlichen Darstellung das Wort „frei" anzuschließen.

10 VI. Wegen der Angabe von zeitlichen Beschränkungen auf Zusatzschildern vgl. Nummer III 15 zu den §§ 39 bis 43, Rn. 43. **7–9**

Vwv zu Zeichen 201 Andreaskreuz

1 I. Das Zeichen muß voll rückstrahlen. Von einer solchen Ausführung darf nur abgesehen 10 werden

2 1. bei Andreaskreuzen, die nach Nummer III 7 Buchstabe e zu den §§ 39 bis 43 (Rn. 23) dieser Vorschrift beleuchtet sind,

3 2. bei Andreaskreuzen an Feld- oder Waldwegen.

4 II. Die Andreaskreuze sind in der Regel möglichst nahe, aber nicht weniger als 2,25 m vor 11 der äußeren Schiene aufzustellen.

5 III. Andreaskreuze sind am gleichen Pfosten wie Blinklichter oder Lichtzeichen anzubringen. 12 Mit anderen Verkehrszeichen dürfen sie nicht kombiniert werden.

6 IV. Wo in den Hafen- und Industriegebieten den Schienenbahnen Vorrang gewährt werden 13 soll, müssen Andreaskreuze an allen Einfahrten aufgestellt werden. Vorrang haben dann auch Schienenbahnen, die nicht auf besonderem Bahnkörper verlegt sind. Für Industriegebiete kommt eine solche Regelung nur in Betracht, wenn es sich um geschlossene Gebiete handelt, die als solche erkennbar sind und die nur über bestimmte Zufahrten erreicht werden können.

V. Weitere Sicherung von Übergängen von Schienenbahnen mit Vorrang 14

7 1. Wegen der ständig zunehmenden Verkehrsdichte auf den Straßen ist die technische Sicherung der bisher nicht so gesicherten Bahnübergänge anzustreben. Besonders ist darauf zu achten, ob Bahnübergänge infolge Zunahme der Verkehrsstärke einer technischen Sicherung bedürfen. Anregungen sind der höheren Verwaltungsbehörde vorzulegen.

8 2. Auf die Schaffung ausreichender Sichtflächen an Bahnübergängen ohne technische Sicherung ist hinzuwirken. Wo solche Übersicht fehlt, ist die zulässige Höchstgeschwindigkeit vor dem Bahnübergang angemessen zu beschränken. Das Zeichen 274 sind über den ein- oder zweistreifigen Baken (Zeichen 159 und 162) anzubringen (vgl. jedoch Nummer 5; Rn. 11).

2 StVO § 41 Abs II Nr 1a II. Zeichen und Verkehrseinrichtungen

9 3. Auf Straßen mit nicht unerheblichem Fahrverkehr ist von den dreistreifigen Baken (Zeichen 153 und 156) ab dem für den Gegenverkehr bestimmten Teil der Fahrbahn durch Leitlinien (Zeichen 340) zu markieren, jedoch an gefährlichen Stellen, vor Halbschranken bei ausreichender Straßenbreite stets, von den zweistreifigen Baken (Zeichen 159) ab mindestens durch einseitige Fahrstreifenbegrenzungen (Zeichen 296) für den Fahrstreifen A.

Daneben kann es sich dann aber auch empfehlen, das Überholen durch Zeichen 276, die in der Regel über den zweistreifigen Baken (Zeichen 159) anzubringen sind, zu verbieten.

10 4. Vor technisch nicht gesicherten Übergängen von Schienenbahnen mit Vorrang ist jedes Überholen, wenn die Straße dazu breit genug wäre, durch Zeichen 276 zu verbieten oder durch Fahrstreifenbegrenzung (Zeichen 295 oder 296) unmöglich zu machen, und zwar auch dann, wenn der Fahrverkehr auf der Straße ganz unerheblich ist. Die Fahrstreifenbegrenzung sollte spätestens an der einstreifigen Bake beginnen, sonst mindestens 50 m lang sein; das Überholverbotszeichen ist spätestens über der zweistreifigen Bake anzubringen, sonst mindestens 100 m vor dem Bahnübergang.

11 5. Wo nach § 19 Abs. 3 Lastkraftwagen mit einem zulässigen Gesamtgewicht über 7,5 t und Züge schon unmittelbar nach der einstreifigen Bake warten müssen, empfiehlt es sich, die Überholverbotszeichen erst 30 m vor dem Übergang aufzustellen und Fahrstreifenbegrenzungen erst dort beginnen zu lassen; eine Geschwindigkeitsbeschränkung von den zweistreifigen Baken (Zeichen 159) ab dann ist unerläßlich.

12 6. Jedenfalls dort, wo Längsmarkierungen angebracht sind, empfiehlt es sich, auch eine Haltlinie (Zeichen 294), in der Regel in Höhe des Andreaskreuzes, zu markieren.

13 7. Vgl. auch zu den Zeichen 150 bis 162.

14 8. Bevor ein Verkehrsschild oder eine Markierung angebracht oder entfernt wird, ist das Bahnunternehmen zu hören.

15 VI. Straßenbahnen und die übrigen Schienenbahnen (Privatanschlußbahnen)

15 1. Über die Zustimmungsbedürftigkeit der Aufstellung und Entfernung von Andreaskreuzen vgl. Nummer III zu § 45 Abs. 1 bis 1 e; Rn. 3 ff. Außerdem sind, soweit die Aufsicht über die Bahnen nicht bei den obersten Landesbehörden liegt, die für die Aufsicht zuständigen Behörden zu beteiligen; sind die Bahnen Zubehör einer bergbaulichen Anlage, dann sind auch die obersten Bergbaubehörden zu beteiligen.

16 2. Der Vorrang darf nur gewährt werden, wenn eine solche Schienenbahn auf besonderem Bahnkörper verlegt ist, dies auch dann, wenn der besondere Bahnkörper innerhalb des Verkehrsraums einer öffentlichen Straße liegt. Eine Schienenbahn ist schon dann an einem Übergang auf besonderem Bahnkörper verlegt, wenn dieser an dem Übergang endet. Ein besonderer Bahnkörper setzt mindestens voraus, daß die Gleise durch ortsfeste, körperliche Hindernisse vom übrigen Verkehrsraum abgegrenzt und diese Hindernisse auffällig kenntlich gemacht sind; abtrennende Bordsteine müssen weiß sein.

16-22 17 VII. 1. Straßenbahnen auf besonderem Bahnkörper, der nicht innerhalb des Verkehrsraums einer öffentlichen Straße liegt, ist in der Regel durch Aufstellung von Andreaskreuzen der Vorrang zu geben. An solchen Bahnübergängen ist schon bei mäßigem Verkehr auf der querenden Straße oder wenn auf dieser Straße schneller als 50 km/h gefahren wird, die Anbringung einer straßenbahnabhängigen, in der Regel zweifarbigen Lichtzeichenanlage (vgl. § 37 Abs. 2 Nr. 3) oder von Schranken zu erwägen. Auch an solchen Bahnübergängen über Feld- und Waldwege sind Andreaskreuze dann erforderlich, wenn der Bahnübergang nicht ausreichend erkennbar ist; unzureichende Übersicht über die Bahnstrecke kann ebenfalls dazu Anlaß geben.

18 2. a) Liegt der besondere Bahnkörper innerhalb des Verkehrsraums einer Straße mit Vorfahrt oder verläuft er neben einer solchen Straße, so bedarf es nur dann eines Andreaskreuzes, wenn der Schienenverkehr für den kreuzenden oder abbiegenden Fahrzeugführer nach dem optischen Eindruck nicht zweifelsfrei zu dem Verkehr auf der Straße mit Vorfahrt gehört. Unmittelbar vor dem besonderen Bahnkörper darf das Andreaskreuz nur dann aufgestellt werden, wenn so viel Stauraum vorhanden

Vorschriftzeichen **Abs II Nr 1b § 41 StVO 2**

ist, daß ein vor dem Andreaskreuz wartendes Fahrzeug den Längsverkehr nicht stört. Wird an einer Kreuzung oder Einmündung der Verkehr durch Lichtzeichen geregelt, so muß auch der Straßenbahnverkehr auf diese Weise geregelt werden, und das auch dann, wenn der Bahnkörper parallel zu einer Straße in deren unmittelbarer Nähe verläuft. Dann ist auch stets zu erwägen, ob der die Schienen kreuzende Abbiegeverkehr gleichfalls durch Lichtzeichen zu regeln oder durch gelbes Blinklicht mit dem Sinnbild einer Straßenbahn zu warnen ist.

19   b) Hat der gleichgerichtete Verkehr an einer Kreuzung oder Einmündung nicht die Vorfahrt, so ist es kaum je zu verantworten, der Straßenbahn Vorrang zu geben.

b) An Kreuzungen und Einmündungen:

Zeichen 205   23

Vorfahrt gewähren!

Das Schild steht unmittelbar vor der Kreuzung oder Einmündung. Es kann durch dasselbe Schild mit Zusatzschild (wie „100 m") angekündigt sein.
Wo linke Radwege auch für die Gegenrichtung freigegeben sind und Radfahrer die Fahrbahn kreuzen, kann über dem Zeichen 205 das Zusatzschild

angebracht sein. Mit diesem Zusatzschild enthält das Zeichen das Gebot:
„Vorfahrt gewähren und auf kreuzenden Radverkehr von links und rechts achten!"
Wo Schienenfahrzeuge einen kreisförmigen Verkehr kreuzen, an Wendeschleifen oder ähnlich geführten Gleisanlagen von Schienenbahnen, enthält das Zeichen mit dem Sinnbild einer Straßenbahn auf einem darüber angebrachten Zusatzschild das Gebot: „Der Schienenbahn Vorfahrt gewähren!".

Vwv zu den Zeichen 205 und 206

1   I. Die Zeichen müssen unmittelbar vor der Kreuzung oder Einmündung stehen.   24
2   II. Als negatives Vorfahrtzeichen ist in der Regel das Zeichen 205 zu wählen. Das Zeichen   25
    206 ist nur dann aufzustellen, wenn
3   1. die Sichtverhältnisse so schlecht sind oder die Straße mit Vorfahrt so stark befahren wird, daß die meisten halten,
4   2. wegen der Örtlichkeit (Einmündung in einer Innenkurve oder in eine besonders schnell befahrene Straße) schwierig ist, die Geschwindigkeit der Fahrzeuge auf der anderen Straße zu beurteilen, oder wenn es
5   3. sonst aus Gründen der Sicherheit notwendig erscheint, einen Wartepflichtigen zu besonderer Vorsicht zu mahnen (z. B. in der Regel an der Kreuzung zweier Vorfahrtstraßen).
6   Anhaltspunkte bieten oft die Unfalluntersuchungen. Ergeben diese, daß die Unfälle darauf zurückzuführen sind, daß die Wartepflichtigen die Kreuzung übersehen oder ihre Wartepflicht nicht erfaßt haben, so ist eine Verbesserung der optischen Führung anzustre-

ben. Haben die Unfälle andere Ursachen, so empfiehlt es sich häufig, das Zeichen 206 aufzustellen, wenn nicht die Errichtung einer Lichtzeichenanlage angezeigt ist.

26 7 III. Eine Beleuchtung der negativen Vorfahrtzeichen ist an Kreuzungen außer in den Fällen der Nummer VI zu § 37 Abs. 2 Nr. 1 und 2 (Rn. 14) immer dann geboten, wenn eine Straße mit Wartepflicht eine Straßenbeleuchtung hat, die den Eindruck einer durchgehenden Straße entstehen läßt. Eine Beleuchtung empfiehlt sich auch, wenn die Beleuchtungsverhältnisse in der Umgebung so sind, daß die Erkennbarkeit der Zeichen beeinträchtigt ist. Vgl. auch Nummer III 7 Buchstabe b zu den §§ 39 bis 43; Rn. 20.

27 8 IV. Übergrößen sind überall dort in Erwägung zu ziehen, wo der Verkehr, besonders wegen seiner Schnelligkeit, negative Vorfahrtzeichen nicht erwartet.

28 9 V. Wo eine Lichtzeichenanlage steht, sind die Zeichen in der Regel unter oder neben den Lichtzeichen am gleichen Pfosten anzubringen.

29 10 VI. Kreuzt eine Straße mit Wartepflicht eine Straße mit Mittelstreifen, so ist zu prüfen, ob zusätzlich zu den vor der Kreuzung stehenden Zeichen 205 oder 206 auf dem Mittelstreifen ein Zeichen 205 aufgestellt werden soll, um an die Wartepflicht vor der zweiten Richtungsfahrbahn zu erinnern.

30/31 VII. Die Beschilderung von Kreuzungen und Einmündungen

11 1. Jede Kreuzung und Einmündung, in der vom Grundsatz „Rechts vor Links" abgewichen werden soll, ist sowohl positiv als auch negativ zu beschildern, und zwar sowohl innerhalb als auch außerhalb geschlossener Ortschaften. Ausgenommen sind nur Feld- und Waldwege; aber auch sie sind zu beschildern, wenn der Charakter des Weges für Ortsfremde nicht ohne weiteres zu erkennen ist; dabei wird häufig die negative Beschilderung genügen. Solch einseitige Beschilderung darf an sonstigen Kreuzungen und Einmündungen allenfalls dann erwogen werden, wenn sich Kreuzungen und Einmündungen häufen und darum positive und negative Vorfahrtzeichen so dicht aufeinander folgen, daß ortsfremde Verkehrsteilnehmer verwirrt würden. Zuvor ist in solchen Fällen zu erwägen, ob nicht auf andere Weise abgeholfen werden kann, z.B. durch Einführung wegführender Einbahnstraßen. Straßen, die wie Grundstücksausfahrten aussehen, sind einseitig mit Zeichen 205 zu versehen.

12 2. Endet eine Vorfahrtstraße oder kann einer weiterführenden Vorfahrtstraße (vgl. dazu Nummer 5 Buchstabe a zu Zeichen 306 und 307; Rn. 8) oder einer Straße, auf der an mehreren vorausgehenden Kreuzungen und Einmündungen hintereinander das Zeichen 301 aufgestellt ist, an einer Kreuzung oder Einmündung die Vorfahrt nicht gegeben werden, so ist stets ein negatives Vorfahrtzeichen aufzustellen. Dieses ist außerhalb geschlossener Ortschaften dann stets anzukündigen, innerhalb geschlossener Ortschaften jedenfalls dann, wenn der Verkehr nicht durch Lichtzeichen geregelt ist. Das negative Vorfahrtzeichen soll dann jeweils auf beiden Seiten der Straße aufgestellt und gegebenenfalls über der Fahrbahn wiederholt werden. Auch seine zusätzliche Wiedergabe auf der Fahrbahn (vgl. Nummer 3 vor Zeichen 350) kann in Frage kommen. Solch verstärkte Kennzeichnung sowie die Ankündigung der Wartepflicht durch negative Vorfahrtzeichen mit Entfernungsangabe ist darüber hinaus auf Straßen mit schnellerem und stärkerem Verkehr, insbesondere mit stärkerem Lastkraftwagenverkehr sowie dann in Erwägung zu ziehen, wenn der Verkehr eine solche Regelung nicht erwartet.

13 3. Vgl. auch Nummer II bis IV zu § 8 Abs. 1; Rn. 3 ff.

14 4. Zusatzschild „abknickende Vorfahrt"
Über die Zustimmungsbedürftigkeit vgl. Nummer III 1 Buchstabe a zu § 45 Abs. 1 bis 1e (Rn. 4); über abknickende Vorfahrt vgl. ferner Nummer 4 zu den Zeichen 306 und 307 (Rn. 5 bis 7) und Nummer III zu Zeichen 301; Rn. 3.

VwV zu Zeichen 205 Vorfahrt gewähren

32 1 I. Das Zeichen muß mindestens voll rückstrahlen.

33 2 II. Ist neben einer durchgehenden Fahrbahn ein Fahrstreifen angebracht, welcher der Einfädelung des einmündenden Verkehrs dient (Beschleunigungsstreifen), darf das Zeichen

Vorschriftzeichen   Abs II Nr 1b § 41 StVO **2**

nur vor dem Beginn des Beschleunigungsstreifens stehen. Vgl. Nummer I zu § 7 Abs. 1 bis 3; Rn. 1.

3   III. Über Kreisverkehr vgl. Nummer IX zu den Zeichen 209 bis 214; Rn. 11ff.   34

4   IV. Außerhalb geschlossener Ortschaften muß das Zeichen auf Straßen mit schnellerem oder stärkerem Verkehr in einer Entfernung von mindestens 100 bis 150 m durch dasselbe Zeichen mit der Entfernungsangabe auf einem Zusatzschild angekündigt werden. Innerhalb geschlossener Ortschaften ist die Ankündigung in der Regel nicht erforderlich.   35

Zeichen 206   36

Halt! Vorfahrt gewähren!

Das unbedingte Haltgebot ist dort zu befolgen, wo die andere Straße zu übersehen ist, in jedem Fall an der Haltlinie (Zeichen 294).

Das Schild steht unmittelbar vor der Kreuzung oder Einmündung.

Das Haltgebot wird außerhalb geschlossener Ortschaften angekündigt durch das Zeichen 205 mit Zusatzschild

37

Innerhalb geschlossener Ortschaften kann das Haltgebot so angekündigt sein.

Vwv zu Zeichen 206 Halt! Vorfahrt gewähren!

1   I. Das Zeichen muß mindestens voll rückstrahlen.   38

2   II. In der Regel ist eine Haltlinie (Zeichen 294) anzubringen, und zwar dort, wo der Wartepflichtige die andere Straße übersehen kann. Ist es nicht möglich, die Linie dort anzubringen, so empfiehlt sich die Fahrbahnmarkierung „STOP" (Nummer 3 vor Zeichen 350) unmittelbar vor dem Rand der anderen Straße. Diese Fahrbahnmarkierung kann auch zusätzlich zu der Haltlinie zweckmäßig sein.   39

3   III. Das Zeichen muß außerhalb geschlossener Ortschaften mindestens 100 bis 150 m vor der Kreuzung oder Einmündung angekündigt werden.   40

Der Verlauf der Vorfahrtstraße kann durch ein Zusatzschild zu den Zeichen 205 und 206

41

bekanntgegeben sein.

785

2 StVO § 41 Abs II Nr 2   II. Zeichen und Verkehrseinrichtungen

42   c) Bei verengter Fahrbahn:

Zeichen 208

Dem Gegenverkehr Vorrang gewähren!

Vwv zu Zeichen 208 Dem Gegenverkehr Vorrang gewähren!

43   1   I. Am anderen Ende der Verengung muß das Zeichen 308 aufgestellt werden.

44   2   II. Die Zeichen 208 und 308 dürfen nur verwendet werden, wo für die Begegnung mehrspuriger Fahrzeuge nicht genügend Raum und die Verengung beiderseits überschaubar ist. Sonst kommt z. B. die Errichtung einer Einbahnstraße (Zeichen 220) oder die Verkehrsregelung durch Lichtzeichen in Betracht. Lichtzeichen sind in der Regel dann nicht zu entbehren, wenn auch nur zu gewissen Tageszeiten starker Verkehr herrscht.

45   3   III. Welcher Fahrrichtung der Vorrang einzuräumen ist, ist auf Grund der örtlichen Verhältnisse und der beiderseitigen Verkehrsmenge zu entscheiden. Bei einseitiger Straßenverengung sollte im Zweifel dieselbe Rechtslage geschaffen werden, die nach § 6 an vorübergehenden Hindernissen besteht.

46   4   IV. Der wartepflichtige Verkehr soll, der Verkehr mit Vorrang kann durch ein Gefahrzeichen für verengte Fahrbahn (z. B. Zeichen 120) gewarnt werden.

46a   5   V. Das Zeichen muß mindestens voll rückstrahlen.

2. Vorgeschriebene Fahrtrichtung

47
48
49

Zeichen 209   Zeichen 211   Zeichen 214

Rechts   Hier rechts   Geradeaus und rechts

Andere Fahrtrichtungen werden entsprechend vorgeschrieben.

49a   Zeichen 215

Kreisverkehr

Vwv zu Zeichen 209 bis 214 Vorgeschriebene Fahrtrichtung

50   1   I. Die Zeichen stehen an Kreuzungen und Einmündungen. Sie können auch an Grundstücksausfahrten und anderen Straßenteilen aufgestellt werden.

50a   2   II. Sie dürfen nur aufgestellt werden, wo andere Fahrtrichtungen möglich sind, aber verboten werden müssen.

51   3   III. In Abweichung von den abgebildeten Grundformen dürfen die Pfeilrichtungen dem tatsächlichen Verlauf der Straße, in die der Fahrverkehr eingewiesen wird, nur dann angepaßt werden, wenn dies zur Klarstellung notwendig ist.

Vorschriftzeichen Abs II Nr 2 § 41 StVO **2**

4 IV. Die Zeichen „Hier rechts" und „Hier links" sind hinter der Stelle anzubringen, an der abzubiegen ist, die Zeichen „Rechts" und „Links" vor dieser Stelle. Das Zeichen „Geradeaus" und alle Zeichen mit kombinierten Pfeilen müssen vor der Stelle stehen, an der in eine oder mehrere Richtungen nicht abgebogen werden darf.

5 V. Die Zeichen „Hier rechts" und „Hier links" dürfen nur durch die Zeichen „Rechts" beziehungsweise „Links" angekündigt werden, die anderen Zeichen durch diese selbst. Erforderlichenfalls ist die Entfernung auf einem Zusatzschild anzugeben.

6 VI. Die Zeichen „Geradeaus" und „Geradeaus und links" dürfen vor Einmündungen bzw. Kreuzungen nur aufgestellt werden, wenn dort eine Vorfahrtregelung durch Verkehrszeichen besteht.

7 VII. Die Zeichen müssen, wenn sie in Verbindung mit Lichtzeichen ohne Pfeile auf der rechten Straßenseite verwendet werden, bei Dämmerung und Dunkelheit von außen oder innen beleuchtet sein. Bei Zeichen auf der linken Straßenseite genügt es, wenn sie voll rückstrahlen.

8 Sie sind über oder neben den Lichtzeichen anzubringen. Vgl. auch Nummer X 4 und 5 zu § 37 Abs. 2 Nr. 1 und 2; Rn. 21 und 22.

9 VIII. Abbiegeverbote, insbesondere das Verbot des Linksabbiegens, steigern nicht bloß die Leistungsfähigkeit von Kreuzungen, sondern können auch der Sicherheit dienen. Stets ist zuvor auch zu prüfen, ob nicht an anderer Stelle durch die Verlagerung des Verkehrs neue Schwierigkeiten auftreten. Es kann sich empfehlen, dem unterbundenen Abbiegeverkehr den zweckmäßigsten Weg zu zeigen, z. B. durch Zeichen 468.

10 IX. Vgl. auch Nummer IV 2 zu § 41 (Rn. 8) und über die Zustimmungsbedürftigkeit Nummer III 1 Buchstabe d zu § 45 Abs. 1 bis 1 e; Rn. 7.

Vwv zu Zeichen 215 Kreisverkehr

1 I. An einem baulich angelegten Kreisverkehr soll in der Regel Zeichen 215 angeordnet werden. Diese Anordnung setzt voraus, dass an allen Zufahrten Zeichen 205 angeordnet wird. Ist eine abweichende Vorfahrtregelung durch Verkehrszeichen für den Kreisverkehr erforderlich, ist Zeichen 209 (Rechts) anzuordnen.

2 II. Die Anordnung von Zeichen 215 macht in der Regel eine zusätzliche Anordnung von Zeichen 211 (Hier rechts) auf der Mittelinsel entbehrlich. Außerhalb geschlossener Ortschaften empfiehlt es sich in der Regel, auf baulich angelegten, nicht überfahrbaren Mittelinseln gegenüber der jeweiligen Einfahrt entweder Zeichen 625 (Richtungstafel in Kurven) oder Zeichen 211 (Hier rechts) anzuordnen.

3 III. Wo eine Straßenbahn die Mittelinsel überquert, darf Zeichen 215 nicht angeordnet werden. Der Straßenbahn ist regelmäßig Vorfahrt zu gewähren; dabei sind Lichtzeichen vorzuziehen.

Zeichen 220

Es steht parallel zur Fahrtrichtung und schreibt allen Verkehrsteilnehmern auf der Fahrbahn die Richtung vor, Fußgängern jedoch nur, wenn sie Fahrzeuge mitführen. Ist in einer Einbahnstraße mit geringer Verkehrsbelastung die zulässige Höchstgeschwindigkeit durch Verkehrszeichen auf 30 km/h oder weniger begrenzt, so kann durch das Zusatzschild

Fahrradverkehr in der Gegenrichtung zugelassen werden. Das Zusatzschild ist dann auch bei Zeichen 353 anzubringen. Aus der entgegengesetzten Richtung ist dann bei Zeichen 267 das Zusatzschild „Radfahrer (Sinnbild) frei" anzubringen.

2 StVO § 41 Abs II Nr 2   II. Zeichen und Verkehrseinrichtungen

Vwv zu Zeichen 220 Einbahnstraße

60   I. Beschilderung von Einbahnstraßen

1.   1. Das Zeichen 220 ist stets längs der Straße anzubringen. Es darf weder am Beginn der Einbahnstraße noch an einer Kreuzung oder Einmündung in ihrem Verlauf fehlen. Am Beginn der Einbahnstraße und an jeder Kreuzung ist es in der Regel beiderseits aufzustellen, wenn aus beiden Richtungen der kreuzenden Straßen Verkehr kommen kann.

2.   2. Bei Einmündungen (auch bei Ausfahrten aus größeren Parkplätzen) empfiehlt sich die Anbringung des Zeichens 220 gegenüber der einmündenden Straße, bei Kreuzungen hinter diesen. In diesem Fall soll das Zeichen in möglichst geringer Entfernung von der kreuzenden Straße angebracht werden, damit es vom kreuzenden Verkehr leicht erkannt werden kann. Um Ortsfremden die Orientierung über die Vorfahrtverhältnisse zu erleichtern, kann es sich empfehlen, ein positives Vorfahrtzeichen vor einer Kreuzung oder Einmündung auch dann aufzustellen, wenn von dort kein Verkehr kommen kann, weil es sich um eine wegführende Einbahnstraße handelt.

3.   3. In den kreuzenden und einmündenden Straßen sind die Zeichen „Vorgeschriebene Fahrtrichtung" (z.B. Zeichen 209, 214) in der Regel nicht zu entbehren.

4.   4. Das Zeichen 353 ist am Beginn der Einbahnstraße dann aufzustellen, wenn das Zeichen 220 dort nicht so angebracht werden kann, daß es für den Einfahrenden leicht erkennbar ist, im Verlauf der Einbahnstraße nur dort, wo deren Benutzern Zweifel auftauchen können, ob der Straßenzug noch immer Einbahnstraße ist.

5.   5. Ist nur ein Teil eines Straßenzuges Einbahnstraße, so ist an deren Ende durch das Zeichen 125 zu warnen, in der Fortsetzung der Straße dem Gegenverkehr z.B. durch das Zeichen 209 die Fahrtrichtung vorzuschreiben; eine Unterstützung durch Fahrbahnmarkierungen (Leitlinien und Pfeile) empfiehlt sich. Wird dagegen die Einbahnstraße bis zum Ende der Straße weitergeführt, so ist der Benutzer der Einbahnstraße nur dann durch das Zeichen 125 zu warnen, wenn sich dies nicht aus der Gestaltung der Örtlichkeit von selbst versteht. Die Einfahrt aus der entgegengesetzten Richtung in die Einbahnstraße ist durch Zeichen 267 zu sperren. Soll auf Einbahnstraßen das Halten auf beiden Seiten untersagt werden, so sind die Zeichen 283 oder 286 beiderseits aufzustellen.

61   6.   II. Straßenbahnverkehr in beiden Richtungen auf der Fahrbahn ist mit dem Sinn und Zweck von Einbahnstraßen nicht zu vereinbaren.

62   7.   III. Die Einführung von Einbahnstraßen ist erwünscht, weil diese die Sicherheit und die Flüssigkeit des Verkehrs, vor allem auch der öffentlichen Verkehrsmittel fördern und übrigens auch Parkraum schaffen. Allerdings bedarf es in jedem Fall der Abwägung der durch die Einrichtung von Einbahnstraßen berührten Interessen. Es muß insbesondere vermieden werden, daß ortsfremden Kraftfahrern dadurch unangemessen erschwert wird, sich zurechtzufinden; Wegweiser können helfen. In jedem Fall ist darauf zu achten, daß für den Gegenverkehr eine gleichwertige (Einbahn-)Straßenführung in nicht zu großem Abstand zur Verfügung steht. Schließlich ist zu vermeiden, daß durch diese Maßnahmen die Verkehrsbehinderungen nur auf andere Straßen verlagert werden.

63   8.   IV. 1. Die Öffnung von Einbahnstraßen für den Radverkehr in Gegenrichtung kommt nur in Betracht, wenn

9.   a) nach der flächenhaften Radverkehrsplanung die Benutzung der bestimmten Straßenstrecke innerorts erforderlich ist,

10.   b) die Anordnung der Einbahnstraße unter Berücksichtigung der Belange des Radverkehrs nicht aufgehoben oder nicht durch andere Maßnahmen (z. B. unechte Einbahnstraßen mit Zeichen 267, Einrichtung eines entlang der Einbahnstraße abgetrennten Radweges) ersetzt werden kann,

11.   c) für den Fahrverkehr auf der Fahrbahn eine Breite von in der Regel 3,5 m, mindestens jedoch 3 m mit ausreichenden Ausweichmöglichkeiten, vorhanden ist; verkehren dort auch Omnibusse des Linienverkehrs oder besteht stärkerer Verkehr mit Lastkraftwagen, so muß die Breite mehr als 3,5 m betragen,

12.   d) die Verkehrsführung im Streckenverlauf und an den Knotenpunkten (Einmündungen und Kreuzungen) übersichtlich und die Begegnungsstrecke nur von geringer Länge ist,

Vorschriftzeichen Abs II Nr 3 § 41 StVO **2**

13 e) *für den ruhenden Verkehr Vorsorge getroffen wurde und*
14 f) *für den Radverkehr dort, wo es orts- und verkehrsbezogen erforderlich ist, zum Einbiegen in die Einbahnstraße in Gegenrichtung ein abgetrennter Einfahrtbereich angeboten wird.*

15 2. *Die Verkehrszeichen sind in jedem Fall deutlich sichtbar aufzustellen. An Knotenpunkten (Einmündungen und Kreuzungen) ist insbesondere auch darauf zu achten, daß auf die Öffnung der Einbahnstraße für den Radverkehr in Gegenrichtung mit dem Zusatzschild zu Zeichen 353 deutlich hingewiesen wird.*

16 3. *Die Straßenverkehrsbehörde muß vor der Öffnung der Einbahnstraße für den Radverkehr in Gegenrichtung das Verkehrs- und Unfallgeschehen (z. B. Verkehrsdichte, Verkehrsstruktur, Art und Umfang der Unfälle) dokumentieren und deren Entwicklung nach der Öffnung beobachten, dokumentieren und auswerten. Bei einer Unfallhäufung im Zusammenhang mit der Regelung (z. B. zwei oder mehr Radfahrunfälle mit schwerem Sachschaden bzw. Personenschaden) ist die Regelung sofort aufzuheben.*

3. Vorgeschriebene Vorbeifahrt

Zeichen 222 64

Rechts vorbei

„Links vorbei" wird entsprechend vorgeschrieben.

Vwv zu Zeichen 222 Rechts vorbei

1 I. Ist das Zeichen von innen beleuchtet, so darf es innerhalb geschlossener Ortschaften in verkleinerter Ausführung aufgestellt werden, wenn dies zur Raumersparnis, z. B. an Fahrbahnteilern oder sonstigen Verkehrsinseln, geboten ist. Der Durchmesser muß dann aber mindestens 400 mm betragen. 65

2 II. Es ist wegen der Verwechslungsgefahr mit den Zeichen „Vorgeschriebene Fahrtrichtung" streng darauf zu achten, daß die Pfeile genau in einem Winkel von 45° schräg abwärts weisen. 66

3 III. Die Durchfahrt zwischen zwei in der Fahrbahn liegenden Haltestelleninseln sollte aus Sicherheitsgründen durch das Zeichen „Rechts vorbei" gesperrt werden. 67

4 IV. Sind in der Mitte der Fahrbahn Inseln oder Fahrbahnteiler errichtet, so ist an ihnen das Zeichen „Rechts vorbei" anzubringen. Diese Anordnungen durch Fahrstreifenbegrenzungen (Zeichen 295) oder Sperrflächen (Zeichen 298) zu unterstreichen, wird sich häufig empfehlen. 68

5 V. Das Zeichen soll nur verwendet werden, wenn zwischen ihm und dem Verkehrsteilnehmer, an den es sich wendet, Gegenverkehr nicht zugelassen ist. 69

6 VI. Es widerstrebt dem Sinn der Zeichen, wenn sowohl das Zeichen „Rechts vorbei" als auch das Zeichen „Links vorbei" an einem Hindernis auf der Fahrbahn angebracht werden, um damit darzutun, daß das Hindernis beiderseits umfahren werden darf. Das ist erforderlichenfalls durch geeignete Maßnahmen, wie durch Aufstellung von Absperrbaken mit nach beiden Seiten fallenden Streifen, Anbringung von Fahrbahnmarkierungen und dergleichen deutlich zu machen. 70

2 StVO § 41 Abs II Nr 3a II. Zeichen und Verkehrseinrichtungen

71 3a. Befahren eines Seitenstreifens als Fahrstreifen

Zeichen 223.1

Seitenstreifen befahren

Das Zeichen ordnet das Befahren eines Seitenstreifens an; dieser ist dann wie ein rechter Fahrstreifen zu befahren. Das Zeichen mit Zusatzschild „Ende in ... m" kündigt die Aufhebung der Anordnung an.

71a

Zeichen 223.2

Seitenstreifen nicht mehr befahren

Das Zeichen hebt die Anordnung „Seitenstreifen befahren" auf.

71b

Zeichen 223.3

Seitenstreifen räumen

Das Zeichen ordnet die Räumung des Seitenstreifens an.

Werden die Zeichen 223.1 bis 223.3 für eine Fahrbahn mit mehr als zwei Fahrstreifen angeordnet, zeigen die Zeichen die entsprechende Anzahl der Pfeile.

Vwv zu den Zeichen 223.1 bis 223.3 Befahren eines Seitenstreifens als Fahrstreifen

71c 1 I. Die Zeichen dürfen nur für die Tageszeiten angeordnet werden, zu denen auf Grund der Verkehrsbelastung eine erhebliche Beeinträchtigung des Verkehrsablaufs zu erwarten ist. Sie sind deshalb als Wechselverkehrszeichen auszubilden. Die Anordnung darf nur erfolgen, wenn der Seitenstreifen von den baulichen Voraussetzungen her wie ein Fahrstreifen (vgl. § 7 Abs. 1 Satz 2 StVO) befahrbar ist. Vor jeder Anordnung ist zu prüfen, ob der Seitenstreifen frei von Hindernissen ist. Während der Dauer der Anordnung ist die Prüfung regelmäßig zu wiederholen.

2 II. Die Zeichen sind beidseitig anzuordnen. Die Abmessung der Zeichen beträgt 2,25 m × 2,25 m.

3 III. Das Zeichen 223.1 soll durch ein Zusatzschild „Seitenstreifen befahren" unterstützt werden. Das Zusatzschild soll dann zu jedem Zeichen angeordnet werden.

4 IV. Das Zeichen 223.1 darf nur in Kombination mit einer Beschränkung der zulässigen Höchstgeschwindigkeit (Zeichen 274) auf nicht mehr als 100 km/h angeordnet werden. Zusätzlich empfiehlt sich bei starkem Lkw-Verkehr die Anordnung von Zeichen 277.

5 V. Das Zeichen 223.1 ist je nach örtlicher Situation in Abständen von etwa 1000 bis 2000 m aufzustellen. Die Standorte sind mit einer Verkehrsbeeinflussungsanlage ab-

Vorschriftzeichen Abs II Nr 4 § 41 StVO **2**

zustimmen. Im Bereich einer Verkehrsbeeinflussungsanlage können die Abstände zwischen zwei Zeichen vergrößert werden.

6 VI. Das Zeichen 223.2 ist in der Regel im Bereich einer Anschlussstelle anzuordnen. Wenigstens 400 m vorher ist entweder Zeichen 223.3 oder 223.1 mit dem Zusatz „Ende in ... m" anzuordnen. Die Anordnung von Zeichen 223.1 mit dem Zusatz „Ende in ... m" empfiehlt sich nur, wenn der befahrbare Seitenstreifen in einer Anschlussstelle in den Ausfädelungsstreifen übergeht und nur noch vom auffahrenden Verkehr benutzt werden kann. Zeichen 223.3 soll durch ein Zusatzschild „Seitenstreifen räumen" unterstützt werden.

7 VII. Im Bereich von Ausfahrten ist die Nutzung des Seitenstreifens als Fahrstreifen in der Wegweisung zu berücksichtigen. Vorwegweiser und Wegweiser sind dann fahrstreifenbezogen als Wechselwegweiser auszuführen.

8 VIII. Zur Markierung vgl. zu Zeichen 295 Buchst. b; Rn. 9.

9 IX. Die Zeichen können durch Dauerlichtzeichen unterstützt werden. Dies empfiehlt sich besonders für Zeichen 223.2; vgl. Nummer I zu § 37 Abs. 3; Rn. 48."

4. Haltestellen

Zeichen 224 72

Straßenbahnen
oder Linienbusse

Das Zeichen 224 mit dem Zusatzschild „Schulbus (Angabe der tageszeitlichen Benutzung)" kennzeichnet eine Schulbushaltestelle.

Vwv zu Zeichen 224 Haltestellen

1 I. Durch das Zeichen werden Haltestellen für Straßenbahnen und für Linienbusse gekennzeichnet. 73

2 Auch Haltestellen für Fahrzeuge des Schüler- und Behindertenverkehrs können so gekennzeichnet werden.

3 II. Über die Festlegung des Ortes der Haltestellenzeichen vgl. die Straßenbahn-Bau- und Betriebsordnung und die Verordnung über den Betrieb von Kraftfahrunternehmen im Personenverkehr. 73 a

4 III. Die Errichtung von Haltestelleninseln für Straßenbahnen und von Haltestellenbuchten für Busse und Oberleitungsbusse ist anzustreben. 74

5 Wo eine Insel errichtet ist, sollte das Zeichen auf ihr angebracht werden.

6 IV. An Haltestellen von Straßenbahnen ist zu prüfen, ob die Parkverbotsstrecke durch Zeichen 299 verkürzt werden kann. 74 a

7 V. Muß an Bushaltestellen die Verbotsstrecke durch Zeichen 299 markiert werden, so ist sie so zu bemessen, daß der Omnibus mühelos an- und abfahren kann. 75

8 VI. Im Orts- und Nachbarorts-Linienverkehr gehört zu dem Zeichen ein Zusatzschild mit der Bezeichnung der Haltestelle (Haltestellenname). Darüber hinaus kann die Linie angegeben werden. 75 a

9 Bei Bedarf können dazu das Symbol der Straßenbahn bzw. des Kraftomnibusses gezeigt werden.

10 VII. Schulbushaltestellen werden mit einem Zusatzschild „Schulbus (Angabe der tageszeitlichen Benutzung)" gekennzeichnet. 76

2 StVO § 41 Abs II Nr 5   II. Zeichen und Verkehrseinrichtungen

77   Zeichen 229

Taxenstand

Ein Zusatzschild kann die Anzahl der vorgesehenen Taxen angeben.

Vwv zu Zeichen 229 Taxenstand

78   1   I. Das Zeichen steht am Beginn der Verbotsstrecke. Ist diese für mehr als 5 Taxen vorgesehen, so ist das Zeichen auch am Ende der Verbotsstrecke aufzustellen.

79   2   II. Verbotsstrecken mit nur einem Zeichen (bis zu fünf Taxen) sind zu markieren (Zeichen 299). Verbotsstrecken für mehr als fünf Taxen brauchen nur auf besonders langen oder unübersichtlichen Strecken gekennzeichnet zu werden. Für jedes Taxi sollen dabei 5 m zugrunde gelegt werden.

5. Sonderwege

80   Zeichen 237   Zeichen 238   Zeichen 239
81
82

Radfahrer   Reiter   Fußgänger

Diese Zeichen stehen rechts oder links. Die Sinnbilder der Zeichen 237 und 239 können auch gemeinsam auf einem Schild, durch einen senkrechten weißen Streifen getrennt, gezeigt werden. Ein gemeinsamer Rad- und Gehweg kann durch ein Schild gekennzeichnet sein, das – durch einen waagerechten weißen Streifen getrennt – die entsprechenden Sinnbilder zeigt. Das Zeichen „Fußgänger" steht nur dort, wo eine Klarstellung notwendig ist. Durch ein Zusatzschild kann die Benutzung des Radweges durch Mofas gestattet werden.

82 a   Zeichen 240   Zeichen 241
82 b

gemeinsamer   getrennter
Fuß- und Radweg   Rad- und Fußweg

Die Zeichen bedeuten:

a) Radfahrer, Reiter und Fußgänger müssen die für sie bestimmten Sonderwege benutzen. Andere Verkehrsteilnehmer dürfen sie nicht benutzen;
b) wer ein Mofa durch Treten fortbewegt, muß den Radweg benutzen;
c) auf einem gemeinsamen Rad- und Gehweg haben Radfahrer und die Führer von motorisierten Zweiradfahrzeugen auf Fußgänger Rücksicht zu nehmen;

Vorschriftzeichen   **Abs II Nr 5 § 41 StVO 2**

d) auf Reitwegen dürfen Pferde geführt werden;
e) wird bei Zeichen 239 durch Zusatzschild Fahrzeugverkehr zugelassen, so darf nur mit Schrittgeschwindigkeit gefahren werden;
f) wird bei Zeichen 237 durch Zusatzschild anderer Fahrzeugverkehr zugelassen, so darf nur mit mäßiger Geschwindigkeit gefahren werden.

Vwv zu den Zeichen 237, 240 und 241

1   I. Die Zeichen 237, 240 und 241 begründen einen Sonderweg und kennzeichnen die   83
    Radwegebenutzungspflicht. Sie stehen dort, wo der Sonderweg beginnt. Sie sind an jeder
    Kreuzung und Einmündung zu wiederholen. Zur Radwegebenutzungspflicht vgl. zu
    § 2 Abs. 4 Satz 2; Rn. 9 ff.

2   II. Wo mit dem Zeichen 237, 240 und 241 ein Sonderweg (auch) für Radfahrer und damit eine Radwegebenutzungspflicht begründet wird, dürfen die Radfahrer an Kreuzungen und Einmündungen im Zuge von gekennzeichneten Vorfahrtstraßen (vgl. Nummer III zu § 8 Abs. 1; Rn. 15 ff.) und an Lichtzeichenanlagen nicht sich selbst überlassen bleiben. Zur Radwegeführung sind hier Radfahrerfurten zu markieren. Zur Radwegeführung vgl. Nummer II 2 Buchstabe c zu § 2 Abs. 4 Satz 2 (Rn. 25 und 26) sowie zu § 9 Abs. 2 und 3; Rn. 3 ff. Zur Lichtzeichenregelung vgl. zu § 37 Abs. 2 Nr. 5 und 6; Rn. 42 ff.

3   III. Das Ende der Sonderwege bedarf keiner Kennzeichnung. In unklaren Fällen kann das Verkehrszeichen mit dem Zusatzschild „Ende" angebracht sein.

4   IV. Die Zeichen können abweichend von Nummer III 3 zu den §§ 39 bis 43 (Rn. 9) bei baulichen Radwegen immer, bei Radfahrstreifen in besonders gelagerten Fällen, in der Größe 1 aufgestellt werden.

Vwv zu Zeichen 237 Radfahrer

1   I. Baulich angelegte Radwege sind, wenn die Anordnung der Radwegebenutzungspflicht   83 a
    erforderlich und verhältnismäßig ist, in der Regel mit Zeichen 237 zu kennzeichnen;
    außerorts soll die Kennzeichnung stets erfolgen. Zur Radwegebenutzungspflicht und zum
    Begriff des Radfahrstreifens vgl. zu § 2 Abs. 4 Satz 2; Rn. 9 ff.

2   II. 1. Die Abtrennung eines Radfahrstreifens von der Fahrbahn genügt nicht, wenn die Verkehrsbelastung an Straßen mit zwei Fahrstreifen mehr als 18 000 Kfz/24 Std. und an Straßen mit vier Fahrstreifen mehr als 25 000 Kfz/24 Std. aufweist. Sie scheidet immer aus in Kreisverkehren.

3   2. Die Kennzeichnung eines Radfahrstreifens setzt voraus, daß Vorsorge für den ruhenden Verkehr getroffen wurde.

4   3. Radfahrstreifen sind in regelmäßigen Abständen mit dem Zeichen 237 zu markieren.

5   III. Manchmal ist es erforderlich, Radfahrer durch Verkehrsverbote (Zeichen 254) bzw. die Wegweisung für bestimmte Verkehrsarten (Zeichen 421, 442) auf andere Straßen zu verweisen. Davon soll dann Gebrauch gemacht werden, wenn dies aus Gründen der Verkehrssicherheit geboten und auf Grundlage des vorhandenen Straßennetzes möglich erscheint. Zur Wegweisung für bestimmte Verkehrsarten vgl. Nummer III 2 zu den Zeichen 421 und 442; Rn. 4.

6   IV. Auf Straßen ohne Gehweg und Seitenstreifen dürfen Radwege alleine nicht gekennzeichnet werden. Hier kann sich aber die Kennzeichnung als gemeinsamer Fuß- und Radweg (Zeichen 240) anbieten.

Vwv zu Zeichen 238 Reiter

1   I. Da in der Regel wegen der Beschaffenheit der Reitwege weder zu besorgen ist, daß ihn   83 b
    Reiter nicht benutzen, noch daß ihn andere Verkehrsteilnehmer benutzen, wird sich
    vielfach die Aufstellung des Zeichens erübrigen.

Vwv zu Zeichen 239 Fußgänger

1   I. Der Klarstellung durch das Zeichen bedarf es nur dort, wo die Zweckbestimmung des   83 c
    Straßenteils als Gehweg sich nicht aus dessen Ausgestaltung ergibt. Soll ein Seitenstreifen
    den Fußgängern allein vorbehalten werden, so ist das Zeichen zu verwenden.

2 **StVO § 41 Abs II Nr 5** II. Zeichen und Verkehrseinrichtungen

2 II. Die Freigabe des Gehweges zur Benutzung durch Radfahrer durch das Zeichen mit Zusatzschild 1022–10 „Radfahrer frei" ist nicht ausgeschlossen. Damit wird dem Radverkehr ein Benutzungsrecht auf dem Gehweg eröffnet. Eine Benutzungspflicht besteht dagegen nicht.

3 III. 1. Die Freigabe bewirkt eine teilweise Entmischung des Fahrzeugverkehrs und eine teilweise Mischung von Radverkehr und Fußgängern auf einer gemeinsamen Verkehrsfläche. Es ist zu erwarten, daß von einem solchen Benutzungsrecht vornehmlich ungeübte oder unsichere Radfahrer Gebrauch machen werden.

4 2. Die Freigabe kann nur dann in Betracht kommen, wenn dem straßenrechtliche Bestimmungen nicht entgegenstehen, die Interessen der vorgenannten Radfahrer dies notwendig machen und wenn die Freigabe nach den örtlichen Gegebenheiten und unter Berücksichtigung der Belange der Fußgänger, insbesondere der älteren Menschen, der Kinder und der radfahrenden Kinder, im Hinblick auf die Verkehrssicherheit vertretbar erscheint.

5 3. Den Belangen der Fußgänger kommt dabei ein besonderes Gewicht zu, zumal der Radverkehr nach den Erläuterungen zu Zeichen 239 nur mit Schrittgeschwindigkeit fahren darf.

6 IV. Die Beschaffenheit und der Zustand des Gehweges soll dann auch die gewöhnlichen Verkehrsbedürfnisse des Radverkehrs (z. B. Bordsteinabsenkung an Einmündungen und Kreuzungen) berücksichtigen. Auch sind die allgemeinen Verkehrsregeln, insbesondere der §§ 9 und 10, aber auch des § 2 Abs. 5 Satz 1 Halbsatz 2, zu bedenken.

7 V. Soweit die Freigabe in einzelnen Ausnahmefällen erforderlich und verhältnismäßig ist, müssen die Zeichen an jeder Kreuzung und Einmündung wiederholt werden. Von der Markierung des Sinnbildes „Radfahrer" (§ 39 Abs. 4) auf dem Gehweg soll abgesehen werden.

Vwv zu Zeichen 240 gemeinsamer Fuß- und Radweg

83 d 1 I. Gemeinsame Fuß- und Radwege müssen außerorts und können innerorts, wenn die Anordnung der Radwegebenutzungspflicht erforderlich und verhältnismäßig ist, mit Zeichen 240 gekennzeichnet werden. Zur Radwegebenutzungspflicht vgl. zu § 2 Abs. 4 Satz 2 (Rn. 9 ff.) und zur Freigabe linker Radwege für die Gegenrichtung vgl. Nummer II zu § 2 Abs. 4 Satz 3; Rn. 35 ff.

2 II. 1. Ein gemeinsamer Fuß- und Radweg bewirkt eine Entmischung des Fahrzeugverkehrs und eine Mischung des Radverkehrs mit den Fußgängern auf einer gemeinsamen Verkehrsfläche.

3 2. Im Hinblick auf die mit der Kennzeichnung verbundene Radwegebenutzungspflicht kann dies nur dann in Betracht kommen, wenn die Interessen des Radverkehrs das notwendig machen und wenn es nach den örtlichen Gegebenheiten und unter Berücksichtigung der Belange der Fußgänger, insbesondere der älteren Verkehrsteilnehmer und der Kinder, im Hinblick auf die Verkehrssicherheit vertretbar erscheint.

4 III. 1. An Lichtzeichenanlagen kann zur Führung der Fußgänger eine zusätzliche Fußgängerfurt (vgl. Nummer III zu § 25 Abs. 3; Rn. 3 bis 5) entbehrlich sein.

5 2. An den roten und grünen Lichtzeichen der Lichtzeichenanlage für Fußgänger werden in der Regel, wenn sich orts- und verkehrsbezogen keine andere Lösung anbietet, jeweils die Sinnbilder für Fußgänger und Radfahrer gezeigt. Zur Lichtzeichenregelung vgl. zu § 37 Abs. 2 Nr. 5 und 6; Rn. 42 ff.

Vwv zu Zeichen 241 getrennter Fuß- und Radweg

84 1 I. Radwege sollen, wenn die Anordnung der Radwegebenutzungspflicht erforderlich und verhältnismäßig ist, von einem Gehweg baulich oder mit durchgehender weißer Linie abgetrennt und mit Zeichen 241 gekennzeichnet werden. Zur Radwegebenutzungspflicht vgl. zu § 2 Abs. 4 Satz 2; Rn. 9 ff.

2 II. 1. An Lichtzeichenanlagen ist in der Regel auch eine Führung der Fußgänger durch eine Fußgängerfurt (vgl. Nummer III zu § 25 Abs. 3; Rn. 3 und 5) erforderlich. Zur Lichtzeichenregelung vgl. zu § 37 Abs. 2 Nr. 5 und 6; Rn. 42 ff.

Vorschriftzeichen Abs II Nr 5 § 41 StVO **2**

3 2. Nebeneinanderliegende Radfahrer- und Fußgängerfurten sind durch eine gleichartige Markierung zu trennen. Entsprechendes gilt, wenn die Radfahrerfurt nicht weit von einer Fußgängerfurt angebracht ist.

Zeichen 242   **Zeichen 243**   84 a/84 b

Beginn eines Fußgängerbereichs   Ende eines Fußgängerbereichs

Innerhalb des Fußgängerbereichs gilt:
1. Der Fußgängerbereich ist Fußgängern vorbehalten. Andere Verkehrsteilnehmer dürfen ihn nicht benutzen.
2. Wird durch Zusatzschild Fahrzeugverkehr zugelassen, so darf nur mit Schrittgeschwindigkeit gefahren werden. Die Fahrzeugführer dürfen Fußgänger weder gefährden noch behindern; wenn nötig müssen sie warten.

Vwv zu den Zeichen 242 (Beginn eines Fußgängerbereichs) und 243 (Ende eines Fußgängerbereichs)

1 Die Zeichen können innerhalb geschlossener Ortschaften für Bereiche aufgestellt werden, die Fußgängern vorbehalten bleiben sollen. Fahrzeugverkehr soll nur ausnahmsweise zugelassen werden, insbesondere als Anlieger- und Anlieferverkehr. 84 c

Zeichen 244   **Zeichen 244 a**   85/86

Auf Fahrradstraßen gelten die Vorschriften über die Benutzung von Fahrbahnen; abweichend davon gilt:
1. Andere Fahrzeugführer als Radfahrer dürfen Fahrradstraßen nur benutzen, soweit dies durch Zusatzschild zugelassen ist.
2. Alle Fahrzeuge dürfen nur mit mäßiger Geschwindigkeit fahren.
3. Radfahrer dürfen auch nebeneinander fahren.

Vwv zu den Zeichen 244 (Beginn einer Fahrradstraße) und 244a (Ende einer Fahrradstraße)

1 I. Fahrradstraßen können unter Beachtung der straßenrechtlichen Bestimmungen, für bestimmte Straßen oder Straßenabschnitte zur Bündelung des vorhandenen oder zu erwartenden Radverkehrs eingerichtet werden. Sie kommen dann in Betracht, wenn der Radverkehr die vorherrschende Verkehrsart ist oder dies alsbald zu erwarten ist. Ihre Anwendung ist deshalb vornehmlich im Verlauf wichtiger Hauptverbindungen des Radverkehrs gerechtfertigt. 86 a

2 II. Fahrradstraßen müssen entsprechend ihrer Zweckbestimmung auch für den Ortsfremden eindeutig erkennbar und durch ihre Beschaffenheit und ihren Zustand für den Radverkehr zumutbar sein. In Fahrradstraßen gelten einschließlich der Vorfahrtregelung alle Vorschriften über die Straßenbenutzung auf der Fahrbahn.

2 StVO § 41 Abs II Nr 5   II. Zeichen und Verkehrseinrichtungen

3   III. Durch die Kennzeichnung als Fahrradstraße wird anderer Fahrzeugverkehr als Radverkehr ausgeschlossen. Vor der Kennzeichnung sind deshalb die Verkehrsbedeutung für den Kraftfahrzeugverkehr sowie dessen Verkehrslenkung zu berücksichtigen.

4   IV. Anderer Fahrzeugverkehr als Radverkehr darf nur ausnahmsweise zugelassen werden. Dieser soll sich nach Möglichkeit auf den Anliegerverkehr beschränken. Die Einhaltung der mäßigen Geschwindigkeit für alle Fahrzeugführer soll dann, insbesondere wenn die Fahrradstraße als Vorfahrtstraße gekennzeichnet werden soll (vgl. Nummer III zu § 8 Abs. 1; Rn. 15 ff.), durch bauliche Maßnahmen (z. B. Aufpflasterungen) verdeutlicht werden. Auch ist dann Vorsorge für den ruhenden Verkehr (z. B. Besucher) zu treffen.

5   V. Der Beginn und das Ende einer Fahrradstraße sollte durch straßenbauliche Gestaltungselemente (z. B. Aufpflasterungen, Fahrbahnverengungen) hervorgehoben werden. Die Fläche für den ausnahmsweise ein- und ausfahrenden Kraftfahrzeugverkehr sollte dabei so klein wie möglich bemessen werden. Gleiches gilt im Verlauf der Fahrradstraße an jeder die Fahrradstraße begrenzenden Kreuzung und Einmündung.

86 b

Zeichen 245

Linienomnibusse

Der so gekennzeichnete Sonderfahrstreifen ist Omnibussen des Linienverkehrs vorbehalten. Dasselbe gilt auch für Taxen, wenn dies durch das Zusatzschild „Taxi frei" angezeigt ist, sowie für Radfahrer, wenn dies durch das Zusatzschild

angezeigt ist. Andere Verkehrsteilnehmer dürfen den Sonderstreifen nicht benutzen.

Vwv zu Zeichen 245 Linienomnibusse

86 c   1   I. Durch das Zeichen werden markierte Sonderfahrstreifen den Omnibussen des Linienverkehrs vorbehalten.

2   Als Linienverkehr gilt auch der Verkehr mit gekennzeichneten Fahrzeugen des Schüler- und Behindertenverkehrs.

3   Sie sollen im Interesse der Sicherheit oder Ordnung des Verkehrs Störungen des Linienverkehrs vermeiden und einen geordneten und zügigen Betriebsablauf ermöglichen. Sonderfahrstreifen für Linienomnibusse sind damit besonders geeignet, den öffentlichen Personenverkehr gegenüber dem Individualverkehr zu fördern (vgl. Nummer I zu den §§ 39 bis 43; Rn. 1).

4   Sonderfahrstreifen können in Randlage rechts, in Einbahnstraßen rechts oder links, in Mittellage allein oder im Gleisraum von Straßenbahnen sowie auf baulich abgegrenzten Straßenteilen auch entgegengesetzt der Fahrtrichtung angeordnet werden.

5   Bevor die Anordnung des Zeichens erwogen wird, ist zu prüfen, ob nicht durch andere verkehrsregelnde Maßnahmen (z.B. durch Zeichen 220, 253, 283, 301, 306, 421) eine Verbesserung des Verkehrsflusses oder eine Verlagerung des Verkehrs erreicht werden kann.

6   Voraussetzungen:
1. Die Anordnung von Sonderfahrstreifen kommt nur dann in Betracht, wenn die vorhandene Fahrbahnbreite ein ausgewogenes Verhältnis im Verkehrsablauf des öffentli-

Vorschriftzeichen	**Abs II Nr 5 § 41 StVO 2**

chen Personenverkehrs und des Individualverkehrs unter Berücksichtigung der Zahl der beförderten Personen nicht mehr zuläßt. Auch bei kurzen Straßenabschnitten (z. B. vor Verkehrsknotenpunkten) kann die Anordnung von Sonderfahrstreifen gerechtfertigt sein.

7   2. Die Breite des Sonderfahrstreifens soll in der Regel 3,50 m betragen. Verbleibt für den Individualverkehr derselben Richtung nur ein Fahrstreifen, darf dessen Breite 3,25 m nicht unterschreiten.

8   Besondere Sicherheitsvorkehrungen für etwa vorhandenen Radfahrverkehr, z. B. Radwege, sind in der Regel unerläßlich. Radfahrverkehr ist auszuschließen, wenn sich Radfahrer zwischen dem Linien- und Individualverkehr fortbewegen müßten.

9   3. Gegenseitige Behinderungen, die durch stark benutzte Zu- und Abfahrten (z. B. bei Parkhäusern, Tankstellen usw.) hervorgerufen werden, sind durch geeignete Maßnahmen, wie z. B. durch Verlegung der Zu- und Abfahrten in Nebenstraßen auf ein Mindestmaß zu beschränken. Ist dies nicht möglich, sollte auf den Sonderfahrstreifen verzichtet werden.

10   4. Sonderfahrstreifen ohne zeitliche Beschränkung in Randlage dürfen nur dort angeordnet werden, wo kein Anliegerverkehr vorhanden ist und das Be- und Entladen, z. B. in besonderen Ladestraßen oder Innenhöfen, erfolgen kann. Sind diese Voraussetzungen nicht gegeben, sind für die Sonderfahrstreifen zeitliche Beschränkungen vorzusehen.

11   Zur Befriedigung des Kurzparkbedürfnisses während der Geltungsdauer der Sonderfahrstreifen sollte die Parkzeit in nahegelegenen Nebenstraßen beschränkt werden.

12   5. Sonderfahrstreifen im Gleisraum von Straßenbahnen dürfen nur im Einvernehmen mit der Technischen Aufsichtsbehörde nach § 58 Abs. 3 der Straßenbahn-Bau- und Betriebsordnung angeordnet werden.

13   6. Die Anordnung von Sonderfahrstreifen kann sich auch dann anbieten, wenn eine Entflechtung des öffentlichen Personenverkehrs und des Individualverkehrs von Vorteil ist oder zumindest der Verkehrsablauf des öffentlichen Personennahverkehrs verbessert werden kann.

14   Sonderfahrstreifen in Randlage rechts sollen zeitlich beschränkt (vgl. Nummer III 15 zu den §§ 39 bis 43; Rn. 43), Sonderfahrstreifen in Mittellage zeitlich unbeschränkt angeordnet werden.

15   Die Geltungsdauer zeitlich beschränkter Sonderfahrstreifen sollte innerhalb des Betriebsnetzes einheitlich angeordnet werden.

16   7. Die Anordnung von Sonderfahrstreifen soll in der Regel nur dann erfolgen, wenn mindestens 20 Omnibusse des Linienverkehrs pro Stunde der stärksten Verkehrsbelastung verkehren.

17   II. 1. Das Zeichen ist möglichst über dem Sonderfahrstreifen anzubringen (vgl. Nummer IV 1 zu § 41; Rn. 4 bis 7); es ist an jeder Kreuzung und Einmündung zu wiederholen.

18   Zur Verdeutlichung kann die Markierung „BUS" auf der Fahrbahn aufgetragen werden.

19   2. Wo ein Sonderfahrstreifen ohne zeitliche Beschränkung angeordnet ist, soll er durch eine Fahrstreifenbegrenzung (Zeichen 295) abgetrennt werden; im Bereich von Haltestellen und Grundstückseinfahrten hat die Abtrennung durch eine Leitlinie (Zeichen 340) zu erfolgen.

20   Sonderfahrstreifen in Einbahnstraßen entgegen der Fahrtrichtung, die gegen die Fahrbahn des entgegengerichteten Verkehrs baulich abzugrenzen sind, sollen auch am Beginn der Einbahnstraße durch das Zeichen kenntlich gemacht werden. Es kann sich empfehlen, dem allgemeinen Verkehr die Führung des Busverkehrs anzuzeigen.

21   Zeitlich beschränkt angeordnete Sonderfahrstreifen sind durch eine Leitlinie (Zeichen 340) abzutrennen.

22   Die Ausführung der Markierungen richtet sich nach den Richtlinien für die Markierung von Straßen (RMS).

23   Kann durch eine Markierung eine Erleichterung des Linienverkehrs erreicht werden (Fahrstreifen in Mittellage, im Gleisraum von Straßenbahnen oder auf baulich abge-

2 StVO § 41 Abs II Nr 6   II. Zeichen und Verkehrseinrichtungen

setzten Straßenteilen), empfiehlt es sich, auf das Zeichen zu verzichten (vgl. Nummer III 14 Satz 1 zu den §§ 39 bis 43; Rn. 42). Die Voraussetzungen für die Einrichtung eines Sonderfahrstreifens gelten entsprechend.

24   *3. Die Flüssigkeit des Verkehrs auf Sonderfahrstreifen an Kreuzungen und Einmündungen kann durch Abbiegeverbote für den Individualverkehr (z. B. Zeichen 209 bis 214) verbessert werden. Notfalls sind besondere Lichtzeichen (§ 37 Abs. 2 Nr. 4) anzuordnen. Die Einrichtung von Busschleusen oder die Vorgabe bedarfsgerechter Vor- und Nachlaufzeiten an Lichtzeichenanlagen wird empfohlen.*

25   *4. Ist die Kennzeichnung des Endes eines Sonderfahrstreifens erforderlich, so ist das Zeichen mit dem Zusatzschild „Ende" anzuordnen.*

26   *5. Das Zeichen muß mindestens voll rückstrahlen. Eine Beleuchtung empfiehlt sich dann, wenn die Beleuchtungsverhältnisse in der Umgebung die Erkennbarkeit des Zeichens beeinträchtigen (vgl. auch Nummer III 7 b zu den §§ 39 bis 43; Rn. 20).*

27   *III. 1. Taxen sollen grundsätzlich auf Sonderfahrstreifen für Linienomnibusse zugelassen werden. Dies gilt nicht, wenn dadurch der Linienverkehr, auch unter Berücksichtigung der besonderen Lichtzeichenregelung, gestört würde.*

28   *2. Auf Sonderfahrstreifen für Linienomnibusse im Gleisraum von Schienenbahnen dürfen Taxen nicht zugelassen werden.*

29   *IV. Radverkehr kann im Benehmen mit den Verkehrsunternehmen auf Sonderfahrstreifen für Linienomnibusse in Randlage dann zugelassen werden, wenn*

30   *1. die Flüssigkeit des Verkehrs mit Linienomnibussen nicht beeinträchtigt wird,*

31   *2. die Schaffung benutzungspflichtiger Radwege oder andere Maßnahmen, welche die Sicherheit des Radverkehrs auf der Fahrbahn gewährleisten, bei Einrichtung des Sonderfahrstreifens nicht möglich sind,*

32   *3. die Verkehrsstruktur und die unterschiedlichen Benutzungsansprüche dies im Einzelfall vertretbar erscheinen lassen.*

33   *Wird der Radverkehr ausnahmsweise zugelassen, dürfen auf dem Sonderfahrstreifen keine besonderen Lichtzeichen (§ 37 Abs. 2 Satz 3 Nr. 4 Satz 2) gezeigt werden, es sei denn, für den Radverkehr gelten eigene Lichtzeichen.*

34   *V. Die Funktionsfähigkeit der Sonderfahrstreifen hängt weitgehend von ihrer völligen Freihaltung vom Individualverkehr ab (vgl. Nummer V zu § 13 Abs. 1; Rn. 5).*

6. Verkehrsverbote

Verkehrsverbote untersagen den Verkehr insgesamt oder teilweise. Soweit von Verkehrsverboten, die aus Gründen der Luftverunreinigung ergehen, für Kraftfahrzeuge Ausnahmen durch Verkehrszeichen zugelassen werden, ist dies durch Zusatzschild zu den Zeichen 251, 253, 255, 260 oder 270 angezeigt.

86 d   Das Zusatzschild

Freistellung vom Verkehrsverbot nach § 40 Abs. 2
Bundes-Immissionsschutzgesetz

nimmt Kraftfahrzeuge vom Verkehrsverbot aus,

     a) die mit einer G-Kat-Plakette oder einer amtlichen Plakette gekennzeichnet sind, die nach dem Anhang zu § 40 c Abs. 1 des Bundes-Immissionsschutzgesetzes in der Fassung der Bekanntmachung vom 14. Mai 1990 (BGBl. I S. 880), zuletzt geändert durch Artikel 2 des Gesetzes vom 18. April 1997 (BGBl. I S. 805) oder in den Fällen des § 40 e Abs. 2 des Bundes-Immissionsschutzgesetzes in der Fassung des Artikels 1 Nr. 1 des Gesetzes vom 19. Juli 1995 (BGBl. I S. 930) erteilt worden ist, oder

Vorschriftzeichen Abs II Nr 6 § 41 StVO **2**

b) mit denen Fahrten zu besonderen Zwecken im Sinne des § 40 d Abs. 1 Nr. 1 bis 6 des Bundes-Immissionsschutzgesetzes in der Fassung des Artikels 1 Nr. 1 des Gesetzes vom 19. Juli 1995 (BGBl. I S. 930) oder zur sozialen Betreuung der Bevölkerung in dem Verbotsgebiet durchgeführt werden.

Zeichen 250   87

Verbot für Fahrzeuge aller Art

Es gilt nicht für Handfahrzeuge, abweichend von § 28 Abs. 2 auch nicht für Tiere. Krafträder und Fahrräder dürfen geschoben werden.

Das Zusatzschild

88

erlaubt Kindern, auch auf der Fahrbahn und den Seitenstreifen zu spielen. Auch Sport kann dort durch ein Zusatzschild erlaubt sein.

Vwv zu den Zeichen 250 bis 253

1   I. Mehr als zwei Verbote dürfen auf einem Schild nicht vereinigt werden, wenn das Schild Bedeutung für den Kraftfahrzeugverkehr hat.   89

2   II. Vgl. Nummer IV zu § 41 (Rn. 4 bis 8) und über die Zustimmungsbedürftigkeit Nummer III 1 b zu § 45 Abs. 1 bis 1 e; Rn. 5.

Vwv zu Zeichen 250 Verbot für Fahrzeuge aller Art

1   I. Das Schild kann so gewölbt sein, daß es auch seitlich erkennbar ist.   90

2   II. Wo das Zeichen von der anderen Straße aus nicht rechtzeitig zu erkennen ist, empfiehlt es sich, auch durch ein Zeichen „Vorgeschriebene Fahrtrichtung" (z. B. Zeichen 214) das Einfahren zu verbieten.

3   III. Das uneingeschränkte Verbot jeglichen Fahrverkehrs rechtfertigt die Benutzung der ganzen Straße durch Fußgänger und spielende Kinder.

Zeichen 251   Zeichen 253   91
                                                    92

Verbot für Kraftwagen und sonstige mehrspurige Kraftfahrzeuge   Verbot für Kraftfahrzeuge mit einem zulässigen Gesamtgewicht über 3,5 t, einschließlich ihrer Anhänger, und Zugmaschinen, ausgenommen Personenkraftwagen und Kraftomnibusse

2 StVO § 41 Abs II Nr 6   II. Zeichen und Verkehrseinrichtungen

93
94
95

Zeichen 254

Verbot für Radfahrer

Zeichen 255

Verbot für Krafträder,
auch mit Beiwagen,
Kleinkrafträder
und Mofas

Zeichen 259

Verbot für Fußgänger

a) Für andere Verkehrsarten, wie Lastzüge, Reiter, können gleichfalls durch das Zeichen 250 mit Sinnbild entsprechende Verbote erlassen werden.
b) Ist auf einem Zusatzschild ein Gewicht, wie „7,5 t", angegeben, so gilt das Verbot nur, soweit das zulässige Gesamtgewicht dieser Verkehrsmittel die angegebene Grenze überschreitet.
c) Mehrere dieser Verbote können auf einem Schild vereinigt sein.

96

Zeichen 260

Verbot für Krafträder, auch mit Beiwagen,
Kleinräder* und Mofas sowie für Kraftwagen
und sonstige mehrspurige Kraftfahrzeuge

96 a

Zeichen 261

Verbot für kennzeichnungspflichtige Kraftfahrzeuge mit gefährlichen Gütern

---

* Gemeint sind offensichtlich Kleinkrafträder.

Vorschriftzeichen Abs II Nr 6 § 41 StVO **2**

Vwv zu Zeichen 261 Verbot für kennzeichnungspflichtige Kraftfahrzeuge mit gefährlichen Gütern

1 I. Gefährliche Güter sind die Stoffe und Gegenstände, deren Beförderung auf der Straße nach § 2 Abs. 1 Nr. 2 der Gefahrgutverordnung Straße (GGVS) in Verbindung mit den Anlagen A und B des Europäischen Übereinkommens über die internationale Beförderung auf der Straße (ADR) verboten oder nur unter bestimmten Bedingungen gestattet ist. Die Kennzeichnung von Fahrzeugen mit gefährlichen Gütern ist in Randnummer 10500 des Teils I und den auf die Endziffern 500 lautenden Randnummern des Teil II der Anlage B zum ADR geregelt. 96 b

2 II. Das Zeichen ist aufzustellen, wenn zu befürchten ist, daß durch die gefährlichen Güter infolge eines Unfalls oder Zwischenfalls, auch durch das Undichtwerden des Tanks, Gefahren für das Leben, die Gesundheit, die Umwelt oder Bauwerke in erheblichem Umfang eintreten können. Hierfür kommen z. B. Gefällestrecken in Betracht, die unmittelbar in bebaute Ortslagen führen. Für die Anordnung entsprechender Maßnahmen erläßt das Bundesministerium für Verkehr im Einvernehmen mit den obersten Landesbehörden Richtlinien, die im Verkehrsblatt veröffentlicht werden.

Verbot für Fahrzeuge, deren

je einschließlich Ladung eine bestimmte Grenze überschreitet.

Die Beschränkung durch Zeichen 262 gilt bei Zügen für das einzelne Fahrzeug, bei Sattelkraftfahrzeugen gesondert für die Sattelzugmaschine einschließlich Sattellast und für die tatsächlich vorhandenen Achslasten des Sattelanhängers. Das Zeichen 266 gilt auch für Züge.

Vwv zu den Zeichen 262 bis 266

1 Die betroffenen Fahrzeuge sind rechtzeitig auf andere Straßen umzuleiten (Zeichen 421 und 442). 102

Vwv zu den Zeichen 264 und 265

1 I. Bei Festlegung der Maße ist ein ausreichender Sicherheitsabstand zu berücksichtigen. 103

2 II. Muß das Zeichen 265 bei Brückenbauwerken angebracht werden, unter denen der Fahrdraht einer Straßenbahn oder eines Oberleitungsomnibusses verlegt ist, so ist wegen des Sicherheitsabstandes der Verkehrsunternehmer zu hören.

2 StVO § 41 Abs II Nr 6   II. Zeichen und Verkehrseinrichtungen

104

Zeichen 267

Verbot der Einfahrt

Das Zeichen steht auf der rechten Seite der Fahrbahn, für die es gilt, oder auf beiden Seiten dieser Fahrbahn.

Vwv zu Zeichen 267 Verbot der Einfahrt

105   1   I. Das Schild darf so gewölbt sein, daß es auch seitlich erkennbar ist.
       2   II. Es muß und darf nur dort aufgestellt werden, wo die Einfahrt verboten, aber aus der Gegenrichtung Verkehr zugelassen ist. Es ist vor allem zu verwenden, um die Einfahrt in eine Einbahnstraße aus entgegengesetzter Richtung zu sperren.
       3   III. Für Einbahnstraßen vgl. zu Zeichen 220.

106

Zeichen 268

Schneeketten sind vorgeschrieben

Vwv zu Zeichen 268 Schneeketten sind vorgeschrieben

107   1   Das Zeichen darf nur gezeigt werden, solange Schneeketten wirklich erforderlich sind.

108

Zeichen 269

Verbot für Fahrzeuge mit wassergefährdender Ladung

Vwv zu Zeichen 269 Verbot für Fahrzeuge mit wassergefährdender Ladung

109   1   I. Das Zeichen sollte in der Regel nur auf Anregung der für die Reinhaltung des Wassers zuständigen Behörde aufgestellt werden. Diese ist in jedem Fall zu hören.
       2   II. Wassergefährdende Stoffe sind feste, flüssige und gasförmige Stoffe, insbesondere
       3   – Säuren, Laugen,
       4   – Alkalimetalle, Siliciumlegierungen mit über 30 Prozent Silicium, metallorganische Verbindungen, Halogene, Säurehalogenide, Metallcarbonyle und Beizsalze,
       5   – Mineral- und Teeröle sowie deren Produkte,
       6   – flüssige sowie wasserlösliche Kohlenwasserstoffe, Alkohole, Aldehyde, Ketone, Ester, halogen-, stickstoff- und schwefelhaltige organische Verbindungen,

Vorschriftzeichen Abs II Nr 6 § 41 StVO **2**

7 – *Gifte,*
8 *die geeignet sind, nachhaltig die physikalische, chemische oder biologische Beschaffenheit des Wassers nachteilig zu verändern.*
9 III. *Vgl. auch zu Zeichen 354 und über die Zustimmungsbedürftigkeit Nummern III 1 a zu § 45 Abs. 1 bis 1 e; Rn. 4.*
10 IV. *Auf die zu Zeichen 261 erwähnten Richtlinien wird verwiesen.*

Zeichen 270   109 a

Verkehrsverbot bei Smog
oder zur Verminderung
schädlicher Luftverunreinigungen

Es verbietet den Verkehr mit Kraftfahrzeugen nach Maßgabe landesrechtlicher Smog-Verordnungen oder bei Maßnahmen zur Vermeidung von schädlichen Umwelteinwirkungen durch Luftverunreinigungen nach § 40 Abs. 2 des Bundes-Immissionsschutzgesetzes.

Zeichen 272   109 b

Wendeverbot

Zeichen 273   109 c

Verbot des Fahrens ohne einen Mindestabstand

Es verbietet dem Führer eines Kraftfahrzeuges mit einem zulässigen Gesamtgewicht über 3,5 t oder einer Zugmaschine, mit Ausnahme von Personenkraftwagen und Kraftomnibussen, den angegebenen Mindestabstand zu einem vorherfahrenden Kraftfahrzeug gleicher Art zu unterschreiten.
Durch Zusatzschilder kann die Bedeutung des Zeichens eingeengt werden.

Vwv zu Zeichen 273 Verbot des Fahrens ohne einen Mindestabstand

1 I. *Das Zeichen darf nur dort aufgestellt werden, wo Überbeanspruchungen von Brücken mit*   109 d
   beschränkter Tragfähigkeit oder sonstigen Kunstbauten dadurch auftreten können, daß mehrere schwere Kraftfahrzeuge dicht hintereinanderfahren.
2 II. *Das Zeichen wird in der Regel nur mit einem Zusatzschild (vgl. § 41 Abs. 2 Nr. 6 Buchstabe b) verwendet werden können.*

2 StVO § 41 Abs II Nr 7   II. Zeichen und Verkehrseinrichtungen

7. Streckenverbote

Sie beschränken den Verkehr auf bestimmten Strecken.

110   Zeichen 274

Zulässige Höchstgeschwindigkeit

verbietet, schneller als mit einer bestimmten Geschwindigkeit zu fahren. Sind durch das Zeichen innerhalb geschlossener Ortschaften bestimmte Geschwindigkeiten über 50 km/h zugelassen, so gilt das für Fahrzeuge aller Art. Außerhalb geschlossener Ortschaften bleiben die für bestimmte Fahrzeugarten geltenden Höchstgeschwindigkeiten (§ 3 Abs. 3 Nr. 2 Buchstaben a und b und § 18 Abs. 5) unberührt, wenn durch das Zeichen eine höhere Geschwindigkeit zugelassen wird.

Das Zusatzschild

verbietet, bei nasser Fahrbahn die angegebene Geschwindigkeit zu überschreiten.

Vwv zu den Zeichen 274 bis 282

111   1   Über die teilweise Zustimmungsbedürftigkeit vgl. Nummer III und VI zu § 45 Abs. 1 bis 1e; Rn. 3ff.

Vwv zu den Zeichen 274, 276 und 277

112   1   I. Geschwindigkeitsbeschränkungen und Überholverbote für nur kurze Strecken sind in der Regel nur Behelfsmaßnahmen. Sie sollten nur angeordnet werden, wenn die Gefahren, deretwegen diese Verkehrsbeschränkungen erwogen werden, nicht auf andere Weise zu beheben sind. So ist bei Kurven immer zu prüfen, ob die Gefahr nicht durch Gefahrzeichen oder Richtungstafeln (vgl. Nummer III und IV zu Zeichen 103 und 105; Rn. 3ff.) ausreichend deutlich gemacht werden kann; genügt das nicht, so ist ein Umbau der Kurve anzuregen und die Geschwindigkeit vorläufig zu beschränken. In anderen Fällen sind bei vorläufiger Anordnung einer Verkehrsbeschränkung andere bauliche Maßnahmen, wie die Anlage von Geh- oder Radwegen, von Unter- oder Überführungen, anzuregen.

113   2   II. Häufig genügt es, die Verkehrsbeschränkungen für nur eine Fahrtrichtung zu erlassen. Auch wenn sie für beide Fahrtrichtungen gelten müssen, kann es den Gegebenheiten entsprechen, die Verbotsstrecken verschieden lang zu bemessen; sie brauchen sich nicht einmal räumlich zu überschneiden. Von diesen Möglichkeiten darf bei Geschwindigkeitsbeschränkungen allerdings nur für kurze Strecken Gebrauch gemacht werden.

114   3   III. Wenn längs einer Strecke sowohl eine Geschwindigkeitsbeschränkung als auch ein Überholverbot angeordnet werden muß, so sollten die entsprechenden Schilder an einem Pfosten angebracht werden: die Geschwindigkeitsbeschränkung oben, das Überholverbot unten. Nur dann, wenn eines dieser Verbote durch ein Zusatzschild auf bestimmte Verkehrsarten beschränkt werden muß, empfiehlt es sich, die Verbote hintereinander zu erlassen.

115   4   IV. Die Zeichen 274, 276 und 277 sollen hinter solchen Kreuzungen und Einmündungen wiederholt werden, an denen mit dem Einbiegen ortsunkundiger Kraftfahrer zu rechnen

Vorschriftzeichen **Abs II Nr 7 § 41 StVO 2**

ist. *Wo innerhalb geschlossener Ortschaften durch das Zeichen 274 eine Geschwindigkeit über 50 km/h zugelassen ist, genügt dagegen dessen Wiederholung in angemessenen Abständen.*

5   V. *Die Zeichen dürfen nicht in Höhe der Ortstafel (Zeichen 310) oder kurz hinter ihr angebracht werden. Darf eine Geschwindigkeitsbeschränkung unter 50 km/h oder ein Überholverbot nicht am Beginn der geschlossenen Ortschaft enden, so ist zu erwägen, ob die Ortstafel erst am Ende der Verbotsstrecke aufgestellt werden kann; dabei ist aber eingehend zu prüfen, ob sich das im Hinblick darauf verantworten läßt, daß eine Reihe von Vorschriften nur innerhalb oder außerhalb geschlossener Ortschaften gelten (z. B. § 5 Abs. 5 Satz 1, § 25 Abs. 1 Satz 3).*   116

6   VI. *Vgl. auch Nummer IV zu § 41 (Rn. 4 bis 8) und über die Zustimmungsbedürftigkeit Nummer III 1 c und e zu § 45 Abs. 1 bis 1 e; Rn. 6 ff.*   117

7   VII. *Die Zeichen müssen mindestens voll rückstrahlen.*   117 a

Vwv zu Zeichen 274 Zulässige Höchstgeschwindigkeit

1   I. *Gründe für Geschwindigkeitsbeschränkungen*   118
Geschwindigkeitsbeschränkungen sollten, außer wenn unangemessene Geschwindigkeiten mit Sicherheit zu erwarten sind, nur auf Grund von Verkehrsbeobachtungen oder Unfalluntersuchungen dort angeordnet werden, wo diese ergeben haben, daß

2   1. *für den Fahrzeugführer eine Eigenart des Straßenverlaufs nicht immer so erkennbar ist, daß er seine Geschwindigkeit von sich aus den Straßenverhältnissen anpaßt. Das kann vor allem der Fall sein,*

3   *a) wenn in Kurven, auf Gefällstrecken mit Kurven und an Stellen besonders unebener Fahrbahn häufiger Kraftfahrzeugführer die Gewalt über ihr Fahrzeug verlieren, ohne durch die Begegnung mit einem anderen Verkehrsteilnehmer zu einer Änderung ihrer Fahrweise gezwungen worden zu sein. An solchen Stellen sollten Geschwindigkeitsbeschränkungen aber nur ausgesprochen werden, wenn Warnungen vor der Gefahrstelle (durch Zeichen 103 oder 105 oder durch Richtungstafeln – vgl. § 43 Abs. 3 Nr. 3 Buchst. b –, durch Zeichen 108 oder durch Zeichen 112) nicht ausreichen,*

4   *b) wenn an einer Kreuzung oder Einmündung auf der bevorrechtigten Straße so schnell gefahren wird, daß der Wartepflichtige die Fahrzeuge mit Vorfahrt nicht rechtzeitig sehen kann;*

5   2. *auf einer bestimmten Strecke eine Verminderung der Geschwindigkeitsunterschiede geboten ist. Das kann vor allem der Fall sein*

6   *a) außerhalb geschlossener Ortschaften auf einseitig oder beiderseits bebauten Straßen, wo durch den Anliegerverkehr häufiger Unfälle oder gefährliche Verkehrslagen entstanden sind,*

7   *b) auf Strecken, auf denen längs verkehrende Fußgänger oder Radfahrer häufiger angefahren oder gefährdet worden sind,*

8   *c) vor Stellen, an denen Verkehrsströme zusammengeführt oder getrennt werden (vgl. auch Nummer II zu § 7; Rn. 2),*

9   *d) auf Steigungsstrecken und Gefällstrecken, auf denen große Geschwindigkeitsunterschiede zwischen langsamer fahrenden Lastkraftwagen und schnellen Personenkraftwagen häufiger zu Unfällen oder gefährlichen Situationen geführt haben,*

10   *e) in bevorrechtigten Kreuzungszufahrten, wenn für Linksabbieger keine Abbiegestreifen markiert sind,*

11   *f) außerhalb geschlossener Ortschaften vor Lichtzeichenanlagen;*

12   3. *die tatsächlich gefahrenen Geschwindigkeiten von anderen Verkehrsteilnehmern unterschätzt oder nicht erwartet worden sind. Das kann außerhalb geschlossener Ortschaften vor allem der Fall sein*

13   *a) in bevorrechtigten Kreuzungszufahrten im Verlauf schnell befahrener Straßen,*

14   *b) an Kreuzungen und Einmündungen im Zuge von Fahrbahnen mit insgesamt vier oder mehr Fahrstreifen für beide Richtungen, wenn der auf die Fahrbahn einfahrende oder aus ihr ausfahrende Linksabbieger den durchgehenden Verkehr kreuzen muß oder sonstiger kreuzender Verkehr vorhanden ist,*

2 StVO § 41 Abs II Nr 7   II. Zeichen und Verkehrseinrichtungen

15   c) auf Strecken, auf denen Fußgänger beim Überschreiten der Fahrbahn häufiger angefahren worden oder in Gefahr geraten sind.

119   16   II. Der Umfang der Geschwindigkeitsbeschränkung richtet sich nach der Art der Gefahr, nach den Geschwindigkeiten, die dort gefahren werden, und nach den Eigenarten der Örtlichkeit, vor allem nach deren optischem Eindruck. Es empfiehlt sich, die zulässige Höchstgeschwindigkeit festzulegen:

17   1. Im Falle Nummer 1 1a (Rn. 3) auf die Geschwindigkeit, die bei nasser Fahrbahn noch sicher gefahren werden kann;

18   2. im Falle Nummer 1 1b (Rn. 4) auf die nach den Sichtverhältnissen angemessene Geschwindigkeit;

19   3. die in den Fällen Nummer I 2a, b, d und 3a (Rn. 6, 7, 9, 13) auf diejenigen Geschwindigkeiten, die etwa 85 Prozent der Kraftfahrer von sich aus ohne Geschwindigkeitsbeschränkungen, ohne überwachende Polizeibeamte und ohne Behinderung durch andere Fahrzeuge nicht überschreiten. Erweist sich oder ist mit Sicherheit zu erwarten, daß diese Beschränkung nicht ausreicht, so ist die zulässige Höchstgeschwindigkeit noch weiter herabzusetzen. Dann bedarf es aber regelmäßiger Überwachung;

20   4. im Falle Nummer I 2c (Rn. 8) sind die Geschwindigkeiten der zusammenführenden oder zu trennenden Verkehrsströme einander anzugleichen;

21   5. in den Fällen Nummer I 2e, f und 3b (Rn. 10, 11, 14) auf höchstens 70 km/h;

22   6. in den Fällen Nummer I 3c (Rn. 15) in der Regel auf 50 km/h.

23   Liegt diese Geschwindigkeit erheblich unter der Übung von 85 Prozent der Kraftfahrer und ist eine regelmäßige Überwachung nicht möglich, so darf eine zulässige Geschwindigkeit über 50 km/h allenfalls dann erwogen werden, wenn zusätzlich ein Überholverbot ausgesprochen wird.

24   7. Als Höchstgeschwindigkeit dürfen nicht mehr als 120 km/h zugelassen werden.

25   8. Zulässige Höchstgeschwindigkeiten sollen nur auf volle Zahlen (z.B. 80, 60, 40 km/h) festgesetzt werden.

120   26   III. Beschilderung:

Das Zeichen 274 soll so weit vor der Gefahrstelle oder Gefahrstrecke stehen, daß die Fahrzeugführer auch dann noch rechtzeitig auf die vorgeschriebene Höchstgeschwindigkeit verzögern können, wenn sie das Zeichen, z.B. bei Nacht, erst aus geringer Entfernung erkannt haben. Außerhalb geschlossener Ortschaften kann sich eine erhebliche Entfernung empfehlen; sie kann bis zu 150 m betragen.

121   27   IV. Geschwindigkeitsbeschränkungen für längere Strecken

1. Sie können sich empfehlen, wenn es aus Sicherheitsgründen erforderlich ist, die Zahl der Überholvorgänge zu vermindern, ein Überholverbot aber einen zu starken Eingriff bedeuten würde (vgl. Nummer I 1 zu Zeichen 276; Rn. 1 und 2).

28   2. Eine dichte Aufeinanderfolge von Strecken mit und ohne Geschwindigkeitsbeschränkungen oder von Strecken mit solchen Beschränkungen in verschiedener Höhe sollte vermieden werden. Ist zu befürchten, daß wegen häufigen Wechsels der zugelassenen Geschwindigkeiten Unklarheiten auftreten, so ist zu prüfen, ob an einzelnen Stellen auf eine Geschwindigkeitsbeschränkung verzichtet werden kann. Ist das aus Gründen der Verkehrssicherheit nicht möglich, so empfiehlt es sich, für die Gesamtstrecke eine einheitliche Höchstgeschwindigkeit vorzuschreiben. In diesen Fällen ist allerdings durch regelmäßige Überwachung dafür zu sorgen, daß diese Höchstgeschwindigkeit auch eingehalten wird.

29   3. Gilt nach Nummer 1 und 2 die Geschwindigkeitsbeschränkung für eine längere Strecke, so sollte an jedem Zeichen 274 die jeweilige Länge der restlichen Verbotsstrecke auf einem Zusatzschild angegeben werden.

122   30   V. Auf Autobahnen und Straßen mit schnellem Verkehr empfiehlt es sich, bei starker Herabsetzung der zulässigen Fahrgeschwindigkeit diese stufenweise herabzusetzen (z.B. auf Autobahnen 100 km/h, dann 80 km/h und dann 60 km/h). Die Geschwindigkeitsstufen sollen je 20 km/h und der Mindestabstand zwischen ihnen dann je 200 m betragen.

123   31   VI. Ist durch das Zeichen 274 innerhalb geschlossener Ortschaften eine Geschwindigkeit über 50 km/h zugelassen, so darf das Zeichen nicht mit einem Gefahrzeichen verbunden wer-

Vorschriftzeichen Abs II Nr 7 § 41 StVO **2**

den. Die Zulassung von Geschwindigkeiten über 50 km/h empfiehlt sich auf Straßen, die größere Verkehrsbedeutung haben (z. B. Ausfallstraßen) und baulich so gestaltet sind, daß sie dem Kraftfahrer den Eindruck vermitteln, sie dienten in erster Linie dem Kraftfahrzeugverkehr. Der Fußgängerquerverkehr ist durch Lichtzeichen zu schützen; Stangen- oder Kettengeländer können sich empfehlen. An anderen Stellen darf es keinen nennenswerten Fußgängerquerverkehr geben. Fußgängerüberwege (Zeichen 293) dürfen nicht angelegt werden, vgl. Nummer II 1 zu § 26; Rn. 2. Der Fahrverkehr muß an sämtlichen Kreuzungen und Einmündungen die Vorfahrt haben. Auch das Abbiegen sollte weitgehend durch Zeichen 209 ff. (vorgeschriebene Fahrtrichtung) oder auch durch Zeichen 295 Fahrstreifenbegrenzung) auf der Fahrbahnmitte verboten werden, wenn nicht besondere Fahrstreifen für den Abbiegeverkehr angelegt sind. Höhere Geschwindigkeiten als 70 km/h sollten nicht erlaubt werden. Vgl. Nummer I zu § 37 Abs. 2 Nr. 1 und 2; Rn. 10.

32 VII. Wegen Verwendung des Zeichens an Bahnübergängen vgl. Nummer V zu Zeichen 201 (Rn. 7 ff.) und an Arbeitsstellen vgl. die Richtlinien für die Sicherung von Arbeitsstellen an Straßen (RSA), Ausgabe 1995 (VkBl. 1995 S. 221). — 124

33 VIII. Zusatzschild bei Nässe — 124 a
Es soll mit dem Zeichen 274 aufgestellt werden, wo Zeichen 114 als Warnung vor der Gefahr nicht ausreicht, weil bei Nässe eine besondere Gefahr von Aquaplaning besteht, z. B. in abflußschwachen Bereichen einer Straße, oder wo sich Spurrinnen von größerer Tiefe gebildet haben.

Zeichen 274.1   Zeichen 274.2   124 b

Beginn   Ende
der Tempo 30-Zone

Die Zeichen bestimmen Beginn und Ende der Tempo 30-Zone. Mit den Zeichen kann auch eine niedrigere Zonengeschwindigkeit, zum Beispiel verkehrsberuhigter Geschäftsbereich, angeordnet sein. Es ist verboten, innerhalb der Zone mit einer höheren Geschwindigkeit zu fahren als angegeben.

Vwv zu den Zeichen 274.1 und 274.2 Zone mit zulässiger Höchstgeschwindigkeit

1 Am Anfang einer Zone mit zulässiger Höchstgeschwindigkeit ist Zeichen 274.1 so aufzustellen, daß es bereits auf ausreichende Entfernung vor dem Einfahren in die Zone wahrgenommen werden kann. Dazu kann es erforderlich sein, daß das Zeichen von Einmündungen oder Kreuzungen abgesetzt oder beidseitig aufgestellt wird, so daß es z. B. nach dem Einbiegen in die Zone deutlich wahrgenommen wird. — 124 c

2 Das Ende der Zone ist durch Zeichen 274.2 zu kennzeichnen. Zeichen 274.2 ist entbehrlich, wenn die Zone in einen verkehrsberuhigten Bereich (Zeichen 325) übergeht.

Zeichen 275   125

Vorgeschriebene Mindestgeschwindigkeit
verbietet, langsamer als mit einer bestimmten Geschwindigkeit zu fahren. Es verbietet Fahrzeugführern, die wegen mangelnder persönlicher Fähigkeiten oder

2 StVO § 41 Abs II Nr 7 II. Zeichen und Verkehrseinrichtungen

wegen der Eigenschaften von Fahrzeug oder Ladung nicht so schnell fahren können oder dürfen, diese Straße zu benutzen. Straßen-, Verkehrs-, Sicht- oder Wetterverhältnisse können dazu verpflichten, langsamer zu fahren.

Vwv zu Zeichen 275 Vorgeschriebene Mindestgeschwindigkeit

126	1	I. Die vorgeschriebene Mindestgeschwindigkeit muß bei normalen Straßen-, Verkehrs- und Sichtverhältnissen völlig unbedenklich sein.
127	2	II. Auf Autobahnen mit nur zwei Fahrstreifen für eine Richtung und auf Kraftfahrstraßen sollen nicht mehr als 70 km/h, auf anderen Straßen nicht mehr als 30 km/h verlangt werden.
128	3	III. Innerhalb geschlossener Ortschaften sollten die Zeichen nicht aufgestellt werden.
129	4	IV. Soll der langsame Verkehr auf einer Fahrbahn mit drei oder mehr markierten Fahrstreifen für eine Richtung auf den rechten Fahrstreifen verwiesen werden, so kann das durch Anbringung des Zeichens über den anderen Fahrstreifen erreicht werden. Vgl. Nummer IV zu § 41; Rn. 4 bis 8.
130	5	V. 1. Für eine ganze Fahrtrichtung soll eine Mindestgeschwindigkeit nur vorgeschrieben werden, wenn dies aus Gründen der Leistungsfähigkeit der Straße oder aus Sicherheitsgründen (z. B. Unterbinden überflüssiger Überholvorgänge) besonders dringend ist. Dann muß auch die zulässige Höchstgeschwindigkeit beschränkt werden.
	6	2. Bevor eine Mindestgeschwindigkeit für eine ganze Fahrbahn angeordnet wird, ist zu bedenken, daß damit in jedem Fall ganze Verkehrsarten (z. B. Radfahrer) und schon bei mäßig hoch angesetzter Mindestgeschwindigkeit auch schwere und schwach motorisierte Kraftfahrzeuge abgedrängt werden. Das läßt sich nur dann vertreten, wenn es unter Berücksichtigung des Verkehrs auf der fraglichen Straße und der Verkehrsverhältnisse auf denjenigen Straßen, die für die Aufnahme des durch die vorgeschriebene Mindestgeschwindigkeit abgedrängten langsamen Verkehrs in Frage kommen, sinnvoll und zumutbar ist.
	7	3. Das Zeichen ist in der Regel im Vorwegweiser (Zeichen 438 und 439) oder in einer Planskizze (Zeichen 458) anzukündigen, wenn in solchen Fällen bestimmte Fahrzeugarten die Mindestgeschwindigkeit nicht einhalten können. Hat dieses Unvermögen in einer langen Steigung seinen Grund, so ist im Vorwegweiser oder in der Planskizze auch das Zeichen 110 mit zusätzlicher Angabe der Länge der Steigung wiederzugeben.
131	8	VI. Das Zeichen soll hinter jeder Kreuzung und Einmündung wiederholt werden.
132	9	VII. Über die Zustimmungsbedürftigkeit vgl. Nummer III 1 a zu § 45 Abs. 1 bis 1 e; Rn. 4.
133 134		Zeichen 276 Zeichen 277

Überholverbote verbieten Führern von

Kraftfahrzeugen aller Art,   Kraftfahrzeugen mit einem zulässigen Gesamtgewicht über 3,5 t, einschließlich ihrer Anhänger, und von Zugmaschinen, ausgenommen Personenkraftwagen und Kraftomnibussen,

mehrspurige Kraftfahrzeuge und Krafträder mit Beiwagen zu überholen. Ist auf einem Zusatzschild ein Gewicht, wie „7,5 t", angegeben, so gilt das Verbot nur, soweit das zulässige Gesamtgewicht dieser Verkehrsmittel die angegebene Grenze überschreitet.

Vorschriftzeichen   **Abs II Nr 7 § 41 StVO 2**

Vwv zu Zeichen 276 Überholverbot

1 I. Das Zeichen sollte nur dort aufgestellt werden, wo die Gefährlichkeit des Überholens dem 135
Fahrzeugführer nicht so erkennbar ist, daß er von sich aus nicht überholt, oder wo
der störungsfreie Ablauf des Verkehrs es erfordert. Überholverbote kommen vor allem in
Frage, wenn

2 1. die Sichtweite geringer ist, als sie zu sein scheint oder der Gegenverkehr sehr schnell
fährt und Überholvorgänge besonders gefährlich sind,

3 2. die übersichtlichen Stellen einer kurvenreichen Strecke allenfalls zum Überholen langsamer Fahrzeuge ausreichen,

4 3. an Kreuzungen oder Einmündungen außerhalb geschlossener Ortschaften kein besonderer Streifen für Linksabbieger vorhanden ist,

5 4. eine Fahrbahn enger wird, etwa auch durch eine Mittelinsel,

6 5. eine Fahrbahn für beide Richtungen häufig von Fußgängern überschritten wird und
eine Geschwindigkeitsbeschränkung auf 50 km/h ausscheidet (vgl. Nummer VI zu
Zeichen 274; Rn. 31), nicht wirksam ist oder nicht ausreicht; auf Fahrbahnen für
eine Richtung helfen in solchen Fällen nur technische Sicherungen.

7 II. Das Zeichen sollte auf beiden Seiten der Fahrbahn aufgestellt werden. 136

8 III. Wird das Überholverbot nur wegen einer bestimmten Gefahrstelle angeordnet, so ist es in 137
der Regel durch ein Gefahrzeichen zu „begründen".

9 IV. Gilt das Überholverbot für eine längere Strecke, so sollte, jedenfalls außerhalb geschlossener Ortschaften, an jedem Zeichen die jeweilige Länge der restlichen Verbotsstrecke auf 138
einem Zusatzschild angegeben werden.

10 V. Wegen der Verwendung des Zeichens an Bahnübergängen vgl. Nummer V zu Zeichen 139
201; Rn. 7ff.

Vwv zu Zeichen 277 Überholverbot für Kraftfahrzeuge mit einem zulässigen Gesamtgewicht über 3,5 t, einschließlich ihrer Anhänger und von Zugmaschinen, ausgenommen Personenkraftwagen und Kraftomnibusse

1 I. Das Zeichen sollte nur auf Straßen mit erheblichem und schnellem Fahrverkehr dort aufgestellt werden, wo der reibungslose Verkehrsablauf das erfordert. Das kommt z. B. vor 140
Steigungs- und Gefällstrecken in Frage, auf denen Lastkraftwagen nicht mehr zügig
überholen können; dabei sind maßgebend die Stärke und Länge der Steigung oder des
Gefälles; Berechnungen durch Sachverständige empfehlen sich.

2 II. Nummer IV zu Zeichen 276 gilt auch hier; Rn. 9. 141

Die Länge einer Verbotsstrecke kann an deren Beginn auf einem Zusatzschild wie

142

angegeben sein.

Das Ende einer Verbotsstrecke ist nicht gekennzeichnet, wenn das Streckenverbotszeichen zusammen mit einem Gefahrzeichen angebracht ist und sich aus der Örtlichkeit zweifelsfrei ergibt, von wo an die angezeigte Gefahr nicht mehr besteht. Es ist auch nicht gekennzeichnet, wenn das Verbot nur für eine kurze Strecke gilt und auf einem Zusatzschild die Länge der Verbotsstrecke angegeben ist. Sonst ist es gekennzeichnet durch die

Zeichen 278   Zeichen 279   Zeichen 280   Zeichen 281   143
                                                                 144
                                                                 145
                                                                 146

2 StVO § 41 Abs II Nr 8 — II. Zeichen und Verkehrseinrichtungen

147 Wo sämtliche Streckenverbote enden, steht das
Zeichen 282

Diese Zeichen können auch alleine links stehen.

Vwv zu den Zeichen 278 bis 282 Ende der Streckenverbote

148 1 I. Soll ein Streckenverbot dort enden, wo es für den Gegenverkehr beginnt, so genügt es, das Zeichen am Pfosten des Verbotsschildes für den Gegenverkehr, also allein links anzubringen.

149 2 II. Ob das Endzeichen fehlen darf, weil sich zweifelsfrei ergibt, wo die Gefahr nicht mehr besteht, ist sehr gründlich zu prüfen.

150 3 III. Wo das Ende der Verbotsstrecke zu bestimmen ist, bedarf stets gründlicher Prüfung. Verfehlt ist es, die Endzeichen 278 oder 280 bis 282 schon dort aufzustellen, wo schon nach allgemeinen Vorschriften eine höhere Geschwindigkeit oder das Überholen verboten ist.

151 4 IV. Soll eine Geschwindigkeitsbeschränkung über das Ende einer Ortschaft hinaus weitergelten, so ist das betreffende Streckenverbotsschild hinter der Ortstafel nochmals aufzustellen.

152 5 V. Das Zeichen 278 darf nicht verwendet werden, wenn auf der folgenden Strecke die zulässige Höchstgeschwindigkeit anderweitig beschränkt ist (z.B. innerhalb geschlossener Ortschaften, bei Geschwindigkeitstrichtern); in solchen Fällen ist statt dessen das Zeichen 274 aufzustellen.

152 a 6 VI. Die Zeichen dürfen nicht in Kombination mit anderen Zeichen gezeigt werden.

8. Haltverbote

153 **Zeichen 283**

Haltverbot

Es verbietet jedes Halten auf der Fahrbahn. Das Zusatzschild

154

verbietet es auch auf dem Seitenstreifen.

Vwv zu Zeichen 283 Haltverbot

155 1 I. Wo das Halten die Verkehrssicherheit beeinträchtigt und es nicht schon nach § 12 Abs. 1 oder § 18 Abs. 8 verboten ist, kommt ein Haltverbot durch Zeichen 283 in Frage. Zeitliche Beschränkungen sind in diesen Fällen in der Regel nicht zulässig.

Vorschriftzeichen Abs II Nr 8 § 41 StVO **2**

2   II. Wo es die Flüssigkeit starken Verkehrs oder das Bedürfnis des öffentlichen Personenverkehrs erfordert, kommt ein Haltverbot durch Zeichen 283 mit tageszeitlicher Beschränkung in Frage. Das kann etwa auf die Zeiten des Spitzenverkehrs z. B.   156

7–9 h
17–18 h

3   beschränkt werden. Bei unterschiedlicher Stärke der beiderseitigen Verkehrsströme am Morgen und am Abend kommen auch Haltverbote morgens für die eine, nachmittags für die andere Richtung in Betracht. Auch wochentägliche Beschränkungen wie

Di., Do., Sa.
6–8 h

oder

werktags
18–19 h

4   sind zulässig. Sonstige Beschränkungen des Haltverbots, wie „Be- und Entladen 7–9 h erlaubt", sind unzulässig.

5   III. Haltverbote mit zeitlichen Beschränkungen können auch erforderlich sein für die Unterhaltung und Reinigung der Straße sowie für den Winterdienst.   157

6   IV. Befindet sich innerhalb einer Haltverbotsstrecke eine Haltestelle von Kraftfahrlinien (Zeichen 224), so ist ein Zusatzschild, das Linienomnibussen das Halten zum Fahrgastwechsel erlaubt, überflüssig.   158

Vwv zu den Zeichen 283 und 286

1   I. Die Zeichen sollen in der Regel weder beleuchtet sein noch rückstrahlen.   159

2   II. Ergibt sich die Notwendigkeit, für dieselbe Verbotsstrecke beide Schilder zu verwenden, so ist das Zeichen 283 über dem Zeichen 286 anzubringen.   159 a

3   III. 1. Den Anfang an einer Haltverbotsstrecke durch einen zur Fahrbahn weisenden Pfeil zu kennzeichnen, ist zumindest dann zweckmäßig, wenn wiederholte Schilder aufgestellt sind oder wenn das Ende der Haltverbotsstrecke gekennzeichnet ist.   160

4   2. Das Ende der Haltverbotsstrecke ist stets zu kennzeichnen, wenn Haltverbotsschilder wiederholt aufgestellt sind oder wenn die Verbotsstrecke lang ist. Das gilt auch, wenn die Verbotsstrecke vor der nächsten Kreuzung oder Einmündung endet.

5   3. Haltverbotsschilder mit Pfeilen im Schild sind schräg anzubringen.

Zeichen 286   161

Eingeschränktes Haltverbot

Es verbietet das Halten auf der Fahrbahn über 3 Minuten, ausgenommen zum Ein- oder Aussteigen oder zum Be- oder Entladen. Ladegeschäfte müssen ohne Verzögerung durchgeführt werden. Das Zusatzschild „auch auf Seitenstreifen" (hinter Zeichen 283) kann auch hier angebracht sein.
Das Zusatzschild mit den Worten „auf dem Seitenstreifen" verbietet das Halten nur auf dem Seitenstreifen.
Das Zusatzschild „(Rollstuhlfahrersymbol) mit Parkausweis Nr. ... frei" nimmt Schwerbehinderte mit außergewöhnlicher Gehbehinderung und Blinde, jeweils mit besonderem Parkausweis, vom Haltverbot aus.
Das Zusatzschild „Bewohner mit besonderem Parkausweis frei" nimmt Bewohner mit besonderem Parkausweis vom Haltverbot aus.

2 StVO § 41 Abs II Nr 8   II. Zeichen und Verkehrseinrichtungen

Die Ausnahmen gelten nur, wenn die Parkausweise gut lesbar ausgelegt sind.
a) Haltverbote gelten nur auf der Straßenseite, auf der die Schilder angebracht sind.
b) Sie gelten auch nur bis zur nächsten Kreuzung oder bis zur nächsten Einmündung auf der gleichen Straßenseite.
c) Der Anfang der Verbotsstrecke kann durch einen zur Fahrbahn weisenden waagerechten weißen Pfeil im Schild, das Ende durch einen solchen von der Fahrbahn wegweisenden Pfeil gekennzeichnet sein. Bei in der Verbotsstrecke wiederholten Schildern weist ein waagerechter Pfeil zur Fahrbahn, ein zweiter von ihr weg.

Vwv zu Zeichen 286 Eingeschränktes Haltverbot

162   1   I. Das Zeichen 286 ist dort aufzustellen, wo das Parken die Sicherheit und Flüssigkeit des Verkehrs zwar nicht beeinträchtigt, ganztägiges Parken aber nicht zugelassen werden kann, vor allem weil der Raum für das Be- und Entladen freigehalten werden muß. Das Verbot kann häufig auf bestimmte Zeiten beschränkt bleiben (z. B. „9–12 h" oder „werktags").

163   2   II. Durch ein Zusatzschild können gewisse Verkehrsarten vom Haltverbot ausgenommen werden.

164   3   III. Ausnahmsweise können eingeschränkte Haltverbote auch vor Theatern, Filmtheatern, öffentlichen Gebäuden, großen Hotels usw. notwendig sein. Bei Prüfung dieser Frage ist wegen der Erhaltung des Parkraums jedesmal festzustellen, ob das aus Gründen der Sicherheit und Ordnung des Verkehrs erforderlich ist.

164 a   4   IV. Zum Begriff „Bewohner" vgl. Nummer X. 7 zu § 45 zu Abs. 1 bis 1e; Rn. 35.

165   **Anm:** S auch bei Zeichen 283. Zusatzschilder zu den Z 283, 286, VBl **71** 163.

166   Zeichen 290

eingeschränktes Haltverbot
für eine Zone

Vwv zu den Zeichen 290 eingeschränktes Haltverbot für eine Zone und 292 Ende eines eingeschränkten Haltverbotes für eine Zone

167   1   I. Sie sind auf beiden Straßenseiten aufzustellen.
       2   II. Wo an gewissen Stellen in der Zone nur kürzeres Parken als das im allgemeinen mit Parkscheibe zugelassene gestattet werden kann, sind Parkuhren aufzustellen.
       3   III. Vgl. Nummer I bis III zu § 13 Abs. 2 (Rn. 11 bis 13) und über die Zustimmungsbedürftigkeit Nummer III 1 a zu § 45 Abs. 1 bis 1e; Rn. 4.

168   Bild 291

Parkscheibe

Vorschriftzeichen **Abs III Nr 1 § 41 StVO 2**

Vwv zu Bild 291 Parkscheibe

1 Einzelheiten über die Ausgestaltung der Parkscheibe gibt das Bundesministerium für Verkehr im Einvernehmen mit den zuständigen obersten Landesbehörden im Verkehrsblatt bekannt. 168 a

Zeichen 292 169

Ende eines eingeschränkten Haltverbotes
für eine Zone

Mit diesen Zeichen werden die Grenzen der Haltverbotszone bestimmt.
Das Verbot gilt für alle öffentlichen Verkehrsflächen innerhalb des durch die Zeichen 290 und 292 begrenzten Bereichs, sofern nicht abweichende Regelungen durch Verkehrszeichen angeordnet oder erlaubt sind. Durch ein Zusatzschild kann die Benutzung einer Parkscheibe oder das Parken mit Parkschein vorgeschrieben oder das Parken auf dafür gekennzeichneten Flächen beschränkt werden, soweit es nicht dem Ein- oder Aussteigen oder dem Be- oder Entladen dient.

(3) **Markierungen**

Vwv zu Absatz 3 Markierungen

1 1. Markierungen sind nach den Richtlinien für die Markierung von Straßen (RMS) auszuführen. 169 a
2 Die RMS enthalten Angaben zu Abmessungen und geometrischer Anordnung sowie Einsatzkriterien von Markierungszeichen.
3 Das Bundesministerium für Verkehr gibt die RMS im Einvernehmen mit den zuständigen obersten Landesbehörden im Verkehrsblatt bekannt.
4 2. Es empfiehlt sich, Markierungen, die den fließenden Verkehr angehen, jedenfalls dann retroreflektierend auszuführen, wenn dieser Verkehr stark oder schnell ist.
5 3. Markierungen sollen auf Straßen mit stärkerem Verkehr in verkehrsarmer Zeit angebracht werden. Dauerhafte Markierungen sind dort vorzuziehen. Finanzielle Gründe allein rechtfertigen es in der Regel nicht, diese Empfehlungen nicht zu beachten. Markierungen sind, soweit technisch irgend möglich, laufend zu unterhalten. Nach Erneuerung oder Änderung der Markierung darf die alte Markierung nicht mehr sichtbar sein, wenn dadurch Zweifel entstehen können.
6 4. Schmalstriche sollen 10 bis 15 cm, Breitstriche mindestens doppelt so breit wie die jeweils markierten Schmalstriche, mindestens aber 25 cm breit sein.

1. Fußgängerüberweg

Zeichen 293 170

Vwv zu Zeichen 293 Fußgängerüberweg

Vgl. zu § 26. 171

2 StVO § 41 Abs III Nr 3 II. Zeichen und Verkehrseinrichtungen

2. Haltlinie

172–174

Zeichen 294

Ergänzend zu Halt- und Wartegeboten, die durch Zeichen 206, durch Polizeibeamte oder Lichtzeichen gegeben werden, ordnet sie an: „Hier halten!" Dasselbe gilt vor Bahnübergängen für den, der warten muß (§ 19 Abs. 2).

3. Fahrstreifenbegrenzung und Fahrbahnbegrenzung

175

Zeichen 295

Sie besteht aus einer durchgehenden Linie.

a) Sie wird vor allem verwendet, um den für den Gegenverkehr bestimmten Teil der Fahrbahn oder mehrere Fahrstreifen für den gleichgerichteten Verkehr zu begrenzen. Die Fahrstreifenbegrenzung kann aus einer Doppellinie bestehen.
Sie ordnen an: Fahrzeuge dürfen sie nicht überqueren oder über ihnen fahren. Begrenzen sie den Fahrbahnteil für den Gegenverkehr, so ordnen sie weiter an: Es ist rechts von ihnen zu fahren.
Parken (§ 12 Abs. 2) auf der Fahrbahn ist nur erlaubt, wenn zwischen dem parkenden Fahrzeug und der Linie ein Fahrstreifen von mindestens 3 m verbleibt.

b) Die durchgehende Linie kann auch Fahrbahnbegrenzung sein. Dann soll sie den Fahrbahnrand deutlich erkennbar machen. Bleibt rechts von ihr ausreichender Straßenraum frei (befestigter Seitenstreifen), so ordnet sie an:

aa) Landwirtschaftliche Zug- oder Arbeitsmaschinen, Fuhrwerke und ähnlich langsame Fahrzeuge müssen möglichst rechts von ihr fahren.

bb) Links von ihr darf nicht gehalten werden.
Wird durch Zeichen 223.1 das Befahrten eines Seitenstreifens angeordnet, darf die Fahrbahnbegrenzung wie eine Leitlinie zur Markierung von Fahrstreifen einer durchgehenden Fahrbahn (Zeichen 349) überfahren werden. Begrenzt die durchgehende Linie die Mittelinsel eines Kreisverkehrs, darf sie nur im Fall des § 9 a Abs. 2 Satz 2 überfahren werden.

Vwv zu Zeichen 295 Fahrstreifenbegrenzung und Fahrbahnbegrenzung

Allgemeines über Längsmarkierungen

176 1 I. Außerhalb geschlossener Ortschaften ist auf ausreichend breiten Straßen mit erheblichem Kraftfahrverkehr der für den Gegenverkehr bestimmte Teil der Fahrbahn, möglichst auch der Fahrbahnrand, zu markieren. Ausreichend breit ist eine Straße dann, wenn die Fahrbahn je Fahrtrichtung mindestens einen Fahrstreifen hat.

Vorschriftzeichen **Abs III Nr 4 § 41 StVO 2**

2   II. Der für den Gegenverkehr bestimmte Teil der Fahrbahn ist in der Regel durch Leitlinien   176 a
(Zeichen 340) zu markieren, auf Fahrbahnen mit zwei oder mehr Fahrstreifen für jede
Richtung durch Fahrstreifenbegrenzungen (Zeichen 295). Die Fahrstreifenbegrenzung
sollte an Grundstückszufahrten nur dann unterbrochen werden, wenn andernfalls für den
Anliegerverkehr unzumutbare Umwege oder sonstige Unzuträglichkeiten entstehen; wenn
es erforderlich ist, das Linksabbiegen zu einem Grundstück zuzulassen, das Linksabbiegen aus diesem Grundstück aber verboten werden soll, kommt gegebenenfalls die Anbringung einer einseitigen Fahrstreifenbegrenzung (Zeichen 296) in Frage. Fahrstreifenbegrenzungen sind nicht zweckmäßig, wenn zu gewissen Tageszeiten Fahrstreifen für den
Verkehr aus der anderen Richtung zur Verfügung gestellt werden müssen. Vgl. § 37
Abs. 3.

3   III. Bei Markierungsknopfreihen müssen mindestens drei Markierungsknöpfe je Meter angebracht werden. Längsmarkierungen dürfen durch Markierungsknopfreihen nur dort ersetzt   176 b
werden, wo die zulässige Höchstgeschwindigkeit 50 km/h oder weniger beträgt. Vgl. aber
zu § 41 Abs. 4 und Nummer IV 3 zu den §§ 39 bis 43; Rn. 51.

Zu Buchstabe a)
     I. Die Begrenzung des für den Gegenverkehr bestimmten Teils der Fahrbahn   177
4   1. Sie ist in der Regel als Schmalstrich auszuführen.
5   2. Sie soll außer auf breiten Straßen (vgl. Nummer II zu Zeichen 295; Rn. 2) nur bei
gefährlichen Fahrbahnverengungen, vor und im Bereich gefährlicher Kuppen und Kurven und vor gefährlichen Kreuzungen und Einmündungen angebracht werden. Dann
sollte ihrem Beginn eine Leitlinie von ausreichender Länge vorgeschaltet werden, deren
Striche wesentlich länger sein müssen als ihre Lücken.

6   II. Die Begrenzung mehrerer Fahrstreifen für den gleichgerichteten Verkehr: 178
Sie ist als Schmalstrich auszuführen; vgl. aber Nummer II 2 zu Zeichen 245; Rn. 19ff.

7   III. Es ist schon einzuschreiten, wenn die Aufbauten oder die Ladung in die Fahrstreifenbegrenzung hineinragen.   179

8   IV. Wegen der Zustimmungsbedürftigkeit vgl. Nummer III 1c zu § 45 Abs. 1 bis 1e;   180
Rn. 6.

Zu Buchstabe b)
9   Verbleibt rechts neben der Fahrbahnbegrenzung ein befestigter Seitenstreifen, ist die Markierung als Breitstrich gemäß RMS auszuführen. Dies gilt auch dort, wo zu bestimmten Tageszeiten das Befahren des Seitenstreifens durch Zeichen 223.1 angeordnet wird (vgl. Nummer I   181
zu den Zeichen 223.1 bis 223.3; Rn. 1). Nur in diesem Fall darf am rechten Rand des
Seitenstreifens eine weitere durchgehende Linie (Schmalstrich) aufgebracht werden.

4. Einseitige Fahrstreifenbegrenzung

Zeichen 296   182

Fahrstreifen B   Fahrstreifen A

**Sie besteht aus einer durchgehenden neben einer unterbrochenen Linie. Für
Fahrzeuge auf dem Fahrstreifen A ordnet die Markierung an:
a) Der Fahrverkehr darf die durchgehende Linie nicht überqueren oder über ihr
fahren.**

2 StVO § 41 Abs III Nr 5a   II. Zeichen und Verkehrseinrichtungen

b) Parken (§ 12 Abs. 2) auf der Fahrbahn ist nur erlaubt, wenn zwischen dem parkenden Fahrzeug und der durchgehenden Linie ein Fahrstreifen von mindestens 3 m verbleibt.

Fahrzeuge auf dem Fahrstreifen B dürfen die Markierung überfahren, wenn der Verkehr dadurch nicht gefährdet wird.

5. Pfeile

Pfeile, die nebeneinander angebracht sind und in verschiedene Richtungen weisen, empfehlen, sich frühzeitig einzuordnen und in Fahrstreifen nebeneinander zu fahren. Fahrzeuge, die sich eingeordnet haben, dürfen hier auch rechts überholt werden.

Sind zwischen den Pfeilen Leitlinien (Zeichen 340) oder Fahrstreifenbegrenzungen (Zeichen 295) markiert,

183/184

Zeichen 297

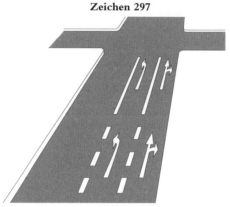

so schreiben die Pfeile die Fahrtrichtungen auf der folgenden Kreuzung oder Einmündung vor. Halten auf der so markierten Strecke der Fahrbahn ist verboten.

5 a. Vorankündigungspfeil

185–189

Zeichen 297.1

Der Vorankündigungspfeil kann eine Fahrstreifenbegrenzung ankündigen oder das Ende eines Fahrstreifens anzeigen.

Vorschriftzeichen　　　　　　　　　　Abs III Nr 8 § 41 StVO **2**

6. Sperrflächen

Zeichen 298　　　　　　　　　　　　190

Sie dürfen von Fahrzeugen nicht benutzt werden.

7. Parkflächenmarkierungen erlauben das Parken (§ 12 Abs. 2), auf Gehwegen aber nur Fahrzeugen mit einem zulässigen Gesamtgewicht bis zu 2,8 t. Sind Parkflächen auf Straßen durch durchgehende Linien abgegrenzt, so wird damit angeordnet, wie Fahrzeuge aufzustellen sind. Dazu genügt auf gekennzeichneten Parkplätzen (Zeichen 314, 315 und 316) und an Parkuhren eine einfachere Markierung.
Die durchgehenden Linien dürfen überquert werden.

Vwv zu Nummer 7 Parkflächenmarkierungen vor Zeichen 299

1　　I. Wo gegen das Längsparken auf der Fahrbahn nichts einzuwenden ist, bedarf es außer an　　191–193
　　　Parkuhren in der Regel einer Parkflächenmarkierung nicht, wohl aber dort, wo es wünschenswert ist, quer oder schräg parken zu lassen. Dann empfiehlt es sich, die Einzelparkflächen durch ununterbrochene Linien oder durch Markierungsknopfreihen zu begrenzen oder, insbesondere bei größerer Gesamtparkfläche, das Zeichen 314 „Parkplatz" aufzustellen und die Art der geforderten Aufstellung wenigstens durch Markierung der vier Ecken der Einzelparkflächen deutlich zu machen.

2　　II. Das Parken auf Gehwegen darf nur zugelassen werden, wenn genügend Platz für Fuß-　　194
　　　gänger, Kinderwagen und Rollstuhlfahrer bleibt, die Gehwege und die darunter liegenden Leitungen durch die parkenden Fahrzeuge nicht beschädigt werden können und der Zugang zu Leitungen nicht beeinträchtigt werden kann. Solches Parken sollte auch nur dort zugelassen werden, wo die Bordsteine abgeschrägt oder niedrig sind. Die Zulassung des Parkens durch Markierung auf Gehwegen ist dort zu erwägen, wo nur wenigen Fahrzeugen das Parken erlaubt werden soll; sonst ist die Aufstellung des Zeichens 315 ratsam.

8. Grenzmarkierung für Halt- und Parkverbote

Zeichen 299　　　　　　　　　　　　195

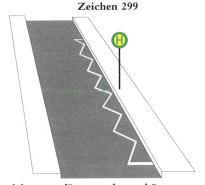

Die Markierung bezeichnet, verlängert oder verkürzt vorgeschriebene Halt- oder Parkverbote.

2 StVO § 41 Abs IV   II. Zeichen und Verkehrseinrichtungen

Vwv zu Zeichen 299 Grenzmarkierungen für Halt- und Parkverbote

196   1   I. Vgl. zu § 12 Abs. 3 Nr. 1 und Nr. 8 Buchstabe d (Rn. 2), Nummer IV und V zu Zeichen 224 (Rn. 6, 7) und Nummer II zu Zeichen 229; Rn. 2.

       2   II. Die Markierung sollte auch vor und hinter Kreuzungen oder Einmündungen überall dort angebracht werden, wo das Parken auf mehr als 5 m verboten werden muß. Sie soll ferner eingesetzt werden, wo ein Halteverbot an ein für die Verkehrssicherheit bedeutsamen Stellen kenntlich gemacht oder verlängert werden muß, z. B. an Fußgängerüberwegen. Die Markierung soll jedoch nicht allgemeine Anwendung finden an Stellen, wo sich Halt- und Parkverbot sonst nicht durchsetzen lassen.

9. Alle Linien können durch gleichmäßig dichte Markierungsknopfreihen ersetzt werden. In verkehrsberuhigten Geschäftsbereichen (§ 45 Abs. 1 c) können Fahrbahnbegrenzungen auch mit anderen Mitteln, wie z. B. durch Pflasterlinien, ausgeführt werden.

Vwv zu Nummer 9

197   1   Markierungen sollen nur dort aus gleichmäßig dichten Reihen von Markierungsknöpfen hergestellt werden, wo dies zweckmäßig ist, z. B. auf Pflasterdecken.

       2   Pflasterlinien zur Fahrbahnbegrenzung in verkehrsberuhigten Geschäftsbereichen müssen ausreichend breit sein, in der Regel mindestens 10 cm, und einen deutlichen Kontrast zur Fahrbahn aufweisen.

(4) **Auffällige Einrichtungen** wie gelbe Markierungen, gelbe Markierungsknopfreihen, Reihen von Markierungsleuchtknöpfen oder rot-weißen Leitmarken heben die durch Fahrstreifenbegrenzungen (Zeichen 295) und Leitlinien (Zeichen 340) gegebenen Anordnungen auf. Fahrzeuge dürfen sie nicht überqueren und nicht über ihnen fahren. Für Reihen von Markierungsleuchtknöpfen gilt dies nur, wenn sie eingeschaltet sind. Nur wenn die auffälligen Einrichtungen so aufgebracht sind, daß sie wie Leitlinien aussehen, dürfen sie überquert werden, wenn der Verkehr dadurch nicht gefährdet wird.

Vwv zu § 41 Absatz 4

198   1   Zur Kennzeichnung von Behelfsfahrstreifen an Baustellen sind in der Regel gelbe Markierungsknopfreihen zu bevorzugen. Abweichend von Nummer III zu Zeichen 295 (Rn. 3) kann in diesem Fall die zugelassene Höchstgeschwindigkeit höher als 50 km/h liegen. Bei vorübergehender Markierung auf Autobahnen genügt ein Markierungsknopf je Meter.

       2   Gelbe Markierungsleuchtknöpfe dürfen nur in Kombination mit Dauerlichtzeichen oder Wechselverkehrszeichen (z. B. Verkehrslenkungstafel, Wechselwegweiser) angeordnet werden. Als Fahrstreifenbegrenzung (Zeichen 295) sollte der Abstand der Leuchtknöpfe auf Autobahnen 6 m, auf anderen Straßen außerorts 4 m und innerorts 3 m betragen. Werden gelbe Markierungsleuchtknöpfe als Leitlinie angeordnet, muss der Abstand untereinander deutlich größer sein.

199/200   **Aus der Begr zu § 41:** ... Unter den Schildern werden im Prinzip die reinen Gebotszeichen vorangestellt; die Zeichen gemischten Charakters folgen und den Schluß bilden die reinen Verbotszeichen. Darüber hinaus werden diese Gruppen im Absatz 2 nach sachlichen Gesichtspunkten unterteilt. Gebotszeichen sind Warte- und Haltgebote (Nummer 1), die Zeichen für vorgeschriebene Fahrtrichtung (Nummer 2) und vorgeschriebene Vorbeifahrt (Nummer 3). Zeichen mit Mischcharakter sind die Haltestellenzeichen (Nummer 4) und die Zeichen für Sonderwege (Nummer 5). Verbotszeichen sind unterteilt in Verkehrsverbote (Nummer 6), in Streckenverbote (Nummer 7) und in Haltverbote (Nummer 8) ...

201   **Zu Zeichen 205:** Das Zeichen, das bisher die Bezeichnung „Vorfahrt achten!" hatte, ist mit Rücksicht auf die Schwierigkeiten, die die Rechtsprechung mit dem sogenannten vereinsamten Dreieckszeichen hat, „aufgewertet" worden. Das Zeichen ordnet nunmehr in Übereinstimmung mit dem Weltabkommen an, daß Vorfahrt zu „gewähren" sei. Die bisherige Regelung, die die Gültigkeit des Gebots von zureichender Doppelbeschilderung abhängig gemacht hat, kann nicht aufrechterhalten werden; praktisch wird es auch übrigens in Zukunft nur solche Doppelbeschilderung geben. Die neue Regelung sichert besser.

Vorschriftzeichen § 41 StVO **2**

Zu Zeichen 206: Auch hier wird, wie bei Zeichen 205, das Gebot „Vorfahrt achten!" zu dem Gebot „Halt! Vorfahrt gewähren!" erweitert.

Das Ankündigungszeichen fällt als einziges aus dem System, wonach Zeichen und Ankündigungszeichen gleich sein müssen. Es ist international vereinbart und muß außerhalb wie innerhalb geschlossener Ortschaften so aussehen. Die Entfernungsangabe auf dem Zusatzschild ist nur ein Beispiel; die sonst übliche Diktion (wie „100 m") mußte hier aus redaktionellen Gründen wegbleiben.

Zu Zeichen 209 bis 214: Die Zeichen 209 und 211 erhalten zur Verdeutlichung zweierlei „Namen"; diese besagen, daß die Zeichen 209 und 214 schon vor der Stelle stehen, an der abzubiegen ist, u. U. sogar erheblich vor ihr, das Zeichen 211 an oder hinter ihr.

Zu Zeichen 220: Das Zeichen des Weltabkommens enthält eine Inschrift nicht; es ist aber gestattet, die Beschriftung „Einbahnstraße" einzufügen. Davon wird Gebrauch gemacht, weil sich so den an die Inschrift gewohnten deutschen Verkehrsteilnehmern besser klarmachen läßt, was das Zeichen bedeutet.

Zu Zeichen 222: Um deutlich zu machen, daß ein schräg abwärts weisender Pfeil eine andere Bedeutung hat als die in andere Richtungen weisenden, ist dieses Zeichen von den Zeichen 209 bis 214 deutlich abgesetzt worden. Die Namensänderung verdeutlicht es.

Zu Zeichen 229: Das Weltabkommen bringt kein Zeichen „Taxenstand". Das Zeichen hält sich aber im System jenes Abkommens und ist durch die Aufschrift auch Ausländern verständlich.

Zu Zeichen 237 bis 241: Nach den Erläuterungen über den Standort der Zeichen und über zulässige Varianten folgen zunächst unter a) bis c) die durch sie gegebenen Anordnungen. Dann folgt eine Erlaubnis.

Es erscheint geboten, dem Fußgänger auf einem gemeinsamen Rad- und Gehweg als schwächerem Verkehrsteilnehmer gegenüber dem Fahrrad und dem motorisierten Zweiradfahrer den Vorrang einzuräumen. Die Änderung entspricht auch einer Forderung des 17. Deutschen Verkehrsgerichtstags ... Damit soll insbesondere das Geschwindigkeitsverhalten in Fußgängerbereichen entsprechend den Erfordernissen der Verkehrssicherheit geregelt werden (VBl 80 518).

Daß Pferde auf Reitwegen geführt werden dürfen, ist nicht selbstverständlich.

Zu Zeichen 242, 243: – Begründung des Bundesrates – ...

Die Kennzeichnung eines Fußgängerbereichs mit zonenwirksamen Verkehrszeichen erscheint sinnvoll. Dies hätte den Vorteil, daß statt zahlreicher einzelner Verkehrszeichen nach Zeichen 241 entsprechend dem Sichtbarkeitsprinzip nur Beginn und Ende einer Fußgängerzone gekennzeichnet werden müßten ... (VBl 88 225).

Zu Zeichen 250 bis 264: Bei den Verkehrsverboten ist kaum etwas geändert.

Die Bemerkung, das Verbot des Zeichens 250 gelte nicht für Tiere, ist notwendig, weil nach § 28 Abs. 2 für den Tierverkehr die für den gesamten Fahrverkehr einheitlich bestehenden Anordnungen sinngemäß gelten. Hier soll er durch das Verbot nicht betroffen werden.

Unter den anderen Verkehrsarten, von denen in a) hinter den Zeichen 251 und 253 die Rede ist, werden auch ... Reiter erwähnt; das Zeichen 250 kann also auch für andere Verkehrsarten als den Fahrzeugverkehr erforderlichenfalls verwendet werden.

Die Sattelkraftfahrzeuge müssen, obwohl sie Lastkraftwagen sind (vgl. zu § 3 Abs. 3 zu Nr. 2), bei Zeichen 263 erwähnt werden, das verlangt die Eigenart ihrer technischen Konstruktion.

Zu Zeichen 261: In zunehmendem Maße wird es nötig, die Beförderung kennzeichnungspflichtiger gefährlicher Güter auf Brücken oder in Tunneln zu verbieten. Die Einführung dieses neuen Verbotszeichens ist erforderlich, da mit dem bisherigen Instrumentarium der StVO nicht auszukommen ist ...

Zu Zeichen 268: Das Zeichen ist dem weltweiten Abkommen entnommen. Es kann in den Alpen, aber auch in Mittelgebirgen von Nutzen sein.

Zu Zeichen 269: – Begründung des Bundesrates – Nach der Richtlinie für Trinkwasserschutzgebiete „DVGW-LAWA-Arbeitsblatt W 101" ist der Transport wassergefährdender Stoffe in der Schutzzone II und damit auch in der Schutzzone I gefährlich und in der Regel nicht tragbar. Dementsprechend enthalten die Rechtsverordnungen für die Festsetzung von Wasserschutzgebieten regelmäßig Verbote für Transporte wassergefährdender Stoffe in der Schutzzone II.

2 StVO § 41 II. Zeichen und Verkehrseinrichtungen

Eine solche Beschilderung ist derzeit nach der StVO nicht möglich. Der Sinngehalt des Zeichens 269 sollte daher in einem generellen Verbot des Transports wassergefährdender Stoffe bestehen; durch Zusatzbeschilderung könnte dann eine höhere Ladung zugelassen werden (VBl 88 226) ...

218 a   *Zu Zeichen 270:* Auf Grund des § 40 des Bundes-Immissionsschutzgesetzes sind die Länder ermächtigt, Verordnungen zur Verhinderung schädlicher Umwelteinwirkungen bei austauscharmen Wetterlagen (Smog-Verordnungen) zu erlassen, durch die der Kraftfahrzeugverkehr in festzulegenden Sperrgebieten zeitlich beschränkt oder verboten werden kann.

Diese Verkehrsverbote werden nur wirksam, wenn entsprechende Zeichen der Straßenverkehrs-Ordnung nach Bekanntgabe einer austauscharmen Wetterlage durch die hierfür zuständigen Behörden aufgestellt sind.

Es war erwogen worden, für diese Maßnahme des Zeichen 250 StVO mit Zusatzschild (etwa „Berechtigte Kraftfahrzeuge nach Maßgabe der Smog-Verordnung frei" oder ähnlich) zu verwenden. Wegen des Sichtbarkeitsgrundsatzes hätten diese Zeichen 250 aber in den Sperrgebieten der Smog-Verordnungen an jeder Kreuzung und Einmündung wiederholt werden müssen. Dieser Aufwand erschien unangemessen hoch. Zweckmäßiger war deshalb die Einführung eines neuen, das Verkehrsverbot für einen ganzen Bezirk festlegenden Zeichens. Es ähnelt in seiner Auswirkung dem Zeichen 290, braucht also nur an den Zufahrten zu den Smog-Gebieten aufgestellt zu werden. Seine Ausgestaltung ist so, daß sie auch für den Ausländer verständlich ist *(VBl 76 472).*

Sperrbezirke und Ausnahmevorschriften werden in den landesrechtlichen Smog-Verordnungen festgelegt. Um unterschiedlichen Besonderheiten der Länder gerecht zu werden, wurde die neue Formulierung des erläuternden Textes gewählt *(VBl 88 226).*

(Zur Ergänzung durch Hinweis auf Luftverunreinigungen:)
Die Ergänzung wurde notwendig, um das Zeichen 270 auch in den Fällen des § 40 Abs. 2 Bundes-Immissionsschutzgesetz anwenden zu können.

218 b   *Zu Zeichen 272:* Mit dem bisherigen Zeichen für das erlaubte Linksabbiegen (weißer Pfeil auf rundem blauen Schild) ist kein Verbot des Wendens verbunden. Eine flüssige und sichere Verkehrsführung verlangt aber immer wieder ein entsprechendes Wendeverbot. Das Richtzeichen ist im Wiener Übereinkommen über Straßenverkehrszeichen vorgesehen *(VBl 92 188).*

218 c   *Zu Zeichen 273:* Die Tragfähigkeit von Brücken ist nach ... DIN 1072 festzulegen. In Anbetracht des zulässigen Gesamtgewichts für Lastzüge und Sattelkraftfahrzeuge von 38 t werden manche Brücken, ... dann überbeansprucht, wenn sich mehrere 38-t-Fahrzeuge dicht hintereinander auf solchen Brücken befinden ...

219   *Zu Zeichen 274 bis 282:* Die diese Zeichen zusammenfassende Nummer 7 erhält die Überschrift „Streckenverbote". Der Begriff ist neu, aber wohl ohne weiteres verständlich; es handelt sich um Verbote, die für eine bestimmte Strecke gelten, für die „Verbotsstrecke", wie sie im Text genannt wird. Im Vorentwurf waren, an sich sachgerecht, hier auch die nunmehr unter der folgenden Nummer 8 erwähnten Haltverbote eingereiht. Die Notwendigkeit, sie, übrigens wie im Weltabkommen, besonders zu behandeln, ergibt sich daraus, daß die Bedeutung beider Schildergruppen, namentlich die Strecken, für die sie Verbote anordnen, verschieden sind und deshalb ein gemeinsamer Text nur noch schwer lesbar wäre.

Soweit die Schilder neu sind, sind sie dem Weltabkommen entnommen.

220   *Zu Zeichen 274:* Durch das Zeichen werden entsprechend Satz 2 alle in § 3 Abs. 3 zugelassenen Höchstgeschwindigkeiten heraufgesetzt, auch die der Nummer 2. Doch dürfen die Fahrzeuge, denen durch Vorschriften der StVZO eine Höchstgeschwindigkeit vorgeschrieben ist, diese auch unter den Voraussetzungen des Satzes 2 nicht überschreiten.

220 a   *Zu Zeichen 274.1 und 274.2:* ...
– Die Anordnung von geschwindigkeitsbeschränkten Zonen kommt insbesondere in Wohngebieten in Betracht. Daneben gibt es jedoch weitere schutzwürdige Bereiche, wie z. B. Kurgebiete, Schulzentren etc., in denen Zonen-Geschwindigkeits-Beschränkungen ebenfalls sinnvoll sind. Die Formulierung der Verordnung schließt dies nicht aus.
– Die Anordnung stützt sich in der Regel auf alle in der Verordnung genannten Gründe (Sicherheit der Ordnung des Verkehrs, Schutz der Bevölkerung vor Lärm und Abgasen, Unterstützung einer geordneten städtebaulichen Entwicklung). Die Verordnung differenziert daher bei der Forderung nach Einvernehmen zwischen Straßenverkehrsbehörde und Gemeinde nicht nach dem jeweils im Vordergrund stehenden Motiv für eine Zonenanordnung, sondern stellt darauf

Vorschriftzeichen § 41 StVO **2**

ab, daß die Einrichtung geschwindigkeitsbeschränkter Zonen regelmäßig Auswirkungen auf alle drei genannten Bereiche hat. Den Gemeinden wird damit kein gegenüber dem bisherigen Zustand (Zonengeschwindigkeits-Verordnung) erweitertes Mitspracherecht eingeräumt.
– Die „angemessene Berücksichtigung der Belange des öffentlichen Personennahverkehrs" bedeutet keinesfalls, daß z. B. Bussen in Tempo-30-Zonen eine höhere Fahrgeschwindigkeit zugestanden werden soll (VBl **89** 783).

Zu Zeichen 275: Das Verhältnis dieses Gebots zu dem des § 3 Abs. 1 Satz 1 klärt der Text. **221**
Das Zeichen ist, weltweit vereinbart, für uns neu. ... Ein beschränktes Bedürfnis für solche Möglichkeit, einen gleichmäßigen Verkehrsfluß zu erzwingen, ist anzuerkennen.

Zu Zeichen 277: Dieses Zeichen aus dem Weltabkommen zu übernehmen, ist schon darum **222**
ratsam, weil dadurch die namentlich auf Autobahnen bekannten, Ausländern nur schwer verständlichen Riesenplakate entbehrlich werden.

Zu Zeichen 278 bis 281: Die vier neuen Verkehrszeichen für das Ende von Verbotsstrecken zu **223**
übernehmen, ist geboten, weil die jetzt übliche Beschilderung durch Wiederholung des Verbotszeichens mit dem Zusatzschild „Ende" nicht mehr zulässig ist.

Zu Zeichen 282: Schwierigkeiten sind daraus nicht zu besorgen, daß das bisherige Zeichen nach **224**
Bild 21a der Anlage zur StVO (alt) leicht abgeändert nun eine erweiterte Bedeutung haben soll.

Zu Zeichen 283 und 286: So sehen gemäß dem Weltabkommen künftig die bisher so genannten **225**
Haltverbots- und Parkverbotszeichen aus.

Mit der Vorschrift, daß Ladegeschäfte ohne Verzögerung durchzuführen seien, wird geltendes **226**
Recht übernommen. Oben ist zu § 12 schon dargelegt, daß die zweckbeschränkte Halteerlaubnis ohne Rücksicht auf die Dauer des Ladegeschäfts gegeben werden muß. Vor allem in sogenannten Ladestraßen muß aber dafür gesorgt werden, daß die Verrichtung nicht über Gebühr verzögert wird.

Bisher darf im eingeschränkten Haltverbot nur zum Ein- und Aussteigen oder zum Be- oder **226a**
Entladen gehalten werden. Es ist – mit Recht – kritisiert worden, daß auch ein kurzfristiges Halten aus anderen Gründen nicht zulässig ist. Es sei nicht einzusehen, daß im Bereich des eingeschränkten Haltverbots zwar ein Möbelwagen beim Be- oder Entladen stundenlang dort stehen dürfe, daß es aber verboten sei, ein oder zwei Minuten dort zu halten, um einen Blick in den Autoatlas zu werfen, u. ä. Die Bedeutungsänderung des eingeschränkten Haltverbots zieht daraus die Folgerung, daß auch im eingeschränkten Haltverbot bis zu 3 Minuten gehalten werden darf.

Auch dies steht in Übereinstimmung mit den internationalen Übereinkommen über den Straßenverkehr (Artikel 1 Buchstabe k) und über Straßenverkehrszeichen (Artikel 1 Buchstabe i) vom 8. November 1968 (VBl **88** 226).

Zu a) bis c) hinter Zeichen 286: Daß die Haltverbote nur auf der Straßenseite gelten, auf der **227**
die Schilder stehen, ist eine hervorhebenswerte Eigenart dieser Schilder. Im Gegensatz zu den Streckenverboten sollen die Haltverbote im Prinzip nur bis zur nächsten Kreuzung oder bis zur nächsten Einmündung auf der gleichen Straßenseite gelten.

Zu Zeichen 290 und 292: Dieses Zonenhaltverbot bricht mit dem für alle anderen Schilder geltenden **228**
Sichtbarkeitsgrundsatz, der dem modernen Verkehrsrecht zugrunde liegt. ...

Die Ergänzung entspricht einem Beschluß des Bund-Länder-Fachausschusses für den Straßenverkehr und die Verkehrspolizei vom 8./9. März 1979 und dient der Klarstellung, daß das Zeichen 290 StVO für alle tatsächlich öffentlichen Verkehrsflächen innerhalb des Zonenbezirks gilt (VBl **80** 518).

Zu Bild 291: Die Europäische Konferenz der Verkehrsminister hat sich für den Bereich der **229**
CEMT-Länder auf eine einheitliche Parkscheibe für die CEMT-Länder geeinigt (CEMT-Ministerratsempfehlung vom 30./31. Mai 1979; vgl. VkBl-Verlautbarung vom 24. November 1981, S. 447) (VBl **88** 226) ...

Zu Absatz 3: **230/231**

Zu Zeichen 294: Hier wird das Weltrecht übernommen.

Zu Zeichen 295: Hier muß schon durch die Überschrift darauf hingewiesen werden, daß die un- **232**
unterbrochene Linie verschiedene Bedeutung hat, je nachdem sie den Fahrbahnrand markiert oder sonstwo auf der Fahrbahn angebracht ist.

Der neue Name „Fahrstreifenbegrenzung" ist international festgelegt. Da die beigegebene Skizze **233**
nur einen der Anwendungsfälle wiedergibt und da auch das Charakteristische dieser Längsmarkierung noch der Unterstreichung bedarf, sind ihrer Bedeutung einige erläuternde Sätze vorausgeschickt.

234   Daß auch die Verordnung nur weiße Fahrbahnmarkierungen kennt, ist schon im ersten Satz dieses Paragraphen vorausgeschickt. Die Linie verläuft in der Regel längs und ist im Gegensatz zur Leitlinie (Zeichen 340) nicht unterbrochen. Ihre Breite ist nicht mehr angegeben. Daraus ergibt sich, daß künftig nicht bloß, wie bisher, der 10 bis 15 cm breite Dünnstrich, sondern auch der 50 cm breite Dickstrich die Bedeutung einer Fahrstreifenbegrenzung haben soll.

235   Durch die Nennung der hauptsächlichen Anwendungsfälle wird klargestellt, daß die Linie sich nicht bloß, wie in der Skizze, in der Fahrbahnmitte befinden kann, sondern auch sonst auf der Fahrbahn.

236   Die erste Anordnung gibt ein schon bestehendes Verbot wieder. Dem Weltabkommen entsprechend soll aber nicht bloß, wie bisher, das Berühren der Linie durch die Räder verboten sein, sondern schon das Fahren über der Linie. Danach müssen sich Fahrzeuge soweit von ihr entfernt halten, daß sich auch die seitlich über die Räder hinausragende Karosserie oder Ladung nicht über der Linie befindet.

237   Begrenzt die Linie den Fahrbahnteil für den Gegenverkehr, so gebietet sie, was in der geltenden StVO nicht ausdrücklich gesagt ist, daß nur rechts von ihr gefahren werden darf. Fehlte diese Anordnung, so wäre z. B. nicht einmal derjenige faßbar, der sich etwa beim Überholen auf der linken Fahrbahnhälfte befindet und trotz des Beginns einer ununterbrochenen Linie die Überholung fortsetzt. Die ununterbrochene Linie zwingt erst so zum Abbruch des Überholmanövers.

238   Das folgende Parkverbot ist ebenfalls dringend. Hier verbietet das Weltabkommen jedes Halten. Das erscheint als zu weitgehend. Wird durch solches nur kurzes Halten der Verkehr behindert, greift § 1 Abs. 2 ein.

239   Da nach dem Weltabkommen die Fahrbahnrandlinie im Gegensatz zur bisherigen deutschen Regelung uneingeschränkt überquert werden darf, ist die Möglichkeit eröffnet, den sogenannten Mehrzweckstreifen zu sanktionieren. ... Diesen Mehrzweckstreifen sollen neben parkenden Fahrzeugen und neben Fußgängern und Radfahrern alle langsamen Fahrzeuge, also nicht etwa gewöhnliche Lastkraftwagen, benutzen. ...

240   **Zu Zeichen 296:** Die Verordnung bemüht sich, die Bedeutung der Markierung deutlicher als bisher herauszustellen. In der üblichen Gesetzessprache könnte man sich einfacher so ausdrücken, für die Fahrtrichtung A sei diese Markierung eine Fahrstreifenbegrenzung, für die Fahrtrichtung B eine Leitlinie.

241   **Zu Zeichen 297:** Pfeile allein sind, wie der Text zunächst klarstellt, reine Verkehrslenkungsmittel. Nur wenn sie zwischen Leitlinien oder Fahrstreifenbegrenzungen angebracht sind, die die einzelnen Fahrstreifen für die gleiche Richtung markieren, enthalten sie das Gebot über das Verhalten an der nächsten Kreuzung oder Einmündung. Gerade dort darf der durch die Markierung bis dahin geordnete Verkehr keinesfalls durcheinander geraten.

242   **Zu Zeichen 298:** Da die ununterbrochenen Begrenzungslinien der Sperrflächen nicht notwendigerweise längs verlaufen, könnte zweifelhaft sein, ob das Verbot, sie zu überqueren, auch auf sie zutrifft. Es wird daher ausdrücklich ausgesprochen.

243   **Vor Zeichen 299 (Nr. 7):** Parkflächen werden auf verschiedene Weise markiert. Ein Gebot, beim Aufstellen der Fahrzeuge sich nach ihren Abgrenzungslinien zu richten, kann nur an genügend deutliche Markierung geknüpft werden; lediglich dort, wo die Bedeutung der Markierung sich schon aus der Aufstellung eines Parkplatzschildes oder einer Parkuhr ergibt, können auch weniger deutliche Markierungen genügen. Der letzte Satz ist zweckmäßig, um klarzustellen, daß das besonders wichtige Verbot des Überquerens ununterbrochener Linien hier nicht gilt.

244   **Zu Zeichen 299:** Die Zick-Zack-Markierung des Zeichens 299 bezeichnet, verlängert oder verkürzt bisher nur vorgeschriebene Parkverbote. Sie hat sich als außerordentlich wirksam erwiesen. Die Verwendung dieser Zick-Zack-Markierung wird daher jetzt auf Haltverbote ausgedehnt (VBl 88 227).

245   **Begr** zur ÄndVO v 7. 8. 97 (VBl **97** 689): **Zu Zeichen 205:** Der Einschub erfolgt im Interesse der Verbesserung der Sicherheit der Fahrradfahrer. Er verdeutlicht dem Kraftfahrzeugverkehr, daß er an dieser Stelle mit kreuzendem bzw. gegengerichtetem Radverkehr zu rechnen hat.

Zu Zeichen 244 und 245: Zur Förderung des Radverkehrs wird das Instrument der Fahrradstraße eingeführt. ... Dort gelten grundsätzlich alle allgemeinen Vorschriften über die Benutzung von Fahrbahnen, wie Geschwindigkeit (§ 3), Abstand (§ 4), Überholen (§ 5), Vorfahrt (§ 8), Halten und Parken (§ 12) und Fußgänger (§ 25). Fahrradstraßen kommen nur für bestimmte Straßenstrecken in Betracht, auf denen der Radverkehr die vorherrschende Verkehrsart ist

Vorschriftzeichen § 41 StVO **2**

oder dies alsbald zu erwarten ist. Fahrradstraßen sind nur für untergeordnete Straßen, nicht aber für Hauptverkehrsstraßen oder Sammelstraßen des Kraftfahrzeugverkehrs geeignet.

Zu Zeichen 245: *Ist der Sonderfahrstreifen breit genug und der Verkehr mit Linienomnibussen nicht besonders dicht, so bestehen keine Bedenken, auch den Radverkehr auf den Sonderfahrstreifen zuzulassen. Die Benutzung des Sonderfahrstreifens ist dann in das Ermessen des einzelnen Radfahrers gestellt (Benutzungsmöglichkeit).*

Begr zur ÄndVO v 11. 12. 00 (VBl 01 10): **Zu Zeichen 220:** *Seit dem 1. 9. 1997* **245a** *dürfen bestimmte Einbahnstraßen versuchsweise bis zum 31. 12. 2000 für den gegenläufigen Radverkehr geöffnet werden. Die bisher mit der Versuchsregelung in den Kommunen gewonnenen positiven Erfahrungen rechtfertigen es schon jetzt, eine weitere Befristung nicht mehr vorzusehen.*

Zu Abs. 2 Nr 6: *Das Zusatzzeichen „Freistellung vom Verkehrsverbot nach § 40 Abs. 2 BImSchG bezog sich bislang auf die §§ 40a ff. des Bundesimmissionsschutzgesetzes (BImSchG) (sog. Ozonregelung). Diese Vorschriften sind mit Ende des Jahres 1999 ausgelaufen. Die Anordnung von Ausnahmen von Verkehrsverboten für Kraftfahrzeuge wegen ihres hohen Standards bei der Schadstoffreinigung läuft damit ins Leere. Sie kann vor allem nicht mehr an die im Anhang zu § 40c Abs. 2 BImSchG aufgeführten Kraftfahrzeuge anknüpfen. Dasselbe gilt für die Ausnahmeregelung aus betrieblichen Gründen und bei Fahrten zu besonderen Zwecken, die sich auf die §§ 40d, 40e BImSchG beziehen.*

Eine Vorabregelung des Teilbereichs betreffend Ausnahmen auf Grund des Standards bei der Schadstoffreinigung könnte die Gesamtregelung mit derzeit noch nicht abzusehenden Folgen präjudizieren. Aus diesem Grund soll die Anordnung von Ausnahmen vorläufig weiterhin an den Anhang zu § 40c Abs. 2 BImSchG anknüpfen.

Begr zur ÄndVO v 14. 12. 01 (VBl 02 144): **Zu Abs 2 Nr 3a:** *- Begr des Bundes-* **245b** *rates - ... Zwar hat die Bundesrepublik Deutschland als Träger der Straßenbaulast nach ihrer Leistungsfähigkeit die Bundesfernstraßen in einem dem regelmäßigen Verkehrsbedürfnis genügenden Zustand zu bauen, zu unterhalten, zu erweitern oder sonst zu verbessern. Das geschieht auch. Allerdings können diese langfristig zu planenden und mit hohen Kosten verbundenen Maßnahmen nicht überall mit der Verkehrsentwicklung Schritt halten.*

Die vorübergehende Nutzung des Seitenstreifens als Fahrstreifen ist damit quasi eine Notmaßnahme bis zum bedarfsgerechten Ausbau. Im Hinblick auf die Sicherheitsrelevanz des Seitenstreifens muss dies sorgfältig geprüft werden. Die damit verbundenen Nachteile können nur dann in Kauf genommen werden, wenn die mit der Seitenstreifenfreigabe verbundene Leistungssteigerung des Autobahnquerschnitts zu einer spürbaren Verbesserung des Verkehrsflusses führen kann. Nach bisherigem Kenntnisstand führt das in gewisser Weise auch zu einem Sicherheitsgewinn, weil dann z. B. Auffahrunfälle an Stauenden entfallen. Die vorübergehende Seitenstreifenfreigabe macht deshalb für jeden Autobahnabschnitt eine sorgfältige Überprüfung und Abwägung aller Belange notwendig.

Eine solche Anordnung kommt in der Regel nur bei überdurchschnittlich belasteten Autobahnen in Betracht, bei denen häufig wegen dichten Verkehrsaufkommens nachhaltige Störungen im Verkehrsfluss auftreten und diese mit der vorübergehenden Freigabe des Seitenstreifens als Fahrstreifen verhindert oder spürbar vermindert werden können. Die Anordnung setzt selbstverständlich voraus, dass der Seitenstreifen ebenso wie die Fahrstreifen zum ungehinderten Befahren durch mehrspurige Kraftfahrzeuge geeignet ist und dem vor allem straßenbauliche Belange wie die auf Dauer mangelnde Tragfähigkeit des Seitenstreifens, die uneinheitliche Querneigung der Fahrbahnoberfläche nicht entgegenstehen. Notwendige bauliche Maßnahmen an Knotenpunkten wie die Anlage neuer Beschleunigungs- und Verzögerungsstreifen und im Streckenverlauf wie der Bau von ausreichenden Nothaltebuchten sind vorher durchzuführen.

Um den vorübergehenden Charakter der Freigabe des Seitenstreifens zu unterstreichen, wurde darauf verzichtet, die Fahrbahnbegrenzungslinie (Zeichen 295) durch eine andere Markierung zu ersetzen. Denn der Seitenstreifen soll dem Grunde nach erhalten bleiben. Er wird nur zeitweise bei Vorliegen besonderer Umstände ausnahmsweise als Fahrstreifen genutzt. Den Verkehrsteilnehmern wird ausdrücklich gesagt, dass sie mit dem durch Zeichen 223.1 StVO angeordneten Befahren des Seitenstreifens die Fahrbahnbegrenzungslinie wie eine Leitlinie (Zeichen 340 StVO) überfahren dürfen. Auf dem als Fahrstreifen genutzten Seitenstreifen gelten während dieser Zeit die Vorschriften über die Benutzung von Fahrbahnen, namentlich das Rechtsfahrgebot. ...

245 c
10. AusnahmeVO zur StVO
v 7. 8. 2001 (BGBl I 2221)

§ 1. Abweichend von § 41 Abs. 2 Nr. 5 Satz 7 Nr. 1 der Straßenverkehrs-Ordnung vom 16. November 1970 (BGBl. I S. 1565, 1971 I S. 38), die zuletzt durch Artikel 1 der Verordnung vom 11. Dezember 2000 (BGBl. I S. 1690) geändert worden ist, dürfen Fahrzeuge, die im Auftrag der Kreditinstitute oder der Deutschen Bundesbank Geldtransporte durchführen, Fußgängerbereiche (Zeichen 242), in denen durch Zusatzschild zu Zeichen 242 Fahrzeugverkehr zugelassen ist, auch außerhalb der durch das Zusatzschild angeordneten Zeiten befahren, soweit dies zur Versorgung dort ansässiger Kreditinstitute mit Euro-Bargeld oder zum Abtransport von DM-Bargeld erforderlich ist. Angeordnete Beschränkungen der zulässigen Gesamtmasse der Fahrzeuge sind einzuhalten. Es darf nur mit Schrittgeschwindigkeit gefahren werden. Der Fahrzeugführer darf Fußgänger weder gefährden noch behindern; wenn nötig, muss er warten.

§ 2. Diese Verordnung tritt am 19. November 2001 in Kraft. Sie tritt mit Ablauf des 28. Februar 2002 außer Kraft.

Begr: VBl **01** 406.

Anm: Wo nicht überhaupt FzV durch ZusatzZ zugelassen ist, gilt die Ausnahme nicht; dort ist Einzelausnahmegenehmigung notwendig. Die Ausnahme des § 1 gilt nur, soweit Bargeld von oder zu *Kreditinstituten* transportiert wird, sie gilt nicht für die Versorgung von Einzelhandelsunternehmen und im übrigen nur, soweit das Befahren des Fußgängerbereiches *erforderlich* ist, nicht zB zu Abkürzungszwecken oder, wenn eine andere Anfahrtmöglichkeit besteht.

Übersicht

Ahndung bei späterer Zeichenentfernung oder -änderung 249
Allgemeinverfügung 247
Anbringung von Vorschriftzeichen 4, 246
– durch unzuständige Stelle 246
Anfechtbarkeit 247
Anfechtungsberechtigung 247
Anfechtungsklage 250
Anlieger 247
Anliegerverkehr 248 (VZ 250)
Aufschiebende Wirkung, keine 247, 250
Geltungsbereich von Streckenverboten 248
Größe der Vorschriftzeichen 2, 246
Interessenabwägung 247
Neue Bundesländer 251
Nichtigkeit 247
Ordnungswidrigkeiten 249, 250
Phantasiezeichen unzulässig 246
Rechtsprechung (Nummernfolge der Vorschriftzeichen) 248
Schilder 246
Streckenverbote, Geltungsbereich 248
Vorschriftzeichen 2–4, 246, 247
Wirkung, keine aufschiebende 247, 250
Zeichenänderung 249
Zeichenentfernung 249
Zusicherung 247

246 **1. Vorschriftzeichen** enthalten Gebote oder Verbote für alle von ihnen erfaßten VT; deren Kreis kann je nach Art des Zeichens begrenzt sein. Gebots- und VerbotsZ gebieten dem Zuwiderhandelnden auch, den verbotswidrigen Zustand, zB unerlaubtes Parken, wieder zu beenden, BVG ZfS **94** 189, DAR **97** 119, VGH Ma NJW **03** 3363, DAR **03** 329, VM **04** 7, VGH Mü DÖV **90** 483, OVG Hb VRS **104** 476, OVG Schl NVwZ-RR **03** 647, DAR **02** 330, OVG Münster NZV **93** 407, OVG Magdeburg DAR **98** 403, Kö NZV **93** 406, krit *Wilksen/Brenneisen* PVT **98** 6, differenzierend *Hansen/Meyer* NJW **98** 284. Da ein VerbotsZ von seinem Standort ab zu befolgen ist, muß es auch **sofort und aus sich selbst heraus verständlich** sein, BGHSt **25** 299 = NJW **74** 1205, **75** 1330, Ha VRS **107** 134. Allgemeines über VZ und Markierungen bei § 39. Ausnahmen von VorschriftZ können nur in den durch die §§ 40, 41 vorgeschriebenen Formen angeordnet werden, sachlich nur im Rahmen von § 45. Ein VZ mit eindeutig umschriebener Bedeutung (zB mit bloßer Wegweiserfunktion) kann nicht durch den offensichtlich abweichenden Willen der StrVB zu einem VorschriftZ werden, Bay VM **80** 27 (zu § 42 IV Z 314 Nr 3 aF). VorschriftZ **müssen eindeutig sein,** auch für den durchschnittlichen Kf bei zumutbarer Aufmerksamkeit während des Fahrens,

Vorschriftzeichen § 41 StVO **2**

BGHSt **27** 318, Bay VM **78** 29, Dü NZV **96** 329. Maßgebend ist, wie sich das Gebots- oder VerbotsZ darbietet, nicht die etwaige Kenntnis eines VT, was die VB mit ihm bezweckt, s Dü DAR **76** 214. Dem Erfordernis der Eindeutigkeit entspricht es nicht, wenn Fahrbahnmarkierungen nach Aufhebung nicht deutlich entfernt worden sind, Dü VR **81** 960. Zweifel über die Zeichenregelung gehen nicht zu Lasten des VT, Bay VM **78** 29. Ist ein VorschriftZ, vom Benutzer her gesehen, zweckmäßig, gut sichtbar und nicht irreführend aufgestellt, so ist es auch verbindlich, wenn nicht jeder Anbringungsvorschrift genügt ist, BGH NJW **66** 1456, Ha VRS **30** 76. Ausschließlich sachliche Zuständigkeit zur Aufstellung von VZ: §§ 44, 45. Regelung **ausschließlich durch in der StVO vorgesehene VZ** und VEinrichtungen: § 45, s Stu NZV **01** 274. Ungültig (nichtig) sind daher in der StVO nicht vorgesehene Zeichen, Sinnbilder oder Schilder (Phantasiezeichen), Bay VM **71** 23, Hb VRS **48** 297, Dü VM **73** 79, KG VRS **65** 299 (ausgenommen Zusatzschilder, § 39 Rz 31 a, und Übergrößen: Vwv zu §§ 39 bis 43 Rn 12), zB ein gem § 53 nicht mehr gültiges Z 274 mit Zusatz „km", Stu NZV **01** 274, aM AG Ce DAR **01** 137, oder ein Schild mit der Aufschrift „Schrittgeschwindigkeit", Ha NJW **53** 1886, bei Kombination auch hinsichtlich des, allein betrachtet, vorschriftsgemäßen Teiles, Bay VM **71** 23. Geringfügige Abweichungen sind unschädlich, s § 39 Rz 31. Abweichende VZ in den neuen Bundesländern, s § 39 Rz 41. Ungültig sind auch ohne **Anordnung der StrVB** aufgestellte VZ, s Rz 247. Eine Baufirma darf nur die nach Anordnung der zuständigen Behörde vorgeschriebenen VZ wirksam aufstellen, keine anderen, mögen solche auch zweckmäßig sein, Zw VRS **51** 138, VG Berlin NZV **90** 248. Ab Billigung durch die zuständige Behörde kann auch ein an sich unbefugterweise aufgestelltes VZ verbindlich sein, Bay VRS **53** 220, BVGE **35** 343. VorschriftZ werden nicht dadurch unwirksam, daß ein **Zusatzschild** nicht der StVO entspricht (Inhaltsfrage), Bay VM **73** 53, s § 39 Rz 31. Zusatzschilder müssen eindeutig gefaßt sein, s § 39 Rz 31 a. Verbotszeichen, auch solche mit Zusatztafeln, sind nur rechtswirksam, wenn sie die durch sie verkörperte Anordnung klar und zweifelsfrei ausdrücken (verneint für Z 314 mit Zusatzschild Omnibus), Kar VRS **59** 378, Dü NZV **96** 329, bejaht für Z 276 mit Zusatzschild 1048–12 „dürfen überholt werden": Bay 1 Ob OWi 74/85, VRS **68** 287 (wenngleich mit Recht für unzweckmäßig und bedenklich erachtet), aM AG Kaufbeuren OWi 34 Js 8663/84, weil das zulässige Gesamtgewicht des zu überholenden Lkw vom Nachfolgenden vielfach nicht sicher beurteilt werden könne. Wer nach der Sachlage triftigen Grund hat, **mit einem Gebots- oder VerbotsZ zu rechnen** (zB Verlassen einer Str mit Streckenverbot über abzweigenden Weg und später Fortsetzung auf derselben Str oder Wenden), muß sich über die Rechtslage vergewissern, BGHSt **11** 10, Ha VRS **57** 137, **50** 75, OVG Münster NZV **90** 407, mangels konkreter Umstände im Falle des Wendens abgelehnt von Ce DAR **00** 578, Ol NRpfl **95** 135, s aber Rz 249. Auch wer aus einem Grundstück ausfährt, braucht sich idR ohne Erkundigung nur nach den für ihn sichtbaren oder bei der Herfahrt sichtbar gewesen VZ zu richten, Ha VM **72** 96 (außer bei Ein- und Ausfahrt an getrennten Straßen). VT dürfen sich darauf verlassen, daß Gebots- und VerbotsZ idR **rechts stehen** (*Booß* VR **75** 453), s § 39 Rz 35, jedoch gelten auch Zeichen, welche wahrnehmbar anderweit angebracht sind, zB bei Bauarbeiten nur links. Abs II S 3 betrifft nicht die Fahrbahnseite, sondern die Stelle im Verhältnis zur Fahrtrichtung, an der die Anordnung zu befolgen ist, Dü NZV **91** 204 (gedachte quer zur Fahrbahn verlaufende Linie). Zur Verhütung von Unglücksfällen dienende **VerbotsZ (§ 145 StGB)** sind VZ nicht allein wegen ihrer Ordnungsfunktion, sondern nur, wenn ein tatbestandsmäßiger Eingriff zu gefahrerhöhendem Verhalten von VT führen kann (s auch § 40 Rz 101), wie zB bei den Z 201, 205, 206, 209–214, 220, 222, 237–239, 250, 251–267, 268, 269, 271, 276, 283, 295, 296, bei den RichtZ die Z 308, 310, 330, 331, 354, 394, 454, 460, 500, bei den GefahrZ s § 40 Rz 101. Veränderung des Inhalts eines VZ (Z 274) ist keine Urkundenfälschung, Kö NZV **99** 134 (krit Anm *Dedy*).

Verwaltungsrechtliche **Allgemeinverfügungen** sind VorschriftZ nach hM und der Verwaltungsklage unterworfen, die jedem zusteht, dessen Handlungsfreiheit sie beschränken, BVGE **27** 181 = NJW **67** 1627, NZV **04** 52, **93** 284 (Busspur), DAR **97** 119, BGHSt **20** 125 = NJW **65** 308, BaySt **99** 172 = DAR **00** 172, Ko DAR **99** 419, Dü DAR **99** 82, Stu NZV **01** 274, **98** 422, VGH Ka NJW **99** 2057, VGH Mü VRS **82** 247

388, VGH Ma NZV **97** 532, OVG Hb NZV **03** 351, *Manssen* NZV **92** 466 f, aM VGH Mü NJW **78** 1988, **79** 670, *Obermayer* NJW **80** 2386 (die zugrundeliegenden Anordnungen der VB seien Rechtsnormen) sowie *Schwabe* NVwZ **94** 630 ff in bezug auf Z 242 (das keine Allgemeinverfügung enthalte, sondern nur ein Hinweis auf ein *wegerechtliches* Benutzungsverbot sei, s aber § 49 III Nr 4). Die Aufstellung eines VZ als Verwaltungsakt kann durch die zuständige Behörde grundsätzlich wirksam zugesichert werden, BVG NZV **95** 244. Der **durch das VZ verkörperte Verwaltungsakt** wird durch Bekanntgabe in Form der Aufstellung des VZ wirksam, BVG DAR **97** 119, VGH Ka NJW **99** 1651, OVG Hb VRS **104** 476, Stu NZV **01** 274, aM Bay VM **76** 10. Ein VT wird davon betroffen, sobald er in den Wirkungsbereich des VZ gelangt und von dem VZ Kenntnis nehmen *kann* (Sichtbarkeitsgrundsatz), BGHSt **20** 125 = NJW **65** 308, Bay NJW **84** 2110, Stu VRS **95** 441, VGH Mü VRS **82** 388, VGH Ma ZfS **95** 437, *Geißler* DAR **99** 349, *Bitter/Konow* NJW **01** 1388. Zur wirksamen Bekanntgabe des Verwaltungsaktes durch VZ genügt Aufstellung in einer Weise, die dem Adressaten die Wahrnehmung bei Zugrundelegung des Sorgfaltsmaßstabes des § 1 ermöglicht, BVG DAR **97** 119 (Anm *Hansen/Meyer* NJW **98** 284 mit Erwiderung *Mehde* NJW **99** 767), OVG Münster NZV **90** 407, Kö NZV **93** 406. Die durch das VZ begründete **Anordnung gilt** auch für den, der das VZ kennt, in seinen Wirkungsbereich aber von einer Stelle aus gelangt, an der es nicht angebracht ist, Bay VRS **69** 461, **73** 76, Kar DAR **03** 182, sowie grundsätzlich auch für den, der sich **bereits bei Aufstellen des VZ** in dessen Wirkungsbereich befand, BVG DAR **97** 119 (zust *Hendler* JZ **97** 782), Kö NZV **93** 406, OVG Hb DAR **04** 543, einschränkend VGH Ma DÖV **91** 163, s *Bitter/Konow* NJW **01** 1391 f, *Ronellenfitsch* SVR **04** 164, s auch § 12 Rz 52. Im übrigen kennt die StVO auch Ausnahmen von dem für VZ grundsätzlich geltenden **Sichtbarkeitsgrundsatz**, KG VRS **74** 141, zB Z 242, 270, 274.1, 290, 325, s Rz 218a, 228. Wer ein Fz innerhalb einer durch VZ gekennzeichneten **Zone** übernimmt, ist nicht verpflichtet, Nachforschungen nach ihm nicht bekannten Zonen-VZ (zB Z 274.1) anzustellen, Dü DAR **97** 283 (kein Verschulden). Die in Gebots- oder VerbotsZ verkörperten Verwaltungsakte dürfen durch **Verwaltungszwang ohne vorherige Androhung** unmittelbar durchgesetzt werden, BVG NJW **78** 656, OVG Br DAR **77** 276; zur Ersatzvornahme durch Abschleppen verbotswidrig parkender Fze, s § 12 Rz 65 ff. Eine durch Gebots- oder VerbotsZ angeordnete Regelung gilt bis zur Entfernung des VZ, diese ist ein kraft Gesetzes sofort vollziehbarer Verwaltungsakt, VGH Ma NJW **78** 1279 (Entfernung des Z 229), VGH Mü BayVBl **87** 372, VRS **82** 388. Ein VZ, dessen Aufstellung befristet angeordnet worden ist, bleibt mangels Entfernung nach Ablauf der Frist verbindlich, auch wenn die Frist nicht verlängert worden ist, Dü VRS **63** 257, VG Meiningen DAR **01** 89. VorschrZ sind nur bei offensichtlicher Willkür oder Sinnwidrigkeit (zB EinbahnstrRegelung in Sackgasse), Kö NZV **90** 483, VRS **92** 282, Dü DAR **99** 282, **(Nichtigkeit)** unbeachtlich, oder bei objektiver Unklarheit, die sich durch Auslegung nicht beheben läßt, BaySt **99** 172 = DAR **00** 172, VM **78** 29, NZV **89** 38, Ha VRS **107** 134, Kö VRS **62** 310, NZV **92** 200, KG NZV **90** 441, Dü NZV **91** 204, DAR **99** 82, **sonst anfechtbar und bis zur Beseitigung zu befolgen**, BVG NJW **67** 1627, OVG Hb VRS **104** 476, Bay VRS **68** 287, Kö VM **72** 94, Dü NZV **91** 204, DAR **99** 82, Ko DAR **81** 126, NZV **95** 39, KG VRS **107** 217, NZV **90** 441. Die Fälle nichtiger Verwaltungsakte schränkt § 44 VwVfG stark dahin ein, daß der Akt an einem besonders schwerwiegenden Fehler leidet und dies bei verständiger Würdigung aller Umstände offenkundig ist, BaySt **99** 172 = DAR **00** 172. Ein Verwaltungsakt ist nichtig und unbeachtlich, wenn sich die Fehlerhaftigkeit bei Kenntnis aller für sein Zustandekommen wesentlichen Tatsachen ohne weiteres aufdrängt, Zw VRS **51** 138. Ein VZ, das in deutlichem Widerspruch zu einem anderen, denselben StrBereich betreffenden steht, ist nichtig (Z 250 nach vorherigem Hinweis auf Parkplatz durch Z 314), Kö VRS **62** 310. Nichtig sind VZ, die nicht auf Anordnung der zuständigen StrVB aufgestellt worden sind, s § 39 Rz 31. Nichtig sind PhantasieZ, welche die StVO nicht vorsieht, s Rz 246, außer bei geringfügigen Abweichungen, zB sachlich bedingter Größenabweichung oder abweichender, aber für den Verkehr ausreichender Aufstellung oder Befestigung. Keine Nichtigkeit auch eines in vorgesehener Größe und Gestaltung auf einer weißen Tafel angebrachten VZ, Dü VRS **61** 467. Näher § 39 Rz 31. Die StVO kennt nur weiße

Vorschriftzeichen **§ 41 StVO 2**

(Abs I) und im Falle des Abs IV gelbe Markierungen oder Markierungsleuchtknöpfe; andersfarbige sind unbeachtlich, s BVG NZV **93** 246, auch zB blaue, obwohl sie zweckmäßig sein können (zB bei Z 315). Anforderungen an Markierungsleuchtknöpfe, s BMV VBl **01** 487 = StVRL Nr 9. **Anfechtungsberechtigt** ist jeder, dessen Bewegungsfreiheit das VZ beschränkt, auch wenn er es zunächst befolgt hat, BVG NZV **04** 52, **93** 284, OVG Br VRS **66** 232, VGH Ka VRS **85** 150, NZV **97** 135, NJW **99** 2057, VG Ko DAR **93** 310, *Lorz* DÖV **93** 137 f, vor allem also VT und Anlieger, s BVG NZV **95** 165, VGH Ka VRS **83** 229, VGH Mü DAR **96** 112, ohne Rücksicht darauf, ob ein VT von der durch das VZ getroffenen Regelung regelmäßig oder nachhaltig betroffen wird, BVG NZV **04** 52 (zust *Kettler* NZV **04** 541, abw OVG Hb NZV **03** 351 – abl *Dederer* –). Nach OVG Br VRS **66** 232 soll bereits die Anordnung der Aufstellung des VZ anfechtbar sein. Die Anfechtungsfrist (§§ 70 II, 58 II 1 VwGO) beginnt nicht mit dem Aufstellen des VZ, sondern erst, wenn der VT erstmals in den Wirkungsbereich des VZ gelangt, BVG NZV **04** 52 (zust *Kettler* NZV **04** 541), VRS **58** 314, 317, OVG Hb NZV **03** 351, *Dederer* NZV **03** 318, *Bitter/Konow* NJW **01** 1386, *Bitter* NZV **03** 304, *Ronellenfitsch* SVR **04** 164, aM VGH Ka NJW **99** 1651, **99** 2057 (abl *Rinze* NZV **99** 399), näher: *Bitter/Konow* NJW **01** 1386, *Geißler* DAR **99** 349. Maßgebend für den Bestand des VZ ist das sachliche Verwaltungsrecht einschließlich der StVO. Zu prüfen ist: Anordnung durch die zuständige Behörde (§ 45); Zulässigkeit des VZ nach der StVO; Abwägung der beachtlichen Interessen des Anfechtenden mit den beachtlichen VInteressen (Maßgebot); Beachtung der Rechtsgrundsätze der Sicherheit und Leichtigkeit des Verkehrs (§ 45), BVG NJW **67** 1627, oder Vorliegen der anderen in § 45 genannten Voraussetzungen, s *Manssen* NZV **92** 468, *Geißler* DAR **99** 350. Nur innerhalb dieses Rahmens wird in Betracht kommen, ob das VorschrZ im gegebenen Zusammenhang zweckgerecht ist. Können nach den VUmständen in überschaubarer Zukunft Schadensfälle eintreten, die sich durch eine einheitliche Konzeption mit Linksabbiegeverbot vermeiden lassen, so kann ein Linksanlieger dieses behördliche Ermessen nicht mit Erfolg angreifen, OVG Br VRS **59** 317. Auch wer (insbesondere als Anlieger) eine Verletzung seiner Rechte durch die Aufhebung einer durch VZ getroffenen VRegelung geltend machen kann, ist anfechtungsberechtigt, OVG Münster NZV **97** 414. Widerspruch und Klage gegen ein VZ haben **keine aufschiebende Wirkung,** BVG NZV **04** 52, **88** 38, OVG Saarlouis VM **03** 46, OVG Br DAR **77** 276, OVG Münster NZV **94** 414, VGH Ma Justiz **74** 103, NZV **94** 207, VGH Mü BayVBl **87** 372, NZV **92** 166, OVG Hb VRS **104** 477, OVG Saarlouis ZfS **92** 106. Die Anordnung aufschiebender Wirkung ist aus Gründen der VSicherheit nur ausnahmsweise zulässig, VGH Ma Justiz **74** 103, NZV **95** 45, OVG Münster VRS **39** 392, bejaht zB von VGH Ka NZV **97** 135 bei rechtswidriger Kennzeichnung eines Stadtviertels als Bewohnerparkzone. Vorbeugender Rechtsschutz im Wege einstweiliger Anordnung nur im Ausnahmefall bei anderenfalls entstehenden unzumutbaren Nachteilen, VGH Ma NZV **94** 207. Zum Eintritt der Unanfechtbarkeit von VZ s VGH Ka VRS **83** 229. VorschriftZ verkörpern Schutzgesetze (§ 823 BGB), BGH VR **72** 558, Fra VM **71** 85. Sie können bestimmte Personen uU rechtlich begünstigen, ihre Änderung oder Entfernung unterliegt jedoch nicht den Grundsätzen über den **Widerruf** rechtlich begünstigender Verwaltungsakte, BVG DÖV **77** 105. Bringt die StrVB ein im Interesse eines Anliegers angebrachtes, anderweitig entferntes VerbotsZ (hier Z 286) nicht wieder an, so ist dies kein Widerruf eines begünstigenden Verwaltungsakts, vielmehr kann Verpflichtungsklage erhoben werden, OVG Münster NJW **77** 597, dazu BVG VRS **52** 316. *Rott,* Kostenrechtliche Behandlung von Widersprüchen gegen verkehrsrechtliche Anordnungen, VD **78** 207.

Lit: *Bitter/Konow,* Bekanntgabe und Widerspruchsfrist bei VZ, NJW **01** 1386. *Dederer,* Rechtsschutz gegen VZ, NZV **03** 314. *Fritz,* Die Rechtsnatur der VZ, Diss. Kiel 1966. *Haarkötter,* Die Rechtsnatur der durch amtliche VZ getroffenen Anordnungen, Diss. Frankfurt 1966. *Hansen/Meyer,* Bekanntgabe von Verkehrsschildern, NJW **98** 284. *Lorz,* Der Rechtsschutz einfacher VT gegen VZ und andere verkehrsbehördliche Anordnungen, DÖV **93** 129. *Manssen,* Öffentlichrechtlich geschützte Interessen bei der Anfechtung von VZ, NZV **92** 465. *Mehde,* Bekanntgabe von VSchildern ..., NJW **99** 767. *Obermayer,* Das Dilemma der Regelung eines Einzelfalles nach dem VwVfG, NJW **80** 2386. *Podlech,* Die Rechtsnatur der VZ und die öffentlich-rechtliche Dogmatik, DÖV **67** 740. *Renck,* Die Rechtsnatur von VZ, NVwZ **84** 355. *Ronellenfitsch,* Dauerthema Verkehrszeichen,

SVR **04** 161. *Scheffler,* Müssen unsichtbare VZ erahnt werden?, NZV **99** 363. *Stern,* Die Bindungswirkung von VZ im Ordnungswidrigkeitsverfahren, *R. Lange*-F 859.

248 **2. Rechtsprechung** in der Nummernfolge der VZ: ● Z 205 (Vorfahrt gewähren!). Das VZ räumt der anderen Straße schlechthin Vorfahrt ein ohne Rücksicht darauf, wo dort die Z 301/306 stehen, Bay VM **78** 74. Es muß auf der rechten Fahrbahnseite stehen, sonst Amtspflichtverletzung, Dü VR **69** 261. Vorfahrtregelnde VZ sind so aufzustellen, daß auch Ortsunkundige ihre Bedeutung ohne nähere Überlegung sofort erkennen, Bay DAR **73** 82. Untereinander sind Z 205 und 206 gleichrangig, d. h., Z 205 gewährt kein Vorrecht gegenüber einer mit Z 206 versehenen Einmündung, s § 8 Rz 43. Steht das Z 205 mit Zusatzschild „Straßenbahn" (Sinnbild) an Wendeschleifen und ähnlichen Gleisanlagen, so geht es auch der Regel des § 10 S 1 vor, *Kürschner* NZV **92** 215, s BGH NZV **88** 58, aM LG Kar NZV **92** 241. Entsprechendes gilt für Z 205 am Ende von verkehrsberuhigten Bereichen, Fußgängerbereichen usw iS von § 10 S 3. Würde man die insoweit in Abs II Nr 1b zu Z 205 getroffene Regelung nur auf Einmündungen und Kreuzungen beziehen, so hätte es ihrer nicht bedurft. Der Gegenmeinung ist zuzugeben, daß der Begriff „Vorfahrt" in solchen Fällen nicht zutrifft (*Vorrang*). ● Z 206 (Halt! Vorfahrt gewähren!) verpflichtet zur Prüfung der VLage und schützt auch überquerende Fußgänger, Dü VR **78** 744. Von der Haltlinie (Z 294) aus muß diese Prüfung möglich sein. Steht kurz hinter dem Z 205 (Vorfahrt beachten) das Z 206 (Stop), so kann kein Zweifel bestehen, daß dieses zu beachten ist, Sa VRS **47** 387, 472. Dem Z 206 ist durch kurzes Anhalten genügt, wer danach vorfahrtverletzend weiterfährt, verletzt § 8, Fra VRS **39** 460. Grobes Nichtbeachten zB bei zügiger Weiterfahrt oder wenn das Z 206 an unübersichtlicher Stelle steht, Ha VRS **51** 294, einschränkend Dü DAR **88** 102. Das Urteil muß das grobe Nichtbeachten bei Ahndung als OW nachprüfbar belegen, Ha VRS **51** 294, Dü DAR **88** 102. Überfahren eines Stopschildes ist nicht stets grob fahrlässig, s § 8 StVO Rz 70. Das Übersehen eines am linken Fahrbahnrand stehenden Z 206 ist bei lebhaftem Verkehr idR nicht vorwerfbar, KG VM **77** 70. S auch § 8 Rz 60. ● Z 208 (Dem Gegenverkehr Vorrang gewähren!) verschafft dem Gegenverkehr unbehindertes Vorrecht, Bay VRS **31** 224, Sa VM **69** 72, auch einspurigen Fzen, Sa VM **76** 38, Ko VRS **48** 142, und uU Fußgängern, auch wenn der Wartepflichtige die Engstelle früher als der Berechtigte erreicht, Bay VRS **26** 315. Das Z 208 ist verletzt, wenn sich der Wartepflichtige so verhält, daß der Berechtigte den Vortritt nicht gefahrlos ausüben kann, Ko VRS **48** 143, Bay VRS **25** 365. ● Z 209 ist kein AnkündigungsZ, *Booß* VM **73** 88, es regelt nur die Weiterfahrt, es hindert nicht das Einfahren in ein Grundstück am VZ in anderer Richtung, Fra VRS **46** 64. Soweit es nicht gem. Abs II S 2 einem bestimmten markierten Fahrstreifen zugeordnet ist, gilt es für die gesamte Fahrbahn, Dü NZV **91** 204. Schreibt es Fahrtrichtung nach links vor, so ist Wenden nicht grundsätzlich verboten (anders Z 214, s dort), s auch § 297. Kriechspurbenutzung ist keine Fahrtrichtungsänderung und darf deshalb durch die VZ 209, 211 nicht angeordnet werden, aM Ha DAR **73** 275, sondern nur durch Z 275, *Booß* VM **73** 88. Das Z 209 darf mit einer Ampelanlage (anstatt eines unzulässigen Grünpfeils) nur so verbunden werden, daß jeder aufmerksame VT es rechtzeitig erkennen kann, Br VR **80** 680. ● Z 211 (Hier rechts) untersagt nicht, nach dem Abbiegen zu wenden und entgegengesetzt zu fahren, KG VM **60** 17. Abzubiegen ist vor dem Z 211, Ha VM **64** 53. ● Das Z 214 untersagt das Wenden, aber bloßes Linkseinordnen hierzu verletzt nicht II 2, sondern das Rechtsfahrgebot, KG VRS **55** 219. Das VZ verletzt, wer trotz Verbots des Linksabbiegens im Kreuzungsbereich nach rechts ausbiegt, dann aber umkehrt und die bisherige Fahrtrichtung kreuzen will, Ha VRS **48** 235, cr darf, soweit erlaubt, erst in klarer Entfernung vom Kreuzungsbereich wenden. ● Z 215 (Kreisverkehr) entfaltet nur rechtliche Wirkungen (§ 9a), wenn es unter Z 205 angebracht ist. Es darf nur aufgestellt werden, wenn an allen Zufahrten zum KreisV das Z 205 steht, s Vwv zu Z 215 Rn 1 (Rz 58). Einzelheiten, s § 9a. ● Z 220 (Einbahnstraße): Es muß an *allen* Kreuzungen und Einmündungen angebracht sein, sonst Amtspflichtverletzung, Fra VR **88** 914. Nur bei geringer VBelastung und höchstzulässiger Geschwindigkeit bis 30 km/h kann bei ausreichender Breite unter strengen Voraussetzungen (s Vwv Rn 8, s Rz 63) FahrradV in entgegengesetzter Richtung durch ZusatzZ (s Abs II Nr 2 Z 220) zugelassen werden.

Vorschriftzeichen § 41 StVO 2

Dies sollte im Interesse der VSicherheit auf seltene Ausnahmefälle beschränkt bleiben, s *Grupe* VGT **93** 88 (gegen Freigabe von EinbahnStrn für Radf auch Empfehlung des 31. VGT, NZV **93** 103 = VGT **93** 8, s aber *Werle* PVT **93** 104). Strabaverkehr auf Einbahnstr in beiden Richtungen ist nicht mehr zulässig (Rz 61). Soweit solche „unechten" Einbahnstrn, s *David* VD **97** 224, noch bestehen und die Straba weiterhin in Gegenrichtung verkehrt, ist auf den GegenV in geeigneter Weise hinzuweisen, sonst Amtspflichtverletzung, Kar VR **82** 1156. Im übrigen ist keine Einschränkung durch Zusätze zulässig, Kar VM **76** 16. Auch das FzFühren von Hand auf der Fahrbahn in Gegenrichtung ist nicht zulässig, s § 25 Rz 49, auf dem Gehweg nur, soweit es Fußgänger nicht wesentlich behindert (§ 1 II). Eine EinbahnStr in verkehrter Richtung zu befahren bedeutet meist grobes Verschulden, Nü VR **61** 644, KG VRS **60** 382. Verbotswidriges Befahren einer EinbahnStr in falscher Richtung auch, wenn zwar Z 267 fehlt, das Einfahren aber durch andere Z untersagt ist (Z 295, Z 222), Fra VR **82** 554. Rückwärtsfahren entgegen der vorgeschriebenen Richtung ist grundsätzlich verboten, Ha VM **77** 95, Kar VM **78** 13, Kö VR **92** 332, aM *Jan/Jag/Bur* § 9 Rz 67. Unzulässig auch Rückwärtsfahren, um zu parken, Sa VM **76** 64, KG VRS **60** 382 (10–15 m), das technisch günstigere Rückwärtseinparken unter ständiger Rückwärtsbeobachtung bei sofortiger Anhaltebereitschaft ist jedoch erlaubt, Fra VR **73** 968, Ha VM **77** 95, Kar VM **78** 13. Befindet sich Z 220 nicht *gegenüber* einer Parkplatzausfahrt, sondern 15–20 m versetzt, so kann der FzFührer, der die Ausfahrt verläßt, davon ausgehen, daß für die entgegengesetzte Richtung bis zur nächsten Einmündung keine Einbahnregelung besteht, wenn auch dort das Zeichen fehlt, Ko DAR **81** 95, zumal die Vwv zu Z 220 Rn 2 (s Rz 60) Anbringung *gegenüber* der Parkplatzausfahrt empfiehlt. Keine Verletzung der VRegelungspflicht, wenn das Z 220 nicht auch an Tankstellenausfahrten wiederholt wird, der Einbahnstraßencharakter sich jedoch für den Ausfahrenden aus anderen VEinrichtungen ergibt, BGH VR **85** 838. Wird eine Einbahnstr vorübergehend zur Sackstr (Bauarbeiten), so gilt das Z 220 solange nicht, Bay VM **76** 10. ● Z 222 (Rechts vorbei): das VZ ordnet nur Rechtsvorbeifahren am Standort an, nicht auch die Fahrtrichtung danach, s Bay DAR **78** 193. ● Z 223.1–223.3 (Seitenstreifen befahren): Das Z 223.1 schafft die Rechtsgrundlage für eine temporäre Anordnung des Befahrens des Seitenstreifens wie einen Fahrstreifen, etwa zum Zweck der Stauvermeidung, vor allem auf AB. Die Zeichen werden als WechselVZ für bestimmte Tageszeiten (stets in Kombination mit Geschwindigkeitsbegrenzung auf 100 km/h, Vwv Rn 4, s Rz 71 c) aktiviert, zu denen wegen hohen VAufkommens eine erhebliche Beeinträchtigung des VAblaufs zu erwarten ist (s Vwv Rn 1). S BMV, Umnutzung des Standstreifens für den fließenden V, VBl **02** 691. Das VZ gibt den Seitenstreifen nicht nur frei, sondern ordnet dessen Befahren an. Im Geltungsbereich des Z 223.1 entspricht der Seitenstreifen rechtlich dem rechten Fahrstreifen; es gelten somit die Regeln der §§ 2 (Rechtsfahrgebot) und 7 (Fahrstreifenbenutzung); die den Seitenstreifen von der eigentlichen Fahrbahn trennende Fahrbahnbegrenzung gilt als Leitlinie und darf nach beiden Seiten überfahren werden (s zu Z 295). Fortsetzung der Fahrt auf dem Seitenstreifen nach Passieren des Z 223.1 (Seitenstreifen nicht mehr befahren) ist Verstoß gegen die Fahrbahnbenutzungspflicht (§ 2 I), soweit nicht Benutzung nach Maßgabe von Abs III Nr 3b erlaubt ist; insbesondere auf AB darf die Standspur dann nicht mehr befahren werden (s § 18 Rz 14b). Das Zeichen 223.3 (Seitenstreifen räumen) entspricht inhaltlich etwa dem gelb blinkenden, schräg nach unten gerichteten Pfeil als Dauerlichtzeichen (§ 37 III 4). Gegenüber § 7 IV StVO (Reißverschlußverfahren) ist die durch Zeichen 223.3 getroffene Anordnung daher jedenfalls insoweit speziell, als der Fahrstreifenwechsel nicht erst „unmittelbar vor Beginn der Verengung", also vor dem Zeichen 223.2 vorzunehmen ist, sondern sobald der Verkehr auf dem links verlaufenden Fahrstreifen dies zuläßt. Erfordert die Verkehrsdichte zunächst ein Weiterbefahren des Seitenstreifens zwischen den Zeichen 223.3 und 223.2, muß dem Fahrzeugführer jedoch spätestens dort das Einscheren nach links gem. § 7 IV StVO ermöglicht werden. Näher: *Hentschel* NJW **02** 1238. ● Z 224: Das Z 224 muß auf das Anliegerrecht abgestimmt sein, VGH Mü VRS **56** 72. Eine Bushaltestelle darf eine Grundstückseinfahrt nicht beeinträchtigen, VGH Mü VRS **56** 72, OVG Saarlouis NJW **04** 2995. Das Z 224 ist ein Gebotszeichen, kein bloßer Hinweis auf eine Haltestelle, sonst hätte das öffentliche VMittel dort nicht Vorrang, die Einordnung in

§ 41 wäre unsystematisch und das Z 299 (s Bay VRS **55** 69) könnte dann kein Parkverbot voraussetzen, OVG Münster VRS **57** 396, aM VGH Mü VRS **56** 72. Halten im Bereich von Z 224, 226 alt (§ 12 III Nr 4), s § 12 Rz 48. Ausschließliche Schulbus-Haltestellen sind, soweit aus Sicherheitsgründen erforderlich, unter Ausschluß anderer Kennzeichnungen durch das Z 224 mit Zusatzschild 1042–36 (Schulbus) mit Betriebszeit zu kennzeichnen. Während dieser Zeiten besteht dort Parkverbot (§ 12 III 4), VBl **80** 526. ● Z 229 (Taxenstand): Das Warten von Taxen auf Standplätzen ist unentgeltlicher Gemeingebrauch, VG Freiburg NJW **78** 660, BGH NJW **69** 791. Ist der Platz von einer Gruppe von Taxiunternehmern gemietet worden, so können andere Unternehmer aus dem Z 229 kein Benutzungsrecht herleiten, BGH NJW **69** 791. *Sigl,* Droschkenplätze und Bundesbahn, VD **71** 161. *Bouska,* Droschkenstandplätze auf Bahnhofsvorplätzen, VD **72** 65. ● Z 237 (Radf): Mofaf sind ohne ausdrückliche Zulassung durch Zusatzschild von Radwegen ausgeschlossen, es sei denn, sie fahren ohne Motorkraft mit Pedalbetätigung, dann müssen sie den Radweg benutzen. „Gestattet" (Abs II Nr 5 S 5) ein Zusatzschild die Benutzung durch Mofas, so besteht keine Benutzungspflicht, *Bouska* DAR **89** 165. Durch Z 237 gekennzeichnete Sonderwege (s Begr VBl **88** 225: „Fahrradstraßen") können durch Zusatzschild auch für andere FzArten zugelassen werden; alle FzF müssen dann mit mäßiger Geschwindigkeit fahren (Abs II Nr 5 f). Ein Zusatzschild gemäß § 39 II S 2 (Mofa-Symbol) berechtigt nicht zur Radwegbenutzung mit einem Kleinkrad, Kö VM **74** 60 *(Booß).* S § 2. Nach Dü MDR **78** 1025 soll das Ende eines Radwegs deutlich gekennzeichnet werden müssen; dagegen bestehen Bedenken, weil einem Radf, anders als dem Kf, an Kreuzungen und Überwegen ohne weiteres zuzumuten ist, sich hinsichtlich der Weiterfahrt Gewißheit zu verschaffen, die für den schnelleren FahrV notwendige Regel der Erkennbarkeit der VZ mit einem Blick paßt für die viel langsameren Radf in dieser Strenge nicht, s Ha NVwZ-RR **99** 619 (s Vwv Rn 3, Rz 83). ● Z 239: Durch Zusatzschild zugelassener Fahrverkehr darf ausnahmslos, auch in Fußgängerbereichen, nur im Schritt fahren, auch Lastfze und Radf, um Gefahr möglichst auszuschließen. Nicht die Fußgänger müssen die Fze, über ihre Pflichten gemäß § 1 II hinaus, „durchfahren lassen", also beiseite treten, sondern die Fahrer müssen auf die Fußgänger jede Rücksicht nehmen, sie ggf im Schritt umfahren, sie dürfen sie nicht durch Klingeln erschrecken, ggf müssen sie vorübergehend anhalten oder absteigen. Wird durch Zusatzschild zu Z 239 die Benutzung eines Fußgängerbereichs zu bestimmten Zwecken erlaubt, so verstößt auch der *Verbleib* (Parken) mit dem Fz gegen Abs II Nr 5 a S 2 (Benutzungsverbot), wenn der erlaubte Zweck nicht verfolgt wird oder nicht erreichbar ist, Ce VRS **74** 66. S im übrigen zur Fußgängerzone: § 2 Rz 30. ● Z 240: Besondere Regeln für den BegegnungsV zwischen Radf und Fußgänger auf gemeinsamem Fuß- und Radweg enthält die StVO nicht; jedoch schuldet der ZweiradF dem Fußgänger Rücksichtnahme (II Nr 5 c hinter Z 241), s Nü NZV **04** 358, Ol NZV **04** 360. Den Radf treffen auf gemeinsamem Fuß- und Radweg höhere Sorgfaltspflichten als den Fußgänger, Ol NZV **04** 360; diese können ihn zur Herstellung von Blickkontakt, Verständigung und notfalls Schrittgeschwindigkeit zwingen, Ol NZV **04** 360. Radf haben auf kombinierten Geh- und Radwegen keinen Vorrang, Fußgänger müssen sie aber vorbeifahren lassen; dabei müssen die Radf jede Gefährdung vermeiden, KG VM **77** 72. ● Z 242/243 (Fußgängerbereich): Das Z 242 gestattet die Benutzung des Fußgängerbereichs nur Fußgängern und verbietet sie zugleich allen anderen VT, auch Radfahrern, soweit nicht FzV durch Zusatzschild zugelassen ist. Mitführen von Fahrrädern (Schieben) ist erlaubt, s § 2 Rz 29. Fahrer von Krankenfahrstühlen und Rollstuhlfahrer stehen Fußgängern gleich, s § 24 I und II (s dort Rz 7). Das Verbot gilt für alle öffentlichen VFlächen innerhalb des Zonenbereichs zwischen den Z 242 und 243; der Sichtbarkeitsgrundsatz (s dazu Rz 228, 247) gilt also nicht. Soweit FzV durch Zusatzschild zugelassen ist, dürfen Fußgänger weder behindert noch gar gefährdet werden; die FzF müssen Schrittgeschwindigkeit (dazu: § 42 Rz 181 zu Z 325/326) einhalten und, soweit nötig, warten. Während der durch Zusatzschild bezeichneten Dauer zugelassenen FzVerkehrs dürfen Fze grundsätzlich auch parken, Zw VRS **80** 380. Durch Zusatzschild gewährte Ausnahmen sind eng auszulegen; zugelassener LieferV muß daher den Fußgängerbereich auf dem kürzest möglichen Weg durchfahren, Bay NZV **91** 164, anderenfalls OW, s Rz 249. Wer aus einem Fußgängerbereich auf die Fahrbahn einfahren will, hat sich gem

Vorschriftzeichen § 41 StVO **2**

§ 10 zu verhalten (äußerste Sorgfalt, E 150). Vorübergehende Ausnahmeregelung für Geldtransporte im Auftrag der Kreditinstitute oder der Deutschen Bundesbank im Rahmen der Einführung des Euro, s 10. AusnahmeVO zur StVO (Rz 245 c). S im übrigen zum Fußgängerbereich: § 2 Rz 30 sowie § 45 Rz 28 b. ● Z 244 bezeichnet einen Sonderweg (s § 2 Rz 28) und schließt andere Fze (soweit nicht durch ZusatzZ zugelassen) von der Benutzung aus. Alle Fze dürfen nur mit *„mäßiger"* Geschwindigkeit fahren, dh einer solchen, die den durch die durchschnittliche RadfGeschwindigkeit geprägten Verkehrsverhältnissen entspricht, s *Bouska* DAR **97** 338 (25–30 km/h). Das Z 244 erlaubt entgegen § 2 IV S 1 das Nebeneinanderfahren von Radf; auch hier gilt allerdings die Grundregel des § 1 I der gegenseitigen Rücksicht und des § 1 II, zB gegenüber Fußgängern und dem durch ZusatzZ erlaubten FzVerkehr, s *Hentschel* NJW **98** 346. Auch sonst gelten die Vorschriften über die Fahrbahnbenutzung, insbesondere (abgesehen vom erlaubten Nebeneinanderfahren) über das Rechtsfahrgebot, aber auch die Bestimmungen über Geschwindigkeit, Abstand, Überholen, Fußgänger usw. Fehlen Gehwege, so gilt für Fußgänger § 25 I S 2–4. ● Z 245: Ein Sonderstreifen für Omnibusse entsteht nur durch das Z 245, nicht bereits durch die Beschriftung „Bus", Bay VRS **59** 236, Dü NZV **98** 41, die allein ein Befahren auch bei unterschiedlichem Fahrbahnbelag und Abgrenzung durch Nagelreihe nicht verbietet, Bay VRS **63** 296. Der Sonderstreifen soll (Vwv zu Z 245 Rn 19, s Rz 86 c), muß aber nicht durch Fahrstreifenbegrenzung abgetrennt sein, LG Mainz VRS **88** 181. Als Streckenverbot endet er auch dann nicht ohne weiteres an der nächsten Einmündung, wenn das Z entgegen der Vwv (Rn 17) nicht wiederholt wird, LG Mainz VRS **88** 181. Das Z dient ausschließlich dem flüssigen Linien- (bzw Taxi- oder Fahrrad-)Verkehr; Abs II Nr 5 in Verbindung mit Z 245 ist daher kein SchutzG zugunsten anderer VT (zB bei Kollision mit verbotswidrig den Sonderfahrstreifen benutzendem Pkw), KG VR **82** 583, **91** 20, NZV **92** 486, VRS **87** 411 (414), Ha NZV **01** 428. Zur Haftungsverteilung zwischen Rechtsabbieger und unbefugtem Sonderstreifen-Benutzer, s § 9 Rz 55. Vorrangfragen: § 9 Rz 39. ● Z 250 (Verbot für Fze aller Art): Das VZ betrifft, wo es zeitlich unbeschränkt gilt, jedes Einfahren und Parken im Sperrbezirk. Abzweigungen, die nur über die gesperrte Str erreichbar sind, werden ohne besonderes VZ mitumfaßt, Bay VRS **69** 461. Da Z 250 ein „Verkehrsverbot" anordnet (Überschrift!), erstreckt es sich aber auch bei zeitlicher Beschränkung auf **Fahrverkehr und ruhenden V** mit der Folge, daß parkende Fze vor Beginn der Sperrzeit aus dem gesperrten Bereich entfernt werden müssen, Kö VM **77** 47, Ha VRS **47** 475, **48** 229, Kar VRS **54** 309, OVG Münster VRS **71** 467, *Booß* VM **77** 19, **81** 24, *Bouska* VD **77** 105, *Bick* NZV **92** 86, s Dü NZV **92** 85 (zust *Janiszewski* NStZ **92** 274), str, aM BGHSt **34** 194 = NJW **87** 198 (dagegen überzeugend *Janiszewski* NStZ **87** 116), Kar VM **77** 19 (aufgegeben: VRS **54** 309), VGH Ka NJW **81** 22 (abl Anm *Booß*), Dr NZV **96** 80. Soweit Ladegeschäft erlaubt sei, gelten die Grundsätze wie zu § 12, Ha VM **75** 21. Die gesperrte Straße bleibt öffentlich, es gelten die Vorfahrtsregeln, Neust JR **57** 433, zu beachten bleibt, daß Fahrverkehr herauskommen kann, BGH VRS **24** 175. Zw, ob das Verbot auch für **Reiter** gilt: Tiere sind nach dem Wortlaut (Abs II Nr 6 S 1) davon ausgenommen; andererseits gelten für Reiter die für den *Fahr*verkehr bestehenden Regeln analog (§ 28 II S 1). Da § 41 II Nr 6 S 1 nur Tiere erwähnt, der dort genannte § 28 II aber außer Pferden und Vieh („Tiere") ausdrücklich auch Reiter aufführt, wird nur das Führen von Pferden, nicht aber das Reiten erlaubt sein, aM unter Bezugnahme auf eine Stellungnahme des BMV *Kullik* PVT **92** 362. Eine Zufahrtsperre auch für **Anlieger** ist uU mit dem GG vereinbar, Ha DAR **58** 73. Bei Zusatz: „Nur für Anlieger": SchutzG bezüglich der Anlieger nur, wenn speziell diese geschützt werden sollen und nicht nur VErleichterung bezweckt ist, BGH NJW **70** 421, Kö VR **82** 154. Das **Zusatzschild** „Anlieger frei" hat dieselbe Bedeutung wie das Schild „Anliegerverkehr frei", Zw NJW **89** 2483; es erlaubt nicht nur eigentlichen Anliegern die Durchfahrt, also Personen mit durch rechtliche Beziehung zu den Grundstücken begründeter Anliegereigenschaft, sondern auch den Verkehr mit ihnen und damit die Zufahrt zu ihrem Grundstück, BVG NJW **00** 2121, Zw NJW **89** 2483. Anlieger sind auch unmittelbar Nutzungsberechtigte, Zw VM **78** 38, Dü NZV **92** 85. Anlieger ist auch, wer von der gesperrten Straße aus einen Bach und durch dessen Windungen bedingte schmale Geländestreifen bis zu seinem Grundstück hin überqueren muß, Zw VM **78** 38.

Zum Anliegerbegriff, den die StVO nicht definiert (BVG NJW **00** 2121), s *Jäger* DAR **96** 471. Ob eine Straße für den Durchgangsverkehr oder für Kfze mit Ausnahme der Anlieger gesperrt ist, macht keinen Unterschied, in beiden Fällen dürfen Dritte zu den Anliegern fahren, Bay VM **78** 75, VRS **69** 64, Ha VRS **55** 382, Zw NJW **89** 2483, jedoch nur, wenn das aufgesuchte Grundstück einen Ein- oder Zugang zur gesperrten Straße hat, Ha VRS **52** 304. Ziel oder Ausgangspunkt müssen an der gesperrten Straße liegen, ob der Anlieger auch auf anderem Weg erreichbar ist, ist ohne rechtliche Bedeutung (Bahnhof), Bay DAR **75** 250. Anliegerverkehr ist die erlaubte Zufahrt zu Grundstücken mit Zugang zur gesperrten Straße, Ha VRS **52** 304, Dü VM **93** 43 (zust *Booß*), es sei denn, die Zufahrt zu ihnen ist rechtlich überhaupt gesperrt, Ha DAR **74** 81. Maßgebend für das Ein- oder Ausfahren muß die gewollte Beziehung zu einem Anliegergrundstück sein, Ha VM **69** 47. Befugter Anliegerverkehr muß nicht den kürzesten Weg wählen, Br DAR **60** 268, Schl VRS **9** 58, Dü NZV **92** 85. Besucher müssen nach Beendigung ihres Besuchs den nur für Anlieger freigegebenen Bereich verlassen; weiteres Parken nach ursprünglich erlaubter Nutzung der VFläche ist ow, Dü NZV **92** 85 (zust *Bick*). Das Zusatzschild „Anwohner frei" besagt im *StrV* dasselbe wie „Anlieger frei", Bay DAR **81** 18, VRS **69** 64, Dü NZV **92** 85; aM *Booß* VM **81** 9. Beispiele: das Aufsuchen eines Automaten in der Sperrzone, AG Dillingen MDR **68** 605, eines Bauunternehmers, der dort baut, Bay VRS **27** 381, das Einfahren, um mit ausdrücklicher oder stillschweigender Duldung des Anliegers ein dort liegendes Grundstück zu benutzen, BGHSt **20** 242 = NJW **65** 1870, Zw NJW **89** 2483 (Baggersee), oder um zum Fischwasser zu gelangen (Fischereierlaubnisschein, Pacht), s Zw VRS **54** 311, Kö VRS **25** 367, *Drossé* DAR **86** 269, aM Ce VRS **25** 364. **Nicht zum erlaubten Anliegerverkehr** gehört es, wenn von einem Punkt außerhalb der Sperrstrecke ein anderer Punkt außerhalb dieser Strecke durch die gesperrte Straße erreicht werde soll, Zw VRS **45** 388, Ha VRS **53** 310, Br DAR **60** 268, Ol NJW **64** 606, einschränkend BVG NJW **00** 2121, oder bloße Ausübung eines Gemeingebrauchs, Schl VM **65** 37, zB das Befahren einer gesperrten ForstStr zwecks späteren Skilaufs, Bay DAR **69** 106, VM **69** 35 (s aber oben BGH über Grundstücksbenutzung), oder Zufahrt zu einem Gebäude, dessen Einfahrt in einer anderen Straße liegt, Kö VRS **17** 387. Das **Zusatzschild** „Ausgenommen Taxen und Linienbusse" bezieht Mietwagen nicht ein, Schl VM **76** 24. „Krankenfahrzeuge frei" umfaßt auch private Fze, mit denen Kranke befördert werden, Ko VRS **70** 302. Zusatzschild Nr 1026–38 „Landwirtschaftlicher Verkehr frei" stellt nicht auf bestimmte FzArten oder Halter ab, sondern auf den landwirtschaftlichen Zweck der Wegbenutzung, schließt daher die Benutzung durch landwirtschaftlichen Fachberater mit Privat-Pkw zu entsprechendem Zweck nicht aus, Bay VRS **62** 381, das Befahren durch Elektrizitätswerkspersonal zum Zwecke der Reparatur eines Hochspannungsmastes dagegen auch dann, wenn auch die Stromversorgung eines landwirtschaftlichen Betriebes betroffen ist, Ko VRS **68** 234. Das Befahren muß dem Zweck der Bewirtschaftung iS landwirtschaftlicher Erzeugung tierischer oder pflanzlicher Art dienen, Kö DAR **86** 298. Bewirtschaftung eines Binnengewässers im Rahmen der Fischerei ist in diesem Sinne als „landwirtschaftliche" Tätigkeit anzusehen, *Drossé* DAR **86** 271, nicht jedoch bloßes Sport- oder Hobby-Angeln, Kö DAR **86** 298 (Anm *Drossé* NStZ **87** 82), Bay DAR **89** 362. Auf das Fahrtziel kommt es nicht an, landwirtschaftlicher V darf die im übrigen gesperrte Str also auch zur bloßen Durchfahrt benutzen, Ce NZV **90** 441. Das Zusatzschild „Ausgenommen Forstwirtschaft" uä erlaubt auch Fahrten, die der Jagdausübung dienen. Der forstwirtschaftliche Anliegerverkehr ist jedenfalls im StrV (Zusatzschild) kein Unterart des landwirtschaftlichen, dessen Freigabe schließt also den forstwirtschaftlichen Verkehr nicht ein, Bay DAR **78** 283. Zum Inhalt sonstiger Zusatzschilder s auch § 39 Rz 31 a. Wer dem Z 250 zuwider einfährt, **haftet nach § 823 BGB** nur für Unfälle innerhalb des rechtlichen Schutzbereichs des VZ, BGH VR **70** 159, NJW **70** 421. Verantwortlichkeit für eine Körperverletzung, wenn das Befahren zu der Gefahr führt, der die Sperrung entgegenwirken soll, Stu NJW **59** 1550. ● **Z 251** (Verbot für Kraftwagen und sonstige mehrspurige Kfze, Kräder): Zu den mehrspurigen Kfzen gehören zB Zgm (s Begr VBl **88** 225), nicht dagegen Kräder mit Beiwagen (s Abs II Nr 7 Z 276, 277 S 1). Das Zusatzschild „Traktor" betrifft jetzt Kfze, die nicht schneller als 25 km/h fahren können, s § 18 II Nr 6 a StVZO. Ausnahme durch Zusatz-

Vorschriftzeichen **§ 41 StVO 2**

schild für bestimmte Kfze bei VVerbot aus Gründen der Luftverunreinigung: Rz 86 d. ●
Z 261 (Verbot für kennzeichnungspflichtige Kfze mit gefährlichen Gütern). Richtlinien
für die Anordnung von verkehrsregelnden Maßnahmen für den Transport gefährlicher
Güter auf Straßen: VBl **87** 857. ● Z 262 (Gewichtsbeschränkung) ist auf allen Teilen
der Sperrstrecke zu beachten, BGHSt **11** 7 = NJW **57** 1934. Die ausnahmsweise Freigabe
für landwirtschaftliche Anlieger bezieht sich nur auf Benutzung für landwirtschaftliche
Zwecke (nicht zB auch für forstwirtschaftliche Zwecke eines Anliegerlandwirts),
Bay DAR **78** 283. Militärische Tragfähigkeitsschilder an Brücken, s § 39 Rz 39. ● Z
264 und 265: Die angegebenen Maße beziehen sich nach ihrem Sinn und Zweck auf die
tatsächliche Breite bzw Höhe, nicht auf die im FzBrief angegebenen, LG Münster 9
S 26/03, AG Beckum 12 C 441/02. ● Z 267 (Verbot der Einfahrt) steht dort, wo Einfahren
untersagt, Gegenverkehr aber zugelassen ist, Kar VM **76** 16. Es untersagt jedes
Fortbewegen an ihm vorbei mit Fzen in der gesperrten Richtung, zum Fahren wie zum
Parken hinter dem Zeichen, Kar VM **76** 16, auch auf dem Gehweg, Hb VRS **30** 382.
Steht es unerlaubt schräg, daß nur Linksabbieger es sehen, ist es unwirksam, Bay VM **69**
29. Ist FahrradV zugelassen, so ist das ZusatzZ 1022–10 angebracht. Verbotenes Einfahren
in EinbahnStr trotz Fehlens von Z 267, s bei Z 220. ● Das Z 268 (Schneeketten) ist
ein Gebotszeichen und vom Standort ab ausnahmslos zu befolgen, auch bei vorerst belagfreier
Straße. Es soll gewährleisten, daß Antriebsräder nicht durchdrehen und das Kfz
im Gefälle nicht rutscht. Zu führen haben Schneeketten nur mehrspurige Kfz, und
zwar nur auf den Antriebsrädern, s *Bouska* VD **78** 13. ● Das Z 269 bringt nicht nur in
der Nähe von Talsperren ein entsprechendes Verbot deutlich zum Ausdruck, s Kö NJW
68 464. Richtlinien für die Aufstellung des VZ: VBl **87** 857. ● Z 270: Ermächtigung
für Z 270 und zugehörige verkehrsrechtliche Vorschriften: § 6 I Nr 5b StVG. Begr (VBl
76 472), s § 41 Rz 218a. Unter den Voraussetzungen des § 40 I BImSchG verbietet
oder beschränkt die zuständige StrVB den KfzV, gem § 40 II BImSchG kann der KfzV
innerhalb des geschützten Gebiets beschränkt (zeitlich, tageszeitlich, örtlich, auf bestimmten
Straßen, auf bestimmte Kfze) oder untersagt werden. S dazu Buchteil **11.** Zur
Rechtsnatur der Bekanntgabe, s *Ehlers* DVBl **87** 972, *Jarass* NVwZ **87** 95, *Kluth* NVwZ
87 960. ZusatzZ (Freistellung vom Verkehrsverbot), s Rz 86d sowie § 39 Rz 23. Die
23. BImSchV (BGBl I **97** 1962) legt Konzentrationswerte für luftverunreinigende Stoffe
fest, bei deren Überschreiten Maßnahmen nach § 40 II S 1 BImSchG zu prüfen sind. Allgemeine
Vwv über straßenverkehrsrechtliche Maßnahmen bei Überschreiten von Konzentrationswerten
nach der 23. BImSchV: BAnz **96** 13392 = VBl **97** 31. Die Rechtsgültigkeit
einer SmogVO wird nicht dadurch berührt, daß sie die Berufsausübung beeinträchtigt,
BVG NVwZ **86** 918. Gegen Vereinbarkeit der SmogVOen mit dem
Übermaßverbot und mit EGRecht, *Moench* NVwZ **89** 335 mit Entgegnung *Heinz*
NVwZ **89** 1035. Wegen der bei 270 geltenden Ausnahme vom Sichtbarkeitsgrundsatz
(s Rz 218a) gilt das Verkehrsverbot nach Aufstellung des VZ und öffentlicher Bekanntgabe
der austauscharmen Wetterlage auch für den Kf im Sperrbezirk, der das VZ nicht
passiert, KG VRS **74** 141, aM AG Tiergarten NJW **87** 2757. Jedoch fehlt es an der inneren
Tatseite, wenn der Kf weder von der Aufstellung der VZ noch von der öffentlichen
Bekanntgabe Kenntnis hatte, s KG VRS **74** 141. Verkehrsverbote bei erhöhten
Ozonkonzentrationen: Buchteil **11.** ● Das Z 272 (Wendeverbot) untersagt nur das
Wenden, nicht auch das Abbiegen, s Bouska DAR **91** 163. ● Das Z 274 (zulässige
Höchstgeschwindigkeit) ist ein SchutzG auch zugunsten der Fußgänger, BGH VR **72**
558. Ein innerörtlicher Verstoß gegen das Z 274 verletzt § 3 III Nr 1, s § 3 Rz 56. Z
274 mit Zusatzschild „Bei Nässe" ist wirksam und gilt dann, wenn die gesamte Fahrbahn
einen Wasserfilm aufweist, BGHSt **27** 318 = NJW **78** 652, Ha NZV **01** 90, 178, Ko
DAR **99** 419. „Nässe" besteht hiernach dann, wenn Struktureinzelheiten der Fahrbahnoberfläche
nicht mehr erkennbar sind. S auch Bay VRS **53** 144, *Bouska* VD **77** 74, 161,
193, **78** 9, aM Ce VRS **53** 128. Voraussetzung ist deutliche Nässe der gesamten Fahrbahn,
BGHSt **27** 318 = NJW **78** 652, sie darf nicht nur feucht oder stellenweise naß
sein (Spurrillen), Ha VRS **53** 220, Ko DAR **99** 419. Kombination mit Z 114: s § 40
Rz 102. Zusätze wie „Lärmschutz", „Luftreinhaltung" uä über den Grund der Anordnung
haben keine Bedeutung für die Beachtlichkeit der Beschränkung, s § 39 Rz 31a.
Geschwindigkeitsbeschränkungen aus Lärmschutzgründen sind nunmehr auch tagsüber

zulässig, s § 45 I Nr 3; VGH Mü NJW **78** 1988 ist überholt. **Geltungsbereich der Streckenverbote:** Das durch Z 274 angeordnete Streckenverbot endet nach Maßgabe von Abs II Nr 7, also nicht ohne weiteres an der nächsten Kreuzung (Einmündung), Ha NZV **96** 247, NJW **74** 749, s (zum Überholverbot) Dü VRS **75** 65, Ko VRS **48** 57 (unzutreffend im Hinblick auf die eindeutige Regelung in II Nr 7: LG Bonn NZV **04** 98). Dazu steht auch die Vwv (Rz 115) in Einklang, wonach die Z hinter Kreuzungen und Einmündungen wiederholt werden *sollen*, an denen mit dem Einbiegen ortsunkundiger Kf zu rechnen ist. Ergibt sich die Länge eines Streckenverbotes nicht aus einem Zusatzschild, so endet sie trotz fehlender Wiederholung an einer folgenden Einmündung oder Kreuzung erst mit Z 278 bis 282, Ha NZV **96** 247, NJW **74** 759, VRS **61** 353. Auch auf Strecken ohne Einmündungen ist den Grenzen der Merkfähigkeit des Kf durch Wiederholung des VZ Rechnung zu tragen (zB AB), Bay VRS **73** 76, Ha VRS **56** 59; **fehlen wiederholte VZ ebenso wie Z 278–282,** so wird entgegen Ha VRS **56** 59 das Streckenverbot zwar nicht wegen Unklarheit unbeachtlich sein, jedoch kann dann, wenn das VZ viele km zurückliegt, bei Nichtbeachtung durch den Kf der Fahrlässigkeitsvorwurf entfallen. Die ein Streckenverbot anordnenden VZ gelten auch für denjenigen VT, der zwar an einer Stelle in die Verbotsstrecke einfährt, wo das VZ nicht steht, der das Verbot aber kennt, Bay VRS **73** 76, Bra VRS **11** 295, s Rz 247. Ein Streckenverbot (Z 274, 276) endet idR nicht mit dem Punkt, wo die **angezeigte Gefahr** nach der Örtlichkeit nicht mehr besteht, sondern erst mit einem der Aufhebungszeichen 278–282, wenn dieses in erkennbarer Nähe hinter der Gefahrstelle steht, Ha VRS **55** 148. Bei Kombination mit GefahrZ endet es nur dann ohne weiteres nach Ende der Gefahr, wenn sich dieses zweifelsfrei aus der Örtlichkeit ergibt und in erkennbarer Nähe hierzu kein AufhebungsZ folgt, Ha NJW **74** 759. Eine durch Z 274 angeordnete Geschwindigkeitsbegrenzung endet auch durch **neues Z 274** mit abw Angabe (insoweit einschränkend KG NZV **99** 85 – Baustelle –) sowie innerorts am Ortsausgangsschild, Bay NZV **93** 363, nicht aber bei abw VZ 274, das nur unter bestimmten Bedingungen gilt (zB „bei Nässe" oder für bestimmte Tageszeiten). ● Z 274.1/274.2: Beide Z zusammen ordnen eine Tempo 30-Zone oder – in verkehrsberuhigten Geschäftsbereichen, s § 45 Rz 38 – eine Zone mit noch niedrigerer Geschwindigkeit an, s Abs II Nr 7 zu Z 274.1 S 2, § 45 I d. Der für die meisten VZ herrschende Sichtbarkeitsgrundsatz gilt hier ausnahmsweise nicht; das Z 274.1 braucht (und darf) daher innerhalb der Zone nicht wiederholt zu werden. Die Z dürfen nur innerhalb geschlossener Ortschaften aufgestellt werden; dies folgt aus dem Zweck der Regelung (s Begr Rz 220 a und Rz 6 zu § 45), aus § 45 I b S 2. Im Hinblick auf die Nichtgeltung des Sichtbarkeitsgrundsatzes ist die Beachtung der Vwv (s Rz 124 c) besonders wichtig. Bei zu großer Zonenausdehnung (mehrere km), insbesondere zusätzlichem Fehlen äußerer Merkmale (Aufpflasterungen, Fahrbahnverengungen) ist einem Kf, der irrig annimmt, die Zone bereits verlassen zu haben, uU kein Vorwurf zu machen, Dü DAR **97** 283, *Bouska* DAR **89** 442, *Berr* ZAP F 9 S 1094. Zu den Voraussetzungen der Anordnung einer Tempo 30-Zone, s im übrigen § 45 Rz 37. *Hentschel,* Anordnung geschwindigkeitsbeschränkter Zonen, NJW **90** 681. ● Z 276: Das Zusatzschild „Lkw mit Anhänger" betrifft nicht auch Zgm (mit Anhänger), s *Bouska* VD **71** 249. Das Überholverbots Z 276 mit Zusatzschildern „Pkw mit Anhänger" und „Lkw über 4 t" gilt nicht für Lkw bis zu 4 t mit Anhänger, auch nicht für Bagger- und KranFze, Kö VM **81** 29, es ist hinsichtlich der Lkw vielmehr unklar, aM Dü VRS **44** 227, *Schneider* VOR **72** 409, wie hier *Booß* VM **73** 87. Das Zusatzschild Sinnbild „Lkw mit zulässigem Gesamtgewicht über 7,5 t bei Abbildung je eines zweiachsigen Lkw und Lkw-Anhängers" schließt alle schweren Lastfze und Züge vom Überholen aus, auch Züge mit nur einer oder mit einer Tandemachse, Ko VRS **59** 388. Das Zusatzschild „Traktor" erlaubt nicht das Überholen anderer Fze, die lediglich wegen einer technischen Störung nicht schneller als „25" fahren können (?), Bay VRS **57** 213. Das Z 276 untersagt das Nebeneinander-, Vor- und Auffahren von Fzen vor einer geschlossenen Bahnschranke, auch bei ausreichend breiter Fahrbahn, *Booß* VM **73** 18, aM unter Verkennung des Überholbegriffs Bay VM **73** 17. Das an einspurige Kfze gerichtete Überholverbot (es entspricht einer Weltregel: *Booß* VM **80** 48) ist nicht nach Art 3 I GG nichtig, denn es behandelt nicht Gleiches unsachgemäß ungleich; ein Kradf, der einen Pkw oder Lkw überholen will, hat in aller Regel zunächst weniger Sichtfeld als andere Kfzf, er ist meist auch für den Gegenverkehr schwerer erkennbar als großvolumige Kfze, s Ko VRS **59** 467, DAR **81** 126, Kö DAR **81** 61, Fra VRS **60** 139, Dü NJW **81** 2478, aM AG Düren VM **80** 48. ● Nach Z 276: Die Strecken-Überholverbote der Z 276/277 enden nach Maßgabe von II 7, also (auch innerorts) nicht ohne weiteres an der nächsten Kreuzung (Einmündung), Dü VRS **75** 65, Ko DAR **76** 110, VRS **48** 57. Näher zum **Geltungsbereich der Streckenverbote:** s oben bei Z 274. ● Z 277: Beim Mitführen eines Anhängers ist das zulässige Gesamtgewicht der FzKombination maßgebend. Das Überholverbot gilt auch für Wohnmobile mit zulässigem Gesamtgewicht über 3,5 t, Bra DAR **93** 478, *Jagow* VD **82** 21, *Berr* 430, für Pkw aber auch dann nicht, wenn sie einschließlich Anhänger 3,5 t zulässiges Gesamtgewicht überschreiten, Bay DAR **00** 483. Es kann nicht wirksam durch Zusatzschild nach § 39 II S 2 auf Pkw mit Anhänger erstreckt werden, Fra VRS **66** 60. ● Z 283: Steht das VZ allein mit einem nur der Fahrbahn wegweisenden Pfeil, so ist es mangels Gebotswirkung unbeachtlich, BVG VRS **49** 306. Die Z 283 und 286, auch mit Zusatzschildern, dürfen für Gehwege nicht verwendet werden, weil sie sich nur an den Fahrverkehr wenden, BVG NJW **04** 1815, OVG Lüneburg VBl **03** 650, *Bouska* DAR **72** 261; sie entfalten dort keine rechtliche Wirkung, VG Lüneburg VRS **104** 236. Sie dürfen durch ein formgerechtes Zusatzschild auf Seitenstreifen erstreckt werden. Mangels eines eindeutigen Zusatzschildes gelten sie nicht für in den Gehweg eingeschnittene, von der Fahrbahn abgegrenzte Lade- und Parkbuchten, Bay VM **73** 54, Hb VRS **48** 297, Ha VRS **47** 63. Zu Z 283 s auch § 12 Rz 28, 29. ● Z 286: Das Z 286 beginnt am Standort, seine Verbindung mit einem Endpfeil wirkt nicht in die vorhergehende Strecke zurück, Bay VM **76** 10, Ha VRS **50** 469, KG VRS **47** 313. Behördenausnahmen sind unzulässig (§ 45 Rz 28). Eine am Inhalt des Z 286 widersprechende Einschränkung für reine Ladetätigkeit durch ZusatzZ (Ladezone) ist rechtlich nicht möglich, s *Huppertz* VD **98** 112. ● Z 290, 292: Nur beide VZ gemeinsam ordnen ein Zonenhaltverbot an, Bay VRS **57** 450, Dü NZV **96** 329. Im Gegensatz zur Regelung bis zum 31. 12. 89 (Z 290 aF), OVG Br DAR **87** 394, ist nunmehr das eingeschränkte Haltverbot für eine Zone auch ohne Zusatzregelung des Parkens mit Parkscheibe (oder Parkschein) möglich, s Abs II Nr 8 Z 290–292 S 3 („kann"). Das Z hat dann innerhalb der Zone auf allen öffentlichen VFlächen die Bedeutung von Z 286, verbietet also das Halten über 3 Minuten, ausgenommen zum Ein- oder Aussteigen sowie zum Be- oder Entladen, s *Jagow* VD **89** 246, *Bouska* DAR **89** 443, *Hentschel* NJW **90** 683. Zu diesen im Text zu Z 290, 292 ausdrücklich genannten Zwecken darf auch bei Beschränkung des Parkens auf besonders gekennzeichneten Flächen außerhalb dieser Flächen länger als 3 Min gehalten (= geparkt) werden, s *Bouska* DAR **92** 286. Das Zonenhaltverbot gilt für alle dem FahrV dienenden Flächen, außer der Fahrbahn für Seitenstreifen, Parkstreifen, Park- und Ladebuchten und freie Plätze, Ce NZV **89** 202, *Bouska* VD **80** 215, es sei denn, durch VZ sei eine abw Regelung angeordnet (§ 41 II Nr 8 Z 290–292 S 2, Halbsatz 2), zB durch Z 314, *Booß* VM **89** 84 (abw Ce NZV **89** 202); es erstreckt sich aber (ebensowenig wie Z 286) nicht auf Gehwege (Fahrräder!), BVG NJW **04** 1815, OVG Lüneburg VBl **03** 650, VG Lüneburg VRS **104** 236 (Verbot des Parkens von Fahrrädern auf Gehwegen, s § 12 Rz 55). Vor Grundstückseinfahrten, an die sich beiderseits Parkstreifen anschließen, verbietet es nach Sinn und Zweck nicht auch das Parken des Berechtigten, Bay DAR **92** 270. Der Sichtbarkeitsgrundsatz für VZ gilt bei Z 290 ausnahmsweise nicht, OVG Hb VRS **104** 476, OVG Lüneburg VBl **03** 650, s Rz 228. ● Z 294 (Haltlinie) ergänzend zu anderen Halt- und Wartegeboten oder polizeilichen Zeichen oder Weisungen ist ein VorschriftZ, Bay VRS **58** 150, Hb VM **67** 79. Nur in Verbindung mit den in III Nr 2 genannten Zeichen erlangt die Haltlinie Bedeutung, ist sie zB einer nicht in Funktion befindlichen LZA zugeordnet, so ist sie unbeachtlich, s *Bouska* NZV **00** 498. „An" der Haltlinie bedeutet unmittelbar vor ihr, Kö NZV **98** 297, Dr VM **98** 54; Haltlinien auf benachbarten Fahrstreifen sind unbeachtlich, Dü VRS **94** 371. Hat ein Kf schon hinter einem Vordermann angehalten und ließ sich die VLage auf der VorfahrtStr von dort aus zweifelsfrei überblicken, so braucht er an der Haltlinie nicht nochmals anzuhalten, weil deren einziger Sinn dann erfüllt ist, E **122**, 124 (str, s § 8 Rz 60, 61). Ist die Haltlinie irrig so angebracht, daß noch keine ausreichende Sicht besteht, so ist erst an der tatsächlichen Sichtlinie zu halten, weil die Haltlinie ihren Zweck offensichtlich verfehlt, zweimaliges Anhalten ist, weil sinnlos, nicht geboten, aM *Bouska* VD **76** 219. Bei Rotlichtverstoß tritt das Überfahren der Haltlinie hinter die OW gem § 37 II Nr 1 S 7 zurück, BGHSt **45** 2978 = NJW **99** 2978. ● Z 295 (durchgehende Linie), auch durch eine gleichmäßig dichte Markierungsknopfreihe darstellbar, Abs III Nr 9 (Vwv Rn 3), darf als **Fahrstreifenbegrenzung,** anders als Fahrbahnbegrenzung, weder befahren noch überquert werden, Jn DAR **01** 323, Ha VRS **48** 65, Ko VRS **48** 71, auch nicht zwecks Linksabbiegens, Schl VM **61** 36, Ha VRS **16** 136, Dü VRS **26** 140, links von ihr darf, wenn sie den Fahrbahnteil für den GegenV abgrenzt, grundsätzlich nicht vorbeigefahren werden, Jn DAR **01** 323, Ha VRS **21** 67, Dü VM **61** 68, Ko VRS **48** 71, anders jedoch in Ausnahmefällen, wenn mit alsbaldiger Behebung eines Hindernisses nicht zu rechnen, Weiterfahrt auf andere Weise nicht möglich und Gefährdung des GegenV ausgeschlossen ist, Ha VRS **21** 67, Dü VRS **63** 61, Bay VRS **70** 55. LkwAufbauten oder Ladung dürfen über sie nicht hinausragen, BGH NJW-RR **87** 1048, Stu NZV **91** 393, Ha DAR **92** 31, es sei denn, die ordnungsgemäß verstaute Ladung würde sonst rechts den Verkehr gefährden, jedoch keinen Gegenverkehr, Ha NJW **59** 2323 = DAR **60** 25, Schl VM **67** 48. Erreicht ein Kf die Linie beim Überholen, so muß er es abbrechen, Nau VRS **100** 173, Schl VM **65** 71. Wer links von einer Trennlinie (Z 295) oder auf dieser überholt und ohne Überfahren oder Berührung der Trennlinie nicht überholen könnte, verletzt nicht auch § 2, Ha DAR **92** 31, Ko VM **72** 69, auch nicht in jedem Falle § 5 III, denn Z 295 enthält kein Überholverbot, BGH NJW-RR **87** 1048, Ha DAR **92** 31, **01** 309, KG NZV **98** 376, Dü VRS **62** 302, Kö VRS **64** 292, abw Ha NZV **95** 316. Begrenzt sie den Fahrbahnteil für den GegenV, so ist rechts von ihr zu fahren (III Nr 3 a), sie dient dann dem Schutz des GegenV, Jn DAR **01** 323, sichert nur diesen, nicht auch den, der überholen will, Dü DAR **76** 214, krit *Weber* DAR **88** 193. **Trennt sie gleichgerichtete Fahrstreifen,** so darf, wenn sie berechtigterweise (Hindernis) nach links überquert wurde, links von ihr weitergefahren werden, Bay VRS **70** 55 (zu Z 296). Die durchgehende Trennlinie zwischen zwei gleichgerichteten Fahrstreifen schafft keine getrennten Fahrbahnen und erlaubt für sich allein also nach Maßgabe von § 7 das Schnellerfahren rechts oder links (Überholen), jedoch nicht das Überqueren, bei Z 276 jedoch unzulässiges Überholen auch, wenn kein Fahrstreifenwechsel stattfindet, s Kö NZV **92** 415, aM Dü NJW **80** 1116, wonach kein Überholen im Rechtssinne vorliegen soll, krit *Hentschel* NJW **80** 1077, ebenso (kein Überholen) auch Sa NZV **92** 234 für Schnellerfahren auf Busspur. Wird durch Z 223.1 das **Befahren des Seitenstreifens angeordnet,** so verliert die links des Seitenstreifens verlaufende durchgezogene Linie ihre Eigenschaft als Fahrbahnbegrenzung, gewinnt dann aber nicht die Bedeutung einer Fahrstreifenbegrenzung iS von III Nr 3 a, sondern gem Abs III Nr 3 b S 4 die einer Leitlinie (unterbrochene Linie, Z 340), darf also nach beiden Seiten, auch zum Überholen, überfahren werden. Die durchgehende Linie kann auch als Doppellinie ausgeführt sein. Sind Knopfmarkierungen undeutlich, weil sie einer unterbrochenen Linie (Z 340) ähnlich sehen, so geht dies nicht zu Lasten des VT, Kö VRS **18** 463, ebenso nicht undeutliche Reste der Linie im Kurvenbereich, Ha DAR **63** 310. Eine abgefahrene und daher nicht ausreichend erkennbare Fahrstreifenbegrenzung ist ohne rechtliche Bedeutung, Sa VM **81** 37. Als **Fahrbahnbegrenzung** darf die durchgehende Linie nach rechts überfahren werden, Ce VRS **63** 381, Ha VRS **48** 65, Ko VRS **48** 71, Dü VRS **72** 296, Kö NZV **92** 415, nach links als Begrenzung der Mittelinsel eines KreisV iS von § 9a nur durch Fze, deren Ausmaße ein Befahren des Kreises sonst nicht zulassen würden, Abs III Nr 3b, § 9a II S 2. Teilt die durchgehende Linie einen durch Z 237 gekennzeichneten rechts verlaufenden **Radweg** optisch als Sonderweg von der mit übrigen FzV verbleibenden Fahrbahn ab, so gilt das **Haltverbot des § 41** III Nr 3b bb nicht, Kö VRS **71** 223 (zust *Jagow* VD **87** 99). Der durch Z 295 getrennte **Seitenstreifen** (III 3b) ist (soweit nicht das Befahren gem Z 223.1 angeordnet ist) nicht Bestandteil der Fahrbahn. Die gegenteilige Rspr ist nunmehr durch § 2 I S 2 (eingefügt durch die 12. StVO-ÄndVO v 22. 12. 92, BGBl I S 2482, in Kraft getreten am 1. 4. 93) überholt. Er dient den in III 3b aa genannten langsamen Fzen, Ha VM **72** 15, Dü VRS **69** 456, – trotz § 2 IV 5 auch Mofas, *Bouska* DAR **89** 162 –, die dort dem übrigen stockenden V auch vorfahren dürfen. Anderen Fzen ist die Benutzung grundsätzlich verwehrt (§ 2 I 1), s *Booß* VM **82** 53) (anders zB Radf, § 2 IV 4, bei Z 223.1

Vorschriftzeichen § 41 StVO **2**

oder in Fällen des § 5 VI zum Zwecke des Überholenlassens). Lkw und Wohnmobile dürfen (und sollten) durch Ausweichen auf den Seitenstreifen Schnelleren das Überholen ermöglichen (s § 5 VI S 2, 3), *Berr* 406. Wird ein Überholverbot gem Z 276, 277 durch „Überholen" auf dem Seitenstreifen umgangen, so stellt dies zwar kein verbotenes Rechtsüberholen (§ 5 I) im Rechtssinne dar, s § 5 Rz 19a, verstößt aber gegen § 2 I, s § 5 Rz 66. Langsame Fze, die den Seitenstreifen benutzen, dürfen auch im Bereich von Überholverboten gem Z 276, 277 durch Fze auf der Fahrbahn „überholt" werden; denn ein eigentliches Überholen liegt nicht vor, weil der Seitenstreifen nicht Bestandteil der Fahrbahn ist (§ 2 I S 2), s auch § 5 Rz 16c. Nimmt jedoch ein Kfz, gleichgültig mit welcher Fahrgeschwindigkeit, den Seitenstreifen und zugleich einen Fahrbahnteil in Anspruch, so gilt für Fahrbahnbenutzer das Überholverbot, s § 5 Rz 66, höchstens könnte sich dann fragen, ob ein solches Verbot sinnvoll ist, soweit ohne Befahren des durchgehenden Mittelstrichs überholt werden könnte. ● Z 296 (einseitige Fahrstreifenbegrenzung) dient zwei verschiedenen Zwecken: a) es grenzt an unübersichtlichen Stellen vom Gegenverkehr ab, der seinerseits Übersicht hat und deshalb seine grundsätzliche Überholmöglichkeit behalten soll. Hier darf die durchgehende Linie in der unübersichtlichen Fahrtrichtung weder befahren noch nach links hin überquert werden; Linksfahrende müssen an ihrem Beginn sofort nach rechts fahren und dort bleiben, weil sonst anstatt der Schutzwirkung Gefahr entstünde, Bay VM **76** 83. b) Trennt sie mehrere gleichgerichtete Fahrstreifen vor dem Wegfall des rechten (Kriechspur), so schützt sie dessen Benutzer beim Sicheinordnen nach links hin dadurch, daß die Benutzer des linken Fahrstreifens auf der Verbotsstrecke wegen der durchgehenden Linie dort bleiben müssen, s Bay VM **76** 83, *Bouska* VD **76** 271. Z 296 darf nur von der Seite der unterbrochenen Linie her überfahren werden, Ol VM **68** 23, außerdem von links oder rechts her, um sich wieder einzuordnen, von dem, der sie unberechtigterweise überfahren hatte. Ist beim Z 296 die unterbrochene Linie nur unvollkommen entfernt, so daß Reste von ihr verbleiben, so bleibt Abbiegen erlaubt, Dü DAR **76** 214. ● Z 297: Richtungspfeile auf der Fahrbahn unmittelbar vor einer Kreuzung (Einmündung) schreiben die künftige Fahrtrichtung *auf der folgenden Kreuzung oder Einmündung* vor, wenn zwischen ihnen Fahrstreifenbegrenzungen (Z 295) oder Leitlinien (Z 340) angebracht sind (§ 41 III Nr 5), Ha VRS **48** 144, *Booß* NJW **75** 1666, Schl VM **66** 28, andernfalls bilden sie Empfehlungen (abw Kar NJW **75** 1666), deren Nichtbeachtung nicht ow nach § 41 ist, aber § 1 verletzen kann, Dü VM **72** 47. Das Haltverbot auf so markierten Fahrbahnteilen gilt unabhängig von der Breite des Fahrstreifens und etwaiger Behinderung des V, Dü DAR **81** 329. Der Bereich, in dem das Halten verboten ist, beginnt frühestens mit dem ersten Pfeil, sofern gleichzeitig Leitlinien oder Fahrstreifenbegrenzungen markiert sind, Dü DAR **84** 158. Sind gleichgerichtete Fahrstreifen durch Leitlinien getrennt, aber nur einer mit einem Richtungspfeil gekennzeichnet, so besteht lediglich eine Empfehlung, keine Richtungsanordnung und auch kein Haltverbot nach III Nr 5, Bay DAR **74** 305. Sonst ist auf der folgenden Kreuzung (Einmündung) die Fahrtrichtung gemäß den Pfeilen zu nehmen; wer dem Geradeaus- oder dem Rechtspfeil zu folgen hat, darf deshalb im Kreuzungsbereich nicht wenden, anders der, unter Beachtung fremden Vortritts, der dem Linkspfeil zu folgen hat, Dü VRS **54** 465, s *Bouska* VD **74** 157, *Mühlhaus* DAR **77** 10, aM *Booß* DAR **75** 38, *Kullik* DAR **78** 70. Richtungspfeile untersagen vorsichtiges Überholen nicht, KG VRS **33** 220, Br VM **93** 42. Auch Weiterfahrt entgegen der durch Z 297 vorgeschriebenen Richtung beim Überholen ist nicht für sich allein zugleich ein falsches Überholen, Dü NZV **96** 208. Überholen unter Benutzung eines für den GegenV durch Z 297 gekennzeichneten Fahrbahnteils, s § 5 Rz 37. Wer noch *vor* Erreichen der Kreuzung den seiner Fahrtrichtung zugeordneten Fahrstreifen aufsucht, verstößt nicht gegen Abs III Nr 5, Bay NJW **83** 2891, Br VM **93** 42, Dü VM **95** 46, aM Kar NJW **75** 1666 bei verspätetem Einordnen. Weiterfahren in Pfeilrichtung ist auch geboten, wenn nicht mehrere Pfeile hintereinander angebracht sind, wenn rechts von ihnen kein Pfeil keine Markierung, sondern nur die Bordsteinkante ist (wie in Z 297), dazu *Harthun* DAR **71** 256. Abs III Nr 5 S 2 (Rechtsüberholen von Linksabbiegern) gilt erst, wenn der Linksabbieger sich vollständig auf dem mit Richtungspfeilen nach links versehenen Fahrstreifen eingeordnet hat, s § 5 Rz 67. Ist Gefährdung ausgeschlossen, so darf der gemäß Z 297 eingeordnete Linksabbieger durch einen anderen Linksabbieger noch rechts überholt werden, Kö VRS **46** 219, str, s *Mersson* DAR **83** 282. ● Z 298: Sperrflächen sind Bestandteil der Fahrbahn, Dü VM **90** 38, NZV **90** 241 (zust *Booß* VM **90** 60), und gliedern, zB durch Eröffnung einer Abbiegespur, den fließenden Verkehr, Kö NZV **90** 483 (Z 298 auf dem ruhenden V dienenden Flächen aber jedenfalls nicht nichtig). Die gesamte Fläche ist zu markieren, Kar VM **76** 16. Markierungen, die nicht dem Z 298 entsprechen, zB durchkreuztes Rechteck, entfalten nicht die rechtlichen Wirkungen des § 41 III Nr 6, KG VRS **65** 297, Stu VRS **74** 222. Sperrflächen dürfen von Fzen nicht benutzt werden (§ 41 III Nr 6), Zw NJW **66** 683, Kö VRS **92** 282, es sei denn sie entsprächen nicht der Kennzeichnung nach Z 298, Kar VM **81** 36. Soweit außer dem GegenV auch andere VT auf die Beachtung der Sperrflächen vertrauen dürfen und ihr Verhalten darauf einstellen, dient das Z 298 auch deren Schutz, Kö NZV **90** 72, BGH NZV **92** 150. Da Sperrflächen nicht befahren werden dürfen, Ha VRS **59** 5, Dü DAR **80** 217, verhindern sie uU das Überholen, wer sie dazu benutzt, verletzt jedoch nicht allein dadurch ohne weiteres § 5, sondern § 41 III 6, Ha VRS **54** 458, BGH NJW-RR **87** 1048, jedoch auch § 5 I bei Rechtsüberholen, s § 5 Rz 19 a. Darüber hinaus begründen Sperrflächen die gleichen Gebote und Verbote wie Z 295, LG Ol DAR **93** 437. Durch unterbrochene Linien entsprechend Z 340 dürfen Sperrflächen, wie Z 298 zeigt, nicht umgrenzt werden, geschieht das, sind sie unbeachtlich. Sollen sie das Linksabbiegen aus Grundstücken ermöglichen, so müssen sie in ganzer FzBreite unterbrochen sein. Schmalere Unterbrechung wird wegen III 6 als unbenutzbar gelten müssen. *Kullik,* Sperrflächen, DAR **79** 31. Eine offensichtlich zur Trennung zweier Fahrstreifen angebrachte Sperrflächenmarkierung wird, wenn durch spätere Verengung einer der Fahrstreifen unbefahrbar wird, sinnwidrig und damit unbeachtlich, Kö VRS **92** 282. ● Vor Z 299: **Parkflächenmarkierungen** (Abs III Nr 7) regeln, wie zu parken ist, sie begründen allein keine Parkeinschränkung, Bay NJW **78** 1277, Dü VM **79** 18, Ol DAR **94** 370. Im Rahmen des § 41 III Nr 7 erlauben sie das Parken auf Gehwegen auch ohne Z 315, s § 12 Rz 55. Eine parallel zur Bordsteinkante verlaufende weiße Linie auf dem Gehweg genügt, Kö VRS **72** 382. Durch die bloße Aufschrift „Bus" in der markierten „Parktasche" ohne VZ mit Zusatzschild kann das Parken anderer Fze nicht wirksam untersagt werden, Zw VRS **68** 68, entsprechendes gilt für andere Zusätze, Fra NZV **93** 243 („Arzt"). Auf öffentlichen Parkplätzen ist, soweit Markierungen vorhanden sind, diesen gemäß zu parken. Geringfügiges Hinausragen eines Kfz ohne Gefährdung oder Behinderung anderer verletzt Nr 7 nicht, Kar VRS **57** 455. Parken zur Hälfte in einer markierten Parktasche, deren Parkuhr ordnungsgemäß bedient wurde, und zur anderen Hälfte außerhalb verstößt für sich allein gegen keine Bestimmung des § 12, Kö DAR **83** 333. Parkmarkierungen dienen der Raumausnutzung und der unbehinderten Zu- und Abfahrt zu den Parkboxen, BGHSt **29** 180 = NJW **80** 845. Ist die Beachtung der Markierung wegen der FzGröße nicht möglich, darf nicht geparkt werden, *Hauser* DAR **90** 9. Auf Restflächen neben Parkmarkierungen ist Parken erlaubt, sofern es weder belästigt, noch behindert oder gefährdet, BGHSt **29** 180 = NJW **80** 845, Hb VRS **54** 221, Ha VRS **64** 321, Kö DAR **83** 333, Dü VRS **64** 300, DAR **86** 157, VM **95** 95, Stu VRS **74** 222, Ol DAR **94** 370, *Bouska* VD **80** 123, aM Ol VRS **57** 218. Jedoch kann das Parken außerhalb der markierten Flächen wirksam durch Zusatzschild verboten werden, wenn dieses klar und der Parkplatz, auf dem es gelten soll, deutlich abgegrenzt ist (Aufstellung auf allen Zufahrten), Bay NZV **92** 83 (abw Dü VM **95** 95); bei Mißachtung OW gem § 12 III Nr 8 e. Gegen Parken auf den Zu- und Abfahrten, auch wenn es nicht behindert, Hb VRS **58** 453. Parkflächenmarkierungen sind auch in öffentlichen Parkhäusern zu beachten, Kar NJW **78** 1277. Das Wort „Straßen" meint alle öffentlichen VFlächen, also auch Parkplätze abseits der Fahrbahn; Parkflächenmarkierungen sind daher zu beachten, Hb DAR **73** 251. ● Z 299: Grenzmarkierungen begründen selber kein Halt- oder Parkverbot, sie grenzen ein bestehendes nur räumlich ab, Bay NJW **78** 1277, VRS **62** 145, DAR **92** 270, Kar Justiz **79** 237, Kö DAR **83** 333, NZV **91** 484, Dü VM **88** 23 (Anm *Booß*). Soll die Markierung ein Parkverbot verlängern, so muß sie den eigentlichen Verbotsbereich mit einbeziehen, Bay VRS **62** 145, s Kö NZV **91** 484, aM Kar Justiz **79** 237. Das VZ kann ein nach § 12 III Nr 3 vorgeschriebenes Parkverbot (Toreinfahrt) seitlich verlängern, Bay VRS **62** 145, Kar Justiz **79** 237. Erstreckt es sich dabei über eine so große Länge, daß eine Zu-

Vorschriftzeichen **§ 41 StVO 2**

ordnung zu dem eigentlichen Parkverbot (Grundstücksausfahrt) nicht mehr erkennbar ist, so ist die Markierung unwirksam und nichtig, Kö NZV **91** 484.

3. Ordnungswidrigkeit (§§ 24 StVG, 49 III Nr 4 StVO). Geahndet wird nicht die 249 Nichtbeachtung eines VZ, sondern der durch das VorschrZ gegebenen Anordnung, so daß deren Bestehen bei widersprüchlichen oder sinnwidrig erscheinenden VZ festgestellt werden muß (Z 280 bei einer 3 m weiterlaufenden durchgehenden Linie Z 295), Kar VRS **47** 134. Im Zweifel muß der Kf der strengeren Regel (VZ) genügen, Sa VRS **47** 387, 472. Wird ein VorschrZ wegen Änderung der Verhältnisse durch ein anderes ersetzt, so liegt ein ZeitG vor und die Möglichkeit der Ahndung bleibt bestehen (**E** 43). Die wesentlichen VZ muß jeder kennen, BGH VR **69** 832. **Nur schuldhafte Verstöße** gegen § 41 sind ow (§ 24 StVG). Einen Erfahrungssatz des Inhalts, daß ordnungsgemäß und gut sichtbar aufgestellte VZ nicht übersehen werden könnten, Nichtbeachtung daher stets vorsätzlich wäre, gibt es nicht, Schl DAR **92** 311, Bay DAR **96** 288. Zu berücksichtigen ist bei Beurteilung des Schuldmaßstabs, daß die vorhandene Informationsmenge die Kapazität der Informationsaufnahme beim Kf häufig übersteigt, s *Cohen* ZVS **95** 75, einschränkend *Schneider* PVT **95** 225. Geringe Schuld, wenn jemand nach Gewöhnung an die alte Regelung ein neu aufgestelltes VZ übersieht (Tatfrage), LG Dortmund DAR **63** 24, s dazu § 39 Rz 38. Bei schlechter **Sichtbarkeit** eines VZ kann auch Fahrlässigkeit entfallen, BGH VRS **5** 309, Stu VRS **95** 441, ebenso bei Nichtwahrnehmbarkeit infolge versperrter Sicht durch andere Fze, Brn DAR **00** 79 (haltender Lkw), Dü VRS **103** 25 (Überholen). Ordnungsgemäß aufgestellte VZ gelten auch für denjenigen VT, der dort in die Verbotsstrecke einfährt, wo man keines der VZ sieht, der sie aber kennt, s Rz 247. Ihm ist jedoch kein Vorwurf zu machen, wenn er sich trotz früheren Befahrens der Strecke nicht an das Verbot erinnert, Bay VRS **73** 76. Auch ist niemand verpflichtet, sich nach durch VZ getroffenen Streckenverboten zu erkundigen, die dort, wo er in die betreffende Str eingefahren ist, nicht wiederholt sind, Ha VM **72** 96. Erst recht trifft ihn kein Schuldvorwurf, wenn ein veränderliches Wechsel-VZ (zB Geschwindigkeit auf AB) geändert wurde, *nachdem* er es passiert hat, aM BaySt **98** 107 = NZV **98** 386 (abl *Thubauville* VM **98** 75, *Hentschel* NJW **99** 690) unter Vernachlässigung des Sichtbarkeitsgrundsatzes (s Rz 247, *Scheffler* NZV **99** 364), wonach der FzF die von ihm gar nicht wahrnehmbare, zwischenzeitlich erfolgte Änderung unter Orientierung am Fahrverhalten der anderen Kf beachten müsse (trotz Einhaltens der ihm bekannten Begrenzung FV!). Ausnahmen vom Sichtbarkeitsgrundsatz bei VZ: Rz 247. **TM** beim Durchfahren mehrerer Sperrstrecken, Bay DAR **57** 271. **Irrtum** über Vorschriften oder bei Vorschriftenwechsel: **E** 156, 157. Tatbestandsirrtum bei Annahme, ein (gültiges) VZ sei unbeachtlich, BaySt **99** 172 = DAR **00** 172, das VZ sei von einer unzuständigen Behörde aufgestellt, aM Stu VRS **26** 378. Verbotsirrtum bei der Annahme, ein VZ sei nur der Verkündung gültig, Stu VRS **26** 378, oder beim Vertrauen auf anwaltliche Auskunft über die Bedeutung, Fra DAR **65** 159, oder bei Vertrauen auf die Ansicht eines Amtsgerichts, Ha VRS **29** 357 (s dazu § 24 StVG Rz 35). Vermeidbarer Verbotsirrtum, ein durch (nicht rechtskräftiges) VG-Urteil für rechtswidrig erklärtes VZ brauche nicht befolgt zu werden, Ko NZV **95** 39. Kein unvermeidbarer Verbotsirrtum dessen, der entgegen VZ 239 mit Zusatzschild eine Fußgängerzone in dem Bewußtsein befährt, möglicherweise Unrecht zu tun, aber darauf vertraut, daß seine falsche Rechtsauffassung zur Bedeutung des Zusatzschildes richtig sei, Dü VRS **67** 151. Befahren eines Fußgängerbereichs (Z 242) ist gem § 49 III Nr 4 ow, Dü VRS **67** 151, abw *Schwabe* NVwZ **94** 632 (nur *wegerechtliche*) Ahndung).

Da eine durch VZ als sofort vollziehbaren Verwaltungsakt getroffene Regelung bis zur 250 Entfernung des VZ gilt und daher **auch bei Anfechtbarkeit zu befolgen** ist (anders bei Nichtigkeit), s Rz 247, kann eine durch Nichtbeachtung begangene OW auch nach Aufhebung des VZ durch die VB oder das VG nach Widerspruch bzw Klage des Betroffenen noch geahndet werden. Die spätere Aufhebung läßt die Ahndbarkeit der vorher erfolgten Zuwiderhandlung unberührt, BGHSt **23** 86 = NJW **69** 2023, BVG NZV **04** 52, Ko DAR **99** 419, Kö VM **72** 94, Dü VM **72** 6. Ein nach Verstoß eingelegter Widerspruch hemmt das Verfahren nicht, Bay VRS **35** 195 (s auch Rz 247). Nach anderer Auffassung soll ein Zuwarten bis zur Entscheidung über den Widerspruch oder die Anfechtung sachgerecht sein, weil nach einer daraufhin erfolgenden Aufhebung des VZ kein Ahndungsbedürfnis mehr bestehe, s *Stern, R. Lange*-F 859, *Schreven* NJW **70** 155, *Strauß* DAR **70** 92, *Krause* JuS **70** 221, *Janicki* JZ **68** 94, *Schmaltz* JZ **68** 661, *Schenke* JR **70** 449.

4. Zur Fortgeltung von VZ nach Anl 2 der StVO/DDR in den **neuen Bundesländern**, s Überleitungsbestimmung bei § 39 Rz 41.

Richtzeichen*

42 (1) Richtzeichen geben besondere Hinweise zur Erleichterung des Verkehrs. Sie können auch Anordnungen enthalten.

(2) **Vorrang**

Zeichen 301

Vorfahrt

Das Zeichen gibt die Vorfahrt nur an der nächsten Kreuzung oder Einmündung. Außerhalb geschlossener Ortschaften steht es 150 bis 250 m davor, sonst wird auf einem Zusatzschild die Entfernung, wie „80 m", angegeben. Innerhalb geschlossener Ortschaften steht es unmittelbar vor der Kreuzung oder Einmündung.

Vwv zu den Zeichen 301 bis 308

1 I. Was in Nummer II zu § 41 „Vorschriftzeichen" (Rn. 2) für solche über der Fahrbahn vorgeschrieben ist, gilt auch für diese Zeichen.

2 II. Vgl. zu den Zeichen 205 und 206.

Vwv zu Zeichen 301 Vorfahrt

1 I. Es ist darauf zu achten, daß zwischen der Kreuzung und Einmündung, für die das Zeichen gelten soll, auch kein Feldweg einmündet.

2 II. An jeder Kreuzung und Einmündung, vor der das Zeichen steht, muß auf der anderen Straße das Zeichen 205 oder das Zeichen 206 angebracht werden.

3 III. Das Zusatzschild für die abknickende Vorfahrt (hinter Zeichen 306) darf dem Zeichen nicht beigegeben werden.

4 IV. Innerhalb geschlossener Ortschaften ist das Zeichen in der Regel nicht häufiger als an drei hintereinander liegenden Kreuzungen oder Einmündungen aufzustellen; sonst ist das Zeichen 306 zu verwenden. Eine Abweichung von dem Regelfall ist nur angezeigt, wenn die Bedürfnisse des Buslinienverkehrs in Tempo 30-Zonen dies zwingend erfordern.

5 V. Über Kreisverkehr vgl. zu Zeichen 215.

Zeichen 306

Vorfahrtstraße

Es steht am Anfang der Vorfahrtstraße und wird an jeder Kreuzung und an jeder Einmündung von rechts wiederholt. Es steht vor, auf oder hinter der Kreuzung

---

* Varianten s Katalog der Verkehrszeichen (VzKat, BAnz 1992 Nr 66 a und § 39 Rz 31).

Richtzeichen   Abs II § 42 StVO **2**

oder Einmündung. Es gibt die Vorfahrt bis zum nächsten Zeichen 205 „Vorfahrt gewähren!", 206 „Halt! Vorfahrt gewähren!" oder 307 „Ende der Vorfahrtstraße". Außerhalb geschlossener Ortschaften verbietet es bis dorthin das Parken (§ 12 Abs. 2) auf der Fahrbahn.

Ein Zusatzschild   10

zum Zeichen 306 kann den Verlauf der Vorfahrtstraße bekanntgeben. Wer ihm folgen will, muß dies rechtzeitig und deutlich ankündigen; dabei sind die Fahrtrichtungsanzeiger zu benutzen. Auf Fußgänger ist besondere Rücksicht zu nehmen; wenn nötig, ist zu warten.

Vwv zu den Zeichen 306 und 307

1   I. Innerhalb geschlossener Ortschaften ist die Vorfahrt für alle Straßen des überörtlichen Verkehrs (Bundes-, Landes- und Kreisstraßen) und weitere für den innerörtlichen Verkehr wesentliche Hauptverkehrsstraßen grundsätzlich unter Verwendung des Zeichens 306 anzuordnen (vgl. zu § 45 Abs. 1 bis 1 e [Rn. 34]).   11

II. Bei der Anordnung von Vorfahrtstraßen ist folgendes zu beachten: 12

2   1. Das Zeichen 306 muß an jeder Kreuzung und Einmündung stehen, und zwar innerhalb geschlossener Ortschaften in der Regel vor ihr, außerhalb geschlossener Ortschaften in der Regel hinter ihr.

3   Nummer VII 1 zu Zeichen 205 und 206 (Rn. 11) gilt auch hier. Unter Umständen kann es zweckmäßig sein, das Zeichen 306 auch gegenüber einer Einmündung von links anzubringen, um Linksabbieger vor dem Irrtum zu bewahren, an der Einmündung gelte der Grundsatz „Rechts vor Links".

4   2. An jeder Kreuzung und Einmündung, an der das Zeichen 306 steht, muß auf der anderen Straße das Zeichen 205 oder das Zeichen 206 angebracht werden.

5   3. Wäre das Zeichen 306, wenn es hinter der Kreuzung oder Einmündung stünde, nicht deutlich erkennbar, z. B. an weiträumigen Kreuzungen, so ist es vor oder in der Kreuzung anzubringen. Erforderlichenfalls kann das Zeichen dann hinter der Kreuzung oder Einmündung wiederholt werden. Vgl. auch Nummer 5 Buchstabe b; Rn. 9.

6   4. a) Das Zeichen 306 mit dem Zusatzschild „abknickende Vorfahrt" ist vor der Kreuzung oder Einmündung anzubringen. Im übrigen vgl. Nummer VII 4 zu den Zeichen 205 und 206; Rn. 14.

7   b) Die abknickende Vorfahrt darf nur ausnahmsweise gegeben werden, in der Regel nur dann, wenn der Verkehr in dieser Richtung so viel stärker ist, daß er sich ohnehin durchzusetzen beginnt. Die amtliche Klassifizierung der Straßen allein ist kein Grund zu solcher Kennzeichnung. Jedenfalls darf das Zusatzschild nur angebracht werden, wenn der Verkehr durch auffällige Markierungen unterstützt wird und, falls das nicht ausreicht, bauliche Änderungen durchgeführt sind. Ein Umbau ist anzustreben, der die beiden bevorrechtigten Straßenstrecken optisch als natürliche Fortsetzung erscheinen läßt. Ist das nicht möglich, so muß durch Bordsteinkorrekturen oder Einbau von Fahrbahnteilern erreicht sein, daß die Einfahrt aus anderen Richtungen erschwert wird. Vorwegweiser, Wegweiser und Lichtführung durch Straßenleuchten können helfen. Sollen auf Straßen aus anderen Richtungen kurz vor der Kreuzung oder Einmündung Längsmarkierungen angebracht werden, so ist zu prüfen, ob die Erkennbarkeit der Wartepflicht dadurch nicht beeinträchtigt wird.

8   c) Fußgängerquerverkehr über eine Vorfahrtstraße an der Kreuzung oder Einmündung mit abknickender Vorfahrt ist durch Stangen- oder Kettengeländer zu unterbinden. Gegebenenfalls kommt – jedoch in einiger Entfernung von der Kreuzung oder Einmündung – die Anbringung von Lichtzeichen

2 StVO § 42 Abs II   II. Zeichen und Verkehrseinrichtungen

für Fußgänger in Frage. Bei stärkerem Fußgängerverkehr wird es häufig erforderlich sein, den gesamten Kreuzungsverkehr durch Lichtzeichen zu regeln.

9   *5. a) Wird eine weiterführende Vorfahrtstraße an einer Kreuzung oder Einmündung durch Zeichen 205 oder 206 unterbrochen, so darf das Zeichen 307 nicht aufgestellt werden. Im übrigen vgl. Nummer VII 2 zu Zeichen 205 und 206; Rn. 12.*

10   *b) Soll in diesem Falle das Parken auch hinter der Kreuzung verboten werden, so ist dort nicht das Zeichen 306, sondern das Zeichen 286 aufzustellen.*

11   *6. Endet eine Vorfahrtstraße außerhalb geschlossener Ortschaften, ist sowohl das Zeichen 307 als auch das Zeichen 205 oder das Zeichen 206 aufzustellen.*

12   *Innerhalb geschlossener Ortschaften ist Zeichen 307 in der Regel nicht aufzustellen.*

13   *7. Das Ende einer Vorfahrtstraße kann durch Zeichen 307 allein außerhalb einer Kreuzung oder Einmündung angezeigt werden. Dann ist folgendes zu beachten:*

14   *a) Zeichen 307 kann hinter einer Kreuzung oder Einmündung allein stehen, wenn der weitere Verlauf der Straße, z. B. als Feldweg, eine Beschilderung mit Vorfahrtzeichen nicht rechtfertigt und es nicht möglich ist, die Vorfahrtstraße bereits an der letzten Kreuzung oder Einmündung enden zu lassen.*

15   *b) Zeichen 307 kann hinter einer Kreuzung oder Einmündung mit abknickender Vorfahrt allein aufgestellt werden. An allen übrigen Kreuzungen und Einmündungen der Straße kann die Vorfahrt dann durch Zeichen 301 gegeben werden; vor der Kreuzung oder Einmündung mit abknickender Vorfahrt ist Zeichen 306 mit Zusatzschild, dahinter Zeichen 307 aufzustellen. So wird vermieden, daß ein ganzer Straßenzug zur Vorfahrtstraße erklärt werden muß, nur weil an einer Kreuzung oder Einmündung eine abknickende Vorfahrt eingerichtet werden soll.*

16   *c) Wird das Zeichen 307 allein aufgestellt, so ist darauf zu achten, daß der Grundsatz der Stetigkeit (vgl. zu § 8 Abs. 1 Nummer II 1; Rn. 4) beachtet wird. Auch wenn die Vorfahrtstraße durch Zeichen 307 endet, muß auf dem folgenden Straßenzug bis zur nächsten Kreuzung oder Einmündung mit Wartepflicht an allen Kreuzungen oder Einmündungen durch Zeichen 301 die Vorfahrt gegeben werden, wenn nicht der Abstand zwischen den Kreuzungen oder Einmündungen sehr groß ist oder der Charakter der Straße sich von einer Kreuzung oder Einmündung zur anderen grundlegend ändert.*

17   *8. Das Zeichen 307 muß mindestens voll rückstrahlen. Dasselbe gilt für Zeichen 306 außerhalb geschlossener Ortschaften.*

13   **Zeichen 307**

Ende der Vorfahrtstraße

14   *Vwv s zu Zeichen 306 und 307.*

15   **Zeichen 308**

Vorrang vor dem Gegenverkehr

Das Zeichen steht vor einer verengten Fahrbahn.

Richtzeichen Abs III § 42 StVO **2**

Vwv zu Zeichen 308 Vorrang vor dem Gegenverkehr
 Vgl. zu Zeichen 208.

(3) **Die Ortstafel**

Zeichen 310   Zeichen 311

Vorderseite   Rückseite
bestimmt:
Hier beginnt   Hier endet
eine geschlossene Ortschaft.

Von hier an gelten die für den Verkehr innerhalb (außerhalb) geschlossener Ortschaften bestehenden Vorschriften. Der obere Teil des Zeichens 311 ist weiß, wenn die Ortschaft, auf die hingewiesen wird, zu derselben Gemeinde wie die soeben durchfahrene Ortschaft gehört.

Vwv zu den Zeichen 310 und 311 Ortstafel

1 I. Sie sind ohne Rücksicht auf Gemeindegrenze und Straßenbaulast in der Regel dort anzubringen, wo ungeachtet einzelner unbebauter Grundstücke die geschlossene Bebauung auf einer der beiden Seiten der Straße beginnt oder endet. Ist aus zwingenden Gründen ein anderer Standort zu wählen (vgl. z. B. Nummer V zu den Zeichen 274, 276 und 277; Rn. 5), so kann es sich, freilich in der Regel nur auf Einfallstraßen größerer Städte, empfehlen, den ortseinwärts Fahrenden durch das Zeichen 385 zu orientieren.

2 II. Die Zeichen sind auf der für den ortseinwärts Fahrenden rechten Straßenseite so aufzustellen, daß sie auch der ortsauswärts Fahrende deutlich erkennen kann. Ist das nicht möglich, so ist die Ortstafel auch links anzubringen.

3 III. Das Zeichen 310 soll voll rückstrahlen.

4 IV. Die Ortstafel darf auch auf unbedeutenden Straßen nicht fehlen. Nur an nicht befestigten Feldwegen braucht sie nicht aufgestellt zu werden.

5 V. Das Zeichen 310 nennt den amtlichen Namen der Ortschaft und den Verwaltungsbezirk. Die Zusätze „Stadt", „Kreisstadt", „Landeshauptstadt" sind zulässig. Die Angabe des Verwaltungsbezirks hat zu unterbleiben, wenn dieser den gleichen Namen wie die Ortschaft hat (z. B. Stadtkreis). Ergänzend auch den höheren Verwaltungsbezirk zu nennen, ist nur dann zulässig, wenn dies zur Vermeidung einer Verwechslung nötig ist.

6 Das Zeichen 311 nennt auf der unteren Hälfte den Namen der Ortschaft oder des Ortsteils. Dieser Teil des Zeichens 311 ist mit einem roten Schrägbalken, der von links unten nach rechts oben verläuft, durchstrichen. Angaben über den Verwaltungsbezirk sowie die in Absatz 1 genannten zusätzlichen Bezeichnungen braucht das Zeichen 311 nicht zu enthalten.

7 Die obere Hälfte des Zeichens 311 nennt den Namen der nächsten Ortschaft bzw. des nächsten Ortsteiles. An Bundesstraßen kann statt dessen das nächste Nahziel nach dem Fern- und Nahzielverzeichnis gewählt werden. Die Ziele werden auf gelbem Grund angegeben. Gehört das nächste Ziel zur selben Gemeinde wie die durchfahrene Ortschaft, so nennt das Zeichen den Namen des Ortsteils auf weißem Grund. Unter dem Ortsnamen ist die Entfernung in ganzen Kilometern anzugeben.

8 VI. Durch die Tafel können auch Anfang und Ende eines geschlossenen Ortsteils gekennzeichnet werden. Sie nennt dann am Anfang entweder unter dem Namen der Gemeinde

2 StVO § 42 Abs IV II. Zeichen und Verkehrseinrichtungen

den des Ortsteils in verkleinerter Schrift, z. B. „Stadtteil Pasing", „Ortsteil Parksiedlung" oder den Namen des Ortsteils und darunter in verkleinerter Schrift den der Gemeinde mit dem vorgeschalteten Wort: „Stadt" oder „Gemeinde". Die zweite Fassung ist dann vorzuziehen, wenn zwischen den Ortsteilen einer Gemeinde eine größere Entfernung liegt. Die erste Fassung sollte auch dann, wenn die Straße nicht unmittelbar dorthin führt, nicht gewählt werden.

24 9 VII. Gehen zwei geschlossene Ortschaften oder Ortsteile ineinander über und müssen die Verkehrsteilnehmer über deren Namen unterrichtet werden, so sind die Ortstafeln für beide etwa auf gleicher Höhe aufzustellen. Deren Rückseiten sind dann aber nicht nach dem Zeichen 311 zu beschriften, sondern – falls sie nicht freigelassen werden – gleich den Vorderseiten der rechts stehenden Tafeln (Zeichen 310).

25 10 VIII. Bundesstraßen-Nummernschilder (Zeichen 401) und Europastraßen-Nummernschilder (Zeichen 410) dürfen am Pfosten der Ortstafel nur dann angebracht werden, wenn an der nächsten Kreuzung oder Einmündung das Zeichen 306 „Vorfahrtstraße" steht.

26 11 IX. Andere Angaben als die hier erwähnten, wie werbende Zusätze und Stadtwappen, sind auf Ortstafeln unzulässig.

(4) Parken

27

Parkplatz

1. Das Zeichen erlaubt das Parken (§ 12 Abs. 2).
2. Durch ein Zusatzschild kann die Parkerlaubnis beschränkt sein, insbesondere nach der Dauer, nach Fahrzeugarten, zugunsten der mit besonderem Parkausweis versehenen Bewohner, Schwerbehinderten mit außergewöhnlicher Gehbehinderung und Blinden. Die Ausnahmen gelten nur, wenn die Parkausweise gut lesbar ausgelegt sind. Das Zusatzschild „nur mit Parkschein" kennzeichnet den Geltungsbereich von Parkscheinautomaten, das Zusatzschild „gebührenpflichtig" kennzeichnet einen Parkplatz für Großveranstaltungen als gebührenpflichtig (§ 45 Abs. 1 b Nr. 1).
3. Der Anfang des erlaubten Parkens kann durch einen waagerechten weißen Pfeil im Schild, das Ende durch einen solchen in entgegengesetzte Richtung weisenden Pfeil gekennzeichnet werden.
   Der Hinweis auf einen Parkplatz kann, soweit dies nicht durch Zeichen 432 geschieht, durch ein Zusatzschild mit schwarzem Pfeil erfolgen.

Vwv zu Zeichen 314 Parkplatz

28 1 I. Das Zeichen ist in der Regel an der Einfahrt des Parkplatzes aufzustellen. Am Beginn von Parkplätzen im Verlauf einer durchgehenden Fahrbahn ist es nur anzubringen, wenn das zur Klarstellung notwendig ist und Parkraum größeren Umfangs vorhanden ist. Sonst genügt es, die Parkflächen zu markieren.

  2 II. Beschränkungen der Parkerlaubnis dürfen nur auf einem Zusatzschild angeordnet werden.

  3 Es dürfen nur die im Verkehrsblatt bekanntgemachten Zusatzschilder verwendet werden. Zum Begriff „Bewohner" vgl. Nummer X. 7 zu § 45 Abs. 1 bis 1 e; Rn. 35.

  4 III. Zu größeren Parkplätzen und Parkhäusern, auch wenn sie von Privatpersonen betrieben werden, sollte gewiesen werden.

  5 IV. Vgl. Nummer I zu Nummer 7 Parkflächenmarkierungen vor Zeichen 299; Rn. 1.

Richtzeichen   **Abs IVa § 42 StVO 2**

Zeichen 315

Parken auf Gehwegen

1. Das Zeichen erlaubt Fahrzeugen mit einem zulässigen Gesamtgewicht bis zu 2,8 t das Parken (§ 12 Abs. 2) auf Gehwegen.
2. Im Zeichen wird bildlich angeordnet, wie die Fahrzeuge aufzustellen sind.
3. Durch ein Zusatzschild kann die Parkerlaubnis beschränkt sein, insbesondere nach der Dauer, zugunsten der mit besonderem Parkausweis versehenen Bewohner, Schwerbehinderten mit außergewöhnlicher Gehbehinderung und Blinden. Die Ausnahmen gelten nur, wenn die Parkausweise gut lesbar ausgelegt sind. Das Zusatzschild „nur mit Parkschein" kennzeichnet den Geltungsbereich von Parkscheinautomaten.
4. Der Anfang des erlaubten Parkens kann durch einen waagerechten weißen Pfeil im Schild, das Ende durch einen solchen in entgegengesetzte Richtung weisenden Pfeil gekennzeichnet werden.

Vwv zu Zeichen 315 Parken auf Gehwegen

1   I. *Vgl. Nummer 7 vor Zeichen 299.*
2   II. *Nummer II Satz 1 und 2 zu Nummer 7 vor Zeichen 299 (Rn. 2) gilt auch hier.*
3   III. *Anfang und Ende der Strecke, auf denen das Parken erlaubt ist, kann durch entsprechende weiße Pfeile im Schild kenntlich gemacht werden.*

Zeichen 316   **Zeichen 317**

Parken und Reisen   Wandererparkplatz

Vwv zu Zeichen 317 Wandererparkplatz

1   I. *Das Zeichen darf nicht auf Autobahnparkplätzen aufgestellt werden.*
2   II. *Vgl. zu Zeichen 314.*

(4a) **Verkehrsberuhigte Bereiche**

Zeichen 325   **Zeichen 326**

Beginn   Ende

eines verkehrsberuhigten Bereichs

2 StVO § 42 Abs IVa II. Zeichen und Verkehrseinrichtungen

Innerhalb dieses Bereichs gilt:
1. Fußgänger dürfen die Straße in ihrer ganzen Breite benutzen; Kinderspiele sind überall erlaubt.
2. Der Fahrzeugverkehr muß Schrittgeschwindigkeit einhalten.
3. Die Fahrzeugführer dürfen die Fußgänger weder gefährden noch behindern; wenn nötig müssen sie warten.
4. Die Fußgänger dürfen den Fahrverkehr nicht unnötig behindern.
5. Das Parken ist außerhalb der dafür gekennzeichneten Flächen unzulässig, ausgenommen zum Ein- oder Aussteigen, zum Be- oder Entladen.

Vwv zu den Zeichen 325 und 326 Verkehrsberuhigte Bereiche

35 1 *I. Allgemeines*
Am Anfang solcher Bereiche ist Zeichen 325 so aufzustellen, daß es bereits auf ausreichende Entfernung vor dem Einbiegen in den Bereich wahrgenommen werden kann. Am Ende ist Zeichen 326 höchstens 30 m vor der nächsten Einmündung oder Kreuzung aufzustellen.

35 a 2 *II. Örtliche Voraussetzungen*
Die Kennzeichnung von verkehrsberuhigten Bereichen setzt voraus, daß die in Betracht kommenden Straßen, insbesondere durch geschwindigkeitsmindernde Maßnahmen des Straßenbaulastträgers oder der Straßenbaubehörde, überwiegend Aufenthalts- und Erschließungsfunktionen haben.

35 b 3 *III. Bauliche Voraussetzungen*
1. Maßgebend für die Beschilderung von verkehrsberuhigten Bereichen sind – neben der damit angestrebten Erhöhung der Verkehrssicherheit – Gesichtspunkte des Städtebaus, insbesondere der Verbesserung des Wohnumfeldes durch Umgestaltung des Straßenraumes.

4 *2. Die mit Zeichen 325 erfaßten Straßen müssen durch ihre Gestaltung den Eindruck vermitteln, daß die Aufenthaltsfunktion überwiegt und der Fahrzeugverkehr hier eine untergeordnete Bedeutung hat. Dies kann u. a. dadurch erreicht werden, daß der Ausbau der Straße sich deutlich von angrenzenden Straßen, die nicht mit Zeichen 325 beschildert sind, unterscheidet. In der Regel wird ein niveaugleicher Ausbau für die ganze Straßenbreite erforderlich sein.*

5 *3. Straßen, die mit Zeichen 325 beschildert sind, dürfen von Fußgängern zwar in ihrer ganzen Breite benutzt werden; dies bedeutet aber nicht, daß auch Fahrzeugführern ermöglicht werden muß, die Straße überall zu befahren. Daher kann es im Einzelfall zweckmäßig sein, Flächen für Fußgänger zu reservieren und diese in geeigneter Weise (z. B. durch Poller, Bewuchs) von dem befahrbaren Bereich abzugrenzen.*

6 *4. Die Straße muß ein Befahren für alle dort zu erwartenden Fahrzeugarten gestatten.*

7 *5. Der Parkraumbedarf sollte in angemessener Weise berücksichtigt werden.*

8 *Die zum Parken bestimmten Flächen innerhalb des verkehrsberuhigten Bereichs brauchen nicht durch Parkplatzschilder gekennzeichnet zu sein.*
Es genügt eine andere Kennzeichnung, z. B. eine Bodenmarkierung (§ 41 Abs. 3 Nr. 7) oder Pflasterwechsel.

35 c 9 *IV. Die Kennzeichnung von verkehrsberuhigten Bereichen kommt sowohl für alle Straßen eines abgegrenzten Gebietes als auch für einzelne Straßen und Straßenabschnitte in Betracht. Die Zeichen 325 und 326 dürfen nur angeordnet werden, wenn die unter Nummer II und III aufgeführten Voraussetzungen vorliegen. Dabei muß jede Straße oder jeder Straßenabschnitt diesen Voraussetzungen genügen, sofern nicht die örtlichen Gegebenheiten – auch im Hinblick auf die Verkehrssituation – einzelne Abweichungen zulassen.*

35 d 10 *V. Innerhalb der durch die Zeichen 325 und 326 gekennzeichneten Bereiche sind weitere Zeichen, z. B. Gefahrzeichen und Verkehrseinrichtungen in der Regel entbehrlich.*

35 e 11 *VI. Sonstiges*
Neben der Einrichtung von verkehrsberuhigten Bereichen (Zeichen 325) kommen zur Verbesserung der Verkehrssicherheit und aus städtebaulichen Gründen u. a. folgende Maßnahmen in Frage:

Richtzeichen   **Abs V § 42 StVO 2**

12   1. Veränderungen des Straßennetzes oder der Verkehrsführung, um den Durchgangsverkehr zu verhindern, wie die Einrichtung von Sackgassen, Sperrung von „Schleichwegen", Diagonalsperre von Kreuzungen,

13   2. die Sperrung für bestimmte Verkehrsarten, ggf. nur für die Nachtstunden,

14   3. die Anordnung von Haltverboten und Geschwindigkeitsbeschränkungen an besonderen Gefahrenstellen (z. B. Zeichen 274 mit 136),

15   4. die Einrichtung von Einbahnstraßen,

16   5. Aufpflasterungen.

17   Erfahrungsgemäß verspricht nur die Kombination mehrerer dieser Maßnahmen Erfolg.

(5) **Autobahnen und Kraftfahrstraßen**

        Zeichen 330   **Zeichen 331**   36

                                                                                                     37

             Autobahn   **Kraftfahrstraßen**

Das Zeichen steht an den Zufahrten der   Das Zeichen steht am Anfang, an jeder
             Anschlußstellen.   Kreuzung und Einmündung und wird,
                                               wenn nötig, auch sonst wiederholt.

Vwv zu den Zeichen 330, 331, 334 und 336

1   Über die Zustimmungsbedürftigkeit vgl. Nummer III 1a zu § 45 Abs. 1 bis 1e; Rn. 3   38
    bis 4. Ist die oberste Landesbehörde nicht zugleich oberste Landesbehörde für den Straßenbau,
    so muß auch diese zustimmen.

Vwv zu den Zeichen 330, 332 bis 334 und 448 bis 453

1   I. *Wegweisende Beschilderung auf Autobahnen*   39

    1. Die wegweisende Beschilderung auf Autobahnen ist blau.

2   2. Die Zeichen müssen mindestens voll retroreflektierend ausgeführt sein.

3   3. Die Ausgestaltung und Aufstellung richtet sich nach den Richtlinien für wegweisende Beschilderung auf Autobahnen (RWBA).

4   Das Bundesministerium für Verkehr gibt die RWBA im Einvernehmen mit den zuständigen obersten Landesbehörden im Verkehrsblatt bekannt.

    II. *Die sonstige Beschilderung*

    Abweichend von den allgemeinen Regeln gilt folgendes:

5   1. Gefahrzeichen und Vorschriftzeichen sind in der Regel beiderseits der Fahrbahn aufzustellen.

6   2. Alle Verkehrszeichen müssen mindestens voll rückstrahlen.

7   3. Gefahrzeichen sind in der Regel 400 m vor der Gefahrstelle aufzustellen. Diese Entfernung auf einem Zusatzschild anzugeben, kann sich häufig erübrigen. Dagegen kann sich an besonders gefährlichen Stellen eine Wiederholung der Gefahrzeichen 200 m vor der Gefahrstelle empfehlen oder sogar eine zusätzliche Vorwarnung auf 800 und 600 m; in diesen Fällen ist die jeweilige Entfernung auf Zusatzschildern anzugeben.

Vwv zu Zeichen 330 Autobahn

1   I. Das Zeichen ist sowohl am Beginn der Autobahn als auch an jeder Anschlußstellenzufahrt   40
    aufzustellen. In der Regel muß es am Beginn der Zufahrt angebracht werden.

2   II. Das Zeichen darf auch an Straßen aufgestellt werden, die nicht als Bundesautobahnen nach dem Bundesfernstraßengesetz gewidmet sind, wenn diese Straßen für Schnellverkehr geeignet sind, frei von höhengleichen Kreuzungen sind, getrennte Fahrbahnen für den Richtungsverkehr haben und mit besonderen Anschlußstellen für die Zu- und Ausfahrten ausgestattet sind. Voraussetzung ist aber, daß für den abgedrängten langsameren Verkehr

847

2 StVO § 42 Abs V II. Zeichen und Verkehrseinrichtungen

andere Straßen, deren Benutzung zumutbar ist, und für die Anlieger anderweitige Ein- und Ausfahrten zur Verfügung stehen.

3   III. Das Zeichen braucht auch nicht an allen Straßen aufgestellt zu werden, die nach dem Bundesfernstraßengesetz als Bundesautobahnen gewidmet sind.

Vwv zu Zeichen 331 Kraftfahrstraße

41 1   I. Mindestens der weiße Rand und das weiße Sinnbild, im Zeichen 336 auch der rote Streifen, müssen rückstrahlen.

2   II. Das Zeichen ist nicht bloß hinter allen Kreuzungen und Einmündungen zu wiederholen, sondern auch überall dort, wo verbotenes Einfahren oder Betreten ohne Schwierigkeiten möglich ist.

3   III. An allen Kreuzungen und Einmündungen ist auf den zuführenden Straßen das Zeichen 205 oder das Zeichen 206 aufzustellen.

4   IV. Nummer II Satz 2 zu Zeichen 330 (Rn. 2) gilt auch hier.

5   V. Vgl. Nummer II und III zu § 2 Abs. 1; Rn. 3 bis 6.

42 **Zeichen 332**   **Zeichen 333**
43

Ausfahrt von der Autobahn

Vwv zu den Zeichen 332 und 333

44 1   I. Statt beider Ausfahrtszeichen braucht innerhalb geschlossener Ortschaften nur eines von ihnen aufgestellt zu werden, wenn Platzmangel das rechtfertigt.

2   II. Stehen die Zeichen 332 und 333 nicht an einer Autobahn, so haben sie gelben oder – sofern sie Bestandteil der innerörtlichen Wegweisung sind – weißen Grund. Schrift, Rand und Pfeil sind schwarz.

Vwv zu Zeichen 332 Ausfahrt von der Autobahn

45 1   I. Die Tafel ist unmittelbar am Beginn der Ausfahrt der Anschlußstelle, in der Regel am rechten Fahrbahnrand, aufzustellen. Die Tafel kann dort auch in einer Schilderbrücke oder an einem Auslegermast über dem ausmündenden Fahrstreifen angebracht werden.

2   II. In der Regel sollten nur zwei Ziele angegeben werden, ein benachbartes Ziel links und ein solches rechts der Autobahn. Mehr als vier Ziele dürfen keinesfalls angeführt werden. Bei Zielangaben, die aus mehreren Worten bestehen, sollten nach Möglichkeit Kurzbezeichnungen gewählt werden.

46/47   **Anm:** S auch bei Zeichen 330.

48   **Zeichen 334**   **Zeichen 336**
49

Ende der Autobahn   Ende der Kraftfahrstraße

Das Ende kann auch durch dasselbe Zeichen mit einer Entfernungsangabe unter dem Sinnbild, wie „800 m", angekündigt sein.

848

Richtzeichen   Abs VI § 42 StVO **2**

Vwv zu Zeichen 334 Ende der Autobahn

1   I. Das Zeichen ist am Ende der Autobahn und an allen Ausfahrten der Anschlußstellen   50
    aufzustellen. Wo es aus Sicherheitsgründen nicht geboten ist, die Autobahnregeln für die
    ganze Ausfahrt aufrechtzuerhalten, darf es schon in deren Verlauf angebracht werden.

2   II. Das Ende der Autobahn ist stets anzukündigen.

Vwv zu Zeichen 336 Ende der Kraftfahrstraße

1   Über die Ausgestaltung vgl. Nummer I zu Zeichen 331; Rn. 1.   51

Anm: S auch bei Zeichen 330.   52

(6) **Markierungen sind weiß, ausgenommen in den Fällen des § 41 Abs. 4.**

1. Leitlinie

Zeichen 340   53

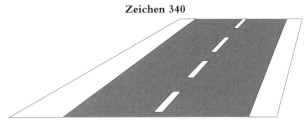

Sie besteht in der Regel aus gleich langen Strichen mit gleichmäßigen Abständen. Eine Leitlinie kann auch als Warnlinie ausgeführt werden; bei der Warnlinie sind die Striche länger als die Lücken.

Die Markierung bedeutet:
a) Leitlinien dürfen überfahren werden, wenn dadurch der Verkehr nicht gefährdet wird;
b) sind auf einer Fahrbahn für beide Richtungen insgesamt 3 Fahrstreifen so markiert, dann darf der linke Fahrstreifen nicht zum Überholen benutzt werden. Wer nach links abbiegen will, darf sich auf dem mittleren Fahrstreifen einordnen;
c) auf Fahrbahnen für beide Richtungen mit 4 so markierten Fahrstreifen sind die beiden linken ausschließlich dem Gegenverkehr vorbehalten; sie dürfen daher auch nicht zum Überholen benutzt werden. Dasselbe gilt auf 6-streifigen Fahrbahnen für die 3 linken Fahrstreifen;
d) sind außerhalb geschlossener Ortschaften für eine Richtung 3 Fahrstreifen so markiert, dann darf der mittlere Fahrstreifen dort durchgängig befahren werden, wo – auch nur hin und wieder – rechts davon ein Fahrzeug hält oder fährt. Dasselbe gilt auf Fahrbahnen mit mehr als drei so markierten Fahrstreifen für eine Richtung für den zweiten Fahrstreifen von rechts. Den linken Fahrstreifen dürfen außerhalb geschlossener Ortschaften Lastkraftwagen mit einem zulässigen Gesamtgewicht von mehr als 3,5 t sowie Züge, die länger als 7 m sind, nur benutzen, wenn sie sich dort zum Zwecke des Linksabbiegens einordnen;
e) sind Beschleunigungsstreifen so markiert, dann darf dort auch schneller gefahren werden als auf den anderen Fahrstreifen;
f) gehen Fahrstreifen, insbesondere auf Autobahnen oder Kraftfahrstraßen von der durchgehenden Fahrbahn ab, so dürfen Abbieger vom Beginn einer breiten Leitlinie rechts von dieser schneller als auf der durchgehenden Fahrbahn fahren. Das gilt nicht für Verzögerungsstreifen;
g) Wird am rechten Fahrbahnrand ein Schutzstreifen für Radfahrer so markiert, dann dürfen andere Fahrzeuge die Markierung bei Bedarf überfahren; eine Gefährdung von Radfahrern ist dabei auszuschließen. Der Schutzstreifen kann mit Fahrbahnmarkierungen (Sinnbild „Radfahrer", § 39 Abs. 3) gekennzeichnet sein.

849

2 StVO § 42 Abs VI — II. Zeichen und Verkehrseinrichtungen

Vwv zu Zeichen 340 Leitlinie

54 1 I. Eine Leitlinie kann auch als Warnlinie markiert werden; dann sind die Striche länger als die Lücken.

55 II. Schutzstreifen für Radfahrer

1. Allgemeines

2 Eine Leitlinie kann auch markiert werden, um die Fahrbahn in Fahrstreifen und einen oder zwei Schutzstreifen zu gliedern. Die Schutzstreifen liegen jeweils am rechten Fahrbahnrand.

3 Der Radverkehr muß den Schutzstreifen im Streckenverlauf benutzen. Dessen Benutzungspflicht ergibt sich aus dem Rechtsfahrgebot (§ 2 Abs. 4 Satz 3).

4 2. Innerorts
a) Innerorts kann die Markierung von Schutzstreifen auf der Fahrbahn dann in Betracht kommen, wenn

5 1. die Trennung des Fahrzeugverkehrs durch Kennzeichnung einer Radwegebenutzungspflicht erforderlich wäre, die Anlage des Sonderweges (baulich angelegter Radweg, Radfahrstreifen) aber nicht möglich ist oder

6 2. die Trennung des Fahrzeugverkehrs durch Kennzeichnung einer Radwegebenutzungspflicht nicht zwingend erforderlich wäre, dem Radverkehr aber wegen der nicht nur geringen Verkehrsbelastung (in der Regel mehr als 5000 Kfz/24 Std.) und der Verkehrsbedeutung ein besonderer Schonraum angeboten werden soll und

7 3. dies die Breite der Fahrbahn, die Verkehrsbelastung (in der Regel bis zu 10 000 Kfz/24 Std.) und die Verkehrsstruktur (in der Regel Anteil des Schwerverkehrs am Gesamtverkehr unter 5 Prozent bzw. unter 500 Lkw/24 Std.) grundsätzlich zuläßt.

8 Die besonderen örtlichen und verkehrlichen Umstände sind zu berücksichtigen.

b) Voraussetzung für die Markierung von Schutzstreifen innerorts ist, daß

9 1. bei beidseitigen Schutzstreifen die Breite der für den fließenden Fahrzeugverkehr zur Verfügung stehenden, im Gegenverkehr benutzbaren Fahrbahn mindestens 7 m und weniger als 8,5 m,

10 2. die Breite der Schutzstreifen für den Radverkehr 1,6 m, mindestens 1,25 m und

11 3. die restliche Fahrbahnbreite für den Kraftfahrzeugverkehr mindestens 4,5 m, höchstens 5,5 m
beträgt sowie

12 4. die Verkehrsbelastung und Verkehrsstruktur eine Mitbenutzung des Schutzstreifens durch mehrspurige Fahrzeuge nur in seltenen Ausnahmefällen notwendig macht und

13 5. der ruhende Verkehr auf der Fahrbahn durch Zeichen 283 ausgeschlossen wird.

14 c) Der Einsatz von Schutzstreifen in Kreisverkehren scheidet aus.

15 3. Außerorts scheidet die Markierung von Schutzstreifen aus.

16 4. a) Die Leitlinie ist im Streckenverlauf als unterbrochener Schmalstrich im Verhältnis 1 : 1 : 1 zu markieren. An Kreuzungen und Einmündungen soll von einer Markierung abgesehen werden.

17 b) Die Zweckbestimmung des Schutzstreifens kann in regelmäßigen Abständen mit dem Sinnbild „Radfahrer" (§ 39 Abs. 4) verdeutlicht werden.

56 18 III. Leitlinien sind nach den Richtlinien für die Markierung von Straßen (RMS) auszuführen. Vgl. zu § 41 Abs. 3.

57/58 19 IV. Vgl. auch Nummer I zu § 7 Abs. 1 bis 3; Rn. 1.

Richtzeichen Abs VII § 42 StVO **2**

2. **Wartelinie**

Zeichen 341

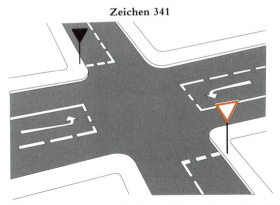

Sie kann angebracht sein, wo das Zeichen 205 anordnet: „Vorfahrt gewähren!" Sie kann ferner dort angebracht sein, wo abbiegende Fahrzeuge Gegenverkehr durchfahren lassen müssen. Sie empfiehlt dem, der warten muß, hier zu warten.

Vwv zu Zeichen 341 Wartelinie

1 *Wartelinien sind nach den Richtlinien für die Markierung von Straßen (RMS) anzubringen und auszuführen. Vgl. zu § 41 Abs 3.*

3. **Schriftzeichen und die Wiedergabe von Verkehrsschildern auf der Fahrbahn dienen dem Hinweis auf ein entsprechendes Verkehrszeichen.**

Vwv zu § 42 Abs. 6 Nr. 3 Schriftzeichen und Wiedergabe von Verkehrsschildern auf der Fahrbahn

1 I. *Durch die Wiedergabe eines Verkehrsschildes auf der Fahrbahn wird der Fahrzeugverkehr auf eine besondere Situation aufmerksam gemacht.*

2 *Von der Möglichkeit, Verkehrsschilder auf der Fahrbahn darzustellen, sollte nur sehr sparsam Gebrauch gemacht werden.*

3 *In der Regel genügt es, das Sinnbild des Verkehrszeichens auf der Fahrbahn darzustellen (z. B. ein Fahrrad).*

4 II. *Bei der Ausführung der Darstellung sind die Richtlinien für die Markierung von Straßen (RMS) zu beachten. Vgl. zu § 41 Abs. 3.*

5 III. *Vgl. auch Nummer I 1 zu § 8 Abs. 1 (Rn. 1), Nummer II zu § 41 (Rn. 2), Nummer III zu Zeichen 206 (Rn. 3) sowie Nummer VII 2 zu den Zeichen 205 und 206; Rn. 12.*

(7) **Hinweise**

Zeichen 350

Fußgängerüberweg

Das Zeichen ist unmittelbar an der Markierung (Zeichen 293) angebracht.

851

2 StVO § 42 Abs VII   II. Zeichen und Verkehrseinrichtungen

Vwv zu Zeichen 350 Fußgängerüberweg

68   1   I. Das Zeichen darf nicht in Kombination mit anderen Zeichen aufgestellt werden.

      2   II. Das Zeichen muß mindestens voll retroreflektierend ausgeführt sein.

69

Zeichen 353

Einbahnstraße

Es kann ergänzend anzeigen, daß die Straße eine Einbahnstraße (Zeichen 220) ist.

Vwv zu Zeichen 353 Einbahnstraße

70   1   Vgl. Nummer I zu Zeichen 220; Rn. 1ff.

71

Zeichen 354

Wasserschutzgebiet

Es mahnt Fahrzeugführer, die wassergefährdende Stoffe geladen haben, sich besonders vorsichtig zu verhalten.

Vwv zu Zeichen 354 Wasserschutzgebiet

72/73   1   I. Es ist an den Grenzen der Einzugsgebiete von Trinkwasser und von Heilquellen auf Straßen aufzustellen, auf denen Fahrzeuge mit wassergefährdender Ladung häufig fahren. In der Regel ist die Länge der Strecke, die durch das Wasserschutzgebiet führt, auf einem Zusatzschild (§ 40 Abs. 4) anzugeben.

        2   II. Nummer I zu Zeichen 269 (Rn. 1) gilt auch hier.

        3   III. Vgl. auch Nummer II zu Zeichen 269, Rn. 2 bis 8.

        4   IV. Es empfiehlt sich, das Zeichen voll retroreflektierend auszuführen.

74

Zeichen 355

Fußgängerunter- oder -überführung

Richzeichen Abs VII § 42 StVO **2**

Vwv zu Zeichen 355 Fußgängerunter- oder -überführungen

1. An Unterführungen sollte das Zeichen in der Regel aufgestellt werden, an Überführungen nur ausnahmsweise.

Zeichen 356

Verkehrshelfer

Vwv zu Zeichen 356 Verkehrshelfer

1. I. Wo Schülerlotsen, Schulweghelfer oder sonstige Verkehrshelfer tätig werden, soll das Zeichen angebracht sein. Wo ein Fußgängerüberweg markiert ist, kann das Zeichen entbehrlich sein. Wenn der Einsatz z. B. von „Verkehrskadetten" es erfordert, soll durch ein mobiles Schild auf den Einsatz hingewiesen werden.
2. II. Es soll etwa 50 m vor der Einsatzstelle stehen.
3. III. Sollen Verkehrshelfer für ordnende Aufgaben, z. B. für Hinweise zum ordnungsgemäßen Parken auf Parkplätzen, eingesetzt werden, so ist dafür die Zustimmung der Straßenverkehrsbehörde erforderlich. Die Zustimmung kann mit Auflagen verbunden werden.

Zeichen 357

Sackgasse

Vwv zu Zeichen 357 Sackgasse

1. I. Das Zeichen sollte nur aufgestellt werden, wenn die Straße nicht ohne weiteres als Sackgasse erkennbar ist.
2. II. Vgl. Nummer II zu § 31; Rn. 2 bis 4.

Wintersport kann durch Zusatzschild (hinter Zeichen 101) erlaubt sein.

Durch solche Zeichen mit entsprechenden Sinnbildern können auch andere Hinweise gegeben werden, wie auf Fernsprecher, Tankstellen, Zeltplätze und Plätze für Wohnwagen.

2 StVO § 42 Abs VII   II. Zeichen und Verkehrseinrichtungen

Vwv zu Zeichen 358 Erste Hilfe

83   1   I. Das Zeichen zeigt stets das rote Kreuz ohne Rücksicht darauf, wer den Hilfsposten eingerichtet hat.

      2   II. Es darf nur verwendet werden zum Hinweis auf regelmäßig besetzte Posten amtlich anerkannter Verbände.

      3   III. Vgl. auch die Verlautbarung Nummer 115 vom 13. März 1967 (VkBl. 1967 S. 225).

Vwv zu Zeichen 359 Pannenhilfe

84   1   Liegt die nächste Werkstatt an der Straße, so ist der Hinweis entbehrlich. Es kann sich außerhalb geschlossener Ortschaften auf Straßen mit schnellerem oder stärkerem Verkehr empfehlen, wenn sich auf größere Entfernung nur eine Werkstatt abseits der Straße befindet, auf sie mittels Pfeils und Entfernungsangabe hinzuweisen.

Vwv zu Zeichen 363 Polizei

85   1   Das Zeichen sollte, mit zusätzlichen näheren Hinweisen, in der Regel nur außerhalb geschlossener Ortschaften auf Straßen mit schnellerem oder stärkerem Verkehr angebracht werden.

86
87
88

Zeichen 375   Zeichen 376   Zeichen 377

Autobahnhotel   Autobahngasthaus   Autobahnkiosk

Vwv zu den Zeichen 375 bis 377 Autobahnhotel usw.

89   1   I. Die Zeichen dürfen nur auf Autobahnen aufgestellt werden.

      2   II. Sie dürfen nur für Betriebe verwendet werden, die von der Autobahn aus unmittelbar zu erreichen sind.

      3   III. Durch das Zeichen 375 ist auf ein Autobahngasthaus mit, durch das Zeichen 376 auf ein solches ohne Übernachtungsmöglichkeit hinzuweisen, durch das Zeichen 377 auf kleine Erfrischungsstellen.

90

Zeichen 380

Richtgeschwindigkeit

Es empfiehlt, die angegebene Geschwindigkeit auch bei günstigen Straßen-, Verkehrs-, Sicht- und Wetterverhältnissen nicht zu überschreiten.

Richtzeichen Abs VII § 42 StVO **2**

Zeichen 381

Ende der Richtgeschwindigkeit

Vwv zu den Zeichen 380 Richtgeschwindigkeit und Zeichen 381 Ende der Richtgeschwindigkeit

1. I. Eine Richtgeschwindigkeit kann sich auf bestimmten Straßenstrecken dort empfehlen, wo es zweckmäßig ist, auf die Gefahren höherer Geschwindigkeiten hinzuweisen, eine Beschränkung durch Zeichen 274 aber noch nicht geboten ist (vgl. zu Zeichen 274).
2. II. Richtgeschwindigkeiten sollten so festgelegt werden, daß sie vor ihrer Anordnung bei nasser Fahrbahn von nicht mehr als 15 Prozent der Fahrer überschritten werden.
3. III. Die Richtgeschwindigkeit darf nur für alle Fahrstreifen einer Fahrtrichtung, nicht für einzelne dieser Fahrstreifen empfohlen werden.
4. IV. Über die Zustimmungsbedürftigkeit vgl. Nummer III 1 zu § 45 Abs. 1 bis 1e; Rn. 3 ff.

Zeichen 385

Ortshinweistafel

Es dient der Unterrichtung über Namen von Ortschaften, soweit keine Ortstafeln (Zeichen 310) aufgestellt sind.

Vwv zu Zeichen 385 Ortshinweistafel

1. I. Das Zeichen kann auch dann verwendet werden, wenn die Straße durch die genannte Ortschaft, nicht aber durch deren fest umrissenen Ortskern führt.
2. II. Vgl. auch Nummer I zu den Zeichen 310 und 311 (Rn. 1) sowie die Richtlinien für wegweisende Beschilderung außerhalb von Autobahnen (RWB), Ausgabe 1992 (VkBl. 1995 S. 218).

Zeichen 386

Touristischer Hinweis

Es dient außerhalb der Autobahnen dem Hinweis auf touristisch bedeutsame Ziele und der Kennzeichnung von Touristikstraßen sowie an Autobahnen der Unterrichtung über Landschaften und Sehenswürdigkeiten.

Vwv zu Zeichen 386 Touristischer Hinweis

1. I. Das Zeichen wird in drei Formen und Funktionen verwendet:
2. – als Hinweiszeichen im Nahbereich touristisch bedeutsamer Ziele mit wegweisender Funktion außerhalb der Autobahn,
3. – als Kennzeichnung von Touristikstraßen außerhalb der Autobahnen,

2 StVO § 42 Abs VII — II. Zeichen und Verkehrseinrichtungen

4 – als Unterrichtungstafel über Landschaften und Sehenswürdigkeiten entlang der Autobahnen.

5 Das Zeichen soll voll retroreflektierend ausgeführt werden.

6 Touristische Hinweiszeichen dürfen nur äußerst sparsam aufgestellt werden. Durch sie darf die Auffälligkeit, Erkennbarkeit und Lesbarkeit anderer Verkehrszeichen nicht beeinträchtigt werden.

II. Hinweiszeichen im Nahbereich touristisch bedeutsamer Ziele

7 1. Die Festlegung der Maße richtet sich nach den Vorgaben der Vorläufigen Richtlinie für Touristische Hinweise an Straßen (RtH 1988), Ausgabe 1988 (VkBl. 1988 S. 488), die das Bundesministerium für Verkehr mit Zustimmung der obersten Landesbehörden bekanntgibt.

8 2. In der Regel stehen solche Zeichen nur außerorts an Straßen von regionaler Bedeutung, innerorts kommen sie nur ausnahmsweise und nur dann in Betracht, wenn nicht mit anderen Zeichen auf die Ziele hingewiesen wird.

9 3. Auf die ausgewählten Ziele soll nur im unmittelbaren Nahbereich hingewiesen werden, wenn die übrige Wegweisung keine Hilfen mehr gibt.

10 4. Auf bedeutende touristische Ziele kann mit einem einheitlichen grafischen Symbol hingewiesen werden.

11 III. Kennzeichnung von Touristikstraßen außerhalb von Autobahnen

1. siehe Nummer II Nr. 1; Rn. 7

12 2. Die Zeichen enthalten den Namen der Straßen, z. B. „Burgenstraße" gegebenenfalls zusammen mit einem einheitlich auf diese Straße zu verwendenden grafischen Symbol.

13 3. Die Zeichen haben nur kennzeichnende und keine wegweisende Funktion.

14 4. Die Zeichen dürfen nicht zusammen mit der übrigen Beschilderung aufgestellt werden.

15 IV. Unterrichtungstafel über Landschaften und Sehenswürdigkeiten entlang der Autobahnen

1. siehe Nummer II Nr. 1; Rn. 7

16 2. Die Tafel dient nur der Unterrichtung und darf weder selbst eine Wegweisungsfunktion haben noch eine Folgewegweisung an den Autobahnausfahrten nach sich ziehen. Entfernungsangaben, Pfeile u. ä. dürfen auf der Tafel nicht verwendet werden.

17 3. Die Unterrichtungstafel muß ein eigenständiges und einheitliches Erscheinungsbild aufweisen, es darf keine Verwechslungsgefahr mit anderen Verkehrszeichen auf der Autobahn bestehen.

18 4. Inhalt der Unterrichtungstafel sollen bevorzugt Landschaften oder von der Autobahn aus sichtbare bedeutsame Kultur- oder Baudenkmäler sein.

19 In einer Tafel darf nur ein Thema grafisch umgesetzt werden.

20 5. Die Tafel darf nicht innerhalb einer Wegweiserkette, d. h. zwischen Ankündigungstafel und Ausfahrt bzw. Entfernungstafel aufgestellt werden. Der Abstand zur wegweisenden Beschilderung muß mindestens 1 km betragen. Untereinander sollen die braun-weißen Tafeln in der Regel keinen geringeren Abstand als 20 km haben.

21 V. Richtlinien und Verzeichnisse

1. Die Auswahl der Sehenswürdigkeiten sowie die Ausstattung und Aufstellung der Zeichen sollen im einzelnen nach Richtlinien erfolgen, die das Bundesministerium für Verkehr im Einvernehmen mit den zuständigen obersten Landesbehörden im Verkehrsblatt bekanntgibt.

22 2. Es wird empfohlen, für die ausgewählten Ziele, Kennzeichnungen und Inhalte der Unterrichtungstafeln bei den Ländern ein Verzeichnis anzulegen und fortzuschreiben.

23 3. Die Ziele, Kennzeichnungen und Unterrichtungen sollen unter Beteiligung von Interessenvertretern der Touristik und anderen interessierten Verbänden von der Straßenverkehrsbehörde festgelegt werden. Zu beteiligen sind von seiten der Behörden vor allem die Straßenbaubehörde, Denkmalschutzbehörde, Forstbehörde.

Richtzeichen Abs VII § 42 StVO **2**

Zeichen 388

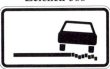

Es warnt, mit mehrspurigen Kraftfahrzeugen den für diese nicht genügend befestigten Seitenstreifen zu benutzen.

Wird statt des Sinnbildes eines Personenkraftwagens das eines Lastkraftwagens gezeigt, so gilt die Warnung nur Führern von Fahrzeugen mit einem zulässigen Gesamtgewicht über 3,5 t und Zugmaschinen.

Vwv zu Zeichen 388 Seitenstreifen nicht befahrbar

1. I. Der Warnung bedarf es nicht, wenn der Seitenstreifen ersichtlich unzureichend befestigt oder überhaupt ungeeignet ist.
2. II. Dagegen sollte durch das Zeichen vor unzureichend befestigten Seitenstreifen gewarnt werden, die ähnlich wie die Fahrbahn aussehen oder sonst den Eindruck machen, als ob sie vor allem zum Halten oder Parken geeignet wären.
3. III. Auf schmalen Straßen muß häufig vor unzureichend befestigten Seitenstreifen gewarnt werden, damit Kraftfahrer bei einer Begegnung nicht dorthin ausweichen.
4. IV. Die Anbringung des Zeichens 101 über dem Zeichen 388 ist unzulässig.

Anm: Bekanntgabe von

Zeichen 391

Mautpflichtige Strecke

durch das BMV (27. 6. 03, VBl **03** 430) unter Bezugnahme auf § 45 Ie. Das Z soll in Abs VII eingestellt werden.

Zeichen 392

Es weist auf eine Zollstelle hin.

Vwv zu Zeichen 392 Zollstelle

1. Das Zeichen sollte in der Regel 150 bis 250 m vor der Zollabfertigungsstelle aufgestellt werden. Die Zollbehörden sind zu hören.

2 StVO § 42 Abs VIII Nr 1   II. Zeichen und Verkehrseinrichtungen

97a

Zeichen 393

Informationstafel an Grenzübergangsstellen

Vwv zu Zeichen 393 Informationstafel an Grenzübergangsstellen

97b   1   I. Das Zeichen informiert den in die Bundesrepublik Deutschland einreisenden Verkehrsteilnehmer über die bestehenden allgemeinen Geschwindigkeitsbegrenzungen und über die Richtgeschwindigkeit auf Autobahnen.

     2   II. Die Informationstafel sollte hinter der Grenzübergangsstelle neben der Fahrbahn stehen, und zwar

     3   – die erste Tafel nach Möglichkeit unmittelbar hinter der letzten Paßkontrollstelle in einem Bereich, in dem die Tafel bereits von den auf die Abfertigung wartenden Fahrzeugen aus gelesen werden kann, und

     4   – die Wiederholungstafel stets hinter der Grenzübergangsstelle in einem Bereich ab 200 m bis 500 m (auf Autobahnen einheitlich 500 m) von der Stelle entfernt, an der der Querschnitt der durchgehenden Strecke beginnt.

     5   An Grenzübergangsstellen außerhalb von Autobahnen kann, je nach den örtlichen Gegebenheiten, eine Informationstafel ausreichen.

98   **Zeichen 394**

Es kennzeichnet innerhalb geschlossener Ortschaften Laternen, die nicht die ganze Nacht brennen. Laternenpfähle tragen Ringe gleicher Farbe. In dem roten Feld kann in weißer Schrift angegeben sein, wann die Laterne erlischt.

Vwv zu Zeichen 394 Laternenring

99   1   Ringe und Schilder sind 70 mm hoch, Schilder 150 mm breit.

(8) Wegweisung
1. Wegweiser

	Zeichen 401	Zeichen 405	Zeichen 406	Zeichen 410
100				
101				
101a	**35**	**48**	**26**	**E 36**
101b				
			Nummernschilder für	
	Bundes-straßen	Autobahnen	Knotenpunkte der Autobahnen (Autobahnausfahrten, Autobahnkreuze und Autobahndreiecke)	Europa-straßen

858

Richtzeichen   **Abs VIII Nr 1 § 42 StVO 2**

Vwv zu den Zeichen 401 und 410

1   I. Allein dürfen diese Schilder nur im Verlauf von Bundesstraßen und Europastraßen, die   102
    Vorfahrtstraßen sind, aufgestellt werden. Vgl. auch Nummer III 11 a zu den §§ 39 bis
    43; Rn. 32 ff.
2   II. Vgl. auch Nummer VIII zu den Zeichen 310 und 311; Rn. 10.
3   III. Das Zeichen 401 darf auf neu gebauten Straßen, z. B. Umgehungsstraßen, schon vor
    deren Widmung angebracht werden.

Vwv zu Zeichen 405 Nummernschild für Autobahnen

1   I. Die Abmessungen richten sich nach der Höhe der Ziffern auf den Wegweisern.   103
2   II. Das Zeichen darf nur zugleich mit Vorwegweisern, Wegweisern und Entfernungstafeln
    gezeigt werden.
3   III. Nummer 1 zu den Zeichen 330, 332 bis 334 und 448 bis 453 (Rn. 1 bis 4) gilt
    sinngemäß.

Vwv zu Zeichen 406 Nummernschild für Knotenpunkte der Autobahnen

1   I. Das Zeichen darf nur zugleich mit Zeichen 448 und Zeichen 450 (300-m-Bake) ge-   104
    zeigt werden.
2   II. Alle Ankündigungstafeln der Autobahnausfahrten, Autobahnkreuze und Autobahndrei-
    ecke sollen für jeden Autobahnverlauf eine fortlaufende Nummer erhalten. Eine Wieder-
    holung dieser Knotenpunktnummer soll nur für Anschlußstellen auf der 300-m-Bake
    Zeichen 450) erfolgen.

Zeichen 415   105

auf Bundesstraßen

Diese Schilder geben keine Vorfahrt.

Vwv zu den Zeichen 415 bis 442 Wegweisung außerhalb von Autobahnen

1   I. Die Wegweisung soll Ortsfremde unterrichten. Dabei soll auch angestrebt werden, den   106
    Verkehr unter Berücksichtigung der tatsächlichen Verkehrsbedürfnisse auf das vorhandene
    Straßennetz zu verteilen. Folgende Grundsätze sind einzuhalten:
2   1. Ein einmal in der Wegweisung angegebenes Ziel muß in jeder folgenden Wegweisung
    bis zu diesem Ziel wiederholt werden.
3   2. Wird an einer Kreuzung oder Einmündung auf ein über eine abzweigende Straße er-
    reichbares Ziel hingewiesen, so empfiehlt es sich immer dann, an der gleichen Stelle
    auch einen Wegweiser für die Hauptrichtung anzubringen, wenn Zweifel über die
    Weiterführung der Hauptrichtung auftreten können.
4   II. Anzugeben ist die Entfernung bis zur Ortsmitte. Es sind nur volle Kilometer zu nen-
    nen. Innerhalb geschlossener Ortschaften ist die Entfernungsangabe häufig entbehrlich.
5   III. Ist an einer Kreuzung oder Einmündung ein beleuchteter oder ein retroreflektierender
    Wegweiser angebracht, so muß geprüft werden, ob nicht auch alle übrigen so auszuführen
    sind.
6   IV. Für Bundesfernstraßen gibt das Bundesministerium für Verkehr ein Verzeichnis der
    Fern- und Nahziele sowie der Entfernungen heraus. Diese sowie die entsprechenden
    Verzeichnisse der obersten Landesbehörden für die übrigen Straßen sind bei der Auswahl
    der Ziele zu beachten.
7   V. Soweit in den folgenden Ausführungen keine speziellen Regelungen getroffen sind, ist die
    Ausgestaltung und Aufstellung nach den „Richtlinien für wegweisende Beschilderung

2 StVO § 42 Abs VIII Nr 1   II. Zeichen und Verkehrseinrichtungen

außerhalb von Autobahnen (RWB)" auszuführen. Das Bundesministerium für Verkehr gibt die RWB im Einvernehmen mit den zuständigen obersten Landesbehörden im Verkehrsblatt bekannt.

107
108

Zeichen 418   Zeichen 419

mit größerer   auf sonstigen Straßen   mit geringerer
                 Verkehrsbedeutung

Das Zusatzschild „Nebenstrecke" weist auf einen wegen seines schwächeren Verkehrs empfehlenswerten Umweg hin.

109

Zeichen 421

für bestimmte Verkehrsarten

Vwv zu den Zeichen 421 und 442

110   1   I. Die Zeichen können zur Ableitung jeder Verkehrsart verwendet werden. In den Zeichen können erforderlichenfalls auch mehrere Sinnbilder gezeigt werden.

110a 2   II. Die Aufstellung des Zeichens 442 ist dort zu erwägen, wo schnell gefahren wird und das Zeichen 421 deshalb nicht immer rechtzeitig erkannt werden kann. Außerdem empfiehlt sich die Aufstellung auf breiten Straßen, auf denen der abzuleitende Verkehr sich frühzeitig einordnen muß. Wo das Zeichen 442 steht, kann das Zeichen 421 oft entbehrt werden.

110b   III. Die Ableitung bestimmter Verkehrsarten ist in der Regel geboten,
      3   1. wenn für Verkehrsarten (z. B. für Lastkraftwagen) im weiteren Verlauf der Straße ein Verkehrsverbot besteht. In solchen Fällen ist auf das folgende Verkehrsverbot zusätzlich z. B. durch Aufstellung des Zeichens 253 mit Angabe der Entfernung auf einer Zusatztafel hinzuweisen,
      4   2. wenn bestimmte Verkehrsarten von der Weiterbenutzung der Straße fernzuhalten sind (z. B. Ableitung von Lastkraftwagen vor engen Ortsdurchfahrten oder von Radfahrern auf weniger belastete Straßen). In solchen Fällen wird zu prüfen sein, ob ein Verkehrsverbot, etwa mit dem beschränkenden Zusatzschild „Anlieger frei", ausgesprochen werden kann,
      5   3. wenn es für bestimmte Verkehrsarten zweckmäßig ist, die Umleitungsstrecke zu benutzen. So kann z. B. Personenkraftwagen eine schwächer befestigte Strecke zur Umgehung des Stadtkerns angeboten werden, wenn der Verkehr dort schneller vorankommt als auf der überlasteten Ortsdurchfahrt.

Vwv zu den Zeichen 421 und 442, 454 bis 466 Beschilderung von Umleitungen und Bedarfsumleitungen

111   1   I. Die Ausgestaltung und Aufstellung richtet sich, soweit im folgenden keine speziellen Regelungen getroffen sind, nach den „Richtlinien für Umleitungsbeschilderung (RUB)". Das Bundesministerium für Verkehr gibt die RUB im Einvernehmen mit den zuständigen obersten Landesbehörden im Verkehrsblatt bekannt.

111a 2   II. Umleitungen, auch nur von Teilen des Fahrverkehrs, und Bedarfsumleitungen sind in der Regel in einem Umleitungsplan festzulegen. Die zuständige Behörde hat sämtliche beteiligten Behörden und die Polizei, gegebenenfalls auch die Bahnunternehmen, Linienverkehrsunternehmen und die Versorgungsunternehmen zur Planung heranzuziehen.

Richtzeichen   **Abs VIII Nr 1 § 42 StVO 2**

Dabei sind die Vorschriften des Straßenrechts, insbesondere des § 14 des Bundesfernstraßengesetzes und die entsprechenden Vorschriften der Landesstraßengesetze zu berücksichtigen. Bei allen in den Verkehrsablauf erheblich eingreifenden Umleitungsplänen empfiehlt es sich, einen Anhörungstermin anzuberaumen.

3   *III. Als Umleitungsstrecken sollten solche ausgewählt werden, die für die Verkehrsteilnehmer*   112
einen möglichst geringen Umweg bedeuten, die für die Art und Menge des umzuleitenden
Verkehrs genügen und die, wenn notwendig, mit zumutbaren Aufwendungen für die
Umleitung hergerichtet werden können. Genügt die Umleitungsstrecke dem verstärkten
Verkehr nicht, so ist durch zusätzliche Maßnahmen dafür zu sorgen, daß sie für den
verstärkten Verkehr verkehrssicher wird und sich dieser möglichst reibungslos abwickeln
kann. Hierzu können Baumaßnahmen (z. B. Verbesserung der Fahrbahndecke, Schaffung von Ausweichstellen), die bei der Straßenbaubehörde anzuregen sind, und verkehrsregelnde Maßnahmen (z. B. Anordnung von Haltverboten, Geschwindigkeitsbeschränkungen, Schaffung von Einbahnstraßen) notwendig sein. Die Umleitungsstrecke und die
zu ihrer Herrichtung gebotenen Maßnahmen sind in dem Umleitungsplan darzustellen.
Die Umleitungsschilder dürfen erst aufgestellt werden, wenn die festgelegten Maßnahmen
durchgeführt sind.*

4   *IV. Bedarfsumleitungen des Autobahnverkehrs werden durch Zeichen 460 gekennzeichnet.*   112 a

5   *V. Umleitungen, die innerhalb eines Landes besonders bedeutsam sind, sowie Einrichtungen*   113
und Inanspruchnahme von Bedarfsumleitungen müssen den Landesmeldestellen, die für
die Unterrichtung der Kraftfahrer durch Rundfunk eingerichtet sind, bekanntgemacht
werden.*

6   *VI. Nebenstrecken sind außerhalb geschlossener Ortschaften zu bevorrechtigen.*   113 a

Zeichen 430   Zeichen 432   114
                                                         115

zur Autobahn   zu innerörtlichen Zielen
und zu Einrichtungen mit
erheblicher Verkehrsbedeutung

Wird aus verkehrlichen Gründen auf private Ziele hingewiesen, so kann die Ausführung des Zeichens mit braunem Grund und weißen Zeichen erfolgen.

Vwv zu Zeichen 432 Wegweiser zu innerörtlichen Zielen

1   *I. Innerörtliche Ziele, zu denen zu weisen ratsam ist, können sowohl Ortsteile (z. B.*   116
Parksiedlung, Innenstadt, Kurviertel), als auch öffentliche Anlagen und Gebäude
sein (z. B. Flughafen, Bahnhof, Messegelände, Universität, Stadion, Autohof). Wenn
auch in der Regel durch das weiße Pfeilschild nur der Weg zu Zielen innerhalb der
geschlossenen Ortschaft gewiesen werden sollte, wird empfohlen, es auch als Wegweiser
auf einen außerhalb gelegenen Flugplatz, Bahnhof oder ähnliche Einrichtungen zu verwenden.*

2   *Zusätzlich ein Sinnbild des angegebenen Zieles zu zeigen, empfiehlt sich.*

3   *II. Zu privaten Unternehmen darf nur dann so gewiesen werden, wenn das wegen besonders
starken auswärtigen Zielverkehrs dorthin unerläßlich ist und auch nur, wenn allgemeine
Hinweise wie „Industriegebiet Nord" nicht ausreichen.*

4   *III. Auf Autobahnen dürfen Wegweiser zu privaten Unternehmen, zu Industrie- oder Gewerbegebieten und zu öffentlichen Einrichtungen nicht aufgestellt werden. Hinweise auf
Flughäfen, die in weißen Einsätzen mit dem Sinnbild eines Flugzeuges (entsprechend
Zeichen 144) auf den blauen Autobahnwegweisern angezeigt werden, bleiben davon unberührt.*

2 StVO § 42 Abs VIII Nr 1 II. Zeichen und Verkehrseinrichtungen

117

Wegweisertafel

Sie faßt alle Wegweiser einer Kreuzungszufahrt zusammen. Die Tafel kann auch als Vorwegweiser dienen.

Vwv zu Zeichen 434 Wegweisertafel

118 1 *Vgl. auch Nummer II zu den Zeichen 332 und 333; Rn. 2.*

Innerorts können Wegweiser auch folgende Formen haben:

119
119a

Zeichen 435   Zeichen 436

120 Zeichen 437

Straßennamensschilder

An Kreuzungen und Einmündungen mit erheblichem Fahrverkehr sind sie auf die oben bezeichnete Weise aufgestellt.

Vwv zu Zeichen 437 Straßennamensschilder

121 1 *I. Die Schilder haben entweder weiße Schrift auf dunklem Grund oder schwarze Schrift auf hellem Grund.*
    2 *II. Die so aufgestellten Straßennamensschilder sind beiderseits zu beschriften. Werden zusätzlich Hausnummern angegeben, so ist dafür zu sorgen, daß die Schilder lesbar bleiben.*
    3 *III. An Kreuzungen und Einmündungen sollen sie auf die gezeigte Weise angebracht und angeordnet werden; bei erheblichem Fahrverkehr sind sie stets so anzubringen und anzuordnen.*

Richtzeichen   Abs VIII Nr 2 § 42 StVO **2**

2. Vorwegweiser

Zeichen 438

Zeichen 439

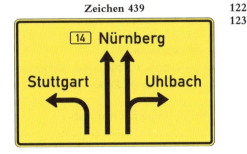

Es empfiehlt, sich frühzeitig einzuordnen.

Zeichen 440

zur Autobahn

Zeichen 442

für bestimmte Verkehrsarten

Vwv zu Zeichen 438 Vorwegweiser

1. I. Durch die schwarzen Pfeile den tatsächlichen Verlauf der Straße schematisch darzustellen, empfiehlt sich nur, wenn dadurch die Übersichtlichkeit der Wegweisung nicht leidet, z. B. vor einem Kreisverkehr.

2. II. Die Stärke der Pfeilstriche ist nicht nach der Klassifizierung der Straße zu wählen, sondern nach der Vorfahrtregelung, die an der angekündigten Kreuzung oder Einmündung gilt. Die Strichstärken sind in einem Verhältnis 4 (für die Vorfahrtstraße) : 3 (für die nachgeordnete Straße) darzustellen. Die Ankündigung der Wartepflicht durch Zeichen 205 mit Entfernungsangabe auf einem Zusatzschild, gegebenenfalls auch mit dem Sinnbild STOP (hinter Zeichen 206), am gleichen Pfosten kann empfehlenswert sein.

3. III. Im Vorwegweiser kann durch verkleinerte Wiedergabe auf den Strichen auf Verkehrsschilder hingewiesen werden, die im weiteren Verlauf der Straße stehen, z. B. durch Wiedergabe des Gefahrzeichens 150 oder 151 auf einen Bahnübergang, des Zeichens 205

2 StVO § 42 Abs VIII Nr 3   II. Zeichen und Verkehrseinrichtungen

auf die Wartepflicht an der folgenden Kreuzung (Ausführungsbeispiele siehe RWB). Als Einsätze sind nur Verkehrszeichen zulässig.

Vwv zu Zeichen 440 Vorwegweiser zur Autobahn

127   1   Die Nummer 1 zu den Zeichen 330, 332 bis 334 und 448 bis 453 (Rn. 1 bis 4) gilt auch für das Zeichen 440.

Vwv zu Zeichen 442 Vorwegweiser für bestimmte Verkehrsarten

128   1   Vgl. auch zu den Zeichen 421 und 442.

3. Wegweisung auf Autobahnen

Die „Ausfahrt" (Zeichen 332 und 333), ein Autobahnkreuz und ein Autobahndreieck werden angekündigt durch

– die Ankündigungstafel

129

Zeichen 448

in der die Sinnbilder hinweisen:

130
130 a

auf eine Autobahnausfahrt

auf ein Autobahnkreuz oder Autobahndreieck; es weist auch auf Kreuze und Dreiecke von Autobahnen mit autobahnähnlich ausgebauten Straßen des nachgeordneten Netzes hin.

Die Nummer ist die laufende Nummer der Ausfahrten, Autobahnkreuze und Autobahndreiecke der jeweils benutzten Autobahnen.

130 b   Ein Autohof in unmittelbarer Nähe einer Autobahnanschlussstelle wird angekündigt durch die Hinweisbeschilderung

Zeichen 448.1

Der Autohof wird einmal am rechten Fahrbahnrand 500 bis 1000 m vor der Ankündigungstafel (Zeichen 448) angekündigt. Auf einem Zusatzschild wird durch grafische Symbole der Leistungsumfang des Autohofs dargestellt.

Anm: Das Z ersetzt das in VBl **94** 699 bekannt gegebene HinweisZ.

Richtzeichen   Abs VIII Nr 3 § 42 StVO **2**

– den Vorwegweiser

Zeichen 449   130 c

– sowie auf 300 m, 200 m und 100 m durch Baken wie

Zeichen 450   131

Auf der 300-m-Bake einer Ausfahrt wird die Nummer der Ausfahrt wiederholt.
Autobahnkreuze und Autobahndreiecke werden 2000 m vorher, Ausfahrten werden 1000 m vorher durch Zeichen 448 angekündigt. Der Vorwegweiser Zeichen 449 steht bei Autobahnkreuzen und Autobahndreiecken 1000 m und 500 m, bei Ausfahrten 500 m vorher.

Zeichen 453   132

Entfernungstafel

Sie gibt hinter jeder Ausfahrt, Abzweigung und Kreuzung die Entfernungen zur jeweiligen Ortsmitte an. Ziele, die über eine andere als die gerade befahrene Autobahn zu erreichen sind, werden in der Regel unterhalb des waagerechten Striches angegeben.

Vwv zu den Zeichen 448, 448.1, 449 und 453

1 *Vgl. auch Nummer I zu den Zeichen 330, 332 bis 334 und 448 bis 453; Rn. 1 bis 4.*   **133**

2 StVO § 42 Abs VIII Nr 3   II. Zeichen und Verkehrseinrichtungen

Vwv zu den Zeichen 448.1 Autohof

133 a 1 I. Die Abmessung des Zeichens beträgt 2,0 m × 2,8 m.

2 II. Zeichen 448.1 ist nur anzuordnen, wenn folgende Voraussetzungen erfüllt sind:
  1. Der Autohof ist höchstens 1 km von der Anschlussstelle entfernt.
  2. Die Straßenverbindung ist für den Schwerverkehr baulich und unter Berücksichtigung der Anliegerinteressen Dritter geeignet.
  3. Der Autohof ist ganzjährig und ganztätig (24 h) geöffnet.
  4. Es sind mindestens 50 Lkw-Stellplätze an schwach frequentierten (DTV bis 50 000 Kfz) und 100 Lkw-Stellplätze an stärker frequentierten Autobahnen vorhanden. Pkw-Stellplätze sind davon getrennt ausgewiesen.
  5. Tankmöglichkeit besteht rund um die Uhr; für Fahrzeugreparaturen werden wenigstens Fachwerkstätten und Servicedienste vermittelt.
  6. Von 11 bis 22 Uhr wird ein umfassendes Speiseangebot, außerhalb dieser Zeit werden Getränke und Imbiss angeboten.
  7. Sanitäre Einrichtungen sind sowohl für Behinderte als auch für die besonderen Bedürfnisse des Fahrpersonals vorhanden.

3 III. Die Abmessung des Zusatzschildes beträgt 0,8 m × 2,8 m, die der in einer Reihe anzuordnenden grafischen Symbole 0,52 m × 0,52 m. Sollen mehr als 4 (maximal 6) Symbole gezeigt werden, sind diese entsprechend zu verkleinern.

4 IV. Das Zusatzschild enthält nur grafische Symbole für rund um die Uhr angebotene Leistungen. Es dürfen die Symbole verwendet werden, die auch das Leistungsangebot von bewirtschafteten Rastanlagen beschreiben (vgl. RWBA 2000, Kap. 8.1.2). Zusätzlich kann auch das Symbol „Autobahnkapelle" verwendet werden, wenn ein jederzeit zugänglicher Andachtsraum vorhanden ist. Zur Verwendung des Symbols „Werkstatt" vgl. RWBA 2000, Kap. 15.1 (5).

5 V. Die Autohof-Hinweiszeichen, deren Aufstellung vor der Aufnahme des Zeichens 448.1 (Autohof) in die StVO erfolgte und deren Maße nicht den Vorgaben (2,0 m × 2,8 m) entsprechen, sind bis zum 1. Januar 2006 gegen die entsprechenden Zeichen auszutauschen.

Vwv zu Zeichen 449 Vorwegweiser auf Autobahnen

134 1 I. Über dem Pfeil für die Richtung „Geradeaus" darf nur der Name der nächsten Anschlußstelle für die Ausfahrt angegeben werden.

2 II. Der andere Pfeil hat zunächst halbrechts zu zeigen, darf dann aber den tatsächlichen Verlauf der Ausfahrt darstellen. Nummer II zu Zeichen 332 (Rn. 2) gilt auch hier.

3 III. Abweichend von Nummer I und II dürfen in Schilderbrücken an Autobahnkreuzen und Autobahndreiecken über oder neben beiden Pfeilen bis zu drei Ziele genannt werden.

4 IV. Wo es zur Orientierung geboten ist, namentlich an Ausfahrten, die so ausgebaut sind, daß sie Autobahnabzweigungen ähneln, dürfen bei den Ortsnamen über dem nach Albrechts weisenden Pfeil Nummernschilder für Bundesstraßen (Zeichen 401) angebracht werden, wenn diese Bundesstraßen als Vorfahrtstraßen gekennzeichnet sind.

Vwv zu Zeichen 450 Ankündigungsbake

135 1 Vgl. auch Nummer I zu den Zeichen 330, 332 bis 334 und 448 bis 453; Rn. 1 bis 4.

Vwv zu Zeichen 453 Entfernungstafel

135 a 1 An Autobahnen werden als Bestätigung der Ziele Fernziele in maximal vier Zielangaben auf der Entfernungstafel hinter den Knotenpunkten angezeigt.

2 Liegt das angegebene Ziel nicht an der gerade befahrenen Autobahn, wird dieses Ziel unterhalb eines Trennstriches mit der zugehörigen Autobahnnummer aufgeführt, über die das Ziel zu erreichen ist. Die Anzahl von höchstens vier Zielangaben in der Entfernungstafel darf auch in diesen Fällen nicht überschritten werden. Wird die Zielangabe über mehrere Autobahnen geführt, wird nur die A-Nummer der nächsten Autobahnstrecke der Zielangabe vorangestellt.

Richtzeichen   Abs VIII Nr 4 § 42 StVO **2**

4. Umleitungen des Verkehrs bei Straßensperrungen

Zeichen 454   136

Es ist am Beginn der Umleitung und, soweit erforderlich, an den Kreuzungen und Einmündungen im Verlauf der Umleitungsstrecke angebracht.

Zeichen 455   136a

Numerierte Umleitung

Die Umleitung kann angekündigt sein durch das

Zeichen 457   137

mit Zusatzschild, wie „400 m" oder „Richtung Stuttgart", sowie durch die Planskizze.

Zeichen 458   138

Müssen nur bestimmte Verkehrsarten umgeleitet werden, so sind diese auf einem Zusatzschild über dem Wegweiser (Zeichen 454) und über dem Ankündigungszeichen (Zeichen 457) angegeben, wie „Fahrzeuge über 7,5 t zulässiges Gesamtgewicht". Der Vorwegweiser und die Planskizze zeigen dann Verbotszeichen für die betroffenen Verkehrsarten, wie das Zeichen 262.

Das Ende der Umleitung wird mit dem

Zeichen 459   139

Ende einer Umleitung

angezeigt.

2 StVO § 42 Abs VIII Nr 5   II. Zeichen und Verkehrseinrichtungen

Vwv zu Zeichen 454 Umleitungswegweiser

140   1   I. Das Zeichen muß mindestens an jeder Kreuzung und Einmündung im Verlauf der Umleitungsstrecke aufgestellt werden, wo Zweifel über deren weiteren Verlauf entstehen können.

       2   II. Es kann sich empfehlen, das Ende der Umleitungsstrecke durch Wegweisung kenntlich zu machen.

Vwv zu Zeichen 455 numerierte Umleitung

141   1   Das Zeichen kann anstelle Zeichen 454 eingesetzt werden, wo eine Unterscheidung mehrerer Umleitungsstrecken durch eine Numerierung erforderlich wird. Häufigste Einsatzfälle werden in städtischen Bereichen mit Großbaustellen liegen. Außerorts kann bei einfachen Verkehrsführungen Zeichen 454 angewendet werden.

Vwv zu den Zeichen 457 bis 469

142   1   I. Größere Umleitungen sollten immer angekündigt werden, und zwar in der Regel durch die Planskizze.

142 a   2   II. Kleinere Umleitungen bedürfen der Ankündigung nur, wenn das Zeichen 454 nicht schon auf größere Entfernung gesehen werden kann. Dann sollte in der Regel das Zeichen 457 verwendet werden.

143   3   III. Wegweiser und Vorwegweiser, die wegen einer Umleitung vorübergehend nicht gelten, sollten nicht entfernt oder völlig verdeckt werden, sondern nur mit sich kreuzenden Bändern versehen werden, damit der nach Straßenkarten reisende Verkehrsteilnehmer die Orientierung behält.

5. Numerierte Bedarfsumleitungen für den Autobahnverkehr

144   Zeichen 460

Bedarfsumleitung

Wer seine Fahrt vorübergehend auf anderen Strecken fortsetzen muß oder will, wird durch dieses Zeichen auf die Autobahn zurückgeleitet.

145   Zeichen 466

Bedarfsumleitungstafel

Kann der umgeleitete Verkehr an der nach Zeichen 460 vorgesehenen Anschlußstelle noch nicht auf die Autobahn zurückgeleitet werden, so wird er durch dieses Zeichen über die nächste Bedarfsumleitungsstrecke weitergeführt.

Richtzeichen Abs VIII Nr 6 § 42 StVO **2**

Vwv zu Zeichen 460 Bedarfsumleitung

1 I. Für den Autobahnverkehr in nördlicher oder östlicher Richtung sind die Bedarfsumleitungen mit ungeraden Nummern und für den Autobahnverkehr in südlicher oder westlicher Richtung mit geraden Nummern zu bezeichnen. Die Nummern sollen so gewählt werden, daß sie in Fahrtrichtung zunehmen. Jedem Land stehen die Nummern 1 bis 99 zur Verfügung. Für eine sinnvolle Koordinierung sorgen die Länder. 146

2 II. Maßnahmen im und für den Bedarfsfall
Wenn eine Bedarfsumleitung (z. B. wegen eines Unfalls oder wegen Überfüllung einer Strecke) in Anspruch genommen werden muß, ist der Verkehr, gegebenenfalls unter Zuhilfenahme von Absperrgeräten, durch Lichtzeichen, Verkehrszeichen oder Polizeibeamte abzuleiten. Es ist auch zu prüfen, inwieweit es notwendig ist, den auf die Autobahn zufließenden Verkehr rechtzeitig in die Bedarfsumleitungsstrecken oder andere Ausweichstrecken zu führen.

Zeichen 467 147

Umlenkungs-Pfeil

Streckenempfehlungen auf Autobahnen können durch den Umlenkungs-Pfeil gekennzeichnet werden.

Vwv zu Zeichen 467 Umlenkungspfeil

1 I. Das orangefarbene Pfeilzeichen ist ein Leitsymbol für eine empfohlene Umleitung innerhalb des Autobahnnetzes. Das Zeichen wird in allen Schildern gezeigt, die der Ankündigung, Vorwegweisung, Wegweisung und Bestätigung einer empfohlenen Umleitungsstrecke dienen. Sie sind zusätzlich zur blauen Autobahnwegweisung aufgestellt. 147 a

2 II. Die Umlenkungsbeschilderung zeigt den Umlenkungspfeil und etwaige schwarze Symbole und Aufschriften auf weißem Grund.

3 III. Der umzulenkende Verkehr wird am Beginn der Umlenkung durch entsprechende Ziele und den orangefarbenen Umlenkungspfeil geführt. Im Verlauf der Umlenkungsroute brauchen die Ziele nicht erneut ausgeschildert zu werden. Der Umlenkungspfeil als Leitsymbol übernimmt die weitere Wegführung.

4 IV. Bei Überschneidungen von umgelenkten Routen kann es zweckmäßig sein, die Routen regional zu numerieren. Die Nummer kann in schwarzer Schrift in dem Pfeilzeichen eingesetzt werden.

5 V. Einzelheiten werden in den „Richtlinien für Wechselverkehrszeichen an Bundesfernstraßen (RWVZ)" festgelegt, die das Bundesministerium für Verkehr im Einvernehmen mit den zuständigen obersten Landesbehörden im Verkehrsblatt bekannt gibt.

6. Sonstige Verkehrslenkungstafeln

Zeichen 468 148

Schwierige Verkehrsführung

Es kündigt eine mit dem Zeichen „Vorgeschriebene Fahrtrichtung" (Zeichen 209 bis 214) verbundene Verkehrsführung an.

2 StVO § 42 Abs VIII Nr 6 II. Zeichen und Verkehrseinrichtungen

149 Zeichen 500

Überleitungstafel

Überleitungen des Verkehrs auf die Fahrbahn oder Fahrstreifen für den Gegenverkehr werden durch solche Tafeln angekündigt. Auch die Rückleitung des Verkehrs wird so angekündigt.

150 **Anm:** In VBl **76** 793 sind darüber hinaus folgende Zeichen zur Zusammenführung von Verkehrsströmen wiedergegeben:

151
152 Zeichen 480 Zeichen 481 Zeichen 482
153

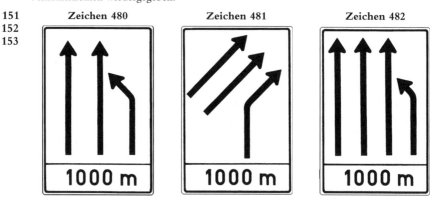

Zusammenführung von Verkehrsströmen

154
155 Zeichen 483 Zeichen 484 Zeichen 485
156

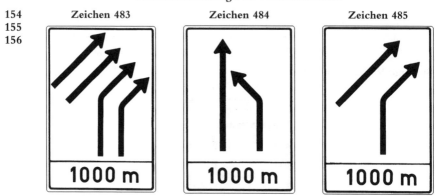

Zusammenführung von Verkehrsströmen

157 **Aus der Begr** zur MaßnVO 75 (VBl **75** 678) und zur ÄndVO v. 29. 7. 80 (VBl **80** 514):

Zu den Z 306/307: Nicht überall ist es erforderlich, am Ende einer Vorfahrtstraße das Zeichen 307 und die Zeichen 205 oder 206 aufzustellen. Aus Sicherheitsgründen kann von der Aufstellung der Zeichen 205 oder 206 aber nur in ganz bestimmten Ausnahmefällen abgesehen werden. Die Vwv wird hierzu das Erforderliche sagen ...

Zu Z 314: Parkscheinautomaten können sowohl auf Plätzen mit einem übersehbaren und auch zweifelsfrei zu bezeichnenden Geltungsbereich als auch für bestimmte Straßenzüge oder bestimmte Teile von Stadtgebieten Verwendung finden. In beiden Fällen ist es erforderlich, daß der Geltungsbereich jeweils für Benutzer erkennbar abgegrenzt wird. Dies soll dadurch erreicht werden, daß in diesen Fällen bundeseinheitlich Zeichen 314/315 StVO mit einem entsprechenden Zusatzschild verwendet wird.

Zu Z 325/326:
Zu den einzelnen Verhaltensvorschriften:
Zu 1. Diese Vorschrift hebt die Differenzierung der einzelnen Straßenteile nach Benutzungsarten (Gehweg, Radweg, Fahrbahn) auf. Es ist klar, daß eine solche Regelung ohne eine erhebliche bauliche Umgestaltung der Straße nicht möglich ist. Dies wäre im Interesse der Verkehrssicherheit nicht zu verantworten.

Zu 2. Der Begriff „Fahrzeugverkehr" stellt klar, daß hiermit nicht nur Kraftwagen gemeint sind. Auch Radfahrer, Mofas und Mopeds müssen Schritt fahren. Der Begriff „Schrittgeschwindigkeit" deckt sich mit dem in § 24 Abs. 2 aufgeführten gleichnamigen Begriff. Es ist dies eine sehr langsame Geschwindigkeit, die der eines normal gehenden Fußgängers entspricht; sie muß jedenfalls wesentlich unter 20 km/h liegen.

Zu 3. Hier wird im Ergebnis der Vorrang des Fußgängers – vor dem Fahrzeugverkehr – normiert. Dies kommt in der Formulierung zum Ausdruck „wenn nötig, müssen sie (die Fahrzeuge) warten". Dieselbe Formulierung findet sich in § 9 Abs. 3, § 20 Abs. 1, Abs. 1a und 2 sowie in § 26 Abs. 1.

Zu 4. Diese Vorschrift soll verhindern, daß die Fußgänger einen unangemessenen Gebrauch von ihrem Vorrang machen.

Zu 5. Die zum Parken bestimmten Flächen innerhalb des verkehrsberuhigten Bereichs brauchen nicht durch Parkplatzschilder gekennzeichnet zu sein. Es genügt auch eine Bodenmarkierung (§ 41 Abs. 3 Nr. 7) oder, wenn dies ausreichend deutlich möglich ist, eine besondere Art der Pflasterung (VBl **80** 519).

Aus der Begr zur 9. StVO-ÄndVO v 22. 3. 88 (VBl **88** 219):

Zu Z 340: Die Neufassung des Buchstaben f entspricht der Rechtsprechung (OLG Frankfurt VRS 63 S. 386). Danach ist das Rechtsüberholen im Bereich der fahrstreifengegliederten Vorwegweiser für zulässig erklärt worden ...
...
Es kann dahingestellt bleiben, ob die StVO in der geltenden Fassung in diesem Fall das Rechtsüberholen gestattete. Auf jeden Fall ist dem OLG Frankfurt dahin zu folgen, daß eine solche Regelung zweckmäßig ist. Sie wird deshalb jetzt in die StVO übernommen.

Aus der Begr zur 11. StVO-ÄndVO v 19. 3. 92 (VBl **92** 186):

Zu Zeichen 356: Verkehrskadetten werden von der Deutschen Verkehrswacht in vielen Städten des Landes NRW und mit zunehmender Tendenz auch in anderen Bundesländern eingesetzt. Dabei handelt es sich um junge Menschen im Alter von 14 bis 20 Jahren, die die Polizei bei der Verkehrsregelung anläßlich von Großveranstaltungen unterstützen. Der Verkehrskadett darf weder den Verkehr auf öffentlichen Straßen lenken noch den Verkehr auf öffentlichen Straßen und Kreuzungen anstelle der Polizei regeln.

Im Vergleich dazu hat auch der Schülerlotse keinerlei obrigkeitliche Befugnisse. Der Schülerlotse ist als ein Verkehrshelfer für die Schüler auf dem Schulweg an der ihm zugewiesenen Einsatzstelle anzusehen.

Beide Arten von Verkehrshelfern haben keine polizeilichen Befugnisse; sie weisen lediglich auf verkehrsrechtliche Pflichten und auf ein Verkehrsgeschehen hin. Dies ist zulässig und verstößt nicht gegen die Regeln der StVO.

180 **Begr** zur ÄndVO v 7. 8. 97 (VBl **97** 690): **Zu Abs 6 Nr 1 g):** *Häufig reicht die vorhandene Verkehrsfläche nicht aus, um Radwege baulich einzurichten oder durch Abmarkierung entsprechender Flächen von der Fahrbahn auszuweisen. Deshalb wird zugelassen, im jeweils rechten Randbereich der Fahrbahn in geeigneten Fällen für den Radverkehr Schutzstreifen abzumarkieren. Davon soll zunächst nur innerorts Gebrauch gemacht werden, weil für Außerortsstraßen noch umfangreiche Forschungsarbeiten abgewartet werden sollen. Eine Regelung enthält die VwV-StVO.*
Der Radverkehr muß dann entsprechend dem Rechtsfahrgebot (§ 2 Abs. 2 Satz 3) den Schutzstreifen benutzen. Der Kraftfahrzeugverkehr wird solche Schutzstreifen von sich aus meiden und sich mehr auf den Fahrstreifen bewegen; er kommt damit seiner Verpflichtung, möglichst weit rechts zu fahren, nach. Für Ausweichvorgänge im Begegnungsverkehr kann der Schutzstreifen durch den Kraftfahrzeugverkehr mitbenutzt werden, wenn auch unter besonderer Vorsicht. Die Abmarkierung solcher Schutzstreifen setzt deshalb aus Gründen der Verkehrssicherheit voraus, daß sich solche Ausweichvorgänge auf eher seltene Fälle beschränken. Auch muß der ruhende Verkehr auf den Schutzstreifen ausgeschlossen (z. B. Zeichen 283) werden können.

181 1. **Richtzeichen** sollen den Verkehr im allgemeinen nur durch Hinweise erleichtern. Insoweit kann Nichtbeachtung nur bei Verstoß gegen § 1 StVO ow sein, s BGH VM **54** 1, Ha VRS **14** 127. RichtZ ohne Anordnungscharakter sind keine Verwaltungsakte, VG Dü NZV **90** 288. Anordnungen enthält jedoch § 42 zusammen mit den RichtZ 306 (Vorfahrtstr), den Zusatzschildern zu den Z 306 oder 314 (Parkplatz) und den RichtZ 315 (Parken auf Gehwegen) 325 (Verkehrsberuhigter Bereich) und 340 (Leitlinie) (§ 49 III Nr 5). Insoweit sind Verstöße ow. Rspr zu den VZ des § 42, nach der Reihenfolge geordnet: ● Z 301 (Vorfahrt): Wird die Vorfahrtregelung einer BundesStr wegen Bauarbeit kurzfristig geändert, so ist zwar keine besondere Warnung nötig, s § 39 Rz 38, aM LG Bra NJW **69** 880, doch empfehlen sich auffällige Hinweistafeln, *Ganschezian-Finck* NJW **70** 1843. ● Z 306 (Vorfahrtstraße): Es gewährt Vorfahrt im ganzen StrVerlauf bis zum nächsten Z 205, 206 oder 307, auch wenn es nicht an jeder Kreuzung (Einmündung) steht, BGH DAR **76** 76, Mü DAR **76** 104, Bay DAR **76** 277, Ba VR **77** 182. Unübersichtlich zusammentreffende Straßen dürfen nicht beide Vorfahrt gewähren, BGH VBl **67** 84. Auch ein nur links stehendes Z 306 gilt, KG VR **75** 452. Zeichen für abknickende Vorfahrt: Die Pflicht zur Rücksichtnahme gegenüber Fußgängern (Abs II S 10) gilt auch gegenüber noch nicht erkennbaren Fußgängern, mit denen zu rechnen ist, Bay VRS **65** 233. Soweit Bay VRS **65** 233 den Abs II S 10 entgegen seinem Wortlaut nicht anwenden will, wenn die durch das ZusatzZ gekennzeichnete VorfahrtStr deutlich erkennbar in der Weise ihrem natürlichen Verlauf folgt, daß auch ohne das ZusatzZ nicht von einem Abbiegen gesprochen werden könnte, dürfte dies auch wegen der Abgrenzungsschwierigkeiten der VSicherheit widersprechen, abl auch *Janiszewski* NStZ **83** 549. S im übrigen § 8 Rz 43. ● Z 307 (Ende der Vorfahrtstraße): Das Z muß nicht stets aufgestellt sein, wenn die VorfahrtStr endet, innerorts fehlt es daher idR, s Vwv zu Z 306 und 307 Rn 12. ● Z 308: s Z 208. ● Z 310 (Ortstafel): sie gibt keine Anordnung, Ol NJW **69** 2213, aM OVG Lüneburg VRS **51** 313, doch beginnt hier die innerörtliche Geschwindigkeitsbegrenzung (§ 3), wenn sie deutlich aufgestellt ist. Keine Verwaltungsklage des Bürgers gegen den Text der Tafel, OVG Lüneburg VRS **51** 313. ● Z 311: Als Orts(end)tafel ist seit dem 1. 7. 78 nur noch das Z 311 zulässig. ● Z 314. Sonderparkplätze für gehbeeinträchtigte Schwerbehinderte und Blinde werden durch die Zusatzschilder 1044 −10 (Rollstuhlfahrersymbol) und 1020−11 (Rollstuhlfahrersymbol mit Parkausweis Nr ...) gekennzeichnet, VBl **80** 527. Näher dazu: § 12 Rz 60b. Bei Zusatzschild für Parksonderberechtigte dürfen andere Fze dort nicht parken, auch nicht zwecks Ladegeschäfts, s Kar VM **80** 28, Kö VRS **88** 389. Zum durch die Ermächtigung gedeckten Umfang des Ausschlusses von Nicht-Bewohnern vom Parken, s § 45 Rz 36. Z 314 verbietet nicht, außerhalb der dadurch gekennzeichneten Fläche zu parken, Dü VRS **64** 300. Das Z 314 wird durch ein einschränkendes Zusatzschild zum VerbotsZ, sofern die Einschränkung klar und sinnfällig ist, Kar VRS **59** 378, Br VRS **49** 65, Dü VM **88** 80. Weiße Pfeile im Schild kennzeichnen Beginn und Ende des Parkplatzes; die zur Fassung vor dem 1. 7. 92 ergangene Rspr (zB Fra DAR **92** 231) ist überholt. Das Z 314 mit Zusatzschild „Nur Omnibusse" ist eindeutig und wirksam, ohne das „nur" jedoch wegen Unverständlichkeit unwirksam, Kar VRS **59** 378. Z 314 mit Zusatzschild am Ende eines Parkplatzes verbietet nicht wirksam das Parken auf dem Parkplatz vor dem VZ, Dü VM **88** 80. Ein Zusatzschild „bei Veranstaltungen gebührenpflichtig" regelt mit hinreichender Klarheit, daß ab dem Zeitpunkt vor der Großveranstaltung, mit dem das Eintreffen von Besuchern zu erwarten ist, Gebührenpflicht besteht, Kö NZV **92** 200. ● Z 315. Soweit es die Art der FzAufstellung bestimmt, hat es Anordnungscharakter und untersagt das Fahrbahnparken, s § 12 Rz 55, ausgenommen Fze über 2,8 t. Auch Anfang und Ende von Gehwegparkstrecken dürfen durch zur Fahrbahn hin bzw von ihr wegweisende weiße Pfeile auf dem Z 315 gekennzeichnet werden, Abs IV Nr 4 zu Z 315. Kennzeichnung von Sonderparkplätzen für Schwerbehinderte und Blinde s Z 314. ● Z 325/326: Verkehrsberuhigte Bereiche sind öffentliche VFlächen als Aufenthalts- und Bewegungsraum für alle VArten und VT, soweit sie zugelassen sind. Ihre Einrichtung bedarf keiner besonderen straßenrechtlichen Verfügung, *Kodal/ Krämer* Kap 24 Rz 69, str, s § 45 Rz 35. Der sonst bewährte und im Sicherheitsinteresse wichtige Trennungsgrundsatz der VArten gilt hier nicht, auch keine Gleichberechtigung der zugelassenen VArten. Vielmehr haben die Fußgänger Vortritt mit der Pflicht (§ 1), den etwaigen Fahrverkehr nicht unnötig zu behindern, Ha NZV **01** 42. Dieser hat nur untergeordnete Bedeutung. Auch das Umherfahren mit Kinderfahrrädern ist erlaubt, Ha NZV **01** 42. Alle Fze, also auch Radf, Ha DAR **01** 458, haben ausnahmslos Schritt zu fahren, um fremde Gefährdung auszuschließen. Nach dem Sprachgebrauch wäre unter **Schrittgeschwindigkeit** die durchschnittliche Fußgängergeschwindigkeit zu verstehen, so Kar NZV **04** 421, Kö VRS **68** 382 (4 bis 7 km/h), Stu VRS **70** 49 (zu § 21a), *Filthaut* NZV **96** 59, *D. Müller* VD **04** 184, s *Berr* DAR **82** 138. Ha VRS **6** 222 erachtet den Begriff als nicht eindeutig und zieht die Grenze bei 10 km/h. Man wird jedoch nicht auf eine bestimmte km/h-Größe zwischen 4 und 10 km/h oder gar 4 bis 7 km/h abstellen dürfen, weil eine solche nämlich mittels Tacho gar nicht zuverlässig meßbar wäre und zB Radf mit Fußgängergeschwindigkeit unsicher werden und zu schwanken beginnen, sondern unter Schrittgeschwindigkeit eine Geschwindigkeit zu verstehen haben, die jedenfalls deutlich unter 20 km/h liegt, LG Aachen ZfS **93** 114, s Begr (Rz 160–162), *Händel* DNP **82** 255, *Geißler* DAR **99** 347, zumal solche Geschwindigkeiten vom Kf als „Schrittgeschwindigkeit" empfunden werden, s Ha NZV **92** 484. Wer aus technischen Gründen wegen Steigung eine Str im verkehrsberuhigten Bereich nicht mit der zulässigen Höchstgeschwindigkeit befahren kann, muß auf das Durchfahren in dieser Richtung verzichten, Stu VRS **73** 221. Eine Pflicht des FzF, sich auf plötzlich auftauchende Personen einzustellen, kann in verkehrsberuhigten Bereichen auch schon bestehen, wenn eine noch nicht erkennbare Gefahr für Fußgänger, insbesondere Kinder, aufgrund der Umstände zu befürchten ist, Kar NZV **04** 421, Fra DAR **99** 543, *Fuchs-Wissemann* DAR **99** 42, 544. Für FzF gilt der Grundsatz Rechts vor Links, *Berr* DAR **82** 138, auch im Verhältnis des in den verkehrsberuhigten Bereich *Einfahrenden* zu dem in diesem bleibenden FzF, weil insoweit eine dem § 10 S 1 entsprechende Regelung fehlt. Dagegen gilt die Vorfahrtsregelung des § 8 I 1 an Ausfahrten aus dem verkehrsberuhigten Bereich nicht; hier hat sich der FzF vielmehr so zu verhalten, daß eine Gefährdung anderer VT ausgeschlossen ist, § 10 I 1, so daß Fußgänger, die die Ausfahrt queren, Vorrang haben, *Berr* DAR **82** 138, *Bouska* VD **80** 204. Der **Sichtbarkeitsgrundsatz** (dazu: § 41 Rz 247, 228) gilt ausnahmsweise nicht, KG VRS **74** 142. Die Einrichtung verkehrsberuhigter Wohnbereiche ist in erster Linie Sache des StrBaulastträgers, s aber § 45 Rz 35. Der Beruhigungszweck kann außer durch bauliche Maßnahmen auch durch Fahrbahnmarkierungen und nicht ortsfeste Gestaltungen erreicht werden. Blumenkübel, Sitzbänke uä auf den Verkehrsflächen verkehrsberuhigter Bereiche sind nicht Hindernisse iS von § 32, LG Aachen ZfS **93** 114, *Steiner* NVwZ **84** 205, *Bouska* VGT **88** 287, *Geißler* DAR **99** 348, Dü NJW **93** 865, weil diese Flächen nicht Straßen mit in erster Linie dem Verkehr dienenden *Fahrbahnen* sind, Kö NZV **97** 449, s aber § 45 Rz 35. Anstelle von Parkplatzschildern können Parkflächen auch durch Bodenmarkierungen oder wechselnde Pflasterung gekennzeichnet werden, *Berr* DAR **82** 139. Verkehrsberuhigte Bereiche können auch einzelne Straßen oder StrAbschnitte sein, denn ihre Voraussetzungen können nach Größe, Eigenart, Bewohnerzahl und VVerhältnissen unterschiedlich zu beurteilen sein. *Bouska*, Verkehrsberuhigung, VGT **88** 275. *Berr*, VBeruhigungsmaßnahmen in Mischflächen, DAR **82** 137. *Pfundt*, Probleme ver-

2 StVO § 42
II. Zeichen und Verkehrseinrichtungen

kehrsberuhigter Wohngebiete, VGT **82** 338. *Gall,* Verkehrsberuhigung in Wohngebieten ..., VGT **82** 345. *Derselbe,* Aspekte der VBeruhigung für StrVBen, VD **86** 128. *Steiner,* ... Rechtsfragen der Einrichtung Verkehrsberuhigter Bereiche, NVwZ **84** 201. *Fuchs-Wissemann,* Haftung des Autofahrers im verkehrsberuhigten Bereich, DAR **99** 41 (auch zu Beweisfragen). ● Z 331 (Kraftfahrstraße): Das Zeichen muß am Anfang der Kraftfahrstraße aufgestellt sein, Aufstellung an anderer Stelle mit Zusatz genügt nicht, Kar VRS **60** 227. ● Z 332: Kein Anspruch einer Gemeinde, auf dem AusfahrtZ genannt zu werden, auch nicht auf ermessensfehlerfreie Entscheidung insoweit, ebensowenig bei Z 449, OVG Ko DÖV **86** 36. ● Z 334 (Ende der Autobahn): Das Zeichen enthält nicht die Anordnung einer Geschwindigkeitsbeschränkung, Dü VRS **64** 460. ● Z 340 (Leitlinie): Wird der Verkehr nicht gefährdet oder niemand behindert, darf sie überfahren werden, s BGH VR **61** 536, Bra VM **76** 37, auch als Abgrenzung des Beschleunigungsstreifens durch den links vor ihr fahrenden FzF, Mü NZV **93** 26. Zum Fall fahrtechnischer Unmöglichkeit, rechts der Leitlinie zu bleiben (Bus bei Durchfahren von Kehren), s Bay VRS **61** 141. Fahrregeln bei mehreren so markierten Fahrstreifen: § 42 VI Nr 1 b–f. Fahren bei mehreren markierten Fahrstreifen in einer Richtung: § 7. Z 340 bei drei Fahrstreifen für eine Richtung außerorts: § 7 Rz 8. Markiert die Leitlinie einen **Schutzstreifen für Radfahrer** rechts am Fahrbahnrand, so besteht Benutzungspflicht für Radf, s § 2 Rz 69. Auf dem links vom Schutzstreifen langsam fahrende oder wartende Fze dürfen rechts überholt werden, s *Bouska* DAR **97** 339, *Kettler* NZV **97** 499; dies dürfte aus Sinn und Zweck des Schutzstreifens und aus einer Analogie zu § 5 VIII folgen. Anders als ein durch Z 295 abgetrennter und durch Z 237 gekennzeichneter Radfahrstreifen (= Radweg) ist der Schutzstreifen kein Sonderweg (§ 2 Rz 28). Andere Fze sind daher nicht völlig von der Benutzung ausgeschlossen; vielmehr dürfen sie die Leitlinie zum Schutzstreifen überfahren, aber nur „bei Bedarf", zB zum Ausweichen im BegegnungsV (s Begr Rz 180) oder, um einen Linksabbieger zu überholen (§ 5 VII S 1). Jedoch keine allgemeine Benutzung durch andere Fze, anderenfalls verlöre die Einrichtung ihren Sinn, s *Bouska* DAR **97** 339 (die Formulierung *„bei Bedarf"* ist freilich unklar und mehrdeutig), s *Hentschel* NJW **98** 346. Keine Benutzung zB durch Kradf, um FzKolonnen zu überholen oder im FahrstreifenV gem § 7; denn der Schutzstreifen ist kein Fahrstreifen (§ 7 I 2). Seine Breite beträgt nur 1,25–1,60 m (s Vwv Rn 10, s Rz 55). Der Schutzstreifen ist auch kein Seitenstreifen (§ 2 I S 2), sondern Bestandteil der Fahrbahn. OW bei Nichtbenutzung durch Radf oder unerlaubter Benutzung durch andere FzF: Rz 182. ● Z 380: *Krebs/Lamm,* Bewertungskriterien zur Richtgeschwindigkeit, 1972. Richtgeschwindigkeiten scheinen unfallvermindernd nach Zahl und Schwere zu wirken, s *Lamm/Klöckner* ZVS **72** 3. *Jagusch,* Probleme der Richtgeschwindigkeit, NJW **74** 881. ● Z 385 (Ortshinweistafel): Vorgeschriebene Ortsgeschwindigkeit endet auch beim Z 385, das nur außerhalb geschlossener Ortskerne stehen darf, Dü VM **73** 85, s aber Ha VBl **64** 58. ● Z 392 (Zollstelle): Das Z dient als Hinweis, nicht als Haltgebot (aM noch Bay VRS **15** 462). ● Z 394 (Brenndauer): Fehlt das VZ, so darf die Laterne nachts nicht gelöscht werden, Bay VRS **12** 456, auch nicht bei Löschungsbeschluß des Gemeinderats, aber vor Kennzeichnung, Bay VRS **12** 456. Andere Leuchtkörper als StrLaternen sind nicht kennzeichnungspflichtig, so nicht Lampen an einer ZugangsStr zur Bahn-Verladerampe, Ol VRS **25** 294. ● Z 432 (Bahnhof): Unternehmenswegweiser sind nur zulässig, sofern sonst mit Fehlleitung erheblichen Betriebsverkehrs zu rechnen wäre, s *Stollenwerk* VD **99** 9, nur insoweit dürfen bei der Ermessensentscheidung auch wirtschaftliche Gesichtspunkte des Unternehmens berücksichtigt werden, OVG Münster, VRS **56** 472. Das Z muß im Einklang mit der übrigen VRegelung stehen, darf zB nicht zur Benutzung von für den DurchgangsV gesperrten Strn verleiten, BVG NJW **00** 2121 (2123). ● Z 438: Zur Ermessensabwägung der StrVB bei Aufstellung von Vorwegweisern, OVG Münster DVBl **77** 259, VRS **52** 238. *Ecke ua,* Formprobleme der Vorwegweisung, ZVS **74** 123. ● Die Z 480–485 sind nicht StvO-Bestandteile, sie beruhen auf Bekanntgabe durch das BMV VBl **76** 756, 793.

182   2. **Ordnungswidrig** (§ 24 StVG) handelt, wer vorsätzlich oder fahrlässig entgegen § 42 eine durch Zusatzschilder zu den Z 306, 314 oder 315, die RichtZ 315, 325 oder 340 gegebene Anordnung nicht befolgt (§ 49 III Nr 5). S Rz 181. Nichtbenutzung des

Verkehrseinrichtungen § 43 StVO **2**

Schutzstreifens (Abs VI Nr 1 g) durch Radf verstößt gegen § 2 II; Benutzung durch andere FzF entgegen Abs VI Nr 1 g (nicht nur „bei Bedarf") dürfte an sich im Hinblick auf die unklare, mehrdeutige Formulierung (s Rz 181) nicht gem § 49 III Nr 5 ow sein, weil das Bestimmtheitsgebot nicht erfüllt ist, kann aber andere Tatbestände erfüllen, etwa bei Überholen (§ 5) unter Benutzung des Schutzstreifens oder bei Gefährdung von Radf (§ 1 II). Unachtsamer Wechsel vom Fahrstreifen auf den Schutzstreifen ist kein „Fahrstreifenwechsel" (s Rz 181) und verstößt daher nicht zugleich gegen § 7 V.

3. Zur Fortgeltung von VZ nach Anl 2 der StVO/DDR in den **neuen Bundesländern,** s Überleitungsbestimmung bei § 39 Rz 41.   183

Verkehrseinrichtungen

43 (1) ¹Verkehrseinrichtungen sind Schranken, Sperrpfosten, Parkuhren, Parkscheinautomaten, Geländer, Absperrgeräte, Leiteinrichtungen sowie Blinklicht- und Lichtzeichenanlagen. ²§ 39 Abs. 1 gilt entsprechend.

(2) Regelungen durch Verkehrseinrichtungen gehen den allgemeinen Verkehrsregeln vor.

(3) Verkehrseinrichtungen im einzelnen:
1. An Bahnübergängen sind die Schranken rot-weiß gestreift.
2. Absperrgeräte für Arbeits-, Schaden-, Unfall- und andere Stellen sind

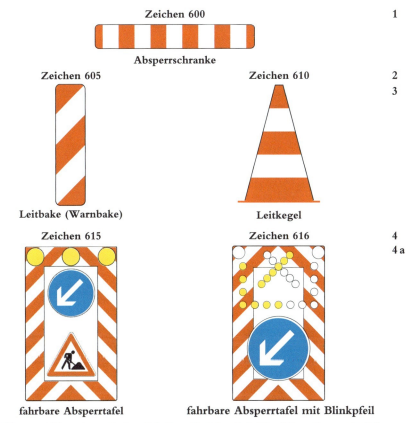

Die Absperrtafel weist auf eine Arbeitsstelle hin. Behelfsmäßig oder zusätzlich können weiß-rot-weiße Warnfahnen, aufgereihte rot-weiße Fahnen oder andere rot-weiße Warneinrichtungen verwendet werden. Warnleuchten an Absperrgeräten zeigen rotes Licht, wenn die ganze Fahrbahn gesperrt ist, sonst gelbes

2 StVO § 43   II. Zeichen und Verkehrseinrichtungen

Licht oder gelbes Blinklicht. Die Absperrgeräte verbieten das Befahren der abgesperrten Straßenfläche.

3. Leiteinrichtungen
   a) Um den Verlauf der Straße kenntlich zu machen, können an den Straßenseiten

5

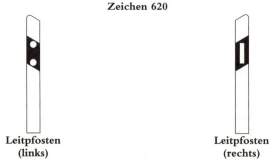

Leitpfosten (links)   Leitpfosten (rechts)

in der Regel in Abständen von 50 m stehen.
   b) An gefährlichen Stellen können schraffierte Leittafeln oder Leitmale angebracht sein, wie

6

Richtungstafel in Kurven

(4) Zur Kennzeichnung nach § 17 Abs. 4 Satz 2 und 3 von Fahrzeugen und Anhängern, die innerhalb geschlossener Ortschaften auf der Fahrbahn halten, können amtlich geprüfte Park-Warntafeln verwendet werden.

7

Park-Warntafel

Vwv zu § 43 Verkehrseinrichtungen

Zu Absatz 1

8   *1   Auf Nummer I zu den §§ 39 bis 43 (Rn. 1) wird verwiesen.*

Zu Absatz 3 Nr. 2

9   *2   I. Die Sicherung von Arbeitsstellen und der Einsatz von Absperrgeräten erfolgt nach den Richtlinien für die Sicherung von Arbeitsstellen an Straßen (RSA), die das Bundesministerium für Verkehr im Einvernehmen mit den zuständigen obersten Landesbehörden im Verkehrsblatt bekannt gibt.*

      3   II. Über die Ausgestaltung und Beschaffenheit der Absperrgeräte gelten die Vorschriften in Nummer II, III 1 bis 7 zu den §§ 39 bis 43 (Rn. 5ff.) entsprechend.

      4   III. Absperrgeräte sind mindestens voll retroreflektierend auszuführen.

Zu Absatz 3 Nr. 3

10   *5   Senkrechte Leiteinrichtungen unterstützen vor allem außerhalb geschlossener Ortschaften die Längsmarkierungen, geben Gefahrstellen, die durch Einschränkungen des Verkehrsraums*

Verkehrseinrichtungen § 43 StVO **2**

oder durch Änderungen des Straßenverlaufs hervorgerufen werden, nach Lage, Ausdehnung und Umriß an und helfen, das Abkommen von Fahrzeugen von der Fahrbahn zu verhüten.

6 Als Leiteinrichtungen dienen vor allem Leitpfosten, Leittafeln und Leitmale.

7 1. Außerhalb geschlossener Ortschaften sollten auf Straßen mit stärkerem und schnellerem Verkehr zur Kenntlichmachung des Verlaufs der Straße Leitpfosten aufgestellt werden, jedenfalls auf solchen Teilstrecken, wo häufig Änderungen des Straßenquerschnitts und des Straßenverlaufs auftreten.

8 2. Leittafeln und Leitmale sind schraffiert. Sie sind rot-weiß und müssen rückstrahlen. Schräge Leitschraffen werden angebracht bei Hindernissen auf oder neben der Fahrbahn. Die Streifen fallen nach der Seite, auf der an dem Hindernis vorbeizufahren ist. Senkrechte Leitschraffen werden angebracht bei Hindernissen über der Fahrbahn, liegende Leitschraffen bei Hindernissen am Boden.

9 a) Leittafeln werden aufgestellt, wenn an Hindernissen nicht unmittelbar Leitmale angebracht werden können oder zur Verdeutlichung von Einengungen oder Richtungsänderungen der Fahrbahn. Als Leittafeln können verwendet werden Absperrbaken vorzugsweise vor Bauwerkskanten, Brückenpfeilern, Masten und zur Verdeutlichung von Engstellen und Kurven, Leitplatten vorzugsweise vor oder an Leuchtsäulen, Verkehrsschilderpfosten, Inselspitzen, Leitschranken vor allem vor Zäunen und Mauern sowie zur Kenntlichmachung des Endes von Fahrstreifen, Seitenstreifen und sehr engen Kurven, Richtungstafeln zur Verdeutlichung des Verlaufs einer Kurve (vgl. Nummer III und IV zu den Zeichen 103 und 105; Rn. 3 ff.).

10 b) Leitmale müssen angebracht werden an Hindernissen, die in das Lichtraumprofil hineinragen, wie Widerlager und Pfeiler bei Überführungen, Brüstungsmauern, Geländer an engen Brücken, im Bereich von Kurven, vorspringende Ecken von Bordsteinen, Gebäude, Felsen und Durchfahrten. Bäume können mit nur weißen Leitmalen erkennbar gemacht werden.

Zu Absatz 4

11 Die Park-Warntafeln müssen nach § 22a StVZO bauartgenehmigt und mit dem nationalen Prüfzeichen nach der Fahrzeugteileverordnung gekennzeichnet sein. 11–16

Begr zu § 43 ... **Zu Absatz 3:** 17

Zu Nummer 1: Die Schranken an Bahnübergängen werden zu amtlichen Verkehrseinrichtungen bestimmt. Deshalb wird sich die bisherige Rechtsprechung, die die Schrankenbedienung nicht als hoheitliche Aufgabe ansieht, nicht aufrechterhalten lassen, zumal der Schrankenwärter auch sonst bahnpolizeiliche Befugnisse hat ... 18

Begr zur ÄndVO v 22. 3. 88 (VBl **88** 228): 19

Zu Absatz 1: Die Aufnahme des „Sperrpfosten" bei den Verkehrseinrichtungen ist aus Kosten- und Rechtsgründen notwendig.

Zu Absatz 3: Die Absperrschranken erhalten senkrechte Schraffen. Sie sind dadurch vielseitiger und kostensparender einsetzbar. Die Absperrgeräte und die Leiteinrichtungen erhalten aus Gründen der Verwaltungspraktikabilität Nummern. 20

Zu Absatz 4: Zur Sicherung von auf der Fahrbahn haltenden Fahrzeugen, insbesondere von Anhängern, sind bereits (VkBl 1980 S. 737) Park-Warntafeln eingeführt worden. Sie werden jetzt aus Rechtsgründen in die StVO übernommen. 21

1. Verkehrseinrichtungen sind, soweit sie Gebots- oder Verbotswirkung entfalten, verwaltungsrechtliche Allgemeinverfügungen wie VorschriftZ (s § 41 Rz 247), OVG Saarlouis VM **03** 46. Absperrgeräte sind Absperrschranken, fahrbare Absperrtafeln, Leit-(Warn-)baken und Leitkegel in der durch § 43 und die Vwv festgelegten Form, keine anderen Geräte und auch nicht Leiteinrichtungen. Diese können angebracht werden, der Verkehr darf auf ihr Vorhandensein aber nicht vertrauen, zumal I S 2 sparsame Verwendung vorsieht, nämlich nur, wo besondere Umstände diese zwingend gebieten. Leitplanken dienen der Sicherung, sie sind keine Sperreinrichtungen, VGH Ka VM **78** 76. Fehlen von Leitpfosten auf Strn von geringer VBedeutung verletzt idR nicht die VSi- 22 cherungspflicht, Ce VRS **78** 9. Pfeilzeichen auf Leitpfosten als Hinweise auf Notrufsäulen, VBl **80** 795. Sperrgeräte müssen die gesamte Sperrzone abschranken (Beginn, Ende, notfalls auch seitlich), Kar VM **76** 16. Zur Absperrung von Radwegen in gesamter Breite, s KG VM **81** 38.

Lit: *Berr,* Grundsätze der Baustellenabsicherung an Strn ..., DAR **84** 6.

23 2. **Ordnungswidrig** (§ 24 StVG) handelt, wer vorsätzlich oder fahrlässig entgegen § 43 II und III Nr 2 durch Absperrgeräte abgesperrte StrFlächen befährt (§ 49 III Nr 6). Wer bei Erneuerung von StrMarkierungen Leitkegel umfährt, handelt daher ow. Beschädigung von Leit-, Warn- und Schutzeinrichtungen: §§ 145 II, 304 StGB. *Rüth,* Beeinträchtigung von Unfallverhütungsmitteln, KVR. *Händel,* Beeinträchtigung von Unfallverhütungsmitteln, DAR **76** 57.

24 3. Zur Fortgeltung von VZ nach Anl 2 der StVO/DDR in den **neuen Bundesländern,** s Überleitungsbestimmung bei § 39 Rz 41.

III. Durchführungs-, Bußgeld- und Schlußvorschriften

Sachliche Zuständigkeit

44 (1) ¹Sachlich zuständig zur Ausführung dieser Verordnung sind, soweit nichts anderes bestimmt ist, die Straßenverkehrsbehörden; dies sind die nach Landesrecht zuständigen unteren Verwaltungsbehörden oder die Behörden, denen durch Landesrecht die Aufgaben der Straßenverkehrsbehörde zugewiesen sind. ²Die zuständigen obersten Landesbehörden und die höheren Verwaltungsbehörden können diesen Behörden Weisungen auch für den Einzelfall erteilen oder die erforderlichen Maßnahmen selbst treffen. ³Nach Maßgabe des Landesrechts kann die Zuständigkeit der obersten Landesbehörden und der höheren Verwaltungsbehörden im Einzelfall oder allgemein auf eine andere Stelle übertragen werden.

(2) ¹Die Polizei ist befugt, den Verkehr durch Zeichen und Weisungen (§ 36) und durch Bedienung von Lichtzeichenanlagen zu regeln. ²Bei Gefahr im Verzuge kann zur Aufrechterhaltung der Sicherheit oder Ordnung des Straßenverkehrs die Polizei an Stelle der an sich zuständigen Behörden tätig werden und vorläufige Maßnahmen treffen; sie bestimmt dann die Mittel zur Sicherung und Lenkung des Verkehrs.

(3) ¹Die Erlaubnis nach § 29 Abs. 2 und nach § 30 Abs. 2 erteilt die Straßenverkehrsbehörde, dagegen die höhere Verwaltungsbehörde, wenn die Veranstaltung über den Bezirk einer Straßenverkehrsbehörde hinausgeht, und die oberste Landesbehörde, wenn die Veranstaltung sich über den Verwaltungsbezirk einer höheren Verwaltungsbehörde hinaus erstreckt. ²Berührt die Veranstaltung mehrere Länder, so ist diejenige oberste Landesbehörde zuständig, in deren Land die Veranstaltung beginnt. ³Nach Maßgabe des Landesrechts kann die Zuständigkeit der obersten Landesbehörden und der höheren Verwaltungsbehörden im Einzelfall oder allgemein auf eine andere Stelle übertragen werden.

(3 a) ¹Die Erlaubnis nach § 29 Abs. 3 erteilt die Straßenverkehrsbehörde, dagegen die höhere Verwaltungsbehörde, welche Abweichungen von den Abmessungen, den Achslasten, dem zulässigen Gesamtgewicht und dem Sichtfeld des Fahrzeugs über eine Ausnahme zuläßt, sofern kein Anhörverfahren stattfindet; sie ist dann auch zuständig für Ausnahmen nach § 46 Abs. 1 Nr. 2 und 5 im Rahmen einer solchen Erlaubnis. ²Dasselbe gilt, wenn eine andere Behörde diese Aufgaben der höheren Verwaltungsbehörde wahrnimmt.

(4) Vereinbarungen über die Benutzung von Straßen durch den Militärverkehr werden von der Bundeswehr oder den Truppen der nichtdeutschen Vertragsstaaten des Nordatlantikpaktes mit der obersten Landesbehörde oder der von ihr bestimmten Stelle abgeschlossen.

(5) Soweit keine Vereinbarungen oder keine Sonderregelungen für ausländische Streitkräfte bestehen, erteilen die höheren Verwaltungsbehörden oder die nach Landesrecht bestimmten Stellen die Erlaubnis für übermäßige Benutzung der Straße durch die Bundeswehr oder durch die Truppen der nichtdeutschen Vertragsstaaten des Nordatlantikpaktes; sie erteilen auch die Erlaubnis für die übermäßige

Sachliche Zuständigkeit § 44 StVO **2**

Benutzung der Straße durch den Bundesgrenzschutz, die Polizei und den Katastrophenschutz.

Begr zur ÄndVO v 22. 3. 88 (VBl **88** 228): 1

Zu Absatz 1: – *Begründung des Bundesrates* – *Anpassung an § 44 Abs. 3 Satz 3 StVO. Hier ist für die Fälle des § 44 Abs. 3 Satz 1 StVO ausdrücklich bestimmt, daß „nach Maßgabe des Landesrechts" die Zuständigkeit der höheren Verwaltungsbehörde auf eine andere Stelle übertragen werden kann. Als Umkehrschluß ist zu entnehmen, daß dies in den Fällen des § 44 Abs. 1 Satz 2 StVO nicht möglich sein soll. Es ist nicht erkennbar, warum hier eine Beschränkung der Zuständigkeiten gegeben sein soll.*

Zu Absatz 3 a: *Es handelt sich um eine Klarstellung der Zuständigkeiten.*

Vwv zu § 44 Bekämpfung der Verkehrsunfälle: s BAnZ **98** Nr 246 b. 2

1. Sachlich zuständig zur Ausführung der StVO sind, soweit nichts anderes bestimmt ist, die StrVB (I). Sie haben alle Ausführungsmaßnahmen zu treffen, die nicht anderen Behörden zugewiesen sind (VSicherung, VBeobachtung, Aufstellung und Unterhaltung der VZ). Die zuständigen obersten LandesB und die höheren VB können den StrVB allgemeine und Einzelweisungen erteilen oder die erforderlichen Maßnahmen selbst treffen (I), wenn Einheitlichkeit oder Eile geboten ist. Die fachaufsichtliche Weisung nach I 2 ist nur dann als Verwaltungsakt anfechtbar, wenn sie Außenwirkung entfaltet, etwa wenn sie in den Bereich der kommunalen Selbstverwaltung eingreift, BVG NZV **95** 243 (krit *Steiner* NZV **95** 211 f). Unfallstatistik, örtliche Untersuchung der VUnfälle, Unfallsteckkarten, Unfallblätter, Unfallstraßenkarteien, Kollisionsdiagramme, Entschärfung von Gefahrstellen: Vwv u **E** 158 ff. Für Vollstreckung der durch VorschrZ gegebenen Anordnungen (Ersatzvornahme) ist die für ihre Aufstellung zuständige Behörde zuständig, VGH Ma VM **04** 7, OVG Br DAR **77** 278. § 44 gilt auch für die Zuständigkeit bei der Untersagung des Betriebs von Anlagen, die gegen § 33 verstoßen, OVG Fra NZV **97** 53. *David,* Die Gemeinden als örtliche VB, VD **78** 161. 3

Die **Straßenverkehrsbehörden** bestimmt das Landesrecht (I). 4

2. Zeichen und Weisungen (§ 36) zur VRegelung zu geben steht der Pol zu, ebenso das Bedienen der LichtZAnlagen (§ 37). Polizei: PolBehörde wie Einzelbeamte (Begr), Zw NZV **89** 311, VGH Ma NZV **03** 301. LZA-Bedienung (Abs II S 1) betrifft nicht auch die Einrichtung und Programmierung von LZA, Zw NZV **89** 311. 5

3. In Gefahrfällen (II) kann und muß die Pol im Rahmen ihrer öffentlichen Schutzaufgabe im Interesse von Sicherheit oder Ordnung von sich aus geeignete vorläufige Maßnahmen treffen, s Ha NZV **93** 192 (Ölspur auf der Fahrbahn), und die zuständige Behörde davon alsbald verständigen: Vwv Rn 7 ff. An Schadensstellen und bei Unfällen sind das vor allem Maßnahmen der Sicherung und VLenkung. II konkretisiert die allgemeine Polizeiklausel für den StrVBereich, Stu VRS **59** 464. Die Wahl der Mittel ist freigestellt, jedoch ist das mildeste, ausreichende erreichbare Mittel zu wählen (Übermaßverbot, **E** 2). Endgültige Maßnahmen kann nur die zuständige Behörde treffen. Zur Verbindlichkeit polizeilich aufgestellter VZ an Kontrollstellen ohne Gefahr in Verzug, Stu Justiz **80** 340. Für das Entfernen verkehrswidrig parkender Fze scheidet II S 2 als Rechtsgrundlage aus, weil die Befugnis der Pol insoweit nicht weiter gehen kann als die der StrVB, *an deren Stelle* sie nach II S 2 tätig wird; eine entsprechende Befugnis ist der StrVB aber in § 45 nicht eingeräumt, *Cramer* Rz 29, *Jan/Jag/Bur* Rz 3, *Perrey* BayVBl **00** 610, aM BGH VR **78** 10/0, *Biletzki* NZV **96** 304. Abschleppen von Fzen als polizeiliche Maßnahme: § 12 Rz 65, 66. 6

Lit: *Kaube,* Die Anordnungspflicht von Notbaumaßnahmen, VD **99** 149.

4. Übermäßige Straßenbenutzung. Schutz der Nachtruhe (III). S §§ 29, 30. Zur Erteilung der Erlaubnis für die dort bezeichneten Veranstaltungen ist die StrVB zuständig, bei überbezirklichen Veranstaltungen je nach Erstreckung nach Maßgabe von III die höhere oder die oberste LandesB. Zuständig ist jetzt stets die für den Veranstaltungsbeginn zuständige oberste LandesB, weil überregionale Veranstaltungen oft meh- 7

2 StVO § 45   III. Durchführungs-, Bußgeld- und Schlußvorschriften

rere Schwerpunkte haben (Begr). Zuständigkeit für Großraum- und Schwertransporte: Abs III a; zur Zuständigkeit in NW, s OVG Münster VRS **83** 298. Zur Erlaubnis für Tiefladeanhänger, BVG DVBl **66** 408. Zuständigkeit bei übermäßiger StrBenutzung durch BW- oder StationierungstruppenV, soweit keine Benutzungsvereinbarungen mit der BW oder Sonderregelungen für stationierte Truppen bestehen, und bei übermäßiger StrBenutzung durch BGS, Pol und Katastrophenschutz: V. Sonderregelung für ausländische Streitkräfte: § 35.

8 **5. Vereinbarungen über Militärverkehr. Sonderregelungen für stationierte fremde Streitkräfte:** IV, V und § 35 IV will die untere VB von der Zuständigkeit für solche Vereinbarungen ausschließen (Begr).

Verkehrszeichen und Verkehrseinrichtungen

45 (1) ¹Die Straßenverkehrsbehörden können die Benutzung bestimmter Straßen oder Straßenstrecken aus Gründen der Sicherheit oder Ordnung des Verkehrs beschränken oder verbieten und den Verkehr umleiten. ²Das gleiche Recht haben sie
1. zur Durchführung von Arbeiten im Straßenraum,
2. zur Verhütung außerordentlicher Schäden an der Straße,
3. zum Schutz der Wohnbevölkerung vor Lärm und Abgasen,
4. zum Schutz der Gewässer und Heilquellen,
5. hinsichtlich der zur Erhaltung der öffentlichen Sicherheit erforderlichen Maßnahmen sowie
6. zur Erforschung des Unfallgeschehens, des Verkehrsverhaltens, der Verkehrsabläufe sowie zur Erprobung geplanter verkehrssichernder oder verkehrsregelnder Maßnahmen.

(1 a) Das gleiche Recht haben sie ferner
1. in Bade- und heilklimatischen Kurorten,
2. in Luftkurorten,
3. in Erholungsorten von besonderer Bedeutung,
4. in Landschaftsgebieten und Ortsteilen, die überwiegend der Erholung dienen,
4 a. hinsichtlich örtlich begrenzter Maßnahmen aus Gründen des Arten- oder Biotopschutzes,
4 b. hinsichtlich örtlich und zeitlich begrenzter Maßnahmen zum Schutz kultureller Veranstaltungen, die außerhalb des Straßenraumes stattfinden und durch den Straßenverkehr, insbesondere durch den von diesem ausgehenden Lärm, erheblich beeinträchtigt werden,
5. in der Nähe von Krankenhäusern und Pflegeanstalten sowie
6. in unmittelbarer Nähe von Erholungsstätten außerhalb geschlossener Ortschaften,

wenn dadurch anders nicht vermeidbare Belästigungen durch den Fahrzeugverkehr verhütet werden können.

(1 b) ¹Die Straßenverkehrsbehörden treffen auch die notwendigen Anordnungen
1. im Zusammenhang mit der Einrichtung von gebührenpflichtigen Parkplätzen für Großveranstaltungen,
2. im Zusammenhang mit der Kennzeichnung von Parkmöglichkeiten für Schwerbehinderte mit außergewöhnlicher Gehbehinderung und Blinde,
2 a. im Zusammenhang mit der Kennzeichnung von Parkmöglichkeiten für Bewohner städtischer Quartiere mit erheblichem Parkraummangel durch vollständige oder zeitlich beschränkte Reservierung des Parkraums für die Berechtigten oder durch Anordnung der Freistellung von angeordneten Parkraumbewirtschaftungsmaßnahmen,
3. zur Kennzeichnung von Fußgängerbereichen und verkehrsberuhigten Bereichen,
4. zur Erhaltung der Sicherheit oder Ordnung in diesen Bereichen sowie
5. zum Schutz der Bevölkerung vor Lärm und Abgasen oder zur Unterstützung einer geordneten städtebaulichen Entwicklung.

²Die Straßenverkehrsbehörden ordnen die Parkmöglichkeiten für Bewohner, die Kennzeichnung von Fußgängerbereichen, verkehrsberuhigten Bereichen und Maßnahmen zum Schutze der Bevölkerung vor Lärm und Abgasen oder zur Unterstützung einer geordneten städtebaulichen Entwicklung im Einvernehmen mit der Gemeinde an.

Verkehrszeichen und Verkehrseinrichtungen § 45 StVO 2

(1 c) ¹Die Straßenverkehrsbehörden ordnen ferner innerhalb geschlossener Ortschaften, insbesondere in Wohngebieten und Gebieten mit hoher Fußgänger- und Fahrradverkehrsdichte sowie hohem Querungsbedarf, Tempo 30-Zonen im Einvernehmen mit der Gemeinde an. ²Die Zonen-Anordnung darf sich weder auf Straßen des überörtlichen Verkehrs (Bundes-, Landes- und Kreisstraßen) noch auf weitere Vorfahrtstraßen (Zeichen 306) erstrecken. ³Sie darf nur Straßen ohne Lichtzeichen geregelte Kreuzungen oder Einmündungen, Fahrstreifenbegrenzungen (Zeichen 295), Leitlinien (Zeichen 340) und benutzungspflichtige Radwege (Zeichen 237, 240, 241 oder Zeichen 295 in Verbindung mit Zeichen 237) umfassen. ⁴An Kreuzungen und Einmündungen innerhalb der Zone muss grundsätzlich die Vorfahrtregel nach § 8 Abs. 1 Satz 1 („rechts vor links") gelten. ⁵Abweichend von Satz 3 bleiben vor dem 1. November 2000 angeordnete Tempo 30-Zonen mit Lichtzeichenanlagen zum Schutz der Fußgänger zulässig.

(1 d) In zentralen städtischen Bereichen mit hohem Fußgängeraufkommen und überwiegender Aufenthaltsfunktion (verkehrsberuhigte Geschäftsbereiche) können auch Zonen-Geschwindigkeitsbeschränkungen von weniger als 30 km/h angeordnet werden.

(1 e) ¹Die Straßenverkehrsbehörden ordnen die für den Betrieb von mautgebührenpflichtigen Strecken erforderlichen Verkehrszeichen und Verkehrseinrichtungen auf der Grundlage des von dem Konzessionsnehmer vorgelegten Verkehrszeichenplans an. ²Die erforderlichen Anordnungen sind spätestens drei Monate nach Eingang des Verkehrszeichenplans zu treffen.

(1 f) Nach Maßgabe der auf Grund des § 40 des Bundes-Immissionsschutzgesetzes von den Landesregierungen erlassenen Rechtsverordnungen (Smog-Verordnungen) bestimmen die Straßenverkehrsbehörden schließlich, wo und welche Verkehrszeichen und Verkehrseinrichtungen bei Smog aufzustellen sind.

(2) ¹Zur Durchführung von Straßenbauarbeiten und zur Verhütung von außerordentlichen Schäden an der Straße, die durch deren baulichen Zustand bedingt sind, können die Straßenbaubehörden – vorbehaltlich anderer Maßnahmen der Straßenverkehrsbehörden – Verkehrsverbote und -beschränkungen anordnen, den Verkehr umleiten und ihn durch Markierungen und Leiteinrichtungen lenken. ²Straßenbaubehörde im Sinne dieser Verordnung ist die Behörde, welche die Aufgaben des beteiligten Trägers der Straßenbaulast nach den gesetzlichen Vorschriften wahrnimmt. ³Für Bahnübergänge von Eisenbahnen des öffentlichen Verkehrs können nur die Bahnunternehmen durch Blinklicht- oder Lichtzeichenanlagen, durch rot-weiß gestreifte Schranken oder durch Aufstellung des Andreaskreuzes ein bestimmtes Verhalten der Verkehrsteilnehmer vorschreiben. ⁴Alle Gebote und Verbote sind durch Zeichen und Verkehrseinrichtungen nach dieser Verordnung anzuordnen.

(3) ¹Im übrigen bestimmen die Straßenverkehrsbehörden, wo und welche Verkehrszeichen und Verkehrseinrichtungen anzubringen und zu entfernen sind, bei Straßennamensschildern nur darüber, wo diese so anzubringen sind, wie Zeichen 437 zeigt. ²Die Straßenbaubehörden bestimmen – vorbehaltlich anderer Anordnungen der Straßenverkehrsbehörden – die Art der Anbringung und der Ausgestaltung, wie Übergröße, Beleuchtung; ob Leitpfosten anzubringen sind, bestimmen sie allein. ³Sie können auch – vorbehaltlich anderer Maßnahmen der Straßenverkehrsbehörden – Gefahrzeichen anbringen, wenn die Sicherheit des Verkehrs durch den Zustand der Straße gefährdet wird.

(3 a) ¹Die Straßenverkehrsbehörde erläßt die Anordnung zur Aufstellung der Zeichen 386 nur im Einvernehmen mit der obersten Straßenverkehrsbehörde des Landes oder der von ihr dafür beauftragten Stelle. ²Die Zeichen werden durch die zuständige Straßenbaubehörde aufgestellt.

(4) Die genannten Behörden dürfen den Verkehr nur durch Verkehrszeichen und Verkehrseinrichtungen regeln und lenken; in den Fällen des Absatzes 1 Satz 2 Nr. 5 und des Absatzes 1 d jedoch auch durch Anordnungen, die durch Rundfunk, Fernsehen, Tageszeitungen oder auf andere Weise bekanntgegeben werden, sofern die Aufstellung von Verkehrszeichen und -einrichtungen nach den gegebenen Umständen nicht möglich ist.

(5) ¹Zur Beschaffung, Anbringung, Unterhaltung und Entfernung der Verkehrszeichen und Verkehrseinrichtungen und zu deren Betrieb einschließlich ihrer Beleuchtung ist der Baulastträger verpflichtet, sonst der Eigentümer der Straße. ²Das gilt auch für die von der Straßenverkehrsbehörde angeordnete Beleuchtung von

Fußgängerüberwegen. ³Werden Verkehrszeichen oder Verkehrseinrichtungen für eine Veranstaltung nach § 29 Abs. 2 erforderlich, so kann die Straßenverkehrsbehörde der Gemeinde, in der die Veranstaltung stattfindet, mit deren Einvernehmen die Verpflichtung nach Satz 1 übertragen.

(6) ¹Vor dem Beginn von Arbeiten, die sich auf den Straßenverkehr auswirken, müssen die Unternehmer – die Bauunternehmer unter Vorlage eines Verkehrszeichenplans – von der zuständigen Behörde Anordnungen nach Absatz 1 bis 3 darüber einholen, wie ihre Arbeitsstellen abzusperren und zu kennzeichnen sind, ob und wie der Verkehr, auch bei teilweiser Straßensperrung, zu beschränken, zu leiten und zu regeln ist, ferner ob und wie sie gesperrte Straßen und Umleitungen zu kennzeichnen haben. ²Sie haben diese Anordnungen zu befolgen und Lichtzeichenanlagen zu bedienen.

(7) ¹Sind Straßen als Vorfahrtstraßen oder als Verkehrsumleitungen gekennzeichnet, bedürfen Baumaßnahmen, durch welche die Fahrbahn eingeengt wird, der Zustimmung der Straßenverkehrsbehörde; ausgenommen sind die laufende Straßenunterhaltung sowie Notmaßnahmen. ²Die Zustimmung gilt als erteilt, wenn sich die Behörde nicht innerhalb einer Woche nach Eingang des Antrags zu der Maßnahme geäußert hat.

(8) ¹Die Straßenverkehrsbehörden können innerhalb geschlossener Ortschaften die zulässige Höchstgeschwindigkeit auf bestimmten Straßen durch Zeichen 274 erhöhen. ²Außerhalb geschlossener Ortschaften können sie mit Zustimmung der zuständigen obersten Landesbehörden die nach § 3 Abs. 3 Nr. 2 Buchstabe c zulässige Höchstgeschwindigkeit durch Zeichen 274 auf 120 km/h anheben.

(9) ¹Verkehrszeichen und Verkehrseinrichtungen sind nur dort anzuordnen, wo dies aufgrund der besonderen Umstände zwingend geboten ist. ²Abgesehen von der Anordnung von Tempo 30-Zonen nach Absatz 1 c oder Zonen-Geschwindigkeitsbeschränkungen nach Absatz 1 d dürfen insbesondere Beschränkungen und Verbote des fließenden Verkehrs nur angeordnet werden, wenn auf Grund der besonderen örtlichen Verhältnisse eine Gefahrenlage besteht, die das allgemeine Risiko einer Beeinträchtigung der in den vorstehenden Absätzen genannten Rechtsgüter erheblich übersteigt. ³Gefahrzeichen dürfen nur dort angebracht werden, wo es für die Sicherheit des Verkehrs unbedingt erforderlich ist, weil auch ein aufmerksamer Verkehrsteilnehmer die Gefahr nicht oder nicht rechtzeitig erkennen kann und auch nicht mit ihr rechnen muß.

1–4   **Begr** zur ÄndVO v 22. 3. 88 (VBl **88** 228): **Zu Abs 4:** *Klarstellung, daß auch die Verkehrsbeschränkungen bei Smog-Alarm durch Rundfunk, Fernsehen, Tageszeitungen oder auf andere Weise bekanntgegeben werden dürfen.*

5   **Begr** zur ÄndVO v 9. 11. 89 (VBl **89** 783 f): **Zu Abs 1 c:** *… Die Zonen dürfen nicht zu groß werden, damit Kraftfahrer das Fahren mit niedriger Geschwindigkeit akzeptieren und die Fußwege zu den am Rande der Zone verlaufenden Bus- und Straßenbahnlinien nicht zu lang werden.*

Straßen mit dominierender Verbindungsfunktion oder stärkerer Verkehrsbelastung sowie im allgemeinen auch längere Straßenabschnitte mit Bus- oder Straßenbahnlinien sollen nicht in Tempo-30-Zonen einbezogen werden.

…

6   **Begr** zur ÄndVO v 7. 8. 97 (VBl **97** 690): **Zu Abs 9:** *– Begründung des Bundesrates – Neben der Änderung des § 39 bedarf es auch einer korrespondierenden Ergänzung des § 45 durch einen neuen Absatz 9. Auf die Begründung zu § 39 Abs. 1 und § 43 Abs. 1 Satz 2 (neu) wird verwiesen. Während die genannten Normen an die Verkehrsteilnehmer adressiert sind, verpflichtet der neue Absatz 9 von § 45 StVO die zuständigen Behörden, bei der Anordnung von Verkehrszeichen und Verkehrseinrichtungen restriktiv zu verfahren und stets nach pflichtgemäßem Ermessen zu prüfen, ob die vorgesehene Regelung durch Verkehrszeichen und/oder Verkehrseinrichtungen deshalb zwingend erforderlich ist, weil die allgemeinen und besonderen Verhaltensregeln der Verordnung für einen sicheren und geordneten Verkehrsablauf nicht ausreichen.*

7   **Begr** zur ÄndVO v 11. 12. 00 (VBl **01** 6): **Zu Abs 1 c:** *Nachdem mehr als 10 Jahre durchweg positive Erfahrungen mit der Anordnung von Tempo 30-Zonen gewonnen werden konnten, wird nunmehr dem Wunsch der Kommunen nach Reduzierung des bislang hohen Anforderungsniveaus für die Einrichtung von Tempo 30-Zonen Rechnung getragen.*

Verkehrszeichen und Verkehrseinrichtungen § 45 StVO **2**

Die gesetzliche Innerortshöchstgeschwindigkeit nach § 3 Abs. 3 Nr. 1 der Straßenverkehrs-Ordnung (StVO) bleibt unverändert 50 km/h. Die Möglichkeit, abseits der Hauptverkehrsstraßen Tempo 30-Zonen einzurichten, wird jedoch wesentlich erleichtert. Gleichzeitig wird ein Beitrag zur einheitlichen Rechtsanwendung geleistet, indem die wesentlichen Voraussetzungen und Ausschlusskriterien für die Anordnung solcher Zonen in den Verordnungsrang erhoben werden (§ 45 Abs. 1c (neu) StVO).

...

Auch künftig wird der weit überwiegende Anteil der innerörtlichen Verkehrsleistungen auf Straßen mit der gesetzlichen Höchstgeschwindigkeit 50 km/h nach § 3 Abs. 3 Nr. 1 StVO erbracht werden. Gemessen an der Länge des innerörtlichen Straßennetzes kann aber künftig der Anteil, der mit einer Tempo 30-Zonen-Anordnung verkehrsberuhigt ist, überwiegen. Dies erfordert zusätzlich zu den Regelungen in § 45 Abs. 1c (neu) StVO eine Klarstellung in § 39 Abs. 1a (neu) StVO.

...

Der Einfluss der Kommunen auf die straßenverkehrsbehördliche Anordnung wird gestärkt. Zwar bleibt es in der StVO bei der bisherigen Regelung, dass die Anordnung nur im Einvernehmen mit der Kommune von der Straßenverkehrsbehörde vorgenommen werden kann. Ein zunächst von den Kommunalen Spitzenverbänden verfolgtes „kommunales Antragsrecht", das eine Anordnungspflicht der Straßenverkehrsbehörde zur Folge gehabt hätte, konnte nicht aufgenommen werden, da es sich bei der Straßenverkehrs-Ordnung um Bundesrecht handelt, das die Bundesländer als eigene Angelegenheit ausführen (Art. 84 Abs. 1 GG). In der Verwaltungsvorschrift zu § 45 Abs. 1c (neu) wird jedoch klar gestellt, dass einem auf Tempo 30-Zonen-Anordnung gerichteten Antrag der Kommunen zu entsprechen ist, wenn die einschlägigen Maßgaben der Verordnung und der entsprechenden Verwaltungsvorschrift erfüllt sind oder mit der Anordnung erfüllt werden können.

Die Kraftfahrzeugführer werden künftig die Straßen in Tempo 30-Zonen deutlich von Straßen außerhalb solcher Zonen unterscheiden können. Die Anordnung von Zeichen 274.1 wird durch die grundsätzliche Vorfahrtregel „rechts vor links", das ausnahmslose Fehlen von Lichtzeichen geregelten Kreuzungen und Einmündungen, Fahrstreifenbegrenzungen und Leitlinien sowie benutzungspflichtigen Radverkehrsanlagen unterstützt. Bauliche Veränderungen (Einengungen, Schwellen etc.) dürfen hingegen künftig nicht mehr erwartet werden. Statt dessen sollen erforderliche Verengungen des Fahrbahnquerschnitts durch Markierung von Parkständen und Sperrflächen ausreichen.

(VBl 01 11): Die bisher in Absatz 1b Nummer 3 enthaltene Zuständigkeit der Straßenverkehrsbehörden hinsichtlich der Anordnung von geschwindigkeitsbeschränkten Zonen wird entsprechend der in Teil 1 „Allgemeines" dargestellten Erwägungen nunmehr in einem gesonderten Absatz geregelt. Zugleich wird in der Straßenverkehrs-Ordnung selbst durch negative Abgrenzung klar gestellt, dass eine Tempo 30-Zonen-Anordnung innerhalb geschlossener Ortschaften nur für nicht klassifizierte Straßen in Betracht kommt, da Bundes-, Landes- und Kreisstraßen wegen ihrer Bestimmung für den überörtlichen Verkehr nicht Gegenstand gemeindlicher Verkehrsberuhigungsmaßnahmen sein können. Soweit im Einzelfall, insbesondere auf Kreisstraßen, aus Gründen der Verkehrssicherheit oder des Immissionsschutzes eine Absenkung der zulässigen Höchstgeschwindigkeit unter 50 km/h erforderlich ist, steht mit der Möglichkeit der streckenbezogenen Anordnung durch Zeichen 274 ein ausreichendes Instrument zur Verfügung.

Der Ausschluss weiterer Vorfahrtstraßen ist erforderlich, um insbesondere in größeren Gemeinden und Städten ein leistungsfähiges Hauptverkehrsstraßennetz zu erhalten, auf dem der weit überwiegende Anteil des innerörtlichen Verkehrs erbracht wird. Sätze 3 und 4 enthalten zusätzliche Kriterien der Abgrenzung, die im Interesse des Verkehrsablaufs und der Rechtsklarheit für den kraftfahrenden Verkehrsteilnehmer erforderlich sind.

Weitere Kriterien für die Einrichtung von Tempo 30-Zonen sollen wie bisher in den Verwaltungsvorschriften geregelt werden.

Zu Abs 1 a Nr 4 b: *Kulturelle Veranstaltungen außerhalb des Straßenraums können nach geltendem Recht nicht ausreichend vor den vom Straßenverkehr ausgehenden Beeinträchtigungen geschützt werden. Bei herausragenden lärmsensiblen kulturellen Veranstaltungen (Musik- oder Theaterdarbietungen, insbesondere auf Freilichtbühnen) kann es aber im Einzelfall im öffentlichen Interesse angezeigt sein, die vom Straßenverkehr ausgehenden Beeinträchtigungen (Verkehrslärm) durch örtlich und zeitlich eng begrenzte Verkehrsbeschränkungen oder -verbote, vor allem durch Umleitungen des Schwerverkehrs zu mindern oder zu verhindern, wenn den Beeinträchtigungen anders nicht begegnet werden kann.*

8   **Begr** zur ÄndVO v 14. 12. 01 (VBl **02** 140): **Zu Abs 1 b:** *Die Neuregelung füllt ebenfalls die durch Gesetz vom 19. März 2001 (BGBl. I S. 386) geänderte Verordnungsermächtigung des § 6 Abs. 1 Nr. 14 StVG aus. Damit wurde die Voraussetzung dafür geschaffen, über das bisherige Anwohnerparken hinaus auch großräumigere Bereiche mit Parkvorrechten für die Wohnbevölkerung zuzulassen, wenn dem Parkraummangel für die ansässige Wohnbevölkerung wegen fehlender privater Stellplätze und hohen „Parkdrucks" durch nicht quartiersansässige Pendler oder Besucher nur durch eine entsprechende Anordnung abgeholfen werden kann.*

...

Der Verordnungsgeber ist bei der Neuregelung auch weiterhin von den in der Begründung zur Einführung der gesetzlichen Ermächtigung zum Anwohnerparken im Jahr 1980 angeführten Erwägungen ausgegangen (vgl. VkBl. 80 S. 244). Es bleibt unverändert wesentliches Ziel der Parkvorberechtigung für Bewohner, der Abwanderung in das Stadtumland entgegen zu wirken, die auch dadurch gefördert wird, dass auf Grund eines Mangels an Stellflächen für ein privates Kraftfahrzeug bei hohem allgemeinem „Parkdruck" kein ausreichender Parkraum in Wohnungsnähe zur Verfügung steht.

Die Neuregelung des An-/künftig Bewohnerparkens trägt der Intention des Gesetzgebers Rechnung. Sie eröffnet maßgeschneiderte Lösungen für die jeweilige örtliche Situation, indem sie die unterschiedlichsten Anordnungen – angefangen von kleinräumigen bis hin zu weiträumigeren Anordnungen von Parkvorrechten für die Wohnbevölkerung – rechtlich absichert. Sie schafft damit auch für dicht bebaute (Groß-)Stadtquartiere bei bestehendem Parkraummangel einen zufriedenstellenden Ausgleich zwischen den unterschiedlichen Gruppen, die Parkraum in Anspruch nehmen.

...

In der Verwaltungsvorschrift wird der „Prozent-Vorgabe" des Bundesrates allerdings lediglich zeitlich begrenzt auf werktags von 9.00 bis 18.00 Uhr gefolgt. In der übrigen Zeit dürfen nicht mehr als 75 Prozent der zur Verfügung stehenden Parkfläche für Bewohner reserviert werden. Die vorgenommene Abweichung ist möglich, weil die Länder diese Lösung mehrheitlich zur Erfüllung der Vorgabe des Bundesrates als ausreichend erachten. Es besteht Einvernehmen, dass der höchste Bedarf für Bewohnerparkplätze im Allgemeinen in der Zeit nach den Kernarbeitszeiten, mithin in den Abend- und Nachtstunden, liegt, in denen der Parkraumbedarf von Pendlern und Besuchern geringer ist. Daher ist eine prozentual höhere Reservierung des Parkraums für Bewohner zur Abend- und Nachtzeit angemessen.

...

... Bislang konnte die „Kennzeichnung von Parkmöglichkeiten für Anwohner" nur in der Weise erfolgen, dass Anwohner (durch Zusatzschild begrenzt auf bestimmte Tageszeiten) entweder von angeordneten eingeschränkten Haltverboten frei gestellt werden oder durch Zeichen 314/315 erlaubtes Parken auf Anwohner beschränkt wird, mithin eine „Reservierung" öffentlichen Parkraumes für die Berechtigten unter gleichzeitigem Ausschluss anderer Parkraumsuchender erfolgte.

Die Neuregelung sichert nunmehr auch diese „Misch-Regelung" rechtlich ausdrücklich ab (§ 45 Abs. 1 b Satz 1 Nr. 2 a 2. Alternative (neu) StVO).

...

Vor allem in Innenstadtbereichen von Großstädten hat die Praxis aber gezeigt, dass die Voraussetzung für die Anordnung einer Parkvorberechtigung für die Wohnbevölkerung auch in einem Quartier vorliegen kann, dessen Größe die ortsangemessene Ausdehnung des Bewohnerparkbereiches eigentlich übersteigt. Für diesen Fall ist es geboten, in der begleitenden Verwaltungsvorschrift die Aufteilung des Gebietes in mehrere Bereiche mit Bewohnerparkrechten künftig ausdrücklich zuzulassen. Die Bereiche müssen dann aber unterschiedlich (durch Nummern oder Buchstaben) ausgewiesen werden. Damit wird das Parkvorrecht für berechtigte Bewohner auf ein abgegrenztes Quartier beschränkt. So wird klargestellt, dass der Verordnungsgeber nur auf konkrete Einzelmaßnahmen im Interesse der jeweils in dem Bereich wohnenden Bewohner abzielt.

Diese Ergänzung war erforderlich, weil das Bundesverwaltungsgericht in seiner genannten Entscheidung festgestellt hatte, dass die mosaikartige, flächendeckende Überspannung der ganzen Innenstadt in einer Großstadt durch Parkvorberechtigungszonen nicht von der Ermächtigungsgrundlage des § 6 Abs. 1 Nr. 14 StVG (a. F.) gedeckt ist.

...

Verkehrszeichen und Verkehrseinrichtungen § 45 StVO **2**

Vwv zu § 45 Verkehrszeichen und Verkehrseinrichtungen

Zu Absatz 1 bis 1f

1. I. Vor jeder Entscheidung sind die Straßenbaubehörde und die Polizei zu hören. Wenn auch andere Behörden zu hören sind, ist dies bei den einzelnen Zeichen gesagt. — 9

2. II. Vor jeder Entscheidung sind erforderlichenfalls zumutbare Umleitungen im Rahmen des Möglichen festzulegen. — 10

3. III. 1. Die Straßenverkehrsbehörde bedarf der Zustimmung der obersten Landesbehörde oder der von ihr bestimmten Stelle zur Anbringung und Entfernung folgender Verkehrszeichen: — 11

4. a) auf allen Straßen der Zeichen 201, 261, 269, 275, 279, 290, 292, 330, 331, 334, 336, 363, 380, 460 sowie des Zusatzschildes „abknickende Vorfahrt" (hinter Zeichen 306),

5. b) auf Autobahnen, Kraftfahrstraßen und Bundesstraßen:
des Zeichens 250, auch mit auf bestimmte Verkehrsarten beschränkenden Sinnbildern, wie der Zeichen 251 oder 253 sowie der Zeichen 262 und 263,

6. c) auf Autobahnen, Kraftfahrstraßen sowie auf Bundesstraßen außerhalb geschlossener Ortschaften:
der Zeichen 276, 277, 280, 281, 295 als Fahrstreifenbegrenzung und 296,

7. d) auf Autobahnen und Kraftfahrstraßen:
der Zeichen 209 bis 214, 274 und 278,

8. e) auf Bundesstraßen:
des Zeichens 274 samt dem Zeichen 278 dann, wenn die zulässige Höchstgeschwindigkeit auf weniger als 60 km/h ermäßigt wird.

9. 2. Die obersten Landesbehörden sollten jedenfalls für Straßen von erheblicher Verkehrsbedeutung, die in Nummer 1 Buchst. b bis e nicht aufgeführt sind, entsprechende Anweisungen geben.

10. 3. Der Zustimmung bedarf es nicht, wenn jene Maßnahmen zur Durchführung von Arbeiten im Straßenraum oder zur Verhütung außerordentlicher Schäden an den Straßen getroffen werden oder durch unvorhergesehene Ereignisse wie Unfälle, Schadenstellen oder Verkehrsstauungen, veranlaßt sind.

11. 4. Die Straßenverkehrsbehörde bedarf der Zustimmung der obersten Landesbehörde oder der von ihr beauftragten Stelle außerdem für die Anordnung des Schildes nach § 37 Abs. 2 Nr. 1 Satz 8 („Grünpfeil").

12. IV. Die Straßenverkehrsbehörde bedarf der Zustimmung der höheren Verwaltungsbehörde oder der von ihr bestimmten Stelle zur Aufstellung und Entfernung folgender Verkehrszeichen auf allen Straßen:
der Zeichen 293, 306, 307 und 354 sowie des Zusatzschilds „Nebenstrecke". — 12

13. V. Die Straßenverkehrsbehörde bedarf der Zustimmung der obersten Landesbehörde oder der von ihr bestimmten Stelle zur Anordnung von Maßnahmen zum Schutz der Bevölkerung vor Lärm und Abgasen. Das Bundesministerium für Verkehr gibt im Einvernehmen mit den zuständigen obersten Landesbehörden „Richtlinien für straßenverkehrsrechtliche Maßnahmen zum Schutz der Bevölkerung vor Lärm (Lärmschutz-Richtlinien-StV)" im Verkehrsblatt bekannt. — 13

14. VI. Der Zustimmung bedarf es in den Fällen der Nummern III bis V nicht, wenn und soweit die oberste Landesbehörde die Straßenverkehrsbehörde vom Erfordernis der Zustimmung befreit hat. — 13 a

15. VII. Unter Landschaftsgebieten, die überwiegend der Erholung der Bevölkerung dienen, sind z. B. Naturparks zu verstehen. — 14

16. VIII. Maßnahmen zum Schutz kultureller Veranstaltungen (z. B. bedeutende Musik- oder Theaterdarbietungen insbesondere auf Freilichtbühnen) kommen nur in Betracht, wenn diese erheblich durch vom Straßenverkehr ausgehende Lärmemissionen beeinträchtigt werden. Insbesondere kann sich für die Dauer der Veranstaltung eine Umleitung des Schwerverkehrs empfehlen. — 14 a

15	17	IX. *Parkmöglichkeiten für Schwerbehinderte mit außergewöhnlicher Gehbehinderung und Blinde.*
Der begünstigte Personenkreis ist derselbe wie in Nummer 2 zu § 46 Abs. 1 Nr. 11 aufgeführt.
	18	*Wegen der Ausgestaltung der Parkplätze wird auf die DIN 18 024–1 „Barrierefreies Bauen, Teil 1: Straßen, Plätze, Wege, öffentliche Verkehrs- und Grünanlagen sowie Spielplätze; Planungsgrundlagen" verwiesen.*
	19	*1. a) Parkplätze, die allgemein dem erwähnten Personenkreis zur Verfügung stehen, kommen, gegebenenfalls mit zeitlicher Beschränkung, insbesondere dort in Betracht, wo der erwähnte Personenkreis besonders häufig auf einen derartigen Parkplatz angewiesen ist, z. B. in der Nähe von Behörden, Krankenhäusern, Orthopädischen Kliniken.*
	20	*b) Für die Benutzung dieser Parkplätze genügt die nach § 46 Abs. 1 Nr. 11 erteilte Ausnahmegenehmigung.*
	21	*c) Die Kennzeichnung dieser Parkplätze erfolgt in der Regel durch die Zeichen 314 oder 315 mit dem Zusatzschild „Rollstuhlfahrersymbol".*
	22	*Ausnahmsweise (§ 41 Abs. 3 Nr. 7) kann eine Bodenmarkierung „Rollstuhlfahrersymbol" genügen.*
	23	*2. a) Parkplätze für bestimmte Schwerbehinderte mit außergewöhnlicher Gehbehinderung und Blinde, z. B. vor der Wohnung oder in der Nähe der Arbeitsstätte, setzen eine Prüfung voraus, ob*
	24	*– ein Parksonderrecht erforderlich ist. Das ist z. B. nicht der Fall, wenn Parkraummangel nicht besteht oder der Schwerbehinderte in zumutbarer Entfernung eine Garage oder einen Abstellplatz außerhalb des öffentlichen Verkehrsraumes hat,*
	25	*– ein Parksonderrecht vertretbar ist. Das ist z. B. nicht der Fall, wenn ein Haltverbot (Zeichen 283) angeordnet wurde,*
	26	*– ein zeitlich beschränktes Parksonderrecht genügt.*
	27	*b) In diesen Fällen erteilt die zuständige Straßenverkehrsbehörde einen besonderen bundeseinheitlichen Parkausweis, den das Bundesministerium für Verkehr im Verkehrsblatt bekanntgibt.*
	28	*c) Die Kennzeichnung dieser Parkplätze erfolgt durch die Zeichen 314, 315 mit dem Zusatzschild „(Rollstuhlfahrersymbol) mit Parkausweis Nr. …"*
16	29	X. *Sonderparkberechtigung für Bewohner städtischer Quartiere mit erheblichem Parkraummangel (Bewohnerparkvorrechte)*
1. Die Anordnung von Bewohnerparkvorrechten ist nur dort zulässig, wo mangels privater Stellflächen und auf Grund eines erheblichen allgemeinen Parkdrucks die Bewohner des städtischen Quartiers regelmäßig keine ausreichende Möglichkeit haben, in ortsüblich fußläufig zumutbarer Entfernung von ihrer Wohnung einen Stellplatz für ihr Kraftfahrzeug zu finden.
	30	*2. Bewohnerparkvorrechte sind vorrangig mit Zeichen 286 oder Zeichen 290 mit Zusatzschild „Bewohner mit Parkausweis … frei", in den Fällen des erlaubten Gehwegparkens mit Zeichen 315 mit Zusatzschild „nur Bewohner mit Parkausweis … " anzuordnen. Eine bereits angeordnete Beschilderung mit Zeichen 314 (Anwohnerparkvorrecht nach altem Recht) bleibt weiter zulässig. Werden solche Bewohnerparkvorrechte als Freistellung von angeordneten Parkraumbewirtschaftungsmaßnahmen angeordnet (vgl. Nummer 6), kommen nur Zeichen 314, 315 in Betracht. Die Bezeichnung des Parkausweises (Buchstabe oder Nummer) auf dem Zusatzschild kennzeichnet zugleich die räumliche Geltung des Bewohnerparkvorrechts.*
	31	*3. Die Bereiche mit Bewohnerparkvorrechten sind unter Berücksichtigung des Gemeingebrauchs (vgl. dazu Nummer 4), des vorhandenen Parkdrucks (vgl. dazu Nummer 1) und der örtlichen Gegebenheiten festzulegen. Dabei muss es sich um Nahbereiche handeln, die von den Bewohnern dieser städtischen Quartiere üblicherweise zum Parken aufgesucht werden. Die maximale Ausdehnung eines Bereiches darf auch in Städten mit mehr als 1 Mio. Einwohnern 1000 m nicht übersteigen. Soweit die Voraussetzungen nach Nummer 1 in einem städtischen Gebiet vorliegen, dessen Größe*

die ortsangemessene Ausdehnung eines Bereiches mit Bewohnerparkvorrechten übersteigt, ist die Aufteilung des Gebietes in mehrere Bereiche mit Bewohnerparkvorrechten (mit verschiedenen Buchstaben oder Nummern) zulässig.

32   4. Innerhalb eines Bereiches mit Bewohnerparkvorrechten dürfen werktags von 9.00 bis 18.00 Uhr nicht mehr als 50%, in der übrigen Zeit nicht mehr als 75% der zur Verfügung stehenden Parkfläche für die Bewohner reserviert werden. In kleinräumigen Bereichen mit Wohnbebauung, in denen die ortsangemessene Ausdehnung (vgl. Nummer 3) wesentlich unterschritten wird, können diese Prozentvorgaben überschritten werden, wenn eine Gesamtbetrachtung der ortsangemessenen Höchstausdehnung wiederum die Einhaltung der Prozent-Vorgaben ergibt.

33   5. Für die Parkflächen zur allgemeinen Nutzung empfiehlt sich die Parkraumbewirtschaftung (Parkscheibe, Parkuhr, Parkscheinautomat). Nicht reservierte Parkflächen sollen möglichst gleichmäßig und unter besonderer Berücksichtigung ansässiger Wirtschafts- und Dienstleistungsunternehmen mit Liefer- und Publikumsverkehr sowie des Publikumsverkehrs von freiberuflich Tätigen in dem Bereich verteilt sein.

34   6. Bewohnerparkvorrechte können in Bereichen mit angeordneter Parkraumbewirtschaftung (vgl. zu § 13) auch als Befreiung von der Pflicht, die Parkscheibe auszulegen oder die Parkuhr/den Parkscheinautomat zu bedienen, angeordnet werden. Zur Anordnung der Zusatzschilder vgl. Nummer 2.

35   7. Bewohnerparkausweise werden auf Antrag ausgegeben. Einen Anspruch auf Erteilung hat, wer in dem Bereich meldebehördlich registriert ist und dort tatsächlich wohnt. Je nach örtlichen Verhältnissen kann die angemeldete Nebenwohnung ausreichen. Die Entscheidung darüber trifft die Straßenverkehrsbehörde ebenfalls im Einvernehmen mit der Stadt. Jeder Bewohner erhält nur einen Parkausweis für ein auf ihn als Halter zugelassenes oder nachweislich von ihm dauerhaft genutztes Kraftfahrzeug. Nur in begründeten Einzelfällen können mehrere Kennzeichen in dem Parkausweis eingetragen oder der Eintrag „wechselnde Fahrzeuge" vorgenommen werden. Ist der Bewohner Mitglied einer Car-Sharing-Organisation, wird deren Name im Kennzeichenfeld des Parkausweises eingetragen. Das Bewohnerparkvorrecht gilt dann nur für das Parken eines von außen deutlich erkennbaren Fahrzeugs dieser Organisation (Aufschrift, Aufkleber am Fahrzeug); darauf ist der Antragsteller schriftlich hinzuweisen.

36   8. Der Bewohnerparkausweis wird von der zuständigen Straßenverkehrsbehörde erteilt. Dabei ist das Muster zu verwenden, das das Bundesministerium für Verkehr, Bau- und Wohnungswesen im Verkehrsblatt bekannt gibt.

37 XI. Tempo 30-Zonen
1. Die Anordnung von Tempo 30-Zonen soll auf der Grundlage einer flächenhaften Verkehrsplanung der Gemeinde vorgenommen werden, in deren Rahmen zugleich das innerörtliche Vorfahrtstraßennetz (Zeichen 306) festgelegt werden soll. Dabei ist ein leistungsfähiges, auch den Bedürfnissen des öffentlichen Personennahverkehrs und des Wirtschaftsverkehrs entsprechendes Vorfahrtstraßennetz (Zeichen 306) sicherzustellen. Der öffentlichen Sicherheit und Ordnung (wie Rettungswesen, Katastrophenschutz, Feuerwehr) sowie der Verkehrssicherheit ist vorrangig Rechnung zu tragen.

38   2. Zonen-Geschwindigkeitsbeschränkungen kommen nur dort in Betracht, wo der Durchgangsverkehr von geringer Bedeutung ist. Sie dienen vorrangig dem Schutz der Wohnbevölkerung sowie der Fußgänger und Fahrradfahrer. In Gewerbe- oder Industriegebieten kommen sie daher grundsätzlich nicht in Betracht.

39   3. Durch die folgenden Anordnungen und Merkmale soll ein weitgehend einheitliches Erscheinungsbild der Straßen innerhalb der Zone sichergestellt werden:

40   a) Die dem fließenden Verkehr zur Verfügung stehende Fahrbahnbreite soll erforderlichenfalls durch Markierung von Senkrecht- oder Schrägparkständen, wo nötig auch durch Sperrflächen (Zeichen 298) am Fahrbahnrand, eingeengt werden. Werden bauliche Maßnahmen zur Geschwindigkeitsdämpfung vorgenommen, darf von ihnen keine Beeinträchtigung der öffentlichen Sicherheit oder Ordnung, keine Lärmbelästigung für die Anwohner und keine Erschwerung für den Buslinienverkehr ausgehen.

41 b) Wo die Verkehrssicherheit es wegen der Gestaltung der Kreuzung oder Einmündung oder die Belange des Buslinienverkehrs es erfordern, kann abweichend von der Grundregel ‚rechts vor links' die Vorfahrt durch Zeichen 301 angeordnet werden; vgl. zu Zeichen 301 Vorfahrt Rn. 4 und 5.

42 c) Die Fortdauer der Zonen-Anordnung kann in großen Zonen durch Aufbringung von ‚30' auf der Fahrbahn verdeutlicht werden. Dies empfiehlt sich auch dort, wo durch Zeichen 301 Vorfahrt an einer Kreuzung oder Einmündung angeordnet ist.

43 4. Zur Kennzeichnung der Zone vgl. zu den Zeichen 274.1 und 274.2.

44 5. Die Anordnung von Tempo 30-Zonen ist auf Antrag der Gemeinde vorzunehmen, wenn die Voraussetzungen und Merkmale der Verordnung und dieser Vorschrift vorliegen oder mit der Anordnung geschaffen werden können, indem vorhandene aber nicht mehr erforderliche Zeichen und Einrichtungen entfernt werden.

45 6. Lichtzeichenanlagen zum Schutz des Fußgängerverkehrs, die in bis zum Stichtag angeordneten Tempo 30-Zonen zulässig bleiben, sind neben den Fußgänger-Lichtzeichenanlagen auch Lichtzeichenanlagen an Kreuzungen und Einmündungen, die vorrangig dem Schutz des Fußgängerquerungsverkehrs dienen. Dies ist durch Einzelfallprüfung festzustellen.

Zu Absatz 2
Zu Satz 1

46 I. Die Straßenverkehrsbehörde ist mindestens zwei Wochen vor der Durchführung der in Satz 1 genannten Maßnahmen davon zu verständigen; sie hat die Polizei rechtzeitig davon zu unterrichten; sie darf die Maßnahmen nur nach Anhörung der Straßenbaubehörde und der Polizei aufheben oder ändern. Ist von vornherein mit Beschränkungen oder Verboten von mehr als drei Monaten Dauer zu rechnen, so haben die Straßenbaubehörden die Entscheidung der Straßenverkehrsbehörden über die in einem Verkehrszeichenplan vorgesehenen Maßnahmen einzuholen.

47 II. Schutz gefährdeter Straßen

1. Straßenbau- und Straßenverkehrsbehörden und die Polizei haben ihr Augenmerk darauf zu richten, daß frostgefährdete, hitzegefährdete und abgenutzte Straßen nicht in ihrem Bestand bedroht werden.

48 2. Für Verkehrsbeschränkungen und Verkehrsverbote, welche die Straßenbaubehörde zum Schutz der Straße außer wegen Frost- oder Hitzegefährdung erlassen hat, gilt Nummer I entsprechend. Die Straßenverkehrsbehörde darf Verkehrsbeschränkungen und Verkehrsverbote, welche die Straßenbaubehörde zum Schutz der Straße erlassen hat, nur mit Zustimmung der höheren Verwaltungsbehörde aufheben oder einschränken. Ausnahmegenehmigungen bedürfen der Anhörung der Straßenbaubehörde.

49 3. Als vorbeugende Maßnahmen kommen in der Regel Geschwindigkeitsbeschränkungen (Zeichen 274) und beschränkte Verkehrsverbote (z. B. Zeichen 262) in Betracht. Das Zeichen 274 ist in angemessenen Abständen zu wiederholen. Die Umleitung der betroffenen Fahrzeuge ist auf Straßen mit schnellerem oder stärkerem Verkehr in der Regel 400 m vor dieser durch einen Vorwegweiser, je mit einem Zusatzschild, das die Entfernung, und einem zweiten, das die betroffenen Fahrzeugarten angibt, anzukündigen. Auf Straßen, auf denen nicht schneller als 50 km/h gefahren wird, genügt der Vorwegweiser; auf Straßen von geringerer Verkehrsbedeutung entfällt auch er.

50 4. Für frostgefährdete Straßen stellt die Straßenbaubehörde alljährlich frühzeitig im Zusammenwirken mit der Straßenverkehrsbehörde und der Polizei einen Verkehrszeichenplan auf. Dabei sind auch Vertreter der betroffenen Straßenbenutzer zu hören. Auch die technischen Maßnahmen zur Durchführung sind rechtzeitig vorzubereiten. Die Straßenbaubehörde bestimmt bei eintretender Frostgefahr möglichst drei Tage zuvor den Tag des Beginns und der Beendigung dieser Maßnahmen, sorgt für rechtzeitige Beschilderung, teilt die Daten der Straßenverkehrsbehörde und der Polizei mit und unterrichtet die Öffentlichkeit (vgl. dazu Nummer IV zu den Zeichen 421 und 442, 454 bis 466; Rn. 4).

Zu Satz 3

51   I. Dazu müssen die Bahnunternehmen die Straßenverkehrsbehörde, die Straßenbaubehörde und die Polizei hören. Das gilt nicht, wenn ein Planfeststellungsverfahren vorausgegangen ist.

52   II. Für Übergänge anderer Schienenbahnen vgl. Nummer VII zu Zeichen 201; Rn. 17 ff.

Zu Absatz 3

53   I. Zu den Verkehrszeichen gehören nicht bloß die in der StVO genannten, sondern auch die nach Nummer III 1 zu den §§ 39 bis 43 (Rn. 6) vom Bundesministerium für Verkehr zugelassenen Verkehrszeichen.

54   II. Vor der Entscheidung über die Anbringung oder Entfernung jedes Verkehrszeichens und jeder Verkehrseinrichtung sind die Straßenbaubehörden und die Polizei zu hören, in Zweifelsfällen auch andere Sachverständige. Ist nach § 5b StVG ein Dritter Kostenträger, so soll auch er gehört werden.

55   III. Bei welchen Verkehrszeichen die Zustimmung nicht übergeordneter anderer Behörden und sonstiger Beteiligter einzuholen ist, wird bei den einzelnen Verkehrszeichen gesagt.

56   IV. Überprüfung der Verkehrszeichen und Verkehrseinrichtungen

    1. Die Straßenverkehrsbehörden haben bei jeder Gelegenheit die Voraussetzungen für einen reibungslosen Ablauf des Verkehrs zu prüfen. Dabei haben sie besonders darauf zu achten, daß die Verkehrszeichen und die Verkehrseinrichtungen, auch bei Dunkelheit, gut sichtbar sind und sich in gutem Zustand befinden, daß die Sicht an Kreuzungen, Bahnübergängen und Kurven ausreicht und ob sie sich noch verbessern läßt. Gefährliche Stellen sind darauf zu prüfen, ob sie sich ergänzend zu den Verkehrszeichen oder an deren Stelle durch Verkehrseinrichtungen, wie Leitpfosten, Leittafeln oder durch Schutzplanken oder durch bauliche Maßnahmen ausreichend sichern lassen. Erforderlichenfalls sind solche Maßnahmen bei der Straßenbaubehörde anzuregen. Straßenabschnitte, auf denen sich häufig Unfälle bei Dunkelheit ereignet haben, müssen bei Nacht besichtigt werden.

57   2. a) Alle zwei Jahre haben die Straßenverkehrsbehörden zu diesem Zweck eine umfassende Verkehrsschau vorzunehmen, auf Straßen von erheblicher Verkehrsbedeutung und überall dort, wo nicht selten Unfälle vorkommen, alljährlich, erforderlichenfalls auch bei Nacht. An den Verkehrsschauen haben sich die Polizei und die Straßenbaubehörden zu beteiligen; auch die Träger der Straßenbaulast, die öffentlichen Verkehrsunternehmen und ortsfremde Sachkundige aus Kreisen der Verkehrsteilnehmer sind dazu einzuladen. Bei der Prüfung der Sicherung von Bahnübergängen sind die Bahnunternehmen, für andere Schienenbahnen gegebenenfalls die für die technische Bahnaufsicht zuständigen Behörden hinzuzuziehen. Über die Durchführung der Verkehrsschau ist eine Niederschrift zu fertigen.

58   b) Eine Verkehrsschau darf nur mit Zustimmung der höheren Verwaltungsbehörde unterbleiben.

59   c) Die zuständigen obersten Landesbehörden sorgen dafür, daß bei der Verkehrsschau überall die gleichen Maßstäbe angelegt werden. Sie führen von Zeit zu Zeit eigene Landesverkehrsschauen durch, die auch den Bedürfnissen überörtlicher Verkehrslenkung dienen.

60   V. Den obersten Landesbehörden wird empfohlen, in Übereinstimmung mit den Fern- und Nahzielverzeichnissen für die wegweisende Beschilderung an Bundesfernstraßen entsprechende Verzeichnisse für ihre Straßen aufzustellen.

61   VI. Von der Anbringung von Gefahrzeichen aus Verkehrssicherheitsgründen wegen des Straßenzustandes sind die Straßenverkehrsbehörde und die Polizei unverzüglich zu unterrichten.

Zu Absatz 5

62   Wer zur Unterhaltung der Verkehrszeichen und Verkehrseinrichtungen verpflichtet ist, hat auch dafür zu sorgen, daß diese jederzeit deutlich sichtbar sind (z. B. durch Reinigung, durch Beschneiden oder Beseitigung von Hecken und Bäumen).

Zu Absatz 6

22 63 I. Soweit die Straßenbaubehörde zuständig ist, ordnet sie die erforderlichen Maßnahmen an, im übrigen die Straßenverkehrsbehörde. Vor jeder Anordnung solcher Maßnahmen ist die Polizei zu hören.

64 II. Straßenverkehrs- und Straßenbaubehörde sowie die Polizei sind gehalten, die planmäßige Kennzeichnung der Verkehrsregelung zu überwachen und die angeordneten Maßnahmen auf ihre Zweckmäßigkeit zu prüfen. Zu diesem Zweck erhält die Polizei eine Abschrift des Verkehrszeichenplans von der zuständigen Behörde.

65 III. Die Straßenbaubehörden prüfen die für Straßenbauarbeiten von Bauunternehmern vorgelegten Verkehrszeichenpläne. Die Prüfung solcher Pläne für andere Arbeiten im Straßenraum obliegt der Straßenverkehrsbehörde, die dabei die Straßenbaubehörde, gegebenenfalls die Polizei zu beteiligen hat.

66 IV. Der Vorlage eines Verkehrszeichenplans durch den Unternehmer bedarf es nicht

1. bei Arbeiten von kurzer Dauer und geringem Umfang der Arbeitsstelle, wenn die Arbeiten sich nur unwesentlich auf den Straßenverkehr auswirken,

67 2. wenn ein geeigneter Regelplan besteht oder

68 3. wenn die zuständige Behörde selbst einen Plan aufstellt.

Zu Absatz 7

23 69 I. Zur laufenden Straßenunterhaltung gehört z. B. die Beseitigung von Schlaglöchern, die Unterhaltung von Betonplatten, die Pflege der Randstreifen und Verkehrssicherungsanlagen, in der Regel dagegen nicht die Erneuerung der Fahrbahndecke.

70 II. Notmaßnahmen sind z. B. die Beseitigung von Wasserrohrbrüchen und von Kabelschäden.

Zu Absatz 8

24 71 Die Zustimmung der höheren Verwaltungsbehörde oder der von ihr bestimmten Stelle ist erforderlich. Nummer VI zu Absatz 1 bis 1e (Rn. 14) gilt auch hier.

Zu Absatz 9

25 72 Auf Nummer I zu den §§ 39 bis 43 (Rn. 1) wird verwiesen.

Übersicht

Abgasschutz 26, 29
Abwägung mit Gegeninteressen 26, 28a, 29
Anbringung der Verkehrszeichen und Verkehrseinrichtungen 11, 19, 20, 42, 43, 44
Anlieger 28a, 28b, 58
Anspruch auf ermessensfehlerfreie Entscheidung 28a
Arten der Beschränkung des Verkehrs 26, 28, 28b, 29, 39
Aufgaben, städtebauliche 26, 36
Ausgestaltung der Verkehrszeichen 43, 44
Außerorts, Streupflicht 56, 62
Autobahn, Streupflicht 63

Bahnübergang 26, 40
Baulastträger 26, 44
Baustelle, Verkehrssicherung 23, 45–48
Baustellenregelung 23, 45–48
Bauunternehmer, Verkehrszeichenplan 23, 26, 45–48
Behörde, keine Parkausnahme für 28
Bekanntgabe der VRegelungen oder -verbote 41
Beschaffen, Baulastträgerpflicht 44
Beschränken des Verkehrs 9, 10, 26ff, 28a, 28b

Besondere örtliche Verhältnisse iS von Abs IX 28a
Bestimmte Straßen oder Straßenteile 27
Bestimmung der Verkehrszeichen 18–21, 42
Betrieb der Verkehrszeichen 22, 44
Bewohner 16, 36
Bundesstraße, Streupflicht 62, 63

Einzelfragen, Verkehrssicherungspflicht 53
Erhebliche Risikoüberschreitung iS von Abs IX 28a
Erholungs- und Kurorte 14, 26, 33

Fahrbahn 53, 61, 62
Fahrbahneinengung 37a, 49
Fahrbahnschwellen 37a, 53
Fahrverbot, flächendeckendes 33, 41
Fußgängerbereich 35
Fußgängerüberweg 59a

Gehweg 59
Gemeinden, Haftung 57
Genehmigung 23, 45
Geschwindigkeitsbeschränkte Zonen 37ff
Gewässerschutz 12, 26, 30

Verkehrszeichen und Verkehrseinrichtungen § 45 StVO 2

Haftung, Verkehrssicherungspflicht 51, 54, 55
Haftungsgrundlagen, Verkehrssicherungspflicht 51, 54
Innerorts, Streupflicht 56–61
Kur- und Erholungsorte 14, 26, 33
Länder, Räum- und Streupflicht 56
Lärmschutz 26, 29, 36
Lenkungsmaßnahmen 15, 16, 26, 28 a, 39
Maßgebot 26, 28 a, 28 b, 29
Maßnahmen der Straßenbaubehörden 15, 26, 39
Nachtfahrverbot 28 b, 29, 33
Nachtruhe 13, 26, 29, 33
Neue Bundesländer 54
Ordnung des Verkehrs 26, 28, 28 a, 28 b
Ordnungswidrigkeiten 50
Örtliche Verhältnisse, besondere iS von Abs IX 28 a
Parkausnahmen, keine für Behörden 28
Parkplatz, gebührenpflichtiger 34
Parksonderrechte 14 a, 14 b, 36
Räum- und Streupflicht 56–66
Risikoüberschreitung, erhebliche iS von Abs IX 28 a
Sicherheit des Verkehrs 26, 28, 28 a, 28 b
Sicherheit, öffentliche 26, 31
Smog 41
Straßen, Straßenstrecken 26, 27
Straßenarbeiten, Straßenschäden 15, 16, 26, 29, 39, 53

Straßenbauarbeiten 15, 16, 26, 29, 39, 45 ff
Straßenbaubehörden 15, 16, 26, 39
„Straßenrückbau" 37 a, 53
Straßenverkehrsbehörden 9 ff, 18–21, 26 ff, 42
Streupflicht 56–66
–, Wegfall 65, 66
Übermaßverbot 26, 28 a, 28 b, 29
Umleiten des Verkehrs 9, 10, 15, 16, 26, 28 a, 29, 39
Unterhalten der Verkehrszeichen 22, 44
Untersuchungen zum Verkehr 32
Verbieten 9, 10, 26 ff, 28, 28 a, 28 b, 29, 39
Verkehr, Sicherheit oder Ordnung 26, 28, 28 a, 28 b
Verkehrsberuhigter Geschäftsbereich 38
Verkehrsberuhigung 29, 35, 53
Verkehrsbeschränkungen 9 ff, 15, 16, 26 ff
Verkehrseinrichtungen 18–20, 26, 39, 41 ff
Verkehrsregelung 41 ff, 51
Verkehrsregelungspflicht 41 ff, 51
Verkehrssicherung, Baustelle 23, 45–48
Verkehrssicherungspflicht 51–68
– in den neuen Bundesländern 54
–, Träger 55
–, Verletzung 54
Verkehrsverbote 9 ff, 15, 16, 26 ff, 29, 39
Verkehrszeichen 18–21, 26, 42
Verkehrszeichenplan des Bauunternehmers 23, 45–48
Verwaltungsinteressen 28
Widmungsbeschränkung 28 b, 35

1. § 45 (mit zu enger amtlicher Überschrift) regelt die **straßenverkehrsrechtlichen** 26
Befugnisse der StrVB, der StrBauB und hinsichtlich der Bahnübergänge der Bahnunternehmen, außerdem bestimmte Pflichten der Baulastträger oder der StrEigentümer und bei Bauarbeiten der Bauunternehmer. Die zuständige VB darf die Befugnis, den V beschränkende, verbietende oder umleitende VZ aufzustellen, nicht für den Bedarfsfall je nach VLage an Private oder Gemeindebedienstete delegieren, aufgrund solcher Delegierung aufgestellte VZ sind rechtsfehlerhaft (aber nicht nichtig, und daher zu befolgen), VGH Mü VRS **82** 386, NZV **94** 206. Maßnahmen gem § 45 setzen die Notwendigkeit dauerhafter („statischer", nicht „dynamischer", situationsbedingter) Regelung voraus, VGH Mü NZV **94** 206. Wesentlicher Oberbegriff für die Eingriffszuständigkeit der beteiligten Behörden ist nach wie vor die Sicherheit oder Ordnung des StrV, neben ihr bestehen jedoch noch weitere ausdrückliche Ermächtigungen (s § 6 StVG): zur Verhütung außerordentlicher StrSchäden (I 2 Nr 2), zur VSicherung bei Arbeiten im StrRaum (I 2 Nr 1), zwecks Lärm- und Abgasschutzes der Wohnbevölkerung über denjenigen der Anlieger hinaus (I 2 Nr 3, Ib 1 Nr 5), zwecks Gewässer- und Heilquellenschutz gegen schädigende StrVEinwirkungen (I 2 Nr 4), zwecks Arten- und Biotopschutzes (Ia Nr 4a), zur Unterstützung von Maßnahmen zum Schutz der öffentlichen Sicherheit auch außerhalb von Verkehrsabläufen (I 2 Nr 5), zur Unterstützung von Maßnahmen zur Erforschung der StrVUnfälle, des VVerhaltens, von VAbläufen, zur Erprobung sichernder oder verkehrsregelnder Maßnahmen (I 2 Nr 6), zum Schutz von Erholungs- und Heilbereichen gegen vermeidbare Belästigungen durch den FahrV (Ia), zur Erhebung besonderer Parkgebühren (Ib 1 Nr 1), Zuteilung von Parkmöglichkeiten und Sonderparkberechtigungen (I b 1 Nr 2) und zur Unterstützung geostädtebaulicher Entwicklung (Ib 1 Nr 5). Die zulässigen Maßnahmen bestehen in der VRegelung durch VZ und VEinrichtungen, in VBeschränkungen, -umleitungen und -verboten (I). Die

2 StVO § 45   III. Durchführungs-, Bußgeld- und Schlußvorschriften

Ermächtigungen der StrVB bezwecken idR die abgewogene Regelung der beteiligten Interessen in verkehrsrechtlicher Beziehung und nur innerhalb dieses Rahmens auch diejenigen einzelner, s Rz 28 a. § 45 gilt auch auf privaten Flächen, soweit es sich um **öffentlichen VRaum** handelt (tatsächlich-öffentliche Wege, s § 1 Rz 13 f), VGH Ka VM **89** 55. VBeschränkungen müssen dem **Übermaßverbot, der Eigentumsgarantie, dem Grundrecht auf freie Persönlichkeitsentfaltung auch durch Ausübung des Gemeingebrauchs** und dem Grundsatz der Berufsfreiheit standhalten, BVG NJW **81** 184, VGH Mü BayVBl **86** 755, *Steiner* DAR **94** 344 ff, *Röthel* NZV **99** 65 ff. VBeschränkungen sind nur zulässig, soweit weniger weitgehende Maßnahmen nicht ausreichen (E 2), BVG DAR **01** 424, **99** 184, NZV **93** 284, VGH Ka VD **04** 47 (Überholverbot), VGH Mü DAR **84** 62 (AB-Geschwindigkeitsbegrenzung auf 80 km/h), VG Mü M 1564 VI 84, VGH Mü BayVBl **86** 754 (Verbot für Motorräder), OVG Münster VRS **62** 154, VG Mü M 3228 VI 79. Die Beantwortung der Frage, ob eine mildere Maßnahme gegenüber einer weitergehenden gleich wirksam ist, unterliegt nicht dem Ermessen der VB, BVG DAR **99** 184, **01** 424. Das Übermaßverbot ist verletzt, wenn die Sicherheit und die Leichtigkeit des Verkehrs durch weniger weitgehende Maßnahmen gewährleistet werden können, BVG DAR **01** 424, zB wenn sich im Hinblick auf eine Minderheit sich verkehrswidrig verhaltender Störer innerhalb einer bestimmten Gruppe von VT eine VBeschränkung gegen die gesamte Gruppe richtet, bevor mildere Mittel (Überwachung) ausgeschöpft sind, VGH Ka VD **04** 47, VGH Mü BayVBl **86** 754. Einwände von Betroffenen gegen ein VorschriftZ (Z 226 alt) sind gegenüber den öffentlichen Belangen gewichtet **abzuwägen,** der Betroffene hat auch dann Verwaltungsrechtsschutz, wenn die VB die Einwendungen bereits vorbeschieden hatte, OVG Münster VRS **57** 396. Zum **Ermessensspielraum** der StrVB BVG VRS **46** 237, OVG Lüneburg VRS **55** 311, VGH Mü DAR **84** 62, VGH Ka NJW **89** 2767, *Steiner* NJW **93** 1361 f. Das Ermessen der StrVB kann nicht rechtswirksam durch eine einem Anlieger gemachte Zusicherung beschränkt werden, OVG Lüneburg NJW **85** 1043, aM OVG Münster NZV **94** 48. Zur Neufassung des § 45 durch ÄndVO v 21. 7. 80 s *Steiner* NJW **80** 2342. StrVB: § 44. Die Anordnung eines VVerbots durch das Landratsamt als StrVB verletzt das gemeindliche Selbstverwaltungsrecht nicht, BVG NJW **76** 2175. Das Verbot oder Gebot entsteht durch die Anordnung der StrVB, für die VT verbindlich wird es jedoch erst durch die Aufstellung des entsprechenden gültigen VZ, BVG NJW **76** 2175, OVG Münster VRS **57** 396.

27 **2. Nur für bestimmte Straßen oder Straßenstrecken** sind Anordnungen nach I, I a und I b zulässig, VG Ko DAR **93** 310, für einen bestimmten VBereich oder Ortsteil nur, wenn eine der Ermächtigungen sie für die Gesamtheit dieser Bereiche rechtfertigt, s BVG VRS **46** 237, die Voraussetzungen der Beschränkung für in dem betroffenen Ortsteil befindliche Str vorliegen, BVG VRS **63** 232 (Kurort). Die Absätze I und I a ermächtigen nur zu Beschränkungen hinsichtlich **begrenzter, konkreter örtlicher VSituationen,** um besonderen, situationsbezogenen und im Verhältnis zu anderen Streckenabschnitten erhöhten Gefahren bzw Belästigungen zu begegnen, BVG NZV **96** 86, *Ronellenfitsch* DAR **84** 13, *Steiner* DAR **94** 341, *Ludovisy* DAR **93** 312, uU auch auf längeren Strecken, jedoch nur, wenn diese Voraussetzungen, abw vom Regelfall, auf der gesamten Strecke erfüllt sind, BVG NZV **96** 86 (116 km AB), OVG Ko NZV **95** 123. Dabei muß (außer in Fällen von I c) die durch die besonderen örtlichen Verhältnisse begründete Gefahrenlage oder das Belästigungsrisiko das ohne diese konkreten Besonderheiten allgemein bestehende Risiko *erheblich* übersteigen, VGH Ma DAR **02** 284 (Beschränkung des ruhenden V), wie für den fließenden V aus Abs IX folgt, s Rz 28 a. Abs I und I a bilden daher in aller Regel keine geeignete Rechtsgrundlage für flächendeckende Sperrungen zwecks Erreichung einer „autofreien Innenstadt", s *Hermes* DAR **93** 93 f, *Lorz* DÖV **93** 138, *Jahn* NZV **94** 9. Beschränkungen mittels VZ durch einzelne Bundesländer, die für (nahezu) das gesamte StrNetz des Landes oder als generelles Tempolimit auf AB eingerichtet werden, sind durch § 45 nicht gedeckt und als Umgehung der Gesetzgebungskompetenz des Bundes auf dem Gebiet des StrVRechts (E 46) jedenfalls anfechtbar (s § 41 Rz 247), VG Ko DAR **93** 310, *Cramer* DAR **86** 205 ff, s BVG NZV **96** 86, OVG Ko NZV **95** 123, s auch *Jaxt* NJW **86** 2228, *Bouska* DAR **86**

283, **89** 442. Zu großräumigen StrBenutzungsverboten (= „Fahrverboten") wegen Schneefalls, *Brosche* DVBl **79** 718: Allgemeinverfügungen zwecks Gefahrabwehr. S dazu Abs I S 2 Nr 5 (Rz 31).

3. Soweit nach I S 1 **aus Gründen der Sicherheit oder Ordnung des Verkehrs** Anordnungen zulässig sind, müssen sie sich streng in diesem Rahmen halten, BVG VRS **46** 237, VM **71** 33, OVG Münster VRS **56** 472, s *Ludovisy* DAR **93** 312, also aus diesem Grund notwendig sein, BVG NJW **71** 1419, NZV **93** 284, OVG Ko NZV **95** 123, sonst sind sie nach dem Übermaßverbot unzulässig, s BVG NJW **67** 1627. Erhebliche Störungen der Flüssigkeit und Leichtigkeit des V reichen aus, um Maßnahmen zu rechtfertigen, OVG Br VRS **98** 53, VGH Ka VRS **104** 71. Die Leichtigkeit und damit die Ordnung des V ist beeinträchtigt, wenn zB durch parkende Fze die Nutzung einer Grundstücksausfahrt erheblich behindert wird, VGH Ka VRS **104** 71. Nur wenn die besonderen örtlichen Verhältnisse zu einer Steigerung des allgemeinen Risikos einer Beeinträchtigung führen, sind Verbote oder Beschränkungen des fließenden Verkehrs (mit Ausnahme der Einrichtungen von Tempo 30-Zonen) zulässig (Abs IX S 2), s Rz 28a, insbesondere also niemals zum Zweck der Zurückdrängung des motorisierten Individualverkehrs durch „Schikanierung" (s *Arndt* VGT **76** 327) oder zur Förderung der Bereitschaft, Fahrräder zu benutzen, OVG Br VRS **98** 52. Eine die Anordnung rechtfertigende Gefahr für die Sicherheit ist anzunehmen, wenn mit hinreichender Wahrscheinlichkeit Schadenfälle zu befürchten sind, BVG NZV **96** 86, VGH Mü VRS **97** 227. Die Begriffe Sicherheit und Ordnung gelten alternativ, nicht kumulativ, *Booß* VM **72** 7. Abs I S 1 schützt nicht die Sicherheit und Ordnung allgemein, sondern ermächtigt nur zur Abwehr und Beseitigung von Störungen des *Verkehrs,* OVG Schl VM **92** 85 – zust *Steiner* NJW **93** 3162 – (keine verkehrsbeschränkenden Maßnahmen zum Schutz der Bausubstanz von Gebäuden), VGH Mü DAR **99** 112, aM OVG Münster VRS **97** 149 (zum Verhältnis zwischen I S 1 und I S 2 Nr 3), anders aber zB I S 2 Nr 5 (s Rz 31). Beschränkungen des IndividualV, die auch stadtplanerischen Absichten oder der Förderung des öffentlichen Nahverkehrs dienen sollen, sind im Hinblick auf Abs IX allenfalls dann durch Abs I gedeckt, wenn jedenfalls straßenverkehrsbezogene Gründe vorliegen, die für sich allein die Voraussetzungen des Abs I erfüllen, BVG NJW **81** 184 (zust *Steiner* NJW **93** 3162), Dü VRS **69** 45, KG NZV **90** 441, OVG Br NZV **91** 125. Andere als die aufgezeigten Gründe rechtfertigen keine Beschränkung nach I, BVG NJW **67** 1627. Die StrVB neigen vielfach zu einer extensiven Anwendung von Abs I zwecks Durchsetzung allgemeiner verkehrspolitischer Ziele zu Lasten des privaten FzV mit der Folge, daß Beschränkungen häufig nicht von Abs I gedeckt sind, VG Berlin NZV **01** 395 (Parkraumbewirtschaftung zwecks Verdrängung des PkwVerkehrs), *Ludovisy* DAR **93** 312, *Lorz* DÖV **93** 138, *Steiner* NJW **93** 3165, die nunmehr, nach Einfügung von Abs IX (ÄndVO v 7. 8. 97) nicht mit dessen Satz 2 in Einklang stehen, s *Hentschel* NJW **98** 347f. **Die VFlüssigkeit ist mit allen verfügbaren Mitteln zu erhalten** (Vwv zu den §§ 39 bis 43 Rn 4), OVG Lüneburg VRS **55** 311. Die beschränkende Maßnahme ist durch I S 1 gedeckt, wenn sie zur Wiederherstellung oder Verbesserung der Flüssigkeit und Leichtigkeit des V in innerstädtischen Ballungsgebieten notwendig und geeignet ist, BVG NZV **93** 284 – Anm *Lorz* NZV **93** 1165 – (Busspur), VRS **59** 306, OVG Br NZV **91** 125, VGH Ka VRS **85** 157. Die StrVB muß den Verkehr durch sachgemäße und deutliche VEinrichtungen **vor Gefahr schützen,** jedoch darf sie dabei Aufmerksamkeit der VT voraussetzen (IX S 3), Fra VR **76** 691. Erforderlich ist solche Sicherung, die ein verständiger, umsichtiger, in vernünftigen Grenzen vorsichtiger Mensch für ausreichend halten darf, BGH VR **76** 149. Ist zB die beschränkte Eignung eines Wiesenwegs für den Fahrverkehr offensichtlich, so darf ein Hinweis hierauf fehlen, Fra VR **79** 58. Näher zur VSicherungspflicht: Rz 51ff. Mögen Anlieger, ebensowenig wie andere VT, auch nicht Anspruch auf eine bestimmte Maßnahme haben, so können sie sich doch auf das Übermaßverbot berufen, BVG VRS **46** 237, OVG Ko VwRspr **71** 960, und haben die **Anfechtungsklage,** OVG Münster VRS **57** 396, NJW **67** 1630, VGH Ka VRS **85** 150, VG Br NZV **92** 335. Fall erfolgreicher Anfechtung des Z 220 wegen Verstoßes gegen § 45 I und das Übermaßverbot, VGH Ka VM **73** 91, einer AB-Geschwindigkeitsbegrenzung, VGH Mü DAR **84** 62. Parkverbote in kleineren Ge-

2 StVO § 45   III. Durchführungs-, Bußgeld- und Schlußvorschriften

meinden sind nicht deshalb anfechtbar, weil in Großstädten uU auch in engen Straßen geparkt werden darf, VGH Ka VM **70** 75.

VBeschränkungen aus Gründen der Sicherheit oder Ordnung können stets nur den Gesamtverkehr oder eine gesetzlich bestimmte VArt betreffen, **bestimmte VT dürfen dadurch nicht privilegiert werden,** grundsätzlich zB nicht durch bevorzugte „Zuteilung" öffentlichen Parkraums an Behörden oder Anlieger zum Nachteil des Gesamtverkehrs, BVG NJW **67** 1627, NJW **73** 71 (KonsulatsFze), NZV **98** 427 (Anwohner), s **E** 52. Ausnahmen: Abs I b Nr 2. Die abweichende Ansicht (zB Bay NJW **66** 682) versteht unter Sicherheit oder Ordnung des Verkehrs auch Verwaltungsinteressen verkehrsfremder Art. Jedoch können öffentliche VFlächen teilentwidmet und Sonderzwecken vorbehalten werden. Ausnahmen für die Postunternehmen: § 35 VII, für Schwerbehinderte und Ärzte: §§ 12, 46. Solange auf privatem oder verwaltungseigenem Boden öffentlicher Fahrverkehr (§ 1) stattfindet, gelten dieselben Grundsätze. Eine Parkausnahme zugunsten einer fremden Botschaft ist aus diesem Grund unzulässig, auch völkerrechtlich nicht gerechtfertigt, BVG NJW **71** 1419, OVG Münster Betr **70** 1972.

Lit: *Lamberg,* Die Sonderparkerlaubnis für Behörden, NJW **67** 96.

28 a **Beschränken, verbieten oder umleiten** dürfen die StrVB den Verkehr aus den aufgezeigten Gründen durch VZ oder -einrichtungen (Rz 41). Anhörungspflicht vor Anordnung: Vwv Rn 1. Umleitungen: Vwv Rn 2. Zustimmungserfordernis der obersten LandesB oder höheren VB zur Anbringung oder Entfernung bestimmter VZ: Vwv Rn 3 ff und 12. Die Zustimmungserfordernisse sollen verhindern, daß beschränkende Anordnungen nur nach örtlichen Interessen ohne Rücksicht auf den Gesamtverkehr ergehen. Die Rechtsgrundlage des Abs I S 1 für VBeschränkungen wird **durch Abs IX modifiziert** (nicht aber ersetzt), BVG DAR **01** 424; im übrigen bleibt es bei Vorliegen der Voraussetzungen des Abs IX dabei, daß die Frage einer Maßnahme nach I S 1 dem Ermessen der Behörde (s Rz 26) unterliegt, BVG DAR **01** 424. Gem Abs IX S 1, 2 muß die Beschränkung grundsätzlich im Hinblick auf die **Besonderheiten der örtlichen Verhältnisse** und der infolgedessen **das allgemeine Risiko** *erheblich* **überschreitenden Gefahrenlage notwendig** sein, BVG DAR **01** 424 (Geschwindigkeitsbeschränkung), VGH Ka NJW **99** 2057, OVG Br VRS **98** 53, OVG Hb NZV **00** 346 (Geschwindigkeitsbegrenzung), OVG Münster VM **03** 69 (Geschwindigkeitsbegrenzung gegen Lärm), VG Schl DAR **99** 571. Bei der Anwendung dieser Bestimmung auf die Radwegbenutzungspflicht durch VZ 237, VG Schl VRS **106** 223, VG Hb NZV **02** 288 (zust *Kettler*), VG Berlin VRS **106** 153, NZV **01** 317, *Thubauville* VM **99** 21, ist aber zu berücksichtigen, daß zu den von IX S 2 umfaßten Rechtsgütern auch die in I S 2 genannte **Ordnung des Verkehrs** gehört, s *Bouska* NZV **01** 320 (Entmischung durch Radwegbenutzung). Der Zweck der durch § 2 IV S 2 getroffenen Regelung, s Begr, VBl **97** 688 (§ 2 Rz 16 d) sowie Vwv zu § 2 IV S 2 (§ 2 Rz 20), darf nicht unter Hinweis auf § 45 IX unterlaufen werden. **Besondere örtliche Verhältnisse** können zB bei einem AB-Abschnitt gegeben sein, der als innerstädtische SchnellStr dient und auf dem unterschiedliche VStröme in kurzen Abständen zusammengeführt und getrennt werden, oder auf dem in dichter Folge zahlreiche Zu- und Abfahrten mit einer Vielzahl von Hinweisschildern eingerichtet sind, BVG DAR **01** 424. **Erhebliche Risikoüberschreitung** iS von Abs IX setzt nicht die Ermittlung einer konkreten Prozentzahl in bezug auf die Unfallhäufigkeit voraus, vielmehr genügt die Feststellung einer gegenüber durchschnittlichen Verhältnissen deutlich erhöhten Zahl, BVG DAR **01** 424. Diese Voraussetzung ist aber nach OVG Hb NZV **00** 346 jedenfalls erfüllt, wenn die Unfallhäufigkeit auf einer bestimmten AB-Strecke die durchschnittliche Unfallhäufigkeit auf dem gesamten AB-Netz um $1/3$ übersteigt. Auch vor Einfügung des Abs IX getroffene Beschränkungen und Verbote des fließenden V sind dann rechtmäßig, wenn sie dieser Bestimmung nicht entsprechen, VGH Ka NJW **99** 2057, *Bouska* VGT **99** 144, *Kettler* NZV **02** 291. Die auf AB häufig in kurzen Abständen wechselnden Geschwindigkeitsbeschränkungen entsprechen den Anforderungen von Abs IX vielfach nicht, s *Kullik* PVT **03** 70. Für die Einrichtung von Zonen-Geschwindigkeitsbeschränkungen gelten gem IX 2 insoweit weniger strenge Anforderungen, s Rz 37. Zur Bedeutung von Abs IX für die Beschilderung von Radwegen mit Z 237, s VG Berlin NZV **01** 317 (zust

Anm *Bitter,* krit Anm *Bouska*), VG Hb NZV **02** 288, 533 (abl *Dederer* NZV **03** 316). Eine an die VT gerichtete Anordnung muß **zur Zweckerfüllung geeignet** sein; sie ist ungeeignet und rechtsfehlerhaft, wenn sie nicht durch rechtmäßiges Verhalten der VT befolgt werden kann oder rechtswidriges Verhalten geradezu provoziert, OVG Br VRS **66** 232. Die beschränkende Anordnung muß das **Übermaßverbot** beachten, s Rz 26, und die Interessen der Betroffenen berücksichtigen, BVG DVBl **61** 247, OVG Münster VRS **57** 396, BGH VBl **64** 613, VGH Mü BayVBl **87** 372, zB auch das Interesse an der Nutzung des eigenen Grundstücks, OVG Br NZV **91** 125. Bei der Ermessensentscheidung, wie der Verkehr zu regeln ist (welche VZ aufzustellen oder VEinrichtungen anzubringen sind), sind gemäß den Rechtsgrundsätzen für gestaltende Verwaltungsentscheidungen (BVGE **34** 301) die beteiligten **Interessen gegeneinander abzuwägen,** BVG VRS **63** 232, NZV **93** 284, VGH Mü BayVBl **87** 372, VGH Ka VRS **85** 160, OVG Münster NZV **96** 87, 293, OVG Br NZV **91** 125, OVG Schl VM **99** 19, *Steiner* NJW **93** 1362, *Manssen* NZV **92** 469, abw OVG Br ZfS **83** 379. Das Maß der erforderlichen Sicherungsmaßnahmen richtet sich nach dem, was die VSicherheit gebietet und was dem Sicherungspflichtigen billigerweise an Maßnahmen zugemutet werden kann, KG VRS **55** 103, Ba VR **79** 262. Bei jeder beabsichtigten VBeschränkung ist die Wirkung der Maßnahme auf die dadurch Betroffenen zu berücksichtigen, zB die Wirkung einer Fahrbeschränkung auf das VAufkommen in anderen Straßen, die den unterbundenen Verkehr aufnehmen müssen. Das Interesse des einzelnen an Zeitgewinn hat bei Geschwindigkeitsbeschränkungen auf der AB, die aus Gründen der VSicherheit erfolgen, zurückzustehen, OVG Schl VM **99** 19 (Anm *Thubauville*), VG Schl NZV **91** 127. Zur Abwägung bei Anordnung einer Geschwindigkeitsbeschränkung auf AB-Gefällstrecke, BVG VM **75** 65. Solange die Verbindung zwischen Grundstück und dem öffentlichen Wegenetz gewährleistet ist, muß der Anlieger verkehrsbeschränkende Regelungen vor seinem Grundstück hinnehmen, BVG VRS **60** 399, NVZ **94** 125 (zust *Peine* JZ **94** 522), OVG Br NZV **91** 125, OVG Saarlouis ZfS **96** 358, VGH Ma ZfS **93** 395, s auch Rz 28b. Der Grundsatz der Verhältnismäßigkeit ist verletzt, wenn die VSicherheit oder -leichtigkeit durch weniger weitgehende Anordnungen erreicht werden kann, s Rz 26, oder wenn die Interessen einzelner von der Beschränkung Betroffener diejenigen der Allgemeinheit, zu deren Schutz die Beschränkung angeordnet ist, überwiegen, BVG VRS **63** 232. Ob die in Abs I genannten Gründe vorliegen, unterliegt in vollem Umfang der **verwaltungsgerichtlichen Nachprüfung,** BVGE **37** 118, OVG Br VRS **66** 232, ZfS **83** 379, VG Saarlouis ZfS **01** 287, VG Berlin NZV **91** 366, *Lorz* DÖV **93** 137f; hinsichtlich des Ob und Wie des Eingreifens besteht dagegen ein nur beschränkt nachprüfbarer Ermessensspielraum, BVG NJW **81** 184, OVG Schl VM **92** 85, OVG Münster NVwZ-RR **98** 627, VG Saarlouis ZfS **01** 287. **Die Lenkungsmöglichkeiten gemäß § 45 sind auf den Schutz der Allgemeinheit abgestellt,** BVG VRS **60** 399, NJW **87** 1096, NZV **89** 486, VGH Ma DAR **02** 284, VRS **104** 71, VGH Ka NJW **93** 1090, OVG Lüneburg VBl **04** 181, OVG Münster VM **03** 69, OVG Schl VM **01** 6; sie schützen daneben nur in geringem Umfang auch die **Belange einzelner,** soweit deren geschützte Individualinteressen berührt werden, BVGE **37** 112 = DAR **71** 138, **03** 44, VGH Mü NZV **99** 269, VGH Ka VRS **83** 229, NJW **93** 1090, VGH Ma NZV **90** 406, OVG Schl VM **01** 6, VG Saarlouis ZfS **01** 287, und zwar soweit diese durch Einwirkungen des StrV in einer Weise beeinträchtigt werden, die das nach allgemeiner Anschauung zumutbare Maß übersteigt, VGH Ma DAR **02** 284, VRS **104** 71, OVG Münster VM **03** 69. Nur in diesem Umfang kann ausnahmsweise ein Anspruch auf ermessensfehlerfreie Entscheidung gegeben sein, ob und ggf welche Maßnahmen zu treffen sind, BVGE **37** 112 = DAR **71** 138, DAR **03** 44, NJW **87** 1096, NZV **89** 486, VGH Ma DAR **02** 284, VRS **104** 71, VGH Ka VM **77** 95 (Behinderung der Garagenbenutzung durch parkende Fze), NJW **89** 2767 (Schutz vor Lärm), VM **91** 24, VGH Ma NZV **97** 532 (Abgase, Lärm), VGH Mü NZV **91** 87 (Zugang zur Garage), NZV **99** 269 (Schutz vor Lärm), OVG Lüneburg VBl **04** 181, OVG Schl VM **01** 6 (Schutz vor Lärm), OVG Münster NZV **96** 293 (Anliegerklage gegen Einrichtung einer LZA), **97** 132 (Bewohnerparkausweis), VM **03** 69, OVG Saarlouis ZfS **02** 361, VG Saarlouis ZfS **01** 287 (jeweils Maßnahmen gegen Parken vor dem Haus eines Rollstuhlfahrers); regelmäßig besteht dagegen ein solcher Anspruch des Anliegers nicht, BVG Buchholz **44** 2.

2 StVO § 45 III. Durchführungs-, Bußgeld- und Schlußvorschriften

151, § 45 StVO Nr 9 (Zulassen des Gehweg-Parkens), Nr 10 (Beseitigung eines eingeschränkten eines eingeschränkten Haltverbots), OVG Br ZfS **83** 379, VGH Ka VM **91** 24 (Einrichtung einer Parkmöglichkeit für Lkw in Firmennähe), VGH Ma DAR **02** 284 (Einrichtung eines Haltverbots im Bereich einer Ausfahrt). Demgegenüber wird teilweise uU auch ein Anspruch eines einzelnen auf eine *bestimmte Anordnung* bei schutzwürdigem Interesse an der Ausgestaltung einer Verkehrssituation anerkannt, OVG Lüneburg NJW **85** 2966 (Einrichtung einer LZA), OVG Münster NZV **96** 87 (zur Gewährleistung des Anliegergebrauchs), s BVG NJW **87** 1096, VG Neustadt ZfS **02** 311. Soweit eine Individualisierung ausgeschlossen ist, gilt dieser Ausschluß auch gegenüber Gemeinden, BVG NVwZ **83** 610. Zur Zulässigkeit einer vorbeugenden Unterlassungsklage eines Anliegers gegen eine Umleitung, VGH Mü NZV **93** 207.

Lit: *Kettler*, § 45 IX – ein übersehener Paragraph?, NZV **02** 57. *Lorz*, Voraussetzungen und Konsequenzen von VBeschränkungen, NVwZ **93** 1165. *Manssen*, Öffentlichrechtlich geschützte Interessen bei der Anfechtung von VZ, NZV **92** 465. *Röthel*, Individuelle Mobilität in der Interessenabwägung, NZV **99** 63. *Steiner*, Innerstädtische VLenkung durch verkehrsrechtliche Anordnungen nach § 45 StVO, NJW **93** 3161.

28 b **In Betracht kommen** Beschränkungen für bestimmte VArten (Fze, bestimmte Kfze, Schienenfze, Fahrräder, Reiter, Einrichtung von Sonderwegen, Sperrung des Durchgangsverkehrs), auf Zeit oder dauernd (bestimmte Tage oder Tageszeiten, z. B. während der Nachtstunden, s OVG Ko DAR **85** 391, Sperrung eines Fahrstreifens für Fze zugunsten der Straba, OVG Br NZV **91** 125, Sperrung an Feiertagen, abweichende Regelungen für gerade und ungerade Tage) oder für bestimmte Vorgänge (Parkzonen, Aufstellung von Parkuhren, Überholverbote, EinbahnV, Geschwindigkeitsbeschränkung, Halt- und Parkverbote). Durch **Sperrung einzelner Straßen** können ganze Ortsteile im Rahmen des Übermaßverbots auch für Anlieger für bestimmte Arten des Fahrverkehrs gesperrt werden, BVG NJW **81** 184, OVG Lüneburg DAR **73** 54. *Krämer*, StrSperrung durch Teileinziehung und Anliegergebrauch, NVwZ **83** 336. Zur Berechtigung der Dauersperre eines Weges für gewerbliche Kfze wegen VUnsicherheit, BVG VRS **56** 300. Zur StrSperrung vor dem Fällen eines gefährlich überhängenden Baumes, Fra VRS **56** 81. Zur Sperrung einer AB-Strecke wegen Nebels und zur Frage eines Amtshaftungsanspruchs bei unterlassener Sperrung, s *Fuchs-Wissemann* DAR **85** 303. Ist ein zeitlich beschränktes Fahrverbot (Z 250) zur Gewährleistung der Sicherheit und Ordnung ausreichend, so ist es rechtswidrig, soweit es darüber hinausgeht, OVG Münster VRS **62** 154, VG Mü M 3228 VI 79, M 1564 VI 84 (jahreszeitlich unbeschränkte Sperre für Motorräder), s VGH Mü BayVBl **86** 754. Völliger Ausschluß bisher zugelassener VArten von bestimmten Straßen oder StrZügen, die zusammen auch einen geschlossenen Ortsbereich bilden können (zB bei Einrichtung von Fußgängerzonen) kann straßenrechtlich auf **Teileinziehung der VFläche** hinauslaufen (E 49), s BVerfG NJW **85** 371, VGH Ma NZV **91** 85, VGH Ka VRS **83** 229, NVwZ-RR **93** 389, *Cosson* DÖV **83** 536, *Steiner* VGT **94** 114 f. Zur Abgrenzung straßenrechtlicher und straßenverkehrsrechtlicher Kompetenz in solchen Fällen, s VGH Ma NJW **82** 402, VGH Mü VRS **97** 229, VG Stu NZV **89** 46, *Manssen* DÖV **01** 153, *Krämer* NVwZ **83** 336, *Dannecker* DVBl **99** 145 f. Das StrVRecht allein ist keine geeignete rechtliche Grundlage zur Einschränkung des Widmungsumfangs durch die StrVB, VGH Ma NZV **91** 85, **95** 45, VGH Ka VRS **83** 229, NVwZ-RR **93** 389, VGH Mü DAR **96** 112, OVG Lüneburg VRS **68** 476, OVG Münster NVwZ-RR **98** 627 (629), Dü VRS **69** 48, *Dannecker* DVBl **99** 145. Außer dem Grundsatz der Verhältnismäßigkeit ist daher auch **straßenrechtliche Zulässigkeit** Voraussetzung. Insoweit unterliegt die Einrichtung von Fußgängerzonen *straßenrechtlichen* Kompetenzen (Teilentwidmung), BVG VM **76** 65, VGH Ma NZV **91** 85, *Steiner* JuS **84** 5, s auch Rz 35. Zwar dürfen die *Landes*StrVBen Anordnungen gem § 45 auch auf *Bundes*Strn treffen, jedoch steht die VFunktion der Str dabei nicht zu ihrer Disposition, *Steiner* DAR **94** 342, 347; bei Beschränkung widmungsgemäßer Nutzung von BundesStrn müssen die Anordnungsgründe daher ein besonderes Gewicht haben, *Steiner* DAR **94** 342 f. Faktische Widmungserweiterung durch eine straßenverkehrsrechtliche Maßnahme iS von § 45 I S 1 ist unzulässig (Sperrung mit gleichzeitiger Ausnahme für eine Verkehrsart, für die keine Widmung besteht), VGH

Ma NJW **84** 819, Dü VRS **69** 48. Zum Verhältnis straßen*verkehrs*rechtlicher Maßnahmen gem § 45 zum Straßenrecht bei widmungsrechtlichen Auswirkungen, s *Steiner* JuS **84** 4ff, *Dannecker* DVBl **99** 145 f. Widmungsbeschränkung von OrtsStr auf eine Fußgängerzone ist zulässig, soweit der beschränkt fortbestehende **Anliegergebrauch** noch angemessene Nutzung der Anliegergrundstücke erlaubt, BVG NJW **75** 1528. Näher *Wendrich* DVBl **73** 475. Aus dem eigentumsrechtlichen Schutz des Anliegergebrauchs folgt nicht notwendig die Gewährleistung der Erreichbarkeit des Grundstücks mit dem Kfz, sofern eine Verbindung zum öffentlichen StrNetz überhaupt besteht, BVG NZV **94** 125 (zust *Peine* JZ **94** 522), **95** 122, erst recht nicht die Gewährleistung möglichst bequemer Art der Zufahrt, VGH Ma DAR **02** 284. Das Recht auf Anliegergebrauch steht der Beseitigung von Parkmöglichkeiten in unmittelbarer Nähe des Grundstücks nicht entgegen, BVG NJW **83** 770 (Schaffung einer Fußgängerzone), DÖV **85** 791, ZfS **92** 249, NZV **93** 284, OVG Br VRS **66** 232, auch nicht der Einrichtung eines Sonderfahrstreifens für Linienbusse, sofern die Zufahrt durch entsprechende Fahrbahnmarkierung gestattet bleibt, BVG NZV **93** 284, VGH Mü VM **84** 27, VGH Ka VRS **85** 157. Erleichterungen von beschränkenden Maßnahmen kommen bereits bei erschwerter Zufahrt zur öffentlichen Straße in Betracht, denn der Wert eines Grundstücks oder Geschäfts kann durch Umwandlung einer Fahrstr in eine Fußgängerzone erheblich gemindert werden, OVG Lüneburg VM **79** 77. Teilentwidmung in eine Fußgängerzone mit zeitlichem Lieferfahrverkehr schließt Erweiterung der Zufahrt aus Gründen der Existenzerhaltung eines Anliegers (Zusatzschild) insoweit aus, als dadurch die Teilentwidmung faktisch aufgehoben würde, BVG NJW **82** 840, s aber OVG Lüneburg VM **79** 77. Bei Sicherung der Belieferung innerhalb einer Kurzone (Borkum) kann das allgemeine Wohl uU sogar ein saisonales Fahrverbot für Anlieger rechtfertigen, BVG NJW **80** 354. Abs I S 1 ist keine geeignete Grundlage für VBeschränkungen im Zusammenhang mit der Einrichtung von **Fahrradparkplätzen** im Interesse einer Förderung des Verzichts auf das Kfz zugunsten des Fahrrades, OVG Br VRS **98** 53.

4. Arbeiten im Straßenraum, Verhütung außerordentlicher Straßenschäden, Lärm- und Abgasschutz der Wohnbevölkerung (I 2 Nr 1–3). Diese Zwecke, die wie die übrigen im Katalog von I S 2 und I a genannten neben dem des Abs I S 1 stehen, OVG Schl VM **92** 85, rechtfertigen angemessen abgewogene VBeschränkungen (Rz 26). Zum Schutz gegen übermäßigen VLärm und gegen Abgase reichen Geschwindigkeitsbeschränkungen meist nicht aus. Die VB müssen Straßen für bestimmte VArten auch sperren können, sofern der Verkehr zumutbar umgeleitet werden kann (BRDrucks 420/70 Nr 23 b), auch für bestimmte Tageszeiten, etwa die Nachtstunden. Dabei sind zwar die Auswirkungen auf andere Strn zu berücksichtigen; die Rechtmäßigkeit einer verkehrsberuhigenden Maßnahme hängt jedoch nicht davon ab, daß alle davon berührten Strn gleich stark belastet sind, VGH Ma NZV **89** 87. Zur Interessenabwägung bei Nachtfahrverbot, VGH Mü BayVBl **87** 372, *Steiner* DAR **94** 341. Sperrung eines Taxistandplatzes während der Nacht bei Einrichtung eines in der Nähe gelegenen Ausweich-Standplatzes zum Schutz vor Lärm ist nicht ermessensfehlerhaft, OVG Ko DAR **85** 391. I 2 Nr 3 rechtfertigt nur Maßnahmen gegen Kfze, nicht zB Geschwindigkeitsbeschränkungen für Straba, wie aus § 6 I Nr 3 d StVG folgt, BVG NZV **00** 309. **Schutz der Wohnbevölkerung,** s VGH Ka NJW **89** 2767, VG Mü NZV **93** 286 (früher: in Wohngebieten): erfaßt werden alle VFlächen, nicht nur Wohnstraßen, OVG Münster NVwZ-RR **98** 627, von welchen unzumutbarer Lärm und unzumutbare Abgasemission für Anwohner ausgehen kann, zB auch an Wohngebiete angrenzende Zubringer- und Entlastungsstraßen, jedoch unter u.U. nur billiger Abwägung mit dem Interesse des fließenden Verkehrs, BVG NZV **00** 386. Die Entscheidung ist in das pflichtgemäße Ermessen der VB gestellt, BVG NZV **00** 386, VGH Ka NJW **89** 2767, OVG Münster NVwZ-RR **98** 627. Bei der Entscheidung, ob und ggf in welcher Weise der Lärmimmission entgegenzuwirken ist, hat die VB dem besonderen Anliegen der Wohnruhe und dem hohen Rang der Gesundheit Rechnung zu tragen, OVG Münster VBl **81** 220. Zu dieser Abwägung bei AB s *Bouska* VD **80** 219. Abzuwägen ist zwischen der Funktion der Straße (AB) im Rahmen der Freizügigkeit des Verkehrs einerseits und dem Schutz der Wohnbevölkerung andererseits, VGH Ka NJW **89** 2767, OVG Münster NVwZ-RR **98** 627, wobei Abs IX zu beachten ist, s VGH Ka NJW **99** 2057. Zur Verkehrsberuhigung s im übrigen Rz 35. Einrichtung von Tempo 30-Zonen, Rz 37, von verkehrsberuhigten Geschäftsbereichen, Rz 38. Rechtsfehlerhaft ist eine Geschwindigkeitsbeschränkung auf AB aus Lärmschutzgründen, wenn gewichtige für eine geringere Beschränkung sprechende Belange unberücksichtigt blieben, VGH Mü DAR **84** 62. Begrenzung auf 80 km/h aus Gründen des Lärm- und Abgasschutzes ist nicht deswegen rechtsfehlerhaft, weil AB-Planung abgeschlossen war, bevor die Wohnbebauung bis dicht an die AB geplant war, VGH Mü DAR **84** 62. Die Begriffe „beschränken" und „verbieten" lassen sachliche und zeitliche Differenzierung zu und erfordern sie. I Nr 3 setzt keine bestimmten Schallpegel voraus, sondern gewährt Schutz vor solchen Lärmbelästigungen, die unter Berücksichtigung der Belange des Verkehrs ortsüblich nicht zumutbar sind, BVG NJW **00** 2121, VM **86** 90, VGH Mü BayVBl **87** 372, VGH Ka NJW **89** 2767, OVG Münster VM **03** 69, NVwZ-RR **98** 627 (629). Jedoch setzen Beschränkungen der widmungsgemäßen Nutzung einer BundesStr durch LandesStrVBen gem I S 2 Nr 3 eine besonders schwerwiegende Lärmbelästigung voraus, OVG Münster VM **03** 69, NVwZ-RR **98** 627 (629), *Steiner* DAR **94** 343 (s auch Rz 28 b). Lärm, der nicht unmittelbar vom KfzV ausgeht, wird von I 2 Nr 3 nicht erfaßt, VGH Mü DAR **96** 112 (Bahn), OVG Münster VRS **97** 149 (Straba); die Ermächtigungsnorm (§ 6 I Nr 3 d StVG) betrifft nur *durch Kfze* verursachte Immissionen. Kein Anspruch auf Schutzmaßnahmen bei Überschreitung eines bestimmten Schallpegels, BVG NZV **94** 244, VGH Mü NZV **99** 269, VRS **103** 40, OVG Münster VM **03** 69. Lärmschutz-Richtlinien-StrV, VBl **90** 258, **92** 208. Kein jahreszeitlich uneingeschränktes Verbot für Motorräder auf einer 50 m von der Bebauung entfernt verlaufenden BundesStr an Sonn- und Feiertagen aus Gründen des Lärmschutzes, wenn die Werte dieser Richtlinien nicht erreicht werden, s VG Mü M 1564 VI 84. Lärm- und Abgasschutz ist, außer nachts, uU auch ganztägig zulässig (§ 6 I Nr 3 d StVG). Die Lärm- und Abgasschutzvorschriften dienen beschränkt auch dem Individualschutz (s Rz 28 a) und können (unter den Voraussetzungen des Abs IX) einen Anspruch auf ermessensfehlerfreie Entscheidung der VB begründen, BVG NZV **94** 244, VGH Ka NJW **89** 2767, VGH Mü NZV **99** 269, VRS **103** 40, OVG Münster VM **03** 69, s Rz 28 a, der sich uU zu einem Anspruch auf verkehrsregelndes Einschreiten verdichten kann, VGH Ka VRS **105** 386 (400). Auch soweit Ozon durch KfzAbgase mitverursacht wird, kann Abs I S 2 Nr 3 für VBeschränkungen ganz unabhängig von der Frage des Verhältnisses zu den Bestimmungen des BImSchG schon deswegen nicht als Grundlage dienen, weil diese Bestimmungen flächendeckende Beschränkungen nicht erlaubt (s Rz 27) und Beschränkungen innerhalb begrenzter Gebiete wegen der Verbreitung dieses Gases über große Entfernungen eine völlig ungeeignete Maßnahme wäre, BVG DAR **99** 469, aM VG Fra NVwZ-RR **97** 92; im übrigen ist Ozon kein Abgas iS von I S 2 Nr 3, BVG DAR **99** 469. Eine Ermächtigung der StrVB zur VBeschränkung oder zum VVerbot für Kfze auf bestimmten Strn oder in bestimmten Gebieten bei Überschreiten bestimmter **Schadstoffkonzentrationswerte in der Luft** enthält, ohne Einfluß auf die durch I S 2 Nr 3 begründete Ermächtigung, OVG Münster NVwZ-RR **98** 627 (629), **§ 40 BImschG**. Austauscharme Wetterlagen, s § 41 Rz 248 Z 270. Verkehrsverbote bei erhöhten Ozonkonzentrationen: Buchteil **11**.

Lit: *Steiner*, Zulässigkeit und Grenzen der verkehrsrechtlichen Anordnung von Nachtfahrverboten zu Lasten des LkwV auf BundesStrn, DAR **94** 341.

30 **5. Schutz der Gewässer und Heilquellen** (I 4). Die Bestimmung beruht auf der inzwischen gestrichenen Ermächtigungsnorm des § 6 I Nr 5 StVG, die den Gewässerschutz „*bei der Beförderung wassergefährdender Stoffe*" im StrV betraf. Durch den Wegfall von § 6 I Nr 5 StVG (alt) wird der Fortbestand der Bestimmung nicht berührt, s § 6 StVG Rz 2. VBeschränkungen zum Schutz von Gewässern bei Beförderung wassergefährdender Stoffe sind demnach von Abs I Nr 4 gedeckt. Begr: VBl **70** 825. „Gewässer", s § 1 WasserhaushaltsG. S das VZ 354 (Wasserschutzgebiet).

31 **6. Maßnahmen zur Erhaltung der öffentlichen Sicherheit** (I 5). Die Bestimmung ermöglicht VBeschränkungen nicht nur im Interesse des Verkehrs, sondern auch zum Schutz von Rechtsgütern außerhalb des V, BVG DAR **03** 44, **99** 471. Zur öffentlichen Sicherheit gehören außer der VSicherheit auch Maßnahmen außerhalb des Ver-

Verkehrszeichen und Verkehrseinrichtungen § 45 StVO **2**

kehrsbereichs, aber mit verkehrsbeeinflussenden Mitteln, nämlich der allgemeinen polizeilichen Prävention, wie zB bei Fahndung, bei Wetterkatastrophen oder Maßnahmen zum Objektschutz (StrSperrung). I S 2 Nr 5 ermächtigt zB auch zur Anordnung von Haltverboten zur Verhinderung von Bombenanschlägen mittels abgestellter Kfze (s § 6 StVG Rz 22f), BVG NZV **93** 44 (unter Hinweis auf § 6 I Nr 17 StVG) oder zur Anordnung flächendeckender Fahrverbote bei außergewöhnlichen naturbedingten Verhältnissen (s Begr VBl **80** 519) und bildet damit unmittelbar eine Grundlage für notwendige Beschränkungen im Interesse der Erhaltung der öffentlichen Sicherheit, s VG Mü NZV **93** 286, VG Göttingen NZV **95** 126 (127), einschränkend insoweit OVG Schl VM **92** 85. Die Bestimmung berechtigt zu VBeschränkungen auch zum Schutz der Gesundheit, BVG DAR **99** 471, oder des Eigentums, etwa von Anliegern, BVG DAR **03** 44 ((Erschütterung eines Gebäudes durch SchwerV). Landesrechtliche VBeschränkungen zur Vermeidung schädlicher Umwelteinwirkungen, s **E** 47. Für Ozonbekämpfung durch VBeschränkungen, etwa flächendeckende oder landesweite Geschwindigkeitsbeschränkungen oder Fahrverbote, bietet I S 2 Nr 5 keine Rechtsgrundlage, weil dieses Ziel außerhalb des durch die Ermächtigung des § 6 I Nr 17 StVG begrenzten Schutzzwecks dieser *straßenverkehrsrechtlichen* Norm liegt, BVG DAR **99** 469, aM VGH Mü NZV **94** 87, s dazu auch VGH Mü NZV **94** 87, VG München NZV **93** 286, VG Göttingen NZV **95** 126, *Schmidt* NZV **95** 51 f. Verkehrsverbote bei erhöhten Ozonkonzentrationen waren bundesrechtlich durch die am 31. 12. 1999 außer Kraft getretenen §§ 40a bis 40e, 62a BImSchG geregelt. Verkehrsbeschränkende Maßnahmen nach § 40 BImSchG s Buchteil **11**.

7. Verkehrsdienliche Forschung, Erprobung verkehrlicher Maßnahmen (I 6). 32
Beschränkungen zu solchen Zwecken dienen nicht unmittelbar der VSicherheit oder -ordnung, daher diese Sonderermächtigung. Voraussetzung ist das Vorliegen einer konkreten Gefahr für die in § 45 genannten Schutzgüter; nicht insoweit dürfen Zweifel bestehen, sondern nur in bezug auf die geeigneten Maßnahmen, OVG Münster NZV **96** 214. IdR wird es sich um kurz befristete Maßnahmen handeln müssen, s VG Ko DAR **93** 310, *Ludovisy* DAR **93** 313. Nicht erforderlich ist im Falle der *1. Alternative* (Erforschung des Unfallgeschehens usw) rechtliche Zulässigkeit der zur Erforschung getroffenen Maßnahme als endgültige Regelung, OVG Münster NZV **96** 214. Daher kann hier mangels Verknüpfung mit der endgültigen Regelung der Erforschung mag die Eignung straßenrechtlicher Maßnahmen erkunden, VGH Ma NZV **95** 45 (9$^{1}/_{2}$-monatige Erprobung gebilligt), abw VG Stu NZV **89** 46. Im Falle der *2. Alternative* von I S 2 Nr 6 muß die Erprobung das Ziel einer im Rahmen der Widmung möglichen verkehrsrechtlichen Regelung verfolgen; bezieht sie sich ausschließlich auf eine straßenrechtliche Maßnahme, so ist I 6 keine geeignete Grundlage, VGH Ma NZV **95** 45, VG Stu NZV **89** 46. Eine Beschränkung ist nach I S 2 Nr 6 nur dann rechtmäßig, wenn sie zur Erreichung des angestrebten Erforschungs- oder Erprobungsziels geeignet ist, OVG Saarlouis VM **03** 46. Die Bewertung hat die VB in eigener fachlich fundierter verkehrsplanerischer Prüfung vorzunehmen, nicht aufgrund von Bürgerinitiativen oder –protesten, OVG Saarlouis VM **03** 46. Eine VBeschränkung kann uU gleichzeitig auf Abs I S 1 und auf Abs I S 2 Nr 6 gestützt werden, VGH Ma NZV **89** 87.

8. Schutz der Erholungsgebiete, -orte und -stätten, der Kurorte, Arten- und 33
Biotopschutz, Anstaltsschutz, Schutz kultureller Veranstaltungen (I a). Auch insoweit sind Beschränkungen gemäß I durch die StrVB zulässig, jedoch nur hinsichtlich anders nicht vermeidbarer Belästigungen durch den Fahrverkehr. Die Beschränkung muß das einzig mögliche, zumutbare Schutzmittel sein. Geschützt sind auch die Erholungsuchenden in bestimmten Landschaftsgebieten (Naturparks, Landschaftsschutzbiete) (Begr und Vwv Rn 15), s VGH Mü NZV **02** 147. Zur Absperrung einer Str im Interesse erholungsuchender Fußgänger, VGH Ka VM **81** 72. In Kurzonen sind Beschränkungen auch bei niedrigem Dauer-, aber hohem Spitzengeräusch zulässig, OVG Lüneburg GewA **79** 275. Keine Rechtsbedenken gegen Nachtfahrverbote, Ce NJW **67** 743, in Kurorten auch für ganze Ortsteile, wenn nur dadurch Belästigungen durch den FzV vermieden werden können, BVG VRS **63** 232. Insgesamt wird es hier vor allem auf Lärm- und Abgasdrosselung, auf Geschwindigkeitsbeschränkungen und beschränkte

899

oder völlige Fahrverbote ankommen. Nur, soweit andere Mittel nicht zur Verfügung stehen, kommen VBeschränkungen (etwa Umleitung des SchwerV) auch zum Schutz kultureller Veranstaltungen (Musik-, Theaterveranstaltungen im Freien) in Betracht, Abs I a Nr 4 b, s Begr, Rz 7. Ein HupverbotsZ sieht die StVO nicht vor, Hupenlärm verletzt jedoch die §§ 1, 30 StVO.

34 **9. Einrichtung gebührenpflichtiger Parkplätze für Großveranstaltungen** (I b 1 Nr 1). Die StrVB dürfen die notwendigen straßenverkehrsrechtlichen Anordnungen bei der Einrichtung solcher Parkplätze treffen. Das Problem einer straßenrechtlichen Umwidmung von VFlächen zum gegen Gebühren nutzbaren öffentlichen Parkplatz erschien wegen möglicher Kollision mit dem StrVR über den ruhenden Verkehr zweifelhaft, deshalb ermächtigt I b 1 Nr 1 dazu, nutzbare Parkflächen (Parkplätze, Parkstreifen) anläßlich von Großveranstaltungen gebührenpflichtig zu machen. Abs I b 1 Nr 1 ermächtigt auch zur Gebührenerhebung für die Zeit vor Beginn der Veranstaltung, in der mit dem Eintreffen von Besuchern zu rechnen ist, Kö NZV **92** 200.

35 **10. Kennzeichnung von Parksonderrechten für Bewohner, von Fußgängerbereichen und verkehrsberuhigten Bereichen einschließlich deren Sicherheit und Ordnung, Lärm- und Abgasschutz der Bevölkerung, Unterstützung städtebaulicher Entwicklung** (I b 1 Nr 2–5). Soweit hierbei in den Umfang der wegerechtlichen Widmung eingegriffen wird, setzt die Kennzeichnung durch die StrVB zuvor entsprechende wegerechtliche Verfügungen voraus, BVG NJW **82** 840, NZV **98** 427 (428), *Manssen* DÖV **01** 153 (Fußgängerbereich), *Steiner* JuS **84** 4 (Fußgängerbereich), *Randelzhofer* DAR **87** 242, *Hillgruber* VerwA **98** 97, 101 (Bewohnerparkzone, s aber Rz 36). Im übrigen kommt der StrVB über bloße vollziehende Funktion hinaus auch inhaltliche Mitentscheidungsbefugnis zu, *Steiner* NVwZ **84** 202, *Randelzhofer* DAR **87** 241 (str), aM zB *Dannecker* DVBl **99** 148ff (150). Im Einvernehmen mit der Gemeinde ordnet die StrVB die Maßnahmen an (I b S 2). Bei gegebenem Einvernehmen bleibt die Anordnung aber staatliche Angelegenheit ohne Bindung an Wünsche der Gemeinde, der lediglich ein Vetorecht gegen unerwünschte Anordnungen zusteht, BVG NZV **94** 493. Anspruch der Gemeinde auf ermessensfehlerfreie Entscheidung der StrVB nur, soweit sie wegen ihrer Planungshoheit in den Schutzbereich des I b S 1 Nr 5 („städtebauliche Entwicklung") einbezogen ist, BVG NZV **94** 493, **95** 243. Auch I b Nr 5 ermächtigt nicht zu flächendeckenden VBeschränkungen (s Rz 27), s *Steiner* NJW **93** 3163. **Fußgängerbereiche** sind idR straßenrechtlich zu Gehbereichen, uU mit Sonderfahrverkehr, umzustufen, s *Meins* BayVBl **83** 641, *Randelzhofer* DAR **87** 242, *Dannecker* DVBl **99** 146, s auch Rz 28b. Bei Fußgängerbereichen genügt das Z 242 mit entsprechenden Halt- oder Parkverboten. In derartigen Sonderbereichen gilt I Satz 1 ebenfalls. In **verkehrsberuhigten Bereichen** dauert der Fahrverkehr an (allgemeiner Mischverkehr), es gilt die Regelung gemäß Z 325 (326). Einer Widmungsbeschränkung oder Umstufung bedarf es daher regelmäßig nicht, s *Steiner* NVwZ **84** 203, *Geißler* DAR **99** 347, aM *Randelzhofer* DAR **87** 243 wegen des Nachrangs der Fze gegenüber Fußgängern. Unzulässig ist die Einrichtung verkehrsberuhigter Bereiche, wenn damit in erster Linie allgemein der Individual-Kfz-Verkehr getroffen werden soll, s *Randelzhofer* DAR **87** 244. Es ist darauf zu achten, daß zulässige Maßnahmen zur Verkehrsberuhigung nicht zu einer andere Gebiete unzumutbar belastenden Verlagerung des Verkehrs führen (s aber Rz 29), ferner darauf, daß nicht Feuerwehr und StraßendienstFze in einer ihren Einsatzzweck gefährdenden Weise behindert werden. Verkehrsberuhigung darf außerhalb der durch Z 325/326 gekennzeichneten Bereiche nicht durch Verbringen von Hindernissen (zB Betongegenstände verschiedener Art, Blumenkübel usw) gefördert werden (str); dies verstößt gegen § 32 StVO (s § 32 Rz 8) und kann bei dadurch verursachter Gefährdung den Tatbestand des Hindernisbereitens iS von § 315 b I Nr 2 StGB erfüllen, s § 315b StGB Rz 10, und bei Schädigung zum Schadenersatz verpflichten, s Ce DAR **91** 25 (Anm *Bern*), Fra NZV **91** 469, *Franzheim* NJW **93** 1837. Zum verkehrsberuhigten Bereich iS von Z 325/326 im besonderen, s § 42 Rz 181 mit Lit-Nachweisen. VBeschränkungen im Interesse der VSicherheit oder -ordnung obliegen der StrVB. Die Vorschrift in I b 1 Nr 4, beruhend auf § 6 I Nr 15 StVG, stellt klar, daß die StrVB auch in Sonderbereichen sachgebotene Anordnungen durch VZ treffen dürfen. Näher: *Bouska*, Verkehrsberuhigung, VGT **88** 275. Die Parkmöglichkeiten für **Schwerbehinderte** mit außergewöhnlicher Gehbehinderung und Blinde regelt und kennzeichnet die StrVB selbständig.

Die Einrichtung einer **Sonderparkzone für Bewohner** bedarf keiner straßenrechtlichen Teilentziehung, OVG Münster VRS **72** 391, VG Münster NJW **85** 3092, zw im Hinblick auf den Entzug des VRaumes für Nichtbewohner, s *Manssen* DÖV **01** 156, aM daher zB *Hillgruber* VerwA **98** 101. Der Begriff „Sonderparkberechtigung" in der Vwv Rn 29ff soll übertriebenen Hoffnungen auf künftige ausgedehnte „Parksonderrechte" entgegenwirken, VBl **80** 523. Ib Nr 2a ist in bezug auf Bewohnerparkplätze durch § 6 I Nr 14 gedeckt, s BVG NZV **98** 427, VGH Ka VRS **87** 475 (zur früheren Fassung). Die durch Abs I b S 1 Nr 2a ermöglichte Privilegierung der Bewohner verstößt nicht gegen Art 3 GG, BVG NZV **98** 427. Der vollständige Ausschluß vom Parken in einer Str zugunsten von Bewohnern ist auch ohne zeitliche oder örtliche Einschränkung durch § 6 I Nr 14 StVG gedeckt, VGH Mü NZV **95** 501, OVG Ko NVwZ-RR **95** 357, Dü VRS **63** 377, **69** 45, *Cosson* MDR **84** 105, aM *Wilde* MDR **83** 540 unter Hinweis auf die in § 6 I Nr 14 StVG gebrauchte Formulierung „Beschränkung"; durch eine solche Regelung wird das Parken *beschränkt*, indem es nur für Bewohner gestattet bleibt, damit hält sie sich im Rahmen der Ermächtigung. Nur in **städtischen Quartieren mit erheblichem Parkraummangel** ist die Anordnung von Bewohner-Parkzonen zulässig. Aus dem in der bis zum 31. 12. 2001 geltenden Fassung des Abs Ib S 1 Nr 2 verwendeten Begriff des *„Anwohners"* wurde durch die Rspr gefolgert, daß eine gewisse räumliche Nähe zwischen der Wohnung und der Parkfläche erforderlich sei, BVG NZV **93** 246, **98** 427; flächendeckende Parksonderberechtigungen für ganze Stadtviertel wurden daher nach Abs I b 1 Nr 2 (alt) als nicht zulässig erachtet, BVG NZV **93** 246, **98** 427 (zust *Geißler* DAR **99** 347, Anm *Tettinger* NZV **99** 481), VGH Ka NZV **97** 135 (abl *Wedekind* NJW **99** 268), NJW **99** 1651, aM OVG Münster VM **97** 90 (Anm *Thubauville*), *Hillgruber* VerwA **98** 100, 110. Das galt auch für das Aneinanderfügen mehrerer Anwohnerparkzonen. Mit der Ersetzung des Begriffs des Anwohners in § 6 I Nr 14 durch den des „Bewohners städtischer Quartiere" ist der VOGeber dagegen jetzt ermächtigt, auch großflächigere Bereiche zugunsten der Bewohner zu privilegieren. Soweit mit der durch ÄndVO v 14. 12. 01 in Abs Ib S 1 eingefügten Nr 2a von dieser Ermächtigung Gebrauch gemacht wurde, ist aber nach wie vor zu beachten, daß dem Ausnahmecharakter einer solchen Regelung (s BVG NZV **98** 429) bei der Einrichtung von Bewohnerparkzonen Rechnung getragen wird, s *Engelbrecht* VGT **01** 188. Eine mit diesem Ausnahmecharakter unvereinbare Erstreckung des Bewohnerparkens auf große Teile einer Stadt, deren **Ausdehnung mehr als 1000m** beträgt (s Begr zu § 6 I Nr 14, BRDrucks 751/01 S 7), oder auf großflächigere, zwar dem Bewohnerbegriff noch entsprechende Bereiche, in denen aber in den Tageszeiten des wesentlichen Besucher- und Pendlerverkehrs **mehr als 50%** des Parkraumes durch Reservierung nur den Bewohnern zur Verfügung stünde (s BRDrucks 321/00 – Beschluß – S 5), wäre rechtlich nicht gedeckt, würde im Ergebnis zu einer weitgehenden Aussperrung motorisierter Besucher aus den Städten führen, mißbräuchliche Inanspruchnahme der Parkmöglichkeiten durch die privilegierten Personen fördern, s BVG NZV **98** 427, den *Ausnahmecharakter* der getroffenen Regelung in sein Gegenteil verkehren, BVG NZV **98** 427, und widerspräche der grundsätzlichen Privilegienfeindlichkeit des StrVRechts (BVG NZV **98** 427). Der BR hatte die BReg in seiner Stellungnahme zum ÄndEntwurf zu § 6 I Nr 14 (BRDrucks 321/00 – Beschluß – S 5, s § 6 StVG Rz 22c) aufgefordert, die 50%-Quote in der StVO und in der Vwv ausdrücklich festzuschreiben. Diese Forderung ist zwar im Text des Abs Ib S 1 Nr 2a unberücksichtigt geblieben, hat aber im wesentlichen in die Vwv (Rn 32) Eingang gefunden, wonach werktags von 9 bis 18 Uhr nicht mehr als 50%, in der übrigen Zeit nicht mehr als 75% der Parkfläche Bewohnern vorbehalten bleiben dürfen, mit der Einschränkung, daß nach Maßgabe von Vwv Rn 32 für **kleinräumige Bereiche** Überschreitungen dieser Zahlen möglich sein sollen. Bei der Berechnung dieser Quoten dürfen nur dem öffentlichen V gewidmete Flächen berücksichtigt werden. Die vollständige Reservierung des Parkraums für Bewohner in einem nur zwei oder drei Strn (entsprechend dem früheren „Anwohner"-Begriff) umfassenden Gebiet ist grundsätzlich von Abs I b S 1 Nr 2a (§ 6 I Nr 14 StVG) gedeckt. Soweit die genannte

36

Mindestquote für nicht bevorrechtigte Parkplatzsuchende gewahrt ist, können auch **mehrere Bewohnerparkbereiche** mit einer Ausdehnung von insgesamt mehr als 1000 m eingerichtet werden, die dann aber mit unterschiedlichen Kennzeichnungen (Buchstaben, Nummern) zu versehen sind mit der Maßgabe, daß die jeweilige Sonderparkberechtigung dann nur für den jeweiligen Bereich gilt (s Begr, Rz 8). Im übrigen besteht die Möglichkeit nach Abs I b S 1 Nr 2 a nur für in dem betreffenden Bereich *Wohnende*, nicht für dort nur Arbeitende, BVG NZV **95** 122, **98** 427. Das Fz muß vom Bewohner dauernd genutzt werden, braucht aber nicht auf ihn zugelassen zu sein, VGH Mü NZV **95** 501. Die Sonderparkerlaubnis darf (und sollte zweckmäßigerweise) befristet werden, VG Münster NJW **85** 3092. Näher: Vwv Rn 29 ff (Rz 16). Bewohnerparkausweis bei Fzen einer Car-Sharing-Organisation, s Vwv Rn 35 (Rz 16). Zweiter Bewohnerparkausweis bei Familien-Car-Sharing, s VG Berlin NZV **03** 53. Zur Gebührenerhebung, s § 6 a StVG Rz 10. Die Sonderparkberechtigung kann den Bewohnern durch **Reservierung** von Parkraum (HaltverbotsZ mit ZusatzZ „Bewohner mit Parkausweis … frei", s Vwv Rn 30) oder durch **Freistellung von angeordneten Parkraumbewirtschaftungsmaßnahmen** (zB Parkschein) eingeräumt werden. In den Fällen der sog Misch-Regelung, in denen die Bewohner durch entsprechendes ZusatzZ von der Parkraumbewirtschaftung freigestellt sind, scheidet das Kriterium einer Mindestquote für nicht bevorrechtigte Parkraumsuchende aus. **Kein Rechtsanspruch** für Bewohner auf Einrichtung oder Erhaltung von Parkplätzen oder gar reservierten Parkplätzen nahe der Wohnung, BVG ZfS **92** 249, DAR **88** 391 (Anm *Berr*) (verkehrsberuhigter Bereich), VGH Ka NJW **93** 1090, OVG Ko NJW **95** 1043 (bei Aufhebung der Bewohner-Sonderparkberechtigung aber Interessenabwägung), anders uU bei „Ermessensschrumpfung auf Null", OVG Münster NZV **97** 132, s auch Rz 28 b. Der VB steht ein Regelungsspielraum zu, in dessen Rahmen sie auch die Vergabe von Sonderparkberechtigungen auf Bewohner mit Hauptwohnsitz beschränken darf, VGH Ka NJW **93** 1091, OVG Münster NZV **97** 132. Wegfall freier Parkmöglichkeiten zum Nachteil der Klientel eines Freiberuflers durch Sonderparkzone für Bewohner stellt keine Verletzung von dessen Anliegerrechten dar, VGH Ka NJW **93** 1090, OVG Ko NVwZ-RR **95** 357, s aber VG Gelsenkirchen 9 K 1984/82 (fehlerhafte Ermessensausübung zum Nachteil eines Gewerbetreibenden). Eine Umgehung des Abs I b S 1 Nr 2 a iS einer Ausdehnung auf andere Personengruppen durch Ausnahmegenehmigungen für alle einer solchen Gruppe Zugehörigen ist unzulässig, VGH Ka VRS **87** 475.

Die Vorschrift in I b Nr 5 beruht auf § 6 I Nr 15 StVG und betrifft daher nur **Lärm- und Abgasschutz** in den dort genannten Fußgänger- und verkehrsberuhigten Bereichen, BVG DAR **99** 469. Soweit die StrVB die geordnete **städtebauliche Entwicklung** unterstützen sollen, erfüllen sie nicht nur mehr ordnungsrechtliche Verkehrsaufgaben, sondern planende, VGH Ka NJW **93** 1091, krit insoweit *Dannecker* DVBl **99** 145. Allerdings setzt eine Anordnung nach I b S 1 Nr 5 zur Unterstützung städtebaulicher Entwicklung das Vorhandensein eines städtebaulichen Konzepts voraus, BVG NZV **94** 493, VGH Ma NZV **96** 253, zumindest iS einer allgemeinen Zielvorgabe, *Steiner* NJW **93** 3163. Eine Geschwindigkeitsbeschränkung auf 30 km/h auf einer innerörtlichen, dem DurchgangsV dienenden Str kann nur dann auf I b S 1 Nr 5, 2. Alternative gestützt werden, wenn ein Konzept darüber vorliegt, auf welchen anderen Strn dieser V fließen soll, BVG NZV **94** 493, VGH Ma NZV **96** 253.

Lit: *Gehrmann,* Neue Rechtsgrundlagen für Anwohnerparkzonen in Innenstädten, ZRP **99** 60. *Geißler,* Innerstädtische VRegelung im Geflecht divergierender Gruppeninteressen, DAR **99** 345. *Hentschel,* Neuregelung des bisherigen Anwohnerparkens, NJW **02** 1239, *Hillgruber,* Das Anwohnerparken in der Gemengelage von Straßen- und StrVR, VerwA **98** 93. *Köckerbauer,* Sonderparkregelungen im innerstädtischen V, NJW **95** 621. *Meins,* Rechtsfragen fußgängerfreundlicher Maßnahmen, BayVBl **83** 641. *Randelzhofer,* Rechtsprobleme der VBeruhigung, DAR **87** 237. *Schmitz,* Rechtmäßigkeit der bereichsbezogenen Einführung von Anwohnerparkrechten, NVwZ **88** 602. *Steiner,* Autofreie Innenstädte?, VGT **94** 105. *Tettinger/Tettinger,* Möglichkeiten einer zukünftigen Handhabung des bisherigen Anwohnerparkens, NZV **98** 481.

37 **10 a. Zonen-Geschwindigkeitsbeschränkungen** (I c, I d). **Tempo 30-Zonen** (s § 41 Rz 248 Z 274.1/274.2) können in geschlossenen Ortschaften nach Maßgabe von I c eingerichtet werden. Ihre Anordnung kann auf verschiedene in Abs I, I a, I b ge-

Verkehrszeichen und Verkehrseinrichtungen § 45 StVO **2**

nannte Zwecke gestützt werden (zB Sicherheit und Ordnung des Verkehrs, Schutz der Wohnbevölkerung vor Lärm und Abgasen, städtebauliche Entwicklung), VG Ol ZfS **04** 387, auch auf eines der in Abs I b genannten Ziele allein, BVG NZV **95** 165. Auch die Neufassung von Ic durch ÄndVO v 11. 12. 00 ändert nichts daran, daß das Vorliegen der Voraussetzungen dieser Bestimmung für sich allein die Einrichtung einer Tempo-30-Zone niemals rechtfertigen kann, sondern daß diese vielmehr nach wie vor nur dann im Einklang mit § 45 steht, wenn einer der **in § 45 I, Ia, oder Ib genannten Zwecke** (z.B. Sicherheit und Ordnung des Verkehrs, Schutz vor Lärm und Abgasen, städtebauliche Entwicklung) die Maßnahme erforderlich macht, s *Bouska* NZV **01** 29. Den Zielen von Abs I (Sicherheit und Ordnung des V) darf die Einrichtung einer geschwindigkeitsbeschränkten Zone niemals widersprechen, BVG NZV **95** 165. Auch die Anordnung von Tempo 30-Zonen setzt nach IX S 1 voraus, daß die Maßnahme **aufgrund der besonderen Umstände zwingend geboten** ist, was ohne weiteres daraus folgt, daß nur IX S 2, nicht aber IX S 1 Tempo 30-Zonen ausdrücklich von der getroffenen Regelung ausnimmt, aM VG Ol ZfS **04** 387. Abw von VBeschränkungen anderer Art ist hier lediglich eine das allgemeine Risiko *erheblich übersteigende Gefahrenlage* gem IX *S 2* nicht erforderlich, krit *Bouska* NZV **01** 29, aM VG Ol ZfS **04** 387. Unabhängig von dem jeweils in erster Linie verfolgten Zweck erfolgt die Anordnung gem Abs Ib S 2 durch die StrVB im **Einvernehmen mit der Gemeinde** (s Rz 35), s *Jahn* NZV **90** 213, der insoweit eine klagefähige Rechtsposition gegenüber der StrVB zukommt, und zwar nach VGH Ma DVBl **94** 348 (Anm *Steiner*) auch auf Berücksichtigung ihrer örtlichen Planung, einschränkend *Jahn* NZV **94** 215. Nach der Vwv Rn 44 (Rz 17) muß die StrVB einem Antrag der Gemeinde entsprechen, wenn die Voraussetzungen von Abs Ic und die Maßgaben der Vwv erfüllt sind oder erfüllt werden können. Eine Widmungsbeschränkung ist nicht erforderlich, s *Steiner* DAR **89** 403, *Berr* ZAP F 9 S 1092. **Nicht zulässig** ist die Einrichtung von Tempo 30-Zonen gem Ic S 3 auf Strn mit durch Lichtzeichen geregelten Kreuzungen oder Einmündungen sowie solchen mit Fahrstreifenbegrenzungen (durchgezogene Linie, Zeichen 295), Leitlinien (Zeichen 340) und benutzungspflichtigen Radwegen. An Kreuzungen und Einmündungen innerhalb der Tempo-30-Zone muß grundsätzlich die Vorfahrtregel des § 8 I S 1 („rechts vor links") gelten. Jedoch bleiben vor dem 1. 11. 2000 angeordnete Tempo 30-Zonen mit LZA zum Schutz von Fußgängern zulässig, krit *Engelbrecht* VGT **01** 183. Strn mit wesentlicher Verkehrsbedeutung wie zB Ortsdurchfahrten und Hauptverbindungsstraßen zu wichtigen Einrichtungen (Bahnhof) eignen sich nicht zur Einbeziehung in eine geschwindigkeitsbeschränkte Zone (s Vwv Rn 38). Ein weitgehend einheitliches Erscheinungsbild (Vwv Rn 39ff) muß dem Kf im Hinblick auf die fehlende Wiederholung des die Geschwindigkeit beschränkenden VZ auch nach der Neuregelung durch I c das Bewußtsein vermitteln, sich innerhalb der Zone zu befinden (**„Zonenbewußtsein"**), BVG NZV **95** 165 (die Grundsätze dieser Entscheidung gelten fort, s *Bouska* NZV **01** 29). Die Zonen müssen von den Bereichen mit der allgemein geltenden Höchstgeschwindigkeit von 50 km/h klar abgegrenzt und in ihrer Ausdehnung überschaubar sowie für den Kf einsichtig sein, BVG NZV **95** 165. Jedoch sieht die Vwv bauliche Veränderungen (zB Verengungen, Schwellen) nicht mehr vor (s Begr, Rz 7). Wo die Kennzeichnung durch VZ 274.1/274.2 nicht ausreicht, um dem Kf ohne zusätzliche Erinnerung Beginn und Ende klar erkennbar zu machen, darf eine geschwindigkeitsbeschränkte Zone nicht eingerichtet werden, BVG NZV **95** 165.

Übertriebener **„Straßenrückbau"**, wie er vor allem vor der Neufassung von Abs I c im Zusammenhang mit Zonen-Geschwindigkeitsbeschränkungen betrieben wurde, schafft vielfach neue Unfallgefahren und kann haftungsrechtliche und strafrechtliche Konsequenzen der dafür verantwortlichen Personen nach sich ziehen, s *Franzheim* NJW **93** 1837. Auch können Fahrbahnschwellen gefährden, s *Bouska* DAR **89** 442, *Berr* ZAP F 9 S 1094; sie stellen, wenn sie bei Überfahren mit 30 km/h zu FzSchäden führen können, einen Verstoß gegen die VSicherungspflicht dar, s *Kuhn* VR **90** 28 sowie Rz 53 („Unebenheiten"). Schließlich hat auch jede Art von **„Möblierung"** durch bewegliche Betonhindernisse, Blumenkübel usw auf der Fahrbahn zu unterbleiben (§ 32), s *Steiner* DAR **89** 403, *Berr* DAR **91** 281, ZAP F 9 S 1099, *Hentschel* NJW **92** 1080, *Geißler* DAR **99** 349, *Stollenwerk* VR **95** 22 (str, s § 32 Rz 8). Kein einklagbarer Anspruch eines

37a

VT auf Beseitigung von Aufpflasterungen, VGH Ma NZV **92** 462. Vor sachlich nicht begründeter **übermäßiger Einschränkung des Verkehrsflusses** in den Städten durch „verkehrsberuhigende" Maßnahmen einschließlich ausdehnender und extremer Geschwindigkeitsbeschränkungen mit der Folge der Herbeiführung von (energieverbrauchender, umweltbelastender) Zähflüssigkeit des Verkehrs mit Stau und Stillstand warnt aus verkehrsmedizinischer Sicht *Luff*, DAR **90** 372; er weist auf die Tatsache hin, daß Streß und Frustration beim Kf zu Aggression, vegetativer Spannung und herabgesetzter Anpassungsfähigkeit mit nachteiligen Folgen für die VSicherheit führen, s dazu *Hentschel* NJW **92** 1080, *Geißler* DAR **99** 349.

 Lit: *Berr*, Rechtsfragen zu geschwindigkeitsbeschränkten Zonen und verkehrsberuhigten Geschäftsbereichen, ZAP F 9 S 1091. *Bouska*, Tempo 30-Zonen, NZV **01** 29. *Engelbrecht*, Tempo 30, VGT **01** 179. *Franzheim*, Strafrechtliche Verantwortlichkeit für durch StrRückbau verursachte Unfälle, NJW **93** 1837. *Geißler*, Innerstädtische VRegelung im Geflecht divergierender Gruppeninteressen, DAR **99** 345. *Hentschel*, Tempo 30-Zonen, NJW **01** 467. *Jahn*, Rechtsprobleme bei der Einrichtung sog „Tempo-30-Zonen" und „verkehrsberuhigter Geschäftsbereiche" ..., NZV **90** 209. *Derselbe*, Geschwindigkeitsbeschränkte Zonen im Spiegel der höchstrichterlichen Rspr, DAR **95** 315. *Kramer*, Mehr Tempo 30 in Städten und Gemeinden, DAR **01** 100. *Dieselbe*, Anforderungen an den Kf in einer Tempo 30-Zone, VD **01** 49. *Landscheidt/Götker*, Veränderungen der Fahrbahn durch Aufstellen von Blumenkübeln, Anbringen von Fahrbahnschwellen und Aufpflasterungen, NZV **95** 91. *Steiner*, Die Rechtsstellung der Gemeinden beim Vollzug des § 45 StVO, NZV **95** 209.

38 **Verkehrsberuhigte Geschäftsbereiche** (I d). Grundsätzlich ist in geschwindigkeitsbegrenzten Zonen die Geschwindigkeit auf 30 km/h zu beschränken, s § 41 Rz 248 Z 274.1/274.2. Jedoch ist gem § 41 II Nr 7 (zu Z 274.1/274.2) auch die Anordnung einer niedrigeren Zonengeschwindigkeit möglich, wobei nur beispielhaft der geschäftsberuhigte Bereich (Abs I d) genannt wird, während Zonen-Geschwindigkeitsbeschränkungen auf weniger als 30 km/h in § 45 *ausschließlich* in Abs I d (geschäftsberuhigter Bereich) genannt sind, krit dazu *Bouska* NZV **01** 29. Auch die Einrichtung einer Zonen-Geschwindigkeitsbeschränkung auf weniger als 30 km/h setzt voraus, daß die Maßnahme zwingend geboten ist (IX S 1), s *Bouska* NZV **01** 29; s Rz 37. Soweit in zentralen Bereichen mit hohem Fußgängeraufkommen auch eine solche Geschwindigkeit zu hoch ist, die Einrichtung eines verkehrsberuhigten Bereichs (Schrittgeschwindigkeit!) jedoch wegen der Bedeutung als Geschäftsgebiet nicht vertretbar ist, kann auch eine niedrigere Geschwindigkeit angeordnet werden. Die Anordnung kann, ebenso wie die Einrichtung einer geschwindigkeitsbeschränkten Zone nach Abs I b 1 Nr 3, auf die in Abs I, I a, I b genannten Gründe gestützt werden. S dazu BMV VBl **90** 146, *Berr* ZAP F 9 S 1095.

39 **11. Maßnahmen der Straßenbaubehörden** (II). Zur Durchführung von StrBauarbeiten und zur Verhütung außerordentlicher, zustandsbedingter StrSchäden dürfen die StrBauB, vorbehaltlich vorrangiger Maßnahmen der StrVB, VGH Ka VM **78** 76, im Rahmen von II eingreifen und den Verkehr zu diesem Zweck lenken, beschränken, verbieten und umleiten, vor allem durch Absperrungen und VZ oder VEinrichtungen, nicht aber zB durch Leitplanken, VGH Ka VM **78** 76, und nicht zur Sicherung von VKontrollen, Fra NJW **68** 2072. Ein Überholverbot auf einer Brücke aus Gründen der Statik darf nicht auf der Grundlage des Abs II auf den sich anschließenden Bereich ausgedehnt werden, VGH Ka VD **04** 47. Etwa bei Frostaufbrüchen oder Fahrbahnschäden anderer Art dürfen die StrBaubehörden Geschwindigkeitsbeschränkungen anordnen, ebenso Gewichtsbeschränkungen, Straßenabschnitte sperren und den Verkehr oder einzelne VArten, etwa den Lastverkehr, umleiten. Bei der Zustandsgefährdung handelt es sich um vorläufige Maßnahmen, bis die Straße wieder verkehrssicher ist. Sie besteht, wenn Bauzustand und Oberflächen- oder Unterbaubeschaffenheit der Straße den Verkehr beeinträchtigen oder bei Weiterbenutzung außergewöhnliche Schäden befürchten lassen, Fra VM **59** 73. S Vwv Rn 46 ff. Richtlinien für VBeschränkungen bei Frostschäden an BundesStr, VBl **63** 618. Verständigung der StrVB: Vwv Rn 46.

40 **12. Bahnübergänge.** Für Übergänge über Eisenbahnen des öffentlichen Verkehrs kann nur die Bahn ein bestimmtes Verhalten der VT vorschreiben, und nur durch Blinklicht- und LZA, Schranken und Andreaskreuze (II S 3). Die Beschaffung, Aufstel-

Verkehrszeichen und Verkehrseinrichtungen § 45 StVO 2

lung und Unterhaltung dieser VZ und -einrichtungen obliegt der Bahn. Anhörung von StrVB und Pol: Vwv Rn 50. Für die übrigen WarnZ und Warnbaken bleibt die StrVB zuständig (III), Beschaffung, Aufstellung und Unterhaltung obliegen dem Träger der StrBaulast (§ 14 EKrG). Für Übergänge anderer Schienenbahnen ist die StrVB zuständig (III). S § 19. Verkehrssicherungspflicht der Bahn an höhengleichen Übergängen: § 19.

13. Nur durch Verkehrszeichen- und -einrichtungen (§§ 37 ff) dürfen die zuständigen Behörden den Verkehr regeln und lenken (II S 4, IV), nicht durch andere, in Verkündungsblättern verlautbarte Rechtsnormen. Landesrechtliche VVorschriften neben der StVO sind unzulässig (**E** 46, 47). Sachlich sind Anordnungen durch VZ oder -einrichtungen Gebote oder Verbote, s OVG Lüneburg VRS **55** 311. LandeszentralB können VRegelungen nur durch StrVB im Rahmen von § 45 bewirken. Zu den im § 45 bezeichneten Behörden gehört die Pol nicht (Begr) (s § 44 II). Erst die vom aufgestellten VZ ausgehenden Ge- oder Verbote sind als Verwaltungsakte verbindlich, nicht bereits die vorhergehende behördliche Entschließung, OVG Münster VRS **57** 396. Bei zwingenden Gründen außerverkehrlicher Art, zB Unwetterkatastrophen, welche und soweit diese die klassische Bekanntgabe straßenverkehrsrechtlicher Anordnungen durch VZ oder -einrichtungen ausschließen, dürfen solche Anordnungen auf jede andere taugliche Weise, zB **durch die Medien** bekanntgemacht werden, jedoch nur für die Dauer des Ausnahmezustandes, Abs IV mit Abs I 2 Nr 5, desgleichen bei Smog-Alarm, Abs IV mit Abs I e. Auch Anordnungen auf diesem Wege sind Verwaltungsakte. Zuwiderhandlungen gegen durch die Medien nach Abs IV Halbs 2 bekanntgegebene den V verbietende oder beschränkende Anordnungen ist **ow**, § 49 III Nr 7. Ausnahmen von den Anordnungen nach Abs IV, § 46 I Nr 11. Rechtsquellen allgemein: **E** I. Schutz der WarnZ, Sperreinrichtungen, Leiteinrichtungen: §§ 145 II, 304 StGB. 41

14. Wo und welche Verkehrszeichen und -einrichtungen anzubringen oder zu entfernen sind, bestimmen die StrVB (III), BGHZ **91** 48 = VR **84** 759, **90** 739, NJW **04** 356, NZV **00** 412, Dü VR **90** 423, VGH Ma NZV **95** 86 (Entfernung von Andreaskreuzen). StrVB: § 44. Diese tragen die Verantwortung, soweit nicht höhere Behörden zuständig sind. Ihre Anordnungen gehen denen der StrBauB vor (II S 1), VGH Ka VM **78** 76, OVG Münster VRS **56** 472. Keine Mitverantwortung des StrBaulastträgers, BGH NZV **00** 412, Dü VR **90** 423, dem auch nicht die Pflicht obliegt, die Anordnungen der StrVB auf Zweckmäßigkeit zu überprüfen, BGH NZV **00** 412, Brn VRS **102** 336 (341). In Ausnahmefällen kann der StrBaulastträger aus dem Gesichtspunkt der VSicherungspflicht gehalten sein, bei der StrVB auf Änderung der VRegelung durch VZ hinzuwirken, BGH NZV **00** 412, Brn VRS **102** 336. Private Richtungsangaben (Hinweis auf Geschäftslokal) sind keine VZ oder VEinrichtungen iS von III, VGH Ma VM **82** 14. Ein von der StVO vorgesehenes, von einer unzuständigen Behörde aufgestelltes VZ wird mit Zustimmung der zuständigen StrVB wirksam, Stu VRS **26** 378 (gerichtliche Prüfungspflicht). Die **Verkehrsregelungspflicht** betrifft die Erleichterung des Verkehrs und die Verhütung von Verkehrsgefahren durch VZ und Verkehrseinrichtungen, BGH NJW **04** 356, VR **90** 739, Jn VM **98** 71, *Rinne* NVwZ **03** 9, s Rz 51, soweit notwendig und zumutbar; sie erstreckt sich nicht auch auf solche Gefahren, die vom VT bei gebotener Aufmerksamkeit ohne weiteres erkannt und durch verkehrsgerechtes Verhalten abgewendet werden können, BGH VR **88** 697, Stu VR **89** 627. Das Ermessen der StrVB über die Anbringung von VZ und VEinrichtungen ist inhaltlich durch die Erfordernisse der Sicherheit des V eingeschränkt; soweit diese inhaltlichen Grenzen des Ermessens gewahrt sind, scheidet Amtspflichtverletzung aus, BGH EBE **90** 131. Der Anlieger kann bei Einrichtung einer Bushaltestelle durch VZ nicht die Prüfung von Alternativstandorten verlangen, die nicht mit dem genehmigten Fahrplan vereinbar wären, VGH Ma NZV **95** 333. Richtlinien für verkehrslenkende Aufgaben der StrVB, VBl **68** 239. Verkehrsschau, Anhörungspflicht und spätere Überprüfung der Anordnungen: Vwv Rn 54 ff. 42

15. Art der Anbringung, Ausgestaltung (Übergröße, Beleuchtung) der VZ und -einrichtungen regeln, soweit nicht von der StrVB vorgeschrieben (Vwv), die StrBauB (Abs III S 2). Ob und wie Leitpfosten anzubringen sind (§ 43 III S 2), bestimmt die 43

StrBauB wegen des baulichen Charakters dieser Leiteinrichtung allein (Begr). GefahrZ darf sie anbringen, soweit der StrZustand die Sicherheit gefährdet (III S 3). Benachrichtigung der StrVB und Pol bei Aufstellung von GefahrZ: Vwv Rn 61. Bei gefährlichen StrStellen ist das Aufstellen ausreichender WarnZ im Rahmen der *Verkehrsregelungspflicht* stets **Amtspflicht,** Dü VR **63** 50, NJW-RR **94** 1443, Ol VM **66** 27, Stu VR **89** 627, Jn VM **98** 71, auch gegenüber Anliegern und VT, BGH VR **65** 516, Nü VM **62** 21, auch sich verkehrswidrig verhaltenden, BGH NJW **66** 1456, soweit die Gefahr auch bei Sorgfalt nicht rechtzeitig ohne weiteres erkennbar ist, BGH VR **65** 316. Warnpflicht besteht auch, wenn noch andere die Gefahr beseitigen müssen (ausgelaufenes Öl), BGH VR **64** 925, Ce VR **63** 48. Bei Änderung von VZ kann es in Ausnahmefällen Amtspflicht sein, die Anlieger auf die Änderung hinzuweisen, s § 39 Rz 38. Die Anbringung sachgerechter VZ, besonders an schwierigen Stellen, ist Amtspflicht gegenüber allen VT, Dü VR **90** 423, jedoch haften diese bei mangelnder Sorgfalt bei Schaden mit, Dü VR **76** 51. **Deutliche Erkennbarkeit der Gefahr macht WarnZ entbehrlich** (IX S 3), BGH VR **65** 516 (schweres Kfz auf gering befestigtem Bankett), BGH VRS **60** 251 (erkennbar unübersichtliche, aber durch VZ 205 gekennzeichnete Einmündung in Vorfahrtstraße), Dü VRS **8** 107 (deutliche Rutschgefahr bei Pflasterwechsel), Ol VRS **15** 322 (Aufhören des Seitenstreifens ohne Fahrbahnverengung), Stu VR **89** 627 (aufgrund der übrigen Gegebenheiten deutlich geänderte Verkehrsführung). Das Ende einer Straße ist zu kennzeichnen, wenn die Gefährlichkeit des Weiterfahrens nicht ohne weiteres ersichtlich ist, BGH NJW **59** 575, auch die geringe Höhe von Unterführungen, Ko VRS **6** 98, oder eine innerörtliche Kurve mit gewölbtem Blaubasaltpflaster, BGH VRS **16** 338 (Zeichen „Schleudergefahr"). „Gefährliche Stelle" in dem Sinne, daß VZ-Anbringung ohne verbleibendes Ermessen der StrVB *notwendig* ist, nur dann, wenn wegen nicht rechtzeitig erkennbarer Besonderheiten der StrVerhältnisse Unfallgefahr auch für einen sorgfältigen VT naheliegt, BGH VRS **60** 251. **Verstoß gegen die VRegelungspflicht,** wenn Fahrbahnmarkierungen, die wegen Baustelle erforderlich geworden sind, nach Beendigung der Arbeiten nicht ausreichend entfernt werden und zur Verwirrung des Kf führen, Dü VR **81** 960. Haftung des Landes, wenn Wildwechsel nicht bezeichnet sind, Stu DAR **65** 49.

44   **16. Beschaffen, Anbringen, Unterhalten, Betrieb, Beleuchten** der VZ und -einrichtungen einschließlich der Beleuchtung von Fußgängerüberwegen obliegt dem Baulastträger, Jn VM **98** 71, sonst dem StrEigentümer (V). Deutliche, nicht irreführende Anbringung: § 39. Beleuchtung der Zebrastreifen: Begr zu V. Der Baulastträger hat auch für gute Sichtbarkeit der VZ und -einrichtungen zu sorgen, Jn VM **98** 71, sie also zu reinigen und verdeckenden Bewuchs zu entfernen (Vwv Rn 62). Kosten: § 5b StVG und EKrG 1971 (BGBl I 337). Die Zweckmäßigkeit von Aufstellungsanordnungen der StrVB oder StrBauB hat der Baulastträger nicht nachzuprüfen, Bay VRS **26** 380, Neust VRS **13** 227. Laternen, die nachts gelöscht werden, hat der Träger der Beleuchtungspflicht durch Z 394 zu kennzeichnen, sonst Haftung. Die Aufgabenverteilung im § 45 berührt die Rechtsgrundlagen der einschlägigen Behördenpflichten nicht, BGH NJW **65** 2104. Abs V S 3 (Übertragung der Pflichten nach S 1 auf die Gemeinde) trägt dem Umstand Rechnung, daß Veranstaltungen nach § 29 II oft an Sonntagen stattfinden (s Begr VBl **94** 173).

45   **17. Baustellenregelung** (VI). Wer auf öffentlicher Straße Arbeiten ausführt oder ausführen läßt, muß den Verkehr ausreichend sichern, KG VM **77** 59, Kar VRS **79** 344. Auf neu anzulegende, noch gesperrte Straßen bezieht sich die Vorschrift nur hinsichtlich der Absperrungen, Zw VRS **32** 62, Fra VR **73** 548, doch ist auf faktisch befahrenen Straßen vor überraschender Gefahr auch vorher schon zu warnen, Bay VRS **26** 35. Die Vorschrift betrifft nicht nur Arbeiten am StrKörper selbst, sondern alle Arbeiten im näheren Bereich der Str, sofern sie sich auf den StrV auswirken (zB durch Lagern von Baumaterialien, Aufstellen von Baumaschinen usw), Dü VRS **67** 377, *Janiszewski* NStZ **84** 257. VI ändert nichts an der allgemeinen Sicherungspflicht des Bauunternehmers, KG VM **77** 59. Die Sicherungspflicht des Bauunternehmers betrifft den Baustellenbereich, BGH VR **77** 544, Nü VR **75** 545. Die **Verkehrssicherungspflicht des Bauunternehmers** besteht neben derjenigen der StrVB, BGH VR **77** 544, Ha DAR **01** 273,

Verkehrszeichen und Verkehrseinrichtungen § 45 StVO **2**

NJW-RR **87** 1507, KG VRS **65** 167, Kö NJW-RR **90** 862, NZV **95** 22 (s Rz 55). Sie endet, sobald er nicht mehr die tatsächliche Herrschaft über die Baustelle ausübt, Schl MDR **82** 318, Ha NJW-RR **87** 1507, VR **93** 1369, besteht also auch nach Abschluß der eigentlichen Arbeiten bis zu ihrem endgültigen Abbau fort, Ce VR **89** 157, Kö NZV **95** 22. Der Bauunternehmer hat eigenverantwortlich weitere zur Gefahrenabwehr erforderliche Maßnahmen zu ergreifen, soweit die behördlich angeordneten nicht ausreichen, Dü DAR **83** 356. Vor StrBauarbeiten hat der Bauunternehmer **Anordnungen gemäß VI** zur VSicherung einzuholen, Stu VRS **54** 147, anderenfalls Haftung, Ol NZV **92** 405. Schriftform ist zweckmäßig, aber nicht zwingend vorgeschrieben, Jn VRS **105** 454. Bauarbeiten, die sich auf den StrV auswirken, dürfen erst begonnen werden, nachdem die vom Bauunternehmer vorzulegenden VZ-Pläne von der StrVB oder StrBauB genehmigt und vom Bauunternehmer ausgeführt worden sind, BGH VR **77** 544, Ha DAR **73** 251. VI unterscheidet zwischen der behördlichen Anordnung der VSicherung und der Ausführungspflicht des Bauunternehmers (BRDrucks 420/70 Abs 23 d). Bloße Zustimmung der StrVB zu den Maßnahmen des Bauunternehmers genügt nicht, doch sind dessen VZ zu befolgen, soweit sonst Gefahr entstünde, BVG NJW **70** 2075. Die bloße Billigung unzureichender Maßnahmen durch die StrVB entlastet die den Bau unmittelbar Durchführenden nicht, BGH VR **77** 544. Anzuzeigen sind alle Baumaßnahmen, die sich auf den Verkehr auswirken, auch wenn sie nur zum Absperren zwingen und keine GebotsZ erfordern, Ha JMBlNRW **74** 9. VBeschränkungen durch **VZ und VEinrichtungen** kann nur die zuständige Behörde anordnen, der Bauunternehmer darf die Anordnungen nur durchführen und dabei nicht von ihnen abweichen, sonst sind von ihm aufgestellte VorschrZ nichtig, Bay VRS **53** 219, auch wenn sie als sachgemäß erscheinen können, s Zw VRS **51** 138, Ha DAR **62** 58, anders nur bei unwesentlichen Abweichungen, s § 39 Rz 31. VorschriftZ (hier Z 286), die dem Bauunternehmer nicht genehmigt worden sind, darf er nicht wirksam aufstellen, auch nicht bei sachlicher Erforderlichkeit, Zw VM **77** 4. Der Bauunternehmer muß sich vergewissern, welche VZ er aufzustellen hat und was sie bedeuten, s Kar VR **76** 668. **Inhalt und Ausführung der Anordnungen:** Begr. Anordnungen, die nicht VVerbote oder -beschränkungen sowie die Anbringung von VZ oder VEinrichtungen betreffen, werden von VI nicht erfaßt, ein Verstoß gegen sie ist nicht gem § 49 IV Nr 3 ow, Bay VRS **61** 158. Zur Pflicht, die Anordnungen der Behörde zu befolgen, gehört auch die Beseitigung von Absperrungen und Kennzeichnungen nach Ablauf einer etwa gesetzten Frist; bei Fortsetzung der Bauarbeiten ist Fristverlängerung zu beantragen, Dü VRS **63** 474. Geschwindigkeitsbeschränkungen sollen sich möglichst auf die Arbeitsdauer beschränken (Begr). VZPläne, Anhörung der Pol und Überwachung der VSicherung: Vwv Rn 63 ff. Nur vor unvermuteter und auch bei Sorgfalt unerkennbarer Gefahr ist zu warnen, Ba VR **79** 262 (wegen Aufweichung dick bestreute Fahrbahn), Dü DAR **83** 356, s Rz 46. Auf Baustellen sind die Sicherungseinrichtungen, zB VZ, Sperreinrichtungen und deren Beleuchtung regelmäßig zu kontrollieren, Br VR **79** 1126 (AB), Ha DAR **02** 351. Die **behördliche Pflicht, GebotsZ anzubringen** und zu unterhalten, ist Amtspflicht und kann nicht mit entlastender Wirkung auf den Bauunternehmer übertragen werden, BGH NJW **74** 453. Beauftragung des Bauunternehmers mit VZKontrollen während der Bauzeit entbindet den Sicherungspflichtigen nicht von eigener regelmäßiger Prüfung, Kar VR **76** 95. Die sicherungspflichtige Behörde haftet für ausreichende Maßnahmen, BGH VRS **18** 10, sie kann den Bauunternehmer von seiner Sicherungspflicht nicht entbinden, Bay VBl **63** 299. Die Sicherungspflicht des Bauunternehmers beschränkt sich demgegenüber auf das Absperren und Kennzeichnen von Arbeitsstellen und auf das Kennzeichnen von gesperrten StrTeilen und Umleitungen, BGH NJW **74** 453. Richtlinien für die Sicherung von StrArbeitsstellen, VBl **80** 276.

Ausmaß und Art der Sicherung richten sich nach den Umständen des Einzelfalles, Kar VRS **79** 344, zB nach der Art und dem Stadium des Bauvorhabens sowie Art und Umfang des Verkehrs, Kar VRS **79** 344, ferner nach Ausmaß und Art der von der Baustelle ausgehenden Gefahr, insbesondere nach **Erkennbarkeit der Gefahr,** Dü DAR **83** 356, Kar VRS **79** 344. Innerhalb einer StrBaustelle besteht Warnpflicht nur vor solchen besonderen Gefahren, die der sorgfältige Kf auch nicht durch beiläufigen Blick erkennt, Mü VR **77** 939. Innerhalb einer deutlich erkennbaren Baustelle muß nicht jede

2 StVO § 45 III. Durchführungs-, Bußgeld- und Schlußvorschriften

Unebenheit besonders gekennzeichnet sein, es sei denn, sie wäre unerkennbar, Ha NZV **99** 84, Ol VRS **29** 373, Dü MDR **62** 52 (Fußgänger), Kö VR **69** 619, KG NJW **76** 1270, VRS **65** 167 (Bodenwelle bei Asphaltierungsarbeiten), Ko VR **76** 739 (erhöhte Kanaldeckel), Kar VR **71** 1022. Bei offensichtlich baubedingter Fahrbahnunebenheit kann die Aufstellung des WarnZ 112 genügen, Ha VR **78** 64. Kennzeichnung eines Niveauunterschieds, der etwa Bordsteinhöhe entspricht, durch „Flatterband" zum Schutz von Fußgängern genügt idR, Dü VR **96** 1166. Der Umfang der VSicherungspflicht im Baustellenbereich ist im übrigen durch die notwendigerweise mit den Arbeiten verbundenen Einschränkungen des V begrenzt, Kö NJW-RR **90** 862 (Fahrbahnverschmutzung). Eine Baugrube auf einem Radweg ist durch Absperrschranken iS von § 43 III Nr 2 zu sichern, Baken genügen nicht, KG VM **81** 38. Bei Arbeiten auf den in der Str verlegten Strabagleisen kann Aufstellung von Leitbaken (Z 605) in Abständen von 10 m ausreichen, Dü NZV **97** 437. Auch bei Arbeiten nur auf Seitenstreifen ist die Fahrbahn sachgerecht zu sichern, Sa VM **70** 39. Selbst eine den eigentlichen StrKörper überhaupt nicht berührende Baustelle verpflichtet zu Vorkehrungen gegen solche Gefahren, die wegen der besonderen StrFührung von ihr ausgehen können (zB durch die Baustelle hervorgerufene Unklarheit über den StrVerlauf), BGH NJW **82** 2187. Der Bauunternehmer muß bei einer Ampelreparatur außer dem warngekennzeichneten Arbeitsfz auch Absperrkegel aufstellen, KG DAR **77** 191. Der Sicherungspflichtige hat **Kontrollen der veranlaßten Sicherungsmaßnahmen** durchzuführen, deren Abstände von den Umständen abhängen, Dü NZV **97** 437, Brn NZV **01** 373 (auf AB auch nachts). Die Befahrbarkeit und Tragfestigkeit von Kanaldeckeln, die während der Bauarbeiten vorübergehend befahren werden, muß gewährleistet sein, Ha VR **77** 970. Umleitungsschilder entbinden nicht von der Sicherungspflicht. Geringe Fahrerschwerungen, wie in Baustellenbereichen oft unvermeidlich, muß der Bauunternehmer nicht beseitigen, Nü VR **75** 545. **Halbseitige Sperrung** einer belebten Straße erfordert besondere Regelung des Fahrverkehrs, wenn der Beginn der Sperrstrecke nicht deutlich erkennbar ist, Fra VR **64** 1252. Der Bauunternehmer kann hier auf den FahrV aus beiden Richtungen besonders hinweisen müssen, KG VR **78** 766. Lange, seitlich befahrene Baustellen sind am Anfang, am Ende und längs zu kennzeichnen, BGH VRS **22** 251. Ist zwar erkennbar, daß eine StrBaustelle nur einseitig befahrbar ist, der Fahrspurverlauf aber nicht, so muß dieser gegenüber dem gesperrten Fahrbahnteil deutlich abgegrenzt werden, Fra VM **73** 47 (seitlich aufgetragener Fahrbahnkleber ohne seitliche Absperrung). Warnung vor einem in der Fahrbahnmitte einer LandStr aufgestellten Teerbehälter durch einen Leitkegel reicht allein nicht, Ol NZV **92** 405. Sand- und Splitthaufen auf der Fahrbahn sind besonders zu kennzeichnen, Ce VR **59** 859, Ol VRS **12** 135. Bei Dampf- oder Rauchentwicklung durch Abladen heißer Stoffe im Baustellenbereich von einem Lkw hat der LkwF unabhängig von der VSicherungspflicht des Bauunternehmers sein Fz entsprechend § 15 StVO zu sichern, Dü VRS **63** 248. Der **AB-Verkehr** ist rechtzeitig zu warnen, 320 m ab Sicht auf das erste WarnZ genügen, Kö VR **66** 857. Zur seitlichen Absperrung gegenüber der befahrenen ABSpur genügt auch bei Nebel alle 25 m ein rotweißer Pfahl, nachts mit gelben Laternen (anfangs alle 25 m, dann alle 50 m, weiterhin alle 75 m), BGH VR **66** 266. Zur Sperrung des linken Fahrstreifens der AB durch kurzfristige oder bewegliche Baustelle, s BGH VR **81** 733. An die **Baustellenbeleuchtung** sind strenge Anforderungen zu stellen, Nü VR **62** 1191, die allgemeine Arbeitsbeleuchtung genügt nicht, BGH VM **59** 29. Baustellen auf vielbefahrenen Straßen sollen durch elektrische Warnlampen und rückstrahlende Baken gesichert sein, Lampen sind häufig zu kontrollieren, Br VR **79** 126, Kö VR **73** 1076. Auch an halbfertigen Kreuzungen sind VInseln durch zweckmäßige Beleuchtung und Leitlinien abzusichern, Ha VR **78** 160.

47 **Bauunternehmer** sind die für den Bau und die Bauausführung Verantwortlichen, Zw VRS **32** 62, nicht deren Auftraggeber, aber auch zB Unternehmer, denen die in VI genannten Aufgaben vom Bauunternehmer zur eigenverantwortlichen Wahrnehmung übertragen wurden, Dü VRS **87** 53. Bedient sich ein Postunternehmen eines Arbeiters eines StrBaumeisters, so ist Bauunternehmer das Postunternehmen, Ha VRS **17** 153. Während Bauarbeiten auf öffentlicher Straße (AB) trifft die Verkehrssicherungspflicht die verantwortlichen Bauleiter, BGH VR **77** 544, Fra VM **73** 47, Dü VM **67** 72, die des

Verkehrszeichen und Verkehrseinrichtungen § 45 StVO **2**

überwachenden Beamten reduziert sich auf Überwachung und Beaufsichtigung, Ha DAR **72** 22. Neben dem Bauleiter trifft die Pflicht zur Baustellensicherung auch den örtlichen Bauführer, BGH NZV **97** 390. Bestellt der Bauunternehmer einen örtlichen Bauführer, so ist dadurch seine Verantwortlichkeit für die VSicherung nicht beseitigt, BGH NJW **82** 2187.

Haftungsfragen: VI ist SchutzG (§ 823 BGB) für den fließenden Verkehr, BGH **48** VR **74** 780 (zu § 3 IIIa alt), aM LG Traunstein NJW **00** 2360; der Schaden muß aus der Gefahr erwachsen sein, die die Vorschrift abwehren will; bezweckt ist Schutz gegen VHindernisse an der Baustelle, nicht gegen einen platzenden, schleudernden Druckluftschlauch (? Baugerät!), BGH VR **74** 780. Nach Amtshaftung haftet die für Arbeiten gesetzlich zuständige Gemeinde bei falscher Aufstellung oder Sicherung von StrBaugerät, BGH VR **64** 661. Die ABVerwaltung haftet für ungenügende rückwärtige Sicherung eines Arbeitsfz, das bei schlechter Sicht äußerst links auf der AB fährt, BGH VR **65** 716, Ha VRS **29** 212. Keine Ursächlichkeit fehlender Warnlampen, wenn Unbekannte die Sperre entfernt haben und möglicherweise auch die Warnlampen entfernt haben würden, Ha NJW **59** 1551, VRS **17** 422. Bei ordnungsgemäß abgesperrter Baustelle und verwahrten Werkzeugen braucht der Bauunternehmer idR nicht damit zu rechnen, daß Kabeldiebe durch das Aufrichten einer Kabeltrommel den Verkehr gefährden, KG VM **72** 43. Trotz mangelhafter Baustellensicherung keine Haftung, wenn der Unfall durch eine den Str- und Sichtverhältnissen unangepaßte Fahrweise verschuldet wurde, BGH NJW **82** 2187. Bei Unterbrechung von Bauarbeiten trifft die sicherungspflichtige Behörde wieder auch die volle Verantwortung, Ha DAR **72** 22. Nach geräumter Baustelle ist wieder die zuständige Verwaltung unabdingbar sicherungspflichtig, Mü VR **80** 240, der Bauunternehmer haftet nur noch für einen etwa verbliebenen unsicheren Zustand, Br VR **78** 873, Ko VR **72** 1130, BGH VR **60** 798, Hb VR **63** 344. Allgemeines zur VSicherungspflicht: Rz 51–55.

Lit: *Berr,* Grundsätze der Baustellenabsicherung an Strn ..., DAR **84** 6. *Bouska,* Rechtsfragen der Baustellenbeschilderung, VD **72** 261. *Hohenester,* Die Regelung des Vs an StrBaustellen durch die Bauunternehmer, DAR **59** 174. *Derselbe,* Zur Unverbindlichkeit von VRegelungsakten durch Kompetenzmängel, DAR **61** 190, 303. *Derselbe,* VRegelung an Baustellen, BB **62** 237. *Reitenspiess,* VSicherungspflicht bei StrBaustellen, NZV **03** 504. *Stollenwerk,* Verkehrsbeschränkende Anordnung für Arbeiten im StrRaum, VD **97** 200.

18. Fahrbahneinengung wichtiger Straßen (VII). Bei VorfahrtStr und Verkehrs- **49** umleitungen, deren Fahrbahn durch Baumaßnahmen eingeengt wird, ist nach Maßgabe von VII die vorherige Zustimmung der StrVB nötig. Planfeststellungsverfahren, laufende StrUnterhaltung, Notmaßnahmen: Vwv Rn 69f. Die Vorschrift dient dem möglichst unbehinderten Verkehrsfluß, nicht der Beurteilung geplanter Baumaßnahmen durch die StrVB. Diese haben Übersicht über alle Umleitungen ihres Bezirks und sollen verhindern, daß unabgestimmte Baumaßnahmen den Verkehr zu stark behindern. Ausgenommen sind die laufende StrUnterhaltung, weil sie idR weniger umfangreiche Arbeiten bedingt, bei denen die Pol den Verkehr regeln kann, und Notmaßnahmen, welche die öffentliche Versorgung gewährleisten (Wasserrohrbrüche, Kabelschäden).

19. Ordnungswidrig (§ 24 StVG) handelt, wer entgegen VI mit Arbeiten beginnt, **50** ohne zuvor Anordnungen eingeholt zu haben oder diese Anordnungen nicht befolgt oder LZA nicht bedient, auch wer nach Ablauf einer von der Behörde gesetzten Frist für die Dauer von Absperrungen oder Kennzeichnungen diese Maßnahmen aufrecht erhält, Dü VRS **63** 474 (§ 49 IV Nr 3), wenn die Befristung in der behördlichen Anordnung unmißverständlich zum Ausdruck kommt, Stu NZV **93** 447. Wer als VT ein gemäß § 45 aufgestelltes VZ oder eine VEinrichtung nicht beachtet, verstößt im Rahmen von § 45 gegen die entsprechende Vorschrift, vor allem des § 41. Mangels Ausnahmegenehmigung gelten gemäß § 45 aufgestellte VZ auch gegenüber VT, die privat- oder verwaltungsrechtlich Anspruch auf Wegbenutzung haben, Stu NJW **57** 1686. Ordnungs- und strafrechtliche Aspekte im Zusammenhang mit Fragen der Baustellensicherung, s auch *Berr* DAR **84** 12 ff.

20. Die **Verkehrssicherungspflicht** ist die Pflicht (Rz 54), den VT vor den Gefah- **51** ren zu schützen, die ihm bei zwecksprechender Benutzung öffentlicher VFlächen aus deren *Zustand* entstehen, BGH VRS **60** 251, Kö DAR **02** 315, Ha DAR **02** 351, VR **01** 1575, Sa NZV **98** 284, diese insoweit möglichst gefahrlos zu gestalten und zu erhalten (§ 823 BGB), BGHZ **60** 54, NZV **91** 385, Dü VR **78** 851, Fra VR **88** 519, **93** 988, Nau DAR **98** 18; sie kann aber uU auch Berücksichtigung naheliegenden Fehlverhaltens mitumfassen, Ha DAR **02** 351, Nau NZV **98** 326, Dü VR **98** 1021 (Anm *Jaeger*), s BGH NJW **78** 1629 (Schwimmbad), insbesondere von Kindern, Mü VR **88** 961 (s Rz 52) und sich uU auch auf Gefahren erstrecken, die durch vorsätzliche Eingriffe Dritter verursacht werden, Ko DAR **02** 269. Sie besteht spätestens ab Verkehrsfreigabe, Kar VR **79** 165, auch auf Privatstraßen, Dü VR **83** 544. Der Verkehrssicherungspflichtige muß in geeigneter und objektiv zumutbarer Weise (nur) alle die Gefahren beseitigen und nötigenfalls vor ihnen warnen, die ein sorgfältiger Benutzer **bei zweckentsprechender Inanspruchnahme des VWeges nicht oder nicht rechtzeitig erkennen** kann, BGHZ **108** 273 = NZV **89** 390, NJW **80** 2194, Ko NVwZ-RR **04** 476, Stu NJW-RR **04** 104, NZV **03** 572, VR **03** 876, Ro DAR **01** 408, Ce DAR **01** 212, Dr NZV **02** 92, Bra NVwZ-RR **03** 755, NZV **02** 93, 563, zB bei besonderer Auswirkung von Glätte, Ko VR **79** 628. Ohne Rücksicht auf die Erkennbarkeit kann die **Gefahr besonders schwerer Unfallfolgen** Abhilfemaßnahmen fordern, Ha NZV **02** 129. Zu treffen sind grundsätzlich alle Maßnahmen, die zur Abwehr derjenigen von der Str ausgehenden Gefahren erforderlich und geeignet sind, mit denen der VSicherungspflichtige nach dem Inhalt der Widmung bei zweckentsprechender StrBenutzung rechnen muß, BGH NZV **91** 385. Bei vom VSicherungspflichtigen selbst geschaffenen Gefahrenlagen gilt ein besonders strenger Maßstab, Ha NZV **02** 129. Der Vertrauensgrundsatz (s § 1 Rz 20) gilt im Verhältnis der Verkehrssicherungspflichtigen zum VT nicht, BGH NZV **94** 148, Fra NJW-RR **94** 1115. Die **Verkehrsregelungspflicht** ist dagegen eine Amtspflicht (§ 839 BGB, Art 34 GG), BGH NJW **04** 356, Ha NZV **01** 379, *Rinne* NVwZ **03** 9, s Rz 43, den Verkehr durch VZ und VEinrichtungen möglichst gefahrlos zu lenken, soweit dies gem Abs IX zwingend geboten ist, BGH VR **85** 835, **88** 697, **90** 739, Stu VR **89** 627, Ha NZV **95** 275, Dü NJW-RR **94** 1443, s Rz 42. Das unterlassene Aufstellen eines zur Gefahrenabwehr notwendigen VZ verletzt sowohl die VSicherungs- als auch die VRegelungspflicht, Mü NVwZ **93** 505 (Haftung des VSicherungspflichtigen und VRegelungspflichtigen als Gesamtschuldner, zust *Greger* § 16 Rz 450, s aber BGH NZV **00** 412). Die Verkehrssicherungspflicht folgt nach hM nicht aus der Baulast, sondern aus dem Recht, über den StrKörper zu verfügen, das nicht identisch sein muß mit dem StrEigentum. Wer durch Widmung öffentlichen Verkehr eröffnet, muß dafür sorgen, daß dieser sicher ablaufen kann, und daß der StrZustand, soweit wie technisch möglich und zumutbar, niemand gefährdet. Der **Umfang der Verkehrssicherungspflicht** richtet sich nach dem VBedürfnis, BGHZ **108** 273 = NZV **89** 390, VR **75** 812, Ce DAR **01** 212, Ha NZV **00** 169, gemäß dem Umfang der Widmung, Ro DAR **00** 311, **01** 408, der nicht ohne weiteres der Beschilderung (Verbot für schwere Fze) entsprechen muß, BGH VR **89** 847. VBedeutung, Art und Häufigkeit der Benutzung spielen eine wesentliche Rolle, Bra NVwZ-RR **03** 755, NZV **02** 563. Gelegentliche Benutzung über die erkennbar beschränkte Widmung hinaus erweitert die VSicherungspflicht nicht, BGH VR **89** 847. Die öffentlichrechtliche Amtspflicht zur Sorge für die VSicherheit (im StrBau) entspricht inhaltlich der allgemeinen Verkehrssicherungspflicht, BGH NJW **79** 2043, BGHZ **60** 54, VR **81** 733, Mü NJW-RR **90** 1121 (Räum- und Streupflicht). Sie umfaßt die Pflicht, den Verkehr, **soweit zumutbar**, BGH VR **76** 149, Stu NZV **03** 572, VR **03** 876, Dr NZV **02** 92, Ce DAR **01** 212, Brn NZV **01** 373, Jn DAR **01** 311, Ha VR **01** 1575, Ko VRS **104** 421, s *Burmann* NZV **03** 21, *Rinne* NVwZ **03** 12, möglichst gefahrlos zu gestalten und vor unvermuteten, nicht ohne weiteres erkennbaren Gefahrstellen zu sichern, zumindest zu warnen, BGH VR **66** 583, Dr NZV **02** 92, Ha NZV **93** 192, Nau DAR **98** 18. Die VSicherungspflicht erstreckt sich auch auf benachbarte Flächen und nicht zur Str gehörende Sachen, etwa Bäume und Sträucher, soweit aus ihnen Gefahren für die StrBenutzer entstehen können, BGH NZV **94** 148, Nau VRS **100** 261, Dr VRS **100** 263, Dü NJW-RR **94** 1443, Brn DAR **99** 403. Ihr ist genügt, wenn die Straße (Parkplatzzufahrt) bei ausreichender Aufmerksamkeit des Benutzers sicher benutzbar ist, Kar VR **79** 141, Dü NJW-RR **93** 597. Maßgebend sind Art und VBedeutung der Straße oder des sonstigen VWeges, BGH VR

63 38, **64** 727, Kar VR **77** 971, Dü VR **93** 1029, Ko MDR **99** 39. Alle erdenklichen Sicherungen gegen Unaufmerksamkeit brauchen nicht angebracht zu werden, Stu NZV **03** 572, Ro DAR **01** 408, Dü VR **66** 298, Kö VR **92** 630. Die Pflicht zum Tätigwerden kann bei Gefahren entfallen, die ein sorgfältiger VT rechtzeitig erkennen und auf die er sich ohne weiteres einrichten kann (s auch Abs IX S 3), BGH VR **83** 39, Stu NZV **03** 572 (für Radf erkennbarer Fahbahnriß), Ro DAR **01** 408, Ko MDR **92** 1127, Dü NJW-RR **93** 597, VR **93** 1029, Ha NZV **98** 500 (Niveauunterschied zwischen Rad- und Gehweg), **93** 67 (erkennbarer „Knick" quer zur Fahrbahn), Nau NZV **95** 231 (deutlich erkennbar buckliges Natursteinpflaster). Der Plattenbelag eines dem öffentlichen Verkehr zugänglichen Vorplatzes muß Kfze ausreichend tragen können, Kar VR **78** 770. Das Nichteinhalten technischer Bauvorschriften, die dem Abschluß von Bauverträgen zugrundeliegen, begründet allein nicht die Verletzung der VSicherungspflicht, Fra VR **84** 473 (Ausbesserung bituminöser Fahrbahndecken). Bei geringer StrBreite muß der Sicherungspflichtige mit Ausweichen auf den Seitenstreifen rechnen und diesen in gefahrlosem Zustand halten bzw vor dort unerkennbarer Gefahr warnen, Kar VR **78** 573, 675. Als Mindestanforderung muß der Sicherungspflichtige die Straße oder den Weg **regelmäßig angemessen auf Gefahren überprüfen,** Fra DAR **84** 19, Ha NJW-RR **92** 1442 (Parkstreifen), besonders Schnellstraßen, BGH VRS **45** 81. Mangels bekannter besonders gefährlicher Umstände ist der VSicherungspflicht durch regelmäßige Überwachung des StrZustandes genügt (Oberflächenwasser bei Tauwetter), Dü VR **80** 776. Maßgebend für etwa notwendige Maßnahmen ist die objektive Unfallhäufung an bestimmten StrStellen, BGH VBl **73** 898 (woraus eine Rechtspflicht zur sorgfältigen Erfassung solcher Unfallstellen folgt). Aber auch ohne vorausgegangene Unfälle ist vor Gefahren, die unerwartet aus der Beschaffenheit der Str erwachsen, zu warnen, Fra DAR **84** 19 (Gefahr der Überflutung). Besonders nach Arbeiten, die die Standfestigkeit des StrKörpers beeinträchtigen können, muß der Verkehrssicherungspflichtige die Tragfähigkeit prüfen, BGH NJW **73** 277. **Hinweise** auf Gefahren **durch kompetente Stellen** (Pol) begründen idR die Pflicht, jedenfalls vorsorglich vor den Gefahren zu warnen, Nü VM **01** 28. Ausreichende Sicherung gegen unbegleitete blinde Fußgänger kann idR nicht gefordert werden, KG VR **73** 1146.

Der Schutz muß für **Kinder und Jugendliche** ausreichen, BGH FRZ **63** 244, Mü **52** VR **88** 961, Dü NJW-RR **94** 1443, aber nicht für Fahranfänger bei gut erkennbarem, vorübergehendem StrSchaden, den jeder andere gut meistert, Schl VR **69** 527. Sieht man einer **ländlichen VerbindungsStr** nach ihrer Beschaffenheit ihre geringe VBedeutung an, so stellt die Verkehrssicherungspflicht geringere Anforderungen, BGH VR **65** 260, s Kar VR **77** 971. Ist ein **unbefestigter Waldweg** für Schwerlastverkehr offensichtlich ungeeignet, so haftet der Sicherungspflichtige für Unfälle solcher Art auch nicht, wenn er außer dem Lkw-FahrverbotsZ kein WarnZ aufstellt und das gelegentliche Befahren durch schwere Lkw geduldet hat, BGH VR **71** 1061, Kar VR **75** 957, Stu MDR **76** 44. Wer einen ersichtlich ungenügend befestigten Weg befährt, muß ihn so hinnehmen (Lastzug), Kar VR **75** 957, Stu VR **76** 395. Zur Verkehrssicherungspflicht auf **Wanderwegen,** Nü MDR **76** 222, auf Wald-(Feld)wirtschaftswegen, Dü VR **97** 639, *Oswald* DAR **74** 266. Zwischen den VT und Verkehrssicherungspflichtigen gilt der **Vertrauensgrundsatz** nicht, BGH NJW **80** 2194, Ol VRS **31** 161.

Einzelfragen, möglichst alphabetisch geordnet: **Abhänge, Abbrüche, Rampen** **53** neben benutzten VFlächen sind zu sichern, BGH VR **66** 562, **68** 399, Kar VR **73** 355 (Abhang an Parkplatz), BGH VR **63** 950 (Stützmauer zum Bach, keine Mitschuld eines bejahrten Fußgängers), BGH VR **59** 711 (Geländer an Brückenrampe), Dü VR **71** 967 (Steilabhang), bei einem StrGrundstück nicht durch den Eigentümer, sondern durch den Verkehrssicherungspflichtigen, BGHZ **24** 124 = NJW **57** 1065. Erst recht ist zumindest Warnung durch VZ notwendig, wo die Fahrbahn sich in einer absteigenden Treppe fortsetzt, abw Ko DAR **02** 168 bei enger Gasse. Bei Abbruch einer Brücke genügt Aufstellen mehrerer VZ 250 und bewegliche Sperrbake nicht, Ha DAR **01** 273. Geneigte Rampen (Kinderwagenspur) auf öffentlichen Treppen müssen sich, besonders wenn sich die Rampe rechts befindet, schon auf den ersten Blick deutlich von den Treppen abheben, s Ce VR **77** 671. **Ampelversagen:** § 37. Ein **Arbeitsgerüst** unter einer Eisenbahnbrücke, gegen das ein Kfz bei Dunkelheit stößt, legt den Anscheinsbeweis für

Schuld des Sicherungspflichtigen nahe, BGH VR **64** 1082. Ein Arbeitsgerüst auf einem Gehweg ist uU durch Absperrmaßnahmen zu sichern, Nü NZV **92** 31 (jedoch überwiegende Haftung des Fußgängers, der zur Umwegvermeidung durch den Gerüstrahmen steigt und dabei stürzt). **Aufpflasterungen:** s Unebenheiten. Vor Benutzern von Grundstücks-**Ausfahrten,** auch nicht erkennbaren, muß der für die öffentliche Straße Sicherungspflichtige nicht warnen, wohl aber uU der für die Ausfahrt Sicherungspflichtige, Dü VR **78** 851. **Bankette,** von der Fahrbahn deutlich unterschieden, brauchen nicht die gleiche Tragfähigkeit aufzuweisen wie die Fahrbahn, BGH VR **89** 847, Nü DAR **04** 150, Bra NZV **02** 563, und müssen zumindest bei untergeordneten Straßen für Lkw nicht befahrbar sein, Bra NZV **02** 563, Ha VR **73** 379. Ein unbefestigtes Bankett, das sich von der Fahrbahn deutlich abhebt, bedarf keiner Sicherung durch Kennzeichnung oder Warnung, BGH VR **89** 847, **64** 617, Bra NZV **02** 563, auch nicht, wenn eine rechzeitig erkennbare Unebenheit ein zusätzliches Hindernis bildet, Dü VR **81** 358 (Betonplatte), bei Strn mit geringer VBedeutung auch nicht bei Schneefall, Ce VRS **78** 9. Warnung vor einem hervorragenden Kanaldeckel kann geboten sein, Jn DAR **99** 71. Ist bei schmaler Fahrbahn LkwVerkehr zulässig, so müssen die Bankette so befestigt sein, daß ein Lkw ein Hindernis bei Sorgfalt umfahren kann, BGH VR **69** 280, Kar VR **78** 573, 675, Nü DAR **04** 150 (Ausnahme: überschwere Fze – 48 t), anders, wenn die mangelnde Standfestigkeit (schmaler Grasstreifen neben Böschung) ohne weiteres erkennbar ist, BGH VR **89** 847, Bra NZV **02** 563. Bei nicht ausreichend tragfähigem Seitenstreifen auf OrtsStr (Schachtabdeckung) sind Schwerfze zu warnen, Mü VR **80** 293. Der Seitenstreifen neben einem Radweg muß so beschaffen sein, daß ein Radf, der kurzfristig auf ihn ausweicht, nicht stürzt, Ce VR **88** 857. Der Kf, der das Bankett benutzt, handelt, sofern es erkennbar von der Fahrbahn deutlich abgesetzt war, idR auf eigene Gefahr; er darf es nur mit Vorsicht befahren, BGH NJW **57** 1396, Brn VRS **102** 188, Dü VR **94** 574. Daher kein Verstoß gegen die VSicherungspflicht bei Nichtbeseitigen oder Nichtbeleuchtung eines ca ½ m hohen Erdhaufens auf dem Bankett oder Unterlassen eines Hinweises darauf, Ba VR **81** 960, oder bei fehlender Warnung vor auf unbefestigtem Bankett aufgestellten 20 cm hohen, weiß gestrichenen Metallpfählen, Brn VRS **102** 188, s aber Rz 51 sowie Jn DAR **99** 71 (wonach das Bankett auch zum Fahren mit höheren Geschwindigkeiten geeignet sein muß). Erhöhte Anforderungen an die Standfestigkeit des Banketts, mindestens aber an Warnung vor dem Befahren sind uU an schmalen, kurvenreichen Straßen zu stellen, die von schweren Kfzen viel befahren werden, BGH VR **62** 574, Kar VR **78** 675, Ko VR **64** 1255, Ce VRS **78** 9. Die Grenze zwischen Fahrbahn und Bankett muß deutlich sein, BGH VRS **14** 105, auch die Markierung der Begrenzung zwischen Gehsteig und Fahrbahn, wenn der Gehsteig durch eine breite, nicht beleuchtete Grundstückseinfahrt unterbrochen war, BGH VR **62** 665. Daß die Grenze zwischen Gehsteig und Bankett auch bei Schnee markiert werde, kann nicht erwartet werden, Bay VR **61** 716. Aufstellen von sog Lübecker Hüten auf dem schmalen zwischen Mittelstreifen und Überholspur der AB verlaufenden Randstreifen verletzt nicht die VSicherungspflicht, weil dieser Randstreifen nicht für den Normalfall zum Befahren bestimmt ist, Kö VR **66** 834. Keine Verletzung der VSicherungs- oder -regelungspflicht bei fehlender Warnung vor deutlich erkennbarem Höhenunterschied zwischen Fahrbahnrand und (stellenweise bis zu 6 cm) tiefer liegendem Bankett, Ha VR **83** 466, Stu VR **90** 323 (Anm *Berr* DAR **90** 140), Ce VRS **78** 9 (10 cm bei erkennbar unbefestigtem Bankett). Nichtauffüllen einer 15 m langen, 14 cm tiefen Kante zwischen Fahrbahn und Bankett auf einer KreisStr kann die VSicherungspflicht verletzen, Schl NZV **95** 153. Keine VSicherungspflicht auf zwar innerörtlicher, aber fast ländlichen Str, die Höhendifferenz von 6 cm zwischen Fahrbahnrand und Nebengelände auszugleichen, Dü VR **82** 858, oder Maßnahmen zu ergreifen, wenn Baumstämme auf einem bewachsenen Streifen neben einem landwirtschaftlichen Weg durch Unkraut überwuchert sind, Kar DAR **89** 464. **Baustellen** sind zu sichern, s Rz 45–48. Im Baustellenbereich ist eine dünne Sandschicht auf der Fahrbahn von den VT hinzunehmen, Kö NJW-RR **90** 862. Ein Splitthaufen im StrRaum ist zu beleuchten, Ce VR **65** 1083. Kurzfristige Ablagerung gut erkennbaren Baumaterials tagsüber auf untergeordnetem Wirtschaftsweg verletzt dagegen nicht die VSicherungspflicht, Dü NJW-RR **93** 597. Wer auf dem Gehweg Steine ablagert, haftet dafür, daß sie nicht auf die Fahrbahn geraten, Kö VR **74**

1186. Auf der AB gehört Splittentfernen zur Verkehrssicherungspflicht des Landes; eine links fahrende Kehrmaschine (3 m hoch, leuchtend bemalt, Rundumleuchten, Warnflagge) braucht auf übersichtlicher Strecke keine besondere Sicherung, BGH VR **66** 589. Bei Rollsplittresten auf der Fahrbahn kann ein GefahrZ mit Zusatzschild „Rollsplitt" genügen, Ko MDR **97** 832. Das verkehrssicherungspflichtige Land muß die Sichtbarkeit von VZ, die vor Rollsplitt auf einer Baustelle warnen, überwachen, Ko NJWE-VHR **96** 70 (tägliche Kontrolle bei lose aufgestelltem VZ), s auch Rz 46. Vorzeitiges Entfernen der Warnhinweise ist pflichtwidrig, Ce MDR **00** 769. Vor erkennbarem Rollsplitt auf innerörtlicher Fahrbahn mit höchstzulässigen 50 km/h braucht idR nicht gewarnt zu werden, Mü ZfS **85** 2. Kontrolle von lose aufgestellten Warnbaken zur Leitung des Verkehrs in AB-Baustellenbereich in Intervallen von 6 Std ist idR ausreichend, Brn VR **98** 912. Auf noch unausgebauter Straße in einem Neubaugebiet, nur von Baufzen und Anliegern benutzt, besteht eingeschränkte Verkehrssicherungspflicht, Benutzer müssen dort mit Gefahr rechnen und die Straße so benutzen, wie sie sich darbietet, Sa VR **72** 207, Dü VR **93** 1029. Unebenheiten im Baustellenbereich, s *„Unebenheiten"*. Str**Beleuchtung** ist innerorts auch in kleinen Gemeinden während der ortsüblichen Zeiten nötig, Neust VRS **5** 565, Ol MDR **58** 604; außerorts sind nur Gefahrenstellen auszuleuchten, soweit zur VSicherung notwendig, *Berz* DAR **88** 3. Zur Beleuchtungspflicht und deren Überprüfung, Mü VR **76** 740. Schaltet die Gemeinde nachts Laternen ab, die nicht das Z 394 tragen, so haftet sie, BGH VR **62** 256, 632 *(Venzmer). Berz,* StrBeleuchtung und VSicherungspflicht, DAR **88** 2; *derselbe,* StrBeleuchtung unter dem Gesichtspunkt der StrVSicherungspflicht der Gemeinde, DAR **95** 350. Bei Strn von erheblicher VBedeutung müssen Kabel mehr als 4 m hoch angebracht sein, Kö NZV **95** 22 (s auch Str*Bäume*). **Bepflanzung,** besonders von Mittelstreifen innerorts, darf die Sicht nicht behindern, KG VM **66** 41, auch nicht an AB-Einfahrten, auf kreisförmigen Inseln in Kreuzungen oder am Fahrbahnrand, Dü NJW-RR **94** 1443. Vor dem Mähen muß der Boden nicht zentimeterweise abgesucht werden, um das Hochschleudern kleiner Steine auszuschließen, Stu DAR **02** 516, **03** 462, jedoch sind geeignete Maßnahmen gegen Schäden zu treffen (Auffangbehälter, Verwendung spezieller Rasenmäher, Warnvorrichtungen, Sperrung), BGH NZV **03** 125, LG Ko DAR **03** 526 (Schadensersatzanspruch jeweils bejaht). Eine Hecke auf dem Mittelstreifen zwischen getrennten Fahrbahnen muß der VSicherungspflichtige an Durchfahrten so niedrig halten, daß sie die Sicht nicht behindert, BGH NJW **80** 2194. Die Sicht auf Warnanlagen an Bahnübergängen darf nicht durch Zweige eingeschränkt werden, BGH NZV **94** 146. Sichtbehindernder hoher Graswuchs an StrBöschungen und -gräben ist durch rechtzeitiges Mähen zu verhindern, Ko VRS **76** 251. Schutz einer Grünanlage neben der Fahrbahn durch Steine verstößt nicht gegen die VSicherungspflicht, wenn FzF nur durch Überfahren des Fahrbahnrandes zu Schaden kommen können, Ha NZV **96** 493. **Bordsteine** zur Abgrenzung der Fahrbahn gegen Rad- oder Gehwege sind vielfach gefährdend zu hoch und, anstatt abgerundet, scharfkantig, sogar teilweise an AusfallStr mit zugelassener höherer Fahrgeschwindigkeit. Die Bordsteinkante darf keine gefährdenden Löcher oder Lücken haben, Ce VR **74** 810. Kantsteine nahe der Fahrbahn müssen bewuchsfrei und deutlich erkennbar gehalten werden, Ha VR **77** 970. Mit Niveauunterschied zwischen Radweg und durch Kantsteine von diesem getrenntem Gehweg muß ein Radf rechnen, Ha NZV **98** 500, Ce NZV **01** 346. Beim Überqueren einer Fahrbahn muß ein Fußgänger mit einem Bordstein auf der anderen Fahrbahnseite rechnen, keine Haftung des VSicherungspflichtigen bei ungenügender Ausleuchtung der Bordsteinkante, LG Görlitz VR **98** 1122. Mit 4 cm Höhenunterschied zwischen zwei Bordsteinen muß ein Fußgänger rechnen, Ko MDR **99** 421. Die VSicherungspflicht gebietet nicht besondere Maßnahmen, wenn 16 cm vom Fahrbahnrand auf der **Böschung** ein grasüberwachsener Stein hervorragt, Nü NZV **91** 390. **Bushaltestellen** sind stolperfrei auszubauen, BGH VR **70** 179, **73** 346. Die Vorschriften gegen **Dachlawinen** richten sich nicht danach, was ortsüblich, sondern, was erforderlich ist (Dachneigung und -größe, Oberwesterwald), LG Ko VR **74** 892. Eine etwaige örtliche Übung ist aber für die Frage, ob das Unterlassen bestimmter Maßnahmen einen Pflichtverstoß darstellt, mit zu berücksichtigen (zB Üblichkeit von Schneefanggittern), Kar NJW **83** 2946, Ha NJW-RR **87** 412, AG Schönau MDR **00** 583. Bei außergewöhnlichen Schnee- und Wetterverhältnissen sind die

2 StVO § 45 III. Durchführungs-, Bußgeld- und Schlußvorschriften

Dächer gegen Schneelawinen außerdem regelmäßig zu beobachten, Ce VR **80** 1028, *Birk* NJW **83** 2915. In Städten und größeren Orten in gewöhnlich schneereichen Gebieten werden auf den Hausdächern zu vielbenutzten Straßen hin Schneegitter gegen Dachlawinen anzubringen sein, Mü VR **72** 1176, AG Schönau MDR **00** 583, AG Altötting DAR **71** 45. Soweit in schneearmen Gebieten Fanggitter auf Hausdächern nicht üblich sind, besteht idR auch keine Pflicht des Eigentümers zur Beseitigung des Schnees vom Dach, zur Aufstellung von Warnstangen oder zu besonderen Hinweisen, Kö VR **88** 1244, Ha NJW-RR **87** 412, Stu MDR **83** 316, Kar NJW **83** 2946, Sa VR **85** 299, LG Krefeld VR **81** 544, LG Limburg DAR **01** 171, *Birk* NJW **83** 2913, aM Dü VR **78** 545. Außergewöhnliche Witterungsverhältnisse können allerdings auch außergewöhnliche Maßnahmen gegen die Gefahr herabfallenden Schnees erforderlich machen, Ce VR **82** 775, 979, *Schlund* DAR **94** 50. Der Schneelawinengefahr von 17 m hohem Turm über BundesStr ist zu begegnen, Ko DAR **87** 86. Ob und ggf welche Vorkehrungen zu treffen sind, richtet sich nach den Umständen des Einzelfalles, wobei die Witterungsverhältnisse, Lage des Hauses, Verkehrsaufkommen und Dachneigung bedeutsam sind, Stu MDR **83** 316, Kar NJW **83** 2946, Sa VR **85** 299, Dr DAR **97** 492, s *Maaß* DAR **83** 316, *Birk* NJW **83** 2913. In erster Linie hat sich der FzF selbst dadurch vor Schaden zu bewahren, daß er sein Fz an Stellen mit Dachlawinengefahr nicht abstellt, Ha NZV **04** 34, NJW-RR **87** 412, Sa VR **85** 299, Kö VR **88** 1244. Zur Mitschuld bei einem im Dachlawinenbereich geparkten Kfz, BGH VRS **59** 241, AG Schönau MDR **00** 583, *Schlund* DAR **94** 52. Eine BG des durch Dachlawine beschädigten parkenden Fzs wird idR keine Rolle spielen, *Weber* DAR **81** 173. Zumutbare Vorkehrungen gegen herabfallende Eiszapfen werden vielfach nicht möglich sein, Ce NJW-RR **88** 663, s aber AG Darmstadt DAR **80** 276. Vor **Dampf und Qualm** haben Bahn und andere Sicherungspflichtige die AB-Benutzer zu warnen, BGH VR **59** 1030. Bevor eine Str**Drehbrücke** geöffnet wird, muß sichergestellt sein, daß sich im Schrankenbereich keine Fußgänger befinden, BGH VRS **54** 104. Ist die **Fahrbahn** statt mit technisch bekannten griffigen Mischungen rutschgefährlich belegt, so kommt Verletzung der VSicherungspflicht in Betracht. Merkblatt über StrGriffigkeit und VSicherheit bei Nässe (Richtwerte), VBl **69** 748, krit dazu *Wendrich* NZV **01** 504 („völlig überholt"), s NZV **02** 112. Glatte Fahrbahnen sind rutschfest zu machen; bis dahin ist durch WarnZ auf die Gefahr hinzuweisen, BGH VR **68** 1090, Warnung allein genügt' nicht, BGH VR **68** 1090. Überstreichen von Richtungspfeilen mit Farbe, die zu erhöhter Glätte führt, verletzt die VSicherungspflicht, Ha DAR **99** 70. Zur VSicherungspflicht in bezug auf die Griffigkeit, *Wendrich* NZV **01** 503. Bei Nässe völlig ungefährliche StrDecken gibt es kaum, BGH MDR **60** 32 (gemeint ist wohl eine Fahrbahn mit dünner Wasserschicht). Auf AB-ähnlich ausgebauter BundesStr mit technisch veralteter Fahrbahn verpflichtet Wasseransammlungen bei Regen und Häufung von Aufschwimmunfällen zu Geschwindigkeitsbeschränkung oder Warnung, Nü VM **82** 10. Nach Abdeckung von infolge Hitze aufgeweichten Teerflächen mit grobem Splitt genügt Aufstellen eines VZ Nr 101, LG Weiden VRS **17** 405. Sandstreuung auf aufgeweichter Teeroberfläche ist nach BA VR **79** 262 ohne Warnung und Sicherung hinzunehmen. Das gleiche soll gelten, wenn mit Teerbelag ausgebesserte Stellen der Fahrbahn durch sommerliche Hitze weich geworden sind, Ba VR **70** 845 (abzulehnen, da vermeidbare Gefährdung durch unzulängliche Mischung). Den aus einer Ölspur entstehenden Gefahren ist durch wirksame Maßnahmen zu begegnen, Abdecken mit Granulat in einer Kurve ohne Warnung reicht nicht aus, Ha NZV **93** 192. Rollsplitt, s unter *Baustellen*. Innerorts muß die Fahrbahnbegrenzung durch einen beiläufigen Blick erfaßbar sein, BGH VR **57** 777. **Fahrbahnschwellen:** s Unebenheiten. Ein **Fußweg** darf idR ohne besondere Vorkehrung in die Fahrbahn einmünden, Ce VRS **23** 414. Bei Fußwegen in Grünanlagen ist die VSicherungspflicht nicht auf den eigentlichen Weg beschränkt, sie erstreckt sich auch auf unmittelbar angrenzende Flächen, die erfahrungsgemäß betreten werden, Kö VR **92** 71. Wer auf schmalem **Gehweg** am hellen Tag beim Ausweichen vor Mülltonnen ohne ersichtliche Ursache hinfällt, hat keinen Ersatzanspruch, Ko VR **72** 1129. Gut erkennbare Hindernisse auf Gehwegen wie Blumenkübel, Poller uä sind idR keine die Haftung des VSicherungspflichtigen begründende Gefahrenquelle, Dü VR **91** 927; wie bei Unebenheiten (s dort) wird zu berücksichtigen sein, wie stark aufgrund der örtlichen Gegebenheiten mit Ablenkung der Fußgänger zu rechnen ist. Haftung aus Verletzung der VSicherungspflicht jedoch, wenn solche Gegenstände mangels ausreichender Befestigung auf die Fahrbahn geraten, Brn DAR **99** 403. Unebenheiten auf Gehwegen, s unten Stichwort „Unebenheiten". Auf Rutschgefahr bei nassem Laub muß sich der Fußgänger einstellen, Nü NZV **94** 68, Fra MDR **97** 841. **Glatteisbildung** bei Kühltürmen, BGH VR **85** 641, Kö VBl **56** 701, NZV **95** 111. Räum- und Streupflicht: Rz 56 ff. Vor einem **Hausvorsprung,** der in 2,65 m Höhe in den Luftraum des befahrbaren Banketts ragt, muß nicht gewarnt werden, Bra VR **62** 1068. **Hecke:** s unter „Beflanzung". **Hindernisse** zwecks „Verkehrsberuhigung" (Fahrbahnverengung, Aufpflasterungen, Schwellen usw), soweit überhaupt zulässig (s Rz 35), müssen nicht nur zweckdienlich sein, sie dürfen vor allem keine Quelle der VGefährdung bilden, s BGH NZV **91** 385, Kö DAR **02** 315, Ha NZV **92** 483, NJW **96** 733, Dü VR **95** 537 (Blumenkübel auf dem Seitenstreifen), VR **96** 518, Sa NZV **98** 284 („Kölner Teller"), Fra MDR **03** 739 (Verletzung der VSicherungspflicht verneint bei „Kölner Teller" mit 1 m Abstand vom Fahrbahnrand), LG Kaiserslautern VM **97** 8 (Betonpflöcke als Eckbegrenzung einer Bepflanzung), AG Fulda NVwZ-RR **04** 477 (27 cm hoher Stein als Randmarkierung einer Grünanlage). Sie verstoßen gegen die VSicherungspflicht, wenn der von ihnen ausgehenden Gefahr nicht durch WarnZ und sichernde VEinrichtungen begegnet wird, Nü NZV **90** 433 (Poller), Ce DAR **91** 25 (Anm *Berr*), NZV **91** 353, Ha NJW **96** 733 (Blumenbeet mit Bordstein), LG Ko DAR **91** 456 (jeweils Blumenkübel), *Berr* DAR **91** 282. Eine auf einem für Radf freigegebenen Promenadenweg gut sichtbare, quer angebrachte Reihe Metallpfosten zur Verhinderung verbotenen KfzV ist grundsätzlich nicht zu beanstanden, Ro DAR **01** 408, LG Stralsund VRS **101** 17. Jedoch kann ein auf einer Gefällestrecke mitten auf einem Fuß- und Radweg aufgestellter, im Dunkeln im Hinblick auf die Umgebung schwer wahrnehmbarer Sperrpfosten eine abhilfebedürftige Gefahrenquelle bilden, Ha NZV **02** 129, ebenso eine nur durch Absperrschranke und VZ 250 gesicherte, quer über einen Radweg gelegte Rohrleitung, Ha DAR **02** 351. Nach Dü NJW **96** 731 sollen Sicherungs- und Warnmaßnahmen bei einem Blumenkübel auf Sperrfläche (Z 298) bei zulässiger Höchstgeschwindigkeit von 30 km/h entbehrlich sein, abl mit Recht *Greger* § 16 StVG Rz 592. Von mehreren in Frage kommenden Einrichtungen ist gem dem Verhältnismäßigkeitsgebot bei Eignung stets die den FzV weniger stark behindernde Möglichkeit zu wählen, BGH NZV **91** 385 („geringste Eingriffsintensität"), Ha NZV **92** 483, zB „optische Bremsschwelle" oder Aufpflasterung mit sanft ansteigender Rampe statt Fahrbahnschwelle (s dazu auch unter *„Unebenheiten"*). Vor ferngesteuerten, sich aus dem Boden erhebenden Pollern ist besonders zu warnen, Brn DAR **04** 389. Die Einfahrt verbietende VZ reichen zur VSicherung bei derartigen Hindernissen nicht aus, Ha NJW-RR **99** 753. FzBeschädigung durch hydraulisch angehobenen Poller als „rechtswidrige Maßnahme" nach den Ordnungsbehörden- und Pol-Verwaltungsgesetzen, s Kö NZV **04** 95, Dü VR **97** 1234 (§ 39 I b OBG NRW), LG Bonn VD **04** 223. Auf der Fahrbahn eingerichtete Mittelinseln müssen ausreichend kenntlich gemacht werden, vor allem neu eingerichtete vor der Bepflanzung (Warnbaken, Beleuchtung usw), anderenfalls Haftung für Unfälle aus Verletzung der VSicherungspflicht, LG Aachen VR **92** 1242. VZ 222 (Rechts vorbei) wird jedoch in der Rspr grundsätzlich als ausreichend erachtet, Dü VR **89** 208, Ko NVwZ-RR **04** 476. Verkehrswege (Fahrbahn, Radweg, Gehweg) müssen nicht den besonderen Bedürfnissen von **Inline-Skatern** entsprechen, Ko VRS **104** 421, DAR **01** 167, Ce NZV **99** 509. Auf freigegebenen Straßen dürfen **Kanaldeckel** nicht wesentlich hervorragen, Ha VR **79** 1033, s BGH JZ **79** 812, 1,5 cm sind unwesentlich, Dü VR **83** 250. 5 cm im Baustellenbereich auf abgefräster Fahrbahn mit Warnung durch VZ sind nicht zu beanstanden, Kar VRS **79** 344, auf unfertiger BauStr in Neubaugebiet bei Erkennbarkeit auch nicht 10 cm und mehr, Ko VR **93** 1246 (10 cm), Dü VR **93** 1029 (40 cm). Fahrbahnanhebung von 7 cm um Kanaldeckel in Nebenstr von geringer VBedeutung ist ebenfalls kein Verstoß gegen VSicherungspflicht, Dü VR **85** 397. Kanaldeckel dürfen nicht einbrechen, Ha VR **77** 970, BVG NJW **61** 1495, BGH VR **65** 483, Stu VR **64** 1275. Beweislast der verkehrssicherungspflichtigen Gemeinde dafür, daß die unterbliebene regelmäßige Kontrolle für Schäden nach Einbruch eines brüchigen Kanaldeckels nicht ursächlich ist, Fra VR **81** 1185. Kanaldeckel dürften nicht über den Gehweg wesentlich

2 StVO § 45   III. Durchführungs-, Bußgeld- und Schlußvorschriften

hinausragen, BGH VRS **12** 407, VR **54** 746, **67** 1155, KG VR **77** 37, NJW **76** 1270, Ko VR **76** 739, Mü ZfS **87** 354. UU können auch um nur 2 cm und weniger über das Fahrbahnniveau herausragende Kanaldeckel verkehrswidrig sein, wenn sie in besonderer Weise geeignet sind, *Fußgänger* zu gefährden, Kar MDR **84** 54, s aber Ha NJW-RR **87** 412 (*idR* nur bei über 2 cm). Nach Kar VR **93** 332 (Anm *Gaisbauer* VR **93** 849) bedarf auf wenig befahrener Sackgasse ein 4 bis 5 cm erhöhter Kanaldeckel keiner besonderen Sicherung gegenüber dem FußgängerV. S auch unter „Unebenheiten". Alleinhaftung des Kf, der über einen ersichtlich hoch herausragenden Kanaldeckel fährt, weil er die Bodenfreiheit seines Kfz überschätzt, Ko VR **76** 1163. Gullys, s unter Unebenheiten der Fahrbahn. Eine im Ort einmündende SeitenStr darf die Überhöhung der **Kurve** außen durchbrechen, Bra VRS **12** 8. Nicht abgerundete und nicht versenkte **Leitplanken**enden sind mit der VSicherungspflicht nicht vereinbar, Ce NZV **90** 432. Auf **Parkplätzen** hängt der Umfang der VSicherungspflicht von ihrem allgemeinen Zustand und den örtlichen Verhältnissen ab; bei erkennbar provisorischen Parkplätzen ohne festen Untergrund muß der Kf Hindernisse hinnehmen, Ko VR **82** 780. Mit aufgeweichtem Teerbelag auf einem Parkstreifen muß bei sommerlicher Hitze gerechnet werden, Dü NJWE-VHR **96** 69. Auf baumbestandenen öffentlichen Parkplätzen ist Überwachung der Bäume erforderlich, Mü DAR **85** 25 (Umfang: s unten *„Straßenbäume"*). Der Fußgänger muß auf solchen Parkplätzen auch mit größeren Niveauunterschieden rechnen, Dü NJW-RR **95** 1114, s Ha DAR **04** 525. **Radwege** müssen so gestaltet sein, daß ihr Verlauf auch bei Dunkelheit erkennbar bleibt, Ce VM **00** 60. Niveauunterschied zum benachbarten Fußweg, s unter *Bordsteine*. Zur Streupflicht auf Radwegen, s Rz 59, 61. In Schneekatastrophenfällen braucht vor Fahrbahnverengungen infolge **Schneeverwehungen** oder geräumten **Schnees** nicht durch Schilder gewarnt zu werden, Schl VR **81** 581. **Schwellen**: s Unebenheiten. Einrichtungen auf der Fahrbahn zur **Sperrung** einer Str dürfen keine Gefahr bilden, etwa durch fehlende reflektierende Flächen oder mangelnde Beleuchtung, Ha NZV **00** 169. Ein **Splitt**haufen auf einer OrtsStr muß beleuchtet sein, BGH VR **60** 626. Splitt- und Granulatansammlungen am Fahrbahnrand nach winterlichem Streuen, die eine Gefahr für Radf bilden, sind zu beseitigen, sobald mit erneuter Glätte nicht mehr zu rechnen ist, Ha NZV **89** 235. **Seitenstreifen,** s „Bankette". Vorsorge gegen **Steinschlag** nur bei naheliegender Gefahr, BGH NJW **68** 246, Ko DAR **03** 522, Jn DAR **01** 166, Zw VR **90** 401. Das Aufstellen des VZ 115 genügt dann nicht, Zw VR **90** 401, *Rinne* NVwZ **03** 14. Welche Sicherungsmaßnahmen erforderlich sind, hängt auch vom Grad der Steilheit und Entfernung des Hangs von der Fahrbahn ab, Jn DAR **01** 166. Die VSicherungspflicht umfaßt nicht auch die Vorsorge gegen herabfallende Steine, die auf angrenzenden Privatgrundstücken lagern, Dü NJW-RR **88** 1057. Wer wegen fehlerhaft verlegter **Straßenbahnschienen** geschleudert sein will, muß den ursächlichen Zusammenhang beweisen, Ha VRS **8** 410. Mit dem Überwechseln von StrabaSchienen in die Fahrbahn muß der Kf rechnen, Warnzeichen sind daher regelmäßig nicht erforderlich, Ha VR **81** 389. Auch nach Einstellung des Straba-Betriebs haftet der Unternehmer für Verkehrssicherheit der verbleibenden Gleisbettung, Schl VR **70** 870. **Straßenbäume** (s § 41 Rz 248 zu VZ 295) sollten nur noch in ausreichender Entfernung vom StrKörper angepflanzt werden. Gefahren schaffende Neuanpflanzung unmittelbar am Fahrbahnrand kann Verstoß gegen die VSicherungspflicht sein, *Manssen* NZV **01** 152 (krit *Otto* NZV **02** 74). Wo sie die Fahrbahn säumen, brauchen sie jedoch nicht entfernt zu werden, *Manssen* NZV **01** 151, außer bei besonderer Gefahr, wenn Kennzeichnung nicht ausreicht. Der Verkehr hat sich auf solche Verhältnisse einzustellen, BGH NZV **04** 248. Zur StrVSicherungspflicht gehört auch die Sorge für die Standfestigkeit von StrBäumen einschließlich der Sicherung gegen Windbruch und Windwurf, BGHZ **123** 102 = NZV **93** 386, Dr VRS **100** 263, Kö DAR **93** 351, Ha NZV **04** 140, Brn MDR **02** 93, NZV **98** 25, VRS **102** 341, sowie der Sicherung gegen herabfallende Äste, Ha VRS **105** 92, Brn VRS **102** 341. Bäume (Wald) an der Straße müssen fachgerecht überwacht werden, BGH VRS **46** 91, Kö VR **90** 287, **92** 1370. Verkehrssicherungspflichtig ist bei Waldgrundstücken in erster Linie der Waldbesitzer (Nutzungsberechtigte), Fra NVwZ **83** 699, oder Eigentümer als Verfügungsberechtigter, BGH VRS **46** 91. Die Pflicht des StrBaulastträgers zur StrBaumschau besteht unabhängig vom Grundeigentum, Ol VR **80** 778. Schon bei der Anlage zur Str hin sind

Gefahren durch Windwurf und Windbruch zu berücksichtigen, Fra NVwZ **83** 699 (Wald). RsprÜberblick, *Orf* NZV **97** 201. Keine Pflicht zur Überprüfung von Waldbäumen zum Schutz unzulässigerweise im Wald parkenden Ausflugsverkehrs, Ko VR **90** 1409. Der Sicherungspflichtige muß Gesundheit, Standfestigkeit und äußeren Zustand binnen angemessener Zeitabstände prüfen, Ha NZV **04** 140, ZfS **97** 203, Fra VR **93** 988, Kö VR **92** 1370, DAR **93** 351, idR zweimal jährlich, Ha NZV **04** 140, VRS **105** 92, Dü VR **97** 463, Dr VRS **100** 263, Brn MDR **02** 93, VRS **102** 341 (offengelassen von BGH NZV **04** 248), krit *Otto* VR **04** 878, *Hötzel* VR **04** 1237; er ist aber mangels dabei erkennbarer konkreter Anzeichen für Gefahr zu eingehender Prüfung idR nicht verpflichtet, Dü VR **83** 61, Mü DAR **85** 25, Kö ZfS **91** 7, VR **92** 1370, Dü VR **92** 467, Fra VR **93** 988, Brn DAR **99** 168, Ha VR **94** 357, **98** 188 (Anm *Breloer*), ZfS **97** 203 und braucht bei Waldrändern nicht jeden einzelnen Baum nach abgestorbenen Ästen abzusuchen, Fra VR **88** 519, s aber Kö VR **90** 287. Soweit Art und Höhe der Baumkrone ausreichende Kontrolle vom Boden aus nicht erlauben, sind Ferngläser oder Hubwagen einzusetzen, Ko DAR **02** 218. Besondere Aufmerksamkeit hat krankheitsgefährdeten Arten zu gelten, Zw DAR **92** 302 (Ulme). Verdächtige Umstände bei der regelmäßigen Baumschau verpflichten zu näherer Prüfung, zB trockenes Laub, trockene Äste, Dr VRS **100** 263, Fra ZfS **89** 153, Ha DAR **03** 117, VR **98** 188, Kö VR **92** 1370, Brn NZV **98** 25, Faulstellen, Naß-Saftfluß und Pilzbefall, Ha NZV **04** 140, Rinden- und Schnittwunden (Pilzbefall), Brn DAR **99** 168, Stammschäden, Ha VRS **105** 92, starke Schrägstellung, Ko ZfS **93** 113, oder andere Abweichungen vom Normalbild, insbesondere bei hohem Alter, Kö ZfS **91** 7, Fra VR **93** 988. Totholz ist zu entfernen, Dr VRS **100** 263, und kann, soweit Prüfung vom Boden wegen des Standortes des Baumes oder dichter Belaubung nicht ausreicht, genauere Kontrolle mittels Hubbühne erforderlich machen, Brn VRS **102** 341, DAR **00** 304. Verletzung der Sicherungspflicht, wenn Gefährdungsanzeichen verkannt oder übersehen werden, BGH VR **74** 89, Ko ZfS **93** 113, oder Mängel nach Erkennen nicht unverzüglich beseitigt werden, Dr VRS **100** 363. Die Beweislast für die Erkennbarkeit des Baumschadens bei Baumschau trifft den Geschädigten, BGH NZV **04** 248, Ol VRS **53** 410. Zum Schutz vor Baumgefahr brauchen die StrWärter keine Spezialkenntnisse, doch muß die Dienstanweisung erläutern, worauf sie besonders zu achten haben, BGH NJW **65** 815. Abbrechen trockener Äste oder morscher Bäume, Ce VRS **7** 418, Kö VR **63** 733, Dü VR **83** 61, *Schmidt* DAR **63** 266. Auch bei städtischen Bäumen mit Baumscheiben von nur geringem Radius ist lange Trockenheit allein kein Anlaß, ohne äußere Anzeichen mit dem Abbrechen von Ästen zu rechnen, Dü VR **96** 249. Ständige Überwachung ist in dieser Hinsicht bei unbedeutenden Verbindungs- und Feldwegen nicht zu fordern, BGH VRS **16** 248, Mü VR **59** 927. Keine Pflicht zur Warnung vor Eisbruch bei erkennbar dick vereisten Ästen, Ko NZV **99** 165. Eine generelle Verpflichtung, den StrRaum über der Fahrbahn bis zur maximalen FzHöhe von 4 m (§ 32 StVZO) von Ästen freizuhalten, besteht nicht, Mü VR **03** 1676, Kö NZV **91** 426, Schl NZV **94** 71, Ha VR **95** 1206, Dü VR **96** 602, Dr VR **97** 336, Nau DAR **98** 18, VRS **100** 261. Die Rspr hierzu ist mangels allgemein anerkannter Kriterien sehr unterschiedlich: Innerorts muß der Luftraum „in angemessener Höhe" frei von Baumästen sein, Mitschuld dessen, der einen gefährlichen Zustand (Ast 2,3 m über dem Boden) kennen muß, KG VRS **39** 408 (die Entscheidung betrifft eine NebenStr, Mitschuldannahme daher wohl zu billigen). Beim Befahren von Wohn- und Nebenstraßen von geringer VBedeutung muß der Fahrer eines hohen Kfz auch selbst auf Baumäste im Luftraum über der Fahrbahn achten, Kö VRS **59** 222 (Kollision eines MöbelFzs mit 3,6 m hohem Ast), Schl NZV **94** 71, Ha VR **95** 1206, erst recht auf Feldwegen, Mü VR **03** 1676, beim Ausweichen uU auch mit niedrigen Ästen außerhalb des Fahrbahnluftraumes, Schl VR **77** 1037. Auf Strn mit erheblicher VBedeutung, insbesondere BundesStrn und städtischen AusfallStrn muß der Luftraum idR mindestens bis zur maximal zulässigen FzHöhe frei sein, Kö NZV **91** 426, **95** 22, Dr VR **97** 336. Bei Strn mit VBedeutung muß jedenfalls vor einem in 3,40 m Höhe in den Luftraum über der Fahrbahn ragenden Baumstamm durch VZ gewarnt werden, Ha NZV **92** 185 (Mithaftung des LkwF zu $^{1}/_{2}$). Wo mit 4 m hohen Lastfzn zu rechnen ist (Ortsdurchfahrt, Industrie- oder Gewerbegebiet), muß auch der Luftraum in solcher Höhe frei von Hindernissen sein, daß rechts gefahren werden kann, Dü VR **74** 1114,

Kö NZV **95** 22, Zw VR **95** 111, einschränkend Brn VR **95** 1051, aM Dü VR **89** 273 für innerstädtische Str mit lebhaftem LkwVerkehr. Nach KG VR **73** 187 haftet der Sicherungspflichtige auf einer städtischen Straße zumindest für Anliegerverkehr für freien Luftraum über der Fahrbahn über 3 m hinaus (Kollision eines Möbeltransportaufbaus mit einem StrBaum), s *Wiethaup* VR **73** 402. Auf Bäume, die sich zur Fahrbahn neigen, oder Äste, soweit Entfernung nicht zumutbar ist, die aber gefährden können, ist auf LandStr durch WarnZ hinzuweisen, Nau VRS **100** 261, Ol MDR **64** 1004. Der Sicherungspflichtige hat auch sichtbehindernde Äste zu entfernen, Ha NZV **93** 28 (verdecktes Warnlicht an Bahnübergang). Zur Unfallhaftung bei wissenschaftlichen **StrBauversuchen** eines Hochschulinstituts, BGH NJW **73** 1650. **Trimmpfad:** zur Sicherungspflicht, Dü VR **79** 650. Ein **unbefestigter Forstweg** am Hang ist vom Benutzer in dem bestehenden Zustand hinzunehmen, Ko VR **04** 257, und wird von Lkw auf eigene Gefahr benutzt, BGH VR **64** 323. Damit daß ein stark längs- und quergeneigter Holzabfuhrweg wegen Verschlammung zeitweise unbenutzbar sein kann, muß der Holzfahrer rechnen, Stu VR **80** 726. **Unebenheiten der Fahrbahn und des Gehwegs,** sofern sie beträchtlich sind, BGH VBl **61** 234, VR **66** 290 (Unfallhäufung), Mü ZfS **87** 354, sind zu beseitigen, bis dahin ist zu warnen, Mü MDR **58** 843, Fra VR **59** 627, Kö MDR **59** 1011, Ce DAR **84** 290, Ha NJW-RR **92** 1442, NVwZ **97** 414 (Bodenwelle), Brn VR **96** 478, 517; keine Haftung aus Verletzung der VSicherungspflicht jedoch bei Schlaglöchern geringer Tiefe, Bra NVwZ-RR **03** 755 (2 cm) oder bei Nichtbeseitigung einer gut erkennbaren Bodenwelle auf landwirtschaftlichem Wirtschaftsweg, Dü VR **91** 1419, oder eines 12 cm tiefen Loches auf einer Str, die im wesentlichen als landwirtschaftlicher Wirtschaftsweg dient, Dü VR **97** 639. Ein Kf braucht nicht mit einer unter einer Wasserlache verborgenen quer verlaufenden, durch Baumaßnahmen verursachten Schwelle von 19 cm im Fahrbahnbelag zu rechnen, Jn DAR **03** 69. Mit 10 cm tiefen Schlaglöchern auf AB muß auch im Baustellenbereich mit Geschwindigkeitsbegrenzung auf 60 km/h nicht gerechnet werden, Nü DAR **96** 59, anders bei innerörtlicher, ersichtlich noch im Bau befindlicher, durch VZ 123 (Baustelle) gekennzeichneter Str, LG Trier NJW-RR **03** 1605, sowie im Baustellenbereich einer dort unbefestigten städtischen Str mit 30 km/h zulässiger Höchstgeschwindigkeit, Ro DAR **00** 311. Vor einer für Kradf gefährlichen Längskante einer 4,5 cm tiefen Auffräsung der Fahrbahndecke wird allein durch VZ 112 nicht ausreichend gewarnt, Ko VRS **104** 241. Die Vereinbarkeit von Fahrbahnschwellen außerhalb verkehrsberuhigter Bereiche (Z 325, 326; Schrittgeschwindigkeit!) mit der VSicherungspflicht ist zumindest zw, s *Berr* DAR **89** 70, **91** 283, **92** 377, ZAP F 9 S 1099, *Kuhn* VR **90** 28, wird aber von der Rspr grundsätzlich bejaht, Ko MDR **00** 451, Dü NJWE-VHR **97** 94. Zumeist werden unter Beachtung des Verhältnismäßigkeitsprinzips weniger einschneidende und gefährdende Einrichtungen ausreichen, s dazu oben unter *„Hindernisse"*. Jedenfalls müssen Schwellen, Aufpflasterungen und ähnliche VHindernisse auf der Fahrbahn so beschaffen sein, daß sie mit der zulässigen Geschwindigkeit schadlos passiert werden können, Kö VR **92** 826 (zust *Berr* DAR **92** 377), Ha NZV **93** 231, VR **94** 698, Mü VR **94** 700, Dü VR **96** 602, abw VGH Ma NZV **92** 462, Dü NJW **93** 1017, Ce MDR **00** 156 (krit *Peglau* MDR **00** 453). VZ 112 allein, 100 m vor einer Aufpflasterung, reicht bei zulässiger Höchstgeschwindigkeit von 30 km/h nicht, Ko MDR **00** 451. Anbringen einer Fahrbahnschwelle auf Parkplatzzufahrt ohne Hinweisschild kann zur Haftung führen, LG Sa ZfS **91** 79. Einrichtung knapp 20 cm hoher *Schwellen* auf der Fahrbahn kombiniert mit VZ 112 (Unebene Fahrbahn) und 274 (30 km/h) gefährdet und verletzt die VSicherungspflicht, LG Aurich DAR **89** 69, ebenso Aufpflasterungen von mehr als 10 cm Höhe, Kö ZfS **92** 187, VR **92** 826 (Alleinhaftung der Gemeinde). Bei innerstädtischen Strn, die ohne Beschränkung dem allgemeinen V gewidmet sind und daher von allen nach der StVZO zugelassenen Fzen befahren werden dürfen, ist der Benutzung durch Fze mit geringer Bodenfreiheit Rechnung zu tragen, BGH NZV **91** 385 (unter Aufhebung von Ha NZV **90** 352 mit krit Anm *Berr* DAR **90** 461 und abl Anm *Gall* NZV **91** 135), Kö ZfS **92** 187, Mü VR **94**, 700, Dü VR **96** 602, Ha NZV **92** 483, **93** 231, VR **94** 698 (umklappbarer Sperrpoller), aM Ha NJW **90** 2474, VGH Ma NZV **92** 462, Dü NJW **93** 1017, s dazu *Hentschel* NJW **92** 1081. Können auf solchen Strn Fahrbahnschwellen auch mit Schrittgeschwindigkeit nicht von allen zugelassenen Fzen gefahrlos überfahren werden, so haftet der VSicherungspflichtige für daraus entstehende Schäden, BGH NZV **91** 385 (anders nach BGH möglicherweise bei durch VZ gekennzeichneten verkehrsberuhigten Bereichen oder Fußgängerbereichen), Ha NZV **92** 483 (Haftung bei 7,3 cm hoher, 1,4 cm breiter Schwelle). Grundsätzlich sind auch in verkehrsberuhigten Bereichen Fahrbahnschwellen so zu gestalten, daß der zugelassene V bei der gebotenen Schrittgeschwindigkeit nicht zu Schaden kommt, Ha NZV **93** 231 (wonach aber mehr als 8 km/h jedenfalls nicht mehr als Schrittgeschwindigkeit angesehen werden könne), und daß Zweiradf nicht gefährdet werden, Ha NZV **90** 352 (mindestens 80 cm Abstand vom Bordstein), Kö VR **93** 1545 (60 cm Abstand für ausreichend erachtet). Näher dazu: *Berr* DAR **91** 283 ff. Verletzung der VSicherungspflicht, wenn bei Aufbringen sog „Kölner Teller" auf die Fahrbahn kein ausreichend breiter Streifen für Radf frei gehalten wird, Sa NZV **98** 284. Gefährlichkeit einer flachen, etwa 20 cm tiefen, breiten Querrinne im StrBelag besonders für schwere Fze und bei wiederholten Unfällen, BGH VR **71** 475. Der Belag von Gehwegen muß so beschaffen sein, daß er mit normalem Schuhwerk bei durchschnittlicher Aufmerksamkeit begangen werden kann, Mü VR **89** 862. Er muß nicht den Bedürfnissen von Inline-Skatern entsprechen, s oben unter Inline-Skates. Auf geringe Unebenheiten auf Straße, Gehweg und Privatgrundstücken muß sich ein Fußgänger einstellen, Hb VR **78** 470, Ha VR **86** 349, NJW-RR **87** 412, Ce VR **89** 157, Schl VR **89** 627, Ko MDR **92** 1127, Dü VR **93** 1416, **97** 186, Dr VR **97** 593, ebenso auf Erhebungen im Plattenbelag im Wurzelbereich von Bäumen, Dü VD **98** 23, Ko DAR **01** 167 (Inline-Skates), sowie uU auf Frostaufbrüche am Gehwegrand, Ko MDR **99** 39. Art und Ausmaß, insbesondere die Höhe des Niveauunterschiedes sowie die Örtlichkeit sind entscheidend, Ha NJW-RR **87** 412, **92** 1442, Kö ZfS **92** 75, NJW-RR **94** 350, Dü VR **93** 1416, **95** 1440, NJW-RR **95** 1114, Fra NJW-RR **94** 348. Ohne konkreten Anlaß keine Pflicht zur Untersuchung von Gehwegplatten auf Hohlräume, Ro NZV **98** 325. Niveauunterschiede im Straba-Gleisbereich bei Fußgängerüberwegen, Ce VRS **69** 409. Außerhalb von Fußgängerüberwegen und Fußgängerfurten müssen die Fahrbahn überschreitende Fußgänger Fahrbahnunebenheiten in stärkerem Maße hinnehmen als auf Gehwegen, Ce NZV **89** 72, Kar VR **93** 332 (Anm *Gaisbauer* VR **93** 849), Jn NZV **98** 71. Wo starker FußgängerV (Gehen im „Pulk") eine ausreichende Beobachtung des Bodens ausschließt, hat der VSicherungspflichtige in höherem Maße auf Niveauunterschiede zu achten, Kö NJW-RR **94** 350 (Haftung bei 4–5 cm im Straba-Gleisbereich). Je mehr Fußgänger von der Beobachtung des Gehweges abgelenkt werden (Geschäfte uä), desto mehr ist ihre Unaufmerksamkeit zu berücksichtigen, Mü ZfS **87** 354, Ce VR **89** 157, MDR **98** 1031, Kö VR **92** 630, Dü VR **96** 603, Ko MDR **99** 39. An das Pflaster eines Nebenstraßengehweges sind geringere Anforderungen zu stellen, Ol VRS **6** 82, Fra NJW-RR **94** 348, als an das einer HauptgeschäftsStr, Ha NJW-RR **87** 412. Scharfkantige Niveauunterschiede von mehr als 2 cm im Gewegbelag brauchen idR nicht hingenommen zu werden, Ha NJW-RR **92** 1442, Kö ZfS **91** 256, anders bei erkennbar holprigem Belag, Ha NJW-RR **87** 412, NZV **95** 484, Nau VM **96** 86. Entsprechendes kann uU für deutlich von der Fahrbahn abgesetzte Parkstreifen gelten, Ha NJW-RR **92** 1442. Auch Gehwegunebenheiten von nicht mehr als 2 cm können uU Ansprüche gegen den VSicherungspflichtigen begründen, wenn dieser die Unebenheit durch unsachgemäße Baumaßnahmen selbst geschaffen hat, Schl MDR **03** 29. Nach aM sind Unebenheiten bis 2,5 cm auf Gehwegen idR ungefährlich, Ce VR **89** 157. In Fußgängerzonen sind strengere Anforderungen zu stellen, Ol MDR **86** 411, Dü VR **96** 603, *Berr* DAR **91** 282. Verletzung der VSicherungspflicht bei scharfkantiger, 5 cm hoher „Stolperkante" am Übergang zwischen dem geschotterten und dem gepflasterten Teil eines Gehweges, Ha NZV **97** 43. Eine 13 cm hohe längs verlaufende Kante auf einem Gehweg ist im Hinblick auf zeitlich ungünstige Sichtverhältnisse (Dunkelheit) zu markieren, Ha NZV **04** 142 (Schadensersatzpflicht bei Unfall am Tage jedoch verneint). Haftung nach fortgeltendem *DDR-Recht* (s Rz 54) abgelehnt bei 5 cm Niveauunterschied auf erkennbar nicht verkehrssicherem Gehweg: LG Magdeburg VR **94** 1366, s Nau VM **96** 86 (6 cm). Vertiefung von 8–10 cm auf Spazierweg im Kurpark ist zu beseitigen oder zu sichern, Ha NZV **04** 141. Wer auf unebenem Gehweg stürzt, muß gefährliche Vertiefung beweisen, auf Anschein kann er sich nicht berufen, Fra VR **79** 58. Gehwegplatten dürfen nicht hochkippen, Bra VR **66** 961. *Bordsteine,* s dort. *Kanaldeckel,* s dort. Gitterroste über Schächten in einer Kaufhauspassage sind gegen unbefugtes Abheben zu sichern, BGH VR **76** 149. Zu weite, wenn auch den DIN-Vorschriften entsprechende Kanalrostschlitze im vielbenutzten Gehwegbereich können gefährden, Dü VR **78** 768. Auf Wassereinlaufroste *(Gullys)* am Fahrbahnrand einer Str ohne Gehwege, die wenige cm tiefer liegen, muß ein Fußgänger selbst achten, Schl MDR **98** 104. Zur Beweislast bei fehlender Gullyabdeckung, Ce VR **04** 860. Gullys mit breiten längs verlaufenden Öffnungen dürfen keine Gefahr für Radfahrer bilden, BGH VR **83** 39, Ha ZfS **91** 41, s aber Stu VR **03** 876 (Rennrad). Im übrigen müssen Radf auf Vertiefungen einer erkennbar beschädigten Fahrbahndecke selbst achten, Stu NZV **03** 572, Ko DAR **01** 460. Wer mit einem Rennrad mit zügiger Geschwindigkeit fährt, muß auf geringfügige Unebenheiten selbst achten, Bra NVwZ-RR **03** 755, Dü VR **93** 1125. Radf müssen mit unter herabgefallenem Laub verborgenen Unebenheiten rechnen, Dü NJWE-VHR **97** 286, ebenso mit Asphaltrissen und -aufwerfungen durch Baumwurzeln auf durch Bäume gesäumten Radwegen, Bra NZV **02** 95, sowie auf Strn in erkennbar schlechtem Zustand mit unter Pfützen verborgenen Schlaglöchern, Dr NZV **02** 92. Keine Haftung für Schäden aus nicht vorhersehbaren Hitzeaufbrüchen auf Beton-AB, Ha ZfS **97** 8, anders bei Untätigkeit trotz bekannter Hitzeschäden in der Umgebung, Ce DAR **84** 290. Haftung für gefährliche Frostaufbrüche, BGH VR **60** 235, ungesicherte, BGH VR **60** 235, LG Augsburg ZfS **91** 404, oder unbeleuchtete, BGH VR **57** 202. Zur Fahrermitschuld bei Kollision mit hohem Frostaufbruch, Stu VR **72** 868. Frostaufbrüche an StrabaSchienen von 2 m Länge sind alsbald zu beseitigen, Ol MDR **58** 843, ebenso andere Vertiefungen neben kreuzenden Schienen, nicht erst zusammen mit der nächsten planmäßigen Ausbesserung, s BGH VRS **20** 164, auch schlecht erkennbare Vertiefung neben Strabagleisen, BGH VRS **20** 164. Strabagleise 4 cm über Fahrbahnniveau bei Kopfsteinpflaster auf AltstadtStr verletzen nicht die VSicherungspflicht, Mü ZfS **90** 295. Ganz unerhebliche Unebenheiten bleiben außer Betracht, Mü VR **62** 240 (ausgefüllter, aber nicht asphaltierter Kabelgraben), Fra VR **84** 394 (flache Mulden in der Fahrbahndecke). Nach Probebohrung zur Prüfung des Erdreichs genügen die üblichen Kontrollgänge nicht, vielmehr sind spezielle Maßnahmen zur Überwachung (ordnungsgemäßes Verfüllen des Bohrlochs, Nachsacken des Erdreichs?) erforderlich, Dü VR **82** 1076. Für die VFlächen *verkehrsberuhigter Bereiche* gelten, weil sie keine „Fahrbahnen" sind, bezüglich Unebenheiten (Aufpflasterungen, Schwellen) abweichende Grundsätze, s Dü VR **89** 1196. Bei **Unterführungen** mit bogenförmiger Decke (unterschiedlich hoch), deren Höhe schwer abschätzbar ist, sind idR Warnhinweise erforderlich, Stu NZV **04** 96. Auch auf unbedeutender GemeindeStr ist die VSicherungspflicht verletzt, wenn eine Unterführung von weniger als 4,50 m nicht durch VZ 265 gekennzeichnet ist, Ba VR **94** 1470. Bei der Höhenangabe auf Z 265 ist ein Sicherheitszuschlag zu berücksichtigen (Vwv, s § 41 Rz 103), s LG Osnabrück NZV **04** 534 (weniger als 20 cm zu gering). Im übrigen kein Grundsatz, daß der Luftraum bis zur höchstzulässigen FzHöhe frei sein müßte, Stu NZV **04** 96, s auch unter *„Straßenbäume"*. **Verkehrsspiegel** sind keine amtlichen VEinrichtungen, Stu NZV **94** 194, sie müssen weder beheizt noch auf Beschlagen, Verschneien oder Vereisen überwacht werden, Fra NJW-RR **89** 344. **Verkehrszeichen** müssen nur dann durch „Rüttelprobe" auf ihre Standfestigkeit überprüft werden, wenn Anhaltspunkte für Schäden vorhanden sind, Nü NZV **97** 308, DAR **00** 408 (Anm *Thubauville* VM **00** 94). Jedoch ist visuelle Kontrolle in mehrmonatigen Abständen notwendig; diese kann nicht von einem 40 km/h fahrenden Fz aus erfolgen, Nü DAR **00** 408. Vorübergehend aufgestellte VSchilder müssen nicht fest eingebaut oder angekettet werden, Hb NZV **99** 376. Jedoch müssen bewegliche VSchilder auch bei Sturm sicher sein, Sturmwarnungen muß der VSicherungspflichtige beachten, LG Berlin NZV **04** 524, NVwZ-RR **99** 362, s aber Ko NVwZ-RR **04** 322 (Haftung bei Orkan nicht). Sie dürfen nicht so dicht am Fahrbahnrand aufgestellt werden, daß sie für den FzV eine Gefahr bilden, AG Eilenburg ZfS **02** 169. Nennenswerte **Verschmutzung der Fahrbahn** hat außer dem Verkehrssicherungspflichtigen auch der Verursacher alsbald zu beseitigen (Ackerschmutz, Dünger, Viehtrieb), s § 32. Baustellen, s dort. Geringfügige Reste von Glaspartikeln und Abstreumaterial in den Vertiefungen der Fahrbahndecke nach Unfall sind als im Toleranzbereich liegend hinzunehmen, Ko DAR **01** 362. Erkannter **Wasser**gefahr muß der Kf Rechnung tragen, LG Ma VR **67** 46. Haftung, soweit zumutbar, auch für entwässerte Fahrbahn, BGH VR **68** 555 (Rohrverstopfung), Dü VR **69** 643 (LandesStr), doch kein Anscheinsbeweis dafür, daß eine Wasserlache nach einem Wolkenbruch auf Konstruktionsmangel oder unzulänglicher Wartung beruhe, BGH VR **61** 806, Mü VR **62** 995. Haftung des VSicherungspflichtigen, wenn dieser Überflutungsgefahr infolge mangelhafter Überwachung nicht erkannt hat, Fra DAR **84** 19, Ha VR **01** 507. Größere Wasserlachen nach Regen und Schneeschmelze müssen technisch verhindert, zumindest muß vor ihnen gewarnt werden, Ha DAR **02** 313, VR **01** 507, Mü VR **80** 197. VZ „80 bei Nässe" genügt auf AB zur Warnung vor tiefer Wasserlache nicht, Brn ZfS **01** 102. Mängel der Entwässerung einer LandStr, die immer wieder auffallen, müssen sachkundig beseitigt werden, BGH VBl **73** 898, VR **70** 545. Überflutung einer Hauptstr von einem Feldweg her muß der Verkehrssicherungspflichtige durch ein Entwässerungssystem möglichst verhindern, Sa VM **73** 59. Behördenhaftung für die Folgen von StrUnterspülung, Ko VR **73** 41 (§ 823 BGB). Über **Wildwechsel** muß sich die StrVB unterrichten und Stellen mit hoher Wilddichte oder häufigen Unfällen durch Wild kennzeichnen, BGHZ **108** 273 = NZV **89** 390, Ce VR **67** 382, LG Stade DAR **04** 528, nicht schon bei weniger als 1 Wildunfall pro Jahr und km, Bra NZV **98** 501 (zu § 40 I 2 alt). In waldigem Gelände muß der Kf auch ohne Warnung durch VZ mit Wild rechnen, LG Coburg DAR **02** 129. Wildschutzzäune muß weder der Baulastträger noch der Verkehrssicherungspflichtige errichten, BGHZ **108** 273 = NZV **89** 390, VGH Ka VBl **73** 851, Fra VRS **75** 82. Richtlinien für AB-Wildschutzzäune, VBl **85** 453. *Leenen*, Verkehrssicherungspflicht und Wildgefahr, DAR **73** 317.

21. Verletzung der Verkehrssicherungspflicht. Der Verkehrssicherungspflicht **54** kann privatrechtlich als Fiskus oder hoheitsrechtlich genügt werden, BGHZ **60** 54, 59, **52** 325, Ha VR **01** 1575. Die öffentlichrechtliche Amtspflicht zur Sorge für die VSicherheit entspricht inhaltlich der allgemeinen VSicherungspflicht, BGH NJW **80** 2195, VR **81** 733, KG DAR **01** 497. IdR richten sich Ersatzansprüche wegen ihrer Verletzung nach den §§ 823 ff BGB (str), BGHZ **60** 54, **9** 373, **54** 165, NJW **71** 43, **73** 460, VRS **34** 81, BVGE **14** 304, **35** 334, Hb MDR **64** 147, KG VR **73** 187, Fra VR **93** 988, hinsichtlich des § 823 BGB also beschränkt auf Ansprüche aus der Verletzung der dort bezeichneten absoluten Güter, BGHZ JZ **76** 606, NJW **73** 464, KG DAR **01** 497. Hat die verantwortliche Körperschaft die Erfüllung der Verkehrssicherungspflicht zur hoheitsrechtlichen Aufgabe gemacht, BGHZ **60** 54, so haftet sie gemäß § 839 BGB, Art 34 GG, aber nicht über den Rahmen von § 823 I BGB hinaus, also nicht auch für Vermögensschäden, BGHZ **66** 398, KG DAR **01** 497. Die Beweislast hinsichtlich der Ursächlichkeit der Pflichtverletzung für den Schaden trägt der Anspruchsteller, BGH NZV **04** 248. Zum **Anscheinsbeweis** hinsichtlich der Ursächlichkeit für den Schaden, s E 157a. Landesrechtlich kann die Verkehrssicherungspflicht jedoch auch einer öffentlichen Körperschaft als öffentliche Pflicht zugewiesen werden, BGHZ **60** 58, **40** 379 (mit Belegen), NJW **71** 43, **73** 460, JZ **76** 606, Fra VR **93** 988. Die Länder haben die VSicherungspflicht in ihren Straßen- und Wegegesetzen überwiegend als hoheitliche Aufgabe ausgestaltet (Übersicht: *Kodal/Krämer* Kap 40 Rz 10). Trifft die Körperschaft daraufhin die erforderlichen organisatorischen Maßnahmen, so haftet sie bei Verletzung ausschließlich nach Amtshaftungsgrundsätzen (Art 34 GG, § 839 BGB), BGHZ **60** 62, NJW **71** 43, welche als Sonderregelung die Haftung nach allgemeinen Regeln meist ausschließen, BGHZ **34** 99, NJW **71** 43. Die Subsidiaritätsklausel in § 839 I 2 BGB greift bei Verletzung der hoheitlich obliegenden Verkehrssicherungspflicht nicht ein, weil verkehrssichere Straßen für einen unfallfreien VAblauf ebenso wichtig sind wie die Beachtung der VR.egeln, s § 16 StVG Rz 20. **Rspr zu Landesrecht** (näher *Arndt*, Straßenverkehrssicherungspflicht, 1973): B/WStrG: Stu VR **03** 876 (Amtspflicht), BayStrWG idF 1981: BGH VR **91** 665, Mü VR **02** 455 (hoheitliche Ausgestaltung der VSicherungspflicht), BrnStrG 1999: Brn DAR **04** 389, MDR **02** 93, VR **98** 912 (Amtspflicht), HessStrG 1962: BGH NJW **67** 1325, Fra ZfS **83** 129 (Streupflicht hoheitlich), VR **93** 988 (VSicherungspflicht privatrechtlich), StrWG M-V: LG Stralsund VRS **101** 17 (Amtspflicht), NdsStrG idF 1980: BGHZ **60** 54 = NJW **73** 460, NZV **04** 248, **03** 570, NJW-RR **90** 1500, Ce VR **01** 1440 (Amtspflicht), StrWG NRW (1961/83): BGHZ **112** 74 = VR **90** 1148, NZV **94** 148, Ha NZV **93** 192, VR **01** 1575, Dü

NJW **96** 731 (Amtspflicht), RhPfalzStrG: BGH NZV **95** 144, Ko VRS **104** 241 (VSicherungspflicht hoheitlich ausgestaltet), SächsStrG: Dr NZV **02** 92, VR **97** 593, VRS **100** 263 (hoheitliche Aufgabe), StrG Sa-Anh 1993: Nau DAR **98** 18, VRS **100** 261 (Amtspflicht), Schl-Holst StrWG idF 1979: BGH VR **85** 973 (StrReinigung ist hoheitliche Tätigkeit), Schl NZV **95** 153 (VSicherungspflicht Amtspflicht), ThürStrG: Jn DAR **99** 71, VM **98** 71 (Amtspflicht). In Berlin ist die VSicherungspflicht grundsätzlich öffentlich-rechtlich ausgestaltet (§ 7 VI S 1 BerlStrG 1999), s BGHZ **123** 102 = NZV **93** 386, KG VRS **84** 403. S auch Rz 56. Als Überwachungspflicht bleibt die Verkehrssicherungspflicht auch bei Übertragung auf eine andere Behörde bestehen, Dü MDR **59** 302. In den **neuen Bundesländern** war hinsichtlich des Umfangs der VSicherungspflicht in bezug auf Beseitigung von StrnSchäden und in bezug auf Warnung vor solchen Schäden zunächst dem insgesamt noch unbefriedigenden StrnZustand in diesen Ländern Rechnung zu tragen, KG VRS **84** 403, NZV **93** 108, Nau NZV **95** 231, VM **96** 86, Dr VR **97** 593, Jn NZV **98** 71, LG Halle VR **96** 385, LG Berlin NZV **96** 603, LG Bautzen DAR **99** 26, *Rinne* NVwZ **03** 13, *Uecker* NZV **92** 300. Haftung für Schäden durch Schlaglöcher jedoch, wenn gebotener Hinweis durch WarnZ unterblieb, LG Leipzig NZV **94** 235, LG Chemnitz DAR **98** 144. Inzwischen werden aber insoweit die gleichen Maßstäbe zu gelten haben wie in den alten Ländern; soweit Beseitigung von Schäden noch nicht möglich war, sind jedenfalls ausreichende Warnhinweise zu verlangen, s Staab VR **03** 693. Auch in den neuen Ländern darf der Kf grundsätzlich darauf vertrauen, daß sein Fz nicht auf der Fahrbahndecke aufsetzt, Dr DAR **99** 122, oder auf einer neu gebauten AB in eine aufgrund Konstruktionsfehlers entstandene tiefe Wasserlache gerät, vor der nicht gewarnt wird, Brn ZfS **01** 102. Haftung auch bei 12 cm tiefem Schlagloch auf AB, LG Halle DAR **99** 28. Nach Brn NZV **97** 479, LG Dr DAR **94** 327 kann bei stark belasteter Strecke wöchentliche Überprüfung auf Schlaglöcher geboten sein.

55   22. **Träger der Verkehrssicherungspflicht** ist bei öffentlichen Strn derjenige, der die von der Str ausgehende Gefahrenlage durch Zulassung des öffentlichen Verkehrs geschaffen hat und der in der Lage ist, auf diese Gefahrenlage einzuwirken, BGH NJW **67** 246, NZV **94** 148, Ce VR **89** 1194. Das ist ohne Rücksicht auf Eigentum und Kostenträgerschaft, wer die Straße verwaltet, weil er allein für ordnungsgemäßen Zustand sorgen kann, BGH NJW **67** 246, Ce VRS **98** 260, *Arndt* DRiZ **62** 371, grundsätzlich, soweit er die Verfügungsgewalt über die Str besitzt, der Träger der StrBaulast, BGHZ **99** 249 = NJW **87** 1945, Ha NZV **00** 169, Ce VR **01** 1440, VRS **98** 260, Brn DAR **99** 403, Dü VR **96** 602, Nau VRS **100** 261, Jn VM **98** 71, *Kodal/Krämer* Kap 40 Rz 33, aber nicht stets, dh in Ausnahmefällen müssen StrBaulastträger und VSicherungspflichtiger nicht identisch sein, BGH NZV **94** 148, Ce VR **89** 1194. Bei Verschiedenheit von StrBaulastträger und die Str verwaltenden Körperschaft obliegt dem Träger der Verwaltung die VSicherungspflicht, BGH NJW **67** 246, Ce VR **89** 1194. Verkehrssicherungspflichtig sind auf öffentlichen Straßen außerhalb der Ortsdurchfahrten idR die Länder, bei BundesStr und der AB (trotz Baulast des Bundes) kraft Auftragsverwaltung (Art 90 II GG), BGH VR **81** 733, Mü VR **02** 455, Ce VR **89** 246, Fra VR **93** 988, in NRW die Landschaftsverbände, BGH VR **85** 641, Kö VR **66** 834. LandesStrGe, s Rz 54, 56. Träger der Verkehrssicherungspflicht für Ortsdurchfahrten s § 5 II, II a BFernStrG und *Kodal/Krämer* Kap 13 Rz 19 ff, Kap 40 Rz 37, Stu VR **90** 323. Bei Ortsdurchfahrten von BundesStrn in Gemeinden mit mehr als 80 000 Einwohnern ist die Gemeinde Trägerin der VSicherungspflicht, s BGH VRS **12** 249 (hinsichtlich der dort abweichend angegebenen Einwohnerzahl überholt durch FStrG). Im übrigen ist jeder, der Gefahrenquellen auf der Str schafft, zur Sicherung des V durch entsprechende Vorkehrungen zur Verhütung von Schäden verpflichtet, zB, wer Bauarbeiten ausführt, Kar VRS **79** 344 (s Rz 45) oder der Kraftwerkbetreiber (Glätte durch Kühltürme), Kö NZV **95** 111. Die sicherungspflichtige Gemeinde kann den Geschädigten nicht an den Bauunternehmer verweisen, LG Münster MDR **66** 586. Wird ein Bauunternehmer mit der Sicherung einer Baustelle betraut, so entledigt sich die Behörde dadurch idR nicht völlig ihrer eigenen VSicherungspflicht, BGH NJW **82** 2187, Dü VR **93** 1125, Ha ZfS **98** 455, NZV **99** 84, s auch Rz 45. Bei Verschiedenheit der Träger der Unterhaltungs- und Verwaltungspflicht haftet der letztere, BGH NJW **67** 246. Die Verkehrssicherungs-

Verkehrszeichen und Verkehrseinrichtungen § 45 StVO 2

pflicht bleibt als Überwachungspflicht des Pflichtigen auch bestehen, wenn er sie übertragen hat, Dü MDR **59** 302, Ko NJWE-VHR **96** 70. Der StrMeister ist bei Erfüllung der Verkehrssicherungspflicht gesetzlicher Vertreter des Landes, nicht Verrichtungsgehilfe, BGH VRS **15** 81, Bay VBl **55** 619, Kar VBl **59** 550. Obliegt die Sicherungspflicht mehreren Personen, so trifft sie alle gemeinsam, Ha DAR **72** 22.

Lit: *Berr,* VSicherungspflichten in geschwindigkeitsbeschränkten Bereichen, DAR **91** 281. *Birk,* Ersatzpflicht für Dachlawinenschäden, NJW **83** 2911. *Burmann,* Die VSicherungspflicht für den StrV, NZV **03** 20. *Edenfeld,* Grenzen der VSicherungspflicht, VR **02** 272. *Freund,* VSicherungspflicht und Amtshaftung, NJW **62** 614. *Gaisbauer,* Die VSicherungspflicht ... gegen das Abrutschen von Schnee vom Dach, VR **71** 199. *Hötzel,* Baumkontrolle zur Erfüllung der VSicherungspflicht, NJW **97** 1757. *Derselbe,* VSicherungspflicht für Bäume ..., VR **04** 1234. *Jahn,* Das Verhältnis zwischen der VSicherungspflicht und der StrUnterhaltungspflicht, NJW **64** 2041. *Derselbe,* Die Haftungsgrundlage bei Verletzung der VSicherungspflicht auf öffentlichen Str, JuS **65** 165. *Kärger,* VSicherungspflichten im StrV ..., DAR **03** 5. *Kleinewefers/Wilts,* Die VSicherungspflicht auf öffentlichen Str, VR **65** 397. *Krell,* Die technische Ausgestaltung der StrVSicherungspflicht, VGT **82** 207. *Lang,* Die Haftung der öffentlichen Hand bei VUnfällen, VR **88** 996. *Landscheidt/Götker,* StrVSicherungspflichten der Gemeinde, NZV **95** 89. *Maaß,* ... VSicherungspflicht ... bei sog. Dachlawinen, DAR **83** 313. *Manssen,* Der Schutz von Leben und körperlicher Unversehrtheit im StrV im Hinblick auf Baumunfälle, NZV **01** 149. *Nedden,* Die VSicherungspflicht der Länder und Gemeinden auf öffentlichen Str, BB **67** 1230. *Rinne,* StrVRegelungs- und StrVSicherungspflicht in der ... Rspr des BGH, NVwZ **03** 9. *Schlund,* Die Dachlawine als Haftungstatbestand im Rahmen der VSicherungspflicht, DAR **94** 49. *Staab,* Der StrZustand und die VSicherungspflicht auf öffentlichen Hand, VR **03** 689. *Stollenwerk,* VBeruhigung und VSicherungspflicht, VR **95** 21. *Tidow,* Die StrVSicherungspflicht in der Rspr der Zivilgerichte, VGT **82** 207. *Tschersich,* Der Waldbaum auf der Str ..., VR **03** 172. *Vollmer,* Haftungsbefreiende Übertragung von VSicherungspflichten, JZ **77** 371. *Walldorf,* Die VSicherungspflicht auf öffentlichen Str, VR **65** 1030.

23. Die **Räum- und Streupflicht** ist Teil der Verkehrssicherungspflicht, kann aber 56 auch aus der Pflicht zur polizeimäßigen Reinigung folgen, BGH VR **84** 890, NZV **97** 169, *Riedmaier* VR **90** 1325, und ist auch in diesem Fall mit der aus der allgemeinen VSicherungspflicht abgeleiteten Pflicht zum Schutz der VT vor Gefahren deckungsgleich, BGH NZV **98** 199. Sie trifft an sich den Sicherungspflichtigen, ist aber landesrechtlich für **Ortschaften** meist anders geregelt, so zB in NRW durch das StrReinG 1975 als Amtspflicht, BGH VR **88** 1047, BGHZ **112** 74 = VR **90** 1148, NZV **92** 315, Ha NVwZ-RR **01** 798, für Bayern durch das StrWG idF 1981 als Amtspflicht, BGH VR **91** 665, Bay VR **91** 666, KG DAR **01** 497, in Hamburg durch das WegeG idF 1974 als Amtspflicht, Hb NJW **88** 3212, in Hessen, als Amtspflicht, BGH NZV **98** 199, Fra NJW **88** 2546, durch das HessStrG 1962, in Niedersachsen durch das NdsStrG idF v 24. 9. 80, ebenfalls als Amtspflicht, BGH NZV **03** 570, Ce VR **03** 1413, Ol MDR **03** 454, desgleichen in Thüringen (ThStrG), Jn NZV **02** 319, nicht als hoheitliche Tätigkeit dagegen in Sachsen, Dr VR **96** 1428, *Geigel/Wellner* **14** Rz 143, s aber Dr NZV **01** 80. Die im § 52 NdsStrG den Gemeinden auferlegte Reinigungs- und Streupflicht ist Amtspflicht der Gemeinde, BGH DAR **65** 49, Bra VR **89** 95. In Rh/Pfalz ist die StrReinigungs- und Streupflicht Amtspflicht der Gemeinden, BGH VR **84** 890, **85** 568, NZV **93** 387, **95** 144, **97** 169, ebenso in NRW hinsichtlich der festgesetzten Ortsdurchfahrten, Kö MDR **66** 586, Dü VR **88** 274, im Lande Berlin Wahrnehmung einer privatrechtlichen VSicherungspflicht, KG VRS **62** 161. Pflichtig ist in RhPfalz bei Bestehen einer Verbandsgemeinde die Ortgemeinde, BGH VR **84** 890, NZV **97** 169. Außerorts obliegt die Streupflicht dem StrBaulastträger, Ko NZV **94** 108. Eine landesgesetzlich geregelte „polizeiliche" Reinigungspflicht steht nicht neben der dem Träger der StrBaulast obliegenden allgemeinen VSicherungspflicht, sondern verdrängt diese, BGH NZV **97** 169, Ce VR **98** 604.

Soweit den **Gemeinden** hiernach die Räum- und Streupflicht obliegt, haben sie die 57 erforderlichen organisatorischen Maßnahmen zu treffen und den Winterdienst zu überwachen **(Streuplan),** Ha NZV **03** 235, VR **78** 547, Ba VR **79** 262. **Inhalt und Umfang** der Räum- und Streupflicht bestimmen sich nach den Umständen des Einzelfalles (Art und Bedeutung des VWeges, Gefährlichkeit, VAufkommen usw) im Rahmen des Zumutbaren, BGHZ **112** 74 = VR **90** 1148, **91** 665, NZV **03** 570, **98** 199, **95** 144, Bay VR **91** 666, Mü ZfS **00** 10, NVwZ-RR **00** 653, Jn DAR **99** 262, **01** 80. S auch Rz 64.

Streuen gemäß einem sachgemäßen Streuplan reicht aus, Ha VR **80** 684. Fehlt im Streuplan die Streuregelung für besonders gefährliche StrStellen, so liegt darin ein Mangel, der Haftung ohne Entlastungsmöglichkeit begründet, BGH VRS **23** 324. Die Streumenge muß den örtlichen Verhältnissen entsprechen (Reifglätte abwechselnd mit Eisglätte), Dü VR **80** 360. Bei aufgrund Schneeräumung entstehender Glätte ist zu streuen, Kar NJW-RR **90** 1504. Vorbeugendes Streuen ist idR nicht geboten, Fra VR **87** 204 (s auch Rz 61). Pflicht zu vorbeugendem Streuen nur, wenn Eintreten von Glätte sicher zu erwarten und die vorbeugende Maßnahme erfolgversprechend ist, Ha VR **82** 171. Aus dem Streuplan, einer bloßen Vorsorgemaßnahme, ergibt sich für sich allein kein Anspruch auf Streuen, Jn ZfS **01** 11, Kar VR **79** 358, Ko VR **83** 568, Ha VR **93** 1285, Hb NZV **89** 235. Hat die Gemeinde die erforderlichen Maßnahmen getroffen, verletzen aber ihre Beamten schuldhaft ihre Amtspflicht, für Durchführung oder Beaufsichtigung zu sorgen, so haftet die Gemeinde nach Art 34 GG, § 839 BGB, BGHZ **27** 278, **32** 352 = NJW **60** 1810, VR **63** 1047, Stu NJW **59** 2065, Kö VR **65** 906, Dü VR **88** 274. Die neben einer Reinigungspflicht der Anlieger bestehende Aufsichtspflicht der Gemeinde ist Amtspflicht iS von § 839 BGB, BGH VR **65** 68, NJW **66** 2311 (s Rz 58). Bei Überwälzung der Streupflicht ist strenge Überwachung der Handhabung geboten, Fra VR **80** 51. Hat anstelle der pflichtigen Gemeinde der Landschaftsverband eine Ortsdurchfahrt ständig gestreut und die Gemeinde ihren Streuplan darauf eingestellt, so kann der Verband haften müssen, BGH VR **73** 825.

58 Überwälzung der Streupflicht durch die Gemeinde auf **Anlieger** ist, auch gewohnheitsrechtlich, BGH VR **69** 377, möglich, BGH NJW **67** 246, Schl NJW-RR **04** 171, Dr NZV **01** 80, Ce NJW-RR **04** 1251, VR **98** 604, Mü VR **92** 591 (Schienengrundstück). Aufgrund der erwähnten Gesetze oder von Gewohnheitsrecht ist die Streupflicht durch Ortsstatut oder PolVO meist auf die Anlieger abgewälzt, dann mit Überwachungspflicht der Gemeinde (sonst Amtshaftung), BGH NJW **66** 2311, Fra VR **80** 51, indes beschränkt sich deren Pflicht im Zweifel auf das Räumen und Bestreuen der Fußwege, Ha VBl **52** 368, BGH VRS **21** 12, und nur, soweit zumutbar, Nü MDR **01** 390, Ba NJW **75** 1787. Auch die Verpflichtung des Grundstückseigentümers zur winterlichen Sicherung *aller* an das Grundstück angrenzenden Gehwege ist verfassungskonform, vorausgesetzt, daß die tatsächliche und rechtliche Möglichkeit besteht, von den mehreren Strn einen Zugang zum Grundstück zu schaffen, BVG NJW **88** 2121. Die den Anliegern obliegende Streu- und Räumpflicht erstreckt sich auch auf solchen Schnee, der beim Räumen der Str duch den Winterdienst der Gemeinden auf den Gehweg gelangt, Bay BayVBl **82** 636. Bei Übertragung der Räum- und Streupflicht auf die Anlieger haften diese stets aus § 823, nicht aus § 839 BGB, ebenso haftet in diesen Fällen die Gemeinde für Verletzung der Streupflicht, soweit sie selbst Anliegerin ist, niemals aus Amtspflicht, sondern gem § 823 BGB, BGH NZV **92** 315. Die Ortssatzung muß den Pflichtenumfang so genau beschreiben, daß beim Anlieger darüber keine Zweifel aufkommen können, Schl NJW-RR **04** 171, Ha VR **01** 652, Kö VR **88** 827. Ungenaue Angabe des Pflichtenumfangs bei Abwälzung der Winterwartung auf die Anlieger in der Satzung ist Amtspflichtverletzung, Kö VR **88** 827. Besteht nach der Satzung die Verpflichtung zum Streuen ab einer bestimmten Uhrzeit, so erfüllt der Anlieger seine Pflicht, wenn er zu dieser Zeit mit dem Streuen beginnt, Schl NJW-RR **04** 171. Hat der nach Ortsstatut streupflichtige Anlieger das Streuen mit behördlicher Zustimmung, Ce VR **98** 604, öffentlich-rechtlich einem anderen übertragen, so haftet er auch nicht wegen vernachlässigter Aufsichtspflicht, BGH NJW **72** 1321, KG NJW **68** 605. Art und Umfang der Streupflicht der Anlieger in NRW, BGH NJW **67** 2199. Zur Streupflicht der Eigentümer angrenzender Schienengrundstücke, Bay DÖV **76** 178. Der Streupflichtige muß einen privatrechtlich Beauftragten streng überwachen, BGH VR **75** 42. Wer wegen Krankheit nicht streuen kann, muß rechtzeitig einen Helfer beauftragen, BGH VR **70** 182.

59 **Gehwege** mit nicht nur unbedeutendem V müssen gestreut werden, BGH NZV **03** 570. Dabei genügt es, einen Streifen zu bestreuen, der für 1 bis 2 Personen nebeneinander ausreicht, BGH NZV **03** 572, Nü MDR **01** 390, Ba NJW **75** 1787, *Schmid* NJW **88** 3182, abw Ce VRS **98** 323; an Fußgängerüberwegen muß jedoch eine Verbindung bis zum Fahrbahnrand geschaffen werden, Kö VR **89** 101. Der gestreute Streifen muß zwei Fußgängern erlauben, vorsichtig aneinander vorbeizugehen (1 m–1,20 m), BGH NZV

Verkehrszeichen und Verkehrseinrichtungen § 45 StVO **2**

03 572, Nü MDR **01** 390, Ba NJW **75** 1787, und auf dem Gehweg deutlich sichtbar sein. Auch bei Fußgängerzonen genügt Streuen eines Streifens im Mittelbereich, Kar VR **83** 188. Solange ein eisfreier Gehstreifen vorhanden ist, muß der Streupflichtige nicht daneben noch streuen, Schl VR **73** 677. Zur Abwälzung der Streupflicht hinsichtlich des Gehwegs, s Rz 58. An öffentlichen Bushaltestellen ist der Gehweg am Fahrbahnrand zu streuen; dabei darf sich kein Streupflichtiger auf einen anderen verlassen (Busunternehmer), BGH Betr **67** 1543. Besondere Sorgfalt ist den für Fußgänger bestimmten Steigen eines Busbahnhofs zu widmen, BGH NZV **93** 387, NZV **95** 144. Innerstädtische Gehwege müssen nur gestreut werden, wenn sie verkehrswichtig sind, Ha VR **93** 1285. Keine Streupflicht der Gemeinde bei unwichtigen Fußwegen am Ortsrand, Bay VR **67** 758. IdR keine Streupflicht auf Gehwegen außerorts, BGH NZV **95** 144, Jn DAR **99** 262. In NRW besteht Streupflicht auf Gehwegen nur innerhalb der geschlossenen Ortslage, Dü VR **89** 626. Verbleiben kleine Eisbuckel, so kann daraus kein Ersatzanspruch hergeleitet werden, Ha VR **64** 1254, s *Riedmaier* VR **90** 1325. Einen schmalen Eisstreifen oder vereinzelte Glättestellen infolge Tropfeisbildung auf dem Gehsteig braucht der Pflichtige nicht dauernd abzustumpfen, wenn er den Gehweg im übrigen genügend breit verkehrssicher hält, KG VR **66** 855, Ha NJWE-VHR **96** 44. Besteht nur stellenweise Glätte, so muß binnen angemessener Zeit dort gestreut werden, Ha VR **78** 1122. Ein nur Fußgängern vorbehaltener mit Betonplatten gepflasterter, beleuchteter Verbindungsweg muß nicht schon um 8.50 Uhr gestreut sein, vor allem nicht, wenn ein gefahrloserer Weg vorhanden ist, Ha VR **82** 450. Auch außerhalb der in der Satzung bestimmten Zeiten ist ein Gehweg jedoch in den Nachtstunden zu streuen, soweit mit starkem FußgängerV zu rechnen und dies zumutbar ist, BGH VR **85** 973. Parkwege ohne Erschließungsfunktion für bebaute Grundstücke brauchen nicht gestreut zu werden; entsprechende Hinweisschilder sind nicht erforderlich, Dü VR **89** 1090.

Ein lückenloser Schutz des FußgängerV vor winterlicher Glätte ist nicht geboten, **59a** BGH EBE **91** 39, NZV **93** 387, Ha VR **01** 1575, Jn DAR **99** 262. Keine Pflicht zur Ergreifung besonderer Maßnahmen, um der erhöhten Gefahr von Eisbildung auf **Kanaldeckeln** zu begegnen, Mü MDR **01** 156. Innerorts sind auf der Fahrbahn nur die belebten, im Rahmen des Verkehrsbedürfnisses unentbehrlichen **Fußgängerüberwege,** auch diejenigen, die nicht als solche besonders gekennzeichnet sind, zu streuen, BGH VR **91** 665, NZV **03** 570, **95** 144, **93** 387, Bay VR **91** 666, Nü NZV **93** 231, Ha NZV **03** 235, ZfS **96** 9, Jn NZV **02** 319, DAR **99** 262, und zwar morgens rechtzeitig zum Beginn des Berufsverkehrs, Fra VR **95** 45, notfalls mehrfach am Tage (uU alle 3 Stunden), BGH VR **87** 989. Nur an solchen Stellen sind auch durch Schneeräumung entstehende **Schneewälle** zu beseitigen, Nü NZV **93** 231. Bei nicht belebten Fahrbahnstellen, die von Fußgängern zum Überqueren benutzt werden, besteht nur in Ausnahmefällen bei besonderer Gefährlichkeit uU Streupflicht, BGH VR **85** 568 (Gefälle), **91** 665 (abgelehnt bei Gehwegsperrung mit Hinweisschild auf den gegenüberliegenden Gehweg). Bei Verwendung von Splitt ist eine festgefahrene Schneedecke vorher zu entfernen, Dü VR **90** 319. Eine Stadt muß einen regelmäßig benutzten **Abkürzungsweg** über den Marktplatz, der unbeleuchtet ist, auch bei Dunkelheit nicht streuen, BGH VR **63** 661. Außerörtliche **Radwege** müssen idR nicht gestreut werden, BGH NZV **95** 144, *Bittner* VR **04** 441, innerörtliche nur in dem Umfang, der auch für Fahrbahnen gilt, Ol MDR **03** 454, also nur an verkehrswichtigen und gefährlichen Stellen, *Bittner* VR **04** 441 (s Rz 61), und regelmäßig nicht auch zum Schutz von Fußgängern, Kö NVwZ-RR **00** 653. Eine umfassende Räum- und Streupflicht in bezug auf alle innerörtlichen Radwege besteht nicht, BGH NZV **03** 570. Auf Radwegen ist Verwendung abstumpfender Mittel ausreichend, *Jordan* VGT **89** 96. Soweit Räum- und Streupflicht besteht, gelten gegenüber Radf keine höheren Anforderungen als gegenüber dem KfzV, BGH NZV **03** 570, Ce VRS **100** 8. Bei einem **kombinierten Rad- und Gehweg,** der nur im Hinblick auf seine Gehwegeigenschaft der Räum- und Streupflicht unterliegt, ist diese erfüllt, wenn den Belangen der Fußgänger Genüge getan ist, BGH NZV **03** 570 (Anm *Bittner* VR **04** 440).

Hat eine Gemeinde nach Absprache mit der staatlichen StrBauverwaltung ihren Ar- **60** beitern aufgetragen, auch die **Ortsdurchfahrt** einer BundesStr zu streuen, und ist entsprechend verfahren worden, so besteht insoweit Streupflicht der Gemeinde auch ge-

2 StVO § 45   III. Durchführungs-, Bußgeld- und Schlußvorschriften

genüber den VT, BGH NJW **59** 34. Bloße **Übung** soll eine solche Pflicht den VT gegenüber nicht begründen können, Neust MDR **59** 842.

61   Die **Fahrbahn innerorts** ist nur an verkehrswichtigen (insoweit einschränkend für NRW Dü VR **88** 274, Ha NJW-RR **89** 611, abw aber BGHZ **112** 74 = VR **90** 1148, Kö VR **89** 1091) *und* gefährlichen Stellen von Schnee zu räumen und bei Glätte zu streuen, BGHZ **112** 74 = VR **90** 1148, **91** 665, NZV **95** 144, **98** 199, Ce VR **03** 1413, Mü VR **94** 983, Stu VR **90** 323, Brn VR **95** 1439, Dr VR **96** 1428, Jn DAR **99** 262, ZfS **01** 11, *Palandt/Sprau* § 823 Rz 226, *Geigel/Wellner* **14** Rz 148. Allerdings ist hierbei die Ortstafel (VZ 310), die nur straßenverkehrsrechtliche Bedeutung hat, nicht entscheidend, Kö VR **85** 789. Die Aufnahme der Örtlichkeit in den Streuplan der Gemeinde ist ohne Bedeutung, Brn VR **95** 1439, LG Kö VR **02** 1436. **Verkehrswichtig** sind insbesondere die wichtigen Aus- und EinfallStrn, DurchgangsStrn und HauptverkehrsStrn mit bedeutendem VAufkommen, BGHZ **112** 74 = VR **90** 1148 (1151), Ce VR **03** 1413, Jn ZfS **01** 11. Ob Ortsstraßen zu bestreuen sind, auch abschüssige, richtet sich vor allem auch nach ihrer VBedeutung, Kar VR **79** 358, VRS **69** 163, Stu NJW **87** 1831. Keine Streupflicht auf innerörtlichen verkehrsunwichtigen Strn, Mü ZfS **83** 161, NJW-RR **90** 1121, Fra NJW **88** 2546, anders aber uU im Kreuzungs- und Einmündungsbereich unmittelbar vor verkehrswichtigen Strn, um den V auf dieser zu schützen (Hineinrutschen), Stu NJW **87** 1831, Mü VR **92** 1371, str, abl Jn ZfS **01** 11 (aus praktischen Erwägungen), Fra NJW **88** 2546, *Schmid* NJW **88** 3180. Keine Streupflicht auf verkehrsunwichtiger, in erster Linie dem Parken dienender Wohnstraße, Ko VR **83** 568, Dr VR **96** 1428, idR auch nicht innerhalb 30-km/h-Zone, Hb VR **89** 45. UU können aber selbst Strn in verkehrsberuhigten Bereichen, bezogen auf Fußgänger und Radf, verkehrswichtig sein, Ha NZV **93** 394. **Gefährlich** sind verkehrswichtige StrnStellen, an denen Änderung der Fahrtrichtung oder der Geschwindigkeit, Bremsen oder Ausweichen durch Kf notwendig sind, BGHZ **112** 74 = VR **90** 1148, BGH VR **85** 189, Nü NJW-RR **04** 103, Ol MDR **03** 454, Mü VR **94** 983, Kö VR **89** 1091, Ha NZV **93** 394, Brn VR **95** 1439, ferner unübersichtliche Kreuzungen und Einmündungen, uU enge Kurven, starkes Gefälle, Ce VR **03** 1413, Jn ZfS **01** 11, im übrigen nur Fahrbahnstellen, die zu nicht erkennbarer Glätte neigen, Nü NJW-RR **04** 103, Ce VR **03** 1413, Hb NJW **88** 3212, Sa VR **74** 202, nicht ohne weiteres jede Kreuzung oder Einmündung, Nü NJW-RR **04** 103, Ce VR **89** 158, Kar VR **89** 158. Eine besonders gefährdete Stelle besteht nicht, wo jeder sorgfältige Kf nach den Umständen mit Glätte rechnen muß, Zw VR **79** 1039, Kö VR **85** 789, anders uU, wenn starke Verkehrsbelastung bei äußerst langsamem Fahren infolge der Glätte zu Verkehrsstau und damit zusätzlichen Risiken führt, Ce NJW **89** 3287 (Einmündung). In Kreuzungs- und Einmündungsbereichen sind nach Dü VR **88** 274 die Stellen der Fahrbahn, an denen Fußgänger diese überqueren müssen, auch dann zu streuen, wenn die Str von geringer Verkehrsbedeutung ist. Eine über bebautes Ortsgebiet auf Brücken hinführende Stadt-AB mit dem Z 311 an den Zufahrtsrampen liegt außerorts, so daß nur besonders gefährliche Stellen zu bestreuen sind, Dü VR **79** 57. Gemeindliche Streupflicht besteht idR **nicht vorbeugend,** dies vielmehr nur bei aufgrund konkreter Umstände zu befürchtender Glättegefahr, BGH VR **85** 189, **74** 910, Ha NZV **03** 235, NJW-RR **04** 386, Mü VR **94** 983, Kö VR **97** 506. Ist nicht mit Glätte zu rechnen, braucht die Gemeinde nicht zu prüfen, ob an einzelnen Stellen aus unvorhergesehenen Gründen entgegen der Erwartung doch StrGlätte aufgetreten ist, Ha VR **82** 806. Auf Fahrbahnen innerörtlicher PrivatStr des öffentlichen Verkehrs (StadtreinigungsG Berlin) richtet sich die Streupflicht nach den Umständen, gefährliche und verkehrswichtige Stellen sind zu streuen, BGH NJW **75** 444. Parkende Fze dürfen beim Streuen umfahren werden, Stu VR **70** 454, auch genügt Streuen in der Breite des Streufz, Stu VR **70** 454. Ist am Unfalltag kein Schnee gefallen, so kann sich eine Haftung daraus ergeben, daß am Vortag geboten gewesenes Streuen unterblieben ist, BGH VR **63** 1047. Bei Streuen mit **abstumpfendem Splitt** anstelle auftauender Mittel können Kontrollen und erforderlichenfalls erneutes Streuen notwendig sein, LG Hb 6 O 229/86. Regelmäßig werden jedoch auftauende Mittel erforderlich sein, um der Streupflicht zu genügen, s *Jordan* VGT **89** 94. Zur Verwendung von Splitt statt Salz in Naturschutzgebieten, Mü VR **92** 72. Die Pflicht, die Fahrbahn innerorts zu streuen, besteht auch gegenüber Radf, BGH NZV **03** 572, NJW **65** 100. Radwege: s Rz 59.

Verkehrszeichen und Verkehrseinrichtungen § 45 StVO **2**

Außerorts sind die Fahrbahnen **nur an unerkennbar besonders gefährlichen** 62
Stellen zu streuen, BGH NZV **95** 144, VR **87** 934, Mü VR **94** 983, Ha NVwZ-RR
01 798, Kö VR **87** 695, Hb NJW **88** 3212, Nü NZV **91** 311, s aber Kar VR **80** 538,
Zw VR **79** 1039, wobei auch die Verkehrsbedeutung eine entscheidende Rolle spielt,
Mü ZfS **84** 353, **85** 1, Nü NZV **91** 311. Besonders gefährlich in diesem Sinn sind nur
Stellen, die wegen nicht rechtzeitig erkennbarer Beschaffenheit die Möglichkeit eines
Unfalls auch bei sorgfältigem Fahren nahelegen, BGH VR **87** 934, Ha NVwZ-RR **01**
798, Mü ZfS **83** 161, Kö VR **86** 1128. Nach Nü NZV **91** 311 ist eine Gefällestrecke
von 12% stets in diesem Sinne besonders gefährlich. Nicht dazu gehören bei Frost idR
rechtzeitig erkennbare Brücken im Zug einer BundesStr, Dü VR **79** 57: Straßenbrücken
gelten nicht als besonders gefährlich iS der Streupflicht, denn inzwischen ist den VT die
Glatteisbildung auf Brücken allgemein bekannt, s BGH NJW **70** 1682 (AB), aM Dü VR
77 745, nicht ohne weiteres auch Brückendurchfahrten, BGH NJW **66** 1162, **63** 37,
VR **62** 1182, Stu VR **61** 983, Kar VR **61** 1064, Kö VR **65** 906, Dü VR **66** 740. Keine
Streupflicht, wenn sich Glatteis auf kurvenreicher, leicht abfallender Strecke einer BundesStr im Mittelgebirge bei wechselndem Waldbestand infolge Nebels bildet, BGH
NJW **63** 37, Hb NJW **88** 3212. Daß die Stelle im Streuplan als besonders gefährliche
Stelle gekennzeichnet ist, indiziert für sich allein nicht die Streupflicht, Kö DAR **90** 346
(Anm *Berr*). § 9 III StrWG NRW empfiehlt nur Streuen außerorts nach Möglichkeit
und ist kein SchutzG, BGH VR **73** 249. Mit einzelnen nicht gestreuten Stellen muß
idR gerechnet werden, Dü VR **75** 1009 (Koordination).

Für **Bundesautobahnen** und **Bundesstraßen** bestimmt § 3 BFernStrG, daß die 63
Träger der StrBaulast nach besten Kräften bei Schnee und Eisglätte räumen und streuen
sollen. Streupflicht besteht aber nur an durch Glatteis besonders gefährdeten Stellen,
BGH VRS **18** 166, Stu VBl **60** 131, und sie setzt bei anhaltendem Schneefall erst innerhalb angemessener Frist nach dem Aufhören ein, Nü VR **63** 293. Schnellstr-Ausfahrtbereich außerorts als besonders gefährliche, streupflichtige Stelle, BGH VRS **57**
330. Beim Fahren erkennbare FernstrBrücken (AB) begründen weder Warn- noch
Streupflicht, denn jeder kennt ihre Frostgefährdung, BGH NJW **70** 1682, Dü VR **65**
992, Kar VR **80** 538, Mü ZfS **85** 1. Stadtautobahn: Rz 61.

Bei **ausreichendem Streuen** kann nicht noch verlangt werden, daß der Sicherungs- 64
pflichtige jedesmal auch Tropfeis beseitigt, BGH VR **63** 946, oder den Gehweg auf
kleine, glatte Tauwasserstellen hin untersucht, Kar VR **76** 346. Nach dem Streuen kann
je nach Witterung noch das Abstumpfen überfrierender Glätte in Betracht kommen, Dü
VR **79** 426. Zum Umfang der Streupflicht s auch Rz 57. Bei Glätte müssen auch öffentliche **Parkplätze** bestreut werden, wenn sie belebt sind und soweit sie von den
FzInsassen auf nicht nur ganz unwesentliche Entfernungen als Fußgänger benutzt werden müssen, BGH NJW **66** 202, Ha NJW-RR **04** 386, Jn DAR **01** 80, Kar VR **89** 45,
Ce NJW-RR **89** 1419, s *Berr* DAR **89** 453. Vollständige Eisbeseitigung ist nicht Pflicht,
KG VR **65** 1105, insbesondere nicht Streuen bis in jede Parkbucht, Fra ZfS **83** 129.
Strenge Maßstäbe gelten für Gaststättenparkplätze, BGH NJW **85** 482. Zur Streupflicht
auf Parkuhrplätzen, Dü VR **78** 63. Bei **Tankstellen** besteht idR keine Räum-, sondern
nur Streupflicht, wobei Streuen des Bereichs, in dem Fz- und FußgängerV stattfindet,
genügt, Ha ZfS **84** 33. Keine Streupflicht des Tankstelleninhabers nach Betriebsschluß,
auch nicht bei Münzautomat, Stu NJW **69** 1966.

Die Streupflicht hat **zeitliche und örtliche Grenzen,** da nicht überall gleichzeitig 65
geräumt und gestreut werden kann, BGHZ **112** 74 = VR **90** 1148 (1151), NZV **93**
387, Bay NJW **55** 105, Jn ZfS **01** 11, Ko DAR **99** 547, KG VR **60** 41, Schl MDR **60**
226, Dü VR **82** 101, Mu NVwZ-RR **92** 6. IdR hat die Streupflicht vor der Schneeräumung Vorrang, gleichzeitige Erfüllung beider Pflichten kann von den Gemeinden im
allgemeinen nicht verlangt werden, Dü VR **82** 101. Es braucht erst mit Beginn des allgemeinen Tages- und Berufsverkehrs gestreut zu werden, BGH VR **85** 271, Ha NZV
03 235, NVwZ-RR **01** 798 (jedenfalls nicht vor 6 Uhr), Kö VR **67** 506, jedoch rechtzeitig vor Einsetzen des Hauptberufsverkehrs, BGH VR **85** 271 (idR zwischen 7 und 8
Uhr), **87** 989, Dü VR **88** 274 (7 Uhr). An Sonn- und Feiertagen muß nicht vor 9 Uhr
gestreut werden, Ol DAR **02** 128, Kö VR **97** 506, Ha VR **88** 693. Die Streupflicht endet abends mit dem Aufhören des allgemeinen Tagesverkehrs, BGH VR **84** 890, Jn ZfS

927

2 StVO § 45   III. Durchführungs-, Bußgeld- und Schlußvorschriften

01 11, Ha VR **01** 1575. Nächtlichen Streudienst muß die Gemeinde nicht einrichten, BGH NJW **64** 814, Kar VR **87** 1225, Kö VR **90** 321. Amtspflichtverletzung, wenn mittags noch nicht gestreut ist, Ce VR **75** 1009. Ist nach dem Ortsstatut „bis 8 Uhr" zu streuen, so kommt ein Verstoß für 7.15 Uhr nur unter besonderen Umständen in Betracht, Ce VR **66** 67. Gemeindliche Streupflicht besteht an gefährlichen Stellen von HauptverkehrsStr bis etwa 20 Uhr, Jn ZfS **01** 11, Kar VR **69** 191. Keine Fahrbahnstreupflicht innerorts zur „Nachtzeit" trotz sehr frühen Berufsverkehrs, Ha DAR **71** 15 (mit berechtigten Einwendungen von *Maase*, der auf den Beginn des Berufsverkehrs abstellt). Droht Glatteis im Berufsverkehr, so kann der Sicherungspflichtige schon gegen 5 Uhr morgens zu Kontrollfahrten verpflichtet sein, Dü VR **79** 773. Organisationen mit ausgedehntem Streubereich haben angemessenen Zeitraum, Nü VR **64** 1180, s Ce VR **66** 67, BGH VR **87** 989, je nach den Umständen, BGH VRS **9** 250. Keine verschuldete Streupflichtverletzung, wenn ein sachgemäß organisierter Streudienst die Gefahr noch nicht bannen konnte, Dü VR **77** 745. Eine Stadt muß nach Glatteis angemessene Zeit zum Streuen haben, Mü VR **94** 983; Maß, Umfang und Zeit der Streupflicht richten sich nach den Bedürfnissen, BGHZ **112** 74 = VR **90** 1148 (1151), Kö NJW **53** 1631, Zw VR **77** 1135, $^1/_2$ bis $^3/_4$ Std bleibt im Rahmen, BGH VR **57** 756. Streuen von *Gehwegen* zur Nachtzeit, s Rz 59.

66   Die **Streupflicht entfällt** grundsätzlich, wenn Schneefall die Wirkung sehr bald wieder aufheben würde, BGH NJW **85** 482, VR **87** 989, Sa VR **00** 985, Nau MDR **00** 520, Fra ZfS **87** 35, Stu VR **90** 323, Mü NVwZ-RR **92** 6, *Schmid* NJW **88** 3180. Nutzloses Streuen während anhaltenden Eisregens mit sich ständig erneuernder Glättebildung ist nicht erforderlich, BGH NJW **85** 482, NZV **93** 387, Ce NJW-RR **04** 1251, Ol VR **01** 117, Sa VR **00** 985, Brn MDR **00** 159, Mü ZfS **00** 10, Ha VR **97** 68, ZfS **98** 6, *Schmid* NJW **88** 3180, Streupflicht anschießend erst nach angemessener Wartezeit, Brn MDR **00** 159, Ce NJW-RR **04** 1251, Sa VR **00** 985. Anhaltender oder drohender neuer Schneefall befreit jedoch in Ausnahmefällen bei besonderer Glätte nicht vom Streuen oder Nachstreuen, BGH NJW **85** 482, NZV **93** 387, Sa VR **00** 985. Bei leichtem Schneefall muß nicht in kurzem Abstand nachgestreut werden, KG NJW **70** 2110 (Tatfrage). Frischer Schnee muß nur bei Glättegefahr geräumt werden, und erst nach angemessener Wartefrist nach Aufhören des Schneefalls, Schl VR **75** 431, Nau MDR **00** 520. Der Streupflichtige muß im Rahmen des Zumutbaren auf neue Glätte achten, wie oft, ist Tatfrage, viertelstündliche Kontrolle wird idR unzumutbar sein, BGH Betr **70** 2217. Außergewöhnliche Glätte kann **mehrmaliges Streuen** erfordern, BGH VR **68** 1161, NZV **93** 387, Sa VR **00** 985, Ha VR **84** 194, uU tagsüber stündlich (Schulhausmeister, Nieselregen), Fra VR **69** 740.

67   Bleibt unaufgeklärt, ob das Glatteis erst unmittelbar vor dem Unfall aufgetreten ist, so ist der **Schuldbeweis** nicht geführt, Dü MDR **61** 1013. Rutschen eines Kfz auf gestreuter Straße ist kein Anscheinsbeweis für mangelhaftes Streuen, Kar VR **70** 822, s *Riedmaier* VR **90** 1325. Überhaupt bildet ein Glätteunfall allein keinen Anscheinsbeweis für Streupflichtverletzung, Ce VRS **105** 407. Im übrigen spricht der Anschein bei Glatteisunfällen, die sich *innerhalb* der Zeit pflichtwidrig verletzter Streupflicht ereignet haben, für Ursächlichkeit des unterlassenen Streuens, BGH NJW **84** 432, Ce NJW-RR **04** 1251, VRS **105** 407, KG DAR **01** 497, Nü MDR **01** 390. Bei Unfall nach Ende der Streupflicht muß der Geschädigte Ursächlichkeit unterlassenen Streuens innerhalb der zeitlichen Grenzen der Streupflicht beweisen, KG VR **93** 1369. Ist gefährliche Glätte bewiesen, so muß der Pflichtige beweisen, daß Streuen nutzlos gewesen wäre (zB Schneefall), BGH NJW **85** 484, DAR **66** 48, Sa VR **00** 985, KG DAR **01** 497.

68   Wieweit **Mitschuld** die Haftung ausschließen kann, richtet sich nach bürgerlichem Recht, s KG DAR **01** 497, Stu MDR **57** 675, Schl VBl **60** 514, Kö VRS **21** 2. Auf Glätte muß sich der Kf bei winterlichem Wetter einstellen, notfalls Schritt fahren oder einen sichereren Weg wählen, Kar NZV **89** 147. Halbe Mithaftung des Geschädigten, der eine ungestreute Glättestelle, obwohl er nach den Umständen hätte warten müssen, erkannterweise befahren hat, Dü VR **68** 806, 973, oder der sich auf erkennbare Glätte nicht eingestellt hat, KG DAR **01** 497. Mithaftung des Geschädigten zu $^2/_3$, der auf ungestreuter abschüssiger Str infolge zu hoher Geschwindigkeit in eine Kreuzung hineinrutscht, obwohl er schon am Vorabend Glätte dort festgestellt hatte, Kar NZV **89** 147.

Wer bei Befahren einer Kuppe auf glatter Fahrbahn infolge nicht angepaßter Geschwindigkeit mit einem zuvor nicht sichtbaren verunglückten Fz auf der Gefällestrecke kollidiert, kann den Schaden allein zu tragen haben, Ha VR **82** 171. Aus Eisfreiheit darf im Winter nicht gefolgert werden, die Straße werde überall eisfrei sein, Ba VR **66** 370, BGH NJW **66** 1162. Mithaftung dessen, der bei Ausführung einer ohne weiteres aufschiebbaren Tätigkeit auf ungestreutem Gehweg stürzt, Dü VM **92** 1418 (Mülleimerentleerung), Ha NZV **99** 127 (Zurücktreten der Haftung des Streupflichtigen bei vermeidbarer Gehwegbenutzung trotz extremer Glätte), in Kenntnis der Gefährlichkeit des Gehweges diesen anstelle eines ungefährlicheren Weges benutzt, Ol VR **01** 117, Ha NJW-RR **04** 386 (Parkplatz), LG Darmstadt ZfS **00** 528 (keine Haftung des Streupflichtigen) oder die eisglatte Wegstrecke ein zweites Mal geht, obwohl dies vermeidbar gewesen wäre, Mü VR **04** 251.

Lit zur Räum- und Streupflicht: *Arndt,* Die Streupflicht für Straßen in der Rspr des BGH, DRiZ **73** 11. *Berr,* Zur Streupflicht auf Parkplätzen, DAR **89** 453. *Bittner,* Winterdienst zugunsten von FahrradF, VR **04** 440. *Jordan,* Die Streupflicht zwischen VSicherung und Umweltschutz, VGT **89** 67. *Michaelis,* Gemeindliche Satzungen zur Bestimmung der Wegereinigungspflicht?, DVBl **65** 897. *Schlund,* Streupflicht als VSicherungspflicht, DAR **88** 6. *Schmid,* Der Umfang der Räum- und Streupflicht auf öffentlichen Strn und Wegen, NJW **88** 3177. *Tidow,* Die StrVSicherungspflicht in der Rspr der Zivilgerichte, VGT **82** 207, 216 ff.

Ausnahmegenehmigung und Erlaubnis

46 (1) ¹Die Straßenverkehrsbehörden können in bestimmten Einzelfällen oder allgemein für bestimmte Antragsteller Ausnahmen genehmigen

1. von den Vorschriften über die Straßenbenutzung (§ 2);
2. vom Verbot, eine Autobahn oder eine Kraftfahrstraße zu betreten oder mit dort nicht zugelassenen Fahrzeugen zu benutzen (§ 18 Abs. 1, 10);
3. von den Halt- und Parkverboten (§ 12 Abs. 4);
4. vom Verbot des Parkens vor oder gegenüber von Grundstücksein- und -ausfahrten (§ 12 Abs. 3 Nr. 3);
4 a. von der Vorschrift, an Parkuhren nur während des Laufes der Uhr, an Parkscheinautomaten nur mit einem Parkschein zu halten (§ 13 Abs. 1);
4 b. von der Vorschrift, im Bereich eines Zonenhaltverbots (Zeichen 290 und 292) nur während der dort vorgeschriebenen Zeit zu parken (§ 13 Abs. 2);
4 c. von den Vorschriften über das Abschleppen von Fahrzeugen (§ 15 a);
5. von den Vorschriften über Höhe, Länge und Breite von Fahrzeug und Ladung (§ 18 Abs. 1 Satz 2, § 22 Abs. 2 bis 4);
5 a. von dem Verbot der unzulässigen Mitnahme von Personen (§ 21);
5 b. von den Vorschriften über das Anlegen von Sicherheitsgurten und das Tragen von Schutzhelmen (§ 21 a);
6. vom Verbot, Tiere von Kraftfahrzeugen und andere Tiere als Hunde von Fahrrädern aus zu führen (§ 28 Abs. 1 Satz 3 und 4);
7. vom Sonntagsfahrverbot (§ 30 Abs. 3);
8. vom Verbot, Hindernisse auf die Straße zu bringen (§ 32 Abs. 1);
9. von den Verboten, Lautsprecher zu betreiben, Waren oder Leistungen auf der Straße anzubieten (§ 33 Abs. 1 Nr. 1 und 2);
10. vom Verbot der Werbung und Propaganda in Verbindung mit Verkehrszeichen (§ 33 Abs. 2 Satz 2) nur für die Flächen von Leuchtsäulen, an denen Haltestellenschilder öffentlicher Verkehrsmittel angebracht sind;
11. von den Verboten oder Beschränkungen, die durch Vorschriftzeichen (§ 41), Richtzeichen (§ 42), Verkehrseinrichtungen (§ 43 Abs. 1 und 3) oder Anordnungen (§ 45 Abs. 4) erlassen sind;
12. von dem Nacht- und Sonntagsparkverbot (§ 12 Abs. 3 a).

²Vom Verbot, Personen auf der Ladefläche mitzunehmen (§ 21 Abs. 2), können für die Dienstbereiche der Bundeswehr, der auf Grund des Nordatlantik-Vertrages errichteten internationalen Hauptquartiere, des Bundesgrenzschutzes und der Polizei deren Dienststellen, für den Katastrophenschutz die zuständigen Landesbehörden, Ausnahmen genehmigen. ³Dasselbe gilt für die Vorschrift, daß vorgeschriebene Sicherheitsgurte angelegt sein oder Schutzhelme getragen werden müssen (§ 21 a).

(2) ¹Die zuständigen obersten Landesbehörden oder die nach Landesrecht bestimmten Stellen können von allen Vorschriften dieser Verordnung Ausnahmen für

bestimmte Einzelfälle oder allgemein für bestimmte Antragsteller genehmigen. ²Vom Sonntagsfahrverbot (§ 30 Abs. 3) können sie darüber hinaus für bestimmte Straßen oder Straßenstrecken Ausnahmen zulassen, soweit diese im Rahmen unterschiedlicher Feiertagsregelung in den Ländern (§ 30 Abs. 4) notwendig werden. ³Erstrecken sich die Auswirkungen der Ausnahme über ein Land hinaus und ist eine einheitliche Entscheidung notwendig, so ist das Bundesministerium für Verkehr, Bau- und Wohnungswesen zuständig; das gilt nicht für Ausnahmen vom Verbot der Rennveranstaltungen (§ 29 Abs. 1).

(3) ¹Ausnahmegenehmigung und Erlaubnis können unter dem Vorbehalt des Widerrufs erteilt werden und mit Nebenbestimmungen (Bedingungen, Befristungen, Auflagen) versehen werden. ²Erforderlichenfalls kann die zuständige Behörde die Beibringung eines Sachverständigengutachtens auf Kosten des Antragstellers verlangen. ³Die Bescheide sind mitzuführen und auf Verlangen zuständigen Personen auszuhändigen. ⁴Bei Erlaubnissen nach § 29 Abs. 3 genügt das Mitführen fernkopierter Bescheide.

(4) Ausnahmegenehmigungen und Erlaubnisse der zuständigen Behörde sind für den Geltungsbereich dieser Verordnung wirksam, sofern sie nicht einen anderen Geltungsbereich nennen.

1/2 **Begr** zur MaßnVO 75: VBl **75** 679.

Begr zur ÄndVO v 22. 3. 88: VBl **88** 228.

Vwv zu § 46 Ausnahmegenehmigung und Erlaubnis
Allgemeines über Ausnahmegenehmigungen

3   1   *I. Die Straßen sind nur für den normalen Verkehr gebaut. Eine Ausnahmegenehmigung zu erteilen, ist daher nur in besonders dringenden Fällen gerechtfertigt. An den Nachweis solcher Dringlichkeit sind strenge Anforderungen zu stellen. Erteilungsvoraussetzungen dürfen nur dann als amtsbekannt behandelt werden, wenn in den Akten dargetan wird, worauf sich diese Kenntnis gründet.*

   2   *II. Die Sicherheit des Verkehrs darf durch eine Ausnahmegenehmigung nicht beeinträchtigt werden; sie ist erforderlichenfalls durch Auflagen und Bedingungen zu gewährleisten. Auch Einbußen der Flüssigkeit des Verkehrs sind auf solche Weise möglichst zu mindern.*

   3   *III. Die straßenrechtlichen Vorschriften über Sondernutzungen sind zu beachten.*

   4   *IV. Hat der Inhaber einer Ausnahmegenehmigung die Nichtbeachtung von Bedingungen und Auflagen zu vertreten, so soll ihm grundsätzlich keine neue Ausnahmegenehmigung erteilt werden.*

   5   *V. Vor der Erteilung einer Ausnahmegenehmigung sollen die beteiligten Behörden gehört werden, wenn dies bei dem Zweck oder dem Geltungsbereich der Ausnahmegenehmigung geboten ist.*

   6   *VI. Dauerausnahmegenehmigungen sind auf höchstens drei Jahre zu befristen. Sie dürfen nur widerruflich erteilt werden.*

Zu Absatz 1

Zu Nummer 1

4   7   *Aus Sicherheitsgründen werden in der Regel Bedingungen oder Auflagen geboten sein.*

Zu Nummer 2

5   8   *Sofern die Ausnahmegenehmigung sich auf dort nicht zugelassene Fahrzeuge bezieht, gilt Nummer VI 2 a zu § 29 Abs. 3; Rn. 115 und 116.*

Zu Nummer 4

6   9   *Die betroffenen Anlieger sind zu hören.*

Zu Nummer 4a und 4b

7   10   *I. Ohnhänder (Ohnarmer) erhalten eine Ausnahmegenehmigung, um an Parkuhren und Parkscheinautomaten gebührenfrei und im Zonenhaltverbot bzw. auf Parkplätzen mit zeitlicher Begrenzung ohne Benutzung der Parkscheibe zu parken.*

Ausnahmegenehmigung und Erlaubnis § 46 StVO **2**

11 II. Kleinwüchsige Menschen mit einer Körpergröße von 1,39 m und darunter erhalten eine Ausnahmegenehmigung, um an Parkuhren und Parkscheinautomaten gebührenfrei zu parken.
12 III. Nummer III zu § 46 Abs. 1 Nr. 11 gilt entsprechend.

Zu Nummer 5
13 I. Fahrzeuge und Fahrzeugkombinationen, die aufgrund ihrer Ladung die Abmessungen der § 18 Abs. 1 oder § 22 Abs. 2 bis 4 überschreiten, bedürfen einer Ausnahmegenehmigung. Bei Überschreiten der Maße und Gewichte nach den §§ 32 bis 34 StVZO bedürfen diese Fahrzeuge zusätzlich einer Ausnahmegenehmigung nach § 70 StVZO und einer Erlaubnis nach § 29 Abs. 3 (vgl. zu § 29 Abs. 3; Rn. 79 ff.). **8**

14 II. Voraussetzungen der Ausnahmegenehmigung **9**
    1. Eine Ausnahmegenehmigung darf nur erteilt werden, wenn
15   a) der Verkehr nicht – wenigstens zum größten Teil der Strecke – auf der Schiene oder auf dem Wasser möglich ist oder wenn durch einen Verkehr auf dem Schienen- oder Wasserweg unzumutbare Mehrkosten (auch andere als die reinen Transportkosten) entstehen würden;
16   b) für den gesamten Fahrtweg Straßen zur Verfügung stehen, deren baulicher Zustand durch den Verkehr nicht beeinträchtigt wird und für deren Schutz keine besonderen Maßnahmen erforderlich sind, oder wenn wenigstens die spätere Wiederherstellung der Straßen oder die Durchführung jener Maßnahmen vor allem aus verkehrlichen Gründen nicht zu zeitraubend oder zu umfangreich wäre;
17   c) die Beschaffung eines Spezialfahrzeugs für die Beförderung unmöglich oder unzumutbar ist;
18   d) die Ladung nach vorn nicht über 1 m hinausragt.
19 2. Eine Ausnahmegenehmigung darf außerdem nur für die Beförderung folgender Ladungen erteilt werden:
20   a) **Einer** unteilbaren Ladung
21   Unteilbar ist eine Ladung, wenn ihre Zerlegung aus technischen Gründen unmöglich ist oder unzumutbare Kosten verursachen würde.
22   b) Einer aus **zwei Teilen** bestehenden Ladung, wenn die Teile aus Festigkeitsgründen nicht als Einzelstücke befördert werden können und diese unteilbar sind.
23   c) **Mehrerer** einzelner Teile, die je für sich mit ihrer Länge, Breite oder Höhe über den im Fahrzeugschein (Muster 2a oder 2b zu § 24 StVZO) festgelegten Abmessungen des Fahrzeugs oder der Fahrzeugkombination hinausragen und unteilbar sind.
24   d) Beiladung ist gestattet, soweit Gesamtgewicht und Achslasten die nach § 34 StVZO zulässigen Werte nicht überschreiten.
25 3. Hat der Antragsteller vorsätzlich oder grob fahrlässig zuvor einen genehmigungspflichtigen Verkehr ohne die erforderliche Ausnahmegenehmigung durchgeführt oder gegen die Bedingungen und Auflagen einer Ausnahmegenehmigung verstoßen, so soll ihm für einen angemessenen Zeitraum keine Genehmigung mehr erteilt werden.

    III. Das Verfahren **10**
26 1. Der Antragsteller ist darauf hinzuweisen, daß die Bearbeitung der Anträge in der Regel zwei Wochen erfordert. Von diesem Hinweis kann nur dann abgesehen werden, wenn der Antragsteller nachweist, daß die Beförderung eilbedürftig ist, nicht vorhersehbar war und geeigneter Eisenbahn- oder Schiffstransportraum nicht mehr rechtzeitig zur Verfügung gestellt werden kann; dabei ist ein strenger Maßstab anzulegen.
27 Aus dem Antrag müssen mindestens folgende technische Daten des Fahrzeuges oder der Fahrzeugkombination einschließlich der Ladung ersichtlich sein:
28 Länge, Breite und Höhe des Fahrzeuges oder der Fahrzeugkombination, Abmessungen der Ladung, Höchstgeschwindigkeit des Transports, amtliches Kennzeichen von Zugfahrzeugen und Anhängern.

2 StVO § 46   III. Durchführungs-, Bußgeld- und Schlußvorschriften

29 2. Außer in den Fällen der Nummer 4 hat die zuständige Straßenverkehrsbehörde die nach § 8 Abs. 6 des Bundesfernstraßengesetzes oder den entsprechenden landesrechtlichen Bestimmungen zu beteiligenden Straßenbaubehörden sowie die Polizei und, wenn Bahnstrecken höhengleich (Bahnübergänge) oder nicht höhengleich (Überführungen) gekreuzt oder Bahnanlagen berührt werden, auch die Bahnunternehmen zu hören. Geht die Fahrt über den Bezirk einer Straßenverkehrsbehörde hinaus, so sind außerdem die Straßenverkehrsbehörden zu hören, durch deren Bezirk der Fahrtweg führt; diese verfahren für ihren Bezirk nach Satz 1. Die zuständige Genehmigungsbehörde hat im Anhörverfahren ausdrücklich zu bestätigen, daß die Abwicklung des Transports auf dem Schienen- oder Wasserweg unmöglich oder unzumutbar ist. Ist die zeitweise Sperrung einer Autobahn-Richtungsfahrbahn erforderlich, bedarf es der Zustimmung der höheren Verwaltungsbehörde. Den beteiligten Behörden sind die in Nummer III 1 aufgeführten technischen Daten des Fahrzeugs oder der Fahrzeugkombination und der Ladung mitzuteilen.

30 3. Geht die Fahrt über das Gebiet eines Landes hinaus, so ist unter Mitteilung der in Nummer III 1 aufgeführten technischen Daten des Fahrzeugs oder der Fahrzeugkombination und der Ladung die Zustimmung derjenigen höheren Verwaltungsbehörde einzuholen, durch deren Bezirk die Fahrt in den anderen Ländern jeweils zuerst geht. Auch für diese Behörden gilt Nummer 2 Satz 1. Auf die Anhörung der Polizei kann im Rahmen des Zustimmungsverfahrens in der Regel verzichtet werden. Eine Unterrichtung der Polizei über die Erteilung von Ausnahmegenehmigungen für Großraum- und Schwertransporte ist jedoch unbedingt sicherzustellen. Die Zustimmung der genannten Behörden darf nur mit der Begründung versagt werden, daß die Voraussetzungen nach Nummer II 1 Buchstabe b (Rn. 16) in ihrem Bezirk nicht vorliegen. Die zuständigen obersten Landesbehörden können die für das Anhörverfahren bei der Erteilung von Dauerausnahmegenehmigungen ohne festgelegten Fahrweg zuständigen höheren Verwaltungsbehörden bestimmen.

31 Führt die Fahrt nur auf kurze Strecken in ein anderes Land, so genügt es, statt mit der dortigen höheren Verwaltungsbehörde unmittelbar mit der örtlichen Straßenverkehrsbehörde und der örtlichen Straßenbaubehörde des Nachbarlandes Verbindung aufzunehmen.

32 4. Von dem in Nummer 2 und 3 angeführten Anhörverfahren ist abzusehen, wenn folgende Abmessungen im Einzelfall nicht überschritten werden:

33 a) Höhe (Fahrzeug/Fahrzeugkombination und Ladung)   4 m
34 b) Breite (Fahrzeug/Fahrzeugkombination und Ladung)   3 m
35 c) Länge (Fahrzeug/Fahrzeugkombination und Ladung)   22 m
36 d) Hinausragen der Ladung nach hinten   4 m
37 e) Hinausragen der Ladung über die letzte Achse   5 m
38 f) Hinausragen der Ladung nach vorn   1 m

39 5. a) An den Nachweis der Voraussetzungen der Erteilung einer Ausnahmegenehmigung nach Nummer II sind strenge Anforderungen zu stellen. Über das Verlangen von Sachverständigengutachten vgl. § 46 Abs. 3 Satz 2. Die Erteilungsvoraussetzungen dürfen nur dann als amtsbekannt behandelt werden, wenn in den Akten dargelegt wird, worauf sich diese Kenntnis gründet.

40 b) Die Straßenverkehrsbehörde hat, wenn es sich um einen Verkehr über eine Wegstrecke von mehr als 250 km handelt, nach Nummer III 2 und 3 ein Anhörverfahren vorgeschrieben ist und eine Gesamtbreite von 4,20 m oder eine Gesamthöhe von 4,80 m (jeweils von Fahrzeug und Ladung) nicht überschritten wird, sich vom Antragsteller vorlegen zu lassen:

41 aa) eine Bescheinigung der für den Versandort zuständigen Güterabfertigung darüber, ob und gegebenenfalls innerhalb welcher Fristen und unter welchen Gesamtkosten die Schienenbeförderung bzw. die gebrochene Beförderung Schiene/Straße möglich ist,

42 bb) im gewerblichen Verkehr eine Bescheinigung des Frachtführers oder des Spediteurs über die tarifmäßigen Beförderungsentgelte und die Entgelte für zusätzliche Leistungen,

Ausnahmegenehmigung und Erlaubnis § 46 StVO **2**

43   cc) *im Werksverkehr den Nachweis über die gesamten Beförderungskosten; wird der Nachweis nicht erbracht, kann das tarifmäßige Beförderungsentgelt zuzüglich der Entgelte für zusätzliche Leistungen als Richtwert herangezogen werden.*

44   c) *Die Straßenverkehrsbehörde hat, wenn es sich um einen Verkehr über eine Wegstrecke von mehr als 250 km handelt und eine Gesamtbreite von 4,20 m oder eine Gesamthöhe von 4,80 m (jeweils von Fahrzeug und Ladung) überschritten wird, sich vom Antragsteller vorlegen zu lassen:*

45   aa) *eine Bescheinigung der nächsten Wasser- und Schiffahrtsdirektion darüber, ob und ggf. innerhalb welcher Fristen und unter welchen Gesamtkosten die Beförderung auf dem Wasser bzw. die gebrochene Beförderung Wasser/Straße möglich ist,*

46   bb) *im gewerblichen Verkehr eine Bescheinigung des Frachtführers oder des Spediteurs über die tarifmäßigen Beförderungsentgelte und die Entgelte für zusätzliche Leistungen,*

47   cc) *im Werkverkehr den Nachweis über die gesamten Beförderungskosten; wird der Nachweis nicht erbracht, kann das tarifmäßige Beförderungsentgelt zuzüglich der Entgelte für zusätzliche Leistungen als Richtwert herangezogen werden.*

48   *In geeigneten Fällen kann die Straßenverkehrsbehörde die Bescheinigung auch für Transporte mit weniger als 250 km Wegstrecke verlangen.*

49   *Die Vorlage der Bescheinigungen nach Doppelbuchstabe aa, bb oder cc ist nicht erforderlich, wenn ein Transport auf dem Wasserweg offensichtlich nicht in Betracht kommt.*

IV. *Der Inhalt des Genehmigungsbescheides* **11**

50   1. *Der Fahrtweg ist in den Fällen festzulegen, in denen nach Nummer III 2 und 3 ein Anhörverfahren vorgeschrieben ist. Dabei müssen sämtliche Möglichkeiten des gesamten Straßennetzes bedacht werden. Eine Beeinträchtigung des Verkehrsflusses in den Hauptverkehrszeiten muß vermieden werden. Auch sollte der Fahrtweg so festgelegt werden, daß eine Verkehrsregelung nicht erforderlich ist.*

51   2. *Erforderlichenfalls ist auch die Fahrzeit festzulegen. Jedenfalls in den Fällen, in denen nach Nummer III 2 und 3 ein Anhörverfahren vorgeschrieben ist, soll für Straßenabschnitte, die erfahrungsgemäß zu bestimmten Zeiten einen erheblichen Verkehr aufweisen, die Fahrzeit in der Regel wie folgt beschränkt werden:*

52   a) *Die Benutzung von Autobahnen ist in der Regel von Freitag 15.00 Uhr bis Montag 9.00 Uhr zu verbieten und, falls diese Straßen starken Berufsverkehr aufweisen, auch an den übrigen Wochentagen von 6.00 Uhr bis 8.30 Uhr und von 15.30 Uhr bis 19.00 Uhr. Vom 15. Juni bis 15. September sowie von Gründonnerstag bis Dienstag nach Ostern und von Freitag vor Pfingsten bis Dienstag danach sollte solchem Verkehr die Benutzung der Autobahnen möglichst nur von 22.00 Uhr bis 6.00 Uhr erlaubt werden. Gegebenenfalls kommt auch ein Verbot der Autobahnbenutzung an anderen Feiertagen (z. B. Weihnachten) sowie an den Tagen davor und danach in Betracht.*

53   b) *Auf Bundesstraßen samt ihren Ortsdurchfahrten und auf anderen Straßen mit erheblichem Verkehr außerhalb geschlossener Ortschaften darf solcher Verkehr in der Regel nur von Montag 9.00 Uhr bis Freitag 15.00 Uhr erlaubt werden.*

54   *Die Benutzung von Straßen mit starkem Berufsverkehr ist in der Regel werktags von 6.00 Uhr bis 8.30 Uhr und von 15.30 Uhr bis 19.00 Uhr zu verbieten.*

55   *Zu Buchstabe a und b:*
Ist die Sperrung einer Autobahn, einer ganzen Fahrbahn oder die teilweise Sperrung einer Straße mit erheblichem Verkehr notwendig, so ist das in der Regel nur in der Zeit von 22.00 Uhr bis 6.00 Uhr zu erlauben.

56   3. *Von der Fahrzeitbeschränkung nach Nummer IV 2 kann abgesehen werden, wenn der Antragsteller nachweist, daß die Beförderung eilbedürftig ist und bei einer Beschränkung der Fahrzeit die termingerechte Durchführung des Transportauftrags nicht gewährleistet ist. Dies gilt jedoch nicht, wenn die Eilbedürftigkeit durch Verschulden des Antragstellers entstanden ist. Ein Abweichen soll nicht zugelassen werden, wenn*

	es erhebliche Einschränkungen des allgemeinen Verkehrs zu Verkehrsspitzenzeiten oder auf Strecken mit starkem Verkehrsaufkommen zur Folge haben wird. In diesen Fällen muß der Transport auf weniger bedeutende Straßen ausweichen.
57	*Von der Fahrzeitbeschränkung nach Nummer IV 2 Buchstabe a Satz 2 kann abgesehen werden, wenn Lastfahrten mit Fahrzeugen oder Fahrzeugkombinationen durchgeführt werden, deren zulässige Höchstgeschwindigkeit 80 km/h beträgt und die diese Geschwindigkeit transportbedingt einhalten können, sofern sie die in Nummer III 4 (Rn 32ff.) aufgeführten Abmessungen nicht überschreiten.*
58	4. Um einen reibungslosen Ablauf des genehmigungspflichtigen Verkehrs sicherzustellen, kann die zuständige Polizeidienststelle im Einzelfall von der im Genehmigungsbescheid festgesetzten zeitlichen Beschränkung abweichen, wenn es die Verkehrslage erfordert oder gestattet.
59	5. a) Soweit es die Sicherheit oder Ordnung des Verkehrs erfordert, sind Bedingungen zu stellen und Auflagen zu machen; insbesondere werden die von den Straßenverkehrsbehörden, den Straßenbaubehörden und Bahnunternehmen mitgeteilten Bedingungen, Auflagen und Sondernutzungsgebühren grundsätzlich in die Ausnahmegenehmigung aufgenommen. Erforderlichenfalls ist für den ganzen Fahrtweg oder für bestimmte Fahrstrecken die zulässige Höchstgeschwindigkeit zu beschränken.
60	b) Es ist vorzuschreiben, daß die Fahrt bei erheblicher Sichtbehinderung durch Nebel, Schneefall oder Regen oder bei Glatteis zu unterbrechen und das Fahrzeug möglichst außerhalb der Fahrbahn abzustellen und zu sichern ist.
61	c) Die Auflage, das Fahrzeug, die Fahrzeugkombination oder die Ladung besonders kenntlich zu machen, ist häufig geboten, etwa durch Verwendung von Kennleuchten mit gelbem Blinklicht oder durch Anbringung weiß-rot-weißer Warnfahnen oder weiß-roter Warntafeln am Fahrzeug oder Zug selbst oder an einem begleitenden Fahrzeug oder an der Ladung. Auf die „Richtlinien für die Kenntlichmachung überbreiter und überlanger Straßenfahrzeuge sowie bestimmter hinausragender Ladungen" wird verwiesen.
62	d) Außerdem ist die Auflage aufzunehmen, daß vor Fahrtantritt zu prüfen ist, ob die im Genehmigungsbescheid festgelegten Abmessungen, insbesondere die vorgeschriebene Höhe, eingehalten werden.
63	6. Erforderlichenfalls ist vorzuschreiben, daß sich solche Fahrzeuge wie Züge nach § 4 Abs. 2 und § 19 Abs. 3 zu verhalten haben.
64	7. a) Ragt die Ladung mehr als 50 cm nach vorn hinaus, so ist die Auflage zu erteilen, die Ladung durch eine rot-weiß gestreifte Schutzvorrichtung zu sichern, die bei Dunkelheit blendfrei zu beleuchten ist. Soweit möglich, ist dazu eine mindestens 50 cm lange Schutzkappe über das vordere Ende der Ladung zu stülpen und so zu befestigen, daß die Ladung nicht nach vorn verrutschen kann.
65	b) Ragt die Ladung nach hinten hinaus, dann sind folgende Auflagen zu erteilen:
66	aa) Die Ladung, insbesondere deren hintere Enden, sind durch Spannmittel oder sonstige Vorrichtungen ausreichend zu sichern.
67	bb) Es darf nur abgebogen werden, wenn das wegen des Ausschwenkens der Ladung ohne Gefährdung, insbesondere das nachfolgenden oder des Gegenverkehrs, möglich ist.
68	cc) Besteht die Gefahr, daß die Ladung auf der Fahrbahn schleift, so ist ein Nachläufer vorzuschreiben. Auf die „Richtlinien für Langmaterialzüge mit selbstlenkendem Nachläufer" wird verwiesen.
69	8. Der Antragsteller hat bei der Antragstellung folgende Haftungserklärung bzw. folgenden Haftungsverzicht abzugeben: „Soweit durch den Transport Schäden entstehen, verpflichte ich mich, für Schäden an Straßen und deren Einrichtungen sowie an Eisenbahnanlagen, Eisenbahnfahrzeugen, sonstigen Eisenbahngegenständen und Grundstücken aufzukommen und Straßenbaulastträger, Polizei, Verkehrssicherungspflichtige und Eisenbahnunternehmer von Ersatzansprüchen Dritter, die aus diesen Schäden hergeleitet werden, freizustellen. Ich verzichte ferner darauf, Ansprüche daraus herzuleiten, daß die Straßenbeschaffenheit nicht den besonderen Anforderungen des Transportes entspricht."

Ausnahmegenehmigung und Erlaubnis § 46 StVO **2**

70   9. Es kann geboten sein, einen Beifahrer, weiteres Begleitpersonal und private Begleitfahrzeuge mit oder ohne Wechselverkehrszeichen-Anlage vorzuschreiben. Begleitfahrzeuge mit Wechselverkehrszeichen-Anlage sind gemäß „Merkblatt über die Ausrüstung eines privaten Begleitfahrzeuges" auszurüsten. Ein Begleitfahrzeug mit Wechselverkehrszeichen-Anlage darf nur vorgeschrieben werden, wenn wegen besonderer Umstände das Zeigen von Verkehrszeichen durch die Straßenverkehrsbehörde anzuordnen ist. Diese Voraussetzung liegt bei einem Großraumtransport insbesondere vor, wenn bei einem Transport

71   a) auf Autobahnen und Straßen, die wie eine Autobahn ausgebaut sind,
       – bei zwei oder mehr Fahrstreifen plus Seitenstreifen je Richtung die Breite über alles   4,50 m

72   – bei zwei Fahrstreifen ohne Seitenstreifen je Richtung die Breite über alles   4 m
       (bei anderen Querschnitten ist die Regel sinngemäß anzuwenden)
       oder

73   b) auf anderen Straßen in der Regel
       die Breite über alles von   3 m
       die Länge über alles von   27 m
       überschritten wird,

74   c) auf allen Straßen der Sicherheitsabstand bei Überführungsbauwerken von 10 cm nicht eingehalten werden kann.

75   Eine polizeiliche Begleitung ist grundsätzlich nur erforderlich, wenn

76   a) bei Autobahnen und Straßen, die wie eine Autobahn ausgebaut sind,
       – bei zwei oder mehr Fahrstreifen plus Seitenstreifen je Richtung die Breite über alles von   5,50 m

77   – bei zwei Fahrstreifen ohne Seitenstreifen je Richtung die Breite von   4,50 m
       oder

78   b) auf anderen Straßen
       – die Breite über alles von   3,50 m
       überschritten wird.

79   Polizeiliche Maßnahmen aus Anlaß eines Transports sind nur erforderlich, wenn
80   a) der Gegenverkehr gesperrt werden muß,
81   b) bei einer Durchfahrt durch ein Überführungsbauwerk oder durch sonstige feste Straßenüberbauten der Transport nur in abgesenktem Zustand erfolgen kann
       oder

82   c) bei sonstigen schwierigen Straßen- oder Verkehrsverhältnissen.
83   Sofern eine polizeiliche Begleitung/polizeiliche Maßnahme erforderlich ist, ist der Transport frühzeitig, in der Regel spätestens 48 Stunden vorher, bei der für den Ausgangsort zuständigen Polizeidienststelle anzumelden.

84   10. Entfällt nach Nummer III 4 (Rn. 32 ff.) das Anhörverfahren, so ist dem Genehmigungsinhaber die Auflage zu erteilen, vor der Durchführung des Verkehrs in eigener Verantwortung zu prüfen, ob der beabsichtigte Fahrtweg für den Verkehr geeignet ist.

       V. Dauerausnahmegenehmigung   **12**

85   1. Einem Antragsteller kann, wenn die Voraussetzungen nach Nummer II (Rn. 14 ff.) vorliegen und er nachweist, daß er häufig entsprechenden Verkehr durchführt, eine auf höchstens drei Jahre befristete Dauerausnahmegenehmigung erteilt werden.

86   2. Eine Dauerausnahmegenehmigung darf nur erteilt werden, wenn
       a) polizeiliche Begleitung nicht erforderlich ist und
87   b) der Antragsteller Großraum- und Schwertransporte schon längere Zeit mit sachkundigen, zuverlässigen Fahrern und verkehrssicheren Fahrzeugen ohne Beanstandung durchgeführt hat.

88   3. Die Dauerausnahmegenehmigung ist auf Fahrten zwischen bestimmten Orten zu beschränken; statt eines bestimmten Fahrtwegs können dem Antragsteller auch mehrere zur Verfügung gestellt werden. Eine Dauerausnahmegenehmigung kann auch für alle Straßen im Zuständigkeitsbereich der Genehmigungsbehörde und der benachbarten Straßenverkehrsbehörden erteilt werden. Für Straßenverkehrsbehörden mit kleinen

räumlichen Zuständigkeitsbereichen können die obersten Landesbehörden Sonderregelungen treffen.

89 4. Eine allgemeine Dauerausnahmegenehmigung (vgl. Allgemeines über Ausnahmegenehmigungen Nummer VI) kann bis zu den in Nummer III.4 aufgeführten Abmessungen erteilt werden. Die höhere Verwaltungsbehörde, die nach § 70 Abs. 1 Nr. 1 StVZO eine Ausnahmegenehmigung von den Vorschriften der §§ 32 und 34 StVZO erteilt, kann zugleich eine allgemeine Dauerausnahmegenehmigung für eine Überschreitung bis zu den in Nummer III 4 (Rn. 32 ff.) aufgeführten Abmessungen erteilen. Die Dauerausnahmegenehmigung ist auf die Geltungsdauer, höchstens jedoch auf drei Jahre, und den Geltungsbereich der Ausnahmegenehmigung nach § 70 Abs. 1 Nr. 1 StVZO zu beschränken.

90 5. In die Dauerausnahmegenehmigung ist die Auflage aufzunehmen, daß der Antragsteller vor der Durchführung des Verkehrs in eigener Verantwortung zu überprüfen hat, ob der beabsichtigte Fahrtweg für den Verkehr geeignet ist. Die Abmessungen, die einzuhalten sind, und die Güter, die befördert werden dürfen, sind genau festzulegen.

91 6. Eine Dauerausnahmegenehmigung darf nur unter den Vorbehalt des Widerrufs erteilt werden. Sie ist zu widerrufen, wenn der Verkehrsablauf unzumutbar beeinträchtigt wird oder sonstige erhebliche Belästigungen oder Gefährdungen der Verkehrsteilnehmer eingetreten sind. Die Dauerausnahmegenehmigung kann widerrufen werden, wenn der Genehmigungsinhaber eine Auflage nicht erfüllt.

92 7. Im übrigen sind die Vorschriften in Nummer I bis IV sinngemäß anzuwenden.

Zu Nummer 5 b

13 93 I. Ausnahmen von der Anlegepflicht
Von der Anlegepflicht für Sicherheitsgurte können Personen im Ausnahmewege befreit werden, wenn

94 – das Anlegen der Gurte aus gesundheitlichen Gründen nicht möglich ist, oder

95 – die Körpergröße weniger als 150 cm beträgt.

96 II. Ausnahmen von der Schutzhelmtragepflicht
Von der Schutzhelmtragepflicht können Personen im Ausnahmewege befreit werden, wenn das Tragen eines Schutzhelmes aus gesundheitlichen Gründen nicht möglich ist.

97 III. Voraussetzungen
Die in Nummer I und II genannten Voraussetzungen gesundheitlicher Art sind durch eine ärztliche Bescheinigung nachzuweisen. In der ärztlichen Bescheinigung ist ausdrücklich zu bestätigen, daß der Antragsteller aufgrund des ärztlichen Befundes von der Gurtanlege- bzw. Helmtragepflicht befreit werden muß. Die Diagnose braucht aus der Bescheinigung nicht hervorzugehen.

98 IV. Geltungsdauer und Auflagen
Die Ausnahmegenehmigungen sind widerruflich und befristet zu erteilen.

99 Soweit aus der ärztlichen Bescheinigung keine geringere Dauer hervorgeht, ist die Ausnahmegenehmigung in der Regel auf ein Jahr zu befristen. Dort, wo es sich um einen attestierten nichtbesserungsfähigen Dauerzustand handelt, ist eine unbefristete Ausnahmegenehmigung zu erteilen.

100 Zu Nummer 6

14 Gegen das Führen von Rindvieh in Viehtriebrahmen hinter Schleppern bestehen keine grundsätzlichen Bedenken. In der Ausnahmegenehmigung ist die zulässige Geschwindigkeit auf weniger als 5 km/h festzusetzen. Die Zahl der zu führenden Tiere ist festzulegen.

101 Zu Nummer 7

15 I. Voraussetzung der Genehmigung
1. Eine Einzelgenehmigung darf nur unter folgenden Voraussetzungen erteilt werden:

102 a) In dringenden Fällen z. B. zur Versorgung der Bevölkerung mit leichtverderblichen Lebensmitteln, zur termingerechten Be- oder Entladung von Seeschiffen, zur Aufrechterhaltung des Betriebes öffentlicher Versorgungseinrichtungen; wirtschaftliche oder wettbewerbliche Gründe allein rechtfertigen eine Genehmigung keinesfalls,

Ausnahmegenehmigung und Erlaubnis § 46 StVO **2**

103 b) für Güter, zu deren Beförderung keine Fahrzeuge bis zu 7,5 t zulässiges Gesamtgewicht verfügbar sind,
104 c) für Güter, deren fristgerechte Beförderung nicht wenigstens zum größten Teil der Strecke auf der Schiene möglich ist, sofern es sich um eine Beförderung über eine Straßenstrecke von mehr als 100 km handelt und
105 d) für grenzüberschreitenden Verkehr, wenn die deutschen und ausländischen Grenzzollstellen zur Zeit der voraussichtlichen Ankunft an der Grenze Lastkraftwagenladungen abfertigen können.
106 2. Eine Dauerausnahmegenehmigung darf nur erteilt werden, wenn außerdem die Notwendigkeit regelmäßiger Beförderung feststeht.
107 II. Das Verfahren
1. Vom Antragsteller sind folgende Unterlagen zu verlangen:
a) Fracht- und Begleitpapiere,
108 b) falls es sich um eine Beförderung über eine Straßenstrecke von mehr als 100 km handelt, eine Bescheinigung der für den Versandort zuständigen Güterabfertigung über die Unmöglichkeit der fristgerechten Schienenbeförderung,
109 c) für grenzüberschreitenden Verkehr ein Nachweis über die Abfertigungszeiten der Grenzzollstelle für Ladungen auf Lastkraftwagen,
110 d) Kraftfahrzeug- und Anhängerschein. Für ausländische Kraftfahrzeuge, in deren Zulassungspapieren zulässiges Gesamtgewicht und Motorleistung nicht eingetragen sind, ist eine entsprechende amtliche Bescheinigung erforderlich.
111 2. Eine Dauerausnahmegenehmigung darf nur erteilt werden, wenn der Antragsteller die Dringlichkeit der Beförderung durch eine Bescheinigung der Industrie- und Handelskammer nachweist oder sonst glaubhaft macht.
112 III. Inhalt der Genehmigung
Für den Genehmigungsbescheid ist ein Formblatt zu verwenden, das das Bundesministerium für Verkehr nach Anhörung der obersten Landesbehörden im Verkehrsblatt bekanntgibt.
113 1. Der Beförderungsweg braucht nur festgelegt zu werden, wenn das aus verkehrlichen Gründen geboten ist.
114 2. Für grenzüberschreitenden Verkehr ist die Beförderungszeit so festzulegen, daß das Kraftfahrzeug an der Grenze voraussichtlich zu einem Zeitpunkt eintrifft, an dem sowohl die deutsche als auch die ausländische Grenzzollstelle zur Abfertigung von Ladungen besetzt ist.
115 3. Die für die Beförderung zugelassenen Güter sind einzeln und genau aufzuführen.

Zu Nummer 9
116 Von dem Verbot verkehrsstörenden Lautsprecherlärms dürfen Ausnahmen nur genehmigt **16** werden, wenn ein überwiegendes Interesse der Allgemeinheit vorliegt.

Zu Nummer 10
117 Gegen die Erteilung einer Ausnahmegenehmigung für Werbung auf Flächen von Leuchtsäu- **17** len bestehen in der Regel keine Bedenken; Gründe der Sicherheit oder Leichtigkeit des Straßenverkehrs werden kaum je entgegenstehen.

Zu Nummer 11
Ausnahmegenehmigungen für Schwerbehinderte mit außergewöhnlicher Gehbehinderung sowie für Blinde
118 I. Parkerleichterungen **18**
1. Schwerbehinderten mit außergewöhnlicher Gehbehinderung kann gestattet werden,
119 a) an Stellen, an denen das eingeschränkte Haltverbot angeordnet ist (Zeichen 286, 290), bis zu drei Stunden zu parken. Antragstellern kann für bestimmte Haltverbotsstrecken eine längere Parkzeit genehmigt werden. Die Ankunftszeit muß sich aus der Einstellung auf einer Parkscheibe (§ 13 Abs. 2 Nr. 2, Bild 291) ergeben,

2 StVO § 46 III. Durchführungs-, Bußgeld- und Schlußvorschriften

120   b) im Bereich eines Zonenhaltverbots (Zeichen 290) die zugelassene Parkdauer zu überschreiten,

121   c) an Stellen, die durch Zeichen 314 und 315 gekennzeichnet sind und für die durch ein Zusatzschild eine Begrenzung der Parkzeit angeordnet ist, über die zugelassene Zeit hinaus zu parken,

122   d) in Fußgängerzonen, in denen das Be- oder Entladen für bestimmte Zeiten freigegeben ist, während der Ladezeiten zu parken,

123   e) an Parkuhren und bei Parkscheinautomaten zu parken, ohne Gebühr und zeitliche Begrenzung,

124   f) auf Parkplätzen für Anwohner bis zu drei Stunden zu parken,

125   g) in verkehrsberuhigten Bereichen (Zeichen 325) außerhalb der gekennzeichneten Flächen ohne den durchgehenden Verkehr zu behindern, zu parken,

126   sofern in zumutbarer Entfernung keine andere Parkmöglichkeit besteht. Die vorgenannten Parkerleichterungen dürfen mit allen Kraftfahrzeugen in Anspruch genommen werden.

127   Die höchstzulässige Parkzeit beträgt 24 Stunden.

128   2. Die Berechtigung ist durch einen Ausweis, der gut sichtbar hinter der Windschutzscheibe anzubringen ist, nachzuweisen.

II. Voraussetzungen der Ausnahmegenehmigung

129   1. Als Schwerbehinderte mit außergewöhnlicher Gehbehinderung sind solche Personen anzusehen, die sich wegen der Schwere ihres Leidens dauernd nur mit fremder Hilfe oder nur mit großer Anstrengung außerhalb ihres Kraftfahrzeuges bewegen können.

130   Hierzu zählen:
Querschnittsgelähmte, Doppeloberschenkelamputierte, Doppelunterschenkelamputierte, Hüftexartikulierte und einseitig Oberschenkelamputierte, die dauernd außerstande sind, ein Kunstbein zu tragen, oder nur eine Beckenkorbprothese tragen können oder zugleich unterschenkel- oder armamputiert sind sowie andere Schwerbehinderte, die nach versorgungsärztlicher Feststellung, auch auf Grund von Erkrankungen, dem vorstehend angeführten Personenkreis gleichzustellen sind.

131   2. Schwerbehinderten mit außergewöhnlicher Gehbehinderung, die keine Fahrerlaubnis besitzen, und Blinden, die auf die Benutzung eines Kraftfahrzeuges angewiesen sind und die sich nur mit fremder Hilfe bewegen können, kann ebenfalls eine Ausnahmegenehmigung (Nummer I 1; Rn. 118 ff.) erteilt werden.

132   In diesen Fällen ist den Behinderten eine Ausnahmegenehmigung des Inhalts auszustellen, daß der sie jeweils befördernde Kraftfahrzeugführer von den entsprechenden Vorschriften der StVO befreit ist.

III. Das Verfahren

133   1. Der Antrag auf Ausnahmegenehmigung ist bei der örtlich zuständigen Straßenverkehrsbehörde zu stellen.

134   2. Die Dauerausnahmegenehmigung soll in der Regel auf zwei Jahre in stets widerruflicher Weise erteilt werden.

135   Antragstellern mit nichtbesserungsfähigen Körperschäden kann die Ausnahme unbefristet unter Widerrufsvorbehalt genehmigt werden.

136   3. Die Ausnahmegenehmigung soll in der Regel gebührenfrei erteilt werden.

137   *IV. Inhalt der Genehmigung*
Für den Genehmigungsbescheid und den Ausweis ist ein bundeseinheitliches Formblatt zu verwenden.

138   *V. Geltungsbereich*
Die Ausnahmegenehmigungen gelten für das ganze Bundesgebiet.

Parkerleichterungen für Ärzte

19   139   I. Ärzte handeln bei einem „rechtfertigenden Notstand" (§ 16 des Gesetzes über Ordnungswidrigkeiten) nicht rechtswidrig, wenn sie die Vorschriften der StVO nicht beachten.

Ausnahmegenehmigung und Erlaubnis § 46 StVO **2**

140 II. *Ärzte, die häufig von dieser gesetzlichen Ausnahmeregelung Gebrauch machen müssen, erhalten von der zuständigen Landesärztekammer ein Schild mit der Aufschrift*
„*Arzt – Notfall –*
Name des Arztes ...
Landesärztekammer",
das im Falle von I gut sichtbar hinter der Windschutzscheibe anzubringen ist.

Zu Nummer 12

141 Eine Ausnahmegenehmigung soll grundsätzlich erteilt werden, wenn die Betroffenen über keine eigenen Betriebshöfe oder Abstellflächen verfügen und sich solche Möglichkeiten auch nicht in zumutbarer Weise beschaffen können und wenn sich zugleich keine Parkplätze mit Abstellerlaubnis in der näheren Umgebung befinden und auch nicht geschaffen werden können. 20

Zu Absatz 2

142 Die zuständigen obersten Landesbehörden oder die von ihnen bestimmten Stellen können von allen Bestimmungen dieser Allgemeinen Verwaltungsvorschrift Abweichungen zulassen. 21

Zu Absatz 3

Zu Satz 3

143 Es genügt nicht, wenn eine beglaubigte Abschrift oder eine Ablichtung des Bescheides mitgeführt wird. 22

1. Ausnahmen von bestimmten Vorschriften der StVO durch die Straßenverkehrsbehörden sind im Rahmen von I Nr 1 bis 12 aus sachlich vertretbaren Gründen zulässig, und zwar in bestimmten Einzelfällen oder allgemein für bestimmte Antragsteller. Der VT, für den die Ausnahmegenehmigung gilt, muß bestimmt (nicht bloß bestimmbar) sein, BVG NZV **94** 244 (unzulässig: Ausnahmegenehmigung für Gewerbetreibenden *und dessen* „*Kunden*"). Zuständigkeit: § 47 II. Die Erlaubnis spricht aus, daß keine verwaltungsrechtlichen Hindernisse bestehen. Zum Inhalt einer Ausnahmegenehmigung gem I Nr 11, Dü VRS **71** 71. Die Erlaubnis (Ausnahmebewilligung) setzt Gründe voraus, welche das öffentliche Interesse an dem Verbot, von welchem dispensiert werden soll, überwiegen; sie darf das Schutzgut der Vorschrift nicht wesentlich beeinträchtigen, VGH Mü NZV **98** 390, VG Bra NZV **01** 140, VG Augsburg DAR **01** 233, *Tettinger* NZV **98** 486. Die mit dem Verbot verfolgten öffentlichen Belange sind unter Beachtung des Grundsatzes der Verhältnismäßigkeit gegen die besonderen Interessen des Antragstellers **abzuwägen,** BVG NZV **94** 244, VRS **73** 308, VGH Mü NZV **98** 390, OVG Münster VRS **99** 316, DAR **96** 369, VG Bra NZV **01** 140, VG Augsburg DAR **01** 233. Durch die beantragte Ausnahmegenehmigung möglicherweise eintretende Beeinträchtigungen von Anliegerinteressen sind zu berücksichtigen, Ol NZV **89** 22, VGH Mü NZV **98** 390. Anhörung der beteiligten Behörden vor Erteilung der Ausnahmegenehmigung ist geboten, wenn deren Zweck oder Geltungsbereich es erfordert (Vwv Rn 29f) (Pol, StrBauB), zB zum Schutz der Straße. Soweit Ausnahmen von Verboten bereits nach § 16 OWiG gerechtfertigt sind, kann eine Ausnahmegenehmigung nach § 46 nicht erteilt werden, BVG NJW **88** 2317 (Anfahren einer Apotheke in dringenden Fällen). Eine Ausnahmegenehmigung, die einen für VT gefährlichen und unerträglichen Zustand schafft oder aufrechterhält, ist unzulässig, VGH Ka VM **79** 55. Die Ausnahmegenehmigung kann nicht für einen *unbestimmten* Personenkreis (zB Besucher eines StrAnliegers) erteilt werden (s Abs I S 1), OVG Ko NJW **85** 2045. Wen eine VRegelung daran hindert, seine Geschäftsräume mit einem sachangemessenen Kfz zu erreichen, der muß sich um eine Ausnahmegenehmigung bemühen, Kö VRS **59** 47. Die StrVB können den Katalog des I nicht ausdehnen. Die §§ 1, 11 bleiben stets zu beachten. Einzelheiten zum Ausnahmekatalog der Nrn 1–12: Vwv. Allgemein über Ausnahmegenehmigungen: Vwv. Str, ob der Ermessensspielraum der VB zunächst jedenfalls das Vorliegen von Umständen voraussetzt, die einen Ausnahmefall begründen, so VGH Ma NZV **91** 485, oder ob erst im Rahmen der Ermessensentscheidung das Bestehen einer Ausnahmesituation zu prüfen ist, so BVG NZV **97** 372, OVG Münster VRS **99** 23

316, DAR **96** 369. Jedenfalls dürfen Ausnahmegenehmigungen nur bei **besonderer Dringlichkeit unter strengen Anforderungen** an den Nachweis der Ausnahmevoraussetzungen erteilt werden (Vwv Rn 1), BVG NJW **74** 1781, VGH Mü NZV **98** 390, und nur, wenn das genehmigte Verhalten den Verkehr weder erschweren noch gefährden kann, BVG NJW **74** 1781, VG Berlin VM **97** 87. Dabei ist die Verkehrssicherheit durch Bedingungen oder Auflagen zu berücksichtigen (Vwv Rn 2). **Rspr zum Ausnahmekatalog:** Keine Ausnahme von der Radweg-Benutzungspflicht nur im Hinblick auf allgemeine, jeden Radf in gleicher Weise treffende Nachteile, VG Berlin NZV **89** 167. Keine Ausnahme vom Feiertagsfahrverbot für Lkw *allein* aus wirtschaftlichen oder wettbewerbsrechtlichen Gründen, OVG Münster NZV **95** 43. Dem FzEinsatz im grenzüberschreitenden V kann jedoch bei der Ermessensausübung wesentliches Gewicht zukommen, OVG Münster NZV **95** 43. Die Erlaubnis nach I Nr 8 ist eine freie Erlaubnis, sie muß nicht bei Vorliegen bestimmter Voraussetzungen erteilt werden, OVG Münster VRS **48** 389. Zur Frage, ob eine Ausnahmegenehmigung vom allgemeinen Fahrverbot für Kfze auf Strn, die dem KfzV nicht gewidmet sind, eine verwaltungsrechtliche Sondernutzungserlaubnis voraussetzt, VGH Mü BayVBl **71** 273 (bejahend), OVG Münster VRS **99** 316, VGH Ka NZV **91** 405, NVwZ-RR **92** 2 (jeweils verneinend). Der besondere Vorrang der Fußgängersicherheit in Fußgängerzonen wird vielfach einer Dauerausnahmegenehmigung zum Befahren mit Kfzen entgegenstehen, s VGH Mü NZV **98** 390. Eine derartige Ausnahmegenehmigung setzt besondere Dringlichkeit nach strengem Maßstab voraus, OVG Münster VRS **99** 316. Es ist rechtlich nicht zu beanstanden, daß zwar für das Befahren eines Fußgängerbereichs durch Taxen eine Ausnahmegenehmigung erteilt, eine solche für Mietwagen aber versagt wird, VG Bra NZV **01** 140. Die wesentliche Erhöhung des Risikos eines Überfalls auf Geldtransporte kann die Erteilung einer Ausnahmegenehmigung für das Befahren eines Fußgängerbereichs rechtfertigen, OVG Münster VRS **99** 316, VGH Ka NZV **91** 405. Zur Ausnahmegenehmigung für Anlieger bei Fahrverboten in Kurorten, BVG VRS **52** 306, **73** 308, OVG Lüneburg DAR **73** 54. Versagung der Ausnahmegenehmigung zum Befahren der einzigen ZufahrtStr mit schweren Lkw als enteignungsgleicher Eingriff, BGH NJW **75** 1880. Kein Anspruch eines privaten Paketzustelldienstes auf Ausnahme von Halt- und Parkverboten, OVG Münster NZV **94** 86. Ausnahmen vom Lautsprecherverbot nur bei Veranstaltungen „von außergewöhnlicher Bedeutung oder aus höherwertigen Gründen (zB Katastrophenschutz)", nicht zwecks politischer Werbung, OVG Münster VBl **72** 539. Ausnahmen von der **Gurtanlegepflicht:** § 21a Rz 12. **Ärzte:** Unter den Voraussetzungen des § 16 OWiG ist Nichtbeachtung einer VRegel auch ohne Ausnahmegenehmigung gesetzlich gerechtfertigt. Die Vwv Rn 140 (Rz 19) sieht für Notstandsfälle ein „Notstandsschild" zur Glaubhaftmachung vor, das die Pol nicht bindet. Weitergehende Ausnahmegenehmigungen, abgestellt etwa auf Unzumutbarkeit anderweiten Parkens, sind zulässig. Zur gegenseitigen Gewährung von **Parkerleichterungen** für Schwerbehinderte in den CEMT-Staaten bei Benutzung amtlicher Ausweise, VBl **79** 844. EU-einheitlicher Ausweis nach § 46 (Parkerleichterungen für Schwerbehinderte mit außergewöhnlicher Gehbehinderung sowie für Blinde), VBl **00** 625. Muster des Genehmigungsbescheides für Schwerbehinderte nach § 46, VBl **96** 76. *Hauser,* Parkerleichterungen für Schwerbehinderte, VD **83** 2. *Bouska,* Parkerleichterungen für Schwerbehinderte und Blinde sowie für Ärzte, VD **76** 233. *Stollenwerk,* Parkerleichterungen für Schwerstbehinderte, VD **98** 64. Kein Rechtsanspruch auf Parksondererlaubnis gem Abs I Nr 4a, b für nicht behinderten Anwohner bei 1 km entferntem Dauerparkplatz, VGH Mü NZV **92** 503. Zur Erteilung und zum Widerruf von Ausnahmegenehmigungen zum Parken für Handwerksbetriebe, s *Rebler* NZV **02** 109. Zur Möglichkeit einer Regelung des Anwohnerparkens durch Ausnahmegenehmigungen, s *Tettinger* NZV **98** 481. **Bloßes Dulden** vorschriftswidrigen Verhaltens ist keine gültige Ausnahmegenehmigung, wie sich bereits aus III ergibt. Erteilt ist eine Ausnahmegenehmigung erst mit der förmlich ausgedrückten behördlichen Entschließung, wobei offenbleiben kann, ob hierfür nur die Schriftform ausreicht. Kosten für Amtshandlungen im StVO-Vollzug bei Gemeindezuständigkeit, *Rott* VD **78** 291, **79** 83. Eine Ausnahmegenehmigung darf widerrufen werden, wenn sachliche Abwägung des Interesses des Betroffenen mit den öffentlichen Belangen dies rechtfertigt, OVG Lüneburg NJW **79** 1422.

2. Auf Ladeflächen von Lkw dürfen Personen nur im Rahmen von § 21 mitgenommen werden. Davon können die StrVB nunmehr, nach Änderung von Abs I Nr 5a durch die 9. StVO-ÄndVO, Ausnahmen bewilligen. Ebenso die in § 46 I S 2 bezeichneten Dienststellen für ihre Dienstbereiche. Auch sie müssen dabei die allgemeine VSicherheit und die Sicherheit der Beförderten gewährleisten (zB Stehverbot, bei mehr als 8 Personen fest eingebaute Sitze). 24

3. Ausnahmen von allen Vorschriften der StVO durch die obersten Landesbehörden oder das BMV sind im Rahmen von II für bestimmte Einzelfälle oder allgemein für bestimmte Antragsteller zulässig (**E** 128). Entsprechendes gilt gem Vwv Rn 142 für alle Bestimmungen der Vwv. Auch von der Bestimmung des § 35 Va (Sonderrechte für RettungsFze) kann eine Ausnahme erteilt werden, OVG Münster NZV **00** 514. II bezweckt, besonderen Ausnahmen Rechnung zu tragen, die bei strikter Rechtsanwendung nicht hinreichend berücksichtigt werden könnten, BVerfG VM **76** 43. Zuständig sind die obersten Landesbehörden ausnahmslos für Ausnahmen vom Verbot von Rennveranstaltungen (§ 29 I) (§ 46 I S 3, 2. Halbs), sonst, soweit sich die Ausnahmegenehmigung nicht auf ein anderes Land auswirkt. II S 3, Halbsatz 2 ist eine reine Zuständigkeitsregelung; für die Bewertung im Rahmen des Ermessens kann daraus nichts hergeleitet werden, BVG NZV **97** 372. Das BMV ist zuständig, wenn die Ausnahmegenehmigung über ein Land hinauswirkt und (so daß?) eine einheitliche Entscheidung notwendig ist (II S 3). Vorher hört er die obersten Landesbehörden an. Seine Entscheidung ergeht idR durch VO. Entsprechende Regelung in § 70 StVZO. 25

4. Widerrufsvorbehalt, Bedingungen, Auflagen und Befristung sind bei Ausnahmegenehmigungen zu Erlaubnissen gemäß I, II zulässig (Abs III). Die Befristung dient der VB zur Kontrolle des Fortbestehens der Ausnahmegründe; bei unveränderter Sachlage kann nach Fristablauf immer wieder erneut eine Ausnahmegenehmigung erteilt werden, BVG NZV **94** 244. Nichtbeachtung einer Auflage macht die Ausnahmegenehmigung nicht unwirksam, BGH VR **61** 1044. Kann die Nichtbefolgung von Auflagen zu Schädigungen von Anliegern führen, so ist die Einhaltung streng zu kontrollieren, Ol NZV **89** 22 (Hausschäden durch schwere Fze). 26

4 a. Mitzuführen sind die Originalbescheide, nicht nur beglaubigte Abschriften oder Ablichtungen (Vwv Rn 143). Nur bei Erlaubnissen nach § 29 III genügt gem Abs III S 4 das Mitführen fernkopierter Bescheide. Verlust des Bescheids oder Nichtmitführen beeinträchtigt die Gültigkeit der Ausnahmegenehmigung nicht. 27

Zuständigen Personen ist der Bescheid auf Verlangen zur Prüfung auszuhändigen (Bediensteten der StrVB, der Polizei, des Zollgrenzdienstes), Abs III S 3. Der Bedienstete hat sich als solcher auszuweisen. Er muß nicht Beamter sein. Daß der Bescheid auf Verlangen auszuhändigen ist, setzt keinen OW-Verdacht voraus. Zu prüfen ist vielmehr nach pflichtgemäßem Ermessen des Bediensteten und seiner Behörde. Der Bedienstete darf Fze zwecks Prüfung anhalten, da die Vorschrift sonst nur auf dem Papier stünde. Aushändigen bedeutet, zur Kontrolle, und nur zu dieser, übergeben. Der Bedienstete muß den Bescheid prüfen und sich Aufzeichnungen machen können, Dü VM **67** 23. S die §§ 4 FeV, 24 StVZO. Vorzeigepflicht bei örtlichem und zeitlichem Zusammenhang auch noch nach der Fahrt, Bay VRS **3** 278, Ha VRS **24** 464, nicht mehr 1 Stunde später, Dü VM **69** 16. 28

5. Ordnungswidrig (§ 24 StVG) handelt, wer entgegen § 46 III eine vollziehbare Auflage seiner Ausnahmegenehmigung oder Erlaubnis nicht befolgt (§ 49 IV Nr 4), oder wer den Bescheid darüber schuldhaft nicht mitführt oder dem zuständigen Bediensteten auf dessen Verlangen nicht prüfungsfähig aushändigt (§ 49 IV Nr 5). Bloße Empfehlungen und Hinweise auf die Grundregeln des § 1 sind keine Auflagen iS von III S 1, Dü VRS **78** 312. Täter können auch der Halter oder die ihm gem § 9 OWiG gleichgestellten Personen sein, Bay VRS **65** 398, Dü NZV **90** 321. Auch Beteiligung nach § 14 OWiG ist möglich, Dü NZV **90** 321. Andere OW-Tatbestände sieht § 46 nicht vor, Ko VRS **58** 460. 29

6. Sonderrechte von Fzen des StrBaus, der StrUnterhaltung und -reinigung und der Müllabfuhr: § 35. 30

Örtliche Zuständigkeit

47 (1) ¹Die Erlaubnis nach § 29 Abs. 2 und nach § 30 Abs. 2 erteilt für eine Veranstaltung, die im Ausland beginnt, die nach § 44 Abs. 3 sachlich zuständige Behörde, in deren Gebiet die Grenzübergangsstelle liegt. ²Diese Behörde ist auch zuständig, wenn sonst erlaubnis- oder genehmigungspflichtiger Verkehr im Ausland beginnt. ³Die Erlaubnis nach § 29 Abs. 3 erteilt die Straßenverkehrsbehörde, in deren Bezirk der erlaubnispflichtige Verkehr beginnt, oder die Straßenverkehrsbehörde, in deren Bezirk der Antragsteller seinen Wohnort, seinen Sitz oder eine Zweigniederlassung hat.

(2) Zuständig sind für die Erteilung von Ausnahmegenehmigungen:
1. nach § 46 Abs. 1 Nr. 2 für eine Ausnahme von § 18 Abs. 1 die Straßenverkehrsbehörde, in deren Bezirk auf die Autobahn oder Kraftfahrstraße eingefahren werden soll. Wird jedoch eine Erlaubnis nach § 29 Abs. 3 oder eine Ausnahmegenehmigung nach § 46 Abs. 1 Nr. 5 erteilt, so ist die Verwaltungsbehörde zuständig, die diese Verfügung erläßt;
2. nach § 46 Abs. 1 Nr. 4a für kleinwüchsige Menschen sowie nach § 46 Abs. 1 Nr. 4a und 4b für Ohnhänder die Straßenverkehrsbehörde, in deren Bezirk der Antragsteller seinen Wohnort hat, auch für die Bereiche, die außerhalb ihres Bezirks liegen;
3. nach § 46 Abs. 1 Nr. 4c die Straßenverkehrsbehörde, in deren Bezirk der Antragsteller seinen Wohnort, seinen Sitz oder eine Zweigniederlassung hat;
4. nach § 46 Abs. 1 Nr. 5 die Straßenverkehrsbehörde, in deren Bezirk der zu genehmigende Verkehr beginnt oder die Straßenverkehrsbehörde, in deren Bezirk der Antragsteller seinen Wohnort, seinen Sitz oder eine Zweigniederlassung hat;
5. nach § 46 Abs. 1 Nr. 5b die Straßenverkehrsbehörde, in deren Bezirk der Antragsteller seinen Wohnort hat, auch für die Bereiche, die außerhalb ihres Bezirks liegen;
6. nach § 46 Abs. 1 Nr. 7 die Straßenverkehrsbehörde, in deren Bezirk die Ladung aufgenommen wird oder die Straßenverkehrsbehörde, in deren Bezirk der Antragsteller seinen Wohnort, seinen Sitz oder eine Zweigniederlassung hat. Diese sind auch für die Genehmigung der Leerfahrt zum Beladungsort zuständig, ferner dann, wenn in ihrem Land von der Ausnahmegenehmigung kein Gebrauch gemacht wird oder wenn dort kein Fahrverbot besteht;
7. nach § 46 Abs. 1 Nr. 11 die Straßenverkehrsbehörde, in deren Bezirk die Verbote, Beschränkungen und Anordnungen erlassen sind, für Schwerbehinderte mit außergewöhnlicher Gehbehinderung und Blinde jedoch jede Straßenverkehrsbehörde auch für solche Maßnahmen, die außerhalb ihres Bezirks angeordnet sind;
8. in allen übrigen Fällen die Straßenverkehrsbehörde, in deren Bezirk von der Ausnahmegenehmigung Gebrauch gemacht werden soll.

(3) Die Erlaubnis für die übermäßige Benutzung der Straße durch die Bundeswehr, die in § 35 Abs. 5 genannten Truppen, den Bundesgrenzschutz, die Polizei und den Katastrophenschutz erteilt die höhere Verwaltungsbehörde oder die nach Landesrecht bestimmte Stelle, in deren Bezirk der erlaubnispflichtige Verkehr beginnt.

1 **Begr** zur ÄndVO v 22. 3. 88: VBl **88** 228.

VwV zu § 47 Örtliche Zuständigkeit

Zu Absatz 1 und Absatz 2 Nr. 1

2 *1 Über Anträge auf Dauererlaubnis und Dauerausnahmegenehmigung sollte in der Regel diejenige Straßenverkehrsbehörde entscheiden, in deren Bezirk der Antragsteller seinen Wohnsitz, seinen Sitz oder eine Zweigniederlassung hat. Will diese Behörde das Verfahren abgeben, so hat sie das eingehend zu begründen und über den Antragsteller ausführlich zu berichten.*

3 1. Der erlaubnispflichtige Verkehr beginnt dort, wo der Sondertransport erstmals in den öffentlichen VRaum gelangt. In den übrigen Fällen sind Sitz oder Zweigniederlassung des Antragstellers maßgebend. Für Anträge gemäß der Vwv Rn 118 ff zu § 46 I Nr 11 (Parkausnahmegenehmigungen für Schwerbehinderte und Blinde) ist die für den Wohnsitz oder gewöhnlichen Aufenthaltsort des Antragstellers oder den FzStandort zu-

Verkehrsunterricht § 48 StVO **2**

ständige Behörde örtlich zuständig (Vwv Rn 133 zu § 46), auch wenn dort keine einschränkenden Anordnungen bestehen, oder diejenige, in deren Bereich die Ausnahmegenehmigung überwiegend benutzt werden soll. „Anordnungen erlassen sind" in II Nr 7 heißt: dort bestehen, gelten, dort zu beachten. Firmen haben ihren Sitz nicht notwendigerweise am Wohnort des Inhabers, sondern dort, von wo aus die Geschäfte betrieben werden. Antragsteller kann eine juristische Person sein (Verein, §§ 21 ff BGB, Gesellschaft nach HGB, GmbHG und AktG, Genossenschaften) oder auch eine Einzelfirma (§ 17 HGB) oder Verwaltungsdienststelle, s OVG Münster VRS **83** 298. Bei ihnen kommt es für die örtliche Zuständigkeit auf Sitz, Niederlassung, Zweigniederlassung oder Dienstsitz an, auf den Ort, an dem sich die Leitung der juristischen Person, Firma oder Dienststelle dauernd befindet. Antragsteller ist, wer die behördliche Maßnahme im eigenen Namen (OVG Münster VRS **83** 298) begehrt, ohne Rücksicht darauf, ob er selbst Inhaber der Erlaubnis werden kann, OVG Münster VRS **83** 298. Einflußnahme des BR auf die Fassung von § 47: BRDrucks 420/70 Nr 25.

Verkehrsunterricht

48 Wer Verkehrsvorschriften nicht beachtet, ist auf Vorladung der Straßenverkehrsbehörde oder der von ihr beauftragten Beamten verpflichtet, an einem Unterricht über das Verhalten im Straßenverkehr teilzunehmen.

Begr zu § 48:

... *Daß die Vorschrift verfassungsmäßig ist und durch die Ermächtigung gedeckt wird, ist ständige Rechtsprechung. Daß die Maßnahme sinnvoll sein, in einem angemessenen Verhältnis zu dem festgestellten Verkehrsverstoß stehen muß und keinesfalls schikanös oder willkürlich sein darf, ist unbestritten. Als Strafnorm enthielt § 6 (alt) eine zulässige Spezifizierung des Tatbestandes (BVerfassG 23. 5. 67 VerkMitt. 1967 Nr. 86). Nun bußgeldbewehrt (§ 49 Abs. 4 Nr. 6), enthält die Vorschrift einen „bestimmten Tatbestand" im Sinne des § 24 StVG. Die Fassung des § 6 (alt) wird deshalb beibehalten.* 1

Vwv zu § 48 Verkehrsunterricht

1 I. *Zum Verkehrsunterricht sind auch Jugendliche von 14 Jahren an, Halter sowie Aufsichtspflichtige in Betrieben und Unternehmen heranzuziehen, wenn sie ihre Pflichten nicht erfüllt haben.* 2

2 II. *Zweck der Vorschrift ist es, die Sicherheit und Ordnung auf den Straßen durch Belehrung solcher, die im Verkehr Fehler begangen haben, zu heben. Eine Vorladung ist daher nur dann sinnvoll und überhaupt zulässig, wenn anzunehmen ist, daß der Betroffene aus diesem Grund einer Belehrung bedarf. Das trifft in der Regel nicht bloß bei Personen zu, welche die Verkehrsvorschriften nicht oder nur unzureichend kennen oder beherrschen, sondern auch bei solchen, welche die Bedeutung und Tragweite der Vorschriften nicht erfaßt haben. Gerade Mehrfachtäter bedürfen in der Regel solcher Einwirkung. Aber auch schon eine einmalige Verfehlung kann sehr wohl Anlaß zu einer Vorladung sein, dies vor allem dann, wenn ein grober Verstoß gegen eine grundlegende Vorschrift vorliegt, oder wenn der bei dem Verstoß Betroffene sich trotz Belehrung uneinsichtig gezeigt hat.* 3

3 III. *Die Straßenverkehrsbehörde soll in der Regel nur Personen zum Verkehrsunterricht heranziehen, die in ihrem Bezirk wohnen. Müssen Auswärtige unterrichtet werden, so ist die für deren Wohnort zuständige Straßenverkehrsbehörde zu bitten, Heranziehung und Unterrichtung zu übernehmen.* 4

4 IV. *Der Verkehrsunterricht kann auch durch Einzelaussprache erteilt werden, wenn die Betroffenen aus wichtigen Gründen am allgemeinen Verkehrsunterricht nicht teilnehmen können oder ein solcher nicht stattfindet.* 5

5 V. *Die Vorladung muß die beruflichen Verpflichtungen der Betroffenen berücksichtigen. Darum kann es unter Umständen zweckmäßig sein, den Unterricht auf einen Sonntag festzusetzen; dann sind die Unterrichtszeiten mit den kirchlichen Behörden abzustimmen; Betroffene, die sich weigern oder nicht erscheinen, dürfen dafür nicht zur Verantwortung gezogen werden und sind auf einen Werktag oder einen Samstag umzuladen.* 6

7 **1. Verkehrsunterricht.** Die Vorschrift bezweckt bessere VSicherheit durch Belehrung (Vwv Rn 2). Sie ist problematisch, weil sie die Möglichkeit zwangsweiser Erwachsenenerziehung voraussetzt, denn als Strafe wäre sie unzulässig (§ 24 StVG). Jede Strafwirkung muß bei ihrer Auslegung daher vermieden werden. Mit dem GG war die den gleichen Gegenstand regelnde Vorschrift des § 6 StVO (alt) vereinbar, BVerfGE **22** 21 = NJW **67** 1221, BVG NJW **58** 1249. Es ist anzunehmen, daß das BVerfG auch den inhaltlich gleichen § 48 so beurteilen würde, s VGH Mü NZV **91** 207. Abl *Geiger* DAR **76** 324, *Forsthoff*, Festschrift 45. Deutscher Juristentag 53–57. Die Vorschrift richtet sich auch gegen den Halter oder dessen Beauftragten, VGH Ka VM **75** 76.

Lit: *Beck*, Anordnung des VUnterrichts, DAR **93** 405. *Böcher*, Das „Was" und „Wie" einer effektiven VBeratung, ZVS **69** 71,155. *Brune*, Fragen zu § 6 StVO (= § 48 n. F.), DAR **59** 314. *Mühlhaus*, VUnterricht für VSünder, VOR **73** 95. *Müller*, Stellenwert und Voraussetzungen des VUnterrichts, VD **01** 259. Stollenwerk, Anordnung zur Teilnahme am VUnterricht …, VD **94** 211.

8 **2. Keine Strafe** darf der Verkehrsunterricht sein (Rz 7). Dem hat die Auslegung zu entsprechen, VGH Mü NZV **91** 207. Eine Vorladung ist nur zulässig, wo der Verkehrsunterricht sinnvoll der Sicherheit dienen kann, BVG NJW **71** 261, VGH Ka VM **74** 58, nicht nur als Freizeitbeschränkung, die auf Strafe hinausliefe. Das trifft nur zu, wo der Betroffene über etwas belehrt werden kann, das er nicht weiß, nicht versteht, in seiner Tragweite oder Bedeutung nicht begreift oder vergessen hat (s Vwv Rn 2), VGH Mü NZV **91** 207. Der Unterricht soll die Kenntnis der VVorschriften vertiefen oder auffrischen oder die möglicherweise schwerwiegenden Folgen von Verstößen vor Augen führen, VGH Ka VM **74** 58, BVG NJW **71** 261 (Anm *von Brunn* NJW **71** 636). Sinnvoll ist die Vorladung nur, wenn einer der Unterrichtszwecke bei dem Betroffenen erreichbar ist, VGH Ka VM **74** 58. Nach häufigen gleichartigen Verstößen kommt es weniger auf Regelkenntnis, als auf Stärkung des Verantwortungsbewußtseins an, VGH Ka VM **75** 76. Außerdem ist pädagogisch zweckmäßige Belehrung vorauszusetzen, und die Maßnahme muß im verständigen Verhältnis zum Verstoß stehen (Begr), Bay DAR **69** 167, BVG NJW **71** 261. Der Zweck, dem Betroffenen im Interesse der VSicherheit Regelkenntnis beizubringen, muß erreicht werden können, BVerfG NJW **67** 1221. Bei einem vorsätzlichen Verstoß trifft dies allenfalls zu, wenn ihm die Einsicht in die Notwendigkeit der Beachtung einer bestimmten Vorschrift überzeugend vermittelt werden kann. In Betracht kommen werden vor allem wiederholte oder grobe Regelverstöße (Vwv Rn 2), VGH Mü NZV **91** 207. Zeigt sich der Betroffene berechtigter Belehrung unzugänglich, so kann aber ein einmaliger, nicht ganz unerheblicher Verstoß genügen, s OVG Br DAR **61** 95. Unter den erwähnten Voraussetzungen kann auch eine Geschwindigkeitsüberschreitung die Vorladung rechtfertigen, VG Mü DAR **65** 166.

9 **Unzulässig ist die Vorladung,** wenn er die Vorschrift genau kennt (erfahrener Anwalt), s *Müller* VD **01** 263, und die möglichen Folgen ihrer Verletzung nach Beruf, Erfahrung und Fahrpraxis überblickt, OVG Ko NJW **65** 1733. Keine Vorladung ist zulässig bei einem Verstoß gegen eine bekannte Vorschrift nur aus Unachtsamkeit oder aus Gründen, die mit der Kenntnis der VRegeln nichts zu tun haben, BVerfG NJW **67** 1221, oder wegen „Unbotmäßigkeit" bei einer Radarkontrolle, OVG Ko VRS **35** 316. Das Bestreben, eine fahrlässig begangene erhebliche Geschwindigkeitsüberschreitung in einem günstigen Licht erscheinen zu lassen, rechtfertigt nicht ohne weiteres VUnterricht, VGH Mü NZV **91** 207.

10 **Die Begehung von VVerstößen muß feststehen,** VGH Ka VM **75** 77, *Müller* VD **01** 260, sie ist Tatbestandsmerkmal und im Bußgeldverfahren zu prüfen, *Mühlhaus* VOR **73** 112, *Janiszewski* 802, aM Kar NJW **72** 2097. Das Gericht entscheidet, ob der Verstoß die Vorladung rechtfertigt, Neust DAR **62** 24. Verteidigungsvorbringen darf nicht zum Nachteil des Betroffenen verwendet werden, OVG Ko DAR **68** 192.

11 **3. Durch Vorladung** wird die Teilnahmepflicht am Unterricht begründet, BVerfG NJW **67** 1221, nicht durch den VVerstoß. Sie setzt eine Entschließung der StrVB (Rz 13) und deren Zustellung (zwecks Nachweises) oder Bekanntgabe an den Betroffenen durch den von der StrVB Beauftragten voraus. Die Entschließung steht unübertrag-

Ordnungswidrigkeiten   § 49 StVO **2**

bar nur der Behörde zu. Die Vorladung ist als Verwaltungsakt gerichtlich nachprüfbar, BVerfG NJW **67** 1221, Kar NJW **72** 2097, Dü VM **65** 91. Die Anfechtung hat aufschiebende Wirkung, § 80 I S 1 VwGO. Vorgeladen werden kann auch der Halter oder im Betrieb Aufsichtspflichtige, der VVorschriften nicht beachtet oder zur Nichtbeachtung zumindest fahrlässig beigetragen hat (Vwv Rn 1), ebenso Jugendliche ab 14 Jahren (Vwv Rn 1).

Der **Zeitpunkt des VUnterrichts** muß die Berufspflichten des Betroffenen berücksichtigen (Vwv Rn 5) und wird daher auch sonn- oder feiertags liegen können (Vwv Rn 5), doch nur im Rahmen des Maßgebots und ohne Erzwingungsmöglichkeit (Vwv Rn 5), aM Ha DAR **57** 81 entgegen Art 4 II GG (Vorladung für Sonntag zur Kirchzeit). Zur Vorladungsgebühr *Rott* VD **70** 265.   **12**

4. Zuständig für die Entschließung (Rz 11) zur Vorladung ist die StrVB, nicht der Amtsrichter, Ko DAR **72** 50, nicht der Amtsvorsteher oder die OrtspolB, und auch kein von der StrVB Beauftragter (Rz 11). Dieser darf lediglich vorladen. Auf Teilnahme am Unterricht darf ein Jugendrichter nur im Rahmen einer Vollstreckungsanordnung (§ 98 I OWiG) erkennen, Kö VM **76** 36.   **13**

5. Ordnungswidrig (§ 24 StVG) handelt, wer entgegen § 48 einer Vorladung zum Unterricht nicht folgt (§ 49 IV Nr 6), dh trotz ordnungsgemäßer Vorladung zum Unterricht nicht erscheint. Aktive Teilnahme kann nicht erzwungen werden. OW nach § 48 nur bei Nichtbefolgung einer **unanfechtbar gewordenen oder für sofort vollziehbar erklärten Vorladung,** *Mühlhaus* VOR **73** 108, Kar NJW **72** 2097, aM *Bouska* VD **69** 257, aM (OW) sogar für den Fall der anfechtbaren, für nicht sofort vollziehbar erklärten Ladung Bay DAR **69** 167. Zum Tatbestand der OW nach §§ 48, 49 IV Nr 6 gehören also nach richtiger Auffassung sowohl die Begehung des der Entschließung nach § 48 zugrunde liegenden VVerstoßes (s Rz 10) als auch die Unanfechtbarkeit der Vorladung, *Jan/Jag/Bur* 5. Zum Verfahren bei Widerspruch gegen die Vorladung, OVG Br DAR **75** 54. Anordnung sofortiger Vollziehung setzt ein *besonderes* öffentliches Interesse an der Vollziehung voraus; dieses muß über das allgemeine öffentliche Interesse nach strengem Maßstab hinausgehen, VGH Ka VM **74** 58. Bei offensichtlich aussichtslosen Rechtsmitteln geht das öffentliche Interesse an sofortiger Vollziehung vor, VGH Ka VM **74** 58. Auch wer zur Zeit des Unterrichts keine FE hat, weil sie ihm entzogen worden ist, muß teilnehmen, aM Neust DAR **62** 24, da jeder VT die wesentlichen VVorschriften kennen muß. **Unmittelbarer Zwang** zur Teilnahme bei Nichtzahlung des Zwangsgeldes ist gegenüber der Pflicht zur Teilnahme an einem lediglich mehrstündigen Unterricht stets ein Verstoß gegen das Übermaßverbot; Ersatzzwangshaft (von bis zu 5 Tagen!) soll dagegen nach OVG Br VRS **43** 157, 160 als das mildere Zwangsmittel zulässig sein. Beide Entscheidungen nehmen als unbestreitbar an, die rechtskräftig gewordene Vorladung müsse auch mit Zwangshaft durchgesetzt werden können. Keine wägt Sinn, Bedeutung, Durchführung und Dauer des angeordneten Unterrichts, bei dem geistig mitzuarbeiten überdies nicht angeordnet werden kann, gegen das Übergewicht der Inhaftnahme nachprüfbar ab.   **14**

Ordnungswidrigkeiten

49 (1) Ordnungswidrig im Sinne des § 24 des Straßenverkehrsgesetzes handelt, wer vorsätzlich oder fahrlässig gegen eine Vorschrift über

1. das allgemeine Verhalten im Straßenverkehr nach § 1 Abs. 2,
2. die Straßenbenutzung durch Fahrzeuge nach § 2,
3. die Geschwindigkeit nach § 3,
4. den Abstand nach § 4,
5. das Überholen nach § 5 Abs. 1 bis 4a, Abs. 5 Satz 2, Abs. 6 oder 7,
6. das Vorbeifahren nach § 6,
7. den Fahrstreifenwechsel nach § 7 Abs. 5,
8. die Vorfahrt nach § 8,
9. das Abbiegen, Wenden oder Rückwärtsfahren nach § 9 Abs. 1, 2 Satz 1, 4 oder 5, Abs. 3 bis 5,

9a. das Verhalten bei der Einfahrt in einen Kreisverkehr oder im Kreisverkehr nach § 9a,
10. das Einfahren oder Anfahren nach § 10,
11. das Verhalten bei besonderen Verkehrslagen nach § 11 Abs. 1 oder 2,
12. das Halten oder Parken nach § 12 Abs. 1, 1a, 3, 3a Satz 1, Abs. 3b Satz 1, Abs. 4 Satz 1, 2 zweiter Halbsatz, Satz 3 oder 5 oder Abs. 4a bis 6,
13. Parkuhren, Parkscheine oder Parkscheiben nach § 13 Abs. 1 oder 2,
14. die Sorgfaltspflichten beim Ein- oder Aussteigen nach § 14,
15. das Liegenbleiben von Fahrzeugen nach § 15,
15a. das Abschleppen nach § 15a,
16. die Abgabe von Warnzeichen nach § 16,
17. die Beleuchtung und das Stehenlassen unbeleuchteter Fahrzeuge nach § 17,
18. die Benutzung von Autobahnen und Kraftfahrstraßen nach § 18 Abs. 1 bis 3, Abs. 5 Satz 2 oder Abs. 6 bis 10,
19. das Verhalten
    a) an Bahnübergängen nach § 19 oder
    b) an und vor Haltestellen von öffentlichen Verkehrsmitteln und Schulbussen nach § 20,
20. die Personenbeförderung nach § 21 Abs. 1, 1a, Abs. 2 oder 3,
20a. das Anlegen von Sicherheitsgurten nach § 21a Abs. 1 Satz 1 oder das Tragen von Schutzhelmen nach § 21a Abs. 2,
21. die Ladung nach § 22,
22. sonstige Pflichten des Fahrzeugführers nach § 23,
23. Das Fahren mit Krankenfahrstühlen oder anderen als in § 24 Abs. 1 genannten Rollstühlen nach § 24 Abs. 2,
24. das Verhalten
    a) als Fußgänger nach § 25 Abs. 1 bis 4,
    b) an Fußgängerüberwegen nach § 26 oder
    c) auf Brücken nach § 27 Abs. 6,
25. den Umweltschutz nach § 30 Abs. 1 oder 2 oder das Sonntagsfahrverbot nach § 30 Abs. 3 Satz 1 oder 2 Nr. 4 Satz 2,
26. das Sporttreiben oder Spielen nach § 31,
27. das Bereiten, Beseitigen oder Kenntlichmachen von verkehrswidrigen Zuständen oder die wirksame Verkleidung gefährlicher Geräte nach § 32,
28. Verkehrsbeeinträchtigungen nach § 33 oder
29. das Verhalten nach einem Verkehrsunfall nach § 34 Abs. 1 Nr. 1, Nr. 2, Nr. 5 Buchstabe a, b oder Nr. 6 Buchstabe b – sofern er in diesem letzten Fall zwar eine nach den Umständen angemessene Frist wartet, aber nicht Name und Anschrift am Unfallort hinterläßt – oder nach § 34 Abs. 3,
verstößt.

(2) Ordnungswidrig im Sinne des § 24 des Straßenverkehrsgesetzes handelt auch, wer vorsätzlich oder fahrlässig
1. als Führer eines geschlossenen Verbandes entgegen § 27 Abs. 5 nicht dafür sorgt, daß die für geschlossene Verbände geltenden Vorschriften befolgt werden,
1a. entgegen § 27 Abs. 2 einen geschlossenen Verband unterbricht,
2. als Führer einer Kinder- oder Jugendgruppe entgegen § 27 Abs. 1 Satz 4 diese nicht den Gehweg benutzen läßt,
3. als Tierhalter oder sonst für die Tiere Verantwortlicher einer Vorschrift nach § 28 Abs. 1 oder Abs. 2 Satz 2 zuwiderhandelt,
4. als Reiter, Führer von Pferden, Treiber oder Führer von Vieh entgegen § 28 Abs. 2 einer für den gesamten Fahrverkehr einheitlich bestehenden Verkehrsregel oder Anordnung zuwiderhandelt,
5. als Kraftfahrzeugführer entgegen § 29 Abs. 1 an einem Rennen teilnimmt,
6. entgegen § 29 Abs. 2 Satz 1 eine Veranstaltung durchführt oder als Veranstalter entgegen § 29 Abs. 2 Satz 3 nicht dafür sorgt, daß die in Betracht kommenden Verkehrsvorschriften oder Auflagen befolgt werden oder
7. entgegen § 29 Abs. 3 ein dort genanntes Fahrzeug oder einen Zug führt.

(3) Ordnungswidrig im Sinne des § 24 des Straßenverkehrsgesetzes handelt ferner, wer vorsätzlich oder fahrlässig
1. entgegen § 36 Abs. 1 bis 4 ein Zeichen oder eine Weisung oder entgegen Abs. 5 Satz 4 ein Haltgebot oder eine Anweisung eines Polizeibeamten nicht befolgt,

2. einer Vorschrift des § 37 über das Verhalten an Wechsellichtzeichen, Dauerlichtzeichen oder beim Rechtsabbiegen mit Grünpfeil zuwiderhandelt,
3. entgegen § 38 Abs. 1, Abs. 2 oder 3 Satz 3 blaues Blinklicht zusammen mit dem Einsatzhorn oder allein oder gelbes Blinklicht verwendet oder entgegen § 38 Abs. 1 Satz 2 nicht sofort freie Bahn schafft,
4. entgegen § 41 eine durch ein Vorschriftzeichen gegebene Anordnung nicht befolgt,
5. entgegen § 42 eine durch die Zusatzschilder zu den Zeichen 306, 314, 315 oder durch die Zeichen 315, 325 oder 340 gegebene Anordnung nicht befolgt,
6. entgegen § 43 Abs. 2 und 3 Nr. 2 durch Absperrgeräte abgesperrte Straßenflächen befährt oder
7. einer den Verkehr verbietenden oder beschränkenden Anordnung, die nach § 45 Abs. 4 zweiter Halbsatz bekanntgegeben worden ist, zuwiderhandelt.

(4) Ordnungswidrig im Sinne des § 24 des Straßenverkehrsgesetzes handelt schließlich, wer vorsätzlich oder fahrlässig
1. dem Verbot des § 35 Abs. 6 Satz 1, 2 oder 3 über die Reinigung von Gehwegen zuwiderhandelt,
1 a. entgegen § 35 Abs. 6 Satz 4 keine auffällige Warnkleidung trägt,
2. entgegen § 35 Abs. 8 Sonderrechte ausübt, ohne die öffentliche Sicherheit und Ordnung gebührend zu berücksichtigen,
3. entgegen § 45 Abs. 6 mit Arbeiten beginnt, ohne zuvor Anordnungen eingeholt zu haben, diese Anordnungen nicht befolgt oder Lichtzeichenanlagen nicht bedient,
4. entgegen § 46 Abs. 3 Satz 1 eine vollziehbare Auflage der Ausnahmegenehmigung oder Erlaubnis nicht befolgt,
5. entgegen § 46 Abs. 3 Satz 3 die Bescheide nicht mitführt oder auf Verlangen nicht aushändigt,
6. entgegen § 48 einer Vorladung zum Verkehrsunterricht nicht folgt oder
7. entgegen § 50 auf der Insel Helgoland ein Kraftfahrzeug führt oder mit einem Fahrrad fährt.

Begr zu § 49:

Die in § 24 Abs. 1 StVG geforderte Verweisung auf einen bestimmten Tatbestand geschieht ausreichend durch stichwortartige Angaben über den Gegenstand des paragraphenmäßig zitierten Ge- oder Verbots. Wo nötig, wird durch Angabe von Absatz, Satz oder Nummer noch weiter konkretisiert. So wird durch das „Stichwort" in Verbindung mit der in bezug genommenen Gesetzesstelle der Tatbestand der Ordnungswidrigkeit zweifelsfrei bestimmt. Deshalb wird der Normadressat in der Regel nur da genannt, wo Zweifel möglich sind. 1

Zur Erleichterung der Handhabung wird der notgedrungen umfangreiche Katalog in Absätze unterteilt. Innerhalb der Absätze wird nach der Paragraphenfolge geordnet … 2

Eine bloße Empfehlung durch VZ (§ 41 III 5) ist keine Anordnung iS von III 4, Bay DAR **74** 305. Fahren mit einem nach den §§ 31 ff StVZO nicht vorschriftsmäßigen Kfz steht in **Tateinheit** mit einer während dieser Fahrt begangenen OW gem § 49, BGHSt **27** 66 = NJW **77** 442, Zw NZV **02** 97, Ha VRS **51** 63, Stu VRS **60** 64, aM Kar VRS **46** 194, und kann mehrere Verstöße gegen die StVO auf derselben Fahrt **zur TE verbinden**, BGHSt **27** 66 = NJW **77** 442, Zw NZV **02** 97, Dü NZV **97** 192. Voraussetzung ist, daß die Zuwiderhandlungen gegen die StVO nicht nur gleichzeitig oder bei Gelegenheit der DauerOW begangen wurden, sondern daß die DauerOW einen tatbestandserheblichen Tatbeitrag zu dem jeweiligen anderen Verstoß bildet, BGHSt **27** 66 = NJW **77** 442, Dü NZV **97** 192, wie zB bei einer DauerOW, die zugleich Ausführungshandlung der anderen Zuwiderhandlungen ist, Zw NZV **02** 97. Die Verklammerung mehrerer Verstöße gegen Bestimmungen der StVO durch eine DauerOW setzt zumindest etwa gleichen Unrechtsgehalt der DauerOW voraus, Zw NZV **02** 97, Dü NZV **97** 192, *Göhler* vor § 19 Rz 30; geringwertige DauerOWen, wie etwa Nichtmitführen des FzScheins, verbinden mehrere nacheinander begangene VVerstöße nicht zur TE, Ha DAR **76** 138, s dazu *Göhler* vor § 19 Rz 30 ff. S im übrigen § 24 StVG Rz 58. Mehrere Verstöße auf einer Fahrt bilden nicht ohne weiteres **eine prozessuale Tat,** Bay NZV **94** 448, BaySt **02** 134 = VRS **101** 446 (Geschwindigkeitsüberschreitungen, s § 3 3

Rz 56a), DAR **96** 31, Jn NZV **99** 478, Dü NZV **88** 195. Soweit sie räumlich und zeitlich derart zusammenfallen, daß sie *eine* Tat bilden, verstößt Ahndung durch zwei getrennte Bußgeldbescheide gegen Art 103 III GG, Nau NJW **95** 3332. Die verletzte Vorschrift gehört in den entscheidenden Urteilsteil, Ha VRS **48** 38. Das Urteil muß die **Schuldform** (Vorsatz oder Fahrlässigkeit) angeben, s § 24 StVG Rz 24.

4 Überleitungsbestimmungen für die **neuen Bundesländer:**

Anl. II Kap XI B III Nr 4a) bis f) zum Einigungsvertrag

4. **Straßenverkehrs-Ordnung – StVO – vom 26. Mai 1977** (GBl. I Nr. 20 S. 257), zuletzt geändert durch die Fünfte Verordnung vom 9. September 1986 (GBl. I Nr. 31 S. 417),

mit folgenden Maßgaben:
a) bis d)...
e) Die Verkehrszeichen der Anlage 2 Bilder 215 (Wendeverbot), 419 (nicht gültig für abgebildete Fahrzeugart), 421 (nicht gültig für Schwerst-Gehbehinderte mit Ausnahmegenehmigung) und 422 (gültig bei Nässe) behalten ihre bisherige Bedeutung.
f) Zuwiderhandlungen gegen die in den Buchstaben a bis d genannten Vorschriften und Zuwiderhandlungen gegen das mit Bild 215 angeordnete Verbot sowie gegen eine jeweils zusammen mit Bild 422 angeordnete Beschränkung stehen Ordnungswidrigkeiten im Sinne des § 24 des Straßenverkehrsgesetzes in der im Bundesgesetzblatt Teil III, Gliederungsnummer 9231-1, veröffentlichten bereinigten Fassung, zuletzt geändert durch Gesetz vom 28. Januar 1987 (BGBl. I S. 486), gleich.

Sonderregelung für die Insel Helgoland

50 Auf der Insel Helgoland sind der Verkehr mit Kraftfahrzeugen und das Radfahren verboten.

Ordnungswidrigkeit: §§ 49 IV 7 StVO, 24 StVG.

Besondere Kostenregelung

51 Die Kosten des Zeichens 386 trägt abweichend von § 5b Abs. 1 des Straßenverkehrsgesetzes derjenige, der die Aufstellung dieses Zeichens beantragt.

Begr (VBl **88** 228): *Von seiten des Bundesrechnungshofes wird eine besondere Kostenregelung für die Aufstellung des Zeichens 386 gefordert. Die Kosten sollen auf die Initiatoren (z. B. Fremdenverkehrswirtschaft) abgewälzt werden. Dies ist nach § 5b Abs. 3 StVG möglich.*

Zur Klarstellung wird bemerkt, daß unter Kosten die Kosten für Beschaffung, Anbringung, Unterhaltung und Entfernung der Verkehrszeichen zu verstehen sind.

Entgelt für die Benutzung tatsächlich-öffentlicher Verkehrsflächen

52 Diese Verordnung steht der Erhebung von Entgelten für die Benutzung von Verkehrsflächen, an denen kein Gemeingebrauch besteht, auf Grund anderer als straßenverkehrsrechtlicher Bestimmungen nicht entgegen.

1 **Begr** (VBl **88** 229): *In zahlreichen Fällen ist es, auch aus wirtschaftlichen Gründen, notwendig und zweckmäßig, Entgelte für das Parken auf verkehrsrechtlich öffentlichen Flächen zu erheben, an denen kein Gemeingebrauch im straßenrechtlichen Sinne besteht. Es handelt sich hier insbesondere um nicht gewidmete Vorplätze von Bahnhöfen und Flughäfen sowie um Parkplätze (auch in Form von Parkhochhäusern oder Tiefgaragen), die von privaten oder kommunalen Trägern erstellt und betrieben werden. Da diese Verkehrsflächen nach einhelliger Rechtsprechung der Straßenverkehrs-Ordnung unterliegen, wäre es rechtlich zulässig, daß die zuständige Straßenverkehrsbehörde Parkuhren oder Parkscheinautomaten im Sinne des § 13 StVO anordnet, deren Mißachtung ordnungswidrig wäre. In einzelnen Fällen geschieht das auch, insbesondere im Bereich von Bahnhofsvorplätzen. In der Mehrzahl der Fälle erheben jedoch die Eigentümer dieser Flächen für das Parken*

Entgelte auf der Grundlage des Privatrechts oder des Kommunalrechts. Als Kontrolleinrichtungen werden dabei nicht selten Parkuhren oder Parkscheinautomaten oder ähnliche Einrichtungen verwendet, wobei die Gebühren allerdings in der Regel deutlich höher als in 6a StVG vorgesehen liegen.

Das Bundesverwaltungsgericht hat mit Urteil vom 28. 11. 1969 (Verkehrsrechtliche Mitteilungen 1970, S. 70) entschieden, daß das Parken (Aufstellen eines Fahrzeugs unter Verkehrsbereitschaft) auf verkehrsrechtlich öffentlichen Flächen ausschließlich nach der StVO, nicht aber nach Straßenrecht zu beurteilen sei. Es hat weiter entschieden, daß im Rahmen der StVO Gebühren für das Parken nur im Rahmen der Vorschriften über Parkuhren zulässig sei (die Gebührenpflicht am Parkscheinautomaten und an Parkplätzen für Großveranstaltungen gab es damals noch nicht). Das Bundesverwaltungsgericht hat in den Gründen der Entscheidung u. a. folgendes ausgeführt:
„Die StVO gestattet es nicht, bewachte oder sogar gebührenpflichtige Parkplätze zu schaffen …"

Zwar betraf der seinerzeit entschiedene Fall eine Verkehrsfläche, die nicht nur straßenverkehrsrechtlich, sondern auch straßenrechtlich öffentlich war. Die Entscheidungsgründe zeigen allerdings deutlich, daß die rechtlichen Folgerungen über die ausschließliche Geltung der StVO für das Parken unabhängig von einer straßenrechtlichen Widmung zu sehen sind. Die Entscheidung des Bundesverwaltungsgerichts ist im Grunde auch folgerichtig und sachlich zu begrüßen, weil ein Verkehrsteilnehmer damit rechnen kann und muß, daß auf einer Fläche mit öffentlichem Verkehr sein Verhalten im öffentlichen Straßenverkehr ausschließlich nach der StVO zu beurteilen ist …

Wenn das Bundesverwaltungsgericht die Erhebung eines Entgelts für das Parken deshalb für unzulässig ansieht, weil die StVO eine solche Möglichkeit nicht zulasse, so soll jetzt innerhalb der StVO klargestellt werden, daß auf den genannten Flächen ungeachtet der Möglichkeit, auch amtliche Maßnahmen wie Parkuhren usw. zu treffen, privatrechtliche oder kommunalrechtliche Entgelte erhoben werden dürfen. Diese Regelung ist auf straßenrechtlich nichtöffentliche Flächen beschränkt.

Die Vorschrift betrifft solche Flächen, die straßenrechtlich nicht als öffentlicher VRaum gewidmet, jedoch tatsächlich als solcher genutzt wird, s § 1 Rz 13 ff, mit der Folge, daß dort die Regeln der StVO gelten. Der Gemeinde steht es frei, die Benutzung solcher Flächen öffentlich-rechtlich oder privatrechtlich zu gestalten, BayVerfGH NVwZ 98 727. Nichtentrichtung des vom Eigentümer geforderten Entgeltes oder Umgehung der zur Berechnung und Bezahlung des Entgeltes installierten Einrichtungen (Schranken, Parkscheinautomaten) ist nicht ow iS von § 49 StVO, s BayVerfGH NVwZ 98 727.

Inkrafttreten

53 (1) Diese Verordnung tritt am 1. März 1971 in Kraft.

(2) Die Straßenverkehrs-Ordnung vom 13. November 1937 (Reichsgesetzbl. I S. 1179) in der Fassung der Bekanntmachung vom 29. März 1956 (Bundesgesetzbl. I S. 271, 327) mit den Änderungen der Verordnung vom 25. Juli 1957 (Bundesgesetzbl. I S. 780), vom 7. Juli 1960 (Bundesgesetzbl. I S. 485), vom 29. Dezember 1960 (Bundesgesetzbl. 1961 I S. 8) und vom 30. April 1964 (Bundesgesetzbl. I S. 305) tritt mit dem gleichen Tage außer Kraft.

(3) Das Zeichen 226 der Straßenverkehrs-Ordnung vom 16. November 1970 (BGBl. I S. 1565, 1971 I S. 38) in der Fassung der Verordnung vom 28. April 1982 (BGBl. I S. 564) hat bis zum 31. Dezember 1995 die Bedeutung des Zeichens 224 in der Fassung der vorstehenden Verordnung.

(4) [1]Die Zeichen 274, 278, 307, 314, 380, 385 und die bisherigen Absperrschranken mit schrägen Schraffen behalten die Bedeutung, die sie nach der vor dem 1. Oktober 1988 geltenden Fassung dieser Verordnung hatten, bis längstens zum 31. Dezember 1998. [2]Bis längstens 31. Dezember 1998 können Fußgängerbereiche (Zeichen 242/243) auch weiterhin mit Zeichen 241 gekennzeichnet werden. [3]Bild 291 behält die Bedeutung, die es nach der vor dem 1. Oktober 1988 geltenden Fassung dieser Verordnung hatte, bis längstens zum 30. April 1989.

(5) Das Zusatzschild mit der Aufschrift „bei Nässe" darf bis zum 31. Dezember 1988 verwendet werden.

(6) Schutzhelme, die nicht in amtlich genehmigter Bauart ausgeführt sind, dürfen nach dem 1. Januar 1990 nicht mehr verwendet werden.

(7) Die bisherigen Zeichen 290 und 292 behalten die Bedeutung, die sie nach der vor dem 1. Januar 1990 geltenden Fassung der Straßenverkehrs-Ordnung hatten, bis längstens zum 31. Dezember 1999.

(8) Die bisherigen Zeichen 448 und 450 (300-m-Bake) bei Autobahnausfahrten dürfen bis zum 31. Dezember 1995 verwendet werden.

(9) ¹Verkehrszeichen in der Gestaltung nach der bis zum 1. Juli 1992 geltenden Fassung dieser Verordnung behalten auch danach ihre Gültigkeit. ²Ab dem 1. Juli 1992 dürfen jedoch nur noch Verkehrszeichen und Verkehrseinrichtungen mit den neuen Symbolen angeordnet und aufgestellt werden.

(10) Die Kennzeichnung des Anfangs, des Verlaufs und des Endes einer Verbotsstrecke durch Zusatzschilder (§ 41 Abs. 2 Nr. 8 Buchstabe c Satz 3 in der bis 30. Juni 1992 geltenden Fassung) bleibt bis 30. Juni 1994 wirksam.

(11) Die Kennzeichnung des Anfangs, des Verlaufs und des Endes einer Strecke, auf der das Parken durch die Zeichen 314 oder 315 (§ 42 Abs. 4) erlaubt ist, durch Zusatzschilder bleibt bis 30. Juni 1994 wirksam.

(12) Rote und gelbe Pfeile in Lichtzeichenanlagen gemäß § 37 Abs. 2 Nr. 1 in der bis zum 30. Juni 1992 geltenden Fassung bleiben bis zum 31. Dezember 2005 gültig.

(13) Die bisherigen Zeichen 229 behalten die Bedeutung, die sie nach der vor dem 1. März 1994 geltenden Fassung der Straßenverkehrs-Ordnung hatten, bis längstens 31. Dezember 1994.

(14) Die bisherigen Zeichen 368, die zum Zeitpunkt des Inkrafttretens der Streichung des Zeichens 368 bereits angeordnet und aufgestellt worden sind, behalten bis zum 31. Dezember 2002 ihre Gültigkeit.

(15) Autohofhinweistafeln, die auf Grund der Verkehrsblattverlautbarung vom 24. Oktober 1994 (VkBl. 1994, S. 699) vor Inkrafttreten des Zeichens 448.1 angeordnet und aufgestellt worden sind, behalten bis zum 31. Dezember 2005 ihre Gültigkeit.

(16) Zusatzschilder, die bislang Anwohner mit besonderem Parkausweis vom eingeschränkten Haltverbot nach Zeichen 286 oder einem Haltverbot für die Zone nach Zeichen 290 ausgenommen haben, und Zusatzschilder zu den Zeichen 314 oder 315, die die Erlaubnis zum Parken bislang auf Anwohner beschränkt haben, sowie der mit Vekehrsblattverlautbarung vom 6. Januar 1998 (VkBl. 1998 S. 99) bekannt gegebene Parkausweis für Anwohner behalten bis zum 31. Dezember 2003 ihre Gültigkeit.

Vwv zu § 53 Inkrafttreten

1   1   Die bisherigen Regeln dieser Verwaltungsvorschrift zu § 37 „Wechsellichtzeichen, Dauerlichtzeichen und Grünpfeil" zu Absatz 2 zu den Nummern 1 und 2 IX behalten auch nach der bis zum 1. Juli 1992 geltenden Fassung dieser Vorschrift ihre Gültigkeit, jedoch längstens bis zum 31. Dezember 2005. Neue Lichtsignalanlagen sind nach dem 1. Juli 1992 nach den neuen Regeln auszuführen.

2. AusnahmeVO zur StVO v 19. 3. 1990 (BGBl I S 550)

2   § 1. Abweichend von § 21a Abs. 2 und § 54 Abs. 6 der Straßenverkehrs-Ordnung vom 16. November 1970 (BGBl. I S. 1565, 1971 S. 38), die zuletzt durch die Verordnung vom 9. November 1989 (BGBl. I S. 1976) geändert worden ist, dürfen Kraftrad-Schutzhelme, die nicht in amtlich genehmigter Bauart ausgeführt sind, verwendet werden.

Anm.: Die bisher in § 1 der AusnVO enthaltene Befristung bis zum 31. 12. 1992 wurde durch die 1. VO zur Ändg der 2. StVOAusnV v 22. 12. 1992 (BGBl I 2481) ersatzlos gestrichen.

Begr: VBl **93** 598.

4. **AusnahmeVO zur StVO** v 23. 6. 1992 (BGBl I 1124)

§ 1. Abweichend von § 53 Abs. 9 Satz 2 der Straßenverkehrs-Ordnung vom 16. November 1970 (BGBl. I S. 1565, 1971 I S. 38), die zuletzt durch die Verordnung vom 19. März 1992 (BGBl. I S. 678) geändert worden ist, können Verkehrszeichen und Verkehrseinrichtungen, die vor dem 1. Juli 1992 in der Gestaltung nach der bis zu diesem Zeitpunkt geltenden Fassung der Straßenverkehrs-Ordnung hergestellt worden sind, bis zum 1. Juli 1994 anstelle von Verkehrszeichen und Verkehrseinrichtungen mit den neuen Symbolen angeordnet und aufgestellt werden.

In den **neuen Bundesländern** ist die StVO am 1. 1. 1991 in Kraft getreten (Anl I Kap XI B Nr 14a zum Einigungsvertrag). Überleitungsbestimmungen (zB zu §§ 3, 12, 37, 39–43) s dort.

VZ, die nach einer der Bestimmungen des § 53 nur **noch befristet g**ültig sind, verlieren nach Ablauf der Frist ihre Wirksamkeit, sind danach unbeachtlich, gleichgültig, welche der unterschiedlichen Formulierungen („wirksam", „gültig", „Bedeutung" usw) in den verschiedenen Absätzen des § 53 gewählt wurde, Stu NZV **01** 274.

3. Straßenverkehrs-Zulassungs-Ordnung (StVZO)

In der Fassung der Bekanntmachung vom 28. 9. 1988 (BGBl. I 1793), zuletzt geändert am 24. 9. 2004 (BGBl. I 2374)

Inhaltsübersicht

A. Personen
(aufgehoben durch VO v 18. 8. 1998, BGBl I 2214)

B. Fahrzeuge
I. Zulassung von Fahrzeugen im allgemeinen

- § 16 Grundregel der Zulassung
- § 17 Einschränkung und Entziehung der Zulassung

II. Zulassungsverfahren für Kraftfahrzeuge und ihre Anhänger

- § 18 Zulassungspflichtigkeit
- § 19 Erteilung und Wirksamkeit der Betriebserlaubnis
- § 20 Allgemeine Betriebserlaubnis für Typen
- § 21 Betriebserlaubnis für Einzelfahrzeuge
- § 21a Anerkennung von Genehmigungen und Prüfzeichen auf Grund internationaler Vereinbarungen und von Rechtsakten der Europäischen Gemeinschaften
- § 21b Anerkennung von Prüfungen auf Grund von Rechtsakten der Europäischen Gemeinschaften
- § 21c Gutachten für die Erteilung einer Betriebserlaubnis als Oldtimer
- § 22 Betriebserlaubnis für Fahrzeugteile
- § 22a Bauartgenehmigung für Fahrzeugteile
- § 23 Zuteilung der amtlichen Kennzeichen
- § 24 Ausfertigung des Fahrzeugscheins
- § 25 Behandlung der Fahrzeugbriefe bei den Zulassungsbehörden
- § 26 (aufgehoben)
- § 27 Meldepflichten der Eigentümer und Halter von Kraftfahrzeugen oder Anhängern; Zurückziehung aus dem Verkehr und erneute Zulassung
- § 27a Verwertungsnachweis
- § 28 Prüfungsfahrten, Probefahrten, Überführungsfahrten
- § 29 Untersuchung der Kraftfahrzeuge und Anhänger

II a. Pflichtversicherung

1. Überwachung des Versicherungsschutzes bei Fahrzeugen mit amtlichen Kennzeichen

- § 29a Versicherungsnachweis
- § 29b Versicherungsnachweis bei Inbetriebnahme nach vorübergehender Stillegung
- § 29c Anzeigepflicht des Versicherers
- § 29d Maßnahmen beim Fehlen des Versicherungsschutzes

2. Überwachung des Versicherungsschutzes bei Fahrzeugen mit Versicherungskennzeichen

- § 29e Versicherungskennzeichen
- § 29f (aufgehoben)
- § 29g Rote Versicherungskennzeichen
- § 29h Maßnahmen bei vorzeitiger Beendigung des Versicherungsverhältnisses

III. Bau- und Betriebsvorschriften

1. Allgemeine Vorschriften

- § 30 Beschaffenheit der Fahrzeuge
- § 30a Durch die Bauart bestimmte Höchstgeschwindigkeit sowie maximales Drehmoment und maximale Nutzleistung des Motors
- § 30b Berechnung des Hubraums
- § 30c Vorstehende Außenkanten
- § 30d Kraftomnibusse
- § 31 Verantwortung für den Betrieb der Fahrzeuge
- § 31a Fahrtenbuch
- § 31b Überprüfung mitzuführender Gegenstände
- § 31c Überprüfung von Fahrzeuggewichten

2. Kraftfahrzeuge und ihre Anhänger

- § 32 Abmessungen von Fahrzeugen und Fahrzeugkombinationen
- § 32a Mitführen von Anhängern
- § 32b Unterfahrschutz

3 StVZO B. Fahrzeuge I. Zulassung von Fahrzeugen im allgemeinen

§ 32 c	Seitliche Schutzvorrichtungen	§ 47 c	Ableitung von Abgasen
§ 32 d	Kurvenlaufeigenschaften	§ 47 d	Kohlendioxidemissionen und Kraftstoffverbrauch
§ 33	Schleppen von Fahrzeugen		
§ 34	Achslast und Gesamtgewicht	§ 48	Emissionsklassen für Kraftfahrzeuge
§ 34 a	Besetzung, Beladung und Kennzeichnung von Kraftomnibussen	§ 49	Geräuschentwicklung und Schalldämpferanlage
§ 34 b	Laufrollenlast und Gesamtgewicht von Gleiskettenfahrzeugen	§ 49 a	Lichttechnische Einrichtungen, allgemeine Grundsätze
§ 35	Motorleistung	§ 50	Scheinwerfer für Fern- und Abblendlicht
§ 35 a	Sitze, Sicherheitsgurte, Rückhaltesysteme, Rückhalteeinrichtungen für Kinder	§ 51	Begrenzungsleuchten, vordere Rückstrahler, Spurhalteleuchten
§ 35 b	Einrichtungen zum sicheren Führen der Fahrzeuge	§ 51 a	Seitliche Kenntlichmachung
		§ 51 b	Umrißleuchten
§ 35 c	Heizung und Lüftung	§ 51 c	Parkleuchten, Park-Warntafeln
§ 35 d	Einrichtungen zum Auf- und Absteigen an Fahrzeugen	§ 52	Zusätzliche Scheinwerfer und Leuchten
		§ 52 a	Rückfahrscheinwerfer
§ 35 e	Türen	§ 53	Schlußleuchten, Bremsleuchten, Rückstrahler
§ 35 f	Notausstiege in Kraftomnibussen		
§ 35 g	Feuerlöscher in Kraftomnibussen	§ 53 a	Warndreieck, Warnleuchte, Warnblinkanlage
§ 35 h	Erste-Hilfe-Material in Kraftfahrzeugen		
§ 35 i	Gänge, Anordnung von Fahrgastsitzen und Beförderung von Fahrgästen in Kraftomnibussen	§ 53 b	Ausrüstung und Kenntlichmachung von Anbaugeräten und Hubladebühnen
		§ 53 c	Tarnleuchten
§ 35 j	Brennverhalten von Werkstoffen der Innenausstattung bestimmter Kraftomnibusse	§ 53 d	Nebelschlußleuchten
		§ 54	Fahrtrichtungsanzeiger
		§ 54 a	Innenbeleuchtung in Kraftomnibussen
§ 36	Bereifung und Laufflächen	§ 54 b	Windsichere Handlampe
§ 36 a	Radabdeckungen, Ersatzräder	§ 55	Einrichtungen für Schallzeichen
§ 37	Gleitschutzeinrichtungen und Schneeketten	§ 55 a	Elektromagnetische Verträglichkeit
		§ 56	Rückspiegel und andere Spiegel
§ 38	Lenkeinrichtung	§ 57	Geschwindigkeitsmeßgerät und Wegstreckenzähler
§ 38 a	Sicherungseinrichtungen gegen unbefugte Benutzung von Kraftfahrzeugen		
		§ 57 a	Fahrtschreiber und Kontrollgerät
§ 38 b	Fahrzeug-Alarmsysteme	§ 57 b	Prüfung der Fahrtschreiber und Kontrollgeräte
§ 39	Rückwärtsgang		
§ 39 a	Betätigungseinrichtungen, Kontrollleuchten und Anzeiger	§ 57 c	Ausrüstung von Kraftfahrzeugen mit Geschwindigkeitsbegrenzern und ihre Benutzung
§ 40	Scheiben, Scheibenwischer, Scheibenwascher, Entfrostungs- und Trocknungsanlagen für Scheiben		
		§ 57 d	Einbau und Prüfung von Geschwindigkeitsbegrenzern
§ 41	Bremsen und Unterlegkeile	§ 58	Geschwindigkeitsschilder
§ 41 a	Druckgasanlagen und Druckbehälter	§ 59	Fabrikschilder, sonstige Schilder, Fahrzeug-Identifizierungsnummer
§ 41 b	Automatischer Blockierverhinderer		
§ 42	Anhängelast hinter Kraftfahrzeugen und Leergewicht	§ 59 a	Nachweis der Übereinstimmung mit der Richtlinie 96/53/EG
§ 43	Einrichtungen zur Verbindung von Fahrzeugen	§ 60	Ausgestaltung und Anbringung der amtlichen Kennzeichen
§ 44	Stützeinrichtung und Stützlast	§ 60 a	Ausgestaltung und Anbringung des Versicherungskennzeichens
§ 45	Kraftstoffbehälter		
§ 46	Kraftstoffleitungen	§ 61	Halteeinrichtungen für Beifahrer sowie Fußstützen und Ständer von zweirädrigen Kraftfahrzeugen
§ 47	Abgase		
§ 47 a	Abgasuntersuchung (AU) – Untersuchung des Abgasverhaltens von im Verkehr befindlichen Kraftfahrzeugen –		
		§ 61 a	Besondere Vorschriften für Anhänger hinter Fahrrädern mit Hilfsmotor
§ 47 b	Anerkennungsverfahren zur Durchführung von Abgasuntersuchungen	§ 62	Elektrische Einrichtungen von elektrisch angetriebenen Kraftfahrzeugen

3. Andere Straßenfahrzeuge

§ 63	Anwendung der für Kraftfahrzeuge geltenden Vorschriften	§ 65	Bremsen
		§ 66	Rückspiegel
§ 64	Lenkeinrichtung, sonstige Ausrüstung und Bespannung	§ 66 a	Lichttechnische Einrichtungen
		§ 67	Lichttechnische Einrichtungen an Fahrrädern
§ 64 a	Einrichtungen für Schallzeichen		
§ 64 b	Kennzeichnung		

C. Durchführungs-, Bußgeld und Schlußvorschriften

§ 68	Zuständigkeiten	Anlage IXa	Plakette für die Durchführung von Abgasuntersuchungen
§ 69	(aufgehoben)		
§ 69a	Ordnungswidrigkeiten	Anlage IXb	Prüfmarke und SP-Schild für die Durchführung von Sicherheitsprüfungen
§ 69b	(aufgehoben)		
§ 70	Ausnahmen		
§ 71	Auflagen bei Ausnahmegenehmigungen	Anlage X	Fahrgasttüren, Notausstiege, Gänge und Anordnung von Fahrgastsitzen in Kraftomnibussen
§ 72	Inkrafttreten und Übergangsbestimmungen		
§ 73	Technische Festlegungen	Anlage XI	Prüfung der Kraftfahrzeuge mit Ottomotor auf den Gehalt an Kohlenmonoxyd (CO) im Abgas bei Leerlauf
Anlage I	Unterscheidungszeichen der Verwaltungsbezirke		
Anlage II	Ausgestaltung, Einteilung und Zuteilung der Buchstaben- und Zahlengruppen für die Erkennungsnummern der Kennzeichen	Anlage XIa	Abgasuntersuchung an Kraftfahrzeugen mit Fremd- oder Kompressionszündungsmotor
		Anlage XIb	Untersuchungsstellen für die Durchführung von Abgasuntersuchungen (AU-Untersuchungsstellen)
Anlage III	(aufgehoben)		
Anlage IV	Unterscheidungszeichen der Fahrzeuge der Bundes- und Landesorgane, des Bundesgrenzschutzes, der Bundes-Wasser- und Schifffahrtsverwaltung, der Bundesanstalt Technisches Hilfswerk, der Bundeswehr, des Diplomatischen Corps und bevorrechtigter Internationaler Organisationen	Anlage XII	Bedingungen für die Gleichwertigkeit von Luftfederungen und bestimmten anderen Federungssystemen an der (den) Antriebsachse(n) des Fahrzeugs
		Anlage XIII	Zulässige Zahl von Sitzplätzen und Stehplätzen in Kraftomnibussen
		Anlage XIV	Emissionsklassen für Kraftfahrzeuge
Anlage V	Muster und Maße der Kennzeichen	Anlage XV	Zeichen für geräuscharme Kraftfahrzeuge
Anlage Va	Muster und Maße der Euro-Kennzeichen	Anlage XVI	Maßnahmen gegen die Emission verunreinigender Stoffe aus Dieselmotoren zum Antrieb von land- oder forstwirtschaftlichen Zugmaschinen
Anlage Vb	Muster und Maße der Saisonkennzeichen		
Anlage Vc	Muster und Maße der Oldtimerkennzeichen		
Anlage Vd	Muster und Maße der Kurzzeitkennzeichen	Anlage XVII	(aufgehoben)
		Anlage XVIII	(aufgehoben)
Anlage VI	Versicherungskennzeichen für Kleinkrafträder, für Fahrräder mit Hilfsmotor und für motorisierte Krankenfahrstühle	Anlage XIX	Teilegutachten
		Anlage XX	(aufgehoben)
		Anlage XXI	Kriterien für lärmarme Kraftfahrzeuge
Anlage VII	Amtliche Kennzeichen für Kleinkrafträder, für Fahrräder mit Hilfsmotor und für motorisierte Krankenfahrstühle	Anlage XXII	(aufgehoben)
		Anlage XXIII	(aufgehoben)
Anlage VIII	Untersuchung der Fahrzeuge	Anlage XXIV	(aufgehoben)
Anlage VIIIa	Durchführung der Hauptuntersuchung	Anlage XXV	Maßnahmen gegen die Verunreinigung der Luft durch Gase von Kraftfahrzeugen mit Fremd- oder Selbstzündungsmotoren (Definition schadstoffarmer Personenkraftwagen gemäß Europa-Norm)
Anlage VIIIb	Anerkennung von Überwachungsorganisationen		
Anlage VIIIc	Anerkennung von Kraftfahrzeugwerkstätten zur Durchführung von Sicherheitsprüfungen		
Anlage VIIId	Untersuchungsstellen zur Durchführung von Hauptuntersuchungen und Sicherheitsprüfungen	Anlage XXVI	(aufgehoben)
		Anlage XXVII	(aufgehoben)
		Anlage XXVIII	Beispiel für einen Warnhinweis vor der Verwendung einer nach hinten gerichteten Rückhalteeinrichtung für Kinder auf Beifahrerplätzen mit Airbag
Anlage IX	Prüfplakette für die Untersuchung von Kraftfahrzeugen und Anhängern		

3 StVZO § 16   B. Fahrzeuge I. Zulassung von Fahrzeugen im allgemeinen

Anhang

Muster

	Muster		Muster
(aufgehoben)	1	Versicherungsbestätigung, allgemein	6
(aufgehoben)	1a	Mitteilung, allgemein	6a
(aufgehoben)	1b	Versicherungsbestätigung für Herstellerfahrzeuge	7
(aufgehoben)	1c		
Nachweis des Haftpflichtschadenausgleichs	1d	Versicherungsbestätigung für rote Kennzeichen	8
(aufgehoben)	1e		
Zulassungsbescheinigung Teil I (Fahrzeugschein)	2a	Versicherungsbestätigung für Kurzzeitkennzeichen	8a
Zulassungsbescheinigung Teil II (Fahrzeugbrief)	2b	Anzeige des Versicherers an die Zulassungsstelle, allgemein	9
Zulassungsbescheinigung Teil I (Fahrzeugschein der Bundeswehr)	2c	Anzeige des Versicherers an die Zulassungsstelle für rote Kennzeichen	10
Datenbestätigung	2d	(aufgehoben)	11
Fahrzeugscheinheft für Fahrzeuge mit rotem Kennzeichen	3	Verwertungsnachweis	12
Fahrzeugschein für Kurzzeitkennzeichen	4	(aufgehoben)	13
(aufgehoben)	5		

km	für Kilometer	s^2	für Sekundenquadrat
km/h	für Kilometer je Stunde	m/s^2	für Meter je Sekundenquadrat
l	für Liter	min^{-1}	für U/min
m	für Meter	kW (Kilowatt)	für PS
mm	für Millimeter	J (Joule)	für mkg
t	für Tonne	N/mm^2 (Newton durch Quadratmillimeter)	für kg/cm^2
V	für Volt		
W	für Watt	N/mm (Newton durch Millimeter)	für kg/cm
°	für Grad (Winkel)		
°C	für Grad Celcius	bar (Bar) Überdruck	für atü.
s	für Sekunde		

1   **Vorbemerkung.** Die StVZO vom 13. 11. 37 (RGBl I 1215, 1354) ist vielfach geändert worden. Übersicht: Änderungstabellen 3a, b. Die **Dienstanweisungen** (DA) des Reichsverkehrsministers zur StVZO, die der BMV, VBl **61** 441, veröffentlicht hat, enthalten, soweit sie noch gelten, Durchführungsbestimmungen.

2   Für die in der Bundesrepublik stationierten **fremden Truppen** der NATO gilt seit dem 1. 7. 63 das Nato-Truppenstatut. S § 16 StVG. Sonstige ausländische Streitkräfte: Art 2 § 14 SkAufG. Polnische Streitkräfte, s § 18 Rz 6.

Das **Kapitel „A. Personen"** (§§ 1 bis 151) wurde durch die Verordnung über die Zulassung von Personen zum Straßenverkehr und zur Änderung straßenverkehrsrechtlicher Vorschriften vom 18. 8. 1998 (BGBl I 2214) aufgehoben. Der Inhalt des früheren Kapitels A ist nunmehr in der Fahrerlaubnis-Verordnung (FeV) geregelt. Siehe Buchteil **3a**.

B. Fahrzeuge

I. Zulassung von Fahrzeugen im allgemeinen

Grundregel der Zulassung

16 (1) Zum Verkehr auf öffentlichen Straßen sind alle Fahrzeuge zugelassen, die den Vorschriften dieser Verordnung und der Straßenverkehrs-Ordnung entsprechen, soweit nicht für die Zulassung einzelner Fahrzeugarten ein Erlaubnisverfahren vorgeschrieben ist.

(2) Schiebe- und Greifreifenrollstühle, Rodelschlitten, Kinderwagen, Roller, Kinderfahrräder und ähnliche nicht motorbetriebene Fortbewegungsmittel sind nicht Fahrzeuge im Sinne dieser Verordnung.

1   **Begr** zur ÄndVO v 22. 10. 03: VBl **03** 744.

1. Grundsatz der Verkehrsfreiheit für Fahrzeuge. Wie für die Zulassung von 2
Personen zum StrV (§ 1 FeV) sieht die StVZO im Grundsatz auch für Fze allgemeine
Verkehrsfreiheit vor, jedoch unter wesentlichen Einschränkungen: a) die Fze müssen
vorschriftsmäßig sein; b) für Kfze und ihre Anhänger besteht Zulassungspflicht (§§ 18–
29). Der Grundsatz gilt für den Verkehr auf öffentlichen Straßen (§ 1 StVG). Fahrzeug
iS von I kann grundsätzlich auch ein ausgemusterter (entwaffneter) Panzer sein, OVG
Münster NZV **99** 102, s dazu § 19 IIa. Die auch von Erwachsenen gebrauchten, nicht
motorisierten Miniroller („Kickboards", „Skooter") fallen unter Abs II; denn sie haben
ein ähnliches Erscheinungsbild wie andere, von Kindern benutzte Roller und werden in
gleicher Weise bewegt. Daher – und um Übereinstimmung mit § 24 I StVO herzustel-
len – wurde die durch ÄndVO v 23. 3. 00 erfolgte Ersetzung des Begriffs „Roller"
durch das Wort „Kinderroller" durch ÄndVO v 22. 10. 03 (BGBl I 2085) rückgängig
gemacht (s Begr, VBl **03** 744). Sind sie motorisiert, so sind sie den Kfzen zuzuordnen
und uU (nach Maßgabe von § 4 FeV) fahrerlaubnispflichtig, s *Huppertz* VD **03** 184,
Ternig VD **03** 264. Besondere Fortbewegungsmittel (Abs II), s §§ 24, 31 StVO.

2. Vorschriftsmäßigkeit des Fahrzeugs. Die Fze müssen den Vorschriften der 3
§§ 30– 67 entsprechen. Die StVO enthält nur noch im § 23 I (Beleuchtungseinrichtun-
gen) eine Ausrüstungsvorschrift. Folgen der Benutzung unvorschriftsmäßiger Fze im
Verkehr: s. 17.

3. Zulassungsverfahren für Kraftfahrzeuge und deren Anhänger. Sie unterlie- 4
gen besonderer Zulassung (§§ 18 ff). Der Zulassung bedarf jedes einzelne Fz, das unter
den Begriff Kfz oder KfzAnhängers (§ 1 StVG) fällt, soweit nicht § 18 Ausnahmen zu-
läßt. Ohne Zulassung dürfen diese Fze im Verkehr nicht benutzt werden (§§ 18, 69a II
Nr 3 StVZO, 24 StVG). Auch gewisse FzTeile, auch soweit sie an anderen Fzen als
Kfzen verwendet werden, unterliegen besonderer Zulassung (§§ 22, 22a). Für Kfze mit
Auslandszulassung gelten die deutschen Zulassungsvorschriften nicht, doch müssen sie,
wie Art 39 ÜbStrV, § 11 IntVO ergibt, verkehrssicher sein; die Führer solcher Fze un-
terliegen § 23 StVO.

Lit: *Bouska*, Die rechtliche Stellung der Zulassungs- und Überwachungsorgane des StrV, DAR
64 145. *Ternig*, Wie sollte man Kickboards und Elektro-Dreiräder einordnen?, VD **01** 29.

Einschränkung und Entziehung der Zulassung

17 (1) Erweist sich ein Fahrzeug als nicht vorschriftsmäßig, so kann die Ver-
waltungsbehörde dem Eigentümer oder Halter eine angemessene Frist zur
Behebung der Mängel setzen und nötigenfalls den Betrieb des Fahrzeugs im öf-
fentlichen Verkehr untersagen oder beschränken; der Betroffene hat das Verbot
oder die Beschränkung zu beachten.

(2) ¹Nach Untersagung des Betriebs eines Fahrzeugs, für das ein amtliches Kenn-
zeichen zugeteilt ist, hat der Fahrzeughalter unverzüglich das Kennzeichen von
der Behörde entstempeln zu lassen. ²Der Fahrzeugschein ist der Zulassungsbehörde
zum Eintrag des Vermerks über die Betriebsuntersagung vorzulegen; bei zulas-
sungsfreien Fahrzeugen ist der nach § 18 Abs. 5 erforderliche Nachweis über die
Betriebserlaubnis abzuliefern. ³Handelt es sich um einen Anhänger, so sind der
Behörde die etwa ausgefertigten Anhängerverzeichnisse zur Eintragung der Ent-
stempelung des Kennzeichens vorzulegen.

(3) Besteht Anlaß zur Annahme, daß das Fahrzeug den Vorschriften dieser Ver-
ordnung nicht entspricht, so kann die Verwaltungsbehörde zur Vorbereitung einer
Entscheidung nach Absatz 1, § 23 Abs. 2, den §§ 24, 27 Abs. 1 bis 3 oder § 28
Abs. 3 Satz 1 je nach den Umständen
1. die Beibringung eines Sachverständigengutachtens darüber, ob das Fahrzeug den
   Vorschriften dieser Verordnung entspricht, oder
2. die Vorführung des Fahrzeugs
anordnen und wenn nötig mehrere solcher Anordnungen treffen.

Begr zur ÄndVO v 24. 9. 04: BRDrucks 344/04 S 32.

1. Einschränkung und Entziehung der Zulassung. Die derzeitige Fassung des 1
§ 17 entstammt der VO v 21. 7. 69. Dem Wesen nach handelt es sich im § 17 um Aus-

3 StVZO § 17   B. Fahrzeuge I. Zulassung von Fahrzeugen im allgemeinen

nahmen von § 16, und zwar um die Beschränkung oder Entziehung der Zulassung für einzelne Fze. **Begr** zu Abs 3: VBl **69** 394.

2   **2. Maßnahmen bei erwiesener Unvorschriftsmäßigkeit.** Unter den Voraussetzungen von Abs I ist Untersagung oder Beschränkung des Betriebs eines Fzs im öffentlichen StrV möglich. Zulässig und geboten sind solche Maßnahmen bei Fzen, die sich als nicht vorschriftsmäßig erweisen (§ 16). Nicht vorschriftsmäßig sind Fze, die nicht den Bau- oder Betriebsvorschriften entsprechen, zB nicht verkehrssicher sind (§ 31) oder Bestimmungen über Lärm und Abgase nicht genügen. Nicht unvorschriftsmäßig ist ein Fz allein dadurch, daß zu Unrecht eine BE für zulassungsfreie Fze erteilt wurde, solange eine solche BE Bestand hat, VG Hb NZV **01** 143. Zulässig sind die in Abs I genannten Maßnahmen erst, wenn sich die Unvorschriftsmäßigkeit erweist, dh offenbar hervortritt oder als vorhanden feststeht. Das braucht nicht bei einer vorgeschriebenen Untersuchung (§ 29) oder im Verkehr geschehen zu sein. Es genügt, daß der Mangel erwiesenermaßen besteht. Der bloße Hinweis der KfzVersicherung auf einen schweren Unfallschaden reicht auch dann nicht aus, wenn über eine ordnungsgemäße Reparatur nichts bekannt ist, VG Fra NZV **90** 166.

3   **3. Die zulässigen Maßnahmen.** Die zuständige VB (§ 68) muß das zur Gefahrabwendung Nötige und Angemessene anordnen (sonst Amtspflichtverletzung). Örtlich zuständig ist die B des Wohnorts (§ 68 II), nicht des FzStandorts, OVG Bautzen NZV **98** 430. Die Polizei erstattet einen Mängelbericht an die ZulB; eigene Maßnahmen darf sie nur vorläufig im Fall und für die Dauer unmittelbarer Gefährdung treffen. Daher darf sie dem Halter nicht Mängelbeseitigung unter Fristsetzung und Anzeigedrohung aufgeben, OVG Münster VIII A 907/67, *Huppertz* VD **99** 154; aus § 68 II S 4 läßt sich nichts Gegenteiliges entnehmen, weil Abs II des § 68 nur die *örtliche* Zuständigkeit regelt, *Dvorak*, Polizei **84** 241. Bei vorläufigen Maßnahmen muß sie sofort, in der Regel fernmündlich, die Entscheidung der ZulB herbeiführen.

4   **Setzen angemessener Frist zur Behebung der Mängel.** Ist der Mangel behebbar, so wird dem Bedürfnis nach Sicherung oft genügt, wenn dem Halter oder Eigentümer aufgegeben wird, für Beseitigung zu sorgen. Dafür ist ihm eine ausreichende Frist zu setzen. Sie kann stillschweigend verlängert werden. Die Verfügung ist an den Halter (§ 7 StVG) zu richten. Ist der Halter nicht zugleich Eigentümer, wie bei Sicherungsübereignung oder Eigentumsvorbehalt, so kann sie auch an den Eigentümer oder an beide zugleich gerichtet werden. Ob und unter welchen Voraussetzungen das mangelhafte Fz im Verkehr verwendet werden darf, hängt von der Art des Mangels ab (§§ 23 StVO, 31 StVZO).

5   **Beschränkung oder Untersagung des Betriebs.** Soweit zur VSicherheit erforderlich, darf die VB dem Halter für die Verwendung des nicht vorschriftsmäßigen Fz Beschränkungen auferlegen oder die Verwendung bis zur Mängelbeseitigung untersagen. Dabei hat sie das Übermaßverbot zu beachten (**E 2**). Unnötiges darf sie nicht anordnen. Beschränkungen: Verweisung auf bestimmte Straßen, Benutzung nur zu bestimmten Tageszeiten, Anwendung bestimmter Vorsichtsmaßnahmen, Fahrt nur unter bestimmten Bedingungen, etwa nur bis zur nächsten Werkstatt. Ist auf diese Weise keine Sicherung erreichbar, so kommt als schärfste Maßnahme in Betracht, jede Verwendung des Fz im Verkehr zu untersagen, jedoch nur als „ultima ratio", VG Fra NZV **90** 166 (zust *Jagow* VD **92** 50), VG Dü DAR **61** 122. Keine Betriebsuntersagung allein deswegen, weil ein im übrigen nicht vorschriftswidriges Fz mit bauartbestimmter Höchstgeschwindigkeit von nicht mehr als 6 km/h den fließenden V beeinträchtigt, OVG Münster NZV **95** 413. Beschränkungen oder Untersagen des Betriebs werden häufig als vorläufige Maßnahme bis zur Behebung des Mangels neben der Fristsetzung nötig werden. Sie können aber auch als selbständige Maßnahmen angeordnet werden. Insbesondere wird der Betrieb zu untersagen sein, wenn der Halter oder Eigentümer den Mangel schuldhaft nicht beseitigt. Die Untersagung des Betriebs kann durch Entzug der BE nach § 18 erfolgen, OVG Bautzen NZV **98** 430, s *Rüth/Berr/Berz* Rz 14. Die Fristsetzung hebt ein Benutzungsverbot nicht auf, Bay DAR **52** 171. Soweit der Gefahr der VTeilnahme mit nicht vorschriftsmäßigen Fzen zu begegnen ist, geht § 17 StVZO den verwaltungsrechtlichen Bestimmungen über die polizeiliche Gefahrenabwehr als lex specialis vor, OVG Bautzen NZV **98** 430, OVG Münster NZV **99** 102; insoweit daher **keine Beschlagnahme** des

Einschränkung und Entziehung der Zulassung   § 17 StVZO 3

Fzs nach den PolGesetzen, VGH Ma DAR **93** 363. Die Bestimmung verdrängt als lex specialis auch die verwaltungsverfahrensrechtlichen Vorschriften über Widerruf und Rücknahme eines Verwaltungsaktes, OVG Münster NZV **99** 102.

Lit: *Dvorak,* Untersagung oder Einschränkung des Betriebs eines Fzs wegen technischer Mängel durch PolBe, Polizei **84** 240. *Huppertz,* Ausstellung einer Mängelkarte ..., VD **99** 153. *Kreutel,* Untersagung/Beschränkung des Betriebs von Fzen durch PolBe, Polizei **83** 335.

4. Pflicht, die Anordnungen zu beachten. I verpflichtet den Betroffenen (Halter 6
oder Eigentümer), das Verbot oder die Beschränkung zu beachten. Zuwiderhandlung ist ow (Rz 14).

5. Kontrolle der Ausführung. Die VB hat die Einhaltung nachzuprüfen. Sie kann 7
sich mit Vollzugsanzeige oder Bestätigung der Werkstatt begnügen. Sie kann Vorführung des Fz oder Prüfung durch einen Sachverständigen anordnen.

6. Endgültige Betriebsuntersagung. Weitere Maßnahmen sieht II für den Fall vor, 8
daß dem Halter untersagt wird, ein zulassungspflichtiges oder mit amtlichen Kennzeichen versehenes Kfz (§ 18) oder einen ebensolchen KfzAnhänger im Verkehr zu betreiben. § 17 II gilt in allen Fällen, in denen der Halter eines zugelassenen Fz von der Befugnis nicht mehr Gebrauch machen darf. Er wird deshalb in einigen Bestimmungen für entsprechend anwendbar erklärt. Maßnahmen nach II kommen nur bei endgültiger Untersagung des Betriebs in Betracht, nicht wenn lediglich eine Frist zur Mangelbehebung gesetzt oder Beschränkungen auferlegt werden, auch nicht, wenn die Verwendung nur bis zur Behebung des Mangels untersagt wird; immerhin kann es auch dann angezeigt sein, mindestens nach den Sätzen 2, 3 zu verfahren. Folgende Maßnahmen sind vorgesehen:

Entstempelung des Kennzeichens. Die Maßnahme macht die Untersagung der 9
Zulassung wirksamer. Kennzeichen von Anhängern sind nach Entziehung der Betriebserlaubnis ebenso zu entstempeln. Zuständig ist die örtlich zuständige VB. Entstempeln der Kennzeichen und damit Entziehung der Benutzungserlaubnis im öffentlichen Verkehr ist nur das letzte Mittel gegen weitere Benutzung verkehrsunsicherer Kfze, s Rz 5.

Als weitere Maßnahme sieht II die Pflicht zur **Vorlage des Fahrzeugscheins** (§ 24) 10
an die ZulB **zur Eintragung eines Vermerks** über die Betriebsuntersagung bzw **Ablieferung** der Bescheinigung nach § 18 V vor, denn diese Dokumente beweisen die Zulassung. Anders als nach der bis zum 30. 9. 2005 geltenden Fassung von II S 2 wird der FzSchein nicht mehr eingezogen, sondern nach Eintragung des Vermerks wieder ausgehändigt, weil die Vorlage des FzScheins (Zulassungsbescheinigung Teil I) Voraussetzung für die Zulassung in anderen EG-Mitgliedstaaten ist (Begr zur ÄndVO v 24. 9. 04). Eine FzVerwendung trotz Betriebsuntersagung ist zwar auch ohne die Maßnahme ow (§§ 18 StVZO, 24 StVG), wenn dem Halter der FzSchein belassen worden ist. Immerhin kann aber die nach Eintragung des Vermerks nicht mehr bestehende Möglichkeit, sich über die Zulassung auszuweisen, hemmend wirken. Bei Untersagung des Betriebs von Anhängern ist das Anhängerverzeichnis zu berichtigen (§ 24). Bei steuerlicher Zwangsabmeldung (§ 14 KraftStG) gilt II nicht, insbesondere muß der Halter den FzSchein nicht von sich aus abliefern, vielmehr hat ihn die ZulB gemäß § 14 KraftStG einzuziehen, Zw VR **53** 153.

7. Maßnahmen zur Vorbereitung der Entscheidung (III). Die derzeitige Fas- 11
sung von III entstammt der VO v 16. 11. 84. Sie hat für die Vorbereitung aller Entscheidungen nach der StVZO Bedeutung.

Die VB kann dem Halter oder Eigentümer auferlegen, ein Sachverständigengutachten 12
beizubringen, etwa wenn zweifelhaft ist, ob ein ordnungswidriger Zustand vorliegt, ob und unter welchen Voraussetzungen das Fz noch im Verkehr verwendet werden darf, ob der Mangel behebbar ist, was zur Behebung geschehen kann, ob ein Mangel inzwischen behoben ist, s VGH Ka VM **76** 39. Es muß sich nicht um das Gutachten eines amtlich anerkannten Sachverständigen oder Prüfers (§§ 1 ff KfSachvG) handeln. Kommt der Halter oder Eigentümer der Auflage binnen angemessener Frist schuldhaft nicht nach, so wird die VB den Betrieb untersagen müssen, OVG Ko DAR **85** 358. Bloße Nichtbeachtung der Anordnung oder die Weigerung, ihr zu folgen, ist als solche nicht ow.

3 StVZO § 18   B. Fahrzeuge II. Zulassungsverfahren für Kraftfahrzeuge

13   Die VB kann **anordnen, das Fahrzeug vorzuführen,** s VGH Ka VM 76 39. Gedacht ist hier an Fälle gemäß § 27 I (Berichtigung der FzPapiere), wenn Anlaß zur Annahme besteht, daß das Kfz nicht vorschriftsmäßig ist, und an eine Vorführung gemäß § 29. Anordnung der Vorführung bei Benachrichtigung über erhebliche Unfallschäden durch den Versicherer, s § 27 Rz 31. Namentlich bei NichtKfzen wird es uU genügen, das Fz an Amtsstelle oder bei einer benannten Stelle vorzuführen, Vorführung vor einem Sachverständigen oder Prüfer wird nicht immer nötig sein. Bei grundloser Weigerung des Halters ist der Betrieb des Fzs idR zu untersagen, OVG Ko DAR 85 358 = 3. Abs III gilt entsprechend, wenn Anlaß zu der Annahme besteht, daß die BE durch Änderungen am Fz erloschen ist, § 19 II S 5.

14   8. **Ordnungswidrig** sind im Bereich des § 17 nur die Verstöße gegen Verbote oder Beschränkungen gemäß I und Verstöße gegen II (§ 69a II Nr 1, 2, § 24 StVG). Nichtbefolgung anderer Auflagen kann nur zur Entstempelung führen. Nichtbefolgung einer Vorführungsverfügung ist nicht bußgeldbewehrt. Verstoß gegen II ist DauerOW durch Unterlassen. Weiteres Unterlassen nach rechtskräftiger Ahndung ist neue Tat, Dü VRS 61 301, aM *Schickedanz* NJW 82 320.

II. Zulassungsverfahren für Kraftfahrzeuge und ihre Anhänger

Zulassungspflichtigkeit

18 (1) Kraftfahrzeuge mit einer durch die Bauart bestimmten Höchstgeschwindigkeit von mehr als 6 km/h und ihre Anhänger (hinter Kraftfahrzeugen mitgeführte Fahrzeuge mit Ausnahme von betriebsunfähigen Fahrzeugen, die abgeschleppt werden, und von Abschleppachsen) dürfen auf öffentlichen Straßen nur in Betrieb gesetzt werden, wenn sie durch Erteilung einer Betriebserlaubnis oder einer EG-Typgenehmigung und durch Zuteilung eines amtlichen Kennzeichens für Kraftfahrzeuge oder Anhänger von der Verwaltungsbehörde (Zulassungsbehörde) zum Verkehr zugelassen sind.

(2) Ausgenommen von den Vorschriften über das Zulassungsverfahren sind
1. a) selbstfahrende Arbeitsmaschinen (Fahrzeuge, die nach ihrer Bauart und ihren besonderen, mit dem Fahrzeug fest verbundenen Einrichtungen zur Leistung von Arbeit, nicht zur Beförderung von Personen oder Gütern bestimmt und geeignet sind), die zu einer vom Bundesministerium für Verkehr, Bau- und Wohnungswesen bestimmten Art solcher Fahrzeuge gehören,
  b) Stapler,
2. einachsige Zugmaschinen, wenn sie nur für land- oder forstwirtschaftliche Zwecke verwendet werden,
3. einachsige Zug- oder Arbeitsmaschinen, die von Fußgängern an Holmen geführt werden,
4. a) zweirädrige Kleinkrafträder (Krafträder mit einer durch die Bauart bestimmten Höchstgeschwindigkeit von nicht mehr als 45 km/h und mit elektrischer Antriebsmaschine oder mit einem Verbrennungsmotor mit einem Hubraum von nicht mehr als 50 cm^3) und Fahrräder mit Hilfsmotor (Krafträder mit einer durch die Bauart bestimmten Höchstgeschwindigkeit von nicht mehr als 45 km/h und einer elektrischen Antriebsmaschine oder einem Verbrennungsmotor mit einem Hubraum von nicht mehr als 50 cm^3, die zusätzlich hinsichtlich der Gebrauchsfähigkeit die Merkmale von Fahrrädern aufweisen),
  b) dreirädrige Kleinkrafträder (dreirädrige Kraftfahrzeuge mit einer durch die Bauart bestimmten Höchstgeschwindigkeit von nicht mehr als 45 km/h und mit elektrischer Antriebsmaschine oder mit einem Verbrennungsmotor mit einem Hubraum von nicht mehr als 50 cm^3),
4 a. Leichtkrafträder (Krafträder mit einer elektrischen Antriebsmaschine mit einer Nennleistung von nicht mehr als 11 kW oder einem Verbrennungsmotor mit einer Nennleistung von nicht mehr als 11 kW und einem Hubraum von mehr als 50 cm^3, aber nicht mehr als 125 cm^3),
4 b. Vierrädrige Leichtkraftfahrzeuge mit einer Leermasse von weniger als 350 kg, ohne Masse der Batterien im Fall von Elektrofahrzeugen, mit einer durch die Bauart bestimmten Höchstgeschwindigkeit von 45 km/h oder weniger und

Zulassungspflichtigkeit § 18 StVZO **3**

einem Hubraum für Fremdzündungsmotoren von 50 cm³ oder weniger, beziehungsweise einer maximalen Nennleistung von 4 kW oder weniger für andere Motortypen,

5. motorisierte Krankenfahrstühle (einsitzige, nach der Bauart zum Gebrauch durch körperlich behinderte Personen bestimmte Kraftfahrzeuge mit Elektroantrieb, einem Leergewicht von nicht mehr als 300 kg einschließlich Batterien aber ohne Fahrer, mit einer zulässigen Gesamtmasse von nicht mehr als 500 kg, einer durch die Bauart bestimmten Höchstgeschwindigkeit von nicht mehr als 15 km/h, einer Breite über alles von maximal 110 cm und einer Heckmarkierungstafel nach der ECE-Regelung 69 oben an der Fahrzeugrückseite),

6. folgende Arten von Anhängern:
  a) Anhänger in land- oder forstwirtschaftlichen Betrieben, wenn die Anhänger nur für land- oder forstwirtschaftliche Zwecke verwendet und mit einer Geschwindigkeit von nicht mehr als 25 km/h hinter Zugmaschinen oder hinter selbstfahrenden Arbeitsmaschinen einer vom Bundesministerium für Verkehr, Bau- und Wohnungswesen nach Nummer 1 bestimmten Art mitgeführt werden; beträgt die durch die Bauart bestimmte Höchstgeschwindigkeit des ziehenden Fahrzeugs mehr als 25 km/h, so sind diese Anhänger nur dann zulassungsfrei, wenn sie für eine Höchstgeschwindigkeit von nicht mehr als 25 km/h in der durch § 58 vorgeschriebenen Weise gekennzeichnet oder –
  beim Mitführen hinter Zugmaschinen mit einer Geschwindigkeit von nicht mehr als 8 km/h (Betriebsvorschrift) – eisenbereift sind;
  b) land- oder forstwirtschaftliche Arbeitsgeräte sowie hinter land- oder forstwirtschaftlichen einachsigen Zug- oder Arbeitsmaschinen mitgeführte Sitzkarren (einachsige Anhänger, die nach ihrer Bauart nur geeignet und bestimmt sind, dem Führer einer einachsigen Zug- oder Arbeitsmaschine das Führen des Fahrzeugs von einem Sitz aus zu ermöglichen);
  c) Anhänger hinter Straßenwalzen;
  d) Maschinen für den Straßenbau, die von Kraftfahrzeugen mit einer Geschwindigkeit von nicht mehr als 25 km/h mitgeführt werden; Buchstabe a letzter Satz gilt entsprechend;
  e) Wohnwagen und Packwagen im Gewerbe nach Schaustellerart, die von Zugmaschinen mit einer Geschwindigkeit von nicht mehr als 25 km/h mitgeführt werden; Buchstabe a letzter Satz gilt entsprechend;
  f) Anhänger, die lediglich der Straßenreinigung dienen;
  g) eisenbereifte Möbelwagen;
  h) einachsige Anhänger hinter Krafträdern;
  i) Anhänger für Feuerlöschzwecke;
  k) *(aufgehoben)*
  l) Arbeitsmaschinen;
  m) Spezialanhänger zur Beförderung von Sportgeräten oder Tieren für Sportzwecke, wenn die Anhänger ausschließlich für solche Beförderungen verwendet werden;
  n) Anhänger, die als Verladerampen dienen;
  o) fahrbare Baubuden, die von Kraftfahrzeugen mit einer Geschwindigkeit von nicht mehr als 25 km/h mitgeführt werden; Buchstabe a letzter Satz gilt entsprechend;
  p) einspurige einachsige Anhänger (Einradanhänger) hinter Personenkraftwagen, wenn das zulässige Gesamtgewicht nicht mehr als 150 kg, die Breite über alles nicht mehr als 1000 mm, die Höhe über nicht mehr als 1000 mm und die Länge über alles nicht mehr als 1200 mm betragen.

(3) ¹Fahrzeuge, die nach Absatz 2 von den Vorschriften über das Zulassungsverfahren ausgenommen sind, dürfen auf öffentlichen Straßen nur in Betrieb gesetzt werden, wenn für die Fahrzeuge eine Betriebserlaubnis oder eine EG-Typgenehmigung erteilt ist. ²Ausgenommen sind
1. Fahrräder mit Hilfsmotor, die vor dem 1. Januar 1957 erstmals in den Verkehr gekommen sind, sowie die vor dem 1. Mai 1965 erstmals in den Verkehr gekommenen Fahrräder mit Hilfsmotor, deren durch die Bauart bestimmte Höchstgeschwindigkeit nicht mehr als 20 km/h beträgt,
2. Kleinkrafträder mit regelmäßigem Standort im Saarland, wenn sie vor dem 1. Oktober 1960 im Saarland erstmals in den Verkehr gekommen sind, sowie Fahrzeuge, die nach der Übergangsvorschrift des § 72 zu § 18 Abs. 2 Nr. 4 wie Kleinkrafträder zu behandeln sind,

3 StVZO § 18 B. Fahrzeuge II. Zulassungsverfahren für Kraftfahrzeuge

3. Anhänger hinter Fahrrädern mit Hilfsmotor, wenn die durch die Bauart bestimmte Höchstgeschwindigkeit des ziehenden Fahrzeugs 25 km/h nicht überschreitet oder der Anhänger vor dem 1. April 1961 erstmals in den Verkehr gekommen ist,
4. einachsige Zug- oder Arbeitsmaschinen, die von Fußgängern an Holmen geführt werden,
5. land- oder forstwirtschaftliche Arbeitsgeräte mit einem zulässigen Gesamtgewicht von nicht mehr als 3 t sowie hinter land- oder forstwirtschaftlichen einachsigen Zug- oder Arbeitsmaschinen mitgeführte Sitzkarren (Absatz 2 Nr. 6 Buchstabe b).

(4) [1]Die nach Absatz 2 von den Vorschriften über das Zulassungsverfahren ausgenommenen
1. selbstfahrenden Arbeitsmaschinen, Stapler und einachsigen Zugmaschinen mit einer durch die Bauart bestimmten Höchstgeschwindigkeit von mehr als 20 km/h,
2. Anhänger nach Absatz 2 Nr. 6 Buchstabe l und m – ausgenommen Anhänger, die mit Geschwindigkeitsschildern nach § 58 für eine zulässige Höchstgeschwindigkeit von nicht mehr als 25 km/h gekennzeichnet sind, – und
3. Leichtkrafträder

müssen beim Verkehr auf öffentlichen Straßen ein eigenes amtliches Kennzeichen führen. [2]Zweirädrige oder dreirädrige Kleinkrafträder, Fahrräder mit Hilfsmotor, vierrädrige Leichtkraftfahrzeuge und motorisierte Krankenfahrstühle sind, wenn ihr Halter der Versicherungspflicht nach dem Pflichtversicherungsgesetz unterliegt, nach § 29 e, sonst durch amtliche Kennzeichen zu kennzeichnen. [3]Für die Kennzeichnung von betriebserlaubnispflichtigen selbstfahrenden Arbeitsmaschinen, Staplern und einachsigen land- oder forstwirtschaftlichen Zugmaschinen mit einer durch die Bauart bestimmten Höchstgeschwindigkeit von nicht mehr als 20 km/h gilt § 64 b entsprechend.

(4a) [1]Auf Fahrzeuge, die nach Absatz 4 amtliche Kennzeichen führen müssen, sind die Bestimmungen über die Kennzeichnung der im Zulassungsverfahren zu behandelnden Kraftfahrzeuge mit Ausnahme der Vorschriften über den Fahrzeugbrief entsprechend anzuwenden. [2]Auf amtliche Kennzeichen von zweirädrigen oder dreirädrigen Kleinkrafträdern, von Fahrrädern mit Hilfsmotor, von vierrädrigen Leichtkraftfahrzeugen und von motorisierten Krankenfahrstühlen ist auch § 23 Abs. 4 Satz 1 bis 5 nicht anzuwenden.

(5) [1]Wer ein nach Absatz 3 betriebserlaubnispflichtiges Fahrzeug führt oder mitführt, muß bei sich haben und zuständigen Personen auf Verlangen zur Prüfung aushändigen
1. die Ablichtung oder den Abdruck einer Allgemeinen Betriebserlaubnis (§ 20) oder
1 a. die vorgeschriebene Übereinstimmungsbescheinigung für eine EG-Typgenehmigung oder
2. eine Betriebserlaubnis im Einzelfall (§ 21), die von der Zulassungsbehörde durch den Vermerk „Betriebserlaubnis erteilt" auf dem Gutachten eines amtlich anerkannten Sachverständigen für den Kraftfahrzeugverkehr ausgestellt ist;
bei den in Absatz 2 Nr. 2 und Nr. 6 Buchstabe a genannten Fahrzeugen genügt es, daß der Fahrzeughalter einen dieser Nachweise aufbewahrt und zuständigen Personen auf Verlangen zur Prüfung aushändigt. [2]Handelt es sich um eine Allgemeine Betriebserlaubnis, so muß deren Inhaber oder ein amtlich anerkannter Sachverständiger oder Prüfer für den Kraftfahrzeugverkehr auf der Ablichtung oder dem Abdruck unter Angabe der Fahrzeug-Identifizierungsnummer bestätigt haben, daß das Fahrzeug dem genehmigten Typ entspricht. [3]Bei den nach Absatz 3 betriebserlaubnispflichtigen und nach Absatz 4 kennzeichenpflichtigen Fahrzeugen ist ein von der Zulassungsbehörde ausgefertigter Fahrzeugschein anstelle des Nachweises nach Satz 1 mitzuführen und zuständigen Personen auf Verlangen zur Prüfung auszuhändigen.

(6) [1]Wer ein Fahrzeug der in Absatz 3 Nr. 1 oder 2 genannten Art führt, muß bei sich haben und zuständigen Personen auf Verlangen zur Prüfung aushändigen

1. die Ablichtung oder den Abdruck einer Allgemeinen Betriebserlaubnis für den Motor (§ 20) oder

Zulassungspflichtigkeit § 18 StVZO 3

2. die Bescheinigung eines amtlich anerkannten Sachverständigen für den Kraftfahrzeugverkehr über den Hubraum des Motors sowie darüber, daß der Motor mit seinen zugehörigen Teilen den Vorschriften dieser Verordnung entspricht.

²Handelt es sich um eine Allgemeine Betriebserlaubnis, so muß deren Inhaber oder ein amtlich anerkannter Sachverständiger oder Prüfer für den Kraftfahrzeugverkehr auf der Ablichtung oder dem Abdruck unter Angabe der Motornummer bestätigt haben, daß der Motor dem genehmigten Typ entspricht. ³In allen Fällen muss auf dem Nachweis das etwa zugeteilte amtliche Kennzeichen von der Zulassungsbehörde vermerkt sein.

(7) Auf Antrag können für die in Absatz 2 genannten Fahrzeuge Fahrzeugbriefe ausgestellt werden; die Fahrzeuge sind dann in dem üblichen Zulassungsverfahren zu behandeln.

Begr zur ÄndVO v 24. 4. 92 (VBl 92 342): 1

Zu Abs 4 Satz 1: *Aus der Bundesratsdrucksache 78/92 (Beschluß): ... Aus Gründen der Verkehrssicherheit ist in § 18 Abs. 4 Satz 1 für bestimmte zulassungsfreie Fahrzeuge das Führen von eigenen amtlichen Kennzeichen vorgeschrieben. Damit unterliegen diese Fahrzeuge den Untersuchungen nach § 29. Es ist nicht einzusehen, warum Anhänger-Arbeitsmaschinen anders behandelt werden als selbstfahrende Arbeitsmaschinen. Sportanhänger werden oft wenig gefahren und schlecht gewartet und stellen zum Teil auch aufgrund ihrer Einsatzbedingungen ein Sicherheitsrisiko dar ...*

Begr zur ÄndVO v 9. 12. 94 (VBl 95 23): *Die gesetzlichen Regelungen, bei denen die Betriebserlaubnis nationaler Geltung (§§ 20, 21 StVZO) eine Rolle spielt, müssen um die „EG-Typgenehmigung" ergänzt werden. Liegt nämlich eine EG-Typgenehmigung vor, so ist eine nationale Betriebserlaubnis nicht mehr erforderlich.*

Das gleiche gilt für den Nachweis der Betriebserlaubnis. Dort, wo die EG-Typgenehmigung die nationale Betriebserlaubnis ersetzt, ist auch der gemäß der Betriebserlaubnisrichtlinie vorgeschriebene Nachweis erforderlich und genügend; dies ist die Übereinstimmungsbescheinigung nach Anhang IX der Betriebserlaubnisrichtlinie.

Begr zur ÄndVO v 22. 10. 03: VBl 03 744.

DA zum § 18 II (Liste der anerkannten selbstfahrenden Arbeitsmaschinen): VBl **61** 1 a 451, **62** 502, **65** 101, **66** 374, 598, **67** 522, **69** 411, **70** 695, **72** 226, **73** 857, **75** 442, **77** 50, 470, 612, **79** 167, 335, **81** 354, **82** 31, 530, **86** 40, **90** 196, **04** 228.

§ 2 der 6. AusnVO 1962 idF durch die ÄndVO-StVZO 1973 (BGBl. I 662, VBl 2 73 397):

Abweichend von § 18 Abs. 1 StVZO genügt bei Gerätewagen in Lohndreschbetrieben, wenn sie nur für Zwecke dieser Betriebe verwendet und mit einer Geschwindigkeit von nicht mehr als 25 km/h hinter Zugmaschinen oder selbstfahrenden Arbeitsmaschinen einer vom Bundesministerium für Verkehr, Bau- und Wohnungswesen anerkannten Art mitgeführt werden, die entsprechende Anwendung des § 18 Abs. 3 Satz 1 und Abs. 5 StVZO mit Ausnahme des Satzes 1 Halbsatz 2; § 18 Abs. 2 Nr. 6 Buchstabe a Halbsatz 2 StVZO und § 58 Abs. 1 Satz 3 und 4 StVZO gelten entsprechend.

23. StVZAusnV v 13. 3. 74 (BGBl I 744)

§ 1. Abweichend von § 18 Abs. 1 StVZO sind auch andere als die in § 18 Abs. 2 2 a Nr. 6 Buchstabe p StVZO genannten einspurigen einachsigen Anhänger (Einradanhänger) vom Zulassungsverfahren ausgenommen, wenn sie vor dem 1. Januar 1974 erstmals in den Verkehr gekommen sind.

§ 2. Abweichend von § 18 Abs. 3 StVZO ist für einspurige einachsige Anhänger (Einradanhänger) im Sinne des § 18 Abs. 2 Nr. 6 Buchstabe p StVZO eine Betriebserlaubnis nicht erforderlich, wenn sie vor dem 1. Januar 1974 erstmals in den Verkehr gekommen sind.

2. VO über Ausnahmen von straßenverkehrsrechtlichen Vorschriften v 28. 2. 89 (BGBl I 481)

§ 1. (1) Zugmaschinen mit einer durch die Bauart bestimmten Höchstgeschwin- 2 b digkeit von nicht mehr als 60 km/h und Anhänger hinter diesen Zugmaschinen gelten als von den Vorschriften des Zulassungsverfahrens nach § 18 Abs. 1 der

3 StVZO § 18 B. Fahrzeuge II. Zulassungsverfahren für Kraftfahrzeuge

Straßenverkehrs-Zulassungs-Ordnung in der Fassung der Bekanntmachung vom 28. September 1988 (BGBl. I S. 1793), die zuletzt durch Artikel 1 der Verordnung vom 24. April 1992 (BGBl. I S. 965) geändert worden ist, ausgenommen, wenn sie
1. auf örtlichen Brauchtumsveranstaltungen,
2. für nicht gewerbsmäßig durchgeführte Altmaterialsammlungen oder Landschaftssäuberungsaktionen,
3. zu Feuerwehreinsätzen oder Feuerwehrübungen oder
4. auf den An- oder Abfahrten zu Einsätzen nach Nummer 1, 2 oder 3 verwendet werden.

Dies gilt nur, wenn
1. für jedes der eingesetzten Fahrzeuge eine Betriebserlaubnis erteilt und hierüber mindestens ein in § 18 Abs. 5 der Straßenverkehrs-Zulassungs-Ordnung genannter Nachweis ausgestellt ist und
2. für jede eingesetzte Zugmaschine ein eigenes amtliches Kennzeichen zugeteilt ist.

(1 a) Abweichend von § 19 Abs. 2 der Straßenverkehrs-Zulassungs-Ordnung erlischt für Fahrzeuge, die mit An- oder Aufbauten versehen sind, bei der Verwendung nach Absatz 1 Satz 1 Nr. 1 die Betriebserlaubnis nicht, wenn die Verkehrssicherheit dieser Fahrzeuge auf solchen Veranstaltungen nicht beeinträchtigt wird. Abweichend von den §§ 32 und 34 der Straßenverkehrs-Zulassungs-Ordnung dürfen bei der Verwendung von Fahrzeugen nach Absatz 1 Satz 1 Nr. 1 die zulässigen Abmessungen, Achslasten und Gesamtgewichte überschritten werden, wenn durch das Gutachten eines amtlich anerkannten Sachverständigen oder Prüfers für den Kraftfahrzeugverkehr bescheinigt wird, daß keine Bedenken gegen die Verkehrssicherheit des Fahrzeugs auf solchen Veranstaltungen bestehen. Abweichend von § 17 Abs. 1 Satz 2 der Straßenverkehrs-Ordnung vom 16. November 1970 (BGBl. I S. 1565; 1971 I S. 38), die zuletzt durch die Verordnung vom 19. März 1992 (BGBl. I S. 678) geändert worden ist, und § 49a Abs. 1 Satz 1 der Straßenverkehrs-Zulassungs-Ordnung dürfen an Fahrzeugen bei der Verwendung nach Absatz 1 Satz 1 Nr. 1 die vorgeschriebenen oder für zulässig erklärten lichttechnischen Einrichtungen verdeckt und zusätzliche lichttechnische Einrichtungen angebracht sein, wenn die Benutzung der Beleuchtung nach § 17 Abs. 1 Satz 1 der Straßenverkehrs-Ordnung nicht erforderlich ist. Eine Änderung der Fahrzeugpapiere nach § 27 Abs. 1 der Straßenverkehrs-Zulassungs-Ordnung ist nicht erforderlich.

(2) Abweichend von § 6 Abs. 1 der Fahrerlaubnis-Verordnung berechtigt die Fahrerlaubnis der Klasse L oder T auch zum Führen von Zugmaschinen und Anhängern im Sinne von Absatz 1 Satz 1, bei Klasse L jedoch nur bis zu einer durch die Bauart bestimmten Höchstgeschwindigkeit der Zugmaschine von nicht mehr als 32 km/h, wenn die Zugmaschinen und Anhänger gemäß dieser Vorschrift eingesetzt werden und der Fahrzeugführer das 18. Lebensjahr vollendet hat.

(3) Abweichend von § 21 Abs. 2 Satz 2 der Straßenverkehrs-Ordnung dürfen beim Einsatz von Fahrzeugen auf örtlichen Brauchtumsveranstaltungen, nicht jedoch auf den An- und Abfahrten, nach Absatz 1 Satz 1 Personen auf Anhängern befördert werden, wenn deren Ladefläche eben, tritt- und rutschfest ist, für jeden Sitz- und Stehplatz eine ausreichende Sicherung gegen Verletzungen und Herunterfallen des Platzinhabers besteht und die Aufbauten sicher gestaltet und am Anhänger fest angebracht sind.

(4) Die Ausnahmen nach den Absätzen 1 bis 3 gelten nur, wenn
1. für jedes der eingesetzten Fahrzeuge eine Kraftfahrzeughaftpflichtversicherung besteht, die die Haftung für Schäden abdeckt, die auf den Einsatz der Fahrzeuge im Rahmen der Absätze 1 bis 3 zurückzuführen sind,
2. die Fahrzeuge mit einer Geschwindigkeit von nicht mehr als 25 km/h, auf den örtlichen Brauchtumsveranstaltungen nur mit Schrittgeschwindigkeit, gefahren werden und
3. die Fahrzeuge bei der Verwendung nach Absatz 1 Satz 1 Nr. 2 einschließlich An- und Abfahrten für eine Geschwindigkeit von nicht mehr als 25 km/h nach § 58 der Straßenverkehrs-Zulassungs-Ordnung gekennzeichnet sind.

49. StVZAusnV v 15. 9. 94 (BGBl I 2416)

2 c § 1. (1) Abweichend von § 18 Abs. 1 der Straßenverkehrs-Zulassungs-Ordnung benötigen Kraftfahrzeuge und Anhänger, die an Veranstaltungen teilnehmen, die

Zulassungspflichtigkeit § 18 StVZO **3**

der Darstellung von Oldtimer-Fahrzeugen und der Pflege des kraftfahrzeugtechnischen Kulturgutes dienen, hierfür sowie für Anfahrten zu und Abfahrten von solchen Veranstaltungen keine Betriebserlaubnis und kein amtliches Kennzeichen, wenn rote Kennzeichen ausgegeben und verwendet werden. Dies gilt auch für Prüfungsfahrten, Probefahrten und Überführungsfahrten (§ 28 Abs. 1 der Straßenverkehrs-Zulassungs-Ordnung) sowie für Fahrten zum Zwecke der Reparatur oder Wartung der betreffenden Fahrzeuge.

(2) Abweichend von § 28 der Straßenverkehrs-Zulassungs-Ordnung dürfen für Fahrten nach Absatz 1 rote Kennzeichen ausgegeben und verwendet werden, und zwar Kennzeichen zur wiederkehrenden Verwendung auch an die Halter der betreffenden Fahrzeuge. Im übrigen findet § 28 Abs. 3 der Straßenverkehrs-Zulassungs-Ordnung mit der Maßgabe Anwendung, daß die Zulassungsbehörde die besonderen Fahrzeugscheine je Fahrzeug ausstellt.

(3) Unberührt bleiben Erlaubnis- und Genehmigungspflichten, soweit sie sich aus anderen Vorschriften, insbesondere aus § 29 Abs. 2 der Straßenverkehrs-Ordnung, ergeben.

§ 2. Diese Verordnung tritt am Tage nach der Verkündung in Kraft.

Begr: VBl **94** 672.

Übersicht

Abschleppen 10–12, 38
Anbaugeräte 24
Anschleppen 11
Anhänger von Kraftfahrzeugen 2 a, 2 b, 2 c, 8, 9
–, ausländische 8
–, zulassungsfreie 22, 23
– in land- oder forstwirtschaftlichen Betrieben 2, 22
Arbeitsmaschine
– als Anhänger 8
–, selbstfahrende 16
Ausnahmen 15, 36
Ausnahmen von der Zulassungspflicht 15–30
Ausweis, Betriebserlaubnis 31–34
Bauartgenehmigung 14
Betrieb, land- und forstwirtschaftlicher 2, 22
Betriebserlaubnis 25–28, 31–34
Brauchtumsveranstaltungen 2 b, 15
Dienstanweisung zu § 18 Abs. 2: 1 a
EG-Typgenehmigung 3, 4, 13, 25, 31, 32-34
Einachsige Zugmaschinen 17/18
Elektroskooter 7
Erlaubnispflicht, Fahrzeugteile 13
Fahrrad mit Hilfsmotor 20
Fahrzeug, abgeschlepptes 10–12
–, zulassungsfreies, kennzeichenpflichtiges 29, 30
–, zulassungsfreies, betriebserlaubnispflichtiges 25–28
Fahrzeugschein 31

Fahrzeugteile 13 f
„Fernzulassung" 4
Gabelstapler s Stapler
Kennzeichenpflichtige Fahrzeuge 29, 30
Kleinkraftrad 20
Kraftfahrzeug, Zulassungspflicht 3–7
–, Anhänger 8, 9
–, Ausnahmen von der Zulassungspflicht 15–30
–, Zulassungsfreiheit 15–21
Krankenfahrstuhl 21
Land- oder forstwirtschaftliche Betriebe, Anhänger in 22
„Oldtimer" 2 c, 15
Ordnungswidrigkeiten 37
Quad 20 b
Selbstfahrende Arbeitsmaschinen 14, 16
Stapler 16
Verzicht auf Zulassungsfreiheit 35
Zivilrecht 38
Zugmaschine, einachsige 17/18
Zulassungsfreie Kraftfahrzeuge 15–21
– Anhänger 22, 23
– Fahrzeuge mit Betriebserlaubnis 25–28
– Fahrzeuge mit Kennzeichenpflicht 29, 30
Zulassungsfreiheit, Verzicht 35
Zulassungspflicht, Kraftfahrzeuge 3–7
–, Anhänger 8, 9
–, Ausnahmen 15–30

1. Zulassungspflicht der Kraftfahrzeuge. § 18 regelt in Ausführung des § 1 StVG **3** die Zulassung von Fzen zum StrV. Nach Maßgabe von Abs I benötigen Kfze und deren Anhänger im StrV eine Zulassung. Diese bewirkt, daß das Fz in der hierbei zu prüfenden und geprüften Beschaffenheit zum Verkehr zugelassen ist, Bay VM **76** 6. Geschobene Kfze sind nicht zulassungs- oder kennzeichenpflichtig, Bay VM **55** Nr 113. Zulassungsverfahren: §§ 19–21, 23–28. Ausnahmen: II. Die von der Zulassungspflicht befreiten Fze brauchen eine BE (§§ 19 bis 21) oder EG-Typgenehmigung, Abs III. Doch sind die in III Satz 2 aufgeführten Fze auch von der Betriebserlaubnispflicht befreit. Die Bau- und

3 StVZO § 18 B. Fahrzeuge II. Zulassungsverfahren für Kraftfahrzeuge

Betriebsvorschriften gelten auch für Kfze mit bauartbedingter Höchstgeschwindigkeit bis zu 6 km/h, BMV 29. 6. 61, StV 7 – 4057 Va/61. Gewisse betriebserlaubnispflichtige Fze müssen nach IV ein amtliches Kennzeichen (§ 23) führen. V, VI regeln, wie für die betriebserlaubnispflichtigen Fze im StrV der Nachweis der BE zu führen ist. Werden für zulassungsfreie Fze der in II genannten Art auf Antrag FzBriefe (§ 25) ausgestellt, so muß das Fz das gesamte Zulassungsverfahren durchlaufen (VII). EG-Richtlinien: § 21 a.

4   Die **Zulassung** besteht in der Erteilung der Betriebserlaubnis (§§ 19–21) oder EG-Typgenehmigung (§ 3 EG-TypV, § 3 Krad-EG-TypV) und Zuteilung des amtlichen Kennzeichens (§ 23), s Abs I. Fze der Klasse M_1 der Richtlinie 70/156/EWG (StVRL § 20 Nr 3) (Personenkraftwagen) dürfen gem § 23 (§ 9) EG-TypV ab 1. 1. 1998 nur noch erstmals in den V gebracht werden, wenn eine **EG-Typgenehmigung** erteilt ist und die Fze mit einer Übereinstimmungsbescheinigung versehen sind. Abw davon gilt dies nach Maßgabe von § 1 der 1. AusnahmeVO zur EG-TypV (BGBl I 1997, 3203) jedoch nicht für solche Fze, die sich schon vor dem 1. 1. 98 in Deutschland oder in einem vom KBA anerkannten Lager befunden haben (s Begr, VBl **98** 101). Für Kräder und die anderen unter die Krad-EG-TypV fallenden Kfze (iS der Richtlinie 2002/24/EG, s StVRL Nr 42 zu § 20 StVZO) gilt insoweit § 11 Krad-EG-TypV mit der Übergangsvorschrift des § 18. Zum **Nachweis der Zulassung** erhält der Halter den FzSchein (§ 24). Keine sog „Registrierzulassung" ohne Kennzeichenabstempelung mit unmittelbar folgender Abmeldung, VG Mü NZV **95** 503. Systematisches Verzeichnis der Fz- und Aufbauarten, s § 25 Rz 2. Eine **„Fernzulassung"** eines in Deutschland befindlichen Fzs durch eine ausländische Behörde (zB durch Anbringen ausländischer Überführungskennzeichen) kann nicht anerkannt werden, Bay VD **04** 109. § 29 EG-Vertrag steht nicht entgegen, Bay VD **04** 109, s EuGH DAR **04** 213, s § 28 Rz 15.

5   Eine Ausnahme von der Zulassungspflicht begründet § 18 Abs I für Kfze, deren **bauartbedingte Höchstgeschwindigkeit nicht über 6 km/h** hinausgeht. Diese Voraussetzung soll nach bisher hierzu vertretener Ansicht bei Einbau entsprechender Vorrichtungen in an sich für höhere Geschwindigkeiten gebaute Kfze nur dann erfüllt sein, wenn sicher gestellt ist, daß weder der Fahrer noch ein geübter Monteur die blockierende Einrichtung ohne langwierige Arbeit beseitigen kann, s § 8 StVG Rz 2, *Roos/Krause* DAR **89** 97, oder gar nur dann, wenn die geringe Höchstgeschwindigkeit auf der konstruktiven Beschaffenheit beruht, während nachträgliche technische Vorkehrungen niemals ausreichen sollen, OVG Münster NZV **95** 413 (zust *Stollenwerk* PVT **97** 93), *Lütkes/Ferner/Kramer (Kirchner)* Rn 1, s Brn VRS **101** 293 (zu § 6 FeV). Unter Zugrundelegung der neuen Rspr des BGH zu § 8 Nr 1 StVG (s § 8 StVG Rz 2) und zu § 2 PflVG (s vor § 29a Rz 4) wird es jedoch genügen, daß die Geschwindigkeitsgrenze jedenfalls aufgrund einer vorhandenen technischen Einrichtung, deren Beseitigung tatsächlich nicht überschritten wird, s *Rodewald* DAR **99** 106 f, *Hentschel* NJW **02** 727. Weitere Ausnahmen bestimmt II. Von diesen Ausnahmen abgesehen, unterliegen alle Kfze der Zulassungspflicht, soweit nicht durch AusnahmeVOen Abweichendes gilt, s dazu Rz 15.

6   **Im Ausland zugelassene Kfze** sind bei vorübergehender Inlandsbenutzung vom Zulassungsverfahren und den Beschaffenheits- und Ausrüstungsvorschriften freigestellt (§ 1 IntVO), Bay VRS **53** 469, Kö VRS **57** 381, müssen aber §§ 1 II, 3 IntVO entsprechen und betriebssicher sein, Bay VD **79** 263. Als vorübergehend gilt ein Zeitraum bis zu einem Jahr (§ 5 IntVO). *Bormann*, Zulassungsrechtliche Fragen zum Auslandsautoverkehr, DAR **69** 61. S auch § 23 Rz 16. Die DienstFze der **Natotruppen** und deren Zivilangestellten müssen den Anforderungen von Sicherheit und Ordnung im StrV entsprechen, jedoch nicht den deutschen Bau- und Ausrüstungsvorschriften, sofern sie den Vorschriften des Entsendestaates genügen (§ 57 IV Zusatzabkommen zum Nato-Truppenstatut). PrivatFze der Angehörigen von Natotruppen und deren Gefolge müssen den deutschen Vorschriften insgesamt genügen. Zulassung von Kfzen und KfzAnhängern polnischer Streitkräfte, s Art 10 des deutsch-polnischen Abkommens v 28. 8. 00 (BGBl II **01** 179, **02** 1660).

7   **Elektrokarren** sind Kfze. Wieweit sie von der Zulassungspflicht befreit werden können, ist den höheren VB überlassen (§ 70 I Nr 1), s BMV VBl **51** 148. **Elektroskooter** mit oder ohne Sitz sind Kfze; je nach technischer Beschaffenheit können sie den in Abs II Nr 4. lit a) oder Nr 4 a. genannten Fzen zuzuordnen sein; jedoch sind die Absätze

Zulassungspflichtigkeit **§ 18 StVZO 3**

III (BE oder EG-Typgenehmigung) und IV (Versicherungskennzeichen) zu beachten, s *Ternig* VD **03** 259. Zumeist werden die technischen Merkmale eines Kleinkraftrades (Abs II Nr 4. lit a) vorliegen, s *Kullik* PVT **03** 177.

2. Zulassungspflicht der Anhänger von Kraftfahrzeugen. Anhänger iS von § 18 **8** sind Fze, bauartbedingt dazu bestimmt, von Kfzen gezogen zu werden, ohne daß ein wesentlicher Gewichtsteil auf dem Zugfz liegt, mit Ausnahme von abgeschleppten (Rz 11) betriebsunfähigen Fzen und von Abschleppachsen, Dü VM **77** 93. Sattelanhänger sind zum Aufsatteln auf eine Sattelzugmaschine bestimmte Anhängerfze (DIN 70010). Fze, die nach ihrer Bauart zum Betrieb als Kfz bestimmt sind, dürfen nicht als Anhänger betrieben werden, doch kann die VB Ausnahmen genehmigen. S § 33. Nachlaufachsen zur Beförderung von Langholz sind KfzAnhänger, Neust VRS **18** 301. Autoporter, s Abs II Nr 6p (Einradanhänger). **Im Ausland zugelassene Anhänger** dürfen zum vorübergehenden V nach Maßgabe von § 1 IntVO auch hinter *deutschen ZugFzen* gezogen werden. Bei im Ausland zugelassenen Güteranhängern ist dies nach Aufhebung der 24. StVZAusnV durch das 32. ÄndVStVR v 20. 7. 00 nicht mehr auf grenzüberschreitenden Güterkraftverkehr beschränkt. Wie außerdeutsche Kfze und von ihnen mitgeführte Anhänger sind aber außerdeutsche Anhänger hinter inländischen Kfzen im Inland nur zum vorübergehenden Verkehr (§ 5 IntVO) zugelassen, BVG VRS **66** 309, *Jagow* VD **83** 58. Die Zulassung zum vorübergehenden V in Deutschland nach § 1 IntVO setzt im übrigen nach dessen Abs I S 1 voraus, daß der Anhänger im Inland keinen regelmäßigen Standort hat; ab Standortverlegung ins Inland besteht daher Zulassungspflicht, s *Bachmann* VD **92** 196, ebenso schon *Jagow* VD **83** 60 für die vor 1989 geltende Fassung des § 1 IntVO. § 1 I IntVO erlaubt nicht das Schleppen von Kfzen entgegen § 33, OVG Münster VRS **106** 230. Anhänger, die **Arbeitsmaschinen** sind, sind nach Maßgabe von Abs II Nr 6 nicht zulassungspflichtig, aber nach Maßgabe von Abs IV S 1 Nr 2 (§ 72 II) kennzeichenpflichtig.

Die Gründe für die Zulassungspflicht für KfzAnhänger sind im wesentlichen dieselben **9** wie die für die Zulassung der Kfze: Prüfung der Bauart auf VSicherheit, wirtschafts- und verkehrsstatistische Erfassung der Fze, s BGHSt **32** 335 = NJW **84** 2479. Auch das Zulassungsverfahren für Anhänger führt zur Zuteilung eines amtlichen Kennzeichens (s Rz 4). *Wiederhold*, Verkehrsrechtliche Vorschriften für Anhänger, VD **85** 125, 150.

3. Abgeschleppte Fahrzeuge, gleichgültig, ob betriebsunfähige Kfze oder Anhän- **10** ger, gelten nicht als Anhänger, Fra NStZ-RR **97** 93, Fra VR **66** 179; sie brauchen nicht zugelassen zu sein und kein Kennzeichen zu führen, Fra NStZ-RR **97** 93, DAR **65** 334, Br DAR **63** 248, und sind beim Abschleppen nicht versicherungs- oder steuerpflichtig, Fra NStZ-RR **97** 93, Dü VM **77** 93, Zw VR **67** 274. Gem § 2 I Nr 6c PflVG sind nämlich Anhänger, die den Vorschriften über das Zulassungsverfahren nicht unterliegen, von der Versicherungspflicht ausgenommen, dazu gehören aber nach § 18 Abs I ausdrücklich abgeschleppte betriebsunfähige Fze, s vor § 29a Rz 2. Der abschleppende Fahrer muß die FE für das Schleppfz haben, Dü VM **77** 93, nicht dagegen die für das Führen von Fzen mit Anhängern mit mehr als 750 kg Gesamtmasse sonst erforderliche FEKl E, was § 6 I S 3 FeV klarstellt, Fra NStZ-RR **97** 93. Der Lenker des abgeschleppten Fzs ist nicht Führer eines Kfzs, braucht also keine FE, s § 21 StVG Rz 11, aber für Lenkung und Bremsung wie ein FzF verantwortlich, BGH VRS **65** 140. Schlepp- und abgeschlepptes Fz bilden zusammen keinen Zug, die §§ 32, 32a sind unanwendbar, auch wenn ein Lastzug einen betriebsunfähigen Lkw mit dessen betriebsfähigem Anhänger abschleppt, Bay NJW **58** 1505. Betriebsunfähige Kräder dürfen nicht abgeschleppt werden, § 15a StVO.

Abschleppen (Gegensatz: Schleppen, § 33) setzt Betriebsunfähigkeit des geschleppten **11** Fz voraus, Ce NZV **94** 242, Fra NStZ-RR **97** 93, Ha VRS **57** 456, zumindest beeinträchtigte Betriebssicherheit, Dü VM **77** 93, Bay DAR **92** 362, NZV **94** 163, beim Zug Betriebsunfähigkeit des ziehenden Fz, Bay NJW **58** 1505, beim Anhänger Unverwendbarkeit wegen eines technischen Fehlers, Kö VRS **14** 141. Nach Sinn und Zweck der Bestimmung muß es gleichgültig sein, worauf die Tatsache der Betriebsunfähigkeit beruht, etwa auf einem Defekt oder auf Erschöpfung der Batterie oder aber auf Mangel betriebsnotwendiger Stoffe (Öl, Kühlwasser, Kraftstoff), Ha DAR **99** 178 (krit *Huppertz*

VD **99** 253), s *Rüth/Berr/Berz* Rz 17, *Müller,* StrVRecht, 20. Aufl, Anm 3 c, aM bei Treibstoffmangel LG Mü I DAR **57** 157, *Jagow* Anm 12, *Huppertz* VD **91** 270. Unter diesen Voraussetzungen ist Abschleppen auch aus wirtschaftlichen Belangen des Halters zulässig bei Verbringen zum „möglichst nahe gelegenen geeigneten Bestimmungsort" (Werkstatt, Schrottplatz, ggf vom Käufer bestimmt), BGH NJW **69** 2155, Fra NStZ-RR **97** 93, Ce NZV **94** 242, Ko NZV **98** 257, OVG Münster VRS **106** 230. Darunter fällt das Wegschaffen des betriebsunfähigen Fz vom Pannenort oder Standort und die Verbringung in eine relativ nahe Werkstatt, Dü VM **77** 93, Ha VRS **30** 137, Bay VRS **65** 304, nicht zu einem entfernteren Standort, Bay VRS **11** 308, aber zB vom Abstellplatz zum Verschrotten, aM Fra VR **66** 179, ohne Rücksicht darauf, wo das Fz betriebsunfähig geworden ist, Ko NZV **98** 257, Zw Betr **69** 837, VR **67** 274, und wie lange die Betriebsunfähigkeit zurückliegt, Ko NZV **98** 257, KG VRS **26** 125, auch von einer Werkstatt in die andere, Bay VM **61** 83, oder zum Zwecke des Verkaufs von der Werkstatt in eine nahe gelegene Garage, Fra NStZ-RR **97** 93. Allerdings gebietet die VSicherheit enge Auslegung der Ausnahmebestimmung in Abs I, Bay DAR **92** 362, OVG Münster VRS **106** 230. Daher kein Abschleppen über weitere Strecken nur wegen niedrigerer Reparaturkosten, Ce NZV **94** 242, Dü VM **68** 87, doch darf die geeignete, vor allem die Fachwerkstatt gewählt werden, Ce VRS **16** 312, oder der regelmäßige Standort des Fz, auch wenn er nicht nahe liegt, Dü VM **62** 5. In Gebieten mit ausreichend dichtem Werkstättennetz wird Abschleppen iS von Abs I über mehr als 100 km jedenfalls nicht in Frage kommen, s *Huppertz* VD **92** 231. Vielfach werden aber auch wesentlich geringere Strecken schon nicht mehr den Anforderungen an erlaubtes Abschleppen genügen, etwa das Verbringen eines betriebsunfähig erworbenen Fzs an einen 45 km entfernten Ort, Ce NZV **94** 242 (zust *Huppertz* VD **94** 203). **Anschleppen** wegen versagender Batterie oder Zündung ist bis zum Anspringen des Motors oder zur Reparatur Abschleppen, Dü VM **77** 93, *Huppertz* VD **92** 88, s dazu auch § 21 StVG Rz 11. Auch ein Kfz, das an sich weggeschoben werden könnte, darf auf der AB mit besonderer Vorsicht abgeschleppt werden, BGHZ VM **63** 34 (s § 15 a StVO). Das Fortbewegen eines defekten Krads durch Armverbindung mit einem nebenherfahrenden Kradf ist kein erlaubtes Abschleppen, sondern KfzGebrauch iS der §§ 1, 6 PflVG, Dü VRS **59** 58.

12   **Kein Abschleppen** iS des § 18 ist es, wenn ein neues, noch nicht betriebsfähiges Kfz von einem ziehenden Kfz geschleppt wird, BGHSt **17** 399 = NJW **62** 2070. Betriebsunfähige **Kfze, die geschoben werden,** sind nicht in Betrieb, bedürfen also weder der Zulassung (s Rz 3) noch Kurzzeitkennzeichens oder roten Kennzeichens (§ 28). Zivilrecht, s Rz 38.

Lit: *Huppertz,* Betriebsunfähigkeit wegen Treibstoffmangels?, VD **91** 270. *Derselbe,* Anschleppen als Unterfall des Abschleppens, VD **92** 86. *Derselbe,* Wie weit darf ein betriebsunfähiges Fz abgeschleppt werden?, VD **92** 228. *Derselbe,* Abschleppen und (ungenehmigtes) Schleppen, VD **00** 58. *Jung,* Abschleppen von Kfzen (zivil- und haftungsrechtliche Fragen), DAR **83** 151. *Reichart,* Strafrechtliche Aspekte des Schleppens und Abschleppens ..., NJW **94** 103. *Schleusener,* Abschleppen, KVR.

13   **4. Erlaubnispflicht und Bauartgenehmigung für Fahrzeugteile.** Auch für Teile von Fzen kann eine BE oder EG-Typgenehmigung erteilt werden. Zur Zulassung für das Kfz, an dem diese Teile verwendet werden, bedarf es aber außerdem der BE für die anderen Teile und des Kennzeichens für das ganze Kfz. S § 22.

14   Bestimmte Einrichtungen an Fzen müssen in amtlich genehmigter Bauart ausgeführt sein (§ 22 a), gleichgültig ob an zulassungspflichtigen oder zulassungsfreien Fzen. Die Vorschrift gilt auch für bestimmte Teile von Fahrrädern (§ 22 a I Nr 22). Rückstrahler: § 22 a I Nr 22. ECE-Regelungen: § 21 a. *Quester,* Besondere Zulassung von Tankfzen, VD **74** 73.

15   **5. Ausnahmen von der Zulassungspflicht für Kfze und Anhänger.** II befreit über I hinaus mehrere Arten von Kfzen und Anhänger vom Zulassungszwang, weil sie überwiegend keine oder jedenfalls langsamere VMittel sind. Im Verkehr müssen sie aber der StVZO entsprechen, bei Dunkelheit ausreichend beleuchtet sein. Anhänger iS von § 18: s Rz 8. Ausnahme für **Oldtimer**veranstaltungen: 49. StVZAusnV (Rz 2 c). Der

Zulassungspflichtigkeit **§ 18 StVZO 3**

„Oldtimer"-Begriff ist zwar nicht in der AusnVO, aber jetzt in § 23 Ic definiert; er wird auch für § 1 der AusnVO zu gelten haben, s *Hentschel* NJW **97** 2934, einschränkend *Gontard* DAR **03** 213. Im übrigen ist auf den Zweck der Veranstaltung abzustellen, s *Jagow* VD **94** 219, *Baum* DNP **95** 105. Es handelt sich um Fze, die gerade wegen ihres Alters gehalten werden und nicht als VMittel des täglichen Bedarfs dienen, *Hachemer* VD **97** 31. Mit dem gem § 1 der 49. StVZAusnV erteilten Kennzeichen dürfen ausschließlich Fahrten zu den dort genannten Zwecken durchgeführt werden, s *Gontard* DAR **03** 213. Näher: *Hachemer* VD **97** 30. **Zur Begutachtung des Kfz** zwecks Erteilung einer neuen BE ist nur die Fahrt zu einer nahegelegenen Prüfstelle erlaubt, s § 19 Rz 15. Örtliche **Brauchtumsveranstaltungen** iS von § 1 der 2. VO über Ausnahmen von straßenverkehrsrechtlichen Vorschriften (Rz 2b) sind zB Fastnachtzüge, Felderfahrten, Schützen- und Feuerwehrfeste, s Begr VBl **89** 323. *Huppertz*, FERecht bei Brauchtumsveranstaltungen, VD **04** 238. Merkblatt über Ausrüstung und Betrieb von FzKombinationen für den Einsatz bei Brauchtumsveranstaltungen, VBl **00** 406.

5 a. Nicht zulassungspflichtige Kfze.
Selbstfahrende Arbeitsmaschinen und **Stapler (Nr. 1 lit a und b).** Begriff der selbstfahrenden Arbeitsmaschine: II Nr 1 a). Bei überwiegendem Transportzweck keine Arbeitsmaschine. Die Anerkennung als selbstfahrende Arbeitsmaschine liegt beim BMV. Verzeichnis anerkannter selbstfahrender Arbeitsmaschinen: Rz 1 a. Eine sandtransportierende Arbeitsmaschine ist zulassungspflichtig, Ha VRS **21** 73, auch eine fliegende Tankstelle, Kö VM **63** 78. Mitführen eines Anhängers ändert die Eigenschaft als Arbeitsmaschine nicht, BMV 9. 4. 59, StV 2 – 2019 L/59. **Stapler** sind, weil sie im weitesten Sinn der Beförderung von Gütern dienen, keine Arbeitsmaschinen, aber nach Abs II Nr 1 b) idF der ÄndVO v 22. 10. 03 (BGBl I 2085) diesen gleichgestellt und zulassungsfrei (Ko VRS **105** 6 ist überholt). Stapler sind nach der DIN-Norm (s Begr, VBl **03** 744) Flurförderzeuge mit einer Plattform, einer Gabel oder anderen Lastträgern zum Bewegen von Lasten, die eine sowohl palettierte als auch nichtpalettierte Last auf eine aureichende Höhe anheben können, um zu stapeln und zu entstapeln und sie in Regalen abzuladen und aufzunehmen. Merkblatt für Stapler mit bauartbedingter Höchstgeschwindigkeit bis zu 25 km/h, VBl **80** 784, **82** 29, **90** 651 = StVRL Nr 4. Lkw-Stapler, eigentlich für innerbetriebliche Benutzung bestimmt, sind bei ausnahmsweiser Verwendung im öffentlichen Verkehr Lkw, s Merkblatt VBl **80** 785.

Einachsige Zugmaschinen (Nr. 2, 3). Begriff der Zugmaschine: Rz 19. Die Zulassungsfreiheit nach Nr 2 ist beschränkt auf land- oder forstwirtschaftliche Zwecke.

Die Zulassungspflicht für einachsige Zgm, von Fußgängern an Holmen geführt, ist entbehrlich. Auch Bescheinigungen darüber, daß das Fz der StVZO entspricht, sind in diesen Fällen nicht erforderlich. Fze, von Fußgängern geführt, erreichen idR keine höhere Geschwindigkeit als 6 km/h, auch wenn ihre Bauart höhere Geschwindigkeit zuläßt. Begriffsbestimmung (Zugmaschine): Erlaß des BMV v 6. 6. 62, VBl **62** 309, mit Ergänzung v 8. 4. 80, VBl **80** 386, s StVRL zu § 32 a Nr 1):

„Zugmaschinen sind ausschließlich oder überwiegend zum Ziehen von Anhängern gebaute Kraftfahrzeuge. Eine Hilfsladefläche ist zulässig. Die auf ihr zu befördernde Nutzlast darf nicht mehr als das 0,4fache des zulässigen Gesamtgewichts, die Länge der Hilfsladefläche
1. bei zweiachsigen Fahrzeugen nicht mehr als das 1,4fache der Spurweite der Vorderachse, bei dreiädrigen Fahrzeugen der mehrspurigen Achse,
2. bei Fahrzeugen mit mehr als 2 Achsen nicht mehr als das 2fache der Spurweite der Vorderachse und nicht mehr als die Hälfte der Fahrzeuglänge
betragen. Bei veränderlicher Spurweite gilt der größere Wert. Doppelachsen gelten als zwei Achsen Dieser Begriffsbestimmung nicht voll entsprechende Kraftfahrzeuge, die vor dem 1. 8. 1962 als Zugmaschinen zum Verkehr zugelassen worden sind, sind weiter als Zugmaschinen zu behandeln."

Im Zweifel muß das Kfz die weiteren in VBl **80** 386 genannten Bedingungen erfüllen (Zugkraft; technische Eignung für näher umschriebene Anhängelast).

Kleinkrafträder, FmH und Mofas (II Nr. 4 lit a) und b) sind von der Zulassungspflicht ausgenommen. Kleinkrafträder sind zweirädrige Kräder oder dreirädrige Kfze mit einer elektrischen Antriebsmaschine oder mit Hubraum bis zu 50 cm^3 und einer

16

17/18

19

20

3 StVZO § 18 B. Fahrzeuge II. Zulassungsverfahren für Kraftfahrzeuge

durch die Bauart bestimmten Höchstgeschwindigkeit von höchstens 45 km/h, s II Nr 4. Übergangsvorschrift: § 72 II. Zweirädrige Kleinkrafträder und FmH mit bauartbestimmter Höchstgeschwindigkeit bis 50 km/h, vor dem 1. 1. 02 erstmals in den V gekommen, gelten weiter als zweirädrige Kleinkrafträder bzw FmH. FmH-Definition: II Nr 4 lit a). Mofa: § 4 I Nr 1 FeV.

20 a **Leichtkrafträder,** s II Nr 4 a und § 72 II zu § 18 II Nr 4 a. Satz 2 der Übergangsvorschrift (§ 72 II) wurde durch ÄndVO v 12. 11. 96 gestrichen. Hierdurch soll erreicht werden, daß Kräder mit mehr als 50, aber nicht mehr als 125 cm³ und einer Nennleistung von nicht mehr als 11 kW auch dann den Status eines Leichtkraftrades haben, wenn sie eine Nennleistungsdrehzahl von mehr als 6000 min^{-1} haben (s VBl **96** 623). Durch ÄndVO v 14. 2. 96 (BGBl I 216) wurde die Definition des Leichtkraftrades der Zweiten EG-Führerscheinrichtlinie angepaßt. Leichtkrafträder können statt mit Verbrennungsmotor, ebenso wie Kleinkrafträder, auch mit einer elektrischen Antriebsmaschine betrieben werden (ÄndVO v 12. 8. 97).

20 b **Vierrädrige Leichtkraftfahrzeuge (II Nr 4 b)** sind nach Maßgabe von II Nr 4 b – eingefügt durch die 31. ÄndVStVR v 23. 3. 00 (Inkrafttreten: 1. 4. 00) – von der Zulassungspflicht ausgenommen. Soweit sog **Quads** die in II Nr 4 b genannten Merkmale erfüllen, sind sie als vierrädrige LeichtKfze zulassungsfrei, s *Ternig* ZfS **04** 2, *Huppertz* VD **04** 43, 209. Näher: Merkblatt für die Begutachtung kraftradähnlicher VierradKfze (Quads), VBl **04** 26 = StVRL § 21 Nr 3. Quads sind kraftradähnliche VierradKfze mit zweispuriger Vorder- und Hinterachse; Sitze, Bedienteile und Betätigungseinrichtungen entsprechen denen an Krädern. Fahrerlaubnisrechtlich gehören sie, soweit sie die in § 6 I S 1 FeV genannten technischen Merkmale ausweisen, zur FEKl S, sonst zur FEKl B, s § 6 FeV Rz 15. Zur Besteuerung als Pkw, s BFH DAR **04** 458.

Lit: *Huppertz,* Quad, eScooter & Co ..., VD **04** 41. *Derselbe,* Quads ..., VD **04** 208. *Ternig,* Das Quad, rechtliche Einordnung, ZfS **04** 1.

21 **Motorisierte Krankenfahrstühle (Nr. 5)** sind vom Zulassungsverfahren befreit. Als zulassungsfreie motorisierte Krankenfahrstühle gelten nach der Übergangsbestimmung des § 72 II auch motorisierte Krankenfahrstühle früheren Rechts (höchstens zwei Sitze, Höchstgeschwindigkeit bis 30 km/h), wenn sie bis 30. 6. 1999 erstmals in den Verkehr gebracht wurden, sowie nach der Bauart zum Gebrauch durch körperlich gebrechliche oder behinderte Personen bestimmte Kfze mit einem Sitz, einem Leergewicht von nicht mehr als 300 kg und einer durch die Bauart bestimmten Höchstgeschwindigkeit von nicht mehr als 25 km/h, wenn sie bis zum 1. 9. 02 erstmals in den Verkehr gekommen sind. Näheres zum Begriff: § 4 FeV Rz 7.

Lit: *Borchers,* Zur BE bei Turmdrehkränen, VD **68** 231. *Derselbe,* Bau- und Arbeitsmaschinen im öffentlichen StrV, VD **73** 75. *Derselbe,* Zweifelsfragen hinsichtlich der Arbeitsmaschinen, VD **76** 132. *Huppertz,* Zulassungsfreie Fze, PVT **92** 225. *Derselbe,* Quad, eScooter & Co ..., VD **04** 41. *Ternig,* Elektroskooter: Rechtliche Einordnung, VD **03** 259. *Derselbe,* Das Quad, rechtliche Einordnung, VD **04** 1.

5 b. Nicht zulassungspflichtige Anhänger (Nr. 6).

22 **Anhänger in land- oder forstwirtschaftlichen Betrieben** sind nach Maßgabe von Nr 6 zulassungsfrei, auch wenn sie einer landwirtschaftlichen Genossenschaft gehören, falls sie überwiegend in den Betrieben der Genossen verwendet werden, Bay RdK **53** 32, auch bei Lieferung innerorts, Ko DAR **54** 95. Die Befreiung beruht darauf, daß in der Landwirtschaft eingesetzte Fze im StrV idR geringere Bedeutung haben, BVG VM **79** 89, Ko VRS **69** 65. Befreiung nur bei FzZugehörigkeit zu einem land- oder forstwirtschaftlichen Betrieb unter Verwendung für land- oder forstwirtschaftliche Zwecke, nicht bei Verwendung für gewerbliche Lohnarbeit, auch nicht für andere Landwirte, BVG VM **79** 89. Forstwirtschaft setzt eine Waldnutzung nach forstwirtschaftlichen Grundsätzen voraus, bloßes Abholzen fällt nicht darunter, Ko VRS **69** 65. Die Überführung vom Händler zum Landwirt gehört noch zum Händlerbereich, BMV 2. 7. 65, StV 2 – 2079 B/65. KfzAnhänger, die ein gewerbliches Lohnunternehmen, das neben einem landwirtschaftlichen Betrieb geführt wird, für Lohnarbeit für andere landwirtschaftliche Betriebe verwendet, sind nicht zulassungsfrei iS von II 6 a und von § 2 der

Zulassungspflichtigkeit § 18 StVZO **3**

6. AusnVO, BVG VRS **57** 76. Land- und forstwirtschaftliches Arbeitsgerät, Begriff: VBl **00** 674. Merkblatt für angehängte land- oder forstwirtschaftliche Arbeitsgeräte, VBl **00** 674, **03** 62. Stalldungstreuer sind Anhänger, BMV 16. 2. 62, StV 7 – 4023 K/62. Holzrückewagen sind forstwirtschaftliche Arbeitsgeräte, BMV 15. 10. 60, StV 2 – 2062 Bw/60, bei Holzbeförderung aber Anhänger, BMV 8. 6. 67, StV 2 – 2048 Bw/66 II, Ko VRS **69** 65. Zum Mitführen zulassungsfreier Anhänger mit mehr als 25 km/h s Rz 23.

Lit: *Jagow*, Zulassungsfreiheit von land- und forstwirtschaftlichen Anhängern, VD **87** 145. *Wiederhold*, Verkehrsrechtliche Vorschriften für zulassungsfreie aber betriebserlaubnispflichtige Anhänger in land- oder forstwirtschaftlichen Betrieben ..., PVT **88** 7.

Andere Anhänger. Wasserkessel-Anhänger, die überwiegend dem Wassertransport dienen, sind nur hinter **Straßenwalzen** zulassungsfrei (§ 18 II 6 c). Anhänger zum maschinellen Versprühen unter Druck, sofern der Transportzweck untergeordnet ist (Wasseraufnahme an der Baustelle), sind unter der Voraussetzung von § 18 II 6 d (Maschinen für den **Straßenbau**) zulassungsfrei. Ein Packwagen im **Gewerbe nach Schaustellerart** (II Nr 6 e) liegt auch vor, wenn Gewerbeinventar zur Reparatur transportiert wird, Ce VRS **51** 150. Ein winterfester Campingwagen, vom Pkw gezogen, ist kein Wohnwagen im Gewerbe nach Schaustellerart, auch nicht mit Schild „25 km/h", Ko DAR **63** 256, s dazu *Berr* 667 ff. Anhänger für **Löschzwecke** sind zulassungsfrei, solange ihre Zweckbestimmung andauert, BMV 14. 4. 54, StV 2 – 12143 St/54. II Nr 6 l (**Arbeitsmaschinen**) ist auch auf Anhängeleitern anzuwenden, BMV 21. 6. 65, StV 2 – 2043 Bw/65. Plattenrüttler (Bodenstampfer) als Anhänger, BMV 1. 9. 62, StV 2 – 2115 K/62. Spezialanhänger zur **Beförderung von Sportgeräten** oder Tieren für Sportzwecke (II 6 m) verlieren ihre Zulassungsfreiheit, wenn sie im Einzelfall nicht ihrem Zweck dienen, näher dazu *Huppertz* PVT **93** 136. Hundetransportanhänger werden idR nicht unter II 6 m fallen, s *Gosebruch* PVT **94** 334. Werden **bis zu 25 km/h** zulassungsfreie, unversicherte Anhänger im Zug schneller als mit 25 km/h gefahren, so entfällt die Zulassungsfreiheit, dann besteht KfzSteuerpflicht, soweit nicht § 3 Nr 8 b KraftStG eingreift (Wohn- und Packwagen im Schaustellergewerbe); zur Mitversicherung in solchem Fall, Ko VRS **55** 73. Die Zulassungsfreiheit entfällt auch, wenn die nach Nr 6 a, 2. Halbsatz erforderliche Kennzeichnung mit 25 km/h-Schild nicht der Vorschrift des § 58 entspricht, Ce VM **83** 76 (zust *Booß*).

Anbaugeräte sind Zubehör, Bay VRS **58** 463, und daher nicht zulassungs- und betriebserlaubnispflichtig, s Merkblatt für Anbaugeräte, VBl **99** 268, **00** 479, **04** 527 = StVRL § 30 Nr 6.

6. Zulassungsfreie, aber im Verkehr betriebserlaubnispflichtige Fahrzeuge (III) bedürfen grundsätzlich ebenfalls einer BE oder EG-Typgenehmigung. Nur die in III Satz 2 aufgeführten 5 Arten von Fzen bleiben von dieser Pflicht frei.

Dadurch soll verhindert werden, daß Hersteller zulassungsfreier Fze Bau- und Ausrüstungsvorschriften unbeachtet lassen. Auf die vorschriftsmäßige Beschaffenheit zulassungsfreier Fze kann aber aus Gründen der VSicherheit nicht verzichtet werden.

Zum § 18 III enthält § 72 II Übergangsvorschriften für die dort bezeichneten Anhänger. Zur Zuteilung von Prüfplaketten (§ 29) für zulassungsfreie, jedoch betriebserlaubnispflichtige Fze, BMV VBl **61** 364.

7. Zulassungsfreie, aber kennzeichenpflichtige Fahrzeuge. Zur Neufassung von Abs IV S 1, s Begr, Rz 1. Übergangsvorschrift: § 72 II.

Zentrale Erfassung der zulassungsfreien Kfze, die nach § 18 IV ein amtliches Kennzeichen führen müssen, BMV VBl **70** 361. Zulassungsfreie, aber gem Abs IV kennzeichenpflichtige Fze unterliegen der Untersuchung nach § 29.

Lit: *Huppertz*, Kennzeichenpflicht zulassungsfreier Anhänger-Arbeitsmaschinen und Sportanhänger, VD **92** 152. *Derselbe*, Verwendung zulassungsfreier Spezialanhänger ..., PVT **93** 136.

8. Ausweis über die Betriebserlaubnis oder EG-Typgenehmigung. Die einschlägigen Bestimmungen sind jetzt in V, VI zusammengefaßt. Auch für zulassungsfreie, aber betriebserlaubnis- und kennzeichenpflichtige Fze gem Abs III, IV wird gem V S 3 idF der 32. ÄndVStVR v 20. 7. 00 ein FzSchein ausgestellt, der mitzuführen und zuständigen Personen zur Prüfung auszuhändigen ist. Die in V S 1 genannten Unterlagen

3 StVZO § 18 B. Fahrzeuge II. Zulassungsverfahren für Kraftfahrzeuge

brauchen bei diesen Fzen nicht mehr mitgeführt zu werden (Begr: BRDrucks 184/00 S 82f). Die Neuregelung gilt gem der Übergangsbestimmung (§ 72) für Fz, die ab 1. 8. 00 erstmals in den V kommen; für andere Fze wird der FzSchein bei nächster Befassung durch die ZulB ausgestellt.

32–34 Ist eine EG-Typgenehmigung erteilt, so ist gem Abs V Nr 1 a die Übereinstimmungsbescheinigung (s § 3 III EG-TypV, § 4 Krad-EG-TypV) mitzuführen. Das gilt nicht, wenn gem V S 3 ein FzSchein ausgestellt ist (s Rz 31).

35 **9. Verzicht auf Zulassungsfreiheit (Abs VII).** Auf Befreiung nach II kann gemäß den §§ 20, 21 durch einen Antrag auf Ausstellung von FzBriefen verzichtet werden. Da auf einen solchen Antrag hin das Zulassungsverfahren stattfindet, entfällt die Befreiung. Das Fz hat dann ein eigenes amtliches Kennzeichen zu führen; die Ausnahme von der Untersuchungspflicht des § 29 richtet sich nach dessen Abs I S 2 Nr 2, Bay VRS **62** 386.

36 **10. Ausnahmen: § 70.** Für Elektrokarren kann die höhere VB sie bewilligen.

37 **11. Ordnungswidrig** sind Zuwiderhandlungen gegen § 18 nach Maßgabe von § 69a II Nr 3, 4, 6, 9a, 9c–f, 10 (§ 24 StVG). Benutzung nicht zugelassener Kfze und Anhänger im Verkehr ist ow (§§ 69a II 3 StVZO, 24 StVG), ebenso Benutzung nach Widerruf oder sonstiger Beendigung der Zulassung (§§ 27, 29). Die Zulassung endet mit Zustellung der Untersagung, nicht erst mit Entstempelung des Kennzeichens, BGH NJW **58** 508, Schl VM **60** 10, Hb VM **59** 23, oder Wegnahme der Kennzeichentafel zwecks Entstempelung, Bay VM **58** 45, es sei denn, darin drückt sich der Verwaltungsakt der Untersagung aus (§§ 17, 27, 29). Der bloße Mangel der Zulassung verstößt gegen die §§ 18 StVZO, 24 StVG, nicht auch gegen § 31, Bay VM **73** 9. Keine Verantwortlichkeit bei unbefugter Inbetriebnahme eines zum Verkauf auf Privatgrundstück aufgestellten Anhängers durch einen Dritten, Bay VM **90** 35, Fra NJW **66** 2028. Inbetriebnahme ohne BE ist nicht zugleich ow nach § 23 StVO, Ha VRS **57** 459, Kö VRS **65** 473. Inbetriebsetzen kann das Fz neben dem Fahrer auch, wer verantwortlich das Inbetriebnehmen durch einen anderen veranlaßt oder duldet, vor allem der Halter, aber auch der sonst Verfügungsberechtigte, BaySt **04** 29 = DAR **04** 403, NZV **95** 458, VRS **43** 457, Kö VRS **72** 137, Dü NZV **95** 329. Beteiligung in Form der Beihilfe kommt in Frage bei Verleihen roter Dauerkennzeichen, Bay NZV **95** 458. Inbetriebsetzen („Führen") von Kfzen: § 21 StVG. Nichtmitführen von Kurzzeitkennzeichen oder roten Kennzeichen, s § 28 Rz 17. FzSicherstellung sowie – unter besonderer Beachtung des Grundsatzes der Verhältnismäßigkeit – auch Beschlagnahme (durch PolBe aber nur als Ermittlungspersonen der StA) des ohne Zulassung (etwa nach Erlöschen der BE durch Veränderungen, § 19) geführten Fzs als Beweismittel kann in seltenen Fällen in Frage kommen, *Geppert* DAR **88** 14. Zur Frage des Verstoßes gegen §§ 1, 6 PflVG bei Mitführen eines unbesetzten, zulassungsfreien Schaustelleranhängers mit mehr als 25 km/h (s Rz 23) hinter einem ordnungsgemäß versicherten Zgm, s vor § 29 a Rz 17.

38 **12. Zivilrecht.** Obwohl die BE, anders als der KfzBrief, fahrzeugbezogen ist, scheidet gutgläubiger FzErwerb uU aus, wenn sich der Erwerber nicht das Original der gem Abs III erteilten BE vorlegen läßt, BGH NJW **93** 1649. Das Eigentum an der BE eines Fzs steht analog § 952 II BGB dem FzEigentümer zu, der daher die Herausgabe verlangen kann, KG MDR **96** 795. Einwilligung des Insassen in Benutzung eines nicht zugelassenen Kfz enthält kein stillschweigendes Einverständnis zu grobfahrlässiger Fahrweise, BGH VR **69** 424. Zur Haftung des Abschleppenden bei Schädigung Dritter, Ce VR **75** 1051, *Jung* DAR **83** 153.

39 **13. Überleitungsbestimmungen für die neuen Bundesländer:**
Anl I Kap XI B III Nr 2 (20) bis (22) zum Einigungsvertrag

(20) § 18 Abs. 1 und 4 gelten ab 1. März 1991.

(21) **Kleinkrafträder und Fahrräder mit Hilfsmotor** im Sinne der bisherigen Vorschriften der Deutschen Demokratischen Republik gelten als Kleinkrafträder und Fahrräder mit Hilfsmotor nach § 18 Abs. 2 Nr. 4, wenn sie bis 28. Februar 1992 erstmals in den Verkehr gekommen sind.

(22) **Motorisierte Krankenfahrstühle** im Sinne der bisherigen Vorschriften der Deutschen Demokratischen Republik gelten als maschinell angetriebene Kranken-

Erteilung und Wirksamkeit der Betriebserlaubnis § 19 StVZO **3**

fahrstühle nach § 18 Abs. 2 Nr. 5, wenn sie bis 28. Februar 1991 erstmals in den Verkehr gekommen sind.

Anm: Bei Fzen, die nach der StVZO/DDR zulassungspflichtig waren, es nach § 18 II aber nicht mehr sind, kann der gem Abs V erforderliche Nachweis der BE durch die von der ZulB vorzunehmende Eintragung in den FzBrief „*Nachweis der Betriebserlaubnis im Sinne von § 18 Abs. 5 StVZO*" erbracht werden, BMV VBl **91** 736.

Erteilung und Wirksamkeit der Betriebserlaubnis

19 (1) ¹Die Betriebserlaubnis ist zu erteilen, wenn das Fahrzeug den Vorschriften dieser Verordnung, den zu ihrer Ausführung erlassenen Anweisungen des Bundesministeriums für Verkehr, Bau- und Wohnungswesen und den Vorschriften der Verordnung (EWG) Nr. 3821/85 des Rates vom 20. Dezember 1985 über das Kontrollgerät im Straßenverkehr (ABl. EG Nr. L 370 S. 8) entspricht. ²Die Betriebserlaubnis ist ferner zu erteilen, wenn das Fahrzeug anstelle der Vorschriften dieser Verordnung die Einzelrichtlinien in ihrer jeweils geltenden Fassung erfüllt, die
1. in Anhang IV der Richtlinie 92/53/EWG des Rates vom 18. Juni 1992 zur Änderung der Richtlinie 70/156/EWG zur Angleichung der Rechtsvorschriften der Mitgliedstaaten über die Betriebserlaubnis für Kraftfahrzeuge und Kraftfahrzeuganhänger (ABl. EG Nr. L 225 S. 1) oder
2. in Anhang II der Richtlinie 74/150/EWG des Rates vom 4. März 1974 zur Angleichung der Rechtsvorschriften der Mitgliedstaaten über die Betriebserlaubnis für land- oder forstwirtschaftliche Zugmaschinen auf Rädern (ABl. EG Nr. L 84 S. 10) oder
3. in Anhang I der Richtlinie 2002/24/EG des Europäischen Parlaments und des Rates vom 18. März 2002 über die Typgenehmigung für zweirädrige oder dreirädrige Kraftfahrzeuge und zur Aufhebung der Richtlinie 92/61/EWG des Rates (ABl. EG Nr. L 124 S. 1)

in seiner jeweils geltenden Fassung genannt sind. ³Die jeweilige Liste der in Anhang IV der Betriebserlaubnisrichtlinie 92/53/EWG, in Anhang II der Betriebserlaubnisrichtlinie 74/150/EWG und in Anhang I der Typgenehmigungsrichtlinie 2002/24/EG genannten Einzelrichtlinien wird unter Angabe der Kurzbezeichnungen und der ersten Fundstelle aus dem Amtsblatt der Europäischen Gemeinschaften vom Bundesministerium für Verkehr, Bau- und Wohnungswesen im Verkehrsblatt bekanntgemacht und fortgeschrieben. ⁴Die in Satz 2 genannten Einzelrichtlinien sind jeweils ab dem Zeitpunkt anzuwenden, zu dem sie in Kraft treten und nach Satz 3 bekanntgemacht worden sind. ⁵Soweit in einer Einzelrichtlinie ihre verbindliche Anwendung vorgeschrieben ist, ist nur diese Einzelrichtlinie maßgeblich.

(2) ¹Die Betriebserlaubnis des Fahrzeugs bleibt, wenn sie nicht ausdrücklich entzogen wird, bis zu seiner endgültigen Außerbetriebsetzung wirksam. ²Sie erlischt, wenn Änderungen vorgenommen werden, durch die
1. die in der Betriebserlaubnis genehmigte Fahrzeugart geändert wird,
2. eine Gefährdung von Verkehrsteilnehmern zu erwarten ist oder
3. das Abgas- oder Geräuschverhalten verschlechtert wird.

³Sie erlischt ferner für Fahrzeuge der Bundeswehr, für die § 20 Abs. 3 b oder § 21 Satz 5 angewendet worden ist, sobald die Fahrzeuge nicht mehr für die Bundeswehr zugelassen sind. ⁴Für die Erteilung einer neuen Betriebserlaubnis gilt § 21 entsprechend. ⁵Besteht Anlaß zur Annahme, daß die Betriebserlaubnis erloschen ist, gilt § 17 Abs. 3 entsprechend; auch darf eine Prüfplakette nach Anlage IX nicht zugeteilt werden.

(2 a) ¹Die Betriebserlaubnis für Fahrzeuge, die nach ihrer Bauart speziell für militärische oder polizeiliche Zwecke sowie für Zwecke des Brandschutzes und des Katastrophenschutzes bestimmt sind, bleibt nur so lange wirksam, wie die Fahrzeuge für die Bundeswehr, den Bundesgrenzschutz, die Polizei, die Feuerwehr oder den Katastrophenschutz zugelassen oder eingesetzt werden. ²Für Fahrzeuge nach Satz 1 darf eine Betriebserlaubnis nach § 21 nur der Bundeswehr, dem Bundesgrenzschutz, der Polizei, der Feuerwehr oder dem Katastrophenschutz erteilt werden; dies gilt auch, wenn die für die militärischen oder die polizeilichen Zwecke sowie für die Zwecke des Brandschutzes und des Katastrophenschutzes vorhandene Ausstattung oder Ausrüstung entfernt, verändert oder unwirksam gemacht worden ist. ³Ausnahmen von Satz 2 für bestimmte Einsatzzwecke können gemäß § 70 genehmigt werden.

(3) ¹Abweichend von Absatz 2 Satz 2 erlischt die Betriebserlaubnis des Fahrzeugs jedoch nicht, wenn bei Änderungen durch Ein- oder Anbau von Teilen
1. für diese Teile
    a) eine Betriebserlaubnis nach § 22 oder eine Bauartgenehmigung nach § 22a erteilt worden ist oder
    b) der nachträgliche Ein- oder Anbau im Rahmen einer Betriebserlaubnis oder eines Nachtrags dazu für das Fahrzeug nach § 20 oder § 21 genehmigt worden ist
    und die Wirksamkeit der Betriebserlaubnis, der Bauartgenehmigung oder der Genehmigung nicht von der Abnahme des Ein- oder Anbaus abhängig gemacht worden ist oder
2. für diese Teile
    a) eine EWG-Betriebserlaubnis, eine EWG-Bauartgenehmigung oder eine EG-Typgenehmigung nach Europäischem Gemeinschaftsrecht oder
    b) eine Genehmigung nach Regelungen in der jeweiligen Fassung entsprechend dem Übereinkommen vom 20. März 1958 (BGBl. 1965 II S. 857) über die Annahme einheitlicher Bedingungen für die Genehmigung der Ausrüstungsgegenstände und Teile von Kraftfahrzeugen und über die gegenseitige Anerkennung der Genehmigung, soweit diese von der Bundesrepublik Deutschland angewendet werden,
    erteilt worden ist und eventuelle Einschränkungen oder Einbauanweisungen beachtet sind oder
3. die Wirksamkeit der Betriebserlaubnis, der Bauartgenehmigung oder der Genehmigung dieser Teile nach Nummer 1 Buchstabe a oder b von einer Abnahme des Ein- oder Anbaus abhängig gemacht ist und die Abnahme unverzüglich durchgeführt und nach § 22 Abs. 1 Satz 5, auch in Verbindung mit § 22a Abs. 1a, bestätigt worden ist oder
4. für diese Teile
    a) die Identität mit einem Teil gegeben ist, für das ein Gutachten eines Technischen Dienstes nach Anlage XIX über die Vorschriftsmäßigkeit eines Fahrzeugs bei bestimmungsgemäßem Ein- oder Anbau dieser Teile (Teilegutachten) vorliegt,
    b) der im Gutachten angegebene Verwendungsbereich eingehalten wird und
    c) die Abnahme des Ein- oder Anbaus unverzüglich durch einen amtlich anerkannten Sachverständigen oder Prüfer für den Kraftfahrzeugverkehr oder durch einen Kraftfahrzeugsachverständigen oder Angestellten nach Nummer 4 der Anlage VIIIb durchgeführt und der ordnungsgemäße Ein- oder Anbau entsprechend § 22 Abs. 1 Satz 5 bestätigt worden ist; § 22 Abs. 1 Satz 2 und Absatz 2 Satz 3 gilt entsprechend.
²Werden bei Teilen nach Nummer 1 oder 2 in der Betriebserlaubnis, der Bauartgenehmigung oder der Genehmigung aufgeführte Einschränkungen oder Einbauanweisungen nicht eingehalten, erlischt die Betriebserlaubnis des Fahrzeugs.

(4) ¹Der Führer des Fahrzeugs hat in den Fällen
1. des Absatzes 3 Nr. 1 den Abdruck oder die Ablichtung der betreffenden Betriebserlaubnis, Bauartgenehmigung, Genehmigung im Rahmen der Betriebserlaubnis oder eines Nachtrags dazu oder eines Auszugs der für die Verwendung wesentlichen Angaben der Erlaubnis oder Genehmigung, der die für die Verwendung wesentlichen Angaben enthält, und
2. des Absatzes 3 Nr. 3 und 4 einen Nachweis nach einem vom Bundesministerium für Verkehr, Bau- und Wohnungswesen im Verkehrsblatt bekanntgemachten Muster über die Erlaubnis, die Genehmigung oder das Teilegutachten mit der Bestätigung des ordnungsgemäßen Ein- oder Anbaus sowie den zu beachtenden Beschränkungen oder Auflagen
mitzuführen und zuständigen Personen auf Verlangen auszuhändigen. ²Satz 1 gilt nicht, wenn der Fahrzeugschein, das Anhängerverzeichnis nach § 24 Satz 3 oder der Nachweis nach § 18 Abs. 5 einen entsprechenden Eintrag einschließlich zu beachtender Beschränkungen oder Auflagen enthält; anstelle der zu beachtenden Beschränkungen oder Auflagen kann auch ein Vermerk enthalten sein, daß diese in einer mitzuführenden Erlaubnis, Genehmigung oder einem mitzuführenden Nachweis aufgeführt sind. ³Die Pflichten nach § 27 Abs. 1 bleiben unberührt.

(5) ¹Ist die Betriebserlaubnis nach Absatz 2 Satz 2 erloschen, dürfen nur solche Fahrten durchgeführt werden, die in unmittelbarem Zusammenhang mit der Erlangung einer neuen Betriebserlaubnis stehen. ²Am Fahrzeug sind die bisherigen

Kennzeichen oder rote Kennzeichen oder Kurzzeitkennzeichen nach § 28 zu führen. ³Die Sätze 1 und 2 gelten auch für Fahrten, die der amtlich anerkannte Sachverständige für den Kraftfahrzeugverkehr im Rahmen der Erstellung des Gutachtens durchführt.

(6) ¹Werden an Fahrzeugen von Fahrzeugherstellern, die Inhaber einer Betriebserlaubnis für Typen sind, im Sinne des Absatzes 2 Teile verändert, so bleibt die Betriebserlaubnis wirksam, solange die Fahrzeuge ausschließlich zur Erprobung verwendet werden; insoweit ist auch § 27 Abs. 1 nicht anzuwenden. ²Satz 1 gilt nur, wenn die Zulassungsbehörde im Fahrzeugschein bestätigt hat, daß ihr das Fahrzeug als Erprobungsfahrzeug gemeldet worden ist.

(7) **Die Absätze 2 bis 6 gelten entsprechend für die EG-Typgenehmigung.**

Begr zur ÄndVO v 23. 6. 93: VBl **93** 609.

Begr zur ÄndVO v 16. 12. 93 (VBl **94** 149):

Zu Abs. 2: *Die Betriebserlaubnis erlischt nunmehr auch, wenn die Fahrzeugart verändert wird. Dies ist erforderlich, da das Zulassungsverfahren nicht nur technische Aspekte, sondern auch Fragen der steuerlichen Behandlung, der Fahrerlaubnis, der Untersuchungsfristen, der Verhaltensvorschriften und sonstige Belange regelt. Es gelten zudem für die einzelnen Fahrzeugarten zum Teil unterschiedliche Bau- und Ausrüstungsvorschriften ...*

*Die Betriebserlaubnis soll weiterhin erlöschen, wenn eine Gefährdung nach solchen Änderungen zu erwarten ist. Bislang war Ursache für das Erlöschen der Betriebserlaubnis nach § 19 Abs. 2 (alt) entweder die Veränderung von Teilen, deren Beschaffenheit vorgeschrieben ist, oder die Veränderung von Teilen, deren Betrieb eine Gefährdung anderer Verkehrsteilnehmer verursachen kann. Es erscheint bedenklich – auch unter dem rechtlichen Gesichtspunkt der Verhältnismäßigkeit der Mittel –, eine so einschneidende Rechtsfolge wie das Erlöschen der Betriebserlaubnis für das Fahrzeug schon dann eintreten zu lassen, wenn durch eine Änderung lediglich Beschaffenheitsvorschriften der StVZO berührt werden, ohne daß gleichzeitig auch eine Gefährdung anderer (also eine Gefährdung der Verkehrssicherheit) zu erwarten ist. Die bloße Möglichkeit der Gefährdung ist zu weitgehend, die Gefährdung muß schon etwas konkreter **zu erwarten** sein ...*

*Im Sinne einer größeren Konkretisierung wurde auf die Gefährdung von **Verkehrsteilnehmern** hingewiesen (Fahrzeugführer, Fahrzeuginsassen, andere Verkehrsteilnehmer), da sich sowohl die EU als auch z. B. § 30 (Beschaffenheit der Fahrzeuge) in erster Linie auf den Schutz von Personen orientieren ...*

Die Betriebserlaubnis des Fahrzeugs soll schließlich erlöschen, wenn eine Beeinflussung des Abgas- oder Geräuschverhaltens eintritt. Dies ist folgerichtig, weil das Zulassungsverfahren nicht nur technische Aspekte, sondern auch Fragen des Umweltschutzes, der steuerlichen Behandlung, der Untersuchungsfristen und der Gewährung von Benutzervorteilen regelt. Hinsichtlich Abgas- und Lärmemissionen aus Kraftfahrzeugen definiert das Zulassungsverfahren den Stand der Technik, der im Laufe der Jahre aufgrund technischer Fortschritte weiter entwickelt wurde ...

Durch § 19 Abs. 2 Satz 3 (neu) wird klargestellt, daß nach Änderungen das Verfahren für die Erteilung von Einzelbetriebserlaubnissen nach § 21 gilt.

...

Begr zur ÄndVO v 9. 12. 94 (VBl **95** 23):

Zu Abs. 7: *Erlischt bei technischen Änderungen am Fahrzeug die nationale Betriebserlaubnis nach § 19 Abs. 2, so muß dies auch für die EG-Typgenehmigung gelten.*

Begr zur ÄndVO v 12. 8. 97 (VBl **97** 655): **Zu Abs. 3:** *Es wird klargestellt, daß „abweichend von Absatz 2 Satz 2" die Betriebserlaubnis des Fahrzeugs dann nicht erlischt, wenn für nachträgliche Änderungen am Fahrzeug eine Genehmigung oder ein Teilegutachten vorliegt. In den Fällen*
– *einer Betriebserlaubnis nach § 22,*
– *einer Bauartgenehmigung nach § 22 a,*
– *einer Genehmigung im Rahmen einer Fahrzeugbetriebserlaubnis oder eines Nachtrages dazu,*
– *einer EG-Typgenehmigung für Fahrzeuge, Bauteile und selbständige technische Einheiten kann jedoch die Wirksamkeit der Betriebserlaubnis, der Bauartgenehmigung, der Genehmigung von der Ein- oder Anbauabnahme abhängig gemacht sein oder die Erlaubnis oder Genehmigung einer Einschränkung oder eine Einbauanweisung mit Hinweise auf die Notwendigkeit einer Ein- oder Anbauabnahme enthalten.*

3 StVZO § 19   B. Fahrzeuge II. Zulassungsverfahren für Kraftfahrzeuge

Begr zur ÄndVO v 5. 8. 98 (VBl **99** 614): **Zu Abs. 1:** *Die fristgerechte Umsetzung der EG-Richtlinien bereitet besondere Schwierigkeiten. Die zahlreichen Richtlinienänderungen (wegen der Anpassung an den technischen Fortschritt) und die in den Änderungen enthaltenen z. T. recht kurzen Umsetzungsfristen haben in den letzten Jahren zu hohen Rückständen bei der Umsetzung geführt ... Der Zeitbedarf für jede Umsetzung beläuft sich auf mindestens 4 bis 6 und durchschnittlich 10 Monate. Eine grundlegende Lösung der bestehenden Schwierigkeiten und eine Vermeidung von Umsetzungsrückständen lassen sich nur erreichen, wenn die Richtlinienänderungen, die ohnehin jeweils im Amtsblatt der Europäischen Gemeinschaften veröffentlicht werden, ohne jeweils gesonderte Umsetzungsverordnung – lediglich durch Verweisung in der StVZO – direkt angewendet werden, so wie sie im EG-Amtsblatt verkündet sind. Eine solche gleitende Verweisung ist grundsätzlich nur bei solchen Richtlinien zulässig, die technische Regelungen enthalten und keinen Umsetzungsspielraum mehr für den deutschen Verordnungsgeber lassen. Dies ist bei den betreffenden Richtlinien (insbesondere über die technischen Anforderungen und technischen Prüfverfahren an Fahrzeugen bzw. Fahrzeugteilen) der Fall.*

Begr zur ÄndVO v 3. 2. 99 (VBl **99** 556) – Begr des Bundesrates –: **Zu Abs 2 a:** *Es muß verhindert werden, daß ehemalige Militär- oder Polizeifahrzeuge wie z. B. Schützenpanzer, die nicht für zivile Zwecke gebaut worden sind, nach ihrer Demilitarisierung ohne besondere Absicherung am öffentlichen Straßenverkehr teilnehmen dürfen, da von ihnen eine erhöhte Gefährdung anderer Verkehrsteilnehmer ausgeht, z. B. sehr kurze Bremswege, „zackende Fahrweise", Ausscherbewegungen, Überrollen von Fahrzeugen (auch Pkw). Entsprechendes gilt für ehemalige Feuerwehr- und Katastrophenschutzfahrzeuge. Wenn derartige Fahrzeuge als Arbeitsmaschinen (z. B. Wasserwerfer als Sprengfahrzeuge) eingesetzt werden sollen, können Ausnahmegenehmigungen mit für erforderlich erachteten Nebenbestimmungen erteilt werden.*

...

Begr zur ÄndVO v 24. 9. 04 (BRDrucks 344/04 S 32): **Zu Abs 2:** *Die Änderung ist erforderlich als Folge der Einarbeitung der 26. Ausnahmeverordnung zur StVZO im Hinblick auf das Erlöschen der Betriebserlaubnis der Fahrzeuge der Bundeswehr, wenn diese nicht mehr Halter der Fahrzeuge ist. Die Vorschrift gilt nur für solche Fahrzeuge, für die die Bundeswehr die Erleichterungen nach §§ 20 und 21 in Anspruch genommen hat. Dies sind z. B. Fahrzeuge mit Tarnbeleuchtung. Für zivile Fahrzeuge, die von der Bundeswehr-Fuhrpark-Service verwaltet werden, nimmt die Bundeswehr diese Erleichterungen nicht in Anspruch, so dass in diesen Fällen die Betriebserlaubnis auch nicht erlischt.*

1a   **25. StVZAusnV** v 1. 7. 1976 (BGBl I 1778)

§ 1. (1) Abweichend von § 19 Abs. 2 StVZO erlischt die Betriebserlaubnis nicht, wenn an Kraftfahrzeugen eine Vorrichtung zum Schutz der Fahrzeuginsassen bei seitlichem Umstürzen oder rückwärtigem Überschlagen (Umsturzschutzvorrichtung) im Sinne von Abschnitt 24 § 11 der Unfallverhütungsvorschriften der landwirtschaftlichen Berufsgenossenschaften angebracht wird.

(2) Dies gilt nur, wenn
1. der Hersteller der Vorrichtung dem Halter unter Berücksichtigung des § 3 dieser Verordnung bescheinigt, daß nach dem Gutachten eines amtlich anerkannten Sachverständigen für den Kraftfahrzeugverkehr die Vorrichtung und ihre Eignung für Fahrzeuge des vom Halter verwendeten Typs den Vorschriften der StVZO entspricht,
2. die Anbringung vom Hersteller der Vorrichtung oder in einer von diesem ermächtigten Werkstatt vorgenommen wird,
3. die Werkstatt in der Bescheinigung nach Nummer 1 den Namen des Fahrzeughalters und die Fahrgestellnummer des Fahrzeugs einträgt sowie die Bescheinigung dem Halter aushändigt und
4. der Halter die Bescheinigung zuständigen Personen auf Verlangen zur Prüfung aushändigt oder die Anbringung der Vorrichtung nach § 27 Abs. 1 StVZO in den Fahrzeugpapieren vermerkt ist.

§ 2. Abweichend von § 19 Abs. 2 StVZO erlischt bei Kraftfahrzeugen, die in anderen Fällen als nach § 1 durch Anbringen einer Umsturzschutzvorrichtung im Sinne von Abschnitt 24 § 11 der Unfallverhütungsvorschriften der landwirtschaftlichen Berufsgenossenschaften verändert worden sind, die Betriebserlaubnis erst nach Ablauf von sechs Monaten seit Anbringung der Vorrichtung. Voraussetzung ist, daß bis zur Erteilung der neuen Betriebserlaubnis der Halter zuständigen Personen den Zeitpunkt der Anbringung der Vorrichtung nachweist, zum Beispiel durch eine Bescheinigung der ausführenden Werkstatt.

42. StVZAusnV v 22. 12. 1992 (BGBl I 2479) 1b
§ 1. Abweichend von § 19 Abs. 2 der Straßenverkehrs-Zulassungs-Ordnung erlischt die Betriebserlaubnis nicht, wenn an Fahrzeugen, die vor dem 1. Januar 1992 erstmals in den Verkehr gekommen sind, seitliche Schutzvorrichtungen nach § 32 c der Straßenverkehrs-Zulassungs-Ordnung angebracht werden. Dies gilt nur, wenn
1. für die seitlichen Schutzvorrichtungen anstelle einer Betriebserlaubnis nach § 22 der Straßenverkehrs-Zulassungs-Ordnung ein Teilegutachten eines amtlich anerkannten Sachverständigen für den Kraftfahrzeugverkehr über die Vorschriftsmäßigkeit eines Fahrzeugs bei ordnungsgemäßem Anbau der Schutzvorrichtungen vorliegt; § 22 Abs. 1 Satz 2 erster Halbsatz gilt entsprechend,
2. das Teilegutachten durch den Leiter der Technischen Prüfstelle nach § 12 des Kraftfahrsachverständigengesetzes vom 22. Dezember 1971 (BGBl. I S. 2086), zuletzt geändert durch Artikel 4 Nr. 13 des Gesetzes vom 8. Juni 1989 (BGBl. I S. 1026), gegengezeichnet ist, sofern es nach Inkrafttreten dieser Verordnung erstellt wird,
3. dem Teilegutachten sowie dem Abdruck oder der Ablichtung davon eine hinreichend genaue Beschreibung des Anbaus der seitlichen Schutzvorrichtungen für den Fahrzeugtyp oder die Fahrzeugtypen oder die Fahrzeugart oder die Fahrzeugarten beigegeben ist,
4. der Anbau durch einen amtlich anerkannten Sachverständigen oder Prüfer für den Kraftfahrzeugverkehr (§ 22 Abs. 1 Satz 2 zweiter Halbsatz der Straßenverkehrs-Zulassungs-Ordnung) abgenommen worden ist,
5. der ordnungsgemäße Anbau auf dem Teilegutachten oder einem Abdruck oder einer Ablichtung davon oder einer Bestätigung über das Teilegutachten unter Angabe des Fahrzeugherstellers und -typs sowie der Fahrzeug-Identifizierungsnummer durch den Abnehmenden bestätigt worden ist,
6. die Abnahme spätestens bis zum Tage der nächsten nach dem Anbau vorgeschriebenen Hauptuntersuchung (§ 29 der Straßenverkehrs-Zulassungs-Ordnung) erfolgt und bestätigt ist und
7. der Fahrzeugführer das Teilegutachten, den Abdruck, die Ablichtung davon oder einer Bestätigung über das Teilegutachten einschließlich der Bestätigung nach Nummer 6 mitführt und zuständigen Personen auf Verlangen zur Prüfung aushändigt oder der Anbau der seitlichen Schutzvorrichtungen nach § 27 Abs. 1 der Straßenverkehrs-Zulassungs-Ordnung in den Fahrzeugpapieren vermerkt ist.

(Fortsetzung: §§ 27, 22)

Begr: VBl 93 95. 1. Die **Betriebserlaubnis** (BE) ist die Anerkennung der Vorschriftsmäßigkeit des Fz. Sie dient der Betriebssicherheit, Kar VD **04** 274, Stu VRS **67** 379, begründet aber keine Rechtspflicht der VSicherungspflichtigen, die öffentlichen VFlächen für alle zugelassenen Fze gefahrlos benutzbar zu machen, KG VR **77** 37, Ha NZV **90** 354. Erteilt wird sie (§§ 20, 21) nur auf Antrag des Verfügungsberechtigten des Kfz (s dazu § 23 Rz 16). Dem Antrag ist der FzBrief (§§ 20, 21) beizufügen. Bei der Zulassung ist zu prüfen, ob der Brief zu dem Fz gehört; die Angaben, besonders die Fahrzeug-Identifizierungsnummer, müssen mit denen am Fz übereinstimmen, s BMV VBl **50** 231. EG-Typgenehmigung: s EG-TypV (BGBl I **94** 3755), Krad-EG-TypV (BGBl I **04** 248, 544) sowie § 23 Rz 2, 16a. Land- und forstwirtschaftliche Arbeitsgeräte mit zulässigem Gesamtgewicht von mehr als 3t, welche ab 1. 4. 76 erstmals in den Verkehr gekommen sind oder kommen, sind betriebserlaubnispflichtig, § 18 S 2 Nr 5, 72 II, s auch Merkblatt VBl **80** 532. 2

Es gibt **drei Arten der Betriebserlaubnis:** für Typenfze (§ 20), für Einzelfze (§ 21), für Fahrzeugteile (§ 22), zu unterscheiden von der Bauartgenehmigung für Fahrzeugteile (§ 22a). **Voraussetzung der Erteilung** ist, daß das Fz oder das Einzelteil den Vorschriften über Kfze und KfzAnhänger (§§ 32 bis 62), allgemein für alle Fze (§§ 30, 31), den Ausführungsanweisungen zur StVZO und, in bezug auf ein vorgeschriebenes Kontrollgerät, der VO (EWG) Nr 3821/85 entspricht. Daneben sind Grundlage der BE-Erteilung auch die Bestimmungen der in Abs I S 2 genannten **EG-Richtlinien** in ihrer jeweils gelten- 3 den Fassung, so daß bei Widerspruch zwischen ihnen und einer StVZO-Bestimmung eine Ausnahmegenehmigung entbehrlich ist, Abs I S 2. **Liste der Einzelrichtlinien** zu den EWG-Betriebserlaubnisrichtlinien gem § 19 I 3 und § 30 IV StVZO, VBl **04** 167 = StVRL Nr 14. Soweit in EG-Einzelrichtlinien iS von I S 2 Nr 1–3 deren verbindliche Anwendung vorgeschrieben ist, gehen sie nationalen Bestimmungen vor (I S 5).

4 Für reihenweise gefertigte Fze kann die BE nach § 20 allgemein erteilt werden; der Inhaber der allgemeinen Betriebserlaubnis (ABE) hat für jedes dem Typ entsprechende fertige Fz innerhalb der Gültigkeitsdauer der ABE einen Fahrzeugbrief auszufertigen und die Richtigkeit der Angaben zu bescheinigen (§ 20 III). Die Behörde ist an ein Gutachten nicht gebunden, sie hat die BE zu versagen, wenn sie nach Prüfung Bedenken hat. Liegen die rechtlichen Voraussetzungen vor, so hat der Eigentümer des Fz auf die BE einen Rechtsanspruch; sie „ist zu erteilen" (Abs I S 1). IdR wird der **FzSchein** den Umfang der BE zutreffend wiedergeben, Kö VRS **72** 214, Ce VRS **74** 459.

Lit: *Rödel*, Rechtsfolgen bei Fehlen einer FzBE, ZfS **03** 1.

5 **2. Die Betriebserlaubnis bleibt wirksam,** solange keine Untersagung (§ 17) ausgesprochen wird, auch wenn geringfügige Überschreitung der Abmessungen des § 32 nicht erkannt worden sind, Bay NZV **89** 282, außerdem, trotz Vornahme von Änderungen iS von II, bei Erprobungsfzen gemäß VI. Die BE erlischt bei Vornahme solcher Änderungen, die zu einer der in II Nr 1 bis 3 genannten Folgen führen; eine neue BE muß beantragt werden (Rz 15). Die BE für speziell ausgestattete **Militär-, Pol-, FeuerwehrFze** verliert gem Abs IIa ihre Wirksamkeit, wenn sie nicht mehr für diese Halter zugelassen sind oder eingesetzt werden, allerdings nur, soweit es sich um SpezialFze handelt, die nach ihrer besonderen Bauart für entsprechende Zwecke bestimmt sind; dies gilt auch für SpezialFze des Katastrophenschutzes. Auch nach Umbau solcher Fze kann eine BE nach § 21 nicht an private Halter erteilt werden, sondern nur an BW, BGS, Pol, Feuerwehr oder Katastrophenschutz (s Begr Rz 1). Ausnahmebewilligung: Abs IIa S 3, § 70. Für Fze der genannten Halter ohne spezielle Bauart gilt die Einschränkung des Abs IIa nicht. Soweit die in Abs IIa genannten Fze bereits bis 28. 2. 99 für einen privaten Halter zugelassen waren, bleibt die BE bestehen (§ 72 II). Erlöschen der BE von anderen **Fzen der BW,** Rz 13.

6 **3. Vornahme von Änderungen am Fahrzeug.** Die BE oder EG-Typgenehmigung (Abs VII) erlischt, wenn am Fz willentlich Änderungen vorgenommen werden, falls dadurch a) die FzArt geändert wird, b) infolge der Änderung eine Gefährdung von VT zu erwarten ist oder c) die Änderung zu einer Verschlechterung des Abgas- oder Geräuschverhaltens führt. Auch ein Entfernen von FzTeilen, deren Austausch, die Verbindung von FzTeilen oder ein Hinzufügen von Teilen kommt als Änderung iS von II in Betracht; die insoweit teilweise abw Rspr ist durch die Neufassung (ÄndVO v 16. 12. 93) überholt, Kö NZV **97** 283 (einschränkend *Kreutel/Schmitt* PVT **96** 108). Vorübergehende Veränderung im Rahmen des Notrechts gem § 23 II StVO fällt nicht unter Abs II, Bay VRS **69** 465. Besteht Anlaß für die Annahme, daß die BE erloschen ist, so kann die VB entsprechend § 17 III die Beibringung eines Sachverständigengutachtens oder die Vorführung des Fzs anordnen, Kö NZV **97** 283; außerdem darf dann keine Prüfplakette erteilt werden (II S 5).

7 **3 a.** Die BE oder EG-Typgenehmigung erlischt, wenn die **in der BE genehmigte FzArt** geändert wird, II S 2 Nr 1. Die genehmigte FzArt ist im FzSchein vermerkt, zB Pkw, Lkw, Krad, Kom, Zgm. S dazu das systematische Verzeichnis der Fz- und Aufbauarten (§ 25 Rz 2) sowie § 23 Rz 18. Abs II Nr 1 gilt nicht, wenn nicht die FzArt, sondern nur die Aufbauart geändert wird; dann kommt aber Erlöschen der BE gem II Nr 2 in Frage, wenn durch die Änderung eine Gefährdung von VT zu erwarten ist.

8 **3 b.** Die BE oder EG-Typgenehmigung erlischt ferner, wenn durch die Änderung eine **Gefährdung von VT zu erwarten** ist, II S 2 Nr 2. Hierzu reicht es, abw von der bis 31. 12. 93 geltenden Fassung von Abs II, nicht aus, daß FzTeile verändert werden, deren Beschaffenheit vorgeschrieben ist oder deren Betrieb eine Gefährdung anderer VT verursachen *kann*. Die bloße Möglichkeit einer Gefährdung genügt also nicht, Dü NZV **96** 249, VM **97** 21, Kö NZV **97** 283. Vielmehr muß eine Gefährdung *zu erwarten sein,*

Kö NZV **97** 283. Dies setzt zwar nicht etwa die Feststellung einer konkreten Gefährdung voraus, Dü NZV **96** 249, Kö NZV **97** 283, aber jedenfalls ein gewisses Maß an Wahrscheinlichkeit, Dü NZV **95** 329 (Anm *Kullik* PVT **95** 221), **96** 40 (abl *Kreutel/ Schmitt*), **96** 249, VM **97** 21, Kö NStZ **95** 587, NZV **97** 283. Dabei kann diese Erwartung sowohl durch unsachgemäßen Anbau eines an sich ungefährlichen FzTeils begründet sein als auch durch den Betrieb eines sachgerecht angebauten, aber gefährlichen Teils. Ohne Hinzuziehung eines Sachverständigen wird dies häufig nicht zu klären sein, Kö NStZ **95** 587, NZV **97** 283. Eine Gefährdung kann insbesondere dann zu erwarten sein, wenn die Änderung FzTeile betrifft, die für die VSicherheit von besonderer Bedeutung sind. *Verkehrsteilnehmer* können der FzFührer selbst, beförderte Personen oder andere Teilnehmer am StrV (andere FzF oder Fußgänger) sein. Erlischt die BE mangels zu erwartender Gefährdung nicht, so kommt bei Veränderung von Teilen, deren Beschaffenheit vorgeschrieben ist, Verstoß gegen die betreffende Beschaffenheitsvorschrift oder gegen § 31 II in Betracht, Kö NZV **97** 283.

3 c. Die BE oder EG-Typgenehmigung erlischt schließlich auch dann, wenn die Änderung zu einer **Verschlechterung des Abgas- oder Geräuschverhaltens** führt, II S 2 Nr 3. Eine bloße *Beeinflussung* infolge der Änderung reicht nicht aus. Einer dahingehenden ursprünglich verfolgten Absicht des VOGebers hat der Bundesrat, BRDrucks 629/93 (Beschluß), im Interesse der durch die Novellierung angestrebten „Deregulierung und Entbürokratisierung" widersprochen. Eine Verschlechterung liegt bei Erhöhung der Abgas- oder Geräuschemission vor. **9**

3 d. Bei **Ein- oder Anbau von Teilen** erlischt die BE oder EG-Typgenehmigung abw von II dann nicht, wenn für die Teile eine BE nach § 22, eine **Bauartgenehmigung** nach § 22 a vorliegt **(III Nr 1 a)** oder eine Genehmigung des nachträglichen Einbaus im Rahmen der BE des Fzs oder eines Nachtrags **(III Nr 1 b)** und die Wirksamkeit der BE oder Genehmigung nicht von der Abnahme des Ein- oder Anbaus abhängig gemacht ist. Ob dies der Fall ist, geht aus der TeileBE, Genehmigung oder Bauartgenehmigung hervor. Kein Erlöschen ferner bei Vorliegen einer EWG-BE, -Bauartgenehmigung oder EG-Typgenehmigung sowie im Falle einer Genehmigung nach ECE-Regelungen oder EWG-Richtlinien **(III Nr 2)**. Bei Ein- oder Anbau von Teilen iS von Abs III Nr 1 und 2 **erlischt die BE** jedoch dann, wenn in der BE, Bauartgenehmigung oder Genehmigung aufgeführte **Einschränkungen oder Einbauanweisungen nicht eingehalten** werden **(III S 2)**. Trotz der Begr (VBl **94** 151), wonach Abs III Fälle regelt, in denen die BE „*bei nachträglichen Änderungen abweichend von Absatz 2 nicht erlischt*", wird das auch zu gelten haben, wenn die Voraussetzungen des Abs II nicht erfüllt sind, s *Kullik* VD **03** 147. Bedarf der An- oder Einbau von Teilen der Abnahme, so erlischt die BE im übrigen nur dann abw von II nicht, wenn die Abnahme unverzüglich durchgeführt und bestätigt wurde **(III Nr 3)**. Dem Unverzüglichkeitsgebot wird der Halter idR nur dann genügen, wenn er schon vor Durchführung der Änderung einen Abnahmetermin mit einer Technischen Prüfstelle oder amtlich anerkannten Überwachungsorganisation vereinbart (s Begr VBl **94** 151, BMV VBl **94** 157). Schließlich erlischt die BE abw von II nicht, wenn für das ein- oder angebaute Teil ein **Teilegutachten** nach Anl XIX vorliegt, sofern der im Gutachten angegebene Verwendungszweck eingehalten wird **(III Nr 4)**. Übergangsbestimmung: § 72 II. In diesen Fällen hängt das Nichterlöschen der BE aber zusätzlich von einer Abnahme durch einen amtlich anerkannten Sachverständigen oder Prüfer oder durch einen Prüfingenieur einer amtlich anerkannten Überwachungsorganisation ab. Kann dieser den ordnungsgemäßen Ein- oder Anbau nicht bestätigen (etwa wegen Nichteinhaltung von Einschränkungen oder Einbauanweisungen), so kann der FzHalter den vorschriftsmäßigen Zustand herstellen; wird dies nicht innerhalb angemessener Frist durch den Sachverständigen oder Prüfer festgestellt, so erlischt die BE (s Begr, VBl **97** 655). **Mitzuführen** und zuständigen Personen auszuhändigen sind TeileBE, Bauartgenehmigung, Genehmigung des Ein- oder Anbaus nach Abs III Nr 1 b oder Teilegutachten jedenfalls in Form eines Abdrucks oder einer Ablichtung (Abs IV S 1), es sei denn im FzSchein, dem Nachweis gem § 18 V oder dem Anhängerverzeichnis befindet sich ein entsprechender Eintrag einschließlich etwaiger Beschränkungen oder Auflagen (IV S 2, Halbsatz 1). Ist ein Vermerk darüber enthalten, **10**

3 StVZO § 19   B. Fahrzeuge II. Zulassungsverfahren für Kraftfahrzeuge

daß Beschränkungen oder Auflagen in einer Erlaubnis, Genehmigung oder einem Nachweis aufgeführt sind, so ist die Erlaubnis, die Genehmigung oder der Nachweis mitzuführen (IV S 2, Halbsatz 2). Abs IV S 1 Nr 2 ist gem § 72 II spätestens ab 1. 10. 97 anzuwenden; bis zum 30. 9. 97 ausgestellte Bestätigungen über den ordnungsgemäßen Ein- oder Anbau bleiben gültig. Im übrigen gilt § 27 I, wonach die Angaben in FzBrief, FzSchein und den weiteren dort genannten Papieren den tatsächlichen Verhältnissen entsprechen müssen, es sei denn in der BE oder Genehmigung nach III Nr 1 ist eine Ausnahme gewährt (IV S 3). Muster für einen Nachweis gem Abs IV S 1, VBl **99** 467. Bei Anbau sog **Ident- oder Nachbauräder** entfällt die Mitführungspflicht nach Abs IV gem § 1 II der 54. StVZAusnV, wenn für die Räder eine ABE nach § 22 erteilt ist (s § 22 Rz 1 c).

11 **Natürlicher Verschleiß** berührt die BE nicht, BMV VBl **99** 452, Dü VM **66** 13, Bay VRS **69** 464.

12 **4. BMV-Beispielekatalog der Änderungen an Fahrzeugen** und ihrer Auswirkungen auf die BE: VBl **99** 455. Hinweise des BMV zur Beurteilung von Änderungen am Fz, VBl **99** 451. Der Beispielekatalog hat keinen VO-Charakter und ist weder erschöpfend noch verbindlich, Dü NZV **96** 249, Kö NZV **97** 283, s BGHSt **32** 16 = NJW **83** 2951, Ce VM **93** 10 (zu § 19 II aF). Der Katalog dient vielmehr nur der Auslegung des Abs II, Stu VRS **67** 379, **75** 470, Dü VRS **75** 226, DAR **91** 349 (alle zu § 19 II aF). Die im Beispielekatalog durch „x" eingetragene Möglichkeit stellt den Regelfall dar.

		Betriebserlaubnis des Fahrzeugs erlischt nicht			erlischt	
Gruppe	Änderung	keine Genehmigung und/oder kein Teilegutachten vorhanden ohne Einschränkung verwendbar	wenn Genehmigung vorhanden und nicht von der Abnahme des Ein- oder Anbaus abhängig gemacht Anbauabnahme nicht erforderlich	wenn Genehmigung vorhanden oder Teilegutachten vorhanden und von der Abnahme des Ein- oder Anbaus abhängig gemacht Anbauabnahme erforderlich	wenn keine Genehmigung und/oder kein Teilegutachten vorhanden Begutachtung nach § 21 StVZO hins. d. Änderung erforderlich	Bemerkungen Hinweise auf zu beachtende Vorschriften StVZO/ Sonderfälle
1. Ausrüstung	Rückspiegel (auch Einstiegsspiegel bei KOM für Schülerbeförderung)		x	x[1]		§ 56 StVZO; Aufkleben von Weitwinkelspiegeln auf serienmäßige Spiegel unzulässig; [1] zus. Nachweis über Verwendungsbereich erforderlich
	Einrichtung für Schallzeichen		x			§ 55 StVZO oder EG-Genehmigung
	Geschwindigkeitsmeßgerät		x			§ 57 StVZO
	Wegstreckenzähler	x[2]				[2] soweit nicht vorgeschrieben
	Fahrtschreiber/Kontrollgerät		x[3]			§§ 57 a, 57 b StVZO [3] ohne Eingriff in Fahrzeugelektronik
	Sicherheitseinrichtung gegen unbefugte Benutzung		x	x		§ 38 a StVZO
	Wegfahrsperre		x	x		§ 38 a StVZO
	Verlegung des Gaspedals[5]		x	x		[5] Nur für Behindertenumbau
	Verlegung der Betätigung der Kupplung[5]		x	x		[5] Nur für Behindertenumbau
	Verlegung der Betätigungseinrichtung für Sekundärfunktionen (z. B. Hupe, Licht, Fahrtrichtungsanzeiger, Scheibenwischer)[5]	x[6]	x			[5] Nur für Behindertenumbau [6] sofern die Original-Betätigungseinrichtung erhalten bleiben und die Sicht auf vorgeschriebene Anzeigen und Kontrolleuchten nicht verdeckt werden

Erteilung und Wirksamkeit der Betriebserlaubnis § 19 StVZO 3

Gruppe	Änderung	Betriebserlaubnis des Fahrzeugs erlischt nicht			erlischt	Bemerkungen
		keine Genehmigung und/oder kein Teilegutachten vorhanden ohne Einschränkung verwendbar	wenn Genehmigung vorhanden und nicht von der Abnahme des Ein- oder Anbaus abhängig gemacht Anbauabnahme nicht erforderlich	wenn Genehmigung vorhanden oder Teilegutachten vorhanden und von der Abnahme des Ein- oder Anbaus abhängig gemacht Anbauabnahme erforderlich	wenn keine Genehmigung und/oder kein Teilegutachten vorhanden Begutachtung nach § 21 StVZO hins. d. Änderung erforderlich	Hinweise auf zu beachtende Vorschriften StVZO/ Sonderfälle
2. Lichttechnische Einrichtungen	Anbau lichttechnischer Einrichtungen		×	×[7]		§ 30 c StVZO, Rili über d. Beschaffenheit und Anbringung äußerer Fz-Teile § 35 StVZO Abs. 2 Rili f. Sicht aus Kfz § 50 Abs. 6 StVZO, Rili über die Einstellung von Scheinwerfern an Kfz [7] Bei Fahrtrichtungsanzeigern mit nationalen ABG, Nachprüfung erforderlich
	Anbau zusätzlicher lichttechnischer Einrichtungen – Suchscheinwerfer – Arbeitsscheinwerfer	×				§ 30 StVZO, Rili über d. Beschaffenheit und Anbringung äußerer Fz-Teile § 35 b Abs. 2 StVZO, Rili f. Sicht aus Kfz
	Veränderung der Leuchtleistung von lichttechnischen Einrichtungen: – Schutzgitter/Abdeckung – Scheinwerferreinigungsanlage – Lichtquelle (Glühlampe)		× × ×	× × ×		§ 30 StVZO, Rili über d. Beschaffenheit äußerer Fz-Teile § 35 b Abs. 2 StVZO, Rili f. Sicht aus Kfz § 50 Abs. 6 StVZO, Rili über die Einstellung von Scheinwerfern an Kfz § 22 a StVZO/EG-/ECE-Genehmigung
3. Lenkanlagen	Einbau Sonderlenkrad		×	×		
	Einbau Sonderlenkrad mit Airbag			×		
	Anbau Sonderlenker für Krafträder			×	×	
	Austausch der gesamten Lenkanlage oder Veränderung wesentlicher Teile davon			×	×	Die Verwendung von Tauschteilen, d. in Funktionsmaßen Anschluß, Material und Ausführung d. typmäßigen Ausrüstung entsprechen, ist ohne Einschränkung möglich
	Anbau eines Lenkradknaufs versenkbar, klappbar			×[5]		Nur für Rangierbetrieb zulässig
	Anbau eines Lenkradknaufs	×[8]				[8] wenn als Auflage f. Behinderte vorgeschrieben bzw. in BE des Kfz (Arbeitsmaschine)
	Einbau einer Fremdkraft-Lenkhilfe (Servolenkung) oder Änderung der Übersetzungskraft bzw. des Übersetzungsverhältnisses			×	×	
	Einbau einer Fremdkraft-Lenkung				×	evtl. Ausnahmegenehmigung von § 38 StVZO erforderlich (70/31/EWG Anhang I Ziff. 4.1.6)
	Einbau einer geänderten Betätigungseinrichtung für die Lenkanlage (z. B. Fußlenkung)[5]				×	[5] Nur für Behindertenumbau

981

3 StVZO § 19   B. Fahrzeuge II. Zulassungsverfahren für Kraftfahrzeuge

Gruppe	Änderung	Betriebserlaubnis des Fahrzeugs erlischt nicht			erlischt	Bemerkungen
		keine Genehmigung und/oder kein Teilegutachten vorhanden ohne Einschränkung verwendbar	wenn Genehmigung vorhanden und nicht von der Abnahme des Ein- oder Anbaus abhängig gemacht Anbauabnahme nicht erforderlich	wenn Genehmigung vorhanden oder Teilegutachten vorhanden und von der Abnahme des Ein- oder Anbaus abhängig gemacht Anbauabnahme erforderlich	wenn keine Genehmigung und/oder kein Teilegutachten vorhanden Begutachtung nach § 21 StVZO hins. d. Änderung erforderlich	Hinweise auf zu beachtende Vorschriften StVZO/ Sonderfälle
4. Bremsanlagen	Bremsbeläge		x	x		
	Bremsscheiben		x	x		
	Bremstrommeln		x	x		
	Bremssättel		x	x		
	Lufttrockner		x	x		
	Bremszylinder		x	x		Umrüstung nur achsweise
	Kupplungsköpfe	x				ohne Einschränkung nur, wenn gleiche Funktionsmaße
	Bremsleitungen pneumatisch	x				ohne Einschränkung nur, wenn gleiche Funktionsmaße
	Bremsleitungen hydraulisch			x		
	automatische Gestängesteller		x	x		
	Retarder (hydraulisch, elektr.)			x		
	autom. Blockierverhinderer				x	
	Austausch der gesamten Bremsanlage gegen eine andere oder Veränderung wesentlicher Teile davon			x	x	
	Umbau von Ein- auf Zweileitungsanschluß			x		
	zusätzlicher Anbau eines Ein- bzw. Zweileitungsanschlusses			x		
	Anbau Luftbeschaffungsanlage			x		z. B. an lof-Fz
	Bremsventile mit geänderter Kennlinie			x		
	Einbau einer Fremdkraft-Bremsanlage				x	evtl. Ausnahmegenehmigung von § 41 Abs. 18 StVZO erforderlich
	Einbau oder Änderung eines Bremskraftverstärkers			x		evtl. Ausnahmegenehmigung von § 41 Abs. 18 StVZO erforderlich
	Veränderung des Bremspedals (z. B. Verbreiterung, Schutz gegen Abrutschen)		x	x		
	Handbetätigung der Betriebsbremsanlage [5]			x		[5] Nur für Behindertenumbau
	Einbau einer Fremdkraft-Betätigungseinrichtung der BBA (pneumatisch, elektrisch, hydraulisch) [5]			x [5]		[5] Nur für Behindertenumbau
	Geänderte Betätigungseinrichtung der Feststellbremse [5]		x	x [9]		[5] Nur für Behindertenumbau [9] bei Fremdkraft-Betätigungseinrichtung

Erteilung und Wirksamkeit der Betriebserlaubnis § 19 StVZO 3

		Betriebserlaubnis des Fahrzeugs erlischt nicht			erlischt	
Gruppe	Änderung	keine Genehmigung und/oder kein Teilegutachten vorhanden ohne Einschränkung verwendbar	wenn Genehmigung vorhanden und nicht von der Abnahme des Ein- oder Anbaus abhängig gemacht Anbauabnahme nicht erforderlich	wenn Genehmigung vorhanden oder Teilegutachten vorhanden und von der Abnahme des Ein- oder Anbaus abhängig gemacht Anbauabnahme erforderlich	wenn keine Genehmigung und/oder kein Teilegutachten vorhanden Begutachtung nach § 21 StVZO hins. d. Änderung erforderlich	Bemerkungen Hinweise auf zu beachtende Vorschriften StVZO/ Sonderfälle
5. Räder/ Reifen	Räder ohne Änderung am Fahrzeug und bei Verwendung einer bereits genehmigten Reifengröße – nicht in Fz-BE enthaltene Räder		×	×		
	Räder mit Änderung am Fz bzw. an der Karosserie (z. B. Radgeometrie, Lenkwinkelanschläge, Radausschnitte, Radaufhängung)			×	×	
	Räder mit anderer Horn- und Bettform, jedoch gleichen Grundmaßen (z. B. Sicherheitsfelgen)		×	×		
	Reifen gleicher Bauart und Abmessung, gleicher oder höherer Geschwindigkeitskategorie aber abweichender Kennzeichnung		×[10]			[10] s. VkBl 1991, S. 578
	Reifen anderer Bauart, jeoch vergleichbarer Größe, gleicher bzw. höherer Tragfähigkeits- u./o. Geschwindigkeitskategorie		×	×		
	Reifen gleichwertiger Größenbezeichnung		×[10]			[10] s. VkBl 1991, S. 578
	Reifen höherer Tragfähigkeits- u./o. Geschwindigkeitskategorie		×			
	Reifen niedriger Tragfähigkeits- u./o. Geschwindigkeitskategorie			×	×	– bei Verwendung von M + S-Reifen zulässig: Kennzeichnung d. Höchstgeschwindigkeit nach § 36 Abs. 1 StVZO erforderlich, gilt nicht für Tragfähigkeit
	Reifen für Krafträder und Pkw gleicher Bauart und Abmessung, jedoch anderer Hersteller o. Typ als mit der BE für das Fz genehmigt		×	×		
	Reifen anderer Größe, anderen Verhältnissen von Höhe zu Breite z. B. Breitreifen (auch für Nutzfahrzeuge)		×	×		
	Räder und Reifen, Kombinationen beider Änderungen möglich, ggf. weitere Änderungen nach Genehmigung erforderlich, z. B. – Radhauswand – Lenkanlage (Lenkeinschlag, Lenkrad) – Bremsanlage (Bremsleitungen, Belüftung – Fahrwerk			× × × ×	× × × ×	

3 StVZO § 19   B. Fahrzeuge II. Zulassungsverfahren für Kraftfahrzeuge

Gruppe	Änderung	Betriebserlaubnis des Fahrzeugs erlischt nicht			erlischt	Bemerkungen
		keine Genehmigung und/oder kein Teilegutachten vorhanden ohne Einschränkung verwendbar	wenn Genehmigung vorhanden und nicht von der Abnahme des Ein- oder Anbaus abhängig gemacht Anbauabnahme nicht erforderlich	wenn Genehmigung vorhanden oder Teilegutachten vorhanden und von der Abnahme des Ein- oder Anbaus abhängig gemacht Anbauabnahme erforderlich	wenn keine Genehmigung und/oder kein Teilegutachten vorhanden Begutachtung nach § 21 StVZO hins. d. Änderung erforderlich	Hinweise auf zu beachtende Vorschriften StVZO/ Sonderfälle
6. Fahrgestell und Aufbau	Einbau von Distanzscheiben		x	x		
	Anbau Schleuderkettensystem		x	x		
	Fahrwerksänderung (z. B. Tieferlegung, Spurverbreiterung)			x	x	
	Änderung des Feder-/ Dämpferverhaltens		x	x		
	Niveauregulierungsanlage		x	x[11]		[11] immer wenn Bremsanlage beeinflußt wird
	Fahrwerksänderung (Federn, Federbeine, Stoßdämpfer, Gabelstabilisatoren) bei Krafträdern			x	x	
	Ständer für Krafräder		x	x		
	Achsen				x	
	Rahmenänderungen			x	x	
	Überrollbügel im PKW		x	x		zul. Dachlast beachten
	Luftleiteinrichtung (Spoiler, Kraftradverkleidungen, seitl. Regen- und Windabweiser) bei Anbauhöhen · 2 m		x	x		
	Dachgepäckträger	x				zul. Dachlast beachten
	Tragsysteme	x	x	x[12]		§ 30 StVZO, Merkblatt über die Verwendung von Hecktragesystemen [12] sofern in verkehrsgefährdender Weise Teile beeinträchtigt werden können, an die StVZO bzw. EG-Rili konkrete Anforderungen stellt (z. B. Lichttechnische Einrichtungen, Kuppelungskugel mit Halterung)
	Schlafkabine auf Fahrerhäusern			x		
	Hinterer Unterfahrerschutz		x	x		
	Seitliche Schutzvorrichtung		x	x		
	Anbau von Schütten bei Hinterkippern	x				Änderungen Länge und Gewicht/Lasten beachten § 30 c StVZO, Rili über d. Beschaffenheit und Anbringung äußerer Fz-Teile beachten § 32 b StVZO beachten
	Einbau zusätzlicher Teile im Insassenraum (z. B. Telematik-Endgeräte, Funkgeräte)	x[13]	x	x		§ 30 StVZO Rili für Gestaltung und Ausrüstung der Führerhäuser [13] soweit EMB (siehe 26. Änderung VO nachgewiesen

Erteilung und Wirksamkeit der Betriebserlaubnis — § 19 StVZO

Gruppe	Änderung	Betriebserlaubnis des Fahrzeugs erlischt nicht — keine Genehmigung und/oder kein Teilegutachten vorhanden ohne Einschränkung verwendbar	Betriebserlaubnis des Fahrzeugs erlischt nicht — wenn Genehmigung vorhanden und nicht von der Abnahme des Ein- oder Anbaus abhängig gemacht Anbauabnahme nicht erforderlich	Betriebserlaubnis des Fahrzeugs erlischt nicht — wenn Genehmigung vorhanden oder Teilegutachten vorhanden und von der Abnahme des Ein- oder Anbaus abhängig gemacht Anbauabnahme erforderlich	erlischt — wenn keine Genehmigung und/oder kein Teilegutachten vorhanden Begutachtung nach § 21 StVZO hins. d. Änderung erforderlich	Bemerkungen Hinweise auf zu beachtende Vorschriften StVZO/ Sonderfälle
	Schiebedach, Glas/kurbel/hebe/dach		×	×		
	Änderung der Federungsart (z. B. Umbau von Blatt- auf Luftfederung			×	×	
	Trennschutzgitter o. -wand	×				
	Raumschutzeinrichtung		×	×		
	Kupplungskugel mit Halterung			×		
	Anhängebock			×		
	Sattelkupplung (einschl Sattelplatte			×	×[14]	[14] bei Änderung der Fz-Art
	Selbsttätige Anhängekupplung bei Änderung der Größe und/oder Form und/oder Veränderung der Anhängelast			×[15]		ggf. Änderung d. Fz-Papiere [15] ist d. Erhöhung d. Anhängelast nicht mit in d. BE genehmigt, Begutachtung nach § 21 StVZO erforderlich
	Nachträglicher Anbau einer selbsttätigen Anhängekupplung an Fahrzeugen mit BE, in der ein Anbau einer Anhängekupplung genehmigt ist		×	×		
	Nichtselbsttätige Anhängekupplung an lof-Fz			×		
	Anhänge-Zugeinrichtungen (z. B. Kurzkuppelsysteme)			×		
	nachträglicher Anbau Ladebordwand				×	
	nachträglicher Anbau Ladekran				×	
	Änderung Achsabstand, Einbau zusätzlicher Achsen				×	
	Nachträglicher Anbau einer Seilwinde		×[16]	×		[16] nur an Pkw innerhalb des Fahrzeugumrisses EMV ist nachzuweisen
	Tausch der Anhängekupplung f. Deichselanhänger gegen eine f. Zentralachsanhänger			×		
	Einrichtungen zum Stabilisieren des Fahrverhaltens von Zugfahrzeugen und Anhängern		×	×		
	Sitze		×	×		
	Änderung der Sitzstruktur[5]	×[17]		×		[5] Nur für Behindertenumbau [17] bei reiner Veränderung der Polsterung
	Änderung der Sitzkonsole				×	Prüfung nach 74/408/EWG erforderlich Prüfung nach 76/115/EWG erforderlich für Fahrzeuge mit Tag der 1. Zulassung nach dem 1. 1. 92

985

3 StVZO § 19 — B. Fahrzeuge II. Zulassungsverfahren für Kraftfahrzeuge

Gruppe	Änderung	Betriebserlaubnis des Fahrzeugs erlischt nicht — keine Genehmigung und/oder kein Teilegutachten vorhanden ohne Einschränkung verwendbar	wenn Genehmigung vorhanden und nicht von der Abnahme des Ein- oder Anbaus abhängig gemacht Anbauabnahme nicht erforderlich	wenn Genehmigung vorhanden oder Teilegutachten vorhanden und von der Abnahme des Ein- oder Anbaus abhängig gemacht Anbauabnahme erforderlich	erlischt — wenn keine Genehmigung und/oder kein Teilegutachten vorhanden Begutachtung nach § 21 StVZO hins. d. Änderung erforderlich	Bemerkungen Hinweise auf zu beachtende Vorschriften StVZO/Sonderfälle
	Einbau von Schwenk- und Schiebetüren			×		
	Rollstuhl als Sitz [5]			×	×	[5] Nur für Behindertenumbau
	Rollstuhl als Fahrersitz [5]				×	[5] Nur für Behindertenumbau
	Sicherheitsgurte		×	×		
	Außer Funktion setzen eines Airbags		×[18]			[18] s. VkBl 1999 S. 98
	Rollstuhlverladeeinrichtung [5]	×[19]	×			[5] Nur für Behindertenumbau [19] bei Dachliftern, die nicht dauerhaft mit dem Fahrzeug verbunden sind
	Einbau von Einstiegshilfen (z. B. Kran, Lift oder Rampe) [5]			×	×	[5] Nur für Behindertenumbau
7. Feuersicherheit	Kraftstoffleitungen	×				DIN 73378 muß erfüllt sein
	Kraftstoffbehälter			×		§§ 30, 45 StVZO bzw. 70/221/EWG beachten
	Kraftstoffvorwärmeanlage		×	×		
	Zusatzheizung (selbsttätige Wärmeerzeugung aus flüssigen o. gasförmigen Kraftstoffen)			×		nur mit Nachweis des Abgas- und Geräuschverhaltens
	Einbau einer Flüssiggasanlage oder anderer alternativer Antriebssysteme (Wasserstoff-, Methanolbetrieb usw.)			×		nur mit Nachweis des Abgas- und Geräuschverhaltens
8. Abgas- und Geräuschverhalten	Austauschmotor	×				als Austauschmotor gilt nur ein Motor von gleichem Hubraum, gleicher Leistung, ohne Verschlechterung d. Abgas- und Geräuschverhaltens; geringe Abweichungen infolge Ausschleifen d. Zylinder sind zulässig; Teilemotor gilt auch als Austauschmotor
	Einbau eines anderen Motors			×		ohne Verschlechterung d. Abgas- und Geräuschverhaltens. Einbauhinweise d. Genehmigung beachten; ggf. Fz-Papiere ändern in Einzelfällen Begutachtung nach § 21 StVZO erforderlich ggf. AU-Werte neu festlegen EMV ist nachzuweisen
	Änderung d. vorh. Motors insbes. zur Leistungsänderung durch					
	– Änderung der Gemischaufbereitungs- oder Ansauganlage		×	×		
	– Änderung der Gemischaufbereitungs- oder Ansauganlage		×	×		
	– Verwendung geänderter Motorteile (z. B. Kolben, Nockenwelle, Zylinderköpfe)		×	×		

Erteilung und Wirksamkeit der Betriebserlaubnis — § 19 StVZO 3

Gruppe	Änderung	Betriebserlaubnis des Fahrzeugs erlischt nicht			erlischt	Bemerkungen
		keine Genehmigung und/oder kein Teilegutachten vorhanden ohne Einschränkung verwendbar	wenn Genehmigung vorhanden und nicht von der Abnahme des Ein- oder Anbaus abhängig gemacht Anbauabnahme nicht erforderlich	wenn Genehmigung vorhanden oder Teilegutachten vorhanden und von der Abnahme des Ein- oder Anbaus abhängig gemacht Anbauabnahme erforderlich	wenn keine Genehmigung und/oder kein Teilegutachten vorhanden Begutachtung nach § 21 StVZO hins. d. Änderung erforderlich	Hinweise auf zu beachtende Vorschriften StVZO/ Sonderfälle
	– Aufladung des Motors			×	×	
	– Luftfilteranlage			×	×	
	– Schalldämpfer			×	×	
	Veränderung an der Zündanlage		×	×		
	Einbau einer Geschwindigkeitsregeleinrichtung	×[20]	×	×	×	[20] wenn kein Eingriff in die Motorelektronik und in das Bremssystem
	Einbau eines Geschwindigkeitsbegrenzers	×	×	×		
	Abgasreinigungsanlage – Einbau, Änderung		×[21]	×		§ 47 StVZO [21] wenn eine AU-Werkstatt Einbau bescheinigt hat
	Latentwärmespeicher		×	×		
	Blenden für Endrohre v. Schalldämpferanlagen ohne Veränderung des Auslaßquerschnitts	×				§ 30 c StVZO
	Getriebe, Achsübersetzung (andere Wirkungsweise, Handschaltgetriebe)			×		bei LKW u. KOM § 57 b StVZO beachten, Abgas- u. Geräuschverhalten beachten
	Ausbau eines Geschwindigkeitsbegrenzers (Pkw)			×		
	Einbau einer automatischen Kupplung			×		
9. Kombinationen von Änderungen	Anhängekupplung und Änderung des Fahrwerks (z. B. Tieferlegung)			×[22]		[22] Werden mehrere Änderungen, die sich in ihrer Kombination gegenseitig so beeinflussen, daß eine Gefährdung zu erwarten ist oder eine Verschlechterung des Abgas- oder Geräuschverhaltens eintritt, zeitgleich oder zeitlich versetzt vorgenommen, so erlischt die Betriebserlaubnis des Fahrzeuges. Dies gilt nicht, wenn für die Kombination eine Teilgenehmigung oder ein Teilegutachten vorliegt
	Auspuffanlage und Spoiler (im Bereich der Auspuffanlage)		×[22]	×[22]		
	Sonderlenkrad und Rad-/Reifenänderung			×[22]		
	Sonderlenkrad und Änderung des Fahrwerks (z. B. Tieferlegung) wenn keine Spurverbreiterung			×[22]		
	Mehrere Änderungen des Fahrwerks (z. B. Sturz, Spur, Federn, Stoßdämpfer, Räder, Reifen)			×[22]	×	
	Rad/Reifen und Änderung des Fahrwerks			×[22]	×	
	Rad/Reifen und Spoiler		×[22]	×[22]		
	Rahmenverlängerung (ohne Radstandsänderung) und Änderung des hinteren Unterfahrschutzes			×[22]	×	
	Rahmenverlängerung (ohne Radstandsänderung) und Tieferlegung der Anhängekupplung			×[22]	×	
	Leistungsänderung und Rad/Reifen			×[22]		

3 StVZO § 19 B. Fahrzeuge II. Zulassungsverfahren für Kraftfahrzeuge

Gruppe	Änderung	Betriebserlaubnis des Fahrzeugs erlischt nicht			erlischt	Bemerkungen
		keine Genehmigung und/oder kein Teilegutachten vorhanden ohne Einschränkung verwendbar	wenn Genehmigung vorhanden und nicht von der Abnahme des Ein- oder Anbaus abhängig gemacht Anbauabnahme nicht erforderlich	wenn Genehmigung vorhanden oder Teilegutachten vorhanden und von der Abnahme des Ein- oder Anbaus abhängig gemacht Anbauabnahme erforderlich	wenn keine Genehmigung und/oder kein Teilegutachten vorhanden Begutachtung nach § 21 StVZO hins. d. Änderung erforderlich	Hinweise auf zu beachtende Vorschriften StVZO/ Sonderfälle
10. § 19 (2) Nr. 1 StVZO Änderung der Fahrzeugart	Änderung der genehmigten Fz-Art z. B. – Pkw in Lkw oder umgekehrt (o. u.) – Lkw in Zugmaschine o. u. – Lkw in selbstfahrende Arbeitsmaschine o. u. – KOM in Wohnmobil o. u. – Pkw in Wohnmobil o. u. – Lkw in Wohnmobil o. u. – Anhänger offener Kasten in Tankwagen o. u. – Krad, Motorrad m. Lb. in Lkrad Motorrad o. u. – Krad, Motorrad m. Lb. in Krad Motorrad o. Lb. o. u. – Lkrad in Kleinkrad o. u. – Kleinkrad in Mofa			x[23]	x	d. Herabsetzung d. zGG führt nicht automatisch zur Änderung d. Fahrzeugart die Heraufsetzung des zGG innerhalb einer Fz-Art kann der Änderung der Fz-Art gleichzusetzen sein. z. B. N1-Umbau in N2, M2-Umbau in M3) [23] nur in einfachen Fällen

Die gegenseitige Beeinflussung bei Kombinationen von Änderungen (Pkw, Kraftrad)

Art der Änderung										
Rad/Reifen	x	–	x	–	x	x	x	x	x	–
Spur/Sturz	–	–	–	–	x	x	–	x	–	
Federn, Stoßdämpfer	–	x	x	–	–	x	–	–		
Spoiler	–	x	x	x	–	x	–			
Tieferlegung	–	x	–	x	–	–				
Lenkrad, Lenker	–	–	–	–	–					
Anhängekupplung	–	x	x	–						
Änderungen am Motor, Leistungsänderung	x	x	–							
Auspuffanlage	x	–								
Abgasverhalten	–									

☐ – keine gegenseitige Beeinflussung

☐ × gegenseitige Beeinflussung möglich, weitere Hinweise siehe Teile ABE/Teilegutachten/Genehmigung

13 **Erlöschen der Betriebserlaubnis** bzw EG-Typgenehmigung: Die umfangreiche zu Abs II aF ergangene kasuistische Rspr ist weitestgehend überholt. S dazu 32. Aufl. Auch soweit die Rspr zur früheren Fassung auf *mögliche* Gefährdung abstellt, ist sie nicht ohne weiteres auf die Neufassung übertragbar, die insoweit eine Wahrscheinlichkeit voraussetzt (s Rz 8). Bei Ausbau der Wohnausstattung eines Wohnmobils zwecks Umgestaltung als TransportFz ändert sich die genehmigte FzArt, daher erlischt die BE (so schon zu II aF KG NZV **93** 281). Räder und Bereifung sind für die VSicherheit von besonderer Bedeutung, so daß hier Änderungen vielfach zum Erlöschen der BE gem II Nr 2 führen werden (s Rz 8), Dü VM **97** 21. Bei Verwendung von **Reifen** für Pkw mit anderer als der in den FzPapieren angegebenen Größenbezeichnung erlischt die BE nur, wenn dadurch für den konkreten Fall eine Gefährdung von VT zu erwarten ist, Dü VM **97** 21, Kö NZV **97** 283. S dazu im übrigen Verlautbarung des BMV v 16. 6. 91, VBl **91** 578, **93** 411. Zur Ausstattung des Fzs mit Reifen anderer als in den FzPapieren angegebener Fabrikats-, Profil- oder Typbezeichnung, BMV VBl **00** 627. Übersichtstabelle über Reifengrößen an Pkw, für die durch das Kraftfahrttechnische Amt der *ehemaligen DDR* eine ABE erteilt worden ist: VBl **91** 573. Kein Erlöschen der BE nach Anbringen eines zusätzlichen **Scheinwerfers,** AG Kar ZfS **00** 558. Die BE erlischt nach **Tieferlegen** des Fzs mit der Folge, daß es zum Schleifen der Reifen an der Karosserie kommen kann, Ko NZV **04** 199. Sie erlischt abw von II bei **Aussonderung von BW-Fzen** aus dem BW-FzBestand, für die die Erleichterungen der §§ 20 III b, 21 V in Anspruch genommen worden sind (Abs II S 3, Inkrafttreten: 1. 10. 2005), s Begr Rz 1. **Nach erloschener BE** dürfen nur noch solche Fahrten durchgeführt werden, die in unmittelbarem Zusammenhang mit der Erlangung einer neuen BE stehen, Abs V. Dazu gehört vor allem die Fahrt zur ZulB zum Zwecke der Neuzulassung, s Rz 15.

Lit: *Dvorak/Scherer,* Unwirksamwerden der BE, KVR. *Kullik,* Erlöschen der BE, VD **03** 147.

Kein Erlöschen der Betriebserlaubnis bzw EG-Typgenehmigung: S den Katalog 14 Rz 12, ferner § 1 I a der 2. VO über Ausnahmen von straßenverkehrsrechtlichen Vorschriften (An- oder Aufbauten bei FzVerwendung auf Brauchtumsveranstaltungen, bei Altmaterialsammlungen, Landschaftssäuberungsaktionen, Feuerwehreinsätzen, s § 18 Rz 2b) sowie § 1 der 42. StVZAusnV (seitliche Schutzvorrichtungen, s Rz 1b). Kein Erlöschen der BE bei Einbau einer **Gasstandheizung,** Dü NZV **95** 329 (abl *Kreutel/ Schmitt* PVT **96** 109, Anm *Kullik* PVT **95** 221), Anbringen eines **Lenkhilfeknaufs,** Dü NZV **96** 40 (abl *Kreutel/Schmitt*, **96** 249. Die vor Änderung des Abs II durch VO v 16. 12. 93 ergangene kasuistische Rspr zum Erlöschen der BE (s 32. Aufl) ist durch die Neufassung weitestgehend überholt.

Die neue Betriebserlaubnis wird auf Antrag des Eigentümers oder sonst Verfü- 15 gungsberechtigten nur durch die ZulB erteilt, Ha VRS **50** 239, Kö VRS **72** 214, sofern das Fz nach der Änderung den Vorschriften des I entspricht. Für die Neuerteilung gilt § 21 entsprechend und damit das Verfahren für die Erteilung einer BE für EinzelFze, Abs II S 4. Die bloße nachträgliche Eintragung im FzSchein ersetzt nicht die Neuerteilung erloschener BE, Kar VM **93** 46, Ce VRS **74** 459 (abw zu § 19 II aF Kö VRS **72** 214). Erforderlich ist grundsätzlich ein Vollgutachten eines amtlich anerkannten Sachverständigen; besteht kein Anlaß zur Annahme der Unvorschriftsmäßigkeit im übrigen, so wird sich die Begutachtung jedoch auf die Änderung, die zum Erlöschen geführt hat, beschränken dürfen (s Begr, VBl **94** 150). Die **Fahrt zum Prüfer** zwecks Beantragung einer neuen BE steht iS von Abs V im unmittelbaren Zusammenhang mit der Neuerteilung und ist daher erlaubt. Grundsätzlich ist nur eine Fahrt zu einer nahe gelegenen Prüfstelle gestattet; dies muß aber nicht in jedem Falle die **nächste** oder am Wohnort befindliche sein, Dü VRS **85** 66 (Nachbarort). **Kein Wiederaufleben** der gem Abs II erloschenen ABE nach Wiederherstellung des ursprünglichen Zustands (auch nicht, nachdem aufgrund der vorausgegangenen Änderung eine neue BE erteilt worden war), KG VRS **67** 466.

4 a. Erprobungsfahrzeuge. VI befreit nur von verfahrensrechtlichen Vorschriften 15 a bei Erprobungsfzen, nicht von der Genehmigungspflicht bei Abweichungen von materiellen Bau- oder Betriebsvorschriften, auch gilt er nur für TypenBE, s BMV VBl **74** 637. IS von Abs VI *ausschließlich* zur Erprobung können Fze vom Hersteller auch dann verwendet werden, wenn sie Werksangehörigen überlassen werden, damit diese über die bei ihrer privaten Nutzung gemachten Erfahrungen berichten, Bay VRS **68** 149.

5. Ordnungswidrig sind Verstöße gegen § 19 (§ 24 StVG), auch wenn nur **Teile** 16 **verändert** werden, falls dadurch die BE oder EG-Typgenehmigung erlischt; das Kfz steht dann einem nicht zugelassenen gleich (§ 69 a II Nr 3). FzBenutzung nach erloschener Zulassung (§ 19) verletzt § 18, Ha VRS **59** 468, **57** 459. Nichtbeachtung von § 19 ist, abgesehen von TÜV-Nichtbeanstandung von FzTeilen – s § 29 III – ein vermeidbarer Verbotsirrtum, Ha VRS **53** 222, s Bay DAR **73** 161, **83** 245 (bei *Rüth*), Sa VRS **48** 236. Nach Veränderungen, die nicht ganz unerheblich sind, muß sich der Halter nach dem Fortbestehen der BE erkundigen, Ha VRS **64** 62. Der Halter muß die Benutzung des Kfz, dessen BE oder EG-Typgenehmigung erloschen ist, im Verkehr verhindern, Ha VRS **53** 313. Der FzF, der nicht Halter ist, handelt nur schuldhaft, wenn er nicht genehmigte technische Veränderungen, die zum Erlöschen der BE führen, kennt oder nur wegen Unterlassens jeglicher Prüfung nicht kennt, Dü DAR **81** 393. Der Mieter oder Entleiher eines Fzs kann idR von bestehender BE ausgehen, eine Erkundigungspflicht trifft ihn nur bei Vorliegen von Anhaltspunkten für Veränderungen, die Erlöschen bewirken, Kö VRS **60** 474; eine eingehende Überprüfung des kurzfristig übernommenen Fzs auf jegliche denkbare Veränderung obliegt ihm nicht, Dü NZV **92** 41. Der Erwerber eines NeuFzs handelt nicht vorwerfbar, wenn er die Übereinstimmung der Reifengröße mit den Angaben im FzSchein nicht überprüft, Bay VRS **62** 68, oder der Auskunft des Autohändlers über die Zulässigkeit abw Reifengröße vertraut, Bay DAR **86** 154; handelt es sich um einen Vertragshändler, besteht nicht einmal Erkundigungspflicht, Bay DAR **86** 154. Wer ein Kfz mit offensichtlichen Veränderungen erwirbt, von denen er weiß, daß der TÜV sie nie beanstandet hat, ist entlastet, Ha VRS **57** 461 (unvermeidbarer **Verbotsirrtum**), außer bei Kenntnis der Vorschriftswidrigkeit. Nichtbeanstandung offensichtlicher Änderung durch den TÜV entlastet idR den Halter, Bay DAR **77** 194, Ce VM **93** 10, Kö VRS **59** 61, **65** 57, Ha DAR **77** 195. Daß der TÜV eine wenig auffällige Änderung nicht bemerkt hat, kommt dem Halter nicht zugute, Ha VRS **49** 457. Auf die Richtigkeit der Auskunft einer Fachwerkstatt über die Zulässigkeit einer von dieser durchgeführten Veränderung darf sich der Halter idR verlassen, Bay DAR **73** 161, **86** 154 (Verbotsirrtum), Ko VRS **46** 467. Auch auf Montierung zugelassener Reifen durch Fachwerkstatt bei Auftragserteilung ohne bestimmte Angaben darf der Halter im allgemeinen vertrauen, Verschulden nur bei Augenscheinlichkeit oder erkennbar beeinträchtigtem Fahrverhalten, s § 36 Rz 14. Auf Auskunft des Verkaufspersonals von Fachgeschäften über die Einbauzulässigkeit soll sich der Halter verlassen dürfen wie auf eine Werkstattauskunft, Bay VM **75** 91 (bedenklich wegen wirtschaftlichen Interesses, wie der Fall zeigt), zw Zw DAR **91** 228. Keine OW nach § 19 bei Veränderungen an Fzen, die mit **Kurzzeitkennzeichen** oder **rotem Kennzeichen** auf Fahrten iS von § 28 geführt werden, weil dazu keine BE erforderlich ist, Ha VRS **61** 72. **FzBeschlagnahme**, s § 18 Rz 37. **Nichtmitführen** oder Nichtaushändigen eines Abdrucks (Ablichtung) der in Abs IV S 1 genannten Papiere in Fällen des Abs III Nr 1 und 3 bzw III Nr 4 ist ow gem § 69a II Nr 9g.

17   **6. Zivilrecht.** Die zum Erlöschen der BE führende Veränderung kann versicherungsrechtlich (§§ 23 ff VVG) eine Gefahrerhöhung bedeuten. *Theda*, Erlöschen der BE bei Veränderungen am Fz, VGT **83** 260 = VR **83** 1097.

18   **7. Überleitungsbestimmungen für die neuen Bundesländer:**

Anl I Kap XI B III Nr 2 (23) bis (25) zum Einigungsvertrag

(23) **Nach den bisherigen Vorschriften der Deutschen Demokratischen Republik erteilte Allgemeine Betriebserlaubnisse gelten als vorschriftsmäßig im Sinne des § 19 Abs. 1, wenn die auf Grund solcher Betriebserlaubnisse hergestellten Fahrzeuge bis 30. Juni 1994 erstmals in den Verkehr gebracht werden.**

(24) **Nachträge zu Allgemeinen Betriebserlaubnissen im Sinne der Nummer 23 sind nur bis zum Ablauf der Gültigkeit der jeweiligen Betriebserlaubnis zulässig. Verlängerungen von Betriebserlaubnissen dürfen nur bis 31. Dezember 1991 genehmigt werden.**

(25) **Nach den bisherigen Vorschriften der Deutschen Demokratischen Republik erteilte Einzelbetriebserlaubnisse gelten als vorschriftsmäßig im Sinne des § 19 Abs. 1, wenn die betreffenden Fahrzeuge bis spätestens 31. Dezember 1991 erstmals in den Verkehr gebracht werden.**

Allgemeine Betriebserlaubnis für Typen

20 (1) ¹Für reihenweise zu fertigende oder gefertigte Fahrzeuge kann die Betriebserlaubnis dem Hersteller nach einer auf seine Kosten vorgenommenen Prüfung allgemein erteilt werden (Allgemeine Betriebserlaubnis), wenn er die Gewähr für zuverlässige Ausübung der dadurch verliehenen Befugnisse bietet. ²Bei Herstellung eines Fahrzeugtyps durch mehrere Beteiligte kann die Allgemeine Betriebserlaubnis diesen gemeinsam erteilt werden. ³Für die Fahrzeuge, die außerhalb des Geltungsbereichs dieser Verordnung hergestellt worden sind, kann die Allgemeine Betriebserlaubnis erteilt werden

1. dem Hersteller oder seinem Beauftragten, wenn die Fahrzeuge in einem Staat hergestellt worden sind, in dem der Vertrag zur Gründung der Europäischen Wirtschaftsgemeinschaft oder das Abkommen über den Europäischen Wirtschaftsraum gilt,
2. dem Beauftragten des Herstellers, wenn die Fahrzeuge zwar in einem Staat hergestellt worden sind, in dem der Vertrag zur Gründung der Europäischen Wirtschaftsgemeinschaft oder das Abkommen über den Europäischen Wirtschaftsraum nicht gilt, sie aber in den Geltungsbereich dieser Verordnung aus einem Staat eingeführt worden sind, in dem der Vertrag zur Gründung der Europäischen Wirtschaftsgemeinschaft oder das Abkommen über den Europäischen Wirtschaftsraum gilt,
3. in den anderen Fällen dem Händler, der seine Berechtigung zum alleinigen Vertrieb der Fahrzeuge im Geltungsbereich dieser Verordnung nachweist.

⁴In den Fällen des Satzes 3 Nr. 2 muß der Beauftragte des Herstellers in einem Staat ansässig sein, in dem der Vertrag zur Gründung der Europäischen Wirtschaftsgemeinschaft oder das Abkommen über den Europäischen Wirtschaftsraum gilt. ⁵In den Fällen des Satzes 3 Nr. 3 muß der Händler im Geltungsbereich dieser Verordnung ansässig sein.

(2) ¹Über den Antrag auf Erteilung der Allgemeinen Betriebserlaubnis entscheidet das Kraftfahrt-Bundesamt. ²Das Kraftfahrt-Bundesamt kann einen amtlich anerkannten Sachverständigen für den Kraftfahrzeugverkehr oder eine andere Stelle mit der Begutachtung beauftragen. ³Es bestimmt, welche Unterlagen für den Antrag beizubringen sind.

(2a) Umfaßt der Antrag auf Erteilung einer Allgemeinen Betriebserlaubnis auch die Genehmigung für eine wahlweise Ausrüstung, so kann das Kraftfahrt-Bundesamt auf Antrag in die Allgemeine Betriebserlaubnis aufnehmen, welche Teile auch nachträglich an- oder eingebaut werden dürfen (§ 19 Abs. 3 Nr. 1 Buchstabe b und Nr. 3); § 22 Abs. 3 ist anzuwenden.

(3) ¹Der Inhaber einer Allgemeinen Betriebserlaubnis für Fahrzeuge hat für jedes dem Typ entsprechende, zulassungspflichtige Fahrzeug einen Fahrzeugbrief (§ 25) auszufüllen. ²Die Vordrucke für die Briefe werden vom Kraftfahrt-Bundesamt ausgegeben. ³In dem Brief sind die Angaben über das Fahrzeug von dem Inhaber der Allgemeinen Betriebserlaubnis für das Fahrzeug einzutragen oder, wenn mehrere Hersteller beteiligt sind, von jedem Beteiligten für die von ihm hergestellten Teile, sofern nicht ein Beteiligter die Ausfüllung des Briefs übernimmt; war die Erteilung der Betriebserlaubnis von der Genehmigung einer Ausnahme abhängig, so müssen die Ausnahme und die genehmigende Behörde im Brief bezeichnet werden. ⁴Der Brief ist von dem Inhaber der Allgemeinen Betriebserlaubnis unter Angabe der Firmenbezeichnung und des Datums mit seiner Unterschrift zu versehen; eine Nachbildung der eigenhändigen Unterschrift durch Druck oder Stempel ist zulässig.

(3a) ¹Der Inhaber einer Allgemeinen Betriebserlaubnis für Fahrzeuge ist verpflichtet, für jedes dem Typ entsprechende zulassungspflichtige Fahrzeug eine Datenbestätigung nach Muster 2d auszufüllen. ²In die Datenbestätigung sind vom Inhaber der Allgemeinen Betriebserlaubnis die Angaben über die Beschaffenheit des Fahrzeugs einzutragen oder, wenn mehrere Hersteller beteiligt sind, von jedem Beteiligten die Angaben für die von ihm hergestellten Teile, sofern nicht ein Beteiligter die Ausfüllung der Datenbestätigung übernimmt. ³Die Richtigkeit der Angaben über die Beschaffenheit des Fahrzeugs und über dessen Übereinstimmung mit dem genehmigten Typ hat der für die Ausfüllung der Datenbestätigung jeweils Verantwortliche unter Angabe des Datums zu bescheinigen. ⁴Die Datenbestätigung ist für die Zulassung dem Fahrzeug mitzugeben. ⁵Hat der Inhaber einer Allgemeinen Betriebserlaubnis auch einen Fahrzeugbrief nach Absatz 3 Satz 1 ausge-

3 StVZO § 20 B. Fahrzeuge II. Zulassungsverfahren für Kraftfahrzeuge

füllt, ist dieser der Datenbestätigung beizufügen. ⁶Die Datenbestätigung nach Satz 1 ist entbehrlich, wenn

1. das Kraftfahrt-Bundesamt für den Fahrzeugtyp Typdaten zur Verfügung gestellt hat und
2. der Inhaber einer Allgemeinen Betriebserlaubnis durch Eintragung der vom Kraftfahrt-Bundesamt für den Abruf der Typdaten zugeteilten Typ- sowie Varianten-/Versionsschlüsselnummer im Fahrzeugbrief bestätigt hat, dass das im Fahrzeugbrief genannte Fahrzeug mit den Typdaten, die dieser Schlüsselnummer entsprechen, übereinstimmt.

(3 b) Für Fahrzeuge, die für die Bundeswehr zugelassen werden sollen, braucht die Datenbestätigung abweichend von Absatz 3 a Satz 1 nur für eine Fahrzeugserie ausgestellt zu werden, wenn der Inhaber der Allgemeinen Betriebserlaubnis die Fahrzeug-Identifizierungsnummer jedes einzelnen Fahrzeugs der Fahrzeugserie der Zentralen Militärkraftfahrstelle mitteilt.

(4) Abweichungen von den technischen Angaben, die das Kraftfahrt-Bundesamt bei Erteilung der Allgemeinen Betriebserlaubnis durch schriftlichen Bescheid für den genehmigten Typ festgelegt hat, sind dem Inhaber der Allgemeinen Betriebserlaubnis nur gestattet, wenn diese durch einen entsprechenden Nachtrag ergänzt worden ist oder wenn das Kraftfahrt-Bundesamt auf Anfrage erklärt hat, daß für die vorgesehene Änderung eine Nachtragserlaubnis nicht erforderlich ist.

(5) ¹Die Allgemeine Betriebserlaubnis erlischt nach Ablauf einer etwa festgesetzten Frist, bei Widerruf durch das Kraftfahrt-Bundesamt, oder wenn der genehmigte Typ den Rechtsvorschriften nicht mehr entspricht. ²Der Widerruf kann ausgesprochen werden, wenn der Inhaber der Allgemeinen Betriebserlaubnis gegen die mit dieser verbundenen Pflichten verstößt oder sich als unzuverlässig erweist oder wenn sich herausstellt, daß der genehmigte Fahrzeugtyp den Erfordernissen der Verkehrssicherheit nicht entspricht.

(6) ¹Das Kraftfahrt-Bundesamt kann jederzeit bei Herstellern oder deren Beauftragten oder bei Händlern die Erfüllung der mit der Allgemeinen Betriebserlaubnis verbundenen Pflichten nachprüfen oder nachprüfen lassen. ²In den Fällen des Absatzes 1 Satz 3 Nr. 1 und 2 kann das Kraftfahrt-Bundesamt die Erteilung der Allgemeinen Betriebserlaubnis davon abhängig machen, daß der Hersteller oder sein Beauftragter sich verpflichtet, die zur Nachprüfung nach Satz 1 notwendigen Maßnahmen zu ermöglichen. ³Die Kosten der Nachprüfung trägt der Inhaber der Allgemeinen Betriebserlaubnis, wenn ihm ein Verstoß gegen die mit der Erlaubnis verbundenen Pflichten nachgewiesen wird.

Begr zur ÄndVO v 24. 9. 04 (BRDrucks 344/04 S 33): **Zu Abs 3a:** *In der Zulassungsbescheinigung Teil II sind, anders als beim derzeitigen Fahrzeugbrief, nicht mehr alle Fahrzeugdaten, die im Zulassungsverfahren benötigt werden, enthalten. Deshalb ist es erforderlich, dass der Inhaber einer Allgemeinen Betriebserlaubnis eine Datenbestätigung (Muster 2 d) erstellt. ...*

Zu Abs 3 b: *Die Änderungen sind erforderlich als Folge der Einarbeitung der Vorschriften der 26. Ausnahmeverordnung zur StVZO. An Stelle der von den Inhabern einer Allgemeinen Betriebserlaubnis oder einer EG-Typgenehmigung auszufüllenden „Übereinstimmungsbescheinigung für Fahrzeuge der Bundeswehr" tritt die Datenbestätigung entsprechend Muster 2 d.*

1 1. § 20 regelt die **Allgemeine Betriebserlaubnis** für serienmäßig hergestellte Kfze, wie sie bei der fabrikmäßigen Herstellung die Regel bilden. Nicht serienweise gebaute Kfze: § 21. Die ABE begründet nur Vermutung für die **Beschaffenheit des Kfz.** Volle Gefahrlosigkeit kann das Zulassungsverfahren nicht garantieren, BGH NJW **73** 458. *Raddatz,* Haftung für Unfälle durch Konstruktionsfehler an Kfzen, VR **67** 833.

2 2. I betrifft ABE die für **reihenweise gefertigte Kfze** und Anhänger (s BVerfGE **11** 6, 16). Begriff der reihenweisen Fertigung, s Richtlinie VBl **63** 58, 148 = StVRL Nr 1. Fahrzeugteile von SerienKfzen: §§ 22, 22 a. Abs IIa ermöglicht wahlweise Ausrüstungen bei entsprechender Genehmigung im Rahmen nachträglicher Änderung durch den FzHalter (s auch § 19 Rz 10). **Hersteller** ist, wer unter eigener technischer Aufsicht und Verantwortung das Fz fertigt, auf das sich die BE bezieht, idR also das betriebsfertige Fahrgestell erzeugt oder montiert, sei es mit selber hergestellten oder mit (teilweise) zugelieferten Teilen. Lediglich wirtschaftliche Verantwortlichkeit (Haftung) für fremde technische Montageaufsicht erfüllt den Herstellerbegriff nicht. Voraussetzung für die Er-

teilung ist die Typprüfung (II, III). BE für ImportFze, VBl **81** 94, *Hördegen* VD **81** 357. Außerhalb des StVZO-Geltungsbereichs hergestellte Fze: I Satz 3 bis 5. **Händler** ist, wer gewerbsmäßig Kfze oder KfzTeile liefert oder zur Instandsetzung annimmt. Zum Begriff des alleinvertriebsberechtigten Händlers, *Krutein* VD **77** 273. Die Fassung von I 3 läßt zweifeln, ob das „kann" als „kann nur" oder als „kann auch" zu verstehen ist. Die Verwaltungspraxis versteht den Ausdruck iS von „kann nur". Nachträge zu ABEn, BMV VBl **62** 538.

3. Zuständig für die **Typprüfung** ist das **Kraftfahrt-Bundesamt** (G v 4. 8. 51, BGBl **51** I 488). Es ist Bundesoberbehörde und untersteht dem BMV. Landesbehörden und Prüfstellen sind ihm nicht unterstellt. Das KBA kann Ausnahmen von den Bau- und Betriebsvorschriften zulassen (§ 70 I Nr 4). Die Begutachtung kann das KBA einem amtlich anerkannten Sachverständigen oder einer anderen Stelle übertragen (II S 2). Zuständigkeit von Prüfstellen und Technischen Diensten im Rahmen der Begutachtung/Prüfung für die Typengenehmigung von Fzen und FzTeilen, s BMV v 13.10. 92, VBl **92** 561.

Verfahren. Die ABE wird auf **Antrag** erteilt. Gem II S 3 bestimmt das KBA, welche Unterlagen dem Antrag beizufügen sind; s dazu Richtlinie VBl **63** 58, 148 = StVRL Nr 1. Mit der Erteilung der ABE wird für alle dem Typ entsprechenden Fze die BE erteilt. In der Erlaubnis wird die Art des Fahrgestells festgelegt. Außer dem Fahrgestell sind die Aufbauten und gewisse für Betrieb und Verkehr wichtige Zubehörteile zu prüfen. Eine ABE kann sich auf das Fz einschließlich der Aufbauten oder nur auf das Fahrgestell erstrecken. Bei anderen als den in der Erlaubnis vorgesehenen Aufbauten ist nach § 22 II Satz 4 und § 21 zu verfahren. Zur Verfahrensweise bei der Umstellung auf neue Maßeinheiten, s BMV VBl **77** 403. Unter den Voraussetzungen von I Satz 1, 2 besteht ein Rechtsanspruch auf Erteilung einer ABE. Geltungsdauer: Abs V.

4. Im **Fahrzeugbrief** (§ 25) werden die wichtigsten Daten über die Beschaffenheit des Kfz eingetragen, für das der Brief ausgestellt ist, s im übrigen § 24. Privatrechtliche Bedeutung: § 25. Verlust des Briefes: § 25. Der Brief wird für jedes Kfz bei der erstmaligen Zulassung ausgestellt (III). Ein FzBrief liegt vor, sobald der amtliche Vordruck durch die darin vorgesehene, wenn auch private Eintragung Beziehung zu einem bestimmten Fz erhält, BGH DAR **60** 177. Keine Befugnis des ABE-Inhabers, einen zweiten FzBrief für ein Fz auszustellen, für das ein solcher bereits ausgestellt war, *Wirsing* VD **83** 264. **Vordrucke** für FzBriefe, VBl **83** 184. S DA zum § 21. Die den Briefvordrucken beigefügten Vordrucke für Karteiblätter sind vom Inhaber der ABE auszufüllen. **Ausnahmegenehmigungen** sind in den Brief aufzunehmen (III). Dies soll die Übersicht über die Rechtslage erleichtern (§ 21). Der **FzBrief gehört zum Fahrgestell** als dem Hauptteil des Kfz, bei Krafträdern zum Rahmen, s VBl **49** 14. Aufgrund einer für das Fz (einschließlich Aufbauten) erteilten ABE dürfen FzBriefe für Fahrgestelle nur ausgefertigt werden, wenn die Befugnis in der Erlaubnis ausdrücklich zugestanden ist. Nötigenfalls ist Erweiterung zu beantragen. Da der FzBrief ab 1. 10. 2005 (Inkrafttreten der 38. ÄndVStVR) nicht mehr alle im Zulassungsverfahren benötigten FzDaten enthält, hat der Inhaber der ABE von diesem Zeitpunkt an nach Maßgabe von Abs III a S 1 eine **Datenbestätigung** nach **Muster 2 d** auszufüllen. Ausnahmen: Abs III a S 6 (Typdatenerstellung durch das KBA) und Abs III b (für die **BW** zuzulassende Fze). Die Datenbestätigung ersetzt die nach III S 4 in der bis zum 30. 9. 05 geltenden Fassung verlangte Übereinstimmungsbescheinigung. Die §§ 20 ff sind **keine Schutzgesetze** zugunsten von Sicherungsübereignungsnehmern, BGH VRS **56** 100.

5. **Abweichungen von den technischen Angaben. Geltungsdauer der Allgemeinen Betriebserlaubnis. Prüfungsrecht des Kraftfahrt-Bundesamtes.** § 20 IV ist § 7 II alt (= § 4 II nF) der FahrzeugteileVO nachgebildet. Auch bei den ABE hängen **Abweichungen** von den festgelegten technischen Angaben von der Zustimmung des KBA ab, die durch eine Nachtragserlaubnis oder durch die Erklärung (s Begr VBl **60** 461), eine Nachtragserlaubnis sei nicht erforderlich, erteilt wird. **Toleranzenkatalog** über zulässige Meßwertabweichungen bei FzPrüfungen, VBl **84** 182. Fze, die der ABE entsprechen, können nicht mit einer Einzel-BE (§ 21) betrieben werden. Abs V über das **Erlöschen** der ABE und Abs VI entsprechen im wesentlichen den §§ 12 und 11 alt (= §§ 10 II, 9 II

3 StVZO § 21   B. Fahrzeuge II. Zulassungsverfahren für Kraftfahrzeuge

nF) der FahrzeugteileVO. Die Angleichung ist zweckmäßig, weil BEe und Bauartgenehmigungen sich in den hier wesentlichen Punkten gleichen. Ein Widerruf der ABE wirkt nicht zurück. Er ist durch Verwaltungsklage anfechtbar. Ein Verstoß gegen eine Auflage kann zum Widerruf der BE führen, OVG Lüneburg DAR **73** 55.

7   **6. Ausnahmen:** § 70.

8   **7. Ordnungswidrigkeit:** § 69 a V 1.

Betriebserlaubnis für Einzelfahrzeuge

21 ¹Gehört ein Fahrzeug nicht zu einem genehmigten Typ, so hat der Hersteller oder ein anderer Verfügungsberechtigter die Betriebserlaubnis bei der Verwaltungsbehörde (Zulassungsbehörde) zu beantragen. ²Bei zulassungspflichtigen Fahrzeugen ist der Behörde mit dem Antrag ein Fahrzeugbrief vorzulegen; der Vordruck für den Brief kann von der Zulassungsbehörde bezogen werden. ³Mit dem Antrag auf Erteilung der Betriebserlaubnis ist der Zulassungsbehörde das Gutachten eines amtlich anerkannten Sachverständigen für den Kraftfahrzeugverkehr vorzulegen. ⁴Das Gutachten muss die technische Beschreibung des Fahrzeugs in dem Umfang enthalten, der für die Ausfertigung des Fahrzeugscheins erforderlich ist. ⁵In dem Gutachten bescheinigt der amtlich anerkannte Sachverständige für den Kraftfahrzeugverkehr, dass er das Fahrzeug im Gutachten richtig beschrieben hat und dass das Fahrzeug vorschriftsmäßig ist; die Angaben aus dem Gutachten überträgt die Zulassungsbehörde in den Fahrzeugschein und, soweit vorgesehen, in den Fahrzeugbrief. ⁶Hängt die Erteilung der Betriebserlaubnis von der Genehmigung einer Ausnahme ab, so müssen die Ausnahme und die genehmigende Behörde im Brief bezeichnet sein. ⁷Abweichend von Satz 2 bedarf es für Fahrzeuge, die für die Bundeswehr zugelassen werden, nicht der Vorlage eines Fahrzeugbriefs, wenn ein amtlich anerkannter Sachverständiger für den Kraftfahrzeugverkehr eine Datenbestätigung entsprechend Muster 2 d ausstellt.

1   **Begr** zur ÄndVO v 24. 9. 04: BRDrucks 344/04 S 34.

DA zum § 21

2   *ᴵᴵDie Zulassungsstelle bestätigt dem Kraftfahrt-Bundesamt unverzüglich den Empfang der Briefvordrucke. Der für die Vordrucke in Rechnung gestellte Betrag ist dem Kraftfahrt-Bundesamt innerhalb eines Monats zu überweisen. Bei der Überweisung ist die Sendung, die bezahlt wird, durch Angabe der Nummernreihe der Vordrucke zu bezeichnen.*

2 a   *Wird bei der Zulassungsstelle ein Vordruck ungültig, z. B. durch Verschreiben, so ist dieser an das Kraftfahrt-Bundesamt zurückzusenden; die Zulassungsstelle erhält dafür einen neuen Vordruck gebührenfrei, sofern sie bei der Rücksendung des Vordrucks erklärt, daß ein dritter für die ausgefallene Gebühr nicht in Anspruch genommen werden kann. Wenn eine Zulassungsstelle Vordrucke nicht mehr benötigt, sind sie dem Kraftfahrt-Bundesamt geschlossen zurückzugeben; für sie wird die Gebühr erstattet, sofern die Vordrucke unbeschädigt und noch verwendbar sind. Bei Überweisung durch Banken usw. haben die Zulassungsstellen dafür zu sorgen, daß auch von diesen die vorgeschriebenen Angaben gemacht werden. Unmittelbare Überweisungen von Geldbeträgen durch Fahrzeugeigentümer usw. an das Kraftfahrt-Bundesamt sind zu verhindern.*

3   **1. Das Verfahren bei Zulassung von Einzelfahrzeugen** sieht vor, daß für jedes einzelne NichttypKfz eine besondere BE beantragt werden muß und daß der ZulB nach der durch die 38. ÄndVStVR geltenden Neufassung von S 3 bis 5 (Inkrafttreten: 1. 10. 05) das Gutachten eines amtlich anerkannten Sachverständigen vorzulegen ist. Dieses ist dem Antragsteller nach Übertragung der darin enthaltenen Angaben in den FzSchein (und FzBrief) durch die ZulB zurückzugeben (s Begr, BRDrucks 344/04 S 34). Das Kfz darf keiner ABE (§ 20) entsprechen. Nur bei erstmals zuzulassende Kfze ist § 21 anzuwenden; wird dagegen zB auf dem Fahrgestell eines schon zugelassenen Kfz mit Hilfe weiterer Teile ein individuell anderes Kfz zusammengebaut, so gilt nicht § 21; vielmehr ist nach § 27 der Brief zu berichtigen. BE für **Importfahrzeuge,** s Merkblatt des BMV, VBl **98** 1314 = StVRL Nr 1. **BW-Fze:** Satz 7.

4   **Zuständig** ist die VB als ZulB (§§ 18, 68). **Antragsberechtigt** sind außer dem Hersteller (§ 20), auch alle Verfügungsberechtigten, also auch Händler mit berechtigtem Interesse.

Anerkennung von Genehmigungen § 21a StVZO 3

2. Dem Antrag ist ein **Fahrzeugbrief** (§§ 20, 25) beizufügen. Auszufüllen hat den 5
Brief der Hersteller oder sonst Verfügungsberechtigte. Die ZulB überträgt nach Maßgabe von III S 5, Halbsatz 2, die Angaben des Sachverständigengutachtens in den Brief. Bei Zusammen- oder Umbauten von Kfzen gehört der Brief zum Fahrgestell, bei Krädern zum Rahmen, s VBl **49** 14 (s Rz 3). Die Briefe können ihren Zweck, die Überwachung der Vorschriftsmäßigkeit des Fz zu ermöglichen, nur erfüllen, wenn sie erkennen lassen, welche Ausnahmen genehmigt sind (§ 20). Es ist unzulässig und mit dem Wesen des FzBriefs als das Eigentum sichernder Urkunde unvereinbar, daß Briefe und Ersatzbriefe unter anderen als den gesetzlich festliegenden Voraussetzungen ausgestellt werden, s VBl **47** 55. Unüberwachte Aushändigung eines Briefvordrucks ist eine Amtspflichtverletzung auch gegenüber einem späteren Käufer, der mit Hilfe des fälschlich angefertigten Briefs über das Eigentum an dem Fz getäuscht wird, Hb VR **64** 715. Über die Ausgabe von FzBriefvordrucken durch die VB für Kfze ohne Brief, *Wirsing* VD **80** 361.

3. In dem gem S 3 vorzulegenden Gutachten eines **amtlich anerkannten Sachver-** 6
ständigen muß dieser bestätigen, daß das Gutachten das Kfz richtig beschreibt und daß das Fz den Vorschriften der StVZO entspricht. Daß keine technischen Bedenken gegen die Zulassung bestehen, braucht der Sachverständige nicht gesondert zu bescheinigen. Wie er sich über die Beschaffenheit des Fz Gewißheit verschafft, entscheidet er in eigener Verantwortung; er hat das Fz selbst zu führen, wenn er glaubt, sein Gutachten sonst nicht erstatten zu können. Lehnt der Berechtigte es ab, dem Sachverständigen die Führung zu gestatten, so hat dieser die Sache unerledigt an die ZulSt zurückzugeben, BMV VBl **51** 206. Der Sachverständige übt im Rahmen seiner StVZO-Befugnisse hoheitliche Aufgaben aus, BGH DAR **03** 314, BGHZ **49** 108 = NJW **68** 443, **73** 458, wobei die Amtspflicht auch gegenüber dem FzEigentümer besteht, BGH DAR **03** 314; für **Amtspflichtverletzung** haftet das Land, BGH DAR **03** 314, NZV **01** 76, BGHZ **49** 108. Jedoch verletzt er keine ihm einem späteren Erwerber gegenüber obliegende Amtspflicht, wenn er fahrlässig in dem Gutachten unrichtige technische Angaben über das Fz als richtig bescheinigt und das Fz in seiner tatsächlichen Beschaffenheit für den Erwerber wertlos ist. Denn die Amtspflicht des TÜV-Sachverständigen dient nicht dem Schutz des Gebrauchtwagenkäufers vor Vermögensschaden, BGH NJW **73** 458. Die Wiedergabe der technischen Einzelheiten im Brief soll nicht allgemein im Rechtsverkehr das Vertrauen auf die Richtigkeit des Briefinhalts schützen, BGHZ **18** 110 = NJW **55** 1316.

Anerkennung von Genehmigungen und Prüfzeichen auf Grund internationaler Vereinbarungen und von Rechtsakten der Europäischen Gemeinschaften

21a (1) ¹Im Verfahren auf Erteilung der Betriebserlaubnis werden Genehmigungen und Prüfzeichen anerkannt, die ein ausländischer Staat für Ausrüstungsgegenstände oder Fahrzeugteile oder in bezug auf solche Gegenstände oder Teile für bestimmte Fahrzeugtypen unter Beachtung der mit der Bundesrepublik Deutschland vereinbarten Bedingungen erteilt hat. ²Dasselbe gilt für Genehmigungen und Prüfzeichen, die das Kraftfahrt-Bundesamt für solche Gegenstände oder Teile oder in bezug auf diese für bestimmte Fahrzeugtypen erteilt, wenn das Genehmigungsverfahren unter Beachtung der von der Bundesrepublik Deutschland mit ausländischen Staaten vereinbarten Bedingungen durchgeführt worden ist. ³§ 22 a bleibt unberührt.

(1 a) Absatz 1 gilt entsprechend für Genehmigungen und Prüfzeichen, die auf Grund von Rechtsakten der Europäischen Gemeinschaften erteilt werden oder anzuerkennen sind.

(2) ¹Das Prüfzeichen nach Absatz 1 besteht aus einem Kreis, in dessen Innerem sich der Buchstabe „E" und die Kennzahl des Staates befinden, der die Genehmigung erteilt hat, sowie aus der Genehmigungsnummer in der Nähe dieses Kreises, gegebenenfalls aus der Nummer der internationalen Vereinbarung mit dem Buchstaben „R" und gegebenenfalls aus zusätzlichen Zeichen. ²Das Prüfzeichen nach Absatz 1a besteht aus einem Rechteck, in dessen Innerem sich der Buchstabe „e" und die Kennzahl oder die Kennbuchstaben des Staates befinden, der die Genehmigung erteilt hat, aus der Bauartgenehmigungsnummer in der Nähe dieses

3 StVZO § 21b B. Fahrzeuge II. Zulassungsverfahren für Kraftfahrzeuge

Rechtecks sowie gegebenenfalls aus zusätzlichen Zeichen. ³Die Kennzahl für die Bundesrepublik Deutschland ist in allen Fällen „1".

(3) ¹Mit einem Prüfzeichen der in den Absätzen 1 bis 2 erwähnten Art darf ein Ausrüstungsgegenstand oder ein Fahrzeugteil nur gekennzeichnet sein, wenn er der Genehmigung in jeder Hinsicht entspricht. ²Zeichen, die zu Verwechslungen mit einem solchen Prüfzeichen Anlaß geben können, dürfen an Ausrüstungsgegenständen oder Fahrzeugteilen nicht angebracht sein.

1 1. **Begr** zur ÄndVO v 21. 7. 69: VBl **69** 394.

Begr zur ÄndVO v 15. 1. 80 (VBl **80** 143): *Im Zuge der Harmonisierung der Bau- und Betriebsvorschriften für Kraftfahrzeuge und deren Anhänger durch die EG sind für bestimmte Fahrzeugteile (z. Z. Rückspiegel, Einrichtungen für Schallzeichen, lichttechnische Einrichtungen und Kontrollgeräte) EWG-Prüfzeichen vorgeschrieben worden. Dieses Prüfzeichen ist an jedem Stück der laufenden Fertigung so anzubringen, daß die Zugehörigkeit zur genehmigten Bauart festgestellt werden kann. § 21a gibt nunmehr neben dem „ECE-Prüfzeichen" Inhalt und Ausgestaltung des bei den EG vereinbarten Prüfzeichens wieder. Der Schutz des Prüfzeichens wird durch den Absatz 3 geregelt.*

2 2. **Genehmigungsverfahren:** § 22 mit der FzTeileVO. Genehmigung aufgrund internationaler Vereinbarungen: EG-Richtlinien bzw ECE-Regelungen. a) **EG-Richtlinien** über Bau und Ausrüstung von StrFzen sind kraft des EG-Vertrags kurzfristig in das nationale Recht zu übernehmen, anstelle oder neben den nationalen Vorschriften. Das BMV ermächtigt jeweils das KBA zur Anwendung bestimmt bezeichneter EG-Richtlinien. b) **ECE-Regelungen** beruhen auf dem „Übereinkommen über die Annahme einheitlicher Bedingungen für die Genehmigung der Ausrüstungsgegenstände und Teile von Kfzen und über die gegenseitige Anerkennung der Genehmigungen" (UN-Wirtschaftskommission für Europa, Economic Commission for Europe, ECE) v 20. 3. 58, von der BRep unterzeichnet am 19. 6. 58, in der BRep in Kraft gesetzt durch ZustimmungsG vom 12. 6. 1965 (BGBl II 857, Begr: VBl **65** 387), s G zur Revision des Übereinkommens v 20. 5. 97 (BGBl II 998) mit ÄndG v 18. 6. 02 (BGBl II 1522, Begr: VBl **02** 514). Sie treten zwischenstaatlich erst und nur für diejenigen Vertragsparteien in Kraft, welche den UN-Generalsekretär offiziell von der Anwendung der jeweiligen Regelung verständigt haben. Das BMV ist gesetzlich (BGBl 1968 1224) ermächtigt, ECE-Regelungen durch RVO ohne Zustimmung des BR, aber nach Anhörung der obersten Landesbehörde in Kraft zu setzen. Übersicht: VBl **78** 116, Näher *Krutein* VD **76** 247.

3 3. **Ordnungswidrigkeiten:** §§ 69a II Nr 8 StVZO, 24 StVG.

4 4. **Überleitungsbestimmung für die neuen Bundesländer:**
Anl I Kap XI B III Nr 2 (26) zum Einigungsvertrag

(26) **Nach den mit der Deutschen Demokratischen Republik gemäß dem Übereinkommen vom 20. März 1958 (GBl. II 1976 S. 307, 1978 S. 32, 1987 S. 24) vereinbarten Bedingungen erteilte Genehmigungen und Prüfzeichen für Ausrüstungsgegenstände oder Teile von Fahrzeugen gelten als vorschriftsmäßig im Sinne von § 21a.**

Anerkennung von Prüfungen auf Grund von Rechtsakten der Europäischen Gemeinschaften

21b Im Verfahren auf Erteilung der Betriebserlaubnis werden Prüfungen anerkannt, die auf Grund harmonisierter Vorschriften nach § 19 Abs. 1 Satz 2 durchgeführt und bescheinigt worden sind.

1 **Begr** (VBl **85** 75): *Durch den neuen § 21b werden die Prüfungen, die auf Grund der harmonisierten Bestimmungen vorgenommen werden, für das Betriebserlaubnisverfahren formal anerkannt. Es handelt sich hierbei um eine parallele Vorschrift zu § 21a. Da § 21a nur die Anerkennung von Genehmigungen und der in diesem Zusammenhang erteilten Prüfzeichen zum Gegenstand hat, jedoch die Maßnahmen nach Artikel 10 der beiden in § 19 Abs. 1 Satz 2 genannten EG-Richtlinien ihrem rechtlichen Charakter nach nicht Genehmigungen, sondern nur durchgeführte Prüfungen sind, ist die Regelung des § 21b notwendig. Unter § 21b fallen sowohl Prüfungen in den anderen EG-Mitgliedstaaten als auch in der Bundesrepublik.*

Gutachten für die Erteilung einer Betriebserlaubnis als Oldtimer

21c (1) ¹Für die Erteilung einer Betriebserlaubnis als Oldtimer gelten die §§ 20 und 21. ²Zusätzlich ist das Gutachten eines amtlich anerkannten Sachverständigen erforderlich. ³Dieses Gutachten muß mindestens folgende Angaben enthalten:
– die Feststellung, daß dem Fahrzeug ein Oldtimerkennzeichen nach § 23 Abs. 1 c zugeteilt werden kann,
– den Hersteller des Fahrzeugs einschließlich seiner Schlüsselnummer,
– die Fahrzeugidentifizierungsnummer,
– das Jahr der Erstzulassung,
– den Ort und das Datum des Gutachtens,
– die Unterschrift mit Stempel und Kennummer des amtlich anerkannten Sachverständigen.

⁴Die Begutachtung ist nach einer im Verkehrsblatt nach Zustimmung der zuständigen obersten Landesbehörden bekanntgemachten Richtlinie durchzuführen und das Gutachten nach einem in der Richtlinie festgelegten Muster auszufertigen. ⁵Im Rahmen der Begutachtung ist auch eine Untersuchung im Umfang einer Hauptuntersuchung nach § 29 durchzuführen, es sei denn, daß mit der Begutachtung gleichzeitig ein Gutachten nach § 21 erstellt wird.

(2) Fahrzeugen, denen eine Betriebserlaubnis als Oldtimer erteilt worden ist, darf nur ein Kennzeichen nach § 23 Abs. 1c zugeteilt oder nach der 49. Ausnahmeverordnung zur StVZO vom 15. September 1994 (BGBl. I S. 2416) ausgegeben werden.

Begr (VBl **97** 536): ... *Ein Oldtimerfahrzeug zeichnet sich dadurch aus, daß dieses als historisches Sammlerstück in der Regel nur noch zur Pflege des kraftfahrzeugtechnischen Kulturgutes und nicht als übliches Beförderungsmittel eingesetzt wird ...* 1

... Voraussetzung für die Zuteilung eines Oldtimerkennzeichens ist die Erteilung einer besonderen Betriebserlaubnis als Oldtimerfahrzeug aufgrund eines Gutachtens eines amtlich anerkannten Sachverständigen. Diese Untersuchung ist angelehnt an die Untersuchung zur Erlangung der Betriebserlaubnis nach § 21 StVZO.

Kriterien für dieses Gutachten, deren Details noch in einer im Verkehrsblatt bekanntzumachenden Richtlinie festgelegt werden sollen, werden im wesentlichen sein:
– *Guter Pflege- und Erhaltungszustand (Abgrenzung zu „normalen alten" Fahrzeugen)*
– *Fahrzeugausrüstung: Angelehnt an damaligem Originalzustand, die Hauptbaugruppen sind original oder zeitgenössisch ersetzt. Durch Nachbildung und/oder angepaßte Austauschteile ersetzbare Teile sind: Bereifung, Zündkerzen, Lampen und Leuchten, Elektrik, Verglasung, Ketten und Riemen, Bremsbeläge, Auspuffanlage. Aus Gründen des Umweltschutzes und der Verkehrssicherheit sind Veränderungen zulässig.*
– *Durch eine zusätzliche Ausrüstung und Ausstattung darf der Originaleindruck des Fahrzeugs nicht beeinträchtigt werden.*
...

1. Oldtimer sind Fze, die vor mindestens 30 Jahren erstmals in den V gekommen sind und vornehmlich zur Pflege des kraftfahrzeugtechnischen Kulturgutes eingesetzt werden (§ 23 Ic). Diese Einschränkungen sollen der Abgrenzung zu solchen Fzen dienen, die zwar „alt" sind, im übrigen aber im Alltagsverkehr oder gar zu gewerblichen Zwecken benutzt werden (s Begr, VBl **97** 536). Fze, die nur das Alterskriterium erfüllen, aber hauptsächlich als VMittel eingesetzt werden, erfüllen die Voraussetzungen für die Erteilung einer BE als Oldtimer nicht; für sie gelten die allgemeinen Bestimmungen, s aber *Gontard* DAR **03** 213. Der Einsatz des Fzs mit Oldtimerkennzeichen über den Zweck des § 23 Ic hinaus als VMittel führt zwar zum Wegfall der Voraussetzungen für die Kennzeichenerteilung, ist aber nicht bußgeldbewehrt. 2

2. Eine besondere **Betriebserlaubnis** als Oldtimerfahrzeug ist Voraussetzung für die Erteilung des Kennzeichens. Ein Oldtimerkennzeichen wird auf Antrag erteilt, wenn die Kriterien des Begriffs „Oldtimer" (s Rz 2) erfüllt sind. Fehlt die BE, so ist das Führen des Fzs im öffentlichen StrV nur unter den Voraussetzungen der 49. StVZAusnV (s § 18 Rz 2c, 15) oder des § 28 zulässig. Für die Erteilung der BE gelten die §§ 20, 21. Dar- 3

3 StVZO § 22 B. Fahrzeuge II. Zulassungsverfahren für Kraftfahrzeuge

über hinaus setzt die BEErteilung die Vorlage eines Gutachtens nach Maßgabe von Abs I S 3–5 voraus.

4 3. Die **Begutachtung** erfolgt nach der Richtlinie für die Begutachtung von „Oldtimer"-Fahrzeugen (VBl **97** 515). Zu den Kriterien für die Begutachtung, s Begr (Rz 1). Gegenstand der Begutachtung sind ua Pflegezustand, FzAusrüstung und insbesondere die Frage, ob das Fz als ein kraftfahrzeugtechnisches Kulturgut angesehen werden kann. Im Rahmen dieser Begutachtung erfolgt zugleich eine Untersuchung im Umfang einer Hauptuntersuchung gem § 29 (§ 21 c I 5).

5 4. **Kennzeichen.** Unter den Voraussetzungen des § 23 I c wird ein Oldtimerkennzeichen nach Anl Vc zugeteilt. Ist eine Oldtimer-BE erteilt, so darf nur ein Oldtimerkennzeichen für das Fz zugeteilt oder nach § 1 der 49. StVZAusnV ein rotes Kennzeichen ausgegeben werden, (Abs II). Dadurch wird sichergestellt, daß nur Fahrzeuge mit einem Oldtimerkennzeichen unter die Regelung des § 1 Abs. 1 Nr. 4 Kraftfahrzeugsteuergesetz fallen (s Rz 6); denn die Zuteilung des Oldtimerkennzeichens bei den Zulassungsstellen wird nicht unmittelbar, sondern über die Schlüsselnummer der Fahrzeug- und Aufbauart im Rahmen der Betriebserlaubnis als Oldtimer erfaßt und den Finanzbehörden übermittelt (s Begr, VBl **97** 536). Das Oldtimerkennzeichen kann nicht als Saisonkennzeichen (§ 23 Ib) erteilt werden (VBl **97** 537). Es kann nur für ein bestimmtes Fz zugeteilt werden, nicht für mehrere. Sammler, die mehrere Oldtimer besitzen, die sie nur zur Teilnahme an Oldtimerveranstaltungen benutzen, können die Möglichkeiten der 49. StVZAusnV nutzen und rote Kennzeichen verwenden. Macht der Halter von dieser Möglichkeit Gebrauch, so kann ihm nicht außerdem ein Oldtimerkennzeichen zugeteilt werden. Entsprechendes gilt für den umgekehrten Fall; ist also ein Oldtimerkennzeichen zugeteilt, so scheidet § 1 der 49. StVZAusnV aus.

6 5. Nach Zuteilung des Oldtimerkennzeichens finden im übrigen alle **Bestimmungen der StVZO** Anwendung, die auch für Fze mit normalem Kennzeichen gelten, zB über die BE und deren Erlöschen, über die Pflicht zur regelmäßigen Vorführung des Fzs zur Hauptuntersuchung (§ 29 I S 1), über die Haftpflichtversicherung usw. **KfzSteuer** für Oldtimer, s § 1 Nr 4 KraftStG: Der KfzSteuer unterliegt die Zuteilung des Oldtimerkennzeichens. Steuersatz: § 9 IV KraftStG.

Lit: *Gontard*, Oldtimer im deutschen Autorecht, DAR **03** 213. *Jagow*, Die Oldtimer-VO, VD **97** 193. *Hentschel*, Neue Bestimmungen für Oldtimer, NJW **97** 2934.

Betriebserlaubnis für Fahrzeugteile

22 (1) ¹Die Betriebserlaubnis kann auch gesondert für Teile von Fahrzeugen erteilt werden, wenn das Teil eine technische Einheit bildet, die im Erlaubnisverfahren selbständig behandelt werden kann. ²Dürfen die Teile nur an Fahrzeugen bestimmter Art, eines bestimmten Typs oder nur bei einer bestimmten Art des Ein- oder Anbaus verwendet werden, ist die Betriebserlaubnis dahingehend zu beschränken. ³Die Wirksamkeit der Betriebserlaubnis kann davon abhängig gemacht werden, daß der Ein- oder Anbau abgenommen worden ist. ⁴Die Abnahme ist von einem amtlich anerkannten Sachverständigen oder Prüfer für den Kraftfahrzeugverkehr oder von einem Kraftfahrzeugsachverständigen oder Angestellten nach Nummer 4 der Anlage VIII b durchführen zu lassen. ⁵In den Fällen des Satzes 3 ist durch die abnehmende Stelle nach Satz 4 auf dem Nachweis (§ 19 Abs. 4 Satz 1) darüber der ordnungsgemäße Ein- oder Anbau unter Angabe des Fahrzeugherstellers und -typs sowie der Fahrzeug-Identifizierungsnummer zu bestätigen.

(2) ¹Für das Verfahren gelten die Vorschriften über die Erteilung der Betriebserlaubnis für Fahrzeuge entsprechend. ²Bei reihenweise zu fertigenden oder gefertigten Teilen ist sinngemäß nach § 20 zu verfahren; der Inhaber einer Allgemeinen Betriebserlaubnis für Fahrzeugteile hat durch Anbringung des ihm vorgeschriebenen Typzeichens auf jedem dem Typ entsprechenden Teil dessen Übereinstimmung mit dem genehmigten Typ zu bestätigen. ³Außerdem hat er jedem gefertigten Teil einen Abdruck oder eine Ablichtung der Betriebserlaubnis oder einen Auszug davon und gegebenenfalls den Nachweis darüber (§ 19 Abs. 4 Satz 1) beizufügen. ⁴Bei Fahrzeugteilen, die nicht zu einem genehmigten Typ gehören, ist nach § 21 zu verfahren; das Gutachten des amtlich anerkannten Sachverständigen für den

Betriebserlaubnis für Fahrzeugteile § 22 StVZO **3**

Kraftfahrzeugverkehr ist, falls es sich nicht gegen die Erteilung der Betriebserlaubnis ausspricht, in den Fahrzeugschein einzutragen, wenn der Teil an einem bestimmten zulassungspflichtigen Fahrzeug an- oder eingebaut werden soll. ⁵Unter dem Gutachten hat die Zulassungsbehörde gegebenenfalls einzutragen:

„Betriebserlaubnis erteilt".

⁶Der gleiche Vermerk ist unter kurzer Bezeichnung des genehmigten Teils in dem nach § 18 Abs. 5 oder 6 erforderlichen Nachweis und in dem Anhängerverzeichnis, sofern ein solches ausgestellt worden ist, einzutragen.

(3) ¹Anstelle einer Betriebserlaubnis nach Absatz 1 können auch Teile zum nachträglichen An- oder Einbau (§ 19 Abs. 3 Nr. 1 Buchstabe b oder Nr. 3) im Rahmen einer Allgemeinen Betriebserlaubnis für ein Fahrzeug oder eines Nachtrags dazu (§ 20) genehmigt werden; die Absätze 1, 2 Satz 2 und 3 gelten entsprechend. ²Der Nachtrag kann sich insoweit auch auf Fahrzeuge erstrecken, die vor Genehmigung des Nachtrags hergestellt worden sind.

Begr zur ÄndVO v 16. 12. 93 (VBl **94** 152): 1

Zu Abs. 1: Hat das betreffende Fahrzeugteil eine Betriebserlaubnis bzw. Genehmigung des Kraftfahrt-Bundesamtes erhalten, so kann sich jedermann darauf verlassen, daß das Teil als solches unbedenklich ist. Außerdem hat das Kraftfahrt-Bundesamt die Möglichkeit, ggf. Beschränkungen und Auflagen in diesen Teile-Betriebserlaubnissen zu verankern.

Auch dies dient der Rechtssicherheit für den Verbraucher und Fahrzeughalter, denn damit ist die Verpflichtung verbunden, daß diese Beschränkungen und Auflagen beim Verkauf dem Käufer mitgeteilt werden müssen. Insbesondere kann das KBA bei der Teilegenehmigung eindeutig entscheiden und mitteilen, ob eine spätere Abnahme erforderlich ist …

Wie bisher schon kann die Wirksamkeit der Betriebserlaubnis von der Verpflichtung zur Ein- oder Anbauabnahme abhängig gemacht werden. Neu ist, daß diese Abnahme in bestimmten Fällen nun auch durch eine nach Abschnitt 7 der Anlage VIII amtlich anerkannte Überwachungsorganisation erfolgen darf.

…

Zu Abs. 2 Satz 3: Es wird klargestellt, daß Teilehersteller die Verpflichtung haben, jedem gefertigten Teil einen Abdruck oder eine Ablichtung der Betriebserlaubnis oder einen Auszug oder einen Nachweis darüber bzw. davon beizugeben. Dies ist erforderlich, damit der Bürger nachvollziehen kann, ob das erworbene Teil auch an seinem Fahrzeug, ggf. unter Beachtung von Einschränkungen oder Auflagen, angebaut werden darf; außerdem muß er sie mitführen. Neu ist die Einführung eines Nachweises, der dazu dient, die mitzuführenden Papiere auf ein Minimum zu reduzieren.

Zu Abs. 3: Hier ist klargestellt, daß im Rahmen einer Fahrzeug-ABE oder eines Nachtrags dazu auch Teile zum nachträglichen An- oder Einbau genehmigt werden können. Es wird auch die bürgerfreundliche Möglichkeit geschaffen, daß mit dem Nachtrag zur Fahrzeug-ABE sich die Genehmigung auf Fahrzeuge erstrecken kann, die selbständig behandelt werden können.

…

Begr zur ÄndVO v 24. 9. 04: BRDrucks 344/04 S 34.

DA zum § 22 Abs. 2

Bei Aufbauten, die nicht zu einem genehmigten Typ gehören und für die die Betriebserlaubnis **1 a**
gemäß §§ 22 Abs. 2 und 21 StVZO auf Grund eines Sachverständigengutachtens erteilt wird, ist die Wirksamkeit der Betriebserlaubnis von der Abnahme des Ein- oder Anbaues der Aufbauten … am Fahrgestell durch einen amtlich anerkannten Sachverständigen oder Prüfer abhängig zu machen.

42. StVZAusnV v 22. 12. 92
(BGBl I 2479)

(§§ 1, 2: s §§ 19 StVZO Rz 1b, 27 StVZO Rz 6) **1 b**

§ 3. Abweichend von § 22 Abs. 1 Satz 2 zweiter Halbsatz der Straßenverkehrs-Zulassungs-Ordnung darf die Anbauabnahme nach § 1 Nr. 4 auch durch eine nach Abschnitt 4.2 der Anlage VIII zur Straßenverkehrs-Zulassungs-Ordnung amtlich anerkannte Überwachungsorganisation durchgeführt werden, wenn sie

3 StVZO § 22   B. Fahrzeuge II. Zulassungsverfahren für Kraftfahrzeuge

1. mindestens ein Jahr Hauptuntersuchungen durchgeführt hat,
2. für die Anbauabnahme von seitlichen Schutzvorrichtungen nur Personen einsetzt, die besonders geschult sind, und
3. der Aufsichtsbehörde nach Abschnitt 7.8 der Anlage VIII zur Straßenverkehrs-Zulassungs-Ordnung benannt worden ist.

(Fortsetzung: § 53 b)

Anm: Die Bestimmung ist überholt durch die Neufassung von § 22 Abs I (ÄndVO v 16. 12. 93, BGBl I 2106).

54. StVZAusnV v 10. 12. 98
(BGBl I 3651)

1 c   **§ 1.** (1) Abweichend von § 22 Abs. 2 der Straßenverkehrs-Zulassungs-Ordnung braucht der Inhaber einer Allgemeinen Betriebserlaubnis bei einem Ident- oder Nachbaurad nicht den Abdruck oder die Ablichtung der Betriebserlaubnis oder den Auszug davon beizufügen. Dies gilt nur, wenn im „Verkaufskatalog", der in den Vertriebs-/Verkaufsstellen dieser Räder verwendet wird, für die Zuordnung der Räder (Typ und Ausführung) zu den entsprechenden Fahrzeugen (Typ und Ausführung) ein identischer Abdruck des in der Allgemeinen Betriebserlaubnis dieser Räder enthaltenen Verwendungsbereichs enthalten ist. Im Sinne dieser Verordnung ist das

1. Identrad ein Rad, das unter Verwendung derselben Fertigungseinrichtungen produziert wurde, wie das vom Fahrzeughersteller serienmäßig angebaute Rad; das Identrad unterscheidet sich vom serienmäßig angebauten Rad nur durch das fehlende Warenzeichen und/oder die fehlende Teilenummer des Fahrzeugherstellers und der zusätzlichen Genehmigungsnummer des Kraftfahrtbundesamtes,
2. Nachbaurad ein Stahlscheibenrad, das dem serienmäßig angebauten und mit der Betriebserlaubnis des Fahrzeuges genehmigten Rad nachgebaut ist; es entspricht in allen Maßen, Werkstoff und Standfestigkeit dem vom Fahrzeughersteller in Serie angebauten Rad.

(2) Abweichend von § 19 Abs. 4 der Straßenverkehrs-Zulassungs-Ordnung braucht der Führer eines Fahrzeugs, an dem ein Ident- oder Nachbaurad oder mehrere angebaut wurde(n), nicht den Abdruck oder die Ablichtung der betreffenden Betriebserlaubnis oder eines Nachtrags dazu oder eines Auszugs dieser Erlaubnis mit den wesentlichen Angaben für die Verwendung dieses Teils mitzuführen. Dies gilt nur, wenn für diese Räder eine Allgemeine Betriebserlaubnis nach § 22 der Straßenverkehrs-Zulassungs-Ordnung erteilt worden ist.

Begr: VBl 99 162.

2   1. Die **Betriebserlaubnis für Fahrzeugteile** gliedert sich in eine solche für reihenweise gefertigte (getypte) und eine solche für einzelgefertigte Teile. Bauartgenehmigungen für FzTeile: § 22 a. Während die Bauartgenehmigung für die in § 22 a genannten Teile obligatorisch ist, bleibt es (soweit nicht ausdrücklich an anderer Stelle für bestimmte Teile eine BE vorgeschrieben ist) dem Teilehersteller überlassen, ob er von der Möglichkeit des § 22 für die Erteilung einer FzTeile-BE Gebrauch macht.

3   § 22 I ergänzt die §§ 20, 21. Er läßt es zu, eine BE (§ 19) auch für Fahrzeugteile zu erwirken. Voraussetzung ist, daß das Teil eine technische Einheit bildet, die im Erlaubnisverfahren selbständig behandelt werden kann. Zur BE für Aufbauten, s § 20 Rz 4. Ist Verwendung des FzTeils nur an Fzen bestimmter Art oder bestimmten Typs zulässig oder nur bei einer bestimmten Art des Ein- oder Anbaus, so ist die BE entsprechend zu beschränken (I S 2). Sie kann davon abhängig gemacht werden, daß der Ein- oder Anbau durch einen amtlich anerkannten Sachverständigen oder Prüfer oder einen Prüfingenieur einer nach Anl VIIIb amtlich anerkannten Überwachungsorganisation geprüft und abgenommen worden ist.

4   2. Das **Verfahren** für die BE für Einzelteile, die als Ganzes eingebaut werden sollen, entspricht dem für Anträge auf BE für ein ganzes Fz. Bei der BE für reihenweise gefertigte Teile entspricht das Verfahren dem § 20, sonst dem § 21. S Richtlinie VBl 63 58, 148 = StVRL Nr 1. ECE-Regelungen über einheitliche Bedingungen für Ausrüstungsgegenstände und KfzTeile: § 21 a. Richtlinien für die Prüfung von Vergaserzusatzgerä-

Bauartgenehmigung für Fahrzeugteile § 22a StVZO **3**

ten, VBl **74** 322, **79** 94. Richtlinien für die Prüfung von Scheinwerferreinigungsanlagen, VBl **76** 310, von Sonderrädern für Kfze und Anhänger, VBl **98** 1377. Ident- und Nachbauräder, s 54. StVZAusnV (Rz 1 c). Zuständigkeit von Prüfstellen und Technischen Diensten im Rahmen der Begutachtung/Prüfung für die Typengenehmigung von Fzen und FzTeilen, s BMV v 13. 10. 92, VBl **92** 561. In den Fällen des Abs I S 3, in denen die Wirksamkeit der BE von der Abnahme des Ein- oder Anbaus abhängt, erfolgt die Bestätigung gem der Neufassung von Satz 5 durch ÄndVO v 12. 8. 97 nur noch auf gesondertem Nachweis, nicht mehr auf einem Abdruck der BE. Vor dem 1. 10. 97 ausgestellte Bestätigungen auf Abdrucken oder Ablichtungen der BE bleiben gültig (§ 72 II). Gem III können Teile zum nachträglichen An- oder Einbau auch **im Rahmen einer Fz-ABE oder eines Nachtrags** dazu genehmigt werden. Der Nachtrag kann sich auch auf Fze erstrecken, die vor dessen Genehmigung hergestellt worden sind (III S 2).

3. Ordnungswidrig sind Zuwiderhandlungen gegen § 22 nicht (§ 69a). Der **Ver-** 5 **stoß gegen Auflagen** kann zum Widerruf der ABE führen, OVG Lüneburg DAR **73** 55. Eine rechtliche Pflicht zum Mitführen der ABE für das FzTeil besteht nicht, Dü VRS **61** 304.

4. Zivilrecht. Nicht nur den FzHersteller, sondern auch die inländische Vertriebs- 6 gesellschaft eines ausländischen FzHerstellers kann die Pflicht treffen, die Unschädlichkeit der Kombination von allgemein gebräuchlichem FzZubehör eines fremden Herstellers mit den vom FzHersteller in den Verkehr gebrachten Fzen zu überprüfen (Produktbeobachtungspflicht), BGHZ **99** 167 = NJW **87** 1009, s dazu *Burckhardt* NZV **90** 11, *Birkmann* DAR **90** 127, **00** 435.

Bauartgenehmigung für Fahrzeugteile

22a (1) Die nachstehend aufgeführten Einrichtungen, gleichgültig ob sie an zulassungspflichtigen oder an zulassungsfreien Fahrzeugen verwendet werden, müssen in einer amtlich genehmigten Bauart ausgeführt sein:
1. Heizungen in Kraftfahrzeugen, ausgenommen elektrische Heizungen sowie Warmwasserheizungen, bei denen als Wärmequelle das Kühlwasser des Motors verwendet wird (§ 35 c);
1 a. Luftreifen (§ 36 Abs. 1 a);
2. Gleitschutzeinrichtungen (§ 37 Abs. 1 Satz 2);
3. Scheiben aus Sicherheitsglas (§ 40) und Folien für Scheiben aus Sicherheitsglas;
4. *(aufgehoben)*
5. Auflaufbremsen (§ 41 Abs. 10), ausgenommen ihre Übertragungseinrichtungen und Auflaufbremsen, die nach den im Anhang zu § 41 Abs. 18 genannten Bestimmungen über Bremsanlagen geprüft sind und deren Übereinstimmung in der vorgesehenen Form bescheinigt ist;
6. Einrichtungen zur Verbindung von Fahrzeugen (§ 43 Abs. 1), mit Ausnahme von
   a) Einrichtungen, die aus technischen Gründen nicht selbständig im Genehmigungsverfahren behandelt werden können (z.B. Deichseln an einachsigen Anhängern, wenn sie Teil des Rahmens und nicht verstellbar sind),
   b) Ackerschienen (Anhängeschienen), ihrer Befestigungseinrichtung und dem Dreipunktanbau an land- oder forstwirtschaftlichen Zug- oder Arbeitsmaschinen,
   c) Zugeinrichtungen an land- oder forstwirtschaftlichen Arbeitsgeräten, die hinter Kraftfahrzeugen mitgeführt werden und nur im Fahren eine ihrem Zweck entsprechende Arbeit leisten können, wenn sie zur Verbindung mit den unter Buchstabe b genannten Einrichtungen bestimmt sind,
   d) Abschlepp- und Rangiereinrichtungen einschließlich Abschleppstangen und Abschleppseilen,
   e) Langbäumen,
   f) Verbindungseinrichtungen an Anbaugeräten, die an land- oder forstwirtschaftlichen Zugmaschinen angebracht werden;
7. Scheinwerfer für Fernlicht und für Abblendlicht sowie für Fern- und Abblendlicht (§ 50);

1001

8. Begrenzungsleuchten (§ 51 Abs. 1 und 2, § 53 b Abs. 1);
8 a. Spurhalteleuchten (§ 51 Abs. 4);
8 b. Seitenmarkierungsleuchten (§ 51 a Abs. 6);
9. Parkleuchten, Park-Warntafeln (§ 51 c);
9 a. Umrißleuchten (§ 51 b);
10. Nebelscheinwerfer (§ 52 Abs. 1);
11. Kennleuchten für blaues Blinklicht (§ 52 Abs. 3);
12. Kennleuchten für gelbes Blinklicht (§ 52 Abs. 4);
12 a. Rückfahrscheinwerfer (§ 52 a);
13. Schlußleuchten (§ 53 Abs. 1 und 6, § 53 b);
14. Bremsleuchten (§ 53 Abs. 2);
15. Rückstrahler (§ 51 Abs. 2, § 51 a Abs. 1, § 53 Abs. 4, 6 und 7, § 53 b, § 66 a Abs. 4 dieser Verordnung, § 22 Abs. 4 der Straßenverkehrs-Ordnung);
16. Warndreiecke und Warnleuchten (§ 53 a Abs. 1 und 3);
16 a. Nebelschlußleuchten (§ 53 d);
17. Fahrtrichtungsanzeiger (Blinkleuchten) (§ 53 b Abs. 5, § 54);
17 a. Tragbare Blinkleuchten und rot-weiße Warnmarkierungen für Hubladebühnen (§ 53 b Abs 5);
18. Lichtquellen für bauartgenehmigungspflichtige lichttechnische Einrichtungen, soweit die Lichtquellen nicht fester Bestandteil der Einrichtungen sind (§ 49 a Abs. 6, § 67 Abs. 10 dieser Verordnung, § 22 Abs. 4 und 5 der Straßenverkehrs-Ordnung);
19. Warneinrichtungen mit einer Folge von Klängen verschiedener Grundfrequenz – Einsatzhorn – (§ 55 Abs. 3);
20. Fahrtschreiber (§ 57 a);
21. Beleuchtungseinrichtungen für amtliche Kennzeichen (§ 60);
22. Lichtmaschinen, Scheinwerfer, Schlußleuchten, rote, gelbe und weiße Rückstrahler, Pedalrückstrahler und retroreflektierende Streifen an Reifen oder in den Speichen für Fahrräder (§ 67 Abs. 1 bis 7 und 11);
23. *(aufgehoben)*
24. *(aufgehoben)*
25. Sicherheitsgurte und andere Rückhaltesysteme in Kraftfahrzeugen;
26. Leuchten zur Sicherung hinausragender Ladung (§ 22 Abs. 4 und 5 der Straßenverkehrs-Ordnung);
27. Rückhalteeinrichtungen für Kinder in Kraftfahrzeugen (§ 21 Abs. 1 a der Straßenverkehrs-Ordnung).

(1 a) § 22 Abs. 1 Satz 2 bis 5 ist entsprechend anzuwenden.

(2) ¹Fahrzeugteile, die in einer amtlich genehmigten Bauart ausgeführt sein müssen, dürfen zur Verwendung im Geltungsbereich dieser Verordnung nur feilgeboten, veräußert, erworben oder verwendet werden, wenn sie mit einem amtlich vorgeschriebenen und zugeteilten Prüfzeichen gekennzeichnet sind. ²Die Ausgestaltung der Prüfzeichen und das Verfahren bestimmt das Bundesministerium für Verkehr, Bau- und Wohnungswesen; insoweit gilt die Fahrzeugteileverordnung vom 12. August 1998 (BGBl. I S. 2142).

(3) **Die Absätze 1 und 2 sind nicht anzuwenden auf**
1. Einrichtungen, die zur Erprobung im Straßenverkehr verwendet werden, wenn der Führer des Fahrzeugs eine entsprechende amtliche Bescheinigung mit sich führt und zuständigen Personen auf Verlangen zur Prüfung aushändigt,
2. Einrichtungen – ausgenommen lichttechnische Einrichtungen für Fahrräder und Lichtquellen für Scheinwerfer –, die in den Geltungsbereich dieser Verordnung verbracht worden sind, an Fahrzeugen verwendet werden, die außerhalb des Geltungsbereichs dieser Verordnung gebaut worden sind, und in ihrer Wirkung etwa den nach Absatz 1 geprüften Einrichtungen gleicher Art entsprechen und als solche erkennbar sind,
3. Einrichtungen, die an Fahrzeugen verwendet werden, deren Zulassung auf Grund eines Verwaltungsverfahrens erfolgt, in welchem ein Mitgliedstaat der Europäischen Union bestätigt, dass der Typ eines Fahrzeugs, eines Systems, eines Bauteils oder einer selbständigen technischen Einheit die einschlägigen technischen Anforderungen der Richtlinie 70/156/EWG des Rates vom 6. Februar

Bauartgenehmigung für Fahrzeugteile § 22a StVZO 3

1970 zur Angleichung der Rechtsvorschriften der Mitgliedstaaten über die Betriebserlaubnis für Kraftfahrzeuge und Kraftfahrzeuganhänger (ABl. EG Nr. L 42 S. 1), der Richtlinie 92/61/EWG des Rates vom 30. Juni 1992 über die Betriebserlaubnis für zweirädrige oder dreirädrige Kraftfahrzeuge (ABl. EG Nr. L 225 S. 72) oder der Richtlinie 2002/24/EG des Europäischen Parlaments und des Rates vom 18. März 2002 über die Typgenehmigung für zweirädrige oder dreirädrige Kraftfahrzeuge und zur Aufhebung der Richtlinie 92/61/EWG des Rates (ABl. EG Nr. L 124 S. 1) in ihrer jeweils geltenden Fassung oder einer Einzelrichtlinie erfüllt.

(4) ¹Absatz 2 ist nicht anzuwenden auf Einrichtungen, für die eine Einzelgenehmigung im Sinne der Fahrzeugteileverordnung erteilt worden ist. ²Werden solche Einrichtungen im Verkehr verwendet, so ist die Urkunde über die Genehmigung mitzuführen und zuständigen Personen auf Verlangen zur Prüfung auszuhändigen; dies gilt nicht, wenn die Genehmigung aus dem Fahrzeugschein, aus dem Nachweis nach § 18 Abs. 5 oder aus dem statt des Fahrzeugscheins mitgeführten Anhängerverzeichnis hervorgeht.

(5) ¹Mit einem amtlich zugeteilten Prüfzeichen der in Absatz 2 erwähnten Art darf ein Fahrzeugteil nur gekennzeichnet sein, wenn es der Bauartgenehmigung in jeder Hinsicht entspricht. ²Zeichen, die zu Verwechslungen mit einem amtlich zugeteilten Prüfzeichen Anlaß geben können, dürfen an den Fahrzeugteilen nicht angebracht sein.

(6) Die Absätze 2 und 5 gelten entsprechend für Einrichtungen, die einer EWG-Bauartgenehmigung bedürfen.

Begr zur ÄndVO v 23. 6. 93: VBl **93** 609; zur ÄndVO v 16. 12. 93 (zu Abs 1 a): VBl 94 153; zur ÄndVO v 25. 10. 94: BRDrucks 782/94. **1**

Begr zur ÄndVO v 12. 8. 97 (VBl **97** 656): **Zu Abs 1 Nr 1 a:** ... *Mit der Bauartgenehmigungspflicht soll verhindert werden, daß Reifen auf den Markt kommen, die nicht hinreichend geprüft sind. Der Verbraucher soll die Sicherheit erhalten, daß die nunmehr bauartgenehmigten Luftreifen hinsichtlich der Tragfähigkeit und der Geschwindigkeitskategorie nach den harmonisierten technischen Vorschriften geprüft und genehmigt sind. Welche harmonisierten technischen Vorschriften gelten, wird in § 36 Abs. 1a bzw. in den dazu im Anhang geltenden Bestimmungen geregelt.* **1b**

Verordnung über die Prüfung und Genehmigung
der Bauart von Fahrzeugteilen sowie deren Kennzeichnung
(Fahrzeugteileverordnung – FzTV)
Vom 12. August 1998
(BGBl I 2142)

Abschnitt 1
Allgemeines

§ 1 Arten der Genehmigung von Fahrzeugteilen

(1) *Die in § 22a Abs. 1 der Straßenverkehrs-Zulassungs-Ordnung vorgeschriebene Genehmigung der Bauart von Fahrzeugteilen kann für die Bauart eines Typs (Allgemeine Bauartgenehmigung) oder eines einzelnen Fahrzeugteils (Bauartgenehmigung im Einzelfall – Einzelgenehmigung –) erteilt werden.* **2**

(2) *Der in § 22a Abs. 1 der Straßenverkehrs-Zulassungs-Ordnung vorgeschriebenen Genehmigung steht die Genehmigung gleich, die ein anderer Staat für die Bauart eines der in § 22a Abs. 1 der Straßenverkehrs-Zulassungs-Ordnung genannten Fahrzeugteils unter Beachtung der mit der Bundesrepublik Deutschland vereinbarten Bedingungen erteilt hat.*

Abschnitt 2
Allgemeine Bauartgenehmigung und Prüfzeichen

§ 2 Zulässigkeit der Bauartgenehmigung

(1) *Für reihenweise zu fertigende oder gefertigte Fahrzeugteile kann die Bauartgenehmigung dem Hersteller nach einer auf seine Kosten vorgenommenen Prüfung allgemein erteilt werden, wenn er* **3**

3 StVZO § 22a B. Fahrzeuge II. Zulassungsverfahren für Kraftfahrzeuge

die Gewähr für eine zuverlässige Ausübung der durch die Bauartgenehmigung verliehenen Befugnisse bietet. Bei Herstellung eines Typs durch mehrere Beteiligte kann diesen die Bauartgenehmigung gemeinsam erteilt werden. Für Fahrzeugteile, die im Ausland hergestellt worden sind, kann die Bauartgenehmigung erteilt werden

1. *dem Hersteller oder seinem Beauftragten, wenn die Fahrzeugteile in einem Vertragsstaat des Abkommens über den Europäischen Wirtschaftsraum hergestellt worden sind,*
2. *dem Beauftragten des Herstellers, wenn die Fahrzeugteile zwar nicht in einem Vertragsstaat des Abkommens über den Europäischen Wirtschaftsraum hergestellt worden sind, sie aber in das Inland aus einem Vertragsstaat des Abkommens über den Europäischen Wirtschaftsraum eingeführt wurden,*
3. *in anderen Fällen dem Händler, der seine Berechtigung zum alleinigen Vertrieb der Fahrzeugteile im Inland nachweist.*

In den Fällen des Satzes 3 Nr. 1 und 2 muß der Beauftragte seinen Sitz in einem Vertragsstaat des Abkommens über den Europäischen Wirtschaftsraum haben. In den Fällen des Satzes 3 Nr. 3 muß der Händler im Inland ansässig sein.

(2) Der Antragsteller nach Absatz 1 hat gegenüber dem Kraftfahrt-Bundesamt den Nachweis zu erbringen, daß in bezug auf die Übereinstimmung der reihenweise gefertigten Fahrzeugteile mit dem genehmigten Typ ein ausreichendes Qualitätssicherungssystem zugrunde liegt. Dieses liegt auch vor, wenn es den Grundsätzen der harmonisierten Norm EN ISO 9002 oder einem gleichwertigen Standard entspricht; §§ 19, 20 und 21 des Artikels 1 der Zwanzigsten Verordnung zur Änderung straßenverkehrsrechtlicher Vorschriften (Verordnung über die EG-Typgenehmigung für Fahrzeuge und Fahrzeugteile) vom 9. Dezember 1994 (BGBl. I S. 3755), geändert durch Artikel 2 der Verordnung vom 12. August 1997 (BGBl. I S. 2051), in der jeweils geltenden Fassung, sind entsprechend anzuwenden.

§ 3 Anträge auf Bauartgenehmigung und Prüfung

(1) Der Antrag auf Erteilung einer Bauartgenehmigung ist schriftlich unter Angabe der Typbezeichnung beim Kraftfahrt-Bundesamt zu stellen. Dem Antrag ist das Gutachten der Prüfstelle nach § 6 beizufügen.

(2) Abweichend von Absatz 1 kann der Antrag an das Kraftfahrt-Bundesamt über die zuständige Prüfstelle nach § 5 mit dem an die Prüfstelle gerichteten Antrag auf Prüfung eingereicht werden. Dem an die Prüfstelle zu richtenden Antrag auf Prüfung sind für die jeweiligen Fahrzeugteile Muster und Unterlagen nach Anlage 1 beizufügen. Weitere sachdienliche Muster und Unterlagen sind der Prüfstelle auf Anforderung zur Verfügung zu stellen.

(3) Bei Prüfungen im Genehmigungsverfahren nach § 7 Abs. 2 sind dem Antrag auf Bauartgenehmigung die in den Bedingungen für das jeweilige Genehmigungsverfahren vorgeschriebenen Unterlagen und Muster beizufügen.

§ 4 Erteilung der Bauartgenehmigung

(1) Das Kraftfahrt-Bundesamt erteilt die Bauartgenehmigung schriftlich. In der Bauartgenehmigung werden der genehmigte Typ, das zugeteilte Prüfzeichen sowie Nebenbestimmungen (§ 36 des Verwaltungsverfahrensgesetzes) und, soweit erforderlich, Ausnahmen von den Bestimmungen der Straßenverkehrs-Zulassungs-Ordnung festgelegt.

(2) Abweichungen vom genehmigten Typ sind nur zulässig, wenn die Bauartgenehmigung durch einen entsprechenden Nachtrag ergänzt worden ist oder wenn das Kraftfahrt-Bundesamt auf Anfrage schriftlich erklärt, daß für die vorgesehene Änderung eine Nachtragsgenehmigung nicht erforderlich ist.

§ 5 Prüfstellen

(1) Für die Prüfungen sind Prüfstellen zuständig. Prüfstelle ist

1. *eine der in Anlage 2 Teil 1 genannten für die Prüfung bestimmter Fahrzeugteile zuständigen Prüfstellen nach der vor dem 19. November 1998 geltenden Fassung der Fahrzeugteileverordnung,*
2. *die Technische Prüfstelle der ehemaligen Deutschen Demokratischen Republik in Dresden entsprechend Anlage 2 Teil 1 dieser Verordnung nach Anlage I Kapitel XI Sachgebiet B Abschnitt III Nr. 5 des Einigungsvertrages (BGBl. 1990 II S. 885, 1103),*

Bauartgenehmigung für Fahrzeugteile § 22a StVZO **3**

3. ein nach den §§ 12 oder 18 der Verordnung über die EG-Typgenehmigung für Fahrzeuge und Fahrzeugteile für die in Anlage 1 genannten Fahrzeugteile anerkanntes oder akkreditiertes Prüflaboratorium,
4. ein für gleiche oder vergleichbare Fahrzeugteile für die Prüfungen nach Einzelrichtlinien nach Anhang IV und im Verfahren nach Artikel 14 der Richtlinie 70/156/EWG des Rates vom 6. Februar 1970 zur Angleichung der Rechtsvorschriften der Mitgliedstaaten über die Betriebserlaubnis für Kraftfahrzeuge und Kraftfahrzeuganhänger (ABl. EG Nr. L 42 S. 1), zuletzt geändert durch die Richtlinie 98/14/EG der Kommission vom 6. Februar 1998 (ABl. EG Nr. L 91 S. 1), die in der jeweils geltenden Fassung, soweit diese durch Rechtsverordnung des Bundesministeriums für Verkehr umgesetzt worden ist, vom Kraftfahrt-Bundesamt anerkannter oder akkreditierter Technischer Dienst,
5. ein für gleiche oder vergleichbare Fahrzeugteile für die Prüfungen nach Einzelrichtlinien nach Anhang I und im Verfahren nach Artikel 14 der Richtlinie 92/61/EWG des Rates vom 30. Juni 1992 über die Betriebserlaubnis für zwei- oder dreirädrige Kraftfahrzeuge (ABl. EG Nr. L 225 S. 72) vom Kraftfahrt-Bundesamt anerkannter oder akkreditierter Technischer Dienst.

(2) Abweichend von Absatz 1 werden auch Prüfungen anerkannt, die von den zuständigen Prüfstellen eines Vertragsstaates des Abkommens über den Europäischen Wirtschaftsraum durchgeführt und bescheinigt sind und mit denen die nach dieser Verordnung vorgeschriebenen Anforderungen gleichermaßen dauerhaft erreicht werden.

§ 6 Aufgaben der Prüfstelle

(1) Die Prüfstelle hat zu prüfen, ob die Fahrzeugteile den Anforderungen entsprechen, die zur Einhaltung der Bestimmungen über den Bau und Betrieb von Fahrzeugen und Fahrzeugteilen zu stellen sind. Bei Fahrzeugteilen, die auch in eingebautem Zustand geprüft werden müssen, bestimmt die Prüfstelle das Nähere über die Durchführung.

(2) Die Prüfstelle hat über die Ergebnisse der Prüfungen ein Gutachten anzufertigen und zwei Ausfertigungen mit den geprüften und bestätigten Unterlagen dem Kraftfahrt-Bundesamt zu übersenden; eine Ausfertigung der geprüften und bestätigten Unterlagen verbleibt bei der Prüfstelle. Form und Gliederung der Gutachteninhalte bestimmt das Kraftfahrt-Bundesamt.

(3) Das Kraftfahrt-Bundesamt kann Ergänzungen zur Prüfung anordnen, insbesondere vom Antragsteller weitere sachdienliche Muster und Unterlagen anfordern oder bestimmen, daß Fahrzeugteile auch in eingebautem Zustand zu prüfen sind.

§ 7 Prüfzeichen*

(1) Das Prüfzeichen besteht aus einer Wellenlinie von drei Perioden, einem oder zwei Kennbuchstaben, einer Nummer und, soweit erforderlich, zusätzlichen Zeichen. Der Kennbuchstabe bezeichnet die Art der Fahrzeugteile nach folgender Aufstellung:
D für Sicherheitsglas und Folien zur Aufbringung auf Scheiben von Fahrzeugen
E für Fahrtschreiber
F für Auflaufbremsen und Teile davon
G für Sicherheitsgurte, Rückhalteeinrichtungen für Kinder in Kraftfahrzeugen
K für lichttechnische Einrichtungen
L für Gleitschutzeinrichtungen
M für Einrichtungen zur Verbindung von Fahrzeugen
R für Reifen
S für Heizungen
W für Warneinrichtungen mit einer Folge von Klängen verschiedener Grundfrequenzen (Einsatzhorn).
Werden Fahrzeugteile aus zwei unterschiedlichen Arten gemeinsam genehmigt, so enthält das Prüfzeichen beide Kennbuchstaben. Das Prüfzeichen wird vom Kraftfahrt-Bundesamt nach dem Muster in Anlage 3 zugeteilt.

(2) Ist das Genehmigungsverfahren unter Bedingungen durchgeführt worden, die von der Bundesrepublik Deutschland mit anderen Staaten vereinbart worden sind, so ist für das entsprechende

---

* Anerkennung ausländischer Prüfzeichen: § 21 a StVZO.

Fahrzeugteil ein Prüfzeichen zuzuteilen. Dieses Fahrzeugteil darf weder von einer anderen Vertragspartei aufgrund der gleichen Bedingungen genehmigt, noch darf ihm ein Prüfzeichen zugeteilt worden sein. Das Prüfzeichen besteht aus einem Kreis, in dessen Innerem sich der Buchstabe „E" und die Kennzahl 1 für die Bundesrepublik Deutschland befinden, sowie aus der Genehmigungsnummer. Letztere muß außerhalb des Kreises angebracht sein. Im übrigen bestimmt das Kraftfahrt-Bundesamt aufgrund der internationalen Vereinbarungen, wie das Prüfzeichen anzuordnen ist. Es ergänzt das Prüfzeichen unter Beachtung der internationalen Vereinbarungen, wenn dieses erforderlich ist, um Mißverständnisse zu vermeiden.

(3) Prüfzeichen, die vor dem 19. November 1998 aufgrund von Bauartgenehmigungen zugeteilt wurden und Kennbuchstaben nach Anlage 2 Teil 2 enthalten, dürfen bis zum Erlöschen der jeweiligen Bauartgenehmigung weiterhin angebracht werden und gelten unverändert fort; dies gilt auch für den Unterscheidungsbuchstaben E für Fahrtschreiber, geprüft durch die Landeseichdirektion Nordrhein-Westfalen in Köln.

(4) Das zugeteilte Prüfzeichen ist auf jedem dem genehmigten Typ entsprechenden Fahrzeugteil in der vorgeschriebenen Anordnung gut lesbar, dauerhaft und jederzeit feststellbar anzubringen; dies gilt auch für das entsprechend der Bauartgenehmigung an- oder eingebaute Fahrzeugteil.

§ 8 Verwahrung und Rückgabe der Muster und Unterlagen

9 (1) Ist die Bauartgenehmigung erteilt worden, so ist je eine Ausfertigung der nach § 3 eingereichten und von der Prüfstelle geprüften und bestätigten Unterlagen beim Kraftfahrt-Bundesamt zu verwahren. Waren nach Anlage 1 zwei oder mehr Muster einzureichen, so hat die Prüfstelle je zwei Muster des genehmigten Fahrzeugteils mit dem Prüfzeichen zu versehen. Ein mit dem Prüfzeichen versehenes Muster ist bei der Prüfstelle zu verwahren, das andere und etwa vorgelegte weitere Muster sowie nicht mehr benötigte Unterlagen sind dem Antragsteller zurückzugeben. Die Prüfstelle hat dem Kraftfahrt-Bundesamt auf Verlangen das dem Hersteller zurückzugebende Muster vorzulegen. In diesem Fall versieht das Kraftfahrt-Bundesamt das Muster mit dem durch die Bauartgenehmigung zugeteilten Prüfzeichen und gibt es dem Antragsteller zurück. Mit Zustimmung des Kraftfahrt-Bundesamtes kann davon abgesehen werden, ein Muster bei der Prüfstelle aufzubewahren. In diesen Fällen hat der Antragsteller auf Verlangen des Kraftfahrt-Bundesamtes oder der Prüfstelle ein Muster oder Teile davon aufzubewahren und dem Kraftfahrt-Bundesamt oder der Prüfstelle auf Anforderung zur Verfügung zu stellen.

(2) Ist der Antrag auf Erteilung der Bauartgenehmigung abgelehnt worden, so sind die Muster und auf Antrag auch die sonstigen Unterlagen dem Antragsteller erst dann auszuhändigen, wenn die Ablehnung unanfechtbar geworden ist.

§ 9 Übereinstimmung der Produktion

10 (1) Das Kraftfahrt-Bundesamt kann die in den einzelnen Produktionsstätten angewandten Verfahren zur Kontrolle der Übereinstimmung der Produktion (Qualitätssicherungssysteme) überprüfen. Ist ein nach § 2 Abs. 2 Satz 2 zertifiziertes Qualitätssicherungssystem nachgewiesen, so gilt dies nur in begründeten Fällen.

(2) Das Kraftfahrt-Bundesamt kann ohne vorherige Ankündigung während der üblichen Geschäftszeiten bei Inhabern der Genehmigung prüfen oder prüfen lassen, ob Fahrzeugteile, deren Bauart amtlich genehmigt ist und die das zugeteilte Prüfzeichen tragen, mit den amtlichen Bauartgenehmigungen übereinstimmen und ob Fahrzeugteile, die in amtlich genehmigter Bauart ausgeführt sein müssen, in Ausführungen feilgeboten werden, an denen das vorgeschriebene Prüfzeichen fehlt oder unbefugt angebracht ist (Produktprüfung). Es kann zu diesem Zweck auch Proben entnehmen oder entnehmen lassen. In den Fällen des § 2 Abs. 1 Satz 4 kann das Kraftfahrt-Bundesamt die Erteilung der Bauartgenehmigung davon abhängig machen, daß die zur Produktprüfung nach Satz 1 notwendigen Maßnahmen ermöglicht werden.

(3) Die Kosten der Überprüfung nach Absatz 1 Satz 1 trägt der Inhaber der Genehmigung, wenn ein Verstoß gegen die Vorschriften des § 2 Abs. 2 festgestellt wird. Die Kosten der Proben nach Absatz 2, ihrer Entnahme, ihres Versandes und der Prüfung trägt der Inhaber der Genehmigung, wenn ein Verstoß gegen die Vorschriften über die Bauartgenehmigung oder die Prüfzeichen festgestellt wird.

§ 10 Nachträgliche Nebenbestimmungen, Widerruf, Rücknahme und Erlöschen der Allgemeinen Bauartgenehmigung

(1) Das Kraftfahrt-Bundesamt kann zur Beseitigung aufgetretener Mängel und zur Gewährleistung der Vorschriftsmäßigkeit auch bereits im Verkehr befindlicher Fahrzeugteile nachträglich Nebenbestimmungen anordnen.

(2) Die Allgemeine Bauartgenehmigung erlischt bei Rückgabe, nach Ablauf einer etwa festgesetzten Frist und dann, wenn sie den Rechtsvorschriften nicht mehr entspricht und dies durch die zuständige Stelle festgestellt worden ist.

(3) Das Kraftfahrt-Bundesamt kann die Allgemeine Bauartgenehmigung ganz oder teilweise widerrufen oder zurücknehmen, insbesondere wenn festgestellt wird, daß
1. Fahrzeugteile mit einem vorgeschriebenen Prüfzeichen nicht mit dem genehmigten Typ übereinstimmen,
2. Fahrzeugteile, obwohl sie mit einem gültigen Prüfzeichen versehen sind, die Sicherheit des Straßenverkehrs gefährden,
3. der Inhaber der Allgemeinen Bauartgenehmigung nicht über ein vorgeschriebenes Qualitätssicherungssystem verfügt oder dieses nicht mehr in der vorgeschriebenen Weise anwendet oder
4. Nebenbestimmungen nicht eingehalten werden.

(4) Das Kraftfahrt-Bundesamt ist unverzüglich vom Inhaber der Allgemeinen Bauartgenehmigung zu benachrichtigen, wenn die reihenweise Fertigung oder der Vertrieb des genehmigten Fahrzeugteils endgültig eingestellt, innerhalb eines Jahres nach Erteilung der Allgemeinen Bauartgenehmigung nicht aufgenommen oder länger als ein Jahr eingestellt wird. Die Aufnahme der Fertigung oder des Vertriebs ist nach Unterbrechung oder Aufschub dem Kraftfahrt-Bundesamt unaufgefordert innerhalb eines Monats mitzuteilen.

(5) Ist die Allgemeine Bauartgenehmigung erloschen, kann das Kraftfahrt-Bundesamt die Veräußerung der aufgrund einer solchen Genehmigung hergestellten Fahrzeugteile zur Verwendung im Straßenverkehr im Geltungsbereich dieser Verordnung untersagen und hierüber die für die Zulassung und Überwachung zuständigen Stellen unterrichten.

Abschnitt 3
Bauartgenehmigung im Einzelfall – Einzelgenehmigung

§ 11 Antrag auf Einzelgenehmigung

Gehört eines der in § 22a Abs. 1 der Straßenverkehrs-Zulassungs-Ordnung genannten Fahrzeugteile nicht zu einem genehmigten Typ, so kann eine Einzelgenehmigung unter Vorlage des Gutachtens eines amtlich anerkannten Sachverständigen für den Kraftfahrzeugverkehr oder der Prüfstelle (§ 5) bei der nach § 68 der Straßenverkehrs-Zulassungs-Ordnung zuständigen Verwaltungsbehörde (Zulassungsbehörde) beantragt werden. § 6 Abs. 1 ist entsprechend anzuwenden.

§ 12 Prüfung durch die Verwaltungsbehörde (Zulassungsbehörde)

(1) Die Zulassungsbehörde ist an das Gutachten des amtlich anerkannten Sachverständigen für den Kraftfahrzeugverkehr oder der Prüfstelle nicht gebunden.

(2) Die Zulassungsbehörde trifft die zur Prüfung etwa erforderlichen weiteren Maßnahmen. Sie kann hierzu die Vorführung des Fahrzeugteils sowie die Vorlage eines weiteren Gutachtens verlangen und ähnliche Anordnungen erlassen.

§ 13 Erteilung der Einzelgenehmigung

Die Verwaltungsbehörde (Zulassungsbehörde) erteilt die Einzelgenehmigung, indem sie auf dem Gutachten des amtlich anerkannten Sachverständigen für den Kraftfahrzeugverkehr oder der Prüfstelle unter Angabe von Ort und Datum vermerkt: „Einzelgenehmigung erteilt". Etwaige Beschränkungen oder Ausnahmen von den Bestimmungen der Straßenverkehrs-Zulassungs-Ordnung sind in den Vermerk aufzunehmen. Wird das Fahrzeugteil an einem Kraftfahrzeug oder Kraftfahrzeuganhänger verwendet, so ist die Einzelgenehmigung in den Fahrzeugbrief und in den Fahrzeugschein einzutragen und in den etwa ausgestellten Anhängerverzeichnissen kenntlich zu machen.

§ 14 Widerruf, Rücknahme und Erlöschen der Einzelgenehmigung

(1) Die Einzelgenehmigung erlischt bei Rückgabe, nach Ablauf einer etwa festgesetzten Frist, bei Rücknahme oder Widerruf durch die nach § 68 der Straßenverkehrs-Zulassungs-Ordnung zu-

3 StVZO § 22a   B. Fahrzeuge II. Zulassungsverfahren für Kraftfahrzeuge

ständigen Verwaltungsbehörde (Zulassungsbehörde), ferner dann, wenn sie den jeweils geltenden Rechtsvorschriften nicht mehr entspricht und dies durch die zuständige Stelle festgestellt worden ist.

(2) Die Einzelgenehmigung kann widerrufen werden, wenn sich herausstellt, daß das Fahrzeugteil den Erfordernissen der Verkehrssicherheit nicht entspricht.

(3) Nach dem Erlöschen der Einzelgenehmigung ist der Genehmigungsvermerk (§ 13) der Zulassungsbehörde zur Löschung unaufgefordert vorzulegen, nötigenfalls von dieser einzuziehen.

Abschnitt 4

Bestandsschutz

§ 15 Bisherige Genehmigungen

16   Allgemeine Bauartgenehmigungen und Einzelgenehmigungen, die vor dem 19. November 1998 erteilt worden sind, bleiben gültig. Die §§ 10 und 14 gelten sinngemäß.

Abschnitt 5

Schlußvorschriften

§ 16 Inkrafttreten, Außerkrafttreten

17/18   (1) Diese Verordnung tritt am 19. November 1998 in Kraft.

(2) Mit dem Inkrafttreten dieser Verordnung tritt die Fahrzeugteileverordnung in der im Bundesgesetzblatt Teil III, Gliederungsnummer 9232-6, veröffentlichten bereinigten Fassung, zuletzt geändert durch die Verordnung vom 20. Dezember 1993 (BGBl. I S. 2241), außer Kraft.

Begr: VBl **98** 877.

Übersicht

Amtlich genehmigte Bauart 21–26	Fahrzeugteile, Bauartgenehmigung 19
Ausnahmen 38	–, Verkehrsbeschränkungen 27–32
Bauart, amtlich genehmigte 21–26	–, für die die Abs. 1, 2 nicht gelten 33 ff
Bauartgenehmigung 19	– zur Erprobung 33
–, Beschränkung 21	– an Kraftfahrzeugen fremder Fertigung 34
	– mit Einzelgenehmigung 35
Eingeführte Fahrzeugteile 34	Feilbieten 29
Einrichtungen in amtlich genehmigter Bauart 21–26	Fertigung, fremde 34
Einzelgenehmigung, Fahrzeugteile 35	Ordnungswidrigkeiten 37
Erprobung von Fahrzeugteilen 33	Prüfzeichen 8, 24, 36
Erwerben 31	
Fahrzeuge fremder Fertigung 34	Veräußern 30
	Verwenden 32

19   **1. Bauartgenehmigung für Fahrzeugteile.** I zusammen mit der FahrzeugteileVO (FzTV) (Rz 2–18) schreibt vor, daß die dort aufgeführten Einrichtungen in amtlich genehmigter Bauart ausgeführt sein müssen. Darin liegt ein Zwang zur Typisierung. Es handelt sich dabei fast durchweg um Teile an Kfzen. Die Bauartgenehmigung ist nicht Teil des Zulassungsverfahrens. Doch ist die Zulassung zu versagen, wenn anstelle bauartgenehmigungspflichtiger Teile andere verwendet werden. Teile, für die eine Bauartgenehmigung vorliegt, werden bei der Zulassung nicht nochmals begutachtet. Zur Bauartgenehmigung für Einrichtungen zur Verbindung land- und forstwirtschaftlicher Arbeitsgeräte mit Kfzen, s Merkblatt VBl **00** 674 (675, 677), **03** 62.

20   II und V sichern in Verbindung mit den §§ 23, 24 StVG die Befolgung der Vorschriften in I. V schützt die auf den bauartgenehmigungspflichtigen Teilen anzubringenden Prüfzeichen. III, IV betreffen FzTeile, auf die I, II nicht anzuwenden sind, und zwar III Teile der in I beschriebenen Art, die zur Erprobung im StrV verwendet werden oder zur Verwendung an Fzen eingeführt werden, die außerhalb des Geltungsgebiets der StVZO hergestellt sind (s Rz 34), IV FzTeile, für die eine Einzelgenehmigung erteilt ist. Von den technischen Anforderungen an FzTeile darf praktisch nicht abgewichen werden, VBl BMV **73** 558.

21   **2. Einrichtungen, die in amtlich genehmigter Bauart ausgeführt sein müssen,** zählt I auf; sie sind für Betrieb und VSicherheit besonders wichtig. Nicht genannte

Bauartgenehmigung für Fahrzeugteile § 22a StVZO **3**

Teile dürfen in beliebiger Bauart ausgeführt werden, Ha VBl 66 336. § 22 a betrifft nur Teile, die ausschließlich in amtlich genehmigter Bauart zugelassen sind. Das trifft nicht zu, wenn lediglich die Beschaffenheit des Teils vorgeschrieben ist (Auspuff), Stu VRS **31** 124. Dürfen FzTeile nur an Fzen bestimmter Art, eines bestimmten Typs oder nur bei bestimmter Art des Ein- oder Anbaus verwendet werden, so ist die **Bauartgenehmigung** entsprechend **zu beschränken** (Abs I a); ihre Wirksamkeit kann auch von der Abnahme des Ein- oder Anbaus durch einen amtlich anerkannten Sachverständigen oder Prüfer oder einen Prüfingenieur einer nach Anl VIIIb anerkannten Überwachungsorganisation abhängig gemacht werden (Abs I a).

Die in I genannten FzTeile sind auch bauartgenehmigungspflichtig, wenn sie an 22 zulassungsfreien Fzen (Kfzen, KfzAnhängern, Fahrrädern) verwendet werden. Schneeketten fallen nicht unter die Gleitschutzvorrichtungen der Nr 2. Bei Leuchten zur Sicherung von Ladungen soll der Bauartgenehmigungszwang die Qualität sichern. Nebelschlußleuchten müssen in amtlich genehmigter Bauart ausgeführt sein (I 16 a), ebenso Tarnscheinwerfer, BMV 17. 9. 62, StV 7 – 8051 K/62, Nebel-Vorsatzfilter an Scheinwerfern, BMV 28. 12. 62, StV 7 – 8050 Sch/62. Suchscheinwerfer sind nicht nach I prüfzeichenpflichtig, Ha VM **68** 23. Keine Bauartgenehmigungspflicht für Anbaugeräte und ggf an land- oder forstwirtschaftlichen Anbaugeräten angebrachte Anhängerkupplungen, s Merkblatt für Anbaugeräte, VBl **99** 268, **00** 479, **04** 527 = StVRL § 30 Nr 6.

Übergangsvorschriften: § 72. **Rückgabe oder Widerruf** einer allgemeinen Bau- 23 artgenehmigung, BMV StV 7 – 4066 T/58.

Das **Genehmigungsverfahren** und die Zuteilung des Prüfzeichens für bauartgeneh- 24 migungspflichtige FzTeile regelt die **FahrzeugteileVO** (FzTV, Rz 2–18). Sie unterscheidet zwischen der Allgemeinen Bauartgenehmigung und der Einzelgenehmigung. Der Inhaber einer allgemeinen Bauartgenehmigung hat die Übereinstimmung jedes Teils mit dem Typ durch ein **Prüfzeichen** (beweiserhebliche Privaturkunde, RGSt **69** 200) auf dem Teil zu bestätigen, s § 8 IV FzTV. Für die Prüfzeichenpflicht ist es bedeutungslos, ob das Teil zu einem zulassungspflichtigen Kfz verwendet werden soll, Ha VBl **66** 336.

Das Verfahren bei der **Einzelgenehmigung** entspricht dem für Einzelfze (§ 21) mit 25 der Besonderheit, daß das Gutachten des Sachverständigen in dem Brief des Kfz einzutragen ist, an dem das Teil an- oder in den es eingebaut werden soll, wenn es sich um ein bestimmtes Fz handelt, § 13 FzTV. Auf dem Gutachten hat die ZulB (§ 18) die Erteilung der Einzelgenehmigung zu vermerken und denselben Vermerk im FzBrief und im FzSchein (§ 24) einzutragen, § 13 FzTV. **Technische Anforderungen** an FzTeile bei der Bauartprüfung, VBl **73** 558, zuletzt geändert: VBl **03** 752 = StVRL § 22 a Nr 1. Keine Hinzuziehung des Antragstellers zur Bauartprüfung, BMV 29. 1. 64, StV 7 – 8138 F/63. Zuständigkeit von Prüfstellen und Technischen Diensten im Rahmen der Begutachtung/Prüfung von Fzen und FzTeilen, s BMV v 13. 10. 92, VBl **92** 561.

Schutzhelme für Kraftradfahrer müssen in amtlich genehmigter Bauart entsprechend 26 der ECE-Regelung Nr 22 ausgeführt sein, § 21 a II StVO. S jedoch § 53 StVO Rz 2.

3. Verkehrsbeschränkungen für bauartgenehmigungspflichtige Fahrzeug- 27 **teile. Prüfzeichen.** II soll die Durchsetzbarkeit von I fördern. Ein bloßes Verwendungsverbot für Fahrzeugteile, die in einer amtlich genehmigten Bauart ausgeführt sein müssen, würde die Kontrollmöglichkeit der Verkehrsüberwachungsorgane insoweit erheblich einschränken. Geeigneter ist ein allgemeines Verbot, ungeprüfte Teile feilzubieten, zu erwerben oder zu verwenden.

Rechtliche Grundlage: § 6 I Nr 2 e StVG. Sanktionen: §§ 23, 24 StVG. II betrifft nur 28 die in I genannten FzTeile, diese dürfen nur mit Prüfzeichen im Verkehr verwendet werden. Keines Prüfzeichens bedarf es an Einrichtungen kraft Einzelgenehmigung (s Rz 35). Für das Verbot des Feilbietens in Abs II ist ausschließlich die objektive Verwendungsmöglichkeit entscheidend, unerheblich ist, zu welchem Zweck der Erwerber die FzTeile verwenden will, Ha VM **68** 23, Schl VRS **74** 55.

3 a. Feilbieten: Zum Zweck des Verkaufens bereitstellen und Kaufinteressenten zu- 29 gänglich machen, Schl VRS **74** 55. In Frage kommen vor allem Hersteller, Händler mit Auto- oder Fahrradzubehör, Werkstätteninhaber, die Zubehörteile bereithalten. Gewerbsmäßiges Feilbieten nicht vorschriftsmäßig gekennzeichneter Fahrzeugteile: § 23

1009

3 StVZO § 22a B. Fahrzeuge II. Zulassungsverfahren für Kraftfahrzeuge

StVG. Mangels Gewerbsmäßigkeit liegt eine OW nach §§ 22 a, 69 a II Nr 7 StVZO, 24 StVG vor.

30   **3 b. Veräußern** ist jedes entgeltliche oder unentgeltliche Abgeben an andere.

31   **3 c. Erwerben.** Es ist verboten, nicht vorschriftsmäßig gekennzeichnete Zubehörteile der im § 22 a II bezeichneten Art zu erwerben. Dieses Verbot wendet sich an Käufer oder sonstige Erwerber. Gemeint ist Erwerb in der Absicht, den Gegenstand weiterzuveräußern, weiterzugeben, oder ihn an einem Fz anzubringen oder anbringen zu lassen und das damit ausgerüstete Fz im Verkehr zu verwenden. Wer die unvorschriftsmäßigen Teile zum Verschrotten erwirbt, verletzt II nicht. Ob und in welcher Höhe der Erwerber ein Entgelt zahlt oder verspricht, ist belanglos.

32   **3 d. Verwenden.** Das Verbot, unvorschriftsmäßige Teile zu verwenden, kann nur den Sinn haben, den Einbau an einem Fz zu verhindern, das üblicherweise in den Verkehr gebracht wird. Verboten ist schon der Einbau, nicht erst das Verbringen des mit dem unvorschriftsmäßigen Zubehörteil versehenen Fz in den Verkehr. Das Verbot wendet sich an die Hersteller von Fzen, an Händler, an die Werkstätten, Ausrüster und Fahrzeughalter. Daß alle unter II fallenden Teile das Prüfzeichen tragen müssen, erleichtert allen Beteiligten ihre Prüfungspflicht und der VPol die Nachprüfung.

4. Fahrzeugteile, für die I, II nicht gelten.

33   **Zur Erprobung verwendete Teile:** III Nr 1. S § 19 VI. Unklar ist das Verhältnis der Vorschrift zum § 28 I S 1. Keine Bedenken dürften bestehen, daß Einzelteile ohne Prüfzeichen auch bei Probefahrten (§ 28 I S 1) erprobt werden, ohne daß es einer amtlichen Bescheinigung bedarf.

34   **Eingeführte Teile zur Verwendung an Fahrzeugen fremder Fertigung:** III Nr 2 und 3. Unter Nr 2 fallen auch Fahrzeugteile, die aus dem Bundesgebiet ausgeführt, dann **an ausländischen Fzen** wieder eingeführt werden. Durch Nummer 3 wird klargestellt, daß bei Fahrzeugen, deren Zulassung aufgrund einer **EWG-Typgenehmigung** erfolgt, hinsichtlich ihrer bauartgenehmigungspflichtigen Teile das Vorliegen einer „in etwa Wirkung" nach III entsprechend § 22 a Abs 1 unterstellt wird, und zwar sowohl hinsichtlich durch das Kraftfahrt-Bundesamt als auch durch Genehmigungsbehörden anderer EG-Mitgliedstaaten erteilter EWG-Typgenehmigungen. Dh, daß hinsichtlich der in Nr 3 genannten Einrichtungen angenommen wird, daß sie ebenso wie die in Nr 2 genannten in ihrer Wirkung „etwa" den nach Abs I geprüften gleichartigen Einrichtungen entsprechen (s Begr, VBl **93** 609).

35   **5. Fahrzeugteile mit Einzelgenehmigung.** IV übernimmt den Inhalt des früheren § 19 I und II der FahrzeugteileVO (idF von 1953), erkennt aber als Nachweis für Einzelgenehmigungen auch Anhängerverzeichnisse an.

36   **6. Schutz der Prüfzeichen (V). Begr** der VO v 7. 7. 60: *„Erfahrungen, die man bei den zur Ausfuhr bestimmten Einrichtungen gemacht hat, sind der Grund für die ausdrücklichen Anordnungen im neuen § 22 a Abs. 5 StVZO, daß Prüfzeichen nur verwendet werden dürfen, um die Übereinstimmung eines Fahrzeugteils mit dem genehmigten Typ zu bestätigen, und daß Zeichen, die zu Verwechslungen mit amtlich zugeteilten Prüfzeichen Anlaß geben können, an den in § 22 a Abs. 1 genannten Einrichtungen nicht angebracht sein dürfen, und zwar auch dann nicht, wenn sie aus besonderen Gründen nicht genehmigungsbedürftig sind. Auch insoweit ist der durch § 71 StVZO* gewährte Strafschutz von Bedeutung."*

37   **7. Ordnungswidrigkeit.** Zuwiderhandeln gegen II, IV, V, VI ist nach Maßgabe von § 69 a II Nr 7, 8, 9 i StVZO, § 24 StVG ordnungswidrig. Verwenden geht dem etwa vorangegangenen Erwerben vor (Gesetzeskonkurrenz). Gewerbsmäßiges Feilbieten nicht vorschriftsmäßig gekennzeichneter FzTeile ist ow gem § 23 StVG. Mißbräuchliche Verwendung von E 1-Prüfzeichen verletzt § 4 UWG (Strafbestimmung).

38   **8. Ausnahmen:** § 70. Nicht in amtlicher Bauart müssen **Rückhalteeinrichtungen für behinderte Kinder** ausgeführt sein, wenn sie den Anforderungen des § 1 der 3. VO über Ausnahmen von straßenverkehrsrechtlichen Vorschriften entsprechen, s § 21 StVO Rz 5 a. Begr, s VBl **90** 445.

Zuteilung der amtlichen Kennzeichen § 23 StVZO 3

9. Überleitungsbestimmung für die neuen Bundesländer:
Anl I Kap XI B III Nr 2 (27) zum Einigungsvertrag
(27) Nach den bisherigen Vorschriften der Deutschen Demokratischen Republik erteilte Bauartgenehmigungen gelten als vorschriftsmäßig im Sinne von § 22a, wenn sie nach dieser Bestimmung bauartgenehmigungspflichtig wären, oder werden – ohne Bauartgenehmigungspflicht – als vorschriftsmäßig im Sinne von § 22 angesehen.

Zuteilung der amtlichen Kennzeichen

23 (1) ¹Die Zuteilung des amtlichen Kennzeichens für ein Kraftfahrzeug oder einen Kraftfahrzeuganhänger hat der Verfügungsberechtigte bei der Zulassungsbehörde zu beantragen, in deren Bezirk das Fahrzeug seinen regelmäßigen Standort haben soll. ²Der Antrag muß die nach § 34 Abs. 1 und 2 des Straßenverkehrsgesetzes und nach § 1 Abs. 1 der Fahrzeugregisterverordnung vorgesehenen Daten enthalten. ³Mit dem Antrag ist für zulassungspflichtige Fahrzeuge zum Nachweis der Verfügungsberechtigung sowie der Betriebserlaubnis der Fahrzeugbrief vorzulegen; wurde das Vorhandensein einer Betriebserlaubnis nicht durch die Eintragung der Typ- sowie Varianten-/Versionsschlüsselnummer nach § 20 Abs. 3a Satz 6 im Fahrzeugbrief, sondern in der nach § 20 Abs. 3a Satz 1 vorgeschriebenen Datenbestätigung bescheinigt, ist auch diese der Zulassungsbehörde vorzulegen; wenn noch kein Fahrzeugbrief vorhanden ist, ist gleichzeitig die Ausfertigung eines Briefs zu beantragen. ⁴Mit dem Antrag auf Ausfertigung eines Briefes ist eine Bescheinigung des Kraftfahrt-Bundesamtes darüber vorzulegen, daß das Fahrzeug im Zentralen Fahrzeugregister weder eingetragen, noch daß es gesucht wird. ⁵Die Bescheinigung nach Satz 4 ist entbehrlich, wenn auf Grund vom Antragsteller vorgelegter Unterlagen davon auszugehen ist, dass das Fahrzeug im Zentralen Fahrzeugregister weder eingetragen ist noch dass es gesucht wird. ⁶Als Fahrzeugbrief dürfen nur die amtlich hergestellten Vordrucke mit einem für die Bundesdruckerei geschützten Wasserzeichen verwendet werden (Muster 2b). ⁷Der Nachweis für eine EG-Typgenehmigung ist bei erstmaliger Zuteilung eines Kennzeichens durch Vorlage der nach den Richtlinien

a) 70/156/EWG des Rates vom 6. Februar 1970 zur Angleichung der Rechtsvorschriften der Mitgliedstaaten über die Betriebserlaubnis für Kraftfahrzeuge und Kraftfahrzeuganhänger (ABl. EG Nr. L 42 S. 1),
b) 92/61/EWG des Rates vom 30. Juni 1992 über die Betriebserlaubnis für zweirädrige oder dreirädrige Kraftfahrzeuge (ABl. EG Nr. L 225 S. 72) oder
c) 2002/24/EG des Europäischen Parlaments und des Rates vom 18. März 2002 über die Typgenehmigung für zweirädrige oder dreirädrige Kraftfahrzeuge und zur Aufhebung der Richtlinie 92/61/EWG des Rates (ABl. EG Nr. L 124 S. 1) in ihrer jeweils geltenden Fassung vorgeschriebenen Übereinstimmungsbescheinigung zu führen, soweit dieser Nachweis nicht bereits durch die Vorlage des Fahrzeugbriefes erfolgt.

⁸Enthält die Übereinstimmungsbescheinigung den Vermerk, daß für dasselbe Fahrzeug ein Fahrzeugbrief ausgefüllt ist, muß auch dieser Brief vorgelegt werden. ⁹Fertigt die Zulassungsbehörde für ein Fahrzeug mit einer EG-Typgenehmigung einen Brief aus, hat sie auf der Übereinstimmungsbescheinigung diese Ausfertigung unter Angabe der betreffenden Briefnummer zu vermerken. ¹⁰Für Fahrzeuge, die von den Vorschriften über das Zulassungsverfahren ausgenommen sind, ist zum Nachweis der Betriebserlaubnis die vorgeschriebene Bescheinigung (§ 18 Abs. 5 Nr. 1 oder 2) oder der Fahrzeugschein (§ 18 Abs. 5 Satz 3) oder zum Nachweis der EG-Typgenehmigung die vorgeschriebene Übereinstimmungsbescheinigung (§ 18 Abs. 5 Nr. 1a) oder der Fahrzeugschein (§ 18 Abs. 5 Satz 3) vorzulegen.

(1a) ¹Ein Kennzeichen mit grüner Beschriftung auf weißem Grund (§ 60 Abs. 1 Satz 3) ist für Kraftfahrzeuganhänger zuzuteilen, wenn dies für Zwecke der Sonderregelung für Kraftfahrzeuganhänger im Kraftfahrzeugsteuergesetz beantragt wird. ²Die Zuteilung des Kennzeichens mit grüner Beschriftung auf weißem Grund ist im Fahrzeugschein zu vermerken.

(1b) ¹Auf Antrag wird für ein Fahrzeug ein auf einen nach vollen Monaten bemessenen Zeitraum (Betriebszeitraum) befristetes amtliches Kennzeichen nach Anlage V b zugeteilt, das jedes Jahr in diesem Zeitraum auch wiederholt verwendet werden darf (Saisonkennzeichen). ²Das Fahrzeug darf auf öffentlichen Straßen nur während des auf diesem Kennzeichen angegebenen Zeitraums in Betrieb gesetzt oder abgestellt werden. ³Die Zuteilung eines amtlichen Kennzeichens als Saisonkennzeichen ist von der Zulassungsbehörde im Fahrzeugschein durch eine in Klammern gesetzte Angabe des Betriebszeitraums hinter dem amtlichen Kennzeichen zu vermerken.

(1 c) Auf Antrag wird für ein Fahrzeug, das vor 30 Jahren oder eher erstmals in den Verkehr gekommen ist und vornehmlich zur Pflege des kraftfahrzeugtechnischen Kulturgutes eingesetzt wird und gemäß § 21 c eine Betriebserlaubnis als Oldtimer erhalten hat, ein amtliches Kennzeichen nach Anlage V c zugeteilt (Oldtimerkennzeichen).

(2) ¹Das von der Zulassungsbehörde zuzuteilende Kennzeichen enthält das Unterscheidungszeichen für den Verwaltungsbezirk und die Erkennungsnummer, unter der das Fahrzeug bei der Zulassungsbehörde eingetragen ist. ²Das Unterscheidungszeichen für den Verwaltungsbezirk besteht aus einem bis drei Buchstaben nach dem Plan in Anlage I. ³Die Erkennungsnummer besteht aus Buchstaben und Zahlen und wird nach Ermessen der Zulassungsbehörde im Rahmen der Anlage II bestimmt. ⁴Die Fahrzeuge der Bundes- und Landesorgane, des Diplomatischen Corps und bevorrechtigter internationaler Organisationen werden nach dem Plan in Anlage IV gekennzeichnet. ⁵Die Erkennungsnummern dieser Fahrzeuge, der Fahrzeuge der unter Abschnitt A und B der Anlage IV nicht angegebenen Behörden, des Verwaltungs- und technischen Personals (einschließlich der zum Haushalt gehörenden Familienmitglieder) der diplomatischen und konsularischen Vertretungen und der Fahrzeuge bevorrechtigter internationaler Organisationen, soweit sie nicht unter Satz 4 fallen, bestehen nur aus Zahlen; die Zahlen dürfen nicht mehr als sechs Stellen haben.

(3) Das Kennzeichen ist nach § 60 auszugestalten und anzubringen.

(4) ¹Amtliche Kennzeichen müssen zur Abstempelung mit einer Stempelplakette versehen sein; die an zulassungsfreien Anhängern nach § 60 Abs. 5 angebrachten Kennzeichen dürfen keine Stempelplakette führen. ²Die Stempelplakette enthält das farbige Wappen des Landes, dem die Zulassungsbehörde angehört, und die Angaben des Namens des Landes und des Namens der Zulassungsbehörde. ³Die Plakette muß so beschaffen sein und so befestigt werden, daß sie bei einem Ablösen in jedem Fall zerstört wird. ⁴Der Halter hat dafür zu sorgen, daß die nach Satz 3 angebrachte Stempelplakette in ihrem vorschriftsmäßigen Zustand erhalten bleibt; sie darf weder verdeckt noch verschmutzt sein. ⁵Bei Zuteilung oder zur Abstempelung des Kennzeichens und zur Identifizierung des Fahrzeugs ist das Fahrzeug vorzuführen, wenn die Zulassungsbehörde nicht darauf verzichtet. ⁶Bei der Abstempelung ist zu prüfen, ob das Kennzeichen, insbesondere seine Ausgestaltung und seine Anbringung, den Rechtsvorschriften entspricht. ⁷Fahrten, die im Zusammenhang mit dem Zulassungsverfahren stehen, insbesondere Fahrten zur Abstempelung des Kennzeichens und Rückfahrten nach Entfernung des Stempels sowie Fahrten zur Durchführung der Hauptuntersuchung, Sicherheitsprüfung oder Abgasuntersuchung dürfen mit vorübergehend stillgelegten Fahrzeugen – Rückfahrten auch mit endgültig stillgelegten Fahrzeugen – oder mit Fahrzeugen, denen die Zulassungsbehörde im Zusammenhang mit dem Zulassungsverfahren vorab ein ungestempeltes Kennzeichen zugeteilt hat, innerhalb des auf dem Kennzeichen ausgewiesenen Zulassungsbezirks und eines angrenzenden Bezirks mit ungestempelten Kennzeichen durchgeführt werden, sofern diese Fahrten von der Kraftfahrzeughaftpflichtversicherung erfasst sind; Saisonkennzeichen gelten außerhalb des Betriebszeitraums bei Fahrten zur Entstempelung und bei Rückfahrten nach Abstempelung des Kennzeichens als ungestempelte Kennzeichen im Sinne des ersten Halbsatzes. ⁸Die Zulassungsbehörde kann das zugeteilte Kennzeichen ändern und hierbei das Fahrzeug vorführen lassen.

(5) ¹Fahrzeuge mit einer EG-Typgenehmigung, die bereits in einem anderen Mitgliedstaat der Europäischen Union oder in einem Staat, in welchem das Abkommen über den Europäischen Wirtschaftsraum gilt, im Verkehr waren, müssen vor Zuteilung des amtlichen Kennzeichens einer Untersuchung im Umfang einer Hauptuntersuchung nach § 29 unterzogen werden, wenn bei Anwendung der Anlage VIII Abschnitt 2 inzwischen eine Hauptuntersuchung fällig gewesen wäre. ²Wäre die Hauptuntersuchung erst nach Zuteilung des amtlichen Kennzeichens fällig, so ist von der Zulassungsbehörde eine Prüfplakette zuzuteilen, die diesen Zeitpunkt angibt. ³Die Sätze 1 und 2 gelten auch für eine Abgasuntersuchung nach § 47 a Anlage XI a Abschnitt 2. ⁴Der Antragsteller hat nachzuweisen, wann das Fahrzeug in einem Mitgliedstaat der Europäischen Union oder in einem Staat, in dem

Zuteilung der amtlichen Kennzeichen § 23 StVZO **3**

das Abkommen über den Europäischen Wirtschaftsraum gilt, erstmals in den Verkehr gekommen ist. ⁵Anderenfalls ist die Untersuchung im Umfang einer Hauptuntersuchung nach § 29 und die Abgasuntersuchung nach § 47a vor Zuteilung des amtlichen Kennzeichens vorzunehmen. ⁶Für Fahrzeuge mit einer EG-Typgenehmigung, die in einem Staat außerhalb der Europäischen Union oder des Europäischen Wirtschaftsraums im Verkehr waren, ist vor der Zuteilung eines amtlichen Kennzeichens in jedem Fall eine Untersuchung im Umfang einer Hauptuntersuchung nach § 29 und eine Abgasuntersuchung nach § 47a vorzunehmen.

(6) ¹Wer einen Personenkraftwagen für eine Personenbeförderung verwendet, die dem Personenbeförderungsgesetz vom 21. März 1961 (BGBl. I S. 241) in seiner jeweils geltenden Fassung unterliegt oder bei der es sich um die Beförderung durch oder für Kindergartenträger zwischen Wohnung und Kindergarten oder durch oder für Schulträger zum und vom Unterricht oder von körperlich, geistig oder seelisch behinderten Personen zu und von ihrer Betreuung dienenden Einrichtungen handelt, hat dies vor Beginn und nach Beendigung der Verwendung der zuständigen Zulassungsbehörde unverzüglich schriftlich anzuzeigen. ²Die Zulassungsbehörde vermerkt die Verwendung und deren Beendigung im Fahrzeugschein; der Fahrzeugschein ist der Zulassungsbehörde zu diesen Zwecken vorzulegen.

(7) ¹Die Anerkennung als schadstoffarmes Fahrzeug (§ 47 Abs. 3 und 5) ist unter Angabe des Datums von der Zulassungsbehörde im Fahrzeugschein zu vermerken, wenn ihr das Vorliegen der hierfür erforderlichen Voraussetzungen nachgewiesen wird. ²Sie kann in Zweifelsfällen zur Vorbereitung ihrer Entscheidung die Beibringung des Gutachtens eines amtlich anerkannten Sachverständigen oder Prüfers für den Kraftfahrzeugverkehr darüber anordnen, ob das Fahrzeug schadstoffarm ist. ³Für die Löschung des Vermerks gilt § 17 Abs. 3 entsprechend.

(8) ¹Die Anerkennung als bedingt schadstoffarmes Fahrzeug (§ 47 Abs. 4) ist unter Angabe der Stufe A, B oder C und des Datums von der Zulassungsbehörde im Fahrzeugschein zu vermerken, wenn ihr das Vorliegen der hierfür erforderlichen Voraussetzungen nachgewiesen wird. ²Sie kann in Zweifelsfällen zur Vorbereitung ihrer Entscheidung die Beibringung des Gutachtens eines amtlich anerkannten Sachverständigen oder Prüfers für den Kraftfahrzeugverkehr darüber anordnen, ob das Fahrzeug bedingt schadstoffarm ist. ³Für die Löschung des Vermerks gilt § 17 Abs. 3 entsprechend.

(9) ¹Die Einstufung des Fahrzeugs in Emissionsklassen (§ 48) ist unter Angabe des Datums von der Zulassungsbehörde im Fahrzeugschein zu vermerken, wenn ihr das Vorliegen der hierfür erforderlichen Voraussetzungen nachgewiesen wird. ²Sie kann in Zweifelsfällen zur Vorbereitung ihrer Entscheidung die Beibringung des Gutachtens eines amtlich anerkannten Sachverständigen oder Prüfers für den Kraftfahrzeugverkehr darüber anfordern, in welche Emissionsklasse das Fahrzeug einzustufen ist. ³Für die Löschung des Vermerkes gilt § 17 Abs. 3 entsprechend.

Übersicht

Amtliches Kennzeichen 5, 9, s auch Kennzeichen
Anbringung des amtlichen Kennzeichens 22
Anhängerbrief s Fahrzeugbrief
Art des Fahrzeugs 18
Ausgestaltung des amtlichen Kennzeichens 22
Ausländische Fahrzeuge 16
Datenbestätigung, Vorlegung 20
EG-Typgenehmigung 1, 16a
Emissionsklassen 21
Fahrzeugart 18
Fahrzeugbrief, Vorlegung 11–14, 20
Halter 10, 16, 17
Importfahrzeug 16a
Kennzeichen
–, befristetes 22a
–, Ausgestaltung, Anbringung 22
–, Stempelung 23
–, Zuteilung 9, 16–21
Kennzeichenpflicht, Kraftfahrzeuge 15
Kombinationsfahrzeug 18
Kraftfahrzeug, Kennzeichenpflicht 15
Kraftfahrzeug-Haftpflichtversicherung, Nachweis 21
Nachweis, Haftpflichtversicherung 21
Oldtimerkennzeichen 22b
Ordnungswidrigkeiten 24
Personenbeförderung 18
Saisonkennzeichen 22a
Schadstoffarme Fahrzeuge 21
Standort 16
Stempelung des Kennzeichens 23
Urkundenfälschung 22
Zivilrecht 25
Zuteilung des Kennzeichens 9, 16–21

3 StVZO § 23   B. Fahrzeuge II. Zulassungsverfahren für Kraftfahrzeuge

1   **Begr** zur ÄndVO v 9. 12. 94 (VBl **95** 23):
    Zu Abs 1: *Die sachlichen Regelungen des neuen §23 Abs.1 sind folgende:*
    – *Eine nationale Betriebserlaubnis ist nicht erforderlich, wenn bereits eine EG-Typgenehmigung vorliegt.*
    – *Der Nachweis für das Vorliegen der EG-Typgenehmigung ist bei erstmaliger Zuteilung eines Kennzeichens durch Vorlage der vorgeschriebenen Übereinstimmungsbescheinigung (Anhang IX der Betriebserlaubnisrichtlinie) zu führen, wenn kein Fahrzeugbrief durch den Hersteller ausgestellt worden ist.*
    – *Für die Zulassung ist nach wie vor ein Fahrzeugbrief erforderlich; liegt er noch nicht vor, muß er unter Beachtung der einschlägigen Vorschriften von der Zulassungsstelle ausgefertigt werden. Die Ausfertigung eines Fahrzeugbriefs ist auf der Übereinstimmungsbescheinigung für die EG-Typgenehmigung zu vermerken, damit nicht durch abermalige Vorlage der Übereinstimmungsbescheinigung illegal ein zweiter Fahrzeugbrief erschlichen werden kann.*

    Zu Abs 5: … *Die in der Vorschrift enthaltene Gleichbehandlung der in Deutschland wie in den anderen Mitgliedstaaten im Verkehr befindlichen Fahrzeuge mit einer EG-Typgenehmigung ist insbesondere vor dem Hintergrund des europäischen Binnenmarktes und des freien Warenverkehrs geboten. Sicherheits- oder umweltschutzrelevante Gesichtspunkte stehen der Regelung nicht entgegen, da insgesamt nur neue Fahrzeuge betroffen sind, bei denen Verschleiß oder sonstige Mängel nur mit geringer Wahrscheinlichkeit auftreten können. Das EG-Typgenehmigungsverfahren stellt darüber hinaus sicher, daß die in den harmonisierten Einzelrichtlinien enthaltenen Bau- und Emissionsvorschriften von allen Mitgliedstaaten einheitlich gehandhabt werden.*
    Bestehen im Einzelfall Bedenken gegen die Vorschriftsmäßigkeit des Fahrzeuges, so kann die Zulassungsstelle nach § 17 StVZO verfahren.

2   **Begr** zur ÄndVO v 12. 11. 96 (VBl **96** 619): **Zu Abs 1 b:** … *Mit dieser Regelung wird die Rechtsgrundlage dafür geschaffen, daß auf Antrag für ein Fahrzeug ein amtliches Kennzeichen auf einen bestimmten Monatszeitraum zugeteilt werden kann und in diesem Zeitraum auch künftig wiederholt das Fahrzeug im öffentlichen Straßenraum in Betrieb gesetzt werden kann. Außerhalb des Zulassungszeitraums darf das Fahrzeug auf öffentlichen Straßen nicht in Betrieb gesetzt werden. Der Begriff „Betrieb" ist im verkehrstechnischen Sinne auszulegen. Danach dauert der Betrieb eines Kraftfahrzeugs solange fort, wie es der Fahrer im Verkehr beläßt, was dann auch das Parken einschließt.*

    Zu Absatz 4 Satz 7: … *Um … den Zulassungsstellen vor Ort über den Versicherungsschutz bei Fahrten mit ungestempelten Kennzeichen Sicherheit zu geben und damit auch die Befürchtungen vor einem möglichen Regreß im Schadensfall im Zusammenhang mit derartigen Fahrten zu nehmen, soll auf der Versicherungsbestätigung der Versicherer ausdrücklich für Fahrten mit ungestempelten Kennzeichen, die im Zusammenhang mit dem Zulassungsverfahren stehen, den Versicherungsschutz dokumentieren. Auch wird für den Halter, der mit einem Fahrzeug mit einem ungestempelten Kennzeichen zur Zulassungsstelle zwecks Zulassung fahren möchte, die notwendige Rechtsklarheit geschaffen.*
    …
    Mit dieser Änderung sollen keine Regelungen bezüglich der Kraftfahrzeug-Haftpflichtversicherungsverhältnisse geschaffen werden, sondern zusammen mit der Eintragung in die Versicherungsbestätigung (siehe Anhang 3 der Verordnung) soll das Versicherungsunternehmen dokumentieren, ob für Fahrten mit ungestempelten Kennzeichen, wie sie in § 27 Abs. 4 Satz 7 beschrieben sind, Versicherungsschutz besteht oder nicht.
    …

3   **Begr** zur ÄndVO v 4. 7. 97 (VBl **97** 903): **Zu Abs 4 Satz 7:** *Absatz 4 Satz 7 läßt … bestimmte Fahrten unter bestimmten Bedingungen mit ungestempelten Kennzeichen – auch ungestempelten Saisonkennzeichen – zu …*
    § 23 Abs. 4 Satz 7 soll … um die Fälle erweitert werden, in denen abgestempelte Saisonkennzeichen außerhalb des Zulassungszeitraumes für Fahrten zur Entstempelung des Kennzeichens oder Rückfahrten nach Abstempelung des Kennzeichens benutzt werden.
    Begr zur ÄndVO v 22. 7. 97: VBl **97** 538.

4   **Begr** zur ÄndVO v 20. 7. 00: BRDrucks 184/00 S 95: **Zu Abs 4 S 7:** … *Mit der vorliegenden Fassung soll sichergestellt werden, daß nur die Fahrzeuge mit ungestempelten Kenn-*

Zuteilung der amtlichen Kennzeichen § 23 StVZO **3**

zeichen am Verkehr auf öffentlichen Straßen teilnehmen, die in den Registern der Zulassungsbehörde vor Ort für Rückfragen, z. B. der Polizeibehörden, gespeichert bzw. der Zulassungsbehörde bekannt sind.
...
Dagegen sind endgültig stillgelegte Fahrzeuge nicht mehr in den Registern aufzufinden, allerdings nicht die, die soeben stillgelegt wurden und sich auf der Rückfahrt von der Zulassungsbehörde befinden.

Begr zum ÄndG v 9. 11. 02 **(Zu Abs 1 S 5):** BTDrucks 14/8766 S 61, 66; zur ÄndVO v 24. 9. 04: BRDrucks 344/04 S 34; zur ÄndVO v 2. 11. 04 **(Aufhebung von Abs VI a):** BRDrucks 600/04 S 7, 10.

15. StVZAusnV v 28. Februar 67 (BGBl I 263).

§ 1. (1) **Abweichend von** § 68 Abs. 1 StVZO werden die Zuständigkeiten der Verwaltungsbehörden und höheren Verwaltungsbehörden in bezug auf die Kraftfahrzeuge und Anhänger der auf Grund des Nordatlantikvertrages errichteten internationalen militärischen Hauptquartiere, soweit die Fahrzeuge ihren regelmäßigen Standort im Geltungsbereich dieser Verordnung haben, durch die Dienststellen der Bundeswehr nach Bestimmung des Bundesministers der Verteidigung wahrgenommen. 5

(2) Abweichend von § 23 Abs. 2, § 28 Abs. 3 und der Anlage I zur StVZO bestehen das amtliche Kennzeichen und das rote Kennzeichen dieser Fahrzeuge aus dem Buchstaben X und einer vierstelligen Zahl; im Übrigen gelten die Vorschriften des § 60 Abs. 1 Satz 5 letzter Halbsatz der Straßenverkehrs-Zulassungs-Ordnung für Kennzeichen der Bundeswehrfahrzeuge entsprechend. Auskunft über die Fahrzeuge erteilt die Zentrale Militärkraftfahrtstelle, ZMK, Hardter Straße 9, 41179 Mönchengladbach/Rheindahlen.

(3) Abweichend von § 29 Abs. 1 der Straßenverkehrs-Zulassungs-Ordnung dürfen an den Fahrzeugen auch nach § 16 Abs. 1 des Kraftfahrsachverständigengesetzes vom 22. Dezember 1971 (BGBl. I S. 2086), zuletzt geändert durch Artikel 12 Abs. 80 des Gesetzes vom 14. September 1994 (BGBl. I S. 2325), für den Bereich der Bundeswehr anerkannte Sachverständige oder Prüfer für den Kraftfahrzeugverkehr die Hauptuntersuchungen und Sicherheitsprüfungen durchführen. Abweichend von Nummer 3.2.1 der Anlage VIII der Straßenverkehrs-Zulassungs-Ordnung dürfen Sicherheitsprüfungen an diesen Fahrzeugen auch von geeigneten Werkstätten der Bundeswehr durchgeführt werden.

§ 2. Diese Verordnung tritt am Tage nach ihrer Verkündung in Kraft.

Begr zur 15. AusnVO: 6–8
Zu § 1: *Absatz 1 begründet, wie es die militärischen Bedürfnisse erfordern, die sachliche Zuständigkeit der entsprechenden Dienststellen der Bundeswehr, die in der Straßenverkehrs-Zulassungs-Ordnung festgelegten Aufgaben der Verwaltungsbehörden (Zulassungsstellen) und der höheren Verwaltungsbehörden wahrzunehmen.*
Absatz 2 sieht vor, daß das amtliche Kennzeichen (§ 23 Abs. 2 StVZO) und das rote Kennzeichen (§ 28 Abs. 3 StVZO) für die Hauptquartiersfahrzeuge aus dem Unterscheidungszeichen X und einer vierstelligen Zahl bestehen. Die Fahrzeuge der Hauptquartiere sind dadurch im Verkehr leicht zu identifizieren, zumal sie nach dem Ergänzungsabkommen außerdem noch vorn und hinten ein zusätzliches Sonderkennzeichen tragen werden. Das Sonderkennzeichen besteht aus einem rechteckigen weißen Schild mit der Bezeichnung SHAPE in schwarzen Buchstaben.
Absatz 3 läßt zu, daß die Fahrzeuge der Hauptquartiere von den entsprechenden Stellen der Bundeswehr nach Maßgabe der Vorschriften in § 29 StVZO und der Anlage VIII regelmäßig untersucht werden.

1. § 23 regelt die **Zuteilung des amtlichen Kennzeichens.** Das Kennzeichensystem ist in II beschrieben und in den Anlagen I bis Vb geordnet. IV S 5 ermöglicht es der ZulB, auf Vorführung des Kfz zu verzichten, wenn auf andere Weise Gewähr besteht, daß das Kennzeichen und seine Anbringung den Vorschriften entspricht. Kennzeichnung von Schulbussen, Anl 4 zur BOKraft. IV S 5 betrifft in der Fassung der Änd- 9

3 StVZO § 23   B. Fahrzeuge II. Zulassungsverfahren für Kraftfahrzeuge

VO v 12. 11. 96 nunmehr auch die Fälle, in denen zB nur die Umschreibung in demselben Zulassungsbezirk auf einen anderen Halter vorgenommen wird; denn rechtlich ist die Ummeldung im selben Zulassungsbezirk eine Zuteilung eines Kennzeichens (s Begr VBl **96** 623). Die in IV S 5 als Regel vorgesehene Vorführung ist in der heutigen Praxis die Ausnahme. Kennzeichnung von Arztfzen bei Lebensgefahr oder Gefahr schwerer gesundheitlicher Schäden: § 52 VI. Kennzeichnung der Kfze militärischer Hauptquartiere auf Grund des Natovertrages: Rz 5–8. Ausfuhrkennzeichen: § 7 II Nr 4 IntVO, § 60 I Nr 8 StVZO.

DA zum § 23 Abs. 1

10   *^I ... Ein Vorbehaltseigentümer kann den Antrag ebensowohl stellen wie derjenige, der ein Fahrzeug unter Vorbehalt des Eigentums eines anderen bis zur vollen Bezahlung des Kaufpreises erworben hat. Zu beachten ist, daß der Antragsteller nicht derjenige sein muß, für den das Fahrzeug zugelassen werden soll. Wer vom Verfügungsberechtigten als Inhaber der Zulassung angegeben wird und dieser Angabe zugestimmt hat, ist zunächst als Halter des Fahrzeugs zu betrachten, der besonders für die Erfüllung der in §§ 17, 27 und 31 begründeten Pflichten verantwortlich zu machen ist.*

11   *^{II} Ohne Fahrzeugbrief darf kein Kraftfahrzeug (Anhänger) zugelassen werden. Ein Fahrzeug, das zu einer durch Allgemeine Betriebserlaubnis genehmigten Gattung gehört, darf nur auf Grund eines Briefes zugelassen werden, den der dazu berechtigte Inhaber der Allgemeinen Betriebserlaubnis ausgestellt hat.*

12   *^{III} Der vorgelegte Brief ist auf ordnungsmäßige Ausfüllung zu prüfen. Insbesondere ist darauf zu achten:*
   a) daß die Firmenbescheinigung ... genau (auch z. B. mit Datum) eingetragen und die zugrunde liegende Allgemeine Betriebserlaubnis vorschriftsmäßig angegeben ist (faksimilierte Unterschriften bei der Firmenbescheinigung sind zulässig);
   b) daß die Fahrgestellnummer eingetragen ist und daß Angaben, die in irgendeiner Beziehung miteinander stehen, das richtige Verhältnis zueinander haben. Wird z. B. bei Lastwagen unter Aufbau „Plattform" angegeben, so kann bei den Maßen des Laderaums eine Höhe nicht verzeichnet sein;
   c) daß der Brief nur im Vordruck vorgesehene oder sonst amtlich angeordnete oder zugelassene Eintragungen enthält. Hat ein Brief unzulässige Eintragungen, insbesondere solche über Eigentums- oder sonstige Rechtsverhältnisse des Fahrzeugs, oder sind dem Brief weitere Blätter eingefügt, deren Herausnahme nicht ohne weiteres möglich ist, so ist der Brief unbearbeitet dem Antragsteller zurückzugeben und nötigenfalls dafür zu sorgen, daß er in vorschriftsmäßigem Zustand unverzüglich wieder eingereicht wird.

13   *^{IV} Erstreckt sich die Firmenbescheinigung nicht auf alle im Brief enthaltenen Angaben, so ist für die übrigen Angaben eine Bescheinigung des Herstellers der betreffenden Teile erforderlich. Vgl. auch die DA zu § 22 Abs. 2.*

14   *^V Wird ein Fahrzeugbrief bei der Zulassungsstelle eingereicht, so hat sie demjenigen, der den Brief einreicht, auf Verlangen eine Empfangsbestätigung zu erteilen.*

15   **2. Kennzeichenpflichtige Kraftfahrzeuge.** Kennzeichen müssen alle Kfze führen, die nicht nach § 18 vom Zulassungsverfahren ausgenommen sind, zB auch Quads, soweit sie nicht unter § 18 II Nr 4 b (vierrädrige LeichtKfze) fallen, BMV VBl **04** 29, Ternig ZfS **04** 2, ferner die in § 18 IV bezeichneten Fze. Kennzeichen müssen ferner die **Anhänger** von Kfzen haben, soweit sie nicht zulassungsfrei sind. Für zulassungsfreie Anhänger (§ 18) mit Ausnahme der in § 18 IV S 1 Nr 2 und § 53 VII bezeichneten gilt § 60 V; sie müssen hinter einem zulassungspflichtigen Zugfahrzeug dessen Kennzeichen führen. Verzichtet der Halter auf Zulassungsfreiheit (§ 18 VII), so ist der Anhänger im Zulassungsverfahren zu behandeln und erhält dann ein eigenes Kennzeichen. Abgeschleppte Fze sind keine Anhänger (§ 18 I); sie brauchen keine Kennzeichen zu führen, Kar VRS **7** 477. Kennzeichenpflichtig sind auch einachsige Anhänger von Zgm (Nachläufer, s VBl **49** 57), s § 18 Rz 8. Land- und forstwirtschaftliche **Arbeitsgeräte** mit zulässigem Gesamtgewicht über 3 t können auf Antrag ein amtliches Kennzeichen erhalten, VBl **00** 674 (675).

Zuteilung der amtlichen Kennzeichen § 23 StVZO 3

3. Verfahren bei Zuteilung des Kennzeichens. Die Zuteilung ist Bestandteil des 16
Zulassungsverfahrens, Dü NZV **97** 319. Sie setzt einen **Antrag** voraus (§ 1 I S 2 StVG), den der Verfügungsberechtigte, also der Eigentümer, bei Kauf unter Eigentumsvorbehalt der Erwerber, zu stellen hat, mit dessen Zustimmung auch der Vorbehaltseigentümer handeln kann, s VGH Mü VM **81** 79. Bei Sicherungseigentum bleibt der Sicherungsgeber im Sinne des § 23 verfügungsberechtigt. Minderjährige bedürfen der Einwilligung des gesetzlichen Vertreters, VGH Mü VM **69** 17. Nach § 183 BGB wird die Einwilligung in den Zulassungsantrag nur bis zu dessen Eingang bei der ZulB widerrufbar sein, nach diesem Zeitpunkt darf der gesetzliche Vertreter den Zulassungsantrag jedoch anstelle des Minderjährigen zurücknehmen, s *Bouska* VD **73** 275. Auch der vom Eigentümer verschiedene Halter kann als Verfügungsberechtigter den Zulassungsantrag stellen (I DA), BVG VRS **66** 313, **73** 235. Ist der FzMieter Halter (s § 7 StVG Rz 16), so ist auch er Verfügungsberechtigter iS von Abs I, BVG VRS **66** 309. Der **Inhalt des Antrags** ist verschieden, je nachdem, ob bereits ein FzBrief erteilt ist oder nicht, Abs I S 3. Wird in demselben Akt Kennzeichenzuteilung und sofortige Stillegung beantragt, so braucht das Kfz nur stillgelegt zu werden, BVG VM **77** 33. Vom Antragsteller mitzuteilende Halter- und FzDaten: Abs I S 2, §§ 34 I, II StVG, 1 I FRV. Sachlich **zuständig** für die Zuteilung ist die VB (ZulB), § 68. Die örtliche Zuständigkeit ist abweichend von § 68 II geregelt: maßgebend ist der Ort, an dem das Fz seinen regelmäßigen **Standort** haben soll (I S 1), s *Bormann* DAR **63** 341. Dieser bestimmt sich nach objektiven Merkmalen, nicht nach subjektiven Vorstellungen des Verfügungsberechtigten, BVG VRS **62** 235. Standort bei Vermietung ausländischer Anhänger ins Inland, s BVG VRS **66** 309, *Jagow* VD **83** 62, Zulassungsfreiheit bei vorübergehendem Verkehr im Inland hinter deutschen ZugFzen, § 1 IntVO, s § 18 Rz 8. Die grundsätzliche Zulassungspflicht im Inland für ein im EG-Ausland geleastes Kfz verstößt nicht gegen EG-Recht, EuGH DAR **03** 504, s *Ternig* DAR **03** 498. Regelmäßiger Standort ist derjenige des „Schwerpunkts der Ruhevorgänge" (*Bouska*) VD **78** 123) des Kfz, von dem aus das Fz unmittelbar zum StrV eingesetzt wird, BVG VRS **66** 312, nicht unbedingt der dafür allerdings idR indizielle regelmäßige Wohnsitz, weil es im Interesse des Halters liegen kann, das Kfz regelmäßig von einem anderen Ort als dem Wohnort aus zu benutzen. Hat der Halter mehrere solcher Orte, so darf er unter ihnen wählen, aM VG Schleswig NJW **78** 341, Scheinstandorte sind unbeachtlich, Fra VRS **31** 389. Bei ständigem Einsatz im überregionalen Verkehr ist der Einsatzmittelpunkt entscheidend, BVG VRS **66** 312. Der wirtschaftliche Grund der Zulassung ist der ZulB nicht nachzuweisen, deshalb kommt es auch bei zugelassenen, aber zunächst nicht zum öffentlichen Betrieb bestimmten Fzen lediglich auf den nachgewiesenen Mittelpunkt der Ruhevorgänge an, abw *Wirsing* VD **79** 19. Zum Begriff des regelmäßigen Standorts, *Klewe* VD **80** 251. Gestohlene oder sonst **abhanden gekommene Kennzeichen** dürfen nicht vor dem Wiederauffinden, sonst nicht früher als 5 Jahre nach Bekanntwerden des Verlustes wieder ausgegeben werden, VBl **78** 71. Unterrichtung der ZulB über gestohlene Fze und Kennzeichen, BMV VBl **78** 71.

Eine **nationale BE** braucht nicht beantragt zu werden, wenn eine **EG-Typgeneh-** 16 a
migung vorliegt (§ 18 I). Der Nachweis der EG-Typgenehmigung erfolgt, wenn kein FzBrief durch den Hersteller ausgefüllt worden ist, nach Maßgabe von I S 7, 8 durch Vorlage der in den dort genannten Richtlinien vorgeschriebenen Übereinstimmungsbescheinigungen. Zulassungsfreie Fze: Abs I S 10. Für **Importfahrzeuge** mit EG-Typgenehmigung, die schon in einem anderen Staat im V waren, gilt Abs V. Bei ihnen hängt die Zuteilung des Kennzeichens von der Durchführung einer Hauptuntersuchung nach § 29 und einer Abgasuntersuchung ab, wenn sie in einem Staat außerhalb der Europäischen Union oder des Europäischen Wirtschaftsraums im V waren. Sonst gilt dies nur, wenn die Untersuchungen hier inzwischen fällig gewesen wären; ist dieser Zeitpunkt noch nicht eingetreten, wird eine Prüfplakette erteilt, auf der der Untersuchungstermin angegeben ist.

3 a. Personalien des Zulassungsträgers. Zulassungsträger können auch mehrere 17
Personen zugleich sein, BVG VRS **73** 235. Der Zulassungsträger braucht nicht der Eigentümer zu sein (I DA), BVG VRS **66** 313. Gem §§ 34 I Nr 1 StVG, 2 I FRV sind der ZulB die in § 33 I S 1 Nr 2 StVG bezeichneten Halterdaten vom Antragsteller mitzu-

1017

3 StVZO § 23 B. Fahrzeuge II. Zulassungsverfahren für Kraftfahrzeuge

teilen, ferner die nach § 33 II StVG zu speichernden Daten über Beruf oder Gewerbe (§ 34 II StVG). Abgesehen von offenkundigen Bedenken dürfen die StrVB den im Antrag Genannten als Halter ansehen und zur Erfüllung der Halterpflichten anhalten, BVG VM **78** 73. Die Meldepflicht nach § 27 eines Verfügungsberechtigten gem Abs I endet, wenn ein anderer Verfügungsberechtigter seiner Meldepflicht nachgekommen ist, BVG VRS **66** 314. Zu Problemen des Datenschutzes im Zusammenhang mit der Erhebung von Daten im Zulassungsverfahren, s *Jagow* VD **84** 6.

18 **3 b. Angaben über die Art des Fahrzeugs.** Der ZulB sind vom Antragsteller die in § 1 I FRV bezeichneten FzDaten mitzuteilen und auf Verlangen nachzuweisen (§ 34 I Nr 1 StVG). Die früher sogenannten **Kombinationskraftwagen** mit einem zulässigen Gesamtgewicht von nicht mehr als 2,8 t galten bei Eignung sowohl für Personen- als auch Güterbeförderung aufgrund der Konstruktionsmerkmale bis zum Inkrafttreten der 27. ÄndVStVZO (1. 5. 05) als Pkw, Abs VI a (alt), s BMV VBl **69** 658. Da die Bestimmung mit den in der Richtlinie 70/156/EWG definierten FzKlassen (Fze der Kl M_1 = Pkw) nicht in Einklang stand (zB hinsichtlich der Begrenzung auf ein bestimmtes zulässiges Gesamtgewicht), wurde sie aufgehoben. Insbesondere bei FzUmbau kann die Zuordnung eines Fzs als **Lkw** durch die ZulB gelegentlich von der **steuerrechtlichen Zuordnung** abweichen, BFH NZV **99** 143, DAR **01** 90. (Kombinations-) Fze mit mehr als 2,8 t zulässigem Gesamtgewicht, die im übrigen die Merkmale des VI a (alt) erfüllten, waren steuerrechtlich nicht als Pkw zu behandeln, BFH DAR **03** 330, **98** 367, *Rüsken* DAR **99** 102 („anderes" Fz, § 8 Nr 2 KraftStG). Auch Fze mit offener Ladefläche oder mit von der Kabine getrenntem Laderaum sind steuerrechtlich nur dann Lkw, wenn die Ladefläche die der Personenbeförderung dienende Fläche übertrifft, BFH DAR **01** 331. Durch Entfernen der Rücksitzbank und Einbau einer Trennwand bei einem KombiFz kann nicht die Besteuerung als Lkw erreicht werden, BFH NZV **97** 456. Näher: *Rüsken* DAR **99** 100. Vorlage des FzScheins bei Verwendung eines Pkws zur **Personenbeförderung** nach PBefG oder zur Beförderung von Kindern oder Behinderten durch oder für Kindergarten- bzw Schulträger, Abs VI. Zweck der durch VO v 16. 11. 84 eingefügten Vorschrift: Erleichterung der Durchführung der Hauptuntersuchung nach § 29; durch den Vermerk soll erkennbar gemacht werden, daß für jene Fze die (kürzere) 12-Monatsfrist gilt (VBl **85** 76). **Wohnmobile** werden weder als Pkw nach als Lkw im FzSchein eingetragen, sondern gehören zu den „sonstigen" Kfzen, *Berr* 1, 16, s *Bra* DAR **93** 478. Regelungen der StVO einschließlich der VZ, die nur für Pkw gelten, sind nicht ohne weiteres auf Wohnmobile zu übertragen, Schl NZV **91** 163, KG NZV **92** 162, *Berr* 462. Soweit allerdings derartige Regelungen Pkw *und* Lkw bis 3,5 t betreffen, wird man sie auf Wohnmobile bis 3,5 t entsprechend anwenden müssen, wenn nach Sinn und Zweck der Vorschrift nichts für eine Ungleichbehandlung spricht. **Systematisches Verzeichnis** der Fahrzeug- und Aufbauarten, s § 25 Rz 2.

19 **3 c. Verfügungsberechtigter über den FzBrief.** Gem § 1 I Nr 10 FRV ist der ZulB vom Antragsteller bei Fzen, für die ein FzBrief ausgefertigt wurde, der Verfügungsberechtigte über den FzBrief mitzuteilen. Das wird in der Regel der Eigentümer des Kfz sein, der mit dem Antragsteller oder Halter nicht personengleich zu sein braucht (Rz 17). Vor allem bei Kauf auf Abzahlung wird der Brief regelmäßig dem Kreditgeber zuzusenden sein, der sich das Eigentum vorzubehalten pflegt. Die ZulB darf den Brief auch nach der geltenden Neufassung von V der DA zu Abs I nur dem aushändigen, der im Antrag auf Kennzeichenzuteilung als Empfänger benannt ist, s BMV VBl **70** 118.

20 **3 d. Vorlegung des Fahrzeugbriefs.** Mit dem Antrag ist, soweit nicht das Kennzeichen für ein zulassungsfreies Fz beantragt wird (§ 18), der FzBrief (§§ 20, 21, 25) und die Datenbestätigung (§ 20 III a) vorzulegen (Abs I S 3). Ohne Brief darf kein Kfz (Anhänger) zugelassen werden. Ein Fz einer allgemein zugelassenen Gattung darf nur auf Grund eines Briefes zugelassen werden, den der berechtigte Hersteller (Inhaber der ABE) ausgestellt hat (DA II zu § 23). Behandlung der FzBriefe bei Eigentumsvorbehalt: Rz 10, 19, s VBl **49** 69.

21 **3 e. Nachweis einer Kraftfahrzeug-Haftpflichtversicherung. Versteuerung:** Mit dem Antrag auf Kennzeichenzuteilung hat der Antragsteller der ZulB die in § 1 I

Zuteilung der amtlichen Kennzeichen § 23 StVZO **3**

Nr 11 FRV genannten Daten über die bestehende **KfzHaftpflichtversicherung** (§ 4 PflVG) bzw. die Befreiung von der gesetzlichen Versicherungspflicht nachzuweisen, es sei denn das Fz unterliegt nicht der Versicherungspflicht (§ 29 a IV), s BMV VBl **93** 503. Versicherungskennzeichen für Kleinkrafträder und FmH: § 29 e. Amtshaftung, s Rz 25. Nachweis der **Versteuerung:** § 13 KraftStG. Die ZulB oder die von ihr mit der Zulassung beauftragte Stelle hat nach Maßgabe des KraftStG an der Versteuerung mitzuwirken. Gem § 13 KraftStG darf der FzSchein erst nach dem Nachweis der Versteuerung ausgehändigt werden. Durch RVO der Landesregierungen kann die Aushändigung auch von der Erteilung einer Einzugsermächtigung abhängig gemacht werden, § 13 I S 2 Nr 1 KraftStG. Anhänger können auf Antrag unversteuert bleiben, sofern für das Zugfz ein Anhängerzuschlag (§ 10 KraftStG) entrichtet ist, sie erhalten dann ein Kennzeichen mit grüner Schrift (Abs Ia); das Mitführen solcher Anhänger hinter anderen ZugFzen ist dann unzulässig und löst Nachversteuerungspflicht aus, näher *Schmitz* Betr **79** 813.

Schadstoffarme und bedingt schadstoffarme Pkw sind nach Maßgabe der §§ 3b, 9 KraftStG steuerlich begünstigt. Näher dazu: § 47. Damit der Halter über einen entsprechenden Nachweis verfügt, sehen Abs VII und VIII einen Vermerk im FzSchein vor, sofern die ZulB die Voraussetzungen für die Anerkennung als schadstoffarmes bzw. bedingt schadstoffarmes Fz nachweist. Als Nachweis dienen der Vermerk des Herstellers im FzBrief, in Zweifelsfällen ein Sachverständigengutachten, bei Nachrüstung mit Abgasreinigungsanlage (Katalysator) die ABE für FzTeile gem § 22 in Verbindung mit einer Bescheinigung über deren Einbau. Hinsichtlich der Pkw-Eigenschaft ist die BE (FzSchein) maßgebend, VGH Ma VM **94** 79. Über die administrative Behandlung schadstoffarmer und bedingt schadstoffarmer Kfze, s BVM v 12. 9. 85: VBl **85** 586, v 22. 10. 85: VBl **85** 649 und v 8. 1. 90: VBl **90** 2. Die Vermerke im FzSchein über bedingte Schadstoffarmut werden gelöscht, wenn deren Voraussetzungen entfallen. Besteht Anlaß für eine entsprechende Annahme, so kann die ZulB Beibringung eines Sachverständigengutachtens oder Vorführung des Fzs anordnen, Abs VIII S 3, § 17 III. Im übrigen folgt aus § 27 I, Ia Nr 9 die Verpflichtung des Eigentümers bzw Halters, den Wegfall der Voraussetzungen für die Anerkennung des Fzs als schadstoffarm oder bedingt schadstoffarm der ZulB zu melden. Für die Einstufung des Fzs in **Emissionsklassen** (§ 48), die für die Besteuerung von Fzen mit einer zulässigen Gesamtmasse von mehr als 3500 kg von Bedeutung ist, begründet Abs IX die Zuständigkeit der ZulB.

Lit: *Hachemer,* Notwendige Dokumente und deren Ersatz im Zulassungsverfahren, VD **98** 52. *Jagow,* Schadstoffarme und bedingt schadstoffarme Fze, VD **85** 169, 193. *Wirsing,* Zur Neuzulassung eines Fzs nach § 23 I StVZO, VD **81** 65.

4. Ausgestaltung und Anbringung des Kennzeichens. III regelt zusammen mit **22** § 60, wie das Kennzeichen auszugestalten und anzubringen ist. „Wunsch"-Kennzeichen mit bestimmter Buchstaben- oder Zahlenfolge, s § 60 Rz 9. Liste der amtlichen Kennzeichen der **Diplomatenfze** und anderer bevorrechtigter Personen, VBl **99** 766, **00** 258, 477, 478, 647, **01** 66, 234, 310, **03** 831, **04** 20, 282. Versicherungskennzeichen: § 29 e. Das am Kfz angebrachte amtlich gestempelte Kennzeichen beurkundet die Zulassung dieses Kfz, BGHSt **45** 197 = NZV **00** 46, Bay DAR **78** 52, NZV **99** 213, Stu NStZ **01** 370, Dü NZV **97** 319. Anbringung eines amtlich gestempelten Kennzeichens an einem anderen Kfz als demjenigen, für das es ausgegeben ist, ist **Urkundenfälschung**, BGH NJW **61** 1542, Bra DAR **78** 24, ebenso, wenn das Kennzeichen zwar für dieses Kfz ausgegeben, aber verlorengegangen war, wenn es nunmehr am inzwischen stillgelegten Kfz angebracht wird, Bay DAR **78** 52. Gebrauch gemacht wird von einem falschen Kennzeichen schon dadurch, daß das Kfz mit dem Kennzeichen im Verkehr benutzt wird, RGSt **72** 369, Bay NZV **98** 333. Das Anbringen entstempelter amtlicher Kennzeichen an Kfzen, für die sie nicht bestimmt sind, ist keine Urkundenfälschung, Hb VM **59** 23, ebensowenig das Anbringen eines selbst gefertigten Kennzeichenschildes, BGH DAR **97** 176. Vor Stempelung oder nach Entfernung des Stempels ist das Kennzeichen keine Privaturkunde (§ 267 StGB), denn es besagt nichts über den Aussteller, Hb VRS **31** 362.

4 a. Saisonkennzeichen. Abs Ib ermöglicht es dem FzHalter, die Zulassung des Fzs **22 a** ohne vorübergehende Stillegung auf mindestens 2 bis höchstens 11 Monate des Jahres zu beschränken. Das Fz ist zwar auch außerhalb des auf dem Kennzeichen angegebenen Zeitraums iS der Bestimmungen der StVZO zugelassen (vgl. Begr BRDrucks 184/00, VBl **96** 620), OVG Hb NZV **02** 150, ist insbesondere außerhalb des Betriebszeitraums nicht vorübergehend stillgelegt (vgl. Begr VBl **96** 620), darf aber nicht betrieben werden. Probe-, Prüfungs- und Überführungsfahrten außerhalb des Betriebszeitraums mit Kurzzeitkennzeichen oder roten Kennzeichen: § 28 I S 6, 7. Im übrigen gelten, soweit nicht Sonderregelungen getroffen sind, alle Vorschriften, die auch bei normalem Kennzeichen anzuwenden sind (s Begr, VBl **96** 619). Das Saisonkennzeichen behält auch außerhalb des Betriebszeitraums seine rechtliche Qualität als von der ZulB zugeteiltes amtliches Kennzeichen, OVG Hb NZV **02** 150. Die Dauer des Betriebszeitraums ist aus Kontrollgründen auf dem Kennzeichen ablesbar. Bei Zulassung für die Monate April bis Oktober zB sind auf dem Kennzeichen die Ziffern 04 und darunter, getrennt durch einen Strich nach Art eines Bruches, die Ziffern 10 eingeprägt. Dabei beginnt die erlaubte Betriebsdauer mit dem ersten Tag des Anfangsmonats und endet mit dem letzten Tag des den Betriebszeitraum beendenden Monats. Die befristete Betriebszulassung nach I b ist stets nur für volle Monate möglich. **Außerhalb des Betriebszeitraums** darf das Fz im öffentlichen VRaum weder in Betrieb gesetzt noch abgestellt werden (zur Frage der Strafbarkeit nach §§ 1, 6 PflVG, s vor § 29 a Rz 17). Nach Sinn und Zweck der Regelung in I b gilt für den Begriff des Betriebs die sog verkehrstechnische Auffassung (s § 7 StVG Rz 5), worauf in der Begr (VBl **96** 622, s Rz 2) ausdrücklich hingewiesen wird. Danach ist das Fz so lange in Betrieb, wie es im öffentlichen V, auch im ruhenden, belassen wird. Dennoch wurde die Bestimmung zur Klarstellung auf Anregung des BR durch das ausdrückliche Verbot des Abstellens des Fzs auf öffentlichen Strn außerhalb des Betriebszeitraums ergänzt, weil sonst (nach Ansicht des BR, s VBl **96** 622) für die Halter solcher Fahrzeuge zukünftig ein Anreiz bestünde, die Kosten der Privatunterbringung zu sparen und statt dessen den öffentlichen Straßenraum kostenfrei in Anspruch zu nehmen. Fahrten **im Zusammenhang mit dem Zulassungsverfahren**, insbesondere zur Abstempelung, dürfen gem Abs IV S 7 Halbsatz 2 auch außerhalb des Betriebszeitraums durchgeführt werden, wenn Versicherungsschutz besteht (s Begr, Rz 3). Erläuternde Hinweise des BMV zum Saisonkennzeichen: VBl **97** 31.

22 b **4 b. Oldtimerkennzeichen.** Unter den Voraussetzungen von Abs I c wird auf Antrag ein Oldtimerkennzeichen zugeteilt. Näher: § 21 c Rz 5. Zur Erteilung einer Oldtimer-BE, s § 21 c. Das Oldtimerkennzeichen enthält im Anschluß an die letzte Ziffer der Erkennungsnummer den Buchstaben H („historisches" Fz), der aber nicht registermäßig erfaßt wird (VBl **97** 536). Ausgestaltung des Oldtimerkennzeichens im übrigen: § 60 I d und Anl V c.

Lit: *Hentschel*, Neue Bestimmungen für Oldtimer, NJW **97** 2934. *Jagow*, Die Oldtimer-VO, VD **97** 193. *Kullik*, Saisonkennzeichen, PVT **01** 137.

23 **5. Stempelung des Kennzeichens.** Kennzeichen mit Ausnahme der an zulassungsfreien Anhängern angebrachten (§ 60 V) müssen gestempelt sein (Abs IV), und zwar sämtliche angebrachten, erforderlichen Kennzeichen. Mit der Abstempelung ist das Kennzeichen iS von § 18 I zugeteilt, Dü NZV **97** 319, *Jagow* Anm 9, auch wenn es irrtümlich von der Eintragung im FzSchein abweicht, Dü NZV **93** 79; damit ist das Fz zum Verkehr zugelassen, Dü NZV **93** 79, *Förschner* DAR **86** 288. Die Stempelplaketten sind stets lesbar zu erhalten; sie dürfen nicht verdeckt oder verschmutzt sein, Abs IV S 4. Soweit Abs IV S 2 die Anbringung des Stadtwappens auf der Stempelplakette ausschließt, verstößt dies nicht gegen Art 28 GG, BVerfG DAR **00** 397. Anbringen einer falschen Stempelplakette ist dann keine **Urkundenfälschung,** wenn das Falsifikat nicht geeignet ist, über die Identität des Ausstellers zu täuschen; dann handelt es sich nur um Vortäuschung einer Urkunde, Bay DAR **81** 246, Stu NStZ-RR **01** 370. Die ZulB darf das Kennzeichen nicht stempeln, wenn ihr die vorschriftswidrige FzBeschaffenheit bekannt ist, wird aber zur Prüfung insoweit im Hinblick auf die vorausgegangene Überprüfung bei Erteilung der BE bzw im Rahmen der regelmäßigen Untersuchung (§ 29) nicht stets verpflichtet sein, *Jagow* VD **84** 89, strenger Bay VM **76** 6. Sie darf auf Vorführung verzichten, wenn sichergestellt ist, daß die vorschriftsmäßige Anbringung ordnungsmäßiger Kennzeichen auch ohne Vorführung erreicht wird (s Rz 9). Auch bei

Zuteilung der amtlichen Kennzeichen § 23 StVZO **3**

Änderung des Kennzeichens nach IV Satz 8 aus verwaltungstechnischen oder sonstigen Gründen darf die ZulB Vorführung anordnen. Aus IV S 8 läßt sich kein Anspruch des FzHalters auf Änderung herleiten, OVG Schl NZV **91** 485. **Vor Stempelung** darf das Kfz im Verkehr nicht verwendet werden (ow gem §§ 18 I, 69a II Nr 3 StVZO, 24 StVG). Abs IV S 7 stellt klar, daß **Fahrten im Zusammenhang mit dem Zulassungsverfahren,** etwa zur Stempelung (Entstempelung) des Kennzeichens, mit ungestempelten Kennzeichen durchgeführt werden dürfen. Sie müssen aber den kürzesten Weg nehmen und dürfen, ebensowenig wie die Fahrten zur Durchführung der in IV S 7 genannten Untersuchungen, nicht zugleich Gebrauchszwecken dienen (Transport), Bay VM **76** 6, Fra VRS **44** 376. Die Nummer des Kennzeichens muß dem KfzHalter von der ZulB bereits bekannt gegeben, *Jagow,* VD **84** 159, das ungestempelte Kennzeichen am Fz angebracht sein (Abs III), *Hachemer* VD **96** 230. Fahrten im Zusammenhang mit der Abstempelung sind solche vom Standort zur ZulB, nötigenfalls zwischendurch zur Werkstatt zur notwendigen Instandsetzung, nicht private Umwege (Lokal), Hb VR **71** 925. Im übrigen muß die Fahrt mit ungestempelten Kennzeichen zu den in IV S 7 genannten Zwecken jedenfalls innerhalb der Grenzen des Zulassungsbezirks und eines angrenzenden Bezirks stattfinden, um von IV S 7 gedeckt zu sein. Voraussetzung für die Berechtigung zum Fahren mit ungestempelten Kennzeichen im Zusammenhang mit dem Zulassungsverfahren oder zur Durchführung einer Hauptuntersuchung, Sicherheitsprüfung oder Abgasuntersuchung ist ferner das **Bestehen einer Haftpflichtversicherung** für die betreffende Fahrt. Der Versicherungsschutz ist durch den VU in der Versicherungsbestätigung durch entsprechende Eintragung zu dokumentieren. Ohne eine solche Klarstellung durch den VU wäre im Hinblick auf § 9 S 1 KfzPflVV nicht auszuschließen, daß trotz Aushändigung einer Versicherungsbestätigung noch kein Versicherungsschutz gewährleistet ist, weil das Fz nämlich erst mit der Abstempelung des Kennzeichens iS von § 9 S 1 KfzPflVV „behördlich zugelassen" ist. Für Fahrten zur Abstempelung darf die ZulB keinen Zeitpunkt vorschreiben, auch hängt die Zulässigkeit der Fahrt mit ungestempeltem Kennzeichen nicht vom Mitführen eines Zulassungsantrags ab, Fra VRS **44** 376, *Hachemer* VD **96** 232. Wird das Kfz ohne Zutun des Halters nicht abgefertigt, so darf es mit ungestempelten Kennzeichen zurückfahren, BFH FR **62** 125. Der Fahrer ist neben dem Halter für das Fehlen des Stempels verantwortlich, Ha VRS **28** 148. Fahrten mit **Kurzzeitkennzeichen** oder **rotem Kennzeichen:** § 28.

Lit: *Hachemer,* Fahrten zur Zulassungsstelle mit ungestempeltem Kennzeichen, VD **96** 279. *Jagow,* Fahrten mit ungestempelten Kennzeichen, VD **84** 158. *Derselbe,* Stempel- und Prüfplaketten an KfzKennzeichen, VD **84** 88.

6. Ordnungswidrigkeit: §§ 69a II Nr 4 StVZO, 24 StVG. Benutzung des Fzs mit 24 Saisonkennzeichen außerhalb des Betriebszeitraums entgegen Abs Ib S 2 ist ow gem § 69a II Nr 10a. Bei Abstellen des Fzs im öffentlichen VRaum entgegen Ib S 2 ist diese Bestimmung gegenüber § 32 S 1 StVO speziell. Nichtvorlage des FzScheins gem Abs VI S 2 ist ow nach § 69a II Nr 10a. Abs III ist keine selbständige Verhaltensnorm, sondern enthält nur einen Hinweis auf die Ge- und Verbote des § 60 und ist daher in § 69a nicht genannt. Da die Zuteilung des Kennzeichens Bestandteil der Zulassung ist, ist das Führen ohne das erforderliche Kennzeichen (oder mit ungestempeltem Kennzeichen) ein Verstoß gegen § 18 I (§ 69a II Nr 3). Kennzeichenmißbrauch in rechtswidriger Absicht: § 22 StVG. Wo die rechtswidrige Absicht fehlt, kommt eine OW (§§ 23 StVZO, 24 StVG) in Betracht. Hier genügt Fahrlässigkeit (§§ 10 OWiG, 24 StVG). III ist keine selbständige Verhaltensnorm (§ 69a).

7. Zivilrecht. Die ZulB hat zu prüfen, ob die technischen **Daten im FzBrief** mit 25 denen am Fz übereinstimmen; das ist Amtspflicht gegenüber dem Eigentümern gestohlener Kfze, BGH NJW **53** 1910. Die Zulassung des **Versicherungsschutz** begründet Staatshaftung gegenüber dem Geschädigten, Hb VRS **4** 251. Dagegen obliegt der ZulB gegenüber dem Halter oder Entleiher eines Kfz nicht die Amtspflicht, das Bestehen der Haftpflichtversicherung nachzuprüfen; sie sind nicht Dritte im Sinne der Vorschriften über die Amtshaftung, Dü NJW-RR **88** 219, Mü NJW **56** 752. Auch die Amtspflicht zur Wahrung der Belange aller Versicherten obliegt dem Träger der Versicherungsaufsicht nach dem VersicherungsaufsichtsG nicht gegenüber dem geschädigten VT, BGHZ

58 96 = NJW **72** 577. Zum Schadenersatzanspruch aus Amtspflichtverletzung bei fehlerhafter Zulassung, *Thomas* DAR **53** 232.

Ausfertigung des Fahrzeugscheins

24 (1) ¹Auf Grund der Betriebserlaubnis oder der EG-Typgenehmigung und nach Zuteilung des Kennzeichens wird der Fahrzeugschein (Muster 2 a) ausgefertigt und ausgehändigt; fehlt noch die erforderliche Betriebserlaubnis, so wird sie durch Ausfertigung des Fahrzeugscheins erteilt; einer besonderen Ausfertigung der Betriebserlaubnis bedarf es nur, wenn umfangreiche Bedingungen gestellt werden, auf die im Fahrzeugschein alsdann hinzuweisen ist. ²Die Scheine sind mitzuführen und zuständigen Personen auf Verlangen zur Prüfung auszuhändigen. ³Sind für denselben Halter mehrere Anhänger zugelassen, so kann statt des Fahrzeugscheins ein von der Zulassungsbehörde ausgestelltes Verzeichnis der für den Halter zugelassenen Anhänger mitgeführt und zur Prüfung ausgehändigt werden; aus dem Verzeichnis müssen Name, Vornamen und genaue Anschrift des Halters sowie Hersteller, Tag der ersten Zulassung, Fahrzeugklasse und Art des Aufbaus, Masse des in Betrieb befindlichen Fahrzeugs in kg (Leermasse), im Mitgliedstaat zulässige Gesamtmasse in kg, bei Sattelanhängern auch die Stützlast in kg, Fahrzeug-Identifizierungsnummer und amtliches Kennzeichen der Anhänger ersichtlich sein.

(2) ¹Zur Ausfüllung der Fahrzeugscheine werden der Zuzassungsbehörde, soweit es für die Zulassung erforderlich und angemessen ist, vom Kraftfahrt-Bundesamt Typdaten zur Verfügung gestellt, um die Eintragungen maschinell vornehmen zu können. ²Das Kraftfahrt-Bundesamt hat diese Typdaten zu erstellen, soweit es über die hierfür erforderlichen Angaben verfügt.

(3) Für Fahrzeuge der Bundeswehr können von der Zentralen Militärkraftfahrtstelle Fahrzeugscheine nach Muster 2 c ausgefertigt werden.

1   *DA zum § 24* (aufgehoben: VBl **90** 810)

2/3   **Begr** zur ÄndVO v 14. 7. 72 (VBl **72** 459): 33. Aufl.

       Begr zur ÄndVO v 24. 9. 04: BRDrucks 344/04 S 35.

4   1. § 24 regelt die **Erteilung des Fahrzeugscheins.** Bei diesem handelt es sich um die **Zulassungsbescheinigung Teil I** iS der Richtlinie 1999/37/EG, die durch die 38. ÄndVStVR v 24. 9. 04 (Inkrafttreten: 1. 10. 05) in das deutsche Recht übernommen wurde. Erst auf Grund der BE oder EG-Typgenehmigung oder als Ersatz für die erforderliche BE (Satz 1) und nach Zuteilung des Kennzeichens (§ 23) wird der FzSchein ausgefertigt und ausgehändigt. Gemäß Art 3, 35 ÜbStrV 1968 werden die nationalen FzScheine anerkannt, wenn in ihnen der Tag der ersten Zulassung vermerkt ist. Die Eintragung dieses Tages in die Fahrzeugscheine und Anhängerverzeichnisse ist deshalb vorgesehen. Zur Befristung internationaler Zulassungsscheine auf Gültigkeitsdauer der Haftpflichtversicherung, BMV VBl **67** 558, **68** 472.

5   2. Der **Fahrzeugschein** ist nach Muster 2a auszufertigen. FzScheine nach den vor dem 1. 10. 05 (Inkrafttreten der 38. ÄndVStVR) gültigen Mustern bleiben gültig, § 72 II. Die ZulB darf aber darüber hinaus weitere Daten eintragen, zB auf Wunsch des Halters dessen Firmenbezeichnung, OVG Ko NZV **91** 406. Art und Anzahl der im FzSchein angegebenen Daten müssen nicht mit den in das FzRegister einzutragenden übereinstimmen, OVG Ko NZV **91** 406. Abw von der bis zum 30. 9. 05 geltenden Regelung des Zulassungsverfahrens enthält nunmehr der FzSchein alle für das Verfahren erforderlichen Angaben über Beschaffenheit und Ausrüstung des Fzs. FzScheine für **Fze der BW** nach Muster 2c, s Abs III (Übergangsbestimmung: § 72 II). Der FzSchein ist eine **öffentliche Urkunde,** Bay NJW **68** 1983, OVG Ko NZV **91** 406. Wer veranlaßt, daß Angaben über die Person des Halters im FzSchein unrichtig eingetragen werden, begeht mittelbare Falschbeurkundung, Ce VRS **24** 291, Stu VRS **28** 368. Der Schein beweist nicht zu öffentlichem Glauben, daß die Eintragungen über die Person des Zulassungsinhabers zutreffen, BGHSt **22** 201 = NJW **68** 2153, Ko VRS **55** 428, OVG Ko NZV **91** 406. Der Zulassungsschein beglaubigt öffentlich, daß das darin nach seinen er-

Ausfertigung des Fahrzeugscheins **§ 24 StVZO 3**

kennbaren Merkmalen bezeichnete Kfz unter Zuteilung des angegebenen amtlichen Kennzeichens zum öffentlichen Verkehr zugelassen ist, BGHSt **20** 188, Bay NJW **80** 1057, Kar VD **04** 274, Hb NJW **66** 1827, VGH Ka VM **81** 96. Zur urkundenrechtlichen Bedeutung weiterer auf dem FzSchein zugelassener amtlicher Eintragungen, Bay NJW **80** 1057. Bei den **Kfzen, die vom Zulassungsverfahren ausgenommen sind,** aber nach § 18 III einer BE bedürfen, treten an die Stelle des FzScheins die nach § 18 mitzuführenden Urkunden. Jedoch wird für zulassungsfreie, aber betriebserlaubnis- und kennzeichenpflichtige Fze gem § 18 III, IV ein FzSchein ausgestellt, der mitzuführen und zuständigen Personen zur Prüfung auszuhändigen ist (§ 18 V S 3). Aus dem Rechtsanspruch auf FzZulassung bei Vorliegen der Zulassungsvoraussetzungen (s § 1 StVG Rz 10) folgt ein Anspruch auf richtige und vollständige **Ausfertigung eines FzScheins,** OVG Ko NZV **91** 406. Im allgemeinen, außer bei Verlust, keine Zweitausfertigung, BMV 21. 11. 61, StV 2 – 2144 F/61. Nur in seltenen Fällen gewichtiger Interessen kann Zweitausfertigung gerechtfertigt sein (Ermessensentscheidung). Daß das Fz von mehreren Familienangehörigen regelmäßig benutzt wird, reicht allein nicht aus, BVG NJW **83** 138, VGH Ka VM **81** 96 (abl *Stauf* DAR **83** 238, MDR **83** 806), auch nicht das Vorhandensein mehrerer Halter, s *Jagow* VD **82** 166. Der FzSchein ist (anders als FzBrief und Steuerkarte) **Zubehör des Kfz** und mit diesem einzuziehen, Bay RdK **53** 50, VGH Ka VM **81** 96.

Lit: *Jagow,* Ausstellung eines zweiten FzScheins, VD **82** 162.

3. Auszuhändigen ist der FzSchein demjenigen, für den das Fz zugelassen wird (§ 23), dh dem Halter. Besondere FzScheine bei Vorführung, Prüfungs-, Probe- oder Überführungsfahrten mit Kurzzeitkennzeichen oder rotem Kennzeichen: § 28. Nachweis der KfzSteuer: § 13 KraftStG. Die ZulB braucht bei der Erteilung des FzScheins nicht zu prüfen, ob der Antragsteller, der Fz und Brief besitzt, verfügungsberechtigt ist, Ce NJW **53** 1355. Wird ein FzSchein als verloren gemeldet, so kann nach Maßgabe von § 17 III vor Erteilung eines Ersatzscheins eine fahrzeugtechnische Untersuchung angeordnet werden. Zur Haftung für Nichtbenutzbarkeit des Kfz wegen Vorenthaltung der FzPapiere, BGHZ **40** 345, **63** 203. 6

4. Die Betriebserlaubnis, soweit sie erst mit der Ausfertigung des Fahrzeugscheins erteilt wird (I), wird grundsätzlich nicht besonders ausgefertigt, sondern durch Aushändigung des Scheins erteilt. Nur wenn umfangreiche Bedingungen gestellt werden, wird sie besonders ausgefertigt. Alsdann ist im Schein auf die Bedingungen hinzuweisen. Genehmigung einer Ausnahme ist im FzSchein zu vermerken, BMV VBl **66** 570. Bei allgemein erteilter BE nach § 20 für reihenweise gefertigte Fze kann der Inhalt der BE uU vom Inhalt des FzScheins abweichen, Kö VRS **72** 214. 7

5. Fahrzeugschein als Ausweis über die Zulassung. Der FzSchein oder die unter besonderen Bedingungen besonders ausgefertigte BE (Rz 7) sind vom Fahrer mitzuführen und auf Verlangen zuständigen Personen vorzuzeigen, Br VRS **6** 476. Wird unterwegs in der Führung abgewechselt, so trifft die Pflicht zum Mitführen der Fahrzeugpapiere nicht nur den Führer, der bei der Kontrolle fährt, sondern jeden, der das Fz vorher geführt hat, Stu NJW **55** 514. Auch TaxiF müssen kontrollierenden Beamten die FzPapiere vorweisen, KG VRS **22** 385. Ein uniformierter Beamter muß sich nicht noch gesondert ausweisen, Sa VRS **47** 474. Der Schein dient als Zulassungsnachweis. FzSchein bei betriebserlaubnis- und kennzeichenpflichtigen Fzen: Rz 5 und § 18 V S 3. 8

6. Ordnungswidrig sind Zuwiderhandlungen gegen § 24 nach Maßgabe von §§ 69a II Nr 9a, b StVZO, 24 StVG. Nichtmitführen oder Nicht-Vorzeigen des Zulassungsscheins für ein ausländisches Kfz ist ow gem § 14 Nr 2 IntVO. Nichtmitführen des FzScheins ist eine DauerOW, Ha DAR **76** 138. Zum Verhältnis der DauerOW zu einzelnen während der Fahrt begangenen Verkehrszuwiderhandlungen, s § 49 StVO Rz 3. Wird ein zulassungspflichtiges Fz unter Entstempelung des Kennzeichens und Rückgabe des FzScheins auch nur vorübergehend aus dem Verkehr gezogen, so ist es nicht mehr zugelassen; wird es trotzdem auf öffentlichen Straßen betrieben, so verstößt dies gegen die §§ 18 I StVZO, 24 StVG, auch wenn das Fz für weniger als ein Jahr stillgelegt wird und der Brief nicht nach § 27 unbrauchbar gemacht wird. 9

Behandlung der Fahrzeugbriefe bei der Zulassungsbehörde

25 (1) ¹Die Zulassungsbehörde hat das amtliche Kennzeichen des Fahrzeugs und die Personalien dessen, für den das Fahrzeug zugelassen wird, in den Fahrzeugbrief einzutragen. ²Sie hat außerdem, falls noch nicht geschehen, die vorgesehenen Angaben über die Beschreibung des Fahrzeugs in den Brief einzutragen. ³Zur Ausfüllung des Fahrzeugbriefs kann die Zulassungsbehörde die vom Kraftfahrt-Bundesamt nach § 24 Abs. 2 zur Verfügung gestellten Typdaten verwenden. ⁴Die Zulassungsbehörde hat demjenigen, der ihr den Fahrzeugbrief übergeben hat, oder der von diesem bestimmten Stelle oder Person den Fahrzeugbrief unverzüglich auszuhändigen. ⁵Der Empfänger hat grundsätzlich seinen Brief bei der Zulassungsbehörde selbst abzuholen und dabei den Empfang zu bescheinigen; tut er dies innerhalb von 2 Wochen nicht, so ist der Brief unter „Einschreiben" gebührenpflichtig zu übersenden.

(2) ¹Der Verlust eines Vordrucks für einen Fahrzeugbrief ist der Ausgabestelle für den Vordruck, der Verlust eines ausgefertigten Briefs ist der für das Fahrzeug zuständigen Zulassungsbehörde und durch diese dem Kraftfahrt-Bundesamt zu melden. ²Vor Ausfertigung eines neuen Briefs ist der verlorene Brief unter Festsetzung einer Frist für die Vorlage bei der Zulassungsbehörde auf Kosten des Antragstellers im „Verkehrsblatt" aufzubieten, wenn nicht im Einzelfall eine Ausnahme unbedenklich ist. ³Das Verfahren wird durch Verwaltungsanweisung geregelt.

(3) ¹Sind in einem Fahrzeugbrief die für die Eintragung der Zulassungen des Fahrzeugs bestimmten Felder ausgefüllt oder ist der Brief beschädigt, so darf er nicht durch Einfügung selbstgefertigter Blätter ergänzt werden. ²Vielmehr ist ein neuer Brief gebührenpflichtig auszustellen.

(4) ¹Die mit den Fahrzeugbriefen befaßten Behörden haben bei der Entgegennahme von Anträgen und bei der Aushändigung der Briefe über auftretende privatrechtliche Ansprüche nicht zu entscheiden; Rechtsansprüche sind gegebenenfalls mit Hilfe der ordentlichen Gerichte zu verfolgen. ²Zur Sicherung des Eigentums oder anderer Rechte am Fahrzeug ist der Brief bei jeder Befassung der Zulassungsbehörde mit dem Fahrzeug, besonders bei Meldungen über den Eigentumswechsel (§ 27 Abs. 3), vorzulegen. ³Sofern es sich nicht um den Nachweis der Verfügungsberechtigung eines Antragstellers handelt, ist zur Vorlage des Briefs neben dem Halter und dem Eigentümer bei Aufforderung durch die Zulassungsbehörde jeder verpflichtet, in dessen Gewahrsam sich der Brief befindet.

(5) ¹Für Fahrzeuge, die für die Bundeswehr zugelassen werden sollen, bedarf es für die Zulassung keines Fahrzeugbriefs. ²Ein Fahrzeugbrief kann durch die Zentrale Militärkraftfahrstelle ausgefertigt werden.

1 **Begr** zur ÄndVO v 9. 12. 94 (VBl 95 24): **Zu Abs 1 Sätze 2–3:** *Die Vorschrift stellt klar, daß die Zulassungsstelle dafür Sorge zu tragen hat, daß die technischen Daten aus der EG-Typgenehmigung auch entsprechend im Fahrzeugbrief eingetragen sind. Als Arbeitshilfe wurde bereits eine Verkehrsblattverlautbarung (VkBl. 1994 S. 292) bekannt gemacht. Durch § 3 Abs. 3 der Verordnung über die EG-Typgenehmigung soll ohnehin bereits weitgehend hergestellt werden, daß die Eintragung der technischen Daten durch den Inhaber der EG-Typgenehmigung vorgenommen wird. Ist dies jedoch noch nicht erfolgt, muß die Zulassungsstelle diese Aufgabe wahrnehmen.*

Begr zur ÄndVO v 24. 9. 04: BRDrucks 344/04 S 36.

2 1. Der FzBrief (Muster 2 b) entspricht der **Zulassungsbescheinigung Teil II** iS der Richtlinie 1999/37/EG, die durch die 38. ÄndVStVR v 24. 9. 04 (Inkrafttreten: 1. 10. 05) in das deutsche Recht übernommen wurde. Vor dem 1. 10. 05 ausgefertigte FzBriefe bleiben gültig, § 72 II. § 25 regelt, wie bei Zuteilung des Kennzeichens (§ 23) die **Fahrzeugbriefe bei der Zulassungsbehörde zu behandeln** sind. Diese Briefe dienen der Sicherung des Eigentums und anderer Rechte am Fz, Kar VD **04** 274. Daher ist der Brief bei jedem Eigentumswechsel vorzulegen und der Verlust sogleich anzuzeigen. Einzelheiten über die Behandlung der Briefe: Richtlinie zum FzBrief (Erläuterungen, Leitfaden zur Ausgabe und Ausfüllung, Übergangsregelungen, Muster, **Systematisches Verzeichnis** der Fahrzeug- und Aufbauarten, der Schlüsselnummern für Antriebsarten, Kurzfassung der FzBeschreibungen und etwaiger Auflagen, Kurzbezeichnung von Genehmigungsbehörden), VBl **72** 354, zuletzt geändert: VBl **04** 228 (s StVRL § 25 Nr 1) und DA zu § 25. Behandlung von Wohnmobilen, s § 23 Rz 18. Ausfertigung der

Behandlung der Fahrzeugbriefe bei der Zulassungsbehörde　　§ 25 StVZO 3

FzBriefe: §§ 20, 21, 23. Gem Abs V bedarf es für Fze, die für die **BW** zugelassen werden sollen, keines FzBriefs; jedoch kann die zentrale Kraftfahrtstelle dennoch einen FzBrief ausfertigen (V S 2). **Briefvordrucke** sind diebessicher aufzubewahren, s BMV VBl **65** 182. Ein verschlossener Stahlschrank genügt, Dü VR **70** 142. Richtlinie über die Ausgabe von FzBrief-Vordrucken durch die ZulB, VBl **98** 337, 826, **04** 410. *Jagow,* Ausgabe von FzBrief-Vordrucken, VD **94** 241. Durchsuchung zwecks behördlicher **Briefbeschlagnahme** bedarf richterlicher Anordnung, AG Bra NJW **80** 1968.

2. Die bürgerlich-rechtliche Bedeutung des Fahrzeugbriefs. Der FzBrief ist 3 eine verwaltungsrechtliche Urkunde ohne öffentlichen Glauben, Ko VRS **55** 428. Zur Entstehung *Booß* DAR **79** 300. Wegen der besonderen Bedeutung der FzBriefe in bürgerlich-rechtlicher Hinsicht gestattet es § 18 VII, sie auf Antrag auch für Kfze und Anhänger auszustellen, die vom Zulassungsverfahren befreit sind. Mit dem Eigentum am Kfz oder Anhänger wird der Erwerber auch Eigentümer des dazu ausgestellten FzBriefs, BGH NJW **83** 2139, Stu DAR **71** 13, LG Darmstadt DAR **99** 265. § 952 BGB ist auf den FzBrief entsprechend anzuwenden, BGH NJW **64** 1413, Kö VRS **106** 254, Dü NW-RR **92** 381, LG Darmstadt DAR **99** 265. **Dingliche Rechte** am Brief abweichend von denen am Kfz können nicht begründet werden, Br VRS **50** 34, Stu DAR **71** 13. Ein Unternehmerpfandrecht am Kfz erstreckt sich auch auf den FzBrief, Kö VR **77** 233. Kein kaufmännisches Zurückbehaltungsrecht (§ 369 HGB) am FzBrief, da er nicht Träger selbständiger Rechte ist, Fra NJW **69** 1719. Briefbesitz allein berechtigt einen Händler nicht zur Verfügung über das Kfz, BGH NJW **70** 653. Der Brief hat keine rechtsbegründende Bedeutung, er ist Beweisurkunde, Dü VBl **52** 132, ist kein Traditionspapier, er verbrieft nicht das Eigentum am Kfz, sondern bezweckt dessen Sicherung dadurch, daß sein Fehlen den **guten Glauben des Erwerbers** idR ausschließt, BGH NJW **78** 1854, NZV **94** 312, MDR **96** 906, Kö VRS **106** 254, KG VM **84** 32. Zu den Erfordernissen gutgläubigen KfzErwerbs in Sonderfällen, Ce JZ **79** 608. Den FzBrief auf Fahrten mitzuführen ist nicht ratsam, da er in der Hand eines Nichtberechtigten gutgläubigen Erwerb durch Dritte begründen könnte. Bei jedem Eigentumswechsel an einem Fz, auch bei Verkauf zum Ausschlachten, muß sich der Erwerber den Brief vorlegen lassen, Mü DAR **65** 99. Weist der Brief den Veräußerer nicht als Berechtigten aus, so ist gutgläubiger Erwerb wegen grober Fahrlässigkeit ausgeschlossen, wenn sich der Erwerber über die Berechtigung nicht vergewissert, Ha NJW **75** 171, Mü DAR **75** 71. § 932 BGB ist auf das Eigentum am Brief entsprechend anzuwenden. Das Fehlen des Briefs begründet die Vermutung unrechtmäßigen Erwerbs. Sein Vorhandensein beweist nicht unbedingt Eigentum des eingetragenen Inhabers und erspart dem Erwerber weder Prüfung des Zustandes des Fz noch der Verfügungsbefugnis des Veräußerers, BGHZ **18** 110 = NJW **55** 1316, VRS **56** 100. Gutgläubiges Vertragspfandrecht des Werkstattunternehmers kann mangels besonderer Gegenanzeichen auch ohne Briefvorlage entstehen, BGHZ **68** 323 = NJW **77** 1240.

Beim **Gebrauchtwagenkauf** ist die Briefprüfung nur ein Mindesterfordernis gut- 4 gläubigen Eigentumserwerbs, BGH NJW **78** 1854, **65** 735, VRS **48** 403. Wer sich beim Erwerb eines gebrauchten Kfz nicht den Brief vorlegen läßt, handelt idR grobfahrlässig (§ 932 BGB), BGH DAR **67** 85, VR **64** 45, auch zwischen Gebrauchtwagenhändlern, BGH MDR **59** 207, **96** 906 (Fze aus Leasingverträgen). Der den Kauf nur vermittelnde Händler muß prüfen, ob die Fahrzeug-Identifizierungsnummer derjenigen im Brief entspricht, BGH VRS **59** 173. Zur Frage gutgläubigen Erwerbs eines GebrauchtFzs, wenn der Veräußerer unter dem im FzBrief eingetragenen Namen des Halters auftritt, Dü NJW **85** 2484, *Mittenzwei* NJW **86** 2472. Der Erwerber eines gebrauchten Kfz kann auch bösgläubig sein, wenn der Veräußerer im Besitz des Fz und des Briefs ist, sofern er Umstände, die Verdacht erregen müssen, unbeachtet läßt, BGH NJW **75** 735, Kö VRS **106** 256 (Anfrage beim eingetragenen Eigentümer). Grobfahrlässig handelt ein KfzHändler, der ein gebrauchtes Kfz kauft, obwohl der vorgelegte Brief offensichtlich gefälscht ist, BGH Betr **66** 1014. Der Erwerber kann dem **Vorwurf grober Fahrlässigkeit** unter besonderen Umständen aber mit Erfolg begegnen, BGH NJW **65** 687, Br DAR **63** 302, Schl NJW **66** 1970 (Verkäufer als zuverlässig bekannt). Bei **Kauf vom KfzHändler** begründet der bloße Umstand fehlender Eintragung des Händlers im Brief ohne be-

1025

3 StVZO § 25   B. Fahrzeuge II. Zulassungsverfahren für Kraftfahrzeuge

sondere Verdachtsmomente keine Bösgläubigkeit des Käufers, BGH NJW-RR **87** 1456, Kö VR **96** 1246. Erwirbt jemand vom Vertragshändler einen **fabrikneuen Wagen,** so ist sein guter Glaube an die Verfügungsbefugnis des Händlers nicht deshalb zu verneinen, weil er sich den Brief nicht hat vorlegen lassen, BGH DAR **60** 179, Dü NJW-RR **92** 381, LG Darmstadt DAR **99** 265, s BGH DAR **03** 314; das gilt auch für den Erwerb des Sicherungseigentums durch die Bank, BGH DAR **60** 179, s Mü MDR **55** 477.

5   Zum **Sicherungseigentum** der Finanzierungsbank, wenn das Kfz weisungsgemäß dem Händler und der FzBrief der Bank ausgehändigt wird, BGH VRS **37** 180. In der Herausgabe des Briefs kann die schlüssige Erklärung liegen, den **Eigentumsvorbehalt** aufgeben zu wollen, BGH VRS **15** 1. Andererseits braucht ein Verzicht auf den Eigentumsvorbehalt nicht darin zu liegen, daß der Lieferant, der sich das Eigentum vorbehalten hatte, den Brief an ein Finanzierungsinstitut übersendet, das dem Käufer Kredit eingeräumt hatte, BGH VRS **24** 325. Gerät der Verkäufer eines Fzs nach Übereignung desselben mit der **Übergabe des FzBriefs an den Käufer** in Verzug, so hat er für den Nutzungsausfallschaden des Käufers infolge entgangener Gebrauchsmöglichkeit Ersatz zu leisten, BGH NJW **83** 2139. Wer eine selbstfahrende Arbeitsmaschine mit auf Antrag ausgestelltem FzBrief verkauft, muß dem Käufer den Brief verschaffen, Stu DAR **71** 13. Zum Streitwert der Herausgabeklage (Brief), Nü MDR **69** 1020. Zur Haftung des Kfz-Erstverkäufers bei Scheitern des Weiterverkaufs wegen Nichtaushändigung des Briefs, Mü VR **78** 472. Zur Haftung des Herstellers gegenüber dem Erwerber, wenn er für ein aus Altteilen zusammengebautes Kfz einen neuen FzBrief ausstellt, BGH VRS **56** 100. Wird die Zulassung abgelehnt, weil das Kfz nicht mit den Angaben des Briefs übereinstimmt, so bildet das einen Gewährleistungsmangel, BGHZ **10** 242 = NJW **53** 1505. Zur Bedeutung des FzBriefs in der **Zwangsversteigerung** und bei Zulassung ersteigerter Kfze, *Wirsing* VD **70** 81.

Lit: *Bormann,* Die Eigentumssicherung durch den Kfz-Brief, DAR **60** 1. *Derselbe,* Der KfzBrief als Sicherheit, BB **63** 959. *Endreß,* Die eigentumssichernde Bedeutung des KfzBriefes ..., DAR **59** 116. *Oexmann,* Strafbarkeitsprobleme beim Zweitbriefverfahren ..., NJW **75** 2186. *Ohl,* Der KfzBrief als Kreditsicherungsmittel, BB **57** 912. *Parigger,* Die eigentumssichernde Funktion des KfzBriefes, MDR **54** 201. *Schlechtriem,* Zivilrechtliche Probleme des KfzBriefes, NJW **70** 1993, 2088. *Schleusener/Scherer,* Der FzBrief, KVR. *Schmidt,* Bedeutung der Überlassung des KfzBriefes vor voller Bezahlung an den Käufer, DAR **63** 321. *Wirsing,* Der KfzBrief, seine Funktion und Bedeutung, VD **71** 321. *Derselbe,* Befugnis der nachträglichen FzBriefausstellungen, VD **89** 278.

6   **3. Vervollständigung des Briefs bei der Zulassungsbehörde.** Die ZulB hat das amtliche Kennzeichen des Fz (§ 23) sowie die Personalien des Halters im Fahrzeugbrief einzutragen. Zu den „Personalien" gehören die Angaben, die zur Feststellung der hinsichtlich des Fzs verfügungsberechtigten Person dienen, uU auch die Firma eines Einzelkaufmanns, OVG Ko NZV **91** 406. Soweit bei Fzen mit EG-Typgenehmigung technische Daten, die im FzBrief einzutragen sind, nicht vom Inhaber der Genehmigung gem § 3 III EG-TypV, § 4 Krad-EG-TypV eingetragen worden sind, hat die ZulB die Angaben im Brief nachzutragen, I S 2–3. S dazu BMV VBl **94** 292, **99** 402. Bei behördlichen Briefwechselungen (Nichtübereinstimmung der Fahrzeug-Identizierungsnummer an Fz und im Brief) ohne Mitschuld des Antragstellers wird die VB diese später entdeckte Tatsache im Brief so zu kennzeichnen haben, daß Rechtsnachteile für den Halter ausgeschlossen sind, s *Schmitz* VD **74** 77.

7   **4. Rückgabe des Briefes.** Nach Vervollständigung hat die ZulB den Brief zurückzugeben an den, der ihr das Dokument übergeben hat, oder der von diesem bestimmten Person oder Stelle. Dadurch ist der Schutz Dritter gewährleistet, die Rechte am Fz haben (s VBl **95** 25). Der Empfangsberechtigte hat den Brief bei der ZulB abzuholen; doch gewährt Satz 6 in Verbindung mit der DA Erleichterungen. Wegen der wichtigen Sicherungsfunktion des Briefs muß die ZulB einen Nachweis über den Verbleib des Briefs haben (Empfangsbescheinigung, Abs I S 5). Die ZulB darf in Fällen, in denen eine Bescheinigung eines amtlich anerkannten Sachverständigen erforderlich ist (§ 21), diesen mit der Rückgabe des Briefes an den Berechtigten beauftragen; bei der Ausführung dieses Auftrags handelt der Sachverständige (zB TÜV) hoheitlich, BGH DAR **03** 314, NZV **01** 76; für Amtspflichtverletzungen haftet das Land, BGH DAR **03** 314, s § 21 Rz 6.

Behandlung der Fahrzeugbriefe bei der Zulassungsbehörde　　§ 25 StVZO **3**

DA zum § 25 Abs. 1

IV Über die Aushändigung jedes einzelnen Briefes muß die Zulassungsstelle einen genauen **8**
Nachweis haben. Der Nachweis (Quittung des Abholenden, Posteinlieferungsschein, Hinweis auf das Posteinlieferungsbuch) kann auf der Rückseite der Karteikarte geführt werden ... Die Briefe können auch durch Postnachnahme übersandt werden.

V Da der Brief dem im Antrag nach § 23 Abs. 1 Buchstabe d bezeichneten Empfänger zu übergeben ist, dürfen nachträglich geäußerte abweichende Wünsche auf Aushändigung des Briefes nur berücksichtigt werden, wenn der im ursprünglichen Antrag bezeichnete Empfänger zustimmt.

5. Verfahren bei Verlust von Fahrzeugbriefen. II regelt, wie bei Verlust eines **9**
Vordrucks zu verfahren ist, um Mißbrauch vorzubeugen. Vordrucke: § 20. Des weiteren enthält Abs II Vorschriften für den Fall, daß ein ausgefertigter Brief verlorengeht; idR ist der verlorene oder vernichtete Brief öffentlich aufzubieten, ehe ein Ersatzbrief ausgefertigt werden darf. Vorschriften über das Verfahren beim Aufgebot, Rz 11. Richtlinien zur Aufbietung einschließlich der Benachrichtigung der ZulB über Suchmeldungen, VBl **67** 358. Die Kosten der Aufbietung trägt idR der Antragsteller, doch nicht vorschußweise, OVG Münster DAR **67** 199. Verfahrensablauf und Neufassung des Meldevordrucks, VBl **88** 146. Ungültigerklärung sieht § 25 nicht vor. Eidesstattliche Versicherung vor Erteilung eines neuen FzBriefes, § 5 S 2 StVG. Nach Wiederauffindung verdrängt der aufgebotene Brief den Ersatzbrief. Zur Frage der Befugnis einer nachträglichen FzBriefausstellung durch den FzHersteller oder -händler, *Wirsing* VD **89** 278.

DA zum § 25 Abs 2

I Von der öffentlichen Aufbietung kann nur abgesehen werden, wenn die Zulassungsstelle gegen **10**
eine solche Ausnahme keine Bedenken hat, weil ein Mißbrauch des Briefes ausgeschlossen erscheint ... Ist der Brief an eine andere Person oder Stelle als den Inhaber der Zulassung (nach § 23 Abs. 1 Buchstabe d) ausgehändigt worden, so kann die Aufbietung nur mit Zustimmung dieser Person oder Stelle unterbleiben. Wenn von der öffentlichen Aufbietung abgesehen wird, hat die Zulassungsstelle dies im Ersatzbrief auf der letzten Seite im Raum für sonstige Eintragungen ausdrücklich zu vermerken.

II Fahrzeugbriefe werden im „Verkehrsblatt" in folgender Weise aufgeboten: **11**
a) Die Zulassungsstelle sendet die Verlustanzeigen nach Muster 12 in zweifacher Ausfertigung unverzüglich an das Kraftfahrt-Bundesamt, das die Veröffentlichung veranlaßt.
b) ...
c) Nach erfolglosem Ablauf der bei der Aufbietung angegebenen Frist händigt die Zulassungsstelle den Ersatzbrief dem Empfangsberechtigten aus.

III Der Ersatzbrief kann an Hand der bei der Zulassungsstelle vorliegenden Karteikarte leicht ausgefertigt werden. Dagegen wird die Übersendung des Briefes an den Hersteller, der den ursprünglichen Brief ausgefertigt hat, oder an den amtlich anerkannten Sachverständigen, der in dem ursprünglichen Brief seine Bescheinigung erteilt hat, zur Nachholung dieser Bescheinigung im Ersatzbrief zeitraubend sein. Deshalb wird es, wenn nicht im Einzelfall die Mitwirkung des Herstellers oder des amtlich anerkannten Sachverständigen bei der Ausfüllung des Ersatzbriefs aus besonderen Gründen für notwendig gehalten wird, genügen, wenn die Zulassungsstelle im Ersatzbrief vermerkt, daß die Firmenbescheinigung oder das Gutachten des amtlich anerkannten Sachverständigen in dem verlorenen Brief ... Nr. ... enthalten war.

IV a) Wenn ein Gerichtsvollzieher oder Vollstreckungsbeamter bei einer Zwangsvollstreckung den Brief nicht vorgefunden hat, teilt er dies in der Regel der Zulassungsstelle mit; kennt die Zulassungsstelle den Verbleib des Briefes, so verständigt sie den Gerichtsvollzieher.
b) Wird das Fahrzeug versteigert, ohne daß sich bis dahin der Brief vorgefunden hat, so erteilt der Gerichtsvollzieher (Vollstreckungsbeamte) dem Erwerber in der Regel eine mit seiner Unterschrift und dem Dienststempel versehene Bescheinigung dahin, daß der Erwerber das näher zu bezeichnende Fahrzeug in der Zwangsvollstreckung erworben hat und daß der Gerichtsvollzieher (Vollstreckungsbeamte) den Brief bei der Pfändung nicht aufgefunden hat. Für die Aufbietung des verlorenen Briefes gilt § 25 Abs. 2.

6. Ersatz für beschädigte oder voll beschriebene Briefe. In beiden Fällen hat **12**
die ZulB neue Briefe auszufertigen, Abs III S 1, 2. Bloße Ergänzung ist unzulässig. Den

3 StVZO § 27   B. Fahrzeuge II. Zulassungsverfahren für Kraftfahrzeuge

ursprünglichen Brief hat die ZulB einzuziehen; das hat sie im neuen Brief zu vermerken; diesen hat sie als Ersatzbrief zu bezeichnen. Vernichtung erledigter KfzBriefe durch die ZulB ohne Einsendung an das KBA, BMV VBl **73** 103. Der ZulB obliegt die Amtspflicht, mißbräuchlicher Verwendung von **Briefvordrucken** im Rahmen der Ersatzbriefausstellung vorzubeugen, auch gegenüber dem Käufer eines Kfz, besonders eines Gebrauchtwagens, für den ein gefälschter Briefvordruck verwendet wird, BGH NJW **65** 911 (s auch Rz 2).

13 **7. Keine Befugnis der Zulassungsbehörde, über privatrechtliche Ansprüche zu entscheiden, Abs IV.** An den Besitz des FzBriefs knüpfen sich Folgen privatrechtlicher Art (Rz 3–5). Soweit bei Anträgen oder bei der Aushändigung der mit Anträgen eingereichten Briefe privatrechtliche Ansprüche auftreten, haben es die ZulB den Beteiligten zu überlassen, sie gerichtlich auszutragen. Soweit kein Anlaß zu Bedenken in bezug auf die Berechtigung des Antragstellers besteht, keine Prüfungspflicht der ZulB bei Anträgen auf Berichtigung des Briefes, Ha NZV **96** 450. Jedoch uU Amtspflichtverletzung der ZulB, wenn sie trotz Kenntnis von strittigen Eigentumsverhältnissen den KfzBrief ohne Nachweis der Empfangsberechtigung aushändigt, Ha NZV **96** 450.

14 **8. Vorlegung des Briefs bei jeder Befassung mit dem Fahrzeug.** Die ZulB muß sich, so oft sie mit dem Fz befaßt wird, den Brief vorlegen lassen, besonders wenn gemäß § 27 bei Meldungen über Eigentumswechsel die Ausfertigung neuer Fahrzeugpapiere und Kennzeichen beantragt wird (Abs IV S 2). Auch Vorbehalts- und Sicherungseigentümer sind der ZulB gegenüber zur Vorlage des Briefs verpflichtet; auf die Art der rechtlichen Beziehungen zum Halter kommt es nicht an. An der Eigenschaft des Briefes als Beweismittel für die Verfügungsberechtigung ändert sich jedoch nichts. Der Zwang, sich durch Vorlegung des Briefs über die Antragsberechtigung auszuweisen, dient der Sicherung des Eigentums oder anderer Rechte am Fz (IV S 2). Bei zwangsweiser Stillegung wegen fehlenden Versicherungsschutzes muß der Halter den FzBrief der ZulB nicht vorlegen, weil Fragen der Eigentumssicherung nicht in Betracht kommen, Bay VRS **57** 377, anders aber wohl im Hinblick auf § 27 V, VI nach 18 Monaten seit der Zwangsstillegung, s *Hachemer* VD **96** 246 (251).

Lit: *Hachemer*, Vorlage des FzBriefes nach Zwangsstillegung, VD **96** 246.

15 **9.** § 25 ist **kein Schutzgesetz** (§ 823 II BGB) zugunsten des FzErwerbers, BGHZ VRS **56** 100, Dü DAR **00** 261. Die **Amtspflicht der ZulB**, sich bei jeder Befassung den Brief vorlegen zu lassen, besteht nur gegenüber dem Eigentümer oder dem dinglich Berechtigten einschließlich desjenigen, der das Eigentum aufschiebend bedingt erworben hat, nicht gegenüber demjenigen, der auf die Verfügungsberechtigung des Briefinhabers vertraut, BGHZ **30** 374 = NJW **60** 34. Ihre Pflicht zur sorgfältigen Ermittlung und Eintragung des Erstzulassungsdatums dient nicht dem Schutz der Vermögensinteressen des KfzErwerbers, BGH NJW **82** 2188, zust *Zepf* VD **82** 172, aM *Schlechtriem* NJW **70** 1995.

16 **10. Ordnungswidrigkeit:** §§ 69 a II Nr 11 StVZO, 24 StVG.

26 *(aufgehoben)*

Meldepflichten der Eigentümer und Halter von Kraftfahrzeugen oder Anhängern; Zurückziehung aus dem Verkehr und erneute Zulassung

27 (1) ¹**Die Angaben im Fahrzeugbrief und im Fahrzeugschein oder in den Anhängerverzeichnissen nach § 24 Satz 3 oder im Nachweis nach § 18 Abs. 5 müssen den tatsächlichen Verhältnissen entsprechen.** ²**Änderungen sind der zuständigen Zulassungsbehörde erst bei deren nächster Befassung mit den Fahrzeugpapieren unter Einreichung des Fahrzeugbriefs und Fahrzeugscheins oder der Anhängerverzeichnisse nach § 24 Satz 3 oder des Nachweises nach § 18 Abs. 5 sowie der Unterlagen nach § 19 Abs. 3 oder 4 zu melden.** ³**Verpflichtet zur Meldung ist der Eigentümer und, wenn er nicht zugleich Halter ist, auch dieser.** ⁴**Die Verpflichtung besteht, bis der Behörde durch einen der Verpflichteten die Änderungen gemeldet worden sind.** ⁵**Kommt der nach Satz 3 Verantwortliche dieser Verpflich-**

tung nicht nach, so kann die Zulassungsbehörde für die Zeit bis zur Erfüllung der Verpflichtungen den Betrieb des Fahrzeugs im öffentlichen Verkehr untersagen; § 17 Abs. 2 gilt entsprechend.

(1a) Abweichend von Absatz 1 Satz 2 müssen nachfolgende Änderungen durch den nach Absatz 1 Satz 3 Verantwortlichen unverzüglich gemeldet werden:
1. Änderungen von Angaben zum Fahrzeughalter – jedoch braucht bei Änderungen der Anschrift der Fahrzeugbrief nicht eingereicht zu werden –,
2. Änderung der Fahrzeugklasse,
3. Änderung von Hubraum oder Nennleistung,
4. Erhöhung der durch die Bauart bestimmten Höchstgeschwindigkeit,
5. Verringerung der durch die Bauart bestimmten Höchstgeschwindigkeit, wenn diese fahrerlaubnisrelevant ist oder Reifen niedrigerer Geschwindigkeitsklassen verwendet werden sollen,
6. Änderung der zulässigen Achslasten, der Gesamtmasse, der Stützlast oder Anhängelast,
7. Erhöhung der Fahrzeugabmessungen, ausgenommen bei Personenkraftwagen und Krafträdern,
8. Änderung der Sitz- oder Stehplatzzahl bei Kraftomnibussen,
9. Änderungen der Abgas- oder Geräuschwerte, sofern sie sich auf die Kraftfahrzeugsteuer oder Verkehrsverbote auswirken,
10. Änderungen, die eine Ausnahmegenehmigung (§ 70) erfordern,
11. wenn aus anderen Gründen die Notwendigkeit einer unverzüglichen Änderung der Fahrzeugpapiere auf den Unterlagen gemäß § 19 Abs. 3 oder 4 vermerkt ist.

(2) Wird der regelmäßige Standort des Fahrzeugs für mehr als drei Monate in den Bezirk einer anderen Zulassungsbehörde verlegt, so ist bei dieser unverzüglich die Zuteilung eines neuen Kennzeichens zu beantragen; ist die Verlegung voraussichtlich nur vorübergehend, so genügt eine Anzeige an die Zulassungsbehörde, die dem Fahrzeug ein Kennzeichen zugeteilt hat.

(3) [1] Wird ein Fahrzeug veräußert, so hat der Veräußerer unverzüglich der Zulassungsbehörde, die dem Fahrzeug ein amtliches Kennzeichen zugeteilt hat, Namen und Anschrift des Erwerbers anzuzeigen; er hat dem Erwerber zur Weiterbenutzung des Fahrzeugs Fahrzeugschein und -brief, bei zulassungsfreien Fahrzeugen, für die ein amtliches Kennzeichen zugeteilt ist, den Nachweis über die Zuteilung des Kennzeichens oder den Fahrzeugschein (§ 18 Abs. 5) und den Untersuchungsbericht über die letzte Hauptuntersuchung (§ 29), bei abgasuntersuchungspflichtigen Fahrzeugen der Prüfbescheinigung (§ 47a Abs. 3) und bei prüfbuchpflichtigen Fahrzeugen das Prüfbuch auszuhändigen und die Empfangsbestätigung seiner Anzeige beizufügen. [2] Der Erwerber hat unverzüglich bei der für den neuen Standort des Fahrzeugs zuständigen Zulassungsbehörde
1. bei einem zulassungspflichtigen Fahrzeug die Ausfertigung eines neuen Fahrzeugscheins und, wenn dem Fahrzeug bisher ein Kennzeichen von einer anderen Zulassungsbehörde zugeteilt war, auch die Zuteilung eines neuen Kennzeichens zu beantragen,
2. bei einem zulassungsfreien Fahrzeug, dem bisher ein Kennzeichen von einer anderen Zulassungsbehörde zugeteilt war, die Zuteilung eines neuen Kennzeichens zu beantragen; war das Kennzeichen schon von der für den neuen Standort des Fahrzeugs zuständigen Zulassungsbehörde zugeteilt, so genügt eine Anzeige des Erwerbers unter Angabe der Halterdaten nach § 33 Abs. 1 Satz 1 Nr. 2 des Straßenverkehrsgesetzes und Vorlage des Versicherungsnachweises nach § 29a.

[3] Kommt der Erwerber diesen Pflichten nicht nach, so kann die Zulassungsbehörde für die Zeit bis zur Erfüllung der Pflichten den Betrieb des Fahrzeugs im öffentlichen Verkehr untersagen. [4] Der Betroffene hat das Verbot zu beachten; § 17 Abs. 2 gilt entsprechend.

(4) [1] Für den Antrag nach den Absätzen 2 und 3 gilt § 23 Abs. 1 Satz 2 entsprechend, auch soweit nur die Ausfertigung eines neuen Fahrzeugscheins beantragt wird. [2] Dem Antrag ist der bisherige Fahrzeugschein beizufügen. [3] Wird ein neues Kennzeichen erteilt, so gilt für das bisherige Kennzeichen Absatz 5 Satz 1 entsprechend.

(4a) Die Absätze 1 und 2 sowie Absatz 3 Satz 2 bis 4 gelten nicht
1. für zulassungspflichtige Fahrzeuge, die durch Eintrag eines Vermerks über die Stilllegung in den Fahrzeugschein und durch Entstempelung des amtlichen Kennzeichens vorübergehend stillgelegt worden sind,

2. für zulassungsfreie Fahrzeuge, denen ein eigenes Kennzeichen zugeteilt ist und die durch Eintrag eines Vermerks über die Stilllegung in den Fahrzeugschein oder durch Ablieferung der amtlichen Bescheinigung über die Zuteilung des Kennzeichens und durch Entstempelung des amtlichen Kennzeichens vorübergehend stillgelegt worden sind.

(5) [1]Wird ein Fahrzeug für mehr als 18 Monate aus dem Verkehr gezogen, so hat der Halter dies der Zulassungsbehörde unter Vorlage des Briefs, des Scheins und gegebenenfalls der Anhängerverzeichnisse, bei zulassungsfreien Fahrzeugen, für die ein amtliches Kennzeichen zugeteilt ist, unter Vorlage des Nachweises über die Zuteilung des Kennzeichens oder des Fahrzeugscheins (§ 18 Abs. 5) unverzüglich anzuzeigen und das amtliche Kennzeichen entstempeln zu lassen. [2]Die Zulassungsbehörde vermerkt die Zurückziehung des Fahrzeugs aus dem Verkehr unter Angabe des Datums auf dem Fahrzeugschein und gegebenenfalls auf den Anhängerverzeichnissen und händigt die vorgelegten Unterlagen wieder aus. [3]Läßt sich der Brief nicht beiziehen, so ist er auf Kosten des Halters unter Festsetzung einer Frist für die Vorlage bei der Zulassungsbehörde im „Verkehrsblatt" aufzubieten, wenn nicht im Einzelfall eine Ausnahme unbedenklich ist. [4]Wird kein Ersatzbrief ausgefertigt (§ 25 Abs. 2), so erteilt die Zulassungsbehörde dem Halter auf Antrag eine Bescheinigung über das Fehlen des Briefs sowie über die Erfolglosigkeit der Aufbietung oder den Verzicht auf die Aufbietung.

(6) [1]Absatz 5 gilt nicht

1. für zulassungspflichtige Fahrzeuge, die durch Eintragung eines Vermerks über die Stilllegung in den Fahrzeugschein und durch Entstempelung des amtlichen Kennzeichens vorübergehend stillgelegt worden sind,
2. für zulassungsfreie Fahrzeuge, denen ein eigenes Kennzeichen zugeteilt ist, die durch Ablieferung der amtlichen Bescheinigung über die Zuteilung des Kennzeichens oder durch Eintragung eines Vermerks über die Stilllegung in den Fahrzeugschein und durch Entstempelung des amtlichen Kennzeichens vorübergehend stillgelegt worden sind.

[2]Die Fahrzeuge gelten nach Ablauf von 18 Monaten seit der Stilllegung als endgültig aus dem Verkehr zurückgezogen; die Vermerke über sie können aus den Karteien oder Dateien entfernt werden, ohne daß die Vorlage der Briefe zu verlangen ist. [3]Eine Fristverlängerung ist unzulässig.

(7) [1]Soll ein endgültig aus dem Verkehr gezogenes zulassungspflichtiges Fahrzeug wieder zum Verkehr zugelassen werden, sind der Zulassungsbehörde der Fahrzeugbrief oder, falls dieser noch unauffindbar ist, die in Absatz 5 letzter Satz vorgesehene Bescheinigung sowie der Fahrzeugschein vorzulegen und von der Zulassungsbehörde einzuziehen; ein neuer Brief ist auszufertigen. [2]War für ein zulassungsfreies Fahrzeug ein Fahrzeugbrief nach § 18 Abs. 7 ausgefertigt, ist auch dieser oder, falls dieser noch unauffindbar ist, die in Absatz 5 letzter Satz vorgesehene Bescheinigung vorzulegen. [3]Von der Zulassungsbehörde sind die vorgelegten Unterlagen einzuziehen und neue auszufertigen.

Übersicht

Amtsabmeldung 36
Änderung, meldepflichtige 10 ff
Außerbetriebsetzung 29

Dauer der Meldepflicht 12, 15

Eigentümer, neuer, Pflichten 20 ff
–, Standortwechsel 10, 16–19

Fahrzeugbrief 7–9, 11, 13, 14, 24, 29–31, 33, 35
Fahrzeugschein 7, 9 ff, 28 ff

Kennzeichen, mißbräuchliche, Weiterverwendung 32
Kraftfahrzeug, Außerbetriebsetzung 29 ff

Maßnahmen der Zulassungsbehörde bei Nichtummeldung 27

Meldepflichten 1 ff, 9 ff
– bei Fahrzeugänderung 6 a, 9 ff
– Dauer 15
– bei Standortwechsel 10, 16–19
– bei Eigentümerwechsel 20 ff
– des Veräußerers 20 ff, 24, 25
– des Erwerbers 22, 23, 26
Mißbräuchliche Weiterverwendung des Kennzeichens 32

Ordnungswidrigkeiten 37

Standortwechsel 10, 16–19
Steuerabmeldung 36
Stillegung 9, 29–36
–, vorübergehende 34 ff

Unbrauchbarmachen des Fahrzeugbriefes 31

Veräußerer, Pflichten 20 ff, 24, 25

Meldepflichten der Eigentümer und Halter § 27 StVZO **3**

Begr zur ÄndVO v 9. 12. 94: VBl **95** 25; zur ÄndVO v 4. 7. 97: VBl **97** 903. 1/2

Begr zur ÄndVO v 12. 8. 97 (VBl **97** 656): **Zu Abs 1:** Neu geregelt wird, daß Ände- 3
rungen im Fahrzeugbrief, im Fahrzeugschein, in den Nachweisen nach § 19 Abs. 5, in den An-
hängerverzeichnissen nach § 24 Satz 3 und im Nachweis nach § 18 Abs. 5 der zuständigen Zu-
lassungsbehörde erst bei deren nächsten Befassung mit den Fahrzeugpapieren aus anderen Gründen
gemeldet werden müssen.
  Dies bringt erhebliche Erleichterungen für den Fahrzeughalter/-führer sowie die Zulassungsbe-
hörden und das Kraftfahrt-Bundesamt bei einer Reihe von technischen Änderungen an einem
Fahrzeug. Der Fahrzeugführer hat in diesen Fällen lediglich die entsprechenden Papiere wie Be-
triebserlaubnis, Bauartgenehmigung, Genehmigung, Teilegutachten oder einen entsprechenden
Nachweis darüber und, wenn vorgeschrieben, mit der Bestätigung des ordnungsgemäßen Ein- oder
Anbaus sowie den zu beachtenden Auflagen mitzuführen und zuständigen Personen auf Verlangen
auszuhändigen.

  Zu Abs 1 a: *Die Erleichterungen für die Meldung von Änderungen in den Fahrzeugpapieren* 4
müssen jedoch eingeschränkt werden, damit die Angaben, die Auswirkungen auf die Kraftfahr-
zeugsteuer, auf die Versicherungsprämie, auf die erforderliche Fahrerlaubnis oder auf erforderliche
Ausnahmegenehmigungen haben, ständig den tatsächlichen Verhältnissen entsprechen.
  Aus der Bundesratsdrucksache 383/97 (Beschluß):
  Bei Nutzfahrzeugen müssen Erhöhungen der Fahrzeugabmessungen unverzüglich in die Fahr-
zeugpapiere eingetragen werden, damit der Fahrer bei Straßen mit begrenzter Durchfahrtshöhe und
mit sonstiger Begrenzung der Fahrzeugabmessungen die erhöhten Abmessungen dem Fahrzeug-
schein entnehmen kann.

  Begr zur ÄndVO v 20. 7. 00: BRDrucks 184/00 S 96; zum ÄndG v 11. 9. 02: 5
BTDrucks 14/8766 S 61; zur ÄndVO v 24. 9. 04: BRDrucks 344/04 S 36.

42. StVZAusnV v 22. 12. 92
(BGBl I 2479)

(§ 1: s § 19 StVZO Rz 1 b) 6
  § 2. Abweichend von § 27 Abs. 1 der Straßenverkehrs-Zulassungs-Ordnung sind
Änderungen des Leergewichts sowie der Nutz- oder Aufliegelast durch den Anbau
der seitlichen Schutzvorrichtungen nicht melde- oder eintragungspflichtig. Auf das
Ausmaß der Änderungen ist im Teilegutachten deutlich sichtbar hinzuweisen.

(Fortsetzung: § 22)

  DA zum § 27 Abs 1 bis 3. ᴵⱽ *Kann bei der Ummeldung eines Fahrzeugs der Brief aus-* 7
nahmsweise nicht sofort beigebracht werden, ist für seine Vorlage eine Frist zu setzen, nach deren
Ablauf Zwangsmittel anzuwenden sind. Bestehen Bedenken, ob das Fahrzeug zu Recht umge-
meldet wird, so kann die Stempelung des Kennzeichens und die Aushändigung des Fahrzeug-
scheins bis zur Beibringung des Briefes ausgesetzt werden. Ebenso ist unabhängig von der Entge-
gennahme der Ummeldung zu verfahren, wenn der bisherige Eigentümer die Aushändigung des
Briefes an einen anderen beantragt hatte oder der Zulassungsstelle bekannt geworden ist, daß der
Brief einem anderen als Sicherheit überlassen worden ist; in diesem Falle ist zu warten, bis das
Einverständnis des anderen vorliegt.
  ⱽ *Die Gebühren, die für Umschreibungen von Briefen erhoben werden, sind durch Gebühren-* 8
marken zu entrichten, es sei denn, daß das Kraftfahrt-Bundesamt einer anderen Abrechnungsart
zugestimmt hat. Von ihnen ist befreit, wer von den Verwaltungsgebühren befreit ist.

  1. § 27 begründet für Eigentümer und Halter **Meldepflichten,** I und I a insbesondere 9
für den Fall, daß an dem Fz Änderungen vorgenommen werden, die die Berichtigung
der FzPapiere nötig machen, II mit IV für den Fall, daß der Standort des Fz für mehr als
drei ununterbrochene Monate endgültig in den Bezirk einer anderen ZulB verlegt wird,
III mit IV für den Fall des Eigentümerwechsels, die V–VII für den Fall, daß das Fz für
mehr als 18 Monate oder endgültig aus dem Verkehr gezogen wird. Die Meldepflichten
(zB bei FzVeräußerung treffen den Halter eines Fzs mit Saisonkennzeichen (§ 23 I b)

auch außerhalb des Zulassungszeitraums (s Begr zur 23. ÄndVStVR, VBl **96** 620). Die Vorschrift soll sicherstellen, daß die bei der ZulB erfaßten Daten über die Fze und deren Halter stets auf dem neuesten Stand sind, Begr zur ÄndVO v 16. 11. 70 (VBl **70** 831), VGH Ma NZV **96** 511, OVG Münster PVT **98** 220 (222), soweit nicht spätere Meldung (Abs I S 2) ausreicht. Sie rechtfertigt die Vermutung, daß die der ZulB bekannten Daten in bezug auf die Eigentumsverhältnisse den tatsächlichen entsprechen, OVG Hb NJW **00** 2600. In II ist die Meldepflicht bei vorübergehender Standortverlegung vereinfacht; bei voraussichtlich vorübergehenden Änderungen genügt eine bloße Anzeige an die ZulB des Heimatorts, s VG Schl NJW **78** 341. Änderung der Kennzeichen und FzPapiere ist dann entbehrlich. Um zu verhindern, daß Fze auftauchen, deren Herkunft nicht durch einen Brief belegt werden kann, wird von dessen Einziehung bei FzAbmeldung abgesehen; die ungültig gemachten Briefe werden mit einem Abmeldungsvermerk zurückgegeben, Abs V S 2.

2. Meldepflichtige Änderungen (I, I a).

10 *DA zum § 27 Abs 1.* [I] *Meldepflichtige Änderungen (Absatz 1) sind hauptsächlich Änderungen der Angaben über die Beschaffenheit des Fahrzeugs und Angaben über den Inhaber der Zulassung und seine Anschrift. Daneben sind Änderungen des regelmäßigen Standorts des Fahrzeugs nach Absatz 2 und die Veräußerung des Fahrzeugs nach Absatz 3 zu melden. Schließlich ist nach Absatz 5 zu melden, wenn das Fahrzeug endgültig aus dem Verkehr gezogen wird. Neben diesen verkehrsrechtlichen Meldepflichten sind die steuerrechtlich begründeten zu beachten ...*

[II] *(aufgehoben)*

11 [III] *Die Zulassungsstelle braucht in den Fällen des § 27 Abs. 2 Halbsatz 2 die Vorlage von Brief und Schein nicht zu verlangen. Sie kann die Vorlage des Briefes jederzeit auch außerhalb meldepflichtiger Vorgänge fordern.*

12 [IV] *Ein Verstoß gegen die Meldepflicht ist als sog. Dauerdelikt der Verjährung nicht unterworfen. Der unverzüglichen und pünktlichen Erfüllung der Meldepflicht ist besondere Aufmerksamkeit zuzuwenden. Gegen Versäumnisse und Nachlässigkeiten ist streng einzuschreiten.*

13 Die Angaben im FzSchein (§ 24), in den FzBriefen und den Anhängerverzeichnissen müssen den Tatsachen entsprechen. Deshalb sind die in Ia genannten Änderungen ohne schuldhafte Verzögerung zu melden. Dabei handelt es sich um solche Änderungen, die Auswirkungen auf die KfzSteuer, die Versicherungsprämie, die FE oder auf erforderliche Ausnahmegenehmigungen haben (s Begr, Rz 4), und zwar hauptsächlich um **Änderungen am Fz**. Soweit die Änderung nicht von Ia erfaßt wird, genügt Meldung zu einem späteren Zeitpunkt, zu dem die ZulB aus anderen Gründen mit den FzPapieren befaßt ist (I S 2); jedoch sind die Mitführungs- und Aushändigungspflichten des § 19 IV zu beachten. Ausnahme von der Meldepflicht bei Anbau seitlicher Schutzvorrichtungen, s § 2 der 42. StVZAusnV (Rz 6). Die Meldung bezweckt Berichtigung der FzPapiere und des FzRegisters (s die Bestimmungen über die FzRegister: §§ 31 ff StVG sowie die FRV). Die Zulassung eines Krades, das mittels Umschalthebels auf unterschiedliche Leistungsstufen geschaltet werden kann, ist mit Abs I 1 vereinbar, BVG NZV **95** 246 (Anm *Jagow* VD **95** 77). Unverzüglich zu melden ist auch Änderung der Anschrift des FzEigentümers oder Halters, jedoch bedarf es dazu nicht der Vorlage des FzBriefes (I a Nr 1). Die Meldung ist an die zuständige ZulB (§ 23) zu erstatten.

14 **3. Meldepflichtig** ist der Eigentümer und der Halter (§ 7 StVG), wenn er nicht zugleich der Eigentümer ist (Vorbehaltseigentum, Sicherungsübereignung), I S 3. Die Meldepflicht trifft auch dann den *Halter,* wenn in Brief, FzSchein oder FzRegister eine andere Person eingetragen ist, nicht aber den Eingetragenen, Bay DAR **85** 390, Kö VRS **86** 202. Es gelten für die Meldepflicht dieselben Vorschriften wie für den Antrag auf Zuteilung des Kennzeichens (§ 23). Meldepflichtiger Eigentümer ist auch, wer vertraglich alle Eigentümerbefugnisse haben soll (Vermittlungsvertrag mit einem Händler zwecks Umsatzsteuerersparnis), Ol VRS **32** 230, AG Bad Homburg VR **00** 450. Merkblatt über die Meldepflicht des Kfz-Halters, VBl **68** 13. Abgesehen von offenkundigen Bedenken dürfen die VB den im Zulassungsantrag Genannten als Halter ansehen und zur Erfüllung der Halterpflichten anhalten, BVG VM **78** 73. Die VB muß bei einer

Meldepflichten der Eigentümer und Halter **§ 27 StVZO 3**

Briefberichtigung nicht prüfen, ob der Antragsteller, der sich als Eigentümer bezeichnet und im Besitz des Fz und des Briefs ist, verfügungsberechtigt ist; der Besitz von Fz und Brief legitimiert ihn, Ce NJW **53** 1355. Mit der Meldung ist die Meldepflicht erfüllt; die Berichtigung der KfzPapiere muß der Meldepflichtige nicht kontrollieren, Ha VRS **10** 148.

4. Dauer der Meldepflicht. Nach I besteht Meldepflicht, bis die ZulB Kenntnis 15 von der meldepflichtigen Tatsache erhält, Abs I S 4 (s Rz 12). Die Verjährung beginnt erst, wenn die Pflicht erfüllt ist. I Satz 4 bezieht sich nur auf Abs I, nicht auch auf III, Ol VM **67** 12; die Anzeigepflicht des Veräußerers erlischt also nicht durch die Anzeige eines anderen. **Untersagung des FzBetriebs** im öffentlichen StrV kann die ZulB anordnen, bis der Meldepflichtige seiner Pflicht nachkommt (Abs I S 5); in diesem Fall gilt § 17 II.

5. Meldepflicht bei Wechsel des Stand-(Heimat-)ortes des Fahrzeugs.

DA zum § 27 Abs. 2. ¹ *Erhält eine Zulassungsstelle den Antrag auf Zuteilung eines neuen* 16 *Kennzeichens ... wegen Verlegung des regelmäßigen Standorts des Fahrzeugs in ihren Bezirk, so hat sie der Zulassungsstelle, bei der das Fahrzeug bisher geführt wurde, unverzüglich Mitteilung ... zu machen ...*

II betrifft lediglich den Fall, daß der **inländische Standort** des Fz für mehr als drei 17 Monate in den Bezirk einer anderen ZulB verlegt wird. Bei kürzeren Verlegungen bedarf es keiner Meldung. Soll die Verlegung länger als drei Monate dauern, so ist die Meldung nicht erst nach dieser Frist, sondern unverzüglich zu erstatten, sobald feststeht, daß die Dreimonatsfrist überschritten werden wird. Meldepflichtig ist der Halter, VGH München VM **81** 79. Beispiele: der Halter verlegt seinen Wohnsitz und nimmt das Fz mit, das Fz wird einem anderen Betrieb desselben Halters zugeteilt, der KfzMieter und zugleich Halter betreibt das Kfz anderswo. Der regelmäßige Standort wird nur dann in den Bezirk einer anderen ZulB verlegt, wenn der Verfügungsberechtigte das Fz von dort aus bestimmungsgemäß verwendet, Bay VM **59** 52. Standort: § 23 Rz 16. Doppelwohnsitz: VG Schl NJW **78** 341. Zur Frage „voraussichtlich nur vorübergehend" erfolgter Standortverlegung iS des Abs II s Rz 18. Wechsel des Kfz-Standorts von BW-Angehörigen, BMV VBl **70** 484. Zur Behandlung privater Kfze von BW-Angehörigen bei Zulassung im Ausland, besonders zum Kennzeichenverbleib und zur Behandlung der Kfz-Papiere, BMV VBl **68** 543.

Wird die Standortverlegung **voraussichtlich vorübergehend** sein, bedarf es nur der 18 Anzeige an die ZulB, die das Kennzeichen zugeteilt hat, VG Schl NJW **78** 341; ist die Standortverlegung für dauernd gedacht, dann ist bei der für den neuen Standort zuständigen ZulB ein neues Kennzeichen zu beantragen (§ 23). Bei Mietsachen hängt die Frage, ob sie voraussichtlich nur vorübergehend verlegt werden, vom Inhalt der Mietvereinbarung ab; ist an eine Kündigung nach Ablauf der Mietzeit von vornherein nicht gedacht, sondern jeweilige Verlängerung beabsichtigt, so handelt es sich nicht nur um vorübergehende Standortverlegung, regelmäßig auch nicht bei Leasing, Zw VRS **57** 375. Ist dagegen die Rückkehr des Fzs an seinen früheren Standort beabsichtigt, so liegt selbst dann „vorübergehende" Standortverlegung vor, wenn die Mietzeit mehrere Jahre beträgt; die Regelung des § 5 IntVO ist auf § 27 II nicht übertragbar, BVG VRS **66** 315, aM wohl Zw VRS **57** 375 bei längerfristigen Mietverträgen.

Zweck des neuen Kennzeichens ist es, die Übersichtlichkeit der Karteien und Regi- 19 ster (s §§ 31 ff StVG, 1 ff FRV) zu erhalten. Die für den neuen Standort zuständige ZulB teilt der früher zuständigen ZulB die FzIdentifizierungsnummer, die FzBriefnummer, altes und neues Kennzeichen sowie den Tag der Zuteilung des neuen Kennzeichens mit, § 7 FRV. Wechsel des Wohnorts des Eigentümers ohne gleichzeitigen Wechsel des Standorts des Fz spielt im Rahmen des Abs II keine Rolle. Wird der Standort eines im Ausland zugelassenen Kfz in den Geltungsbereich der StVZO verlegt (was zutrifft, wenn der Aufenthalt hier nicht nur als vorübergehend – § 5 IntVO – gedacht ist), so gilt nicht § 27 II, sondern § 23 I, dh es bedarf der Zulassung, BVG VRS **66** 309.

Lit: *Bormann*, Der Standort eines Kraftfahrzeugs nach dem Zulassungsrecht, DAR **63** 341. *Hachemer*, Durchsetzbarkeit von Melde- und Umschreibepflichten, VD **97** 78.

3 StVZO § 27   B. Fahrzeuge II. Zulassungsverfahren für Kraftfahrzeuge

6. Meldepflichten bei Wechsel des Eigentums an dem Fahrzeug.

20 *DA zum § 27 Abs 3.* [1] *Wird ein Fahrzeug in einem Zwangsvollstreckungsverfahren veräußert, so wird die Anzeige des Veräußerers gemäß § 27 Abs. 3 von dem Gerichtsvollzieher oder Vollstreckungsbeamten bewirkt. Vgl. hierzu im übrigen die DA zu § 25 Abs. 2.*

21 [III] *Die Zulassungsstelle, bei der die Ausfertigung eines neuen Fahrzeugscheins und die Zuteilung eines neuen Kennzeichens beantragt wird, hat hiervon unverzüglich der Zulassungsstelle Mitteilung zu machen, bei der das Fahrzeug bisher geführt worden war ... Diese darf die Karteikarte für das Fahrzeug erst endgültig ablegen, wenn sie die Aufforderung dazu vom Kraftfahrt-Bundesamt erhält. Freigewordene Erkennungsnummern dürfen erst nach Ablegung der Karteikarte wieder ausgegeben werden.*

22 Abs III regelt den Fall, daß der Eigentümer des Fz wechselt, nicht den Fall, daß lediglich der vom Eigentümer verschiedene Halter wechselt, wie etwa, wenn der Eigentümer das Fz verleiht oder vermietet, s BMV VBl **65** 198. Gemeint ist grundsätzlich **Eigentumsübergang** durch Rechtsgeschäft und Erbgang. Ist Übertragung des Eigentums („Veräußerung") beabsichtigt, so kann aber schon die Übergabe des Fzs an den Erwerber dessen Pflichten nach III S 2 begründen, OVG Berlin VM **91** 87; dies gilt insbesondere bei **Eigentumsvorbehalt,** Stu VRS **28** 313. Im Fall bloßen Sicherungs- oder Vorbehaltseigentums gilt also der Sicherungsgeber bereits iS des § 27 III als Eigentümer, AG Bad Homburg VR **00** 450. Gemeint ist nur Eigentümerwechsel, bei dem Weiterbenutzung durch den neuen Eigentümer tatsächlich und rechtlich möglich ist, VGH Ma NZV **96** 511. Deshalb scheidet eine bloße Sicherungsübereignung aus, BMV VBl **50** 260. Daher auch keine Meldepflicht dessen, der ein Wrack erwirbt und verschrottet, Ha VRS **31** 310. **Veräußerer** ist, wer wie ein Eigentümer über das Kfz verfügen darf, Ol VM **67** 12. Die Meldepflicht nach § 27 III S 1 betrifft auch Veräußerungen an Mitglieder stationierter Streitkräfte, BGH NJW **74** 1086. Meldepflicht des Veräußerers auch in Fällen vorübergehender Stillegung vor Veräußerung, BGH NJW **74** 1086, Bay VRS **28** 310. Dagegen braucht die Veräußerung (Erwerb) eines Kfz, das gemäß § 27 VI Satz 1 Nr 1 vorübergehend stillgelegt war, nicht angezeigt zu werden, wenn seit der vorübergehenden Stillegung mehr als 18 Monate verstrichen sind, weil es dann gem VI 2 als endgültig aus dem V gezogen gilt, VGH Ma NZV **96** 511, Bay VRS **28** 310. *Pienitz,* FzWechsel und Wagniswegfall, KVR.

23 **6 a. Wirkung der Veräußerung auf die Zulassung.** Eigentumswechsel berührt die Zulassung nicht, Schl VM **60** 10. Der neue Eigentümer darf auf Grund der alten FzPapiere das Fz vorbehaltlich der Pflicht, einen neuen FzSchein, gegebenenfalls auch ein neues Kennzeichen zu erwirken, weiterbenutzen. Die **Haftpflichtversicherung** geht bei Veräußerung auf den neuen Eigentümer über, § 6 AKB. Zur Leistungspflicht, wenn der Erwerber vor dem Versicherungsfall eine andere Versicherung beantragt hat, Nü VR **66** 1070.

24 **6 b. Pflichten des Veräußerers.** Der Veräußerer (bisherige Eigentümer) hat beim Wechsel des Eigentums an dem Kfz oder Anhänger folgende Pflichten:
Dem neuen Eigentümer hat er mit dem Fz zu übergeben: a) den FzBrief wegen dessen bürgerlich- rechtlicher Bedeutung (§ 25), b) den FzSchein. Dadurch ermöglicht er dem Erwerber, das Fz bis zur Ausstellung eines von ihm zu erwirkenden neuen Scheins weiter zu benutzen. Die Erfüllung dieser Pflichten muß sich der Veräußerer vom Erwerber bescheinigen lassen. Die Übergabe des Prüfbuches bei prüfbuchpflichtigen Fzen an den Erwerber trägt dem Umstand Rechnung, daß Prüfbücher gem § 29 XIII bis zur endgültigen Außerbetriebsetzung des Fzs aufzubewahren sind.

25 **Der Zulassungsbehörde,** bei der das Fz geführt wird, hat der Veräußerer Namen, Wohnort und Wohnung des Erwerbers anzuzeigen. Dieser Anzeige hat er die erwähnte (Rz 24) Bestätigung des Erwerbers über den Erhalt der in III S 1 genannten Papiere beizufügen. Über Namen und Anschrift des Erwerbers muß er sich vergewissern, OVG Münster DAR **03** 136. Die ZulB überwacht dadurch, ob der neue Eigentümer seinen Pflichten nachkommt. Der Veräußerer erfüllt diese Pflicht unzureichend, wenn er die Angaben des Käufers nicht durch Einsichtnahme in ein Ausweispapier kontrolliert, VGH Ka NJW **99** 3650. Die Anzeigepflicht des Verkäufers ist kein **SchutzG** (§ 823 II BGB),

BGH VR **80** 457, im Ergebnis zust *Canaris*, Larenz-F (1983) S 62 ff, abw BGH NJW **74** 1086, Kö MDR **71** 299, s VGH Ma NZV **96** 512. Verstoß gegen die Anzeigepflicht begründet nur dann **polizeirechtliche Verhaltensverantwortlichkeit** in bezug auf die durch Entfernung des Fzs aus öffentlichem VRaum entstehenden Kosten, wenn er für das Abstellen des Fz kausal ist, nicht zB bei bloßem verkehrswidrigen Parken, OVG Münster DAR **03** 136, OVG Hb NJW **00** 2600, uU aber (wenn der Verstoß gegen III die Bereitschaft des Erwerbers für späteres vorschriftswidriges Abstellen des Fzs gefördert hat) bei Abstellen eines nicht mehr zugelassenen, zur Entsorgung (Ausschlachten) veräußerten Fzs, OVG Münster DAR **03** 136, VGH Ma NZV **96** 511, VG Br NVwZ-RR **00** 593, vor allem bei kollusivem Zusammenwirken von Veräußerer und Erwerber, OVG Hb NJW **00** 2600 (möglicherweise), *Becker* NZV **01** 202, aM grundsätzlich VGH Ka VRS **97** 473.

6 c. Pflichten des neuen Eigentümers. Der neue Eigentümer hat ohne schuldhaftes Zögern zu beantragen: a) Ausfertigung eines neuen FzScheins; dem Antrag ist der alte FzSchein beizufügen (IV); b) Zuteilung eines neuen Kennzeichens, wenn das bisherige von einer anderen ZulB als von der für den zukünftigen Standort des Fz zuständigen zugeteilt war. Das gilt auch für Anhänger. Soweit bei Aussonderung von BW-Fzen aus dem BW-FzBestand die BE erlischt (§ 19 II S 3), hat der Erwerber Neuzulassung gemäß dem im VBl **78** 167 dargestellten Verfahren zu beantragen. 26

7. Maßnahmen der Zulassungsbehörde gegen Unterlassen der Ummeldung. Die ZulB kann dem Erwerber, wenn er seine Pflichten nicht binnen angemessener Frist erfüllt, untersagen, das Fz im Verkehr zu benutzen (Abs III S 3), und die nach § 17 II, zulässigen Maßnahmen ergreifen. Wer das Fz, nachdem ihm das Verbot bekanntgegeben ist, weiter im Verkehr verwendet, handelt ow (§§ 27 III S 4, 69a II Nr 12 StVZO, 24 StVG). 27

8. Umtausch des Fahrzeugscheins in den Fällen der II, III. Wird der Standort des Fz für mehr als drei Monate in den Bezirk einer andern ZulB verlegt oder wird das Fz veräußert (Rz 22 ff), so ist dem nach II, III zu stellenden Antrag der bisherige FzSchein beizufügen, IV S 2. Übergangsbestimmung für vor dem 1. 10. 05 gestellte Anträge: § 72 II. Der neue FzSchein darf nur nach Ablieferung der Urschrift des bisherigen dem Halter ausgehändigt werden (§ 24). Wird ein **neues Kennzeichen** erteilt, so ist das alte mindestens zu entstempeln, IV S 3 (V S 1). Datenübermittlung der ZulB an das KBA und die bisher zuständig gewesene ZulB: §§ 6, 7 FRV. 28

9. Außerbetriebsetzung des Kraftfahrzeugs für mehr als 18 Monate. Das Fz ist nach V unter dessen Voraussetzungen bei der ZulB ohne schuldhaftes Zögern abzumelden. Dabei sind FzBrief und -schein (im Fall des § 24 I S 3 auch die Anhängerverzeichnisse) vorzulegen. Übergangsbestimmung für die Abmeldung von Fzen nach dem 30. 9. 05, deren FzSchein vor dem 1. 10. 05 ausgefertigt wurde: § 72. Die Vorlegepflichten des Abs V S 1 sind Folge, nicht Voraussetzung der Stillegung, s *Hachemer* VD **98** 286 f. Aus dem Verkehr ziehen bedeutet Nichtmehrverwenden des Kfz auf öffentlichen Straßen; Gegensatz: Inbetriebnehmen (§ 1 StVG). Wer als Halter ein Kfz für mehr als 18 Monate aus dem Verkehr gezogen hat, ohne gem Abs V S 1 den FzBrief der ZulB vorgelegt zu haben, trägt die Aufbietungskosten des FzBriefs, BVG DAR **68** 193. Jedoch keine Kostenvorschußpflicht bei öffentlicher Aufbietung eines nicht auffindbaren Briefes bei Dauerstillegung, OVG Münster DAR **67** 199. 29

Datenübermittlung der ZulB an das KBA und andere ZulBen, §§ 6, 7 FRV. Abs V gilt nicht in den in Abs VI bezeichneten Fällen **vorübergehender Stillegung**, s Rz 34 f. Zur Behandlung der Briefe von Ausfuhrfahrzeugen, BMV VBl **67** 395. Außerbetriebsetzung von Kfzen wegen erloschenen Versicherungsschutzes, Verfahren bei der Einziehung der FzScheine und Entstempelung der Kennzeichen **ins Ausland verbrachter Fze,** VBl **95** 483. 30

Lit: *Hachemer,* Ab wann ist eine Stillegung vollendet?, VD **98** 283.

9 a. Rückgabe der vorgelegten Unterlagen an den Halter bestimmt V S 2 nach **Eintrag eines Vermerks** über die Stillegung im FzSchein und ggf den Anhängerver- 31 zeichnissen. Unbrauchbarmachen des Fahrzeugbriefs (wie gem V S 2 in der bis zum 30. 9. 05 geltenden Fassung) erfolgt nicht mehr, weil sowohl die Zulassungsbescheinigung Teil I (FzSchein) als auch die Zulassungsbescheinigung Teil II (FzBrief) im Falle einer Zulassung des Fzs in einem anderen EU-Mitgliedstaat vorzulegen sind (s Begr zur 38. ÄndVStVR, BRDrucks 344/04 S 36). Um dem Mißbrauch des FzBriefs entgegenzuwirken, unterrichten die Versicherer die ZulB, wenn die Reparaturkosten 50% des Neuwertes überschreiten und daher FzAbmeldung in Frage kommt, s BMV v 12. 3. 92, VBl **92** 200, *Jagow* VD **92** 49, s *Otting* DAR **97** 291.

Lit: *Jagow*, Zulassungsrechtliche Behandlung totalbeschädigter Kfze, VD **92** 49.

32   **9 b. Verhinderung mißbräuchlicher Weiterverwendung des Kennzeichens** ist Amtspflicht der ZulB. Mindestens muß sie den Dienststempel entfernen, V S 1. Der Halter muß das entstempelte Kennzeichen nicht entfernen, Dü DAR **75** 328 (unzulängliche, uU mißbrauchsfördernde Regelung).

33   **10. Bei Wiederzulassung** eines endgültig aus dem Verkehr gezogenen Fz ist nach VII zu verfahren. Bei erneuter Zulassung dienen der Brief oder die Bescheinigung über sein Fehlen zur Legitimierung des Antragstellers; sie werden, ebenso wie der FzSchein, zur Verhütung von Mißbräuchen gegen Aushändigung neu ausgefertigter Unterlagen eingezogen (VII, Halbsatz 2). Der neue Brief ist kein Ersatzbrief. Übergangsbestimmung für die Wiederzulassung vor dem 1. 10. 05 aus dem V gezogener Fze: § 72. *Wirsing*, Ausgabe der Briefvordrucke und Einziehung erledigter FzBriefe nach VII, VD **75** 38.

34   **11. Vorübergehende Stillegung.** Den Gegensatz zur Stillegung des Fz für mehr als 18 Monate (Abs V) bildet die vorübergehende Stillegung (Abs VI), die nur zum Ruhen der Zulassung führt. Solange die Zulassung ruht, gilt sie auch im Verkehr als nicht bestehend, so daß gem §§ 18 I, 69a II Nr 3 ow handelt, wer das Fz im Verkehr in Betrieb setzt.

35   Auch bei vorübergehender Stillegung muß sich die ZulB den Brief vorlegen lassen (§ 25 IV) und die Stillegung eintragen (Amtspflicht gegenüber dem Berechtigten, BGH VR **60** 848). Die Eintragung der vorübergehenden Stillegung in den Brief durch die ZulB (IVa, VI) bewirkt, daß vorübergehende Stillegung nach Maßgabe von VI in die endgültige übergehen kann. Die bei vorübergehender Stillegung von der ZulB ausgestellte amtliche Bescheinigung (IV S 2) beweist nicht zu öffentlichem Glauben, daß die Eintragung des Zeitpunktes der nächsten Hauptuntersuchung zutrifft, Bay VRS **57** 284. Übermittlungen von Daten an das KBA bei vorübergehender Stillegung oder endgültiger Außerbetriebsetzung des Fzs: §§ 6, 7 FRV. Speicherung der vorübergehenden Stillegung im Zentralen FzRegister, VBl **88** 576, **99** 404, **00** 478. Ist bei vorübergehender Stillegung der Brief verlorengegangen, so ist ein Ersatzbrief auszufertigen (§ 25 II), *Wirsing* VD **71** 118. Mit Ablauf der **18-Monatsfrist nach VI S 2,** die nicht verlängert werden kann (VI S 3), erlischt die BE endgültig; ein nachträglicher Zulassungsantrag ändert daran nichts, VGH Ma VD **95** 121. Ob das Ende der Frist auf einen Sonn- oder Feiertag fällt, hat auf den Ablauf der Frist keinen Einfluß, VGH Ma VD **95** 121 (abl *Siebert* VD **95** 203). Durch die Verlängerung auf 18 Monate gegenüber der bis zum 31. 7. 00 geltenden Frist von 1 Jahr wurde die frühere Ausnahmepraxis festgeschrieben, um den damit verbundenen (gebührenpflichtigen) Verwaltungsaufwand entbehrlich zu machen (s Begr des BR, VBl **00** 479). Wird ein vorübergehend stillgelegtes Kfz endgültig aus dem Verkehr gezogen, so braucht das der ZulB auch dann nicht angezeigt zu werden, wenn seit der vorübergehenden Stillegung noch keine 18 Monate verstrichen waren, Bay VM **65** 12. Zur Stillegung von gestohlenen oder unterschlagenen Kfzen/ Anhängern, BMV VBl **62** 562.

36   Eine Form vorübergehender Stillegung ist auch die **Amtsabmeldung** wegen nicht entrichteter KfzSteuer: Auf Antrag des Finanzamts hat die ZulB den FzSchein einzuziehen, etwaige Anhängerverzeichnisse zu berichtigen und das Kennzeichen zu entstempeln (Abmeldungsbescheid, § 14 KraftStG), anstelle der ZulB nach Maßgabe von § 14 II KraftStG auch das Finanzamt unter Benachrichtigung der ZulB. Hat der Halter vor Entstempelung des Kennzeichens seine steuerlichen Verpflichtungen und diejenigen aus dem PflVG wieder erfüllt, so lebt die Zulassung wieder auf, *Rüth/Berr/Berz* 24. Ande-

Verwertungsnachweis § 27a StVZO **3**

renfalls hat er nach Tilgung der Steuerrückstände einen Anspruch auf Wiederzulassung, s *App* DAR **90** 453, *Hachemer* VD **96** 159 f.

Lit: *App,* Abmeldung von Fzen wegen KfzSteuerrückständen, DAR **90** 452. *Hachemer,* Nichtzulassung eines Kfz wegen Steuer?, VD **96** 157.

12. Ordnungswidrig sind Zuwiderhandlungen gegen § 27 nach Maßgabe von § 69a II Nr 2, 12 StVZO, § 24 StVG, insbesondere gegen die dem Eigentümer und Halter auferlegte Meldepflicht und die Pflicht des Erwerbers, unverzüglich bei der zuständigen ZulB die Ausfertigung eines neuen FzScheins zu beantragen, Dü NJW **65** 1096. Es handelt sich um ein Dauerdelikt, s Rz 12, 15, Kö Ss 256/87, *Göhler* Rz 17 vor § 19, das andauert, bis die Pflicht erfüllt ist oder wegfällt (wenn der Halter das Fz zwangsweise außer Betrieb setzt), Dü ZfS **82** 350, Ol VM **67** 12, Ha DAR **60** 186, und das zu Verstößen im Zusammenhang mit dem FzFühren im Verhältnis der TM steht, Kö Ss 256/87 (s § 49 StVO Rz 3). Wird das Fz unter Entstempelung des Kennzeichens aus dem Verkehr gezogen, so handelt ow nach §§ 18 I, 69a II Nr 3 StVZO, 24 StVG, wer es gleichwohl auf öffentlichen Straßen in Betrieb setzt. **37**

Verwertungsnachweis

27a (1) ¹Ist ein Fahrzeug der Klasse M_1 oder N_1 nach dem Anhang II A der Richtlinie 70/156/EWG des Rates vom 6. Februar 1970 zur Angleichung der Rechtsvorschriften der Mitgliedstaaten über die Betriebserlaubnis für Kraftfahrzeuge und Kraftfahrzeuganhänger (ABl. EG Nr. L 42 S. 1, Nr. L 225 S. 34)
1. einem anerkannten Demontagebetrieb gemäß § 4 Abs. 1 der Altfahrzeug-Verordnung in der Fassung der Bekanntmachung vom 21. Juni 2002 (BGBl. I S. 2214) zur Verwertung überlassen worden, hat der Halter oder Eigentümer dieses Fahrzeug unter Vorlage eines Verwertungsnachweises nach Muster 12 bei der Zulassungsbehörde endgültig aus dem Verkehr ziehen zu lassen, oder
2. nicht als Abfall zu entsorgen oder verbleibt es zum Zwecke der Entsorgung im Ausland, hat der Halter oder Eigentümer des Fahrzeugs dies gegenüber der Zulassungsbehörde zu erklären und das Fahrzeug endgültig aus dem Verkehr ziehen zu lassen.
²Die Pflichten nach Satz 1 gelten bei der endgültigen Zurückziehung aus dem Verkehr auf Antrag.

(2) Die Zulassungsbehörde überprüft im Verwertungsnachweis die Richtigkeit und Vollständigkeit der Angaben zum Fahrzeug und zum Halter/Eigentümer und gibt den Verwertungsnachweis mit dem vorgesehenen Bestätigungsvermerk zurück.

1. Die Pflichten des Halters oder Eigentümers bei Entsorgung von AltFzen werden in dem durch VO vom 4. 7. 97 (BGBl I S 1666) eingefügten § 27a in einer besonderen Vorschrift zusammengefaßt, s Begr (VBl **97** 903). Durch Art 4 des AltfahrzeugG v 21. 7. 02 (BGBl I S 2199) wurde die Bestimmung neugefaßt. **Begr:** BTDrucks 14/8343 S 28. **1**

2. Pkw der Fahrzeugklasse M_1 und **Klein-Lkw** der Fahrzeugklasse N_1 nach dem Anhang II A der Richtlinie 70/156/EWG (s StVRL § 20 Nr 3) unterliegen der Regelung des § 27a. Zur Fahrzeugklasse M_1 gehören *„Fahrzeuge zur Personenbeförderung mit höchstens acht Sitzplätzen außer dem Fahrersitz"*, zur Fahrzeugklasse N_1 *„Fahrzeuge zur Güterbeförderung mit einer zulässigen Gesamtmasse bis zu 3,5 Tonnen"*. **2**

3. Wer sich eines Fzs entledigt, entledigen will oder entledigen muß, ist gem § 4 I AltfahrzeugVO (idF v 21. 6. 02, BGBl I S 2214) verpflichtet, dieses nur einer anerkannten Annahmestelle (§ 2 I Nr 14 AltfahrzeugVO), einer anerkannten Rücknahmestelle (§ 2 I Nr 15 AltfahrzeugVO) oder einem anerkannten Demontagebetrieb (§ 2 I Nr 16 AltfahrzeugVO) zu überlassen. Die Betreiber von Demontagebetrieben sind gem § 4 II AltfahrzeugVO verpflichtet, die Überlassung durch einen **Verwertungsnachweis** gem Muster 12 der StVZO zu bescheinigen. Nach Überlassung an den Demontagebetrieb hat der Halter oder Eigentümer das Fz unter Vorlage des Verwertungsnachweises gem I Nr 1 **endgültig aus dem Verkehr ziehen** zu lassen (§ 27 V S 1). Eine **form- 3**

1037

3 StVZO § 28 B. Fahrzeuge II. Zulassungsverfahren für Kraftfahrzeuge

lose Erklärung des Eigentümers oder Halters ist gem I Nr 2 für den Fall erforderlich, daß ein Fz nicht als Abfall entsorgt wird oder daß es – etwa nach einem Unfall – im Ausland zum Zweck der Entsorgung verbleibt.

4   4. Zur **Vorlage des Verwertungsnachweises** (I Nr 1) bzw zur Erklärung gegenüber der VB nach I Nr 2 verpflichtet ist der Eigentümer des Fzs auch, wenn er nicht Halter ist, neben ihm in solchen Fällen auch der Halter. Bei Vorlage des Verwertungsnachweises (Muster 12) prüft die Zulassungsstelle (nur) die Richtigkeit und Vollständigkeit der Angaben zum Fahrzeug und Fahrzeughalter bzw Eigentümer und gibt den Verwertungsnachweis anschließend dem Halter oder Eigentümer oder einem von diesen Beauftragten (zB Demontagebetrieb, Rücknahme- oder Annahmestelle) mit einem Bestätigungsvermerk (Abs II).

5   5. **Ordnungswidrigkeit:** §§ 69a II Nr 12a StVZO, 24 StVG.

Lit: *Kopp,* Altautoentsorgung, NJW **97** 3292.

Prüfungsfahrten, Probefahrten, Überführungsfahrten

28 (1) ¹Fahrten anläßlich der Prüfung des Fahrzeugs durch einen amtlich anerkannten Sachverständigen oder Prüfer für den Kraftfahrzeugverkehr oder durch einen Prüfingenieur einer zur Durchführung von Hauptuntersuchungen und Sicherheitsprüfungen anerkannten Überwachungsorganisation (Prüfungsfahrten), Fahrten zur Feststellung und zum Nachweis der Gebrauchsfähigkeit von Fahrzeugen (Probefahrten) und Fahrten, die in der Hauptsache der Überführung eines Fahrzeugs an einen anderen Ort dienen (Überführungsfahrten), dürfen auch ohne Betriebserlaubnis oder EG-Typgenehmigung unternommen werden. ²§ 31 Abs. 2 bleibt unberührt. ³Bei Fahrten im Sinne des Satzes 1 müssen rote Kennzeichen oder in den Fällen des Absatzes 4 Kurzzeitkennzeichen an den Fahrzeugen geführt werden. ⁴Für die mit roten Kennzeichen versehenen Fahrzeuge sind besondere Fahrzeugscheinhefte (Muster 3) und für Fahrzeuge mit Kurzzeitkennzeichen besondere Fahrzeugscheine (Muster 4) mitzuführen und zuständigen Personen auf Verlangen zur Prüfung auszuhändigen. ⁵Als Prüfungsfahrten gelten auch Fahrten zur Verbringung des Fahrzeugs an den Prüfungsort und von dort zurück; als Probefahrten gelten auch Fahrten zur allgemeinen Anregung der Kauflust durch Vorführung in der Öffentlichkeit, nicht aber Fahrten gegen Vergütung für Benutzung des Fahrzeugs. ⁶An Fahrzeugen, denen gemäß § 23 Abs. 1b ein Saisonkennzeichen zugeteilt ist, dürfen für Probe-, Prüfungs- und Überführungsfahrten rote Kennzeichen oder Kurzzeitkennzeichen angebracht werden, wenn diese Fahrten außerhalb des Betriebszeitraums erfolgen sollen. ⁷Die angebrachten Saisonkennzeichen müssen vollständig abgedeckt sein.

(2) ¹Für rote Kennzeichen gelten die Bestimmungen für allgemeine Kennzeichen entsprechend. ²Jedoch bestehen die Erkennungsnummern aus einer Null (0) mit einer oder mehreren nachfolgenden Ziffern; das Kennzeichen ist in roter Schrift auf weißem, rot gerandetem Grund herzustellen; es braucht am Fahrzeug nicht fest angebracht zu sein.

(3) ¹Rote Kennzeichen und besondere Fahrzeugscheinhefte nach Muster 3 können durch die für den Betriebssitz örtlich zuständige Zulassungsbehörde zuverlässigen Kraftfahrzeugherstellern, Kraftfahrzeugteileherstellern, Kraftfahrzeugwerkstätten und Kraftfahrzeughändlern befristet oder widerruflich zur wiederkehrenden Verwendung, auch für verschiedene Fahrzeuge und auch ohne vorherige Bezeichnung eines bestimmten Fahrzeugs durch die Zulassungsbehörde im Fahrzeugschein zugeteilt werden. ²Der Empfänger dieser Hefte hat für jedes Fahrzeug einen entsprechenden Schein zu verwenden und die Bezeichnung des Fahrzeugs vor Antritt der ersten Fahrt in den Schein einzutragen. ³Über Prüfungs-, Probe- oder Überführungsfahrten hat er fortlaufende Aufzeichnungen zu führen, aus denen das verwendete rote Kennzeichen, der Tag der Fahrt, deren Beginn und Ende, der Fahrzeugführer mit dessen Anschrift, die Art und der Hersteller des Fahrzeugs, die Fahrzeug-Identifizierungsnummer und die Fahrtstrecke ersichtlich sind. ⁴Die Aufzeichnungen sind ein Jahr lang aufzubewahren; sie sind am Betriebssitz zuständigen Personen auf Verlangen jederzeit zur Prüfung auszuhändigen. ⁵Nach Ablauf der Frist, für die das rote Kennzeichen zugeteilt worden ist, oder nach Widerruf sind Kennzeichen und ausgegebene Hefte der Zulassungsbehörde unverzüglich einzureichen.

Prüfungsfahrten, Probefahrten, Überführungsfahrten § 28 StVZO 3

(4) ¹Bei Bedarf hat eine Zulassungsbehörde zur einmaligen Verwendung für Zwecke nach Absatz 1 Kurzzeitkennzeichen zuzuteilen und besondere Fahrzeugscheine nach Muster 4, auch ohne vorherige Bezeichnung des Fahrzeugs im Fahrzeugschein, auszugeben. ²Der Empfänger hat die Bezeichnung des Fahrzeugs vor Antritt der ersten Fahrt in den Schein einzutragen. ³Fahrzeuge mit Kurzzeitkennzeichen dürfen auf öffentlichen Straßen nur bis zu dem auf dem Kennzeichen angegebenen Ablaufdatum in Betrieb gesetzt werden; die Gültigkeit des Kennzeichens ist bis zu dem Ablaufdatum (höchstens fünf Tage ab Zuteilung) beschränkt.

(5) ¹Kurzzeitkennzeichen sind in schwarzer Schrift auf weißem, schwarz gerandetem Grund herzustellen; sie müssen den Anforderungen nach Anlage Vd genügen. ²Im übrigen gilt Absatz 2 entsprechend.

(6) Rote Kennzeichen und Kurzzeitkennzeichen sind erst zuzuteilen, wenn der Nachweis erbracht ist, daß eine dem Pflichtversicherungsgesetz entsprechende Kraftfahrzeughaftpflichtversicherung besteht oder daß der Halter der Versicherungspflicht nicht unterliegt.

Begr zur ÄndVO v 9. 12. 94: VBl **95** 25; zur ÄndVO v 22. 7. 97: VBl **97** 538.   1–4

Begr zur ÄndVO v 9. 3. 1998 (VBl **98** 282): ... *Die Ausgabe und Verwaltung der roten*   5
Kennzeichen zur einmaligen Verwendung bedingt einen erheblichen Verwaltungsaufwand bzw. hohe Kosten. Dies ergibt sich insbesondere auch daraus, daß die von den örtlichen Zulassungsstellen angeschafften und ausgegebenen roten Kennzeichen häufig (mit zunehmender Tendenz) nicht zurückgegeben werden ...
Vor diesem Hintergrund erscheint es geboten, die Zulassungsstellen von der Ausgabe roter Kennzeichen zur einmaligen Verwendung und die Polizeibehörden von unnötigen aufwendigen Fahndungsmaßnahmen zu entlasten ...
Nach der derzeitigen Regelung können rote Kennzeichen, wenn gleichzeitig Versicherungsschutz bestehen soll, nur 3–5 Tage verwendet werden. Daran soll sich grundsätzlich nichts ändern. Das Kurzzeitkennzeichen enthält daher ein von der Zulassungsstelle zu bestimmendes Ablaufdatum ...

Begr zur ÄndVO v 20. 7. 00: BRDrucks 184/00 S 97.

DA zum § 28   6
Beim Führen roter Kennzeichen müssen etwa vorhandene schwarze Kennzeichen verdeckt sein (vgl. § 25 – jetzt § 22 – des Straßenverkehrsgesetzes).

1. § 28 regelt eine **vereinfachte Zulassung ohne Betriebserlaubnis** oder EG-   7
Typgenehmigung, Fra NJW **66** 2028, Bay VM **67** 62, mittels Kurzzeitkennzeichen (zur einmaligen Verwendung) oder roter Kennzeichen (zur wiederkehrenden Verwendung) und besonderer FzScheine und FzScheinhefte für Prüfungs-, Probe- und Überführungsfahrten. Die Regelung gilt gem I S 6, 7 für derartige Fahrten mit Kfzen, für die ein Saisonkennzeichen zugeteilt ist, außerhalb des Betriebszeitraums entsprechend. Rote Kennzeichen sind nur verkehrsfähig, wenn sie amtlich abgestempelt sind. Auch **Anhänger** müssen, da kennzeichenpflichtig, bei Prüfungsfahrten rote Kennzeichen oder Kurzzeitkennzeichen führen (§ 23). Rote Kennzeichen für Teilnahme an Oldtimer-Veranstaltungen, s 49. StVZAusnV (§ 18 Rz 2c). Schwarze, nicht für die Zwecke des Abs I zugeteilte Kennzeichen sind zu verdecken (I S 7, DA Rz 6). **Anträgen auf Zuteilung** eines Kurzzeitkennzeichens zur einmaligen Verwendung ist bei nachgewiesenem Bedürfnis ohne Ermessensspielraum zu entsprechen. Im Zweifel kann der Nachweis der Erforderlichkeit und uU auch der Vorschriftsmäßigkeit des Kfz verlangt werden. Dagegen besteht bei Anträgen auf Zuteilung des roten Kennzeichens gem III 1 nur Anspruch auf ermessensfehlerfreie Entscheidung (Rz 15), s *Jagow* 3. b). Der Verwaltungsakt der Zuteilung eines Dauerkennzeichens beruht auf dem Vertrauen der ZulB in die Zuverlässigkeit des Inhabers, Bay VM **67** 62. Der Empfänger des roten Kennzeichens ist berechtigt zu bestimmen, welchem Fz er das Kennzeichen jeweils zuordnen will, BaySt **02** 149 = DAR **03** 81 (auch betriebsfremdes Fz). Die vereinfachte **Zulassung** ist mit der Ausgabe des roten Kennzeichens (und bei wiederkehrender Verwendung, Abs III S 1, nach Konkretisierung auf ein bestimmtes Fz, zB durch „Versehen" des Fzs mit dem Kennzeichen, Abs I S 4, oder durch Eintragung im roten FzSchein) bewirkt, BaySt **02** 149 = DAR **03** 81, NZV **93** 404, **95** 458, *Jagow* Anm 1b, *Förschner* DAR **86** 289. Bei

1039

Befestigung je eines der beiden roten Kennzeichen an verschiedenen Fzen ist in Fällen des Abs III S 1 keines der Fze zugelassen, Bay NZV **93** 404. Zuteilung durch die ZulB (III, IV), s Rz 15. Keine „Fernzulassung" durch Anbringen eines ausländischen Überführungskennzeichens, s § 18 Rz 37.

8 **2. Prüfungsfahrten** sind Fahrten amtlich anerkannter Sachverständiger oder von Prüfingenieuren anerkannter Überwachungsorganisationen zu dem Zweck, Kfze oder Anhänger auf ihre Fahreigenschaften, Bau- und Betriebsart zu prüfen, nicht auch Prüfungsfahrten mit Fahrschülern. Das Privileg gilt für Fahrten anläßlich der FzPrüfung; dazu gehören auch solche im ursächlichen Zusammenhang mit der Prüfung, besonders bei Fahrten zum Prüfungsort und zurück. Während dieser Fahrten hat das Fz das rote Kennzeichen zu führen (I S 3).

9 **3. Probefahrten** sind Fahrten zur Feststellung oder zum Nachweis der Gebrauchsfähigkeit und Leistung von Kfzen oder Anhängern, zB der Hersteller, der Händler und Inhaber von Werkstätten, Kö ZfS **00** 258, Stu NJW **59** 2078, auch mit Interessenten, um ihnen die Leistung des Fz zu beweisen, BMV VBl **50** 314. Probefahrten sind auch Fahrten, die mit Reklame, Probe- oder Vorführungswagen veranstaltet werden, um der Öffentlichkeit die zum Verkauf gestellten Kfze vorzuführen (I). Bei Probefahrten zur Erprobung einzelner Teile bedarf es keiner amtlichen Bescheinigung (§ 22a III). Diese ist nur mitzuführen, wenn der zu erprobende Teil an einem nach den §§ 18 bis 24 zugelassenen, also mit schwarzen Kennzeichen versehenen Kfz mitgeführt wird, s § 22a Rz 33).

10 Eine Probefahrt liegt nicht vor, wenn das Kfz einem Kaufinteressenten gegen **Vergütung** zur Benutzung überlassen wird (I S 5).

11 Die Probefahrt kann länger dauern (uU auch mehrere Tage) und darf zugleich auch anderen Zwecken des Händlers dienen, BGH VR **67** 548, Dü VRS **50** 240, Ol VRS **25** 474, s *Hachemer* VD **98** 7. Die Zufahrt zur Startstelle sowie die Rückfahrt einschließlich unbedeutender Umwege sind Teile der Probefahrt, Ce VRS **17** 150. Je nach den geschäftlichen Umständen darf eine Probefahrt uU auch an der Händlerwohnung enden, s BGH NJW **74** 1558. Ob die Fahrt der Erprobung dient, ist Tatfrage. Mehrtägige Überlassung des Fzs an einen möglichen Käufer kann nicht mehr als „Vorführung in der Öffentlichkeit" iS von Abs I S 5, Halbsatz 2 angesehen werden, s *Hachemer* VD **98** 8. **Mit dem roten Kennzeichen „versehen"** (Abs I S 4) bedeutet räumlich ununterbrochene Verbindung des Kennzeichens mit dem Fz, Kar VR **79** 77; jedoch genügt zur Bewirkung der vereinfachten Zulassung eines bestimmten Fzs eine Art der Verbindung, die die Zuordnung des Kennzeichens zu dem betreffenden Fz nach außen kenntlich macht, BaySt **02** 149 = DAR **03** 81 (Ablage hinter der Scheibe, s aber Rz 14). Solange das Kennzeichen, zB während nächtlichen Parkens, abgenommen ist, ist das Fz nicht mit dem Kennzeichen „versehen", BGH NJW **74** 1558, aM Dü VR **73** 242. Zur Anbringung des Kennzeichens s im übrigen Rz 14. Eine auf drei Tage befristete Zulassung gemäß § 28 wird nach Fristablauf unwirksam, auch wenn der Halter das rote Kennzeichen noch besitzt, Ha VM **59** 47.

12 **4. Überführungsfahrten** sind Fahrten zur beabsichtigten Verbringung des nicht gemäß den §§ 18 ff zugelassenen Fz an einen anderen Ort, zB von einer Herstellungsstätte in eine andere oder in eine Verkaufsstätte oder Ausstellung, Kö ZfS **00** 258, nur mit eigener Motorkraft, nicht als Schleppfahrt. S §§ 18, 33. Betriebsunfähige Fze, die abgeschleppt werden, brauchen kein Kennzeichen zu führen, auch kein rotes, Kar VRS **7** 477 (s § 18 Rz 10), desgleichen nicht geschobene, Bay JR **55** 473. Solche Fahrten sind keine Überführungsfahrten. Überführungsfahrt auch, wenn das Fz anschließend von einem anderen eigenverantwortlich zu nicht durch Abs I S 1 privilegierten Zwecken verwendet werden soll (zB leihweise), auch verbotswidrigen, Bay VRS **67** 235. Ist der Überführung, auch zwecks Verkaufs, Hauptzweck, so darf nebenbei auch etwas dabei befördert werden, Zw VRS **49** 150, Ce VRS **67** 65. Der Berechtigte darf mit der Ausführung betriebsfremde Personen beauftragen, Dü VM **65** 96, und grundsätzlich das rote Kennzeichen als Händler auch dem Kunden zur Durchführung der Überführungsfahrt überlassen. Der Inhaber des roten Kennzeichens oder des Kurzzeitkennzeichens braucht nicht Eigentümer des überführten Kfz zu sein oder die Überführung im Rahmen eige-

Prüfungsfahrten, Probefahrten, Überführungsfahrten   § 28 StVZO 3

nen Geschäftsbetriebs vorzunehmen, Bay VM **67** 62. Bei einer Überführungsfahrt in Kolonne muß jedes Fz ein rotes oder ein Kurzzeitkennzeichen führen, s VBl **49** 127. Nach dem Sinn der Zulassungspflicht und dem Sinn der Ausgabe roter Kennzeichen nur an zuverlässige Berechtigte (III) erfaßt § 28 nicht auch die Überführung nicht zugelassener, verkehrsunsicherer BaustellenFze von einer Baustelle. Das würde die VSicherheit gefährden. Solche BaustellenFze sind daher entweder vor der Überführung instandzusetzen oder auf zugelassenen Fzen zu befördern. Ein landwirtschaftlicher Anhänger, der zulassungsfrei nur bis zu 25 km/h fahren darf, darf auf Überführungsfahrt mit Kurzzeitkennzeichen oder rotem Kennzeichen, also ohne Inanspruchnahme der Zulassungsfreiheit (§ 18), auch mit höherer Fahrgeschwindigkeit und überklebtem Geschwindigkeitsbegrenzungsschild mitgeführt werden, Bay VM **69** 2.

5. Gemeinsame Vorschriften für Prüfungs-, Probe- und Überführungsfahrten. Abs I unterwirft Prüfungs-, Probe- und Überführungsfahrten der gleichen Regelung. Danach dürfen solche Fahrten mit Kfzen und Anhängern bei vereinfachter Zulassung durchgeführt werden. Es bedarf dazu in allen Fällen entweder eines Kurzzeitkennzeichens zur einmaligen Verwendung oder eines roten Kennzeichens zur wiederkehrenden Verwendung, außerdem für jede Fahrt eines besonderen Fahrzeugscheins (Muster 4) bzw Fahrzeugscheinheftes (Muster 3); das Dokument ist auf der Fahrt ausgefüllt (s *Dvorak* DAR **82** 219) mitzuführen. Der Inhaber des roten Kennzeichens hat die Verwendung ausschließlich für die in Abs I genannten Zwecke zu überwachen; die Fahrt muß von ihm angeordnet oder vorher gebilligt worden sein, Bay VM **67** 62. Die Zuteilung entbindet nicht von der Beachtung der Bau- und Betriebsvorschriften (I S 2). Das Kfz muß insgesamt verkehrssicher sein, BGH NJW **75** 447. Der Empfänger eines Kurzzeitkennzeichens muß vor Antritt der ersten Fahrt die FzBezeichnung in den FzSchein eintragen (IV S 2); Unterlassen ist ow (§ 69a II 13a). Nach Ablauf der auf höchstens 5 Tage befristeten Gültigkeit des Kurzzeitkennzeichens darf das Fz auf öffentlichen Strn nicht mehr in Betrieb gesetzt werden (IV S 3); das Ablaufdatum ist auf dem Kennzeichen angegeben (s Rz 14). Ausgabe und Ausfüllung dieser Scheine: III.

6. Ausgestaltung der Kennzeichen. Soweit II bzw V keine besonderen Vorschriften enthält, gilt § 60 entsprechend, s Bay NZV **89** 123, DAR **90** 268. Ausgestaltung des **Kurzzeitkennzeichens:** Abs V und Anl V d. Auf dem gelben Feld am rechten Rand des Schildes ist das Ablaufdatum vermerkt; dabei gibt die obere Zahl den Tag, die mittlere den Monat und die untere das Jahr an. Die ZulB kann dem Halter oder Antragsteller gestatten, die Stempelplaketten auf dem Kurzzeitkennzeichen selbst anzubringen; Unterlassen des Anbringens oder unrichtiges Anbringen ist in diesem Falle ow (§ 69a II Nr 13b). **Anbringung** an Front- und Heckscheibe des Pkw-Mittelteils reicht zwar für die Bewirkung der vereinfachten Zulassung durch „Versehen" eines bestimmten Fzs mit dem roten Kennzeichen (Abs I S 4) aus (Rz 11), verstößt jedoch gegen § 60 II 1, Bay NZV **89** 123, Befestigung an der Scheibeninnenseite selbst dann, wenn sich an der FzVorder- oder rückseite iS von § 60 II S 1 befindet, weil jedenfalls Anbringen *außen* am Fz geboten ist, Bay DAR **90** 268. Die Kurzzeitkennzeichen oder roten Kennzeichen brauchen jedoch nicht fest am Fz angebracht zu sein, sie können auch durch Riemen oder auf andere Weise sicher befestigt werden, auch als Magnetgummihaftschilder, Bay DAR **90** 268, *Bouska* VD **72** 181. Zuordnung („versehen", Abs I S 4): Rz 11. Rote Kennzeichen für Kfze militärischer Nato-Hauptquartiere: 15. StVZAusnV (bei § 23).

7. Zuteilung der Kurzzeitkennzeichen und roten Kennzeichen. Ausgabe, Verwendung, Wiederablieferung der besonderen Fahrzeugscheinhefte. Kurzzeitkennzeichen zur einmaligen Verwendung für die Zwecke des Abs I muß die ZulB auf Antrag bei Bedarf, verbunden mit gleichzeitiger Ausgabe eines besonderen FzScheins, zuteilen (IV S 1). Der Empfänger hat den besonderen FzSchein zu unterschreiben. Ausfüllen darf ihn im Auftrage des Empfängers auch eine andere Person, Ce VRS **12** 228. An zuverlässige KfzHersteller, KfzTeilehersteller, KfzHändler (§ 20) und KfzWerkstätten dürfen **rote Kennzeichen** auch zu wiederkehrender Verwendung, auch an verschiedenen Fzen, ferner unausgefüllte Vordrucke für die nach I S 4 mitzuführenden besonderen FzScheinhefte ausgegeben werden (III). Sie sind nach pflichtge-

3 StVZO § 28 B. Fahrzeuge II. Zulassungsverfahren für Kraftfahrzeuge

mäßem Ermessen auszugeben, falls **Zuverlässigkeit** (zum Begriff s *Hachemer* VD **97** 175, *Mehde* NZV **00** 111) nachgewiesen ist; Ablehnung ist daher nachprüfbar zu begründen, s *Hachemer* VD **97** 174. Sie sind durch die für den Betriebssitz des Antragstellers örtlich zuständige ZulB befristet oder unter Widerrufsvorbehalt zuzuteilen. Unzuverlässigkeit als Versagungs- oder Widerrufsgrund iS von Abs III S 1 setzt einen Bezug zum Umgang mit dem Kennzeichen voraus, *Mehde* NZV **00** 111; Zuwiderhandlungen anderer Art, die nicht geeignet sind, auch nur die Vermutung mißbräuchlicher Verwendung zu begründen, scheiden idR aus, OVG Münster NZV **93** 127. Kein Ermessensspielraum der VB bei Unzuverlässigkeit, VGH Ka VM **76** 32, *Hachemer* VD **97** 174. Widerruf ist insbesondere rechtmäßig, wenn mißbräuchliche Verwendung nicht auszuschließen ist, etwa, wenn Verletzung einschlägiger Vorschriften nachträglich die Annahme der Unzuverlässigkeit des Händlers rechtfertigen, VGH Ka VM **81** 45. III S 1 ist eine Sonderregelung und nicht eng, sondern sinn- und zweckgebunden auszulegen. Die Begriffe **KfzHersteller, KfzHändler** und **KfzWerkstätten** sind nicht iS von Berufsordnungen zu verstehen, sondern dahin, daß sie den gesamten mit Kfzen befaßten gewerblichen Bereich decken, auch Betriebe zur Herstellung von Hohlraumversiegelung und Unterbodenschutz, OVG Münster VRS **56** 474, uU auch nicht-gewerbliche Berufe (Kfz-Sachverständige), VG Bra DAR **87** 235. Rote Kennzeichen für Halter von Oldtimern, s 49. StVZAusnV (§ 18 Rz 2 c). Besonderer FzSchein für OldtimerFze, VBl **95** 248. Der Empfänger des mit der Zuteilung eines roten Kennzeichens ausgegebenen FzScheinheftes hat den für jedes Fz zu verwendenden **FzSchein** vor Antritt der ersten Fahrt auszufüllen. Inhaber roter Kennzeichen zur wiederkehrenden Verwendung haben nach Maßgabe von Abs III S 3 ein **Fahrtenverzeichnis** zu führen. Die Probe- und Überführungsfahrten sind vor der Fahrt oder unmittelbar danach, VGH Ka VM **81** 45, hintereinander in das Fahrtenverzeichnis einzutragen (Fahrttag, Beginn und Ende der Fahrt, FzFührer mit Anschrift, Art und Hersteller des Kfz, Fahrzeug-Identifizierungsnummer, Ausgangspunkt, Fahrstrecke). Die Angaben von Fahrzeit und FzF sollen im Falle von Zuwiderhandlungen bei der FzBenutzung die Feststellung des FzF ermöglichen (Begr, VBl **98** 284). Nur beabsichtigt gewesene, dann aber nicht durchgeführte Fahrten brauchen nicht verzeichnet zu werden, Zw NZV **89** 160. Das Verzeichnis braucht bei der Fahrt nicht mitgeführt zu werden, VGH Ka VM **81** 45. Nachweisung: III S 4. **Nach Fristablauf oder Widerruf** müssen rote Kennzeichen und FzScheinhefte unverzüglich der ZulB übergeben werden (III S 5); Zuwiderhandlung ist ow (§ 69a II Nr 13). Bei Anträgen nach § 28 ist der ZulB der **FzBrief** vorzulegen, soweit ein solcher besteht (§ 25 IV S 2), das etwaige Nichtbestehen ist glaubhaft zu machen, wobei die ZulB nur angemessene Anforderungen stellen darf, s *Bouska* VD **71** 293. Verwendung **ausländischer Überführungskennzeichen** im Inland ist im Rahmen von § 1 IntVO zulässig, BMV 12. 6. 67, StV 2 – 2102 K/67. Diese Bestimmung ermöglicht aber nicht „Fernzulassung" eines Fzs mit deutschem Standort durch Anbringung eines ausländischen Überführungskennzeichens, weil es sich nicht um ein „ausländisches Kfz" handelt, BaySt **04** 38 = DAR **04** 402, 403. Nach Maßgabe der Vereinbarung über die gegenseitige Anerkennung der Probe- bzw Überführungskennzeichen zwischen Italien und Deutschland, VBl **94** 94, dürfen in Italien erworbene Fze mit italienischem Überführungskennzeichen in Deutschland geführt werden. Diese sich aus §§ 28 StVZO, 1 IntVO und der genannten Vereinbarung ergebende Rechtslage verstößt nicht gegen Art 29 EGV, Bay DAR **04** 402, s EuGH DAR **04** 213. Zur Verwendung deutscher roter Kennzeichen im Ausland, s *Jagow* VD **84** 58.

Lit: *Bauer,* Persönliche Zuverlässigkeit von Inhabern roter Dauerkennzeichen, VD **90** 270. *Dvorak,* Zweifelsfragen beim Gebrauch roter Kennzeichen ..., DAR **82** 219. *Hachemer,* Zum Begriff der Zuverlässigkeit iS von § 28 StVZO, VD **97** 173. *Derselbe,* Verwendung roter Kennzeichen zu Erprobungszwecken, VD **98** 5. *Hentschel,* Die Einführung des Kurzzeitkennzeichens, NJW **98** 1922. *Huppertz,* Auslandsfahrten mit roten Kennzeichen und Kurzzeitkennzeichen, VD **00** 34. *Jagow,* Kurzzeitkennzeichen, VD **98** 49. *Kay,* Rechtsfragen im Zusammenhang mit roten Kennzeichen, Polizei **84** 208. *Mehde,* Rote Kennzeichen zur wiederkehrenden Verwendung, NZV **00** 111. *Mindorf,* Vereinfachtes Zulassungsverfahren, DAR **85** 110.

16   **8. Haftpflichtversicherung.** Rote Kennzeichen dürfen nur ausgegeben werden, wenn der Antragsteller nachweist, daß den Vorschriften über die Pflichtversicherung

Prüfungsfahrten, Probefahrten, Überführungsfahrten § 28 StVZO **3**

(§§ 29a ff) genügt ist (Abs VI). In der Versicherungsbestätigung ist der Zeitpunkt der Beendigung des Versicherungsverhältnisses oder dessen Dauer anzugeben (§ 29a Ia). Ausgabe schon vor Bestehen des Versicherungsschutzes für Benutzung zu einem späteren Zeitpunkt widerspricht Abs VI S 1, s *Jagow* VD **83** 91, BMV VBl **83** 257. Bei Überführungsfahrten mit Kurzzeitkennzeichen oder rotem Kennzeichen besteht **Versicherungsschutz** nur, wenn das Kfz keine groben, die VSicherheit beeinträchtigenden, ohne weiteres erkennbaren Mängel hat, BGH NJW **75** 447. Versicherungsschutz (im Innenverhältnis) besteht nur im Rahmen der Verwendung gemäß § 28 (Verwendungsklausel, § 2b Nr 1a AKB, § 5 I Nr 1 KfzPflVV), BGH VR **67** 548, Kö ZfS **00** 258. Wer einem anderen rote Kennzeichen zum Zweck der FzÜberführung überläßt, haftet grundsätzlich nicht für das Bestehen einer Kaskoversicherung, Dr NJW-RR **04** 387, Kar NJW-RR **99** 779. Unrichtige Belehrung des Kunden durch eine KfzWerkstatt über den Umfang des mit der Überlassung eines roten Kennzeichens verbundenen Versicherungsschutzes kann aber haftpflichtig machen, BGH DAR **73** 267 (angeblich bestehende Kaskoversicherung). Mißbrauch des roten Kennzeichens zu anderen als den nach § 28 zulässigen Fahrten ist eine Obliegenheitsverletzung (§ 2b Nr 1a AKB), Fra VR **97** 1107, LG Ka ZfS **91** 134, im Zweifel vom VU zu beweisen, Ha VR **78** 1110, und berechtigt den Versicherer zur Kündigung, BGH NJW **61** 1399, s *Mittelmeier* VR **75** 12. Nichtbringen („Versehen") der zur wiederkehrenden Verwendung gem Abs III S 1 ausgegebenen roten Kennzeichen beeinträchtigt nicht den Bestand des Versicherungsvertrages iS von § 6 PflVG; denn gem Abs I Nr 2 der **Sonderbedingung zur Haftpflicht- und Fz-Versicherung für Kfz-Handel und -Handwerk,** Neufassung vom 13. 11. 80 (Veröffentlichungen des Bundesaufsichtsamtes für Privatversicherung **81** 235) sind Gegenstand der Versicherung ua alle eigenen Fze des VN, die nach § 18 StVZO der Zulassungspflicht unterliegen, aber nicht zugelassen sind, bzw nach § 29e StVZO ein gültiges Versicherungskennzeichen führen müssen, aber nicht führen. Der Ausschluß vom Versicherungsschutz gem Abs III Nr 1 der Sonderbedingung bei Nichtanbringung der roten Kennzeichen betrifft nur die *FzVersicherung,* nicht dagegen die Haftpflichtversicherung, s dazu *Förschner* DAR **86** 290. **Versichert ist** jedes Fz, das vom Empfänger des roten Kennzeichens mit diesem versehen wird, BaySt **02** 149 = DAR **03** 81 (betriebsfremdes Fz). Der Bestand der Haftpflichtversicherung wird gem Abs I Nr 1 der Sonderbedingung auch nicht berührt, wenn das mit rotem Kennzeichen versehene Fz zu anderen als den in § 28 I S 1 genannten Fahrten benutzt wird, BaySt **87** 22 = VRS **73** 62. Die Leistungsfreiheit wegen Obliegenheitsverletzung bei Nichtanbringen der roten Kennzeichen gem Abs V Nr 4 der Sonderbedingung hat ebenfalls keinen Einfluß auf den Bestand des Versicherungsvertrages. Keine Haftpflichtversicherung besteht allerdings dann, wenn der Versicherungsvertrag gem Abs II Nr 1 S 2, I Nr 1 der Sonderbedingung auf mit roten Kennzeichen versehene Fze beschränkt ist (dann § 6 PflVG), s Bay VRS **67** 155. „Versehen" iS der Sonderbedingung ist das Kfz mit dem roten Kennzeichen nur bei äußerlich erkennbarer Verbindung mit dem Kfz, bloßer Besitz und Mitführen auf der Fahrt genügt nicht, BGH NJW **74** 1558, KG VRS **41** 397. Jedoch braucht die Art der Anbringung nicht der Vorschrift des § 60 II 1 zu genügen, BaySt **02** 149 = DAR **03** 81.

Mitteilung der Daten über die Haftpflichtversicherung für die **Fahrzeugregister,** s § 1 II FRV.

Lit: *Jagow,* Nachweis der Kfz-Haftpflichtversicherung bei roten Kennzeichen zur einmaligen Verwendung, VD **84** 230.

9. Ordnungswidrigkeit, Straftatbestände. OW: §§ 69a II Nr 4, 9a, 13, 13a, 13b **17** StVZO, 24 StVG. Unterlassen der Eintragung in den FzSchein gem III 2 ist nur ow gem dieser Bestimmung (mit § 69a Nr 13), nicht auch gem § 18 I, Bay NZV **95** 458, KG VRS **100** 142, *Windhorst* NZV **03** 312. Benutzung **für andere als Probe- und Überführungsfahrten** ist kein Verstoß gegen § 28, BaySt **02** 149 = DAR **03** 81, Ce VRS **17** 150, sondern gegen § 18, Bay NZV **95** 458, NStZ **88** 545, DAR **89** 362, Zw NZV **92** 460, *Windhorst* NZV **03** 311, *Kreutel* VD **84** 191, *Huppertz* PVT **95** 176, und auch nicht gem § 22 StVG strafbar (s unten). Auch Führen eines Kfz vor einer Prüfung gemäß I oder nach der Prüfung, aber vor Zulassung ohne Kennzeichen verstößt gegen die §§ 18 StVZO, 24 StVG. Gegen III kann nur ein Hersteller, Händler oder selbständiger

Kfz-Handwerker verstoßen, Dritte, besonders Angestellte solcher Unternehmer dann, wenn § 9 OWiG auf sie zutrifft, Ha VRS **19** 160. Erschöpft sich das ow Verhalten im Nichtmitführen der Kurzzeitkennzeichen oder roten Kennzeichen (Abs I S 3), liegt nicht zugleich Verstoß gegen § 18 vor, mangels Führens ohne vorgeschriebene Zulassung auch kein **Steuerdelikt** (keine *widerrechtliche* Benutzung iS von § 1 I Nr 3 KraftStG), Bay VRS **67** 158. Keine widerrechtliche Benutzung iS des KraftStG auch durch bloßen Verstoß gegen die Eintragungs- und Aufzeichnungspflichten gem Abs III S 2, 3, Ha VRS **57** 464. Verstoß gegen das KraftStG jedoch, wenn das mit Kurzzeitkennzeichen oder rotem Kennzeichen versehene Fz zu anderen als den in Abs I S 1 genannten Zwecken benutzt wird, BaySt **87** 22 = VRS **73** 62. Vorsätzlicher **Kennzeichenmißbrauch** in rechtswidriger Absicht ist strafbar (§ 22 StVG), s Stu VRS **47** 25, zB bei Befestigung der beiden Kennzeichen an verschiedenen Fzen gleichzeitig, Bay NZV **93** 404, *Windhorst* NZV **03** 313. Mangels rechtswidriger Absicht kommt eine OW gemäß §§ 28 StVZO, 24 StVG in Betracht. Insoweit genügt Fahrlässigkeit. So bei Benutzung eines abgelaufenen Kurzzeitkennzeichens oder roten Kennzeichens, s *Hentschel* NJW **98** 1922. Fahrt im öffentlichen StrV zu anderen als den in Abs I genannten Zwecken erfüllt dagegen nicht den Tatbestand des § 22 StVG (Kennzeichenmißbrauch), weil es nach § 22 I Nr 1 StVG nur darauf ankommt, ob das Kennzeichen für das Fz ausgegeben oder zugelassen ist, BaySt **87** 22 = VRS **73** 62 (abl *Fritsch* VD **87** 204), NStZ **88** 545, DAR **89** 362, Zw NZV **92** 460, *Mehde* NZV **00** 114, zw, aM *Förschner* DAR **86** 290, *Windhorst* NZV **03** 312. Auch Unterlassen der Eintragung im FzSchein erfüllt nicht den Tatbestand des § 22 StVG, s *Mehde* NZV **00** 114. Überführungskennzeichen sind keine **Urkunden**, BGHSt **34** 375 = NJW **87** 2384, Stu VRS **47** 25, *Mehde* NZV **00** 112.

Lit: *Jagow*, Rote Kennzeichen: Keine Urkunden iS von § 267 StGB, VD **88** 97. *Förschner*, Strafrechtliche Probleme beim Gebrauch roter Kennzeichen, DAR **86** 287. *Mehde*, Rote Kennzeichen ..., Straf- und Bußgeldvorschriften, NZV **00** 112. *Windhorst*, Zur Strafbarkeit bei Mißbrauch roter Dauerkennzeichen nach §§ 22, 22a StVG, NZV **03** 310. Übersicht über Straf- und OW-Tatbestände im Zusammenhang mit roten Kennzeichen bzw Kurzzeitkennzeichen, s *Kreutel* VD **84** 188, *Huppertz* PVT **95** 176.

Untersuchung der Kraftfahrzeuge und Anhänger

29 (1) ¹Die Halter von Fahrzeugen, die ein eigenes amtliches Kennzeichen nach Art der Anlage V in der bis zum 1. November 2000 geltenden Fassung, V a, V b oder V c führen müssen, haben ihre Fahrzeuge auf ihre Kosten nach Maßgabe der Anlage VIII in Verbindung mit Anlage VIII a in regelmäßigen Zeitabständen untersuchen zu lassen. ²Ausgenommen sind

1. Fahrzeuge mit rotem Kennzeichen (§ 28),
2. Fahrzeuge, die nach § 18 Abs. 7 behandelt werden, es sei denn, daß sie nach § 18 Abs. 4 Satz 1 amtliche Kennzeichen führen müssen,
3. Fahrzeuge der Bundeswehr und des Bundesgrenzschutzes.

³Über die Untersuchung der Fahrzeuge der Feuerwehren und des Katastrophenschutzes entscheiden die zuständigen obersten Landesbehörden im Einzelfall oder allgemein.

(2) ¹Der Halter hat den Monat, in dem das Fahrzeug spätestens zur
1. Hauptuntersuchung vorgeführt werden muß, durch eine Prüfplakette nach Anlage IX auf dem amtlichen Kennzeichen nachzuweisen,
2. Sicherheitsprüfung vorgeführt werden muß, durch eine Prüfmarke in Verbindung mit einem SP-Schild nach Anlage IXb nachzuweisen.

²Prüfplaketten sind von der Zulassungsbehörde oder den zur Durchführung von Hauptuntersuchungen berechtigten Personen zuzuteilen und auf dem hinteren amtlichen Kennzeichen dauerhaft und gegen Mißbrauch gesichert anzubringen. ³Prüfmarken sind von der Zulassungsbehörde zuzuteilen sowie vom Halter oder seinem Beauftragten auf dem SP-Schild nach den Vorschriften der Anlage IXb anzubringen oder von den zur Durchführung von Hauptuntersuchungen oder Sicherheitsprüfungen berechtigten Personen zuzuteilen und von diesen nach den Vorschriften der Anlage IXb auf dem SP-Schild anzubringen. ⁴SP-Schilder dürfen von der Zulassungsbehörde, dem Fahrzeughersteller, dem Halter oder seinem Beauftragten nach den Vorschriften der Anlage IXb angebracht werden.

(3) ¹Eine Prüfplakette darf nur dann zugeteilt und angebracht werden, wenn keine Bedenken gegen die Vorschriftsmäßigkeit des Fahrzeuges bestehen. ²Durch die nach durchgeführter Hauptuntersuchung zugeteilte und angebrachte Prüfplakette wird bescheinigt, daß das Fahrzeug zum Zeitpunkt dieser Untersuchung vorschriftsmäßig nach Nummer 1.2 der Anlage VIII ist. ³Weist das Fahrzeug lediglich geringe Mängel auf, so kann abweichend von Satz 1 die Prüfplakette zugeteilt und angebracht werden, wenn die unverzügliche Beseitigung der Mängel zu erwarten ist.

(4) ¹Eine Prüfmarke darf zugeteilt und angebracht werden, wenn das Fahrzeug nach Abschluß der Sicherheitsprüfung nach Maßgabe der Nummer 1.3 der Anlage VIII keine Mängel aufweist. ²Die Vorschriften von Nummer 2.6 der Anlage VIII bleiben unberührt.

(5) Der Halter hat dafür zu sorgen, daß sich die nach Absatz 3 angebrachte Prüfplakette und die nach Absatz 4 angebrachte Prüfmarke und das SP-Schild in ordnungsgemäßem Zustand befinden; sie dürfen weder verdeckt noch verschmutzt sein.

(6) Monat und Jahr des Ablaufs der Frist für die nächste
1. Hauptuntersuchung müssen von demjenigen, der die Prüfplakette zugeteilt und angebracht hat,
   a) bei den im üblichen Zulassungsverfahren behandelten Fahrzeugen im Fahrzeugschein oder
   b) bei anderen Fahrzeugen auf dem nach § 18 Abs. 5 mitzuführenden Nachweis oder Fahrzeugschein
   in Verbindung mit dem Prüfstempel der untersuchenden Stelle und der Kennnummer der untersuchenden Personen oder Stelle,
2. Sicherheitsprüfung müssen von demjenigen, der die Prüfmarke zugeteilt hat, im Prüfprotokoll
vermerkt werden.

(7) ¹Die Prüfplakette und die Prüfmarke werden mit Ablauf des jeweils angegebenen Monats ungültig. ²Ihre Gültigkeit verlängert sich um einen Monat, wenn bei der Durchführung der Hauptuntersuchung oder Sicherheitsprüfung Mängel festgestellt werden, die vor der Zuteilung einer neuen Prüfplakette oder Prüfmarke zu beheben sind (Nummer 3.1.4.3 oder 3.2.3.2 der Anlage VIII). ³Satz 2 gilt auch für Prüfplaketten, wenn Absatz 3 Satz 3 nicht angewendet wird, und für Prüfmarken in den Fällen nach Nummer 2.5 Satz 5 der Anlage VIII. ⁴Befinden sich an einem Fahrzeug, das mit einer Prüfplakette oder einer Prüfmarke in Verbindung mit einem SP-Schild versehen sein muß, keine gültige Prüfplakette oder keine gültige Prüfmarke, so kann die Zulassungsbehörde für die Zeit bis zur Anbringung der vorgenannten Nachweise den Betrieb des Fahrzeugs im öffentlichen Verkehr untersagen oder beschränken. ⁵Der Betroffene hat das Verbot oder die Beschränkung zu beachten; § 17 Abs. 2 gilt entsprechend.

(8) Einrichtungen aller Art, die zu Verwechslungen mit der in Anlage IX beschriebenen Prüfplakette oder der in Anlage IXb beschriebenen Prüfmarke in Verbindung mit dem SP-Schild Anlaß geben können, dürfen an Kraftfahrzeugen und ihren Anhängern nicht angebracht sein.

(9) Der für die Durchführung von Hauptuntersuchungen oder Sicherheitsprüfungen Verantwortliche hat für Hauptuntersuchungen einen Untersuchungsbericht und für Sicherheitsprüfungen ein Prüfprotokoll nach Maßgabe der Anlage VIII zu erstellen und dem Fahrzeughalter oder dessen Beauftragten auszuhändigen.

(10) ¹Der Halter hat den Untersuchungsbericht mindestens bis zur nächsten Hauptuntersuchung und das Prüfprotokoll mindestens bis zur nächsten Sicherheitsprüfung aufzubewahren. ²Er oder sein Beauftragter hat den Untersuchungsbericht, bei Fahrzeugen nach Absatz 11 zusammen mit dem Prüfprotokoll und dem Prüfbuch, zuständigen Personen und der Zulassungsbehörde bei allen Maßnahmen zur Prüfung auszuhändigen. ³Kann der letzte Untersuchungsbericht oder das letzte Prüfprotokoll nicht ausgehändigt werden, hat der Halter auf seine Kosten Zweitschriften von den prüfenden Stellen zu beschaffen oder eine Hauptuntersuchung oder eine Sicherheitsprüfung durchführen zu lassen. ⁴Die Sätze 2 und 3 gelten nicht für den Hauptuntersuchungsbericht bei der Fahrzeugzulassung, wenn die Fälligkeit der nächsten Hauptuntersuchung für die Zulassungsbehörde aus einem anderen amtlichen Dokument ersichtlich ist.

(11) ¹Halter von Fahrzeugen, an denen nach den Vorschriften in den Nummern 2.1 und 2.2 der Anlage VIII Sicherheitsprüfungen durchzuführen sind, haben

3 StVZO § 29 B. Fahrzeuge II. Zulassungsverfahren für Kraftfahrzeuge

ab dem Tag der Zulassung Prüfbücher nach einem im Verkehrsblatt mit Zustimmung der zuständigen obersten Landesbehörden bekanntgemachten Muster zu führen. ²Untersuchungsberichte und Prüfprotokolle müssen mindestens für die Dauer ihrer Aufbewahrungspflicht nach Absatz 10 in den Prüfbüchern abgeheftet werden.

(12) **Der für die Durchführung von Hauptuntersuchungen, Sicherheitsprüfungen oder Abgasuntersuchungen (§ 47 a) Verantwortliche hat ihre Durchführung unter Angabe des Datums, bei Kraftfahrzeugen zusätzlich unter Angabe des Kilometerstandes, im Prüfbuch einzutragen.**

(13) **Prüfbücher sind bis zur endgültigen Außerbetriebsetzung der Fahrzeuge von den Haltern der Fahrzeuge aufzubewahren.**

1 **Begr** zur Neufassung des § 29 (VBl 98 503):

... Ausgehend von den vorliegenden Mängelstatistiken und den allgemeinen Untersuchungs-/ Prüferfahrungen wird nunmehr vorgeschrieben, daß sich die neue Prüfung beschränkt auf die besonders verschleißbehafteten und sicherheitsrelevanten Teile/Baugruppen der Prüfbereiche Fahrgestell/Fahrwerk/Verbindungseinrichtungen, Lenkung, Reifen/Räder und Bremsanlage sowie auf die Überprüfung der Auspuffanlage. Von daher lag es nahe, diese Prüfung als Sicherheitsprüfung (SP) zu benennen. Im Rahmen der SP wird nicht mehr wie bei der ZU das Fahrzeug in seiner Gesamtheit überprüft, sondern es wird konkret vorgegeben, welche Teile/Einrichtungen (im weiteren als Prüfpunkte bezeichnet) gezielt zu überprüfen sind. Dies hat den Vorteil, daß die vorgeschriebenen Prüfpunkte in der zur Verfügung stehenden Zeit intensiv überprüft werden können.

...

Die Vorschrift des § 29 Abs. 2a StVZO – alt – lautete: „Durch die Prüfplakette wird bescheinigt, daß das Fahrzeug zum Zeitpunkt seiner letzten Hauptuntersuchung bis auf etwaige geringe Mängel für vorschriftsmäßig befunden worden ist."

Diese Vorschrift trug dem Umstand Rechnung, daß bei einer HU, die sinnvollerweise aus Zeit- und Kostengründen als regelmäßig wiederkehrende Untersuchung auf stichprobenartige Untersuchungen einzelner Fahrzeugteile/-Einrichtungen beschränkt bleiben mußte, keine umfassende Feststellung der Vorschriftsmäßigkeit des Fahrzeugs erfolgen konnte. Anderenfalls hätte eine der Typprüfung vergleichbare Untersuchung mit entsprechendem Zeit- und Kostenaufwand durchgeführt werden müssen. Die Art und Weise der durchzuführenden Untersuchungsschritte und der Beurteilung festgestellter Mängel am Fahrzeug waren in der Durchführungs- und Mängelrichtlinie für HU festgelegt, allerdings unter der Maßgabe, daß es der untersuchenden Person weitgehend freigestellt war, welche und in welchem Umfang einzelne Untersuchungspunkte zu überprüfen waren. Unterschiedliche Verfahrensweisen der untersuchenden Personen sowie nicht in allen Fällen befriedigende Qualität waren die Folge, die durch die neuen Vorschriften auch im Sinne der Gleichbehandlung aller Fahrzeughalter ausgeräumt werden sollen. § 29, Anlage VIII und insbesondere Anlage VIIIa (Durchführung der HU) StVZO – neu – gehen einen neuen Weg. „Durch die nach durchgeführter Hauptuntersuchung zugeteilte und angebrachte Prüfplakette wird bescheinigt, daß das Fahrzeug zum Zeitpunkt dieser Untersuchung vorschriftsmäßig nach Nummer 1.2 der Anlage VIII ist", lautet nunmehr die entsprechende Vorschrift im § 29 Abs. 3, Satz 2 StVZO – neu –.

...

2 **Zu Abs 1:** *Absatz 1 entspricht im wesentlichen der bisherigen Fassung und wurde ergänzt um die Festverweisung auf Anlage VIIIa (Durchführung der Hauptuntersuchung) ...*

3 **Zu Abs 2:** *In Absatz 2 sind die für den Halter maßgeblichen Vorschriften der Nachweisführung über durchzuführende Hauptuntersuchungen (HU) (Prüfplakette nach Anlage IX) und die für bestimmte Nutzfahrzeuge vorgeschriebenen Sicherheitsprüfungen (SP) (Prüfmarke in Verbindung mit einem SP-Schild nach Anlage IXb) enthalten. Die Ergänzung der bereits geltenden Vorschriften über Prüfplaketten (bisheriger Absatz 2) um die für Prüfmarken und SP-Schilder geltenden Bestimmungen ist erforderlich, da, entsprechend der für HU und Abgasuntersuchungen (§ 47a) für erforderlich gehaltenen Nachweisführung außen am Fahrzeug, dies auch für SP aufgrund der bisher gemachten Erfahrungen über die Durchführung der vorgeschriebenen ZU und BSU notwendig wurde ...*

4 **Zu Abs 3:** *In Absatz 3 wurden die Vorschriften des bisher geltenden Absatzes, letzter Teil von Satz 2 und Satz 3 sowie von Absatz 2a unter der Maßgabe übernommen, daß durch die An-*

bringung der Prüfplakette die Vorschriftsmäßigkeit des Fahrzeugs nach Nummer 1.2 Anlage VIII (siehe Begründung unter I, Nr. 2.3) bescheinigt wird.

Zu Abs 4: Prüfmarken dürfen nach Absatz 4 nur zugeteilt und angebracht werden, wenn nach Abschluß der SP das Fahrzeug mängelfrei nach den hierzu geltenden Durchführungsbestimmungen (Nummer 1.3 Anlage VIII und Richtlinien für die Durchführung von SP) ist. Die Zuteilung und Anbringung einer Prüfmarke auch bei Vorhandensein „geringer Mängel" in Analogie zu den Vorschriften über Prüfplaketten ist nicht zulässig. Entsprechend der o. g. Durchführungsbestimmungen sind die einzelnen Prüfpunkte und dazugehörigen Mängelbezeichnungen so festgelegt worden, daß nur Mängel, die die technische Verkehrssicherheit des Fahrzeugs unmittelbar in Frage stellen, zu beanstanden und vor Abschluß der SP zu beheben sind. Insoweit entspricht dieses Verfahren den bisherigen Verfahren bei der Durchführung von ZU und BSU.

Zu Abs 7: Die in Absatz 7 aufgenommenen Vorschriften des bisherigen Absatzes 5 über die Gültigkeit der Prüfplaketten werden auf Prüfmarken ausgedehnt. Außerdem verlieren die Prüfplakette und die Prüfmarke bereits mit dem Ablauf des jeweils angegebenen Monats ihre Gültigkeit und nicht wie bisher für Prüfplaketten vorgeschrieben, erst nach Ablauf von 2 Monaten nach dem angegebenen Monat. Die „Verlängerung" der Gültigkeit der Prüfplaketten um 2 Monate nach dem angegebenen Monat war durch die Verordnung zur Änderung der StVZO vom 25. Juli 1963 (BGBl. 1963 I S. 539) eingeführt worden, um so den Technischen Prüfstellen eine sachgerechte Arbeitseinteilung zu ermöglichen (vergleiche VkBl. 1963, S. 394ff). Dies ist heute nicht mehr erforderlich ...

Zu Abs. 7 Satz 3:
Aus der Bundesratsdrucksache 74/98 (Beschluß):
Die Verlängerung der Gültigkeit der Prüfplakette um einen Monat muß wegen des erforderlichen Nachweises der Mängelbeseitigung auch gelten, wenn bei geringen Mängeln die Prüfplakette nicht zugeteilt wird, weil deren unverzügliche Beseitigung nicht zu erwarten ist. Im übrigen redaktionelle Anpassung an Nummer 2.5 der Anlage VIII.

Zu Abs 10: Die durch Absatz 10 vorgeschriebene Aufbewahrungspflicht für Untersuchungsberichte über HU ist neu. Sie entspricht im wesentlichen den Vorschriften über die aufzubewahrenden Prüfbescheinigungen über durchgeführte Abgasuntersuchungen nach § 47a Abs. 4 sowie den bisher geltenden Vorschriften von Nummer 5 Anlage VIII – alt – für ZU- und BSU-pflichtige Fahrzeuge. Nach Auffassung der zuständigen obersten Landesbehörden wird damit auch ein wirksames Kontrollinstrument insbesondere für ihre Zuständigkeitsbereiche geschaffen, um der besorgniserregenden Zunahme von Fälschungen und unzulässig angebrachten Prüfplaketten entgegenzuwirken.

Zu Abs 11 bis 13: Die Absätze 11, 12 und 13 übernehmen im wesentlichen die schon bis zur Änderung der Vorschriften geltenden Bestimmungen für ZU- und BSU-pflichtige Fahrzeuge nach Nummer 5 Anlage VIII – alt – über die Führung von Prüfbüchern für SP-pflichtige Fahrzeuge. Neu ist, daß die Untersuchungsberichte (HU) und Prüfprotokolle (SP) nur noch solange aufzubewahren sind, wie dies nach Absatz 10 vorgeschrieben ist. Diese, je nach Fahrzeugart auf maximal ein Jahr beschränkte Aufbewahrungspflicht ist, in Verbindung mit der nach Absatz 12 vorgeschriebenen Eintragungspflicht über die durchgeführten Untersuchungen und Prüfungen ausreichend, um den Belangen der Aufsicht durch die Länderbehörden hinreichend Rechnung zu tragen (siehe dazu auch Begründung unter 4.10).

...

Begr zur ÄndVO v 23. 3. 00 (VBl **00** 361): **Zu Abs. 1:** Nach Artikel 4 Abs. 1 der RL 96/96/EG (Technische Überwachung) können u. a. Fahrzeuge der Feuerwehren vom Anwendungsbereich der RL befreit und dementsprechend auch im § 29 von der Pflicht zur Untersuchung/Prüfung ausgenommen werden. Entsprechendes gilt für Fahrzeuge des Katastrophenschutzes nach Artikel 4 Abs. 2 der gleichen RL, wenn zuvor die EG-Kommission angehört wurde; diese Anhörung wurde durchgeführt, die EG-Kommission hat keine Einwände erhoben.
Nachdem bei den Beratungen zur 28. VO zur Änderung straßenverkehrsrechtlicher Vorschriften vom 20. Mai 1998 (BGBl. I S. 1051) in den zuständigen Ausschüssen des Bundesrates zur Befreiung/Sonderstellung der Fahrzeuge vorgenannter Institutionen keine Einigung erzielt werden konnte, und lediglich Anhänger ausgenommen wurden, andererseits in einzelnen Ländern z.B. über Ausnahmegenehmigungen Sonderregelungen gelten, ist durch diese Änderung beabsichtigt, eine

bundesweit einheitliche Regelung herbeizuführen. Die Änderung entspricht dem Antrag des VP-Ausschusses anläßlich der vorgenannten Beratungen.
...

17   **Begr** zur ÄndVO v 7. 2. 04 (VBl **04** 318): **Zu Abs. 10 Satz 4:** *Die Vorlage des Untersuchungsberichts über die letzte Hauptuntersuchung (HU) ist bei der Fahrzeugzulassung nur dann erforderlich, wenn sich die Fälligkeit der nächsten HU nicht aus einem anderen amtlichen vom Fahrzeughalter oder dessen Beauftragten vorgelegten Dokument (beispielsweise Abmeldebestätigung, Fahrzeugschein) ergibt. Diese Änderung dient der Vereinfachung der Verwaltungspraxis durch Beseitigung einer Doppelregelung und dem Schutz des Bürgers vor unnötiger Bürokratie.*

18   **Anlagen** zur StVZO: s Beck-Loseblattausgabe „Straßenverkehrsrecht".

19   **15. StVZAusnV:** s § 23 StVZO.

20   **1.** § 29 schreibt **ständige Überwachung** des verkehrssicheren Zustandes **der Kraftfahrzeuge und Anhänger** vor. Die Neufassung der Vorschrift durch ÄndVO v 20. 5. 98 (BGBl I 1051) ist gem der Übergangsbestimmung des § 72 II am 1. 12. 1999 in Kraft getreten; bis dahin galt die frühere Fassung. Die FzHalter, auch solche ohne FE, Zw VM **78** 15, haben dafür zu sorgen, daß ihre Fze innerhalb der vorgeschriebenen Frist geprüft werden, Zw VM **78** 15, Kö VM **74** 22. Abw von der bis zum 31. 5. 98 geltenden Fassung von Abs II genügt es nicht mehr, daß der FzHalter sein Fz zur Durchführung der HU angemeldet hat, vielmehr ist das Fz **fristgerecht vorzuführen.** Diese Änderung trägt dem inzwischen wesentlich dichteren Netz von Untersuchungsstellen und dem Umstand Rechnung, daß die Arbeitsbewältigung durch die Technischen Prüfstellen keine Probleme mehr bereitet (Begr). **Nichtbenutzung** im öffentlichen StrV trotz Zulassung berührt die Vorführpflicht nicht, Bay VRS **62** 386, KG NZV **90** 362, Zw VM **78** 15, Ko VRS **50** 144, erst recht nicht Benutzung lediglich in dem Rahmen, in dem Zuteilung eines amtlichen Kennzeichens an sich entbehrlich gewesen wäre (§ 18 II); entscheidend ist nicht die tatsächliche, sondern die rechtlich zulässige Benutzung, Bay VRS **62** 386. Eine eingehende technische Untersuchung entsprechend der HU gem § 29 ordnet die zuständige Behörde an, wenn bei einer **technischen Kontrolle von NutzFzen** (auch ausländischen), die am StrV teilnehmen oder aus einem Drittland nach Deutschland einfahren (§§ 1, 5 TechKontrollV) Mängel festgestellt werden (§ 7 TechKontrollV). Begriff des NutzFzs: § 2 TechKontrollV. Die TechKontrollV (BGBl I **03** 774, Begr: VBl **03** 425; ÄndVO v 18. 12. 03: BGBl I 3095, Begr: VBl **04** 58) ist am 1. 9. 03 in Kraft getreten.

21   **2. Periodische Zwangsprüfung aller Kraftfahrzeuge und Anhänger auf Vorschriftsmäßigkeit.** I verpflichtet die Halter aller bezeichneten Fze, auch solcher mit Saisonkennzeichen, diese in regelmäßigen Abständen (s **Fristentabelle** in Anl VIII) auf Vorschriftsmäßigkeit untersuchen zu lassen (Hauptuntersuchung, HU). Kom und andere Kfze mit mehr als 8 Fahrgastplätzen, Kfze, die zur Güterbeförderung bestimmt sind, selbstfahrende Arbeitsmaschinen, Zgm und Anhänger unterliegen außerdem regelmäßigen Sicherheitsprüfungen nach Maßgabe der Anl VIII (s Rz 25). **Ausnahme:** I Satz 2. Die Ausnahmevorschrift befreit dann nicht von der Untersuchungspflicht, wenn bei eingeschränkter Verwendungsart zwar die Zulassungspflicht entfällt (zB § 18 II Nr 6 a), jedoch im *normalen Zulassungsverfahren* ein Kennzeichen zugeteilt ist, es sei denn, die Zulassung wurde auf diese Verwendungsart beschränkt (Einschränkung in der BE oder im FzSchein), Bay VRS **62** 386. Land- und forstwirtschaftliche Arbeitsgeräte unterliegen § 29 grundsätzlich nicht, BMV VBl **00** 674 (675). Kfze von Nato-Hauptquartieren: 15. StVZAusnV (bei § 23). Die Vorführungspflicht des § 29 ist Teil der Halterpflicht, für die VSicherheit seiner Fze zu sorgen (§ 31). Sie betrifft auch Geräusch-, Abgasentwicklung und Funkentstörung. Wann und wo die Fze vorgeführt werden, bestimmt der Sachverständige oder Prüfer. Vorschriftsmäßiger Zustand: § 17.

22   **3. Prüfer.** Die Prüfung ist durch amtlich anerkannte Sachverständige oder Prüfer für den Kraftfahrzeugverkehr (§ 1 KfSachvG) vorzunehmen oder von einer amtlich anerkannten Überwachungsorganisation freiberuflicher KfzSachverständiger nach Anl VIIIb

Untersuchung der Kraftfahrzeuge und Anhänger § 29 StVZO **3**

durch einen von dieser betrauten Prüfingenieur (Anl VIII Nr 3.1.1). Voraussetzung für die Anerkennung von Überwachungsorganisationen: Anl VIIIb. Eine Bedürfnisprüfung erfolgt nicht, s Begr zur ÄndVO v 3. 2. 99 (VBl **99** 555). Die Organisation darf einen ihr angehörenden Sachverständigen nur dann mit der Untersuchung betrauen, wenn er die in Anl VIIIb Nr 3.1 bis 3.9 genannten Erfordernisse erfüllt und wenn die zuständige Behörde zugestimmt hat. Zur Bewilligung einer Ausnahme von diesen Erfordernissen, VG Mainz VD **98** 97 – zust *Jagow* – (Bewilligung abgelehnt). Wer durch falsche Gutachten straffällig geworden ist, besitzt nicht die nach Anl VIIIb erforderliche Zuverlässigkeit, Sa NZV **99** 167. Die Verfassungsmäßigkeit der Anl VIIIb in der bis zum 18. 9. 02 geltenden Fassung war vom OVG Münster NZV **01** 184 mangels ausreichender Ermächtigungsgrundlage wegen Eingriffs in das Grundrecht der Berufsfreiheit verneint worden. Durch das StVRÄndG v 11. 9. 02 wurde die Anl VIIIb daher neu bekannt gemacht unter gleichzeitiger Schaffung der dem Art 80 I S 2 GG entsprechenden Ermächtigungsgrundlage in § 6 StVG (s Begr BTDrucks 14/8766 S 63). S § 6 StVG Rz 6b. Untersuchungsstellen zur Durchführung von Hauptuntersuchungen und Sicherheitsprüfungen: Anl VIIId. Die gemäß § 29 tätigen Überwachungsorgane (Sachverständigen) **handeln hoheitlich**, BGHZ **122** 85 = NJW **93** 1784, Ko DAR **02** 510, Kö NJW **89** 2065, Bra NJW **90** 2629, weil ihre Tätigkeit auf das engste mit dem hierdurch vorbereiteten Verwaltungsakt zusammenhängt, abl *Götz* DÖV **75** 211. Das gilt nicht nur für die amtlich anerkannten Sachverständigen oder Prüfer (§ 1 KfSachvG), sondern auch für die Überwachungsorganisationen gem Anl VIIIb, s *Bouska* NZV **01** 77. Für **Amtspflichtverletzung** bei der Kfz-Prüfung haftet die den Sachverständigen beauftragende Körperschaft, das Land, BGH NZV **01** 76 (Anm *Bouska*), BGHZ **122** 85 = NJW **93** 1784, BGHZ **49** 108 = NJW **68** 443, Ko DAR **02** 510, Kö NJW **89** 2065, Bra NJW **90** 2629, abw *Herschel* NJW **69** 817. Die Amtspflicht zur sorgfältigen Durchführung der HU obliegt dem Prüfer auch gegenüber dem durch ein verkehrsunsicheres Fz Geschädigten, Ko DAR **02** 510. Die hoheitliche Tätigkeit ist jedoch auf den unmittelbaren Bereich der technischen Prüfung beschränkt, keine Amtshaftung daher zB bei Verletzung der VSicherungspflicht, Bra NJW **90** 2629.

4. Prüfungsverfahren: Anlagen VIII, VIIIa zur StVZO. Den jeweils erforderlichen **23** **Prüfungsumfang** bestimmt der Sachverständige nach pflichtgemäßem Ermessen (Anl VIIIa Nr 2), Bay VRS **67** 381. Er hat die Prüfung mit größter Sorgfalt vorzunehmen, Ko DAR **02** 510. Der Sachverständige hat das Fz selbst zu führen, wenn er glaubt, sein Gutachten sonst nicht erstatten zu können, BMV VBl **51** 206. Die Durchführung der HU erfolgt gem Anl VIII Nr 1.2 nach Maßgabe der Anl VIIIa. Danach findet in allen Fällen eine Pflichtuntersuchung der in Anl VIIIa bezeichneten Untersuchungspunkte statt. Bietet der Zustand oder das Alter des Fzs Anlaß für eine darüber hinausgehende, vertiefte Untersuchung, so ist diese durchzuführen (s Begr zur ÄndVO v 20. 5. 98, VBl **98** 505). Sicherheitsprüfung: Rz 25. Richtlinie für die Durchführung von Hauptuntersuchungen und die Mängelbeurteilung an Fzen nach § 29 und Anl VIII und VIIIa („HU-Richtlinie"), VBl **98** 519, 1140, **03** 749. Richtlinie für die Prüfung der Bremsanlagen von Fzen bei Hauptuntersuchungen, VBl **93** 422, **95** 336, **97** 408, **98** 1140, **03** 751 (StVRL Nr 8). Richtlinie für die Anwendung, Beschaffenheit und Prüfung von Bremsprüfständen, VBl **03** 303. Richtlinien für Untersuchung von TankFzen zur Beförderung gefährlicher Güter, VBl **80** 491. Richtlinie für den Erfahrungsaustausch in der technischen FzÜberwachung, VBl **00** 26. Über die durchgeführte HU wird dem Halter oder seinem Beauftragten ein **Untersuchungsbericht** nach Maßgabe des Abs IX ausgehändigt, über die Sicherheitsprüfung ein **Prüfprotokoll** nach Maßgabe von Abs IX und Anl VIII. Eine Mitführungs- oder allgemeine Vorlagepflicht besteht nicht, s dazu *Jagow* VD **93** 124, aber nach Maßgabe von Abs X eine Aufbewahrungs- und Aushändigungspflicht. Die **Plakettenerteilung** beurkundet, daß der Prüfer das Fz im Zeitpunkt der HU für vorschriftsmäßig nach Nr 1.2 der Anl VIII befunden hat (III S 2), s Begr VBl **98** 505, oder das Fz bei Plakettenerteilung nur geringe Mängel aufwies, deren unverzügliche Beseitigung zu erwarten war (III S 3). TÜV-Haftung: Rz 22. Muster für Prüfbücher nach Abs XI, VBl **98** 537. Richtlinie für die Anerkennung von Betrieben für die Untersuchung der Kfze und ihrer Anhänger („Anerkennungsrichtlinie"), VBl **71** 590, **73** 734,

3 StVZO § 29 B. Fahrzeuge II. Zulassungsverfahren für Kraftfahrzeuge

75 86, **91** 470, **98** 1141. Richtlinie für die Anerkennung von KfzWerkstätten zur Durchführung von Sicherheitsprüfungen („SP-Anerkennungsrichtlinie"), VBl **98** 545, 1141.

24   **5. Ausnahme für Halter mit Fachpersonal und eigenen Einrichtungen.** Die Anl VIII Nr 4 (alt) ermöglichte es, Prüfungen ohne Inanspruchnahme der Prüfstellen unter eigener Verantwortung der FzHalter sicherzustellen, wenn sie dafür anerkannt waren. Diese Bestimmungen sind zwar nicht in die durch die 28. ÄndVStVR (BGBl I **98** 1051) getroffene Neuregelung übernommen worden. Jedoch können FzHalter, die bis zum 1. 6. 98 von der Pflicht zur Vorführung ihrer Fze zur HU befreit waren, auch weiterhin die Untersuchung der Fze im eigenen Betrieb durchführen (§ 72 II zu Anl VIII). Entsprechendes gilt für Sicherheitsprüfungen, soweit FzHalter nach der früheren Anl VIII Zwischenuntersuchungen und Bremsensonderuntersuchungen im eigenen Betrieb durchführen durften, sofern sie dafür nach Anl VIIIc anerkannt sind. Soweit Selbstüberwachung zugelassen wird, ersetzt sie die Prüfung durch amtlich anerkannte Sachverständige. Die Erlaubnis, die Untersuchungen im eigenen Betrieb vorzunehmen, darf widerrufen werden, wenn der Halter seine Halterpflichten im Verkehr erheblich verletzt und Auflagen wiederholt zuwiderhandelt, OVG Lüneburg VRS **43** 150.

25   **6. Sicherheitsprüfung.** Für Kom, Lkw, Zgm und Anhänger waren nach Maßgabe der Anl VIII (alt) Zwischenuntersuchungen und Bremsensonderuntersuchungen vorgeschrieben. Die durch die 28. ÄndVStVR getroffene Neuregelung der regelmäßigen technischen Überwachung der Fze hat die bisherigen Zwischen- und Bremsensonderuntersuchungen in der neuen Anl VIII zur Sicherheitsprüfung zusammengefaßt. Übergangsvorschrift: § 72 II. Die Sicherheitsprüfung umfaßt Sicht-, Wirkungs- und Funktionsprüfung von Fahrgestell und Fahrwerk, der Verbindungseinrichtung, Lenkung, Reifen, Räder, Auspuffanlage und Bremsanlage (Anl VIII 1.3). Anerkennung von KfzWerkstätten zur Durchführung von Sicherheitsprüfungen: Anl VIIIc. Untersuchungsstellen zur Durchführung von Hauptuntersuchungen und Sicherheitsprüfungen: Anl VIIId. Richtlinie für die Durchführung von Sicherheitsprüfungen („SP-Richtlinie"), VBl **98** 528, **03** 750. Pflicht des Halters zur Aufbewahrung des Prüfprotokolls: Abs X. Nichtaufbewahrung ist ow (s Rz 39). Bei Verlust des Prüfprotokolls muß sich der Halter eine Zweitschrift beschaffen, Abs X S 3. Muster für Prüfprotokolle über die Sicherheitsprüfungen, VBl **98** 543, **03** 751. SP-Schulungsrichtlinie, VBl **98** 552. Der Halter muß den Monat, in dem das Fz spätestens zur Sicherheitsprüfung vorzuführen ist, durch eine Prüfmarke in Verbindung mit einem SP-Schild nachweisen (Abs II S 1 Nr 2 mit Anl IXb). Zuteilung und Anbringung der Prüfmarke: Abs II S 3, IV. Die Prüfmarke wird, ebenso wie die Prüfplakette bei der HU, mit Ablauf des jeweils angegebenen Monats ungültig. Verlängerung um einen Monat im Falle der Feststellung von Mängeln, die vor Zuteilung einer neuen Prüfmarke zu beheben sind (Abs VII S 2, 3). Ist eine Sicherheitsprüfung gem Anl VIII erfolgt, so darf sich ein Sachverständiger im Rahmen einer innerhalb von 3 Monaten danach vorzunehmenden HU auf deren ordnungsgemäße Durchführung idR verlassen, Bay VRS **67** 381 (zur früheren Bremsensonderuntersuchung).

26   **7. Verbot, verkehrsunsichere Fahrzeuge im Verkehr zu verwenden:** Anl VIII Nr 3.1.4.3, 3.1.4.4. Nach Erlöschen der BE wegen Vornahme von Änderungen am Fz gem § 19 ist ein Fahrzeug idR nicht mehr vorschriftsmäßig und kann daher keine Prüfplakette erhalten (s § 19 II S 5). Weiterbenutzung mit bekanntermaßen profillosen Reifen ist auch innerhalb der Beseitigungsfrist unzulässig, s Rz 36. Hat der Prüfer bei Mängeln weder die KfzBenutzung untersagt noch eine Beseitigungsfrist gesetzt, so verstößt kurzfristige weitere Benutzung nicht gegen das versicherungsrechtliche Gefahrerhöhungsverbot, BGH VR **75** 366.

27   **8. Frist für die nächste Hauptuntersuchung.** Nachweis durch den Vermerk im FzSchein oder in der BE (Abs VI) und durch die Prüfplakette (Anl IX) sowie durch den Vermerk im Untersuchungsbericht (Anl VIII 3.1.5). Die **Fristen** der Untersuchungen bestimmt Anl VIII. Die Frist für die nächste HU richtet sich auch bei geänderter Benutzungsart des Kfz allein nach der Prüfplakette; ein Irrtum darüber ist ein Verbotsirrtum, Dü VM **67** 56. Fällt die Frist für eine HU oder Sicherheitsprüfung bei Kfzen mit **Saisonkennzeichen** in die Zeit außerhalb des Zulassungszeitraums, so ist ihre Durch-

Untersuchung der Kraftfahrzeuge und Anhänger § 29 StVZO **3**

führung im ersten Monat des folgenden Zulassungszeitraums zu veranlassen (Anl VIII Nr 2.7); Zuwiderhandlung ist gem § 69 II Nr 14 ow. Die Frist, innerhalb derer das Fz zur nächsten HU vorzuführen ist, ist durch die **Prüfplakette** (Anl IX) nachzuweisen. Das Fz ist spätestens bis zum Ablauf des Monats, der auf der Prüfplakette vermerkt ist, vorzuführen (Anl VIII Nr 3.1.2); bloße Anmeldung genügt nach der Neufassung nicht mehr (s Rz 20). Die Prüfplakette wird **mit Ablauf des auf ihr vermerkten Monats ungültig**. Die erhebliche Zahl von Untersuchungsstellen ermöglicht es dem Halter, die vorgeschriebenen Fristabstände einzuhalten; sollte dies aus bestimmten Gründen nicht möglich sein, so muß er die HU bzw. Sicherheitsprüfung vorziehen (s Begr). Werden bei der HU Mängel festgestellt, die vor Zuteilung einer neuen Prüfplakette zu beheben sind, so verlängert sich die Gültigkeit gem VII S 2, 3 um einen Monat. Beschaffenheit der Plakette: Anl IX. Ausgabe: Abs II–III und Anl VIII. Die Anbringung der Plakette am hinteren Kennzeichen soll die Überwachung erleichtern. Sie erfolgt durch die zuteilende Stelle (Abs II S 2). Dem Halter obliegt es, für die Erhaltung ihrer Vorschriftsmäßigkeit in bezug auf Beschaffenheit und Anbringung zu sorgen (Abs V). Die Verbindung der Prüfplakette mit dem amtlich zugeteilten Kennzeichen läßt insoweit eine **öffentliche Urkunde** entstehen, als das Kennzeichen nunmehr den Zeitpunkt der nächsten vorgeschriebenen HU nachweist, Kar DAR **02** 229, Ha VRS **47** 430, VGH Mü DAR **75** 27, aber erst in Verbindung mit der entsprechenden Eintragung im FzSchein, Ce NZV **91** 318, weil erst die Eintragung den Urheber der beurkundeten Erklärung erkennen läßt, BGH NJW **75** 176, Bay NJW **66** 748. Erteilung der Prüfplakette trotz schwerer erkannter FzMängel ist keine Falschbeurkundung, der Untersuchungsbericht des TÜV-Prüfers keine Urkunde iS von § 348 StGB, und die Plakette beurkundet trotz III S 2 nur den nächsten Prüftermin, nicht die *objektiv* gegebene Vorschriftsmäßigkeit des Fzs, BaySt **98** 183 = NZV **99** 179 (abl *Puppe* NStZ **99** 576), Ha VRS **47** 430, *Tröndle/Fischer* § 348 Rz 6. Für das Fehlen der Prüfplakette ist der **Halter verantwortlich**, Ha VRS **28** 148. Er muß, außer während des Mängelbeseitigungsfrist (Nr 3.1.4.3, Anl VIII), ständig die Plakette am Kfz führen, welche den Monat der nächsten HU anzeigt. Er darf einen überwachten, verläßlichen Angestellten verantwortlich mit der Terminwahrung der Untersuchungen beauftragen, Ce VRS **31** 134, Ha DAR **69** 194. Die **Plakettenzuteilung** ist ein Verwaltungsakt und kann durch Verpflichtungsklage erzwungen werden, VGH Mü NJW **75** 1796, VG Münster VRS **32** 299. Die Prüfplakette ist auf den Monat einzustellen, in dem die HU fällig war, auch wenn diese verspätet erfolgt oder danach noch **Mängelbeseitigung** erfolgt, s Anl VIII Nr 2.3. Nach Beseitigung vom Prüfer festgestellter erheblicher, aber nicht zur VUnsicherheit des Fzs führender Mängel ist das Kfz nach Maßgabe von Nr 3.1.4.3 Anl VIII, unter Vorlage des Untersuchungsberichtes innerhalb eines Monats zur Nachprüfung erneut vorzuführen. Eine erneute HU ist nur nach Maßgabe der gesetzlichen Fristen vorgeschrieben und zulässig, nicht schon aus Anlaß verspäteter Mängelbeseitigung, Ha NJW **70** 1560. Wird das Kfz aber erst nach mehr als einem Monat wieder vorgeführt oder der Untersuchungsbericht nicht vorgelegt, so ist eine neue HU durchzuführen (Nr 3.1.4.3 Anl VIII). Während vorübergehender **Stillegung** ruht die Untersuchungspflicht (näher Nr 2.8 Anl VIII). Bei endgültiger Abmeldung (Stillegung) ist die Prüfplakette zu zerstören, bei vorübergehender nicht, s BMV VBl **74** 409.

9. Nachweis der Frist in den Fahrzeugpapieren, Abs VI. Die Eintragung der nächsten HU im FzSchein beurkundet eine rechtserhebliche Tatsache (§ 348 StGB), BGHSt **26** 9 = NJW **75** 176, Bay VM **79** 76, sie dient der Kontrolle und erschwert Plakettenfälschungen. **28**

10. Befugnis der Zulassungsbehörde, die Einhaltung der Untersuchungstermine zu erzwingen. Wird festgestellt, daß an einem Fz die Plakette fehlt oder daß die Frist abgelaufen ist, so wird die Behörde eine Frist zur Beschaffung setzen und bei Nichtbeachtung der Frist den Betrieb untersagen, wenn nicht ausnahmsweise eine Betriebsbeschränkung genügt (Maßgebot), Abs VII S 4. **29**

11. Schutz der Plakette, Anlage IX. Abs VIII entspricht dem für amtliche Kennzeichen geltenden Schutzgedanken des § 60 VII. **30**

1051

3 StVZO § 29   B. Fahrzeuge II. Zulassungsverfahren für Kraftfahrzeuge

31   **12. Ausnahmen:** Abs I S 2, s Rz 21. Weitere Ausnahmen: § 70.

32   **13. Ordnungswidrig** (§§ 24 StVG, 69a StVZO) sind: a) der **Nichtnachweis des Vorführungsmonats** zur nächsten HU durch eine Prüfplakette gemäß Anl IX am Fz oder zur nächsten Sicherheitsprüfung durch eine Prüfmarke in Verbindung mit dem SP-Schild nach Anl IXb (§ 69a II Nr 15), ausgenommen die Fälle des Laufs einer Frist zur Mängelbeseitigung (3.1.4.3. Anl VIII), AG Göttingen NZV **89** 84, Stu NZV **94** 123. Fahren mit ungültiger Prüfplakette für sich allein ist nicht bußgeldbewehrt, Dr DAR **03** 131 (Anm *Schäpe*), Stu VRS **57** 462, Ol DAR **81** 95, Ha VBl **71** 189, weil Abs VII S 1 in § 69a II nicht genannt ist. Weiterbenutzung des Fzs während des Laufs der Frist zur Mängelbeseitigung (Abs VII S 2, Anl VIII Nr 3.1.4.3) ist *als solche* kein Verstoß gegen § 29, AG Göttingen NZV **89** 84, s Stu NZV **94** 123, jedoch kommt Zuwiderhandlung gegen Beschaffenheitsvorschriften der StVZO in Betracht.

33/34   b) der Verstoß gegen Abs V über den **ordnungsgemäßen Zustand von Prüfplakette, Prüfmarke oder SP-Schild,** das **Anbringen** oder Anbringenlassen von Einrichtungen am Fz, die mit der Prüfplakette oder mit der Prüfmarke in Verbindung mit dem SP-Schild **verwechslungsfähig** sind, Abs VIII (§ 69a II Nr 15);

35   c) das **Nichteinhalten der Frist zur Vorführung** zur HU innerhalb der vorgeschriebenen Zeitabstände (Nr 2.1, 2.2, 3.1.1, 3.1.2 Anl VIII, § 69a II Nr 14), auch nach vorübergehender Stillegung bei Wiederinbetriebnahme (2.8 Anl VIII), bei Fzen mit Saisonkennzeichen (Nr 2.7 Anl VIII), s Rz 27 sowie bei Sicherheitsprüfungen (Nr 3.2.2 Anl VIII). Die Vorführungspflicht besteht am Ort der ZulB bzw des zuständigen Prüfers, nicht an beliebigem Ort unterwegs, Stu DAR **80** 188. Arbeitsüberlastung entschuldigt den Halter nicht, den Vorführzeitpunkt kann der Halter mühelos aus der Prüfplakette und dem FzSchein entnehmen, Kö VM **80** 29. Geringfügige Fristüberschreitung um wenige Tage ist eine bedeutungslose OW, die ungeahndet bleiben darf (§§ 47, 56 OWiG). Jedoch ist Überschreitung einer in der BKatV genannten Mindestfrist nicht Voraussetzung für eine Ahndung der OW, § 24 StVG Rz 63, aM *Schäpe* DAR **03** 131. Wer sich nur weigert, bei der Vorführung die Gebühr zu zahlen, verletzt § 29 nicht, Ha NJW **57** 354. Verwarnung mit Verwarnungsgeld ahndet nur die bisherige Nichtvorführung, nicht weiteres Nichtvorführen, Sa NJW **73** 2310. Nichtvorführung ist eine **Unterlassungstat,** begangen bis zum Zeitpunkt der Vorführung, s Bay VRS **48** 432, Stu VRS **57** 462, Ha VRS **48** 344, oder bis zum Erlaß einer sie ahndenden rechtskräftigen Entscheidung, Dr VRS **93** 447 (Fortsetzung ist neue OW). Von Benutzung des Fz im V oder Nichtbenutzung ist sie unabhängig, s Rz 20. Die Überschreitung der Untersuchungsfrist ist **DauerOW,** Dr VRS **93** 447, auch wenn sie in wechselnder Schuldform (Vorsatz, Fahrlässigkeit) begangen wird, also *eine* Tat – auch bei Fortsetzung nach polizeilicher Beanstandung – bis zur Vornahme der gebotenen Handlung (Vorführung), Bay VRS **63** 221. Als Unterlassungstat steht sie zu Verstößen gegen Beschaffenheitsvorschriften und zu Benutzungsverstößen regelmäßig in **TM,** Bay VRS **58** 432, NJW **74** 1341, Ha VRS **48** 38. Zwischen dem Verstoß gegen die Untersuchungspflicht und fahrlässiger Körperverletzung unterwegs besteht kein rechtlicher Zusammenhang, Ha VRS **48** 344. Tatidentität (§ 264 StPO) kann aber bestehen zwischen unterlassener Vorführung zur HU und KfzBenutzung trotz erloschener Betriebserlaubnis (§ 19 II 1 StVZO), Stu VRS **60** 64. **Überträgt der Halter die Fristüberwachung** zur HU einem Vertreter oder Angestellten, so muß er diesen ausreichend überwachen.

36   d) die **Nichtbeseitigung von Mängeln** spätestens innerhalb eines Monats in Fällen von Nr 3.1.4.2 Anl VIII oder die **Nichtwiedervorführung** bei verweigerter Plakette innerhalb eines Monats (Nr 3.1.4.3 Satz 2 Halbsatz 2, Anl VIII, § 69a II Nr 18). Die Frist zur Wiedervorführung nach Mängelbeseitigung muß der Prüfer nicht besonders festsetzen, sie ergibt sich aus 3.1.4.2 der Anl VIII, VGH Ka VM **77** 80. Die Pflicht zur Beseitigung von Mängeln, die die Vorschriftsmäßigkeit des Fzs beeinträchtigen, folgt bereits aus § 31 II und aus § 23 StVO; auch ohne Inbetriebnahme des Fzs im öffentlichen V ist aber die Nichtbeseitigung geringer Mängel, wenn gleichwohl eine Prüfplakette zugeteilt wurde, nunmehr (ab 1. 12. 1999, s § 72 II) bußgeldbewehrt (TE mit § 23 StVO oder § 31 II StVZO). Der Vorwurf einer OW nach § 69a II Nr 14 (Nichteinhalten der Vorführungsfrist) im Bußgeldbescheid hindert nicht die Verurteilung nach

§ 69a II Nr 18 (Nichtwiedervorführung) nach entsprechendem Hinweis (§ 265 I StPO), Bay VRS **63** 366. **Weiterbenutzung eines nicht verkehrssicheren Kfz,** etwa mit profillosen Reifen nach Beanstandung ist auch innerhalb der Beseitigungsfrist unzulässig, wenn der Halter den Mangel kannte oder kennen mußte, Bay VRS **32** 469, ähnlich Bay NJW **68** 464, Weiterbenutzung bei Beanstandung, aber ausreichender VSicherheit dagegen nicht, Fra NJW **67** 1770, Ha NJW **68** 1248. S die §§ 31 II StVZO, 23 I, II StVO.

e) **Betrieb des Fzs** im öffentlichen Verkehr **entgegen Betriebsverboten** oder -beschränkungen durch die ZulB wegen fehlender gültiger Plakette, Abs VII S 4, 5 (§ 69a II Nr 15), s Ha NJW **70** 1560, VRS **48** 38, Fra NJW **67** 1770, Dü VM **67** 56. Weiterbenutzung mit ungültig gewordener Plakette ist für sich allein nicht ow, s Rz 32, solange kein Fall nach oben a) vorliegt. **37**

f) Verletzung der **Pflichten nach § 17 II** (Entstempelung des Kennzeichens, Vorlage des FzScheins oder Ablieferung von FzSchein oder BENachweis, Vorlage des Anhängerverzeichnisses) nach Betriebsbeschränkung oder -untersagung durch die ZulB wegen Fehlens der gültigen Plakette (§§ 29 VII Satz 4, 5, 69a II Nr 2). **38**

g) die **Nichtaufbewahrung** oder **Nichtaushändigung des Untersuchungsberichtes oder Prüfprotokolls** (mit Prüfbuch) entgegen Abs X S 1 (§ 69a II Nr 16) sowie das **Nichtaufbewahren des Prüfbuches** entgegen Abs XI oder XIII, § 69a II Nr 17). Verlust des Prüfprotokolls: Rz 25. **39**

h) die **Nichtduldung von Maßnahmen** nach den Vorschriften in Nr 4.2 der Anl VIII oder 8.2 der Anl VIIIc (Ermöglichen des Betretens von Grundstücken und Geschäftsräumen zu Prüfungszwecken) sowie die **Nichtvorlage vorgeschriebener Aufzeichnungen**, § 69a II Nr 19. **40**

Für die Beurteilung von OWen nach anderen Bestimmungen kann Abs III insoweit von Bedeutung sein, als das Verschulden zw sein kann (zB bei Verstoß gegen § 19 – Erlöschen der BE – oder gegen § 31 – Führen eines vorschriftswidrigen Fzs –), *Janiszewski* NStZ **81** 474. **41**

Lit: *Bouska,* Verstöße gegen § 29, VD **75** 141.

14. Überleitungsbestimmungen für die neuen Bundesländer: **42**

Anl I Kap XI B III Nr 2 (30) bis (33) sowie (46), (47) zum Einigungsvertrag

(30) Den Untersuchungen nach § 29 unterliegen auch solche Fahrzeuge, die noch kein eigenes Kennzeichen nach Art der Anlage V haben müssen.

(31) ...

(32) ...

(33) ...

(46) **Die auf Grund der bisherigen Vorschriften der Deutschen Demokratischen Republik gebildeten Nachfolgeorganisationen des ehemaligen Staatlichen Amtes für Technische Überwachung dürfen als Überwachungsorganisationen im Sinne von Abschnitt 7 der Anlage VIII anerkannt werden. Die Vorschriften in 7.2.2 bis 7.2.6, 7.3 und 7.5 sind entsprechend anzuwenden.**

(47) **Abschnitt 7.7 der Anlage VIII ist auch auf den Träger der Technischen Prüfstelle in dem in Artikel 3 des Vertrages genannten Gebiet anzuwenden.**

3 StVZO vor § 29a   B. Fahrzeuge IIa. Pflichtversicherung

II a. Pflichtversicherung

1. Überwachung des Versicherungsschutzes bei Fahrzeugen mit amtlichen Kennzeichen

Vorbemerkungen

Übersicht

Angehörige der Stationierungstruppen 18	Haftpflichtversicherung im Verkehr mit Kraftfahrzeugen 1, 2
Ausländische Kraftfahrzeuge und Anhänger 10–13	
Befreiung von der Versicherungspflicht 3–5	Kleinkrafträder, Fahrräder mit Hilfsmotor 16
Bürgerlich-rechtliche Fragen 19	Mindestversicherung 7
Direktanspruch 8	Strafvorschrift 17
Entschädigungsfonds 9	Verknüpfung der Pflichtversicherung mit dem Zulassungsverfahren 15
	Versicherer 6

1 **Begr** zur ÄndVO v 21. 7. 69: VBl **69** 394.

2 **1. Haftpflichtversicherung im Verkehr mit Kraftfahrzeugen.** Die Pflichtversicherung der KfzHalter, ein internationales Problem, ist im Europäischen Übereinkommen über die obligatorische Haftpflichtversicherung für Kfze v 20. 4. 59 (BGBl **65** II 282) in den Grundzügen behandelt. Die Bundesrepublik ist durch Gesetz v 1. 4. 65 (BGBl II 281, s VBl **69** 630) beigetreten. Durch das Dritte DurchführungsG/EWG zum VersicherungsaufsichtsG v 21. 7. 94 (BGBl I 1630), durch das mehrere EWG-Richtlinien in nationales Recht umgesetzt worden sind und das eine weitgehende Novellierung des PflVG enthält, wurden die rechtlichen Grundlagen für einen europäischen Binnenmarkt im Versicherungswesen geschaffen, s *Lemor* VW **94** 1133, *Renger* DAR **92** 441. *Wies,* Die neue Kraftfahrthaftpflichtversicherung, 1996. Die Sicherstellung eines ausreichenden Leistungsniveaus nach der durch die Novellierung des PflVG bewirkten Deregulierung der KfzPflichtversicherung erfolgte durch die KfzPflVV v 29. 7. 94 (BGBl I 1837). Der Halter eines Kfz oder Anhängers mit regelmäßigem Standort im Inland (§ 23) hat für sich, den Eigentümer und den Fahrer eine Haftpflichtversicherung zur Deckung durch den Gebrauch des Fz verursachter Personen-, Sach- und sonstiger Vermögensschäden nach den Vorschriften des Gesetzes abzuschließen und aufrechtzuerhalten, wenn das Fz im Verkehr (§ 1 StVG) verwendet wird (§ 1 PflVG). Dem § 29 a kommt im Rahmen der §§ 29 a bis d die Bedeutung eines Hinweises auf das PflVG zu. Außerdem regelt er die Form des Versicherungsnachweises. Ein Kfz, das von einem anderen Kfz ohne Genehmigung (s § 33 Rz 3) geschleppt wird, ist, wenn sonst keine ausreichende Haftpflichtversicherung besteht, als Anhänger zu versichern, Ce NZV **94** 242; das gilt nicht für betriebsunfähige Kfze, die abgeschleppt werden, BGHSt **16** 242 = NJW **61** 2169. Für Fze mit Saisonkennzeichen muß auch außerhalb des Betriebszeitraums ein Versicherungsvertrag bestehen, s § 29 d Rz 10, insoweit genügt eine ruhende Versicherung, OVG Hb NZV **02** 150.

3 **2. Befreiung von der Versicherungspflicht.** Der § 1 PflVG gilt nicht (§ 2 I) für die Bundesrepublik als Halter, die Länder, die Gemeinden mit mehr als 100 000 Einwohnern, die Gemeindeverbände sowie Zweckverbände, denen ausschließlich Körperschaften des öffentlichen Rechts angehören, nach § 2 I Ziff 5 ferner nicht für juristische Personen, die von einem nach dem VersAufsG von der Versicherungsaufsicht freigestellten Haftpflichtschadensausgleich Deckung erhalten. Haftpflichtschadensausgleiche: BMV VBl **91** 442, **92** 11. Die von der Versicherungspflicht Befreiten haben der ZulB nachzuweisen, daß sie befreit sind (§ 29 a IV). Die Bescheinigung, die bei den Zulassungsakten verbleibt, ermöglicht der ZulB, Auskunft über den Haftpflichtschadensausgleich zu geben.

4 Der Versicherungspflicht unterliegen nach § 2 I Nr 6 PflVG ferner nicht Kfze, die bauartbedingt nicht schneller als 6 km/h fahren können, selbstfahrende Arbeitsmaschinen

Vorbemerkungen **vor § 29a StVZO 3**

(§ 18), deren Höchstgeschwindigkeit 20 km/h nicht übersteigt, wenn sie dem Zulassungsverfahren nicht unterliegen, auch nicht geschleppt (anders zB zulassungspflichtige Elektrokarren, KG VM **85** 63), und Anhänger, die dem Zulassungsverfahren nicht unterliegen. Die Ausnahme von der Versicherungspflicht bei Arbeitsmaschinen bis 20 km/h gilt auch, wenn diese Grenze nicht konstruktionsbedingt ist, sondern auf entsprechenden Vorrichtungen beruht, BGH NZV **97** 511 (Anm *Lorenz* VR **97** 1526), s § 8 StVG Rz 2. Fze, die aufgrund ihrer konstruktiven Beschaffenheit grundsätzlich schneller als 6 km/h fahren könnten, sind unter Zugrundelegung der neuen Rspr des BGH (NZV **97** 511), die auch hier zu gelten haben wird, auch dann nicht versicherungspflichtig, wenn lediglich eine Vorrichtung zur Geschwindigkeitsbegrenzung eingebaut ist, mag sie schwer oder leicht zu entfernen sein (Einbau einer Sperre im Getriebe), abw noch Bay VRS **59** 390.

Halter, die nach § 2 I Ziff 1–5 PflVG von der Versicherungspflicht freigestellt sind, **5** haben bei hoheitlichen wie nichthoheitlichen Fahrten, Mü VR **78** 651, sofern nicht auf Grund einer von ihnen abgeschlossenen und den Vorschriften dieses Gesetzes entsprechenden Versicherung Haftpflichtversicherungsschutz gewährt wird, bei Schäden der im § 1 PflVG bezeichneten Art für den Fahrer, auch den nichtberechtigten, BGH VRS **42** 15, und die übrigen Personen, die durch eine auf Grund dieses Gesetzes abgeschlossene Haftpflichtversicherung Deckung erhalten würden, in gleicher Weise und in gleichem Umfang einzutreten wie ein Versicherer bei Bestehen einer Haftpflichtversicherung (§ 2 II PflVG). § 2 II PflVG stellt den Geschädigten nicht schlechter oder anders, wenn ihm statt eines Versicherers eine von der Versicherungspflicht befreite Körperschaft gegenübersteht, BGH VRS **42** 15. Die Verpflichtung beschränkt sich auf die festgesetzten Mindestversicherungssummen.

3. Versicherer. Nach § 5 PflVG kann die Haftpflichtversicherung nur bei einem VU **6** genommen werden, das im Gebiet der Bundesrepublik zum Geschäftsbetrieb befugt ist. Verzeichnis der zugelassenen Versicherer, VBl **02** 70, 96, 264, 313, 790, **03** 125, 204, 230, 473, 658, 784, **04** 31, 170. Es enthält auch die ausländischen, im Inland zum Geschäftsbetrieb befugten Versicherer.

4. Die **Mindesthöhe der Versicherung** ergibt sich für die verschiedenen KfzArten **7** je nach Art des Schadens (Personen- oder Sachschaden) aus § 4 II PflVG und der Anlage zu § 4 II PflVG idF der VO v 22. 10. 00, BGBl I S 1484 (Umstellung auf Euro-Beträge).

§ 3 PflVG gewährt dem durch den Gebrauch des versicherten Kfz Geschädigten **8** Schutz auch für den Fall, daß der VU dem VN gegenüber von der Verpflichtung zur Leistung frei ist (Nr 4), sowie nach Maßgabe von Nr 5 für den Fall, daß der Versicherungsschutz dem VN gegenüber zur Zeit des Unfalls nicht oder nicht mehr bestand. Gem § 3 Nr 1–6 PflVG hat der Geschädigte neben dem Anspruch gegen den Schädiger einen **Direktanspruch** gegen den Versicherer. Dieser gründet nicht auf Versicherungsvertrag, sondern auf gesetzlich angeordneten Schuldbeitritt, der den Anspruch in den Grenzen des § 3 PflVG verstärkt und sich gem Art 40 IV EGBGB alternativ nach dem auf die unerlaubte Handlung anzuwendenden Recht richtet (s E 25) oder nach dem Recht, dem der Versicherungsvertrag unterliegt, s *Gruber* VR **01** 16. Es handelt sich also nicht um einen vertraglichen, sondern um einen gesetzlichen Anspruch (überwiegend deliktsrechtlicher Natur), BGH NZV **03** 80. § 3 Nr 1 PflVG macht das VU zum Gesamtschuldner des Schädigers, es haftet dem Geschädigten für alles, was dieser vom Schädiger fordern kann, BGHZ **57** 269, **63** 51, Fra VR **94** 1000. Analog § 3 Nr 1 PflVG besteht ein Direktanspruch auch in Fällen, in denen die Einstandspflicht des VU aus culpa in contrahendo (§ 311 II BGB) oder gewohnheitsrechtlicher Vertrauenshaftung wegen pflichtwidrig unterlassener Aufklärung beruht, BGHZ **108** 202 = NJW **89** 3095. Kein Direktanspruch jedoch gegen den VU des Halters eines Kfzs bei Beschädigung des von diesem gezogenen, in fremdem Eigentum stehenden Anhängers, BGH VR **81** 322 (s § 11 Nr 3 AKB), bei abgeschleppten Fzen nur, wenn diese betriebsunfähig sind und der Abschleppende im Rahmen erster Hilfe, nicht gewerbsmäßig und aus Gefälligkeit tätig wurde (§ 11 Nr 3 AKB), s Ko VR **87** 707. S § 4 KfzPflVV. Für den Direktanspruch nach § 3 PflVG genügt es, daß der VN die den Haftpflichttatbestand

1055

3 StVZO vor § 29a   B. Fahrzeuge IIa. Pflichtversicherung

erfüllende Ursache zu Lebzeiten zurechenbar verwirklicht hat, Ha VR **95** 454. Ein Direktanspruch besteht auch gegen den Haftpflichtversicherer eines von der Kfz-Haftpflichtversicherung befreiten Halters (§ 2 I PflVG), BGH NJW **87** 2375 (zust *Weber* DAR **88** 202), Dü VR **93** 1417, aM KG VR **80** 937.

9   **5. Entschädigungsfonds.** Die §§ 12 bis 14 PflVG gewährleisten den Opfern von Verkehrsunfällen im Inland einen Ersatzanspruch für den Fall, daß das Fz, durch dessen Gebrauch der Schaden verursacht ist, nicht ermittelt werden kann, die gesetzlich erforderliche Haftpflichtversicherung zugunsten des Halters, Eigentümers oder Fahrers nicht besteht, die Haftpflichtversicherung wegen vorsätzlichen Handelns des Ersatzpflichtigen keine Deckung gewährt, oder im Falle eines Antrags der Versicherungsaufsichtsbehörde auf Eröffnung eines Insolvenzverfahrens über das Vermögen des VU (oder einer vergleichbaren Maßnahme bei Sitz des VU in EU- oder EWR-Staat). Leistungen an ausländische Staatsangehörige ohne festen Wohnsitz im Inland grundsätzlich nur bei Gegenseitigkeit, § 11 EntschädigungsfondsVO (BGBl I **65** 2093, **94** 3845). Bei Unfällen im Ausland leistet die „Entschädigungsstelle für Schäden aus Auslandsunfällen" nach Maßgabe der §§ 12a, 13a PflVG Ersatz, wenn das Versicherungsunternehmen nicht binnen drei Monaten antwortet oder keinen Schadensregulierungsbeauftragten beauftragt hat oder SchädigerFz oder VU nicht innerhalb von zwei Monaten nach dem Unfall ermittelt werden können. Die Leistungspflicht des Fonds hängt nicht von Bedürftigkeit oder anderen persönlichen Umständen des Geschädigten ab, BGHZ **69** 315 = NJW **78** 164. Zum Umfang dieser Leistungspflicht, BGHZ **69** 315. Den Entschädigungsfonds für Schäden aus KfzUnfällen verwaltet der Verein Verkehrsopferhilfe eV, Hamburg 1, Glockengießerwall 1 (§ 1 EntschädigungsfondsVO). Gegen ihn ist der Ersatzanspruch zu erheben. Keine Leistung des Entschädigungsfonds bei Ersatzansprüchen nach Amtshaftungsvorschriften, § 12 I S 3, BGH VR **76** 885. Auch die Aufgaben der Entschädigungsstelle für Schäden aus Auslandsunfällen gem §§ 12a 13a PflVG nimmt der Verein Verkehrsopferhilfe eV ab 1. 1. 03 wahr (s BAnz **02** 20981). Satzung des Vereins Verkehrsopferhilfe eV, BAnz **04** 157. Wegen beschädigter Sicherungseinrichtungen an Baustellen kann sich der Bauunternehmer nicht an den Entschädigungsfonds halten, BGHZ **69** 315 = NJW **78** 164. Näher dazu: *Weber* DAR **87** 333. Zur Frage der Verfassungsmäßigkeit der Einschränkungen in Fällen der Nichtermittlung des Fzs (Unfallflucht) durch § 12 Abs II PflVG, s *Deiters* VR **86** 213.

   6. Lit zum Pflichtversicherungsgesetz und zur KfzPflVV: *Hofmann*, Unfälle mit nicht versicherten Kfzen, NZV **91** 409. *Knappmann*, Rechtsfragen der neuen Kraftfahrversicherung, VR **96** 401. *Kuhn*, Auswirkungen der Deregulierung auf die deutsche Kfz-Versicherung, DAR **94** 353. *Lemor*, Die rechtlichen Rahmenbedingungen für die Kraftfahrtversicherung nach der Deregulierung, VW **94** 1133. *Liebscher*, Die gemeinsame Klage gegen Haftpflichtversicherung und VN, NZV **94** 215. *Renger*, Über die Umsetzung der europäischen Versicherungsrichtlinien in das deutsche Kfz-Pflichtversicherungsrecht, DAR **92** 441. *Weber*, Der Entschädigungsanspruch gegen den Verein „Verkehrsopferhilfe", DAR **87** 333. *Wies*, Die neue Kraftfahrt-Haftpflichtversicherung, 1996.

10   **7. Ausländische Kraftfahrzeuge und -anhänger.** Kfze und Anhänger ohne regelmäßigen Standort im Inland dürfen hier nur dann auf öffentlichen Straßen gebraucht werden, wenn für Halter und Führer Versicherungsschutz nach den §§ 2 bis 6 PflVersAusl 1956 (BGBl I 667) besteht (§ 1 PflVersAusl). Im einzelnen entsprechen die Vorschriften denen des PflVG. Ausländische Anhänger hinter deutschen Kfzen, s *Jagow* VD **83** 63 (s auch § 18 Rz 8).

11   Die Einreisenden müssen nach Maßgabe von § 1 II, III PflVersAusl ausreichenden **Versicherungsschutz nachweisen,** soweit sich nichts Abweichendes aus § 8a PflVersAusl ergibt. Die Amtspflicht zur Zurückweisung unversicherter ausländischer Kfze an der Grenze (§ 1 IV PflVersAusl) schützt auch den inländischen VT, BGH DAR **71** 269, Kö VR **78** 649, Ha VR **73** 576, jedoch nur hinsichtlich zugelassener Grenzübergänge, Hb NJW **74** 413. Den Versicherungsnachweis hat der Führer bei Fahrten im Bundesgebiet mitzuführen und auf Verlangen zuständigen Beamten zur Prüfung auszuhändigen (§ 1 II PflVersAusl). Als Nachweis genügt die **Grüne internationale Versicherungskarte** (§ 1 II PflVersAusl), wenn sie für die Bundesrepublik gilt, Fra VR **69** 1085. Mit deren Ausgabe übernimmt der Versicherer innerhalb des Geltungsbereichs der Karte

Deckungsschutz mindestens nach den im Besuchsland geltenden Versicherungsbedingungen und Versicherungssummen, BGHZ 57 265 = NJW **72** 387, **74** 495, Ha MDR **79** 939. Kfze und Anhänger nach Maßgabe der deutschen DurchführungsVO v 8. 5. 74 zur EG-Richtlinie v 24. 4. 72 (VO zur Durchführung der Richtlinie des Rates der EG v 24. 4. 72 betreffend die Angleichung der Rechtsvorschriften der Mitgliedsstaaten bezüglich der KfzHaftpflichtversicherung und der Kontrolle der entsprechenden Versicherungspflicht, BGBl I **74** 1062, zuletzt geändert: BGBl I **99** 2406) bedürfen an den EG-Binnengrenzen keines Versicherungsnachweises mehr (Begr: VBl **74** 329). Durch Vereinbarung der Kraftverkehrsversicherer ist sichergestellt, daß Einreisende ohne grüne Versicherungskarte eine kurzfristige Versicherung abschließen können. Einen **Rosa Grenzversicherungsschein** müssen diejenigen einreisenden Halter (Fahrer) von Kfzen (Anhängern) erwerben, für die auch nach dem Inkrafttreten der VO v 8. 5. 74 eine Versicherungsbescheinigung erforderlich ist, dieser Nachweis aber fehlt. Er gewährt Deckung im EG-Bereich. Ansprüche aus Unfällen unter Beteiligung eines im Ausland zugelassenen Kfzs können gegen den Verein Deutsches Büro Grüne Karte e.V., Glockengießerwall 1, 20095 Hamburg, geltend gemacht bzw bei der Gemeinschaft der Grenzversicherer (gleiche Anschrift) angemeldet werden. Schadensmeldungen sind dorthin zu richten (Namen und Anschriften der Beteiligten, Unfallort und -zeit, Nr und Gültigkeitsdauer des Rosa Grenzversicherungsscheines, amtliche Kennzeichen der beteiligten Fze). S Merkblatt zur Bearbeitung von Auto-Haftpflichtschäden durch den Verein Deutsches Büro Grüne Karte und den Verein Verkehrsopferhilfe (abgedruckt bei *Buschbell*, Anh C. 3). Näher: *Stiefel/Hofmann* § 2a Rz 18, *Geigel/Haag* **43** 69 ff.

Der inländische VT, der Ansprüche aus Haftpflichtschäden geltend machen will, die **12** Ausländer in der Bundesrepublik verursachen, muß sich die Nummer der internationalen Versicherungskarte mit dem Länderkennzeichen bzw die Nr des Grenzversicherungsscheins des Ausländers sowie den Namen des ausländischen Versicherers notieren. Es genügt nicht, sich das Kennzeichen zu merken. Eine polizeiliche Amtspflicht, dem Geschädigten Einblick in die Versicherungskarte des ausländischen Schädigers zu verschaffen, besteht nur, wenn der Geschädigte den zuständigen Versicherer sonst nicht erfahren kann, s Dü VR **77** 1057.

8. In der Bundesrepublik akkreditierte **Exterritoriale** und Berufskonsuln unterliegen **13** dem PflVG.

Lit: *Hübner*, Der Direktanspruch gegen den KfzHaftpflichtversicherer im internationalen Privat- **14** recht, VR **77** 1069. *Jagow*, Ausländische Anhänger hinter deutschen Kfzen ..., VD **83** 58. *Preussner*, Die Kfz-Haftpflichtdeckung ausländischer Fze, VR **63** 1108. *Schmitt*, System der Grünen Karte, Basel 1968. *Voigt*, Die Geltendmachung von Ansprüchen deutscher Geschädigter ... gegen Ausländer, NJW **76** 631.

9. Verknüpfung der Pflichtversicherung mit dem Zulassungsverfahren. So- **15** weit im StVZO-Geltungsbereich Kfze und Anhänger nach den §§ 18 bis 24 der Zulassung bedürfen, ist diese mit der Pflichtversicherung derart gekoppelt, daß der Nachweis ausreichender Haftpflichtversicherung Voraussetzung für die Zulassung ist (§ 1 I Nr 11 FRV, § 28 VI StVZO). Das gilt entsprechend für Kfze, die nach § 18 II und III zulassungsfrei sind, aber ein amtliches Kennzeichen führen müssen (§ 18 IV) oder nach § 18 VII erhalten. Bei allen Fzen mit amtlichem Kennzeichen darf also angenommen werden, daß ausreichende Haftpflichtversicherung besteht, BGH NJW **61** 1399. Die §§ 29a bis 29d sollen sicherstellen, daß kein zulassungs- oder kennzeichenpflichtiges Fz ohne ausreichende Haftpflichtversicherung zugelassen wird oder im Verkehr bleibt, wenn der Versicherungsschutz wegfällt. § 29a bestimmt, was ausreichende Haftpflichtversicherung und wie sie nachzuweisen ist. Daß die Versicherungsbestätigung bei der ZulB bleibt, dient dem Schutz derer, die durch das Fz geschädigt werden. Nach Maßgabe von § 39 StVG erteilt die ZulB oder das KBA Auskunft über Namen und Anschrift des Versicherers, Versicherungsnummer oder Versicherungsbestätigung, den Zeitpunkt der Beendigung des Versicherungsverhältnisses, ggf die Befreiung von der gesetzlichen Versicherungspflicht. Zum Nachweis der bestehenden Haftpflichtversicherung genügt bei Fzen, die nach § 7 II IntVO mit Ausfuhrkennzeichen zugelassen werden sollen, nicht die internationale grüne Versicherungskarte; vielmehr ist der Nachweis über eine bei einem in Deutschland zugelassenen VU bestehende Haftpflichtversicherung zu erbringen (s Rz 6), *Jagow* VD **83** 226. Zur Prüfung des Bestehens einer Haftpflichtversicherung bei der Zulassung mit Ausfuhrkennzeichen, s BMV VBl **77** 295. Es besteht eine dem § 29 a nachgebildete Regelung, näher *Zeiselmair* VD **77** 225.

16   **10. Kleinkrafträder und Fahrräder mit Hilfsmotor** sind Kfze und unterliegen der Versicherungspflicht. Der Versicherungsnachweis ist der ZulB gegenüber zu führen. Die Kennzeichenpflicht der Kleinkrafträder (nicht mehr als 50 km/h, s § 18 II Nr 4, Mopeds, Mokicks) und FmH ist im § 29 e selbständig geordnet. Technische Veränderungen an einem Kleinkraftrad, die dazu führen, daß eine wesentlich höhere Geschwindigkeit als 50 km/h erreicht wird, beeinträchtigen nicht automatisch den Bestand des Versicherungsvertrages, Br VRS **63** 395; aber Gefahrerhöhung.

17   **11. Strafvorschrift.** § 6 PflVG stellt auf das Bestehen eines Haftpflichtversicherungsvertrags ab – nicht auf das Bestehen des Versicherungsschutzes, BGHSt **32** 152 = NJW **84** 877, KG VRS **67** 154. Dies bezweckt, die Schutzvorschrift des § 3 Nr 5 PflVG über die beschränkte Fortdauer des Versicherungsschutzes bei Beendigung des Versicherungsvertrags zugunsten des Geschädigten nicht auch dem zugute kommen zu lassen, der ohne gültigen Haftpflichtversicherungsvertrag öffentlich fährt (Begr), Bay NZV **93** 449. Maßgebend ist daher nunmehr der **formelle Bestand des Versicherungsvertrags** und die Kenntnis des Versicherungspflichtigen hiervon. Obliegenheitsverletzung des VN, die bei bestehendem Versicherungsvertrag ihm gegenüber (aber nicht gegenüber dem Geschädigten, § 3 Nr 4 PflVG) zur Leistungsfreiheit führt, erfüllt den Tatbestand nicht; die abw Ansicht (*Wölfl* DAR **99** 157) führt zu verbotener Analogie zuungunsten des VN. Dabei genügt bei Benutzung eines vorübergehend stillgelegten Fzs Ruheversicherung nach § 5 Nr 1 bis 4 AKB, Bay NZV **93** 449; entsprechendes gilt für Benutzung eines Fzs mit Saisonkennzeichen außerhalb des Betriebszeitraums (§§ 23 Ib StVZO, 5 AKB), s *Kullik* PVT **01** 137. Vorläufige Deckungszusage des VU genügt, BGHSt **33** 172 = NJW **86** 439. Gefahrerhöhung durch Veränderungen am Fz berührt nicht den Bestand des Versicherungsvertrages, Kö VRS **106** 218 (Manipulation am Mofa zwecks Geschwindigkeitserhöhung). Kein Verstoß gegen § 6 PflVG bei Führen eines eigenen nicht zugelassenen Kfzs ohne (rote) Kennzeichen durch KfzHändler, dem aber ein rotes Kennzeichen zugeteilt ist, für das Haftpflichtversicherung besteht (§ 28 III 1, VI StVZO), Bay DAR **84** 243 (bei *Rüth*), VRS **67** 155, s § 28 Rz 16. **Keine wirksame Kündigung** gem § 39 III VVG ohne Zugang der qualifizierten Mahnung gem § 39 I VVG. Bestreitet der VN den Empfang einer nur mit einfachem Brief abgesandten Mahnung, kann idR wirksame Kündigung nicht festgestellt werden, Bay VRS **66** 34, Kö VRS **73** 153. Das gleiche gilt für das Kündigungsschreiben, KG VRS **102** 128, Dü VRS **71** 73, Kö VRS **73** 153 (ausreichend zB Einschreiben mit Rückschein). In Betracht zu ziehen ist jedoch Beendigung des Versicherungsvertrages durch die Rücktrittsfiktion des § 38 I 2 VVG (mangelnde gerichtliche Geltendmachung der Erstprämie innerhalb 3-Monatsfrist ab Fälligkeit), KG VRS **102** 128, Zw VRS **76** 462. Da die Kündigung gem § 39 III S 3 VVG auflösend und nicht aufschiebend bedingt ist, und das Strafrecht an den Zeitpunkt der Tat anknüpft, wird die Strafbarkeit einer zwischen Kündigung und Zahlung der Folgeprämie innerhalb eines Monats vor Eintritt des Versicherungsfalles durchgeführten Fahrt trotz **Wegfalls der Kündigungswirkungen** nicht nachträglich wieder beseitigt, BGHSt **32** 152 = NJW **84** 877 (abl *Allgaier* DAR **85** 115), BGHSt **33** 172 = NJW **86** 439, Bay VRS **64** 149, *Janiszewski* NStZ **83** 259, aM Fra DAR **82** 28 (abl *Hansen* DAR **82** 281, *Brommann/Ziegenbein* VR **83** 418); in Betracht zu ziehen ist jedoch Irrtum. Umgekehrt keine Strafbarkeit, wenn die bei Fz-Gebrauch bestehende vorläufige Deckungszusage später rückwirkend entfällt, BGHSt **33** 172 = NJW **86** 439. „**Gebrauch**" iS von § 6 PflVG setzt *Führen* des Fzs voraus, KG VRS **67** 154. Gegen § 6 PflVG verstößt, wer mit einem unversicherten Kfz eine Straße überquert, um Gegenstände von einem Teil seines gewerblichen Betriebs zu einem anderen Teil zu befördern, Bay MDR **62** 594. Ein nicht haftpflichtversichertes Moped darf auch nicht durch bloßes Treten gefahren werden, KG VRS **45** 475. *Gestatten* des Gebrauchs setzt mindestens stillschweigendes Einverständnis voraus, zumindest schlüssiges Verhalten, das als ein solches Einverständnis mißverstanden werden kann; bloßes Ermöglichen genügt nicht,

Vorbemerkungen **vor § 29a StVZO 3**

BGH VR **88** 842, Jn VRS **107** 220, Kö VRS **72** 137. Keine Bestrafung daher, wenn lediglich Gebrauch auf nicht öffentlichem Gelände gestattet war und der FzF sich über diese Einschränkung hinweggesetzt hat, BGH VR **88** 842. Das Mitführen eines unversicherten, versicherungspflichtigen **Anhängers** verletzt das PflVG, auch wenn sich auf ihm keine Personen befinden und das Zugfz versichert ist, Bay VM **77** 36. Keine Bestrafung nach §§ 1, 6 PflVG dagegen, wenn der Anhänger, auf dem sich keine Personen befinden, grundsätzlich versicherungsfrei ist, weil er gem § 18 II Nr 6 StVZO nicht dem Zulassungsverfahren unterliegt (§ 2 I Nr 6 c PflVG) und nur infolge Überschreitens der Geschwindigkeit von 25 km/h oder wegen nicht der Vorschrift des § 58 StVZO entsprechender Kennzeichnung (25 km/h-Schild, s § 18 II Nr 6a und e, 2. Halbsatz) versicherungspflichtig wird, Bay VM **75** 67, Ce VM **83** 76 (zust *Booß*), Ko VRS **55** 73, *Wiederhold* VD **85** 128, aM *Brauckmann* PVT **85** 6, weil auch hier nur das Nichtbestehen eines Versicherungsvertrages entscheidend sei, nicht aber die Tatsache, daß Schäden durch die Versicherung des ZugFzs jedenfalls gedeckt sind. Wer ein **GebrauchtFz** erwirbt, wird sich idR vergewissern müssen, daß es noch ausreichend haftpflichtversichert ist, KG VRS **56** 296. Der Käufer, der dem Verkäufer erklärt, er wolle selbst für Haftpflichtversicherung sorgen, dann aber ohne solche fährt, verletzt die §§ 1, 6 PflVG zumindest mit Eventualvorsatz, Fra VRS **35** 396. Wer die Führung eines Kfz mit ordnungsgemäßem Kennzeichen übernimmt, muß das Bestehen von Versicherungsschutz nur aus besonderem Anlaß prüfen, Ce VM **73** 20. Zur Beihilfe zum Vergehen gegen § 6 PflVG genügt bedingter Vorsatz, BGH NJW **74** 1086. Verurteilung wegen fortgesetzter Tat scheidet regelmäßig aus, Jn VRS **107** 220, Ol NZV **96** 83, s **E** 134. § 6 PflVG ist **Schutzgesetz** iS von § 823 II BGB, BGH VR **88** 842, NJW **74** 1086, Zw NZV **90** 476. Merkblatt über die Fahndung nach unversicherten Kfzen, VBl **72** 610, **81** 78.

Lit: *Brauckmann,* Zur Pflichtversicherung bei „zulassungsfreien" Anhängern, PVT **85** 6. *Hansen,* Gebrauch und Gestatten des Gebrauchs eines Fzs iS des § 6 PflVG, DAR **84** 75. *Koch,* Strafnorm, Tenorierung und örtliche Zuständigkeit bei tateinheitlichem Zusammentreffen von Steuer- und Verkehrsdelikten, DAR **62** 357. *Kullik,* Geltung des Versicherungsvertrages iS des § 1 PflVG während der Ruhezeit bei einem Saisonkennzeichen, PVT **01** 137. *Wiederhold,* Verkehrsrechtliche Vorschriften für Anhänger ..., VD **85** 125 (128). *Wölfl,* Strafbarkeit nach § 6 PflVG bei Leistungsfreiheit des Versicherers, DAR **99** 155.

12. Angehörige der Nato-Stationierungstruppen. Bei außerdienstlichen Schadenfällen der Mitglieder der Streitkräfte und deren Angehöriger unterstehen diese der deutschen Gerichtsbarkeit. Maßgebend ist das Nato-Truppenstatut mit Zusatzvereinbarungen (G v 18. 8. 61, BGBl II 1183), in Kraft seit 1. 7. 63 (BGBl I 428). Es gilt deutsches Recht. Derartige PrivatFze werden von den Streitkräften zugelassen und registriert. Sie sind nach deutschem Recht gegen Haftpflicht zu versichern. Ansprüche richten sich gegen den Versicherer. Ansprüche bei dienstlichen Schadenfällen: § 16 StVG. Schadenverursachung durch nicht versicherte Kfze von Stationierungstruppen: Ansprüche wegen Amtspflichtverletzung der Stationierungsstreitkräfte richten sich gegen die deutsche Verteidigungslastenverwaltung, sonst gegen den Verein Verkehrsopferhilfe eV, Hamburg, s BMV v 21. 3. 72 (A 9/83.07.03–18/4071 72). S § 16 StVG. Hinsichtlich sonstiger ausländischer Streitkräfte gelten Art 2 §§ 15, 16, Art 5 SkAufG: Für DienstFze keine Pflicht zum Abschluß einer Haftpflichtversicherung, Haftung des ausländischen Staates nach deutschem Recht, Abgeltung von Schadensersatzansprüchen Dritter durch die BRep für den ausländischen Staat. **18**

13. Bürgerlich-rechtliche Fragen. § 6 PflVG ist ein **SchutzG** (§ 823 II BGB), s Rz 17. § 1 PflVG schützt außer dem geschädigten Dritten auch den Kf, dem der Halter das unversicherte Kfz überläßt, Dü VR **73** 374. Die vom Zwang zur Haftpflichtversicherung **befreiten Körperschaften** des öffentlichen Rechts haften nach § 2 II PflVG (Rz 3, 5) für Schäden der im § 1 bezeichneten Art wie ein Versicherer, und zwar für ihren Fahrer und „für die übrigen Personen, die durch eine" aufgrund des PflVG abgeschlossene „Haftpflichtversicherung Deckung erhalten würden" (§ 2 II PflVG). **§ 3 Nr 6 PflVG** will den Geschädigten begünstigen, nicht den (versicherungsfreien) Halter in seiner Haftung nach § 7 StVG besserstellen, BGH VR **72** 1070. Für die anderweite Ersatzmöglichkeit iS der §§ 3 Nr 6, 158 c IV VVG ist der VU beweispflichtig, **19**

BGHZ 85 225 = NJW 83 1667. **Begrenzte Leistungsfreiheit** des VU gegenüber dem VN bei vorsätzlicher oder grobfahrlässiger Obliegenheitsverletzung, s § 7 AKB, §§ 5 bis 7 KfzPflVV. **Zulassung ohne Versicherungsschutz** begründet Staatshaftung gegenüber dem Geschädigten, mangelnde Versicherungsaufsicht zur Wahrung der Belange aller Versicherten dagegen nicht, s § 23 Rz 25.

Lit: *Küster*, Zum Rückgriff des Pflichtversicherers gegen den Versicherungsnehmer, NJW **57** 972. *Scholz*, Versicherungsaufsicht und Amtshaftung, NJW **72** 1217.

Versicherungsnachweis

29a (1) ¹Der Nachweis, daß eine dem Pflichtversicherungsgesetz entsprechende Kraftfahrzeughaftpflichtversicherung besteht, ist durch eine vom Versicherer zu erteilende Versicherungsbestätigung nach Muster 6 zu erbringen. ²Hersteller von Kraftfahrzeugen oder Kraftfahrzeuganhängern dürfen den Nachweis auch nach Muster 7 führen. ³Der Versicherer ist verpflichtet, dem Versicherungsnehmer bei Beginn des Versicherungsschutzes die Versicherungsbestätigung kostenlos zu erteilen. ⁴Verlangt der Versicherungsnehmer weitere Ausfertigungen der Versicherungsbestätigung, so sind sie entsprechend der Reihenfolge, in der sie ausgefertigt worden sind, zu kennzeichnen, z.B. als „Zweite Ausfertigung". ⁵Der Versicherungsnehmer kann bei Wechsel des Versicherers zum Jahreswechsel den Versicherer beauftragen, der Zulassungsbehörde die Versicherungsbestätigung elektronisch in einem mit ihr abgestimmten Datenformat zu übermitteln, soweit die Zulassungsbehörde hierfür einen Zugang eingerichtet hat. ⁶Nimmt der Versicherer die Übermittlung vor, darf er dem Versicherungsnehmer keine schriftliche Versicherungsbestätigung mehr ausstellen.

(1a) In Versicherungsbestätigungen, die zur Erlangung von Kurzzeitkennzeichen erteilt werden, ist der Zeitpunkt der Beendigung des Versicherungsverhältnisses oder die Dauer des Versicherungsverhältnisses anzugeben.

(2) ¹Die Zulassungsbehörde hat den Versicherer über die Zuteilung des Kennzeichens zu unterrichten und hierzu die in § 8 der Fahrzeugregisterverordnung genannten Daten – soweit erforderlich – zu übermitteln. ²Die Mitteilung nach Muster 7 beschränkt sich auf die Unterrichtung, daß die Versicherungsbestätigung der Zulassungsbehörde vorliegt.

(3) Die Zulassungsbehörde hat den Versicherer darüber zu unterrichten, daß ihr für das Fahrzeug die Bestätigung nach Muster 6 über den Abschluß einer neuen Versicherung zugegangen oder daß das Fahrzeug vorübergehend stillgelegt oder endgültig aus dem Verkehr gezogen worden ist.

(4) Halter, die nach § 2 Abs. 1 Nr. 5 des Pflichtversicherungsgesetzes der Versicherungspflicht nicht unterliegen, haben den Nachweis nach Muster 1d zu führen.

1 **Begr** zur ÄndVO v 26. 10. 90: BRDrucks 572/90 S 15 ff.

2 **Zu Abs. 1a:** *Nach § 28 StVZO werden die roten Kennzeichen zur einmaligen Verwendung ohnehin von vornherein zeitlich begrenzt ausgegeben … Liegt jedoch der zeitliche Rahmen von vornherein fest (sei es durch einen festen Zeitpunkt, sei es durch eine feste Dauer der Verwendung des Kennzeichens), kann die Vorlage der Versicherungsbestätigung zugleich auch als § 29c-Anzeige angesehen werden. Damit entfällt gegebenenfalls später die Absendung einer solchen Anzeige an die Zulassungsstelle.*

3 **Begr** zur ÄndVO v 9. 12. 94 (VBl **95** 25): **Zu Abs 4:** *Der neue Absatz 4 von § 29a war bisher in § 23 (alt) enthalten. Da es sich um den Nachweis zur Haftpflichtversicherung handelt, ist der Ort dieser Regelung in § 29a der geeignetere.*

4 **Begr** zur ÄndVO v 12. 11. 96 (VBl **96** 621): **Zu Abs 3:** *Mit der 11. Verordnung zur Änderung straßenverkehrsrechtlicher Vorschriften vom 26. Oktober 1990 (BGBl. I S. 2327) wurde durch Novellierung des § 29c StVZO gesetzlich geregelt, in welchen Fällen eine Anzeige nach § 29c StVZO zulässig ist. Damit sollten sogenannte unechte Anzeigen nach § 29c StVZO, z.B. die bloße Veräußerung eines Fahrzeugs, obwohl das Versicherungsverhältnis weder gekündigt noch sonst rechtlich aufgehoben wurde, zur Entlastung der Zulassungsstellen vermieden werden …*

Versicherungsnachweis **§ 29a StVZO 3**

§ 29a Abs. 3 StVZO wurde in der 11. Verordnung zur Änderung straßenverkehrsrechtlicher Vorschriften als Kann-Vorschrift eingeführt ... Durch die neue Regelung ist ein deutlicher Rückgang der „unechten" Anzeigen nach § 29c StVZO zu verzeichnen.
Deshalb wird die Kann-Regelung des § 29a Abs. 3 StVZO in eine Muß-Regelung geändert.
...

Begr zur ÄndVO v 2. 11. 04 **(zu Abs I S 5 und 6):** BRDrucks 600/04 (Beschluß). 4a

AV zu § 29a. (1) Der Versicherungsnachweis kann nur durch Versicherungsbestätigungen geführt werden, die den vorgeschriebenen Mustern entsprechen und vollständig (auch in der Durchschrift) ausgefüllt sind; für jedes rote Kennzeichen ist ein Vordruck nach Muster 8 zu verwenden. Versicherungsbestätigungen, in denen die Nummer des Versicherungsscheins, das amtliche Kennzeichen, das rote Kennzeichen und der Tag der Zuteilung oder Ausgabe des Kennzeichens nicht angegeben sind, dürfen aus diesen Gründen nicht beanstandet werden. Ist die Nummer des Versicherungsscheins angegeben, kann die Nummer der Versicherungsbestätigung fehlen. Nicht ordnungsgemäß ausgefüllte Versicherungsbestätigungen oder Versicherungsbestätigungen, die nicht den vorgeschriebenen Mustern entsprechen, dürfen zurückgewiesen werden. 5

(2) Die Zulassungsstelle hat zu prüfen, ob der Aussteller der Versicherungsbestätigung zum Geschäftsbetrieb im Bundesgebiet befugt ist. Sie kann sich jedoch auf Stichproben beschränken. Das Verzeichnis der im Bundesgebiet zum Geschäftsbetrieb zugelassenen Kraftfahrtversicherer wird im Verkehrsblatt – Amtsblatt des Bundesministers für Verkehr – auf dem laufenden Stand gehalten. 6

(3) In Versicherungsbestätigungen nach Muster 6 oder 8 kann in der Spalte „Versicherungssumme für Personenschäden" anstelle eines bestimmten Betrages der Vermerk „unbegrenzt" oder „gesetzliche Mindestsumme" eingetragen werden. Ist ein bestimmter Betrag angegeben, so hat die Zulassungsstelle zu prüfen, ob die in der Versicherungsbestätigung nach Muster 6 eingetragene Versicherungssumme für Personenschäden mindestens so hoch ist, wie sie sich für das bezeichnete Fahrzeug aus der Anlage zu § 4 Abs. 2 des Pflichtversicherungsgesetzes ergibt. Dabei sind im Sinne dieser Vorschrift unter Plätzen auch Stehplätze zu verstehen; die Zahl der Plätze ist dem Fahrzeugbrief zu entnehmen. Bei Versicherungsbestätigungen nach Muster 7 und Muster 8 muß die angegebene Versicherungssumme für Personenschäden mindestens eine Million DM betragen. Der Halter ist dadurch nicht von der Erfüllung einer etwa bestehenden Pflicht zum Abschluß einer Versicherung über höhere Summen (vgl. Nummer 2 der Anlage zu § 4 Abs. 2 des Pflichtversicherungsgesetzes) befreit; die Zulassungsstelle hat aber das Bestehen und die Erfüllung dieser weitergehenden Pflicht nicht zu prüfen. Ist die Versicherungssumme für Personenschäden nicht ausreichend, hat die Zulassungsstelle die Versicherungsbestätigung zurückzuweisen. 7

(4) Die Zulassungsstelle hat nicht zu prüfen, ob die Mindesthöhe der Versicherungssumme für Sachschäden und für reine Vermögensschäden (Anlage zu § 4 Abs. 2 des Pflichtversicherungsgesetzes) erreicht ist. 8

(5) Wenn auf Versicherungsbestätigungen für Fahrzeuge, die der Verordnung über die Überwachung von gewerbsmäßig an Selbstfahrer zu vermietenden Kraftfahrzeugen und Anhängern unterliegen, nicht der Vermerk „Selbstfahrervermietfahrzeug" angebracht ist, hat die Zulassungsstelle sie zurückzuweisen. 9

(6) In der Mitteilung nach Muster 6 ist die dafür vorgesehene Stelle anzukreuzen, wenn der Versicherungsnehmer für das bezeichnete Fahrzeug mit demselben amtlichen Kennzeichen früher schon eine von einem anderen Versicherer ausgestellte Versicherungsbestätigung vorgelegt hatte. Um einen Beleg hierüber zu haben, empfiehlt es sich, das Ankreuzen an entsprechender Stelle auf der Versicherungsbestätigung zu wiederholen. 10

(7) Die Mitteilung darf zur Verhinderung von Mißbrauch nicht dem Halter ausgehändigt werden. Sie ist nach Zuteilung des amtlichen Kennzeichens oder nach Ausgabe des roten Kennzeichens oder bei Versicherungsbestätigungen nach Muster 7 nach deren Vorlage unverzüglich dem Versicherer zuzusenden. 11

(8) Die Versicherungsbestätigungen sind mindestens 3 Jahre lang, nachdem sie ihre Geltung verloren haben, aufzubewahren. 12

1. Versicherungsnachweis. I bestimmt, wie der im Zulassungsverfahren für Kfze und Anhänger (§§ 23, 28) erforderliche Nachweis ausreichender Haftpflichtversicherung zu erbringen ist. Ohne Versicherungsbestätigung keine Zulassung und keine Zuteilung eines amtlichen Kennzeichens. Halter, die nicht der Versicherungspflicht unterliegen: 13

1061

Abs IV. Verstöße der ZulB gegen Abs I verletzen die Amtspflicht; für Schäden haftet der Staat, s § 23 Rz 25. Die vorgeschriebenen Muster für die Versicherungsbestätigungen sind für VB und Versicherer verbindlich. Die Versicherungsbestätigung bleibt bei der ZulB. VN und Halter müssen nicht identisch sein, *Jagow* VD **85** 98. Kfze, die keinen regelmäßigen Standort im Inland haben: Vorbemerkung Rz 11. Versicherungsbestätigung ist auch der vom inländischen Versicherer für ein ausländisches Kfz erteilte Grenzversicherungsschein, Fra VR **69** 1085. Kleinkrafträder, Mopeds und Mofas: § 29 e. In der Aushändigung der Versicherungsbestätigung an den VN liegt eine **vorläufige Deckungszusage** in der Haftpflichtversicherung (§ 9 KfzPflVV), nicht zugleich auch in anderen Sparten, Kar VR **76** 384, Ha NJW **75** 223, *Himstedt* ZfS **02** 112, aM Kö VR **74** 900. Eine ordnungsgemäß erteilte vorläufige Deckungszusage ist auch wirksam, wenn noch kein Antrag auf Vertragsabschluß gestellt ist, Fra VR **78** 1155. Die Versicherungsbestätigung deckt alle Fahrten im Zusammenhang mit dem Zulassungsverfahren, s HUK-Verband VBl **71** 202. Der Versicherer hat dem Halter eine Versicherungsbestätigung zu erteilen, nicht aber der ZulB den Abschluß eines Versicherungsvertrags mitzuteilen. Jedoch kann der VN, der den Versicherer zum Jahresbeginn wechselt, nach Maßgabe von Abs I S 5 (Inkrafttreten: 1. 5. 05) den VU zur **elektronischen Übermittlung** der Versicherungsbestätigung an die ZulB beauftragen; erfolgt diese Übermittlung, erhält er vom VU keine schriftliche Versicherungsbestätigung mehr (I S 6). Die Angabe der Dauer des Versicherungsverhältnisses in Versicherungsbestätigungen zur Erlangung von Kurzzeitkennzeichen (Abs Ia) ermöglicht es, die Vorlage der Bestätigung zugleich als Anzeige nach § 29 c anzusehen (s Begr Rz 2).

14   **2. Mitteilung des amtlichen Kennzeichens an den Versicherer.** Gemäß II teilt die ZulB dem VU mit, welches Kennzeichen sie gemäß § 23 zugeteilt hat. Die ZulB müssen, seit das PflVG den Nachweis ausreichenden Versicherungsschutzes in das Zulassungsverfahren verlegt hat, den Versicherungsschutz nur im Rahmen der §§ 29 a–c überwachen. Verfahren bei Eigentumswechsel: § 27. Versicherungsnachweis bei Wiederzulassung nach vorübergehender Stillegung: § 29 b.

Lit: *Himstedt*, Die vorläufige Deckung in der Kfz-Haftpflicht- und Kaskoversicherung, ZfS **02** 112. *Liebermann*, Elektronische Übermittlung beim Versicherungswechsel, VD **04** 299.

Versicherungsnachweis bei Inbetriebnahme nach vorübergehender Stilllegung

29b Ein Versicherungsnachweis nach § 29 a ist auch erforderlich, wenn das Fahrzeug nach vorübergehender Stillegung wieder zum Verkehr zugelassen werden soll.

1   1. Bei Steuerabmeldung (§ 5 KraftStG) gewähren die Versicherer üblicherweise Prämienerlaß, weil der Gebrauch des Kfz während der Steuerabmeldung unzulässig ist. Zweifelhaft kann sein, ob dann noch ausreichende Versicherung iS des PflVG im Verhältnis zwischen den Parteien des Versicherungsvertrags vorliegt. Nach der Neufassung von § 29 b durch G v 26. 10. 90 (BGBl I 2327) unterliegt das Verlangen der ZulB nach Vorlage einer neuen Versicherungsbestätigung nun nicht mehr deren Ermessen. Das Erfordernis eines Versicherungsnachweises macht unnötige Auskunftsersuchen und Anzeigen nach § 29 c überflüssig (s Begr, BRDrucks 571/90 S 26). Gemäß § 1 Nr 3 a AKB besteht Versicherungsschutz vor der Wiederzulassung auch für Fahrten, die jedenfalls auch der Vorbereitung der Wiederzulassung dienen, BGH NJW **76** 754. S § 1 II KfzPflVV, *Kuhn* DAR **94** 356.

Anzeigepflicht des Versicherers

29c (1).[1] Der Versicherer kann zur Beendigung seiner Haftung nach § 3 Nr. 5 des Pflichtversicherungsgesetzes der zuständigen Zulassungsbehörde nach Muster 9 Anzeige erstatten, wenn eine dem Pflichtversicherungsgesetz entsprechende Kraftfahrzeughaftpflichtversicherung nicht oder nicht mehr besteht. [2]Eine Anzeige nach Muster 9 ist zu unterlassen, wenn der Zulassungsbehörde die Versicherungsbestätigung über den Abschluß einer neuen dem Pflichtversicherungsgesetz entsprechenden Kraftfahrzeughaftpflichtversicherung zugegangen ist und dies

Anzeigepflicht des Versicherers § 29c StVZO **3**

dem Versicherer nach § 29a Abs. 3 mitgeteilt wurde. ³Eine Versicherungsbestätigung oder Mitteilung nach Muster 6 für ein Kurzzeitkennzeichen gilt auch als Anzeige oder Bescheid im Sinne von Muster 9; Gleiches gilt, wenn nach der Versicherungsbestätigung oder Mitteilung nach Muster 6 für ein rotes Kennzeichen der Versicherungsschutz oder die Zuteilung des roten Kennzeichens befristet ist.

(2) Die Zulassungsbehörde hat dem Versicherer auf dessen Anzeige nach Absatz 1 Satz 1 das Datum des Eingangs der Anzeige mitzuteilen.

(3) Eine Anzeige zu einer Versicherung, für die bereits eine Mitteilung nach § 29a Abs. 3 abgesandt wurde, löst keine Maßnahmen der Zulassungsbehörde nach Absatz 2 und § 29d aus.

AV zu § 29c. (1) Die Zulassungsstelle hat Anzeigen, die vor dem Tag eingehen, der als Tag 1
der Beendigung des Versicherungsverhältnisses angegeben ist, zurückzuweisen.

(2) Stimmen die Angaben auf der Anzeige nicht mit denen der Zulassungsstelle überein, sind 2
Unstimmigkeiten unverzüglich aufzuklären; nötigenfalls ist dazu die Anzeige an den Versicherer
zurückzusenden.

(3) Auch bei vorübergehend stillgelegten oder endgültig abgemeldeten Fahrzeugen ist die Anzeige 3
entgegenzunehmen und – soweit dies nicht nach § 29a Abs. 3 entbehrlich ist – dem Versicherer
der Bescheid zu erteilen.

(4) Auch nach der Ummeldung des Fahrzeugs in einen anderen Zulassungsbezirk ist auf Anzeige 4
des bisherigen Versicherers der Bescheid von der bisher zuständigen Zulassungsstelle zu erteilen.

Begr *zur ÄndVO v 26. 10. 90 (BRDrucks 571/90 S 15): ... Seit geraumer Zeit hat sich* 5
in der Praxis zunehmend eingebürgert, daß in einer Reihe von Fällen Anzeigen nach § 29c
StVZO den Zulassungsstellen auch dann übersandt werden, wenn das Versicherungsverhältnis
bzw. der Versicherungsvertrag rechtlich weiterbesteht.

So wird insbesondere die bloße Veräußerung des Fahrzeugs zum Anlaß genommen, eine Anzeige nach § 29c StVZO an die Zulassungsstelle zu schicken, obwohl das Versicherungsverhältnis weder gekündigt noch sonst rechtlich aufgehoben wurde ...

Diese sogenannten unechten §-29-c-Anzeigen verursachen bei den Zulassungsstellen einen nicht unerheblichen Arbeitsaufwand.

...

Der Verkehrsopferschutz bleibt bei allen neuen Maßnahmen voll gewährleistet. Eine Beendigung der Nachhaftung kommt nach wie vor erst in Betracht, wenn der Versicherungsvertrag rechtlich nicht oder nicht mehr besteht. Realisiert wird die Beendigung der Nachhaftung entweder – nach wie vor – durch eine Anzeige an die Zulassungsstelle oder gemäß der neuen Bestimmung in § 3 Nr. 5 Satz 4 des Pflichtversicherungsgesetzes, wenn der Zulassungsstelle das Bestehen einer neuen Versicherung über das betreffende Fahrzeug nachgewiesen wird.

1. Anzeige des Versicherers bei Ablauf der Versicherung. Die Neufassung des 6
§ 29c durch ÄndVO v 26. 10. 90 stellt es dem Versicherer anheim, der ZulB Anzeige zu erstatten, sobald die Versicherungsbestätigung (§ 29a) nicht mehr gilt, wenn zB der VN die Prämie nicht bezahlt hat und der Versicherungsschutz deshalb erloschen ist. Durch die Anzeige wahrt der Versicherer sein eigenes Interesse an baldiger Beendigung der Nachhaftung (§ 3 Nr 5 PflVG), BGH NJW **74** 858. Bei unterlassener Anzeige läuft die **Nachhaftungsfrist** des Versicherers nicht ab, Kar VR **73** 213. Der Versicherer haftet dem Geschädigten weiter gemäß dem Versicherungsvertrag, BGH JZ **55** 381, Fra NJW **55** 109, JZ **54** 669 (*Prölss*). Im Verhältnis zu Dritten, die nach Vertragsablauf geschädigt werden, wirkt der Versicherungsschutz also kurzfristig weiter. Monatsfrist: § 3 Nr 5 PflVG. Die Anzeige des Versicherers bedeutet mithin nicht, daß der Versicherungsschutz erloschen sei, Bay VM **58** 45. Auch bei teilweise unzutreffenden Angaben in der Anzeige darf die ZulB diese nicht zurückweisen, BGH NJW **74** 858. Jedoch wird die Nachhaftungsfrist des § 3 Nr 5 PflVG nur in Lauf gesetzt, wenn der entscheidende Inhalt der **Anzeige vollständig und richtig**, insbesondere das Versicherungsverhältnis wirksam beendet ist, BGH NJW **74** 858, Kö VR **99** 1357. Ob eine unstimmige, zur Aufklärung zurückgegebene Anzeige die Monatsfrist in Lauf setzt, hängt von der Art der Unstimmigkeit ab, BGH NJW **74** 858. Eine Anzeige mit dem von der ZulB früher falsch mitgeteilten Kennzeichen setzt die Monatsfrist in Lauf, BGH NJW **74** 858. Bei

einer Anzeige trotz gültigen Versicherungsvertrages darf der VN Ausstellung einer Versicherungsbestätigung (§ 29 a) durch einstweilige Verfügung erzwingen, Ha VR **76** 724. Wird das Fz infolge einer unrichtigen Anzeige des VU nach § 29 c trotz bestehenden Versicherungsvertrages stillgelegt, so hat der VU für den entstandenen Schaden aus positiver Vertragsverletzung (§§ 241 II, 280 BGB) einzustehen, Ha VR **90** 846.

7 Die **Monatsfrist des § 3 Nr 5 PflVG** endet auch dann nicht früher, wenn das früher versicherte Kfz schon vor ihrem Ablauf stillgelegt worden war, BGHZ **33** 318. Bei einer als **vorübergehend** (§ 27 V S 1, VI: bis zu 18 Monaten) **beabsichtigten Nichtverwendung** des Kfz bleibt die Haftpflichtversicherung bestehen, die Zulassung ruht lediglich. Verkehrsrechtlich bedarf es in diesem Fall keiner Abmeldung und keiner Mitteilung des Versicherers an die ZulB. Steuerrechtlich ist aber Abmeldung bei der ZulB geboten, weil sonst die Steuerpflicht weiterbesteht.

8 Nur wenn ein **Versicherungsvertrag für das Fz nicht besteht** oder das Versicherungsverhältnis erloschen ist, ist eine Anzeige des VU an die ZulB zulässig. Eine Verpflichtung zur Anzeige besteht jedoch auch dann nicht; vielmehr steht dem VU frei, durch die Anzeige seine Nachhaftung zu beenden. Die Anzeige hat jedoch trotz Beendigung des bisherigen Versicherungsverhältnisses zu unterbleiben, wenn dem VU durch die ZulB gem § 29 a III der Abschluß einer neuen Versicherung mitgeteilt wurde (Abs I S 2). Erfolgt in einem solchen Falle gleichwohl eine Anzeige, so kann diese durch die ZulB unbeantwortet bleiben; sie löst auch keine Maßnahmen der ZulB nach § 29 d aus (Abs III). Bei Kurzzeitkennzeichen zur einmaligen Verwendung und bei befristeter Zuteilung roter Kennzeichen ist die Dauer der Versicherung begrenzt, so daß die Versicherungsbestätigung zugleich als Anzeige iS von Muster 9 gelten kann (Abs I S 3).

9 Die **Anzeige ist an die nach § 68 örtlich zuständige ZulB** zu richten; kennt der Versicherer diese nicht, so richtet er die Anzeige an die ZulB, die das Kennzeichen (§§ 23, 28) zugeteilt hat. Für die Einziehung des FzScheins bleibt die ausstellende ZulB auch zuständig, wenn der regelmäßige Standort des Fz in den Bezirk einer anderen ZulB verlegt, bei dieser aber entgegen § 27 noch nicht Zuteilung eines neuen Kennzeichens beantragt worden ist, BGH NJW **82** 988, LG Lüneburg DAR **55** 252. Zur Behandlung der Anzeige, die nach Ummeldung des Kfz in einen anderen Zulassungsbezirk bei der bisherigen ZulB eingeht, BMV VBl **63** 480, **64** 479, AV Rz 4. Die ZulB hat die Versicherungsbestätigung auch nach Eingang einer Anzeige weiter aufzubewahren, um weiterhin Auskunft geben zu können, BMV VBl **57** 342. Versicherungskennzeichen: § 29 e.

Maßnahmen beim Fehlen des Versicherungsschutzes

29 d (1) ¹Besteht für ein Fahrzeug, für das ein amtliches Kennzeichen zugeteilt ist, keine dem Pflichtversicherungsgesetz entsprechende Kraftfahrzeughaftpflichtversicherung, so hat der Halter unverzüglich der zuständigen Zulassungsbehörde den Fahrzeugschein oder – bei zulassungsfreien Fahrzeugen, für die ein amtliches Kennzeichen zugeteilt ist – die amtliche Bescheinigung über die Zuteilung des Kennzeichens oder den Fahrzeugschein abzuliefern und von ihr das Kennzeichen entstempeln zu lassen. ²Handelt es sich um einen Anhänger, so hat er der zuständigen Zulassungsbehörde unverzüglich auch die etwa ausgefertigten Anhängerverzeichnisse zur Eintragung der Entstempelung des Kennzeichens vorzulegen.

(2) ¹Erfährt die Zulassungsbehörde durch eine Anzeige (§ 29 c) oder auf andere Weise, daß für das Fahrzeug keine dem Pflichtversicherungsgesetz entsprechende Kraftfahrzeughaftpflichtversicherung besteht, so hat sie unverzüglich den Fahrzeugschein oder – bei zulassungsfreien Fahrzeugen, für die ein amtliches Kennzeichen zugeteilt ist – die amtliche Bescheinigung über die Zuteilung des Kennzeichens oder den Fahrzeugschein einzuziehen und das Kennzeichen zu entstempeln. ²Handelt es sich um einen Anhänger, so ist die Entstempelung auch in den etwa ausgefertigten Anhängerverzeichnissen zu vermerken.

(3) **Die Absätze 1 und 2 gelten nicht für Kurzzeitkennzeichen, bei denen das Ablaufdatum überschritten ist.**

Begr zur ÄndVO v 20. 5. 98 (VBl **98** 509): **Zu Abs 3:** – Begr. des Bundesrates –: ... Nach § 29 d StVZO haben der Halter und die Zulassungsbehörde bestimmte Verpflichtungen, wenn keine dem Pflichtversicherungsgesetz entsprechende Versicherung mehr besteht oder eine Anzeige des Versicherers nach § 29 c StVZO eingeht. Das Kurzzeitkennzeichen wurde eingeführt, um gerade dies zu vermeiden. Die Änderung stellt dieses sicher.

AV zu § 29 d. *(1) Die Zulassungsstelle hat unverzüglich nach dem Eingang einer Anzeige Maßnahmen zur Außerbetriebsetzung des Fahrzeugs einzuleiten; das gilt auch, wenn auf andere Weise bekannt wird, daß ein dem Pflichtversicherungsgesetz entsprechender Versicherungsschutz nicht mehr besteht. Die Maßnahmen können zum Beispiel darin bestehen, daß*
a) unter Androhung des Verwaltungszwangs der Halter aufgefordert wird, sofort eine neue gültige Versicherungsbestätigung einzureichen oder den Kraftfahrzeug- oder Anhängerschein oder die amtliche Bescheinigung über die Zuteilung des Kennzeichens abzuliefern und das Kennzeichen entstempeln zu lassen,
b) ein Vollzugsbeamter mit der Einziehung der unter Buchstabe a genannten Fahrzeugpapiere und der Entstempelung des Kennzeichens beauftragt wird,
c) die Polizei um die genannten Maßnahmen zur zwangsweisen Außerbetriebsetzung des Fahrzeugs ersucht wird.
Bei der Wahl und der Durchführung der Mittel sind die landesrechtlichen Vorschriften über Verwaltungszwang sowie der Grundsatz der Verhältnismäßigkeit des Mittels zu beachten. Außerdem hat die Zulassungsstelle alle sonstigen nach den Umständen des Falles gebotenen Schritte zu unternehmen, um die Außerbetriebsetzung des Fahrzeugs durchzusetzen.

(2) Sind Halter oder Fahrzeug nicht auffindbar, ist die Polizei (Kriminalpolizei) unter Hinweis auf den Verdacht einer strafbaren Handlung nach § 6 des Pflichtversicherungsgesetzes einzuschalten. Sie ist zu ersuchen, die in Absatz 1 genannten Maßnahmen zur zwangsweisen Außerbetriebsetzung des Fahrzeugs zu veranlassen und ein gestohlenes oder unterschlagenes Fahrzeug dem Halter nur mit Zustimmung der Zulassungsstelle wieder auszuhändigen, wenn das amtliche Kennzeichen nicht entstempelt und der Kraftfahrzeug- oder Anhängerschein oder die amtliche Bescheinigung über die Zuteilung des Kennzeichens nicht eingezogen werden konnte.

(3) Kommen Maßnahmen zur Außerbetriebsetzung eines in das Ausland verbrachten Fahrzeugs in Betracht, ist die zuständige Vertretung der Bundesrepublik Deutschland im Ausland um Verwaltungshilfe zu ersuchen. Dabei sind bei Haltern mit ausländischer Staatsangehörigkeit möglich die genauen Paß- und Geburtsdaten anzugeben, die nötigenfalls bei der zuständigen Ausländerbehörde zu ermitteln sind. Die Zulassungsstelle kann den Schriftwechsel unmittelbar mit der Vertretung im Ausland führen; übergeordnete Stellen sind einzuschalten, wenn besondere Schwierigkeiten der Durchführung des Verwaltungshilfeersuchens entgegenstehen oder in dessen Verlauf auftreten. Das „Verzeichnis der Vertretungen der Bundesrepublik Deutschland im Ausland" erscheint als Beilage zum Bundesanzeiger und kann vom Verlag des Bundesanzeigers, 5 Köln 1, Postfach, bezogen werden.

(4) Die Außerbetriebsetzung kann nur durch Vorlage einer neuen Versicherungsbestätigung abgewendet werden, nicht aber z. B. durch das Versprechen des Halters, eine solche nachzureichen, oder durch Vorlage eines Einzahlungsbelegs.

(5) Für die Maßnahmen zur Außerbetriebsetzung bleibt die Zulassungsstelle, die das amtliche Kennzeichen zugeteilt hat, auch zuständig, wenn der regelmäßige Standort des Fahrzeugs in den Bezirk einer anderen Zulassungsstelle verlegt worden ist, bei dieser die Zuteilung eines neuen Kennzeichens jedoch nicht beantragt worden ist. Die andere Zulassungsstelle hat auf Ersuchen Amtshilfe bei der Außerbetriebsetzung zu leisten.

1. Maßnahmen des Halters und der ZulB bei Beendigung des Versicherungsschutzes. Die Vorschrift regelt die Halterpflichten bei Beendigung des Versicherungsschutzes, und was die ZulB zu veranlassen hat, wenn sie durch Anzeige (§ 29 c) oder auf andere Weise erfährt, daß die Haftpflichtversicherung erloschen ist. Merkblatt zur Fahndung nach nicht versicherten Kfzen/Anhängern, VBl **81** 78. Die Pflichten aus Abs I und II gelten nicht in Fällen, in denen für das Fz ein Kurzzeitkennzeichen erteilt ist, dessen Ablaufdatum überschritten ist, Abs III (s Begr, vor Rz 1). Kurzzeitkennzeichen: § 28 IV.

2. Pflichten des Halters, wenn keine ausreichende Haftpflichtversicherung mehr besteht (I). Der Halter (§ 7 StVG) hat bei der Zulassung oder Zuteilung des Kennzeichens das Bestehen ausreichender Haftpflichtversicherung nachzuweisen

(§ 29 a I) und unabhängig von den in den §§ 29 a–c für den Versicherer und die ZulB begründeten Pflichten dafür einzustehen, daß der Versicherungsschutz erhalten bleibt, solange er das Fz im Verkehr verwendet (§ 1 PflVG). Endet das Versicherungsverhältnis aus irgendeinem Grund, so hat er jede Verwendung des Fz im Verkehr zu unterlassen und ohne schuldhaftes Zögern dafür zu sorgen, daß die ZulB das Nötige veranlaßt, um das Ruhen der Zulassung herbeizuführen (§ 27 VI). Es gehört dazu Ablieferung des FzScheins bzw der von der ZulB ausgestellten Bescheinigung über die Zuteilung des Kennzeichens und Entstempelung des Kennzeichens. S § 17. Die Vorschrift besteht für den Fall, daß der Versicherungsvertrag erloschen ist und für den Fall, daß die Versicherung nicht mehr ausreicht. I ist **kein SchutzG** (§ 823 II BGB), weil sich nicht mit erforderlicher Klarheit feststellen läßt, daß der durch I Verpflichtete bei Verstößen auch für fremde Tat deliktisch haftet, und weil im übrigen das System der KfzHaftpflichtversicherung die VOpferinteressen idR eigenständig ausreichend schützt, BGH NJW **80** 1792, *Canaris*, Larenz-F (1983) S 62 ff, *Cypionka* JuS **83** 23, s aber Mü VR **73** 236, *Schlosser* JuS **82** 657 (660).

8   **3. Pflichten des Halters, wenn der Versicherungsschutz wegen Änderungen am Fahrzeug nicht mehr ausreicht.** Reicht die Versicherung nicht mehr aus, weil Änderungen am Fz vorgenommen worden sind, so muß der Halter das Kennzeichen nicht entstempeln und den FzSchein nicht abliefern. Wohl aber hat er diesen nach Maßgabe von § 27 I, I a der ZulB vorzulegen, damit sie die Änderung vermerkt. Außerdem ist § 19 II zu beachten. Die ZulB wird die geänderten FzPapiere erst zurückgeben, wenn ihr der Nachweis erbracht ist, daß die Versicherung dem geänderten Zustand des Fz entspricht. Vorher darf der Halter das Fz nicht auf öffentlichen Straßen verwenden.

9   **4. Pflichten der Zulassungsbehörde beim Aufhören ausreichenden Versicherungsschutzes (II).** Erfährt die ZulB, daß der Versicherungsschutz wegfällt, so hat sie das Kennzeichen zu entstempeln und den FzSchein einzuziehen (s AV). Die Vorschrift dient dem Schutz des VU (im Hinblick auf § 3 Nr 5 PflVG) und der durch das Fz Geschädigten, Dü NJW-RR **88** 219. Ein zweifelsfreier Hinweis auf die Beendigung des Versicherungsverhältnisses durch die Anzeige genügt, BVG MDR **75** 433, KG VR **79** 626; keine Pflicht der B zur Nachprüfung, BVG NZV **92** 253, **93** 245, OVG Hb VRS **71** 397, VG Bra NZV **03** 208, VG Leipzig NVwZ-RR **04** 87. Die **Stillegung auf Ersuchen der ZulB** ist Amtspflicht gegenüber jedem VT, BGHZ **99** 326 = NJW **87** 2737; Ko VR **78** 575, Ce VR **87** 618, VR **94** 859, Dü JMBlNRW **93** 128, auch gegenüber dem Mitfahrer, BGH NJW **82** 988, und gegenüber dem vorerst weiter haftenden Versicherer (§ 3 Nr 5 PflVG), BGHZ **20** 53 = NJW **56** 867, Kö NJW-RR **92** 1188, nicht aber gegenüber dem Halter und dem Fahrer, Kö NJW-RR **92** 1188. Sie ist streng zu nehmen; die ZulB hat nach kurzer Frist Zwangsmaßnahmen anzuwenden, KG VR **78** 523, Ko VR **78** 575, Kar MDR **79** 845, Stu VR **68** 155. Sofortige zwangsweise Außerbetriebsetzung des Fzs kommt nur in Ausnahmefällen in Frage, zunächst genügt idR die **Aufforderung an den Halter,** eine neue Versicherungsbestätigung vorzulegen oder den FzSchein abzuliefern und die Kennzeichen entstempeln zu lassen (Fristsetzung), BGH NJW **82** 988, BGHZ **99** 326 = NJW **87** 2737, Dü VR **84** 792, OVG Hb NZV **02** 150. Die Maßnahmen sollen mißbräuchliche Weiterverwendung des nicht mehr ausreichend versicherten Fz im Verkehr verhindern, BGHZ **99** 326 = NJW **87** 2737, Ce VR **87** 618; sie bringen die Zulassung zum Ruhen (§ 27); sie lebt auf, wenn ausreichender Versicherungsschutz der ZulB nachgewiesen wird (§ 29 a). Solange der VB eine inzwischen erfolgte Veräußerung nicht bekannt ist, darf sie sich mit den Maßnahmen nach Abs II an den bisherigen Halter wenden (der dann auch Kostenschuldner hinsichtlich der Amtshandlung ist), VG Leipzig NVwZ-RR **04** 87, VG Bra NZV **03** 208, VG Fra VRS **82** 72, weil anderenfalls der Zweck des Abs II, andere vor Risiken zu schützen, nicht erreicht werden könnte, aM VG Potsdam DAR **04** 115. Zuständigkeit bei Standortverlegung des Fz in den Bezirk einer anderen ZulB: Rz 5. Für die Maßnahmen der ZulB nach § 29 d ist keine bestimmte Form vorgeschrieben. Verfahren bei der Einziehung der FzScheine und Entstempelung der Kennzeichen **ins Ausland verbrachter Fze,** deren Versicherungsschutz erloschen ist, VBl **95** 483. Zur **Gebührenpflicht** bei Androhung der Zwangsstillegung, s § 6a Rz 10. Keine Gebührenberechnung bei Auf-

forderung zur Ablieferung des Kennzeichens und FzScheins (II) ohne Androhung von Zwang, wenn die Weiterversicherung vor Einleitung der Vollstreckung nachgewiesen wird, OVG Ko VRS **41** 236. *Bouska,* Kosten bei Zwangsstillegung von Kfzen, VD **71** 371. Unrichtigkeit der Anzeige nach § 29 c hat keinen Einfluß auf die Gebührenpflicht des Halters, BVG NZV **93** 245, OVG Hb VRS **71** 397, aM OVG Münster VRS **57** 158.

Die ZulB muß die Maßnahmen **ohne schuldhaftes Zögern** ergreifen, sobald sie **10** vom Aufhören des Versicherungsschutzes erfährt. Das gilt auch in den Fällen, in denen für das Fz ein befristetes Kennzeichen (Saisonkennzeichen, § 23 I b) zugeteilt ist; eine Anzeige nach § 29 c ist also auch dann von der ZulB unverzüglich zu bearbeiten, wenn sie außerhalb des Betriebszeitraums eingeht, damit eine möglichst baldige Stillegung durch Entstempelung vorgenommen werden kann (s Begr zu § 23 I b, VBl **96** 620), OVG Hb NZV **02** 150. Die ZulB muß, solange keine Versicherungsbestätigung vorliegt, davon ausgehen, daß der Versicherungsschutz weggefallen ist und unverzüglich eingreifen, BVG VR **62** 415. Erfolgt Anzeige nach § 29 c, obwohl die ZulB dem VU gem § 29 a III Mitteilung über den Abschluß einer neuen Versicherung gemacht hatte, so löst dies keine Maßnahmen der ZulB nach § 29 d aus (§ 29 c III). Unverzüglich muß die ZulB auch vorbereitende Maßnahmen ergreifen, die die Einziehung des FzScheins und die Entstempelung erst ermöglichen (Aufenthaltsfeststellung), Ce VR **87** 618. § 3 Nr 5 PflVG will den geschädigten Dritten schützen, Mü VR **73** 236, nicht die ZulB von ihrer Pflicht nach § 29 d entlasten, 23 Tage sind für die Bearbeitung einer Anzeige nach § 29 c nicht „unverzüglich", BGHZ **20** 53 = NJW **56** 867, Hb VR **54** 300, *Jagow* VD **90** 267, ebensowenig 8 Tage bis zur Ausschreibung eines im Ausland vermuteten Fzs, Ce VR **87** 618. Fahndungsmaßnahmen der Pol sind uU von der ZulB zu überwachen, LG Flensburg VR **89** 79. Wird der Halter nicht angetroffen und ist sein Aufenthaltsort oder Wohnsitz zw, muß die ZulB mit Nachdruck Fahndungsmaßnahmen ergreifen, LG Essen NZV **02** 508. Bei Nichterreichbarkeit des Halters an Werktagen dürfen Kennzeichen und FzPapiere nicht auch abends oder an Feiertagen eingezogen werden. Die Haftung für Schäden bei schuldhafter **Amtspflichtverletzung** (BVG MDR **75** 433, LG Essen NZV **02** 508, s Rz 9) ist durch den Schutzzweck des § 29 d begrenzt. Die Vorschrift will ersichtlich nur vor den Schäden schützen, die dem Geschädigten aus der fehlenden Pflichtversicherung des haftpflichtigen FzHalters entstehen; die Amtshaftung umfaßt daher nur Schäden bis zur Höhe der gesetzlich vorgeschriebenen Mindestversicherungssumme, BGHZ **111** 272 = NZV **90** 427 (unter Aufgabe der gegenteiligen Ansicht in BGH NJW **65** 1524). Die Amtspflicht besteht nicht unmittelbar gegenüber dem öffentlichrechtlichen Dienstherrn, der einen durch das nicht versicherte Kfz geschädigten Beamten versorgt, BGH NJW **61** 1572. Zur Passivlegitimation bei Amtspflichtverletzung durch die ZulB, *Hinkel* NVwZ **89** 119.

Lit: *Gaisbauer,* Maßnahmen der Zulassungsbehörden bei Folgeprämienverzug in der Kfz-Haftpflichtversicherung, VP **67** 11. *Hinkel,* Haftung des Landkreises für Amtspflichtverletzungen der Bediensteten der StrVZulassungsB, NVwZ **89** 119. *Jagow,* Amtshaftung bei Außerbetriebsetzung nicht versicherter Kfze, VD **90** 265. *Lang,* Die Haftung der öffentlichen Hand bei VUnfällen, VR **88** 324 = VGT **88** 84. *Wirsing,* Zur zwangsweisen Stillegung von Kfzen, VD **91** 149, 202, **92** 14.

5. Vorzeitige Beendigung der Haftpflichtversicherung für nicht kennzei- 11 chenpflichtige Kleinkrafträder und FmH. S § 29 h.

6. Ordnungswidrig (§ 24 StVG) handelt, wer als Halter seiner Pflicht aus Abs I **12** nicht nachkommt. S § 69 a II Nr 2. Bei Benutzung ohne ausreichenden Versicherungsschutz im StrV tritt die OW gegen § 29 d I gegenüber § 6 PflVG (Vergehen) zurück.

2. Überwachung des Versicherungsschutzes bei Fahrzeugen mit Versicherungskennzeichen

Versicherungskennzeichen

29e (1) **Folgende Fahrzeuge dürfen, wenn ihr Halter zum Abschluß einer Kraftfahrzeughaftpflichtversicherung nach dem Pflichtversicherungsgesetz verpflichtet ist und wenn sich ihr regelmäßiger Standort im Geltungsbereich dieser Verordnung befindet, unbeschadet der Vorschriften über die Betriebserlaubnis-**

3 StVZO § 29e   B. Fahrzeuge IIa. Pflichtversicherung

pflicht auf öffentlichen Straßen nur in Betrieb gesetzt werden, wenn sie ein gültiges Versicherungskennzeichen führen:
1. zweirädrige oder dreirädrigeKleinkrafträder (§ 18 Abs. 2 Nr. 4);
2. Fahrräder mit Hilfsmotor;
3. motorisierte Krankenfahrstühle;
4. vierrädrige Leichtkraftfahrzeuge (§ 18 Abs. 2 Nr. 4b).

(2) ¹Durch das Versicherungskennzeichen wird nachgewiesen, daß für das Fahrzeug eine dem Pflichtversicherungsgesetz entsprechende Kraftfahrzeughaftpflichtversicherung besteht. ²Der Versicherer händigt dem Halter auf Antrag ein Versicherungskennzeichen aus und erteilt hierüber eine Bescheinigung; für den Nachweis von Namen und Anschrift des Halters gilt § 23 Abs. 1 Satz 2 sinngemäß. ³Der Führer des Fahrzeugs hat die Bescheinigung mitzuführen und zuständigen Personen auf Verlangen zur Prüfung auszuhändigen. ⁴Versicherungskennzeichen und Bescheinigungen dürfen dem Halter erst nach Entrichtung der Prämie für das Verkehrsjahr ausgehändigt werden, für das sie gelten sollen; sie verlieren ihre Geltung mit dem Ablauf dieses Verkehrsjahrs. ⁵Als Verkehrsjahr gilt der Zeitraum vom 1. März bis zum Ablauf des nächsten Monats Februar.

(3) ¹Das Versicherungskennzeichen besteht aus einer Tafel, die eine Erkennungsnummer und das Zeichen des zuständigen Verbandes der Kraftfahrtversicherer oder, wenn kein Verband zuständig ist, das Zeichen des Versicherers trägt sowie das Verkehrsjahr angibt, für welches das Versicherungskennzeichen gelten soll. ²Die Erkennungsnummer setzt sich aus nicht mehr als 3 Ziffern und nicht mehr als 3 Buchstaben zusammen. ³Die Ziffern sind in einer Zeile über den Buchstaben anzugeben. ⁴Die Nummer ist so zu wählen, daß jedes für das laufende Verkehrsjahr ausgegebene Versicherungskennzeichen sich von allen anderen gültigen Versicherungskennzeichen unterscheidet. ⁵Das Verkehrsjahr ist durch die Angabe des Kalenderjahrs zu bezeichnen, in welchem es beginnt. ⁶Der zuständige Verband der Kraftfahrtversicherer oder, wenn kein Verband zuständig ist, das Kraftfahrt-Bundesamt teilt mit Genehmigung des Bundesministeriums für Verkehr, Bau- und Wohnungswesen den Versicherern die Erkennungsnummern zu.

(4) Das Versicherungskennzeichen ist nach § 60 a auszugestalten und anzubringen.

1   **Begr** zur ÄndVO v 12. 11. 96: VBl **96** 623.

2   **1. Versicherungskennzeichen.** Unter den Voraussetzungen von I muß sich bei jedem Kleinkraftrad iS von § 18 II Nr 4, jedem FmH, jedem motorisierten Krankenfahrstuhl und jedem vierrädrigen LeichtKfz (§ 18 II Nr 4b) im Verkehr schon äußerlich ergeben, daß der Versicherungspflicht genügt ist, oder daß der Halter der Versicherungspflicht nicht unterliegt. Soweit Quads nach ihrer technischen Beschaffenheit unter § 18 II Nr 4b fallen, müssen sie ein Versicherungskennzeichen führen, BMV VBl **04** 29, *Ternig* ZfS **04** 2. Ein versicherungspflichtiges FmH darf im Verkehr ohne gültiges Versicherungskennzeichen nicht benutzt werden. Das Versicherungskennzeichen ist eine vom VU ausgestellte Urkunde, welche den Abschluß eines Versicherungsvertrages für das Fz bezeugt, für welches das Kennzeichen ausgegeben worden ist, Bay DAR **78** 24. Bei versicherungsfreien Haltern tritt an die Stelle des Versicherungskennzeichens ein amtliches Kennzeichen (§§ 18 IV 2, 60).

3   **2. Nachweis ausreichender Haftpflichtversicherung.** Der Fahrer hat die ausreichende Haftpflichtversicherung für jeden VT erkennbar zu machen, indem er das Versicherungskennzeichen am Fz fest anbringt („führen"). Daneben hat er eine Bescheinigung des Versicherers mitzuführen, die ausweist, daß er dieses Kennzeichen an diesem Fz führen darf. Diese hat er zuständigen Personen auf Verlangen zur Prüfung auszuhändigen. Über die Personalien des Halters, die in der Bescheinigung einzutragen sind, hat sich der Versicherer so Gewißheit zu verschaffen wie die ZulB nach §§ 23 StVZO, 2 FRV, 33 I StVG. Die Versicherungskennzeichen gelten vom 1. 3. des Jahres bis zum letzten Tag des Februars des folgenden Jahres („Verkehrsjahr") und werden mit dessen Ablauf ungültig. Die Ausgabe der neuen Zeichen weist aus, daß die Prämie für das neue Verkehrsjahr gezahlt ist. Zum Schutz der Verkehrsopfer und zur Behördenentlastung untersagt II, Versicherungskennzeichen und Bescheinigung vor Entrichtung der Prämie auszugeben. Mitteilung und Nachweis von FzArt und -Hersteller sowie FzIdentifizierungsnummer gegenüber dem Versicherer: § 1 IV FRV.

Maßnahmen bei vorzeitiger Beendigung **§§ 29g, 29h StVZO 3**

3. **Inhalt, Form, Größe, Ausgestaltung und Anbringung des Versicherungs-** 4
kennzeichens. Das Versicherungskennzeichen besteht aus einer Tafel mit Erkennungsnummer und Zeichen des Versicherers. Jede Erkennungsnummer darf in jedem Verkehrsjahr nur auf einer solchen Tafel angebracht sein. Um dies sicherzustellen, verlangt III, daß der zuständige Verband der Kraftverkehrsversicherer, wenn kein Verband zuständig ist, das KBA, den Versicherern die Erkennungsnummern der Versicherungskennzeichen zuteilt, und schreibt Mitwirkung des BMV vor. Ausgestaltung und Anbringung des Versicherungskennzeichens (Abs IV): § 60 a.

4. **Zuwiderhandlungen** gegen § 29 e I sind ow (§§ 69a II Nr 5, 9h StVZO, 24 5
StVG). Mißbrauch iS von § 22 StVG kommt bei Versicherungskennzeichen nicht in Betracht, weil sie keine amtlichen Kennzeichen sind. Fälschung des besonderen Kennzeichens oder der darüber von dem VU ausgestellten Bescheinigung ist Urkundenfälschung (§ 267 StGB), Ko VRS **60** 436, ebenso die Anbringung eines Versicherungskennzeichens an einem anderen Kfz als dem, für das es ausgegeben worden ist, Bay DAR **78** 24.

29f *(aufgehoben)*

Rote Versicherungskennzeichen

29g ¹Fahrten zur Feststellung und zum Nachweis der Gebrauchsfähigkeit eines versicherungskennzeichenpflichtigen Fahrzeugs (Probefahrten) und Fahrten, die in der Hauptsache der Überführung eines solchen Fahrzeugs an einen anderen Ort dienen (Überführungsfahrten), dürfen vorbehaltlich der Vorschriften über die Betriebserlaubnispflicht mit Versicherungskennzeichen unternommen werden, deren Beschriftung und Rand rot sind. ²Als Probefahrten gelten auch Fahrten zur allgemeinen Anregung der Kauflust durch Vorführung in der Öffentlichkeit, nicht aber Fahrten gegen Vergütung für Benutzung des Fahrzeugs.

Begr zur ÄndVO v 21. 7. 69: VBl **69** 394. 1

1. **Kennzeichen für Probe- und Überführungsfahrten.** Die Regelung entspricht 2
im Grundzug dem § 28. Ausgabestellen roter Versicherungskennzeichen, VBl **77** 174. Verwendung von Magnetgummihaftschildern für rote Versicherungskennzeichen ist zulässig, Bouska VD **72** 181.

2. **Zuwiderhandlung.** Ein Verstoß gegen § 29g Satz 1 ist seit der Änderung von 3
§ 69a II Nr 5 durch VO v 24. 7. 89 (BGBl I 1510) nicht mehr *unmittelbar* bußgeldbewehrt, kann aber gem §§ 18 IV S 2, 69a II Nr 5 (Kennzeichnungspflicht mit gültigem Versicherungskennzeichen) ow sein (s Begr zur 9. ÄndVStVR, VBl **89** 589).

Maßnahmen bei vorzeitiger Beendigung des Versicherungsverhältnisses

29h ¹Endet das Versicherungsverhältnis vor dem Ablauf des Verkehrsjahrs, das auf dem Versicherungskennzeichen angegeben ist, so hat der Versicherer den Halter zur unverzüglichen Rückgabe des Versicherungskennzeichens und der darüber erteilten Bescheinigung aufzufordern. ²Kommt der Halter der Aufforderung nicht nach, so hat der Versicherer hiervon die zuständige Behörde (§ 68) in Kenntnis zu setzen. ³Die Behörde zieht das Versicherungskennzeichen und die Bescheinigung ein.

AV zu § 29h. Teilt der Versicherer mit, daß seine Bemühungen um die Rückgabe des Versicherungskennzeichens und der Zuteilungsbescheinigung erfolglos geblieben sind, so hat die nach § 68 Abs. 2 örtlich zuständige Verwaltungsbehörde (Zulassungsstelle) das Versicherungskennzeichen und die Zuteilungsbescheinigung mit der gebotenen Eile einzuziehen. Wegen der dafür in Betracht kommenden Maßnahmen gelten die Absätze 1 bis 3 der Allgemeinen Verwaltungsvorschrift zu § 29d entsprechend.

III. Bau- und Betriebsvorschriften

DA zu III

Vorbemerkung zu den Bauvorschriften
Ihre Erfüllung ist allgemein von den Verkehrspolizeibeamten nicht nachzuprüfen.

Allgemeines zum III. Unterabschnitt „Bau- und Betriebsvorschriften". Der III. Unterabschnitt des Hauptabschnittes „B Fahrzeuge" enthält die Bau- und Betriebsvorschriften für alle Fze, in den §§ 30, 31 allgemeine, für jedes Fz geltende Bestimmungen, in den §§ 32–62 Bau- und Betriebsvorschriften für alle Kfze und ihre Anhänger und in den §§ 63–67 die Bau- und Betriebsvorschriften für die NichtKfze.

Hinsichtlich der Geltung der Bau- und Betriebsvorschriften der §§ 30 bis 62 in den **neuen Bundesländern** nach dem zum 3. 10. 90 erfolgten Beitritt gilt folgende **Überleitungsbestimmung:**

Anl I Kap XI B III Nr 2 (43) zum Einigungsvertrag

(43) Fahrzeuge, die unter Beachtung der bisherigen Vorschriften der Deutschen Demokratischen Republik über Bau, Betrieb und Ausrüstung bis 31. Dezember 1990 erstmals in den Verkehr gekommen sind, gelten weiterhin als vorschriftsmäßig, wenn sie
1. spätestens bis zur nächsten vorgeschriebenen Hauptuntersuchung (§ 29) den Bestimmungen des § 35a Abs. 7 bis 9 (soweit geeignete Verankerungen vorhanden sind), §§ 35 g, 35 h, 36 Abs. 2a Satz 2 und 3, § 41 Abs. 14 sowie §§ 53a und 54 b entsprechen,
2. spätestens bis 1. Juli 1991 den Bestimmungen der § 56 Abs. 3, §§ 57a, 58 entsprechen,
3. spätestens bis 31. Dezember 1997 der Vorschrift des § 41 Abs. 17 entsprechen.

1. Allgemeine Vorschriften

Beschaffenheit der Fahrzeuge

30 (1) Fahrzeuge müssen so gebaut und ausgerüstet sein, daß
1. ihr verkehrsüblicher Betrieb niemanden schädigt oder mehr als unvermeidbar gefährdet, behindert oder belästigt,
2. die Insassen insbesondere bei Unfällen vor Verletzungen möglichst geschützt sind und das Ausmaß und die Folgen von Verletzungen möglichst gering bleiben.

(2) Fahrzeuge müssen in straßenschonender Bauweise hergestellt sein und in dieser erhalten werden.

(3) Für die Verkehrs- oder Betriebssicherheit wichtige Fahrzeugteile, die besonders leicht abgenutzt oder beschädigt werden können, müssen einfach zu überprüfen und leicht auswechselbar sein.

(4) [1]Anstelle der Vorschriften dieser Verordnung können die Einzelrichtlinien in ihrer jeweils geltenden Fassung angewendet werden, die
1. in Anhang IV der Richtlinie 92/53/EWG des Rates vom 18. Juni 1992 zur Änderung der Richtlinie 70/156/EWG zur Angleichung der Rechtsvorschriften der Mitgliedstaaten über die Betriebserlaubnis für Kraftfahrzeuge und Kraftfahrzeuganhänger (ABl. EG Nr. L 225 S. 1) oder
2. in Anhang II der Richtlinie 74/150/EWG des Rates vom 4. März 1974 zur Angleichung der Rechtsvorschriften der Mitgliedstaaten über die Betriebserlaubnis für land- oder forstwirtschaftliche Zugmaschinen auf Rädern (ABl. EG Nr. L 84 S. 10) oder
3. in Anhang I der Richtlinie 2002/24/EG des Europäischen Parlaments und des Rates vom 18. März 2002 über die Typgenehmigung für zweirädrige oder dreirädrige Kraftfahrzeuge und zur Aufhebung der Richtlinie 92/61/EWG des Rates (ABl. EG Nr. L 124 S. 1)

in seiner jeweils geltenden Fassung genannt sind. [2]Die jeweilige Liste der in Anhang IV der Betriebserlaubnisrichtlinie 92/53/EWG, in Anhang II der Betriebser-

Beschaffenheit der Fahrzeuge § 30 StVZO **3**

laubnisrichtlinie 74/150/EWG und in Anhang I der Richtlinie 2002/24/EG genannten Einzelrichtlinien wird unter Angabe der Kurzbezeichnungen und der ersten Fundstelle aus dem Amtsblatt der Europäischen Gemeinschaften vom Bundesministerium für Verkehr, Bau- und Wohnungswesen im Verkehrsblatt bekanntgemacht und fortgeschrieben. ³Die in Satz 1 genannten Einzelrichtlinien sind jeweils ab dem Zeitpunkt anzuwenden, zu dem sie in Kraft treten und nach Satz 2 bekanntgemacht worden sind. ⁴Soweit in einer Einzelrichtlinie ihre verbindliche Anwendung vorgeschrieben ist, ist nur diese Einzelrichtlinie maßgeblich.

Begr zur ÄndVO v 5. 8. 98 (VBl **99** 615): **Zu Abs. 4:** (s auch § 19 Rz 1) *Die Einführung einer entsprechenden Vorschrift in den neuen Absatz 4 des § 30 stellt sicher, dass die jeweils im EG-Amtsblatt verkündeten Änderungen der technischen Einzelrichtlinien sowie der betreffenden Anhänge zu den Betriebserlaubnisrichtlinien auch außerhalb des Betriebserlaubnisverfahrens für Fahrzeuge und Fahrzeugteile unmittelbar gelten, ohne dass künftig der Anhang zu den §§ 30ff StVZO jeweils durch Rechtsverordnung mit Zustimmung des Bundesrates besonders geändert bzw. ergänzt werden muss.* 1

1. § 30 enthält eine Generalregel für die **Beschaffenheit der Fahrzeuge.** Er will 2 Schädigungen, Gefährdungen, Behinderungen und vermeidbare Belästigungen verhüten, die sich aus Bauweise und Ausrüstung ergeben können. § 30 geht über die Anforderungen der Bau- und Ausrüstungsvorschriften insoweit hinaus, als er die **Verkehrssicherheit** solcher Fze gewährleistet, Bay VM **74** 28, Dü VRS **56** 68. Ein Verstoß ist es deshalb, wenn die an sich § 41 entsprechende Handbremse erst an der obersten Betätigungsgrenze wirkt. Verkehrssicherheit einer technischen Einrichtung am Fz setzt über die Wirksamkeit für den Augenblick hinaus deren Fortbestehen für eine gewisse Dauer voraus, Bay VM **74** 28, KG VRS **82** 149, **100** 143. Zur Verkehrsunsicherheit können auch Durchrostungen an der Rahmenkonstruktion eines Fzs führen, KG VRS **100** 146, oder austretendes Öl, KG VRS **100** 146.

§ 30 betrifft Fze jeder Art. Entsprechen sie nicht den Anforderungen des § 30, so ist 2a § 17 anzuwenden; der Betrieb im Verkehr kann dann untersagt oder beschränkt werden. Die Bauart des Fz muß den §§ 32–42, 62–65 entsprechen, bei Kfzen den §§ 32–42. Ausrüstung: §§ 43–67, für Kfze: §§ 43–62, aM *Dvorak* DAR **84** 313, der zB auch ausreichende Tankfüllung zur vorschriftsmäßigen „Ausrüstung" zählt, s dazu § 23 StVO Rz 27.

Verantwortlichkeit für die Betriebseinrichtungen: §§ 31 StVZO (Halter), 23 StVO 3 (Fahrer). Der Halter muß die **Ausrüstungsgegenstände** so unterbringen, daß jeder Fahrer den Unterbringungsort kennt und sie sofort verwenden kann, Hb VRS **53** 149, Zw VRS **56** 70. **Kräder** müssen mit einer Abstellvorrichtung (Ständer) ausgerüstet sein, Richtlinie 93/31 EWG = StVRL Nr 9. Beim nachträglichen Anbau eines Kradbeiwagens ist eine erneute BE für das Krad zu beantragen; dabei wird die Vorschriftsmäßigkeit gem den einzuhaltenden Bestimmungen der StVZO überprüft, s Begr zur 10. ÄndVStVR, VBl **90** 492. **Merkblatt** für angehängte land- und forstwirtschaftliche Arbeitsgeräte, VBl **00** 674 (675), **03** 62. Kippeinrichtungen und andere Arbeitsgeräte an StrFzen müssen gegen unbeabsichtigtes Ingangsetzen gesichert sein, s Merkblatt VBl **99** 663. Merkblatt für Anbaugeräte an Zgm, Behelfsladeflächen, Kippeinrichtungen und Hubgeräten, VBl **72** 12. Prüfbescheinigungen für Tankbehälter, BMV VBl **64** 222. Aufsetztanks zum Öltransport, s BMV VBl **66** 475. Merkblatt über Aufbauten von ViehtransportFzen, VBl **92** 615. S dazu auch die Viehverkehrsordnung (BGBl I **82** 503, **86** 2651). Merkblatt für WinterdienstFze, VBl **74** 70. **Richtlinien des BMV** sind keine allgemein verpflichtenden Rechtsnormen, sondern eine an die VB gerichtete Verwaltungsanordnung, Bay VRS **46** 310. Richtlinien für die Beschaffenheit von Aufbauten von StraßenFzen, VBl **61** 46 = StVRL Nr 1. Richtlinien über die Beschaffenheit und Anbringung der äußeren FzTeile, VBl **63** 478, **84** 538, **86** 482, **89** 787 = StVRL § 32 Nr 2. Richtlinien für fremdkraftbetätigte Fenster in Pkw, VBl **84** 134. Führerhausrichtlinien für Kraftwagen, Zug- und Arbeitsmaschinen, VBl **86** 303. Richtlinien zur Prüfung von LangholzFzen, VBl **79** 116 = StVRL Nr 5. Richtlinien zur Verbindung von Container und Fz, VBl **71** 301. Richtlinien für die Beschaffenheit und Anbringung von Kindersitzen und Fußstützen an Fahrrädern und Mofa, VBl **80** 788 = StVRL Nr 6. Richtlinien betreffend seitliche Abstandsmarkierer an Fahrrädern und FmH, VBl **81** 148, s § 67 Rz 5. Richtlinien für die Prüfung von FzTeilen, s auch § 22 Rz 4. Neben den Beschaffenheitsvorschriften der StVZO finden gem Abs IV auch die dort genannten **EG-Richtlinien** in ihrer jeweils geltenden Fassung Anwendung, so daß in Fällen abweichender Regelung Ausnahmegenehmigungen entbehrlich sind. Soweit in einer der in Nrn 1-3 genannten Einzelrichtlinien deren verbindliche Anwendung vorgeschrieben ist, geht sie nationalen Bestimmungen vor (IV S 4). Die Verweisung beruht auf den Schwierigkeiten mit der rechtzeitigen Umsetzung der zahlreichen Richtlinienänderungen, s Begr (Rz 1 und § 19 Rz 1). **Liste der Einzelrichtlinien** zu den EWG-Betriebserlaubnisrichtlinien gem § 19 I 3 und 30 IV StVZO, VBl **03** 469.

4 **2. Verkehrsüblicher Betrieb.** Bauart und Ausrüstung müssen dem verkehrsüblichen Betrieb angepaßt sein, der gebräuchlichen Art entsprechen, in der das Fz im Verkehr verwendet wird. Je nachdem sind die Anforderungen verschieden. Ausgemusterte BW-GleisкеттеnFze sind nach OVG Münster NZV **99** 102 trotz der ihnen beim verkehrsüblichen Betrieb eigenen Schwerfälligkeit grundsätzlich zulassungsfähig, zw, aM VGH Ka VM **79** 30. Die Erteilung einer BE nach § 21 an private Halter scheitert aber, wenn keine Ausnahme gem § 70 bewilligt wird, regelmäßig an § 19 IIa.

5 **3. Mehr als unvermeidbar.** Jede FzVerwendung im Verkehr bringt Gefahren, Behinderungen und Belästigungen mit sich, die in Kauf genommen werden müssen, soweit sie verkehrsüblich und bei der Natur des Fzs und der Art seiner Verwendung unvermeidbar sind, s OVG Münster NZV **99** 102. Maßgebend ist der Stand der Technik und der FzBenutzung. Die Bau- und Ausrüstungsvorschriften werden ständig der technischen Entwicklung angepaßt und sollen das vorschreiben, was nach dem Stand der Technik im Durchschnitt verlangt werden kann. Ein Fz, das nach Bauart und Ausrüstung der StVZO entspricht, ist im Grundsatz iS des § 17 vorschriftsmäßig. Behinderungen und Belästigungen, die von einem (zulassungsfreien oder zulassungsfähigen) Fz üblicherweise mit dem bloßen Führen im StrV verbunden sind, fallen nicht unter I Nr 1, OVG Münster NZV **99** 102, s aber VGH Ka VM **98** 30 (jeweils: entwaffneter Panzer, s dazu jetzt § 19 IIa). Daß einzelne FzGruppen entwickelter sind, berechtigt idR nicht dazu, an ältere Fze über das in der StVZO geforderte Maß hinaus Ansprüche zu stellen, die diese nicht vorsieht, obgleich sie sie vielleicht schon vorsehen sollte.

6 **4. Schädigung.** § 30 verbietet jede Schädigung anderer, die bei verkehrsüblicher Verwendung des Fz durch dessen Bauart oder Ausrüstung verursacht werden könnte. Die Einschränkung „mehr als unvermeidbar" fehlt hier. Konstruktionen, die schon ihrer Bauart oder Ausrüstung nach andere schädigen, sind unter allen Umständen verboten.

7 **5. Gefährdung:** § 1 StVO. § 30 setzt keine konkrete Gefahr voraus, KG NZV **91** 439, Dü VRS **74** 294, **90** 203, Ha VRS **48** 156. Es handelt sich um Gefährdungen, die sich für andere, besonders andere VT, aus der Bauart oder Ausrüstung des Fz ergeben können. Sie sind erlaubt, soweit unvermeidbar (Rz 5), verboten, soweit sie das verkehrsübliche Risiko über das zulässige Maß hinaus steigern. Nichtanbringen der vorgeschriebenen Schutzhülle auf dem Gestänge eines geöffneten Cabrio-Verdecks kann gegen § 30 I Nr 1 verstoßen, KG NZV **91** 439. I Nr 2 schreibt eine ungefährdende Beschaffenheit des Pkw-Innenraumes vor, Kö VRS **59** 157. § 30 ist verletzt, wenn nachgeschnittene **Reifen**profile die Zwischenbauschicht verletzen, Bay VM **67** 74, oder wenn die Reifenflanken schadhaft sind, Dü VRS **90** 203. Im übrigen geht § 36 II dem § 30 als Spezialbestimmung vor, Bay VRS **61** 133. Pkw mit Mischbereifung: § 36 II a. Schutz von **Kindern auf Fahrrädern** gegen Fußverletzung, Richtlinie für die Beschaffenheit und Anbringung von Kindersitzen und Fußstützen, VBl **80** 788 = StVRL NR 6.

8 **6. Behinderung** ist in § 30 nur verboten, soweit es sich um Verkehr auf öffentlichen Wegen handelt. Sie muß sich aus FzBauart oder -Ausrüstung ergeben und vermeidbar sein. S § 1 StVO.

9 **7. Belästigung.** § 30 verbietet, ein Fz zu benutzen, das vermeidbar belästigendes Geräusch verursacht. Jedes Kfz muß die vorgeschriebene Vorrichtung zur Lärmverminderung führen. Unnötiges anhaltendes Signalgeben: §§ 1, 16 StVO. Unnützes Laufenlassen des Motors beim Halten, s § 30 StVO.

8. Träger der Straßenbaulast. Abs II stellt klar, daß zu denen, die durch die Bauart des Kfz nicht geschädigt oder mehr als unvermeidbar gefährdet werden dürfen, auch die Träger der StrBaulast gehören. Fahrzeuggewichte und Achslasten: § 34.

9. Leichte Auswechselbarkeit verschleißgefährdeter Teile. Abs III schreibt für wichtige FzTeile, die der Abnutzung besonders ausgesetzt sind, vor, sie so anzubringen, daß sie sich leicht auswechseln lassen (zB Räder, Bremsbeläge, elektrische Sicherungen, Vergaserdüsen, Luftfilter, Ölfilter).

10. Zivilrecht. Der VN genügt der **versicherungsvertraglichen Gefahrstandspflicht** (§ 23 VVG), wenn das Kfz im Verkehr den gesetzlichen Mindestanforderungen entspricht, BGH VR **68** 58. **Änderung von Ausrüstungsvorschriften** als Eingriff in den Gewerbebetrieb des Herstellers?, BGH DAR **68** 130. **Produktfehler**: Gem § 1 II, IV ProdHaftG trägt der Hersteller die Beweislast dafür, daß der zum Schaden führende Fehler im Zeitpunkt des In-Verkehr-Bringens des Produkts noch nicht vorhanden war. Zum ProdHaftG s Graf v *Westphalen* NJW **90** 83, *Reinelt* VGT **88** 220 = DAR **88** 80. UU kann auch bei Ansprüchen nach § 823 BGB für den Beweis, daß ein zu Schaden führender Produktfehler aufgrund einer Pflichtwidrigkeit im Bereich des Herstellers entstanden ist, eine Beweislastumkehr zugunsten des Geschädigten in Betracht kommen, BGHZ **104** 323 = NJW **88** 2611 (zust *Giesen* JZ **88** 969, *Reinelt* NJW **88** 2614), **96** 2507, **99** 1028, ZfS **93** 75, *Birkmann* DAR **89** 283. Ist die Beschädigung eines Fzs auf ein fehlerhaftes Einzelteil zurückzuführen, so können dem Eigentümer deliktische Schadensersatzansprüche gegen den Hersteller zustehen, BGHZ **86** 256 = NJW **83** 810, VR **93** 845 (848), Fra VR **93** 845.

Lit: *Birkmann*, Produktbeobachtungspflicht bei Kfzen ..., DAR **90** 124, **00** 435. *Kremer*, Träger der haftungsrechtlichen Produktverantwortung im Kfz-Bereich, DAR **96** 134. *Landscheidt*, Die Produkthaftung für Kfze und Zubehör, NZV **89** 169. *Wegener*, Produktbeobachtungspflicht bei Kfzen, DAR **90** 130.

11. Ausnahmen: § 70.

12. Zuwiderhandlungen: §§ 69 a III Nr 1, IV Nr 1 StVZO, 24 StVG, Bay VM **67** 74. Die §§ 30 ff gehen als engere Sondervorschriften dem § 23 I S 2 StVO vor, Bay VM **72** 25, Ha VRS **48** 156. Das Fahren mit stärkeren Beschädigungen der Lauffläche oder Seitenwände von Reifen verstößt gegen die §§ 23 I, 49 I Nr 22 StVO in TE mit 30, 69 a III Nr 1 StVZO, § 24 StVG, s Rz 7, weil § 36 StVZO nur abgefahrene Reifen erfaßt, Bay 2 St 544/72, s Ha VRS **59** 296. Zu langer Pedalweg verletzt § 30, s § 41 Rz 27. Nicht ausreichende Tankfüllung ist kein Verstoß gegen § 30, s Rz 2a, § 23 StVO Rz 27, aM *Dvorak* DAR **84** 313.

Durch die Bauart bestimmte Höchstgeschwindigkeit sowie maximales Drehmoment und maximale Nutzleistung des Motors

30 a (1) ¹Kraftfahrzeuge müssen entsprechend dem Stand der Technik so gebaut und ausgerüstet sein, daß technische Veränderungen, die zu einer Änderung der durch die Bauart bestimmten Höchstgeschwindigkeit (Geschwindigkeit, die von einem Kraftfahrzeug nach seiner Bauart auf ebener Bahn bei bestimmungsgemäßer Benutzung nicht überschritten werden kann) führen, wesentlich erschwert sind. ²Sofern dies nicht möglich ist, müssen Veränderungen leicht erkennbar gemacht werden.

(1 a) Zweirädrige Kleinkrafträder und Krafträder müssen hinsichtlich der Maßnahmen gegen unbefugte Eingriffe den Vorschriften von Kapitel 7 der Richtlinie 97/24/EG des Europäischen Parlaments und des Rates vom 17. Juni 1997 über bestimmte Bauteile und Merkmale von zweirädrigen oder dreirädrigen Kraftfahrzeugen (ABl. EG Nr. L 226 S. 1), jeweils in der aus dem Anhang zu dieser Vorschrift ersichtlichen Fassung, entsprechen.

(2) ¹Anhänger müssen für eine Geschwindigkeit von mindestens 100 km/h gebaut und ausgerüstet sein. ²Sind sie für eine niedrigere Geschwindigkeit gebaut oder ausgerüstet, müssen sie entsprechend § 58 für diese Geschwindigkeit gekennzeichnet sein.

3 StVZO § 30a B. Fahrzeuge III. Bau- und Betriebsvorschriften

(3) **Bei Kraftfahrzeugen nach Artikel 1 der Richtlinie 2002/24/EG des Europäischern Parlaments und des Rates vom 18. März 2002 über die Typgenehmigung für zweirädrige oder dreirädrige Kraftfahrzeuge und zur Aufhebung der Richtlinie 92/61/EWG des Rates (ABl. EG Nr. L 124 S. 1) sind zur Ermittlung der durch die Bauart bestimmten Höchstgeschwindigkeit sowie zur Ermittlung des maximalen Drehmoments und der maximalen Nutzleistung des Motors die im Anhang zu dieser Vorschrift genannten Bestimmungen anzuwenden.**

1 1. **Begr** (VBl 85 76): *Durch die neue Vorschrift wird die Rechtsgrundlage für konstruktive Anforderungen an Fahrzeuge, insbesondere für Kraftomnibusse und Lastkraftwagen geschaffen, deren durch die Bauart bestimmte Höchstgeschwindigkeit zB durch elektronische Mittel herabgesetzt worden ist.*

Begr zur ÄndVO v 14. 6. 88 (VBl **88** 468):

Zu Abs 2: ... *Die durch die Bauart bestimmte Höchstgeschwindigkeit von Anhängern war bisher weder in den Fahrzeugpapieren eingetragen noch am Fahrzeug selbst angeschrieben. Die Fahrzeugführer konnten damit nicht erkennen, für welche Höchstgeschwindigkeit ein Anhänger gebaut und ausgerüstet war. Sie mußten darauf vertrauen, daß der im Zug mitgeführte Anhänger sich für die jeweils gefahrene Geschwindigkeit eignet. Im Interesse der Verkehrssicherheit war es erforderlich, diesen unklaren Zustand zu beenden. In dem neuen Absatz 2 sind nun entsprechende Vorschriften für Anhänger zu finden. Auf Wunsch der Länder wurde dabei die bauartbestimmte Höchstgeschwindigkeit auf mindestens 100 km/h festgelegt.*

Begr zur ÄndVO v 23. 3. 00: BRDrucks 720/99 S 51; zur ÄndVO v 3. 8. 00: VBl **00** 495.

2 2. Durch Abs Ia wird die Anwendung der in Kap 7 der Richtlinie 97/24/EG enthaltenen Maßnahmen gegen unbefugte Eingriffe an zweirädrigen Kleinkrädern und Krädern auch für Fze mit EinzelBE vorgeschrieben. Dadurch soll einer Änderung der durch die Bauart bestimmten Höchstgeschwindigkeit durch Manipulationen entgegengewirkt werden. Die Bestimmung findet gem der Übergangsvorschrift des § 72 II spätestens Anwendung für ab dem 1. 10. 2000 erstmals in den V gekommene Fze mit EinzelBE. **Die EG-Richtlinie 95/1** über die bauartbedingte Höchstgeschwindigkeit sowie das maximale Drehmoment und die maximale Nutzleistung des Motors wird durch Abs III auch für Fze mit EinzelBE in nationales Recht umgesetzt. Abs III gilt für **Kraftfahrzeuge nach Art 1 der Richtlinie 2002/24/EG** v 18. 3. 2002 (StVRL § 20 Nr 42) über die Typgenehmigung für zweirädrige oder dreirädrige Kfze. Nach Abs I der Richtlinie fallen darunter alle zur Teilnahme am StrV bestimmten zwei- und dreirädrigen Kfze mit oder ohne Doppelrad. **Nicht unter die Richtlinie fallen:**
– Fze mit einer bauartbedingten Höchstgeschwindigkeit von bis zu 6 km/h,
– fußgängergeführte Fze,
– Fze, die zur Benutzung durch körperbehinderte Personen bestimmt sind,
– Fze, die für den sportlichen Wettbewerb auf der Str oder im Gelände bestimmt sind,
– Fze, die vor dem Beginn der Anwendung der Richtlinie 92/61/EWG bereits in Betrieb waren,
– Zugmaschinen und Maschinen, die für landwirtschaftliche oder vergleichbare Zwecke verwendet werden,
– hauptsächlich für Freizeitzwecke konzipierte GeländeFze mit drei symmetrisch angeordneten Rädern (ein Vorderrad und zwei Hinterräder),
– Fahrräder mit Trethilfe, die mit einem elektromotorischen Hilfsantrieb mit einer maximalen Nenndauerleistung von 0,25 kW ausgestattet sind, dessen Unterstützung sich mit zunehmender Fahrzeuggeschwindigkeit progressiv verringert und beim Erreichen einer Geschwindigkeit von 25 km/h oder früher, wenn der Fahrer im Treten einhält, unterbrochen wird.

Berechnung des Hubraums

30b Der Hubraum ist wie folgt zu berechnen:
1. Für π wird der Wert von 3,1416 eingesetzt.
2. Die Werte für Bohrung und Hub werden in Millimeter eingesetzt, wobei auf die erste Dezimalstelle hinter dem Komma auf- oder abzurunden ist.
3. Der Hubraum ist auf volle Kubikzentimeter auf- oder abzurunden.
4. Folgt der zu rundenden Stelle eine der Ziffern 0 bis 4, so ist abzurunden, folgt eine der Ziffern 5 bis 9, so ist aufzurunden.

1. Begr (VBl **89** 111): ... Da der Hubraum nicht nur für die Einhaltung von Schadstoffgrenzwerten im Abgas von Bedeutung ist, sondern sich auch auf die kraftfahrzeugsteuerliche Einstufung, die fahrerlaubnisrechtliche und die zulassungsrechtliche Abgrenzung auswirkt, werden die Bestimmungen über die Berechnung des Hubraums als neuer § 30b aufgeführt.

2. Die neue Berechnungsweise gilt gem § 72 II für erstmals in den V gekommene Fze ab 1. 7. 88 auf Antrag im Rahmen der BE-Erteilung und ab 1. 10. 89 für alle ab diesem Zeitpunkt in den V gekommenen Fze. S dazu *Séché* VD **89** 13.

Vorstehende Außenkanten

30c (1) Am Umriß der Fahrzeuge dürfen keine Teile so hervorragen, daß sie den Verkehr mehr als unvermeidbar gefährden.
(2) Vorstehende Außenkanten von Personenkraftwagen müssen den im Anhang zu dieser Vorschrift genannten Bestimmungen entsprechen.
(3) Vorstehende Außenkanten von zweirädrigen oder dreirädrigen Kraftfahrzeugen nach § 30a Abs. 3 müssen den im Anhang zu dieser Vorschrift genannten Bestimmungen entsprechen.

Begr: VBl **92** 342.

1. Die Vorschrift wurde durch die 13. ÄndVStVR eingefügt; ihr Abs I entspricht dem früheren § 32 III. Sie ist am 1. 6. 92 in Kraft getreten. Übergangsbestimmung zu Abs II: § 72 II.

2. Verkehrsgefährdende Teile des Umrisses sind zB hervorstehende 12 cm über den FzUmriß hinausragende Auspuffrohre, s Bay VM **73** 11, nach hinten oder vorn um mehrere cm herausragende ungeschützte Stoßstangenhalterungen, Bay VRS **61** 472 (keine ausreichende Entschärfung durch Anbringen von Kugelscheinwerfern), Ha VRS **55** 382, 25 cm über die linke FzBegrenzung hinausragende Hydraulikstempel eines Ladegerätes, Ha NJW **74** 68, über die Hinterachse hinausragende Splinte, Zw Betr **70** 2024, herausragende Türgriffe und Kühlerfiguren, s Richtlinie über die Beschaffenheit und Anbringung der äußeren FzTeile Abs II Nr 6, 8 (StVRL § 32 Nr 2), nicht auch überstehende Ladungsteile, Bay VM **74** 60, Radkappen, Zw Betr **70** 2024. Abgenommene Radkappen verstoßen nicht gegen § 30c, wenn sich die Muttern in ausreichend schützender Vertiefung befinden oder nach der zugelassenen Bauweise des Fz sonst „entschärft" sind, Bay VM **72** 25, Kar VRS **57** 65. **Richtlinien** für die Beschaffenheit und Anbringung der äußeren FzTeile, VBl **63** 478, **80** 10, **85** 538, **86** 482, **89** 787 = StVRL § 32 Nr 2. Außen an den Aufbauten **land- oder forstwirtschaftlicher Fze** angebrachte Betätigungshebel, s BMV VBl **79** 688. Mitgeführte landwirtschaftliche Anbaugeräte müssen § 30c entsprechen, dafür sind Fahrer und Halter verantwortlich, Bay VRS **58** 463. Kein Teil darf so über die Zgm hinausragen, daß es den Verkehr mehr als unvermeidbar gefährdet; besonders dürfen die Teile bei Unfällen den Schaden nicht vergrößern. Erfordert Verkleidung gefährlicher Teile **unverhältnismäßigen Aufwand,** so kann die davon ausgehende Gefahr iS von § 30c „unvermeidbar" sein, Bay VRS **70** 381. Unvermeidbar herausragende Teile sind abzudecken oder durch Tafeln oder Folien kenntlich zu machen, s Merkblatt für Anbaugeräte, VBl **99** 268, **00** 479, **04** 527 = StVRL § 30 Nr 6. Beispielkatalog über die Absicherung verkehrsgefährdender Teile an Fzen der Land- und Forstwirtschaft, VBl **85** 436.

3 StVZO § 30d B. Fahrzeuge III. Bau- und Betriebsvorschriften

4 **3. Vorstehende Außenkanten. Personenkraftwagen** müssen nach Abs II den Vorschriften der entsprechenden EG-Richtlinie über vorstehende Außenkanten entsprechen. Hinsichtlich der Außenkanten **zweirädriger und dreirädriger Kfze nach § 30a** (s dazu § 30a Rz 2) wird durch Abs III das Kap. 3 der EG-Richtlinie 97/24 v 17. 6. 97 auch für Fze mit EinzelBE in nationales Recht umgesetzt. Gem der Übergangsbestimmung des § 72 II ist Abs III auf erstmals in den V kommende Kfze nach § 30a ab 17. 6. 03 anzuwenden; für ältere Fze gilt Abs I.

5 **4. Ordnungswidrigkeit:** § 69a III Nr 1a. Benutzung eines Pkw ohne hintere Radkappen und mit über die Hinterachse hinausragenden Splinten ist gefährdend und ow (aber Verbotsirrtum, weil vom TÜV nicht beanstandet), Zw Betr **70** 2024. Darüber, ob abgenommene Radkappen gegen § 30c verstoßen, ist ein unvermeidbarer Verbotsirrtum möglich, Bay VM **72** 25.

Kraftomnibusse

30d (1) Kraftomnibusse sind Kraftfahrzeuge zur Personenbeförderung mit mehr als acht Sitzplätzen außer dem Fahrersitz.

(2) Kraftomnibusaufbauten, die als selbstständige technische Einheiten die gesamte innere und äußere Spezialausrüstung dieser Kraftfahrzeugart umfassen, gelten als Kraftomnibusse nach Absatz 1.

(3) Kraftomnibusse müssen den im Anhang zu dieser Vorschrift genannten Bestimmungen entsprechen.

(4) ¹Kraftomnibusse mit Stehplätzen, die die Beförderung von Fahrgästen auf Strecken mit zahlreichen Haltestellen ermöglichen und mehr als 22 Fahrgastplätze haben, müssen zusätzlich den Vorschriften über technische Einrichtungen für die Beförderung von Personen mit eingeschränkter Mobilität nach den im Anhang zu dieser Vorschrift genannten Bestimmungen entsprechen. ²Dies gilt für andere Kraftomnibusse, die mit technischen Einrichtungen für die Beförderung von Personen mit eingeschränkter Mobilität ausgestattet sind, entsprechend.

1 **Begr** (VBl **03** 745): *Durch die gewählte Form der Übernahme der Richtlinie 2001/85/EG des Europäischen Parlaments und des Rates vom 20. November 2001 über besondere Vorschriften für Fahrzeuge zur Personenbeförderung mit mehr als acht Sitzplätzen außer dem Fahrersitz und zur Änderung der Richtlinie 70/156/EWG und 97/27/EG als Festverweisung in § 30d, sind diese Vorschriften in allen Fällen von Genehmigungsverfahren – bei der Erteilung von Allgemeinen Betriebserlaubnissen für Typen nach § 20, aber auch bei der Erteilung von Einzelbetriebserlaubnissen für Einzelfahrzeuge nach § 21 – anzuwenden. …*

2 **Zu Abs 1:** *Durch Absatz 1 wird die in der StVZO fehlende, aber notwendige Definition der Fahrzeugart „Kraftomnibus" aufgenommen, die die Klasseneinteilung gemäß der Richtlinie 70/156/EWG (M_2- und M_3-Fahrzeuge) beinhaltet.*

3 **Zu Abs 2:** *Die in Absatz 2 vorgenommene Gleichsetzung von Kraftomnibusaufbauten als selbständige technische Einheit mit der Fahrzeugart „Kraftomnibus" findet ihre Entsprechung in der Richtlinie 2001/85/EG (u. a. in Artikel 1, 2, Anhang I Nr. 2.1.5). Dieser Kraftomnibusaufbau enthält „die gesamte innere und äußere Spezialausrüstung des Fahrzeugs", die vom Regelbereich der Richtlinie erfaßt wird. Damit wird den speziellen Gegebenheiten bei der Herstellung und Genehmigung des gesamten, fahrfähigen Kraftomnibusses Rechnung getragen, da diese Fahrzeuge zum Teil „zweistufig" hergestellt werden: auf das von einem Hersteller gefertigte „Fahrgestell" wird der von einem anderen Hersteller gefertigte und genehmigte Kraftomnibusaufbau montiert.*

4 **Zu Abs 3:** *Notwendige Festverweisung auf die Vorschriften der Richtlinie 2001/85/EG.*

5 **Zu Abs 4:** *In den Erwägungsgründen der Richtlinie 2001/85/EG (Nr. 8) wird u. a. ausgeführt: „im Einklang mit der Verkehrs- und der Sozialpolitik der Gemeinschaft sind jedoch auch technische Vorschriften für die Zugänglichkeit der unter diese Richtlinie fallenden Fahrzeuge für Personen mit eingeschränkter Mobilität erforderlich. Es muß alles unternommen werden, um die Zugänglichkeit dieser Fahrzeuge zu verbessern."*

Absatz 4 übernimmt die Vorschriften von Artikel 3 Absatz 1 der Richtlinie 2001/85/EG, nach dem die Klasse I-Fahrzeuge – im deutschen Sprachgebrauch als so genannte „Stadt-Linienbusse" bezeichnet – die Anforderungen des Anhangs VII (Vorschriften für technische Einrichtungen für Personen mit eingeschränkter Mobilität) erfüllen müssen.
...

1. Der **Begriff des Kraftomnibusses** wird durch § 30d Abs I erstmals in der StVZO definiert. Die Definition entspricht etwa dem Kom-Begriff in § 4 IV Nr 2 PBefG, umfaßt aber – anders als § 4 IV Halbsatz 1 PBefG – auch Oberleitungsbusse.

2. Kraftomnibusaufbauten. Die Fiktion des Abs 2 trägt dem Umstand Rechnung, daß vielfach Fahrgestell und Aufbau von verschiedenen Herstellern stammen, die gesamte innere und äußere Spezialausrüstung des Kom aber im Kom-Aufbau enthalten ist (s Begr, Rz 3).

3. Hinsichtlich der **Bau- und Wirkvorschriften** von Kom übernimmt Abs III die **Richtlinie 2001/85/EG.** Die Bestimmung ist gem der **Übergangsvorschrift** des § 72 II spätestens ab dem 13. 2. 2005 auf erstmals in den V kommende Kom anzuwenden. Die bis zur Übernahme der EG-Richtlinie durch § 30d geltenden Vorschriften finden nur noch auf bereits im V befindliche Fze anwendung. Im übrigen entspricht die EG-Richtlinie weitgehend den bisher durch die StVZO vorgeschriebenen Sicherheitsanforderungen.

4. Die **Zugänglichkeit für Behinderte** fördert die Übernahme der **Richtlinie 2001/85/EG** durch Abs IV für die sog **„Stadt-Linienbusse"** (Klasse I-Fze iS der EG-Richtlinie). Soweit die EG-Richtlinie den Mitgliedstaaten die Ausdehnung der Vorschriften für technische Anforderungen mit eingeschränkter Mobilität auch für Klasse II-Fze (sog „Überland-Linienbusse") und Klasse III-Fze (sog „Reisebusse") freistellt, wurde diese Option nicht umgesetzt. Sind diese Fze allerdings mit entsprechenden Einrichtungen ausgerüstet, so müssen diese gem IV S 2 den Bestimmungen der EG-Richtlinie entsprechen.

5. Ordnungswidrigkeit: § 69a III Nr 1b.

Verantwortung für den Betrieb der Fahrzeuge

31 (1) **Wer ein Fahrzeug oder einen Zug miteinander verbundener Fahrzeuge führt, muß zur selbständigen Leitung geeignet sein.**

(2) **Der Halter darf die Inbetriebnahme nicht anordnen oder zulassen, wenn ihm bekannt ist oder bekannt sein muß, daß der Führer nicht zur selbständigen Leitung geeignet oder das Fahrzeug, der Zug, das Gespann, die Ladung oder die Besetzung nicht vorschriftsmäßig ist oder daß die Verkehrssicherheit des Fahrzeugs durch die Ladung oder die Besetzung leidet.**

Begr zur ÄndVO v 16. 11. 70 (BGBl I 1615): VBl **70** 831.

DA zum § 31 [1] *Durch die amtliche Überprüfung eines Fahrzeugs ... wird dem Halter oder Führer des Fahrzeugs die Verantwortung für den vorschriftsmäßigen Zustand nicht abgenommen.*

[II] *Bei unvorschriftsmäßigem Zustand eines Fahrzeugs oder der Ladung sind stets Ermittlungen anzustellen, ob neben dem Fahrer auch den Halter ein Verschulden trifft. Ist ein solches nicht nachzuweisen, ist bei mehrfach festgestellten Mängeln dem Halter aufzugeben, in Zukunft für Abhilfe zu sorgen (durch Einrichtung einer geeigneten Aufsicht, durch Fahrerwechsel oder dgl.).*

[III] *Als kürzester Weg, auf dem das Fahrzeug aus dem Verkehr zu ziehen ist, gilt der nächste Weg bis zu einem Ort, an dem das Fahrzeug ohne Behinderung oder Gefährdung des Verkehrs abgestellt und gegebenenfalls instand gesetzt werden kann. Kleine Umwege sind gestattet, wenn der nächste Weg über besonders verkehrsreiche Straßen führt ...*

1. Betriebsverantwortlich für seine Fze und deren Zustand im Verkehr ist der Halter (§ 7 StVG), auch bei Mofas, Hb VM **76** 39, und Fuhrwerken, AG Zeven VR **65** 467, auch wenn er nicht sachkundig ist, weil er dann, soweit er den Betriebszustand des

Fz nicht prüfen kann, eine sorgfältig ausgewählte, sachkundige Person zu Rate ziehen muß (Rz 7, 8). Sind bei einer FzKombination Halter des Zugfzs und des Anhängers verschiedene Personen, so ist für die Vorschriftsmäßigkeit des Zuges im ganzen nur der Halter des Zugfzs verantwortlich, wenn der Anhänger als solcher vorschriftsmäßig ist, BaySt **83** 149 = VRS **66** 223, NStZ-RR **99** 277. Halter und Fahrer (§ 23 StVO, dieser je nach Sachlage) sind für den betriebssicheren FzZustand im Verkehr verantwortlich, Bay VM **80** 76. Bei Personengleichheit von Kf und Halter geht § 23 I S 2 StVO vor, s Rz 18. Sind Fz, Zug, Fuhrwerk, Gespann, Ladung oder Besetzung nicht vorschriftsmäßig oder ist das Fz wegen unrichtiger Beladung oder fehlerhafter Besetzung nicht betriebssicher, so darf es der Halter weder im öffentlichen Verkehr in Betrieb nehmen, noch die Inbetriebnahme anordnen oder zulassen (II). Die Halter- und Führerverantwortlichkeit entfällt nicht durch amtliche FzPrüfungen, Bay VRS **58** 464. FzUntersuchung nur gemäß § 29 genügt nicht, idR aber die **Wartung** gemäß dem Herstellerplan, BGH VM **65** 20, **66** 33 (s Rz 8), dazwischen Behebung der Mängel, welche die Betriebssicherheit beeinträchtigen. Auch wenn bei der Art der FzBenutzung häufiger Schäden auftreten, muß der Unternehmer nicht jedes Kfz täglich oder sogar nach jeder Fahrt überprüfen (lassen), Ha VRS **53** 388, anders aber, wenn besondere Umstände häufigere Prüfung erfordern (Reifenschäden durch Einsatz auf Steinbrüchen), Ko VRS **62** 147. Erhöhte Sorgfaltspflicht des **KfzVermieters** an Selbstfahrer, BGH DAR **61** 22. Wer als Halter ein mit einer Fahrauflage behaftetes SpezialFz vermietet, muß den Mieter über die Auflage unterrichten und bleibt für verkehrssichere Verwendung verantwortlich, auch bei unzulänglicher Auflage, Ha VM **72** 60. **Handeln für einen anderen:** § 9 OWiG; **Verletzung der Aufsichtspflicht** in Betrieben und Unternehmen: § 130 OWiG; s dazu Rz 18.

7 Mangels eigener Sachkunde muß der Halter geschultes Personal, BGH VR **69** 1025, oder eine erprobte Werkstatt damit beauftragen, seine Fze auf VSicherheit zu überwachen und in vorschriftsmäßigem Zustand zu erhalten, BGH VRS **17** 388. Der Halter darf seine Verantwortlichkeit durch **Bestellung einer sachkundigen,** erwiesenermaßen **zuverlässigen Hilfsperson** einschränken (übertragen), Bay DAR **76** 219, Ha DAR **99** 415, Kö DAR **85** 325, Dü NZV **89** 282, doch genügt dazu nicht schon Bestellung eines Mechanikers für Reparaturen, Ko VRS **45** 221. Übertragung der Halterpflichten auf einen Dritten nur, wenn dieser ermächtigt ist, sie sämtlich in eigener Verantwortung weisungsfrei zu erfüllen, Schl VRS **58** 384. Wer als Halter zur Überwachung des Fuhrparks einen KfzMeister einstellt, sorgfältig auswählt und überwacht, ist für Mängel nur verantwortlich, soweit er sie kennt oder aufgrund Fahrlässigkeit nicht kennt, Ha VRS **41** 394. Kann der wartungsbeauftragte Angestellte der ihm übertragenen Aufgabe nicht mehr nachkommen (zB Krankheit), so liegt die Verantwortung wieder beim Halter, bei mehreren Haltern, sind alle verantwortlich, Ha VRS **30** 202. Keine Verantwortlichkeit des Mitgeschäftsführers, dem die Betreuung der Fze nicht obliegt, Ko VRS **39** 118. Bei einer **KG als Halterin** obliegen die Halterpflichten dem vertretungsberechtigten Gesellschafter, s Schl VRS **58** 384. Der KG-Komplementär, der die Kfze des Betriebs nicht selber warten kann, muß eine ausreichend überwachte Betriebsorganisation zur Wartung schaffen, Ha VRS **40** 129, **41** 394, KG VRS **36** 269. Soweit der Halter die Erfüllung seiner Pflichten auf Hilfspersonen überträgt, hat er diese regelmäßig zu **überwachen,** Kö DAR **85** 325, Dü NZV **89** 244, 282 (gelegentliche überraschende Stichproben).

7a Kann der Halter seine Fze nicht selbst überwachen, so genügt der allgemeine **Auftrag gegenüber den Fahrern,** jeden Mangel sofort beheben zu lassen, nur dann, wenn er dies überwacht, Ha NZV **89** 244, 282, VRS **52** 64, Dü NJW **71** 65. Bei einem bisher als zuverlässig bekannten Fahrer muß der Halter ohne besonderen Anlaß mit Verstößen nicht rechnen, Kö VM **80** 66. Auf erprobte, sachkundige und regelmäßig überwachte Fahrer darf sich der Halter verlassen, BGH VRS **6** 477, Ha VRS **46** 472. Doch darf ein Fuhrunternehmer die Überwachung nicht ungeprüft einem erst kurz vorher eingestellten Fahrer übertragen (Tatfrage), BGH VR **65** 462. Stets muß der Halter die Abstellung eines selbst bemerkten Mangels veranlassen, BGH VR **69** 1025.

8 Beauftragung einer **fachkundigen Werkstatt** entlastet den Halter regelmäßig, Dü NJW **70** 821, auch, wenn er selbst fachkundig ist, zB einer Fachwerkstatt der FzMarke, Ce DAR **57** 362, jedoch genügt jede fachlich qualifizierte Werkstatt. Nach Erwerb

Verantwortung für den Betrieb der Fahrzeuge   **§ 31 StVZO 3**

eines älteren GebrauchtFzs genügt ein Auftrag an eine allgemeine KfzWerkstatt; ohne konkreten Anlaß bedarf es nicht der zusätzlichen Hinzuziehung einer Reifenwerkstatt, BGH NZV **98** 23. Haftung der Werkstatt, s Rz 15.

Der **Fahrer** muß die **erforderliche Fahrerlaubnis** (§ 6 FeV) haben und bei der **9** Fahrt **fahrtüchtig** (Rz 10) sein. Dafür ist der Halter verantwortlich. Unbefugte KfzBenutzung muß der Halter besonders sorgfältig verhindern, Ha VRS **53** 313. Bei Einstellung des Fahrers muß er dessen FE prüfen (näher: § 21 StVG) und den Fahrer auch später planmäßig **in angemessener Weise überwachen** (Rz 7, § 16 StVG Rz 15), und zwar nach strengen Anforderungen, BGH VR **71** 471. Auch der Landwirt muß Gehilfen, die Trecker oder Fuhrwerke fahren, regelmäßig überwachen, BGH VM **65** 25. Planmäßige, unerwartete Kontrollen sind nötig, BGH VR **66** 364, **67** 53 (Autotransport). Wer mehrere LastFze betreibt, muß die Fahrer sorgfältig auswählen, mit den nötigen Weisungen versehen und sie regelmäßig überwachen, Kö VM **80** 66. Die allgemeine Anweisung, sämtliche Vorschriften zu beachten, zersetzt ausreichende Fahrerüberwachung nicht, Ha VRS **52** 64. Zur Kontrolle können Fahrtschreiber (§ 57a) dienen. Bei SpezialFzen muß der Halter für Vertrautheit seines Fahrpersonals mit deren technischen Besonderheiten sorgen, Ce VR **75** 572. Vor der Fahrt muß sich der Halter **von der Fahrtüchtigkeit des Fahrers überzeugen** (Rz 10), BGHSt **18** 359 = NJW **63** 1367, Hb VRS **33** 206, Ha VRS **24** 145. Die Fahrfähigkeit des FzF, dem das Fz überlassen wird, muß den zu erwartenden Fahrtumständen entsprechen, Ce VR **63** 156, Kar NJW **65** 1774 (schwierige, gefährliche Fahrt), Hb VM **65** 8 (schwerhöriger Fuhrwerkslenker auf einer BundesStr). Der Halter darf die FzBenutzung durch einen Fahruntüchtigen in keinem Augenblick zulassen (mitfahrender Halter), Mü VR **86** 925, Kar VRS **59** 249. Ungeeignet sind ua Übermüdete, Dü VR **68** 61 (s § 2 FeV Rz 5), aus anderen Gründen, zB Krankheit, vorübergehende Fahruntüchtige (s Rz 10), vor allem aber Personen ohne FE oder nach **Alkoholgenuß** mit einer BAK, die mindestens dem Gefahrengrenzwert des § 24a (0,5‰, 0,25 mg/l) entspricht, Hb VM **76** 39, Ha JMBlNRW **65** 236 (beide noch zu § 24 aF, 0,8‰), aber auch „relativ" fahrunsichere unter 0,5‰ (dazu: § 316 StGB Rz 15f). Weiß der Halter, daß der (spätere) Fahrer Alkohol getrunken hat oder trinken wird, so muß er sich, bevor er ihn fahren läßt, über dessen Fahrtüchtigkeit vergewissern, Ha BA **78** 299. Er hat vor eigenem Alkoholgenuß dafür zu sorgen, daß nicht später eine alkoholbedingt fahrunsichere Person mit seinem Fz fährt, Ha NJW **83** 2456.

2. Nicht „geeignet" iS von Abs I ist, wer trotz ausreichender FE nicht fahrtüchtig **10** (§ 2 FeV Rz 4, 5, § 3 StVO Rz 41, E 141) ist. Die Fahrt darf seine **körperliche Leistungsfähigkeit** nach den zu erwartenden Umständen nicht übersteigen. Kranke oder Hochbetagte müssen berücksichtigen, ob sie der geplanten Fahrt gewachsen sein werden, Ce DAR **51** 16. Wer trotz hohen Alters körperlich und geistig frisch ist, darf mit dem Rad auch verkehrsreiche Straßen befahren, Bra VRS **2** 124. Wer seine langsame Reaktion kennt, muß das beim Fahren berücksichtigen, BGH VM **65** 25, VR **69** 734. Sein Sehvermögen muß jeder Fahrer kennen, wenn auch nicht den unfallursächlichen Augenfehler, BGH JZ **68** 103 (*Deutsch*). Zur Fahreignung bei dauernden oder vorübergehenden körperlichen Beeinträchtigungen, s auch § 2 FeV. Wird eine Körperbehinderung durch besondere FzEinrichtungen (oder Auflagen, § 23 II FeV) ausgeglichen, so steht der Fahrer, der sich daran hält, rechtlich jedem anderen gleich, BGH VR **69** 734 (Reaktionsbereitschaft). Sehfehler, Einäugigkeit, Ermüdung, Übermüdung: § 2 FeV. Persönliche Fahrfähigkeit und Fahrgeschwindigkeit: E 141, 141a, § 3 StVO Rz 41.

3. In vorschriftsmäßigem Zustand müssen Fze, auch zB Fahrräder, Bra NZV **91** **11** 152, Gespanne, Ladung und Besetzung sein, sonst darf der Halter die Inbetriebnahme im Verkehr weder anordnen noch wissentlich zulassen, Neust VRS **25** 476. Wer einen Gebrauchtwagen im Fachhandel erwirbt, darf sich idR auf dessen betriebssichere Ausrüstung verlassen, Bay VM **80** 76. „Vorschriftsmäßig" bedeutet, daß das Fz den Bauart- und Ausrüstungsvorschriften der §§ 30 bis 67 entsprechen und außerdem fahrsicher sein muß, Bay VM **74** 28, Dü VRS **75** 70. Maßgebend ist allein der FzZustand im Kontrollzeitpunkt, nicht, wie ein Sachverständiger bei fälliger Hauptuntersuchung entscheiden würde, Schl VRS **58** 387. Mangelnde Zulassung allein ist keine Unvorschriftsmäßigkeit und fällt daher nicht unter § 31, Bay VM **73** 9, Ha VRS **59** 468, Fra NJW **66** 2028, verstößt aber bei Inbetriebnahme des Fz gegen § 18. Unterwegsmängel und Verantwortlichkeit des Fahrers: § 23 StVO. Der Halter muß den **FzZustand regelmäßig prüfen** lassen, neben dem Fahrer, Rz 6–8, er hat die Vorführpflicht gemäß § 29 und muß sich auch um dazwischen auftretende Mängel kümmern. Unterlassen jeder **Wartung** über lange Gebrauchsdauer hin ist oder grenzt an grobe Fahrlässigkeit, BGH VR **66** 565, überhaupt Nichtwartung gemäß den Inspektionsvorschriften, BGH VM **66** Nr 40, s BGH NZV **90** 36. **Inbetriebnahme** ist nicht allein das Inbewegungsetzen des Kfz, sondern auch das daran anschließende weitere Führen im Verkehr, BGHSt 25 338 = NJW **74** 1663, Bay VRS **60** 155, Zw NZV **02** 95. Fahren zur Werkstatt mit einem betriebsunsicheren Fz durch Werkstattpersonal unter Berücksichtigung der konkreten Mängel durch entsprechend vorsichtige Fahrweise darf der Halter der Verantwortung und Sachkunde des Werkstattpersonals überlassen, Bay NJW **64** 117. Probefahrten sind mangels Betriebssicherheit nur unter ausreichenden Sicherungsvorkehrungen zulässig, Nü VR **63** 347. Nur Billigung der Inbetriebnahme in Kenntnis oder fahrlässiger Unkenntnis der Unvorschriftsmäßigkeit verletzt § 31, s Rz 18. Keine Halterverantwortlichkeit bei FzÜberlassung an einen zuverlässigen Dritten, wenn das Kfz dann dennoch abredewidrig in vorschriftswidrigem Zustand benutzt wird, Kö VRS **52** 221. Übergibt der Halter das Kfz einem anderen zu längerem Gebrauch und ohne die Betriebssicherheit überwachen zu können, so ruht seine Überwachungspflicht solange und der Fahrer ist verantwortlich, s Fra VRS **52** 220. Der Halter eines Kfz mit profillosem Reservereifen muß den Fahrer (hier: Ehefrau) nicht ausdrücklich darüber belehren, daß der **Reservereifen** im Pannenfall nur dazu benutzt werden darf, das Kfz auf kürzestem Weg aus dem Verkehr zu ziehen, Bay NJW **71** 1759. Das Aufziehen eines profillosen Ersatzreifens unterwegs hat der Halter nur insoweit zu verantworten, als er die Benutzung solcher Reifen nicht nur zu dem Zweck angeordnet hat, das Kfz auf kürzestem Weg aus dem Verkehr zu ziehen, Ha VOR **73** 498.

12 4. Die **Ladung** muß vorschriftsmäßig, außerdem sicher verstaut sein und darf die Betriebssicherheit nicht gefährden. Der Halter oder sein Beauftragter muß sich über das Transportgut unterrichten, um es auf ein vorschriftsmäßig ausgestattetes Fz verladen zu können, Hb VRS **49** 462. Verstauen, Sicherung der Ladung, Maße, Umrisse: § 22 StVO. Achslast: § 34. Gefährliche Güter: GefahrgutVOStr (GGVS). Neben dem Fahrer haftet, soweit sein Einfluß reicht, auch der Halter. Über besondere Gefahren bestimmter Beladung muß er den Fahrer unterrichten, BGH VRS **10** 252. Richtlinie über die Verbindung zwischen Container und Fz, VBl **71** 301 = StVRL § 30 Nr 2.

13 **Überladen** (§ 34) beeinträchtigt die Betriebssicherheit und ist daher unzulässig. Der Halter darf nicht zulassen, daß seine Fze überladen in den Verkehr gelangen, oder gar den Fahrer zum Überladen veranlassen, BGH DAR **57** 236. Auch insoweit erfüllt ein **Unternehmer** mit mehreren Lkw seine Pflichten idR durch sorgfältige Auswahl der Fahrer, Weisungen *und* **Überwachung** (Stichproben), Ha DAR **03** 381, Dü NZV **88** 192, **96** 120 (nach strengen Anforderungen), VM **87** 10, VRS **74** 69, Kö DAR **85** 325 (keine Pflicht zur Aufstellung einer Waage oder zur Ausrüstung der Fze mit Achslastkontrollgeräten, insoweit einschränkend Dü NZV **88** 192). Hat der Halter die Beladung länger nicht kontrolliert, ist er für jede Überladung verantwortlich, Ha DAR **03** 381, VRS **15** 153, Dü VRS **69** 234 (wegen Verletzung eigener Pflichten, nicht gem § 130 OWiG, s Rz 18), VRS **72** 218. Art und Grad der Fahrerüberwachung (Überladen) richten sich nach der überprüften Zuverlässigkeit des Fahrers (sorgfältige Auswahl, sachgemäße Weisungen, Stichproben), Kö VRS **59** 301, DAR **85** 325. Gelegentliche äußere Inaugenscheinnahme durch den Halter reicht aus, es sei denn, hierbei ergäben sich Hinweise auf Überladung; werden ihm Wiegekarten ausgehändigt, hat er anhand der Wiegekarten Stichproben durchzuführen, Bay VRS **62** 71. Ausnahmsweise keine Verpflichtung zu Stichproben, wenn der Halter sich auf andere Weise von der Zuverlässigkeit seines Fahrers in bezug auf die Nichtüberschreitung überzeugen konnte, Dü ZfS **87** 319. Dem sorgfältig ausgewählten, belehrten und überwachten Kf darf der Halter uU die Entscheidung überlassen, ob ein bestimmtes Transportgut noch nicht zur Überladung führt, Kar VRS **43** 461.

Verantwortung für den Betrieb der Fahrzeuge § 31 StVZO **3**

5. **Die Besetzung** des Fz muß vorschriftsmäßig sein (§§ 21, 23 StVO), besonders bei 14 Personenbeförderung. Der Halter muß verhindern, daß Personen vorschriftswidrig mitfahren, s Dü VRS **85** 388, Ko VRS **72** 466, und als Unternehmer einen neu eingestellten Busf darüber belehren, Dü VRS **85** 388, Ko VRS **72** 466. FE und Fahrtüchtigkeit des Fahrers: Rz 9, 10.

6. **Zivilrecht.** Der **Halter** haftet nicht für Schäden aus unbefugter und bestimmungs- 15 widriger Benutzung eines technisch fehlerhaften Fzs, Bra NZV **91** 152 (Fahrrad). Einen zuverlässigen Fahrer muß der **mitfahrende Halter** nicht überwachen, BGH NJW **53** 779, besonders nicht bei Vorgängen, die Erfahrung, Umsicht und rasches Handeln voraussetzen, BGH VR **59** 890, es sei denn, wesentliche Verstöße sind offensichtlich, BGH VR **59** 890, VRS **9** 421, Ha VRS **3** 150, dann muß er den Fahrer ohne weitere Einmischung in Einzelheiten und ohne ihn abzulenken ermahnen. Haftung des Halters bei mangelhaft gesicherter Ladung wegen Verletzung der VSicherungspflicht, s Kö NZV **94** 484. Der **KfzVermieter** hat eine erhöhte Sorgfaltspflicht hinsichtlich des Zustands des MietFzs und kann sich davon nicht freizeichnen, denn verborgene Mängel kann der Mieter bei einer Probefahrt oft nicht erkennen, BGH VR **67** 254. Die Vermietung an einen Minderjährigen mit FE ist nicht fahrlässig, KG VRS **16** 363, Ce DAR **64** 190. **Leistungsfreiheit des Versicherers** wegen Aufklärungspflichtverletzung und Gefahrerhöhung nur bei Belehrung über diese Rechtsfolgen einer unrichtigen Schadensanzeige, BGH Betr **68** 2124. Versicherungsrechtlicher **Repräsentant** des VN ist, wer im Bereich des versicherten Risikos in nicht ganz unbedeutendem Umfang für den VN handlungsbefugt ist, BGH VR **90** 620, NZV **96** 447, Ko ZfS **04** 367, Kö VR **90** 1226, **98** 1541, Ha NZV **95** 235, VR **95** 1348, Kar VR **92** 1392, ZfS **94** 414, Ol VR **96** 842, Fra VR **96** 838, *Römer* NZV **93** 251. Hinsichtlich der Einzelheiten wird auf die versicherungsrechtliche Spezialliteratur verwiesen.

Bei einem größeren KfzPark besteht willkürliche **Gefahrerhöhung** (§ 23 VVG) bei 16 einem schadhaften EinzelKfz nur, wenn die Betriebsleitung Weiterbenutzung trotz erkannter Schadhaftigkeit wollte oder ihren entgegenstehenden Willen nicht verbindlich ausgedrückt hat, BGH VR **69** 27, **75** 1017. Gefahrerhöhung bei FzFühren trotz Epilepsie, Stu VR **97** 1141. Näheres zur Gefahrerhöhung bei vorschriftswidrigen Fzen: § 23 StVO Rz 40.

Keine versicherungsrechtliche Gefahrerhöhung: wenn das verkehrsunsichere Kfz 17 (Achsschaden) nur auf kürzestem Weg zur Werkstatt gefahren, BGH NJW **66** 1217, oder nur für eine einzige begrenzte Fahrt benutzt wird, BGH VR **67** 745, Fra VR **71** 71, bei nur einmaligem, vorübergehendem Gebrauch (hier längere Benutzung trotz Bruchs eines Haltehebels der Motorhaube), BGH NJW **69** 44. Einstellung eines Ersatzfahrers für den verletzten Kf erhöht das Unfallrisiko nicht erfahrungsgemäß, BGH VR **71** 82. Einmalige Überlassung des Kfz an einen alkoholisierten Fahrer bewirkt keine Gefahrerhöhung, BGH VR **71** 808. Keine Leistungsfreiheit des Versicherers, wenn der Halter organisatorisch ausreichende Maßnahmen gegen VUnsicherheit seiner Kfze getroffen hat, Kö VR **69** 317.

Lit: *Hofmann*, Neue Tendenzen der Rspr zur Gefahrerhöhung ..., NJW **75** 2181. *Theda*, Die Gefahrerhöhung in der Kraftverkehrsversicherung, MDR **69** 715. *Werber*, Probleme der Gefahrerhöhung in der Kfz-Haftpflichtversicherung, VR **69** 387. *Wussow*, Die Auswirkungen der neuesten BGH-Rspr zur ... Gefahrerhöhung, VR **69** 196.

7. **Ordnungswidrig** (§ 24 StVG) sind die in § 69a V Nr 2 und 3 bezeichneten Ver- 18 stöße. Wer ein **vorschriftswidriges Kfz** (§§ 30, 32ff) fährt, verstößt unmittelbar gegen die verletzte(n) Vorschrift(en) in Verbindung mit § 69a III StVZO, 24 StVG, während der Halter, der die Inbetriebnahme eines vorschriftswidrigen Kfz zumindest zuläßt, wegen § 69a V Nr 3 nur eine einzige OW der Inbetriebnahme eines vorschriftswidrigen Kfz nach § 31 II begeht, deren Schuldgehalt deshalb nicht geringer sein muß als beim Fahrer, s Bay VRS **57** 379, KG VRS **100** 143, Dü NZV **91** 39, VRS **74** 224, Ha VRS **61** 305, Kö VRS **70** 305. Das Inbetriebsetzen eines **nicht zugelassenen Fzs** fällt unter § 18, nicht unter § 31, s Rz 11. Keine OW des Halters nach § 31 II StVZO, sondern nach §§ 71, 69a V Nr 8, wenn Ausnahmegenehmigung unter **Auflagen** erteilt ist, diese jedoch nicht erfüllt wurden, Bay VRS **65** 398. Ordnungswidrige Anordnungen des

Halters (Beladung) fallen nur unter § 31 II, nicht auch unter §§ 22, 23 StVO, Ha DAR **75** 249, Dü VRS **77** 369. Bei Feststellung von Mängeln an parkenden Fzen bezieht sich der daraus herzuleitende Vorwurf gegen den Halter idR allein auf die Durchführung oder Zulassung der unmittelbar voraufgegangenen Fahrt, Stu VRS **71** 294. Die bloße Möglichkeit, ein nicht vorschriftsmäßiges Kfz könne in Betrieb genommen werden, begründet keine OW, maßgebend ist die Verwendung im V oder deren Anordnung oder Zulassen, Ha VBl **70** 247. Kein Verstoß gegen § 31 II, wenn Halter zuläßt, daß vorschriftsmäßiger Anhänger vom Halter eines ZugFz mit diesem unter Überschreitung der zulässigen Anhängelast, Bay VRS **60** 158, oder der zulässigen Zuglänge, Bay VRS **66** 223, verbunden wird, sondern allenfalls Beteiligung (§ 14 OWiG) an von diesem begangener OW. Hat der TÜV einen vorschriftswidrigen Zustand nicht beanstandet und die Prüfplakette erteilt, so kann das **Verschulden** entfallen, § 29 III. Für konstruktionsbedingte, schon bei Zulassung des Fzs vorhandene Mängel ist der Halter nur verantwortlich, wenn diese offenkundig sind, Kö VRS **64** 407. Wird das einem anderen für längere Zeit überlassene Fz vorschriftswidrig, so trifft den Halter nur dann der Vorwurf der Fahrlässigkeit, wenn er mit der Weiterbenutzung ohne Behebung des Mangels rechnen mußte, Bay NZV **90** 442. Nur Billigung der Inbetriebnahme in Kenntnis oder fahrlässiger Unkenntnis der Unvorschriftsmäßigkeit durch den Halter verletzt § 31 II, **fahrlässiges Ermöglichen** reicht nicht aus, Ko VRS **39** 117, abw die hM, Ol VRS **45** 224, Ha VRS **46** 399, Kö DAR **85** 325, VRS **72** 137, wohl auch Bay VRS **63** 300, wonach aber Ermöglichen durch Aufbewahren der FzSchlüssel in der Wohnung an für Angehörige zugänglicher Stelle idR nicht ausreicht (s auch § 21 StVG Rz 18). Der Halter verstößt gegen Abs II, wenn er seiner **Pflicht zur Belehrung** des Fahrers über die vorschriftsmäßige Benutzung (Rz 14) nicht nachgekommen ist, Dü VRS **85** 388. Läßt der Halter die Inbetriebnahme vorschriftswidriger Fze wiederholt zu, weil er den vorschriftswidrigen Zustand infolge **fortdauernden Unterlassens** gebotener Überwachung fahrlässig nicht kennt, so kann statt mehrerer nur *eine* fahrlässige OW vorliegen, Bay VRS **70** 58, so zB wegen des engen Zusammenhangs bei mehreren Fahrten mit überladenem Fz an einem Vormittag, BaySt **04** 62 = VM **04** 61. Bei **Delegation der Verantwortlichkeit** für den Zustand des Fzs an Hilfspersonen trifft den Halter ein Verschulden nur bei unsorgfältiger Auswahl oder mangelnder Überwachung (Pflicht zu gelegentlichen Stichproben), Kö DAR **85** 325, VRS **65** 157, Dü VM **87** 10. Die Beauftragung durch den Inhaber eines Betriebes muß ausdrücklich den Pflichtenkreis des Betriebsinhabers betreffen, der auch die Halterpflicht nach Abs II umfaßt; die allgemeine Feststellung, der Betroffene sei „verantwortlicher Disponent", genügt nicht zur Anwendung von § 9 II Nr 1 OWiG, Dü VRS **63** 135. Wer vom Halter **mit der Wartung beauftragt** ist, handelt ow, wenn er ein betriebsunsicheres Kfz in den Verkehr schickt, Dü VM **71** 14 (bei eigener Verantwortlichkeit im Rechtssinn, s *Göhler* § 9 Rz 30). Bei „**FirmenFzen**" hängt die Haltereigenschaft wesentlich von der Rechtsform der Fa ab, s Kö VRS **66** 157 (näher: § 7 StVG Rz 22). KG als Halter, s Rz 7. Der Mitinhaber der Fa kann als Halter (Mithalter) ow handeln oder als Vertretungsberechtigter (bzw Beauftragter), § 9 OWiG, s **E** 92, Bay DAR **85** 227, Dü VM **87** 10, oder als Betriebsinhaber durch Verletzung der Aufsichtspflicht, **§ 130 OWiG** (der als Auffangtatbestand nur erfüllt ist, wenn a) betriebsbezogene Pflichten untergeordneten Personen übertragen wurden und das Verhalten des Aufsichtspflichtigen nicht trotz Delegation an sich schon solche Pflichten verletzt, Dü VRS **67** 370, VRS **69** 234, VRS **77** 375, VM **87** 93, b) die Zuwiderhandlung der beauftragten Person mit an Sicherheit grenzender Wahrscheinlichkeit bei Durchführung der unterlassenen Aufsichtsmaßnahme unterblieben wäre, KG VRS **70** 29). Soweit § 130 OWiG erfüllt ist, weil durch Aufsichtspflichtverletzung eine Zuwiderhandlung gegen § 31 StVZO ermöglicht wurde, gilt die kurze Verjährungsfrist des § 26 III StVG, Dü VRS **67** 371. Der Firmeninhaber oder gem § 9 OWiG Verantwortliche kann uU seinen Halterpflichten genügen, wenn er die Inbetriebnahme eines vorschriftswidrigen Fzs bis zur Beseitigung des Mangels untersagt, Bay VRS **66** 287. *Schumann*, Die Verantwortlichkeit des Betriebsinhabers und seiner Vertreter im OWRecht, PVT **86** 257. **Irrtum** über Haltereigenschaft aufgrund falscher Wertung bekannter Umstände, aus denen diese Eigenschaft folgt, ist Verbotsirrtum, Bay ZfS **85** 126. Wer die Inbetriebnahme seines beschaffenheitswidrigen Kfz zuläßt, begeht diese **DauerOW** überall, wo sich das Kfz im öffentlichen Verkehr befindet, s Bay VRS **60** 155. Fahren mit einem nach §§ 31 ff mangelhaften Kfz steht in **Tateinheit** mit VOWen während dieser Fahrt, s § 24 StVG Rz 58. Führt der Halter sein der Vorschrift des § 23 StVO nicht entsprechendes Kfz selbst, so geht die **Verletzung des § 23 StVO** dem § 31 StVZO vor, Ko VRS **63** 150, Dü VM **73** 64, jedoch kann die verletzte Halterpflicht bußgelderhöhend wirken, s Ha NJW **74** 2100. Zum **Verhältnis zu § 2 I FeV** bei Fahruntüchtigkeit s bei § 2 FeV Rz 11. Wer als Halter einen erkennbar Fahruntüchtigen ans Steuer läßt, haftet bei Unfall **strafrechtlich**, s Kar NJW **80** 1859. Wer vor eigenem Alkoholgenuß der erkennbaren Gefahr, daß eine alkoholbedingt fahrunsichere Person das Kfz benutzt, nicht wirksam begegnet, ist für einen tödlichen Unfall strafrechtlich verantwortlich (§ 222 StGB), Ha NJW **83** 2456.

Fahrtenbuch

31a (1) ¹Die Verwaltungsbehörde kann gegenüber einem Fahrzeughalter für ein oder mehrere auf ihn zugelassene oder künftig zuzulassende Fahrzeuge die Führung eines Fahrtenbuchs anordnen, wenn die Feststellung eines Fahrzeugführers nach einer Zuwiderhandlung gegen Verkehrsvorschriften nicht möglich war. ²Die Verwaltungsbehörde kann ein oder mehrere Ersatzfahrzeuge bestimmen.

(2) Der Fahrzeughalter oder sein Beauftragter hat in dem Fahrtenbuch für ein bestimmtes Fahrzeug und für jede einzelne Fahrt
1. vor deren Beginn
   a) Name, Vorname und Anschrift des Fahrzeugführers,
   b) amtliches Kennzeichen des Fahrzeugs,
   c) Datum und Uhrzeit des Beginns der Fahrt und
2. nach deren Beendigung unverzüglich Datum und Uhrzeit mit Unterschrift einzutragen.

(3) Der Fahrzeughalter hat
   a) der das Fahrtenbuch anordnenden oder der von ihr bestimmten Stelle oder
   b) sonst zuständigen Personen

das Fahrtenbuch auf Verlangen jederzeit an dem von der anordnenden Stelle festgelegten Ort zur Prüfung auszuhändigen und es sechs Monate nach Ablauf der Zeit, für die es geführt werden muß, aufzubewahren.

1. Fahrtenbuch. Begr zur ÄndVO v 23. 6. 93 (VBl **93** 611): 1

Zu Abs 1: *Absatz 1 Satz 1 entspricht im wesentlichen dem bisherigen Satz 1. Ergänzt wurde die Bestimmung um den Hinweis, daß sich die Fahrtenbuchanordnung auf die für den betroffenen Fahrzeughalter „zugelassenen" oder „künftig zuzulassenden" Fahrzeuge erstreckt. Diese Klarstellung ist erforderlich, um den in der Vergangenheit aufgetretenen diesbezüglichen Unsicherheiten entgegenzutreten.*
Neu eingefügt wurde Satz 2, wonach die Behörde ein oder mehrere Ersatzfahrzeuge bestimmen kann. Die Bestimmung eines Ersatzfahrzeugs ist in den Fällen von Bedeutung, in denen der Halter versucht, sich durch den Verkauf des mit der Auflage versehenen Fahrzeugs der bestehenden Verpflichtung zu entziehen.

Zu Abs 2: *Die Vorschrift des Absatzes 2 konkretisiert die Fahrtenbuchführung, die im alten Satz 2 nur in allgemeiner Form enthalten war. Notwendig sind hiernach nicht nur die Eintragung des Fahrzeugführers, sondern vor allem auch Datum und Uhrzeit der Fahrt. Ein einheitliches Muster könnte bei Bedarf durch Verkehrsblattverlautbarung empfohlen werden.*

Zu Abs 3: – *Begr des Bundesrates* – *Nach der gegenwärtigen Rechtslage ist es nur möglich, die Führung eines Fahrtenbuchs dadurch zu überwachen, daß sich ein Mitarbeiter der Straßenverkehrsbehörde oder in deren Auftrag die Polizei zu dem jeweiligen Fahrzeughalter begibt und sich dort das Fahrtenbuch vorweisen läßt. Sie ermächtigt die Straßenverkehrsbehörde jedoch nicht, die Vorlage eines zu führenden Fahrtenbuchs zu bestimmten Zeiten an dem von der anordnenden Stelle bestimmten Ort zu fordern. Die Kontrollierbarkeit der Maßnahme nach § 31 a ist somit erheblich erschwert, wodurch der zu erreichende Zweck im Rahmen effizienten Verwaltungshandelns nicht hinreichend erreicht wird.*

2. Zweck. § 31 a will Fahrer erfassen, die Leben, Gesundheit und Eigentum anderer 2 VT gefährden, BVG DAR **65** 167, OVG Berlin VRS **51** 319, VGH Ka VBl **74** 648,

KG NZV **90** 362, betrifft also eine Maßnahme zur Abwendung von Gefahren für die Sicherheit und Ordnung des StrV, BVG NZV **89** 206, **95** 460, OVG Lüneburg NJW **04** 1124, OVG Saarlouis ZfS **98** 38, OVG Münster DAR **99** 375, setzt aber den Nachweis einer konkreten Gefahr nicht voraus, BVG NZV **00** 386, **95** 460, VGH Ma NZV **91** 447, VG Bra NZV **02** 103. Er soll helfen zu gewährleisten, daß in Zukunft der Täter einer VOW im Hinblick auf die kurze Verjährung rechtzeitig ermittelt werden kann, BVG NJW **89** 2704, VGH Ma NZV **91** 445, OVG Saarlouis ZfS **98** 38, KG VRS **70** 59. Die Besorgnis künftiger Verstöße durch den Halter selbst ist nicht Voraussetzung, BVG NJW **89** 2704, DAR **95** 459, OVG Berlin NJW **03** 2402. Dogmatische Zweifel an der Zulässigkeit der Auflage, ein Fahrtenbuch zu führen, *Rupp,* 46. DJT, **66** I 178 (Zwang zur Selbstbezichtigung?), *Harthun* NJW **62** 2289, abl auch *Karl* DAR **78** 235. Die Vorschrift hält sich im Rahmen der Ermächtigung des § 6 I Nr 3 StVG, BVG DAR **72** 26. Sie entspricht bei Verhältnismäßigkeit (Übermaßverbot) dem GG, BVerfG NJW **82** 568, BVG VM **66** 81, BVGE **18** 107 = NJW **64** 1384, OVG Münster VRS **70** 59, VGH Ka VM **79** 95. Die Auflage bewirkt keinen Aussagezwang, deshalb wird § 31a nicht durch Zeugnisverweigerungsrechte eingeschränkt, s Rz 7. Das Fahrtenbuch unterliegt auch nicht dem Beschlagnahmeverbot nach § 97 I StPO, BVG NJW **81** 1852, VGH Mü DAR **76** 278.

3   **3. Verkehrsvorschriften** müssen in nennenswertem (Rz 8) Umfang verletzt worden sein, ohne daß der FzF, der das Fz während des Verstoßes geführt hat, festgestellt werden konnte, s VGH Ka DAR **70** 221. Das Gericht hat alle Tatbestandsmerkmale der Bußgeldvorschrift selbständig zu prüfen, Bay DAR **74** 110. Die behördliche Ermittlungspflicht wird durch die Vorschrift nicht eingeschränkt, BVG DAR **72** 26. Bestreitet der Halter, daß mit dem Fz überhaupt ein VVerstoß begangen wurde, so muß er nach rechtskräftigem Abschluß des OW-Verfahrens gegen ihn und Eintritt der Verjährung substantiierte Angaben machen, OVG Lüneburg NZV **99** 486.

4   **4. Nicht möglich** war die Ermittlung des Fahrers, wenn alle nach Sachlage bei verständiger Beurteilung nötigen und möglichen, vor allem auch angemessenen und zumutbaren Nachforschungen ergebnislos geblieben sind, BVG DAR **88** 68, ZfS **92** 286, VGH Ma NZV **99** 396, VRS **98** 319, OVG Lüneburg ZfS **03** 526, OVG Münster NJW **95** 3335. Das setzt voraus, daß die Feststellung mit angemessener Sorgfalt versucht worden ist, BVG VM **66** 81, JR **65** 33, VGH Ka VM **73** 82, unter **sachgemäßer Befragung** (s Rz 5), OVG Lüneburg VRS **53** 478, und zwar **unverzüglich,** OVG Hb MDR **62** 851, OVG Münster VR **77** 146, s Rz 6, auch bei Radarkontrollen ohne Anhalteposten, BVG VRS **56** 307, VGH Ma NZV **91** 445, VG Mü DAR **91** 473, auch bei Rotlichtverstößen, OVG Lüneburg DAR **77** 223, VRS **53** 478, VGH Ma ZfS **84** 381, auch wenn der Fahrer nur aus VGründen nicht gestellt werden konnte, oder wenn die Pol zwar das Kennzeichen notiert, aber nicht versucht hat, den Fahrer zu stellen, OVG Münster VRS **18** 479. Es genügt, daß der Fahrer jedenfalls **bis zum Eintritt der Verjährung** nicht festgestellt werden konnte, VGH Mü NZV **98** 88, Fahrerbenennung danach hilft dem Halter nicht. Die Aufl ist auch noch zulässig, nachdem der schuldige KfzF nach OW-Verjährung bekanntgeworden ist, DÖV **77** 104, OVG Berlin VRS **51** 319, *Schwab* VD **86** 121. Einstellung des Verfahrens gegen den Halter vor Verjährungseintritt schließt die Anwendung von § 31a nicht ohne weiteres aus, VG Ol ZfS **99** 40. Das Erfordernis, daß die Nichtfeststellbarkeit des FzF auf mangelnder **Mitwirkungsbereitschaft des Halters** beruhen müsse, enthält § 31a nicht; die Auflage ist daher – auch unter Berücksichtigung des Zwecks der Vorschrift (s Rz 2) – nicht deswegen ausgeschlossen, weil der Halter (erfolglos) zur Aufklärung beizutragen versucht, abw VGH Ma NZV **92** 46 – abl *Stollenwerk* DAR **98** 459 – (im Ergebnis aber wohl wegen „Unverhältnismäßigkeit" richtig, weil im konkreten Fall selbst ein Fahrtenbuch die Feststellung des FzF nicht gewährleistet hätte).

5   **Wahllos zeitraubende Ermittlungen** muß die Pol nicht anstellen, BVG VRS **88** 158, NJW **87** 143, DAR **88** 68, VGH Ma NZV **93** 47, VRS **98** 319, OVG Lüneburg ZfS **03** 526, OVG Münster NZV **92** 423 (Leasing-Gesellschaft als Halterin). Anhalteposten muß sie nur nach Personallage einsetzen, BVG NJW **79** 1054, OVG Br DAR **76** 53, VGH Ka VM **77** 40. Unmöglichkeit bei Parkverstoß bereits, wenn der Fahrer nicht

Fahrtenbuch § 31a StVZO **3**

beim Kfz angetroffen wird, zur **Benachrichtigung des Halters** genügt die Anbringung einer gebührenpflichtigen Verwarnung am Kfz, OVG Ko VRS **54** 380. Verfahrenseinstellung bedeutet nicht notwendigerweise, die Fahrerermittlung sei unmöglich gewesen, VGH Mü NJW **79** 830, OVG Münster NJW **76** 308. Familienangehörige des Halters zu **befragen,** ist idR zumutbar, VGH Mü DAR **77** 110, BVG VRS **64** 466, anders, wenn der Halter sich an den Fahrer unter mehreren in Frage kommenden Angehörigen nicht erinnert, OVG Münster VRS **70** 78. UU müssen mit dem Halter zusammenwohnende Personen befragt werden, die das Kfz gefahren haben könnten, OVG Br VRS **57** 478, idR aber keine Vorlage des Radarfotos an Nachbarn, VG Ol ZfS **98** 357, *Wysk* ZAP F 9 S 420 (Verletzung der informationellen Selbstbestimmung des Betroffenen).
Verweigert der Halter die Mitwirkung bei Ermittlung des Fahrers, so sind weitergehende Ermittlungen idR nicht zumutbar, BVG VRS **64** 466, **88** 158, NJW **87** 143, ZfS **94** 70, VGH Ka VM **88** 87, VGH Ma NZV **98** 126, DAR **99** 90, OVG Lüneburg NJW **04** 1124, ZfS **03** 526 (Nichtrücksendung des Anhörungsbogens), VG Mü DAR **91** 473 (Anm *Ludovisy*). Aus der Nichtbeantwortung der Frage im Anhörungsbogen, ob er gefahren sei, kann nicht ohne weiteres auf die Ablehnung des Halters geschlossen werden, an der Täterfeststellung mitzuwirken, OVG Br NZV **94** 168. Nennt der Halter die Personen nicht, denen er den Wagen angeblich zum Fahren überläßt, so ist die Auflage zulässig, BVG VRS **56** 77, OVG Lüneburg DAR **04** 607, ebenso bei unrichtigen Angaben, die geeignet sind, den Sachverhalt zu verschleiern, OVG Münster VRS **70** 78, oder bei Nichtrücksendung des Anhörungsbogens, OVG Lüneburg DAR **04** 607.

Binnen weniger Tage über den Verstoß **zu befragen** ist der Halter, um den Fahrer 6 noch nennen zu können, vorbehaltlich besonderer Umstände des Einzelfalles regelmäßig innerhalb von 2 Wochen, BVG VRS **56** 311, OVG Saarlouis ZfS **98** 38, VGH Mü NZV **98** 88, VGH Ka VRS **75** 146, VGH Ma NZV **93** 47, VG Mü DAR **01** 380, VG Trier DAR **01** 428. Keine Fahrtenbuchauflage, wenn sich der Halter bei um 6 Wochen verspäteter Anhörung des Sachverhalts nicht mehr entsinnt, OVG Münster VR **77** 146. Auf unverzügliche Gewährung von Akteneinsicht an den Verfahrensbevollmächtigten des Halters kommt es dann nicht mehr an, VGH Ma NZV **93** 47, **96** 470. Bei der „2-Wochenfrist" handelt es sich nicht um eine starre Grenze; eine Überschreitung ist unschädlich, wenn sie die Position des Halters im konkreten Fall nicht beeinträchtigt, OVG Münster NJW **95** 3335, OVG Saarlouis ZfS **98** 38, VGH Mü NZV **98** 88, VGH Ma NZV **99** 224. Nach VG Fra DAR **91** 314 soll es zur Abwendung der Auflage genügen, wenn der Halter den Zugang des rechtzeitig abgesandten Anhörungsbogens bestreitet. Sprechen die Umstände des Falles trotz Schweigens des Halters im Anhörungsbogen für die Möglichkeit, daß seine **Befragung als Zeuge** zur Fahrerfeststellung führen wird, so ist diese zu veranlassen, BVG DAR **68**, andernfalls keine „Unmöglichkeit" der FzF-Feststellung iS von S 1, OVG Saarlouis VM **82** 70, ebenso bei Nichtrückgabe des Anhörungsbogens ohne anschließenden Versuch der Befragung des Halters als Beschuldigten/Betroffenen oder Zeugen, VGH Ma NZV **89** 408; auch Befragung durch die Pol kommt in Betracht, VGH Ma NZV **90** 247. Vielfach wird jedoch eine Zeugenbefragung des Halters, der im Fragebogen keine Angaben macht, nicht geboten sein, VGH Ma VRS **98** 319. **Verspätete Anhörung** steht der Fahrtenbuchauflage nicht entgegen, wenn sie für die Nichtermittlung des Fahrers **nicht ursächlich** war, VGH Ma NZV **93** 47, **99** 396, VG Lüneburg ZfS **04** 434, VG Mü DAR **01** 380, VG Trier DAR **01** 428. War zB die Nichtfeststellung des Fahrers nicht durch verzögerte Anhörung verursacht, sondern durch unrichtige Angaben des Halters, so ist die Auflage zulässig, BVG VRS **56** 307, OVG Münster VRS **66** 317, es sei denn, die Unrichtigkeit sei ohne weiteres erkennbar und es bestehe eine weitere angemessene Aufklärungsmöglichkeit, OVG Saarlouis VM **82** 70. Verzögerte Anhörung ist unschädlich, weil nicht ursächlich, wenn der Halter den Fahrer verschweigt, obwohl er ihn kennt, VGH Ka VM **79** 95, oder sich weigert, sich überhaupt zu äußern, BVG VRS **73** 400, VGH Ka VRS **75** 146, VM **88** 87, VGH Ma NZV **91** 408, VG Mü DAR **91** 473 (Anm *Ludovisy*). Nach VG Mü DAR **01** 380 soll verspätete Anhörung auch bei GeschäftsFzen eines kaufmännischen Betriebs unschädlich sein, bei dem detaillierte Dokumentation von Geschäftsfahrten zu erwarten ist, s *Gehrmann* ZfS **02** 216.

1085

3 StVZO § 31a   B. Fahrzeuge III. Bau- und Betriebsvorschriften

7 **5.** Die Berufung auf ein **Aussageverweigerungsrecht** steht der Aufl nicht entgegen, BVG VRS **88** 158, DAR **95** 459, Bay NZV **00** 385, VGH Ma NZV **98** 126 (krit Anm *Molketin* BA **98** 158), VRS **98** 319, DAR **99** 90, OVG Ko ZfS **00** 278, OVG Lüneburg ZfS **97** 77, *Gehrmann* ZfS **02** 214, weil dieses nur die Verfolgung als Straftat oder OW betrifft, nicht aber vor Maßnahmen der VB zur Abwendung von Gefahren für den StrV schützt, aM *Ludovisy* DAR **91** 475, s im übrigen Rz 2. Zur Auswirkung von Aussage- und Zeugnisverweigerungsrechten des Halters, *Himmelreich* NJW **75** 1199.

8 **6. Verhältnismäßigkeit** zwischen Verstoß und Maßnahme muß bestehen, BVG NZV **95** 460, OVG Münster DAR **99** 375, VRS **75** 384, OVG Lüneburg NJW **79** 669, wie stets bei erheblichen, auch einmaligen Verstößen, BVG NZV **95** 460, OVG Münster DAR **99** 375, NZV **92** 423, VGH Ma NZV **91** 445. Ein einmaliger, unwesentlicher Verstoß, der sich nicht verkehrsgefährdend auswirken kann und auch keinen Schluß auf Unzuverlässigkeit des Kf zuläßt, reicht nicht, BVG NZV **00** 386. Konkrete Gefährdung anderer durch den Verstoß ist aber nicht notwendig, s Rz 2. Keine Unverhältnismäßigkeit allein deswegen, weil das Fz als Fahrschulwagen dient, VGH Ma ZfS **84** 381. Die Auflage ist idR dann nicht unverhältnismäßig, wenn die Entscheidung über die OW **ins VZR einzutragen** und daher mit mindestens einem Punkt nach dem Punktsystem (§ 40 FeV mit Anl 13 zur FeV) zu bewerten wäre, BVG NZV **95** 460, OVG Lüneburg NJW **04** 1124, OVG Münster DAR **99** 375, VG Lüneburg ZfS **04** 434, VG Bra VD **04** 165, VG Berlin NZV **99** 104, einschränkend BVG NZV **00** 386 („*kann*" die Auflage rechtfertigen). Auch unverschuldete Verstöße können die Auflage rechtfertigen, weil diese der öffentlichen Sicherheit dient, OVG Lüneburg DAR **76** 27. Bei mehr als 20 km/h **Geschwindigkeitsüberschreitung** ist die Auflage für ein Jahr nicht übermäßig, BVG VBl **79** 209, VGH Ma NZV **93** 47, VG Berlin NZV **99** 104 (abw noch VG Bra DAR **85** 159 nach früherem Recht). Auch Überschreitung der aus Lärmschutzgründen beschränkten Höchstgeschwindigkeit um 20 km/h kann die Auflage rechtfertigen, VGH Ma NZV **91** 328 (zust *Booß* VM **91** 71). Erstmalige Überschreitung zulässiger Höchstgeschwindigkeit von 100 km/h auf BundesStr um 27 km/h rechtfertigt nach VGH Ma NZV **92** 167 einjährige Fahrtenbuchauflage, abw VG Dessau NZV **94** 336 bei Überschreitung um 21 km/h. **Durchfahren bei Rot** rechtfertigt die Fahrtenbuchauflage, OVG Lüneburg NJW **04** 1124, auch, wenn es sich um eine Baustellen-LZA handelt, VGH Ma NZV **91** 408. Nach OVG Münster VRS **75** 384 rechtfertigt einmaliger Rotlichtverstoß aber keine über 6 Monate hinausgehende Auflage. Grober Rotlichtverstoß kann jedoch auch zweijährige Auflage rechtfertigen, VGH Ma VRS **103** 140. **Unzulässiges Überholen,** das der Eintragung in das VZR unterliegt, rechtfertigt die Auflage auch dann, wenn es nicht gefährdet, BVG NZV **96** 460, aM VGH Ma DAR **77** 249, erst recht Rechtsüberholen durch einen „Lückenspringer" mit 180 km/h auf AB nach vorangegangenem dichten Auffahren, OVG Münster NZV **92** 423. Auch **mehrere geringfügige, nicht eintragungspflichtige OWen** rechtfertigen regelmäßig nicht die Anordnung einer Fahrtenbuchauflage, weil Zuwiderhandlungen unterhalb der Eintragungsgrenze grundsätzlich unberücksichtigt bleiben, VG Saarlouis ZfS **97** 318, s BVG VRS **56** 310 (im Ergebnis offengelassen), VM **77** 86 (im Rahmen des § 3 StVG), abw *Gehrmann* ZfS **02** 215. Vom Grundsatz der Nichtverwertbarkeit im VZR nicht erfaßter Verstöße erkennt BVG VM **77** 86 nur „sehr eng begrenzte Ausnahmen" an; eine solche hat OVG Münster VRS **66** 317 bei Vorliegen einer großen Zahl bewußt begangener Verstöße in kurzer Zeit angenommen (33 Parkverstöße in 2 Jahren). Durch **Zeitablauf** allein wird die Auflage nicht unverhältnismäßig, BVG VRS **90** 72 (3 1/2 Jahre zwischen Tat und Berufungsverhandlung). Allein der Umstand, daß zwischen der Zuwiderhandlung und der verwaltungsgerichtlichen Entscheidung über die Rechtmäßigkeit der Fahrtenbuchauflage ein längerer Zeitraum verstrichen ist, führt daher nicht zur Unverhältnismäßigkeit der Auflage, OVG Berlin VD **95** 259.

9 **7. Zuständig** ist allein die StrVB. **Aufzuerlegen ist die Pflicht,** das Fahrtenbuch zu führen, dem **Halter** des Fzs, mit der der Verstoß begangen wurde. Es gilt der **Halterbegriff** des § 7 StVG, VGH Ma NZV **92** 167, *Gehrmann* ZfS **02** 215. Auf wen das Fz zugelassen ist, ist nicht entscheidend, kann aber im Einzelfall für die Feststellung der Haltereigenschaft von Bedeutung sein, VGH Ma NZV **92** 167, **98** 47. Ist eine Perso-

Fahrtenbuch § 31a StVZO **3**

nenmehrheit gemeinschaftlich Halter, so ist die Fahrtenbuchauflage an diese zu erteilen, BVG VRS **73** 238. Eine Fahrtenbuchauflage für ein **bestimmtes Kfz** ohne Zusatz bezieht sich nicht auch auf ein ErsatzFz, OVG Ko VRS **54** 380. Jedoch ist es zulässig, die Auflage ausdrücklich auf **Nachfolge- oder ErsatzFze** zu erstrecken, wie die durch ÄndVO v 23. 6. 93 erfolgte Neufassung (Abs I S 1 und 2) nunmehr ausdrücklich klarstellt. Ebenso schon für die frühere Fassung BVG NZV **89** 206, OVG Münster NZV **92** 423. Nach I S 2 kann die VB auch ein bei Veräußerung des TatFzs schon vorhandenes Fz als ErsatzFz bestimmen, OVG Berlin NJW **03** 2402. Erstreckt sich die Auflage nach ihrem Wortlaut auf „das entsprechende ErsatzFz", so erfaßt sie alle anstelle des TatFzs benutzten Fze, OVG Saarlouis ZfS **98** 38. Betrifft die Auflage nach ihrem Inhalt auch ein Fz, das an die Stelle des Fzs tritt, mit dem die OW begangen wurde, so kann hiervon auch ein schon vorhanden gewesener Zweitwagen betroffen sein, der nach Veräußerung des anderen nunmehr wie dieser genutzt wird, VG Fra VRS **78** 64. Hat der Halter mehrere Kfze, so kann die Fahrtenbuchauflage auch **auf sämtliche Fze** erstreckt werden, BVG VM **71** 57, OVG Münster NJW **77** 2181, VG Bra NZV **02** 103, jedoch nur, wenn auch bei ihnen einschlägige Zuwiderhandlungen zu befürchten sind, OVG Münster NJW **77** 2181, VG Fra VRS **78** 64. Eine Auflage für alle Kfze erlischt bei Veräußerung ohne Wiederbeschaffung, nicht dagegen bei ständig erneuertem Wagenpark, BVG VM **67** 41. Die Bemessung der **Dauer der Fahrtenbuchauflage** entsprechend dem Gewicht der zugrunde liegenden OW liegt (im Rahmen der Verhältnismäßigkeit) im Ermessen der VB, VGH Ma VRS **103** 140. Ein „normaler" Rotlichtverstoß rechtfertigt idR nur eine 6monatige Auflage, VG Lüneburg ZfS **04** 434. Eine Auflage auf unbestimmte Zeit ist zulässig, VGH Ma VRS **103** 140, OVG Br DAR **76** 53, sie endet jedoch – soweit sie sich nicht auf ErsatzFze oder künftig zuzulassende Fze erstreckt – mit der Veräußerung, VGH Ka VM **73** 82. Die Auflage muß ergeben, ab wann das Fahrtenbuch zu führen ist, OVG Br VRS **57** 478. Sie ist ein unbefristeter Dauerverwaltungsakt; entfallen seine Voraussetzungen nachträglich, kann Aufhebung begehrt werden, BVG VM **71** 57, VGH Ka VM **77** 40. Ist die Fahrtenbuchauflage befristet, so berührt die aufschiebende Wirkung eines **Rechtsmittels** den Ablauf der Frist nicht, VGH Mü BayVBl **85** 23. IdR werden die Voraussetzungen des § 80 II Nr 4 für die Anordnung **sofortiger Vollziehung** vorliegen, VGH Ma NZV **98** 126, OVG Berlin NJW **03** 2402, die gem § 80 III VwGO der schriftlichen Begr bedarf, s *Sollenwerk* VD **01** 53. Ist die Fahrtenbuchauflage abgelaufen, so kommt die bloße Feststellung ihrer etwaigen Unrechtmäßigkeit nicht mehr in Betracht, VGH Mü DAR **77** 335. Die behördliche **Androhung**, dem Halter bei erneutem VVerstoß eine Fahrtenbuchführung aufzuerlegen, ist nicht selbständig anfechtbar, BVG VM **74** 24, DAR **78** 334. Zum Rechtsschutz gegen die Androhung durch Leistungsklage, s *Wysk* ZAP F 9 S 426. Gebührenerhebung, s § 6a StVG Rz 10.

8. Die Pflicht, ein Fahrtenbuch zu führen und auf Verlangen zuständigen Personen auszuhändigen, beginnt mit der Unanfechtbarkeit der Fahrtenbuchauflage, unabhängig davon, ob das Fz tatsächlich benutzt wird, KG NZV **90** 362. Die Auflage verpflichtet den Halter, über die einzelnen Fahrten Auskunft zu geben, denn der Sinn der Auflage besteht darin, einen Nachweis über die Fahrten seiner Fahrer zur Einsichtnahme durch die StrVB bereitzuhalten. **Halterbegriff:** Rz 9. Nur die in § 31 a II bezeichneten Eintragungen dürfen auferlegt werden, OVG Münster NZV **95** 374, Bay DAR **74** 110. Das Buch muß im Umfang der Anordnung Beweis für die einzelnen Fahrten der Fahrer und Fze erbringen. Dazu gehört **Eintragung der in Abs II Nr 1 genannten Daten,** nicht jedoch darüber hinaus eine Beschreibung der Fahrtstrecke, VGH Ma ZfS **84** 381. Der jeweilige Fahrer muß sich eindeutig aus der Eintragung ergeben, Verwendung eines im Deckblatt vermerkten Nummernschlüssels kann jedoch ausreichen, KG VRS **70** 59. Eintragungen des Fahrers erfüllen eine rechtliche Halterpflicht, OVG Lüneburg DAR **76** 27. Er darf die Eintragung unverzüglich nach Fahrtende vornehmen. Bei ein- oder mehrfachem **Fahrerwechsel** unterwegs wird die Fahrt für den ersten Fahrer, auch wenn er das Steuer später wieder übernehmen sollte, iS von § 31a mit Abgabe des Steuers als beendet zu gelten haben, so daß nunmehr der Fahrerwechsel einzutragen ist, KG VRS **70** 59. Andernfalls wird zuverlässiger Fahrernachweis verfehlt. In solchen Fällen wird das

10

3 StVZO §§ 31b, 31c   B. Fahrzeuge III. Bau- und Betriebsvorschriften

Buch mitzuführen und jeder Fahrerwechsel alsbald einzutragen sein. Hält der Halter mehrere Fze, so kann es Pflicht der StrVB sein, für jedes Fz, das unterwegs üblicherweise Fahrerwechsel aufweist, die Führung eines Fahrtenbuchs und dessen Mitführung anzuordnen. Das Fahrtenbuch ist auf Verlangen den **zuständigen Beamten auszuhändigen.** Dem kontrollierenden Beamten muß das Buch eine unmittelbare Prüfung ermöglichen; eine Diskette genügt daher nicht, KG NZV **94** 410 (s im übrigen auch Abs II Nr 2, wonach Unterschrift erforderlich ist). Abs III erleichtert der VB die Kontrolle durch die Verpflichtung des Halters, das Fahrtenbuch auf deren Verlangen zur Behörde zu bringen (s Rz 1); die insoweit abw frühere Rspr ist durch die Neufassung überholt. Eine allgemeine Pflicht, das **Fahrtenbuch mitzuführen,** besteht nicht, Bay BayVBl **73** 242, KG NZV **90** 362, **94** 410. Es darf beim zurückbleibenden Halter aufbewahrt werden, wenn es für mehrere Fze geführt wird, jedoch nur, wenn derselbe Fahrer das Fz vom Standort zum Ziel und zurück lenkt.

   Lit: *Bottke,* Rechtsprobleme bei der Auflage eines Fahrtenbuches, DAR **80** 238. *Gehrmann,* Die verkehrsbehördliche Anordnung zur Führung eines Fahrtenbuches, ZfS **02** 213. *Himmelreich,* Auflage eines Fahrtenbuches unter besonderer Berücksichtigung des Aussage- und Zeugnisverweigerungsrechts, NJW **75** 1199. *Liemen,* Die Rspr zur Verhängung und Ahndung von Fahrtenbuchauflagen, DAR **81** 40. *Schleusener,* Fahrtenbuch, KVR. *Schrader,* § 31a StVZO (Fahrtenbuch) und das Zeugnisverweigerungsrecht, DAR **74** 40. *Stollenwerk,* Anordnung einer Fahrtenbuchauflage, DAR **97** 459 = VD **98** 103. *Derselbe,* Fahrtenbuchauflage: Sofortvollzug bei Wiederholungsgefahr, VD **01** 53. *Wysk,* Die Fahrtenbuchauflage als Instrument der Gefahrenabwehr, ZAP F 9 S 417.

11   **9. Ordnungswidrigkeit** (§ 24 StVG): § 69a V Nr 4, 4a. Das Gericht hat zu prüfen, ob die Anordnung im Tatzeitpunkt unanfechtbar oder für sofort vollziehbar erklärt oder aus Rechtsgründen nichtig war, Bay DAR **74** 110.

Überprüfung mitzuführender Gegenstände

31b Führer von Fahrzeugen sind verpflichtet, zuständigen Personen auf Verlangen folgende mitzuführende Gegenstände vorzuzeigen und zur Prüfung des vorschriftsmäßigen Zustands auszuhändigen:
1. Feuerlöscher (§ 35g Abs. 1),
2. Erste-Hilfe-Material (§ 35h Abs. 1, 3 und 4),
3. Unterlegkeile (§ 41 Abs. 14),
4. Warndreiecke und Warnleuchten (§ 53a Abs. 2),
5. tragbare Blinkleuchten (§ 53b Abs. 5) und windsichere Handlampen (§ 54b),
6. Leuchten und Rückstrahler (§ 53b Abs. 1 Satz 4 Halbsatz 2 und Abs. 2 Satz 4 Halbsatz 2),
7. Scheinwerfer und Schlußleuchten (§ 67 Abs. 11 Nr. 2 Halbsatz 2).

1   **Begr** zur ÄndVO v 24. 4. 92: VBl **92** 342, zur ÄndVO v 23. 6. 93: VBl **93** 611.

2   Ob die Weigerung, vorschriftsgemäß mitzuführende Gegenstände bei Kontrollen zur Prüfung vorzuzeigen, eine bußgeldpflichtige OW sei, war von Ha VRS **57** 371 bezweifelt worden. Die Vorschrift behebt zusammen mit § 69a V 4b diese Zweifel. Aus der nunmehr festgelegten Vorzeige- und Aushändigungspflicht hinsichtlich der „mitzuführenden" Gegenstände ist keine Mitwirkungspflicht des Fahrers bei anderen Kontrollen zu folgern, soweit sie nicht ausdrücklich vorgeschrieben ist (wie zB in § 31c); jedoch würde die Kontrollbefugnis weitgehend sinnlos, wenn er sie nicht mindestens unbehindernd zu dulden hätte (näher *Bouska* VD **80** 102).

Überprüfung von Fahrzeuggewichten

31c ¹Kann der Führer eines Fahrzeugs auf Verlangen einer zuständigen Person die Einhaltung der für das Fahrzeug zugelassenen Achslasten und Gesamtgewichte nicht glaubhaft machen, so ist er verpflichtet, sie nach Weisung dieser Person auf einer Waage oder einem Achslastmesser (Radlastmesser) feststellen zu lassen. ²Nach der Wägung ist dem Führer eine Bescheinigung über das Ergebnis der Wägung zu erteilen. ³Die Kosten der Wägung fallen dem Halter des Fahrzeugs zur Last, wenn ein zu beanstandendes Übergewicht festgestellt wird. ⁴Die prüfende Person kann von dem Führer des Fahrzeugs eine der Überlastung entsprechende

Um- oder Entladung fordern; dieser Auflage hat der Fahrzeugführer nachzukommen; die Kosten hierfür hat der Halter zu tragen.

Begr (VBl 90 492): *§ 34 Abs. 5 (alt) wurde ohne wesentliche Änderung aus Anlaß der Neufassung des § 34 aus systematischen Gründen nach § 31b als neuer § 31c eingefügt.* ...

1. **Überprüfung des Gesamtgewichts, Messungen der Achslast.** Die Vorschrift regelt die Zulässigkeit solcher Messungen und das Verfahren. **MotorFz und Anhänger** sind abgekuppelt getrennt zu wiegen, s § 34 Rz 6. Bei Zügen und SattelKfzen ist gem § 34 VI auch das zulässige Gesamtgewicht der EinzelFze zu beachten (Kö VRS **67** 385 ist durch die Neufassung überholt). Zur Wägung von FzKombinationen, s § 34 Rz 6.

2. Der Betroffene hat **an der Gewichtsprüfung mitzuwirken,** und zwar nach der Neufassung (Begr, s VBl 90 492) unabhängig von der Entfernung bis zur nächsten Waage. Die früher geltende 6-km-Grenze wurde im Hinblick auf die Ausdünnung des Netzes öffentlicher Waagen im Interesse der VSicherheit nicht in § 31c übernommen. Bei Weigerung des Betroffenen ist Abschleppen durch die Pol zur Gewichtsfeststellung zulässig, Ha VM **72** 72, Ol VRS **60** 230. Wird ein zu beanstandendes Übergewicht festgestellt, so hat der Betroffene die Kosten einschließlich der Abschleppkosten zu tragen (S 3), s Ha VM **72** 72.

3. **Ordnungswidrigkeit:** § 69a V Nr 4c. OW ist Verstoß gegen die Mitwirkungspflicht des S 1 und gegen die Auflage des Um- oder Entladens (S 4 Halbsatz 2). Mit der eindeutigen Weigerung, zur Waage zu fahren, ist die Tat vollendet, spätere Sinnesänderung entlastet nicht, Kar VRS **45** 225. Wer die Ladung abkippt, verstößt gegen § 31c (§ 69a V Nr 4c), sofern die Fahrt zu einer bestimmten Waage vorher angeordnet war, Bay VRS **68** 475 (hinsichtlich der Entfernung zur Waage allerdings durch die Neufassung überholt).

2. Kraftfahrzeuge und ihre Anhänger

Anm: Die Bau- und Betriebsvorschriften für Kfze und Anhänger sind in den §§ 32–62 einschließlich ihrer Ausnahmevorschriften abschließend geregelt, Ce VRS **56** 137.

Abmessungen von Fahrzeugen und Fahrzeugkombinationen

32 (1) ¹Bei Kraftfahrzeugen und Anhängern einschließlich mitgeführter austauschbarer Ladungsträger (§ 42 Abs. 3) darf die höchstzulässige Breite über alles – ausgenommen bei Schneeräumgeräten und Winterdienstfahrzeugen – folgende Maße nicht überschreiten:
1. allgemein .... 2,55 m,
2. bei land- oder forstwirtschaftlichen Arbeitsgeräten und bei Zugmaschinen und Sonderfahrzeugen mit auswechselbaren land- oder forstwirtschaftlichen Anbaugeräten sowie bei Fahrzeugen mit angebauten Geräten für die Straßenunterhaltung .... 3,00 m,
3. bei Anhängern hinter Krafträdern .... 1,00 m,
4. bei festen oder abnehmbaren Aufbauten von klimatisierten Fahrzeugen, die für die Beförderung von Gütern in temperaturgeführtem Zustand ausgerüstet sind und deren Seitenwände einschließlich Wärmedämmung mindestens 45 mm dick sind .... 2,60 m,
5. bei Personenkraftwagen .... 2,50 m.

²Die Fahrzeugbreite ist nach der ISO-Norm 612-1978, Definition Nummer 6.2 zu ermitteln. ³Abweichend von dieser Norm sind bei der Messung der Fahrzeugbreite die folgenden Einrichtungen nicht zu berücksichtigen:
– Befestigungs- und Schutzeinrichtungen für Zollplomben,
– Einrichtungen zur Sicherung der Plane und Schutzvorrichtungen hierfür,
– vorstehende flexible Teile eines Spritzschutzsystems im Sinne der Richtlinie 91/226/EWG des Rates vom 27. März 1991 (ABl. EG Nr. L 103 S. 5),

- lichttechnische Einrichtungen,
- Ladebrücken in Fahrtstellung, Hubladebühnen und vergleichbare Einrichtungen in Fahrtstellung, sofern sie nicht mehr als 10 mm seitlich über das Fahrzeug hinausragen und die nach vorne oder nach hinten liegenden Ecken der Ladebrücken mit einem Radius von mindestens 5 mm abgerundet sind; die Kanten sind mit einem Radius von mindestens 2,5 mm abzurunden,
- Spiegel und andere Systeme für indirekte Sicht,
- Reifenschadenanzeiger,
- Reifendruckanzeiger,
- ausziehbare oder ausklappbare Stufen in Fahrtstellung und
- die über dem Aufstandspunkt befindliche Ausbauchung der Reifenwände.

⁴Gemessen wird bei geschlossenen Türen und Fenstern und bei Geradeausstellung der Räder.

(2) ¹Bei Kraftfahrzeugen und Anhängern einschließlich mitgeführter austauschbarer Ladungsträger (§ 42 Abs. 3) darf die höchstzulässige Höhe über alles folgendes Maß nicht überschreiten: .... 4,00 m.
²Die Fahrzeughöhe ist nach der ISO-Norm 612-1978, Definition Nummer 6.3 zu ermitteln. ³Abweichend von dieser Norm sind bei der Messung der Fahrzeughöhe die folgenden Einrichtungen nicht zu berücksichtigen:
- nachgiebige Antennen und
- Scheren- oder Stangenstromabnehmer in gehobener Stellung.

⁴Bei Fahrzeugen mit Achshubeinrichtung ist die Auswirkung dieser Einrichtung zu berücksichtigen.

(3) Bei Kraftfahrzeugen und Anhängern einschließlich mitgeführter austauschbarer Ladungsträger und aller im Betrieb mitgeführter Ausrüstungsteile (§ 42 Abs. 3) darf die höchstzulässige Länge über alles folgende Maße nicht überschreiten:
1. bei Kraftfahrzeugen und Anhängern – ausgenommen Kraftomnibusse und Sattelanhänger – .... 12,00 m,
2. bei zweiachsigen Kraftomnibussen – einschließlich abnehmbarer Zubehörteile – .... 13,50 m,
3. bei Kraftomnibussen mit mehr als zwei Achsen – einschließlich abnehmbarer Zubehörteile – .... 15,00 m,
4. bei Kraftomnibussen, die als Gelenkfahrzeug ausgebildet sind (Kraftfahrzeuge, deren Nutzfläche durch ein Gelenk unterteilt ist, bei denen der angelenkte Teil jedoch kein selbstständiges Fahrzeug darstellt) ...... 18,75 m.

(4) ¹Bei Fahrzeugkombinationen einschließlich mitgeführter austauschbarer Ladungsträger und aller im Betrieb mitgeführter Ausrüstungsteile (§ 42 Abs. 3) darf die höchstzulässige Länge, unter Beachtung der Vorschriften in Absatz 3 Nr. 1, folgende Maße nicht überschreiten:
1. bei Sattelkraftfahrzeugen (Sattelzugmaschine mit Sattelanhänger) und Fahrzeugkombinationen (Zügen) nach Art eines Sattelkraftfahrzeugs – ausgenommen Sattelkraftfahrzeuge nach Nummer 2 – .... 15,50 m,
2. bei Sattelkraftfahrzeugen (Sattelzugmaschine mit Sattelanhänger), wenn die höchstzulässigen Teillängen des Sattelanhängers
   a) Achse Zugsattelzapfen bis zur hinteren Begrenzung 12,00 m und
   b) vorderer Überhangradius 2,04 m
   nicht überschritten werden, ... 16,50 m,
3. bei Zügen (Kraftfahrzeuge mit einem oder zwei Anhängern) – ausgenommen Züge nach Nummer 4 – .... 18,00 m,
4. bei Zügen, die aus einem Lastkraftwagen und einem Anhänger zur Güterbeförderung bestehen, 18,75 m. Dabei dürfen die höchstzulässigen Teillängen folgende Maße nicht überschreiten:
   a) größter Abstand zwischen dem vordersten äußeren Punkt der Ladefläche hinter dem Führerhaus des Lastkraftwagens und dem hintersten äußeren Punkt der Ladefläche des Anhängers der Fahrzeugkombination, abzüglich des Abstands zwischen der hinteren Begrenzung des Kraftfahrzeugs und der vorderen Begrenzung des Anhängers 15,65 m und

b) größter Abstand zwischen dem vordersten äußeren Punkt der Ladefläche hinter dem Führerhaus des Lastkraftwagens und dem hintersten äußeren Punkt der Ladefläche des Anhängers der Fahrzeugkombination 16,40 m

²Bei Fahrzeugen mit Aufbau – bei Lastkraftwagen jedoch ohne Führerhaus – gelten die Teillängen einschließlich Aufbau.

(4 a) Bei Fahrzeugkombinationen, die aus einem Kraftomnibus und einem Anhänger bestehen, beträgt die höchstzulässige Länge, unter Beachtung der Vorschriften in Absatz 3 Nr. 1 bis 3 .... 18,75 m.

(5) ¹Die Länge oder Teillänge eines Einzelfahrzeugs oder einer Fahrzeugkombination – mit Ausnahme der in Absatz 7 genannten Fahrzeugkombinationen und deren Einzelfahrzeuge – ist die Länge, die bei voll nach vorn oder hinten ausgezogenen, ausgeschobenen oder ausgeklappten Ladestützen, Ladepritschen, Aufbauwänden oder Teilen davon einschließlich aller im Betrieb mitgeführter Ausrüstungsteile (§ 42 Abs. 3) gemessen wird; dabei müssen bei Fahrzeugkombinationen die Längsmittellinien des Kraftfahrzeugs und seines Anhängers bzw. seiner Anhänger eine gerade Linie bilden. ²Bei Fahrzeugkombinationen mit nicht selbsttätig längenveränderlichen Zugeinrichtungen ist dabei die Position zugrunde zu legen, in der § 32 d (Kurvenlaufeigenschaften) ohne weiteres Tätigwerden des Fahrzeugführers oder anderer Personen erfüllt ist. ³Soweit selbsttätig längenveränderliche Zugeinrichtungen verwendet werden, müssen diese nach Beendigung der Kurvenfahrt die Ausgangslänge ohne Zeitverzug wiederherstellen.

(6) ¹Die Längen und Teillängen eines Einzelfahrzeuges oder einer Fahrzeugkombination sind nach der ISO-Norm 612-1978, Definition Nummer 6.1 zu ermitteln. ²Abweichend von dieser Norm sind bei der Messung der Länge oder Teillänge die folgenden Einrichtungen nicht zu berücksichtigen:
– Wischer- und Wascheinrichtungen,
– vordere und hintere Kennzeichenschilder,
– Befestigungs- und Schutzeinrichtungen für Zollplomben,
– Einrichtungen zur Sicherung der Plane und ihre Schutzvorrichtungen,
– lichttechnische Einrichtungen,
– Spiegel und andere Systeme für indirekte Sicht,
– Sichthilfen,
– Luftansaugleitungen,
– Längsanschläge für Wechselaufbauten,
– Trittstufen und Handgriffe,
– Stoßfängergummis und ähnliche Vorrichtungen,
– Hubladebühnen, Ladebrücken und vergleichbare Einrichtungen in Fahrtstellung,
– Verbindungseinrichtungen bei Kraftfahrzeugen,
– bei anderen Fahrzeugen als Sattelkraftfahrzeugen Kühl- und andere Nebenaggregate, die sich vor der Ladefläche befinden,
– Stangenstromabnehmer von Elektrofahrzeugen sowie
– äußere Sonnenblenden.

³Dies gilt jedoch nur, wenn durch die genannten Einrichtungen die Ladefläche weder direkt noch indirekt verlängert wird. ⁴Einrichtungen, die bei Fahrzeugkombinationen hinten am Zugfahrzeug oder vorn am Anhänger angebracht sind, sind dagegen bei den Längen oder Teillängen von Fahrzeugkombinationen mit zu berücksichtigen; sie dürfen diesen Längen nicht zugeschlagen werden.

(7) ¹Bei Fahrzeugkombinationen nach Art von Zügen zum Transport von Fahrzeugen gelten hinsichtlich der Länge die Vorschriften des Absatzes 4 Nr. 4, bei Sattelkraftfahrzeugen zum Transport von Fahrzeugen gelten die Vorschriften des Absatzes 4 Nr. 2. ²Längenüberschreitungen durch Ladestützen zur zusätzlichen Sicherung und Stabilisierung des zulässigen Überhangs von Ladungen bleiben bei diesen Fahrzeugkombinationen und Sattelkraftfahrzeugen unberücksichtigt, sofern die Ladung auch über die Ladestützen hinausragt. ³Bei der Ermittlung der Teillängen bleiben Überfahrbrücken zwischen Lastkraftwagen und Anhänger in Fahrtstellung unberücksichtigt.

(8) Auf die in den Absätzen 1 bis 4 genannten Maße dürfen keine Toleranzen gewährt werden.

3 StVZO § 32 B. Fahrzeuge III. Bau- und Betriebsvorschriften

(9) Abweichend von den Absätzen 1 bis 8 dürfen Kraftfahrzeuge nach § 30a Abs. 3 folgende Maße nicht überschreiten:
1. Breite:
   a) bei Krafträdern sowie dreirädrigen und vierrädrigen Kraftfahrzeugen .... 2,00 m,
   b) bei zweirädrigen Kleinkrafträdern und Fahrrädern mit Hilfsmotor jedoch... 1,00 m,
2. Höhe .... 2,50 m,
3. Länge .... 4,00 m.

1 **Begr** zur ÄndVO v 24. 4. 92 (VBl **92** 342):

Allgemeines: § 32 wurde anläßlich der Übernahme der EG-Richtlinie über die Länge von Lastzügen übersichtlicher gegliedert. Dabei wurden die Vorschriften über vorstehende Außenkanten (§ 32 Abs. 3 alt) und über Kurvenlaufeigenschaften (§ 32 Abs. 2 alt) aus § 32 herausgelöst und als § 30c bzw. § 32d in die StVZO eingefügt.

...

Begr zur ÄndVO v 12. 8. 97 (VBl **97** 656):

Zu Abs 4 Nr 4: *Bislang betrug die Länge von Lastzügen 18,35 m, wobei die Ladelänge auf 15,65 m und die Systemlänge (Ladelänge + Kupplungslänge) auf 16,00 m festgelegt war. Werden diese Ladelängen voll ausgenutzt, verbleibt für die Kupplung lediglich eine Länge von 0,35 m; dies bedingte aufwendige und wartungsintensive Kupplungssysteme. Diese vorstehend erwähnten Längen stehen in Übereinstimmung mit der bis dahin geltenden Richtlinie 85/3/EWG über die Gewichte, Abmessungen und bestimmte andere technische Merkmale bestimmter Straßenfahrzeuge.*

Mit der Kodifizierung der zuvor erwähnten Richtlinie 85/3/EWG ist u. a. vorgesehen, die Länge von Lastzügen auf 18,75 m anzuheben, wobei die Ladelänge mit 15,65 m unverändert bleibt. Die Systemlänge wird auf 16,40 m angehoben. Das bedeutet, daß nunmehr bei Inanspruchnahme der zulässigen Ladelänge eine Länge für die Kupplung von 0,75 m verbleibt.

...

Zu Abs 7: *Bislang galt für Fahrzeugkombinationen nach Art von Zügen zum Transport von Fahrzeugen eine höchstzulässige Länge von 18,00 m. Für diese Fahrzeuge soll nunmehr auch eine Gesamtlänge von 18,75 m erlaubt sein. Da diese Fahrzeuge auch im Fernverkehr eingesetzt werden, müssen sie mit einem „großen" Führerhaus (ca. 2,35 m) ausgestattet sein. Die Einhaltung der vorgeschriebenen Ladelängen stößt bei den Transportfahrzeugen auf Schwierigkeiten; sie können aufgrund ihrer Konstruktion nicht ohne weiteres eingehalten werden, da eine möglichst große Anzahl, i. d. R. 9, von Pkw transportiert werden soll.*

...

Begr zur ÄndVO v 23. 3. 00 (VBl **00** 362): **Zu Abs 7:** *Die Europäische Kommission hat mitgeteilt, daß auch für Fahrzeugtransporter die in der Richtlinie 96/53/EG festgelegten Werte für die Ladelänge (15,65m) und die Systemlänge (16,40m) zumindest im unbeladenen Zustand gelten. Die Verwendung von ausziehbaren Ladestützen und das Überhängen der Ladung wird durch die Richtlinie aber nicht untersagt. Das heißt, die Ladelänge und Systemlänge müssen durch Hochklappen bzw. Einschieben der Ladestützen und Überfahrbrücken eingehalten werden können; in Fahrtstellung bei heruntergeklappten bzw. ausgezogenen Ladestützen und Überfahrbrücken müssen die Maße für Ladelänge und Systemlänge nicht eingehalten werden.*

Begr zur ÄndVO v 22. 10. 03: VBl **03** 745.

35. StVZAusnV v 22. 4. 88 (BGBl I 562)

1a § 1. (1) Abweichend von § 32 Abs. 1 Nr. 1 Buchstabe a* der Straßenverkehrs-Zulassungs-Ordnung darf die Breite über alles von land- oder forstwirtschaftlichen Zugmaschinen und ihren Anhängern dann mehr als 2,50 m sein, wenn sich die größere Breite allein aus der wahlweisen Ausrüstung dieser Fahrzeuge mit Breitreifen, die einen Innendruck von nicht mehr als 1,5 bar haben, oder mit Doppelbereifung (Zwillingsbereifung) ergibt. Die Breite über alles darf nicht mehr als 3,00 m betragen.

---

*Jetzt: Abs. 1 Satz 1 Nr. 1.

Abmessungen von Fahrzeugen und Fahrzeugkombinationen § 32 StVZO **3**

(2) **Die größere Breite ist wie folgt kenntlich zu machen:**
1. Bei einer Breite von nicht mehr als 2,75 m ist eine besondere Kenntlichmachung nicht erforderlich.
2. Bei einer Breite von mehr als 2,75 m ist eine Kenntlichmachung nach vorn und nach hinten auf jeder Seite durch Park-Warntafeln nach § 51 c der Straßenverkehrs-Zulassungs-Ordnung erforderlich. Diese müssen mit dem seitlichen Umriß des Fahrzeugs abschließen. Abweichungen bis zu 100 mm nach innen sind zulässig. Die Streifen auf den Park-Warntafeln müssen nach außen und unten weisen.

Bei Zügen, bei denen Zugmaschine und Anhänger breiter als 2,75 m sind, genügt eine Warntafel auf jeder Seite vorn an der Zugmaschine und eine Warntafel auf jeder Seite hinten am Anhänger. Bei Zügen mit unterschiedlich breiten Fahrzeugen müssen am schmaleren Fahrzeug die Warntafeln entsprechend dem seitlichen Umriß des breitesten Fahrzeugs angebracht sein.

(3) Ragen die Reifen seitlich mehr als 400 mm über den äußersten Punkt der leuchtenden Fläche der Begrenzungsleuchten oder Schlußleuchten hinaus, so sind in den Fällen des § 17 Abs. 1 der Straßenverkehrs-Ordnung zusätzliche Begrenzungsleuchten und/oder Schlußleuchten erforderlich, deren äußerste Punkte der leuchtenden Flächen nicht mehr als 400 mm von der breitesten Stelle des Fahrzeugumrisses entfernt sein dürfen. Diese Beleuchtungseinrichtungen dürfen klappbar oder abnehmbar sein.

(4) Abweichend von § 36 a Abs. 1 der Straßenverkehrs-Zulassungs-Ordnung brauchen in den Fällen des Absatzes 1 keine zusätzlichen Radabdeckungen vorhanden zu sein, wenn die Zugmaschine oder der Zug mit einer Geschwindigkeit von nicht mehr als 25 km/h gefahren wird.

§ 2. (aufgehoben durch Art 2 III der 13. ÄndVStVR, BGBl I 1992, 965)

§ 3. Diese Verordnung gilt nach § 14 des Dritten Überleitungsgesetzes in Verbindung mit Artikel 3 des Gesetzes vom 28. Dezember 1982 (BGBl. I S. 2090) auch im Land Berlin.

§ 4. Diese Verordnung tritt am Tage nach der Verkündung in Kraft.

39. StVZAusnV v 27. 6. 91 (BGBl I 1431)

§ 1. Abweichend von § 32 Abs. 1 Nr. 1 Buchstabe a der Straßenverkehrs- **1 b** Zulassungs-Ordnung in der Fassung der Bekanntmachung vom 28. September 1988 (BGBl. I S. 1793), die zuletzt durch Artikel 2 der Verordnung vom 16. Mai 1991 (BGBl. I S. 1134) geändert worden ist, in Verbindung mit der in Anlage I Kapitel XI Sachgebiet B Abschnitt III Nr. 2 Abs. 37 des Einigungsvertrages vom 31. August 1990 (BGBl. 1990 II S. 885, 1102) aufgeführten Maßgabe bleiben nach den bisherigen Vorschriften der Deutschen Demokratischen Republik erteilte Ausnahmegenehmigungen hinsichtlich der höchstzulässigen Breite bis 31. Dezember 1997 gültig. Dies gilt nur, wenn die Fahrzeuge in dem in Artikel 3 des Einigungsvertrages genannten Gebiet bis spätestens zum 30. Juni 1991 erstmals in den Verkehr gekommen sind und ihre Breite nicht mehr als 2,70 m, bei land- oder forstwirtschaftlichen Arbeitsmaschinen und -geräten, sofern diese Maschinen oder Geräte in dem in Artikel 1 Abs. 1 des Einigungsvertrages genannten Gebiet und dem Land Berlin benutzt werden, nicht mehr als 3,50 m beträgt.

§ 2. *(aufgehoben)*

… (Fortsetzung s § 57 a StVZO)

Begr: VBl **91** 592.

44. StVZAusnV v 1. 4. 93 (BGBl I 438)

(Außer Kraft getreten am 1. 11. 03 gem Art 8 der 36. ÄndVStVR v 22. 10. 03 (BGBl I, **1 c** 2085)

Siehe 37. Aufl. Die AusnahmeVO betraf die Zulassung von Kom mit einer höchstzulässigen Länge bis 15 m (sog 15 m-Bus). Die AusnahmeVO ist durch die Einfügung der Nr 3 in Abs III entbehrlich geworden.

1. Maße von Fahrzeugen und Zügen. Übergangsvorschrift: § 72. Die Vorschrift **1 d** steht in Verbindung mit den §§ 32 a, 34, 35, 41, 42. Sie betrifft nur die eigentlichen

3 StVZO § 32 B. Fahrzeuge III. Bau- und Betriebsvorschriften

FzMaße, nicht die Ladung, Bay VM **86** 28 (s § 22 StVO). Richtlinien für die Kenntlichmachung überbreiter/überlanger StrFze und bestimmte hinausragende Ladungen, VBl **74** 2, **83** 23 = StVRL Nr 1.

2. **2.** Die **Breite der Fahrzeuge** ist für alle Fze (Ausnahmen: Abs I S 1 Nr 2–5 sowie 35. StVZAusnV, s Rz 1a) und Anhänger ohne Rücksicht auf die Schwere einheitlich geregelt. Die Ladungsbreite ist im § 22 StVO auf 2,55 m beschränkt. Arbeitsmaschinen: I S 1 Nr 2 und § 18. Landwirtschaftliche Zgm (und ihre Anhänger) mit Breitreifen, s Rz 1a. KühlFze: I S 1 Nr 4. Zu den Abmessungen und zur verkehrssicheren Gestaltung land- und forstwirtschaftlicher Arbeitsgeräte, s Merkblatt VBl **80** 533. Mähdrescher und andere landwirtschaftliche Arbeitsgeräte dürfen nur mit Ausnahmegenehmigung breiter als 3 m sein; dann ist eine Erlaubnis nach § 29 StVO nötig.

3. **3. Länge von Einzelfahrzeugen und Zügen.** Unberücksichtigt bleiben gem Abs VI S 2 die dort genannten Einrichtungen, soweit sie nach vorn oder nach hinten hinausragen und die Ladefläche nicht verlängern; sie dürfen dann den in Abs III und IV festgelegten Längen zugeschlagen werden. Das gilt nicht, wenn diese Einrichtungen bei FzKombinationen am ZugFz hinten oder am Anhänger vorn angebracht sind (Abs VI S 4). Da § 22 StVO die Länge von Fz oder Zug samt Ladung auf 20,75 m begrenzt, wird die Ladung innerhalb einer Wegstrecke bis zu 100 km (§ 22 IV StVO) bis zu 2,75 m über den 18 m-Zug hinausragen dürfen. Bei Transporten über diese Wegstrecke hinaus ist jedes Hinausragen der Ladung nach hinten verboten. Da abgeschleppte Fze mit dem schleppenden keinen Zug bilden (§ 18 I), gilt IV S 1 Nr 3 über die Zuglänge für diesen Fall nicht, AG Aschaffenburg RdK **55** 80, AG Günzburg MDR **57** 374, *Weigelt* DAR **55** 56, 158, *Müller* DAR **54** 145. Die Vorschrift über die höchstzulässige Länge von Zügen gilt nur, wenn das gezogene Fz (Anhänger) nicht auf das ziehende gestützt ist, anderenfalls gelten die Bestimmungen über SattelKfze bzw FzKombinationen nach Art eines SattelKfzs, VGH Mü BayVBl **91** 243. Abs IV Nr 4 gilt, wie die Neufassung (ÄndVO v 23.6. 93) klarstellt, zB nicht für Züge aus Zgm mit 2 Anhängern, Kom mit Gepäckanhänger oder Züge mit Kran-, Baubuden- oder Schaustelleranhänger; hier bleibt es bei Abs IV Nr 3 (18 m), s *Jagow* VD **93** 123. Toleranzen auf die Länge von Zügen mit 18,75 m gem Abs IV S 1 Nr 4 sind nicht zulässig (Abs VIII). Grund ist die Ratsprotokollerklärung zur EG-Richtlinie 91/60/EWG vom 4. Februar 1991, in der ausgeführt ist: *„Der Rat erklärt, daß bei den zulässigen Höchstabmessungen für Lastzüge gemäß dieser Richtlinie keine Toleranzen zugelassen sind."* (s Begr VBl **92** 343). Die Erweiterung der zulässigen Länge von Lkw mit Anhänger zur Güterbeförderung durch die Neufassung von Abs IV Nr 4 (ÄndVO v 12. 8. 97) soll die für die Kupplung verbleibende Länge auf 0,75 m erhöhen und dadurch die Verwendung starrer Kupplungssysteme ermöglichen (s Begr VBl **97** 657). Jedoch verbleibt es bei einer Ladelänge von 15,65 m. FzKombinationen mit längenverstellbaren Zugeinrichtungen, s Abs V S 2. Nur bei FzKombinationen mit nicht selbsttätig längenverstellbaren Zugeinrichtungen ist für die Messung die für Kurvenfahrten vorgesehene Position (längste Stellung der Zugeinrichtung) maßgebend, Abs V S 2; bei selbsttätig längenveränderlichen Zugeinrichtungen dagegen der verkürzte Zustand, Bay NZV **90** 322. Abs V S 3 soll verhindern, daß andere Verkehrsteilnehmer eingeklemmt werden, wenn sich etwa bei Stillstand des Zugs erst nach einer gewissen Zeit der Zug oder einzelne Zugbestandteile bewegen und der Anhänger an das Zugfahrzeug herangezogen wird (s Begr VBl **92** 343). Auch für Schaustellerzüge gilt die vorgeschriebene Höchstlänge, BMV StV 7 – 8016 Nw/65. Ausnahmen von den Längenvorschriften idR nur bei unteilbaren, überlangen Ladungen. Die Bildung eines zu langen Zuges ist bei einem Auffahrunfall nur ursächlich, wenn gerade der Verstoß gegen § 32 zum Unfall geführt hat, Ha VRS **35** 124.

4. **4.** Die **Fahrzeughöhe** ist einheitlich auf 4 m bestimmt (Abs II). Dies stimmt mit § 22 StVO hinsichtlich der Höhe der Fze einschließlich der Ladung überein. Da sich die Vorschrift nur auf Kfze und ihre Anhänger bezieht, widerspricht sie nicht § 22 II StVO, der für Fze für land- oder forstwirtschaftliche Zwecke samt einer Ladung mit land- und forstwirtschaftlichen Erzeugnissen abweichende Maße vorsieht.

5. **5. Spurhaltung. Kurvenläufigkeit.** Der Inhalt des Abs II alt über Kurvenlaufeigenschaften ist in § 32 d übernommen worden.

Mitführen von Anhängern § 32a StVZO 3

6. Verkehrsgefährdende Teile des Umrisses waren früher nach Abs III alt 6
vorschriftswidrig. Das Verbot ist jetzt in § 30c enthalten.

7. Ausnahmen: § 1 der 2. VO über Ausnahmen von straßenverkehrsrechtlichen 7
Vorschriften (Brauchtumsveranstaltungen), s § 18 Rz 2b. Weitere Ausnahmen, s die
AusnahmeVOen Rz 1a ff. Abweichend von I bis VIII werden in Abs IX die durch die
EG-Richtlinie 93/93 v 29. 10. 93 vorgegebenen höchstzulässigen Abmessungen auch
für Fze mit EinzelBE übernommen, s Begr (VBl **00** 362). Im übrigen gilt § 70 I Nr 1
(Beteiligung der StrBauB und der Träger der Straßenbaulast). Ausnahmeerteilung hinsichtlich
der höchstzulässigen Länge nur nach strengem Maßstab bei besonderer individueller
Härte, der mit zumutbaren Maßnahmen des Antragstellers nicht begegnet werden
kann, VGH Mü VM **92** 95. Richtlinien für Ausnahmegenehmigungen (§ 70) für
Turmdrehkräne, selbstfahrende Kräne, angehängte Kräne, Bagger, StrHobel, Schaufellader,
Autoschütter bis 20km/h, Muldenkipper, Züge für Großraum- und Schwertransporte,
SattelKfze für solche Transporte, Langmaterialzüge mit Nachläufer, VBl **80** 433,
86 13 = StVRL Nr 1 zu § 70. Eine Ausnahmegenehmigung bezüglich der FzLänge zum
Transport überlanger unteilbarer Ladungen berechtigt auch zur Leerfahrt auf den Hinbzw
Rückweg; sie gestattet auch die Nutzung der sonst erforderlichen Leerfahrt zum
Transport anderer Güter, soweit der örtliche Bereich der Ausnahmegenehmigung nicht
verlassen und kein nennenswerter Umweg gefahren wird, Bay VRS **62** 72. Gültigkeit
von in der **ehemaligen DDR** erteilten Ausnahmegenehmigungen unter den Voraussetzungen
des § 1 der 39. StVZAusnV (s Rz 1b) nur bis zum 31. 12. 97.

8. Ordnungswidrigkeit. §§ 69a III Nr 2 StVZO, 24 StVG. Die Vorschrift geht als 8
engere Sondervorschrift dem § 23 I StVO vor, Bay VM **72** 25. Die Bau- und Ausrüstungsvorschriften
der §§ 32ff konkretisieren die Halterverantwortlichkeit aus § 31 II
(s dort), Dü VM **76** 40. Wurde eine geringfügige Überschreitung der Abmessungen bei
Erteilung der BE nicht erkannt, so ist FzBenutzung nicht ow, Bay NZV **89** 282. Besteht
zu Zweifeln kein besonderer Anlaß, so darf den Herstellerangaben über die FzAbmessung
idR vertraut werden, dann keine Pflicht zum Nachmessen, Dü VRS **68** 388.

Mitführen von Anhängern

32a [1]Hinter Kraftfahrzeugen darf nur ein Anhänger, jedoch nicht zur Personenbeförderung
(Omnibusanhänger), mitgeführt werden. [2]Es dürfen
jedoch hinter Zugmaschinen 2 Anhänger mitgeführt werden, wenn die für Züge
mit einem Anhänger zulässige Länge nicht überschritten wird. [3]Hinter Sattelkraftfahrzeugen
darf kein Anhänger mitgeführt werden. [4]Hinter Kraftomnibussen darf
nur ein lediglich für die Gepäckbeförderung bestimmter Anhänger mitgeführt
werden.

1. Mitführen von Anhängern. Ein zweiter Anhänger gefährdet die Sicherheit im 1
allgemeinen erheblich. § 32a sieht daher idR das Mitführen nur eines Anhängers vor.
Zum Begriff „Zugmaschine", BMV VBl **62** 309. Daß hinter Zgm die Mitführung von
zwei Anhängern im Rahmen der Höchstzuglänge gestattet bleibt, erscheint vertretbar,
weil solche Züge überwiegend im Nahverkehr fahren und idR leichter und kürzer sind.
Dies trifft auch für LandwirtschaftsFze zu, wo die Mitführung von landwirtschaftlichen
Geräten als Anhänger unentbehrlich ist. Merkblatt für den Betrieb von land- oder forstwirtschaftlichen
Zgm mit einachsigen Transportanhängern, VBl **85** 758. SattelKfze sind
nach DIN 70010 Abschnitt 1 Nr 3, 5 Zusammenstellungen aus einer Sattelzugmaschine
und einem Sattelanhänger, entweder zur Güterbeförderung (Sattellastkraftwagen, Sattelkesselwagen)
oder zur Personenbeförderung (Sattelomnibusse). Sattelzugmaschinen ohne
Sattelanhänger gelten als Zgm, BaySt **97** 104 = NZV **97** 530. Nachlaufachsen zur Langholzbeförderung
sind Kfz-Anhänger, Ha VM **58** 41, Neust VRS **18** 300. § 32a steht im
Zusammenhang mit den §§ 32, 34, 35, 41, 42, er gilt nicht für das Abschleppen von
Fzen (§ 18), Ce DAR **62** 153.

2. Ausnahmen: § 70. Ausnahmeerteilung für sog Touristik-Bahnen („Parkbahnen", 2
„Kurbähnchen"), s Merkblatt zur Begutachtung von FzKombinationen zur Personen-

1095

3 StVZO § 32b　　　　B. Fahrzeuge III. Bau- und Betriebsvorschriften

beförderung und zur Erteilung der erforderlichen Ausnahmegenehmigungen, VBl **04** 192.

3　　3. **Ordnungswidrigkeit:** §§ 69a III Nr 3 StVZO, 24 StVG.

Unterfahrschutz

32b (1) Kraftfahrzeuge, Anhänger und Fahrzeuge mit austauschbaren Ladungsträgern mit einer durch die Bauart bestimmten Höchstgeschwindigkeit von mehr als 25 km/h, bei denen der Abstand von der hinteren Begrenzung bis zur letzten Hinterachse mehr als 1000 mm beträgt und bei denen in unbeladenem Zustand entweder das hintere Fahrgestell in seiner ganzen Breite oder die Hauptteile der Karosserie eine lichte Höhe von mehr als 550 mm über der Fahrbahn haben, müssen mit einem hinteren Unterfahrschutz ausgerüstet sein.

(2) Der hintere Unterfahrschutz muß der Richtlinie 70/221/EWG des Rates vom 6. April 1970 zur Angleichung der Rechtsvorschriften der Mitgliedstaaten über die Behälter für flüssigen Kraftstoff und den Unterfahrschutz von Kraftfahrzeugen und Kraftfahrzeuganhängern (ABl. EG Nr. L 76 S. 23) in der nach § 30 Abs. 4 Satz 3 jeweils anzuwendenden Fassung entsprechen.

(3) Die Absätze 1 und 2 gelten nicht für
1. land- oder forstwirtschaftliche Zugmaschinen,
2. Arbeitsmaschinen und Stapler,
3. Sattelzugmaschinen,
4. zweirädrige Anhänger, die zum Transport von Langmaterial bestimmt sind,
5. Fahrzeuge, bei denen das Vorhandensein eines hinteren Unterfahrschutzes mit dem Verwendungszweck des Fahrzeugs unvereinbar ist.

(4) Kraftfahrzeuge zur Güterbeförderung mit mindestens vier Rädern und mit einer durch die Bauart bestimmten Höchstgeschwindigkeit von mehr als 25 km/h und einer zulässigen Gesamtmasse von mehr als 3,5 t müssen mit einem vorderen Unterfahrschutz ausgerüstet sein, der den im Anhang zu dieser Vorschrift genannten Bestimmungen entspricht.

(5) Absatz 4 gilt nicht für
1. Geländefahrzeuge,
2. Fahrzeuge, deren Verwendungszweck mit den Bestimmungen für den vorderen Unterfahrschutz nicht vereinbar ist.

1　　Begr: VBl **73** 405 (s 36. Aufl).

　　Begr zur ÄndVO v 22. 10. 03 (VBl **03** 746): **Zu Abs 4 und 5:** *Mit diesen Vorschriften wird die Richtlinie 2000/40/EG des Europäischen Parlaments und des Rates vom 26. Juni 2000 zur Angleichung der Rechtsvorschriften der Mitgliedstaaten über den vorderen Unterfahrschutz von Kraftfahrzeugen und zur Änderung der Richtlinie 70/156/EWG des Rates in die StVZO übernommen.*

2　　1. **Zweck** des Unterfahrschutzes ist es zu verhindern, daß bei Auffahrunfällen Kraftfahrzeuge, vor allem Pkw, unter die überhängenden Aufbauten größerer Fze wie Lkw und ihre Anhänger geraten. Derartige Unfälle wirken sich idR besonders auf die Fahrzeuginsassen aus. Insbesondere bei höheren Auffahrgeschwindigkeiten kann das auffahrende Fz zusammengedrückt oder dessen oberer Teil ganz oder teilweise abgetrennt werden (s Begr VBl **73** 405). Die Vorschrift des § 32b entspricht der EG-Richtlinie vom 20. März 1970 über den Unterfahrschutz (ABl EG Nr L 76, S 23 v 6. 4. 70). Die Absätze IV und V über den vorderen Unterfahrschutz (eingefügt durch ÄndVO v 22. 10. 03) übernehmen die Richtlinie 2000/40/EG in die StVZO.

3　　2. **Übergangsbestimmung:** § 72 II. Für Fze, die vor dem 1. 10. 2000 erstmals in den V gekommen sind, gilt hinsichtlich des hinteren Unterfahrschutzes die frühere, vor dem 1. 4. 00 geltende Fassung. Abs IV über den vorderen Unterfahrschutz ist spätestens ab dem 1. 1. 04 auf erstmals in den Verkehr kommende Fahrzeuge anzuwenden.

4　　3. **Unvereinbar** iS des Abs III Nr 5 bzw Abs V Nr 2 mit dem Verwendungszweck des Fzs ist der Unterfahrschutz nur, wenn das Fz damit überhaupt nicht seinem Verwendungszweck entsprechend eingesetzt werden könnte, Kö VRS **73** 150; Schwierigkeiten

Kurvenlaufeigenschaften §§ 32c, 32d StVZO **3**

beim Be- oder Entladen reichen dazu nicht aus, vielmehr ist vorübergehende Demontage bei Ladevorgängen zumutbar, Kö VRS **73** 150. **Container** sind nicht FzBestandteile; treffen die übrigen Voraussetzungen des Abs I nur durch das Aufbringen des Containers zu, so gilt daher ausschließlich die Alternative „Fze mit austauschbaren Ladungsträgern", Bay VRS **68** 309; anders nur in Fällen des § 42 III 2. Land- und forstwirtschaftliche Arbeitsgeräte unterliegen dem § 32b nicht, s Merkblatt des BMV, VBl **00** 674 (676).

4. Ordnungswidrigkeit: § 69a III Nr 3a. Danach handelt auch ow, wer ein Fz mit einem Unterfahrschutz in Betrieb nimmt, dessen Beschaffenheit gefährdet, KG VRS **82** 149.

Seitliche Schutzvorrichtungen

32c (1) Seitliche Schutzvorrichtungen sind Einrichtungen, die verhindern sollen, daß Fußgänger, Rad- oder Kraftradfahrer seitlich unter das Fahrzeug geraten und dann von den Rädern überrollt werden können.

(2) Lastkraftwagen, Zugmaschinen und Kraftfahrzeuge, die hinsichtlich der Baumerkmale ihres Fahrgestells den Lastkraftwagen oder Zugmaschinen gleichzusetzen sind, mit einer durch die Bauart bestimmten Höchstgeschwindigkeit von mehr als 25 km/h und ihre Anhänger müssen, wenn ihr zulässiges Gesamtgewicht jeweils mehr als 3,5 t beträgt, an beiden Längsseiten mit seitlichen Schutzvorrichtungen ausgerüstet sein.

(3) Absatz 2 gilt nicht für
1. land- oder forstwirtschaftliche Zugmaschinen und ihre Anhänger,
2. Sattelzugmaschinen,
3. Anhänger, die besonders für den Transport sehr langer Ladungen, die sich nicht in der Länge teilen lassen, gebaut sind,
4. Fahrzeuge, die für Sonderzwecke gebaut und bei denen seitliche Schutzvorrichtungen mit dem Verwendungszweck des Fahrzeugs unvereinbar sind.

(4) Die seitlichen Schutzvorrichtungen müssen den im Anhang zu dieser Vorschrift genannten Bestimmungen entsprechen.

Begr (VBl **90** 493): *Bei seitlicher Kollision von Fußgängern oder Zweiradfahrern mit Lastkraftwagen oder Anhängern, insbesondere mit der Seite des Aufbaus, besteht die Gefahr, unter das Fahrzeug zu geraten und von den Rädern überrollt zu werden. Der Grund liegt in der großen Höhe des Lkw-Aufbaus im Zusammenspiel mit dem Freiraum darunter. Dadurch wird der Fußgänger bzw. Zweiradfahrer in der Regel oberhalb des Schwerpunktes seines Körpers getroffen, so daß der Fußgänger nicht vom Fahrzeug weggestoßen wird, sondern unter das Fahrzeug gerät. Betroffen sind hiervon alle Altersgruppen. Bei immer wieder vorkommenden schwersten Unfällen mit seitlicher Kollision werden lt. Untersuchungsergebnis von Prof. Dr.-Ing. Appel, Technische Universität Berlin, ca. 60 % der Unfallpartner überrollt und in über 80 % aller Fälle getötet.*
... Die seitliche Schutzvorrichtung besteht aus einer fortlaufenden ebenen Fläche oder aus einer oder mehreren horizontalen Schienen bzw. einer Kombination aus Flächen und Schienen.
...

Begr zur ÄndVO v 25. 10. 94: BRDrucks 782/94.

1. Nach der **Übergangsbestimmung** des § 72 II gilt die Vorschrift nicht für Fze, die vor dem 1. 1. 75 erstmals in den V gekommen sind. Für Kfze, die hinsichtlich der Baumerkmale ihres Fahrgestells den Lkw oder Zgm gleichzusetzen sind, besteht Nachrüstungspflicht nach Maßgabe von § 72 II.

2. Ordnungswidrigkeit: § 69a III Nr 3b.

Kurvenlaufeigenschaften

32d (1) ¹Kraftfahrzeuge und Fahrzeugkombinationen müssen so gebaut und eingerichtet sein, daß einschließlich mitgeführter austauschbarer Ladungsträger (§ 42 Abs. 3) die bei einer Kreisfahrt von 360° überstrichene Ringfläche mit einem äußeren Radius von 12,50 m keine größere Breite als 7,20 m hat. ²Dabei muß die vordere – bei hinterradgelenkten Fahrzeugen die hintere – äußerste Begrenzung des Kraftfahrzeugs auf dem Kreis von 12,50 m Radius geführt werden.

(2) ¹Beim Einfahren aus der tangierenden Geraden in den Kreis nach Absatz 1 darf kein Teil des Kraftfahrzeugs oder der Fahrzeugkombination diese Gerade um mehr als 0,8 m nach außen überschreiten. ²Abweichend davon dürfen selbstfahrende Mähdrescher beim Einfahren aus der tangierenden Geraden in den Kreis diese Gerade um bis zu 1,60 m nach außen überschreiten.

(3) ¹Bei Kraftomnibussen ist bei stehendem Fahrzeug auf dem Boden eine Linie entlang der senkrechten Ebene zu ziehen, die die zur Außenseite des Kreises gerichtete Fahrzeugseite tangiert. ²Bei Kraftomnibussen, die als Gelenkfahrzeug ausgebildet sind, müssen die zwei starren Teile parallel zu dieser Ebene ausgerichtet sein. ³Fährt das Fahrzeug aus einer Geradeausbewegung in die in Absatz 1 beschriebene Kreisringfläche ein, so darf kein Teil mehr als 0,60 m über die senkrechte Ebene hinausragen.

1 **Begr** (VBl 92 343): **Zu Absatz 1:** *Die Vorschrift wurde unverändert aus § 32 (alt) übernommen.*

Zu Absatz 2: *Satz 1 wurde unverändert aus § 32 (alt) übernommen. Bei Satz 2 handelt es sich um die Übernahme des § 2 der 35. Ausnahmeverordnung zur StVZO vom 22. April 1988, der aufgehoben wird.*

Begr zur ÄndVO v 22. 10. 03 **(zu Abs 3):** VBl **03** 746.

2 **1. Spurhaltung. Kurvenläufigkeit.** Die Vorschrift regelt die Spurhaltung der Fze und Züge zwecks gefahrloseren Durchfahrens enger Kurven und Abbiegens nach rechts, bei dem Fze und Züge mit schlechter Spurhaltung oft weit nach links ausbiegen müssen, um nach rechts abbiegen zu können. Ausnahmen: § 70 I Nr 1.

3 **2. Ordnungswidrigkeit:** §§ 69 a III Nr 3 c StVZO, 24 StVG.

Schleppen von Fahrzeugen

33 (1) ¹Fahrzeuge, die nach ihrer Bauart zum Betrieb als Kraftfahrzeug bestimmt sind, dürfen nicht als Anhänger betrieben werden. ²Die Verwaltungsbehörden (Zulassungsbehörden) können in Einzelfällen Ausnahmen genehmigen.

(2) Werden Ausnahmen nach Absatz 1 genehmigt, so gelten folgende Sondervorschriften:
1. Das schleppende Fahrzeug darf jeweils nur ein Fahrzeug mitführen. Dabei muß das geschleppte Fahrzeug durch eine Person gelenkt werden, die die beim Betrieb des Fahrzeugs als Kraftfahrzeug erforderliche Fahrerlaubnis besitzt. Satz 2 gilt nicht, wenn die beiden Fahrzeuge durch eine Einrichtung verbunden sind, die ein sicheres Lenken auch des geschleppten Fahrzeugs gewährleistet, und die Anhängelast nicht mehr als die Hälfte des Leergewichts des ziehenden Fahrzeugs, jedoch in keinem Fall mehr als 750 kg beträgt.
2. Das geschleppte Fahrzeug unterliegt nicht den Vorschriften über das Zulassungsverfahren.
3. Das geschleppte Fahrzeug bildet mit dem ziehenden Fahrzeug keinen Zug im Sinne des § 32.
4. Bezüglich der §§ 41, 53, 54, 55 und 56 gilt das geschleppte Fahrzeug als Kraftfahrzeug.
5. § 43 Abs. 1 Satz 2 und 3 sowie Abs. 4 Satz 1 ist nicht anzuwenden.
6. Fahrzeuge mit einem zulässigen Gesamtgewicht von mehr als 4 t dürfen nur mit Hilfe einer Abschleppstange mitgeführt werden.
7. Die für die Verwendung als Kraftfahrzeug vorgeschriebenen oder für zulässig erklärten lichttechnischen Einrichtungen dürfen am geschleppten Fahrzeug angebracht sein. Soweit sie für Anhänger nicht vorgeschrieben sind, brauchen sie nicht betriebsfertig zu sein.

1 **Begr** zur ÄndVO v 21. 7. 69: VBl **69** 394.

2 § 3 der 6. AusnVO 1962 idF der ÄndVO-StVZO 1973 (BGBl I 662):
§ 33 StVZO gilt nicht für Kraftfahrzeuge, die den Vorschriften über Bau und Ausrüstung von Anhängern entsprechen und bei denen dies aus einer vom Kraftfahrzeugführer mitgeführten Bescheinigung der Zulassungsbehörde oder eines

amtlich anerkannten Sachverständigen für den Kraftfahrzeugverkehr oder aus dem Nachweis nach § 18 Abs. 5 StVZO ersichtlich ist.

1. Schleppen von Kraftfahrzeugen. § 33 betrifft nur das *Schleppen*, nicht das *Abschleppen* betriebsunfähiger Fze. Schleppen ist das Ziehen eines betriebsfähigen oder betriebsunfähigen Kfzs, soweit nicht die Voraussetzungen des § 18 I für das Abschleppen vorliegen, OVG Münster VRS **106** 230. Beim Abschleppen (Begriff: § 18) betriebsunfähiger Fze gilt § 18, Ha VRS **30** 137, Ce DAR **62** 153, OVG Münster VRS **106** 230 (s BMV VBl **60** 582, **61** 24). Ein betriebsfähiges Kfz, von einem anderen geschleppt, unterliegt, wenn die Genehmigung vorliegt, als zulassungsfreier Anhänger (II Nr 2) weder der Pflichtversicherung noch der Kfz-Steuerpflicht; gem § 2 I Nr 6 c PflVG sind nämlich Anhänger, die den Vorschriften über das Zulassungsverfahren nicht unterliegen, von der Versicherungspflicht ausgenommen, entsprechendes gilt nach § 3 Nr 1 KraftStG hinsichtlich der Besteuerung. Anders bei fehlender Genehmigung, dann unterliegt das geschleppte Fz als Anhänger der Zulassungs- und damit auch der Versicherungs- und Steuerpflicht, ist also vom Halter des *schleppenden* Fzs als Anhänger zu versichern, s vor § 29 a Rz 2. Unabhängig vom Vorliegen einer Genehmigung bedarf der Schleppende (anders als beim Abschleppen: § 6 I S 3 FeV, s § 18 StVZO Rz 10) der FEKl E, wenn das geschleppte Fz eine Gesamtmasse von mehr als 750 kg hat. Der Geschleppte benötigt (ebenfalls anders als bei Abschleppen, s § 18 StVZO Rz 10) die FE für das geschleppte Fz (Abs II Nr 1). Zuwiderhandlung: Rz 5.

2. Ausnahmen. § 33 will den bei Verwendung von Kfzen als Anhänger entstehenden Gefahren entgegenwirken, OVG Münster VRS **106** 237. Diese Gefahren fehlen bei Fzen, die für wechselnde Verwendung als Kfze oder Anhänger gebaut sind. Für derartige Fze paßt auch § 33 II nicht. Die **6. StVZAusnV** befreit deshalb die Fze, die nach ihrer Bauart als Kfze oder Anhänger verwendet werden, von § 33. Die Bewilligung einer Ausnahme gem I S 2 steht im Ermessen der VB, OVG Münster VRS **106** 236. Dabei sind der Zweck des Abs I S 1 und die Zwecke der Ermächtigungsgrundlage in § 6 StVG zu berücksichtigen, OVG Münster VRS **106** 236. S im übrigen § 70 Rz 2. Betrieben des KfzHandels und -handwerks, die den Nachweis ausreichender KfzHaftpflichtversicherung geführt haben, können Ausnahmen von § 33 I als Dauergenehmigung für das ziehende Fz gewährt werden, ohne daß die Anzahl der Schleppvorgänge festgelegt wird, auch unbefristet, jedoch mit Widerrufsvorbehalt, BMV VBl **60** 650, **61** 386, 575. Zuständige VB: § 68, s OVG Münster VRS **106** 230.

3. Zuwiderhandlungen. Der Geschleppte, der entgegen II Nr 1 die für das beim Betrieb des geschleppten Fzs **erforderliche FE** nicht hat, handelt nur ow (§ 69 a III Nr 3), keine Strafbarkeit gem § 21 StVG, s § 21 StVG Rz 11. Wird ohne die erforderliche **Genehmigung** geschleppt, so ist der Halter des ziehenden Fzs bezüglich des geschleppten kfzsteuerpflichtig, Dü VM **77** 94. Verstöße gegen § 33 I (ungenehmigte Schleppfahrt) und II Ziff 1 Satz 2 (Lenkung des geschleppten Fz ohne entsprechende FE) sind ow (§§ 69 a III Nr 3 StVZO, 24 StVG). „Anschleppen", s § 18 Rz 11, § 21 StVG Rz 11.

Lit: *Huppertz*, Abschleppen und (ungenehmigtes) Schleppen, VD **00** 58. *Wiederhold*, Schleppen und Abschleppen, VD **79** 267. Weitere Lit: § 18 Rz 12.

Achslast und Gesamtgewicht

34 (1) Die Achslast ist die Gesamtlast, die von den Rädern einer Achse oder einer Achsgruppe auf die Fahrbahn übertragen wird.

(2) ¹Die technisch zulässige Achslast ist die Achslast, die unter Berücksichtigung der Werkstoffbeanspruchung und nachstehender Vorschriften nicht überschritten werden darf:

§ 36   (Bereifung und Laufflächen);
§ 41 Abs. 11   (Bremsen an einachsigen Anhängern und zweiachsigen
                    Anhängern mit einem Achsabstand von weniger als 1,0 m).

²Das technisch zulässige Gesamtgewicht ist das Gewicht, das unter Berücksichtigung der Werkstoffbeanspruchung und nachstehender Vorschriften nicht überschritten werden darf:

§ 35 (Motorleistung);
§ 41 Abs. 10 und 18 (Auflaufbremse);
§ 41 Abs. 15 und 18 (Dauerbremse).

(3) ¹Die zulässige Achslast ist die Achslast, die unter Berücksichtigung der Bestimmungen des Absatzes 2 Satz 1 und des Absatzes 4 nicht überschritten werden darf. ²Das zulässige Gesamtgewicht ist das Gewicht, das unter Berücksichtigung der Bestimmungen des Absatzes 2 Satz 2 und der Absätze 5 und 6 nicht überschritten werden darf. ³Die zulässige Achslast und das zulässige Gesamtgewicht sind beim Betrieb des Fahrzeugs und der Fahrzeugkombination einzuhalten.

(4) ¹Bei Kraftfahrzeugen und Anhängern mit Luftreifen oder den in § 36 Abs. 3 für zulässig erklärten Gummireifen – ausgenommen Straßenwalzen – darf die zulässige Achslast folgende Werte nicht übersteigen:
1. Einzelachslast
   a) Einzelachsen .... 10,00 t
   b) Einzelachsen (angetrieben) .... 11,50 t;
2. Doppelachslast von Kraftfahrzeugen unter Beachtung der Vorschriften für die Einzelachslast
   a) Achsabstand weniger als 1,0 m .... 11,50 t
   b) Achsabstand 1,0 m bis weniger als 1,3 m .... 16,00 t
   c) Achsabstand 1,3 m bis weniger als 1,8 m .... 18,00 t
   d) Achsabstand 1,3 m bis weniger als 1,8 m, wenn die Antriebsachse mit Doppelbereifung und Luftfederung oder einer als gleichwertig anerkannten Federung nach Anlage XII ausgerüstet ist oder jede Antriebsachse mit Doppelbereifung ausgerüstet ist und dabei die höchstzulässige Achslast von 9,50 t je Achse nicht überschritten wird, ... 19,00 t;
3. Doppelachslast von Anhängern unter Beachtung der Vorschriften für die Einzelachslast
   a) Achsabstand weniger als 1,0 m .... 11,00 t
   b) Achsabstand 1,0 m bis weniger als 1,3 m .... 16,00 t
   c) Achsabstand 1,3 m bis weniger als 1,8 m .... 18,00 t
   d) Achsabstand 1,8 m oder mehr .... 20,00 t;
4. Dreifachachslast unter Beachtung der Vorschriften für die Doppelachslast
   a) Achsabstände nicht mehr als 1,3 m .... 21,00 t
   b) Achsabstände mehr als 1,3 m und nicht mehr als 1,4 m .... 24,00 t.

²Sind Fahrzeuge mit anderen Reifen als den in Satz 1 genannten versehen, so darf die Achslast höchstens 4,00 t betragen.

(5) Bei Kraftfahrzeugen und Anhängern – ausgenommen Sattelanhänger und Starrdeichselanhänger (einschließlich Zentralachsanhänger) – mit Luftreifen oder den in § 36 Abs. 3 für zulässig erklärten Gummireifen darf das zulässige Gesamtgewicht unter Beachtung der Vorschriften für die Achslasten folgende Werte nicht übersteigen:
1. Fahrzeuge mit nicht mehr als 2 Achsen
   Kraftfahrzeuge und Anhänger jeweils .... 18,00 t;
2. Fahrzeuge mit mehr als 2 Achsen – ausgenommen Kraftfahrzeuge nach Nummern 3 und 4 –
   a) Kraftfahrzeuge .... 25,00 t
   b) Kraftfahrzeuge mit einer Doppelachslast nach Absatz 4 Nr. 2 Buchstabe d .... 26,00 t
   c) Anhänger .... 24,00 t
   d) Kraftomnibusse, die als Gelenkfahrzeuge gebaut sind .... 28,00 t;
3. Kraftfahrzeuge mit mehr als 3 Achsen – ausgenommen Kraftfahrzeuge nach Nummer 4 –
   a) Kraftfahrzeuge mit 2 Doppelachsen, deren Mitten mindestens 4,0 m voneinander entfernt sind, ... 32,00 t
   b) Kraftfahrzeuge mit 2 gelenkten Achsen und mit einer Doppelachslast nach Absatz 4 Nr. 2 Buchstabe d und deren höchstzulässige Belastung, bezogen auf den Abstand zwischen den Mitten der vordersten und der hintersten Achse, 5,00 t je Meter nicht übersteigen darf, nicht mehr als .... 32,00 t;
4. Kraftfahrzeuge mit mehr als 4 Achsen unter Beachtung der Vorschriften in Nummer 3 .... 32,00 t.

Achslast und Gesamtgewicht § 34 StVZO 3

(5a) Abweichend von Absatz 5 gelten für die zulässigen Gewichte von Kraftfahrzeugen nach § 30a Abs. 3 die im Anhang zu dieser Vorschrift genannten Bestimmungen.

(6) Bei Fahrzeugkombinationen (Züge und Sattelkraftfahrzeuge) darf das zulässige Gesamtgewicht unter Beachtung der Vorschriften für Achslasten, Anhängelasten und Einzelfahrzeuge folgende Werte nicht übersteigen:

1. Fahrzeugkombinationen mit weniger als 4 Achsen .... 28,00 t;
2. Züge mit 4 Achsen
   zweiachsiges Kraftfahrzeug mit zweiachsigem Anhänger...................... 36,00 t;
3. zweiachsige Sattelzugmaschine mit zweiachsigem Sattelanhänger
   a) bei einem Achsabstand des Sattelanhängers von 1,3 m und mehr ..... 36,00 t
   b) bei einem Achsabstand des Sattelanhängers von mehr als 1,8 m, wenn die Antriebsachse mit Doppelbereifung und Luftfederung oder einer als gleichwertig anerkannten Federung nach Anlage XII ausgerüstet ist.. 38,00 t;
4. andere Fahrzeugkombinationen mit vier Achsen
   a) mit Kraftfahrzeug nach Absatz 5 Nr. 2 Buchstabe a .... 35,00 t
   b) mit Kraftfahrzeug nach Absatz 5 Nr. 2 Buchstabe b .... 36,00 t;
5. Fahrzeugkombinationen mit mehr als 4 Achsen .... 40,00 t;
6. Sattelkraftfahrzeug, bestehend aus dreiachsiger Sattelzugmaschine mit zwei- oder dreiachsigem Sattelanhänger, das im kombinierten Verkehr im Sinne der Richtlinie 92/106/EWG des Rates vom 7. Dezember 1992 über die Festlegung gemeinsamer Regeln für bestimmte Beförderungen im kombinierten Güterverkehr zwischen Mitgliedstaaten (ABl. EG Nr. L 368 S. 38) einen ISO-Container von 40 Fuß befördert... 44,00 t.

(7) ¹Das nach Absatz 6 zulässige Gesamtgewicht errechnet sich
1. bei Zügen aus der Summe der zulässigen Gesamtgewichte des ziehenden Fahrzeugs und des Anhängers,
2. bei Zügen mit Starrdeichselanhängern (einschließlich Zentralachsanhängern) aus der Summe der zulässigen Gesamtgewichte des ziehenden Fahrzeugs und des Starrdeichselanhängers, vermindert um den jeweils höheren Wert
   a) der zulässigen Stützlast des ziehenden Fahrzeugs oder
   b) der zulässigen Stützlast des Starrdeichselanhängers,
   bei gleichen Werten um diesen Wert,
3. bei Sattelkraftfahrzeugen aus der Summe der zulässigen Gesamtgewichte der Sattelzugmaschine und des Sattelanhängers, vermindert um den jeweils höheren Wert
   a) der zulässigen Sattellast der Sattelzugmaschine oder
   b) der zulässigen Aufliegelast des Sattelanhängers,
   bei gleichen Werten um diesen Wert.
²Ergibt sich danach ein höherer Wert als
28,00 t (Absatz 6 Nr. 1),
36,00 t (Absatz 6 Nr. 2 und Nr. 3 Buchstabe a und Nr. 4 Buchstabe b),
38,00 t (Absatz 6 Nr. 3 Buchstabe b),
35,00 t (Absatz 6 Nr. 4 Buchstabe a),
40,00 t (Absatz 6 Nr. 5) oder
44,00 t (Absatz 6 Nr. 6),
so gelten als zulässiges Gesamtgewicht 28,00 t, 36,00 t, 38,00 t, 35,00 t, 40,00 t bzw. 44,00 t.

(8) Bei Lastkraftwagen, Sattelkraftfahrzeugen und Lastkraftwagenzügen darf das Gewicht auf der oder den Antriebsachsen im grenzüberschreitenden Verkehr nicht weniger als 25 vom Hundert des Gesamtgewichts des Fahrzeugs oder der Fahrzeugkombination betragen.

(9) ¹Der Abstand zwischen dem Mittelpunkt der letzten Achse eines Kraftfahrzeugs und dem Mittelpunkt der ersten Achse eines Anhängers muß mindestens 3,0 m, bei Sattelkraftfahrzeugen und bei land- und forstwirtschaftlichen Zügen sowie bei Zügen, die aus einem Zugfahrzeug und Anhänger-Arbeitsmaschinen bestehen, mindestens 2,5 m betragen. ²Dies gilt nicht für Züge, bei denen das zulässige Gesamtgewicht des Zugfahrzeugs nicht mehr als 7,50 t oder das des Anhängers nicht mehr als 3,50 t beträgt.

3 StVZO § 34 B. Fahrzeuge III. Bau- und Betriebsvorschriften

(10) Fahrzeuge mit mindestens vier Rädern, einer durch die Bauart bestimmten Höchstgeschwindigkeit von mehr als 25 km/h und einem zulässigen Gesamtgewicht von mehr als 3,50 t, die Teil einer fünf- oder sechsachsigen Fahrzeugkombination sind, müssen im grenzüberschreitenden Verkehr mit den EG-Mitgliedstaaten und den anderen Vertragsstaaten des Abkommens über den Europäischen Wirtschaftsraum außerdem den im Anhang zu dieser Vorschrift genannten Bedingungen entsprechen.

(11) Für Hubachsen oder Lastverlagerungsachsen sind die im Anhang zu dieser Vorschrift genannten Bestimmungen anzuwenden.

1   **Begr** zur ÄndVO v 23. 7. 90 (VBl **90** 494): *Die Übernahme der bei den EG festgelegten Grenzwerte wurde zum Anlaß genommen, § 34 insgesamt neu zu fassen. Dabei wurden auch weitere Änderungen vorgenommen.*

Zu den Absätzen 1 bis 10: *Im einzelnen sind dies:*

1. Trennung zwischen dem amtlich zulässigen Gewicht und dem technisch zulässigen Gewicht einer Achse, Achsgruppe oder dem des Einzelfahrzeugs.
Bisher wurden in der Bundesrepublik Deutschland bei Fahrzeugen und Achslasten, deren technisch zulässige Gewichte höher als die amtlich zulässigen Gewichte sind, die amtlich zulässigen Grenzwerte in die Fahrzeugpapiere eingetragen. Es kann aber im Hinblick auf den freien Warenverkehr im Binnenmarkt von 1993 an und damit einer möglichen Kabotage für deutsche Fahrzeughalter günstig sein, wenn die technisch zulässigen höheren Gewichte in einem amtlichen Papier festgehalten sind; die im benachbarten Ausland z. T. höheren amtlichen Achslasten und/oder Gesamtgewichte könnten damit zumindest leichter von deutschen Fahrzeugen mit ausgenutzt und Wettbewerbsverzerrungen zu Ungunsten deutscher Fahrzeughalter verhindert werden. Die technisch zulässigen Grenzwerte können in der Übereinstimmungsbescheinigung nach § 59 a aufgeführt werden.
2. bis 4...
5. In Absatz 5 Nr. 3 ist in Buchstabe a das bisherige 4 achsige Fahrzeug wieder aufgenommen worden. In Buchstabe b ist das 4 achsige Fahrzeug, wie es die Richtlinie 85/3/EWG vorsieht, zu finden. Die Fahrzeughersteller können damit wählen, ob sie die Fahrzeuge nach Buchstaben a oder b zulassen wollen.
6. In Absatz 4 Nr. 2 Buchstabe c, Absatz 5 Nr. 2 Buchstabe b und Absatz 6 Nr. 3 Buchstabe b ist bei Vorhandensein von Luftfederung oder „einer als gleichwertig anerkannten Federung" ein höheres Gewicht zulässig ...

Begr zur ÄndVO v 23. 6. 93 (VBl **93** 612):
Zu Abs 4 Nr 2 c und d: *Mit der Richtlinie 92/7/EWG des Rates vom 10. Februar 1992 zur Änderung der Richtlinie 85/3/EWG über die Gewichte, Abmessungen und bestimmte andere Merkmale bestimmter Straßenfahrzeuge sind die Bedingungen für die Gleichwertigkeit von Luftfederungen und bestimmten anderen Federungssystemen an der (den) Antriebsachse(n) des Fahrzeugs festgelegt worden. Mit der Änderung des § 34 und der Einführung der Anlage XII wird die obengenannte EG-Richtlinie in nationales Recht übernommen.*
...

Begr zur ÄndVO v 12. 8. 97 (VBl **97** 657): **Zu Abs 5:** *Mit dieser Vorschrift werden die Starrdeichselanhänger hinsichtlich der Achslasten und Gesamtgewichte den Sattelanhängern gleichgestellt. Dies ist auch vertretbar, weil diese Starrdeichselanhänger über die Verbindungseinrichtung eine Stützlast auf das Zugfahrzeug übertragen, die einige Tonnen betragen kann.*
...

Begr zur ÄndVO v 22. 10. 03 (VBl **03** 746): **Zu Abs 6:** *Diese Ergänzung dient der Klarstellung, daß bei der Bildung des zulässigen Gesamtgewichts von Fahrzeugkombinationen ggf. auch die zulässige Anhängelast des Zugfahrzeugs zu berücksichtigen ist.*

53. StVZAusnV v 2. 7. 97 (BGBl I 1665)

1 a   § 1. (1) Abweichend von § 34 Abs. 5 Nr. 1 der Straßenverkehrs-Zulassungs-Ordnung darf das zulässige Gesamtgewicht von Anhängern mit nicht mehr als zwei Achsen unter Beachtung der Vorschriften für die Achslasten 20,00 t und abweichend von § 34 Abs. 6 Nr. 6 der Straßenverkehrs-Zulassungs-Ordnung darf das

Achslast und Gesamtgewicht § 34 StVZO **3**

zulässige Gesamtgewicht bei Fahrzeugkombinationen (Züge und Sattelkraftfahrzeuge) mit mehr als vier Achsen unter Beachtung der Vorschriften für Achslasten und Einzelfahrzeuge 44,00 t nicht überschreiten. Satz 1 gilt nur für Fahrzeuge, die für diese Achslasten und Gesamtgewichte zugelassen sind bei Fahrten im Kombinierten Verkehr
1. Schiene/Straße zwischen Be- oder Entladestelle und nächstgelegenem geeigneten Bahnhof; im begleitenden Kombinierten Verkehr (Rollende Landstraße) zwischen Be- oder Entladestelle und einem höchstens 150 km Luftlinie entfernten geeigneten Bahnhof,
2. Binnenwasserstraße/Straße zwischen Be- oder Entladestelle und einem höchstens 150 km Luftlinie entfernten Binnenhafen und
3. See/Straße (mit einer Seestrecke von mehr als 100 km Luftlinie) zwischen Be- oder Entladestelle und einem höchstens 150 km Luftlinie entfernten Seehafen.

(2) Kombinierter Verkehr im Sinne des Absatzes 1 ist der Transport von Gütern in einem Kraftfahrzeug, einem Anhänger oder in Ladegefäßen, die mit Geräten umgeschlagen werden, wenn der Transport auf einem Teil der Strecke mit der Eisenbahn, dem Binnen-, Küsten- oder Seeschiff und auf dem anderen Teil mit dem Kraftfahrzeug durchgeführt wird (KV-Transportkette).

(3) Bei der Verwendung eines Fahrzeuges nach Absatz 1 ist bei der Anfuhr eine Reservierungsbestätigung nach § 6 Abs. 2 der Verordnung über den grenzüberschreitenden Kombinierten Verkehr und bei der Abfuhr ein von der Eisenbahnverwaltung abgestempelter Frachtbrief oder ein Beförderungspapier für den Bahntransport oder eine Bescheinigung des Schiffahrttreibenden über die Benutzung eines Binnen- oder Seeschiffs mitzuführen und zuständigen Personen auf Verlangen zur Prüfung auszuhändigen.

§ 2. Diese Verordnung tritt am Tage nach der Verkündung in Kraft.

Begr: VBl 97 514.

1. Die **Gewichtsgrenzen** der Fze regelt § 34 zwecks Straßenschonung. Diese werden durch die Stärke der Belastung ausgedrückt, die Achsen, Räder oder Laufrollen auf eine ebene Fahrbahn ausüben, in beladenem Zustand, da es sich um Gewichtshöchstgrenzen handelt. Das technisch zulässige Gesamtgewicht (s dazu Rz 1) ist in Abs II S 2 definiert. **2**

2. **Achse** ist die Konstruktion im Mittelpunkt der Räder oder Rollen der Fze. **3**

3. **Achslast** (s Abs I, II, III sowie Rz 1) ist die Gesamtlast, die die Räder einer Achse oder Achsgruppe auf die ebene Fahrbahn (bei unebener Fahrbahn verteilt sich die Last ungleichmäßig) übertragen (Last eines Rades = Radlast), und der auf jede Achse entfallende Anteil des Gesamtgewichts des Fzs. **4**

4. **Zulässige Achslast. Zulässiges Gesamtgewicht. Begriffsbestimmungen.** **5**
Die Absätze IV bis VI legen die zulässigen Höchstwerte fest. Die Neufassung v 23. 7. 90 übernimmt die bei den EG festgelegten Grenzwerte; teilweise Anhebung war bereits durch die 13.ÄndVO v 16. 7. 86 erfolgt. Übergangsbestimmung: § 72 StVZO. Die in IV bis VI angegebenen Werte sind Höchstwerte, die im Interesse der StrSchonung nicht überschritten werden dürfen. Eine Gewichtstoleranz ist hierbei nicht einzuräumen, s BMV VBl **91** 270. Für das einzelne Fz kommt es für die Höhe der Beladungsfähigkeit auf Konstruktion und Werkstoffbeanspruchung an. Das zulässige Gesamtgewicht richtet sich nach der Anzahl der Achsen. Bei einachsigen Anhängern sind zulässiges Gewicht und zulässige Achslast identisch, Bay VRS **69** 72. Aus dem Gesamtgewicht kann man die zulässige Tragfähigkeit errechnen. Der Begriff des zulässigen Gesamtgewichts deckt sich mit dem im Zulassungsverfahren festgestellten Gesamtgewicht, wie es im FzBrief (FzSchein) eingetragen ist, BaySt **97** 104 = NZV **97** 530, Kar VRS **73** 216, Dü VRS **82** 233, wobei das technisch zulässige Gesamtgewicht das amtlich zulässige übersteigen kann. Die Neufassung v 23. 7. 90 trägt dem ausdrücklich Rechnung, s Rz 1. Ein amtlich herabgesetztes zulässiges Gesamtgewicht ist verbindlich, Ko VRS **59** 63, AG Freiburg VM **92** 72. Nicht zulässig ist es, in FzPapieren das zulässige Gesamtgewicht herabzusetzen, weil es nach Angabe der Halter nicht ausgenutzt wird, BMV VBl **56** 368. Solche Herabsetzung ist nur zulässig, wenn die technischen Eigenschaften des Fz geändert werden.

3 StVZO § 34 B. Fahrzeuge III. Bau- und Betriebsvorschriften

6   Für **Fahrzeugkombinationen** im kombinierten Verkehr (Transport teilweise mit Eisenbahn oder Schiff) gelten die Ausnahmebestimmungen der 53. StVZAusnV, s Rz 14. Zugfz und Anhänger sind vor dem Wiegen abzukuppeln, Kar VRS **98** 447 (anderenfalls kann Sicherheitsabschlag geboten sein), Dü VM **75** 69. Bei Feststellung des Gesamtgewichts des ziehenden Fz muß die Anhängerstützlast mit berücksichtigt werden, weil sie das ziehende Fz mit belastet, daher muß ein einachsiger Anhänger beim Wiegen angekuppelt bleiben, Ha VRS **40** 222. Die Berechnung des zulässigen Gesamtgewichts bei **SattelKfzen** gem Abs VII S 1 Nr 3 führt dazu, daß das Gesamtgewicht niedriger sein kann als die Summe der Gewichte von Zgm und Anhänger, s Bay VM **92** 13. Das zulässige Gesamtgewicht einer SattelZgm ergibt sich aus der Addition von Leergewicht und Aufliegelast, BaySt **97** 104 = NZV **97** 530, Kö NZV **01** 393. Zur Berechnung des zulässigen Gesamtgewichts bei Zügen, SattelKfzen und bei Verwendung von Anhänger-Untersetzachsen oder von Sattelanhänger-Untersetzachsen, *Klewe* VD **79** 199, *Huppertz* VD **93** 110. Abs V stellt die **Starrdeichselanhänger** hinsichtlich der Achslasten und Gesamtgewichte den Sattelanhängern gleich (s Begr, Rz 1). Der **Zentralachsanhänger** ist eine Unterart des Starrdeichselanhängers. Die Richtlinie 94/20/EG über die mechanische Verbindungseinrichtung von Kraftfahrzeugen und Kraftfahrzeug-Anhängern in Anhang I Abschnitt 2. 1. 20 definiert ihn wie folgt: *„Zentralachsanhänger ist ein gezogenes Fahrzeug mit einer Zugeinrichtung, die (relativ zum Anhänger) nicht senkrecht beweglich ist, und dessen Achse(n) (bei gleichmäßiger Beladung) so nahe am Schwerpunkt des Fahrzeugs angeordnet ist (sind), daß nur eine kleine vertikale Last von höchstens 10% der Gesamtmasse des Anhängers oder 1000 kg (es gilt der kleinere Wert) auf das Zugfahrzeug übertragen wird. Die Gesamtmasse des Zentralachsanhängers ergibt sich aus der von der (den) Achse(n) des an das Zugfahrzeug angekuppelten und mit maximaler Last beladenen Anhängers auf den Boden übertragenen Last."* Zur Achslast und zum Gesamtgewicht bei Verwendung land- und forstwirtschaftlicher Arbeitsgeräte, VBl **00** 674 (676).

7   Durch Anbaugeräte dürfen das zulässige Gesamtgewicht und die zulässigen Achslasten nicht überschritten werden, s Merkblatt für Anbaugeräte, VBl **99** 268, **00** 479, **04** 527 = StVRL § 30 Nr 6. Zweiachs-Nachläufer (Langholz) sind Anhänger, nicht Sattelanhänger, BMV 21. 6. 65, StV 7 – 8032 Sch/65. Bei Verwendung von Reifen geringerer Tragfähigkeit ist das zulässige Gesamtgewicht entsprechend herabzusetzen. Abs XI übernimmt für die Anbringung von **Hubachsen** oder **Lastverlagerungsachsen** die technischen Anforderungen gem der EG-Richtlinie 97/27 Anhang IV in nationales Recht und ist gem § 72 II auf neu in den V kommende Fze spätestens ab 1. 1. 02 anzuwenden.

8   **5. Lufreifen** sind Reifen, deren Arbeitsvermögen überwiegend durch den Überdruck der eingeschlossenen Luft bestimmt wird (§ 36).

9   **6. Straßenwalzen.** IV S 1 nimmt Straßenwalzen von den Vorschriften über Achslasten aus. Die Ausnahme ergibt sich aus der Natur der Sache und den Zwecken, denen die Walzen als Maschinen des StrBaus dienen.

10 **7. Angabe der zulässigen Gewichte an den Fahrzeugen** ist nach der Neufassung v 23. 7. 90 nicht mehr vorgeschrieben. Die frühere Regelung in Abs IV alt wurde nicht übernommen, weil sie in keiner der einschlägigen EG-Richtlinien enthalten ist.

11 **8. Überprüfung des Gesamtgewichts, Messungen der Achslast:** § 31 c.

12 **9.** Die Laufrollenlast und das Gesamtgewicht von **Gleiskettenfahrzeugen** ist nunmehr in § 34 b geregelt.

13 **10.** Die technischen Vorschriften des Abs X im **grenzüberschreitenden Verkehr mit den EG-Mitgliedstaaten** gelten gem § 72 II ab 1. 8. 90 für von diesem Tage an erstmals in die V kommende Fze; für den V mit anderen Vertragsstaaten des Abkommens über den Europäischen Wirtschaftsraum gilt Abs X gem § 72 II ab 1. 1. 94 (Inkrafttreten des Abkommens).

Die für den grenzüberschreitenden Güterverkehr in Abs IV, V und VI getroffenen **Sonderbestimmungen für das Saarland** dürfen gem § 72 II ab 1. 1. 1993 nicht mehr angewandt werden.

14 **11. Ausnahmen:** Für **Kraftfahrzeuge nach Art 1 der Richtlinie 2002/24/EG** v 18. 3 2002 (s § 30 a Rz 2) gelten gem Abs Va (mit § 30 a III und Anh zu § 34) die zuläs-

Achslast und Gesamtgewicht § 34 StVZO **3**

sigen Gewichte aus der Richtlinie 93/93/EWG. Nach der Übergangsvorschrift (§ 72 II) ist diese Bestimmung spätestens anzuwenden auf Kfze, die ab 17. 6. 03 erstmals in den V kommen. Für den **kombinierten** V unter Mitbenutzung von Eisenbahn oder Schiff gelten nach Maßgabe der 53. StVZAusnV (s Rz 1a) Ausnahmen von Abs V Nr 1 und Abs VI Nr 6: Bei Lastzügen darf dann unter den dort genannten Voraussetzungen der Anhänger 20 t zulässiges Gesamtgewicht haben; außerdem werden danach in die Regelung des Abs VI Nr 6 (44 t) alle FzKombinationen mit mehr als 4 Achsen einbezogen, also auch solche, die andere Container und Wechselbehälter befördern als die in Abs VI Nr 6 genannten 40 Fuß ISO-Container. Die Ausnahmeregelung soll die Verlagerung des StrGüterV auf Schiene und Wasserstraße fördern, VBl **97** 514. Weitere Ausnahmebestimmungen: § 1 Ia der 2. VO über Ausnahmen von straßenverkehrsrechtlichen Vorschriften (Brauchtumsveranstaltungen), s § 18 Rz 2b. § 70, s VGH Mü VRS **74** 234. Richtlinien für Ausnahmegenehmigungen für bestimmte Arbeitsmaschinen und bestimmte andere FzArten, VBl **80** 433.

12. Ordnungswidrigkeit: §§ 69a III 4, 24 StVG. Verstöße gegen die Mitwirkungspflicht beim Wiegen: § 31 c. **Überschreiten des zulässigen Gesamtgewichts** (Überladung) oder der zulässigen Achslast ist Verstoß gegen Abs III S 3. Bei Überladung gehen § 34 IV bis VI dem § 23 I S 2 StVO als Sondervorschrift vor, Kar VRS **46** 196. OW ist nicht das Überladen an sich, auch bei Lastzügen, auch nicht allein das Inbewegungsetzen des Fzs, sondern das Fahren des überladenen Kfz (Zuges) im öffentlichen Verkehr, Dü NZV **97** 192, **98** 257, Kö VRS **53** 450, s BGHSt **27** 66 = NJW **77** 442. Bereits geringfügige Überladung erfüllt den objektiven Tatbestand einer OW, Bay VRS **75** 231 (keine „Toleranz"). Bei zulassungsfreien Anhängern (§ 18 II Nr 6) ist das auf dem Fabrikschild (§ 59) angegebene Gesamtgewicht maßgebend, Dü VRS **54** 372, Ce VM **60** 10. Keine Verurteilung wegen Überladung auf einer Fahrt zur Waage, wenn diese durch die Pol am Verladeort angeordnet wurde; darauf, daß der Betroffene mit dem überladenen Fz auch ohne die Anordnung gefahren wäre, kommt es nicht an, Bay DAR **92** 388. **Abzuziehen ist eine Toleranz** in Höhe der Verkehrsfehlergrenze der benutzten Waage, Bay NZV **01** 308, Kar VRS **98** 447. Wurde die Wägung mittels ungeeichter Waage durchgeführt, so ist ein Sicherheitsabschlag von 12% jedenfalls ausreichend, Dü VRS **82** 233. **Das Urteil** muß zulässiges und tatsächliches Gesamtgewicht angeben, Dü VRS **67** 384, und die Umstände mitteilen, aus denen die Überladung erkennbar war, Dü VRS **69** 468, VM **92** 89, DAR **95** 414 (s Rz 16). Es muß nur dann Einzelheiten zur Messung des Gewichts (Gerätetyp, Beachtung der Betriebsvorschriften, Eichung) mitteilen, wenn der konkrete Fall dazu Anlaß gibt, BaySt **01** 18 = NZV **01** 308, Ce NZV **98** 256, Kar VRS **98** 447, Stu NZV **96** 417 (das in solchen Fällen unter Bezugnahme auf den „Toleranzenkatalog" des BMV, VBl **84** 182, einen Sicherheitsabschlag in Höhe der dort für Leergewichte für zulässig erachteten Meßtoleranz von 5% für geboten hält, insoweit abl Bay NZV **01** 308, Kar VRS **98** 447), enger in bezug auf die Darlegungen im Urteil Dü NZV **97** 192. Besteht kein konkreter Anlaß zu Zweifeln, genügt der Hinweis auf Wägung mit geeichter Waage und Angabe des berücksichtigten Toleranzwertes, Kar VRS **98** 447. **TE** bei Überladung von Zugfz und Anhänger, Kö VRS **53** 450, ebenso grundsätzlich bei Führen des Fzs trotz Überschreitens des zulässigen Gesamtgewichts unter gleichzeitigem Überschreiten einer zulässigen Achslast, Dü NZV **98** 257. Jedoch bei Überschreiten des zulässigen Gesamtgewichts eines *einachsigen* Anhängers keine Verurteilung wegen tateinheitlichen Überschreitens der zulässigen Achslast, Bay VRS **69** 72, s Rz 5. TE zwischen Zuschnellfahren und Gewichtsüberschreitung, Kar VRS **51** 76. Mehrere Geschwindigkeitsüberschreitungen werden durch die gleichzeitige DauerOW nach III S 3 zu *einer* OW (TE) verbunden, Dü NZV **97** 192. Zur Bemessung der **Geldbuße,** s Dü VRS **82** 233, Stu Justiz **73** 397. Lediglich die allgemeine Erwägung, Überladung sei gefährlich, ist als Tatbestandsmotiv nicht erschwerend, Kar VRS **43** 461 (anders das Maß der Überladung oder deshalb eingetretene Schäden). Ist nicht Überladung erwiesen, sondern nur ein Verstoß gegen § 31 c (Wiegepflicht), so darf Buße nur insoweit verhängt werden, Ha VRS **41** 222.

Fahrlässigkeit des FzFührers, wenn er eine Überladung bei der ihm möglichen Sorgfalt hätte erkennen können, Dü VRS **69** 468. Zur inneren Tatseite s auch Dü NZV

3 StVZO § 34 B. Fahrzeuge III. Bau- und Betriebsvorschriften

92 418, 97 192, VRS 65 397, 69 468. **Prüfung vor Fahrtbeginn** ist nötig, Zw VM 92 89, Dü VM 58 52, nach strengem, aber nicht überspanntem Maßstab, Bay VRS 75 231, Dü NZV 92 418, VRS 83 384, DAR 86 92, Ko VRS 71 441. Der Fahrer muß alles Zumutbare tun, um das Gesamtgewicht zu ermitteln, Dü VM 99 4, VRS 64 462, Ko VRS 71 441 (Markierung der Federdurchbiegung bei höchstzulässiger Belastung; Einebnen der Ladung; Millimeterstab; Taschenlampe; Regen?). Ist ihm das spezifische Gewicht der Ladung oder das Gewicht sämtlicher Ladungsteile zuverlässig bekannt, genügt rechnerische Überprüfung, es sei denn besondere Umstände geben Anlaß zu Zweifeln (Gewichterhöhung durch Nässe, Anzeichen am Fz oder beim Fahren), Zw VM 81 90. Der Kf muß die Ladung (Sand) nach Umfang und Höhe mit früheren Ladungen mit richtigem Gewicht vergleichen, Kar VRS 45 225. Hat der Unternehmer auf Frage des Fahrers die Notwendigkeit einer Ausnahmegenehmigung für die Fahrt verneint, so wird den Fahrer uU nur noch ein geringer Vorwurf unterlassener weiterer Erkundigung treffen, Bay VRS 59 356. **Anzeichen für Überladen:** übermäßig durchgebogene Federn, Dü VM 92 89, 99 4, DAR 86 92, VRS 83 384, Zw VM 81 90, erschwerte Lenkung, geringere Bremsverzögerung oder Wendigkeit, geringere Steigfähigkeit, Dü NZV 97 192, VM 92 89, 99 4, VRS 83 384, DAR 86 92, Zw VM 81 90; sie können sich aber auch aus Art und Umfang (Höhe) der Ladung ergeben, Kar VRS 98 447, Dü NZV 97 192, 98 474, VM 99 4, Stu NZV 96 417. Deutliche Anzeichen dieser Art muß ein sorgfältiger Kf wahrnehmen, andernfalls Fahrlässigkeit, Dü VRS 65 397 (Überladung um 60%). Es gibt jedoch keinen Erfahrungssatz des Inhalts, daß Überladung eines Lastzuges von mehr als 20% stets wahrnehmbar ist, Dü VRS 64 462. Da bei modernen Fzen deutliche Anzeichen für Überladung seltener wahrnehmbar sind, muß der **FzF, der selbst Güter lädt,** deren genaues Gewicht ihm unbekannt ist, auf andere Weise sicherstellen, daß er das zulässige Gewicht nicht überschreitet, und notfalls auf volle Ausschöpfung der zulässigen Beladung verzichten, Stu VRS 104 65, Ko NZV 97 194, Kar VRS 98 447, s Dü VM 99 4. Das gilt vor allem bei Gütern, deren Gewicht von schwer abschätzbaren, veränderlichen Beschaffenheitsmerkmalen abhängt (zB Feuchtigkeitsgehalt, Dichte und Art von im Wald geladenem Holz), s Stu VRS 104 65, Dü NZV 98 474. Überladung von mehr als 1/4 des zulässigen Gesamtgewichts muß auch bei einem erfahrenen Kf nicht stets schuldhaft sein; er darf sich weitgehend auf Berechnungen des Sägewerkmeisters verlassen, Ha VRS 21 139, KG VM 84 21. **Fehlen äußere Anzeichen** für Überladung, so wird sich der Fahrer insoweit auf einen als zuverlässig bekannten Verlader verlassen dürfen, Bay VRS 59 302, 75 231, Dü NZV 97 192, VM 92 89, VRS 83 384, DAR 86 92, es sei denn, er hat verständigerweise Zweifel, Bay Betr 69 1747, VRS 45 214, Dü VRS 57 312. Dann kann er, soweit möglich und zumutbar, Ha DAR 58 335, KG VM 84 21, zum Wiegen verpflichtet sein, Dü NZV 97 192, VM 92 89, DAR 95 414, VRS 69 468. Wird ihm eine Wiegekarte ausgehändigt, so muß er deren Zahlen prüfen, Dü NZV 92 418. Bei **Fahrerwechsel** trifft den bisherigen Beifahrer idR keine erneute Prüfungspflicht hinsichtlich etwaiger Überladung, Bay VRS 62 469, 75 230, ebenso, wenn der FzHalter, ohne zuvor Beifahrer gewesen zu sein, unterwegs das Fz übernimmt, Bay VRS 62 469, anders aber, wenn das Fz an der Landesgrenze (mit möglicherweise anderen Bestimmungen) übernommen wird, eine Wiegekarte vorhanden ist und der neue Fahrer auch vor Erreichen der Grenze in erster Linie für das Fz verantwortlich war, Kö VM 80 24. Kennt der Betroffene die Überladung nur in geringem Umfang und handelt er in bezug auf die weitere Gewichtsüberschreitung fahrlässig, so ist er (nur) wegen **Vorsatz** zu verurteilen, Bay VRS 75 231. Die Meinung, ein schwerer Kran dürfe trotz hohen Gewichts ohne Ausnahmegenehmigung im Verkehr bewegt werden, ist ein **Verbotsirrtum,** Bay VRS 59 356.

17   **OW des Halters** bei Überladung: §§ 31 II (34), 69a V 3. S ferner dazu § 31 Rz 13, 18. Ein **Dritter,** der weder FzF noch Halter ist, kann nur gem § 14 OWiG durch Überladen ow handeln, Stu DAR 90 188.

18   PolBe können das zulässige Gesamtgewicht durch Einsicht in die FzPapiere feststellen. Die Aussagen der gewichtskontrollierenden PolBen über ihre diesbezüglichen Wahrnehmungen dürfen verwertet werden, Ko VRS 59 63.

   Lit: *Huppertz,* Zulässige Gewichte von Kfzen und Zügen, VD 93 108. *Jagow,* Abmessungen und Gewichte für NutzFze, VD 86 173.

Besetzung, Beladung und Kennzeichnung von Kraftomnibussen

34a (1) In Kraftomnibussen dürfen nicht mehr Personen und Gepäck befördert werden, als im Fahrzeugschein Plätze eingetragen sind und die im Fahrzeug angeschriebenen Zahlen der Sitzplätze, Stehplätze und Stellplätze für Rollstühle sowie die Angaben für die Höchstmasse des Gepäcks ausweisen.

(2) ¹Auf Antrag des Verfügungsberechtigten oder auf Grund anderer Vorschriften können abweichend von den nach Absatz 1 jeweils zulässigen Platzzahlen auf die Einsatzart der Kraftomnibusse abgestimmte verminderte Platzzahlen festgelegt werden. ²Die verminderten Platzzahlen sind im Fahrzeugschein einzutragen und im Fahrzeug an gut sichtbarer Stelle in gut sichtbarer Schrift anzuschreiben.

Begr zur Neufassung durch ÄndVO v 22. 10. 03 (VBl **03** 746): **Zu Abs 1:** *Absatz 1 ist eine Betriebsvorschrift und soll sicherstellen, dass die nach der Richtlinie 2001/85/EG festgelegten Platzzahlen und die angegebene Höchstmasse des Gepäcks im Betrieb (siehe Anhang I, Nr. 7.3) nicht überschritten werden.*

Zu Abs 2: *Durch Absatz 2 werden die bisherigen Vorschriften des § 34a (alt) übernommen, die durch die 7. VO zur Änderung der StVZO vom 17. April 1984 (BGBl. I S. 632, VkBl. S. 225) aufgenommen worden waren. Nach wie vor soll auch weiterhin die Möglichkeit erhalten bleiben, von der zulässigen Platzzahl nach unten abzuweichen, um besonderen, sich aus den betrieblichen Einsatzarten der Fahrzeuge ergebenden Bedürfnissen Rechnung tragen zu können. ...*

1. Besetzung von Omnibussen. § 34a gilt nur für Omnibusse. Begriff, § 30d StVZO. Taxen und Mietwagen sind nicht erwähnt, weil entsprechende Vorschriften für Taxen und Pkw als Mietwagen für entbehrlich gehalten werden, während § 34a für als Mietwagen verwendete Omnibusse ohnehin gilt. Die Hersteller haben die Fze, bei denen Stehplätze in Betracht kommen, so zu bauen, daß auch im Spitzenverkehr bei voller Ausnutzung aller Plätze das zulässige Gesamtgewicht nicht überschritten werden kann.

2. Zahl der Plätze. Für Kom, die nicht im Gelegenheitsverkehr nach § 46 PBefG eingesetzt sind, errechnet sich die zulässige Zahl von Sitz- und Stehplätzen nach Anl XIII zur StVZO unter Berücksichtigung des Leergewichts, des zulässigen Gesamtgewichts und der zulässigen Achslasten des Fzs und Zugrundelegung folgender Durchschnittswerte: 68 kg als Personengewicht, 544 kg/m² als spezifischer Belastungswert für Stehplatzflächen, 100 kg/m² als spezifischer Belastungswert für Gepäckräume und 75 kg/m² als spezifischer Belastungswert für Dachgepäckflächen. Wird der Gepäckraum nicht für Gepäckbeförderung genutzt, so kann das dafür zu berücksichtigende Gewicht gem Anl XIII Abs 2b ganz oder teilweise der zulässigen Zahl der Plätze nutzbar gemacht werden.

3. Festlegung verminderter Platzzahl auf Antrag. Die Verminderung der Stehplatzzahlen kommt vor allem bei ständiger Höchstbesetzung des Busses in Betracht, die sich nicht mit der Einsatzart des Fzs verträgt, zB bei der Beförderung von Schulkindern im freigestellten Schülerverkehr (s Begr VBl **03** 746). Bei der Festlegung neuer Platzzahlen sind die Bestimmungen des § 19 über die Erteilung und Wirksamkeit der BE und des § 27 über die Meldepflichten der Eigentümer und Halter zu beachten.

4. Hinsichtlich der **technischen Beschaffenheit von Kom,** zu der bis zum Inkrafttreten der 36. ÄndVStVR § 34a und andere Bestimmungen der StVZO Regelungen enthielten, gilt nunmehr die **Richtlinie 2001/85/EG** (StVRL Nr 4 zu § 34a).

*Lit: Schleusener/Scherer, Omnibusrecht, KVR. Jagow, Neue Regelungen für Achslasten, Gesamtgewicht und Besetzung von Kom, VD **84** 182.*

5. Übergangsregelung: § 72 II: Für erstmals vor dem 13. 2. 05 in den V gekommene Kom bleibt § 34a einschließlich der Anl XIII in der vor dem 1. 11. 03 geltenden Fassung anwendbar.

6. Die Vorschrift ist ein **Schutzgesetz** (§ 823 II BGB).

7. Ordnungswidrigkeit. Übersetzung ist gem §§ 69a III Nr 5 StVZO, 24 StVG ow. Verantwortlich ist der Führer, wenn ein Schaffner eingesetzt ist, idR dieser. Der Halter ist verantwortlich, wenn er die Fahrt zugelassen hat, obwohl ihm die Übersetzung bekannt war, oder wenn er sie hätte kennen müssen.

Laufrollenlast und Gesamtgewicht von Gleiskettenfahrzeugen

34b (1) ¹Bei Fahrzeugen, die ganz oder teilweise auf endlosen Ketten oder Bändern laufen (Gleiskettenfahrzeuge), darf die Last einer Laufrolle auf ebener Fahrbahn 2,00 t nicht übersteigen. ²Gefederte Laufrollen müssen bei Fahrzeugen mit einem Gesamtgewicht von mehr als 8 t so angebracht sein, daß die Last einer um 60 mm angehobenen Laufrolle bei stehendem Fahrzeug nicht mehr als doppelt so groß ist wie die auf ebener Fahrbahn zulässige Laufrollenlast. ³Bei Fahrzeugen mit ungefederten Laufrollen und Gleisketten, die außen vollständig aus Gummiband bestehen, darf der Druck der Auflagefläche der Gleiskette auf die ebene Fahrbahn 0,8 N/mm² nicht übersteigen. ⁴Als Auflagefläche gilt nur derjenige Teil einer Gleiskette, der tatsächlich auf einer ebenen Fahrbahn aufliegt. ⁵Die Laufrollen von Gleiskettenfahrzeugen können sowohl einzeln als auch über das gesamte Laufwerk abgefedert werden. ⁶Das Gesamtgewicht von Gleiskettenfahrzeugen darf 24,00 t nicht übersteigen.

(2) Gleiskettenfahrzeuge dürfen die Fahrbahn zwischen der ersten und letzten Laufrolle höchstens mit 9,00 t je Meter belasten.

1 1. **Begr.** (VBl **90** 494): *Die bisherigen Vorschriften für die Laufrollenlast von Gleiskettenfahrzeugen aus § 34 Abs. 6 und 7 wurden unverändert in § 34 b (neu) übernommen.*

Begr zur ÄndVO v 24. 4. 92: VBl **92** 343; zur ÄndVO v 23. 3. 00: BRDrucks 720/99 S 54.

2 2. § 34 b enthält **Sondervorschriften für Gleisketten-(Raupen-)fahrzeuge**, die statt auf Rädern auf endlosen Ketten oder Bändern laufen. Bei ihnen wird das Gewicht des Fz durch Tragrollen oder ein endloses Rollenband auf starren Längsschienen auf den unteren Teil der Gliederketten übertragen. I bestimmt die Höchstlast, mit der eine Laufrolle auf ebener Fahrbahn belastet sein darf. Satz 2 gibt eine Sondervorschrift über Anbringung der Laufrollen für GleiskettenFze mit einem Gesamtgewicht von mehr als 8 t. II regelt, wie das auf die Fahrbahn wirkende Gewicht bei GleiskettenFzen verteilt sein muß. Ausgemusterter Panzer als GleiskettenFz iS von § 34 b, s OVG Münster NZV **99** 102.

3 3. **Ordnungswidrigkeit**: § 69 a III Nr. 4.

Motorleistung

35 Bei Lastkraftwagen sowie Kraftomnibussen einschließlich Gebäckanhänger, bei Sattelkraftfahrzeugen und Lastkraftwagenzügen muß eine Motorleistung von mindestens 5,0 kW, bei Zugmaschinen und Zugmaschinenzügen – ausgenommen für land- oder forstwirtschaftliche Zwecke – von mindestens 2,2 kW je Tonne des zulässigen Gesamtgewichts des Kraftfahrzeugs und der jeweiligen Anhängelast vorhanden sein; dies gilt nicht für die mit elektrischer Energie angetriebenen Fahrzeuge sowie für Kraftfahrzeuge – auch mit Anhänger – mit einer durch die Bauart bestimmten Höchstgeschwindigkeit von nicht mehr als 25 km/h.

1 1. **Motorleistung. Begr**: VBl **68** 513. Höhere Motorleistung bleibt zulässig.

2 2. Feststellung der Motorleistung, BMV 28. 12. 62, StV 7 – 8069 Va/62. Richtlinien für Ausnahmegenehmigungen für bestimmte Arbeitsmaschinen und bestimmte andere FzArten, VBl **80** 433.

3 3. **Ordnungswidrigkeit**: §§ 69 a III Nr 6 StVZO, 24 StVG.

4 4. In den **neuen Bundesländern** gilt die Vorschrift für die ab 1. 7. 91 erstmals in den Verkehr kommenden Fze, Anl I Kap XI B III Nr 2 (41) zum Einigungsvertrag.

Sitze, Sicherheitsgurte, Rückhaltesysteme, Rückhalteeinrichtungen für Kinder

35a (1) Der Sitz des Fahrzeugführers und sein Betätigungsraum sowie die Einrichtungen zum Führen des Fahrzeugs müssen so angeordnet und beschaffen sein, daß das Fahrzeug – auch bei angelegtem Sicherheitsgurt oder Verwendung eines anderen Rückhaltesystems – sicher geführt werden kann.

(2) Personenkraftwagen, Kraftomnibusse und zur Güterbeförderung bestimmte Kraftfahrzeuge mit einer durch die Bauart bestimmten Höchstgeschwindigkeit von mehr als 25 km/h müssen entsprechend den im Anhang zu dieser Vorschrift genannten Bestimmungen mit Sitzverankerungen, Sitzen und, soweit ihre zulässige Gesamtmasse nicht mehr als 3,5 t beträgt, an den vorderen Außensitzen zusätzlich mit Kopfstützen ausgerüstet sein.

(3) Die in Absatz 2 genannten Kraftfahrzeuge müssen mit Verankerungen zum Anbringen von Sicherheitsgurten ausgerüstet sein, die den im Anhang zu dieser Vorschrift genannten Bestimmungen entsprechen.

(4) Außerdem müssen die in Absatz 2 genannten Kraftfahrzeuge mit Sicherheitsgurten oder Rückhaltesystemen ausgerüstet sein, die den im Anhang zu dieser Vorschrift genannten Bestimmungen entsprechen.

(5) [1]Die Absätze 2 bis 4 gelten für Kraftfahrzeuge mit einer durch die Bauart bestimmten Höchstgeschwindigkeit von mehr als 25 km/h, die hinsichtlich des Insassenraumes und des Fahrgestells den Baumerkmalen der in Absatz 2 genannten Kraftfahrzeuge gleichzusetzen sind, entsprechend. [2]Bei Wohnmobilen mit einer zulässigen Gesamtmasse von mehr als 2,5 t genügt für die hinteren Sitze die Ausrüstung mit Verankerungen zur Anbringung von Beckengurten und mit Beckengurten.

(6) [1]Die Absätze 3 und 4 gelten nicht für Kraftomnibusse, die sowohl für den Einsatz im Nahverkehr als auch für stehende Fahrgäste gebaut sind. [2]Dies sind Kraftomnibusse ohne besonderen Gepäckraum sowie Kraftomnibusse mit zugelassenen Stehplätzen im Gang und auf einer Fläche, die größer oder gleich der Fläche für zwei Doppelsitze ist.

(7) Sicherheitsgurte und Rückhaltesysteme müssen so eingebaut sein, daß ihr einwandfreies Funktionieren bei vorschriftsmäßigem Gebrauch und auch bei Benutzung aller ausgewiesenen Sitzplätze gewährleistet ist und sie die Gefahr von Verletzungen bei Unfällen verringern.

(8) [1]Auf Beifahrerplätzen, vor denen ein betriebsbereiter Airbag eingebaut ist, dürfen nach hinten gerichtete Rückhalteeinrichtungen für Kinder nicht angebracht sein. [2]Diese Beifahrerplätze müssen mit einem Warnhinweis vor der Verwendung einer nach hinten gerichteten Rückhalteeinrichtung für Kinder auf diesem Platz versehen sein. [3]Der Warnhinweis in Form eines Piktogramms kann auch einen erläuternden Text enthalten. [4]Er muß dauerhaft angebracht und so angeordnet sein, daß er für eine Person, die eine nach hinten gerichtete Rückhalteeinrichtung für Kinder einbauen will, deutlich sichtbar ist. [5]Anlage XXVIII zeigt ein Beispiel für ein Piktogramm. [6]Falls der Warnhinweis bei geschlossener Tür nicht sichtbar ist, soll ein dauerhafter Hinweis auf das Vorhandensein eines Beifahrerairbags vom Beifahrerplatz aus gut zu sehen sein.

(9) [1]Krafträder, auf denen ein Beifahrer befördert wird, müssen mit einem Sitz für den Beifahrer ausgerüstet sein. [2]Dies gilt nicht bei der Mitnahme eines Kindes unter sieben Jahren, wenn für das Kind ein besonderer Sitz vorhanden ist und durch Radverkleidungen oder gleich wirksame Einrichtungen dafür gesorgt ist, daß die Füße des Kindes nicht in die Speichen geraten können.

(10) [1]Sitze, ihre Lehnen und ihre Befestigungen in und an Fahrzeugen, die nicht unter die Vorschriften der Absätze 2 und 5 fallen, müssen sicheren Halt bieten und allen im Betrieb auftretenden Beanspruchungen standhalten. [2]Klappbare Sitze und Rückenlehnen, hinter denen sich weitere Sitze befinden und die nach hinten nicht durch eine Wand von anderen Sitzen getrennt sind, müssen sich in normaler Fahr- oder Gebrauchsstellung selbsttätig verriegeln. [3]Die Entriegelungseinrichtung muß von dem dahinter liegenden Sitz aus leicht zugänglich und bei geöffneter Tür auch von außen einfach zu betätigen sein. [4]Rückenlehnen müssen so beschaffen sein, daß für die Insassen Verletzungen nicht zu erwarten sind.

(11) Abweichend von den Absätzen 2 bis 5 gelten für Verankerungen der Sicherheitsgurte und Sicherheitsgurte von dreirädrigen oder vierrädrigen Kraftfahrzeugen nach § 30 a Abs. 3 die im Anhang zu dieser Vorschrift genannten Bestimmungen.

(12) In Kraftfahrzeuge integrierte Rückhalteeinrichtungen für Kinder müssen den im Anhang zu dieser Vorschrift genannten Bestimmungen entsprechen.

1 **Begr** zur ÄndVO v 12. 8. 97 (VBl **97** 657): **Zu Abs 8:** *Mit dieser Vorschrift wird eine Anforderung aus der Richtlinie 96/36/EG der Kommission vom 17. Juni 1996 zur Anpassung der Richtlinie 77/541/EWG des Rates über Sicherheitsgurte und Rückhaltesysteme von Kraftfahrzeugen vorab in nationales Recht umgesetzt. Es hat sich nämlich gezeigt, daß bei Auslösung eines Beifahrer-Airbags Kinder, die in nach hinten gerichteten Kinderhalteeinrichtungen befördert werden, erheblich verletzt werden können ...*
Der auf jeden Fall – auch bei geschlossener Tür – sichtbare Warnhinweis auf dem Armaturenbrett muß „AIRBAG" lauten. Andere auch gebräuchliche Kurzbezeichnungen (wie z. B. SRS) werden unter Umständen vom Fahrzeugbenutzer nicht richtig verstanden.

2 **Begr** zur Neufassung durch ÄndVO v 26. 5. 98 (VBl **98** 433): ... *Da ein nicht unerheblicher Anteil der Unfälle ein Umkippen oder Überschlagen der Busse mit sich brachte und dementsprechend die durch die ECE-Regelung Nr. 80 vorgegebene Schutzwirkung diese Fälle nicht abdeckt, lag es nahe, die Ausrüstung der Reisebusse mit Sicherheitsgurten in Erwägung zu ziehen. Sicherheitsgurte können die Insassen auch beim/während des Umkippens oder Überschlagen des Busses sicher auf den Sitzen halten und so ein unkontrolliertes Umher- oder Herausschleudern verhindern. Dieser Auffassung traten auch die übrigen Mitgliedstaaten der EU bei ...*
Nach einem von der EG-Kommission vergebenen Forschungsprojekt, durch das Detailfragen der Biomechanik bei Busunfällen mit angegurteten Insassen geklärt werden konnten, wurden bereits bestehende EG-Richtlinien geändert und erweitert ...
...
Zu Abs 6: *Durch die Vorschriften des Absatzes 6 werden die Busse von den Ausrüstungsvorschriften mit entsprechenden Sitzen, Sicherheitsgurt-Verankerungen und Sicherheitsgurten ausgenommen, die sowohl für den Einsatz im Nahverkehr als auch für stehende Fahrgäste gebaut sind. Satz 1 wurde wortgleich aus den bereits genannten EG-Richtlinien übernommen. Die Vorschriften des Satzes 2 dienen der notwendigen Erläuterung ... im Hinblick auf die in der Bundesrepublik Deutschland vorherrschenden Einsatzfälle der Busse.*
...
Begr zur ÄndVO v 23. 3. 00: BRDrucks 720/99; zur ÄndVO v 22. 10. 03: VBl **03** 746.

3 **1. Sitz, Betätigungsraum, Einrichtungen zum Führen.** Die Sicherheit erfordert es, daß der Fahrer von einem zweckmäßigen Sitz aus alle Bedienungseinrichtungen sicher und rasch erreichen kann, ohne durch Entfernung, unzweckmäßige oder versteckte Anordnung, Bücken, Sichausrecken, unrichtig montierte Gurte oder ein anderes Rückhaltesystem behindert zu werden (Abs I), s AG Menden VM **00** 7 (kein sicheres Führen eines FahrschulFzs vom Beifahrersitz aus, s § 23 StVO Rz 15). Beschaffenheit des Führersitzes, Führerhausrichtlinien VBl **86** 303 = StVRL Nr 1 zu § 35 b. Bauartvorschriften für Schalensitze bestehen nicht, diese müssen lediglich II entsprechen, Ha VRS **53** 222. Sicheren Halt müssen Schalensitze ohne Gurtmitwirkung bieten, denn Gurte verhindern Rutschbewegungen nicht, aM Ha VRS **53** 222. Für die in Abs II genannten KfzArten ist die Einhaltung der Anforderungen der Richtlinie 74/408/EWG verbindlich vorgeschrieben. Außerdem schreibt Abs II Pkw-Kopfstützen für die vorderen Außensitze vor (Kfze bis zu 3,5 t zulässiges Gesamtgewicht).

4 **2. Stehfahrerplätze** erwähnt die Neufassung des Abs I (seit ÄndVO v 12. 8. 97) nicht mehr, weil sicheres FzFühren aus dem Stand nicht gewährleistet ist und erhöhte Verletzungsgefahr bei Kollisionen besteht. Kfze mit einem *Stand* für den FzF dürfen gem der Übergangsvorschrift (§ 72 II) weiter verwendet werden.

5 **3. Krafträder (IX).** Nach § 21 StVO ist es verboten, auf Krafträdern Personen ohne geeignete Sitzgelegenheit zu befördern. IX bestimmt demgemäß, daß für den Beifahrer

Rückhaltesysteme, Rückhalteeinrichtungen für Kinder § 35a StVZO **3**

ein Sitz vorhanden sein muß. Daraus folgt, daß weitere Personen, für die ein solcher fehlt, nicht befördert werden dürfen. Die Vorschrift gilt auch für Kleinkrafträder und FmH. Ein auf das Schutzblech geschnalltes Kissen ist kein Sitz, Ol DAR **57** 364. Voraussetzung der Ausnahme für kleinere Kinder ist eine Vorrichtung, die nach ihrer Bauart als Sitz dient, wenn auch nicht ausschließlich; sie muß sich dazu eignen (§ 30). Außerdem muß ein Schutz dagegen vorhanden sein, daß die Füße des Kindes in die Speichen geraten, wie nach § 21 StVO bei der Mitnahme von Kindern auf Fahrrädern. Als besondere Sitzgelegenheit kommt nur eine gegenständliche Sitzvorrichtung in Betracht. Haltesystem und Fußstützen für Beifahrer: § 61.

4. Sitze in Omnibussen. S Abs II und Richtlinie 74/408/EWG. Ausnahmeregelung für Kom zum Einsatz im Nahverkehr und mit Stehplätzen: Abs VI. Die früher in Abs V getroffene Regelung über Kom-Sitze findet sich seit 1. 7. 88 in § 35 i. 6

5. Gurte. Verankerungen. Andere Rückhaltesysteme (III bis VIII). Die Vorschrift in IV, alle Sitze mit Sicherheitsgurten auszurüsten, macht die Gurte iS der BE-Erteilung zum FzBestandteil. **Sicherheitsgurte** und (ab 1. 7. 97) andere Rückhaltesysteme in Kfzen müssen in amtlich genehmigter Bauart ausgeführt sein (§ 22 a I Nr 25). Technische Anforderungen bei der Bauartprüfung, VBl **73** 558, zuletzt geändert: VBl **03** 752 = StVRL § 22 a Nr 1 (Nr 26), an Rückhaltesysteme für Kinder, VBl **89** 284 sowie Abs XII. Anlegen und Anlegepflicht: § 21a StVO. Die Ausrüstungsbestimmungen der Absätze II-IV gelten auch für solche Fze mit mehr als 25 km/h bauartbestimmter Höchstgeschwindigkeit, die zwar nicht Pkw, Kom oder Lkw iS der StVZO sind, ihnen aber gleichzusetzen sind (Abs V). Der Airbag ist kein geeigneter Ersatz für den Sicherheitsgurt, Ce NZV **90** 81, s BMV 6. 9. 84, StV 13/36.25.02–05/18 A 84, *Löhle* DAR **96** 8. Vor dem 1. 4. 70 erstmals in den Verkehr gekommene Kfzen sind nicht gurtpflichtig (§ 72 II zu § 35 a VII in der bis zum 31. 12. 78 geltenden Fassung, BGBl I **75** 2973). Gem der **Übergangsbestimmung** des § 72 II zu § 35 a II, III, IV, V S 1 und VII gelten diese Vorschriften für erstmals in den V kommende neue Typen von Kfzen ab 1. 6. 1998, für Kom bis 3,5 t zulässiger Gesamtmasse ab 1. 10. 1998, im übrigen für alle erstmals in den V kommende Kfze ab 1. 1. 1999, für Kom bis 3,5 t ab 1. 10. 2001; für ältere Fze gilt § 35 a (mit der früheren Übergangsvorschrift) weiterhin in der vor dem 1. 6. 1998 geltenden Fassung. Für vor dem 1. 1. 92 erstmals in den Verkehr gekommene Fze sind die bis zum 1. 7. 88 geltenden Absätze VI und VII (alt) sowie die in der bis zum 1. 7. 88 geltende Übergangsvorschrift des § 72 II (alt) anzuwenden: Keine Ausrüstungspflicht für Gurtverankerungen bei Lkw bis 2,8 t einschließlich; Ausrüstungspflicht mit Dreipunktgurten nur auf den Vordersitzen; im übrigen Zweipunkt- (Becken-)gurte; auch *Nicht*-Automatikgurte sind zugelassen (§ 72 II). Abs XII über integrierte Kinderrückhaltesysteme ist spätestens für Fze anzuwenden, die ab dem 1. 1. 04 erstmals in den V gekommen sind. **Quads** (s § 18 Rz 20b) müssen nicht mit Gurten ausgerüstet sein, s BMV VBl **04** 27, *Ternig* ZfS **04** 4, *Huppertz* VD **04** 210. Soweit für **Kom** Sicherheitsgurte vorgeschrieben sind, müssen sie mit Informationseinrichtungen über das Anlegen der Sicherheitsgurte ausgestattet sein; der FzF muß dafür sorgen, daß den Fahrgästen durch diese Informationseinrichtungen angezeigt wird, wann die Gurte anzulegen sind (§§ 8, 21 BOKraft). Wohnmobile: Abs V S 2. S ferner Anhang zur StVZO (zu § 35 a III, VI, VII). **Übersicht** über die mit Sicherheitsgurten auszurüstenden Kfze: Anhang XV der Richtlinie 77/541/EWG (VBl **98** 438) sowie *Huppertz/Trenner* VD **98** 227, 251. 7

Auf **Beifahrersitzen mit Airbag** dürfen wegen Verletzungsgefahr bei Airbagauslösung keine nach hinten gerichteten Kinder-Rückhalteeinrichtungen angebracht werden (Abs VIII). Der entsprechende Warnhinweis (VIII S 2) muß so angebracht sein, daß er beim Versuch des Einbaus einer solchen Rückhalteeinrichtung deutlich erkennbar ist. Daß dieses Erfordernis erfüllt sein kann, wenn der Hinweis nur bei geöffneter Tür sichtbar ist, zeigt Abs VIII S 6, wonach in diesem Fall ein Hinweis auf den Beifahrerairbag zwar bei geschlossener Tür vom Beifahrerplatz gut zu sehen sein soll, ein solcher aber nicht zwingend vorgeschrieben ist. Auch VIII S 5 über die Gestaltung des Hinweises ist eine bloße Empfehlung; der Hinweis muß also nicht dem in **Anl XXVIII** wiedergegebenen Piktogramm entsprechen. Um Mißverständnisse auszuschließen, empfiehlt die Begr (s Rz 1) für den auch bei geschlossener Tür sichtbaren Warnhinweis jedenfalls die Verwendung 8

1111

3 StVZO §§ 35b–35d B. Fahrzeuge III. Bau- und Betriebsvorschriften

des Wortes „Airbag"; trotz der Formulierung in der Begr („*muß*") ist jedoch ein Abweichen hiervon nicht ow (s Rz 9). Zum Ausbau oder Abschalten (Deaktivierung) von Airbags, s BMV VBl **99** 98, **00** 124.

9 **6. Ordnungswidrigkeit:** §§ 69a III Nr 7 StVZO, 24 StVG, zB auch bei Inbetriebnahme des Fzs trotz Funktionsuntüchtigkeit des Gurtes, Bay NZV **90** 360. Zuwiderhandlungen gegen Abs VIII S 1, 2 und 4 sind ow, nicht auch Abweichungen von den Empfehlungen des Abs VIII S 5 und 6.

10 **7. Ausnahmen:** § 70. Für **Kraftfahrzeuge nach Art 1 der EG-Richtlinie 2002/24/EG** (s § 30a Rz 2) gilt gem Abs XI (mit § 30a III und Anh zu § 35a) die Richtlinie 97/24/EG Kap 11 Anh I bis IV und VI, nach der Übergangsbestimmung des § 72 II spätestens ab 17. 6. 03.

11 **8. Überleitungsbestimmung für die neuen Bundesländer,** s vor § 30.

Einrichtungen zum sicheren Führen der Fahrzeuge

35b (1) Die Einrichtungen zum Führen der Fahrzeuge müssen leicht und sicher zu bedienen sein.

(2) Für den Fahrzeugführer muß ein ausreichendes Sichtfeld unter allen Betriebs- und Witterungsverhältnissen gewährleistet sein.

1 **Begr** zur ÄndVO v 22. 10. 03 (VBl **03** 746): *Zu Abs 2: Die Streichung der Sätze 2 und 3 geht zurück auf Nr. 7.2.24 des Anhangs I der Richtlinie 2001/85/EG.*

2 1. Richtlinien für die Sicht aus Kfzen, VBl **62** 669, **75** 443, **87** 723 = StVRL Nr 2. Führerhausrichtlinien, VBl **86** 303 = StVRL Nr 1. Richtlinien für Ausnahmegenehmigungen für bestimmte Arbeitsmaschinen und bestimmte andere FzArten, VBl **80** 433. Richtlinie zur Beurteilung des Sichtfeldes selbstfahrender Arbeitsmaschinen, VBl **95** 274. Anbaugeräte dürfen die sichere Führung nicht beeinträchtigen, s Merkblatt für Anbaugeräte VBl **99** 268, **00** 479, **04** 527 = StVRL § 30 Nr 6. **Übergangsbestimmung:** § 72 II.

3 2. Ordnungswidrigkeit. §§ 69a III Nr 7a StVZO, 24 StVG. Fensterplaketten stören den Umblick und können dann ow sein, BMV 20. 12. 65, StV 2 – 2133 By/65.

Heizung und Lüftung

35c Geschlossene Führerräume in Kraftfahrzeugen mit einer durch die Bauart bestimmten Höchstgeschwindigkeit von mehr als 25 km/h müssen ausreichend beheizt und belüftet werden können.

1 1. § 35c wurde durch VO v 7. 7. 60 eingefügt. Begründung: *… Ausreichende Heizung und Lüftung wirken vorzeitiger Ermüdung des Fahrzeugführers entgegen, sind für seine Funktions- und Reaktionsfähigkeit von Bedeutung und müssen deshalb aus Sicherheitsgründen gefordert werden. „Geschlossener Führerraum" ist z. B. auch der Führerplatz in einem Kraftomnibus.*

Sachgemäße Belüftung setzt ausreichende Entlüftung voraus, damit im Kfz kein Überdruck entsteht, BMV 6. 5. 65, StV 7 – 8048 B/65. Technische Anforderungen bei der Bauartprüfung von Heizungen, VBl **73** 558, zuletzt geändert: VBl **03** 752 = StVRL § 22a Nr 1 (Nr 27).

2 **2. Ordnungswidrigkeit:** §§ 69a III Nr 7b StVZO, 24 StVG.

Einrichtungen zum Auf- und Absteigen an Fahrzeugen

35d Die Beschaffenheit der Fahrzeuge muß sicheres Auf- und Absteigen ermöglichen.

Begr zur ÄndVO v 22. 10. 03 (VBl **03** 746): *§ 35d entspricht den schon bisher geltenden Vorschriften des § 35d Abs. 1 (alt). Die Vorschriften des § 35d Abs. 2 bis Abs. 5 (alt) sind entbehrlich; entsprechende Anforderungen enthält die Richtlinie 2001/85/EG.*

Soweit Schulkinder (Kinder) befördert werden, ist der Vorschrift nur genügt, wenn sie im Bereich der Ein- und Ausstiege Haltegriffe oder -stangen benutzen können, s BMV VBl **80** 537. Richtlinien für fremdkraftbetriebene Einstieghilfen in Kom, VBl **93** 218. Übergangsvorshrift: § 72 II.

Ordnungswidrigkeit: §§ 69a III Nr 7b StVZO, 24 StVG.

Türen

35e (1) Türen und Türverschlüsse müssen so beschaffen sein, daß beim Schließen störende Geräusche vermeidbar sind.

(2) Türverschlüsse müssen so beschaffen sein, daß ein unbeabsichtigtes Öffnen der Türen nicht zu erwarten ist.

(3) ¹Die Türbänder (Scharniere) von Drehtüren – ausgenommen Falttüren – an den Längsseiten von Kraftfahrzeugen mit einer durch die Bauart bestimmten Höchstgeschwindigkeit von mehr als 25 km/h müssen auf der in der Fahrtrichtung vorn liegenden Seite der Türen angebracht sein. ²Dies gilt bei Doppeltüren für den Türflügel, der zuerst geöffnet wird; der andere Türflügel muß für sich verriegelt werden können. ³Türen müssen bei Gefahr von jedem erwachsenen Fahrgast geöffnet werden können.

(4) Türen müssen während der Fahrt geschlossen sein.

Begr zur ÄndVO v 22. 10. 03 (VBl **03** 746): *Die Vorschriften der bisherigen Absätze 4 bis 6 sind entbehrlich; entsprechende Anforderungen enthält die Richtlinie 2001/85/EG.*

1. I soll die Geräuschbelästigung durch Zuschlagen von Türen vermindern (s § 30 StVO). II soll Unfälle durch unbeabsichtigtes Öffnen von Türen während der Fahrt und bei Zusammenstößen vermeiden helfen. III soll unbeabsichtigtes Aufsperren während der Fahrt, vor allem bei hohen Geschwindigkeiten, verhindern. Der Einsatz automatischer Türen, die die Anforderungen von Abs V erfüllen, begründet als solcher keinen Anspruch aus Verletzung der VSicherungspflicht, KG MDR **04** 937. Akustische Warnung vor dem automatischen Schließen der Türen von Kom, die den Bestimmungen der Richtlinie 2001/85/EG entsprechen, ist nicht erforderlich; Fehlen eines Signaltons verletzt nicht die VSicherungspflicht und begründet keinen Anspruch aus § 7 StVG, MüVR **02** 332. EWG-Richtlinie 70/387/EWG für Türen (StVRL Nr 2), s BMV VBl **72** 323. Die ältere Rspr über die Sicherung der Fahrgäste bei während der Fahrt offener Bustür (zB Dü DAR **59** 76) ist durch das Gebot des Abs IV überholt. Automatische Türöffner an Taxis sind zulässig, BMV 11. 11. 66, StV – 8069 M/66. Türen in Taxen und Mietwagen: § 25 I BOKraft. Richtlinien für Ausnahmegenehmigungen für bestimmte Arbeitsmaschinen und bestimmte andere FzArten, VBl **80** 433. **Übergangsvorschrift:** § 72 II: Für vor dem 13. 2. 05 erstmals in den V gekommene Fze bleibt § 35e einschließlich der Anl X Nr 4 in der vor dem 1. 11. 03 geltenden Fassung anwendbar.

2. Ordnungswidrigkeit: §§ 69a III Nr 7b StVZO, 24 StVG.

Notausstiege in Kraftomnibussen

35f ¹Notausstiege in Kraftomnibussen sind innen und außen am Fahrzeug zu kennzeichnen. ²Notausstiege und hand- oder fremdkraftbetätigte Betriebstüren müssen sich in Notfällen bei stillstehendem oder mit einer Geschwindigkeit von maximal 5 km/h fahrendem Kraftomnibus jederzeit öffnen lassen; ihre Zugänglichkeit ist beim Betrieb der Fahrzeuge sicherzustellen. ³Besondere Einrichtungen zum Öffnen der Notausstiege und der Betriebstüren in Notfällen (Notbetätigungseinrichtungen) müssen als solche gekennzeichnet und ständig betriebsbereit sein; an diesen Einrichtungen oder in ihrer Nähe sind eindeutige Bedienungsanweisungen anzubringen.

Begr zur Neufassung durch die 36. ÄndVStVR v 22. 10. 03 (VBl **03** 746): *Die bisherigen Bau-/Wirkvorschriften des § 35f sind entbehrlich; entsprechende Anforderungen enthält die Richtlinie 2001/85/EG.*

§ 35f – neu – enthält die für den Betrieb der Kraftomnibusse wichtigen Vorschriften, um sicherzustellen, daß in Notfällen den Insassen ein schnelles Verlassen der Fahrzeuge ermöglicht wird. In Ausführung dieser Vorschrift dürfen Notausstiege und in Notfällen zu öffnende Betriebstüren wäh-

rend des Betriebs der Fahrzeuge nicht zugebaut oder mit Gepäck zugestellt, oder die Zugänglichkeit eingeschränkt werden.

Die geforderten Kennzeichnungen entsprechen den Vorschriften der Richtlinie 2001/85/EG (Anhang I, Nr. 7.6.11); die Wiederholung einer einzuhaltenden Bau-/Wirkvorschrift als zusätzliche Betriebsvorschrift ist unüblich, aber aufgrund des hohen Schutzzieles für die Insassen in Notfällen erforderlich.

1 1. Die Vorschrift soll gewährleisten, daß die Fahrgäste auch Omnibusse mit großer Fahrgastzahl bei Gefahr schnell verlassen können. Übergangsvorschrift: § 72 II.

2 2. Ordnungswidrigkeiten: §§ 69a III Nr 7b StVZO, 24 StVG.

Feuerlöscher in Kraftomnibussen

35g (1) ¹In Kraftomnibussen muss mindestens ein Feuerlöscher, in Doppeldeckfahrzeugen müssen mindestens zwei Feuerlöscher mit einer Füllmasse von jeweils 6 kg in betriebsfertigem Zustand mitgeführt werden. ²Zulässig sind nur Feuerlöscher, die mindestens für die Brandklassen
A: Brennbare feste Stoffe (flammen- und glutbildend),
B: Brennbare flüssige Stoffe (flammenbildend) und
C: Brennbare gasförmige Stoffe (flammenbildend)
amtlich zugelassen sind.

(2) Ein Feuerlöscher ist in unmittelbarer Nähe des Fahrersitzes und in Doppeldeckfahrzeugen der zweite Feuerlöscher auf der oberen Fahrgastebene unterzubringen.

(3) Das Fahrpersonal muß mit der Handhabung der Löscher vertraut sein; hierfür ist neben dem Fahrpersonal auch der Halter des Fahrzeugs verantwortlich.

(4) ¹Die Fahrzeughalter müssen die Feuerlöscher durch fachkundige Prüfer mindestens einmal innerhalb von 12 Monaten auf Gebrauchsfähigkeit prüfen lassen. ²Beim Prüfen, Nachfüllen und bei Instandsetzung der Feuerlöscher müssen die Leistungswerte und technischen Merkmale, die dem jeweiligen Typ zugrunde liegen, gewährleistet bleiben. ³Auf einem am Feuerlöscher befestigten Schild müssen der Name des Prüfers und der Tag der Prüfung angegeben sein.

1 **Begr** zur Neufassung durch ÄndVO v 22. 10. 03 (VBl **03** 746): **Zu Abs 1:** Die Vorschrift über das Mitführen eines zweiten Feuerlöschers in Doppeldeck-Kraftomnibussen stützt sich auf die Nummern 7.5.4.1 des Anhangs I und 7.5.5.1 des Anhangs VIII der Richtlinie 2001/85/EG.

Zu Abs 2: Die Vorschrift, nach der ein Feuerlöscher in unmittelbarer Nähe des Fahrersitzes und in Doppeldeck-Kraftomnibussen der zweite Feuerlöscher auf der oberen Fahrgastebene unterzubringen/mitzuführen ist, geht zurück auf die Nummern 7.5.4.1 des Anhangs I und 7.5.5.1 des Anhangs VIII der Richtlinie 2001/85/EG.

2 1. Für Pkw sind keine Feuerlöscher vorgeschrieben, s BMV StV 7 – 8035 BW/65. Feuerlöscher bei Beförderung gefährlicher Güter, s GefahrgutVO Straße (GGVS). Übergangsbestimmung: § 72 II.

3 2. Ordnungswidrigkeit: §§ 31b, 69a III Nr 7c, V Nr 4b, 4d StVZO, 24 StVG.

Erste-Hilfe-Material in Kraftfahrzeugen

35h (1) In Kraftomnibussen sind Verbandkästen, die selbst und deren Inhalt an Erste-Hilfe-Material dem Normblatt DIN 13164, Ausgabe Januar 1998 entsprechen, mitzuführen, und zwar mindestens
1. ein Verbandkasten in Kraftomnibussen mit nicht mehr als 22 Fahrgastplätzen,
2. 2 Verbandkästen in anderen Kraftomnibussen.

(2) Verbandkästen in Kraftomnibussen müssen an den dafür vorgesehenen Stellen untergebracht sein; die Unterbringungsstellen sind deutlich zu kennzeichnen.

(3) ¹In anderen als den in Absatz 1 genannten Kraftfahrzeugen mit einer durch die Bauart bestimmten Höchstgeschwindigkeit von mehr als 6 km/h mit Ausnahme von Krankenfahrstühlen, Krafträdern, Zug- oder Arbeitsmaschinen in land-

oder forstwirtschaftlichen Betrieben sowie anderen Zug- oder Arbeitsmaschinen, wenn sie einachsig sind, ist Erste-Hilfe-Material mitzuführen, das nach Art, Menge und Beschaffenheit mindestens dem Normblatt DIN 13 164, Ausgabe Januar 1998, entspricht. ²Das Erste-Hilfe-Material ist in einem Behältnis verpackt zu halten, das so beschaffen sein muß, daß es den Inhalt vor Staub und Feuchtigkeit sowie vor Kraft- und Schmierstoffen ausreichend schützt.

(4) Abweichend von Absatz 1 und 3 darf auch anderes Erste-Hilfe-Material mitgeführt werden, das bei gleicher Art, Menge und Beschaffenheit mindestens denselben Zweck zur Erste-Hilfe-Leistung erfüllt.

Begr zur ÄndVO v 22. 10. 03: VBl **03** 747.   1

1. Der Inhalt des Verbandkastens umfaßt nach jetzt maßgeblicher DIN-Norm auch   2
Einmalhandschuhe zum Schutz helfender Personen vor Infektionen. Zum Problem der **Verweisung auf DIN-Normen,** die nicht amtlich mitverkündet sind, *Staats* ZRP **78** 59. An der Einverleibung der DIN-Normen in § 35h bestehen Zweifel (s **E** 5); jedoch wird in § 73 auf die Bezugsquelle der DIN-Normen hingewiesen. Vor dem 1. 7. 2000 in Gebrauch genommene Verbandkästen, die den im Dezember 1987 ausgegebenen DIN-Normen entsprechen, dürfen gem § 72 II weiter benutzt werden. Die Regelung in Abs IV wurde auf Verlangen der EG-Kommission aufgenommen, s Begr VBl **88** 470. Die Pflicht zum Mitführen eines Verbandkastens gilt grundsätzlich auch für Führer von Quads, s BMV VBl **04** 29. Ein im Ausland zugelassenes Kfz muß im Rahmen von § 1 IntVO im Inland kein Erste Hilfe-Material mitführen, Kö VRS **57** 381. *Bouska,* Erste Hilfe-Material in Pkw, Lkw und Zgm, VD **72** 45. **Übergangsbestimmung:** § 72 II.

2. **Ordnungswidrigkeit:** §§ 31 b, 69 a III Nr 7 c, V Nr 4 b StVZO, 24 StVG.   3

3. **Überleitungsbestimmung für die neuen Bundesländer:**   4

Anl I Kap XI B III Nr 2 (44) zum Einigungsvertrag

(44) Das nach den bisherigen Vorschriften der Deutschen Demokratischen Republik vorgeschriebene Erste-Hilfe-Material gilt als vorschriftsmäßig im Sinne des § 35 h. Die nach den bisherigen Vorschriften der Deutschen Demokratischen Republik vorgeschriebenen Feuerlöscher gelten als vorschriftsmäßig im Sinne des § 35 g und die nach den bisherigen Vorschriften der Deutschen Demokratischen Republik vorgesehenen Warndreiecke und Warnleuchten als vorschriftsmäßig im Sinne des § 53 a Abs. 1 und 2.

S ferner vor § 30.

Gänge, Anordnung von Fahrgastsitzen und Beförderung von Fahrgästen in Kraftomnibussen

35i (1) ¹In Kraftomnibussen müssen die Fahrgastsitze so angeordnet sein, daß der Gang in Längsrichtung frei bleibt. ²Im übrigen müssen die Anordnung der Fahrgastsitze und ihre Mindestabmessungen sowie die Mindestabmessungen der für Fahrgäste zugänglichen Bereiche der Anlage X entsprechen.

(2) ¹In Kraftomnibussen dürfen Fahrgäste nicht liegend befördert werden. ²Dies gilt nicht für Fahrgäste, die durch geeignete Rückhalteeinrichtungen hinreichend geschützt sind, und für Kinder in Kinderwagen.

Begr: s VBl **88** 470, **90** 495 (zu Abs II).   1

Die Bestimmung des Abs I ist an die Stelle des bis zum 30. 6. 88 geltenden § 35a V   2
getreten. Im Gegensatz zur früheren Regelung gilt S 1 für *alle* Omnibusse. Für vor dem 1 1 89 erstmals in den V gekommene Fze bleibt es dagegen bei der Beschränkung auf Kom mit mehr als 14 Fahrgastplätzen; auf sie findet gem § 72 II weiterhin § 35 a V und Anl X in der vor dem 1. 7. 88 geltenden Fassung Anwendung.

Abs II will Zweifel über die Zulässigkeit des Transportes liegender Fahrgäste beseiti-   3
gen, indem er dies ausdrücklich verbietet, soweit sie nicht durch geeignete Rückhalteeinrichtungen gesichert sind. Das Verbot gilt nur während der Fahrt („befördert"), weil bei stehendem Fz keine Beeinträchtigung der Sicherheit besteht; insoweit gilt das gleiche wie für die Pflicht zur Anlegung des Sicherheitsgurtes (s Begr VBl **90** 495). Richtlinien für Fahrgastliegeplätze und Rückhalteeinrichtungen in Kom, VBl **91** 668.

Ordnungswidrigkeit: § 69 a III Nr 7 d.   4

Brennverhalten von Werkstoffen der Innenausstattung bestimmter Kraftomnibusse

35j Die Innenausstattung von Kraftomnibussen, die weder für Stehplätze ausgelegt noch für die Benutzung im städtischen Verkehr bestimmt und mit mehr als 22 Sitzplätzen ausgestattet sind, muss den im Anhang zu dieser Vorschrift genannten Bestimmungen über das Brennverhalten entsprechen.

1   Begr: VBl 00 363: *Mit dieser Vorschrift wird die „Richtlinie des Europäischen Parlaments und des Rates vom 24. Oktober 1995 über das Brennverhalten von Werkstoffen der Innenausstattung bestimmter Kraftfahrzeugklassen (95/28/EG)" auch für Fahrzeuge mit Einzelbetriebserlaubnis in nationales Recht umgesetzt. In den Erwägungsgründen dieser Richtlinie wird ausgeführt: „Im Hinblick auf die Sicherheit der Fahrzeuginsassen und die Verkehrssicherheit ist es wichtig, dass die zur Innenausstattung von Kraftomnibussen verwendeten Werkstoffe Mindestanforderungen entsprechen, um das Entstehen von Flammen zu vermeiden oder zumindest zu verzögern, damit im Fall eines Brandes die Fahrzeuginsassen das Fahrzeug verlassen können."*

2   Für die in der Vorschrift genannten Kom gelten die Bestimmungen der Anhänge IV bis VI der EG-Richtlinie 95/28. Nach der Übergangsbestimmung des § 72 II ist die Vorschrift ab 1. 10. 2000 auf die von diesem Tage an erstmals in den V kommenden Kom anzuwenden.

Bereifung und Laufflächen

36 (1) ¹Maße und Bauart der Reifen von Fahrzeugen müssen den Betriebsbedingungen, besonders der Belastung und der durch die Bauart bestimmten Höchstgeschwindigkeit des Fahrzeugs, entsprechen. ²Sind land- oder forstwirtschaftliche Kraftfahrzeuge und Kraftfahrzeuge des Straßenunterhaltungsdienstes mit Reifen ausgerüstet, die nur eine niedrigere Höchstgeschwindigkeit zulassen, müssen sie entsprechend § 58 für diese Geschwindigkeit gekennzeichnet sein. ³Bei Verwendung von M + S-Reifen (Winterreifen) gilt die Forderung hinsichtlich der Geschwindigkeit auch als erfüllt, wenn die für M + S-Reifen zulässige Höchstgeschwindigkeit unter der durch die Bauart bestimmten Höchstgeschwindigkeit des Fahrzeugs liegt, jedoch

1. die für M + S-Reifen zulässige Höchstgeschwindigkeit im Blickfeld des Fahrzeugführers sinnfällig angegeben ist,
2. die für M + S-Reifen zulässige Höchstgeschwindigkeit im Betrieb nicht überschritten wird.

⁴Reifen oder andere Laufflächen dürfen keine Unebenheiten haben, die eine feste Fahrbahn beschädigen können; eiserne Reifen müssen abgerundete Kanten haben. ⁵Nägel müssen eingelassen sein.

(1 a) Luftreifen, auf die sich die im Anhang zu dieser Vorschrift genannten Bestimmungen beziehen, müssen diesen Bestimmungen entsprechen.

(2) ¹Die Räder der Kraftfahrzeuge und Anhänger müssen mit Luftreifen versehen sein, soweit nicht nachstehend andere Bereifungen zugelassen sind. ²Als Luftreifen gelten Reifen, deren Arbeitsvermögen überwiegend durch den Überdruck des eingeschlossenen Luftinhalts bestimmt wird. ³Luftreifen an Kraftfahrzeugen und Anhängern müssen am ganzen Umfang und auf der ganzen Breite der Lauffläche mit Profilrillen oder Einschnitten versehen sein. ⁴Das Hauptprofil muß am ganzen Umfang eine Profiltiefe von mindestens 1,6 mm aufweisen; als Hauptprofil gelten dabei die breiten Profilrillen im mittleren Bereich der Lauffläche, der etwa ³/₄ der Laufflächenbreite einnimmt. ⁵Jedoch genügt bei Fahrrädern mit Hilfsmotor, Kleinkrafträdern und Leichtkrafträdern eine Profiltiefe von mindestens 1 mm.

(2 a) ¹An Kraftfahrzeugen – ausgenommen Personenkraftwagen – mit einem zulässigen Gesamtgewicht von mehr als 3,5 t und einer durch die Bauart bestimmten Höchstgeschwindigkeit von mehr als 40 km/h und an ihren Anhängern dürfen die Räder einer Achse entweder nur mit Diagonal- oder nur mit Radialreifen ausgerüstet sein. ²Personenkraftwagen sowie andere Kraftfahrzeuge mit einem zulässigen Gesamtgewicht von nicht mehr als 3,5 t und einer durch die Bauart bestimmten Höchstgeschwindigkeit von mehr als 40 km/h und ihre Anhänger dürfen entweder nur mit Diagonal- oder nur mit Radialreifen ausgerüstet sein; im Zug gilt dies nur für das jeweilige Einzelfahrzeug. ³Die Sätze 1 und 2 gelten nicht für die nach § 58 für eine Höchstgeschwindigkeit von nicht mehr als 25 km/h gekenn-

Bereifung und Laufflächen § 36 StVZO **3**

zeichneten Anhänger hinter Kraftfahrzeugen, die mit einer Geschwindigkeit von nicht mehr als 25 km/h gefahren werden (Betriebsvorschrift). [4]Satz 2 gilt nicht für Krafträder – ausgenommen Leichtkrafträder, Kleinkrafträder und Fahrräder mit Hilfsmotor.

(2b) [1]Reifenhersteller und Reifenerneuerer müssen Luftreifen für Fahrzeuge mit einer durch die Bauart bestimmten Höchstgeschwindigkeit von mehr als 40 km/h mit ihrer Fabrik- oder Handelsmarke sowie mit Angaben kennzeichnen, aus denen Reifengröße, Reifenbauart, Tragfähigkeit, Geschwindigkeitskategorie, Herstellungs- bzw. Reifenerneuerungsdatum hervorgehen. [2]Die Art und Weise der Angaben werden im Verkehrsblatt bekanntgegeben.

(3) [1]Statt Luftreifen sind für Fahrzeuge mit Geschwindigkeiten von nicht mehr als 25 km/h (für Kraftfahrzeuge ohne gefederte Triebachse jedoch nur bei Höchstgeschwindigkeiten von nicht mehr als 16 km/h) Gummireifen zulässig, die folgenden Anforderungen genügen: Auf beiden Seiten des Reifens muß eine 10 mm breite, hervorstehende und deutlich erkennbare Rippe die Grenze angeben, bis zu welcher der Reifen abgefahren werden darf; die Rippe darf nur durch Angaben über den Hersteller, die Größe und dergleichen sowie durch Aussparungen des Reifens unterbrochen sein. [2]Der Reifen muß an der Abfahrgrenze noch ein Arbeitsvermögen von mindestens 60 J haben. [3]Die Flächenpressung des Reifens darf unter der höchstzulässigen statischen Belastung 0,8 N/mm² nicht übersteigen. [4]Der Reifen muß zwischen Rippe und Stahlband beiderseits die Aufschrift tragen: „60 J". [5]Das Arbeitsvermögen von 60 J ist noch vorhanden, wenn die Eindrückung der Gummibereifung eines Rades mit Einzel- oder Doppelreifen beim Aufbringen einer Mehrlast von 1000 kg auf die bereits mit der höchstzulässigen statischen Belastung beschwerte Bereifung um einen Mindestbetrag zunimmt, der sich nach folgender Formel errechnet:

$$f = \frac{6000}{P + 500};$$

dabei bedeutet f den Mindestbetrag der Zunahme des Eindrucks in Millimetern und P die höchstzulässige statische Belastung in Kilogramm. [6]Die höchstzulässige statische Belastung darf 100 N/mm der Grundflächenbreite des Reifens nicht übersteigen; sie darf jedoch 125 N/mm betragen, wenn die Fahrzeuge eine Höchstgeschwindigkeit von 8 km/h nicht überschreiten und entsprechende Geschwindigkeitsschilder (§ 58) angebracht sind. [7]Die Flächenpressung ist unter der höchstzulässigen statischen Belastung ohne Berücksichtigung der Aussparung auf der Lauffläche zu ermitteln. [8]Die Vorschriften über das Arbeitsvermögen gelten nicht für Gummireifen an Elektrokarren mit gefederter Triebachse und einer durch die Bauart bestimmten Höchstgeschwindigkeit von nicht mehr als 20 km/h sowie deren Anhänger.

(4) Eiserne Reifen mit einem Auflagedruck von nicht mehr als 125 N/mm Reifenbreite sind zulässig

1. für Zugmaschinen in land- oder forstwirtschaftlichen Betrieben, deren zulässiges Gesamtgewicht 4 t und deren durch die Bauart bestimmte Höchstgeschwindigkeit 8 km/h nicht übersteigt,

2. für Arbeitsmaschinen und Stapler (§ 18 Abs. 2), deren durch die Bauart bestimmte Höchstgeschwindigkeit 8 km/h nicht übersteigt, und für Fahrzeuge, die von ihnen mitgeführt werden,

3. hinter Zugmaschinen mit einer Geschwindigkeit von nicht mehr als 8 km/h (Betriebsvorschrift)
   a) für Möbelwagen,
   b) für Wohn- und Schaustellerwagen, wenn sie nur zwischen dem Festplatz oder Abstellplatz und dem nächstgelegenen Bahnhof oder zwischen dem Festplatz und einem in der Nähe gelegenen Abstellplatz befördert werden,
   c) für Unterkunftswagen der Bauarbeiter, wenn sie von oder nach einer Baustelle befördert werden und nicht gleichzeitig zu einem erheblichen Teil der Beförderung von Gütern dienen,
   d) für die beim Wegebau und bei der Wegeunterhaltung verwendeten fahrbaren Geräte und Maschinen bei der Beförderung von oder nach einer Baustelle,
   e) für land- oder forstwirtschaftliche Arbeitsgeräte und für Fahrzeuge zur Beförderung von land- oder forstwirtschaftlichen Bedarfsgütern, Arbeitsgeräten oder Erzeugnissen.

(5) ¹Bei Gleiskettenfahrzeugen (§ 34 b Abs. 1 Satz 1) darf die Kette oder das Band (Gleiskette) keine schädlichen Kratzbewegungen gegen die Fahrbahn ausführen. ²Die Kanten der Bodenplatten und ihrer Rippen müssen rund sein. ³Die Rundungen metallischer Bodenplatten und Rippen müssen an den Längsseiten der Gleisketten einen Halbmesser von mindestens 60 mm haben. ⁴Der Druck der durch gefederte Laufrollen belasteten Auflagefläche von Gleisketten auf die ebene Fahrbahn darf 1,5 N/mm², bei Fahrzeugen mit ungefederten Laufrollen und Gleisketten, die außen vollständig aus Gummiband bestehen, 0,8 N/mm² nicht übersteigen. ⁵Als Auflagefläche gilt nur derjenige Teil einer Gleiskette, der tatsächlich auf einer ebenen Fahrbahn aufliegt. ⁶Im Hinblick auf die Beschaffenheit der Laufflächen und der Federung wird für Gleiskettenfahrzeuge und Züge, in denen Gleiskettenfahrzeuge mitgeführt werden,
1. allgemein die Geschwindigkeit auf 8 km/h,
2. wenn die Laufrollen der Gleisketten mit 40 mm hohen Gummireifen versehen sind oder die Auflageflächen der Gleisketten ein Gummipolster haben, die Geschwindigkeit auf 16 km/h,
3. wenn die Laufrollen ungefedert sind und die Gleisketten außen vollständig aus Gummiband bestehen, die Geschwindigkeit auf 30 km/h

beschränkt; sind die Laufflächen von Gleisketten gummigepolstert oder bestehen die Gleisketten außen vollständig aus Gummiband und sind die Laufrollen mit 40 mm hohen Gummireifen versehen oder besonders abgefedert, so ist die Geschwindigkeit nicht beschränkt.

1 **Begr** zu I (VBl 73 406): 34. Aufl. **Begr** zur ÄndVO v. 15. 1. 80: VBl 80 145.

1 a **Begr** zur ÄndVO v 14. 6. 88 (VBl 88 471):

Zu Abs 1: ... *Die Bereifung von Anhängern wird unter Berücksichtigung der nach der StVO zulässigen Höchstgeschwindigkeiten festgelegt. Da auf Grund der in Kraftfahrzeugen installierten Motorleistungen höhere Geschwindigkeiten möglich sein können, ist die Klarstellung aus sicherheitstechnischen Gründen notwendig. Der zweite Satz wurde eingefügt, um eine Auflastungsmöglichkeit für die angeführten Kraftfahrzeuge zu ermöglichen.*

Begr zur ÄndVO v 23. 7. 90: VBl 90 495; zur ÄndVO v 24. 4. 92: VBl 92 343; zur ÄndVO v 25. 10. 94: BRDrucks 782/94.

2 **Begr** zur ÄndVO v 12. 8. 97 (VBl 97 658): S § 22 a Rz 1 b.

Zu Abs 2 a: *Anpassung an die bei der EU für die Klasse N_1 geltende Gewichtsgrenze von 3,5 t.*

Zu Abs 2 a Satz 4: *Diese Bestimmung wurde aus § 2 der 45. Ausnahmeverordnung vom 21. Dezember 1993 (BGBl. I S. 2445) übernommen.*

Begr zur ÄndVO v 23. 3. 00: BRDrucks 720/99 S 57.

Übersicht

Anhänger, Luftreifen 5
Arbeitsmaschine 18
Ausnahmen 22

Bauart der Reifen 3
Betrieb, land- und forstwirtschaftlicher 17

Eiserne Reifen 16–19
Ersatzreifen 9

Fahrzeuge, mitgeführte 19
– hinter Zugmaschinen 20

Gefahrerhöhung, versicherungsrechtliche 10, 11, 12
Gleiskettenfahrzeug, Laufflächen 21
„Gußhaut" 5

Kennzeichnung 5

Land- und forstwirtschaftlicher Betrieb, Zugmaschinen 17
Laufflächen 3
Luftdruck 14
Luftreifen 5 ff

Maße der Reifen 3
M + S-Reifen 3
Mischbereifung 5, 11

Nachschneiden 7

Ordnungswidrigkeiten 23

Profile, Profiltiefe 6

Reifen 3 ff
– mit Spikes 3
–, Bauart, Maße 3
–, eiserne 16–19

Bereifung und Laufflächen § 36 StVZO **3**

Ursächlichkeit 13
Verantwortlichkeit 14
Verkehrssicherheit der Reifen 4

Wasserglätte 8, 13
Winterreifen 3
Zugmaschine 17, 20

1. Maße und Bauart der Reifen. § 36 enthält die Vorschriften für Reifen und **3**
Laufflächen der Kfze und Anhänger. Für die andersartigen Laufflächen von StrWalzen, Schneepflügen und Schlitten gilt § 36 nicht, doch müssen auch ihre Laufflächen feste Fahrbahnen möglichst schonen (§ 30). Schneeketten und Verbot von Bodengreifern auf festen Fahrbahnen: § 37. Vollgummireifen: Rz 15, Eisenreifen: Rz 16 ff, Gleisketten: Rz 21. Reifen müssen nach Maßen und Bauart den möglichen Betriebsbedingungen, vor allem der Belastung und der bauartbestimmten Höchstgeschwindigkeit entsprechen (I). Für vor dem 1. 1. 1990 erstmals in den V gekommene Fze gilt gem § 72 II der § 36 I S 1 in der vor dem 1. 7. 88 gültigen Fassung („Geschwindigkeit" statt bauartbedingte „Höchstgeschwindigkeit"). Alle Reifen und Laufflächen müssen so gebaut sein, daß sie feste Fahrbahnen nicht beschädigen (I S 4). **Winterreifen (M + S-Reifen):** I S 3. Um die Notwendigkeit zahlreicher Ausnahmegenehmigungen zu vermeiden (Begr zu Abs I, VBl **73** 406), dürfen Winterreifen bestimmter zulässiger Höchstgeschwindigkeit auch an Kfzen mit bauartbedingt höherer Höchstgeschwindigkeit geführt werden, sofern die für die Reifen erlaubte Höchstgeschwindigkeit im Betrieb nicht überschritten wird und im Fahrerblickfeld sinnfällig angegeben ist. Fahren mit höherer Geschwindigkeit als gem Abs I S 3 Nr 2 ist nach § 69a III Nr 8 ow. „Im Blickfeld angebracht" setzt ständige Lesbarkeit vom Führersitz aus voraus, nicht unbedingt auch ständiges direktes Im-Auge-Haben (Verdeckung durch das Lenkrad). Vorgeschrieben sind Winterreifen bei winterlichen Verhältnissen; jedoch kann ein auf Fahren mit Sommerreifen beruhender Unfall uU grobfahrlässig herbeigeführt sein, Fra VR **04** 1260. Das Fahren mit **Spikesreifen,** auch mit bloßen Randspikes, Ha VRS **46** 318, ist unzulässig (I S 4), weil die AusnVO v 8. 11. 72 für Spikesreifen nicht mehr gilt. Das Spikes-Verbot gilt auch für außerdeutsche Kfze, s BMV VBl **75** 709, s dazu *Bouska* VD **77** 327.

Verkehrssicher müssen sämtliche benutzten Reifen während der Fahrt sein, auch auf **4**
Übungsfahrt, Bay VRS **15** 72, auch die Reifen einer hochgezogenen Liftachse bei Lkw, Ha DAR **96** 67. Daran sind hohe Anforderungen zu stellen, BGH VR **65** 430, Nü VR **64** 864. Schon *ein* abgefahrener (Rz 6) benutzter Reifen beeinträchtigt die VSicherheit, BGH VR **65** 430. Für außerdeutsche Kfze mit vorschriftswidrigen Reifen gilt § 23 StVO, weil die deutschen Zulassungsvorschriften für im Ausland zugelassene Kfze nicht gelten, s Bay VRS **53** 469. Der Felgenhersteller haftet nicht für Unfälle mit unrichtigen Reifen, Ba VR **77** 771.

2. Luftreifen (I a, II, II a, II b) (Begriff: II 2) sind vorgeschrieben für Kfze und An- **5**
hänger, soweit III, IV nicht Ausnahmen zulassen (Vollgummireifen, eiserne Reifen). Sie müssen, soweit ab 1. 10. 98 hergestellt (§ 72 II zu § 22 a I Nr 1 a), in amtlich genehmigter Bauart ausgeführt sein (§ 22 a I Nr 1 a). Im übrigen müssen sie den im Anhang zur StVZO genannten Bestimmungen entsprechen (Abs I a). Bei Pkw und allen anderen Kfzen mit bis zu 3,5 t (zulässiges Gesamtgewicht) und bauartbedingter Höchstgeschwindigkeit von mehr als „40" und ihren Anhängern müssen sämtliche Achsen grundsätzlich entweder mit **Radial- oder mit Diagonalreifen** ausgerüstet sein (IIa S 2), weil das Fahrverhalten durch Mischbereifung ungünstig beeinflußt und die Verkehrssicherheit uU erheblich beeinträchtigt werden kann (s Begr VBl **80** 143). Die Mischung von Sommer- und M + S-Reifen auf verschiedenen Achsen ist zwar unratsam, rechtlich jedoch nicht ausgeschlossen (*Bouska* VD **80** 104). Überleitungsbestimmung für die **neuen Bundesländer,** s vor § 30. Bei allen Kfzen (Pkw ausgenommen) mit mehr als 3,5 t (zulässiges Gesamtgewicht) und zugleich bauartbedingter Höchstgeschwindigkeit über „40" müssen alle Einzelachsen im Rechtssinn (§ 34 I) einheitlich mit Radial- oder Diagonalreifen bereift sein (IIa S 1). Bei Zügen gelten diese Vorschriften für jedes Fz selbständig. Abw von IIa S 2 dürfen Kräder Mischbereifung (zB Diagonal- und Radialreifen) haben, Abs IIa S 4; das gilt nicht für Leicht- und Kleinkrafträder sowie FmH. Bei nachträglicher Umrüstung von Krädern auf Mischbereifung kommt jedoch Erlöschen der BE gem § 19 II Nr 2 in Betracht (s BMV VBl **94** 92f). Die Art und Weise der Angaben im Rahmen der Pflicht zur **Kennzeichnung** der Reifen gem Abs IIb ist in VBl

3 StVZO § 36 B. Fahrzeuge III. Bau- und Betriebsvorschriften

89 112, **90** 8, **92** 672, bekanntgegeben. Für Reifen von Arbeitsmaschinen, ErdbewegungsFzen, land- und forstwirtschaftlichen Zgm, FmH und Kleinkrafträdern gilt die Kennzeichnungspflicht des Abs II b gem § 72 II erst ab 1. 1. 94. Verwendung von Reifen für Kräder mit anderen als in den FzPapieren angegebenen Bezeichnungen bei gleicher Größenbezeichnung, s BMV v 4. 9. 98, VBl **98** 904. Im Ausland hergestellte Reifen, s Empfehlung des BMV, VBl **91** 828. *Wiederhold,* Alte und neue Betriebskennungen für Reifen, VD **89** 103. Silikon-Wassergemisch als Form-Trennmittel (**"Gußhaut"**) macht neue Reifen zunächst glatt und erfordert vorsichtiges Einfahren ohne scharfes Bremsen oder abruptes Lenken über einige km hin. Richtlinien für die Beurteilung von Luftreifen, VBl **01** 91.

6   **Reifenprofile.** Die **Profiltiefe** muß im mittleren Bereich (Hauptprofil) der Lauffläche jedes laufenden Reifens rundum mindestens 1,6 mm betragen, auch bei Winterreifen, obwohl diese bei weniger als 4 mm Tiefe auf Schneematsch nur noch schlecht greifen. Dies entspricht der Richtlinie 89/459/EWG v 18. 7 89 über die Profiltiefe der Reifen, die eine Mindestprofiltiefe der Reifen von 1,6 mm vorsieht (s Begr VBl **90** 495). Da sich diese Mindestprofiltiefe bei einigen **geschwindigkeitsbegrenzten Krafträdern** als zu streng erwiesen hat, reicht bei den in Abs II S 5 genannten Fzen abw von II S 4 eine Profiltiefe von 1 mm (s Begr VBl **92** 343). Zusätzliche Feinprofilierungen bleiben außer Betracht, was sich nunmehr ausdrücklich aus der Formulierung ("die breiten Profilrillen") von Abs II S 4 ergibt. "Durchschnittstiefen" sind ohne Bedeutung; außer Betracht bleiben auch solche Rillen, die ausschließlich anderen Zwecken als der Rutschfestigkeit und Wasseraufnahme dienen, Stu VRS **70** 61, *Thumm* NZV **01** 58. Die **Profilgestaltung,** sofern sie VSicherheit gewährleistet, ist Sache des Herstellers und darf deshalb außerhalb des nach II S 3 vorgeschriebenen Profilsystems auch geringere Vertiefungen als 1,6 mm aufweisen, Bay DAR **78** 332, Stu VM **81** 95, VRS **70** 61, Dü VRS **77** 371. Auf die Beschaffenheit von "Stegen" kommt es bei ausreichender Rillentiefe nicht an, Bay VM **69** 59, Fra VM **76** 94, denn "Stege" sind nur eingebaute Abnutzungsanzeiger ("TWI", s *Thumm* NZV **01** 58) und können das Profilmuster, auf das es nicht ankommt, Ha VRS **54** 314, und das deshalb an gleichzeitig verwendeten Reifen verschieden sein kann, BMV StV 7 – 8030 K/69, stellenweise unterbrechen. Geländereifen für Lkw mit querstehenden Profilstollen brauchen keine Längs-Feinprofile aufzuweisen, dennoch vorhandene müssen dann nicht mindestens 1,6 mm haben, Bay VM **71** 12. Sind jedoch ganze Profilblöcke als Teile der Lauffläche herausgebrochen, auch seitlich, so ist II verletzt, Ha VRS **51** 460. Querrillen, die konstruktionsgemäß nur der Kühlung beim neuen Reifen dienen, sind nicht Profilrillen iS von II, Ha VRS **54** 314, Dü VRS **77** 371, sie dürfen deshalb abgefahren sein. Die Profiltiefe muß nicht bei allen laufenden Reifen gleich sein, solange sie 1,6 mm nirgends unterschreitet, Ha VRS **38** 342, DAR **61** 150, auch nicht an Zwillingsreifen. **Zu messen** ist die Profiltiefe am tiefsten Punkt in den Rillen (Einschnitten) außerhalb etwaiger Feinprofile. Im 1,6 mm-Grenzbereich ist die Rillentiefe mit einer Lehre festzustellen, Ha VRS **56** 209, falls nicht offensichtlich abgefahrene Stellen vorhanden sind. Im Grenzbereich bis 3 mm läßt sich die Frage überall ausreichender Profiltiefe idR nur durch sorgfältige Untersuchung, nicht allein durch Augenschein klären, s Ha VRS **59** 296. Zur VSicherheit von Reifen mit zu geringer Profiltiefe an **außerdeutschen Kfzen,** Bay VD **77** 324 *(Bouska).* **Beschädigungen** der Lauffläche oder der Seitenwände, welche die Betriebssicherheit beeinträchtigen können, schließen weitere Verwendung aus, ebenso Gewebebrüche oder gerissene Drahteinlagen.

7   **Nachgeschnittene Reifen** sind an Pkw und Krafträdern aller Art (auch mit Beiwagen) ausnahmslos unzulässig, s Richtlinie VBl **96** 400. Soweit es sich um andere FzArten handelt, dürfen in aller Regel nur Spezialwerkstätten nachschneiden, andernfalls haften Halter/Fahrer für Betriebssicherheit, BGH VM **62** 45, Ce MDR **62** 650. Richtlinie für das Nachschneiden von Reifen an NutzFzen, VBl **96** 400.

8   **Wasserglätte.** Die Profile müssen je nach Fahrgeschwindigkeit seitlich genügend Wasser abführen können, denn ein aufschwimmendes Fz wird unlenkbar und schleudert in der zuletzt gefahrenen Richtung, Ha VRS **46** 110. Fahrgeschwindigkeit: § 3 StVO. Auf wasserbeschichteter Fahrbahn bei Fahren über "50" wächst die Sicherheit mit der Profiltiefe, mit zunehmender Dicke der Wasserschicht nimmt die Sicherheit auch tieferer Profile ab, *Kuhlig* DAR **69** 293. Aufschwimmen wird deshalb nur durch angepaßtes

Bereifung und Laufflächen   **§ 36 StVZO 3**

Verlangsamen vermieden. Auf nasser Fahrbahn, verglichen mit trockener, verlängert sich der Bremsweg bei nur 1 mm Profil etwa ums Dreifache.

Ersatzreifen müssen nicht mitgeführt werden, Dü VM **97** 21, VRS **50** 238, sollten **9** im allgemeinen Sicherheitsinteresse jedoch mitgeführt werden müssen, und zwar in vorschriftsmäßigem Zustand. Wer ohne Ersatzreifen (Ersatzrad) fährt, riskiert uU unzulässig langes Liegenbleiben an verbotener Stelle, zB auf der AB, s Ha VM **73** 30. Mitgeführte Ersatzreifen müssen keine ausreichenden Profile haben, Bay NJW **71** 1759, Ha VRS **49** 151, Hb NJW **66** 1277, Fra VRS **51** 386, dazu *Koch* DAR **65** 325; sie dürfen dann jedoch ausschließlich dazu benutzt werden, das Kfz bei einer Unterwegspanne auf kürzestem Weg aus dem rollenden Verkehr zu bringen, BGH NJW **77** 114, Bay VM **88** 67, zB zur Werkstatt oder zu einem Parkplatz, jedoch nicht auf Umwegen, BGH VRS **52** 151, und auch nicht zum entfernteren gewöhnlichen Standort, dazu Bay NJW **71** 1759, Dü NJW **75** 2355, Fra VRS **51** 385, Ha VRS **49** 151, VR **64** 1142, Hb NJW **66** 1277, und nur zwecks Reparatur oder Abstellens ohne spätere Fahrt mit dem vorschriftswidrigen Reifen, BGH NJW **68** 2142. Entsprechendes gilt für Reservereifen unzulässiger Größe, Bay VRS **69** 465. Wer ein Kfz mit vorschriftswidrigen Reifen übernimmt, hat kein Notfahrrecht (§ 23 II StVO) zur Werkstatt, Hb VRS **50** 145.

Gefahrerhöhung (§ 23 VVG, s auch § 23 StVO Rz 40, § 31 StVZO Rz 16) ist **10** der fortgesetzte Gebrauch eines wesentlich verkehrsunsicheren Kfz (näher: § 23 StVO Rz 40), nicht die nur ganz kurzfristige Verwendung, Nü VR **69** 272, und auch nicht nur unerhebliche Erhöhung (§ 29 VVG). Beispiele: Fahren mit nach der BE auch nur teilweise nicht zugelassenen Reifen, Ko VRS **55** 231, mit auch nur einem vorschriftswidrigen Reifen, BGH VR **75** 1017, Ce ZfS **90** 423, zB mit zu geringer Profiltiefe, BGH VR **67** 1169, Sa ZfS **03** 127, Ce ZfS **90** 423, überhaupt wenn das Kfz die StVZO-Mindestanforderungen unterschreitet, BGH NJW **69** 1763, auch wenn die Profile schon bei Vertragsabschluß fehlten, Nü VR **76** 991, aber beim Fahren auf trockener Straße, Kö VR **73** 91, Kar VR **86** 882 (Rz 13), es sei denn, ein Reifen war wegen Durchscheuerns leicht verletzlich. Entgegenwirkende günstige Unfallumstände können kompensieren, BGH VR **69** 983.

Keine Gefahrerhöhung bei bloßer Notfahrt zur nächsten Werkstatt oder zum nahen **11** Standort, BGH VR **68** 1081, Ha NZV **88** 226, oder wegen MS-Reifen im Sommer, BGH VR **69** 365, oder bei Verwendung unterschiedlicher, aber zugelassener, verkehrssicherer Reifen am selben Kfz, BGH VR **69** 919, zB Mischung von Sommer- und Winterreifen, Nü VR **87** 180 (anders bei unzulässiger Mischverwendung von Radial- und Gürtelreifen, s Rz 5), oder eines runderneuerten Gürtelreifens, Sa VM **78** 45. Keine Gefahrerhöhung, wenn erst eine Gewaltbremsung während derselben Fahrt die Profilabnutzung bewirkt hat, Mü VR **68** 1082, oder wenn der Vorgang bei ausreichendem Profil in gleicher Weise verlaufen wäre, BGH VR **69** 365, sowie zB ein 1,6 mm-Profil bei derselben, angepaßten Fahrgeschwindigkeit das Oberflächenwasser auch nicht hätte abführen können, BGH VR **69** 987 (anders wohl bei zu schnellem Fahren). Ob die Gefahrerhöhung ursächlich war, ergibt der Vergleich der tatsächlichen, unstatthaft gesteigerten Gefahr mit der entsprechenden StVZO-Mindestanforderung, BGH NJW **69** 1763. S auch Rz 14.

Zurechenbar ist nur Kenntnis der gefahrerhöhenden Umstände, nicht bloßes Ken- **12** nenmüssen, außer der Versicherte entzieht sich der Kenntnis arglistig, s § 23 StVO Rz 40. Arglistig verhält sich zB, wer sich um glattgefahrene Reifen, überhaupt um den Reifenzustand seines Kfz nicht kümmert, Kö VR **73** 518, Ce VR **74** 737, um sich Rechtsvorteile zu sichern, obwohl er mit Mängeln rechnet, BGH VRS **63** 188, Hb VR **96** 1095, s Dü NJW-RR **04** 1479. Diese Voraussetzungen sind nicht ohne weiteres feststellbar, wenn von der Karosserie weitgehend verdeckte Reifen schon nach 7000 km abgefahren sind, Hb VR **96** 1095. Auch stellenweise völlig blanke Reifen beweisen allein nicht Kenntnis oder arglistige Nichtkenntnis, wenn die Stellen weitgehend verdeckt sind, Dü DAR **04** 391. Zur Beweislast nach § 25 III VVG bei abgefahrenen Reifen, BGH VR **67** 572.

Ursächlichkeit. Auf trockener Fahrbahn sind profillose Reifen nicht minderwertig **13** wegen höherer Seitenführungskraft, BGH VR **68** 785, Kö VR **73** 91, Dü VRS **35** 251; Profile fördern dort die Rutschfestigkeit nicht, BGH VR **69** 748, Kö VR **73** 91, Mü

3 StVZO § 36 B. Fahrzeuge III. Bau- und Betriebsvorschriften

NJW **66** 1869, Bra VRS **30** 300, Zw VRS **33** 183, von Berstgefahr abgesehen sind sie auf trockener und nasser Fahrbahn ohne Wasserschicht griffiger und verzögern besser, Kar ZfS **93** 308, *Kuhlig* DAR **69** 292, auf Glatteis sind sie M + S-Reifen insoweit gleichwertig, *Kuhlig* DAR **69** 292 (trotzdem OW!). Schnellfahren mit profillosen Reifen ist für einen Unfall nur dann nicht ursächlich, wenn eine dem Reifenzustand angepaßte geringere Geschwindigkeit zu dem gleichen Unfall geführt hätte, BGH VRS **32** 37, **37** 276, Kö VRS **64** 257. Profillose Reifen sind nicht unfallursächlich, wenn der Unfall allein auf unrichtigem Lenken beruht, dieses also auch bei vorschriftsmäßigen Reifen zum Unfall geführt hätte, Ha VR **67** 673. Bleibt ein Lastzug auf der AB mit geplatztem Reifen liegen und entsteht ein Auffahrunfall, so besteht Ursächlichkeit, wenn der Reifen schon bei Fahrtbeginn schadhaft war, BGH VR **61** 150. Nichtursächlichkeit ungleichmäßiger, teilweise profilloser Reifen für Schleudern auf Eis, BGH VR **68** 834, oder auf trockener Straße, Kö VR **73** 91. Bei schadhaftem Reifenzustand spricht der Anschein für Ursächlichkeit, Ol MDR **59** 124. Die Möglichkeit der Beschädigung durch eine Bordsteinkante erbringt nicht vollen Beweis, BGH VRS **29** 435.

14 **3. Verantwortlichkeit:** Bei gutem Profil der Reifen eines fremden Fzs braucht trotz verschlüsselter Angabe des Herstellungsdatums auf dem Reifen (DOT-Nr) nicht mit zu hohem Reifenalter gerechnet zu werden, Kö VRS **100** 87, VM **01** 44, Stu NZV **91** 68; das wird auch in Zukunft trotz Kennzeichnung (Abs IIb) zu gelten haben. Zur Haftung des Gebrauchtwagenhändlers bei unterlassener Prüfung insoweit, s aber BGH NJW **04** 1032. Der **Halter** muß den Reifenzustand regelmäßig und **sorgfältig prüfen,** ohne besonderen Anlaß aber nicht vor jeder Fahrt, Zw VRS **41** 138, aM Bra VRS **30** 300. Dies kann idR auch ein Laie, Kö VR **66** 77, wenn nicht, muß er für sachkundige Prüfung sorgen, BGH VR **66** 1069, **67** 1169. Mietwagenreifen hat der Vermieter mit besonderer Sorgfalt zu prüfen, BGH VR **64** 374. Der Halter haftet auch, wenn er das Fz einem andern zur ständigen Benutzung und Werkstattwartung überläßt, KG VRS **36** 226 (wohl nicht bei einer Fachwerkstatt). Der neue **Fahrer** muß die Profile vor jeder Fahrt prüfen, auch wenn er mit anderweiter Prüfung rechnet, Bra VRS **30** 300, Nü VR **67** 991, besonders im Schwerverkehr, Ko VRS **47** 446; sachverständige anderweite Kontrolle muß aber entlasten. Diese Pflicht besteht auch, wenn jemand das Fz nur vorübergehend fährt, BGH NJW **59** 2062, Bra VRS **30** 300, doch darf er sich an den äußeren Zustand halten, BGH DAR **61** 341, Ce MDR **62** 650, VR **63** 148. Auch von einem LkwF ist jedoch ohne besonderen Anlaß nicht zu verlangen, daß er das Fz bei der Profilkontrolle ein Stück versetzt, um auch die Stelle zu sehen, auf der der Reifen aufliegt, Ha VRS **74** 218. Kurz nach einer Hauptuntersuchung muß der Fahrer nicht alle Profile prüfen, Ha VM **68** 64. Ist der Veräußerer nicht als zuverlässig bekannt oder nicht Händler, so wird sich der **FzErwerber** vergewissern müssen, daß zulässige Reifen aufgezogen sind, s Bay VRS **59** 60. Bei Erwerb eines sehr alten Fzs kann Überprüfung der Reifen durch eine Werkstatt geboten sein; ce VR **97** 202 (Materialversprödung 19 Jahre alter Reifen), Mü MDR **98** 772 (14 Jahre altes Fz mit Hinweis des privaten Verkäufers auf „ziemlich alte" Reifen), Fra NZV **99** 420 (12 Jahre altes Fz mit runderneuerten Reifen für 400 DM). FzÜbergabe mit unzulässigen Hinterreifen durch den Verkäufer kann bei späterem Unfall einen Ersatzanspruch wegen Eigentumsverletzung begründen, BGH NJW **78** 2241. Auf **Montierung zugelassener Reifen** durch eine Fachwerkstatt darf im allgemeinen vertraut werden, anders bei Augenscheinlichkeit oder Beeinträchtigung des Fahrverhaltens, Kar VM **93** 46, Zw ZfS **81** 355, Fra VRS **78** 174. Zur Haftung des Reifenhändlers, uU auch des Halters, beim Aufziehen nicht zugelassener Reifen, Hb DAR **72** 16, Ha VRS **46** 469, Ko VRS **46** 468. Zur Verantwortlichkeit für **richtigen Luftdruck,** s § 23 StVO Rz 33. Bei erkennbar schadhaftem Zustand ist ein AB-Liegenbleiben und Auffahrunfall **voraussehbar,** Ha DAR **57** 159. Bei einem erkennbar schadhaften alten Reifen ist auch mit Platzen unterwegs zu rechnen, BGH VR **60** 421. Bei häufigem Fahrerwechsel kann nach Reifenwechsel der Anscheinsbeweis gegen andere Fahrer ausgeschlossen sein, Nü VR **71** 853.

Lit: *Gaisbauer,* Rechtsfragen um das Mitführen eines schadhaften Reservereifens, VP **67** 181. *Jagow,* Geldbuße bei abgefahrenen Reifen, VD **91** 78. *Thumm,* Die Bedeutung der Kfz-Bereifung für die VSicherheit, NZV **01** 57. *H.-W. Schmidt,* Die Folgen des Fahrens mit verkehrsunsicheren Reifen, DAR **66** 146.

Bereifung und Laufflächen   § 36 StVZO **3**

4. Vollgummireifen. III gestattet unter besonderen Voraussetzungen, für Kfze mit 15
Höchstgeschwindigkeit bis zu 25 km/h mit gefederter Triebachse, bis 16 km/h ohne gefederte Triebachse,Vollgummireifen. Diese Regelung soll die Straßen schonen. Abgefahrene Luftreifen sind keine Gummireifen iS von III, Ol VM **69** 40.

5. Eiserne Reifen. IV enthält Ausnahmen von II und III, nämlich vom Gummibereifungszwang für besonders langsame Kfze und ihre Anhänger. 16

5 a. Zugmaschinen in land- oder forstwirtschaftlichen Betrieben. Zugelassen 17
sind eiserne Reifen für gewisse Zugmaschinen. Begriffsbestimmung: § 18 Rz 19. Zugmaschinen mit Hilfsladefläche sind Zugmaschinen iS der StVZO, wenn sie auch gleichzeitig als Lkw gelten mögen (s dazu § 30 StVO Rz 10). Befreit vom Gummibereifungszwang sind nur Zugmaschinen in land- oder forstwirtschaftlichen Betrieben. Sie dürfen für alle Verrichtungen verwendet werden, die mit diesen Betrieben zusammenhängen. Das Gesamtgewicht des Fz (§ 34) darf 4 t nicht übersteigen, die bauartbestimmte Höchstgeschwindigkeit nicht mehr als 8 km/h betragen.

5 b. Eiserne Reifen sind ferner zulässig bei **Arbeitsmaschinen** und Staplern. Als 18
Arbeitsmaschinen gelten Kfze, deren Antriebsmaschine überwiegend zur Verrichtung von Arbeiten mit Hilfe einer mit dem Kfz dauernd verbundenen Vorrichtung dient (Motortragpflüge, Motorsägen, Straßenbaumaschinen), bei denen also die Haupttätigkeit nicht im Transport besteht, so daß Beschädigung der festen Fahrbahn weniger naheliegt. S DA zum § 18 (Liste der anerkannten selbstfahrenden Arbeitsmaschinen, s § 18 Rz 1a). Stapler: § 18 Rz 16.

5 c. Fahrzeuge, die von diesen Arbeitsmaschinen mitgeführt werden. Zugelassen 19
ist ferner eiserne Bereifung an Fzen, die von den in Abs IV Nr 2 genannten Motorfzen mitgeführt werden. Es handelt sich dabei nicht um Anhänger iS von II, die nach ihrer Bauart dazu bestimmt sind, hinter Kfzen mitgeführt zu werden. Vielmehr kommen hier Fze jeder Art in Betracht, die von langsam fahrenden Zug- und Arbeitsmaschinen mitgeführt werden, gleichgültig ob ständig oder vorübergehend und zu welchem Zweck.

5 d. Fahrzeuge hinter Zugmaschinen. IV Nr 3 läßt an gewissen Fzen eiserne 20
Reifen zu, wenn sie von Zgm (Rz 17) mit höchstens 8 km/h Geschwindigkeit in forst- oder landwirtschaftlichen Betrieben und der gewerblichen Wirtschaft gezogen werden, auch wenn die Zgm bauartbedingt schneller fahren könnte. Die Zgm muß, soweit nicht die Voraussetzungen der Rz 17 vorliegen, gummibereift sein. Die Beschränkung auf Beförderung hinter Zgm mit Höchstgeschwindigkeit von 8 km/h verhindert Mißbrauch. Zu den Reifen und Laufflächen land- und forstwirtschaftlicher Arbeitsgeräte, s Merkblatt VBl **00** 674 (676).

6. V enthält Bestimmungen über die Einrichtung der **Gleisketten-(Raupen-)fahr-** 21
zeuge (§ 34 b), welche die Beschädigung der Straße verhüten sollen.

7. Ausnahmen: § 70 I. Das Verbot der Benutzung von Spikesreifen ist so wichtig, 22
daß Ausnahmen allenfalls unter ganz besonderen, vom Normalfall abweichenden Umständen erlaubt werden dürfen, OVG Lüneburg VM **79** 40.

8. Zuwiderhandlungen: §§ 69a III Nr 8, V Nr 5 StVZO, 24 StVG. Mitführen ei- 23
nes dem § 36 widersprechenden Ersatzreifens: Rz 9. Nur das *Fahren* mit vorschriftswidrigen Reifen ist ow, nicht auch das Parken, Bay VRS **61** 447, Schl VM **77** 8, Ce VRS **47** 476, Stu VM **68** 48, aM *Booß* VM **77** 8, maßgebend ist die der Feststellung vorausgegangene Fahrt, auch wenn sie mehrere Wochen zurückliegt (sofern nicht verjährt), Bay VRS **62** 131, aM (bei länger zurückliegender Fahrt keine genügende Konkretisierung) Bay VRS **47** 297. Für deren Ahndung ist ein lediglich Ort und Zeit der polizeilichen Feststellung des Mangels angebender Bußgeldbescheid eine ausreichende Verfahrensgrundlage, Bay VRS **61** 447, **62** 131. Ein vorschriftswidrig bereiftes Kfz darf nicht allein deshalb öffentlich in Betrieb genommen werden, um es in einer Werkstatt zu überprüfen, Bay VM **73** 53. Die Fahrt mit normal abgenutzten Reifen mit weniger Profil als 1,6 mm (bzw 1 mm, s Abs II S 5) zur Werkstatt zwecks Reifenwechsels ist ow,

1123

3 StVZO § 36a   B. Fahrzeuge III. Bau- und Betriebsvorschriften

denn es handelt sich nicht um einen unvorhersehbaren Notfall, Hb VRS **50** 145, Ha VM **69** 40, Kö Betr **72** 528. Wer mit vorschriftswidrigen Reifen überhaupt fährt, darf die zulässige Höchstgeschwindigkeit nicht ausnutzen und muß äußerst vorsichtig fahren, BGH VRS **37** 276. **Beschädigte** Lkw-Reifen sind nicht vorschriftsmäßig (herausgebrochene oder beschädigte Profilstollen, aber dem Umfang nach Tatfrage), Dü VM **70** 8. Wer so schadhafte Reifen fährt, daß Gefahr des Platzens besteht, trägt Mitschuld an einem etwaigen Auffahrunfall, wenn er wegen geplatzten Reifens hat langsam fahren müssen, BGH VR **68** 1165. Fahren mit schadhaften Reifen (DauerOW) steht mit allen auf der Fahrt begangenen VVerstößen, auch bei Nichtursächlichkeit, in **TE**, Bay VM **70** 53, Kar VRS **95** 419, Ha VRS **47** 467, ebenso mit anderen zugleich festgestellten Beschaffenheitsverstößen, Dü VRS **50** 238. II Satz 3, 4 geht § 23 I S 2 StVO vor (keine TE), BGHSt **25** 338 = NJW **74** 1663, Ha VRS **47** 467, Dü VRS **77** 371, aM *Bouska* VD **74** 230. Dasselbe gilt im Verhältnis zu § 30 StVZO, Bay NJW **81** 2135. II 4 (Fahren mit abgefahrenen Reifen) steht in **TM** zu § 29, s § 29 Rz 35. Schematische Multiplikation einer **Buße** mit der Anzahl der vorschriftswidrigen Reifen verstößt gegen § 17 III OWiG, Bay NJW **81** 2135, Kö VRS **74** 139, Ce NZV **89** 483; jedoch kann eine gegenüber dem Regelfall der BKatV erhöhte Buße gerechtfertigt sein, *Jagow* VD **91** 78. Reifenkontrolle durch Streifenbeamte ist **keine Vollstreckungshandlung** iS von § 113 StGB, wer den kontrollierenden Beamten aber durch gezieltes Anfahren zum Beiseitespringen zwingt, nötigt ihn, Fra NJW **73** 1806.

Radabdeckungen, Ersatzräder

36a (1) Die Räder von Kraftfahrzeugen und ihren Anhängern müssen mit hinreichend wirkenden Abdeckungen (Kotflügel, Schmutzfänger oder Radeinbauten) versehen sein.

(2) Absatz 1 gilt nicht für
1. Kraftfahrzeuge mit einer durch die Bauart bestimmten Höchstgeschwindigkeit von nicht mehr als 25 km/h,
2. die Hinterräder von Sattelzugmaschinen, wenn ein Sattelanhänger mitgeführt wird, dessen Aufbau die Räder überdeckt und die Anbringung einer vollen Radabdeckung nicht zuläßt; in diesem Falle genügen Abdeckungen vor und hinter dem Rad, die bis zur Höhe der Radoberkante reichen,
3. eisenbereifte Fahrzeuge,
4. Anhänger zur Beförderung von Eisenbahnwagen auf der Straße (Straßenroller),
5. Anhänger, die in der durch § 58 vorgeschriebenen Weise für eine Höchstgeschwindigkeit von nicht mehr als 25 km/h gekennzeichnet sind,
6. land- oder forstwirtschaftliche Arbeitsgeräte,
7. die hinter land- oder forstwirtschaftlichen einachsigen Zug- oder Arbeitsmaschinen mitgeführten Sitzkarren (§ 18 Abs. 2 Nr. 6 Buchstabe b),
8. die Vorderräder von mehrachsigen Anhängern für die Beförderung von Langholz.

(3) ¹Für außen an Fahrzeugen mitgeführte Ersatzräder müssen Halterungen vorhanden sein, die die Ersatzräder sicher aufnehmen und allen betriebsüblichen Beanspruchungen standhalten können. ²Die Ersatzräder müssen gegen Verlieren durch 2 voneinander unabhängige Einrichtungen gesichert sein. ³Die Einrichtungen müssen so beschaffen sein, daß eine von ihnen wirksam bleibt, wenn die andere – insbesondere durch Bruch, Versagen oder Bedienungsfehler – ausfällt.

1   **Begr** zur ÄndVO v 15. 1. 80 (VBl **80** 145): **Zu Abs 3:** *Der Begriff „Sicherungen" wurde schon bei Einführung des Absatzes 3 im Sinne von „Einrichtungen" verstanden. Da unter „Sicherungen" auch Schraubensicherungen wie Splinte usw. verstanden werden könnten, sind mögliche Zweifel durch die Einfügung des Wortes „Einrichtungen" beseitigt worden.*

2   **1.** Zweck der Vorschrift ist es in erster Linie, das Beschmutzen Nachfolgender weitgehend zu verhindern, Stu VRS **69** 74. Richtlinien über Radabdeckungen, VBl **62** 66 = StVRL Nr 1. Richtlinien für Ausnahmegenehmigungen für bestimmte Arbeitsmaschinen und bestimmte andere FzArten, VBl **80** 433. *Hinreichende* Wirksamkeit der Radabdeckung setzt voraus, daß jedenfalls die gesamte Breite der Lauffläche überdeckt wird,

Lenkeinrichtung **§§ 37, 38 StVZO 3**

Stu VRS **69** 74. Nach § 1 IV der 35. StVZAusnV (s § 32 Rz 1 a) brauchen aufgrund von Breitreifen überbreite land- oder forstwirtschaftliche Zgm und ihre Anhänger dann keine zusätzlichen Radabdeckungen zu haben, wenn sie nicht schneller als 25 km/h gefahren werden.

    2. **Ordnungswidrigkeit:** §§ 69a III Nr 8 StVZO, 24 StVG.   3

Gleitschutzeinrichtungen und Schneeketten

37 (1) ¹Einrichtungen, die die Greifwirkung der Räder bei Fahrten außerhalb befestigter Straßen erhöhen sollen (sogenannte Bodengreifer und ähnliche Einrichtungen), müssen beim Befahren befestigter Straßen abgenommen werden, sofern nicht durch Auflegen von Schutzreifen oder durch Umklappen der Greifer oder durch Anwendung anderer Mittel nachteilige Wirkungen auf die Fahrbahn vermieden werden. ²Satz 1 gilt nicht, wenn zum Befahren befestigter Straßen Gleitschutzeinrichtungen verwendet werden, die so beschaffen und angebracht sind, daß sie die Fahrbahn nicht beschädigen können; die Verwendung kann durch die Bauartgenehmigung (§ 22a) auf Straßen mit bestimmten Decken und auf bestimmte Zeiten beschränkt werden.

(2) ¹Einrichtungen, die das sichere Fahren auf schneebedeckter oder vereister Fahrbahn ermöglichen sollen (Schneeketten), müssen so beschaffen und angebracht sein, daß sie die Fahrbahn nicht beschädigen können. ²Schneeketten aus Metall dürfen nur bei elastischer Bereifung (§ 36 Abs. 2 und 3) verwendet werden. ³Schneeketten müssen die Lauffläche des Reifens so umspannen, daß bei jeder Stellung des Rades ein Teil der Kette die ebene Fahrbahn berührt. ⁴Die die Fahrbahn berührenden Teile der Ketten müssen kurze Glieder haben, deren Teilung etwa das 3- bis 4fache der Drahtstärke betragen muß. ⁵Schneeketten müssen sich leicht auflegen und abnehmen lassen und leicht nachgespannt werden können.

Beg zur ÄndVO v 20. 6. 73: VBl **73** 407.   1

    1. **Gleitschutzeinrichtungen** müssen nach § 22a I Nr 2 zur StrSchonung in amtlich genehmigter Bauart ausgeführt sein. Technische Anforderungen bei der Bauartprüfung, VBl **73** 558, zuletzt geändert: VBl **03** 752 = StVRL § 22a Nr 1 (Nr 28).   2

    2. **Schneeketten** sind Gliederketten, die bei Schnee auf der Lauffläche der Reifen befestigt werden, um das Greifen im Schnee zu erleichtern. Bei Glatteis sind sie nicht angezeigt. Verboten bleiben gemäß § 36 I Greifketten und ähnliche Vorrichtungen, soweit sie die Fahrbahn beschädigen können. Greiferketten mit seitlichen Spannfedern brauchen beim Befahren öffentlicher Straßen durch Zgm in land- oder forstwirtschaftlichen Betrieben nicht abgenommen zu werden; doch darf mit ihnen auf Straßen nicht schneller als 8 km/h gefahren werden, s VBl **49** 92 (95). Es besteht keine Pflicht, Schneeketten im Winter mitzuführen oder zu verwenden; doch kann es sich streckenweise aus der allgemeinen Sorgfaltspflicht (§ 1 StVO, § 30 StVZO) ergeben, da das Unterlassen nach Wetterlage gebotener Vorsichtsmaßnahmen dazu führen kann, andere zu behindern, BMV VBl **55** 63. Schneeketten sind oft entbehrlich, wenn M + S-Reifen verwendet werden, s BMV VBl **55** 375.   3

    3. **Ausnahmen:** § 70.   4

    4. **Ordnungswidrigkeit:** §§ 69a III Nr 8 StVZO, 24 StVG.   5

Lenkeinrichtung

38 (1) ¹Die Lenkeinrichtung muß leichtes und sicheres Lenken des Fahrzeugs gewährleisten; sie ist, wenn nötig, mit einer Lenkhilfe zu versehen. ²Bei Versagen der Lenkhilfe muss die Lenkbarkeit des Fahrzeugs erhalten bleiben.

(2) Personenkraftwagen, Kraftomnibusse, Lastkraftwagen und Sattelzugmaschinen, mit mindestens 4 Rädern und einer durch die Bauart bestimmten Höchstgeschwindigkeit von mehr als 25 km/h, sowie ihre Anhänger müssen den im Anhang zu dieser Vorschrift genannten Bestimmungen entsprechen.

(3) ¹Land- oder forstwirtschaftliche Zugmaschinen auf Rädern mit einer durch die Bauart bestimmten Höchstgeschwindigkeit von nicht mehr als 40 km/h dürfen abweichend von Absatz 1 den im Anhang zu dieser Vorschrift genannten Bestimmungen entsprechen. ²Land- oder forstwirtschaftliche Zugmaschinen mit einer durch die Bauart bestimmten Höchstgeschwindigkeit von mehr als 40 km/h dürfen abweichend von Absatz 1 den Vorschriften über Lenkanlagen entsprechen, die nach Absatz 2 für Lastkraftwagen anzuwenden sind.

(4) ¹Selbstfahrende Arbeitsmaschinen und Stapler mit einer durch die Bauart bestimmten Höchstgeschwindigkeit von nicht mehr als 40 km/h dürfen abweichend von Absatz 1 entsprechend den Baumerkmalen ihres Fahrgestells entweder den Vorschriften, die nach Absatz 2 für Lastkraftwagen oder nach Absatz 3 Satz 1 für land- oder forstwirtschaftliche Zugmaschinen angewendet werden dürfen, entsprechen. ²Selbstfahrende Arbeitsmaschinen und Stapler mit einer durch die Bauart bestimmten Höchstgeschwindigkeit von mehr als 40 km/h dürfen abweichend von Absatz 1 den Vorschriften, die nach Absatz 2 für Lastkraftwagen anzuwenden sind, entsprechen.

1 1. **Lenkeinrichtung der Kraftfahrzeuge.** Sicheres und leichtes Lenken muß gewährleistet sein, nötigenfalls mit Lenkhilfe (Servolenkung). Durch die durch ÄndVO v 23. 3. 00 eingefügten Abs II bis IV wurde die Bestimmung an EU-Recht angepaßt. Übergangsbestimmung: § 72 II. Rechtslenkung ist zulässig, BMV 27. 1. 67, StV 7 – 8001 F/67 (s auch zB § 56 III Nr 2). Richtlinien für Sonderlenker für Kräder, Kleinkräder und FmH, VBl **78** 366 = StVRL Nr 3. Richtlinien für die Prüfung von Sonderlenkrädern für Kfze, VBl **75** 521 = StVRL Nr 2. Anhänger bedürfen keiner Lenkeinrichtung. Andere Fze: § 64.

2 2. **Leichtes und sicheres Lenken** muß die Lenkeinrichtung gewährleisten. Sie darf nicht zuviel „toten Gang" haben; idR darf das Lenkrad nicht um mehr als 30 Grad gedreht werden müssen, damit sich die Vorderräder bewegen. Die Übersetzung muß der möglichen Fahrgeschwindigkeit ausreichend angepaßt sein und wirksames Rangieren erleichtern. Einzelheiten: Richtlinien für die Prüfung der Lenkanlagen von Kfzen und ihren Anhängern, VBl **03** 824 = StVRL Nr 1. Änderungen der Lenkanlage, s § 19. Anbaugeräte dürfen leichtes und sicheres Lenken nicht beeinträchtigen. Der Fahrer hat auf Belastung der gelenkten Achse zu achten, besonders bei einer Behelfsladefläche, s Merkblatt für Anbaugeräte VBl **99** 268, **00** 479, **04** 527 = StVRL § 30 Nr 6. Fährt auf verkehrsfreier Straße ein Kfz auf ein vorschriftsmäßig parkendes Fz auf, so kann der Fahrer, der sich auf Lenkungsversagen beruft, den **Anscheinsbeweis** nur dadurch ausräumen, daß er Tatsachen beweist, die auf die ernsthafte Möglichkeit atypischen Ursachenverlaufs hinweisen, BGH DAR **54** 256.

3 3. **Ausnahmen:** § 70

4 4. **Ordnungswidrigkeit:** §§ 69a III Nr 9 StVZO, 24 StVG. Bei Bestellung eines NeuFz mit Lenkrad- Sonderanfertigung durch den Händler muß der Erwerber mit fehlender BE nicht rechnen, Sa VRS **48** 236.

Sicherungseinrichtungen gegen unbefugte Benutzung von Kraftfahrzeugen

38a (1) ¹Personenkraftwagen sowie Lastkraftwagen, Zugmaschinen und Sattelzugmaschinen mit einem zulässigen Gesamtgewicht von nicht mehr als 3,5 t – ausgenommen land- und forstwirtschaftliche Zugmaschinen und Dreirad-Kraftfahrzeuge – müssen mit einer Sicherungseinrichtung gegen unbefugte Benutzung, Personenkraftwagen zusätzlich mit einer Wegfahrsperre ausgerüstet sein. ²Die Sicherungseinrichtung gegen unbefugte Benutzung und die Wegfahrsperre müssen den im Anhang zu dieser Vorschrift genannten Bestimmungen entsprechen.

(2) Krafträder und Dreirad-Kraftfahrzeuge mit einem Hubraum von mehr als 50 cm³ oder einer durch die Bauart bestimmten Höchstgeschwindigkeit von mehr als 45 km/h, ausgenommen Kleinkrafträder und Fahrräder mit Hilfsmotor (§ 18 Abs. 2 Nr. 4), müssen mit einer Sicherungseinrichtung gegen unbefugte Benutzung ausgerüstet sein, die den im Anhang zu dieser Vorschrift genannten Bestimmungen entspricht.

Rückwärtsgang §§ 38b, 39 StVZO 3

(3) **Sicherungseinrichtungen gegen unbefugte Benutzung und Wegfahrsperren an Kraftfahrzeugen, für die sie nicht vorgeschrieben sind, müssen den vorstehenden Vorschriften entsprechen.**
Begr: VBl **97** 658.

1. Bei der Entwendung unbewachter Kfze, insbesondere durch Personen ohne FE 1 oder ausreichende Fahrpraxis, treten oft grobe Verstöße mit zum Teil schweren Unfällen auf. Von der Pflicht, eine **Sicherungseinrichtung** gegen unbefugte Benutzung zu führen, sind ausgenommen: Lkw, Zgm und SattelZgm über 3,5 t, land- und forstwirtschaftliche Zgm, Dreirad-Kfze bis 50 cm³ Hubraum oder bis 45 km/h bauartbedingter Höchstgeschwindigkeit, Kleinkrafträder und FmH. Geeignet sind Einrichtungen, die es unmöglich machen, sie schnell und unauffällig zu öffnen, betriebsunfähig zu machen oder zu zerstören (ECE-Regelung Nr 18, 5.4.): Lenk-, Getriebe-, Schalthebel- und Speichenschlösser sowie Einrichtungen, die das Ingangsetzen des Motors verhindern. Zusätzlich müssen Pkw mit einer **Wegfahrsperre** ausgerüstet sein (zB Zahlencode). Abs I gilt gem Übergangsvorschrift (§ 72 II) spätestens für ab 1. 10. 98 erstmals in den V gekommene Fze, im übrigen ist § 38 a in der bis 1. 9. 97 geltenden Fassung anzuwenden. Entsprechendes gilt für die Sicherung von Krädern gem Abs II.
Werden Kfze mit Sicherungseinrichtungen oder Wegfahrsperren ausgerüstet, für die 2 solche Einrichtungen nicht vorgeschrieben sind, so müssen sie den Bestimmungen der Absätze I und II entsprechen (Abs III).
Wer ein Lenkradschloß beim Verlassen des Kfz nicht einrasten läßt, handelt **grob** 3 **fahrlässig** (§ 61 VVG), s § 14 StVO Rz 20. Gefahrerhöhung, wenn der VN pflichtwidrig kein Lenkradschloß einbaut, BGH VR **69** 177. S § 14 StVO.

2. Ordnungswidrigkeit: §§ 69 a III Nr 10 StVZO, 24 StVG. 4

Fahrzeug-Alarmsysteme

38b ¹In Personenkraftwagen sowie in Lastkraftwagen, Zugmaschinen und Sattelzugmaschinen mit einem zulässigen Gesamtgewicht von nicht mehr als 2,00 t eingebaute Fahrzeug-Alarmsysteme müssen den im Anhang zu dieser Vorschrift genannten Bestimmungen entsprechen. ²Fahrzeug-Alarmsysteme in anderen Kraftfahrzeugen müssen sinngemäß den vorstehenden Vorschriften entsprechen.

Begr: VBl **97** 659. 1

Die StVZO schreibt Alarmeinrichtungen nicht vor. Freiwillige Alarmeinrichtungen 2 können das gesamte Fz oder Teile (zB Radio) schützen. Soweit die in Satz 1 bezeichneten Fze durch Alarmanlagen gesichert sind, müssen sie den Vorschriften der im Anhang zur StVZO genannten Richtlinien entsprechen. Alarmanlagen in anderen Kfzen müssen jenen Vorschriften jedenfalls sinngemäß entsprechen. Die Neufassung ist gem § 72 II spätestens ab 1. 10. 98 auf erstmals in den V gekommene Fz-Alarmanlagen anzuwenden; für ältere Systeme bleibt § 38 b alt anwendbar. Anlagen, die über Funk den Alarm beim Halter, also nicht unmittelbar im oder am Fz, auslösen, sind von § 38 b nicht betroffen. Taxi-Alarmanlagen (§ 25 BOKraft), s BMV VBl **66** 99.
Ordnungswidrigkeit: § 69 a III Nr 10 a. 3

Rückwärtsgang

39 Kraftfahrzeuge – ausgenommen einachsige Zug- oder Arbeitsmaschinen mit einem zulässigen Gesamtgewicht von nicht mehr als 400 kg sowie Krafträder mit oder ohne Beiwagen – müssen vom Führersitz aus zum Rückwärtsfahren gebracht werden können.

1. Kfze mit einem **Leergewicht von mehr als 400 kg** (§ 72 II) müssen einen 1 Rückwärtsgang haben, da sie sonst schwer wenden und umkehren können. § 39 will verhindern, daß Kfze mit der Hand rückwärts bewegt werden und hierdurch den Verkehr stören. Ausgenommen sind nur einachsige Zug- und Arbeitsmaschinen mit zulässi-

1127

3 StVZO §§ 39a, 40 B. Fahrzeuge III. Bau- und Betriebsvorschriften

gem Gesamtgewicht von nicht mehr als 400 kg und Krafträder. Übergangsbestimmung für vor dem 1. 7. 61 in den V gekommene Fze: § 72.

2 **2. Ausnahmen:** § 70. **Ordnungswidrigkeit:** §§ 69 a III Nr 11 StVZO, 24 StVG.

Betätigungseinrichtungen, Kontrollleuchten und Anzeiger

39a (1) Die in Personenkraftwagen und Kraftomnibussen sowie Lastkraftwagen, Zugmaschinen und Sattelzugmaschinen – ausgenommen land- oder forstwirtschaftliche Zugmaschinen – eingebauten Betätigungseinrichtungen, Kontrollleuchten und Anzeiger müssen eine Kennzeichnung haben, die den im Anhang zu dieser Vorschrift genannten Bestimmungen entspricht.

(2) Die in Kraftfahrzeuge nach § 30 a Abs. 3 eingebauten Betätigungseinrichtungen, Kontrollleuchten und Anzeiger müssen eine Kennzeichnung haben, die den im Anhang zu dieser Vorschrift genannten Bestimmungen entspricht.

(3) Land- oder forstwirtschaftliche Zugmaschinen müssen Betätigungseinrichtungen haben, deren Einbau, Position, Funktionsweise und Kennzeichnung den im Anhang zu dieser Vorschrift genannten Bestimmungen entspricht.

Begr (VBl 00 364): *Mit dieser Vorschrift werden die im Anhang genannten EG-Richtlinien für die in den Absätzen 1, 2 und 3 aufgeführten Fahrzeugklassen in nationales Recht umgesetzt ...*

1   1. Die Abs I und III der durch die 31. ÄndVStVR (BGBl I 310) eingefügten Bestimmung sind gem der Übergangsbestimmung des § 72 II spätestens auf die ab 1. 10. 01 auf die von diesem Tage an erstmals in den V kommenden Kfze anzuwenden, Abs II spätestens ab 17. 6. 03 auf die von diesem Tage an erstmals in den V kommenden Kfze.

2   **2. Ordnungswidrigkeit:** § 69 a III Nr 11 a.

Scheiben, Scheibenwischer, Scheibenwascher, Entfrostungs- und Trocknungsanlagen für Scheiben

40 (1) ¹Sämtliche Scheiben – ausgenommen Spiegel sowie Abdeckscheiben von lichttechnischen Einrichtungen und Instrumenten – müssen aus Sicherheitsglas bestehen. ²Als Sicherheitsglas gilt Glas oder ein glasähnlicher Stoff, deren Bruchstücke keine ernstlichen Verletzungen verursachen können. ³Scheiben aus Sicherheitsglas, die für die Sicht des Fahrzeugführers von Bedeutung sind, müssen klar, lichtdurchlässig und verzerrungsfrei sein.

(2) ¹Windschutzscheiben müssen mit selbsttätig wirkenden Scheibenwischern versehen sein. ²Der Wirkungsbereich der Scheibenwischer ist so zu bemessen, daß ein ausreichendes Blickfeld für den Führer des Fahrzeugs geschaffen wird.

(3) Dreirädrige Kleinkrafträder und dreirädrige oder vierrädrige Kraftfahrzeuge mit Führerhaus nach § 30 a Abs. 3 müssen mit Scheiben, Scheibenwischer, Scheibenwascher, Entfrostungs- und Trocknungsanlagen ausgerüstet sein, die den im Anhang zu dieser Vorschrift genannten Bestimmungen entsprechen.

1   **Begr** zur ÄndVO v 23. 3. 00: BRDrucks 720/99 S 57.

2   **1. Sicherheitsglas** ist entweder Einscheiben (ESG)- oder Verbund-Sicherheitsglas (VSG). Auch für Glasausstelldächer ist Sicherheitsglas vorgeschrieben („sämtliche Scheiben"), Bay VRS **67** 469. Abs I S 1 gilt auch für Anhänger (zB Wohnanhänger, s *Berr* 224, 714). Scheiben aus Sicherheitsglas und auf diesen angebrachte Folien müssen nach § 22 a I Ziff 3 in amtlich genehmigter Bauart ausgeführt und mit den inländischen Herstellern zugeteilten Kennzeichen gekennzeichnet sein, s VBl **49** 129, **50** 5 = StVRL Nr 1. Technische Anforderungen an Sicherheitsglas, VBl **73** 558, zuletzt geändert: VBl **03** 752 = StVRL § 22 a Nr 1 (Nr 29). VO über die Inkraftsetzung der Regelung Nr 43 über Sicherheitsglas, BGBl 1981 II 66). Farbveränderung der Front- oder Rückscheibe (Farbanstrich, Folie), auch teilweise, ist wegen der Bauartgenehmigungspflicht unzulässig. Klar ist eine im gesamten Fahrerblickfeld in sich ungetrübte Scheibe, Ha VRS **52** 502. Glasscheiben in VerkaufsFzen, s BMV VBl **74** 436.

2. Windschutzscheiben sind die vor dem Führersitz angebrachten Glasscheiben, die den Fahrwind abhalten. Bei Vereisung oder Beschlagen muß der Fahrer den Belag vollständig entfernen; Sichtlöcher genügen nicht. Silikone, Öle, Fette und Wachse die zu Sichtbehinderung führen, sollten durch Reinigungsmittel behoben werden, s BMV VBl **58** 262. Sichtbehinderung durch Streulicht nach Oberflächenstrukturveränderung von Windschutzscheiben, *Pfeiffer* ZVS **70** 132, *Timmermann/Gehring* ZVS **86** 31, *Schmidt-Clausen* VGT **90** 153. Sichtbehinderung durch wärmedämmende Verbundscheiben, *Gramberg-Danielsen* ZVS **72** 175. Bedingungen für die Reparatur von Verbundglasscheiben, s BMV VBl **86** 130. Die Vorschrift sollte übereinstimmend mit den gegenwärtigen wissenschaftlichen Erkenntnissen getönte Scheiben nur mit solcher Durchlässigkeit und Einbauneigung zulassen, daß auch ältere Kf im Dunklen noch ausreichende Sichtweite haben.

Lit: *Glaeser/Huß*, Der Kopfaufprall von außen auf Windschutzscheiben beim Fußgängerunfall, Verkehrsunfall **85** 11. *Jagow*, Folien, Sonnenschutzblenden und Jalousien an Scheiben von Kfzen, VD **83** 254. *Timmermann/Gehring*, Oberflächenschäden an Windschutzscheiben, ZVS **86** 31. *Weigt*, Sicht bei Nacht durch Windschutzscheiben mit Streulicht und Einfärbung, ZVS **89** 48. Pkw-Windschutzscheiben, ZVS **76** 141.

3. Die Windschutzscheiben müssen mit selbsttätigen **Scheibenwischern** versehen sein. Nur an Kfzen mit Geschwindigkeit bis zu 20 km/h sind übergangsweise noch handbediente Scheibenwischer zulässig (§ 72 II). Bei schwacher Scheibenwischerleistung ist angepaßt langsamer zu fahren, Sa VM **71** 92.

4. Trennwände. Taxen und Mietwagen dürfen mit einer ausreichend kugelsicheren Trennwand ausgerüstet sein, die entweder zwischen den Vorder- und Rücksitzen angebracht ist, oder den Fahrersitz von den Fahrgastplätzen trennt. Sie darf versenkbar oder so beschaffen sein, daß ein Teil seitlich verschoben werden kann (§ 25 BOKraft). Trennscheiben sind bauartgenehmigungspflichtig, BMV 25. 4. 66, StV 7 – 8013 R/66; 29. 7. 65, StV 7 – 8074 T/65, auch gläserne Zwischenwände in Wohnmobilen, *Berr* 225.

5. Für die in Abs III genannten **Kraftfahrzeuge nach Art 1 der EG-Richtlinie 2002/24/EG** (s § 30 a Rz 2) gelten die Bestimmungen von Kap 12 der EG-Richtlinie 97/24, die durch Abs III auch für Fze mit EinzelBE in nationales Recht umgesetzt ist. Übergangsbestimmung: § 72 II.

6. Ausnahmen: § 70.

7. Ordnungswidrigkeit: §§ 69 a III Nr 12 StVZO, 24 StVG.

Bremsen und Unterlegkeile

41 (1) ¹Kraftfahrzeuge müssen 2 voneinander unabhängige Bremsanlagen haben oder eine Bremsanlage mit 2 voneinander unabhängigen Bedienungseinrichtungen, von denen jede auch dann wirken kann, wenn die andere versagt. ²Die voneinander unabhängigen Bedienungseinrichtungen müssen durch getrennte Übertragungsmittel auf verschiedene Bremsflächen wirken, die jedoch in oder auf derselben Bremstrommel liegen können. ³Können mehr als 2 Räder gebremst werden, so dürfen gemeinsame Bremsflächen und (ganz oder teilweise) gemeinsame mechanische Übertragungseinrichtungen benutzt werden; diese müssen jedoch so gebaut sein, daß beim Bruch eines Teils noch mindestens 2 Räder, die nicht auf derselben Seite liegen, gebremst werden können. ⁴Alle Bremsflächen müssen auf zwangsläufig mit den Rädern verbundene, nicht auskuppelbare Teile wirken. ⁵Ein Teil der Bremsflächen muß unmittelbar auf die Räder wirken oder auf Bestandteile, die mit den Rädern ohne Zwischenschaltung von Ketten oder Getriebeteilen verbunden sind. ⁶Dies gilt nicht, wenn die Getriebeteile (nicht Ketten) so beschaffen sind, daß ihr Versagen nicht anzunehmen ist und für jedes in Frage kommende Rad eine besondere Bremsfläche vorhanden ist. ⁷Die Bremsen müssen leicht nachstellbar sein oder eine selbsttätige Nachstelleinrichtung haben.

(1 a) **Absatz 1 Satz 2 bis 6 gilt nicht für Bremsanlagen von Kraftfahrzeugen,** bei denen die Bremswirkung ganz oder teilweise durch die Druckdifferenz im hydrostatischen Kreislauf (hydrostatische Bremswirkung) erzeugt wird.

(2) ¹Bei einachsigen Zug- oder Arbeitsmaschinen genügt eine Bremse (Betriebsbremse), die so beschaffen sein muß, daß beim Bruch eines Teils der Bremsanlage

noch mindestens ein Rad gebremst werden kann. ²Beträgt das zulässige Gesamtgewicht nicht mehr als 250 kg und wird das Fahrzeug von Fußgängern an Holmen geführt, so ist keine Bremsanlage erforderlich; werden solche Fahrzeuge mit einer weiteren Achse verbunden und vom Sitz aus gefahren, so genügt eine an der Zug- oder Arbeitsmaschine oder an dem einachsigen Anhänger befindliche Bremse nach § 65, sofern die durch die Bauart bestimmte Höchstgeschwindigkeit 20 km/h nicht übersteigt.

(3) ¹Bei Gleiskettenfahrzeugen, bei denen nur die beiden Antriebsräder der Laufketten gebremst werden, dürfen gemeinsame Bremsflächen für die Betriebsbremse und für die Feststellbremse benutzt werden, wenn mindestens 70 vom Hundert des Gesamtgewichts des Fahrzeugs auf dem Kettenlaufwerk ruht und die Bremsen so beschaffen sind, daß der Zustand der Bremsbeläge von außen leicht überprüft werden kann. ²Hierbei dürfen auch die Bremsnocken, die Nockenwellen mit Hebel oder ähnliche Übertragungsteile für beide Bremsen gemeinsam benutzt werden.

(4) Bei Kraftfahrzeugen – ausgenommen Krafträder – muß mit der einen Bremse (Betriebsbremse) eine mittlere Vollverzögerung von mindestens $5,0\,\text{m/s}^2$ erreicht werden; bei Kraftfahrzeugen mit einer durch die Bauart bestimmten Höchstgeschwindigkeit von nicht mehr als 25 km/h genügt jedoch eine mittlere Vollverzögerung von $3,5\,\text{m/s}^2$.

(4a) Bei Kraftfahrzeugen – ausgenommen Kraftfahrzeuge nach § 30a Abs. 3 – muss es bei Ausfall eines Teils der Bremsanlage möglich sein, mit dem verbleibenden funktionsfähigen Teil der Bremsanlage oder mit der anderen Bremsanlage des Kraftfahrzeugs nach Absatz 1 Satz 1 mindestens 44 vom Hundert der in Absatz 4 vorgeschriebenen Bremswirkung zu erreichen, ohne dass das Kraftfahrzeug seine Spur verlässt.

(5) ¹Bei Kraftfahrzeugen – ausgenommen Krafträder – muß die Bedienungseinrichtung einer der beiden Bremsanlagen feststellbar sein; bei Krankenfahrstühlen und bei Fahrzeugen, die die Baumerkmale von Krankenfahrstühlen aufweisen, deren Geschwindigkeit aber 30 km/h übersteigt, darf jedoch die Betriebsbremse anstatt der anderen Bremse feststellbar sein. ²Die festgestellte Bremse muß ausschließlich durch mechanische Mittel und ohne Zuhilfenahme der Bremswirkung des Motors das Fahrzeug auf der größten von ihm befahrbaren Steigung am Abrollen verhindern können. ³Mit der Feststellbremse muß eine mittlere Verzögerung von mindestens $1,5\,\text{m/s}^2$ erreicht werden.

(6) *(aufgehoben)*

(7) Bei Kraftfahrzeugen, die mit gespeicherter elektrischer Energie angetrieben werden, kann eine der beiden Bremsanlagen eine elektrische Widerstands- oder Kurzschlußbremse sein; in diesem Fall findet Absatz 1 Satz 5 keine Anwendung.

(8) ¹Betriebsfußbremsen an Zugmaschinen – ausgenommen an Gleiskettenfahrzeugen –, die zur Unterstützung des Lenkens als Einzelradbremsen ausgebildet sind, müssen auf öffentlichen Straßen so gekoppelt sein, daß eine gleichmäßige Bremswirkung gewährleistet ist, sofern sie nicht mit einem besonderen Bremshebel gemeinsam betätigt werden können. ²Eine unterschiedliche Abnutzung der Bremsen muß durch eine leicht bedienbare Nachstelleinrichtung ausgleichbar sein oder sich selbsttätig ausgleichen.

(9) ¹Zwei- oder mehrachsige Anhänger – ausgenommen zweiachsige Anhänger mit einem Achsabstand von weniger als 1,0 m – müssen eine ausreichende, leicht nachstellbare oder sich selbsttätig nachstellende Bremsanlage haben; mit ihr muß eine mittlere Vollverzögerung von mindestens $5,0\,\text{m/s}^2$ – bei Sattelanhängern von mindestens $4,5\,\text{m/s}^2$ – erreicht werden. ²Bei Anhängern hinter Kraftfahrzeugen mit einer Geschwindigkeit von nicht mehr als 25 km/h (Betriebsvorschrift) genügt eine eigene mittlere Vollverzögerung von $3,5\,\text{m/s}^2$, wenn die Anhänger für eine Höchstgeschwindigkeit von nicht mehr als 25 km/h gekennzeichnet sind (§ 58). ³Die Bremse muß feststellbar sein. ⁴Die festgestellte Bremse muß ausschließlich durch mechanische Mittel den vollbelasteten Anhänger auch bei einer Steigung von 18 vom Hundert und in einem Gefälle von 18 vom Hundert auf trockener Straße am Abrollen verhindern können. ⁵Die Betriebsbremsanlagen von Kraftfahrzeug und Anhänger müssen vom Führersitz aus mit einer einzigen Betätigungseinrichtung abstufbar bedient werden können oder die Betriebsbremsanlage des Anhängers muß selbsttätig wirken; die Bremsanlage des Anhängers muß diesen, wenn dieser sich vom ziehenden Fahrzeug trennt, auch bei einer Steigung von 18

Bremsen und Unterlegkeile § 41 StVZO **3**

vom Hundert und in einem Gefälle von 18 vom Hundert selbsttätig zum Stehen bringen. ⁶Anhänger hinter Kraftfahrzeugen mit einer durch die Bauart bestimmten Höchstgeschwindigkeit von mehr als 25 km/h müssen eine auf alle Räder wirkende Bremsanlage haben; dies gilt nicht für die nach § 58 für eine Höchstgeschwindigkeit von nicht mehr als 25 km/h gekennzeichneten Anhänger hinter Fahrzeugen, die mit einer Geschwindigkeit von nicht mehr als 25 km/h gefahren werden (Betriebsvorschrift).

(10) ¹Auflaufbremsen sind nur bei Anhängern zulässig mit einem zulässigen Gesamtgewicht von nicht mehr als
1. 8,00 t und einer durch die Bauart bestimmten Höchstgeschwindigkeit von nicht mehr als 25 km/h,
2. 8,00 t und einer durch die Bauart bestimmten Höchstgeschwindigkeit von nicht mehr als 40 km/h, wenn die Bremse auf alle Räder wirkt,
3. 3,50 t, wenn die Bremse auf alle Räder wirkt.

²Bei Sattelanhängern sind Auflaufbremsen nicht zulässig. ³In einem Zug darf nur ein Anhänger mit Auflaufbremse mitgeführt werden; jedoch sind hinter Zugmaschinen zwei Anhänger mit Auflaufbremse zulässig, wenn
1. beide Anhänger mit Geschwindigkeitsschildern nach § 58 für eine Höchstgeschwindigkeit von nicht mehr als 25 km/h gekennzeichnet sind,
2. der Zug mit einer Geschwindigkeit von nicht mehr als 25 km/h gefahren wird,
3. nicht das Mitführen von mehr als einem Anhänger durch andere Vorschriften untersagt ist.

(11) ¹An einachsigen Anhängern und zweiachsigen Anhängern mit einem Achsabstand von weniger als 1,0 m ist eine eigene Bremse nicht erforderlich, wenn im Zug die für das ziehende Fahrzeug vorgeschriebene Bremsverzögerung erreicht und die Achslast des Anhängers die Hälfte des Leergewichts des ziehenden Fahrzeugs, jedoch 0,75 t nicht übersteigt. ²Beträgt jedoch bei diesen Anhängern die durch die Bauart bestimmte Höchstgeschwindigkeit nicht mehr als 30 km/h, so darf unter den in Satz 1 festgelegten Bedingungen die Achslast mehr als 0,75 t, aber nicht mehr als 3,0 t betragen. ³Soweit Anhänger nach Satz 1 mit einer eigenen Bremse ausgerüstet sein müssen, gelten die Vorschriften des Absatzes 9 entsprechend; bei Sattelanhängern muß die Wirkung der Betriebsbremse dem von der Achse oder der Achsgruppe (§ 34 Abs. 1) getragenen Anteil des zulässigen Gesamtgewichts des Sattelanhängers entsprechen.

(12) ¹Die vorgeschriebenen Bremsverzögerungen müssen auf ebener, trockener Straße mit gewöhnlichem Kraftaufwand bei voll belastetem Fahrzeug, erwärmten Bremstrommeln und (außer bei im Absatz 5 vorgeschriebenen Bremse) auch bei Höchstgeschwindigkeit erreicht werden, ohne daß das Fahrzeug seine Spur verläßt. ²Die in den Absätzen 4, 6 und 7 vorgeschriebenen Verzögerungen müssen auch beim Mitführen von Anhängern erreicht werden. ³Die mittlere Vollverzögerung wird entweder
1. nach Abschnitt 1.1.2 des Anhangs II der Richtlinie 71/320/EWG des Rates vom 26. Juni 1971 zur Angleichung der Rechtsvorschriften der Mitgliedstaaten über die Bremsanlagen bestimmter Klassen von Kraftfahrzeugen und deren Anhänger (ABl. EG Nr. L 202 S. 37), zuletzt geändert durch die Richtlinie 98/12/EG der Kommission vom 27. Januar 1998 (ABl. EG Nr. L 81 S. 1), oder
2. aus der Geschwindigkeit v_1 und dem Bremsweg s_1 ermittelt, wobei v_1 die Geschwindigkeit ist, die das Fahrzeug bei der Abbremsung nach einer Ansprech- und Schwellzeit von höchstens 0,6 s hat, und s_1 der Weg ist, den das Fahrzeug ab der Geschwindigkeit v_1 bis zum Stillstand des Fahrzeugs zurücklegt.

⁴Von dem in den Sätzen 1 bis 3 vorgeschriebenen Verfahren kann, insbesondere bei Nachprüfungen nach § 29, abgewichen werden, wenn Zustand und Wirkung der Bremsanlage auf andere Weise feststellbar sind. ⁵Bei der Prüfung neu zuzulassender Fahrzeuge muß eine dem betriebsüblichen Nachlassen der Bremswirkung entsprechend höhere Verzögerung erreicht werden; außerdem muß eine ausreichende, dem jeweiligen Stand der Technik entsprechende Dauerleistung der Bremsen für längere Talfahrten gewährleistet sein.

(13) ¹Von den vorstehenden Vorschriften über Bremsen sind befreit
1. Zugmaschinen in land- oder forstwirtschaftlichen Betrieben, wenn ihr zulässiges Gesamtgewicht nicht mehr als 4 t und ihre durch die Bauart bestimmte Höchstgeschwindigkeit nicht mehr als 8 km/h beträgt,

2. selbstfahrende Arbeitsmaschinen und Stapler mit einer durch die Bauart bestimmten Höchstgeschwindigkeit von nicht mehr als 8 km/h und von ihnen mitgeführte Fahrzeuge,
3. hinter Zugmaschinen, die mit einer Geschwindigkeit von nicht mehr als 8 km/h gefahren werden, mitgeführte
    a) Möbelwagen,
    b) Wohn- und Schaustellerwagen, wenn sie nur zwischen dem Festplatz oder Abstellplatz und dem nächstgelegenen Bahnhof oder zwischen dem Festplatz und einem in der Nähe gelegenen Abstellplatz befördert werden,
    c) Unterkunftswagen der Bauarbeiter, wenn sie von oder nach einer Baustelle befördert werden und nicht gleichzeitig zu einem erheblichen Teil der Beförderung von Gütern dienen,
    d) beim Wegebau und bei der Wegeunterhaltung verwendete fahrbare Geräte und Maschinen bei der Beförderung von oder nach einer Baustelle,
    e) land- oder forstwirtschaftliche Arbeitsgeräte,
    f) Fahrzeuge zur Beförderung von land- oder forstwirtschaftlichen Bedarfsgütern, Geräten oder Erzeugnissen, wenn die Fahrzeuge eisenbereift oder in der durch § 58 vorgeschriebenen Weise für eine Geschwindigkeit von nicht mehr als 8 km/h gekennzeichnet sind.

²Die Fahrzeuge müssen jedoch eine ausreichende Bremse haben, die während der Fahrt leicht bedient werden kann und feststellbar ist. ³Ungefederte land- oder forstwirtschaftliche Arbeitsmaschinen, deren Leergewicht das Leergewicht des ziehenden Fahrzeugs nicht übersteigt, jedoch höchstens 3 t erreicht, brauchen keine eigene Bremse zu haben.

(14) ¹Die nachstehend genannten Kraftfahrzeuge und Anhänger müssen mit Unterlegkeilen ausgerüstet sein. ²Erforderlich sind mindestens
1. ein Unterlegkeil bei
    a) Kraftfahrzeugen – ausgenommen Gleiskettenfahrzeuge – mit einem zulässigen Gesamtgewicht von mehr als 4 t,
    b) zweiachsigen Anhängern – ausgenommen Sattel- und Starrdeichselanhänger (einschließlich Zentralachsanhänger) – mit einem zulässigen Gesamtgewicht von mehr als 750 kg,
2. 2 Unterlegkeile bei
    a) drei- und mehrachsigen Fahrzeugen,
    b) Sattelanhängern,
    c) Starrdeichselanhängern (einschließlich Zentralachsanhängern) mit einem zulässigen Gesamtgewicht von mehr als 750 kg.

³Unterlegkeile müssen sicher zu handhaben und ausreichend wirksam sein. ⁴Sie müssen im oder am Fahrzeug leicht zugänglich mit Halterungen angebracht sein, die ein Verlieren und Klappern ausschließen. ⁵Haken oder Ketten dürfen als Halterungen nicht verwendet werden.

(15) ¹Kraftomnibusse mit einem zulässigen Gesamtgewicht von mehr als 5,5 t sowie andere Kraftfahrzeuge mit einem zulässigen Gesamtgewicht von mehr als 9 t müssen außer mit den Bremsen nach den vorstehenden Vorschriften mit einer Dauerbremse ausgerüstet sein. ²Als Dauerbremse gelten Motorbremsen oder in der Bremswirkung gleichartige Einrichtungen. ³Die Dauerbremse muß mindestens eine Leistung aufweisen, die der Bremsbeanspruchung beim Befahren eines Gefälles von 7 vom Hundert und 6 km Länge durch das voll beladene Fahrzeug mit einer Geschwindigkeit von 30 km/h entspricht. ⁴Bei Anhängern mit einem zulässigen Gesamtgewicht von mehr als 9 t muß die Betriebsbremse den Anforderungen des Satzes 3 entsprechen, bei Sattelanhängern nur dann, wenn das um die zulässige Aufliegelast verringerte zulässige Gesamtgewicht mehr als 9 t beträgt. ⁵Die Sätze 1 bis 4 gelten nicht für
1. Fahrzeuge mit einer durch die Bauart bestimmten Höchstgeschwindigkeit von nicht mehr als 25 km/h und
2. Fahrzeuge, die nach § 58 für eine Höchstgeschwindigkeit von nicht mehr als 25 km/h gekennzeichnet sind und die mit einer Geschwindigkeit von nicht mehr als 25 km/h betrieben werden.

(16) ¹Druckluftbremsen und hydraulische Bremsen von Kraftomnibussen müssen auch bei Undichtigkeit an einer Stelle mindestens 2 Räder bremsen können, die nicht auf derselben Seite liegen. ²Bei Druckluftbremsen von Kraftomnibussen muß

Bremsen und Unterlegkeile § 41 StVZO **3**

das unzulässige Absinken des Drucks im Druckluftbehälter dem Führer durch eine optisch oder akustisch wirkende Warneinrichtung deutlich angezeigt werden.

(17) Beim Mitführen von Anhängern mit Druckluftbremsanlage müssen die Vorratsbehälter des Anhängers auch während der Betätigung der Betriebsbremsanlage nachgefüllt werden können (Zweileitungsbremsanlage mit Steuerung durch Druckanstieg), wenn die durch die Bauart bestimmte Höchstgeschwindigkeit mehr als 25 km/h beträgt.

(18) ¹Abweichend von den Absätzen 1 bis 11, Absatz 12 Satz 1, 2, 3 und 5, Absatz 13 und 15 bis 17 müssen Personenkraftwagen, Kraftomnibusse, Lastkraftwagen, Zugmaschinen – ausgenommen land- oder forstwirtschaftliche Zugmaschinen – und Sattelzugmaschinen mit mindestens 4 Rädern und einer durch die Bauart bestimmten Höchstgeschwindigkeit von mehr als 25 km/h sowie ihre Anhänger – ausgenommen Bestimmungen nach Absatz 10 Satz 1 Nr. 1 und 2 oder Absatz 11 Satz 2, Muldenkipper, Stapler, Elektrokarren, Autoschütter – den im Anhang zu dieser Vorschrift genannten Bestimmungen über Bremsanlagen entsprechen. ²Andere Fahrzeuge, die hinsichtlich ihrer Baumerkmale des Fahrgestells den vorgenannten Fahrzeugen gleichzusetzen sind, müssen den im Anhang zu dieser Vorschrift genannten Bestimmungen über Bremsanlagen entsprechen. ³Austauschbremsbeläge für die in Satz 1 und 2 genannten Fahrzeuge mit einem zulässigen Gesamtgewicht von nicht mehr als 3,5 t müssen den im Anhang zu dieser Vorschrift genannten Bestimmungen entsprechen.

(19) Abweichend von den Absätzen 1 bis 11, Absatz 12 Satz 1, 2, 3 und 5, Absatz 13 und den Absätzen 17 und 18 müssen Kraftfahrzeuge nach § 30 a Abs. 3 den im Anhang zu dieser Vorschrift genannten Bestimmungen über Bremsanlagen entsprechen.

(20) ¹Abweichend von den Absätzen 1 bis 11, 12 Satz 1, 2, 3 und 5, Absatz 13 und den Absätzen 17 bis 19 müssen land- oder forstwirtschaftliche Zugmaschinen mit einer durch die Bauart bestimmten Höchstgeschwindigkeit von nicht mehr als 40 km/h den im Anhang zu dieser Vorschrift genannten Bestimmungen über Bremsanlagen entsprechen. ²Selbstfahrende Arbeitsmaschinen und Stapler mit einer durch die Bauart bestimmten Höchstgeschwindigkeit von nicht mehr als 40 km/h dürfen den Vorschriften über Bremsanlagen nach Satz 1 entsprechen.

Begr zur ÄndVO v 12. 8. 97: VBl **97** 659.

Begr zur ÄndVO v 23. 3. 00 (VBl **00** 364): **Zu Abs 4 a:** *In den internationalen Bremsenvorschriften (s. oben) besteht das Grundprinzip, daß bei Ausfall eines Teiles der Bremsanlage noch 44% der Betriebsbremswirkung zur Verfügung stehen muß. Dieses Prinzip wird durch die Einfügung des neuen Absatzes 4a auf alle Kraftfahrzeuge, und nicht nur auf solche mit hydrostatischen Bremsanlagen ausgedehnt.*

Zu Abs 7: *Da es aus verkehrssicherheitstechnischen Überlegungen keinen Sinn macht, die vorgeschriebene Mindestbremswirkung für Fahrzeuge mit gleicher Masse und gleicher bauartbedingter Höchstgeschwindigkeit unterschiedlich vorzuschreiben, wird es nicht für gerechtfertigt gehalten, für schnellaufende Elektrofahrzeuge geringere Bremsleistungen zu verlangen als für andere vergleichbare Fahrzeuge.*

Zu Abs 9: *Unabhängig von der Fahrzeugart wird in diesem Absatz nun allgemein für alle schnellaufenden Anhängefahrzeuge das gefordert, was für die Anhängefahrzeuge, die unter die Bestimmungen des Absatzes 18 fallen, ohnehin vorgeschrieben ist. Auch hier wird es als nicht gerechtfertigt angesehen, wenn nur aufgrund einer formalen Einstufung der Fahrzeugart eine physikalisch unterschiedliche sicherheitstechnische Bewertung vorgenommen wird.*

Für langsam laufende Anhängefahrzeuge wird eine Mindestbremswirkung vorgeschrieben, wie sie bei Kraftfahrzeugen mit einer bauartbedingten Höchstgeschwindigkeit von weniger als 25 km/h für vertretbar gehalten wird.

Zu Abs 10: *Nach bisher geltendem Recht durften hinter allen Kraftfahrzeugen, die eine durch die Bauart bestimmte Höchstgeschwindigkeit von nicht mehr als 32 km/h hatten, zwei Anhänger mit Auflaufbremse mitgeführt werden, wenn die in Absatz 10 Satz 3 genannten drei Bedingungen eingehalten wurden. Es hat sich herausgestellt, daß sich diese Vorschriften zwar bewährt haben, aber dennoch für die land- oder forstwirtschaftlichen Betriebe nicht flexibel genug gestaltet waren. Daher wird es nunmehr für vertretbar gehalten, daß hinter land- oder forstwirtschaftlichen Zugmaschinen generell zwei Anhänger mit Auflaufbremsen mitgeführt werden dürfen, wenn die zuvor ge-*

nannten drei Bedingungen eingehalten werden. Die Eingrenzung auf land- oder forstwirtschaftliche Zugmaschinen wird für erforderlich gehalten, da einerseits ohnehin kaum andere Zugfahrzeuge als land- oder forstwirtschaftliche Zugmaschinen für derartige Züge infrage kommen und andererseits hinter Lastkraftwagen oder Straßenzugmaschinen schon aus Gründen der Längenabmessungen sich das Mitführen von zwei Anhängern verbietet.

Zu Abs 12 Satz 3: Mit der vorliegenden Änderung des Absatzes 12 sind zwei Alternativen aufgezeigt, die die mittlere Vollverzögerung bestimmen. Die in Absatz 12, Satz 3, Nr. 1 genannte Alternative stimmt mit den internationalen Bremsenvorschriften überein. Die in Absatz 12, Satz 3, Nr. 2 erwähnte Alternative soll für die unter die genannten Bestimmungen fallenden Fahrzeuge eine praxisgerechtere Messung der mittleren Vollverzögerung ermöglichen; sie erfordert zudem eine nicht so aufwendige Meßtechnik ...

Zu Abs 18: Bisher galt, daß Fahrzeuge, die hinsichtlich der Baumerkmale ihres Fahrgestells den Fahrzeugen gleichzustellen waren, die unter die Vorschriften des § 41, Abs. 18, Satz 1 fielen, den Vorschriften der Richtlinie 71/320/EWG über Bremsanlagen entsprechen **durften**.

Nunmehr wird gefordert, daß diese Fahrzeuge die Vorschriften der EG-Richtlinie 71/320/EWG über Bremsanlagen erfüllen **müssen**. Dies ist im Sinne einer gewünschten Anwendung der harmonisierten Vorschriften geboten. Es ist auch nicht einzusehen, warum z. B. Feuerwehrfahrzeuge, Müllsammelfahrzeuge anders behandelt werden sollen, als „normale Lastkraftwagen". Nach EG-Recht würden diese Fahrzeuge ohnehin grundsätzlich unter die internationale Klassifizierung, also hier Fahrzeugklasse N, fallen.

Zu Abs 20: Nunmehr wird gefordert, daß land- oder forstwirtschaftliche Zugmaschinen mit einer durch die Bauart bestimmten Höchstgeschwindigkeit von nicht mehr als 40 km/h die harmonisierten Vorschriften der Richtlinie 76/432/EWG über die Bremsanlagen von land- oder forstwirtschaftlichen Zugmaschinen auf Rädern erfüllen müssen. Diese Richtlinie ist durch die Richtlinie 96/63/EG hinsichtlich der Wirksamkeit der Bremsanlagen an den technischen Stand angepaßt worden ...

1 **1. Anwendungsbereich des § 41.** Die Vorschriften des § 41 Abs I bis XI, XII S 1–3, 5, XIII und XV bis XVII haben gem Abs XVIII in Verbindung mit der Übergangsbestimmung des § 72 II – soweit es sich um Kfze der in Abs XVIII genannten Arten handelt – nur noch praktische Bedeutung für Fze, deren Bremsanlagen nicht den im Anhang zur StVZO (zu § 41 XVIII und § 41 b) genannten Bestimmungen entsprechen (Abs XVIII S 2) und **vor dem 1. 1. 1991** erstmals in den V gekommen sind sowie für die in Abs XVIII S 1 von dessen Geltung ausdrücklich ausgenommenen Fze wie etwa Arbeitsmaschinen und Anhänger hinter land- oder forstwirtschaftlichen Zgm. Im übrigen gilt gem. Abs XVIII in Verbindung mit dem Anhang die **Richtlinie 71/320/EWG** (EG-Bremsanlage). S Rz 24. Entsprechendes gilt gem Abs XIX für zwei- und dreirädrige Kfze nach § 30a III (s dazu § 30a Rz 2) in Verbindung mit Art 1 der **Richtlinie 2002/24/EG**; soweit sie nach dem **1. 10. 98** (§ 72 II) erstmals in den V gekommen sind, ist die **Richtlinie 93/14/EWG** anzuwenden (EG-Bremsanlage). § 41 ist ein **SchutzG** (§ 823 II BGB), RG JW **34** 2460. Zum Beweis eines Fehlers der Bremsen als ursächlich, s BGH JZ **71** 29.

2 **2. Grundsatz für die Bauart der Bremsen an Kraftfahrzeugen.** Gem Abs I S 1 muß jedes Kfz **zwei Bremsen,** die voneinander unabhängig sind, oder eine Bremse mit zwei voneinander unabhängigen Bedienungseinrichtungen haben. II normiert von diesem Grunderfordernis eine Ausnahme für leichte und langsam fahrende Zugmaschinen. III gibt Sondervorschriften für VII **GleiskettenFze,** für gewisse **elektrisch betriebene Fze.** XV verlangt zusätzliche Einrichtungen bei **schweren Kfzen,** XVI für **Omnibusse,** die mit Druckluft- oder hydraulischen Bremsen ausgerüstet sind. In IV bis V, IX und XII sind die Vorschriften über vorgeschriebene **Bremsverzögerungen** zusammengefaßt. V bestimmt, daß eine der beiden Bremsen **feststellbar** sein muß. VIII gibt Sondervorschriften für **Zugmaschinen,** deren Betriebsbremse zur Unterstützung des Lenkens als Einzelradbremse ausgebildet ist.

3 **2 a. Zwei voneinander unabhängige Bremsanlagen** müssen Kfze gem I S 1 grundsätzlich haben. Gewöhnlich sind die Kfze mit einer Fuß-(Vierrad-)Betriebsbremse

Bremsen und Unterlegkeile § 41 StVZO **3**

und mit einer Handbremse zum Feststellen des stehenden Kfz ausgestattet. Eine schadhafte Handbremse macht das Kfz auch bei funktionierender Fußbremse verkehrsunsicher, BGH VR **72** 872.

2 b. Eine Bremsanlage, aber zwei voneinander unabhängige Bedienungs- 4
vorrichtungen. Statt zweier Bremsanlagen genügt nach I S 1 eine mit zwei voneinander unabhängigen Bedienungsvorrichtungen, die jede unbeschränkt wirkt, auch wenn die andere versagt. Das Kfz muß also auch bei derartiger Einrichtung der Bremsanlage stets gebremst werden können.

2 c. Beschaffenheit der Bremsen. Das Erfordernis des Abs I S 5, wonach ein Teil 5
der Bremsflächen unmittelbar auf die Räder oder auf mit ihnen verbundene Bestandteile wirken müsse, ist durch I Satz 6 gemildert; dies entspricht dem Genfer Abkommen über internationalen StrV v 16. 9. 49. Die Bestimmungen der Sätze 2–6 (Abs I) über die Einwirkung auf die *Bremsflächen* gelten nicht für Fze mit **hydrostatischer Bremsanlage** (Abs I a), weil bei ihnen keine Bremsflächen vorhanden sind (s Begr VBl **97** 659). Richtlinie für Bremsanlagen von Fzen mit hydrostatischem Antrieb, VBl **98** 1226, **03** 823 (StVRL Nr 11). Alle Bremsen müssen leicht nachstellbar sein oder eine selbsttätige Nachstelleinrichtung haben (I S 7), weil die Bremswirkung sonst allmählich nachließe.

3. Sondervorschrift für leichte, langsame Zugmaschinen. Durch die in Abs II 6
enthaltene Beschränkung der Höchstgeschwindigkeit auf 20 km/h bleibt die beim Bremsen zu vernichtende kinetische Energie auch beim Mitführen von Anhängern so gering, daß beim Bruch eines Teils der Bremsanlage auch mit einem Rad für den Notfall ausreichende Bremswirkung erreicht werden kann.

4. Sondervorschrift für Gleiskettenfahrzeuge. Mit Abs III wurde eine schon 7
früher zugelassene Ausnahme übernommen, s VBl **49** 92 (96). Für Halbkettenfahrzeuge gelten dieselben Bestimmungen wie für andere GleiskettenFze (s ÄndVO v 24. 8. 53).

5. Bestimmungen über das Maß der Bremswirkung (IV). Die Betriebsbremse 8
muß für sich allein ausreichende Bremsung bewirken. Hier gilt dasselbe wie bei andern Fzen, deren Bremsen nach § 65 ausreichend sein müssen. Um Auffahrunfällen entgegenzuwirken, wäre während der langen Übergangszeit des Mischverkehrs mit bisher üblichen und ABV-Systemen (**automatischer Blockierverhinderer,** ABS, s § 41 b) eine sinnfällige Kennzeichnung der ABV-Kfze angebracht, s *Heinze* VGT **90** 58. Mit **Anbaugeräten** ist auf genügende Belastung der gebremsten Achse zu achten, s Merkblatt für Anbaugeräte VBl **99** 268, **00** 479, **04** 527 = StVRL § 30 Nr 6. Die Bremseinrichtungen sind **vor jeder Fahrt zu prüfen,** BGH VRS **22** 211. Nach Anhänger-Abkupplung ist die Bremswirkung des Motorwagens zu prüfen, denn ein Fehler können vorher durch bessere Bremswirkung des Anhängers ausgeglichen worden sein, Dü VM **74** 86. Nach jedem Eingriff in die Bremsanlage eines Kfzs ist stets eine Bremsprobe erforderlich, BGH VRS **65** 140. S § 23 StVO (Fahrerpflichten). Auch bei ausreichender Mindestverzögerung verstößt ein zu weiter Pedalweg gegen § 30, Bay VRS **46** 313, Dü VRS **56** 68, s Hb VM **66** 72. Wer unterwegs ungleichmäßiges Bremsen bemerkt, muß mit einem Bremsmangel und Ausbrechen des Fz bei Vollbremsung rechnen und entsprechend vorsichtig fahren, Dü VM **70** 78. Fahren mit unzureichenden Bremsen oder ohne sie ist **grobfahrlässig.** Leistungsfreiheit des Versicherers bei einer Fahrt trotz bekannten Versagens (Verölung) der Betriebsbremse, Nü VR **67** 595. Der Lastzughalter, der den Zug 2 Jahre nicht zur Inspektion bringen und die Bremsanlage nicht prüfen läßt, handelt grobfahrlässig, BGH VR **62** 79. Auch allmählich abgenutzte Bremsbeläge, die bei einer Gewaltbremsung versagen, bewirken eine versicherungsrechtliche **Gefahrerhöhung,** BGH VR **69** 1011, ebenso mangelhafter Frostschutz bei einer Luftdruckbremsanlage, doch muß der Versicherte den gefahrerhöhenden Umstand kennen, Kennenmüssen genügt auch bei grober Fahrlässigkeit nicht, BGH VR **70** 563. Zur Gefahrerhöhung gehört Kenntnis der sie begründenden Umstände oder arglistige Nichtkenntnisnahme von diesen Umständen, Schl VR **78** 1011 (s dazu § 23 StVO Rz 40). Gefahrerhöhung bei Weiterbenutzung eines Fzs, dessen Bremsen erst nach mehrmaligem

1135

3 StVZO § 41 B. Fahrzeuge III. Bau- und Betriebsvorschriften

Treten des Pedals („Pumpen") ansprechen, Ko VR **83** 870, Ha VR **78** 284. Führt eine Abnutzung der Bremsbeläge dazu, daß sich das Pedal bis auf die Bodenplatte durchtreten läßt, so kann die darauf beruhende Gefahrerhöhung dem FzF idR nicht verborgen geblieben sein, KG VM **84** 54, s aber BGH VR **86** 255 (FzBesitz erst seit wenigen Tagen), KG VM **87** 27. Eine mangelhafte Fußbremse erhöht die versicherungsrechtliche Gefahr nicht, wenn der Unfall ebenso auch bei intakter Bremse geschehen wäre, Kö VR **70** 998. Gefahrerhöhung bei mangelhafter Feststellbremse, s Rz 10. Auch der **Halter** ist verantwortlich für einen durch mangelhafte Bremsanlagen verursachten Unfall, wenn ihm der Fahrer den Mangel mitgeteilt hatte. S § 31.

9   **5 a.** Die **mittlere Vollverzögerung,** die eine Bremse gewährleisten muß, beträgt $5{,}0\text{ m/s}^2$. Der durch ÄndVO v 23. 3. 00 eingeführte Begriff der Vollverzögerung entspricht den internationalen Bremsvorschriften (ECE-Regelung Nr 13, Richtlinie 71/320/EWG). Mittlere Vollverzögerung von $3{,}5\text{ m/s}^2$ reicht aus, wenn die bauartbestimmte Höchstgeschwindigkeit nicht über 25 km/h hinausgeht (IV). Die gegenüber der bis zum 31. 3. 00 geltenden Fassung erhöhten Werte sind gem § 72 II spätestens ab 1. 1. 01 auf die von diesem Tage an erstmals in den V kommenden Kfze anzuwenden; für ältere gilt Abs IV bzw IX in der vor dem 1. 4. 00 geltenden Fassung. Bei gleicher mittlerer Vollverzögerung benötigen Fze und Züge bei 20 km/h nur ein Viertel des Bremswegs, den sie bei 40 km/h haben würden. Die Herabsetzung der Bremsverzögerung auf $3{,}5\text{ m/sek}^2$ ist daher gerechtfertigt, wenn mit höherer Geschwindigkeit als 25 km/h nicht zu rechnen ist. Eine mittlere Bremsverzögerung von $7{,}5\text{ m/s}^2$ bei Vollbremsung mag bei manchen Kfzen erreichbar sein, jedoch besteht hierüber kein allgemeiner Erfahrungssatz, Hb DAR **80** 184. XII ergänzt die Bestimmung über die mittlere Verzögerung durch technische Erläuterungen besonders für die Bremsprüfung (s dazu Rz 19).

9 a   **5 b.** Eine **Hilfsbremswirkung** bei Ausfall eines Teils der Bremsanlage muß durch die verbleibenden funktionstüchtigen Bremseinrichtungen nach Maßgabe von IV a gewährleistet sein (s Begr, vor Rz 1); diese muß nicht notwendig von der Feststellbremse erbracht werden (s Begr, VBl **97** 659).

10   **6. Feststellbremse. Verhinderung des Abrollens.** Gem V S 1 muß die Bedienungseinrichtung einer der beiden Bremsanlagen feststellbar sein. Auch eine den technischen Anforderungen von V entsprechende Handbremse kann betriebsunsicher sein (s § 30), zB wenn sie erst an der obersten Betätigungsgrenze wirkt und/oder nicht feststellbar ist, Dü VRS **56** 68, Ha VRS **56** 135. Sie muß auch ohne Motorbremswirkung oder Einlegen des Ganges auf der größten noch befahrbaren Steigung das Abrollen verhindern. Mit festgestellter Handbremse muß die in V S 3 angegebene mittlere Verzögerung erreicht werden können, und zwar ausschließlich durch mechanische Mittel. Mangelhafte Handbremse als erhebliche Gefahrerhöhung, Ce VR **69** 118, s BGH VR **72** 872. Unterlegkeile: Rz 21.

11   **7. Mittlere Verzögerung bei Krafträdern.** Abs VI (alt) bestimmte für Krafträder, Mopeds und Mofas (Zw VRS **71** 229) die mittlere Verzögerung (mindestens $2{,}5\text{ m/s}^2$). Die Bestimmung wurde durch ÄndVO v 23. 3. 00 unter Hinweis auf Abs XIX gestrichen. Auf Kräder, die vom 1. 10. 98 erstmals in den V gekommen sind, ist gem Abs XIX (mit § 72 II) der Anhang der Richtlinie 93/14/EWG anzuwenden, für ältere bleibt Abs VI in der vor dem 1. 9. 97 geltenden Fassung anwendbar (§ 72 II). Beiwagen an Krafträdern brauchen keine Bremse mehr, s Begr zur ÄndVO v 20. 6. 73 (VBl **73** 407). Es gibt keinen Erfahrungssatz, daß die Handbremse die geforderte Wirkung nicht habe, wenn man das Motorrad bei angezogener Handbremse mit Körperkraft wegschieben könne, Schl VM **56** 72. Das schließt aber abw Beweiswürdigung im Einzelfall nicht aus, Dü VM **97** 30 (*müheloses* Verschieben des Krades).

12   **8. Sondervorschrift für die Bremsen der Akkumulatorfahrzeuge.** Bei elektrisch betriebenen Fzen darf gem VII eine der beiden Bremsen eine Widerstands- oder Kurzschlußbremse sein, auf die I Satz 5 (unmittelbare Wirkung auf Räder oder Getriebe) unanwendbar ist. Im übrigen wird für diese Fze die gleiche Bremsleistung (Abs IV) verlangt wie für andere Fze.

Bremsen und Unterlegkeile § 41 StVZO **3**

9. Betriebsfußbremsen an Zugmaschinen. Die Bestimmung des Abs VIII soll bei 13
Fzen mit Lenkbremsen Bedienungsfehler ausschließen, wenn sie im Verkehr verwendet
werden.

10. Bremsen von Anhängern. Bei Anhängern (§ 18) gelten Sondervorschriften, für 14
zwei- und mehrachsige Anhänger in IX, X, für einachsige in XI. In X sind die Vorschriften über **Auflaufbremsen** zusammengefaßt (s Rz 17).

Zwei- und mehrachsige Anhänger unterliegen den verschärften Bremseinrich- 15
tungsbestimmungen in IX. Die Verschärfung hat sich durch die Entwicklung des Verkehrs mit Anhängern als notwendig erwiesen. Mittlere Vollverzögerung: Rz 9. Die
Bremse an einem zwei- oder mehrachsigen Anhänger muß feststellbar sein, IX S 3 (s dazu Rz 10). Für Anhänger von Kfzen mit Geschwindigkeiten von nicht mehr als 25 km/h
(Betriebsvorschrift) genügt eine mittlere Vollverzögerung von 3,5 m/s², wenn die Anhänger für Höchstgeschwindigkeiten von nicht mehr als 25 km/h nach § 58 gekennzeichnet sind. Die Vorschrift entspricht Interessen der Landwirtschaft. Für die Ausstattung der Auflieger von SattelKfzen mit eigenen Bremsen gilt Abs XI, Ha VRS **36** 375.

10 a. Bedienung der Anhängerbremsen. In der Regel werden die Bremsen der 16
hinter Kfzen mitgeführten Anhänger vom ziehenden Fz aus bedient. Vielfach haben solche Anhänger auch eine selbsttätige Bremsanlage, die automatisch ausgelöst wird, wenn
das ziehende Fz bremst. Sog „Steckhebelbremsen" sind nach Abs IX S 5 ab 1. 1. 95 bei
von diesem Tage an erstmals in den V gekommenen Anhängern (§ 72 II) nicht mehr
zulässig (s Begr VBl **93** 613).

10 b. Auflaufbremsen an Anhängern. X vereinigt die Bestimmungen über Auf- 17
laufbremsen. Hinsichtlich der Gewichtsbegrenzung ist das zulässige Gesamtgewicht
(§ 34 V) entscheidend, nicht das vielleicht niedrigere tatsächliche Gesamtgewicht. Das
zulässige Gesamtgewicht eines Anhängers mit Auflaufbremsen beträgt auch dann nur 8 t,
wenn er außerdem noch eine Druckluftbremse hat, BGH DAR **58** 132. Auflaufbremsen
müssen nach § 22 a I Ziff 5 in amtlich genehmigter Bauart ausgeführt sein. Technische
Anforderungen bei der Bauartprüfung, VBl **73** 558, zuletzt geändert: VBl **03** 752 =
StVRL § 22 a Nr 1 (Nr 30). Bei Sattelanhängern sind Auflaufbremsen nicht mehr zulässig (Abs X S 2); Übergangsvorschrift: § 72 II.

10 c. Ausnahmevorschrift für einachsige Anhänger und zweiachsige mit we- 18
niger als 1 m Achsabstand. Einachsige Anhänger sind meist mit dem ziehenden Kfz
so fest verbunden, daß sich dessen Bremswirkung unmittelbar auf sie überträgt. Dann
bedürfen sie keiner eigenen Bremsanlage. XI umschreibt die Voraussetzungen, von deren Vorhandensein das Eingreifen der Befreiungsvorschrift abhängt. Soweit einachsige
Anhänger eine eigene Bremse haben müssen, gelten alle Vorschriften in IX. Die mittlere
Verzögerung der Bremsanlage einachsiger Anhänger, soweit erforderlich, bemißt sich
somit nach IX. Bei ungebremsten einachsigen Anhängern darf im Interesse der VSicherheit des Zuges die tatsächlich vorhandene Anhängelast (Achslast) die Hälfte des
Leergewichts des ziehenden Fz nicht übersteigen (§ 42 II S 2). Dem entspricht § 41 XI.
Entscheidend ist daher nicht die zulässige, sondern die tatsächliche Achslast, Kö VRS **95**
301. Wer gemäß XI einen nicht bremsbaren Anhänger führt, braucht nicht deshalb
langsamer zu fahren, Dü VM **67** Nr 89.

11. Feststellung der Bremsverzögerung. Bremsprüfungen. XII regelt die Er- 19
mittlung der Bremsverzögerung, s Ha VBl **69** 143. Er enthält weitere Vorschriften über
die nach IV–VII, IX und XI notwendige Verzögerung. Für die Bestimmung der mittleren Vollverzögerung gemäß XII S 3 zwei Alternativen. Berechnungsformel für
die Ermittlung nach III Nr 2: VBl **00** 365. Die mittleren Verzögerungen gemäß IV, VII
müssen auch erreicht werden, wenn das Kfz Anhänger mitführt. Satz 4 regelt das Verfahren bei Prüfung des Fz nach § 29. Satz 5 (erhöhte Bremsanforderungen bei Neuzulassung) soll einen Ausgleich dafür schaffen, daß die Bremswirkung im Betrieb erfahrungsgemäß nachläßt. Richtlinien über die Anwendung, Beschaffenheit und Prüfung
von Zeitmeßeinrichtungen bestimmter Betriebsbremsen, VBl **76** 284 = StVRL Nr 3.
Richtlinie für die Bremsprüfung bei Hauptuntersuchungen gem § 29 (HU-Bremsen-

3 StVZO § 41 B. Fahrzeuge III. Bau- und Betriebsvorschriften

richtlinie), VBl 93 422, 95 336, 97 408, 98 1140, 03 751 = StVRL § 29 StVZO Nr 8. Richtlinien für die Anwendung, Beschaffenheit und Prüfung von Bremsprüfständen, VBl 03 303. Merkblatt für Bremsendienstprüflehrgänge, VBl 78 203.

20   **12. Befreiung von den Vorschriften über Bremsen.** XIII nimmt näher bezeichnete langsam fahrende Fze von § 41 aus und enthält Sondervorschriften für die Bremsen dieser Fze sowie der land- oder forstwirtschaftlichen Arbeitsmaschinen. § 36 IV bestimmt, welche Fze mit eisernen Reifen (XIII Nr 3 f) versehen sein dürfen.

21   **13.** XIV, der für schwere Fze das **Mitführen von Unterlegkeilen** vorsieht, soll zur Sicherung abgestellter Fze dienen. Unterbringungsrichtlinien für Unterlegkeile an Kfzen und deren Anhängern, außer an Pkw und Krädern, VBl 80 775 = StVRL Nr 7. Größe und Gewicht von Unterlegkeilen, DIN 76051. Zur Ausrüstung land- und forstwirtschaftlicher Arbeitsgeräte mit Bremsen und Unterlegkeilen, Merkblatt VBl 00 674 (676 Nr 14). Durch die Neufassung von Abs XIV S 2 Nr 1 und 2 (ÄndVO v 12. 8. 97) ist klar gestellt, daß Starrdeichselanhänger einschließlich Zentralachsanhänger mit 2 Unterlegkeilen ausgerüstet sein müssen.

22   **14. Sondervorschrift für schwerere Fahrzeuge.** Nach XV müssen Omnibusse mit zulässigem Gesamtgewicht von mehr als 5,5 t sowie Kfze mit zulässigem Gesamtgewicht von mehr als 9 t außer den beiden Bremsen (Rz 3) eine **Dauerbremse** (Motorbremse oder in der Bremswirkung gleichartige Vorrichtung) haben. Nur bei den langsamen Fzen gemäß Satz 5 wird auf diese dritte Bremseinrichtung verzichtet. Ausbau von Einrichtungen an Anhängern zur Betätigung der Betriebsbremse als Dauerbremse, s § 72 II (zu § 41 XV). Die Betriebsbremse an Anhängern mit einem zulässigen Gesamtgewicht von mehr als 9 t muß die in S 3 bestimmte Leistung erreichen (XV S 4). Für Fze zu besonderen Einsatzzwecken mit hydrostatischen Getrieben, die auch der Verzögerung dienen, kann nach Maßgabe der Richtlinie für Bremsanlagen für Fze mit hydrostatischem Antrieb (VBl 98 1226, 03 823 = StVRL Nr 11) eine Ausnahmegenehmigung von den Vorschriften des Abs XV erteilt werden.

23   **15. Druckluftbremsen und hydraulische Bremsen.** XVI schreibt wegen des höheren Sicherheitsbedürfnisses für Omnibusse die Zweikreisbremse vor. Der Erhöhung der Sicherheit dient auch das Erfordernis eines Warndruckanzeigers bei Omnibussen mit Luftdruckbremse (XVI S 2). Druckbehälter sind prüfpflichtig, s § 41 a.

23 a   **15 a.** XVII. **Zweileitungsbremsanlagen** zum Mitführen von Anhängern, s BMV VBl 75 687. Überleitungsbestimmung für die **neuen Bundesländer**, s vor § 30.

24   **16. EG-Bremsanlage.** Für **ab 1. 1. 1991** erstmals in den V gekommene Pkw, Kom, Lkw und SattelZgm mit mindestens 4 Rädern mit bauartbestimmter Höchstgeschwindigkeit von mehr als 25 km/h gilt gem Abs XVIII und Anhang zur StVZO in Verbindung mit § 72 II im Verfahren zur Erteilung einer BE nicht mehr § 41 I–XIII und XV–XVII, sondern die **Richtlinie 71/320/EWG** (StVRL § 41 Nr 12). Eine entsprechende Bestimmung enthält Abs XIX in Verbindung mit § 72 II für ab 1. 10. 98 erstmals in den V gekommene zwei- und dreirädrige Kfze (§ 30 a III); für sie gilt die **Richtlinie 93/14/EWG** (StVRL § 41 Nr 14).

25   **17. Land- oder forstwirtschaftliche Zugmaschinen** mit bauartbestimmter Höchstgeschwindigkeit bis 40 km/h müssen den in den Anhängen I bis IV der Richtlinie 76/432/EWG genannten Bestimmungen über Bremsanlagen entsprechen (Abs XX). Abs XX ist spätestens ab 1. 1. 02 auf die von diesem Tage an erstmals in den V kommenden land- oder forstwirtschaftlichen Zgm anzuwenden (§ 72 II).

26   **18. Ausnahmen:** § 70. Richtlinien für Ausnahmegenehmigungen für bestimmte Arbeitsmaschinen und andere FzArten, VBl 80 433.

27   **19. Zuwiderhandlungen:** §§ 69 a III Nr 13, 31 b (41 XIV), 69 a V Nr 4 b StVZO, 24 StVG. Fahren mit vorschriftswidrigen Bremsen steht mit allen auf der Fahrt begangenen Verstößen in TE, s Kar VRS 51 76, auch bei Unfall (fahrlässige Körperverletzung, fahrlässige Tötung) ohne mitwirkende Ursächlichkeit der unzureichenden Bremsen, aM RG HRR 37 Nr 1613. Zur Vermeidbarkeit eines Verbotsirrtums bei häufigerÄnde-

Automatischer Blockierverhinderer §§ 41a, 41b StVZO **3**

rung der Vorschriften über Bremsen, BGH VRS **6** 444. Über die Wirkung und Bedienung einer Zweikreisbremsanlage muß sich der Kf unterrichten, Dü VM **75** 79. Soweit Mängel der Bremsanlage nicht unmittelbar gegen die Vorschriften des § 41 verstoßen, kommt **OW gem § 30** in Betracht. Kein Verstoß gegen § 41, aber OW gem § 30 zB, wenn die Bremse zwar die vorgeschriebene Mindestverzögerung erreicht, jedoch wegen zu langen Pedalweges nicht verkehrssicher ist, Bay VM **74** 28, s Bay DAR **80** 262, oder wenn die Handbremse erst bei vollständigem Anziehen die erforderliche Wirkung zeigt, Dü VRS **56** 68, ebenso bei Wärmerissen an den Bremstrommeln oder zu großem Luftspiel zwischen Bremsbacken und Trommeln ohne Beeinträchtigung der Bremsleistung, KG VRS **82** 149, oder bei die Bremsleistung nicht unmittelbar beeinträchtigenden Rostschäden an Teilen der Bremsanlage, KG VRS **100** 143. Bei **überraschendem Bremsausfall** muß der Kf die eingeschliffene automatische Reaktion durch eine überlegte ersetzen; außer der Reaktions- und Bremsansprechzeit beim mißlungenen Bremsversuch steht ihm deshalb eine Schreckzeit von 1 s und eine weitere Reaktions- und Bremsansprechzeit für die Handbremse bzw für eine andere Rettungsmaßnahme zu, Dü VM **77** 45, Ha NZV **90** 36. Plötzliches, unvorhergesehenes Bremsversagen kann auch einen erfahrenen Kf in größere Bestürzung versetzen als eine fremde VWidrigkeit, mit der er rechnen muß, Fra VRS **41** 37. Jedoch entlastet Bremsversagen nicht, wenn es auf **ungenügender Wartung** beruht; Durchführung der vorgeschriebenen Pflicht- und Sonderuntersuchungen durch den TÜV genügt nicht, vielmehr sind die vom Hersteller empfohlenen Inspektionstermine einzuhalten, Ha NZV **90** 36.

Druckgasanlagen und Druckbehälter

41a (1) Für in Fahrzeuge eingebaute Druckgasbehälter gilt die Druckbehälterverordnung in der Fassung der Bekanntmachung vom 21. April 1989 (BGBl. I S. 843), zuletzt geändert durch Artikel 2 der Verordnung vom 22. Juni 1995 (BGBl. I S. 836).

(2) Andere zum Betrieb von Fahrzeugen mit Flüssiggas notwendige Einrichtungen, die nicht der Druckbehälterverordnung unterliegen, müssen so angeordnet und beschaffen sein, daß ein sicherer Betrieb gewährleistet ist.

(3) ¹Druckbehälter für Druckluftbremsanlagen und Nebenaggregate müssen die im Anhang zu dieser Vorschrift genannten Bestimmungen erfüllen. ²Druckbehälter dürfen auch aus anderen Werkstoffen als Stahl und Aluminium hergestellt werden, wenn sie den im Anhang zu dieser Vorschrift genannten Bestimmungen entsprechen und für sie die gleiche Sicherheit und Gebrauchstüchtigkeit nachgewiesen ist. ³Sie sind entsprechend des Anhangs zu kennzeichnen.

Begr zur ÄndVO v 22. 10. 03 (VBl **03** 747): **Zu Abs 3:** *Auf Druckbehälter für Druckluftbremsanlagen und Nebenaggregate sind die Vorschriften der Richtlinie 87/404/EWG zur Angleichung der Rechtsvorschriften der Mitgliedstaaten für einfache Druckbehälter, die zuletzt durch die Richtlinie 93/68/EWG geändert wurde, anzuwenden, wobei aber auch andere Werkstoffe, als in der Richtlinie genannt, verwendet werden dürfen.* 1

Übergangsvorschrift: § 72 II. **Ordnungswidrigkeit:** § 69a III Nr 13a. 2

Automatischer Blockierverhinderer

41b (1) Ein automatischer Blockierverhinderer ist der Teil einer Betriebsbremsanlage, der selbsttätig den Schlupf in der Drehrichtung des Rads an einem oder mehreren Rädern des Fahrzeugs während der Bremsung regelt.

(2) ¹Folgende Fahrzeuge mit einer durch die Bauart bestimmten Höchstgeschwindigkeit von mehr als 60 km/h müssen mit einem automatischen Blockierverhinderer ausgerüstet sein:
1. Lastkraftwagen und Sattelzugmaschinen mit einem zulässigen Gesamtgewicht von mehr als 3,5 t,
2. Anhänger mit einem zulässigen Gesamtgewicht von mehr als 3,5 t; dies gilt für Sattelanhänger nur dann, wenn das um die Aufliegelast verringerte zulässige Gesamtgewicht 3,5 t übersteigt,

3. Kraftomnibusse,
4. Zugmaschinen mit einem zulässigen Gesamtgewicht von mehr als 3,5 t.

²Andere Fahrzeuge, die hinsichtlich ihrer Baumerkmale des Fahrgestells den in Nummern 1 bis 4 genannten Fahrzeugen gleichzusetzen sind, müssen ebenfalls mit einem automatischen Blockierverhinderer ausgerüstet sein.

(3) Fahrzeuge mit einem automatischen Blockierverhinderer müssen den im Anhang zu dieser Vorschrift genannten Bestimmungen entsprechen.

(4) Anhänger mit einem automatischen Blockierverhinderer, aber ohne automatisch-lastabhängige Bremskraftregeleinrichtung dürfen nur mit Kraftfahrzeugen verbunden werden, die die Funktion des automatischen Blockierverhinderers im Anhänger sicherstellen.

(5) Absatz 2 gilt nicht für Anhänger mit Auflaufbremse, sowie für Kraftfahrzeuge mit mehr als vier Achsen.

1   **Begr:** VBl 88 471. **Begr** zur ÄndVO v 23. 3. 00: BRDrucks 720/99 S 62.

2   1. Automatische Blockierverhinderer (ABV, Antiblockiersysteme, ABS-Systeme) verhindern das Blockieren der Räder beim Bremsen. Dadurch wird eine optimale Ausnutzung der Bremskraft erreicht; darüber hinaus bleibt das Fz auch bei Vollbremsungen lenkbar (blockierende Räder lassen sich nicht lenken). Mehrgliedrige FzKombinationen bleiben auch bei scharfem Bremsen gestreckt. Die in § 41 b genannten NutzFze mit bauartbestimmter Höchstgeschwindigkeit von mehr als 60 km/h und über 3,5 t zulässigem Gesamtgewicht müssen mit einem ABV ausgerüstet sein, sofern sie nach dem 1. 1. 1991 erstmals in den V gekommen sind (§ 72 II).

3   2. ABV müssen gem Abs III in Verbindung mit dem Anhang zur StVZO (zu §§ 41 Abs XVIII und 41 b) in *allen* Fzen der Richtlinie 71/320/EWG (StVRL § 41 Nr 12) entsprechen, also auch in den in Abs II nicht genannten Fzen, die freiwillig mit ABV ausgestattet wurden, s *Berr* NZV 88 49. *Vogt,* Rechtliche Folgerungen aus der Verbreitung der ABV-Systeme, NZV 89 333. *Heinze,* Rechtliche Konsequenzen der ABV-Systeme, VGT 90 56.

4   3. Anhänger: s Abs IV (V).

5   4. Ausnahmen: Abs V, § 70.

6   5. Ordnungswidrigkeit: § 69a III Nr 13 b.

Anhängelast hinter Kraftfahrzeugen und Leergewicht

42 (1) ¹Die gezogene Anhängelast darf bei
1. Personenkraftwagen, ausgenommen solcher nach Nummer 2, und Lastkraftwagen, ausgenommen solcher nach Nummer 3, weder das zulässige Gesamtgewicht,
2. Personenkraftwagen, die gemäß der Definition in Anhang II der Richtlinie 70/156/EWG Geländefahrzeuge sind, weder das 1,5fache des zulässigen Gesamtgewichts,
3. Lastkraftwagen in Zügen mit durchgehender Bremsanlage weder das 1,5fache des zulässigen Gesamtgewichts

des ziehenden Fahrzeugs noch den etwa vom Hersteller des ziehenden Fahrzeugs angegebenen oder amtlich als zulässig erklärten Wert übersteigen. ²Bei Personenkraftwagen nach Nummer 1 oder 2 darf das tatsächliche Gesamtgewicht des Anhängers (Achslast zuzüglich Stützlast) jedoch in keinem Fall mehr als 3500 kg betragen. ³Die Anhängelast bei Kraftfahrzeugen nach § 30a Abs. 3 darf nur 50 vom Hundert der Leermasse des Kraftfahrzeugs betragen.

(2) ¹Hinter Krafträdern und Personenkraftwagen dürfen Anhänger ohne ausreichende eigene Bremse nur mitgeführt werden, wenn das ziehende Fahrzeug Allradbremse und der Anhänger nur an einer Achse eine Bremse hat; Krafträder gelten trotz getrennter Bedienungseinrichtungen für die Vorderrad- und Hinterradbremse als Fahrzeuge mit Allradbremse, Krafträder mit Beiwagen jedoch nur dann, wenn auch das Beiwagenrad eine Bremse hat. ²Werden einachsige Anhänger ohne ausreichende eigene Bremse mitgeführt, so darf die Anhängelast höchstens die Hälfte

des um 75 kg erhöhten Leergewichts des ziehenden Fahrzeugs, aber nicht mehr als 750 kg betragen.

(2a) **Die Absätze 1 und 2 gelten nicht für das Abschleppen von betriebsunfähigen Fahrzeugen.**

(3) ¹Das Leergewicht ist das Gewicht des betriebsfertigen Fahrzeugs ohne austauschbare Ladungsträger (Behälter, die dazu bestimmt und geeignet sind, Ladungen aufzunehmen und auf oder an verschiedenen Trägerfahrzeugen verwendet zu werden, wie Container, Wechselbehälter), aber mit zu 90 % gefüllten eingebauten Kraftstoffbehältern und zu 100 % gefüllten Systemen für andere Flüssigkeiten (ausgenommen Systeme für gebrauchtes Wasser) einschließlich des Gewichts aller im Betrieb mitgeführten Ausrüstungsteile (z. B. Ersatzräder und -bereifung, Ersatzteile, Werkzeug, Wagenheber, Feuerlöscher, Aufsteckwände, Planengestell mit Planenbügeln und Planenlatten oder Planenstangen, Plane, Gleitschutzeinrichtungen, Belastungsgewichte), bei anderen Kraftfahrzeugen als Kraftfahrzeugen nach § 30a Abs. 3 zuzüglich 75 kg als Fahrergewicht. ²Austauschbare Ladungsträger, die Fahrzeuge miteinander verbinden oder Zugkräfte übertragen, sind Fahrzeugteile.

Begr zur ÄndVO v 22. 10. 03: VBl **03** 747.

1. Der **Begriff der Anhängelast** ist im Straßenverkehrsrecht nicht definiert. Zu verstehen ist darunter grundsätzlich die Gesamtlast der mitgeführten Anhänger. Jedoch ist Anhängelast jede hinter einem Kfz mitgeführte Last, unabhängig von ihrer Beschaffenheit (nicht nur Anhänger im Rechtssinn), BGHSt **32** 335 = NJW **84** 2479, s *Huppertz* VD **93** 111, zB auch gelegentlich, nicht bestimmungsgemäß, mitgeführte Fuhrwerke, Arbeitsmaschinen usw. I meint die tatsächlich gezogene Anhängelast, nicht das zulässige Gesamtgewicht des Anhängers, Kö VRS **59** 471. **Abgeschleppte,** betriebsunfähige **Fze** fallen nach der ausdrücklichen Regelung des Abs IIa nicht darunter; für sie gelten die Absätze I und II nicht, insoweit ist BGHSt **32** 335 überholt. Die Einfügung von Abs IIa trägt der Empfehlung von Sachverständigen Rechnung, weiterhin das Abschleppen von Fahrzeugen, ggf. unter Zuhilfenahme von ungebremsten Abschleppachsen, ohne Beschränkung der Anhängelast zuzulassen (s Begr VBl **88** 473). Betriebsunfähigkeit, s § 18 Rz 11. Abschleppen, § 18 Rz 11. Nach Bay NZV **94** 163 (krit *Huppertz* PVT **94** 236), Ko NZV **98** 257 (Anm *Huppertz*) soll Abs IIa auch gelten, wenn das betriebsunfähige Fz (im Umfang erlaubten Abschleppens) auf einem Anhänger transportiert wird. Bei neu eingebauter Anhängerkupplung ist bei der Zulassung die Anhängelast im FzSchein einzutragen, um die Kontrolle zu ermöglichen, s Ha VRS **48** 470.

2. **Anhängelast hinter Kraftfahrzeugen.** Die Anhängelast hinter Lkw, Pkw und Krädern ist durch das zulässige Gesamtgewicht des ziehenden Fzs bzw durch den vom Hersteller des ziehenden Fzs oder amtlich als zulässig erklärten Wert begrenzt. Erst die Eintragung einer vom Hersteller des gezogenen Fzs oder der Anhängerkupplung angegebenen abw Anhängelast im FzSchein bewirkt die Erlaubnis, das Kfz mit solcher Anhängelast im öffentlichen Verkehr zu benutzen, Zw VRS **81** 60, Ha VRS **48** 470. Bei Geländewagen iS von I Nr 2 darf die Anhängelast das 1,5fache des zulässigen Gesamtgewichts erreichen, niemals aber mehr als 3500 kg (I S 2); die Bestimmung übernimmt die entsprechende Regelung der **Richtlinie 70/156/EWG** (StVRL § 20 Nr 3). Auch bei Zügen mit durchgehender Bremsanlage darf die Anhängelast bis zum 1,5 fachen des zulässigen Gesamtgewichts betragen. Die Heraufsetzung auf das 1,5 fache durch ÄndVO v 16. 7. 86 ermöglicht die volle Auslastung des Anhängers im Hinblick auf die gleichzeitig erfolgte Anhebung der zulässigen Gesamtgewichte (s Begr VBl **86** 445). Durchgehende Bremsanlage (Begriff)· BMV VBl **66** 123. § 42 gilt nicht für die Anhängelast hinter Zgm, Ha VRS **53** 390. Auf Wohnmobile als „sonstige" Kfze findet Abs I keine Anwendung, s *Berr* 244. Für **Kraftfahrzeuge nach Art 1 der EG-Richtlinie 2002/24/EG** (s § 30a Rz 2) gilt I S 3 (mit § 30a), jedoch gem der Übergangsbestimmung (§ 72 II) erst (spätestens) ab 17. 6. 03 für erstmals in den V kommende Fze. Das VU muß beweisen, daß der VN die **gefahrändernden Umstände** und die Änderung der Gefahrlage durch einen zu schweren Anhänger gekannt hat, s Dü VR **79** 662.

3. **Krafträder und Personenkraftwagen** dürfen Anhänger ohne ausreichende eigene Bremse nur mitführen, wenn sie a) eine Allradbremse, bei Kraftwagen also eine

3 StVZO § 43 B. Fahrzeuge III. Bau- und Betriebsvorschriften

Vierradbremse haben, b) der Anhänger nicht mehr als eine Achse hat, und bei einachsigen Anhängern ohne ausreichende eigene Bremse c) die Anhängelast nicht mehr als 50 Prozent des Leergewichts des ziehenden Fz (bei Krad und Pkw zuzüglich 75 kg), jedoch nicht mehr als 750 kg beträgt (Abs II). Tandemachsen, auch mit weniger als 1 m Abstand, gelten nicht als *eine* Achse, Bay DAR **94** 382. Die Anhängelast ist ungebremst, auch wenn sie durch ein mit Führer besetztes bremsbares geschlepptes Fz gebildet wird, weil es auf die unmittelbar vom ziehenden Fz aus bestehende Bremsbarkeit ankommt, Ko VRS **61** 475, *Kullik* PVT **84** 441.

4   4. Der **Begriff des Leergewichts** ist in Abs III definiert. Aus S 1 folgt, daß lose mitgeführte Kraftstoffbehälter nicht zum Leergewicht gehören. **Austauschbare Ladungsträger** (Container, Wechselbehälter) sind bei Bestimmung des Leergewichts als Ladung zu behandeln, nicht als Bestandteil des Fahrzeugs, das sie transportiert. III S 1 idF der ÄndVO v 15. 1. 80 stellt dies klar. Anders gem III S 2 solche austauschbaren Ladungsträger, die Fze miteinander verbinden. Übergangsbestimmung zu Abs III S 1: § 72 II. Bei allen Fzen außer Pkw und Krad ist im Leergewicht ein pauschal bemessenes Fahrergewicht von 75 kg enthalten, s *Kullik* PVT **01** 74.

5   Ausrüstungsteile werden, anders als Ladung (s § 22 StVO), bei der Feststellung des Leergewichts mitgewogen. Dazu gehören Ausrüstungsteile im engeren Sinne, die dem Betrieb des Fzs als VMittel dienen, und sog Ausstattungsteile, die in Verbindung mit dem Fz anderen Zwecken dienen, s Richtlinien für die Bestimmung des Leergewichts und der Nutzlast, VBl **83** 464. Gelegentlich zu Ladezwecken mitgeführte Gabelstapler sind keine Ausrüstungs- oder Ausstattungsteile, BaySt **99** 89 = NZV **99** 479. Container: Rz 4. Bei Wohnwagenanhängern und fahrbaren Baubuden braucht das Leergewicht im FzSchein und -brief nicht mehr angegeben zu werden, BMV VBl **64** 320 (Wohnanhänger) bzw **66** 48 (Baubuden).

6   **5. Ausnahmen:** § 70. Richtlinien für Ausnahmegenehmigungen für bestimmte Arbeitsmaschinen und bestimmte andere FzArten, VBl **80** 433.

7   **6. Zuwiderhandlungen:** §§ 69a III Nr 3, 4 StVZO, 24 StVG. An die Sorgfaltspflicht des Kf sind insoweit strenge Anforderungen zu stellen; darüber, daß die zulässige Anhängelast nicht überschritten ist, hat er sich zuverlässig zu vergewissern, Dü VRS **65** 397 (Fahrlässigkeit bei Überschreiten um mehr als 60%), Zw VRS **81** 60.

Einrichtungen zur Verbindung von Fahrzeugen

43 (1) ¹Einrichtungen zur Verbindung von Fahrzeugen müssen so ausgebildet und befestigt sein, daß die nach dem Stand der Technik erreichbare Sicherheit – auch bei der Bedienung der Kupplung – gewährleistet ist. ²Die Zuggabel von Mehrachsanhängern muß bodenfrei sein. ³Die Zugöse dieser Anhänger muß jeweils in Höhe des Kupplungsmauls einstellbar sein; dies gilt bei anderen Kupplungsarten sinngemäß. ⁴Die Sätze 2 und 3 gelten nicht für Anhänger hinter Elektrokarren mit einer durch die Bauart bestimmten Höchstgeschwindigkeit von nicht mehr als 25 km/h, wenn das zulässige Gesamtgewicht des Anhängers nicht mehr als 2 t beträgt.

(2) ¹Mehrspurige Kraftfahrzeuge mit mehr als einer Achse müssen vorn, Personenkraftwagen – ausgenommen solche, für die nach der Betriebserlaubnis eine Anhängelast nicht zulässig ist – auch hinten, eine ausreichend bemessene und leicht zugängliche Einrichtung zum Befestigen einer Abschleppstange oder eines Abschleppseils haben. ²An selbstfahrenden Arbeitsmaschinen und Staplern darf diese Einrichtung hinten angeordnet sein.

(3) ¹Bei Verwendung von Abschleppstangen oder Abschleppseilen darf der lichte Abstand vom ziehenden zum gezogenen Fahrzeug nicht mehr als 5 m betragen. ²Abschleppstangen und Abschleppseile sind ausreichend erkennbar zu machen, z. B. durch einen roten Lappen.

(4) ¹Anhängekupplungen müssen selbsttätig wirken. ²Nicht selbsttätige Anhängekupplungen sind jedoch zulässig,
1. an Zugmaschinen und an selbstfahrenden Arbeitsmaschinen und Staplern, wenn der Führer den Kupplungsvorgang von seinem Sitz aus beobachten kann,

Einrichtungen zur Verbindung von Fahrzeugen § 43 StVZO **3**

2. an Krafträdern und Personenkraftwagen,
3. an Anhängern hinter Zugmaschinen in land- oder forstwirtschaftlichen Betrieben,
4. zur Verbindung von anderen Kraftfahrzeugen mit einachsigen Anhängern oder zweiachsigen Anhängern mit einem Achsabstand von weniger als 1,0 m mit einem zulässigen Gesamtgewicht von nicht mehr als 3,5 t.

³ In jedem Fall muß die Herstellung einer betriebssicheren Verbindung leicht und gefahrlos möglich sein.

(5) Einrichtungen zur Verbindung von Fahrzeugen an zweirädrigen oder dreirädrigen Kraftfahrzeugen nach § 30 a Abs. 3 und ihre Anbringung an diesen Kraftfahrzeugen müssen den im Anhang zu dieser Vorschrift genannten Bestimmungen entsprechen.

Begr zur ÄndVO v 25. 10. 94: BRDrucks 782/94; zur ÄndVO v 23. 3. 00: **1** BRDrucks 720/99 S 62.

1. Einrichtungen zur Verbindung von Fahrzeugen. Anhänger: § 18. Einrich- **2** tungen zur Verbindung von Fzen müssen nach § 22 a I Ziff 6 (mit dort geregelten Ausnahmen) in amtlich genehmigter Bauart ausgeführt sein. Technische Anforderungen bei der Bauartprüfung, VBl **73** 558, zuletzt geändert: VBl **03** 752 = StVRL § 22 a Nr 1 (Nr 33). Übergangsvorschrift: § 72. Anhänger-Zuggabeln sind Einrichtungen iS von Abs I S 1; verbogene Zuggabeln, die die Fahreigenschaft des Anhängers beeinträchtigen, entsprechen nicht den Anforderungen von I S 1, Dü VM **93** 23. Nach Abs I Satz 4 sind bestimmte leichte Anhänger von der Vorschrift über die Bodenfreiheit der Zuggabel und die Einstellbarkeit der Zugöse befreit. Dem Stand der Technik entspricht eine technische Einrichtung (Öse der Anhänger-Zugdeichsel) nur bei Beachtung der DIN-Norm, auch bei Überführung mit Kurzzeitkennzeichen oder rotem Kennzeichen, Bay VM **70** 6. Für Einachsanhänger braucht die Zugöse nicht einstellbar zu sein (I S 2). Anhängekupplungen an Heckanbaugeräten, s Merkblatt für Anbaugeräte VBl **99** 268, **00** 479, **04** 527 = StVRL § 30 Nr 6. Ist der Vorsteckbolzen der Kupplung um 20% verschlissen, so ist die VSicherheit nicht gewährleistet, Ha VRS **17** 398. Damit, daß infolge äußerlich nicht bemerkbarer Ausweitung des Gewindes die Zugstange der Kupplung ausreißt, brauchen ohne besondere Anhaltspunkte weder der Führer noch der für die technische Wartung Verantwortliche zu rechnen, Ha VRS **21** 352. Über Einrichtungen zur Verbindung mit land- und forstwirtschaftlichen Arbeitsgeräten, VBl **00** 674 (677), **03** 62. Starrdeichsel-/Zentralachsanhänger, s Merkblatt VBl **96** 525. Merkblatt für land- oder forstwirtschaftliche Zgm mit Starrdeichselanhänger, VBl **02** 581.

2. Einrichtungen zur Befestigung von Abschleppeinrichtungen. Nach Maßga- **3** be von II müssen Kfze Einrichtungen führen, an denen Abschleppseile oder Abschleppstangen angebracht werden können. Die Einrichtung soll Verzögerungen beim Abschleppen liegengebliebener Fze vermeiden (Begr, VBl **73** 408). Die Einrichtungen dürfen zum Abschleppen betriebsunfähiger Fze (§ 18 I) und zum Schleppen (§ 33) benutzt werden, Ha VRS **30** 137. Wegen der häufig erforderlich gewordenen Ausnahmegenehmigungen für selbstfahrende Arbeitsmaschinen aus technischen Gründen wurde zur Verminderung des Verwaltungsaufwands Abs II S 2 durch ÄndVO v 16. 11. 84 eingefügt.

3. Sicherungsmaßnahmen beim Abschleppen. Abschleppstangen und Ab- **4** schleppseile dürfen nur so lang sein, daß der lichte **Abstand** zum gezogenen Fahrzeug höchstens 5 m beträgt (Abs III). Bei zu kurzem Abstand besteht Kollisionsgefahr. Die benutzte Abschleppeinrichtung muß den Umständen entsprechen (Stange statt Seil bei großem Abschleppgewicht), Ha VRS **30** 137. Hat das abgeschleppte Kfz schadhafte Bremsen, so ist mit einer Stange abzuschleppen. **Haftung** aus unerlaubter Handlung, wenn bei Glatteis mit einem Seil abgeschleppt wird, das vorn links am geschleppten Kfz befestigt ist, so daß es bei Glätte leicht aus der Spur gerät, Ce k + v **72** 17. Da auch kürzere Abschleppstangen und Seile für Fußgänger gefährlich werden können (Begr, VBl **73** 408), ist die Zugeinrichtung ohne Rücksicht auf die Größe des Abstandes erkennbar zu machen, zB durch einen **roten Lappen** (III S 2); das Standlicht des geschleppten Fz genügt nicht, Hb VM **68** 16. Könnten Personen über das Abschleppseil stolpern (Warten an Tankstelle), so müssen die Abschleppteilnehmer hiergegen ausreichend sichern, KG VM **79** 86. Bei **zwei- und dreirädrigen Kfzen** nach Art 1 der EG-Richtlinie 2002/24 (s § 30a Rz 2) gilt gem Abs V – spätestens ab 17. 6. 03 (§ 72 II) für von diesem Tage an erstmals in den V kommende Fze – Kap 10 Anh I Anl 1 bis 3 der Richtlinie 97/24/EG, die damit in nationales Recht umgesetzt ist.

5 **4. Automatische Kupplungen.** IV schreibt für alle Fze vor, daß sich die Verbindung zwischen ziehendem und gezogenem Fz leicht und gefahrlos bewerkstelligen läßt (IV S 3), schreibt selbsttätige Anhängekupplungen vor (IV S 2) und läßt solche, die nicht selbsttätig wirken, nur noch an den im Satz 2 aufgeführten Fzen zu. Durch ÄndVO v 25. 10. 94 ist klargestellt, daß S 2 Nr 4 nicht auch für die in Nrn 1–3 genannten FzArten gilt (s Begr BRDrucks 782/94 S 28). Auswechseln von Verbindungseinrichtungen: § 19.

6 **5. Ausnahmen:** § 70 I. Richtlinien für Ausnahmegenehmigungen für bestimmte Arbeitsmaschinen und bestimmte andere FzArten, VBl **80** 433.

7 **6. Zuwiderhandlungen:** §§ 69a III Nr 3 StVZO, 24 StVG. Inbetriebnahme eines Anhängers mit deformierter Zuggabel kann als Verstoß gegen Abs I S 1 ow sein, Dü VM **93** 23.

Stützeinrichtung und Stützlast

44 (1) ¹An Sattelanhängern muß eine Stützeinrichtung vorhanden sein oder angebracht werden können. ²Wenn Sattelanhänger so ausgerüstet sind, daß die Verbindung der Kupplungsteile sowie der elektrischen Anschlüsse und der Bremsanschlüsse selbsttätig erfolgen kann, müssen die Anhänger eine Stützeinrichtung haben, die sich nach dem Ankuppeln des Anhängers selbsttätig vom Boden abhebt.

(2) ¹Starrdeichselanhänger (einschließlich Zentralachsanhänger) müssen eine der Höhe nach einstellbare Stützeinrichtung haben, wenn die Stützlast bei gleichmäßiger Lastverteilung mehr als 50 kg beträgt. ²Dies gilt jedoch nicht für Starrdeichselanhänger hinter Kraftfahrzeugen mit einem zum Anheben der Deichsel geeigneten Kraftheber. ³Stützeinrichtungen müssen unverlierbar untergebracht sein.

(3) ¹Bei Starrdeichselanhängern (einschließlich Zentralachsanhängern) mit einem zulässigen Gesamtgewicht von nicht mehr als 3,5 t darf die vom ziehenden Fahrzeug aufzunehmende Mindeststützlast nicht weniger als 4 vom Hundert des tatsächlichen Gesamtgewichts des Anhängers betragen; sie braucht jedoch nicht mehr als 25 kg zu betragen. ²Die technisch zulässige Stützlast des Zugfahrzeugs ist vom Hersteller festzulegen; sie darf – ausgenommen bei Krafträdern – nicht geringer als 25 kg sein. ³Bei Starrdeichselanhängern (einschließlich Zentralachsanhängern) mit einem zulässigen Gesamtgewicht von mehr als 3,5 t darf die vom ziehenden Fahrzeug aufzunehmende Mindeststützlast nicht weniger als 4 vom Hundert des tatsächlichen Gesamtgewichts des Anhängers betragen; sie braucht jedoch nicht mehr als 500 kg zu betragen. ⁴Die maximal zulässige Stützlast darf bei diesen Anhängern – ausgenommen bei Starrdeichselanhängern (einschließlich Zentralachsanhängern), die für eine Höchstgeschwindigkeit von nicht mehr als 40 km/h gekennzeichnet sind (§ 58) und land- oder forstwirtschaftlichen Arbeitsgeräten – höchstens 15 vom Hundert des tatsächlichen Gesamtgewichts des Starrdeichselanhängers (einschließlich Zentralachsanhängers), aber nicht mehr als 2,00 t betragen. ⁵Bei allen Starrdeichselanhängern (einschließlich Zentralachsanhängern) darf weder die für die Anhängekupplung oder die Zugeinrichtung noch die vom Hersteller des ziehenden Fahrzeugs angegebene Stützlast überschritten werden.

1 *Begr zur ÄndVO v 12. 8. 97 (VBl **97** 659): Die Vorschriften des § 44 wurden so geändert, daß auch Festlegungen für die Mindeststützlast beim Mitführen bestimmter Anhänger hinter anderen Kraftfahrzeugen als Pkw sowie Festlegungen für die maximal zulässige Stützlast eingeführt werden.*

   …
   Nach Richtlinie 70/156/EWG wird die Angabe der Stützlast im COC-Papier verlangt; nach Richtlinie 92/21/EWG über Massen und Abmessungen von Kraftfahrzeugen der Klasse M_1 wird die Angabe der Stützlast in der Betriebsanleitung gefordert. Obwohl es nach EG-Recht nicht gefor-

Kraftstoffbehälter § 45 StVZO **3**

dert werden kann, wird den Fahrzeugherstellern aber empfohlen, auch weiterhin (§ 44 Abs. 3 alt) an den Fahrzeugen an gut sichtbarer Stelle auf die zu beachtenden Stützlasten hinzuweisen, um dem Fahrzeugbenutzer diese wichtige Information auf möglichst einsichtige Weise zur Verfügung zu stellen.

Für **Starrdeichselanhänger** mit einer zulässigen Gesamtmasse von mehr als 3,5 t beträgt die Obergrenze der maximal zulässigen Stützlast 2000 kg; ausgenommen sind jedoch Starrdeichselanhänger, die für eine Höchstgeschwindigkeit von nicht mehr als 40 km/h gekennzeichnet sind (§ 58) und land- und forstwirtschaftliche Arbeitsgeräte (III S 3). Begriff des Zentralachsanhängers, s § 34 Rz 6. Die Neufassung des Abs III durch VO v 12. 8. 97 schreibt (abw von III 3 alt) einen **Hinweis auf die Stützlast** am ziehenden Fz und am Anhänger nicht mehr vor; sie wird dem FzHerstellern jedoch empfohlen (s Begr, Rz 1). Im übrigen bleibt für vor dem 1. 10. 98 erstmals in den V gekommene Fze nach der Übergangsbestimmung des § 72 II die Vorschrift des § 44 III (alt) anwendbar. Zur Stützlastangabe auf dem Anhängerschild, BMV VBl **76** 310. Richtlinien für Ausnahmegenehmigungen für bestimmte Arbeitsmaschinen und bestimmte andere FzArten, VBl **80** 433. Über Stützeinrichtungen und Stützlast bei land- und forstwirtschaftlichen Arbeitsgeräten, VBl **00** 674 (677). Ordnungswidrigkeit: §§ 69 a III Nr 3 StVZO, 24 StVG. **2**

Kraftstoffbehälter

45 (1) ¹Kraftstoffbehälter müssen korrosionsfest sein. ²Sie müssen bei doppeltem Betriebsüberdruck, mindestens aber bei einem Überdruck von 0,3 bar, dicht sein. ³Weichgelötete Behälter müssen auch nach dem Ausschmelzen des Lotes zusammenhalten. ⁴Auftretender Überdruck oder den Betriebsdruck übersteigender Druck muß sich durch geeignete Einrichtungen (Öffnungen, Sicherheitsventile und dergleichen) selbsttätig ausgleichen. ⁵Entlüftungsöffnungen sind gegen Hindurchschlagen von Flammen zu sichern. ⁶Am Behälter weich angelötete Teile müssen zugleich vernietet, angeschraubt oder in anderer Weise sicher befestigt sein. ⁷Kraftstoff darf aus dem Füllverschluß oder den zum Ausgleich von Überdruck bestimmten Einrichtungen auch bei Schräglage, Kurvenfahrt oder Stößen nicht ausfließen.

(2) ¹Kraftstoffbehälter für Vergaserkraftstoff dürfen nicht unmittelbar hinter der Frontverkleidung des Fahrzeugs liegen; sie müssen so vom Motor getrennt sein, daß auch bei Unfällen eine Entzündung des Kraftstoffs nicht zu erwarten ist. ²Dies gilt nicht für Krafträder und für Zugmaschinen mit offenem Führersitz.

(3) ¹Bei Kraftomnibussen dürfen Kraftstoffbehälter nicht im Fahrgast- oder Führerraum liegen. ²Sie müssen so angebracht sein, daß bei einem Brand die Ausstiege nicht unmittelbar gefährdet sind. ³Bei Kraftomnibussen müssen Behälter für Vergaserkraftstoff hinten oder seitlich unter dem Fußboden in einem Abstand von mindestens 500 mm von den Türöffnungen untergebracht sein. ⁴Kann dieses Maß nicht eingehalten werden, so ist ein entsprechender Teil des Behälters mit Ausnahme der Unterseite durch eine Blechwand abzuschirmen.

(4) Für Kraftstoffbehälter und deren Einbau sowie den Einbau der Kraftstoffzufuhrleitungen in Kraftfahrzeugen nach § 30 a Abs. 3 sind die im Anhang zu dieser Vorschrift genannten Bestimmungen anzuwenden.

Begr zur ÄndVO v 15. 1. 80: VBl **80** 145; zur ÄndVO v 23. 3. 00: BRDrucks 720/99 S 62.

1. Kraftstoffbehälter. Korrosionsfest muß der Behälter sein (I S 1): Kraftstoffe üblicher Zusammensetzung greifen Kraftstoffbehälter aus Metall bzw Metallegierung idR nicht an, anders jedoch uU Methanolzusätze und auch Kondenswasser im Kraftstoffbehälter. Dagegen sind deshalb Schutzmaßnahmen zu treffen, s BMV VBl **80** 777. Die Behälter müssen auf Dichtheit geprüft sein, bei doppeltem Betriebsdruck, mindestens bei 0,3 bar (I S 1). Sie müssen versehen sein mit Öffnungen (Sicherheitsventilen) gegen Überdruck, Sicherungen der Entlüftungsöffnungen gegen das Hindurchschlagen von Flammen, Vernietungen oder Anschraubungen weich angelöteter Teile, Vorrichtungen, **1**

3 StVZO § 46   B. Fahrzeuge III. Bau- und Betriebsvorschriften

die das Ausfließen von Kraftstoff auch bei Schräglage, Kurvenfahrt oder Fahrstößen verhindern (I S 4-7). Abs II (Einbauort des Tanks) soll Unfallbränden entgegenwirken. Druckgasanlagen und Druckbehälter, s § 41 a. Richtlinien für den Motorbetrieb mit Flüssiggasen, VBl **69** 634. Das Mitführen von Kraftstoff in **Reservekanistern** in Pkw ist zulässig und unterliegt keiner besonderen Regelung, jedoch muß die VSicherheit gewährleistet sein. Ermächtigung des KBA zur Anwendung der EWG-Richtlinien für Kraftstoffbehälter, VBl **81** 360.

2 2. **Kraftstoffbehälter in Kraftomnibussen** dürfen nicht in der Nähe des Motors angeordnet sein (II), nicht im Fahrgast- oder Führerraum (III S 1) und dürfen bei Brand die Ausstiege nicht unmittelbar gefährden (III S 2). III gilt für Omnibusse, die der gewerbsmäßigen Personenbeförderung dienen. Übergangsvorschrift: § 72 II: Abs III gilt nur für Kom, die bis zum 13. 2. 05 in den V gekommen sind. Für Taxen und Personenwagen als Mietwagen gelten nur I und II.

3 3. Bei Kfzen nach **Art 1 der EG-Richtlinie 2002/24** (s § 30 a Rz 2) gilt gem Abs IV – für neu in den V kommende Fze spätestens ab 17. 6. 03 (§ 72 II) – Kap 6 Anh I Anl 1 und Anh II der Richtlinie 97/24/EG, die damit in nationales Recht umgesetzt ist.

4 4. **Ausnahmen:** §§ 70, 72.

5 4. **Zuwiderhandlungen:** §§ 69 a III Nr 14 StVZO, 24 StVG.

Kraftstoffleitungen

46 (1) Kraftstoffleitungen sind so auszuführen, daß Verwindungen des Fahrzeugs, Bewegungen des Motors und dergleichen keinen nachteiligen Einfluß auf die Haltbarkeit ausüben.

(2) ¹Rohrverbindungen sind durch Verschraubung ohne Lötung oder mit hart aufgelötetem Nippel herzustellen. ²In die Kraftstoffleitung muß eine vom Führersitz aus während der Fahrt leicht zu bedienende Absperreinrichtung eingebaut sein; sie kann fehlen, wenn die Fördereinrichtung für den Kraftstoff den Zufluß zu dem Vergaser oder zur Einspritzpumpe bei stehendem Motor unterbricht oder wenn das Fahrzeug ausschließlich mit Dieselkraftstoff betrieben wird. ³Als Kraftstoffleitungen können fugenlose, elastische Metallschläuche oder kraftstoffeste andere Schläuche aus schwer brennbaren Stoffen eingebaut werden; sie müssen gegen mechanische Beschädigungen geschützt sein.

(3) Kraftstoffleitungen, Vergaser und alle anderen kraftstofführenden Teile sind gegen betriebstörende Wärme zu schützen und so anzuordnen, daß abtropfender oder verdunstender Kraftstoff sich weder ansammeln noch an heißen Teilen oder an elektrischen Geräten entzünden kann.

(4) ¹Bei Kraftomnibussen dürfen Kraftstoffleitungen nicht im Fahrgast- oder Führerraum liegen. ²Bei diesen Fahrzeugen darf der Kraftstoff nicht durch Schwerkraft gefördert werden.

1 1. § 46 enthält die Bauvorschriften für die **Kraftstoffleitungen**. Rohre der Kraftstoffleitungen dürfen nur durch Verschraubung ohne Lötung (Verbindung durch metallisches Bindemittel) oder mit hart aufgelötetem Nippel (Lötung bei Temperatur über 500°C) mit anderen Teilen verbunden werden. Die Absperrvorrichtung (Benzinhahn) muß vom Führersitz aus während der Fahrt leicht bedient werden können, wenn nicht bei abgestelltem Motor die Benzinzufuhr zum Vergaser von selbst unterbrochen wird. Die Ausnahmevorschrift für DieselFze beruht darauf, daß die Brandgefahr bei solchen Kfzen gegenüber denen mit Vergaserkraftstoffbetrieb geringer ist; bei ihnen ist bei den üblichen Betriebstemperaturen die Bildung entzündbarer Gase und Dämpfe nicht zu befürchten. Die Vorschrift, daß Kraftstoffleitungen (Schläuche) aus schwer brennbaren Stoffen bestehen müssen, soll der Brandgefahr besonders bei Unfällen entgegenwirken. Gemäß III sind Kraftstoffleitungen, Vergaser und alle anderen kraftstofführenden Teile gegen Wärme zu schützen und so anzuordnen, daß sich abtropfender oder verdunstender Kraftstoff weder ansammeln noch an heißen Teilen oder elektrischen Geräten entzünden kann. Auch diese Vorschriften sollen Brände verhüten.

Abgase § 47 StVZO 3

2. **Sondervorschriften für Kraftomnibusse.** Kraftomnibusse (Kom) = Kraftfahrzeuge zur Personenbeförderung mit mehr als 8 Sitzplätzen außer dem Fahrersitz, § 30 d I. Flüssiggasbehälter in Kom sind nach dem aufgrund ÄndVO v 16. 11. 84 (BGBl I 1371) geltenden Wortlaut des Abs IV nunmehr zulässig. Abs IV gilt gem § 72 II nur für Kraftomnibusse, die vor dem 13. Februar 2005 erstmals in den Verkehr gekommen sind. 2

3. **Zuwiderhandlungen:** §§ 69 III Nr 14 StVZO, 24 StVG. 3

Abgase

47 (1) Kraftfahrzeuge mit Fremdzündungsmotor oder Selbstzündungsmotor mit mindestens vier Rädern, einer zulässigen Gesamtmasse von mindestens 400 kg und einer bauartbedingten Höchstgeschwindigkeit von mindestens 50 km/h – mit Ausnahme von land- oder forstwirtschaftlichen Zug- und Arbeitsmaschinen sowie anderen Arbeitsmaschinen –, soweit sie in den Anwendungsbereich der Richtlinie 70/220/EWG des Rates vom 20. März 1970 zur Angleichung der Rechtsvorschriften der Mitgliedstaaten über Maßnahmen gegen die Verunreinigung der Luft durch Emissionen von Kraftfahrzeugmotoren (ABl. EG Nr. L 76 S. 1), geändert durch die im Anhang zu dieser Vorschrift genannten Bestimmungen, fallen, müssen hinsichtlich ihres Abgasverhaltens und der Anforderungen in bezug auf die Kraftstoffe den Vorschriften dieser Richtlinie entsprechen.

(2) ¹Kraftfahrzeuge mit Selbstzündungsmotor mit oder ohne Aufbau, mit mindestens vier Rädern und einer bauartbedingten Höchstgeschwindigkeit von mehr als 25 km/h – mit Ausnahme von landwirtschaftlichen Zug- und Arbeitsmaschinen sowie anderen Arbeitsmaschinen –, soweit sie in den Anwendungsbereich der Richtlinie 72/306/EWG des Rates vom 2. August 1972 zur Angleichung der Rechtsvorschriften der Mitgliedstaaten über Maßnahmen gegen die Emission verunreinigender Stoffe aus Dieselmotoren zum Antrieb von Fahrzeugen (ABl. EG Nr. L 190 S. 1), geändert durch die im Anhang zu dieser Vorschrift genannten Bestimmungen, fallen, müssen hinsichtlich der Emission verunreinigender Stoffe dieser Richtlinie entsprechen. ²Kraftfahrzeuge mit Selbstzündungsmotor, auf die sich die Anlage XVI bezieht, müssen hinsichtlich der Emission verunreinigender Stoffe (feste Bestandteile – Dieselrauch) im Abgas der Anlage XVI oder der Richtlinie 72/306/EWG, geändert durch die im Anhang zu dieser Vorschrift genannten Bestimmungen, entsprechen.

(3) Personenkraftwagen sowie Wohnmobile mit einer zulässigen Gesamtmasse von nicht mehr als 2800 kg mit Fremd- oder Selbstzündungsmotoren, die den Vorschriften
1. der Anlage XXIII oder
2. des Anhangs III A der Richtlinie 70/220/EWG in der Fassung der Richtlinie 88/76/EWG des Rates vom 3. Dezember 1987 (ABl. EG 1988 Nr. L 36 S. 1) oder späteren Änderungen dieses Anhangs in der Richtlinie 88/436/EWG des Rates vom 16. Juni 1988 (ABl. EG Nr. L 214 S. 1), berichtigt durch die Berichtigung der Richtlinie 88/436/EWG (ABl. EG Nr. L 303 S. 36), oder Richtlinie 89/491/EWG der Kommission vom 17. Juli 1989 (ABl. EG Nr. L 238 S. 43) oder
3. der Richtlinie 70/220/EWG in der Fassung der Richtlinie 91/441/EWG des Rates vom 26. Juni 1991 (ABl. EG Nr. L 242 S. 1) – ausgenommen die Fahrzeuge, die die Übergangsbestimmungen des Anhangs I Nr. 8.1 oder 8.3 in Anspruch nehmen – oder
4. der Richtlinie 70/220/EWG in der Fassung der Richtlinie 93/59/EWG des Rates vom 28. Juni 1993 (Abl. EG Nr. L 186 S. 21) – ausgenommen die Fahrzeuge, die die weniger strengen Grenzwertanforderungen der Klasse II oder III des Anhangs I in den Nummern 5.3.1.4 und 7.1.1.1 oder die Übergangsbestimmungen des Anhangs I Nr. 8.3 in Anspruch nehmen – oder
5. der Richtlinie 70/220/EWG in der Fassung der Richtlinie 94/12/EG des Europäischen Parlaments und des Rates vom 23. März 1994 (ABl. EG Nr. L 100 S. 42) – und die Grenzwerte der Fahrzeugklasse M in Anhang I Nr. 5.3.1.4 einhalten – oder
6. der Richtlinie 96/69/EG des Europäischen Parlaments und des Rates vom 8. Oktober 1996 zur Änderung der Richtlinie 70/220/EWG zur Angleichung der Rechtsvorschriften der Mitgliedstaaten über Maßnahmen gegen die Verunreinigung der Luft durch Emissionen von Kraftfahrzeugen (ABl. EG Nr. L 282 S. 64) oder

7. der Richtlinie 98/77/EG der Kommission vom 2. Oktober 1998 zur Anpassung der Richtlinie 70/220/EWG des Rates zur Angleichung der Rechtsvorschriften der Mitgliedstaaten über Maßnahmen gegen die Verunreinigung der Luft durch Emissionen von Kraftfahrzeugen an den technischen Fortschritt (ABl. EG Nr. L 286 S. 34) oder
8. der Richtlinie 98/69/EG des Europäischen Parlaments und des Rates vom 13. Oktober 1998 über Maßnahmen gegen die Verunreinigung der Luft durch Emissionen von Kraftfahrzeugen und zur Änderung der Richtlinie 70/220/EWG des Rates (ABl. EG Nr. L 350 S. 1) oder
9. der Richtlinie 1999/102/EG der Kommission vom 15. Dezember 1999 zur Anpassung der Richtlinie 70/220/EWG des Rates über Maßnahmen gegen die Verunreinigung der Luft durch Emissionen von Kraftfahrzeugen an den technischen Fortschritt (ABl. EG Nr. L 334 S. 43) oder
10. der Richtlinie 2001/1/EG des Europäischen Parlaments und des Rates vom 22. Januar 2001 zur Änderung der Richtlinie 70/220/EWG des Rates über Maßnahmen gegen die Verunreinigung der Luft durch Emissionen von Kraftfahrzeugen (ABl. EG Nr. L 35 S. 34) oder
11. der Richtlinie 2001/100/EG des Europäischen Parlaments und des Rates vom 7. Dezember 2001 zur Änderung der Richtlinie 70/220/EWG des Rates zur Angleichung der Rechtsvorschriften der Mitgliedstaaten gegen die Verunreinigung der Luft durch Emissionen von Kraftfahrzeugen (ABl. EG Nr. L 16 S. 32) oder
12. der Richtlinie 2002/80/EG der Kommission vom 3. Oktober 2002 zur Anpassung der Richtlinie 70/220/EWG des Rates über Maßnahmen gegen die Verunreinigung der Luft durch Emissionen von Kraftfahrzeugen an den technischen Fortschritt (ABl. EG Nr. L 291 S. 20) oder
13. der Richtlinie 2003/76/EG der Kommission vom 11. August 2003 zur Änderung der Richtlinie 70/220/EWG des Rates über Maßnahmen gegen die Verunreinigung der Luft durch Emissionen von Kraftfahrzeugen (ABl. EU Nr. L 206 S. 29)

entsprechen, gelten als schadstoffarm.

(4) [1]Personenkraftwagen sowie Wohnmobile, mit einer zulässigen Gesamtmasse von nicht mehr als 2800 kg mit Fremd- oder Selbstzündungsmotoren, die den Vorschriften der Anlage XXIV entsprechen, gelten als bedingt schadstoffarm. [2]Eine erstmalige Anerkennung als bedingt schadstoffarm ist ab 1. November 1993 nicht mehr zulässig.

(5) Personenkraftwagen und Wohnmobile mit Fremd- oder Selbstzündungsmotoren,
1. die den Vorschriften der Anlage XXV oder
2. mit einem Hubraum von weniger als 1400 Kubikzentimetern, die der Richtlinie 70/220/EWG in der Fassung der Richtlinie 89/458/EWG des Rates vom 18. Juli 1989 (ABl. EG Nr. L 226 S. 1)

entsprechen, gelten als schadstoffarm.

(6) Fahrzeuge oder Motoren für Fahrzeuge, die in den Anwendungsbereich der Richtlinie 88/77/EWG des Rates vom 3. Dezember 1987 zur Angleichung der Rechtsvorschriften der Mitgliedstaaten über Maßnahmen gegen die Emission gasförmiger Schadstoffe und luftverunreinigender Partikel aus Selbstzündungsmotoren zum Antrieb von Fahrzeugen und die Emission gasförmiger Schadstoffe aus mit Erdgas oder Flüssiggas betriebenen Fremdzündungsmotoren zum Antrieb von Fahrzeugen (ABl. EG 1988 Nr. L 36 S. 33), geändert durch die im Anhang zu dieser Vorschrift genannten Bestimmungen, fallen, müssen hinsichtlich ihres Abgasverhaltens den Vorschriften dieser Richtlinie entsprechen.

(7) Krafträder, auf die sich die Regelung Nr. 40 – Einheitliche Vorschriften für die Genehmigung der Krafträder hinsichtlich der Emission luftverunreinigender Gase aus Motoren mit Fremdzündung – des Übereinkommens über die Annahme einheitlicher Bedingungen für die Genehmigung der Ausrüstungsgegenstände und Teile von Kraftfahrzeugen und über die gegenseitige Anerkennung der Genehmigung, in Kraft gesetzt durch die Verordnung vom 14. September 1983 (BGBl. II S. 584), beziehen, müssen hinsichtlich ihres Abgasverhaltens den Vorschriften der Regelung Nr. 40, zuletzt geändert durch Verordnung zur Änderung 1 und zum Korrigendum 3 der ECE-Regelung Nr. 40 über einheitliche Vorschriften für die Genehmigung der Krafträder hinsichtlich der Emission luftverunreinigender Gase

Abgase § 47 StVZO **3**

aus Motoren mit Fremdzündung vom 29. Dezember 1992 (BGBl. 1993 II S. 110), entsprechen; dies gilt auch für Krafträder mit einer Leermasse von mehr als 400 kg.

(8) Andere Krafträder als die in Absatz 7 genannten müssen hinsichtlich ihres Abgasverhaltens den Vorschriften der Regelung Nr. 47 – Einheitliche Vorschriften für die Genehmigung der Fahrräder mit Hilfsmotor hinsichtlich der Emission luftverunreinigender Gase aus Motoren mit Fremdzündung – des Übereinkommens über die Annahme einheitlicher Bedingungen für die Genehmigung der Ausrüstungsgegenstände und Teile von Kraftfahrzeugen und über die gegenseitige Anerkennung der Genehmigung, in Kraft gesetzt durch die Verordnung vom 26. Oktober 1981 (BGBl. II S. 930), entsprechen.

(8 a) Kraftfahrzeuge, die in den Anwendungsbereich der Richtlinie 97/24/EG des Europäischen Parlaments und des Rates vom 17. Juni 1997 über bestimmte Bauteile und Merkmale von zweirädrigen oder dreirädrigen Kraftfahrzeugen (ABl. EG Nr. L 226 S. 1), geändert durch die im Anhang zu dieser Vorschrift genannten Bestimmungen, fallen, müssen hinsichtlich ihres Abgasverhaltens den Vorschriften dieser Richtlinie entsprechen.

(8 b) Kraftfahrzeuge, die in den Anwendungsbereich der Achtundzwanzigsten Verordnung zur Durchführung des Bundes-Immissionsschutzgesetzes vom 11. November 1998 (BGBl. I S. 3411), die der Umsetzung der Richtlinie 97/68/EG des Europäischen Parlaments und des Rates vom 16. Dezember 1997 zur Angleichung der Rechtsvorschriften der Mitgliedstaaten über Maßnahmen zur Bekämpfung der Emission von gasförmigen Schadstoffen und luftverunreinigenden Partikeln aus Verbrennungsmotoren für mobile Maschinen und Geräte (ABl. EG 1998 Nr. L 59 S. 1) dient, fallen, müssen mit Motoren ausgerüstet sein, die hinsichtlich ihres Abgasverhaltens den Vorschriften der Achtundzwanzigsten Verordnung zur Durchführung des Bundes-Immissionsschutzgesetzes vom 11. November 1998 entsprechen.

(8 c) Zugmaschinen oder Motoren für Zugmaschinen, die in den Anwendungsbereich der Richtlinie 2000/25/EG des Europäischen Parlaments und des Rates vom 22. Mai 2000 über Maßnahmen zur Bekämpfung der Emission gasförmiger Schadstoffe und luftverunreinigender Partikel aus Motoren, die für den Antrieb von land- und forstwirtschaftlichen Zugmaschinen bestimmt sind, und zur Änderung der Richtlinie 74/150/EWG des Rates (ABl. EG Nr. L 173 S. 1) fallen, müssen hinsichtlich ihres Abgasverhaltens den Vorschriften dieser Richtlinie entsprechen.

(9) [1] Technischer Dienst und Prüfstelle im Sinne der genannten Regelwerke ist die Abgasprüfstelle beim Rheinisch-Westfälischen Technischen Überwachungs-Verein e. V., Adlerstr. 7, 45307 Essen. [2] Es können auch andere Technische Prüfstellen für den Kraftfahrzeugverkehr oder von der obersten Landesbehörde anerkannte Stellen prüfen, sofern diese über die erforderlichen eigenen Meß- und Prüfeinrichtungen verfügen. [3] Der Technische Dienst ist über alle Prüfungen zu unterrichten. [4] In Zweifelsfällen ist er zu beteiligen; bei allen Fragen der Anwendung ist er federführend. [5] Die Prüfstellen haben die verwendeten Meß- und Prüfeinrichtungen hinsichtlich der Meßergebnisse und der Meßgenauigkeit mit dem Technischen Dienst regelmäßig abzugleichen.

Begr zur ÄndVO v 14. 6. 88: VBl **88** 482; zur ÄndVO v 16. 12. 88: VBl **89** 112. **1**

Begr zur ÄndVO v 21. 12. 92 (BRDrucks 782/92): **1 a**

Zu Abs 3: Nach der bisherigen Praxis konnten auch Wohnmobile mit einer zulässigen Gesamtmasse von nicht mehr als 2800 kg als schadstoffarm anerkannt werden. Mit der Neufassung wird diese Möglichkeit nun ausdrücklich zugelassen.

Darüber hinaus gelten mit der Neufassung nun auch Personenkraftwagen sowie Wohnmobile mit einer zulässigen Gesamtmasse von nicht mehr als 2800 kg als schadstoffarm, die den Vorschriften des Anhangs III A der Richtlinie 70/220/EWG in der Fassung der Richtlinie 88/76/EWG oder späteren Änderungen dieses Anhangs entsprechen oder, die den Vorschriften der Richtlinie 70/220/EWG in der Fassung der Richtlinie 91/441/EWG entsprechen – ausgenommen sind jedoch die Fahrzeuge, die die Übergangsbestimmungen des Anhangs I Nr. 8.1 oder 8.3 in Anspruch nehmen –.

Zu Abs 4: Nach der bisherigen Praxis konnten auch Wohnmobile mit einer zulässigen Gesamtmasse von nicht mehr als 2800 kg als bedingt schadstoffarm anerkannt werden. Mit der Neufassung wird diese Möglichkeit ausdrücklich zugelassen.

Zu Abs 5: *Nach der bisherigen Praxis konnten auch Wohnmobile als schadstoffarm nach Anlage XXV (bis maximal 2500 kg zulässiger Gesamtmasse) anerkannt werden. Mit der Neufassung wird diese Möglichkeit ausdrücklich zugelassen.*

Darüber hinaus gelten mit der Neufassung nun auch Personenkraftwagen und Wohnmobile mit einem Hubraum von weniger als 1400 cm³ als schadstoffarm, die den Vorschriften der Richtlinie 70/220/EWG in der Fassung der Richtlinie 89/458/EWG entsprechen.

1 b **Begr** zur ÄndVO v 21. 10. 93 **(zu Abs 4 S 2):** VBl **93** 739.

Begr zur ÄndVO v 23. 3. 94 (VBl **94** 351): **Zu Abs 3:** *Die Anforderungen der neuen EG-Richtlinie mit dem neuen europäischen Fahrzyklus an das Abgasverhalten von Pkw sind strenger als die der bisher geltenden EG-Richtlinien bzw. die der Anlage XXIII zur StVZO. Eine Anerkennung von Pkw sowie Wohnmobilen bis 2800 kg als schadstoffarm, die lediglich die bisher geltenden Abgasanforderungen erfüllen, ist zukünftig nicht mehr gerechtfertigt.*

...

Mit Einfügung der Nr. 4 können Personenkraftwagen sowie Wohnmobile mit einer zulässigen Gesamtmasse von nicht mehr als 2800 kg, die der Richtlinie 70/220/EWG in der Fassung der Richtlinie 93/59/EWG entsprechen, die Vorteile für schadstoffarm anerkannte Fahrzeuge in Anspruch nehmen.

Ausgenommen hievon sind Fahrzeuge, die lediglich die nicht so strengen Grenzwertanforderungen der Richtlinie 93/59/EWG der Klassen II und III des Anhangs I in 5.3.1.4 und 7.1.1.1 sowie des Anhangs I Nr. 8.3 erfüllen.

1 c **Begr** zur ÄndVO v 3. 8. 00: VBl **00** 495.

Begr zur ÄndVO v 5. 12. 02 (VBl **03** 12): **Zu Abs 8 c:** *Mit der Richtlinie 2000/25/EG werden auch für Motoren, die für den Antrieb von land- und forstwirtschaftlichen Zugmaschinen bestimmt sind, verbindliche Anforderungen zur Bekämpfung der Emission gasförmiger Schadstoffe und luftverunreinigender Partikel festgeschrieben. Mit dem neuen Absatz 8c sollen diese Vorschriften auch für Fahrzeuge mit Einzelbetriebserlaubnis vorgeschrieben werden.*

Begr zur ÄndVO v 2. 11. 04: BRDrucks 600/04 S 10.

52. StVZAusnV v 13. 8. 1996 (BGBl I 1319)

1 d § 1. Abweichend von § 47 Abs. 3 Nr. 4 der Straßenverkehrs-Zulassungs-Ordnung gelten Kraftfahrzeuge auch dann als schadstoffarm im Sinne der Richtlinie 70/220/EWG in der Fassung der Richtlinie 93/59/EWG des Rates vom 28. Juni 1993 (ABl. EG Nr. L 186 S. 21), wenn sie

a) vor dem 1. Oktober 1995 oder

b) bei mehr als sechs Sitzplätzen einschließlich des Fahrersitzes oder einer Gesamtmasse von mehr als 2 500 kg und einer Bezugsmasse von mehr als 1 250 kg vor dem 1. Oktober 1998

erstmals in den Verkehr gekommen sind und nach dem 1. Januar 1996 nachträglich mit einem Abgasreinigungssystem versehen worden sind. Dies gilt nur, wenn

1. das Abgasreinigungssystem

a) mit einer Betriebserlaubnis für Fahrzeugteile nach § 22 der Straßenverkehrs-Zulassungs-Ordnung genehmigt ist oder

b) im Rahmen einer Betriebserlaubnis für das Fahrzeug nach § 21 der Straßenverkehrs-Zulassungs-Ordnung genehmigt ist oder

c) durch ein Teilegutachten nach § 19 Abs. 3 Nr. 4 der Straßenverkehrs-Zulassungs-Ordnung für unbedenklich erklärt und die Abnahme nach dieser Vorschrift unverzüglich durchgeführt und bestätigt worden ist,

2. im Rahmen einer Abgasprüfung nach Anhang I Nr. 5.3.1 in Verbindung mit Anhang II der Richtlinie 70/220/EWG in der Fassung der Richtlinie 93/59/EWG des Rates vom 28. Juni 1993 (ABl. EG Nr. L 186) nachgewiesen worden ist, daß die mit dem eingebauten Abgasreinigungssystem ermittelten Abgaswerte, multipliziert mit dem entsprechenden Verschlechterungsfaktor nach Nummer 5.3.5.2 des Anhangs I, die in Nummer 7.1.1 genannten Grenzwerte für die Fahrzeugklasse M nicht übersteigen,

3. die Dauerhaltbarkeit des Abgasreinigungssystems für mindestens 2 Jahre oder 80 000 km gewährleistet ist,

4. die Nachrüstung keine nachteiligen Auswirkungen, insbesondere auf das Betriebsverhalten, die Betriebssicherheit, den Kraftstoffverbrauch und das Geräuschverhalten des Kraftfahrzeugs, hat und

5. alle für die Nachrüstung mit dem Abgasreinigungssystem erforderlichen Teile ordnungsgemäß eingebaut sind und die einwandfreie Funktion des Abgasreinigungssystems von einer für die Durchführung der Abgasuntersuchung nach § 47a der Straßenverkehrs-Zulassungs-Ordnung in Verbindung mit Anlage VIIIa Nr. 3.1.2 oder 3.2 anerkannten Kraftfahrzeugwerkstatt, sofern diese die Nachrüstung selbst durchgeführt hat oder durch einen amtlich anerkannten Sachverständigen oder Prüfer für den Kraftfahrzeugverkehr oder durch einen Kraftfahrzeugsachverständigen oder Angestellten nach Abschnitt 7.4a der Anlage VIII bestätigt worden ist.

§ 2. Diese Verordnung tritt am Tage nach der Verkündung in Kraft.

Begr: VBl **96** 464, **98** 216.

1. Pkw und **leichte NutzFze.** Abs I bezweckt die Reduzierung der Abgasemissionen von Pkw und leichten Lkw. Die Bestimmung gilt für **Kfze mit Fremdzündungsmotor oder Selbstzündungsmotor** mit mindestens vier Rädern, mindestens 400 kg zulässiger Gesamtmasse und bauartbedingter Höchstgeschwindigkeit von mindestens 50 km/h, soweit sie in den Anwendungsbereich der Richtlinie 70/220/EWG (ABl. EG Nr. L 76 S. 1) = StVRL Nr 5 fallen. Das sind gem Art 1 der Richtlinie die in Anhang II Abschnitt A der Richtlinie 70/156/EWG (ABl. EG Nr. L 42 S. 1) = StVRL zu § 20 StVZO Nr 3 genannten Fze. Ausgenommen sind land- oder forstwirtschaftliche Zug- und Arbeitsmaschinen sowie andere Arbeitsmaschinen. **Übergangsvorschrift:** § 72 II.

2. Dieselfahrzeuge. Abs II betrifft Maßnahmen gegen die Emission verunreinigender Stoffe aus Dieselmotoren zum Antrieb von Fahrzeugen, gilt also für **Kfze mit Selbstzündungsmotor,** und zwar für solche mit mindestens vier Rädern, mindestens 400 kg zulässiger Gesamtmasse und bauartbedingter Höchstgeschwindigkeit von mehr als 25 km/h, soweit sie in den Anwendungsbereich der Richtlinie 72/306/EWG (ABl. EG Nr. L 190 S. 1) = StVRL Nr 7 fallen. Ausgenommen sind land- oder forstwirtschaftliche Zug- und Arbeitsmaschinen sowie andere Arbeitsmaschinen. **Übergangsvorschrift:** § 72 II: Auf Kfze, für die vor dem 1. 10. 93 eine Allgemeine BE erteilt wurde, und solche, die vor dem 1. 1. 93 erstmals in den V gekommen sind, ist gem § 72 II zu § 47 I die bis zum 1. 1. 93 geltende Fassung von § 47 Abs I mit den Übergangsbestimmungen in der vor dem 1. 4. 94 geltenden Fassung anzuwenden.

3. Mobile Maschinen und Geräte iS von Abs VIIIb sind in Art 2 der Richtlinie 97/68/EG, auf die die 28. VO zur Durchführung des BImSchG Bezug nimmt, wie folgt definiert: mobile Maschinen, mobile industrielle Ausrüstungen oder Fze mit oder ohne Aufbau, die nicht zur Beförderung von Personen oder Gütern auf der Str bestimmt sind und in die ein Verbrennungsmotor gem der Definition in Anh I Nr 1 der Richtlinie eingebaut ist. Durch Abs VIIIb wird die Anwendung der Vorschriften der Richtlinie 97/68/EG für ihre Motoren verbindlich vorgeschrieben.

4. Schwere Lastkraftwagen, land- und forstwirtschaftliche Zugmaschinen, Krafträder. Zur Begrenzung gasförmiger Schadstoffe aus Dieselmotoren schwerer Lkw erklärt Abs VI die **Richtlinie 88/77/EWG** (StVRL § 47 Nr 9) hinsichtlich der dort genannten Kfze für verbindlich. Durch die Übergangsbestimmung (§ 72 II) wird die Anwendung der Richtlinien 1999/96/EG und 2001/27/EG auch für erstmals in den V kommende Fze mit Einzel-BE verbindlich vorgeschrieben. Auf vor dem 18. 12. 02. erstmals in den V gekommene Fze und -motoren bleibt Abs VI in der vor dem 18. 12. 02 geltenden Fassung mit den bis dahin geltenden Übergangsbestimmungen anwendbar. Abs VIIIc schreibt die Vorschriften der Richtlinie 2000/25/EG auch für **land- und forstwirtschaftliche Zugmaschinen** mit Einzel-BE vor, s Begr (Rz 1c). Übergangsvorschrift: § 72 II. Für **Krafträder** gelten bezüglich ihres Abgasverhaltens nach Abs VII und VIII die ECE-Regelungen Nr 40 bzw Nr 47, nach Maßgabe von Abs VIIIa die Vorschriften der Richtlinie 97/24/EG. Gem der Übergangsvorschrift des § 72 II ist Abs VII für die Erteilung einer ABE am 17. 6. 99, für die Erteilung einer EinzelBE am

3 StVZO § 47   B. Fahrzeuge III. Bau- und Betriebsvorschriften

1. 10. 2000 außer Kraft getreten. Durch VIIIa wird die Anwendung der in Kap 5 der Richtlinie 97/24/EG enthaltenen Abgasvorschriften für die Erteilung einer EinzelBE für in den Anwendungsbereich dieser Richtlinie fallende Fze vorgeschrieben. Dies gilt nach Maßgabe der Übergangsbestimmung des § 72 II ab 1. 7. 04 auch für erstmals in den V kommende Kleinkräder.

Lit: *Breier,* Die EG-Abgasrichtlinien für Kfze, NZV **93** 294.

6   **5. Schadstoffarme Fze.** Pkw und Wohnmobile mit nicht mehr als 2,8 t zulässiger Gesamtmasse, die den Vorschriften der **Anlage XXIII** oder der in Abs III Nr 2–13 genannten EG-Richtlinien entsprechen, gelten als schadstoffarm, Abs III, ebenso solche, die den Vorschriften der **Anl XXV** entsprechen oder – bei einem Hubraum von weniger als 1400 cm^3 – der **Richtlinie 70/220/EWG**, Abs V. Dies gilt sowohl für Fze mit Fremdzündungsmotor als auch für DieselFze. Erstmalige Anerkennung als schadstoffarm gem III Nr 1 ist für ab 1. 1. 95 erstmals in den V kommende Fze nach der Übergangsvorschrift des § 72 II nicht mehr zulässig; keine erstmalige Anerkennung als schadstoffarm ferner nach § 72 II auch für Fze nach Maßgabe von Abs V. Mit Steuerbefreiungen und ermäßigten Steuersätzen nach Maßgabe von §§ 3 b, 9 KraftStG für Halter schadstoffarmer und bedingt schadstoffarmer Pkw soll eine Verringerung der Emissionen von umweltschädlichen Stickoxiden, Kohlenmonoxiden und Kohlenwasserstoffen erreicht und zu diesem Zweck die Katalysator-Technologie gefördert werden. Dazu bedurfte es der Definition solcher Fze durch die StVZO. Schadstoffarme und bedingt schadstoffarme Fze sind in Absätzen III bis V in Verbindung mit Anlagen XXIII bis XXV und den genannten EG-Richtlinien definiert. Im Gegensatz zur bis 31. 12. 92 geltenden Fassung sind nunmehr Wohnmobile ausdrücklich in die Regelung einbezogen. Nach Maßgabe des § 1 der 52. StVZAusnV führt auch **Nachrüstung** älterer Fze mit Abgasreinigungssystemen, durch die das sog „Euro-1-Abgasniveau" der Richtlinie 93/95/EWG erreicht wird, zur Anerkennung als schadstoffarm (s Rz 1 d). Näher: *Jagow* VD **96** 193. Nachrüstungsrichtlinie, VBl **96** 465, **98** 216. Die steuerrechtlich unterschiedliche Behandlung schadstoffarmer und nicht schadstoffarmer Fze ist nicht willkürlich und ist verfassungskonform, BFH DAR **99** 472, FinanzG Münster VRS **72** 474, ebenso andererseits die einheitliche Besteuerung von Krädern ohne Rücksicht auf Schadstoffarmut, BFH DAR **96** 70. Soweit § 3 b KraftStG die befristete Steuerbefreiung für schadstoffarme Fze vom Zulassungsdatum abhängig macht, verstößt dies nicht gegen den Gleichheitsgrundsatz, BFH DAR **02** 374. Eintragung eines Vermerks über die Anerkennung des Fzs als schadstoffarm: § 23 VII. Über die administrative Behandlung schadstoffarmer und bedingt schadstoffarmer Kfze, s BMV 12. 9. 85 VBl **85** 586 (geändert VBl **87** 358), 22. 10. 85 VBl **85** 649, 24. 7. 86 VBl **86** 447 (Alt-Diesel) und 8. 1. 90 VBl **90** 2.

7   **6. Bedingt schadstoffarme Fze,** die den Vorschriften der **Anlage XXIV** entsprechen: Abs IV. Neben Pkw fallen auch Wohnmobile unter die Regelung. Eintragung und Löschung eines Vermerks über die Anerkennung als bedingt schadstoffarmes Fz: § 23 VIII. Aufgrund der durch ÄndVO v 21. 10. 93 erfolgten Einfügung von IV S 2 ist die Anerkennung als bedingt schadstoffarm durch nachträgliche technische Verbesserung mit dem 1. 11. 93 ausgelaufen (s Begr VBl **93** 739. *Jagow,* Schadstoffarme und bedingt schadstoffarme Fze, VD **85** 169, 193. *Derselbe,* Schadstoffarme Kfze (Behandlung der sog Alt-Diesel), VD **86** 6. *Derselbe,* Schadstoffarme und bedingt schadstoffarme Alt-Diesel-Pkw, VD **86** 149.

8   **7.** Die Beschaffenheit der **Auspuffrohre** – früher § 47 III (alt) – ist jetzt in § 47 c geregelt.

9   **8. Ordnungswidrigkeit:** Ordnungswidrig gem § 69 a II Nr 12 ist das Unterlassen der Meldung gegenüber der ZulB, wenn die Voraussetzungen für die in FzSchein und -Brief vermerkte Anerkennung des Fzs als schadstoffarm entfallen sind (§ 27 I a Nr 9). Da die Vorschriften über das Abgasverhalten in erster Linie das Verfahren zur Erteilung einer BE betreffen, sind Verstöße nicht bußgeldbewehrt (s Begr VBl **88** 483).

Abgasuntersuchung (AU) – Untersuchung des Abgasverhaltens von im Verkehr befindlichen Kraftfahrzeugen –

47a (1) ¹Die Halter von Kraftfahrzeugen, die mit Fremdzündungsmotor oder mit Kompressionszündungsmotor angetrieben werden, haben zur Verringerung der Schadstoffemissionen das Abgasverhalten ihres Kraftfahrzeuges auf ihre Kosten nach Maßgabe der Anlage XI a in regelmäßigen Zeitabständen untersuchen zu lassen. ²Ausgenommen sind
1. Kraftfahrzeuge mit
   a) Fremdzündungsmotor, die weniger als vier Räder, ein zulässiges Gesamtgewicht von weniger als 400 kg oder eine bauartbedingte Höchstgeschwindigkeit von weniger als 50 km/h haben oder die vor dem 1. Juli 1969 erstmals in den Verkehr gekommen sind;
   b) Kompressionszündungsmotor, die weniger als vier Räder oder eine bauartbedingte Höchstgeschwindigkeit von nicht mehr als 25 km/h haben oder die vor dem 1. Januar 1977 erstmals in den Verkehr gekommen sind;
   c) rotem Kennzeichen oder Kurzzeitkennzeichen (§ 28);
2. vierrädrige Leichtkraftfahrzeuge nach § 18 Abs. 2 Nr. 4 b;
3. land- oder forstwirtschaftliche Zugmaschinen;
4. selbstfahrende Arbeitsmaschinen und Stapler.

³Die Prüfung nach Anlage XI im Rahmen der Hauptuntersuchung nach § 29 entfällt für Kraftfahrzeuge, die der Abgasuntersuchung unterliegen.

(2) ¹Untersuchungen nach Absatz 1 Satz 1 dürfen nur von Werken des Fahrzeugherstellers, einer eigenen Werkstatt des Importeurs im Sinne des § 47 b Abs. 3 Nr. 3, hierfür anerkannten Kraftfahrzeugwerkstätten, amtlich anerkannten Sachverständigen oder Prüfern für den Kraftfahrzeugverkehr, von betrauten Prüfingenieuren einer für die Durchführung von Hauptuntersuchungen nach § 29 amtlich anerkannten Überwachungsorganisation oder von Fahrzeughaltern, die Hauptuntersuchungen oder Sicherheitsprüfungen an ihren Fahrzeugen im eigenen Betrieb durchführen dürfen, vorgenommen werden. ²Die Untersuchungen dürfen nur an Stellen vorgenommen werden, die den in der Anlage XIb festgelegten Anforderungen genügen. ³Die für die anerkannten Kraftfahrzeugwerkstätten in § 47 b Abs. 2 Nr. 5 und 6 vorgegebenen Anforderungen gelten entsprechend auch für alle anderen in Satz 1 genannten Stellen. ⁴§ 47 b Abs. 2 Nr. 2, Abs. 3 Satz 1 bis 5 und Abs. 4 ist auf Fahrzeughalter, die Hauptuntersuchungen oder Sicherheitsprüfungen an ihren Fahrzeugen im eigenen Betrieb durchführen dürfen, entsprechend anzuwenden. ⁵Im Rahmen der für amtlich anerkannte Sachverständige oder Prüfer für den Kraftfahrzeugverkehr in § 11 Abs. 2 des Kraftfahrsachverständigengesetzes und für betraute Prüfingenieure amtlich anerkannter Überwachungsorganisationen in Anlage VIIIb Nr. 2.5 vorgeschriebenen Fortbildung sind für die regelmäßige AU-Fortbildung mindestens vier Stunden im Jahr vorzusehen. ⁶Die regelmäßige AU-Fortbildung kann auch blockweise acht Stunden alle zwei Jahre oder zwölf Stunden alle drei Jahre erfolgen.

(3) ¹Als Nachweis über den ermittelten Zustand des Abgasverhaltens hat der für die Untersuchung Verantwortliche eine vom Bundesministerium für Verkehr, Bau- und Wohnungswesen mit Zustimmung der zuständigen obersten Landesbehörden festgelegte Prüfbescheinigung nach einem im Verkehrsblatt bekanntgegebenen Muster auszuhändigen und bei vorschriftsmäßigem Abgasverhalten eine Plakette nach Anlage IX a zuzuteilen und am vorderen amtlichen Kennzeichen nach Maßgabe der Anlage IX a dauerhaft und gegen Mißbrauch gesichert anzubringen; § 29 Abs. 12 bleibt unberührt. ²Der für die Untersuchung Verantwortliche hat dafür zu sorgen, daß die Prüfbescheinigung mindestens das amtliche Kennzeichen des untersuchten Kraftfahrzeugs, den Stand des Wegstreckenzählers, den Hersteller des Kraftfahrzeugs einschließlich Schlüsselnummer, Fahrzeugtyp und -ausführung einschließlich Schlüsselnummer, die Fahrzeug-Identifizierungsnummer, die Sollwerte nach Anlage XI a und die von ihm abschließend ermittelten Istwerte sowie Monat und Jahr des Ablaufs der Frist für die nächste Abgasuntersuchung, ferner das Datum und die Uhrzeit, soweit zugeteilt die Kontrollnummer und den Namen und die Anschrift der prüfenden Stelle sowie die Unterschrift des für die Untersuchung Verantwortlichen enthält. ³Eine Durchschrift, ein Abdruck oder eine Speicherung auf Datenträger der Prüfbescheinigung verbleibt bei der untersuchenden Stelle. ⁴Sie ist aufzubewahren und innerhalb von drei Jahren ab Ablauf ihrer Gültigkeitsdauer zu vernichten.

(4) ¹Die Prüfbescheinigung ist aufzubewahren. ²Der Fahrzeugführer hat sie der für die Durchführung der Hauptuntersuchung nach § 29 verantwortlichen Person sowie auf Verlangen zuständigen Personen und der Zulassungsbehörde zur Prüfung auszuhändigen. ³Kann die Prüfbescheinigung nicht ausgehändigt werden, hat der Halter auf seine Kosten eine Zweitschrift von der untersuchenden Stelle zu beschaffen oder eine Abgasuntersuchung durchführen zu lassen.

(5) ¹Bei der Zuteilung eines amtlichen Kennzeichens ist die Plakette von der Zulassungsbehörde dauerhaft und gegen Mißbrauch gesichert anzubringen. ²Eine Prüfbescheinigung wird nicht ausgestellt. ³Erfolgt die Anbringung der Plakette vor der ersten vorgeschriebenen Abgasuntersuchung, ist Absatz 4 nicht anzuwenden.

(6) ¹Der Halter hat dafür zu sorgen, daß sich die nach Absatz 3 Satz 1, Absatz 5 Satz 1 oder Absatz 7 Satz 2 angebrachte Plakette in ordnungsgemäßem Zustand befindet; sie darf weder verdeckt noch verschmutzt sein. ²§ 29 Abs. 7 und 8 gilt für Plaketten nach Anlage IXa entsprechend.

(7) ¹Die Untersuchungspflicht ruht während der Zeit, in der Kraftfahrzeuge durch Ablieferung des Fahrzeugscheins oder der amtlichen Bescheinigung über die Zuteilung des amtlichen Kennzeichens und durch Entstempelung des amtlichen Kennzeichens vorübergehend stillgelegt worden sind. ²War in dieser Zeit eine Untersuchung nach Absatz 1 fällig, so ist sie bei Wiederinbetriebnahme des Kraftfahrzeugs durchführen zu lassen; in diesen Fällen ist die Plakette von der Zulassungsbehörde dauerhaft und gegen Mißbrauch gesichert anzubringen. ³Ist eine Untersuchung des Abgasverhaltens bei Fahrzeugen, für die ein Saisonkennzeichen zugeteilt ist, außerhalb des Betriebszeitraums fällig, so ist sie im ersten Monat des nächsten Betriebszeitraums durchführen zu lassen.

(8) ¹Die Bundeswehr, der Bundesgrenzschutz und die Polizeien der Länder können die Untersuchung nach Absatz 1 für ihre Kraftfahrzeuge selbst durchführen sowie die Ausgestaltung der Prüfbescheinigung selbst bestimmen. ²Für die Fahrzeuge der Bundeswehr und des Bundesgrenzschutzes entfällt die Plakette nach Absatz 3.

1. **Begr:** BRDrucks 562/92.

Begr zur ÄndVO v 21. 12. 92 – Begr des Bundesrates –: BRDrucks 782/92 (Beschluß); zur ÄndVO v 23. 3. 94: VBl **94** 351; zur ÄndVO v 6. 1. 95: VBl **95** 110; zur ÄndVO v 12. 11. 96: VBl **96** 523.

Begr zur ÄndVO v 20. 5. 98 (VBl **98** 510): **Zu Abs 2:** ... *Die Ergänzung in Satz 1, 6. Teilsatz, entspricht den Neuregelungen des § 29 und der Anlage VIII u. a. mit der Folge, daß zukünftig sogenannte „Eigenüberwacher" grundsätzlich nicht mehr anerkannt werden (vgl. Begründung zu I. Allgemeines unter 2.4.1), allerdings bereits anerkannte „Eigenüberwacher" im Rahmen einer Besitzstandsregelung weiterhin Abgasuntersuchungen durchführen dürfen.*

Begr des Bundesrates – aus der BRDrucks 74/98 (Beschluß) –: ... *Die für Haupt- und Zwischenuntersuchungen oder Sicherheitsprüfungen anerkannten Eigenüberwacher bedürfen keiner besonderen Anerkennung für die Durchführung von Abgasuntersuchungen. Es muß deshalb sichergestellt werden, daß sie die personellen, fachlichen und technischen Voraussetzungen für eine ordnungsgemäße Durchführung der Abgasuntersuchungen an ihren Fahrzeugen erfüllen. Der Nachweis ist gegenüber der Anerkennungsstelle für Haupt- und Zwischenuntersuchungen oder Sicherheitsprüfungen zu führen.*

Begr zur ÄndVO v 11. 12. 01 (BRDrucks 570/01 S 21): **Zu Abs 2:** *Mit der nach Satz 1 eingefügten Vorgabe soll sichergestellt werden, dass eine AU nur noch dort durchgeführt wird, wo die in der neu aufgenommen Anlage XIb beschriebenen Mindestanforderungen an die AU-Untersuchungsstellen gegeben sind. Dies dient der Qualitätssicherung. AU-Prüfungen auf der grünen Wiese oder einem Hinterhof sollen so ausgeschlossen bleiben.*

...

Die regelmäßige AU-Schulung war bisher lediglich für die mit der Durchführung von AU befassten Mitarbeiter anerkannter AU-Werkstätten verbindlich vorgeschrieben. Mit der nunmehr aufgenommenen Vorgabe wird das, was nach Auskunft von Vertretern der Technischen Prüfstellen und der Überwachungsorganisationen bisher schon allgemein üblich war, zwingend in das Vorschriftenwerk mit aufgenommen. Die regelmäßige AU-Schulung wird damit für alle mit der Durchführung von AU betrauten Personen verbindlich. Gelegentlich vorgebrachte Vorwürfe einer Ungleichbehandlung von betroffenen Personen werden damit gegenstandslos.

Abgasuntersuchung (AU) § 47a StVZO **3**

Zu Abs 3: *Mit der Festschreibung von Monat und Jahr des Ablaufs der Frist für die nächste Abgasuntersuchung in der Prüfbescheinigung wird sichergestellt, dass den in Absatz 6 Satz 2 gemachten Vorgaben entsprochen werden* und eine Fristüberschreitung keine ungerechtfertigten Zeitvorteile mehr bringen kann.*
Begr zur ÄndVO v 5. 12. 02: VBl 03 12.

Aus der **Anlage XI a:** 1a
2. Zeitabstand der Untersuchungen
Den Zeitabstand der Untersuchungen für Kraftfahrzeuge der Feuerwehren und des Katastrophenschutzes regeln die zuständigen obersten Landesbehörden im Einzelfall oder allgemein. Die anderen Kraftfahrzeuge sind mindestens in folgenden regelmäßigen Zeitabständen einer Abgasuntersuchung zu unterziehen:
2.1 Kraftfahrzeuge mit Fremdzündungsmotor
2.1.1 ohne Katalysator oder mit Katalysator, jedoch ohne lambdageregelte Gemischaufbereitung .... 12 Monate
2.1.2 mit Katalysator und lambdageregelter Gemischaufbereitung
2.1.2.1 allgemein
bei erstmals in den Verkehr gekommenen Personenkraftwagen oder Wohnmobilen für die erste Untersuchung .... 36 Monate
für die weiteren Untersuchungen .... 24 Monate
jedoch: Ist bei Kraftfahrzeugen nach Nummer 3.1.2.1 kein Grund- oder Ersatzverfahren vom Hersteller für die Prüfung der Funktionsfähigkeit des Regelkreises vorgegeben, entfällt diese Prüfung.
Dann für die weiteren Untersuchungen .... 12 Monate
2.1.2.2 zur Personenbeförderung nach dem Personenbeförderungsgesetz oder nach § 1 Nr. 4 Buchstabe d, g und i der Freistellungs-Verordnung oder nach Nummer 2.2 der Anlage VIII................. 12 Monate
2.1.2.3 die nicht unter 2.1.2.1 oder 2.1.2.2 fallen .... 24 Monate
jedoch: Ist bei Kraftfahrzeugen nach Nummer 3.1.2.1 kein Grund- oder Ersatzverfahren vom Hersteller für die Prüfung der Funktionsfähigkeit des Regelkreises vorgegeben, entfällt diese Prüfung.
Dann für die weiteren Untersuchungen .... 12 Monate
2.2 Kraftfahrzeuge mit Kompressionszündungsmotor
2.2.1 bis 3500 kg zulässiges Gesamtgewicht
2.2.1.1 allgemein
bei erstmals in den Verkehr gekommenen Personenkraftwagen oder Wohnmobilen für die erste Untersuchung .... 36 Monate
für die weiteren Untersuchungen .... 24 Monate
2.2.1.2 zur Personenbeförderung nach dem Personenbeförderungsgesetz oder nach § 1 Nr.4 Buchstabe d, g und i der Freistellungs-Verordnung oder nach Nummer 2.2 der Anlage VIII .... 12 Monate
2.2.1.3 die nicht unter 2.2.1.1 oder 2.2.1.2 fallen .... 24 Monate
2.2.2 über 3500 kg zulässiges Gesamtgewicht .... 12 Monate
2.3 Nummer 2.3, Nummer 2.7 Satz 3 und Nummer 2.8 Satz 4 der Anlage VIII sind entsprechend anzuwenden.

2. Anwendungsbereich. Die Untersuchungspflicht trifft die Halter von Fzen mit 2 Fremdzündungsmotoren und von Fzen mit Kompressionszündungsmotoren (Diesel). Fze mit Fremdzündungsmotoren unterliegen aber nur dann der Abgasuntersuchung (AU), wenn sie mindestens 4 Räder, ein zulässiges Gesamtgewicht von mindestens 400 kg und eine bauartbedingte Mindestgeschwindigkeit von 50 km/h aufweisen. Damit sind Kräder von der Untersuchungspflicht ausgenommen. Das gleiche gilt gem I 2 Nr 2 auch für die leichten vierrädrigen Kfze iS von § 18 II Nr 4b. Nicht der Untersuchungs-

---

* Gemeint ist offenbar: „wird".

3 StVZO § 47a B. Fahrzeuge III. Bau- und Betriebsvorschriften

pflicht unterliegen ferner vor dem 1. 7. 69 erstmals in den V gekommene AltFze mit Fremdzündungsmotor (I 2 Nr 1 a). Fze mit Kompressionszündungsmotor (DieselFze) unterliegen der AU nach Abs I, wenn sie mindestens 4 Räder und eine bauartbedingte Mindestgeschwindigkeit von mehr als 25 km/h aufweisen, ausgenommen vor dem 1. 1. 77 erstmals in den V gekommene AltFze. Nicht unter die Bestimmung fallen Arbeitsmaschinen, Stapler und land- oder forstwirtschaftliche Zgm (I 2 Nr 3, 4) sowie Kfze mit Kurzzeitkennzeichen oder rotem Kennzeichen (§ 28), Abs I Nr 1 c. Schadstoffarme Kfze sind der AU zu unterziehen, soweit sie die übrigen Voraussetzungen des Abs I erfüllen. Die Pflicht aus Abs I trifft den Halter zugelassener − nicht vorübergehend stillgelegter (Rz 9) − Fze unabhängig davon, ob das Fz benutzt wird oder nicht, Ko DAR **96** 325. Zur **Verfassungsmäßigkeit** der Bestimmung, s VG Berlin NZV **89** 247. Zur **Haftung für Schäden** infolge der Untersuchung, LG Br DAR **99** 364.

3   3. **Prüfer.** Die **Untersuchung darf gem Abs II durchgeführt werden** von a) einem Werk des FzHerstellers, b) einer eigenen Werkstatt des Importeurs iS von § 47 b III Nr 3, c) einer hierfür anerkannten KfzWerkstatt (§ 47 b), d) einem amtlich anerkannten Sachverständigen oder Prüfer für den KfzVerkehr, e) einem betrauten Prüfingenieur einer für die Durchführung von Hauptuntersuchungen nach § 29 amtlich anerkannten Überwachungsorganisation, f) FzHaltern, die Hauptuntersuchungen oder Sicherheitsprüfungen im eigenen Betrieb durchführen dürfen (Eigenüberwacher, s § 29 Rz 24) nach Maßgabe von Abs II S 3, g) den in Abs VIII genannten FzHaltern (BW, BGS, LänderPol). II S 2 soll im Interesse der Qualitätssicherung AU-Prüfungen durch Stellen, die nicht die in Anl XI b beschriebenen Mindestanforderungen erfüllen, verhindern (s Begr, Rz 1). Plan für die Durchführung von Schulungen der verantwortlichen Personen und anderer Fachkräfte, die Abgasuntersuchungen durchführen (**AU-Schulungsplan**), VBl **02** 177. Die bei der AU tätigen **Prüfer handeln hoheitlich** (s auch § 29 Rz 22); Schadenersatzansprüche aus Pflichtverletzungen richten sich somit nach Amtshaftungsgrundsätzen, Fra NJW **03** 1465, Schl NJW **96** 1218, Br NZV **99** 166 (Haftung aus enteignungsgleichem Eingriff bei unverschuldeter Schädigung). Abs II S 3 dient mit seiner Bezugnahme auf § 47 b II Nr 5 und 6 dem Schutz der FzHalter und der Freistellung der Länder vor Ansprüchen Dritter. Für einen FzZustand, der die für die AU erforderlichen hohen Drehzahlen erlaubt, ist der FzEigentümer selbst verantwortlich; keine Pflicht des Prüfers zur vorherigen Untersuchung des Zahnriemens oder zu diesbezüglicher Erkundigung, Fra NJW **03** 1465. Zur Haftung für Motorschäden durch die AU, *Kierse* DAR **96** 331.

4   4. **Prüfungsverfahren:** Anl XI a. Richtlinie für die Durchführung und den Ablauf der Abgasuntersuchung nach § 47 a in Verbindung mit Anl IX a und XI a (**AU-DuV-Richtlinie**), VBl **02** 191 = StVRL Nr 1, VBl **03** 365 = StVRL Nr 3.

5   5. **Prüfbescheinigung und Plakette.** Ergibt die AU den vorschriftsmäßigen Zustand, so händigt der für die Untersuchung Verantwortliche eine **Prüfbescheinigung** aus, deren Mindestangaben in III festgelegt werden. Muster einer Prüfbescheinigung: VBl **02** 203. Die Eintragung des Ablaufs der Frist für die nächste AU in der Prüfbescheinigung (III S 2) soll ungerechtfertigten Zeitvorteilen durch Fristüberschreitung entgegenwirken (s Begr, Rz 1). Die Aufbewahrungspflicht für die Zweitschrift der Prüfbescheinigung bei der untersuchenden Stelle soll Nachprüfungen erleichtern und die Möglichkeiten zur Wahrnehmung der Aufsichtspflicht verbessern (Begr, BRDrucks 562/92). Sie dient darüber hinaus dem Schutz des Fahrzeughalters vor ungerechtfertigten Anschuldigungen oder Forderungen in Zweifelsfällen oder bei Verlust der Prüfbescheinigung, begründet aber keinen Anspruch des Fahrzeughalters auf Erteilung einer kostenlosen Ersatzprüfbescheinigung. Die Prüfbescheinigung sollte vom FzF mitgeführt werden, sie aus der Pflicht ergibt, sie auf Verlangen zuständigen Personen sowie dem Prüfer bei der Hauptuntersuchung (§ 29) auszuhändigen (Abs IV), s *Jagow* VD **84** 259; bloßes Nichtmitführen allein ist jedoch nicht ow, s *Kreutel* DAR **86** 138. Kann die Prüfbescheinigung nicht ausgehändigt werden, so muß sich der Halter auf seine Kosten entweder eine Zweitschrift beschaffen oder sein Fz erneut der AU unterziehen (Abs IV S 3).

6   Darüber hinaus ist die AU in das **Prüfbuch** einzutragen (Abs III S 1 mit § 29 XII). Schließlich ist zum raschen Nachweis einer erfolgreich durchgeführten AU am vorderen amtlichen Kennzeichen eine **Prüfplakette** anzubringen, bei einzeiligen Kennzeichen

1156

Abgasuntersuchung (AU) § 47a StVZO **3**

möglichst oberhalb des Trennungsstrichs, bei zweizeiligen möglichst rechts vom Unterscheidungszeichen und in Höhe des Dienststempels oder der Stempelplakette (Anl IXa). Sie wird bei der Zuteilung eines Kennzeichens von der Zulassungsbehörde dauerhaft und gegen Mißbrauch gesichert angebracht (Abs V). Im übrigen trifft die Pflicht, die Plakette in ordnungsgemäßem Zustand zu erhalten, den Halter. Dieser hat dafür zu sorgen, daß die Plakette nicht verdeckt oder verschmutzt ist (Abs VI). Einrichtungen, die zu Verwechslungen mit der Prüfplakette führen können, dürfen nicht angebracht sein, Abs VI S 2 (§ 29 VIII).

Die **Prüfplakette** ist nach Anl IXa sechseckig und im übrigen ähnlich wie die Plakette nach § 29 gestaltet. Sie gibt in der Mitte das Durchführungjahr an, also das Jahr, in dem die nächste Untersuchung durchzuführen ist, und oben den Durchführungsmonat. Mit Ablauf des jeweils angegebenen Monats wird sie ungültig, Abs VI S 2 (§ 29 VII S 1). Fällt die Frist für die AU bei Kfzen mit **Saisonkennzeichen** in die Zeit außerhalb des Betriebszeitraums, so darf die Untersuchung bis zum ersten Monat des folgenden Betriebszeitraums aufgeschoben werden (VII S 3). Zuwiderhandlung ist gem § 69a V Nr 5a ow (s Begr des BR zur ÄndVO v 12. 11. 96). 7

6. Frist für die Untersuchung. Die Untersuchungsintervalle ergeben sich aus der Anlage XIa Nrn 2 bis 2.2.2 (s Rz 1a). Sie betragen a) **12 Monate** bei Kfzen ohne Katalysator oder mit ungeregeltem Katalysator (2.1.1), bei Kfzen, die iS von 2.1.2.2 der Personenbeförderung dienen (Taxis usw), bei DieselFzen bis 3,5 t zulässiges Gesamtgewicht, die iS von 2.2.1.2 der Personenbeförderung dienen (Taxis usw), bei DieselFzen mit über 3,5 t zulässigem Gesamtgewicht (2.2.2) und für die weiteren Untersuchungen in den Fällen der Nrn 2.1.2.1 und 2.1.2.3, b) **24 Monate** bei Kfzen mit geregeltem Katalysator nach Durchführung der ersten Untersuchung (2.1.2.3) und bei DieselFzen bis 3,5 t nach Durchführung der ersten Untersuchung (2.2.1.1), c) **36 Monate** bei erstmals in den V gekommenen Kfzen mit geregeltem Katalysator (2.1.2.1) sowie bei erstmals in den V gekommenen Diesel-Fzen bis 3,5 t (2.2.1.1). Der Fristbeginn bei Fzen, die im Ausland zugelassen waren, ergibt sich aus Anl XIa Nr 2.3 in Verbindung mit Anl VIII Nr 2.3. 8

Während der Zeit **vorübergehender Stillegung** ruht die Untersuchungspflicht (Abs VII). Fiel das Ende der Frist zur nächsten AU in diese Zeit, so ist die Untersuchung durchzuführen, sobald das Fz wieder in Betrieb genommen wird, also vor Abstempelung des Kennzeichens im Rahmen der Wiederzulassung, s *Jagow* VD **85** 31. Das gleiche gilt, wenn ein Fz wieder in den V kommt, nachdem es endgültig außer Betrieb gesetzt war. 9

7. Einfluß auf die Hauptuntersuchung. Bei Hauptuntersuchungen gem § 29 entfällt die Prüfung nach Anl XI (Prüfung auf den Gehalt an Kohlenmonoxid im Abgas bei Leerlauf) bei Fzen, die der AU unterliegen (Abs I S 3). 10

8. Ordnungswidrigkeiten: § 69a V Nr 5a. Ordnungswidrig ist danach a) die Nichtdurchführung der AU innerhalb der vorgeschriebenen Frist des Abs I S 1 oder in den Fällen des Abs VII nach der Wiederinbetriebnahme eines stillgelegten Fzs bzw bei Fzen mit Saisonkennzeichen innerhalb der Frist des Abs VII S 3 (s Rz 7), b) die Vornahme einer Untersuchung entgegen Abs II, die Plakettenzuteilung entgegen Abs III, die unvollständige Ausfertigung der Prüfbescheinigung durch den für die Untersuchung Verantwortlichen, c) das Vorhandensein von Einrichtungen, die zu Verwechslungen mit der Prüfplakette führen können (Abs VI S 2 mit § 29 VIII), d) die Nichtaushändigung der Prüfbescheinigung an zuständige Personen (Abs IV), nicht das bloße Nichtmitführen, weil in Abs IV nicht ausdrücklich vorgeschrieben und e) der Verstoß gegen eine von der ZulB bis zur Anbringung der Prüfplakette ausgesprochene Betriebsuntersagung oder -beschränkung (Abs VI S 2 mit § 29 VII S 5 Halbsatz 1). Verstöße des Halters gegen Abs VI S 1 sind in § 69a V Nr 5a nicht genannt. Die Nichtbeachtung des Betriebsverbots oder der Betriebsbeschränkung gem Abs VI S 2 mit § 29 VII war bis zum Inkrafttreten der 34. ÄndVStVR v 11. 9. 01 (am 19. 12. 01, s BGBl I 3617) in § 69a V Nr 5a ausdrücklich als OW erwähnt, ist bei der Neufassung aber (aufgrund eines Redaktionsversehens, s BRDrucks 690/02 S 26, Entwurf einer 26. ÄndVStVZO) gestrichen worden. Festsetzung einer **Geldbuße** von 50 € wegen fahrlässiger Überschreitung der Frist des Abs I S 1 um mehr als 12 Monate in einem Durchschnittsfall ist nicht zu beanstanden, Zw VRS **75** 302 (100 DM). 11

Anerkennungsverfahren zur Durchführung von Abgasuntersuchungen

47b (1) ¹Die Anerkennung von Kraftfahrzeugwerkstätten zur Durchführung von Abgasuntersuchungen nach § 47a Abs. 2 obliegt der örtlich zuständigen Handwerkskammer. ²Sie kann die Befugnis auf die örtlich und fachlich zuständige Kraftfahrzeuginnung übertragen.

(2) Die Anerkennung wird erteilt, wenn
1. der Antragsteller, bei juristischen Personen die nach Gesetz oder Satzung zur Vertretung berufenen sowie die für die Untersuchungen verantwortlichen Personen zuverlässig sind,
2. der Antragsteller nachweist, daß er über die erforderlichen und – soweit in Absatz 3 vorgeschrieben – besonders geschulten Fachkräfte, die nach Anlage XIb notwendigen dem Stand der Technik entsprechenden Prüfgeräte und sonstigen Einrichtungen sowie die vom Hersteller herausgegebenen Typdaten der zu prüfenden Fahrzeuge verfügt,
3. der Antragsteller die Eintragung in die Handwerksrolle nachweist,
4. der Antragsteller nachweist, dass die für die Durchführung der Abgasuntersuchung verantwortlichen Personen und die anderen dafür eingesetzten Fachkräfte über eine entsprechende Vorbildung und ausreichende Erfahrungen auf dem Gebiet der Kraftfahrzeugtechnik verfügen. Sie müssen eine Ausbildung mit entsprechendem Ausbildungsabschluss (Meister-/Gesellen- oder Facharbeiterprüfung) haben als
   - Kraftfahrzeugtechniker-Meister,
   - Kraftfahrzeugmechaniker,
   - Kraftfahrzeugelektriker,
   - Automobilmechaniker oder
   - Automobilelektriker

   oder als Dipl.-Ing., Dipl.-Ing. (FH) oder Ing. (grad.) des Maschinenbaufachs, des Kraftfahrzeugbaufachs oder der Elektrotechnik nachweislich im Kraftfahrzeugbereich (Untersuchung, Prüfung, Wartung oder Reparatur) tätig sein und eine mindestens eineinhalbjährige Tätigkeit auf diesem Gebiet nachweisen,
5. der Antragsteller bestätigt, daß für die mit der Durchführung der Untersuchungen nach Anlage XIa Nr. 3.1, 3.2 oder 3.3 betrauten Fachkräfte eine ausreichende Haftpflichtversicherung zur Deckung aller im Zusammenhang mit den Untersuchungen entstehenden Ansprüchen besteht, dies auf Verlangen nachweist und erklärt, daß er diese Versicherung aufrecht erhalten wird,
6. der Antragsteller das Land, in dem er tätig wird, von allen Ansprüchen Dritter wegen Schäden freistellt, die im Zusammenhang mit den Untersuchungen nach Anlage XIa Nr. 3.1, 3.2 oder 3.3 von ihm oder den von ihm beauftragten Fachkräften verursacht werden, und dafür den Abschluß einer entsprechenden Versicherung bestätigt, dies auf Verlangen nachweist und erklärt, daß er diese Versicherung aufrecht erhalten wird,
7. der Antragsteller nachweist, dass eine Dokumentation der Betriebsorganisation erstellt ist, die interne Regeln enthält, nach denen eine ordnungsgemäße Durchführung der Abgasuntersuchung sichergestellt ist.

(3) ¹Die Anerkennung kann auf bestimmte Fahrzeuggruppen nach Anlage XIa Nummer 3 oder Fahrzeuge bestimmter Hersteller beschränkt werden. ²Sie wird für die Prüfung der Kraftfahrzeuge nach Anlage XIa Nummer 3.1.2, 3.2 oder 3.3 nur erteilt, wenn der Antragsteller nachweist, dass die von ihm zur Prüfung eingesetzten Fachkräfte eine dem jeweiligen Stand der Technik der zu prüfenden Kraftfahrzeuge entsprechende Schulung erfolgreich durchlaufen haben. ³Die Schulung kann durchgeführt werden durch
1. Kraftfahrzeughersteller,
2. Kraftfahrzeugmotorenhersteller,
3. Kraftfahrzeugimporteure, die entweder selbst Inhaber einer Allgemeinen Betriebserlaubnis für Kraftfahrzeugtypen oder die durch Vertrag mit einem ausländischen Fahrzeughersteller alleinvertriebsberechtigt im Geltungsbereich dieser Verordnung sind, sofern sie eine eigene Kundendienstorganisation haben,
4. Hersteller von Gemischaufbereitungssystemen mit eigener Kundendienstorganisation, sofern sie Erstausrüstung liefern,
5. eine von einem der vorgenannten Hersteller oder Importeure ermächtigte und für eine solche Schulung geeignete Stelle,

Durchführung von Abgasuntersuchungen § 47b StVZO **3**

6. eine vom Bundesinnungsverband des Kraftfahrzeughandwerks ermächtigte Stelle oder
7. eine von der zuständigen obersten Landesbehörde oder der von ihr bestimmten oder der nach Landesrecht zuständigen Stelle anerkannten Stelle.

⁴Für die Schulung wird vom Bundesministerium für Verkehr, Bau- und Wohnungswesen mit Zustimmung der zuständigen obersten Landesbehörden ein Schulungsplan im Verkehrsblatt bekanntgemacht. ⁵Die Schulung der Fachkräfte ist spätestens alle 36 Monate erneut durchzuführen und nachzuweisen. ⁶Die zur Schulung befugten, ermächtigten oder anerkannten Stellen haben dem Bundesministerium für Verkehr, Bau- und Wohnungswesen mitzuteilen, daß sie Schulungen durchführen wollen. ⁷Sie haben ihm die Schulungsstätten zu benennen. ⁸Die Stellen und Schulungsstätten werden im Verkehrsblatt bekanntgegeben.

(4) ¹Die Anerkennung kann mit Nebenbestimmungen verbunden werden, die erforderlich sind, um sicherzustellen, daß die Abgasuntersuchungen und Schulungen ordnungsgemäß durchgeführt werden; sie ist nicht übertragbar. ²Die Anerkennung ist zu widerrufen, wenn nachträglich eine der Voraussetzungen nach Absatz 2 oder 3 weggefallen oder wenn die Abgasuntersuchungen oder Schulungen wiederholt nicht ordnungsgemäß durchgeführt oder wenn sonst gegen die Pflichten aus der Anerkennung oder gegen Nebenbestimmungen grob verstoßen worden ist.

(5) ¹Die Aufsicht über das Anerkennungsverfahren, über die Durchführung der Abgasuntersuchung sowie über die Schulungen obliegt der obersten Landesbehörde, der von ihr bestimmten oder der nach Landesrecht zuständigen Stelle. ²Die Aufsichtsbehörde kann selbst prüfen oder durch von ihr bestimmte sachverständige Personen oder Stellen prüfen lassen, ob die Voraussetzungen für die Anerkennung noch gegeben sind, die Abgasuntersuchungen ordnungsgemäß durchgeführt und die sich sonst aus der Anerkennung oder den Nebenbestimmungen ergebenden Pflichten erfüllt werden. ³Diese Prüfung ist mindestens alle drei Jahre durchzuführen. ⁴Die mit der Prüfung beauftragten Personen sind befugt, Grundstücke und Geschäftsräume des Inhabers der Anerkennung während der Geschäfts- und Betriebszeiten zu betreten, dort Prüfungen und Besichtigungen vorzunehmen und die vorgeschriebenen Aufzeichnungen einzusehen. ⁵Der Inhaber der Anerkennung hat diese Maßnahmen zu dulden, soweit erforderlich die beauftragten Personen dabei zu unterstützen und auf Verlangen die vorgeschrieben Aufzeichnungen vorzulegen. ⁶Er hat die Kosten der Prüfung zu tragen. ⁷Die Sätze 2 bis 6 gelten entsprechend für die Aufsicht über das Anerkennungsverfahren sowie über die Schulungen.

Begr: BRDrucks 562/92. **Begr** zur ÄndVO v 23. 3. 94: VBl **94** 351. **1**

Begr zur ÄndVO v 11. 12. 01 (BRDrucks 570/01, S 23): **Zu Abs 2:** *Die Anforderungen an den Ausbildungsstand der für die Durchführung der Abgasuntersuchung eingesetzten Fachkräfte waren bisher nur im AU-Schulungsplan beschrieben. Um diesen Anforderungen mehr Gewicht im Rahmen des Anerkennungsverfahren zur Durchführung von Abgasuntersuchungen zu geben, sind sie unmittelbar in § 47b in die neue Nummer 4 aufgenommen worden. Gleichzeitig werden damit gelegentlich geltend gemachte Zweifel an der Verbindlichkeit der im Schulungsplan vorgegebenen Ausbildungsqualifikationen ausgeräumt.* **1a**

Mit der Anfügung von Nr. 7 wird als weitere Anerkennungsvoraussetzung nunmehr auch für AU-Werkstätten ein Qualitätssicherungssystem gefordert. Diese Anforderung entspricht der, die bereits für SP-Werkstätten nach Anlage VIIIc Nr. 2.7 gilt. Sie ist sinngemäß so auch von den AU-Werkstätten zu erfüllen.

1. Die Anforderungen, denen eine AU-Untersuchungsstelle genügen muß, sind in **2** Anl XIb zusammengefaßt. Richtlinie für die **Anerkennung** von KfzWerkstätten nach § 47b für die Durchführung von Abgasuntersuchungen nach § 47a Abs II in Verbindung mit Anl XIa (AU-Anerkennungsrichtlinie): VBl **02** 183. Eine vor dem 1. 12. 92 nach den bisherigen Bestimmungen erteilte Anerkennung zur Durchführung von Abgas(sonder)untersuchungen behält zwar ihre Gültigkeit, berechtigt aber nur zur Untersuchung von Kfzen iS von Nr. 3.1.1 der Anl XIa (§ 72 II). Die Gültigkeit einer vor dem 1. 4. 94 erteilten Anerkennung zur Durchführung von Abgasuntersuchungen nach Anl XIa Nr 3 oder 3.2 setzt nachträgliche Bestätigung und Freistellungserklärung gem II

3 StVZO §§ 47c, 47d B. Fahrzeuge III. Bau- und Betriebsvorschriften

Nr 4 und 5 voraus (§ 72 II). Übergangsbestimmung für eine vor dem 19. 12. 01 erteilte Anerkennung: § 72 II. II Nr 5 dient dem Schutz der Fahrzeughalter, Nr 6 stellt die Länder von Ansprüchen Dritter wegen eventueller, bei der Durchführung der AU entstehender Schäden frei. Für die Schulung von Fachkräften nach Abs III ist vom BMV mit Zustimmung der zuständigen obersten Landesbehörden ein Schulungsplan im VBl bekannt gemacht worden, VBl **02** 177 **(AU-Schulungsplan)**. Da dieser keine Rechtssatzqualität besitzt, begründet er allerdings keine rechtliche Verpflichtung zur Durchführung der Schulung nach seinen Vorgaben, s Begr des Bundesrates zu Abs III S 4 und 5, BRDrucks 562/92 (Beschluß) S 4. Die Einbeziehung von Schulungen in Abs IV durch ÄndVO v 11. 12. 01 ermöglicht Auflagen, die unerwünschte Veranstaltungen wie etwa mobile AU-Schulungen ausschließen (s Begr, BRDrucks 570/01 S 23), und den **Widerruf der Anerkennung**, falls die Schulung nicht ordnungsgemäß durchgeführt und nachgewiesen wird. Die Voraussetzungen für die Anerkennung, den Widerruf der Anerkennung und die Aufsicht über die Durchführung der AU von KfzWerkstätten sind in Abs IV (V) geregelt.

3   2. **Ordnungswidrigkeit:** § 69a V Nr. 5b.

Ableitung von Abgasen

47c [1] Die Mündungen von Auspuffrohren dürfen nur nach oben, nach hinten, nach hinten unten oder nach hinten links bis zu einem Winkel von 45° zur Fahrzeuglängsachse gerichtet sein; sie müssen so angebracht sein, daß das Eindringen von Abgasen in das Fahrzeuginnere nicht zu erwarten ist. [2] Auspuffrohre dürfen weder über die seitliche noch über die hintere Begrenzung der Fahrzeuge hinausragen.

Begr (VBl 88 482): *Die Vorschriften über die Mündung der Auspuffrohre werden aus § 47 herausgenommen und als neuer § 47c aufgeführt. Die Überschrift des § 47 wird entsprechend angepaßt. Diese Änderungen erscheinen sachlich geboten und sind auch erforderlich, um eventuellen Mißverständnissen vorzubeugen, der Technische Dienst habe auch die Anordnung der Auspuffrohre zu prüfen, was durch den neuen Absatz 9 in § 47 in Verbindung mit den Vorschriften über die Mündung der Auspuffrohre im gleichen Paragraphen geschlossen werden könnte.*

Richtlinien für Ausnahmegenehmigungen für bestimmte Arbeitsmaschinen und andere FzArten, VBl 80 433. *Hoffmann ua*, Über den schädigenden Einfluß von KfzAbgasen im Wageninnern, ZBIVM 71 1.

Kohlendioxidemissionen und Kraftstoffverbrauch

47d Für Kraftfahrzeuge, soweit sie in den Anwendungsbereich der Richtlinie 80/1268/EWG des Rates vom 16. Dezember 1980 über die Kohlendioxidemissionen und den Kraftstoffverbrauch von Kraftfahrzeugen (ABl. EG Nr. L 375 S. 36), geändert durch die im Anhang zu dieser Vorschrift genannten Bestimmungen fallen, sind die Kohlendioxidemissions- und Kraftstoffverbrauchswerte gemäß den Anforderungen dieser Richtlinie zu ermitteln und in einer dem Fahrzeughalter beim Kauf des Fahrzeugs zu übergebenden Bescheinigung anzugeben.

1   1. **Begr** (VBl **94** 352): *Mit Einfügung des § 47d werden die Vorschriften der Richtlinie 80/1268/EWG des Rates, zuletzt geändert durch die Richtlinie 93/116/EG der Kommission vom 17. Dezember 1993, in die StVZO übernommen. Die Anwendung wird verbindlich vorgeschrieben.*

Begr zur ÄndVO v 5. 12. 02: VBl **03** 13.

2   2. Die Bestimmung ist für erstmals in den V kommende Fze mit Einzel-BE spätestens ab 18. 12. 02 anzuwenden (§ 72 II). Für vor dem 18. 12. 02 erstmals in den V gekommene Fze bleibt § 47d in der vor dem 18. 12. 02 geltenden Fassung mit den bis dahin geltenden Übergangsbestimmungen anwendbar.

Emissionsklassen für Kraftfahrzeuge

48 Kraftfahrzeuge, für die nachgewiesen wird, daß die Emissionen gasförmiger Schadstoffe und luftverunreinigender Partikel und/oder die Geräuschemissionen den Anforderungen der in der Anlage XIV genannten Emissionsklassen entsprechen, werden nach Maßgabe der Anlage XIV in Emissionsklassen eingestuft.

1. **Begr** (VBl 93 139): *Das Kraftfahrzeugsteuergesetz sieht neue Tarife für die Besteuerung von Kraftfahrzeugen mit einer zulässigen Gesamtmasse von mehr als 3500 kg vor. Die Besteuerung richtet sich zukünftig nach dem Emissionsverhalten der Kraftfahrzeuge bezüglich der Schadstoff- und Geräuschemissionen.*
Ab 1. Januar 1994 werden neu in den Verkehr kommende Kraftfahrzeuge mit einer zulässigen Gesamtmasse von mehr als 3500 kg hinsichtlich der Schadstoffemissionen in Schadstoffklassen und hinsichtlich der Geräuschemissionen in Geräuschklassen eingestuft. In der Anlage XIV werden die Anforderungen an die Emissionsklassen im einzelnen festgelegt.
In
– die Schadstoffklasse S 1 werden Kraftfahrzeuge eingestuft, die die für 1993 vorgeschriebenen Abgasanforderungen der EG-Richtlinie 91/542/EWG (EURO I) erfüllen,
– die Schadstoffklasse S 2 werden Kraftfahrzeuge eingestuft, die die für 1996 vorgeschriebenen Abgasanforderungen der EG-Richtlinie 91/542/EWG (EURO II) erfüllen,
– die Geräuschklasse G 1 werden Kraftfahrzeuge eingestuft, die die für 1996 vorgeschriebenen Geräuschanforderungen der EG-Richtlinie 92/97/EWG erfüllen.
Auf diese Einstufung kann das Kraftfahrzeugsteuergesetz zurückgreifen.
...
Mit der Neufassung des § 48 StVZO wird vorgeschrieben, daß Kraftfahrzeuge nach Maßgabe der Anlage XIV in Emissionsklassen eingestuft werden.

2. Die Einstufung in Emissionsklassen betrifft nach **Anl XIV** alle zur Teilnahme am StrV bestimmten Kfze außer Pkw. Gem der Übergangsvorschrift des § 72 II ist § 48 auf die ab 1. 1. 94 erstmals in den V gekommenen Fze anzuwenden; für ältere Fze kann ein Antrag auf entsprechende Einstufung gestellt werden. S dazu BMV VBl **94** 291. Die Einstufung hat steuerliche Bedeutung (s Rz 1). Zuständig für die Einstufung ist die ZulB (§ 23 IX).

Geräuschentwicklung und Schalldämpferanlage

49 (1) Kraftfahrzeuge und ihre Anhänger müssen so beschaffen sein, daß die Geräuschentwicklung das nach dem jeweiligen Stand der Technik unvermeidbare Maß nicht übersteigt.

(2) ¹Kraftfahrzeuge, für die Vorschriften über den zulässigen Geräuschpegel und die Schalldämpferanlage in den nachfolgend genannten Richtlinien der Europäischen Gemeinschaften festgelegt sind, müssen diesen Vorschriften entsprechen:
1. Richtlinie 70/157/EWG des Rates vom 6. Februar 1970 zur Angleichung der Rechtsvorschriften der Mitgliedstaaten über den zulässigen Geräuschpegel und die Auspuffvorrichtung von Kraftfahrzeugen (ABl. EG Nr. L 42 S. 16), geändert durch die im Anhang zu dieser Vorschrift genannten Bestimmungen,
2. Richtlinie 74/151/EWG des Rates vom 4. März 1974 zur Angleichung der Rechtsvorschriften der Mitgliedstaaten über bestimmte Bestandteile und Merkmale von land- oder forstwirtschaftlichen Zugmaschinen auf Rädern (ABl. EG Nr. L 84 S. 25), geändert durch die im Anhang zu dieser Vorschrift genannten Bestimmungen,
3. *(aufgehoben)*
4. Richtlinie 97/24/EG des Europäischen Parlaments und des Rates vom 17. Juni 1997 über bestimmte Bauteile und Merkmale von zweirädrigen oder dreirädrigen Kraftfahrzeugen (ABl. EG Nr. L 226 S. 1), jeweils in der aus dem Anhang zu dieser Vorschrift ersichtlichen Fassung.

²Land- oder forstwirtschaftliche Zugmaschinen mit einer durch die Bauart bestimmten Höchstgeschwindigkeit von mehr als 30 km/h und selbstfahrende Arbeitsmaschinen und Stapler entsprechen der Vorschrift nach Absatz 1 auch, wenn sie den Vorschriften der Richtlinie nach Nummer 2 genügen. ³Fahrzeuge entspre-

chen den Vorschriften der Richtlinie nach Nummer 2 auch, wenn sie den Vorschriften der Richtlinie nach Nummer 1 genügen.

(2 a) ¹Auspuffanlagen für Krafträder sowie Austauschauspuffanlagen und Einzelteile dieser Anlagen als unabhängige technische Einheiten für Krafträder dürfen im Geltungsbereich dieser Verordnung nur verwendet werden oder zur Verwendung feilgeboten oder veräußert werden, wenn sie
1. mit dem EWG-Betriebserlaubniszeichen gemäß Anhang II Nr. 3.1.3 der Richtlinie 78/1015/EWG des Rates vom 23. November 1978 zur Angleichung der Rechtsvorschriften der Mitgliedstaaten über den zulässigen Geräuschpegel und die Auspuffanlage von Krafträdern (ABl. EG Nr. L 349 S. 21), zuletzt geändert durch die Richtlinie 89/235/EWG des Rates vom 13. März 1989 zur Änderung der Richtlinie 78/1015/EWG zur Angleichung der Rechtsvorschriften der Mitgliedstaaten über den zulässigen Geräuschpegel und die Auspuffanlage von Krafträdern (ABl. EG Nr. L 98 S. 1) oder
2. mit dem Genehmigungszeichen gemäß Kapitel 9 Anhang VI Nr. 1.3 der Richtlinie 97/24/EG des Europäischen Parlaments und des Rates vom 17. Juni 1997 über bestimmte Bauteile und Merkmale von zweirädrigen oder dreirädrigen Kraftfahrzeugen (ABl. EG Nr. L 226 S. 1) oder
3. mit dem Markenzeichen „e" und dem Kennzeichen des Landes, das die Bauartgenehmigung erteilt hat gemäß Kapitel 9 Anhang III Nr. 2.3.2.2 der Richtlinie 97/24/EG des Europäischen Parlaments und des Rates vom 17. Juni 1997 über bestimmte Bauteile und Merkmale von zweirädrigen oder dreirädrigen Kraftfahrzeugen (ABl. EG Nr. L 226 S. 1)

gekennzeichnet sind. ²Satz 1 gilt nicht für
1. Auspuffanlagen und Austauschauspuffanlagen, die ausschließlich im Rennsport verwendet werden,
2. Auspuffanlagen und Austauschauspuffanlagen für Krafträder mit einer durch die Bauart bestimmten Höchstgeschwindigkeit von nicht mehr als 50 km/h.

(3) ¹Kraftfahrzeuge, die gemäß Anlage XIV zur Geräuschklasse G 1 gehören, gelten als geräuscharm; sie dürfen mit dem Zeichen „Geräuscharmes Kraftfahrzeug" gemäß Anlage XV gekennzeichnet sein. ²Andere Fahrzeuge dürfen mit diesem Zeichen nicht gekennzeichnet werden. ³An Fahrzeugen dürfen keine Zeichen angebracht werden, die mit dem Zeichen nach Satz 1 verwechselt werden können.

(4) ¹Besteht Anlaß zu der Annahme, daß ein Fahrzeug den Anforderungen der Absätze 1 bis 2 nicht entspricht, so ist der Führer des Fahrzeugs auf Weisung einer zuständigen Person verpflichtet, den Schallpegel im Nahfeld feststellen zu lassen. ²Liegt die Meßstelle nicht in der Fahrtrichtung des Fahrzeugs, so besteht die Verpflichtung nur, wenn der zurückzulegende Umweg nicht mehr als 6 km beträgt. ³Nach der Messung ist dem Führer eine Bescheinigung über das Ergebnis der Messung zu erteilen. ⁴Die Kosten der Messung fallen dem Halter des Fahrzeugs zur Last, wenn eine zu beanstandende Überschreitung des für das Fahrzeug zulässigen Geräuschpegels festgestellt wird.

(5) ¹Technischer Dienst und Prüfstelle im Sinne der in Absatz 2 und 3 genannten Regelwerke ist das Institut für Fahrzeugtechnik beim Technischen Überwachungs-Verein Bayern Sachsen e. V., Westendstr. 199, 80686 München. ²Es können auch andere Technische Prüfstellen für den Kraftfahrzeugverkehr oder von der obersten Landesbehörde anerkannte Stellen prüfen. ³Der Technische Dienst ist über alle Prüfungen zu unterrichten. ⁴In Zweifelsfällen ist er zu beteiligen; bei allen Fragen der Anwendung ist er federführend.

1 **Begr** zur ÄndVO v 21. 12. 92 (BRDrucks 782/92):

Zu Abs 2 Nr 1: *Mit der Neufassung wird die Anwendung der Richtlinie 89/491/EWG als Änderung der Richtlinie 70/157/EWG verbindlich vorgeschrieben.*

Zu Abs 2 a: *Das in der Richtlinie 89/235/EWG vorgesehene Verkaufsverbot für nicht EG-richtlinienkonforme Auspuffanlagen und Austauschauspuffanlagen wird national in Kraft gesetzt. Damit dürfen nur noch Auspuffanlagen und Austauschauspuffanlagen verkauft werden, die EG-richtlinienkonform gekennzeichnet sind, insbesondere mit der EWG-Betriebserlaubnisnummer.*

Begr zur ÄndVO v 20. 6. 94 (VBl **94** 447):

Zu Abs 3: *... Am 10. November 1992 hat der Rat der Europäischen Gemeinschaften die Geräuschrichtlinie 92/97/EWG erlassen. Die Grenzwerte für die Geräuschpegel von Fahrzeugen*

Geräuschentwicklung und Schalldämpferanlage § 49 StVZO 3

wurden unter Berücksichtigung der neuesten technischen Entwicklung an den neuen (zukünftigen) Stand der Technik angepaßt. Die Richtlinie sieht Fristen zwischen dem Erlaß und ihrer obligatorischen Anwendung in der EG vor, damit die bei Prototypen erzielten Fortschritte auf die Serienfahrzeuge ausgedehnt werden können.
...

Begr zur ÄndVO v 25. 10. 94 (BRDrucks 782/94):
Zu Abs 2 Satz 4: ... *Mit der Änderung wird klargestellt, daß alle Krafträder mit und ohne Beiwagen und einer bauartbedingten Höchstgeschwindigkeit von mehr als 50 km/h gemäß § 49 Abs. 2 Nr. 3 der StVZO den Vorschriften der Richtlinie 78/1015/EWG entsprechen müssen.*

Begr zur ÄndVO v 3. 8. 00: VBl **00** 495.

47. StVZAusnV v 20. 5. 94 (BGBl I 1094)

§ 1. (aufgehoben, BGBl I **94** 3127) 1a

§ 2. Abweichend von § 49 Abs. 2a Satz 1 der Straßenverkehrs-Zulassungs-Ordnung dürfen Auspuffanlagen, die mit der Betriebserlaubnis des Kraftrades (§§ 20, 21 der Straßenverkehrs-Zulassungs-Ordnung) genehmigt wurden, auch ohne EWG-Betriebserlaubniszeichen verwendet oder zur Verwendung feilgeboten und veräußert werden.

Begr: VBl **94** 438; **Begr** zur ÄndVO v 19. 12. 96: VBl **97** 30.

1. Fahrzeuggeräusch. Geräuscharme Kfze sind gem Anl XXI (Kriterien für lärmarme Fze), Fze, bei denen alle geräuschrelevanten Einzelquellen dem Stand moderner Geräuschminderungstechnik entsprechen. Gem III S 1 gelten als geräuscharm alle Fze, die gem **Anl XIV** zur Geräuschklasse G 1 gehören; nur sie dürfen gem Abs III mit dem entsprechenden Zeichen **(Anl XV)** gekennzeichnet sein. Ausländische Fze: § 3a IntVO. Lärmschutz: § 30 StVO. *Schulz,* Zur Lärmbekämpfung, MDR **65** 538. 1b

2. Abs II in der ab 1. 1. 93 geltenden Fassung findet hinsichtlich der dort genannten EWG-Richtlinien gem der Übergangsbestimmung des § 72 II Anwendung. Für Fze, die nicht unter diese Richtlinien fallen, bleibt § 49 II in der vor dem 1. 11. 93 geltenden Fassung mit den bis dahin geltenden Übergangsbestimmungen anwendbar. Übergangsregelung für vor dem 1. 11. 94 erstmals in den V gekommene Leichtkrafträder: § 72 II. 2

3. Gem Abs IIa besteht ab 1. 4. 94 (s § 72 II) ein Verkaufsverbot für **Krad-Auspuffanlagen** und deren Einzelteile, die nicht EG-Richtlinien-konform und entsprechend gekennzeichnet sind. Die Kennzeichnungspflicht der Originalauspuffanlagen von Krädern ist jedoch gem § 2 der 47. StVZAusnV – nach der Neufassung v 19. 12. 96 nunmehr unbefristet – ausgesetzt (s Rz 1a), weil die der Regelung zugrunde liegende EG-Richtlinie nicht von allen Mitgliedstaaten in nationales Recht umgesetzt wurde. Im übrigen besteht nach Maßgabe der Übergangsbestimmung des § 72 II (zu § 49 IIa) eine Ausnahme für Anlagen, die für vor dem 1. 4. 94 erstmals in den V gekommene Kräder bestimmt sind, sowie gem Abs IIa S 2 bei ausschließlicher Verwendung im Rennsport und bei Krädern mit bauartbestimmter Höchstgeschwindigkeit von nicht mehr als 50 km/h. Ausnahme für Kräder mit Auspuffanlagen ohne EG-Betriebserlaubnis abw von IIa: § 72 II zu § 49 IIa (letzter Abs). Beim **Austausch von Schalldämpfern** ist § 19 II zu beachten. 3

4. Schallpegelmessung. I und IV enthalten je selbständige Tatbestände, BGH VRS **53** 224. Das nach dem Stand der Technik unvermeidbare Auspuffgeräusch wird bei der Drehzahl ermittelt, die der Motor bei Höchstgeschwindigkeit des Fz hat (sie ist höher als die Höchstdrehzahl im Leerlauf), AG Siegburg NJW **54** 405. Ob das Fz lauter ist als technisch unvermeidbar, muß nicht, auch nicht idR durch ein Meßgerät (IV) festgestellt werden, BGH NJW **77** 2221, Dü VM **93** 45, Zw VRS **55** 298. Kfzen mit zu starkem Auspuff- und Fahrgeräusch ist notfalls nach § 17 die Zulassung zu entziehen, s BMV VBl **54** 334. Nichtbeanstandung eines geänderten Auspuffs bei der TÜV-Untersuchung ent- 4

3 StVZO § 49a   B. Fahrzeuge III. Bau- und Betriebsvorschriften

lastet vom Vorwurf der FzBenutzung ohne BE, Bay VRS **43** 460, s dazu auch § 19 Rz 16.

5   **5. Ausnahmen:** s Rz 3 und § 70.

6   **6. Zuwiderhandlungen:** §§ 69a III Nr 17, V Nr 5c und 5d StVZO, 24 StVG. § 117 OWiG tritt als bloßer Auffangtatbestand trotz seiner höheren Bußgeldandrohung zurück, *Göhler* 17.

Lichttechnische Einrichtungen, allgemeine Grundsätze

49a (1) ¹An Kraftfahrzeugen und ihren Anhängern dürfen nur die vorgeschriebenen und die für zulässig erklärten lichttechnischen Einrichtungen angebracht sein. ²Als lichttechnische Einrichtungen gelten auch Leuchtstoffe und rückstrahlende Mittel. ³Die lichttechnischen Einrichtungen müssen vorschriftsmäßig und fest angebracht sowie ständig betriebsfertig sein. ⁴Lichttechnische Einrichtungen an Kraftfahrzeugen und Anhängern, auf die sich die Richtlinie 76/756/EWG des Rates vom 27. Juli 1976 zur Angleichung der Rechtsvorschriften der Mitgliedstaaten über den Anbau der Beleuchtungs- und Lichtsignaleinrichtungen für Kraftfahrzeuge und Kraftfahrzeuganhänger (ABl. EG Nr. L 262 S. 1), zuletzt geändert durch die Richtlinie 91/663/EWG der Kommission vom 10. Dezember 1991 (ABl. EG Nr. L 366 S. 17, ABl. EG 1992 Nr. L 172 S. 87) bezieht, müssen innerhalb der in dieser Richtlinie angegebenen Winkel und unter den dort genannten Anforderungen sichtbar sein.

(2) Scheinwerfer dürfen abdeckbar oder versenkbar sein, wenn ihre ständige Betriebsfertigkeit dadurch nicht beeinträchtigt wird.

(3) Lichttechnische Einrichtungen müssen so beschaffen und angebracht sein, daß sie sich gegenseitig in ihrer Wirkung nicht mehr als unvermeidbar beeinträchtigen, auch wenn sie in einem Gerät vereinigt sind.

(4) ¹Sind lichttechnische Einrichtungen gleicher Art paarweise angebracht, so müssen sie in gleicher Höhe über der Fahrbahn und symmetrisch zur Längsmittelebene des Fahrzeugs angebracht sein (bestimmt durch die äußere geometrische Form und nicht durch den Rand ihrer leuchtenden Fläche), ausgenommen bei Fahrzeugen mit unsymmetrischer äußerer Form und bei Krafträdern mit Beiwagen. ²Sie müssen gleichfarbig sein, gleich stark und – mit Ausnahme der Parkleuchten und der Fahrtrichtungsanzeiger – gleichzeitig leuchten. ³Die Vorschriften über die Anbringungshöhe der lichttechnischen Einrichtungen über der Fahrbahn gelten für das unbeladene Fahrzeug.

(5) ¹**Alle** nach vorn wirkenden lichttechnischen Einrichtungen dürfen nur zusammen mit den Schlußleuchten und der Kennzeichenbeleuchtung einschaltbar sein. ²**Dies gilt** nicht für
1. Parkleuchten,
2. Fahrtrichtungsanzeiger,
3. die Abgabe von Leuchtzeichen (§ 16 Abs. 1 der Straßenverkehrs-Ordnung),
4. Arbeitsscheinwerfer an
    a) land- oder forstwirtschaftlichen Zugmaschinen und
    b) land- oder forstwirtschaftlichen Arbeitsmaschinen,
5. Tagfahrleuchten, die den im Anhang zu dieser Vorschrift genannten Bestimmungen entsprechen.

(6) In den Scheinwerfern und Leuchten dürfen nur die nach ihrer Bauart dafür bestimmten Lichtquellen verwendet werden.

(7) Für vorgeschriebene oder für zulässig erklärte Warnanstriche, Warnschilder und dergleichen an Kraftfahrzeugen und Anhängern dürfen Leuchtstoffe und rückstrahlende Mittel verwendet werden.

(8) Für alle am Kraftfahrzeug oder Zug angebrachten Scheinwerfer und Signalleuchten muß eine ausreichende elektrische Energieversorgung unter allen üblichen Betriebsbedingungen ständig sichergestellt sein.

(9) ¹Schlußleuchten, Nebelschlußleuchten, Spurhalteleuchten, Umrißleuchten, Bremsleuchten, hintere Fahrtrichtungsanzeiger, hintere nach der Seite wirkende gelbe nicht dreieckige Rückstrahler und reflektierende Mittel, hintere Seitenmarkierungsleuchten, Rückfahrscheinwerfer und Kennzeichen mit Kennzeichenleuchten

sowie 2 zusätzliche dreieckige Rückstrahler – für Anhänger nach § 53 Abs. 7 zwei zusätzliche Rückstrahler, wie sie für Kraftfahrzeuge vorgeschrieben sind, – dürfen auf einem abnehmbaren Schild oder Gestell (Leuchtenträger) angebracht sein bei

1. Anhängern in land- oder forstwirtschaftlichen Betrieben,
2. Anhängern zur Beförderung von Eisenbahnwagen auf der Straße (Straßenroller),
3. Anhängern zur Beförderung von Booten,
4. Turmdrehkränen,
5. Förderbändern und Lastenaufzügen,
6. Abschleppachsen,
7. abgeschleppten Fahrzeugen,
8. Fahrgestellen, die zur Anbringung des Aufbaus überführt werden,
9. fahrbaren Baubuden,
10. Wohnwagen und Packwagen im Gewerbe nach Schaustellerart im Sinne des § 18 Abs. 2 Nr. 6 Buchstabe e,
11. angehängten Arbeitsgeräten für die Straßenunterhaltung,
12. Nachläufern zum Transport von Langmaterial.

²Der Leuchtenträger muß rechtwinklig zur Fahrbahn und zur Längsmittelebene des Fahrzeugs angebracht sein; er darf nicht pendeln können.

(9 a) ¹Zusätzliche Rückfahrscheinwerfer (§ 52 a Abs. 2), Schlußleuchten (§ 53 Abs. 1), Bremsleuchten (§ 53 Abs. 2), Rückstrahler (§ 53 Abs. 4), Nebelschlußleuchten (§ 53 d Abs. 2) und Fahrtrichtungsanzeiger (§ 54 Abs. 1) sind an Fahrzeugen oder Ladungsträgern nach Anzahl und Art wie die entsprechenden vorgeschriebenen lichttechnischen Einrichtungen fest anzubringen, wenn Ladungsträger oder mitgeführte Ladung auch nur teilweise in die in Absatz 1 Satz 4 geforderten Winkel der vorhandenen vorgeschriebenen Leuchten am Kraftfahrzeug oder Anhänger hineinragen. ²Die elektrische Schaltung der Nebelschlußleuchten ist so auszuführen, daß am Fahrzeug vorhandene Nebelschlußleuchten abgeschaltet werden. ³Die jeweilige Ab- und Wiedereinschaltung der Nebelschlußleuchten muß selbsttätig durch Aufstecken oder Abziehen des Steckers für die zusätzlichen Nebelschlußleuchten erfolgen.

(10) ¹Bei den in Absatz 9 Nr. 1 und § 53 Abs. 7 genannten Anhängern sowie den in § 53 b Abs. 4 genannten Anbaugeräten darf der Leuchtenträger aus 2 oder – in den Fällen des § 53 Abs. 5 – aus 3 Einheiten bestehen, wenn diese Einheiten und die Halterungen an den Fahrzeugen so beschaffen sind, daß eine unsachgemäße Anbringung nicht möglich ist. ²An diesen Einheiten dürfen auch nach vorn wirkende Begrenzungsleuchten angebracht sein.

(11) Für die Bestimmung der „leuchtenden Fläche", der „Lichtaustrittsfläche" und der „Winkel der geometrischen Sichtbarkeit" gelten die Begriffsbestimmungen in Anhang I der Richtlinie 76/756/EWG des Rates.

Begr zur ÄndVO v 23. 6. 93 (VBl **93** 614): 1

Zu Abs 9a: An Personenkraftwagen werden insbesondere zur Ferienzeit Hecktragesysteme zur Aufnahme von Fahrrädern angebracht, die dann die vorschriftsmäßigen Leuchten ganz oder teilweise verdecken. Dies kann nicht hingenommen werden. Eine Wiederholung der Leuchten wäre nur über eine Ausnahme nach § 70 möglich. Um den Fahrzeughaltern hier einen Verwaltungsaufwand zu ersparen, werden die zusätzlichen Leuchten in § 53 Abs. 10 unter den obengenannten Bedingungen gefordert.

...

Begr zur ÄndVO v 25. 10. 94: BRDrucks 782/94; zur ÄndVO v 12. 8. 97: VBl **97** 660.

Begr zur ÄndVO v 22. 10. 03 (VBl **03** 747): **Zu Abs 5 Satz 2:** *Mit der Änderungsrichtlinie 97/28/EG zur Richtlinie 76/56/EWG wurden die technischen Vorschriften der ECE-Regelung Nr. 48 in das EG-Recht übernommen. Gleichzeitig wurden mit der Änderungsrichtlinie 97/30/EG zur Richtlinie 76/758/EWG Leuchten für Tagfahrlicht in die EG-Vorschriften aufgenommen.*

In Anhang III dieser Vorschrift wird eindeutig darauf hingewiesen, daß für diese Leuchten die Prüfvorschriften der ECE-Regelung Nr. 87 anzuwenden sind und die Anbaubedingungen entsprechend der ECE-Regelung Nr. 48 gelten.

Nach der ECE-Regelung Nr. 48 ist für den Betrieb des Kraftfahrzeuges mit Tagfahrleuchten keine Einschaltung weiterer lichttechnischer Einrichtungen, wie z. B. Schlußleuchten oder Kennzeichenbeleuchtung erforderlich.

2 § 4 der 6. StVZAusnV 1962 idF der ÄndVO-StVZO 1973 (BGBl I 638, 662):

§ 4. Abweichend von § 49a Abs. 1 Satz 1 und § 50 Abs. 4 StVZO dürfen bei Fernlichtschaltung auch die besonderen Abblendscheinwerfer Fernlicht ausstrahlen.

3 Amtliche Kennzeichen mit retroreflektierendem weißem Grund s § 60.

4 **1. Nur vorgeschriebene und für zulässig erklärte lichttechnische Einrichtungen** dürfen gemäß § 49a an Kfzen und ihren Anhängern angebracht sein, damit die Fze bei Dunkelheit ein eindeutiges Signalbild geben. Die Vorschrift ist eine Bauvorschrift. Eine Ausnahme gilt für Zgm und deren Anhänger auf Brauchtumsveranstaltungen nach Maßgabe von § 1 Ia der 2. VO über Ausnahmen von straßenverkehrsrechtlichen Vorschriften (s § 18 StVZO Rz 2b). **Unzulässig** ist jede Art von Reklamebeleuchtung an Kfzen, s BMV VBl **53** 64, ausgenommen Beleuchtung der Taxischilder (§ 26 I Nr 2 BOKraft). Keine beleuchteten Miniaturweihnachtsbäumchen an Kfzen, BMV VBl **64** 410, oder verzierende Leuchten hinter der Windschutzscheibe, Bra VRS **84** 237, ebenso keine Stirnleuchten, da diese das Charakteristikum des Signalbildes von SchienenFzen darstellen, BMV VBl **57** 298, auch keine Verzierung des Führerhausdaches eines Lkws durch eine Reihe kleiner gelber Glühlampen, Stu VRS **67** 379, oder gar durch rote Leuchtkörper, die zudem das Signalbild (Farbsymbolik) der FzFront verändern, Stu VRS **75** 470. Verstoß gegen Abs I S 1 bei Anbringung eines „Lauflichts" (Reihe nacheinander aufleuchtender Glühlampen) am Kühlergrill, Zw DAR **91** 228. „Tageslichtleuchtfarben", auch als Folien, sind an Fzen nicht zulässig, s BMV VBl **74** 198 = StVRL Nr 6. Werden für zulässig erklärte lichttechnische Einrichtungen verwendet, so müssen auch sie **ständig betriebsbereit** sein (I S 3), Ce VRS **56** 137. Fehlende Beleuchtungseinrichtungen können nicht durch BegleitFze ausgeglichen werden, Ko VRS **58** 460. Anbaulage zusätzlicher Bremsleuchten, BMV VBl **80** 789. Merkblatt über die Beleuchtung von land- oder forstwirtschaftlichen Arbeitsgeräten, Anbaugeräten und Transportanhängern, VBl **90** 554, **91** 616, **00** 674 (677). Merkblatt über den Anbau von Scheinwerfern und Leuchten an beweglichen FzTeilen, VBl **75** 7, **77** 90, **82** 504 = StVRL Nr 1. *Huppertz,* Anbringung erlaubter und unerlaubter lichttechnischer Einrichtungen an Lkw, VD **92** 4.

5 § 49a faßt die Vorschriften zusammen, die **für alle lichttechnischen Einrichtungen gemeinsam** gelten. Solche Einrichtungen verlieren ihre Eigenschaft nicht durch Abtrennung vom Stromkreis, Br VRS **15** 477. **Nebelscheinwerfer,** s § 52. Werden nachträglich Halogen-Nebelscheinwerfer eingebaut, so sind vorhandene Nebelscheinwerfer alter Art unbenutzbar zu machen, s BMV VBl **66** 291. Nebelschlußleuchten für rotes Licht: § 53d. Türsicherungsleuchten: § 52. Beleuchtungseinrichtungen an Zgm bei Verwendung von Anbaugeräten, s Merkblatt für Anbaugeräte VBl **99** 267, **00** 479, **04** 527 = StVRL § 30 Nr 6. Beeinträchtigung lichttechnischer Einrichtungen durch Anbaugeräte: § 53b IV. Richtlinien für Ausnahmegenehmigungen für bestimmte Arbeitsmaschinen und bestimmte andere FzArten, VBl **80** 433.

Glühlampen, soweit in § 22a I Nr 18 genannt, müssen in amtlich genehmigter Bauart ausgeführt sein. Technische Anforderungen bei der Bauartprüfung, VBl **73** 558, zuletzt geändert: VBl **03** 752 = StVRL § 22a Nr 1 (Nr 6). Zur Regelung Nr 37 über Glühlampen, s BMV VBl **78** 308. Richtlinien für die Prüfung von Kontrollgeräten zur Überwachung von Glühlampen in Fzen mit Gleichstromlichtanlagen, VBl **79** 324 = StVRL Nr 3.

6 **2. Weder verdeckt noch verschmutzt** dürfen Beleuchtungseinrichtungen gem § 17 I S 2 StVO sein. Unvermeidbare Verdeckung durch Anbaugeräte: § 53b IV. Die Wirkung lichttechnischer Einrichtungen in bestimmten Raumwinkeln muß auch nach dem Anbau erhalten bleiben, soweit es sich um Fze handelt, auf die sich die Richtlinie

Scheinwerfer für Fern- und Abblendlicht § 50 StVZO 3

76/756 v 27. 7. 76 bezieht, Abs I S 4; diese Vorschrift gilt für die am 1. 1. 94 erstmals in den V gekommenen Fze, § 72 II. Werden durch **Hecktragesysteme** an Pkw (etwa für Fahrräder) die hinteren lichttechnischen Einrichtungen verdeckt, so muß das Hecktragesystem mit zusätzlichen, bauartgenehmigten Leuchten ausgestattet werden (Abs IX a). Abs IX a S 2 soll Blendung Nachfolgender vermeiden (s Begr BRDrucks 782/94 S 30). Übergangsvorschrift: § 72 II (zu § 49 IX a S 2).

3. Die Vorschrift in IV über die **paarweise Anbringung** lichttechnischer Einrichtungen soll für entgegenkommende VT das Signalbild des Fz sichern. 7

4. Die **nach vorn wirkenden** lichttechnischen Einrichtungen dürfen nach Maßgabe 8 von V nur zusammen mit den Schlußleuchten und der Kennzeichenbeleuchtung einschaltbar sein. Das gilt auch für zusätzliche Scheinwerfer (§ 52), s BMV VBl **50** 214. Es soll der Fahrerflucht entgegenwirken, BGHSt **32** 16 = NJW **83** 2951; wer sich der Feststellung durch Ausschalten der Schlußleuchten entziehen will, schaltet zugleich die Fahrbahnbeleuchtung und alle übrigen zur Beleuchtung der Fahrbahn geeigneten Leuchten aus. **Ausnahmen:** Für Fahrtrichtungsanzeiger und Parkleuchten gilt V S 1 nicht, auch nicht für Leuchtzeichen (§ 16 StVO), Arbeitsscheinwerfer an land- oder forstwirtschaftlichen Zug- und Arbeitsmaschinen sowie Tagfahrleuchten, Abs V S 2.

5. **Vor der Fahrt** hat der Kf die Beleuchtungseinrichtungen zu prüfen, Ce VRS **56** 9 137, Dü NZV **89** 244. S § 23 StVO. Zur **Haftung** bei einem Kfz der Streitkräfte, das von den Beleuchtungsvorschriften befreit ist, Ce NJW **66** 2409. Der Fahrer eines Kfz der Streitkräfte, das den deutschen Beleuchtungsvorschriften nicht genügt, hat es mit besonderer Sorgfalt ohne VGefährdung abzustellen, BGH VR **66** 493. S § 16 StVG.

6. **Ordnungswidrigkeit:** §§ 69 a III Nr 18 StVZO, 24 StVG. 10

Scheinwerfer für Fern- und Abblendlicht

50 (1) Für die Beleuchtung der Fahrbahn darf nur weißes Licht verwendet werden.
(2) ¹Kraftfahrzeuge müssen mit 2 nach vorn wirkenden Scheinwerfern ausgerüstet sein, Krafträder – auch mit Beiwagen – mit einem Scheinwerfer. ²An mehrspurigen Kraftfahrzeugen, deren Breite 1000 mm nicht übersteigt, sowie an Krankenfahrstühlen und an Fahrzeugen, die die Baumerkmale von Krankenfahrstühlen haben, deren Geschwindigkeit aber 30 km/h übersteigt, genügt ein Scheinwerfer. ³Bei Kraftfahrzeugen mit einer durch die Bauart bestimmten Höchstgeschwindigkeit von nicht mehr als 8 km/h genügen Leuchten ohne Scheinwerferwirkung. ⁴Für einachsige Zug- oder Arbeitsmaschinen, die von Fußgängern an Holmen geführt werden, gilt § 17 Abs. 5 der Straßenverkehrs-Ordnung. ⁵Bei einachsigen Zugmaschinen, hinter denen ein einachsiger Anhänger mitgeführt wird, dürfen die Scheinwerfer statt an der Zugmaschine am Anhänger angebracht sein. ⁶Kraftfahrzeuge des Straßendienstes, die von den öffentlichen Verwaltungen oder in deren Auftrag verwendet werden und deren zeitweise vorgebaute Arbeitsgeräte die vorschriftsmäßig angebrachten Scheinwerfer verdecken, dürfen mit 2 zusätzlichen Scheinwerfern für Fern- und Abblendlicht oder zusätzlich mit Scheinwerfern nach Absatz 4 ausgerüstet sein, die höher als 1000 mm (Absatz 3) über der Fahrbahn angebracht sein dürfen; es darf jeweils nur ein Scheinwerferpaar einschaltbar sein. ⁷Die höher angebrachten Scheinwerfer dürfen nur dann eingeschaltet werden, wenn die unteren Scheinwerfer verdeckt sind.

(3) ¹Scheinwerfer müssen einstellbar und so befestigt sein, daß sie sich nicht unbeabsichtigt verstellen können. ²Bei Scheinwerfern für Abblendlicht darf der niedrigste Punkt der Spiegelkante nicht unter 500 mm und der höchste Punkt der leuchtenden Fläche nicht höher als 1200 mm über der Fahrbahn liegen. ³Satz 2 gilt nicht für
1. Fahrzeuge des Straßendienstes, die von den öffentlichen Verwaltungen oder in deren Auftrag verwendet werden,
2. selbstfahrende Arbeitsmaschinen, Stapler und land- oder forstwirtschaftliche Zugmaschinen, deren Bauart eine vorschriftsmäßige Anbringung der Scheinwerfer nicht zuläßt. Ist der höchste Punkt der leuchtenden Fläche jedoch höher

als 1500 mm über der Fahrbahn, dann dürfen sie bei eingeschalteten Scheinwerfern nur mit einer Geschwindigkeit von nicht mehr als 30 km/h gefahren werden (Betriebsvorschrift).

(4) Für das Fernlicht und für das Abblendlicht dürfen besondere Scheinwerfer vorhanden sein; sie dürfen so geschaltet sein, daß bei Fernlicht die Abblendscheinwerfer mitbrennen.

(5) ¹Die Scheinwerfer müssen bei Dunkelheit die Fahrbahn so beleuchten (Fernlicht), daß die Beleuchtungsstärke in einer Entfernung von 100 m in der Längsachse des Fahrzeugs in Höhe der Scheinwerfermitten mindestens beträgt
1. 0,25 lx bei Krafträdern mit einem Hubraum von nicht mehr als 100 cm³,
2. 0,50 lx bei Krafträdern mit einem Hubraum über 100 cm³,
3. 1,00 lx bei anderen Kraftfahrzeugen.

²Die Einschaltung des Fernlichts muß durch eine blau leuchtende Lampe im Blickfeld des Fahrzeugführers angezeigt werden; bei Krafträdern und Zugmaschinen mit offenem Führersitz kann die Einschaltung des Fernlichts durch die Stellung des Schalthebels angezeigt werden. ³Kraftfahrzeuge mit einer durch die Bauart bestimmten Höchstgeschwindigkeit von nicht mehr als 30 km/h brauchen nur mit Scheinwerfern ausgerüstet zu sein, die den Vorschriften des Absatzes 6 Satz 2 und 3 entsprechen.

(6) ¹Paarweise verwendete Scheinwerfer für Fern- und Abblendlicht müssen so eingerichtet sein, daß sie nur gleichzeitig und gleichmäßig abgeblendet werden können. ²Die Blendung gilt als behoben (Abblendlicht), wenn die Beleuchtungsstärke in einer Entfernung von 25 m vor jedem einzelnen Scheinwerfer auf einer Ebene senkrecht zur Fahrbahn in Höhe der Scheinwerfermitte und darüber nicht mehr als 1 lx beträgt. ³Liegt der höchste Punkt der leuchtenden Fläche der Scheinwerfer (Absatz 3 Satz 2) mehr als 1200 mm über der Fahrbahn, so darf die Beleuchtungsstärke unter den gleichen Bedingungen oberhalb einer Höhe von 1000 mm 1 lx nicht übersteigen. ⁴Bei Scheinwerfern, deren Anbringungshöhe 1400 mm übersteigt, darf die Hell-Dunkel-Grenze 15 m vor dem Scheinwerfer nur halb so hoch liegen wie die Scheinwerfermitte. ⁵Bei Scheinwerfern für asymmetrisches Abblendlicht darf die 1 Lux-Grenze von dem der Scheinwerfermitte entsprechenden Punkt unter einem Winkel von 15° nach rechts ansteigen, sofern nicht in internationalen Vereinbarungen oder Rechtsakten nach § 21a etwas anderes bestimmt ist. ⁶Die Scheinwerfer müssen die Fahrbahn so beleuchten, daß die Beleuchtungsstärke in einer Entfernung von 25 m vor den Scheinwerfern senkrecht zum auffallenden Licht in 150 mm Höhe über der Fahrbahn mindestens die in Absatz 5 angegebenen Werte erreicht.

(6a) ¹Die Absätze 2 bis 6 gelten nicht für Mofas. ²Diese Fahrzeuge müssen mit einem Scheinwerfer für Dauerabblendlicht ausgerüstet sein, dessen Beleuchtungsstärke in einer Entfernung von 25 m vor dem Scheinwerfer auf einer Ebene senkrecht zur Fahrbahn in Höhe der Scheinwerfermitte und darüber nicht mehr als 1 lx beträgt. ³Der Scheinwerfer muß am Fahrzeug einstellbar und so befestigt sein, daß er sich nicht unbeabsichtigt verstellen kann. ⁴Die Nennleistung der Glühlampe im Scheinwerfer muß 15 W betragen. ⁵Die Sätze 1 bis 3 gelten auch für Kleinkrafträder und andere Fahrräder mit Hilfsmotor, wenn eine ausreichende elektrische Energieversorgung der Beleuchtungs- und Lichtsignaleinrichtungen nur bei Verwendung von Scheinwerfern für Dauerabblendlicht nach den Sätzen 2 und 4 sichergestellt ist.

(7) Die Beleuchtungsstärke ist bei stehendem Motor, vollgeladener Batterie und bei richtig eingestellten Scheinwerfern zu messen.

(8) Mehrspurige Kraftfahrzeuge, ausgenommen land- oder forstwirtschaftliche Zugmaschinen, Arbeitsmaschinen und Stapler, müssen so beschaffen sein, daß die Ausrichtung des Abblendlichtbündels von Scheinwerfern, die nicht höher als 1200 mm über der Fahrbahn (Absatz 3) angebracht sind, den im Anhang zu dieser Vorschrift genannten Bestimmungen entspricht.

(9) Scheinwerfer für Fernlicht dürfen nur gleichzeitig oder paarweise einschaltbar sein; beim Abblenden müssen alle gleichzeitig erlöschen.

(10) Kraftfahrzeuge mit Scheinwerfern für Fern- und Abblendlicht, die mit Gasentladungslampen ausgestattet sind, müssen mit
1. einer automatischen Leuchtweiteregelung im Sinne des Absatzes 8,
2. einer Scheinwerferreinigungsanlage und

3. einem System, das das ständige Eingeschaltetsein des Abblendlichtes auch bei Fernlicht sicherstellt,
ausgerüstet sein.

Begr zur ÄndVO v 14. 6. 88 (VBl **88** 473): **1**
   Zu Abs 9: ... Die Vorschriften der EWG und ECE lassen eine getrennte Schaltung der beiden Scheinwerferpaare für Fernlicht zu. Diese Zwei-Stufen-Schaltung, bei der die erste Schaltstufe von dem vorgeschriebenen Scheinwerferpaar und die zweite Schaltstufe von den zusätzlichen (besonderen) Scheinwerfern für Fernlicht belegt sein muß, soll nun allgemein für alle Fahrzeuge mit vierfachem Fernlicht gelten.

Begr zur ÄndVO v 23. 7. 90 (VBl **90** 496): **1a**
   Zu Abs. 3 Nr. 2: Anpassung der Ausnahmeregelung für selbstfahrende Arbeitsmaschinen und lof Zugmaschinen an die Bestimmungen von 4.2.4.2.1 des Anhangs I der Richtlinie 78/933/EWG. Nach dieser Richtlinie ist es zulässig, die Scheinwerfer für Abblendlicht bis zu einer Höhe von maximal 1500 mm (höchster Punkt der leuchtenden Fläche) über die Fahrbahn anzubringen, wenn die Bauweise der Zugmaschine die Einhaltung der Höhe von 1200 mm nicht zuläßt.

Begr zur ÄndVO v 23. 3. 00 (BRDrucks 720/99 S 63): **Zu Abs 10:** *Gemäß Artikel 8* **1b**
Absatz 2 Buchstabe c der Richtlinie 70/156/EWG hat die Europäische Kommission Entscheidungen hinsichtlich der Zulässigkeit zur Anbringung von Scheinwerfern für Abblendlicht mit Gasentladungslampe an Fahrzeugen getroffen. Die Anbringung wurde unter den drei in Absatz 10 aufgeführten Bedingungen zugelassen. Diese Bedingungen sind auch in der ECE-Regelung 48 enthalten und wurden auch in die Richtlinie 97/28/EG übernommen.
   Um die Gleichbehandlung in den Fällen der Erteilung von Typgenehmigungen/Betriebserlaubnissen und der Nachrüstung zu gewährleisten, werden in § 50 analoge Forderungen für den Fall aufgenommen, daß das herkömmliche Scheinwerfersystem durch ein System mit Gasentladungslampe für Abblendlicht ersetzt wird.

1. § 50 regelt die **Beleuchtung der Kraftfahrzeuge nach vorn** und die Beleuch- **2** tung der Fahrbahn durch FzScheinwerfer. Die Beleuchtung nach vorn dient neben der Fahrbahnerhellung der Kenntlichmachung des Fzs und seiner seitlichen Begrenzung für Entgegenkommende, BGH NZV **90** 112 (Anm *Booß* VM **90** 26). Beleuchtungsvorschriften: § 17 StVO. Scheinwerfer für Fern- und Abblendlicht müssen nach § 22a I Ziff 7 in amtlich genehmigter Bauart ausgeführt sein. Technische Anforderungen bei der Bauartprüfung, VBl **73** 558, zuletzt geändert: VBl **03** 752 = StVRL § 22a Nr 1 (Nr 7). Halogen-Scheinwerfer sind zulässig. Änderung der Scheinwerfer: § 19. Schutzgitter vor Scheinwerfern an Arbeitsmaschinen sind zulässig, sofern sie keinen wesentlichen Lichtverlust bewirken und das Reinigen erlauben, s aber § 19 Rz 12. Nach Fahren auf feuchter Straße sind die Scheinwerfergläser zu reinigen, § 17 I S 2 StVO; Verschmutzung verringert den Lichtausfall erheblich. Richtlinien für die Prüfung von Scheinwerferreinigungsanlagen, VBl **76** 310 = StVRL § 22 Nr 1.

2. Nur **weißes Licht** darf zur Fahrbahnbeleuchtung verwendet werden, Abs I. **3** Schwachgelb gehört zum Weißbereich, s Begr zu Abs I, VBl **73** 409 sowie Technische Anforderungen an FzTeile (Nr 3), VBl **73** 558, zuletzt geändert: VBl **03** 752 = StVRL § 22a Nr 1.

3. **Grundsatz: Zwei Scheinwerfer für Kraftfahrzeuge.** Für Kfze (§ 1 II StVG) **4** schreibt II zur Fahrbahnbeleuchtung zwei Scheinwerfer vor, die gleichfarbig sein und gleichstark nach vorn leuchten müssen, § 49a IV S 2. Zusätzliche Scheinwerfer (IV und § 52) müssen dem § 52 entsprechen. Zur Anzahl zulässiger Scheinwerfer für Fern- und Abblendlicht an Kfzen, *Kullik* VD **70** 299. Nebelschlußleuchten: § 53d.

4. **Ausnahme.** Nur **einen Scheinwerfer** brauchen zu führen:
   Krafträder, auch wenn ein Beiwagen mitgeführt wird (II S 1), an dem dann eine Be- **5** grenzungsleuchte zu führen ist (§ 51),
   Kraftfahrzeuge, deren Breite 1 m nicht übersteigt (II S 2), weil bei einem der- **6** artigen Fz, da der Scheinwerfer in der Mitte anzubringen ist, der Abstand zwischen dem Rand des Scheinwerfers und den äußeren Kanten des Fz nicht mehr als 40 cm beträgt.

7   **Krankenfahrstühle** brauchen nur einen Scheinwerfer zu führen, auch wenn ihre Breite 1 m übersteigt (II S 2). Hier ist die Benutzungsart der Grund für die Ausnahme.

8   **5. Weitere Ausnahmen: Statt der Scheinwerfer Leuchten ohne gerichtetes Licht.**
Langsam fahrende Kraftfahrzeuge, die bauartbedingt nicht schneller als 8 km/h fahren können, brauchen keine Scheinwerfer zu führen, sondern nur zwei Leuchten ohne Scheinwerferwirkung (II S 3).

9   **Einachsige Zug- oder Arbeitsmaschinen,** von Fußgängern **an Holmen geführt,** brauchen nur eine Leuchte zu führen, ggf von Hand, und zwar an der linken Seite, für entgegenkommende und überholende VT gut sichtbar (II S 4, s § 17 V StVO, Betriebsvorschrift).

10 **6. Anbringung und Einstellung der Scheinwerfer.** Abs III wurde durch ÄndVO v 16. 11. 84 neu gefaßt. Satz 2 der Neufassung (Mindestanbauhöhe der Scheinwerfer) gilt gem § 72 II ab 1. 1. 88. Für vor diesem Tage erstmals in den V gekommene Fze gilt die frühere Fassung des Abs III. Die Fze im StrDienst sind von III S 2 befreit, um sie besser kenntlich zu machen, ohne Rücksicht auf Eigentum oder Zulassung. Unbeabsichtigte Verstellung der Scheinwerfer muß ausgeschlossen sein. Merkblatt über den Anbau von Scheinwerfern und Leuchten an beweglichen FzTeilen: s § 49a Rz 4. Regelmäßige Einstellungskontrolle durch eine zuverlässige Werkstatt genügt, Dü VM **59** 12. Richtlinien für Scheinwerfereinstell-Prüfgeräte, VBl **81** 392. Handverstellbarkeit von Scheinwerfern im Rahmen von III ist zulässig, s BMV VBl **66** 17.

11 **7.** Für **Fern- und Abblendlicht** dürfen **getrennte Scheinwerfer** geführt werden und so geschaltet sein, daß bei Fernlicht die Abblendscheinwerfer mitbrennen (Abs IV). Dies berücksichtigt die technische Entwicklung auf dem Gebiet der Fahrbahnbeleuchtung, für die zunehmend Doppelscheinwerfer verwendet werden. § 4 der 6. StVZ-AusnV (bei § 49a) läßt es abweichend von § 49a I (§ 50 IV) zu, daß bei Fernlichtschaltung auch die besonderen Abblendscheinwerfer Fernlicht ausstrahlen. Sie dürfen dann jedoch nur entweder alle gleichzeitig oder jedenfalls paarweise einschaltbar sein; bei Abblenden müssen alle Scheinwerfer für Fernlicht gleichzeitig erlöschen, Abs IX. Überblick über zulässige Scheinwerfer BMV 2. 5. 66, StV 2–2022 M/66. Halogen-Scheinwerfer als Lichthupe sind zulässig, BMV 15. 12. 66, StV 7 – 8068 W/66. Wird das herkömmliche Scheinwerfersystem durch ein System mit **Gasentladungslampen** ersetzt, gilt Abs X (s Begr, Rz 1 b). Übergangsbestimmung: § 72 II.

12 **8.** Die **Stärke des Fernlichts** muß ausreichen, um Fahren bei Dunkelheit unter verkehrsüblichen Bedingungen zu sichern. Sie muß, je nach Art des Kfz, den Anforderungen des Abs V genügen (zwischen 0,25 und 1 lx). Langsamfahrende Kfz: Rz 8, 9. Über Dimmschaltungen beim Übergang vom Fern- zum Abblendlicht, BMV VBl **80** 82.

13 **9. Kontrolleinrichtungen für Einhaltung des Fernlichtes.** Da der Kf im Fahren oft nicht erkennen kann, ob er Fernlicht oder Abblendlicht eingeschaltet hat, muß ihm das Fernlicht erkennbar gemacht werden, bei Kfzen durch die blaue Kontrollampe, bei Krafträdern und Zgm mit offenem Führersitz durch die Schalthebelstellung (Abs V).

14 **10. Fahrbahnbeleuchtung bei langsam fahrenden Kraftfahrzeugen.** Bei Fzen, die bauartbedingt nicht schneller als 30 km/h fahren können, genügen Scheinwerfer, die den Vorschriften über das Abblendlicht (VI) entsprechen, Abs V S 3. Kleinkrafträder und FmH: VIa. *Leichtmofas:* s Buchteil **10**.

15 **11. Abblendlicht.** Abblenden: § 17 StVO. Für Abblendlicht dürfen besondere Scheinwerfer geführt werden, so geschaltet, daß sie gleichzeitig mit dem Fernlicht brennen (Abs IV). Asymmetrisches Abblendlicht kann rechts bis zu 115 m, links bis zu 70 m reichen, es ist jeweils individuell zu ermitteln, Ha VRS **39** 261, s BGH VRS **19** 282. Die Mindestreichweite nimmt mit dem senkrechten und waagerechten Abstand eines Gegenstandes von der Fahrbahnoberfläche ab, BGH VRS **15** 276. Ein Hindernis über der Fahrbahn ist erst auf kürzere Entfernung sichtbar. Es besteht kein Erfahrungssatz, daß asymmetrisches Abblendlicht immer Sicht von 70–80 m auf den ganzen vorausliegenden StrRaum gewähre, Bay DAR **62** 184. Zur Belastungsabhändigkeit der Sichtweite des

Abblendlichts (§ 50 VIII), *Linde* ZVS **69** 182, s Rz 18. Ob die Beleuchtungseinrichtungen dem VI über Abblenden entsprechen, kann nicht lediglich aufgrund von Zeugenbeobachtungen festgestellt werden, auch nicht durch die VPol, Ol DAR **56** 134, Kar DAR **65** 108, ebensowenig durch den Kf selber.

Abblendlicht bei Nebel und Schneefall: § 17 StVO. Scheinwerfer dürfen das Auge nicht mit zu hoher Leuchtdichte überstrahlen (dann Blendung). Verhalten geblendeter Fahrzeugführer: § 3 StVO. VI regelt auch die Stärke des Abblendlichts.   16

12. Die Vorschrift über die **Messung der Beleuchtungsstärke** (Abs VII) hat für V und VI Bedeutung.   17

13. Leuchtweiteregler gegen Verschiebung des Abblendbündels. Durch Belastung des Fzs kann die Hell-Dunkel-Grenze des Lichtbündels so weit nach oben gerichtet werden, daß andere VT auch bei Abblendlicht geblendet werden. Dem wirken Leuchtweiteregler entgegen. Leuchtweiteregler sind geeignet, unabhängig vom jeweiligen Beladungszustand des Fahrzeugs, die Blendung anderer Verkehrsteilnehmer zu verhindern und dem Fahrer eine optimale Sichtweite zu garantieren (s Begr VBl **88** 473). Sie müssen daher in allen ab 1. 1. 1990 erstmals in den V gekommenen mehrspurigen Kfzen (s Übergangsvorschrift des § 72 II) – ausgenommen land- oder forstwirtschaftliche Zgm – vorhanden sein, Abs VIII in Verbindung mit dem Anhang zur StVZO (zu § 50 VIII), der auf die anzuwendende **Richtlinie 76/756/EWG** Bezug nimmt.   18

14. Ausnahmen: Richtlinien für Ausnahmegenehmigungen für bestimmte Arbeitsmaschinen und bestimmte andere FzArten, VBl **80** 433.   19

15. Ordnungswidrigkeit: §§ 69a III Nr 18a StVZO, 24 StVG. S Ha VBl **67** 344.   20

Begrenzungsleuchten, vordere Rückstrahler, Spurhalteleuchten

51 (1) ¹Kraftfahrzeuge – ausgenommen Krafträder ohne Beiwagen und Kraftfahrzeuge mit einer Breite von weniger als 1000 mm – müssen zur Kenntlichmachung ihrer seitlichen Begrenzung nach vorn mit 2 Begrenzungsleuchten ausgerüstet sein, bei denen der äußerste Punkt der leuchtenden Fläche nicht mehr als 400 mm von der breitesten Stelle des Fahrzeugumrisses entfernt sein darf. ²Zulässig sind 2 zusätzliche Begrenzungsleuchten, die Bestandteil der Scheinwerfer sein müssen. ³Beträgt der Abstand des äußersten Punktes der leuchtenden Fläche der Scheinwerfer von den breitesten Stellen des Fahrzeugumrisses nicht mehr als 400 mm, so genügen in die Scheinwerfer eingebaute Begrenzungsleuchten. ⁴Das Licht der Begrenzungsleuchten muß weiß sein; es darf nicht blenden. ⁵Die Begrenzungsleuchten müssen auch bei Fernlicht und Abblendlicht ständig leuchten. ⁶Bei Krafträdern mit Beiwagen muß eine Begrenzungsleuchte auf der äußeren Seite des Beiwagens angebracht sein. ⁷Krafträder ohne Beiwagen dürfen im Scheinwerfer eine Leuchte nach Art der Begrenzungsleuchten führen; Satz 5 ist nicht anzuwenden. ⁸Begrenzungsleuchten an einachsigen Zug- oder Arbeitsmaschinen sind nicht erforderlich, wenn sie von Fußgängern an Holmen geführt werden oder ihre durch die Bauart bestimmte Höchstgeschwindigkeit 30 km/h nicht übersteigt und der Abstand des äußersten Punktes der leuchtenden Fläche der Scheinwerfer von der breitesten Stelle des Fahrzeugumrisses nicht mehr als 400 mm beträgt.

(2) ¹Anhänger, deren äußerster Punkt des Fahrzeugumrisses mehr als 400 mm über den äußersten Punkt der leuchtenden Fläche der Begrenzungsleuchten des Zugfahrzeugs hinausragt, müssen an der Vorderseite durch zwei Begrenzungsleuchten kenntlich gemacht werden. ²Andere Anhänger dürfen an der Vorderseite mit zwei Begrenzungsleuchten ausgerüstet sein. ³An allen Anhängern dürfen an der Vorderseite zwei nicht dreieckige weiße Rückstrahler angebracht sein. ⁴Der äußerste Punkt der leuchtenden Fläche der Begrenzungsleuchten und der äußerste Punkt der leuchtenden Fläche der Rückstrahler dürfen nicht mehr als 150 mm, bei land- oder forstwirtschaftlichen Anhängern nicht mehr als 400 mm, vom äußersten Punkte des Fahrzeugumrisses des Anhängers entfernt sein.

(3) ¹Der niedrigste Punkt der leuchtenden Fläche der Begrenzungsleuchten darf nicht weniger als 350 mm und ihr höchster Punkt der leuchtenden Fläche nicht mehr als 1500 mm über der Fahrbahn liegen. ²Läßt die Bauart des Fahrzeugs eine solche Anbringung nicht zu, so dürfen die Begrenzungsleuchten höher angebracht

3 StVZO § 51   B. Fahrzeuge III. Bau- und Betriebsvorschriften

sein, jedoch nicht höher als 2100 mm. ³Bei den vorderen Rückstrahlern darf der niedrigste Punkt der leuchtenden Fläche nicht weniger als 350 mm und ihr höchster Punkt der leuchtenden Fläche nicht mehr als 900 mm über der Fahrbahn liegen. ⁴Läßt die Bauart des Fahrzeugs eine solche Anbringung nicht zu, so dürfen die Rückstrahler höher angebracht sein, jedoch nicht höher als 1500 mm.

(4) An Anhängern darf am hinteren Ende der beiden Längsseiten je eine nach vorn wirkende Leuchte für weißes Licht (Spurhalteleuchte) angebracht sein.

1   **Begr** zur ÄndVO v 16. 11. 84 (VBl **85** 79):

Zu den Absätzen 2 und 3: Die Vorschriften über die Kenntlichmachung des Fahrzeugumrisses von Anhängern durch Begrenzungsleuchten und weiße Rückstrahler sind an die Richtlinie 76/756/EWG angeglichen worden. In dem neuen Absatz 3 wurden die Vorschriften über die zulässigen Anbringungshöhen von Begrenzungsleuchten und weißen Rückstrahlern für Kraftfahrzeuge und Anhänger zusammengefaßt, wobei die Vorschriften über die Anbringungshöhen der Begrenzungsleuchten aus der Richtlinie 76/756/EWG neu aufgenommen wurden.

2   **1. Begrenzungs- und Spurhalteleuchten.** Neben der Kenntlichmachung ihrer seitlichen Begrenzung dienen sie als **Standlicht.** Grundsätzlich sind an zweispurigen Kfzen nur zwei Begrenzungsleuchten zulässig. Gleichzeitige Verwendung von zwei Begrenzungsleuchten in den Scheinwerfern und zweien außerhalb ist zulässig. Beim Vorhandensein besonderer Begrenzungsleuchten brauchen die in die Scheinwerfer eingebauten nicht mitzubrennen; das gilt auch bei stehendem Fz und ausgeschaltetem Fahr- und Abblendlicht. Die Vorschrift, daß die Begrenzungsleuchten ständig mitbrennen müssen (I Satz 5), berücksichtigt, daß einer der Scheinwerfer ausfallen kann. Umrißleuchten: § 51 b.

3   **2. Ausnahmen von den Vorschriften über Begrenzungsleuchten.** Alle Kfze (§ 1 II StVG) müssen ihre seitliche Begrenzung grundsätzlich nach vorn kenntlich machen. Indes läßt I drei Ausnahmen zu. Weitere sind gemäß § 70 zugelassen worden. **Krafträder,** die nach vorn nur einen Scheinwerfer führen, brauchen ohne Beiwagen keine Begrenzungsleuchten (I S 1) und, da der Scheinwerfer gleichzeitig Standlicht ist, kein Standlicht zu führen. Im Fahren wie im Stehen genügt zur Kennzeichnung des Signalbilds der Scheinwerfer. Nach I Satz 7 darf aber im Scheinwerfer eine als Standlicht verwendbare Leuchte nach Art der Begrenzungsleuchten geführt werden. Begrenzungsleuchte des Beiwagens: Rz 6.

4   **Kraftfahrzeuge, die weniger als 1 m breit sind,** brauchen nicht neben dem einen Scheinwerfer (§ 50) noch Begrenzungsleuchten zu führen (I S 1), weil hier der Abstand zwischen dem Rand des Scheinwerfers und der äußeren FzKante nicht mehr als 400 mm beträgt (§ 50).

5   **Einachsige Zug- und Arbeitsmaschinen** brauchen keine Begrenzungsleuchten zu führen, wenn sie von Fußgängern an Holmen geführt werden oder so gebaut sind, daß sie nicht schneller als 30 km/h fahren können, sofern ihre Scheinwerfer nicht mehr als 40 cm vom FzRand entfernt sind (I S 8). **Elektrokarren** brauchen, sofern sie vor dem 1. 1. 88 erstmals in den V gekommen sind, keine seitlichen Begrenzungsleuchten zu führen, wenn der Abstand des Randes der Lichtaustrittsöffnungen der hier vorgeschriebenen beiden Scheinwerfer von den breitesten Stellen des FzUmrisses nicht mehr als 40 cm beträgt. Dies folgt aus Abs I S 8 idF vor der ÄndVO v 16. 11. 84 erfolgten Neufassung in Verbindung mit der Übergangsvorschrift des § 72 II. Für später in den V gekommene Fze wurde diese Regelung aufgegeben, weil uU auch Lkw und Zgm mit Elektro-Antrieb dieser FzArt zugerechnet werden könnten.

6   **3. Bauart und Anbringung der Begrenzungsleuchten.** Anbringung der Begrenzungsleuchten: Abs III, der zulässigen Umrißleuchten: § 51 b. Merkblatt über den Anbau von Scheinwerfern und Leuchten an beweglichen FzTeilen, s § 49 a Rz 4. Begrenzungsleuchten dürfen nicht blenden (Abs I S 4). Sie müssen in amtlich genehmigter Bauart ausgeführt sein (§ 22 a I Nr 8). Technische Anforderungen bei der Bauartprüfung, VBl **73** 558, zuletzt geändert: VBl **03** 752 = StVRL § 22 a Nr 1 (Nr 9). Scheinwerfer können als Begrenzungsleuchten dienen, wenn ihre leuchtenden Flächen nicht mehr als 40 cm vom äußeren FzRand entfernt sind (I S 3). Sie enthalten dann das besonders

Seitliche Kenntlichmachung § 51a StVZO **3**

schwache Begrenzungs- oder Standlicht, das zur Beleuchtung des stillstehenden Kfz ausreicht. S § 17 StVO. Bei Krafträdern ist eine Begrenzungsleuchte auf der äußeren Seite des Beiwagens erforderlich (I S 6). Abs III über die Anbringungshöhen ist am 1. 1. 88 für die von diesem Tage an erstmals in den V kommenden Fze in Kraft getreten, § 72 II.

3 a. Leuchten zur Sicherung herausragender Ladung (§ 22 StVO) müssen in amtlich vorgeschriebener Bauart ausgeführt sein (§ 22a I Nr 26). Technische Anforderungen bei der Bauartprüfung, VBl **73** 558, zuletzt geändert: VBl **03** 752 = StVRL § 22a Nr 1 (Nr 16). **6 a**

4. Sonderbestimmung für Anhänger von Kraftfahrzeugen (II). Rückstrahler an der Vorderseite sind nach Maßgabe von II zulässig. Die seitliche Begrenzung von Anhängern ist zu kennzeichnen, wenn sie mehr als 40 cm über die Scheinwerfer oder **Begrenzungsleuchten** des vorderen Fz hinausragen. Maßgebend ist der tatsächliche Unterschied in der Breite, nicht der vorübergehende Stand zur Zeit des Unfalls, Bra DAR **57** 136. Die Vorschrift gilt auch für Anhänger hinter nicht zulassungspflichtigen Kfzen, Schl VM **61** 70. **Spurhalteleuchten:** Abs IV. Technische Anforderungen bei der Bauartgenehmigung, VBl **73** 558, zuletzt geändert: VBl **03** 752 = StVRL § 22a Nr 1 (Nr 10). Seitliche Kenntlichmachung: § 51 a. **7**

5. Parkleuchten: § 51 c. **8**

6. Seitliche Kenntlichmachung: § 51 a. Umrißleuchten: § 51 b. **9**

7. Ausnahmen: § 70 I. S Rz 3–5. **10**

8. Ordnungswidrigkeit: §§ 69a III Nr 18b StVZO, 24 StVG. **11**

Seitliche Kenntlichmachung

51 a (1) ¹Kraftfahrzeuge – ausgenommen Personenkraftwagen – mit einer Länge von mehr als 6 m sowie Anhänger müssen an den Längsseiten mit nach der Seite wirkenden gelben, nicht dreieckigen Rückstrahlern ausgerüstet sein. ²Mindestens je einer dieser Rückstrahler muß im mittleren Drittel des Fahrzeugs angeordnet sein; der am weitesten vorn angebrachte Rückstrahler darf nicht mehr als 3 m vom vordersten Punkt des Fahrzeugs, bei Anhängern vom vordersten Punkt der Zugeinrichtung entfernt sein. ³Zwischen zwei aufeinanderfolgenden Rückstrahlern darf der Abstand nicht mehr als 3 m betragen. ⁴Der am weitesten hinten angebrachte Rückstrahler darf nicht mehr als 1 m vom hintersten Punkt des Fahrzeugs entfernt sein. ⁵Die Höhe über der Fahrbahn (höchster Punkt der leuchtenden Fläche) darf nicht mehr als 900 mm betragen. ⁶Läßt die Bauart des Fahrzeugs das nicht zu, so dürfen die Rückstrahler höher angebracht sein, jedoch nicht höher als 1500 mm. ⁷Krankenfahrstühle müssen an den Längsseiten mit mindestens je einem gelben Rückstrahler ausgerüstet sein, der nicht höher als 600 mm, jedoch so tief wie möglich angebracht sein muß. ⁸Diese Rückstrahler dürfen auch an den Speichen der Räder angebracht sein.

(2) Die nach Absatz 1 anzubringenden Rückstrahler dürfen abnehmbar sein
1. an Fahrzeugen, deren Bauart eine dauernde feste Anbringung nicht zuläßt,
2. an land- oder forstwirtschaftlichen Bodenbearbeitungsgeräten, die hinter Kraftfahrzeugen mitgeführt werden und
3. an Fahrgestellen, die zur Vervollständigung überführt werden.

(3) ¹Die seitliche Kenntlichmachung von Fahrzeugen, für die sie nicht vorgeschrieben ist, muß Absatz 1 entsprechen. ²Jedoch genügt je ein Rückstrahler im vorderen und im hinteren Drittel.

(4) ¹Retroreflektierende gelbe waagerechte Streifen, die unterbrochen sein können, an den Längsseiten von Fahrzeugen sind zulässig. ²Sie dürfen nicht die Form von Schriftzügen oder Emblemen haben. ³§ 53 Abs. 10 Nr. 3 ist anzuwenden.

(5) Ringförmig zusammenhängende retroreflektierende weiße Streifen an den Reifen von Krafträdern und Krankenfahrstühlen sind zulässig.

(6) ¹Fahrzeuge mit einer Länge von mehr als 6,0 m – ausgenommen Fahrgestelle mit Führerhaus, land- oder forstwirtschaftliche Zug- und Arbeitsmaschinen und deren Anhänger sowie Arbeitsmaschinen, die hinsichtlich der Baumerkmale ihres Fahrgestells nicht den Lastkraftwagen und Zugmaschinen gleichzusetzen sind, –

3 StVZO § 51b B. Fahrzeuge III. Bau- und Betriebsvorschriften

müssen an den Längsseiten mit nach der Seite wirkenden gelben Seitenmarkierungsleuchten nach der Richtlinie 76/756/EWG ausgerüstet sein. ²Für andere mehrspurige Fahrzeuge ist die entsprechende Anbringung von Seitenmarkierungsleuchten zulässig. ³Ist die hintere Seitenmarkierungsleuchte mit der Schlußleuchte, Umrißleuchte, Nebelschlußleuchte oder Bremsleuchte zusammengebaut, kombiniert oder ineinandergebaut oder bildet sie den Teil einer gemeinsam leuchtenden Fläche mit dem Rückstrahler, so darf sie auch rot sein.

(7) ¹Zusätzlich zu den nach Absatz 1 vorgeschriebenen Einrichtungen sind Fahrzeugkombinationen mit Nachläufern zum Transport von Langmaterial über ihre gesamte Länge (einschließlich Ladung) durch gelbes retroreflektierendes Material, das mindestens dem Typ 2 des Normblattes DIN 67520 Teil 2, Ausgabe Juni 1994, entsprechen muß, seitlich kenntlich zu machen in Form von Streifen, Bändern, Schlauch- oder Kabelumhüllungen oder in ähnlicher Ausführung. ²Kurze Unterbrechungen, die durch die Art der Ladung oder die Konstruktion der Fahrzeuge bedingt sind, sind zulässig. ³Die Einrichtungen sind so tief anzubringen, wie es die konstruktive Beschaffenheit der Fahrzeuge und der Ladung zuläßt. ⁴Abweichend von Absatz 6 sind an Nachläufern von Fahrzeugkombinationen zum Transport von Langmaterial an den Längsseiten soweit wie möglich vorne und hinten jeweils eine Seitenmarkierungsleuchte anzubringen.

Begr zur ÄndVO v 12. 8. 97 (VBl **97** 660): **Zu Abs 7:** *Die bisherige seitliche Kennzeichnung von langen Fahrzeugen mit Rückstrahlern hat sich für Langmaterial-Transportfahrzeuge als unzureichend erwiesen. Es wird daher die zusätzliche Kennzeichnung durch retroreflektierende Materialien vorgeschrieben.*

1   1. **Gelbe Rückstrahler.** I ist Mußvorschrift und erfaßt alle Kfze über 6 m Länge, ausgenommen Pkw und alle KfzAnhänger ohne Rücksicht auf ihre Länge. Alle übrigen Kfze bis zu 6 m Länge, vor allem auch Pkw, dürfen nach Maßgabe der Mußvorschrift in derselben Weise seitlich kenntlich gemacht sein (III). Neben vorgeschriebenen gelben, nicht dreieckigen Rückstrahlern an den Seiten dürfen alle Fz-Längsseiten außerdem durch reflektierende gelbe waagerechte Streifen in nicht vorgeschriebener Größe gekennzeichnet sein, wobei die Form von Schriftzeichen (zB Werbung) oder Emblemen untersagt ist (IV). Durch ÄndVO v 16. 11. 84 wurde die vorgeschriebene seitliche Kenntlichmachung auf fremdkraftgetriebene Krankenfahrstühle ausgedehnt (I S 7). Abs VI über **Seitenmarkierungsleuchten** an mehr als 6 m langen Fzen, eingefügt durch ÄndVO v 23. 6. 93, setzt die Richtlinie 76/756/EWG in nationales Recht um. Übergangsvorschrift: § 72 II.

2   2. **Ordnungswidrigkeiten:** §§ 69a III Nr 18c StVZO, 24 StVG.

Umrißleuchten

51b (1) ¹Umrißleuchten sind Leuchten, die die Breite über alles eines Fahrzeugs deutlich anzeigen. ²Sie sollen bei bestimmten Fahrzeugen die Begrenzungs- und Schlußleuchten ergänzen und die Aufmerksamkeit auf besondere Fahrzeugumrisse lenken.

(2) ¹Fahrzeuge mit einer Breite von mehr als 2,10 m müssen und Fahrzeuge mit einer Breite von mehr als 1,80 m aber nicht mehr als 2,10 m dürfen auf jeder Seite mit einer nach vorn wirkenden weißen und einer nach hinten wirkenden roten Umrißleuchte ausgerüstet sein. ²Die Leuchten einer Fahrzeugseite dürfen zu einer Leuchte zusammengefaßt sein. ³In allen Fällen muß der Abstand zwischen den leuchtenden Flächen dieser Leuchten und der Begrenzungsleuchte oder Schlußleuchte auf der gleichen Fahrzeugseite mehr als 200 mm betragen.

(3) ¹Umrißleuchten müssen entsprechend den im Anhang zu dieser Vorschrift genannten Bestimmungen an den Fahrzeugen angebracht sein. ²Für Arbeitsmaschinen und Stapler gelten die Anbauvorschriften für Anhänger und Sattelanhänger.

(4) Umrißleuchten sind nicht erforderlich an

1. land- oder forstwirtschaftlichen Zug- und Arbeitsmaschinen und ihren Anhängern und

2. allen Anbaugeräten und Anhängegeräten hinter land- oder forstwirtschaftlichen Zugmaschinen.

(5) Werden Umrißleuchten an Fahrzeugen angebracht, für die sie nicht vorgeschrieben sind, müssen sie den Vorschriften der Absätze 1 bis 3 entsprechen.

(6) Umrißleuchten dürfen nicht an Fahrzeugen und Anbaugeräten angebracht werden, deren Breite über alles nicht mehr als 1,80 m beträgt.

1. **Begr** zur ÄndVO v 16. 11. 84 (VBl **85** 79): *Die fakultative Ausrüstung bestimmter Lastkraftwagen und Anhänger mit Umrißleuchten ist in Anlehnung an die Richtlinie 76/756/ EWG in eine obligatorische umgewandelt worden, damit diese Fahrzeuge für andere Verkehrsteilnehmer besser als große und langsam fahrende Fahrzeuge im fließenden Verkehr erkennbar sind.*

Bei land- oder forstwirtschaftlichen Zug- und Arbeitsmaschinen, ihren Anhängern und allen Anbaugeräten und Anhängegeräten hinter land- oder forstwirtschaftlichen Zugmaschinen bleibt es dagegen weiterhin bei der fakultativen Ausrüstung, weil die Anbringung der Umrißleuchten wegen des auf den Arbeitseinsatz abgestellten Aufbaus in vielen Fällen kaum oder nur unter großem Aufwand möglich ist.

...

2. **Inkrafttreten**: 1. 1. 87 für die von diesem Tage an erstmals in den V kommenden Fze. Übergangsvorschrift: § 72 II.

3. **Ordnungswidrigkeiten**: §§ 69a III Nr 18c StVZO, 24 StVG.

Parkleuchten, Park-Warntafeln

51c (1) Parkleuchten und Park-Warntafeln zeigen die seitliche Begrenzung eines geparkten Fahrzeugs an.

(2) ¹An Kraftfahrzeugen, Anhängern und Zügen dürfen angebracht sein:
1. eine nach vorn wirkende Parkleuchte für weißes Licht und eine nach hinten wirkende Parkleuchte für rotes Licht für jede Fahrzeugseite oder
2. eine Begrenzungsleuchte und eine Schlußleuchte oder
3. eine abnehmbare Parkleuchte für weißes Licht für die Vorderseite und eine abnehmbare Parkleuchte für rotes Licht für die Rückseite oder
4. je eine Park-Warntafel für die Vorderseite und die Rückseite des Fahrzeugs oder Zuges mit je 100 mm breiten unter 45° nach außen und unten verlaufenden roten und weißen Streifen.

²An Fahrzeugen, die nicht breiter als 2000 mm und nicht länger als 6000 mm sind, dürfen sowohl die Parkleuchten nach Nummer 1 einer jeden Fahrzeugseite als auch die nach Nummer 3 zu einem Gerät vereinigt sein.

(3) ¹Die Leuchten nach Absatz 2 Satz 1 Nr. 1 und 3 und Satz 2 müssen so am Fahrzeug angebracht sein, daß der unterste Punkt der leuchtenden Fläche mehr als 350 mm und der höchste Punkt der leuchtenden Fläche nicht mehr als 1500 mm von der Fahrbahn entfernt sind. ²Der äußerste Punkt der leuchtenden Fläche der Leuchten darf vom äußersten Punkt des Fahrzeugumrisses nicht mehr als 400 mm entfernt sein.

(4) Die Leuchten nach Absatz 2 Satz 1 Nr. 3 müssen während des Betriebs am Bordnetz anschließbar oder mit aufladbaren Stromquellen ausgerüstet sein, die im Fahrbetrieb ständig am Bordnetz angeschlossen sein müssen.

(5) ¹Park-Warntafeln, deren wirksame Teile nur bei parkenden Fahrzeugen sichtbar sein dürfen, müssen auf der dem Verkehr zugewandten Seite des Fahrzeugs oder Zuges möglichst niedrig und nicht höher als 1000 mm (höchster Punkt der leuchtenden Fläche) so angebracht sein, daß sie mit dem Umriß des Fahrzeugs, Zuges oder der Ladung abschließen. ²Abweichungen von nicht mehr als 100 mm nach innen sind zulässig. ³Rückstrahler und amtliche Kennzeichen dürfen durch Park-Warntafeln nicht verdeckt werden.

Begr: VBl **85** 79.

Parkleuchten genügen der Vorschrift des § 17 IV S 3 StVO, wonach auf der Fahrbahn haltende Fze, ausgenommen Pkw, mit einem zulässigen Gesamtgewicht von mehr als 3,5 t und Anhänger stets mit eigener Lichtquelle zu beleuchten sind. Die Regelung trägt dem Umstand Rechnung, daß die Kapazität der eingebauten FzBatterie vielfach nicht ausreichen würde, um die Versorgung von 2 bzw 4 Begrenzungsleuchten mit je

4 W Leistung sowie 4 bzw 8 Schlußleuchten mit je 10 W Leistung und Beleuchtung von zwei amtlichen Kennzeichen bei längerem Abstellen des Fzs zu gewährleisten (s Begr VBl **85** 79). Alle zusätzlichen Schluß- und Begrenzungsleuchten auf der gleichen FzSeite brauchen dabei nicht zu brennen. Von der Bestimmung des § 49a V (Schaltung) sind Parkleuchten ausgenommen.

3   Statt der Beleuchtung mit fahrzeugeigenen Lichtquellen reichen, vor allem bei allein abgestellte Anhängern, zwei bauartgenehmigte **unabhängige Leuchten** aus (Abs I Nr 3). Zulässig sind außerdem zwei **Park-Warntafeln** nach Maßgabe von II S 1 Nr 4. Parkleuchten und Park-Warntafeln müssen nach § 22a I Nr 9 in amtlich genehmigter Bauart ausgeführt sein. Technische Anforderungen bei der Bauartprüfung, VBl **73** 558, zuletzt geändert: VBl **03** 752 = StVRL § 22a Nr 1 (Nr 11).

4   **Ordnungswidrigkeiten:** § 69a III Nr 18d. Parkleuchten während der Fahrt eingeschaltet zu lassen, kann uU gegen § 1 StVO verstoßen, Hb VM **58** 53.

Zusätzliche Scheinwerfer und Leuchten

52 (1) ¹Außer mit den in § 50 vorgeschriebenen Scheinwerfern zur Beleuchtung der Fahrbahn dürfen mehrspurige Kraftfahrzeuge mit 2 Nebelscheinwerfern für weißes oder hellgelbes Licht ausgerüstet sein, Krafträder, auch mit Beiwagen, mit nur einem Nebelscheinwerfer. ²Sie dürfen nicht höher als die am Fahrzeug befindlichen Scheinwerfer für Abblendlicht angebracht sein. ³Sind mehrspurige Kraftfahrzeuge mit Nebelscheinwerfern ausgerüstet, bei denen der äußere Rand der Lichtaustrittsfläche mehr als 400 mm von der breitesten Stelle des Fahrzeugumrisses entfernt ist, so müssen die Nebelscheinwerfer so geschaltet sein, daß sie nur zusammen mit dem Abblendlicht brennen können. ⁴Nebelscheinwerfer müssen einstellbar und an dafür geeigneten Teilen der Fahrzeuge so befestigt sein, daß sie sich nicht unbeabsichtigt verstellen können. ⁵Sie müssen so eingestellt sein, daß eine Blendung anderer Verkehrsteilnehmer nicht zu erwarten ist. ⁶Die Blendung gilt als behoben, wenn die Beleuchtungsstärke in einer Entfernung von 25 m vor jedem einzelnen Nebelscheinwerfer auf einer Ebene senkrecht zur Fahrbahn in Höhe der Scheinwerfermitte und darüber bei Nennspannung an den Klemmen der Scheinwerferlampe nicht mehr als 1 lx beträgt.

(2) ¹Ein Suchscheinwerfer für weißes Licht ist zulässig. ²Die Leistungsaufnahme darf nicht mehr als 35 W betragen. ³Er darf nur zugleich mit den Schlußleuchten und der Kennzeichenbeleuchtung einschaltbar sein.

(3) ¹Mit einer oder mehreren Kennleuchten für blaues Blinklicht (Rundumlicht) dürfen ausgerüstet sein
1. Kraftfahrzeuge, die dem Vollzugsdienst der Polizei, der Militärpolizei, des Bundesgrenzschutzes oder des Zolldienstes dienen, insbesondere Kommando-, Streifen-, Mannschaftstransport-, Verkehrsunfall-, Mordkommissionsfahrzeuge,
2. Einsatz- und Kommando-Kraftfahrzeuge der Feuerwehren und der anderen Einheiten und Einrichtungen des Katastrophenschutzes und des Rettungsdienstes,
3. Kraftfahrzeuge, die nach dem Fahrzeugschein als Unfallhilfswagen öffentlicher Verkehrsbetriebe mit spurgeführten Fahrzeugen, einschließlich Oberleitungsomnibussen anerkannt sind,
4. Kraftfahrzeuge des Rettungsdienstes, die für Krankentransport oder Notfallrettung besonders eingerichtet und nach dem Fahrzeugschein als Krankenkraftwagen anerkannt sind.

²Kennleuchten für blaues Blinklicht mit einer Hauptabstrahlrichtung nach vorne sind an Kraftfahrzeugen nach Satz 1 zulässig, jedoch bei mehrspurigen Kraftfahrzeugen nur in Verbindung mit Kennleuchten für blaues Blinklicht (Rundumlicht).

(3a) ¹Kraftfahrzeuge des Vollzugsdienstes der Polizei dürfen nach vorn und hinten wirkende Signalgeber für rote und gelbe Lichtschrift haben. ²Anstelle der Signalgeber dürfen auch fluoreszierende oder retroreflektierende Folien verwendet werden.

(4) Mit einer oder, wenn die horizontale und vertikale Sichtbarkeit (geometrische Sichtbarkeit) es erfordert, mehreren Kennleuchten für gelbes Blinklicht (Rundumlicht) dürfen ausgerüstet sein
1. **Fahrzeuge,** die dem Bau, der Unterhaltung oder Reinigung von Straßen oder von Anlagen im Straßenraum oder die der Müllabfuhr dienen und durch rot-

weiße Warnmarkierungen (Sicherheitskennzeichnung), die dem Normblatt DIN 30710, Ausgabe März 1990, entsprechen müssen, gekennzeichnet sind,
2. Kraftfahrzeuge, die nach ihrer Bauart oder Einrichtung zur Pannenhilfe geeignet und nach dem Fahrzeugschein als Pannenhilfsfahrzeug anerkannt sind. Die Zulassungsbehörde kann zur Vorbereitung ihrer Entscheidung die Beibringung des Gutachtens eines amtlich anerkannten Sachverständigen oder Prüfers für den Kraftfahrzeugverkehr darüber anordnen, ob das Kraftfahrzeug nach seiner Bauart oder Einrichtung zur Pannenhilfe geeignet ist. Die Anerkennung ist nur zulässig für Fahrzeuge von Betrieben, die gewerblich oder innerbetrieblich Pannenhilfe leisten, von Automobilclubs und von Verbänden des Verkehrsgewerbes und der Autoversicherer,
3. Fahrzeuge mit ungewöhnlicher Breite oder Länge oder mit ungewöhnlich breiter oder langer Ladung, sofern die genehmigende Behörde die Führung der Kennleuchten vorgeschrieben hat,
4. Fahrzeuge, die aufgrund ihrer Ausrüstung als Schwer- oder Großraumtransport-Begleitfahrzeuge ausgerüstet und nach dem Fahrzeugschein anerkannt sind. Andere Begleitfahrzeuge dürfen mit abnehmbaren Kennleuchten ausgerüstet sein, sofern die genehmigende Behörde die Führung der Kennleuchten vorgeschrieben hat.

(5) ¹Krankenkraftwagen (Absatz 3 Nr. 4) dürfen mit einer nur nach vorn wirkenden besonderen Beleuchtungseinrichtung (z. B. Rot-Kreuz-Leuchte) ausgerüstet sein, um den Verwendungszweck des Fahrzeugs kenntlich zu machen. ²Die Beleuchtungseinrichtung darf keine Scheinwerferwirkung haben.

(6) ¹An Kraftfahrzeugen, in denen ein Arzt zur Hilfeleistung in Notfällen unterwegs ist, darf während des Einsatzes ein nach vorn und nach hinten wirkendes Schild mit der in schwarzer Farbe auf gelbem Grund versehenen Aufschrift „Arzt Notfalleinsatz" auf dem Dach angebracht sein, das gelbes Blinklicht ausstrahlt; dies gilt nur, wenn der Arzt zum Führen des Schildes berechtigt ist. ²Die Berechtigung zum Führen des Schildes erteilt auf Antrag die Zulassungsbehörde; sie entscheidet nach Anhörung der zuständigen Ärztekammer. ³Der Berechtigte erhält hierüber eine Bescheinigung, die während der Einsatzfahrt mitzuführen und zuständigen Personen auf Verlangen zur Prüfung auszuhändigen ist.

(7) ¹Mehrspurige Fahrzeuge dürfen mit einer oder mehreren Leuchten zur Beleuchtung von Arbeitsgeräten und Arbeitsstellen (Arbeitsscheinwerfer) ausgerüstet sein. ²Arbeitsscheinwerfer dürfen nicht während der Fahrt benutzt werden. ³An Fahrzeugen, die dem Bau, der Unterhaltung oder der Reinigung von Straßen oder Anlagen im Straßenraum oder der Müllabfuhr dienen, dürfen Arbeitsscheinwerfer abweichend von Satz 2 auch während der Fahrt eingeschaltet sein, wenn die Fahrt zum Arbeitsvorgang gehört. ⁴Arbeitsscheinwerfer dürfen nur dann eingeschaltet werden, wenn sie andere Verkehrsteilnehmer nicht blenden.

(8) Türsicherungsleuchten für rotes Licht, die beim Öffnen der Fahrzeugtüren nach rückwärts leuchten, sind zulässig; für den gleichen Zweck dürfen auch rote rückstrahlende Mittel verwendet werden.

(9) ¹Vorzeltleuchten an Wohnwagen und Wohnmobilen sind zulässig. ²Sie dürfen nicht während der Fahrt benutzt werden und nur eingeschaltet werden, wenn nicht zu erwarten ist, daß sie Verkehrsteilnehmer auf öffentlichen Straßen blenden.

(10) Kraftfahrzeuge nach Absatz 3 Nr. 4 dürfen mit horizontal umlaufenden Streifen in leuchtrot nach DIN 6164, Teil 1, Ausgabe Februar 1980, ausgerüstet sein.

Begr zur ÄndVO v 12. 8. 97 (VBl **97** 660): **Zu Abs 3:** Zur Verbesserung der Erkennbarkeit von Einsatzfahrzeugen hinsichtlich ihrer Fernwirkung wurden Kennleuchten für blaues Blinklicht mit nur einer Hauptausstrahlrichtung (Blitzlicht-Scheinwerfer) geschaffen, die der Nummer 13a der „Technischen Anforderungen an Fahrzeugteile bei der Bauartprüfung nach § 22a StVZO" (TA) entsprechen müssen.
...

Begr zur ÄndVO v 23. 3. 00 (VBl **00** 366): **Zu Abs 3:** Auf mehrheitlichen Beschluß der zuständigen obersten Landesbehörden sollen Unfallhilfswagen nur noch von öffentlichen Verkehrsbetrieben betrieben werden, nicht aber von Verkehrsbetrieben, die öffentlichen Personenverkehr betreiben. Unter dem Begriff „Unfallhilfswagen" sind keine Unfall-"Managementwagen" einzustufen. „Unfallhilfswagen" müssen spezifische und zusätzliche Ausrüstungen aufweisen, die bei gängigen Rettungsfahrzeugen z. B. der Feuerwehren nicht vorhanden sind.

1. Verbotene, unvorschriftsmäßig angebrachte oder unrichtig geschaltete Scheinwerfer sind zu entfernen, s BMV VBl **49** 153, **50** 214. Nicht bauartgenehmigte **Punkt-** und **Breitstrahler** sind unzulässig, BMV 25. 8. 65, StV 7 – 8118 K/65. Merkblatt über den Anbau von Scheinwerfern und Leuchten an beweglichen FzTeilen, s § 49a Rz 4.

2. Nebelscheinwerfer müssen in amtlich genehmigter Bauart ausgeführt sein (§ 22a I Nr 10). Technische Anforderungen bei der Bauartprüfung, VBl **73** 558, zuletzt geändert: VBl **03** 752 = StVRL § 22a Nr 1 (Nr 12). Nur zwei Nebelscheinwerfer dürfen neben den im § 50 vorgeschriebenen Scheinwerfern geführt werden (I S 1). Wegen der Blendgefahr dürfen sie nur benutzt werden, wenn dies unbedingt erforderlich ist. Verwendung nur gemäß § 17 StVO. Für die Beleuchtungsstärke enthält Satz 6 eine Beschränkung (s § 50). Schaltung: § 49a IV, V. Messung der Beleuchtungsstärke der Zusatzscheinwerfer: § 50 VII. Auch Nebelscheinwerfer, als lichttechnische Einrichtungen, müssen vorschriftsmäßig angebracht und ständig betriebsbereit sein, § 49a I S 3. Nebelscheinwerfer dürfen auch während der Zeit der Nichtbenutzung nicht abgedeckt sein. Darf nämlich gem § 17 Abs. 3 Satz 3 StVO allein mit den Nebelscheinwerfern (zusammen mit den Begrenzungsleuten) gefahren werden, so ist nicht auszuschließen, daß die mit einem Überzug oder einer Kappe abgedeckten Nebelscheinwerfer eingeschaltet und gleichzeitig die Scheinwerfer für Abblendlicht ausgeschaltet werden; dies kann der Fahrzeugführer am Tage bei Nebel nicht bemerken (s Begr VBl **88** 474). Zur Farbe der Nebelscheinwerfer, s BMV VBl **79** 774.

3. Suchscheinwerfer (II) sind bewegliche Scheinwerfer, mit denen Straßen- und Geländeteile, auch Wegweiser, die nicht vom Licht der festen Scheinwerfer getroffen werden, beleuchtet werden können. Für sie gilt nicht das in I über Zusatzscheinwerfer Gesagte; doch darf der Suchscheinwerfer zur Verhütung von Fahrerflucht nur mit den Schlußleuchten und der Beleuchtung des hinteren Kennzeichens (§ 60) zugleich ein- und ausschaltbar sein (II S 3). Die Leistungsaufnahme solcher Geräte ist auf 35 Watt begrenzt (II S 2). Suchscheinwerfer müssen beweglich eingebaut sein, Ha VM **68** 23.

4. Arbeitsscheinwerfer dürfen nach Abs VII in der Fassung der ÄndVO v 23. 3. 00, abw von der früheren Regelung, an mehrspurigen Fzen, unabhängig von deren zulässigem Gesamtgewicht, angebracht werden. Die früher in Abs II enthaltenen Vorschriften über **Rückfahrscheinwerfer** sind durch ÄndVO v 16. 11. 84 als § 52a neu gefaßt.

5. Kennleuchten für blaues Blinklicht. Der Zweck des Blaulichts erfordert eine Begrenzung der Zulassung auf eine möglichst geringe FzZahl, BVG DAR **02** 281, VGH Ma VRS **96** 153, OVG Münster NZV **00** 514. Neben den Fzen der Feuerwehr und Einrichtungen des Katastrophenschutzes gestattet Abs III Nr 2 auch die Ausrüstung von Fzen der Rettungsorganisationen mit Blaulicht, s Begr zur ÄndVO v 14. 6. 88 (VBl **88** 474). **KrankenFze** dürfen nach der Neufassung des Abs III Nr 4 durch ÄndVO v 23. 6. 93 nur noch mit blauem Rundumlicht ausgerüstet sein, wenn es sich um solche des Rettungsdienstes handelt. Damit soll erreicht werden, daß einen Krankenwagen nur mit Blaulicht ausrüstet, wer dieses auch benutzen darf (Begr, VBl **93** 614). Zur Definition des Begriffs Rettungsdienst im Rahmen des § 52 sind die Rettungsdienstgesetze der Länder heranzuziehen, OVG Münster NZV **00** 514. Fze zum Transport von Ärzten und Organen im Zusammenhang mit Organtransplantation fallen nicht unter III Nr 2 oder 4, OVG Münster NZV **00** 514 (aber Ausnahmegenehmigung nach § 70). Kfze des **Blutspendedienstes** dürfen nach Streichung von Nr 5 in Abs III (durch ÄndVO v 23. 3. 00) nicht mehr mit Rundumlicht ausgerüstet sein; in Notfällen können andere in Abs III genannte Fze verwendet werden (s Begr, VBl **00** 366). Näher: *Petersen* NZV **97** 249.

Zusätzliche blaue Frontblinkleuchten (III S 2). Zur geometrischen Sichtbarkeit blauen und gelben Blinklichts, BMV VBl **70** 336. Kennleuchten für blaues und gelbes Blinklicht müssen in amtlich genehmigter Bauart ausgeführt sein (§ 22a I Nr 11, 12). Technische Anforderungen bei der Bauartprüfung, VBl **73** 558, zuletzt geändert: VBl **03** 752 = StVRL § 22a Nr 1 (Nr 13). Ermessensfehlerfreie Ablehnung (§ 70) von Blaulicht und Einsatzhorn (§ 55 III) für Notfallarzt, VG Stade DAR **82** 238.

Rückfahrscheinwerfer § 52a StVZO 3

6. Kennleuchten für gelbes Blinklicht. Richtlinien über Bauart oder Einrichtung 8
von **PannenhilfsFzen**, BMV VBl 97 472; ihre Nichtbeachtung ist nicht ow, Dü DAR
83 91. Über Kennleuchten für gelbes Blinklicht (Rundumlicht), BMV VBl 63 163.
Merkblatt für WinterdienstFze, VBl 74 70, 87 787 = StVRL 1. **Arzt-Notfalleinsatz:**
Nach Abs VI ist die Berechtigung zum Führen des Dachaufsatzes nicht an ein bestimmtes Fz gebunden, sondern auf die Person des Arztes bezogen.

7. Ausnahmen: § 70 I. PrivatFze von Feuerwehrangehörigen dürfen keine geson- 9
derten Beleuchtungseinrichtungen haben, BMV 3. 7. 67, StV 7 – 8041 M/67. Krankenwagen: Abs V.

8. Ordnungswidrigkeit: §§ 69a III Nr 18e, V Nr 5e StVZO, 24 StVG. Nicht 10
bußgeldbewehrt sind danach Verstöße gegen Abs IV, Dü DAR 83 91, VRS 67 289; jedoch kann Verstoß gegen § 49a I (§ 69a Nr 18) gegeben sein, *Huppertz* VD 92 9, PVT 93 205; zur Frage einer Ahndung nach §§ 23, 49 I Nr 22 StVO, s § 23 StVO Rz 39.

Rückfahrscheinwerfer

52a (1) Der Rückfahrscheinwerfer ist eine Leuchte, die die Fahrbahn hinter und gegebenenfalls neben dem Fahrzeug ausleuchtet und anderen Verkehrsteilnehmern anzeigt, daß das Fahrzeug rückwärts fährt oder zu fahren beginnt.

(2) ¹Kraftfahrzeuge müssen hinten mit einem oder zwei Rückfahrscheinwerfern für weißes Licht ausgerüstet sein. ²An Anhängern sind hinten ein oder zwei Rückfahrscheinwerfer zulässig. ³Der niedrigste Punkt der leuchtenden Fläche darf nicht weniger als 250 mm und der höchste Punkt der leuchtenden Fläche nicht mehr als 1200 mm über der Fahrbahn liegen.

(3) ¹An mehrspurigen Kraftfahrzeugen mit einem zulässigen Gesamtgewicht von mehr als 3,5 t darf auf jeder Längsseite ein Rückfahrscheinwerfer angebaut sein. ²Der höchste Punkt der leuchtenden Fläche darf nicht mehr als 1200 mm über der Fahrbahn liegen. ³Diese Rückfahrscheinwerfer dürfen seitlich nicht mehr als 50 mm über den Fahrzeugumriß hinausragen.

(4) ¹Rückfahrscheinwerfer dürfen nur bei eingelegtem Rückwärtsgang leuchten können, wenn die Einrichtung zum Anlassen oder Stillsetzen des Motors sich in der Stellung befindet, in der der Motor arbeiten kann. ²Ist eine der beiden Voraussetzungen nicht gegeben, so dürfen sie nicht eingeschaltet werden können oder eingeschaltet bleiben.

(5) Rückfahrscheinwerfer müssen, soweit nicht über eine Bauartgenehmigung eine andere Ausrichtung vorgeschrieben ist, so geneigt sein, daß sie die Fahrbahn auf nicht mehr als 10 m hinter der Leuchte beleuchten.

(6) Rückfahrscheinwerfer sind nicht erforderlich an
1. Krafträdern,
2. land- oder forstwirtschaftlichen Zug- oder Arbeitsmaschinen,
3. einachsigen Zugmaschinen,
4. Arbeitsmaschinen und Staplern,
5. Krankenfahrstühlen.

(7) Werden Rückfahrscheinwerfer an Fahrzeugen angebracht, für die sie nicht vorgeschrieben sind, müssen sie den Vorschriften der Absätze 2, 4 und 5 entsprechen.

1. Begr (VBl 85 80): *... Ausgenommen von der Ausrüstungspflicht wurden solche Fahrzeug-* 1
kategorien, die nach § 39 keinen Rückwärtsgang zu haben brauchen, oder bei denen die Anbringung von Rückfahrscheinwerfern wegen des auf den Arbeitseinsatz abgestellten Aufbaus in vielen Fällen kaum oder nur unter großem Aufwand möglich ist.
...

Begr zur ÄndVO v 23. 7. 90: VBl **90** 497.

2. Rückfahrscheinwerfer dürfen die Fahrbahn nur auf höchstens 10 m nach hinten 2
beleuchten (Abs V). Gem Abs IV müssen sie so geschaltet sein, daß sie nur bei eingelegtem Rückwärtsgang brennen können und solange die Zündung eingeschaltet ist. Über-

3 StVZO § 53   B. Fahrzeuge III. Bau- und Betriebsvorschriften

gangsvorschrift: § 72 II. Rückfahrscheinwerfer müssen nach § 22a I Nr 12a in amtlich genehmigter Bauart ausgeführt sein.

3   3. Die Ausrüstung des Fzs mit Rückfahrscheinwerfern hat keinerlei Auswirkungen auf die sich aus § 9 V StVO ergebende Pflicht des rückwärts Fahrenden zu äußerster Sorgfalt. Er darf sich also nicht ohne weiteres darauf verlassen, daß andere VT dem Aufleuchten der Rückfahrscheinwerfer seine Absicht entnehmen und sich darauf einstellen.

4   4. Ordnungswidrigkeiten: § 69a III Nr 18 f.

Schlußleuchten, Bremsleuchten, Rückstrahler

53 (1) ¹Kraftfahrzeuge und ihre Anhänger müssen hinten mit zwei ausreichend wirkenden Schlußleuchten für rotes Licht ausgerüstet sein. ²Krafträder ohne Beiwagen brauchen nur eine Schlußleuchte zu haben. ³Der niedrigste Punkt der leuchtenden Fläche der Schlußleuchten darf nicht tiefer als 350 mm, bei Krafträdern nicht tiefer als 250 mm, und der höchste Punkt der leuchtenden Fläche nicht höher als 1500 mm, bei Arbeitsmaschinen und Staplern und land- oder forstwirtschaftlichen Zugmaschinen nicht höher als 1900 mm über der Fahrbahn liegen. ⁴Wenn die Form des Aufbaus die Einhaltung dieser Maße nicht zuläßt, darf der höchste Punkt der leuchtenden Fläche nicht höher als 2100 mm über der Fahrbahn liegen. ⁵Die Schlußleuchten müssen möglichst weit voneinander angebracht, der äußerste Punkt der leuchtenden Fläche darf nicht mehr als 400 mm von der breitesten Stelle des Fahrzeugumrisses entfernt sein. ⁶Mehrspurige Kraftfahrzeuge und ihre Anhänger dürfen mit zwei zusätzlichen Schlußleuchten ausgerüstet sein. ⁷Vorgeschriebene Schlußleuchten dürfen an einer gemeinsamen Sicherung nicht angeschlossen sein.

(2) ¹Kraftfahrzeuge und ihre Anhänger müssen hinten mit zwei ausreichend wirkenden Bremsleuchten für rotes Licht ausgerüstet sein, die nach rückwärts die Betätigung der Betriebsbremse, bei Fahrzeugen nach § 41 Abs. 7 der mechanischen Bremse, anzeigen. ²Die Bremsleuchten dürfen auch bei Betätigen eines Retarders oder einer ähnlichen Einrichtung aufleuchten. ³Bremsleuchten, die in der Nähe der Schlußleuchten angebracht oder damit zusammengebaut sind, müssen stärker als diese leuchten. ⁴Bremsleuchten sind nicht erforderlich an
1. Krafträdern mit oder ohne Beiwagen mit einer durch die Bauart bestimmten Höchstgeschwindigkeit von nicht mehr als 50 km/h,
2. Krankenfahrstühlen,
3. Anhängern hinter Fahrzeugen nach den Nummern 1 und 2 und
4. Fahrzeugen mit hydrostatischem Fahrantrieb, der als Betriebsbremse anerkannt ist.

⁵Bremsleuchten an Fahrzeugen, für die sie nicht vorgeschrieben sind, müssen den Vorschriften dieses Absatzes entsprechen. ⁶An Krafträdern ohne Beiwagen ist nur eine Bremsleuchte zulässig. ⁷Der niedrigste Punkt der leuchtenden Fläche der Bremsleuchten darf nicht tiefer als 350 mm und der höchste Punkt der leuchtenden Fläche nicht höher als 1500 mm über der Fahrbahn liegen. ⁸An Fahrzeugen des Straßendienstes, die von öffentlichen Verwaltungen oder in deren Auftrag verwendet werden, darf der höchste Punkt der leuchtenden Fläche der Bremsleuchten höher als 1500 mm über der Fahrbahn liegen. ⁹An Arbeitsmaschinen, Staplern und land- oder forstwirtschaftlichen Zugmaschinen darf der höchste Punkt der leuchtenden Fläche nicht höher als 1900 mm und, wenn die Form des Aufbaus die Einhaltung dieses Maßes nicht zuläßt, nicht höher als 2100 mm über der Fahrbahn liegen. ¹⁰Mehrspurige Kraftfahrzeuge und ihre Anhänger dürfen mit zwei zusätzlichen, höher als 1000 mm über der Fahrbahn liegenden, innen oder außen am Fahrzeug fest angebrachten Bremsleuchten ausgerüstet sein, die abweichend von Satz 6 auch höher als 1500 mm über der Fahrbahn angebracht sein dürfen. ¹¹Sie müssen so weit wie möglich voneinander entfernt angebracht sein.

(3) *(aufgehoben)*

(4) ¹Kraftfahrzeuge müssen an der Rückseite mit 2 roten Rückstrahlern ausgerüstet sein. ²Anhänger müssen mit 2 dreieckigen roten Rückstrahlern ausgerüstet sein; die Seitenlänge solcher Rückstrahler muß mindestens 150 mm betragen, die Spitze des Dreiecks muß nach oben zeigen. ³Der äußerste Punkt der leuchtenden Fläche der Rückstrahler darf nicht mehr als 400 mm vom äußersten Punkt des

Fahrzeugumrisses und ihr höchster Punkt der leuchtenden Fläche nicht mehr als 900 mm von der Fahrbahn entfernt sein. ⁴Ist wegen der Bauart des Fahrzeugs eine solche Anbringung der Rückstrahler nicht möglich, so sind 2 zusätzliche Rückstrahler erforderlich, wobei ein Paar Rückstrahler so niedrig wie möglich und nicht mehr als 400 mm von der breitesten Stelle des Fahrzeugumrisses entfernt und das andere Paar möglichst weit auseinander und höchstens 900 mm über der Fahrbahn angebracht sein muß. ⁵Krafträder ohne Beiwagen brauchen nur mit einem Rückstrahler ausgerüstet zu sein. ⁶An den hinter Kraftfahrzeugen mitgeführten Schneeräumgeräten mit einer Breite von mehr als 3 m muß in der Mitte zwischen den beiden anderen Rückstrahlern ein zusätzlicher dreieckiger Rückstrahler angebracht sein. ⁷Fahrräder mit Hilfsmotor dürfen mit Pedalrückstrahlern (§ 67 Abs. 6) ausgerüstet sein. ⁸Dreieckige Rückstrahler sind an Kraftfahrzeugen nicht zulässig.

(5) ¹Vorgeschriebene Schlußleuchten, Bremsleuchten und Rückstrahler müssen am äußersten Ende des Fahrzeugs angebracht sein. ²Ist dies wegen der Bauart des Fahrzeugs nicht möglich, und beträgt der Abstand des äußersten Endes des Fahrzeugs von den zur Längsachse des Fahrzeugs senkrecht liegenden Ebenen, an denen sich die Schlußleuchten, die Bremsleuchten oder die Rückstrahler befinden, mehr als 1000 mm, so muß je eine der genannten Einrichtungen zusätzlich möglichst weit hinten und möglichst in der nach den Absätzen 1, 2 und 4 vorgeschriebenen Höhe etwa in der Mittellinie der Fahrzeugspur angebracht sein. ³Nach hinten hinausragende fahrbare Anhängeleitern, Förderbänder und Kräne sind außerdem am Tage wie eine Ladung nach § 22 Abs. 4 der Straßenverkehrs-Ordnung kenntlich zu machen.

(6) ¹Die Absätze 1 und 2 gelten nicht für einachsige Zug- oder Arbeitsmaschinen. ²Sind einachsige Zug- oder Arbeitsmaschinen mit einem Anhänger verbunden, so müssen an der Rückseite des Anhängers die für Kraftfahrzeuge vorgeschriebenen Schlußleuchten angebracht sein. ³An einspurigen Anhängern hinter einachsigen Zug- oder Arbeitsmaschinen und hinter Krafträdern – auch mit Beiwagen – genügen für die rückwärtige Sicherung eine Schlußleuchte und ein dreieckiger Rückstrahler.

(7) Abweichend von Absatz 4 Satz 2 dürfen
1. land- oder forstwirtschaftliche Arbeitsgeräte, die hinter Kraftfahrzeugen mitgeführt werden und nur im Fahren eine ihrem Zweck entsprechende Arbeit leisten können,
2. eisenbereifte Anhänger, die nur für land- oder forstwirtschaftliche Zwecke verwendet werden,

mit Rückstrahlern ausgerüstet sein, wie sie nach Absatz 4 Satz 1 und 8 für Kraftfahrzeuge vorgeschrieben sind.

(7a) Anhänger, die nur für land- oder forstwirtschaftliche Zwecke eingesetzt werden, können neben den Rückstrahlern nach Absatz 4 Satz 2 auch Rückstrahler führen, wie sie für Kraftfahrzeuge vorgeschrieben sind.

(7b) Rückstrahler an hinter Kraftfahrzeugen mitgeführten land- oder forstwirtschaftlichen Bodenbearbeitungsgeräten dürfen abnehmbar sein.

(8) ¹Mit Abschleppwagen oder Abschleppachsen abgeschleppte Fahrzeuge müssen Schlußleuchten, Bremsleuchten, Rückstrahler und Fahrtrichtungsanzeiger haben. ²Diese Beleuchtungseinrichtungen dürfen auf einem Leuchtenträger (§ 49a Abs. 9) angebracht sein; sie müssen vom abschleppenden Fahrzeug aus betätigt werden können.

(9) ¹Schlußleuchten, Bremsleuchten und rote Rückstrahler – ausgenommen zusätzliche Bremsleuchten und zusätzliche Schlußleuchten – dürfen nicht an beweglichen Fahrzeugteilen angebracht werden. ²Das gilt nicht für lichttechnische Einrichtungen, die nach § 49a Abs. 9 und 10 abnehmbar sein dürfen.

(10) ¹Die Kennzeichnung von
1. Kraftfahrzeugen, deren durch die Bauart bestimmte Höchstgeschwindigkeit nicht mehr als 30 km/h beträgt, und ihren Anhängern mit einer dreieckigen Tafel mit abgeflachten Ecken, die der im Anhang zu dieser Vorschrift genannten Bestimmung entspricht,
2. schweren und langen Kraftfahrzeugen und Anhängern mit rechteckigen Tafeln, die der im Anhang zu dieser Vorschrift genannten Bestimmung entsprechen, und
3. schweren und langen Fahrzeugen – ausgenommen Personenkraftwagen – mit einer Länge von mehr als 6,00 m mit Konturmarkierungen aus weißen oder gel-

3 StVZO § 53   B. Fahrzeuge III. Bau- und Betriebsvorschriften

ben retroreflektierenden Materialien, die den im Anhang zu dieser Vorschrift genannten Bestimmungen entsprechen,
ist zulässig. ²Bei den in Satz 1 Nr. 3 genannten Fahrzeugen ist in Verbindung mit der Konturmarkierung Werbung auch aus andersfarbigen retroreflektierenden Materialien auf den Seitenflächen der Fahrzeuge zulässig, die den im Anhang zu dieser Vorschrift genannten Bestimmungen entspricht.

1   **Begr** zur ÄndVO v 23. 7. 90: VBl **90** 497.

   Begr zur ÄndVO v 23. 6. 93 (VBl **93** 615):

   Zu Abs 10: … *Zur Verbesserung der rückwärtigen Erkennbarkeit von Lastkraftwagen und Fahrzeugkombinationen bieten sich rechteckige Tafeln nach der ECE-Regelung Nr. 70 an. Da bereits mehrere EC-Mitgliedstaaten Tafeln nach der ECE-Regelung zugelassen oder gar vorgeschrieben haben, sollen auch die deutschen Fahrzeughalter durch Einfügung des Absatzes 10 die Möglichkeit zur Verbesserung der Erkennbarkeit ihrer Fahrzeuge nutzen können. Dies gilt sinngemäß auch für bauartbedingt langsam fahrende Fahrzeuge. In zunehmendem Maße fordern benachbarte EG-Mitgliedstaaten die Ausrüstung dieser Fahrzeuge mit dreieckigen Tafeln nach der ECE-Regelung Nr. 69.*

   Begr zur ÄndVO v 12. 8. 97: VBl **97** 660.

2   **Begr** zur ÄndVO v 23. 3. 00 (VBl **00** 367): **Zu Abs 10:** *Neben der Kennzeichnung bestimmter Fahrzeuge gemäß den ECE-Regelungen Nr. 69 und Nr. 70 soll nun auch die Kennzeichnung mit Konturmarkierungen gemäß ECE-Regelung 104 zugelassen werden, um die Sichtbarkeit dieser Fahrzeuge weiter zu verbessern.*

   Der Aufmerksamkeitsgrad der nach der ECE-Regelung Nr. 104 mit retroreflektierenden Materialien gekennzeichneten Fahrzeuge, ist für den sich neben der beleuchtenden Lichtquelle befindlichen Betrachter deutlich erhöht.

   Um diesen Aufmerksamkeitsgrad durchgehend zu erhalten, wird ausdrücklich darauf hingewiesen, daß eine Kombination von markierten und nicht markierten Fahrzeugen nicht im Verkehr betrieben werden sollte. Dies geht eindeutig aus der ECE-Regelung Nr. 104, Anhang 9, Nr. 1.1 hervor …

23. StVZAusnV v 13. 3. 74 (BGBl I 744)

2a   § 3. Abweichend von § 53 Abs. 4 Satz 4 StVZO sind an Fahrzeugen, die vor dem 1. April 1974 erstmals in den Verkehr gekommen sind, zwei zusätzliche Rückstrahler nicht erforderlich, wenn eine höhere Anbringung der vorgeschriebenen Rückstrahler bei der Erteilung der Betriebserlaubnis genehmigt und eine Auflage über die Anbringung eines zweiten Paares Rückstrahler nicht gemacht worden ist.

40. StVZAusnV v 20. 12. 91 (BGBl I 2392)

2b   § 1. Abweichend von § 53 Abs. 2 Satz 1 der Straßenverkehrs-Zulassungs-Ordnung sind Einrichtungen und Schaltungen zulässig, die das Aufleuchten der Bremsleuchten bewirken, wenn eine Betriebsbremsung zu erwarten ist. Dies gilt nur, wenn

   1. diese Einrichtungen und Schaltungen die in der Anlage aufgeführten Anforderungen erfüllen und

   2. für diese Einrichtungen und Schaltungen eine Betriebserlaubnis für Fahrzeugteile nach § 22 der Straßenverkehrs-Zulassungs-Ordnung erteilt worden ist.

   § 2. *(aufgehoben)*

   § 3. Diese Verordnung tritt am Tage nach der Verkündung in Kraft. § 1 tritt am 1. Januar 2006 für neu in den Verkehr kommende Fahrzeuge außer Kraft.

   Anlage zu § 1 S 2, s BGBl I 1991 S 2393.

   Begr: VBl **92** 26, **96** 51, **00** 360.

43. StVZAusnV v 18. 3. 93 (BGBl I 361)

§ 1. Abweichend von § 53 Abs. 2 der Straßenverkehrs-Zulassungs-Ordnung darf 2 c an Kraftfahrzeugen – ausgenommen Krafträder – und ihren Anhängern eine zusätzliche zentrale Bremsleuchte angebaut sein, wenn
1. ihre Lichtstärke mindestens 25 Candela, aber nicht mehr als 80 Candela beträgt,
2. sie in einer amtlich genehmigten Bauart (§ 22a Abs 1 Nr 14 der Straßenverkehrs-Zulassungs-Ordnung) ausgeführt ist oder auf Grund vergleichbarer Anforderungen eines anderen Mitgliedstaates der Europäischen Gemeinschaften an Bauart und Beschaffenheit genehmigt wurde und mindestens die gleiche Schutzwirkung aufweist,
3. sie symmetrisch zur Fahrzeuglängsmittelebene innen oder außen am Fahrzeug fest angebracht ist und ihre untere Begrenzung der leuchtenden Fläche über den oberen Begrenzungen der leuchtenden Flächen der vorgeschriebenen Bremsleuchten liegt und
4. nicht bereits zusätzliche paarweise Bremsleuchten nach § 53 Abs. 2 Satz 10 der Straßenverkehrs-Zulassungs-Ordnung angebracht sind.

§ 2. Diese Verordnung tritt am Tage der Verkündung in Kraft.

Begr: VBl **93** 320.

1. § 53 enthält die Bauvorschriften für die **Kenntlichmachung von Kraftfahrzeugen und Anhängern nach hinten**, um Mängeln der **Schlußbeleuchtung** vorzubeugen. Es soll ein Signalbild erreicht werden, das in einem nach Höhe und seitlicher Abgrenzung bestimmten Rahmen an der Rückseite des Fz entsteht, und zwar durch die Schlußleuchten und die beleuchtete Fläche des Kennzeichens. Für den Fall des Versagens beider Schlußleuchten sind **Rückstrahler** vorgeschrieben. Merkblatt über den Anbau von Scheinwerfern und Leuchten an beweglichen FzTeilen, s § 49a Rz 4. Zur Verbesserung der Sichtbarkeit läßt Abs X Nr 1 bis 3 (eingefügt durch ÄndVO v 23. 6. 93 bzw v 23. 3. 00) für die dort genannten langsamen sowie schweren und langen Fze auch die Kennzeichnung durch dreieckige und rechteckige **Tafeln** bzw **Konturmarkierungen** aus retroreflektierenden Materialien zu (s Begr, Rz 1, 2). Werbung in Verbindung mit der Konturmarkierung ist nach Maßgabe von X S 2 zulässig; jedoch ist das Verbot verkehrsgefährdender oder -erschwerender Werbung (§ 33 I S 1 Nr 3 StVO) zu beachten.

2. Zwei **Schlußleuchten** sind für Kfze außer Krädern (ohne Beiwagen) vorgeschrieben (I S 1). Fahrräder: § 67. Für mehrspurige Kfze und ihre Anhänger sind zwei weitere Schlußleuchten zugelassen (I S 6), weil die üblichen Schlußleuchten durch Personen verdeckt werden können. Nur *vorgeschriebene* Schlußleuchten sind gem Abs V S 1 am äußersten Ende des Fzs anzubringen. Sie sind dort in gleichem Abstand zwischen Fahrzeugmitte und Außenkanten zu führen. Schlußleuchten müssen nach § 22a I Ziff 13 in amtlich genehmigter Bauart ausgeführt sein. Technische Anforderungen bei der Bauartprüfung, VBl **73** 558, zuletzt geändert: VBl **03** 752 = StVRL § 22a Nr 1 (Nr 14). Vorgeschriebene Schlußleuchten dürfen nach Abs I S 7 auch dann nicht an eine gemeinsame Sicherung angeschlossen werden, wenn ihre Wirksamkeit vom Führersitz aus durch ein Kontrollicht überwacht werden kann. Übergangsvorschrift: § 72 II. Auch Krankenfahrstühle müssen zwei Schlußleuchten haben. Zivilrechtliche Fragen, s § 17 Rz 38.

3. Mit zwei **Bremsleuchten** müssen mehrspurige Fze ausgerüstet sein (II S 1, 6). Übergangsvorschrift: § 72 II. Sie dienen bei Kfzen zur Anzeige des Bremsens gegenüber dem nachfolgenden V. Sie müssen nach § 22a I Ziff 14 in amtlich genehmigter Bauart ausgeführt sein. Die Farbe der Bremsleuchten ist rot (II S 1). Blinkende Bremsleuchten sind unzulässig, BMV VBl **72** 35. Technische Anforderungen bei der Bauartprüfung, VBl **73** 558, zuletzt geändert: VBl **03** 752 = StVRL § 22a Nr 1 (Nr 17). **Zusätzliche Bremsleuchten:** Abs II S 10, s BMV VBl **80** 788, **81** 4. Zusätzliche hochgesetzte Bremsleuchten, für mehrere Kfze zugleich sichtbar, sollen optisch-psychologisch ausrei-

3 StVZO § 53 B. Fahrzeuge III. Bau- und Betriebsvorschriften

chendes Abstandhalten bewirken. Zum Einfluß hochgesetzter Bremsleuchten auf die Häufigkeit von Auffahrunfällen, s *Kümmel* PTV **80** 230, *Marburger* ZVS **84** 135. Sie müssen fest angebracht, dh mit dem FzKörper dauerhaft haltbar verbunden sein, Abs II S 9, s VBl **81** 4. An Kfzen (ausgenommen Kräder), die nicht bereits gem Abs II S 10 zwei zusätzliche hochgesetzte Bremsleuchten führen, darf unter den Voraussetzungen der 43. StVZAusnV (Rz 2 c) eine zusätzliche zentral hochgesetzte 3. Bremsleuchte angebaut sein. **Anbringung:** II S 7–9. Eine Koppelung von Gaspedal und Bremslicht widerspricht zwar Abs II S 1, wonach Bremsleuchten Bremsbetätigung anzeigen; jedoch sind abw von dieser Bestimmung **Bremsvorwarnsysteme** unter den Voraussetzungen von § 1 der 40. StVZAusnV (s Rz 2 b) zulässig, soweit es sich um Fze handelt, die vor dem 1. 1. 2006 in den V gekommen sind (§ 3 der AusnVO). Im übrigen erlaubt II S 2 auch das Aufleuchten der Bremsleuchten bei Benutzung von **Retardern** oder ähnlichen Einrichtungen. Zur Einschaltung des Bremslichts bei Benutzung der Dauerbremse, BMV VBl **70** 654.

6 **Keine Bremsleuchten** brauchen zu führen (II S 4): alle Krafträder mit oder ohne Beiwagen mit bauartbestimmter Höchstgeschwindigkeit von nicht mehr als 50 km/h; Krankenfahrstühle; Anhänger hinter solchen Fzen; Fze mit hydrostatischem Fahrantrieb (s Begr VBl **90** 497). Soweit Fze, die keine Bremsleuchten zu führen brauchen, solche doch führen, müssen sie II entsprechen (Abs II S 5). Doch ist bei Krafträdern ohne Beiwagen nur eine Bremsleuchte zulässig (II S 6).

7 **4. Schluß- und Bremsleuchten für Anhänger** (§ 18) von Kfzen sind in Abs I, II vorgeschrieben, so daß Abs III (alt) entfallen konnte. An Anhängern sind dieselben Leuchten zu führen, die für das ziehende Kfz vorgeschrieben sind. Mehrspurige Anhänger hinter einspurigen Kfzen müssen mit Schlußleuchten ausgerüstet sein, wie sie für mehrspurige Kfze vorgeschrieben sind. Die Schlußleuchten des Anhängers müssen auch bei Tage durch Anschluß zwischen ziehendem Fz und Anhänger betriebsfertig sein, § 49 a I S 3. Land- und forstwirtschaftliche Arbeitsgeräte und eisenbereifte Anhänger hinter Kfzen genießen hinsichtlich der rückwärtigen Sicherung keine Sonderstellung mehr.

7 a **4 a. Nebelschlußleuchten:** § 53 d.

8 **5.** Kraftfahrzeuge haben zwei **Rückstrahler** zu führen (IV S 1), auch Kräder mit Beiwagen, s Abs IV S 5 (s BMV VBl **52** 266). Rückstrahler sind nur in amtlich genehmigter Bauart zugelassen (§ 22 a I 15). Technische Anforderungen bei der Bauartprüfung, VBl **73** 558, zuletzt geändert: VBl **03** 752 = StVRL § 22 a Nr 1 (Nr 18). Die Begrenzung der Anbringungshöhe auf 900 mm entspricht praktischen Erfordernissen. Alle FmH, also auch diejenigen mit bauartbedingter Höchstgeschwindigkeit zwischen 26 und 40 km/h, dürfen Pedalrückstrahler (§ 67 VI) führen. Mit den für Anhänger eingeführten dreieckigen Rückstrahlern (IV S 2) sind auch Pkw- und Kradanhänger auszustatten, BMV VBl **52** 266. An anderen Fzen sind sie verboten, § 49 a I S 1 (s VBl **52** 315). Rückstrahler an land- oder forstwirtschaftlichen Arbeitsgeräten: VII, VIIa. Rückstrahler sind lichttechnische Einrichtungen (§ 49 a I S 2). Reinigt der Fahrer verschmutzte Rückstrahler pflichtwidrig nicht, so kann das für Auffahrfolgen ursächlich sein, BGH DAR **58** 218. Wird ein LkwAnhänger mit verschmutzten Rückstrahlern am StrRand abgestellt, so spricht bei Kollision der Anscheinsbeweis dafür, daß ordnungswidriger Zustand der Rückstrahler ursächlich gewesen ist, BGH VR **61** 860. Entfärbte Rückstrahler oder Gläser sind zu ersetzen, s BMV VBl **61** 24.

9 **6. Zusätzliche Bestimmungen über die rückwärtige Sicherung der Fahrzeuge.** In V sind Bestimmungen über die Anbringung der Schlußleuchten, Bremsleuchten oder Rückstrahler an Fzen aufgenommen, an denen sie sich wegen der Besonderheit ihrer Bauart nicht am äußersten Ende anbringen lassen, außerdem Vorschriften über die rückwärtige Sicherung von fahrbaren Anhängeleitern, Förderbändern und Kränen, die nach hinten hinausragen. Mit der durch ÄndVO v 20. 6. 73 erfolgten Einfügung der Wörter „die Bremsleuchten" in V S 2 ist klargestellt, daß außer Schlußleuchten und Rückstrahlern in den Fällen des Abs V auch die Bremsleuchten zusätzlich anzubringen sind (s Begr VBl **73** 410).

Warndreieck, Warnleuchte, Warnblinkanlage § 53a StVZO **3**

7. Für **einachsige Zug- und Arbeitsmaschinen** gelten die Absätze I und II über vorgeschriebene Schluß- und Bremsleuchten nicht (VI S 1). Sind solche Maschinen mit Anhängern verbunden, so sind diese Sicherungen jedoch nicht entbehrlich. Da sie nicht am ziehenden Fz angebracht werden können, sollen sie sich am Anhänger befinden (VI S 2); für einspurige Anhänger hinter einachsigen Zug- und Arbeitsmaschinen sowie Krädern gilt die Erleichterung des Abs VI S 3: es genügen eine Schlußleuchte und ein dreieckiger Rückstrahler. 10

8. **Ausnahmen für Anhänger in der Land- oder Forstwirtschaft:** VII a, VII b (abnehmbare Leuchtenträger). 11

9. **Sonstige Ausnahmen:** § 70 I. Richtlinien für Ausnahmegenehmigungen für bestimmte Arbeitsmaschinen und bestimmte andere FzArten, VBl 80 433. **Leichtmofas** dürfen unter den Voraussetzungen des § 1 Leichtmofa-AusnVO (Buchteil **10**) mit den für Fahrräder vorgeschriebenen lichttechnischen Einrichtungen ausgerüstet sein. **Übergangsvorschriften:** § 72 II. 12

10. **Ordnungswidrigkeit:** §§ 69 a III Nr 18 g StVZO, 24 StVG. Gegen die Bestimmungen über Schlußleuchten verstößt auch, wer sie so verdeckt, daß sie ihren Zweck nicht erfüllen können. 13

Warndreieck, Warnleuchte, Warnblinkanlage

53a (1) ¹Warndreiecke und Warnleuchten müssen tragbar, standsicher und so beschaffen sein, daß sie bei Gebrauch auf ausreichende Entfernung erkennbar sind. ²Warndreiecke müssen rückstrahlend sein; Warnleuchten müssen gelbes Blinklicht abstrahlen, von der Lichtanlage des Fahrzeugs unabhängig sein und eine ausreichende Brenndauer haben. ³Die Warneinrichtungen müssen in betriebsfertigem Zustand sein.

(2) In Kraftfahrzeugen mit Ausnahme von Krankenfahrstühlen, Krafträdern und einachsigen Zug- oder Arbeitsmaschinen müssen mindestens folgende Warneinrichtungen mitgeführt werden:

1. in Personenkraftwagen, land- oder forstwirtschaftlichen Zug- oder Arbeitsmaschinen sowie in anderen Kraftfahrzeugen mit einem zulässigen Gesamtgewicht von nicht mehr als 3,5 t:
ein Warndreieck;

2. in Kraftfahrzeugen mit einem zulässigen Gesamtgewicht von mehr als 3,5 t:
ein Warndreieck und getrennt davon eine Warnleuchte. Als Warnleuchte darf auch eine tragbare Blinkleuchte nach § 53 b Abs. 5 Satz 7 mitgeführt werden.

(3) ¹Warnleuchten, die mitgeführt werden, ohne daß sie nach Absatz 2 vorgeschrieben sind, dürfen abweichend von Absatz 1 von der Lichtanlage des Fahrzeugs abhängig, im Fahrzeug fest angebracht oder so beschaffen sein, daß sie bei Bedarf innen oder außen am Fahrzeug angebracht werden können. ²Sie müssen der Nummer 20 der Technischen Anforderungen an Fahrzeugteile bei der Bauartprüfung nach § 22 a der Straßenverkehrs-Zulassungs-Ordnung (Verkehrsblatt 1973 S. 558) entsprechen.

(4) ¹Fahrzeuge (ausgenommen Kraftfahrzeuge nach § 30 a Abs. 3 mit Ausnahme von dreirädrigen Kraftfahrzeugen), die mit Fahrtrichtungsanzeigern ausgerüstet sein müssen, müssen zusätzlich eine Warnblinkanlage haben. ²Sie muß wie folgt beschaffen sein:

1. Für die Schaltung muß im Kraftfahrzeug ein besonderer Schalter vorhanden sein.

2. Nach dem Einschalten müssen alle am Fahrzeug oder Zug vorhandenen Blinkleuchten gleichzeitig mit einer Frequenz von 1,5 Hz ± 0,5 Hz (90 Impulse ± 30 Impulse in der Minute) gelbes Blinklicht abstrahlen.

3. Dem Fahrzeugführer muß durch eine auffällige Kontrolleuchte nach § 39 a angezeigt werden, daß das Warnblinklicht eingeschaltet ist.

(5) Warnblinkanlagen an Fahrzeugen, für die sie nicht vorgeschrieben sind, müssen den Vorschriften des Absatzes 4 entsprechen.

1185

23. StVZAusnV v 13. 3. 74 (BGBl I 744)

1 **§ 4** (1) Abweichend von § 53a Abs. 4 StVZO in Verbindung mit § 54 Abs. 3 StVZO darf bei Fahrzeugen, die vor dem 1. Januar 1970 erstmals in den Verkehr gekommen sind, das Warnblinklicht auch durch die vorhandenen Blinkleuchten für rotes Licht abgestrahlt werden.

(2) An solchen Fahrzeugen darf das Warnblinklicht an der Rückseite anstatt durch die Blinkleuchten für rotes Licht durch zwei zusätzlich angebrachte Leuchten für gelbes Licht abgestrahlt werden.

2 **Begr** zur ÄndVO v 22. 10. 03 (VBl **03** 747): **Zu Abs 4:** *Nach der Richtlinie 93/92/EWG über den Anbau der Beleuchtungs- und Lichtsignalanlagen an zweirädrigen oder dreirädrigen Kraftfahrzeugen ist die Ausrüstung von Krafträdern mit Warnblinklicht erlaubt, aber nicht vorgeschrieben. Durch die Änderung wird die Anpassung an die Vorschriften dieser Richtlinie vorgenommen.*

3 **1. Warneinrichtungen.** § 53a soll Unfälle durch Auffahren auf haltende oder wegen Betriebsstörung liegengebliebene Kfze verhindern, s Dü VRS **74** 302, **75** 378, **79** 70. Die Mitführungspflicht gilt auch für Quads (s § 18 Rz 20b), BMV VBl **04** 28. Warndreiecke und Warnleuchten müssen nach § 22a I Ziff 16 in amtlich genehmigter Bauart ausgeführt sein. Technische Anforderungen bei der Bauartprüfung, insbesondere zusätzlicher Warnleuchten nach § 53a III, VBl **73** 558, zuletzt geändert: VBl **03** 752 = StVRl § 22a Nr 1 (Nr 19). Die ECE-Regelung über Warndreiecke (VBl **88** 286) ist durch VO v 4. 2. 88 (BGBl II S 158) für die BRep in Kraft gesetzt worden. Abs III S 2 stellt klar, daß die Technischen Anforderungen an FzTeile auch auf nicht vorgeschriebene, zusätzliche Warnleuchten Anwendung finden (s Begr VBl **85** 80). Übergangsvorschrift: § 72 II. Vorgeschriebene Warnleuchten sind vom Halter so unterzubringen, daß der Fahrer sie bei Bedarf sofort finden und benutzen kann, Dü NZV **93** 41, VRS **74** 302, Zw VRS **56** 70. Für ständige Betriebsbereitschaft hat er zu sorgen, Dü VRS **74** 302, **75** 378, **79** 70 (Prüfung vor jedem FzEinsatz). Unterläßt es der Kf pflichtwidrig, betriebsbereite Sicherungsmittel mitzunehmen, so kann das auffahrursächlich sein, BGH DAR **58** 218, Ha VRS **16** 35. Aufstellen der vorgeschriebenen Sicherungsmittel: § 15 StVO.

4 **2. Beschaffenheit der Warneinrichtungen:** Abs I. Überleitungsbestimmung für die neuen Bundesländer, s § 35h Rz 5.

5 **3. Warnblinkanlage.** Alle Fze, die mit Fahrtrichtungsanzeigern ausgerüstet sein müssen (§ 54), mit Ausnahme von zweirädrigen Krafträdern (Abs IV S 1), müssen zusätzlich eine Warnblinkanlage haben (IV), bei der das Warnblinklicht rechts und links gleichzeitig aufleuchtet. Das Warnblinklicht soll die Zeit bis zum Aufstellen der Sicherungsmittel überbrücken. Verzögerungsabhängig geschaltete Warnblinkanlagen, s BMV VBl **70** 834, **71** 58.

6 **4. Ordnungswidrigkeit:** §§ 31b, 69a III Nr 19, V Nr 4b StVZO, 24 StVG. Ungenügendes Kenntlichmachen bei Halten oder Liegenbleiben: §§ 15, 23 StVO. Fehlen die vorgeschriebenen Ausrüstungsgegenstände, so ist das Fz nicht vorschriftsmäßig, s § 31 Rz 11, Anordnen oder Zulassen der Inbetriebnahme durch den Halter ist dann ow (§ 31 II). Der Halter muß dem Fahrer die mitzuführenden Gegenstände entweder aushändigen oder ihm den Aufbewahrungsort im Fz angeben oder sie dort unterbringen, wo dieser sie sofort findet, Dü VRS **74** 302, s auch Rz 3.

7 **5. Überleitungsbestimmung für die neuen Bundesländer**, s vor § 30.

Ausrüstung und Kenntlichmachung von Anbaugeräten und Hubladebühnen

53b (1) ¹Anbaugeräte, die seitlich mehr als 400 mm über den äußersten Punkt der leuchtenden Flächen der Begrenzungs- oder der Schlußleuchten des Fahrzeugs hinausragen, müssen mit Begrenzungsleuchten (§ 51 Abs. 1), Schlußleuchten (§ 53 Abs. 1) und Rückstrahlern (§ 53 Abs. 4) ausgerüstet sein. ²Die Leuchten müssen so angebracht sein, daß der äußerste Punkt ihrer leuchtenden

Fläche nicht mehr als 400 mm von der äußersten Begrenzung des Anbaugeräts und der höchste Punkt der leuchtenden Fläche nicht mehr als 1500 mm von der Fahrbahn entfernt sind. ³Der äußerste Punkt der leuchtenden Fläche der Rückstrahler darf nicht mehr als 400 mm von der äußersten Begrenzung des Anbaugeräts, der höchste Punkt der leuchtenden Fläche nicht mehr als 900 mm von der Fahrbahn entfernt sein. ⁴Die Leuchten und die Rückstrahler dürfen außerhalb der Zeit, in der Beleuchtung nötig ist (§ 17 Abs. 1 der Straßenverkehrs-Ordnung), abgenommen sein; sie müssen im oder am Fahrzeug mitgeführt werden.

(2) ¹Anbaugeräte, deren äußerstes Ende mehr als 1000 mm über die Schlußleuchten des Fahrzeugs nach hinten hinausragt, müssen mit einer Schlußleuchte (§ 53 Abs. 1) und einem Rückstrahler (§ 53 Abs. 4) ausgerüstet sein. ²Schlußleuchte und Rückstrahler müssen möglichst am äußersten Ende des Anbaugeräts und möglichst in der Fahrzeuglängsmittelebene angebracht sein. ³Der höchste Punkt der leuchtenden Fläche der Schlußleuchte darf nicht mehr als 1500 mm und der des Rückstrahlers nicht mehr als 900 mm von der Fahrbahn entfernt sein. ⁴Schlußleuchte und Rückstrahler dürfen außerhalb der Zeit, in der Beleuchtung nötig ist (§ 17 Abs. 1 der Straßenverkehrs-Ordnung), abgenommen sein; sie müssen im oder am Fahrzeug mitgeführt werden.

(3) ¹Anbaugeräte nach Absatz 1 müssen ständig nach vorn und hinten, Anbaugeräte nach Absatz 2 müssen ständig nach hinten durch Park-Warntafeln nach § 51c oder durch Folien oder Tafeln nach DIN 11030, Ausgabe September 1994, kenntlich gemacht werden. ²Diese Tafeln, deren Streifen nach außen und nach unten verlaufen müssen, brauchen nicht fest am Anbaugerät angebracht zu sein.

(4) Ist beim Mitführen von Anbaugeräten eine Beeinträchtigung der Wirkung lichttechnischer Einrichtungen nicht vermeidbar, so müssen während der Dauer der Beeinträchtigung zusätzlich angebrachte lichttechnische Einrichtungen (z. B. auf einem Leuchtenträger nach § 49a Abs. 9 oder 10) gleicher Art ihre Funktion übernehmen.

(5) ¹Hubladebühnen und ähnliche Einrichtungen, außer solchen an Kraftomnibussen, müssen während ihres Betriebs durch zwei Blinkleuchten für gelbes Licht mit einer Lichtstärke von nicht weniger als 50 cd und nicht mehr als 200 cd und mit gut sichtbaren rot-weißen Warnmarkierungen kenntlich gemacht werden. ²Die Blinkleuchten und die Warnmarkierungen müssen – bezogen auf die Arbeitsstellung der Einrichtung – möglichst am hinteren Ende und soweit außen wie möglich angebracht sein. ³Die Blinkleuchten müssen in Arbeitsstellung der Einrichtung mindestens in den Winkelbereichen sichtbar sein, die für hinten an Fahrzeugen angeordnete Fahrtrichtungsanzeiger in § 49a Abs. 1 Satz 4 gefordert werden. ⁴Die Blinkleuchten müssen eine flache Abböschung haben. ⁵Die Blinkleuchten müssen während des Betriebs der Einrichtung selbsttätig und unabhängig von der übrigen Fahrzeugbeleuchtung Warnblinklicht abstrahlen. ⁶Die rot-weißen Warnmarkierungen müssen retroreflektierend sein und brauchen nur nach hinten zu wirken. ⁷Bei Fahrzeugen, bei denen fest angebaute Blinkleuchten mit dem Verwendungszweck oder der Bauweise der Hubladebühne unvereinbar sind und bei Fahrzeugen, bei denen eine Nachrüstung mit zumutbarem Aufwand nicht möglich ist, muß mindestens eine tragbare Blinkleuchte als Sicherungseinrichtung von Hubladebühnen oder ähnlichen Einrichtungen mitgeführt, aufgestellt und zweckentsprechend betrieben werden.

Begr zur ÄndVO v 23. 6. 93 (VBl **93** 615):

Zu Abs 5: *Es hat sich gezeigt, daß nicht bei allen Hubeinrichtungen z. B. ausfahrbare Plattformen an der Rückseite von Kraftfahrzeugen für Behinderte, Faltladebordwände, Blinkleuchten fest angebracht werden können. In diesen Fällen und, wenn eine Nachrüstung nicht mit vertretbarem Aufwand möglich ist, soll als Ersatzlösung eine tragbare Blinkleuchte mitgeführt, aufgestellt und zweckentsprechend betrieben werden. Anforderungen an die tragbaren Blinkleuchten sowie an die rot-weißen Warnmarkierungen sind in den Technischen Anforderungen Nr. 16a enthalten. Wegen der höheren technischen Anforderungen können diese tragbaren Blinkleuchten auch als Warnleuchten nach § 53a Abs. 2 Nr. 2 verwendet werden.*

Begr zur ÄndVO v 25. 10. 94: BRDrucks 782/94.

1. Die Vorschrift ist vor allem auch bedeutsam bei Anbaugeräten an Fzen des Straßendienstes. Sie ist auch zu beachten bei landwirtschaftlichen Anbaugeräten, Bay VRS

3 StVZO §§ 53c, 53d   B. Fahrzeuge III. Bau- und Betriebsvorschriften

70 381. Durch I S 4 und II S 4 wird klargestellt, daß die Leuchten und Rückstrahler im oder am Fz mitgeführt werden müssen, damit diese Teile, wenn die Sichtverhältnisse es erfordern, vor allem in der Dämmerung oder bei Dunkelheit zur Verfügung stehen (s Begr VBl **92** 344). Merkblatt für Anbaugeräte: VBl **99** 268, **00** 479, **04** 527 = StVRL § 30 Nr 6. **Übergangsvorschrift:** § 72 II: Für vor dem 1. 1. 1990 erstmals in den V gekommene Anbaugeräte gilt Abs I in der bis 1. 7. 88 gültigen Fassung fort (§ 72 II). Abs III über die Kenntlichmachung der Anbaugeräte durch Park-Warntafeln ist spätestens ab 1. 1. 1992 anzuwenden (§ 72 II), Abs V über die Kenntlichmachung von Hubladebühnen erst spätestens ab 1. 1. 1993 (krit zu den langen Übergangsfristen *Berr* NZV **88** 47, 49). Für Hebeplattformen oder ähnliche technische Einrichtungen als Einstieghilfen an Kom gilt Abs V nicht; vielmehr gelten die Bestimmungen der Richtlinie 2001/85/EG (StVRL Nr 4 zu § 34a). Übergangsvorschrift: § 72 II.

3   2. **Ordnungswidrigkeiten** (§ 24 StVG): § 69a III Nr 19a, §§ 31b, 69a V 4b.

Tarnleuchten

53c (1) Fahrzeuge der Bundeswehr, des Bundesgrenzschutzes, der Polizei und des Katastrophenschutzes dürfen zusätzlich mit den zum Tarnlichtkreis gehörenden Leuchten (Tarnscheinwerfer, Tarnschlußleuchten, Abstandsleuchten und Tarnbremsleuchten) versehen sein.

(2) **Die Tarnleuchten dürfen nur einschaltbar sein, wenn die übrige Fahrzeugbeleuchtung abgeschaltet ist.**

Begr (VBl **73** 410): *Durch die Ausrüstung der Fahrzeuge mit den zum Tarnlichtkreis gehörenden Leuchten soll erreicht werden, daß auch im Falle der Verdunkelung ein Verkehr mit ausreichender Sicherheit möglich bleibt.*

Nebelschlußleuchten

53d (1) Die Nebelschlußleuchte ist eine Leuchte, die rotes Licht abstrahlt und das Fahrzeug bei dichtem Nebel von hinten besser erkennbar macht.

(2) Mehrspurige Kraftfahrzeuge, deren durch die Bauart bestimmte Höchstgeschwindigkeit mehr als 60 km/h beträgt, und ihre Anhänger müssen hinten mit einer oder zwei, andere Kraftfahrzeuge und Anhänger dürfen hinten mit einer Nebelschlußleuchte ausgerüstet sein.

(3) ¹Der niedrigste Punkt der leuchtenden Fläche darf nicht weniger als 250 mm und der höchste Punkt nicht mehr als 1000 mm über der Fahrbahn liegen. ²In allen Fällen muß der Abstand zwischen den leuchtenden Flächen der Nebelschlußleuchte und der Bremsleuchte mehr als 100 mm betragen. ³Ist nur eine Nebelschlußleuchte angebracht, so muß sie in der Mitte oder links angeordnet sein.

(4) ¹Nebelschlußleuchten müssen so geschaltet sein, daß sie nur dann leuchten können, wenn die Scheinwerfer für Fernlicht, für Abblendlicht oder die Nebelscheinwerfer oder eine Kombination dieser Scheinwerfer eingeschaltet sind. ²Sind Nebelscheinwerfer vorhanden, so müssen die Nebelschlußleuchten unabhängig von diesen ausgeschaltet werden können. ³Sind die Nebelschlußleuchten eingeschaltet, darf die Betätigung des Schalters für Fernlicht oder Abblendlicht die Nebelschlußleuchten nicht ausschalten.

(5) Eingeschaltete Nebelschlußleuchten müssen dem Fahrzeugführer durch eine Kontrolleuchte für gelbes Licht, die in seinem Blickfeld gut sichtbar angeordnet sein muß, angezeigt werden.

(6) ¹In einem Zug brauchen nur die Nebelschlußleuchten am letzten Anhänger zu leuchten. ²Die Abschaltung der Nebelschlußleuchten am Zugfahrzeug oder am ersten Anhänger ist aber nur dann zulässig, wenn die jeweilige Ab- bzw. Wiedereinschaltung selbsttätig durch Aufstecken bzw. Abziehen des Steckers für die Anhängerbeleuchtung erfolgt.

1   **Begr** zur ÄndVO v 23. 7. 90 (VBl **90** 497):
Zu Abs. 4 Satz.3: ... *Nebelschlußleuchten sind verschiedentlich so geschaltet worden, daß sie beim Einschalten des Fernlichts ausgeschaltet wurden. Bei mehrmaligem nur kurzfristigem Ein-*

Fahrtrichtungsanzeiger § 54 StVZO **3**

schalten des Fernlichts bei leuchtender Nebelschlußleuchte wird diese bei einer solchen Schaltung immer wieder aus- und eingeschaltet. Für nachfolgende Verkehrsteilnehmer entsteht dadurch der Eindruck, als ob die Nebelschlußleuchte(n) blinkten. Dies kann zu Irritationen führen und damit der Verkehrssicherheit abträglich sein ...
  Die zugehörigen Übergangsvorschriften sehen eine Änderung der Schaltung bei bereits im Verkehr befindlichen Fahrzeugen nicht vor. Es wird jedoch angeregt, auch diese Fahrzeuge hinsichtlich der Schaltung der Nebelschlußleuchte(n) entsprechend umzurüsten.

1. Nebelschlußleuchten sind für ab 1. 1. 1991 erstmals in den V gekommene **2** mehrspurige Kfze mit bauartbestimmter Höchstgeschwindigkeit von mehr als 60 km/h und deren Anhänger mit mindestens einer Nebelschlußleuchte (höchstens zwei) obligatorisch. Übergangsvorschrift: § 72 II. Die früher in der 13. AusnVO geregelte Materie ist nun, mit einigen sicherheitsbedingten Änderungen, hier zusammengefaßt. Nebelschlußleuchten dürfen nur gemäß § 17 StVO (dort Rz 29) im Verkehr benutzt werden. Die Benutzung ist auf Nebel bis zu 50 m Sichtweite beschränkt (§ 17 StVO) und bei dichtem Schneetreiben und starkem Regen leider nicht zulässig. Sie sind in amtlich genehmigter Bauart zu verwenden (§ 22a I 16a). Technische Anforderungen bei der Bauartprüfung, VBl **73** 558, zuletzt geändert: VBl **03** 752 = StVRL § 22a Nr 1 (Nr 15). Schaltung: IV, V.

2. Ordnungswidrigkeiten: §§ 69a III 19c StVZO, 24 StVG. **3**

Fahrtrichtungsanzeiger

54 (1) ¹Kraftfahrzeuge und ihre Anhänger müssen mit Fahrtrichtungsanzeigern ausgerüstet sein. ²Die Fahrtrichtungsanzeiger müssen nach dem Einschalten mit einer Frequenz von 1,5 Hz ± 0,5 Hz (90 Impulse ± 30 Impulse in der Minute) zwischen hell und dunkel sowie auf derselben Fahrzeugseite – ausgenommen an Krafträdern mit Wechselstromlichtanlage – in gleicher Phase blinken. ³Sie müssen so angebracht und beschaffen sein, daß die Anzeige der beabsichtigten Richtungsänderung unter allen Beleuchtungs- und Betriebsverhältnissen von anderen Verkehrsteilnehmern, für die ihre Erkennbarkeit von Bedeutung ist, deutlich wahrgenommen werden kann. ⁴Fahrtrichtungsanzeiger brauchen ihre Funktion nicht zu erfüllen, solange sie Warnblinklicht abstrahlen.
  (1a) ¹Die nach hinten wirkenden Fahrtrichtungsanzeiger dürfen nicht an beweglichen Fahrzeugteilen angebracht werden. ²Die nach vorn wirkenden Fahrtrichtungsanzeiger und die zusätzlichen seitlichen Fahrtrichtungsanzeiger dürfen an beweglichen Fahrzeugteilen angebaut sein, wenn diese Teile nur eine Normallage (Betriebsstellung) haben. ³Die Sätze 1 und 2 gelten nicht für Fahrtrichtungsanzeiger, die nach § 49a Abs. 9 und 10 abnehmbar sein dürfen.
  (2) ¹Sind Fahrtrichtungsanzeiger nicht im Blickfeld des Führers angebracht, so muß ihre Wirksamkeit dem Führer sinnfällig angezeigt werden; dies gilt nicht für Fahrtrichtungsanzeiger an Krafträdern und für seitliche Zusatzblinkleuchten. ²Fahrtrichtungsanzeiger dürfen die Sicht des Fahrzeugführers nicht behindern.
  (3) Als Fahrtrichtungsanzeiger sind nur Blinkleuchten für gelbes Licht zulässig.
  (4) ¹Erforderliche Fahrtrichtungsanzeiger sind
1. an mehrspurigen Kraftfahrzeugen
  paarweise angebrachte Blinkleuchten an der Vorderseite und an der Rückseite. Statt der Blinkleuchten an der Vorderseite dürfen Fahrtrichtungsanzeiger am vorderen Teil der beiden Längsseiten angebracht sein. An Fahrzeugen mit einer Länge von nicht mehr als 4 m und einer Breite von nicht mehr als 1,60 m genügen Fahrtrichtungsanzeiger an den beiden Längsseiten. An Fahrzeugen, bei denen der Abstand zwischen den einander zugekehrten äußeren Rändern der Lichtaustrittsflächen der Blinkleuchten an der Vorderseite und an der Rückseite mehr als 6 m beträgt, müssen zusätzliche Fahrtrichtungsanzeiger an den beiden Längsseiten angebracht sein,
2. an Krafträdern
  paarweise angebrachte Blinkleuchten an der Vorderseite und an der Rückseite. Der Abstand des inneren Randes der Lichtaustrittsfläche der Blinkleuchten muss von der durch die Längsachse des Kraftrades verlaufenden senkrechten Ebene bei

1189

den an der Rückseite angebrachten Blinkleuchten mindestens 120 mm, bei den an der Vorderseite angebrachten Blinkleuchten mindestens 170 mm und vom Rand der Lichtaustrittsfläche des Scheinwerfers mindestens 100 mm betragen. Der untere Rand der Lichtaustrittsfläche von Blinkleuchten an Krafträdern muss mindestens 350 mm über der Fahrbahn liegen. Wird ein Beiwagen mitgeführt, so müssen die für die betreffende Seite vorgesehenen Blinkleuchten an der Außenseite des Beiwagens angebracht sein,

3. an Anhängern
paarweise angebrachte Blinkleuchten an der Rückseite. Beim Mitführen von 2 Anhängern genügen Blinkleuchten am letzten Anhänger, wenn die Anhänger hinter einer Zugmaschine mit einer durch die Bauart bestimmten Höchstgeschwindigkeit von nicht mehr als 25 km/h mitgeführt werden oder wenn sie für eine Höchstgeschwindigkeit von nicht mehr als 25 km/h in der durch § 58 vorgeschriebenen Weise gekennzeichnet sind,

4. an Kraftomnibussen, die für die Schülerbeförderung besonders eingesetzt sind, an der Rückseite zwei zusätzliche Blinkleuchten, die so hoch und so weit außen wie möglich angeordnet sein müssen,

5. an mehrspurigen Kraftfahrzeugen und Sattelanhängern – ausgenommen Arbeitsmaschinen, Stapler und land- oder forstwirtschaftlichen Zugmaschinen und deren Anhänger – mit einem zulässigen Gesamtgewicht von mehr als 3,5 t an den Längsseiten im vorderen Drittel zusätzliche Blinkleuchten, deren Lichtstärke nach hinten mindestens 50 cd und höchstens 200 cd beträgt. Für diese Fahrzeuge ist die Anbringung zusätzlicher Fahrtrichtungsanzeiger nach Nummer 1 nicht erforderlich.

(5) Fahrtrichtungsanzeiger sind nicht erforderlich an
1. einachsigen Zugmaschinen,
2. einachsigen Arbeitsmaschinen,
3. offenen Krankenfahrstühlen,
4. Leichtkrafträdern, Kleinkrafträdern und Fahrrädern mit Hilfsmotor,
5. folgenden Arten von Anhängern:
   a) eisenbereiften Anhängern, die nur für land- oder forstwirtschaftliche Zwecke verwendet werden;
   b) angehängten land- oder forstwirtschaftlichen Arbeitsgeräten, soweit sie die Blinkleuchten des ziehenden Fahrzeugs nicht verdecken;
   c) einachsigen Anhängern hinter Krafträdern;
   d) Sitzkarren (§ 18 Abs. 2 Nr. 6 Buchstabe b).

(6) Fahrtrichtungsanzeiger an Fahrzeugen, für die sie nicht vorgeschrieben sind, müssen den vorstehenden Vorschriften entsprechen.

1/2 **Begr** zur ÄndVO v 24. 4. 92 (VBl **92** 344):
Zu Abs. 4 Nr 5: Aus der Bundesrats-Drucksache 78/92 (Beschluß): Arbeitsmaschinen und land- oder forstwirtschaftliche Zugmaschinen mit einer durch die Bauart bestimmten Höchstgeschwindigkeit von mehr als 32 km/h und mit einem zulässigen Gesamtgewicht von mehr als 3,5 t waren schon bisher von der Anbringung zusätzlicher seitlicher Blinkleuchten befreit. Diese Befreiung ist nun auf alle Arbeitsmaschinen und land- oder forstwirtschaftliche Zugmaschinen ausgedehnt worden. Im übrigen wird klargestellt, daß bei Vorhandensein der zusätzlichen Blinkleuchten nach § 54 Abs. 4 Nr. 5 keine weiteren zusätzlichen Blinkleuchten nach § 54 Abs. 4 Nr. 1 angebracht zu sein brauchen.

3 **Begr** zur ÄndVO v 23. 6. 93: VBl **93** 615; zur ÄndVO v 23. 3. 00: BRDrucks 720/99 S 65.

4 **2.** § 54 regelt die technischen Einrichtungen zur **Anzeige von Fahrtrichtungsänderungen.** Fahrtrichtungsanzeiger müssen nach § 22a I Ziff 17 in amtlich genehmigter Bauart ausgeführt sein. Technische Anforderungen, VBl **73** 558, zuletzt geändert: VBl **03** 752 = StVRL § 22a Nr 1 (Nr 21). Bei Kfzen außer den oben bezeichneten müssen die Richtungszeichen durch Fahrtrichtungsanzeiger gegeben werden (§§ 5, 6, 7, 9, 10 StVO). Auch SchienenFze haben Fahrtrichtungsanzeiger zu führen und zu verwenden (§ 40 III, 51 VIII BOStrab).

Abs II will verhindern, daß ein KfzF, der versehentlich unrichtig anzeigt oder das Zurückstellen vergißt, dies nicht wahrnimmt. Er muß vom Führersitz aus sehen oder hören können, ob ein Fahrtrichtungsanzeiger in Betrieb ist.

3. Licht der Fahrtrichtungsanzeiger. Gelbes Blinklicht ist vorgeschrieben (Abs III). Orangefarbenes Licht liegt im international vereinbarten Gelbbereich. Rotes Blinklicht an der Rückseite ist unzulässig. Rot blinkende Fahrtrichtungsanzeiger an vor dem 1. 1. 70 in den V gekommenen Fzen: § 72 II. Pendelwinker: § 72 II.

4. Die vorgeschriebenen Richtungsanzeiger. Abs IV bestimmt, welche Fahrtrichtungsanzeiger geführt werden müssen. Blinkleuchten an den Längsseiten genügen nur noch, wenn das Fz nicht länger als 4 m und nicht breiter als 1,60 m ist; sonst müssen Blinkleuchten an der Rückseite geführt werden (IV Nr 1). An gewissen längeren Fzen sind zusätzlich Blinkleuchten an beiden Längsseiten vorgeschrieben. Nach Maßgabe von Abs IV Nr 5 sind an den dort genannten schweren Fzen im vorderen Drittel zusätzliche Blinkleuchten anzubringen; denn bei FzLängen von 12 m und mehr (zB Sattelanhängern) besteht die Gefahr, daß Rad- und Mofa-Fahrer beim gem § 5 VIII StVO zulässigen Überholen den Abbiegevorgang zu spät erkennen (s Begr VBl **88** 475). Übergangsvorschrift für zusätzliche Blinkleuchten an den Längsseiten dieser Fze: § 72 II. IV Nr 2 bezweckt, daß der Kradf bei der Anzeige einer Richtungsänderung beide Hände an der Lenkstange lassen kann und daß die Anzeige auch bei Dunkelheit rechtzeitig wahrnehmbar ist. Fahrtrichtungsanzeiger an Anhängern hinter Kfzen: IV Nr 3. Über Blinkleuchten an land- und forstwirtschaftlichen Zgm, BMV VBl **61** 133, 364.

5. Keine Fahrtrichtungsanzeiger: s die Aufzählung in V. Alle Leichtkräder, Kleinkräder und FmH brauchen keine Fahrtrichtungsanzeiger zu führen, also auch nicht bei bauartbedingter Höchstgeschwindigkeit über 40 km/h (V Nr 4).

6. Bauvorschriften für freiwillig angebrachte Fahrtrichtungsanzeiger: VI. Zur Anbringung nicht vorgeschriebener Fahrtrichtungsanzeiger, *Wiederhold* VD **82** 299, *Kreutel* VD **83** 52.

7. Weitere Ausnahmen: § 70 I.

8. Ordnungswidrigkeit: §§ 69 a III Nr 20 StVZO, 24 StVG.

Innenbeleuchtung in Kraftomnibussen

54a (1) **Kraftomnibusse müssen eine Innenbeleuchtung haben; diese darf die Sicht des Fahrzeugführers nicht beeinträchtigen.**
(2) **Die für Fahrgäste bestimmten Ein- und Ausstiege müssen ausreichend ausgeleuchtet sein, solange die jeweilige Fahrgasttür nicht geschlossen ist.**

§ 54 a gilt für alle Omnibusse einschließlich derjenigen zur gewerbsmäßigen Personenbeförderung, gem der Übergangsbestimmung des § 72 II jedoch nur für solche, die vor dem 13. Februar 2005 erstmals in den Verkehr gekommen sind. Ordnungswidrigkeit: §§ 69 a III Nr 21 StVZO, 24 StVG.

Windsichere Handlampe

54b **In Kraftomnibussen muß außer den nach § 53 a Abs. 1 erforderlichen Warneinrichtungen eine von der Lichtanlage des Fahrzeugs unabhängige windsichere Handlampe mitgeführt werden.**

Die Bestimmung wurde durch VO vom 7. 7. 60 aus § 39 BOKraft (alt) in die StVZO übernommen. Ordnungswidrigkeit: §§ 31 b, 69 a III Nr 19, V Nr 4 b StVZO, 24 StVG. Überleitungsbestimmung für die **neuen Bundesländer,** s vor § 30.

3 StVZO § 55 B. Fahrzeuge III. Bau- und Betriebsvorschriften

Einrichtungen für Schallzeichen

55 (1) [1]Kraftfahrzeuge müssen mindestens eine Einrichtung für Schallzeichen haben, deren Klang gefährdete Verkehrsteilnehmer auf das Herannahen eines Kraftfahrzeugs aufmerksam macht, ohne sie zu erschrecken und andere mehr als unvermeidbar zu belästigen. [2]Ist mehr als eine Einrichtung für Schallzeichen angebracht, so muß sichergestellt sein, daß jeweils nur eine Einrichtung betätigt werden kann. [3]Die Umschaltung auf die eine oder andere Einrichtung darf die Abgabe einer Folge von Klängen verschiedener Grundfrequenzen nicht ermöglichen.

(2) [1]Als Einrichtungen für Schallzeichen dürfen Hupen und Hörner angebracht sein, die einen Klang mit gleichbleibenden Grundfrequenzen (auch harmonischer Akkord) erzeugen, der frei von Nebengeräuschen ist. [2]Die Lautstärke darf in 7 m Entfernung von dem Anbringungsort der Schallquelle am Fahrzeug und in einem Höhenbereich von 500 mm bis 1500 mm über der Fahrbahn an keiner Stelle 105 dB(A) übersteigen. [3]Die Messungen sind auf einem freien Platz mit möglichst glatter Oberfläche bei Windstille durchzuführen; Hindernisse (Bäume, Sträucher u. a.), die durch Widerhall oder Dämpfung stören können, müssen von der Schallquelle mindestens doppelt so weit entfernt sein wie der Schallempfänger.

(2a) Abweichend von den Absätzen 1 und 2 müssen Kraftfahrzeuge nach § 30a Abs. 3 Einrichtungen für Schallzeichen haben, die den im Anhang zu dieser Vorschrift genannten Bestimmungen entsprechen.

(3) [1]Kraftfahrzeuge, die auf Grund des § 52 Abs. 3 Kennleuchten für blaues Blinklicht führen, müssen mit mindestens einer Warneinrichtung mit einer Folge von Klängen verschiedener Grundfrequenz (Einsatzhorn) ausgerüstet sein. [2]Ist mehr als ein Einsatzhorn angebracht, so muß sichergestellt sein, daß jeweils nur eines betätigt werden kann. [3]Andere als die in Satz 1 genannten Kraftfahrzeuge dürfen mit dem Einsatzhorn nicht ausgerüstet sein.

(4) Andere als die in den Absätzen 1 bis 3 beschriebenen Einrichtungen für Schallzeichen sowie Sirenen dürfen an Kraftfahrzeugen nicht angebracht sein.

(5) Absatz 1 gilt nicht für eisenbereifte Kraftfahrzeuge mit einer durch die Bauart bestimmten Höchstgeschwindigkeit von nicht mehr als 8 km/h und für einachsige Zug- oder Arbeitsmaschinen, die von Fußgängern an Holmen geführt werden.

(6) [1]Mofas müssen mit mindestens einer helltönenden Glocke ausgerüstet sein. [2]Radlaufglocken und andere Einrichtungen für Schallzeichen sind nicht zulässig.

Begr zur ÄndVO v 16. 11. 84 (VBl **85** 81):

Zu Abs 6: Fahrräder mit Hilfsmotor und Kleinkrafträder mit einer durch die Bauart bestimmten Höchstgeschwindigkeit von mehr als 25 km/h sollen einen von Fahrrädern und Mofas 25 abweichenden Signalgeber haben, da Unterschiede in der benutzten „Verkehrsebene" (Straße statt Radweg) aber auch die höhere Endgeschwindigkeit dies notwendig machen ...

Begr zur ÄndVO v 23. 3. 00: BRDrucks 720/99 S 65.

1 1. Alle Kfze müssen **Einrichtungen für Schallzeichen** (Hupen) haben. Der Begriff „Einrichtung für Schallzeichen" erfaßt die Gesamtheit aller am Fz angebrachten Hupen und Hörner, die bei Betätigung einen gemeinsamen Klang erzeugen, also keine Ton folge abgeben (s Begr zur ÄndVO v 15. 1. 80, VBl **80** 146). Die Schallzeichen dürfen VT weder erschrecken noch mehr als unvermeidbar belästigen, müssen aber gefährdete VT auf das Kfz aufmerksam machen (I S 1). S § 16 StVO. Nur Hupen und Hörner sind zulässig (II S 1). Die Anbringung einer vom Fahrersitz aus zu bedienenden Klingel am Kfz ist unzulässig, auch wenn sie nur zum Ausrufen benutzt werden soll (Schrotthändler), OVG Lüneburg VRS **56** 399. EWG-Richtlinie für Einrichtungen für Schallzeichen: Richtlinie 70/388/EWG, StVRL Nr 1. Mit der Einfügung von Abs IIa ist die Richtlinie 93/30/EWG auch für Fze mit Einzelbetriebserlaubnis in nationales Recht umgesetzt. S dazu § 30a Rz 2. Die Vorschrift ist gem der Übergangsbestimmung des § 72 II spätestens anzuwenden ab 17. 6. 03 für von diesem Tage an erstmals in den V kommende Fze.

2 2. **Klang und Lautstärke der Schallzeichen.** II regelt den Klang der Schallzeichen (Hupen, Hörner), die Lautstärke und deren Messung nach der Einheit „dB(A)". Mit der Ersetzung der früheren Einheit „Phon" durch „dB(A)" durch ÄndVO v 23. 7. 90 ist

keine Änderung der Lautstärke verbunden (s Begr VBl **90** 498). Die zulässige Lautstärke ist in Abs II S 2 wegen des Lautstärkeverlusts bei Einbau in die Karosserie auf den Anbringungsort der Schallquelle am Fahrzeug bezogen; außerdem ist ein Höhenbereich für die Lautstärkemessung festgelegt. Anforderungen an Schallpegelmesser, s Nr 32 der Technischen Anforderungen bei der Bauartprüfung, VBl **73** 558, zuletzt geändert: VBl **98** 144 = StVRL § 22a Nr 1. Ein Frequenzbereich für Schallzeichen ist nicht vorgeschrieben, BMV 15. 6. 67, StV 7 – 8059 B/67). Mehrklanghupen mit einer Folge verschieden hoher Töne an anderen als WegerechtsFzen sind verboten (II S 1 mit IV), ebenso andere Einrichtungen für Schallzeichen, besonders Glocken und Sirenen (IV).

3. Besondere Warneinrichtungen der Wegerechtsfahrzeuge (III). Das Einsatzhorn („Martinshorn") darf nur an Fzen vorhanden sein, die nach § 52 blaues Blinklicht führen. An Fzen, die nach § 52 III Kennleuchten führen, wird in § 55 III mindestens eine Warneinrichtung mit einer Folge verschieden hoher Töne zwingend vorgeschrieben. Dies stellt die Wirksamkeit der Ankündigung in den Fällen des § 35 StVO sicher. Diese Warneinrichtungen müssen in amtlich vorgeschriebener Bauart ausgeführt sein (§ 22a I Nr 19). Technische Anforderungen bei der Bauartprüfung, VBl **73** 558, zuletzt geändert: VBl **03** 752 = StVRL § 22a Nr 1 (Nr 32).

4. Die „Postquinte" als Warnzeichen ist nicht mehr zulässig, § 16 III StVO, s Begr zur ÄndVO v 16. 11. 70 (VBl **70** 832).

5. Befreiung für langsame Fahrzeuge. Für Kleinkräder und FmH mit bauartbedingter Höchstgeschwindigkeit von mehr als 25 km/h gelten nach der Neufassung des Abs VI durch die ÄndVO v 16. 11. 84 die Absätze I und II. Gem. § 72 II gilt die Neuregelung für die v 1. 1. 89 erstmals in den V kommenden Fze; für ältere Fze dieser Art genügt nach der Übergangsvorschrift wie bisher eine helltönende Glocke oder aber – bei ausreichender Stromversorgung – statt dessen Hupe oder Horn. Für Mofas gilt dagegen auch nach der Neufassung eine dem § 64a (Fahrräder) entsprechende Regelung (VI S 1). Keine Einrichtungen für Schallzeichen brauchen die Kfze mit Eisenreifen (§ 36 IV) zu führen, soweit ihre bauartbedingte Höchstgeschwindigkeit nicht mehr als 8 km/h beträgt, ebenso nicht einachsige Zug- und Arbeitsmaschinen, von Fußgängern an Holmen geführt (V).

6. Ausnahmen: § 70. Keine Ausnahmegenehmigung zur Ausrüstung eines privaten Kfzs mit Einsatzhorn zum Einsatz bei Drogennotfällen und Selbstmordgefahr, VGH Mü BayVBl **87** 214.

7. Ordnungswidrigkeit: §§ 69a III Nr 22 StVZO, 24 StVG.

Elektromagnetische Verträglichkeit

§ 55a (1) ¹**Personenkraftwagen, Kraftomnibusse, Lastkraftwagen, Zugmaschinen und Sattelzugmaschinen mit mindestens vier Rädern und einer durch die Bauart bestimmten Höchstgeschwindigkeit von mehr als 25 km/h – ausgenommen land- oder forstwirtschaftliche Zugmaschinen, Muldenkipper, Flurförderzeuge, Elektrokarren und Autoschütter – sowie ihre Anhänger müssen den im Anhang zu dieser Vorschrift genannten Bestimmungen über die elektromagnetische Verträglichkeit entsprechen.** ²**Satz 1 gilt entsprechend für andere Fahrzeuge, die hinsichtlich ihrer Baumerkmale des Fahrgestells und ihrer elektrischen Ausrüstung den genannten Fahrzeugen gleichzusetzen sind, sowie für Bauteile und selbständige technische Einheiten, die zum Einbau in den genannten Fahrzeugen bestimmt sind.**

(2) **Kraftfahrzeuge nach § 30a Abs. 3 sowie zum Einbau in diese Fahrzeuge bestimmte selbständige technische Einheiten müssen den im Anhang zu dieser Vorschrift genannten Bestimmungen über die elektromagnetische Verträglichkeit entsprechen.**

1. Begr zur Neufassung durch ÄndVO v 12. 8. 97 (VBl **97** 661): *Die bisherige Fassung des § 55a ist durch die Neufassung des Gesetzes über die elektromagnetische Verträglichkeit von Geräten (EMVG) vom 30. August 1995 (BGBl. I S. 1118), mit dem die Richtlinie 89/336/*

3 StVZO § 56 B. Fahrzeuge III. Bau- und Betriebsvorschriften

EWG des Rates vom 3. Mai 1989 sowie die Anpassungsrichtlinie 93/68/EWG vom 22. Juli 1993 zur Angleichung der Rechtsvorschriften der Mitgliedstaaten über die elektromagnetische Verträglichkeit umgesetzt wurde, überholt. Die Neufassung berücksichtigt dieses und übernimmt gleichzeitig in den Anhang die Richtlinie 95/54/EG der Kommission vom 31. Oktober 1995 zur Anpassung der Richtlinie 72/245/EWG des Rates zur Angleichung der Rechtsvorschriften der Mitgliedstaaten über die Funkentstörung von Kraftfahrzeugmotoren mit Fremdzündung an den technischen Fortschritt und zur Änderung der Richtlinie 70/156/EWG des Rats zur Angleichung der Rechtsvorschriften der Mitgliedstaaten über die Betriebserlaubnis von Kraftfahrzeugen und Kraftfahrzeuganhängern (ABl. EG L 266 vom 8. November 1995).

Der neue § 55 deckt nur diejenigen Fahrzeuge ab, die von der geänderten Richtlinie 72/245/EWG in der Fassung der Richtlinie 95/54/EG erfaßt werden. Für andere Fahrzeuge gilt grundsätzlich derzeit das EMVG. Auch wird bei Fahrzeugen mit Aufbauten nicht das Gesamtfahrzeug einschließlich der Aufbauten den Anforderungen der Richtlinie 95/54/EG unterworfen, sondern lediglich das Basisfahrzeug bzw. das Fahrgestell, während der Aufbau bzw. die aufgebaute Maschine (z. B. Kranaufbau, Betonmischer, Hubarbeitsbühne, Aufbauten auf Feuerwehrfahrzeugen) weiterhin unter die horizontale EMV-Richtlinie (89/336/EWG), die in Deutschland durch das EMVG in nationales Recht umgesetzt wurde, fällt.

2 2. Die Bestimmung wurde durch ÄndVO v 12. 8. 97 neu gefaßt (s Begr VBl **97** 661, Rz 1). Rundfunkempfang auf Ultrakurzwellen und Fernsehen werden durch nicht entstörte Zündanlagen von Ottomotoren beeinträchtigt. Neu in den Verkehr kommende Fze haben serienmäßig Störschutz. Führung des Nachweises über die Einhaltung der Vorschriften über die Funkentstörung, BMV VBl **87** 172. Unter § 55a können auch Telefonanlagen (zB Freisprechanlage) fallen. Jedoch ist die Übergangsvorschrift des § 72 II zu beachten (Anwendung der Neufassung ab 1. 10. 02 für die von diesem Tage an erstmals in den V kommenden Fze). Wird eine der Bestimmung des § 55a unterliegende Anlage aus einem älteren Fz in ein ab dem 1. 10. 02 erstmals in den V gekommenes Fz eingebaut, so muß sie gem I S 1 der Richtlinie 72/245/EWG entsprechen, s BMV VBl **02** 554. Dem Abs I S 1 unterliegen auch verbotene Radarwarngeräte (s § 23 Ib StVO); OW daher bei mangelnder elektromagnetischer Verträglichkeit iS von S 1, s Albrecht DAR **99** 147. Für die durch § 55a nicht erfaßten Fze gilt das G über die elektromagnetische Verträglichkeit von Geräten (BGBl I **95** 1118), s Rz 1. Entsprechendes gilt bei Fzen mit Aufbauten wie zB Kran oder Arbeitsbühne, bei denen § 55a nur für das eigentliche Fz Anwendung findet. Mit der Anfügung von Abs II ist Kap 8 der EG-Richtlinie 97/24 auch für Fze mit Einzelbetriebserlaubnis in nationales Recht umgesetzt. S dazu § 30a Rz 2. Übergangsbestimmung: § 72 II.

3 3. **Ordnungswidrigkeit:** § 69a III Nr 23 StVZO, § 24 StVG.

Rückspiegel und andere Spiegel

56 (1) **Kraftfahrzeuge müssen Spiegel haben, die so beschaffen und angebracht sind, daß der Fahrzeugführer nach rückwärts und seitwärts – auch beim Mitführen von Anhängern – alle für ihn wesentlichen Verkehrsvorgänge beobachten kann.**

(2) **Es sind erforderlich**
1. **bei allen Kraftfahrzeugen außer bei den in Nummer 3 bis 6 aufgeführten**
   ein Außenspiegel an der linken Seite und ein Innenspiegel,
2. **bei Kraftfahrzeugen, bei denen das Sichtfeld des Innenspiegels eingeschränkt ist, zusätzlich ein Außenspiegel an der rechten Seite,**
3. **bei Kraftfahrzeugen, bei denen die Fahrbahn nach rückwärts durch einen Innenspiegel nicht beobachtet werden kann,**
   zwei Außenspiegel – jeweils einer an jeder Seite –,
4. **bei land- oder forstwirtschaftlichen Zugmaschinen mit einer durch die Bauart bestimmten Höchstgeschwindigkeit von nicht mehr als 40 km/h**
   mindestens ein Außenspiegel an der linken Seite,
5. **bei Kraftfahrzeugen nach § 30a Abs. 3 Rückspiegel, die einschließlich ihres Anbaus den im Anhang zu dieser Vorschrift genannten Bestimmungen entsprechen müssen.**

(3) Zusätzlich sind erforderlich:
1. ein großwinkliger Rückspiegel an der rechten Seite
bei Kraftfahrzeugen mit einem zulässigen Gesamtgewicht von mehr als 7,5 t – ausgenommen Arbeitsmaschinen, Stapler und land- oder forstwirtschaftliche Zugmaschinen –,
2. ein Anfahrspiegel an der rechten Seite bei Linkslenkung oder an der linken Seite bei Rechtslenkung
bei Kraftfahrzeugen mit einem zulässigen Gesamtgewicht von mehr als 7,5 t – ausgenommen Arbeitsmaschinen, Stapler und land- oder forstwirtschaftliche Zugmaschinen mit einem zulässigen Gesamtgewicht von nicht mehr als 12,0 t und Kraftomnibusse. Dieser Spiegel einschließlich seiner Halterung muß mindestens 2 m über der Fahrbahn angebracht sein. Ist dieses Maß wegen der Bauart des Fahrzeugaufbaus nicht einzuhalten, darf dieser Spiegel nicht angebracht sein.

(4) Rückspiegel sind nicht erforderlich an
1. einachsigen Zugmaschinen,
2. einachsigen Arbeitsmaschinen,
3. offenen Elektrokarren mit einer durch die Bauart bestimmten Höchstgeschwindigkeit von nicht mehr als 25 km/h,
4. mehrspurigen Kraftfahrzeugen mit einer durch die Bauart bestimmten Höchstgeschwindigkeit von nicht mehr als 25 km/h und mit offenem Führerplatz, der auch beim Mitführen von Anhängern, selbst wenn diese beladen sind, nach rückwärts Sicht bietet.

(5) Die Anbringungsstellen und die Einstellungen sowie die Sichtfelder der Spiegel bei den in Absatz 2 Nr. 1 bis 3 und in Absatz 3 genannten Kraftfahrzeugen müssen den im Anhang zu dieser Vorschrift genannten Bestimmungen entsprechen.

Begr zur Neufassung durch ÄndVO v 14. 6. 88 (VBl **88** 475): 32. Aufl.

Begr zur ÄndVO v 23. 7. 90 (VBl **90** 498):

Zu Abs. 3: Bei den heutigen Verkehrsverhältnissen muß ein Fahrzeugführer alle für ihn wesentlichen Verkehrsvorgänge auch nach rückwärts und seitwärts in allen Situationen beobachten können. Dank der gesammelten Erfahrungen und aufgrund des derzeitigen Standes der Technik können einige Vorschriften im § 56 zur Erhöhung der Straßenverkehrssicherheit verschärft werden. Hiermit wird den in der Richtlinie der Kommission der Europäischen Gemeinschaften (88/321/EWG) aufgeführten Forderungen gefolgt ...

Begr zur ÄndVO v 23. 6. 93: VBl **93** 615; zur ÄndVO v 23. 3. 00: BRDrucks 720/99 S 66.

1. **Rückspiegel** gehören zur notwendigen Ausrüstung aller Kfze nach Maßgabe von Abs II. Die BG eines Lkw kann höher sein, wenn ein Rückspiegel im Führerhaus fehlt, Hb VR **61** 1145. Rückspiegel haben nur Sinn, wenn die rückwärtige Fahrbahn durch die Rückwand des Fz oder Führerhauses überblickt werden kann. Sonst ist der Innenspiegel durch einen zweiten Außenspiegel auf der rechten, dem Führersitz des linksgesteuerten Fz abgewandten Seite zu ergänzen (Abs II Nr 2) oder zu ersetzen (Abs II Nr 3). Eingeschränkt iS von Abs II Nr 2 ist das Sichtfeld des Innenspiegels zB durch Sonnenrollos und ähnliche Einrichtungen oder Anhänger, aber auch durch Fahrgäste bei Taxen (nicht schon durch gelegentliche Beförderung von Personen auf den Rücksitzen). Übergangsvorschrift zu Abs II Nr 2, s § 72 II: Auf vor dem 1. 1. 1990 erstmals in den V gekommene Kfze ist § 56 I Nr 2 (alt) in der bis 1. 7. 88 gültigen Fassung anzuwenden (dh: obligatorischer zweiter Außenspiegel nur an Kfzen, bei denen die Beobachtung der Fahrbahn nach rückwärts durch Innenspiegel nicht oder nicht bei unbeladenem Fz möglich ist). Die im FS eingetragene Anordnung, am Kfz rechts einen zweiten Rückspiegel anzubringen, ist eine Auflage iS von § 23 II FeV (s dort). Mit Abs II Nr 5 in der Fassung der ÄndVO v 23. 3. 00 ist die EG-Richtlinie 97/24 auch für Fze mit Einzelbetriebserlaubnis in nationales Recht umgesetzt. S dazu § 30a Rz 2. II Nr 5 ist spätestens ab dem 17. 6. 03 auf die von diesem Tage an in den V kommenden Fze anzuwenden (§ 72 II); auf ältere **Krafträder** finden die Nrn 5 und 6 in der vor dem 1. 4. 2000 geltenden Fassung Anwendung: Sie müssen mindestens einen (II Nr 5 alt), solche mit bauartbestimmter Höchstgeschwindigkeit von mehr als 100 km/h zwei (II Nr 6 alt) Rückspiegel haben.

3 StVZO § 57 B. Fahrzeuge III. Bau- und Betriebsvorschriften

In den **neuen Bundesländern** gilt II Nr 6 (alt) für die ab 1. 7. 91 erstmals in den V gekommenen Fze, Anl I Kap XI B III Nr 2 (41) zum Einigungsvertrag. Mofas waren bis 1. 1. 1990 nachzurüsten. Gegenüber § 66 ist § 56 Sondervorschrift; für Kfze gilt nur § 56.

2 2. **Die technischen Anforderungen an die Ausführung und Anbringung von Rückspiegeln.** Die Spiegel müssen so beschaffen und in solcher Anzahl so angebracht sein, daß der Fahrer nach rückwärts alle für ihn wesentlichen Vorgänge beobachten kann. Innenspiegel müssen einstellbar sein (s Richtlinien für die Ausführung und Anbringung von Rückspiegeln an Straßenfahrzeugen, VBl 66 338, 406 = StVRL Nr 1). Für **ab 1. 1. 1990** erstmals in den V gekommene Kfze gilt hinsichtlich der Anbringungsstellen, Einstellungen und Sichtfelder gem § 72 II der Abs V des § 56 und damit die im Anhang zur StVZO (zu § 56 V) in Bezug genommene **Richtlinie 71/127/EWG** (StVRL § 56 Nr 4). **Benutzung des Rückspiegels:** §§ 5–7, 9, 10, 14, 18 StVO. Reicht der Rückspiegel nicht aus, so muß sich der Fahrer unmittelbar orientieren. Er muß den toten Winkel kennen und entsprechend länger beobachten, Kö VRS **93** 277, Ha VM **66** 85.

3 3. **Ausnahmen vom Rückspiegelzwang:** Abs IV. In diesen Fällen hat der Fahrer unmittelbar nach rückwärts zu beobachten. Ein Rückspiegel an Zgm mit Wetterschutz ist erforderlich, falls Rückwärtsbeobachtung sonst nicht möglich ist, BMV 12. 12. 66, StV 7 – 8080 M/66. Richtlinien für Ausnahmegenehmigungen für bestimmte Arbeitsmaschinen und bestimmte andere FzArten, VBl **80** 433.

4 4. Ein zusätzlicher **großwinkliger Rückspiegel** ist gem Abs III Nr 1 mit § 72 II obligatorisch bei SattelZgm mit einem zulässigen Gesamtgewicht von mehr als 12 t und bei anderen Kfzen mit einem zulässigen Gesamtgewicht von mehr als 7,5 t (ausgenommen Arbeitsmaschinen, Stapler und land- oder forstwirtschaftliche Zgm), die ab 1. 1. 91 erstmals in den V gekommen sind. Kfze mit einem zulässigen Gesamtgewicht von mehr als 7,5 t (außer Arbeitsmaschinen, Stapler und land- oder forstwirtschaftliche Zgm) mit nicht mehr als 12 t zulässigem Gesamtgewicht und Kom) müssen zusätzlich mit einem **Anfahrspiegel** ausgerüstet sein (III Nr 2, Übergangsvorschrift: § 72 II). Diese Einrichtungen dienen vor allem dem Schutz von ZweiradF, die sich unmittelbar rechts neben dem schweren Fz eingeordnet haben (s dazu § 9 StVO Rz 28). Überleitungsbestimmung für die **neuen Bundesländer**, s vor § 30.

5 5. **Ordnungswidrigkeit:** §§ 69a III Nr 24 StVZO, 24 StVG. Sind die vorschriftsmäßigen Rückspiegel vorhanden, werden sie aber durch Gepäckstücke, Planen oder Ladung unbenutzbar, so verstößt der Fahrer auch gegen § 23 StVO, Ha VM **58** 53 (s § 23 StVO Rz 15).

Geschwindigkeitsmeßgerät und Wegstreckenzähler

57 (1) ¹Kraftfahrzeuge müssen mit einem im unmittelbaren Sichtfeld des Fahrzeugführers liegenden Geschwindigkeitsmeßgerät ausgerüstet sein. ²Dies gilt nicht für
1. mehrspurige Kraftfahrzeuge mit einer durch die Bauart bestimmten Höchstgeschwindigkeit von nicht mehr als 30 km/h sowie
2. mit Fahrtschreiber oder Kontrollgerät (§ 57a) ausgerüstete Kraftfahrzeuge, wenn die Geschwindigkeitsanzeige im unmittelbaren Sichtfeld des Fahrzeugführers liegt.

(2) ¹Bei Geschwindigkeitsmeßgeräten muß die Geschwindigkeit in Kilometer je Stunde angezeigt werden. ²Das Geschwindigkeitsmeßgerät muß den im Anhang zu dieser Vorschrift genannten Bestimmungen entsprechen.

(3) ¹Das Geschwindigkeitsmeßgerät darf mit einem Wegstreckenzähler verbunden sein, der die zurückgelegte Strecke in Kilometern anzeigt. ²Die vom Wegstreckenzähler angezeigte Wegstrecke darf von der tatsächlich zurückgelegten Wegstrecke ± 4 vom Hundert abweichen.

1 1. **Geschwindigkeitsmesser** (Tachometer) müssen an allen Kfzen angebracht sein, soweit nicht I Ausnahmen zuläßt. Die Vorschrift wurde durch ÄndVO v 23. 7. 90 neu

Fahrtschreiber und Kontrollgerät

gefaßt (Begr, s VBl **90** 498). Das Geschwindigkeitsmeßgerät ist meist mit der Antriebswelle des Kfz gekoppelt. Die Neufassung hat die frühere Regelung, wonach in den letzten beiden Dritteln des Anzeigebereichs ein Vorlauf bis zu 7% des Skalenendwertes als Abweichung vom Sollwert erlaubt war, nicht übernommen. Da die Skalenendwerte häufig weit über der erreichbaren Geschwindigkeit liegen, wäre diese Toleranz nämlich im Anzeigebereich über 50 km/h unvertretbar hoch. Gerade in den Geschwindigkeitsbereichen, in denen verkehrsrechtliche Geschwindigkeitsbegrenzungen liegen, ist aber eine möglichst geringe Abweichung der Anzeige von der tatsächlichen Geschwindigkeit notwendig. Abs II S 2 verweist daher auf die Berechnungsformel der **Richtlinie 75/443/EWG** (s Anhang zur StVZO zu § 57 II). Da II S 1 Anzeige in km/h vorschreibt, ist für Tachometer mit Meilenskala bei Fzen, die ab 1. 1. 91 erstmals in den V gekommen sind (s § 72 II) eine Ausnahmegenehmigung erforderlich. Der Fahrer muß in solchen Fällen die Meilenangabe sofort in km umrechnen können, KG VM **86** 67.

Gem der **Übergangsbestimmung** des § 72 II ist § 57 II S 2 über die technischen **1a** Anforderungen an das Geschwindigkeitsmeßgerät nach der **Richtlinie 75/443/EWG** spätestens ab 1. 1. 91 auf die von diesem Tage an erstmals in den V kommenden Fze anzuwenden. Für ältere Fze gilt dagegen weiterhin § 57 alt.

Von dem Zwang zur Ausrüstung mit Geschwindigkeitsmessern macht I nur zwei **2 Ausnahmen:** 1. mehrspurige Kfze mit bauartbestimmter Höchstgeschwindigkeit von nicht mehr als 30 km/h; 2. Kfze mit Fahrtschreibern, sofern die Geschwindigkeitsskala im Blickfeld des Führers liegt. Vor dem 1. 1. 89 erstmals in den V gekommene Mofas sind gem § 72 II (entsprechend der vor dem 1. 7. 88 geltenden Fassung von I S 1) ebenfalls ausgenommen.

2. Wegstreckenzähler (Kilometerzähler) sind Instrumente zum selbsttätigen Zählen **3** der zurückgelegten Entfernungen durch Zählung der Umdrehungen der Räder. Da diese Zählung je nach dem Umfang der Radoberflächen, der von dem Luftdruck der Reifen abhängt, verschieden ist, kann keine unbedingte Genauigkeit verlangt werden. Jedoch darf ein ordnungsmäßiger Wegstreckenzähler Abweichungen von mehr als 4% der zurückgelegten Strecke nicht aufweisen. Wegstreckenzähler bieten Beweiszeichen für den Umfang der Fahrleistung. Es ist deshalb sittenwidrig, beim **Verkauf** gebrauchter Kfze den Wegstreckenzähler zurückzustellen, KG JR **64** 350, Bay JR **72** 65 (Betrug). Gibt der Wegstreckenzähler nicht die tatsächliche Fahrstrecke wieder, so kann darin ein Sachmangel (§§ 433 I 2, 434 BGB) liegen, Ce DAR **59** 209. Ändert der VN willkürlich die Anzeige des Kilometerstandes, so kann darin eine Verletzung der Aufklärungspflicht liegen, die den **Versicherer** von der Leistungspflicht befreit, Mü VR **61** 1034. III schreibt die Ausrüstung mit Wegstreckenzählern außer bei Mietwagen (§ 30 BOKraft), BMV 9. 11. 66, StV 2 –2102 H/66, nicht zwingend vor.

3. Ausnahmen: s Rz 2 sowie § 70 I. **4**

4. Zuwiderhandlungen: §§ 69a III Nr 25 StVZO, 24 StVG. § 268 StGB schützt **5** nur vom Meßgerät abtrennbare Daueraufzeichnungen, nicht auch eine bloße Gerätanzeige, wie beim Wegstreckenzähler, BGHSt **29** 204 = NJW **80** 1638, Dü VM **75** 54 (BGHSt 4 StR 566/72 ist aufgegeben, VM **79** 42 gegenstandslos).

Fahrtschreiber und Kontrollgerät

57a (1) ¹Mit einem eichfähigen Fahrtschreiber sind auszurüsten
1. Kraftfahrzeuge mit einem zulässigen Gesamtgewicht von 7,5 t und darüber,
2. Zugmaschinen mit einer Motorleistung von 40 kW und darüber, die nicht ausschließlich für land- oder forstwirtschaftliche Zwecke eingesetzt werden,
3. zur Beförderung von Personen bestimmte Kraftfahrzeuge mit mehr als 8 Fahrgastplätzen.

²Dies gilt nicht für
1. Kraftfahrzeuge mit einer durch die Bauart bestimmten Höchstgeschwindigkeit von nicht mehr als 40 km/h,

3 StVZO § 57a B. Fahrzeuge III. Bau- und Betriebsvorschriften

2. Kraftfahrzeuge der Bundeswehr, es sei denn, daß es sich um Kraftfahrzeuge der Bundeswehrverwaltung oder um Kraftomnibusse handelt,
3. Kraftfahrzeuge der Feuerwehren und der anderen Einheiten und Einrichtungen des Katastrophenschutzes,
4. Fahrzeuge, die in § 7 Abs. 1 der Fahrpersonalverordnung vom 22. August 1969 (BGBl. I S. 1307, 1791), zuletzt geändert durch Artikel 2 der Verordnung vom 23. Juli 1990 (BGBl. I S. 1484) genannt sind,
5. Fahrzeuge, die in Artikel 4 Nr. 9 und 13 der Verordnung (EWG) Nr. 3820/85 des Rates vom 20. Dezember 1985 über die Harmonisierung bestimmter Sozialvorschriften im Straßenverkehr (ABl. EG Nr. L 370 S. 1) genannt sind.

(1a) Der Fahrtschreiber sowie alle lösbaren Verbindungen der Übertragungseinrichtungen müssen plombiert sein.

(2) ¹Der Fahrtschreiber muß vom Beginn bis zum Ende jeder Fahrt ununterbrochen in Betrieb sein und auch die Haltezeiten aufzeichnen. ²Die Schaublätter – bei mehreren miteinander verbundenen Schaublättern (Schaublattbündel) das erste Blatt – sind vor Antritt der Fahrt mit dem Namen der Führer sowie dem Ausgangspunkt und Datum der ersten Fahrt zu bezeichnen; ferner ist der Stand des Wegstreckenzählers am Beginn und am Ende der Fahrt oder beim Einlegen und bei der Entnahme des Schaublatts vom Kraftfahrzeughalter oder dessen Beauftragten einzutragen; andere, durch Rechtsvorschriften weder geforderte noch erlaubte Vermerke auf der Vorderseite des Schaublattes sind unzulässig. ³Es dürfen nur Schaublätter mit Prüfzeichen verwendet werden, die für den verwendeten Fahrtschreibertyp zugeteilt sind. ⁴Die Schaublätter sind zuständigen Personen auf Verlangen jederzeit vorzulegen; der Kraftfahrzeughalter hat sie ein Jahr lang aufzubewahren. ⁵Auf jeder Fahrt muß mindestens ein Ersatzschaublatt mitgeführt werden.

(3) ¹Die Absätze 1 und 2 gelten nicht, wenn das Fahrzeug mit einem Kontrollgerät im Sinne der Verordnung (EWG) Nr. 3821/85 des Rates vom 20. Dezember 1985 über das Kontrollgerät im Straßenverkehr (ABl. EG Nr. L 370 S. 8) ausgerüstet ist. ²Das Kontrollgerät ist nach den Artikeln 13 bis 16 der Verordnung (EWG) Nr. 3821/85 zu betreiben; dies gilt nicht für Kraftomnibusse, wenn sie im Linienverkehr eingesetzt sind und das Kontrollgerät entsprechend Absatz 2 betrieben wird. ³Anstelle der Namen der Führer kann in diesem Fall das amtliche Kennzeichen oder die Betriebsnummer des jeweiligen Fahrzeugs eingetragen werden.

(4) Weitergehende Anforderungen in Sondervorschriften bleiben unberührt.

Begr zur ÄndVO v 16. 11. 84 (VBl **85** 81): **Zu Abs 3:** *§ 57a Abs. 3 ist an die EWG-VO Nr. 1463/70* angepaßt worden, wonach bei Kraftomnibussen, die ausschließlich im Linienverkehr eingesetzt werden, die Schaublätter in den EG-Kontrollgeräten nicht fahrergebunden, sondern fahrerungebunden verwendet werden können. Die Linienverkehrsunternehmen erfüllen die ihnen nach den EG-Sozialvorschriften obliegenden Pflichten, wenn sie die einzuhaltende Zeit mit Hilfe des Linienfahrplans und des Arbeitszeitplans nach Artikel 3 der VO (EWG) Nr. 1463/70* und Artikel 4 der VO (EWG) 543/69** nachweisen.*

Begr zur ÄndVO v. 14. 6. 88: VBl **88** 476.

Begr zur ÄndVO v. 23. 7. 90 (VBl **90** 521): **Zu Abs. 1:** *Nr. 2*** stellt sicher, daß für bestimmte Fahrzeugkategorien, für die ein EG-Kontrollgerät nicht bzw. nicht mehr erforderlich ist, auch kein „nationaler" Fahrtschreiber nach § 57a StVZO erforderlich ist. Insoweit werden die in § 57a StVZO enthaltenen Ausnahmetatbestände ergänzt.*

Hierbei handelt es sich um zwei Fallgruppen:

1. Fahrzeugkategorien, für die nach der vorliegenden Verordnung (Vgl. Artikel 2 Nr. 4) ein EG-Kontrollgerät nicht mehr erforderlich sein soll.

2. Bestimmte Fahrzeugkategorien, für die gemäß Artikel 4 der Verordnung (EWG) Nr. 3820/85 ein EG-Kontrollgerät nicht erforderlich ist.

---

* Seit 29. 9. 86 ersetzt durch Nr. 3821/85.
** Jetzt Fahrpersonalverordnung.
*** Nr. 2 der ÄndVO.

Fahrtschreiber und Kontrollgerät § 57a StVZO **3**

39. StVZAusnV v. 27. 6. 91 (BGBl I 1431)

§§ 1 und 2: s bei § 32 Rz 1 b. 1

§ 3. Abweichend von § 57a Abs. 1 der Straßenverkehrs-Zulassungs-Ordnung in Verbindung mit der in Anlage I Kapitel XI Sachgebiet B Abschnitt III Nr. 2 Abs. 43 des Einigungsvertrages aufgeführten Maßgabe brauchen Kraftfahrzeuge im Sinne des Artikels 20a Satz 2 der Verordnung (EWG) Nr. 3821/85 des Rates vom 20. Dezember 1985 über das Kontrollgerät im Straßenverkehr (ABl. EG Nr. L 370 S. 8), der durch Artikel 3 der Verordnung (EWG) Nr. 3572/90 des Rates vom 4. Dezember 1990 zur Änderung bestimmter Richtlinien, Entscheidungen und Verordnungen auf dem Gebiet des Straßen-, Eisenbahn- und Binnenschiffsverkehrs aufgrund der Herstellung der deutschen Einheit (ABl. EG Nr. L 353 S. 13) eingefügt worden ist, nicht mit Fahrtschreibern ausgerüstet zu sein. § 4 der Kontrollmittel-Verordnung vom 16. Mai 1991 (BGBl. I S. 1134) bleibt unberührt.

Begr: VBl 91 592.

1. Anwendungsbereich. Auf Fze, für die nach der VO (EWG) Nr 3821/85 Benutzung eines Kontrollgerätes vorgeschrieben ist, findet § 57a keine Anwendung mehr, BGHSt **36** 92 = NZV **89** 197, Bay VRS **60** 397. Dagegen unterliegen Fze, die dort ausdrücklich ausgenommen sind, der Bestimmung des § 57a, Bay NZV **88** 156, VRS **77** 465, Kö VRS **74** 390, aM Dü DAR **86** 157, soweit sie nicht gem Abs I S 2 ausdrücklich von der Ausrüstungspflicht befreit sind (wie nunmehr zB SchaustellerFze, Abs I S 2 Nr 5, s *Altenbeken* PVT **90** 400, *Kalettka* VD **91** 80). Soweit das Kontrollgerät nach der VO (EWG) Nr 3821/85 verbindlich vorgeschrieben ist, gelten für Bauart, Einbau, Betrieb und Prüfung die Vorschriften der EWG-Verordnung. Abs III eröffnet dem Halter jedoch die Möglichkeit, auch Fze, die nicht unter die VO (EWG) Nr 3821/85 fallen, aber nach Abs I mit einem Fahrtschreiber ausgerüstet werden müssen, anstelle des vorgeschriebenen Fahrtschreibers nationaler Bauart das Kontrollgerät nach der EWG-Verordnung zu verwenden. Für den Betrieb des Kontrollgeräts durch KfzF und Halter gelten die Artikel 15 bis 18 der VO (EWG) (s Begr zur ÄndVO v 14. 7. 72, VBl **72** 457). 2

Die **Ausrüstung mit Fahrtschreibern** gem § 57a hat mit der Führung eines Fahrtenbuches (§ 31a) nichts zu tun. Fahrtschreiber müssen nach § 22 I Ziff 20 in amtlich genehmigter Bauart ausgeführt sein. Technische Anforderungen bei der Bauartprüfung, VBl **73** 558, zuletzt geändert: VBl **03** 752 = StVRL § 22a Nr 1 (Nr 33). Fahrtschreiber-Anerkennungsrichtlinien, VBl **72** 863, **73** 244, **74** 683 = StVRL § 57b Nr 3. Die VO (EWG) Nr. 3821/85 (VBl **86** 156) ist am 29. 9. 86 an die Stelle der gleichzeitig aufgehobenen früheren VO (EWG) 1463/70 getreten. Verhältnis des § 57a zur VO (EWG) 3821/85: Rz 2. Ausländische Bestimmungen über die Ausrüstung von Fzen mit Fahrtschreibern, s *Wiederhold* VD **82** 113. Zum sog. „**Unfallschreiber**" als Beweismittel zur Aufklärung des Unfallhergangs („Kurzwegschreiber"), s VGT **80** 7, **90** 8 (Empfehlungen), **80** 40 *(Danner)*, **80** 58 *(Nickel* = DAR **80** 39), **80** 73 *(Engels)*, **80** 87 *(Schmidt)*, *Bottke* JR **83** 309, *Engels* VGT **88** 123, *Vogt* NZV **91** 260, VGT **03** 11 (Empfehlungen), **03** 209 *(Brenner)*, **03** 225 *(Graeger)*. 3

Lit: *Fuchs-Wissemann*, Unfallschreiber und Gerechtigkeit, DAR **87** 259. *Kraft*, Fahrtschreiber als Beweismittel, DAR **71** 124. *Graeger*, Unfalldatenspeicher, NZV **04** 16. *Löhle/Meininger*, Technische und rechtliche Aspekte der Auswertung des Unfalldatenspeichers, Verkehrsunfall **93** 11. *Streck*, Fahrtschreiber und Beweisführung, VGT **76** 183. *Puppe*, Vom Wesen der technischen Aufzeichnung, MDR **73** 460. *Waschewitz*, Der Fahrtschreiber als Hilfsmittel der Fahrerkontrolle, ZVS **71** 120.

2. Mit Fahrtschreibern müssen ausgerüstet sein: LKW und selbstfahrende Arbeitsmaschinen mit zulässigem Gesamtgewicht (§ 34) von $7^{1}/_{2}$ t und mehr; Zugmaschinen mit Motorleistung von 40 kW und mehr; Omnibusse (Fze mit mehr als 8 Fahrgastplätzen, § 30 d I). Kfz iS des I S 1 Nr 1 ist nur der Triebwagen ohne Anhänger, Kar VRS **13** 366, Kö VRS **68** 393. Ein Omnibus muß auch bei einer Versuchsfahrt ohne Fahrgäste mit einem betriebsfähigen Fahrtschreiber ausgerüstet sein; der Führer handelt möglicherweise in unverschuldetem Verbotsirrtum, wenn der Betriebsleiter ihm erklärt 4

1199

3 StVZO § 57a   B. Fahrzeuge III. Bau- und Betriebsvorschriften

hatte, bei Versuchswagen brauche kein Schaublatt eingelegt zu werden, Bay NJW **61** 421. Die Befreiung der Kfze der BW (I S 2 Nr 2) von der Fahrtschreibervorschrift ist nicht verfassungswidrig, Fra VRS **31** 139. Pkw-Kombi mit Anhänger müssen, wenn das zulässige Gesamtgewicht beider Fze zusammen 3,5 t übersteigt und wenn beide Fze (überwiegend) der Güterbeförderung dienen, gem Art 3 VO (EWG) 3821/85 mit einem Kontrollgerät ausgerüstet sein, Kö VRS **68** 393, Ha VBl **85** 290, Dü DAR **86** 233, Wann S 30. Zur Ausrüstungspflicht für FahrschulFze, *Jagow* VD **88** 145.

5 **3. Betrieb des Fahrtschreibers.** Vorgeschriebene Fahrtschreiber müssen während der ganzen Fahrt **ununterbrochen in Betrieb** sein und auch die Haltezeiten aufzeichnen (II S 1), Ha VRS **31** 392, Schl VM **67** 13. Dafür ist der Fahrer verantwortlich. Dieser muß beim Halter auf richtige Fahrtschreiberanzeige dringen, sonst kann er bei unrichtiger Anzeige uU als Garant verantwortlich sein, soweit § 268 StGB reicht, s dazu Rz 9 sowie LG Stade NJW **74** 2017 (im Ergebnis verneint). Täglich vor der ersten Fahrt muß der Fahrer feststellen, ob der Fahrtschreiber aufzeichnet, Ha VRS **31** 392, auch nach Übernahme von einem anderen Fahrer im Laufe des Tages, Zw VM **81** 90, aber nicht ohne Anlaß auch während der Fahrt, Kar NZV **97** 51. Dafür, daß der Fahrtschreiber betriebsfähig ist, daß stets Schaublätter vorhanden sind und daß § 57a befolgt wird, ist auch der Halter verantwortlich, Bay VRS **26** 147, Dü VM **66** 8. S § 31. Für nicht vorgeschriebene Fahrtschreiber gilt die Betriebspflicht des Abs II S 1 nicht, Bay VRS **80** 230, BMV 1. 12. 66, StV 2 – 2184 K/66. S aber die vorübergehend abw Regelung des § 4 Kontrollmittel-VO (BGBl I 1991 S 1134, außerkraftgetreten am 31. 12. 92). **Im Ausland zugelassene Kfze** der in I bezeichneten Art, welche Fahrtschreiber führen, ohne im Heimatland dazu verpflichtet zu sein, müssen diese jedenfalls dann nicht gem II betreiben, wenn sie in einem der Unterzeichnerstaaten des ÜbStrV zugelassen sind, Bay VRS **83** 65, abw noch Bay VRS **57** 222. Kurzes **Öffnen des Fahrtschreibers** zur Anbringung erlaubter oder notwendiger Vermerke (Arbeitsbeginn und -ende, Pausen) ist keine Betriebsunterbrechung, *Kullik* VD **73** 231. Das Schaublatt muß nicht täglich, sondern **beim Antritt der Fahrt ausgewechselt** werden; Doppelbeschriftung durch Benutzung über den Zeitraum von 24 Stunden hinaus ist jedoch unzulässig, Bay VRS **10** 64, Schl VM **67** 13, **92** 2. Vor der Fahrt ist auf dem Schaublatt **zu vermerken** (II S 2): Name des Führers (Namen mehrerer Führer, die sich abwechseln) – Ausnahme Abs III S 3 –, Datum und Ausgangspunkt der Fahrt; Schaublattbündel sind zulässig; solche Blätter werden für einen längeren Zeitraum, meist eine Woche, verwendet. Dann genügt die Eintragung des Führers, des Ausgangspunkts und des Datums der ersten Fahrt. Stets ist außer den genannten Angaben der Stand des Kilometerzählers bei Beginn und Ende der Fahrt, bei Verwendung eines Siebentageschreibers bei Beginn und am Ende des Zeitraums auf dem Schaublatt zu vermerken. Alle Eintragungen auf Schaublättern hat der Halter oder dessen Beauftragter vorzunehmen (II Satz 2), dieser ist Urkundenaussteller, s Rz 9. Nur **Schaublätter mit Prüfzeichen** dürfen verwendet werden, die für den verwendeten Fahrtschreibertyp zugeteilt sind. Die Aufzeichnungen auf den eingelegten Schaublättern sind **technische Aufzeichnungen** (§ 268 II StGB), BGH VRS **58** 415, Dü NZV **94** 199, KG VRS **57** 121, s dazu Rz 9. Gestattet es der Fahrtschreiber eines Lkw infolge mehrfachen Überschreibens nicht, die Geschwindigkeit zur Unfallzeit abzulesen, so ist das zum Nachteil dessen zu berücksichtigen, der ihn nicht ordnungsmäßig bedient hat (zw, Tatfrage), Kö VR **64** 543. Fahrtschreiberausfall unterwegs macht den Lkw nicht verkehrsunsicher; die Fahrt darf zuendegeführt werden, Bay DAR **78** 204.

6 Die **Auswertung des Fahrtschreiber- oder EG-Kontrollgerät-Schaublattes** ist ein geeignetes Beweismittel zur Feststellung von OWen durch Überschreitung der zulässigen **Höchstgeschwindigkeit**, Kö NZV **94** 292, VRS **93** 206, Ss 187/97 (Z), Dü VRS **90** 296, NZV **96** 503, auch wenn der genaue Tatort nicht mehr feststellbar ist, Bay NZV **96** 160, BaySt **97** 40, Ha NZV **92** 159 (abl *Suhren* NZV **92** 271), VRS **92** 36, ZfS **94** 187, Dü VM **94** 43, AG Marl ZfS **94** 30 (abl *Röttgering*), *Zeising* NZV **94** 384, aM LG Münster DAR **95** 303 (Anm *Berr*), s dazu *Hentschel* NJW **95** 630. Die Verwertung der Schaublätter in der Hauptverhandlung zu Beweiszwecken geschieht durch Augenscheineinnahme, Bay ZfS **97** 315, Kö DAR **90** 109, s Dü VRS **90** 296. Beruht die

Fahrtschreiber und Kontrollgerät § 57a StVZO **3**

Überführung auf Auswertung eines Fahrtschreiberblattes, so ist die Inaugenscheinnahme auch zu protokollieren, wenn der Angeklagte das Auswertungsergebnis nicht bestreitet; durch Vorhalt kann das Blatt nicht in die Hauptverhandlung eingeführt werden, auch nicht durch Verlesung, Kö VRS **24** 62. **Zur Auswertung** bedarf der Richter bei längerer Fahrtstrecke nicht der Hinzuziehung eines Sachverständigen, Ha DAR **04** 42, NZV **92** 159, Kö NZV **94** 292, VRS **65** 159 (3km), Dü NZV **96** 503, VRS **90** 296, anders aber bei Geschwindigkeitsänderungen binnen kurzer Zeit und Strecke, Bay ZfS **97** 315, Kö NZV **90** 201, **94** 292, DAR **90** 109, Dü VRS **90** 296, NZV **96** 503. Die Annahme, die Aufzeichnungen seien unrichtig und abweichende Zeugenaussagen träfen zu, läßt sich nicht allein mit der allgemeinen Erwägung begründen, jedes Meßinstrument könne versagen, BGH NJW **63** 586. **Toleranzwert** zum Ausgleich von Fehlerquellen: 6 km/h, Bay VRS **101** 457, KHa DAR **04** 42, ö VRS **93** 206, *Beck/Löhle* 2.15.

4. Kontrolle der Schaublätter. Diese sind zuständigen Personen auf Verlangen **7** vorzuzeigen (II S 4), im Verkehr und unabhängig davon auch ohne Beziehung auf eine bestimmte Fahrt, denn der Halter hat die Schaublätter ein Jahr aufzubewahren (Abs II S 4), Ha VRS **12** 302. II S 4 Halbsatz 2 richtet sich nur an den Halter, Halbsatz 1 dagegen an den jeweiligen Inhaber der tatsächlichen Gewalt über das Schaublatt, unterwegs also an den Fahrer, Bay VM **78** 50. Wer sich als Fahrer während und im Zusammenhang mit dem Betrieb weigert, zuständigen Kontrollpersonen das Schaublatt zur Prüfung auszuhändigen, verletzt II 4 Halbsatz 1 mit § 69a V Nr 6c, Bay VM **78** 50. Entnimmt der PolB das Schaublatt, so hat der Fahrer ein Ersatzschaublatt einzulegen (II).

5. Weitergeltung weitergehender Vorschriften. Der Vorbehalt weitergehender **8** Anforderungen (Abs IV) betrifft vor allem die VO (EWG) Nr 3821/85, aber auch zB § 31a (Fahrtenbuch).

6. Verstöße: OWen: §§ 69a III Nr 25, 25a, V Nr 6, 6a, 6c StVZO, 24 StVG. Ist **9** ein nur nach nationalem Recht fahrtschreiberpflichtiges Fz mit EG-Kontrollgerät ausgerüstet, so ist ein Verstoß gegen die dann geltenden Bestimmungen der Art 13–16 VO (EWG) 3821/85 (s Abs III) nach § 69a III Nr 25a ow, s Zw VM **81** 91; anders, wenn das Fz durch VO (EWG) 3821/85 erfaßt ist, dann OW nach FPersG, Bay VRS **60** 397. Wer es pflichtwidrig unterläßt, vorgeschriebene Eintragungen vorzunehmen oder wer Unrichtiges auf den Schaublättern einträgt, verletzt II Satz 2, KG VRS **57** 121. Für Befolgung des § 57a hat auch der Halter zu sorgen, ferner der, dem der Halter die Verantwortung für das Fz, besonders für dessen verkehrssicheren Zustand, übertragen hat, Ce DAR **55** 198. Weigerung des Fahrers, das Schaublatt zur Prüfung auszuhändigen, s Rz 7. § 57a I 1, II (Fahren mit defektem Fahrtschreiber) geht § 23 I StVO vor, Kar VRS **47** 294. Bei Fahren mit einem ow Fahrtschreiber **TE** mit währenddessen begangenen VOWen (§ 37 StVO), Ha VRS **48** 299. Unterlassen der Beschriftung des Schaublatts steht zu OWen während der Fahrt in TM, s Ha VRS **29** 62, **60** 50, es bildet mit diesen auch nicht eine Tat iS von § 264 StPO, Ha VRS **60** 50, Kö NZV **90** 201. Entschuldbarer **Verbotsirrtum:** Rz 4. Zur **Bußgeldbemessung** bei fahrlässiger Schaublattverwechslung vor Fahrtbeginn, Kö VRS **59** 393. **Straftaten:** Der bloße Diagrammteil des Schaublatts ist ein Augenscheinsobjekt ohne Urkundencharakter, Bay NJW **81** 774. Durch Fahrer- und Fahrtdatumeintragung auf dem Schaublatt wird das Schaublatt als Ganzes ab Fahrtbeginn zur **Urkunde,** Bay NJW **81** 774, VRS **82** 347, Stu VRS **74** 437, Kar VRS **97** 166, **103** 118, Dü NZV **94** 199. Aussteller der Schaublatturkunde gem Abs II ist (anders als im Rahmen der VO EWG 3821/85 und des AETR, s Bay VRS **73** 377, **82** 347, NZV **94** 36, Kar VRS **97** 166) der Halter, auch wenn er nicht zugleich der Fahrer ist, Bay NJW **81** 774, Kar DAR **87** 24, KG VRS **57** 121, Stu VRS **74** 437, Dü NZV **94** 199. Inhaltlich unzutreffende Eintragungen auf dem Schaublatt durch den Halter oder dessen Beauftragten sind keine Urkundenfälschung, Dü NZV **94** 199 (km-Stand). Läßt der allein fahrende Fahrer im Beifahrerfach des Kontrollgerätes Ruhezeit aufzeichnen und legt das Schaublatt später nach Eintragung seines Namens in das Fahrerfach, so handelt es sich um bloße schriftliche Lüge, Kar VRS **103** 118. Auch durch Eintragung eines falschen Fahrernamens durch den Halter stellt dieser daher keine unechte Urkunde her, Kar DAR **87** 24 (schriftliche Lüge), aM bei entsprechendem Verhalten des Fahrers *als Aussteller* eines Schaublattes gem VO EWG 3821/85, Bay VRS **82** 347, NZV **94** 36. Trägt dagegen der Fahrer eigenmächtig ohne Einwilligung des Halters einen falschen Fahrernahmen auf dem Schaublatt (gem Abs II, dessen Aussteller er nicht ist) ein, so stellt er eine unechte Urkunde her, Bay NJW **81** 774. Die Hinzufügung eines weiteren Namens auf dem Fahrtschreiberblatt nach Aufzeichnung ist Urkundenverfälschung, Stu NJW **78** 715. Zur nachträglichen Eintragung eines falschen Datums auf dem Schaublatt, s AG Langen MDR **86** 603. Abänderung der Schaublattbeschriftung durch den Aussteller nach Fahrtantritt als Urkundenfälschung, Stu VRS **74** 437, s dazu *Puppe* NZV **89** 479. Verwischt oder verändert der Kf die Schaublattaufzeichnungen, handschriftlich wie technisch bewirkte, so verletzt er **§ 268 StGB;** die OW nach § 57a tritt demgegenüber zurück, ebenso bei störender Einwirkung auf den Aufzeichnungsvorgang unterwegs, aber auch schon bei vorsätzlich falschem Einlegen des Schaublatts. Wer eine manipulatorische Beeinflussung der Aufzeichnungen kennt oder (bedingt) vorsätzlich ausnutzt, verletzt § 268 I Nr 1 StGB (Herstellen), nicht jedoch derjenige, der die Aufzeichnungsstörung zwar kennt und durch Unterlassen der Fehlerbeseitigung ausnutzt, aber nicht mit ihrer Verursachung durch vorausgegangene Manipulation rechnet, der Unrechtsgehalt solchen Unterlassens kommt demjenigen des Herstellens einer unechten technischen Aufzeichnung nicht gleich, BGHSt **28** 300 = NJW **79** 1466, Bay VRS **55** 425, aM Ha VRS **52** 278. Bewußtes Verstellen der zum EG-Kontrollgerät gehörenden Zeituhr zum Zwecke falscher Zeitangaben auf dem Schaublatt ist gem § 268 III StGB strafbar, Ha NJW **84** 2173, Bay VM **86** 60, ebenso Verbiegen der Nadel mit der Folge der Aufzeichnung zu niedriger Geschwindigkeit, Bay DAR **88** 366, NZV **95** 287. Nach überwiegender Ansicht erfüllt auch die Verwendung eines zu einem anderen Fahrtschreibertyp gehörigen Schaublatts, soweit sie zu unrichtigen Aufzeichnungen führt, den Tatbestand des § 268 III StGB, BGHSt **40** 26 = VRS **86** 345, Stu NZV **93** 237 (zust *Puppe* JR **93** 330), *Tröndle/Fischer* Rz 13c, aM Bay VM **74** 2, *Rüth/Berr/Berz* Rz 22. Zeitweiliges Abschalten beim Fahren verletzt § 268 nur, wenn es eine zumindest teilweise unrichtige Aufzeichnung bewirkt, nicht eine nur lückenhafte, Bay NJW **74** 325. Wer im Ausland die Geschwindigkeitsschreibernadel verbiegt, so daß eine geringere Geschwindigkeit aufgezeichnet wird, verwirklicht nach Überschreiten der Grenze nach Deutschland auch auf der Strecke zwischen Grenze und Kontrollstelle § 268 I 1 StGB, Bay DAR **82** 247. Öffnung des Gerätedeckels, um unrichtige Aufzeichnung zu bewirken, erfüllt § 268 III StGB, wenn dieses Ziel tatsächlich erreicht wird, nicht dagegen, soweit dadurch lediglich Aufzeichnungen verhindert werden, Bay NJW **74** 325. Wird ein „Zwei-Fahrergerät" durch Einlegen mehrerer Schaublätter zwar in der vorgesehenen Weise, jedoch entgegen seinem Zweck nur durch *einen* Fahrer bedient, um die Ablösung durch einen zweiten Fahrer vorzutäuschen, ist § 268 III StGB nicht erfüllt, BaySt **01** 57 = VRS **100** 444, Kar VRS **103** 118. *Salentyn,* Manipulationen am EG-Kontrollgerät, DNP **90** 560. Die Eintragung eines Fahrernamens als Bezugsvermerk zur Aufzeichnung ist nicht durch § 268 StGB geschützt, KG VRS **57** 121. Vernichtung des Schaublattes ist keine Urkundenunterdrückung iS von **§ 274 StGB,** wenn sie nur das Ziel verfolgt, einen staatlichen Straf- oder Bußgeldanspruch zu vereiteln, Bay NZV **89** 81, Dü NZV **89** 477 (im Ergebnis zust *Puppe,* abl *Bottke* JR **91** 252), aM *Schneider* NStZ **93** 16, nach Dü NJW **85** 1231 jedenfalls dann nicht, wenn dadurch der Nachweis eines Parkverstoßes verhindert werden soll. Wer der polizeilichen Wegnahme des Fahrtschreiberblattes zwecks Kontrolle oder Beschlagnahme Widerstand leistet, verletzt § 113 StGB, Ko VRS **41** 106.

10 **7. Überleitungsbestimmung für die neuen Bundesländer:**
Anl I Kap XI B III Nr 2 (42)

(42) **§ 57a gilt für die ab 1. Januar 1991 erstmals in den Verkehr kommenden Fahrzeuge.** S ferner vor § 30 sowie § 3 der 39. StVZAusnV (abgedruckt bei Rz 1).

Anwendung der VO EWG 3821/85 auf Fze, die in den Ländern der ehemaligen DDR zugelassen sind: EG-Recht-ÜberleitungsVO v 28. 9. 90 (BGBl I S 2117) Anl 1 zu Kap II Nr 1; Kontrollmittel-VO v 16. 5. 91 (BGBl I 1134), außer Kraft getreten am 31. 12. 92.

Prüfung der Fahrtschreiber und Kontrollgeräte

57b (1) ¹Halter, deren Kraftfahrzeuge mit einem Fahrtschreiber nach § 57a Abs. 1, mit einem Kontrollgerät nach der Verordnung (EWG) Nr. 3821/85 (ABl. EG Nr. L 370 S. 8) oder mit einem Kontrollgerät nach § 57a Abs. 3 oder nach der Fahrpersonalverordnung oder mit einem Kontrollgerät oder Fahrtschreiber nach der Kontrollmittel-Verordnung vom 16. Mai 1991 (BGBl. I S. 1134) ausgerüstet sind, haben auf ihre Kosten die Fahrtschreiber oder die Kontrollgeräte nach jedem Einbau, jeder Reparatur oder jeder Änderung der Wegdrehzahl oder des wirksamen Reifenumfangs des Kraftfahrzeugs, sonst mindestens einmal innerhalb von 2 Jahren seit der letzten Prüfung durch einen hierfür amtlich anerkannten Hersteller für Fahrtschreiber oder Kontrollgeräte oder durch eine von diesem ermächtigte Werkstatt prüfen zu lassen, daß Einbau, Zustand, Meßgenauigkeit und Arbeitsweise vorschriftsmäßig sind; ausgenommen sind Kraftfahrzeuge der Bundeswehr und des Bundesgrenzschutzes. ²Bestehen keine Bedenken gegen die Vorschriftsmäßigkeit, so hat der Hersteller oder die Werkstatt auf oder neben dem Fahrtschreiber oder dem Kontrollgerät gut sichtbar und dauerhaft ein Einbauschild anzubringen; das Schild muß plombiert sein, es sei denn, daß es sich nicht ohne Vernichtung der Angaben entfernen läßt, und folgende Angaben enthalten:

1. Name, Anschrift oder Firmenzeichen des Herstellers oder der Werkstatt;
2. Wegdrehzahl des Kraftfahrzeugs;
3. wirksamer Reifenumfang des Kraftfahrzeugs;
4. Datum der Prüfung;
5. die letzten 8 Zeichen der Fahrzeug-Identifizierungsnummer des Kraftfahrzeugs.

³Satz 1 gilt nicht für Fahrzeuge mit roten Kennzeichen oder mit Kurzzeitkennzeichen.

(2) ¹Wird der Fahrtschreiber oder das Kontrollgerät vom Fahrzeughersteller eingebaut, so hat dieser, sofern er hierfür amtlich anerkannt ist, die nach dem Einbau vorgesehene Prüfung vorzunehmen und das Einbauschild nach den Vorschriften des Absatzes 1 anzubringen und zu plombieren. ²Das Einbauschild hat anstelle der nach Absatz 1 Satz 2 Nr. 1 geforderten Angaben über den Fahrtschreiber- oder Kontrollgerätehersteller Name, Anschrift oder Firmenzeichen des Fahrzeugherstellers zu enthalten.

(3) Der Halter hat dafür zu sorgen, daß das Einbauschild die vorgeschriebenen Angaben enthält, plombiert sowie vorschriftsmäßig angebracht und weder verdeckt noch verschmutzt ist.

(4) Für die Anerkennung der Fahrtschreiber- oder Kontrollgerätehersteller oder der Fahrzeughersteller ist die oberste Landesbehörde oder die von ihr bestimmten oder nach Landesrecht zuständigen Stellen zuständig.

(5) Die Anerkennung kann erteilt werden
1. zur Vornahme der Prüfungen durch den Antragsteller selbst,
2. zur Ermächtigung von Werkstätten, die die Prüfungen vornehmen.

(6) Die Anerkennung wird erteilt, wenn
1. der Antragsteller, bei juristischen Personen die nach Gesetz oder Satzung zur Vertretung berufenen Personen, zuverlässig sind,
2. der Antragsteller, falls er die Prüfungen selbst vornimmt, nachweist, daß er über die erforderlichen Fachkräfte sowie über die notwendigen dem Stand der Technik entsprechenden Prüfgeräte und sonstigen Einrichtungen und Ausstattungen verfügt,
3. der Antragsteller, falls er die Prüfungen durch von ihm ermächtigte Werkstätten vornehmen läßt, nachweist, daß er durch entsprechende Überwachungs- und Weisungsbefugnisse sichergestellt hat, daß bei den Werkstätten die Voraussetzungen nach Nummer 2 vorliegen und die Durchführung der Prüfungen ordnungsgemäß erfolgt.

(7) Wird die Anerkennung nach Absatz 5 Nr. 2 ausgesprochen, so hat der Fahrtschreiber- oder Kontrollgerätehersteller die von ihm ermächtigten Werkstätten der Anerkennungsbehörde und den zuständigen obersten Landesbehörden mitzuteilen.

(8) ¹Die Anerkennung kann mit Auflagen verbunden werden, die erforderlich sind, um sicherzustellen, daß die Prüfungen ordnungsgemäß durchgeführt werden; sie ist nicht übertragbar. ²Die Anerkennung ist zurückzunehmen, wenn bei ihrer

3 StVZO § 57b B. Fahrzeuge III. Bau- und Betriebsvorschriften

Erteilung eine der Voraussetzungen nach Absatz 6 nicht vorgelegen hat; von der Rücknahme kann abgesehen werden, wenn der Mangel nicht mehr besteht. ³Die Anerkennung ist zu widerrufen, wenn nachträglich eine der Voraussetzungen nach Absatz 6 weggefallen oder wenn die Prüfung wiederholt nicht ordnungsgemäß durchgeführt oder wenn sonst gegen die Pflichten aus der Anerkennung oder gegen Auflagen gröblich verstoßen worden ist.

(9) ¹Die oberste Landesbehörde oder die von ihr bestimmten oder nach Landesrecht zuständigen Stellen üben die Aufsicht über die Inhaber der Anerkennung aus. ²Die Aufsichtsbehörde kann selbst prüfen oder durch von ihr bestimmte Sachverständige prüfen lassen, ob insbesondere die Voraussetzungen für die Anerkennung noch gegeben sind, ob die Prüfungen ordnungsgemäß durchgeführt und ob die sich sonst aus der Anerkennung oder den Auflagen ergebenden Pflichten erfüllt werden.

1   **Begr**: VBl 72 460 f). S 36. Aufl.

   Begr zur ÄndVO v 23. 6. 93: VBl **93** 616; zur ÄndVO v 25. 10. 94: BRDrucks 782/94; zur ÄndVO v 23. 3. 00: BRDrucks 720/99 S 66.

2   **1. Prüfungspflicht** besteht gem I S 1 für die Halter, deren Fze nach § 57a Abs I oder III, nach der VO (EWG) Nr 3821/85, der Fahrpersonalverordnung oder der Kontrollmittel-Verordnung mit Fahrtschreiber oder Kontrollgerät ausgerüstet sind. Prüfungsrichtlinien für Fahrtschreiber und Kontrollgeräte, VBl **73** 139, **82** 239 = StVRL Nr 1.

3   **2. Prüfung durch den FzHersteller.** Abs. II regelt den Fall, daß Fahrtschreiber oder Kontrollgerät vom FzHersteller mit eingebaut werden. Dieser soll dann beim Einbau auch die vorgeschriebene Prüfung vornehmen und das Einbauschild anbringen.

4   **3. Einbauschild.** Für den ordnungsgemäßen Zustand des Einbauschildes sorgen muß der Halter gem Abs III wegen der Bedeutung des Schildes für die Überwachung.

5   **4. Amtlich anerkannt** sein müssen die Fahrtschreiber- und Kontrollgerätehersteller sowie die FzHersteller gem Abs I und II für die Überprüfungsaufgaben nach diesen Vorschriften. Dies erfordert die Bedeutung der übertragenen Aufgaben für die Verkehrssicherheit. Fahrtschreiber-Anerkennungsrichtlinien, VBl **72** 863, **73** 244, **74** 683 = StVRL Nr 3.

6   Die Anerkennung kann gem Abs V erteilt werden, entweder zur Vornahme der Prüfung durch den Antragsteller selbst oder zur Ermächtigung von Werkstätten, die die Prüfungen vornehmen. Diese Regelung, nur die Fahrtschreiber- und Kontrollgerätehersteller amtlich anzuerkennen und nicht auch die einzelnen Werkstätten, dient der Verwaltungsvereinfachung (s Begr VBl **72** 457). Die Erteilung der amtlichen Anerkennung zur Ermächtigung von Werkstätten setzt gem V Nr 3 voraus, daß der Antragsteller durch entsprechende Überwachungs- und Weisungsbefugnisse die notwendige personelle und sachliche Ausstattung sichergestellt hat und dies nachweist.

7   Die Mitteilungspflicht in Abs VII an die Anerkennungsbehörde dient Kontroll- und Überwachungszwecken.

8   **5. Ausgenommen von der Pflicht des Abs I** sind Bundeswehr und Bundesgrenzschutz (Abs I S 1 Halbsatz 2), weil deren Kfze besonderen Einsatzbedingungen unterliegen und es daher zweckmäßig erscheint, die Prüfung der Fahrtschreiber (entsprechend der Regelung bei der technischen FzÜberwachung gem § 29 I) in eigener Verantwortung von BW und BGS durchführen zu lassen.

9   **6. Ordnungswidrigkeiten:** § 69a V Nr 6b StVZO, § 24 StVG. Die Unterlassung pflichtgemäßer Überprüfung ist an jedem Ort begangen, an welchem der Täter sie hätte veranlassen müssen, Bay VRS **57** 38.

Ausrüstung von Kraftfahrzeugen mit Geschwindigkeitsbegrenzern und ihre Benutzung

57c (1) Geschwindigkeitsbegrenzer sind Einrichtungen, die im Kraftfahrzeug in erster Linie durch die Steuerung der Kraftstoffzufuhr zum Motor die Fahrzeughöchstgeschwindigkeit auf den eingestellten Wert beschränken.

(2) ¹Alle Kraftomnibusse sowie Lastkraftwagen, Zugmaschinen und Sattelzugmaschinen mit einer zulässigen Gesamtmasse von jeweils mehr als 3,5 t müssen mit einem Geschwindigkeitsbegrenzer ausgerüstet sein. ²Der Geschwindigkeitsbegrenzer ist bei
1. Kraftomnibussen auf eine Höchstgeschwindigkeit von 100 km/h (v_{set}),
2. Lastkraftwagen, Zugmaschinen und Sattelzugmaschinen auf eine Höchstgeschwindigkeit – einschließlich aller Toleranzen – von 90 km/h (v_{set} + Toleranzen ≤ 90 km/h)

einzustellen.

(3) Mit einem Geschwindigkeitsbegrenzer brauchen nicht ausgerüstet zu sein:
1. Kraftfahrzeuge, deren durch die Bauart bestimmte tatsächliche Höchstgeschwindigkeit nicht höher als die jeweils in Absatz 2 Satz 2 in Verbindung mit Absatz 4 genannte Geschwindigkeit ist,
2. Kraftfahrzeuge der Bundeswehr, des Bundesgrenzschutzes, der Einheiten und Einrichtungen des Katastrophenschutzes, der Feuerwehren, der Rettungsdienste und der Polizei,
3. Kraftfahrzeuge, die für wissenschaftliche Versuchszwecke auf der Straße oder zur Erprobung im Sinne des § 19 Abs. 6 eingesetzt werden, und
4. Kraftfahrzeuge, die ausschließlich für öffentliche Dienstleistungen innerhalb geschlossener Ortschaften eingesetzt werden oder die überführt werden (z. B. vom Aufbauhersteller zum Betrieb oder für Wartungs- und Reparaturarbeiten).

(4) Die Geschwindigkeitsbegrenzer müssen den im Anhang zu dieser Vorschrift genannten Bestimmungen über Geschwindigkeitsbegrenzer entsprechen.

(5) Der Geschwindigkeitsbegrenzer muß so beschaffen sein, daß er nicht ausgeschaltet werden kann.

Begr (VBl 93 616): *Bei der EG ist die Richtlinie 92/6/EWG des Rates vom 10. Februar 1992 über den Einbau und die Benutzung von Geschwindigkeitsbegrenzern für bestimmte Kraftfahrzeugklassen verkündet worden, die durch § 57c Abs. 1 bis 3 in nationales Recht umgesetzt worden sind. In den Erwägungsgründen zu dieser Richtlinie ist unter anderem ausgeführt:*
„... *Aufgrund ihrer starken Motorleistung, die sie zur Überwindung von Steigungen benötigen, können schwere Lastfahrzeuge und Kraftomnibusse auf ebener Strecke mit weit überhöhten Geschwindigkeiten fahren, für die andere Bauteile dieser Fahrzeuge, wie Bremsen und Reifen, nicht ausgelegt sind. Deshalb haben eine Reihe von Mitgliedstaaten für bestimmte Kraftfahrzeugklassen Geschwindigkeitsbegrenzer vorgeschrieben ...*"

Begr zur ÄndVO v 25. 10. 94: BRDrucks 782/94.

Begr zur ÄndVO v 12. 8. 97: **Zu Abs 2 Satz 2 Nr 2:** *Die Europäische Kommission legt in einer „offiziellen Interpretation" die Richtlinie 92/6/EWG so aus, „daß Geschwindigkeitsregler auf einen höheren Wert als 85 km/h eingestellt werden können, soweit sichergestellt ist, daß die Einstellung einschließlich der Toleranz 90 km/h nicht überschreitet. So kann beispielsweise die Einstellung des Geschwindigkeitsreglers auf 88 km/h bei einer geprüften Toleranz von 2 km/h hingenommen werden".
Die Ergänzung dient der Anpassung an die Interpretation der Europäischen Kommission.*

Begr zur ÄndVO v 2. 11. 04: BRDrucks 600/04 S 10.

50. StVZAusnV v 27. 10. 94 (BGBl I 3179)

§ 1. Abweichend von § 57c Abs. 2 der Straßenverkehrs-Zulassungs-Ordnung müssen Kraftfahrzeuge, die ausschließlich im innerstaatlichen Verkehr eingesetzt werden und zwischen dem 1. Januar 1988 und dem 1. Januar 1994 erstmals in den Verkehr gekommen sind, erst zum Termin einer im Jahr 1995 durchzuführenden Hauptuntersuchung oder Zwischenuntersuchung (§ 29 Abs. 1 der Straßenverkehrs-Zulassungs-Ordnung) mit einem Geschwindigkeitsbegrenzer ausgerüstet sein.

§ 2. Diese Verordnung tritt am Tage nach der Verkündung in Kraft und am 31. Dezember 1995 außer Kraft.

Begr: VBl **94** 746.

1. **Zweck** der Bestimmung, s Begr (Rz 1). Sie setzt die **Richtlinie 92/6/EWG** in nationales Recht um. Definition des Geschwindigkeitsbegrenzers: Abs I. Durch ÄndVO v 2. 11. 04 (Inkrafttreten: 1. 5. 05) wurde die Ausrüstungspflicht in Übereinstimmung mit der Richtlinie 2002/85/EG auf alle Kom und NutzFze mit zulässiger Gesamtmasse von mehr als 3,5 t ausgedehnt. **Übergangsvorschrift:** § 72 II. Vor dem 1. 1. 1988 erstmals in den V gekommene Kom mit mehr als 10 t Gesamtmasse sowie Lkw, Zgm und SattelZgm brauchen gem § 72 II nicht mit einem Geschwindigkeitsbegrenzer ausgerüstet zu sein. Ausnahmeregelung für zwischen dem 1. 1. 88 und 1. 1. 94 erstmals in den V gekommene Kfze im innerstaatlichen V: Rz 1 a. Anwendbarkeit auf Zgm spätestens, soweit sie ab 1. 10. 98 erstmals in den V gekommen sind; Nachrüstungspflicht für zwischen dem 1. 1. 88 und dem 1. 10. 98 erstmals in den V gekommene Zgm nach Maßgabe von § 72.

2. Die **technischen Anforderungen** an Geschwindigkeitsbegrenzer sind in der **Richtlinie 92/24/EWG** = StVRL § 19 Nr 10 enthalten; ihnen müssen die Einrichtungen entsprechen (Abs IV). Jedoch dürfen Fze mit Geschwindigkeitsbegrenzer, die im Rahmen der BE für das Fz genehmigt wurden, weiterverwendet werden, desgleichen Geschwindigkeitsbegrenzer mit BE nach § 22 (§ 72 II).

3. **Ununterbrochen betriebsbereit** muß der Geschwindigkeitsbegrenzer sein. Deshalb darf er nicht abschaltbar sein (Abs V). Zwar enthält die Richtlinie 92/6/EWG eine solche Vorschrift nicht; sie ist aber als Betriebsvorschrift zur Klarstellung für den FzHalter und Betreiber erforderlich (s Begr VBl **93** 616).

4. **Ordnungswidrigkeiten:** § 69a III Nr 25b StVZO, § 24 StVG. Ow ist das Unterlassen der vorgeschriebenen Ausrüstung des Fzs mit dem Geschwindigkeitsbegrenzer sowie der Betrieb des Fzs ohne betriebsbereiten Geschwindigkeitsbegrenzer (Abs V). Mit Geschwindigkeitsverstößen besteht TE, Zw NZV **02** 97.

Einbau und Prüfung von Geschwindigkeitsbegrenzern

57d (1) Geschwindigkeitsbegrenzer dürfen in Kraftfahrzeuge nur von hierfür amtlich anerkannten
1. Fahrzeugherstellern,
2. Herstellern von Geschwindigkeitsbegrenzern oder
3. Beauftragten der Hersteller
sowie durch von diesen ermächtigten Werkstätten eingebaut und geprüft werden.

(2) ¹Halter, deren Kraftfahrzeuge mit einem Geschwindigkeitsbegrenzer nach § 57c Abs. 2 ausgerüstet sind, haben auf ihre Kosten die Geschwindigkeitsbegrenzer nach jedem Einbau, jeder Reparatur, jeder Änderung der Wegdrehzahl oder des wirksamen Reifenumfanges des Kraftfahrzeugs oder der Kraftstoff-Zuführungseinrichtung durch einen Berechtigten nach Absatz 1 prüfen und bescheinigen zu lassen, daß Einbau, Zustand und Arbeitsweise vorschriftsmäßig sind. ²Die Bescheinigung über die Prüfung muß mindestens folgende Angaben enthalten:
1. Name, Anschrift oder Firmenzeichen der Berechtigten nach Absatz 1,
2. die eingestellte Geschwindigkeit v_{set},
3. Wegdrehzahl des Kraftfahrzeugs,
4. wirksamer Reifenumfang des Kraftfahrzeugs,
5. Datum der Prüfung und
6. die letzten 8 Zeichen der Fahrzeug-Identifizierungsnummer des Kraftfahrzeugs.
³Der Fahrzeugführer hat die Bescheinigung über die Prüfung des Geschwindigkeitsbegrenzers mitzuführen und auf Verlangen zuständigen Personen zur Prüfung auszuhändigen. ⁴Die Sätze 1 und 3 gelten nicht für Fahrzeuge mit roten Kennzeichen oder mit Kurzzeitkennzeichen.

(3) Wird der Geschwindigkeitsbegrenzer vom Fahrzeughersteller eingebaut, so hat dieser, sofern er hierfür amtlich anerkannt ist, die nach Absatz 2 erforderliche Bescheinigung auszustellen.

(4) Für die Anerkennung der Fahrzeughersteller, der Hersteller von Geschwindigkeitsbegrenzern oder von Beauftragten der Hersteller sind die oberste Landesbehörde, die von ihr bestimmten oder die nach Landesrecht zuständigen Stellen zuständig.

(5) Die Anerkennung kann Fahrzeugherstellern, Herstellern von Geschwindigkeitsbegrenzern oder Beauftragten der Hersteller erteilt werden:
1. zur Vornahme des Einbaus und der Prüfung nach Absatz 2,
2. zur Ermächtigung von Werkstätten, die den Einbau und die Prüfungen vornehmen.

(6) Die Anerkennung wird erteilt, wenn
1. der Antragsteller, bei juristischen Personen die nach Gesetz oder Satzung zur Vertretung berufenen Personen, die Gewähr für zuverlässige Ausübung der dadurch verliehenen Befugnisse bietet,
2. der Antragsteller, falls er die Prüfungen selbst vornimmt, nachweist, daß er über die erforderlichen Fachkräfte sowie über die notwendigen, dem Stand der Technik entsprechenden Prüfgeräte und sonstigen Einrichtungen und Ausstattungen verfügt,
3. der Antragsteller, falls er die Prüfungen und den Einbau durch von ihm ermächtigte Werkstätten vornehmen läßt, nachweist, daß er durch entsprechende Überwachungs- und Weisungsbefugnisse sichergestellt hat, daß bei den Werkstätten die Voraussetzungen nach Nummer 2 vorliegen und die Durchführung des Einbaus und der Prüfungen ordnungsgemäß erfolgt.

(7) Wird die Anerkennung nach Absatz 5 Nr. 2 ausgesprochen, so haben der Fahrzeughersteller, der Hersteller von Geschwindigkeitsbegrenzern oder die Beauftragten der Hersteller der Anerkennungsbehörde und den zuständigen obersten Landesbehörden die ermächtigten Werkstätten mitzuteilen.

(8) Die Anerkennung ist nicht übertragbar; sie kann mit Nebenbestimmungen verbunden werden, die sicherstellen, daß der Einbau und die Prüfungen ordnungsgemäß durchgeführt werden.

(9) ¹Die oberste Landesbehörde, die von ihr bestimmten oder die nach Landesrecht zuständigen Stellen üben die Aufsicht über die Inhaber der Anerkennung aus. ²Die Aufsichtsbehörde kann selbst prüfen oder durch von ihr bestimmte Sachverständige prüfen lassen, ob insbesondere die Voraussetzungen für die Anerkennung gegeben sind, ob der Einbau und die Prüfungen ordnungsgemäß durchgeführt und ob die sich sonst aus der Anerkennung oder den Nebenbestimmungen ergebenden Pflichten erfüllt werden.

Begr (VBl 93 616 f): ... Die Formulierung wurde in Anlehnung an die Bestimmungen in § 57b Abs. 1 gewählt. Jedoch gestattet § 57d Abs. 1, daß sowohl die Fahrzeughersteller als auch von Herstellern der Geschwindigkeits-Begrenzer von sich aus Werkstätten zum Einbau von Geschwindigkeitsbegrenzern ermächtigen können ...
Beim Betrieb der Fahrzeuge können durch bestimmte Änderungen am Fahrzeug auch Einflüsse auf die Wirksamkeit der Geschwindigkeits-Begrenzer auftreten. Daher wird – analog zu § 57b Abs. 1 – gefordert, daß dann entsprechende Prüfungen und Bescheinigungen für die Geschwindigkeits-Begrenzungseinrichtungen nötig sind.
...

1. Prüfungspflicht besteht gem II S 1 für die Halter, deren Fze nach § 57c I mit einem Geschwindigkeitsbegrenzer ausgerüstet sind. Geschwindigkeitsbegrenzer-Durchführungsrichtlinie, VBl 93 623.

2. Amtlich anerkannt sein müssen die zum Einbau und zur Prüfung von Geschwindigkeitsbegrenzern Berechtigten. Abs IV–IX regeln das Verfahren der Anerkennung der Hersteller von Fzen und Geschwindigkeits-Begrenzern zur Vornahme des Einbaus sowie die Aufsicht über die Inhaber der Anerkennung. Die Regelung wurde entsprechend derjenigen in § 57b IV–VIII getroffen. Geschwindigkeitsbegrenzer-Anerkennungsrichtlinie, VBl 93 619.

3. Ordnungswidrigkeiten: § 69a Nr 6d, 6e, § 24 StVG. Ow ist der Verstoß gegen die Prüfungspflicht des Halters (Abs II S 1) sowie das Nichtmitführen oder Nichtaushändigen der Bescheinigung über die Prüfung des Geschwindigkeitsbegrenzers (Abs II S 3) durch den FzF.

Geschwindigkeitsschilder

58 (1) Ein Geschwindigkeitsschild gibt die zulässige Höchstgeschwindigkeit des betreffenden Fahrzeugs in Kilometer je Stunde an.

(2) [1] Das Schild muß kreisrund mit einem Durchmesser von 200 mm sein und einen schwarzen Rand haben. [2] Die Ziffern sind auf weißem Grund in schwarzer fetter Engschrift entsprechend Anlage V Seite 4 in einer Schriftgröße von 120 mm auszuführen.

(2 a) [1] Geschwindigkeitsschilder dürfen retroreflektierend sein. [2] Retroreflektierende Geschwindigkeitsschilder müssen dem Normblatt DIN 75069, Ausgabe Mai 1989, entsprechen, sowie auf der Vorderseite das DIN-Prüf- und Überwachungszeichen mit der zugehörigen Registernummer tragen.

(3) Mit Geschwindigkeitsschildern müssen gekennzeichnet sein
1. mehrspurige Kraftfahrzeuge mit einer durch die Bauart bestimmten Höchstgeschwindigkeit von nicht mehr als 60 km/h,
2. Anhänger mit einer durch die Bauart bestimmten Höchstgeschwindigkeit von weniger als 100 km/h,
3. Anhänger mit einer eigenen mittleren Bremsverzögerung von weniger als 2,5 m/s^2.

(4) [1] Absatz 3 gilt nicht für
1. die in § 36 Abs. 5 Satz 6 Halbsatz 2 bezeichneten Gleiskettenfahrzeuge,
2. land- oder forstwirtschaftliche Zugmaschinen mit einer durch die Bauart bestimmten Höchstgeschwindigkeit von nicht mehr als 32 km/h,
3. land- oder forstwirtschaftliche Arbeitsgeräte, die hinter Kraftfahrzeugen mitgeführt werden.
[2] Die Vorschrift des § 36 Abs. 1 Satz 2 bleibt unberührt.

(5) [1] Die Geschwindigkeitsschilder müssen an beiden Längsseiten und an der Rückseite des Fahrzeugs angebracht werden. [2] An land- oder forstwirtschaftlichen Zugmaschinen und ihren Anhängern genügt ein Geschwindigkeitsschild an der Fahrzeugrückseite; wird es wegen der Art des Fahrzeugs oder seiner Verwendung zeitweise verdeckt oder abgenommen, so muß ein Geschwindigkeitsschild an der rechten Längsseite vorhanden sein.

1   **Begr** (VBl **88** 476): … *erhält die Unterrichtung des Fahrzeugführers einen gewichtigen Stellenwert. Unabhängig hiervon sollte jeder Verkehrsteilnehmer durch ein Geschwindigkeitsschild Kenntnis darüber erhalten, daß vor ihm ein relativ langsamer Zug fährt; eine solche Kenntnis wird insbesondere zur Einschätzung der Lage bei Überholvorgängen für erforderlich gehalten.*
…
    Begr zur ÄndVO v 23. 7. 90: VBl **90** 499; zur ÄndVO v 25. 10. 94: BRDrucks 782/94.

2   1. Die Vorschrift über **Geschwindigkeitsschilder** für langsam fahrende Kfze soll nicht nur die Kontrolle erleichtern und nachfolgende VT warnen, Ko VRS **65** 70, Sa VM **78** 23, sondern dient auch der Unterrichtung des FzF (etwa bei überbetrieblichem Einsatz von Anhängern), s Begr (Rz 1). Das Schild hat der Halter anzubringen, verantwortlich ist jedoch auch, wer das Fz in Betrieb nimmt, Sa VM **78** 23.

3   2. **Geschwindigkeitsschilder haben zu führen:** a) die in Abs III genannten Fze (Ausnahmen, s Abs IV, Übergangsvorschrift: § 72 II);
    b) Anhänger der im § 18 II Ziff 6, Buchstabe a, d, e und o bezeichneten Arten;
    c) ab 1. 1. 1990 erstmals in den V gekommene land- oder forstwirtschaftliche Kfze und Kfze des StrnUnterhaltungsdienstes, die mit Reifen ausgerüstet sind, welche nur eine niedrigere als die bauartbestimmte Höchstgeschwindigkeit zulassen (§§ 36 I S 2, 72 II);
    d) Anhänger, bei Zügen mit zwei Anhängern unter den Voraussetzungen des § 41 X S 3 Halbsatz 2 Nr 1. Ein einachsiger Anhänger mit eigener mittlerer Bremsverzögerung von weniger als 2,5 m/s^2 fällt dann nicht unter Abs III Nr 3, wenn er gem § 41 XI S 1 keine eigene Bremse benötigt, Bay VM **69** 2.

4   3. **Ausnahmen.** S Abs IV. Die ursprünglich bestehende Absicht, Arbeitsmaschinen und land- oder forstwirtschaftliche Zgm allgemein von der Kenzeichnungspflicht auszunehmen, wurde im Hinblick auf deren häufig hohe Laufleistung nicht verwirklicht

Fabrikschilder **§ 59 StVZO 3**

(s Begr VBl **88** 476). Ausnahmen von der Anbringungsvorschrift des Abs V S 1: Abs V S 2.

4. Ordnungswidrigkeit: §§ 69a III Nr 26 StVZO, 24 StVG. Zur Bemessung der Geldbuße, Ko VRS **65** 70. **5**

5. Überleitungsbestimmung für die neuen Bundesländer, s vor § 30. **6**

Fabrikschilder, sonstige Schilder, Fahrzeug-Identifizierungsnummer

59 (1) ¹An allen Kraftfahrzeugen und Anhängern muß an zugänglicher Stelle am vorderen Teil der rechten Seite gut lesbar und dauerhaft ein Fabrikschild mit folgenden Angaben angebracht sein:
1. Hersteller des Fahrzeugs;
2. Fahrzeugtyp;
3. Baujahr (nicht bei zulassungspflichtigen Fahrzeugen);
4. Fahrzeug-Identifizierungsnummer;
5. zulässiges Gesamtgewicht;
6. zulässige Achslasten (nicht bei Krafträdern).
²Dies gilt nicht für die in § 53 Abs. 7 bezeichneten Anhänger.

(1 a) Abweichend von Absatz 1 ist an Personenkraftwagen, Kraftomnibussen, Lastkraftwagen und Sattelzugmaschinen mit mindestens vier Rädern und einer durch die Bauart bestimmten Höchstgeschwindigkeit von mehr als 25 km/h sowie ihren Anhängern zur Güterbeförderung ein Schild gemäß den im Anhang zu dieser Vorschrift genannten Bestimmungen anzubringen; an anderen Fahrzeugen – ausgenommen Kraftfahrzeuge nach § 30 a Abs. 3 – darf das Schild angebracht sein.

(1 b) Abweichend von Absatz 1 ist an Kraftfahrzeugen nach § 30 a Abs. 3 ein Schild entsprechend den im Anhang zu dieser Vorschrift genannten Bestimmungen anzubringen.

(2) ¹Die Fahrzeug-Identifizierungsnummer nach der Norm DIN ISO 3779, Ausgabe Februar 1977, oder nach der Richtlinie 76/114/EWG des Rates vom 18. Dezember 1975 zur Angleichung der Rechtsvorschriften der Mitgliedstaaten über Schilder, vorgeschriebene Angaben, deren Lage und Anbringungsart an Kraftfahrzeugen und Kraftfahrzeuganhängern (ABl. EG Nr. L 24 S. 1), geändert durch die Richtlinie 78/507/EWG der Kommission vom 19. Mai 1978 (ABl. EG Nr. L 155 S. 31), muß 17 Stellen haben; andere Fahrzeug-Identifizierungsnummern dürfen nicht mehr als 14 Stellen haben. ²Sie muß unbeschadet des Absatzes 1 an zugänglicher Stelle am vorderen Teil der rechten Seite des Fahrzeugs gut lesbar am Rahmen oder an einem ihn ersetzenden Teil eingeschlagen oder eingeprägt sein. ³Wird nach dem Austausch des Rahmens oder des ihn ersetzenden Teils der ausgebaute Rahmen oder Teil wieder verwendet, so ist
1. die eingeschlagene oder eingeprägte Fahrzeug-Identifizierungsnummer dauerhaft so zu durchkreuzen, daß sie lesbar bleibt,
2. die Fahrzeug-Identifizierungsnummer des Fahrzeugs, an dem der Rahmen oder Teil wieder verwendet wird, neben der durchkreuzten Nummer einzuschlagen oder einzuprägen und
3. die durchkreuzte Nummer der Zulassungsbehörde zum Vermerk auf dem Brief und der Karteikarte des Fahrzeugs zu melden, an dem der Rahmen oder Teil wieder verwendet wird.
⁴Satz 3 Nr. 3 ist entsprechend anzuwenden, wenn nach dem Austausch die Fahrzeug-Identifizierungsnummer in einen Rahmen oder einen ihn ersetzenden Teil eingeschlagen oder eingeprägt wird, der noch keine Fahrzeug-Identifizierungsnummer trägt.

(3) ¹Ist eine Fahrzeug-Identifizierungsnummer nicht vorhanden oder läßt sie sich nicht mit Sicherheit feststellen, so kann die Zulassungsbehörde eine Nummer zuteilen. ²Absatz 2 gilt für diese Nummer entsprechend.

Begr zur ÄndVO v 16. 11. 84 (VBl **85** 75): *Die Einführung der Fahrzeug-Identifizierungsnummer erfolgt in Anpassung an internationales Vorgehen, insbesondere aber an die Richtlinie 76/114/EWG. Entsprechend § 59 Abs. 2 Satz 1 letzter Halbsatz ist die frühere Fahrgestellnummer, jetzt Fahrzeug-Identifizierungsnummer, mit nicht mehr als 14 Stellen weiterhin zulässig.* **1**

3 StVZO § 59 B. Fahrzeuge III. Bau- und Betriebsvorschriften

Begr zur ÄndVO v 25. 10. 94: BRDrucks 782/94; zur ÄndVO v 23. 3. 00: BRDrucks 720/99 S 66.

2 **1. Fabrikschilder. Fahrzeug-Identifizierungsnummern.** § 59 beschränkt die Angaben auf dem Fabrikschild auf das Notwendigste. Auf Angabe der Motornummer ist verzichtet worden (sie wird auch international nicht mehr gefordert), ebenso auf Angaben über Eigengewicht und bei Lkw und Omnibussen auf Angabe der Nutzlast. Übergangsvorschrift: § 72.

3 Alle Kfze (§ 1 II StVG) und Anhänger (§ 18) müssen ein **Fabrikschild** führen. Über den Anbringungsort am Fz (Fahrgestell, Karosserie) enthält § 59 keine nähere Bestimmung; dieser muß sich jedoch im vorderen Teil der rechten Seite befinden (Abs I S 1). Das Fabrikschild muß gut sichtbar sein und folgende Angaben enthalten:

a) den Hersteller des Fz; das ist derjenige, der ohne Rücksicht auf die Fertigung der Einzelteile das Fz so weit zusammenfügt, daß es in einen zur Teilnahme am StrV betriebsfertigen Zustand versetzt wird;

b) den Fahrzeugtyp,

c) das Baujahr des Fahrgestells bei nichtzulassungspflichtigen Fzen (§ 18) (soweit nicht nach dem letzten Satz des I die Pflicht, ein Fabrikschild zu führen, für sie entfällt). Das Baujahr entspricht nicht einem Kalenderjahr, sondern ist der Zeitraum vom 1. 10. eines Jahres bis zum 30. 9. des folgenden Jahres, s BMV VBl **58** 618. Die Regelung trägt dem Umstand Rechnung, daß sich die Hersteller schon jeweils im Herbst auf die zu erwartende Absatzsteigerung des kommenden Jahres einstellen müssen. Bei zulassungspflichtigen Fzen wird auf Angabe des Baujahrs verzichtet. Im FzSchein muß der Tag der ersten Zulassung angegeben werden, s Muster 2 a.

d) die Fahrzeug-Identifizierungsnummer,

e) das zulässige Gesamtgewicht (§ 34) des Fz. Die Angabe auf dem Fabrikschild ist bei zulassungsfreien Anhängern für die Höhe des zulässigen Gesamtgewichts maßgebend, Ce VM **60** 10;

f) bei allen Kfzen außer Krädern die zulässigen Achslasten (§ 34). Für Krankenfahrstühle und zweisitzige Dreiräder, die ihrer Bauart nach zum Führen durch Körperbehinderte bestimmt sind, sind dieselben Fabrikschilder zugelassen wie für Krafträder, s VBl **49** 92 (99).

3a Für **Pkw, Kom, Lkw und SattelZgm** mit mindestens 4 Rädern und mehr als 25 km/h bauartbestimmter Höchstgeschwindigkeit und ihre Anhänger zur Güterbeförderung gilt Abs I a, und zwar gem § 72 II spätestens ab 1. 1. 96 für von diesem Tage an erstmals in den V kommende Fze. Bei diesen Fzen muß das Schild der **Richtlinie 76/114/EWG** entsprechen. An Kfzen **nach Art 1 der EG-Richtlinie 2002/24** (s § 30a Rz 2) ist gem Abs Ib – spätestens ab 17. 6. 03, soweit sie von diesem Tage an erstmals in den V kommen (§ 72 II) – ein Schild entsprechend dem Anhang der Richtlinie 93/34/EWG anzubringen, die durch Abs Ib auch für Fze mit Einzelbetriebserlaubnis in nationales Recht umgesetzt ist.

4 Über Fabrikschilder und Fahrzeug-Identifizierungsnummern an land- und forstwirtschaftlichen Arbeitsgeräten, VBl **00** 674 (678). An zulassungsfreien Anhängern in land- oder forstwirtschaftlichen Betrieben, die vor dem 1. 7. 61 in den Verkehr gelangt sind, sind Angaben über das zulässige Gesamtgewicht und die zulässigen Achslasten nicht erforderlich (§ 72 II). Zum Verfahren, wenn an einem Kfz oder Anhänger das Fabrikschild fehlt, s VBl **57** 413. Saarland: § 72 II.

5 **2. Zur Fahrzeug-Identifizierungsnummer** rechnen alle Ziffern und Buchstaben (einschließlich eventuell zusätzlicher Ziffern und Buchstaben zur Bestimmung des Herstellers und Typs), die nach § 59 II am Rahmen oder einem ihn ersetzenden Teil eingeschlagen oder eingeprägt sind. Sie sind sämtlich auf das Fabrikschild und in die FzPapiere zu übernehmen. Umlaute (Ä, Ö, Ü) sind als A, O oder U zu übertragen. Begrenzungszeichen, Satzzeichen und Zeichen ähnlicher Art sind in den FzPapieren und auf dem Fabrikschild unberücksichtigt zu lassen, BMV VBl **71** 459. Außer auf dem Fabrikschild muß die Fahrzeug-Identifizierungsnummer auch am Rahmen oder einem ihn ersetzenden Teil gut sichtbar eingeschlagen oder eingeprägt angegeben sein (II S 2). Anbringung der Fahrzeug-Identifizierungsnummern an **Ersatzrahmen:** II Satz 3. Durchkreuzung

Nachweis der Übereinstimmung § 59a StVZO **3**

der Fahrzeug-Identifizierungsnummer auf dem ausgetauschten oder dem entsprechenden Teil ist nur für den Fall der Wiederverwendung vorgeschrieben. Der Vermerk der durchkreuzten Nummer im Brief und in der Kartei soll es erleichtern, Unregelmäßigkeiten zu verfolgen. Die auf dem Fahrgestell angebrachte Fahrzeug-Identifizierungsnummer muß mit der auf dem Fabrikschild angegebenen übereinstimmen. Die ZulB und technischen Prüfstellen haben bei Abweichungen oder sonstigen Wahrnehmungen, die auf eigenmächtige Änderung schließen lassen, das KBA zu benachrichtigen, s VBl **48** 88. Die gem II angebrachte Fahrzeug-Identifizierungsnummer ist eine beweiserhebliche **Privaturkunde,** BGH DAR **55** 284, KG VRS **105** 215. Die Nummer ist nicht einem bestimmten FzTeil, sondern dem Fz zugeordnet, KG VRS **105** 215. Wer den Rahmen eines Kfz, der die Fahrzeug- Identifizierungsnummer trägt, vorschriftswidrig gegen einen Rahmen mit anderer Nummer auswechselt oder das Fabrikschild gegen ein anderes eintauscht, verfälscht eine Urkunde, BGH VRS **21** 125. Bloße Urkundenvernichtung durch Beseitigung der Fahrzeug-Identifizierungsnummer des gestohlenen Fz ist durch Bestrafung wegen Diebstahls abgegolten, BGH NJW **55** 876. Ist die Fahrzeug- Identifizierungsnummer verfälscht (nachgeschlagen), so kann darin ein **Sachmangel** liegen, Göttingen DAR **54** 134.

3. Zuteilung einer Fahrzeug-Identifizierungsnummer. Ist keine Fahrzeug- **6** Identifizierungsnummer vorhanden (zB bei bestimmten Fzen ausländischer Herkunft) oder läßt sie sich nicht sicher feststellen, so ist behördlich eine Nummer zuzuteilen (Abs III).

4. Zuwiderhandlungen gegen § 59 sind ow (§§ 69a III Nr 26 StVZO, 24 StVG). **7** Zur Urkundenfälschung s Rz 5.

Nachweis der Übereinstimmung mit der Richtlinie 96/53/EG

59a (1) ¹Fahrzeuge, die in Artikel 1 der Richtlinie 96/53/EG des Rates vom 25. Juli 1996 zur Festlegung der höchstzulässigen Abmessungen für bestimmte Straßenfahrzeuge im innerstaatlichen und grenzüberschreitenden Verkehr in der Gemeinschaft sowie zur Festlegung der höchstzulässigen Gewichte im grenzüberschreitenden Verkehr (ABl. EG Nr. L 235 S. 59) genannt sind und mit dieser Richtlinie übereinstimmen, müssen mit einem Nachweis dieser Übereinstimmung versehen sein. ²Der Nachweis muß den im Anhang zu dieser Vorschrift genannten Bestimmungen entsprechen.

(2) **Die auf dem Nachweis der Übereinstimmung angeführten Werte müssen mit den am einzelnen Fahrzeug tatsächlich gemessenen übereinstimmen.**

Begr zur ÄndVO v 23. 3. 00 (VBl **00** 368): *Mit der bisher gültigen Fassung des § 59a* **1** *war die „Richtlinie 86/364/EWG des Rates vom 24. Juli 1986 über den Nachweis der Übereinstimmung von Fahrzeugen mit der Richtlinie 85/3/EWG über die Gewichte, Abmessungen und bestimmte andere technische Merkmale bestimmter Fahrzeuge des Güterkraftverkehrs" in nationales Recht umgesetzt worden. Die Richtlinie 86/364/EWG wurde nun aufgehoben und als Artikel 6 und Anhang III in die „Richtlinie 96/53/EG des Rates vom 25. Juli 1996 zur Festlegung der höchstzulässigen Abmessungen für bestimmte Straßenfahrzeuge im innerstaatlichen und grenzüberschreitenden Verkehr in der Gemeinschaft sowie zur Festlegung der höchstzulässigen Gewichte im grenzüberschreitenden Verkehr" übernommen. In den Erwägungsgründen der Richtlinie heißt es dazu: „Zur leichteren Überwachung der Übereinstimmung der Fahrzeuge mit den Vorschriften dieser Richtlinie muß sichergestellt werden, daß den Fahrzeugen ein Nachweis dieser Übereinstimmung beigegeben wird". Abweichend von der bisherigen Auffassung wird Artikel 6 der Richtlinie 96/53/EG u.a. auf Grund des zitierten Erwägungsgrundes dahingehend ausgelegt, daß das Mitführen des Nachweises vorgeschrieben ist. § 59a wurde daher jetzt entsprechend gefaßt.*

1. Inhalt und Gestaltung des Nachweises richten sich nach der Richtlinie 96/53/ **2** EG. Es genügt ein Dokument, ausgestellt von der zuständigen Behörde des Mitgliedstaates, in dem das Fz zugelassen oder in Betrieb genommen wurde, etwa der FzSchein (s Begr, VBl **00** 368) oder ein am Fz angebrachtes Schild. S BMV VBl **00** 523 (mit Hinweis zum Inhalt des Dokuments oder Schildes): *Die Richtlinie 96/53/EG gilt für die*

3 StVZO § 60 B. Fahrzeuge III. Bau- und Betriebsvorschriften

höchstzulässigen Abmessungen im innerstaatlichen und grenzüberschreitenden Verkehr in der Gemeinschaft sowie die höchstzulässigen Gewichte im grenzüberschreitenden Verkehr für Kraftfahrzeuge der Klasse M2, M3 (Kraftfahrzeuge zur Personenbeförderung mit mindestens vier Rädern und mit mehr als acht Sitzplätzen außer dem Fahrersitz) sowie N2 und N3 (Kraftfahrzeuge zur Güterbeförderung mit mindestens vier Rädern und einem zulässigen Gesamtgewicht von mehr als 3,5 t) und die Kraftfahrzeuganhänger der Klassen 03 und 04 (Anhänger [einschließlich Sattelanhänger] mit einem zulässigen Gesamtgewicht von mehr als 3,5 t). Die durch die 31. ÄndVStVR neu gefaßte Vorschrift ist gem § 72 II spätestens anzuwenden ab dem Zeitpunkt der nächsten Hauptuntersuchung des Fzs, die nach dem 1. 10. 00 durchzuführen ist.

3 2. Ordnungswidrigkeit: § 69 a III Nr 26 a.

Ausgestaltung und Anbringung der amtlichen Kennzeichen

60 (1) ¹Unterscheidungszeichen und Erkennungsnummern (§ 23 Abs. 2) sind in schwarzer Schrift auf weißem Grund anzugeben. ²Bei Fahrzeugen, deren Halter von der Kraftfahrzeugsteuer befreit ist, ist die Beschriftung grün auf weißem Grund; dies gilt nicht für
1. Fahrzeuge von Behörden,
2. Fahrzeuge des Personals von diplomatischen und konsularischen Vertretungen,
3. *(aufgehoben)*
4. Kraftomnibusse und Personenkraftwagen mit 8 oder 9 Sitzplätzen einschließlich Führersitz sowie Kraftfahrzeuganhänger, die hinter diesen Fahrzeugen mitgeführt werden, wenn das Fahrzeug überwiegend im Linienverkehr verwendet wird,
5. Leichtkrafträder, Kleinkrafträder, Fahrräder mit Hilfsmotor,
6. Fahrzeuge von Behinderten im Sinne von § 3 a Abs. 1 und 2 des Kraftfahrzeugsteuergesetzes,
7. schadstoffarme und bedingt schadstoffarme Fahrzeuge der Stufe C,
8. Fahrzeuge mit einem Ausfuhrkennzeichen nach § 7 Abs. 2 der Verordnung über internationalen Kraftfahrzeugverkehr.

³Außerdem ist die Beschriftung grün auf weißem Grund bei Kennzeichen von Kraftfahrzeuganhängern, denen nach § 23 Abs. 1 a ein solches Kennzeichen zugeteilt worden ist. ⁴Kennzeichen dürfen nicht spiegeln, sie dürfen weder verdeckt noch verschmutzt sein; sie dürfen auch nicht mit Glas, Folien oder ähnlichen Abdeckungen versehen sein. ⁵Form, Größe und Ausgestaltung einschließlich Beschriftung von Kennzeichen müssen den Mustern, Maßen und Angaben in Anlage Va entsprechen; für Kennzeichen von Kleinkrafträdern, von Fahrrädern mit Hilfsmotor und von motorisierten Krankenfahrstühlen gilt Anlage VII; für Kennzeichen von Dienstfahrzeugen der Bundeswehr gelten Anlage V Seite 5 und Anlage VII Seite 4. ⁶§ 28 Abs. 5 bleibt unberührt.

(1 a) ¹Kennzeichen nach Absatz 1 müssen reflektierend sein und dem Normblatt DIN 74069, Ausgabe Juli 1996, entsprechen sowie auf der Vorderseite das DIN-Prüf- und Überwachungszeichen mit der zugehörigen Registernummer tragen. ²Ausgenommen sind Kennzeichen an Fahrzeugen der Bundeswehr.

(1 b) *(aufgehoben)*

(1 c) Saisonkennzeichen (§ 23 Abs. 1 b) müssen reflektierend sein und nach Maßgabe der Anlage V b dem Normblatt DIN 74069, Ausgabe Juli 1996, entsprechen sowie auf der Vorderseite das DIN-Prüf- und Überwachungszeichen mit der zugehörigen Registernummer tragen.

(1 d) Oldtimerkennzeichen (§ 23 Abs. 1 c) müssen reflektierend sein und nach Maßgabe der Anlage V c dem Normblatt DIN 74069, Ausgabe Juli 1996, entsprechen sowie auf der Vorderseite das DIN-Prüf- und Überwachungszeichen mit der zugehörigen Registernummer tragen.

(2) ¹Das Kennzeichen ist an der Vorderseite und an der Rückseite des Kraftfahrzeugs fest anzubringen; bei einachsigen Zugmaschinen genügt die Anbringung an deren Vorderseite, bei Anhängern die Anbringung an deren Rückseite. ²An schrägen Außenwänden können an Stelle jedes vorderen und hinteren Kennzeichens je 2 Kennzeichen beiderseits an jedem Ende des Fahrzeugs angebracht sein. ³Bei Fahrzeugen, an denen nach § 49 a Abs. 9 Leuchtenträger zulässig sind, darf das

Ausgestaltung und Anbringung der amtlichen Kennzeichen § 60 StVZO **3**

hintere Kennzeichen – gegebenenfalls zusätzlich – auf dem Leuchtenträger angebracht sein. ⁴Das hintere Kennzeichen darf bis zu einem Vertikalwinkel von 30° in Fahrtrichtung geneigt sein. ⁵Bei allen Fahrzeugen mit Ausnahme von Elektrokarren und ihren Anhängern darf der untere Rand des vorderen Kennzeichens nicht weniger als 200 mm, der des hinteren Kennzeichens nicht weniger als 300 mm – bei Kraftrollern nicht weniger als 200 mm – über der Fahrbahn liegen. ⁶Die Kennzeichen dürfen die sonst vorhandene Bodenfreiheit des Fahrzeugs nicht verringern. ⁷Der obere Rand des hinteren Kennzeichens darf nicht höher als 1200 mm über der Fahrbahn liegen. ⁸Läßt die Bauart des Fahrzeugs eine solche Anbringung nicht zu, so darf der Abstand größer sein. ⁹Kennzeichen müssen vor und hinter dem Fahrzeug in einem Winkelbereich von je 30° beiderseits der Fahrzeuglängsachse stets auf ausreichende Entfernung lesbar sein.

(3) ¹Krafträder brauchen im innerdeutschen Verkehr ein vorderes Kennzeichen nicht zu führen. ²Wird ein solches Kennzeichen in der Fahrtrichtung angebracht, so kann es der Kotflügelrundung entsprechend gekrümmt sein. ³Seine Vorderecken sind abzurunden; seine vordere und seine obere Kante müssen wulstartig ausgestaltet sein.

(4) ¹Hintere Kennzeichen müssen eine Beleuchtungseinrichtung haben, die das ganze Kennzeichen bei Fahrzeugen der Gattung a der Anlage V in der bis zum 1. November 2000 geltenden Fassung auf 20 m, bei Fahrzeugen der Gattungen c und d dieser Anlage auf 25 m – bei reflektierenden Kennzeichen auf 20 m –; bei Fahrzeugen mit Kennzeichen nach Anlagen Va, Vb, Vc und Vd auf 20 m lesbar macht. ²Bei Kleinkrafträdern, Fahrrädern mit Hilfsmotor und motorisierten Krankenfahrstühlen, die ein amtliches Kennzeichen führen, ist eine Einrichtung zur Beleuchtung des Kennzeichens zulässig, jedoch nicht erforderlich. ³Die Beleuchtungseinrichtung darf kein Licht unmittelbar nach hinten austreten lassen.

(5) ¹Beim Mitführen von zulassungsfreien Anhängern mit Ausnahme der in § 18 Abs. 4 Satz 1 Nr. 2 oder in § 53 Abs. 7 bezeichneten Anhänger oder der Anhänger des Straßendienstes, die von den öffentlichen Verwaltungen oder in deren Auftrag verwendet werden, muß an der Rückseite des letzten Anhängers das gleiche Kennzeichen wie am Kraftfahrzeug angebracht werden; bei zulassungsfreien Anhängern in land- oder forstwirtschaftlichen Betrieben genügt ein Kennzeichen, das dem Halter des ziehenden Fahrzeugs für eines seiner Kraftfahrzeuge zugeteilt worden ist. ²Für die Ausgestaltung, Anbringung und Beleuchtung des hinteren Kennzeichens gelten die Absätze 1, 1a, 2 und 4.

(5a) Kennzeichen und Kennzeichen-Beleuchtungseinrichtungen an beweglichen Fahrzeugteilen sind zulässig, wenn das bewegliche Fahrzeugteil nur eine Normallage für die Straßenfahrt hat, ferner ohne Rücksicht auf dieses Erfordernis, wenn es sich um Kennzeichen und Kennzeichen-Beleuchtungseinrichtungen handelt, die nach § 49a Abs. 9 und 10 abnehmbar sein dürfen.

(5b) ¹Wird das hintere amtliche Kennzeichen durch einen Ladungsträger oder mitgeführte Ladung – auch nur teilweise – verdeckt, so muß am Fahrzeug oder am Ladungsträger das amtliche Kennzeichen ungestempelt wiederholt werden. ²Für die Ausgestaltung, Anbringung und Beleuchtung gelten die Absätze 1, 1a, 2 und 4 entsprechend.

(6) Außer dem amtlichen Kennzeichen darf das Nationalitätszeichen „D" nach den Vorschriften der Verordnung über internationalen Kraftfahrzeugverkehr vom 12. November 1934 (RGBl. I S. 1137) angebracht werden.

(7) ¹Einrichtungen aller Art, die zu Verwechslungen mit amtlichen Kennzeichen Anlaß geben oder die Wirkung dieser Zeichen beeinträchtigen können, dürfen an Kraftfahrzeugen und ihren Anhängern nicht angebracht werden; über Ausnahmen, insbesondere für die Zeichen „CD" (Fahrzeuge von Angehörigen anerkannter diplomatischer Vertretungen) und „CC" (Fahrzeuge von Angehörigen zugelassener konsularischer Vertretungen), entscheidet das Bundesministerium für Verkehr, Bau- und Wohnungswesen nach § 70. ²Als amtliche Kennzeichen im Sinne dieser Vorschrift gelten auch die nach der Verordnung über internationalen Kraftfahrzeugverkehr angeordneten oder zugelassenen Kennzeichen und Nationalitätszeichen.

Begr zur ÄndVO v 16. 11. 84: VBl **85** 80; zur ÄndVO v 24. 7. 89: VBl **89** 589.   1–3
Begr zur ÄndVO v 24. 4. 92: VBl **92** 344; zur ÄndVO v 23. 6. 93: VBl **93** 617; zur ÄndVO v 12. 11. 96: VBl **96** 623; zur ÄndVO v 22. 7. 97: VBl **97** 538.

4 **Begr** zur ÄndVO v 20. 7. 00 (BRDrucks 184/00 S 84 f): **Zu Abs 1 Satz 5:** *Von der obligatorischen Einführung des Euro-Kennzeichens wurde zunächst abgesehen ...*
Eine entsprechende Regelung erscheint nunmehr geboten, d. h. obligatorische Zuteilung von Euro-Kennzeichen bei neu zugelassenen Fahrzeugen oder bei notwendigen Neuzuteilungen von Kennzeichen oder bei Ersatz der Kennzeichenschilder. Wenn nur ein Kennzeichenschild erneuert werden muß, sind beide Kennzeichenschilder durch Euro-Kennzeichen zu ersetzen.
...
Die generelle obligatorische Regelung erfolgt nach dem Wegfall des nach Artikel 37 des Wiener Abkommens vom 8. November 1968 (BGBl. 1977 II S. 811) vorgeschriebenen zusätzlichen separaten Nationalitätszeichens ... im grenzüberschreitenden Straßenverkehr innerhalb der Europäischen Union gemäß der Verordnung (EG) Nr. 2411/98 des Rates vom 3. November über die Anerkennung des Unterscheidungszeichens des Zulassungsmitgliedstaates von Kraftfahrzeugen und Kraftfahrzeuganhängern im innergemeinschaftlichen Verkehr (Amtsblatt der Europäischen Gemeinschaften (ABl. EG) vom 10. November 1998 Nr. L 299 S. 1). ...
Auch die Schweiz verzichtet auf das Erfordernis des Nationalitätszeichens, wenn ein Euro-Kennzeichen am Fahrzeug angebracht ist.
(BRDrucks 184/00 S 98): *Mit dem Übergang zur obligatorischen Zuteilung von Euro-Kennzeichen muß in § 60 Abs. 1 Satz 5 nunmehr auf die Anlage Va Bezug genommen werden. Ferner erfolgt eine Klarstellung, daß für Kennzeichen an Fahrzeugen der Bundeswehr weiterhin die Sonderregelungen der Anlagen V und VII gelten.*

VO über Ausnahmen von straßenverkehrsrechtlichen Vorschriften (Kennzeichen-Ausnahmeverordnung – KennzAusV) v 19. April 02 (BGBl I 1454)

5 § 1. (1) Abweichend von § 23 Abs. 3 in Verbindung mit § 60 Abs. 4 Satz 3 der Straßenverkehrs-Zulassungs-Ordnung dürfen hintere Kennzeichen selbstleuchtend ausgeführt sein und Licht unmittelbar nach hinten abstrahlen, sofern
a) für die lichttechnische Anlage und deren Schaltung eine Allgemeine Betriebserlaubnis nach § 22 der Straßenverkehrs-Zulassungs-Ordnung erteilt wurde und
b) die in der Anlage genannten Bedingungen erfüllt sind.

(2) Selbstleuchtende hintere Kennzeichen dürfen abweichend von § 23 Abs. 3 in Verbindung mit § 60 Abs. 1 Satz 4 und Abs. 1a der Straßenverkehrs-Zulassungs-Ordnung ausgestaltet und ausgeführt sowie mit einer Abschlussscheibe versehen sein, sofern hierdurch die Sichtbarkeit nicht beeinträchtigt wird. Die Vorschriften der §§ 6b, 6c und 6d des Straßenverkehrsgesetzes bleiben unberührt.

§ 2. Die Verordnung tritt am Tage nach der Verkündung in Kraft. Sie tritt mit Ablauf des 29. April 2005 außer Kraft.

Anlage (zu § 1 Abs. 1)
1. Die gesamte Einrichtung muss die geforderten Leuchtdichten bzw. Rückstrahlwerte von angeleuchteten hinteren amtlichen Kennzeichen erbringen.
2. Die Sichtbarkeit darf durch vorhandene Abdeckungen aus Glas, Folien oder ähnlichen Werkstoffen nicht beeinträchtigt werden. Dazu sind in Abhängigkeit von den verwendeten Materialien der vorhandenen Abdeckungen Prüfungen zur Temperaturwechselbeständigkeit, zur Beständigkeit gegen atmosphärische Einflüsse, Chemikalien, Reinigungsmittel und Kohlenwasserstoffe, zur Beständigkeit gegen mechanische Beschädigung und Prüfungen zum Haftvermögen vorhandener Beschichtungen nachzuweisen. Prüfgrundlage bilden die Technischen Anforderungen an Fahrzeugteile bei der Bauartprüfung nach § 22a der Straßenverkehrs-Zulassungs-Ordnung oder vergleichbare Prüfgrundlagen.
3. Die technischen Anforderungen der DIN 74069 sind hinsichtlich Schriftbild, Abmessungen, Farben, Rückstrahlwerten und der Haftfestigkeit zu erfüllen. Ausgenommen sind die mechanischen und chemischen Eigenschaften, die werkstoffbedingt nur von metallischen Kennzeichenträgermaterialien erfüllt werden könnten.
4. Die Anforderungen aus Abschnitt 7 der DIN 74069 sind im Betriebserlaubnisverfahren nach § 22 der Straßenverkehrs-Zulassungs-Ordnung durch das Kraftfahrt-Bundesamt gleichwertig sicherzustellen.

Ausgestaltung und Anbringung der amtlichen Kennzeichen § 60 StVZO 3

5. Anstelle des DIN-Prüf- und -Überwachungszeichens ist das Typzeichen gemäß § 22 Abs. 2 der Straßenverkehrs-Zulassungs-Ordnung auf jeder der Allgemeinen Betriebserlaubnis entsprechenden Einrichtung anzubringen.
Begr: VBl **02** 335.

DA zum § 60

(7) ... Die Beleuchtung des Nationalitätszeichens „D" (Absatz 6) ist nicht nachzuprüfen. 6
(8) Ausländische Fahrzeuge können mit folgenden Kennzeichen in Deutschland verkehren:
a) mit ihrem heimischen Kennzeichen und Nationalitätszeichen, wenn sie einen Internationalen Zulassungsschein oder einen ausländischen Zulassungsschein ... haben,
b) mit einer länglichrunden deutschen Zollnummer, wenn sie mit einem ausländischen Zulassungsschein, aber ohne (heimisches) Nationalitätszeichen nach Deutschland kommen,
c) mit einer länglichrunden deutschen Zollnummer und dem deutschen Nationalitätszeichen „D", wenn sie mit einem ausländischen Zulassungsschein, aber ohne (heimisches) Nationalitätszeichen nach Deutschland kommen und hier einen (deutschen) Internationalen Zulassungsschein erwerben, um nach anderen außerdeutschen Ländern weiterzufahren.

1. § 60 enthält Vorschriften über die **technische Gestaltung der amtlichen** 7 **Kennzeichen** für Kfze. Er ergänzt § 23 (Zuteilung des amtlichen Kennzeichens, Dienststempel). Um die Schrift deutlich und einheitlich zu gestalten, sind die Abstände der Buchstaben oder Ziffern in Anl Va bestimmt (I S 5). S § 23 und Anlagen I–VII zur StVZO (Beck-Loseblattwerk „Straßenverkehrsrecht"). Kennzeichenpflicht für FmH und Kleinkrafträder: § 29e und hier I S 5, IV. Richtlinien für Ausnahmegenehmigungen für bestimmte Arbeitsmaschinen und bestimmte andere FzArten, VBl **80** 433. Amtliche Kennzeichen des Kfz als Zubehörstücke, BGH GA **67** 268.

2. Ausgestaltung der amtlichen Kennzeichen. Abs I bis I d enthalten nur die 8 wichtigsten Grundsätze für die Ausgestaltung der Kennzeichen. Diese sind grundsätzlich reflektierend (Abs I a) in schwarzer Schrift auf weißem Grund (Abs I S 1), bei steuerbefreiten Fzen in grüner Schrift (Abs I S 2) ausgeführt. Das durch ÄndVO v 6. 1. 95 fakultativ eingeführte Euro-Kennzeichen (Abs I b in der bis 1. 11. 00 geltenden Fassung) nach Anl Va ist nunmehr obligatorisch. *Jagow*, Das Euro-Kennzeichen, VD **95** 25. Das gilt gem § 72 II für alle Fze, die ab 1. 11. 00 erstmals in den V kommen oder aus anderem Anlaß ein neues Kennzeichen benötigen; im übrigen bleiben die bisherigen Kennzeichen gültig. Muß nur ein Schild erneuert werden, so sind beide durch Euro-Kennzeichen zu ersetzen (s Rz 4). **Saisonkennzeichen** (§ 23 I b): Abs I c und Anl V b. **Oldtimerkennzeichen** (§§ 21 c, 23 I c): Abs I d.

Kennzeichen dürfen **nicht spiegeln** (I S 4), weil das die Lesbarkeit beeinträchtigen 9 könnte. Der weiße Grund muß aber **reflektieren,** Abs I a (Ausnahme: Fze der BW, Abs I a S 2); Übergangsvorschrift: § 72 II. Das gilt auch für Kurzzeitkennzeichen (§ 28 II, V S 2) und rote Kennzeichen (§ 28 II 1), aber auch für die Wiederholungskennzeichen an zulassungsfreien Anhängern (V S 2), die immer dann ein reflektierendes Kennzeichen haben müssen, wenn das ziehende Kfz mit einem solchen Kennzeichen ausgestattet sein muß (s Begr VBl **89** 589). S dazu *Jagow* VD **89** 145. Reflektierende Kennzeichen der Kfze der US-Streitkräfte (Grund grün-reflektierend, Buchstaben und Zahlen schwarz), BMV VBl **72** 800. Das Verbot von **Folien** oder **Glas** auf dem Kennzeichen (I S 4, Halbsatz 2) soll verhindern, daß die Lesbarkeit der Kennzeichen beeinträchtigt wird, was sich insbesondere beim Radarblitz auswirken kann (s Begr VBl **89** 589). Selbstleuchtende Kennzeichen dürfen (zunächst für einen dreijährigen Versuchszeitraum v 30. 4. 02 bis 29. 4. 05) nach Maßgabe der KennzAusnV (Rz 5) abw von I a ausgestaltet und abw von I S 4 mit einer Abschlußscheibe versehen sein, sofern die Sichtbarkeit nicht beeinträchtigt wird. Kennzeichen dürfen **weder verdeckt noch verschmutzt** sein (I S 4). Das ist, soweit das Verdeckungsverbot in Betracht kommt, zugleich eine Verhaltensvorschrift, soweit bestimmt ist, daß Kennzeichen nicht verschmutzt sein dürfen, eine reine Verhaltensvorschrift, da sie das Gebot enthält, Verschmutzung zu beseitigen. Damit überschneidet sich I Satz 4 mit § 23 I S 3 StVO. Auch vorübergehendes Verdecken im Verkehr ist unzulässig. Bei auch nur teilweiser Verdeckung durch Ladungsträger oder

Ladung ist ein zusätzliches, ungestempeltes Kennzeichen am Fz oder Ladungsträger anzubringen (Abs V b). Durch Verrostung („Abrosten") unvollständiges Nummernschild, Kö VRS **57** 464. Durch die Darlegung, das Kennzeichenschild sei verrostet gewesen, ist Unlesbarkeit nicht ausreichend festgestellt, KG VRS **16** 116. Verantwortlich ist während der Fahrt der Fahrer (§ 23 StVO). Die Kennzeichen sind **gemäß dem Normblatt** DIN 74069 herzustellen (Ia). Ein weiterer, nicht zurückgebogener Rand ist unzulässig, s BMV VBl **68** 435, **70** 630. Werbaufschriften auf Kennzeichenverstärkern, s VBl **90** 70, *Jagow* VD **91** 145. Die **Nummernvergabe** steht im Ermessen der VB (§ 23 II Nr 3), VGH Ka VRS **94** 379. Zwei- und dreistellige Kombinationen von Zahlen und Buchstaben sind gem Anl II Fzen vorbehalten, für die längere Nummern ungeeignet sind, s VGH Ka VRS **94** 379 (eng auszulegender Ausnahmetatbestand). Kein Anspruch auf eine bestimmte Buchstaben- oder Zahlenfolge, *Jagow* VD **87** 73, **91** 266. Daran hat sich durch die Neufassung von § 23 II durch ÄndVO v 24. 4. 92 nichts geändert, s Begr VBl **92** 342. Wird auf Antrag ein „Wunsch-Kennzeichen" zugeteilt, so kann entgegen der früheren Rechtslage (s BVG NJW **91** 2851, *Würkner* NJW **91** 2816) nunmehr nach Nr 221 GebOStr eine zusätzliche Gebühr erhoben werden. Leitsätze für die vorschriftsmäßige **Herstellung und Anbringung** der Kennzeichen für Kraftfahrzeuge und Anhänger, BMV VBl **56** 264 (265), 312. Materialstärke von Kennzeichen aus Aluminium, s BMV VBl **68** 545. Zum **Vertrieb von Kennzeichenschildern** durch die ZulB, BGH NJW **74** 1333, *Steinke* DVBl **76** 662, kritisch *Schultz-Süchting* GRUR **74** 700. Zum Gestattungsvertrag zwischen ZulB und Kfz-Schilderhersteller, Fra VR **77** 378. Über Kennzeichen an land- und forstwirtschaftlichen Arbeitsgeräten, VBl **00** 674 (678).

10   **3. Anbringung der Kennzeichen:** Abs II. Ausgestaltung und Maße: Anl V und Va der StVZO. Anbringung an beweglichen FzTeilen: Abs V a. EWG-Richtlinien für die Anbringung und Anbringungsstellen der amtlichen Kennzeichen, Richtlinie 70/222/ EWG = StVRL Nr 3.

11   **An der Vorder- und Rückseite** darf das amtlich zugelassene Kennzeichen je einmal angebracht werden, daneben kein zweites, Fra VM **75** 16. Bei Anhängern genügt die Anbringung an der Rückseite (Vorderseite meist verdeckt). Einachsige Zgm brauchen kein Kennzeichen an der Rückseite zu führen, weil diese Fze nur geringe Geschwindigkeit haben. Kräder: Rz 14.

12   **Art der Anbringung:** Abs II S 4-9. Anbringung des vorderen Kennzeichens: II S 5, 6, s dazu *Klewe* VD **79** 241. Anbringungshöhe des hinteren Kennzeichens (Oberkante) 1200 mm, bei entgegenstehender FzBauart jedoch mehr, Abs II S 8. Wesentlich gekrümmte Anbringung ist unzulässig, BMV 13. 12. 65, StV 7 – 8024 V/ 65. Elektrokarren sind von den Bestimmungen über die Mindesthöhe des Kennzeichens über der Fahrbahn befreit (Abs II S 5); für Kraftroller gilt gem Abs II S 5 eine Sonderregelung. Übergangsvorschrift: § 72 II.

13   **Kennzeichen sind fest anzubringen.** II S 1 will gewährleisten, daß das Kennzeichen im Betrieb für jeden erkennbar bleibt. Es darf nur mit Werkzeugen gelöst werden können, Befestigung mit starkem Draht soll uU ausreichen, Kö VRS **57** 314. Die Vorschrift ist kein SchutzG iS von § 823 II BGB, KG VM **86** 62. Kennzeichenschrauben dürfen nicht in Buchstaben oder Zahlen verundeutlichender Weise gesetzt werden, s BMV VBl **61** 25. Einrichtungen, die es ermöglichen, das Kennzeichen während der Fahrt umgeklappt zu halten, oder daß es sich während der Fahrt durch Luftdruck umklappt, sind unzulässig. Das Kennzeichen darf an rückwärtigen Türen, Kofferdeckeln, Motorhauben oder ähnlichen beweglichen Einrichtungen fest angebracht werden (s Abs Va). Zustand der amtlichen Kennzeichen beim Mitführen von Anbaugeräten, s Merkblatt für Anbaugeräte, VBl **99** 268, **00** 479, **04** 527 = StVRL § 30 Nr 6.

Lit: *Huppertz,* Anbringung amtlicher Kennzeichen, VD **98** 249. *Klewe,* Die Anbringung des vorderen amtlichen Kennzeichens an Kfz, VD **79** 241.

14   **4. Vordere Kennzeichen an Krafträdern.** Kräder brauchen im innerdeutschen Verkehr kein vorderes Kennzeichen zu führen (Abs III). Wird es freiwillig angebracht, so gilt Abs III S 2, 3. Auch an außerdeutschen Krädern im Inland ist ein vorderes Kennzeichen nicht erforderlich, § 2 I S 2 IntVO. **Krankenfahrstühle:** Anl VII zur StVZO.

Ausgestaltung und Anbringung der amtlichen Kennzeichen § 60 StVZO 3

5. IV regelt die **Beleuchtung des hinteren Kennzeichens**. Die Beleuchtungseinrichtungen müssen (§ 22a I Ziff 21) in amtlich genehmigter Bauart ausgeführt sein. Technische Anforderungen bei der Bauartprüfung, VBl **73** 558, zuletzt geändert: VBl **03** 752 = StVRL § 22a Nr 1 (Nr 22). Die Beleuchtung von erhaben geprägten Kennzeichen mit schwarzer Schrift auf weißem Grund ist nur einwandfrei, wenn störende Schatten vermieden werden. Abw von Abs IV S 3 sind **selbstleuchtende Kennzeichen** nach Maßgabe der KennzAusnV (s Rz 5) zulässig; dabei darf die Sichtbarkeit nicht durch Glas- oder Folienabdeckungen beeinträchtigt werden (Anl zu § 1 I KennzAusnV, BGBl I **02** 1455). **Benutzungspflicht vorgeschriebener Beleuchtungseinrichtungen:** § 17 I S 1 StVO. Bei abgeschleppten Kfzen braucht das hintere Kennzeichen nicht beleuchtet zu sein, Bay RdK **53** 52. Das Ausschalten der Kennzeichenbeleuchtung muß gemäß §§ 49a Abs V, 52 Abs II gleichzeitig alle Lichtquellen für Licht nach vorn, auch den etwaigen Suchscheinwerfer, löschen. Damit soll die Fahrerflucht erschwert werden. Der Führer hat sich vor Fahrtantritt und beim Einschalten zu überzeugen, daß die lichttechnischen Einrichtungen in ordnungsmäßigem Zustand sind, s Bay DAR **55** 120. Vom Kf kann nicht verlangt werden, während der Fahrt nachzusehen, ob die Kennzeichenbeleuchtung brennt, und ohne besonderen Anlaß auch nicht bei jedem Anhalten, Ha DAR **54** 310. Kennzeichenbeleuchtung, die unterwegs versagt: § 23 StVO.

6. **Kennzeichnung zulassungsfreier oder im Straßendienst eingesetzter Anhänger.** Zulassungsfreie Anhänger, die kein eigenes Kennzeichen führen, auch Anhänger im Straßendienst, müssen das Kennzeichen des ziehenden Kfz an der Rückseite des letzten Anhängers führen (Abs V); für die Anbringung und Beleuchtung gelten Abs I, Ia, II und IV. Muß das ziehende Fz mit reflektierenden Kennzeichen ausgestattet sein (s Abs Ia und Übergangsbestimmung § 72 II), so gilt das auch für den zulassungsfreien Anhänger (s Rz 9).

7. Das **Nationalitätszeichen D** darf neben dem amtlichen Kennzeichen geführt werden (VI). Bei Fahrten im Ausland (außerhalb der EU) muß das deutsche Nationalitätszeichen angebracht sein, s BMV VBl **63** 652 (s Art 37 ÜbStrV). Es wird grundsätzlich nicht durch das Euro-Kennzeichen ersetzt, s Begr zur 21. ÄndVStVR, VBl **95** 108. Ausländische Kfze und Anhänger müssen gem § 2 II IntVO ein entsprechendes Nationalitätszeichen führen; dieses wird jedoch durch das Euro-Kennzeichen wegen des darin enthaltenen Nationalitätsbuchstabens ersetzt (§ 2 II IntVO). Im grenzüberschreitenden V innerhalb der EU ist das Nationalitätszeichen entbehrlich, wenn im blauen Euro-Feld des Kennzeichens der Nationalitätsbuchstabe des Zulassungsstaates geführt wird, VO EG Nr. 2411/98 (ABl EG 91 Nr L 299/1, s Rz 4). Zum Verzicht der Schweiz auf das NationalitätsZ, s Rz 4. Fremde Nationalitätszeichen dürfen nur außerdeutsche Kfze führen. Im Hinblick auf die DA zum § 60 (s Rz 6) besteht praktisch keine Beleuchtungspflicht für das „D"-Zeichen. Das Nationalitätszeichen ist ein amtliches Kennzeichen, s Abs VII S 2. Es darf nur unter den in der IntVO vorgesehenen Voraussetzungen und in der dort (§ 2 II) bestimmten Form geführt werden. Unzulässig ist es, im Inland ein verchromtes „D" neben dem amtlichen Kennzeichen zu führen, Neust NJW **57** 1179, BMV VBl **57** 555, oder auf dem Nationalitätszeichen ein Wappen anzubringen, oder ein „D" auf farbigem Grund zu führen, BVG VM **65** 49, *Reimer* DAR **65** 206. Ein Nationalitätszeichen „BRD" besteht nicht und darf wegen Verwechslungsfähigkeit mit fremden Zeichen nicht geführt werden, Dü VRS **50** 147. Ausgestaltung und Anbringung des Zeichens, s § 7a IntVO. Kunststoffolien sind zugelassen, s BMV VBl **64** 222.

Fze, die im Inland nicht zum Verkehr zugelassen sind und mit eigener Triebkraft ins Ausland ausgeführt werden sollen, erhalten gem § 7 II Nr 4 IntVO ein **Ausfuhrkennzeichen** nach Muster 1 zur IntVO. Ist der Halter von der KfzSteuer befreit, so braucht das Ausfuhrkennzeichen nicht grün beschriftet zu sein, Abs I S 2 Nr 8. Überwachung der Kfze mit Ausfuhrkennzeichen (Haftpflichtversicherung), s BMV VBl **77** 295, *Jagow* VD **83** 226 (s vor § 29a Rz 15). Ein Überführungskennzeichen eines fremdem Staates, in den das Fz überführt werden soll, bewirkt keine Zulassung im Inland, BaySt **04** 38 = DAR **04** 402, **04** 403.

Lit: *Bauer*, Das Ausfuhrkennzeichen ..., VD **98** 78. *Jagow*, Das neue Ausfuhrkennzeichen, VD **88** 267. *Derselbe*, Fze mit Ausfuhrkennzeichen und ihre Wiederzulassung nach der StVZO, VD **92** 193.

3 StVZO § 60a   B. Fahrzeuge III. Bau- und Betriebsvorschriften

19 **8. Verwechslungs- und Beeinträchtigungsgefahr.** VII untersagt die Anbringung von Einrichtungen an Fzen oder Anhängern, die mit amtlichen Kennzeichen verwechselt werden oder deren Wirkung beeinträchtigen könnten. Amtliche Kennzeichen iS dieser Vorschrift sind auch die nach der IntVO angeordneten oder zugelassenen Kenn- und Nationalitätszeichen (s Rz 17). Das BMV darf Ausnahmen, besonders für die Zeichen „CD" (Fze von Angehörigen diplomatischer Vertretungen) und „CC" (Fze von Angehörigen konsularischer Vertretungen) zulassen (VII S 1 Halbsatz 2); auch dabei handelt es sich um amtliche Kennzeichen, Ha VM **73** 79. Kennzeichen für Kfze diplomatischer Vertretungen, von Wahlkonsuln und Handelsvertretungen, VBl **73** 494 (500). Die Anbringung eines dem CD-Schild ähnlichen Schildes ist wegen Verwechslungsgefahr unzulässig, Ha VM **73** 79. Das gleiche gilt für das Anbringen eines dem CC-Schild ähnlichen Aufklebers, VG Augsburg NZV **88** 200. Schilder wie Vierradbremse, Wappen, Namenszüge, Hoheitsabzeichen (Dienstflaggen) für DienstFze dürfen geführt werden, soweit sie die Wirkung der amtlichen Kennzeichen nicht beeinträchtigen. **FahrschulFze** müssen nicht, dürfen aber als solche gekennzeichnet sein, dann nur wie vorgeschrieben und ohne Hinzufügung anderer, verwechslungsfähiger Schilder, Kar VM **74** 35, s § 5 IV DVFahrlG. Namensschilder vorn und hinten am Kfz in mit dem Fahrschulschild nicht verwechslungsfähiger Aufmachung sind zulässig, sofern kein Fahrschulschild geführt wird, Kar VM **74** 35.

20 **9. Zuwiderhandlungen** des Halters (nicht auch des mit ihm nicht identischen Fahrers, KG VRS **82** 149) gegen § 60 sind nach Maßgabe von §§ 69a II Nr 4, 24 StVG ow. Von einer Bußgeldbewehrung der Sätze 1, 2 Halbsatz 1 und Satz 3 des Abs I wurde abgesehen, weil sich die Bestimmungen über die Farbe der Beschriftung an die ZulB richten, s Begr VBl **89** 589. Verdecktsein, Verschmutzen, Verrosten des Kennzeichens, s Rz 9. Abs V b (zusätzliches Kennzeichen bei Verdeckung durch Ladung oder Ladungsträger) ist in § 69a II Nr 4 nicht erwähnt; insoweit kommt aber OW durch Verstoß gegen Abs I S 4 in Betracht. Nichtführen des vorgeschriebenen Nationalitätszeichens an einem außerdeutschen Kfz ist ow, § 14 Nr 1 IntVO. **Straftaten:** Eine Urkunde verfälscht, wer das amtliche Kennzeichen gegen ein anderes vertauscht, BGHSt **18** 70 = VRS **21** 125, Bay VM **77** 36. Veränderung des Kennzeichens durch Überkleben von Buchstaben zur Täuschung über den Zulassungsort ist Urkundenfälschung, BGH DAR **89** 242, nach BGHSt **45** 197 = NZV **00** 46 (zust *Kudlich* JZ **00** 426, *Krack* NStZ **00** 423) jedoch nicht auch das Überkleben mit reflektierender Folie („Antiblitzbuchstaben", die das Buchstabenbild auf Blitzfotos verändert, weil dadurch nur die Ablesbarkeit beeinträchtigt werde, ebenso Bay NZV **99** 213, abw Dü NZV **97** 319 (abl *Krack* NStZ **97** 603, *Lampe* JR **98** 304).

Ausgestaltung und Anbringung des Versicherungskennzeichens

60a (1) ¹Die Beschriftung der Versicherungskennzeichen ist im Verkehrsjahr 1974 grün auf weißem Grund, im Verkehrsjahr 1975 schwarz auf weißem Grund und im Verkehrsjahr 1976 blau auf weißem Grund; die Farben wiederholen sich in den folgenden Verkehrsjahren jeweils in dieser Reihenfolge und Zusammensetzung. ²Der Rand hat dieselbe Farbe wie die Schriftzeichen. ³Versicherungskennzeichen können erhaben sein. ⁴Sie dürfen nicht spiegeln, und sie dürfen weder verdeckt noch verschmutzt sein. ⁵Form, Größe und Ausgestaltung des Versicherungskennzeichens müssen dem Muster und den Angaben in Anlage VI entsprechen.

(1 a) ¹Versicherungskennzeichen nach Absatz 1 müssen reflektierend sein. ²Die Rückstrahlwerte müssen Abschnitt 5.3.4 des Normblattes DIN 74069, Ausgabe Juli 1996, entsprechen.

(2) ¹Das Versicherungskennzeichen ist an der Rückseite des Fahrzeugs möglichst unter der Schlußleuchte fest anzubringen; das rote Versicherungskennzeichen (§ 29 g) braucht am Fahrzeug nicht fest angebracht zu sein. ²Das Versicherungskennzeichen darf bis zu einem Vertikalwinkel von 30° in Fahrtrichtung geneigt sein. ³Der untere Rand des Versicherungskennzeichens darf nicht weniger als 300 mm – bei Kraftrollern nicht weniger als 200 mm – über der Fahrbahn liegen.

⁴Versicherungskennzeichen müssen hinter dem Fahrzeug in einem Winkelbereich von je 45° beiderseits der Fahrzeuglängsachse stets auf ausreichende Entfernung lesbar sein.

(3) ¹Wird ein Anhänger mitgeführt, so ist die Erkennungsnummer des Versicherungskennzeichens an der Rückseite des Anhängers so zu wiederholen, daß sie in einem Winkelbereich von je 45° beiderseits der Fahrzeuglängsachse bei Tageslicht auf eine Entfernung von mindestens 15 m lesbar ist; die Farben der Schrift und ihres Untergrundes müssen denen des Versicherungskennzeichens des ziehenden Fahrzeugs entsprechen. ²Eine Einrichtung zur Beleuchtung des Versicherungskennzeichens am ziehenden Fahrzeug und der Erkennungsnummern am Anhänger ist zulässig, jedoch nicht erforderlich.

(4) Außer dem Versicherungskennzeichen darf das Nationalitätskennzeichen „D" nach den Vorschriften der Verordnung über internationalen Kraftfahrzeugverkehr vom 12. November 1934 (RGBl. I S. 1137) angebracht werden.

(5) Einrichtungen aller Art, die zu Verwechslungen mit dem Versicherungskennzeichen Anlaß geben oder seine Wirkung beeinträchtigen können, dürfen an Kraftfahrzeugen und ihren Anhängern nicht angebracht werden.

1. Versicherungskennzeichen. Gestalt. Anbringung. Form des Versicherungskennzeichens: § 29 e. Zusammensetzung des Zeichens: § 29 e III. Versicherungskennzeichen müssen gem Ia reflektierend sein. Anbringung: II. Anhängerkennzeichnung: III. Beleuchtung der Versicherungskennzeichen ist zulässig, nicht vorgeschrieben, Abs III S 2. 1

2. Ordnungswidrigkeit: §§ 69a II Nr 5 StVZO, 24 StVG. Von einer Bußgeldbewehrung des Abs I S 1 und 2 wurde abgesehen, weil sich diese Bestimmungen an den Versicherer wenden, s Begr VBl **89** 589. 2

Halteeinrichtungen für Beifahrer sowie Fußstützen und Ständer von zweirädrigen Kraftfahrzeugen

61 (1) Zweirädrige Kraftfahrzeuge, auf denen ein Beifahrer befördert werden darf, müssen mit einem Haltesystem für den Beifahrer ausgerüstet sein, das den im Anhang zu dieser Vorschrift genannten Bestimmungen entspricht.

(2) Zweirädrige Kraftfahrzeuge müssen für den Fahrer und den Beifahrer beiderseits mit Fußstützen ausgerüstet sein.

(3) Jedes zweirädrige Kraftfahrzeug muß mindestens mit einem Ständer ausgerüstet sein, der den im Anhang zu dieser Vorschrift genannten Bestimmungen entspricht.

Begr (VBl **00** 368): *Mit dieser Vorschrift werden die „Richtlinie 93/31/EWG des Rates vom 14. Juni 1993 über den Ständer von zweirädrigen Kraftfahrzeugen" und die „Richtlinie 93/32/EWG des Rates von 14. Juni 1993 über die Halteeinrichtung für Beifahrer von zweirädrigen Kraftfahrzeugen" auch für Fahrzeuge mit Einzelbetriebserlaubnis in nationales Recht umgesetzt.*

1. Haltesystem. Die Bestimmung des § 61 wurde durch die 31. ÄndVStVR v 23. 3. 00 (BGBl I 310) eingefügt. Gleichzeitig wurde die früher in § 35a IX enthaltene Vorschrift über Handgriff und Fußstützen für Beifahrer gestrichen. Das Haltesystem muß dem Anh der Richtlinie 93/82/EWG entsprechen. 1

2. Für die Beschaffenheit des gem III erforderlichen **Ständers** gilt der Anh der Richtlinie 93/31/EWG. 2

3. Übergangsbestimmung. § 61 findet gem § 72 II spätestens ab 17. 6. 03 auf von diesem Tage an erstmals in den V kommende Fze Anwendung. Andere zweirädrige Kfze müssen mit einem Handgriff für Beifahrer ausgerüstet sein. § 35a IX bleibt anwendbar für Fze, die vor dem 17. 6. 03 erstmals in den V gekommen sind. 3

4. Ordnungswidrigkeit: § 69a III Nr 27. 4

3 StVZO §§ 61a–64   B. Fahrzeuge III. Bau- und Betriebsvorschriften

Besondere Vorschriften für Anhänger hinter Fahrrädern mit Hilfsmotor

61a ¹Anhänger hinter Fahrrädern mit Hilfsmotor werden bei Anwendung der Bau- und Betriebsvorschriften wie Anhänger hinter Fahrrädern behandelt, wenn
1. die durch die Bauart bestimmte Höchstgeschwindigkeit des ziehenden Fahrzeugs 25 km/h nicht überschreitet oder
2. die Anhänger vor dem 1. April 1961 erstmals in den Verkehr gekommen sind.

²Auf andere Anhänger hinter Fahrrädern mit Hilfsmotor sind die Vorschriften über Anhänger hinter Kleinkrafträdern anzuwenden.

Elektrische Einrichtungen von elektrisch angetriebenen Kraftfahrzeugen

62 Elektrische Einrichtungen von elektrisch angetriebenen Kraftfahrzeugen müssen so beschaffen sein, daß bei verkehrsüblichem Betrieb der Fahrzeuge durch elektrische Einwirkung weder Personen verletzt noch Sachen beschädigt werden können.

1   Wegen der besonderen Gefahren, die bei elektrisch angetriebenen Kfzen durch Strom entstehen können, enthält § 62 neben § 30 eine Bestimmung, die Sicherungsmaßnahmen bezüglich dieser Einrichtungen vorschreibt.
2   Ordnungswidrigkeit: §§ 69a III Nr 28 StVZO, 24 StVG.

3. Andere Straßenfahrzeuge

Anwendung der für Kraftfahrzeuge geltenden Vorschriften

63 ¹Die Vorschriften über Abmessungen, Achslast, Gesamtgewicht und Bereifung von Kraftfahrzeugen und ihren Anhängern (§§ 32, 34, 36 Abs. 1) gelten für andere Straßenfahrzeuge entsprechend. ²Für die Nachprüfung der Achslasten gilt § 31c mit der Abweichung, daß der Umweg zur Waage nicht mehr als 2 km betragen darf.

1   1. Mit § 63 beginnen die **allgemeinen Bau- und Betriebsvorschriften für Nichtkraftfahrzeuge.** Die Bestimmung erspart Wiederholung von Bestimmungen für Kfze, die auch für andere Fze gelten, indem sie auf die entsprechenden anderen Vorschriften verweist.

2   2. **Entsprechende Geltung von Bau- und Betriebsvorschriften des Abschnitts B III 2 für Nichtkraftfahrzeuge.** Von den Vorschriften für Kfze gelten für NichtKfze entsprechend:
   a) § 32 über Abmessungen, also über Breite, Länge von Fzen und Zügen sowie Höhe der Fze. § 30 c, nach dem am Umriß der Fze keine Teile so hervorragen dürfen, daß sie den Verkehr mehr als unvermeidbar gefährden, gilt unmittelbar für alle Fze.
   b) § 34 über Achslast und Gesamtgewicht. Wegen der Nachprüfung der Achslasten gilt für NichtKfze die Sondervorschrift in S 2.
   c) § 36 I über Bereifung. Luftbereifung ist für NichtKfze nicht vorgeschrieben (§ 36 II ist in S 1 nicht genannt), ist aber bei Lastfuhrwerken üblich.

3   3. **Zuwiderhandlungen:** §§ 69a IV Nr 2 StVZO, 24 StVG. Unstarre Zugverbindung zwischen Fahrrad und Anhänger ist gefährdend (§§ 1, 23 StVO).

Lenkeinrichtung, sonstige Ausrüstung und Bespannung

64 (1) ¹Fahrzeuge müssen leicht lenkbar sein. ²§ 35a Abs. 1, Abs. 10 Satz 1 und 4 und § 35d Abs. 1 sind entsprechend anzuwenden, soweit nicht die Beschaffenheit der zu befördernden Güter eine derartige Ausrüstung der Fahrzeuge ausschließt.

(2) ¹Die Bespannung zweispänniger Fuhrwerke, die (nur) eine Deichsel (in der Mitte) haben, mit nur einem Zugtier ist unzulässig, wenn die sichere und schnelle Einwirkung des Gespannführers auf die Lenkung des Fuhrwerks nicht gewährleistet ist; dies kann durch Anspannung mit Kumtgeschirr oder mit Sielen mit Schwanzriemen oder Hinterzeug, durch Straffung der Steuerkette und ähnliche Mittel er-

Kennzeichnung　　　　　　　　　　　　　　　　§§ 64a, 64b StVZO **3**

reicht werden. ²Unzulässig ist die Anspannung an den Enden der beiden Ortscheite (Schwengel) der Bracke (Waage) oder nur an einem Ortscheit der Bracke, wenn diese nicht mit einer Kette oder dergleichen festgelegt ist. ³Bei Pferden ist die Verwendung sogenannter Zupfleinen (Stoßzügel) unzulässig.

    1. § 64 faßt die Bestimmungen über **Lenkung und Bespannung** von Fzen zusammen. Mängel dieser beiden Einrichtungen führen zu Gefährdung und Behinderung anderer (s auch § 38).　　1

    2. **Bespannung zweispänniger Fuhrwerke mit nur einem Zugtier** ist unzulässig, wenn keine sichere und schnelle Lenkung gewährleistet ist. Wie diese erreicht werden kann, gibt II an. Kummetgeschirr ist Geschirr mit um den Hals des Zugtiers gelegtem, innen gepolstertem Kranz, an dem die Zugstränge befestigt sind. Sielen sind die um die Brust des Zugtiers herumgeführten Verlängerungen der Zugstränge an Stelle eines Kummets. Unzulässig ist Anspannung an beiden Ortscheiten einer Bracke oder nur an einem Ortscheit, wenn die Bracke nicht festgelegt ist. Ortscheit ist der kurze, bewegliche Schwengel, an dem die Zugstränge befestigt werden. Bracke ist das Querholz zum Einhängen der Ortscheite, das entweder (Hinterbracke) fest am Wagen, oder (Vorderbracke) an der Deichselspitze befestigt ist (nur bei Vier- und Mehrspännern). Pferde dürfen erst angesträngt werden, nachdem die Leine angelegt ist; ein zweiter Mann, der vor ihnen steht, muß sie halten, bis der Gespannführer die Leine ergriffen hat und fahrbereit auf dem Bock sitzt, Ha VRS **19** 346. *Graf,* Pferdegespanne im öffentlichen StrV, PVT **92** 232.　　2

    3. **Ordnungswidrigkeit:** §§ 69a IV Nr 3 StVZO, 24 StVG.　　3

Einrichtungen für Schallzeichen

64a ¹Fahrräder und Schlitten müssen mit mindestens einer helltönenden Glocke ausgerüstet sein; ausgenommen sind Handschlitten. ²Andere Einrichtungen für Schallzeichen dürfen an diesen Fahrzeugen nicht angebracht sein. ³An Fahrrädern sind auch Radlaufglocken nicht zulässig.

    1. **Glocken.** § 64a ist eine Ausrüstungsvorschrift. Schallzeichen (§ 16 StVO) sind außer an Kfzen nur für Fze vorgeschrieben, deren Annäherung nicht an ihrem Fahr- oder Betriebsgeräusch erkannt werden kann (Fahrräder, Schlitten). Mofas: § 55 VI. Ausrüstung von Fahrrädern außerdeutscher Radf im Inland, s DA zum § 65 (§ 65 Rz 1) und Art 44 ÜbStrV. Motorschlitten sind Kfze. PferdeFze mit Gummibereifung, obwohl sie auf weichen Wegen fast geräuschlos fahren können, fallen nicht unter § 64a. Die Glocke, bei Schlitten das Schellengeläut, muß hell tönen, um auch bei starkem Verkehr oder Lärm wahrgenommen werden zu können.　　1

    2. **Verbot anderer Schallzeichen** an Fahrrädern und Schlitten als der im § 64a genannten. Das charakteristische Schallzeichen für Fahrräder wird durch die Glocke und für Kfze durch die Hupe erzeugt. Andere Schallzeichen führen zu Mißdeutungen und bewirken Unfallgefahr. Das Verbot der Radlaufglocken soll den Lärm verringern.　　2

    3. **Ausnahme.** Handschlitten brauchen nicht mit einer Vorrichtung für Schallzeichen ausgerüstet zu sein (S 1 Halbsatz 2). Im übrigen können Ausnahmen nach § 70 bewilligt werden.　　3

    4. **Zuwiderhandlungen:** §§ 69a IV Nr 4 StVZO, 24 StVG　　4

Kennzeichnung

64b An jedem Gespannfahrzeug – ausgenommen Kutschwagen, Personenschlitten und fahrbare land- oder forstwirtschaftliche Arbeitsgeräte – müssen auf der linken Seite Vorname, Zuname und Wohnort (Firma und Sitz) des Besitzers in unverwischbarer Schrift deutlich angegeben sein.

    1. **Kennzeichnung.** § 64b enthält eine Ausrüstungsvorschrift. Die vorgeschriebenen Namensschilder sind an jedem Gespannfahrzeug zu führen, also an jedem Fz, das seiner　　1

3 StVZO § 65   B. Fahrzeuge III. Bau- und Betriebsvorschriften

Einrichtung nach von Zugtieren gezogen wird. Ausgenommen sind nur die einzeln genannten Fze. Damit ist die Vorschrift im wesentlichen auf Fuhrwerke beschränkt. Namens- und Firmenschilder dürfen nicht am Geschirr des Zugtiers befestigt sein. Es ist zulässig, die Angaben auf die FzWand aufzumalen.

2   2. Die **Aufschrift** muß angeben: bei Einzelpersonen Vor- und Zunamen (Ruf- und Familiennamen) des Besitzers. Damit ist nicht der Besitzer iS des BGB, sondern der Halter gemeint, der nicht der Eigentümer zu sein braucht. Halter: § 7 StVG. Bei Firmen ist der Name der Firma anzugeben, auch wenn eine Gesellschaft Inhaber ist. Bei Einzelpersonen ist der Wohnort anzugeben, bei Firmen der Sitz der Firma, das heißt der Ort, an dem sich die Hauptniederlassung befindet. Namen und Wohnort (Firma und Sitz) müssen so angegeben sein, daß die Bezeichnung ohne besondere Mühe lesbar ist und bleibt. Unverwischbare Schrift ist vorgeschrieben. Die Namens- und Firmenbezeichnung ist keine beweiserhebliche Privaturkunde (§ 267 StGB). Sie ist ohne Beweiserheblichkeit für Eigentum oder Besitz am Fz, da sie nur die einseitige Behauptung enthält, daß die angegebene Person oder Firma Besitzer sei, RGSt **68** 94.

3   3. **Keine Namens- oder Firmenschilder brauchen zu führen** Kutschwagen, Personenschlitten, fahrbare land- oder forstwirtschaftliche Arbeitsgeräte (Pflüge, Eggen, Ackerwalzen, Dreschmaschinen, Mähmaschinen). Fahrbare Arbeitsgeräte sind zu unterscheiden von Arbeitsmaschinen. S § 18 II Nr 1 und § 65.

4   4. **Zuwiderhandlungen:** §§ 69a IV Nr 5 StVZO, 24 StVG.

Bremsen

65 (1) ¹Alle Fahrzeuge müssen eine ausreichende Bremse haben, die während der Fahrt leicht bedient werden kann und ihre Wirkung erreicht, ohne die Fahrbahn zu beschädigen. ²Fahrräder müssen 2 von einander unabhängige Bremsen haben. ³Bei Handwagen und Schlitten sowie bei land- oder forstwirtschaftlichen Arbeitsmaschinen, die nur im Fahren Arbeit leisten können (z. B. Pflüge, Drillmaschinen, Mähmaschinen), ist eine Bremse nicht erforderlich.

(2) Als ausreichende Bremse gilt jede am Fahrzeug fest angebrachte Einrichtung, welche die Geschwindigkeit des Fahrzeugs zu vermindern und das Fahrzeug festzustellen vermag.

(3) Sperrhölzer, Hemmschuhe und Ketten dürfen nur als zusätzliche Hilfsmittel und nur dann verwendet werden, wenn das Fahrzeug mit einer gewöhnlichen Bremse nicht ausreichend gebremst werden kann.

1   *DA zum § 65. Außerdeutsche Radfahrer brauchen an ihren Fahrrädern nur eine Bremse zu haben. Außerdeutscher Radfahrer ist ohne Rücksicht auf Staatsangehörigkeit, wer im Ausland wohnt und im Inland vorübergehend (d. i. nicht länger als ein Jahr) radfährt.*

2   1. **Bremseinrichtungen der Nichtkraftfahrzeuge.** I gilt für alle Fze außer Kfzen oder Anhängern von Kfzen (für diese gilt § 41). Straba: § 36 BOStrab. Ausrüstung der Fahrräder außerdeutscher Radfahrer: Rz 1. Kann ein Unfall beim Fahren mit schadhafter Fahrradbremse auch auf Unachtsamkeit des Radfahrers zurückzuführen sein, so steht der Bremsschaden nicht als ursächlich fest, BGH VR **68** 1144.

3   2. **Ausnahmen von der Pflicht, Bremsen zu führen,** gelten für: a) Handwagen, die nur von Menschen bewegt und ohne Bremse angehalten werden können. Handwagen sind als solche, die bestimmungsgemäß nicht von Tieren oder mechanisch gezogen oder getrieben werden, wie PferdeFze, die vorübergehend von Menschen bewegt werden. Hundefuhrwerke sind keine Handwagen.

4   b) Schlitten, dh Fze, die mit Kufen oder ihrer unteren Lauffläche auf dem Erdboden gleiten. Bei ihnen ist wegen der größeren Reibung der Kufen oder Laufflächen die Haltemöglichkeit auch ohne Bremse größer als bei RäderFzen.

5   c) Land- oder forstwirtschaftliche Arbeitsmaschinen (§ 18 II Nr 1) sind von der Pflicht, eine Bremse zu führen, befreit, wenn sie nur im Fahren Arbeit leisten können (wie bei Pflügen, Drill- und Mähmaschinen).

Lichttechnische Einrichtungen   §§ 66, 66a StVZO **3**

3. Anforderungen an die Bremseinrichtung. Die Bremse muß auch bei schneller 6
Fahrt Verlangsamung bis zum alsbaldigen Anhalten bewirken können (II), auch bei Abschüssigkeit, und sie muß während der Fahrt leicht bedient werden können (I S 1).
Spindelbremsen (von hinten zu bedienende Hinterradbremse) genügen nicht, weil sie im
Einmannbetrieb keine zuverlässige Führung gewährleisten, BGH VM **58** 8. Eine von
der Wagenseite aus zu bedienende Bremse ist leicht bedienbar, BGH VM **58** 8.

4. Sperrhölzer, Hemmschuhe und Ketten sind für sich allein keine ausreichende 7
Bremse iS von II, sondern nur zusätzlich zu benutzen, wenn die Bremse nicht ausreicht.

5. Ausnahmen: § 70 I. Auch bei allgemeiner Befreiung von den Anforderungen des 8
§ 65 muß der Fahrer die gesetzlichen Anforderungen erfüllen, wenn besondere Verhältnisse (Benutzung des Fz auf abschüssiger Straße) das nötig machen, RG VAE **40** 96.
Über Ausnahmen für nichtmotorisierte Fze in land- und forstwirtschaftlichen Betrieben
bei Verwendung im Flachland, s VBl **49** 61 = StVRL Nr 1. Bei gummibereiften Akkerwagen, die leichter als eisenbereifte sind und daher auch bei geringem Gefälle rollen
und nicht durch Heranfahren an die Bordschwelle gebremst werden können, kann auf
eine Bremse nicht verzichtet werden, s BMV VBl **49** 92 (100).

6. Zuwiderhandlungen: §§ 69 a IV Nr 6 StVZO, 24 StVG.   9

Rückspiegel

66 ¹Lastfahrzeuge müssen einen Spiegel für die Beobachtung der Fahrbahn nach rückwärts haben. ²Dies gilt nicht, wenn eine zweckentsprechende Anbringung des Rückspiegels an einem Fahrzeug technisch nicht möglich ist, ferner nicht für land- oder forstwirtschaftliche Maschinen.

1. § 66 regelt die Anbringung von **Rückspiegeln** an LastFzen, die nicht Kfze oder 1
Anhänger sind. Rückspiegel an Kfzen: § 56. Keine Rückspiegel brauchen zu führen
LastFze, an denen technisch keine zweckentsprechende Anbringung möglich ist und
land- oder forstwirtschaftliche Maschinen.

2. Ausnahmen: § 70. **Ordnungswidrigkeit:** §§ 69 a IV Nr 7 StVZO, 24 StVG. 2

Lichttechnische Einrichtungen

66a (1) ¹Während der Dämmerung, bei Dunkelheit oder wenn die Sichtverhältnisse es sonst erfordern, müssen die Fahrzeuge
1. nach vorn mindestens eine Leuchte mit weißem Licht,
2. nach hinten mindestens eine Leuchte mit rotem Licht in nicht mehr als
   1500 mm Höhe über der Fahrbahn

führen; an Krankenfahrstühlen müssen diese Leuchten zu jeder Zeit fest angebracht sein. ²Beim Mitführen von Anhängern genügt es, wenn der Zug wie ein Fahrzeug beleuchtet wird; jedoch muß die seitliche Begrenzung von Anhängern, die mehr als 400 mm über die Leuchten des vorderen Fahrzeugs hinausragen, durch mindestens eine Leuchte mit weißem Licht kenntlich gemacht werden. ³Für Handfahrzeuge gilt § 17 Abs. 5 der Straßenverkehrs-Ordnung.

(2) ¹Die Leuchten müssen möglichst weit links und dürfen nicht mehr als 400 mm von der breitesten Stelle des Fahrzeugumrisses entfernt angebracht sein. ²Paarweise verwendete Leuchten müssen gleichstark leuchten, nicht mehr als 400 mm von der breitesten Stelle des Fahrzeugumrisses entfernt und in gleicher Höhe angebracht sein.

(3) Bei bespannten land- oder forstwirtschaftlichen Fahrzeugen, die mit Heu, Stroh oder anderen leicht brennbaren Gütern beladen sind, genügt eine nach vorn und hinten gut sichtbare Leuchte mit weißem Licht, die auf der linken Seite anzubringen oder von Hand mitzuführen ist.

(4) ¹Alle Fahrzeuge müssen an der Rückseite mit zwei roten Rückstrahlern ausgerüstet sein. ²Diese dürfen nicht mehr als 400 mm (äußerster Punkt der leuchtenden Fläche) von der breitesten Stelle des Fahrzeugumrisses entfernt sowie höch-

3 StVZO § 66a   B. Fahrzeuge III. Bau- und Betriebsvorschriften

stens 900 mm (höchster Punkt der leuchtenden Fläche) über der Fahrbahn in gleicher Höhe angebracht sein. ³Die Längsseiten der Fahrzeuge müssen mit mindestens je einem gelben Rückstrahler ausgerüstet sein, die nicht höher als 600 mm, jedoch so tief wie möglich angebracht sein müssen.

(5) Zusätzliche nach der Seite wirkende gelbe rückstrahlende Mittel sind zulässig.

(6) Leuchten und Rückstrahler dürfen nicht verdeckt oder verschmutzt sein; die Leuchten dürfen nicht blenden.

1   **Begr** zur ÄndVO v 15. 1. 80 (VBl 80 147): **Zu Abs 1 Satz1:** *Die Anbringung der erforderlichen Leuchten ist an den üblichen Krankenfahrstühlen für den Behinderten oder seine Begleitung nicht immer einfach. Nur der Hersteller ist in der Lage, die Beleuchtungseinrichtungen auch bei faltbaren Krankenfahrstühlen ordnungsgemäß anzubringen und sie gleichzeitig gegen Zerstörung zu schützen.*

Zu Abs 4: *Die nichtmotorisierten Fahrzeuge haben keine fahrzeugeigene Beleuchtungsanlage; sie sind damit auf unabhängige Leuchten angewiesen. Durch die Forderung nach einem 2. Rückstrahler hinten und mindestens einem Rückstrahler an jeder Fahrzeugseite sollen diese sich sehr langsam im Verkehr bewegenden Fahrzeuge für andere Verkehrsteilnehmer besser erkennbar werden.*

Zu Abs 5: *Die Anbringung zusätzlicher lichttechnischer Einrichtungen ist bei „Anderen Straßenfahrzeugen" zulässig. Durch die Einfügung des neuen Absatzes soll jedoch zum Ausdruck gebracht werden, daß eine zusätzliche seitliche Kenntlichmachung für empfehlenswert gehalten wird.*

2   1. § 66 a faßt die Vorschriften über die **lichttechnischen Einrichtungen der nicht maschinell angetriebenen Fahrzeuge** zusammen. Gerade langsame Fze brauchen ausreichende Schlußbeleuchtung, weil zB Fuhrwerke bei Dunkelheit, Nebel oder Schneefall VHindernisse darstellen. Da die nicht maschinell angetriebenen Fze auf AB und KraftfahrStr nicht zugelassen sind und ihre Verwendung überhaupt zurückgeht, erscheint die Vereinfachung der Beleuchtung vertretbar, s Ol NZV **98** 410 (Pferdekutsche). Beleuchtungsausrüstung der maschinell bewegten Fze: §§ 49 a bis 53, für Fahrräder: § 67 (Bauvorschrift). § 66 a (überwiegend Betriebsvorschrift) schreibt vor, welche Beleuchtungseinrichtungen bei **Dämmerung, Dunkelheit** oder sonst **schlechten Sichtverhältnissen** zu führen sind, ohne daß die Fze ständig damit ausgerüstet sein müßten (I S 1); Ausnahme: Krankenfahrstühle (I S 1 Halbsatz 2). Die in I–III vorgesehenen Leuchten sind jedoch betriebsfertig mitzuführen, wenn die Fahrt Beleuchtung nötig machen kann (§ 23 I StVO). Nur Rückstrahler müssen ständig und fest angebracht sein (IV). Wird ein **Anhänger** mitgeführt, so ist der Zug wie ein Fahrzeug zu beleuchten (I S 2). Die Rückseite des Anhängers muß daher mit Schlußleuchte und Rückstrahlern (IV) versehen sein. Das Signalbild nach hinten muß dann der Anhänger geben. Wird ein Fz durch ein anderes geschleppt, so bilden die beiden iS des § 66 a einen Zug. Dann sind die Beleuchtungsbestimmungen für Züge anzuwenden (I), s Bay VRS **5** 555. Beleuchtungsvorschriften für **Verbände, Reiter und Tiere:** §§ 27, 28 StVO. **HandFze:** Rz 6.

3   2. **Beleuchtung nach vorn.** Die vorn zu führenden weißen Leuchten (Laternen) sollen bei Fzen und Zügen die Fahrbahn beleuchten und Entgegenkommenden die seitliche Begrenzung des Fz oder Zuges anzeigen, BGH NZV **90** 112. Wird ein Anhänger mitgeführt, der mehr als 40 cm über die äußere Begrenzung der Lichtaustrittsfläche der Leuchten des ziehenden Fz hinausreicht, muß die Stirnseite des Anhängers durch mindestens eine, links anzubringende weiße Leuchte besonders kenntlich gemacht werden. Die Begrenzung der Fze erkennbar zu machen, bezwecken auch die übrigen Vorschriften in I. Wichtig wegen des Grundsatzes des Rechtsfahrens und Rechtsausweichens (§ 2 StVO) ist die Anbringung der linken Begrenzungsleuchten. Die Vorschrift, sie möglichst weit links und keinesfalls weiter als 40 cm von der breitesten Stelle des Fahrzeugumrisses anzubringen (Abs II), soll dem Entgegenkommenden Gewißheit geben, daß das Fz die Leuchte um höchstens 40 cm seitlich überragt. Wer vorschriftswidrig nur die rechte Leuchte brennen hat, ist verantwortlich, wenn ein Entgegenkommender getäuscht wird. Fehlen der Vorderbeleuchtung eines Fuhrwerks kann ursächlich dafür sein, daß ein Nachfolger das Hindernis zu spät sieht und auffährt oder durch plötzliches Ausweichen den Verkehr gefährdet, BGH VRS **16** 96.

Lichttechnische Einrichtungen an Fahrrädern § 67 StVZO 3

3. Beleuchtung nach hinten und seitlich. Kennzeichnung nach hinten durch zwei rote Rückstrahler ist vorgeschrieben (IV). Bei Dämmerung, Dunkelheit und sonstigen schlechten Sichtverhältnissen darüber hinaus gem I S 1 Nr 2: rot strahlende Leuchte. Anbringung der Rückstrahler: IV S 2, 3. Weil idR links zu überholen ist, kommt es auf die Kenntlichmachung der linken Seite des Fz besonders an. Höhe der Schlußleuchten über der Fahrbahn: I, II, der Rückstrahler: IV. Bei höherer Anbringung ist Sichtbarkeit nicht gewährleistet. Die rückwärtige Beleuchtung soll dem Nachfolger ein Signalbild vom Fz vermitteln, Ce NJW **56** 195. Wegen der besonderen Wichtigkeit der Schlußleuchte muß sich der Fahrer vor der Fahrt überzeugen, ob sie brennt (§ 23 StVO). Sie darf nicht verdeckt oder verschmutzt sein (VI). Unvorschriftsmäßige Schlußbeleuchtung (weißes Licht) kann Nachfolger täuschen und Auffahrunfälle herbeiführen, Neust VM **57** 6. **Seitlich** ist je mindestens ein gelber Rückstrahler nach Maßgabe von IV S 3 vorgeschrieben, zusätzliche gelbe rückstrahlende Mittel mit seitlicher Wirkung sind zugelassen (V).

4. Beleuchtungsmittel, Beleuchtungsstärke, Beleuchtung durch paarige Anbringung der Leuchten. Welche Art von Licht verwendet wird, ist hier nicht vorgeschrieben. Doch muß unkontrolliertes Verlöschen ausgeschlossen sein. Die Leuchtstärke ist nicht vorgeschrieben. Werden Leuchten paarig verwendet, so müssen sie gleichfarbiges und gleich starkes Licht zeigen (II S 2). Leuchten dürfen nicht blenden (VI).

5. Erleichterungen für einzelne Arten von Fahrzeugen. III gewährt beim Führen von Leuchten Erleichterung für landwirtschaftliche Fze, die mit **leicht brennbaren Gütern** beladen sind. An derartig beladenen Fzen braucht wegen der Brandgefahr beim Führen von Laternen am Fz nur eine Leuchte mit weißem (oder schwachgelbem, s § 51 Rz 3) Licht geführt zu werden, die auf der linken Seite so anzubringen oder zu tragen ist, daß Entgegenkommende wie Überholende sie gut sehen können. Daß neben dem beladenen Erntewagen ein vorschriftsmäßig beleuchtetes Fahrrad geführt wird, genügt nicht; doch kann Fahrlässigkeit entfallen, wenn diese Lichtquelle einer vorschriftsmäßig getragenen Laterne in der Wirkung gleichkommt, Ce NJW **56** 195. Dieselbe Erleichterung haben **von Fußgängern mitgeführte Fze** (Handwagen, Handschlitten, Schiebkarren), Abs I S 3 mit § 17 V StVO. Wer im Dunkeln auf der rechten Fahrbahnseite eine Schubkarre schiebt, genügt seiner Beleuchtungspflicht nicht, wenn er hinter sich her einen Radfahrer mit (bei Schrittgeschwindigkeit zu schwacher) Fahrradbeleuchtung, aber ohne Rück- und Tretstrahler fahren läßt, Ol DAR **58** 218.

6. Pflicht zum Führen von Rückstrahlern besteht für alle Fze (§ 24 StVO), auch wenn sie von Fußgängern mitgeführt werden. Auch Fze, für die III hinsichtlich der Beleuchtung Erleichterungen gewährt, müssen mit Rückstrahlern ausgerüstet sein. IV ist Bauvorschrift. Rückstrahler wirken durch eine nachfolgende Lichtquelle. Sie sollen dem Hintermann die Beobachtung des Voranfahrenden erleichtern. Sie müssen in amtlich genehmigter Bauart ausgeführt sein (§ 22 a I Nr 15). Die Rückstrahler müssen am Fz fest angebracht sein. Die FzFührer sind für genügende Befestigung verantwortlich, daneben die Halter. Fährt ein Fz in der Dunkelheit auf ein Fz auf, dessen Rückseite keine vorschriftsmäßigen Rückstrahler hat oder das nicht vorschriftsmäßig beleuchtet ist, so spricht der Anschein dafür, daß der Verstoß ursächlich ist, BGH VRS **13** 409, anders dann, wenn das Fz durch fremde Lichtquelle hell beleuchtet und gut sichtbar gewesen ist, BGH VRS **21** 328. Der Anschein der Unfallsächlichkeit fehlender Rückstrahler kommt nur ab Beginn der Dunkelheit (§ 17 StVO) in Betracht, BGH VR **67** 178.

7. Ordnungswidrigkeit (§ 24 StVG): § 69a IV Nr 7a StVZO.

Lichttechnische Einrichtungen an Fahrrädern

67 (1) ¹Fahrräder müssen für den Betrieb des Scheinwerfers und der Schlußleuchte mit einer Lichtmaschine ausgerüstet sein, deren Nennleistung mindestens 3 W und deren Nennspannung 6 V beträgt (Fahrbeleuchtung). ²Für den Betrieb von Scheinwerfer und Schlußleuchte darf zusätzlich eine Batterie mit einer Nennspannung von 6 V verwendet werden (Batterie-Dauerbeleuchtung). ³Die beiden Betriebsarten dürfen sich gegenseitig nicht beeinflussen.

(2) ¹An Fahrrädern dürfen nur die vorgeschriebenen und die für zulässig erklärten lichttechnischen Einrichtungen angebracht sein. ²Als lichttechnische Einrichtungen gelten auch Leuchtstoffe und rückstrahlende Mittel. ³Die lichttechnischen Einrichtungen müssen vorschriftsmäßig und fest angebracht sowie ständig betriebsfertig sein. ⁴Lichttechnische Einrichtungen dürfen nicht verdeckt sein.

(3) ¹Fahrräder müssen mit einem nach vorn wirkenden Scheinwerfer für weißes Licht ausgerüstet sein. ²Der Lichtkegel muß mindestens so geneigt sein, daß seine Mitte in 5 m Entfernung vor dem Scheinwerfer nur halb so hoch liegt wie bei seinem Austritt aus dem Scheinwerfer. ³Der Scheinwerfer muß am Fahrrad so angebracht sein, daß er sich nicht unbeabsichtigt verstellen kann. ⁴Fahrräder müssen mit mindestens einem nach vorn wirkenden weißen Rückstrahler ausgerüstet sein.

(4) ¹Fahrräder müssen an der Rückseite mit
1. einer Schlußleuchte für rotes Licht, deren niedrigster Punkt der leuchtenden Fläche sich nicht weniger als 250 mm, über der Fahrbahn befindet,
2. mindestens einem roten Rückstrahler, dessen höchster Punkt der leuchtenden Fläche sich nicht höher als 600 mm über der Fahrbahn befindet, und
3. einem mit dem Buchstaben „Z" gekennzeichneten roten Großflächen-Rückstrahler

ausgerüstet sein. ²Die Schlußleuchte sowie einer der Rückstrahler dürfen in einem Gerät vereinigt sein. ³Beiwagen von Fahrrädern müssen mit einem Rückstrahler entsprechend Nummer 2 ausgerüstet sein.

(5) ¹Fahrräder dürfen an der Rückseite mit einer zusätzlichen, auch im Stand wirkenden Schlußleuchte für rotes Licht ausgerüstet sein. ²Diese Schlußleuchte muß unabhängig von den übrigen Beleuchtungseinrichtungen einschaltbar sein.

(6) Fahrradpedale müssen mit nach vorn und nach hinten wirkenden gelben Rückstrahlern ausgerüstet sein; nach der Seite wirkende gelbe Rückstrahler an den Pedalen sind zulässig.

(7) ¹Die Längsseiten müssen nach jeder Seite mit
1. mindestens zwei um 180° versetzt angebrachten, nach der Seite wirkenden gelben Speichenrückstrahlern an den Speichen des Vorderrades und des Hinterrades oder
2. ringförmig zusammenhängenden retroreflektierenden weißen Streifen an den Reifen oder in den Speichen des Vorderrades und des Hinterrades

kenntlich gemacht sein. ²Zusätzlich zu der Mindestausrüstung mit einer der Absicherungsarten dürfen Sicherungsmittel auch der anderen Absicherungsart angebracht sein. ³Werden mehr als zwei Speichenrückstrahler an einem Rad angebracht, so sind sie am Radumfang gleichmäßig zu verteilen.

(8) Zusätzliche nach der Seite wirkende gelbe rückstrahlende Mittel sind zulässig.

(9) ¹Der Scheinwerfer und die Schlußleuchte nach Absatz 4 dürfen nur zusammen einschaltbar sein. ²Eine Schaltung, die selbsttätig bei geringer Geschwindigkeit von Lichtmaschinenbetrieb auf Batteriebetrieb umschaltet (Standbeleuchtung), ist zulässig; in diesem Fall darf auch die Schlußleuchte allein leuchten.

(10) In den Scheinwerfern und Leuchten dürfen nur die nach ihrer Bauart dafür bestimmten Glühlampen verwendet werden.

(11) Für Rennräder, deren Gewicht nicht mehr als 11 kg beträgt, gilt abweichend folgendes:
1. für den Betrieb von Scheinwerfer und Schlußleuchte brauchen anstelle der Lichtmaschine nur eine oder mehrere Batterien entsprechend Absatz 1 Satz 2 mitgeführt zu werden;
2. der Scheinwerfer und die vorgeschriebene Schlußleuchte brauchen nicht fest am Fahrrad angebracht zu sein; sie sind jedoch mitzuführen und unter den in § 17 Abs. 1 Straßenverkehrs-Ordnung beschriebenen Verhältnissen vorschriftsmäßig am Fahrrad anzubringen und zu benutzen;
3. Scheinwerfer und Schlußleuchte brauchen nicht zusammen einschaltbar zu sein;
4. anstelle des Scheinwerfers nach Absatz 1 darf auch ein Scheinwerfer mit niedrigerer Nennspannung als 6 V und anstelle der Schlußleuchte nach Absatz 4 Nr. 1 darf auch eine Schlußleuchte nach Absatz 5 mitgeführt werden.

(12) Rennräder sind für die Dauer der Teilnahme an Rennen von den Vorschriften der Absätze 1 bis 11 befreit.

Lichttechnische Einrichtungen an Fahrrädern § 67 StVZO 3

Begr zur ÄndVO v 14. 6. 88 (VBl **88** 476): **Zu Abs 1:** *Bisher stand für die Energieversorgung des Scheinwerfers und der Schlußleuchte von Fahrrädern nur die Lichtmaschine zur Verfügung. Damit war die Wirkung dieser Einrichtungen drehzahlabhängig. Beim Fahrradfahrer als einem der schwächsten Verkehrsteilnehmer ist es aber besonders wichtig, daß die Beleuchtung auch bei langsamer Fahrt und im Stand sowie ganz allgemein bei ungünstigen Witterungsverhältnissen (z. B. Schneefall) hinreichend wirkt.*

Unter der Voraussetzung, daß Scheinwerfer und Schlußleuchte auch weiterhin von einer Lichtmaschine versorgt werden, die aber bei Batteriebetrieb nicht in Betrieb sein muß, wird durch die neue Fassung des Absatzes 1 eine vereinfachte „Batterie-Dauerbeleuchtung" ohne eine Anzeige für den akritischen Ladezustand zugelassen ...

Zu Abs 3 S 4 und Abs 4: *Fahrräder waren bisher, bezogen auf die übliche und künftig sicher auch weiterhin sehr verbreitete Fahrradbeleuchtung mit alleiniger Stromversorgung aus der Lichtmaschine, bei langsamer Fahrt und im Stand nach vorn nicht und nach hinten nur mit einem relativ kleinflächigen roten Rückstrahler gesichert. Die nun vorgeschriebenen nach vorn wirkenden weißen Rückstrahler und die roten Großflächen-Rückstrahler (gekennzeichnet mit dem Buchstaben „Z") sind geeignet, die Erkennbarkeit von Fahrrädern wesentlich zu verbessern.*

Zu Abs 11: *Die Ausrüstung von reinen Rennrädern mit einer ordnungsgemäßen Beleuchtung war bisher nicht immer möglich, weil übliche Lichtmaschinen Rennreifen unverhältnismäßig stark schädigen. Nachdem nun durch die Änderung des Absatzes 1 auch eine Batterie-Dauerbeleuchtung (allerdings nur zusammen mit einer Lichtmaschine) zulässig ist, können auch reine Rennräder mit Scheinwerfer und Schlußleuchte beleuchtet werden.*

... Eine generelle Befreiung der Rennräder von der Ausrüstungspflicht ist auf keinen Fall vertretbar, zumal Beeinträchtigungen, wenn überhaupt, nur in geringem und damit vertretbarem Maß eintreten können. Darüber hinaus hat die Sicherheit im Straßenverkehr Vorrang vor einer gewissen Unbequemlichkeit und geringfügigem Mehrgewicht des Fahrrades.
...

1. Lichttechnische Einrichtungen an Fahrrädern sind: der Scheinwerfer für wei- 1
ßes Licht, die Schlußleuchten für rotes Licht, die weißen, gelben und roten Rückstrahler und Speichenrückstrahler, andere Leuchtstoffe und rückstrahlende Mittel, zB retroreflektierende Streifen, sodann die 3W (Nennleistung)-Lichtmaschine, die in den Beleuchtungseinrichtungen zu verwendenden bauartbestimmten Glühlampen. Es gelten die Vorschriften über Bauartgenehmigungen: § 22a I Nr 15, 18, 22. Technische Anforderungen bei der Bauartprüfung: VBl **73** 558, zuletzt geändert: VBl **03** 752 = StVRL § 22a Nr 1 (Nr 6). Alle lichttechnischen Einrichtungen müssen vorschriftsmäßig sein, fest angebracht und ständig betriebsfertig (II S 3). Entfärbte Rückstrahler und Abdeckscheiben sind rechtzeitig zu ersetzen, s BMV VBl **61** 24. Andere als die vorgeschriebenen und für zulässig erklärten dürfen nicht angebracht sein, auch nicht vorübergehend und lose (II S 1). Näher *Bouska* VD **80** 107. Fahrtrichtungsanzeiger für gelbes Licht (früher Abs V) sind nicht mehr erlaubt. lichttechnische Einrichtungen dürfen im Verkehr nicht verdeckt sein (II S 4); deshalb müssen verdeckende **Anhänger** dieselben Schlußleuchten und roten Rückstrahler führen wie das Fahrrad, s Merkblatt für das Mitführen von Anhängern hinter Fahrrädern, VBl **99** 703 Nr 3. Verdeckendes Gepäck ist unzulässig. Verdeckt ist die lichttechnische Einrichtung bereits, wenn sie wegen des Anhängers nur zeitweise oder zu spät erkennbar ist, s BGH VRS **23** 18. Für reine **Rennräder** ist keine Lichtmaschine vorgeschrieben, wenn sie eine Batterie-Dauerbeleuchtung haben (XI Nr 1). Daneben müssen sie aber wie alle anderen Fahrräder mit den vorgeschriebenen fest angebrachten Rückstrahlern ausgerüstet sein, auch mit dem Großflächen-Rückstrahler gem IV S 1 Nr 3 („Z"), s Begr VBl **88** 476. Ausnahme während der Teilnahme an Rennen: Abs XII, s Rz 7.

Lit.: *Huppertz,* Beleuchtungseinrichtungen an Rennrädern, VD **92** 129.

2. Nach vorn muß (Ausrüstungsvorschrift) ein Scheinwerfer für weißes Licht fest 2
und verstellsicher mit vorgeschriebener Lichtkegelneigung angebracht sein, ferner ein nach vorn wirkender weißer Rückstrahler (III S 4). Der Scheinwerfer darf nur zusammen mit der roten Schlußleuchte schaltbar sein (IX), anders bei Rennrädern nach Maßgabe von Abs XI. Standbeleuchtung durch Batteriebetrieb ist zulässig, Abs IX S 2.

Richtlinien für die Prüfung von Zusatzgeräten für die Standbeleuchtung von Fahrrädern, VBl **85** 198.

3. **Nach hinten** muß (Ausrüstungsvorschrift) eine Schlußleuchte für rotes Licht (niedrigster Punkt der leuchtenden Fläche mindestens 250 mm über der Fahrbahn), ein roter Rückstrahler (höchster Punkt der leuchtenden Fläche höchstens 600 mm über der Fahrbahn) und ein mit dem Buchstaben Z gekennzeichneter Großflächen-Rückstrahler fest angebracht sein (IV). Beiwagen müssen mindestens einen roten Rückstrahler haben, fest angebracht nach Maßgabe von IV S 1 Nr 2 (IV S 3). Eine zusätzliche Schlußleuchte für rotes Licht ist zulässig, sofern sie unabhängig von anderen Beleuchtungseinrichtungen schaltbar ist (V); Anbringung: II S 3. Die Schlußleuchten und Rückstrahler, ggf auch mehrere (V), dürfen zu einem Gerät vereinigt sein (IV S 2).

4. **Seitliche Kennzeichnung** ist für die Sicherheit wichtig. Die **Pedale** müssen (Ausrüstungsvorschrift) mit nach vorn und hinten wirkenden gelben Rückstrahlern versehen sein, nach der Seite hin wirkende ebensolche sind an den Pedalen zulässig (VI). Die beiden **Räder bzw Reifen** sind wie folgt zu kennzeichnen (Ausrüstungsvorschrift): entweder a) am Vorder- und Hinterrad links und rechts je mindestens 2 gelbe Speichenrückstrahler nach Maßgabe von VII, oder b) an beiden Seiten des Vorder- und Hinterrades je ein ringförmiger, durchgehender weißer, reflektierender Streifen an den Reifen oder in den Speichen. Ist eines dieser Sicherungsmittel vollständig vorhanden, wie zwingend vorgeschrieben, so darf es durch das andere, Teile des anderen (VII S 2), aber auch durch weitere, seitlich wirkende gelbe rückstrahlende Mittel ergänzt werden (VIII), also zB durch gelbe Rückstrahler.

5. **Seitliche Abstandsmarkierer** mit Rückstrahlern dürfen an Fahrrädern und FmH links hinten angebracht werden, müssen aber den Richtlinien vom 23. 3. 81 (VBl **81** 148) entsprechen: keine Verdeckung lichttechnischer Einrichtungen, Kennzeichnung der Rückstrahler – nach vorn weiß, nach hinten rot – mit Prüfzeichen, bei Berührung horizontal nachgebend, Höchstlänge 40 cm. Die Richtlinien sind, auch soweit sie sich an FzHalter und FzFührer wenden, keine Rechtsvorschriften.

6. **Die Lichtmaschine** für Scheinwerfer und Schlußleuchten muß mindestens 3 W Nennleistung haben, ihre Nennspannung muß 6 V betragen (I). Die verwendeten Glühlampen müssen § 22a I Nr 18 entsprechen (X). Zusätzlich darf eine 6 V – Batterie verwendet werden (I S 2, 3).

7. **Ausnahmen.** Rennräder sind nur während des Rennens, bei welchen sie benutzt werden, von den lichttechnischen Vorschriften befreit, nicht schon bei Hin- und Rückfahrt außerhalb von Transporten (XII), s Kö VM **82** 88. Jedoch gelten für echte Rennräder (bis 11 kg) die in Abs XI genannten Erleichterungen (Rz 1), s dazu *Huppertz* VD **92** 129, *Ternig* DAR **02** 107. Sog BMX-Räder unterliegen, soweit sie im öffentlichen StrV geführt werden, den Ausrüstungsvorschriften der StVZO. Für außerdeutsche Radfahrer im internationalen Verkehr gelten die Vorschriften in Art 3V mit Art 44 I ÜbStrV 1968 (ratifiziert durch G v 21. 9. 77, BGBl I S 809).

8. **Haftung.** Wer mit funktionierender Schlußleuchte wegfährt, dem ist unterlassene weitere Kontrolle unterwegs nicht mehr vorzuwerfen, Kö VR **60** 765. Brennt sie nicht oder fehlt sie, so läßt sich ein verspätetes Wahrnehmen durch andere VT nicht ausschließen, Ol VRS **33** 406 (Führen eines Rades durch Fußgänger). Ein Anhänger nur mit Rückstrahler ohne Schlußleuchte, der die Schlußleuchte des Rades verdeckt, begründet bei Unfall den Anschein der Ursächlichkeit, BGH VR **62** 633. Daß die Scheinwerferleuchtstärke beim Langsamfahren sinkt, ist dem Radfahrer nicht vorzuwerfen, BGH VM **56** 14, auch nicht das Fehlen von Sicherungsmitteln, welche zwar erlaubt und empfehlenswert, aber nicht vorgeschrieben sind.

9. **Zuwiderhandlungen:** §§ 69a IV Nr 8; 31b, 69a V Nr 4b StVZO; 24 StVG.

Der Abschnitt „**IV. Kleinkrafträder und Fahrräder mit Hilfsmotor**" ist aufgehoben.

Begr: VBl **73** 411.

C. Durchführungs-, Bußgeld- und Schlußvorschriften

Zuständigkeiten

68 (1) ¹Diese Verordnung wird, soweit nicht die höheren Verwaltungsbehörden zuständig sind, von den nach Landesrecht zuständigen unteren Verwaltungsbehörden oder den Behörden, denen durch Landesrecht die Aufgaben der unteren Verwaltungsbehörde zugewiesen werden, ausgeführt. ²Die höheren Verwaltungsbehörden werden von den zuständigen obersten Landesbehörden bestimmt.

(2) ¹Örtlich zuständig ist, soweit nichts anderes vorgeschrieben ist, die Behörde des Wohnorts, mangels eines solchen des Aufenthaltsorts des Antragstellers oder Betroffenen, bei juristischen Personen, Handelsunternehmen oder Behörden die Behörde des Sitzes oder des Orts der beteiligten Niederlassung oder Dienststelle. ²Anträge können mit Zustimmung der örtlich zuständigen Behörde von einer gleichgeordneten auswärtigen Behörde behandelt und erledigt werden. ³Die Verfügungen der Behörde (Sätze 1 und 2) sind im Inland wirksam. ⁴Verlangt die Verkehrssicherheit ein sofortiges Eingreifen, so kann an Stelle der örtlich zuständigen Behörde jede ihr gleichgeordnete Behörde mit derselben Wirkung Maßnahmen auf Grund dieser Verordnung vorläufig treffen.

(3) ¹Die Zuständigkeiten der Verwaltungsbehörden und höheren Verwaltungsbehörden auf Grund dieser Verordnung werden für die Dienstbereiche der Bundeswehr, des Bundesgrenzschutzes, der Bundesanstalt Technisches Hilfswerk und der Polizei durch deren Dienststellen nach Bestimmung der Fachminister wahrgenommen. ²Für den Dienstbereich der Polizei kann die Zulassung von Kraftfahrzeugen und ihrer Anhänger nach Bestimmung der Fachminister durch die nach Absatz 1 zuständigen Behörden vorgenommen werden.

Begr zur ÄndVO v 12. 11. 96 (VBl **96** 623): **Zu Abs. 3:** *Die vorgesehene Änderung bezweckt, daß die Fahrzeuge der Bundesanstalt Technisches Hilfswerk zukünftig durch eine Zentrale Zulassungsstelle im Geschäftsbereich des Bundesministeriums des Innern verwaltet werden.*

Begr zur ÄndVO v 20. 7. 00: BRDrucks 184/00 S 100.

1. § 68 enthält **Zuständigkeitsbestimmungen**. Zuständig sind die durch Landesrecht bestimmten Behörden. Die WiderspruchsB darf einen Verwaltungsakt der AusgangsB nicht zum Nachteil des Betroffenen ändern, weil jedenfalls gem Abs I eine Zuständigkeit nur der unteren VB gegeben ist, VGH Mü NJW **78** 443. 1

2. Sachlich zuständig sind: die **Verwaltungsbehörden** für: die Untersagung oder Beschränkung des Betriebes von Fahrzeugen im Verkehr (§ 17); Zulassung von Kfzen nach § 18 I; Erteilung der BE für Kfze und Anhänger (§§ 19 I, 21, 22); Zuteilung der Kennzeichen für Kfze und Anhänger (§§ 23, 28); Ausfertigung des Kfz- oder Anhängerscheins (§ 24), Eintragungen in die Kfz- und Anhängerbriefe (§ 25), Entgegennahme der Meldungen nach § 27, Überwachung der Kfze und Anhänger (§ 29). 2

Zuständigkeit der Ortsbehörden für Anträge auf Erteilung der FE: s § 73 FeV. 3

Verwaltungsbehörden sind nach I die nach Landesrecht bestimmten unteren VB (Kreisbehörden, BGH NJW **84** 228) oder die Behörden, denen durch Landesrecht die hier fraglichen Aufgaben zugewiesen sind. Ihnen obliegen die Aufgaben der ZulB. 4

Die **höheren Verwaltungsbehörden** sind zuständig für die Genehmigung von Ausnahmen gemäß § 70 I Ziff 1. 5

Höhere Verwaltungsbehörden als zuständige Behörden für Ausnahmen (§ 70) für die unterschiedlichen Dienstbereiche und Länder: s Übersicht VBl **63** 187, 456, **88** 297 = StVRL 1. 6

Die **obersten Landesverkehrsbehörden** oder die von ihnen bestimmten Stellen sind zuständig für die Genehmigung von Ausnahmen gemäß § 70 I Ziff 2 StVZO. 7

Das **BMV** oder die von ihm bestimmten Stellen sind zuständig für den Erlaß von Ausführungsanweisungen zur StVZO gemäß den §§ 6, 6a und 26a StVG und die Genehmigung von Ausnahmen gemäß § 70 I Ziff 3 StVZO. 8

Das **Kraftfahrt-Bundesamt** ist zuständig für Erteilung der ABE für Typen nach den §§ 20, 22 und für die Genehmigung von Ausnahmen mit Ermächtigung des BMV 9

3 StVZO § 69a C. Durchführungs-, Bußgeld- und Schlußvorschriften

bei Erteilung oder in Ergänzung einer ABE oder Bauartgenehmigung gemäß den §§ 22a, 70 I.

10   **Dienststellen der Bundeswehr** nach Bestimmung des Bundesministers für Verteidigung sind zuständig für die Kfze und Anhänger der Nato-Hauptquartiere gemäß der 15. StVZAusnV (bei § 23).

11   **3. Örtlich zuständig** ist die VB des Wohnorts, wo ein solcher fehlt, des Aufenthaltsortes des Antragstellers oder Betroffenen, ohne Rücksicht auf eine uU überholte Eintragung im Melderegister, BVG VM **81** 50, VG Dü DAR **77** 279. Aufenthaltsort (mangels inländischen Wohnsitzes) ist der Ort der körperlichen Anwesenheit in einem bestimmten Amtsbereich, s *Bouska* VD **78** 175. Wer sich vorübergehend außerhalb seines Wohnsitzes aufhält, um die örtliche Zuständigkeit der StrVB zu umgehen, behält seinen Wohnort iS des § 68 II. Besteht im Inland weder Wohn- oder Aufenthaltsort noch Sitz oder Niederlassung, so ist die örtliche Zuständigkeit dem VwVfG des betreffenden Landes zu entnehmen, OVG Münster VRS **106** 230.

12   **Örtlich unzuständige Behörden** können: a) mit Zustimmung der gleichgeordneten örtlich zuständigen Behörde über Anträge entscheiden (Abs II S 2), b) vorläufige Maßnahmen anstelle einer gleichgeordneten örtlich zuständigen Behörde treffen, wenn die VSicherheit sofortiges Eingreifen verlangt (Abs II S 4). Die Zustimmung gem Abs II S 2 kann bis zur Unanfechtbarkeit der Entscheidung, also auch noch im Widerspruchs- und gerichtlichen Verfahren erteilt werden, VG Kö DAR **90** 310 (Anm *Siegmund*). Kein Anspruch auf Aufhebung eines Verwaltungsaktes allein wegen örtlicher Unzuständigkeit, § 46 VwVfG, s BVG VM **81** 50.

13   **4.** III betrifft **Sonderzuständigkeiten** derjenigen obersten Bundes- und LandesB, die am meisten am Verkehr beteiligt sind. Sie haben die erforderlichen Verwaltungsmaßnahmen für ihren Dienstbereich durch eigene Dienststellen zu treffen. Der Dienstbereich umfaßt alle dienstlichen Angelegenheiten. Soweit es sich um den Verkehr auf öffentlichen Straßen handelt, müssen die Maßnahmen mit der StVZO im Einklang stehen.

14   Die Fachminister, die nach III über die hier fraglichen Zuständigkeiten zu bestimmen haben, sind für die Bundeswehr der Bundesminister für Verteidigung, für die Polizei die Innenminister der Länder bzw die Senatoren des Innern in Berlin, Bremen und Hamburg, für den Bundesgrenzschutz und die Bundesanstalt Technisches Hilfswerk der Bundesminister des Innern, s Übersicht des BMV, VBl **63** 187, 456, **88** 297 = StVRL 1, sowie Begr VBl **96** 623. Abs III S 2 stellt klar, daß die Fze der Pol auch bei den örtlich zuständigen ZulBen zugelassen werden können.

69 *(aufgehoben)*

Ordnungswidrigkeiten

69a (1) *(aufgehoben)*

(2) **Ordnungswidrig im Sinne des § 24 des Straßenverkehrsgesetzes handelt, wer vorsätzlich oder fahrlässig**
  1. entgegen § 17 Abs. 1 einem Verbot, ein Fahrzeug in Betrieb zu setzen, zuwiderhandelt oder Beschränkungen nicht beachtet,
  2. gegen eine Vorschrift des § 17 Abs. 2, des § 27 Abs. 3 Satz 4 Halbsatz 2, des § 29 Abs. 7 Satz 5 Halbsatz 2 oder des § 29d Abs. 1 über die Entstempelung des amtlichen Kennzeichens, über die Ablieferung des Fahrzeugscheins oder des Betriebserlaubnisnachweises oder über die Vorlage des Anhängerverzeichnisses verstößt,
  3. ein Kraftfahrzeug oder einen Kraftfahrzeuganhänger entgegen § 18 Abs. 1 ohne die erforderliche Zulassung oder entgegen § 18 Abs. 3 ohne die erforderliche Betriebserlaubnis auf öffentlichen Straßen in Betrieb setzt,
  4. einer Vorschrift des § 18 Abs. 4 Satz 1, 2 oder des § 28 Abs. 1 Satz 3 über die Führung von amtlichen oder roten Kennzeichen, des § 28 Abs. 1 Satz 3 in Ver-

bindung mit Absatz 4 über die Führung von Kurzzeitkennzeichen, des § 23 Abs. 4 Satz 1 Halbsatz 1 über die Abstempelung der amtlichen Kennzeichen, des § 60 Abs. 1 Satz 4 oder 5, jeweils auch in Verbindung mit § 28 Abs. 2 Satz 1, jeweils in Verbindung mit Absatz 5, oder des § 60 Abs. 1a Satz 1, Abs. 1c, Abs. 2 Satz 1 Halbsatz 1, Satz 5 bis 7, 9, Abs. 4 Satz 1 oder 3, diese jeweils auch in Verbindung mit Abs. 5 Satz 2 oder § 28 Abs. 2 Satz 1, jeweils in Verbindung mit Absatz 5, des § 60 Abs. 3 Satz 3 oder Abs. 5 Satz 1 Halbsatz 1 über die Ausgestaltung, die Anbringung oder die Beleuchtung von Kennzeichen oder des § 60 Abs. 7 Satz 1 Halbsatz 1 über das Anbringen von verwechslungsfähigen oder beeinträchtigenden Einrichtungen zuwiderhandelt,

5. einer Vorschrift des § 18 Abs. 2 Satz 2 über die Führung des Versicherungskennzeichens, des § 60a Abs. 1 Satz 4, 5, Abs. 1a, 2 Satz 1 Halbsatz 1, Satz 3, 4 oder Abs. 3 Satz 1 über die Ausgestaltung oder die Anbringung des Versicherungskennzeichens oder des § 60a Abs. 5 über das Anbringen von verwechslungsfähigen oder beeinträchtigenden Einrichtungen zuwiderhandelt,

6. gegen die Vorschrift des § 18 Abs. 4 Satz 3 über die Kennzeichnung bestimmter Fahrzeuge verstößt,

7. entgegen § 22a Abs. 2 Satz 1 oder Abs. 6 ein Fahrzeugteil ohne amtlich vorgeschriebenes und zugeteiltes Prüfzeichen zur Verwendung feilbietet, veräußert, erwirbt oder verwendet, sofern nicht schon eine Ordnungswidrigkeit nach § 23 des Straßenverkehrsgesetzes vorliegt,

8. gegen eine Vorschrift des § 21 Abs. 3 Satz 1 oder § 22a Abs. 5 Satz 1 oder Abs. 6 über die Kennzeichnung von Ausrüstungsgegenständen oder Fahrzeugteilen mit Prüfzeichen oder gegen ein Verbot nach § 21a Abs. 3 Satz 2 oder § 22a Abs. 5 Satz 2 oder Abs. 6 über die Anbringung von verwechslungsfähigen Zeichen verstößt,

9. gegen eine Vorschrift über Mitführung und Aushändigung
    a) des Fahrzeugscheins nach § 18 Abs. 5 Satz 3, § 24 Satz 2 oder nach § 28 Abs. 1 Satz 4 oder des Fahrzeugscheinheftes nach § 28 Abs. 1 Satz 4,
    b) des Anhängerverzeichnisses nach § 24 Satz 3,
    c) der Ablichtung oder des Abdrucks einer Allgemeinen Betriebserlaubnis nach § 18 Abs. 5,
    d) der Betriebserlaubnis für den Einzelfall nach § 18 Abs. 5,
    e) der Ablichtung oder des Abdrucks einer Allgemeinen Betriebserlaubnis für den Motor nach § 18 Abs. 6,
    f) der Sachverständigen-Bescheinigung über den Motor nach § 18 Abs. 6,
    g) eines Abdrucks oder einer Ablichtung einer Erlaubnis, Genehmigung, eines Auszugs einer Erlaubnis oder Genehmigung, eines Teilegutachtens oder eines Nachweises nach § 19 Abs. 4 Satz 1,
    h) der Bescheinigung über das Versicherungskennzeichen nach § 29e Abs. 2 Satz 3 oder
    i) der Urkunde über die Einzelgenehmigung nach § 22a Abs. 4 Satz 2
    verstößt,

10. gegen die Vorschrift des § 18 Abs. 5 über Aufbewahrung und Aushändigung von Nachweisen über die Betriebserlaubnis verstößt,

10a. entgegen § 23 Abs. 1b Satz 2 außerhalb des auf dem Kennzeichen angegebenen Betriebszeitraums ein Fahrzeug auf öffentlichen Straßen in Betrieb setzt oder abstellt oder entgegen § 23 Abs. 6 Satz 1 die Verwendung eines Personenkraftwagens für dort genannte Personenbeförderungen nicht oder nicht rechtzeitig schriftlich anzeigt oder entgegen Satz 2 Halbsatz 2 den Fahrzeugschein nicht vorlegt,

11. gegen eine Vorschrift des § 25 Abs. 2 Satz 1 über die Meldung von verlustig gegangenen Fahrzeugbriefen oder deren Vordrucken oder des § 25 Abs. 4 Satz 2 und 3 über die Vorlage von Briefen verstößt,

12. einer Vorschrift des § 27 Abs. 1 oder 1a über die Meldepflichten bei Änderung der tatsächlichen Verhältnisse, des § 27 Abs. 2 über die Antrags- oder Anzeigepflicht bei Standortänderung des Fahrzeugs, des § 27 Abs. 3 Satz 1 oder 2 über die Anzeige- und Antragspflichten bei Veräußerung des Fahrzeugs, des § 27 Abs. 3 Satz 4 Halbsatz 1 über die Beachtung des Betriebsverbots, des § 27 Abs. 3 Satz 3 oder Abs. 5 Satz 1 über die Vorlage- und Anzeigepflichten sowie die Pflichten zur Veranlassung der Entstempelung von Kennzeichen zuwiderhandelt,

12a. entgegen § 27a Abs. 1 den Nachweis nach Muster 12 nicht oder nicht vorschriftsgemäß vorlegt,

13. einer Vorschrift des § 28 Abs. 3 Satz 5 über die Ablieferung von roten Kennzeichen oder von Fahrzeugscheinheften, des § 28 Abs. 3 Satz 2 über die Verwendung von Fahrzeugscheinheften sowie über die Vornahme von Eintragungen in diese Hefte oder des § 28 Abs. 3 Satz 3 oder 4 über die Führung, Aufbewahrung und Aushändigung von Heften zuwiderhandelt,
13 a. entgegen § 28 Abs. 4 Satz 2 die Bezeichnung des Fahrzeugs vor Antritt der ersten Fahrt nicht in den Schein einträgt,
13 b. entgegen § 28 Abs. 5 Plaketten an das beantragte Kennzeichen nicht oder nicht richtig anbringt,
14. einer Vorschrift des § 29 Abs. 1 Satz 1 in Verbindung mit den Nummern 2.1, 2.2, 2.7, 2.8 Satz 2 oder 3, Nummern 3.1.1, 3.1.2 oder 3.2.2 der Anlage VIII über Hauptuntersuchungen oder Sicherheitsprüfungen zuwiderhandelt,
15. einer Vorschrift des § 29 Abs. 2 Satz 1 über Prüfplaketten oder Prüfmarken in Verbindung mit einem SP-Schild, des § 29 Abs. 5 über den ordnungsgemäßen Zustand der Prüfplaketten oder der Prüfmarken in Verbindung mit einem SP-Schild, des § 29 Abs. 7 Satz 5 Halbsatz 1 über das Betriebsverbot oder die Betriebsbeschränkung oder des § 29 Abs. 8 über das Verbot des Anbringens verwechslungsfähiger Zeichen zuwiderhandelt,
16. einer Vorschrift des § 29 Abs. 10 Satz 1 oder 2 über die Aufbewahrungs- und Aushändigungspflicht für Untersuchungsberichte oder Prüfprotokolle zuwiderhandelt,
17. einer Vorschrift des § 29 Abs. 11 oder 13 über das Führen oder Aufbewahren von Prüfbüchern zuwiderhandelt,
18. einer Vorschrift des § 29 Abs. 1 Satz 1 in Verbindung mit Nummer 3.1.4.2 Satz 2 Halbsatz 2 der Anlage VIII über die Behebung der geringen Mängel oder Nummer 3.1.4.3 Satz 2 Halbsatz 2 über die Behebung der erheblichen Mängel oder die Wiedervorführung zur Nachprüfung der Mängelbeseitigung zuwiderhandelt,
19. entgegen § 29 Abs. 1 Satz 1 in Verbindung mit Nummer 4.2 Satz 4 der Anlage VIII oder Nummer 8.2 Satz 2 der Anlage VIIIc die Maßnahmen nicht duldet oder die vorgeschriebenen Aufzeichnungen nicht vorlegt.

(3) Ordnungswidrig im Sinne des § 24 des Straßenverkehrsgesetzes handelt ferner, wer vorsätzlich oder fahrlässig ein Kraftfahrzeug oder ein Kraftfahrzeug mit Anhänger (Fahrzeugkombination) unter Verstoß gegen eine der folgenden Vorschriften in Betrieb nimmt:
1. des § 30 über allgemeine Beschaffenheit von Fahrzeugen;
1 a. des § 30 c Abs. 1 über vorstehende Außenkanten;
1 b. des § 30 d Abs. 3 über die Bestimmungen für Kraftomnibusse oder des § 30 d Abs. 4 über die technischen Einrichtungen für die Beförderung von Personen mit eingeschränkter Mobilität in Kraftomnibussen;
2. des § 32 Abs. 1 bis 4 oder 9 über Abmessungen von Fahrzeugen und Fahrzeugkombinationen;
3. der §§ 32 a, 42 Abs. 2 Satz 1 über das Mitführen von Anhängern, des § 33 Abs. 1 Satz 1 oder Abs. 2 Nr. 1 oder 6 über das Schleppen von Fahrzeugen, des § 43 Abs. 1 Satz 1 bis 3, Abs. 2 Satz 1, Abs. 3, 4 Satz 1 oder 3 über Einrichtungen zur Verbindung von Fahrzeugen oder des § 44 Abs. 1, 2 Satz 1 oder Abs. 3 über Stützeinrichtungen und Stützlast von Fahrzeugen;
3 a. des § 32 b Abs. 1, 2 oder 4 über Unterfahrschutz;
3 b. des § 32 c Abs. 2 über seitliche Schutzvorrichtungen;
3 c. des § 32 d Abs. 1 oder 2 Satz 1 über Kurvenlaufeigenschaften;
4. des § 34 Abs. 3 Satz 3 über die zulässige Achslast oder das zulässige Gesamtgewicht bei Fahrzeugen oder Fahrzeugkombinationen, des § 34 Abs. 8 über das Gewicht auf einer oder mehreren Antriebsachsen, des § 34 Abs. 9 Satz 1 über den Achsabstand, des § 34 Abs. 11 über Hubachsen oder Lastverlagerungsachsen, des § 34 b über die Laufrollenlast oder das Gesamtgewicht von Gleiskettenfahrzeugen oder des § 42 Abs. 1 oder Abs. 2 Satz 2 über die zulässige Anhängelast;
5. des § 34 a Abs. 1 über die Besetzung, Beladung und Kennzeichnung von Kraftomnibussen;
6. des § 35 über die Motorleistung;

Ordnungswidrigkeiten § 69a StVZO **3**

7. des § 35a Abs. 1 über Anordnung oder Beschaffenheit des Sitzes des Fahrzeugführers, des Betätigungsraums oder der Einrichtungen zum Führen des Fahrzeugs für den Fahrer, der Absätze 2, 3, 4, 5 Satz 1 oder Abs. 7 über Sitze und deren Verankerungen, Kopfstützen, Sicherheitsgurte und deren Verankerungen oder über Rückhaltesysteme, des Absatzes 8 Satz 1 über die Anbringung von nach hinten gerichteten Rückhalteeinrichtungen für Kinder auf Beifahrersitzen, vor denen ein betriebsbereiter Airbag eingebaut ist, oder Satz 2 oder 4 über die Warnung vor der Verwendung von nach hinten gerichteten Rückhalteeinrichtungen für Kinder auf Beifahrersitzen mit Airbag, des Absatzes 9 Satz 1 über Sitz, Handgriff und Fußstützen für den Beifahrer auf Krafträdern oder des Absatzes 10 über die Beschaffenheit von Sitzen, ihre Lehnen und ihre Befestigungen sowie der selbsttätigen Verriegelung von klappbaren Sitzen und Rückenlehnen und der Zugänglichkeit der Entriegelungseinrichtung oder des Absatzes 11 über Verankerungen der Sicherheitsgurte und Sicherheitsgurte von dreirädrigen oder vierrädrigen Kraftfahrzeugen;

7a. des § 35b Abs. 1 über die Beschaffenheit der Einrichtungen zum Führen von Fahrzeugen oder des § 35b Abs. 2 über das Sichtfeld des Fahrzeugführers;

7b. des § 35c über Heizung und Belüftung, des § 35d über Einrichtungen zum Auf- und Absteigen an Fahrzeugen, des § 35e Abs. 1 bis 3 über Türen oder des § 35f über Notausstiege in Kraftomnibussen;

7c. des § 35g Abs. 1 oder 2 über Feuerlöscher in Kraftomnibussen oder des § 35h Abs. 1 bis 3 über Erste-Hilfe-Material in Kraftfahrzeugen;

7d. des § 35i Abs. 1 Satz 1 oder 2, dieser in Verbindung mit Nummer 2 Satz 2, 4, 8 oder 9, Nummer 3.1 Satz 1, Nummer 3.2 Satz 1 oder 2, Nummer 3.3, 3.4 Satz 1 oder 2 oder Nummer 3.5 Satz 2, 3 oder 4 der Anlage X, über Gänge oder die Anordnung von Fahrgastsitzen in Kraftomnibussen oder des § 35i Abs. 2 Satz 1 über die Beförderung liegender Fahrgäste ohne geeignete Rückhalteeinrichtungen;

8. des § 36 Abs. 1 Satz 1 oder 3 bis 5, Abs. 2 Satz 1 oder 3 bis 5 oder Abs. 2a Satz 1 oder 2 über Bereifung, des § 36 Abs. 5 Satz 1 bis 4 über Gleisketten von Gleiskettenfahrzeugen oder Satz 6 über deren zulässige Höchstgeschwindigkeit, des § 36a Abs. 1 über Radabdeckungen oder Abs. 3 über die Sicherung von außen am Fahrzeug mitgeführten Ersatzrädern oder des § 37 Abs. 1 Satz 1 über Gleitschutzeinrichtungen oder Abs. 2 über Schneeketten;

9. des § 38 über Lenkeinrichtungen;

10. des § 38a über die Sicherung von Kraftfahrzeugen gegen unbefugte Benutzung;

10a. des § 38b über Fahrzeug-Alarmsysteme;

11. des § 39 über Einrichtungen zum Rückwärtsfahren;

11a. des § 39a über Betätigungseinrichtungen, Kontrolleuchten und Anzeiger,

12. des § 40 Abs. 1 über die Beschaffenheit von Scheiben oder des § 40 Abs. 2 über Anordnung und Beschaffenheit von Scheibenwischern oder des § 40 Abs. 3 über Scheiben, Scheibenwischer, Scheibenwascher, Entfrostungs- und Trocknungsanlagen von dreirädrigen Kleinkrafträdern und dreirädrigen und vierrädrigen Kraftfahrzeugen mit Führerhaus;

13. des § 41 Abs. 1 bis 13, 15 Satz 1, 3 oder 4, Abs. 16 oder 17 über Bremsen oder des § 41 Abs. 14 über Ausrüstung mit Unterlegkeilen, ihre Beschaffenheit und Anbringung;

13a. des § 41a Abs. 2 über die Gewährleistung des sicheren Betriebes von Flüssiggaseinrichtungen in Fahrzeugen oder des § 41a Abs. 3 über die Sicherheit und Kennzeichnung von Druckbehältern;

13b. des § 41b Abs. 2 über die Ausrüstung mit automatischen Blockierverhinderern oder des § 41b Abs. 3 über die Verbindung von Anhängern mit einem automatischen Blockierverhinderer mit Kraftfahrzeugen;

14. des § 45 Abs. 1, 2 Satz 1, 3 oder 4 über Kraftstoffbehälter oder des § 46 über Kraftstoffleitungen;

15. des § 47c über die Ableitung von Abgasen;

16. *(aufgehoben)*,

17. des § 49 Abs. 1 über die Geräuschentwicklung;

18. des § 49a Abs. 1 bis 4, 5 Satz 1, Abs. 6, 8, 9 Satz 2, Abs. 9a oder 10 Satz 1 über die allgemeinen Bestimmungen für lichttechnische Einrichtungen;

1233

18 a. des § 50 Abs. 1, 2 Satz 1, 6 Halbsatz 2 oder Satz 7, Abs. 3 Satz 1 oder 2, Abs. 5, 6 Satz 1, 3, 4 oder 6, Abs. 6 a Satz 2 bis 5 oder Abs. 9 über Scheinwerfer für Fern- oder Abblendlicht oder Abs. 10 über Scheinwerfer mit Gasentladungslampen;

18 b. des § 51 Abs. 1 Satz 1, 4 bis 6, Abs. 2 Satz 1, 4 oder Abs. 3 über Begrenzungsleuchten oder vordere Rückstrahler;

18 c. des § 51 a Abs. 1 Satz 1 bis 7, Abs. 3 Satz 1, Abs. 4 Satz 2, Abs. 6 Satz 1 oder Abs. 7 Satz 1 oder 3 über die seitliche Kenntlichmachung von Fahrzeugen oder des § 51 b Abs. 2 Satz 1 oder 3, Abs. 5 oder 6 über Umrißleuchten;

18 d. des § 51 c Abs. 3 bis 5 Satz 1 oder 3 über Parkleuchten oder Park-Warntafeln;

18 e. des § 52 Abs. 1 Satz 2 bis 5 über Nebelscheinwerfer, des § 52 Abs. 2 Satz 2 oder 3 über Suchscheinwerfer, des § 52 Abs. 5 Satz 2 über besondere Beleuchtungseinrichtungen an Krankenkraftwagen, des § 52 Abs. 7 Satz 2 oder 4 über Arbeitsscheinwerfer oder des § 52 Abs. 9 Satz 2 über Vorzeltleuchten an Wohnwagen oder Wohnmobilen;

18 f. des § 52 a Abs. 2 Satz 1 oder 3, Abs. 4, 5 oder 7 über Rückfahrscheinwerfer;

18 g. des § 53 Abs. 1 Satz 1, 3 bis 5 oder 7 über Schlußleuchten, des § 53 Abs. 2 Satz 1, 2 oder 4 bis 6 über Bremsleuchten, des § 53 Abs. 4 Satz 1 bis 4 oder 6 über Rückstrahler, des § 53 Abs. 5 Satz 1 oder 2 über die Anbringung von Schlußleuchten, Bremsleuchten und Rückstrahlern oder Satz 3 über die Kenntlichmachung von nach hinten hinausragenden Geräten, des § 53 Abs. 6 Satz 2 über Schlußleuchten an Anhängern hinter einachsigen Zug- oder Arbeitsmaschinen, des § 53 Abs. 8 über Schlußleuchten, Bremsleuchten, Rückstrahler und Fahrtrichtungsanzeiger an abgeschleppten betriebsunfähigen Fahrzeugen, des § 53 Abs. 9 Satz 1 über das Verbot der Anbringung von Schlußleuchten, Bremsleuchten oder Rückstrahlern an beweglichen Fahrzeugteilen, des § 53 Abs. 10 Satz 1 über retroreflektierende Tafeln und Markierungen aus retroreflektierenden Materialien oder Satz 2 über die Anbringung von Werbung aus andersfarbigen und retroreflektierenden Materialien an den Seitenflächen;

19. des § 53 a Abs. 1, 2 Satz 1, Abs. 3 Satz 2, Abs. 4 oder 5 über Warndreiecke, Warnleuchten und Warnblinkanlagen oder des § 54 b über die zusätzliche Mitführung einer Handlampe in Kraftomnibussen;

19 a. des § 53 b Abs. 1 Satz 1 bis 3, 4 Halbsatz 2, Abs. 2 Satz 1 bis 3, 4 Halbsatz 2, Abs. 3 Satz 1, Abs. 4 oder 5 über die Ausrüstung oder Kenntlichmachung von Anbaugeräten oder Hubladebühnen;

19 b. des § 53 c Abs. 2 über Tarnleuchten;

19 c. des § 53 d Abs. 2 bis 5 über Nebelschlußleuchten;

20. des § 54 Abs. 1 Satz 1 bis 3, Abs. 1 a Satz 1, Abs. 2, 3, 4 Nr. 1 Satz 1, 4, Nr. 2, 3 Satz 1, Nr. 4 oder Abs. 6 über Fahrtrichtungsanzeiger;

21. des § 54 a über die Innenbeleuchtung in Kraftomnibussen;

22. des § 55 Abs. 1 bis 4 über Einrichtungen für Schallzeichen;

23. des § 55 a über die Elektromagnetische Verträglichkeit;

24. des § 56 Abs. 1 bis 3 über Rückspiegel oder andere Spiegel;

25. des § 57 Abs. 1 Satz 1 oder Abs. 2 Satz 1 über das Geschwindigkeitsmeßgerät, des § 57 a Abs. 1 Satz 1, Abs. 1 a oder 2 Satz 1 über Fahrtschreiber;

25 a. des § 57 a Abs. 3 Satz 2 über das Kontrollgerät nach der Verordnung (EWG) Nr. 3821/85;

25 b. des § 57 c Abs. 2 oder 5 über die Ausrüstung oder Benutzung der Geschwindigkeitsbegrenzer;

26. des § 58 Abs. 2 oder 5 Satz 1, jeweils auch in Verbindung mit § 36 Abs. 1 Satz 2, oder Abs. 3 oder 5 Satz 2 Halbsatz 2 über Geschwindigkeitsschilder an Kraftfahrzeugen oder Anhängern oder des § 59 Abs. 1 Satz 1, Abs. 1 a, 1 b, 2 oder 3 Satz 2 über Fabrikschilder oder Fahrzeug-Identifizierungsnummern;

26 a. des § 59 a über den Nachweis der Übereinstimmung mit der Richtlinie 96/53/EG;

27. des § 61 Abs. 1 über Halteeinrichtungen für Beifahrer oder Abs. 3 über Ständer von zweirädrigen Kraftfahrzeugen;

27 a. des § 61 a über Anhänger hinter Fahrrädern mit Hilfsmotor oder

28. des § 62 über die Beschaffenheit von elektrischen Einrichtungen der elektrisch angetriebenen Kraftfahrzeuge.

Ordnungswidrigkeiten § 69a StVZO **3**

(4) Ordnungswidrig im Sinne des § 24 des Straßenverkehrsgesetzes handelt ferner, wer vorsätzlich oder fahrlässig ein anderes Straßenfahrzeug als ein Kraftfahrzeug oder einen Kraftfahrzeuganhänger oder wer vorsätzlich oder fahrlässig eine Kombination solcher Fahrzeuge unter Verstoß gegen eine der folgenden Vorschriften in Betrieb nimmt:
1. des § 30 über allgemeine Beschaffenheit von Fahrzeugen;
2. des § 63 über Abmessungen, Achslast, Gesamtgewicht und Bereifung sowie die Wiegepflicht;
3. des § 64 Abs. 1 über Lenkeinrichtungen, Anordnung und Beschaffenheit der Sitze, Einrichtungen zum Auf- und Absteigen oder des § 64 Abs. 2 über die Bespannung von Fuhrwerken;
4. des § 64a über Schallzeichen an Fahrrädern oder Schlitten;
5. des § 64b über die Kennzeichnung von Gespannfahrzeugen;
6. des § 65 Abs. 1 über Bremsen oder des § 65 Abs. 3 über Bremshilfsmittel;
7. des § 66 über Rückspiegel;
7a. des § 66a über lichttechnische Einrichtungen oder
8. des § 67 Abs. 1 Satz 1 oder 3, Abs. 2 Satz 1, 3 oder 4, Abs. 3, 4 Satz 1 oder 3, Abs. 5 Satz 2, Abs. 6 Halbsatz 1, Abs. 7 Satz 1 oder 3, Abs. 9 Satz 1, Abs. 10 oder 11 Nr. 2 Halbsatz 2 über lichttechnische Einrichtungen an Fahrrädern oder ihren Beiwagen.

(5) Ordnungswidrig im Sinne des § 24 des Straßenverkehrsgesetzes handelt schließlich, wer vorsätzlich oder fahrlässig
1. als Inhaber einer Allgemeinen Betriebserlaubnis für Fahrzeuge gegen eine Vorschrift des § 20 Abs. 3 Satz 3 über die Ausfüllung von Fahrzeugbriefen verstößt,
2. entgegen § 31 Abs. 1 ein Fahrzeug oder einen Zug miteinander verbundener Fahrzeuge führt, ohne zur selbständigen Leitung geeignet zu sein,
3. entgegen § 31 Abs. 2 als Halter eines Fahrzeugs die Inbetriebnahme anordnet oder zuläßt, obwohl ihm bekannt ist oder bekannt sein muß, daß der Führer nicht zur selbständigen Leitung geeignet oder das Fahrzeug, der Zug, das Gespann, die Ladung oder die Besetzung nicht vorschriftsmäßig ist oder daß die Verkehrssicherheit des Fahrzeugs durch die Ladung oder die Besetzung leidet,
4. entgegen § 31a Abs. 2 als Halter oder dessen Beauftragter im Fahrtenbuch nicht vor Beginn der betreffenden Fahrt die erforderlichen Angaben einträgt oder nicht unverzüglich nach Beendigung der betreffenden Fahrt Datum und Uhrzeit der Beendigung mit seiner Unterschrift einträgt,
4a. entgegen § 31a Abs. 3 ein Fahrtenbuch nicht aushändigt oder nicht aufbewahrt,
4b. entgegen § 31b mitzuführende Gegenstände nicht vorzeigt oder zur Prüfung nicht aushändigt,
4c. gegen eine Vorschrift des § 31c Satz 1 oder 4 Halbsatz 2 über Pflichten zur Feststellung der zugelassenen Achslasten oder über das Um- oder Entladen bei Überlastung verstößt,
4d. als Fahrpersonal oder Halter gegen eine Vorschrift des § 35g Abs. 3 über Ausbildung in der Handhabung von Feuerlöschern oder als Halter gegen eine Vorschrift des § 35g Abs. 4 über die Prüfung von Feuerlöschern verstößt,
5. entgegen § 36 Abs. 2b Satz 1 Luftreifen nicht oder nicht wie dort vorgeschrieben kennzeichnet,
5a. entgegen § 47a Abs. 1 Satz 1 in Verbindung mit Nummer 2 der Anlage XIa das Abgasverhalten seines Kraftfahrzeuges nicht oder nicht rechtzeitig untersuchen läßt, entgegen § 47a Abs. 2 eine Untersuchung vornimmt, entgegen § 47a Abs. 3 Satz 1 eine Plakette nach Anlage IXa zuteilt, entgegen § 47a Abs. 3 Satz 2 nicht dafür sorgt, dass die Prüfbescheinigung die von ihm ermittelten Istwerte enthält, entgegen § 47a Abs. 4 Satz 2 die Prüfbescheinigung nicht aushändigt, entgegen § 47a Abs. 6 Satz 2 in Verbindung mit § 29 Abs. 7 Satz 5 Halbsatz 1 oder Abs. 8 das Betriebsverbot oder die Betriebsbeschränkung für das Kraftfahrzeug nicht beachtet oder ein verwechslungsfähiges Zeichen anbringt, oder als Halter entgegen § 47a Abs. 6 Satz 2 in Verbindung mit § 29 Abs. 8 nicht dafür sorgt, daß verwechslungsfähige Zeichen nicht angebracht sind, oder gegen eine Vorschrift des § 47a Abs. 7 Satz 2 Halbsatz 1, auch in Verbindung mit Anlage XIa Nr. 2.3, über die Untersuchung des Ab-

3 StVZO § 69a C. Durchführungs-, Bußgeld- und Schlußvorschriften

gasverhaltens bei Wiederinbetriebnahme des Kraftfahrzeuges oder des § 47a Abs. 7 Satz 3 über die Untersuchung des Abgasverhaltens bei Fahrzeugen mit Saisonkennzeichen verstößt,

5 b. entgegen § 47 b Abs. 5 Satz 5 eine Maßnahme nicht duldet, eine mit der Prüfung beauftragte Person nicht unterstützt oder Aufzeichnungen nicht vorlegt,

5 c. entgegen § 49 Abs. 2 a Satz 1 Auspuffanlagen, Austauschauspuffanlagen oder Einzelteile dieser Austauschauspuffanlagen als unabhängige technische Einheiten für Krafträder verwendet oder zur Verwendung feilbietet oder veräußert oder entgegen § 49 Abs. 4 Satz 1 den Schallpegel im Nahfeld nicht feststellen läßt,

5 d. entgegen § 49 Abs. 3 Satz 2 ein Fahrzeug kennzeichnet oder entgegen § 49 Abs. 3 Satz 3 ein Zeichen anbringt,

5 e. entgegen § 52 Abs. 6 Satz 3 die Bescheinigung nicht mitführt oder zur Prüfung nicht aushändigt,

6. als Halter oder dessen Beauftragter gegen eine Vorschrift des § 57a Abs. 2 Satz 2 Halbsatz 2 oder 3 oder Satz 3 über die Ausfüllung und Verwendung von Schaublättern oder als Halter gegen eine Vorschrift des § 57a Abs. 2 Satz 4 über die Vorlage und Aufbewahrung von Schaublättern verstößt,

6 a. als Halter gegen eine Vorschrift des § 57a Abs. 3 Satz 2 in Verbindung mit Artikel 14 der Verordnung (EWG) Nr. 3821/85 über die Aushändigung, Aufbewahrung oder Vorlage von Schaublättern verstößt,

6 b. als Halter gegen eine Vorschrift des § 57b Abs. 1 Satz 1 über die Pflicht, Fahrtschreiber oder Kontrollgeräte prüfen zu lassen, oder des § 57b Abs. 3 über die Pflichten bezüglich des Einbauschildes verstößt,

6 c. als Kraftfahrzeugführer entgegen § 57a Abs. 2 Satz 2 Halbsatz 1 Schaublätter vor Antritt der Fahrt nicht bezeichnet oder entgegen Halbsatz 3 mit Vermerken versieht, entgegen Satz 3 andere Schaublätter verwendet, entgegen Satz 4 Halbsatz 1 Schaublätter nicht vorlegt oder entgegen Satz 5 ein Ersatzschaublatt nicht mitführt,

6 d. als Halter entgegen § 57d Abs. 2 Satz 1 den Geschwindigkeitsbegrenzer nicht prüfen läßt,

6 e. als Fahrzeugführer entgegen § 57d Abs. 2 Satz 3 eine Bescheinigung über die Prüfung des Geschwindigkeitsbegrenzers nicht mitführt oder nicht aushändigt,

7. gegen die Vorschrift des § 70 Abs. 3a über die Mitführung oder Aufbewahrung sowie die Aushändigung von Urkunden über Ausnahmegenehmigungen verstößt,

8. entgegen § 71 vollziehbaren Auflagen nicht nachkommt, unter denen eine Ausnahmegenehmigung erteilt worden ist,

9. *(aufgehoben)*

10. gegen eine Vorschrift des § 72 Abs. 2
    a) (zu § 35 f Abs. 1 und 2) über Notausstiege in Kraftomnibussen,
    b) (zu § 41) über Bremsen oder (zu § 41 Abs. 9) über Bremsen an Anhängern oder
    c) (zu § 42 Abs. 2) über Anhängelast bei Anhängern ohne ausreichende eigene Bremse

verstößt.

1 **Begr** zur ÄndVO v 21. 7. 69 (VBl **69** 394):

2 **Zu §§ 30, 32 bis 67a*:** *Die in diesen Vorschriften enthaltenen Anforderungen an Bau und Betrieb eines Fahrzeugs stellen gegenüber § 31 selbständige Gebote und Verbote dar. Zwar wird bei Verletzung dieser Bau- und Betriebsvorschriften zugleich auch ein Verstoß gegen § 31 Abs. 1 Satz 2 Halbsatz 1 vorliegen. Der Anwendungsbereich des § 31 Abs. 1 Satz 2 Halbsatz 1 geht aber über die Verletzung der Bau- und Betriebsvorschriften der §§ 30, 32 bis 67a hinaus.*

3 **Zu § 69a Abs 2 Nr 9 und 10:** *Die Bußgeldbewehrung erstreckt sich auch darauf, daß die Papiere, die mitgeführt oder aufbewahrt sowie ausgehändigt werden müssen, ordnungsgemäß ausgefüllt sind, soweit der Verantwortliche für die ordnungsgemäße Ausfüllung Sorge zu tragen hat.*

---

* Aufgehoben durch ÄndVO v 30. 6. 73 (BGBl I 638).

Ausnahmen § 70 StVZO 3

Zu § 69a Abs 5 Nr 10: Die Übergangsvorschriften des § 72 Abs. 2, die eine volle oder teilweise Befreiung von den Geboten und Verboten der Straßenverkehrs-Zulassungs-Ordnung enthalten, sind nicht mit Bußgeld zu bewehren. Eine Bußgeldbewehrung kommt nur für die Übergangsvorschriften in Betracht, die neue Gebote und Verbote aufstellen. Sie ist insoweit erfolgt, als diese Gebote und Verbote noch von praktischer Bedeutung sind. 4

Begr *zur ÄndVO v 15. 1. 80 (VBl* **80** *147): Mit der Herausnahme der Vorschriften über die Schaublätter von Fahrtschreibern (§ 57a Abs. 2), die Wiegepflicht (§ 34 Abs. 5) und die Pflicht zur Geräuschmessung aus § 69a Abs. 3 und ihre Einstellung in § 69a Abs. 5 wird zum Ausdruck gebracht, daß diese Pflichten unabhängig von der „Inbetriebnahme" des Fahrzeugs bußgeldbewehrt werden sollen. Im übrigen werden einige weitere Pflichten bußgeldbewehrt.* 5–8

1. § 69a bezweckt die möglichst weitgehende Konkretisierung der in dieser Bestimmung erfaßten OW-Tatbestände, BGHSt **25** 338 (343) = NJW **74** 1663 (1665), VRS **56** 133. Die bußgeldbewehrten StVZO-Vorschriften sind selbständige Verhaltensvorschriften, deren Verletzung durch § 24 StVG unmittelbar bußgeldbewehrt ist, BGHSt **25** 338 = NJW **74** 2663, Ce VM **76** 40. Die verletzten Vorschriften (§§ 49 StVO, 69a StVZO) gehören in den entscheidenden Teil des Urteils, Ha VRS **48** 38. § 69a in Verbindung mit der verletzten Vorschrift geht als Sondervorschrift den §§ 23, 49 StVO vor, Ce VM **76** 40, Ha VRS **74** 218. Fahren mit einem nach den §§ 31 ff mangelhaften Kfz steht in TE mit den VOWen während dieser Fahrt, s § 49 StVO Rz 3. S auch § 24 StVG Rz 58. Wer als Fahrer ein Kfz in Betrieb nimmt, das einer Beschaffenheits- oder Ausrüstungsvorschrift der §§ 30, 32 ff nicht entspricht, verstößt unmittelbar gegen die verletzte Vorschrift in Verbindung mit § 69a III, BGHSt **25** 338 = NJW **74** 1663, Bay VRS **57** 380. Wer ein Kfz entgegen mehreren Betriebsvorschriften der StVZO (hier §§ 34, 41 XV) in Betrieb nimmt, begeht nur eine OW, Kar VRS **46** 194. Was **Inbetriebnahme** bedeutet, ist jeweils derjenigen Vorschrift zu entnehmen, welche diesen Begriff verwendet, sie beschränkt sich nicht auf Fahren und VTeilnahme. Soweit das Fz durch Inbewegungsetzen in Betrieb genommen wurde, umfaßt die Inbetriebnahme auch die anschließende Fahrt, s § 31 Rz 11. III legt nur den Zeitpunkt des frühesten Beginns des ow Verhaltens fest, Kar VRS **46** 194. Ein der Bestimmung des § 30c nicht entsprechendes im öffentlichen VRaum nur abgestelltes Fz ist noch nicht „in Betrieb genommen", Bay VRS **61** 472, **62** 131, VGH Ka NJW **99** 3650. Ein Inbetriebsetzen nach II Nr 3 kann auch durch vorsätzliches oder fahrlässiges Dulden der Inbetriebnahme des Kfz durch den Halter geschehen, Bay VM **90** 35, Dü NZV **91** 39, **95** 329, VRS **85** 223, Ha VRS **59** 468; s aber § 31 Rz 18. Nur in seltenen Fällen bei geringfügigen Mängeln wird pol Aufforderung zur **Mängelbeseitigung** uU einen als Verfahrenshindernis wirkenden Vertrauenstatbestand schaffen können, der einer Ahndung als OW entgegensteht, soweit diese in die Frist fällt, s Stu NZV **94** 123 (abl *Dorner* DAR **94** 206), anders jedenfalls bei Teilnahme mit nicht verkehrssicherem Fz am StrV, Stu NZV **94** 243. 9

69b *(aufgehoben)*

Ausnahmen

70 (1) Ausnahmen können genehmigen

1. die höheren Verwaltungsbehörden in bestimmten Einzelfällen oder allgemein für bestimmte einzelne Antragsteller von den Vorschriften der §§ 32, 32d, 34 und 36, auch in Verbindung mit § 63, ferner der §§ 52 und 65, bei Elektrokarren und ihren Anhängern auch von den Vorschriften des § 18 Abs. 1, des § 41 Abs. 9 und der §§ 53, 58, 59 und 60 Abs. 5,
2. die zuständigen obersten Landesbehörden oder die von ihnen bestimmten oder nach Landesrecht zuständigen Stellen von allen Vorschriften dieser Verordnung in bestimmten Einzelfällen oder allgemein für bestimmte einzelne Antragsteller, es sei denn, daß die Auswirkungen sich nicht auf das Gebiet des Landes beschränken und eine einheitliche Entscheidung erforderlich ist,

3. das Bundesministerium für Verkehr, Bau- und Wohnungswesen von allen Vorschriften dieser Verordnung, sofern nicht die Landesbehörden nach den Nummern 1 und 2 zuständig sind – allgemeine Ausnahmen ordnet er* durch Rechtsverordnung ohne Zustimmung des Bundesrats nach Anhören der zuständigen obersten Landesbehörden an –,
4. das Kraftfahrt-Bundesamt mit Ermächtigung des Bundesministeriums für Verkehr, Bau- und Wohnungswesen bei Erteilung oder in Ergänzung einer Allgemeinen Betriebserlaubnis oder Bauartgenehmigung,
5. das Kraftfahrt-Bundesamt für solche Lagerfahrzeuge, für die durch Inkrafttreten neuer oder geänderter Vorschriften die Allgemeine Betriebserlaubnis nicht mehr gilt. ²In diesem Fall hat der Inhaber der Allgemeinen Betriebserlaubnis beim Kraftfahrt-Bundesamt einen Antrag unter Beifügung folgender Angaben zu stellen:
   a) Nummer der Allgemeinen Betriebserlaubnis mit Angabe des Typs und der betroffenen Ausführung(en),
   b) genaue Beschreibung der Abweichungen von den neuen oder geänderten Vorschriften,
   c) Gründe, aus denen ersichtlich ist, warum die Lagerfahrzeuge die neuen oder geänderten Vorschriften nicht erfüllen können,
   d) Anzahl der betroffenen Fahrzeuge mit Angabe der Fahrzeugidentifizierungs-Nummern oder -Bereiche, gegebenenfalls mit Nennung der Typ- und/oder Ausführungs-Schlüsselnummern,
   e) Bestätigung, daß die Lagerfahrzeuge die bis zum Inkrafttreten der neuen oder geänderten Vorschriften geltenden Vorschriften vollständig erfüllen,
   f) Bestätigung, daß die unter Buchstabe d aufgeführten Fahrzeuge sich in Deutschland oder in einem dem Kraftfahrt-Bundesamt im Rahmen des Typgenehmigungsverfahrens benannten Lager befinden.

(1 a) Genehmigen die zuständigen obersten Landesbehörden oder die von ihnen bestimmten Stellen Ausnahmen von den Vorschriften der §§ 32, 32 d Abs. 1 oder § 34 für Fahrzeuge oder Fahrzeugkombinationen, die auf neuen Technologien oder Konzepten beruhen und während eines Versuchszeitraums in bestimmten örtlichen Bereichen eingesetzt werden, so unterrichten diese Stellen das Bundesministerium für Verkehr, Bau- und Wohnungswesen im Hinblick auf Artikel 4 Abs. 5 Satz 2 der Richtlinie 96/53/EG des Rates vom 25. Juli 1996 (ABl. EG Nr. L 235 S. 59) mit einer Abschrift der Ausnahmegenehmigung.

(2) Vor der Genehmigung einer Ausnahme von den §§ 32, 32 d, 34 und 36 und einer allgemeinen Ausnahme von § 65 sind die obersten Straßenbaubehörden der Länder und, wo noch nötig, die Träger der Straßenbaulast zu hören.

(3) Der örtliche Geltungsbereich jeder Ausnahme ist festzulegen.

(3 a) ¹Durch Verwaltungsakt für ein Fahrzeug genehmigte Ausnahmen von der Zulassungspflicht, der Betriebserlaubnispflicht, der Kennzeichenpflicht oder den Bau- oder Betriebsvorschriften sind vom Fahrzeugführer durch eine Urkunde (z. B. Fahrzeugschein) nachzuweisen, die bei Fahrten mitzuführen und zuständigen Personen auf Verlangen zur Prüfung auszuhändigen ist. ²Bei Fahrzeugen der in § 18 Abs. 2 Nr. 2 und 6 Buchstabe a und b bezeichneten Arten und bei den auf Grund des § 70 Abs. 1 Nr. 1 von der Zulassungspflicht befreiten Elektrokarren genügt es, daß der Halter eine solche Urkunde aufbewahrt; er hat sie zuständigen Personen auf Verlangen zur Prüfung auszuhändigen.

(4) ¹Die Bundeswehr, die Polizei, der Bundesgrenzschutz, die Feuerwehr und die anderen Einheiten und Einrichtungen des Katastrophenschutzes sowie der Zolldienst sind von den Vorschriften dieser Verordnung befreit, soweit dies zur Erfüllung hoheitlicher Aufgaben unter gebührender Berücksichtigung der öffentlichen Sicherheit und Ordnung dringend geboten ist. ²Abweichungen von den Vorschriften über die Ausrüstung mit Kennleuchten, über Warneinrichtungen mit einer Folge von Klängen verschiedener Grundfrequenz (Einsatzhorn) und über Sirenen sind nicht zulässig.

(5) ¹Die Landesregierungen werden ermächtigt, durch Rechtsverordnung zu bestimmen, daß abweichend von Absatz 1 Nr. 1 an Stelle der höheren Verwaltungsbehörden und abweichend von Absatz 2 an Stelle der obersten Straßenbaube-

---

* Richtig: es (Redaktionsversehen des VOGebers).

Ausnahmen § 70 StVZO **3**

hörden andere Behörden zuständig sind. ²Sie können diese Ermächtigung auf oberste Landesbehörden übertragen.

Begr zur ÄndVO v 1. 4. 93 (VBl **93** 401): 1
Zu Abs. 1 Nr. 2: Die Änderung soll es den Bundesländern ermöglichen, Zuständigkeiten auch im Wege von Rechtsverordnungen auf untere Behörden zu übertragen.

Begr zur ÄndVO v 23. 3. 00 (VBl **00** 368): **Zu Abs 1 Nr 5:** *Die Genehmigung von Ausnahmen für sogenannte Lagerfahrzeuge mit Allgemeiner Betriebserlaubnis wird dem Kraftfahrt-Bundesamt übertragen. Dieses dient der Verfahrensvereinfachung für die Verwaltung und auch für die Fahrzeughersteller, da die notwendigen Informationen ohnehin beim Kraftfahrt-Bundesamt vorgehalten bzw. erfaßt werden. Schon bisher nimmt das Kraftfahrt-Bundesamt diese Aufgabe für Fahrzeuge aus auslaufenden Serien im Sinne des Artikels 8 Abs. 2 Buchstabe b der Betriebserlaubnisrichtlinie 70/156/EWG wahr.*

Zu Abs 1 a: Mit dieser Vorschrift wird die Regelung der Richtlinie 96/53/EG, Artikel 4 Absatz 5 in nationales Recht umgesetzt.

1. Die Bestimmung faßt die Vorschriften über die **Zuständigkeit zu Ausnahmen** 2 zusammen. Die Sonderbefugnisse der in IV aufgezählten Behörden und Organisationen sind durch den Zusatz „unter gebührender Berücksichtigung der öffentlichen Sicherheit und Ordnung dringend geboten" in S 1 wesentlich eingeschränkt. Durch IV S 2 soll sichergestellt werden, daß Kennleuchten und Warnvorrichtungen mit einer Folge verschiedener Töne nur in den Fällen des § 55 III (52 III) verwendet werden. § 70 ermöglicht es, **Ausnahmesituationen Rechnung zu tragen,** die die Vorschrift, von deren Regelung eine Ausnahme begehrt wird, nicht berücksichtigt, BVG DAR **02** 281, OVG Ko DAR **01** 329. Ob eine beantragte Ausnahmegenehmigung erteilt wird, ist eine **Ermessensentscheidung,** OVG Ko DAR **01** 329, VG Stade DAR **82** 238 (jeweils zu § 52 III), VGH Mü VRS **74** 234 (zu § 34). S auch Rz 6. Die Feststellung einer Ausnahmesituation ist Bestandteil der Ermessensentscheidung, BVG DAR **02** 281, OVG Münster NZV **00** 514, OVG Münster VRS **106** 236 (zu § 33 I 2) (str, s auch § 46 StVO Rz 23). Die Entscheidung hat sich an den Zwecken der Ermächtigungsgrundlage in § 6 StVG zu orientieren; Wettbewerbsaspekte rechtfertigen keine Ausnahmegenehmigung, VGH Mü VM **92** 93. Die Behörde muß unter Beachtung des Grundsatzes der Verhältnismäßigkeit eine Abwägung zwischen dem mit der betroffenen Bestimmung der StVZO verfolgten öffentlichen Interesse einerseits und den Interessen des Antragstellers sowie den für eine Ausnahme sprechenden Umständen andererseits vornehmen, OVG Ko DAR **01** 329, OVG Münster NZV **00** 514. Es gelten die gleichen Grundsätze wie bei § 46 StVO (s dort Rz 23).

Einen **OW-Tatbestand** der FzBenutzung mangels Genehmigung sieht § 70 nicht 3 vor, Dü NZV **90** 321, VRS **79** 131, Ko VRS **58** 460.

2. Zuständigkeit für Ausnahmegenehmigungen. I ermächtigt, Ausnahmen von 4 der StVZO zu genehmigen, die höheren VB (Rz 5), die obersten Landesverkehrsbehörden und die von ihnen bestimmten oder nach Landesrecht zuständigen Stellen, das BMV (Rz 7) sowie das Kraftfahrt-Bundesamt (Rz 8). Ausnahmegenehmigungen für Fze sind vor Baubeginn einzuholen, nachträgliche Genehmigungen werden im allgemeinen nicht erteilt, RdK **41** 51.

3. I Ziff 1 ermächtigt die **höheren Verwaltungsbehörden** (§ 68), Ausnahmen von 5 den Bestimmungen der StVZO zu genehmigen, die dort einzeln angeführt sind. Den höheren VB stehen die Dienststellen der Bundeswehr, des Bundesgrenzschutzes und der Polizei gleich (§ 68). Die Ausnahmen können allgemein für bestimmte einzelne Antragsteller oder für bestimmte Einzelfälle, aber nur für die unten angeführten Maßnahmen bewilligt werden. Der örtliche Geltungsbereich jeder Ausnahme ist festzulegen (III).

Die Befugnis beschränkt sich auf folgende Bestimmungen:
a) § 32 über Fahrzeugbreite, -Höhe und -Länge der Fze;
b) § 32 d über Kurvenlaufeigenschaften;

c) § 34 betreffend das Höchstgewicht der Fze;
d) § 36 betreffend die Bereifung und Laufflächen der Fze;
e) § 52 betreffend zusätzliche Scheinwerfer und Leuchten der Kfze;
f) § 65 betreffend die Bremsvorrichtung der Fze;
g) bei Elektrokarren und ihren Anhängern kann die höhere VB auch Ausnahmen bewilligen von den Vorschriften über die Zulassung (§ 18), über Anhängerbremsen (§ 41), Schlußleuchten, Bremsleuchten und Rückstrahler (§ 53), Geschwindigkeitsschilder (§ 58), Fabrikschilder und Fahrzeug-Identifizierungsnummer (§ 59) und die Kennzeichnung zulassungsfreier Anhänger (§ 60).

6 Vor Bewilligung der Ausnahmen zu a, b, c, d und einer allgemeinen Ausnahme zu e sind die obersten StrBauB der Länder, nötigenfalls auch die StrBaulastträger zu hören (Abs II). Kritisch zum Anhörverfahren bei Ausnahmegenehmigungen für SchwerFze, *Büff* VD **79** 51, *Klewe* VD **79** 104. Eine Ausnahme von § 52 III (Blaulicht) für BluttransportFze darf mit der Erwägung versagt werden, daß in Notfällen zum Bluttransport auch ein nach § 52 III rechtmäßig mit Blaulicht ausgestattetes Fz eingesetzt werden kann, BVG DAR **02** 281 (unter Aufhebung von OVG Ko DAR **01** 329), s Begr zur Änderung des § 52, VBl **00** 366. Keine Ausnahmegenehmigung zur Ausrüstung eines privaten Kfzs mit Blaulicht zum Einsatz bei Drogennotfällen und Selbstmordgefahr, VGH Mü BayVBl **87** 214. Richtlinien für Ausnahmegenehmigungen für bestimmte Arbeitsmaschinen und andere FzArten, VBl **80** 433, **86** 13. Ausnahmegenehmigungen für Gabelstapler, *Borchers* VD **75** 81.

7 **4. Befugnis der Obersten Landesbehörden und des Bundesverkehrsministeriums.** Von allen Bestimmungen der StVZO können die zuständigen **obersten Landesbehörden** sowie die von ihnen bestimmten oder nach Landesrecht zuständigen Stellen für bestimmte Einzelfälle wie allgemein für bestimmte Antragsteller Ausnahmen zulassen (I Nr 2), und zwar grundsätzlich auch von solchen Vorschriften, die schon einen speziellen Ausnahmekatalog enthalten, BVG NZV **94** 246. Ihre Befugnis beschränkt sich auf das eigene Land. Würde die Maßnahme über das Gebiet des Landes hinaus wirken und damit eine einheitliche Entscheidung erfordern, so ist das **BMV** zuständig. Dieses kann allgemeine Ausnahmen von der StVZO genehmigen, die für alle in Betracht kommenden Einzelfälle wirken (I Nr 3). Diese Befugnis ermöglicht es, der technischen Entwicklung zu folgen, ohne jedesmal die StVZO ändern zu müssen. Anordnungen solcher Art erläßt das BMV durch RechtsVO; vorher hat es die zuständigen obersten LandesB zu hören. Zur Frage von Ausnahmegenehmigungen durch das BVM von der Vorschrift des § 12 FeV (Sehvermögen), s *Gramberg-Danielsen/Vollert* ZVS **84** 5.

8 **5. Befugnis des Kraftfahrt-Bundesamtes.** Bei Erteilung einer ABE kann das Kraftfahrt-Bundesamt mit Ermächtigung des BMV Ausnahmen von der StVZO genehmigen (I Nr 4). Die Bestimmung soll nach dem Ausschußbericht dazu dienen, das BMV von Verwaltungstätigkeit zu entlasten, die besser auf das hierfür technisch und personell geeignete KBA zu übertragen sei. Im Interesse der Verfahrensvereinfachung für Verwaltung und FzHersteller überträgt I Nr 5 auch die Genehmigung von Ausnahmen für sog LagerFze mit ABE dem KBA (s Begr, Rz 1).

9 **6. Urkunden über Ausnahmegenehmigungen.** Das Bestehen von Ausnahmegenehmigungen muß, auch bei zulassungsfreien Fzen, leicht nachgeprüft werden können (IIIa). Für die in § 18 II Nr 2 und Nr 6 Buchstabe a und b genannten land- oder forstwirtschaftlichen Fze bestehen Erleichterungen, weil diese Fze im allgemeinen in eng begrenztem Gebiet verkehren und die Halter der Polizei idR bekannt sind. Das Nichtmitführen der Ausnahmegenehmigung (überlanger Zug) beseitigt die Genehmigung nicht, ist aber ow, Bay DAR **79** 235. Eintragung von Ausnahmegenehmigungen in die FzPapiere, s BMV VBl **66** 570. **Ordnungswidrigkeit:** §§ 69a V Nr 7 StVZO, 24 StVG.

10 **7. Befreiungen für staatliche Behörden und Organisationen.** IV gewährt bestimmten VT Befreiung von der StVZO mit Rücksicht auf ihre der Allgemeinheit dienenden Aufgaben, jedoch nur unter den bezeichneten Voraussetzungen.

Inkrafttreten und Übergangsbestimmungen **§§ 71, 72 StVZO 3**

Auflagen bei Ausnahmegenehmigungen

71 Die Genehmigung von Ausnahmen von den Vorschriften dieser Verordnung kann mit Auflagen verbunden werden; der Betroffene hat den Auflagen nachzukommen.

§ 71 soll sicherstellen, daß die Nichtbefolgung von Auflagen, die bei der Genehmigung von Ausnahmen gemacht werden, ow ist (§§ 69a V Nr 8 StVZO, 24 StVG). Als Täter einer OW durch Nichtbefolgen einer Auflage kommen auch der Halter und die ihm gem § 9 OWiG gleichgestellten Personen in Betracht, Bay VRS **65** 398. Die Auflage, bei Führung einer Arbeitsmaschine im öffentlichen StrV müsse eine Begleitperson dem Führer besonders an Kreuzungen und Einmündungen die erforderlichen Hinweise geben, ist nicht erfüllt, wenn diese Person lediglich in einem Pkw ohne ständige Sicht- und Funkverbindung hinterherfährt, KG VRS **62** 468.

Inkrafttreten und Übergangsbestimmungen

72 (1) Diese Verordnung tritt am 1. Januar 1938 in Kraft.

(2) Zu den nachstehend bezeichneten Vorschriften gelten folgende Bestimmungen:

§ 18 Abs. 2 Nr. 4 (bestimmte Kleinkrafträder wie Fahrräder mit Hilfsmotor zu behandeln)

Wie Fahrräder mit Hilfsmotor werden beim Vorliegen der sonstigen Voraussetzungen des § 18 Abs. 2 Nr. 4 behandelt

1. Fahrzeuge mit einem Hubraum von mehr als 50 cm^3, wenn sie vor dem 1. September 1952 erstmals in den Verkehr gekommen sind und die durch die Bauart bestimmte Höchstleistung ihres Motors 0,7 kW (1 PS) nicht überschreitet,
2. Fahrzeuge mit einer durch die Bauart bestimmten Höchstgeschwindigkeit von mehr als 40 km/h, wenn sie vor dem 1. Januar 1957 erstmals in den Verkehr gekommen sind und das Gewicht des betriebsfähigen Fahrzeugs mit dem Hilfsmotor, jedoch ohne Werkzeug und ohne den Inhalt des Kraftstoffbehälters – bei Fahrzeugen, die für die Beförderung von Lasten eingerichtet sind, auch ohne Gepäckträger – 33 kg nicht übersteigt; diese Gewichtsgrenze gilt nicht bei zweisitzigen Fahrzeugen (Tandems) und Fahrzeugen mit 3 Rädern.

§ 18 Abs. 2 Nr. 4 Buchstabe a (zweirädrige Kleinkrafträder und Fahrräder mit Hilfsmotor mit nicht mehr als 45 km/h)

ist spätestens ab 1. Januar 2002 auf zweirädrige Kleinkrafträder und Fahrräder mit Hilfsmotor anzuwenden, die auf Grund einer Allgemeinen Betriebserlaubnis, die vor dem 17. Juni 1999 erteilt worden ist, erstmals in den Verkehr kommen und ab 1. Januar 2002 auf zweirädrige Kleinkrafträder und Fahrräder mit Hilfsmotor anzuwenden, die ab diesem Datum erstmals in den Verkehr kommen. Zweirädrige Kleinkrafträder und Fahrräder mit Hilfsmotor mit einer durch die Bauart bestimmten Höchstgeschwindigkeit von nicht mehr als 50 km/h, die vor dem 1. Januar 2002 erstmals in den Verkehr gekommen sind, gelten weiter als zweirädrige Kleinkrafträder oder Fahrräder mit Hilfsmotor.

§ 18 Abs. 2 Nr. 4a (Leichtkrafträder)

Als Leichtkrafträder gelten auch Krafträder mit einem Hubraum von nicht mehr als 50 cm^3 und einer durch die Bauart bestimmten Höchstgeschwindigkeit von mehr als 40 km/h (Kleinkrafträder bisherigen Rechts), wenn sie bis zum 31. Dezember 1983 erstmals in den Verkehr gekommen sind.

Zu § 18 Abs. 2 Nr. 5 (motorisierte Krankenfahrstühle)

Als motorisierte Krankenfahrstühle gelten auch nach der Bauart zum Gebrauch durch körperlich gebrechliche oder behinderte Personen bestimmte Kraftfahrzeuge mit höchstens zwei Sitzen, einem Leergewicht von nicht mehr als 300 kg und einer durch die Bauart bestimmten Höchstgeschwindigkeit von nicht mehr als 30 km/h (maschinell angetriebene Krankenfahrstühle früheren Rechts), wenn sie bis zum 30. Juni 1999 erstmals in den Verkehr gekommen sind.

Als motorisierte Krankenfahrstühle gelten auch nach der Bauart zum Gebrauch durch körperlich gebrechliche oder behinderte Personen bestimmte Kraftfahrzeuge mit einem Sitz, einem Leergewicht von nicht mehr als 300 kg und einer durch die

Bauart bestimmten Höchstgeschwindigkeit von nicht mehr als 25 km/h, wenn sie bis zum 1. September 2002 erstmals in den Verkehr gekommen sind.

§ 18 Abs. 3 (Betriebserlaubnis für zulassungsfreie Fahrzeuge)
gilt für Anhänger, die vor dem 1. Juli 1961 erstmals in den Verkehr gekommen sind, erst von einem vom Bundesminister für Verkehr zu bestimmenden Tage an.

§ 18 Abs. 3 (Betriebserlaubnispflicht für land- oder forstwirtschaftliche Arbeitsgeräte über 3 t Gesamtgewicht)
tritt in Kraft am 1. April 1976, jedoch nur für die von diesem Tage an erstmals in den Verkehr kommenden Arbeitsgeräte.

§ 18 Abs. 4 Satz 1 Nr. 2 (eigenes amtliches Kennzeichen für Anhänger nach § 18 Abs. 2 Nr. 6 Buchstabe l und m)
gilt für erstmals in den Verkehr kommende Anhänger ab 1. Juni 1992. Für die vor diesem Zeitpunkt in den Verkehr gekommenen Anhänger
1. mit einem zulässigen Gesamtgewicht von nicht mehr als 2 t ist spätestens bis 31. März 1994 und
2. mit einem zulässigen Gesamtgewicht von mehr als 2 t ist spätestens bis 31. Oktober 1994
ein eigenes amtliches Kennzeichen zu beantragen. Mit dem Antrag ist ein Nachweis über eine Hauptuntersuchung vorzulegen, in welchem die Vorschriftsmäßigkeit des Anhängers im Sinne von § 29 Abs. 2a bescheinigt wird.

§ 18 Abs. 5 Satz 3 (Fahrzeugschein für betriebserlaubnis- und kennzeichenpflichtige Fahrzeuge)
gilt für Fahrzeuge, die ab dem 1. August 2000 erstmals in den Verkehr kommen; für bereits im Verkehr befindliche Fahrzeuge ist ein Fahrzeugschein bei nächster Befassung durch die Zulassungsbehörde auszustellen.

§ 19 Abs. 1 Satz 2 (Betriebserlaubnis auf Grund harmonisierter Vorschriften)
Werden harmonisierte Vorschriften einer Einzelrichtlinie geändert oder aufgehoben, dürfen die neuen Vorschriften zu den frühestmöglichen Zeitpunkten, die nach der betreffenden Einzelrichtlinie zulässig sind, angewendet werden.
Die bisherigen Vorschriften dürfen zu den frühestmöglichen Zeitpunkten, die nach der betreffenden Einzelrichtlinie zulässig und für die Untersagung der Zulassung von erstmals in den Verkehr kommenden Fahrzeugen maßgeblich sind, nicht mehr angewendet werden.

§ 19 Abs. 2 (Betriebserlaubnis und Bauartgenehmigung nach Änderung der bauartbedingten Höchstgeschwindigkeit)
Soweit für eine Zugmaschine oder für einen Anhänger im Sinne des § 18 Abs. 2 Nr. 6 Buchstabe a, d, e oder o, die vor dem 20. Juli 1972 in den Verkehr gekommen sind, eine Betriebserlaubnis oder für eine Einrichtung an den vorgenannten Fahrzeugen eine Bauartgenehmigung für eine Höchstgeschwindigkeit im Bereich von 18 km/h bis weniger als 25 km/h erteilt ist, gilt ab 20. Juli 1972 die Betriebserlaubnis oder die Bauartgenehmigung als für eine Höchstgeschwindigkeit von nicht mehr als 25 km/h erteilt. Fahrzeugbrief und Fahrzeugschein brauchen erst berichtigt zu werden, wenn sich die Zulassungsbehörde aus anderem Anlaß mit den Papieren befaßt.

§ 19 Abs. 2a (Betriebserlaubnis für ausgemusterte Fahrzeuge der Bundeswehr, des Bundesgrenzschutzes, der Polizei, der Feuerwehr oder des Katastrophenschutzes)
Die Betriebserlaubnis erlischt nicht für Fahrzeuge, die nach ihrer Bauart speziell für militärische oder polizeiliche Zwecke sowie für Zwecke des Brandschutzes oder des Katastrophenschutzes bestimmt sind, wenn diese bereits am 28. Februar 1999 nicht mehr für das Militär, den Bundesgrenzschutz, die Polizei, den Brand- oder den Katastrophenschutz zugelassen oder eingesetzt, sondern für einen anderen Halter zugelassen waren.

§ 19 Abs. 3 Nr. 4 und Anlage XIX (Teilegutachten)
Gutachten eines amtlich anerkannten Sachverständigen für den Kraftfahrzeugverkehr (Prüfberichte) über die Vorschriftsmäßigkeit eines Fahrzeugs bei bestimmungsgemäßem Ein- oder Anbau dieser Teile sind den Teilegutachten nach Abschnitt 1 der Anlage XIX gleichgestellt. Dies gilt jedoch nur, wenn

Inkrafttreten und Übergangsbestimmungen § 72 StVZO **3**

1. die Prüfberichte nach dem 1. Januar 1994 erstellt und durch den nach § 12 des Kraftfahrsachverständigengesetzes vom 22. Dezember 1971 (BGBl. I S. 2086), zuletzt geändert durch Artikel 4 Abs. 13 des Gesetzes vom 8. Juni 1989 (BGBl. I S. 1026, 1047), bestellten Leiter der Technischen Prüfstelle gegengezeichnet sind,
2. die Prüfberichte bis zum 31. Dezember 1996 erstellt und nach diesem Datum weder ergänzt noch geändert werden oder worden sind,
3. der Hersteller dieser Teile spätestens ab 1. Oktober 1997 für die von diesem Tage an gefertigten Teile ein zertifiziertes oder verifiziertes Qualitätssicherungssystem nach Abschnitt 2 der Anlage XIX unterhält und dies auf dem Abdruck oder der Ablichtung des Prüfberichtes mit Originalstempel und -unterschrift bestätigt hat und der ordnungsgemäße Ein- oder Anbau dieser Teile bis zum 31. Dezember 2001 auf dem Nachweis nach § 19 Abs. 4 Nr. 2 entsprechend § 22 Satz 5 bestätigt wird und
4. der Prüfbericht angegebene Verwendungsbereich sowie aufgeführte Einschränkungen oder Einbauanweisungen eingehalten sind.

Prüfberichte, die vor dem 1. Januar 1994 erstellt worden sind, dürfen nur noch verwendet werden, wenn der ordnungsgemäße Ein- oder Anbau der Teile bis zum 31. Dezember 1998 auf dem Nachweis nach § 19 Abs. 4 Nr. 2 entsprechend § 22 Satz 5 bestätigt wird. Abschnitt 2 der Anlage XIX ist spätestens ab 1. Oktober 1997 anzuwenden.

§ 19 Abs. 4 Satz 1 (Mitführen eines Abdrucks der besonderen Betriebserlaubnis oder Bauartgenehmigung)
gilt nicht für Änderungen, die vor dem 1. März 1985 durchgeführt worden sind.

§ 19 Abs. 4 Satz 1 Nr. 2 (Mitführen eines Nachweises über die Erlaubnis, die Genehmigung oder das Teilegutachten mit der Bestätigung des ordnungsgemäßen Ein- oder Anbaus sowie der zu beachtenden Beschränkungen oder Auflagen)
ist spätestens ab 1. Oktober 1997 anzuwenden. In den Fällen des § 19 Abs. 3 Nr. 3 und 4 ausgestellte Abdrucke oder Ablichtungen der Erlaubnis, der Genehmigung oder des Teilegutachtens, auf denen der ordnungsgemäße Ein- oder Anbau bis zum 30. September 1997 bestätigt worden ist, bleiben weiterhin gültig.

§ 22 Abs. 1 Satz 5 (Bestätigung über den ordnungsgemäßen Ein- oder Anbau)
ist spätestens ab 1. Oktober 1997 anzuwenden. In den Fällen des § 22 Abs. 1 Satz 5 vor diesem Datum ausgestellte Bestätigungen über den ordnungsgemäßen Ein- oder Anbau auf dem Abdruck oder der Ablichtung der Betriebserlaubnis oder dem Auszug davon bleiben weiterhin gültig.

§ 22a Abs. 1 Nr. 1 (Heizungen)
tritt in Kraft am 1. Januar 1982 für Heizungen in Kraftfahrzeugen, die von diesem Tage an erstmals in den Verkehr kommen. Für Heizungen in Kraftfahrzeugen, die vor dem 1. Januar 1982 in den Verkehr gekommen sind, gilt die Verordnung in der Fassung der Bekanntmachung vom 15. November 1974 (BGBl. I S. 3195).

§ 22a Abs. 1 Nr. 1a (Luftreifen)
ist spätestens ab 1. Oktober 1998 auf Luftreifen anzuwenden, die von diesem Tage an hergestellt werden.

§ 22a Abs. 1 Nr. 3 (Sicherheitsglas)
gilt nicht für Sicherheitsglas, das vor dem 1. April 1957 in Gebrauch genommen worden ist und an Fahrzeugen verwendet wird, die vor diesem Tage erstmals in den Verkehr gekommen sind.

§ 22a Abs. 1 Nr. 6 (Einrichtungen zur Verbindung von Fahrzeugen)
gilt nicht für Einrichtungen zur Verbindung von
1. Fahrrädern mit Hilfsmotor mit ihren Anhängern, wenn die Einrichtungen vor dem 1. Juli 1961 erstmals in den Gebrauch genommen worden sind und an Fahrzeugen verwendet werden, die vor diesem Tage erstmals in den Verkehr gekommen sind,
2. Personenkraftwagen mit Einradanhänger, wenn der Einradanhänger vor dem 1. Januar 1974 erstmals in den Verkehr gekommen ist.

§ 22 a Abs. 1 Nr. 9 (Park-Warntafeln)
tritt in Kraft am 1. Januar 1986.
Park-Warntafeln, die nicht in amtlich genehmigter Bauart ausgeführt sind, dürfen nur an Fahrzeugen, die vor dem 1. Januar 1990 erstmals in den Verkehr gekommen sind, weiter verwendet werden.

§ 22 a Abs. 1 Nr. 10 (Nebelscheinwerfer)
gilt nicht für Nebelscheinwerfer, die vor dem 1. Januar 1961 in Gebrauch genommen worden sind und an Fahrzeugen verwendet werden, die vor diesem Tage erstmals in den Verkehr gekommen sind.

§ 22 a Abs. 1 Nr. 11 (Kennleuchten für blaues Blinklicht)
gilt nicht für Kennleuchten für blaues Blinklicht, die vor dem 1. Januar 1961 in Gebrauch genommen worden sind und an Fahrzeugen verwendet werden, die vor diesem Tage erstmals in den Verkehr gekommen sind.

§ 22 a Abs. 1 Nr. 12 (Kennleuchten für gelbes Blinklicht)
gilt nicht für Kennleuchten für gelbes Blinklicht, die vor dem 1. Januar 1961 in Gebrauch genommen worden sind und an Fahrzeugen verwendet werden, die vor diesem Tage erstmals in den Verkehr gekommen sind.

§ 22 a Abs. 1 Nr. 12 a (Rückfahrscheinwerfer)
tritt in Kraft am 1. Januar 1986. Rückfahrscheinwerfer, die nicht in amtlich genehmigter Bauart ausgeführt sind, dürfen nur an Fahrzeugen, die vor dem 1. Januar 1987 erstmals in den Verkehr gekommen sind, weiter verwendet werden.

§ 22 a Abs. 1 Nr. 17 (Fahrtrichtungsanzeiger)
gilt nicht für Blinkleuchten als Fahrtrichtungsanzeiger, die vor dem 1. April 1957 in Gebrauch genommen worden sind und an Fahrzeugen verwendet werden, die vor diesem Tage erstmals in den Verkehr gekommen sind. Für Fahrzeuge, die vor dem 13. Februar 2005 erstmals in den Verkehr gekommen sind, bleibt § 22 a Abs. 1 Nr. 17 in der vor dem 1. November 2003 geltenden Fassung anwendbar.

§ 22 a Abs. 1 Nr. 19 (Einsatzhorn)
gilt nicht für Warneinrichtungen mit einer Folge von Klängen verschiedener Grundfrequenz, die vor dem 1. Januar 1959 in Gebrauch genommen worden sind und an Fahrzeugen verwendet werden, die vor diesem Tage erstmals in den Verkehr gekommen sind.

§ 22 a Abs. 1 Nr. 22 (Lichtmaschinen für Fahrräder)
gilt nicht für Lichtmaschinen, die vor dem 1. Juli 1956 erstmals in den Verkehr gekommen sind.

§ 22 a Abs. 1 Nr. 22 (gelbe und weiße Rückstrahler, retroreflektierende Streifen an Reifen von Fahrrädern)
gilt nicht für gelbe und weiße Rückstrahler und für retroreflektierende Streifen an Reifen, die vor dem 1. Januar 1981 in Gebrauch genommen worden sind.

§ 22 a Abs. 1 Nr. 25 (andere Rückhaltesysteme in Kraftfahrzeugen)
ist spätestens anzuwenden vom 1. Juli 1997 an auf andere Rückhaltesysteme in Fahrzeugen, die von diesem Tag an erstmals in den Verkehr kommen.

§ 22 a Abs. 1 Nr. 27 (Rückhalteeinrichtungen für Kinder)
ist spätestens ab 1. Januar 1989 anzuwenden. Rückhalteeinrichtungen, die vor diesem Tage in Gebrauch genommen wurden, dürfen weiter verwendet werden.

§ 22 a Abs. 2 (Prüfzeichen)
gilt nicht für Einrichtungen zur Verbindung von Fahrzeugen und lichttechnische Einrichtungen – ausgenommen Warneinrichtungen nach § 53 a Abs. 1 –, wenn die Einrichtungen vor dem 1. Januar 1954 erstmals in den Verkehr gekommen sind.

Inkrafttreten und Übergangsbestimmungen   § 72 StVZO 3

§ 22a Abs. 3 Nr. 2 (Einrichtungen ausländischer Herkunft)
gilt für Glühlampen,
1. soweit sie vor dem 1. Oktober 1974 erstmals in Gebrauch genommen worden sind und an Fahrzeugen verwendet werden, die vor diesem Tage erstmals in den Verkehr gekommen sind, oder
2. soweit sie auf Grund der Gegenseitigkeitsvereinbarungen mit Italien vom 24. April 1962 (Verkehrsbl. 1962 S. 246) oder mit Frankreich vom 3. Mai 1965 (Verkehrsbl. 1965 S. 292) in der Fassung der Änderung vom 12. November 1969 (Verkehrsbl. 1969 S. 681) als der deutschen Regelung entsprechend anerkannt werden.

§ 22a Abs. 3 Nr. 2 (Erkennbarkeit und lichttechnische Einrichtungen für Fahrräder)
tritt in Kraft am 1. Januar 1986 für bauartgenehmigungspflichtige Teile, die von diesem Tage an in Gebrauch genommen werden.

§ 23 Abs. 1 Satz 5 (Anforderungen an Fahrzeugbriefe)
Im Saarland vor dem 1. September 1959 ausgefertigte Fahrzeugbriefe bleiben auch dann gültig, wenn sie kein für die Bundesdruckerei geschütztes Wasserzeichen haben.

§ 23 Abs. 1 Satz 6 (Übereinstimmungsbescheinigung)
Übereinstimmungsbescheinigungen nach Artikel 6 der Richtlinie 92/53/EWG des Rates vom 18. Juni 1992 zur Änderung der Richtlinie 70/156/EWG zur Angleichung der Rechtsvorschriften der Mitgliedstaaten über die Betriebserlaubnis für Kraftfahrzeuge und Kraftfahrzeuganhänger (ABl. EG Nr. L 225 S. 1) dürfen bis zum 31. März 2000 für vervollständigte Fahrzeuge nach dem Mehrstufen-Typgenehmigungsverfahren verwendet werden.

§ 23 Abs. 4 Satz 1 bis 3 (Stempelplakette, Landeswappen)
tritt am 1. Juli 1995 in Kraft; Plaketten, die dieser Vorschrift entsprechen, dürfen jedoch vor diesem Zeitpunkt verwendet werden. Werden solche Plaketten auf Kennzeichen nach Anlage V verwendet, dürfen die vorgeschriebenen Mindestabstände zum schwarzen Rand sowie zu den Buchstaben und Ziffern unterschritten werden. Stempel oder Stempelplaketten, die den vor dem 1. Juli 1995 geltenden Vorschriften entsprechen, bleiben weiterhin gültig; sie dürfen auch nach diesem Termin für die Wiederabstempelung von Kennzeichen nach Anlage V verwendet werden, bei denen die ordnungsgemäße Anbringung von Stempelplaketten mit farbigem Landeswappen nicht möglich ist.

§ 23 Abs. 6a (Verwendung der Bezeichnung „Personenkraftwagen")
Kraftfahrzeuge, die unter der Bezeichnung „Kombinationskraftwagen" zugelassen worden sind, gelten als Personenkraftwagen. Die Berichtigung der Angaben über die Art des Fahrzeugs in den Fahrzeugpapieren kann aufgeschoben werden, bis die Papiere der Zulassungsbehörde aus anderem Anlaß vorgelegt werden. Dasselbe gilt für die Streichung der Angabe über die Nutzlast sowie für die Berichtigung des Leergewichts auf den sich durch die geänderte Anwendung des § 42 Abs. 3 ergebenden neuen Wert. Für diese Berichtigungen sind Gebühren nach der Gebührenordnung für Maßnahmen im Straßenverkehr nicht zu erheben.

§ 27 Abs. 4 (Meldepflichten der Eigentümer und Halter von Kraftfahrzeugen oder Anhängern)
Bei Anträgen nach den Absätzen 2 und 3 zu Fahrzeugen, die vor dem 1. Oktober 2005 durch Ablieferung des Fahrzeugscheins vorübergehend stillgelegt wurden, ist außer dem Fahrzeugbrief eine amtliche Bescheinigung über die vorübergehende Stilllegung vorzulegen. Bei Anzeigen nach Absatz 3 Satz 2 Nr. 2 ist der Fahrzeugschein vorzulegen, wenn ein solcher ausgefertigt worden ist, sonst ist die Bescheinigung über die Zuteilung des amtlichen Kennzeichens vorzulegen und durch eine Zulassungsbescheinigung Teil I zu ersetzen.

§ 27 Abs. 5 und 6 (Zurückziehung aus dem Verkehr)
Werden Fahrzeuge nach dem 30. September 2005 abgemeldet, für die der Fahrzeugschein vor dem 1. Oktober 2005 ausgefertigt wurde, ist der Fahrzeugschein

bei der Abmeldung des Fahrzeugs bei der Zulassungsbehörde abzuliefern. Der Fahrzeugbrief ist mit einem Vermerk über die Zurückziehung des Fahrzeugs aus dem Verkehr zurückzugeben.

§ 27 Abs. 7 (Erneute Zulassung)
Soll ein vor dem 1. Oktober 2005 endgültig aus dem Verkehr zurückgezogenes Fahrzeug oder ein Fahrzeug, das nach Ablauf der Frist nach § 27 Abs. 6 als endgültig aus dem Verkehr zurückgezogen gilt, erneut in den Verkehr gebracht werden, ist der Zulassungsbehörde
1. bei zulassungspflichtigen Fahrzeugen der Fahrzeugbrief und eine amtliche Bescheinigung über die Abmeldung und
2. bei zulassungsfreien Fahrzeugen, denen ein Kennzeichen zugeteilt werden soll, eine amtliche Bescheinigung über die Abmeldung
vorzulegen.

§ 28 Abs. 1, 3, 4, 5 und 6 sowie Anlage V d (Kurzzeitkennzeichen)
treten am 1. Mai 1998 in Kraft. Für rote Kennzeichen, die bis zu diesem Termin ausgegeben werden, gilt § 28 Abs. 1, 3 und 4 in der vor dem 14. März 1998 geltenden Fassung.

§ 29 (Untersuchung der Kraftfahrzeuge und Anhänger)
tritt in Kraft am 1. Dezember 1999. Bis zu diesem Datum gilt § 29 in der vor dem 1. Juni 1998 geltenden Fassung. Ab dem 1. Dezember 1998 sind anläßlich der nächsten Hauptuntersuchung an SP-pflichtigen Fahrzeugen bereits Prüfmarken von den die Hauptuntersuchung durchführenden Personen zuzuteilen und auf den von den Haltern oder ihren Beauftragten vorher anzubringenden SP-Schildern nach § 29 in Verbindung mit Anlage VIII anzubringen.

§ 30a Abs. 1 (Änderung der durch die Bauart bestimmten Höchstgeschwindigkeit)
tritt in Kraft
1. für Fahrräder mit Hilfsmotor, für Kleinkrafträder und für Leichtkrafträder am 1. Januar 1986,
2. für andere Kraftfahrzeuge am 1. Januar 1988
für die von den genannten Tagen an erstmals in den Verkehr kommenden Fahrzeuge.

§ 30a Abs. 1a (Änderung der durch die Bauart bestimmten Höchstgeschwindigkeit)
ist spätestens anzuwenden
ab dem 1. Oktober 2000 für erstmals in den Verkehr kommende Fahrzeuge mit einer Einzelbetriebserlaubnis.

§ 30a Abs. 2 (durch die Bauart bestimmte Höchstgeschwindigkeit bei Anhängern)
ist spätestens ab 1. Januar 1990 auf die von diesem Tage an erstmals in den Verkehr kommenden Anhänger anzuwenden.

§ 30b (Berechnung des Hubraums)
ist anzuwenden auf die ab 1. Oktober 1989 an erstmals in den Verkehr kommenden Kraftfahrzeuge. Dies gilt nicht für
1. Kraftfahrzeuge, für die auf Antrag das bisherige Berechnungsverfahren gemäß Fußnote 8 der Muster 2a und 2b in der vor dem 1. Juli 1988 geltenden Fassung angewandt wird, solange diese Art der Berechnung des Hubraums nach Artikel 2 Abs. 2 und 3 der Richtlinie 88/76/EWG des Rates vom 3. Dezember 1987 zur Änderung der Richtlinie 70/220/EWG über die Angleichung der Rechtsvorschriften der Mitgliedstaaten über Maßnahmen gegen die Verunreinigung der Luft durch Abgase von Kraftfahrzeugmotoren (ABl. EG 1988 Nr. L 36 S. 1) und nach Artikel 2 Abs. 2 der Richtlinie 88/436/EWG des Rates vom 16. Juni 1988 zur Änderung der Richtlinie 70/220/EWG zur Angleichung der Rechtsvorschriften der Mitgliedstaaten über Maßnahmen gegen die Verunreinigung der Luft durch Abgase von Kraftfahrzeugmotoren (Begrenzung der Emissionen luftverunreinigender Partikel aus Dieselmotoren) (ABl. EG Nr. L 214 S. 1) zulässig ist,
2. andere Kraftfahrzeuge, für die vor dem 1. Oktober 1989 eine Allgemeine Betriebserlaubnis erteilt worden ist; für diese muß ein Nachtrag zur Allgemeinen Betriebserlaubnis dann beantragt oder ausgefertigt werden, wenn ein solcher

Inkrafttreten und Übergangsbestimmungen § 72 StVZO 3

aus anderen Gründen erforderlich ist. Ergibt sich bei der Berechnung des Hubraums bei Leichtmofas gemäß § 1 der Leichtmofa-Ausnahmeverordnung vom 26. Februar 1987 (BGBl. I S. 755, 1069), geändert durch die Verordnung vom 16. Juni 1989 (BGBl. I S. 1112), ein höherer Wert als 30 cm^3, bei Mofas (§ 4 Abs. 1 Nr. 1), Fahrrädern mit Hilfsmotor und Kleinkrafträdern (§ 18 Abs. 2 Nr. 4) ein höherer Wert als 50 cm^3 und bei Leichtkrafträdern (§ 18 Abs. 2 Nr. 4a) ein höherer Wert als 80 cm^3, so gelten diese Fahrzeuge jeweils weiter als Leichtmofas, Mofas, Fahrräder mit Hilfsmotor, Kleinkrafträder und Leichtkrafträder.

§ 30 c Abs. 2 (vorstehende Außenkanten an Personenkraftwagen)
ist spätestens ab 1. Januar 1993 auf Personenkraftwagen anzuwenden, die auf Grund einer Betriebserlaubnis nach § 20 von diesem Tage an erstmals in den Verkehr kommen. Andere Personenkraftwagen müssen § 30 c Abs. 1 oder 2 entsprechen.

§ 30 c Abs. 3 (vorstehende Außenkanten von zweirädrigen oder dreirädrigen Kraftfahrzeugen)
ist auf erstmals in den Verkehr kommende Kraftfahrzeuge nach § 30 a Abs. 3 ab dem 17. Juni 2003 anzuwenden. Für vor diesem Datum erstmals in den Verkehr gekommene Fahrzeuge gilt § 30 c Abs. 1.

§ 30 d (Kraftomnibusse)
ist spätestens ab dem 13. Februar 2005 auf erstmals in den Verkehr kommende Kraftomnibusse anzuwenden.

§ 32 Abs. 1 Nr. 2 (Breite von land- oder forstwirtschaftlichen Arbeitsgeräten)
tritt für erstmals in den Verkehr kommende Fahrzeuge am 1. Juli 1961 in Kraft.

§ 32 Abs. 4 Nr. 1 und 2 (Teillängen von Sattelanhängern und Länge von Sattelkraftfahrzeugen sowie von Fahrzeugkombinationen nach Art eines Sattelkraftfahrzeugs)
Sattelanhänger, die vor dem 1. Oktober 1990 erstmals in den Verkehr gekommen sind, und Sattelanhänger, deren Ladefläche nicht länger als 12,60 m ist, brauchen nicht den Teillängen nach § 32 Abs. 4 Nr. 2 zu entsprechen; sie dürfen in Fahrzeugkombinationen nach § 32 Abs. 4 Nr. 1 weiter verwendet werden.

§ 32 Abs. 4 Nr. 4 (Teillängen und Länge von Zügen (Lastkraftwagen mit einem Anhänger))
gilt spätestens ab 1. Dezember 1992. Züge, die die Teillängen nicht erfüllen und deren Lastkraftwagen oder Anhänger vor dem 1. Dezember 1992 erstmals in den Verkehr gekommen sind, dürfen bis zum 31. Dezember 1998 weiter betrieben werden; für sie gilt § 32 Abs. 4 Nr. 3.

§ 32 Abs. 5 Satz 2 (veränderliche Länge von Fahrzeugkombinationen)
ist spätestens ab 1. Januar 1989 auf die von diesem Tag an erstmals in den Verkehr kommenden Anhänger anzuwenden.

§ 32 Abs. 6 Satz 2 (bei der Messung der Länge oder Teillänge nicht zu berücksichtigende Einrichtungen)
ist auf neu in den Verkehr kommende Fahrzeuge spätestens ab dem 1. Januar 2001 anzuwenden. Für Fahrzeuge, die vor diesem Datum erstmals in den Verkehr gekommen sind, gilt § 32 Abs. 6 Satz 1 in der vor dem 1. April 2000 geltenden Fassung.

§ 32 Abs. 7 (Fahrzeugkombinationen zum Transport von Fahrzeugen)
ist auf neu in den Verkehr kommende Fahrzeuge spätestens ab dem 1. Januar 2001 anzuwenden. Für Fahrzeuge, die vor diesem Datum erstmals in den Verkehr gekommen sind, gilt § 32 Abs. 7 in der vor dem 1. April 2000 geltenden Fassung.

§ 32 Abs. 8 (Toleranzen)
ist auf Fahrzeuge nach § 32 Abs. 1 Nr. 2 und 3 und auf Fahrzeugkombinationen nach § 32 Abs. 4 Nr. 1 und 3 spätestens ab 1. Januar 1999 anzuwenden. Für andere Fahrzeuge und Fahrzeugkombinationen, die vor dem 1. September 1997 in den Verkehr gekommen sind, gilt § 32 Abs. 8 einschließlich der Übergangsbestimmung in § 72 Abs. 2 in der vor dem 1. September 1997 geltenden Fassung.

§ 32 b Abs. 1 und 2 (Hinterer Unterfahrschutz)
ist spätestens auf Fahrzeuge anzuwenden, die ab dem 1. Oktober 2000 erstmals in den Verkehr kommen. Für Fahrzeuge, die vor diesem Datum erstmals in den Verkehr gekommen sind, gilt § 32 b Abs. 1 und 2 einschließlich der zugehörigen Übergangsbestimmung in § 72 Abs. 2 in der vor dem 1. April 2000 geltenden Fassung.

§ 32 b Abs. 4 (Vorderer Unterfahrschutz)
ist spätestens ab dem 1. Januar 2004 auf erstmals in den Verkehr kommende Fahrzeuge anzuwenden.

§ 32 c (seitliche Schutzvorrichtungen)
gilt nicht für Fahrzeuge, die vor dem 1. Januar 1975 erstmals in den Verkehr gekommen sind. Kraftfahrzeuge, die hinsichtlich der Baumerkmale ihres Fahrgestells den Lastkraftwagen oder Zugmaschinen gleichzusetzen sind, und ihre Anhänger müssen mit seitlichen Schutzvorrichtungen spätestens ausgerüstet sein
– ab 1. Januar 1995, wenn sie von diesem Tag an erstmals in den Verkehr kommen,
– ab dem Tag der nächsten vorgeschriebenen Hauptuntersuchung (§ 29), die nach dem 1. Januar 1996 durchzuführen ist, wenn sie in der Zeit vom 1. Januar 1975 bis 31. Dezember 1994 erstmals in den Verkehr gekommen sind.

§ 34 Abs. 4 Nr. 4 (Dreifachachslasten)
Bei Sattelanhängern, die vor dem 19. Oktober 1986 erstmals in den Verkehr gekommen sind, darf bei Achsabständen von 1,3 m oder weniger die Dreifachachslast bis zu 23,0 t betragen.

§ 34 Abs. 5 a (Massen von Kraftfahrzeugen nach § 30 a Abs. 3)
ist spätestens anzuwenden auf Kraftfahrzeuge, die ab dem 17. Juni 2003 erstmals in den Verkehr kommen. Für dreirädrige Fahrräder mit Hilfsmotor zur Lastenbeförderung, die vor diesem Datum erstmals in den Verkehr gekommen sind, bleibt § 34 Abs. 5 Nr. 5 in der vor dem 1. April 2000 geltenden Fassung anwendbar.

§ 34 Abs. 9 (Mindestabstand der ersten Anhängerachse von der letzten Achse des Zugfahrzeugs)
tritt in Kraft am 1. Juli 1985 für Züge, bei denen ein Einzelfahrzeug von diesem Tage an erstmals in den Verkehr kommt, und am 19. Oktober 1986 für Sattelkraftfahrzeuge, bei denen das Kraftfahrzeug und/oder der Sattelanhänger von diesem Tage an erstmals in den Verkehr kommt.

§ 34 Abs. 10 (technische Vorschriften für Fahrzeuge im grenzüberschreitenden Verkehr mit den EG-Mitgliedstaaten und den anderen Vertragsstaaten des Abkommens über den Europäischen Wirtschaftsraum)
ist
1. im Verkehr mit den EG-Mitgliedstaaten ab 1. August 1990,
2. im Verkehr mit den anderen Vertragsstaaten des Abkommens über den Europäischen Wirtschaftsraum ab dem Tag, an dem das Abkommen über den Europäischen Wirtschaftsraum für die Bundesrepublik Deutschland in Kraft tritt*;
anzuwenden, jedoch nur auf solche Fahrzeuge, die am maßgeblichen Tag oder später erstmals in den Verkehr kommen. Der Tag des Inkrafttretens des Abkommens über den Europäischen Wirtschaftsraum wird im Bundesgesetzblatt bekanntgegeben.

§ 34 Abs. 11 (Hubachsen oder Lastverlagerungsachsen)
ist auf neu in den Verkehr kommende Fahrzeuge spätestens ab dem 1. Januar 2002 anzuwenden.

§ 34 a (Besetzung, Beladung und Kennzeichnung von Kraftomnibussen)
ist ab dem 13. Februar 2005 auf die von diesem Tag an erstmals in den Verkehr kommenden Kraftomnibusse anzuwenden.
Für Kraftomnibusse, die vor dem 13. Februar 2005 erstmals in den Verkehr gekommen sind, bleibt § 34 a einschließlich Anlage XIII in der vor dem 1. November 2003 geltenden Fassung anwendbar.

---

* In Kraft getreten am 1. 1. 1994 (BGBl II S 515).

Inkrafttreten und Übergangsbestimmungen § 72 StVZO 3

§ 35 (Motorleistung)
gilt wie folgt:
Erforderlich ist eine Motorleistung von mindestens
1. 2,2 kW je Tonne bei Zugmaschinen, die vom 1. Januar 1971 an erstmals in den Verkehr kommen, sowie bei Zugmaschinenzügen, wenn das ziehende Fahrzeug von diesem Tage an erstmals in den Verkehr kommt; bei anderen Zugmaschinen und Zugmaschinenzügen von einem durch den Bundesminister für Verkehr zu bestimmenden Tage an;
2. 3,7 kW je Tonne bei Sattelkraftfahrzeugen und Zügen mit einem Gesamtgewicht von mehr als 32 t, wenn das ziehende Fahrzeug vor dem 1. Januar 1966 erstmals in den Verkehr gekommen ist;
3. 4,0 kW je Tonne bei Sattelkraftfahrzeugen und Zügen mit einem Gesamtgewicht von mehr als 32 t, wenn das ziehende Fahrzeug vom 1. Januar 1966 bis zum 31. Dezember 1968 erstmals in den Verkehr gekommen ist;
4. 4,4 kW je Tonne bei Kraftfahrzeugen, Sattelkraftfahrzeugen und Zügen, wenn das Kraftfahrzeug oder das ziehende Fahrzeug vom 1. Januar 1969 bis zum 31. Dezember 2000 erstmals in den Verkehr gekommen ist;
5. 5,0 kW je Tonne bei anderen als in den Nummern 1 bis 4 genannten Kraftfahrzeugen, Sattelkraftfahrzeugen und Zügen, die ab dem 1. Januar 2001 erstmals in den Verkehr kommen.

§ 35a Abs. 1 (Führersitz)
ist spätestens ab 1. Oktober 1997 anzuwenden. Kraftfahrzeuge mit einem Stand für den Fahrzeugführer dürfen weiter verwendet werden.

§ 35a Abs. 2, 3, 4, 5 Satz 1 und Abs. 7 (Sitze, Sitzverankerungen, Kopfstützen, Anforderungen an Verankerungen und Sicherheitsgurte oder Rückhaltesysteme) ist spätestens anzuwenden
1. für erstmals in den Verkehr kommende neue Typen von
   a) Kraftfahrzeugen ab dem 1. Juni 1998,
   b) abweichend davon für Kraftomnibusse mit einer zulässigen Gesamtmasse von nicht mehr als 3,5 t ab dem 1. Oktober 1999
   und
2. für alle erstmals in den Verkehr kommende
   a) Kraftfahrzeuge ab dem 1. Oktober 1999,
   b) abweichend davon für Kraftomnibusse mit einer zulässigen Gesamtmasse von nicht mehr als 3,5 t ab dem 1. Oktober 2001.
Für Kraftfahrzeuge, die vor dem 1. Juni 1998 oder 1. Oktober 1999 (Nr. 1a und Nr. 2a) oder Kraftomnibusse mit einer zulässigen Gesamtmasse mit nicht mehr als 3,5 t, die vor dem 1. Oktober 1999 oder 1. Oktober 2001 (Nr. 1b und Nr. 2b) erstmals in den Verkehr gekommen sind, bleibt § 35a einschließlich der dazugehörenden Übergangsbestimmungen in § 72 Abs. 2 in der vor dem 1. Juni 1998 geltenden Fassung anwendbar.

§ 35a Abs. 11 (Verankerungen der Sicherheitsgurte und Sicherheitsgurte von Kraftfahrzeugen nach § 30a Abs. 3)
ist spätestens ab dem 17. Juni 2003 für erstmals in den Verkehr kommende Kraftfahrzeuge anzuwenden.

§ 35a Abs. 12 (Rückhalteinrichtungen für Kinder)
ist spätestens anzuwenden auf integrierte Kinderrückhalteeinrichtungen in Personenkraftwagen, Kraftomnibussen und in Fahrzeugen zur Güterbeförderung mit einer zulässigen Gesamtmasse bis zu 3,5 t, die ab dem 1. Januar 2004 erstmals in den Verkehr kommen.

§ 35b Abs. 2 (Ausreichendes Sichtfeld)
ist ab dem 13. Februar 2005 auf die von diesem Tag an erstmals in den Verkehr kommenden Fahrzeuge anzuwenden.
Für Fahrzeuge, die vor dem 13. Februar 2005 erstmals in den Verkehr gekommen sind, bleibt § 35b Abs. 2 in der vor dem 1. November 2003 geltenden Fassung anwendbar.

§ 35 c (Heizung und Lüftung)
Die geschlossenen Führerräume der vor dem 1. Januar 1956 erstmals in den Verkehr gekommenen Kraftfahrzeuge – ausgenommen Kraftomnibusse – brauchen nicht heizbar zu sein.

§ 35 d (Einrichtungen zum Auf- und Absteigen an Fahrzeugen)
ist ab dem 13. Februar 2005 auf die von diesem Tag an erstmals in den Verkehr kommenden Fahrzeuge anzuwenden.
Für Fahrzeuge, die vor dem 13. Februar 2005 erstmals in den Verkehr gekommen sind, bleibt § 35 d in der vor dem 1. November 2003 geltenden Fassung anwendbar.

§ 35 e Abs. 1 (Vermeidung störender Geräusche beim Schließen der Türen)
tritt in Kraft am 1. Juli 1961, jedoch nur für erstmals in den Verkehr kommende Fahrzeuge.

§ 35 e Abs. 2 (Vermeidung des unbeabsichtigten Öffnens der Türen)
tritt in Kraft am 1. Juli 1961, jedoch nur für erstmals in den Verkehr kommende Fahrzeuge.

§ 35 e (Türen)
ist ab dem 13. Februar 2005 auf die von diesem Tag an erstmals in den Verkehr kommenden Fahrzeuge anzuwenden.
Für Fahrzeuge, die vor dem 13. Februar 2005 erstmals in den Verkehr gekommen sind, bleibt § 35 e einschließlich Anlage X Nr. 4 in der vor dem 1. November 2003 geltenden Fassung anwendbar.

§ 35 f (Notausstiege in Kraftomnibussen)
ist ab dem 13. Februar 2005 auf die von diesem Tage an erstmals in den Verkehr kommenden Kraftomnibusse anzuwenden.
Für Kraftomnibusse, die vor dem 13. Februar 2005 erstmals in den Verkehr gekommen sind, bleiben § 35 f und Anlage X Nr. 5 in der vor dem 1. November 2003 geltenden Fassung anwendbar.

§ 35 g Abs. 1 Satz 1 und Abs. 2 (Anzahl und Unterbringung der Feuerlöscher)
ist ab dem 13. Februar 2005 auf die von diesem Tag an erstmals in den Verkehr kommenden Kraftomnibusse anzuwenden.
Für Kraftomnibusse, die vor dem 13. Februar 2005 erstmals in den Verkehr gekommen sind, bleibt § 35 g Abs. 1 Satz 1 und Abs. 2 in der vor dem 1. November 2003 geltenden Fassung anwendbar.

§ 35 h Abs. 1 und 3 (DIN 13164, Ausgabe Januar 1998)
ist spätestens ab dem 1. Juli 2000 auf Verbandkästen anzuwenden, die von diesem Tage an erstmals in Fahrzeugen mitgeführt werden. Verbandkästen, die den Normblättern DIN 13163, Ausgabe Dezember 1987 oder DIN 13164, Ausgabe Dezember 1987 entsprechen, dürfen weiter benutzt werden.

§ 35 h Abs. 2 (Anzahl der Verbandkästen und Unterbringungsstelle)
ist ab dem 13. Februar 2005 auf die von diesem Tag an erstmals in den Verkehr kommenden Kraftomnibusse anzuwenden.
Für Kraftomnibusse, die vor dem 13. Februar 2005 erstmals in den Verkehr gekommen sind, bleibt § 35 h Abs. 1 Nr. 1 und Abs. 2 in der vor dem 1. November 2003 geltenden Fassung anwendbar.

§ 35 i Abs. 1 und Anlage X Nr. 1 bis Nr. 3 (Gänge und Fahrgastsitze in Kraftomnibussen)
sind auf Kraftomnibusse, die seit dem 1. Januar 1989, jedoch vor dem 13. Februar 2005 erstmals in den Verkehr gekommen sind, anzuwenden. Auf Kraftomnibusse, die vor diesem Tage erstmals in den Verkehr gekommen sind, sind § 35 a Abs. 5 und Anlage X in der vor dem 1. Juli 1988 geltenden Fassung anzuwenden.

§ 35 j (Brennverhalten der Innenausstattung bestimmter Kraftomnibusse)
ist spätestens anzuwenden ab dem 1. Oktober 2000 auf die von diesem Tage an erstmals in den Verkehr kommenden Kraftomnibusse.

Inkrafttreten und Übergangsbestimmungen § 72 StVZO **3**

§ 36 Abs. 1 Satz 1 und 2 (Maße und Bauart der Reifen)
sind spätestens ab 1. Januar 1990 auf die von diesem Tage an erstmals in den Verkehr kommenden Fahrzeuge anzuwenden. Auf Fahrzeuge, die vor diesem Tage erstmals in den Verkehr gekommen sind, ist § 36 Abs. 1 Satz 1 in der vor dem 1. Juli 1988 geltenden Fassung anzuwenden.

§ 36 Abs. 1a (Luftreifen nach internationalen Vorschriften)
ist spätestens ab 1. Oktober 1998 auf Luftreifen anzuwenden, die von diesem Tage an hergestellt werden, in Verbindung mit der im Anhang aufgeführten Bestimmung für Kraftfahrzeuge nach § 30a Abs. 3 jedoch spätestens ab 17. Juni 2003.

§ 36 Abs. 2a (Bauart der Reifen an Fahrzeugen mit einem zulässigen Gesamtgewicht von mehr als 2,8 t und nicht mehr als 3,5 t)
ist spätestens anzuwenden:
1. auf Fahrzeuge, die vom 1. September 1997 an erstmals in den Verkehr kommen,
2. auf Fahrzeuge, die vor dem 1. September 1997 erstmals in den Verkehr gekommen sind, ab dem Termin der nach dem 31. Dezember 1997 durchzuführenden nächsten Hauptuntersuchung.

§ 36 Abs. 2b (Kennzeichnung der Reifen)
ist anzuwenden auf Luftreifen, die vom 1. Januar 1990 an hergestellt oder erneuert werden. Auf Luftreifen von Arbeitsmaschinen, Erdbewegungsfahrzeugen, land- und forstwirtschaftlichen Zug- und Arbeitsmaschinen, Fahrrädern mit Hilfsmotor und Kleinkrafträdern ist die Kennzeichnung mit zusätzlichen Angaben, aus denen Tragfähigkeit und Geschwindigkeitskategorie hervorgehen, spätestens ab 1. Januar 1994 anzuwenden, wenn sie von diesem Tage an hergestellt oder erneuert werden.

§ 36a Abs. 3 (zwei Einrichtungen als Sicherung gegen Verlieren)
tritt in Kraft am 1. Januar 1981 für Fahrzeuge, die von diesem Tage an erstmals in den Verkehr kommen. Für die anderen Fahrzeuge gilt die Verordnung in der Fassung der Bekanntmachung vom 15. November 1974 (BGBl. I S. 3195).

§ 38 Abs. 2 (Lenkeinrichtung)
ist spätestens ab dem 1. Oktober 2001 auf die von diesem Tage an erstmals in den Verkehr kommenden Kraftfahrzeuge anzuwenden. Für Kraftfahrzeuge, die vor diesem Datum erstmals in den Verkehr gekommen sind, gilt § 38 Abs. 1 sowie Abs. 2 in der vor dem 1. April 2000 geltenden Fassung.

§ 38a Abs. 1 (Sicherungseinrichtungen gegen unbefugte Benutzung und Wegfahrsperre)
ist spätestens ab 1. Oktober 1998 auf die von diesem Tage an erstmals in den Verkehr kommenden Kraftfahrzeuge anzuwenden. Auf Kraftfahrzeuge, die vor dem 1. Oktober 1998 erstmals in den Verkehr gekommen sind, bleibt § 38a in der vor dem 1. September 1997 geltenden Fassung anwendbar.

§ 38a Abs. 2 (Sicherung von Krafträdern gegen unbefugte Benutzung)
ist spätestens ab 1. Oktober 1998 auf die von diesem Tage an erstmals in den Verkehr kommenden Krafträder anzuwenden. Auf Krafträder, die vor dem 1. Oktober 1998 erstmals in den Verkehr gekommen sind, bleibt § 38a in der vor dem 1. September 1997 geltenden Fassung anwendbar.

§ 38a Abs. 3 (Sicherungseinrichtungen gegen unbefugte Benutzung und Wegfahrsperren an Kraftfahrzeugen, für die sie nicht vorgeschrieben sind)
ist spätestens ab 1. Oktober 1998 auf die von diesem Tage an erstmals in den Verkehr kommenden Kraftfahrzeuge anzuwenden.

§ 38b (Fahrzeug-Alarmsysteme)
ist spätestens ab 1. Oktober 1998 auf erstmals in den Verkehr kommende Fahrzeug-Alarmsysteme in Kraftfahrzeugen anzuwenden. Auf Fahrzeug-Alarmsysteme, die vor dem 1. Oktober 1998 erstmals in den Verkehr gekommen sind, bleibt § 38b in der vor dem 1. September 1997 geltenden Fassung anwendbar.

§ 39 (Rückwärtsgang)
gilt für Kraftfahrzeuge mit einem Leergewicht von mehr als 400 kg und tritt in Kraft am 1. Juli 1961 für andere mehrspurige Kraftfahrzeuge, die nach diesem Tage erstmals in den Verkehr kommen.

§ 39a Abs. 1 und 3 (Betätigungseinrichtungen, Kontrollleuchten und Anzeiger für Personenkraftwagen und Kraftomnibusse sowie Lastkraftwagen, Zugmaschinen, Sattelzugmaschinen und land- oder forstwirtschaftliche Zugmaschinen)
ist spätestens ab dem 1. Oktober 2001 auf die von diesem Tage an erstmals in den Verkehr kommenden Kraftfahrzeuge anzuwenden.

§ 39a Abs. 2 (Betätigungseinrichtungen, Kontrollleuchten und Anzeiger für Kraftfahrzeuge nach § 30a Abs. 3)
ist spätestens ab dem 17. Juni 2003 auf die von diesem Tage an erstmals in den Verkehr kommenden Kraftfahrzeuge anzuwenden.

§ 40 Abs. 2 (Scheibenwischer)
Bei Kraftfahrzeugen mit einer durch die Bauart bestimmten Höchstgeschwindigkeit von nicht mehr als 20 km/h, die vor dem 20. Juli 1973 erstmals in den Verkehr gekommen sind, genügen Scheibenwischer, die von Hand betätigt werden.

§ 40 Abs. 3 (Scheiben, Scheibenwischer, Scheibenwascher, Entfrostungs- und Trocknungsanlagen für Kraftfahrzeuge nach § 30a Abs. 3)
ist spätestens ab dem 17. Juni 2003 für erstmals in den Verkehr kommende Kraftfahrzeuge anzuwenden.

§ 41 (Bremsen)
Bei den vor dem 1. Januar 1962 erstmals in den Verkehr gekommenen Zugmaschinen, deren zulässiges Gesamtgewicht 2 t und deren durch die Bauart bestimmte Höchstgeschwindigkeit 20 km/h nicht übersteigt, genügt eine Bremsanlage, die so beschaffen sein muß, daß die Räder vom Führersitz aus festgestellt (blockiert) werden können und beim Bruch eines Teils der Bremsanlage noch mindestens ein Rad gebremst werden kann. Der Zustand der betriebswichtigen Teile der Bremsanlage muß leicht nachprüfbar sein. An solchen Zugmaschinen muß der Kraftstoff- oder Drehzahlregulierungshebel feststellbar oder die Bremse auch von Hand bedienbar sein.

§ 41 Abs. 4 (mittlere Vollverzögerung)
ist spätestens ab dem 1. Januar 2001 auf die von diesem Tage an erstmals in den Verkehr kommenden Kraftfahrzeuge anzuwenden. Für andere Kraftfahrzeuge gilt § 41 Abs. 4 in der vor dem 1. April 2000 geltenden Fassung.

§ 41 Abs. 4a (Bremswirkung nach Ausfall eines Teils der Bremsanlage)
ist spätestens ab dem 1. Januar 2001 auf die von diesem Tage an erstmals in den Verkehr kommenden Fahrzeuge anzuwenden. Für andere Kraftfahrzeuge gilt § 41 Abs. 4a in der vor dem 1. April 2000 geltenden Fassung.

§ 41 Abs. 5 (Wirkung der Feststellbremse)
Für die Feststellbremse genügt eine mittlere Verzögerung von 1 m/s^2 bei den vor dem 1. April 1952 (im Saarland: vor dem 1. Januar 1961) erstmals in den Verkehr gekommenen Kraftfahrzeugen mit einer durch die Bauart bestimmten Höchstgeschwindigkeit von nicht mehr als 20 km/h.

§ 41 Abs. 9 Satz 1 und 2 (Mittlere Vollverzögerung bei Anhängern)
ist spätestens ab dem 1. Januar 2001 auf die von diesem Tage an erstmals in den Verkehr kommenden Anhänger anzuwenden. Für andere Anhänger gilt § 41 Abs. 9 Satz 1 und 2 in der vor dem 1. April 2000 geltenden Fassung.

§ 41 Abs. 9 Satz 5 Halbsatz 1 (Bremswirkung am Anhänger)
ist spätestens ab 1. Januar 1995 auf die von diesem Tage an erstmals in den Verkehr kommenden Anhänger sowie auf Kraftfahrzeuge, hinter denen ein Anhänger mitgeführt werden, anzuwenden. Auf Anhänger, die vor dem 1. Januar 1995 erstmals in den Verkehr gekommen sind, bleibt § 41 Abs. 9 Satz 5 in der vor dem 1. Juli 1993 geltenden Fassung anwendbar.

§ 41 Abs. 9 Satz 6 (Allradbremse an Anhängern)
gilt nicht für die vor dem 1. April 1952 (im Saarland: vor dem 1. Januar 1961) erstmals in den Verkehr gekommenen Anhänger.

§ 41 Abs. 9 (Bremsen an Anhängern)
Bis zu einem vom Bundesminister für Verkehr zu bestimmenden Tage genügen an den vor dem 1. Januar 1961 erstmals in den Verkehr gekommenen und für eine Höchstgeschwindigkeit von nicht mehr als 20 km/h gekennzeichneten Anhängern Bremsen, die weder vom Führer des ziehenden Fahrzeugs bedient werden noch selbsttätig wirken können. Diese Bremsen müssen durch einen auf dem Anhänger befindlichen Bremser bedient werden; der Bremsersitz mindestens des ersten Anhängers muß freie Aussicht auf die Fahrbahn in Fahrtrichtung bieten.

§ 41 Abs. 10 (Auflaufbremsen)
ist spätestens ab 1. Juli 1994 auf die von diesem Tage an erstmals in den Verkehr kommenden Fahrzeuge anzuwenden. Auf Anhänger, die vor dem 1. Juli 1994 erstmals in den Verkehr gekommen sind, bleibt § 41 Abs. 10 in der vor dem 1. Juli 1993 geltenden Fassung anwendbar.

§ 41 Abs. 11 Satz 2 (keine eigene Bremse an Anhängern mit einer Achslast von mehr als 0,75 t, aber nicht mehr als 3,0 t)
ist spätestens ab 1. Januar 1994 auf die von diesem Tage an erstmals in den Verkehr kommenden Anhänger anzuwenden. Bei Anhängern, die vor dem 1. Januar 1994 erstmals in den Verkehr gekommen sind, darf die durch die Bauart bestimmte Höchstgeschwindigkeit mehr als 30 km/h betragen.

§ 41 Abs. 14 Satz 2 Nr. 2 Buchstabe c (Ausrüstung von Starrdeichselanhängern mit zwei Unterlegkeilen)
ist spätestens anzuwenden:
1. vom 1. März 1998 an auf Starrdeichselanhänger, die von diesem Tag an erstmals in den Verkehr kommen,
2. bei Starrdeichselanhängern, die vor dem 1. März 1998 erstmals in den Verkehr gekommen sind, ab dem Termin der nach dem 31. Dezember 1997 nächsten durchzuführenden Hauptuntersuchung.

§ 41 Abs. 15 (Dauerbremse bei Anhängern)
Die Einrichtung am Anhänger zur Betätigung der Betriebsbremse als Dauerbremse ist spätestens bis zur nächsten Bremsensonderuntersuchung auszubauen, die nach dem 1. Oktober 1992 durchgeführt wird; dies gilt nicht für Anhänger mit Einleitungsbremsanlage nach Anlage I Kapitel XI Sachgebiet B Abschnitt III Nr. 2 Abs. 43 Nr. 3 des Einigungsvertrages vom 31. August 1990 (BGBl. 1990 II S. 885, 1102).

§ 41 Abs. 16 (Zweikreisbremsanlage und Warndruckanzeiger bei Druckluftbremsanlagen)
tritt in Kraft am 1. Juli 1963, die Vorschrift über Zweikreisbremsanlagen jedoch nur für erstmals in den Verkehr kommende Kraftomnibusse.

§ 41 Abs. 18 (EG-Bremsanlage)
ist spätestens ab 1. Januar 1991 auf die von diesem Tage an erstmals in den Verkehr kommenden Fahrzeuge anzuwenden.

§ 41 Abs. 18 Satz 1 (EG-Bremsanlage für Zugmaschinen)
ist spätestens ab dem 1. Januar 2001 auf die von diesem Tage an erstmals in den Verkehr kommenden Zugmaschinen anzuwenden. Für andere Zugmaschinen gilt § 41 Abs. 1 bis 13 und 18 Satz 1 in der vor dem 1. April 2000 geltenden Fassung.

§ 41 Abs. 18 Satz 2 (EG-Bremsanlage für Fahrzeuge, die hinsichtlich ihrer Baumerkmale den unter die EG-Richtlinie über Bremsanlagen fallenden Fahrzeugen gleichzusetzen sind)
ist spätestens ab 1. Januar 2001 auf die von diesem Tage an erstmals in den Verkehr kommenden Fahrzeuge anzuwenden. Für andere Fahrzeuge gilt § 41 Abs. 18 Satz 2 in der vor dem 1. April 2000 geltenden Fassung.

§ 41 Abs. 18 Satz 3 in Verbindung mit der nach Anhang Buchstabe g anzuwendenden Bestimmung (Richtlinie 98/12/EG der Kommission)
ist spätestens ab dem 1. April 2001 auf die von diesem Tage an erstmals in den Verkehr kommenden Fahrzeuge und auf den Verkauf oder die Inbetriebnahme von Austauschbremsbelägen für diese Fahrzeuge anzuwenden.

§ 41 Abs. 18 in Verbindung mit der hierzu im Anhang Buchstabe f anzuwendenden Bestimmung (Richtlinie 91/422/EWG)
ist spätestens ab 1. Oktober 1994 auf erstmals in den Verkehr kommende Fahrzeuge anzuwenden.

§ 41 Abs. 19 (EG-Bremsanlage für Kraftfahrzeuge nach § 30a Abs. 3)
ist spätestens vom 1. Oktober 1998 an auf die von diesem Tage an erstmals in den Verkehr kommenden Fahrzeuge anzuwenden. Auf Kraftfahrzeuge nach § 30a Abs. 3, die vor dem 1. Oktober 1998 erstmals in den Verkehr gekommen sind, bleibt § 41 in der vor dem 1. September 1997 geltenden Fassung anwendbar.

§ 41 Abs. 20 Satz 1 (EG-Bremsanlagen für land- oder forstwirtschaftliche Zugmaschinen)
ist spätestens ab dem 1. Januar 2002 auf die von diesem Tage an erstmals in den Verkehr kommenden land- oder forstwirtschaftlichen Zugmaschinen anzuwenden.

§ 41a (Druckbehälter in Fahrzeugen)
tritt in Kraft am 1. Juli 1985 für die von diesem Tage an erstmals in den Verkehr kommenden Fahrzeuge.

§ 41a Abs. 3 (Druckbehälter)
Für Fahrzeuge, die vor dem 1. November 2003 erstmals in den Verkehr gekommen sind, gilt § 41a Abs. 3 in der vor dem 1. November 2003 geltenden Fassung.

§ 41b Abs. 1 bis 3 (automatischer Blockierverhinderer)
ist spätestens ab 1. Januar 1991 auf die von diesem Tage an erstmals in den Verkehr kommenden Fahrzeuge anzuwenden.

§ 41b Abs. 5 (automatischer Blockierverhinderer für Anhänger)
ist spätestens ab 1. Januar 2001 auf die von diesem Tage an erstmals in den Verkehr kommenden Anhänger anzuwenden.

§ 42 Abs. 1 Satz 3 (Anhängelast für Kraftfahrzeuge nach § 30a Abs. 3)
ist spätestens ab dem 17. Juni 2003 für erstmals in den Verkehr kommende Kraftfahrzeuge anzuwenden. Für Krafträder, die vor diesem Datum erstmals in den Verkehr gekommen sind, gilt § 42 Abs. 1 Nr. 1 in der vor dem 1. April 2000 geltenden Fassung.

§ 42 Abs. 2 (Anhängelast bei Anhängern ohne ausreichende eigene Bremse)
gilt auch für zweiachsige Anhänger, die vor dem 1. Oktober 1960 erstmals in den Verkehr gekommen sind.

§ 42 Abs. 3 Satz 1 (Leergewicht)
ist spätestens ab dem 1. Juli 2004 auf die von diesem Tage an erstmals in den Verkehr kommenden Fahrzeuge anzuwenden.
Für Fahrzeuge, die vor dem 1. Juli 2004 erstmals in den Verkehr gekommen sind, bleibt § 42 Abs. 3 Satz 1 in der vor dem 1. November 2003 geltenden Fassung anwendbar.

§ 43 Abs. 1 Satz 2 und 3 (Zuggabel, Zugöse)
gilt nicht für die hinter Zug- oder Arbeitsmaschinen mit nach hinten offenem Führersitz mitgeführten mehrachsigen land- oder forstwirtschaftlichen Anhänger mit einem zulässigen Gesamtgewicht von nicht mehr als 2 t, die vor dem 1. Juli 1961 erstmals in den Verkehr gekommen sind.

§ 43 Abs. 1 Satz 3 (Höheneinstellung an der Anhängerdeichsel)
gilt nicht für Fahrzeuge, die vor dem 1. April 1952 (im Saarland: vor dem 1. Januar 1961) erstmals in den Verkehr gekommen sind.

Inkrafttreten und Übergangsbestimmungen § 72 StVZO **3**

§ 43 Abs. 2 (Abschleppeinrichtung vorn)
gilt für Kraftfahrzeuge mit einem zulässigen Gesamtgewicht von mehr als 4 t und für Zugmaschinen und tritt in Kraft am 1. Oktober 1974 für andere Kraftfahrzeuge, soweit sie von diesem Tage an erstmals in den Verkehr kommen.

§ 43 Abs. 2 (Abschleppeinrichtung hinten)
tritt in Kraft am 1. Oktober 1974 für die von diesem Tage an erstmals in den Verkehr kommenden Fahrzeuge.

§ 43 Abs. 4 (nicht selbsttätige Kugelgelenkflächenkupplungen)
sind weiterhin an Fahrzeugen zulässig, die vor dem 1. Dezember 1984 erstmals in den Verkehr gekommen sind.

§ 43 Abs. 5 (Einrichtungen zur Verbindung von Fahrzeugen an Kraftfahrzeugen nach § 30 a Abs. 3)
ist spätestens ab dem 17. Juni 2003 auf von diesem Tage an erstmals an Kraftfahrzeugen angebrachte Einrichtungen zur Verbindung von Fahrzeugen anzuwenden.

§ 44 Abs. 1 letzter Satz (Stütze muß sich selbsttätig anheben)
tritt in Kraft am 1. Oktober 1974 für die von diesem Tage an erstmals in den Verkehr kommenden Fahrzeuge.

§ 44 Abs. 3 (Stützlast)
ist spätestens ab 1. Oktober 1998 auf die von diesem Tage an erstmals in den Verkehr kommenden Fahrzeuge anzuwenden. Auf Fahrzeuge, die vor dem 1. Oktober 1998 erstmals in den Verkehr gekommen sind, bleibt § 44 Abs. 3 in der vor dem 1. September 1997 geltenden Fassung anwendbar. Schilder, wie sie bis zum 21. Juni 1975 vorgeschrieben waren, sind an Anhängern, die in der Zeit vom 1. April 1974 bis zum Ablauf des 21. Juni 1975 erstmals in den Verkehr gekommen sind, weiterhin zulässig, auch wenn die Stützlast einen nach § 44 Abs. 3 zulässigen Wert von weniger als 25 kg erreicht.

§ 45 Abs. 2 (Lage des Kraftstoffbehälters)
gilt nicht für reihenweise gefertigte Fahrzeuge, für die eine Allgemeine Betriebserlaubnis vor dem 1. April 1952 erteilt worden ist, und nicht für Fahrzeuge, die im Saarland vor dem 1. Januar 1961 erstmals in den Verkehr gekommen sind.

§ 45 Abs. 3 (Lage des Kraftstoffbehälters in Kraftomnibussen)
gilt nur für Kraftomnibusse, die bis zum 13. Februar 2005 erstmals in den Verkehr gekommen sind.

§ 45 Abs. 4 (Kraftstoffbehälter und deren Einbau in Kraftfahrzeuge nach § 30 a Abs. 3)
ist für neu in den Verkehr kommende Kraftfahrzeuge spätestens ab dem 17. Juni 2003 anzuwenden.

§ 46 Abs. 4 (Lage der Kraftstoffleitungen in Kraftomnibussen)
gilt nur für Kraftomnibusse, die bis zum 13. Februar 2005 erstmals in den Verkehr gekommen sind.

§ 47 Abs. 1 (Abgasemissionen von Personenkraftwagen und leichten Nutzfahrzeugen)
ist spätestens anzuwenden
1. ab dem 1. Januar 1997 hinsichtlich der Richtlinie 70/220/EWG in der Fassung der Richtlinie 96/44/EG der Kommission vom 1. Juli 1996 (ABl. EG Nr. L 210 S. 25),
2.a) ab dem 1. Januar 1996 auf Kraftfahrzeuge der Klasse M – ausgenommen:
   aa) Kraftfahrzeuge mit mehr als 6 Sitzplätzen einschließlich des Fahrersitzes,
   bb) Kraftfahrzeuge mit einer Höchstmasse von mehr als 2500 kg –,
   ab dem 1. Januar 1997 auf Kraftfahrzeuge der Klasse N_1, Gruppe I sowie die unter den Doppelbuchstaben aa und bb genannten Kraftfahrzeuge der Klasse M mit einer Bezugsmasse von 1250 kg oder weniger und
   ab dem 1. Januar 1998 auf Kraftfahrzeuge der Klasse N_1, Gruppen II und III sowie die unter den Doppelbuchstaben aa und bb genannten Kraftfahrzeuge der Klasse M mit einer Bezugsmasse von mehr als 1250 kg,
   für die

> - eine EWG-Typgenehmigung gemäß Artikel 4 Abs. 1 der Richtlinie 70/156/EWG oder
> - eine Allgemeine Betriebserlaubnis – soweit nicht Artikel 8 Abs. 2 der Richtlinie 70/156/EWG geltend gemacht wurde –
>
> erteilt wird,
> b) ab dem 1. Januar 1997 auf Kraftfahrzeuge der Klasse M – ausgenommen:
> aa) Kraftfahrzeuge mit mehr als 6 Sitzplätzen einschließlich des Fahrersitzes,
> bb) Kraftfahrzeuge mit einer Höchstmasse von mehr als 2500 kg –,
> ab dem 1. Oktober 1997 auf Kraftfahrzeuge der Klasse N_1, Gruppe I sowie die unter den Doppelbuchstaben aa und bb genannten Kraftfahrzeuge der Klasse M mit einer Bezugsmasse von 1250 kg oder weniger und
> ab dem 1. Oktober 1998 auf Kraftfahrzeuge der Klasse N_1, Gruppen II und III sowie die unter den Doppelbuchstaben aa und bb genannten Kraftfahrzeuge der Klasse M mit einer Bezugsmasse von mehr als 1250 kg,
> die von diesem Tag an erstmals in den Verkehr kommen.
> 3. Abweichend von Nummer 2 gelten bis zum 30. September 1999 für die Erteilung der EG-Typgenehmigung oder der Allgemeinen Betriebserlaubnis und für das erstmalige Inverkehrbringen von Kraftfahrzeugen als Grenzwerte für die Summen der Massen der Kohlenwasserstoffe und Stickoxide und für die Partikelmassen von Fahrzeugen, die mit Selbstzündungsmotor mit Direkteinspritzung ausgerüstet sind, die Werte, die in der Fußnote 1 der Tabelle in Abschnitt 5.3.1.4 des Anhangs I der Richtlinie 70/220/EWG in der Fassung der Richtlinie 96/69/EG genannt sind.
>
> Für Kraftfahrzeuge der
> 1. Klasse M – ausgenommen:
> a) Kraftfahrzeuge mit mehr als 6 Sitzplätzen einschließlich des Fahrersitzes,
> b) Kraftfahrzeuge mit einer Höchstmasse von mehr als 2500 kg –,
> für die vor dem 1. Januar 1996,
> 2. Klasse N_1, die die Vorschriften der Richtlinie 70/220/EWG in der Fassung der Richtlinie 94/12/EG des Europäischen Parlaments und des Rates vom 23. März 1994 über Maßnahmen gegen die Verunreinigung der Luft durch Emissionen von Kraftfahrzeugen und zur Änderung der Richtlinie 70/220/EWG (ABl. EG Nr. L 100 S. 42) für die Gruppe I erfüllen, sowie die unter Nummer 1 Buchstabe a und b genannten Kraftfahrzeuge der Klasse M mit einer Bezugsmasse von 1250 kg oder weniger, für die vor dem 1. Januar 1997, und
> 3. Klasse N_1, die die Vorschriften der Richtlinie 70/220/EWG in der Fassung der Richtlinie 94/12/EG für die Gruppe II oder III erfüllen, sowie die unter Nummer 1 Buchstabe a und b genannten Kraftfahrzeuge der Klasse M mit einer Bezugsmasse von mehr als 1250 kg, für die vor dem 1. Januar 1998
> eine
> – EWG-Typgenehmigung nach Artikel 4 Abs. 1 der Richtlinie 70/156/EWG oder
> – Allgemeine Betriebserlaubnis – soweit nicht Artikel 8 Abs. 2 der Richtlinie 70/156/EWG geltend gemacht wurde –
>
> erteilt wurde, bleiben § 47 Abs. 1 einschließlich der dazugehörenden Übergangsbestimmungen in § 72 Abs. 2 in der vor dem 1. September 1997 geltenden Fassung anwendbar; dies gilt auch für Kraftfahrzeuge der
> 4. Klasse M – ausgenommen die unter Nummer 1 Buchstabe a und b genannten Kraftfahrzeuge –, die vor dem 1. Januar 1997,
> 5. Klasse N_1, die die Vorschriften der Richtlinie 70/220/EWG in der Fassung der Richtlinie 94/12/EG für die Gruppe I erfüllen, sowie die unter Nummer 1 Buchstabe a und b genannten Kraftfahrzeuge der Klasse M mit einer Bezugsmasse von 1250 kg oder weniger, die vor dem 1. Oktober 1997, und
> 6. Klasse N_1, die die Vorschriften der Richtlinie 70/220/EWG in der Fassung der Richtlinie 94/12/EG für die Gruppe II oder III erfüllen, sowie die unter Nummer 1 Buchstabe a und b genannten Kraftfahrzeuge der Klasse M mit einer Bezugsmasse von mehr als 1250 kg, die vor dem 1. Oktober 1998
> erstmals in den Verkehr gekommen sind.
>
> § 47 Abs. 1 ist hinsichtlich der Richtlinie 98/77/EG
> 1. für Austauschkatalysatoren zum Einbau in Fahrzeuge, die nicht mit einem On-Board-Diagnosesystem (OBD) ausgerüstet sind,

Inkrafttreten und Übergangsbestimmungen § 72 StVZO **3**

2. für erstmals in den Verkehr kommende Fahrzeuge mit Einzelbetriebserlaubnis, die mit Flüssiggas (LPG) oder Erdgas (NG) betrieben werden, oder die entweder mit Ottokraftstoff oder mit Flüssiggas oder Erdgas betrieben werden können,

ab dem 1. Oktober 1999 anzuwenden.

§ 47 Abs. 1 ist hinsichtlich der Richtlinie 98/69/EG für Fahrzeuge mit Einzelbetriebserlaubnis wie folgt anzuwenden:
1. Die in der Richtlinie 98/69/EG
   a) in Artikel 2 Abs. 3 und 5 bis 7 der Richtlinie für die Zulassung von Neufahrzeugen,
   b) im Anhang in Nr. 24 zur Änderung des Anhangs I Abschnitt 8 der Richtlinie 70/220/EWG in der Fassung der Richtlinie 98/77/EG für alle Typen,

   genannten Termine sind anzuwenden für erstmals in den Verkehr kommende Fahrzeuge.
2. Der in der Richtlinie 98/69/EG im Anhang in Nr. 14 – zur Änderung des Anhangs I Abschnitt 5.3.5 der Richtlinie 70/220/EWG in der Fassung der Richtlinie 98/77/EG – in der Fußnote 1 für neue Fahrzeugtypen genannte Termin ist anzuwenden für erstmals in den Verkehr kommende Fahrzeuge.

§ 47 Abs. 1 ist hinsichtlich der Richtlinien 1999/102/EG, 2001/1/EG und 2001/100/EG für Fahrzeuge mit Einzelbetriebserlaubnis wie folgt anzuwenden:

Die im Anhang zur Richtlinie 1999/102/EG unter den Nummern 8.1 bis 8.3 des Anhangs I für alle Fahrzeugtypen genannten Termine sowie die in Artikel 1 der Richtlinie 2001/1/EG für alle Fahrzeugtypen genannten Termine sowie die im Anhang der Richtlinie 2001/100/EG für neue Fahrzeugtypen genannten Termine sind anzuwenden für erstmals in den Verkehr kommende Fahrzeuge.

§ 47 Abs. 1 ist hinsichtlich der Richtlinie 2002/80/EG für Fahrzeuge mit Einzelbetriebserlaubnis wie folgt anzuwenden:
1. Ab 1. Januar 2006 für
   a) Fahrzeuge der Klasse M, ausgenommen Fahrzeuge mit einer Höchstmasse von mehr als 2500 kg sowie
   b) Fahrzeuge der Klasse N_1 Gruppe I im Sinne der Tabelle in Anhang I Abschnitt 5.3.1.4 der Richtlinie 70/220/EWG.
2. Ab 1. Januar 2007 für
   a) Fahrzeuge der Klasse N_1 Gruppen II und III im Sinne der Tabelle in Anhang I Abschnitt 5.3.1.4 der Richtlinie 70/220/EWG sowie
   b) Fahrzeuge der Klasse M mit einer Höchstmasse von mehr als 2500 kg.

§ 47 Abs. 2 Satz 1 (Maßnahmen gegen die Emission verunreinigender Stoffe aus Dieselmotoren zum Antrieb von Fahrzeugen)
tritt hinsichtlich des Buchstabens a des Anhangs zu § 47 Abs. 2 am 1. Januar 1993 für die von diesem Tage an erstmals in den Verkehr kommenden Kraftfahrzeuge und hinsichtlich des Buchstabens b des Anhangs zu § 47 Abs. 2 am 1. Oktober 1997 für die Erteilung des EG-Typgenehmigung oder der Betriebserlaubnis in Kraft.
Für Kraftfahrzeuge, die vor dem 1. Januar 1993 erstmals in den Verkehr gekommen sind, bleiben § 47 Abs. 2 Satz 1 und Anlage XV einschließlich der Übergangsbestimmungen in § 72 Abs. 2 in der vor dem 1. Januar 1993 geltenden Fassung anwendbar.

§ 47 Abs. 2 Satz 2 und Anlage XVI (Prüfung der Emission verunreinigender Stoffe bei Dieselmotoren zum Antrieb von land- oder forstwirtschaftlichen Zugmaschinen)
treten in Kraft am 1. Januar 1982 für die von diesem Tag an erstmals in den Verkehr kommenden Kraftfahrzeuge.

§ 47 Abs. 3 und Anlage XXIII (Verdunstungsemissionen von schadstoffarmen Fahrzeugen)
Die in der Anlage XXIII Nr. 1.7.3 aufgeführten Anforderungen gelten für ab 1. Oktober 1986 erstmals in Verkehr kommende Fahrzeuge.

§ 47 Abs. 3 (schadstoffarme Fahrzeuge)
Als schadstoffarm gelten auch Fahrzeuge mit Fremdzündungsmotor, die die Auspuffemissionsgrenzwerte der Anlage XXIII einhalten und vor dem 1. Oktober 1985 erstmals in den Verkehr gekommen sind.
Fahrzeuge mit
1. Selbstzündungsmotor, die vor dem 1. Januar 1993 erstmals in den Verkehr kommen oder
2. Selbstzündungsmotor und Direkteinspritzung, die vor dem 1. Januar 1995 erstmals in den Verkehr kommen,
gelten auch dann als schadstoffarm, wenn die Vorschriften der Anlage XXIII über Grenzwerte für die Emissionen der partikelförmigen Luftverunreinigungen auf sie nicht angewandt werden, die Fahrzeuge der Richtlinie 72/306/EWG, geändert durch die im Anhang zu dieser Vorschrift genannten Bestimmungen, entsprechen und nach dem 18. September 1984 erstmals in den Verkehr gekommen sind; für die vor dem 1. Januar 1985 erstmals in den Verkehr gekommenen Fahrzeuge beginnt die Anerkennung als schadstoffarm frühestens ab dem 1. Januar 1986.
Eine erstmalige Anerkennung als schadstoffarm nach § 47 Abs. 3 Nr. 1 ist für Fahrzeuge, die ab 1. Januar 1995 erstmals in den Verkehr kommen, nicht mehr zulässig.
Personenkraftwagen und Wohnmobile mit Fremdzündungsmotor, die bis zum 31. Dezember 1990 erstmals in den Verkehr gekommen sind, gelten auch dann als schadstoffarm, wenn sie nachträglich durch Einbau eines Katalysators, der
1. mit einer Betriebserlaubnis für Fahrzeugteile nach § 22 oder
2. im Rahmen einer Betriebserlaubnis für das Fahrzeug nach § 20 oder § 21
genehmigt ist, technisch so verbessert worden sind, daß die Vorschriften
1. der Anlage XXIII, ausgenommen die Absätze 1.7.3 und 1.8.2, oder
2. des Anhangs III A der Richtlinie 70/220/EWG des Rates, zuletzt geändert durch die Richtlinie 89/491/EWG der Kommission, ausgenommen Nummer 8.3.1.2,
erfüllt sind.
§ 47 Abs. 3 Nr. 2 gilt nur für Fahrzeuge, die vor dem 1. Januar 1993 erstmals in den Verkehr gekommen sind.
Eine erstmalige Anerkennung als schadstoffarm nach § 47 Abs. 3 Nr. 3 ist für Fahrzeuge, die die Übergangsbestimmungen des Anhangs I Nr. 8.2 der Richtlinie 70/220/EWG in der Fassung der Richtlinie 91/441/EWG in Anspruch nehmen, ab 1. Januar 1995 nicht mehr zulässig.
Fahrzeuge mit Selbstzündungsmotor mit Direkteinspritzung, die der Richtlinie 70/220/EWG in der Fassung der Richtlinie 94/12/EG entsprechen und die vor dem 1. Oktober 1999 erstmals in den Verkehr kommen, gelten auch dann als schadstoffarm, wenn sie folgende Grenzwerte einhalten:
– HC+NO$_x$ = 0,9 g/km,
– Partikel = 0,10 g/km.
Eine erstmalige Anerkennung als schadstoffarm nach § 47 Abs. 3 Nr. 3 und 4 ist für Fahrzeuge, die die Übergangsbestimmungen des Anhangs I Nr. 8.2 der Richtlinie 70/220/EWG in der Fassung der Richtlinie 91/441/EWG des Rates vom 26. Juni 1991 (ABl. EG Nr. L 242 S. 1) oder 93/59/EWG des Rates vom 28. Juni 1993 (ABl. EG Nr. L 186 S. 21) in Anspruch nehmen, ab 1. Januar 1995 nicht mehr möglich.

§ 47 Abs. 4 und Anlage XXIV (bedingt schadstoffarme Fahrzeuge)
gelten nur für Fahrzeuge mit Fremd- oder Selbstzündungsmotor, die bei Stufe A oder B vor dem 1. Oktober 1986 und bei Stufe C vor dem 1. Oktober 1990 erstmals in den Verkehr gekommen sind, für Fahrzeuge mit Selbstzündungsmotor der Stufe C außerdem nur, wenn sie vom 19. September 1984 an erstmals in den Verkehr gekommen sind; für die vor dem 1. Januar 1985 erstmals in den Verkehr gekommenen Fahrzeuge mit Selbstzündungsmotor beginnt die Anerkennung als bedingt schadstoffarm frühestens ab dem 1. Januar 1986.

§ 47 Abs. 5 (schadstoffarme Fahrzeuge)
gilt nur für Fahrzeuge, die vor dem 1. Januar 1993 erstmals in den Verkehr gekommen sind, und Nummer 1 für Fahrzeuge mit Selbstzündungsmotor außerdem nur, wenn sie vom 19. September 1984 an erstmals in den Verkehr gekommen sind;

Inkrafttreten und Übergangsbestimmungen § 72 StVZO **3**

für die vor dem 1. Januar 1985 erstmals in den Verkehr gekommenen Fahrzeuge beginnt die Anerkennung als schadstoffarm frühestens ab dem 1. Januar 1986.

Personenkraftwagen und Wohnmobile mit Fremdzündungsmotor, die bis zum 31. Dezember 1990 erstmals in den Verkehr gekommen sind, gelten auch dann als schadstoffarm, wenn sie nachträglich durch Einbau eines Katalysators, der

1. mit einer Betriebserlaubnis für Fahrzeugteile nach § 22 oder
2. im Rahmen einer Betriebserlaubnis für das Fahrzeug nach § 20 oder § 21

genehmigt ist, technisch so verbessert worden sind, daß die Vorschriften der Anlage XXV mit Ausnahme des Absatzes 4.1.4 erfüllt sind. Für Fahrzeuge mit weniger als 1400 Kubikzentimetern Hubraum gelten die Werte der Hubraumklasse zwischen 1400 und 2000 Kubikzentimetern.

Eine erstmalige Anerkennung als schadstoffarm ist ab 1. September 1997 nicht mehr zulässig.

§ 47 Abs. 6 (Abgasemissionen von schweren Nutzfahrzeugen)

ist spätestens anzuwenden auf Fahrzeuge, die mit einer Einzelbetriebserlaubnis erstmals in den Verkehr kommen,

1. ab dem 18. Dezember 2002 mit der Maßgabe, dass die Emissionen gasförmiger Schadstoffe und luftverunreinigender Partikel und die Trübung der Abgase des Motors die in Zeile A der Tabellen 1 und 2 unter Nummer 6.2.1 des Anhangs I der Richtlinie 1999/96/EG des Europäischen Parlaments und des Rates vom 13. Dezember 1999 zur Angleichung der Rechtsvorschriften der Mitgliedstaaten über Maßnahmen gegen die Emission gasförmiger Schadstoffe und luftverunreinigender Partikel aus Selbstzündungsmotoren zum Antrieb von Fahrzeugen und die Emission gasförmiger Schadstoffe aus mit Erdgas oder Flüssiggas betriebenen Fremdzündungsmotoren zum Antrieb von Fahrzeugen und zur Änderung der Richtlinie 88/77/EWG des Rates oder der Richtlinie 2001/27/EG der Kommission vom 10. April 2001 zur Anpassung der Richtlinie 88/77/EWG des Rates zur Angleichung der Rechtsvorschriften der Mitgliedstaaten über Maßnahmen gegen die Emission gasförmiger Schadstoffe und luftverunreinigender Partikel aus Selbstzündungsmotoren zum Antrieb von Fahrzeugen und die Emission gasförmiger Schadstoffe aus mit Erdgas oder Flüssiggas betriebenen Fremdzündungsmotoren zum Antrieb von Fahrzeugen an den technischen Fortschritt (ABl. EG Nr. L 107 S. 10) genannten Grenzwerte nicht überschreiten dürfen,
2. ab dem 1. Oktober 2006 mit der Maßgabe, dass die Emissionen gasförmiger Schadstoffe und luftverunreinigender Partikel und die Trübung der Abgase des Motors die in Zeile B 1 der Tabellen 1 und 2 unter Nummer 6.2.1 des Anhangs I der Richtlinie 88/77/EWG in der Fassung der Richtlinie 1999/96/EG oder in der Fassung der Richtlinie 2001/27/EG genannten Grenzwerte nicht überschreiten dürfen,
3. ab dem 1. Oktober 2009 mit der Maßgabe, dass die Emissionen gasförmiger Schadstoffe und luftverunreinigender Partikel und die Trübung der Abgase des Motors die in Zeile B 2 der Tabellen 1 und 2 unter Nummer 6.2.1 des Anhangs I der Richtlinie 88/77/EWG in der Fassung der Richtlinie 1999/96/EG oder in der Fassung der Richtlinie 2001/27/EG genannten Grenzwerte nicht überschreiten dürfen.

Für Fahrzeuge oder Motoren für Fahrzeuge, die vor dem 18. Dezember 2002 erstmals in den Verkehr gekommen sind, bleiben § 47 Abs. 6 einschließlich der Übergangsbestimmungen in § 72 Abs. 2 in der vor dem 18. Dezember 2002 geltenden Fassung anwendbar.

§ 47 Abs. 7 (Abgase von Krafträdern)

ist spätestens anzuwenden ab 1. Juli 1994 auf die von diesem Tage an erstmals in den Verkehr kommenden Fahrzeuge. Für Fahrzeuge, die vor dem 1. Juli 1994 erstmals in den Verkehr gekommen sind, bleibt § 47 Abs. 7 einschließlich der Übergangsbestimmungen in § 72 Abs. 2 in der vor dem 1. Juli 1994 geltenden Fassung anwendbar. § 47 Abs. 7 tritt außer Kraft am 17. Juni 1999 für die Erteilung der Allgemeinen Betriebserlaubnis, am 1. Oktober 2000 für die Erteilung der Einzelbetriebserlaubnis.

§ 47 Abs. 8 (Abgase von Kleinkrafträdern und Fahrrädern mit Hilfsmotor)

ist anzuwenden ab 1. Januar 1989 auf die von diesem Tage an erstmals in den Verkehr kommenden Fahrzeuge.

§ 47 Abs. 8 tritt außer Kraft am 17. Juni 1999 für die Erteilung der Allgemeinen Betriebserlaubnis, am 1. Oktober 2000 für die Erteilung der Einzelbetriebserlaubnis.

§ 47 Abs. 8a (Abgasemissionen von zwei- oder dreirädrigen Kraftfahrzeugen) ist spätestens anzuwenden für erstmals in den Verkehr kommende Fahrzeuge ab dem 1. Oktober 2000 für Fahrzeuge mit einer Einzelbetriebserlaubnis.
Für erstmals in den Verkehr kommende Kleinkrafträder mit einer Einzelbetriebserlaubnis ist die zweite Grenzwertstufe der Tabelle in Abschnitt 2.2.1.1.3 des Anhangs I aus Kapitel 5 der Richtlinie 97/24/EG ab dem 1. Juli 2004 einzuhalten.
Für erstmals in den Verkehr kommende Fahrzeuge mit einer Einzelbetriebserlaubnis sind die in Artikel 2 Abs. 3 und 4, Artikel 3 Abs. 2 sowie Artikel 7 Abs. 2 der Richtlinie 2002/51/EG genannten Termine und Bestimmungen anzuwenden.

§ 47 Abs. 8b (Abgasemissionen von Motoren für mobile Maschinen und Geräte) ist wie folgt anzuwenden:
1. Die Richtlinie 97/68/EG ist bei Motoren nach Artikel 9 Abs. 2 der Richtlinie anzuwenden ab dem 1. September 2000 für die Erteilung der Einzelbetriebserlaubnis und der Allgemeinen Betriebserlaubnis.
2. Die in der Richtlinie 97/68/EG für die Erteilung der EG-Typgenehmigung für mobile Maschinen und Geräte genannten Termine in Artikel 9 Abs. 3 sind anzuwenden für die Erteilung der Allgemeinen Betriebserlaubnis.
3. Die in der Richtlinie 97/68/EG für das Inverkehrbringen neuer Motoren genannten Termine in Artikel 9 Abs. 4 sind anzuwenden für erstmals in den Verkehr kommende Fahrzeuge. Bei Fahrzeugen, die mit Motoren ausgerüstet sind, deren Herstellungsdatum vor den in Artikel 9 Nr. 4 der Richtlinie 97/68/EG genannten Terminen liegt, wird für jede Kategorie der Zeitpunkt für erstmals in den Verkehr kommende Fahrzeuge um zwei Jahre verlängert.
4. Für die Anerkennung gleichwertiger Genehmigungen gilt Artikel 7 Abs. 2 der Richtlinie 97/68/EG.

§ 47 Abs. 8c (Abgasemissionen von land- und forstwirtschaftlichen Zugmaschinen) ist spätestens anzuwenden für erstmals in den Verkehr kommende Fahrzeuge mit einer Einzelbetriebserlaubnis ab den in Artikel 4 Abs. 3 der Richtlinie 2000/25/EG genannten Terminen. Bei Fahrzeugen, die mit Motoren ausgerüstet sind, deren Herstellungsdatum vor den in Artikel 4 Abs. 3 der Richtlinie 2000/25/EG genannten Terminen liegt, wird für jede Kategorie der Zeitpunkt für erstmals in den Verkehr kommende Fahrzeuge um zwei Jahre verlängert. Diese Verlängerung der Termine gilt für Fahrzeuge mit einer Einzelbetriebserlaubnis, Allgemeinen Betriebserlaubnis oder EG-Typgenehmigung.

§ 47a Abs. 1 und Anlage XIa Nr. 3.1.2.2 (Untersuchungsverfahren für Kraftfahrzeuge mit Fremdzündungsmotor, mit Katalysator und geregelter Gemischaufbereitung und mit On-Board-Diagnosesystem)
ist spätestens ab dem 1. April 2002 anzuwenden. Kraftfahrzeuge, die vor dem 1. Januar 2003 erstmals in den Verkehr gebracht worden sind, können abweichend von Nummer 3.1.2.2 der Anlage XIa mit einem Ersatzverfahren entsprechend Nummer 3.1.2.1 Ziffer 2, dritter Spiegelstrich Buchstabe b der Anlage XIa geprüft werden, wenn der Fahrzeughersteller dafür die Genehmigung beim Bundesministerium für Verkehr, Bau- und Wohnungswesen bis zum 1. Januar 2005 beantragt und erhalten hat.

§ 47a Abs. 6 (vorschriftsmäßiger Zustand und Gültigkeit der Plakette sowie Verbot von Einrichtungen aller Art)
tritt in Kraft am 1. Dezember 1999. Bis zu diesem Datum gilt § 47a Abs. 6 in der vor dem 1. Juni 1998 geltenden Fassung.

§ 47b Abs. 2 (Erteilung der Anerkennung zur Durchführung von Abgassonderuntersuchungen)
Eine vor dem 1. Dezember 1992 erteilte Anerkennung zur Durchführung von Abgassonderuntersuchungen bleibt gültig. Sie berechtigt aber nur zu Abgasuntersuchungen an Kraftfahrzeugen, die unter die Nummer 3.1.1 der Anlage XIa fallen.
Eine vor dem 1. April 1994 erteilte Anerkennung zur Durchführung von Abgasuntersuchungen nach Anlage XIa Nr. 3.1 oder 3.2 bleibt gültig, wenn der An-

Inkrafttreten und Übergangsbestimmungen § 72 StVZO **3**

tragsteller den in den Nummern 4 und 5 enthaltenen Bestimmungen bis zum 1. Juli 1994 nachkommt.
Eine vor dem 19. Dezember 2001 erteilte Anerkennung zur Durchführung von Abgasuntersuchungen bleibt gültig, wenn der Antragsteller den in § 47b Abs. 2 Nr. 7 enthaltenen Bestimmungen bis spätestens 1. Juli 2002 nachkommt und der anerkennenden Stelle bis spätestens 1. August 2002 anzeigt, dass die Dokumentation erstellt ist. Die Dokumentation ist der anerkennenden Stelle auf Verlangen vorzulegen.

§ 47 d (Kohlendioxidemissionen und Kraftstoffverbrauch)
ist für Fahrzeuge, die mit einer Einzelbetriebserlaubnis erstmals in den Verkehr kommen, spätestens ab dem 18. Dezember 2002 anzuwenden.
Für Fahrzeuge, die vor dem 18. Dezember 2002 erstmals in den Verkehr gekommen sind, ist § 47 d einschließlich der Übergangsbestimmungen in § 72 Abs. 2 in der vor dem 18. Dezember 2002 geltenden Fassung anzuwenden.

§ 48 (Emissionsklassen für Kraftfahrzeuge)
ist anzuwenden auf Kraftfahrzeuge, die vom 1. Januar 1994 an erstmals in den Verkehr kommen. Auf Antrag können auch Kraftfahrzeuge, die vor dem 1. Januar 1994 erstmals in den Verkehr gekommen sind, in Emissionsklassen nach Anlage XIV eingestuft werden.

§ 49 Abs. 2 (Geräuschpegel und Schalldämpferanlage von Kraftfahrzeugen)
ist anzuwenden
1. ab dem 1. Januar 1993 hinsichtlich der Richtlinie 89/491/EWG der Kommission vom 17. Juli 1989 (ABl. EG Nr. L 238 S. 43),
2. a) ab dem 1. April 1993 für die Erteilung der Allgemeinen Betriebserlaubnis,
   b) ab dem 1. April 1994 für die von diesem Tage an erstmals in den Verkehr kommenden Fahrzeuge
   hinsichtlich der Richtlinie 89/235/EWG des Rates vom 13. März 1989 (ABl. EG Nr. L 98 S. 1),
3. ab dem 1. Oktober 1996 (für die Erteilung der Allgemeinen Betriebserlaubnis und für die von diesem Tage an erstmals in den Verkehr kommenden Fahrzeuge) hinsichtlich der Richtlinie 92/97/EWG des Rates vom 10. November 1992 zur Änderung der Richtlinie 70/157/EWG zur Angleichung der Rechtsvorschriften der Mitgliedstaaten über den zulässigen Geräuschpegel und die Auspuffvorrichtung von Kraftfahrzeugen (ABl. EG Nr. L 371 S. 1) oder der Richtlinie 96/20/EG der Kommission vom 27. März 1996 zur Anpassung der Richtlinie 70/157/EWG des Rates (über den zulässigen Geräuschpegel und die Auspuffvorrichtung von Kraftfahrzeugen) an den technischen Fortschritt (ABl. EG Nr. L 92 S. 23),
4. ab dem 1. Januar 1997 für die Erteilung der Allgemeinen Betriebserlaubnis hinsichtlich der Richtlinie 96/20/EG der Kommission vom 27. März 1996 (ABl. EG Nr. L 92 S. 23),
5. ab dem 1. Oktober 2000 für erstmals in den Verkehr kommende Fahrzeuge mit einer Einzelbetriebserlaubnis hinsichtlich der Richtlinie 97/24/EG des Europäischen Parlaments und des Rates vom 17. Juni 1997 (ABl. EG Nr. L 226 S. 1).
Im übrigen bleiben für Fahrzeuge, die nicht unter diese Richtlinien fallen, § 49 Abs. 2 einschließlich der Übergangsbestimmungen in § 72 Abs. 2 in der vor dem 1. November 1993 geltenden Fassung anwendbar.
Für Leichtkrafträder, die vor dem 1. November 1994 erstmals in den Verkehr gekommen sind, bleiben § 49 Abs. 2 und Anlage XX einschließlich der Übergangsbestimmungen in § 72 Abs. 2 in der vor dem 1. November 1994 geltenden Fassung anwendbar.

§ 49 Abs. 2 a (Verkauf von Auspuffanlagen und Austauschauspuffanlagen)
tritt am 1. April 1994 in Kraft.
Abweichend von § 49 Abs. 2 a dürfen Auspuffanlagen und Austauschauspuffanlagen für Krafträder auch nach dem 1. April 1994 ohne EG-Betriebserlaubniszeichen feilgeboten, veräußert oder verwendet werden, sofern sie für Krafträder, die vor dem 1. April 1994 erstmals in den Verkehr gekommen sind, bestimmt sind. Die Verwendung ist nur dann zulässig, wenn das Kraftrad die Vorschriften erfüllt, die zum Zeitpunkt seines erstmaligen Inverkehrkommens gegolten haben.

3 StVZO § 72 C. Durchführungs-, Bußgeld- und Schlußvorschriften

Abweichend von § 49 Abs. 2a Satz 1 dürfen Krafträder mit Auspuffanlagen ohne EG-Betriebserlaubniszeichen auch nach dem 1. April 1994 feilgeboten, veräußert oder verwendet werden, sofern für die Krafträder hinsichtlich der Geräuschentwicklung und Auspuffanlage eine Genehmigung nach der ECE-Regelung Nr. 41 – Einheitliche Vorschriften für die Genehmigung der Krafträder hinsichtlich der Geräuschentwicklung – (BGBl. 1994 II S. 375) vorliegt.

§ 49a Abs. 1 Satz 4 (geometrische Sichtbarkeit)
tritt in Kraft am 1. Oktober 1994 für die von diesem Tage an erstmals in den Verkehr kommenden Fahrzeuge. Fahrzeuge, die vor diesem Termin erstmals in den Verkehr gekommen sind, dürfen § 49a Abs. 1 Satz 4 einschließlich der Übergangsvorschrift in § 72 Abs. 2 in der vor dem 1. Juli 1993 geltenden Fassung entsprechen.

§ 49a Abs. 8 (ausreichende elektrische Versorgung)
tritt in Kraft am 1. Januar 1988
für die von diesem Tage an erstmals in den Verkehr kommenden Kraftfahrzeuge und Züge.

§ 49a Abs. 9a Satz 2 (Schaltung der Nebelschlußleuchten)
ist spätestens ab 1. April 1995 auf erstmals von diesem Tag an in den Verkehr kommende Fahrzeuge oder Ladungsträger und spätestens ab 1. Januar 1996 auf andere Fahrzeuge oder Ladungsträger anzuwenden.

§ 50 Abs. 3 Satz 2 (Anbauhöhe der Scheinwerfer)
tritt in Kraft am 1. Januar 1988
für die von diesem Tage an erstmals in den Verkehr kommenden Kraftfahrzeuge. Für Kraftfahrzeuge, die vor diesem Tage erstmals in den Verkehr gekommen sind, gilt § 50 Abs. 3 in der vor dem 1. Dezember 1984 geltenden Fassung.

§ 50 Abs. 6a (Scheinwerfer an Fahrrädern mit Hilfsmotor und an Kleinkrafträdern bis 40 km/h)
Bei Fahrzeugen, die vor dem 1. Januar 1961 erstmals in den Verkehr gekommen sind, sowie bei den vor dem 1. Mai 1965 erstmals in den Verkehr gekommenen Fahrrädern mit Hilfsmotor mit einer durch die Bauart bestimmten Höchstgeschwindigkeit von nicht mehr als 20 km/h genügt es, wenn die Anforderungen des § 67 Abs. 1 erfüllt sind.

§ 50 Abs. 8 (größte zulässige Belastungsabhängigkeit)
ist spätestens ab 1. Januar 1990 auf die von diesem Tage an erstmals in den Verkehr kommenden Kraftfahrzeuge anzuwenden.
Soweit für ungefederte Kraftfahrzeuge vor dem 1. Januar 1990 Allgemeine Betriebserlaubnisse erteilt worden sind, braucht ein Nachtrag zu der Allgemeinen Betriebserlaubnis wegen der Belastungsabhängigkeit der Scheinwerfer für Abblendlicht erst dann beantragt oder ausgefertigt zu werden, wenn ein solcher aus anderen Gründen erforderlich ist.

§ 50 Abs. 10 (Scheinwerfer mit Gasentladungslampen)
ist anzuwenden auf Kraftfahrzeuge,
1. die bereits im Verkehr sind und nach dem 1. April 2000 mit Gasentladungslampen ausgestattet werden oder
2. die ab dem 1. Juli 2000 auf Grund einer Betriebserlaubnis erstmals in den Verkehr kommen.

§ 51 Abs. 1 (Begrenzungsleuchten an Elektrokarren)
tritt in Kraft am 1. Januar 1988 für die von diesem Tage an erstmals in den Verkehr kommenden Fahrzeuge.

§ 51 Abs. 3 (Anbauhöhe der Begrenzungsleuchten und vorderen Rückstrahler)
tritt in Kraft am 1. Januar 1988 für die von diesem Tage an erstmals in den Verkehr kommenden Fahrzeuge.

§ 51a (seitliche Kenntlichmachung)
ist vom 1. Februar 1980 an zulässig und tritt in Kraft am 1. Januar 1981, für land- oder forstwirtschaftliche Zugmaschinen mit einer durch die Bauart bestimmten Höchstgeschwindigkeit von nicht mehr als 30 km/h am 1. Januar 1989, für die von diesem Tage an erstmals in den Verkehr kommenden Fahrzeuge. Weiße rück-

Inkrafttreten und Übergangsbestimmungen § 72 StVZO **3**

strahlende Mittel an den Längsseiten von Kraftfahrzeugen und Kraftfahrzeuganhängern, die vor diesem Tage erstmals in den Verkehr gekommen sind, sind weiterhin zulässig.

§ 51a Abs. 6 (Ausrüstung von Fahrzeugen mit Seitenmarkierungsleuchten)
ist spätestens ab 1. Oktober 1994 auf die von diesem Tage an erstmals in den Verkehr kommenden Fahrzeuge anzuwenden.

§ 51a Abs. 7 (Kennzeichnung von Fahrzeugkombinationen mit Nachläufern)
ist spätestens ab 1. Oktober 1998 anzuwenden.

§ 51b Abs. 1, 2, 4, 5 und 6 (Umrißleuchten)
tritt in Kraft am 1. Januar 1987
für die von diesem Tage an erstmals in den Verkehr kommenden Fahrzeuge. An Fahrzeugen, die vor dem 1. Januar 1987 erstmals in den Verkehr kommen, dürfen Umrißleuchten angebracht sein und darf der Abstand zwischen den leuchtenden Flächen der Umrißleuchte und der Begrenzungsleuchte oder Schlußleuchte auf der gleichen Fahrzeugseite auch kleiner als 200 mm sein.

§ 51b Abs. 3 (Anbaulage der Umrißleuchten)
ist spätestens ab 1. Januar 1991 auf die von diesem Tage an erstmals in den Verkehr kommenden Fahrzeuge anzuwenden. Für Fahrzeuge, die vor dem 1. Januar 1991 erstmals in den Verkehr gekommen sind, ist § 51b Abs. 1 bis 3 in der vor dem 1. August 1990 geltenden Fassung anzuwenden.

§ 52 Abs. 3 Nr. 4 (Kennleuchten für blaues Blinklicht für Krankenkraftwagen)
Soweit Kraftfahrzeuge nach § 52 Abs. 3 Nr. 4 nach dem Fahrzeugschein als „Krankenwagen" anerkannt sind, braucht ihre Bezeichnung nicht in „Krankenkraftwagen" geändert zu werden.

§ 52 Abs. 4 Nr. 1 (Kennzeichnung mit rot-weißen Warnmarkierungen nach DIN 30710)
ist spätestens anzuwenden ab:
1. 1. Oktober 1998 auf die von diesem Tage an erstmals in den Verkehr kommenden Fahrzeuge,
2. dem Tag der nächsten vorgeschriebenen Hauptuntersuchung, die nach dem 31. Dezember 1998 durchzuführen ist, für Fahrzeuge, die vor dem 1. Oktober 1998 erstmals in den Verkehr gekommen sind.

§ 52 Abs. 6 (Dachaufsatz für Arzt-Fahrzeuge)
Ist die Berechtigung zum Führen des Schildes durch die Zulassungsbehörde in einem auf den Arzt lautenden Fahrzeugschein vermerkt worden, so gilt dies als Berechtigung im Sinne des § 52 Abs. 6.

§ 52a (Rückfahrscheinwerfer)
tritt in Kraft am 1. Januar 1987
für die von diesem Tage an erstmals in den Verkehr kommenden Kraftfahrzeuge. Bei den vor dem 1. Juli 1961 erstmals in den Verkehr gekommenen Fahrzeugen genügt es, wenn die Rückfahrscheinwerfer nur bei eingeschaltetem Rückwärtsgang leuchten können.
Bei Fahrzeugen, die in der Zeit vom 1. Juli 1961 bis zum 31. Dezember 1986 erstmals in den Verkehr gekommen sind, dürfen die Rückfahrscheinwerfer so geschaltet sein, daß sie weder bei Vorwärtsfahrt noch nach Abziehen des Schalterschlüssels leuchten können.

§ 53 Abs. 1 (Anbauhöhe der Schlußleuchten)
tritt in Kraft am 1. Januar 1986
für die von diesem Tage an erstmals in den Verkehr kommenden Fahrzeuge. Für Fahrzeuge, die vor dem 1. Januar 1986 erstmals in den Verkehr gekommen sind, gilt § 53 Abs. 1 in der vor dem 1. Dezember 1984 geltenden Fassung.

§ 53 Abs. 1 (Absicherung der Schlußleuchten)
tritt in Kraft am 1. Januar 1987
für die von diesem Tage an erstmals in den Verkehr kommenden Fahrzeuge. An anderen Fahrzeugen sind andere Schaltungen zulässig.

§ 53 Abs. 2 Satz 1 (Anzahl der Bremsleuchten)
An Fahrzeugen, die vor dem 1. Juli 1961 erstmals in den Verkehr gekommen sind, genügt eine Bremsleuchte.

§ 53 Abs. 2 Satz 1 (Bremsleuchten an Krafträdern mit einer durch die Bauart bestimmten Höchstgeschwindigkeit von mehr als 50 km/h sowie an anderen Kraftfahrzeugen mit einer durch die Bauart bestimmten Höchstgeschwindigkeit von nicht mehr als 25 km/h und ihren Anhängern)
tritt in Kraft am 1. Januar 1988
für die von diesem Tage an erstmals in den Verkehr kommenden Kraftfahrzeuge.

§ 53 Abs. 2 (Farbe des Bremslichts)
An Fahrzeugen, die vor dem 1. Januar 1983 erstmals in den Verkehr gekommen sind, sind
1. Bremsleuchten für gelbes Licht und
2. Bremsleuchten, die mit Blinkleuchten in einem Gerät vereinigt sind, und bei denen bei gleichzeitigem Bremsen und Einschalten einer Blinkleuchte nur eine der beiden Bremsleuchten brennt oder bei gleichzeitigem Bremsen und Einschalten des Warnblinklichts das Warnblinklicht die Funktion des Bremslichts übernimmt,
weiterhin zulässig.

§ 53 Abs. 2 (Mindestanbauhöhe der Bremsleuchten)
tritt in Kraft am 1. Januar 1986
für die von diesem Tage an erstmals in den Verkehr kommenden Fahrzeuge. Für Fahrzeuge, die vor dem 1. Januar 1986 erstmals in den Verkehr gekommen sind, gilt § 53 Abs. 2 in der vor dem 1. Dezember 1984 geltenden Fassung.

§ 53 Abs. 4 (höchster Punkt der leuchtenden Fläche der Rückstrahler)
tritt in Kraft am 1. Januar 1987
für die von diesem Tage an erstmals in den Verkehr kommenden Fahrzeuge. Für Fahrzeuge, die vor dem 1. Januar 1987 erstmals in den Verkehr gekommen sind, gilt § 53 Abs. 4 in der vor dem 1. Dezember 1984 geltenden Fassung.

§ 53 Abs. 9 (Anbringung an beweglichen Fahrzeugteilen)
tritt in Kraft am 1. Januar 1987
für die von diesem Tage an erstmals in den Verkehr kommenden Fahrzeuge.

§ 53a Abs. 3 (Anwendung der Technischen Anforderungen auf zusätzliche Warnleuchten)
tritt in Kraft am 1. Januar 1986
für zusätzliche Warnleuchten, die von diesem Tage an bauartgenehmigt werden sollen. Auf Grund von den bis zu diesem Zeitpunkt erteilten Bauartgenehmigungen dürfen zusätzliche Warnleuchten noch bis zum 1. Januar 1988 feilgeboten oder veräußert werden; ihre Verwendung bleibt zulässig.

§ 53b Abs. 1 und 2 (Anbauhöhe der Begrenzungsleuchten, Schlußleuchten und Rückstrahler)
ist spätestens ab 1. Januar 1990 auf die von diesem Tage an erstmals in den Verkehr kommenden Anbaugeräte anzuwenden. Auf Anbaugeräte, die vor dem 1. Januar 1990 erstmals in den Verkehr gekommen sind, ist § 53b Abs. 1 in der vor dem 1. Juli 1988 geltenden Fassung anzuwenden.

§ 53b Abs. 3 (Kenntlichmachung der Anbaugeräte durch Park-Warntafeln oder Tafeln nach DIN 11030)
ist spätestens ab 1. Januar 1992 anzuwenden.
Jedoch dürfen vorhandene Tafeln, Folien oder Anstriche von mindestens 300 mm × 600 mm nach der bis zum 1. Juli 1988 geltenden Fassung des § 53b Abs. 2 noch bis zum 1. Januar 1996 weiter verwendet werden.

§ 53b Abs. 5 (Kenntlichmachung von Hubladebühnen)
ist spätestens anzuwenden:
1. ab 1. Januar 1993 für Hubladebühnen an Fahrzeugen, die von diesem Tag an erstmals in den Verkehr kommen,

Inkrafttreten und Übergangsbestimmungen § 72 StVZO **3**

2. ab dem Tag der nächsten vorgeschriebenen Hauptuntersuchung (§ 29), die nach dem 1. Oktober 1993 durchzuführen ist, für Hubladebühnen an im Verkehr befindlichen Fahrzeugen,
3. ab 1. Oktober 1993 in Fällen gemäß § 53 b Abs. 5 Satz 7.

Jedoch dürfen Blinkleuchten und rot-weiße Warnmarkierungen für Hubladebühnen nach der bis zum 1. Juli 1993 geltenden Fassung des § 53 b Abs. 5 noch bis zum 31. Dezember 1993 feilgeboten oder veräußert werden; ihre Verwendung bleibt zulässig.

§ 53 d Abs. 2 (Ausrüstung mit Nebelschlußleuchten)
ist spätestens ab 1. Januar 1991 auf die von diesem Tage an erstmals in den Verkehr kommenden Fahrzeuge anzuwenden.

§ 53 d Abs. 4 (Schaltung der Nebelschlußleuchten)
ist spätestens ab 1. März 1985 auf die von diesem Tage an erstmals in den Verkehr kommenden Fahrzeuge anzuwenden.

§ 53 d Abs. 4 Satz 3 (Nebelschlußleuchten mit Fern- oder Abblendlicht)
ist spätestens ab 1. Oktober 1990 auf die von diesem Tage an erstmals in den Verkehr kommenden Fahrzeuge anzuwenden.

§ 53 d Abs. 5 (Nebelschlußleuchten, Farbe der Kontrolleuchte, Schalterstellung)
Bei den vor dem 1. Januar 1981 mit Nebelschlußleuchten ausgerüsteten
1. Kraftfahrzeugen darf die Kontrolleuchte grünes Licht ausstrahlen;
2. Krafträdern und Zugmaschinen mit offenem Führersitz darf die Einschaltung durch die Stellung des Schalters angezeigt werden.

§ 54 (Fahrtrichtungsanzeiger)
gilt nicht für Krafträder, die vor dem 1. Januar 1962 erstmals in den Verkehr gekommen sind.

§ 54 Abs. 1 a (Anbringung der Fahrtrichtungsanzeiger an beweglichen Fahrzeugteilen)
tritt in Kraft am 1. Januar 1987
für die von diesem Tage an erstmals in den Verkehr kommenden Fahrzeuge.

§ 54 Abs. 3 (Blinkleuchten für rotes Licht)
Statt der in § 54 Abs. 3 aufgeführten Blinkleuchten für gelbes Licht dürfen an den vor dem 1. Januar 1970 in den Verkehr gekommenen Fahrzeugen Blinkleuchten für rotes Licht angebracht sein, wie sie bisher nach § 54 Abs. 3 Nr. 2 Buchstabe b in der Fassung der Bekanntmachung vom 6. Dezember 1960 (Bundesgesetzbl. I S. 897) zulässig waren.

§ 54 Abs. 3 (Winker für gelbes Blinklicht und Pendelwinker)
Statt der in § 54 Abs. 3 vorgeschriebenen Blinkleuchten für gelbes Licht dürfen an den vor dem 1. April 1974 erstmals in den Verkehr gekommenen Fahrzeugen Winker für gelbes Blinklicht oder Pendelwinker für gelbes Dauerlicht angebracht sein, wie sie bisher nach § 54 Abs. 3 Nr. 3 in der Fassung der Bekanntmachung vom 6. Dezember 1960 (Bundesgesetzbl. I S. 897) zulässig waren.

§ 54 Abs. 4 Nr. 2 (an Krafträdern angebrachte Blinkleuchten)
ist spätestens ab dem 17. Juni 2003 auf die von diesem Tage an erstmals in den Verkehr kommenden Fahrzeuge anzuwenden. Auf Krafträder, die vor dem genannten Datum erstmals in den Verkehr kommen, bleibt § 54 Abs. 4 Nr. 2 in der vor dem 1. April 2000 geltenden Fassung anwendbar.

§ 54 Abs. 4 Nr. 5 (zusätzliche Blinkleuchten an den Längsseiten von mehrspurigen Fahrzeugen)
ist spätestens
1. ab 1. Januar 1992 auf erstmals in den Verkehr kommende Kraftfahrzeuge,
2. ab 1. Juli 1993 auf erstmals in den Verkehr kommende Sattelanhänger und
3. ab dem Tag der nächsten vorgeschriebenen Hauptuntersuchung (§ 29), die nach dem 1. Juli 1993 durchzuführen ist, auf andere Kraftfahrzeuge und Sattelanhänger
anzuwenden.

§ 54a (Innenbeleuchtung in Kraftomnibussen)
gilt nur für Kraftomnibusse, die bis zum 13. Februar 2005 erstmals in den Verkehr gekommen sind.

§ 55 Abs. 1 und 2 (Einrichtungen für Schallzeichen an Fahrrädern mit Hilfsmotor mit einer durch die Bauart bestimmten Höchstgeschwindigkeit von mehr als 25 km/h und Kleinkrafträdern)
tritt in Kraft am 1. Januar 1989
für die von diesem Tage an erstmals in den Verkehr kommenden Fahrzeuge. Andere Fahrräder mit Hilfsmotor mit einer durch die Bauart bestimmten Höchstgeschwindigkeit von mehr als 25 km/h und Kleinkrafträder müssen mit mindestens einer helltönenden Glocke ausgerüstet sein. Anstelle der Glocke dürfen entweder eine Hupe oder ein Horn angebracht sein, wenn eine ausreichende Stromversorgung aller Verbraucher sichergestellt ist.

§ 55 Abs. 2a (Einrichtungen für Schallzeichen an Kraftfahrzeugen nach § 30a Abs. 3)
ist spätestens anzuwenden ab dem 17. Juni 2003 für von diesem Tage an erstmals in den Verkehr kommende Fahrzeuge.

§ 55a Abs. 1 (Elektromagnetische Verträglichkeit)
ist anzuwenden:
1. ab dem 1. Januar 1998 für die Erteilung der Allgemeinen Betriebserlaubnis; ausgenommen sind Fahrzeugtypen, die vor dem 1. September 1997 gemäß der Richtlinie 72/306/EWG oder gegebenenfalls gemäß Erweiterungen dieser Typgenehmigung genehmigt wurden,
2. ab dem 1. Oktober 2002 für die von diesem Tage an erstmals in den Verkehr kommenden Fahrzeuge.
Für andere Kraftfahrzeuge mit Fremdzündungsmotor und für elektrisch angetriebene Fahrzeuge, die zwischen dem 1. Januar 1985 und dem 30. September 2002 erstmals in den Verkehr kommen, bleibt § 55a Abs. 1 in der vor dem 1. September 1997 geltenden Fassung anwendbar.

§ 55a Abs. 2 (Elektromagnetische Verträglichkeit bei Kraftfahrzeugen nach § 30a Abs. 3)
ist spätestens ab dem 17. Juni 2003 auf von diesem Tage an erstmals in den Verkehr kommende Fahrzeuge anzuwenden.

§ 56 Abs. 2 Nr. 2 (Außenspiegel auf der rechten Seite)
ist spätestens ab 1. Januar 1990 auf die von diesem Tage an erstmals in den Verkehr kommenden Kraftfahrzeuge anzuwenden. Auf Kraftfahrzeuge, die vor diesem Tage erstmals in den Verkehr gekommen sind, ist § 56 Abs. 1 Nr. 2 in der vor dem 1. Juli 1988 geltenden Fassung anzuwenden.

§ 56 Abs. 2 Nr. 5 (Rückspiegel von Kraftfahrzeugen nach § 30a Abs. 3)
ist spätestens ab dem 17. Juni 2003 auf die von diesem Tage an erstmals in den Verkehr kommenden Fahrzeuge anzuwenden. Auf Kraftfahrzeuge, die vor dem genannten Datum erstmals in den Verkehr kommen, bleibt § 56 Abs. 2 Nr. 5 und 6 in der vor dem 1. April 2000 geltenden Fassung anwendbar.

§ 56 Abs. 2 Nr. 6 (zweiter Rückspiegel)
ist spätestens ab 1. Januar 1990 auf die von diesem Tage an erstmals in den Verkehr kommenden Krafträder anzuwenden. Bei Krafträdern, die vor dem 1. Januar 1990 erstmals in den Verkehr gekommen sind, genügt ein Rückspiegel.

§ 56 Abs. 3 Nr. 1 (großwinkliger Rückspiegel)
ist anzuwenden auf Sattelzugmaschinen mit einem zulässigen Gesamtgewicht von mehr als 12,0 t sowie spätestens ab dem 1. Januar 1991 auf die von diesem Tage an erstmals in den Verkehr kommenden anderen Kraftfahrzeuge.

§ 56 Abs. 3 Nr. 2 (Anfahrspiegel)
ist nicht anzuwenden auf Kraftfahrzeuge mit einem zulässigen Gesamtgewicht von nicht mehr als 12,0 t, die vor dem 1. Januar 1991 erstmals in den Verkehr gekommen sind.

Inkrafttreten und Übergangsbestimmungen § 72 StVZO **3**

§ 56 Abs. 5 (Anbringungsstelle, Einstellung, Sichtfelder)
ist nicht auf die vor dem 1. Januar 1990 erstmals in den Verkehr gekommenen Kraftfahrzeuge anzuwenden.

§ 57 Abs. 1 Satz 1 (Geschwindigkeitsmeßgerät und Wegstreckenzähler)
ist nicht auf die vor dem 1. Januar 1989 erstmals in den Verkehr gekommenen Mofas anzuwenden.

§ 57 Abs. 2 Satz 2 (Geschwindigkeitsmeßgerät nach der Richtlinie 75/443/EWG)
ist spätestens ab 1. Januar 1991 auf die von diesem Tage an erstmals in den Verkehr kommenden Kraftfahrzeuge anzuwenden. Für Kraftfahrzeuge, die vor dem 1. Januar 1991 erstmals in den Verkehr gekommen sind, ist § 57 in der vor dem 1. August 1990 geltenden Fassung anzuwenden.

§ 57c Abs. 2 (Ausrüstung von Kraftfahrzeugen mit Geschwindigkeitsbegrenzern)
ist auf Kraftomnibusse mit einer zulässigen Gesamtmasse von bis zu 10 t sowie auf Lastkraftwagen, Zugmaschinen und Sattelzugmaschinen mit einer zulässigen Gesamtmasse von bis zu 12 t spätestens anzuwenden
1. für Fahrzeuge, die vom 1. Januar 2005 an in den Verkehr kommen, ab dem 1. Januar 2005,
2. für Kraftomnibusse mit einer zulässigen Gesamtmasse von bis zu 10 t, die zwischen dem 1. Oktober 2001 und dem 1. Januar 2005 in den Verkehr gekommen sind, ab dem 1. Januar 2006,
3. für Lastkraftwagen, Zugmaschinen und Sattelzugmaschinen mit einer zulässigen Gesamtmasse von bis zu 12 t, die nach der Richtlinie 88/77/EWG des Rates vom 3. Dezember 1987 zur Angleichung der Rechtsvorschriften der Mitgliedstaaten über Maßnahmen gegen die Emission gasförmiger und luftverunreinigender Partikel aus Selbstzündungsmotoren zum Antrieb von Fahrzeugen und die Emission gasförmiger Schadstoffe aus mit Erdgas oder Flüssiggas betriebenen Fremdzündungsmotoren zum Antrieb von Fahrzeugen (ABl. EG Nr. L 36 S. 33), zuletzt geändert durch die Richtlinie 2001/27/EG der Kommission vom 10. April 2001 (ABl. EG Nr. L 107 S. 10), genehmigt wurden und die zwischen dem 1. Oktober 2001 und dem 1. Januar 2005 in den Verkehr gekommen sind, ab dem 1. Januar 2006.

Kraftomnibusse mit einer zulässigen Gesamtmasse von mehr als 10 t sowie Lastkraftwagen, Zugmaschinen und Sattelzugmaschinen mit einer zulässigen Gesamtmasse von jeweils mehr als 12 t, die vor dem 1. Januar 1988 erstmals in den Verkehr gekommen sind, brauchen nicht mit einem Geschwindigkeitsbegrenzer ausgerüstet zu sein.

§ 57c Abs. 4 (Anforderungen an Geschwindigkeitsbegrenzer)
ist spätestens ab dem 1. Januar 1994 anzuwenden. Kraftfahrzeuge mit Geschwindigkeitsbegrenzern, die im Rahmen der Betriebserlaubnis des Kraftfahrzeugs genehmigt wurden, und Geschwindigkeitsbegrenzer mit einer Betriebserlaubnis nach § 22, die jeweils vor dem 1. Januar 1994 erstmals in den Verkehr gekommen sind, dürfen weiter verwendet werden.

§ 58 Abs. 2 (Ausgestaltung des Geschwindigkeitsschildes)
ist spätestens ab 1. Januar 1990 anzuwenden, jedoch nur auf Geschwindigkeitsschilder, die an Fahrzeugen angebracht werden, die von diesem Tage an erstmals in den Verkehr kommen. An anderen Fahrzeugen dürfen entsprechend der vor dem 1. Juli 1988 geltenden Fassung des § 58 ausgestaltete Geschwindigkeitsschilder angebracht sein.

§ 58 Abs. 3 Nr. 1 und 2 (Geschwindigkeitsschilder)
ist anzuwenden ab 1. Januar 1989 auf die von diesem Tage an erstmals in den Verkehr kommenden Fahrzeuge und am 1. Januar 1989 auf andere Kraftfahrzeuge.

§ 59 Abs. 1 (Fabrikschilder)
An Fahrzeugen, die vor dem 1. April 1952 erstmals in den Verkehr gekommen sind, genügen Fabrikschilder, die in folgenden Punkten von § 59 abweichen:
1. Die Angabe des Fahrzeugtyps kann fehlen.
2. Bei Anhängern braucht das zulässige Gesamtgewicht nicht angegeben zu sein.

3. Bei Kraftfahrzeugen kann das Fabrikschild an jeder Stelle des Fahrgestells angebracht sein, sofern es leicht zugänglich und gut lesbar ist.

An Fahrzeugen, die im Saarland in der Zeit vom 8. Mai 1945 bis zum 1. Januar 1961 erstmals in den Verkehr gekommen sind, genügen Fabrikschilder, die den Hersteller des Fahrzeugs angeben. § 59 gilt nicht für die vor dem 1. Januar 1957 (im Saarland: vor dem 1. Januar 1961) erstmals in den Verkehr gekommenen Fahrräder mit Hilfsmotor.

An den vor dem 1. Juli 1961 erstmals in den Verkehr gekommenen zulassungsfreien Anhängern in land- oder forstwirtschaftlichen Betrieben sind Angaben auf dem Fabrikschild über das zulässige Gesamtgewicht und die zulässigen Achslasten nicht erforderlich.

§ 59 Abs. 1a (Schilder nach der Richtlinie 76/114/EWG)

ist spätestens vom 1. Januar 1996 auf die von diesem Tage an auf Grund einer Allgemeinen Betriebserlaubnis oder einer EG-Typgenehmigung erstmals in den Verkehr kommenden Fahrzeuge anzuwenden. Für Fahrzeuge, die vor diesem Tag erstmals in den Verkehr gekommen sind, und für Fahrzeuge mit Einzelbetriebserlaubnis gilt § 59 Abs. 1 oder 2.

§ 59 Abs. 1b (Schilder nach Richtlinie 93/34/EWG des Rates)

ist spätestens ab dem 17. Juni 2003 auf Kraftfahrzeuge nach § 30a Abs. 3 anzuwenden, die von diesem Tage an erstmals in den Verkehr kommen.

§ 59 Abs. 2 (Fahrzeug-Identifizierungsnummer)

Satz 1 tritt in Kraft am 1. Oktober 1969, jedoch nur für die von diesem Tage an erstmals in den Verkehr kommenden Fahrzeuge. An Fahrzeugen, die vor dem 1. Oktober 1969 erstmals in den Verkehr gekommen sind, darf die Fahrzeug-Identifizierungsnummer an zugänglicher Stelle am vorderen Teil der rechten Seite des Fahrzeugs auch auf einem angenieteten Schild oder in anderer Weise dauerhaft angebracht sein.

§ 59a (Nachweis der Übereinstimmung)

ist spätestens anzuwenden ab dem Zeitpunkt der nächsten Hauptuntersuchung des Fahrzeugs, die nach dem 1. Oktober 2000 durchzuführen ist.

§ 60 Abs. 1 (Größe der Kennzeichenschilder an Krafträdern)

An Krafträdern, die vor dem 1. Juli 1958 (im Saarland: vor dem 1. Januar 1959) erstmals in den Verkehr gekommen sind, deren Hubraum 50 cm^3 übersteigt und bei denen das vorschriftsmäßige Anbringen und Beleuchten der Kennzeichen nach Muster c oder d der Anlage V außergewöhnlich schwierig ist, dürfen Kennzeichen nach Muster a der Anlage V verwendet werden.

§ 60 Abs. 1 Satz 2 (grüne amtliche Kennzeichen)

Soweit Kraftomnibusse, die überwiegend im Linienverkehr verwendet werden, amtliche Kennzeichen führen, deren Beschriftung grün auf weißem Grund ist, kann es dabei verbleiben, bis aus anderem Anlaß die Kennzeichen zu ändern sind. Soweit die in § 18 Abs. 4 genannten Fahrzeuge amtliche Kennzeichen führen, deren Beschriftung entgegen der Regelung in § 60 Abs. 1 Satz 2 schwarz auf weißem Grund ist, kann es dabei verbleiben, bis aus anderem Anlaß die Kennzeichenschilder zu ändern sind.

§ 60 Abs. 1 Satz 5 erster Halbsatz (Form, Größe und Ausgestaltung einschließlich Beschriftung der Euro-Kennzeichen)

ist spätestens ab dem 1. November 2000 auf Kraftfahrzeuge und Anhänger anzuwenden, die von diesem Tag ab erstmals in den Verkehr kommen oder aus anderem Anlaß mit einem neuen Kennzeichen ausgerüstet werden. Kennzeichen, die vor dem 1. November 2000 zugeteilt worden sind und in Form, Größe und Ausgestaltung § 60 Abs. 1 Satz 5 erster Halbsatz und Anlage V in der vor diesem Termin geltenden Fassung entsprechen, gelten weiter.

§ 60 Abs. 1a (Einführung reflektierender Kennzeichen)

ist ab 29. September 1989 auf Kraftfahrzeuge und Kraftfahrzeuganhänger anzuwenden, die von diesem Tage ab erstmals in den Verkehr kommen oder aus anderem Anlaß mit einem neuen Kennzeichen ausgerüstet werden.

Inkrafttreten und Übergangsbestimmungen § 72 StVZO **3**

Vor dem 1. Oktober 1976 abgestempelte Kennzeichen, die § 1 Abs. 1 der Siebzehnten Ausnahmeverordnung zur StVZO vom 4. März 1971 (BGBl. I S. 161) in der vor dem 20. September 1975 geltenden Fassung entsprechen, bleiben gültig; entsprechendes gilt für die an zulassungsfreien Anhängern nach § 60 Abs. 5 zu führenden Wiederholungskennzeichen, wenn sie vor dem 1. Oktober 1976 erstmals in den Verkehr gebracht wurden.

DIN-Prüf- und Überwachungszeichen mit der zugehörigen Registernummer, die nach Abschnitt 7 und 8 des Normblattes DIN 74069, Ausgabe September 1975, erteilt worden sind, bleiben bis zum Ablauf ihrer Gültigkeit wirksam; auf dieser Grundlage hergestellte Kennzeichen, die bis zum vorgenannten Ablaufdatum abgestempelt werden, bleiben gültig; entsprechendes gilt für die an zulassungsfreien Anhängern nach § 60 Abs. 5 zu führenden Wiederholungskennzeichen, wenn sie vor dem 1. August 1991 erstmals in den Verkehr gebracht werden.

§ 60 Abs. 2 Satz 5 (Mindestabstand der hinteren Kennzeichen von der Fahrbahn)
An Krafträdern, die vor dem 1. Juli 1958 (im Saarland: vor dem 1. Januar 1959) erstmals in den Verkehr gekommen sind, darf der Abstand des unteren Randes des hinteren Kennzeichens von der Fahrbahn wenn nötig bis auf 150 mm verringert werden. Bei Fahrrädern mit Hilfsmotor, die vor dem 1. März 1961 erstmals in den Verkehr gekommen sind, darf der untere Rand des hinteren Kennzeichens nicht weniger als 270 mm über der Fahrbahn liegen.

§ 60 Abs. 2 Satz 7 (größte Anbringungshöhe des hinteren Kennzeichens)
tritt in Kraft am 1. Januar 1983 für die von diesem Tage an erstmals in den Verkehr kommenden Fahrzeuge.

§ 61 (Halteeinrichtungen für Beifahrer und Ständer von zweirädrigen Kraftfahrzeugen nach § 30 a Abs. 3)
ist spätestens anzuwenden auf diese Kraftfahrzeuge, die ab 17. Juni 2003 erstmals in den Verkehr kommen. Andere Krafträder müssen mit einem Handgriff für Beifahrer ausgerüstet sein. Auf Kraftfahrzeuge, die vor dem genannten Datum erstmals in den Verkehr kommen, bleibt § 35 a Abs. 9 in der vor dem 1. April 2000 geltenden Fassung anwendbar.

§ 66 a Abs. 1 Satz 1 (Leuchten an Krankenfahrstühlen)
tritt in Kraft am 1. Januar 1981 für Krankenfahrstühle, die von diesem Tage an erstmals in den Verkehr gebracht werden.

Abschnitt „Ergänzungsbestimmungen" der Anlage V (Kennzeichen in fetter Engschrift)
Absatz 3 Satz 2 in der Fassung der Verordnung vom 30. Juli 1974 (Bundesgesetzbl. I S. 1629) tritt in Kraft am 1. Januar 1975, jedoch nur für Kennzeichen, die von diesem Tage ab erstmals verwendet werden.

Anlage VIII (Untersuchung der Fahrzeuge)
tritt in Kraft am 1. Dezember 1999. Bis zu diesem Datum gilt Anlage VIII (ausgenommen Nummer 7) in der vor dem 1. Juni 1998 geltenden Fassung.
Abweichend von Satz 1
1. können Fahrzeughalter, die bis zum 1. Juni 1998 nach Nummer 4.1 in Verbindung mit Nummer 6 der Anlage VIII in der vor diesem Zeitpunkt geltenden Fassung
   a) von der Pflicht zur Vorführung ihrer Fahrzeuge zu Hauptuntersuchungen bei einem Sachverständigen oder Prüfer befreit sind und diese selbst durchführen, auch weiterhin entsprechend diesen Vorschriften Hauptuntersuchungen an ihren Fahrzeugen im eigenen Betrieb durchführen. Für das Anerkennungsverfahren und die Aufsicht gilt Nummer 6 der Anlage VIII in der vor dem 1. Juni 1998 geltenden Fassung,
   oder
   b) Zwischenuntersuchungen und Bremsensonderuntersuchungen an ihren Fahrzeugen im eigenen Betrieb durchführen, auch weiterhin bis zum 1. Dezember 1999 diese Untersuchungen sowie ab diesem Zeitpunkt Sicherheitsprüfungen an ihren Fahrzeugen im eigenen Betrieb durchführen, wenn sie hierfür nach Anlage VIII c anerkannt sind,
2. können Untersuchungen durch Kraftfahrzeugwerkstätten, die bis zum 1. Juni 1998 nach den Vorschriften von Nummer 4.3 in Verbindung mit Nummer 6

der Anlage VIII in der vor diesem Zeitpunkt geltenden Fassung anerkannt sind, auch weiterhin entsprechend diesen Vorschriften durchgeführt werden. Für das Anerkennungsverfahren und die Aufsicht gilt Nummer 6 der Anlage VIII in der vor dem 1. Juni 1998 geltenden Fassung. Nummer 4.1 Satz 3 tritt am 18. September 2002 mit der Maßgabe in Kraft, dass bereits in Betrieb befindliche Prüfstellen nicht erneut oder nachträglich zur Anerkennung zu melden sind.

3. ist Nummer 2.1.6 ab dem 1. November 2003 mit der Maßgabe anzuwenden, dass
   1. an Wohnmobilen, für die bis zum 31. Oktober 2003 die Durchführung von Sicherheitsprüfungen vorgeschrieben war, die nach
      a) § 29 Abs. 2 Nr. 2 bisher vorgeschriebenen SP-Schilder und die Prüfmarken entfernt werden dürfen,
      b) § 29 Abs. 11 vorgeschriebene Pflicht zur Führung von Prüfbüchern entfällt,
   2. auf Antrag der Halter von Wohnmobilen, deren Untersuchungsfristen für die Durchführung von Hauptuntersuchungen durch die geänderten Vorschriften verlängert wurden, von den Zulassungsbehörden oder von den in Nummer 3.1.1 Anlage VIII genannten Personen neue Prüfplaketten entsprechend § 29 Abs. 2 Nr. 1 auf den amtlichen Kennzeichen angebracht und die Eintragung im Fahrzeugschein nach § 29 Abs. 6 Nr. 1 Buchstabe a entsprechend geändert werden dürfen.

Anlage VIIIb (Anerkennung von Überwachungsorganisationen)
Bis zum 1. Dezember 1999 erteilte Anerkennungen zur Durchführung von Hauptuntersuchungen (§ 29) sowie von Abnahmen (§ 19 Abs. 3 Nr. 3 oder 4) gelten auch für die Durchführung von Sicherheitsprüfungen. Die Organisation darf die von ihr mit der Durchführung von Hauptuntersuchungen betrauten Personen nur mit der Durchführung der Sicherheitsprüfungen betrauen, wenn diese Personen hierfür besonders ausgebildet worden sind; die Betrauung ist der nach 1. zuständigen Anerkennungsbehörde mitzuteilen. Die Nummern 2.1 sowie 2.1a sind hinsichtlich der gleichen Rechte und Pflichten nicht auf Überwachungsorganisationen anzuwenden, die vor dem 1. März 1999 amtlich anerkannt worden sind; für sie gilt Nummer 7.2.1 der Anlage VIII in der vor dem 1. Juni 1998 geltenden Fassung und tritt Nummer 2.1a hinsichtlich der Vorschrift, dass die Sachverständigen keiner anderen Organisation angehören dürfen, am 1. Januar 2000 in Kraft. Eine mittelbare Trägerschaft bei einer anderen Organisation ist zulässig, solange der Sachverständige und seine Angestellten nicht von dieser Organisation mit der Durchführung von Hauptuntersuchungen, Abgasuntersuchungen, Sicherheitsprüfungen und Abnahmen betraut sind. Die Nummer 6.4 tritt am 1. August 1999 in Kraft.

Anlage VIII c (Anerkennung von Kraftfahrzeugwerkstätten zur Durchführung von Sicherheitsprüfungen)
ist spätestens ab 1. Dezember 1999 anzuwenden.

Anlage VIII d (Untersuchungsstellen zur Durchführung von Hauptuntersuchungen und Sicherheitsprüfungen)
ist spätestens ab 1. Dezember 1999 anzuwenden.

Anlage XIX Abschnitt 1.1 Satz 2 (Angabe zum Verwendungsbereich und Hinweise für die Abnahme) und Abschnitt 2.1 Satz 2 (Hinweis auf Vorliegen eines Nachweises über das Qualitätssicherungssystem)
ist spätestens ab 1. Oktober 1997 auf Teilegutachten anzuwenden, die von diesem Tag an erstellt werden und auf Teilegutachten, die vor diesem Tag erstellt worden sind, für Teile, die ab diesem Tag hergestellt werden.

Muster
Fahrzeugbriefe, Fahrzeugscheine, Versicherungsbestätigungen, Mitteilungen nach § 29a, sowie Anzeigen und Bescheide nach § 29c, die anstelle des Wortes „Fahrzeug-Identifizierungsnummer" das Wort „Fahrgestellnummer" enthalten, dürfen weiter verwendet werden; Vordrucke dürfen aufgebraucht werden. Entsprechendes gilt für Nachweise nach Muster 1d, die anstelle des Wortes „Fahrzeug-Identifizierungsnummer" die Worte „Fabriknummer des Fahrgestells" enthalten; dies gilt ebenso für Nachweise nach Muster 1d, die anstelle des Wortes „Zulassungsbehörde" das Wort „Zulassungsstelle" enthalten.

Inkrafttreten und Übergangsbestimmungen § 72 StVZO **3**

Muster 2 a (Fahrzeugschein)
Fahrzeugscheine und Anhängerscheine, die
1. den Mustern 2, 2 a, 2 b, 3 und 3 a in der Fassung der Bekanntmachung vom 6. Dezember 1960 (BGBl. I S. 897) oder
2. den Mustern 2 a, 2 b und 3 in der Fassung der Verordnung vom 21. Juli 1969 (BGBl. I S. 845) oder Fahrzeugscheine, die
3. den Mustern 2 a und 2 b in der Fassung der Bekanntmachung vom 15. Juni 1974 (BGBl. I S. 3193) oder
4. den Mustern 2 a und 2 b in der Fassung der Bekanntmachung vom 28. September 1988 (BGBl. I S. 1793)

entsprechen, bleiben gültig. Fahrzeugscheine nach den in Nummer 4 genannten Mustern dürfen nur noch bis einschließlich 30. September 2005 ausgefertigt werden. Ein Umtausch in eine Zulassungsbescheinigung Teil I (Fahrzeugschein) ist erforderlich, wenn der Fahrzeugbrief durch eine Zulassungsbescheinigung Teil II (Fahrzeugbrief) ersetzt wird.

Muster 2 b (Fahrzeugbrief)
Fahrzeugbriefe, die durch eine Zulassungsbehörde vor dem 1. Oktober 2005 ausgefertigt worden sind, bleiben gültig. Ein Umtausch in eine Zulassungsbescheinigung Teil II (Fahrzeugbrief) ist erforderlich, wenn der Fahrzeugschein nach bisher gültigen Mustern durch eine Zulassungsbescheinigung Teil I (Fahrzeugschein) ersetzt wird.

Muster 2 c (Fahrzeugschein der Bundeswehr)
Fahrzeugscheine, die durch die Bundeswehr vor dem 1. Oktober 2005 ausgefertigt worden sind, bleiben gültig.

Muster 3 (Fahrzeugscheinheft für Fahrzeuge mit roten Kennzeichen) und Muster 4 (Fahrzeugschein für Fahrzeuge mit Kurzzeitkennzeichen) treten am 1. Mai 1998 in Kraft. Vordrucke, die dem Muster 3 in der vor dem 14. März 1998 geltenden Fassung entsprechen, dürfen für Fahrzeuge mit roten Kennzeichen aufgebraucht werden. Vordrucke, die dem Muster 3 oder dem Muster 4 in der vor dem 1. Oktober 2002 geltenden Fassung dieser Verordnung entsprechen, dürfen aufgebraucht werden. Vordrucke, die dem Muster 3 oder dem Muster 4 in der vor dem 1. Oktober 2005 geltenden Fassung dieser Verordnung entsprechen, dürfen aufgebraucht werden.

Muster 6 (Versicherungsbestätigung, Mitteilung), Muster 6 a (Mitteilung) und Muster 9 (Anzeige, Bescheid)
Vordrucke, die den Mustern 6, 6 a oder 9 in der vor dem 18. September 2002 geltenden Fassung dieser Verordnung entsprechen, dürfen bis spätestens 31. März 2003 aufgebraucht werden, sofern die Spalte „Versicherungssumme für Personenschäden" gestrichen ist.

Muster 7 (Versicherungsbestätigung), Muster 8 (Versicherungsbestätigung, Mitteilung), Muster 8 a (Versicherungsbestätigung, Mitteilung), Muster 9 (Anzeige, Bescheid), Muster 10 (Anzeige, Bescheid) und Muster 12 (Verwertungsnachweis)
Die Vordrucke, die den Mustern 7, 8, 8 a, 9, 10 und 12 in der vor dem 18. September 2002 geltenden Fassung entsprechen, dürfen bis spätestens 31. März 2003 aufgebraucht werden.

Begr zur ÄndVO v 15. 1. 80 (VBl **80** 147): 1

Zu § 72. Die Fristen sind entsprechend den z. Z. übersehbaren Möglichkeiten zur Durchführung der Vorschriften festgelegt worden.

Zu § 72 zu § 67 Abs. 7. Aus der Bundesrats- Drucksache 508/79 (Beschluß): Es steht zu erwarten, daß in Zukunft ausschließlich Reifen mit ringförmig zusammenhängenden retroreflektierenden weißen Streifen hergestellt werden. Bei Reifenerneuerung können daher nur noch reflektierende Reifen verwendet werden. Die Festlegung eines Umrüstungstermins ist daher entbehrlich ...

Begr zur ÄndVO v. 7. 6. 82 (VBl **82** 238) zu Anlage VII (Hauptuntersuchung): *Durch diese Verordnung ist beabsichtigt, den Untersuchungszeitraum für die erste Hauptuntersuchung erstmals in den Verkehr gekommener Personenkraftwagen von bisher 2 Jahren auf 3 Jahre zu verlängern ...*

1. „Erstmals in den Verkehr gekommen": Die Übergangsvorschrift gewährt Karenzzeit, damit fabrikneue, noch nicht abgesetzte Fze, jedoch uU auch ältere, gebrauchte 2

3 StVZO § 73 Anhang

beim Erlaß neuer Vorschriften nicht sofort umgerüstet werden müssen. Maßgebend muß deshalb sein, wann das Fz erstmals im öffentlichen Verkehr als Verbrauchsgut mit der dafür erforderlichen Zulassung verwendet worden ist, also mit schwarzem, grünem oder Sonderkennzeichen, im Inland oder Ausland, S *Jagow* VD **89** 50. Hierunter fallen also auch zB VorführFze des Handels und ausgesonderte DienstFze, s BMV VBl **62** 66. Unberücksichtigt bleiben Benutzung in nichtöffentlichem VRaum (zB Werksgelände) sowie Probe-, Prüfungs- und Überführungsfahrten, s BMV VBl **90** 115, weil sie die spätere Benutzung als Verbrauchsgut erst vorbereiten, s *Jagow* VD **89** 51. Entscheidet bei zulassungspflichtigen Fzen der Tag der Zulassung, so tritt bei zulassungsfreien Fzen an dessen Stelle der Tag der Inbetriebnahme des Fzs im öffentlichen Verkehr, *Jagow* VD **89** 50. Zur Gültigkeit des § 72, BVG VRS **28** 399.

Anlagen zur StVZO: Beck-Loseblattwerk „Straßenverkehrsrecht".

Muster zur StVZO: Beck-Loseblattwerk „Straßenverkehrsrecht".
Die Muster 1, 1a, 1b, 1c, 1e, 4, 5 und 11 sind aufgehoben.

Technische Festlegungen

73 [1] Soweit in dieser Verordnung auf DIN- oder ISO-Normen Bezug genommen wird, sind diese im Beuth Verlag GmbH, Burggrafenstraße 6, 10787 Berlin, VDE-Bestimmungen auch im VDE-Verlag, Bismarckstr. 33, 10625 Berlin, erschienen. [2] Sie sind beim Deutschen Patent- und Markenamt in München archivmäßig gesichert niedergelegt.

1   **Begr** (VBl **88** 478): *Sofern in dieser Verordnung auf Normen hingewiesen wurde, ist in den einzelnen Paragraphen in einem gesonderten Absatz darauf hingewiesen worden, wo diese Normen zu beziehen sind und wo sie archivmäßig gesichert niedergelegt werden. Nunmehr soll dies gesondert in § 73 geregelt werden. Aus diesen Gründen können die entsprechenden Hinweise in § 35h Abs. 4 (alt) in § 55a Abs. 3 und in § 59 Abs. 4 gestrichen werden.*

2   Zur Gültigkeit von Verweisungen auf DIN-Normen: s **E** 5 sowie § 35h Rz 3. Soweit sich der Inhalt von OW-Tatbeständen nur mit Hilfe einer (vom Betroffenen zu beschaffenden) in der StVZO in Bezug genommenen DIN-Norm oder VDE-Bestimmung feststellen läßt, bestehen Zweifel am Vorliegen hinreichender Bestimmtheit iS von § 3 OWiG.

Anhang

Zur Vorschrift des/der	sind folgende Bestimmungen anzuwenden:	
§ 30a Abs. 1a	Kapitel 7	der Richtlinie 97/24/EG des Europäischen Parlaments und des Rates vom 17. Juni 1997 über bestimmte Bauteile und Merkmale von zweirädrigen oder dreirädrigen Kraftfahrzeugen (ABl. EG Nr. L 226 S. 1), geändert durch die a) Berichtigung vom 17. Juni 1997 (ABl. EG Nr. L 65 vom 5. März 1998, S. 35).
§ 30a Abs. 3	Anhang I, Anlage 1, Anhang II, Anlage 1, Anlage 2 mit Unteranlage 1, Anlage 3	der Richtlinie 95/1/EG des Europäischen Parlaments und des Rates vom 2. Februar 1995 zur Angleichung der Rechtsvorschriften der Mitgliedstaaten über die bauartbedingte Höchstgeschwindigkeit sowie das maximale Drehmoment und die maximale Nutzleistung des Motors von zweirädrigen und dreirädrigen Kraftfahrzeugen (ABl. EG Nr. L 52 S. 1), geändert durch die a) Richtlinie 2002/41/EG der Kommission vom 17. Mai 2002 (ABl. EG Nr. L 133 S. 17).

Zur Vorschrift des/der	sind folgende Bestimmungen anzuwenden:		
§ 30c Abs. 2	Anhang I, Nr. 1, 2, 5 und 6, Anhang II	der Richtlinie 74/483/EWG des Rates vom 17. September 1974 zur Angleichung der Rechtsvorschriften der Mitgliedstaaten über die vorstehenden Außenkanten bei Kraftfahrzeugen (ABl. EG Nr. L 266 S. 4), geändert durch die a) Richtlinie 79/488/EWG der Kommission vom 18. April 1979 (ABl. EG Nr. L 128 S. 1), b) Richtlinie 87/354/EWG des Rates vom 25. Juni 1987 (ABl. EG Nr. L 192 S. 43).	
§ 30c Abs. 3	Kapitel 3 Anhänge I und II	der Richtlinie 97/24/EG des Europäischen Parlaments und des Rates vom 17. Juni 1997 über bestimmte Bauteile und Merkmale von zweirädrigen oder dreirädrigen Kraftfahrzeugen (ABl. EG Nr. L 226 S. 1).	
§ 30d Abs. 1, 2, 3	Anhänge I bis VI, VIII, IX	der Richtlinie 2001/85/EG des Europäischen Parlaments und des Rates vom 20. November 2001 über besondere Vorschriften für Fahrzeuge der Personenbeförderung mit mehr als acht Sitzplätzen außer dem Fahrersitz und zur Änderung der Richtlinien 70/156/EWG und 97/27/EG (ABl. EG 2002 Nr. L 42 S. 1).	
§ 30d Abs. 4	Anhang VII	der Richtlinie 2001/85/EG des Europäischen Parlaments und des Rates vom 20. November 2001 über besondere Vorschriften für Fahrzeuge zur Personenbeförderung mit mehr als acht Sitzplätzen außer dem Fahrersitz und zur Änderung der Richtlinien 70/156/EWG und 97/27/EG (ABl. EG 2002 Nr. L 42 S. 1).	
§ 32b Abs. 4	Anhang II	der Richtlinie 2000/40/EG des Europäischen Parlaments und des Rates vom 26. Juni 2000 zur Angleichung der Rechtsvorschriften der Mitgliedstaaten über den vorderen Unterfahrschutz von Kraftfahrzeugen und zur Änderung der Richtlinie 70/156/EWG des Rates (ABl. EG Nr. L 203 S. 9).	
§ 32c Abs. 4	Anhang	der Richtlinie 89/297/EWG des Rates vom 13. April 1989 zur Angleichung der Rechtsvorschriften der Mitgliedstaaten über seitliche Schutzvorrichtungen (Seitenschutz) bestimmter Kraftfahrzeuge und Kraftfahrzeuganhänger (ABl. EG Nr. L 124 S. 1).	
§ 34 Abs. 5a	Anhang Nummer 3.2 bis 3.2.3.4.2	der Richtlinie 93/93/EWG des Rates vom 29. Oktober 1993 über Massen und Abmessungen von zweirädrigen oder dreirädrigen Kraftfahrzeugen (ABl. EG Nr. L 311 S. 76).	
§ 34 Abs. 10	Anhang II	der Richtlinie 85/3/EWG des Rates vom 19. Dezember 1984 über die Gewichte, Abmessungen und bestimmte andere technische Merkmale bestimmter Fahrzeuge des Güterkraftverkehrs (ABl. EG Nr. L 2 S. 14), geändert durch die a) Richtlinie 86/360/EWG des Rates vom 24. Juli 1986 (ABl. EG Nr. L 217 S. 19), b) Richtlinie 88/218/EWG des Rates vom 11. April 1988 (ABl. EG Nr. L 98 S. 48), c) Richtlinie 89/338/EWG des Rates vom 27. April 1989 (ABl. EG Nr. L 142 S. 3),	

Zur Vorschrift des/der	sind folgende Bestimmungen anzuwenden:	
		d) Richtlinie 89/460/EWG des Rates vom 18. Juli 1989 (ABl. EG Nr. L 226 S. 5), e) Richtlinie 89/461/EWG des Rates vom 18. Juli 1989 (ABl. EG Nr. L 226 S. 7).
§ 34 Abs. 11	Anhang IV	der Richtlinie 97/27/EG des Europäischen Parlaments und des Rates vom 22. Juli 1997 über die Massen und Abmessungen bestimmter Klassen von Kraftfahrzeugen und Kraftfahrzeuganhängern und zur Änderung der Richtlinie 70/156/EWG (ABl. EG Nr. L 233 S. 1), geändert durch die a) Richtlinie 2003/19/EG der Kommission vom 21. März 2003 (ABl. EU Nr. L 79 S. 6).
§ 35a Abs. 2	Anhang I, Abschnitt 6, Anhang II, III und IV	der Richtlinie 74/408/EWG des Rates vom 22. Juli 1974 zur Angleichung der Rechtsvorschriften der Mitgliedstaaten über die Innenausstattung der Kraftfahrzeuge (Widerstandsfähigkeit der Sitze und ihrer Verankerung) (ABl. EG Nr. L 221 S. 1), geändert durch die a) Richtlinie 81/577/EWG des Rates vom 20. Juli 1981 (ABl. EG Nr. L 209 S. 34), b) Richtlinie 96/37/EG der Kommission vom 17. Juni 1996 (ABl. EG Nr. L 186 S. 28, Nr. L 214 S. 27, Nr. L 221 S. 71).
§ 35a Abs. 3, 6 und 7	Anhang I, Abschnitt 1, 4 und 5 Anhang II und III	der Richtlinie 76/115/EWG des Rates vom 18. Dezember 1975 zur Angleichung der Rechtsvorschriften der Mitgliedstaaten über die Verankerungen der Sicherheitsgurte in Kraftfahrzeugen (ABl. EG 1976 Nr. L 24 S. 6), geändert durch die a) Richtlinie 81/575/EWG des Rates vom 20. Juli 1981 (ABl. EG Nr. L 209 S. 30), b) Richtlinie 82/318/EWG der Kommission vom 2. April 1982 (ABl. EG Nr. L 139 S. 9), c) Richtlinie 90/629/EWG der Kommission vom 30. Oktober 1990 (ABl. EG Nr. L 341 S. 14), d) Richtlinie 96/38/EG der Kommission vom 17. Juni 1996 (ABl. EG Nr. L 187 S. 95, 1997 Nr. L 76 S. 35).
§ 35a Abs. 4, 6, 7 und 12	Anhang I, Abschnitte 1 und 3, Anhänge XV und XVII	der Richtlinie 77/541/EWG des Rates vom 28. Juni 1977 zur Angleichung der Rechtsvorschriften der Mitgliedstaaten über Sicherheitsgurte und Haltesysteme für Kraftfahrzeuge (ABl. EG Nr. L 220 S. 95), geändert durch die a) Beitrittsakte vom 24. Mai 1979 (ABl. EG Nr. L 291 S. 110), b) Richtlinie 81/576/EWG des Rates vom 20. Juli 1981 (ABl. EG Nr. L 209 S. 32), c) Richtlinie 82/319/EWG der Kommission vom 2. April 1982 (ABl. EG Nr. L 139 S. 17, Nr. L 209 S. 48), d) Beitrittsakte vom 11. Juni 1985 (ABl. EG Nr. L 302 S. 211), e) Richtlinie 87/354/EWG des Rates vom 25. Juni 1987 (ABl. EG Nr. L 192 S. 43), f) Richtlinie 90/628/EWG der Kommission vom 30. Oktober 1990 (ABl. EG Nr. L 341 S. 1), g) EWR-Abkommen vom 2. Mai 1992 (ABl. EG 1994 Nr. L 1 S. 1),

Zur Vorschrift des/der	sind folgende Bestimmungen anzuwenden:	
		h) Richtlinie 96/36/EG der Kommission vom 17. Juni 1996 (ABl. EG Nr. L 178 S. 15), i) Richtlinie 2000/3/EG der Kommission vom 22. Februar 2000 (ABl. EG Nr. L 53 S. 1).
§ 35a Abs. 11	Kapitel 11 Anhang I bis IV und VI	der Richtlinie 97/24/EG des Europäischen Parlaments und des Rates vom 17. Juni 1997 über bestimmte Bauteile und Merkmale von zweirädrigen oder dreirädrigen Kraftfahrzeugen (ABl. EG Nr. L 226 S. 1).
§ 35j	Anhänge IV bis VI	der Richtlinie 95/28/EG des Europäischen Parlaments und des Rates vom 24. Oktober 1995 über das Brennverhalten von Werkstoffen der Innenausstattung bestimmter Kraftfahrzeugklassen (ABl. EG Nr. L 281 S. 1).
§ 36 Abs. 1a	Anhänge II und IV	der Richtlinie 92/23/EWG des Rates vom 31. März 1992 über Reifen von Kraftfahrzeugen und Kraftfahrzeuganhängern und über ihre Montage (ABl. EG Nr. L 129 S. 95),
	Abschnitte 1, 2, 3 und 6, Anhänge 3 bis 7	der Revision 1 der ECE-Regelung Nr. 30 über einheitliche Bedingungen für die Genehmigung der Luftreifen für Kraftfahrzeuge und Anhänger vom 9. März 1995 (BGBl. 1995 II S. 228),
	Abschnitte 1, 2, 3 und 6, Anhänge 3 bis 8	der ECE-Regelung Nr. 54 über einheitliche Bedingungen für die Genehmigung der Luftreifen für Nutzfahrzeuge und ihre Anhänger vom 20. Juni 1986 (BGBl. 1986 II S. 718),
	Abschnitte 1, 2, 3 und 6, Anhänge 3 bis 9 Kapitel 1 Anhang II Anhang III (ohne Anlagen)	der ECE-Regelung Nr. 75 über einheitliche Bedingungen für die Genehmigung der Luftreifen für Krafträder vom 25. Februar 1992 (BGBl. 1992 II S. 184), der Richtlinie 97/24/EG des Europäischen Parlaments und des Rates vom 17. Juni 1997 über bestimmte Bauteile und Merkmale von zweirädrigen oder dreirädrigen Kraftfahrzeugen (ABl. EG Nr. L 226 S. 1).
§ 38 Abs. 2	Anhänge I, III, IV, V	der Richtlinie 70/311/EWG des Rates vom 8. Juni 1970 zur Angleichung der Rechtsvorschriften der Mitgliedstaaten über die Lenkanlagen von Kraftfahrzeugen und Kraftfahrzeuganhängern (ABl. EG Nr. L 133 S. 10), geändert durch die a) Berichtigung der Richtlinie 70/311/EWG (ABl. EG Nr. L 196 S. 14), b) Beitrittsakte vom 22. Januar 1972 (ABl. EG Nr. L 73 S. 116), c) Richtlinie 92/62/EWG vom 2. Juli 1992 (ABl. EG Nr. L 199 S. 33).
§ 38 Abs. 3	Anhang	der Richtlinie 75/321/EWG des Rates vom 20. Mai 1975 zur Angleichung der Rechtsvorschriften der Mitgliedstaaten über die Lenkanlage von land- oder forstwirtschaftlichen Zugmaschinen auf Rädern (ABl. EG Nr. L 147 S. 24), geändert durch die a) Richtlinie 82/890/EWG vom 17. Dezember 1982 (ABl. EG Nr. L 378 S. 45), b) Berichtigung der Richtlinie 82/890/EWG (ABl. EG Nr. L 118 S. 42), c) Richtlinie 88/411/EWG vom 21. Juni 1988 (ABl. EG Nr. L 200 S. 30),

Zur Vorschrift des/der	sind folgende Bestimmungen anzuwenden:	
		d) Richtlinie 97/54/EG vom 23. September 1997 (ABl. EG Nr. L 277 S. 24), e) Richtlinie 98/39/EG vom 5. Juni 1998 (ABl. EG Nr. L 170 S. 15).
§ 38a Abs. 1	Anhänge IV und V	der Richtlinie 74/61/EWG des Rates vom 17. Dezember 1973 zur Angleichung der Rechtsvorschriften der Mitgliedstaaten über die Sicherungseinrichtungen gegen unbefugte Benutzung von Kraftfahrzeugen (ABl. EG Nr. L 38 S. 22), geändert durch die Richtlinie 95/56/EG der Kommission vom 8. November 1995 (ABl. EG Nr. L 286 S. 1),
§ 38a Abs. 2	Anhänge I und II	der Richtlinie 93/33/EWG des Rates vom 14. Juni 1993 über die Sicherungseinrichtung gegen unbefugte Benutzung von zweirädrigen oder dreirädrigen Kraftfahrzeugen (ABl. EG Nr. L 188 S. 32), geändert durch die a) Richtlinie 1999/23/EG der Kommission vom 9. April 1999 (ABl. EG Nr. L 104 S. 13).
§ 38b	Anhang VI	der Richtlinie 74/61/EWG des Rates vom 17. Dezember 1973 zur Angleichung der Rechtsvorschriften der Mitgliedstaaten über die Sicherungseinrichtung gegen unbefugte Benutzung von Kraftfahrzeugen (ABl. EG Nr. L 38 S. 22), geändert durch die a) Richtlinie 95/56/EG der Kommission vom 8. November 1995 (ABl. EG Nr. L 286 S. 1), b) Berichtigung der Richtlinie 95/56/EG (ABl. EG Nr. L 103 S. 38).
§ 39a Abs. 1	Anhänge I bis IV	der Richtlinie 78/316/EWG des Rates vom 21. Dezember 1977 zur Angleichung der Rechtsvorschriften der Mitgliedstaaten über die Innenausstattung der Kraftfahrzeuge (Kennzeichnung der Betätigungseinrichtungen, Kontrolleuchten und Anzeiger) (ABl. EG Nr. L 81 S. 3), geändert durch die a) Richtlinie 93/91/EWG der Kommission vom 29. Oktober 1993 (ABl. EG Nr. L 284 S. 25), b) Richtlinie 94/53/EG der Kommission vom 15. November 1994 (ABl. EG Nr. L 299 S. 26).
§ 39a Abs. 2	Anhang I	der Richtlinie 93/29/EWG des Rates vom 14. Juni 1993 über die Kennzeichnung der Betätigungseinrichtungen, Kontrolleuchten und Anzeiger von zweirädrigen und dreirädrigen Kraftfahrzeugen (ABl. EG Nr. L 188 S. 1).
§ 39a Abs. 3	Anhänge II bis IV	der Richtlinie 86/415/EWG des Rates vom 24. Juli 1986 über Einbau, Position, Funktionsweise und Kennzeichnung der Betätigungseinrichtungen von land- oder forstwirtschaftlichen Zugmaschinen auf Rädern (ABl. EG Nr. L 240 S. 1), geändert durch die Richtlinie 97/54/EG des Europäischen Parlaments und des Rates vom 23. September 1997 (ABl. EG Nr. L 277 S. 24).
§ 40 Abs. 3	Kapitel 12 Anhang I (ohne Anlagen) Anhang II, Anlage 1 und 2	der Richtlinie 97/24/EG des Europäischen Parlaments und des Rates vom 17. Juni 1997 über bestimmte Bauteile und Merkmale von zweirädrigen oder dreirädrigen Kraftfahrzeugen (ABl. EG Nr. L 226 S. 1).

Anhang   StVZO 3

Zur Vorschrift des/der	sind folgende Bestimmungen anzuwenden:	
§ 41 Abs. 18 § 41 b	Anhänge I bis VIII, X bis XII und XV	der Richtlinie 71/320/EWG des Rates vom 26. Juli 1971 zur Angleichung der Rechtsvorschriften der Mitgliedstaaten über die Bremsanlagen bestimmter Klassen von Kraftfahrzeugen und deren Anhängern (ABl. EG Nr. L 202 S. 37), geändert durch die a) Richtlinie 74/132/EWG der Kommission vom 11. Februar 1974 (ABl. EG Nr. L 74 S. 7), b) Richtlinie 75/524/EWG der Kommission vom 25. Juli 1975 (ABl. EG Nr. L 236 S. 3), c) Richtlinie 79/489/EWG der Kommission vom 18. April 1979 (ABl. EG Nr. L 128 S. 12), d) Richtlinie 85/647/EWG der Kommission vom 23. Dezember 1985 (ABl. EG Nr. L 380 S. 1), e) Richtlinie 88/194/EWG der Kommission vom 24. März 1988 (ABl. EG 1988 Nr. L 92 S. 47), f) Richtlinie 91/422/EWG der Kommission vom 15. Juli 1991 (ABl. EG Nr. L 233 S. 21), g) Richtlinie 98/12/EG der Kommission vom 27. Januar 1998 (ABl. EG Nr. L 81 S. 1).
§ 41 Abs. 19	Anhang	der Richtlinie 93/14/EWG des Rates vom 5. April 1993 über Bremsanlagen für zweirädrige oder dreirädrige Kraftfahrzeuge (ABl. EG Nr. L 121 S. 1).
§ 41 Abs. 20	Anhänge I bis IV	der Richtlinie 76/432/EWG des Rates vom 6. April 1976 zur Angleichung der Rechtsvorschriften der Mitgliedstaaten über die Bremsanlagen von land- und forstwirtschaftlichen Zugmaschinen auf Rädern (ABl. EG Nr. L 122 S. 1), geändert durch die a) Richtlinie 82/890/EWG des Rates vom 17. Dezember 1982 (ABl. EG Nr. L 378 S. 45), b) Berichtigung der Richtlinie 82/890/EWG (ABl. EG Nr. L 118 S. 42), c) Richtlinie 96/63/EG der Kommission vom 30. September 1996 (ABl. EG Nr. L 253 S. 13), d) Richtlinie 97/54/EG des Europäischen Parlaments und des Rates vom 23. September 1997 (ABl. EG Nr. L 277 S. 24).
§ 41 a Abs. 3		Richtlinie 87/404/EWG des Rates vom 25. Juni 1987 zur Angleichung der Rechtsvorschriften der Mitgliedstaaten für einfache Druckbehälter (ABl. EG Nr. L 220 S. 48, 1990 Nr. L 31 S. 46), geändert durch die a) Richtlinie 90/488/EWG des Rates vom 17. September 1990 (ABl. EG Nr. L 270 S. 25), b) Richtlinie 93/68/EWG des Rates vom 22. Juli 1993 (ABl. EG Nr. L 220 S. 1).
§ 43 Abs. 5	Kapitel 10 Anhang I, Anlage 1 bis 3	der Richtlinie 97/24/EG des Europäischen Parlaments und des Rates vom 17. Juni 1997 über bestimmte Bauteile und Merkmale von zweirädrigen oder dreirädrigen Kraftfahrzeugen (ABl. EG Nr. L 226 S. 1).
§ 45 Abs. 4	a) Anhang I Anlage 1 und 2	der Richtlinie 70/221/EWG des Rates vom 20. März 1970 über die Behälter für flüssigen Kraftstoff und den Unterfahrschutz von Kraftfahrzeugen und Kraftfahrzeuganhängern (ABl. EG Nr. L 76 S. 23), geändert durch die

1277

Zur Vorschrift des/der	sind folgende Bestimmungen anzuwenden:	
	b) Kapitel 6 Anhang I Anlage 1 Anhang II (ohne Anlagen)	a) Richtlinie 79/490/EWG der Kommission vom 18. April 1979 (ABl. EG Nr. L 128 S. 22), b) Richtlinie 81/333/EWG der Kommission vom 13. April 1981 (ABl. EG Nr. L 131 S. 4), c) Richtlinie 97/19/EWG der Kommission vom 18. April 1997 (ABl. EG Nr. L 125 S. 1), d) Richtlinie 2000/8/EG des Europäischen Parlaments und des Rates vom 20. März 2000 (ABl. EG Nr. L 106 S. 7), der Richtlinie 97/24/EG des Europäischen Parlaments und des Rates vom 17. Juni 1997 über bestimmte Bauteile und Merkmale von zweirädrigen oder dreirädrigen Kraftfahrzeugen (ABl. EG Nr. L 226 S. 1).
§ 47 Abs. 1	Artikel 1 bis 7 Anhänge	der Richtlinie 70/220/EWG des Rates vom 20. März 1970 zur Angleichung der Rechtsvorschriften der Mitgliedstaaten über Maßnahmen gegen die Verunreinigung der Luft durch Emissionen von Kraftfahrzeugmotoren (ABl. EG Nr. L 76 S. 1), geändert durch die a) Beitrittsakte vom 22. Januar 1972 (ABl. EG Nr. L 73 S. 115), b) Richtlinie 74/290/EWG des Rates vom 28. Mai 1974 (ABl. EG Nr. L 159 S. 61), c) Richtlinie 77/102/EWG der Kommission vom 30. November 1976 (ABl. EG Nr. L 32 S. 32), d) Richtlinie 78/665/EWG der Kommission vom 14. Juli 1978 (ABl. EG Nr. L 223 S. 48), e) Richtlinie 83/351/EWG des Rates vom 16. Juni 1983 (ABl. EG Nr. L 197 S. 1), f) Richtlinie 88/76/EWG des Rates vom 3. Dezember 1987 (ABl. EG 1988 Nr. L 36 S. 1), g) Richtlinie 88/436/EWG des Rates vom 16. Juni 1988 (ABl. EG Nr. L 214 S. 1), h) Berichtigung der Richtlinie 88/436/EWG (ABl. EG Nr. L 303 S. 36), i) Richtlinie 89/491/EWG der Kommission vom 17. Juli 1989 (ABl. EG Nr. L 238 S. 43), j) Richtlinie 89/458/EWG des Rates vom 18. Juli 1989 (ABl. EG Nr. L 226 S. 1), k) Berichtigung der Richtlinie 89/458/EWG (ABl. EG Nr. L 270 S. 16), l) Richtlinie 91/441/EWG des Rates vom 26. Juni 1991 (ABl. EG Nr. L 242 S. 1), m) Richtlinie 93/59/EWG des Rates vom 28. Juni 1993 (ABl. EG Nr. L 186 S. 21), n) Richtlinie 94/12/EG des Europäischen Parlaments und des Rates vom 23. März 1994 (ABl. EG Nr. L 100 S. 42), o) Richtlinie 96/44/EG der Kommission vom 1. Juli 1996 (ABl. EG Nr. L 210 S. 25), p) Richtlinie 96/69/EG des Europäischen Parlaments und des Rates vom 8. Oktober 1996 (ABl. EG Nr. L 282 S. 64), q) Berichtigung vom 8. Oktober 1996 (ABl. EG Nr. L 83 S. 23), r) Richtlinie 98/77/EG der Kommission vom 2. Oktober 1998 (ABl. EG Nr. L 286 S. 34), s) Richtlinie 98/69/EG des Europäischen Parlaments und des Rates vom 13. Oktober 1998 (ABl. EG Nr. L 350 S. 1),

Zur Vorschrift des/der	sind folgende Bestimmungen anzuwenden:		
		t) Berichtigung vom 21. April 1999 (ABl. EG Nr. L 104 S. 31), u) Richtlinie 1999/102/EG der Kommission vom 15. Dezember 1999 (ABl. EG Nr. L 334 S. 43), v) Richtlinie 2001/1/EG des Europäischen Parlaments und des Rates vom 22. Januar 2001 (ABl. EG Nr. L 35 S. 34), w) Richtlinie 2001/100/EG des Europäischen Parlaments und des Rates vom 7. Dezember 2001 (ABl. EG Nr. L 16 S. 32), x) Richtlinie 2002/80/EG der Kommission vom 3. Oktober 2002 (ABl. EG Nr. L 291 S. 20), y) Richtlinie 2003/76/EG der Kommission vom 11. August 2003 (ABl. EU Nr. L 206 S. 29).	
§ 47 Abs. 2	a) Artikel 1 bis 6 Anhänge I bis X	der Richtlinie 72/306/EWG des Rates vom 2. August 1972 zur Angleichung der Rechtsvorschriften der Mitgliedstaaten über Maßnahmen gegen die Emission verunreinigender Stoffe aus Dieselmotoren zum Antrieb von Fahrzeugen (ABl. EG Nr. L 190 S. 1), geändert durch die Richtlinie 89/491/EWG der Kommission vom 17. Juli 1989 (ABl. EG Nr. L 238 S. 43),	
	b) Artikel 1 bis 6 Anhänge I bis VIII	der Richtlinie 72/306/EWG des Rates vom 2. August 1972 zur Angleichung der Rechtsvorschriften der Mitgliedstaaten über Maßnahmen gegen die Emission verunreinigender Stoffe aus Dieselmotoren zum Antrieb von Fahrzeugen (ABl. EG Nr. L 190 S. 1), geändert durch die Richtlinie 97/20/EG der Kommission vom 18. April 1997 (ABl. EG Nr. L 125 S. 21).	
§ 47 Abs. 6	Artikel 1 bis 7 Anhänge	der Richtlinie 88/77/EWG des Rates vom 3. Dezember 1987 zur Angleichung der Rechtsvorschriften der Mitgliedstaaten über Maßnahmen gegen die Emission gasförmiger Schadstoffe und luftverunreinigender Partikel aus Selbstzündungsmotoren zum Antrieb von Fahrzeugen und die Emission gasförmiger Schadstoffe aus mit Erdgas oder Flüssiggas betriebenen Selbstzündungsmotoren zum Antrieb von Fahrzeugen (ABl. EG 1988 Nr. L 36 S. 33), geändert durch die a) Richtlinie 91/542/EWG des Rates vom 1. Oktober 1991 (ABl. EG Nr. L 295 S. 1), b) Beschluß 94/1/EGKS, EG des Rates und der Kommission vom 13. Dezember 1993 (ABl. EG Nr. L 1 S. 1, 274), c) Beschluß 94/2/EGKS, EG des Rates und der Kommission vom 13. Dezember 1993 (ABl. EG Nr. L 1 S. 571, 583), d) Richtlinie 96/1/EG des Europäischen Parlaments und des Rates vom 22. Januar 1996 (ABl. EG Nr. L 40 S. 1), e) Richtlinie 1999/96/EG des Europäischen Parlaments und des Rates vom 13. Dezember 1999 (ABl. EG Nr. L 44 S. 1), f) Richtlinie 2001/27/EG der Kommission vom 10. April 2001 (ABl. EG Nr. L 107 S. 10), g) Berichtigung vom 6. Oktober 2001 (ABl. EG Nr. L 266 S. 15).	

Zur Vorschrift des/der	sind folgende Bestimmungen anzuwenden:	
§ 47 Abs. 8 a	Kapitel 5	der Richtlinie 97/24/EG des Europäischen Parlaments und des Rates vom 17. Juni 1997 über bestimmte Bauteile und Merkmale von zweirädrigen oder dreirädrigen Kraftfahrzeugen (ABl. EG Nr. L 226 S. 1), geändert durch die a) Berichtigung vom 17. Juni 1997 (ABl. EG Nr. L 65 vom 5. März 1998, S. 35), b) Richtlinie 2002/51/EG des Europäischen Parlaments und des Rates vom 19. Juli 2002 (ABl. EG Nr. L 252 S. 20), c) Richtlinie 2003/77/EG der Kommission vom 11. August 2003 (ABl. EU Nr. L 211 S. 24).
§ 47 Abs. 8 c		Richtlinie 2000/25/EG des Europäischen Parlaments und des Rates vom 22. Mai 2000 über Maßnahmen zur Bekämpfung der Emissionen gasförmiger Schadstoffe und luftverunreinigender Partikel aus Motoren, die für den Antrieb von land- und forstwirtschaftlichen Zugmaschinen bestimmt sind, und zur Änderung der Richtlinie 74/150/EWG des Rates (ABl. EG Nr. L 173 S. 1).
§ 47 d	Artikel 1 bis 5 Anhänge I und II	der Richtlinie 80/1268/EWG des Rates vom 16. Dezember 1980 über die Kohlendioxidemissionen und den Kraftstoffverbrauch von Kraftfahrzeugen (ABl. EG Nr. L 375 S. 36), geändert durch die a) Richtlinie 89/491/EWG der Kommission vom 17. Juli 1989 (ABl. EG Nr. L 238 S. 43), b) Richtlinie 93/116/EG der Kommission vom 17. Dezember 1993 (ABl. EG Nr. L 329 S. 39), c) Berichtigung vom 15. Februar 1994 (ABl. EG 1994 Nr. L 42 S. 27), d) Richtlinie 1999/100/EG der Kommission vom 15. Dezember 1999 zur Anpassung der Richtlinie 80/1268/EWG über die Kohlendioxidemissionen und den Kraftstoffverbrauch von Kraftfahrzeugen an den technischen Fortschritt (ABl. EG Nr. L 334 S. 36), e) Berichtigung vom 4. Juni 2000 (ABl. EG Nr. L 163 S. 38).
§ 49 Abs. 2 Nr. 1	Artikel 1 bis 5 Anhänge I bis IV	der Richtlinie 70/157/EWG des Rates vom 6. Februar 1970 zur Angleichung der Rechtsvorschriften der Mitgliedstaaten über den zulässigen Geräuschpegel und die Auspuffvorrichtung von Kraftfahrzeugen (ABl. EG Nr. L 42 S. 16), geändert durch die a) Beitrittsakte vom 22. Januar 1972 (ABl. EG Nr. L 73 S. 115), b) Richtlinie 73/350/EWG der Kommission vom 7. November 1973 (ABl. EG Nr. L 321 S. 33), c) Richtlinie 77/212/EWG des Rates vom 8. März 1977 (ABl. EG Nr. L 66 S. 33), d) Richtlinie 81/334/EWG der Kommission vom 13. April 1981 (ABl. EG Nr. L 131 S. 6), e) Richtlinie 84/372/EWG der Kommission vom 3. Juli 1984 (ABl. EG Nr. L 196 S. 47), f) Richtlinie 84/424/EWG des Rates vom 3. September 1984 (ABl. EG Nr. L 238 S. 31), g) Beitrittsakte vom 11. Juni 1985 (ABl. EG Nr. L 302 S. 211),

Anhang StVZO 3

Zur Vorschrift des/der	sind folgende Bestimmungen anzuwenden:		
		h) Richtlinie 87/354/EWG des Rates vom 25. Juni 1985 (ABl. EG Nr. L 192 S. 43), i) Richtlinie 89/491/EWG der Kommission vom 17. Juli 1989 (ABl. EG Nr. L 238 S. 43), j) Richtlinie 92/97/EWG des Rates vom 10. November 1992 (ABl. EG Nr. L 371 S. 1), k) Beschluß 94/1/EGKS, EG des Rates und der Kommission vom 13. Dezember 1993 (ABl. EG Nr. L 1 S. 1, 264), l) Beschluß 94/2/EGKS, EG des Rates und der Kommission vom 13. Dezember 1993 (ABl. EG Nr. L 1 S. 571, 583), m) Richtlinie 96/20/EG der Kommission vom 27. März 1996 (ABl. EG Nr. L 92 S. 23), n) Richtlinie 1999/101/EG der Kommission vom 15. Dezember 1999 (ABl. EG Nr. L 334 S. 41).
§ 49 Abs. 2 Nr. 2	Artikel 1 bis 6 Anhang I bis VI	der Richtlinie 74/151/EWG des Rates vom 4. März 1974 zur Angleichung der Rechtsvorschriften über bestimmte Bestandteile und Merkmale von land- oder forstwirtschaftlichen Zugmaschinen auf Rädern (ABl. EG Nr. L 84 S. 25), geändert durch die a) Richtlinie 82/890/EWG des Rates vom 17. Dezember 1982 (ABl. EG Nr. L 378 S. 45), b) Berichtigung der Richtlinie 82/890/EWG (ABl. EG 1988 Nr. L 118 S. 42), c) Richtlinie 88/410/EWG der Kommission vom 21. Juni 1988 (ABl. EG Nr. L 200 S. 27).
§ 49 Abs. 2 Nr. 4	Kapitel 9	der Richtlinie 97/24/EG des Europäischen Parlaments und des Rates vom 17. Juni 1997 über bestimmte Bauteile und Merkmale von zweirädrigen oder dreirädrigen Kraftfahrzeugen (ABl. EG Nr. L 226 S. 1), geändert durch die a) Berichtigung vom 17. Juni 1997 (ABl. EG Nr. L 65 vom 5. März 1998, S. 35), b) Berichtigung vom 17. Juni 1997 (ABl. EG Nr. L 244 vom 3. September 1998, S. 20).
§ 49a Abs. 5 Satz 2 Nr. 5		ECE-Regelung Nr. 87 über einheitliche Bedingungen für die Genehmigung von Tagfahrleuchten für Kraftfahrzeuge (BGBl. 1995 II S. 36).
§ 50 Abs. 8 § 51b	Anhang II	der Richtlinie 76/756/EWG des Rates vom 27. Juli 1976 zur Angleichung der Rechtsvorschriften der Mitgliedstaaten über den Anbau der Beleuchtungs- und Lichtsignaleinrichtungen für Kraftfahrzeuge und Kraftfahrzeuganhänger (ABl. EG Nr. L 262 S. 1), geändert durch die a) Richtlinie 80/233/EWG der Kommission vom 21. November 1979 (ABl. EG 1980 Nr. L 51 S. 8), b) Richtlinie 82/244/EWG der Kommission vom 17. März 1982 (ABl. EG Nr. L 109 S. 31), c) Richtlinie 83/276/EWG des Rates vom 26. Mai 1983 (ABl. EG Nr. L 151 S. 47), d) Richtlinie 84/8/EWG der Kommission vom 14. Dezember 1983 (ABl. EG 1984 Nr. L 9 S. 24), e) Richtlinie 91/663/EWG der Kommission vom 10. Dezember 1991 (ABl. EG Nr. L 366 Nr. 17),

3 StVZO — Anhang

Zur Vorschrift des/der		sind folgende Bestimmungen anzuwenden:
		f) Berichtigung der Richtlinie 91/663/ EWG (ABl. EG Nr. L (1992) 172 S. 87), g) Richtlinie 97/28/EG der Kommission vom 11. Juni 1997 (ABl. EG Nr. L 171 S. 1).
§ 53 Abs. 10 Nr. 1		ECE-Regelung Nr. 69 über einheitliche Bedingungen für die Genehmigung von Tafeln zur hinteren Kennzeichnung von bauartbedingt langsamfahrenden Kraftfahrzeugen und ihrer Anhänger vom 6. Juli 1994 (BGBl. 1994 II S. 1023),
§ 53 Abs. 10 Nr. 2		ECE-Regelung Nr. 70 über einheitliche Bedingungen für die Genehmigung von Tafeln zur hinteren Kennzeichnung schwerer und langer Fahrzeuge vom 27. Juni 1994 (BGBl. 1994 II S. 970),
§ 53 Abs. 10 Satz 1 Nr. 3 und Satz 2		ECE-Regelung Nr. 104 über einheitliche Bedingungen für die Genehmigung retro-reflektierender Markierungen für schwere und lange Kraftfahrzeuge und ihre Anhänger vom 15. Januar 1998 (BGBl. 1998 II S. 1134).
§ 55 Abs. 2 a	Anhänge I und II (jeweils ohne Anlagen)	der Richtlinie 93/30/EWG des Rates vom 14. Juni 1993 über die Einrichtungen für Schallzeichen von zweirädrigen oder dreirädrigen Kraftfahrzeugen (ABl. EG Nr. L 188 S. 11).
§ 55 a Abs. 1	Anhänge I, IV bis IX	der Richtlinie 72/245/EWG des Rates vom 20. Juni 1972 zur Angleichung der Rechtsvorschriften der Mitgliedstaaten über die Funkentstörung von Kraftfahrzeugmotoren mit Fremdzündung (ABl. EG Nr. L 152 S. 15), geändert durch die Richtlinie 95/54/ EG der Kommission vom 31. Oktober 1995 (ABl. EG Nr. L 266 S. 1).
§ 55 a Abs. 2	Kapitel 8 Anhänge I bis VII	der Richtlinie 97/24/EG des Europäischen Parlaments und des Rates vom 17. Juni 1997 über bestimmte Bauteile und Merkmale von zweirädrigen oder dreirädrigen Kraftfahrzeugen (ABl. EG Nr. L 226 S. 1).
§ 56 Abs. 2 Nr. 5	Kapitel 4, Anhang I, Anhang II, Anlage 1 und 2 und Anhang III (ohne Anlagen)	der Richtlinie 97/24/EG des Europäischen Parlaments und des Rates vom 17. Juni 1997 über bestimmte Bauteile und Merkmale von zweirädrigen oder dreirädrigen Kraftfahrzeugen (ABl. EG Nr. L 226 S. 1).
§ 56 Abs. 5	Anhang III	der Richtlinie 71/127/EWG des Rates vom 1. März 1971 zur Angleichung der Rechtsvorschriften der Mitgliedstaaten über Rückspiegel von Kraftfahrzeugen (ABl. EG Nr. L 58 S. 1), geändert durch die a) Richtlinie 79/795/EWG der Kommission vom 20. Juli 1979 (ABl. EG Nr. L 239 S. 1, 1980 Nr. L 10 S. 14), b) Richtlinie 85/205/EWG der Kommission vom 18. Februar 1985 (ABl. EG Nr. L 90 S. 1), c) Richtlinie 86/562/EWG der Kommission vom 6. November 1986 (ABl. EG Nr. 327 S. 49), d) Richtlinie 88/321/EWG der Kommission vom 16. Mai 1988 (ABl. EG Nr. L 147 S. 77).
§ 57 Abs. 2	a) Anhang II (ohne Anlagen)	der Richtlinie 75/443/EWG des Rates vom 26. Juni 1975 zur Angleichung der Rechtsvorschriften der Mitgliedstaaten über den Rückwärts-

Anhang

Zur Vorschrift des/der	sind folgende Bestimmungen anzuwenden:	
	b) Anhang (ohne Anlagen)	gang und das Geschwindigkeitsmeßgerät in Kraftfahrzeugen (ABl. EG Nr. L 196 S. 1), geändert durch die a) Richtlinie 97/39/EG der Kommission vom 24. Juni 1997 (ABl. EG Nr. L 177 S. 15), der Richtlinie 2000/7/EG des Europäischen Parlaments und des Rates vom 20. März 2000 über den Geschwindigkeitsmesser von zweirädrigen oder dreirädrigen Kraftfahrzeugen (ABl. EG Nr. L 106 S. 1).
§ 57 c Abs. 4	Anhang I und III	der Richtlinie 92/24/EWG des Rates vom 31. März 1992 zur Angleichung der Rechtsvorschriften der Mitgliedstaaten über Geschwindigkeitsbegrenzungseinrichtungen und vergleichbare Geschwindigkeitsbegrenzungssysteme (ABl. EG Nr. L 129 S. 154).
§ 59 Abs. 1 a	Anhang	der Richtlinie 76/114/EWG des Rates vom 18. Dezember 1975 zur Angleichung der Rechtsvorschriften der Mitgliedstaaten über Schilder, vorgeschriebene Angaben, deren Lage und Anbringungsart an Kraftfahrzeugen und Kraftfahrzeuganhängern (ABl. EG Nr. L 24 S. 1), geändert durch a) Richtlinie 78/507/EWG der Kommission vom 19. Mai 1978 (ABl. EG Nr. L 155 S. 31), b) Beitrittsakte vom 24. Mai 1979 (ABl. EG Nr. L 291 S. 110), c) Berichtigung der Richtlinie 76/114/ EWG (ABl. EG Nr. L 329 S. 31), d) Beitrittsakte vom 11. Juni 1985 (ABl. EG Nr. L 302 S. 211), e) Richtlinie 87/354/EWG des Rates vom 25. Juni 1987 (ABl. EG Nr. L 192 S. 43).
§ 59 Abs. 1 b	Anhang	der Richtlinie 93/34/EWG des Rates vom 14. Juni 1993 über vorgeschriebene Angaben an zweirädrigen oder dreirädrigen Kraftfahrzeugen (ABl. EG Nr. L 188 S. 38), geändert durch die Richtlinie 1999/25/EG der Kommission vom 9. April 1999 (ABl. EG Nr. L 104 S. 19).
§ 59 a	Artikel 6	der Richtlinie 96/53/EG des Rates vom 25. Juli 1996 zur Festlegung der höchstzulässigen Abmessungen für bestimmte Straßenfahrzeuge im innerstaatlichen und grenzüberschreitenden Verkehr in der Gemeinschaft sowie zur Festlegung der höchstzulässigen Gewichte im grenzüberschreitenden Verkehr (ABl. EG Nr. L 235 S. 59).
§ 61 Abs. 1	Anhang (ohne Anlagen)	der Richtlinie 93/32/EWG des Rates vom 14. Juni 1993 über die Halteeinrichtung für Beifahrer von zweirädrigen Kraftfahrzeugen (ABl. EG Nr. L 188 S. 28), geändert durch die Richtlinie 1999/24/EG der Kommission vom 9. April 1999 (ABl. EG Nr. L 104 S. 16).
§ 61 Abs. 3	Anhang (ohne Anlagen)	der Richtlinie 93/31/EWG des Rates vom 14. Juni 1993 über den Ständer von zweirädrigen Kraftfahrzeugen (ABl. EG Nr. L 188 S. 19), geändert durch die a) Richtlinie 2000/72/EG der Kommission vom 22. November 2000 (ABl. EG Nr. L 300 S. 18).

3a. Verordnung über die Zulassung von Personen zum Straßenverkehr (Fahrerlaubnis-Verordnung – FeV)

vom 18. 8. 1998 (BGBl I 2214)
zuletzt geändert: 9. 8. 2004 (BGBl I 2092)

Inhaltsübersicht

I. Allgemeine Regelungen für die Teilnahme am Straßenverkehr

- § 1 Grundregel der Zulassung
- § 2 Eingeschränkte Zulassung
- § 3 Einschränkung und Entziehung der Zulassung

II. Führen von Kraftfahrzeugen

1. Allgemeine Regelungen

- § 4 Erlaubnispflicht und Ausweispflicht für das Führen von Kraftfahrzeugen
- § 5 Sonderbestimmungen für das Führen von Mofas
- § 6 Einteilung der Fahrerlaubnisklassen

2. Voraussetzungen für die Erteilung einer Fahrerlaubnis

- § 7 Ordentlicher Wohnsitz im Inland
- § 8 Ausschluß des Vorbesitzes einer Fahrerlaubnis der beantragten Klasse
- § 9 Vorbesitz einer Fahrerlaubnis anderer Klassen
- § 10 Mindestalter
- § 11 Eignung
- § 12 Sehvermögen
- § 13 Klärung von Eignungszweifeln bei Alkoholproblematik
- § 14 Klärung von Eignungszweifeln im Hinblick auf Betäubungsmittel und Arzneimittel
- § 15 Fahrerlaubnisprüfung
- § 16 Theoretische Prüfung
- § 17 Praktische Prüfung
- § 18 Gemeinsame Vorschriften für die theoretische und die praktische Prüfung
- § 19 Unterweisung in lebensrettenden Sofortmaßnahmen, Ausbildung in Erster Hilfe
- § 20 Neuerteilung einer Fahrerlaubnis

3. Verfahren bei der Erteilung einer Fahrerlaubnis

- § 21 Antrag auf Erteilung einer Fahrerlaubnis
- § 22 Verfahren bei der Behörde und der Technischen Prüfstelle
- § 23 Geltungsdauer der Fahrerlaubnis, Beschränkungen und Auflagen
- § 24 Verlängerung von Fahrerlaubnissen
- § 25 Ausfertigung des Führerscheins

4. Sonderbestimmungen für das Führen von Dienstfahrzeugen

- § 26 Dienstfahrerlaubnis
- § 27 Verhältnis von allgemeiner Fahrerlaubnis und Dienstfahrerlaubnis

5. Sonderbestimmungen für Inhaber ausländischer Fahrerlaubnisse

- § 28 Anerkennung von Fahrerlaubnissen aus Mitgliedstaaten der Europäischen Union oder einem anderen Vertragsstaat des Abkommens über den Europäischen Wirtschaftsraum
- § 29 (weggefallen)
- § 30 Erteilung einer Fahrerlaubnis an Inhaber einer Fahrerlaubnis aus einem Mitgliedstaat der Europäischen Union oder einem anderen Vertragsstaat des Abkommens über den Europäischen Wirtschaftsraum
- § 31 Erteilung einer Fahrerlaubnis an Inhaber einer Fahrerlaubnis aus einem Staat außerhalb des Abkommens über den Europäischen Wirtschaftsraum

6. Fahrerlaubnis auf Probe

- § 32 Ausnahmen von der Probezeit
- § 33 Berechnung der Probezeit bei Inhabern von Dienstfahrerlaubnissen und Fahrerlaubnissen aus Staaten außerhalb des Abkommens über den Europäischen Wirtschaftsraum
- § 34 Bewertung der Straftaten und Ordnungswidrigkeiten im Rahmen der Fahr-

3a FeV — Inhaltsübersicht

	erlaubnis auf Probe und Anordnung des Aufbauseminars	§ 37	Teilnahmebescheinigung
		§ 38	Verkehrspsychologische Beratung
§ 35	Aufbauseminare	§ 39	Anordnung der Teilnahme an einem Aufbauseminar und weiterer Maßnahmen bei Inhabern einer Dienstfahrerlaubnis
§ 36	Besondere Aufbauseminare nach § 2b Abs. 2 Satz 2 des Straßenverkehrsgesetzes		

7. Punktsystem

§ 40	Punktbewertung nach dem Punktsystem	§ 44	Teilnahmebescheinigung
§ 41	Maßnahmen der Fahrerlaubnisbehörde	§ 45	Punkterabatt auf Grund freiwilliger Teilnahme an einem Aufbauseminar oder an einer verkehrspsychologischen Beratung
§ 42	Aufbauseminare		
§ 43	Besondere Aufbauseminare nach § 4 Abs. 8 Satz 4 des Straßenverkehrsgesetzes		

8. Entziehung oder Beschränkung der Fahrerlaubnis, Anordnung von Auflagen

§ 46	Entziehung, Beschränkung, Auflagen	§ 47	Verfahrensregelungen

9. Sonderbestimmungen für das Führen von Taxen, Mietwagen und Krankenkraftwagen sowie von Personenkraftwagen im Linienverkehr und bei gewerbsmäßigen Ausflugsfahrten und Ferienziel-Reisen

§ 48 Fahrerlaubnis zur Fahrgastbeförderung

III. Register

1. Zentrales Fahrerlaubnisregister und örtliche Fahrerlaubnisregister

§ 49	Speicherung der Daten im Zentralen Fahrerlaubnisregister		verfahren beim Zentralen Fahrerlaubnisregister nach § 54 des Straßenverkehrsgesetzes
§ 50	Übermittlung der Daten vom Kraftfahrt-Bundesamt an die Fahrerlaubnisbehörden nach § 2c des Straßenverkehrsgesetzes	§ 54	Sicherung gegen Mißbrauch
		§ 55	Aufzeichnung der Abrufe
§ 51	Übermittlung von Daten aus dem Zentralen Fahrerlaubnisregister nach §§ 52 und 55 des Straßenverkehrsgesetzes	§ 56	Abruf im automatisierten Verfahren aus dem Zentralen Fahrerlaubnisregister durch Stellen im Ausland nach § 56 des Straßenverkehrsgesetzes
§ 52	Abruf im automatisierten Verfahren aus dem Zentralen Fahrerlaubnisregister durch Stellen im Inland nach § 53 des Straßenverkehrsgesetzes	§ 57	Speicherung der Daten in den örtlichen Fahrerlaubnisregistern
§ 53	Automatisiertes Anfrage- und Auskunfts-	§ 58	Übermittlung von Daten aus den örtlichen Fahrerlaubnisregistern

2. Verkehrszentralregister

§ 59	Speicherung der Daten im Verkehrszentralregister	§ 62	Automatisiertes Anfrage- und Auskunftsverfahren nach § 30b des Straßenverkehrsgesetzes
§ 60	Übermittlung von Daten nach § 30 des Straßenverkehrsgesetzes	§ 63	Vorzeitige Tilgung
§ 61	Abruf im automatisierten Verfahren nach § 30a des Straßenverkehrsgesetzes	§ 64	Identitätsnachweis

IV. Anerkennung und Akkreditierung für bestimmte Aufgaben

§ 65	Ärztliche Gutachter	§ 69	Stellen zur Durchführung der Fahrerlaubnisprüfung
§ 66	Begutachtungsstelle für Fahreignung		
§ 67	Sehteststelle	§ 70	Kurse zur Wiederherstellung der Kraftfahreignung
§ 68	Stellen für die Unterweisung in lebensrettenden Sofortmaßnahmen und die Ausbildung in Erster Hilfe		
		§ 71	Verkehrspsychologische Beratung
		§ 72	Akkreditierung

V. Durchführungs-, Bußgeld-, Übergangs- und Schlußvorschriften

§ 73	Zuständigkeiten	§ 76	Übergangsrecht
§ 74	Ausnahmen	§ 77	Verweis auf technische Regelwerke
§ 75	Ordnungswidrigkeiten	§ 78	Inkrafttreten

Anlagen zur Fahrerlaubnis-Verordnung

1* Mindestanforderungen an die Ausbildung von Bewerbern um eine Prüfbescheinigung für Mofas nach § 5 Abs. 2 durch Fahrlehrer (zu § 5 Abs. 2)

2* Ausbildungs- und Prüfbescheinigungen für Mofas (zu § 5 Abs. 2 und 4)

---

* Hier nicht abgedruckt.

Eingeschränkte Zulassung **§§ 1, 2 FeV 3a**

3 Umstellung von Fahrerlaubnissen alten Rechts und Umtausch von Führerscheinen nach bisherigen Mustern (zu § 6 Abs. 7)
4* Eignung und bedingte Eignung zum Führen von Kraftfahrzeugen (zu den §§ 11, 13 und 14)
5* Eignungsuntersuchungen für Bewerber und Inhaber der Klassen C, C1, D, D1 und der zugehörigen Anhängerklassen E sowie der Fahrerlaubnis zur Fahrgastbeförderung (zu § 11 Abs. 9, § 48 Abs. 4 und 5)
6* Anforderungen an das Sehvermögen (zu den §§ 12, 48 Abs. 4 und 5)
7* Fahrerlaubnisprüfung (zu § 16 Abs. 2, § 17 Abs. 2 und 3)
8* Allgemeiner Führerschein, Dienstführerscheine, Führerschein zur Fahrgastbeförderung (zu § 25 Abs. 1, § 26 Abs. 1, § 48 Abs. 3)
9* Verwendung von Schlüsselzahlen für Eintragungen in den Führerschein (zu § 25 Abs. 3)
10* Dienstfahrerlaubnisse der Bundeswehr (zu den §§ 26 und 27)
11* Staatenliste zu den Sonderbestimmungen für Inhaber einer ausländischen Fahrerlaubnis (zu § 31)
12 Bewertung der Straftaten und Ordnungswidrigkeiten im Rahmen der Fahrerlaubnis auf Probe (§ 2a des Straßenverkehrsgesetzes) (zu § 34)
13 Punktbewertung nach dem Punktsystem (zu § 40)
14* Voraussetzungen für die amtliche Anerkennung als Begutachtungsstelle für Fahreignung (zu § 66 Abs. 2)
15* Grundsätze für die Durchführung der Untersuchungen und die Erstellung der Gutachten (zu § 11 Abs. 5)

I. Allgemeine Regelungen für die Teilnahme am Straßenverkehr

Grundregel der Zulassung

1 Zum Verkehr auf öffentlichen Straßen ist jeder zugelassen, soweit nicht für die Zulassung zu einzelnen Verkehrsarten eine Erlaubnis vorgeschrieben ist.

1. Grundsatz der Verkehrsfreiheit. § 1 geht von dem Grundsatz allgemeiner 1 VFreiheit aus, mit drei Einschränkungen: VFreiheit besteht nicht, soweit für einzelne VArten eine Erlaubnis vorgeschrieben ist; verkehrsschwache Personen müssen den Mangel ausgleichen (§ 2); wer sich als ungeeignet erweist (Beweislast bei der VB), kann im Verkehr bei Benutzung von Fzen oder Tieren beschränkt oder davon ausgeschlossen werden (§§ 3, 46).

2. Verkehr ist hier nur der öffentliche StrV (§ 1 StVO), die Benutzung öffentlicher 2 VFlächen in den Grenzen des Gemeingebrauchs (**E** 49, 50).

3. Öffentliche Straßen: §§ 1 StVO, 1 StVG. 3

4. Zugelassen zum öffentlichen StrV ist jedermann (VT, § 2) ohne besondere Ein- 4 schränkungen: §§ 2, 3.

5. Besondere Erlaubnis für die Zulassung zu einzelnen Verkehrsarten. Eine 5 besondere VErlaubnis brauchen Straßenbahnen (§ 2 I Nr 1 PBefG) und Kraftfahrzeuge: § 18 StVZO. Die §§ 4 bis 47 regeln die Zulassung von Personen zum Führen von Kfzen, § 48 die Fahrgastbeförderung mit Kfzen, die §§ 16 bis 29 StVZO die Zulassung und Überwachung der Fze.

Eingeschränkte Zulassung

2 (1) ¹Wer sich infolge körperlicher oder geistiger Mängel nicht sicher im Verkehr bewegen kann, darf am Verkehr nur teilnehmen, wenn Vorsorge getroffen ist, daß er andere nicht gefährdet. ²Die Pflicht zur Vorsorge, namentlich durch das Anbringen geeigneter Einrichtungen an Fahrzeugen, durch den Ersatz fehlender Gliedmaßen mittels künstlicher Glieder, durch Begleitung oder durch das Tragen von Abzeichen oder Kennzeichen, obliegt dem Verkehrsteilnehmer selbst oder einem für ihn Verantwortlichen.

(2) ¹**Körperlich Behinderte** können ihre Behinderung durch gelbe Armbinden an beiden Armen oder andere geeignete, deutlich sichtbare, gelbe Abzeichen mit drei

---
* Hier nicht abgedruckt.

3a FeV § 2 I. Allgemeine Regelungen für die Teilnahme am Straßenverkehr

schwarzen Punkten kenntlich machen. ²Die Abzeichen dürfen nicht an Fahrzeugen angebracht werden. ³Blinde Fußgänger können ihre Behinderung durch einen weißen Blindenstock, die Begleitung durch einen Blindenhund im weißen Führgeschirr und gelbe Abzeichen nach Satz 1 kenntlich machen.

(3) **Andere Verkehrsteilnehmer dürfen die in Absatz 2 genannten Kennzeichen im Straßenverkehr nicht verwenden.**

1   1. § 2 betrifft die **verkehrsschwachen Personen,** für deren Teilnahme am StrV Schutzmaßnahmen erforderlich sind. § 2 ist verfassungskonform, s Ce NRpfl **62** 263 (zu § 2 StVZO alt). Maßnahmen gegen ungeeignete FzF: §§ 3, 46, 47.

2   2. **Körperliche oder geistige Mängel.** Gemeint sind nicht Mängel iS der Ungeeignetheit zum Führen von Kfzen (§§ 2, 3 StVG, 69 StGB), sondern körperliche Mängel, die die Sicherheit, sich im Verkehr zu bewegen, beeinträchtigen, nicht auch sittliche Mängel. Rein äußerliche Behinderung der eigenen und der VSicherheit entscheidet. Beispiele: Blindheit, Gelähmtheit, Schwachsinn höheren Grades, Geisteskrankheit, Neigung zu epileptischen Anfällen, vorübergehende Sehbehinderung, nicht abgeklungene Krankheitsfolgen, Übermüdung. Ob ein Gipsverband sicheres FzFühren ausschließt, hängt von den Umständen ab, s *Rothardt-Habel* DAR **93** 275. Bei allen, auch vorübergehenden, körperlichen Beeinträchtigungen hängt die Fahreignung von Art und Umfang der Funktionseinbuße im konkreten Fall und von ihrer Kompensationsmöglichkeit ab, *Pluisch* NZV **95** 175. Mängel bei KfzFührern und Einfluß des Alters auf deren VSicherheit: § 2, 3 StVG. Für angetrunkene Fußgänger gilt § 2. Wer infolge einer BAK von 1,98‰ verkehrsuntüchtig ist, darf sich nicht als Fußgänger im StrV bewegen, Ha NZV **99** 374. Zum Alkoholeinfluß auf Fußgänger: § 316 StGB Rz 20f. KfzFühren unter Alkoholeinfluß: §§ 24a StVG, 315c, 316 StGB.

3   3. **Verkehrsunsicherheit.** Der körperliche oder geistige Mangel muß derart sein, daß der Betroffene dem Verkehr ohne Hilfe oder Ausgleichsvorkehrung nicht gewachsen ist. Ein Fußgänger, der wegen an Blindheit grenzenden Augenleidens bei Dunkelheit einen Radf nicht rechtzeitig erkennen kann, vermag sich beim Überschreiten der Fahrbahn nicht sicher zu bewegen, KG VRS **10** 304. Kopfhörerbenutzung durch einen musikhörenden Fahrer, s § 23 StVO Rz 11, 39.

4   Der Kf muß Schwankungen seiner Leistungsfähigkeit ständig beobachten und berücksichtigen, BGH NJW **74** 948, zB Sehschwächen, Nü VR **76** 643, auch vor Fahrtantritt, s E 141. Über biologische Rhythmus- und Leistungskurven und gegenläufige Einschlafgefahr am Steuer, *Müller-Limmroth* DAR **68** 302. Ein vegetativ-labiler Kf mit Blutdruck auf „niedrig-normalem" Niveau kann, außer im Einfluß von Alkohol oder Beruhigungsmitteln, eine Bewußtseinstrübung vorher bemerken, Ha VRS **51** 355, NJW **76** 2307. Persönliche Fahrfähigkeit s auch E 141, § 31 StVZO Rz 10. Die Einnahme bestimmter Medikamente, *Händel* PVT **95** 43, vor allem aber Medikamentenmißbrauch, kann fahruntüchtig machen, s Ha VRS **52** 194. Unfall beim Fahren nach überstandenem Herzinfarkt entgegen ärztlicher Weisung, LG Heilbronn VRS **52** 188. *Müller-Limmroth/Schneble,* Neue Erkenntnisse zur Leistungsfähigkeit des Kf, BA **78** 226, s auch *Müller-Limmroth* VGT **77** 16. Kf-Leistungsminderung durch aktives und passives Rauchen, *Schmidt* ZVS **74** 109.

5   **Übermüdung** (s auch § 9 StVG Rz 23) (nicht schon Ermüdung geringeren Grades) führt meist zu fehlerhafter Fahrweise, BGH DAR **56** 106, VRS **10** 282, s *Zulley/Popp* VGT **04** 71, und verletzt dann die Sorgfaltspflicht, BGH VRS **5** 210, Ha NJW **53** 1077, DAR **53** 160. Wer sich nicht (mehr) fahrtüchtig fühlt (Übermüdung), muß das Steuer abgeben (auch Amtspflicht), Ce VR **80** 482. Der körperliche Leistungstiefstand (Kurve) liegt idR nachts zwischen 2 und 3 Uhr (größte Gefahr des Einschlafens und von Fehlreaktionen), *Müller-Limmroth* DAR **68** 296, 302. **Grobe Fahrlässigkeit** idR nur, wenn sich der Kf über typische Ermüdungsursachen oder deutliche Ermüdungsvorzeichen hinwegsetzt, BGH NJW **74** 948, VR **77** 619, Ce DAR **02** 310, Dü NZV **01** 81, Fra MDR **98** 215, Ko NVersZ **98** 122, Ol NZV **99** 212. Vorzeichen des Einschlafens müssen nicht stets so deutlich sein, daß ihre Nichtbeachtung sogar grobfahrlässig wäre, s BGH NJW **74** 948, Mü DAR **94** 201, Fra MDR **98** 215, Ha NZV **98** 210, s aber Fra NZV **93** 32. Fahren trotz Übermüdung ist grobfahrlässig, wenn der Kf nach den Um-

Eingeschränkte Zulassung § 2 FeV **3a**

ständen damit rechnen mußte, Fra NZV **93** 32, Nü ZfS **87** 277, Ce VR **69** 118, Kö VR **66** 530, LG Stendal NJW-RR **03** 748, etwa auch nach erheblicher Überschreitung der höchstzulässigen Lenkzeit, Kö VR **88** 1078, bei langer, nächtlicher AB-Fahrt nach Arbeitstag und nur 4 Std Schlaf, LG Mü I NZV **97** 523. Bei langer Fahrt muß der Kf der Ermüdung vorbeugen (Pausen, Körperbewegung, Lüftung), s *Zulley/Popp* VGT **04** 74, bei Ermüdungserscheinungen während des Fahrens Gesicht und Füße durch Frischluft abkühlen, s *Müller-Limmroth* BA **78** 236. Eindämmern auf der AB bei überschnellem Fahren wird idR grobfahrlässig sein, Kö VR **66** 530, Beweis der Erkennbarkeit vorausgesetzt. Wer tagsüber gearbeitet hat und gegen Mitternacht nach nur 1 Stunde Schlaf eine mehrstündige Nachtfahrt macht, muß mit Übermüdung rechnen, Ce VR **62** 843.

Hinsichtlich der **Wahrnehmbarkeit eigener Übermüdung** war die Rspr zunächst **6** zurückhaltend: Übermüdung sei nicht stets voraussehbar und daher stets zu prüfen, Zw VRS **35** 371, es gebe zur Wahrnehmbarkeit keinen Erfahrungssatz, BGH NJW **74** 948, LG Rostock DAR **01** 410, vor allem nicht bei besonderer Monotonie, Ce DAR **67** 109, s *Zulley/Popp* VGT **04** 68. Für plötzlichen, vorher nicht wahrnehmbaren Ausfall der Aufmerksamkeit sei der Kf nur bei Gesundheitsmängeln verantwortlich, die er kannte oder hätte kennen müssen, BGH VRS **14** 441. Zur Beurteilung, ob ein Kf ungewarnt von Übermüdung überfallen werden kann, fehle die gerichtliche Sachkunde, BGH VRS **14** 361, Ha VRS **25** 214. Dem Einnicken am Steuer gehen jedoch, abgesehen von Medikamentwirkungen, idR wahrnehmbare Anzeichen voraus, BaySt **03** 100 = DAR **03** 527, Fra NZV **93** 32, Ha NZV **98** 210, LG Mü I NZV **97** 523, LG Stendal NJW-RR **03** 748 (Erfahrungssatz), *Zulley/Popp* VGT **04** 70f. Nach Ansicht von BGH VRS **38** 144, NJW **70** 520 kann ein gesunder, ausgeruhter Mensch ohne Alkohol-, Narkotika- oder Medikamenteinwirkung beim Fahren nicht ohne vorherige Anzeichen einnicken, auch nicht bei Herzleistungsschwäche, Hypotonie und Infekten, außer bei Narkolepsie. Zurückhaltender aber anscheinend *Böcher*, ZVS **70** 104 („im allgemeinen" ist Einschlafen am Steuer „normalerweise" voraussehbar, außer bei Krankheitsfolge oder Medikamenteinfluß) und *Lewrenz*, k + v **70** 57 (bisher seien keine Tatsachen bekannt, die dafür sprechen, daß ein Kf bevorstehendes Einnicken nicht rechtzeitig bei sich bemerke). Zur Tagesmüdigkeit aufgrund nächtlicher Schlafstörungen (Schlafapnoe-Syndrom), *Böhning* NZV **97** 142.

Einschlafen am Steuer ist an sich kein Ausschließungsgrund iS der AVB-Unfall oder **7** Kasko, auch kein gefahrerhöhender Umstand (§§ 23, 25 VVG), Mü VR **64** 83, KG VR **65** 558, aM Nü VR **63** 470, Mü VR **63** 1044, Gefahrerhöhung aber bei ständiger Überbeanspruchung (Übermüdung) des Fahrers, Ce VR **69** 118, Kö VR **97** 306. Gefahrerhöhung bei durch Schlafentzug und Alkoholkonsum ausgelöstem epileptischen Anfall nur bei Weiterbenutzung des Fzs in Kenntnis der gefahrerhöhenden Umstände, Nü NVersZ **99** 437. Der Geschäftsherr muß Vorsorge gegen Übermüdung seiner Kf zur Entlastung beweisen, BGH VRS **21** 328, VR **61** 1015. Haftung bei Unfall in Übermüdung: § 9 StVG Rz 23. Unfallbedingte Teilamnesie ist kein Indiz für Übermüdung vor dem Unfall, Dü VM **78** 15.

Lit: *Böhning*, Das Schlafapnoe-Syndrom – ein wenig beachtetes Unfallrisiko, NZV **97** 142. *Gaisbauer*, Zusammenwirken von Alkohol und Übermüdung ..., NJW **68** 191. *Händel*, Der alte Mensch als Teilnehmer am StrV, DAR **85** 210. *Hell*, Auftreten und Prävention von Müdigkeitsunfällen im StrV, VGT **04** 55. *Müller-Limroth*, Fehlverhalten des Autofahrers aus der Sicht des Mediziners und Physiologen, DAR **68** 293. *Pluisch*, Das Führen von Kfzen bei vorübergehender Körperbehinderung, NZV **95** 173. *Pohl*, Die menschliche Leistungsfähigkeit als Risikofaktor im StrV, Verkehrsunfall **84** 9. *O. und L. Prokop*, Zum Problem des Einschlafens am Steuer, Deutsche Zeitschrift für die gesamte gerichtliche Medizin Bd. 45 (1956), 523. *Schröer*, Übermüdung, KVR. *Theda*, Versicherungsschutz bei Übermüdung eines KfzFahrers, VP **68** 105. *Zulley/Popp*, Einschlafen am Steuer, VGT **04** 65.

4. Eingeschränkte Zulassung. Teilnahme am Verkehr: § 1 StVO. Wer sich nicht **8** sicher im Verkehr bewegen kann, darf daran ohne Ausgleich nicht teilnehmen. Erfaßt ist jedes verkehrserhebliche Verhalten, das körperlich unmittelbar auf den Verkehr einwirkt, Bay DAR **67** 142 (Drehung eines Baggerauslegers auf öffentlicher Straße).

5. Ausgleich der Verkehrsschwäche. VSchwache sollen weder sich noch andere **9** gefährden. FzFührer müssen nötigenfalls Vorrichtungen am Fz anbringen, die ihre kör-

3a FeV § 3   I. Allgemeine Regelungen für die Teilnahme am Straßenverkehr

perlichen Mängel ausgleichen. Wer führerscheinpflichtige Kfze im StrV führen will, wird im Zulassungsverfahren (§§ 4 ff) geprüft. Verfahren bei späteren Mängeln: § 46. Verantwortlich dafür, daß der Verkehrsschwache nicht ohne die erforderliche Vorsorge (Rz 10) am StrV teilnimmt, ist in erster Linie er selbst (Abs II S 2). Verletzung der Vorsorgepflicht ist ordnungswidrig (§ 75 Nr 1 FeV, 24 StVG).

Lit: *Bender,* Zur Auslegung des § 2 StVZO, DAR **60** 127 (zu § 2 StVZO alt).

10   **6. Beispiele für Vorsorgemaßnahmen** gibt II: Im Gegensatz zu § 2 StVZO alt sind aber nur noch Armbinden, Abzeichen, Blindenstock und Blindenhund ausdrücklich genannt. Auf weitere Einzelheiten verzichtet die Bestimmung, weil sich Art und Ausmaß der erforderlichen Vorsorgemaßnahmen nach den Umständen des Einzelfalls richten. In Frage kommen jedoch nach wie vor auch die in § 2 II StVZO (alt) genannten Hilfsmittel wie künstliche Gliedmaßen und Begleitung durch eine Hilfsperson, ferner zB Hörapparate, BGH NJW **57** 1400 und technische Einrichtungen am Kfz. Die Abzeichen dürfen nicht an Fzen angebracht sein.

11   **7. Ahndung von Verstößen.** Untaugliche Fußgänger und Reiter fallen unter I, ebenso alle FzF bei möglicher, aber unterlassener Vorsorge bei sich (zB vergessene Fahrbrille) oder am Fz (zB Bedienungserleichterung), denn insoweit ist I Spezialvorschrift gegenüber § 31 I StVZO. Kommen Vorsorgemaßnahmen nicht in Betracht (zB bei Übermüdung), so ist TE zwischen § 2 I FeV und § 31 I StVZO anzunehmen. Zuwiderhandlungen gegen § 2 sind, soweit nicht § 316 StGB eingreift, ow (§§ 75 Nr 1, 2 FeV, 24 StVG). Verstoß gegen Abs I setzt keine konkrete Gefährdung voraus, BGH VRS **7** 68. Der Betroffene muß sich bewußt oder fahrlässig nicht bewußt gewesen sein, trotz des Mangels am Verkehr teilzunehmen. Zur Frage des Vorsatzes bei Fahren trotz Übermüdung, Ce VR **80** 482. TE mit § 1 StVO ist möglich. Wer verkehrsuntüchtig mit einem Fz, das nicht verkehrssicher ist oder nicht den Vorschriften über die Beschaffenheit entspricht, am Verkehr teilnimmt, begeht diese OWen in TE, BGHSt **6** 229, DAR **54** 215. Mißbrauch der für Körperbehinderte bestimmten Abzeichen (Abs III) ist ow (§§ 75 Nr 2 FeV, 24 StVG).

Einschränkung und Entziehung der Zulassung

3 (1) **Erweist sich jemand als ungeeignet oder nur noch bedingt geeignet zum Führen von Fahrzeugen oder Tieren, hat die Fahrerlaubnisbehörde ihm das Führen zu untersagen, zu beschränken oder die erforderlichen Auflagen anzuordnen.**

(2) **Rechtfertigen Tatsachen die Annahme, daß der Führer eines Fahrzeugs oder Tieres zum Führen ungeeignet oder nur noch bedingt geeignet ist, finden die Vorschriften der §§ 11 bis 14 entsprechend Anwendung.**

1   **1. Einschränkung und Entziehung der Zulassung.** § 3 regelt die Maßnahmen, die der FEB die Möglichkeit geben, den StrV gegen Gefährdung durch Personen zu schützen, die zum Führen von Fzen, auch (fahrerlaubnisfreien) Kfzen, Bay VM **70** 18, oder Tieren ungeeignet sind. Die Bestimmung gilt zB für Fahrrad- oder Mofafahrer, nicht aber für Personen, die fahrerlaubnispflichtige Kfze führen. Insoweit gilt der Eignungsbegriff des § 2 IV StVG. Entziehung der FE durch die FEB: §§ 3 StVG, 46 FeV, durch den Strafrichter: §§ 69 StGB, 111 a StPO.

2   **2. Ungeeignetheit oder nur bedingte Eignung** zwingt die FEB zu den in Abs I genannten Maßnahmen. Das Fehlen der Eignung oder deren Einschränkung muß aufgrund objektiver Tatsachen erwiesen sein. Die Beweislast liegt bei der FEB. Eignung zum Führen von Kfz: § 2 IV S 1 StVG, 11–14 FeV, bedingte Eignung: § 2 IV S 2 StVG, § 23 FeV. Ständiges Führen von Mofas ohne Besitz der erforderlichen Prüfbescheinigung (§ 5) kann die Untersagung des FzFührens gem Abs I rechtfertigen, *Laube* PVT **83** 116, ebenso Führen eines Mofas unter Alkoholeinfluß, wenn daraus Ungeeignetheit zum Führen von Fzen aller Art folgt, VG Stade NJW **87** 147.

3   **3. Die zulässigen Maßnahmen.** Ist der Eignungsmangel erwiesen (Rz 2), so stehen zwei Maßnahmen zur Verfügung:

3a. Untersagung oder Beschränkung des Führens. Die FEB kann dem Ungeeigneten untersagen, Fze oder Tiere im Verkehr zu führen oder das Recht hierzu (§ 1) beschränken. Das Übermaßverbot ist maßgebend (**E** 2), OVG Br NZV **90** 246. Das Verbot, ein Rad oder Mofa im öffentlichen Verkehr zu fahren, setzt die Ermessensprüfung zwingend voraus, ob der erstrebte Sicherungszweck auch durch ein milderes Mittel erreichbar ist, etwa durch ein sachlich, zeitlich oder örtlich eingeschränktes Verbot, OVG Br VRS **59** 398, NZV **90** 246. Die Maßnahme kann sich auch auf das Führen von Fzen oder Tieren bestimmter Art beschränken. Auch zeitliche oder örtliche Beschränkungen sind zulässig (Rz 5). Zum zulässigen Umfang der Anordnung der **sofortigen Vollziehung,** s OVG Lüneburg NZV **89** 43.

3b. Zulassung unter Auflagen. Statt eines Verbots muß die FEB Teilnahme am Verkehr als Führer von Fahrzeugen oder Tieren davon abhängig machen, daß bestimmte Auflagen erfüllt werden, falls das ausreicht, den Verkehr vor Gefahr zu schützen, OVG Br NZV **90** 246. Aufzuerlegen sind nur Maßnahmen, die erforderlich sind, den Schutz zu gewährleisten (Maßgebot, **E** 2). Die Art der Auflage hängt von der Art des Eignungsmangels ab. Siehe zB § 46 sowie Anl 4 (zu §§ 11, 13, 14). § 3 läßt persönliche Auflagen an den FEInhaber über den Bereich von § 46 II hinaus auch in Fällen charakterlicher Ungeeignetheit zu, zB zeitliche und örtliche Beschränkungen des Führens von Fahrrädern, OVG Br NZV **90** 246.

4. Zuständig ist die VB (§ 73). Gemäß § 73 II S 3 gilt die Untersagung für das Inland, soweit der Geltungsbereich nicht durch G oder behördliche Verfügung eingeschränkt wird. VB sind die nach Landesrecht zuständigen Behörden (Art 129 GG). Örtliche Zuständigkeit bei außerdeutschen FzF ohne Wohn- oder Aufenthaltsort im Inland: § 73 III.

5. Vorbereitung der Entscheidung: § 46 (§§ 11–14).

6. Ordnungswidrigkeit: §§ 75 Nr 3 FeV, 24 StVG.

II. Führen von Kraftfahrzeugen

1. Allgemeine Regelungen

Erlaubnispflicht und Ausweispflicht für das Führen von Kraftfahrzeugen

4 (1) ¹Wer auf öffentlichen Straßen ein Kraftfahrzeug führt, bedarf der Fahrerlaubnis. ²Ausgenommen sind
1. einspurige, einsitzige Fahrräder mit Hilfsmotor – auch ohne Tretkurbeln –, wenn ihre Bauart Gewähr dafür bietet, daß die Höchstgeschwindigkeit auf ebener Bahn nicht mehr als 25 km/h beträgt (Mofas); besondere Sitze für die Mitnahme von Kindern unter sieben Jahren dürfen jedoch angebracht sein,
2. motorisierte Krankenfahrstühle (einsitzige, nach ihrer Bauart zum Gebrauch durch körperlich behinderte Personen bestimmte Kraftfahrzeuge mit Elektroantrieb, einem Leergewicht von nicht mehr als 300 kg einschließlich Batterien, aber ohne Fahrer, mit einer zulässigen Gesamtmasse von nicht mehr als 500 kg, einer durch die Bauart bestimmten Höchstgeschwindigkeit von nicht mehr als 15 km/h, einer Breite über alles von maximal 110 cm und einer Heckmarkierungstafel nach der ECE-Regelung 69 oben an der Fahrzeugrückseite,
3. Zugmaschinen, die nach ihrer Bauart für die Verwendung für land- oder forstwirtschaftliche Zwecke bestimmt sind, selbstfahrende Arbeitsmaschinen, Stapler und andere Flurförderzeuge jeweils mit einer durch die Bauart bestimmten Höchstgeschwindigkeit von nicht mehr als 6 km/h sowie einachsige Zug- und Arbeitsmaschinen, die von Fußgängern an Holmen geführt werden.

(2) ¹Die Fahrerlaubnis ist durch eine amtliche Bescheinigung (Führerschein) nachzuweisen. ²Der Führerschein ist beim Führen von Kraftfahrzeugen mitzuführen und zuständigen Personen auf Verlangen zur Prüfung auszuhändigen.

Begr zur ÄndVO v 7. 8. 02 (BRDrucks 497/02 S 57, 60): **Zu Abs 1 Nr 2:** *Die Regelungen zum Führen von motorisierten Krankenfahrstühlen werden aus Verkehrssicherheitsgrün-*

den und im Interesse der Leichtigkeit des Verkehrs neu gefasst. Für behinderte oder gebrechliche Personen werden Krankenfahrstühle bis 15 km/h mit Elektroantrieb unter den näher geregelten Voraussetzungen künftig von der Fahrerlaubnispflicht und auch von der Pflicht zum Erwerb einer Prüfbescheinigung ausgenommen. Bisher galt diese Erleichterung nur für Krankenfahrstühle bis 10 km/h. Den Mobilitätsinteressen behinderter Personen wird damit entsprochen. Die bisher für andere Krankenfahrstühle bis 25 km/h geltende Fahrerlaubnisfreiheit wird aufgehoben, da derartige Kraftfahrzeuge in der Praxis sowohl ein Erscheinungsbild eines Pkw besitzen als auch entsprechende Bedienungs- und Fahreigenschaften wie Pkw aufweisen ...

... Die bisherigen Regelungen haben dazu geführt, dass in der Praxis „Pkw-artige" Kraftfahrzeuge in Verkehr gebracht wurden. Das Fahrverhalten und die zum Führen erforderlichen Fertigkeiten und Kenntnisse dieser Kraftfahrzeuge rechtfertigen keinen Verzicht auf die Fahrerlaubnis. Auch im Interesse der Leichtigkeit des Verkehrs ist die Neufassung der bisherigen Regelungen geboten. Solche langsam fahrenden von Pkw nicht zu unterscheidenden Fahrzeuge können zu erheblichen Beeinträchtigungen und Gefährdungen (z. B. beim Überholen; besondere Gefahr von Auffahrunfällen) des fließenden Verkehrs in Städten und Ballungsräumen, aber auch im ländlichen Bereich auf Bundes- und Landstraßen führen.

1   **1. Erlaubnis- und Ausweispflicht.** Die Fahrerlaubnis (FE) ist ein begünstigender, nicht bedingter Verwaltungsakt, BGH NJW **69** 1213. Wer im Verkehr ein Kfz führen will, braucht eine FE, weil die Führung besondere Anforderungen an die körperliche und geistige Eignung stellt und Fertigkeiten voraussetzt, die nur durch Übung und Erfahrung erlangt werden. Gesetzliche Grundlage: § 2 StVG. Die §§ 4 bis 45 führen diese gesetzliche Bestimmung aus. Behördliche Entziehung der FE und Wiedererteilung: §§ 46, 20

2   **2. Kraftfahrzeug:** § 1 II StVG.

3   **3.** Der **Erlaubnis** bedarf, wer im öffentlichen V ein Kfz führen will. Führen: § 21 StVG. Öffentliche Straßen: § 1 Rz 13 ff.

4   **4. Zuständigkeit. Verfahren.** Die Erlaubnis erteilt die im § 73 bestimmte Behörde auf Antrag für eine bestimmte Art von Fzen und eine bestimmte Klasse. Einteilung der FEe: § 6. § 2 XV StVG regelt die Übungs- und Prüfungsfahrten der Bewerber. Mindestalter: § 10. Eignung und bedingte Eignung: §§ 11–14, Anl 4 (zu §§ 11, 13 und 14). Eignungsrichtlinien, VBl **82** 496, **83** 7, **89** 786, **92** 306. Prüfung: §§ 15 ff. Verfahren: §§ 21–25. Das Verfahren endet mit der Aushändigung des FS als Ausweis (§ 4, § 22 IV S 7). FE zur Fahrgastbeförderung: § 48. Erlaubniserteilung: § 2 StVG. Zuständigkeit zur Erteilung eines ErsatzFS (oder internationalen FS) an Inhaber deutscher FEe, die im Ausland leben, VBl **51** 476. Überleitungsbestimmung für die **neuen Bundesländer:** Anl I Kap XI B III Nr 2 (3) zum Einigungsvertrag.

5   **5. Ausgenommen von der Erlaubnispflicht** sind die in Abs I S 2 Nr 1–3 genannten FmH, Krankenfahrstühle sowie selbstfahrenden Arbeitsmaschinen und Zgm. Eine allgemeine Ausnahme für Fze unterhalb einer bestimmten Höchstgeschwindigkeit (früher mehr als 6 km/h, § 4 I S 1 StVZO alt) enthält § 4 I nicht. Damit soll dem „Drosseln" von Pkw auf 6 km/h entgegengewirkt werden, das früher zu Behinderungen des V und mangels rechtzeitiger Erkennbarkeit der Langsamkeit durch andere FzF zu Gefahren führte (s Begr, BRDrucks 443/98 S 215). Allerdings blieben andere Kfze mit bauartbedingter Höchstgeschwindigkeit von nicht mehr als 6 km/h bis 31. 12. 2000 fahrerlaubnisfrei (§ 76 Nr 1). **Elektroskooter** und **motorbetriebene Tretroller** (Kickboards, GoPeds) können, je nach technischer Beschaffenheit, fahrerlaubnispflichtig sein, zB Kleinkraftrad (s § 18 StVZO Rz 7): Kl M, s § 6 Rz 9. Auch bei bauartbedingter Höchstgeschwindigkeit von nicht mehr als 25 km/h wird es für die Einordnung als Mofa, so zB *Ternig* VD **03** 264, zumeist an den Fahrrad-Merkmalen (s zB Anl zur Leichtmofa-AusnahmeVO) fehlen, s *Kullik* PVT **03** 177; fehlt ein Sitz, so wird eine Fahrerlaubnispflicht jedenfalls analog § 4 I Nr 1 zu verneinen sein, insoweit aM *Ternig* VD **03** 264.

6   **5 a. Mofas:** Abs I S 2 Nr 1. Im Hinblick auf die Eigenschaft des Mofas als Unterart des EG-Kleinkraftrades und die Rahmen-Richtlinie 2002/24/EG über die Typengenehmigung für 2- oder 3 rädrige Kfze (s § 30 a StVZO Rz 2), in der für geschwindigkeitsbe-

Erlaubnispflicht und Ausweispflicht für das Führen von Kraftfahrzeugen **§ 4 FeV 3a**

grenzte Kleinkrafträder Drehzahlbegrenzungen und das Vorhandensein von Tretkurbeln nicht vorgeschrieben ist, hängt die FE-Freiheit für Mofas nicht von einer Drehzahlbegrenzung oder von der Ausstattung mit Tretkurbeln ab. Beim Mofa dürfen Kindersitze für Kinder bis zu 7 Jahren vorhanden sein, ohne daß es dadurch „mehrsitzig" (I Nr 1) wird (Begr VBl **70** 830). S § 35a StVZO. Technische Veränderungen am Mofa führen nur dann zur FE-Pflicht, wenn dadurch die Begriffsmerkmale dieser FzArt beeinträchtigt werden, zB eine größere Geschwindigkeit als 25 km/h erreicht wird, Bay VRS **67** 373. Das Erlöschen der BE für sich allein begründet dagegen noch keine FE-Pflicht. Dies ist durch den Wortlaut von Abs I Nr 1 S 2 klargestellt, indem dort die Erteilung einer BE als Voraussetzung für die FE-Freiheit nicht genannt ist. Die gegenteilige Rspr (zB Ha NJW **78** 332, DAR **82** 336) war schon durch die Neufassung von § 4 I Nr 1 StVZO v 23. 11. 82 überholt. Ein als Mofa zugelassenes FmH, das auch ohne technische Veränderung schneller als 25 km/h fahren kann, darf nur mit einer FE benutzt werden, Ha NJW **78** 332, VRS **54** 226. **Leichtmofas** (Buchteil 10) sind fahrerlaubnisfrei; erforderlich bleibt jedoch die Prüfbescheinigung.

5 b. Motorisierte Krankenfahrstühle sind ebenfalls fahrerlaubnisfrei. Das galt für 7 solche bis 10 km/h schon nach § 4 I Nr 2 StVZO alt. Krankenfahrstühle bis 30 km/h durften vor Inkrafttreten der FeV nur mit FEKl 5 (alt) geführt werden. Die (mit § 18 II Nr 5 StVZO übereinstimmende) Definition des Krankenfahrstuhls in Abs I S 2 Nr 2 verhindert die Einordnung von Klein-Pkw unter den Begriff (s Begr, Rz 1), BaySt **00** 176 = NZV **01** 136. Dem wurde die bis zum 31. 8. 02 geltende Fassung nicht ausreichend gerecht. Die Kontroverse zur früheren Fassung über den Begriff des Krankenfahrstuhls ist durch die Neufassung weitgehend, im Hinblick auf die Übergangsvorschrift des § 76 Nr 2 aber nicht vollständig, erledigt: Zwar scheitert die rechtliche Einordnung des Fzs bei Vorliegen der in I Nr 2 (aF) genannten Merkmale nicht an dem möglicherweise von einem Fahrstuhl abw Erscheinungsbild, BVG NZV **02** 246, VGH Mü NZV **01** 444, LG Mü NZV **01** 385 (zu § 76 Nr 2a), AG Leutkirch NZV **00** 513, *Schäpe* DAR **99** 428, *Schlund* DAR **00** 562, offengelassen von Bay NZV **01** 136, abw VG Sigmaringen BA **02** 234. Jedoch ist I Nr 2 als Ausnahmebestimmung eng auszulegen, VGH Mü NZV **01** 444, *Weibrecht* VD **02** 209. Nach vielfach vertretener Ansicht muß das Fz daher, um als FE-freier Krankenfahrstuhl anerkannt zu werden, **nach Konstruktion und Ausstattung speziell auf die Bedürfnisse körperlich Behinderter ausgerichtet** (Abs I S 2 Nr 2: „*bestimmt*") sein, VGH Mü NZV **01** 444. Weist das Fz keinerlei Einrichtungen auf, die speziell körperlich Behinderten oder Gebrechlichen dienen, so ist es daher nach dieser Auffassung (die sich auf Zweck und Wortlaut berufen kann) als FE-pflichtiger Klein-Pkw und nicht als Krankenfahrstuhl zu behandeln, BaySt **00** 176 = NZV **01** 136, LG Mü I NZV **00** 417, VG Sigmaringen BA **02** 234, VG Hb NZV **01** 143, VG Würzburg NZV **00** 104 (zust *Kramer* VD **00** 27, *Huppertz* VD **00** 150). Entgegen LG Mü NZV **01** 385 (krit Anm *Bouska*) reicht dazu allein die Ausstattung eines Klein-Pkw mit Automatikgetriebe nicht aus, VGH Mü NZV **01** 444. Dagegen soll es **nach Auffassung des BVG auf spezielle Ausstattung nicht ankommen,** weil es im Hinblick auf die Vielfalt von Behinderungen an brauchbaren Kriterien fehle; das BVG NZV **02** 246 ersetzt daher das in Abs I S 2 Nr 2 enthaltene Merkmal „*bestimmt*" im Wege der Auslegung durch den Begriff „*geeignet*" (s aber E 58), krit mit Recht *Weibrecht* NZV **02** 554, VD **02** 209, im Ergebnis wie BVG auch LG Mü NZV **02** 385, AG Leutkirch NZV **00** 513. Körperlich bedingt muß die Behinderung sein, s VG Sigmaringen BA **02** 234 (zur früheren Fassung), wie in der Neufassung (ÄndVO v 7. 8. 02) auch durch den Wortlaut klargestellt ist. Daß der Krankenfahrstuhl von einer behinderten oder gebrechlichen Person geführt wird, ist für die FE-Freiheit gem I Nr 2 (anders als nach § 76 Nr 2) keine Voraussetzung, BVG NZV **02** 246 (zust *Weibrecht* VD **02** 208), VG Würzburg NZV **00** 104. **Krankenfahrstühle bis 25 km/h** und solche **bis 30 km/h** nach früherem Recht (§ 4 II S 2 Nr 2 alt und § 2 Nr 2 alt) dürfen gem § 76 Nr 2 von Inhabern einer Prüfbescheinigung (§ 5 IV alt) weiterhin ohne FE geführt werden.

5 c. Eine weitere Ausnahme sieht Abs I S 2 Nr 3 für **selbstfahrende Arbeitsma-** 8 **schinen** (§ 18 II Nr 1 StVZO), **land- und forstwirtschaftliche Zgm** sowie **Stapler** und andere **Flurförderzeuge bis 6 km/h** bauartbestimmter Höchstgeschwindigkeit

1293

vor. Die Formulierung in I S 2 Nr 3 verdeutlicht, daß Stapler fahrerlaubnisrechtlich nicht den Lkw, sondern den Flurförderzeugen zuzuordnen sind. Begriff der „land- oder forstwirtschaftlichen Zwecke": § 6 V. *Huppertz,* Flurförderzeuge, VD **00** 78.

   Lit: *Huppertz,* Fahrerlaubnisfreie Kfz, VD **00** 148. *Derselbe,* Motorbetriebene Tretroller, VD **03** 184. *Derselbe,* FEfreie motorisierte Krankenfahrstühle, NZV **03** 460. *Kramer,* Fahrerlaubnisrechtliche Anforderungen an einen motorisierten Krankenfahrstuhl, VD **00** 25. *Schäpe,* Der motorisierte Krankenfahrstuhl im FERecht, DAR **99** 426. *Schlund,* Motorisierter Krankenfahrstuhl als Umgehungstatbestand für Führerscheinlose?, DAR **00** 562. *Weibrecht,* Krankenfahrstuhl ..., VD **02** 207.

9 **6. Führerschein.** Soweit eine FE erforderlich ist, müssen sich KfzF darüber ausweisen. Der FS ist die amtliche Bestätigung, daß der darin bezeichneten Person eine FE erteilt ist, BGH NJW **73** 474, Dü VRS **97** 250. Mit Aushändigung des FS (oder einer ersatzweise ausgestellten befristeten Prüfbescheinigung) wird die FE wirksam, § 22 IV S 7. Er ist eine öffentliche Urkunde, BGHSt **34** 299 = NJW **87** 2243, BGHSt **37** 207 = NJW **91** 576, Dü VRS **97** 250, sowie iS des § 281 StGB ein Ausweispapier, Ha NJW **69** 625, auch ohne Lichtbild, Ha VRS **5** 619. Der FS beurkundet nur a) die Erteilung der FE und b) die Identität des FSBesitzers mit der in ihm bezeichneten Person (insoweit aM *Ranft* JR **88** 383); darin erschöpft sich die Beweiskraft des FS, BGHSt **25** 95 = NJW **73** 474, Dü VRS **97** 250, Ha NStZ **88** 26, s BGH NJW **85** 2654, BGHSt **37** 207 = NJW **91** 576. Verwaltungsrechtlicher Widerruf oder bedingte Ausstellung sind unzulässig, BGH GA **60** 148. Befristung bei bestimmten FEKlassen, s § 23 I S 2 Nr 1–3. Ein Verlust des FS berührt die FE nicht, BGH NJW **66** 1216. Der Irrtum über den FEBeginn kann entschuldbar sein, BGH NJW **66** 1216. Die Personalangaben (Name, Wohnsitz) müssen der Sachlage bei der FEErteilung entsprechen; spätere Änderung darf nur behördlich erfolgen, sonst kein amtlicher Ausweis mehr. Eine Pflicht des FS-Inhabers, Änderungen, etwa auch des Namens, im FS vornehmen zu lassen, besteht nicht, aM bei Namensänderung *Jagow* VD **86** 221. Die Bestimmung des § 25 II S 1, wonach bei Änderung der Angaben auf dem FS ein neuer FS auszufertigen ist, trägt nur dem Umstand Rechnung, daß handschriftliche Eintragungen auf Scheckkarten-FSen nicht mehr möglich sind (s Begr zu § 25, BRDrucks 443/98 S 277). Um Zweifel auszuschließen, sollte bei Namensänderung um Berichtigung nachgesucht werden. Der FS gilt für alle Fze derselben Klasse ohne Rücksicht auf deren technische Besonderheiten. Er entlastet den Inhaber nicht davon, das Führen eines ihm noch nicht vertrauten Fz mit besonderer Vorsicht erst zu üben (**E** 141a, 143). Sondervorschriften für das Führen von Kfzen im öffentlichen Dienst: §§ 26, 27. FSe der Bundeswehr: Anl 8 (zu §§ 25 I, 26 I, 48 III). Erteilung der deutschen FE an Inhaber einer ausländischen FE: §§ 30, 31. **FSe der ehemaligen DDR:** Anl I Kap XI B III Nr 2 (12) zum Einigungsvertrag:

   (12) **Führerscheine, die nach den bisherigen Mustern der Deutschen Demokratischen Republik ausgefertigt worden sind, auch solche der Nationalen Volksarmee bleiben gültig.**

10 Für die in der Bundesrepublik stationierten fremden **Truppen der Nato** bestimmt Art 9 des Zusatzabkommens zum Nato-Truppenstatut:

   „(1) Führerscheine ..., die Mitgliedern einer Truppe oder eines zivilen Gefolges von einer Behörde eines Entsendestaates zum Führen dienstlicher ... Fahrzeuge erteilt worden sind, berechtigen zum Führen solcher ... Fahrzeuge im Bundesgebiet.

   (2) In einem Entsendestaat erteilte Führerscheine, die zum Führen privater Kraftfahrzeuge in diesem Staat ermächtigen, berechtigen Mitglieder einer Truppe oder eines zivilen Gefolges und Angehörige zum Führen solcher Fahrzeuge im Bundesgebiet ..." Mitglied der Streitkräfte: Art I 1 Nato-Truppenstatut, VBl **58** 515.

11 **7. Ausweispflicht.** Der FS ist beim Fahren im StrV mitzuführen (II), ebenso der FS zur Fahrgastbeförderung (§ 48 III S 2). Mitführen: gegenwärtiger Besitz, der sofortiges Vorzeigen ermöglicht. Keine Mitführungspflicht beim Führen eines abgeschleppten Fzs (§ 18 StVZO Rz 10). Der FS ist auf Verlangen zuständigen Personen unterwegs zur Prüfung auszuhändigen, oder solange noch Zusammenhang mit der Fahrt besteht, Bay VRS **3** 278, Schl VM **60** 26, Ha VRS **24** 464, nicht mehr 1 Stunde nach Fahrtbeendigung, Dü VM **69** 16, Ko VRS **45** 398 (11 Stunden). Er ist so zu übergeben, daß der

Erlaubnispflicht und Ausweispflicht für das Führen von Kraftfahrzeugen § 4 FeV 3a

Beamte ihn prüfen kann, Dü VM **67** 23, Ha 1 Ss OWi 1439/72. Ein vor Fahrtbeendigung geparktes Kfz ist noch in Benutzung, auch wenn sich der Führer zeitweise entfernt, Kar VRS **66** 461, daher noch Fortbestehen der Aushändigungspflicht nach Abs II. Bei abwechselnder Führung während derselben Lkw-Fahrt muß auch der Beifahrer seinen FS zur Prüfung aushändigen, denn es besteht noch zeitlicher Zusammenhang mit seiner Führung, Ce VRS **41** 462. Auf Fahrerwechsel bei Lastfzen ist bei einem Beifahrer mit FS allein schon aus der Knappheit an Fahrpersonal, uU auch schon aus Fahrziel und -dauer zu schließen, enger wohl Dü VM **75** 96. Auch TaxiF auf Taxenständen müssen PolB den FS vorlegen, KG VRS **22** 385. Ein uniformierter Beamter muß sich bei der FS-Kontrolle nicht gesondert ausweisen, Sa VRS **47** 474. Der FS (wie die FzScheine, § 24 StVZO) ist vorzuzeigen, wenn der PolB dies nach pflichtgemäßem Ermessen zwecks Kontrolle für erforderlich hält und erklärt, zB auch, wenn er sich erst Gewißheit über die Notwendigkeit einer Verwarnung oder einer OW-Anzeige verschaffen will, denn § 46 I OWiG gilt nur für das Bußgeldverfahren, nicht auch in Fällen möglicherweise sofort nötiger polizeilicher Gefahrabwehr, s *Hölzel* PTV **81** 264, *Hentschel* NJW **80** 1078, abw Dü VRS **58** 398.

8. Strafvorschriften. Ordnungswidrigkeiten. Nach § 21 StVG ist strafbar, wer ein **12** Kfz im öffentlichen Verkehr ohne FE führt, weil er nie eine besessen hat, oder weil sie ihm entzogen worden ist, oder wer keine ausreichende FE (§ 6) hat, oder wer ein Kfz führt, das die gem § 23 II auf ihn bezogenen „besonderen Einrichtungen" nicht aufweist (beschränkte FE), s § 21 StVG Rz 4; wer ein Kfz führt, obwohl ihm das nach § 44 StGB oder § 25 StVG verboten ist; wer ein Kfz führt, obwohl sein FS nach § 94 StPO in Verwahrung genommen, sichergestellt oder beschlagnahmt ist. Nichtbeachtung einer persönlichen Auflage (zB Brillentragen, örtliche oder zeitliche Fahrbeschränkung, Geschwindigkeitsbeschränkung) berührt die FE nicht, s § 21 StVG Rz 3. Näheres: § 23.

Wer die erforderliche FE hat, den FS aber nicht mitführt (Rz 11) oder ihn nicht auf **13** Verlangen zur Prüfung aushändigt, handelt ow (§§ 75 Nr 4 FeV, 24 StVG). Nichtmitführen oder Nicht- Vorzeigen des ausländischen FS durch außerdeutsche FzF ist ow gem § 14 Nr. 2 IntVO. Wer einen deutschen Internationalen FS mitführt, handelt gem Abs II S 2 ow, weil dieser nicht zum Führen von Kfzen im Inland berechtigt, s AG Ka NZV **92** 499, *Hentschel* NZV **92** 500. Nichtmitführen des FS steht mit VVerstößen auf der Fahrt in TE, Bay NJW **63** 360, Ce VRS **39** 381. § 4 verpflichtet nur zur Aushändigung des FS zwecks Prüfung der FE, wer sich weigert, ihn zwecks Beschlagnahme auszuhändigen, verletzt § 4 nicht, Schl DAR **68** 135. Kein Gebrauchmachen (§ 267 StGB) eines gefälschten oder verfälschten FS durch bloßes Beisichtragen ohne Vorzeigeabsicht, anders bei freiwilligem Vorzeigen ohne oder auf Aufforderung. Das Vorzeigen ist eine Täuschung im Rechtsverkehr, soweit der kontrollierende Beamte über die Gültigkeit des Falsifikats getäuscht und dadurch von irgendeinem sonst rechtlich veranlaßten Einschreiten abgehalten wird, zB von der Prüfung des Bestehens einer FE. Näher zum Gebrauchmachen *Meyer* MDR **77** 444. Wer sich durch einen hinsichtlich der FEKl verfälschten FS gegenüber einem kontrollierenden PolB ausweist, „gebraucht" auch iSd § 267 StGB eine verfälschte Urkunde, wenn er bei der Kontrolle ein Fz führte, zu dessen Führung er nach dem unverfälschten Inhalt des FS berechtigt war, BGHSt **33** 105 = NJW **85** 924 (abl *Kühl* JR **86** 297), Dü VRS **66** 448, Kö NJW **81** 64, aM Ha NJW **76** 2222.

9. Zivilrechtliche Fragen. Eine ausreichende FE ist nach den AKB Voraussetzung **14** für den Versicherungsschutz des VN, s § 21 StVG Rz 27. Die FSKlausel (§ 2b Nr 1c AKB, § 5 I Nr 4 KfzPflVV) begründet eine Obliegenheit des VN, deren Verletzung den Versicherer nach fristgerechter Kündigung zur Leistungsverweigerung berechtigt, s § 21 StVG Rz 27. KfzÜberlassung an den Nichtinhaber einer FE in der Annahme, sie sei vorhanden: § 21 StVG. Nichtbeachtung persönlicher Auflagen: Rz 12.

10. Ausnahmen: § 74. **15**

3a FeV § 5

Sonderbestimmungen für das Führen von Mofas

5 (1) ¹Wer auf öffentlichen Straßen ein Mofa (§ 4 Abs. 1 Satz 2 Nr. 1) führt, muß in einer Prüfung nachgewiesen haben, daß er
1. ausreichende Kenntnisse der für das Führen eines Kraftfahrzeugs maßgebenden gesetzlichen Vorschriften hat und
2. mit den Gefahren des Straßenverkehrs und den zu ihrer Abwehr erforderlichen Verhaltensweisen vertraut ist.

²Die Prüfung muß nicht ablegen, wer eine Fahrerlaubnis nach § 4 oder eine zum Führen von Kraftfahrzeugen im Inland berechtigende ausländische Erlaubnis besitzt. ³Die zuständige oberste Landesbehörde oder die von ihr bestimmte oder nach Landesrecht zuständige Stelle bestimmt die prüfende Stelle.

(2) ¹Der Bewerber wird zur Prüfung zugelassen, wenn er von einem zur Ausbildung berechtigten Fahrlehrer entsprechend den Mindestanforderungen der Anlage 1 ausgebildet worden ist und hierüber der prüfenden Stelle eine Bescheinigung nach dem Muster in Anlage 2 vorlegt. ²Ein Fahrlehrer ist zur Mofa-Ausbildung berechtigt, wenn er die Fahrlehrererlaubnis der Klasse A besitzt. ³§ 1 Abs. 4 Satz 1 des Fahrlehrergesetzes gilt entsprechend. ⁴Der Fahrlehrer darf die Ausbildungsbescheinigung nur ausstellen, wenn er eine Ausbildung durchgeführt hat, die den Mindestanforderungen der Anlage 1 entspricht.

(3) ¹Die zuständige oberste Landesbehörde oder die von ihr bestimmte oder nach Landesrecht zuständige Stelle kann als Träger der Mofa-Ausbildung öffentliche Schulen oder private Ersatzschulen anerkennen. ²In diesem Fall hat der Bewerber der prüfenden Stelle eine Ausbildungsbescheinigung einer nach Satz 1 anerkannten Schule vorzulegen, aus der hervorgeht, daß er an einem anerkannten Mofa-Ausbildungskurs in der Schule teilgenommen hat.

(4) ¹Die prüfende Stelle hat über die bestandene Prüfung eine Prüfbescheinigung nach Anlage 2 auszufertigen. ²Die Bescheinigung ist beim Führen eines Mofas mitzuführen und zuständigen Personen auf Verlangen zur Prüfung auszuhändigen. ³Für die Inhaber einer Fahrerlaubnis gilt § 4 Abs. 2 Satz 2 entsprechend.

(5) Wer die Prüfung noch nicht abgelegt hat, darf ein Mofa auf öffentlichen Straßen führen, wenn er von einem zur Mofa-Ausbildung berechtigten Fahrlehrer beaufsichtigt wird; der Fahrlehrer gilt als Führer des Mofas.

1 **Begr** (BRDrucks 443/98 S 238): *Die Vorschriften entsprechen in bezug auf Mofas inhaltlich den bisher in § 4a enthaltenen Regelungen und sind lediglich redaktionell überarbeitet worden ... Die bisher in Anlage XXII zur StVZO enthaltenen Mindestanforderungen an die Ausbildung von Bewerbern um eine Prüfbescheinigung für Mofas sind ... in Anlage 1 der Verordnung enthalten. Wie bisher soll die theoretische Ausbildung in Kursform, das heißt für alle Teilnehmer gleichzeitig beginnend und endend, und getrennt vom theoretischen Unterricht für Bewerber um eine Fahrerlaubnis durchgeführt werden. In der Praxis ist allerdings ein starker Rückgang der Nachfrage nach Mofa-Ausbildungskursen zu verzeichnen. Für den Fall, daß ein solcher Kurs wegen zu geringer Teilnehmerzahl nicht zustande kommt, können die zuständigen Landesbehörden künftig zulassen, daß die Bewerber am theoretischen Unterricht für die Fahrerlaubnis in einer der Kraftradklassen (A, A 1 und M) teilnehmen.*

...

2 **1. Mofa-Prüfbescheinigung.** Mofa: § 4 I Nr 1. Ausnahmen: s Übergangsvorschrift § 76 Nr 3. Die Vorschrift will sachgerechtes Fahrverhalten der Mofafahrer gewährleisten. Sie bedürfen weiterhin keiner FE, müssen aber ausreichende Kenntnis der VVorschriften, besonders, aber nicht nur derjenigen für den Zweiradverkehr (s FEKl A, A1, M) und außerdem der Gefahrenlehre in einer Prüfung nachweisen und sich im öffentlichen Verkehr durch die Prüfbescheinigung hierüber ausweisen. Wird der Nachweis iS von Abs I S 1 erbracht, so besteht ein Rechtsanspruch auf Erteilung der Prüfbescheinigung. Zum Führen motorisierter **Krankenfahrstühle** gem § 4 I S 2 Nr 2 in der ab 1. 9. 02 geltenden Fassung bedarf es keiner Prüfbescheinigung mehr. Dagegen dürfen Krankenfahrstühle nach früherem Recht, soweit sie jetzt FEpflichtig sind, gem § 76 Nr 2 nur von Inhabern einer Prüfbescheinigung gem § 5 IV (alt) weiterhin ohne FE geführt werden. Weder FE noch Prüfbescheinigung ist gem § 76 Nr 2 S 2 erforderlich zum

Erlaubnispflicht und Ausweispflicht für das Führen von Kraftfahrzeugen § 5 FeV 3a

Führen von Krankenfahrstühlen bis 10 km/h bauartbestimmter Höchstgeschwindigkeit iS von § 4 I S 2 Nr 2 in der bis zum 1. 9. 02 geltenden Fassung, wenn das Fz bis zum 1. 9. 02 erstmals in den V gekommen ist. Soweit nach der Übergangsvorschrift eine Prüfbescheinigung erforderlich ist, berechtigen Prüfbescheinigungen für Mofas nicht zum Führen von Krankenfahrstühlen und umgekehrt, s *Schäpe* DAR **99** 427, wie auch aus dem unterschiedlichen Ausbildungsinhalt der Anl 1 (alt) folgt, aM für das Führen von Krankenfahrstühlen *Schlund* DAR **00** 564.

2. Keiner Prüfbescheinigung bedarf, wer eine FE (§ 4), auch eine beschränkte (§§ 23, 46 II), oder gültige ausländische Fahrerlaubnis (§ 28 FeV, § 4 IntVO) hat. Daß eine ausländische Prüfbescheinigung nicht genügt, folgt schon aus I S 2. Auf das Mitführen des Führerscheins stellt Abs I S 2 nicht ab. Auch wer seinen FS also bei der Fahrt mit dem Mofa nicht mitführt, handelt daher nicht ow gem § 75 Nr 5 (unberechtigtes Führen eines Mofas), sondern nur nach § 75 Nr 4 in Verbindung § 5 IV S 3, § 4 II S 2 (Nichtmitführen des FS). Eine zwar *gültige*, aber im Inland zum Führen von Kfzen nicht mehr berechtigende ausländische FE (§ 4 I S 3 IntVO) ist (anders als nach § 4a I S 4 StVZO alt) nicht geeignet, die erforderliche Prüfbescheinigung zu ersetzen. Wer vor dem 1. 4. 80 das 15. Lebensjahr vollendet hat, braucht keine Prüfbescheinigung zum Führen von Mofas (§ 76 Nr 3). Diese Ausnahmeregelung gilt nicht auch für Krankenfahrstühle nach früherem Recht, soweit diese nur mit Prüfbescheinigung ohne FE geführt werden dürfen (s Rz 2), s *Weibrecht* VD **02** 208. **EdF** hat auf die Prüfbescheinigung keinen Einfluß; wer außer der entzogenen FE eine Prüfbescheinigung hat, darf nach EdF ebenso weiterhin Mofas führen wie derjenige, der gem § 76 Nr 3 keiner Prüfbescheinigung bedarf. Dagegen muß, wer gem Abs I S 2 keiner Prüfbescheinigung bedurfte (FEInhaber), nach EdF eine solche erwerben, um Mofas führen zu dürfen, s *Klüsener* DAR **91** 116, zw AG St Wendel VM **04** 40. Ohne Prüfbescheinigung darf schließlich im öffentlichen StrV ein Mofa führen, wer von einem zur Mofa-Ausbildung berechtigten Fahrlehrer beaufsichtigt wird, Abs V. Als Führer des Mofas gilt in diesem Falle der Fahrlehrer. Zur Verantwortlichkeit des Fahrschülers, s § 3 StVG Rz 43.

3. Mitzuführen und zuständigen Personen auf Verlangen auszuhändigen ist die Prüfbescheinigung beim Führen eines Mofas. Nichtmitführen des FS in Fällen des Abs I S 2, s Rz 3. Zur Beschlagnahme der Prüfbescheinigung nach polizeirechtlichen Vorschriften, s *Laube* PVT **83** 116.

4. Prüfung. Auf Zulassung zur Prüfung, die beliebig wiederholt werden darf, besteht ein Rechtsanspruch, wenn die Voraussetzungen des Abs II erfüllt sind, der Bewerber also die Bescheinigung eines zur Mofa-Ausbildung berechtigten Fahrlehrers (Rz 7) vorlegt, aus der hervorgeht, daß er an der Ausbildung gem Anl 1 (zu § 5 II) teilgenommen hat. Die Bescheinigung muß dem Muster in Anl 2 (zu § 5 II und IV) entsprechen. Mofa-Prüfbescheinigungen, die nach den bis 31. 12. 1998 vorgeschriebenen Mustern ausgestellt worden sind, bleiben gültig (§ 76 Nr 5). Bei Ausbildung durch eine Schule iS von Abs III genügt die Ausbildungsbescheinigung der Schule (Abs III S 2), s Rz 8. Zuständig für die Prüfung und Erteilung der Prüfbescheinigung ist jede von der zuständigen obersten Landesbehörde landesrechtlich bestimmte Stelle (Abs I S 3) ohne Beschränkung auf ihre örtliche Zuständigkeit. Näher *Bouska* VD **79** 354. Prüfungsstoff für Bewerber um eine Mofa-Prüfbescheinigung, VBl **97** 134.

Die Mindestanforderungen an die theoretische und praktische Ausbildung sind in Anlage 1 (zu § 5 II) geregelt. Danach umfaßt die **theoretische Ausbildung** mindestens 6 Doppelstunden zu je 90 Minuten; Versäumung von nicht mehr als 1 Doppelstunde ist unschädlich. Kombination mit dem theoretischen Unterricht für FEBewerber ist grundsätzlich nicht gestattet. Jedoch können die Bewerber für den Fall, daß ein Kurs wegen zu geringer Teilnehmerzahl nicht zustande kommt, am theoretischen Unterricht für die FE einer der Kraftrad-FE-Klassen (A, A1, M) teilnehmen. Die **praktische Ausbildung** umfaßt bei Einzelunterricht mindestens 1 Doppelstunde zu 90 Minuten, in der Gruppe mindestens 2 solche Doppelstunden.

5. Der Fahrlehrer muß, soweit der Bewerber eine Mofa-Prüfbescheinigung anstrebt, gem Abs II S 2 die Fahrlehrerlaubnis der Kl A besitzen und darf nur zusammen mit einer

Fahrschulerlaubnis oder im Rahmen eines Beschäftigungs- oder Ausbildungsverhältnisses bei einer Fahrschule ausbilden, II S 4 in Verbindung mit § 1 IV S 1 FahrlG. Nach der Übergangsbestimmung des § 76 Nr 4 genügt jedoch auch die Fahrlehrerlaubnis der früheren Klasse 3 oder einer dieser entsprechenden FE, wenn diese vor dem 1. 10. 85 erworben wurde und wenn der Fahrlehrer vor dem 1. 10. 87 an einem mindestens zweitägigen, vom Deutschen Verkehrssicherheitsrat durchgeführten Einführungslehrgang teilgenommen hat. In den **neuen Bundesländern** sind auch Fahrlehrer zur Mofa-Ausbildung berechtigt, die die FE der Klasse A nach früherem DDR-FERecht besitzen, s Anl I Kap XI B III Nr 2 (2) zum Einigungsvertrag.

8   Neben den Fahrschulen können auch öffentliche Schulen oder private Ersatzschulen Träger der Mofa-Ausbildung sein, wenn sie für die Durchführung der Kurse von der obersten Landesbehörde oder der von dieser bestimmten oder nach Landesrecht zuständigen Stelle anerkannt worden sind (Abs III). Gemeinsames Muster der Länder für Ausbildungsbescheinigung über die Teilnahme an einem Mofa-Kurs in der Schule, s VBl **86** 129.

9   **6. Ordnungswidrigkeiten:** Ow ist **a)** das Führen eines Mofas oder Krankenfahrstuhls (§ 76 Nr 2) ohne Ablegung der Prüfung, § 75 Nr 5, **b)** das Nichtmitführen der Prüfbescheinigung oder, in Fällen des Abs IV S 3 (s Rz 2) des Führerscheins oder ausländischen FS, § 75 Nr 4, **c)** der Verstoß des Fahrlehrers gegen Abs II S 2, 3 (Ausbildung ohne die erforderliche Fahrlehrerlaubnis) sowie die Ausstellung einer Ausbildungsbescheinigung ohne vorherige Ausbildung, die den Mindestanforderungen der Anl 1 (s Rz 6) entspricht, § 75 Nr 6. S *Laube* PVT **83** 116.

Einteilung der Fahrerlaubnisklassen

6 (1) ¹**Die Fahrerlaubnis wird in folgenden Klassen erteilt:**

Klasse A: Krafträder (Zweiräder, auch mit Beiwagen) mit einem Hubraum von mehr als 50 cm³ oder mit einer durch die Bauart bestimmten Höchstgeschwindigkeit von mehr als 45 km/h

Klasse A1: Krafträder der Klasse A mit einem Hubraum von nicht mehr als 125 cm³ und einer Nennleistung von nicht mehr als 11 kW (Leichtkrafträder)

Klasse B: Kraftfahrzeuge – ausgenommen Krafträder – mit einer zulässigen Gesamtmasse von nicht mehr als 3500 kg und mit nicht mehr als acht Sitzplätzen außer dem Führersitz (auch mit Anhänger mit einer zulässigen Gesamtmasse von nicht mehr als 750 kg oder mit einer zulässigen Gesamtmasse bis zur Höhe der Leermasse des Zugfahrzeugs, sofern die zulässige Gesamtmasse der Kombination 3500 kg nicht übersteigt)

Klasse C: Kraftfahrzeuge – ausgenommen Krafträder – mit einer zulässigen Gesamtmasse von mehr als 3500 kg und mit nicht mehr als acht Sitzplätzen außer dem Führersitz (auch mit Anhänger mit einer zulässigen Gesamtmasse von nicht mehr als 750 kg)

Klasse C1: Kraftfahrzeuge – ausgenommen Krafträder – mit einer zulässigen Gesamtmasse von mehr als 3500 kg, aber nicht mehr als 7500 kg und mit nicht mehr als acht Sitzplätzen außer dem Führersitz (auch mit Anhänger mit einer zulässigen Gesamtmasse von nicht mehr als 750 kg)

Klasse D: Kraftfahrzeuge – ausgenommen Krafträder – zur Personenbeförderung mit mehr als acht Sitzplätzen außer dem Führersitz (auch mit Anhänger mit einer zulässigen Gesamtmasse von nicht mehr als 750 kg)

Klasse D1: Kraftfahrzeuge – ausgenommen Krafträder – zur Personenbeförderung mit mehr als acht und nicht mehr als 16 Sitzplätzen außer dem Führersitz (auch mit Anhänger mit einer zulässigen Gesamtmasse von nicht mehr als 750 kg)

Einteilung der Fahrerlaubnisklassen § 6 FeV 3a

Klasse E in Verbindung mit Klasse B, C, C1, D oder D1:	Kraftfahrzeuge der Klassen B, C, C1, D oder D1 mit Anhängern mit einer zulässigen Gesamtmasse von mehr als 750 kg (ausgenommen die in Klasse B fallenden Fahrzeugkombinationen); bei den Klassen C1E und D1E dürfen die zulässige Gesamtmasse der Kombination 12 000 kg und die zulässige Gesamtmasse des Anhängers die Leermasse des Zugfahrzeugs nicht übersteigen; bei der Klasse D1E darf der Anhänger nicht zur Personenbeförderung verwendet werden
Klasse M:	Zweirädrige Kleinkrafträder (Krafträder mit einer durch die Bauart bestimmten Höchstgeschwindigkeit von nicht mehr als 45 km/h und einer elektrischen Antriebsmaschine oder einem Verbrennungsmotor mit einem Hubraum von nicht mehr als 50 cm^3) und Fahrräder mit Hilfsmotor (Krafträder mit einer durch die Bauart bestimmten Höchstgeschwindigkeit von nicht mehr als 45 km/h und einer elektrischen Antriebsmaschine oder einem Verbrennungsmotor mit einem Hubraum von nicht mehr als 50 cm^3, die zusätzlich hinsichtlich der Gebrauchsfähigkeit die Merkmale von Fahrrädern aufweisen)
Klasse S:	Dreirädrige Kleinkrafträder und vierrädrige Leichtkraftfahrzeuge jeweils mit einer durch die Bauart bestimmten Höchstgeschwindigkeit von nicht mehr als 45 km/h und einem Hubraum von nicht mehr als 50 cm^3 im Falle von Fremdzündungsmotoren, einer maximalen Nutzleistung von nicht mehr als 4 kW im Falle anderer Verbrennungsmotoren oder einer maximalen Nenndauerleistung von nicht mehr als 4 kW im Falle von Elektromotoren; bei vierrädrigen Leichtkraftfahrzeugen darf darüber hinaus die Leermasse nicht mehr als 350 kg betragen, ohne Masse der Batterien im Falle von Elektrofahrzeugen.
Klasse T:	Zugmaschinen mit einer durch die Bauart bestimmten Höchstgeschwindigkeit von nicht mehr als 60 km/h und selbstfahrende Arbeitsmaschinen mit einer durch die Bauart bestimmten Höchstgeschwindigkeit von nicht mehr als 40 km/h, die jeweils nach ihrer Bauart zur Verwendung für land- oder forstwirtschaftliche Zwecke bestimmt sind und für solche Zwecke eingesetzt werden (jeweils auch mit Anhängern)
Klasse L:	Zugmaschinen, die nach ihrer Bauart zur Verwendung für land- oder forstwirtschaftliche Zwecke bestimmt sind und für solche Zwecke eingesetzt werden, mit einer durch die Bauart bestimmten Höchstgeschwindigkeit von nicht mehr als 32 km/h und Kombinationen aus diesen Fahrzeugen und Anhängern, wenn sie mit einer Geschwindigkeit von nicht mehr als 25 km/h geführt werden und, sofern die durch die Bauart bestimmte Höchstgeschwindigkeit des ziehenden Fahrzeugs mehr als 25 km/h beträgt, sie für eine Höchstgeschwindigkeit von nicht mehr als 25 km/h in der durch § 58 der Straßenverkehrs-Zulassungs-Ordnung vorgeschriebenen Weise gekennzeichnet sind, sowie selbstfahrende Arbeitsmaschinen, Stapler und andere Flurförderzeuge jeweils mit einer durch die Bauart bestimmten Höchstgeschwindigkeit von nicht mehr als 25 km/h und Kombinationen aus diesen Fahrzeugen und Anhängern.

^{2}Die Erlaubnis kann auf einzelne Fahrzeugarten dieser Klassen beschränkt werden.
^{3}Beim Abschleppen eines Kraftfahrzeugs genügt die Fahrerlaubnis für die Klasse des abschleppenden Fahrzeugs.

(2) ^{1}Die Fahrerlaubnis der Klasse A berechtigt bis zum Ablauf von zwei Jahren nach der Erteilung nur zum Führen von Krafträdern mit einer Nennleistung von nicht mehr als 25 kW und einem Verhältnis von Leistung/Leergewicht von nicht mehr als 0,16 kW/kg. ^{2}Abweichend von Satz 1 können Bewerber, die das 25. Lebensjahr vollendet haben, die Klasse A ohne diese Beschränkung erwerben.

1299

³Leichtkrafträder mit einer durch die Bauart bestimmten Höchstgeschwindigkeit von mehr als 80 km/h und Zugmaschinen der Klasse T mit einer durch die Bauart bestimmten Höchstgeschwindigkeit von mehr als 40 km/h dürfen nur von Inhabern einer Fahrerlaubnis der entsprechenden Klasse geführt werden, die das 18. Lebensjahr vollendet haben; dies gilt nicht bei der Rückfahrt von der praktischen Befähigungsprüfung, sofern der Inhaber der Fahrerlaubnis dabei von einem Fahrlehrer begleitet wird, sowie bei Fahrproben nach den §§ 35 und 42 im Rahmen von Aufbauseminaren und auf Grund von Anordnungen nach § 46.

(3) Außerdem berechtigen
1. Fahrerlaubnisse der Klasse A zum Führen von Fahrzeugen der Klassen A1 und M,
2. Fahrerlaubnisse der Klasse A1 zum Führen von Fahrzeugen der Klasse M,
3. Fahrerlaubnisse der Klasse B zum Führen von Fahrzeugen der Klassen M, S und L,
4. Fahrerlaubnisse der Klasse C zum Führen von Fahrzeugen der Klasse C1,
5. Fahrerlaubnisse der Klasse CE zum Führen von Fahrzeugen der Klassen C1E, BE und T sowie D1E, sofern der Inhaber zum Führen von Fahrzeugen der Klasse D1 berechtigt ist und DE, sofern er zum Führen von Fahrzeugen der Klasse D berechtigt ist,
6. Fahrerlaubnisse der Klasse C1E zum Führen von Fahrzeugen der Klassen BE sowie D1E, sofern der Inhaber zum Führen von Fahrzeugen der Klasse D1 berechtigt ist,
7. Fahrerlaubnisse der Klasse D zum Führen von Fahrzeugen der Klasse D1,
8. Fahrerlaubnisse der Klasse D1E zum Führen von Fahrzeugen der Klassen BE sowie C1E, sofern der Inhaber zum Führen von Fahrzeugen der Klasse C1 berechtigt ist,
9. Fahrerlaubnisse der Klasse DE zum Führen von Fahrzeugen der Klassen D1E, BE sowie C1E, sofern der Inhaber zum Führen von Fahrzeugen der Klasse C1 berechtigt ist,
10. Fahrerlaubnisse der Klasse T zum Führen von Fahrzeugen der Klassen M, S und L.

(4) Fahrerlaubnisse der Klassen C, C1, CE oder C1E berechtigen im Inland auch zum Führen von Kraftomnibussen – gegebenenfalls mit Anhänger – mit einer entsprechenden zulässigen Gesamtmasse und ohne Fahrgäste, wenn die Fahrten lediglich zur Überprüfung des technischen Zustands des Fahrzeugs dienen.

(5) Unter land- und forstwirtschaftliche Zwecke im Rahmen der Fahrerlaubnis der Klassen T und L fallen
1. Betrieb von Landwirtschaft, Forstwirtschaft, Weinbau, Gartenbau, Obstbau, Gemüsebau, Baumschulen, Tierzucht, Tierhaltung, Fischzucht, Teichwirtschaft, Fischerei, Imkerei sowie den Zielen des Natur- und Umweltschutzes dienende Landschaftspflege,
2. Park-, Garten-, Böschungs- und Friedhofspflege einschließlich des Winterdienstes,
3. landwirtschaftliche Nebenerwerbstätigkeit und Nachbarschaftshilfe von Landwirten,
4. Betrieb von land- und forstwirtschaftlichen Lohnunternehmen und andere überbetriebliche Maschinenverwendung,
5. Betrieb von Unternehmen, die unmittelbar der Sicherung, Überwachung und Förderung der Landwirtschaft überwiegend dienen und
6. Betrieb von Werkstätten zur Reparatur, Wartung und Prüfung von Fahrzeugen sowie Probefahrten der Hersteller von Fahrzeugen, die jeweils im Rahmen der Nummern 1 bis 5 eingesetzt werden.

(6) Fahrerlaubnisse, die bis zum 31. Dezember 1998 erteilt worden sind (Fahrerlaubnisse alten Rechts) bleiben im Umfang der bisherigen Berechtigung vorbehaltlich der Bestimmungen in § 76 bestehen.

(7) ¹Fahrerlaubnisse, die bis zum 31. Dezember 1998 erteilt worden sind, werden auf Antrag des Inhabers auf die neuen Fahrerlaubnisklassen umgestellt. ²Über sie wird ein neuer Führerschein ausgefertigt. ³Der neue Umfang der Fahrerlaubnis ergibt sich aus Anlage 3. ⁴Nach der Umstellung dürfen Kraftfahrzeuge nur noch in dem neuen Umfang geführt werden, sofern sie der Fahrerlaubnispflicht unterliegen. ⁵Die Bestimmungen in § 76 zu den §§ 4 bis 6 bleiben unberührt.

Einteilung der Fahrerlaubnisklassen § 6 FeV **3a**

Begr (BRDrucks 443/98 S 210): *Die Richtlinie* verpflichtet die Mitgliedstaaten zur Übernahme der internationalen Einteilung der Fahrerlaubnisklassen in die Klassen A bis E und gibt ihnen darüber hinaus die Möglichkeit zu zusätzlichen fakultativen Unterklassen. Eingeführt werden die obligatorischen Klassen A bis E:* **1**

A: *Krafträder*
B: *Kraftfahrzeuge bis 3,5 t zulässige Gesamtmasse*
C: *Kraftfahrzeuge über 3,5 t zulässige Gesamtmasse*
D: *Kraftomnibusse*
E: *Kraftfahrzeuge der Klasse B, C, D mit Anhänger über 750 kg (Anhänger bis 750 kg sind in Grundklasse enthalten, bei Klasse B auch Anhänger mit zulässiger Gesamtmasse bis zur Leermasse des Zugfahrzeugs bei einer zulässigen Gesamtmasse des Zuges von höchstens 3,5 t).*

Von den nach der Richtlinie **fakultativen Unterklassen** *(Artikel 3 Abs. 2 EU-Richtlinie) werden eingeführt:*

A1: *Leichtkrafträder bis 125 cm³ und 11 kW. Die Mitgliedstaaten können weitere einschränkende Merkmale festlegen (Artikel 3 Abs. 5 EU-Richtlinie). In Deutschland ist die Klasse 1b durch die Zweiundzwanzigste Verordnung zur Änderung straßenverkehrsrechtlicher Vorschriften vom 14. Februar 1996 (BGBl. I S. 216) unter Beibehaltung der alten Klassenbezeichnung bereits angepaßt worden. Dabei ist von der Ermächtigung der Mitgliedstaaten, den oben genannten Kriterien weitere einschränkende Merkmale hinzufügen zu können, durch die Begrenzung auf eine bauartbedingte Höchstgeschwindigkeit von 80 km/h für 16- und 17jährige Gebrauch gemacht worden.*

C1: *Kfz von mehr als 3,5 t bis 7,5 t zulässige Gesamtmasse*
C1E: *Kraftfahrzeuge der Klasse C1 mit Anhänger über 750 kg, wobei die zulässige Gesamtmasse des Anhängers die Leermasse des Zugfahrzeuges und die zulässige Gesamtmasse der Kombination 12 t nicht übersteigen darf*
D1: *Busse bis 16 Plätze*
D1E: *Kraftfahrzeuge der Klasse D1 mit Anhänger über 750 kg, wobei die zulässige Gesamtmasse des Anhängers die Leermasse des Zugfahrzeuges und die zulässige Gesamtmasse der Kombination 12 t nicht überschreiten und der Anhänger nicht zur Personenbeförderung benutzt werden darf.*

(BRDrucks 443/98 S 212):

Die folgende Tabelle enthält eine Gegenüberstellung der alten und neuen Fahrerlaubnisklassen: **2**

Fahrerlaubnisklassen alt		Fahrerlaubnisklassen neu	
1:	*Leistungsunbeschränkte Krafträder*	A:	*Leistungsunbeschränkte Krafträder Berechtigung zum Führen leistungsunbeschränkter Krafträder erst nach mind. zwei Jahren Fahrerfahrung auf Krafträdern bis 25 kW, nicht mehr als 0,16 kW/kg*
1a:	*Krafträder bis 25 kW, nicht mehr als 0,16 kW/kg Erwerb der Klasse 1 nur möglich nach mind. 2jährigem Besitz der Klasse 1a und ausreichender Fahrpraxis (mindestens 4000 km)*		
1b:	*Krafträder bis 125 cm³, bis 11 kW; für 16- und 17jährige 80 km/h bauartbedingte Höchstgeschwindigkeit*	A1:	*Inhalt unverändert*
2:	*Kfz über 7,5 t Züge mit mehr als 3 Achsen*	C:	*Kfz über 3,5 t mit Anhänger bis 750 kg*
		CE:	*Kraftfahrzeuge über 3,5 t mit Anhänger über 750 kg*

---

* Richtlinie 91/439/EWG des Rates v. 29. Juli 1991 über den Führerschein (ABl. EG Nr. L 237 S. 1), sog. „Zweite EG-Führerscheinrichtlinie"

Fahrerlaubnisklassen alt	Fahrerlaubnisklassen neu
3: Kfz bis 7,5 t Züge mit nicht mehr als 3 Achsen (d. h. es kann ein einachsiger Anhänger mitgeführt werden; Achsen mit einem Abstand von weniger als 1 m voneinander gelten als eine Achse)	B: Kraftfahrzeuge bis 3,5 t mit Anhänger bis 750 kg oder mit Anhänger über 750 kg, sofern die zulässige Gesamtmasse des Anhängers die Leermasse des Zugfahrzeugs und die zul. Gesamtmasse des Zuges 3,5 t nicht überschreiten BE: Kombinationen aus einem Zugfahrzeug der Klasse B und einem Anhänger, die nicht in die Klasse B fällt
	C1: Kfz zwischen 3,5 und 7,5 t mit Anhänger bis 750 kg C1E: Kfz der Klasse C1 mit Anhänger über 750 kg, sofern die zulässige Gesamtmasse des Anhängers die Leermasse des Zugfahrzeugs und die zulässige Gesamtmasse der Kombination 12 000 kg nicht überschreiten
2, 3 (je nach dem zulässigen Gesamtgewicht des Fahrzeugs) + Fahrerlaubnis zur Fahrgastbeförderung in Kraftomnibussen	D: Kraftomnibusse mit mehr als 8 Plätzen
	D1: Kraftomnibusse mit mehr als 8, aber nicht mehr als 16 Sitzplätzen DE: Kraftfahrzeuge der Klasse D mit Anhänger über 750 kg D1E: Kfz der Klasse D1 mit Anhänger über 750 kg, sofern die zulässige Gesamtmasse des Anhängers die Leermasse des Zugfahrzeugs und die zulässige Gesamtmasse der Kombination 12 000 kg nicht überschreiten. Der Anhänger darf nicht zur Personenbeförderung benutzt werden.

Nationale Fahrerlaubnisklassen für Fahrzeuge, die nicht unter die Richtlinie fallen:

4: Kleinkrafträder und Fahrräder mit Hilfsmotor bis 50 cm³ / 50 km/h	M: Kleinkrafträder und Fahrräder mit Hilfsmotor bis 50 cm³ / 45 km/h
5: Krankenfahrstühle, Arbeitsmaschinen bis 25 km/h, Zugmaschinen bis 32 km/h, mit Anhängern bis 25 km/h	L: selbstfahrende Arbeitsmaschinen bis 25 km/h; land- und forstwirtschaftliche Zugmaschinen bis 32 km/h, mit Anhängern bis 25 km/h
	T: land- und forstwirtschaftliche Zugmaschinen bis 60 km/h, selbstfahrende land- und forstwirtschaftliche Arbeitsmaschinen bis 40 km/h (auch mit Anhängern)
Fahrerlaubnis zur Fahrgastbeförderung in Taxen, Mietwagen, Krankenkraftwagen sowie in Pkw bei gewerbsmäßigen Ausflugsfahrten und Ferienzielreisen	bleibt unverändert; zusätzlich für Pkw im Linienverkehr

Einteilung der Fahrerlaubnisklassen § 6 FeV **3**a

Fahrerlaubnisklassen alt	Fahrerlaubnisklassen neu
Mofa: Fahrrad mit Hilfsmotor bis 25 km/h	*Mofa bleibt unverändert. Krankenfahrstühle bis 25 km/h werden Mofas gleichgestellt.*

(BRDrucks 443/98 S 214):
Besonders hinzuweisen ist auf folgende Neuerungen: **3**
– *Bewerber um eine Fahrerlaubnis der Klasse A, die das 25. Lebensjahr vollendet haben, können künftig diese Klasse sofort ohne Leistungsbeschränkung erwerben und müssen nicht erst zwei Jahre Fahrerfahrung auf Krafträdern bis 25 kW sammeln.*
– *Die Grenze zwischen der Pkw-Klasse 3/B und der Lkw-Klasse 2/C wird von jetzt 7500 kg auf 3500 kg zulässige Gesamtmasse herabgesetzt. Für Fahrzeuge mit einer zulässigen Gesamtmasse zwischen 3500 und 7500 kg wird die Unterklasse C1 eingeführt.*
– *Für das Mitführen von Anhängern mit einer zulässigen Gesamtmasse von mehr als 750 kg ist künftig ein eigener Anhängerführerschein, die Klasse E, erforderlich. Eine Ausnahme besteht lediglich bei Klasse B: Ein Führerschein dieser Klasse reicht auch für das Mitführen von Anhängern mit einer zulässigen Gesamtmasse von mehr als 750 kg aus, sofern die zulässige Gesamtmasse des Anhängers die Leermasse des Zugfahrzeugs und die zulässige Gesamtmasse des Zuges 3500 kg nicht überschreiten.*
– *Das bisherige Nebeneinander einer allgemeinen Fahrerlaubnis der Klasse 2 oder 3 und der Fahrerlaubnis zur Fahrgastbeförderung in Kraftomnibussen entfällt zugunsten einer einheitlichen Fahrerlaubnis der Klasse D. Voraussetzung für den Erwerb einer Fahrerlaubnis der Klasse D ist künftig nur noch der Besitz der Klasse B. Der Besitz der Klasse C ist auch dann nicht erforderlich, wenn der Bus eine zulässige Gesamtmasse von mehr als 7500 kg hat.*
– *Land- und forstwirtschaftliche Zugmaschinen mit einer durch die Bauart bestimmten Höchstgeschwindigkeit von nicht mehr als 32 km/h (beim Mitführen von Anhängern bis 25 km/h) fallen künftig in die Klasse L, die der heutigen Klasse 5 entspricht. Darüber hinaus wird eine neue Klasse T für land- und forstwirtschaftliche Zugmaschinen bis 60 km/h sowie selbstfahrende land- und forstwirtschaftliche Arbeitsmaschinen bis 40 km/h (auch mit Anhängern) eingeführt. Innerhalb der Klasse T gibt es einen Stufenführerschein. Sie kann ab 16 Jahren erworben werden. Bis zur Vollendung des 18. Lebensjahres dürfen jedoch nur land- und forstwirtschaftliche Zugmaschinen bis 40 km/h (auch mit Anhängern) geführt werden. Mit Vollendung des 18. Lebensjahres erweitert sich die Klasse automatisch auf Zugmaschinen bis 60 km/h. Wer bei Erwerb der Klasse bereits 18 Jahre alt ist, unterliegt keinen Einschränkungen.*
...

(BRDrucks 443/98 S 242):
Zu Abs 2: *Absatz 2 regelt den Stufenführerschein für Motorräder. Danach dürfen unter* **4** *25 jährige Inhaber der Fahrerlaubnisklasse A wie bisher zwei Jahre nur leistungsbeschränkte Krafträder führen. Die Berechtigung zum Führen leistungsunbeschränkter Krafträder gilt nach diesem Zeitraum unmittelbar kraft Gesetzes ...*
Das Abstellen auf den **Besitz** *der Fahrerlaubnis als Voraussetzung für das Führen von leistungsbeschränkten Krafträdern und der Verzicht auf bisher geforderte Fahrpraxis ist vertretbar, da kaum jemand die Fahrerlaubnis der Klasse A erwirbt, sie dann aber nicht nutzt. Außerdem wurde die Fahrpraxis bei der förmlichen Erweiterung der Klasse 1a auf die Klasse 1 bisher kaum kontrolliert. Die neue Regelung senkt den Verwaltungsaufwand und bedeutet sowohl für den Bürger als auch für die Verwaltung eine Vereinfachung.*
25 jährige und Ältere können sofort die Klasse A mit der Berechtigung zum Führen leistungsunbeschränkter Krafträder erwerben. Der Direkteinstieg ab diesem Alter erscheint unter dem Gesichtspunkt der Verkehrssicherheit vertretbar, da die Unfallkurve bei diesem Alter signifikant abfällt
...
Der letzte Teilsatz von Absatz 2 soll sicherstellen, daß auch 16- und 17-jährige Inhaber einer Fahrerlaubnis der Klasse A1 oder T in den dort genannten Fällen das künftige Ausbildungs- und Prüfungsfahrzeug mit – bei Klasse A1 – einer durch die Bauart bestimmten Höchstgeschwindigkeit von mindestens 100 km/h und – bei Klasse T – mit einer durch die Bauart bestimmten Höchstgeschwindigkeit zwischen 33 und 60 km/h führen können. Die Ausnahme ist vertretbar, weil stets die Begleitung durch einen Fahrlehrer vorgeschrieben ist.

5 **Zu Abs 3:** ... *Die Einschlußregelungen folgen dem Grundsatz, daß Ausbildung und Prüfung für die „höhere" Klasse auch zum Führen von Kraftfahrzeugen der „niedrigeren" Klasse mit geringeren Anforderungen befähigen und deshalb diese Klasse ohne die Erfüllung besonderer Anforderungen miterteilt wird. Wer leistungsunbeschränkte Krafträder führen kann, ist auch in der Lage, ein Leicht- oder Kleinkraftrad sicher im Verkehr zu bewegen. Dem widerspricht in gewisser Weise der – bisher schon bestehende – Einschluß der „Zweiradklasse" M/4 in die „Vierradklasse" B, da bei einem gesonderten Erwerb der Klasse M/4 eine zweiradspezifische Ausbildung und Prüfung vorgeschrieben sind und die dabei vermittelten Kenntnisse und Fähigkeiten nur begrenzt Gegenstand der Ausbildung und Prüfung für die Klasse B sind. Von daher wäre es folgerichtig, auch vom Inhaber einer Klasse B eine besondere Ausbildung und Prüfung zu fordern, wenn er ein Kleinkraftrad führen will. Mit dem bisherigen Einschluß von Klasse 4 in Klasse 3 sind jedoch keine Probleme aufgetreten, so daß dies als Überreglementierung erschiene.*
...

6 **Zu Abs 4:** ... *Nach neuem Recht ist für das Führen von Kraftomnibussen nur noch die Fahrerlaubnis der Klasse D erforderlich. Ob in dem Fahrzeug Fahrgäste befördert werden oder nicht, ist unerheblich. Dies würde bedeuten, daß z. B. Werkstattpersonal, das Busse nach Reparaturen überprüft, eigens zu diesem Zweck die Klasse D erwerben müßte. Dies erscheint unverhältnismäßig. Für die in Absatz 4 genannten Zwecke dürfen daher Busse (auch mit Anhängern) auch mit einer Fahrerlaubnis der Klasse C, C1, CE oder C1E geführt werden. Der Geltungsbereich dieser Ausnahme ist allerdings auf das Inland beschränkt.*

7 **Zu Abs 6 und 7:** *Die Einführung des internationalen Systems der Fahrerlaubnisklassen nach der Zweiten EU-Führerscheinrichtlinie ist mit anderen Zuschnitten und Zuordnungen gegenüber dem bisherigen Klassensystem verbunden.* ...
Die alten Klassenzuschnitte und Besitzstände müssen auf das neue System umgestellt und sollen in diesem Zusammenhang im Interesse der Verwaltungsvereinfachung bereinigt werden. Wo immer vertretbar, soll dabei die vollständige Klasse zugeteilt werden, um möglichst wenige Erweiterungen oder Einschränkungen von Klassen im Führerschein eintragen zu müssen. Dies führt in vielen Fällen zu einer Erweiterung der bisherigen Berechtigung. Die Grenze ist dort erreicht, wo die ursprüngliche Berechtigung zu weit überschritten wird und nicht mehr unterstellt werden kann, daß der Betreffende auf Grund seiner Fahrerfahrung auch die höheren Anforderungen erfüllt.
Die Umstellung der alten Klassen und Besitzstände erfolgt nach Absatz 7 in Verbindung mit Anlage 3 bei einem Umtausch des Führerscheins. Der Umfang der Berechtigung ergibt sich aus Anlage 3. Bis zu einem solchen Umtausch bleiben die Fahrerlaubnisse grundsätzlich im bisherigen Umfang gültig. ...

7a **Begr** zur ÄndVO v 7. 8. 02 (BRDrucks 497/02 S 61): **Zu Abs 1 Satz 1:** *Die Ergänzung des Textes zur Klasse M stellt klar, dass im Fahrerlaubnisrecht unter die Klasse M nicht sämtliche Kleinkrafträder fallen, sondern nur die zweirädrigen Kleinkrafträder. Diese Klarstellung muss deshalb vorgenommen werden, weil nach der entsprechenden EU-Betriebserlaubnisrichtlinie 92/61/EWG des Rates vom 30. Juni 1992 über die Betriebserlaubnis für zweirädrige und dreirädrige Kraftfahrzeuge (ABl. EG Nr. L 225 S. 72) wie auch bei ihrer Umsetzung in das nationale deutsche Betriebserlaubnisrecht (§ 18 Abs. 2 Nr. 4 StVZO) unter Kleinkrafträder nicht nur zweirädrige, sondern auch dreirädrige Kleinkrafträder fallen. Der betriebserlaubnisrechtliche Begriff der Kleinkrafträder ist also weiter als der fahrerlaubnisrechtliche, der EU-rechtlich auf der Zweiten EU-Führerscheinrichtlinie 91/439/EWG vom 29. Juli 1991 beruht. Somit fallen fahrerlaubnisrechtlich nur zweirädrige Kleinkrafträder unter die Klasse M ...*

Begr zur ÄndVO v 9. 8. 04 (BRDrucks 305/04 S 16): **Zu Abs 1 Satz 1:** *In einem ... Vertragsverletzungsverfahren ... macht die Kommission geltend, dass in Deutschland die Voraussetzungen zum Führen von vierrädrigen Leichtkraftfahrzeugen mit einer durch die Bauart bestimmten Höchstgeschwindigkeit von bis zu 45 km/h (Artikel 1 Abs. 3 Buchstabe a der Richtlinie 2002/24/EG) als zu hoch anzusehen seien und daher gegen Artikel 28 und 30 des EG-Vertrages verstießen.*
Derzeit ist zum Führen dieser Fahrzeuge in Deutschland eine Fahrerlaubnis der Klasse B (Pkw) erforderlich. Durch diese Verordnung wird eine neue Fahrerlaubnisklasse (Klasse S) eingeführt, mit der einerseits den Bedenken der Kommission und andererseits der Verkehrssicherheit Rechnung getragen wird. Dreirädrige Kraftfahrzeuge mit vergleichbarer Leistung (Artikel 1 Abs. 2

Einteilung der Fahrerlaubnisklassen § 6 FeV 3a

Buchstabe a Doppelbuchstabe ii der Richtlinie 2002/24/EG) werden ebenfalls in diese Fahrerlaubnisklasse einbezogen. ...

1. Einteilung der Fahrerlaubnisse. Mit der Neuregelung in § 6 setzt die FeV **8** den die Einteilung der Fahrerlaubnisklassen betreffenden Teil der „Zweiten EG-Führerscheinrichtlinie" (Richtlinie des Rates v 29. Juli 1991 über den Führerschein, ABl EG Nr. L 237 S. 1) in nationales Recht um. § 6 unterscheidet 9 Haupt-Fahrerlaubnisklassen (A, B, C, D, E, M, S, T, L mit 5 Unterklassen (A1, C1, C1E, D1, D1E), von denen die Klassen A bis E gem Art 3 I der Richtlinie obligatorisch sind. Neben den internationalen, durch die Richtlinie vorgeschriebenen Klassen sind in den von ihr ausgenommenen Fahrzeugbereichen nationale Klassen (M, S, T, L) eingeführt. Im Prinzip beibehalten wird der zum Schutz junger Motorradfahrer durch VO v 13. 12. 85 eingeführte Stufenführerschein (Begr, VBl **86** 117), Abs II S 1.

2. Kraftfahrzeugarten. Den Fahrerlaubnisklassen sind jeweils bestimmte Kraftfahr- **9** zeugarten zugeordnet, teilweise unterschieden nach Gewicht (zulässige Gesamtmasse), Hubraum, Leistung, Höchstgeschwindigkeit oder Sitzplätzen.

a) **Mofas** = einspurige FmH – auch ohne Tretkurbeln – mit bauartbestimmter Höchstgeschwindigkeit auf ebener Bahn von nicht mehr als 25 km/h (§ 4 I Nr 1) sind fahrerlaubnisfrei, jedoch hat der Fahrer eine Prüfbescheinigung mitzuführen (§ 5).

b) Zweirädrige **Kleinkrafträder** = (gem Abs I S 1 – Kl M –) Krafträder mit bis zu 50 cm^3 Hubraum und bauartbestimmter Höchstgeschwindigkeit von nicht mehr als 45 km/h (Moped, Mokick) und **FmH** = Krafträder mit Fahrradgebrauchsmerkmalen, Hubraum bis 50 cm^3 und bauartbestimmter Höchstgeschwindigkeit von nicht mehr als 45 km/h (§ 18 II Nr 4 StVZO) gehören in die Klasse M. Dazu gehören nach der Übergangsbestimmung des § 76 Nr 8 auch Fahrzeuge der genannten Art **bis 50 km/h**, wenn sie bis zum 31. 12. 2001 erstmals in den V gebracht wurden (auch § 72 II StVZO zu § 18 II Nr 4) sowie Kleinkrafträder und FmH iS der Vorschriften der ehemaligen DDR, wenn sie bis 28. 2. 92 erstmals in den V gebracht wurden. **Elektroskooter** werden (je nach technischer Ausstattung) idR Kleinkrafträder sein (s § 18 StVZO Rz 7) und daher unter Kl M fallen, s *Huppertz* VD **03** 184, *Kullik* PVT **03** 182.

c) **Dreirädrige Kleinkrafträder und vierrädrige Leichtkraftfahrzeuge** jeweils mit einer durch die Bauart bestimmten Höchstgeschwindigkeit von nicht mehr als 45 km/h und einem Hubraum von nicht mehr als 50 cm^3 im Falle von Fremdzündungsmotoren, einer maximalen Nutzleistung von nicht mehr als 4 kW im Falle anderer Verbrennungsmotoren oder einer maximalen Nenndauerleistung von nicht mehr als 4 kW im Falle von Elektromotoren mit den in Abs I S 1 genannten technischen Merkmalen fallen unter die Kl S, wobei bei vierrädrigen Leichtkraftfahrzeugen darüber hinaus die Leermasse nicht mehr als 350 kg betragen darf (ohne Masse der Batterien im Falle von Elektrofahrzeugen).

d) **Leichtkrafträder** = Krafträder mit Hubraum über 50 ccm und nicht mehr als 125 ccm und einer Nennleistung von nicht mehr als 11 kW sowie die in § 76 Nr 6 genannten bis zum 31. 12. 83 in den Verkehr gekommenen Kräder gehören in die FEKlasse A1.

e) **Krafträder** = motorisierte Zweiräder, auch mit Beiwagen, mit mehr als 50 cm^3 Hubraum oder einer bauartbestimmten Höchstgeschwindigkeit von mehr als 45 km/h gehören in FEKl A. Kann ein Krad mittels Umschalthebels auf eine niedrigere Motorleistung geschaltet werden, so darf es nur mit FEKl A geführt werden, wenn die höhere Leistungsstufe dieser Klasse unterliegt, BVG NZV **95** 246 (zust *Jagow* VD **95** 77).

f) **Kraftomnibusse** (Kom) = Kraftfahrzeuge zur Personenbeförderung mit mehr als 8 Sitzplätzen außer dem Führersitz (Abs I S 1 Kl D) gehören in Klasse D, bei nicht mehr als 16 Sitzplätzen außer dem Führersitz in Kl D1. Die Beschreibung der unter FEKl D fallenden Kfze entspricht dem Kom-Begriff in § 4 IV Nr 2 PBefG, s Bay VRS **101** 457. Ohne Fahrgäste dürfen Kom im Inland auch mit FEKl C oder C1 (je nach Gesamtmasse) geführt werden, wenn die Fahrt nur zum Zweck der Überprüfung des technischen Zustands des Fzs erfolgt, mit CE oder C1E auch mit Anhänger (Abs IV).

g) Land- und forstwirtschaftliche **Zugmaschinen** (Zgm) sind den FEKlassen T und L zugeordnet, je nach bauartbestimmter Höchstgeschwindigkeit. Solche bis 60 km/h dürfen, sofern sie für land- oder forstwirtschaftliche Zwecke eingesetzt werden, mit FEKl T geführt werden, und zwar auch mit Anhängern; beträgt die bauartbestimmte Höchstgeschwindigkeit nur 32 km/h, so genügt bei Verwendung für die genannten Zwecke FEKl L. Bei Mitführen von Anhängern ist FEKl L aber nur ausreichend, wenn sie mit nicht mehr als 25 km/h geführt werden; bei höherer bauartbestimmter Höchstgeschwindigkeit als 25 km/h bedarf es zusätzlich der Kennzeichnung durch ein Geschwindigkeitsschild gem § 58 StVZO. Auf örtlichen **Brauchtumsveranstaltungen** dürfen Inhaber der FEKl L, die das 18. Lebensjahr vollendet haben, Zgm und Anhänger unter den Voraussetzungen des § 1 II (IV) der 2. VO über Ausnahmen von straßenverkehrsrechtlichen Vorschriften v 28. 2. 89 führen (s § 18 Rz 2 b).

h) **Selbstfahrende Arbeitsmaschinen** = Fahrzeuge, die nach ihrer Bauart und ihren besonderen, mit dem Fahrzeug fest verbundenen Einrichtungen zur Leistung von Arbeit, nicht zur Beförderung von Personen oder Gütern bestimmt und geeignet sind (§ 18 II Nr 1 StVZO), sowie **Flurförderzeuge** (einschließlich Stapler), jeweils mit bauartbestimmter Höchstgeschwindigkeit bis 25 km/h, gehören ebenfalls in die Klasse L, gem ihrer Bauart für land- oder forstwirtschaftliche Zwecke eingesetzte selbstfahrende Arbeitsmaschinen in die Klasse T. Land- oder forstwirtschaftliche Zwecke: Abs V. *Huppertz,* Flurförderzeuge, VD **00** 78. *Lippert,* Sind Flurförderzeuge eine neue FzArt?, VD **00** 102.

10   3. **Umstellung der Fahrerlaubnisklassen.** Die Umstellung einer alten FE auf die neue Klasseneinteilung erfolgt nur auf Antrag des FEInhabers (Abs VII). In diesem Fall wird ein neuer FS ausgestellt. Bei der Umstellung sind die **Einschränkungen der Übergangsbestimmung** des § 76 Nr 9 zu beachten, insbesondere die bei Umstellung von FEen der Klassen 2 (alt) oder entsprechender Klassen geltenden Befristungen: FEe der **Klassen C und CE** werden auf die Vollendung des 50. Lebensjahres befristet. Für Verlängerungen und Erteilung nach Ablauf der Geltungsdauer findet § 24 entsprechende Anwendung. Wer bis zum 31. 12. 1998 das 50. Lebensjahr bereits vollendet hat, muß bei Umstellung der Kl 2 (alt) seine Eignung gem Anl 5 und 6 nachweisen. Eine Umgehung durch Nichtumstellung ist ausgeschlossen: In diesem Falle darf der Inhaber der bis zum 31. 12. 1998 erteilten FE der Kl 2 (alt) nach Vollendung des 50. Lebensjahrs keine Fze der Klassen C oder CE mehr führen. Diese Übergangsregelung ist grundgesetzkonform, verstößt im Hinblick auf die Erfordernisse der VSicherheit insbesondere nicht gegen das Übermaßverbot, VG Gießen NZV **00** 270 (zust *Weibrecht*), VG Mü NZV **02** 336. Andererseits wird bei Umstellung einer bis zum 31. 12. 98 erteilten FE der Kl 3 (alt) die FE der **Kl C1 und C1E** entgegen § 23 I S 1 Nr 1 unbefristet erteilt (§ 76 Nr 9 S 2). Nach erfolgter Umstellung durch Aushändigung eines neuen FS ist Rückgängigmachung und Aushändigung des alten (gem § 25 V S 1 ungültig zu machenden) FS ausgeschlossen, VG Mü NZV **02** 336. Zur Umstellungsregelung im einzelnen, s die amtliche Begr zu Absätzen VI und VII (BRDrucks 443/98 S 247 ff), insoweit nicht in Rz 7 abgedruckt) sowie *Jagow* VD **98** 195. Für den **Umfang der neuen FE** gilt die Anlage 3 (zu § 6 VII):

11   **Anlage 3** (zu § 6 Abs. 7)

Umstellung von Fahrerlaubnissen alten Rechts und Umtausch von Führerscheinen nach bisherigen Mustern

Bei der Umstellung von Fahrerlaubnissen alten Rechts auf die neuen Klassen und dem Umtausch von Führerscheinen nach den bisherigen Mustern werden folgende Klassen zugeteilt und im Führerschein bestätigt:

Einteilung der Fahrerlaubnisklassen § 6 FeV 3a

I. Fahrerlaubnisse und Führerscheine nach der Straßenverkehrs-Zulassungs-Ordnung

Fahrerlaubnisklasse (alt)	Datum der Erteilung der Fahrerlaubnis	unbeschränkte Fahrerlaubnisklassen (neu)	Zuteilung nur auf Antrag Klasse (Schlüsselzahlen gemäß Anlage 9)	Weitere Berechtigungen: Klasse und Schlüsselzahl gemäß Anlage 9
1	vor dem 1. 12. 54	A, A1, B, M, S, L		L 174, 175
1	im Saarland nach dem 30. 11. 54 und vor dem 1. 10. 60	A, A1, B, M, S, L		L 174, 175
1	nach dem 30. 11. 54 und vor dem 1. 1. 89	A, A1, M, S, L		L 174, 175
1	nach dem 31. 12. 88	A, A1, M, S, L		L 174
1 a	vor dem 1. 1. 89	A, A1, M, L		L 174, 175
1 a	nach dem 31. 12. 88	A[1)], A1, M, L		L 174
1 beschränkt auf Leichtkrafträder	nach dem 31. 3. 80 und vor dem 1. 4. 86	A1, M, S, L		L 174, 175
1 b	vor dem 1. 1. 89	A1, M, S, L		L 174, 175
1 b	nach dem 31. 12. 88	A1, M, L		L 174
2	vor dem 1. 12. 54	A, A1, B, BE, C1, C1E, C, CE, M, S, L, T		C 172
2	im Saarland nach dem 30. 11. 54 und vor dem 1. 10. 60	A, A1, B, BE, C1, C1E, C, CE, M, S, L, T		C 172
2	vor dem 1. 4. 80	A1, B, BE, C1, C1E, C, CE, M, S, L, T		C 172
2	nach dem 31. 3. 80	B, BE, C1, C1E, C, CE, M, S, L, T		C 172
2 beschränkt auf Kombinationen nach Art eines Sattelkraftfahrzeugs oder eines Lastkraftwagens mit drei Achsen	nach dem 31. 12. 85	B, BE, C1, C1E, M, S, L	C, CE 79 (L· 3), T[2)]	C 172
3 (a + b)	vor dem 1. 12. 54	A, A1, B, BE, C1, C1E, M, S, L	CE 79 (C1E>12 000 kg, L· 3), T[2)]	C1 171, L 174, 175

[1)] § 6 Abs. 2 Satz 1 findet Anwendung.
[2)] Nur für in der Land- oder Forstwirtschaft tätige Personen.

Fahrerlaubnisklasse (alt)	Datum der Erteilung der Fahrerlaubnis	unbeschränkte Fahrerlaubnisklassen (neu)	Zuteilung nur auf Antrag Klasse (Schlüsselzahlen gemäß Anlage 9)	Weitere Berechtigungen: Klasse und Schlüsselzahl gemäß Anlage 9
3	im Saarland nach dem 30. 11. 54 und vor dem 1. 10. 60	A, A1, B, BE, C1, C1E, M, S, L	CE 79 (C1E > 12 000 kg, L · 3), T 2)	C1 171, L 174, 175
3	vor dem 1. 4. 80	A1, B, BE, C1, C1E, M, S, L	CE 79 (C1E>12 000 kg, L · 3), T 2)	C1 171, L 174, 175
3	nach dem 31. 3. 80 und vor dem 1. 1. 89	B, BE, C1, C1E, M, S, L, T	CE 79 (C1E>12 000 kg, L · 3), T 2)	C1 171, L 174, 175
3	nach dem 31. 12. 88	B, BE, C1, C1E, M, S, L, T	CE 79 (C1E>12 000 kg, L · 3), T 2)	C1 171, L 174
4	vor dem 1. 4. 54	A, A1, B, M, S, L		L 174, 175
4	im Saarland nach dem 30. 11. 54 und vor dem 1. 10. 60	A, A1, B, M, S, L		L 174, 175
4	vor dem 1. 4. 80	A1, M, S, L		L 174, 175
4	nach dem 31. 3. 80 und vor dem 1. 1. 89	M, S, L		L 174, 175
4	nach dem 31. 12. 88	M, L		L 174
5	vor dem 1. 4. 80	M, S, L		L 174, 175
5	nach dem 31. 3. 80 und vor dem 1. 1. 89	S, L		L 174, 175
5	nach dem 31. 12. 88	L		L 174

Fahrerlaubnisse zur Fahrgastbeförderung (alt)	unbeschränkte Fahrerlaubnisklassen (neu)	Klasse und Schlüsselzahl gemäß Anlage 9 beschränkter Fahrerlaubnisklassen
Fahrerlaubnis zur Fahrgastbeförderung in Kraftomnibussen	D1, D1E, D, DE	
Fahrerlaubnis zur Fahrgastbeförderung in Kraftomnibussen beschränkt auf Fahrzeuge mit nicht mehr als 14 Fahrgastplätzen	D1, D1E	
Fahrerlaubnis zur Fahrgastbeförderung in Kraftomnibussen beschränkt auf Fahrzeuge mit nicht mehr als 24 Fahrgastplätzen oder nicht mehr als 7500 kg zulässiger Gesamtmasse	D1, D1E	D 79 (S1 · 25/7500 kg) DE 79 (S1 · 25/7500 kg)

Einteilung der Fahrerlaubnisklassen § 6 FeV 3a

II. Fahrerlaubnisse und Führerscheine nach den Vorschriften der Deutschen Demokratischen Republik

a) Vor dem 3. Oktober 1990 ausgestellte Führerscheine

DDR-Fahrerlaubnisklasse	Datum der Erteilung der Fahrerlaubnis	unbeschränkte Fahrerlaubnisklassen (neu)	Zuteilung nur auf Antrag Klasse (Schlüsselzahl gemäß Anlage 9)	weitere Berechtigungen: Klasse und Schlüsselzahl gemäß Anlage 9
A	vor dem 1. 12. 54	A, A1, B, M, S, L		L 174, 175
A	nach dem 30. 11. 54 und vor dem 1. 1. 89	A, A1, M, S, L		L 174, 175
A	nach dem 31. 12. 88	A, A1, M, L		L 174
B (beschränkt auf Kraftwagen mit nicht mehr als 250 cm^3 Hubraum, Elektrokarren – auch mit Anhänger – sowie maschinell angetriebene Krankenfahrstühle	vor dem 1. 12. 54	A, A1, B, S, L		L 174, 175
B (beschränkt)	nach dem 30. 11. 54 und vor dem 1. 4. 80	A1, B, S, L		L 174, 175
B (beschränkt)	nach dem 31. 3. 80 und vor dem 1. 1. 89	B, S, L		L 174, 175
B (beschränkt)	nach dem 31. 12. 88	B, S, L		L 174
B	vor dem 1. 12. 54	A, A1, B, BE, C1, C1E, M, S, L	CE 79 (C1E>12 000 kg, L· 3), T$^{2)}$	C1 171, L 174
B	nach dem 30. 11. 54 und vor dem 1. 4. 80	A1, B, BE, C1, C1E, M, S, L	CE 79 (C1E>12 000 kg, L· 3), T$^{2)}$	C1 171, L 174, 175
B	nach dem 31. 3. 80 und vor dem 1. 1. 89	B, BE, C1, C1E, M, S, L	CE 79 (C1E>12 000 kg, L· 3), T$^{2)}$	C1 171, L 174, 175
B	nach dem 31. 12. 88	B, BE, C1, C1E, M, S, L	CE 79 (C1E>12 000 kg, L· 3), T$^{2)}$	C1 171, L 174
C	vor dem 1. 12. 54	A, A1, B, BE, C1, C1E, C, M, S, L	CE 79 (C1E>12 000 kg, L· 3), T$^{2)}$	C 172
C	nach dem 30. 11. 54 und vor dem 1. 4. 80	A1, B, BE, C1, C1E, C, M, S, L	CE 79 (C1E>12 000 kg, L· 3), T$^{2)}$	C 172
C	nach dem 31. 3. 80	B, BE, C1, C1E, C, M, S, L	CE 79 (C1E>12 000 kg, L· 3), T$^{2)}$	C 172
D		B, BE, C1, C1E, D1$^{3)}$, D1E$^{3)}$, D$^{3)}$, S, M, L, T		L 174

DDR-Fahrerlaubnisklasse	Datum der Erteilung der Fahrerlaubnis	unbeschränkte Fahrerlaubnisklassen (neu)	Zuteilung nur auf Antrag Klasse (Schlüsselzahl gemäß Anlage 9)	weitere Berechtigungen: Klasse und Schlüsselzahl gemäß Anlage 9
BE	vor dem 1. 1. 89	B, BE, C1, C1E, M, S, L	CE 79 (C1E>12 000 kg, L· 3), T [2]	C1 171 L 174, 175
BE	nach dem 31. 12. 88	B, BE, C1, C1E, M, S, L	CE 79 (C1E>12 000 kg, L· 3), T [2]	C1 171, L 174
CE		B, BE, C1, C1E, C, CE, M, S, L, T		C 172
DE		B, BE, C1, C1E, D1[3], D1E[3], D[3], DE[3], M, S, L, T		
M	vor dem 1. 12. 54	A, A1, B, M, S, L		L 174, 175
M	nach dem 30. 11. 54 und vor dem 1. 4. 80	A1, M, S, L		L 174, 175
M	nach dem 31. 3. 80 und vor dem 1. 1. 89	M, S, L		L174, 175
M	nach 31. 12. 88	M, L		L 174
T	vor dem 1. 4. 80	M, S, L		L 174, 175
T	nach dem 31. 3. 80 und vor dem 1. 1. 89	M, S, L		L 174, 175
T	nach dem 31. 12. 88	M, S, L		L 174

[2] Nur für in der Land- oder Forstwirtschaft tätige Personen.
[3] Wenn Fahrerlaubnis zur Fahrgastbeförderung in Kraftomnibussen.

b) Vor dem 1. Juni 1982 ausgestellte Führerscheine

DDR-Fahrerlaubnisklasse	Datum der Erteilung der Fahrerlaubnis	unbeschränkte Fahrerlaubnisklassen (neu)	Zuteilung nur auf Antrag Klasse (Schlüsselzahl gemäß Anlage 9)	weitere Berechtigungen: Klasse und Schlüsselzahl gemäß Anlage 9
1	vor dem 1. 12. 54	A, A1, B, M, S, L		L 174, 175
1	nach dem 30. 11. 54	A, A1, M, S, L		L 174, 175
2	vor dem 1. 12. 54	A, A1, B, M, S, L		L 174, 175
2	nach dem 30. 11. 54 und vor dem 1. 4. 80	A1, B, M, S, L		L 174, 175
2	nach dem 31. 3. 80	B, M, S, L		L 174, 175
3	vor dem 1. 12. 54	A, A1, B, M, S, L		L 174, 175
3	nach dem 30. 11. 54 und vor dem 1. 4. 80	A1, M, S, L		L 174, 175

Einteilung der Fahrerlaubnisklassen § 6 FeV 3a

DDR-Fahrerlaubnisklasse	Datum der Erteilung der Fahrerlaubnis	unbeschränkte Fahrerlaubnisklassen (neu)	Zuteilung nur auf Antrag Klasse (Schlüsselzahl gemäß Anlage 9)	weitere Berechtigungen: Klasse und Schlüsselzahl gemäß Anlage 9
3	nach dem 31. 3. 80	M, S, L		L 174, 175
4	vor dem 1. 12. 54	A, A1, B, BE, C1, C1E, M, S, L	CE 79 (C1E>12 000 kg, L·3), T[2)]	C1 171, L 174, 175
4	nach dem 30. 11. 54 und vor dem 1. 4. 80	A1, B, BE, C1, C1E, M, S, L	CE 79 (C1E>12 000 kg, L·3), T[2)]	C1 171, L 174, 175
4	nach dem 31. 3. 80	B, BE, C1, C1E, M, S, L	CE 79 (C1E>12 000 kg, L·3), T[2)]	C1 171, L 174, 175
5	vor dem 1. 12. 54	A, A1, B, BE, C1, C1E, C, CE, M, S, L, T		C 172
5	nach dem 30. 11. 54 und vor dem 1. 4. 80	A1, B, BE, C1, C1E, C, CE, M, S, L, T		C 172
5	nach dem 31. 3. 80	B, BE, C1, C1E, C, CE, M, S, L, T		C 172

[2)] nur für in der Land- oder Forstwirtschaft tätige Personen

c) Vor dem 1. April 1957 ausgestellte Führerscheine

DDR-Fahrerlaubnisklasse	Datum der Erteilung der Fahrerlaubnis	unbeschränkte Fahrerlaubnisklassen (neu)	Zuteilung nur auf Antrag Klasse (Schlüsselzahl gemäß Anlage 9)	weitere Berechtigungen: Klasse und Schlüsselzahl gemäß Anlage 9
1		A, A1, B, M, S, L		L 174, 175
2		A, A1, B, BE, C1, C1E, C, CE, M, S, L, T		C 172
3		A, A1, B, BE, C1, C1E, M, S, L	CE 79 (C1E>12 000 kg, L·3), T[2)]	C1 171, L 174, 175
4		A, A1, B, M, S, L		L 174, 175

[2)] nur für in der Land- oder Forstwirtschaft tätige Personen

d) Vor dem 1. Juni 1982 ausgestellte Fahrerlaubnisscheine

DDR Fahrerlaubnisklasse	Datum der Erteilung der Fahrerlaubnis	unbeschränkte Fahrerlaubnisklassen (neu)	Zuteilung nur auf Antrag Klasse (Schlüsselzahl gemäß Anlage 9)	weitere Berechtigungen: Klasse und Schlüsselzahl gemäß Anlage 9
Langsamfahrende Fahrzeuge	vor dem 1. 4. 80	A1, M, S, L		L 174, 175
Langsamfahrende Fahrzeuge	nach dem 31. 3. 80	M, S, L		L 174, 175
Kleinkrafträder	vor dem 1. 4. 80	A1, M, S, L		L 174, 175
Kleinkrafträder	nach dem 31. 3. 80	M, S, L		L 174, 175

III. Fahrerlaubnisse und Führerscheine der Bundeswehr

Klasse der Fahrerlaubnis der Bundeswehr (vor dem 1. 1. 99 erteilt)	Unbeschränkte Fahrerlaubnisklassen des Allgemeinen Führerscheins (neu)	Zuteilung nur auf Antrag Klasse (Schlüsselzahl gemäß Anlage 9)	weitere Berechtigungen: Klasse und Schlüsselzahl gemäß Anlage 9
A	A, A1, M, L		
A1	A[1)], A1, M, L		
A2	A1, M, L		
B	B, BE, C1, C1E, M, S, L		
C-7,5 t	B, BE, C1, C1E, M, S, L	CE 79 (C1E>12 000 kg, L· 3), T[2)]	C1 171
C vor dem 1. 10. 1995 erteilt	B, BE, C1, C1E, C, CE, M, S, L, T		C 172
C nach dem 30. 9. 1995 erteilt	B, BE, C1, C1E, C, M, S, L, T	CE 79 (C1E>12 000 kg, L· 3), T[2)]	C 172
D vor dem 1. 10. 1988 erteilt	B, BE, C1, C1E, C, CE, D1, D1E, D, DE, M, S, L, T		
D nach dem 30. 9. 1988 erteilt	B, BE, D1, D1E, D, DE, M, S, L		
C-7,5 t E	B, BE, C1, C1E, M, S, L	CE 79 (C1E>12 000 kg, L· 3), T[2)]	C1 171
CE	B, BE, C1, C1E, C, CE, M, S, L, T		C 172

[1)] § 6 Abs. 2 Satz 1 findet Anwendung.
[2)] Nur für in der Land- oder Forstwirtschaft tätige Personen.

12 **4. Die neuen Fahrerlaubnisklassen.** In Abs I sind die nach der Zweiten EG-FS-Richtlinie obligatorischen Klassen A bis E, ferner die fakultativen Unterklassen A1, C1, C1E, D1 und D1E und die nationalen Klassen M, S, T und L eingeführt. Hinsichtlich des Begriffs der **durch die Bauart bestimmten Höchstgeschwindigkeit** wird es unter Zugrundelegung der neuen Rspr des BGH zu § 8 Nr 1 StVG (s § 8 StVG Rz 2) und zu § 2 PflVG (s vor § 29a Rz 4) entgegen Brn VRS **101** 293, AG Eisenhüttenstadt NStZ-RR **01** 280 (beide ohne Auseinandersetzung mit der genannten Rspr des BGH), genügen, daß die Geschwindigkeitsgrenze jedenfalls aufgrund einer vorhandenen technischen Einrichtung ohne deren Beseitigung tatsächlich nicht überschritten wird, s § 18 StVZO Rz 5. Die in Abs I verwendeten Begriffe **Gesamtmasse** und **Leermasse** entsprechen den in der StVZO gebrauchten Bezeichnungen Gesamtgewicht und Leergewicht. **FzKombinationen** bestehen aus einem Zugfz und einem Anhänger, Art 3 I der 2. EG-FSRichtlinie (ABl EG **91** L 237/1 = StVRL Nr 1); **Anhänger** sind auch Sattelanhänger, Art 1q ÜbStrV (s § 1 StVG Rz 7), *Huppertz* PVT **01** 143, aM *Kullik* PVT **00** 39.

13 a) **Klasse A** (Krafträder, s Rz 9). Abw von der früheren Regelung fallen jetzt bereits Kräder mit bauartbestimmter Höchstgeschwindigkeit von mehr als 45 km/h (früher 50 km/h) in die FEKl A. Nur als „**Stufenführerschein**" wird die Kl A solchen FEBewerbern erteilt, die das 18. (§ 10 I Nr 3), aber noch nicht das 25. Lebensjahr vollendet haben (Abs II S 1); sie berechtigt dann in den ersten 2 Jahren nur zum Führen von Krädern bis 25 kW Nennleistung bei einem Verhältnis von Leistung/Leergewicht bis 0,16 kW. Nach Vollendung des 25. Lebensjahres gilt die Berechtigung zum Führen leistungsunbeschränkter Kräder unmittelbar, ohne daß es eines besonderen Verwaltungsakts bedürfte. **Ohne Leistungsbeschränkung** wird die FE der Kl A – abw von § 5 I S. 3

Einteilung der Fahrerlaubnisklassen § 6 FeV 3a

StVZO alt – sofort erteilt, wenn das Mindestalter von 25 Jahren (§ 10 I Nr 1) erreicht ist; der vorherigen Fahrerfahrung mit Krafträdern bis 25 kW bedarf es dann nicht (Abs II S 2). Voraussetzung ist in diesem Falle aber Ausbildung und Prüfung auf einem Krad mit einer Motorleistung von mindestens 44 kW, s Anl 7 (zu §§ 16 II und 17 II, III) Nr 2.2.1. FEBewerber über 25 Jahre können zwischen dem Stufenführerschein und (bei entsprechender Ausbildung und Prüfung) der unbeschränkten Kl A wählen. Die FE der Kl A wird unbefristet erteilt (§ 23 I).

b) **Klasse A1** (Leichtkrafträder, s Rz 9). Die FEKl A1 entspricht der früheren Kl 1b. **14** Von der Ermächtigung der EG-Mitgliedstaaten, den Leichtkraftrad-Kriterien weitere einschränkende Merkmale hinzuzufügen, hat der VOGeber (wie schon in § 5 I S 4 StVZO alt) Gebrauch gemacht, indem die Berechtigung zum Führen von Leichtkrafträdern mit FEKl A1 für FEInhaber, die das 16. (§ 10 I Nr 4), aber noch nicht das 18. Lebensjahr vollendet haben, auf Fze mit bauartbestimmter Höchstgeschwindigkeit bis 80 km/h begrenzt ist (Abs II S 3). Ausnahmen für die Rückfahrt von der praktischen Befähigungsprüfung, Fahrproben nach §§ 35, 42 (Aufbauseminare) und Anordnungen nach § 46 (Eignungsüberprüfung): Abs II S 3 Halbsatz 2. Vor dem 1. 4. 86 erteilte FEe der Kl 1 (alt) mit Beschränkung auf Leichtkrafträder gelten gem § 5 III S 1 StVZO alt als solche der Kl 1b (alt) und entsprechen jetzt der Kl A1. Die FE der Kl A1 wird unbefristet erteilt (§ 23 I).

c) **Klasse B** (Kfze – ausgenommen Kräder – bis 3,5 t Gesamtmasse). Die Kl B umfaßt **15** einen wesentlichen Teil der früheren Kl 3 und gilt vor allem für Pkw, für dreirädrige Kleinkrafträder nach Einführung der FEKl S durch ÄndVO v 9. 8. 04 nur, wenn sie den insoweit in Abs I S 1 genannten Erfordernissen nicht entsprechen. Das gleiche gilt für die sog Quads, s Rz 19 a. Sie gilt auch für Kombinationen aus einem Fahrzeug der Kl B mit einem Anhänger bis 750 kg Gesamtmasse oder bis zur Leermasse des ziehenden Fzs, sofern die Gesamtmasse der Kombination 3,5 t nicht übersteigt. Ohne Bedeutung ist die Zahl der Achsen, ebenso die Frage der Zulassungsfreiheit des Anhängers. Werden die Gewichtsgrenzen überschritten, so bedarf es einer FE der Kl E. Die FE der Kl B wird unbefristet erteilt (§ 23 I).

d) **Klasse C** (Kfze – ausgenommen Kräder – mit mehr als 3,5 t Gesamtmasse). Mit der **16** Kl C ist die Grenze zwischen dem früheren Pkw-FS (Kl 3 alt) und dem Lkw-FS (Kl 2 alt) von 7,5 t auf 3,5 t gesenkt. Sie gilt auch für Kombinationen aus einem in die Kl C fallenden Zugfz und einem Anhänger bis 750 kg Gesamtmasse. Hat das Fz mehr als 8 Sitzplätze außer dem Führersitz, so bedarf es der FEKl D („Omnibus-FS"), soweit nicht Abs IV gilt. Die FE der Kl C wird auf 5 Jahre befristet erteilt (§ 23 I Nr 2).

e) **Klasse C1** (Kfze – ausgenommen Kräder – mit mehr als 3,5 t bis 7,5 t Gesamtmasse). Die Kl C1 umfaßt einen Teil des Geltungsbereichs der früheren Kl 3, die bis 3,5 t reichte, weil erst ab 7,5 t die „Lkw-Klasse" 2 erforderlich war. Sie gilt auch für Kombinationen aus einem in die Kl C1 fallenden Zugfz und einem Anhänger bis 750 kg Gesamtmasse. Führen von Kom ohne Fahrgäste mit Kl C1, s Abs IV. Die FE der Kl C1 wird befristet erteilt bis zur Vollendung des 50. Lebensjahres, nach Vollendung des 45. Lebensjahres für 5 Jahre (§ 23 I Nr 1).

f) **Klasse D** (Kfze zur Personenbeförderung mit mehr als 8 Sitzplätzen außer dem **17** Führersitz). Die FEKl D berechtigt zum Führen von Kom, auch mit Anhänger bis 750 kg Gesamtmasse, und zwar ohne das zusätzliche Erfordernis einer FE zur Fahrgastbeförderung in Kom. Jedoch kommt es auf die Bezeichnung als „Kom" in den FzPapieren nicht an, s *Huppertz* VD **99** 126. Die FE der Kl D wird auf 5 Jahre befristet erteilt (§ 23 I Nr 2).

g) **Klasse D1** (Kfze zur Personenbeförderung mit mehr als 8 bis höchstens 16 Sitzplätzen außer dem Führersitz). Die FEKl D1 berechtigt zum Führen von Kom mit nicht mehr als 16 Sitzplätzen außer dem Fahrersitz, auch mit Anhänger bis 750 kg Gesamtmasse. Die FE der Kl D1 wird auf 5 Jahre befristet erteilt (§ 23 I Nr 2).

Übergangsbestimmung für Inhaber einer FE der Kl 2 oder 3 alt hinsichtlich der Berechtigung zum Führen von Dienstkfzen zur Personenbeförderung bis zum 31. 12. 2000: § 76 Nr 7. Dazu gehören neben Kom auch Lkw (s Begr zur ÄndVO v 7. 8. 02, BRDrucks 497/02 S 78).

18   h) **Klasse E** (Fahrzeugkombinationen mit Anhängern von mehr als 750 kg Gesamtmasse). Sattelanhänger sind Anhänger iS des Abs I, s Rz 12. Die Klasse E gilt in Verbindung mit den Klassen B, C, C1, D oder D1, soweit Anhänger mit einer Gesamtmasse von mehr als 750 kg mitgeführt werden. Für leichtere Anhänger genügt die jeweilige Haupt-FE-Klasse (B, C, C1, D, D1). Jedoch ist die Berechtigung der Klassen C1E und D1E zum Mitführen von Anhängern auf solche Kombinationen beschränkt, deren zulässige Gesamtmasse 12 t nicht übersteigt, wobei darüber hinaus die zulässige Gesamtmasse des Anhängers die Leermasse des ziehenden Fzs nicht übersteigen darf. Für die Kl D1E gilt eine weitere Einschränkung insoweit, als der Anhänger nur zur Gepäckbeförderung, nicht aber zur Beförderung von Personen verwendet werden darf. Die FE der Kl BE wird unbefristet, die FE der Kl C1E bis zur Vollendung des 50. Lebensjahres, nach Vollendung des 45. Lebensjahres für 5 Jahre, die FE der Klassen CE, DE und D1E befristet auf 5 Jahre erteilt (§ 23 I).

Übergangsbestimmung für Inhaber einer FE der Kl 2 oder 3 alt hinsichtlich der Berechtigung zum Führen von Dienst-Kom bis zum 31. 12. 2000: § 76 Nr 7.

19   i) **Klasse M** (zweirädrige Kleinkrafträder, FmH). Die Kl M entspricht der früheren Kl 4. Kleinkraftrad, FmH. In die Kl M gehören ferner die in der Übergangsbestimmung des § 76 Nr 8 lit b) genannten Fze, darunter Lastendreiräder, wenn sie bis zum 31. 12. 2001 erstmals in den V gekommen sind. Die FE der Kl M wird unbefristet erteilt (§ 23 I).

j) **Klasse S** (Dreirädrige Kleinkrafträder und vierrädrige Leichtkraftfahrzeuge jeweils mit einer durch die Bauart bestimmten Höchstgeschwindigkeit von nicht mehr als 45 km/h und einem Hubraum von nicht mehr als 50 cm^3 nach Maßgabe von Abs I S 1). Darunter fallen auch die sog Quads (s § 18 StVZO Rz 20 b), soweit sie den dort genannten technischen Merkmalen entsprechen, s dazu BMV VBl 04 27, *Ternig* ZfS 04 4, *Huppertz* VD 04 43, 210. Zur Einführung der Kl S, s Begr (Rz 7 a), *Weibrecht* VD 04 203.

20   k) **Klasse T** (für land- oder forstwirtschaftliche Zwecke bauartbestimmte und verwendete Zgm bis 60 km/h sowie für diese Zwecke bestimmte und verwendete selbstfahrende Arbeitsmaschinen bis 40 km/h). Die Kl T entspricht den Bedürfnissen der Land- und Forstwirtschaft, auch soweit das Mindestalter gem § 10 Nr 4 nur 16 Jahre beträgt. Auch für die FEKl T gilt aber – ebenso wie für Kl A1 (Leichtkrafträder) eine Stufenregelung: Gem Abs II S 3 berechtigt die FE der Kl T nur dann zum Führen von Zgm mit bauartbestimmter Höchstgeschwindigkeit von mehr als 40 km/h, wenn der FEInhaber das 18. Lebensjahr vollendet hat, soweit die Fahrt nicht unter die Ausnahmeregelung des Abs II S 3, Halbsatz 2 fällt. Mit Vollendung des 18. Lebensjahres gilt die unbeschränkte Berechtigung automatisch. Die FE der Kl T wird unbefristet erteilt (§ 23 I). Nur bei Einsatz des Fzs für land- oder forstwirtschaftliche Zwecke (Legaldefinition: Abs V) genügt die Kl T. Ausnahme bei Feuerwehreinsätzen und -übungen, örtlichen Brauchtumsveranstaltungen sowie Altmaterialsammlungen und Landschaftssäuberungsaktionen: § 2 der 2. VO über Ausnahmen von verkehrsrechtlichen Vorschriften (s § 18 StVZO Rz 2 b). Siehe zur FEKl T auch Rz 9.

21   l) **Klasse L** (land- und forstwirtschaftliche Zgm bis 32 km/h, Arbeitsmaschinen bis 25 km/h). Land- oder forstwirtschaftliche Zwecke: Abs V. Die Kl L entspricht der früheren Kl 5, gilt allerdings nicht mehr für Krankenfahrstühle, die jetzt fahrerlaubnisfrei sind (§ 4 I Nr 2). Abw von der früheren Regelung gilt die Kl L aber nicht auch für *nicht* land- oder forstwirtschaftliche Zgm, diese gehören in die Klassen B oder C. Kl L berechtigt aber nach Maßgabe von § 2 der 2. VO über Ausnahmen von verkehrsrechtlichen Vorschriften (s § 18 StVZO Rz 2 b) zum Führen von Zgm bis 32 km/h einschließlich Anhänger bei Feuerwehreinsätzen und -übungen, örtlichen Brauchtumsveranstaltungen sowie Altmaterialsammlungen und Landschaftssäuberungsaktionen. In die FEKl L fallen auch Zgm und ihre Anhänger, die von land- oder forstwirtschaftlichen Lohnunternehmen anderen Betrieben vermietet oder auf andere Weise überlassen wurden und für land- oder forstwirtschaftliche Zwecke verwendet werden. Die FE der Kl L wird unbefristet erteilt (§ 23 I). Selbstfahrende Arbeitsmaschinen, s Rz 9.

22   **5. Erstreckung der Fahrerlaubnis auf Fahrzeuge anderer Klassen.** Abs III enthält die Einschlußregelungen hinsichtlich derjenigen Klassen, die mit der jeweils höhe-

Einteilung der Fahrerlaubnisklassen § 6 FeV 3a

ren Klasse im Hinblick auf die umfassendere Ausbildung miterteilt werden. Nicht ausdrücklich aufgeführt sind die Klassen, die den Erwerb der jeweils höheren Klasse voraussetzen wie etwa de Kl B, die gem § 9 Voraussetzung für die Erteilung der Klassen C, C1, D oder D1 ist. Siehe dazu ferner die Begr (Rz 5).

a) Die FEKl A berechtigt außerdem zum Führen von Fzen der Klassen A1 und M (Abs III Nr 1).
b) Die FEKl A1 berechtigt außerdem zum Führen von Fzen der Kl M (Abs III Nr 2).
c) Die FEKl B berechtigt außerdem zum Führen von Fzen der Klassen M, S und L (Abs III Nr 3).
d) Die FEKl C berechtigt außerdem zum Führen von Fzen der Klasse C1 (Abs III Nr 4).
e) Die FEKl D berechtigt außerdem zum Führen von Fzen der Klasse D1 (Abs III Nr 7).
f) Die FEKl T berechtigt außerdem zum Führen von Fzen der Klassen M, S und L (Abs III Nr 10).
g) Erstreckung der Kl E in Verbindung mit der jeweiligen Haupt-FEKl auf andere Klassen: s Abs III Nr 5, 6, 8, 9.
Anders als nach der bis zum 31.1. 05. geltenden Fassung von Abs III Nr 6 berechtigt die FE der Kl C1E nicht mehr zum Führen von Fzen der Kl DE, s *Weibrecht* VD **04** 206.

6. Der **Hubraum** (in cm³) bildet für einige FEKl ein Kriterium. Hubraum ist der durch den Kolbenhub im Zylinder verdrängte Raum. Zwecks Berechnung müssen bei Typprüfungen Zylinderdurchmesser und Kolbenhub gemessen werden; bei sonstigen Prüfungen darf diese Nachmessung nur unterbleiben, wenn der Sachverständige die Zugehörigkeit der Maschine zu einem reihenmäßig hergestellten Typ, dessen Hubraum ihm bekannt ist, durch Erkennungsmerkmale der Bauart zweifelsfrei feststellen kann. 23

7. **Beschränkung der Fahrerlaubnis auf einzelne Fahrzeugarten** ist gem Abs I S 2 möglich. Maßgebend für die Beschränkbarkeit ist nicht ihre technische Besonderheit (Antrieb, Schaltung), sondern der Verwendungszweck, soweit er Bauartunterschiede bedingt, Stu DAR **75** 305. 24

8. **Fahrerlaubnis beim Abschleppen.** Abschleppen: §§ 18, 33 StVZO. Beim Abschleppen braucht nur der Führer des ziehenden Kfz die FE der Klasse dieses, nicht des abgeschleppten Kfz (Abs I S 3). Beim *Schleppen* von Kfzen (§ 33 StVZO) dagegen muß außerdem der Führer des geschleppten Kfz die zu dessen Betrieb erforderliche FE haben, § 33 StVZO Rz 3. Zum Anschleppen eines betriebsunfähigen Kfz s § 18 StVZO Rz 11, § 21 StVG Rz 11. 25

9. **Fortgeltung älterer Fahrerlaubnisse (Besitzstände).** Die bis zum 31. 12. 1998 erteilten Fahrerlaubnisse alten Rechts bleiben gem Abs VI im Umfang ihrer bisherigen Berechtigung bestehen, jedoch mit den Einschränkungen nach Maßgabe der Übergangsbestimmung des § 76 (s Rz 10). Es bedarf **keiner Umstellung** auf die neue Klasseneinteilung; diese erfolgt vielmehr nur auf Antrag (s Rz 10). Bis zu einem Umtausch bleibt die alte FE also in ihrem bisherigen Umfang gültig. Das gilt auch für die frühere **FEKl 2 (Lkw).** Diese verliert jedoch mit Vollendung des 50. Lebensjahres des Inhabers ihre Gültigkeit (§ 76 Nr 9 S 13); hatte der Inhaber dieses Alter vor dem 31. 12. 1999 erreicht, so hat die FE der Kl 2 ab 1. 1. 2001 ihre Gültigkeit verloren (§ 76 Nr 9 S 15). Uneingeschränkten Besitzstandsschutz genießt insbesondere die frühere FEKl 3; sie umfaßt die neuen Klassen B, BE, C1, C1E (diese begrenzt auf Kombinationen mit nicht mehr als 3 Achsen, s § 5 I S 1 alt zu Kl 2 und 3, anders insoweit nach Umtausch, s Anl 3, Rz 11), sie erstreckt sich ferner auf die Klassen L, M und S. Eine Übersicht enthält die amtliche Begr (BRDrucks 443/98 S 216): 26

Besitzstände
Inhaber einer nach altem Recht erworbenen Fahrerlaubnis behalten grundsätzlich ihren Besitzstand. Bei einem Umtausch des Führerscheins werden die entsprechenden neuen Klassen erteilt.

3a FeV § 6 II. Führen von Kraftfahrzeugen

Die wichtigsten Besitzstandsregelungen ergeben sich aus der folgenden Tabelle, die Einzelheiten sind in § 6 Abs. 6 und 7 und in Anlage 3 der Fahrerlaubnis-Verordnung geregelt.

Klassen (alt) StVZO/D	StVZO/DDR	Klassen (neu)
1	A	A, A1, L, M
1 a		A beschränkt auf Krafträder bis 25 kW und einem Verhältnis Leistung/Leergewicht von nicht mehr als 0,16 kW/kg A1, L, M
1 b		A1, L, M
2	CE	C, CE, C1, C1E, B, BE, L, M, T
3	B, BE	C1, C1E, B, BE, L, M; auf Antrag CE mit Beschränkung auf bisher in Klasse 3 fallende Züge
4	M	L, M
5	T	L
Fahrerlaubnis zur Fahrgastbeförderung in Kraftomnibussen (unbeschränkt)	D	D, DE, D1, D1E
Fahrerlaubnis zur Fahrgastbeförderung beschränkt auf Kraftomnibusse bis 7,5 t zul. Gesamtgewicht und/oder 24 Plätze		D beschränkt auf Kraftomnibusse bis 7,5 t zulässiges Gesamtgewicht und/oder 24 Plätze, D1, D1E

27 Soweit keine Umstellung erfolgt, sind weiterhin auch die **früheren Besitzstandsregelungen nach § 5 StVZO alt** (s: 34. Aufl Rz 26) sowie die Überleitungsbestimmungen des Einigungsvertrages, Anl I Kap XI B III Nr 2 (3) bis (10), – s: 34. Aufl § 5 StVZO Rz 30 – zu beachten. Zusammenstellung über die Besitzstands- und Einschlußregelungen bei nach den **Vorschriften der DDR** erteilten Fahrerlaubnisse: VBl **94** 458 (459), abgedruckt: 34. Aufl § 5 StVZO Rz 31.

Lit: *Bode*, Der neue EU-Führerschein, Bonn 1998. *Gehrmann*, Die Neuregelungen im FSRecht ab 1. 1. 99, NJW **99** 455. *Huppertz*, Die FEKl D und die Übergangsregelung, VD **99** 125. *Derselbe*, Ausgewählte Problemstellungen des neuen FERechts, VD **99** 269, **00** 58, 78, 106, 148. *Derselbe*, Das SattelKfz in der FeV, PVT **01** 143. *Jagow*, Die neue FE-Verordnung – Übergangsvorschriften, VD **98** 193. *Janker*, Grundzüge des neuen FERechts, NZV **99** 26. *Kullik*, Das SattelKfz – Auslegungsprobleme im neuen FERecht, PVT **00** 39. *Petersen*, Erfahrungen mit der FeV, ZfS **02** 56. *Scherer*, Die Erteilung der FE, KVR. *Weibrecht*, Neue Führerscheinklasse S und Fahrerlaubnisrechtsänderungen, VD **04** 203. *Wiederholt*, Das neue FERecht, PVT **98** 163.

28 **10. Ausnahmen:** § 74.

29 **11. Strafvorschriften:** s § 21 StVG. Die Voraussetzungen der Strafbarkeit bei Schleppen ohne die erforderliche FE sind in § 6 I S 2 hinreichend bestimmt, Br NJW **63** 726 (zu § 5 II S 2 StVZO alt).

2. Voraussetzungen für die Erteilung einer Fahrerlaubnis

Ordentlicher Wohnsitz im Inland

7 (1) ¹Eine Fahrerlaubnis darf nur erteilt werden, wenn der Bewerber seinen ordentlichen Wohnsitz in der Bundesrepublik Deutschland hat. ²Dies wird angenommen, wenn der Bewerber wegen persönlicher und beruflicher Bindungen oder – bei fehlenden beruflichen Bindungen – wegen persönlicher Bindungen, die enge Beziehungen zwischen ihm und dem Wohnort erkennen lassen, gewöhnlich, das heißt während mindestens 185 Tagen im Jahr, im Inland wohnt. ³Ein Bewerber, dessen persönliche Bindungen im Inland liegen, der sich aber aus beruflichen Gründen in einem oder mehreren anderen Mitgliedstaaten der Europäischen Union oder Vertragsstaaten des Abkommens über den Europäischen Wirtschaftsraum aufhält, hat seinen ordentlichen Wohnsitz im Sinne dieser Vorschrift im Inland, sofern er regelmäßig hierhin zurückkehrt. ⁴Die Voraussetzung entfällt, wenn sich der Bewerber zur Ausführung eines Auftrags von bestimmter Dauer in einem solchen Staat aufhält.

(2) Bewerber, die bislang ihren ordentlichen Wohnsitz im Inland hatten und die sich ausschließlich zum Zwecke des Besuchs einer Hochschule oder Schule in einem anderen Mitgliedstaat der Europäischen Union oder einem anderen Vertragsstaat des Abkommens über den Europäischen Wirtschaftsraum aufhalten, behalten ihren ordentlichen Wohnsitz im Inland.

(3) ¹Bewerber, die bislang ihren ordentlichen Wohnsitz in einem anderen Mitgliedstaat der Europäischen Union oder einem anderen Vertragsstaat des Abkommens über den Europäischen Wirtschaftsraum hatten und die sich ausschließlich wegen des Besuchs einer Hochschule oder Schule im Inland aufhalten, begründen keinen ordentlichen Wohnsitz im Inland. ²Ihnen wird die Fahrerlaubnis erteilt, wenn die Dauer des Aufenthaltes mindestens sechs Monate beträgt.

Begr (BRDrucks 443/98 S 249): **Zu Abs 1:** *Nach Artikel 7 Abs. 1 Buchstabe b der Zweiten EU-Führerscheinrichtlinie dürfen die Mitgliedstaaten nur solchen Personen eine Fahrerlaubnis erteilen, die ihren ordentlichen Wohnsitz in ihrem Hoheitsgebiet haben. Grund für diese Regelung ist, daß der Fahrerlaubnisbewerber dort ausgebildet und geprüft und somit auf die Teilnahme am Straßenverkehr vorbereitet werden soll, wo er als Fahranfänger hauptsächlich fährt. Es ist damit auch ausgeschlossen, die Ausbildung und/oder Prüfung außerhalb des Wohnsitzstaates zu absolvieren und sich im letzteren auf dieser Grundlage die Fahrerlaubnis erteilen zu lassen, da dies dem Sinn der Regelung widerspräche. Außerdem soll das Wohnsitzerfordernis verhindern, daß eine Person in mehreren Mitgliedstaaten eine Fahrerlaubnis erwirbt und im Falle der Entziehung des einen Rechts auf das andere zurückgreift.* 1

Die Verordnung übernimmt in Absatz 1 die in Artikel 9 der Richtlinie enthaltene Definition des Begriffs „ordentlicher Wohnsitz".

...

Die Definition des Begriffs „ordentlicher Wohnsitz" in der Richtlinie ist dem Steuerrecht entnommen. Dort stehen regelmäßig in der Vergangenheit liegende Zeiträume zur Beurteilung an. Ob sich eine Person 185 Tage in einem Staat aufgehalten hat, läßt sich im nachhinein eindeutig feststellen ... Grundsätzlich wird die Fahrerlaubnis erst erteilt, wenn der Bewerber 185 Tage im Inland gelebt hat ... Im Wege einer Ausnahme nach § 74 Abs. 1 Nr. 1 kann die Fahrerlaubnis jedoch auch schon vorher erteilt werden, wenn der Antragsteller glaubhaft macht, daß er sich einen entsprechenden Zeitraum im Inland aufhalten wird ...

Zu Abs 2 und 3: *Eine Sonderregelung trifft die Richtlinie für Studenten und Schüler: Nach Artikel 9* hat der Besuch einer Hochschule oder Schule keine Verlegung des ordentlichen Wohnsitzes zur Folge ... Studenten und Schüler haben damit ein Wahlrecht. Sie können die Fahrerlaubnis sowohl in ihrem Heimatstaat als auch im Staat ihrer Ausbildung erwerben. Personen aus anderen Mitgliedstaaten, die sich mindestens sechs Monate ausschließlich zum Zwecke des Besuchs einer Hochschule oder Schule in der Bundesrepublik Deutschland aufhalten, können hier die Fahrerlaubnis erhalten ... Die Regelung gilt nur innerhalb der Europäischen Union bzw. des Europäischen Wirtschaftsraumes. Für Personen aus Drittstaaten, die hier eine Hochschule oder Schule be-* 2

---

* Art 9 der 2. EG-Führerscheinrichtlinie.

suchen, oder Personen aus der Bundesrepublik Deutschland, die dies in einem Drittstaat tun, beurteilt sich der Wohnsitz nach Absatz 1 ...

3   **1. Ordentlicher Wohnsitz im Inland** ist Voraussetzung für die Erteilung einer deutschen FE. § 7 I wiederholt damit ein sich aus § 2 StVG im Anschluß an Art 7 I b der Zweiten EG-FS-Richtlinie ergebendes Erfordernis (s § 2 StVG Rz 3). Die detaillierte Beschreibung der Kriterien des Begriffs „ordentlicher Wohnsitz" folgt inhaltlich dem Art 9 der Richtlinie. Sie dient ausschließlich der Abgrenzung von In- und Ausland. Wo im Inland der Bewerber seinen Wohnsitz hat, ist im Rahmen des § 7 ohne Bedeutung. Die örtliche Zuständigkeit der FEB für die beantragte FEErteilung richtet sich nach § 73 II.

4   **2. Maßgeblicher Zeitpunkt.** Im Zeitpunkt der Erteilung der FE muß der Bewerber seinen ordentlichen Wohnsitz im Inland haben. Die Auslegung des Art 9 I der Zweiten EG-FS-Richtlinie könnte die Annahme rechtfertigen, daß bei Bestehen persönlicher und beruflicher Bindungen bereits die Begründung eines Wohnsitzes gem § 7 BGB im Sinne einer auf Dauer (oder jedenfalls auf 185 Tage) angelegten Niederlassung ausreicht. Der VOGeber geht in Abs I jedoch, wie die Begr (Rz 1) zeigt, davon aus, daß es der Formulierung in Art 9 der Richtlinie „*während mindestens 185 Tagen ... wohnt*" nicht widerspricht, wenn eine deutsche FE grundsätzlich erst erteilt wird, wenn der Bewerber für diesen Mindestzeitraum im Inland *gewohnt hat*, *Heiler/Jagow* S 235, *Bode/Winkler* § 2 Rz 31, aM insoweit *Bouska/Laeverenz* § 7 Anm 2 b), *Bouska* NZV 00 322 sowie offenbar BaySt 00 14 = NZV 00 261. Dies erscheint vertretbar, weil anderenfalls Umgehung zu befürchten wäre.

5   **2 a. Erteilung der Fahrerlaubnis vor Ablauf der 185-Tages-Frist.** Nach Ansicht des VOGebers (Begr, BRDrucks 433/98 S 250, insoweit nicht abgedruckt in Rz 1) ist nicht zu erwarten, daß jemand unmittelbar nach Wohnsitzverlegung ins Inland eine FE beantragen wird, zumal Ausbildung und Prüfungen idR eine gewisse Zeit in Anspruch nehmen. In Fällen, in denen die FEErteilung beantragt wird, bevor der Bewerber mindestens 185 Tage im Inland gelebt hat, wird auf die Möglichkeit einer Ausnahme gem § 74 I Nr 2 verwiesen (s Rz 1). Eine Ausnahmebewilligung wird möglich sein, wenn der Bewerber glaubhaft macht, daß er sich auf Dauer im Inland niedergelassen hat (Begründung eines eigenen Hausstandes, Zuzug der Familie, langfristiger Arbeitsvertrag usw, s *Hentschel,* Meyer-Gedächtnisschrift S 807). In Fällen vorzeitiger Rückkehr ins Ausland kommt Rücknahme der FE durch die FEB in Frage (s Begr, BRDrucks 433/98 S 250).

6   **3. Für Schüler und Studenten** aus Mitgliedstaaten der Europäischen Union (EU) oder Vertragsstaaten des Abkommens über den Europäischen Wirtschaftsraum (EWR) in einem EU- oder EWR-Staat lebende inländische Studenten gilt gem der Fiktion des Art 9 II S 3 der Zweiten EG-FS-Richtlinie die in § 7 II und III getroffene Sonderregelung. Solange sie sich ausschließlich zwecks Schul- oder Hochschulbesuchs in dem jeweils anderen Land aufhalten, behalten sie ihren Heimatwohnsitz.

7   Auch bei ständigem, 185 Tage überschreitendem Aufenthalt eines in Deutschland beheimateten Schülers oder Studenten in einem EU/EWR-Staat begründet dieser keinen ordentlichen Wohnsitz im Ausland, solange der Aufenthalt nur den genannten Zwecken dient. Ihm kann daher eine deutsche FE erteilt werden (Abs II).

8   Obwohl umgekehrt ein Schüler oder Student aus einem EU/EWR-Staat, der sich ausschließlich zwecks Schul- bzw Hochschulbesuchs in Deutschland aufhält, gem Abs III S 1 in Deutschland keinen Wohnsitz begründet, auch wenn der Aufenthalt mehr als 185 Tage gedauert hat, wird ihm, wenn die übrigen Voraussetzungen erfüllt sind, gem Abs III S 2 nach mindestens 6-monatiger Aufenthaltsdauer eine inländische FE erteilt. Nach Ablauf dieser Frist hat der ausländische Schüler oder Student also die Wahl des FE-Erwerbs im Heimatland oder im Gastland.

9   Für Schüler und Studenten aus Drittstaaten (außerhalb der EU oder des EWR) gilt die Sonderregelung nicht. Bei ihnen bleibt es bei dem Grundsatz des Abs I. Entsprechendes gilt für deutsche Schüler und Studenten für die Zeit ihrer Ausbildung in einem Drittstaat. Da sie nach 185 Tagen ihren *ordentlichen Wohnsitz* im Inland verlieren, kann ihnen keine deutsche FE erteilt werden.

Vorbesitz einer Fahrerlaubnis anderer Klassen §§ 8, 9 FeV 3a

Ausschluß des Vorbesitzes einer Fahrerlaubnis der beantragten Klasse

8 Eine Fahrerlaubnis der beantragten Klasse darf nur erteilt werden, wenn der Bewerber keine in einem Mitgliedstaat der Europäischen Union oder einem anderen Vertragsstaat des Abkommens über den Europäischen Wirtschaftsraum erteilte Fahrerlaubnis (EU- oder EWR-Fahrerlaubnis) dieser Klasse besitzt.

Begr (BRDrucks 443/98 S 252): *Die Bestimmung setzt Artikel 7 Abs. 5 der Richtlinie* **1** *um, wonach jeder nur im Besitz einer Fahrerlaubnis aus einem EU- oder EWR-Mitgliedstaat sein darf.*

Die Bestimmung wiederholt das bereits in § 2 II Nr 7 StVG enthaltene Erfordernis. **2** Der FEBewerber muß darüber gem § 2 VI S 2 gegenüber der FEB eine Erklärung abgeben. Ermittlungen der FEB dazu: § 2 VII S 1 StVG, § 22 II FeV.

Vorbesitz einer Fahrerlaubnis anderer Klassen

9 ¹Eine Fahrerlaubnis der Klassen C, C1, D oder D1 darf nur erteilt werden, wenn der Bewerber bereits die Fahrerlaubnis der Klasse B besitzt oder die Voraussetzungen für deren Erteilung erfüllt hat; in diesem Fall darf die Fahrerlaubnis für die höhere Klasse frühestens mit der Fahrerlaubnis für die Klasse B erteilt werden. ²Eine Fahrerlaubnis der Klasse E darf nur erteilt werden, wenn der Bewerber bereits die Fahrerlaubnis für das ziehende Fahrzeug besitzt oder die Voraussetzungen für deren Erteilung erfüllt hat; in diesem Fall darf die Fahrerlaubnis der Klasse E frühestens mit der Fahrerlaubnis für das ziehende Fahrzeug erteilt werden.

Begr: (BRDrucks 443/98 S 252): *Nach Artikel 5 Abs. 1 der Richtlinie kann eine Fahrer-* **1** *laubnis der Klassen C und D nur Personen erteilt werden, die bereits zum Führen von Kraftfahrzeugen der Klasse B berechtigt sind; die Erteilung einer Fahrerlaubnis für die Klasse E setzt voraus, daß die Bewerber bereits zum Führen von Fahrzeugen der entsprechenden Soloklasse berechtigt sind. Die Richtlinie schreibt keine bestimmte Besitzdauer der niedrigeren Klasse vor. Auch ist nicht bestimmt, daß die Fahrerlaubnis stets – wie im deutschen Recht – durch Aushändigung des Führerscheins erteilt wird. Es soll deshalb genügen, daß der Bewerber vor Erwerb der höheren Klasse die Voraussetzungen für die niedrigere erfüllt hat. Auf die formelle Erteilung der niedrigeren Klasse durch Aushändigung des Führerscheins wird verzichtet.*

Wird bei strafgerichtlicher EdF gem § 69a II StGB von einer FESperre eine FzArt **2** ausgenommen, **deren Führen eine Fahrerlaubnis der FEKl C oder einer höheren Klasse voraussetzt** (z.B. Lkw, Kom), so ist die FEB durch § 9 S 1 nicht gehindert, diese zu erteilen, *Bouska/Laeverenz* § 69a StGB Anm 4, *Hentschel* NZV **04** 288, NJW **02** 733, Empfehlung des 42. VGT (2004), aM VG Berlin NZV **01** 139, *Dencker* DAR **04** 54, *Burmann* VGT **04** 161. Dies ergibt eine an Sinn und Zweck des § 9 S. 1 orientierte Auslegung; denn die Erteilung einer FE der Klasse B scheitert ausschließlich an der (nur) insoweit durch den Strafrichter festgestellten (vorübergehenden) Ungeeignetheit und der darauf beruhenden Sperre, während die übrigen Voraussetzungen (wie es § 9 S 1 verlangt) erfüllt sind. Anderenfalls ginge die in § 69a II StGB vom Gesetz ausdrücklich geschaffene Möglichkeit in den genannten Fällen ins Leere. In bezug auf die höhere Klasse ist aber Ungeeignetheit nach Auffassung des Strafrichters – wie die gewährte Ausnahme zeigt – gerade nicht festgestellt. § 2 II S 2 StVG steht nicht entgegen, aM VG Berlin NZV **01** 139, *Dencker* DAR **04** 54; denn von der Ermächtigung, den Vorbesitz anderer Klassen vorzuschreiben, hat der VOGeber in § 9 S 1 keinen Gebrauch gemacht (s Begr, Rn 1). Entsprechendes gilt für Art 5 I lit a) und b) der 2. EG-FSRichtlinie. Sinn und Zweck des § 9 S 1 ist es in Übereinstimmung mit der ihm zugrunde liegenden Vorschrift des Art 5 I lit a) und b) der 2. EG-FSRichtlinie, den Zugang zu höheren Fahrerlaubnisklassen nur „stufenweise" zu ermöglichen (s Präambel). Die Frage der Eignung – wenn sie in bezug auf die höhere Klasse vorhanden ist – ist in diesem Zusammenhang ganz offensichtlich überhaupt nicht angesprochen. Damit widerspricht die Erteilung der FE für Fze der von der Sperre ausgenommenen Kl C oder D auch nicht höherrangigem EG-Recht (aM *Dencker* DAR **04** 54).

Lit: *Dencker*, Die Auswirkungen von § 9 FeV auf § 69a II StGB und § 111a I S 2 StPO, DAR **04** 54. *Hentschel*, Ausnahme von der FESperre für Lkw und Busse?, NZV **04** 285.

Mindestalter

10 (1) ¹Das Mindestalter für die Erteilung einer Fahrerlaubnis beträgt
1. 25 Jahre für Klasse A bei direktem Zugang oder bei Erwerb vor Ablauf der zweijährigen Frist nach § 6 Abs. 2 Satz 1,
2. 21 Jahre für die Klassen D, D1, DE und D1E,
3. 18 Jahre für die Klassen A bei stufenweisem Zugang, B, BE, C, C1, CE und C1E,
4. 16 Jahre für die Klassen A1, M, S, L und T.

²Die Vorschriften des Artikels 5 der Verordnung (EWG) Nr. 3820/85 des Rates vom 20. Dezember 1985 über die Harmonisierung bestimmter Sozialvorschriften im Straßenverkehr (ABl. EG Nr. L 370 S. 1) und des Artikels 5 des Europäischen Übereinkommens über die Arbeit des im internationalen Straßenverkehr beschäftigten Fahrpersonals (AETR) in der Fassung der Bekanntmachung vom 18. August 1997 (BGBl. II S. 1550) über das Mindestalter der im Güter- und Personenverkehr eingesetzten Fahrer bleiben unberührt.

(2) ¹Bei Erteilung der Fahrerlaubnis während oder nach Abschluss einer Berufsausbildung in dem staatlich anerkannten Ausbildungsberuf „Berufskraftfahrer/Berufskraftfahrerin" oder einem staatlich anerkannten Ausbildungsberuf, in dem vergleichbare Fertigkeiten und Kenntnisse zum Führen von Kraftfahrzeugen auf öffentlichen Straßen vermittelt werden, beträgt das Mindestalter für die Klasse B und für den gemäß der Berufsausbildung stufenweisen Zugang zu den Klassen C1 und C1E 17 Jahre sowie für den entsprechenden Zugang zu den Klassen D, D1, DE und D1E 20 Jahre. ²Die erforderliche körperliche und geistige Eignung ist vor Erteilung der ersten Fahrerlaubnis, falls diese vor Vollendung des Mindestalters nach Absatz 1 erworben wird, durch Vorlage eines medizinisch-psychologischen Gutachtens nachzuweisen. ³Eine Erteilung einer Fahrerlaubnis der Klassen D, D1, DE und D1E vor Erreichen des nach Absatz 1 vorgeschriebenen Mindestalters setzt weiter voraus, dass der Bewerber seit mindestens zwei Jahren die Fahrerlaubnis der Klasse B besitzt. ⁴Bis zum Erreichen des nach Absatz 1 vorgeschriebenen Mindestalters ist die Fahrerlaubnis mit den Auflagen zu versehen, dass von ihr nur bei Fahrten im Inland und nur im Rahmen des Ausbildungsverhältnisses Gebrauch gemacht werden darf. ⁵Die Auflage, dass nur Fahrten im Inland zulässig sind, entfällt, wenn der Fahrerlaubnisinhaber das Mindestalter nach Absatz 1 erreicht hat. ⁶Die Auflage, dass von der Fahrerlaubnis nur im Rahmen des Ausbildungsverhältnisses Gebrauch gemacht werden darf, entfällt entweder bei Erreichen des Mindestalters oder wenn der Fahrerlaubnisinhaber über eine abgeschlossene Ausbildung nach Satz 1 verfügt.

(3) ¹Das Mindestalter für das Führen eines Kraftfahrzeugs, für das eine Fahrerlaubnis nicht erforderlich ist, beträgt 15 Jahre. ²Dies gilt nicht für das Führen eines motorisierten Krankenfahrstuhls (§ 4 Abs. 1 Satz 2 Nr. 2) mit einer durch die Bauart bestimmten Höchstgeschwindigkeit von nicht mehr als 10 km/h durch behinderte Menschen.

(4) Wird ein Kind unter sieben Jahren auf einem Mofa (§ 4 Abs. 1 Satz 2 Nr. 1) mitgenommen, muß der Fahrzeugführer mindestens 16 Jahre alt sein.

1 **Begr:** BRDrucks 443/98 S 218.

Begr zur ÄndVO v 7. 8. 02 (BRDrucks 497/02 S 62): **Zu Abs 2:** *Nach der Verordnung (EWG) Nr. 3820/85 des Rates vom 20. Dezember 1985 über die Harmonisierung bestimmter Sozialvorschriften im Straßenverkehr (Abl. EG Nr. L 370 S. 1) ist es möglich, dass im Güterverkehr eingesetzte Fahrer ab Vollendung des 18. Lebensjahres Fahrzeuge über 7,5 t zulässiges Gesamtgewicht fahren, falls der Fahrer Inhaber eines Befähigungsnachweises über den erfolgreichen Abschluss einer von einem Mitgliedstaat anerkannten Ausbildung für Fahrer im Güterverkehr gemäß den gemeinschaftlichen Rechtsvorschriften über das Mindestniveau der Ausbildung für Fahrer von Transportfahrzeugen im Straßenverkehr ist. Das Recht des Fahrers, ab dem 18. Lebensjahr unter den genannten Voraussetzungen tätig sein zu dürfen, lässt sich aber nur dann verwirklichen, wenn er seine Ausbildung als Berufskraftfahrer und die dazu gehörende Fahrerlaubnis mit dem 18. Lebensjahr erwerben kann. Da auch eine gewisse Fahrerfahrung nötig ist, muss der Erwerb der Fahrerlaubnis der Klasse C1 und C1E zwangsläufig zumindest kurze Zeit vor dem 18. Lebensjahr ermöglicht werden können. Im Personenverkehr eingesetzte Fahrer müssen*

Mindestalter § 10 FeV 3a

nach der Verordnung (EWG) Nr. 3820/85 mindestens 21 Jahre sein, wenn sie eine anerkannte Ausbildung für Fahrer im Personenverkehr abgeschlossen haben. Auch in diesem Fall gelten die vorgenannten Gründe für eine geringfügige Absenkung des Mindestalters entsprechend. Aufgrund der 3-jährigen Berufsausbildung könnten die Berufskraftfahrer ansonsten erst besonders spät in ihrem Beruf tätig werden.

… Die Fahrerlaubnis wird vor Erreichen des 18. bzw. 21. Lebensjahres nur unter Auflagen auf Fahrten im Rahmen des Ausbildungsverhältnisses und Fahrten im Inland erteilt. Fahrten, die aufgrund der Verordnung (EWG) Nr. 3820/85 nicht zulässig sind, dürfen nicht durchgeführt werden. …

Begr zur ÄndVO v 9. 8. 04 (BRDrucks 305/04 S 18): **Zu Abs 3:** *Bisher durften behinderte Kinder vor Vollendung des 15. Lebensjahres keine motorisierten Krankenfahrstühle führen. Sie waren auf Ausnahmegenehmigungen im Einzelfall angewiesen. Das generelle Verbot mit Ausnahmemöglichkeit wird aber weder der Situation der behinderten Kinder gerecht, noch ist es aus Verkehrssicherheitsgründen erforderlich.*

1. Der § 10 bestimmt das Mindestalter der KfzFührer. Ein Höchstalter ist nicht vorgeschrieben (dazu §§ 2, 3 StVG). Für die Erteilung von FEen im Rahmen der Ausbildung als **BerufsKf** gelten nach Maßgabe von Abs II herabgesetzte Altersstufen; die FE wird in diesen Fällen für die Zeit vor Erreichen des Mindestalters mit den Auflagen erteilt, von ihr nur auf Fahrten im Inland und nur im Rahmen des Ausbildungsverhältnisses Gebrauch zu machen (Abs II S 4). Bei Abschluß der Ausbildung vor Erreichen des Mindestalters nach Abs I entfällt die Auflage, wonach von der FE nur im Rahmen des Ausbildungsverhältnisses Gebrauch gemacht werden darf (II S 6). Auch dann gelten aber bis zum Erreichen des Mindestalters die einschlägigen Bestimmungen der VO EWG 3820/85. Das Alter der Führer von Kom soll nicht unter 21 Jahren liegen, weil die Leistungsfähigkeit vorher oft nicht so groß ist, wie man sie bei Berufskraftfahrern fordern muß. 2

Wer **noch nicht 15 Jahre alt ist,** darf auch kein führerscheinfreies Kfz (§ 4) führen (Abs III), sonst Verletzung der FSKlausel, Ha VR 80 1038, 76 141. Jugendlichen fehlen oft noch Einsicht, Besonnenheit, Verantwortungsbewußtsein und Erfahrung. Eine Ausnahme von diesem Grundsatz enthält Abs III S 2 für das Führen motorisierter **Krankenfahrstühle von nicht mehr als 10 km/h** durch behinderte Kinder. Soweit nach Art der Behinderung die Fähigkeit, sich sicher im V zu bewegen, beeinträchtigt ist, ist gem § 2 I Vorsorge zu treffen. Auch kann die zuständige B im Einzelfall Auflagen anordnen oder gem § 3 das Führen des Krankenfahrstuhls untersagen. 3

2. **Mindestalter für Erteilung der Fahrerlaubnis.** Für die Erteilung der Fahrerlaubnis unterscheidet § 10 I vier Altersstufen. 4

Personen, die 16, aber noch nicht 18 Jahre alt sind, darf die FE für Fze der Kl A1, L, M, S und T erteilt werden; jedoch beträgt das Mindestalter abw hiervon gem § 6 II S 3 bei Leichtkrafträdern mit bauartbestimmter Höchstgeschwindigkeit von mehr als 80 km/h 18 Jahre (s § 6 Rz 14). Entsprechendes gilt für Zgm der Kl T mit mehr als 40 km/h bauartbedinger Höchstgeschwindigkeit (s § 6 Rz 20). Ein Mofa iS von § 4 I Nr 1 ist fahrerlaubnisfrei (s aber § 5). Bei Mitnahme eines Kindes unter 7 Jahren muß der Führer mindestens 16 Jahre alt sein (Abs IV). 5

Wer das **18. Lebensjahr vollendet** hat, kann, sofern er die sonstigen Voraussetzungen erfüllt, die FE für Kfze der Klassen B, C1, BE, CE und C1E erhalten und die FE der Kl A als „StufenFS", also zunächst hinsichtlich der Nennleistung des Krades beschränkt (s § 6 Rz 13). 6

Das 21. Lebensjahr ist das Mindestalter für die Erteilung eines „OmnibusFS", also einer FE der Klassen D, D1, DE und D1E. 7

Die Vollendung des 25. Lebensjahrs ist die Voraussetzung für den direkten Zugang zu einer FE der Kl A ohne Leistungsbeschränkung (s § 6 Rz 13). 8

3. **Abweichende Regelungen** in den Vorschriften der VO EWG 3820/85 und des AETR über das Mindestalter bleiben gem Abs I S 2 unberührt. Das gilt zB für Art 5 I b) VO EWG 3820/85 und Art 5 I b) AETR, wonach Fze mit mehr als 7,5 t zulässigem Gesamtgewicht, die den Sozialvorschriften unterliegen, erst ab dem 21. Lebensjahr ge- 9

1321

führt werden dürfen, wenn nicht ein besonderer Befähigungsnachweis als Fahrer von TransportFzen erbracht wird, s BMV VBl **00** 6.

10   **4. Ausnahmen:** § 74. Eine Ausnahme vom Mindestalter setzt gem § 74 II die Zustimmung des gesetzlichen Vertreters voraus. Beibringung eines medizinisch-psychologischen Gutachtens zur Vorbereitung einer Entscheidung über die Befreiung von den Vorschriften über das Mindestalter: § 11 III S 1 Nr 2.

11   **5. Ordnungswidrig** (§ 24 StVG) handelt, wer einer Auflage gem Abs II S 4 zuwiderhandelt (§ 75 Nr 9), wer entgegen III ein Kfz, für dessen Führung keine FE nötig ist, vor Vollendung seines 15. Lebensjahres führt (§ 75 Nr 7). Ow handelt auch, wer dem Abs IV zuwiderhandelt (§ 75 Nr 8).

Eignung

11 (1) ¹Bewerber um eine Fahrerlaubnis müssen die hierfür notwendigen körperlichen und geistigen Anforderungen erfüllen. ²Die Anforderungen sind insbesondere nicht erfüllt, wenn eine Erkrankung oder ein Mangel nach Anlage 4 oder 5 vorliegt, wodurch die Eignung oder die bedingte Eignung zum Führen von Kraftfahrzeugen ausgeschlossen wird. ³Außerdem dürfen die Bewerber nicht erheblich oder nicht wiederholt gegen verkehrsrechtliche Vorschriften oder Strafgesetze verstoßen haben, so daß dadurch die Eignung ausgeschlossen wird. ⁴Bewerber um die Fahrerlaubnis der Klasse D oder D1 müssen auch die Gewähr dafür bieten, daß sie der besonderen Verantwortung bei der Beförderung von Fahrgästen gerecht werden.

(2) ¹Werden Tatsachen bekannt, die Bedenken gegen die körperliche oder geistige Eignung des Fahrerlaubnisbewerbers begründen, kann die Fahrerlaubnisbehörde zur Vorbereitung von Entscheidungen über die Erteilung oder Verlängerung der Fahrerlaubnis oder über die Anordnung von Beschränkungen oder Auflagen die Beibringung eines ärztlichen Gutachtens durch den Bewerber anordnen. ²Bedenken gegen die körperliche oder geistige Eignung bestehen insbesondere, wenn Tatsachen bekannt werden, die auf eine Erkrankung oder einen Mangel nach Anlage 4 oder 5 hinweisen. ³Die Behörde bestimmt in der Anordnung auch, ob das Gutachten von einem

1. für die Fragestellung (Absatz 6 Satz 1) zuständigen Facharzt mit verkehrsmedizinischer Qualifikation,
2. Arzt des Gesundheitsamtes oder einem anderen Arzt der öffentlichen Verwaltung,
3. Arzt mit der Gebietsbezeichnung „Arbeitsmedizin" oder der Zusatzbezeichnung „Betriebsmedizin",
4. Arzt mit der Gebietsbezeichnung „Facharzt für Rechtsmedizin" oder
5. Arzt in einer Begutachtungsstelle für Fahreignung, der die Anforderungen nach Anlage 14 erfüllt,

erstellt werden soll. ⁴Die Behörde kann auch mehrere solcher Anordnungen treffen. ⁵Der Facharzt nach Satz 3 Nr. 1 soll nicht zugleich der den Betroffenen behandelnde Arzt sein.

(3) ¹Die Beibringung eines Gutachtens einer amtlich anerkannten Begutachtungsstelle für Fahreignung (medizinisch-psychologisches Gutachten) kann zur Klärung von Eignungszweifeln für die Zwecke nach Absatz 2 angeordnet werden,
1. wenn nach Würdigung der Gutachten gemäß Absatz 2 oder Absatz 4 ein medizinisch-psychologisches Gutachten zusätzlich erforderlich ist,
2. zur Vorbereitung einer Entscheidung über die Befreiung von den Vorschriften über das Mindestalter,
3. bei erheblichen Auffälligkeiten, die im Rahmen einer Fahrerlaubnisprüfung nach § 18 Abs. 3 mitgeteilt worden sind,
4. bei erheblichen oder wiederholten Verstößen gegen verkehrsrechtliche Vorschriften oder bei Straftaten, die im Zusammenhang mit dem Straßenverkehr oder im Zusammenhang mit der Kraftfahreignung stehen oder bei denen Anhaltspunkte für ein hohes Aggressionspotential bestehen
oder

Eignung § 11 FeV **3a**

5. bei der Neuerteilung der Fahrerlaubnis, wenn
   a) die Fahrerlaubnis wiederholt entzogen war oder
   b) der Entzug der Fahrerlaubnis auf einem Grund nach Nummer 4 beruhte.

²Unberührt bleiben medizinisch-psychologische Begutachtungen nach § 2a Abs. 4 und 5 und § 4 Abs. 10 Satz 3 des Straßenverkehrsgesetzes sowie § 10 Abs. 2 und den §§ 13 und 14 in Verbindung mit den Anlagen 4 und 5 dieser Verordnung.

(4) Die Beibringung eines Gutachtens eines amtlich anerkannten Sachverständigen oder Prüfers für den Kraftfahrzeugverkehr kann zur Klärung von Eignungszweifeln für die Zwecke nach Absatz 2 angeordnet werden,

1. wenn nach Würdigung der Gutachten gemäß Absatz 2 oder Absatz 3 ein Gutachten eines amtlich anerkannten Sachverständigen oder Prüfers zusätzlich erforderlich ist oder
2. bei Behinderungen des Bewegungsapparates, um festzustellen, ob der Behinderte das Fahrzeug mit den erforderlichen besonderen technischen Hilfsmitteln sicher führen kann.

(5) Für die Durchführung der ärztlichen und der medizinisch-psychologischen Untersuchung sowie für die Erstellung der entsprechenden Gutachten gelten die in der Anlage 15 genannten Grundsätze.

(6) ¹Die Fahrerlaubnisbehörde legt unter Berücksichtigung der Besonderheiten des Einzelfalls und unter Beachtung der Anlagen 4 und 5 in der Anordnung zur Beibringung des Gutachtens fest, welche Fragen im Hinblick auf die Eignung des Betroffenen zum Führen von Kraftfahrzeugen zu klären sind. ²Die Behörde teilt dem Betroffenen unter Darlegung der Gründe für die Zweifel an seiner Eignung und unter Angabe der für die Untersuchung in Betracht kommenden Stelle oder Stellen mit, daß er sich innerhalb einer von ihr festgelegten Frist auf seine Kosten der Untersuchung zu unterziehen und das Gutachten beizubringen hat; sie teilt ihm außerdem mit, dass er die zu übersendenden Unterlagen einsehen kann. ³Der Betroffene hat die Fahrerlaubnisbehörde darüber zu unterrichten, welche Stelle er mit der Untersuchung beauftragt hat. ⁴Die Fahrerlaubnisbehörde teilt der untersuchenden Stelle mit, welche Fragen im Hinblick auf die Eignung des Betroffenen zum Führen von Kraftfahrzeugen zu klären sind und übersendet ihr die vollständigen Unterlagen, soweit sie unter Beachtung der gesetzlichen Verwertungsverbote verwendet werden dürfen. ⁵Die Untersuchung erfolgt auf Grund eines Auftrages durch den Betroffenen.

(7) Steht die Nichteignung des Betroffenen zur Überzeugung der Fahrerlaubnisbehörde fest, unterbleibt die Anordnung zur Beibringung des Gutachtens.

(8) ¹Weigert sich der Betroffene, sich untersuchen zu lassen, oder bringt er der Fahrerlaubnisbehörde das von ihr geforderte Gutachten nicht fristgerecht bei, darf sie bei ihrer Entscheidung auf die Nichteignung des Betroffenen schließen. ²Der Betroffene ist hierauf bei der Anordnung nach Absatz 6 hinzuweisen.

(9) Unbeschadet der Absätze 1 bis 8 haben die Bewerber um die Erteilung oder Verlängerung einer Fahrerlaubnis der Klassen C, C1, CE, C1E, D, D1, DE oder D1E zur Feststellung ihrer Eignung der Fahrerlaubnisbehörde einen Nachweis nach Maßgabe der Anlage 5 vorzulegen.

(10) Hat der Betroffene an einem Kurs teilgenommen, um festgestellte Eignungsmängel zu beheben, genügt in der Regel zum Nachweis der Wiederherstellung der Eignung statt eines erneuten medizinisch-psychologischen Gutachtens eine Teilnahmebescheinigung, wenn

1. der betreffende Kurs nach § 70 anerkannt ist,
2. auf Grund eines medizinisch-psychologischen Gutachtens einer Begutachtungsstelle für Fahreignung die Teilnahme des Betroffenen an dieser Art von Kursen als geeignete Maßnahme angesehen wird, seine Eignungsmängel zu beheben, und
3. die Fahrerlaubnisbehörde der Kursteilnahme nach Nummer 2 zugestimmt hat.

(11) ¹Die Teilnahmebescheinigung muß

1. den Familiennamen und Vornamen, den Tag und Ort der Geburt und die Anschrift des Seminarteilnehmers,
2. die Bezeichnung des Seminarmodells und
3. Angaben über Umfang und Dauer des Seminars

enthalten. ²Sie ist vom Seminarleiter und vom Seminarteilnehmer unter Angabe des Ausstellungsdatums zu unterschreiben. ³Die Ausstellung der Teilnahmebescheinigung ist vom Kursleiter zu verweigern, wenn der Teilnehmer nicht an allen Sitzungen des Kurses teilgenommen oder die Anfertigung von Kursaufgaben verweigert hat.

1   **Begr** (BRDrucks 443/98 S 218): *Die Eignungsvorschriften in §§ 11 bis 14 konkretisieren die Bestimmung in § 2 Abs. 2 Nr. 3 und Abs. 4 StVG, wonach der Bewerber zum Führen von Kraftfahrzeugen geeignet sein muß. Die Ermächtigung zur Regelung durch Rechtsverordnung enthält § 6 Abs. 1 Nr. 1c StVG in der Fassung des Gesetzes zur Änderung des Straßenverkehrsgesetzes und anderer Gesetze vom 24. April 1998 (BGBl. I S. 747).*

Die Grundregelung besagt, daß Bewerber um eine Fahrerlaubnis die hierfür notwendigen körperlichen und geistigen Anforderungen erfüllen müssen und nicht erheblich oder nicht wiederholt gegen verkehrsrechtliche Vorschriften oder gegen Strafgesetze verstoßen haben dürfen.

Damit wird im Staßenverkehrsgesetz positiv gefordert, daß der Bewerber geeignet ist. Durch Verordnung wird festgelegt, in welchem Fall und wie die Eignung im Einzelfall festgestellt wird. Dabei wird insbesondere unterschieden zwischen den verschiedenen Klassen. Für Motorrad und Pkw (Klassen A und B) bleibt es in der Praxis auch in Zukunft dabei, daß eine Ermittlung der Eignung durch die Behörde bei Antragstellung nicht stattfindet. Erforderlich ist wie bisher lediglich ein Sehtest, nur wenn Anhaltspunkte für mangelnde Eignung vorliegen, ermittelt die Fahrerlaubnisbehörde. Bei Lkw und Bussen (Klassen C und D) und der Fahrerlaubnis zur Fahrgastbeförderung wird es wie bisher eine Eingangsuntersuchung geben sowie Wiederholungsuntersuchungen (dies ist neu für die Klasse C, bei der es bislang nur eine Eingangsuntersuchung gab).

Davon zu unterscheiden ist die **anlaßbezogene** *Überprüfung der Eignung eines Bewerbers oder Inhabers der Fahrerlaubnis: Hierzu legt die Verordnung fest, wann Anlaß für eine Untersuchung gegeben ist und nach welchen Grundsätzen die Eignung oder bedingte Eignung zu beurteilen ist (siehe hierzu Ausführungen zu Anlage 4).*

...

Die Eignung im Zusammenhang mit Alkohol oder Betäubungsmitteln und Arzneimitteln ist in besonderen Vorschriften (§§ 13, 14) behandelt im Hinblick auf die große Bedeutung dieser Fragen bei der Eignungsbegutachtung.

(BRDrucks 443/98 S 254):

2   **Zu Abs 1:** *§ 11 Abs. 1 Satz 1 wiederholt die Formulierung von § 2 Abs. 4 StVG in bezug auf die körperliche und geistige Eignung. Die Verordnung konkretisiert in* **§ 11 Abs. 1 Satz 2,** *in welchen Fällen die Anforderungen an die Eignung nicht erfüllt sind und verweist hierzu auf die Anlagen 4 und 5. Diese Anlagen enthalten eine Aufstellung von Erkrankungen und Mängeln, die die Eignung oder die bedingte Eignung ausschließen. Da die Fahrerlaubnisbehörde in aller Regel nicht die notwendigen Fachkenntnisse bei der Eignungsbeurteilung hat, bedient sie sich der Gutachten von fachlich kompetenten Personen oder Stellen. Die Absätze 2 und 3 ermächtigen die Fahrerlaubnisbehörde zur Anordnung der Beibringung von Gutachten eines Facharztes oder einer Begutachtungsstelle für Fahreignung. Anlage 4 gibt auch Hilfestellung bei der Frage, ob ein Anlaß zur Begutachtung gegeben ist.*

...

Für Bewerber der Klasse D oder D1 wird in **Satz 4** *außerdem gefordert, daß sie die Gewähr dafür bieten, daß sie der besonderen Verantwortung bei der Beförderung von Fahrgästen gerecht werden. Diese Formulierung ersetzt den Begriff der „persönlichen Zuverlässigkeit" der bisherigen Regelung in § 15e Abs. 1 Nummer 2 StVZO. Durch die neue Formulierung soll zum Ausdruck gebracht werden, daß nicht die allgemeine Zuverlässigkeit im Sinne des Gewerberechts gemeint ist, sondern der Bezug zur Beförderung der Fahrgäste hergestellt wird.*

Anlage 4 *richtet sich in ihrem Aufbau nach Anhang III der EU-Führerscheinrichtlinie und den Begutachtungs-Leitlinien „Krankheit und Kraftverkehr" (künftig „Kraftfahrereignung") des Gemeinsamen Beirats für Verkehrsmedizin beim Bundesministerium für Verkehr und Bundesministerium für Gesundheit.*

Es ist nicht Aufgabe dieser Tabelle, eine abschließende Regelung zu treffen, weder hinsichtlich der Aufzählung der Krankheiten und Mängel, noch inhaltlich in bezug auf die Bewertung der Eignung bzw. Nichteignung. Dies ergibt sich bereits aus dem Verordnungstext in Absatz 1 Satz 2 („insbesondere nicht"), wird aber auch durch die Vorbemerkungen zur Anlage 4 nochmals deutlich gemacht.

Eignung   § 11 FeV 3a

Zu Abs 2 und 3: *Die **Absätze 2 und 3** ersetzen die bisherige Regelung in §§ 9, 12, 15b,* 3
15c StVZO. Dort war allerdings keine detaillierte Regelung bezüglich der anzuordnenden Untersuchung getroffen, sondern die möglichen Untersuchungsarten waren in einer Ermessensvorschrift aufgeführt. Die neue Regelung legt demgegenüber selbst fest, in welchen Fällen ein ärztliches Gutachten oder ein medizinisch-psychologisches Gutachten durch eine Begutachtungsstelle für Fahreignung zulässig ist.
Bei Bedenken gegen die körperliche oder geistige Eignung kommt zunächst grundsätzlich nur ein fachärztliches Gutachten in Frage.

Zu Abs 3: *Die Anlässe für ein medizinisch-psychologisches Gutachten sind im einzelnen in* 4
Absatz 3 *aufgeführt. Sie beziehen sich auf den gesamten Eignungsbereich, nicht nur die körperliche und geistige Eignung. Für den Bereich „Alkoholproblematik" und „Betäubungs- und Arzneimittel" enthalten die §§ 13 und 14 spezielle Zuweisungsregelungen (siehe auch Absatz 3 Satz 2). ...*

Zu Abs 4 bis 10: 5
Absatz 6 befaßt sich mit dem Verfahren bei der Anordnung der Beibringung eines Gutachtens. Wichtig ist die Festlegung der Fragestellung durch die Behörde. Bei der Anordnung kann die Fahrerlaubnisbehörde auch die Sollbestimmung des Absatzes 2 Satz 5, wonach der begutachtende Arzt nicht zugleich der behandelnde Arzt sein soll, näher konkretisieren.
Die Anordnung zur Beibringung eines Gutachtens kann – wie bereits durch die Rechtsprechung des Bundesverwaltungsgerichts festgelegt – nur zusammen mit einer anschließend ablehnenden Entscheidung (Entziehung oder Versagung) angefochten werden.
*Eine Begutachtung kommt nur dann in Frage, wenn Eignungszweifel vorliegen, nicht wenn die mangelnde Eignung bereits feststeht und ohne Hinzuziehung eines Gutachters über sie entschieden werden kann; dies stellt **Absatz 7** klar.*
Absatz 8 *entspricht der bisherigen Rechtsprechung des Bundesverwaltungsgerichts.*
Die Absätze 5 bis 8 gelten allgemein für das Verfahren bei ärztlichen und medizinisch-psychologischen Untersuchungen, sie sind somit auch auf die Untersuchungen nach den §§ 13 und 14 anzuwenden.
Absatz 10 *regelt einen Bereich, der bislang in den Bundesländern auf der Basis von Modellversuchen praktiziert wurde. Grundlage ist die Bewertung des Gutachters im Rahmen der Eignungsbegutachtung, daß der Betroffene zwar noch nicht geeignet ist, die Eignungsmängel aber durch die Teilnahme an einem bestimmten Kurs beseitigt werden können. Diese Kurse finden vor allem Anwendung im Bereich der wiederholten Verstöße gegen Verkehrsvorschriften und der §§ 13 und 14.*
...

Begr zur ÄndVO v 7. 8. 02 (BRDrucks 497/02): **Zu Abs 6:** *In Absatz 6 wird die* 5a
Mitteilungspflicht der Behörde an den Betroffenen aufgenommen, dass er die zu übersendenden Unterlagen einsehen kann. Dadurch soll auch für weniger rechtskundige Bürger deutlich gemacht werden, dass die Fahrerlaubnisbehörde zwar bestimmt, welche Unterlagen für die Begutachtung zur Ausräumung von Zweifeln übersandt werden müssen, der Antragsteller als Auftraggeber des Gutachtens aber zumindest die Gelegenheit erhalten muss, sich darüber zu informieren. Die Möglichkeit zur Einsichtnahme soll auch im Hinblick auf die allgemein akzeptierte Forderung zur Transparenz des Verwaltungshandelns angeboten werden.

Begr zur ÄndVO v 9. 8. 04 – BRDrucks 305/04 (Beschluß) –: *In der Fahrerlaubnis-Verordnung (FeV) fehlt eine Regelung, wonach die Fahrerlaubnisbehörde eine medizinisch-psychologische Untersuchung anordnen kann, wenn auf Grund von Verstößen gegen verkehrsrechtliche Vorschriften, die keine Straftaten darstellen, Eignungszweifel bestehen. Gerade beim Vorliegen einer Vielzahl von Ordnungswidrigkeiten oder der Teilnahme an illegalen Straßenrennen, die Zweifel an der charakterlichen Eignung begründen, muss jedoch im Hinblick auf den Verhältnismäßigkeitsgrundsatz auch die Anordnung einer medizinisch-psychologischen Untersuchung möglich sein.*
Gemäß § 46 Abs. 1 FeV ist die Fahrerlaubnis zu entziehen, wenn sich der Inhaber als ungeeignet zum Führen von Kraftfahrzeugen erweist. Dies kommt insbesondere auch in Betracht, wenn erheblich oder wiederholt gegen verkehrsrechtliche Vorschriften verstoßen wurde. Steht also auf Grund einer Vielzahl von Verstößen gegen verkehrsrechtliche Vorschriften (wobei es sich auch um

Ordnungswidrigkeiten handeln kann) die Nichteignung zur Überzeugung der Fahrerlaubnisbehörde fest, so hat sie die Fahrerlaubnis zu entziehen. Für die Fälle der bloßen Eignungszweifel besteht dagegen bisher keine Möglichkeit der Anordnung einer medizinisch-psychologischen Untersuchung.

...

Übersicht

Alter, hohes 11
Amtlich anerkannte Begutachtungsstelle 12, 13
Amtlich anerkannter Sachverständiger oder Prüfer 10, 16
Amtsarzt 11
Anamnese 18
Anfallsleiden 11
Anfechtbarkeit 26
Anforderungen an das Gutachten 17 f
Ärztliches Gutachten 10, 11
Aufklärungsmaßnahmen der FEB 10

Begutachtungsstelle für Fahreignung 12, 13

Charaktertests 14

Durchführung der Untersuchung 17

Eignung zum Führen von Kfzen 6
Eignungsbedenken 9
Eignungsprüfung 6
Entbehrlichkeit der Begutachtung 9, 25
Erhebliche Verstöße 8

Fehlen finanzieller Mittel 23

Gegenstand der Begutachtung 14

Hohes Alter 11

Krankheit 7
Kurse zur Wiederherstellung der Eignung 25

Lkw-Fahrerlaubnis 27

Medizinisch-psychologisches Gutachten 10
Nachvollziehbarkeit des Gutachtens 18
Nichtbeibringung des Gutachtens 22

Omnibusfahrerlaubnis 6, 27

Psychologische Tests 14

Rechtsbeziehungen zwischen FEB, Betroffenem und Gutachter 19

Strafgesetze, Verstöße 8, 12

Umfang der Untersuchung 15
Ungeeignetheit zum Führen von Kfzen 7
Unterlagen 17
–, Übersendung an die untersuchende Stelle 17
–, Einsicht durch den Betroffenen 19
Untersuchungsumfang 15

Verhältnismäßigkeit 9
Verkehrsvorschriften, Verstöße 8
Verlängerung der Fahrerlaubnis 27
Verstöße gegen Verkehrsvorschriften 8
Verwaltungsrechtsmittel 26
Voraussetzungen für die Anordnung der Gutachtenbeibringung 9
Vorbereitung der Entscheidung der FEB 10

Weigerung des Betroffenen 22
Wiederholte Verstöße 8
Wiederholungsuntersuchungen 27

6 **1. Eignung zum Führen von Kraftfahrzeugen** in körperlicher, geistiger und charakterlicher Hinsicht (§ 2 IV StVG) ist Voraussetzung für die Erteilung einer FE. Verbleibende Zweifel insoweit gehen zu Lasten des FEBewerbers, s Begr (Rz 1) sowie § 2 StVG Rz 7. Jedoch führt die FEB bei Bewerbern um die FEKlassen für Pkw und Krafträder (A und B) regelmäßig keine Ermittlungen zur Eignungsfrage durch. Bei diesen Klassen kommt nur eine anlaßbezogene Eignungsprüfung in Frage, wenn aufgrund bekannt gewordener Tatsachen Zweifel begründet sind (Abs II). Demgegenüber müssen Bewerber um die FEKlassen C, C1, CE, D, D1, DE oder D1E einen Eignungsnachweis erbringen (Abs IX mit Anl 5 (s Rz 27). Bei Bewerbern um die OmnibusFE erstreckt sich die Eignungsprüfung gem Anl 5 auch auf Belastbarkeit, Orientierungs-, Konzentrations- und Aufmerksamkeitsleistung sowie auf die Reaktionsfähigkeit. Darüber hinaus müssen Bewerber um die FEKl D oder D1 die Gewähr dafür bieten, daß sie der besonderen Verantwortung bei der Beförderung von Fahrgästen gerecht werden (I S 4).

7 **1a. Ungeeignetheit** kann durch Krankheit oder körperliche Mängel sowie durch erhebliche oder wiederholte Zuwiderhandlungen gegen verkehrsrechtliche Vorschriften oder Strafgesetze begründet sein. Ungeeignet ist *insbesondere* (Abs I S 2), wer eine **Erkrankung oder einen Mangel nach Anl 4 oder 5** aufweist. Die in diesen Anlagen enthaltene Zusammenstellung ist also nicht abschließend, *Gehrmann* NJW **99** 458. Jedoch gelten die in der Anl 4 enthaltenen Bewertungen nach Vorbemerkung 3 der Anlage nur für den Regelfall. Die Vorbemerkung berücksichtigt ausdrücklich die Möglichkeit der Kompensation durch Veranlagung, Gewöhnung sowie besondere Einstellung oder Verhaltenssteuerung durch den FEBewerber. Grundlage der Eignungsbeurteilung im Einzelfall ist nach Anl 4, Vorbemerkung 2 idR das Gutachten gem § 11 Abs II–IV.

Eignung   § 11 FeV 3a

Andererseits ist der Inhalt der Anl 4 nicht abschließend. Vielfach wird daher die Eignungsbeurteilung allein aufgrund der Anl 4 nicht möglich sein. Bei **schweren Erkrankungen,** die im akuten Stadium zur Ungeeignetheit führen, kann eine ärztlich verordnete Therapie zur Wiederherstellung der Kraftfahreignung führen, vielfach nach einer Einstellungsphase. Zu berücksichtigen sind dabei auch etwaige Nebenwirkungen einer Behandlung. Im übrigen sind der Verlauf der Krankheit, Kompensationsmöglichkeiten, aber auch Lebensführung und Einstellung des FEBewerbers bei der Beurteilung der Eignungsfrage zu berücksichtigen. Weitere Einzelheiten zum Einfluß körperlicher und geistiger Mängel auf die Kraftfahreignung, s § 2 StVG Rz 8–11.

1 b. Nur **erhebliche oder wiederholte Verstöße gegen Verkehrsvorschriften** 8
oder Strafgesetze schließen gem I S 3 die Eignung zum Führen von Kfzen aus (§ 2 IV StVG). Wiederholte leichte Verstöße gegen allgemeine Strafgesetze führen nur dann zur Ungeeignetheit, wenn sie zu dem Schluß berechtigen, daß der Fahrer künftig den Verkehr gefährden oder mißbrauchen werde, OVG Ko ZfS **00** 320, oder wenn sie durch Häufung als erheblich gelten müssen, OVG Lüneburg VRS **9** 314. Wiederholte geringfügige Verstöße gegen VVorschriften machen ungeeignet, wenn aus ihnen hervorgeht, daß der Fahrer die VBestimmungen nicht sinnvoll befolgen will, oder daß er zur Nichtbefolgung neigt, BVG NJW **56** 356. Näher: § 2 StVG Rz 13–17.

2. Eignungsbedenken aufgrund konkreter der FEB bekannt gewordener Tatsachen 9
(OVG Ko NJW **02** 2581) muß die FEB klären, bevor sie eine FE erteilt. Dies gilt vor allem, wenn diese Tatsachen auf eine Erkrankung oder einen Mangel der in Anl 4 oder 5 genannten Art hinweisen (II S 2). Einzelheiten: § 2 StVG Rz 8 ff. Gutachtlich festgestellte krankheitsbedingte Beeinträchtigung der Konzentrations- und Merkfähigkeit zusammen mit Minderung der Steuerungsfähigkeit können Eignungsbedenken rechtfertigen, OVG Saarlouis ZfS **02** 309, ebenso die Angabe eines unfallbeteiligten Kf, er habe aufgrund plötzlichen Unwohlseins die Gewalt über das Fz verloren, OVG Münster VRS **105** 76. Zur Klärung stehen der FEB die in § 2 VIII StVG genannten Aufklärungsmaßnahmen zur Verfügung (s § 2 StVG Rz 19). **Voraussetzung für die Anordnung** der Gutachtenbeibringung nach Abs II, III oder IV sind a) berechtigte, durch Tatsachen belegte Zweifel an der Kraftfahreignung und b) Eignung und Verhältnismäßigkeit der Begutachtung zur Klärung der konkreten Zweifel, OVG Münster VRS **102** 136, VG Freiburg NZV **00** 388, BVG NZV **90** 165, **96** 84, 467, VGH Ma NJW **91** 315, NZV **92** 502, **98** 429, VGH Mü DAR **95** 79, NZV **94** 544, **97** 413, **98** 303, 342, VRS **88** 316, **95** 446, ZfS **98** 279, OVG Hb ZfS **92** 358, VRS **92** 389, OVG Saarlouis ZfS **95** 157, OVG Münster VRS **91** 215, OVG Bautzen NZV **98** 174, 389. Eine Untersuchungsanordnung ohne belegte Tatsachen aufgrund bloßen Verdachts ist rechtswidrig, OVG Ko NJW **02** 2581. Anonyme Hinweise können der FEB Anlaß zu weiteren Ermittlungen geben, rechtfertigen aber nicht Gutachtenanforderung, OVG Saarlouis ZfS **01** 95. Eine Häufung selbst geringfügiger VZuwiderhandlungen kann uU Eignungsbedenken rechtfertigen, OVG Lüneburg NJW **00** 685 (Anm *Kramer* DAR **00** 135), nicht dagegen eine einmalige Geschwindigkeitsüberschreitung um mehr als 100%, OVG Lüneburg NJW **00** 685 (zust *Thubauville* VM **00** 56). Bestehen nicht nur Zweifel in bezug auf die Eignung, ist die FEB vielmehr von der Nichteignung überzeugt, so hat die Anordnung einer Gutachtenbeibringung zu unterbleiben (Abs VII), VGH Ma DAR **04** 49, **03** 236.

3. Aufklärungsmaßnahmen. Zur Vorbereitung ihrer Entscheidung kann die FEB 10
je nach Art der Eignungsbedenken, BVG VM **87** 57, VGH Mü VRS **88** 316, vom FE-Bewerber verlangen: a) die Beibringung eines **ärztlichen Gutachtens** (Abs II), b) die Beibringung eines **medizinisch-psychologischen Gutachtens** (Abs III), c) die Beibringung eines **Gutachtens eines amtlich anerkannten Sachverständigen oder Prüfers** für den Kraftfahrzeugverkehr (Abs IV). Die der FEB nach Abs II bis IV zur Vorbereitung dienenden Anordnungen gegenüber dem FEInhaber sind abschließend, OVG Ko NJW **86** 2390, OVG Weimar DAR **95** 80 (zu § 15b II StVZO alt); die Anordnung, den behandelnden Arzt zwecks Erlangung von Auskünften über den Gesundheitszustand von der Schweigepflicht zu entbinden, ist danach nicht zulässig, OVG Ko

NJW **86** 2390, OVG Weimar DAR **95** 80, einschränkend OVG Hb VRS **89** 155. Tatsachen, die sich aus einem vom FEInhaber vorgelegten Gutachten ergeben, dürfen idR auch dann zu seinen Ungunsten verwertet werden, wenn die **Anordnung der Gutachtenbeibringung nicht gerechtfertigt** war, BVG NZV **96** 332 (Anm *Gehrmann*), VGH Mü VRS **95** 446, VG Saarlouis ZfS **00** 519, zw OVG Br NJW **00** 2438. Ein ausschließlich im Rahmen eines Antrags auf Verlängerung der FE zur Fahrgastbeförderung vorgelegtes Gutachten darf nach VG Neustadt ZfS **02** 205 von der FEB nicht zum Anlaß genommen werden, die allgemeine FE zu entziehen (je nach Art des dabei zu Tage getretenen Eignungsmangels zw).

11 **3a.** Die Anordnung, ein **ärztliches Gutachten** beizubringen, kommt bei körperlich oder geistig bedingten Eignungszweifeln in Betracht. Die beiden anderen genannten Vorbereitungsmaßnahmen haben hier regelmäßig auszuscheiden. Die FEB bestimmt auch, ob der FEBewerber mit der Erstellung des Gutachtens einen Facharzt mit verkehrsmedizinischer Qualifikation (Nachweis: § 65), einen Amtsarzt (Arzt des Gesundheitsamtes oder anderer Arzt der öffentlichen Verwaltung) oder einen Arbeits- oder Betriebsmediziner, einen Rechtsmediziner oder einen Arzt in einer Begutachtungsstelle für Fahreignung zu beauftragen hat. Sie muß die genaue Fachrichtung angeben, s Rz 19. Sie kann auch mehrere solcher Anordnungen treffen (II S 4). Psychische Auffälligkeiten durch aggressives Verhalten (auch außerhalb des StrV) können die Anordnung rechtfertigen, s VGH Ma NZV **92** 502. Ein **hirnorganisches Syndrom** rechtfertigt Gutachtenanforderung, VGH Ma VRS **102** 143, ebenso ein epileptisches **Anfallsleiden**, OVG Saarlouis ZfS **95** 157. **Hohes Alter** kann uU dazu ausreichen (85 Jahre), s § 2 Rz 9, auch ohne ein besonderes Vorkommnis, auch besonders auffälliges seelisches Verhalten, VGH Ma VM **72** 83, vor allem aber, wenn der ältere Kf durch unsichere Fahrweise aufgefallen ist, VGH Ma NJW **91** 315 (Anordnung einer Fahrprobe), OVG Saarlouis ZfS **94** 350. Ungeprüfte Angaben von Nachbarn über Fahrauffälligkeiten rechtfertigen jedoch noch keine Eignungszweifel, VG Saarlouis ZfS **99** 541. Im übrigen rechtfertigt auch bei fortgeschrittenem Alter ein VVerstoß nur dann die Aufforderung, ein amtsärztliches Gutachten beizubringen, wenn dieser auf altersbedingte Leistungsminderung hindeutet, VG Gelsenkirchen ZfS **84** 191.

12 **3b.** In welchen Fällen die FEB die Beibringung eines **Gutachtens einer amtlich anerkannten Begutachtungsstelle für Fahreignung** (medizinisch-psychologisches Gutachten) anordnen kann, ist in Abs III S 1 Nr 1–5 abschließend geregelt, es sei denn es handele sich um die Begutachtungen nach §§ 2a IV, V, 4 X S 3 StVG (FE auf Probe, Punktsystem), nach § 10 II (FE im Rahmen der Berufsausbildung vor Vollendung des 18. Lebensjahrs) oder nach §§ 13, 14 FeV (Klärung etwaiger Alkohol- oder Drogenabhängigkeit) sowie den Anlagen 4 und 5 zur FeV (Abs III S 2). Trotz des in Abs III Nr 4 gebrauchten Plurals („Straftaten") genügt bereits *eine* der dort genannten Straftaten, um eine Gutachtenanforderung zu rechtfertigen, VGH Ma NZV **02** 104, zw VG Augsburg DAR **04** 287. Dies folgt auch aus einem Vergleich mit der ersten Alternative in Nr 4, wo neben „erheblichen Verstößen" ausdrücklich auch von „wiederholten" die Rede ist, was anderenfalls überflüssig wäre. Straftat im Zusammenhang mit dem StrV iS von Abs III Nr 5b (mit Nr 4) ist auch eine Tat nach §§ 315c, 316 StGB; daher kann (Ermessen) die FEB vor Wiedererteilung der FE die Beibringung eines medizinisch-psychologischen Gutachtens auch in Fällen anordnen, in denen die BAK **unter 1,6‰ BAK** (0,8 mg/l AAK) lag; § 13 ist insoweit speziell, als danach ab 1,6‰ und mehr die Gutachtenanforderung zwingend ist (kein Ermessen), VGH Mü NZV **01** 494, aM wohl OVG Saarlouis ZfS **01** 92. Wiederholte geringfügige Verstöße gegen VVorschriften als OWen rechtfertigen nur dann Gutachtenanforderung nach III Nr 4, wenn sie trotz ihrer Geringfügigkeit geeignet sind, Zweifel an der Kraftfahreignung zu begründen, s Rz 8. Durch die in Abs III Nr 1–5 getroffene Regelung ist der frühere Streit über die **Zulässigkeit medizinisch-psychologischer Doppelbegutachtung**, s BVG DAR **86** 94, VGH Ka NJW **94** 1611 (Anm *Weigelt* NZV **94** 416, krit *Himmelreich* DAR **95** 15), OVG Ko NJW **94** 2436, OVG Lüneburg ZfS **96** 198 für die Praxis weitestgehend erledigt. Im Gegensatz zur ärztlichen Begutachtung umfaßt die medizinisch-psychologische Begutachtung den gesamten Eignungsbereich, nicht nur die körperlich-geistige Eignung.

Die Regelung trägt der jüngeren Rspr des BVerfG Rechnung, wonach die Anordnung, sich einer medizinisch-psychologischen Begutachtung zu unterziehen, nur dann im Einklang mit dem allgemeinen **Persönlichkeitsrecht** steht, wenn sie Mängel betrifft, die auch bei lebensnaher Betrachtung die ernsthafte Besorgnis verkehrswidrigen oder nicht umsichtigen Verhaltens rechtfertigen; dazu reichen Umstände, die nur auf die entfernte Möglichkeit fehlender Eignung hindeuten, nicht aus, BVerfG NZV **93** 413, OVG Saarlouis ZfS **95** 157, DAR **96** 291, OVG Hb VRS **89** 57, **92** 389, **93** 153. Vielfach wird sich die Notwendigkeit eines medizinisch-psychologischen Gutachten auch aus der voraufgegangenen ärztlichen Begutachtung ergeben (III S 1 Nr 1). Rechtskräftige Verurteilung wegen einer von der FEB festgestellten Straftat setzt III S 1 Nr 4 nicht voraus, OVG Ko ZfS **00** 320. Wegen Tilgungsreife nicht mehr verwertbare Vorstrafen (s § 29 StVG Rz 14) dürfen auch im Rahmen von III S 1 Nr 4 und 5 nicht berücksichtigt werden, OVG Ko ZfS **00** 320. Wird nach Sperrfristablauf eine neue FE beantragt, so ist eine Untersuchungsanordnung nur gerechtfertigt, wenn die Strafakten kein verläßliches Bild ergeben, OVG Münster DAR **71** 278. Die VB darf nicht einen Eignungsmangel allein aus dem Umstand herleiten, daß das positive Eignungsgutachten 2 Jahre alt ist, VG Gießen NJW **95** 2430.

Die **Begutachtungsstellen für Fahreignung** (früher: „medizinisch-psychologische Untersuchungsstellen") bedürfen gem § 66 der Anerkennung durch die zuständige oberste Landesbehörde oder durch die von ihr bestimmte oder nach Landesrecht zuständige Stelle. Sie beruhen auf Zusammenarbeit zwischen Verkehrsmedizinern und VPsychologen und arbeiten mit für den Zweck der Untersuchung auf VTüchtigkeit ausgearbeiteten Methoden und Geräten. Akkreditierung: § 72. **13**

Gegenstand der Begutachtung sind nur solche Eigenschaften, Fähigkeiten und Verhaltensweisen des Betroffenen, die für die Kraftfahreignung bedeutsam sind, Anl 15 (zu §§ 11 V, 66 III) Nr 1 b), nicht die gesamte Persönlichkeit. Dies ist auch bei der Durchführung **psychologischer Tests** zu beachten. Nach hM verstößt die Verwertung derartiger Tests weder gegen das GG noch gegen verkehrsrechtliche Vorschriften, BVG NJW **64** 607 (zust *Schneider* JZ **64** 750), VGH Stu VM **64** 1, VGH Ma DVBl **63** 733, *Krieger* DVBl **64** 410. Gegen die charakterliche „Durchleuchtung" des Bürgers anläßlich eines Verwaltungsaktes – zumal mit umstrittenen Methoden bei nicht ausreichend gesichertem Wissensstand in bezug auf die Brauchbarkeit der Ergebnisse – sind jedoch rechtliche Bedenken geltend gemacht worden, s *Gunzert* DAR **66** 333, *Himmelreich* DAR **76** 197, *Lange* NJW **80** 2729, *Himmelreich/Janker* 236 ff; aufgrund daraus gewonnener Erkenntnisse dürfe nicht der Schluß auf charakterliche Ungeeignetheit zum Führen von Kfzen gezogen werden, OVG Br VRS **24** 76, *Hörstel* DVBl **64** 1009, *Czermak* DAR **63** 380, **64** 129. Die gegen diese Bedenken erhobene Kritik, s etwa *Heimann*, DAR **77** 12, verkennt den auf der ausschließlich gerichtlichen Entscheidungszuständigkeit beruhenden Zwang zur Nachprüfung gutachtlicher Methoden, s BVG VRS **74** 157, und ferner, daß die Verläßlichkeit wissenschaftlicher Gutachten, auch prognostischer, mit der Verläßlichkeit und grundsätzlichen Nachprüfbarkeit ihrer Meßmethoden und deren nachweisbarer Annäherung an den rechtlich geforderten höchsten Gewißheitsgrad wächst, so daß wissenschaftlich nicht allgemein anerkannte oder undurchschaubare Methoden als Beurteilungsgrundlage für uU existentiell bedeutsame gerichtliche oder verwaltungsmaßnahmen ausscheiden. Daß medizinisch-psychologische Gutachten kritischer Bewertung bedürfen, zeigen ua Berichte über erheblich abweichende Zweit- und Oberbegutachtungen (zB ZBlVM **70** 21, *Müller/Wolf* ZVS **69** 100), *Wervath ua* BA **99** 290, wobei sich die auffälligen Begutachtungsunterschiede teils methodisch erklären mögen, teils durch Wandlung der Probanden, gewiß aber auch durch nicht systematisierbare subjektive Faktoren bei den Gutachtern, s dazu auch *Kürti* BA **86** 381, *Lewrenz* DAR **92** 50 sowie Empfehlung des 30. VGT (VGT **92** 10). Näher zu medizinisch-psychologischer Untersuchung und Charaktertest: *Himmelreich/Hentschel* Bd II Rz 144 ff, 148. **14**

Der **Untersuchungsumfang** richtet sich nach dem Anlaß und wird durch ihn beschränkt (Anl 15 Nr 1 a), VGH Mü DAR **82** 339, OVG Hb VRS **89** 154, *Himmelreich/Janker* 146 ff, *Geiger*, NZV **02** 21, *Barthelmess/Ehret* BA **84** 77, *List* VD **84** 152. Reicht eine fachärztliche Untersuchung aus, so verstößt die Anordnung der Beibringung eines medizinisch-psychologischen Gutachtens gegen das Übermaßverbot, BVerfG NZV **93** **15**

3a FeV § 11 II. Führen von Kraftfahrzeugen

413. Zur (geringen) prognostischen Treffsicherheit der **Eignungsgutachten,** *Himmelreich/Janker* 403 ff, *Rösler* VGT **97** 296, *Blocher ua* DAR **98** 306 f, *Müller* BA **82** 290, **83** 63, **93** 78, **94** 351, DAR **94** 310, gegen ihn: *Kunkel* BA **83** 56, *Blankenburg/Weigelt* BA **83** 149. Obergutachten weisen nach einer Studie von *Werwath ua* BA **99** 290 eine gegenüber der vorausgegangenen „Standardbegutachtung" höhere Treffsicherheit auf. Über Voraussagefehler bei psychologischen Auswahl- und Unfallneigungstests, *Marek* ZVS **77** 88, *Himmelreich/Hentschel* Bd II Rz 144 b. Zum prognostischen Wert bestimmter Persönlichkeitstests für die individuelle Fahreignung, VG Berlin DAR **80** 254, näher *Himmelreich/Janker* 236 ff.

16   3 c. Die Notwendigkeit der Beibringung des **Gutachtens eines amtlich anerkannten Sachverständigen oder Prüfers** kann sich aus dem Inhalt eines zuvor eingeholten ärztlichen oder medizinisch-psychologischen Gutachtens ergeben (IV Nr 1). Darüber zu entscheiden, obliegt allein der FEB, OVG Br NJW **00** 2438. Die Gutachtenanforderung kann ferner zur Klärung der Frage erforderlich sein, ob ein körperlich behinderter FEBewerber, eventuell mit besonderen technischen Hilfsmitteln ein Kfz der von ihm beantragten FEKl sicher führen kann (IV S 2), so daß Erteilung einer beschränkten FE oder einer FE mit Auflagen in Frage kommt (s § 23 II).

17   **4. Anforderungen an die Durchführung der Untersuchung und an das Gutachten.** Anlaßbezogen, unter Verwendung der von der FEB zugesandten Vorgänge über den Betroffenen und nach anerkannten, wissenschaftlichen Grundsätzen muß die ärztliche (Abs II) und die medizinisch-psychologische Untersuchung durchgeführt werden (Abs V mit Anl 15). Um dies zu ermöglichen legt die FEB unter Berücksichtigung der Besonderheiten des Falles unter Beachtung der Anlagen 4 und 5 in der Anordnung zur Beibringung des Gutachtens im einzelnen fest, **welche Fragen klärungsbedürftig sind,** und teilt dies auch der untersuchenden Stelle zugleich mit der **Übersendung der vollständigen Unterlagen** mit. Dabei hat sie eventuelle gesetzliche Verwertungsverbote zu beachten; Unterlagen, die danach nicht mehr verwendet werden dürfen, werden der untersuchenden Stelle nicht übermittelt (Abs VI S 4, letzter Halbsatz), *Bouska/Laeverenz* § 11 Anm 30.

18   Das Gutachten muß **in verständlicher Sprache verfaßt** sein; es muß **nachvollziehbar und nachprüfbar** sein (Anl 15 Nr 2 a), s LG Hannover DAR **91** 457, *Janker* DAR **92** 166, *Himmelreich* ZVS **92** 110. Dies setzt eine ausführliche – aber nicht zwingend wörtliche, BVG DAR **95** 36, VGH Mü VRS **95** 446 – Wiedergabe des Untersuchungsgesprächs in seinen wesentlichen Inhalten sowie eine allgemeinverständliche Beschreibung der für die Prognose maßgeblichen Befunde voraus, s *Janker* DAR **92** 166, *Geiger* BayVBl **01** 590. Empfehlung des 30. VGT (VGT **92** 10 = NZV **92** 105). Das Gutachten muß zwischen Vorgeschichte (Anamnese) und gegenwärtigem Befund unterscheiden (Anl 15 Nr 2 c). Den Auftrag darf es nicht überschreiten. Aus Abs VI mit Anl 15 folgt zwingend, daß das Gutachten einzelfallbezogen sein muß, s *Lewrenz* DAR **92** 52, VGT **92** 10, AG Essen DAR **92** 68, VG Freiburg NZV **95** 48, und daß es die wesentlichen **Grundlagen, Anknüpfungstatsachen und Schlußfolgerungen** nachprüfbar darlegen muß, OVG Münster, DAR **76** 221, *Himmelreich/Janker* 210 ff, *Spann* DAR **80** 310, *Lewrenz* DAR **92** 50. Nur gesetzlich verwertbare Tatsachen dürfen im Gutachten verwendet werden, OVG Münster DAR **76** 221.

19   **5. Die Rechtsbeziehungen zwischen FEB, Betroffenem und Gutachter** sind in Abs VI geregelt. Die FEB setzt dem Betroffenen für die Beibringung des Gutachtens eine Frist (VI S 2). Sie hat dem Betroffenen mit der Anordnung der Gutachtenbeibringung in verständlicher Form die **Gründe darzulegen,** die zu den Zweifeln an seiner Kraftfahreignung geführt haben, BVerwG VRS **101** 233 (zu § 15 b StVZO alt), VGH Ma VRS **103** 224. Die FEB genügt ihrer Mitteilungs- und Darlegungspflicht gem Abs VI 2 gegenüber dem Betroffenen nur durch substantiierte Darlegung ihrer Eignungszweifel unter Angabe der Tatsachen, auf denen diese Zweifel beruhen, OVG Münster VRS **102** 136, VGH Ma VRS **103** 224, OVG Ko DAR **99** 518. Die nach VI S 1 festzulegenden Fragen braucht sie dem Betroffenen nicht mitzuteilen, VGH Ma VRS **102** 146. Wird ein fachärztliches Gutachten verlangt (II S 3 Nr 1), so muß die FEB die Fachrichtung angeben, OVG Münster NZV **01** 95. Zugleich teilt sie dem Betroffenen eine oder mehrere **Stellen** mit, **die für die Begutachtung in Frage kommen** und teilt ihm mit, daß er die an die untersuchende Stelle zu übersendenden Unterlagen einsehen kann (VI S 2). Dabei steht es jedoch dem Betroffenen frei, welchen Arzt oder welche Begutachtungsstelle für Fahreignung er auswählt, OVG Hb NZV **00** 348, sofern der Arzt die erforderliche Qualifikation (Abs II S 3 Nr 1–3, § 65) besitzt und die Begutachtungsstelle amtlich anerkannt (Abs III, § 66) ist. Auch die **Weiterleitung des Gutachtens an die FEB** steht dem Betroffenen frei, *List* VD **84** 150; allerdings muß er, wenn er innerhalb der ihm gesetzten Frist kein Gutachten vorlegt, mit einer negativen Entscheidung der FEB rechnen (Abs VIII, s Rz 22). Hat der Betroffene eine Stelle mit der Begutachtung beauftragt, so muß er diese der FEB bekannt geben (VI S 3).

Der **Betroffene beauftragt den Gutachter** auf seine Kosten (s VG Hb NJW **02** 2730, *Ell* NVwZ **03** 913) und im eigenen Namen mit der Untersuchung und der Erstellung des Gutachtens (VI S 2 und 5). Zur Frage eines **Kostenerstattungsanspruchs** bei rechtswidriger Anordnung, *Ell* NVwZ **03** 913, *Geiger* DAR **03** 97 (jeweils verneinend), *Müller-Grune* DAR **03** 551 (bejahend), offengelassen – zur früheren Rechtslage – von BVG DAR **90** 153 (Folgenbeseitigungsanspruch). Begutachtung von Amts wegen ist unzulässig. Mit der Untersuchungsstelle schließt der Betroffene einen Werkvertrag, LG Hb NJW-RR **97** 409, *Himmelreich/Janker* 47. Ohne sein Einverständnis darf sie ihr Gutachten nicht der FEB, sondern nur ihm als Besteller aushändigen, der FEB auch keine Mitteilung irgendwelcher Art machen. Grundlegend und überzeugend hierzu: *Menken,* Die Rechtsbeziehungen zwischen VB, Betroffenem und Gutachter bei der Medizinisch-Psychologischen Fahreignungsbegutachtung, Schriftenreihe Mensch-Fahrzeug-Umwelt, H 8, Köln 1980, sowie DAR **80** 225; s auch *Himmelreich* DAR **93** 127, *Barthelmess/Ehret* BA **84** 71, *List* VD **84** 142, *Grünning* DAR **91** 412, *Stephan* DAR **93** 41. Dem Betroffenen wird ein vertraglicher Anspruch auf Einsicht in Untersuchungsunterlagen zuzubilligen sein, soweit es sich nicht um interne Aufzeichnungen der Untersuchungsstelle handelt, an deren Geheimhaltung diese ein übergeordnetes, schützenswertes Interesse hat, s *Bode* ZVS **98** 166. Ein Anspruch des Auftraggebers wegen Versagung der FE aufgrund mangelhaften Gutachtens wird zumeist an Beweisschwierigkeiten scheitern, s *Jungbecker* NZV **94** 297.

Lit: *Barthelmess,* FERecht und Fahreignung nach Einführung der FE auf Probe, BA **90** 339. *Blocher ua,* ... Fahreignungsbegutachtung alkoholisierter Kf, DAR **98** 301. *Bode,* Anspruch des Auftraggebers einer MPU auf Herausgabe von ihm ausgefüllter Fragebogen, ZVS **98** 166. *Ell,* Kostenerstattung bei negativem Drogenscreening, NVwZ **03** 913. *Gehrmann,* Die medizinisch-psychologische Untersuchung im StrVRecht, NZV **97** 10. *Derselbe,* Vorbeugende Abwehr von VGefahren durch haschischkonsumierende Kf, NZV **97** 457. *Gehrmann/Undeutsch,* Das Gutachten der MPU und Kraftfahreignung, München 1995. *Geiger,* Anforderungen an medizinisch-psychologische Gutachten aus verwaltungsrechtlicher Sicht, NZV **02** 20. *Grünning/Ludovisy,* Der Rechtscharakter der MPU-Anordnung, DAR **93** 53. *Harbort,* Zulässigkeit von verwaltungsbehördlichen Maßnahmen im Rahmen der drogenspezifischen Fahreignungsdiagnostik, NJW **98** 348. *Hillmann,* Zweifel an der Fahreignung, DAR **03** 106. *Himmelreich,* Zur Problematik der Medizinisch-Psychologischen Untersuchungsstellen, ZVS **92** 110. *Derselbe,* Rechtliche Aspekte der Qualitätskontrolle bei der verkehrsmedizinisch-psychologischen Fahrtauglichkeitsbegutachtung, DAR **93** 127. *Himmelreich/Hentschel,* Fahrverbot – Führerscheinentzug, Bd II, 7. Aufl 1992. *Himmelreich/Janker,* MPU-Begutachtung, Leitfaden, 2. Aufl 1998. *Jagow,* Wiedererteilung der FE bei „bedingter" Eignung, DAR **97** 16. *Iffland,* Zuweisung zur MPU und Verhaltensprognose, DAR **97** 6. *Janker,* Eignungsbegutachtung bei Alkoholtätern nach EdF, DAR **92** 164. *Jungbecker,* Schadensersatz bei mangelhaften medizinisch-psychologischen Eignungsgutachten?, NZV **94** 297. *Kunkel,* Die Exploration als zentrale Methode in der Fahreignungsuntersuchung alkoholauffälliger Kf, NZV **89** 376. *Kürti,* Fehlerquellen bei der psychologischen Fahreignungsbegutachtung, BA **86** 381. *Lewrenz,* Das nachvollziehbare Eignungsgutachten, DAR **92** 50. *Ludovisy,* Rechtsnatur der MPU-„Anordnung", VGT **94** 354. *Lutze/Seidl,* Beurteilung der Eignung zum Führen von Kfz nach der Haschisch-Entscheidung des BVerfG, NZV **97** 421. *Menken,* Die Rechtsbeziehungen zwischen VB, Betroffenem und Gutachter bei der Medizinisch-Psychologischen Fahreignungsbegutachtung, TÜV Rheinland 1980. *A. Müller,* ... Bewährungskontrolle von Eignungsgutachten, BA **82** 290. *Müller-Grune,* Zur Erstattungsfähigkeit von Gutachterkosten nach befolgter Beibringungsanordnung der FEB, DAR **03** 551. *Rösler, Kroj, Jung,* Die medizinisch-psychologische Untersuchung von Kf, VGT **97** 291, 303, 320. *Stephan,* „Bedingte Eignung", ... individualisierte Wiedererteilung der FE im Verwaltungsrecht, DAR **89** 125. *Derselbe,* Naturwissenschaftlich-psychologische Verkehrsprognose und Wagniswürdigung in der Eignungsbeurteilung, DAR **92** 1. *Derselbe,* Werkvertragsmängel bei der MPU aus der Sicht des gerichtlichen Sachverständigen, DAR **93** 41. *Weigelt ua,* Zur bedingten Eignung in der Fahreignungsbegutachtung, NZV **91** 55. *Wenvath ua,* Zum Stellenwert von Obergutachten im Fahreignungsbegutachtungsprozeß, BA **99** 290.

22   6. **Nichtbeibringung des Gutachtens.** Im Falle einer Verweigerung einer zu Recht angeordneten Gutachtenbeibringung oder Nichteinhaltung der gesetzten Frist, kann die FEB ihrer Entscheidung Nichteignung des Betroffenen zugrunde legen (Abs VIII). Ist die Gutachtenanforderung nicht mit einer Fristsetzung verbunden, scheidet Abs VIII aus; Fristsetzung in bezug auf eine vom Betroffenen geforderte Einverständniserklärung genügt nicht, OVG Hb NZV **00** 348. Dabei sind allerdings (jedenfalls bei entsprechender Anwendung von Abs VIII im Rahmen des Entziehungsverfahrens gem § 46 III) die vom BVG zur früheren Rechtslage aufgestellten Grundsätze zu beachten, auf die der VOGeber in seiner Begr (s Rz 5) ausdrücklich Bezug nimmt, s BVG NJW **85** 2490, NZV **93** 166, wonach dies nur dann gilt, wenn die **Weigerung ohne ausreichenden Grund** erfolgt, OVG Münster VRS **100** 400, **102** 136, VG Freiburg NZV **00** 388, s auch VGH Ma NZV **92** 502. Die Weigerung iS von Abs VIII kann auch in der Weise erfolgen, daß der Betroffene die verlangte Untersuchung unmöglich macht, OVG Hb DAR **04** 411 (Kürzung der für Haaranalyse benötigten Haare). Die in Abs VIII getroffene Regelung beruht, wie aus der Begr folgt, auf der Überlegung, daß bei grundloser Weigerung die Vermutung berechtigt ist, der Betroffene wolle einen ihm bekannten Eignungsmangel verbergen, OVG Bautzen DAR **02** 234, OVG Münster DAR **03** 283, VRS **105** 76, OVG Saarlouis ZfS **01** 188, s VGH Mü NZV **01** 494 (so schon die Rspr zu § 15 b StVZO alt: BVG DAR **77** 250, VGH Ka StV **99** 23, OVG Lüneburg ZfS **96** 198, OVG Münster VRS **91** 215).

23   Obwohl dieser Gedanke bei **Fehlen finanzieller Mittel** für den Gutachtenauftrag nicht zutrifft, wurde in der zur früheren Rechtslage ergangenen Rspr auch bei solcher Sachlage teilweise die Annahme von Nichteignung durch die VB für gerechtfertigt erachtet, OVG Lüneburg NZV **95** 294 (Sozialhilfeempfänger) – Anm *Gehrmann* –, VGH Ma NZV **98** 429, 447, VG Saarlouis ZfS **95** 118, einschränkend (Berufung auf wirtschaftliche Unzumutbarkeit nur „unter ganz besonderen Umständen") BVG NJW **85** 2490, NZV **98** 300 (zust *Gehrmann*), VGH Mü NZV **99** 525, OVG Hb VRS **89** 158. Ob die FEB den **Antrag auf Erteilung der FE** dann ablehnen darf, wenn der Bewerber aus finanziellen Gründen außerstande ist, ein aufgrund bestehender Eignungsbedenken angefordertes Gutachten beizubringen, war allerdings nach früherem Recht zw, weil bloße Nichtfeststellbarkeit der Eignung nach der Fassung von § 2 I S 2 StVG (alt) kein Ablehnungsgrund war. Nach § 2 II Nr 3 (IV) StVG nF wird aber nunmehr für die FEErteilung das Bestehen der Eignung zum Führen von Kraftfahrzeugen durch das Gesetz positiv gefordert, so daß Nichtfeststellbarkeit zu Lasten des Bewerbers geht (s § 2 StVG Rz 7). Andererseits ist im Rahmen des § 46, also bei *Entziehung* **der FE**, bei Prüfung der rechtlichen Folgen einer Nichtbeibringung eines berechtigt angeforderten Gutachtens wegen wirtschaftlichen Unvermögens zu berücksichtigen, daß hier, anders als bei *Erteilung* einer FE, die Nichteignung *erwiesen* sein muß, bloße Zweifel dagegen nicht ausreichen, s § 3 StVG Rz 3. Bei grundloser Weigerung wird die Annahme fehlender Eignung nicht schon durch die **nachträglich erklärte Bereitschaft** zur Gutachtenbeibringung, sondern nur durch ein positives Gutachten ausgeräumt, VGH Ma NZV **93** 327 (zust *Petersen* ZfS **02** 59), OVG Münster VRS **105** 76, und auch dies nur dann, wenn die zu einem vom Betroffenen bestimmten Zeitpunkt durchgeführte Untersuchung in gleicher Weise geeignet ist, die konkreten Eignungszweifel zu beseitigen wie die Untersuchung zum von der FEB bestimmten Zeitpunkt, OVG Br ZfS **01** 483 (Blutuntersuchung), OVG Münster DAR **03** 283 (Blut- und Urinuntersuchung). Sind im Zeitpunkt des Widerspruchsbescheids nach EdF die Eignungszweifel ausgeräumt, so darf trotz Abs VIII nicht mehr Ungeeignetheit angenommen werden, VGH Mü NZV **99** 183 (zu § 15 b StVZO alt), s OVG Münster VRS **105** 76.

24   Der Schluß auf Nichteignung des Betroffenen im Falle grundloser Nichtbeibringung des Gutachtens gem Abs VIII ist nur zulässig, wenn die **Anordnung zur Gutachtenbeibringung rechtmäßig** war, VGH Mü NZV **01** 494, VGH Ma DAR **04** 48, OVG

Weimar VM **04** 63, DAR **03** 91, OVG Münster NZV **01** 95, VRS **102** 136, OVG Hb DAR **04** 411, VRS **105** 470, NZV **00** 348, OVG Ko NJW **02** 2581, s BVG NZV **98** 300 (Anm *Gehrmann* NZV **98** 301, *Haus* ZfS **98** 236, zur früheren Rechtslage), wenn also die rechtlichen Voraussetzungen für die Anordnung erfüllt sind, s Rz 9, und die Anordnung auch im übrigen den Anforderungen des § 11 entspricht, insbesondere unter Berücksichtigung von Abs II S 3, VI hinreichend bestimmt ist, OVG Münster NZV **01** 95, s Rz 19. Ob der Betroffene sein Einverständnis zur Gutachtenanforderung erklärt hat, ist dabei unerheblich, OVG Hb DAR **98** 323; das Erfordernis der Rechtmäßigkeit unterliegt nicht der Disposition durch FEB und Betroffenen. Dies gilt auch für Art und Umfang der angeordneten Begutachtung, BVG NZV **98** 300. Sind etwa nur die Voraussetzungen für die Anordnung der Beibringung eines ärztlichen Gutachtens erfüllt (Abs II), so braucht der Betroffene der Aufforderung, ein medizinisch-psychologisches Gutachten beizubringen (Abs III) nicht nachzukommen, s *Himmelreich/Janker* 68; seine Weigerung führt dann nicht zur Annahme fehlender Kraftfahreignung gem Abs VIII, s BVG NZV **98** 300 (zu § 15b StVZO alt). Auch die Weigerung, einer gerichtlichen Beweisanordnung Folge zu leisten, darf nicht zum Nachteil des FEInhabers gewürdigt werden, wenn das Beweismittel nicht anlaßbezogen und nicht verhältnismäßig ist, BVG DAR **86** 94. Ein der FEB **bekannt gewordenes negatives Begutachtungsergebnis** darf zu Lasten des Betroffenen berücksichtigt werden, ohne daß es auf die Rechtmäßigkeit der Gutachtenanforderung ankäme, BVG NJW **82** 2885 (zu § 15b StVZO alt), VG Neustadt ZfS **00** 41, s auch Rz 10. Das gilt zB auch für ein im Rahmen eines Strafverfahrens eingeholtes Gutachten, VGH Ma DAR **04** 471.

7. Entbehrlichkeit eines Gutachtens bei Kursteilnahme. Stellt der Gutachter 25 Eignungsmängel fest, die der FEBewerber nach seiner Bewertung durch Teilnahme an einem bestimmten Nachschulungskurs beseitigen kann und legt der Bewerber eine den Anforderungen des Abs XI entsprechende Bescheinigung über seine Teilnahme an einem solchen, gem § 70 anerkannten Kurs zur Wiederherstellung der Kraftfahreignung vor, so bedarf es nach Maßgabe von Abs X idR zum Nachweis wieder bestehender Eignung nicht eines erneuten medizinisch-psychologischen Gutachtens, s *Gehrmann* NZV **04** 169. Zu den Kriterien für die Bejahung der **Eignung des Kurses** im konkreten Fall zur Behebung der Eignungsmängel (Abs X Nr 2) bei Alkoholmißbrauch: Begutachtungsrichtlinien zur Kraftfahreignung (2000) Nr 3.11.1 f), s *Gehrmann* ZVS **03** 175. Abw von der Regel des Abs X kann die Kursteilnahme zB dann nicht genügen, wenn Eignungsmängel bekannt werden, die in der voraufgegangenen Begutachtung nicht berücksichtigt wurden oder im Falle schwerwiegender VZuwiderhandlungen nach der Begutachtung, s *Gehrmann* ZVS **03** 173.

Lit: *Gehrmann*, Kurse nach § 70 FeV und die VSicherheit, ZVS **03** 170. *Derselbe*, Das Problem der Wiederherstellung der Kraftfahreignung nach neuem FERecht, NZV **04** 167. *Hoffmann*, Grenzwert für Rückfallquoten alkoholauffälliger Kf nach Teilnahme an Kursen gem § 70 FeV, BA **01** 336. *Utzelmann*, Kurse nach § 70 FeV …, ZVS **03** 180.

8. Verwaltungsrechtsmittel. Die Auflage gem Abs II, ein Gutachten beizubringen 26 und sich untersuchen zu lassen, ist als bloße Aufklärungsanordnung nicht gesondert anfechtbar (unselbständige Maßnahme der Beweiserhebung), s § 46 Rz 15, ebenso nicht die Prüfungsaufforderung, s § 46 Rz 15. Dagegen ist die Anordnung von Auflagen nach § 23 II S 1 bei bedingter Eignung selbständig anfechtbar, s § 46 Rz 15.

9. Nicht anlaßbezogenen Eingangs- und Wiederholungsuntersuchungen 27 (auch ohne konkrete Eignungsbedenken) müssen sich die Bewerber um einer FE der Lkw- und Bus-FEKlassen C, C1, CE, C1E, D, D1, DE oder D1E nach Maßgabe der Anl 5 (zu §§ 11 IX, 48 IV, V) unterziehen (Abs IX). Dies gilt auch für die Verlängerung der FE dieser Klassen, die gem § 23 I nur befristet erteilt werden. Vorzulegen ist ein Nachweis gem Anl 5. Ab dem 50. Lebensjahr wird für Erteilung und Verlängerung der Bus-FEe (D, D1, DE, D1E) und ab dem 60. Lebensjahr für Verlängerung einer FE zur Fahrgastbeförderung ein betriebs- oder arbeitsmedizinisches oder ein Gutachten einer amtlich anerkannten Begutachtungsstelle für Fahreignung verlangt (Anl 5 Nr 2). Übergangsbestimmung hinsichtlich der Inhaber von FEen alten Rechts: § 76 Nr 9.

Sehvermögen

12 (1) Zum Führen von Kraftfahrzeugen sind die in der Anlage 6 genannten Anforderungen an das Sehvermögen zu erfüllen.

(2) ¹Bewerber um eine Fahrerlaubnis der Klassen A, A1, B, BE, M, S, L oder T haben sich einem Sehtest zu unterziehen. ²Der Sehtest wird von einer amtlich anerkannten Sehteststelle unter Einhaltung der DIN 58220 Teil 6, Ausgabe Januar 1997, durchgeführt. ³Die Sehteststelle hat sich vor der Durchführung des Sehtests von der Identität des Antragstellers durch Einsicht in den Personalausweis oder Reisepaß zu überzeugen. ⁴Der Sehtest ist bestanden, wenn die zentrale Tagessehschärfe mit oder ohne Sehhilfe mindestens den in Anlage 6 Nr. 1.1 genannten Wert erreicht. ⁵Ergibt der Sehtest eine geringere Sehleistung, darf der Antragsteller den Sehtest mit Sehhilfen oder mit verbesserten Sehhilfen wiederholen.

(3) ¹Die Sehteststelle stellt dem Antragsteller eine Sehtestbescheinigung aus. ²In ihr ist anzugeben, ob der Sehtest bestanden und ob er mit Sehhilfen durchgeführt worden ist. ³Sind bei der Durchführung des Sehtests sonst Zweifel an ausreichendem Sehvermögen für das Führen von Kraftfahrzeugen aufgetreten, hat die Sehteststelle sie auf der Sehtestbescheinigung zu vermerken.

(4) Ein Sehtest ist nicht erforderlich, wenn ein Zeugnis oder ein Gutachten eines Augenarztes vorgelegt wird und sich daraus ergibt, daß der Antragsteller die Anforderungen nach Anlage 6 Nr. 1.1 erfüllt.

(5) Besteht der Bewerber den Sehtest nicht, hat er sich einer augenärztlichen Untersuchung des Sehvermögens nach Anlage 6 Nr. 1.2 zu unterziehen und hierüber der Fahrerlaubnisbehörde ein Zeugnis des Augenarztes einzureichen.

(6) Bewerber um die Erteilung oder Verlängerung einer Fahrerlaubnis der Klassen C, C1, CE, C1E, D, D1, DE oder D1E haben sich einer Untersuchung des Sehvermögens nach Anlage 6 Nr. 2 zu unterziehen und hierüber der Fahrerlaubnisbehörde eine Bescheinigung des Arztes nach Anlage 6 Nr. 2.1 oder ein Zeugnis des Augenarztes nach Anlage 6 Nr. 2.2 einzureichen.

(7) Sehtestbescheinigung, Zeugnis oder Gutachten dürfen bei Antragstellung nicht älter als zwei Jahre sein.

(8) ¹Werden Tatsachen bekannt, die Bedenken begründen, dass der Fahrerlaubnisbewerber die Anforderungen an das Sehvermögen nach Anlage 6 nicht erfüllt oder dass andere Beeinträchtigungen des Sehvermögens bestehen, die die Eignung zum Führen von Kraftfahrzeugen beeinträchtigen, kann die Fahrerlaubnisbehörde zur Vorbereitung der Entscheidung über die Erteilung oder Verlängerung der Fahrerlaubnis oder über die Anordnung von Beschränkungen oder Auflagen die Beibringung eines augenärztlichen Gutachtens anordnen. ²§ 11 Abs. 5 bis 8 gilt entsprechend, § 11 Abs. 6 Satz 4 jedoch mit der Maßgabe, dass nur solche Unterlagen übersandt werden dürfen, die für die Beurteilung, ob Beeinträchtigungen des Sehvermögens bestehen, die die Eignung zum Führen von Kraftfahrzeugen beeinträchtigen, erforderlich sind.

---

1 **Begr** (BRDrucks 443/98 S 259): *Diese neue Vorschrift über das Sehvermögen übernimmt die Regelung in § 9a StVZO mit den folgenden Ergänzungen:*

*In **Absatz 1** wird positiv geregelt, daß die in Anlage 6 genannten Anforderungen zu erfüllen sind. Die inhaltlichen Anforderungen an das Sehvermögen ergeben sich aus Anlage 6, die an Stelle der bisherigen Anlage XVII tritt.*

Anlage 6 übernimmt die Grenzwerte für die Tagessehschärfe sowie die sonstigen Anforderungen aus Anhang III, Nummer 1 der EU-Führerscheinrichtlinie.

...

***Absatz 5** entspricht der Regelung in § 9a Abs. 6* StVZO. Hierfür gelten die Mindestanforderungen für die augenärztliche Untersuchung. Für die Klassen A, A1, B, BE, M, L und T wird in Anlage 6 für beidäugiges Sehen die Werte 0,5/0,2 gefordert, was dem bisherigen Wert entspricht. Anhang III formuliert hier nur den Wert für die beidäugige Gesamtsehschärfe von 0,5, der mit der Regelung in Anlage 6 jedoch erfüllt ist. Bei Einäugigkeit wird 0,6 gefordert, was unter dem bisherigen Wert von 0,7 liegt. Für die Klassen C, C1, CE, C1E, D, D1, DE und die Fahrerlaubnis zur Fahrgastbeförderung wird eine zentrale Tagessehschärfe von 0,8/0,5 gefordert. Für die*

---

* Gemeint ist Abs. 5.

Busse und Fahrerlaubnis zur Fahrgastbeförderung liegt die Forderung damit unter dem bisherigen Wert von 1,0/0,7; hinsichtlich der C-Klasse hat sich eine geringfügige Verschärfung ergeben gegenüber bisher 0,7/0,5. Eine Verschärfung ergibt sich außerdem infolge der Verschiebung der Klasseneinteilung für den Bereich von Kraftfahrzeugen von 3,5 bis 7,5 t zulässige Gesamtmasse.
 In **Absatz 6** *wird für die Klassen C und D sowie die Fahrerlaubnis zur Fahrgastbeförderung eine augenärztliche Untersuchung gefordert, da neben der Tagessehschärfe auch andere Sehfunktionen untersucht werden müssen, die nicht im Rahmen eines Sehtests festgestellt werden können.*
...

Begr zur ÄndVO v 7. 8. 02: BRDrucks 497/02 S 63.

 Die Vorschrift beruht auf der EG-FS-Richtlinie v 4. 12. 1980 (ABl Nr. L 375 S 1 ff). **2** Ermächtigungsgrundlage ist § 6 I Nr 1c mit Nr 7 StVG. Durch Bezugnahme auf die DIN-Norm in Abs II S 2 wird die Einhaltung eines einheitlichen Standards der Sehtests gewährleistet. II S 3 dient der Verhinderung von Mißbräuchen. Muster der Sehtestbescheinigung, s VBl **99** 17. Vordrucke für augenärztliches Gutachten/Zeugnis gem Abs VI, VBl **99** 19. Amtliche Anerkennung der Sehteststellen: § 67. Die Bescheinigung über den Sehtest wird durch die in Abs IV genannten augenärztlichen Zeugnisse oder Gutachten ersetzt, sofern sie nicht älter als 2 Jahre sind (Abs VII). Das Nichtbestehen des Sehtests führt nicht ohne weiteres zur Versagung der FE. Die Erteilung hängt jedoch vom Ergebnis einer augenärztlichen Untersuchung nach Anl 6 Nr 1.2 ab, über die der Bewerber der FEB ein Zeugnis des Augenarztes vorzulegen hat (Abs V). Die FE wird nur erteilt, wenn sich aus diesem Zeugnis ergibt, daß der Bewerber die Mindestanforderungen der Anl 6 erfüllt. Diese liegen bei Fahrerlaubnissen der zum Führen von Lkw und Bussen berechtigenden Klassen höher als bei den anderen FEKlassen.

 Abs VIII enthält eine Ermächtigung zur Anordnung einer anlaßbezogenen Untersu- **3** chung. Voraussetzung ist das Bekanntwerden von Tatsachen, die Bedenken hinsichtlich des Sehvermögens eines FEBewerbers begründen, und zwar nicht nur hinsichtlich der Anforderungen nach Anl 6, sondern auch in bezug auf anders geartete Beeinträchtigungen (zB die Fahrsicherheit beeinträchtigende erhöhte Blendempfindlichkeit, erheblich unterdurchschnittliche Minderung der Dämmerungssehkraft). Für die Anordnung der Beibringung eines augenärztlichen Gutachtens in solchen Fällen, die Durchführung der Untersuchung, die Anforderungen an das Gutachten und die Konsequenzen der Nichtbeibringung gilt § 11 V–VIII entsprechend mit der dem Datenschutz Rechnung tragenden Einschränkung, daß die FEB dem Augenarzt nur solche Unterlagen übersenden darf, die für die Beurteilung des Sehvermögens erforderlich sind.

Lit: *Gramberg-Danielsen/Vollert*, Ausnahmen nach § 70 StVZO von den Mindestanforderungen nach § 9a StVZO, ZVS **84** 5. *von Hebenstreit*, Beziehungen zwischen Sehstörungen und Unfallhäufigkeit im StrV, Verkehrsunfall **85** 331. *Kühl*, Mehr VSicherheit durch besseres Sehen, NZV **98** 98. *Lachenmayr*, Zur Begutachtung des Sehvermögens im Rahmen der FeV, ZVS **01** 67.

 Übergangsbestimmung für Inhaber von FEen alten Rechts: § 76 Nr 9. **4**

Klärung von Eignungszweifeln bei Alkoholproblematik

13 Zur Vorbereitung von Entscheidungen über die Erteilung oder Verlängerung der Fahrerlaubnis oder über die Anordnung von Beschränkungen oder Auflagen ordnet die Fahrerlaubnisbehörde an, daß
1. ein ärztliches Gutachten (§ 11 Abs. 2 Satz 3) beizubringen ist, wenn Tatsachen die Annahme von Alkoholabhängigkeit begründen oder die Fahrerlaubnis wegen Alkoholabhängigkeit entzogen war oder sonst zu klären ist, ob Abhängigkeit nicht mehr besteht, oder
2. ein medizinisch-psychologisches Gutachten beizubringen ist, wenn
 a) nach dem ärztlichen Gutachten zwar keine Alkoholabhängigkeit, jedoch Anzeichen für Alkoholmißbrauch vorliegen oder sonst Tatsachen die Annahme von Alkoholmißbrauch begründen,
 b) wiederholt Zuwiderhandlungen im Straßenverkehr unter Alkoholeinfluß begangen wurden,

3a FeV § 13

c) ein Fahrzeug im Straßenverkehr bei einer Blutalkoholkonzentration von 1,6 Promille oder mehr oder einer Atemalkoholkonzentration von 0,8 mg/l oder mehr geführt wurde,
d) die Fahrerlaubnis aus einem der unter Buchstabe a bis c genannten Gründe entzogen war oder
e) sonst zu klären ist, ob Alkoholmißbrauch nicht mehr besteht.

1 **Begr** (BRDrucks 443/98 S 260): *§ 13 ist eine Spezialvorschrift gegenüber § 11 und regelt die Maßnahmen, die zu ergreifen sind bei Verdacht auf Alkoholabhängigkeit oder -mißbrauch.*
Bei der Frage, welche Untersuchungsart in Frage kommt, wird unterschieden zwischen Alkoholabhängigkeit (Absatz 1 Nr. 1) und Alkoholmißbrauch (Absatz 1 Nr. 2). Ein ärztliches Gutachten ist erforderlich und ausreichend bei Verdacht auf Alkoholabhängigkeit, wenn die Fahrerlaubnis wegen Alkoholabhängigkeit entzogen worden ist oder wenn sonst zu klären ist, ob Alkoholabhängigkeit nicht mehr besteht. Für die Beurteilung der Alkoholabhängigkeit genügt ein fachärztliches Gutachten, da es sich um eine ärztliche Frage handelt und psychologische Fragestellungen nicht zu beurteilen sind.

2 *... Nr. 1 soll vornehmlich Fälle außerhalb des Straßenverkehrs erfassen, wenn der Fahrerlaubnisbehörde Informationen vorliegen, die den Verdacht auf Alkoholabhängigkeit rechtfertigen, unabhängig von einem eventuell festgestellten Blutalkoholkonzentrationswert; außerdem können auch Fälle im Zusammenhang mit der Teilnahme am Straßenverkehr darunter fallen, wenn besondere Umstände (z. B. Alkoholisierung früh morgens) den Verdacht auf Abhängigkeit begründen.*
Absatz 1 Nr. 2 regelt die Fälle, in denen ein medizinisch-psychologisches Gutachten beigebracht werden muß.
Dies ist insbesondere der Fall bei Fragestellungen im Zusammenhang mit Alkoholmißbrauch (Nummer 2 Buchstabe a), da es hierbei im wesentlichen um die Beurteilung des Alkoholtrinkverhaltens des Betroffenen und den Umgang mit dem Alkohol geht (Frage des kontrollierten Alkoholkonsums, Trennen von Trinken und Fahren) und eine Verhaltensprognose erforderlich ist. Alkoholmißbrauch liegt vor, wenn ein die Fahrsicherheit beeinträchtigender Alkoholkonsum und das Fahren nicht hinreichend sicher getrennt werden kann; diese Definition ist in Anlage 4 Nr. 8.1 enthalten.
Nummer 2 Buchstabe b bis d übernehmen die bisherigen Zuweisungsbestimmungen aus dem Mängelkatalog der Eignungsrichtlinien des Bundes.
Dabei stellt Buchstabe b gegenüber dem Punktsystem in § 4 StVG eine Spezialvorschrift dar, wonach die Maßnahme der Eignungsüberprüfung bereits bei einem wiederholten Alkoholverstoß zu ergreifen ist unabhängig von der Punktzahl.
Unter Nummer 2 Buchstabe e und f sind außerdem alle anderen Fälle erfaßt, bei denen es um die Frage der Eignung im Zusammenhang mit Alkoholauffälligkeit im Straßenverkehr geht.
– Begr des Bundesrates, BRDrucks 443/98 (Beschluß) S 6 –: Nach einhelliger Auffassung in Wissenschaft und Literatur entspricht die bisher in der Fußnote 7 der Anlage 1 der Eignungsrichtlinien zu § 12 StVZO enthaltene Differenzierung, eine MPU bei einer BAK von 2,0 Promille oder mehr bzw. bei einer BAK von 1,6 bis 1,99 Promille und zusätzlichen Anhaltspunkten anzuordnen, nicht mehr dem aktuellen Forschungsstand. Vielmehr ist davon auszugehen, daß alkoholauffällige Kraftfahrer bereits mit einer BAK ab 1,6 Promille über deutlich abweichende Trinkgewohnheiten und eine ungewöhnliche Giftfestigkeit verfügen. Da diese Personen doppelt so häufig rückfällig werden wie Personen mit geringeren Blutalkoholkonzentrationen, ist das Erfordernis zusätzlicher Verdachtsmomente nicht mehr vertretbar. So hat das Schleswig-Holsteinische Oberverwaltungsgericht entschieden, daß es die dem Urteil vom 7. April 1992 – 4 L 238/91 – zugrundeliegenden grundsätzlichen Ausführungen eines Gutachtens in diesem Sinne künftig in anhängigen Verfahren berücksichtigen werde. Insbesondere die obligatorische Anordnung zur Beibringung eines Gutachtens ab einer BAK von 1,6 Promille ohne weitere Auffälligkeiten auch bei Ersttätern wird seitdem in der ständigen Rechtsprechung des OVG bestätigt. Dieses wird auch zunehmend in anderen Ländern praktiziert und ist bisher nicht gerichtlich beanstandet worden.

3 **1.** Die **Beibringung eines ärztlichen Gutachtens** ordnet die FEB an, wenn a) entweder Tatsachen die Annahme von Alkoholabhängigkeit des FEBewerbers begründen, b) wenn die FE wegen Alkoholabhängigkeit entzogen war oder c) sonst zu klären ist, ob Abhängigkeit nicht mehr besteht. Die Frage einer Alkoholabhängigkeit ist eine medizinische, keine psychologische. Daher ist zur Klärung nur ein ärztliches Gutachten geeignet, s OVG Saarlouis ZfS **01** 92. Indikatoren für Alkoholabhängigkeit sind zB sog

Alkoholismusmarker, s § 2 StVG Rz 16. Die den Verdacht auf Alkoholabhängigkeit begründenden Tatsachen können auf etwaigen der FEB zugegangenen Informationen beruhen. Festgestellte hohe Alkoholkonzentration schon in den Vormittagsstunden kann auf Abhängigkeit hindeuten. Diagnostische Kriterien der Alkoholabhängigkeit, s *Lewrenz* ua BA **02** 294. Nicht jede durch strafgerichtliches Urteil wegen einer Trunkenheitsstraftat erfolgte EdF fällt unter Nr 1, sondern nur EdF wegen *Alkoholabhängigkeit*.

2. Die **Beibringung eines medizinisch-psychologischen Gutachtens** (Legaldefinition: § 11 III, s VGH Ma NZV **02** 149) *muß* (kein Ermessen) die FEB in den in Nr 2 abschließend aufgezählten Fällen anordnen. Insoweit ist § 13 gegenüber § 11 speziell, VGH Ma NZV **02** 149. **Nr 2 a): Alkoholmißbrauch** ist in § 13 nicht näher definiert, wird aber erst bei einer gewissen Dauer regelmäßigen Alkoholkonsums mit Überschreiten hoher BAK-Werte angenommen werden können, s VGH Ma DAR **00** 181, OVG Saarlouis ZfS **01** 92, *Himmelreich/Janker* 360, *Geiger* BayVBl **01** 587, weil dann die Fähigkeit, Trinken und Fahren zu trennen, nicht mehr gewährleistet ist (s Anl 4 Nr 8.1), s Begr Rz 2, OVG Saarlouis ZfS **01** 92. Nr 2 a) (2. Alternative) setzt, soweit kein ärztliches Gutachten vorliegt (1. Alternative), konkrete Tatsachen voraus, die Alkoholmißbrauch nahelegen, OVG Saarlouis ZfS **01** 92. Die die Annahme von Alkoholmißbrauch begründenden Tatsachen, etwa eine konkrete Alkoholauffälligkeit, muß nicht zwingend im Zusammenhang mit einer Teilnahme am StrV stehen, VGH Ma VRS **103** 225, aM *Himmelreich* DAR **02** 61, *Hillmann* ZfS **04** 50, *Bode/Winkler* § 7 Rz 17, abw wohl auch OVG Saarlouis ZfS **01** 92 (94), offengelassen von OVG Saarlouis NJW **04** 243. Das Vorliegen solcher Tatsachen wurde zB bejaht bei nächtlichem Bar-Aufenthalt in erheblich alkoholisiertem Zustand in Begleitung eines 4 jährigen Kindes, VGH Ma VRS **100** 232 (zust *Geiger* DAR **02** 348, einschränkend jedoch in DAR **03** 101), abl *Himmelreich* DAR **02** 61, weil nur die Privatsphäre betreffend; ferner bei Konsum von 2,5 l Weißbier innerhalb weniger als einer Stunde als Reaktion auf einen VUnfall, VG Sigmaringen DAR **02** 94 (zw, abl *Himmelreich* DAR **02** 61, *Hillmann* ZfS **04** 50). Zu weitgehend wohl aber VGH Ma NZV **02** 582, wonach schon einmalige schwere Alkoholisierung (um 2,0‰) an einem Rosenmontag ohne jeden Bezug zum StrV ausreichen soll. **Nr 2 b):** Nach **wiederholten Zuwiderhandlungen** unter Alkoholeinfluß im StrV muß die FEB auch dann die Beibringung eines medizinisch-psychologischen Gutachtens anordnen, wenn die nach dem Punktsystem des § 4 StVG zu einer solchen Maßnahme erforderliche Punktzahl noch nicht erreicht ist; insoweit ist § 13 FeV speziell (s Begr Rz 2), VG Augsburg BA **03** 264. Da *Zuwiderhandlung* iS von Nr 2 b) nicht nur Straftaten (zB §§ 315c, 316 StGB), sondern auch Ordnungswidrigkeiten sind, ist die Gutachtenbeibringung nach dem insoweit nicht auslegungsfähigen Wortlaut der Bestimmung schon nach wiederholter OW gem § 24a StVG zwingend vorgeschrieben, auch wenn jeweils eine BAK von nur 0,5‰ (oder 0,25 mg/l AAK) festgestellt worden ist, VG Augsburg BA **03** 264, *Petersen* ZfS **02** 58. Nr 2 b setzt mindestens 2 Zuwiderhandlungen voraus, wobei grundsätzlich auch Auslandstaten genügen, VG Augsburg BA **03** 264. **Nr 2 c):** Die Voraussetzungen von Nr 2 c) **(Fahrzeugführen mit 1,6 Promille bzw 0,8 mg/l)** können auch vorliegen, wenn das Strafurteil einen solchen Wert nicht ausdrücklich festgestellt hat, aus den übrigen Feststellungen des Urteils aber das Erreichen der dort genannten Werte folgt, VGH Ma DAR **00** 181. Ein nur mit Hilfe eines Atemalkohol-Vortestgerätes ermittelter (umgerechneter) BAK-Wert reicht nicht aus, OVG Saarlouis ZfS **01** 92 (s aber VGH Ma NZV **02** 582, VRS **103** 224 zu Nr 2 a). Zur Verwertbarkeit von Atemalkoholmessungen, s im übrigen § 24a Rz 16 ff. Anordnung medizinisch-psychologischer Untersuchung nach Führen eines Fzs – auch eines Fahrrades, OVG Münster ZfS **00** 272, VRS **100** 400, VGH Ma ZfS **98** 405 (zu § 15b StVZO alt), VG Bra NVwZ **03** 1284, VG Kar BA **03** 82 – ab 1,6‰ BAK (oder 0,8 mg/l AAK) in allen Fällen, auch ohne zusätzliche, den Verdacht auf überdurchschnittliche Alkoholgewöhnung begründende Umstände. Zur Bedeutung von *Alkoholismusmarkern*, s § 2 StVG Rz 16. Nr 2 c) setzt voraus, daß ein Fz im StrV *geführt* wurde, OVG Saarlouis ZfS **01** 92. Der Begriff des FzFührens ist identisch mit demjenigen in §§ 316 StGB, 24a StVG; daher reichen vorbereitende Handlungen (zB Motoranlassen) nicht aus, aM OVG Saarlouis

ZfS **01** 92. Die Regelung in § 13 Nr 2 c) (nicht § 15 b StVZO alt) ist auch anzuwenden, wenn Tat oder Verurteilung vor Inkrafttreten der FeV liegen, OVG Münster ZfS **00** 272, sowie bei Auslandstaten, VG Augsburg BA **03** 264. Zur Anwendung von Nr 2 c) bei fast 10 Jahre zurückliegender Verurteilung (§§ 65 IX S 2 StVG, 52 II BZRG), s VG Hb NVwZ-RR **03** 754. Gutachtenanforderung bei Werten **unter 1,6‰**: s § 11 Rz 12. **Nr 2 e):** Ob **Alkoholmißbrauch nicht mehr besteht**, ist nur dann zu klären, wenn ein solcher bereits festgestellt war, OVG Saarlouis ZfS **01** 92. Eine Prüfung, ob trotz Vorliegens der Voraussetzungen von Nr 2 b) bis d) besondere Umstände für dennoch gegebene Eignung sprechen, unterbleibt, VGH Ma NZV **02** 149, OVG Münster ZfS **00** 272.

5   3. Für die Untersuchung und den **Inhalt des Gutachtens** gelten die gleichen Grundsätze wie bei Eignungsbegutachtung nach § 11 und Anl 15 (zu §§ 11 V, 66 III), s § 11 Rz 17 ff). In Fällen eines Antrags auf Neuerteilung der FE nach vorangegangener Entziehung muß das Gutachten in nachvollziehbarer Weise auch zu der Frage Stellung nehmen, ob zu erwarten ist, daß der Bewerber künftig keine Kfze mehr unter Alkoholeinfluß führen wird (Anl 15 Nr 1 f). War der Bewerber alkoholabhängig, muß das Gutachten Auskunft über die Überwindung der Abhängigkeit geben, bei Alkoholmißbrauch über die Fähigkeit des Bewerbers, Trinken und Fahren zu trennen. Lediglich **statistisch beurteilte Rückfallgefahr,** zB bei früherer VTrunkenheit, beweist selbst bei methodisch einwandfreiem Ansatz lediglich allgemeine Trends, nicht individuelle Rückfallgefahr beim Probanden, s *Himmelreich/Janker* 219, maßgebend ist vielmehr sorgfältige Persönlichkeitsbeurteilung (in den durch Anl 15 Nr 1.b gezogenen Grenzen), andernfalls wäre, entgegen dem Maßregelzweck, jeder Besserungsnachweis ausgeschlossen, s OVG Münster NJW **77** 1503, VRS **53** 154, OVG Schl ZfS **94** 311, aM VGH Ma NJW **77** 774. Daher kann auch OVG Münster VRS **66** 389 (zust *Meier* BA **84** 373) nicht zugestimmt werden, das entscheidend auf die Zugehörigkeit des Betroffenen zu einer Gruppe mit statistisch hoher Rückfallwahrscheinlichkeit abstellt (dabei zudem Zahlen zugrunde legt, die vor Jahren im Ausland Gültigkeit gehabt haben mögen, nicht aber auf die aktuellen Verhältnisse in Deutschland übertragbar sind, s *Stephan* ZVS **84** 28, 30, *Kunkel* BA **84** 392, *Himmelreich* DAR **84** 212, *Janker* DAR **92** 167, *Iffland* DAR **97** 11, s auch BVG NJW **87** 2246), und bei Angehörigen solcher Personengruppen die Eignung zum Führen von Kfzen immer dann verneint, wenn nicht konkrete Tatsachen ergeben, daß die Wahrscheinlichkeit einer Trunkenheitsfahrt 5–6% nicht übersteigt, ähnlich OVG Münster ZfS **84** 190, abl mit Recht VG Minden VRS **67** 395, *Himmelreich* DAR **84** 211, *Kunkel* BA **84** 385, *Stephan* ZVS **86** 6. Allerdings können gruppenbezogene Erfahrungssätze bei der individuellen Prognose nicht außer acht gelassen werden, OVG Schl VRS **83** 392, ZfS **94** 311, *Stephan* DAR **92** 3f, *Maukisch* VGT **92** 155 = NZV **92** 267; statistische Rückfallzahlen, bezogen auf bestimmte Gruppen, können allenfalls mitberücksichtigt werden, s *Kunkel* BA **84** 385, *Stephan* DAR **92** 4, *Bode* DAR **85** 280 ff. Sie können zwar den Ausgangspunkt der Untersuchung bilden, Grundlage für die Feststellung der individuellen Rückfallwahrscheinlichkeit müssen aber **Befunde** sein, **die am Betroffenen erhoben werden,** s VGT **92** 10 = NZV **92** 105, OVG Schl VRS **83** 392, NZV **92** 379 (Anm *Mahlberg*), ZfS **92** 286, VG Freiburg NZV **95** 48, *Maukisch* VGT **92** 155 = NZV **92** 265f. Eine *ausschlaggebende* Berücksichtigung der Zugehörigkeit des Betroffenen zu einer statistischen Gruppe müßte dazu führen, daß im Ergebnis Erteilung oder Versagung der FE vom Verhalten *anderer* abhinge (nämlich des Gruppendurchschnitts). Im übrigen ist mit VG Minden VRS **67** 395 darauf hinzuweisen, daß auch die strafrechtliche Sperrfristregelung, der im Hinblick auf § 3 IV StVG für die Eignungsfrage wesentliche Bedeutung zukommt, die vom OVG Münster erhobenen Anforderungen für die Annahme wiedererlangter Kraftfahreignung nicht rechtfertigt. Selbst soweit durch Gutachten eine *individuelle* Rückfallwahrscheinlichkeit in Prozentzahlen feststellbar sein sollte, ist es unzulässig, eine allgemeingültige Eignungsgrenze zahlenmäßig festzulegen, vielmehr dürfen solche Zahlen lediglich neben anderen Gesichtspunkten mitsprechen, BVG NJW **87** 2246.

6   4. Hinsichtlich der **Durchführung der Untersuchung,** der Anforderungen an das Gutachten, die Rechtsbeziehungen zwischen FEB, Betroffenem und begutachtender

Stelle und der Folgen der Nichtbeibringung des Gutachtens durch den Betroffenen gelten die gleichen Grundsätze wie im Rahmen des § 11 (s § 11 Rz 17f, 19f, 22ff).

5. Zur **Anfechtbarkeit** der Anordnung einer Gutachtenbeibringung durch die FEB, s § 11 Rz 26. 7

Lit: *Geiger*, Maßnahmen der VBehörden bei Alkohol- und Drogenauffälligen, BayVBl **01** 586. *Derselbe*, Fahrungeeignetheit bei nur „privatem" Alkoholmißbrauch?, DAR **02** 347. *Hillmann*, Rechtliche und rechtspolitische Probleme des verwaltungsrechtlichen FERechts ..., ZfS **04** 49. *Himmelreich*, Alkoholkonsum – privat und ohne VTeilnahme: FEEntzug im Verwaltungsrecht wegen Alkohol-Mißbrauchs?, DAR **02** 60. S auch § 11 Rz 21. *Lewrenz ua*, Grundsätze für die Begutachtung der Trunkenheitsdelinquenten im StrV, BA **02** 289.

Klärung von Eignungszweifeln im Hinblick auf Betäubungsmittel und Arzneimittel

14 (1) ¹Zur Vorbereitung von Entscheidungen über die Erteilung oder die Verlängerung der Fahrerlaubnis oder über die Anordnung von Beschränkungen oder Auflagen ordnet die Fahrerlaubnisbehörde an, daß ein ärztliches Gutachten (§ 11 Abs. 2 Satz 3) beizubringen ist, wenn Tatsachen die Annahme begründen, daß

1. Abhängigkeit von Betäubungsmitteln im Sinne des Betäubungsmittelgesetzes in der Fassung der Bekanntmachung vom 1. März 1994 (BGBl. I S. 358), zuletzt geändert durch Artikel 4 des Gesetzes vom 26. Januar 1998 (BGBl. I S. 160), in der jeweils geltenden Fassung, oder von anderen psychoaktiv wirkenden Stoffen,
2. Einnahme von Betäubungsmitteln im Sinne des Betäubungsmittelgesetzes oder
3. mißbräuchliche Einnahme von psychoaktiv wirkenden Arzneimitteln oder anderen psychoaktiv wirkenden Stoffen

vorliegt. ²Die Beibringung eines ärztlichen Gutachtens kann angeordnet werden, wenn der Betroffene Betäubungsmittel im Sinne des Betäubungsmittelgesetzes widerrechtlich besitzt oder besessen hat. ³Das ärztliche Gutachten nach Satz 1 Nr. 2 oder 3 kann auch von einem Arzt, der die Anforderungen an den Arzt nach Anlage 14 erfüllt, erstellt werden. ⁴Die Beibringung eines medizinisch-psychologischen Gutachtens kann angeordnet werden, wenn gelegentliche Einnahme von Cannabis vorliegt und weitere Tatsachen Zweifel an der Eignung begründen.

(2) Die Beibringung eines medizinisch-psychologischen Gutachtens ist für die Zwecke nach Absatz 1 anzuordnen, wenn

1. die Fahrerlaubnis aus einem der in Absatz 1 genannten Gründe entzogen war oder
2. zu klären ist, ob der Betroffene noch abhängig ist oder – ohne abhängig zu sein – weiterhin die in Absatz 1 genannten Mittel oder Stoffe einnimmt.

Begr (BRDrucks 443/98 S 261): *§ 14 stellt eine weitere Spezialvorschrift zu § 11 dar und regelt die Zuweisung für die ärztliche Begutachtung bei Verdacht auf Abhängigkeit bzw. Einnahme von Betäubungsmitteln und Arzneimitteln oder sonstigen psychoaktiv wirkenden Stoffen. Es wird differenziert zwischen den Fragestellungen, bei denen ein fachärztliches Gutachten erforderlich ist (Absatz 1 Satz 1 und 2) und den Fällen, die eine medizinisch-psychologische Begutachtung erfordern (Absatz 1 Satz 3 und Absatz 2).* 1

...

Wird durch die ärztliche Untersuchung Abhängigkeit von Betäubungsmitteln oder sonstigen psychoaktiv wirkenden Stoffen festgestellt, ergibt sich hieraus in Verbindung mit Anlage 4 und den Begutachtungs-Leitlinien „Kraftfahreignung", daß ein Eignungsmangel vorliegt.

Wird durch die ärztliche Untersuchung zwar Konsum („Einnahme") festgestellt, aber keine Abhängigkeit, ist bei der Beurteilung der Fahreignung nach Anlage 4 und den Begutachtungs-Leitlinien zu differenzieren:

Die Einnahme von Betäubungsmitteln im Sinne des Betäubungsmittelgesetzes mit Ausnahme Cannabis führt zur Nichteignung.

Bei Cannabis ist zu unterscheiden zwischen regelmäßiger und gelegentlicher Einnahme. Die Eignung ist in der Regel ausgeschlossen, wenn regelmäßige Einnahme vorliegt. Bei gelegentlicher Einnahme von Cannabis ist in der Regel die Eignung gegeben. Eine zusätzliche medizinisch-

psychologische Untersuchung ist erforderlich, wenn weitere Umstände Zweifel an der Eignung begründen. Dies ist z. B. der Fall, wenn der Konsum im Zusammenhang mit dem Fahren erfolgt, wenn Kontrollverlust oder Störungen der Persönlichkeit vorliegen oder wenn zusätzlicher Gebrauch von Alkohol oder anderen psychoaktiv wirkenden Stoffen vorliegt. Aus diesem Grund enthält Satz 3 die Ermächtigung für die Anordnung einer medizinisch-psychologischen Untersuchung, wenn gelegentliche Einnahme festgestellt wurde.

...

Ein medizinisch-psychologisches Gutachten ist nach **Absatz 2** *erforderlich im Rahmen der Neuerteilung der Fahrerlaubnis, wenn sie aus den Gründen von Absatz 1 entzogen worden war oder wenn sonst zu klären ist, ob Abhängigkeit oder Einnahme im Sinne von Absatz 1 nicht mehr vorliegt.*

Der Grund für diese Differenzierung besteht darin, daß die Feststellung der Abhängigkeit bzw. der Einnahme eine ärztliche Fragestellung ist, während bei der Frage, ob Abhängigkeit nicht mehr besteht oder Einnahme nicht mehr erfolgt, außer den ärztlichen Fragen (z. B. erfolgreiche Entwöhnungsbehandlung) für eine positive Beurteilung auch entscheidend ist, ob ein stabiler Einstellungswandel eingetreten ist. Hierzu ist auch eine psychologische Bewertung erforderlich.

2 1. **Gegenüber § 11 speziell** ist § 14 in bezug auf Betäubungs- und Arzneimittel VGH Ma VRS **107** 222, **102** 146, OVG Münster VRS **102** 136 (s Begr, Rz 1). Die **Beibringung eines ärztlichen Gutachtens** *ist* von der FEB *anzuordnen* in den Fällen des Abs I S 1 Nr 1–3; in diesen Fällen ist die Anordnung zwingend, steht also nicht im Ermessen der FEB, VGH Ma VRS **102** 146 (soweit sie nicht unverhältnismäßig ist, s BVerfG NJW **02** 2378). Voraussetzung ist das Vorliegen von Tatsachen, die die Annahme begründen, es sei einer der folgenden Sachverhalte gegeben: **a)** Abhängigkeit von Betäubungsmitteln nach dem BtMG oder anderen psychotropen Stoffen oder **b)** die Einnahme von Betäubungsmitteln nach dem BtMG oder **c)** die mißbräuchliche Einnahme psychotroper Arzneimittel. Die Anl 4 (Nr 9.4) definiert mißbräuchliche Einnahme als regelmäßig übermäßigen Gebrauch, krit dazu *Ludovisy* VGT **99** 118 f. Grundsätzlich genügt nach I S 1 Nr 2 schon die einmalige Einnahme eines Betäubungsmittels, VGH Ma VRS **102** 146, *Geiger* BayVBl **01** 588, aM (wenn kein Bezug zum KfzFühren besteht) *Gehrmann* NZV **02** 209, *Bode/Winkler* § 7 Rz 69, *Bode* DAR **03** 17 f (auch zB bei Kokainkonsum). Die insoweit unterschiedliche rechtliche Behandlung von Alkohol- und Drogenkonsum (§ 13 FeV) ist im Grundsatz nicht verfassungswidrig, verstößt insbesondere nicht gegen den Gleichheitsgrundsatz, VG Hb NJW **02** 2730. Drogeneinnahme im Zusammenhang mit dem FzFühren im StrV oder gar trotz rauschmittelbedingter Fahrunsicherheit ist – soweit es sich nicht um nur gelegentliche Einnahme von Cannabis handelt – gem Abs I S 1 nicht Voraussetzung für die Gutachtenanforderung. Eine in bezug auf Amphetamin positive Blutuntersuchung rechtfertigt Anordnung eines Drogenscreenings, nicht schon ein positiver Hauttest, OVG Weimar VM **04** 63. Nach dem Wortlaut von Abs I S 1 Nr 2 würde schon die gelegentliche oder gar einmalige Einnahme von **Cannabis** zur Gutachtenanforderung zwingen. Selbst der nur ein- oder zweimalige Zug aus einem Haschischjoint ohne Zusammenhang mit VTeilnahme fiele darunter; denn dies nicht als „Einnahme" anzusehen, wäre mit dem insoweit klaren und daher nicht auslegungsfähigen Wortlaut der Vorschrift unvereinbar (ebenso OVG Weimar VRS **103** 391 zur gleichen Formulierung in Anl 4 Nr 9.1), abw *Gehrmann* NZV **02** 208. Jedoch verstieße eine Überprüfung der Fahreignung allein aufgrund der Tatsache einmaligen oder nur gelegentlichen Cannabiskonsums nach BVerfG NJW **02** 2378, **02** 2381 (Anm *Gehrmann* NZV **02** 529, *Bode* BA **02** 371) gegen das Übermaßverbot, weil daraus kein hinreichender Gefahrenverdacht hergeleitet werden kann, der einen Eignungsmangel als naheliegend erscheinen läßt, OVG Weimar VM **04** 63, 70, *R. Schneider* VGT **02** 132, *Geiger* NZV **03** 273; verfassungsrechtliche Bedenken insoweit auch schon bei VG Berlin NJW **00** 2440, *Bode* § 4 Rz 40, *Bode/Winkler* § 7 Rz 43 ff, *Kreuzer* NZV **99** 357, abw VG Freiburg NZV **00** 388, *Weibrecht* VD **02** 8. Unter Zugrundelegung dieses Maßstabs setzt eine **verfassungskonforme Anwendung** von I S 1 Nr 2 bei Cannabiskonsum somit Anhaltspunkte für die Annahme voraus, der Betroffene werde Cannabisgebrauch und Fahren nicht trennen können, BVerfG NJW **02** 2378, **02** 2381 unter ausdrücklicher Bezugnahme auf BVG VRS **101** 229 (zu § 15 b StVZO alt), VGH

Ma DAR **04** 113, zB bei gewohnheitsmäßigem Cannabiskonsum (auch insoweit einschränkend *Bode* DAR **03** 17, *Bode/Winkler* § 7 Rz 66) oder konkreten Hinweisen auf Dauerkonsum, OVG Hb DAR **04** 411. Dann allerdings bestehen gegen eine Überprüfung der Kraftfahreignung durch die FEB keine verfassungsrechtlichen Bedenken, BVerfG NJW **02** 2381. Regelmäßigen Konsum über einen längeren Zeitraum setzt die Gutachtenanforderung nicht voraus, VGH Ma DAR **04** 49; denn dann wäre bereits Ungeeignetheit belegt (s Rz 17). Auch *Verdacht* auf regelmäßigen Konsum ist nicht erforderlich, VGH Ma DAR **04** 113; vielmehr genügen bei gelegentlichem Konsum Anhaltspunkte für das Vorliegen der in Anl 4 Nr 9.2.2 genannten Umstände (zusätzlicher Gebrauch von Alkohol oder anderen psychoaktiv wirkenden Stoffen oder Persönlichkeitsstörung oder Kontrollverlust), aM *Geiger* NZV **03** 273, DAR **03** 100. Hinreichende Verdachtsmomente für täglichen oder nahezu täglichen Konsum rechtfertigen aber jedenfalls die Gutachtenanforderung, VGH Ma VRS **105** 377. Auch konkrete Anhaltspunkte für gewohnheitsmäßigen Cannabiskonsum rechtfertigen nach dem abgestuften System des § 14 zunächst nur die Anordnung der Beibringung eines ärztlichen, nicht eines medizinisch-psychologischen Gutachtens; die frühere, insoweit abw Rspr (zB VGH Ma NZV **94** 166, 495, VGH Mü DAR **95** 416) ist überholt, s Rz 4. Im übrigen kann uU schon der Besitz von in Abs I 1 Nr 2 genannten Betäubungsmitteln die nach I S 1 erforderliche Annahme der Einnahme rechtfertigen, OVG Ko DAR **99** 518 (XTC-Tabletten, im Ergebnis zw), OVG Hb VRS **105** 470, *Geiger* NZV **03** 274, aM OVG Münster VRS **102** 136, das darüber hinausgehende Anhaltspunkte für voraufgegangene Einnahme verlangt. Soweit Cannabiskonsum eine ärztliche Begutachtung rechtfertigt, ist diese nicht auf ein bloßes Drogenscreening beschränkt, weil das Meßergebnis keine ausreichende Aussage über das Konsumverhalten enthält, VGH Ma VRS **102** 146. Ist die mangelnde Fähigkeit zur Trennung von Cannabiskonsum und Kfz-Führen durch Fahren unter Cannabiseinfluß und damit die Ungeeignetheit erwiesen, so erübrigt sich eine Begutachtung (§ 11 VII), VGH Ma DAR **03** 236, s § 2 StVG Rz 9.

1 a. Nach der **Ermessensvorschrift des Abs I S 2** *kann* die FEB die Beibringung **3** eines **ärztlichen Gutachtens** anordnen bei widerrechtlichem Besitz von Betäubungsmitteln, die dem BtMG unterliegen. Drogenbesitz ist ein Indiz für Eigenverbrauch, VG Mü VRS **103** 315. Die Bestimmung ist verfassungsrechtlich unbedenklich, OVG Münster VRS **102** 136, aM *Bode/Winkler* § 7 Rz 76, *Bode* BA **02** 81 (nicht durch § 6 I Nr 1 c StVG gedeckt), *Hillmann* ZfS **04** 54f. So *kann* etwa die Aufforderung, eine *Haaruntersuchung* durchführen zu lassen, schon bei Erwerb einer geringen Haschischmenge gerechtfertigt sein, die für Eigenverbrauch spricht, vorausgesetzt, daß weitere Umstände eine Klärung geboten erscheinen lassen, ob regelmäßiger Konsum vorliegt, BVG NZV **00** 345, OVG Münster VRS **102** 136. Ohne das Hinzutreten solcher weiteren Umstände allerdings verstieße die Maßnahme in derartigen Fällen gegen Art 2 I GG (Allgemeine Handlungsfreiheit), s BVerfG BA **04** 459 (zu § 15b StVZO alt) und gegen das Übermaßverbot, BVerfG BA **04** 251, OVG Hb VRS **105** 470, VG Bra BA **04** 297, s Rz 2. Nach BVG NZV **90** 165 kann auch 2^1/$_2$ Jahre zurückliegender Besitz von 14 g Marihuana zur Anordnung der Gutachtenbeibringung ausreichen (insoweit offengelassen von BVerfG NZV **93** 413). Die Anordnung einer Haaruntersuchung ist jedoch kein geeignetes und verhältnismäßiges Mittel, um Zweifel an der Fähigkeit der Trennung von Cannabiskonsum und Fahren zu klären, VGH Mü NZV **98** 303.

2. Die **Beibringung eines medizinisch-psychologischen Gutachtens** (Legaldefi- **4** nition: § 11 III) ist gem **Abs II** in Fällen eines Antrags auf Wiedererteilung der FE anzuordnen, wenn die FE wegen Drogenabhängigkeit, Einnahme von Betäubungsmitteln oder Arzneimittelmißbrauchs (Abs I) entzogen war oder wenn zu klären ist, ob Abhängigkeit oder Einnahme iS von Abs I nicht mehr gegeben ist (Abs II), krit zu dieser Regelung *Ludovisy* VGT **99** 117, *Hillmann* DAR **03** 546. Abs II setzt demnach voraus, daß Ungeeignetheit jedenfalls zu einem früheren Zeitpunkt vorgelegen hat, OVG Br NJW **00** 2438, VG Augsburg DAR **04** 287, *Geiger* DAR **03** 495. EdF iS von II Nr 1 ist sowohl die verwaltungsbehördliche als auch die strafgerichtliche Entziehung, VGH Ma VRS **107** 222. Da es zur Klärung auch einer psychologischen Beurteilung bedarf, ist statt eines ärztlichen Gutachtens ein medizinisch-psychologisches beizubringen, VGH Ma

VRS **107** 222, OVG Münster VRS **91** 215. Wie lange die EdF zurückliegt, ist für die Anwendung von II Nr 1 unerheblich, VGH Ma VRS **107** 222. Die strenge Begrenzung der Voraussetzungen für die Anordnung der Beibringung eines medizinisch-psychologischen Gutachtens durch Abs II auf die beiden dort abschließend genannten Fälle trägt zugleich der jüngeren Rspr des BVerfG und der daran anknüpfenden geänderten verwaltungsgerichtlichen Rspr Rechnung, wonach **einmaliger Cannabiskonsum** allein die Anordnung einer medizinisch-psychologischen Begutachtung im Hinblick auf den damit verbundenen Eingriff in das allgemeine Persönlichkeitsrecht (s § 11 Rz 12) nicht rechtfertigt, weil bei Verdacht auf *regelmäßigen* Konsum ärztliche Begutachtung (zB Harn-, Blut-, insbesondere aber Haaruntersuchung ausreicht, BVerfG NZV **93** 413 (krit *Franßen* DVBl **93** 998, *Epping* NZV **94** 129, *Salger* DAR **94** 440, zust *Czermak* DAR **93** 429), OVG Saarlouis ZfS **01** 188, VG Ol BA **04** 188. Jedoch kann die Anforderung eines medizinisch-psychologischen Gutachtens gerechtfertigt sein, wenn das Ergebnis einer Haaranalyse den Verdacht regelmäßigen Konsums bestätigt hat, OVG Hb NZV **98** 124. Die Einholung eines solchen Gutachtens wird vielfach unverzichtbar sein zum Nachweis dauerhafter Überwindung einer für die Vergangenheit festgestellten *Gewöhnung*, OVG Münster VRS **91** 215. Bei **gelegentlicher Einnahme** von Cannabis *kann* gem **Abs I S 4** die Beibringung eines medizinisch-psychologischen Gutachtens angeordnet werden (Ermessensvorschrift, OVG Saarlouis ZfS **01** 188), wenn weitere Tatsachen Eignungszweifel begründen (s BVerfG NJW **02** 2378), etwa bei Cannabiskonsum im Zusammenhang mit dem Führen von Fzen, OVG Saarlouis ZfS **01** 188, bei hinzutretenden Persönlichkeitsstörungen oder zusätzlichem Gebrauch anderer Drogen oder von Alkoholkonsum, OVG Br NJW **00** 2438, oder bei jugendlichem Alter des Betroffenen, OVG Lüneburg DAR **03** 45, s BVerfG NJW **02** 2379. Es muß sich um solche Tatsachen handeln, die für die Eignungsbeurteilung im Hinblick auf den Cannabiskonsum bedeutsam sind, VG Augsburg DAR **04** 287. Das sind vor allem solche iS von Anl 4 Nr 9.2.2, s VG Augsburg DAR **04** 287, aber nicht ausschließlich, OVG Lüneburg VBl **04** 368. Dazu gehören zwar auch Umstände, die den Verdacht regelmäßigen Konsums begründen, jedoch ist insoweit ärztliche Begutachtung (Drogenscreening) das geeignete und angemessene Mittel (Verhältnismäßigkeit, s oben), VG Ol BA **04** 188. Im Rahmen der medizinisch-psychologischen Begutachtung ist vor allem die Frage nach der Fähigkeit zur Trennung von Konsum und KfzFühren zu klären, s BVerfG ZfS **98** 447, VGH Ma VRS **95** 394, OVG Münster NZV **98** 519. „Gelegentliche" Einnahme setzt mehrmaligen Konsum voraus, einmaliger Gebrauch genügt nicht, VGH Ma DAR **04** 48. **Regelmäßiger Haschischkonsum** (Begriff: § 2 StVG Rz 17) führt idR zur Ungeeignetheit zum Führen von Kfzen, s § 2 StVG Rz 17, kann jedenfalls berechtigte Zweifel an der Kraftfahreignung begründen (s Begr, Rz 1), BVG NZV **96** 467, VGH Ma NZV **98** 429, OVG Hb VRS **92** 389, NZV **98** 124, OVG Bautzen NZV **98** 389, *Kannheiser* NZV **00** 57, auch ohne konkreten Hinweis auf das Unvermögen der Trennung von Konsum und KfzFühren, VGH Mü NZV **99** 525, VG Augsburg NZV **97** 534, aM noch VGH Mü NZV **98** 342, VRS **95** 446 (zu § 15b StVZO alt). Auch das **Mitführen geringster Mengen** von Haschisch reicht dagegen allein zur Anordnung, ein medizinisch-psychologisches Gutachten beizubringen, nicht aus, so schon zu § 15b alt VG Br NZV **92** 424 (0,71 g). Dieses **System einer abgestuften Folge zulässiger Maßnahmen** darf nicht dadurch umgangen werden, daß die FEB bei nur gelegentlichem Cannabiskonsum sogleich die Anforderung eines medizinisch-psychologischen Gutachtens etwa auf Abs II Nr 2 stützt, OVG Br NJW **00** 2438, OVG Saarlouis ZfS **01** 188, VG Augsburg NZV **02** 291 (zust *Glathe*), *Geiger* BayVBl **01** 589. Die Anordnung der Beibringung eines medizinisch-psychologischen Gutachtens zur Klärung der Frage *gelegentlichen* oder *regelmäßigen* Cannabiskonsums ist unzulässig, OVG Saarlouis ZfS **01** 188.

5   **3.** Für die Durchführung der Untersuchung, die Anforderungen an das Gutachten, die Rechtsbeziehungen zwischen dem Betroffenen, der FEB und dem Gutachter und die Folgen der Nichtbeibringung des Gutachtens gelten die gleichen Grundsätze wie im Rahmen des § 11 (s § 11 Rz 17 f, 19 f, 22 ff). In den Fällen von Abs I S 1 Nr 2 und 3 ist ein Psychiater oder Neurologe idR kein geeigneter Gutachter (s I S 3), VG Berlin NJW **00** 2440 (Haaranalyse).

Theoretische Prüfung §§ 15, 16 FeV **3a**

4. zur **Anfechtbarkeit** der Anordnung der Gutachtenbeibringung durch die FEB, s 6
§ 11 Rz 26.

Lit: *Bode,* Anlaß zur Begutachtung bei Umgang mit Betäubungsmitteln, BA **02** 72. *Derselbe,* Zur 7
Verfassungswidrigkeit des § 14 FeV, DAR **03** 15. *Gehrmann,* Die Eignungsbeurteilung von Drogen
konsumierenden Kf nach neuem FERecht, NZV **02** 201. *Geiger,* FE und Drogenkonsum ..., NZV
03 272. *Hillmann,* Rechtliche und rechtspolitische Probleme des verwaltungsrechtlichen FERechts
..., ZfS **04** 54f. *R. Schneider,* Drogen im StrV, VGT **02** 122. S auch § 11 Rz 21 und § 13 Rz 7.

Fahrerlaubnisprüfung

15 ¹Der Bewerber um eine Fahrerlaubnis hat seine Befähigung in einer theoretischen und einer praktischen Prüfung nachzuweisen. ²Beim Erwerb einer Fahrerlaubnis der Klasse L bedarf es nur einer theoretischen, bei der Erweiterung einer leistungsbeschränkten Fahrerlaubnis der Klasse A auf eine unbeschränkte Klasse A vor Ablauf der zweijährigen Frist nach § 6 Abs. 2 Satz 1, der Klasse B auf die Klasse BE, der Klasse C1 auf die Klasse C1E, der Klasse D auf die Klasse DE und der Klasse D1 auf die Klasse D1E jeweils nur einer praktischen Prüfung. ³Die Prüfungen werden von einem amtlich anerkannten Sachverständigen oder Prüfer für den Kraftfahrzeugverkehr abgenommen.

Begr (BRDrucks 443/98 S 263): *Nach § 15 hat der Bewerber seine Befähigung grundsätz-* 1
*lich in einer theoretischen und praktischen Prüfung nachzuweisen. Eine Ausnahme besteht bei der
Klasse L, bei der wie bisher bei der entsprechenden Klasse 5 weiterhin nur eine theoretische Prüfung
erforderlich ist. Bei einer Erweiterung der Klassen B, C1, D und D1 auf die entsprechende Anhängerklasse ist jeweils nur eine praktische Prüfung vorgeschrieben, da der theoretische Prüfungsstoff
wegen der in der „Soloklasse" enthaltenen Berechtigung zum Mitführen leichter Anhänger bis zu
750 kg zulässiger Gesamtmasse schon bei der „Soloklasse" geprüft wird. Der Prüfungsstoff für die
Klasse A bei stufenweisem und bei direktem Zugang unterscheiden sich lediglich durch das schwerere Prüfungsfahrzeug. Auch hier genügt deshalb die praktische Prüfung, wenn der Inhaber eines
Stufenführerscheins die zweijährige Frist, in denen er nur leistungsbeschränkte Krafträder führen
darf, abkürzen will. Die Abkürzung setzt voraus, daß der Bewerber das Mindestalter von
25 Jahren nach § 10 erreicht hat.*

1. Einer **theoretischen und praktischen** Prüfung muß sich der FEBewerber 2
grundsätzlich unterziehen.

2. **Nur einer theoretischen** Prüfung bedarf es bei Erwerb der FEKl L (land- und 3
forstwirtschaftliche Zgm bis 32 km/h, Arbeitsmaschinen bis 25 km/h, s § 6 Rz 21).

3. **Nur einer praktischen** Prüfung muß sich unterziehen, wer vor Ablauf der 4
Zweijahresfrist des § 6 II S 1 die Erweiterung der als „StufenFS" erteilten leistungsbeschränkten FEKl A auf leistungsunbeschränkte Kräder beantragt (s § 6 Rz 13), ferner
wer Erweiterung von Kl B auf BE, von Kl C1 auf C1E, von Kl D auf DE oder von Kl
D1 auf D1E beantragt, also die Berechtigung zum Mitführen von Anhängern mit mehr
als 750 kg Gesamtmasse anstrebt (s § 6 Rz 18).

4. **Übergangsbestimmung** für bis zum 31. 12. 1998 gestellte Anträge auf FEErtei- 5
lung: § 76 Nr 10.

Theoretische Prüfung

16 (1) In der theoretischen Prüfung hat der Bewerber nachzuweisen, daß er
1. ausreichende Kenntnisse der für das Führen von Kraftfahrzeugen maßgebenden
   gesetzlichen Vorschriften sowie der umweltbewußten und energiesparenden
   Fahrweise hat und
2. mit den Gefahren des Straßenverkehrs und den zu ihrer Abwehr erforderlichen
   Verhaltensweisen vertraut ist.

(2) ¹Die Prüfung erfolgt anhand von Fragen, die in unterschiedlicher Form und
mit Hilfe unterschiedlicher Medien gestellt werden können. ²Der Prüfungsstoff, die
Form der Prüfung, der Umfang der Prüfung, die Zusammenstellung der Fragen
und die Bewertung der Prüfung ergeben sich aus Anlage 7 Teil 1.

(3) ¹Der Sachverständige oder Prüfer bestimmt die Zeit und den Ort der theoretischen Prüfung. ²Sie darf frühestens drei Monate vor Erreichen des Mindestalters abgenommen werden. ³Der Sachverständige oder Prüfer hat sich vor der Prüfung durch Einsicht in den Personalausweis oder Reisepaß von der Identität des Bewerbers zu überzeugen. ⁴Bestehen Zweifel an der Identität, darf die Prüfung nicht durchgeführt werden. ⁵Der Fahrerlaubnisbehörde ist davon Mitteilung zu machen. ⁶Der Bewerber hat vor der Prüfung dem Sachverständigen oder Prüfer eine Ausbildungsbescheinigung nach dem aus Anlage 7.1 zur Fahrschüler-Ausbildungsordnung vom 18. August 1998 (BGBl. I S. 2307, 2335) ersichtlichen Muster zu übergeben. ⁷Das Ausstellungsdatum darf nicht länger als zwei Jahre zurückliegen. ⁸Der Sachverständige oder Prüfer hat die Bescheinigung darauf zu überprüfen, ob die in ihr enthaltenen Angaben zum Umfang der Ausbildung mindestens dem nach der Fahrschüler-Ausbildungsordnung vorgeschriebenen Umfang entsprechen. ⁹Ergibt sich dies nicht aus der Ausbildungsbescheinigung, darf die Prüfung nicht durchgeführt werden.

1   **Begr** (BRDrucks 443/98 S 220): ... *Künftig werden die Fragen auf den gesamten Bereich „Umweltschutz und Führen von Kraftfahrzeugen" erweitert und in den allgemeinen Prüfungsstoff einbezogen. Damit haben die Bewerber zwar zahlenmäßig weniger Fragen zu beantworten, die Fragen erhalten jedoch ein höheres Gewicht, da Fehler in diesem Bereich zum Nichtbestehen der gesamten theoretischen Prüfung führen können.*

Die Fragen in der theoretischen Prüfung waren bisher – abhängig von ihrer Bedeutung für die Verkehrssicherheit – mit zwei bis vier Punkten bewertet. Um eine differenziertere Einstufung vornehmen zu können, ist künftig eine Spanne von zwei bis fünf Punkten vorgesehen. Ein höherer Schwierigkeitsgrad der Prüfung ist damit nicht verbunden, da die Gesamtzahl der Punkte und die zulässige Fehlerpunktzahl entsprechend angehoben werden: Bei einer Gesamtpunktzahl von 96 Punkten waren bisher acht Fehlerpunkte zulässig, d. h. 91,7% der möglichen Punkte mußten erreicht sein. Bei einer künftigen Gesamtpunktzahl von 110 Punkten und neun zulässigen Fehlerpunkten ergibt sich künftig eine Quote von 91,8%.

2   **Zu Abs 1:** *Absatz 1 entspricht § 11 Abs. 3 Nr. 1 und 2 StVZO. Zur Einbeziehung der bisher selbständigen Prüfung der Grundzüge energiesparender Fahrweise in die Theoretische Prüfung und die Erweiterung des Prüfungsstoffs auf den weitergehenden Bereich „Umwelt/Kraftfahrzeugverkehr" vgl. oben im Allgemeinen Teil der Begründung ...*

3   **Zu Abs 2:** *Die Detailregelungen für die Prüfung ergeben sich aus Anlage 7 Teil 1. Damit werden bisher nur in Richtlinien geregelte Bereiche in die Verordnung übernommen.*

Hervorzuheben ist folgendes:

Die Prüfung erfolgt grundsätzlich anhand von Fragebogen. Um die Erprobung neuer Formen zu ermöglichen, können die zuständigen obersten Landesbehörden auch den Einsatz anderer Medien, wie z. B. audio-visuelle Systeme, zulassen. Diese Systeme versprechen eine Optimierung der theoretischen Prüfung. So wären z. B. mehr Variationen bei der Zusammenstellung der Fragen möglich. Inhalt und Umfang der Prüfung sind unabhängig von dem eingesetzten Medium. Der Schwierigkeitsgrad der Prüfung ändert sich nicht, wenn sie nicht anhand von Fragebogen, sondern mit Hilfe anderer Medien durchgeführt wird.

...

4   **Zu Abs 3:** *Absatz 3 übernimmt Regelungen für die theoretische Prüfung aus § 11 Abs. 1 und Abs. 2 StVZO. Absatz 3 weist dem Sachverständigen oder Prüfer wie bisher die Bestimmung von Zeit und Ort der theoretischen Prüfung zu. Bei der Organisation im einzelnen unterliegt er der Weisung der Technischen Prüfstelle, der er angehört. Der Sachverständige oder Prüfer wird ausdrücklich verpflichtet, sich vor der Prüfung von der Identität des Bewerbers zu überzeugen, um Täuschungsversuche zu verhindern. Das Muster der Ausbildungsbescheinigung ist in der Fahrschüler-Ausbildungsordnung festgelegt. Aus dem Muster ergibt sich der Inhalt und wer sie zu unterschreiben hat, so daß es insoweit keiner weiteren Regelung mehr bedarf.*

5   **1. Vorbereitung der Prüfung.** Die vorherige Teilnahme am Fahrschulunterricht ist obligatorisch (s § 2 II Nr 4 StVG). Die Durchführung der theoretischen Prüfung hängt davon ab, daß die gem III S 6 vorzulegende Ausbildungsbescheinigung eine Ausbildung im vorgeschriebenen Umfang bestätigt (Abs III S 9). Dadurch wird verhindert, daß sich erst nach Erteilung der FE herausstellt, daß die Ausbildungsbescheinigungen den Anfor-

derungen nicht genügen. Die Ausbildungsbescheinigung muß dem Muster der Anl 7.1 zur FahrschAusbO entsprechen. Sie darf nicht älter als 2 Jahre sein (III S 7). Die Auswahl unter den Sachverständigen und Prüfern trifft die VB. Der Sachverständige oder Prüfer setzt Zeit und Ort der Prüfung in verkehrsüblicher Weise fest. Die theoretische Prüfung darf nicht früher als 3 Monate vor Erreichen des Mindestalters (§ 10) abgenommen werden, Abs I S 3, Halbsatz 2. Sie verliert nach 12 Monaten ihre Gültigkeit, § 18 II S 1, 2.

2. Gegenstand und Durchführung der Prüfung. In der theoretischen Prüfung 6 hat der Bewerber nachzuweisen, daß er mit den für den KfzF maßgebenden gesetzlichen Vorschriften (StVO, StVZO, StVG) und der umweltbewußten und energiesparenden Fahrweise praktisch vertraut ist, die typischen VGefahren kennt und abzuwenden weiß, und daß er die zur sicheren Führung im Verkehr erforderlichen technischen Kenntnisse besitzt, Abs I. Der Prüfungsstoff ergibt sich aus Anl 7 (zu §§ 16 II und 17 II, III). Er bildet die Grundlage für den Fragenkatalog, der vom BMV im Einvernehmen mit den zuständigen obersten Landesbehörden im VBl als Richtlinie bekannt gemacht wird (Anl 7 Nr 1.1), s den neuen Fragenkatalog des BMV, VBl **04** 159, 382 (Berichtigung), **04** 502 (Ergänzung, FEKl S) = StVRL § 15 Nr 2. Wer den in der **Prüfungsrichtlinie** (VBl **04** 130, Berichtigung: 381 = StVRL § 15 Nr 1) enthaltenen Stoff beherrscht, besitzt idR ausreichende theoretische Kenntnisse. Ausländische Bewerber haben keinen Anspruch auf Übersetzung der Prüfungsgrundlagen, VG Darmstadt DAR **78** 327. Jedoch können die obersten Landesbehörden fremdsprachige Medien zulassen (Anl 7 Nr 1.3). Auf Kosten des Bewerbers kann ein Dolmetscher hinzugezogen werden, den die Prüfstelle bestimmt (Anl 7 Nr 1.3).

3. Bewertung des Prüfungsergebnisses. Die Anzahl der Fragen, bezogen auf die ver- 7 schiedenen FEKlassen, die Anzahl der Punkte und die zulässige Fehlerpunktzahl ergibt sich aus der Tabelle in Anl 7 Nr 1.2.2. Die Punktbewertung (2 bis 5 Punkte) richtet sich nach der Bedeutung der Frage für VSicherheit, Umweltschutz und Energieeinsparung. Wird die zulässige Fehlerpunktzahl überschritten, ist die theoretische Prüfung nicht bestanden. Sie ist dann in vollem Umfang zu wiederholen.

4. Verfahren nach der Prüfung: § 22 IV. Beobachtung von Tatsachen durch den 8 Prüfer, die Eignungszweifel begründen: § 18 III. Nichtbestehen der Prüfung: § 18 I.

5. Ausnahmen: § 74. 9

Praktische Prüfung

17 (1) ¹In der praktischen Prüfung hat der Bewerber nachzuweisen, daß er über die zur sicheren Führung eines Kraftfahrzeugs, gegebenenfalls mit Anhänger, im Verkehr erforderlichen technischen Kenntnisse und über ausreichende Kenntnisse einer umweltbewußten und energiesparenden Fahrweise verfügt sowie zu ihrer praktischen Anwendung fähig ist. ²Bewerber um eine Fahrerlaubnis der Klassen D, D1, DE oder D1E müssen darüber hinaus ausreichende Fahrfertigkeiten nachweisen. ³Der Bewerber hat ein der Anlage 7 entsprechendes Prüfungsfahrzeug für die Klasse bereitzustellen, für die er seine Befähigung nachweisen will. ⁴Die praktische Prüfung darf erst nach Bestehen der theoretischen Prüfung und frühestens einen Monat vor Erreichen des Mindestalters abgenommen werden.

(2) **Der Prüfungsstoff, die Prüfungsfahrzeuge, die Prüfungsdauer, die Durchführung der Prüfung und ihre Bewertung richten sich nach Anlage 7 Teil 2.**

(3) ¹**Der Bewerber hat die praktische Prüfung am Ort seiner Hauptwohnung oder am Ort seiner schulischen oder beruflichen Ausbildung, seines Studiums oder seiner Arbeitsstelle abzulegen.** ²Sind diese Orte nicht Prüforte, ist die Prüfung nach Bestimmung durch die Fahrerlaubnisbehörde an einem nahegelegenen Prüfort abzulegen. ³Die Fahrerlaubnisbehörde kann auch zulassen, daß der Bewerber die Prüfung an einem anderen Prüfort ablegt.

(4) ¹**Die Prüfung findet grundsätzlich innerhalb und außerhalb geschlossener Ortschaften statt.** ²Das Nähere regelt Anlage 7. ³Der innerörtliche Teil der praktischen Prüfung ist in geschlossenen Ortschaften (Zeichen 310 der Straßenverkehrs-Ordnung) durchzuführen, die auf Grund des Straßennetzes, der vorhandenen Verkehrszeichen und -einrichtungen sowie der Verkehrsdichte und -struktur die Prü-

fung der wesentlichen Verkehrsvorgänge ermöglichen (Prüfort). ⁴Die Prüforte werden von der zuständigen obersten Landesbehörde, der von ihr bestimmten oder der nach Landesrecht zuständigen Stelle festgelegt. ⁵Der außerörtliche Teil der praktischen Prüfung ist außerhalb geschlossener Ortschaften in der Umgebung des Prüfortes möglichst unter Einschluß von Autobahnen durchzuführen und muß die Prüfung aller wesentlichen Verkehrsvorgänge auch bei höheren Geschwindigkeiten ermöglichen.

(5) ¹Der Sachverständige oder Prüfer bestimmt die Zeit, den Ausgangspunkt und den Verlauf der praktischen Prüfung im Prüfort und seiner Umgebung. ²Der Sachverständige oder Prüfer hat sich vor der Prüfung durch Einsicht in den Personalausweis oder Reisepaß von der Identität des Bewerbers zu überzeugen. ³Bestehen Zweifel an der Identität, darf die Prüfung nicht durchgeführt werden. ⁴Der Fahrerlaubnisbehörde ist davon Mitteilung zu machen. ⁵Der Bewerber hat vor der Prüfung dem Sachverständigen oder Prüfer eine Ausbildungsbescheinigung nach dem aus Anlage 7.2 oder – bei den Klassen D, D1, DE oder D1E – aus Anlage 7.3 zur Fahrschüler-Ausbildungsordnung ersichtlichen Muster zu übergeben. ⁶§ 16 Abs. 3 Satz 7 bis 9 findet entsprechende Anwendung.

(6) ¹Wenn das bei der Prüfungsfahrt verwendete Kraftfahrzeug mit automatischer Kraftübertragung ausgestattet war, ist die Fahrerlaubnis auf das Führen von Kraftfahrzeugen mit automatischer Kraftübertragung zu beschränken; dies gilt nicht bei den Fahrerlaubnissen der Klassen M, S und T. ²Die Beschränkung ist auf Antrag aufzuheben, wenn der Inhaber der Fahrerlaubnis dem Sachverständigen oder Prüfer in einer praktischen Prüfung nachweist, daß er zur sicheren Führung eines mit einem Schaltgetriebe ausgestatteten Kraftfahrzeugs der betreffenden oder einer entsprechenden höheren Klasse befähigt ist.

1 **Begr** (BRDrucks 443/98 S 265): **Zu Abs 1:** *Absatz 1 übernimmt Regelungen aus § 11 Abs. 1, Abs. 2 und 3 StVZO für die praktische Prüfung. Wegen des gewachsenen Stellenwertes des Umweltschutzes im Straßenverkehr soll eine umweltbewußte und energiesparende Fahrweise künftig auch Gegenstand der praktischen Prüfung sein.*

Bewerber um eine Fahrerlaubnis für Kraftomnibusse müssen, wie bisher Bewerber um eine Fahrerlaubnis zur Fahrgastbeförderung für solche Fahrzeuge, „ausreichende Fahrfertigkeiten" nachweisen. Dies bedeutet, daß sie über ein höheres Maß an fahrerischem Können als in den anderen Klassen verfügen und einen Grad von Sicherheit und Gewandtheit erreicht haben müssen, über den Fahranfänger in der Regel nicht verfügen. Diese höhere Anforderung rechtfertigt sich aus der Verantwortung des Fahrers für die beförderten Fahrgäste (Absatz 1).

2 **Zu Abs 2:** *Absatz 2 verweist hinsichtlich der dort genannten Themen auf die Anlage 7 Teil 2. In dieser Anlage sind auch im Interesse einer bundeseinheitlichen Verfahrensweise die bisher nur in der Prüfungsrichtlinie enthaltenen Grundfahraufgaben als wesentlicher Prüfungsbestandteil festgelegt.*

Weiter werden dort die bisher in der Anlage XXVI zur Straßenverkehrs-Zulassungs-Ordnung geregelten Anforderungen an die Prüfungsfahrzeuge festgelegt.

Die Mindestleistung des Prüfungsfahrzeugs für Klasse A/1 ist von 37 kW auf 44 kW angehoben worden, damit das Prüfungsfahrzeug repräsentativ für die Klasse ist. Die bisherigen Prüfungsfahrzeuge können auf Grund einer Übergangsvorschrift noch bis zum 30. Juni 2001 benutzt werden (vgl. Übergangsvorschrift in § 76).

...

3 **Zu Abs 3:** *Absatz 3 bestimmt, wo der Bewerber die praktische Prüfung abzulegen hat. Auch innerhalb der Bundesrepublik Deutschland gilt der Grundsatz, daß ein Fahranfänger möglichst dort ausgebildet und geprüft werden soll, wo er nach Erwerb der Fahrerlaubnis hauptsächlich am Verkehr teilnimmt, nämlich an seinem Wohn-, Ausbildungs- oder Arbeitsort. Die Fahrerlaubnisbehörde wird deshalb in der Regel die Technische Prüfstelle mit der Prüfung beauftragen, die für den in Absatz 3 genannten Bereich zuständig ist. Die Fahrerlaubnisbehörde kann jedoch auch zulassen, daß der Bewerber die Prüfung an einem anderen Prüfort ablegt und den Auftrag an eine andere Prüfstelle vergeben. Bei der Ausübung des gewährten Ermessens wird zu erwägen sein, ob Sicherheitsbedenken entgegenstehen oder nicht. So wird eine auswärtige Prüfung dann nicht in Betracht kommen, wenn der Bewerber in einer Großstadt wohnt und auf einen dünn besiedelten Bereich ausweichen will, weil er glaubt, den Anforderungen in der Großstadt nicht gewachsen zu sein.*

Praktische Prüfung § 17 FeV 3a

Zu Abs 4: *§ 11 Abs. 1 Satz 2 StVZO enthielt Anforderungen an den Prüfbezirk, in dem die praktische Prüfung durchzuführen ist ... Nach überwiegender Auffassung hat sich die Festlegung solcher Prüfbezirke zumindest in der Fläche nicht bewährt. Im Hinblick auf die notwendige Flexibilität der Prüfung sind die Prüfbezirke teilweise so weiträumig angelegt, daß für die konkrete Prüfung kaum sachgerechte Anhaltspunkte gegeben sind. Es erscheint deshalb zweckmäßiger, für den innerörtlichen Teil der Fahrerlaubnisprüfung Vorgaben zu machen, die von den Ländern eigenverantwortlich angewandt werden müssen. Für den Bereich außerhalb geschlossener Ortschaften sind solche Vorgaben nicht erforderlich, da hier die Verhältnisse annähernd gleich sind.* 4

Begr zur ÄndVO v 7. 8. 02 (BRDrucks 497/02): **Zu Abs 6:** ... *Die technische Entwicklung hat dazu geführt, dass zunehmend Fahrzeuge der Fahrerlaubnisklasse T mit automatischer Kraftübertragung angeboten werden. Der Einsatz dieser Fahrzeuge erfolgt fast ausschließlich für land- oder forstwirtschaftliche Zwecke. Es ist nicht notwendig und aus Verkehrssicherheitsgründen auch nicht erforderlich, die Fahrerlaubnis zum Führen dieser Kraftfahrzeuge auf automatische Kraftübertragung zu beschränken, selbst wenn das Prüfungsfahrzeug mit automatischer Kraftübertragung ausgestattet war. Eine Ausnahme von dieser Beschränkung wird daher – wie bereits bei Klasse M geschehen – in Absatz 6 auch für die Klasse T eingeführt.* 4a

1. Vorbereitung der Prüfung. Voraussetzung für die Zulassung zur praktischen Prüfung ist das vorherige Bestehen der theoretischen Prüfung (Abs I S 4). Die praktische Prüfung muß innerhalb von 12 Monaten nach Bestehen der theoretischen abgelegt werden (§ 18 II S 1). Ort und Zeit der praktischen Prüfung bestimmt der Sachverständige oder Prüfer (V S 1). Wie bei der theoretischen Prüfung muß der FEBewerber dem Sachverständigen oder Prüfer eine Ausbildungsbescheinigung vorlegen, in der eine Ausbildung im vorgeschriebenen Umfang bestätigt wird, und die nicht älter als 2 Jahre sein darf (Abs V S 6 mit § 16 III S 7). Der Bewerber hat ein Kfz der Klasse (§ 6) bereitzustellen, für die er seine Befähigung nachweisen will. Die Anforderungen an die PrüfungsFze nach Leistung, Gewicht und Mindestgeschwindigkeit sind in Anl 7 (zu §§ 16 II, 17 II und III) festgelegt (Abs II). Übergangsvorschrift: § 76 Nr 11. 5

2. Gegenstand und Durchführung der Prüfung. Neben der Fähigkeit des FE-Bewerbers, ein Kfz der beantragten Kl sicher zu führen und die dazu erforderlichen technischen Kenntnisse praktisch umzusetzen, ist auch die Beherrschung einer umweltbewußten und energiesparenden Fahrweise Gegenstand der praktischen Prüfung. Bewerber um eine FE der „Omnibusklassen" D, D1 und D1E müssen wegen der besonderen Verantwortung gegenüber den Fahrgästen ein höheres Maß an Sicherheit und Können besitzen und daher darüber hinausgehende *ausreichende Fahrfertigkeiten* nachweisen (I S 2). Geprüft wird grundsätzlich am Ort der Wohnung, beruflichen oder schulischen Ausbildung, des Studiums oder der Arbeitsstelle (III S 1), also dort, wo der Bewerber nach Erhalt der FE hauptsächlich am KfzV teilnehmen wird. Die Regelung will aus Gründen der VSicherheit verhindern, daß etwa ein FEBewerber, der im Hinblick auf seinen Wohnort überwiegend am großstädtischen V teilnehmen wird, die Prüfung in einen verkehrsarmen Bereich verlegt (s Begr Rz 3), OVG Hb VRS **105** 466, VG Hb NVwZ-RR **00** 284. III S 1 ist grundgesetzkonform, verstößt insbesondere nicht gegen Art 12 GG und widerspricht nicht EG-Recht, VG Hb NVwZ-RR **00** 284. Ausnahmebewilligung durch die FEB ist möglich (III S 3); über Anträge ist für den Einzelfall (nicht generell für eine bestimmte Fahrschule) bei Vorliegen besonderer Gründe nach Ermessen der FEB zu entscheiden, s VG Hb NVwZ-RR **00** 284. Eine entsprechende Antragstellung kommt etwa für FEBewerber bei Ausbildung durch sog Ferien-Fahrschulen in Betracht, s BVerfG VM **99** 65, kann aber nur Erfolg haben, wenn durch die Bewilligung nicht der Zweck des Abs III (s Begr Rz 3) unterlaufen würde, s VG Hb NVwZ-RR **00** 284. Die FEErteilung ist rechtswidrig, wenn gegen III S 1 verstoßen wurde, OVG Hb VRS **105** 466. Für den innerörtlichen Teil der Prüfung legt die zuständige oberste Landesbehörde **Prüforte** fest, die in bezug auf Straßennetz, VZ, Verkehrseinrichtungen, VDichte und VStruktur eine Prüfung hinsichtlich der wesentlichen VVorgänge ermöglichen (IV S 3). Befindet sich am Wohnort oder Ort der Ausbildung oder Arbeitsstelle kein *Prüfort* iS von Abs IV S 3, so bestimmt die FEB einen nahegelegenen Prüfort zur Ablegung der Prüfung (III S 2). **Mindestdauer** der praktischen Prüfung, Abs II mit 6

1347

Anl 7 Nr 2.3. Die in Anl 7 genannten Zeiten geben nicht die Dauer der eigentlichen Prüfungsfahrt an, sondern der gesamten praktischen Prüfung; dazu gehört deren Vorbereitung, etwa durch Angabe des Fahrtziels sowie die anschließende Erörterung des Ergebnisses nach Beendigung der Fahrt, s VBl **93** 399. **Prüfungsstoff:** Abs II mit Anl 7 Nr 2.1. Anforderungen an die **PrüfungsFze:** Abs II mit Anl 7 Nr 2.2 und 2.2.16.

7 3. Die **Bewertung** des Prüfungsergebnisses richtet sich gem Abs II nach Anl 7 Nr 2.5. Erhebliche Fehler, aber auch Wiederholung oder Häufung von Fehlern, die im Einzelfall das Prüfungsergebnis noch nicht gefährden würden, führen zum Nichtbestehen.

8 4. **Verfahren nach der Prüfung:** § 22 III, IV. Beobachtung von Tatsachen, die Eignungszweifel begründen: § 18 III. Ist die **Prüfung nicht bestanden,** so hat der Sachverständige oder Prüfer dies dem Bewerber unter kurzer Angabe der wesentlichen Fehler mitzuteilen und ihm ein Prüfungsprotokoll auszuhändigen (Anl 7 Nr 2.6). Wiederholung bei Nichtbestehen der Prüfung: § 18 I. Die Prüfung durch den von der FEB bestellten Prüfer ist ein selbständiger Verwaltungsakt, an den die FEB gebunden ist, VG Fra VRS **25** 157. Die Prüfungsentscheidung kann nur zusammen mit der Versagung der FE angefochten werden, s § 22 Rz 12. Ist die **Prüfung bestanden,** so händigt der Sachverständige oder Prüfer dem Bewerber nach Einsetzen des Datums den FS aus (§ 22 IV S 3). Damit ist die FE erteilt (§ 22 IV S 7).

9 5. **Ausstattung des Prüfungsfahrzeugs mit automatischer Kraftübertragung** iS des Abs VI liegt vor, wenn die Kraftübertragung so weit automatisiert ist, daß ein Kupplungspedal fehlt; ein Schaltgetriebe liegt vor, wenn die Kraft durch eine Kupplung mit Kupplungspedal übertragen wird und ein handgeschaltetes Wechselgetriebe vorhanden ist.

10 Die Beschränkung der FE auf Kfze mit automatischer Kraftübertragung ist keine bloße Auflage; wer trotz dieser Beschränkung ein Kfz mit Schaltgetriebe fährt, verletzt § 21 StVG, *Bouska* VD **72** 296. Die Regelung trägt dem Umstand Rechnung, daß das Führen eines Kfz mit automatischer Kraftübertragung (vor allem im StadtV) wesentlich einfacher ist als die sichere Handhabung eines Schaltgetriebes (s Begr VBl **86** 116). Die Beschränkung wird aufgehoben, wenn die Fähigkeit der sicheren Führung eines Fzs mit Schaltgetriebe in einer praktischen Prüfung nachgewiesen wird (VI S 2). Die Beschränkung gilt nicht für FEKl M (Kleinkrafträder, FmH, bis 31. 12. 2001 erstmals in den V gekommene Lastendreiräder iS von § 76 Nr 8 lit b), FEKl S (dreirädrige Kleinkrafträder und vierrädrige Leichtkraftfahrzeuge nach Maßgabe von § 6 I S 1) und für die Kl T (Zgm bis 60 km/h bauartbestimmter Höchstgeschwindigkeit und selbstfahrende Arbeitsmaschinen bis 40 km/h bauartbestimmter Höchstgeschwindigkeit bei Einsatz für land- oder forstwirtschaftliche Zwecke). Die Ausnahme für Kleinkrafträder beruht darauf, daß Kleinkrafträder ohne Automatik kaum noch erhältlich sind und daß die Kl B die Kl M einschließt, Inhaber der Kl B also Kleinkrafträder mit und ohne Automatik ohne besondere Prüfung dafür führen dürfen (s Begr VBl **96** 165). Die Ausnahme der Kl T erscheint im Hinblick auf ihren Einsatzzweck gerechtfertigt, eine Beschränkung auch aus VSicherheitsgründen nicht geboten (s Begr, Rz 4a).

11 6. **Ausnahmen:** Abs III S 3 und § 74.

Gemeinsame Vorschriften für die theoretische und die praktische Prüfung

18 (1) ¹Eine nicht bestandene Prüfung darf nicht vor Ablauf eines angemessenen Zeitraums (in der Regel nicht weniger als zwei Wochen, bei einem Täuschungsversuch mindestens vier Wochen) wiederholt werden. ²Wird die theoretische oder die praktische Prüfung auch nach jeweils zweimaliger Wiederholung nicht bestanden, darf der Bewerber die jeweilige Prüfung erst nach Ablauf von drei Monaten wiederholen.

(2) ¹Die praktische Prüfung muß innerhalb von zwölf Monaten nach Bestehen der theoretischen Prüfung abgelegt werden. ²Andernfalls verliert die theoretische Prüfung ihre Gültigkeit. ³Der Zeitraum zwischen Abschluß der praktischen Prüfung oder – wenn keine praktische Prüfung erforderlich ist – zwischen Abschluß

der theoretischen Prüfung und der Aushändigung des Führerscheins darf zwei Jahre nicht überschreiten. ⁴Andernfalls verliert die gesamte Prüfung ihre Gültigkeit.

(3) Stellt der Sachverständige oder Prüfer Tatsachen fest, die bei ihm Zweifel über die körperliche oder geistige Eignung des Bewerbers begründen, hat er der Fahrerlaubnisbehörde Mitteilung zu machen und den Bewerber hierüber zu unterrichten.

Begr (BRDrucks 443/98 S 269): *Die Vorschriften entsprechen den bisherigen Bestimmungen in § 11 Abs. 5, 6 und 7. Neu ist lediglich die Regelung, nach der der Sachverständige oder Prüfer, der Zweifel an der körperlichen oder geistigen Eignung des Bewerbers hat und der Fahrerlaubnisbehörde hierüber Mitteilung macht, auch den Bewerber zu unterrichten hat.* 1

1. **Nichtbestehen der Prüfung.** Hat der Bewerber die Prüfung oder einen Teil davon nicht bestanden, so darf er sie nach Ablauf eines angemessenen Zeitraums wiederholen, idR nicht vor Ablauf von 2 Wochen (nach Täuschungsversuch: 4 Wochen). Mehrfache Wiederholung ist zulässig. Besteht der FEBewerber die Prüfung auch bei der zweiten Wiederholung nicht, so setzt ein erneuter Prüfungsversuch einen zeitlichen Abstand von mindestens 3 Monaten voraus, Abs I S 2. Dadurch soll eine bessere Vorbereitung schon auf die erste Wiederholung gefördert werden. 2

2. Der **Zeitraum zwischen dem Bestehen der theoretischen und der praktischen Prüfung** darf 12 Monate nicht überschreiten. Nach Ablauf der Frist wird die praktische Prüfung ungültig (Abs II). Zwischen dem Bestehen der Prüfung und der Aushändigung des FS dürfen nicht mehr als 2 Jahre liegen; anderenfalls wird die gesamte Prüfung ungültig (II S 3). 3

3. **Zweifel an der Eignung des Bewerbers.** Beobachtet der Sachverständige Mängel der körperlichen oder geistigen Eignung, insbesondere des Seh- oder Hörvermögens, der körperlichen Beweglichkeit oder des Nervenzustandes, so berichtet er idR unter Rückgabe des Antrags und der Unterlagen der FEB. Über seine Mitteilung an die FEB unterrichtet er auch den Bewerber. Die FEB kann dann die Beibringung eines ärztlichen Gutachtens (§ 11 II) oder nach Maßgabe von § 11 III S 1 Nr 4 eines medizinisch-psychologischen Gutachtens anordnen. 4

Unterweisung in lebensrettenden Sofortmaßnahmen, Ausbildung in Erster Hilfe

19 (1) ¹Bewerber um eine Fahrerlaubnis der Klassen A, A1, B, BE, M, S, L oder T müssen an einer Unterweisung in lebensrettenden Sofortmaßnahmen teilnehmen. ²Die Unterweisung soll dem Antragsteller durch theoretischen Unterricht und durch praktische Übungen die Grundzüge der Erstversorgung von Unfallverletzten im Straßenverkehr vermitteln, ihn insbesondere mit der Rettung und Lagerung von Unfallverletzten sowie mit anderen lebensrettenden Sofortmaßnahmen vertraut machen.

(2) ¹Bewerber um eine Fahrerlaubnis der Klassen C, C1, CE, C1E, D, D1, DE oder D1E müssen an einer Ausbildung in Erster Hilfe teilnehmen. ²Die Ausbildung soll dem Antragsteller durch theoretischen Unterricht und durch praktische Übungen gründliches Wissen und praktisches Können in der Ersten Hilfe vermitteln.

(3) Der Nachweis über die Teilnahme an einer Unterweisung in lebensrettenden Sofortmaßnahmen oder einer Ausbildung in Erster Hilfe wird durch die Bescheinigung einer für solche Unterweisungen oder Ausbildungen amtlich anerkannten Stelle oder eines Trägers der öffentlichen Verwaltung, insbesondere der Bundeswehr, der Polizei oder des Bundesgrenzschutzes, geführt.

(4) Eine Ausbildung in Erster Hilfe ersetzt eine Unterweisung in lebensrettenden Sofortmaßnahmen.

(5) Als Nachweis über die Teilnahme an einer Unterweisung in lebensrettenden Sofortmaßnahmen und einer Ausbildung in Erster Hilfe gilt auch die Vorlage
1. eines Zeugnisses über die bestandene ärztliche oder zahnärztliche Staatsprüfung oder der Nachweis über eine im Ausland erworbene abgeschlossene ärztliche oder zahnärztliche Ausbildung,

2. eines Zeugnisses über eine abgeschlossene Ausbildung als Krankenschwester, Krankenpfleger, Kinderkrankenschwester, Kinderkrankenpfleger, Hebamme, Entbindungspfleger, Krankenpflegehelferin, Krankenpflegehelfer, Altenpflegerin, Altenpfleger, Arzthelferin, Arzthelfer, Rettungsassistentin, Rettungsassistent, Masseurin, Masseur, medizinische Bademeisterin, medizinischer Bademeister, Krankengymnastin oder Krankengymnast oder
3. einer Bescheinigung über die Ausbildung als Schwesternhelferin, Pflegediensthelfer, über eine Sanitätsausbildung oder rettungsdienstliche Ausbildung oder die Ausbildung als Rettungsschwimmer (Deutsches Rettungsschwimmer-Abzeichen in Silber oder Gold).

1 Die Bestimmung entspricht im wesentlichen dem Inhalt der §§ 8a und 8b StVZO (alt). Wie bisher wird unterschieden zwischen einer Unterweisung in Sofortmaßnahmen am Unfallort und einer Ausbildung in Erster Hilfe, je nach beantragter FEKl. Unfallhilfe, s § 2 StVG Rz 27. Erste-Hilfe-Material, s § 35h StVZO. Behandlung von Körperbehinderten bei Sofortmaßnahmen am Unfallort, VBl 71 6. *Bouska*, Erste-Hilfe-Material in Kfzen, VD 72 45.

2 Der Nachweis über die Teilnahme an der jeweils erforderlichen Unterweisung oder Ausbildung wird durch eine Bescheinigung einer amtlich anerkannten Stelle oder eines Trägers der öffentlichen Verwaltung geführt (Abs III). Voraussetzungen für die amtliche Anerkennung, für die Erteilung zuständige Stelle: § 68.

3 Die umfassendere Ausbildung in Erster Hilfe ersetzt die Unterweisung in Sofortmaßnahmen am Unfallort (Abs IV). Als Nachweis genügen statt der Bescheinigung gem III auch die in Abs V genannten Zeugnisse oder Bescheinigungen.

Neuerteilung einer Fahrerlaubnis

20 (1) Für die Neuerteilung einer Fahrerlaubnis nach vorangegangener Entziehung oder nach vorangegangenem Verzicht gelten die Vorschriften für die Ersterteilung.

(2) ¹Die Fahrerlaubnisbehörde kann auf eine Fahrerlaubnisprüfung verzichten, wenn keine Tatsachen vorliegen, die die Annahme rechtfertigen, daß der Bewerber die nach § 16 Abs. 1 und § 17 Abs. 1 erforderlichen Kenntnisse und Fähigkeiten nicht mehr besitzt. ²Ein Verzicht auf die Prüfung ist nicht zulässig, wenn seit der Entziehung, der vorläufigen Entziehung, der Beschlagnahme des Führerscheins oder einer sonstigen Maßnahme nach § 94 der Strafprozeßordnung oder dem Verzicht mehr als zwei Jahre verstrichen sind.

(3) Unberührt bleibt die Anordnung einer medizinisch-psychologischen Untersuchung nach § 11 Abs. 3 Satz 1 Nr. 5.

1 1. Für die Neuerteilung einer FE gelten grundsätzlich die §§ 7 bis 19. Nach **Ablauf einer strafgerichtlichen Sperrfrist** oder gerichtlichen Fristabkürzung erteilt die FEB nur auf Antrag eine neue FE. Das erneute Prüfungsverfahren muß der Gefahr begegnen, die noch bestehen könnte, OVG Münster NJW **74** 1964. Eine erneute Eignungsüberprüfung durch die FEB nach Ablauf einer strafgerichtlichen FESperre oder nach vorzeitiger Abkürzung der Sperre (§ 69a VII StGB) verstößt nicht gegen das GG, BVerfG NJW **67** 29. Nach einmaligem Trunkenheitsdelikt ohne weitere risikoerhöhende Merkmale ist die FE nach Ablauf der strafgerichtlichen Sperre idR wiederzuerteilen, VG Minden VRS **67** 395.

2 2. Die **Frist des Abs II S 2** ist nicht unverhältnismäßig oder willkürlich, BVG VM **94** 91, und ist zwingend, VGH Ka VRS **79** 225, selbst wenn ihre Überschreitung auf behördlichem Verschulden beruht, VG Schl VM **88** 72. Eine Hemmung oder Unterbrechung der Frist durch irgendwelche Umstände (Antragstellung, Klageerhebung) findet nicht statt, VGH Ka VRS **79** 225. Bei vorläufiger EdF beginnt die Verzichtsfrist des II S 3 mit dem Tag des Erlasses des § 111a-StPO-Beschlusses, OVG Münster NJW **74** 1964. Sie wird durch einen Rechtsstreit über die Rechtmäßigkeit der von der FEB geforderten Befähigungsprüfung nicht gehemmt oder unterbrochen, VGH Mü VM **84** 56.

3 3. Beziehen sich die Zweifel in bezug auf die **Kenntnisse und Fähigkeiten** nur auf einen Teilbereich, so kommt nach dem Verhältnismäßigkeitsgrundsatz eine entspre-

chend beschränkte Prüfung in Frage, OVG Münster NJW **74** 1964 (Verkehrssicherheitslehre). **Eignungsbedenken** der FEB, s §§ 11, 13, 14. **Abs III** dient nur der Klarstellung, weil die darin genannte Bestimmung des § 11, abw von den Vorschriften, auf die Abs I verweist, nicht die Ersterteilung betrifft, OVG Hb VRS **102** 393. Nach wiederholter EdF oder EdF wegen einer im Zusammenhang mit dem StrV oder der Kraftfahreignung stehenden Straftat oder wegen einer Straftat, die auf ein hohes Aggressionspotential schließen läßt, kann die FEB die Beibringung eines medizinisch-psychologischen Gutachtens anordnen (Abs III mit § 11 III S 1 Nr 5). Bei berechtigten Bedenken gegen wiedererlangte Kraftfahreignung bestehen weder gegen die Aufforderung, ein medizinisch-psychologisches Gutachten beizubringen, verfassungsrechtliche Bedenken, noch gegen dessen Verwertung, BVerfG ZfS **84** 380 (Anm *Greck*). Ist hinsichtlich der Vorgeschichte und des Tatsachverhalts keine neue Beurteilungsgrundlage vorhanden, so ist die FEB auch im Wiedererteilungsverfahren an die strafgerichtliche Beurteilung analog § 3 IV S 1 StVG gebunden, VGH Mü VRS **53** 477, VG Minden VRS **67** 395.

4. Umfaßte die entzogene **FEKl alten Rechts** nach der Übergangsbestimmung des § 6 VI eine weitere FEKl (zB Kl 3 alt = B, BE, C1, C1E, M, S und L neu), so ist auf Antrag unter den Voraussetzungen des Abs II die FE im früheren Umfang neu zu erteilen (bei Entziehung der FEKl 3 alt vor nicht mehr als zwei Jahren also eine neue FE der Klassen B, BE, C1, C1E, M, S, L). Dies ist in § 76 Nr 11a (eingefügt durch ÄndVO v 7. 8. 02) ausdrücklich klargestellt. Allerdings wird die FE Kl C1 und C1E gem § 23 I S 1 Nr 1 nun befristet erteilt; § 76 Nr 9 S 2 gilt hier nicht, BVG DAR **03** 42. War die entzogene FE der Kl 3 (alt) vor dem 1. 4. 1980 erteilt worden, so wird, wie in der genannten Übergangsbestimmung ebenfalls ausdrücklich bestimmt ist, auf Antrag unter den Voraussetzungen des Abs II auch die FE der Kl A1 erteilt. Beantragt der FEBewerber nicht ausdrücklich Neuerteilung im früheren Umfang und wird ihm daraufhin zB statt der entzogen FEKl 3 (alt) nur eine neue FE der Kl B erteilt, so hat er keinen Anspruch auf Erweiterung auf die von der entzogenen FE mitumfaßten Klassen (zB BE, C1, C1E) ohne erneute FEPrüfung, wenn inzwischen seit der Entziehung mehr als zwei Jahre verstrichen sind, VGH Ma NZV **92** 87. Zur Frage der Anhörungspflicht bei Versagung der Neuerteilung, *Feldmann* VD **88** 101. Rechtfertigen besondere Umstände sofortiges gerichtliches Einschreiten, so darf eine **vorläufige Anordnung** auf FE-Wiedererteilung ergehen, jedoch nur, wenn ein Ermessensgebrauch nach I und II nach Sachlage zum Nachteil des Antragstellers nicht mehr in Betracht kommt, VGH Mü VRS **55** 76, zB dann, wenn die Neuerteilung nur im Hinblick auf falsche Sperrfristberechnung versagt wird, VG Kö ZfS **84** 382. Zur behördlichen Ersatzpflicht bei gerichtlich erstrittener neuer FE, Ha VR **78** 674: nur bei Abweichung von einer klaren Gesetzesregelung oder von fester Rspr.

3. Verfahren bei der Erteilung einer Fahrerlaubnis

Antrag auf Erteilung einer Fahrerlaubnis

21 (1) ¹Der Antrag auf Erteilung einer Fahrerlaubnis ist bei der nach Landesrecht zuständigen Behörde oder Stelle oder der Fahrerlaubnisbehörde schriftlich zu stellen. ²Der Bewerber hat auf Verlangen dieser Behörden oder Stellen persönlich zu erscheinen. ³Der Bewerber hat folgende Daten mitzuteilen und auf Verlangen nachzuweisen:
1. die in § 2 Abs. 6 des Straßenverkehrsgesetzes bezeichneten Personendaten sowie die Daten über den ordentlichen Wohnsitz im Inland einschließlich der Anschrift und
2. die ausbildende Fahrschule.

(2) ¹Der Bewerber hat weiter anzugeben, ob er bereits eine Fahrerlaubnis aus einem Mitgliedstaat der Europäischen Union oder einem anderen Vertragsstaat des Abkommens über den Europäischen Wirtschaftsraum besitzt oder ob er sie bei einer anderen Behörde eines solchen Staates beantragt hat. ²Beantragt der Inhaber einer Fahrerlaubnis aus einem solchen Staat eine Erweiterung der Fahrerlaubnis auf eine andere Klasse, ist dieser Antrag hinsichtlich der vorhandenen Klassen als Antrag auf Erteilung der deutschen Fahrerlaubnis gemäß § 30 zu werten. ³Der

3a FeV § 21

Bewerber hat in jedem Fall eine Erklärung abzugeben, daß er mit der Erteilung der beantragten Fahrerlaubnis auf eine möglicherweise bereits vorhandene Fahrerlaubnis dieser Klasse aus einem solchen Staat verzichtet.

(3) ¹Dem Antrag sind folgende Unterlagen beizufügen:
1. ein amtlicher Nachweis über Ort und Tag der Geburt,
2. ein Lichtbild in der Größe 35 mm x 45 mm, das den Antragsteller ohne Kopfbedeckung im Halbprofil zeigt,
3. bei einem Antrag auf Erteilung einer Fahrerlaubnis der Klassen A, A1, B, BE, M, S, L oder T eine Sehtestbescheinigung nach § 12 Abs. 3 oder ein Zeugnis oder ein Gutachten nach § 12 Abs. 4 oder ein Zeugnis nach § 12 Abs. 5,
4. bei einem Antrag auf Erteilung einer Fahrerlaubnis der Klassen C, C1, CE, C1E, D, D1, DE oder D1E ein Zeugnis oder Gutachten über die körperliche und geistige Eignung nach § 11 Abs. 9 und eine Bescheinigung oder ein Zeugnis über das Sehvermögen nach § 12 Abs. 6,
5. bei einem Antrag auf Erteilung einer Fahrerlaubnis der Klassen A, A1, B, BE, M, S, L oder T der Nachweis über die Teilnahme an einer Unterweisung in lebensrettenden Sofortmaßnahmen, bei einem Antrag auf Erteilung einer Fahrerlaubnis der Klassen C, C1, CE, C1E, D, D1, DE und oder D1E den Nachweis über die Ausbildung in Erster Hilfe.

²Die Fahrerlaubnisbehörde kann Ausnahmen von der in Satz 1 Nr. 2 vorgeschriebenen Gestaltung des Lichtbildes zulassen.

1 **Begr** (BRDrucks 443/98 S 270): **Zu Abs 1:** *Absatz 1 Satz 1 übernimmt die Regelung aus § 8 Abs. 1 StVZO. Künftig kann jedoch verlangt werden, daß der Bewerber persönlich bei der Behörde erscheint. Die Regelung erfolgt im Hinblick auf den Scheckkartenführerschein. Es handelt sich dabei um ein besonders gesichertes Dokument, das auch durch eine entsprechende Gestaltung der Verfahrensabläufe vor Manipulationen geschützt werden soll. Die Unterschrift des Inhabers wird drucktechnisch in den Führerschein integriert und muß deshalb wie bei Personalausweis und Paß vor der Herstellung auf besonderem Material geleistet werden. Es erscheint sicherer, wenn der Antragsteller die Unterschrift bei der Fahrerlaubnisbehörde oder der örtlichen Behörde leistet. Dabei kann zugleich die Identität des Bewerbers geprüft werden. Die Formulierung läßt jedoch auch die Beibehaltung des jetzt verbreiteten Verfahrens der Antragstellung über die Fahrschule zu. Die Unterschrift muß dann in der Fahrschule geleistet werden.*

Die Angabe der ausbildenden Fahrschule ist erforderlich, damit die Fahrerlaubnisbehörde überprüfen kann, ob die Fahrschule eine Ausbildungsberechtigung für die beantragte Klasse besitzt.

2 **Zu Abs 2:** *Absatz 2 beruht auf Artikel 7 Abs. 5 der Richtlinie. Danach kann jede Person nur Inhaber einer einzigen von einem Mitgliedstaat ausgestellten Fahrerlaubnis und eines entsprechenden Führerscheins sein. Absatz 2 Satz 2 betrifft den Fall, daß der Inhaber einer Fahrerlaubnis aus einem anderen EU- oder EWR-Mitgliedstaat seinen Wohnsitz in die Bundesrepublik Deutschland verlegt und hier die Erweiterung der Fahrerlaubnis auf eine andere Klasse beantragt. Auf dem deutschen Führerschein erscheint dann auch die bereits im Ausland erworbene Klasse. Da der deutsche Führerschein zum Nachweis der von einer deutschen Behörde erteilten Fahrerlaubnis dient und nicht über ein im Ausland erworbenes Recht ausgestellt werden kann, wird der Antrag hinsichtlich der vorhandenen Klasse als Antrag auf einen „Umtausch" der ausländischen Fahrerlaubnis gewertet. Dies bedeutet auch, daß der ausländische Führerschein an die ausländische Behörde zurückzusenden ist.*

„Umtausch" bedeutet rechtlich die Erteilung der deutschen Fahrerlaubnis unter erleichterten Bedingungen. Ob damit zugleich die ausländische Fahrerlaubnis erlischt, ist umstritten. Ist man der Auffassung, daß sie nicht erlischt, wäre der Inhaber im Besitz von zwei Fahrerlaubnissen, der in- und der ausländischen. Da dies mit der Richtlinie unvereinbar ist, wird von ihm eine Erklärung über den Verzicht einer bereits vorhandenen Erlaubnis verlangt ...

3 **Zu Abs 3:** *In Absatz 3 sind die einem Fahrerlaubnisantrag beizufügenden Unterlagen zusammengefaßt. Er ersetzt § 8 Abs. 2 StVZO. Eine Ausnahme nach Absatz 2 Satz 2 von der in Nummer 1 vorgeschriebenen Gestaltung des Lichtbildes wird die Fahrerlaubnisbehörde zum Beispiel dann zulassen, wenn eine Bewerberin aus religiösen Gründen eine Kopfbedeckung trägt. Auch bei der Erteilung einer Ausnahme muß die eindeutige Erkennbarkeit der Person gewährleistet sein.*

...

Verfahren bei der Behörde und der technischen Prüfstelle § 22 FeV 3a

Die Regelung in § 8 Abs. 3 StVZO, nach der ein Antragsteller die Erteilung eines Führungszeugnisses zur Vorlage bei der Verwaltungsbehörde nach den Vorschriften des Bundeszentralregistergesetzes beantragen muß, wenn die Verwaltungsbehörde dies verlangt, ist in § 22 Abs. 2 FeV und die Regelung in § 8 Abs. 4 StVZO über den Wohnsitz als Voraussetzung für die Erteilung einer Fahrerlaubnis in § 7 übernommen worden.

1. Antrag. Der Antrag ist bei der zuständigen Stelle oder der FEB schriftlich zu stellen (§ 73). Die in I S 1 neben der FEB alternativ genannte „zuständige Behörde oder Stelle" ist die für den Wohnsitz des Antragstellers zuständige Kommunalverwaltung, *Jagow* VD **99** 2. Die FEB hat daraufhin die Ermittlungen gem § 22 durchzuführen. FEErteilung setzt voraus, daß der Antragsteller seinen *ordentlichen Wohnsitz* im Inland hat (§§ 2 II Nr 1 StVG, 7 FeV). Näher: § 2 StVG Rz 3, § 7 FeV Rz 3 ff). Den Nachweis dafür hat der Antragsteller zu führen (Umzug, Wohnsitzbegründung, Arbeitsvertrag usw). Schüler und Studenten aus EU- oder EWR-Staaten (ohne Rücksicht auf ihre Staatsangehörigkeit, s *Bouska* DAR **96** 282) erhalten die deutsche FE auch ohne Begründung eines ständigen Aufenthalts im Inland, wenn sie sich für die Dauer von mindestens 6 Monaten nur zwecks Schul- oder Hochschulbesuchs hier aufhalten (s § 7). 4

2. EU/EWR-Fahrerlaubnis. Abs II beruht auf der gem der 2. EG-FS-Richtlinie in § 2 II Nr 7 StVG getroffenen Regelung, wonach die FEErteilung davon abhängt, daß der Bewerber keine EU/EWR-FE der beantragten FEKl hat. Mit dem Antrag auf Erweiterung einer EU/EWR-FE gilt zugleich der Antrag auf „Umtausch" der ausländischen FE in eine deutsche FE hinsichtlich der bestehenden FEKlassen als gestellt (II S 2). Um sicher zu stellen, daß damit jedenfalls nicht zugleich noch die ausländische FE besteht (s Begr Rz 2), muß der Antragsteller in diesen Fällen insoweit eine Verzichtserklärung abgeben. 5

3. Bei ungerechtfertigt **verzögerter Bearbeitung** kommt eine einstweilige Anordnung auf alsbaldige Entscheidung in Betracht (§ 123 VwGO), OVG Berlin VRS **44** 380. 6

4. Ausnahmen: Abs III S 2 und § 74. 7

Lit: *Jagow*, Das Verwaltungsverfahren zum neuen FERecht ab 1. Januar 1999, VD **99** 1. 8

Verfahren bei der Behörde und der technischen Prüfstelle

22 (1) Die nach Landesrecht zuständige Behörde oder Stelle und die Fahrerlaubnisbehörde können durch Einholung von Auskünften aus dem Melderegister die Richtigkeit und Vollständigkeit der vom Bewerber mitgeteilten Daten überprüfen.

(2) ¹Die Fahrerlaubnisbehörde hat zu ermitteln, ob Bedenken gegen die Eignung des Bewerbers zum Führen von Kraftfahrzeugen bestehen und er bereits im Besitz einer Fahrerlaubnis ist. ²Sie hat dazu auf seine Kosten eine Auskunft aus dem Verkehrszentralregister und dem Zentralen Fahrerlaubnisregister einzuholen. ³Sie kann außerdem auf seine Kosten – in der Regel über das Kraftfahrt-Bundesamt – eine Auskunft aus den entsprechenden ausländischen Registern einholen und verlangen, daß der Bewerber die Erteilung eines Führungszeugnisses zur Vorlage bei der Fahrerlaubnisbehörde nach den Vorschriften des Bundeszentralregistergesetzes beantragt. ⁴Werden Tatsachen bekannt, die Bedenken gegen die Eignung des Bewerbers begründen, verfährt die Fahrerlaubnisbehörde nach den §§ 11 bis 14.

(3) Liegen alle Voraussetzungen für die Erteilung der Fahrerlaubnis vor, hat die Fahrerlaubnisbehörde den Führerschein ausfertigen zu lassen und auszuhändigen.

(4) ¹Muß der Bewerber noch die nach § 15 erforderliche Prüfung ablegen, hat die Fahrerlaubnisbehörde die zuständige Technische Prüfstelle für den Kraftfahrzeugverkehr mit der Prüfung zu beauftragen und ihr den vorbereiteten Führerschein (§ 25) ohne Angabe des Datums der Erteilung der beantragten Klasse unmittelbar zu übersenden. ²Der Sachverständige oder Prüfer prüft, ob der Bewerber zum Führen von Kraftfahrzeugen, gegebenenfalls mit Anhänger, der beantragten Klasse befähigt ist. ³Der Sachverständige oder Prüfer oder sonst die Fahrerlaubnisbehörde händigt, wenn die Prüfung bestanden ist, den Führerschein nach dem Einsetzen des Aushändigungsdatums aus. ⁴Er darf nur ausgehändigt werden, wenn

1353

die Identität des Bewerbers zweifelsfrei feststeht. ⁵Hat der Sachverständige oder Prüfer den Führerschein ausgehändigt, teilt er dies der Fahrerlaubnisbehörde unter Angabe des Aushändigungsdatums mit. ⁶Außerdem hat er der Fahrerlaubnisbehörde die Ausbildungsbescheinigung zu übersenden. ⁷Die Fahrerlaubnis wird durch die Aushändigung des Führerscheins oder, wenn der Führerschein nicht vorliegt, ersatzweise durch eine befristete Prüfungsbescheinigung, die im Inland zum Nachweis der Fahrberechtigung dient, erteilt.

(5) Die Technische Prüfstelle gibt den Prüfauftrag an die Fahrerlaubnisbehörde zurück, wenn
1. die theoretische Prüfung nicht innerhalb von zwölf Monaten nach Eingang des Prüfauftrages bestanden ist,
2. die praktische Prüfung nicht innerhalb von zwölf Monaten nach Bestehen der theoretischen Prüfung bestanden ist oder
3. in den Fällen, in denen keine theoretische Prüfung erforderlich ist, die praktische Prüfung nicht innerhalb von zwölf Monaten nach Eingang des Prüfauftrages bestanden ist.

1 **Begr** (BRDrucks 443/98 S 272): **Zu Abs 1:** *In Absatz 1 ist nunmehr ausdrücklich geregelt, daß die Behörde, die den Antrag bearbeitet, durch Einholung von Auskünften aus dem Melderegister die Richtigkeit und Vollständigkeit der vom Bewerber mitgeteilten Daten überprüfen kann. Diese Überprüfung dient zugleich auch der Festlegung der örtlichen Zuständigkeit.*

2 **Zu Abs 2:** *Absatz 2 übernimmt bisher in § 8 Abs. 3 und den §§ 9 und 13c StVZO enthaltene Regelungen. Da eine Fahrerlaubnis künftig nur dann erteilt werden darf, wenn der Bewerber nicht schon im Besitz einer Fahrerlaubnis ist, muß die Fahrerlaubnisbehörde auch diesen Umstand durch eine Anfrage beim Zentralen Fahrerlaubnisregister überprüfen. Hierzu und zur Überprüfung der Eignung des Antragstellers können künftig auch Auskünfte aus den entsprechenden ausländischen Registern eingeholt werden. Die Behörde muß je nach den Umständen des Einzelfalles entscheiden, ob sie von dieser Möglichkeit Gebrauch macht ...*

3 **Zu Abs 3:** *Absatz 3 betrifft den Fall, daß die Fahrerlaubnis ohne Fahrerlaubnisprüfung erteilt wird, z. B. bei der Neuerteilung nach vorangegangener Entziehung, wenn die Entziehung nicht länger als zwei Jahre zurückliegt, oder bei einem „Umtausch" einer ausländischen Fahrerlaubnis.*

4 **Zu Abs 4:** *Während nach § 10 Abs. 1 Nr. 2 StVZO die Fahrerlaubnisbehörde dem amtlich anerkannten Sachverständigen oder Prüfer den Fahrerlaubnisantrag unter Beifügung eines vorbereiteten Führerscheins zu übersenden hatte, spricht **Absatz 4** nur noch davon, daß die zuständige Technische Prüfstelle „zu beauftragen" ist. Damit kann der Auftrag auch in anderer Form erteilt werden, etwa durch Datenfernübertragung. Über die Art der Übermittlung kann die Fahrerlaubnisbehörde in Zusammenarbeit mit der Technischen Prüfstelle selbst entscheiden.*
Der Führerschein muß aber wie bisher dem Sachverständigen oder Prüfer übersandt werden ...

5 **1. Eine Überprüfung der vom Bewerber mitgeteilten Daten** (§ 21) kann die FEB vornehmen. Dazu kann sie Auskünfte aus dem Melderegister einholen. Die Überprüfung dient zugleich der Zuständigkeitskontrolle.

6 **2. Ermittlungen über die Eignung des Bewerbers.** Die FEB hat sorgfältige Feststellungen hinsichtlich etwaiger Eignungsbedenken zu treffen (Mängel körperlicher, geistiger oder charakterlicher Art, §§ 2 StVG, 2, 3, 11, 13, 14 FeV). Die Ermittlungen müssen sich im Rahmen von § 2 StVG halten. Sie berechtigen nicht dazu, den Bewerber über der Behörde unbekannte, eignungsmindernde oder -ausschließende Tatsachen, zB über körperliche Gebrechen zu befragen (Gesundheitsfragebogen), s *Jagow* DAR **98** 188, VD **98** 242, *Gehrmann* NZV **03** 11. Sind der Behörde solche Tatsachen bekannt, so hat sie dem Bewerber jedoch Gelegenheit zur Äußerung zu geben, und er wird sich insoweit äußern müssen (§ 2 StVG). S auch § 23, andererseits aber auch § 11 IX mit Anl 5 (zu §§ 11 IX, 48 IV), 48 IV Nr 3, wo der Bewerber nachweispflichtig ist. Die Vorschrift des Abs II S 3, Halbsatz 2 über das Führungszeugnis entspricht der früheren Regelung in § 8 III StVZO (alt).

7 **2a. Auskunft aus dem VZR.** Im Rahmen ihrer Ermittlungen muß die FEB auf Kosten des Bewerbers eine Auskunft aus dem VZR (§ 30 StVG) über verwertbare Eintragungen einholen. Berücksichtigung des Sachverhalts früherer Bußgeld- oder Strafverfahren: § 29 StVG. Ob Auskünfte aus **ausländischen Registern** einzuholen sind, hängt

Verfahren bei der Behörde und der technischen Prüfstelle § 22 FeV 3a

vom Einzelfall ab; sie erübrigen sich, wenn der FEB bekannt ist, daß sich der Bewerber nicht im Ausland aufgehalten hat.

2 b. Führen die Ermittlungen der FEB zu **Eignungsbedenken** aufgrund der bekannt 8 gewordenen Tatsachen, so hat die FEB nach Maßgabe der §§ 11 bis 14 zu verfahren und zur Vorbereitung ihrer Entscheidung die Beibringung der erforderlichen Gutachten anzuordnen.

3. Besitz einer FE der beantragten Klasse, erteilt in einem Mitgliedstaat der EU oder 9 einem anderen Vertragsstaat des EWR-Abkommens, hindert gem § 2 II Nr 7 StVG, 8 FeV die im Inland beantragte FEErteilung. Ist der Bewerber bereits im Besitz einer deutschen FE, so ist die Erteilung einer FE derselben Klasse ebenfalls ausgeschlossen. Zur Klärung dieser Frage muß die FEB eine **Auskunft aus dem Zentralen FERegister** einholen. Übergangsbestimmung: § 76 Nr 12 (Auskunft aus den örtlichen FERegistern).

4. Aushändigung des FS durch die FEB erfolgt gem Abs II, wenn die Vorausset- 10 zungen der FEErteilung nach Antragstellung und Durchführung der Ermittlungen gem Abs II ohne weiteres vorliegen. Dies betrifft die Fälle, in denen nach voraufgegangener, nicht länger als zwei Jahre zurückliegender EdF (§ 20 II S 2) eine neue FE ohne FE-Prüfung erteilt werden kann, sowie die Fälle eines „Umtauschs" einer ausländischen FE (§ 30). Aushändigung an eine vom FEBewerber bevollmächtigte Person genügt zur wirksamen FEErteilung iS von Abs IV S 7, s *Clemens* NZV **89** 62.

5. Ist noch die **Fahrerlaubnisprüfung** (§§ 15–17) abzulegen, so beauftragt die FEB 11 die zuständige Technische Prüfstelle (§ 69 FeV, §§ 10, 14 KfSachvG) mit der Durchführung der Prüfung und übersendet dieser gleichzeitig den FS der beantragten FEKl, wobei das Erteilungsdatum offen bleibt (IV S 1). Eine Übersendung des FS durch die FEB an die Fahrschule zur Weiterleitung an den Sachverständigen oder Prüfer ist ausgeschlossen. Akkreditierung der Prüfstellen: § 72

5 a. Prüfer. Die FEPrüfung wird gem § 69 I von einem amtlich anerkannten Sach- 12 verständigen oder Prüfer für den KfzVerkehr bei den Technischen Prüfstellen (§§ 10, 14 KfSachvG) oder bei Behörden iS von § 16 KfSachvG durchgeführt. Amtliche Anerkennung als Sachverständiger oder Prüfer für den KfzVerkehr: §§ 1–6 KfSachvG. Überleitungsbestimmung für die neuen Bundesländer, s Anl I Kap XI B III Nr 7 zum Einigungsvertrag. Für Amtspflichtverletzung des Sachverständigen oder Prüfers anläßlich der Prüfung haftet das Land, Dü DAR **57** 353, BGH VRS **8** 165, nicht der TÜV, bei dem der Sachverständige angestellt ist, Ce MDR **53** 676. Der Prüfungsbescheid des Sachverständigen (§§ 16, 17, Anl 7 zu §§ 16 II, 17 II und III Nr 2.6) ist ein Verwaltungsakt. Die Entscheidung des Prüfers über das Bestehen der Fahrprüfung ist aber nur im Rahmen der Entscheidung anfechtbar, mit der die VB eine FE versagt, OVG Ko DAR **65** 162, VM **66** 2, OVG Lüneburg NJW **68** 468. Sie kann nur auf Ermessensfehler gestützt werden, OVG Münster NJW **54** 1663.

5 b. Verfahren nach der Prüfung. Ist die Prüfung bestanden, so händigt der Prüfer 13 den FS nach Einsetzen des Aushändigungsdatums dem Bewerber aus. Erst damit erlangt dieser die FE, Abs IV S 7. Der Prüfer teilt der FEB die Aushändigung des FS unter Angabe des Ausstellungsdatum mit (IV S 5) und übersendet ihr die Ausbildungsbescheinigung (IV S 6). Muster für eine befristete Prüfbescheinigung gem Abs IV S 7 bei Nichtvorliegen des FS nach der Prüfung (Vorläufiger Nachweis der Fahrberechtigung): VBl **98** 1313.

Nichtbestehen der Prüfung, Aushändigung eines Prüfungsprotokolls: § 17 Rz 8. 14 Wiederholung der Prüfung: § 18 I. Anfechtbarkeit der Entscheidung des Prüfers: Rz 12. Rückgabe des Prüfauftrags an die FEB durch die Technische Prüfstelle bei Nichtbestehen der theoretischen Prüfung innerhalb von 12 Monaten nach Eingang des Prüfauftrags (Abs V Nr 1), bei Nichtbestehen der praktischen Prüfung innerhalb von 12 Monaten nach Bestehen der theoretischen Prüfung (Abs V Nr 2) oder, wenn eine theoretische Prüfung nicht erforderlich ist, innerhalb von 12 Monaten nach Eingang des Prüfungsauftrags (Abs V Nr 3).

15 **6. Strafvorschriften.** Bewirkt der Sachbearbeiter der FEB dadurch Erteilung einer FE, daß er Eignungsbedenken verschweigt, so kommt fahrlässige Mitverursachung eines späteren Unfalls in Betracht, Bay VRS **4** 431. Ausstellen eines deutschen FS gem §§ 30, 31 in Kenntnis der Tatsache, daß eine ausländische FE nicht besteht, ist weder Verwahrungsbruch (§ 133 StGB), noch Falschbeurkundung im Amt (§ 348 StGB), BGHSt **33** 190 = NJW **85** 2654. Keine Falschbeurkundung auch, wenn andere Voraussetzungen für den „Umtausch" („Umschreibung") nach § 30 fehlen, BGHSt **37** 207 = NJW **91** 576. Da die Erfüllung der Voraussetzungen für die FEErteilung nicht am öffentlichen Glauben des FS als Urkunde teilnimmt, kommt bei Täuschung über deren Vorliegen mittelbare Falschbeurkundung (§ 271 StGB) nicht in Betracht, Ha NStZ **88** 26 (Ablegung der theoretischen Prüfung durch einen Dritten). Trägt der Beamte bei Ausstellung eines neuen FS gegen Abgabe des alten vorsätzlich weitere FEKlassen ein, für die eine FE nicht erteilt ist, so begeht er Falschbeurkundung im Amt, BGHSt **37** 207 = NJW **91** 576. Zum Umfang der Beweiskraft des FS als öffentliche Urkunde, s § 4 Rz 9. Wer FS-Formulare druckt, um sie bei Bedarf mit dem Namen eines Interessenten zu versehen, begeht versuchte Urkundenfälschung, BGH DAR **79** 174. Wer sich unter Hergabe von Geld, Lichtbildern und Personalangaben einen FS fälschlich herstellen läßt, ist Mittäter der Urkundenfälschung, Ha GA **73** 184. Wer bei der FSAusstellung falsche Personalien angibt, begeht mittelbare Falschbeurkundung (§ 271 StGB), BGHSt **34** 299 = NJW **87** 2243 (Geburtsdatum), abl *Ranft* JR **88** 383. Keine Falschbeurkundung durch Antrag auf einen ErsatzFS unter der wahrheitswidrigen Angabe, die FE sei nicht entzogen, Kö NJW **72** 1335, *Ranft* JR **88** 384. Weder Urkundenfälschung noch Vergehen gegen § 133 oder § 274 Ziff 1 StGB, wenn der FSInhaber der Klasse M den Buchstaben „M" entfernt oder unleserlich macht, um vorspiegeln zu können, der Schein sei auf eine andere Klasse ausgestellt, Bra NJW **60** 1120 (zu FEKl 4 alt). Ist die Erweiterungsprüfung bestanden und liegt der erweiterte FS zur Abholung bereit (Abs II), so kann ein Irrtum über den Beginn der erweiterten Berechtigung entschuldbar sein, BGH NJW **66** 1216.

16 **7. Zivilrecht.** Ungerechtfertigte Verzögerung eines Antrags auf Fahrerlaubnis kann zu Ersatzansprüchen wegen Amtspflichtverletzung führen. Der amtlich anerkannte Sachverständige übt seine Aufgaben gem der FEV amtlich aus, für Amtspflichtverletzung haftet das Land, BGH NJW **68** 443. Bedeutung der Führerscheinklausel in Versicherungsverträgen: § 21 StVG.

Geltungsdauer der Fahrerlaubnis, Beschränkungen und Auflagen

23 (1) ¹Die Fahrerlaubnis der Klassen A, A1, B, BE, M, S, L und T wird unbefristet erteilt. ²Die Fahrerlaubnis der übrigen Klassen wird längstens für folgende Zeiträume erteilt:
1. Klassen C1, C1E: bis zur Vollendung des 50. Lebensjahres, nach Vollendung des 45. Lebensjahres des Bewerbers für fünf Jahre,
2. Klassen C, CE: für fünf Jahre,
3. Klassen D, D1, DE und D1E: für fünf Jahre.

³Grundlage für die Bemessung der Geltungsdauer ist das Datum des Tages, an dem die Fahrerlaubnisbehörde den Auftrag zur Herstellung des Führerscheins erteilt.

(2) ¹Ist der Bewerber nur bedingt zum Führen von Kraftfahrzeugen geeignet, kann die Fahrerlaubnisbehörde die Fahrerlaubnis soweit wie notwendig beschränken oder unter den erforderlichen Auflagen erteilen. ²Die Beschränkung kann sich insbesondere auf eine bestimmte Fahrzeugart oder ein bestimmtes Fahrzeug mit besonderen Einrichtungen erstrecken.

1 **Begr** (BRDrucks 443/98 S 274): *Die Richtlinie unterteilt die Fahrerlaubnisbewerber und -inhaber in zwei Gruppen: Zur Gruppe 1 gehören Fahrer von Fahrzeugen der Klassen A und B mit Anhänger- und Unterklassen, zur Gruppe 2 Fahrer von Fahrzeugen der Klassen C und D und entsprechender Unter- und Anhängerklasse. Fahrer der Gruppe 1 müssen im Zusammenhang mit der Erteilung der Fahrerlaubnis nur dann untersucht werden, wenn ein besonderer Anlaß besteht. Für Fahrer der Gruppe 2 schreibt die Richtlinie neben einer ärztlichen Untersuchung bei der*

Geltungsdauer der Fahrerlaubnis, Beschränkungen und Auflagen   § 23 FeV 3a

Erteilung der Fahrerlaubnis regelmäßige ärztliche Wiederholungsuntersuchungen vor. Die Festlegung der Abstände für diese Untersuchung ist den Mitgliedstaaten überlassen.
  Die Fahrerlaubnis der Klassen A, A1, B, BE und der „nationalen" Klassen L, M und T wird deshalb unbefristet erteilt. Für die anderen Klassen wird einheitlich eine Geltungsdauer von fünf Jahren festgelegt, bei den Klassen C und C1E wegen der geringeren Anforderungen und den geringeren Gefahren, die von diesen kleineren Fahrzeugen ausgehen, allerdings erst beginnend mit dem 50. Lebensjahr des Inhabers. Die Verlängerung erfolgt jeweils um diesen Zeitraum, wenn der Inhaber das Fortbestehen seiner körperlichen und geistigen Eignung durch ein ärztliches Zeugnis nachweist ...
  Daß als Grundlage für die Bemessung der Geltungsdauer das Datum des Tages gewählt wird, an dem die Fahrerlaubnisbehörde den Auftrag zur Herstellung des Führerscheins erteilt und nicht das Datum des Tages, an dem die Fahrerlaubnis erteilt wird, beruht auf folgender Erwägung: Das Datum des Ablaufs der Geltungsdauer ist bei der jeweiligen Klasse anzugeben, d. h. in den Führerschein „einzudrucken". Eine handschriftliche Eintragung auf der Karte wie beim Aushändigungsdatum ist nicht vorgesehen. Das Datum der Erteilung der Fahrerlaubnis steht jedoch bei der Erteilung des Herstellungsauftrages noch nicht fest, da es davon abhängt, wann der Bewerber seine Prüfung ablegt. Es kann deshalb nicht als Grundlage für die Bemessung der Geltungsdauer herangezogen werden. Das Datum der Auftragserteilung wird deshalb gewählt, weil es das spätestmögliche Datum ist und die Dauer des Verwaltungsverfahrens bei der Fahrerlaubnisbehörde, anders als wenn z. B. der Zeitpunkt der Antragstellung gewählt würde, nicht zu Lasen des Bewerbers geht.
  Begr zur ÄndVO v 7. 8. 02 (BRDrucks 497/02 S 65): ... Wenn ... der Betroffene sich diesen Untersuchungen freiwillig schon früher unterzieht, bestehen keine Bedenken, die Fahrerlaubnis über das 50. Lebensjahr hinaus um volle 5 Jahre zu verlängern. Da bei der Erteilung der Klassen D, D1, DE, D1E ohnehin die gleichen Untersuchungen wie bei Verlängerung ab Vollendung des 50. Lebensjahres vorgeschrieben sind, ist für den Fall der Verlängerung kurz vor dem 50. Lebensjahr eine entsprechende Regelung zu treffen. Letztere Überlegung gilt in gleicher Weise für eine Erteilung der Klassen C1 und C1E kurz vor Vollendung des 50. Lebensjahres. Auch hier sind bei Erteilung die gleichen Untersuchungen durchzuführen wie bei Verlängerung ab dem 50. Lebensjahr.

1. Geltungsdauer der FE. Hinsichtlich der Geltungsdauer unterscheidet Abs I zwei 2
Gruppen von FEKlassen: **Unbefristet** wird die FE der Klassen erteilt, bei denen in bezug auf die Kraftfahreignung nur anlaßbezogene Untersuchungen nach § 11 II–IV, 13, 14 in Frage kommen. Dies sind neben den Klassen L, M, S und T vor allem die Kraftrad- und Pkw-Klassen A, A1, B und BE. Nach Maßgabe von Abs I S 1 **befristet** wird die FE der Klassen erteilt, bei denen in jedem Fall der Nachweis erbracht werden muß, daß keine die Eignung ausschließenden Erkrankungen vorliegen (§ 11 IX, Anl 5), also der „Lkw- und Omnibusklassen" C1, C1E (bis zur Vollendung des 50. Lebensjahres, nach Vollendung des 45. Lebensjahres für 5 Jahre), C und CE (für 5 Jahre) sowie D, D1, DE und D1E (für 5 Jahre). Damit ist das Untersuchungsintervall bei Inhabern einer FE zum Führen von Kom gegenüber der früheren Regelung (§ 15f StVZO alt) um zwei Jahre verlängert. Maßgebend für den **Beginn der Frist** ist das Datum der Auftragserteilung durch die FEB zur Herstellung des FS (s dazu die Begr, Rz 1). Gem der **Übergangsbestimmung** des § 76 Nr 13 bleiben bis zum 31. 12. 1998 erteilte FEe zur Fahrgastbeförderung in Kom, Taxen, Mietwagen oder Krankenkraftwagen und entsprechende FSe bis zum Ablauf ihrer bisherigen Befristung gültig.

2. Einschränkung der FE. Abs II regelt, wie behebbare Eignungsmängel durch 3
Auflagen oder eine eingeschränkte FE ausgeglichen werden können. In Betracht kommen hier vor allem körperliche Mängel, nach dem insoweit nicht einschränkenden Wortlaut der Vorschrift (s aber § 2 IV StVG) aber auch gewisse charakterliche (beschränkte FE für Trecker im Ortsflurbereich nach VTrunkenheit), Bay VM **70** 18, s Stephan DAR **89** 125, Jagow DAR **97** 16 (s dazu § 2 StVG Rz 16). Jedoch dürfen die Grenzen zwischen Nichteignung und bedingter Eignung durch großzügige FEErteilung nicht verwischt werden, s Weigelt ua NZV **91** 58. Psychotische Beeinträchtigung des Realitätsurteils durch Wahnideen und Halluzinationen kann nicht durch Beschränkung

der FE kompensiert werden, VGH Ma DAR **89** 315. Die bloße Möglichkeit künftiger Nichteignung fällt nicht unter Abs II. Das Übermaßverbot erlaubt EdF nur insoweit, als Auflagen oder Belassung einer eingeschränkten FE nach Sachlage außer Betracht bleiben müssen, s dazu OVG Br NJW **80** 2371, *Stephan* DAR **93** 48.

4 **Ist ein körperlicher oder geistiger Mangel ausgleichbar,** so muß die FEB die zum Ausgleich erforderlichen Auflagen oder Beschränkungen anordnen. Die FSEintragung muß die Maßnahme klar als Auflage oder als FE-Beschränkung kennzeichnen, BGHSt **28** 72 = NJW **78** 2517, Bay NZV **90** 322. Ist eine nur als Auflage zulässige Maßnahme irrig als Beschränkung bezeichnet, so gilt die wirkliche Rechtslage; im umgekehrten Fall wird ein unvermeidbarer Verbotsirrtum in Betracht kommen, s Rz 8, 9; Ahndung ist dann nur als OW (§§ 23 II S 1, 75 Nr 9) möglich, s Bay NZV **90** 322.

5 In Betracht kommen etwa: als Beschränkung die Einschränkung der FE auf eine bestimmte KfzArt oder auf ein bestimmtes Kfz mit besonderen, im FS genau zu bezeichnenden technischen Einrichtungen, als Auflage die Anordnung einer Nachuntersuchung nach bestimmten Fristen, OVG Ko NJW **90** 1194, VGH Ma ZfS **96** 400, oder das Tragen einer Brille beim Fahren sowie Nachtfahrverbot, VG Fra NJW **87** 796, VGH Ka NJW **87** 797 (zu den Bestimmtheitsanforderungen). Nachuntersuchung vor allem, wenn sich ein körperlicher oder geistiger Mangel verschlimmern könnte, der zur Zeit der Erteilung der FE noch nicht so groß ist, daß er eine Versagung rechtfertigt. Die Anordnung der Nachuntersuchung nach bestimmter Zeit ist eine Auflage und im FS nicht zu vermerken, da sie die Fahrbefugnis nicht beschränkt und unterwegs nicht kontrolliert werden kann. Eine Anordnung der FEB an den FEBewerber, die sich nicht auf eine bestimmte FzArt oder auf ein bestimmtes Kfz mit „besonderen Einrichtungen" bezieht, kann nur als Auflage ergehen, BGHSt **28** 72 = NJW **78** 2517, *Bouska* VD **78** 321. Der Begriff der „besonderen Einrichtung" ist eng auszulegen und wird nicht allein durch häufig verwendete Zusatzeinrichtungen wie zB einen zusätzlichen rechten Außenspiegel erfüllt, BGHSt **28** 72 = NJW **78** 2517, Ce VR **79** 148. Es ist zulässig, die FE auf einen örtlichen Bereich, OVG Lüneburg VRS **13** 157, auf Fahrten innerhalb eines festgelegten Umkreises und auf eine vorgeschriebene Höchstgeschwindigkeit, VG Regensburg NJW **58** 685, zu beschränken, s *Himmelreich/Hentschel* Bd II Rz 327.

6 Kann eine Krankheitsphase unvorhergesehen und plötzlich wieder auftreten, so bietet die Anordnung späterer Nachuntersuchung keine Gewähr, BVG DAR **57** 55. Nichtbeachtung einer persönlichen Auflage (Brillentragen, Geschwindigkeitsbeschränkung, örtliche oder zeitliche Fahrbeschränkung) beseitigt den Verwaltungsakt der FE nicht, BGH VR **69** 1011, BGHSt **32** 80 = NJW **84** 65. Dieser ist nicht dadurch auflösend bedingt und kann es verwaltungsrechtlich nicht sein (§ 2 StVG Rz 34), daß der Berechtigte persönliche Auflagen unbeachtet läßt, BGH NJW **69** 1213. So wohl auch Ba VR **68** 252, aM Zw VR **34** 444. Er verstößt jedoch gegen die §§ 23 II S 1, 75 Nr 9 FeV, 24 StVG. Bei beharrlicher Verletzung der Auflage kann die FE entzogen werden (Rz 9). Erneutes Fahren verstieße dann gegen § 21 StVG. Eine in FS eingetragene Fahrbeschränkung auf werktäglich 5–20 Uhr ist bis zur behördlichen Beseitigung wirksam, Zw Betr **68** 1812. Die FS-Eintragung, die FE decke nur das Fahren zwischen Wohnung und Schule, ist eine Auflage, ein Verstoß verletzt die §§ 23 II S 1, 75 Nr 9 FeV, 24 StVG, nicht § 21 StVG, LG Bayreuth DAR **69** 52.

Lit: *Lange,* Versicherungsschutz trotz nicht erfüllter FS-Auflage, VR **70** 299. *Liebermann/ Weibrecht,* Schlüsselzahlen auf dem FS, NZV **04** 337 = VD **04** 119. *Scheler,* Die Auflage im FS und ihre Wirkung auf den Versicherungsschutz, VR **67** 838.

7 **3. Rechtsanspruch auf Fahrerlaubnis unter Auflage oder Beschränkung.** Können Mängel durch technische Hilfsmittel oder charakterliche Mängel durch Auflagen oder Beschränkungen ausgeglichen werden, so hat der Bewerber einen Rechtsanspruch auf die FE unter entsprechender Auflage oder Beschränkung, s dazu *Himmelreich/ Janker* 550 ff. Dieser beruht auf dem verfassungskräftigen Übermaßverbot (**E** 2). Dieses ist auch hinsichtlich des Verhältnisses der beiden Möglichkeiten der Einschränkung zu beachten: Was durch Auflage erreicht werden kann, darf nicht in Form der im Verhältnis dazu weitergehenden Beschränkung der FE angeordnet werden, s *Gehrmann* NZV **02** 492. Nur eine unter Berücksichtigung dieses Grundsatzes wirksam angeordnete Be-

4. Sanktion. Fahren ohne FE (§ 21 StVG) ist es, wenn jemand ohne im FS vermerkte fahrzeugtechnische **Beschränkungen** (bestimmte KfzArt, kleiner Hubraum, technische Sondereinrichtungen) fährt, s BGHSt **28** 72 = NJW **78** 2517, Bay VRS **38** 467, NZV **90** 322. Derartige technische Beschränkungen der FE sind keine persönlichen Auflagen. Die irrige Annahme, eine solche Beschränkung sei technisch überholt und nicht mehr zu beachten, kann entschuldigter Verbotsirrtum sein, Ce DAR **56** 280. Hat die FEB eine „beschränkte" FE erteilt, obwohl die einschränkende Maßnahme als Auflage gem II S 1 hätte angeordnet werden müssen, so entfällt eine Strafbarkeit nach § 21 I Nr 1 StVG, BGHSt **28** 72 = NJW **78** 2517. Wird im FS als „Beschränkung" bezeichnet, was nur als Auflage möglich ist, oder ist die FSEintragung insoweit unklar, so kommt nur Ahndung als OW in Betracht, s Rz 4, 9. Beschränkung der FE vor Erreichen des Mindestalters im Rahmen der Ausbildung als BerufsKf, s § 10 Rz 2. 8

Anders liegt es bei eingetragenen persönlichen **Auflagen** (Brillentragen, Fahren innerhalb eines bestimmten Bereichs oder mit beschränkter Geschwindigkeit, Nachtfahrverbot, VG Fra NJW **87** 796). Nichtbeachtung der Auflage ist ow gem § 75 Nr 9. Wird eine FE mit Auflage erteilt, so liegt idR ein einheitlicher Verwaltungsakt mit selbständiger, aber vom Fortbestand der FE abhängiger Nebenanordnung vor (s § 36 VwVfG), der im FS einheitlich beurkundet wird, Bay VRS **58** 461. Ergeht die Auflage später, so ergänzt (ändert) sie den Verwaltungsakt der FEErteilung und ist im FS zu vermerken, wird aber idR an dessen Beurkundungswirkung auch ohne selbständigen Beurkundungsvermerk teilnehmen. S BGH NJW **69** 1213, VM **60** 71, Ba VR **68** 242, Stu NJW **62** 1929, KG VRS **26** 213. Nichtbeachtung persönlicher Auflagen ist daher kein Verstoß gegen § 21 StVG, BGHSt **32** 80 = NJW **84** 65, jedoch ordnungswidrig (§§ 23 II 1, 75 Nr 9 FeV, 24 StVG), Bay NZV **90** 322. Kar VRS **39** 286 (Auflage, nur bei Tageslicht zu fahren). Nichtbefolgen einer Aufl zum Ausgleich einer in Wahrheit nicht vorhandenen Eignungseinschränkung ist jedoch nicht tatbestandsmäßig nach § 75 Nr 9 (Tragen einer Brille bei uneingeschränkter Sehkraft), s BGHSt **32** 80 = NJW **84** 65, Bay VRS **62** 383, *Neumann* JZ **81** 355, aM Ce JZ **81** 355 (jeweils zu § 69a I Nr 6 StVZO alt). Bei hartnäckigem Zuwiderhandeln kann Nichtbeachtung der Aufl zum Fahrverbot (§ 25 StVG) oder zur Entziehung der FE (§ 3 StVG) durch die VB führen, BGH NJW **69** 1213. Nichttragen einer ärztlich verordneten Brille ohne entsprechende Aufl durch die VB ist nicht ow nach § 75 Nr 9, s Kar VM **81** 36, möglicherweise aber nach §§ 2 I 1, 75 Nr 1. 9

Verlängerung von Fahrerlaubnissen

24 (1) ¹Die Geltungsdauer der Fahrerlaubnis der Klassen C, C1, CE, C1E, D, D1, DE und D1E wird auf Antrag des Inhabers jeweils um die in § 23 Abs. 1 angegebenen Zeiträume verlängert, wenn
1. der Inhaber seine Eignung nach Maßgabe der Anlage 5 und die Erfüllung der Anforderungen an das Sehvermögen nach Anlage 6 nachweist und
2. keine Tatsachen vorliegen, die die Annahme rechtfertigen, daß eine der sonstigen aus den §§ 7 bis 19 ersichtlichen Voraussetzungen für die Erteilung der Fahrerlaubnis fehlt.

²Die Verlängerung der Klassen D, D1, DE und D1E kann nur dann über die Vollendung des 50. Lebensjahres hinaus erfolgen, wenn der Antragsteller zusätzlich seine Eignung nach Maßgabe der Anlage 5 Nr. 2 nachweist.

(2) Absatz 1 ist auch bei der Erteilung einer Fahrerlaubnis der entsprechenden Klasse anzuwenden, wenn seit dem Ablauf der Geltungsdauer der vorherigen Fahrerlaubnis bis zum Tag der Antragstellung nicht mehr als zwei Jahre verstrichen sind.

(3) Die Absätze 1 und 2 sind auch anzuwenden, wenn der Inhaber der Fahrerlaubnis seinen ordentlichen Wohnsitz in eine nicht zur Europäischen Union oder zum Abkommen über den Europäischen Wirtschaftsraum gehörenden Staat verlegt hat.

3a FeV § 25   II. Führen von Kraftfahrzeugen

1   **Begr** (BRDrucks 443/98 S 275): *§ 24 orientiert sich an den bisherigen Bestimmungen für die Verlängerung einer Fahrerlaubnis zur Fahrgastbeförderung in § 15f Abs. 2 StVZO.*
Absatz 1 betrifft den Fall, daß die Fahrerlaubnis zum Zeitpunkt der Verlängerung noch gültig ist.
Absatz 2 enthält eine Regelung für den Fall, daß die Geltungsdauer bereits abgelaufen ist, eine Verlängerung also nicht mehr in Frage kommt, weil eine Verlängerung ein noch gültiges Recht voraussetzt. Bis zu zwei Jahren nach Ablauf der Geltungsdauer wird in diesem Fall die Fahrerlaubnis unter den Bedingungen erteilt, die für eine Verlängerung gelten. Danach muß die Prüfung wiederholt werden. Von der Ausbildung kann die Fahrerlaubnisbehörde befreien (vgl. § 7 Abs. 2 der Fahrschüler-Ausbildungsordnung).
Absatz 3 läßt die Verlängerung einer deutschen Fahrerlaubnis zu, wenn der Inhaber seinen Wohnsitz in einen Drittstaat verlegt. Innerhalb der EU bzw. des EWR wäre der neue Wohnsitzstaat zuständig.
Begr zur ÄndVO v 7. 8. 02: BRDrucks 497/02 S 65.

2   **1. Geltungsdauer.** Die FEe der „Lkw-" und „Omnibus"-Klassen C, C1, CE, C1E, D, D1, DE, D1E werden gem § 23 nur befristet auf 5 Jahre erteilt, die FE der Klassen C1 und C1E allerdings erst ab dem 45. Lebensjahr.

3   **2. Rechtsanspruch auf Verlängerung** hat der Inhaber mit ständigem Aufenthalt im Inland (Abs I Nr 2 mit § 7 I), wenn er körperlich und geistig zum Führen von Fzen der betreffenden Klasse geeignet ist, dies nach Maßgabe der Anlagen 5 und 6 nachweist und kein Anlaß zur Annahme des Fehlens einer der Voraussetzungen der §§ 7–19 besteht. Verlängerung oder Neuerteilung einer abgelaufenen FE bei Verlegung des Wohnsitzes ins Ausland, s Rz 5. Die *Verlängerung* muß rechtzeitig vor Ablauf der Geltungsfrist beantragt werden, s VGH Ma ZfS **97** 237; jedoch besteht nach Ablauf der Gültigkeitsdauer ein Anspruch auf *Neuerteilung* gem Abs II, wenn seit dem Ablauf nicht mehr als zwei Jahre verstrichen sind.

4   **3.** Wird der **Antrag auf Neuerteilung** der abgelaufenen FE mehr als zwei Jahre nach Ablauf der Geltungsdauer gestellt, so muß der Antragsteller die Prüfung wiederholen.

5   **4.** Bei **Wohnsitzverlegung ins Ausland** ist zu unterscheiden: Hat der FEInhaber seinen ordentlichen Wohnsitz in einen Mitgliedstaat der EU oder einen anderen EWR-Vertragsstaat verlegt, so wird für eine Verlängerung oder Neuerteilung der Staat des neuen Wohnsitzes zuständig. Bei Wohnsitzverlegung in einen Drittstaat bleibt die deutsche FEB gem Abs III zuständig.

6   **5. Ablehnung der Verlängerung.** Gegen die Ablehnung einer beantragten Verlängerung (Abs I) oder Neuerteilung (Abs II) stehen dem Antragsteller die nach der VwGO zulässigen Rechtsmittel zur Verfügung. Nach Rechtskraft werden sowohl die Ablehnung der Verlängerung (Abs I) als auch die Versagung nach Abs II im VZR gespeichert (§ 28 III Nr 8 und 5 StVG).

7   **6. Sanktion.** Ist die Geltungsdauer der FE abgelaufen, so ist der bisherige Inhaber nicht mehr im Besitz der FE der betreffenden Klasse. Führt er dennoch ein Fz dieser Klasse, so macht er sich gem § 21 StVG strafbar.

Ausfertigung des Führerscheins

25 (1) ¹Der Führerschein wird nach Muster 1 der Anlage 8 ausgefertigt. ²Er darf nur ausgestellt werden, wenn der Antragsteller
1. seinen ordentlichen Wohnsitz im Sinne des § 7 Abs. 1 oder 2 in der Bundesrepublik Deutschland hat,
2. zu dem in § 7 Abs. 3 genannten Personenkreis gehört oder
3. seinen ordentlichen Wohnsitz in einem Staat hat, der nicht Mitgliedstaat der Europäischen Union oder Vertragsstaat des Abkommens über den Europäischen Wirtschaftsraum ist und im Besitz einer deutschen Fahrerlaubnis ist.

Ausfertigung des Führerscheins § 25 FeV **3a**

(2) ¹Bei einer Erweiterung oder Verlängerung der Fahrerlaubnis oder Änderungen der Angaben auf dem Führerschein ist ein neuer Führerschein auszufertigen. ²Bei einer Erweiterung der Fahrerlaubnis auf eine andere Klasse oder der Erweiterung einer leistungsbeschränkten Fahrerlaubnis der Klasse A auf eine unbeschränkte Klasse A vor Ablauf der zweijährigen Frist nach § 6 Abs. 2 Satz 1 ist auf dem Führerschein der Tag zu vermerken, an dem die EU- oder EWR-Fahrerlaubnis für die bisher vorhandenen Klassen oder die Klasse A vor der Erweiterung erteilt worden war.

(3) Bei Eintragungen auf dem Führerschein, die nicht bereits im Muster vorgesehen sind, insbesondere auf Grund von Beschränkungen und Auflagen, sind die in Anlage 9 festgelegten Schlüsselzahlen zu verwenden.

(4) ¹Wird ein Ersatzführerschein für einen abhanden gekommenen ausgestellt, hat sich die Fahrerlaubnisbehörde auf Kosten des Antragstellers durch die Einholung einer Auskunft aus dem Zentralen Fahrerlaubnisregister und aus dem Verkehrszentralregister zu vergewissern, daß der Antragsteller die entsprechende Fahrerlaubnis besitzt. ²Sie kann außerdem – in der Regel über das Kraftfahrt-Bundesamt – auf seine Kosten eine Auskunft aus den entsprechenden ausländischen Registern einholen.

(5) ¹Bei der Aushändigung eines neuen Führerscheins ist der bisherige Führerschein einzuziehen oder ungültig zu machen. ²Er verliert mit Aushändigung des neuen Führerscheines seine Gültigkeit. ³Wird der bisherige Führerschein nach Aushändigung des neuen wieder aufgefunden, ist er unverzüglich der zuständigen Fahrerlaubnisbehörde abzuliefern.

Begr (BRDrucks 443/98 S 276): **Zu Abs 1:** *... Absatz 1 Satz 2 beruht auf Artikel 7* **1** *Abs. 1 der Richtlinie, wonach die Ausstellung eines Führerscheins vom Vorhandensein eines ordentlichen Wohnsitzes im Hoheitsgebiet des ausstellenden Mitgliedstaats abhängt (Nummer 1) oder vom Nachweis der Eigenschaft als Student oder Schüler während eines Mindestzeitraumes von 185 Tagen (Nummer 2). Die Regelung bezieht sich sowohl auf die Fahrerlaubnis als Recht als auch auf den Führerschein als Dokument zum Nachweis des Rechts. Die Bestimmung gilt auch für die Ausstellung eines Ersatzführerscheins. Dies ergibt sich aus Artikel 8 Abs. 5 der Richtlinie. Danach kann ein Ersatzführerschein bei den Behörden des Mitgliedstaates erlangt werden, in dem der Führerscheininhaber seinen ordentlichen Wohnsitz hat. Diese Bestimmung gibt dem Inhaber ein Recht auf Ausstellung des Ersatzführerscheins an seinem Wohnsitzstaat. Dann kann aber nicht zugleich auch der ursprünglich erteilende Staat zuständig sein, da sonst die Gefahr bestünde, daß der Betreffende zwei Führerscheine erhält. Die genannten Bestimmungen der Richtlinie gelten jedoch nur im Verhältnis der Mitgliedstaaten. In diesem Verhältnis ist sichergestellt, daß der Betreffende im neuen Wohnsitzstaat grundsätzlich dieselben Rechte genießt, wie in dem Staat, der die Fahrerlaubnis erteilt hatte und in dem er seinen früheren Wohnsitz hatte. Im Verhältnis zu Drittstaaten ist das nicht der Fall. Es ist also durchaus möglich, daß jemand, der seinen Wohnsitz in einem Drittstaat verlegt hat, dort vor der Umschreibung seines Führerscheins seinen deutschen Führerschein verliert, in der Bundesrepublik Deutschland einen Ersatzführerschein ausgestellt bekommt (Nummer 3).*

Zu Abs 2: *Der neue Scheckkartenführerschein läßt handschriftliche Eintragungen auf dem* **2** *Führerschein, abgesehen von der Eintragung des Erteilungsdatums, nicht mehr zu. Bei Änderungen der Daten auf dem Führerschein muß deshalb stets ein neuer Führerschein ausgefertigt werden. Die Bestimmung ist jedoch nicht auf die Kartenführerscheine beschränkt. Sie findet auch Anwendung, wenn Führerscheine, die nach bisherigen Mustern ausgefertigt worden sind, geändert werden müssen. In diesem Fall muß der Führerschein in einen Führerschein nach dem Scheckkartenmuster umgetauscht werden. Dies ist mit der Umstellung der Fahrerlaubnis auf die neuen Klassen verbunden, da neue Führerscheine nur die neuen Klassen aufweisen. Die Erstreckung der Regelung auf Altführerscheine soll zu einem möglichst raschen Aufbau des Zentralen Fahrerlaubnisregisters beitragen, in das nur Fahrerlaubnisse nach den neuen Klassen eingetragen werden.*

Zu Abs 3: *Einzelfallbezogene Eintragungen im Führerschein sind auf Grund der bindenden* **3** *Bestimmung der Richtlinie künftig in codierter Form einzutragen. Es handelt sich dabei insbesondere um Auflagen (z. B. das Tragen einer Brille) und Beschränkungen sowie Eintragungen aus Verwaltungsgründen, wie z. B. bei einem Umtausch einer ausländischen Fahrerlaubnis die Angabe des ursprünglich erteilenden Staates in Form des Länderkennzeichens. Die Schlüsselzahlen 1 bis 99 sind auf EU-Ebene festgelegt und haben Geltung im gesamten Bereich der Gemeinschaft. Sie* *sind deshalb EU-einheitlich geregelt, „um das Verstehen und die gegenseitige Anerkennung der Führerscheine zu ermöglichen und den freien Personenverkehr zu erleichtern; zugleich sollen damit die praktischen Probleme vermieden werden, denen sich Kraftfahrer, Kraftverkehrsunternehmen, Verwaltungen und Kontrollpersonal bei unterschiedlichen einzelstaatlichen Codierungen gegenüber sähen." (Vgl. Erwägungsgründe der Richtlinie 97/26/EG, ABl. EG Nr. L 150 S. 41.) Schlüsselzahlen ab 100 kennzeichnen Eintragungen, die nicht in den Geltungsbereich der Führerscheinrichtlinie fallen und ausschließlich im Hoheitsgebiet des Staates Bedeutung haben, der den Führerschein ausstellt.*

Bei der Erteilung der Fahrerlaubnis wird dem Bewerber die Bedeutung der Schlüsselzahlen im Langtext mitgeteilt.

4   **Zu Abs 4:** *Absatz 4 betrifft die Ausstellung eines Ersatzführerscheins für einen abhandengekommenen Führerschein. Er entspricht der bisherigen Regelung in § 13c StVZO. Künftig kann auch in diesem Fall, wenn es nötig erscheint, eine Auskunft aus den entsprechenden ausländischen Registern eingeholt werden.*

5   **Zu Abs 5:** *Absatz 5 regelt, was mit dem Führerschein zu geschehen hat, wenn ein neuer Führerschein, aus welchen Gründen auch immer, ausgestellt wird. Es ist nunmehr ausdrücklich bestimmt, daß der alte Führerschein mit Aushändigung des neuen seine Gültigkeit verliert. Damit begeht jemand eine Ordnungswidrigkeit, der sich einen Ersatzführerschein ausstellen läßt, dann aber bei der Kontrolle den alten Führerschein vorweist. Die Ausstellung des Ersatzführerscheins wird künftig im Zentralen Fahrerlaubnisregister registriert. Damit kann anhand des Registers festgestellt werden, ob ein Führerschein gültig ist oder nicht.*

6   **1. Voraussetzung für die Ausstellung eines Führerscheins** (§ 4 II S 1) ist grundsätzlich das Bestehen eines ordentlichen Wohnsitzes im Inland Abs I Nr 1). Ordentlicher Wohnsitz, s § 7 I. Abs I Nr 2 betrifft Studenten oder Schüler aus EU- oder EWR-Staaten, die sich seit mindestens 6 Monaten nur zwecks Hochschul- oder Schulbesuchs im Inland aufhalten und wegen der Fiktion des § 7 III keinen Wohnsitz im Inland begründen. Abs I Nr 3 betrifft den Fall, daß eine deutsche FE besteht und wegen FSVerlustes ein ErsatzFS benötigt wird. Ohne die Regelung in Nr 3 könnte der ErsatzFS wegen Nr 1 nicht erteilt werden, wenn der Wohnsitz in ein Drittland (außerhalb von EU und EWR) verlegt wurde. Nach den **bis zum 31. 12. 1998** vorgeschriebenen Mustern oder nach den Vorschriften der DDR erteilte FSe bleiben gem der **Übergangsbestimmung** des § 76 Nr 12 gültig. Herstellung der FSe, s Führerschein-Verwaltungsvorschrift (FS VwV), VBl **99** 10.

7   **2. Erweiterung der FE** auf eine andere FEKl setzt voraus, daß die Erfordernisse für die Erteilung einer FE jener Klasse erfüllt sind, zB im Falle der Erweiterung einer FE der FEKl B um die Klasse C, daß der Eignungsnachweis nach Anl 5 und der Befähigungsnachweis für die entsprechende Klasse (Fahrprüfung, § 15) erbracht wird. In allen Fällen der Erweiterung wird ein neuer FS ausgefertigt, auf dem der Tag vermerkt wird, an dem die FE für die bisherigen Klassen erteilt wurde, Abs II S 2. Um Mißbrauch des alten Führerscheins auszuschließen, wird für diesen Fall dessen Einziehung oder Ungültigmachung verlangt (Abs V S 1). Verhängt das Gericht ein auf bestimmte KfzArten **beschränktes Fahrverbot** (§ 44 StGB, § 25 StVG), so stellt die VB auf Antrag einen befristeten Führerschein für die nicht betroffenen Arten aus, VBl **66** 48.

8   **3. Einzelfallbezogene Eintragungen** im FS erfolgen in codierter Form unter Verwendung von Schlüsselzahlen, wobei die Zahlen 1 bis 100 auf EU-Ebene einheitliche Bedeutung haben, die dem FEBewerber bei Erteilung der FE mitgeteilt wird (s Rz. 3). Dies betrifft vor allem Beschränkungen und Auflagen (s § 23). Liste der Schlüsselzahlen mit ihren jeweiligen Bedeutungen: Anlage 9 (zu § 25 III).

9   **4. Ersatzführerschein.** Das Verfahren bei **Verlust des Führerscheins** regelt die FeV, abgesehen von der in Abs IV getroffenen Regelung, nicht. Ist der Verlust nachgewiesen, so ist ein ErsatzFS auszufertigen, OVG Ko NZV **99** 143 (Rechtsanspruch), VG Meiningen ZfS **96** 120. Ein behördlicher Zwischenausweis bei angeblich verlorenem FS beweist das Fortbestehen der FE nicht, Kö NJW **72** 1335. Ist der Nachweis des Bestehens einer FE nicht möglich, so geht dies zu Lasten des Antragstellers, OVG Saarlouis

ZfS 96 158, VG Meiningen ZfS 96 120. Auf Verlangen der FEB hat der Antragsteller eine eidesstattliche Versicherung über den Verbleib des FS abzugeben (§ 5 StVG), s § 5 StVG Rz 3. Gem Abs IV hat die FEB vor Erteilung des beantragten ErsatzFS Auskünfte aus dem Zentralen FERegister und aus dem VZR über verwertbare Eintragungen einzuholen. Anders als bei Erteilung einer FE erfolgt aber keine Eignungsprüfung, OVG Ko NZV 99 143. Übergangsbestimmung: § 76 Nr 12. Soweit erforderlich, kann die FEB auch Auskünfte aus den entsprechenden ausländischen Registern einholen (V S 2). Findet der FEInhaber nach Erhalt eines ErsatzFS den verlorenen FS wieder, so muß er ihn unverzüglich der zuständigen FEB abliefern (Abs V S 3). Zuwiderhandlung ist ow (§ 75 Nr 10). Auch beschädigte oder unleserlich gewordene FSe sind zu ersetzen. Hier ist Auskunfteinholung nicht vorgeschrieben. Der bisherige FS wird mit der Aushändigung des ErsatzFS ungültig (V S 2) und ist einzuziehen oder ungültig zu machen (V S 1).

Überleitungsbestimmung für die neuen Bundesländer: Anl I Kap XI B III Nr 2 (17)   **10**
(17) Bei Anfragen an das Verkehrszentralregister wird das Fahrerlaubnisregister der Deutschen Demokratischen Republik einbezogen, um Auskünfte unter Beachtung der für das Verkehrszentralregister geltenden Vorschriften zu erteilen.

5. Ordnungswidrigkeit, Straftatbestände. Nichtablieferung eines verloren gewe-   **11**
senen FS entgegen Abs V S 3 ist ow gem §§ 75 Nr 10 FeV, 24 StVG. Zu den Straftatbeständen s § 22 Rz 15.

4. Sonderbestimmungen für das Führen von Dienstfahrzeugen

Dienstfahrerlaubnis

26 (1) ¹Die von den Dienststellen der Bundeswehr, des Bundesgrenzschutzes und der Polizei (§ 73 Abs. 4) erteilten Fahrerlaubnisse berechtigen nur zum Führen von Dienstfahrzeugen (Dienstfahrerlaubnisse). ²Über die Dienstfahrerlaubnis der Bundeswehr wird ein Führerschein nach Muster 2 der Anlage 8, über die des Bundesgrenzschutzes und der Polizei ein Führerschein nach Muster 3 der Anlage 8 ausgefertigt (Dienstführerschein). ³Die Dienstfahrerlaubnis der Bundeswehr wird in den aus Muster 2 der Anlage 8 ersichtlichen Klassen erteilt. ⁴Der Umfang der Berechtigung zum Führen von Dienstfahrzeugen der Bundeswehr ergibt sich aus Anlage 10.

(2) ¹Der Inhaber der Dienstfahrerlaubnis darf von ihr nur während der Dauer des Dienstverhältnisses Gebrauch machen. ²Bei Beendigung des Dienstverhältnisses ist der Dienstführerschein einzuziehen. ³Wird das Dienstverhältnis wieder begründet, ist der Führerschein wieder auszuhändigen, sofern die Dienstfahrerlaubnis noch gültig ist. ⁴Ist sie nicht mehr gültig, sind aber seit Ablauf der Geltungsdauer nicht mehr als zwei Jahre verstrichen, kann die Dienstfahrerlaubnis unter den Voraussetzungen des § 24 Abs. 1 neu erteilt werden; andernfalls gelten die Vorschriften über die Ersterteilung mit Ausnahme der Vorschriften über die Ausbildung. ⁵Eine Verlängerung der Dienstfahrerlaubnis oder eine erneute Erteilung unter den Voraussetzungen von Satz 4 erster Halbsatz ist auch während der Zeit möglich, in der der Inhaber von ihr keinen Gebrauch machen darf.

(3) Bei der erstmaligen Beendigung des Dienstverhältnisses nach der Erteilung oder Neuerteilung der betreffenden Klasse der Dienstfahrerlaubnis ist dem Inhaber auf Antrag zu bescheinigen, für welche Klasse von Kraftfahrzeugen ihm die Erlaubnis erteilt war.

Begr (BRDrucks 443/98 S 222): *Dienstfahrerlaubnisse werden heute noch von der Bundes-*   **1**
wehr, dem Bundesgrenzschutz und den Polizeien der Länder erteilt. Sie berechtigten bisher sowohl zum Führen von Dienstfahrzeugen als auch zum Führen von Privatfahrzeugen. Daneben konnte sich der Inhaber auf Grund seiner Dienstfahrerlaubnis auch eine allgemeine Fahrerlaubnis zum Führen von Kraftfahrzeugen erteilen lassen, so daß er rechtlich zwei Fahrerlaubnisse für Privatfahrzeuge besaß. Dies ist mit der Bestimmung der Richtlinie, wonach jeder nur im Besitz einer Fahrerlaubnis und eines Führerscheins sein darf, nicht vereinbar. Dienstfahrerlaubnisse sollen deshalb künftig auf das Führen dienstlicher Kraftfahrzeuge beschränkt werden. Eine Umschreibung ohne erneute Ausbildung und Prüfung in entsprechende zivile Fahrerlaubnisse bleibt möglich. Auch die Probezeit nach den Regelungen für die Fahrerlaubnis auf Probe kann mit einer Dienstfahrerlaubnis abgeleistet werden.

3a FeV § 26

(BRDrucks 443/98 S 278):

2 **Zu Abs 1:** *Absatz 1 ermächtigt die dort genannten Stellen zur Erteilung von Dienstfahrerlaubnissen, verpflichtet sie aber nicht dazu. So machen im Bereich der Polizei einige Länder von der Ermächtigung keinen Gebrauch mehr. Dienstfahrzeuge können dort mit der allgemeinen Fahrerlaubnis der betreffenden Klasse geführt werden.*

Die Bundeswehr hält so weit wie möglich die im zivilen Bereich geltende Klasseneinteilung und die dortigen Ausbildungs- und Prüfungsvorschriften ein. Die Auswahl der Kraftfahrzeuge muß sich jedoch an ihren hoheitlichen Aufgaben und nicht an den Klassengrenzen im zivilen Bereich orientieren. Außerdem müssen zukünftige Militärkraftfahrer angesichts knapper Mittel und einer auf zehn Monate verkürzten Wehrpflicht auf dem Fahrzeugtyp ausgebildet und geprüft werden, auf dem sie später eingesetzt werden. Mit den sich daraus ergebenden Abweichungen von den Vorschriften für den zivilen Bereich geht die Frage einher, ob und in welche allgemeine Fahrerlaubnis eine Bundeswehrfahrerlaubnis „umgeschrieben" werden kann ...

Aufgrund der abweichenden Klasseneinteilung benötigt die Bundeswehr auch ein eigenes Führerscheinmuster.

Bundesgrenzschutz und Polizei verwendeten bisher das auch im zivilen Bereich geltende Muster, das sie selbst ausstellen konnten. Um auch künftig bei der Ausstellung der Führerscheine nicht von einer externen Stelle abhängig zu sein, sondern dienstlichen Bedürfnissen entsprechend möglichst flexibel und rasch reagieren zu können, werden sie künftig ein eigenes Muster haben und zwar ein Papiermuster und keinen Scheckkartenführerschein ...

3 **Zu Abs 2:** *Während nach § 14 Abs. 1 Satz 3 StVZO die Dienstfahrerlaubnis nur für die Dauer des Dienstverhältnisses „galt", spricht **Absatz 2** von § 26 davon, daß der Inhaber der Dienstfahrerlaubnis von ihr nur während der Dauer des Dienstverhältnisses „Gebrauch machen" darf. Damit ist klargestellt, daß die Dienstfahrerlaubnis mit dem Ausscheiden des Inhabers aus dem aktiven Dienst nicht erlischt, sondern solange bestehen bleibt, wie sie selbst gültig ist. Ähnlich wie bei einem Fahrverbot, darf der Inhaber die daraus resultierenden Rechte nicht ausüben, wenn er nicht mehr in einem Dienstverhältnis steht. Für die Verlängerung der Dienstfahrerlaubnisse gelten die Regelungen für zivile Fahrerlaubnisse. Eine Verlängerung ist auch in der Zeit möglich, in der der Inhaber von ihr keinen Gebrauch machen darf.*

4 **Zu Abs 3:** *Der Inhaber einer Dienstfahrerlaubnis hat nach wie vor einen Anspruch auf Erteilung der allgemeinen Fahrerlaubnis der entsprechenden Klasse unter erleichterten Bedingungen. Dieses Recht besteht noch bis zum Ablauf von zwei Jahren nach Beendigung des Dienstverhältnisses, wenn der Betreffende eine Bescheinigung über die Dienstfahrerlaubnis nach **Absatz 3** vorweisen kann (vgl. § 27 Abs. 1). Die Bescheinigung wird künftig nur noch nach der erstmaligen Beendigung des Dienstverhältnisses nach der Erteilung oder Neuerteilung der Dienstfahrerlaubnis ausgestellt. Auch eine „Umschreibung" der Dienstfahrerlaubnis ist nur während der Dauer des Dienstverhältnisses möglich. Damit ist künftig ausgeschlossen, daß durch Teilnahme an einer kurzen Wehrübung die Umschreibungsmöglichkeit wieder eröffnet wird.*

5 1. **Eigene Zuständigkeit für die Erteilung von Dienstfahrerlaubnissen** haben gem § 73 IV die Dienststellen der Bundeswehr, des Bundesgrenzschutzes und der Polizei für ihre Dienstbereiche nach Bestimmung der Fachministerien. Diese Dienststellen sind berechtigt, zum Führen der bei ihnen verwendeten DienstFze eigene DienstFEe zu erteilen; die Bestimmungen über das Verfahren nach §§ 7 ff gelten nicht. Welche Behörde im Einzelfall die FE erteilt, bestimmt die Organisation des Dienstzweiges, s § 73 IV. Der Behördenfahrlehrer ist verantwortlicher FzFührer, bis der Fahrschüler die erstrebte SonderFE erlangt hat. DienstFSe der BW werden nach Muster 2 der Anl 8, solche des BGS und der Pol nach Muster 3 der Anl 8 ausgefertigt (I S 2). Nach den bis zum 31. 12. 1998 vorgeschriebenen Mustern ausgefertigte FSe bleiben gültig, auch solche, die nach den Vorschriften der ehemaligen DDR ausgestellt wurden einschließlich derjenigen der Nationalen Volksarmee (§ 76 Nr 13). Die Entziehung der allgemeinen FE durch die FEB oder den Strafrichter führt zum Erlöschen der DienstFE (§ 27 IV).

6 2. Die **Bundeswehrfahrerlaubnis** ist, abw von § 6, in andere Klassen eingeteilt. Diese sind unter Angabe des Umfangs ihrer Berechtigung auf dem Bundeswehr-FS (Muster 2 der Anl 8) vermerkt. Die Klasseneinteilung trägt den Besonderheiten der bei der BW verwendeten Fze Rechnung, etwa dem Umstand, daß das bei der BW über-

Verhältnis von allgemeiner Fahrerlaubnis und Dienstfahrerlaubnis § 27 FeV 3a

wiegend verwendete Krad zwar die Grenzen der FEKl A1 überschreitet, das Führen andererseits aber nicht eine Ausbildung in dem für FEKl A vorgesehenen Umfang erforderlich macht. Entsprechendes gilt zB auch für FEKl C1E, die zum Führen der bei der BW verwendeten FzKombinationen mit mehr als 12 t nicht ausreichen würde, ohne daß jedoch andererseits eine aufwendige Ausbildung für die FEKl CE für das Führen dieser Fze vertretbar wäre (s Begr, BRDrucks 443/98 S 280).

3. Die **Geltung** der DienstFE ist, abw von der früheren Regelung, auf das Führen dienstlicher Kfze beschränkt (Abs I S 1), jedoch ohne Rücksicht auf den Zweck der FzBenutzng, s § 2 StVG Rz 30. Im übrigen bleibt eine Umschreibung in eine allgemeine FE der entsprechenden Klasse ohne erneute Ausbildung und Prüfung möglich (s dazu § 27). Die Beendigung des Dienstverhältnisses bringt die DienstFE nicht ohne weiteres zum Erlöschen. Allerdings muß der Inhaber den DienstFS bei seinem Ausscheiden aus der Dienststelle abliefern und darf von der (fortbestehenden) FE keinen Gebrauch mehr machen. Im Falle der Neubegründung des Dienstverhältnisses wird ihm der FS wieder ausgehändigt, wenn die FE noch gültig ist. Ist sie nicht mehr gültig, wird ihm ohne erneute Ausbildung unter den für die Verlängerung von befristeten FEen geltenden Voraussetzungen des § 24 I eine neue DienstFE erteilt, vorausgesetzt, daß seit Ablauf der Gültigkeit nicht mehr als zwei Jahre verstrichen sind (Abs II S 4). Sind zwei Jahre seit Ablauf der Geltungsdauer der früheren DienstFE vergangen, so gelten die Vorschriften über die Ersterteilung mit Ausnahme derjenigen über die Ausbildung (II S 4, Halbsatz 2). DienstFEe können auch in der Zeit verlängert oder innerhalb von zwei Jahren nach Ablauf ihrer Geltungsdauer neu erteilt werden, in der der Inhaber wegen Beendigung des Dienstverhältnisses von der DienstFE keinen Gebrauch machen darf (Abs II S 5). 7

4. **Umschreibung der Dienstfahrerlaubnis** in eine allgemeine (zivile) FE ist nach Maßgabe von § 27 möglich; die Erteilung einer FE an Inhaber einer gültigen DienstFE erfolgt unter erleichterten Bedingungen (s § 27). Da der Anspruch auf Umschreibung gem § 27 I S 2 auch nach Beendigung des Dienstverhältnisses besteht, wenn der Antrag innerhalb von zwei Jahren gestellt wird, erhält der Inhaber der DienstFE auf Antrag von seiner Dienststelle eine Bescheinigung über die von der DienstFE umfaßten FEKlassen (Abs III). Dies gilt aber nur für die *erstmalige* Beendigung des Dienstverhältnisses nach Erteilung der DienstFE. 8

Verhältnis von allgemeiner Fahrerlaubnis und Dienstfahrerlaubnis

27 (1) ¹Beantragt der Inhaber einer Dienstfahrerlaubnis während der Dauer des Dienstverhältnisses die Erteilung einer allgemeinen Fahrerlaubnis, sind folgende Vorschriften nicht anzuwenden:
1. § 11 Abs. 9 über die ärztliche Untersuchung und § 12 Abs. 6 über die Untersuchung des Sehvermögens, es sei denn, daß in entsprechender Anwendung der Regelungen in den §§ 23 und 24 eine Untersuchung erforderlich ist,
2. § 12 Abs. 2 über den Sehtest,
3. § 15 über die Befähigungsprüfung,
4. § 19 über die Unterweisung in lebensrettenden Sofortmaßnahmen und die Ausbildung in Erster Hilfe,
5. die Vorschriften über die Ausbildung.
²Dasselbe gilt bei Vorlage einer Bescheinigung nach § 26 Abs. 3, wenn die Erteilung der allgemeinen Fahrerlaubnis innerhalb von zwei Jahren nach Beendigung des Dienstverhältnisses beantragt wird. ³Die Klasse der auf Grund der Dienstfahrerlaubnis der Bundeswehr zu erteilenden allgemeinen Fahrerlaubnis ergibt sich aus Anlage 10.

(2) ¹Wird dem Inhaber einer allgemeinen Fahrerlaubnis eine Dienstfahrerlaubnis derselben oder einer entsprechenden Klasse erteilt, kann die Dienstfahrerlaubnisbehörde Absatz 1 Satz 1 entsprechend anwenden. ²Dies gilt auch bei der Erteilung einer Dienstfahrerlaubnis der Bundeswehr in einer von § 6 Abs. 1 abweichenden Klasse, soweit die in Absatz 1 Satz 1 genannten Voraussetzungen auch Voraussetzungen für die Erteilung der Dienstfahrerlaubnis sind.

3a FeV § 27 II. Führen von Kraftfahrzeugen

(3) ¹Die Fahrerlaubnisbehörde teilt der Dienststelle, die die Dienstfahrerlaubnis erteilt hat, die unanfechtbare Versagung der allgemeinen Fahrerlaubnis sowie deren unanfechtbare oder vorläufig wirksame Entziehung einschließlich der Gründe der Entscheidung unverzüglich mit. ²Die Dienststelle teilt der zuständigen Fahrerlaubnisbehörde die unanfechtbare Versagung der Dienstfahrerlaubnis sowie deren unanfechtbare oder vorläufig wirksame Entziehung einschließlich der Gründe der Entscheidung unverzüglich mit, sofern die Versagung oder die Entziehung auf den Vorschriften des Straßenverkehrsgesetzes beruhen. ³Für die Wahrnehmung der Aufgaben nach diesem Absatz können an Stelle der genannten Dienststellen auch andere Stellen bestimmt werden. ⁴Für den Bereich der Bundeswehr nimmt die Zentrale Militärkraftfahrstelle die Aufgaben wahr.

(4) Die Dienstfahrerlaubnis erlischt mit der Entziehung der allgemeinen Fahrerlaubnis.

1 **Begr** (BRDrucks 443/98 S 282): **Zu Abs 1:** *Absatz 1 übernimmt die bisher in § 14 Abs. 3 StVZO enthaltenen Regelungen über die Erteilung einer allgemeinen Fahrerlaubnis auf Grund einer Dienstfahrerlaubnis.*

2 **Zu Abs 2:** *Absatz 2 regelt den umgekehrten Fall der Erteilung einer Dienstfahrerlaubnis bei einer schon vorhandenen allgemeinen Fahrerlaubnis. Es wird für diesen Fall in das Ermessen der Dienstfahrerlaubnisbehörden gestellt, auf Voraussetzungen zu verzichten, die schon für die Erteilung einer allgemeinen Fahrerlaubnis erbracht worden sind.*

3 **Zu Abs 3:** *Absatz 3 entspricht § 14 Abs. 4 StVZO. Neu ist lediglich, daß die Dienstfahrerlaubnisbehörde der allgemeinen Fahrerlaubnisbehörde auch dann eine Mitteilung zu machen hat, wenn sie dem Inhaber einer allgemeinen Fahrerlaubnis die Dienstfahrerlaubnis versagt. Die Fahrerlaubnisbehörde hat in diesem Fall zu prüfen, ob sie die allgemeine Fahrerlaubnis entzieht. Eine Entscheidung in bezug auf eine Fahrerlaubnis hat nur für den Fall unmittelbare Auswirkungen auf die andere, daß die allgemeine Fahrerlaubnis entzogen wird. In diesem Fall erlischt auch die Dienstfahrerlaubnis (Absatz 4). Im übrigen können die Anforderungen an Eignung und Befähigung von Bewerbern und Inhabern von Dienstfahrerlaubnissen strenger sein als im zivilen Bereich, so daß beide Fahrerlaubnisse ein unterschiedliches Schicksal haben können ...*

4 **1. Erwerb einer allgemeinen Fahrerlaubnis.** Wer als Angehöriger eines der im § 26 genannten Dienstzweige bei diesem die FE gemäß § 26 erworben hat, hat schon während seines Dienstverhältnisses gemäß I Anspruch, s VG Sigmaringen NZV **89** 88, auf Erteilung einer allgemeinen FE für die entsprechende Klasse ohne nochmalige Prüfung, wenn nicht Tatsachen vorliegen, die ihn als fahrungeeignet erscheinen lassen (s §§ 11, 13, 14). Die allgemeine FE ist ihm auf Antrag und nach Nachweis seiner FE gemäß § 26 zu erteilen. Auch nach Beendigung des Dienstverhältnisses oder der Verwendung als KfzF kann das auf Grund einer Bescheinigung nach § 26 III geschehen, in der angegeben ist, für welche Klasse von Kfzen ihm die FE erteilt war (Abs I S 2). Bei Erteilung einer FE der Klassen C, C1, CE, C1E, D, D1, DE oder D1E aufgrund einer DienstFE entfällt der Eignungsnachweis nach § 11 IX mit Anl 5 und die Untersuchung des Sehvermögens gem § 12 VI; diese Erleichterungen kommen dem Bewerber allerdings nicht zugute, soweit entsprechend §§ 23, 24 wegen Ablaufs der 5-Jahresfrist seit Erteilung der DienstFE für eine Verlängerung der FE Untersuchungen vorgeschrieben sind (Abs I S 1 Nr 1). In allen Fällen ist der in § 12 II vorgesehene Sehtest entbehrlich (Abs I S 1 Nr 2). Ferner bedarf es keines Nachweises über die Fahrschulausbildung (Abs I S 1 Nr 5) und keiner Befähigungsprüfung (Abs I S 1 Nr 3); schließlich entfällt die Notwendigkeit der Teilnahme an einer Unterweisung in Sofortmaßnahmen am Unfallort. Da die erforderliche Bescheinigung gem § 26 III nur bei der *erstmaligen* Beendigung des Dienstverhältnisses erteilt wird, besteht nach Beendigung einer späteren Wehrübung eine Umschreibung der BW-FE nicht mehr gem I S 2 innerhalb von zwei Jahren ein Anspruch auf Umschreibung; die abw frühere Rspr (VG Ka NJW **85** 2968, VG Sigmaringen NZV **89** 88) ist durch § 26 III überholt (s § 26 Rz 4). Die Erteilung der allgemeinen FE ist nicht bloße „Umschreibung", sondern Erteilung einer eigenständigen Erlaubnis in Form eines Verwaltungsaktes, BVG VRS **73** 313. § 27 gilt nicht auch für den Fahrlehrerschein. Die Regelung von Abs I und III setzt Vorhandensein der besonderen FE der BW bei Dienstende voraus. Der Antragsteller muß die BW-FE entweder besit-

zen oder eine Bescheinigung gemäß § 26 III vorlegen. Anwendung der Regelung über die FE auf Probe, s § 33.

Eine BW-FE der Klasse AY wird unter den Voraussetzungen von Abs I in eine allgemeine FE der Klasse A1 „umgeschrieben", eine BW-FE der Klasse C1E in eine zivile FE der Klasse C1E (mit Beschränkung des zulässigen Gesamtgewichts der FzKombination auf 12t). Umschreibungen der BW-Fahrerlaubnisklassen G (gepanzerte RadFze), F (Voll- und HalbkettenFze) sowie P (Personentransport) erfolgen nicht (s Begr, BR-Drucks 443/98 S 280f). 5

2. Auch Erteilung der Dienstfahrerlaubnis aufgrund allgemeiner Fahrerlaubnis ist gem Abs II unter erleichterten Voraussetzungen möglich. Die Bestimmung überläßt es bei Inhabern einer allgemeinen FE dem Ermessen der die DienstFE erteilenden Stelle, auf solche Voraussetzungen für die Erteilung der DienstFE zu verzichten, die schon bei Erteilung der allgemeine FE vorgelegen haben. 6

3. Gegenseitige Mitteilungspflicht nach Maßgabe von Abs III besteht, wenn die FEB die allgemeine FE oder wenn die Dienstfahrerlaubnisbehörde die DienstFE versagt oder entzieht. Mit der Entziehung der allgemeinen FE erlischt auch die DienstFE (Abs IV). Dagegen hat die Entziehung der DienstFE nicht ohne weiteres auch das Erlöschen der allgemeine FE zur Folge, weil die Entziehung der DienstFE auf dem Fehlen von Eigenschaften und Fähigkeiten beruhen kann, über die der Inhaber einer allgemeinen FE nicht verfügen muß. Dies gilt etwa für besondere gesundheitliche Anforderungen beim Führen von DienstFzen (zB der Bundeswehr). Deswegen beschränkt Abs IV S 2 die Mitteilungspflicht bei Versagung und Entziehung der DienstFE auf die Fälle, in denen die Entscheidung auf Vorschriften des StVG beruht, insbesondere weil der Betroffene die Anforderungen der FeV nicht erfüllt (s Begr, BRDrucks 443/98 S 283). 7

5. Sonderbestimmungen für Inhaber ausländischer Fahrerlaubnisse

Anerkennung von Fahrerlaubnissen aus Mitgliedstaaten der Europäischen Union oder einem anderen Vertragsstaat des Abkommens über den Europäischen Wirtschaftsraum

28 (1) ¹Inhaber einer gültigen EU- oder EWR-Fahrerlaubnis, die ihren ordentlichen Wohnsitz im Sinne des § 7 Abs. 1 oder 2 in der Bundesrepublik Deutschland haben, dürfen – vorbehaltlich der Einschränkungen nach den Absätzen 2 bis 4 – im Umfang ihrer Berechtigung Kraftfahrzeuge im Inland führen. ²Auflagen zur ausländischen Fahrerlaubnis sind auch im Inland zu beachten. ³Auf die Fahrerlaubnisse finden die Vorschriften dieser Verordnung Anwendung, soweit nichts anderes bestimmt ist.

(2) ¹Der Umfang der Berechtigung der jeweiligen Fahrerlaubnisklassen ergibt sich aus der Entscheidung vom 21. März 2000 der Kommission über Äquivalenzen zwischen bestimmten Klassen von Führerscheinen (ABl. EG Nr. L 91 S. 1) in der jeweiligen Fassung*. ²Die Berechtigung nach Absatz 1 gilt nicht für Fahrerlaubnisklassen, für die die Entscheidung der Kommission keine entsprechenden Klassen ausweist. ³Für die Berechtigung zum Führen von Fahrzeugen der Klassen M, S, L und T gilt § 6 Abs. 3 entsprechend. ⁴Inhaber einer Fahrerlaubnis der Klasse A1, die das 18. Lebensjahr noch nicht vollendet haben, dürfen nur Leichtkrafträder mit einer durch die Bauart bestimmten Höchstgeschwindigkeit von nicht mehr als 80 km/h führen.

(3) ¹Die Vorschriften über die Geltungsdauer von Fahrerlaubnissen der Klassen C, C1, CE, C1E, D, D1, DE und D1E in § 23 Abs. 1 gelten auch für die entsprechenden EU- und EWR-Fahrerlaubnisse. ²Grundlage für die Berechnung der Geltungsdauer ist das Datum der Erteilung der ausländischen Fahrerlaubnis. ³Wäre danach eine solche Fahrerlaubnis ab dem Zeitpunkt der Verlegung des ordentlichen Wohnsitzes in die Bundesrepublik Deutschland nicht mehr gültig, weil seit

---

* Zurzeit gilt die Entscheidung der Kommission vom 21. März 2000 über Äquivalenzen zwischen bestimmten Klassen von Führerscheinen (ABl. EG Nr. L 91 S. 1).

der Erteilung mehr als fünf Jahre verstrichen sind oder – bei den Klassen C1 und C1E – der Inhaber das 50. Lebensjahr bereits vollendet hat, besteht die Berechtigung nach Absatz 1 Satz 1 noch sechs Monate, gerechnet von der Begründung des ordentlichen Wohnsitzes im Inland an. [4]Für die Erteilung seiner deutschen Fahrerlaubnis ist § 30 in Verbindung mit § 24 Abs. 1 entsprechend anzuwenden.

(4) Die Berechtigung nach Absatz 1 gilt nicht für Inhaber einer EU- oder EWR-Fahrerlaubnis,
1. die lediglich im Besitz eines Lernführerscheins oder eines anderen vorläufig ausgestellten Führerscheins sind,
2. die zum Zeitpunkt der Erteilung ihren ordentlichen Wohnsitz im Inland hatten, es sei denn, daß sie als Student oder Schüler im Sinne des § 7 Abs. 2 die Fahrerlaubnis während eines mindestens sechsmonatigen Aufenthalts erworben haben,
3. denen die Fahrerlaubnis im Inland vorläufig oder rechtskräftig von einem Gericht oder sofort vollziehbar oder bestandskräftig von einer Verwaltungsbehörde entzogen worden ist, denen die Fahrerlaubnis bestandskräftig versagt worden ist oder denen die Fahrerlaubnis nur deshalb nicht entzogen worden ist, weil sie zwischenzeitlich auf die Fahrerlaubnis verzichtet haben,
4. denen auf Grund einer rechtskräftigen gerichtlichen Entscheidung keine Fahrerlaubnis erteilt werden darf oder
5. solange sie im Inland, in dem Staat, der die Fahrerlaubnis erteilt hatte, oder in dem Staat, in dem sie ihren ordentlichen Wohnsitz haben, einem Fahrverbot unterliegen oder der Führerschein nach § 94 der Strafprozeßordnung beschlagnahmt, sichergestellt oder in Verwahrung genommen worden ist.

(5) [1]Das Recht, von einer EU- oder EWR-Fahrerlaubnis nach einer der in Absatz 4 Nr. 3 und 4 genannten Entscheidungen im Inland Gebrauch zu machen, wird auf Antrag erteilt, wenn die Gründe für die Entziehung oder die Sperre nicht mehr bestehen. [2]§ 20 Abs. 1 und 3 gilt entsprechend.

1 **Begr** (BRDrucks 443/98 S 283): **Zu Abs 1:** ... *Nach Artikel 8 Abs. 6 der Richtlinie sind die Mitgliedstaaten nicht verpflichtet, Führerscheine aus anderen Mitgliedstaaten anzuerkennen, die im Wege des Umtauschs eines Führerscheins aus einem Drittland erteilt worden sind. Dies beruht darauf, daß es keine EG-einheitlichen Bestimmungen für die Anerkennung und die Umschreibung von Fahrerlaubnissen aus Drittstaaten gibt ... Da alle EU- und EWR-Staaten nur solchen Personen eine Fahrerlaubnis erteilen dürfen, die mindestens 185 Tage in ihrem Hoheitsgebiet wohnen und diese Bestimmung auch für den Umtausch gilt, ist ein Mindestzeitraum der Verkehrsteilnahme in einem anderen EU- und EWR-Staat gewährleistet. Die §§ 28 und 29 finden deshalb auch auf solche Inhaber von EU- und EWR-Fahrerlaubnisse Anwendung, denen eine Fahrerlaubnis aus einem Drittstaat zugrunde lag.*

2 **Zu Abs 2 und 3:** *Mit Verlegung des ordentlichen Wohnsitzes ins Inland finden aus Gründen der Gleichbehandlung mit hier lebenden Inhabern deutscher Fahrerlaubnisse grundsätzlich die innerstaatlichen Vorschriften Anwendung. Dies kann dort, wo das Fahrerlaubnisrecht durch die Zweite EU-Führerscheinrichtlinie nicht harmonisiert wird, zu Einschränkungen des mitgebrachten Rechts führen. Hierauf beruhen die **Absätze 2 und 3**. Der Bestimmung, daß Inhaber einer deutschen Fahrerlaubnis der Klasse A1 bis zur Vollendung des 18. Lebensjahres nur Leichtkrafträder mit einer durch die Bauart bestimmten Höchstgeschwindigkeit von nicht mehr als 80 km/h führen dürfen, unterliegen auch Inhaber entsprechender ausländischer Fahrerlaubnisse. Sofern diese Personen allerdings keinen Wohnsitz in der Bundesrepublik Deutschland haben und hier nur vorübergehend am Straßenverkehr im Inland teilnehmen, gilt diese Einschränkung nicht.*

*Die Richtlinie erlaubt den Mitgliedstaaten in Artikel 1 Abs. 3 auch die Anwendung ihrer innerstaatlichen Rechtsvorschriften hinsichtlich der Gültigkeitsdauer der Fahrerlaubnisse und der ärztlichen Kontrollen der Fahrerlaubnisinhaber. In der Bundesrepublik Deutschland wird die Fahrerlaubnis in den in **Absatz 3** genannten Klassen jeweils längstens für fünf Jahre erteilt und nur nach einer ärztlichen Kontrolluntersuchung verlängert. Diese Regelung wird auf Inhaber ausländischer Fahrerlaubnisse ausgedehnt. Grundlage für die Berechnung der Geltungsdauer ist das Datum der Erteilung der ausländischen Fahrerlaubnis. Liefe die Frist erst von der Verlegung des ordentlichen Wohnsitzes in die Bundesrepublik Deutschland ab, könnte dies z. B. bei einer Geltungsdauer von zehn Jahren im Heimatstaat dazu führen, daß der Betreffende fast fünfzehn Jahre lang nicht mehr untersucht wird, wenn er kurz vor Ablauf der zehnjährigen Geltungsdauer seinen ordentlichen*

Anerkennung von Fahrerlaubnissen aus EU-Mitgliedstaaten § 28 FeV 3a

Wohnsitz in die Bundesrepublik Deutschland verlegt. Dies ist aus Gründen der Gleichbehandlung mit Inhabern hier lebender inländischer Fahrerlaubnisse nicht hinnehmbar.

Stellt man auf den Zeitpunkt der Erteilung der Fahrerlaubnis ab, kann allerdings der Fall eintreten, daß eine solche Fahrerlaubnis ab dem Zeitpunkt der Verlegung des ordentlichen Wohnsitzes in die Bundesrepublik Deutschland oder unmittelbar danach nicht mehr gültig ist, weil seit deren Erteilung bereits mehr als fünf Jahre verstrichen sind oder – bei den Klassen C1 und C1E – der Inhaber das 50. Lebensjahr bereits vollendet hat oder kurz nach Wohnsitzverlegung vollendet. Um dem Interesse des betroffenen Fahrerlaubnisinhabers nach einer möglichst reibungslosen Eingliederung am neuen Wohnsitz Rechnung zu tragen, wird in solchen Fällen eine Übergangsfrist von 185 Tagen gewährt, in denen der Inhaber mit seiner ausländischen Fahrerlaubnis am Verkehr im Inland teilnehmen kann, sofern diese Fahrerlaubnis nach dem Recht des Heimatstaates noch gültig ist. Die Erteilung der notwendigen deutschen Fahrerlaubnis richtet sich nach § 30 in Verbindung mit § 24 Abs. 1 der Verordnung.

Zu Abs 4: ... Die ausländische Fahrerlaubnis berechtigt auch dann nicht zum Führen von Kraftfahrzeugen im Inland, solange der Inhaber im erteilenden Staat einem Fahrverbot unterliegt (Nummer 4*). Die Anerkennung der ausländischen Fahrerlaubnis in diesen Fällen war im Rahmen der Verordnung über den internationalen Kraftfahrzeugverkehr fraglich geworden, weil nach deutschem Recht ein Fahrverbot den Bestand der Fahrerlaubnis unberührt läßt, der Betreffende also trotz eines gegen ihn verhängten Fahrverbots immer noch Inhaber einer Fahrerlaubnis ist. Der Staat des Wohnsitzes wird in der Regel auch der Staat sein, der die Fahrerlaubnis erteilt hatte. Es sind jedoch auch Fälle denkbar, in denen der Betreffende im Wohnsitzstaat ein Fahrverbot hat, aber eine Fahrerlaubnis aus einem Drittstaat besitzt. Auch in diesem Fall wird die ausländische Fahrerlaubnis während der Dauer des Fahrverbots nicht anerkannt. Der Fall, daß außerhalb des Wohnsitzstaates oder des erteilenden Staates ein Fahrverbot besteht, wird nicht einbezogen, da der Betreffende in der Regel trotzdem im Besitz seines Führerscheins sein wird und das Fahrverbot deshalb nicht zu kontrollieren ist.

Begr zur ÄndVO v 7. 8. 02 (BRDrucks 497/02): *§ 28 in der bisher geltenden Fassung stellt darauf ab, ob der Inhaber im Besitz irgend einer gültigen EU- oder EWR-Fahrerlaubnis ist. Es muss sich nicht um eine harmonisierte Fahrerlaubnisklasse nach der Richtlinie des Rates vom 29. Juni 1991 über den Führerschein (91/439/EWG) handeln ... Aus Verkehrssicherheitsgründen und aus Gründen der Gleichbehandlung mit hier lebenden Inhabern deutscher Fahrerlaubnisse ... ist eine Angleichung des mitgebrachten Rechts an die nationalen, entsprechenden Fahrerlaubnisklassen angezeigt. Die uneingeschränkte Berechtigung soll sich daher unmittelbar nur auf die harmonisierten Fahrerlaubnisklassen beziehen. Für den Umfang der Berechtigung der jeweiligen Fahrerlaubnis werden die entsprechenden Klassen der Entscheidung der Kommission über Äquivalenzen zwischen bestimmten Klassen von Führerscheinen zu Grunde gelegt (§ 28 Abs. 2 Sätze 1 bis 3 neu). Zu den harmonisierten Klassen gehört danach z. B. auch die in Deutschland nicht eingeführte Klasse B1 ...*

3a

Zu Abs 4: *In den in § 28 Abs. 4 enthaltenen Katalog der Gründe, die die Nutzung einer ausländischen EU- oder EWR-Fahrerlaubnis ausschließen, wird die so genannte isolierte Sperre nach § 69a Abs. 1 Satz 3 StGB eingefügt. Ist der Betroffene ungeeignet zum Führen von Kraftfahrzeugen, besitzt er aber aus irgendeinem Grund zur Zeit keine Fahrerlaubnis, so untersagt das Gericht der Verwaltungsbehörde während der Dauer der Sperre dem Betroffenen eine Fahrerlaubnis zu erteilen. Auch der Inhaber einer ausländischen Fahrerlaubnis soll von seinem Fahrerlaubnisrecht im Inland im Rahmen von § 28 keinen Gebrauch machen dürfen, wenn gegen ihn eine solche Sperre verhängt ist.*

Zu Abs 5: *Nach dem neuen Absatz 5 muss der von einer der in Absatz 4 Nr. 3 oder Nr. 4 genannten Entscheidungen Betroffene das Recht, von seiner Fahrerlaubnis im Inland Gebrauch machen zu können, beantragen. Dabei wird nicht auf die Regelungen für die Neuerteilung einer Fahrerlaubnis nach vorangegangener Entziehung in § 20 Bezug genommen, weil die ausländische Fahrerlaubnis als solche weiter bestanden hat und der Betreffende im Ausland fahren durfte. Es genügt vielmehr der Antrag, von seiner bestehenden ausländischen Fahrerlaubnis im Inland Gebrauch*

---

* Jetzt: Nr. 5.

machen zu dürfen. Diese Berechtigung wird ihm durch Verwaltungsakt der örtlich zuständigen Fahrerlaubnisbehörde „zuerkannt", wenn die Gründe, die seinerzeit zur Aberkennung des Rechts bzw. zur isolierten Sperre geführt haben, nicht mehr bestehen. Die neue Regelung in § 28 Abs. 5 entspricht der Bestimmung, die bereits für Führerscheine aus Drittlandstaaten in § 4 Abs. 4 IntKfzV enthalten ist.

4 **1. Gültige EU/EWR-Fahrerlaubnis.** Anders als bei Inhabern von FEen aus Drittstaaten (§ 4 IntVO), ist die Berechtigung, im Inland Kfze zu führen, bei Inhabern von FEen aus Mitgliedstaaten der EU oder des Europäischen Wirtschaftsraums (EWR) nicht auf 6 (bzw in Ausnahmefällen, § 4 I S 4 IntVO, auf 12) Monate befristet. Auch **nach Begründung eines ordentlichen Wohnsitzes** im Inland berechtigen EU/EWR-FEe grundsätzlich zum Führen fahrerlaubnispflichtiger Kfze im Inland, dann jedoch mit den sich aus Abs II und III ergebenden Einschränkungen. Auf die Staatsangehörigkeit kommt es dabei nicht an. Die Berechtigung gilt also grundsätzlich auch für Deutsche mit einer FE aus einem EU/EWR-Staat. Unerheblich ist auch, ob die FE in dem EU- oder EWR-Staat nach einer FEPrüfung oder im Wege des Umtauschs einer zuvor in einem Drittland erworbenen FE erteilt wurde, s Begr Rz 1. Die uneingeschränkte Berechtigung bezieht sich gem II S 2 nur auf die iS der Zweiten EG-FSRichtlinie harmonisierten FEKlassen (s Begr, Rz 3 a). Insoweit unterscheidet sich die für den Fall der Wohnsitzbegründung im Inland getroffene Regelung des § 28 von derjenigen des § 4 IntVO, wonach vorübergehend (§ 4 I IntVO) auch FEe der nichtharmonisierten Klassen im Inland anerkannt werden. Jedoch gilt die Einschlußregelung des § 6 III (II S 3) ohne die Notwendigkeit einer Umschreibung des ausländischen FS. Für die Berechtigung der Kl M, S, L und T bedarf es entsprechend § 6 III keines Umtausches des ausländischen FS (s Begr, BRDrucks 497/02 S 67). Für nichtharmonisierte nationale Klassen gilt § 30, dh, der Inhaber kann Erteilung der entsprechenden deutschen FE beantragen. Die Berechtigung gilt nicht für LernFSe oder andere nur vorläufig ausgestellte FSe (IV Nr 1). Ordentlicher Wohnsitz: § 7 I (s § 2 StVG Rz 3). **Bei nur vorübergehendem Aufenthalt** im Inland gilt, soweit die Berechtigung nach § 4 IntVO weiter geht, jene Vorschrift. Denn auf Inhaber von EU/EWR-FEen **ohne ständigen Aufenthalt in Deutschland** ist § 4 IntVO anzuwenden, s VBl **96** 343. Das hat auch zu gelten, wenn zwar ein inländischer ordentlicher Wohnsitz begründet ist, die Frist für die Berechtigung nach § 4 IntVO aber noch nicht abgelaufen ist, s *Bouska* DAR **96** 278. Denn insoweit können Inhaber von EU/EWR-FEen nicht schlechter gestellt sein als **Personen mit FEen aus Drittstaaten,** deren Berechtigung zum vorübergehenden Führen von Kfzen im Inland in § 4 IntVO geregelt ist. S dazu § 31 Rz 16 ff.

5 **2. Voraussetzung für die Berechtigung** nach Abs I ist, daß die EU/EWR-FE nicht zu einem Zeitpunkt erteilt worden ist, zu dem der Inhaber seinen ordentlichen **Wohnsitz im Inland** hatte (IV Nr 2). Jedoch genügt *Begründung* des Wohnsitzes im Ausland; daß dieser bei FEErteilung schon 185 Tage bestand (§ 7), ist nicht erforderlich, BaySt **00** 14 = NZV **00** 261. Unter Berücksichtigung des dem § 7 I 3 zugrunde liegenden Gedankens wird anzunehmen sein, daß die Berechtigung trotz des Wortlauts von Abs IV Nr 2 nicht entfällt, wenn die EU/EWR-FE im Heimatland eines ausländischen Berufspendlers erworben wurde, der zum Zeitpunkt des Erwerbs in Deutschland einen Zweitwohnsitz unterhielt, s *Bouska* NZV **00** 322. **Schüler und Studenten,** die sich ausschließlich zum Zweck des Hochschul- oder Schulbesuchs in einem EU- oder EWR-Staat aufhalten, behalten ihren ordentlichen Wohnsitz nach der Fiktion des Art 9 II S 3 der Zweiten EG-FS-Richtlinie im Heimatstaat (s § 7 II). Dennoch gilt die Berechtigung des Abs I für eine ausländische FE, die sie während eines solchen Aufenthalts erworben haben, vorausgesetzt, die Aufenthaltsdauer betrug mindestens 6 Monate.

Nach dem Urteil des **EuGH** v 29. 4. 05, DAR **04** 333 (zust *Otte/Kühner* NZV **04** 326, *Bräutigam* BA **04** 441, Anm *Geiger* DAR **04** 340, *Kalus* VD **04** 147, *Weibrecht* VD **04** 153) ist das Wohnsitzerfordernis des **Abs IV Nr 2 nicht mit EG-Recht vereinbar,** weil es gegen den Grundsatz der gegenseitigen Anerkennung von FEen der Mitgliedstaaten (Art 1 II der 2. EG-FSRichtlinie) verstößt, VGH Ma DAR **04** 606 (Anm *Haus* ZfS **04** 483). Zur Frage der unmittelbaren Geltung von EG-Richtlinien, s **E** 15.

3. Ausschluß der Berechtigung bei Entziehung oder Versagung der FE, 6
FESperre und bei Verzicht. Die Berechtigung nach Abs I gilt nicht nach EdF gem
§ 111a StPO, **nach bestandskräftiger oder sofort vollziehbarer EdF** oder **Versagung** der FEErteilung durch die VB sowie in Fällen unterbliebener behördlicher EdF nur im Hinblick auf einen **FEVerzicht** des Betroffenen, Abs IV Nr 3. Dies entspricht im wesentlichen der Regelung in § 4 III Nr 3 IntVO. Auch diese Ausnahme von der grundsätzlichen Anerkennung von EU-FEen **verstößt** nach dem Urteil des **EuGH** v 29. 4. 05, DAR **04** 333 (zust *Otte/Kühner* NZV **04** 321, 328, krit *Geiger* DAR **04** 340, Anm *Kalus* VD **04** 147, *Weibrecht* VD **04** 153) jedenfalls insoweit **gegen europäisches Gemeinschaftsrecht** (Art 1 II der 2. EG-FSRichtlinie), als danach auch einer nach Ablauf einer strafgerichtlichen FESperre erworbenen ausländischen EU-FE die Anerkennung versagt wird. Offen bleibt nach dem Inhalt des Urteils des EuGH, ob danach Entsprechendes auch für eine nach verwaltungsbehördlicher EdF erworbene EU-FE gelten soll, da dann keine Sperre wirksam ist, verneinend *Geiger* DAR **04** 340, *Haus* ZfS **04** 484. Nach Entziehung einer *ausländischen* FE gem § 69b StGB (in der ab 1. 1. 99 geltenden Fassung) oder Anordnung einer „isolierten" FESperre besteht der Ausschluß von der Berechtigung nach Abs I auch nach Ablauf der Sperre (§ 69a StGB) zunächst fort; erneute Berechtigung erst nach auf Antrag erteilter ausdrücklicher Erlaubnis der VB, von der ausländischen FE wieder Gebrauch zu machen, Abs V. Nach seinem Wortlaut schließt IV Nr 3 die Berechtigung auch dann aus, wenn die **inländische FE vor dem 1. 1. 99** nach früherem Recht **entzogen** worden und die Sperre vor diesem Datum abgelaufen ist. Der Anwendung des Abs IV Nr 3 auf solche „Altfälle" soll nach hM auch nicht der Umstand entgegenstehen, daß das Recht zum erneuten Führen fahrerlaubnispflichtiger Kfze im Inland mit einer gültigen ausländischen FE *vor* dem 1. 1. 99 ohne Antragstellung gem § 2 (§ 4 I Nr 2) EU/EWR-FührerscheinVO wieder aufgelebt war, BGHSt **47** 336 = NJW **02** 2330 (tatbestandliche Rückanknüpfung, „unechte" Rückwirkung, zust Anm *Hillmann* BA **03** 152), Kar VRS **105** 374, Sa BA **03** 153. Demgegenüber vertritt zB das OLG Kar VRS **101** 220 mit beachtlichen Argumenten die Auffassung, daß sich Abs IV Nr 3 nach dem Gesetzeszweck und dem Willen des VOGebers nicht auf Altfälle erstrecke, eine – möglicherweise seit Jahren – wieder bestehende Berechtigung also nicht am 1. 1. 99 wieder entfallen sei (was im Ergebnis zu einer „kollektiven" EdF in bezug auf Altfälle führt, s *Hentschel* NJW **02** 728), ebenso VG Br DAR **99** 377. Zur Bedeutung vor dem 1. 1. 99 nach § 69b aF angeordneter Entziehung *ausländischer* FE, s § 69b StGB Rz 4. Bei einem vor dem 1. 1. 99 erklärten Verzicht auf die deutsche FE spielt das Problem der „Altfälle" entgegen Stu VR **04** 188 im Hinblick auf § 4 Nr 3 EU/EWR-FührerscheinVO keine Rolle. Wurde eine ausländische FE in eine deutsche umgeschrieben, die deutsche jedoch später durch die VB entzogen, so berechtigt die ausländische auch dann nicht zum Führen von Kfzen, wenn danach eine deutsche FE einer niedrigeren Klasse erteilt worden ist, VG Mü DAR **97** 457. Die sog „isolierte Sperre" gem § 69a I S 3 StGB steht nunmehr gem der durch ÄndVO v 7. 8. 02 in Abs IV eingefügten Nr 4 der *Entziehung* gleich, schließt also ebenso die Berechtigung aus. Nach Ablauf der Sperre bedarf es, wenn der Betroffene inzwischen im Ausland eine gültige FE erworben hat, eines Antrages nach Abs V.

3a. Führerscheinsicherstellung, Fahrverbot (Abs IV Nr 5). Nicht nur vorläufige 7
EdF gem § 111a StPO, sondern auch vorläufige Führerscheinmaßnahmen gem § 94
StPO (**Sicherstellung, Beschlagnahme**) führen zum Ausschluß der Berechtigung
nach Abs I. Dasselbe gilt für die Dauer eines **Fahrverbotes**, sofern dieses entweder
im Inland angeordnet wurde (§§ 25 StVG, 44 StGB) oder im Staat des ordentlichen
Wohnsitzes des FEInhabers oder in dem Staat, in dem die FE erteilt worden ist. Keinen
Einfluß hat ein ausländisches Fahrverbot, wenn in jenem Staat weder die FE erteilt worden ist, noch ein ordentlicher Wohnsitz des FEInhabers besteht, s Begr Rz 3.

4. Mindestalter. Die ausländische EU/EWR-Fahrerlaubnis wird auch dann aner- 8
kannt, wenn das Mindestalter in dem Staat, in dem die FE erteilt wurde, niedriger ist als
nach den deutschen Bestimmungen. Von der den Mitgliedstaaten in Art 6 III der Zweiten EG-FS-Richtlinie eingeräumten Möglichkeit, die Gültigkeit eines FS in ihrem
Hoheitsgebiet abzulehnen, wenn der Inhaber noch nicht das 18. Lebensjahr vollendet

hat, hat der VOGeber somit keinen Gebrauch gemacht. Gem II S 2 gilt jedoch die Beschränkung des § 6 II S 3 in bezug auf **geschwindigkeitsbeschränkte Leichtkrafträder** für Inhaber der FEKl A1 unter 18 Jahren auch für EU/EWR-FEe. Die Einschränkung gilt nicht, soweit sich aus § 4 IntVO (innerhalb der Sechs- oder Zwölf-Monatsfrist) eine weitergehende Berechtigung ergibt, s Rz 4. Ist das vorgeschriebene Mindestalter für die betreffende Klasse im Inland niedriger als in dem die FE erteilenden Staat, so gilt die Inlandsregelung. Mißachtung der sich aus Abs II ergebenden Einschränkungen: § 21 StVG.

9   **5. Geltungsdauer bei Lkw- und Busführerscheinen.** Die deutschen Bestimmungen des § 23 über die Geltungsdauer von FEen der Klassen C und D mit ihren Kombinationen (E, 1, 1E) sind nach Maßgabe von Abs III auch auf EU/EWR-FEe anzuwenden. Eine über die 6-Monatsfrist des Abs III S 3 hinausgehende Berechtigung kann sich aus § 4 IntVO ergeben, s *Hentschel* NJW **96** 2766, s Rz 4. Führen von Kfzen der in Abs III genannten Klassen über die sich daraus ergebende Geltungsdauer: § 21 StVG.

10   **6. Ordnungswidrigkeit.** Nichtbeachtung von Auflagen zur EU/EWR-FE beim FzFühren im Inland (Abs I S 2) ist gem §§ 75 Nr 9 FeV, 24 StVG ow.

Lit: *Bouska*, Fahrberechtigung von Berufspendlern mit ausländischer FE im Inland, NZV **00** 321. *Hentschel*, Trunkenheit, Fahrerlaubnisentziehung, Fahrverbot, 9. Aufl. 2003, Rz 811 ff. *Derselbe*, Der Einfluß einer gem § 69 b StGB in der bis zum 31. 12. 1998 geltenden Fassung angeordneten Entziehung einer ausländischen FE auf die Berechtigung gem §§ 28 FeV, 4 IntVO, DAR **01** 193. *Mahlberg*, Zur Anerkennung von EG-Führerscheinen nach dem neuen FERecht, JbVerkR **00** 197. *Otte/Kühner*, Führerscheintourismus ohne Grenzen?, NZV **04** 321. **Weitere Lit:** s auch § 31 Rz 22.

Lit zur 2. EG-FS-Richtlinie: *Brandt, Jagow, Neidhart,* VGT **91** 103, 110, 118, *Jagow* VD **92** 121, DAR **92** 453, **95** 360.

29 aufgehoben (3. VO zur Ändg der FeV und anderer straßenverkehrsrechtlicher Vorschriften v 9. 8. 04, BGBl I S 2092, Art 1 Nr 7)

Erteilung einer Fahrerlaubnis an Inhaber einer Fahrerlaubnis aus einem Mitgliedstaat der Europäischen Union oder einem anderen Vertragsstaat des Abkommens über den Europäischen Wirtschaftsraum

30 (1) ¹Beantragt der Inhaber einer EU- oder EWR-Fahrerlaubnis, die zum Führen von Kraftfahrzeugen im Inland berechtigt oder berechtigt hat, die Erteilung einer Fahrerlaubnis für die entsprechende Klasse von Kraftfahrzeugen, sind folgende Vorschriften nicht anzuwenden:
1. § 11 Abs. 9 über die ärztliche Untersuchung und § 12 Abs. 6 über die Untersuchung des Sehvermögens, es sei denn, daß in entsprechender Anwendung der Regelungen in den §§ 23 und 24 eine Untersuchung erforderlich ist,
2. § 12 Abs. 2 über den Sehtest,
3. § 15 über die Befähigungsprüfung,
4. § 19 über die Unterweisung in lebensrettenden Sofortmaßnahmen und die Ausbildung in Erster Hilfe,
5. die Vorschriften über die Ausbildung.

²Ist die ausländische Fahrerlaubnis auf das Führen von Kraftfahrzeugen mit automatischer Kraftübertragung beschränkt, ist die Fahrerlaubnis auf das Führen von Kraftfahrzeugen mit automatischer Kraftübertragung zu beschränken. ³§ 17 Abs. 6 Satz 2 ist entsprechend anzuwenden.

(2) ¹Läuft die Geltungsdauer einer EU- oder EWR-Fahrerlaubnis der Klassen A, B oder BE oder einer Unterklasse dieser Klassen, die zum Führen von Kraftfahrzeugen im Inland berechtigt hat, nach Begründung des ordentlichen Wohnsitzes in der Bundesrepublik Deutschland ab und sind bis zum Tag der Antragstellung nicht mehr als zwei Jahre verstrichen, findet Absatz 1 entsprechend Anwendung; handelt es sich um eine Fahrerlaubnis der Klassen C oder D oder einer Unter- oder Anhängerklasse, wird die deutsche Fahrerlaubnis in entsprechender Anwendung von § 24 Abs. 2 erteilt. ²Satz 1 findet auch Anwendung, wenn die Geltungsdauer be-

reits vor Begründung des ordentlichen Wohnsitzes abgelaufen ist. ³In diesem Fall hat die Fahrerlaubnisbehörde jedoch eine Auskunft nach § 22 Abs. 2 Satz 3 einzuholen, die sich auch darauf erstreckt, warum die Fahrerlaubnis nicht vor der Verlegung des ordentlichen Wohnsitzes in die Bundesrepublik Deutschland verlängert worden ist. ⁴Sind bis zum Tag der Antragstellung mehr als zwei Jahre verstrichen, finden nur die Vorschriften über die Ausbildung keine Anwendung.

(3) ¹Der Führerschein ist nur gegen Abgabe des ausländischen Führerscheins auszuhändigen. ²Außerdem hat der Antragsteller sämtliche weitere Führerscheine abzuliefern, soweit sie sich auf die EU- oder EWR-Fahrerlaubnis beziehen, die Grundlage der Erteilung der entsprechenden deutschen Fahrerlaubnis ist. ³Die Fahrerlaubnisbehörde sendet die Führerscheine unter Angabe der Gründe über das Kraftfahrt-Bundesamt an die Behörde zurück, die sie jeweils ausgestellt hatte.

(4) Auf dem Führerschein ist in Feld 10 der Tag zu vermerken, an dem die ausländische Fahrerlaubnis für die betreffende Klasse erteilt worden war.

(5) Absatz 3 gilt nicht für entsandte Mitglieder fremder diplomatischer Missionen im Sinne des Artikels 1 Buchstabe b des Wiener Übereinkommens vom 18. April 1961 über diplomatische Beziehungen (BGBl. 1964 II S. 957) in der jeweils geltenden Fassung und entsandte Mitglieder berufskonsularischer Vertretungen im Sinne des Artikels 1 Abs. 1 Buchstabe g des Wiener Übereinkommens vom 24. April 1963 über konsularische Beziehungen (BGBl. 1969 II S. 1585) in der jeweils geltenden Fassung sowie die zu ihrem Haushalt gehörenden Familienmitglieder.

Begr (BRDrucks 443/98 S 287): **Zu Abs 1:** *Absatz 1 Satz 1 nennt die Erteilungsvoraussetzungen, von denen der Bewerber befreit ist. Ein Erwerb der deutschen Fahrerlaubnis wird immer dann nötig sein, wenn die Geltungsdauer der ausländischen Fahrerlaubnis abläuft. Eine Verlängerung im erteilenden Staat ist nicht möglich. Nach Artikel 7 Abs. 1 der Richtlinie setzt die Erteilung einer Fahrerlaubnis und die Ausstellung eines Führerscheins einen ordentlichen Wohnsitz im betreffenden Mitgliedstaat voraus. Gemeint ist damit nicht nur die erstmalige Erteilung und Ausstellung eines Führerscheins, sondern z. B. auch die Verlängerung einer Fahrerlaubnis, eine Neuerteilung nach Ablauf der Geltungsdauer oder einer vorangegangenen Entziehung ... Nach einem Wohnsitzwechsel ist damit ausschließlich der neue Wohnsitzstaat zuständig ... Würde man als Voraussetzung für die Erteilung der Fahrerlaubnis des Wohnsitzmitgliedstaates stets eine gültige ausländische Fahrerlaubnis verlangen, hätte dies zur Folge, daß der Bewerber keine neue Fahrerlaubnis oder nur unter den Bedingungen für die Ersterteilung erlangen könnte: Der erteilende Staat ist mangels Wohnsitzes nicht mehr zuständig, der Wohnsitzstaat lehnt die Erteilung mangels gültiger Fahrerlaubnis ab. Dies würde das Recht auf Freizügigkeit in unzulässiger Weise beeinträchtigen ...* 1

Begr zur ÄndVO v 7. 8. 02 (BRDrucks 497/02 S 68): **Zu Abs 1:** *§ 30 Abs. 1 enthält für die freiwillige Umstellung von EU- oder EWR-Fahrerlaubnissen die Regelung, dass die Fahrerlaubnis auf das Führen von Fahrzeugen mit automatischer Kraftübertragung zu beschränken ist, wenn entweder die ausländische Fahrerlaubnis bereits eine solche Beschränkung des Fahrerlaubnisrechts enthält oder wenn der ausländische Führerschein einen Vermerk darüber enthält, dass die Prüfung auf einem Fahrzeug mit automatischer Kraftübertragung abgelegt worden ist (ohne dass jedoch das Recht entsprechend beschränkt ist).*

Zu Abs 3: *... Bei den weiteren ausländischen Führerscheinen handelt es sich z. B. um einen etwa noch vorhandenen Ersatzführerschein oder um einen Führerschein, den der Betroffene bei einer Erweiterung auf andere Klassen nicht der Behörde abgeliefert hat, obwohl er im Zuge der Erweiterung einen neuen Führerschein erhalten hat. Grundlage für diese Regelung ist Artikel 7 Abs. 5 der Zweiten EU-Führerscheinrichtlinie, wonach jeder EU-Bürger nur im Besitz einer Fahrerlaubnis und eines Führerscheins für die betreffende Klasse sein soll. Mit dieser Ablieferungspflicht soll dem Missbrauch dieser insbesondere nach der Umschreibung in eine deutsche Fahrerlaubnis nunmehr „überflüssigen" ausländischen Führerscheine entgegengewirkt werden ...*

1. Voraussetzungen für die „Umschreibung". a) Der Antragsteller muß seinen ordentlichen Wohnsitz im Inland haben (§§ 2 II Nr 1 StVG, 7 I FeV). „Ordentlicher Wohnsitz": s § 2 StVG Rz 3, § 7 FeV Rz 3 ff. 2

b) Der Antragsteller muß Inhaber einer **gültigen von einem EU- oder EWR-Staat erteilten FE** sein. Eine durch Täuschung oder Bestechung erlangte ausländische 3

3a FeV § 30 II. Führen von Kraftfahrzeugen

FE ist zwar möglicherweise gültig, OVG Münster NZV **91** 444 (s § 21 StVG Rz 2), jedoch wird eine Umschreibung wegen bestehender Eignungsbedenken (s Rz 7) ausscheiden. Stellt sich nach erfolgter Umschreibung die Ungültigkeit (Fälschung) des vorgelegten ausländischen FS heraus, ist die FEErteilung durch die VB zurückzunehmen, VGH Ma NZV **94** 454.

4   **c)** Die ausländische FE muß zum Führen von Kfzen **im Inland berechtigen** oder berechtigt haben. Unter welchen Voraussetzungen das der Fall ist, bestimmt sich nach § 4 IntVO (bei vorübergehendem Inlandsaufenthalt) oder § 28 FeV (nach Begründung eines ordentlichen Wohnsitzes im Inland). Nicht umgeschrieben werden können daher die in Rz 6 erwähnten FSe (§§ 28 IV Nr 1 FeV, 4 III Nr 1 IntVO) oder eine nach Begr des ständigen Aufenthalts im Inland erworbene ausländische FE (§§ 28 IV Nr 2 FeV, 4 III Nr 2 IntVO), BVG VRS **66** 302, VG Bra NZV **94** 296, VG Saarlouis ZfS **96** 198, s VG Darmstadt DAR **79** 107, es sei denn der Inhaber hätte eine EU/EWR-FE als Schüler oder Student während eines mindestens sechsmonatigen, ausschließlich dem Schul- bzw Hochschulbesuch dienenden Auslandsaufenthalt erworben (§§ 28 IV Nr 2 FeV, 4 III Nr 2 IntVO).

5   **d)** Eine **befristete EU/EWR-FE** der **Klassen A, B, BE** oder einer Unterklasse dieser Klassen kann nach Maßgabe von Abs II auch noch umgeschrieben werden, wenn ihre Gültigkeit nach Begründung eines ordentlichen Wohnsitzes im Inland abgelaufen ist, jedoch nur innerhalb von zwei Jahren nach Ablauf der Geltungsdauer (Abs II S 1). Entsprechendes gilt bei Ablauf der Gültigkeitsdauer vor Wohnsitzbegründung im Inland (Abs II S 2). Für die Umschreibung einer EU/EWR-FE der **Klassen C oder D** oder einer ihrer Unter- oder Anhängerklassen gilt gem Abs II S 1, Halbsatz 2, § 24 II entsprechend, dh, der Antragsteller wird ebenso behandelt wie der Inhaber einer deutschen FE dieser Klassen, der innerhalb von zwei Jahren nach Ablauf der Geltungsdauer Neuerteilung beantragt. Sind zwischen Ablauf der Gültigkeit und Antragstellung mehr als zwei Jahre verstrichen, muß der Inhaber der abgelaufenen EU/EWR-FE dieser Klassen, ebenso wie der Inhaber einer abgelaufenen deutschen FE sowohl die theoretische als auch die praktische Fahrprüfung wiederholen, nicht allerdings auch die Ausbildung, wie II S 4 ausdrücklich klarstellt.

6   **e) Keine ausländische FE** iS von Abs I sind die in §§ 28 IV Nr 1, 4 III Nr 1 IntVO genannten LernFSe und vorläufig ausgestellten FSe wie zB die belgische Licence d'Apprentissage, VBl **69** 407, oder ein FS der französischen Fremdenlegion, LG Augsburg VR **66** 1175, s BGH VR **69** 748. Sie sind keine allgemeinen Fahrerlaubnisse ihrer Länder, mögen sie dort auch zum Führen von ZivilFzen berechtigen oder entsprechend umgeschrieben werden dürfen. Eine italienische Bescheinigung darüber, zusammen mit einem Fahrlehrer ein Kfz führen zu dürfen, ist keine EU/EWR-FE iS von Abs I, Fra VR **81** 50.

7   **f)** Ein genereller Nachweis der **Eignung zum Führen** von Kfzen ist nicht Voraussetzung für die Umschreibung. Auf einer entsprechenden Vorgabe der EG-Richtlinie v 4. 12. 80 zur Einführung eines EG-Führerscheins beruhte schon die Fassung des § 15 StVZO (alt), die einen solchen Nachweis nicht verlangt. Das bedeutet indessen nicht, daß die Umschreibung trotz bestehender Bedenken gegen die Eignung erfolgen müßte, OVG Saarlouis ZfS **98** 239; §§ 11 II, 22 II sind in Abs I unter den nicht anzuwendenden Vorschriften nicht erwähnt, bleiben also anwendbar, s BVG VRS **66** 305, NZV **96** 292, Stu NZV **89** 402, *Bouska* DAR **83** 134, *Offermann-Clas* NJW **87** 3039 (alle zu § 15 StVZO alt). Im übrigen setzt die Erteilung einer FE (und damit auch die „Umschreibung" als Erteilung einer deutschen FE auf der Grundlage einer ausländischen) gem § 2 II Nr 3 StVG zwingend die Eignung zum Führen von Kfze voraus.

8   **2. Die deutsche Fahrerlaubnis der entsprechenden Klasse** ist dem Inhaber der ausländischen FE auf Antrag ohne Fahrprüfung sowie unter den übrigen in Abs I vorgesehenen Erleichterungen zu erteilen, sofern er die Voraussetzungen des Abs I oder II erfüllt (Rechtsanspruch). Handelt es sich bei der ausländischen FE um eine nicht harmonisierte FEKl, so wird nur insoweit prüfungsfrei umgetauscht, als diese einer deutschen (harmonisierten) FEKl entspricht, s *Weibrecht* NZV **00** 244. Die nach § 30 erteilte deutsche FE kann nur nach Maßgabe des deutschen Rechts beschränkt oder entzogen wer-

den, OVG Berlin VRS **51** 317. Bei Beschränkung der ausländischen FE auf Fze mit **automatischer Kraftübertragung** wird in den Fällen der „Umschreibung" nach Abs I auch die deutsche FE auf Fze dieser Art beschränkt (I S 2). Die Beschränkung der FE kann der Antragsteller nur durch eine praktische Fahrprüfung in einem Fz mit Schaltgetriebe abwenden (Abs I S 3, § 17 VI S 2).

3. Die Erleichterungen. Bei Inhabern von EU/EWR-FEen entfallen die Vorschriften über die theoretische und praktische Fahrausbildung (§§ 16 III, 17 V) sowie die theoretische und praktische FEPrüfung (§ 15). Entbehrlich ist ferner der Nachweis der Unterweisung in Sofortmaßnahmen am Unfallort und – in Fällen der FEKl C und D mit ihren Unterklassen – der Ausbildung in Erster Hilfe (§ 19). Schließlich bedarf es nicht des Sehtestes (§ 12) und – bei FEKl C und D mit ihren Unterklassen – der ärztlichen Gesundheitsprüfung (§ 11 IX). Alle übrigen, in Abs I nicht ausdrücklich genannten Bestimmungen über die FEErteilung bleiben anwendbar. **9**

4. Nur gegen Abgabe sämtlicher ausländischer FSe, die aufgrund der EU/ EWR-FE erteilt wurden, wird der deutsche FS nach „Umschreibung" ausgehändigt (Abs III S 1, 2). Die ausländische FE erlischt durch den Umtausch nicht, ebensowenig im umgekehrten Fall – Erwerb einer ausländischen FE aufgrund der deutschen – die deutsche FE, OVG Ko NZV **95** 373 (Anm *Voss/Klose* MDR **96** 242). Die FEB sendet die ausländischen FSe über das KBA an die ausstellende ausländische Behörde zurück (III S 3), wie es in Art 8 III der Zweiten EG-FS-Richtlinie bestimmt ist. Abs V enthält eine **Sonderregelung für Diplomaten** und andere bevorrechtigte Personen, die bezüglich der Umschreibungsmöglichkeit ohne theoretische und praktische Prüfung den Inhabern von EU/EWR-FEen gleichgestellt werden. **10**

5. Ordnungswidrigkeit. Die Zuwiderhandlung des Antragstellers gegen Abs III S 2 (Aushändigung sämtlicher weiterer aufgrund der EU/EWR-FE erteilten FSe) ist gem § 75 Nr 10 ow. **11**

Erteilung einer Fahrerlaubnis an Inhaber einer Fahrerlaubnis aus einem Staat außerhalb des Abkommens über den Europäischen Wirtschaftsraum

31 (1) ¹Beantragt der Inhaber einer Fahrerlaubnis, die in einem in Anlage 11 aufgeführten Staat und in einer in der Anlage 11 aufgeführten Klasse erteilt worden ist und die zum Führen von Kraftfahrzeugen im Inland berechtigt oder dazu berechtigt hat, die Erteilung einer Fahrerlaubnis für die entsprechende Klasse von Kraftfahrzeugen und sind seit der Begründung eines ordentlichen Wohnsitzes in der Bundesrepublik Deutschland bis zum Tag der Antragstellung nicht mehr als drei Jahre verstrichen, sind folgende Vorschriften nicht anzuwenden:
1. § 11 Abs. 9 über die ärztliche Untersuchung und § 12 Abs. 6 über die Untersuchung des Sehvermögens, es sei denn, daß in entsprechender Anwendung der Regelungen in den §§ 23 und 24 eine Untersuchung erforderlich ist,
2. § 12 Abs. 2 über den Sehtest,
3. § 15 über die Befähigungsprüfung nach Maßgabe der Anlage 11,
4. § 19 über die Unterweisung in lebensrettenden Sofortmaßnahmen und die Ausbildung in Erster Hilfe,
5. die Vorschriften über die Ausbildung.
²Sind bis zum Tag der Antragstellung mehr als drei Jahre verstrichen, finden nur die Vorschriften über die Ausbildung keine Anwendung. ³Ist die ausländische Fahrerlaubnis auf das Führen von Kraftfahrzeugen mit automatischer Kraftübertragung beschränkt, ist die Fahrerlaubnis auf das Führen von Kraftfahrzeugen mit automatischer Kraftübertragung zu beschränken. ⁴§ 17 Abs. 6 Satz 2 ist entsprechend anzuwenden. ⁵Beantragt der Inhaber einer Fahrerlaubnis, die in einem in Anlage 11 aufgeführten Staat, aber in einer in der Anlage 11 nicht aufgeführten Klasse erteilt worden ist und die zum Führen von Kraftfahrzeugen im Inland berechtigt oder dazu berechtigt hat, die Erteilung einer Fahrerlaubnis für die entsprechende Klasse von Kraftfahrzeugen, ist Absatz 2 entsprechend anzuwenden.

(2) Beantragt der Inhaber einer Fahrerlaubnis aus einem nicht in Anlage 11 aufgeführten Staat unter den Voraussetzungen des Absatzes 1 Satz 1 die Erteilung

einer Fahrerlaubnis für die entsprechende Klasse von Kraftfahrzeugen, sind die Vorschriften über die Ausbildung nicht anzuwenden.

(3) ¹Der Antragsteller hat den Besitz der ausländischen Fahrerlaubnis durch den nationalen Führerschein nachzuweisen. ²Außerdem hat er seinem Antrag auf Erteilung einer inländischen Fahrerlaubnis eine Erklärung des Inhalts beizugeben, daß seine ausländische Fahrerlaubnis noch gültig ist. ³Die Fahrerlaubnisbehörde ist berechtigt, die Richtigkeit der Erklärung zu überprüfen.

(4) ¹Auf einem auf Grund des Absatzes 1 Satz 1 ausgestellten Führerschein ist zu vermerken, daß der Erteilung der Fahrerlaubnis eine Fahrerlaubnis zugrunde gelegen hat, die nicht in einem Mitgliedstaat der Europäischen Union oder einem anderen Vertragsstaat des Abkommens über den Europäischen Wirtschaftsraum ausgestellt worden war. ²Der auf Grund des Absatzes 1 oder 2 ausgestellte Führerschein ist nur gegen Abgabe des ausländischen Führerscheins auszuhändigen. ³Die Fahrerlaubnisbehörde sendet ihn über das Kraftfahrt-Bundesamt an die Stelle zurück, die ihn ausgestellt hat, wenn mit dem betreffenden Staat eine entsprechende Vereinbarung besteht. ⁴In den anderen Fällen nimmt sie den Führerschein in Verwahrung. ⁵Er darf nur gegen Abgabe des auf seiner Grundlage ausgestellten inländischen Führerscheins wieder ausgehändigt werden. ⁶In begründeten Fällen kann die Fahrerlaubnisbehörde davon absehen, den ausländischen Führerschein in Verwahrung zu nehmen oder ihn an die ausländische Stelle zurückzuschicken. ⁷Verwahrte Führerscheine können nach drei Jahren vernichtet werden.

(5) ¹Absatz 1 gilt auch für den in § 30 Abs. 5 genannten Personenkreis, sofern Gegenseitigkeit besteht. ²Der Vermerk nach Absatz 4 Satz 1 ist einzutragen. ³Absatz 4 Satz 2 bis 7 findet keine Anwendung.

1 **Begr** (BRDrucks 443/98 S 290): *§ 31 ersetzt die Vorschriften des § 15 Abs. 1 und 2 StVZO für die Erteilung einer Fahrerlaubnis für Fahrerlaubnisinhaber aus einem Drittstaat.*

2 *Zu Abs 1: Soweit die betreffenden Staaten in Anlage 11 genannt sind, gelten nach **Absatz 1** für die Erteilung dieselben materiellen Regelungen wie für die Erteilung einer Fahrerlaubnis an Inhaber von EU- und EWR-Fahrerlaubnissen. Auf die in Absatz 1 Nr. 1, 2, 4 und 5 genannten Voraussetzungen ist auch dann zu verzichten, wenn nach Anlage 11 nur auf die theoretische oder nur auf die praktische Prüfung verzichtet wird.*

– Begr des Bundesrates, BRDrucks 443/98 (Beschluß) S 13 –: Es sind keine Gründe ersichtlich, warum Fahrerlaubnisinhaber aus Staaten gemäß Anlage 11 gegenüber Fahrerlaubnisinhabern aus Drittstaaten privilegiert sein sollen. Gemäß § 4 der Verordnung über internationalen Kraftfahrzeugverkehr sind Fahrerlaubnisinhaber aus Drittstaaten bzw. aus Staaten gemäß Anlage 11 berechtigt, längstens bis 12 Monate (künftig 6 Monate) nach Wohnsitzbegründung im Bundesgebiet ein Fahrzeug zu führen. Danach erlischt die Berechtigung; eine Teilnahme am Straßenverkehr ist nicht mehr ohne weiteres möglich. Im Interesse der Verkehrssicherheit reicht eine kurze Zeitspanne aus, in der unter vereinfachten Bedingungen der Erhalt einer deutschen Fahrerlaubnis möglich ist.

Beide Gruppen sind nach Ablauf der Frist von drei Jahren gleich zu behandeln, d. h. nach Fristablauf ist eine komplette Ausbildung zu absolvieren.

...

3 **Begr** *zur ÄndVO v 7. 8. 02 (BRDrucks 497/02):* **Zu Abs 1:** *... Nach Ablauf der 3jährigen Antragsfrist entfallen die Befreiungen nach § 31 Abs. 1 für die Erteilung der deutschen Fahrerlaubnis. Nicht gewollt ist jedoch auch hier, dass nach Ablauf der Antragsfrist der Betreffende nicht nur die Befähigungsprüfung ablegen muss, sondern auch noch die Pflichtausbildung nach der Fahrschüler-Ausbildungsordnung durchlaufen muss. Es kann davon ausgegangen werden, dass der Inhaber einer Fahrerlaubnis aus einem Staat, der zumal in die Anlage 11 aufgenommen ist, eine der deutschen Ausbildung in etwa vergleichbare in seinem Ausstellungsstaat durchlaufen hat ...*

Zu Abs 2: *Mit der Änderung des § 31 Abs. 2 wird klargestellt, dass ein Verzicht auf die Ausbildung bei der Umschreibung für Inhaber einer Fahrerlaubnis aus Drittstaaten, die nicht in Anlage 11 aufgenommen sind, nur innerhalb von drei Jahren möglich ist. § 31 Abs. 2 verweist insoweit künftig (nur) auf die Voraussetzungen des § 31 Abs. 2 Satz 1. Ein Verweis auf den neuen Satz 2, der diese Erleichterung auch nach Ablauf von drei Jahren vorsieht, erfolgt dagegen nicht. Hintergrund ist die Tatsache, dass Fahrerlaubnisse aus Drittstaaten, die nicht in die Anlage 11 aufgenommen sind, nicht ohne weiteres mit deutschen Fahrerlaubnissen vergleichbar sind*

Fahrerlaubniserteilung an Inhaber einer FE aus Drittstaaten § 31 FeV 3a

und insbesondere häufig keine der deutschen Ausbildung in etwa vergleichbare im Ausstellungsstaat durchlaufen wurde ...

Zu Abs 4: BRDrucks 497/02 S 71.

1. **Gemeinsame Voraussetzungen** für die „Umschreibung" von Führerscheinen 4 aus Staaten der Anlage 11 (zu §§ 28 und 31) und anderen Drittländern. Maßgeblich ist die Sach- und Rechtslage im Zeitpunkt der gerichtlichen Entscheidung, VG Gießen VRS **102** 157. Eine in der slowenischen Teilrepublik des früheren Jugoslawien erteilte FE ist keine slowenische, sondern jugoslawische FE, VG Gießen VRS **102** 157.

a) Der Inhaber einer ausländischen FE aus Nicht-EU/EWR-Staaten, gleichgültig, ob in der Anl 11 aufgeführt oder nicht, muß wie jeder Bewerber um eine deutsche FE seinen ordentlichen Wohnsitz im Inland haben (§§ 2 II Nr 1 StVG, 7 I FeV). „Ordentlicher Wohnsitz": s § 2 StVG Rz 3, § 7 FeV Rz 3 ff.

b) Die ausländische FE muß gültig sein und **zum Führen von Kfzen im Inland** 5 **berechtigen** oder berechtigt haben. Unter welchen Voraussetzungen das der Fall ist, bestimmt sich nach § 4 IntVO. Nicht umgeschrieben werden können daher die in § 30 Rz 6 erwähnten LernFSe und vorläufig ausgestellte FSe (§ 4 III Nr 1 IntVO) oder eine nach Begr des ständigen Aufenthalts im Inland erworbene ausländische FE (§ 4 III Nr 2 IntVO), BVG VRS **66** 302, VG Bra NZV **94** 296, VG Saarlouis ZfS **96** 198, s VG Darmstadt DAR **79** 107. S im übrigen § 30 Rz 3–6. Ferner setzt die Umschreibung das gem § 10 vorgeschriebene **Mindestalter** voraus.

c) Die ausländische FE muß gültig sein und **zum Führen von Kfzen im Inland** 6 **berechtigen** oder berechtigt haben. Unter welchen Voraussetzungen das der Fall ist, bestimmt sich nach § 4 IntVO. Nicht umgeschrieben werden können daher die in § 30 Rz 6 erwähnten LernFSe und vorläufig ausgestellte FSe, (§ 4 III Nr 1 IntVO) oder eine nach Begr des ständigen Aufenthalts im Inland erworbene ausländische FE (§ 4 III Nr 2 IntVO), BVG VRS **66** 302, VG Bra NZV **94** 296, VG Saarlouis ZfS **96** 198, s VG Darmstadt DAR **79** 107. S im übrigen § 30 Rz 3–6. Ferner setzt die Umschreibung das gem § 10 vorgeschriebene **Mindestalter** voraus.

d) **Eignung zum Führen von Kfzen** ist stets Voraussetzung einer FEErteilung 7 (§ 2 II Nr 3 StVG), also auch in Fällen einer Erteilung aufgrund ausländischer FE unter erleichterten Voraussetzungen, VGH Ma DAR **04** 169, s BVG NZV **96** 292 (zu § 15 StVZO alt), zumal die §§ 11 II und 22 II in § 31 unter den nicht anzuwendenden Bestimmungen nicht genannt sind. Allerdings wird ein genereller Nachweis nicht verlangt. S im übrigen § 30 Rz 7.

2. **Fahrerlaubnisse aus den in Anlage 11 aufgeführten Staaten.** Sind die Erfor- 8 dernisse für die Erteilung einer deutschen FE unter erleichterten Voraussetzungen erfüllt (Rz 4–7), so hat der Inhaber der in einem der Anl 11 genannten Staaten erteilten FE Anspruch auf Erteilung einer deutschen FE der entsprechenden Klasse. Beschränkung der FE auf Kfze mit automatischer Kraftübertragung, s § 30 Rz 8. Ist zwar die FE in einem der Anl 11 genannten Staaten ausgestellt, aber die FEKlasse, für die die FE erteilt ist, in Anl 11 nicht aufgeführt, so gelten die Erleichterungen des Abs I nicht; vielmehr ist der Antragsteller wie ein FEInhaber aus Drittländern zu behandeln, also nach Abs II (Abs I S 5).

2 a. **Die Erleichterungen** in bezug auf nicht anzuwendende Vorschriften bei der 9 FEErteilung sind die gleichen wie bei EU/EWR-FEen, insbesondere bedarf es weder des Ausbildungsnachweises noch einer Fahrprüfung. Daß die Erleichterungen gem Abs I nicht auch für solche Inhaber einer ausländischen FE nach Anl 11 gelten, die ihren Wohnsitz nicht verlegt haben, sondern seit langem oder **seit jeher in Deutschland wohnen,** verstößt nicht gegen den Gleichheitssatz des GG, VGH Ma VRS **103** 29.

3. **Fahrerlaubnisse aus nicht in Anlage 11 aufgeführten Staaten.** Gründe der 10 VSicherheit hindern eine Gleichstellung der FEInhaber aus **Drittländern** mit denen aus EU/EWR-Staaten (s VBl **82** 493) und aus den in der Anl 11 aufgenommenen Staaten (s Begr zur Neufassung von § 15 StVZO alt, VBl **93** 396). Die Erleichterungen beim Erwerb einer deutschen FE beschränken sich daher bei solchen ausländischen FEen auf den

Verzicht eines Nachweises der Fahrschulausbildung nach der FahrschAusbO und der Vorlage einer Ausbildungsbescheinigung, und das gem Abs II (der nur Abs I S 1 zitiert) auch nur dann, wenn der Antrag innerhalb der Dreijahresfrist des Abs I S 1 gestellt wird. Dagegen ist in allen Fällen eine vollständige theoretische und praktische Prüfung abzulegen, VGH Ma DAR **04** 169, so daß in diesen Fällen von einer bloßen „Umschreibung" der ausländischen FE nicht gesprochen werden kann. *Hentschel,* Umschreibung ausländischer FSe, NJW **93** 2078. Das gilt gem Abs I S 5 auch, wenn zwar der Staat, in dem die FE erteilt wurde, in Anl 11 aufgeführt ist, nicht aber die FEKlasse.

11   4. Der **Besitz der ausländischen Fahrerlaubnis** ist gem Abs III durch den nationalen Führerschein nachzuweisen. Der internationale Führerschein reicht dazu nicht aus, weil bei einer Entziehung der Fahrerlaubnis nicht sichergestellt ist, daß in jedem Fall auch der internationale Führerschein eingezogen wird (s Begr, BRDrucks 443/98 S 290). **Eine Erklärung,** daß die ausländische FE **noch gültig** ist (Abs III S 2) muß der Antragsteller vorlegen. Im übrigen ist der Besitz der ausländischen FE durch den nationalen FS nachzuweisen (III S 1). Beweisen muß der Antragsteller die Gültigkeit nicht, OVG Münster NZV **91** 444 (str). Die VB muß jedoch diese Erklärung nicht ohne Prüfung ihrer Richtigkeit hinnehmen (Abs III S 3). Kann die Frage der Gültigkeit nicht geklärt werden, so trägt die VB die Beweislast für die Unrichtigkeit der Erklärung des Antragstellers, OVG Münster NZV **91** 444. Hätte der Antragsteller stets Zweifel der VB auszuräumen, so aber BVG NZV **94** 453, OVG Br DAR **93** 108, so wäre die in Abs III S 2, 3 getroffene Regelung überflüssig.

12   5. Unmittelbar **nach Begr des ordentlichen Wohnsitzes** ist die Erteilung der deutschen FE ohne Ausbildungsnachweis im Inland möglich, s Rz 4. Wer auf einem Binnenschiff wohnt, dessen Heimatort im Inland liegt und der überwiegend in inländischen Gewässern fährt, hat seinen ordentlichen Wohnsitz im Inland, s OVG Br VRS **62** 393 (zu § 15 StVZO alt: *„ständiger Aufenthalt").*

13   6. **Die deutsche Fahrerlaubnis der entsprechenden Klasse** ist dem Inhaber der ausländischen FE (Rz 3, 4) auf Antrag ohne Ausbildungsnachweis, aber im übrigen unter den allgemeinen Voraussetzungen einer FEErteilung (§§ 7 ff), insbesondere **nach Ablegung einer theoretischen und praktischen Fahrerlaubnisprüfung,** zu erteilen, sofern er die Voraussetzungen der Absätze II und III erfüllt (Rechtsanspruch). Die Inanspruchnahme aller in I S 1 genannten Erleichterungen setzt voraus, daß seit Begründung des ordentlichen Wohnsitzes im Inland nicht mehr als drei Jahre verstrichen sind; anderenfalls entfällt gem Abs I S 2 nur die Ausbildungspflicht (I 1 Nr 5). Entspricht die ausländische FE nach Art und Umfang den Prüfungsanforderungen der deutschen FE einer bestimmten Klasse und ist sie dieser im Umfang der Erlaubnis im wesentlichen vergleichbar, wenn auch nicht deckungsgleich, so ist bei Vorliegen der übrigen Voraussetzungen der Absätze II und III die deutsche FE der entsprechenden Klasse zu erteilen, OVG Berlin VRS **51** 316. Die FEKl B entspricht iS v § 31 auch dann einer vergleichbaren ausländischen, wenn sie zwar zum Führen von Kfzen größeren Gewichts berechtigt als die ausländische, dieser Unterschied nach den Prüfungsanforderungen aber unwesentlich ist, BVG NJW **79** 2628. Für ausländische Fahrerlaubnisse zur Fahrgastbeförderung gilt § 31 II nicht, s § 48 IV Nr 1 (s zu § 15 StVZO alt *Bouska,* Fahrerlaubnisrecht, 1. Aufl, S 158, abw *Eckhardt* DAR **74** 283). Insoweit gelten die allgemeinen Vorschriften. Im Hinblick auf Sicherheitsrisiken kann Umschreibung ohne Prüfung der Eignungsvoraussetzungen im Wege **einstweiliger Anordnung** nur in seltensten Ausnahmefällen aus Gründen von existentieller Bedeutung in Frage kommen, VGH Ka NZV **91** 327. Merkblatt für Inhaber ausländischer FEe über die FS-Bestimmungen der BRep, VBl **93** 522, **94** 96.

14   7. Für **Spätaussiedler** gilt die Sonderregelung des § 10 BundesvertriebenenG. Eine bis zum 8. 5. 45 von solchen Personen im Gebiet des Deutschen Reiches nach dem Gebietsstand vom 31. 12. 37 erworbene FE ist eine deutsche FE, die ohne weiteres in der BRep gilt; der Bestimmung des § 10 I BundesvertriebenenG hätte es daher insoweit nicht bedurft. Wurde die FE in den Aussiedlungsgebieten erworben, so ist sie gem Abs II dieser Vorschrift bei Gleichwertigkeit anzuerkennen. Solche nicht nach den

Fahrerlaubniserteilung an Inhaber einer FE aus Drittstaaten § **31 FeV 3a**

hier geltenden Bestimmungen erteilte FEe bedürfen nicht der „Umschreibung" gem § 31, aM *Offermann-Clas* NJW **87** 3042, jedoch ist die Ausfertigung eines FS nach in Deutschland gültigem Muster zu beantragen (§§ 2 I S 3 StVG, 4 II FeV). Die neue Bestimmung des § 31 läßt diese Regelung unberührt. Jedoch wird bei der Beurteilung der Gleichwertigkeit von ausländischen FEen iS von § 10 BundesvertriebenenG die in § 31 getroffene Unterscheidung von FEen der in Abs I genannten Staaten und Drittländern, die nicht in die Anl 11 aufgenommen wurden, zu beachten sein; die Gleichwertigkeit mit einer deutschen FE wird bei FEen aus solchen Drittländern besonders zu prüfen und uU zu verneinen sein, s VBl **93** 397, *Jagow* VD **93** 76, VG Saarlouis ZfS **94** 71, VG Gießen VD **94** 170 (176) (Gleichwertigkeit jeweils bei sowjetischer FE verneint). Zur Problematik beschränkter Eignung von Umsiedlern s *Bouska* VD **76** 97.

8. Hinsichtlich der **Behandlung des ausländischen FS** nach Umschreibung gelten 15 ebenfalls unterschiedliche Regelungen für Führerscheine aus den in Anl 11 genannten Staaten und solche aus Drittländern (Abs IV). Die ausländische FE erlischt durch den Umtausch nicht, ebensowenig im umgekehrten Fall – Erwerb einer ausländischen FE aufgrund der deutschen – die deutsche FE, s § 30 Rz 10. Abs V enthält eine Sonderregelung für Diplomaten und andere bevorrechtigte Personen, die bezüglich der Umschreibungsmöglichkeit ohne theoretische und praktische Prüfung den Inhabern von EU/EWR-FEen und FEen der in Anl 11 genannten Staaten gleichgestellt werden, sofern Gegenseitigkeit besteht.

9. **Anhang: § 4 IntVO. Inhaber einer ausländischen Fahrerlaubnis** dürfen im 16 Umfang der sich aus der ausländischen FE ergebenden Berechtigung (unter Beachtung etwaiger Auflagen, § 4 I S 5 IntVO) vorübergehend im Inland ein Kfz führen, auch ein gemietetes, VBl **62** 629, Bay VRS **40** 375, wenn sie die Voraussetzungen des § 4 IntVO erfüllen. Das gilt nach § 4 III Nr 1 IntVO nicht für LernFSe oder andere vorläufig ausgestellte FSe; befristete FEe sind keine vorläufigen, schließen das Recht also nicht aus. Ein gültiger ausländischer Führerschein berechtigt den außerdeutschen KfzFührer auch dann zum Führen fahrerlaubnispflichtiger Kfze im Inland, wenn er das 18. Lebensjahr noch nicht vollendet oder das nach § 10 vorgeschriebene **Mindestalter** nicht erreicht hat, *Eckhardt* DAR **74** 282, *Jagow* VD **93** 171. Insoweit ist auch durch die Neufassung des § 4 I IntVO durch ÄndVO v 18. 8. 98 keine Änderung erfolgt. Unbeschadet bleiben jedoch Vorschriften über das Mindestalter der im internationalen StrGüterV eingesetzten Fahrer, zB Art 5 AETR (soweit im Ausland ein geringeres Mindestalter gilt, sind die im Inland geltenden Bestimmungen maßgebend); Verstoß ist zwar nicht strafbar, aber ow. Die Berechtigung nach § 4 I IntVO gilt, wenn jemand – ohne Rücksicht auf Staatsangehörigkeit, Zw NZV **97** 364 – seinen ordentlichen Wohnsitz im Ausland hat oder bis vor 6 Monaten hatte (§ 4 I S 3 IntVO), s Stu DAR **71** 164, Bay NJW **72** 2193, Zw NZV **97** 364, VGH Mü DAR **82** 239 (alle zur bis zum 31. 12. 1998 geltenden Fassung). Wer, auch als Ausländer, einen ordentlichen **Wohnsitz im Inland** hat, verliert die Berechtigung nach Ablauf einer **Frist von 6 Monaten,** auch wenn er im Besitz eines internationalen FS ist, Kö VM **78** 62 (s § 21 StVG Rz 2). Auf Antrag kann die FEB die Frist **auf 12 Monate verlängern,** wenn der Antragsteller glaubhaft macht, daß er seinen ordentlichen Wohnsitz nicht länger als 12 Monate im Inland haben wird (§ 4 I S 4 IntVO). „Ordentlicher Wohnsitz": s § 2 StVG Rz 3, § 7 FeV Rz 3 ff. Sonderregelung für Angehörige der in Deutschland stationierten **NATO-Streitkräfte,** s Art 9 Zusatzabkommen zum Nato-Truppenstatut. FSe sonstiger ausländischer Streitkräfte: Art 2 § 13 SkAufG. Regelungen wie in § 4 IntVO widersprechen dem **EGRecht** nicht, wenn sie den Erwerb der FE des Aufenthaltslandes nicht in einer der EWG-Freizügigkeit widersprechenden Weise erschweren, EuGH NJW **79** 485. Anerkennung von EU/EWR-FEen, deren Inhaber ihren ordentlichen Wohnsitz im Inland haben: §§ 28, 29.

Die **Berechtigung ist ausgeschlossen** nach rechtskräftiger gerichtlicher **Entzie-** 17 **hung der FE** im Inland (§§ 69–69b StGB, 3 StVG), nach **vorläufiger FEEntziehung** (§ 111a StPO), § 4 III Nr 3 IntVO, und für die Dauer einer gerichtlichen Fahrerlaubnissperre (§ 69a I S 3 StGB, „isolierte Sperre"), § 4 III Nr 4 IntVO (eingefügt durch ÄndVO v 7. 8. 02). Damit entfällt die Möglichkeit, die Wirkungen der Maßnahmen nach §§ 111a StPO, 69a StGB durch Verlegung des ordentlichen Wohnsitzes ins Ausland teilweise zu umgehen. Das gleiche gilt nach § 4 III Nr 3 IntVO für die Fälle bestandskräftiger oder sofort vollziehbarer **verwaltungsbehördlicher EdF** sowie nur auf einem FEVerzicht beruhender Unterlassung der EdF durch die VB. Der Ausschlußtatbestand des § 4 III Nr 3 IntVO gilt sowohl für im Zeitpunkt der EdF schon bestehende FEe, VGH Ma NZV **03** 591, als auch für solche, die danach erteilt wurden, so lange, bis auf Antrag (§ 4 IV IntVO) das Recht, von der neu erworbenen ausländischen FE Gebrauch zu machen, wiedererteilt wird, Kar VRS **105** 374, VGH Ma NZV **03** 591, OVG Saarlouis ZfS **01** 142. Zur Bedeutung einer **vor dem 1. 1. 99 angeordneten EdF,** s § 28 Rz 6 und § 69b StGB Rz 4. Auch **Sicherstellung des FS** gem § 94 StPO schließt die Berechtigung nach Abs I aus, ebenso ein **Fahrverbot**, sofern es im Inland, im Staat des ordentlichen Wohnsitzes oder in dem Staat angeordnet wurde, der die FE erteilt hat (§ 4 III Nr 5). Um wieder von einer ausländischen FE Gebrauch machen zu dürfen, muß der Betroffene in den Fällen von § 4 III Nr 3 und 4 IntVO erst bei der zuständigen FEB (§ 73) die Berechtigung dazu beantragen (§ 4 IV IntVO). Im übrigen ist außerdeutschen KfzF, die sich als ungeeignet erweisen, gem § 11 II IntVO das Recht zum Gebrauch der ausländischen FE im Inland abzuerkennen, wobei die Maßnahme sich stets nur auf eine vorhandene, nicht auf eine künftig zu erteilende FE erstreckt, VGH Ma NZV **97** 215, Zw NZV **97** 364. Bei Inhabern einer ausländischen **EU-FE verstößt** die Anwendung des Ausnahmetatbestands des § 4 III Nr 3 nach Auffassung des EuGH zum Teil **gegen EG-Recht,** s § 28 Rz 6. Zur Frage der unmittelbaren Geltung von EG-Richtlinien, s E 15.

18   Nur solange der Inhaber einer ausländischen FE iS von § 4 II IntVO seinen **ordentlichen Wohnsitz im Ausland** hat, und für eine **Frist von 6 Monaten** nach Begr eines solchen im Inland, gilt die Berechtigung, mit dem ausländischen FS im Inland Kfze zu führen, soweit die Frist nicht gem § 4 I S IV IntVO auf 12 Monate verlängert wurde (s Rz 16). Ordentlicher Wohnsitz: s § 2 StVG Rz 3, § 7 FeV Rz 3 ff. **Berufspendler,** die im Ausland wohnen, haben keinen ordentlichen Wohnsitz in Deutschland (s Art 9 II der Zweiten EG-FSRichtlinie), dürfen also unter den übrigen Voraussetzungen des § 4 I IntVO im Inland Kfze führen, ohne von der 6-Monatsfrist des § 4 I S 3 IntVO betroffen zu sein, s VBl **82** 495, Zw NZV **97** 364, *Offermann-Clas* NJW **87** 3038, *Jagow* VD **93** 172 (zur früheren Fassung), anders nach Begründung eines ordentlichen Wohnsitzes im Inland und Heimfahrt an den Wochenenden, s *Bouska/Laeverenz* § 4 IntVO Anm 3 b). Die 6-Monatsfrist kommt auch außerdeutschen KfzFührern zugute, die sich in Deutschland endgültig oder für längere Zeit niederlassen, ihren ausländischen Wohnsitz aber behalten, BGH VRS **27** 88, Bay NJW **72** 2193, Ko VRS **39** 365 (Inländer mit bisherigem ausländischen Wohnsitz), Ce VRS **34** 67, MDR **68** 171, *Bouska* VD **73** 139. Ob der außerdeutsche FzF im Zeitpunkt des Beginns der 6-Monatsfrist bereits ein Kfz besaß oder führen wollte, ist unerheblich, Bay NJW **72** 2193. Bei Wohnsitz im Inland und im Ausland ist wie in allen anderen Fällen die Begr eines ordentlichen Wohnsitzes im Inland entscheidend; wer im Bundesgebiet auch nur einen Nebenwohnsitz begründet und hier mindestens 185 Tage im Kalenderjahr wohnt (§ 7 I), unterliegt der Frist des § 4 I S 3 oder 4 IntVO, s *Bouska* NZV **00** 323 sowie Stu VRS **34** 226, Zw DAR **91** 350, *Slapnicar* NJW **85** 2863 (alle zur früheren Fassung). Die Regelung des § 4 IntVO steht nicht in Widerspruch zu dem ÜbStrV (sog Wiener Abkommen v 8. 11. 68, BGBl I 1977 S 811), ratifiziert durch G v. 21. 9. 77, in Kraft getreten für die BRep am 3. 8. 79 – BGBl II 1979 S 932), Stu VRS **61** 479, s *Bouska* VD **79** 228.

19   **Unterbrochen** und neu in Gang gesetzt wird die Sechs- bzw Zwölf-Monatsfrist nicht durch kurze Auslandsreisen, die den Fortbestand des „ordentlichen Wohnsitzes" im Inland nicht berühren, insbesondere nicht durch Urlaubsreisen von Gastarbeitern, s Bay NJW **72** 2193, Dü VM **75** 81 (zur früheren Fassung), jedoch durch Ausreisen mit dem Willen und zu dem Zweck, diesen Wohnsitz vorläufig, auf immer oder auf bestimmte Zeit zu beenden, zB zwecks längeren, unbestimmten Auslandsaufenthalts, s Bay NJW **71** 336, NZV **96** 502, zwecks Arbeitsplatzwechsels, wegen Arbeitslosigkeit oder Krankheit, Bay NJW **72** 2193 (zur früheren Fassung).

20   **Nach Ablauf der 6-Monatsfrist** endet die Befugnis des Inhabers einer ausländischen FE gemäß der IntVO. Er muß dann eine deutsche FE erwerben (§§ 30, 31).

21   **Erwerb einer ausländischen FE nach Begründung eines ordentlichen Wohnsitzes** im Inland schließt (jedenfalls, soweit es sich nicht um eine EU-FE handelt) die

Ausnahmen von der Probezeit § 32 FeV 3a

Berechtigung des § 4 I IntVO aus (§ 4 III Nr 2 IntVO). Wer seinen ordentlichen Wohnsitz in Deutschland hat und eine ausländische FE erwirbt, darf damit auch nicht befristet im Inland Kfze führen, BVG VRS **66** 302, Zw DAR **91** 350. Das gilt zB für solche ausländische Fahrerlaubnisse, die gelegentlich einer Urlaubs- oder Geschäftsreise erworben wurden. Ein 2monatiger Auslandsaufenthalt begründet keinen ausländischen „ordentlichen Wohnsitz", gem § 7 I S 2 nunmehr jedoch ein solcher von mindestens 185 Tagen auch dann, wenn bei bestehendem Doppelwohnsitz im In- und Ausland die restlichen Monate des Jahres am inländischen Wohnsitz verbracht werden (s aber zur früheren Rechtslage Zw DAR **91** 350, VG Fra NZV **92** 296). War bei Erwerb der ausländischen FE ein ordentlicher Wohnsitz im Ausland *begründet,* so ist es unschädlich, wenn dieser zu diesem Zeitpunkt noch nicht 185 Tage bestand, s § 28 Rz 5. § 4 III Nr 2 IntVO kann trotz seines Wortlauts keine Geltung haben (s **E** 58), wenn zwar bei Erwerb der ausländischen FE ein ordentlicher Wohnsitz im Inland bestand, dieser jedoch später ins Ausland verlegt wurde, s *Hentschel* JR **84** 83 sowie in *Meyer-*Gedächtnisschrift S 802. Die Regelung des § 4 III Nr 2 IntVO entspricht Art 41 VIa ÜbStrV, wonach die Vertragsparteien nicht verpflichtet sind, ausländische Führerscheine anzuerkennen, die während des Bestehens eines inländischen „ordentlichen Wohnsitzes" ausgestellt wurden; sie ist verfassungskonform und verstößt insbesondere nicht gegen den Gleichheitsgrundsatz, BVG VRS **66** 302, VM **84** 81. Für **Schüler und Studenten** aus EU/EWR-Staaten, die sich ausschließlich zum Zweck des Schul- bzw Universitätsbesuchs im Ausland aufhalten, gilt die Fiktion des Art 9 II S 3 der Zweiten EG-FSRichtlinie, wonach dies keine Verlegung des ordentlichen Wohnsitzes zur Folge hat; dennoch gilt die Berechtigung des § 4 I IntVO nach dessen Abs III Nr 2 für ausländische EU/EWR-FEe, die sie während eines solchen Aufenthalts erworben haben, vorausgesetzt, der Auslandsaufenthalt hat mindestens 6 Monate betragen. Soweit Abs III Nr 2 nach dem Wortlaut der Bestimmung grundsätzlich (wie die Sonderregelung für Schüler und Studenten zeigt) bei Bestehen eines inländischen Wohnsitzes erworbene **EU-FEe** und solche aus Drittstaaten gleich behandelt, indem sie auch EU-FEen die Anerkennung versagt, **verstößt die Vorschrift gegen EG-Recht,** s § 28 Rz 5.

10. Lit: *Bouska,* Auswirkungen des Übereinkommens vom 8. November 1968 über den StrV auf das FERecht, VD **79** 225. *Derselbe,* Außerdeutsche KfzFührer, deren deutsche FE vorher entzogen worden war, VD **80** 245. *Derselbe,* Die Bedeutung ausländischer FEe für das deutsche FERecht, DAR **83** 130. *Derselbe,* Fahrberechtigung von Berufspendlern mit ausländischer FE im Inland, NZV **00** 321. *Hentschel,* Trunkenheit, Fahrerlaubnisentziehung, Fahrverbot, 9. Aufl. 2003, Rz 819 ff. *Derselbe,* EdF bei ausländischen FSen, NJW **75** 1350. *Derselbe,* Teilnahme ungeeigneter Kf am StrV mit ausländischen FSen, NJW **76** 2060. *Derselbe,* Die Teilnahme am inländischen KfzVerkehr mit ausländischen FSen, Meyer-Gedächtnisschrift S 789. *Derselbe,* Dürfen Inhaber ausländischer FEe entgegen § 4 IntVO unbefristet im Inland Kfze führen?, NZV **95** 60. *Derselbe,* Der Einfluß einer gem § 69b StGB in der bis zum 31. 12. 1998 geltenden Fassung angeordneten Entziehung einer ausländischen Fahrerlaubnis auf die Berechtigung gem §§ 28 FeV, 4 IntVO, NZV **01** 193. *Jagow,* Geltung und Umschreibung ausländischer FSe, VD **93** 170. *Offermann-Clas,* Die Umschreibung ausländischer FSe bei Aufenthalt in der BRep, NJW **87** 3036. *Slapnicar,* Teilnahme des Inhabers eines ausländischen FS am StrV nach Entzug der deutschen FE, NJW **85** 2861. **22**

6. Fahrerlaubnis auf Probe

Ausnahmen von der Probezeit

32 ¹Ausgenommen von den Regelungen über die Probezeit nach § 2a des Straßenverkehrsgesetzes sind Fahrerlaubnisse der Klassen M, S, L und T. ²Bei erstmaliger Erweiterung einer Fahrerlaubnis der Klassen M, S, L oder T auf eine der anderen Klassen ist die Fahrerlaubnis der Klasse, auf die erweitert wird, auf Probe zu erteilen.

Anm: Die Vorschrift entspricht dem früheren § 12b StVZO und schöpft die Ermächtigung des § 6 Abs. I Nr 1 Buchstabe l) StVG aus und berücksichtigt damit das vergleichsweise niedrige Unfallrisiko von Fahrzeugen der Klassen L, M, S und T, deren Unfallrisiko im Hinblick auf die Geschwindigkeiten, die 60 km/h (Kl T) durchweg nicht überschreiten, deutlich unter dem der Fahrzeuge der anderen Klassen liegt.

Berechnung der Probezeit bei Inhabern von Dienstfahrerlaubnissen und Fahrerlaubnissen aus Staaten außerhalb des Abkommens über den Europäischen Wirtschaftsraum

33 (1) ¹Bei erstmaliger Erteilung einer allgemeinen Fahrerlaubnis an den Inhaber einer Dienstfahrerlaubnis ist die Zeit seit deren Erwerb auf die Probezeit anzurechnen. ²Hatte die Dienststelle vor Ablauf der Probezeit den Dienstführerschein nach § 26 Abs. 2 eingezogen, beginnt mit der Erteilung einer allgemeinen Fahrerlaubnis eine neue Probezeit, jedoch nur im Umfang der Restdauer der vorherigen Probezeit.

(2) Begründet der Inhaber einer Fahrerlaubnis aus einem Staat außerhalb des Europäischen Wirtschaftsraums seinen ordentlichen Wohnsitz im Inland und wird ihm die deutsche Fahrerlaubnis nach § 31 erteilt, wird bei der Berechnung der Probezeit der Zeitraum nicht berücksichtigt, in welchem er im Inland zum Führen von Kraftfahrzeugen nicht berechtigt war.

Anm: Abs I der Vorschrift entspricht dem früheren § 12c StVZO. Durch die Bestimmung ist klar gestellt, daß auch DienstFEe (§ 26) der Probezeit unterliegen und bei Umschreibung in eine allgemeine FE die Probezeit anzurechnen ist. Entsprechendes gilt nach Abs I S 2 bei Unterbrechung der Probezeit durch Einziehung des DienstFS. Abs II enthält eine besondere Regelung zur Berechnung der Probezeit bei Erteilung der deutschen FE an Inhaber einer FE aus einem Staat außerhalb des EWR. Berechtigung der ausländischen FE zum Führen von Kfzen im Inland: § 31 Rz 16 ff; ordentlicher Wohnsitz: § 2 StVG Rz 3, § 7 FeV.

Bewertung der Straftaten und Ordnungswidrigkeiten im Rahmen der Fahrerlaubnis auf Probe und Anordnung des Aufbauseminars

34 (1) Die Bewertung der Straftaten und Ordnungswidrigkeiten im Rahmen der Fahrerlaubnis auf Probe erfolgt nach Anlage 12.

(2) ¹Die Anordnung der Teilnahme an einem Aufbauseminar nach § 2a Abs. 2 des Straßenverkehrsgesetzes erfolgt schriftlich unter Angabe der Verkehrszuwiderhandlungen, die zu der Anordnung geführt haben; dabei ist eine angemessene Frist zu setzen. ²Die schriftliche Anordnung ist bei der Anmeldung zu einem Aufbauseminar dem Kursleiter vorzulegen.

1   **Begr** (BRDrucks 443/98 S 291): *§ 34 befaßt sich in **Absatz 1** mit der Bewertung der Straftaten und Ordnungswidrigkeiten und verweist auf **Anlage 12**, die die bisherige Anlage zu § 2a StVG ablöst. Die Bezeichnung lautet nunmehr bei Abschnitt A „schwerwiegende Zuwiderhandlungen" und bei Abschnitt B „weniger schwerwiegende Zuwiderhandlungen".*

Inhaltlich hat sich an der bisherigen Zuordnung zu Abschnitt A und Abschnitt B im wesentlichen nichts geändert; es erfolgten folgende Anpassungen:
Bei den Geschwindigkeitsüberschreitungen werden die Verstöße, die bisher nicht ausdrücklich aufgeführt waren, jedoch Abschnitt A zuzuordnen sind, aufgeführt. Ergänzt wurde § 3 Abs. 4 StVO (Höchstgeschwindigkeit mit Schneeketten), § 9 StVO (Abbiegen, Wenden und Rückwärtsfahren) sowie die Tatbestände, die nach Fassung der Anlage zu § 2a StVG von 1985 neu eingeführt wurden. Hierunter fallen § 20 StVO (Verhalten an öffentlichen Verkehrsmitteln und Schulbussen) und § 42 Abs. 4a StVO (Verhalten in verkehrsberuhigten Bereichen), die beide Schrittgeschwindigkeit vorschreiben.

Bei den übrigen Änderungen handelt es sich um redaktionelle Anpassungen.
...

2   1. Die **Bewertung der Verstöße** als „schwerwiegende" oder „weniger schwerwiegende" Zuwiderhandlungen durch die **Anl 12** unterscheidet sich im Hinblick auf die mit § 2a StVG verfolgten Zwecke (s § 2a StVG Rz 9) von derjenigen des Punktsystems in § 4 StVG. Es ist daher rechtlich nicht zu beanstanden, wenn in Anl 12 auch solche Zuwiderhandlungen als schwerwiegend eingestuft werden, die nach Anl 13 (zu § 40 FeV) nur mit 1 Punkt bewertet werden, VG Mü NZV **00** 222. Verstöße gegen § 24a I Nr 2 StVG lösten, abw von der jetzt in Anl 12 getroffenen Regelung, vor dem 1. 1. 99 keine Maßnahme nach § 2a II StVG aus, VG Würzburg NZV **00** 311.

Bewertung der Straftaten und Ordnungswidrigkeiten § 34 FeV 3a

2. Die in **Abs II** vorgeschriebene Angabe der Zuwiderhandlungen soll dem Fahranfänger den Grund für die Anordnung verdeutlichen und zugleich dem Leiter des Aufbauseminars die für die Gestaltung des Seminars notwendigen Informationen geben. Um die Mindestteilnehmerzahl (§ 35) zu gewährleisten, empfiehlt die Begr zu § 12 d StVZO alt, der insoweit dem § 34 entsprach, die Frist großzügig zu bemessen (BRDrucks 391/86 S 21). S dazu § 2 a StVG Rz 12.

**Bewertung der Straftaten und Ordnungswidrigkeiten
im Rahmen der Fahrerlaubnis auf Probe
(§ 2 a des Straßenverkehrsgesetzes)**

Anlage 12 (zu § 34)

A. Schwerwiegende Zuwiderhandlungen

1. Straftaten, soweit sie nicht bereits zur Entziehung der Fahrerlaubnis geführt haben:

1.1 Straftaten nach dem Strafgesetzbuch
Unerlaubtes Entfernen vom Unfallort (§ 142)
Fahrlässige Tötung (§ 222)*⁾
Fahrlässige Körperverletzung (§ 229)*⁾
Nötigung (§ 240)
Gefährliche Eingriffe in den Straßenverkehr (§ 315 b)
Gefährdung des Straßenverkehrs (§ 315 c)
Trunkenheit im Verkehr (§ 316)
Vollrausch (§ 323 a)
Unterlassene Hilfeleistung (§ 323 c)

1.2 Straftaten nach dem Straßenverkehrsgesetz
Führen oder Anordnen oder Zulassen des Führens eines Kraftfahrzeugs ohne Fahrerlaubnis, trotz Fahrverbots oder trotz Verwahrung, Sicherstellung oder Beschlagnahme des Führerscheins (§ 21)

1.3 Straftaten nach den Pflichtversicherungsgesetzen Gebrauch oder Gestatten des Gebrauchs unversicherter Kraftfahrzeuge oder Anhänger (§ 6 des Pflichtversicherungsgesetzes, § 9 des Gesetzes über die Haftpflichtversicherung für ausländische Kraftfahrzeuge und Kraftfahrzeuganhänger)

2. **Ordnungswidrigkeiten nach den §§ 24 und 24 a des Straßenverkehrsgesetzes:**

2.1 Verstöße gegen die Vorschriften der Straßenverkehrs-Ordnung über

das Rechtsfahrgebot	(§ 2 Abs. 2)
die Geschwindigkeit	(§ 3 Abs. 1, 2a, 3 und 4, § 41 Abs. 2, § 42 Abs. 4 a)
den Abstand	(§ 4 Abs. 1)
das Überholen	(§ 5, § 41 Abs. 2)
die Vorfahrt	(§ 8 Abs. 2, § 41 Abs. 2)
das Abbiegen, Wenden und Rückwärtsfahren	(§ 9)
die Benutzung von Autobahnen und Kraftfahrstraßen	(§ 2 Abs. 1, § 18 Abs. 2 bis 5, Abs. 7, § 41 Abs. 2)
das Verhalten an Bahnübergängen	(§ 19 Abs. 1 und 2, § 40 Abs. 7)
das Verhalten an öffentlichen Verkehrsmitteln und Schulbussen	(§ 20 Abs. 2, 3 und 4, § 41 Abs. 2)
das Verhalten an Fußgängerüberwegen	(§ 26, § 41 Abs. 3)
übermäßige Straßenbenutzung	(§ 29)
das Verhalten an Wechsellichtzeichen	(§ 36, § 37 Abs. 2, 3, § 41 Abs. 2)

---

*⁾ **Amtl. Anm.:** Für die Einordnung einer fahrlässigen Tötung oder fahrlässigen Körperverletzung in Abschnitt A oder B ist die Einordnung des der Tat zugrundeliegenden Verkehrsverstoßes maßgebend.

Dauerlichtzeichen und Zeichen 206
(Halt! Vorfahrt gewähren!)
sowie gegenüber Haltzeichen
von Polizeibeamten
2.2 Verstöße gegen die Vorschriften der Straßenverkehrs-Zulassungs-Ordnung über den Gebrauch oder das Gestatten des Gebrauchs von Fahrzeugen ohne die erforderliche Zulassung (§ 18 Abs. 1) oder ohne die erforderliche Betriebserlaubnis (§ 18 Abs. 3)
2.3 Verstöße gegen § 24a des Straßenverkehrsgesetzes (Alkohol, berauschende Mittel)
2.4 Verstöße gegen die Vorschriften der Fahrerlaubnis-Verordnung über das Befördern von Fahrgästen ohne die erforderliche Fahrerlaubnis zur Fahrgastbeförderung oder das Anordnen oder Zulassen solcher Beförderungen (§ 48 Abs. 1 oder 8).

B. Weniger schwerwiegende Zuwiderhandlungen

1. **Straftaten, soweit sie nicht bereits zur Entziehung der Fahrerlaubnis geführt haben:**
1.1 Straftaten nach dem Strafgesetzbuch
Fahrlässige Tötung (§ 222)*⁾
Fahrlässige Körperverletzung (§ 229)*⁾
Sonstige Straftaten, soweit im Zusammenhang mit dem Straßenverkehr begangen und nicht in Abschnitt A aufgeführt
1.2 Straftaten nach dem Straßenverkehrsgesetz
Kennzeichenmißbrauch (§ 22)
2. **Ordnungswidrigkeiten nach § 24 des Straßenverkehrsgesetzes,**
soweit nicht in Abschnitt A aufgeführt.

Aufbauseminare

35 (1) ¹Das Aufbauseminar ist in Gruppen mit mindestens sechs und höchstens zwölf Teilnehmern durchzuführen. ²Es besteht aus einem Kurs mit vier Sitzungen von jeweils 135 Minuten Dauer in einem Zeitraum von zwei bis vier Wochen; jedoch darf an einem Tag nicht mehr als eine Sitzung stattfinden. ³Zusätzlich ist zwischen der ersten und der zweiten Sitzung eine Fahrprobe durchzuführen, die der Beobachtung des Fahrverhaltens des Seminarteilnehmers dient. ⁴Die Fahrprobe soll in Gruppen mit drei Teilnehmern durchgeführt werden, wobei die reine Fahrzeit jedes Teilnehmers 30 Minuten nicht unterschreiten darf. ⁵Dabei ist ein Fahrzeug zu verwenden, das – mit Ausnahme der Anzahl der Türen – den Anforderungen des Abschnitts 2.2 der Anlage 7 entspricht. ⁶Jeder Teilnehmer an der Fahrprobe soll möglichst ein Fahrzeug der Klasse führen, mit dem vor allem die zur Anordnung der Teilnahme an dem Aufbauseminar führenden Verkehrszuwiderhandlungen begangen worden sind.

(2) ¹In den Kursen sind die Verkehrszuwiderhandlungen, die bei den Teilnehmern zur Anordnung der Teilnahme an dem Aufbauseminar geführt haben, und die Ursachen dafür zu diskutieren und daraus ableitend allgemein die Probleme und Schwierigkeiten von Fahranfängern zu erörtern. ²Durch Gruppengespräche, Verhaltensbeobachtung in der Fahrprobe, Analyse problematischer Verkehrssituationen und durch weitere Informationsvermittlung soll ein sicheres und rücksichtsvolles Fahrverhalten erreicht werden. ³Dabei soll insbesondere die Einstellung zum Verhalten im Straßenverkehr geändert, das Risikobewußtsein gefördert und die Gefahrenerkennung verbessert werden.

(3) Für die Durchführung von Einzelseminaren nach § 2b Abs. 1 des Straßenverkehrsgesetzes gelten die Absätze 1 und 2 mit der Maßgabe, daß die Gespräche in vier Sitzungen von jeweils 60 Minuten Dauer durchzuführen sind.

1 Die Vorschrift entspricht § 12f StVZO (alt) und regelt Gestaltung und Inhalt des Aufbauseminars. Das Seminarmodell beruht auf einer Entwicklung durch eine Arbeitsgruppe

---

*⁾ **Amtl. Anm.:** Für die Einordnung einer fahrlässigen Tötung oder fahrlässigen Körperverletzung in Abschnitt A oder B ist die Einordnung des der Tat zugrundeliegenden Verkehrsverstoßes maßgebend.

des Deutschen Verkehrssicherheitsrats unter Beteiligung der Bundesvereinigung der Fahrlehrerverbände, des HUK-Verbandes, der Bundesanstalt für Straßenwesen und des Bundesverkehrsministeriums sowie auf einer Erprobung in Bayern und Hamburg in Modellkursen (s Begr zu § 12f StVZO alt, BRDrucks 391/86 S 23). Die Fahrprobe ist nicht als Trainingsveranstaltung zur unmittelbaren Verbesserung der Fahrfertigkeiten bzw. des Fahrverhaltens zu verstehen sondern soll dazu dienen, vorhandene Defizite zu erkennen und mit den Teilnehmern zu besprechen. Durch die Veranstaltung der Probefahrt in Kleingruppen von drei mitfahrenden Seminarteilnehmern sollen die Bedingungen für eine gruppendynamische Arbeitsweise geschaffen werden.

Einweisungslehrgänge zum Erwerb der **Seminarerlaubnis:** §§ 13f DVFahrlG.   2

Besondere Aufbauseminare nach § 2b Abs. 2 Satz 2 des Straßenverkehrsgesetzes

36 (1) Inhaber von Fahrerlaubnissen auf Probe, die wegen Zuwiderhandlungen nach § 315c Abs. 1 Nr. 1 Buchstabe a, den §§ 316, 323a des Strafgesetzbuches oder § 24a des Straßenverkehrsgesetzes an einem Aufbauseminar teilzunehmen haben, sind, auch wenn sie noch andere Verkehrszuwiderhandlungen begangen haben, einem besonderen Aufbauseminar zuzuweisen.

(2) Ist die Fahrerlaubnis wegen einer innerhalb der Probezeit begangenen Zuwiderhandlung nach § 315c Abs. 1 Nr. 1 Buchstabe a, den §§ 316, 323a des Strafgesetzbuches oder § 24a des Straßenverkehrsgesetzes entzogen worden, darf eine neue Fahrerlaubnis unbeschadet der übrigen Voraussetzungen nur erteilt werden, wenn der Antragsteller nachweist, daß er an einem besonderen Aufbauseminar teilgenommen hat.

(3) ¹Das besondere Aufbauseminar ist in Gruppen mit mindestens sechs und höchstens zwölf Teilnehmern durchzuführen. ²Es besteht aus einem Kurs mit einem Vorgespräch und drei Sitzungen von jeweils 180 Minuten Dauer in einem Zeitraum von zwei bis vier Wochen sowie der Anfertigung von Kursaufgaben zwischen den Sitzungen.

(4) ¹In den Kursen sind die Ursachen, die bei den Teilnehmern zur Anordnung der Teilnahme an einem Aufbauseminar geführt haben, zu diskutieren und Möglichkeiten für ihre Beseitigung zu erörtern. ²Wissenslücken der Kursteilnehmer über die Wirkung des Alkohols und anderer berauschender Mittel auf die Verkehrsteilnehmer sollen geschlossen und individuell angepaßte Verhaltensweisen entwickelt und erprobt werden, um insbesondere Trinkgewohnheiten zu ändern sowie Trinken und Fahren künftig zuverlässig zu trennen. ³Durch die Entwicklung geeigneter Verhaltensmuster sollen die Kursteilnehmer in die Lage versetzt werden, einen Rückfall und weitere Verkehrszuwiderhandlungen unter Alkoholeinfluß oder dem Einfluß anderer berauschender Mittel zu vermeiden. ⁴Zusätzlich ist auf die Problematik der wiederholten Verkehrszuwiderhandlungen einzugehen.

(5) Für die Durchführung von Einzelseminaren nach § 2b Abs. 1 des Straßenverkehrsgesetzes gelten die Absätze 3 und 4 mit der Maßgabe, daß die Gespräche in drei Sitzungen von jeweils 90 Minuten Dauer durchzuführen sind.

(6) ¹Die besonderen Aufbauseminare dürfen nur von Kursleitern durchgeführt werden, die von der zuständigen obersten Landesbehörde oder der von ihr bestimmten oder der nach Landesrecht zuständigen Stelle oder von dem für die in § 26 genannten Dienstbereiche jeweils zuständigen Fachminister oder von ihm bestimmten Stellen anerkannt worden sind. ²Die amtliche Anerkennung als Kursleiter darf nur erteilt werden, wenn der Bewerber folgende Voraussetzungen erfüllt:
1. Abschluß eines Hochschulstudiums als Diplom-Psychologe,
2. Nachweis einer verkehrspsychologischen Ausbildung an einer Universität oder gleichgestellten Hochschule oder bei einer Stelle, die sich mit der Begutachtung oder Wiederherstellung der Kraftfahreignung befaßt,
3. Kenntnisse und Erfahrungen in der Untersuchung und Begutachtung der Eignung von Kraftfahrern, die Zuwiderhandlungen gegen Vorschriften über das Führen von Kraftfahrzeugen unter Einfluß von Alkohol oder anderen berauschenden Mitteln begangen haben,
4. Ausbildung und Erfahrung als Kursleiter in Kursen für Kraftfahrer, die Zuwiderhandlungen gegen Vorschriften über das Führen von Kraftfahrzeugen unter Einfluß von Alkohol oder anderen berauschenden Mitteln begangen haben,

5. Vorlage eines sachgerechten, auf wissenschaftlicher Grundlage entwickelten Seminarkonzeptes und
6. Nachweis geeigneter Räumlichkeiten sowie einer sachgerechten Ausstattung.

³Außerdem dürfen keine Tatsachen vorliegen, die Bedenken gegen die Zuverlässigkeit des Kursleiters begründen. ⁴Die Anerkennung kann mit Auflagen, insbesondere hinsichtlich der Aufsicht über die Durchführung der Aufbauseminare sowie der Teilnahme an Fortbildungsmaßnahmen, verbunden werden.

(7) Die Aufsicht obliegt den nach Absatz 6 Satz 1 für die Anerkennung zuständigen Behörden oder Stellen; diese können sich hierbei geeigneter Personen oder Stellen bedienen.

1 1. Die Vorschrift entspricht dem früheren § 12g StVZO und beruht auf Erkenntnissen der Verkehrspsychologie, wonach alkoholauffällige Kraftfahrer zur Bewältigung des Problemkreises „Trinken–Fahren" auf eine besonders intensive Auseinandersetzung mit den Ursachen ihres Fehlverhaltens sowie auf die Erarbeitung von Vermeidungsstrategien angewiesen sind. Die besonderen, bei der Nachschulung alkoholauffälliger Kf auftretenden Schwierigkeiten erfordern eine Übertragung der Seminarleitung auf qualifizierte Verkehrspsychologen mit Erfahrungen in der freiwilligen Nachschulung und in der Eignungsbegutachtung alkoholauffälliger Kraftfahrer. Der in Abs IV bestimmte Kursinhalt beruht auf Erfahrungen, die in der Vergangenheit mit den freiwilligen Nachschulungskursen für alkoholauffällige Kraftfahrer gewonnen und von der Bundesanstalt für Straßenwesen wissenschaftlich begleitet und ausgewertet worden sind, s Begr zu § 12g StVZO (alt), BRDrucks 391/86 S 23.

2 2. Nachweis der Teilnahme an einem Aufbauseminar ist gem § 2a V S 1 StVG neben den üblichen Erfordernissen zusätzliche Voraussetzung für die **Wiedererteilung** einer gem § 3 oder § 4 III S 1 Nr 3 StVG, §§ 69, 69b StGB oder gem § 2a III oder § 4 VII StVG entzogenen FE, wenn die EdF auf einer innerhalb der Probezeit begangenen Zuwiderhandlung beruht oder auf Nichtteilnahme an einem gem § 2a II Nr 1 oder § 4 III S 1 Nr 2 StVG angeordneten Nachschulungskurs. § 36 II füllt diese Bestimmung dahin aus, daß nur die Teilnahme an einem *besonderen* Nachschulungskurs für alkoholauffällige Kf diese zusätzliche Voraussetzung für die Wiedererteilung erfüllt, wenn die der EdF zugrunde liegende Zuwiderhandlung ein Alkoholdelikt der in Abs II genannten Art war. Dies gilt auch, wenn das Alkoholdelikt nicht unmittelbar zur EdF gem §§ 3 StVG, 69 StGB führte, sondern – etwa nach OW gem § 24a StVG – die FE wegen Verweigerung der daraufhin angeordneten Nachschulung entzogen wurde (§ 2a III StVG).

3 3. Zur Frage, inwieweit Kurse zur Behandlung alkoholauffälliger Kf geeignet sind, die Rückfallhäufigkeit zu vermindern (sog **Legalbewährung**), s § 69 StGB Rz 19.

4 4. Einfluß **freiwilliger Teilnahme** alkoholauffälliger Kf an Aufbauseminaren auf EdF und FESperre, s § 69 StGB Rz 19, § 69a StGB Rz 2; näher: *Hentschel,* Trunkenheit, Rz 636–643.

Teilnahmebescheinigung

37 (1) ¹Über die Teilnahme an einem Aufbauseminar nach § 35 oder § 36 ist vom Seminarleiter eine Bescheinigung zur Vorlage bei der Fahrerlaubnisbehörde auszustellen. ²Die Bescheinigung muß
1. den Familiennamen und Vornamen, den Tag der Geburt und die Anschrift des Seminarteilnehmers,
2. die Bezeichnung des Seminarmodells und
3. Angaben über Umfang und Dauer des Seminars

enthalten. ³Sie ist vom Seminarleiter und vom Seminarteilnehmer unter Angabe des Ausstellungsdatums zu unterschreiben.

(2) Die Ausstellung einer Teilnahmebescheinigung ist vom Kursleiter zu verweigern, wenn der Seminarteilnehmer nicht an allen Sitzungen des Kurses und an der Fahrprobe teilgenommen oder bei einem besonderen Aufbauseminar nach § 36 die Anfertigung von Kursaufgaben verweigert hat.

(3) ¹Die für die Durchführung von Aufbauseminaren erhobenen personenbezogenen Daten dürfen nur für diesen Zweck verarbeitet und genutzt werden und

sind sechs Monate nach Abschluß der jeweiligen Seminare mit Ausnahme der Daten zu löschen, die für Maßnahmen der Qualitätssicherung oder Aufsicht erforderlich sind. ²Diese Daten sind zu sperren und spätestens bis zum Ablauf des fünften des auf den Abschluß der jeweiligen Seminare folgenden Jahres zu löschen.

Anm: Die Vorschrift entspricht dem früheren § 12h StVZO und regelt den Inhalt der Teilnahmebescheinigung sowie die Voraussetzungen für ihre Verweigerung. Da der Kurserfolg wesentlich von gruppendynamischen Prozessen abhängt, die eine ständige Anwesenheit aller Seminarteilnehmer bedingen, kann eine Teilnahmebescheinigung beim Versäumen von Teilen des Kurses nicht ausgestellt werden, s Begr zu § 12h StVZO (alt), BRDrucks 391/86 S 25. Dies gilt zB auch im Falle des Ausschlusses alkoholisierter, ständig störender oder gewalttätiger Teilnehmer von der weiteren Teilnahme durch den Seminarleiter.

Verkehrspsychologische Beratung

38 ¹In der verkehrspsychologischen Beratung soll der Inhaber der Fahrerlaubnis veranlaßt werden, Mängel in seiner Einstellung zum Straßenverkehr und im verkehrssicheren Verhalten zu erkennen und die Bereitschaft zu entwickeln, diese Mängel abzubauen. ²Die Beratung findet in Form eines Einzelgesprächs statt; sie kann durch eine Fahrprobe ergänzt werden, wenn der Berater dies für erforderlich hält. ³Der Berater soll die Ursachen der Mängel aufklären und Wege zu ihrer Beseitigung aufzeigen. ⁴Das Ergebnis der Beratung ist nur für den Betroffenen bestimmt und nur diesem mitzuteilen. ⁵Der Betroffene erhält jedoch eine Bescheinigung über die Teilnahme zur Vorlage bei der Fahrerlaubnisbehörde; diese Bescheinigung muß eine Bezugnahme auf die Bestätigung nach § 71 Abs. 2 enthalten.

Anm: Die Bestimmung wiederholt wörtlich die Sätze 1 bis 5 des § 4 IX StVG. S § 4 StVG Rz 12. Amtliche Anerkennung von Personen zur Durchführung der verkehrspsychologischen Beratung gem § 4 IX StVG: § 71 I; Voraussetzungen für die Ausstellung der für die Anerkennung erforderlichen Bestätigung: § 71 II. Ermächtigungsgrundlage: § 6 I Nr 1 Buchstabe u StVG.

Anordnung der Teilnahme an einem Aufbauseminar und weiterer Maßnahmen bei Inhabern einer Dienstfahrerlaubnis

39 ¹Bei Inhabern von Dienstfahrerlaubnissen, die keine allgemeine Fahrerlaubnis besitzen, sind für die Anordnung von Maßnahmen nach § 2a Abs. 2, 3 bis 5 des Straßenverkehrsgesetzes innerhalb der Probezeit die in § 26 Abs. 1 genannten Dienststellen zuständig. ²Die Zuständigkeit bestimmt der zuständige Fachminister, soweit sie nicht landesrechtlich geregelt wird. ³Besitzen die Betroffenen daneben eine allgemeine Fahrerlaubnis, ausgenommen die Klassen M, S, L und T, treffen die Anordnungen ausschließlich die nach Landesrecht zuständigen Verwaltungsbehörden.

Anm: Die Bestimmung enthält die vor dem 1. 1. 1999 in § 12e StVZO getroffene Regelung der Zuständigkeit bei DienstFEen (§ 26). Sie stellt klar, daß die Dienststellen der BW, des BGS und der Pol nur in den Fällen für die Anordnung der Seminarteilnahme und der anderen in § 2a II, III bis V StVG vorgesehenen Maßnahmen zuständig sind, wenn keine allgemeine FE erteilt ist.

7. Punktsystem

Punktbewertung nach dem Punktsystem

40 Die im Verkehrszentralregister erfaßten Entscheidungen sind nach Anlage 13 zu bewerten.

Begr (BRDrucks 443/98 S 292): *Die grundlegenden Bestimmungen zum Punktsystem sind* 1 *bereits in § 4 StVG enthalten. Für die Anwendung des Punktsystems ist erforderlich, daß die im Verkehrszentralregister erfaßten Entscheidungen über Straftaten und Ordnungswidrigkeiten nach ihrer Schwere und ihren Folgen mit Punkten bewertet werden; die Bewertung wird der Rechtsver-*

3a FeV § 40   II. Führen von Kraftfahrzeugen

ordnung überlassen (§ 4 Abs. 2 StVG in Verbindung mit der Ermächtigungsgrundlage in § 6 Abs. 1 Nr. 1 Buchstabe s StVG).
Bisher war diese Regelung in der Allgemeinen Verwaltungsvorschrift (VwV) zu § 15b StVZO enthalten, die inhaltlich im wesentlichen übernommen wird durch § 39 in Verbindung mit Anlage 13.
Die Formulierung der Ordnungswidrigkeitentatbestände in **Anlage 13,** *die unabhängig von der Beteiligungsform gelten, wurde dabei, soweit erforderlich, der Fassung der Bußgeldkatalog-Verordnung angepaßt (so bei den Abschnitten 4.7, 5.6, 5.20, 5.21, 5.22, 5.31, 5.32, 6.12 und 6.10 und 6.11).*
Neu aufgenommen wurde in **Abschnitt 4.2** *die neue Drogenregelung des § 24a Abs. 2 StVG sowie in* **Abschnitt 6.1** *die Bepunktung für 0,5-Promille-Verstöße (§ 24a Abs. 4 S. 2 StVG).*
In **Abschnitt 4.8** *erfolgte eine Änderung der Bepunktung für die Teilnahme an illegalen Rennen sowie die Veranstaltung derartiger Rennen (statt bisher ein Punkt nunmehr vier Punkte). Illegale Autorennen werden in der Regel vorsätzlich durchgeführt. Ihre Ahndung erfolgt deshalb nicht nach den Regelsätzen der Bußgeldkatalog-Verordnung. Das bisherige Fehlen eines gesonderten Tatbestandes im Punktsystem hatte zur Folge, daß diese Zuwiderhandlung nur mit einem Punkt bewertet wurde. Angesichts der Gefährlichkeit dieser Zuwiderhandlungen ist dies jedoch unzureichend.*

2   Das **Punktsystem** mit den je nach Punktestand abgestuft zu ergreifenden Maßnahmen der FEB ist im einzelnen gesetzlich geregelt: § 4 StVG. Näher zur **Punktbewertung:** § 4 StVG Rz 6.

3   **Anlage 13 (§ 40):**
Punktbewertung nach dem Punktsystem
Die im Verkehrszentralregister erfaßten Entscheidungen sind zu bewerten:
1   mit sieben Punkten folgende Straftaten:
1.1 Gefährdung des Straßenverkehrs (§ 315c des Strafgesetzbuches),
1.2 Trunkenheit im Verkehr (§ 316 des Strafgesetzbuches),
1.3 Vollrausch (§ 323a des Strafgesetzbuches),
1.4 unerlaubtes Entfernen vom Unfallort (§ 142 des Strafgesetzbuches) mit Ausnahme des Absehens von Strafe und der Milderung von Strafe in den Fällen des § 142 Abs. 4 StGB;
2   mit sechs Punkten folgende weitere Straftaten:
2.1 Führen oder Anordnen oder Zulassen des Führens eines Kraftfahrzeugs ohne Fahrerlaubnis, trotz Fahrverbots oder trotz Verwahrung, Sicherstellung oder Beschlagnahme des Führerscheins (§ 21 des Straßenverkehrsgesetzes),
2.2 Kennzeichenmißbrauch (§ 22 des Straßenverkehrsgesetzes),
2.3 Gebrauch oder Gestatten des Gebrauchs unversicherter Kraftfahrzeuge oder Anhänger (§ 6 des Pflichtversicherungsgesetzes, § 9 des Gesetzes über die Haftpflichtversicherung für ausländische Kraftfahrzeuge und Kraftfahrzeuganhänger);
3   mit fünf Punkten folgende andere Straftaten:
3.1 unerlaubtes Entfernen vom Unfallort, sofern das Gericht die Strafe in den Fällen des § 142 Abs. 4 StGB gemildert oder von Strafe abgesehen hat,
3.2 alle anderen Straftaten;
4   mit vier Punkten folgende Ordnungswidrigkeiten:
4.1 Kraftfahrzeug geführt mit einer Atemalkoholkonzentration von 0,25 mg/l oder mehr oder einer Blutalkoholkonzentration von 0,5 Promille oder mehr oder einer Alkoholmenge im Körper, die zu einer solchen Atem- oder Blutalkoholkonzentration geführt hat,
4.2 Kraftfahrzeug geführt unter der Wirkung eines in der Anlage zu § 24a des Straßenverkehrsgesetzes genannten berauschenden Mittels,
4.3 zulässige Höchstgeschwindigkeit überschritten um mehr als 40 km/h innerhalb geschlossener Ortschaften oder um mehr als 50 km/h außerhalb geschlossener Ortschaften, beim Führen von kennzeichnungspflichtigen Kraftfahrzeugen mit gefähr-

Punktbewertung nach dem Punktsystem § 40 FeV **3a**

lichen Gütern oder von Kraftomnibussen mit Fahrgästen zulässige Höchstgeschwindigkeit überschritten um mehr als 40 km/h,

4.4 erforderlichen Abstand von einem vorausfahrenden Fahrzeug nicht eingehalten bei einer Geschwindigkeit von mehr als 80 km/h, gefahren mit einem Abstand von weniger als zwei Zehntel des halben Tachowertes, oder bei einer Geschwindigkeit von mehr als 130 km/h, gefahren mit einem Abstand von weniger als drei Zehntel des halben Tachowertes,

4.5 überholt, obwohl nicht übersehen werden konnte, daß während des ganzen Überholvorganges jede Behinderung des Gegenverkehrs ausgeschlossen war, oder bei unklarer Verkehrslage und dabei Verkehrszeichen (Zeichen 276, 277 der Straßenverkehrs-Ordnung) nicht beachtet oder Fahrstreifenbegrenzung (Zeichen 295, 296 der Straßenverkehrs-Ordnung) überquert oder überfahren oder den durch Pfeile vorgeschriebenen Fahrtrichtung (Zeichen 297 der Straßenverkehrs-Ordnung) nicht gefolgt oder mit einem Kraftfahrzeug mit einem zulässigen Gesamtgewicht über 7,5 t überholt, obwohl die Sichtweite durch Nebel, Schneefall oder Regen weniger als 50 m betrug,

4.6 gewendet, rückwärts oder entgegen der Fahrtrichtung gefahren in einer Ein- oder Ausfahrt, auf der Nebenfahrbahn oder dem Seitenstreifen oder auf der durchgehenden Fahrbahn von Autobahnen oder Kraftfahrstraßen,

4.7 an einem Fußgängerüberweg, den ein Bevorrechtigter erkennbar benutzen wollte, das Überqueren der Fahrbahn nicht ermöglicht oder nicht mit mäßiger Geschwindigkeit herangefahren oder an einem Fußgängerüberweg überholt,

4.8 in anderen als den Fällen des Rechtsabbiegens mit Grünpfeil als Kraftfahrzeugführer rotes Wechsellichtzeichen oder rotes Dauerlichtzeichen nicht befolgt und dadurch einen anderen gefährdet oder rotes Wechsellichtzeichen bei schon länger als einer Sekunde andauernder Rotphase nicht befolgt,

4.9 als Kraftfahrzeug-Führer entgegen § 29 Abs. 1 der Straßenverkehrs-Ordnung an einem Rennen mit Kraftfahrzeugen teilgenommen oder derartige Rennen veranstaltet,

4.10 als Kfz-Führer ein technisches Gerät betrieben oder betriebsbereit mitgeführt, das dafür bestimmt ist, Verkehrsüberwachungsmaßnahmen anzuzeigen oder zu stören;

5 mit drei Punkten folgende Ordnungswidrigkeiten:

5.1 als Führer eines kennzeichnungspflichtigen Kraftfahrzeugs mit gefährlichen Gütern bei Sichtweite unter 50 m durch Nebel, Schneefall oder Regen oder bei Schneeglätte oder Glatteis sich nicht so verhalten, daß die Gefährdung eines anderen ausgeschlossen war, insbesondere obwohl nötig, nicht den nächsten geeigneten Platz zum Parken aufgesucht,

5.2 mit zu hoher, nichtangepaßter Geschwindigkeit gefahren trotz angekündigter Gefahrenstelle, bei Unübersichtlichkeit, an Straßenkreuzungen, Straßeneinmündungen, Bahnübergängen oder schlechten Sicht- oder Wetterverhältnissen (z.B. Nebel, Glatteis) oder festgesetzte Höchstgeschwindigkeit bei Sichtweite unter 50 m bei Nebel, Schneefall oder Regen überschritten,

5.3 als Fahrzeugführer ein Kind, einen Hilfsbedürftigen oder älteren Menschen gefährdet, insbesondere durch nicht ausreichend verminderte Geschwindigkeit, mangelnde Bremsbereitschaft oder unzureichenden Seitenabstand beim Vorbeifahren oder Überholen,

5.4 zulässige Höchstgeschwindigkeit überschritten um mehr als 25 km/h außer in den in Nummer 4.3 genannten Fällen,

5.5 erforderlichen Abstand von einem vorausfahrenden Fahrzeug nicht eingehalten bei einer Geschwindigkeit von mehr als 80 km/h, gefahren mit einem Abstand von weniger als drei Zehntel des halben Tachowertes, oder bei einer Geschwindigkeit von mehr als 130 km/h, gefahren mit einem Abstand von weniger als vier Zehntel des halben Tachowertes,

5.6 mit Lastkraftwagen (zulässiges Gesamtgewicht über 3,5 t) oder Kraftomnibus bei einer Geschwindigkeit von mehr als 50 km/h auf einer Autobahn Mindestabstand von 50 m von einem vorausfahrenden Fahrzeug nicht eingehalten,

5.7 außerhalb geschlossener Ortschaft rechts überholt,
5.8 überholt, obwohl nicht übersehen werden konnte, daß während des ganzen Überholvorgangs jede Behinderung des Gegenverkehrs ausgeschlossen war, oder bei unklarer Verkehrslage in anderen als den in Nummer 4.5 genannten Fällen,
5.9 Vorfahrt nicht beachtet und dadurch einen Vorfahrtberechtigten gefährdet,
5.10 bei erheblicher Sichtbehinderung durch Nebel, Schneefall oder Regen außerhalb geschlossener Ortschaften am Tage nicht mit Abblendlicht gefahren,
5.11 auf Autobahnen oder Kraftfahrstraßen an dafür nicht vorgesehener Stelle eingefahren und dadurch einen anderen gefährdet,
5.12 beim Einfahren auf Autobahnen oder Kraftfahrstraßen Vorfahrt auf der durchgehenden Fahrbahn nicht beachtet,
5.13 mit einem Fahrzeug den Vorrang eines Schienenfahrzeugs nicht beachtet oder Bahnübergang unter Verstoß gegen die Wartepflicht in § 19 Abs. 2 der Straßenverkehrs-Ordnung überquert,
5.14 Ladung oder Ladeeinrichtung nicht verkehrssicher verstaut oder gegen Herabfallen nicht besonders gesichert und dadurch einen anderen gefährdet,
5.15 als Fahrzeugführer nicht dafür gesorgt, daß das Fahrzeug, der Zug, die Ladung oder die Besetzung vorschriftsmäßig war, wenn dadurch die Verkehrssicherheit wesentlich beeinträchtigt war oder die Verkehrssicherheit des Fahrzeugs durch die Ladung oder die Besetzung wesentlich litt,
5.16 Zeichen oder Haltgebot eines Polizeibeamten nicht befolgt,
5.17 als Kraftfahrzeugführer rotes Wechsellichtzeichen oder rotes Dauerlichtzeichen in anderen als den Fällen des Rechtsabbiegens mit Grünpfeil und den in Nummer 4.8 genannten Fällen nicht befolgt,
5.18 unbedingtes Haltgebot (Zeichen 206 der Straßenverkehrs-Ordnung) nicht befolgt oder trotz Rotlicht nicht an der Haltlinie (Zeichen 294 der Straßenverkehrs-Ordnung) gehalten und dadurch einen anderen gefährdet,
5.19 eine für kennzeichnungspflichtige Kraftfahrzeuge mit gefährlichen Gütern (Zeichen 261 der Straßenverkehrs-Ordnung) oder für Kraftfahrzeuge mit wassergefährdender Ladung (Zeichen 269 der Straßenverkehrs-Ordnung) gesperrte Straße befahren,
5.20 ohne erforderliche Fahrerlaubnis zur Fahrgastbeförderung einen oder mehrere Fahrgäste in einem in § 48 Abs. 1 genannten Fahrzeug befördert,
5.21 als Halter die Fahrgastbeförderung in einem in § 48 Abs. 1 genannten Fahrzeug angeordnet oder zugelassen, obwohl der Fahrzeugführer die erforderliche Fahrerlaubnis zur Fahrgastbeförderung nicht besaß,
5.22 Kraftfahrzeug oder Kraftfahrzeuganhänger ohne die erforderliche Zulassung oder Betriebserlaubnis oder außerhalb des auf dem Saisonkennzeichen angegebenen Betriebszeitraums oder nach dem auf dem Kurzzeitkennzeichen angegebenen Ablaufdatum auf öffentlichen Straßen in Betrieb gesetzt oder Kurzzeitkennzeichen an mehr als einem Fahrzeug verwendet,
5.23 Kraftfahrzeug, Anhänger oder Fahrzeugkombination in Betrieb genommen, obwohl die zulässige Achslast, das zulässige Gesamtgewicht oder die zulässige Anhängelast hinter einem Kraftfahrzeug um mehr als 20 Prozent überschritten war,
5.24 als Halter die Inbetriebnahme eines Kraftfahrzeugs, eines Anhängers oder einer Fahrzeugkombination angeordnet oder zugelassen, obwohl die zulässige Achslast, das zulässige Gesamtgewicht oder die zulässige Anhängelast hinter einem Kraftfahrzeug um mehr als 10 Prozent überschritten war; bei Kraftfahrzeugen mit einem zulässigen Gesamtgewicht bis 7,5 t oder Kraftfahrzeugen mit Anhängern, deren zulässiges Gesamtgewicht 2 t nicht übersteigt, unter Überschreitung um mehr als 20 Prozent,
5.25 Fahrzeug in Betrieb genommen, das sich in einem Zustand befand, der die Verkehrssicherheit wesentlich beeinträchtigte, insbesondere unter Verstoß gegen die Vorschriften über Lenkeinrichtungen, Bremsen oder Einrichtungen zur Verbindung von Fahrzeugen,

5.26 als Halter die Inbetriebnahme eines Kraftfahrzeugs oder Zuges angeordnet oder zugelassen, obwohl der Führer zur selbständigen Leitung nicht geeignet war, oder das Fahrzeug, der Zug, die Ladung oder die Besetzung nicht vorschriftsmäßig war und dadurch die Verkehrssicherheit wesentlich beeinträchtigt war – insbesondere unter Verstoß gegen eine Vorschrift über Lenkeinrichtungen, Bremsen oder Einrichtungen zur Verbindung von Fahrzeugen –, oder die Verkehrssicherheit des Fahrzeugs durch die Ladung oder die Besetzung wesentlich litt,
5.27 Kraftfahrzeug (außer Mofa) oder Anhänger in Betrieb genommen, dessen Reifen keine ausreichenden Profilrillen oder Einschnitte oder keine ausreichende Profil- oder Einschnittiefe besaßen,
5.28 als Halter die Inbetriebnahme eines Kraftfahrzeugs (außer Mofa) oder Anhängers angeordnet oder zugelassen, dessen Reifen keine ausreichenden Profilrillen oder Einschnitte oder keine ausreichende Profil- oder Einschnittiefe besaßen,
5.29 als Fahrzeugführer vor dem Rechtsabbiegen bei roter Lichtzeichenanlage mit grünem Pfeilschild nicht angehalten,
5.30 beim Rechtsabbiegen mit grünem Pfeilschild den freigegebenen Fahrzeugverkehr, Fußgängerverkehr oder den Fahrradverkehr auf Radwegfurten behindert oder gefährdet,
5.31 Kraftfahrzeug in Betrieb genommen, das nicht mit dem vorgeschriebenen Geschwindigkeitsbegrenzer ausgerüstet war oder den Geschwindigkeitsbegrenzer auf unzulässige Geschwindigkeit eingestellt oder nicht benutzt, auch wenn es sich um ein ausländisches Kraftfahrzeug handelt,
5.32 als Halter die Inbetriebnahme eines Kraftfahrzeuges angeordnet oder zugelassen, das nicht mit dem vorgeschriebenen Geschwindigkeitsbegrenzer ausgerüstet war oder dessen Geschwindigkeitsbegrenzer auf unzulässige Geschwindigkeit eingestellt war oder nicht benutzt wurde;
6 mit zwei Punkten folgende Ordnungswidrigkeiten:
6.1 *(gestrichen)*
6.2 gegen das Rechtsfahrgebot verstoßen bei Gegenverkehr, beim Überholtwerden, an Kuppen, in Kurven oder bei Unübersichtlichkeit und dadurch einen anderen gefährdet,
6.3 beim Führen von kennzeichnungspflichtigen Kraftfahrzeugen mit gefährlichen Gütern oder von Kraftomnibussen mit Fahrgästen zulässige Höchstgeschwindigkeit überschritten um mehr als 20 km/h, außer in den in Nummer 4.3 und 5.4 genannten Fällen,
6.4 erforderlichen Abstand von einem vorausfahrenden Fahrzeug nicht eingehalten bei einer Geschwindigkeit von mehr als 80 km/h, gefahren mit einem Abstand von weniger als vier Zehntel des halben Tachowertes, oder bei einer Geschwindigkeit von mehr als 130 km/h, gefahren mit einem Abstand von weniger als fünf Zehntel des halben Tachowertes,
6.5 zum Überholen ausgeschert und dadurch nachfolgenden Verkehr gefährdet,
6.6 abgebogen, ohne Fahrzeug durchfahren zu lassen und dadurch einen anderen gefährdet,
6.7 beim Abbiegen auf einen Fußgänger keine besondere Rücksicht genommen und ihn dadurch gefährdet, oder beim Abbiegen in ein Grundstück, beim Wenden oder Rückwärtsfahren einen anderen gefährdet,
6.8 liegengebliebenes mehrspuriges Fahrzeug nicht oder nicht wie vorgeschrieben abgesichert, beleuchtet oder kenntlich gemacht und dadurch einen anderen gefährdet,
6.9 auf Autobahnen oder Kraftfahrstraßen Fahrzeug geparkt,
6.10 Seitenstreifen von Autobahnen oder Kraftfahrstraßen zum Zweck des schnelleren Vorwärtskommens benutzt,
6.11 bei an einer Haltestelle (Zeichen 224 der Straßenverkehrs-Ordnung) haltendem Omnibus des Linienverkehrs, haltender Straßenbahn oder haltendem gekennzeichnetem Schulbus mit ein- oder aussteigenden Fahrgästen bei Vorbeifahrt rechts Schrittgeschwindigkeit oder ausreichenden Abstand nicht eingehalten, oder obwohl nötig, nicht angehalten und dadurch einen Fahrgast gefährdet oder behindert (soweit nicht Nummer 4.3 oder 5.4),

6.12 bei an einer Haltestelle (Zeichen 224 der Straßenverkehrs-Ordnung) haltendem Omnibus des Linienverkehrs oder gekennzeichnetem Schulbus mit eingeschaltetem Warnblinklicht bei Vorbeifahrt Schrittgeschwindigkeit oder ausreichenden Abstand nicht eingehalten oder, obwohl nötig, nicht angehalten und dadurch einen Fahrgast gefährdet oder behindert (soweit nicht Nummer 4.3 oder 5.4),

6.13 als Halter Fahrzeug zur Hauptuntersuchung oder Sicherheitsprüfung nicht vorgeführt bei einer Fristüberschreitung des Anmelde- oder Vorführtermins um mehr als acht Monate oder als Halter den Geschwindigkeitsbegrenzer in den vorgeschriebenen Fällen nicht prüfen lassen, wenn seit fällig gewordener Prüfung mehr als ein Monat vergangen ist;

7 mit einem Punkt alle übrigen Ordnungswidrigkeiten.

Maßnahmen der Fahrerlaubnisbehörde

41 (1) Die Unterrichtung des Betroffenen über den Punktestand, die Verwarnung und der Hinweis auf die Möglichkeit der Teilnahme an einem Aufbauseminar, die Anordnung zur Teilnahme an einem solchen Seminar und der Hinweis auf die Möglichkeit einer verkehrspsychologischen Beratung erfolgen schriftlich unter Angabe der begangenen Verkehrszuwiderhandlungen.

(2) ¹**Bei der Anordnung ist für die Teilnahme an dem Aufbauseminar eine angemessene Frist zu setzen.** ²Die schriftliche Anordnung ist bei der Anmeldung zu einem Aufbauseminar dem Kursleiter vorzulegen.

(3) Für die verkehrspsychologische Beratung gilt § 38 entsprechend.

(4) **Die Anordnung eines Verkehrsunterrichts nach § 48 der Straßenverkehrs-Ordnung bleibt unberührt.**

1 **Begr** (BRDrucks 443/98 S 293): *Die Vorschrift ergänzt die Bestimmung in § 4 Abs. 3 StVG, der den Maßnahmekatalog zum Punktsystem enthält. Die Unterrichtung des Betroffenen nach Absatz 1 erfolgt durch die Fahrerlaubnisbehörde, die vom Kraftfahrt-Bundesamt die hierfür erforderlichen Eintragungen übermittelt bekommt (§ 4 Abs. 6 StVG). Absatz 2 entspricht der Regelung in § 24 Abs. 2 für die Fahrerlaubnis auf Probe.*

Absatz 3 stellt klar, daß die Anordnung des Verkehrsunterrichts nach § 48 StVO unabhängig von den Maßnahmen des Punktsystems erfolgen kann und z. B. auch nicht an die Eingriffsstufen des Punktsystems gebunden ist.

2 Schriftliche Unterrichtung des Betroffenen über den Punktestand mit Verwarnung und Hinweis auf die Möglichkeit der Seminarteilnahme erfolgt gem § 4 III S 1 Nr 1 StVG bei 8, aber nicht mehr als 13 Punkten, s § 4 StVG Rz 10, Anordnung der Seminarteilnahme bei 14, aber nicht mehr als 17 Punkten (mit Hinweis auf die Möglichkeit einer verkehrspsychologischen Beratung) gem § 4 III Nr 2 StVG, s § 4 StVG Rz 11, 12.

Aufbauseminare

42 Hinsichtlich der Zielsetzung, des Inhalts, der Dauer und der Gestaltung der Aufbauseminare ist § 35 entsprechend anzuwenden.

Anm: Aufbauseminare nach dem Punktsystem, s § 4 VIII StVG. Freiwillige Teilnahme: § 4 III Nr 1 StVG bei 8 bis 13 Punkten, s § 4 StVG Rz 10. Pflicht zur Teilnahme nach entsprechender Anordnung und Fristsetzung durch die FEB: § 4 III Nr 2 StVG bei 14 bis 17 Punkten, s § 4 StVG Rz 11. Nichtteilnahme innerhalb der gesetzten Frist, s § 4 StVG Rz 16 f.

Besondere Aufbauseminare nach § 4 Abs. 8 Satz 4 des Straßenverkehrsgesetzes

43 Inhaber von Fahrerlaubnissen, die wegen Zuwiderhandlungen nach § 315 c Abs. 1 Nr. 1 Buchstabe a, den §§ 316, 323 a des Strafgesetzbuches oder § 24 a des Straßenverkehrsgesetzes an einem Aufbauseminar teilzunehmen haben, sind, auch wenn sie noch andere Verkehrszuwiderhandlungen begangen haben, einem besonderen Aufbauseminar nach § 36 zuzuweisen.

Begr zur ÄndVO v 7. 8. 02: BRDrucks 497/02 S 72.

Entziehung, Beschränkung, Auflagen §§ 44–46 FeV **3a**

Anm: Besondere Aufbauseminare für Inhaber einer FE, die unter dem Einfluß von Alkohol oder anderer berauschender Mittel am Verkehr teilgenommen haben: § 4 VIII S 4 StVG.

Teilnahmebescheinigung

44 Hinsichtlich der Bescheinigung über die Teilnahme an einem angeordneten Aufbauseminar sowie der Verarbeitung und Nutzung der Teilnehmerdaten ist § 37 entsprechend anzuwenden.

Anm: Über die Teilnahme am Aufbauseminar im Rahmen des Punktsystems wird, ebenso wie bei Fahranfängern im Rahmen der Bestimmungen über die FE auf Probe, vom Seminarleiter eine Teilnahmebescheinigung unter Angabe des Seminarmodells sowie des Umfangs und der Dauer des Seminars ausgestellt. Insoweit gilt § 37 entsprechend. Bei Versäumen von Sitzungen des Kurses, auch bei Ausschluß, etwa wegen Störung oder Erscheinen in alkoholisiertem Zustand, ist die Teilnahmebescheinigung zu verweigern, ebenso bei Nichtanfertigung von Kursaufgaben (§ 37 II).

Punkterabatt auf Grund freiwilliger Teilnahme an einem Aufbauseminar oder an einer verkehrspsychologischen Beratung

45 (1) Nimmt der Inhaber der Fahrerlaubnis unter den in § 4 Abs. 4 des Straßenverkehrsgesetzes genannten Voraussetzungen freiwillig an einem Aufbauseminar oder an einer verkehrspsychologischen Beratung teil, unterrichtet die Fahrerlaubnisbehörde hierüber das Kraftfahrt-Bundesamt.

(2) Hat der Inhaber der Fahrerlaubnis Verstöße im Sinne des § 43 begangen, wird ein Punkteabzug nur gewährt, wenn er an einem besonderen Aufbauseminar gemäß § 36 teilgenommen hat.

Anm: Freiwillige Teilnahme an einem Aufbauseminar vor Erreichen von 14 Punkten führt nach Maßgabe von § 4 IV StVG zu einem Punktabzug in unterschiedlicher Höhe. Näher zum Bonus-System: § 4 StVG Rz 20 ff. Hinweis durch die FEB auf die Möglichkeit zur Teilnahme bei 8 bis 13 Punkten: § 4 III Nr 1 StVG. Nach Zuwiderhandlungen gegen § 315c I Nr 1a StGB (Gefährdung des Straßenverkehrs infolge alkohol- oder rauschmittelbedingter Fahrunsicherheit), § 316 StGB (Trunkenheit im Verkehr), § 323a StGB (Vollrausch) oder § 24a StVG (ordnungswidriges Führen von Kfzen unter Alkohol- oder Rauschmitteleinfluß) setzt der Punktabzug die Teilnahme an einem besonderen Aufbauseminar nach § 42 voraus (Abs II).

8. Entziehung oder Beschränkung der Fahrerlaubnis, Anordnung von Auflagen

Entziehung, Beschränkung, Auflagen

46 (1) ¹Erweist sich der Inhaber einer Fahrerlaubnis als ungeeignet zum Führen von Kraftfahrzeugen, hat ihm die Fahrerlaubnisbehörde die Fahrerlaubnis zu entziehen. ²Dies gilt insbesondere, wenn Erkrankungen oder Mängel nach den Anlagen 4, 5 oder 6 vorliegen oder erheblich oder wiederholt gegen verkehrsrechtliche Vorschriften oder Strafgesetze verstoßen wurde und dadurch die Eignung zum Führen von Kraftfahrzeugen ausgeschlossen ist.

(2) Erweist sich der Inhaber einer Fahrerlaubnis noch als bedingt geeignet zum Führen von Kraftfahrzeugen, schränkt die Fahrerlaubnisbehörde die Fahrerlaubnis soweit wie notwendig ein oder ordnet die erforderlichen Auflagen an; die Anlagen 4, 5 und 6 sind zu berücksichtigen.

(3) Werden Tatsachen bekannt, die Bedenken begründen, daß der Inhaber einer Fahrerlaubnis zum Führen eines Kraftfahrzeugs ungeeignet oder bedingt geeignet ist, finden die §§ 11 bis 14 entsprechende Anwendung.

(4) ¹Die Fahrerlaubnis ist auch zu entziehen, wenn der Inhaber sich als nicht befähigt zum Führen von Kraftfahrzeugen erweist. ²Rechtfertigen Tatsachen eine solche Annahme, kann die Fahrerlaubnisbehörde zur Vorbereitung der Entschei-

3a FeV § 46   II. Führen von Kraftfahrzeugen

dung über die Entziehung die Beibringung eines Gutachtens eines amtlich anerkannten Sachverständigen oder Prüfers für den Kraftfahrzeugverkehr anordnen. ³§ 11 Abs. 6 bis 8 ist entsprechend anzuwenden.

(5) ¹Mit der Entziehung erlischt die Fahrerlaubnis. ²Bei einer ausländischen Fahrerlaubnis erlischt das Recht zum Führen von Kraftfahrzeugen im Inland.

1   **Begr** (BRDrucks 443/98 S 294): *§ 46 übernimmt die bisher in § 15b Abs. 1, 1a und 2 enthaltenen Regelungen. Die dort nicht getroffene Unterscheidung zwischen Eignung und Befähigung beruht darauf, daß nach § 2 Abs. 4 und 5 des StVG n. F. die Eignung die Befähigung nicht mehr einschließt, sondern beide selbständige Anforderungen darstellen.*

2   1. **Erwiesene Ungeeignetheit** zum Führen von Kfzen führt zwingend zur EdF durch die FEB (Abs I S 1). Insoweit wiederholt die Bestimmung den Inhalt von § 3 I S 1 StVG. Die Ungeeignetheit kann auf körperlichen, geistigen oder charakterlichen Mängeln beruhen. Näher: § 2 StVG Rz 8–17, § 3 StVG Rz 5–9. Abs I S 2 mit Hinweis auf die in Anl 4, 5 und 6 genannten Erkrankungen und Mängel ist nicht abschließend („insbesondere"). Körperliche Mängel, Krankheit: § 2 StVG Rz 8, 10, § 3 StVG Rz 5, 6, Altersabbau: § 2 StVG Rz 9, § 3 StVG Rz 6, geistige Mängel: § 2 StVG Rz 11, erhebliche oder wiederholte Verstöße gegen verkehrsrechtliche Vorschriften oder Strafgesetze: § 2 StVG Rz 12–17, Straftaten durch Führen von Kfzen unter Alkohol- oder Rauschmitteleinfluß: § 2 StVG Rz 16, 17. Erwiesen muß die Ungeeignetheit sein, um EdF zu rechtfertigen. Näher: § 3 StVG Rz 3. Verwaltungsgerichtliche Nachprüfbarkeit: § 3 StVG Rz 3, 4.

3   2. **Bedingte Eignung.** EdF bei noch bedingter Eignung verstieße gegen das verfassungsmäßige Übermaßverbot (**E** 2). Soweit daher FEBeschränkung oder Belastung unter Erteilung von Auflagen ausreicht, scheidet EdF aus. Bedingte Eignung: § 2 StVG Rz 18, § 3 StVG Rz 10. Einschränkung der FE oder FE unter Auflagen bei bedingter Eignung: s § 23.

4   3. **Bedenken in bezug auf die Eignung.** Werden der FEB konkrete Tatsachen bekannt, die Bedenken gegen die uneingeschränkte Eignung des FEInhabers zum Führen von Kfzen begründen, so ergeben sich die ihr zur Verfügung stehenden Aufklärungsmaßnahmen im einzelnen aus den §§ 11 bis 14, die gem Abs III entsprechend anzuwenden sind: § 11: körperliche, geistige oder charakterliche Eignungsmängel, § 12: Sehvermögen, § 13: Alkoholabhängigkeit, Alkoholmißbrauch, § 14: Drogenkonsum, Arzneimittelmißbrauch. Rechtsbeziehungen zwischen FEB, FEInhaber und Gutachter: § 11 Rz 19ff. Untersuchungsumfang: § 11 Rz 15. Annahme von Ungeeignetheit bei Nichtbeibringung eines rechtmäßig angeforderten Gutachtens: § 11 Rz 22ff. Auf die Erläuterungen zu §§ 11 bis 14 wird verwiesen. Die präventive Eignungskontrolle von Kf gem Abs III in Verbindung mit §§ 11ff ist verfassungskonform, BVerfG NJW **02** 2380.

5   4. **Fehlen der Befähigung zum Führen von Kfzen oder Bedenken der FEB.** Abs IV wiederholt für den Fall fehlender Befähigung den Inhalt von § 3 S 1 StVG. Begriff der Befähigung: § 2 StVG Rz 5. Nachweis der Befähigung durch FEPrüfung: § 15. Die fehlende Befähigungsprüfung für sich allein rechtfertigt nicht die Entziehung einer entgegen §§ 2 II S 1 Nr 5 StVG, 15 FeV erteilten FE; die gegenteilige Ansicht des VGH Ka, VRS **70** 228, verkennt, daß das Unterbleiben der Prüfung allenfalls etwa bestehende Zweifel an der Befähigung aufrechterhalten mag, nicht aber einen Befähigungsmangel erweist.

6   4 a. Bei **Bedenken der FEB gegen die Befähigung** aufgrund konkreter Tatsachen kann die FEB gem Abs IV S 2 die Beibringung eines Gutachtens eines amtlich anerkannten Sachverständigen oder Prüfers für den KfzVerkehr anordnen. Beziehen sich die Befähigungszweifel auf die Kenntnis der Verkehrsvorschriften oder der zur Abwehr der Gefahren des StrVerkehrs erforderlichen Verhaltensweisen, so hat der FEInhaber die Zweifel im Rahmen der Begutachtung durch eine theoretische Prüfung auszuräumen (§ 16), deuten konkrete Tatsachen auf mangelnde Befähigung zur sicheren Führung eines Kfz hin, so sind diese Zweifel durch eine praktische Fahrprüfung (§ 17) zu klären, OVG Hb VRS **105** 466.

4 b. Theoretische Prüfung. Fehlende Befähigung ist nach langem, unfallfreiem 7
Fahren nicht ohne weiteres *erwiesen* (Abs IV S 1), wenn der FEInhaber eine theoretische
Prüfung nicht besteht, sondern nur dann, wenn die Kenntnislücken für die VSicherheit
bedeutsam sind, s VGH Ma NJW **79** 1472, VGH Mü VRS **57** 319 (zu § 15 b StVZO
alt). Theoretische Kenntnisse, welche die VSicherheit berühren, muß der Kf ausreichend
besitzen, anders (bei außerdem langer unfallfreier Fahrpraxis), wenn er bei der theoretischen Prüfung nur Fehler macht, welche die VSicherheit nicht berühren, VGH Ma
DÖV **79** 300, BVG NJW **82** 2885. Zu berücksichtigen ist, daß theoretische Kenntnisse
im Laufe der Jahre häufig verblassen, obwohl dem Kf die VRegeln in der Praxis durchaus geläufig bleiben, soweit sie seine eigene verkehrsgerechte Teilnahme am StrV
betreffen, OVG Br NJW **79** 74, s *Booß* VM **89** 40. Allerdings kann Unkenntnis des
StrVRechts auf das Vorliegen charakterlicher oder geistiger Mängel hindeuten, OVG Br
NJW **79** 75. Auch kann der Schluß auf fehlende *Eignung* gerechtfertigt sein, wenn der
Kf trotz gebotener Gelegenheit zur Vorbereitung *wiederholt* das erforderliche Wissen
nicht nachweisen kann, VG Dü DAR **79** 314, VGH Ka VM **81** 80, BVG ZfS **83** 155,
vor allem dann, wenn sich dabei erhebliche die VSicherheit betreffende Kenntnislücken
offenbaren, BVG NJW **82** 2885, VM **82** 77 Nr 80 (ohne daß die falschen Antworten
ein gefährliches Verhalten kennzeichnen müßten; insoweit zw, weil EdF wegen Ungeeignetheit oder mangelnder Befähigung ausschließlich der Gefahrenabwehr dient; krit
denn auch mit Recht *Himmelreich* NJW **83** 604), BVG ZfS **83** 155.

Die Anordnung an den FEInhaber gem Abs IV S 2, sich im Rahmen einer Begut- 8
achtung durch einen Sachverständigen oder Prüfer einer theoretischen Prüfung zu unterziehen (§§ 11 VI S 1 und 4), ist nur **rechtmäßig**, wenn Anhaltspunkte gerade für
einen Kenntnismangel hinsichtlich der VRegeln bestehen, OVG Br NJW **79** 75, VGH
Mü DAR **80** 192, VRS **58** 471, OVG Münster NJW **83** 643, VRS **70** 74, *Himmelreich*
DAR **83** 257, s *Jagow* NZV **95** 12 (alle zu § 15 b StVZO alt), abw (zur früheren, aber
im Kern gleichen Rechtslage) OVG Lüneburg NJW **79** 2580, VGH Ka VM **81** 80
(wonach die Überprüfung auch der Verkehrserziehung diene), BVG NJW **82** 2885,
VRS **74** 151 (weil die theoretischen Kenntnisse das Wissen um die Notwendigkeit ihrer
Beachtung und die Fähigkeit zu ihrer Anwendung umfaßten – mit Hilfe der üblichen
Fragebögen ausreichend überprüfbar. –). Gegen BVG insoweit OVG Münster VRS **70**
74. Zwar muß ein Kf auch die **Fähigkeit** besitzen, sich entsprechend seinen theoretischen Kenntnissen **verkehrsgerecht zu verhalten;** diese Fähigkeit ist aber mittels Abfragens der theoretischen Regelkenntnisse nicht überprüfbar, OVG Münster VRS **70** 74,
s auch *Himmelreich* DAR **88** 328, *Bouska* DAR **90** 7, *Sendler* DAR **90** 407, *Jagow* NZV
95 12, aM BVG NJW **82** 2885, OVG Münster VRS **58** 300. Dieser Tatsache trägt zB
auch die ab 1. 1. 1999 geltende Neuregelung in § 2 a II S 1 Nr 2 StVG (FE auf Probe)
Rechnung (s § 2 a StVG Rz 13). *Vorsätzliche* Verstöße werden idR eine theoretische
Fahrprüfung nicht rechtfertigen, weil sie nicht auf Unkenntnis der Vorschriften beruhen,
s OVG Münster NJW **83** 643, ZfS **83** 156, VRS **70** 74. Liegen Pflichtverstöße nicht auf
theoretischem Gebiet (VGH Mü DAR **80** 192: Überladen, Fahren mit abgefahrenen
Reifen, nicht versichertes Kfz), ist allerdings die Frage nach der Rechtstreue überhaupt
und damit nach der charakterlichen *Eignung* zum Führen von Kfzen aufgeworfen. Auch
BVG NJW **82** 2885, VM **82** 77 Nr 80 hält die Prüfungsanordnung jedenfalls dann nicht
für rechtmäßig, wenn weder das Fehlverhalten des Kf die theoretischen Kenntnisse einschließlich der Gefahrenlehre betrifft, noch eine Prüfung zur Beurteilung dieser Kenntnisse geeignet ist. Vor Anordnung einer theoretischen Prüfung ist auch die zeitliche Folge der vorangegangenen Verstöße zu berücksichtigen; mehrjähriger Abstand von der letzten
Tat zu den in rascher Folge vorher begangenen kann der Maßnahme entbehrlich machen mit der Folge der Rechtsfehlerhaftigkeit ihrer Anordnung, BVG VM **82** 77 Nr 81.
Andererseits können gehäufte Zuwiderhandlungen in kurzer Zeit im Einzelfall auch
dann Bedenken hinsichtlich ausreichender Regelkenntnis und daher die Anordnung
einer theoretischen Prüfung rechtfertigen, wenn 14 Punkte nach § 4 StVG noch nicht
erreicht sind, s BVG NZV **89** 487 (zur bis zum 31. 12. 1998 bestehenden Rechtslage).

Bei der **Auswertung von Prüfungsfragebögen** steht den Prüfern kein umfassender 9
Beurteilungsspielraum zu, BVG NJW **82** 2885, VG Kö ZfS **83** 381, vielmehr ist die
Bewertung durch das Gericht in vollem Umfang nachprüfbar, VG Ol NZV **93** 327

(Anm *Jagow* VD **93** 193). Dabei steht statt eines verallgemeinernden Punkteschemas die Würdigung der individuellen Prüfungsleistung des zu Beurteilenden im Vordergrund, VG Ol NZV **93** 327, und zwar mit Schwerpunkt derjenigen Prüfungsfragen, die Verkehrssicherheit und Gefahrenlehre betreffen, BVG NJW **82** 2885, VGH Ma NZV **91** 168. Die Prüfungsnoten sind dahin zu bewerten, ob sie erhebliche VGefahr befürchten lassen, OVG Lüneburg DAR **81** 30. Auch die Eindeutigkeit und Klarheit der Fragestellung unterliegt der Überprüfung, Mängel insoweit dürfen nicht zu Lasten des Probanden gehen, VG Ol NZV **93** 327.

10   Ergebnisse einer **nicht rechtmäßig angeordneten** theoretischen Prüfung werden im Rahmen der Befähigungsbeurteilung durch die VB zuungunsten des FEInhabers verwertbar bleiben, s BVG NJW **82** 2885. Nur darf ihm aus seiner Weigerung, sich einer solchen überhaupt zu stellen, kein Nachteil erwachsen, BVG NJW **82** 2885, VGH Mü DAR **80** 192, OVG Br NJW **79** 75, OVG Münster VRS **70** 74, s dazu Rz 11.

11   **Weigert sich der FEInhaber** ohne triftigen Grund, sich der im Rahmen einer gem Abs IV S 2 rechtmäßig angeordneten Gutachtenbeibringung erforderlichen theoretischen Prüfung zu unterziehen, so darf die FEB gem Abs IV S 3 mit § 11 VIII auf fehlende Befähigung zum Führen von Kfzen schließen (so schon zu § 15 b StVZO alt: BVG VRS **74** 151, OVG Ko DAR **90** 154, VGH Ma DAR **90** 435, ebenso bei Anordnung einer Fahrprobe, VGH Ma NJW **91** 315). War die **Anordnung** der theoretischen Prüfung **nicht rechtmäßig** (s dazu Rz 8), darf die VB aus der Weigerung des Kf, hieran mitzuwirken, nicht dessen fehlende Befähigung herleiten, s BVG NJW **82** 2885, VRS **74** 151, VGH Mü DAR **80** 192, OVG Br NJW **79** 75, OVG Münster NJW **81** 1398, **83** 643, VRS **70** 74, OVG Ko DAR **90** 154 (alle zu § 15 b StVZO alt). S zur neuen Rechtslage: § 11 Rz 22–24.

12   **5. Ablieferung des Führerscheins:** §§ 3 II StVG, 47 I FeV.

13   **6. Bei Inhabern ausländischer FE** kann der ausländische Erteilungsakt nicht durch (die gem § 3 I S 2 StVG im Prinzip mögliche) Entziehung beseitigt werden. Daher hat die Entziehung bei ihnen gem § 3 I S 2 StVG nur die Wirkung der Aberkennung des Rechts, von der FE im Inland Gebrauch zu machen (§ 11 II S 1 IntVO). Dies gilt auch für Inhaber von EU/EWR-FEen mit ordentlichem Wohnsitz im Inland, obwohl es Art 8 II der Zweiten EG-FS-Richtlinie erlaubt, die *„innerstaatlichen Vorschriften über … Entzug … anzuwenden"*. Auf der Grundlage des § 3 I S 2 StVG bestimmt § 46 V S 2, daß mit der Entziehung der ausländischen FE das Recht des Inhabers zum Führen von Kfzen im Inland erlischt. Dies gilt auch bei fehlender Befähigung (Abs IV S 1, § 11 II S 1 IntVO). Zur Eignungsbeurteilung außerdeutscher FzFührer im Rahmen des § 11 II IntVO, s BVG NJW **83** 1279, OVG Ko DAR **90** 433. Aberkennung des Rechts, von einer ausländischen FE Gebrauch zu machen (§ 11 II 1 IntVO) setzt, ebenso wie die Anordnung einer Maßnahme nach § 46 III, IV S 2, das Vorhandensein einer gültigen, gem § 4 IntVO oder (bei EU/EWR-Fahrerlaubnissen) gem § 28 zur Teilnahme am inländischen KfzV berechtigenden ausländischen Fe voraus; keine „vorsorgliche" Aberkennung für den Fall zukünftigen FE-Erwerbs, VGH Ma NZV **96** 215. Bei **bedingter Eignung** (Abs II) ist die ausländische FE für den inländischen Gebrauch, soweit notwendig, einzuschränken, oder der Eignungseinschränkung durch Erteilung der erforderlichen Auflagen zu begegnen, § 11 II S 2 IntVO. Die Untersuchungsstelle muß idR keinen Dolmetscher zur Verfügung stellen, VGH Ma Justiz **80** 213.

14   **6 a.** Die Aberkennung wird **im ausländischen FS vermerkt** (§ 11 II S 3 IntVO). Auch bei Nichteintragung der Untersagung fährt ein Ausländer, der seine fremde FE weiter benutzt, im Inland iS des § 21 StVG ohne FE. Erfüllt der Erwerber eines ausländischen Führerscheins nicht die Erfordernisse des § 28 FeV oder des § 4 I IntVO, so berechtigt ihn dieser nicht zum Führen von Kfzen im Inland, eine Eintragung erfolgt nicht (s auch § 69 b StGB Rz 5, *Hentschel,* Trunkenheit, Rz 828 sowie in *Meyer-*Gedächtnisschrift S 810 ff, jeweils mit Nachweisen), aM VGH Ma NJW **73** 1571, es sei denn die Voraussetzungen des § 47 III sind erfüllt.

15   **7. Verwaltungsrechtsmittel:** Die EdF kann nach Maßgabe der VwGO angefochten werden. Maßgebend im verwaltungsgerichtlichen Verfahren ist die bei Abschluß des

Verfahrensregelungen § 47 FeV **3a**

Verwaltungsverfahrens bestehende Sach- und Rechtslage, s § 3 StVG Rz 4; unbeachtlich ist daher die erst nach Anfechtung aufgegebene Weigerung, ein gefordertes Gutachten beizubringen, BVG NJW **86** 270, OVG Münster VRS **84** 130. Andererseits muß die Widerspruchsbehörde bei Vorlage eines positiven Eignungsgutachtens, wenn andere Eignungsmängel nicht bekannt sind, dem Widerspruch des Betroffenen abhelfen, OVG Bautzen DAR **01** 426. Zur sofortigen Vollziehbarkeit (§ 80 II Nr 4 VwGO) s § 3 StVG Rz 13. Die Auflage gem Abs III, IV ein Gutachten beizubringen und sich untersuchen zu lassen, ist als bloße Aufklärungsanordnung nicht gesondert anfechtbar (unselbständige Maßnahme der Beweiserhebung), OVG Weimar VM **04** 70, VGH Ma VRS **103** 224, OVG Hb VRS **104** 465 (abl *Haus* ZfS **03** 264), OVG Münster VRS **100** 394, *Bouska/Laeverenz* § 46 Anm 5, *Weibrecht* BA **03** 133, *Geiger*, DAR **01** 494, s (zur früheren Rechtslage, § 15 b StVZO alt) BVG VRS **46** 233, DAR **94** 372, *Czermak* NJW **94** 1458, *Gehrmann/Undeutsch* Rz 194, 198, krit *Ludovisy* VGT **94** 354, *Gehrmann* NZV **97** 12, *Hillmann* DAR **03** 107, aM OVG Ko DAR **68** 138, OVG Lüneburg NJW **68** 2310, OVG Hb VRS **35** 398, OVG Münster NJW **68** 267, *Schreiber* ZRP **99** 523, *Henn* NJW **93** 3170, *Haus* AG-VerkRecht-F S 443 ff, *Grünning/Ludovisy* DAR **93** 53 (§ 44 a S 2 VwGO analog). Daher keine einstweilige Anordnung dagegen, OVG Hb VRS **104** 465, VG Sa ZfS **92** 430, abw *Gehrmann* NZV **97** 13, **03** 13). Entsprechendes gilt für die Prüfungsaufforderung, VGH Mü DAR **72** 252, OVG Ko VRS **54** 319. Dagegen ist die Anordnung von Auflagen nach Abs Ia bei bedingter Eignung selbständig anfechtbar, VGH Ma NZV **97** 199 (zu § 15 b I a StVZO alt).

Lit: *Petersen*, Erfahrungen mit der FeV, ZfS **02** 56. *Schreiber*, Die medizinisch-psychologische Untersuchung nach der neuen FeV – Ist ihre Anordnung doch ein Verwaltungsakt?, ZRP **99** 519.

8. Sanktion. Fahren ohne FE: § 21 StVG. Verstoß gegen II (Nichtbeachtung von **16** Auflagen bei bedingter Eignung) ist ow gem §§ 75 Nr 9 FeV, 24 StVG.

Verfahrensregelungen

47 (1) ¹Nach der Entziehung sind von einer deutschen Behörde ausgestellte nationale und internationale Führerscheine unverzüglich der entscheidenden Behörde abzuliefern oder bei Beschränkungen oder Auflagen zur Eintragung vorzulegen. ²Die Verpflichtung zur Ablieferung oder Vorlage des Führerscheins besteht auch, wenn die Entscheidung angefochten worden ist, die zuständige Behörde jedoch die sofortige Vollziehung ihrer Verfügung angeordnet hat.

(2) ¹Absatz 1 gilt auch für Führerscheine aus Mitgliedstaaten der Europäischen Union oder einem anderen Vertragsstaat des Abkommens über den Europäischen Wirtschaftsraum. ²Nach einer bestandskräftigen Entziehung sendet die entscheidende Behörde den Führerschein unter Angabe der Gründe über das Kraftfahrt-Bundesamt an die Behörde zurück, die ihn ausgestellt hat. ³Sind im Falle von Beschränkungen oder Auflagen Eintragungen in den Führerschein nicht möglich, weil auf dem Führerschein nicht genügend Platz vorhanden ist, nach dem Recht des Staates, der den Führerschein ausgestellt hatte, nicht zulässig oder widerspricht der Inhaber der Fahrerlaubnis, erteilt ihm die Fahrerlaubnisbehörde gemäß § 30 eine entsprechende deutsche Fahrerlaubnis.

(3) ¹Ist dem Betroffenen nach § 31 eine deutsche Fahrerlaubnis erteilt worden, ist er aber noch im Besitz des ausländischen Führerscheins, ist auf diesem die Entziehung zu vermerken. ²Der Betroffene ist verpflichtet, der Fahrerlaubnisbehörde den Führerschein zur Eintragung vorzulegen.

Begr (BRDrucks 443/98 S 294): **Zu Abs 1:** *Absatz 1 stellt klar, daß auch ein inter-* **1** *nationaler Führerschein bei einer Entziehung der Fahrerlaubnis abzuliefern bzw. zur Eintragung von Einschränkungen und Auflagen, soweit dies im internationalen Führerschein vorgesehen ist, vorzulegen ist. Nach Artikel 41 Abs. 5 des Übereinkommens über den Straßenverkehr vom 8. November 1968 (BGBl. 1977 II S. 809) setzt ein internationaler Führerschein den Besitz der nationalen Fahrerlaubnis voraus. Es ist deshalb folgerichtig, daß er abzugeben ist, wenn das nationale Recht nicht mehr besteht.*

Zu Abs 2: *In Absatz 2 werden die für nationale Führerscheine geltenden Bestimmungen auf* **2** *EU- bzw. EWR-Führerscheine ausgedehnt. Die Rücksendung des ausländischen Führerscheins*

3a FeV § 48   II. Führen von Kraftfahrzeugen

beruht auf Artikel 8 Abs. 2 der Führerscheinrichtlinie, wonach der Wohnsitzmitgliedstaat die Fahrerlaubnis aus dem anderen Mitgliedstaat im Falle des Entzuges und ähnlicher Entscheidungen „umtauschen" kann. Zum Umtausch gehört nach Artikel 8 Abs. 3 stets auch die Rücksendung des betreffenden Führerscheins. Damit sollen auch die Behörden des ausstellenden Staates über die Entscheidung im neuen Wohnsitzstaat informiert werden.

    Begr zur ÄndVO v 9. 8. 04 **(zu Abs 2 Satz 3):** BRDrucks 305/04 S 21.

3   Abs I regelt die schon in § 3 II S 2 StVG bestimmte Pflicht zur **Ablieferung des FS** nach EdF näher, indem er die Ablieferungspflicht ausdrücklich auf alle bis zur EdF gültigen deutschen nationalen und internationalen FSe erstreckt und klar stellt, daß die FSe auch im Falle nicht bestandskräftiger, aber für sofort vollziehbar erklärter EdF durch die FEB unverzüglich abzuliefern sind. S §§ 3 StVG Rz 35. Sofortige Vollziehbarkeit: § 3 StVG Rz 13.

4   Ist zwar eine *Entziehung* einer ausländischen FE im Sinne einer Beseitigung des durch den fremden Staat vorgenommenen Hoheitsaktes der FEErteilung durch einen Verwaltungsakt einer deutschen Behörde nicht möglich (s § 46 Rz 13), so gestattet Art 8 II der Zweiten EG-FS-Richtlinie doch ausdrücklich die Anwendung der innerstaatlichen Vorschriften über *Entzug* der FE gegenüber Inhabern ausländischer **EU- oder EWR-FEe** mit ordentlichem Wohnsitz im jeweiligen Mitgliedstaat und den zu diesem Zweck erforderlichen *„Umtausch".* Auf dieser Bestimmung der Richtlinie beruht Abs II.

5   Grundsätzlich erfolgt *Umschreibung* eines ausländischen FS unter den Voraussetzungen des § 31 (ohne Befähigungsprüfung) nur gegen Abgabe des ausländischen FS (§ 31 IV S 3). Nach § 31 IV S 6 gilt dies jedoch nicht ausnahmslos. Für diese Ausnahmefälle bestimmt Abs III, daß die Entziehung der deutschen FE **im ausländischen FS zu vermerken** ist.

6   **Ordnungswidrigkeiten.** Verstoß gegen die Ablieferungs- oder Vorlagepflichten des Abs I (II S 1) oder der Vorlagepflicht des Abs III S 2 ist ow, §§ 75 Nr 10 FeV, 24 StVG.

9. Sonderbestimmungen für das Führen von Taxen, Mietwagen und Krankenkraftwagen sowie von Personenkraftwagen im Linienverkehr und bei gewerbsmäßigen Ausflugsfahrten und Ferienziel-Reisen

Fahrerlaubnis zur Fahrgastbeförderung

48 (1) Wer ein Taxi, einen Mietwagen, einen Krankenkraftwagen oder einen Personenkraftwagen im Linienverkehr (§§ 42, 43 des Personenbeförderungsgesetzes) oder bei gewerbsmäßigen Ausflugsfahrten oder Ferienziel-Reisen (§ 48 des Personenbeförderungsgesetzes) führt, bedarf einer zusätzlichen Erlaubnis der Fahrerlaubnisbehörde, wenn in diesen Fahrzeugen Fahrgäste befördert werden (Fahrerlaubnis zur Fahrgastbeförderung).

(2) Der Fahrerlaubnis zur Fahrgastbeförderung bedarf es nicht für
1. Krankenkraftwagen der Bundeswehr, des Bundesgrenzschutzes, der Polizei sowie der Truppe und des zivilen Gefolges der anderen Vertragsstaaten des Nordatlantikpaktes,
2. Krankenkraftwagen des Katastrophenschutzes, wenn sie für dessen Zweck verwendet werden,
3. Krankenkraftwagen der Feuerwehren und der nach Landesrecht anerkannten Rettungsdienste,
4. Personenkraftwagen im Linienverkehr oder bei gewerbsmäßigen Ausflugsfahrten oder Ferienziel-Reisen, wenn der Kraftfahrzeugführer im Besitz der Klasse D oder D1 ist.

(3) ¹Die Erlaubnis ist durch einen Führerschein nach Muster 4 der Anlage 8 nachzuweisen (Führerschein zur Fahrgastbeförderung). ²Er ist bei der Fahrgastbeförderung neben dem nach § 25 ausgestellten Führerschein mitzuführen und zuständigen Personen auf Verlangen zur Prüfung auszuhändigen.

(4) Die Fahrerlaubnis zur Fahrgastbeförderung ist zu erteilen, wenn der Bewerber
1. die nach § 6 für das Führen des Fahrzeugs erforderliche EU- oder EWR-Fahrerlaubnis besitzt,

2. das 21. Lebensjahr – bei Beschränkung der Fahrerlaubnis auf Krankenkraftwagen das 19. Lebensjahr – vollendet hat und die Gewähr dafür bietet, daß er der besonderen Verantwortung bei der Beförderung von Fahrgästen gerecht wird,
3. seine geistige und körperliche Eignung gemäß § 11 Abs. 9 in Verbindung mit Anlage 5 nachweist,
4. nachweist, daß er die Anforderungen an das Sehvermögen gemäß § 12 Abs. 6 in Verbindung mit Anlage 6 Nr. 2 erfüllt,
5. nachweist, daß er eine EU- oder EWR-Fahrerlaubnis der Klasse B oder eine entsprechende Fahrerlaubnis aus einem in Anlage 11 aufgeführten Staat seit mindestens zwei Jahren – bei Beschränkung der Fahrerlaubnis auf Krankenkraftwagen seit mindestens einem Jahr – besitzt oder innerhalb der letzten fünf Jahre besessen hat,
6. – falls die Erlaubnis für Krankenkraftwagen gelten soll – einen Nachweis über die Teilnahme an einer Ausbildung in Erster Hilfe nach § 19 beibringt und
7. – falls die Erlaubnis für Taxen gelten soll – in einer Prüfung nachweist, daß er die erforderlichen Ortskenntnisse in dem Gebiet besitzt, in dem Beförderungspflicht besteht, oder – falls die Erlaubnis für Mietwagen oder Krankenkraftwagen gelten soll – die erforderlichen Ortskenntnisse am Ort des Betriebssitzes besitzt; dies gilt nicht, wenn der Ort des Betriebssitzes weniger als 50 000 Einwohner hat. Der Nachweis kann durch eine Bescheinigung einer geeigneten Stelle geführt werden, die die zuständige oberste Landesbehörde, die von ihr bestimmte Stelle oder die nach Landesrecht zuständige Stelle bestimmt. Die Fahrerlaubnisbehörde kann die Ortskundeprüfung auch selbst durchführen.

(5) ¹Die Fahrerlaubnis zur Fahrgastbeförderung wird für eine Dauer von nicht mehr als fünf Jahren erteilt. ²Sie wird auf Antrag des Inhabers jeweils bis zu fünf Jahren verlängert, wenn
1. er seine geistige und körperliche Eignung gemäß § 11 Abs. 9 in Verbindung mit Anlage 5 nachweist,
2. er nachweist, daß er die Anforderungen an das Sehvermögen gemäß § 12 Abs. 6 in Verbindung mit Anlage 6 Nr. 2 erfüllt und
3. keine Tatsachen die Annahme rechtfertigen, daß er nicht die Gewähr dafür bietet, daß er der besonderen Verantwortung bei der Beförderung von Fahrgästen gerecht wird.

(6) ¹Wird ein Taxiführer in einem anderen Gebiet tätig als in demjenigen, für das er die erforderlichen Ortskenntnisse nachgewiesen hat, muß er diese Kenntnisse für das andere Gebiet nachweisen. ²Wird ein Führer eines Mietwagens oder eines Krankenkraftwagens in einem anderen Ort mit 50 000 Einwohnern oder mehr tätig als in demjenigen, für den er die erforderlichen Ortskenntnisse nachgewiesen hat, muß er diese Kenntnisse für den anderen Ort nachweisen.

(7) ¹Die §§ 21, 22 und 24 Abs. 1 Satz 1, Abs. 2 und 3 sind entsprechend anzuwenden. ²Die Verlängerung der Fahrerlaubnis zur Fahrgastbeförderung kann nur dann über die Vollendung des 60. Lebensjahres hinaus erfolgen, wenn der Antragsteller zusätzlich seine Eignung nach Maßgabe der Anlage 5 Nr. 2 nachweist.

(8) Der Halter eines Fahrzeugs darf die Fahrgastbeförderung nicht anordnen oder zulassen, wenn der Führer des Fahrzeugs die erforderliche Erlaubnis zur Fahrgastbeförderung nicht besitzt oder die erforderlichen Ortskenntnisse nicht nachgewiesen hat.

(9) ¹Begründen Tatsachen Zweifel an der körperlichen und geistigen Eignung des Fahrerlaubnisinhabers, finden die §§ 11 bis 14 entsprechende Anwendung. ²Auf Verlangen der Fahrerlaubnisbehörde hat der Inhaber der Erlaubnis seine Ortskenntnisse erneut nachzuweisen, wenn Tatsachen Zweifel begründen, ob er diese Kenntnisse noch besitzt.

(10) ¹Die Erlaubnis ist von der Fahrerlaubnisbehörde zu entziehen, wenn eine der aus Absatz 4 ersichtlichen Voraussetzungen fehlt. ²Die Erlaubnis erlischt mit der Entziehung sowie mit der Entziehung der in Absatz 4 Nr. 1 genannten Fahrerlaubnis. ³§ 47 Abs. 1 ist entsprechend anzuwenden.

Begr (BRDrucks 443/98 S 295): **Zu Abs 1:** *Die bisherigen Regelungen für die Fahrerlaubnis zur Fahrgastbeförderung in Kraftomnibussen fallen weg, da Kraftomnibusse eine eigenständige Fahrerlaubnisklasse – die Klasse D – bilden. Neu ist das Erfordernis einer Fahrerlaubnis zur Fahrgastbeförderung im mit Pkw durchgeführten Linienverkehr. Dies beruht darauf, daß insbeson-* 1 dere im ländlichen Raum im Linienverkehr neben Kraftomnibussen zunehmend auch Personenkraftwagen mit bis zu acht Fahrgastplätzen eingesetzt werden. Fahrgemeinschaften zwischen Wohnung und Arbeitsstelle oder Beförderungen im Wege der Nachbarschaftshilfe werden davon in der Regel nicht erfaßt, da das Personenbeförderungsgesetz nach § 1 Abs. 2 Nr. 1 bei Beförderungen in Pkw nur gilt, wenn das Gesamtentgelt die Betriebskosten der Fahrt übersteigt. Unterliegen die Beförderungen nicht dem Personenbeförderungsgesetz, ist auch keine Fahrerlaubnis zur Fahrgastbeförderung erforderlich ...

2 **Zu Abs 2:** ... Nunmehr bilden Kraftomnibusse eine eigenständige, einheitliche Fahrerlaubnisklasse mit eigenständigem auf Busse bezogenen Anforderungsprofil. Diese Fahrerlaubnis ist deshalb künftig auch für das Führen von Dienst-Kraftomnibussen erforderlich. Die Befreiung für die Benutzung der in § 15d Abs. 1a Nr. 1 und 2 StVZO genannten Dienstfahrzeuge wird damit hinfällig. In Absatz 2 ist daher nur die bisher in § 1a Nr. 3 StVZO enthaltene Befreiung vom Erfordernis der Fahrerlaubnis zur Fahrgastbeförderung für bestimmte Krankenkraftwagen übernommen worden.

3 **Zu Abs 4:** ... Da EU- und EWR-Fahrerlaubnisse grundsätzlich wie Inlandsfahrerlaubnisse zu behandeln sind, genügt eine allgemeine Fahrerlaubnis aus diesen Staaten als Grundlage für die Erteilung der Fahrerlaubnis zur Fahrgastbeförderung. Ein Umtausch der ausländischen Fahrerlaubnis ist nicht notwendig. Der Fahrer eines Taxis kann also seine Berechtigung zum Führen des Fahrzeuges durch den ausländischen Führerschein und seine Berechtigung zur Fahrgastbeförderung durch einen inländischen Führerschein zur Fahrgastbeförderung nachweisen. Spezielle Berechtigungen aus EU- oder EWR-Staaten zum Führen von Taxen und Mietwagen werden dagegen nicht anerkannt (Nummer 1).
Anders als bisher wird auf den Nachweis von Fahrpraxis verzichtet; es reicht vielmehr aus, daß der Bewerber die Klasse B in einem bestimmten Zeitraum besessen hat. Dies beruht darauf, daß auf der einen Seite gerade von der Klasse B im allgemeinen Gebrauch gemacht wird, so daß von Fahrpraxis ausgegangen werden kann, auf der anderen Seite aber der formelle Nachweis der Fahrpraxis bzw. dessen Überprüfung sowohl für den Bürger als auch für die Verwaltung mit erheblichem Aufwand verbunden ist (Nummer 5).

4 **Zu Abs 8:** *Absatz 8* entspricht § 15d Abs. 3 StVZO. Der Halter des Fahrzeugs ist jedoch künftig auch verpflichtet, keine Fahrgastbeförderung anzuordnen oder zuzulassen, ohne daß der Fahrer die erforderlichen Ortskenntnisse nachgewiesen hat. Dies kommt vor allem bei einem Ortswechsel des Fahrers zum Tragen. Dafür entfällt die bisher in § 15g StVZO vorgesehene Meldepflicht des Unternehmers, wenn er einen Taxi-, Mietwagen- oder Krankenkraftwagenführer einstellt, der die Fahrerlaubnis zur Fahrgastbeförderung an einem anderen Ort erworben hat. Die Meldepflicht sollte die Fahrerlaubnisbehörde in die Lage versetzen, nachzuprüfen, ob der betreffende Kraftfahrer die Ortskenntnisse für den neuen Tätigkeitsbereich nachgewiesen hat.

5 **Zu Abs 9:** *Absatz 9* Satz 1 entspricht § 15k Abs. 2 StVZO. Die Regelung bildet die Rechtsgrundlage für Maßnahmen der Verwaltungsbehörde, wenn Zweifel an der körperlichen und geistigen Eignung hinsichtlich der Fahrerlaubnis zur Fahrgastbeförderung bestehen. Da bei ihr strengere Maßstäbe angelegt werden als an die zugrundeliegende Fahrerlaubnis der Klasse B, können beide Fahrerlaubnisse ein unterschiedliches Schicksal haben.

6 **Zu Abs 10:** Nach Absatz 10 ist die Fahrerlaubnis zur Fahrgastbeförderung auch dann zu entziehen, wenn der Inhaber die erforderlichen Ortskenntnisse nicht besitzt. Ob dies der Fall ist, kann jedoch nur eine erneute Ortskundeprüfung beweisen. Absatz 9 Satz 2 ermöglicht der Fahrerlaubnisbehörde die Anordnung einer solchen Prüfung.

6a **Begr** zur ÄndVO v 7. 8. 02 (BRDrucks 497/02 S 73): **Zu Abs 2 Nr 4:** Mit der Einführung der neuen **Nummer 4 in Absatz 2** werden die Inhaber der Fahrerlaubnis der Klasse D oder D1 von der Fahrerlaubnis zur Fahrgastbeförderung freigestellt, wenn sie Pkw im Linienverkehr oder bei gewerbsmäßigen Ausflugsfahrten oder Ferienzielreisen führen. Diese Ausnahme ist gerechtfertigt, weil die Anforderungen, die an solche Fahrer hinsichtlich der Fahrerlaubnis zur Fahrgastbeförderung gestellt werden, nicht über das hinausgehen, was für die Klasse D oder D1 gefordert wird.

7 **1. Erlaubnispflicht bei Fahrgastbeförderung.** Die Bestimmungen des § 48 sind durch § 6 I Nr 1 StVG gedeckt, soweit sie eine besondere FE zur Fahrgastbeförderung an die Anforderung gesteigerter persönlicher Zuverlässigkeit knüpfen, s OVG Br VRS

44 78 (zur bis zum 31. 12. 98 geltenden Fassung). Die Begriffe **Taxi** und **Mietwagen** richten sich nach dem PBefG, (Abs I). I gilt daher nicht bei nach der FreistellungsVO befreitem Mietwagenverkehr, Dü VM **96** 22. Eine FE zur Fahrgastbeförderung für Taxen gilt, wie Abs IV Nr 7 zeigt, nicht ohne weiteres auch für Mietwagen. Das ergibt sich auch aus Muster 4 der Anl 8 (zu § 48 III); ebenso (zu § 15 d StVZO alt) *Bouska* VD **70** 151, abw *Ackermann* VD **70** 145. Wird in den in I bezeichneten Fzen kein Fahrgast befördert, so braucht der Führer zu dieser Fahrt keine FE zur Fahrgastbeförderung, BGH NJW **73** 285, **94** 2415, Stu VRS **50** 28, Ha VRS **44** 375, Ce VM **86** 87. Beförderung von bis zu acht Schülern im Kleinbus für Schulträger vom und zum Unterricht, für die die Beförderten kein Entgelt entrichten, ist nach der FreistellungsVO befreiter Mietwagenverkehr und fällt daher nicht unter Abs I, BMV VD **73** 151, s *Huppertz* VD **99** 270. Werden behinderte Kinder unentgeltlich in einem Kleinbus mit nicht mehr als 8 Fahrgastplätzen befördert, so greift das PBefG nicht ein, und eine FE zur Fahrgastbeförderung ist nicht erforderlich, Ko VRS **49** 66, sofern es sich nicht um Linienverkehr handelt. **Linienverkehr** ist gem § 42 PBefG eine zwischen Ausgangs- und Endpunkten eingerichtete regelmäßige Verkehrsverbindung, auf der Fahrgäste an bestimmten Haltestellen ein- und aussteigen können, BaySt **00** 101 = NZV **00** 424; eines Fahrplans bedarf es nicht. Merkblatt für die Schulung von FzF bei der Beförderung von Schulkindern, VBl **96** 238 (243). Ausnahme für Pkw im LinienV: Rz 10. Bei **Ausflugsfahrten** oder **Ferienziel-Reisen** mit Pkw bedarf es der FE zur Fahrgastbeförderung nur bei *gewerbsmäßiger* Durchführung. Abs I übernimmt insoweit die früher in § 1 der 33. StVZAusnV v 22. 1. 87 (BGBl I S 471) getroffene Regelung. Ausnahme: Rz 10. **Antragstellung, Verfahren, Verlängerung:** Abs VII mit §§ 21, 22, 24 I S 1, II, III.

§ 48 ist eine **Schutzvorschrift** für die Allgemeinheit. Daher müssen berufliche und **8** wirtschaftliche Nachteile aus der Versagung der Erlaubnis idR zurücktreten, OVG Ko VBl **56** 23. § 48 will Gefahrerhöhung für die beförderten Fahrgäste vermeiden, auf Verletzung nicht beförderter Personen bezieht er sich nicht, s BGH NJW **73** 285 (zu § 15 d StVZO alt). Die Vorschrift dient nicht auch dem Schutz des Bewerbers (Gesundheitsbegutachtung), BGH NJW **94** 2415 (zu § 15 e StVZO alt).

1 a. Versicherungsrechtlich richtet sich das Erfordernis der FE nach dem Recht des **9** Staates, in welchem das Kfz gerade gefahren wird, BGH NJW **73** 285. Keine Versagung des Versicherungsschutzes, wenn der Kf zwar die besondere Fahrgastbeförderung nicht hat, der Unfall aber nicht auf das Fehlen persönlicher Zuverlässigkeit zurückgeht, Ol VR **70** 662. Als Kausalitätsgegenbeweis (§ 6 II VVG) kann es ausreichen, wenn das Fehlen der besonderen FE für den Unfall unter Berücksichtigung des Schutzzwecks der verletzten Bestimmung unerheblich ist, BGH VR **76** 531, **78** 1129. Wäre dem Kf die FE zur Fahrgastbeförderung auf Antrag mit Gewißheit erteilt worden, so ist bewiesen, daß ihr Fehlen nicht unfallsursächlich gewesen ist, BGH VRS **56** 103. Keine Obliegenheitsverletzung des Halters, wenn er das Vorliegen der notwendigen FE beim Kf unverschuldet annehmen durfte, oder wenn ein unberechtigter Kf das Kfz geführt hat, BGH NJW **73** 285.

2. Ausnahmen vom Erfordernis einer besonderen FE zur Fahrgastbeförderung sieht **10** die ab 1. 1. 1999 geltende Neuregelung bei DienstFzen der in Abs II bezeichneten Stellen (abw von § 15 d I a StVZO alt) nur noch für **Krankenwagen** vor (s Begr Rz 2) sowie (aufgrund ÄndVO v 7. 8. 02) für die Führer von Pkw im LinienV oder bei Ausflugsfahrten und Ferienziel-Reisen, falls der FzF eine FE der Kl D oder D1 besitzt.

3. Die **Voraussetzungen** für die Erteilung einer FE zur Fahrgastbeförderung sind in **11** Abs IV abschließend geregelt. Liegen sie vor, so besteht Rechtsanspruch auf Erteilung. Besitz einer inländischen FE ist nicht erforderlich; ausländische **FEe aus EU- oder EWR-Staaten** stehen deutschen FEen gleich, Abs IV Nr 1, s Begr (Rz 3). Nachweis von Fahrpraxis ist, abw von der früheren Regelung (§ 15 e I Nr 4a StVZO alt) nicht mehr erforderlich; vielmehr genügt mindestens **zweijähriger Besitz einer FE der Klasse B** innerhalb der letzten 5 Jahre und der Nachweis darüber (Abs IV Nr 5), bei Beschränkung auf Krankenkraftwagen einjähriger Besitz. Bei Taxierlaubnis ist nach Maßgabe von Abs IV Nr 7, VI zusätzlich der Nachweis von **Ortskenntnissen,** bezogen auf den Ort des Betriebssitzes, erforderlich, wenn dieser mehr als 50 000 Einwohner hat. Der Nachweis der Ortskenntnis dient auch allgemein der VSicherheit, Bay VM **71** 47. Zum Nachweis der Ortskenntnis der Fahrer von Krankenwagen und zu deren Betrieb als Mietwagen, *Ackermann* VD **70** 70.

12 Die gem Abs IV Nr 2 geforderte **Gewähr** in bezug auf die **besondere Verantwortung bei der Fahrgastbeförderung** (persönliche Zuverlässigkeit) neben der körperlichen und geistigen Eignung erfordert Charaktereigenschaften, die sich in dauernder Haltung äußern und gewissenhafte, pünktliche Erfüllung der aus der Fahrgastbeförderung erwachsenden Pflichten voraussetzen, OVG Berlin VM **65** Nr 117, VGH Ma NVwZ-RR **90** 164, OVG Münster VRS **96** 150, VG Hb NZV **97** 536, *Booß* VM **91** 90 (alle zu § 15e StVZO alt). Sie ist ein von der Kraftfahreignung verschiedenes Erfordernis eigener Art, OVG Münster NZV **92** 464, OVG Münster VRS **96** 150, VG Hb NZV **97** 536. Sie kann, anders als die geistige und körperliche Eignung, nicht durch medizinisch-psychologische Begutachtung nachgewiesen werden, VGH Ma NVwZ-RR **90** 164. Frühere Zweifel an der Kraftfahreignung, die inzwischen als ausgeräumt anzusehen sind, können nicht für sich allein zur Verneinung der Zuverlässigkeit führen, OVG Münster NZV **92** 464. Die Gewähr bietet nicht, wer Anlaß zu der Befürchtung gibt, er werde sich bei der Fahrgastbeförderung über Bestimmungen hinwegsetzen, die dem Schutz vor Schädigung und Gefährdung dienen, s VGH Ma NVwZ-RR **90** 164. Zuverlässig ist ein Kf, wenn seine Gesamtpersönlichkeit dies ausweist (zu § 15e StVZO alt); eine einmalige Trunkenheitsfahrt braucht die Zuverlässigkeit nicht auszuschließen, BVG VM **70** 89, VG Gera NZV **97** 95, auch nicht ein leichter Fall von Unfallflucht. Auch nichtverkehrsrechtliche Straftaten, falls nicht ganz unerheblich, können den Mangel persönlicher Zuverlässigkeit begründen, BVG NJW **86** 2779, OVG Ko VBl **56** 23, s VGH Ma NVwZ-RR **90** 164, VGH Ka VRS **79** 228. Keine mangelnde Zuverlässigkeit nach VGH Ma NVwZ-RR **90** 164 aufgrund Vorstrafe wegen Hausfriedensbruchs durch Hausbesetzung. Unzuverlässigkeit aufgrund brutalen, der Vertrauensstellung von TaxiF gegenüber ihren Fahrgästen widersprechenden Verhaltens, OVG Münster VRS **57** 476.

13 3a. Zur **Vorbereitung der Entscheidung** gemäß Abs I stehen der VB dieselben Wege offen wie bei Vorbereitung der Maßnahmen nach den §§ 3, 11 bis 14 (Abs IX). Auch im verwaltungsgerichtlichen Verfahren stehen diese Maßnahmen zur Aufklärung zur Verfügung, insbesondere das **betriebs- oder arbeitsmedizinische Gutachten** (Abs III Nr 3 mit Anl 5). Neben einer Untersuchung in bezug auf das Vorliegen eignungsausschließender Erkrankungen (Anl 5 Nr 1) sind Gegenstand der betriebs- oder arbeitsmedizinischen Untersuchung die Belastbarkeit, die Orientierungs-, Konzentrations- und Ausmerksamkeitsleistung sowie die Reaktionsfähigkeit. Allein die Tatsache, daß der Antragsteller älter als 50 Jahre ist, rechtfertigt bei Vorlage eines positiven betriebs- oder arbeitsmedizinischen Gutachtens keine *umfassende* **medizinisch-psychologische Untersuchung** (s Anlage 5 Nr 2), s (zu § 15e StVZO alt): BVG NZV **95** 370 (Anm *Gehrmann* NZV **95** 372, *Jagow* VD **95** 217), *Czermak* DAR **94** 208, abw VGH Mü DAR **94** 207 (zu § 15e StVZO alt), sondern nur eine auf mögliche altersbedingte Leistungseinbußen beschränkte, BVG NZV **95** 370. Abs IV Nr 3 ist keine rechtliche Grundlage für die Anordnung, ein medizinisch-psychologisches Gutachten zur Frage der *Zuverlässigkeit* beizubringen, s VGH Ma NVwZ-RR **90** 164 (zu § 15e I Nr 3c StVZO alt). Auch ein auf Insulinbehandlung angewiesener **Diabetiker** kann zur Beförderung von Fahrgästen iS von § 48 geeignet sein, s Anl 4 Nr 5.4, 5.3, s VGH Mü BayVBl **90** 249 (zu § 15e StVZO alt), einschränkend Begutachtungs-Leitlinien zur Kraftfahreignung, 2000, Nr 3.5. Bedenken gegen eine FE nach § 48 bei erheblichen **Farbsinnstörungen**, s *Gramberg-Danielsen* DMW **72** 206. S Anl 6 (zu § 12) Nr 2.2.2.

14 4. **Halterpflichten.** Absatz VIII ist grundgesetzkonform, er betrifft auch Mietwagenhalter (§ 75 Nr 12), s Bay NJW **71** 1620 (zu § 15d III StVZO alt). Auswahl- und Überwachungspflicht des Halters: § 31 StVZO. Da § 48 die Fahrgäste schützen will (s Rz 8), s BGH NJW **73** 285, darf der Halter keiner Person ohne die FE zur Fahrgastbeförderung solche Beförderung zulassen; gegen Abs VIII kann daher auch dann verstoßen sein, wenn es zu der Beförderung nicht mehr gekommen ist, Fra VRS **57** 221 (zu § 15d III StVZO alt, Beifahrertür bereits zum Einsteigen geöffnet).

5. Durch besonderen **Führerschein zur Fahrgastbeförderung** nach Anl 8 Muster 4 oder nach dem Muster gem BMV v 23. 3. 99, VBl **99** 266 (ohne Lichtbild) ist die gem Abs I erteilte Erlaubnis nachzuweisen (Abs III). Zur Gültigkeit von FSen zur Fahrgastbeförderung nach früheren Mustern, s Übergangsvorschrift: § 76 Nr 14. Das Dokument beweist (Urkunde) die Identität des Inhabers mit der darin bezeichneten Person und die Erteilung der FE zur Fahrgastbeförderung an diese (nicht dagegen auch, daß der Inhaber die Voraussetzungen erfüllt), Dü VRS **97** 250 (s § 4 Rz 9). Pflicht, den besonderen FS neben dem nach § 25 ausgestellten FS mitzuführen: § 4 Rz 11. Auch Taxifahrer an Taxenständen haben kontrollierenden Beamten ihre Papiere vorzuweisen, KG VRS **22** 385.

6. **Geltungsdauer, Verlängerung.** Nach Ablauf der Geltungsdauer von höchstens 5 Jahren (Abs V) hat der Inhaber der FE zur Fahrgastbeförderung einen **Rechtsanspruch auf Verlängerung**, wenn er geistig und körperlich zum Führen von FahrgastFzen geeignet ist, den Anforderungen an das Sehvermögen genügt, dies gemäß §§ 11 IX (mit Anl 5) und § 12 VI (mit Anl 6) nachweist, s BGH NJW **94** 2415, *Czermak* DAR **94** 208, und keine Bedenken gegen seine persönliche Zuverlässigkeit bestehen (Abs V S 2 Nr 3). Die Verlängerung setzt den erneuten Nachweis der geistig/körperlichen Eignung voraus; er wird gemäß § 11 IX in Verbindung mit Anlage 5 erbracht. Verlängerung über die Vollendung des 60. Lebensjahres hinaus nur bei zusätzlichem Eignungsnachweis gem Anl 5 Nr 2 (VII S 2). Die VB darf den Nachweis als nicht erbracht ansehen, wenn sich der Antragsteller weigert, eine vom Arzt/Gutachter zum Ausschluß von Alkohol- oder Rauschgiftabhängigkeit für notwendig erachtete Blutuntersuchung durchführen zu lassen (Abs IX mit § 11 VIII), VG Fra NJW **88** 1864. Der **Antrag auf Verlängerung** muß rechtzeitig gestellt werden, jedoch wird bei verspätetem Verlängerungsantrag eine Toleranzfrist anzunehmen sein, so daß die Verlängerung auch dann noch zulässig ist, (zw) abw VGH Ma ZfS **97** 237. **Ablehnung der Verlängerung** ist zum VZR zu melden (§ 28 III Nr 8 StVG).

7. **Entziehung der FE zur Fahrgastbeförderung.** Zwar hat EdF immer auch den Verlust der FE zur Fahrgastbeförderung zur Folge (Abs X S 2), VG Mü VRS **103** 315. Diese für sich allein zu entziehen ist jedoch der FEB vorbehalten, BGH VM **71** 9, MDR **82** 623 (bei *Holtz*), Stu VM **75** 81. Daß ein Strafverfahren schwebt, das zur Entziehung der allgemeinen FE führen kann, hindert die FEB nicht, die Entziehung der FE zur Fahrgastbeförderung selbständig ohne Rücksicht auf das Strafverfahren zu prüfen. Die Frage, ob das Verbot der Fahrgastbeförderung auf § 70 StGB gestützt werden kann, hat BGH VM **71** 9 offengelassen. Unter den Voraussetzungen des Abs X muß die FEB die FE zur Fahrgastbeförderung entziehen, es besteht **kein Ermessensspielraum**, VGH Mü NZV **91** 486. Aus der uneingeschränkten Bezugnahme auf Abs IV folgt, daß bereits *Bedenken* gegen die persönliche Zuverlässigkeit zur Entziehung zwingen, ein zweifelsfreier Nachweis der Unzuverlässigkeit ist nicht erforderlich, VGH Mü NZV **91** 486 (krit Anm *Booß* VM **91** 90). Allerdings müssen sich die Bedenken auf erwiesene Tatsachen stützen, *Booß* VM **91** 90, einschränkend VGH Mü NZV **91** 486. Eine einmalige private Fahrt mit 1,2‰ BAK muß nicht stets auch auf berufliche Unzuverlässigkeit schließen lassen (30 Jahre unfallfreies Fahren), OVG Berlin VRS **42** 155. S auch Rz 12. Soweit Abs IV Ortskenntnisse verlangt, führt das Fehlen solcher Kenntnisse gem X ebenfalls zur Entziehung; bei entsprechenden Zweifeln der FEB hat sich der Inhaber der Erlaubnis auf deren Verlangen einer erneuten Ortskundeprüfung zu unterziehen (s Rz 6).

7 a. **Wirkung.** Mit der Rechtskraft einer Entziehung der allgemeinen FE erlischt auch die besondere; sie lebt nicht automatisch wieder auf. Wiedererteilung setzt ein neues Verfahren nach § 20 voraus. Nach der Entziehung ist der FS zur Fahrgastbeförderung unverzüglich bei der entscheidenden Behörde **abzuliefern,** und zwar auch bei Anfechtung der Entziehung, falls sofortige Vollziehung angeordnet ist (Abs X S 3 mit § 47 I).

8. Gegen die Versagung einer FE stehen dem Antragsteller die zulässigen **Rechtsbehelfe** und Rechtsmittel der VwGO zu. Auch gegen die Ablehnung der Verlängerung stehen die Rechtsbehelfe gegen beschwerende Verwaltungsakte offen. Rechtsmittel ge-

gen Entziehung der Erlaubnis zur Fahrgastbeförderung: VwGO, soweit die Entziehung von der FEB ausgesprochen ist.

9. Ordnungswidrigkeit. a) Wer ohne die erforderliche FE zur Fahrgastbeförderung oder nach Ablauf der Geltungsdauer der Erlaubnis (Abs V) Fahrgäste fährt, verletzt die §§ 48 I, 75 Nr 12 FeV, 24 StVG, nicht auch § 21 StVG. Wer trotz Entziehung der besonderen Erlaubnis weiter Fahrgäste befördert, handelt ow, auch bei Fortbestand der allgemeinen Fahrerlaubnis. **b)** Ow ist auch das Nichtmitführen oder Nichtaushändigen des FS zur Fahrgastbeförderung entgegen Abs III S 2 (§§ 75 Nr 4 FeV, 24 StVG). **c)** Ow ist ferner das Anordnen oder Zulassen der Fahrgastbeförderung durch den Halter, wenn der FzF die FE zur Fahrgastbeförderung nicht besitzt oder die erforderlichen Ortskenntnisse nicht nachgewiesen hat, §§ 48 VIII, 75 Nr 12 FeV, 24 StVG. Dieser Tatbestand kann auch schon erfüllt sein, bevor es zur Beförderung kommt, s Rz 14. **d)** Ow ist schließlich der Verstoß gegen die Pflicht zur unverzüglichen Ablieferung des FS zur Fahrgastbeförderung nach Abs X S 3 mit § 47 I (s Rz 18), §§ 75 Nr 10 FeV, 24 StVG.

III. Register

1. Zentrales Fahrerlaubnisregister und örtliche Fahrerlaubnisregister

Speicherung der Daten im Zentralen Fahrerlaubnisregister

49 (1) Im Zentralen Fahrerlaubnisregister sind nach § 50 Abs. 1 des Straßenverkehrsgesetzes folgende Daten zu speichern:
1. Familiennamen, Geburtsnamen, sonstige frühere Namen, soweit dazu eine Eintragung vorliegt, Vornamen, Ordens- oder Künstlernamen, Doktorgrad, Geschlecht, Tag und Ort der Geburt sowie Hinweise auf Zweifel an der Identität gemäß § 59 Abs. 1 Satz 5 des Straßenverkehrsgesetzes,
2. die Klassen der erteilten Fahrerlaubnis,
3. der Tag der Erteilung der jeweiligen Fahrerlaubnisklasse sowie die erteilende Behörde,
4. der Tag des Beginns und des Ablaufs der Probezeit gemäß § 2 a des Straßenverkehrsgesetzes,
5. der Tag des Ablaufs der Gültigkeit befristet erteilter Fahrerlaubnisse, der Tag der Verlängerung sowie die Behörde, die die Fahrerlaubnis verlängert hat,
6. Auflagen, Beschränkungen und Zusatzangaben zur Fahrerlaubnis oder einzelnen Klassen gemäß Anlage 9,
7. die Nummer der Fahrerlaubnis, bestehend aus dem vom Kraftfahrt-Bundesamt zugeteilten Behördenschlüssel der Fahrerlaubnisbehörde sowie einer fortlaufenden Nummer für die Erteilung einer Fahrerlaubnis durch diese Behörde und einer Prüfziffer (Fahrerlaubnisnummer),
8. die Nummer des Führerscheins, bestehend aus der Fahrerlaubnisnummer und der fortlaufenden Nummer des über die Fahrerlaubnis ausgestellten Führerscheins (Führerscheinnummer), oder die Nummer der befristeten Prüfungsbescheinigung, bestehend aus der Fahrerlaubnisnummer und einer angefügten Null,
9. die Behörde, die den Führerschein, den Ersatzführerschein oder die Prüfungsbescheinigung (§ 22 Abs. 4 Satz 7) ausgestellt hat,
10. die Führerscheinnummer, der Verbleib bisheriger Führerscheine, sofern die Führerscheine nicht amtlich eingezogen oder vernichtet wurden, sowie ein Hinweis, ob der Führerschein zur Einziehung, Beschlagnahme oder Sicherstellung ausgeschrieben ist,
11. (aufgehoben)
12. die Bezeichnung des Staates, in dem der Inhaber einer deutschen Fahrerlaubnis seinen Wohnsitz genommen hat und in dem diese Fahrerlaubnis registriert oder umgetauscht wurde unter Angabe des Tages der Registrierung oder des Umtausches,
13. die Nummer und der Tag der Ausstellung eines internationalen Führerscheins, die Geltungsdauer sowie die Behörde, die diesen Führerschein ausgestellt hat,
14. der Tag der Erteilung einer Fahrerlaubnis zur Fahrgastbeförderung, die Art der Berechtigung, der räumliche Geltungsbereich, der Tag des Ablaufs der Gel-

tungsdauer, die Nummer des Führerscheins zur Fahrgastbeförderung, die Behörde, die diese Fahrerlaubnis erteilt hat sowie der Tag der Verlängerung,
15. der Hinweis auf eine Eintragung im Verkehrszentralregister über eine bestehende Einschränkung des Rechts, von der Fahrerlaubnis Gebrauch zu machen.
(2) Bei Dienstfahrerlaubnissen der Bundeswehr werden nur die in Absatz 1 Nr. 1 genannten Daten, die Klasse der erteilten Fahrerlaubnis, der Tag des Beginns und Ablaufs der Probezeit und die Fahrerlaubnisnummer gespeichert.

Begr (BRDrucks 443/98 S 298): *Im Zentralen Fahrerlaubnisregister werden die „Positivdaten" zur Fahrerlaubnis, d. h. die Daten über Art, Umfang und Geltungsdauer der Fahrerlaubnis gespeichert. Zusätzlich zu den Daten über allgemeine Fahrerlaubnisse enthält das Zentrale Fahrerlaubnisregister auch Daten über bestehende Dienstfahrerlaubnisse. Damit sind alle Fahrerlaubnisinhaber an einer Stelle zentral erfaßt.* 1

Negativdaten werden nicht im Zentralen Fahrerlaubnisregister, sondern im Verkehrszentralregister gespeichert. Die notwendige Kommunikation zwischen dem Zentralen Fahrerlaubnisregister und dem Verkehrszentralregister (z. B. im Falle eines Entzuges der Fahrerlaubnis) stellen entsprechende Schnittstellen sicher.

Zu Abs 1: *§ 49 Abs. 1 Nr. 1 enthält die nach § 50 Abs. 1 Nr. 1 des StVG zu speichernden Personendaten. Die Aufzählung ist abschließend. Eine Speicherung der Wohnanschrift ist nicht zulässig. Das Register kann somit nicht als Ersatz für ein zentrales Melderegister dienen.* 2

Die in den Nummern 2 bis 9 aufgeführten Daten bilden den aktuellen fahrerlaubnisrechtlichen Status des Inhabers ab. Beschränkungen, Auflagen und sonstige Zusatzangaben sind zur Kontrollfähigkeit im Verkehr zwischen den EU- und EWR-Staaten sowie aus Gründen der Platzersparnis auf dem Führerschein EU-einheitlich codiert (Gemeinschafts-Schlüsselzahlen). Auflagen und Bedingungen sowie Zusatzangaben, die nur nationale Gültigkeit besitzen, sind durch nationale Schlüsselzahlen gekennzeichnet. Die Schlüsselzahlen sind in Anlage 9 festgelegt.

Die in Nummer 7 genannte Nummer der erteilten Fahrerlaubnis stellt ein neu eingeführtes Identifizierungsmerkmal für die erteilte Fahrerlaubnis dar. Damit wird verhindert, daß die im Zentralen Fahrerlaubnisregister einzutragenden Daten einer falschen Person zugeordnet werden bzw. eine Auskunft über eine falsche Person erfolgt. Die Fahrerlaubnisnummer stellt gleichsam die „Durchnumerierung" aller erteilten Fahrerlaubnisse dar, anhand derer eine eindeutige Zuordnung zu den dazu im Register eingetragenen Daten möglich ist. Sie ist keine Personenkennziffer. Die Fahrerlaubnisnummer wird durch die Fahrerlaubnisbehörde, die die Fahrerlaubnis erteilt, zugeteilt. Sie setzt sich wie folgt zusammen:
– *vier Stellen für den vom Kraftfahrt-Bundesamt jeder Behörde zugeteilten Behördenschlüssel,*
– *fünf Stellen für die laufende Nummer,*
– *eine Stelle für die Prüfziffer.*

Die Fahrerlaubnisnummer wird bei Erteilung einer Fahrerlaubnis von der zuständigen Behörde zugeteilt und unter anderem auch in den Führerschein eingetragen. Die Fahrerlaubnisbehörden verwenden den ihnen vom Kraftfahrt-Bundesamt zugeteilten Schlüssel und stellen intern sicher, daß die folgenden fünf Stellen einmalig sind. Somit wird automatisch gewährleistet, daß die 10-stellige Fahrerlaubnisnummer im gesamten Bundesgebiet nur einmal vorkommt. Die Fahrerlaubnisnummer bezieht sich ausschließlich auf genau die Fahrerlaubnis, für die sie ausgegeben wurde. Im Falle einer Entziehung der Fahrerlaubnis kann diese nicht neu vergeben werden. Sollte die betreffende Person eine Neuerteilung beantragen, so ist – im Falle einer positiven Entscheidung – eine neue Fahrerlaubnisnummer für die dann ebenfalls neue Fahrerlaubnis zuzuteilen.

Die Speicherung der Daten über ausgestellte Führerscheine einschließlich der Nummern von bisherigen Führerscheinen (sowohl nationalen als auch ausländischen) (Nummer 10) dient der Umsetzung der Richtlinie 91/439/EWG, wonach jeder nur im Besitz eines Führerscheins sein darf. Es wird eine Datei mit den Nummern gestohlener und in Verlust geratener Führerscheine ermöglicht, anhand derer eine mißbräuchliche Verwendung von Führerscheinen festgestellt werden kann, wie z. B. die Vortäuschung des Besitzes einer Fahrerlaubnis durch Personen, die nicht oder nicht mehr in Besitz der Fahrerlaubnis sind, oder der Besitz mehrerer Führerscheine.

...

Im Ausland gilt als Nachweis der Fahrerlaubnis auch der internationale Führerschein. Er ist im Falle der Entziehung der Fahrerlaubnis oder der Verlängerung eines Fahrverbotes wie der nationale Führerschein abzugeben. Nach Nummer 13 wird deshalb dessen Ausstellung sowie die Gültigkeitsdauer gespeichert.

3a FeV §§ 50, 51 III. Register

Neben der allgemeinen Fahrerlaubnis werden nach Nummer 14 im Zentralen Fahrerlaubnisregister auch die Angaben zu Fahrerlaubnissen zur Fahrgastbeförderung gespeichert. Die Nummer des Führerscheins setzt sich hier aus dem vierstelligen Behördenschlüssel und einer laufenden Nummer zusammen.

Im Zentralen Fahrerlaubnisregister sind nur die Positivdaten über eine Fahrerlaubnis angegeben. Bei einer Entziehung der Fahrerlaubnis, die zum Erlöschen des Rechts führt, werden die Daten gelöscht. Im Falle eines Fahrverbotes bleibt die Fahrerlaubnis bestehen, von ihr darf aber kein Gebrauch gemacht werden. Die Entscheidung über das Fahrverbot wird als „Negativentscheidung" in das Verkehrszentralregister eingetragen. Wird z. B. anläßlich einer Verkehrskontrolle angefragt, ob ein Kraftfahrer im Besitz der Fahrerlaubnis ist, muß die Auskunft auch die Eintragung im Verkehrszentralregister berücksichtigen. Dies wird durch die Regelung in Nummer 15 sichergestellt.

...

3   **Zu Abs 2:** ... *Neben der allgemeinen Fahrerlaubnis werden im Zentralen Fahrerlaubnisregister auch die Angaben zu Dienstfahrerlaubnissen abgespeichert, bei Dienstfahrerlaubnissen der Bundeswehr auf Grund von § 62 Abs. 2 StVG jedoch nur in beschränktem Umfang. Dies beruht darauf, daß die Zentrale Militärkraftfahrtstelle ein eigenes zentrales Register über diese Fahrerlaubnisse führt. Die Speicherung der in Absatz 2 genannten Daten bildet die Verknüpfung zwischen dem zentralen Fahrerlaubnisregister und dem Zentralen Register bei der Zentralen Militärkraftfahrtstelle.*

4   **Begr** zur ÄndVO v 7. 8. 02: BRDrucks 497/02.

Übermittlung der Daten vom Kraftfahrt-Bundesamt an die Fahrerlaubnisbehörden nach § 2 c des Straßenverkehrsgesetzes

50 ¹Das Kraftfahrt-Bundesamt unterrichtet die zuständige Fahrerlaubnisbehörde von Amts wegen, wenn über den Inhaber einer Fahrerlaubnis auf Probe Entscheidungen in das Verkehrszentralregister eingetragen werden, die zu Anordnungen nach § 2a Abs. 2, 4 und 5 des Straßenverkehrsgesetzes führen können. ²Hierzu übermittelt es folgende Daten:
1. aus dem Zentralen Fahrerlaubnisregister
   a) die in § 49 Abs. 1 Nr. 1 bezeichneten Personendaten,
   b) den Tag des Beginns und des Ablaufs der Probezeit,
   c) die erteilende Fahrerlaubnisbehörde,
   d) die Fahrerlaubnisnummer,
   e) den Hinweis, daß es sich bei der Probezeit um die Restdauer einer vorherigen Probezeit handelt unter Angabe der Gründe,
2. aus dem Verkehrszentralregister den Inhalt der Eintragungen über die innerhalb der Probezeit begangenen Straftaten und Ordnungswidrigkeiten.

Begr (BRDrucks 443/98 S 302): ... *In Ausfüllung der Ermächtigungsnorm in § 6 Abs. 1 Nr. 1 Buchstabe o StVG n. F. werden die aus dem Zentralen Fahrerlaubnisregister zu übermittelnden notwendigen Daten in § 50 Nr. 1 im einzelnen bezeichnet. Die Mitteilung des in Buchstabe e genannten Hinweises ist erforderlich, da nach § 2a Abs. 5 besondere Maßnahmen greifen, wenn nach einer vorangegangenen Entziehung der Fahrerlaubnis während der Probezeit eine neue Fahrerlaubnis erteilt wird und dann der Fahranfänger erneut schwerwiegende Zuwiderhandlungen begeht.*

...

Übermittlung von Daten aus dem Zentralen Fahrerlaubnisregister nach den §§ 52 und 55 des Straßenverkehrsgesetzes

51 (1) Übermittelt werden dürfen
1. im Rahmen des § 52 Abs. 1 Nr. 1 bis 3 des Straßenverkehrsgesetzes für Maßnahmen wegen Straftaten oder Ordnungswidrigkeiten oder für Verwaltungsmaßnahmen nur die nach § 49 gespeicherten Daten,
2. im Rahmen des § 52 Abs. 2 des Straßenverkehrsgesetzes für Verkehrs- und Grenzkontrollen nur die nach § 49 Abs. 1 Nr. 1 bis 3, 5 bis 10 und 13 bis 15 gespeicherten Daten,

3. im Rahmen des § 55 Abs. 1 Nr. 1 bis 3 des Straßenverkehrsgesetzes für Maßnahmen ausländischer Behörden nur die nach § 49 Abs. 1 gespeicherten Daten.

(2) Die Daten dürfen gemäß Absatz 1 Nr. 3 in das Ausland für Verwaltungsmaßnahmen auf dem Gebiet des Straßenverkehrs den Straßenverkehrsbehörden, für die Verfolgung von Zuwiderhandlungen gegen Rechtsvorschriften auf dem Gebiet des Straßenverkehrs oder für die Verfolgung von Straftaten den Polizei- und Justizbehörden unmittelbar übermittelt werden, wenn nicht der Empfängerstaat mitgeteilt hat, daß andere Behörden zuständig sind.

Begr: BRDrucks 443/98 S 302.

Abruf im automatisierten Verfahren aus dem Zentralen Fahrerlaubnisregister durch Stellen im Inland nach § 53 des Straßenverkehrsgesetzes

52 (1) Zur Übermittlung aus dem Zentralen Fahrerlaubnisregister dürfen durch Abruf im automatisierten Verfahren
1. im Rahmen des § 52 Abs. 1 Nr. 1 und 2 des Straßenverkehrsgesetzes für Maßnahmen wegen Straftaten oder Ordnungswidrigkeiten nur die nach § 49 Abs. 1 Nr. 1 bis 3, 5 bis 10 und 13 bis 15 gespeicherten Daten,
2. im Rahmen des § 52 Abs. 1 Nr. 3 des Straßenverkehrsgesetzes für Verwaltungsmaßnahmen nur die nach § 49 gespeicherten Daten,
3. im Rahmen des § 52 Abs. 2 des Straßenverkehrsgesetzes für Verkehrs- und Grenzkontrollen nur die nach § 49 Abs. 1 Nr. 1 bis 3, 5 bis 10 und 13 bis 15 gespeicherten Daten

bereitgehalten werden.

(2) Der Abruf darf nur unter Verwendung der Angaben zur Person, der Fahrerlaubnisnummer oder der Führerscheinnummer erfolgen.

(3) Die Daten nach Absatz 1 Nr. 1 werden zum Abruf bereitgehalten für
1. die Bußgeldbehörden, die für die Verfolgung von Verkehrsordnungswidrigkeiten zuständig sind,
2. das Bundeskriminalamt und den Bundesgrenzschutz,
3. die mit den Aufgaben nach § 2 des Bundesgrenzschutzgesetzes betrauten Stellen der Zollverwaltung und die Zollfahndungsdienststellen,
4. die Polizeibehörden der Länder.

(4) Die Daten nach Absatz 1 Nr. 2 werden zum Abruf für die Fahrerlaubnisbehörden bereitgehalten.

(5) Die Daten nach Absatz 1 Nr. 3 werden zum Abruf bereitgehalten für
1. den Bundesgrenzschutz,
2. die mit den Aufgaben nach § 2 des Bundesgrenzschutzgesetzes betrauten Stellen der Zollverwaltung und die Zollfahndungsdienststellen,
3. die Polizeibehörden der Länder.

Begr: BRDrucks 443/98 S 303.

Automatisiertes Anfrage- und Auskunftsverfahren beim Zentralen Fahrerlaubnisregister nach § 54 des Straßenverkehrsgesetzes

53 (1) Übermittelt werden dürfen nur die Daten nach § 51 unter den dort genannten Voraussetzungen.

(2) ¹Die übermittelnde Stelle darf die Übermittlung nur zulassen, wenn deren Durchführung unter Verwendung einer Kennung der zum Empfang der übermittelten Daten berechtigten Behörde erfolgt. ²Der Empfänger hat sicherzustellen, daß die übermittelten Daten nur bei den zum Empfang bestimmten Endgeräten empfangen werden.

(3) ¹Die übermittelnde Stelle hat durch ein selbsttätiges Verfahren zu gewährleisten, daß eine Übermittlung nicht erfolgt, wenn die Kennung nicht oder unrichtig angegeben wurde. ²Sie hat versuchte Anfragen ohne Angabe der richtigen Kennung sowie die Angabe einer fehlerhaften Kennung zu protokollieren ³Sie hat ferner im Zusammenwirken mit der anfragenden Stelle jedem Fehlversuch nachzu-

gehen und die Maßnahmen zu ergreifen, die zur Sicherung des ordnungsgemäßen Verfahrens notwendig sind.

(4) Die übermittelnde Stelle hat sicherzustellen, daß die Aufzeichnungen nach § 54 Satz 2 des Straßenverkehrsgesetzes selbsttätig vorgenommen werden und die Übermittlung bei nicht ordnungsgemäßer Aufzeichnung unterbrochen wird.

Begr: BRDrucks 443/98 S 303. **Begr** zur ÄndVO v 7. 8. 02: BRDrucks 497/02 S 74.

Sicherung gegen Mißbrauch

54 (1) ¹Die übermittelnde Stelle darf den Abruf im automatisierten Verfahren aus dem Zentralen Fahrerlaubnisregister nach § 53 des Straßenverkehrsgesetzes nur zulassen, wenn dessen Durchführung unter Verwendung
1. einer Kennung des zum Abruf berechtigten Nutzers und
2. eines Passwortes

erfolgt. ²Nutzer im Sinne des Satzes 1 Nr. 1 kann eine natürliche Person oder eine Dienststelle sein. ³Bei Abruf über ein sicheres, geschlossenes Netz kann die Kennung nach Satz 1 Nr. 1 auf Antrag des Netzbetreibers als einheitliche Kennung für die an dieses Netz angeschlossenen Nutzer erteilt werden, sofern der Netzbetreiber selbst abrufberechtigt ist. ⁴Die Verantwortung für die Sicherheit des Netzes und die Zulassung ausschließlich berechtigter Nutzer trägt bei Anwendung des Satzes 3 der Netzbetreiber. ⁵Ist der Nutzer im Sinne des Satzes 1 Nr. 1 keine natürliche Person, so hat er sicherzustellen, dass zu jedem Abruf die jeweils abrufende natürliche Person festgestellt werden kann. ⁶Der Nutzer oder die abrufende Person haben vor dem ersten Abruf ein eigenes Passwort zu wählen und dieses jeweils spätestens nach einem von der übermittelnden Stelle vorgegebenen Zeitraum zu ändern.

(2) ¹Die übermittelnde Stelle hat durch ein selbsttätiges Verfahren zu gewährleisten, daß keine Abrufe erfolgen können, sobald die Kennung nach Absatz 1 Satz 1 Nr. 1 oder das Passwort mehr als zweimal hintereinander unrichtig übermittelt wurde. ²Die abrufende Stelle hat Maßnahmen zum Schutz gegen unberechtigte Nutzungen des Abrufsystems zu treffen.

(3) ¹Die übermittelnde Stelle hat sicherzustellen, daß die Aufzeichnungen nach § 53 Abs. 3 des Straßenverkehrsgesetzes über die Abrufe selbsttätig vorgenommen werden und daß der Abruf bei nicht ordnungsgemäßer Aufzeichnung unterbrochen wird. ²Der Aufzeichnung unterliegen auch versuchte Abrufe, die unter Verwendung von fehlerhaften Kennungen mehr als einmal vorgenommen wurden. ³Satz 1 gilt entsprechend für die weiteren Aufzeichnungen nach § 53 Abs. 4 des Straßenverkehrsgesetzes.

Begr: BRDrucks 443/98 S 304.

Aufzeichnung der Abrufe

55 (1) ¹Der Anlaß des Abrufs ist unter Verwendung folgender Schlüsselzeichen zu übermitteln:
A. Überwachung des Straßenverkehrs
B. Grenzkontrollen
C. Verwaltungsmaßnahmen auf dem Gebiet des Straßenverkehrs, soweit sie die Berechtigung zum Führen von Kraftfahrzeugen betreffen
D. Ermittlungsverfahren wegen Straftaten
E. Ermittlungsverfahren wegen Verkehrsordnungswidrigkeiten
F. Sonstige Anlässe.

²Bei Verwendung der Schlüsselzeichen D, E und F ist ein auf den bestimmten Anlaß bezogenes Aktenzeichen oder eine Tagebuchnummer zusätzlich zu übermitteln, falls dies beim Abruf angegeben werden kann. ³Ansonsten ist jeweils in Kurzform bei der Verwendung des Schlüsselzeichens D oder E die Art der Straftat oder der Verkehrsordnungswidrigkeit oder bei Verwendung des Schlüsselzeichens F die Art der Maßnahme oder des Ereignisses zu bezeichnen.

(2) ¹Zur Feststellung der für den Abruf verantwortlichen Person sind der übermittelnden Stelle die Dienstnummer, die Nummer des Dienstausweises, ein Na-

Speicherung der Daten in den örtlichen Fahrerlaubnisregistern §§ 56, 57 FeV 3a

menskurzzeichen unter Angabe der Organisationseinheit oder andere Hinweise mitzuteilen, die unter Hinzuziehung von Unterlagen bei der abrufenden Stelle diese Feststellung ermöglichen. ²Als Hinweise im Sinne von Satz 1 gelten insbesondere:
1. das nach Absatz 1 übermittelte Aktenzeichen oder die Tagebuchnummer, sofern die Tatsache des Abrufs unter Bezeichnung der hierfür verantwortlichen Person aktenkundig gemacht wird,
2. der Funkrufname, sofern dieser zur nachträglichen Feststellung der für den Abruf verantwortlichen Person geeignet ist.

(3) Für die nach § 53 Abs. 4 des Straßenverkehrsgesetzes vorgeschriebenen weiteren Aufzeichnungen ist § 53 Abs. 3 Satz 2 und 3 des Straßenverkehrsgesetzes entsprechend anzuwenden.

Begr: BRDrucks 443/98 S 305.

Abruf im automatisierten Verfahren aus dem Zentralen Fahrerlaubnisregister durch Stellen im Ausland nach § 56 des Straßenverkehrsgesetzes

56 (1) Zur Übermittlung aus dem Zentralen Fahrerlaubnisregister dürfen durch Abruf im automatisierten Verfahren
1. im Rahmen des § 55 Abs. 1 Nr. 1 des Straßenverkehrsgesetzes für Verwaltungsmaßnahmen nur die nach § 49 Abs. 1 Nr. 1 bis 3, 5 bis 10 und 12 bis 15 gespeicherten Daten,
2. im Rahmen des § 55 Abs. 1 Nr. 2 und 3 des Straßenverkehrsgesetzes für Maßnahmen wegen Straftaten oder Zuwiderhandlungen nur die nach § 49 Abs. 1 Nr. 1 bis 3, 5 bis 10 und 13 bis 15 gespeicherten Daten

bereitgehalten werden.

(2) § 51 Abs. 2 (Empfänger der Daten), § 52 Abs. 2 (für den Abruf zu verwendende Daten), § 54 (Sicherung gegen Mißbrauch) und § 55 (Aufzeichnung der Abrufe) sind entsprechend anzuwenden.

Begr: BRDrucks 443/98 S 307.

Speicherung der Daten in den örtlichen Fahrerlaubnisregistern

57 Über Fahrerlaubnisinhaber sowie über Personen, denen ein Verbot erteilt wurde, ein Fahrzeug zu führen, sind im örtlichen Fahrerlaubnisregister nach § 50 des Straßenverkehrsgesetzes folgende Daten zu speichern:
1. Familiennamen, Geburtsnamen, sonstige frühere Namen, Vornamen, Ordens- oder Künstlernamen, Doktorgrad, Geschlecht, Tag und Ort der Geburt sowie die Anschrift,
2. die Klassen der erteilten Fahrerlaubnis,
3. der Tag der Erteilung der jeweiligen Fahrerlaubnisklasse sowie die erteilende Behörde,
4. der Tag des Beginns und des Ablaufs der Probezeit gemäß § 2a des Straßenverkehrsgesetzes,
5. der Tag des Ablaufs der Gültigkeit befristet erteilter Fahrerlaubnisse sowie der Tag der Verlängerung,
6. Auflagen, Beschränkungen und Zusatzangaben zur Fahrerlaubnis oder einzelnen Klassen gemäß Anlage 9,
7. die Fahrerlaubnisnummer oder bei nach bisherigem Recht erteilten Fahrerlaubnissen die Listennummer,
8. die Führerscheinnummer,
9. der Tag der Ausstellung des Führerscheins oder eines Ersatzführerscheins sowie die Behörde, die den Führerschein oder den Ersatzführerschein ausgestellt hat,
10. die Führerscheinnummer, der Tag der Ausstellung und der Verbleib bisheriger Führerscheine, sofern die Führerscheine nicht amtlich eingezogen oder vernichtet wurden sowie ein Hinweis, ob der Führerschein zur Einziehung, Beschlagnahme oder Sicherstellung ausgeschrieben ist,
11. (aufgehoben)

12. die Bezeichnung des Staates, in dem der Inhaber einer deutschen Fahrerlaubnis seinen Wohnsitz genommen hat und in dem diese Fahrerlaubnis registriert oder umgetauscht wurde unter Angabe des Tages der Registrierung oder des Umtausches,
13. die Nummer und der Tag der Ausstellung eines internationalen Führerscheins, die Geltungsdauer sowie die Behörde, die diesen Führerschein ausgestellt hat,
14. der Tag der Erteilung einer Fahrerlaubnis zur Fahrgastbeförderung, die Art der Berechtigung, der Tag des Ablaufs der Geltungsdauer, die Nummer des Führerscheins zur Fahrgastbeförderung sowie der Tag der Verlängerung,
15. Hinweise zum Verbleib ausländischer Führerscheine, auf Grund derer die deutsche Fahrerlaubnis erteilt wurde,
16. der Tag der unanfechtbaren Versagung der Fahrerlaubnis, der Tag der Bestandskraft der Entscheidung, die entscheidende Stelle, der Grund der Entscheidung und das Aktenzeichen,
17. der Tag der vorläufigen, sofort vollziehbaren sowie der rechts- oder bestandskräftigen Entziehung der Fahrerlaubnis, der Tag der Rechts- oder Bestandskraft der Entscheidung, die entscheidende Stelle, der Grund der Entscheidung und der Tag des Ablaufs einer etwaigen Sperre,
18. der Tag der vorläufigen, sofort vollziehbaren sowie der rechts- und bestandskräftigen Aberkennung des Rechts, von einer ausländischen Fahrerlaubnis Gebrauch zu machen, der Tag der Rechts- oder Bestandskraft, die entscheidende Stelle, der Grund der Entscheidung und der Tag des Ablaufs einer etwaigen Sperre,
19. der Tag des Zugangs der Erklärung über den Verzicht auf die Fahrerlaubnis bei der Fahrerlaubnisbehörde und dem Erklärungsempfänger,
20. der Tag der Neuerteilung einer Fahrerlaubnis oder der Erteilung des Rechts, von einer ausländischen Fahrerlaubnis wieder Gebrauch zu machen, nach vorangegangener Entziehung oder Aberkennung oder vorangegangenem Verzicht, sowie die erteilende Behörde,
21. der Tag der Rechtskraft der Anordnung einer Sperre nach § 69a Abs. 1 Satz 3 des Strafgesetzbuches, die anordnende Stelle und der Tag des Ablaufs,
22. der Tag des Verbots, ein Fahrzeug zu führen, die entscheidende Stelle, der Tag der Rechts- oder Bestandskraft der Entscheidung sowie der Tag der Wiederzulassung,
23. der Tag des Widerrufs oder der Rücknahme der Fahrerlaubnis, die entscheidende Stelle sowie der Tag der Rechts- oder Bestandskraft der Entscheidung,
24. der Tag der Beschlagnahme, Sicherstellung und Verwahrung des Führerscheins nach § 94 der Strafprozeßordnung, die anordnende Stelle sowie der Tag der Aufhebung dieser Maßnahmen und der Rückgabe des Führerscheins,
25. der Tag und die Art von Maßnahmen nach dem Punktsystem, die gesetzte Frist, die Teilnahme an einem Aufbauseminar, die Art des Seminars, der Tag seiner Beendigung, der Tag der Ausstellung der Teilnahmebescheinigung sowie die Teilnahme an einer verkehrspsychologischen Beratung und der Tag der Ausstellung der Teilnahmebescheinigung,
26. der Tag und die Art von Maßnahmen bei Inhabern einer Fahrerlaubnis auf Probe, die gesetzte Frist, die Teilnahme an einem Aufbauseminar, die Art des Seminars, der Tag seiner Beendigung, der Tag der Ausstellung der Teilnahmebescheinigung sowie die Teilnahme an einer verkehrspsychologischen Beratung und der Tag der Ausstellung der Teilnahmebescheinigung.

Begr (BRDrucks 443/98 S 307): *§ 57 regelt die Speicherung von Daten in den örtlichen Fahrerlaubnisregistern. Die Vorschrift bildet die datenschutzrechtliche Grundlage für die Speicherung der für die Verwaltungstätigkeit der örtlich zuständigen Fahrerlaubnisbehörde erforderlichen personenbezogenen Daten von Fahrerlaubnisbewerbern und -inhabern. Neben den Daten zu denjenigen Personen, die aktuell in Besitz einer Fahrerlaubnis sind, umfassen die Register auch Personen, die eine solche beantragt haben und Personen, denen ein Verbot erteilt wurde, ein Fahrzeug zu führen.*

Mittelfristiges Ziel ist es, die Daten zum Besitz der Fahrerlaubnis (sowie die in diesem Zusammenhang relevanten „Negativdaten") in den Zentralen Registern zu führen, auf die die Fahrerlaubnisbehörden im Rahmen ihrer Tätigkeit unmittelbar zurückgreifen können. Damit werden die derzeit aufgrund der dezentralen Speicherung vorhandenen Doppelspeicherungen und Inaktualitä-

ten der dezentralen Register beseitigt, womit zugleich auch den Forderungen des Datenschutzes entsprochen wird.
...
  Nach § 22 Abs. 2 und § 25 Abs. 4 hat die Fahrerlaubnisbehörde vor Erteilung einer Fahrerlaubnis oder vor Ausfertigung eines Ersatzführerscheins zu ermitteln, ob Umstände vorliegen, die dem entgegenstehen. Da hierzu auf das Verkehrszentralregister des Kraftfahrt-Bundesamtes zurückgegriffen wird, in dem nach § 28 Abs. 3 StVG die Negativdaten zur Fahrerlaubnis gespeichert sind, wäre eine zusätzliche Speicherung von Negativdaten in den örtlichen Registern grundsätzlich nicht erforderlich. Aufgrund der derzeit noch sehr unterschiedlichen Möglichkeiten der Fahrerlaubnisbehörden, beim Verkehrszentralregister kurzfristig Daten abzufragen, hätte ein Nichtzulassen der Speicherung von Negativdaten bei den Fahrerlaubnisbehörden jedoch einen sofortigen Investitionsbedarf für eine schnelle Datenkommunikation mit dem Verkehrszentralregister zur Folge. In Anbetracht dieses Umstandes sowie unter Berücksichtigung der „Massenverfahren" in den Fahrerlaubnisbehörden (jährlich werden ca. 1,5 Millionen Fahrerlaubnisse erteilt) wird – entsprechend der bisherigen Verwaltungspraxis – eine Speicherung von Negativdaten auch in den örtlichen Fahrerlaubnisregistern zugelassen.
...

Übermittlung von Daten aus den örtlichen Fahrerlaubnisregistern

58 (1) Für die Verfolgung von Straftaten, zur Vollstreckung und zum Vollzug von Strafen dürfen im Rahmen des § 52 Abs. 1 Nr. 1 des Straßenverkehrsgesetzes nur die nach § 57 Nr. 1 bis 10 und 12 bis 15 gespeicherten Daten übermittelt werden.

(2) Für die Verfolgung von Ordnungswidrigkeiten und die Vollstreckung von Bußgeldbescheiden und ihren Nebenfolgen dürfen im Rahmen des § 52 Abs. 1 Nr. 2 des Straßenverkehrsgesetzes nur die nach § 57 Nr. 1 bis 10 und 12 bis 15 gespeicherten Daten übermittelt werden.

(3) Für
1. die Erteilung, Verlängerung, Entziehung oder Beschränkung einer Fahrerlaubnis,
2. die Aberkennung oder Einschränkung des Rechts, von einer ausländischen Fahrerlaubnis Gebrauch zu machen,
3. das Verbot, ein Fahrzeug zu führen,
4. die Anordnung von Auflagen zu einer Fahrerlaubnis

dürfen die Fahrerlaubnisbehörden einander im Rahmen des § 52 Abs. 1 Nr. 3 des Straßenverkehrsgesetzes nur die nach § 57 Nr. 1 bis 15 gespeicherten Daten übermitteln.

(4) Für Verkehrs- und Grenzkontrollen dürfen im Rahmen des § 52 Abs. 2 des Straßenverkehrsgesetzes nur die nach § 57 Nr. 1, 2, 5, 6 bis 10 und 12 gespeicherten Daten übermittelt werden.

(5) ¹Die Daten nach den Absätzen 1, 2 und 4 dürfen für die dort genannten Zwecke aus dem örtlichen Fahrerlaubnisregister im automatisierten Verfahren abgerufen werden. ²§ 52 Abs. 2, 3 und 5, §§ 53, 54 und 55 Abs. 1 bis 3 sind entsprechend anzuwenden.

Begr: BRDrucks 443/98 S 308.

2. Verkehrszentralregister

Speicherung der Daten im Verkehrszentralregister

59 (1) Im Verkehrszentralregister sind im Rahmen von § 28 Abs. 3 des Straßenverkehrsgesetzes folgende Daten zu speichern:
1. Familiennamen, Geburtsnamen, sonstige frühere Namen, soweit hierzu Eintragungen vorliegen, Vornamen, Ordens- oder Künstlernamen, Doktorgrad, Geschlecht, Tag und Ort der Geburt, Anschrift des Betroffenen, Staatsangehörigkeit sowie Hinweise auf Zweifel an der Identität gemäß § 28 Abs. 5 des Straßenverkehrsgesetzes,
2. die entscheidende Stelle, der Tag der Entscheidung, die Geschäftsnummer oder das Aktenzeichen, die mitteilende Stelle und der Tag der Mitteilung,

3. Ort, Tag und Zeit der Tat, die Angabe, ob die Tat in Zusammenhang mit einem Verkehrsunfall steht, die Art der Verkehrsteilnahme sowie die Fahrzeugart,
4. der Tag des ersten Urteils oder bei einem Strafbefehl der Tag der Unterzeichnung durch den Richter sowie der Tag der Rechtskraft oder Unanfechtbarkeit, der Tag der Maßnahme nach den §§ 94 und 111 a der Strafprozeßordnung,
5. bei Entscheidungen wegen einer Straftat oder einer Ordnungswidrigkeit die rechtliche Bezeichnung der Tat unter Angabe der angewendeten Vorschriften, bei sonstigen Entscheidungen die Art, die Rechtsgrundlagen sowie bei verwaltungsbehördlichen Entscheidungen nach § 28 Abs. 3 Nr. 4, 5, 6, 8 und 10 des Straßenverkehrsgesetzes der Grund der Entscheidung,
6. die Haupt- und Nebenstrafen, die nach § 59 des Strafgesetzbuches vorbehaltene Strafe, die Absehen von Strafe, die Maßregeln der Besserung und Sicherung, die Erziehungsmaßregeln, die Zuchtmittel oder die Jugendstrafe, die Geldbuße und das Fahrverbot, auch bei Gesamtstrafenbildung für die einbezogene Entscheidung,
7. bei einer Entscheidung wegen einer Straftat oder einer Ordnungswidrigkeit die nach § 4 des Straßenverkehrsgesetzes in Verbindung mit § 40 dieser Verordnung vorgeschriebene Punktzahl und die entsprechende Kennziffer,
8. die Fahrerlaubnisdaten unter Angabe der Fahrerlaubnisnummer, der Art der Fahrerlaubnis, der Fahrerlaubnisklassen, der erteilenden Behörde und des Tages der Erteilung, soweit sie im Rahmen von Entscheidungen wegen Straftaten oder Ordnungswidrigkeiten dem Verkehrszentralregister mitgeteilt sind,
9. bei einer Versagung oder Entziehung der Fahrerlaubnis durch eine Fahrerlaubnisbehörde der Grund der Entscheidung und die entsprechende Kennziffer sowie den* Tag des Ablaufs einer Sperrfrist,
10. bei einem Verzicht auf die Fahrerlaubnis der Tag des Zugangs der Verzichtserklärung bei der zuständigen Behörde,
11. bei einem Fahrverbot der Hinweis auf § 25 Abs. 2 a Satz 1 des Straßenverkehrsgesetzes und der Tag des Fristablaufs sowie bei einem Verbot oder einer Beschränkung, ein fahrerlaubnisfreies Fahrzeug zu führen, der Tag des Ablaufs oder der Aufhebung der Maßnahme,
12. bei der Teilnahme an einem Aufbauseminar oder einer verkehrspsychologischen Beratung die rechtliche Grundlage, der Tag der Beendigung des Aufbauseminars, der Tag der Ausstellung der Teilnahmebescheinigung und der Tag, an dem die Bescheinigung der Behörde vorgelegt wurde,
13. der Punktabzug auf Grund der Teilnahme an einem Aufbauseminar oder einer verkehrspsychologischen Beratung,
14. bei Maßnahmen nach § 2 a Abs. 2 Satz 1 Nr. 1 und 2 und § 4 Abs. 3 Satz 1 Nr. 1 und 2 des Straßenverkehrsgesetzes die Behörde, der Tag und die Art der Maßnahme sowie die gesetzte Frist, die Geschäftsnummer oder das Aktenzeichen.

(2) Über Entscheidungen und Erklärungen im Rahmen des § 39 Abs. 2 des Fahrlehrergesetzes werden gespeichert:
1. die Angaben zur Person nach Absatz 1 Nr. 1 mit Ausnahme des Hinweises auf Zweifel an der Identität,
2. die Angaben zur Entscheidung nach Absatz 1 Nr. 2,
3. Ort und Tag der Tat,
4. der Tag der Unanfechtbarkeit, sofortigen Vollziehbarkeit oder Rechtskraft der Entscheidung, des Ruhens oder des Erlöschens der Fahrlehrerlaubnis oder der Tag der Abgabe der Erklärung,
5. die Angaben zur Entscheidung nach Absatz 1 Nr. 5,
6. die Höhe der Geldbuße,
7. die Angaben zur Fahrlehrerlaubnis in entsprechender Anwendung des Absatzes 1 Nr. 8,
8. bei einer Versagung der Fahrlehrerlaubnis der Grund der Entscheidung,
9. der Hinweis aus dem Zentralen Fahrerlaubnisregister bei Erteilung einer Fahrlehrerlaubnis nach vorangegangener Versagung, Rücknahme und vorangegangenem Widerruf.

---

* Redationsversehen; richtig: *der.*

Übermittlung von Daten nach § 30 des Straßenverkehrsgesetzes   § 60 FeV 3a

(3) ¹Enthält eine strafgerichtliche Entscheidung sowohl registerpflichtige als auch nicht registerpflichtige Teile, werden in Fällen der Tateinheit (§ 52 des Strafgesetzbuches) nur die registerpflichtigen Taten sowie die Folgen mit dem Hinweis aufgenommen, daß diese sich auch auf nicht registerpflichtige Taten beziehen. ²In Fällen der Tatmehrheit (§ 53 des Strafgesetzbuches und § 460 der Strafprozeßordnung) sind die registerpflichtigen Taten mit ihren Einzelstrafen und einem Hinweis einzutragen, daß diese in einer Gesamtstrafe aufgegangen sind; ist auf eine einheitliche Jugendstrafe (§ 31 des Jugendgerichtsgesetzes) erkannt worden, wird nur die Verurteilung wegen der registerpflichtigen Straftaten, nicht aber die Höhe der Jugendstrafe eingetragen. ³Die Eintragung sonstiger Folgen bleibt unberührt.

(4) ¹Enthält eine Entscheidung wegen einer Ordnungswidrigkeit sowohl registerpflichtige als auch nicht registerpflichtige Teile, werden in Fällen der Tateinheit (§ 19 des Gesetzes über Ordnungswidrigkeiten) nur die registerpflichtigen Taten sowie die Folgen mit dem Hinweis eingetragen, daß sich die Geldbuße auch auf nicht registerpflichtige Taten bezieht; als registerpflichtige Teile sind auch die Ordnungswidrigkeiten nach den §§ 24 oder 24a des Straßenverkehrsgesetzes anzusehen, für die bei eigenständiger Begehung in der Regel nur ein Verwarnungsgeld zu erheben gewesen oder eine Geldbuße festgesetzt worden wäre, die die Registerpflicht nicht begründet hätte. ²In Fällen der Tatmehrheit (§ 20 des Gesetzes über Ordnungswidrigkeiten) sind nur die registerpflichtigen Teile einzutragen.

Begr (BRDrucks 443/98 S 309): *In dem beim Kraftfahrt-Bundesamt geführten Verkehrszentralregister sollen nach § 28 Abs. 2 StVG Daten gespeichert werden, die*
– *für die Beurteilung der Eignung und Befähigung von Personen zum Führen von Kraftfahrzeugen,*
– *für die Prüfung der Berechtigung zum Führen von Fahrzeugen,*
– *für die Ahndung der Verstöße von Personen, die im Straßenverkehr wiederholt Straftaten oder Ordnungswidrigkeiten begehen,*
– *für die Beurteilung von Personen im Hinblick auf ihre Zuverlässigkeit bei der Wahrnehmung der ihnen durch Gesetz, Satzung oder Vertrag übertragenen Verantwortung für die Einhaltung der zur Sicherheit im Straßenverkehr bestehenden Vorschriften*
erforderlich sind.
Diese Zwecke werden durch Speicherung der in § 59 Abs. 1 Nr. 1 bis 14 genannten Daten erreicht. Die Vorschrift füllt die in § 30c Abs. 1 Nr. 1, § 28 Abs. 3 StVG erteilte Ermächtigung aus.
...

Anm: Näher zum VZR: § 28 StVG. Tilgung der Eintragungen, Tilgungsfristen und Wirkung der Tilgung: § 29 StVG. Auskunft aus dem VZR: § 30 StVG.

Übermittlung von Daten nach § 30 des Straßenverkehrsgesetzes

60 (1) Für Maßnahmen wegen Straftaten oder Ordnungswidrigkeiten werden gemäß § 30 Abs. 1 Nr. 1 und 2 des Straßenverkehrsgesetzes die auf Grund des § 28 Abs. 3 Nr. 1 bis 3 des Straßenverkehrsgesetzes nach § 59 Abs. 1 dieser Verordnung gespeicherten Daten und – soweit Kenntnis über den Besitz von Fahrerlaubnissen und Führerscheinen sowie über die Berechtigung zum Führen von Kraftfahrzeugen erforderlich ist – die auf Grund des § 28 Abs. 3 Nr. 1 bis 10 des Straßenverkehrsgesetzes nach § 59 Abs. 1 dieser Verordnung gespeicherten Daten übermittelt.

(2) ¹Für Verwaltungsmaßnahmen nach dem Straßenverkehrsgesetz oder dieser Verordnung oder der Verordnung über den internationalen Kraftfahrzeugverkehr werden gemäß § 30 Abs. 1 Nr. 3 des Straßenverkehrsgesetzes die auf Grund des § 28 Abs. 3 des Straßenverkehrsgesetzes nach § 59 Abs. 1 dieser Verordnung gespeicherten Daten übermittelt. ²Für Verwaltungsmaßnahmen nach der Straßenverkehrs-Zulassungs-Ordnung wegen der Zustimmung der zuständigen Behörden zur Betrauung mit der Durchführung der Untersuchungen nach § 29 der Straßenverkehrs-Zulassungs-Ordnung (Anlagen VIIIb und VIIIc der Straßenverkehrs-Zulassungs-Ordnung) werden gemäß § 30 Abs. 1 Nr. 3 des Straßenverkehrsgesetzes die auf Grund des § 28 Abs. 3 Nr. 1 bis 10 des Straßenverkehrsgesetzes nach § 59 Abs. 1 dieser Verordnung gespeicherten Daten übermittelt. ³Für Verwaltungsmaßnahmen nach der Straßenverkehrs-Zulassungs-Ordnung wegen

3a FeV § 61

1. der Anerkennung von Kraftfahrzeugwerkstätten zur Durchführung von Sicherheitsprüfungen nach Anlage VIII c der Straßenverkehrs-Zulassungs-Ordnung,
2. der Anerkennung von Überwachungsorganisationen nach Anlage VIIIb der Straßenverkehrs-Zulassungs-Ordnung,
3. der Anerkennung von Kraftfahrzeugwerkstätten zur Durchführung von Abgasuntersuchungen nach § 47 b der Straßenverkehrs-Zulassungs-Ordnung,
4. der Erteilung von roten Kennzeichen nach § 28 der Straßenverkehrs-Zulassungs-Ordnung

werden gemäß § 30 Abs. 1 Nr. 3 des Straßenverkehrsgesetzes die auf Grund des § 28 Abs. 3 Nr. 1 bis 3 des Straßenverkehrsgesetzes nach § 59 Abs. 1 dieser Verordnung gespeicherten Daten übermittelt.

(3) ¹Für Verwaltungsmaßnahmen
1. nach dem Fahrlehrergesetz oder den auf Grund dieses Gesetzes erlassenen Rechtsvorschriften,
2. nach dem Kraftfahrsachverständigengesetz oder den auf Grund dieses Gesetzes erlassenen Rechtsvorschriften,
3. nach dem Gesetz über das Fahrpersonal im Straßenverkehr oder den auf Grund dieses Gesetzes erlassenen Rechtsvorschriften

werden gemäß § 30 Abs. 2 des Straßenverkehrsgesetzes die auf Grund des § 28 Abs. 3 Nr. 1 bis 10 des Straßenverkehrsgesetzes nach § 59 Abs. 1 – für Verwaltungsmaßnahmen nach Nummer 1 zusätzlich nach § 59 Abs. 2 – dieser Verordnung gespeicherten Daten übermittelt. ²Für Verwaltungsmaßnahmen
1. auf Grund der gesetzlichen Bestimmungen über die Notfallrettung und den Krankentransport,
2. nach dem Personenbeförderungsgesetz oder den auf Grund dieses Gesetzes erlassenen Rechtsvorschriften,
3. nach dem Güterkraftverkehrsgesetz oder den auf Grund dieses Gesetzes erlassenen Rechtsvorschriften,
4. nach dem Gesetz über die Beförderung gefährlicher Güter oder den auf Grund dieses Gesetzes erlassenen Rechtsvorschriften

werden gemäß § 30 Abs. 2 des Straßenverkehrsgesetzes die auf Grund des § 28 Abs. 3 Nr. 1 bis 3 des Straßenverkehrsgesetzes nach § 59 Abs. 1 dieser Verordnung gespeicherten Daten übermittelt.

(4) Für Verkehrs- und Grenzkontrollen gemäß § 30 Abs. 3 des Straßenverkehrsgesetzes werden die auf Grund des § 28 Abs. 3 Nr. 2, 3 (1. Alternative) und 4 bis 9 des Straßenverkehrsgesetzes nach § 59 Abs. 1 dieser Verordnung gespeicherten Daten übermittelt.

(5) Für luftverkehrsrechtliche Maßnahmen gemäß § 30 Abs. 4 des Straßenverkehrsgesetzes werden die auf Grund des § 28 Abs. 3 Nr. 1 bis 10 des Straßenverkehrsgesetzes nach § 59 Abs. 1 dieser Verordnung gespeicherten Daten übermittelt.

(6) Im Rahmen des § 30 Abs. 7 des Straßenverkehrsgesetzes werden die auf Grund des § 28 Abs. 3 Nr. 1 bis 10 des Straßenverkehrsgesetzes nach § 59 Abs. 1 dieser Verordnung gespeicherten Daten
1. für Verwaltungsmaßnahmen auf dem Gebiet des Straßenverkehrs den Straßenverkehrsbehörden und
2. für die Verfolgung von Zuwiderhandlungen gegen Rechtsvorschriften auf dem Gebiet des Straßenverkehrs oder für die Verfolgung von Straftaten den Polizei- und Justizbehörden

unmittelbar übermittelt, wenn nicht der Empfängerstaat mitgeteilt hat, daß andere Behörden zuständig sind.

Begr: BRDrucks 443/98 S 311.

Abruf im automatisierten Verfahren nach § 30 a des Straßenverkehrsgesetzes

61 (1) Zur Übermittlung nach § 30 a Abs. 1 und 3 des Straßenverkehrsgesetzes durch Abruf im automatisierten Verfahren dürfen folgende Daten bereitgehalten werden:
1. Familiennamen, Geburtsnamen, sonstige frühere Namen, soweit hierzu Eintragungen vorliegen, Vornamen, Ordens- oder Künstlernamen, Doktorgrad, Geschlecht, Tag und Ort der Geburt, Anschrift des Betroffenen, Staatsangehörig-

keit sowie Hinweise auf Zweifel an der Identität gemäß § 28 Abs. 5 des Straßenverkehrsgesetzes,
2. die Tatsache, ob über die betreffende Person Eintragungen vorhanden sind,
3. die Eintragungen über Ordnungswidrigkeiten mit den Angaben über
   a) die entscheidende Stelle, den Tag der Entscheidung und die Geschäftsnummer oder das Aktenzeichen, die mitteilende Stelle und den Tag der Mitteilung, den Tag der Rechtskraft,
   b) Ort, Tag und Zeit der Tat, die Angabe, ob die Tat im Zusammenhang mit einem Verkehrsunfall steht, die Art der Verkehrsteilnahme sowie die Fahrzeugart,
   c) die rechtliche Bezeichnung der Tat unter Angabe der anzuwendenden Vorschriften, die Höhe der Geldbuße und das Fahrverbot,
   d) bei einem Fahrverbot den Hinweis auf § 25 Abs. 2 a Satz 1 des Straßenverkehrsgesetzes und den Tag des Fristablaufs,
   e) die Fahrerlaubnis nach § 59 Abs. 1 Nr. 8,
   f) die nach § 4 des Straßenverkehrsgesetzes in Verbindung mit § 40 dieser Verordnung vorgeschriebene Punktzahl und die entsprechende Kennziffer,
4. die Angaben über die Fahrerlaubnis (Klasse, Art und etwaige Beschränkungen) sowie
   a) die unanfechtbare Versagung einer Fahrerlaubnis, einschließlich der Ablehnung der Verlängerung einer befristeten Fahrerlaubnis,
   b) die rechtskräftige Anordnung einer Fahrerlaubnissperre und der Tag des Ablaufs der Sperrfrist,
   c) die rechtskräftige oder vorläufige Entziehung einer Fahrerlaubnis und der Tag des Ablaufs der Sperrfrist,
   d) die unanfechtbare oder sofort vollziehbare Entziehung oder Rücknahme sowie der unanfechtbare oder sofort vollziehbare Widerruf einer Fahrerlaubnis,
   e) das Bestehen eines rechtskräftigen Fahrverbots unter Angabe des Tages des Ablaufs des Verbots,
   f) die rechtskräftige Aberkennung des Rechts, von einer ausländischen Fahrerlaubnis Gebrauch zu machen und der Tag des Ablaufs der Sperrfrist,
   g) die Beschlagnahme, Sicherstellung oder Verwahrung des Führerscheins nach § 94 der Strafprozeßordnung und
   h) der Verzicht auf eine Fahrerlaubnis.

(2) Der Abruf darf nur unter Verwendung der Angaben zur Person erfolgen.

(3) Die Daten nach Absatz 1 Nr. 1 und 4 werden bereitgehalten für die für Verfolgung von Straftaten, zur Vollstreckung oder zum Vollzug von Strafen sowie für die für Verkehrs- und Grenzkontrollen zuständigen Stellen.

(4) Die Daten nach Absatz 1 Nr. 1 bis 3 werden bereitgehalten für die zur Verfolgung von Ordnungswidrigkeiten und zur Vollstreckung von Bußgeldbescheiden und ihren Nebenfolgen nach dem Straßenverkehrsgesetz und dem Gesetz über das Fahrpersonal im Straßenverkehr zuständigen Stellen.

(5) Die Daten nach Absatz 1 Nr. 1 bis 4 werden bereitgehalten für die für Verwaltungsmaßnahmen auf Grund des Straßenverkehrsgesetzes und der auf ihm beruhenden Rechtsvorschriften zuständigen Stellen.

(6) Wegen der Sicherung gegen Mißbrauch ist § 54 und wegen der Aufzeichnungen der Abrufe § 55 anzuwenden.

(7) Im Rahmen von § 30 Abs. 7 des Straßenverkehrsgesetzes dürfen die in § 30a Abs. 5 des Straßenverkehrsgesetzes genannten Daten aus dem Verkehrszentralregister durch Abruf im automatisierten Verfahren den in § 60 Abs. 6 genannten Stellen in einem Mitgliedstaat der Europäischen Union oder in einem anderen Vertragsstaat des Abkommens über den Europäischen Wirtschaftsraum übermittelt werden.

Begr: BRDrucks 443/98 S 312. **Begr** zur ÄndVO v 7. 8. 02: BRDrucks 497/02 S 74.

Automatisiertes Anfrage- und Auskunftsverfahren nach § 30 b des Straßenverkehrsgesetzes

62 (1) Die Übermittlung der Daten nach § 60 Abs. 1, 2 und 6 ist auch in einem automatisierten Anfrage- und Auskunftsverfahren zulässig.

(2) § 53 ist anzuwenden.

Begr: BRDrucks 443/98 S 312.

Vorzeitige Tilgung

63 (1) Wurde die Fahrerlaubnis durch eine Fahrerlaubnisbehörde ausschließlich wegen körperlicher oder geistiger Mängel oder wegen fehlender Befähigung entzogen oder aus den gleichen Gründen versagt, ist die Eintragung mit dem Tag der Erteilung der neuen Fahrerlaubnis zu tilgen.

(2) Eintragungen von gerichtlichen Entscheidungen über die vorläufige Entziehung der Fahrerlaubnis, von anfechtbaren Entscheidungen der Fahrerlaubnisbehörden sowie von Maßnahmen nach § 94 der Strafprozeßordnung sind zu tilgen, wenn die betreffenden Entscheidungen aufgehoben wurden.

1   **Begr** (BRDrucks 443/98 S 313): *Nach § 30c Abs. 1 Nr. 2, § 29 Abs. 1 Satz 5 StVG können Verkürzungen der nach § 29 Abs. 1 StVG bestehenden Tilgungsfristen durch Rechtsverordnung zugelassen werden, wenn die in das Verkehrszentralregister eingetragene Entscheidung auf körperlichen oder geistigen Mängeln oder fehlender Befähigung beruht. Von dieser Ermächtigung wird in der Regelung des § 63 Abs. 1 Gebrauch gemacht, indem festgeschrieben wird, daß die Eintragung ohne Rücksicht auf die Tilgungsfristen in § 29 Abs. 1 StVG mit dem Datum der Erteilung einer neuen Fahrerlaubnis zu tilgen ist, wenn die Fahrerlaubnis ausschließlich wegen körperlicher oder geistiger Mängel oder wegen fehlender Befähigung entzogen oder versagt wurde.*

Eine Verkürzung der Tilgungsfrist durch Verordnung kommt nach § 30c Abs. 1 Nr. 2, § 29 Abs. 3 Nr. 3 ebenfalls bei Eintragungen in Betracht, bei denen eine Änderung der zugrundeliegenden Entscheidung Anlaß gibt. § 63 Abs. 2 bestimmt, daß ein solcher Anlaß im Falle der Aufhebung einer eingetragenen Entscheidung vorliegt.

2   § 28 StVG unterschiedet zwischen Eintragungen, die nach Ablauf bestimmter Fristen zu tilgen sind, § 29 I StVG (Ausnahme: Abs II, zB bei FESperre für immer), s § 29 StVG Rz 4f, solchen, die vorzeitiger Tilgung unterliegen (§ 29 I S 5 mit § 30 c I Nr 2 StVG), s § 29 StVG Rz 6, und solchen, die ohne Rücksicht auf den Lauf von Fristen getilgt werden (§ 29 III StVG), s § 29 StVG Rz 10. Nach § 63 erfolgt vorzeitige Tilgung a) der Eintragung einer Entscheidung über EdF (§ 28 III Nr 2 StVG) bei Erteilung einer neuen FE, wenn die Entziehung ausschließlich auf körperlichen oder geistigen Eignungsmängeln oder auf mangelnder Befähigung beruhte, b) der Eintragung über vorläufige EdF (§ 28 III Nr 2 StVG) oder über die Beschlagnahme, Sicherstellung oder Verwahrung von FSen nach § 94 StPO (§ 28 III Nr 9 StVG) bei Aufhebung der betreffenden Entscheidung.

Identitätsnachweis

64 (1) Als Identitätsnachweis bei Auskünften nach § 30 Abs. 8 oder § 58 des Straßenverkehrsgesetzes werden anerkannt
1. die amtliche Beglaubigung der Unterschrift,
2. die Ablichtung des Personalausweises oder des Passes oder
3. bei persönlicher Antragstellung der Personalausweis, der Pass oder der behördliche Dienstausweis.

(2) Für die Auskunft an einen beauftragten Rechtsanwalt ist die Vorlage einer entsprechenden Vollmachtserklärung oder einer beglaubigten Ausfertigung hiervon erforderlich.

Begr (BRDrucks 443/98 S 313): *Nach § 30 Abs. 8, § 58 StVG ist dem von Eintragungen im Verkehrszentralregister bzw. Zentralen Fahrerlaubnisregister Betroffenen auf Antrag – unter Beifügung eines Identitätsnachweises – über den ihn betreffenden Inhalt des Registers Auskunft zu*

erteilen. Zweck des Identitätsnachweises ist es, ein durch Unbefugte veranlaßtes Abfragen der Register zu verhindern.
...

Begr zur ÄndVO v 7. 8. 02: BRDrucks 497/02 S 75.

IV. Anerkennung und Akkreditierung für bestimmte Aufgaben

Ärztliche Gutachter

65 ¹Der Facharzt hat seine verkehrsmedizinische Qualifikation (§ 11 Abs. 2 Satz 3 Nr. 1), die sich aus den maßgeblichen landesrechtlichen Vorschriften ergibt, auf Verlangen der Fahrerlaubnisbehörde nachzuweisen. ²Der Nachweis erfolgt durch die Vorlage eines Zeugnisses der zuständigen Ärztekammer. ³Abweichend von Satz 1 und 2 reicht auch eine mindestens einjährige Zugehörigkeit zu einer Begutachtungsstelle für Fahreignung (Anlage 14) aus.

Begr (BRDrucks 443/98 S 314): *§ 65 regelt die verkehrsmedizinische Qualifikation des Facharztes als Maßnahme der Qualitätssicherung.* 1

Der Facharzt ist nach der Regelung in § 11 Abs. 2 von zentraler Bedeutung für medizinische Fragestellungen im verkehrsmedizinischen Begutachtungsbereich. Grundsätzlich ist das Begutachtungswesen Weiterbildungsinhalt bei allen relevanten Facharztgruppen und auch Gegenstand der Facharztprüfung.

Mit der vorliegenden Regelung wird auf eine zusätzliche spezifische verkehrsmedizinische Qualifikation bezug genommen, durch die die verkehrsmedizinische Ausrichtung der Fachärzte verbessert werden soll.
...

Bei durch konkrete Tatsachen begründeten Bedenken der FEB gegen die körperliche 2 oder geistige Eignung eines FEBewerbers kann die FEB gem § 11 II die Beibringung eines ärztlichen Gutachtens anordnen und dabei bestimmen, daß das Gutachten von einem Facharzt mit verkehrsmedizinischer Qualifikation zu erstellen ist (s § 11 Rz 10f). Um die verkehrsmedizinische Qualifikation zu erwerben, können die Fachärzte entsprechende Fortbildungsveranstaltungen bei den Landesärztekammern besuchen, die ihnen darüber eine Bescheinigung ausstellen. Auf Verlangen hat der Facharzt diese als Nachweis seiner verkehrsmedizinischen Qualifikation der FEB vorzulegen.

Begutachtungsstelle für Fahreignung

66 (1) Begutachtungsstellen für Fahreignung bedürfen der amtlichen Anerkennung durch die zuständige oberste Landesbehörde oder durch die von ihr bestimmte oder nach Landesrecht zuständige Stelle.

(2) Die Anerkennung kann erteilt werden, wenn insbesondere die Voraussetzungen nach Anlage 14 vorliegen.

Begr (BRDrucks 443/98 S 314): *Nach § 66 Abs. 1 bedürfen Begutachtungsstellen für* 1 *Fahreignung wie bisher der amtlichen Anerkennung durch die Landesbehörde (§§ 12, 15b StVZO, auf der Basis der bundeseinheitlichen Anerkennungsrichtlinie von 1990).*

Die Anerkennungsvoraussetzungen werden nunmehr in **Absatz 2 in Verbindung mit Anlage 14** *rechtlich verbindlich vorgeschrieben.*

Danach ist insbesondere Voraussetzung für die Anerkennung eines Trägers:
- *finanzielle und organisatorische Leistungsfähigkeit,*
- *die erforderliche personelle und sachliche Ausstattung,*
- *Trennung von Begutachtung und Fahrausbildung oder Nachschulung,*
- *Akkreditierung und Qualitätssicherung bei der Durchführung der Untersuchungen und Erstellung der Gutachten,*
- *die wirtschaftliche Unabhängigkeit der Gutachter von der Gebührenerhebung und*
- *die Zuverlässigkeit des Antragstellers.*

Anlage 14 enthält auch die Anforderungen, die an den Arzt und Psychologen zu stellen sind. Neben der fachlichen Qualifikation (Facharztausbildung, Diplompsychologe mit zweijähriger Be-

3a FeV § 67 IV. Anerkennung und Akkreditierung für bestimmte Aufgaben

rufstätigkeit) wird eine einjährige Praxis in der Begutachtung in einer Begutachtungsstelle für Fahreignung verlangt, bevor der Gutachter eigenverantwortlich tätig werden kann.

Die Voraussetzungen waren im wesentlichen bereits in der Anerkennungsrichtlinie vorgesehen. Neu ist die Forderung nach der Zuverlässigkeit und der organisatorischen Trennung der Bereiche der Begutachtung und Fahrausbildung oder Nachschulung. Außerdem wird die Akkreditierung der Begutachtungsstelle durch die Bundesanstalt für Straßenwesen gemäß § 72 Abs. 1 Nr. 1 vorgeschrieben als Anerkennungsvoraussetzung (siehe hierzu im einzelnen unter § 72).

Liegen die Voraussetzungen nach Anlage 14 vor, ist die Anerkennung nach Absatz 2 zu erteilen, der Landesbehörde steht somit kein Ermessen dahingehend zu, die Anerkennung aus anderen Gründen (Bedarfsprüfung) nicht auszusprechen.

...

1a **Begr** zur ÄndVO v 7. 8. 02 (BRDrucks 497/02 S 76): **Zu Abs 2:** *Das Bundesverwaltungsgericht hat mit Urteil vom 15. 6. 2000 – BVerwG 3 C 10.99 – entschieden, dass für die Einführung einer Bedürfnisprüfung im Rahmen der amtlichen Anerkennung von Begutachtungsstellen für Fahreignung eine gesetzliche Grundlage erforderlich ist. Da die Bedürfnisprüfung in das Grundrecht der Berufsfreiheit eingreife, müsse die Entscheidung vom Gesetzgeber selbst getroffen werden. Die vom Verordnungsgeber hierzu erlassene Regelung in § 66 Abs. 2 Satz 2 FeV wird danach nicht als ausreichend erachtet. Einer vom Bundesrat im Rahmen der Stellungnahme zum Entwurf eines Gesetzes zur Änderung des Straßenverkehrsgesetzes und anderer straßenverkehrsrechtlicher Vorschriften vorgeschlagenen Ergänzung des § 2 Abs. 13 StVG ist der Deutsche Bundestag nicht gefolgt (s. BT-DS 14/4304; BGBl. I S. 386). Die bisher in der Fahrerlaubnisverordnung geregelte Möglichkeit der Bedürfnisprüfung für Begutachtungsstellen für Fahreignung wird daher gestrichen.*

2 Die Beibringung eines medizinisch-psychologischen Gutachtens einer amtlich anerkannten Begutachtungsstelle für Fahreignung kann die FEB nach Maßgabe von § 11 III zur Klärung von Zweifeln hinsichtlich der Eignung zum Führen von Kfzen anordnen, aber auch zB zur Klärung etwaiger Alkoholabhängigkeit (§ 13 I Nr 1) oder gem § 14 II zur Feststellung etwaiger Betäubungsmitteleinnahme oder -abhängigkeit. § 66 regelt die Zuständigkeiten für die amtliche Anerkennung und nennt die Voraussetzungen dafür abschließend unter Bezugnahme auf **Anlage 14.** Soweit Anl 14 als Voraussetzung nennt, daß zB die erforderliche Ausstattung mit Personal, Geräten und Räumlichkeiten „sichergestellt ist", setzt dies im Hinblick auf den damit verbundenen finanziellen Aufwand nicht voraus, daß diese Ausstattung schon im Zeitpunkt der Antragstellung vorhanden ist, VGH Ma VRS **97** 276, OVG Mgd NZV **99** 267 (268). Übergangsbestimmung: § 76 Nr 15. Die Anerkennung wird **nach pflichtgemäßem Ermessen** erteilt. Dabei findet jedoch eine Bedürfnisprüfung nach Aufhebung von II S 2 durch ÄndVO v 7. 8. 02 nicht mehr statt (s Begr, Rz 1a). Die im Zusammenhang mit der bisher dazu bestehenden Kontroverse ergangene Rspr (s 36. Aufl) ist überholt. Träger von Begutachtungsstellen für Fahreignung müssen gem § 72 durch die Bundesanstalt für Straßenwesen akkreditiert sein.

Lit: *Petersen,* Die Anerkennung für Begutachtungsstellen für Fahreignung, ZfS 00 1.

Sehteststelle

67 (1) Sehteststellen bedürfen – unbeschadet der Absätze 4 und 5 – der amtlichen Anerkennung durch die zuständige oberste Landesbehörde oder durch die von ihr bestimmte oder nach Landesrecht zuständige Stelle.

(2) Die Anerkennung kann erteilt werden, wenn
1. der Antragsteller, bei juristischen Personen die nach Gesetz oder Satzung zur Vertretung berufenen Personen, zuverlässig sind und
2. der Antragsteller nachweist, daß er über die erforderlichen Fachkräfte und über die notwendigen der DIN 58220 Teil 6, Ausgabe Januar 1997, entsprechenden Sehtestgeräte verfügt und daß eine regelmäßige ärztliche Aufsicht über die Durchführung des Sehtests gewährleistet ist.

(3) ¹Die Anerkennung kann mit Nebenbestimmungen, insbesondere mit Auflagen verbunden werden, um sicherzustellen, daß die Sehtests ordnungsgemäß

Sehteststelle § 67 FeV 3a

durchgeführt werden. ²Sie ist zurückzunehmen, wenn bei ihrer Erteilung eine der Voraussetzungen nach Absatz 2 nicht vorgelegen hat; davon kann abgesehen werden, wenn der Mangel nicht mehr besteht. ³Die Anerkennung ist zu widerrufen, wenn nachträglich eine der Voraussetzungen nach Absatz 2 weggefallen ist, wenn der Sehtest wiederholt nicht ordnungsgemäß durchgeführt oder wenn sonst gegen die Pflichten aus der Anerkennung oder gegen Auflagen grob verstoßen worden ist. ⁴Die oberste Landesbehörde oder die von ihr bestimmte oder nach Landesrecht zuständige Stelle übt die Aufsicht über die Inhaber der Anerkennung aus. ⁵Die die Aufsicht führende Stelle kann selbst prüfen oder durch einen von ihr bestimmten Sachverständigen prüfen lassen, ob die Voraussetzungen für die Anerkennung noch gegeben sind, ob die Sehtests ordnungsgemäß durchgeführt und ob die sich sonst aus der Anerkennung oder den Auflagen ergebenden Pflichten erfüllt werden. ⁶Die Sehteststelle hat der die Aufsicht führenden Stelle auf Verlangen Angaben über Zahl und Ergebnis der durchgeführten Sehtests zu übermitteln.

(4) ¹Betriebe von Augenoptikern gelten als amtlich anerkannt; sie müssen gewährleisten, daß die Voraussetzungen des Absatzes 2, ausgenommen die ärztliche Aufsicht, gegeben sind. ²Die Anerkennung kann durch die oberste Landesbehörde oder die von ihr bestimmte oder nach Landesrecht zuständige Stelle nachträglich mit Auflagen verbunden werden, um sicherzustellen, daß die Sehtests ordnungsgemäß durchgeführt werden. ³Die Anerkennung ist im Einzelfall nach Maßgabe des Absatzes 3 Satz 3 zu widerrufen. ⁴Hinsichtlich der Aufsicht ist Absatz 3 Satz 4 und 5 entsprechend anzuwenden. ⁵Die oberste Landesbehörde kann die Befugnisse auf die örtlich zuständige Augenoptikerinnung oder deren Landesverbände nach Landesrecht übertragen.

(5) ¹Außerdem gelten
1. Begutachtungsstellen für Fahreignung (§ 66),
2. der Arzt des Gesundheitsamtes oder ein anderer Arzt der öffentlichen Verwaltung und
3. die Ärzte mit der Gebietsbezeichnung „Arbeitsmedizin" und die Ärzte mit der Zusatzbezeichnung „Betriebsmedizin"
als amtlich anerkannte Sehteststelle. ²Absatz 4 ist anzuwenden.

Begr: BRDrucks 443/98 S 315. 1
– Begr des Bundesrates, BRDrucks 443/98 (Beschluß) S 21 –: *Das geltende Recht ist beizubehalten, wonach über die Anerkennung von Sehteststellen nach pflichtgemäßem Ermessen entschieden wird. Eine Ermessensentscheidung ist insbesondere auch im Hinblick auf die Festsetzung von Nebenbestimmungen im Sinne des § 36 VwVfG unverzichtbar, um eine Anerkennung z. B. mit einer Befristung versehen zu können, die sonst nicht zulässig wäre, da diese Nebenbestimmung in § 67 der Fahrerlaubnis-Verordnung nicht ausdrücklich zugelassen ist.*

Einem Sehtest haben sich gem § 12 II die Bewerber um eine FE der Klassen A, A1, 2 B, M, L, T und BE zu unterziehen, während § 12 VI für Bewerber um die „Lkw- und Omnibusklassen (C und D mit Ihren Unterklassen) eine augenärztliche Untersuchung vorgeschrieben ist. Die Absätze I bis IV entsprechen inhaltlich der früheren Vorschrift des § 9b StVZO (alt). Abs II Nr 2 präzisiert die Anforderungen an die Sehtestgeräte durch den Hinweis auf die DIN-Norm.

Über die Anerkennung entscheidet die Behörde **nach pflichtgemäßem Ermessen,** 3 ein Rechtsanspruch besteht nicht (s Begr des BR Rz 1). **Augenoptikerbetriebe** gelten mit der Maßgabe des Abs IV S 1 grundsätzlich allgemein als amtlich anerkannte Sehteststellen; einer Einzelanerkennung bedarf es nicht. Jedoch können die Landesbehörden zur Sicherstellung ordnungsgemäßer Durchführung der Sehtests Auflagen erteilen und uU im Einzelfall die Anerkennung zurücknehmen oder widerrufen (Abs IV S 3 mit Abs III S 2).

Einer besonderen Anerkennung bedarf es auch nicht bei den in **Abs V genannten** 4 **Stellen;** auch sie gelten allgemein als amtlich anerkannt. Jedoch kann die oberste Landesbehörde oder die nach Landesrecht zuständige Stelle ebenfalls Auflagen erteilen und die Anerkennung nach Maßgabe von Abs III S 2 zurücknehmen oder nach Maßgabe von Abs III S 3 widerrufen (Abs V S 2 mit Abs IV).

Stellen für die Unterweisung in lebensrettenden Sofortmaßnahmen und die Ausbildung in Erster Hilfe

68 (1) Stellen, die Unterweisungen in lebensrettenden Sofortmaßnahmen oder Ausbildungen in Erster Hilfe für den Erwerb einer Fahrerlaubnis durchführen, bedürfen der amtlichen Anerkennung durch die für das Fahrerlaubniswesen oder das Gesundheitswesen zuständige oberste Landesbehörde oder durch die von ihr bestimmte oder nach Landesrecht zuständige Stelle.

(2) ¹Die Anerkennung ist zu erteilen, wenn befähigtes Ausbildungspersonal, ausreichende Ausbildungsräume und die notwendigen Lehrmittel für den theoretischen Unterricht und die praktischen Übungen zur Verfügung stehen. ²Die nach Absatz 1 zuständige oberste Landesbehörde oder die von ihr bestimmte oder nach Landesrecht zuständige Stelle kann zur Vorbereitung ihrer Entscheidung die Beibringung eines Gutachtens einer fachlich geeigneten Stelle oder Person darüber anordnen, ob die Voraussetzungen für die Anerkennung gegeben sind. ³Die Anerkennung kann befristet und mit Auflagen (insbesondere hinsichtlich der Fortbildung der mit der Unterweisung und der Ausbildung befaßten Personen) verbunden werden, um die ordnungsgemäßen Unterweisungen und Ausbildungen sicherzustellen. ⁴Die Anerkennung ist zurückzunehmen, wenn bei ihrer Erteilung eine der Voraussetzungen nach Satz 1 nicht vorgelegen hat; davon kann abgesehen werden, wenn der Mangel nicht mehr besteht. ⁵Die Anerkennung ist zu widerrufen, wenn nachträglich eine der Voraussetzungen nach Satz 1 weggefallen ist, wenn die Unterweisungen oder Ausbildungen wiederholt nicht ordnungsgemäß durchgeführt worden sind oder wenn sonst gegen die Pflichten aus der Anerkennung oder gegen Auflagen gröblich verstoßen worden ist. ⁶Die für das Fahrerlaubniswesen oder das Gesundheitswesen zuständige oberste Landesbehörde oder die von ihr bestimmte oder nach Landesrecht zuständige Stelle übt die Aufsicht über die Inhaber der Anerkennung aus. ⁷Die die Aufsicht führende Stelle kann selbst prüfen oder durch von ihr bestimmte Sachverständige prüfen lassen, ob die Voraussetzungen für die Anerkennung noch gegeben sind, ob die Unterweisungen und Ausbildungen ordnungsgemäß durchgeführt und ob die sich sonst aus der Anerkennung oder den Auflagen ergebenden Pflichten erfüllt werden.

1 **Begr** (BRDrucks 443/98 S 315): *§ 68 ersetzt § 8a Abs. 3, Abs. 4 Nr. 7, § 8b Abs. 3 und Abs. 4 Nr. 5 StVZO.*

Absatz 1 enthält den Grundsatz der amtlichen Anerkennung. Die Anerkennung kann künftig nicht nur von den für das Fahrerlaubniswesen zuständigen Behörden, sondern auch von den Behörden des Gesundheitswesens ausgesprochen werden. Sie verfügen in gleichem oder höherem Maße über den notwendigen Sachverstand. Es bleibt den Ländern überlassen, welchem Behördenzweig sie die Aufgabe der Anerkennung übertragen.

Absatz 2 regelt die näheren Modalitäten der Anerkennung und deren Rücknahme und Widerruf. Zur Vorbereitung ihrer Entscheidung konnte die zuständige Behörde bisher nur ein Gutachten des zuständigen Gesundheitsamtes einholen. Nunmehr werden auch die Gutachten anderer Stellen zugelassen.

2 Unterweisung in Sofortmaßnahmen am Unfallort oder Ausbildung in erster Hilfe als Voraussetzung für die Erteilung einer FE: § 19. Bei der Anerkennung handelt es sich nicht um eine Ermessensentscheidung; vielmehr besteht bei Vorliegen der Voraussetzungen des Abs II S 1 ein Rechtsanspruch („*ist zu erteilen*"). Die Anerkennung kann daher auch dann nicht abgelehnt werden, wenn die Befürchtung gerechtfertigt ist, daß zu viele Bewerber im Falle ihrer Anerkennung durch Konkurrenz zu den Hilfsorganisationen ein flächendeckendes Angebot oder die behördliche Aufsicht gefährden würden, (anders nach § 8a IV Nr 7 StVZO alt, s Begr VBl **87** 85). Der Arbeiter-Samariter-Bund, das Deutsche Rote Kreuz, die Johanniter-Unfallhilfe und der Malteser-Hilfsdienst gelten bis zum 31. 12. 2013 als amtlich anerkannt (§ 76 Nr 16); Auflagen, Rücknahme und Widerruf der Anerkennung dieser Stellen: § 76 Nr 16 S 2, 3.

Stellen zur Durchführung der Fahrerlaubnisprüfung

69 (1) Die Durchführung der Fahrerlaubnisprüfung obliegt den amtlich anerkannten Sachverständigen oder Prüfern für den Kraftfahrzeugverkehr bei den Technischen Prüfstellen für den Kraftfahrzeugverkehr nach dem Kraftfahrsachverständigengesetz im Sinne der §§ 10 und 14 des Kraftfahrsachverständigengesetzes sowie den amtlich anerkannten Prüfern und Sachverständigen im Sinne des § 16 des Kraftfahrsachverständigengesetzes.

(2) Die Fahrerlaubnisprüfung ist nach Anlage 7 durchzuführen.

(3) Die für die Durchführung der Fahrerlaubnisprüfung erhobenen personenbezogenen Daten sind nach Ablauf des fünften Kalenderjahres nach Erledigung des Prüfauftrages zu löschen.

Begr (BRDrucks 443/98 S 316): *Die Absätze 2 und 3 stellen klar, daß ausschließlich die amtlich anerkannten Sachverständigen und Prüfer bei den Technischen Prüfstellen für den Kraftfahrzeugverkehr und die amtlich anerkannten Sachverständigen und Prüfer bei den Behörden für die Durchführung der Fahrerlaubnisprüfung zuständig sind, und verpflichtet sie, die Prüfung den gesetzlichen Vorschriften entsprechend abzuwickeln.*

...

Anm: Fahrerlaubnisprüfung: § 15; theoretische Prüfung: § 16; praktische Prüfung: § 17. Gemeinsame Vorschriften für die theoretische und praktische Prüfung: § 18. Prüfungsstoff: Anlage 7. Verfahren nach der Prüfung: § 22 III, IV.

Kurse zur Wiederherstellung der Kraftfahreignung

70 (1) Kurse zur Wiederherstellung der Kraftfahreignung können von der zuständigen obersten Landesbehörde oder der von ihr bestimmten oder nach Landesrecht zuständigen Stelle für Zwecke nach § 11 Abs. 10 anerkannt werden, wenn
1. den Kursen ein auf wissenschaftlicher Grundlage entwickeltes Konzept zugrunde liegt,
2. die Geeignetheit der Kurse durch ein unabhängiges wissenschaftliches Gutachten bestätigt worden ist,
3. die Kursleiter
   a) den Abschluß eines Hochschulstudiums als Diplom-Psychologe,
   b) eine verkehrspsychologische Ausbildung an einer Universität oder gleichgestellten Hochschule oder bei einer Stelle, die sich mit der Begutachtung oder Wiederherstellung der Kraftfahreignung befaßt,
   c) Kenntnisse und Erfahrungen in der Untersuchung und Begutachtung der Eignung von Kraftfahrern und
   d) eine Ausbildung als Kursleiter in Kursen für Kraftfahrer, die Zuwiderhandlungen gegen verkehrsrechtliche Vorschriften begangen haben,
   nachweisen,
4. die Wirksamkeit der Kurse in einem nach dem Stand der Wissenschaft durchgeführten Bewertungsverfahren (Evaluation) nachgewiesen worden sind und
5. ein Qualitätssicherungssystem gemäß dem nach § 72 vorgesehenen Verfahren vorgelegt wird.

(2) Die Kurse sind nach ihrer ersten Evaluation jeweils bis zum Ablauf von 15 Jahren nachzuevaluieren.

(3) § 37 Abs. 3 ist entsprechend anzuwenden.

Begr: BRDrucks 443/98 S 316.

Anm: § 11 X erkennt Kurse zur Behebung festgestellter Eignungsmängel von Kf an, wenn der Kurs gem § 70 anerkannt ist, eine Begutachtungsstelle für Fahreignung die Kursteilnahme als geeignete Maßnahme zur Behebung der konkreten Eignungsmängel des Probanden erachtet hat und die FEB der Kursteilnahme zugestimmt hat. S § 11 Rz 25. Unter den in Abs I genannten Voraussetzungen *kann* der Kurs anerkannt werden; es handelt sich um eine **Ermessensentscheidung**. Die Träger von Stellen, die Kurse zur Wiederherstellung der Kraftfahreignung durchführen, bedürfen gem § 72 I Nr 3 der **Akkreditierung**. Gem Abs I Nr 4 und Abs II bedürfen die Kurse sowohl vor ihrer Anerkennung als auch nach der Anerkennung bis zum Ablauf von 15 Jahren einer **Evaluation,** dh einer auf wissenschaftlicher Grundlage durchgeführten Bewertung in bezug auf ihre Wirksamkeit. Vor dem 1. 1. 1999 anerkannte Kurse, die von ihrem Träger durchgeführt werden, bedürfen erneuter Evaluierung bis zum 31. 12. 2009 (§ 76 Nr 17). Leitfaden der Bundesanstalt für StrWesen zur Anerkennung von Kursen gem § 70 FeV (gefertigt im Auftrag des BMV), VBl **02** 324.

Lit zur Wiederherstellung der Kraftfahreignung durch Kursteilnahme: § 11 Rz 25.

Verkehrspsychologische Beratung

71 (1) Für die Durchführung der verkehrspsychologischen Beratung nach § 4 Abs. 9 des Straßenverkehrsgesetzes gelten die Personen im Sinne dieser Vorschrift als amtlich anerkannt, die eine Bestätigung nach Absatz 2 der Sektion Verkehrspsychologie im Berufsverband Deutscher Psychologinnen und Psychologen e. V. besitzen.

(2) Die Sektion Verkehrspsychologie im Berufsverband Deutscher Psychologinnen und Psychologen e. V. hat die Bestätigung auszustellen, wenn der Berater folgende Voraussetzungen nachweist:
1. Abschluß eines Hochschulstudiums als Diplom-Psychologe,
2. eine verkehrspsychologische Ausbildung an einer Universität oder gleichgestellten Hochschule oder einer Stelle, die sich mit der Begutachtung oder Wiederherstellung der Kraftfahreignung befaßt, oder an einem Ausbildungsseminar, das vom Berufsverband Deutscher Psychologinnen und Psychologen e. V. veranstaltet wird,
3. Erfahrungen in der Verkehrspsychologie
   a) durch mindestens dreijährige Begutachtung von Kraftfahrern an einer Begutachtungsstelle für Fahreignung oder mindestens dreijährige Durchführung von Aufbauseminaren oder von Kursen zur Wiederherstellung der Kraftfahreignung oder
   b) im Rahmen einer mindestens fünfjährigen freiberuflichen verkehrspsychologischen Tätigkeit, welche durch Bestätigungen von Behörden oder Begutachtungsstellen für Fahreignung oder durch die Dokumentation von zehn Therapiemaßnahmen für verkehrsauffällige Kraftfahrer, die mit einer positiven Begutachtung abgeschlossen wurden, erbracht werden kann, oder
   c) im Rahmen einer dreijährigen freiberuflichen verkehrspsychologischen Tätigkeit mit Zertifizierung als klinischer Psychologe/Psychotherapeut entsprechend den Richtlinien des Berufsverbandes Deutscher Psychologinnen und Psychologen e. V. oder durch eine vergleichbare psychotherapeutische Tätigkeit und
4. Teilnahme an einem vom Berufsverband Deutscher Psychologinnen und Psychologen e. V. anerkannten Qualitätssicherungssystem, soweit der Berater nicht bereits in ein anderes, vergleichbares Qualitätssicherungssystem einbezogen ist.
²Erforderlich sind mindestens:
   a) Nachweis einer Teilnahme an einem Einführungsseminar über Verkehrsrecht von mindestens 16 Stunden,
   b) regelmäßiges Führen einer standardisierten Beratungsdokumentation über jede Beratungssitzung,
   c) regelmäßige Kontrollen und Auswertung der Beratungsdokumente und
   d) Nachweis der Teilnahme an einer Fortbildungsveranstaltung oder Praxisberatung von mindestens 16 Stunden innerhalb jeweils von zwei Jahren.

(3) ¹Der Berater hat der Sektion Verkehrspsychologie des Berufsverbandes Deutscher Psychologinnen und Psychologen e. V. alle zwei Jahre eine Bescheinigung über die erfolgreiche Teilnahme an der Qualitätssicherung vorzulegen. ²Die Sektion hat der nach Absatz 5 zuständigen Behörde oder Stelle unverzüglich mitzuteilen, wenn die Bescheinigung innerhalb der vorgeschriebenen Frist nicht vorgelegt wird oder sonst die Voraussetzungen nach Absatz 2 nicht mehr vorliegen oder der Berater die Beratung nicht ordnungsgemäß durchgeführt oder sonst gegen die Pflichten aus der Anerkennung oder gegen Auflagen gröblich verstoßen hat.

(4) ¹Die Anerkennung ist zurückzunehmen, wenn eine der Voraussetzungen im Zeitpunkt ihrer Bestätigung nach Absatz 2 nicht vorgelegen hat; davon kann ab-

Verkehrspsychologische Beratung § 71 FeV 3a

gesehen werden, wenn der Mangel nicht mehr besteht. ²Die Anerkennung ist zu widerrufen, wenn nachträglich eine der Voraussetzungen nach Absatz 2 weggefallen ist, die verkehrspsychologische Beratung nicht ordnungsgemäß durchgeführt wird oder wenn sonst gegen die Pflichten aus der Anerkennung oder gegen Auflagen gröblich verstoßen wird.

(4 a) ¹Die Anerkennung ist außerdem zurückzunehmen, wenn die persönliche Zuverlässigkeit nach § 4 Abs. 9 Satz 6 Nr. 1 des Straßenverkehrsgesetzes, auch in Verbindung mit § 2 a Abs. 2 Satz 3 des Straßenverkehrsgesetzes, im Zeitpunkt der Bestätigung nach Absatz 2 nicht vorgelegen hat, insbesondere weil dem Berater die Fahrerlaubnis wegen wiederholter Verstöße gegen verkehrsrechtliche Vorschriften oder Straftaten entzogen wurde oder Straftaten im Zusammenhang mit der Tätigkeit begangen wurden; davon kann abgesehen werden, wenn der Mangel nicht mehr besteht. ²Die Anerkennung ist zu widerrufen, wenn nachträglich die persönliche Zuverlässigkeit (§ 4 Abs. 9 Satz 6 Nr. 1 des Straßenverkehrsgesetzes, auch in Verbindung mit § 2 a Abs. 2 Satz 3 des Straßenverkehrsgesetzes) weggefallen ist.

(5) ¹Zuständig für die Rücknahme und den Widerruf der Anerkennung der verkehrspsychologischen Berater ist die zuständige oberste Landesbehörde oder die von ihr bestimmte oder die nach Landesrecht zuständige Stelle. ²Diese führt auch die Aufsicht über die verkehrspsychologischen Berater; sie kann sich hierbei geeigneter Personen oder Stellen bedienen.

Begr (BRDrucks 443/98 S 316): *Das Vorliegen der Voraussetzungen für die amtliche Anerkennung als verkehrspsychologischer Berater wird durch eine Bestätigung der Sektion Verkehrspsychologie des Berufsverbandes Deutscher Psychologinnen und Psychologen e. V. nach Absatz 2 festgestellt. Eine darüberhinausgehende Überprüfung durch die Landesbehörde erfolgt nicht. Der Grund für die Zuweisung dieser Aufgabe an den Berufsverband Deutscher Psychologinnen und Psychologen e. V. liegt darin, daß für die zu überprüfenden Anforderungen, insbesondere an die Ausbildung, das Vorliegen von Erfahrungen in der Verkehrspsychologie sowie die Teilnahme an einer Qualitätssicherung, bei dieser Institution die erforderliche fachliche Kompetenz vorhanden ist.*   1

Der Berufsverband übernimmt auch die Aufgabe der laufenden Überwachung nach Absatz 3 (Teilnahme an der Qualitätssicherung) und ist verpflichtet, der Behörde Mitteilung zu machen, wenn die Voraussetzungen für die Anerkennung nicht mehr vorliegen oder der Berater die Beratung nicht ordnungsgemäß durchführt. In diesem Fall kann die Fahrerlaubnisbehörde die Anerkennung widerrufen (Absatz 4 und 5).

Begr zur ÄndVO v 7. 8. 02 (BRDrucks 497/02 S 76): **Zu Abs 4 a:** *… Die persönliche Zuverlässigkeit ist eine Voraussetzung für die Befugnis als Berater (§ 4 Abs. 9 Satz 6 Nr. 1 StVG). Deshalb ist eine Ergänzung durch den neuen Absatz 4a erforderlich. Die persönliche Zuverlässigkeit ist nicht (mehr) gegeben, wenn der Berater keine Gewähr für die gewissenhafte Erfüllung seiner gesetzlichen oder der sich aus der Bestätigung nach § 71 Abs. 2 ergebenden Pflichten bietet. Unzuverlässigkeit liegt insbesondere bei erheblichen, auch nichtverkehrsrechtlichen Zuwiderhandlungen vor, die die Leitbildfunktion des Beraters im Rahmen des § 4 Abs. 9 Sätze 1 und 3 StVG ausschließen, bei erheblicher Verletzung des Vertrauensverhältnisses zum Beratenen oder wenn der Berater seine Tätigkeit nicht entsprechend den gesetzlichen Vorgaben und Zielen ausübt, seine Tätigkeit in Frage stellt oder nicht ernst nimmt.*

…

Im Rahmen des **Punktsystems** des § 4 StVG wird der FEInhaber bei Erreichen von 14, aber nicht mehr als 17 Punkten ua auch auf die Möglichkeit einer verkehrspsychologischen Beratung hingewiesen, §§ 4 III S 1 Nr 2 StVG, 40 FeV. Inhalt und Durchführung der Beratung: § 4 IX StVG, § 38 FeV. Punkteabzug nach Teilnahme an einer verkehrspsychologischen Beratung: § 4 IV S 2 StVG.   2

Wird die **Bestätigung nach Abs II** ausgestellt und vom Berater der FEB vorgelegt, so gilt der Berater als amtlich anerkannt, ohne daß eine weitere Überprüfung erfolgt, Abs I. Allerdings muß sich der Berater Qualitätssicherungsmaßnahmen unterziehen und alle 2 Jahre der Sektion Verkehrspsycholgie des Berufsverbandes Deutscher Psychologen eine Bescheinigung darüber vorlegen.   3

Bei nicht fristgemäßer Vorlage der Bescheinigung, Wegfall einer der in Abs II genannten Voraussetzungen, nicht ordnungsgemäßer Durchführung der Beratungen oder   4

3a FeV § 72   IV. Anerkennung und Akkreditierung für bestimmte Aufgaben

Pflichtverstößen muß die Sektion dies der FEB unverzüglich mitteilen (Abs III S 2). In diesem Falle erfolgt **Widerruf der Anerkennung** durch die FEB (Abs IV S 2). Zu widerrufen ist die Anerkennung auch bei **Fehlen der persönlichen Zuverlässigkeit** (Abs IVa). Neben den in IVa erwähnten Beispielen nennt die amtliche Begr (BRDrucks 497/02 S 76) schwerwiegende oder wiederholte Auffälligkeit im StrV, Verurteilung wegen Straftaten iS von § 113 S 1 Nr 4 StVG, aber auch finanzielle Unregelmäßigkeiten, Diebstahl, Betrug, Untreue (vor allem zum Nachteil von Teilnehmern), soweit sie die Befürchtung nachteiliger Auswirkungen auf die Beratung rechtfertigen, sowie Beleidigung, Körperverletzung oder sexuelle Nötigung gegenüber Teilnehmern. Zur Verfassungsmäßigkeit von § 71, s *Kögel* ZVS **02** 127 f.

Lit: *Kögel*, Die Sektion Verkehrspsychologie im BDP eV: neues gesetzliches Beispiel eines „beliehenen Unternehmers", ZVS **02** 126.

Akkreditierung

72 (1) Träger von
1. **Begutachtungsstellen für Fahreignung (§ 66),**
2. **Technischen Prüfstellen (§ 69 in Verbindung mit den §§ 10 und 14 des Kraftfahrsachverständigengesetzes),**
3. **Stellen, die Kurse zur Wiederherstellung der Kraftfahreignung durchführen (§ 70),**
müssen entsprechend der Norm DIN EN 45013, Ausgabe Mai 1990, für die Voraussetzungen und Durchführung dieser Aufgaben jeweils akkreditiert sein.

(2) **Die Aufgaben der Akkreditierung nimmt die Bundesanstalt für Straßenwesen nach der Norm DIN EN 45010, Ausgabe März 1998, wahr.**

1 **Begr** (BRDrucks 443/98 S 317): *§ 72 führt Qualitätssicherungssysteme in den dort genannten Bereichen ein. Ziel ist die Sicherung einer gleichmäßig hohen Qualität von Prüfungen, Begutachtungen und Kursen. Bei der Fahrerlaubnisprüfung sind die Dienstfahrerlaubnisse erteilenden Sonderverwaltungen – Bundeswehr, Bundesgrenzschutz und Polizei – ausgenommen, da dort andere Rahmenbedingungen herrschen und die Ziele der Akkreditierung dort mit Mitteln der innerbehördlichen Organisation und Aufsicht sichergestellt werden.*

Zur Gewährleistung eines Qualitätsstandards sollen künftig die in Absatz 1 aufgeführten Träger in Anlehnung an die DIN EN 45013 akkreditiert werden.

Akkreditierung bedeutet die Bestätigung der Kompetenz einer Stelle, eine bestimmte Aufgabe durchzuführen.

Es ist folgendes Verfahren vorgesehen:
- *Erstakkreditierung (Prüfung des Qualitätsmanagement-Handbuchs, inhaltliche Prüfung der fachlich-wissenschaftlichen Methoden)*
- *Nachakkreditierung (Wiederholungsprüfung nach drei Jahren)*
- *Jährliche Überprüfungen vor Ort (= Audits)*

Die Akkreditierung soll durch die Bundesanstalt für Straßenwesen erfolgen. Sie ist Voraussetzung und Grundlage für die Anerkennung durch die zuständige Landesbehörde. Die Akkreditierung selbst stellt keinen Verwaltungsakt dar, sondern hat gutachterliche Funktion für die Anerkennungsbehörde.

Dieses Verfahren bietet folgende Vorteile:
- *Es wird eine bundesweite Einheitlichkeit der Bezugnormen und Bewertungsmaßstäbe sichergestellt.*
- *Die Bundesanstalt für Straßenwesen als akkreditierende Stelle gewährleistet Neutralität, Unabhängigkeit und Vertrauenswürdigkeit.*
- *Es besteht die Möglichkeit, daß die staatliche Aufsicht effizienter gestaltet wird.*

...

2 Die Vorschrift dient der Qualitätssicherung im Bereich der Tätigkeit der Begutachtungsstellen für Fahreignung, der Prüfstellen und der Betreiber von Kursen zur Wiederherstellung der Kraftfahreignung. Durch die Akkreditierung wird die fachliche Kompe-

tenz der betreffenden Stelle für die von ihr zu übernehmenden Aufgaben bestätigt. Die Akkreditierung schafft die Grundlage und Voraussetzung für die nach §§ 66, 69 und 70 erforderliche amtliche Anerkennung der in Abs I Nr 1 bis 3 bezeichneten Stellen, ist aber nur gutachterliche Tätigkeit der Bundesanstalt für Straßenwesen und **kein Verwaltungsakt** (s Begr Rz 1); ihre Versagung unterliegt daher nicht der Anfechtung. Zum Umfang der Kontrollbefugnisse der BASt gegenüber akkreditierten Begutachtungsstellen, s *Seegmüller* NZV **00** 452. Übergangsvorschrift: § 76 Nr 18.

Abs I Nr 3 betrifft nur **Kurse zur Wiederherstellung der Kraftfahreignung** gem § 70, nicht die Aufbauseminare gem § 2a StVG (FE auf Probe), § 4 StVG (Punktsystem); insoweit gilt § 31 FahrlG über die Erlaubnis zur Durchführung von Aufbauseminaren (Seminarerlaubnis). 3

Lit: *Seegmüller*, Umfang und Inhalt der Überwachungskompetenz der BASt gegenüber akkreditierten Begutachtungsstellen für Fahreignung, NZV **00** 452.

V. Durchführungs-, Bußgeld-, Übergangs- und Schlußvorschriften

Zuständigkeiten

73 (1) ¹Diese Verordnung wird, soweit nicht die obersten Landesbehörden oder die höheren Verwaltungsbehörden zuständig sind oder diese Verordnung etwas anderes bestimmt, von den nach Landesrecht zuständigen unteren Verwaltungsbehörden oder den Behörden, denen durch Landesrecht die Aufgaben der unteren Verwaltungsbehörde zugewiesen werden (Fahrerlaubnisbehörden), ausgeführt. ²Die zuständigen obersten Landesbehörden und die höheren Verwaltungsbehörden können diesen Behörden Weisungen auch für den Einzelfall erteilen.

(2) ¹Örtlich zuständig ist, soweit nichts anderes vorgeschrieben ist, die Behörde des Ortes, in dem der Antragsteller oder Betroffene seine Wohnung, bei mehreren Wohnungen seine Hauptwohnung, hat (§ 12 Abs. 2 des Melderechtsrahmengesetzes in der Fassung der Bekanntmachung vom 24. Juni 1994 (BGBl. I S. 1430), geändert durch Artikel 3 Abs. 1 des Gesetzes vom 12. Juli 1994 (BGBl. I S. 1497), in der jeweils geltenden Fassung), mangels eines solchen die Behörde des Aufenthaltsortes, bei juristischen Personen, Handelsunternehmen oder Behörden die Behörde des Sitzes oder des Ortes der beteiligten Niederlassung oder Dienststelle. ²Anträge können mit Zustimmung der örtlich zuständigen Behörde von einer gleichgeordneten auswärtigen Behörde behandelt und erledigt werden. ³Die Verfügungen der Behörde nach Satz 1 und 2 sind im gesamten Inland wirksam, es sei denn, der Geltungsbereich wird durch gesetzliche Regelung oder durch behördliche Verfügung eingeschränkt. ⁴Verlangt die Verkehrssicherheit ein sofortiges Eingreifen, kann anstelle der örtlich zuständigen Behörde jede ihr gleichgeordnete Behörde mit derselben Wirkung Maßnahmen auf Grund dieser Verordnung vorläufig treffen.

(3) Hat der Betroffene keinen Wohn- oder Aufenthaltsort im Inland, ist für Maßnahmen, die das Recht zum Führen von Kraftfahrzeugen betreffen, jede untere Verwaltungsbehörde (Absatz 1) zuständig.

(4) Die Zuständigkeiten der Verwaltungsbehörden, der höheren Verwaltungsbehörden und der obersten Landesbehörden werden für die Dienstbereiche der Bundeswehr, des Bundesgrenzschutzes und der Polizei durch deren Dienststellen nach Bestimmung der Fachministerien wahrgenommen.

Begr (BRDrucks 443/98 S 318): § 73 übernimmt die bisher in § 68 StVZO enthaltenen Regelungen. Absatz 1 Satz 2 entspricht der Bestimmung in § 46 Abs. 2 StVO. Für die Bestimmung der örtlich zuständigen Behörden innerhalb der Bundesrepublik Deutschland wird aus Gründen der Einheitlichkeit der Rechtsordnung an die Bestimmungen des Melderechtsrahmengesetzes angeknüpft (Absatz 2). 1

1. Die Bestimmung entspricht inhaltlich im wesentlichen der Vorschrift des **§ 68 StVZO**. Auf die Erläuterungen zu jener Bestimmung wird daher verwiesen. 2

2. Sachlich zuständig sind gem Abs I idR die unteren **Verwaltungsbehörden** (Fahrerlaubnisbehörden), zB für die Ermittlung nach § 22 II, die Untersagung der Füh- 3

3a FeV § 74 V. Durchführungs-, Bußgeld-, Übergangs- und Schlußvorschriften

rung von Fzen oder Tieren oder für die Auferlegung von Bedingungen bei dieser Führung, die Entziehung der Fahrerlaubnis und die Festsetzung von Bedingungen für ihre Wiedererlangung (§ 46); Erlaubniserteilung zur Führung von Kfzen nach den §§ 4 I, 20, 21, 30, 31.

4   Die **obersten Landesbehörden** oder die von ihnen bestimmten Stellen sind zuständig für die Genehmigung von Ausnahmen gemäß § 74 I Nr 1.

5   Das **BMV** oder die von ihm bestimmten Stellen sind zuständig für die Genehmigung von Ausnahmen gemäß § 74 I Nr 2.

6   **3. Örtlich zuständig** ist die Behörde des Wohnortes des Betroffenen oder Antragstellers (Abs II), bei mehreren Wohnungen die des Hauptwohnsitzes, sonst entscheidet der Aufenthaltsort. S § 68 StVZO Rz 11. Eine von der örtlich unzuständigen B erteilte FE ist rechtswidrig, OVG Hb VRS **105** 466, aber nicht nichtig, § 44 III Nr 1 VwVfG. Die örtlich zuständige StrVB darf die von einer auswärtigen Behörde erteilte FE jedoch nicht mit der Begründung zurücknehmen, jene sei nicht örtlich zuständig gewesen, OVG Br DVBl **63** 736. Wechselt der Betroffene den Wohnsitz, nachdem ihm die VB die FE entzogen hatte, so berührt das die örtliche Zuständigkeit nicht, BVG DAR **65** 165.

7   **3a.** Für die in III genannten Maßnahmen gegen FEInhaber **ohne ständigen Aufenthalt im Inland** ist mangels örtlichen Anknüpfungspunktes jede inländische FEB örtlich zuständig (III). Das gilt zB für die Aberkennung des Rechts, von einer ausländischen FE im Inland Gebrauch zu machen (§ 11 II IntVO), für die in § 46 genannten Maßnahmen bei Eignungszweifeln oder für die Erteilung des Rechts des Fahrens mit ausländischer FE nach verwaltungsbehördlicher Entziehung oder Versagung der FE (§ 4 IV IntVO). Dadurch wird vermieden, daß, falls ein inländischer Wohn- oder Aufenthaltsort nicht besteht, *keine* VB örtlich zuständig ist (s Begr zu § 68 IIa StVZO alt, VBl **88** 477). Es ist Ländersache, durch Vwv diese Aufgabe landesweit einer bestimmten Behörde oder der jeweiligen Behörde zu übertragen, in deren Bereich die den Eignungsmangel begründende Zuwiderhandlung begangen wurde.

Ausnahmen

74 (1) Ausnahmen können genehmigen
1. die zuständigen obersten Landesbehörden oder die von ihnen bestimmten oder nach Landesrecht zuständigen Stellen von allen Vorschriften dieser Verordnung in bestimmten Einzelfällen oder allgemein für bestimmte einzelne Antragsteller, es sei denn, daß die Auswirkungen sich nicht auf das Gebiet des Landes beschränken und eine einheitliche Entscheidung erforderlich ist,
2. das Bundesministerium für Verkehr, Bau- und Wohnungswesen von allen Vorschriften dieser Verordnung, sofern nicht die Landesbehörden nach Nummer 1 zuständig sind; allgemeine Ausnahmen ordnet es durch Rechtsverordnung ohne Zustimmung des Bundesrates nach Anhörung der zuständigen obersten Landesbehörden an.

(2) Ausnahmen vom Mindestalter setzen die Zustimmung des gesetzlichen Vertreters voraus.

(3) Die Genehmigung von Ausnahmen von den Vorschriften dieser Verordnung kann mit Auflagen verbunden werden.

(4) ¹Über erteilte Ausnahmegenehmigungen oder angeordnete Auflagen stellt die entscheidende Verwaltungsbehörde eine Bescheinigung aus, sofern die Ausnahme oder Auflage nicht im Führerschein vermerkt wird. ²Die Bescheinigung ist beim Führen von Kraftfahrzeugen mitzuführen und zuständigen Personen auf Verlangen zur Prüfung auszuhändigen.

(5) Die Bundeswehr, die Polizei, der Bundesgrenzschutz, die Feuerwehr und die anderen Einheiten und Einrichtungen des Katastrophenschutzes sowie der Zolldienst sind von den Vorschriften dieser Verordnung befreit, soweit dies zur Erfüllung hoheitlicher Aufgaben unter gebührender Berücksichtigung der öffentlichen Sicherheit und Ordnung dringend geboten ist.

Begr: BRDrucks 443/98 S 318.

Übergangsrecht §§ 75, 76 FeV **3a**

1. Die Vorschrift entspricht für den FEBereich inhaltlich im wesentlichen der Bestimmung des § 70 StVZO. Auf die Erläuterungen zu jener Bestimmung wird verwiesen. Die in Abs II getroffene Regelung über die Erforderlichkeit einer Zustimmung des gesetzlichen Vertreters zur Bewilligung von Ausnahmen vom **Mindestalter** für die Erteilung einer FE der verschiedenen Klassen entspricht dem früheren § 7 II StVZO (alt). Mindestalter: § 10. **1**

2. Über erteilte Ausnahmen stellt die VB eine **Bescheinigung** aus, soweit sie nicht im FS vermerkt werden. Die Bescheinigung ist vom Betroffenen mitzuführen und zuständigen Personen auf Verlangen zur Prüfung auszuhändigen (Abs IV). Mitführen: s § 4 Rz 11. Wird die Ausnahmegenehmigung mit **Auflagen** verbunden, so muß der Betroffene diesen Auflagen nachkommen und die über die Auflagen ausgestellte Bescheinigung der VB ebenfalls mitführen und zuständigen Personen auf Verlangen aushändigen. **2**

3. Ordnungswidrigkeiten. Ow ist a) das Nichtmitführen oder Nichtaushändigen der Bescheinigung über Ausnahmeerteilung und Auflagen (IV S 2), §§ 75 Nr 4 FeV, 24 StVG, b) die Nichterfüllung von Auflagen, die gem Abs III mit der Ausnahmegenehmigung verbunden sind, §§ 75 Nr 9 FeV, 24 StVG. **3**

Ordnungswidrigkeiten

75 Ordnungswidrig im Sinne des § 24 des Straßenverkehrsgesetzes handelt, wer vorsätzlich oder fahrlässig
1. entgegen § 2 Abs. 1 am Verkehr teilnimmt oder jemanden als für diesen Verantwortlicher am Verkehr teilnehmen läßt, ohne in geeigneter Weise Vorsorge getroffen zu haben, daß andere nicht gefährdet werden,
2. entgegen § 2 Abs. 3 ein Kennzeichen der in § 2 Abs. 2 genannten Art verwendet,
3. entgegen § 3 Abs. 1 ein Fahrzeug oder Tier führt oder einer vollziehbaren Anordnung oder Auflage zuwiderhandelt,
4. einer Vorschrift des § 4 Abs. 2 Satz 2, § 5 Abs. 4 Satz 2 oder 3, § 48 Abs. 3 Satz 2 oder § 74 Abs. 4 Satz 2 über die Mitführung oder Aushändigung von Führerscheinen und Bescheinigungen zuwiderhandelt,
5. entgegen § 5 Abs. 1 Satz 1 oder § 76 Nr. 2 ein Mofa oder einen motorisierten Krankenfahrstuhl führt, ohne die dazu erforderliche Prüfung abgelegt zu haben,
6. entgegen § 5 Abs. 2 Satz 2 oder 3 eine Mofa-Ausbildung durchführt, ohne die dort genannte Fahrlehrerlaubnis zu besitzen oder entgegen § 5 Abs. 2 Satz 4 eine Ausbildungsbescheinigung ausstellt,
7. entgegen § 10 Abs. 3 ein Kraftfahrzeug, für dessen Führung eine Fahrerlaubnis nicht erforderlich ist, vor Vollendung des 15. Lebensjahres führt,
8. entgegen § 10 Abs. 4 ein Kind unter sieben Jahren auf einem Mofa (§ 4 Abs. 1 Satz 2 Nr. 1) mitnimmt, obwohl er noch nicht 16 Jahre alt ist,
9. einer vollziehbaren Auflage nach § 10 Abs. 2 Satz 4, § 23 Abs. 2 Satz 1, § 28 Abs. 1 Satz 2, § 46 Abs. 2 oder § 74 Abs. 3 zuwiderhandelt,
10. einer Vorschrift des § 25 Abs. 5 Satz 3, des § 30 Abs. 3 Satz 2, des § 47 Abs. 1, auch in Verbindung mit Absatz 2 Satz 1 sowie Absatz 3 Satz 2, oder des § 48 Abs. 10 Satz 3 in Verbindung mit § 47 Abs. 1 über die Ablieferung oder die Vorlage eines Führerscheins zuwiderhandelt oder
11. (aufgehoben)
12. entgegen § 48 Abs. 1 ein dort genanntes Kraftfahrzeug ohne Erlaubnis führt oder entgegen § 18 Abs. 8 die Fahrgastbeförderung anordnet oder zuläßt.

Übergangsrecht

76 Zu den nachstehend bezeichneten Vorschriften gelten folgende Bestimmungen:
1. § 4 Abs. 1 (fahrerlaubnisfreie Kraftfahrzeuge)
Andere Kraftfahrzeuge mit einer durch die Bauart bestimmten Höchstgeschwindigkeit von nicht mehr als 6 km/h als die in § 4 Abs. 1 genannten bleiben bis zum 31. Dezember 2000 fahrerlaubnisfrei.

2. § 4 Abs. 1 Nr. 2 (Krankenfahrstühle)
   Inhaber einer Prüfbescheinigung für Krankenfahrstühle nach § 5 Abs. 4 dieser Verordnung in der bis zum 1. September 2002 geltenden Fassung sind berechtigt, motorisierte Krankenfahrstühle mit einer durch die Bauart bestimmten Höchstgeschwindigkeit von mehr als 10 km/h nach § 4 Abs. 1 Satz 2 Nr. 2 dieser Verordnung in der bis zum 1. September 2002 geltenden Fassung und nach § 76 Nr. 2 dieser Verordnung in der bis zum 1. September 2002 geltenden Fassung zu führen. Wer einen motorisierten Krankenfahrstuhl mit einer durch die Bauart bestimmten Höchstgeschwindigkeit von nicht mehr als 10 km/h nach § 4 Abs. 1 Satz 2 Nr. 2 dieser Verordnung in der bis zum 1. September 2002 geltenden Fassung führt, der bis zum 1. September 2002 erstmals in den Verkehr gekommen ist, bedarf keiner Fahrerlaubnis oder Prüfbescheinigung nach § 5 Abs. 4 dieser Verordnung in der bis zum 1. September 2002 geltenden Fassung.

3. § 5 Abs. 1 (Prüfung für das Führen von Mofas)
   gilt nicht für Führer der in § 4 Abs. 1 Satz 2 Nr. 1 bezeichneten Fahrzeuge, die vor dem 1. April 1980 das 15. Lebensjahr vollendet haben.

4. § 5 Abs. 2 (Berechtigung eines Fahrlehrers zur Mofa-Ausbildung)
   Zur Mofa-Ausbildung ist auch ein Fahrlehrer berechtigt, der eine Fahrlehrerlaubnis der bisherigen Klasse 3 oder eine ihr entsprechende Fahrlehrerlaubnis besitzt, diese vor dem 1. Oktober 1985 erworben und vor dem 1. Oktober 1987 an einem mindestens zweitägigen, vom Deutschen Verkehrssicherheitsrat durchgeführten Einführungslehrgang teilgenommen hat.

5. § 5 Abs. 4 und Anlagen 1 und 2 (Prüfbescheinigung für Mofas/Krankenfahrstühle)
   Prüfbescheinigungen für Mofas und Krankenfahrstühle, die nach den bis zum 1. September 2002 vorgeschriebenen Mustern ausgefertigt worden sind, bleiben gültig. Prüfbescheinigungen für Mofas, die dem Muster der Anlage 2 in der bis zum 1. September 2002 geltenden Fassung entsprechen, dürfen bis zum 31. Dezember 2002 weiter ausgefertigt werden.

6. § 6 Abs. 1 zur Klasse A1 (Leichtkrafträder)
   Als Leichtkrafträder gelten auch Krafträder mit einem Hubraum von nicht mehr als 50 cm^3 und einer durch die Bauart bestimmten Höchstgeschwindigkeit von mehr als 40 km/h (Kleinkrafträder bisherigen Rechts), wenn sie bis zum 31. Dezember 1983 erstmals in den Verkehr gekommen sind.

7. § 6 Abs. 1 zu den Klassen D, DE, D1 und D1E (Kraftomnibusse)
   Inhaber einer Fahrerlaubnis alten Rechts der Klassen 2 oder 3 sind bis zum 31. Dezember 2000 berechtigt, entsprechende Dienstkraftfahrzeuge zur Personenbeförderung der Klasse D oder D1 des Bundesgrenzschutzes, der Polizei, des Zolldienstes sowie des Katastrophenschutzes zu führen, sofern sie bis zum 31. Dezember 1998 solche Kraftfahrzeuge auf Grund von § 15 d Abs. 1a Nr. 1 und 2 der Straßenverkehrs-Zulassungs-Ordnung ohne Fahrerlaubnis zur Fahrgastbeförderung geführt haben. Ihnen kann auf Antrag bis zum 31. Dezember 2002 eine Fahrerlaubnis der Klasse D, gegebenenfalls mit einer der Klasse 3 entsprechenden Beschränkung, unter den Bedingungen erteilt werden, die für die Verlängerung einer solchen Fahrerlaubnis gelten.

8. § 6 Abs. 1 zu Klasse M
   Als zweirädrige Kleinkrafträder und Fahrräder mit Hilfsmotor gelten auch
   a) Krafträder mit einem Hubraum von nicht mehr als 50 cm^3 und einer durch die Bauart bestimmten Höchstgeschwindigkeit von mehr als 45 km/h und nicht mehr als 50 km/h, wenn sie bis zum 31. Dezember 2001 erstmals in den Verkehr gekommen sind,
   b) dreirädrige einsitzige Kraftfahrzeuge, die zur Beförderung von Gütern geeignet und bestimmt sind, mit einer durch die Bauart bestimmten Höchstgeschwindigkeit von nicht mehr als 45 km/h, einem Hubraum von nicht mehr als 50 cm^3 und einem Leergewicht von nicht mehr als 150 kg (Lastendreirad), wenn sie bis zum 31. Dezember 2001 erstmals in den Verkehr gekommen sind,
   c) Kleinkrafträder und Fahrräder mit Hilfsmotor im Sinne der Vorschriften der Deutschen Demokratischen Republik, wenn sie bis zum 28. Februar 1992 erstmals in den Verkehr gekommen sind.

Übergangsrecht § 76 FeV **3a**

Wie Fahrräder mit Hilfsmotor werden beim Vorliegen der sonstigen Voraussetzungen des § 6 Abs. 1 behandelt
a) Fahrzeuge mit einem Hubraum von mehr als 50 cm³, wenn sie vor dem 1. September 1952 erstmals in den Verkehr gekommen sind und die durch die Bauart bestimmte Höchstleistung ihres Motors 0,7 kW (1 PS) nicht überschreitet,
b) Fahrzeuge mit einer durch die Bauart bestimmten Höchstgeschwindigkeit von mehr als 40 km/h, wenn sie vor dem 1. Januar 1957 erstmals in den Verkehr gekommen sind und das Gewicht des betriebsfähigen Fahrzeugs mit dem Hilfsmotor, jedoch ohne Werkzeug und ohne den Inhalt des Kraftstoffbehälters – bei Fahrzeugen, die für die Beförderung von Lasten eingerichtet sind, auch ohne Gepäckträger – 33 kg nicht übersteigt; diese Gewichtsgrenze gilt nicht bei zweisitzigen Fahrzeugen (Tandems) und Fahrzeugen mit drei Rädern.

9. § 11 Abs. 9, § 12 Abs. 6, §§ 23, 24, 48
(ärztliche Wiederholungsuntersuchungen und Sehvermögen bei Inhabern von Fahrerlaubnissen alten Rechts)
Inhaber einer Fahrerlaubnis der Klasse 3 oder einer ihr entsprechenden Fahrerlaubnis, die bis zum 31. Dezember 1998 erteilt worden ist, brauchen sich, soweit sie keine in Klasse CE fallenden Fahrzeugkombinationen führen, keinen ärztlichen Untersuchungen zu unterziehen. Bei einer Umstellung ihrer Fahrerlaubnis werden die Klassen C1 und C1E nicht befristet. Auf Antag wird bei einer Umstellung auch die Klasse CE mit Beschränkung auf bisher in Klasse 3 fallende Züge zugeteilt. Die Fahrerlaubnis dieser Klasse wird bis zu dem Tag befristet, an dem der Inhaber das 50. Lebensjahr vollendet. Für die Verlängerung der Fahrerlaubnis und die Erteilung nach Ablauf der Geltungsdauer ist § 24 entsprechend anzuwenden. Fahrerlaubnisinhaber, die bis zum 31. Dezember 1998 das 50. Lebensjahr vollenden, müssen bei der Umstellung der Fahrerlaubnis für den Erhalt der beschränkten Klasse CE ihre Eignung nach Maßgabe von § 11 Abs. 9 und § 12 Abs. 6 in Verbindung mit den Anlagen 5 und 6 nachweisen. Wird die bis zum 31. Dezember 1998 erteilte Fahrerlaubnis nicht umgestellt, darf der Inhaber ab Vollendung des 50. Lebensjahres keine in Klasse CE fallende Fahrzeugkombinationen mehr führen. Für die Erteilung einer Fahrerlaubnis dieser Klasse ist anschließend § 24 Abs. 2 entsprechend anzuwenden. Für Fahrerlaubnisinhaber, die bis zum 31. Dezember 1999 das 50. Lebensjahr vollendet haben, tritt Satz 7 am 1. Januar 2001 in Kraft.
Bei der Umstellung einer bis zum 31. Dezember 1998 erteilten Fahrerlaubnis der Klasse 2 oder einer entsprechenden Fahrerlaubnis wird die Fahrerlaubnis der Klassen C und CE bis zu dem Tag befristet, an dem der Inhaber das 50. Lebensjahr vollendet. Für die Verlängerung der Fahrerlaubnis und die Erteilung nach Ablauf der Geltungsdauer ist § 24 entsprechend anzuwenden. Fahrerlaubnisinhaber, die bis zum 31. Dezember 1998 das 50. Lebensjahr vollenden, müssen bei der Umstellung der Fahrerlaubnis ihre Eignung nach Maßgabe von § 11 Abs. 9 und § 12 Abs. 6 in Verbindung mit den Anlagen 5 und 6 nachweisen. Wird die bis zum 31. Dezember 1998 erteilte Fahrerlaubnis nicht umgestellt, darf der Inhaber ab Vollendung des 50. Lebensjahres keine Fahrzeuge oder Fahrzeugkombinationen der Klassen C oder CE mehr führen. Für die Erteilung einer Fahrerlaubnis dieser Klassen ist anschließend § 24 Abs. 2 entsprechend anzuwenden. Für Fahrerlaubnisinhaber, die bis zum 31. Dezember 1999 das 50. Lebensjahr vollendet haben, tritt Satz 13 am 1. Januar 2001 in Kraft.

10. §§ 15 bis 18 (Fahrerlaubnisprüfung)
Bewerbern, die den Antrag auf Erteilung der Fahrerlaubnis bis zum 31. Dezember 1998 stellen und die bis zu diesem Tag das bis dahin geltende Mindestalter erreicht haben, wird die Fahrerlaubnis bis zum 30. Juni 1999 unter den bis zum 31. Dezember 1998 geltenden Voraussetzungen erteilt. Die Fahrerlaubnis wird in den Klassen erteilt, die nach Anlage 3 bei einer Umstellung einer bis zum 31. Dezember 1998 erteilten Fahrerlaubnis zugeteilt würden, bei einem Antrag auf Erteilung einer Fahrerlaubnis der Klasse 3 jedoch nur die Klassen B, BE, C1, C1E, M und L. Die Fahrerlaubnis ist wie in § 23 Abs. 1 vorgesehen zu befristen. Wird die beantragte Fahrerlaubnis bis zum 30. Juni 1999 nicht erteilt, wird der Antrag wie folgt umgedeutet:

3a FeV § 76 V. Durchführungs-, Bußgeld-, Übergangs- und Schlußvorschriften

Antrag auf Klasse	in Antrag auf Klasse
1 a	A beschränkt
1 b	A1
3	B
2 ohne Vorbesitz der Klasse 3	B, C und CE
2 mit Vorbesitz der Klasse 3	C und CE
4	M
5	L
Fahrerlaubnis zur Fahrgastbeförderung in Kraftomnibussen ohne Beschränkung	D
Fahrerlaubnis zur Fahrgastbeförderung in Kraftomnibussen beschränkt auf höchstens 24 Plätze und/oder 7,5 t zulässiges Gesamtgewicht	D1

Bewerbern, die den Antrag auf Erteilung der Fahrerlaubnis bis zum 31. Dezember 1998 stellen, das bis dahin geltende Mindestalter jedoch erst nach diesem Zeitpunkt erreichen, wird die Fahrerlaubnis in den neuen Klassen erteilt, die den beantragten nach der Gegenüberstellung in Satz 4 entsprechen. Ausbildung und Prüfung können bis zum 30. Juni 1999 nach altem Recht erfolgen. Ein Antrag auf Erteilung der Klassen C, CE und A (unbeschränkt) kann drei Monate vor Erreichen des für diese Klassen ab dem 1. Januar 1999 geltenden Mindestalters, jedoch frühestens ab 1. Dezember 1998 gestellt werden; Ausbildung und Prüfung richten sich in diesem Fall nach neuem Recht und dürfen ab 1. Dezember 1998 erfolgen.

Eine theoretische Prüfung, die der Bewerber bis zum 30. Juni 1999 für eine der Klassen alten Rechts abgelegt hat, bleibt ein Jahr auch für die in Satz 4 genannte entsprechende neue Klasse gültig.

11. § 17 Abs. 2 und Anlage 7 Abschnitt 2.2 (Anforderungen an die Prüfungsfahrzeuge)
    Als Prüfungsfahrzeuge für die Klasse A dürfen bis zum 30. Juni 2001
    a) bei direktem Zugang (§ 6 Abs. 2 Satz 2) auch Krafträder mit einer Leistung von mindestens 37 kW und mit einem Leergewicht von mindestens 200 kg,
    b) bei stufenweisem Zugang (§ 6 Abs. 2 Satz 1) auch Krafträder mit einer Motorleistung von 20 kW und einem Leergewicht von mindestens 140 kg
    verwendet werden.

11 a. § 20 (Neuerteilung der Fahrerlaubnis nach Entzug der Klasse 3 alten Rechts)
    Personen, denen eine Fahrerlaubnis alten Rechts der Klasse 3 entzogen wurde, werden im Rahmen einer Neuerteilung nach § 20 auf Antrag außer der Klasse B auch die Klassen BE, C1 und C1E, sowie die Klasse A1, sofern die Klasse 3 vor dem 1. April 1980 erteilt war, ohne Ablegung der hierfür erforderlichen Fahrerlaubnisprüfungen erteilt, wenn die Fahrerlaubnisbehörde auf die Ablegung der Prüfung für die Klasse B nach § 20 Abs. 2 verzichtet hat.

12. § 22 Abs. 2, § 25 Abs. 4 (Einholung von Auskünften)
    Sind die Daten des Betreffenden noch nicht im Zentralen Fahrerlaubnisregister gespeichert, können die Auskünfte nach § 22 Abs. 2 Satz 2 und § 25 Abs. 4 Satz 1 aus den örtlichen Fahrerlaubnisregistern eingeholt werden.

13. § 25 Abs. 1 und Anlage 8, § 26 Abs. 1 und Anlage 8, § 48 Abs. 3 und Anlage 8 (Führerscheine, Fahrerlaubnis zur Fahrgastbeförderung)
    Führerscheine, die nach den bis zum 31. Dezember 1998 vorgeschriebenen Mustern oder nach den Vorschriften der Deutschen Demokratischen Republik, auch solche der Nationalen Volksarmee, ausgefertigt worden sind, bleiben gültig.
    Bis zum 31. Dezember 1998 erteilte Fahrerlaubnisse zur Fahrgastbeförderung in Kraftomnibussen, Taxen, Mietwagen, Krankenkraftwagen oder Personenkraftwagen, mit denen Ausflugsfahrten oder Ferienziel-Reisen (§ 48 Personenbeförderungsgesetz) durchgeführt werden und entsprechende Führerscheine

bleiben bis zum Ablauf ihrer bisherigen Befristung gültig. Die Regelung in Nummer 9 bleibt unberührt.

14. § 48 Abs. 3 (Weitergeltung der bisherigen Führerscheine zur Fahrgastbeförderung)
Führerscheine zur Fahrgastbeförderung, die nach den bis zum 1. September 2002 vorgeschriebenen Mustern ausgefertigt sind, bleiben gültig. Führerscheine zur Fahrgastbeförderung, die dem Muster 4 der Anlage 8 in der bis zum 1. September 2002 geltenden Fassung entsprechen, dürfen bis zum 31. Dezember 2002 weiter ausgefertigt werden.

15. § 66 und Anlage 14 (Begutachtungsstellen für Fahreignung)
Träger von Begutachtungsstellen für Fahreignung, die am 27. August 1998 zugleich Träger von Maßnahmen der Fahrausbildung oder von Kursen zur Wiederherstellung der Kraftfahreignung waren, müssen diese gemeinsame Trägerschaft spätestens bis zum 31. Dezember 1999 auflösen.

16. § 68 (Stellen für die Unterweisung in lebensrettenden Sofortmaßnahmen und die Ausbildung in Erster Hilfe)
Der Arbeiter-Samariter-Bund Deutschland, das Deutsche Rote Kreuz, die Johanniter-Unfallhilfe und der Malteser-Hilfsdienst gelten bis zum 31. Dezember 2013 als amtlich anerkannt. Die Anerkennung kann durch die oberste Landesbehörde oder die von ihr bestimmte oder nach Landesrecht zuständige Stelle mit Auflagen verbunden werden, um sicherzustellen, daß die Unterweisungen und Ausbildungen ordnungsgemäß durchgeführt werden. Die Anerkennung ist im Einzelfall durch die oberste Landesbehörde oder die von ihr bestimmte oder nach Landesrecht zuständige Stelle für ihren jeweiligen Zuständigkeitsbereich nach Maßgabe von § 68 Abs. 2 Satz 5 zu widerrufen, wenn die in diesen Vorschriften bezeichneten Umstände jeweils vorliegen. Für die Aufsicht ist § 68 Abs. 2 Satz 6 und 7 entsprechend anzuwenden.

17. § 70 (Kurse zur Wiederherstellung der Kraftfahreignung)
Kurse, die vor dem 1. Januar 1999 von den zuständigen obersten Landesbehörden anerkannt und die von ihrem Träger durchgeführt wurden, müssen bis zum 31. Dezember 2009 erneut evaluiert sein.

18. § 72 (Akkreditierung)
Träger im Sinne des § 72 Abs. 1 Nr. 1 und 2, die am 31. Dezember 1998 amtlich anerkannt oder beauftragt waren, und Träger im Sinne des § 72 Abs. 1 Nr. 3, die am 31. Dezember 1998 bereits tätig waren, müssen bis zum 31. Dezember 2001 der zuständigen obersten Landesbehörde, der von ihr bestimmten oder nach Landesrecht zuständigen Stelle die Akkreditierung nachweisen.

Begr: BRDrucks 443/98 S 318. **Begr** zur ÄndVO v 7. 8. 02: BRDrucks 497/02 S 77.

Verweis auf technische Regelwerke

77 Soweit in dieser Verordnung auf DIN- oder EN-Normen Bezug genommen wird, sind diese im Beuth Verlag GmbH, 10772 Berlin, erschienen. Sie sind beim Deutschen Patentamt archivmäßig gesichert niedergelegt.

Inkrafttreten

78 Diese Verordnung tritt am 1. Januar 1999 in Kraft.

4. Strafgesetzbuch (StGB)
In der Fassung der Bekanntmachung vom 13. November 1998 (BGBl. I 3322)
(Auszug)

Fahrverbot

44 (1) ¹Wird jemand wegen einer Straftat, die er bei oder im Zusammenhang mit dem Führen eines Kraftfahrzeugs oder unter Verletzung der Pflichten eines Kraftfahrzeugführers begangen hat, zu einer Freiheitsstrafe oder einer Geldstrafe verurteilt, so kann ihm das Gericht für die Dauer von einem Monat bis zu drei Monaten verbieten, im Straßenverkehr Kraftfahrzeuge jeder oder einer bestimmten Art zu führen. ²Ein Fahrverbot ist in der Regel anzuordnen, wenn in den Fällen einer Verurteilung nach § 315c Abs. 1 Nr. 1 Buchstabe a, Abs. 3 oder § 316 die Entziehung der Fahrerlaubnis nach § 69 unterbleibt.

(2) ¹Das Fahrverbot wird mit der Rechtskraft des Urteils wirksam. ²Für seine Dauer werden von einer deutschen Behörde ausgestellte nationale und internationale Führerscheine amtlich verwahrt. ³Dies gilt auch, wenn der Führerschein von einer Behörde eines Mitgliedstaates der Europäischen Union oder eines anderen Vertragsstaates des Abkommens über den Europäischen Wirtschaftsraum ausgestellt worden ist, sofern der Inhaber seinen ordentlichen Wohnsitz im Inland hat. ⁴In anderen ausländischen Führerscheinen wird das Fahrverbot vermerkt.

(3) ¹Ist ein Führerschein amtlich zu verwahren oder das Fahrverbot in einem ausländischen Führerschein zu vermerken, so wird die Verbotsfrist erst von dem Tage an gerechnet, an dem dies geschieht. ²In die Verbotsfrist wird die Zeit nicht eingerechnet, in welcher der Täter auf behördliche Anordnung in einer Anstalt verwahrt worden ist.

1. Die Vorschrift entstammt dem 2. VerkSichG 1964 (§ 37 alt), jetzige Fassung: **1** 2. StrRG idF des G vom 20. 7. 73 und des EGStGB 1974. **Begr** des 2. VerkSichG (BTDrucks IV/651 S 12): 32. Aufl. **Begr** zum 32. StrÄndG v 1. 6. 95 (BGBl I S 747): BRDrucks 68/93 (Beschluß). **Begr** zur Neufassung durch ÄndG v 24. 4. 1998: BRDrucks 821/96 S 96; die Begr zu Abs II S 3 entspricht derjenigen zu § 25 II S 3 StVG, s dort Rz 5.

Das **Fahrverbot** (FV) als Nebenstrafe (Rz 3) läßt die FE unberührt und hindert nur **2** ihre Ausnutzung. Das G versteht es als Denkzettel für nachlässige und leichtfertige Kf, BGHSt **24** 351, NStZ **04** 145, Ha DAR **04** 535 (Anm *Bode* ZfS **04** 429), Dü VRS **68** 262, NZV **93** 76, Stu DAR **98** 153, bei denen Ungeeignetheit, die nach § 69 StGB stets zuerst zu prüfen ist, Kar VRS **34** 192, Ce NJW **55** 1102, Stu DAR **98** 153, nicht erweisbar ist, die bei weiteren Verstößen aber in die Gefahr des Eignungsverlustes geraten. Vor allem ist es spezialpräventiv gedacht (Rz 3). Kein Ausweichen auf FV bei Ungeeignetheit. Anders als das FV des § 25 StVG ist es lediglich an die Voraussetzungen von I geknüpft, denn es soll der Tat möglichst auf dem Fuße folgen (Nebenstrafe!) und mit Nachdruck angewendet werden, um das Verantwortungsbewußtsein der Kf zu stärken. Es gilt auch für das Führen von fahrerlaubnisfreien Kfzen (§ 5 FeV), OL VM **69** 5, Ha VRS **34** 367, und auch neben isolierter Sperrfrist (§ 69a StGB), zB für Mofas, Dü VM **70** 68, Bay 2 St 217/71, auch – mag dies auch nur theoretische Bedeutung haben – hinsichtlich solcher FzArten, die bei EdF von der Sperre ausgenommen worden sind (§ 69a StGB), Dü VM **72** 23, **70** 68, *Warda* GA **65** 66. Gegen FV als *Hauptstrafe* de lege ferenda überzeugend: *Fehl* DAR **98** 379, abw *König* NZV **01** 6.

2. Als Nebenstrafe (BGH NZV **03** 199, BaySt **04** 43 = NZV **04** 425) setzt das FV **3** Verhängung einer Hauptstrafe voraus (näher Rz 9), BGHSt **24** 348 = NJW **76** 1332, Bay DAR **67** 138. Es ist schuld- und besonders spezialpräventiv orientiert, BGHSt **24** 348, Hb VRS **29** 179, VM **65** 69, Dü VRS **68** 262, NZV **93** 76, Kö NZV **92** 159, Stu DAR **98** 153, wenn Allgemeinabschreckung auch nicht ausscheidet, Bay GA **67** 316, Ha DAR **88** 280, LK (*Geppert*) Rz 30, *Jan/Jag/Bur* Rz 7, aM Kö NZV **96** 286 (Anm *Hentschel*). Bei mehrere Jahre zurückliegender Tat wird es seine spezialpräventive Funktion oft nicht mehr erfüllen können und daher uU nicht mehr geboten sein, Dü NZV

93 76, Stu DAR **99** 180, s aber LG Ko NStZ-RR **96** 117; dies dürfte aber nicht idR schon nach 1 Jahr gelten, abw *Schulz* ZfS **98** 363. Vom BGH (ZfS **04** 133 – zust *Bode* –) wurde ein FV 1³/₄ Jahr nach der Tat (Hehlerei) als zur Warnung nicht mehr geeignet erachtet, von Ha DAR **04** 535 (krit *Krumm,* Anm *Bode* ZfS **04** 429) jedenfalls nach 22 Monaten. Maßgebend sind im übrigen die allgemeinen Strafzwecke (§ 46 StGB), vor allem, neben der Tatschuld, wie ein FV den Täter träfe, etwa weil er auf das Kfz angewiesen ist, Stu DAR **99** 180, Ce VRS **62** 38, Kö DAR **91** 112. Die Verhängung richtet sich unter Berücksichtigung der Warnfunktion nach Schuldgrad und den allgemeinen Zumessungsregeln, Fra VM **77** 31, Kö DAR **92** 152, **99** 87, NZV **92** 159, **96** 286, Dü NZV **93** 76, *Kulemeier* S 75. Daher ist auch das Verhalten nach der Tat von Bedeutung, Dü NZV **93** 76. Bestreiten der Tat und prozessual zulässige Versuche, eine Ahndung abzuwenden, dürfen nicht zu Lasten des Angeklagten als „Uneinsichtigkeit" zur Begründung einer FVAnordnung herangezogen werden, Kö DAR **99** 87. Verhängung anstelle von Nichtentziehung der FE ist nicht zwingend, sondern unterliegt pflichtgemäßem Ermessen; sie setzt voraus, daß der Täter zwar noch nicht fahrungeeignet ist, aber erheblich versagt hat (s Rz 4). Das FV darf nur angeordnet werden, wenn feststeht, daß der mit der Hauptstrafe verfolgte Zweck ohne die Nebenstrafe nicht erreicht werden kann, BGH NZV **96** 286, NJW **72** 1332, Ha DAR **04** 535, Br DAR **88** 389, Kö NZV **92** 159, Dü NZV **93** 76, Stu DAR **98** 153, **99** 180. Wird die FE in den Fällen der Trunkenheit im V (§§ 316, 315c I 1 a, III StGB), die I Satz 2 allein meint (*Lackner/Kühl* Rz 7), ausnahmsweise nicht entzogen, so ist die **Erforderlichkeit eines FV indiziert.** Nur wenn besondere Umstände eine Ausnahme rechtfertigen, kann in Fällen des I Satz 2 von dem FV abgesehen werden, wobei diese Umstände im Urteil besonders darzulegen sind, Fra VM **77** 31. Im übrigen besteht keine allgemeine Regel, wonach in allen (anderen) Fällen des § 69 II StGB bei Absehen von EdF immer ein FV zu verhängen wäre, Bay VRS **58** 362, Ko VRS **71** 278, Kö DAR **92** 152. Unterbleibt EdF nur deswegen, weil der Zweck der Maßregel durch lange vorläufige EdF erreicht ist, soll I Satz 2 trotz fehlender Vollstreckbarkeit (§ 51 I, V) gleichwohl gelten, BGH VRS **57** 275, Fra VM **76** 27, **77** 31, Bay NStZ **89** 257, *Geppert* ZRP **81** 88, widersprüchlich *Kulemeier* S 79, 304, aA Bay NJW **77** 445, LG Fra StV **81** 628 (mit überzeugenden Gründen gegen BGH), AG Bad Homburg VRS **67** 28, s *Hentschel* DAR **78** 102.

4   Grobe, beharrliche Pflichtverletzung, wie im § 25 StVG, muß nicht vorliegen, BGHSt **24** 348 = NJW **72** 1332 (Straftat!), Ce NJW **69** 1187, Fra NJW **70** 1334, *Janiszewski* k + v **70** 29, *Bode* DAR **70** 57, denn dies spräche bei Vergehen oder Verbrechen eher für Ungeeignetheit (näher: *Hentschel,* Trunkenheit, Rz 918). Die Entscheidung BVerfG **27** 36 = NJW **69** 1623, ergangen zum § 25 StVG, berührt die Auslegung von § 44 StGB nicht, BGHSt **24** 351 (gegen Ha NJW **71** 1190). Voraussetzung ist aber eine erhebliche Tat, BGHSt **24** 350, eine Tat von einigem Gewicht, Hb VM **65** 69, Ce NJW **68** 1101, Ko NJW **69** 282, *Tröndle/Fischer* 2, *Molketin* NZV **01** 413, wenn Geldstrafe wegen des Grades der Pflichtverletzung nicht genügt, Sa VRS **37** 310, zB bei Gefährdung durch viel zu schnelles Fahren, Ha DAR **69** 187, vor allem im dichten V, Ha VRS **36** 177, bei nötigendem Drängeln mit hoher Fahrgeschwindigkeit, Dü VM **71** 76 (auf Höchstdauer, EdF läge hier aber näher), bei Mehrfachtätern auch bei weniger bedeutendem Verstoß, s BGH NJW **72** 1332, bei wiederholter hartnäckiger Nichtbeachtung von VVorschriften (Einzelfall darzulegen), Ha NJW **71** 1190 (s aber BGHSt **24** 351), nicht aber idR in unbedeutenden Fällen, etwa bei einmaliger bloßer Unaufmerksamkeit. Bei bloßen Ordnungsverstößen ohne erschwerende Umstände wird eher nur Geldstrafe angezeigt sein, Sa VRS **37** 310, Ha VRS **36** 177. Berücksichtigung früherer Bußgeld- und Strafverfahren: § 29 StVG (Verwertungsverbote).

5   **3. Eine Straftat** (§ 37 alt: strafbedrohte Handlung) ist eine rechtswidrige, vorwerfbare, strafbare Handlung aller Teilnahmeformen. Ihretwegen muß der Täter verurteilt werden (Rz 9), so daß das Merkmal bei Schuldunfähigkeit (anders als bei § 69 StGB), Verjährung oder fehlendem Strafantrag nicht zutrifft. Für OWen gilt § 25 StVG.

6   **Führen:** § 21 StVG. **Kraftfahrzeug:** § 69 StGB Rz 3 und §§ 1 StVG, 4 FeV.

7   **Bei oder im Zusammenhang mit dem Führen eines Kfz:** Der Begriff entspricht demjenigen in § 69 StGB als Voraussetzung der strafgerichtlichen EdF, BGH

NStZ **04** 145. S § 69 StGB Rz 3–7. Zusammenhang muß mit dem Führen bestehen, nicht nur mit dem Besitz (str), näher: *Hentschel*, Trunkenheit, Rz 577 ff.
Verletzung der Pflichten eines KfzFührers: § 69 StGB Rz 8. 8

4. Verurteilung zu Freiheits- oder Geldstrafe ist Voraussetzung (I), auch im beschleunigten Verfahren (§ 417 StPO) oder durch Strafbefehl (§ 407 StPO), bei Strafaussetzung zur Bewährung, zu Erziehungsmaßregeln und Zuchtmitteln (§ 8 JGG). Absehen von Strafe (zB §§ 60, 142 IV, 320 StGB) oder Freispruch reichen nicht aus, weil nicht auf Hauptstrafe erkannt wird. Schuldfeststellung nach § 27 JGG ist keine Verurteilung zu Strafe, so daß § 44 nicht anwendbar ist, *Tröndle/Fischer* 13, *Kulemeier* S 82, str, s *Hentschel*, Trunkenheit, Rz 910. Auch neben Verwarnung mit Strafvorbehalt darf ein FV nicht angeordnet werden, Bay VRS **62** 264, Stu NZV **94** 405. Die Nebenstrafe des FV ist idR bei der Strafzumessung zu berücksichtigen, Fra VM **77** 31. Hauptstrafe und FV stehen derart in Wechselwirkung, daß FV-Verhängung die Höhe der Hauptstrafe beeinflussen kann, Bay VRS **54** 45. 9

5. Kraftfahrzeuge jeder oder einer bestimmten Art erfaßt das FV. Kfz: § 69 StGB Rz 3 und §§ 1 StVG, 4 FeV. KfzArten: § 69a StGB Rz 5–7. Unter Zugrundelegung von Strafzumessungsregeln und Beachtung des Übermaßverbotes kann hier uU auch dem Gesichtspunkt drohenden Arbeitsplatzverlustes entscheidendes Gewicht zukommen, Kö DAR **91** 112. S auch § 25 StVG. Entgegen LG Göttingen NJW **67** 2320 kann ein bestimmtes Fz zu bestimmten Zwecken in einem räumlich begrenzten Bezirk nicht vom FV ausgenommen werden, s § 25 StVG Rz 11. Nach Rechtskraft ist die Beschränkung auf bestimmte Kfz-Arten nicht mehr möglich, LG Aschaffenburg DAR **78** 277. 10

Bei artbeschränktem FV stellt die VB auf Antrag für die Dauer der amtlichen FS-Verwahrung einen befristeten FS für die ausgenommene KfzArt aus, der später gegen den FS wieder ausgetauscht wird, VBl **66** 48, Brn VRS **96** 233. 11

6. Einen Monat bis zu drei Monaten dauert das FV, innerhalb dieses Rahmens bemessen nach Wochen oder Tagen, s *Kulemeier* S 74. **Die Frist beginnt** nur dann mit der Rechtskraft der Verurteilung, wenn kein FS zu verwahren ist, sonst am ersten Verwahrungstag (*Koch* DAR **66** 342) (III), damit der Verurteilte die Herausgabe nicht verzögert, die durch Beschlagnahme erzwungen werden kann (§ 463b I StPO). Dadurch verlängert sich das FV um die Frist bis zur amtlichen Verwahrung. Das verpflichtet das Gericht zur Belehrung bei Verkündung oder Zustellung der Entscheidung, damit sich die Verbotsfrist nicht unnötig verlängert (§ 268c StPO), Ce VRS **54** 128, auch beim Strafbefehl. Auch bei Beschränkung auf bestimmte FzArten (Rz 10, 11) ist der FS amtlich zu verwahren. Wird der FS bei FVVerhängung bereits amtlich verwahrt (§§ 94, 111a StPO) und die Verwahrung trotz Aufhebung der vorläufigen Entziehung im Einverständnis mit dem Verurteilten aufrecht erhalten, so ändert sich lediglich der Rechtsgrund der Verwahrung: Anrechnung der Zeit zwischen der Entscheidung und dem Eintritt der Rechtskraft auf die Verbotsfrist zwingend nach § 450 II StPO. Zum Fristbeginn bei gleichzeitiger oder nachträglicher EdF, s § 25 StVG Rz 31. Für die Berechnung des **Endes der Verbotsfrist** gilt § 59a V StVollStrO, für die Monatsfrist also § 37 IV 2 StVollStrO, wonach bis zu dem Tag zu rechnen ist, der durch seine Zahl dem Anfangstag entspricht. 12

7. Ob **mehrere Fahrverbote** nacheinander zu vollstrecken sind, auch über drei Monate hinaus, unter Abzug schon vollzogener Teile, ist zw, bejahend: LG Flensburg NJW **65** 2309, LG Stu NJW **68** 461, anders aber die inzwischen **hM:** Bay NZV **93** 489 (Anm *Hentschel* DAR **94** 75) – zu § 25 StVG –, LG Münster NJW **80** 2481, *Tröndle/Fischer* 18, *Karl* NJW **87** 1063, *Kulemeier* S 88, s dazu auch § 25 StVG Rz 28 mit weiteren Nachweisen. Die Laufzeit jedes FV ist selbständig gem II, III zu ermitteln (Rz 12). **Bei TM** ist auf ein einheitliches FV zu erkennen, auch wenn jede der abgeurteilten Taten ein FV rechtfertigt, Bay VM **76** 57, Brn VRS **106** 212, Ce NZV **93** 157. 13

Ist nachträglich **Gesamtstrafe** zu bilden, so ist entweder das schon verhängte FV, soweit es nicht gegenstandslos geworden ist (§ 55 II StGB), aufrechtzuerhalten, oder es ist ein neues FV bis zu drei Monaten Höchstdauer auszusprechen, LG Stu NZV **96** 466, 14 dies nach § 55 StGB nunmehr auch beim Zusammentreffen von Freiheitsstrafe(n) mit Geldstrafe(n).

15   **8. Amtliche Verwahrung des FS.** In Verwahrung zu nehmen sind gem Abs II S 2 sämtliche von einer deutschen Behörde ausgestellten nationalen und internationalen FSe. Im Hinblick auf die automatisch mit Rechtskraft eintretende Wirksamkeit des FV (Abs II S 1) ist ein Vollstreckungsaufschub (§ 47 II, § 456 StPO) nicht möglich, Kö VRS **71** 48, LG Mainz MDR **67** 683, s *Mürbe* DAR **83** 45. Die Möglichkeit, das Wirksamwerden des FV bis zu 4 Monaten hinauszuschieben, besteht hier – anders als gem § 25 IIa StVG beim FV nach Ordnungswidrigkeiten – nicht (gegen eine Übertragung jener Regelung auf § 44 de lege ferenda *Fehl* NZV **98** 439). Von der Verwahrung ist die StrVB zu benachrichtigen, damit sie keine Zweitschrift des FS erteilt. Verlust des FS, s *Hentschel* DAR **88** 156, *Seib* DAR **82** 283. Die Prüfbescheinigung gem § 5 FeV ist kein FS iS des Abs II S 2, also nicht in Verwahrung zu nehmen, s § 25 StVG Rz 32. Fristbeginn, wenn der amtlichen Verwahrung rechtliche oder tatsächliche Hindernisse entgegenstehen, s § 25 StVG Rz 31. Mit Verbotsablauf muß der FS wieder ausgehändigt sein, LG Flensburg DAR **67** 299.

16   **Vorläufige EdF** (§ 111a StPO), – ab Bekanntgabe des Beschlusses, LG Frankenthal DAR **79** 341, aA *Warda* GA **65** 83 – **Verwahrung, Sicherstellung** oder **Beschlagnahme** des FS (§ 94 StPO), soweit wegen einer den Gegenstand des Verfahrens bildenden Tat vor dem Urteil verstrichen, sind auf das FV **idR anzurechnen,** es sei denn, das Gericht erkennt, dies sei wegen des Verhaltens des Täters nach der Tat ganz oder teilweise ungerechtfertigt (§ 51 V StGB), weil diese vorläufige Maßnahme keine Denkzettelwirkung (Rz 1, 2) auf den Täter gehabt habe. Diese Anordnung muß mit dem Urteil ergehen; fehlt sie, so ist nach § 51 I, V StGB Vollanrechnung anzunehmen. Soweit zur Vermeidung von Zweifeln notwendig, ist auch die Anrechnung ausdrücklich anzusprechen, Bay VRS **72** 278. Anrechnung *rechtskräfter* FdF wegen derselben Tat, Bay VRS **72** 278 (zust *Berz* JR **87** 513). Ausländische Verwaltungsstrafe (Strafe, Geldbuße) wegen derselben Tat ist anzurechnen, soweit vollstreckt (Österreich) (§ 51 III StGB), Bay NJW **72** 1631, für andere ausländische Freiheitsentziehung gilt § 51 I StGB.

17   **Nicht einzurechnen** ist die Dauer behördlicher **Anstaltsverwahrung** (III), denn das an sich kurzfristige Verbot würde sonst seine Warnwirkung einbüßen, zB durch Verbüßung der in derselben Sache verhängten Freiheitsstrafe. Verwahrung: Freiheitsstrafe, Untersuchungshaft, Unterbringung, Jugendarrest, auch ausländische, BGHSt **24** 62 = NJW **71** 473. Gelockerter Vollzug, Urlaubs- und Ausgangstage unterbrechen die Anstaltsverwahrung iS von III S 2 nicht, Stu NStZ **83** 429, Fra NJW **84** 812, aM *Kulemeier* S. 87.

18   **9. Außerdeutsche Kraftfahrzeugführer.** Begriff: § 69b Rz 2, § 4 IntVO. Ein FV gegen außerdeutsche KfzFührer hängt nach Aufhebung des früheren Abs II durch das 32. StRÄndG v 1. 6. 95 nicht mehr davon ab, daß die zugrunde liegende Tat gegen VVorschriften verstößt; die Voraussetzungen für die Nebenstrafe sind damit jetzt dieselben wie bei Inhabern deutscher FEe. Damit soll der zunehmend länderübergreifenden Kriminalität Rechnung getragen werden (BRDrucks 68/93 – Beschluß –). Wurde der ausländische FS von einem EU-Mitgliedstaat oder von einem EWR-Staat ausgestellt, so wird er für die Dauer des FV ebenso wie ein deutscher FS amtlich verwahrt, wenn der Inhaber seinen ordentlichen Wohnsitz (s § 2 StVG Rz 3) im Inland hat, Abs II S 3. In allen anderen Fällen ist das FV auf dem ausländischen FS zu vermerken. Die Verbotsfrist beginnt mit Eintragung des Vermerks bzw mit Einziehung. Zur rechtzeitigen Eintragung des Vermerks, s *Cremer* NStZ **93** 126. Hat der Verurteilte keinen FS, so läuft sie von der Rechtskraft der Verurteilung an. Sachlicher Geltungsbereich: Rz 2. Anrechnung: Rz 16, 17. Zur Möglichkeit der Vollstreckung von FVen gegen Verurteilte mit ausländischer FE in deren ausländischem Wohnsitzstaat, s § 25 StVG Rz 32.

19   **10. Verfahren.** Überraschende, weil im Verfahren nie erwähnte FV-Verhängung ist unzulässig, Bay NJW **78** 2257. Enthält der Eröffnungsbeschluß keinen Hinweis auf die Möglichkeit eines FV, so besteht Hinweispflicht entsprechend § 265 II StPO, obwohl dessen Wortlaut das nicht ausdrücklich vorschreibt; dies erfordert jedoch der Zweck der Bestimmung, Ha VRS **41** 100, Dü VM **73** 14, Ce VRS **54** 270, s Bay DAR **79** 51, aM

Fahrverbot **§ 44 StGB 4**

KG VRS **53** 42, *Meyer-Goßner* § 265 Rz 24. Die Hinweispflicht entfällt aber bei Hinweis auf EdF, Dü VM **83** 14, Ce VRS **54** 268.

Rechtsmittelbeschränkung auf das FV ist wegen des sachlichen Zusammenhangs mit **20** der Hauptstrafe idR unzulässig, Ha VRS **49** 275, Ol VRS **42** 193, Ce VRS **62** 38, Schl VRS **65** 386, Ko VRS **66** 40, Kö DAR **92** 152, VRS **82** 39, Dü NZV **93** 76, *Händel* NJW **71** 1472, *Kulemeier* S 89. Entsprechendes gilt für die Beschränkung des Einspruchs gegen einen Strafbefehl, Bay NZV **00** 50. Der Rechtsmittelangriff gegen den Strafausspruch erfaßt idR auch das FV, Dü VRS **63** 463, Kö NZV **96** 286, ebenso bei Anfechtung einer Verurteilung überhaupt oder bei TM, wenn ein einheitliches FV verhängt ist, Bay DAR **66** 270, KG VRS **32** 115, s aber Bay DAR **67** 138 (Beschränkung auf die Nichtanordnung eines FV). Durfte der Verurteilte anhand der Urteilsverkündung mit Wegfall des FV rechnen, ist das schriftliche Urteil jedoch anders auszulegen, so bindet ein Rechtsmittelverzicht in der Hauptverhandlung nicht, Kö JR **69** 392.

Verschlechterungsverbot (§§ 331, 358 II StPO). S § 69 StGB Rz 28, § 69 a StGB **21** Rz 18. Ist nur der Verurteilte Rechtsmittelkläger, so kann grundsätzlich weder neu auf FV erkannt, Kar NJW **72** 1633, noch anstatt des FV auf EdF erkannt werden, *Cramer* NJW **68** 1764. Jedoch darf ein milderes Ahndungsmittel ein strengeres ersetzen nach Maßgabe der gesetzlichen Bewertung, wobei die Gesamtschau aller Sanktionen keine Benachteiligung des Rechtsmittelklägers ergeben darf, BGHSt **24** 11 = NJW **71** 105. Freiheitsstrafe, Ersatzfreiheitsstrafe und zur Bewährung ausgesetzte Freiheitsstrafe sind gegenüber dem FV strengere Strafarten, Bay VRS **54** 45, nicht aber Geldbuße, BGHSt **24** 13 und Geldstrafe, Ha NJW **71** 1190. Wird Freiheitsstrafe durch Geldstrafe ersetzt, so darf stattdessen ein FV in der Weise verhängt werden, daß Geldstrafe und FV in der Gesamtschau gegenüber der zunächst verhängten Freiheitsstrafe als die mildere Sanktion erscheinen, Bay VRS **54** 45. Entsprechendes gilt für Verhängung eines FV bei gleichzeitiger Herabsetzung der Tagessatzzahl der Geldstrafe, Schl VRS **65** 386. Entfällt ein FV auf das alleinige Rechtsmittel des Angeklagten, so darf die Tagessatzzahl der Geldstrafe nicht erhöht werden, weil sie zugleich die Höhe der Ersatzfreiheitsstrafe bestimmt, KG VRS **52** 113, aM *Grebing* JR **81** 1, *Kulemeier* S 90, die Tagessatzhöhe nur nach dem Maßstab der persönlichen und wirtschaftlichen Verhältnisse des Angeklagten, Bay MDR **76** 601, VRS **58** 38, KG VRS **52** 113, LG Kö NZV **99** 99, *D. Meyer* DAR **81** 33. Wegfall der EdF darf durch ein FV ersetzt werden, BGHSt **5** 168, Fra NJW **68** 1793, Kar VRS **34** 192, Stu NJW **68** 1792, Ce VM **69** 18, Bay NJW **70** 2259, Schl SchlHA **71** 57, Dü NZV **91** 237, auch bei erhöhter Geldstrafe, Ko VRS **47** 416. Verstoß gegen das Verschlechterungsverbot aber, wenn gegen einen im Besitz einer FE befindlichen Angeklagten statt EdF nur die Sperre ausgesprochen wurde und diese durch ein FV ersetzt wird, Fra VRS **64** 12. War bei TM ein einheitliches FV verhängt, das schon durch eine der Taten gerechtfertigt ist, so darf es bei Wegfall der anderen Tat bestehenbleiben, Bay DAR **66** 270.

11. Strafvorschrift gegen Fahren trotz des FV: § 21 StVG. Dann kann EdF ge- **22** rechtfertigt sein, Schl DAR **67** 21, Ha VRS **63** 346.

Lit: *Berr/Schäpe*, Das FV, KVR. *Bode,* Voraussetzungen des FV, DAR **70** 57. *Hentschel,* Trun- **23** kenheit, Fahrerlaubnisentziehung, Fahrverbot, 9. Aufl. 2003. *Derselbe,* Gesetzliche Pflicht zur Verhängung symbolischer FV?, DAR **78** 102. *Derselbe,* Wann beginnt die Frist für das FV …, wenn amtliche Verwahrung eines FS … nicht möglich ist?, DAR **88** 156. *Koch,* Zum Fristbeginn beim FV, DAR **66** 343. *Kulemeier,* FV (§ 44 StGB) und EdF (§§ 69 ff StGB), Lübeck 1991. *Martzloff,* Vollstreckung eines gerichtlichen FV bei gleichzeitiger behördlicher EdF, DÖV **85** 233. *D. Meyer,* Erhöhung des Tagessatzes als „Ausgleich" für den Wegfall eines an sich gebotenen FV …, DAR **81** 33. *Schäpe,* Probleme der Praxis bei der Vollstreckung von FVen, DAR **98** 10. *Schulz,* Wegfall des FV aufgrund Zeitablaufs, ZfS **98** 361. *Seib,* Zur Vollstreckung des FV bei behauptetem FSVerlust, DAR **82** 238. *Warda,* Das FV gem § 37 StGB, GA **65** 65. *Wollentin/Breckerfeld,* Verfahrensrechtliche Schwierigkeiten bei der Durchsetzung des FV, NJW **66** 632. **Weitere Lit** zum FV: § 25 StVG. Zur Frage der **Reformbedürftigkeit:** *Bönke,* Aktuelle Reformvorschläge zum FV, VGT **97** 208. *Derselbe,* Das FV als Strafe bei allgemeiner Kriminalität?, DAR **00** 385. *Fehl,* FV als alternative Hauptstrafe?, DAR **98** 379. *König,* FV bei allgemeiner Kriminalität?, NZV **01** 6. *Röwer, Stöckel,* FV bei allgemeiner Kriminalität?, BA **01** 90, 99. *Schäpe,* FV bei allgemeiner Kriminalität?, VGT **01** 90.

4 StGB § 69

Entziehung der Fahrerlaubnis

69 (1) ¹Wird jemand wegen einer rechtswidrigen Tat, die er bei oder im Zusammenhang mit dem Führen eines Kraftfahrzeuges oder unter Verletzung der Pflichten eines Kraftfahrzeugführers begangen hat, verurteilt oder nur deshalb nicht verurteilt, weil seine Schuldunfähigkeit erwiesen oder nicht auszuschließen ist, so entzieht ihm das Gericht die Fahrerlaubnis, wenn sich aus der Tat ergibt, daß er zum Führen von Kraftfahrzeugen ungeeignet ist. ²Einer weiteren Prüfung nach § 62 bedarf es nicht.

(2) Ist die rechtswidrige Tat in den Fällen des Absatzes 1 ein Vergehen
1. der Gefährdung des Straßenverkehrs (§ 315 c),
2. der Trunkenheit im Verkehr (§ 316),
3. des unerlaubten Entfernens vom Unfallort (§ 142), obwohl der Täter weiß oder wissen kann, daß bei dem Unfall ein Mensch getötet oder nicht unerheblich verletzt worden oder an fremden Sachen bedeutender Schaden entstanden ist, oder
4. des Vollrausches (§ 323 a), der sich auf eine der Taten nach den Nummern 1 bis 3 bezieht,

so ist der Täter in der Regel als ungeeignet zum Führen von Kraftfahrzeugen anzusehen.

(3) ¹Die Fahrerlaubnis erlischt mit der Rechtskraft des Urteils. ²Ein von einer deutschen Behörde ausgestellter Führerschein wird im Urteil eingezogen.

1 1. **Die gerichtliche Entziehung der Fahrerlaubnis** (EdF) ist **Maßregel der Besserung und Sicherung** (§ 61 StGB). Rechtsquellen: VerkSichG 1952, 2. VerkSichG 1964, jetzige Fassung: 2. StrRG. Obwohl die EdF den Verurteilten oft härter trifft als die daneben verhängte Strafe und – wenn sie nicht wegen geistiger oder körperlicher Mängel angeordnet wird – von ihm häufig auch als Strafe empfunden wird, ist sie nach geltendem Recht Maßregel, BGHSt **7** 168, NZV **03** 46, 199, so daß Verhängung und Dauer ausschließlich von der Ungeeignetheitsprognose abhängen (Sicherungszweck), nicht von Tatschwere oder Schuldgrad, BGHSt **15** 397, NZV **03** 46, DAR **03** 563, nicht vom Sühnebedürfnis, BGH VRS **11** 425, nicht von wirtschaftlichen Interessen, BGH VM **54** 5, s Rz 12, 24, § 69a Rz 2; zur Frage des Strafcharakters der EdF s auch *Kulemeier* S 275 ff. Doch darf das Gericht die von der EdF auf den Täter ausgehenden Wirkungen bei der Strafzumessung berücksichtigen, Ha DAR **55** 222, Fra NJW **71** 669, LK *(Geppert)* 3, *Hartung* JZ **54** 347, denn gerechte Bemessung und Abstimmung der Tatfolgen ist Regelungsgrund. Die Maßregel verfolgt ausschließlich den Zweck, ungeeignete Kf vom V auszuschließen, BGH NJW **62** 1211, Bay DAR **92** 364 Nr 6, und darf daher **nicht zur Verfolgung generalpräventiver Ziele** angeordnet werden, BGH NStZ **04** 146, s § 69a Rz 2.

1a **Nicht der allgemeinen Verbrechensbekämpfung** dient die strafgerichtliche EdF entgegen teilweise vertretener Auffassung, so aber zB BGH (1. StrSen) NStZ **03** 658 (abl *Herzog* StV **04** 152, *Sowada* BA **04** 153), *Piesker* VD **03** 121, sondern **ausschließlich der Sicherung des Straßenverkehrs,** BGH (4. StrSen) NZV **03** 199 (zust *Geppert* NStZ **03** 288), DAR **03** 563, BGH (2. StrSen) NStZ **04** 145, BaySt **04** 425 = NZV **04** 425, LK *(Geppert)* Rn 34, *Hentschel* NZV **04** 58, *Sowada* BA **04** 152f, NStZ **04** 171, *Tröndle/ Fischer* Rn 2, 10, *Herzog* StV **04** 151, wie der Wortlaut von I S 1 nahelegt und die Entstehungsgeschichte belegt, s Begr zum 1. VerkSichG 1952 (auszugsweise bei *Hentschel* NZV **04** 58). Allein auf die Gefahr künftigen *Mißbrauchs* **eines Kfz zur Durchführung von Straftaten** darf EdF nicht gestützt werden, BGH (2. StrSen) NStZ **04** 146, aM BGH (1. StrSen) NStZ **03** 658, Ha BA **04** 69. Deshalb rechtfertigt allein der Umstand, daß der Täter **zur Begehung der Straftat ein Kfz** *benutzte,* nicht ohne weiteres EdF, BGH NZV **03** 199, DAR **04** 355, Ko StV **04** 320, Kö NZV **04** 423. Bei **nichtverkehrsrechtlichen Anlaßtaten** setzt die Anordnung der Maßregel vielmehr einen verkehrsspezifischen Zusammenhang in dem Sinne voraus, daß durch das Führen des Kfz bei Begehung der Straftat **Verkehrssicherheitsinteressen beeinträchtigt** sein müssen, indem eine **erhöhte Gefahr für andere** (zB andere VT) herbeigeführt wurde, BGH (4. StrSen) NZV **03** 199, *Tröndle/Fischer* Rn 10, *Geppert* NStZ **03** 289, aM *Piesker* VD **03** 121, *Kühl* JR **04** 127. Die neuere Rspr des 4. StrSen des BGH hatte zunächst offengelassen, ob bei Fehlen dieses Kriteriums schon das Zusammenhangsmerkmal (I S 1,

Entziehung der Fahrerlaubnis § 69 StGB 4

1. Alternative) zu verneinen ist oder ob EdF dann jedenfalls an der fehlenden Voraussetzung nicht bestehender Kraftfahreignung scheitert, BGH DAR 03 128. Nach BGH DAR 03 563 (4. StrSen) ist bei nicht speziell die Kraftfahreignung betreffenden, nur **allgemeinen Charaktermängeln** jedenfalls das für eine EdF notwendige Erfordernis **sich aus der Tat ergebender Ungeeignetheit zum Führen** von *Kraftfahrzeugen* zu verneinen (zust *Sowada* NStZ **04** 172, BA **04** 153). Diese Frage der „*Verortung*" (*Sowada* NStZ **04** 172) des Erfordernisses einer Beeinträchtigung von Verkehrssicherheitsinteressen ist indessen für das Ergebnis nicht von entscheidender Bedeutung.

2. Nur an eine **rechtswidrige Tat** kann die gerichtliche EdF anknüpfen (**E** 77 ff, 112 ff), BGHSt **14** 68, die zudem unverjährt sein muß, weil § 69 Verurteilung wegen dieser Tat (Rz 9–11) oder Nichtverurteilung wegen Verhandlungsunfähigkeit (§ 71 StGB), Schuldunfähigkeit oder nicht auszuschließender Schuldunfähigkeit (Rz 11) voraussetzt. Andere Schuldausschließungsgründe (**E** Rz 129 ff) schließen gerichtliche EdF aus. Rechtswidrige Tat: § 11 I Nr. 5. OWen scheiden aus. Regelfälle: Rz 15–22.

3. Bei oder im Zusammenhang mit dem Führen eines Kraftfahrzeuges oder unter Verletzung der dem Führer eines Kraftfahrzeugs obliegenden Pflichten muß die rechtswidrige Tat begangen worden sein.
Führen: § 21 StVG. Lenken eines abgeschleppten Kfzs (s § 18 StVZO Rz 11) ist nicht Führen eines Kfzs iS von § 69, Ha DAR **99** 178, *Hentschel* JR **91** 116. **Kraftfahrzeug:** § 1 StVG; dazu gehören auch FmH und führerscheinfreie Mofas (str), BGH VM **72** 25, Dü VM **70** 68, Ol NJW **69** 199, VM **69** 5, Bay 2 St 217/71, *Obert* DAR **66** 183. Zwar gilt die Legaldefinition des Kfzs in § 1 II StVG unmittelbar nur für das StVG. Eine an Sinn und Zweck sowie der Entstehungsgeschichte des § 69 StGB orientierte Auslegung ergibt aber für § 69 StGB eine dem § 1 StVG entsprechende Begriffsbestimmung, weil die Zusammenhangstat jedenfalls einen Bezug zum StrV haben muß; Straftaten im Zusammenhang mit der SchienenV oder der Luft- und Schiffahrt scheiden daher aus, Bay NZV **93** 239, aM LG Mü II NZV **93** 83 (Lokomotive als Kfz) – abl Anm *Hentschel,* abl auch *Janiszewski* NStZ **93** 274. Daß das Kfz auf öffentlichem VGrund (§ 1 StVO) geführt wurde, ist nicht Voraussetzung, Ol VRS **55** 120, LG Stu NZV **96** 213, *Tröndle/Fischer* § 44 Rz 7, *Molketin* DAR **99** 539, aM *Sch/Sch (Stree)* Rz 12. Unerheblich, ob die Motorkraft im Einzelfall auch in Betrieb gesetzt war, BGH NJW **60** 1211, Bay NJW **59** 111, Dü VM **74** 13 (str).
Zusammenhang mit dem Führen eines Kfzs: Das KfzFühren muß zur Tat dienlich 4 gewesen sein, ein nur äußerer Zusammenhang reicht nicht aus, BGHSt **22** 329, NStZ **01** 477, auch nicht bloßer Besitz. Eine Zusammenhangstat kann auch vorliegen bei **Verkauf von Rauschgift** in oder aus einem Taxi durch den TaxiF, BGH NZV **02** 574, bei KfzBenutzung, um **zum Tatort zu gelangen,** BGH DAR **67** 96, **77** 151, Ha StV **03** 624, Dü VRS **98** 190, einschränkend BGH NZV **02** 378 (Zusammenhangstat nur, wenn dadurch die tatbestandliche Handlung selbst gefördert wird), s auch BGH NJW **02** 628, bei KfzBenutzung **zum Beutetransport,** BGH VM **67** 1, NStZ **04** 145, Kö VM **71** 76, Dü VRS **96** 268, **98** 190, Stu NJW **73** 2213 (jedoch kein Zusammenhang, wenn das Stehlgut später nochmals transportiert wird, Stu NJW **73** 2213), zum **Transport von Rauschgift** zwecks illegalen Verkaufs, BGH VRS **81** 369, NZV **93** 35, NStZ-RR **98** 43, Dü DAR **92** 187, oder zur Deckung langfristigen Eigenbedarfs, Dü NZV **97** 364, oder zum Zigarettenschmuggel, Ha VRS **102** 56, überhaupt bei KfzBenutzung zur Tatvorbereitung, Tatbegehung, zur Flucht oder Tatverdeckung, Bay VRS **69** 281, krit *Kulemeier* S 69, NZV **93** 212, bei FzVerwendung zur Erleichterung einer Vergewaltigung, zB um an einen geeigneten Ort zu gelangen, BGH JZ **54** 541, VRS **6** 424, s auch BGH NJW **53** 75, aber nicht bei erst nach der Fahrt gefaßtem Entschluß und ohne Benutzung zur Flucht, s Rz 7. Eine Zusammenhangstat iS von I S 1 kann auch vorliegen bei Urkundenfälschung durch Vorzeigen eines **gefälschten FS** bei PolKontrolle, Ha VRS **63** 346, nicht aber zB schon bei FSFälschung zwecks KfzMiete, aA Kö MDR **72** 621. In diesen Fällen **nichtverkehrsrechtlicher Anlaßtaten** setzt EdF allerdings zusätzlich einen **verkehrsspezifischen Zusammenhang** voraus, str, s Rz 1a. Zusammenhang besteht bei **Tätlichkeit** wegen des Verhaltens im V, Kö NJW **63** 2379, LG Zw DAR **95** 502, LG Ko NStZ-RR **96** 117, zB wenn ein LkwFahrer einen ande-

1439

4 StGB § 69

ren zum Halten nötigt, um ihn zu verprügeln, Ha VRS **25** 186, s auch Bay JR **59** 470 *(Hartung),* NJW **59** 2127, Ha VRS **28** 260. Der nach § 69 erforderliche Zusammenhang ist auch bei vorsätzlich herbeigeführtem Unfall zu Betrugszwecken gegeben, BGH VRS **82** 19, Mü NJW **92** 2776.

5   Die (vor allem) **ältere Rspr** legt teilweise **zu weit ausdehnend** aus, LK *(Geppert)* 34, *Tröndle/Fischer* 2, vielfach läßt sie Zusammenhang mit bloßem KfzBesitz anstatt mit der Führung genügen: BGHSt **17** 218 = NJW **62** 1211, VRS **30** 275, so bei Vorfahren an Tankstelle, um Leistungen oder Treibstoff zu ertrügen, BGH VRS **30** 275, um Kreditwürdigkeit vorzutäuschen, BGH NJW **54** 163, abl *Geppert* LK Rz 41, *Sowada* NStZ **04** 173, *Kulemeier* S 283, NZV **93** 212, *Hartung* JZ **54** 137, *Schmidt-Leichner* NJW **54** 163. Hier wird nur durch Besitzvorzeigen getäuscht, wie oft auch sonst bei Betrug, ohne daß gegenüber anderen Betrügern EdF oder isolierte Sperrfristen rechtspolitisch erwogen würden (§ 69 a StGB), s auch *Hentschel,* Trunkenheit, Rz 591 ff, NZV **04** 57. Die **neuere Rspr des BGH,** NZV **03** 199 (4. StrSen) distanziert sich hiervon unter Bezugnahme auf BVerfG NJW **02** 2378 (Verhältnismäßigkeit bei EdF durch VB).

6   **Kein Zusammenhang mit dem Führen,** wenn bei der Tat ein anderer geführt hat. Täter und Führer müssen dieselbe Person sein, KG VRS **11** 357, 367, LG Köln NZV **90** 445, *Tröndle/Fischer* 10, § 44 Rz 8, LK *(Geppert)* 45, *Janiszewski* 655 a, *Jan/Jag/Bur* Rz 5, *Kulemeier* S 70, 285, weitere Nachweise bei *Hentschel,* Trunkenheit, Rz 587, zw BGH NZV **03** 46. Denn nicht Zusammenhang mit der *Benutzung* (so aber zB Dü VM **02** 77), sondern mit dem *Führen* setzt I S 1 nach Wortlaut und Zweck voraus. Anders die hM: Zusammenhang schon bei Einwirken des Beifahrers auf die Fahrweise des FzF, BGH VRS **107** 29, bei Entführung oder Vergewaltigung durch nur mitfahrenden Teilnehmer, BGHSt **10** 333, VRS **37** 350, NJW **57** 1287, JZ **58** 130 (abl *Hartung*), VM **79** 4, BGH 4 StR 719/80; bei Überwachung der ohne FE fahrenden Ehefrau durch den mitfahrenden FEInhaber, Ce VM **56** 72; bei Mitfahrt als Beifahrer zur Ausübung von Brandstiftungen, Dü VD **02** 267, oder von Rauschgifthandel, LG Memmingen NZV **89** 82, offengelassen von BGH BA **04** 169; bei Unfallverursachung durch Beifahrer, LG Ravensburg NZV **93** 325 (abl *Körfer*), LG Zw VRS **88** 436; bei Gutachtenerstattung durch einen Sachverständigen zu Betrugszwecken in Kenntnis eines voraufgegangenen nur „gestellten" oder provozierten „Unfalls", Mü NJW **92** 2777; im Falle der Beihilfe zur Trunkenheitsfahrt durch Überlassen eines Fzs, Ko NJW **88** 152, *Janker* DAR **03** 493; beim nicht mitfahrenden Halter, der vorschriftswidriges Kfz einsetzt, Schl VM **66** 42, s *Dreher/Fad* NZV **04** 233. Wer selbst verursachten eigenen Unfallschaden wider besseres Wissen durch Diebstahlsanzeige verdecken will, verletzt weder seine KfPflichten, noch handelt er im Zusammenhang mit dem Führen, Br VRS **49** 102. Gefährdung eines fremden Fzs durch Eingriffe von außen ist keine im Zusammenhang mit dem KfzFühren begangene Tat, BGH DAR **01** 81 (Herabfallenlassen eines Steins), Ce NZV **98** 170 (Manipulation an fremdem Fz in Gefährdungs-, Verletzungs- oder Tötungsabsicht).

7   **Kein Tatzusammenhang** besteht bei bloßer Ausnutzung der durch die Fahrt geschaffenen, aber nicht geplanten Lage, BGHSt **22** 329, zB wenn der Vergewaltigungsentschluß erst nach der Fahrt entsteht und das Kfz auch nicht zur Flucht benutzt werden soll, BGHSt **22** 328, NJW **69** 1126, ebenso bei gleicher Sachlage und Fluchtentschluß nach der Tat, BGH NZV **95** 156, oder bei Alkoholgenuß ohne Tatauswirkung, Ha VRS **48** 339, Dü DAR **69** 24, oder bei Vortäuschung, das Kfz gefahren zu haben, um den angetrunkenen Fahrer nach Unfall zu decken (§ 145 d StGB), Ha DAR **58** 16. Transport von Hehlergut nach beendeter Hehlerei begründet keinen Zusammenhang zwischen der Hehlerei und dem dabei benutzten Kfz, BGH DAR **04** 36.

8   **3 a. Unter Verletzung der Kraftfahrerpflichten** ist die Tat zB auch begangen, soweit der Täter das Fz nicht geführt, jedoch auch nicht nur Halterpflichten zu erfüllen hat: der Kf, dem das Kfz zum Führen überlassen ist, überläßt es einem erkanntermaßen Fahrunsicheren oder jemandem ohne FE, BGHSt **15** 316 = NJW **61** 683, Stu NJW **61** 690, *Dreher/Fad* NZV **04** 233, anders bei bloßem Verstoß gegen Halterpflichten, LG Kö NZV **90** 445 (Gestatten des Fahrens ohne FE), s aber LK *(Geppert)* 47. Schieben eines Kfzs durch Fahrunsicheren erfüllt allein nicht das Merkmal der Verletzung von KfPflichten, Kar DAR **83** 365.

Entziehung der Fahrerlaubnis § 69 StGB 4

4. Nur bei Verurteilung oder bei Freispruch wegen erwiesener oder nicht ausschließbarer Schuldunfähigkeit (I) kommt gerichtliche EdF in Betracht. Schuldunfähigkeit: E 151 a. Es genügt ein Urteil im beschleunigten (§ 417 StPO) oder Abwesenheitsverfahren (§§ 232, 233 StPO). EdF gem Abs I S 1 ist auch möglich bei Strafaussetzung, BGHSt **15** 316, beim Absehen von Strafe (§§ 60, 142 IV, 320 StGB), Bay VRS **43** 91, Ha DAR **72** 131, oder bei bloßem Zurücktreten im Schuldspruch wegen Gesetzeseinheit, BGHSt **7** 307, 312, ferner im auf Unterbringung gerichteten selbständigen Sicherungsverfahren (§ 71 StGB), nach den §§ 7, 105 JGG bei Aussetzung der Strafverhängung oder bei Beschränkung auf Zuchtmittel oder Erziehungsmaßregel, BGHSt **6** 394, NJW **55** 72, nach § 39 JGG auch durch den Jugendrichter. 9

Durch Strafbefehl ist EdF nur mit Sperre bis zu zwei Jahren zulässig (§ 407 II StPO). 10

Freispruch wegen Schuldunfähigkeit (E 151 a) oder nicht ausschließbarer Schuldunfähigkeit zur Tatzeit ohne Rücksicht auf den Grund der Schuldunfähigkeit erlaubt EdF, BGH NJW **60** 540, Ha VRS **18** 42, **26** 279, Bra DAR **64** 349, auch Entscheidung im Sicherungsverfahren (§ 413 StPO), BGHSt **13** 91, NJW **59** 1185, auch wenn Unterbringung abgelehnt, Schuldunfähigkeit aber festgestellt wird, *Hartung* JZ **59** 607. Nicht genügt altersbedingte Fahrunfähigkeit, Ha VRS **26** 279, oder Freispruch bei Schuldfähigkeit. 11

5. Ungeeignet zum KfzFühren muß der Täter sein infolge von Mängeln körperlicher, geistiger oder charakterlicher Art, BGH NStZ **04** 145, BGHSt **5** 179, **7** 165, **17** 218, **22** 328, zB wegen nicht ausgleichbaren Körpermangels, BGHSt **7** 175, Dü VM **66** 60, oder verständige Beachtung der VRegeln und die stets unerläßliche Rücksicht sind von ihm nicht zu erwarten. SzB steht nicht im Widerspruch zur Feststellung von Kraftfahrungeeignetheit, BGH NZV **01** 434 (zust *Geppert* JR **02** 114), NJW **61** 683, VRS **29** 14, Dü NZV **97** 364, s *Hentschel* NJW **01** 720 und Trunkenheit Rz 648, aM Dü VRS **98** 36. Maßgebend sind nicht Tatschwere oder -schuld, sondern (Maßregel!) ausschließlich die individuelle Gefährlichkeitsprognose, BGH NZV **03** 46, DAR **95** 185, Fra VRS **44** 184, LG Mühlhausen NZV **03** 206, wobei hinsichtlich der Prognosetatsachen der Satz „Im Zweifel für den Angeklagten" gilt, während im übrigen zwar nicht Rückfallgewißheit, aber wahrscheinlicher Rückfall zur gerichtlichen Überzeugung feststehen muß, s *Geppert* NJW **71** 2156. Dieses Wahrscheinlichkeitsurteil ist durch zahlreiche Unsicherheitsfaktoren belastet und fordert deshalb, wie jede Prognose (*Sauer* GA **56** 253), Einfühlungsvermögen, unschematische Beurteilung und Zurückhaltung gegenüber bloßen Vermutungen oder Unterstellungen. ZB kann niemand ungeeignet sein bei einmaligem Versehen ohne Charaktermangel, Zw VRS **38** 263. **Charakterliche Mängel** rechtfertigen nur dann die Feststellung von Ungeeignetheit zum Führen von Kfz, wenn sie sich im Umgang mit einem Kfz erweisen, Dü VRS **96** 268, *Sowada* BA **04** 152, *Cramer* § 44 StGB Rz 29, MDR **72** 558, *Janiszewski* 712, und sich bei der Teilnahme am Kraftverkehr verhängnisvoll auswirken können, BGH NZV **03** 199, DAR **03** 128, 563, **94** 179, Ha StV **03** 624, *Geppert* NStZ **03** 289, *Cramer* MDR **72** 558. Der sich aus der Tat ergebende Mangel muß die **Unzuverlässigkeit** des Täters **gerade als Kraftfahrer** erweisen, BGH DAR **03** 563. Das ist zB dann der Fall, wenn die Tat Anhaltspunkte für die Bereitschaft des Täters ergibt, die **Sicherheit des StrV seinen kriminellen Zielen unterzuordnen,** BGH DAR **04** 530, NStZ **04** 147, NZV **03** 199, OLG Hamm StV **03** 624, *Sowada* BA **04** 153, NStZ **04** 171, 173. Mängel im verantwortungsbewußten Verhalten, die keinerlei Verkehrssicherheitsinteressen berühren, haben bei der Eignungsbeurteilung auszuscheiden, BGH NZV **03** 199, DAR **03** 128, 563, *Geppert* NStZ **03** 288, *Sowada* NStZ **04** 171, zw *Kühl* JR **04** 125. Keine EdF daher wegen lediglich undurchsichtigen oder täuschenden Prozeßverhaltens, Ha VRS **36** 95, zB bei Leugnen aus Straffurcht, Ha DAR **61** 169, VM **68** 27, oder weil er bei Ermittlungen in der Wohnung einen gefälschten FS vorweist, Ce MDR **67** 1026. Uneinsichtigkeit trotz erwiesenen oder nicht bestrittenen Fehlverhaltens als Kf kann dagegen Eignungsmangel offenbaren, Ha VM **68** 27, *Lienen* NJW **57** 1140, **57** 1750, *Mohr* NJW **57** 941, *Janiszewski* 710, aA *Görres* NJW **57** 1428. Das Hinausziehen des Strafverfahrens nach vorläufiger EdF, um in der späteren Hauptverhandlung nicht mehr als ungeeignet zu erscheinen, 12 spricht für sich allein nicht gegen die Eignung, Kö VRS **90** 123, s *Hentschel* DAR **76** 150, *Geppert* ZRP **81** 89, *Janiszewski* DAR **89** 137, aM *D. Meyer* MDR **76** 629. Bei einem sozial an sich Eingeordneten kann die Anordnung der Maßregel, etwa als **„isolierte Sperre"** (§ 69 a I 3), **unangebracht** sein, weil gerade das Fehlen der FE ihn stets erneut in Versuchung führt, AG Tiergarten DAR **71** 20, AG Saalfeld VRS **105** 303 (str), s *Seiler*, Fahren ohne FE, Diss Regensburg 1982, S 164 ff, *Hentschel*, Trunkenheit, Rz 740. Anstatt Sperrfrist kann hier, Eignung vorausgesetzt, Hilfe zur Erlangung einer FE angezeigt sein.

13   Anderseits kann eine einzige, aber auch künftige, Gefährlichkeit im V beweisende Tat genügen, zB uU Fahren trotz Fahrverbots, s § 44 Rz 22, aber nicht ohne weiteres „idR", LG Mühlhausen NZV **03** 206 (s Rz 14), tätlicher Angriff auf einen anderen VT im Zusammenhang mit einem VVorgang, Kar MDR **80** 246, KG NZV **97** 126, LG Hannover VM **91** 48, LG Zw DAR **95** 502, LG Berlin NZV **03** 151 (anders bei einmaligem, situationsbedingtem Fehlverhalten), oder eine Tat, aus welcher besondere Verantwortungslosigkeit als Kf hervorgeht; jedoch reicht bloße Tatschwere für sich allein hierzu nicht aus, weil sie die Folge auch geringen Versehens und ohne Prognosewert sein kann. KfzEinsatz durch den Täter als FzF nach Einbruchsdiebstahl kann zwar Zusammenhangstat sein (s Rz 4), begründet aber nicht stets Ungeeignetheit, Dü VRS **96** 268. Wer als Kf zu betrügerischen Zwecken „Unfälle" herbeiführt, ist charakterlich ungeeignet zum Führen von Kfzen, BGH VRS **82** 19, Kö NZV **91** 243, ebenso uU, wer zum Zwecke verbotenen Handels mit einem Kfz **Rauschgift transportiert,** auch bei Beschaffung nicht geringer Menge zum Eigenverbrauch, Dü NZV **97** 364, aber *nicht* (wie bisher überwiegend angenommen: BGH NStZ **00** 26, NZV **93** 35, StV **99** 18, BA **01** 123, 453, Ha BA **04** 69) *in der Regel*, BGH NZV **03** 199, DAR **03** 180, Dü NZV **97** 47, StV **03** 623, **02** 261 (Anm *Stange*), *Sowada* NStZ **04** 173, insbesondere vielfach nicht bei Transport nur geringer Menge, bei der das Kfz nur untergeordnete Bedeutung hatte, BGH NZV **03** 199, DAR **03** 128, 180, BA **04** 261 Nr 42, Ko StV **04** 320, sondern nur, wenn die Art des KfzEinsatzes bei der konkreten Tat die Befürchtung rechtfertigt, der Täter werde zur Förderung seiner kriminellen Ziele Verkehrssicherheitsinteressen vernachlässigen, etwa durch riskante Fahrweise, BGH NZV **03** 199 (zust *Geppert* NStZ **03** 288, abl *Piesker* VD **03** 119), DAR **03** 563, s Rz 1 a. Im übrigen ist etwaige positive Beeinflussung durch Strafverfahren und Untersuchungshaft zu würdigen, Kö StV **00** 261, zusf *Molketin* ZfS **02** 210. Sind nach Einsatz eines Kfzs zur Verübung von Straftaten **weitere Taten nicht zu erwarten,** so ist EdF nicht gerechtfertigt, s Rz 23.

14   **6. Aus der Tat** muß sich die Ungeeignetheit ergeben, BGH NStZ **04** 147, BGHSt **15** 395, Dü NJW **61** 979, nicht nur aus Anlaß der Tat, BGHSt **7** 165, **15** 393, ferner unterstützend daraus, wie sich die Täterpersönlichkeit, was künftige Ungeeignetheit angeht, im abgeurteilten Tatkomplex spiegelt, weil viele Taten ohne Beachtung der Persönlichkeitsstruktur nicht richtig verstanden werden können, BGH NStZ **04** 147, BA **01** 123, DAR **95** 185, NStZ-RR **98** 43, BGHSt **5** 168, Bay DAR **90** 365. **Aus der Tat** ergibt sich die Ungeeignetheit nur, wenn aus den konkreten Tatumständen Anhaltspunkte für die Gefahr künftiger Beeinträchtigung der **Sicherheit des** *Verkehrs* resultieren, BGH NStZ **04** 147, DAR **04** 530, *Tröndle/Fischer* 45, *Sowada* BA **04** 153, NStZ **04** 171, 173. Die Beurteilung der Eignungsfrage setzt bei Zusammenhangstaten der **nicht in Abs II genannten Art** eine umfassende **Gesamtbeurteilung** voraus, BGH NStZ **04** 147, NZV **03** 199, DAR **04** 355, **03** 128, 180, 181, 230, 231, VRS **107** 172, Ko StV **04** 320, Kö NZV **04** 423, Ha StV **03** 624, LG Mühlhausen NZV **03** 206, *Geppert* NStZ **03** 290, LG Mannheim ZfS **03** 208, ohne daß die Beurteilung allerdings zur allgemeinen Führungszensur werden darf, s *Herzog* StV **04** 153. In Betracht kommen nur Mängel und Gesichtspunkte aus der Täterpersönlichkeit, welche die Tat nachgewiesenermaßen beeinflußt haben, BGHSt **15** 393 = NJW **61** 1269, Fra NStZ-RR **96** 235, Ce MDR **66** 431, Dü DAR **69** 24, Ha VRS **48** 339, nicht erst nach der tatrichterlichen Aburteilung liegen (Rz 23), abgesehen von Umständen, welche zum Rückschluß auf die Täterpersönlichkeit zwingen, BGHSt **15** 397. Verwertbarkeit getilgter Taten im Rahmen der EdF (§ 52 II BZRG), s Rz 27. Hierbei kommen außer verkehrsrechtlichen Vorstrafen auch andere mit Prognosewert in Betracht, Bay VBl **58** 35. Schwerwiegende

Entziehung der Fahrerlaubnis   § 69 StGB 4

Taten außerhalb der VDelikte können auf fehlende charakterliche Zuverlässigkeit hindeuten, BGH VM **79** 4 (s aber Rz 12). Nicht jede fahrlässige Tötung im V spricht für Ungeeignetheit, BGH NJW **54** 159, LG Kaiserslautern ZfS **04** 39. Weist die Tat nicht auf Eignungsmängel hin, so dürfen nicht „Charakterfehler" herangezogen werden, die sich erst bei der Ermittlung gezeigt haben, jedoch keinen Einfluß auf die Tat hatten (dann § 3 StVG), Ha VRS **48** 339, Ce VRS **30** 178. Leistungsbetrug: Rz 5.

7. Bei den Regelbeispielen der Ungeeignetheit (II) unterstellt das G so hochgradiges Versagen, daß Ungeeignetheit damit ohne weitere Gesamtprüfung indiziert ist (krit zur Auswahl der Indiztaten *Kulemeier* S 298, krit zur Regelung des Abs II überhaupt *Schünemann* DAR **98** 430). Sie bieten einen allgemeinen Maßstab, sind aber weder bindend noch abschließend, so daß EdF weder stets noch nur unter den Voraussetzungen von II geboten ist. Eine **Ausnahme von der Regel** setzt jedoch abw von der durch Abs II indizierten Kraftfahreignung eine günstige Prognose und daraus resultierende Eignung voraus, Dü DAR **96** 413, *Bode* DAR **89** 452. Entgegen LG Ol BA **85** 186, **88** 199, AG Saalfeld DAR **94** 77, VRS **101** 194, *Eisenberg* § 7 Rz 6, 35 gilt Abs II im Hinblick auf den gebotenen Schutz anderer vor ungeeigneten Kf ohne Einschränkung auch bei Anwendung von **Jugendstrafrecht,** AG Br StV **02** 372, LK *(Geppert)* 93, *Tröndle/Fischer* 21, *Janiszewski* 718 sowie NStZ **85** 112, **88** 543, *Molketin* BA **88** 310, *Wölfl* NZV **99** 69. Auch ist der Spielraum für eine Ausnahme von der Regel bei Jugendlichen nicht größer als bei Erwachsenen, *Tröndle/Fischer* 34, aM *Wölfl* NZV **99** 69.

Begeht ein Kf eine Tat nach II ohne wesentliche Besonderheit, folgt regelmäßig daraus ohne weiteres seine Ungeeignetheit (*Lackner/Kühl* Rz 7), ohne daß es auf Gesamtwürdigung noch ankäme, BGH VRS **92** 204, Ko VRS **64** 125, **71** 278, Bay DAR **92** 364, Dü DAR **96** 413, aM *Krehl* DAR **86** 36 entgegen der Begr (BTDrucks IV/651 S 17). Gegen zu schematische Anordnung der EdF in Fällen von Abs II, *Piesker* NZV **02** 297ff = BA **02** 203ff. Zu prüfen sind jedoch etwaige Tatbesonderheiten im weitesten Sinn, die eine Ausnahme nahelegen können, BGH VRS **92** 204, Schl SchlHA **68** 226, Bay VRS **30** 276, Dü VRS **70** 137, *Lackner* JZ **65** 120, enger Fra VRS **55** 181, zB notstandsähnliche Lagen, die das Verhalten immerhin begreiflich erscheinen lassen (Begr), der Fall amtlicher FS-Verwahrung und langer Verfahrensdauer, wenn die vorläufigen Maßnahmen zur Beseitigung des Eignungsmangels ausgereicht haben, Kö DAR **71** 190, VRS **61** 118, **90** 123, Br VRS **31** 454, Dü VRS **70** 137, Bay DAR **92** 364, *Mögele* ZRP **82** 101, uU der Einfluß einer Ehekrise, Fra VM **77** 30. Zur Bedeutung sog Nachschulung s Rz 19.

Sichentfernen vom Unfallort (§ 142 StGB) ist ein Regelfall, falls der Täter weiß oder wissen kann (Vorwerfbarkeit), daß bei dem Unfall ein Mensch getötet oder nicht unerheblich verletzt worden oder an fremden Sachen, einschließlich des vom Täter *unbefugt* geführten, diesem aber nicht gehörenden Fzs, Hb NStZ **87** 228, aM LG Kö ZfS **90** 104, bedeutender Schaden entstanden ist. Trifft dies ohne Besonderheiten zu, so reicht ein Einzelfall aus, BGH VRS **22** 35. Anders bei Sichentfernen aus achtenswerten oder doch begreiflichen Motiven, Bay VRS **15** 41, *Tröndle/Fischer* 30. Bei Schaden am vom Täter berechtigt geführten fremden Fz kommt es auf die Gestaltung der Rechtsbeziehungen an, Ha NZV **90** 197 (LeasingFz). Ob **bedeutender Schaden** vorliegt, richtet sich nach objektiven wirtschaftlichen Gesichtspunkten (Reparatur, Bergung, Mehrwertsteuer, Minderwert), Schl VRS **54** 33, DAR **84** 122, Stu VRS **62** 123, Nau NZV **96** 204, LG Hb DAR **91** 472, NZV **93** 326, *Tröndle/Fischer* 28, aM (nur Reparaturkosten) *Mollenkott* DAR **80** 328, *Bär* DAR **91** 272. Gutachterkosten und Anwaltskosten gehören nicht zum *Sachschaden* iS von 11, LG Hb DAR **91** 472, **94** 127, *Jan/Jag/Bur* 17, sondern entstehen erst durch dessen Ermittlung und Regulierung, abw *Notthoff* NStZ **95** 92, *Lenhart* NJW **04** 192. Bedeutender Schaden ist etwa gleich dem bedeutenden Wert in § 315c StGB, Kar DAR **78** 50, Ha DAR **74** 21, LK *(Geppert)* 85, *Tröndle/Fischer* 28, aM Schl DAR **84** 122. Unter Berücksichtigung der Preisentwicklung wird man Schäden unter **1100 €** nicht als „bedeutend" anzusehen haben. Die vor Einführung des Euro ergangene Rspr zog die Grenze überwiegend bei 2000 DM, s Kö NZV **02** 278, LG Gera VRS **97** 412, LG Kö DAR **94** 502, LG Hb DAR **99** 280, s LK *(Geppert)* 85, *Notthoff* NStZ **95** 92, teilweise auch bei höheren Beträgen, zB bei 2200 DM: LG Wuppertal

15

16

17

DAR **94** 502, bei 2400 DM: LG Hb DAR **01** 521, bei 2500 DM: LG Bielefeld NZV **02** 48, LG Bra DAR **02** 469. Die **neuere Rspr** tendiert zur Annahme eines bedeutenden Schadens **ab 1250 €:** LG Zw ZfS **03** 208, LG Hb DAR**03** 382, s AG Fra DAR **03** 88 (1200 €), *Tröndle/Fischer* Rz 29, *Himmelreich* ZfS **03** 218 (jeweils 1300 €). Rspr-Übersicht bei *Himmelreich/Bücken* Rz 269. Mehrere Fremdschäden sind zusammenzuzählen. Eine **Ausnahme von der Regel des Abs II Nr 3** wird uU in Fällen freiwilliger nachträglicher Ermöglichung der Feststellungen durch den Täter am gleichen oder folgenden Tag in Betracht kommen, LG Zw DAR **03** 236, LG Gera MDR **97** 381, insbesondere wenn § 142 IV (tätige Reue) ausschließlich an der Schadenshöhe scheitert, s *Schäfer* NZV **99** 190, *Lenhart* NJW **04** 193, s LG Gera VRS **99** 256.

18 **Gefährdung des Straßenverkehrs (§ 315c StGB).** Bei Tatbegehung durch grob verkehrswidriges, rücksichtsloses Verhalten (§ 315c I Nr 2) werden bei nur *fahrlässig* rücksichtsloser Fahrweise eher Umstände für eine Ausnahme von der Regel des Abs II in Betracht kommen als bei Vorsatz, s *Mollenkott* BA **85** 298.

19 **Trunkenheit im Verkehr (§ 316 StGB)** indiziert Ungeeignetheit und führt daher regelmäßig zur EdF, II Nr. 2, jedoch nur bei Tatbegehung mittels Kfz, LG Mainz DAR **85** 390, unzutreffend AG Salzgitter 11 Ds 223 Js 30252/81, und nicht bei bloßer Teilnahme, Ko DAR **87** 297, LG Ko VRS **100** 36, *Dreher/Fad* NZV **04** 235, nach Ol DAR **90** 72 (abl *Janiszewski* NStZ **90** 272) auch nicht bei Tatbegehung mittels motorgetriebenen Leichtmofas. Ausnahme von der Regel insbesondere bei notstandsähnlicher Situation oder wenn der Maßregelzweck durch vorläufige EdF bereits erreicht ist, Kar NZV **04** 537, Kö VRS **41** 101, **90** 123, Dü VM **71** 59, VRS **70** 137, KG VRS **60** 109. Auch die erfolgreiche Teilnahme an einem **Nachschulungskurs** für alkoholauffällige Kf (zB „Mainz 77"), einem **Aufbauseminar** (zB § 4 VIII StVG), einem Kurs zur Wiederherstellung der Kraftfahreignung (§§ 11 X, 70 FeV) oder einer Verkehrstherapie kann, insbesondere wenn weitere Umstände hinzutreten, Kö VRS **59** 25, Ko VRS **66** 40, – zB längere vorläufige EdF – eine Ausnahme rechtfertigen, Kar NZV **04** 537, Kö VRS **25**, **60** 375, **61** 118, Hb VRS **60** 192, Dü VRS **66** 347, LG Potsdam ZfS **04** 183, LG Kleve DAR **78** 321, LG Krefeld VRS **56** 283, LG Hanau DAR **80** 25, LG Kö DAR **89** 109, *Preisendanz* BA **81** 87, *Gebhardt* DAR **81** 111 = VGT **81** 49f, einschränkend LG Krefeld DAR **80** 63, LG Köln ZfS **80** 124, AG Hanau VRS **58** 137, *Tröndle/Fischer* 36, nicht jedoch ohne weiteres bei vorsätzlicher Trunkenheitsfahrt und aggressivem Tätlichwerden gegen PolBe, Ko ZfS **82** 347. Untersuchungen von *Birnbaum/Biehl* NZV **02** 164, *Stephan* ZVS **86** 2, *Utzelmann* BA **84** 396 sowie *Winkler ua* BASt **88** H 64 (S 30ff, 63) sprechen für eine signifikant geringere Rückfallhäufigkeit von Kursteilnehmern nach Modell „Mainz 77" oder „Hamburg 79", aber auch von Teilnehmern an Kursmodellen für Wiederholungstäter, gegenüber nicht „nachgeschulten" Verurteilten (krit dazu *Ostermann* BA **87** 11). Zu den unterschiedlichen Modellen von Nachschulungskursen, Aufbauseminaren, Kursen zur Wiederherstellung der Kraftfahreignung und „Verkehrstherapien": *Himmelreich* DAR **04** 10. Bei **gewerbsmäßig** betriebenen Kursen nicht gem §§ 36 VI, 70 FeV anerkannter Veranstalter ist jedoch eine besonders sorgfältige Prüfung der Kursusqualität durch das Gericht erforderlich, Hb VRS **60** 192, *Tröndle/Fischer* 36, s *Winkler* BA-Festschrift S 246f., *Hentschel* NJW **81** 1082, DAR **81** 83. Berücksichtigung privatwirtschaftlich veranstalteter Nachschulung durch amtlich anerkannte Psychologen, s LG Hildesheim DAR **03** 88. Bei Wiederholungstätern, für die im Falle der EdF das erhöhte Mindestmaß des § 69a II für die Sperre gilt, wird Teilnahme am Nachschulungskurs nur in seltenen Ausnahmefällen die Feststellung wieder bestehender Eignung entgegen der Regelvermutung von II rechtfertigen, LG Köln ZfS **81** 30. Gegen Nachschulung als geeignetes Mittel zur Beseitigung des Eignungsmangels: LG Kassel DAR **81** 28, AG Freising DAR **80** 252; gegen Berücksichtigung im Erkenntnisverfahren *Seib* DRiZ **81** 165 = VGT **81** 69f.

19a Die Tatsache, daß es sich um einen langjährig unbeanstandet fahrenden Ersttäter handelt, rechtfertigt keine **Ausnahme von der Regel des Abs II Nr 1 oder 2**, Dü VM **71** 59, KG VRS **60** 109, LG Sa BA **99** 310 (Anm *Zabel*), *Kunkel* DAR **87** 42, aM teilweise die tatrichterliche (vor allem saarländische, s die Nachweise bei *Zabel/Noss* BA **89** 258) Rspr, zB LG Sa BA **92** 398, AG Homburg ZfS **96** 354, AG Esslingen BA **82** 382, AG St Ingbert ZfS **98** 153 (einschränkend neuerdings LG Sa ZfS **98** 152). Der bloße

Versuch, das Kfz in eine nahe Parklücke umzusetzen, ist eine untypische Begehungsweise, so daß bei EdF den Urteilsgründen zu entnehmen sein muß, daß sich das Gericht der Ausnahmemöglichkeit bewußt gewesen ist und eine Gesamtabwägung zur Eignungsfrage vorgenommen hat, Ha VRS **52** 24, Dü VRS **74** 259. Überhaupt wird das Versetzen eines Kfzs um nur wenige Meter zum Zwecke nicht störenden Parkens im allgemeinen abweichend von Abs II noch nicht Kraftfahrungeeignetheit begründen, Bay DAR **69** 177, Dü VRS **74** 259, **79** 103, Stu NJW **87** 142 (20 m auf öffentlichem Parkplatz, krit *Middendorff* BA **87** 432), AG Bonn DAR **80** 52, AG Fürstenfeldbruck ZfS **03** 470, AG Regensburg ZfS **85** 123, LG Aachen NStZ **86** 404, LG Kö ZfS **88** 331, sehr weitgehend AG Coesfeld 3a Gs 59/84 (100m), einschränkend LG Dessau ZfS **95** 73. Spontaner Entschluß, auf die plötzliche Nachricht vom schweren Unfall des Sohnes trotz voraufgegangenen Alkoholgenusses mit dem Pkw zur Unfallstelle zu eilen, kann das Verhalten als eine vom Regelfall abweichende Ausnahme ohne Gefahr erneuter Straffälligkeit erscheinen lassen, LG Heilbronn DAR **87** 29, ähnlich LG Potsdam NZV **01** 360. Daß der Täter nur aufgrund rückwirkender Anwendung der geänderten Rspr zum Beweisgrenzwert für absolute Fahrunsicherheit bestraft werden konnte, rechtfertigt keine Ausnahme von der Regel der EdF, s LK *(Geppert)* 91, weil schon das Herantrinken an den früheren Beweisgrenzwert und das anschließende Fahren trotz der erheblichen dazu erforderlichen Trinkmengen ein hohes Maß an Verantwortungslosigkeit als Kf offenbart, im übrigen aber eine „Dosierung" (so aber LG Dü VM **90** 56) der Alkoholmenge, auf eine bestimmte BAK gar nicht möglich ist, s *Heifer* BA **72** 72.

Lit zum Thema Nachschulungsmaßnahmen: *Birnbaum/Biehl*, Evaluation des Nachschulungskurses „Mainz 77", NZV **02** 164. *Bode,* Kurse für auffällige Kf, BA **79** 36. *Derselbe,* Berücksichtigung der Nachschulung von Alkohol-Verkehrs-Straftätern durch Strafgerichte, DAR **83** 33. *Derselbe,* Nachweis der Nachschulung im Strafverfahren, BA **84** 31. *Derselbe,* EdF im Strafverfahren und Besserung der Kraftfahreignung auffälliger Kf, NZV **04** 7. *Dittmer,* Die Nachschulung, ein Mittel zur Behebung von Eignungsmängeln alkoholauffälliger Kf?, BA **81** 281. *Gebhardt,* Die Nachschulung alkoholauffälliger Kf und die gerichtliche Praxis, DAR **81** 107, VGT **81** 38. *Geppert,* Nachschulung alkoholauffälliger Ersttäter, BA **84** 55. *Hentschel,* Trunkenheit, Fahrerlaubnisentziehung, Fahrverbot, 9. Aufl. 2003, Rz 636 ff. *Derselbe,* NJW **81** 1081, **82** 1081 (RsprÜbersicht). *Himmelreich,* Nachschulung alkoholauffälliger Kraftfahrer, BA **83** 91. *Derselbe,* Nachschulung und Therapie bei Trunkenheitsdelikten …, DAR **97** 465. *Himmelreich/Hentschel,* Fahrverbot – Führerscheinentzug, Bd II, Rz 83 ff. *Kunkel,* Mainz 77, Maßnahme zur Verhaltensveränderung bei Trunkenheitstätern, BA **79** 1. *Kürschner,* Die Berücksichtigung von Nachschulungsmaßnahmen im Strafverfahren, BA **81** 387. *Legat,* Rspr oder „operational research"?, BA **81** 17. *Middendorff,* … Die Nachschulung von Alkoholtätern, BA **82** 129. *Ostermann,* Das Rückfallgeschehen bei Alkoholtätern – Folgerungen für die Nachschulung, BA **87** 11. *Seib,* Die Nachschulung alkoholauffälliger Kf …, DRiZ **81** 161, VGT **81** 63. *Stephan,* Die Legalbewährung von nachgeschulten Alkoholtätern in den ersten zwei Jahren unter Berücksichtigung ihrer BAK-Werte, ZVS **86** 2. *Utzelmann,* Die Bedeutung der Rückfallquote von Teilnehmern an Kursen nach dem Modell „Mainz 77" unter neuen Gesichtspunkten, BA **84** 396. *Winkler ua,* Wirksamkeit von Kursen für wiederholt alkoholauffällige Kf, BASt **88** H 64. *Winkler ua,* Zur Langzeitwirkung von Kursen für wiederholt alkoholauffällige Kf, BA **90** 154.

Übersicht über Kursmodelle und Veranstalter: *Himmelreich/Hentschel* Bd II Rz 483 e. *Spoerer/Ruby,* Nachschulung und Rehabilitation verkehrsauffälliger Kf, 1987.

Die Ungeeignetheit kann sich auch aus einem **Verhalten außerhalb des öffentlichen StrV** ergeben (Trunkenheitsfahrt im Kasernenbereich mit fahrlässiger Körperverletzung), Ol VRS **55** 120. **20**

Den **Vollrausch** (§ 323 a StGB), sofern er zur Gefährdung des StrV, zur Trunkenheit **21** im V oder zum Sichentfernen (II Nr 1–3) führt, will der GGeber ausweislich der Begr aus logischen Gründen in II aufgenommen haben. Zur Frage eines Absehens von der Maßregel in Fällen nur geringen Verschuldens, s LK *(Geppert)* 90.

8. Verhältnismäßigkeit, Übermaßverbot. Das Recht zum Führen von Kfz ist **22** Bestandteil des Grundrechts auf allgemeine Handlungsfreiheit gem Art. 2 I GG, BVerfG NJW **02** 2378, **02** 2381 (Anm *Bode*). Daher kommt dem **Verfassungsgrundsatz der Verhältnismäßigkeit** im Rahmen der Anwendung von § 69 besondere Bedeutung zu, BGH NZV **03** 199. I S 2 StGB steht dazu nicht in Widerspruch. Trotz *zwingend* gebotener EdF (Rz 24) bei Ungeeignetheit unter den Voraussetzungen des § 69 ohne weitere

Prüfung der Verhältnismäßigkeit bedeutet das keine Außerkraftsetzung des tragenden Rechtsprinzips der Verhältnismäßigkeit für den Bereich der Maßregel des § 69 StGB (§ 62 StGB, **E** 2), sondern nur, daß dieses Prinzip bereits bei der Feststellung der Voraussetzungen von I S 1 bereits berücksichtigt ist, s AG Bremen-Blumenthal StV **02** 372. Gerade weil gem I S 2 keine „weitere Prüfung" nach § 62 stattfindet, erfordert die Anwendung von § 69 bei Prüfung der durch die Vorschrift normierten Voraussetzungen für die EdF die sorgfältige Berücksichtigung des Grundsatzes der Verhältnismäßigkeit, s aber *Kühl* JR **04** 127. I S 2 entbindet also nur dem bloßen Wortlaut nach von der Prüfung in bezug auf das Übermaßverbot, weil Ungeeignetheit stets zur EdF zwingt. Das ist jedoch nur dann kein das Übermaßverbot verletzender Kreisschluß, wenn die Prüfung des sich aus der Tat ergebenden Gesamtbildes zwingend totale Ungeeignetheit zumindest auf Zeit ergeben hat, so daß mildere Maßnahmen (beschränkte FE, Aufl, FV) dem Sicherungsbedürfnis nicht genügen könnten, zust *Bode* DAR **89** 446. **Prüfung der Voraussetzungen von I S 1** deshalb stets unter Beachtung des Grundsatzes der Verhältnismäßigkeit, BGH (4. StrSen) NZV **03** 199 (unter Bezugnahme auf BVerfG NJW **02** 2378, abw insoweit BGH, 1. StrSen, NStZ **03** 660 f), LG Mannheim ZfS **03** 208, abw *Kühl* JR **04** 127. Nur wenn die Eignungsprüfung das Übermaßverbot bereits zutreffend berücksichtigt, ist dem zwingenden Verhältnismäßigkeitsgrundsatz genügt, s AG Br StV **02** 372. Ist jedoch in der Hauptverhandlung fortbestehende Ungeeignetheit und damit Gefährlichkeit des Kf festgestellt, so ist EdF auch bei drohendem Arbeitsplatzverlust niemals unverhältnismäßig, sondern zwingend geboten, LK *(Geppert)* 67, aM AG Bad Homburg VRS **67** 22.

23   **9. Bei der letzten tatrichterlichen Aburteilung** muß Ungeeignetheit bestehen, BGH NStZ **04** 147, NZV **03** 199, **01** 434, VRS **95** 410, DAR **95** 185, StV **99** 18, BGHSt **7** 165, Bay NJW **77** 445, Kar NZV **04** 537, Dr NZV **01** 439, Fra VM **77** 31, NStZ-RR **96** 235, Dü NZV **93** 117, so daß bis zur letzten tatrichterlichen Hauptverhandlung eingetretene Umstände zu berücksichtigen sind, LG Mühlhausen NZV **03** 206, zB die Wirkung polizeilicher FSBeschlagnahme oder vorläufige EdF (§§ 94, 111 a StPO), Bay NJW **71** 206, Fra VM **77** 31, NStZ-RR **96** 235, Sa MDR **72** 533, Dü VRS **70** 137, Kö VRS **90** 123. Das kann dazu führen, daß zum Urteilszeitpunkt keine Ungeeignetheit mehr besteht, zB nach langer FSBeschlagnahme, insbesondere im Zusammenwirken mit einem Kursus zur Behandlung alkoholauffälliger Kf, s Rz 19. Die in einer Straftat offenbar gewordene Ungeeignetheit darf nicht zur EdF führen, wenn die Erwartung weiterer Straftaten und damit eine künftige Gefährdung anderer nicht mehr begründet ist, BGH NZV **01** 434, Dr NZV **01** 439, Kö StV **00** 261. Ist die Ungeeignetheit im Zeitpunkt des Berufungsurteils entfallen, so ist die EdF aufzuheben, Bay NJW **77** 445, Kar DAR **01** 469, LG Zw VRS **99** 443, LK *(Geppert)* 247, *Janiszewski* DAR **89** 137 f, s *Suhren* VGT **89** 141 ff. Andererseits rechtfertigt mehrmonatige unbeanstandete Teilnahme am motorisierten StrV bis zur Hauptverhandlung allein idR nicht die Feststellung, der in der Tat offenbar gewordene oder durch sie indizierte (Abs II) Eignungsmangel habe gar nicht vorgelegen, oder eine durch die Tat offenbar gewordene Ungeeignetheit zum Führen von Kfzen sei inzwischen wieder weggefallen, Kö DAR **66** 271, Dü VM **71** 59, DAR **96** 413 (abl *Schulz* NZV **97** 63), Ko VRS **65** 448, **66** 40, **68** 118, Kar VRS **68** 360, Mü NJW **92** 2776, Stu NZV **97** 316, aM LG Wuppertal NJW **86** 1769 (jedoch im Ergebnis möglicherweise richtig mangels relativer Fahrunsicherheit), LG Dü ZfS **80** 187 (Anm *Hentschel*), *Schulz* ZfS **98** 362. Maßprinzip: Rz 22. Die Tatzeit entscheidet nie (Maßregel, Begr). War vorläufige EdF so lange wirksam, daß Eignungsmangel als beseitigt anzusehen ist, so unterbleibt EdF, auch wenn die vorläufige Maßnahme kürzer war als die Mindestsperre, Bay NJW **71** 206, *Suhren* VGT **89** 139, der Grund der Nichtentziehung gehört dann zwecks Bindungswirkung ins Urteil (Rz 27). Will das Berufungsgericht die Zeit vorläufiger EdF oder einer FS-Verwahrung bei der Sperre berücksichtigen, so muß es dies im Tenor aussprechen, Kö NJW **67** 361, s Bay VM **66** 65.

24   **10. Zwingend** und ohne Ermessensspielraum ist die FE zu entziehen, sofern die gesetzlichen Voraussetzungen vorliegen, BGHSt **6** 185, **5** 176, **7** 165, einschränkend AG Br StV **02** 372, auch neben Sicherungsverwahrung, BGH VM **66** 34, neben SzB, BGH VRS **28** 420, **29** 14, Schl SchlHA **60** 60. Wirtschaftliche Gesichtspunkte haben unbe-

rücksichtigt zu bleiben, Dü DAR **92** 187. Ohne Bedeutung ist, ob die im Zeitpunkt der Entscheidung bestehende FE schon bei Tatbegehung erteilt war oder womöglich erst danach erworben wurde, BGH NStZ **87** 546. Frühere EdF hindert, solange nicht Wiedererteilung erfolgt ist, erneute EdF; in solchen Fällen kommt nur sog „isolierte" Sperre in Frage, BGH DAR **78** 152, s *Hentschel* DAR **77** 212, aA Br VRS **51** 278. Teilweise Entziehung ist nicht möglich, BGH NJW **83** 1744, NStZ **83** 168, VG Berlin NZV **01** 139, VG Mü NZV **00** 271 (Ausnahme von der Sperre, s § 69a Rz 5ff). Ob die in § 69 I vorgesehene vollständige EdF, lediglich mit der Möglichkeit, bestimmte Kfz-Arten von der Sperre auszunehmen, rechtspolitisch notwendig und gerechtfertigt ist, ist zw, s dazu *Bode* DAR **89** 447. Es könnte erwogen werden, im Einklang mit dem Übermaßverbot, von vornherein die weitere Möglichkeit vorzusehen, in geeigneten Fällen die FE nur insoweit zu entziehen (einzuschränken), wie der Kf versagt hat, s hierzu *Berz, Brockelt, Mollenkott,* Wie kann die Maßregel der EdF für die Praxis verbessert werden?, VGT **80** 285ff. Gegen eine Verwischung der Grenze zwischen „bedingter" Kraftfahreignung und Ungeeignetheit aber mit Recht *Weigelt ua,* NZV **91** 58.

11. Die Fahrerlaubnis erlischt mit Rechtskraft des Urteils (III), Kar VRS **53** 461, 25 zugleich auch eine SonderFE nach § 26 FeV, Bay NZV **90** 364, *Ebert* VD **85** 84, 107. Fahren nach diesem Zeitpunkt verletzt § 21 StVG. Irrtum hierüber, auch bei versehentlich belassenem FS, ist vermeidbarer Verbotsirrtum. Vorläufige EdF: § 111a StPO. Zw, ob bei Wiederaufnahme des Verfahrens eine Maßnahme nach §§ 69, 69a vorläufig ausgesetzt werden kann, s Ha VRS **38** 39, *Hentschel,* Trunkenheit, Rz 678. Kein Wiederaufleben der entzogenen FE nach Sperrablauf, sie muß neu beantragt und formell neu erteilt werden (§ 20 FeV), VGH Ma NZV **92** 87, auch nach Gnadenerweis, der nur die Sperre beseitigen kann (§ 69a Rz 19). In Unkenntnis der Sperre erteilte FE ist gültig, aber wieder entziehbar, Ha VRS **26** 345, Ko VRS **51** 96.

12. Einziehung des Führerscheins durch Urteil ist geboten (III). Der FS verkör- 26 pert die FE nicht, er beweist sie. S § 5 FeV. Einziehbar sind nur von einer deutschen Behörde ausgestellte FSe und internationale FSe. Die lediglich vergessene Einziehungsanordnung kann trotz des Verschlechterungsverbots nachgeholt werden, denn sie ist keine selbständige Maßregel, BGHSt **5** 168, NZV **98** 211, Kar NJW **72** 1633. Hatte der Täter auch einen MilitärFS, ergreift die Einziehung auch ohne besondere Erwähnung im Urteil beide, AG Wuppertal DAR **61** 340. Inhaber ausländischer Führerscheine: § 69b StGB. Für FEe, die von einer Behörde der ehemaligen DDR ausgestellt worden sind, gilt, soweit diese gem Einigungsvertrag gültig bleiben (s dazu § 6 FeV Rz 27), § 69 StGB, s *Nettesheim* DtZ **91** 366.

13. Verfahren. Auf mögliche EdF ist in der Anklagezulassung oder Hauptverhand- 27 lung hinzuweisen, BGHSt **18** 288 = NJW **63** 1115, ZfS **92** 102, **93** 355, BaySt **04** 43 = NZV **04** 425, VRS **62** 129, Ko VRS **50** 30. Die Urteilsformel ist dahin zu fassen, die FE werde entzogen, vor Ablauf von (Zeiteinheit) dürfe dem Verurteilten keine FE erteilt werden, BGH NJW **61** 1269, VRS **22** 144. Wegen der Bindungswirkung für die VB muß sich das Urteil (ebenso der Strafbefehl, § 409 III StPO) über EdF oder Nichtentziehung auch ohne Antrag aussprechen (§ 267 VI StPO), sonst keine Bindung (näher § 3 StVG). Die **Begr der EdF** muß substantiell sein, nicht nur formelhaft, Besonderheiten müssen berücksichtigt sein, BGH VRS **45** 177, ohne Widerspruch zur Strafzumessung, Kö DAR **60** 70, aber ohne Zwang zu bloßen Wiederholungen, Kö DAR **66** 271. In den Fällen von II genügt für Begr der EdF die Feststellung, daß der dort genannten Taten begangen ist, Ko VRS **55** 355, Dü VRS **74** 259, *Wanda* MDR **65** 1, *Hartung* NJW **65** 86. Drängt sich die Möglichkeit einer Ausnahme von der Regel des II nicht auf, so genügen im übrigen summarische Ausführungen darüber, daß der Regelfall gegeben ist, Kö DAR **66** 271, Zw VRS **54** 115, s BGH DAR **95** 185. Die Annahme eines Ausnahmefalles von der Regel des II ist im einzelnen zu begründen, § 267 VI 2 StPO, KG VRS **60** 109. Ist EdF nach abschließenden Feststellungen unzulässig, so darf auch das Revisionsgericht entsprechend § 354 I StPO die Maßnahme selbst aufheben, Hb NJW **55** 1080. Bei Teilfreispruch im Wiederaufnahmeverfahren ist über EdF aufgrund der neuen Hauptverhandlung zu entscheiden und die seit Rechtskraft verflossene

Sperrzeit zu berücksichtigen, Ha VRS **21** 43. Nach beendigter Urteilsverkündung, zu welcher der Beschluß gem § 268a I StPO nicht gehört, kann vergessene EdF nicht mehr nachgeholt werden, BGH VRS **47** 283. In der rechtskräftigen Entscheidung (Urteil, Strafbefehl) vergessene EdF bei Sperrfristfestsetzung kann grundsätzlich nicht nachgeholt werden, s Ha VR **78** 812, Kö VM **81** 46, LG Freiburg ZfS **01** 332, Berichtigung des Entscheidungstenors ist jedoch dann möglich, wenn die Gründe ergeben, daß nicht isolierte Sperre, sondern EdF gewollt ist, BGH VRS **16** 370, Ko VRS **50** 34, LG Aachen 63 Qs 107/96, *Tröndle/Fischer* 54, abw LK *(Geppert)* 248. Erweist sich Verhängung einer isolierten Sperrfrist auf das alleinige Rechtsmittel des Verurteilten hin als gerechtfertigt, so bleibt sie bestehen, eine nach dem Ersturteil versehentlich erteilte FE kann jedoch nur gem § 3 StVG entzogen werden, Ko VRS **51** 96. Anfechtbarkeit und Sperrfristfragen: § 69a Rz 10–13, 16. Mitteilung an das BZR: § 9 BZRG. Tilgung: §§ 45ff BZRG. Die Ausnahme vom Verwertungsverbot gem § 52 II BZRG gilt auch im Strafverfahren nur für die Prüfung der EdF, Dü VRS **54** 50. Mitteilung an das VZR: §§ 28 StVG, 59 FeV. EdF durch VB und Verhältnis zur gerichtlichen EdF: § 3 StVG, s *Schendel*, Doppelkompetenz von Strafgericht und VB zur EdF, 1974.

28 **Das Verschlechterungsverbot** (§§ 331, 358 StPO) hindert das Berufungsgericht lediglich, bei Berufung des Verurteilten auf EdF zu erkennen, wenn der Erstrichter die FE nicht entzogen hatte, oder die Sperrfrist zu erhöhen, s § 69a Rz 18. Fällt bei Tatmehrheit und einheitlicher EdF eine Tat weg und ist die EdF schon wegen der verbleibenden Tat(en) zulässig, so darf sie bestehenbleiben, Bay DAR **66** 270, ebenso, wenn zwar das angewandte StrafG die Maßregel nicht trägt, jedoch ein anderes auf den Sachverhalt anzuwendendes, Bay VRS **8** 197. Wäre die vom Erstrichter verhängte Sperrfrist abgelaufen, hält das Berufungsgericht den Angeklagten aber weiterhin für ungeeignet, so darf es die EdF mit gleicher Sperrfrist bestehen lassen, s § 69a Rz 18. Hat das Gericht nur Sperre verhängt in der Annahme, die FE sei bereits entzogen, so darf EdF auf ein zugunsten des Angeklagten eingelegtes Rechtsmittel nicht nachgeholt werden (§§ 331, 358 II StPO), so daß der Verurteilte im Besitz der FE bleibt, Kar VRS **59** 111, Ko VRS **50** 34, desgleichen, wenn die VB nach Verkündung des erstinstanzlichen Urteils FE erteilt hat, Ko VRS **60** 431. Ist EdF sachlich geboten, durch § 331 StPO aber ausgeschlossen, und ist dem Täter zwischen erster und zweiter Tatsachenverhandlung eine neue FE erteilt worden, so darf das Berufungsgericht die im angefochtenen Urteil ausgesprochene isolierte Sperre erneut anordnen, Br NJW **77** 399. Der FS darf auch nachträglich noch eingezogen werden, weil er der FE folgt, s Rz 26. **Rechtsmittelbeschränkung**, s § 69a Rz 16.

29 **14. Strafbar** sind Zuwiderhandlungen nach EdF nach § 21 StVG (Fahren ohne FE). Nichtablieferung des FS nach EdF ist nicht strafbar.

30 **15. Lit:** *Cramer*, Voraussetzung für eine gerichtliche EdF nach § 42m StGB, MDR **72** 558. *Dreher/Fad*, EdF und Verhängung eines FV bei Teilnehmern, NZV **04** 231. *Geppert*, Neuere Rspr des BGH zur EdF bei Nicht-Katalogtaten, NStZ **03** 288. *Hentschel*, Trunkenheit, Fahrerlaubnisentziehung, Fahrverbot, 9. Aufl 2003. *Derselbe*, Die Voraussetzungen für die strafgerichtliche EdF unter Berücksichtigung der jüngsten Rspr des BGH, NZV **04** 57. *Derselbe*, Fahrerlaubnisentziehung als Strafe für Prozeßverschleppung?, DAR **76** 150. *Derselbe*, Reform der strafgerichtlichen Fahrerlaubnisentziehung durch Auslegung und Analogie?, DAR **84** 248. *Derselbe*, Probleme der Praxis des Führerscheinentzugs in der BRep, BA **86** 1. *Derselbe*, Fahrerlaubnisentziehung und Sperrfrist in der Rechtsmittelinstanz, DAR **88** 330. *Herzog*, Aus dem V ziehen – Eine Maßnahme der allgemeinen Verbrechensbekämpfung?, StV **04** 151. *Himmelreich*, „Bedeutender Sachschaden i.S.d. §§ 69 Abs 2 Nr 3, 142 StGB, DAR **97** 82. *Hruby*, Die EdF in der Berufungsinstanz, NJW **79** 854. *Janiszewski*, Sinnvollere Behandlung der EdF, DAR **89** 135. *Krehl*, Regel und Ausnahme bei der EdF (§ 69 II StGB), DAR **86** 33. *Kulemeier*, FV (§ 44 StGB) und EdF (§§ 69ff StGB), Lübeck 1991. *Derselbe*, FV und FEEntzug – Sanktionen zur Bekämpfung allgemeiner Kriminalität?, NZV **93** 212. *Lenhart*, Der „bedeutende Schaden" als Regelbeispielsvoraussetzung einer EdF, NJW **04** 191. *Mögele*, Langandauernde vorläufige EdF und Reichweite der Regelvermutung des § 69 II StGB, ZRP **82** 101. *Molketin*, Anwendung von §§ 44 I, 69 I StGB nur bei „Zusammenhangstaten" im öffentlichen StrV?, DAR **99** 536. *Derselbe*, BTM-Beschaffungsfahrten mit dem Kfz und (vorläufige) EdF, ZfS **02** 209. *Mollenkott*, Fahrlässige Rücksichtslosigkeit bei § 315c StGB und EdF, BA **85** 298. *Müller-Metz*, Zur Reform von Vergehenstatbeständen und Rechtsfolgen im Bereich der VDelikte, NZV **94** 89 (93). *Piesker*, FE und allgemeine Kriminalität, VD **03** 119. *Schäfer*, Ist auch dann vom Regelbeispiel

des § 69 II Nr 3 StGB auszugehen, wenn die Anwendung des § 142 IV nF StGB ausschließlich daran scheitert, daß ein „bedeutender Sachschaden" vorliegt?, NZV **99** 190. *Schulz,* Wegfall der Ungeeignetheit iS des § 69 StGB durch Zeitablauf, NZV **97** 62. *Sowada,* Die EdF (§ 69 StGB) bei Taten der allgemeinen Kriminalität, NStZ **04** 169. *Derselbe,* Die EdF durch den Strafrichter bei sog Zusammenhangstaten, BA **04** 151. *Suhren,* Wie kann Fehlentwicklungen bei der Entziehung und Wiedererteilung der FE begegnet werden?, VGT **89** 136. *Wölfl,* Die Geltung der Regelvermutung des § 69 II StGB im Jugendstrafrecht, NZV **99** 69. *Zabel/Noss,* Langjährige unbeanstandete Fahrpraxis – ein Bonus für Alkoholtäter ..., BA **89** 258. *Zeitler,* Auswirkungen des geänderten StrVRechts auf die Vollstreckung des FEEntzuges, Rpfleger **00** 486. – **Zur Frage der Reformbedürftigkeit** der EdF: *Beine* BA **78** 261; *derselbe* ZRP **77** 295; *Berz* VGT **80** 305; *Gontard, Rebmann*-F S 211; *Himmelreich* DAR **77** 85; *Janiszewski* DAR **77** 312, GA **81** 385; *Koch* DAR **77** 85; **77** 316; *Preisendanz* DAR **81** 307; *Schultz* BA **82** 315; *Sunder* BA **79** 65. – Zur Nachschulung: s Rz 19.

Sperre für die Erteilung einer Fahrerlaubnis

69a (1) ¹Entzieht das Gericht die Fahrerlaubnis, so bestimmt es zugleich, daß für die Dauer von sechs Monaten bis zu fünf Jahren keine neue Fahrerlaubnis erteilt werden darf (Sperre). ²Die Sperre kann für immer angeordnet werden, wenn zu erwarten ist, daß die gesetzliche Höchstfrist zur Abwehr der von dem Täter drohenden Gefahr nicht ausreicht. ³Hat der Täter keine Fahrerlaubnis, so wird nur die Sperre angeordnet.

(2) Das Gericht kann von der Sperre bestimmte Arten von Kraftfahrzeugen ausnehmen, wenn besondere Umstände die Annahme rechtfertigen, daß der Zweck der Maßregel dadurch nicht gefährdet wird.

(3) Das Mindestmaß der Sperre beträgt ein Jahr, wenn gegen den Täter in den letzten drei Jahren vor der Tat bereits einmal eine Sperre angeordnet worden ist.

(4) ¹War dem Täter die Fahrerlaubnis wegen der Tat vorläufig entzogen (§ 111a der Strafprozeßordnung), so verkürzt sich das Mindestmaß der Sperre um die Zeit, in der die vorläufige Entziehung wirksam war. ²Es darf jedoch drei Monate nicht unterschreiten.

(5) ¹Die Sperre beginnt mit der Rechtskraft des Urteils. ²In die Frist wird die Zeit einer wegen der Tat angeordneten vorläufigen Entziehung eingerechnet, soweit sie nach Verkündung des Urteils verstrichen ist, in dem die der Maßregel zugrunde liegenden tatsächlichen Feststellungen letztmals geprüft werden konnten.

(6) Im Sinne der Absätze 4 und 5 steht der vorläufigen Entziehung der Fahrerlaubnis die Verwahrung, Sicherstellung oder Beschlagnahme des Führerscheins (§ 94 der Strafprozeßordnung) gleich.

(7) ¹Ergibt sich Grund zu der Annahme, daß der Täter zum Führen von Kraftfahrzeugen nicht mehr ungeeignet ist, so kann das Gericht die Sperre vorzeitig aufheben. ²Die Aufhebung ist frühestens zulässig, wenn die Sperre drei Monate, in den Fällen des Absatzes 3 ein Jahr gedauert hat; Absatz 5 Satz 2 und Absatz 6 gelten entsprechend.

1. Sperre sieht § 69a zwingend als Folge der EdF (§ 69) vor, und zwar entweder für **1** 6 Monate bis zu 5 Jahren oder, wenn die gesetzliche Höchstfrist zur Gefahrabwehr nicht ausreicht, auf immer. Ist die FE schon rechtskräftig gerichtlich oder durch die VB entzogen, so wird nur Sperre angeordnet (§ 69 Rz 24). Während der Sperre darf die VB keine (neue) FE erteilen (§ 3 StVG), eine rechtswidrig erteilte muß sie ohne Fahrtauglichkeitsprüfung wieder entziehen, OVG Br DAR **75** 307. Im Falle des Abs I S 3 bildet die sog „**isolierte Sperre**" die eigentliche Maßregel, Zw VRS **64** 444; deswegen kann diese nur angeordnet werden, wenn die Voraussetzungen des § 69 I vorliegen, BGH VRS **107** 29. § 69a I 3 gilt auch für Inhaber ausländischer FEe nach Ablauf der Frist des § 4 IntVO, weil sie dann nicht mehr unter § 69b fallen, str, s § 69b Rz 2.

2. Die Sperrdauer (I) richtet sich allein nach dem bei der tatrichterlichen Entschei- **2** dung vorhandenen Grad und der voraussichtlichen Dauer des Eignungsmangels, BGH NZV **03** 46, DAR **92** 244, NStZ **91** 183, NStZ-RR **97** 331, ZfS **98** 353, Bay DAR **92** 364 (auch im Sicherungsverfahren), **99** 560, BA **02** 392, Ko VRS **71** 431, Dü NZV **93** 117, StV **02** 261, ohne Rücksicht auf die vermutliche Dauer eines anschließenden Neuerteilungsverfahrens, Ol VRS **51** 281, nicht nach Schuld oder Tatfolgen, BGH ZfS **98**

353, Dü StV **02** 261, *Geppert* NJW **71** 2154, *Dencker* StV **88** 454, ausgenommen deren Indizwirkung für die Prognose, BGH VRS **21** 262, DAR **87** 201, **88** 227, **92** 244, NStZ **91** 183, ZfS **98** 353, *Mollenkott* DAR **92** 316. Generalpräventive Erwägungen, allgemeine Überlegungen oder Durchschnittstaxen scheiden wegen des Maßregelcharakters aus, BGH NStZ **90** 225, Dü NZV **93** 117, *Geppert* NJW **71** 2156, *Michel* DAR **99** 540, unzutreffend LG Hb BA **85** 334, abw auch Dü VRS **91** 179 (im Regelfall alkoholbedingter absoluter Fahrunsicherheit stets Mindestsperre). Teilnahme an sog Nachschulung (s § 69 Rz 19) kann für Sperrfristbemessung eine Rolle spielen, Kö VRS **60** 375, LG Krefeld DAR **80** 63, LG Köln ZfS **81** 30, AG Marl ZfS **90** 213, AG Aachen DAR **92** 193. Zu berücksichtigen sind nur Umstände mit Tataswirkung, BGHSt **15** 393 = NJW **61** 1269. Das gilt auch bei körperlichen Eignungsmängeln. Unterschiedliche Sperrbemessung für einzelne Kfz-Arten (Rz 5–7) ist zulässig, LG Verden VRS **48** 265, AG Hannover ZfS **92** 283, *Rieger* DAR **67** 45, aM *Krumm* DAR **04** 58. Längere Verfahrensdauer ohne FS kann verkürzen, Bay BA **02** 392, Dü VM **69** 36 (Rz 9). Nicht tilgungsreife Vorstrafen (§ 29 StVG) sprechen mit, soweit für die Prognose rational belegbar verwendungsfähig, Ha DAR **61** 230. Wirtschaftliche Gesichtspunkte können nur *mittelbar* berücksichtigt werden, wenn sie nämlich geeignet sind, eine raschere Beseitigung des Eignungsmangels zu begründen, Bay DAR **99** 560, **02** 392, Ko VRS **71** 431, LG Krefeld VRS **56** 283, *Geppert,* NJW **71** 2154, s *Tröndle/Fischer* § 69 Rz 50, AG Bückeburg NJW **83** 1746. Längere erstmalige Sperre, besonders bei beruflicher Wirkung, ist sorgfältig zu begründen, BGHSt **5** 177, VRS **36** 16, DAR **69** 49, Kö VRS **76** 352, besonders bei jüngeren, noch entwicklungsfähigen Tätern, BGH VRS **21** 263; ausführliche Begr auch bei zeitlicher Höchstdauer, BGH VRS **31** 106, **34** 272, DAR **68** 23, Ha VRS **50** 274, Ko VRS **71** 431, es sei denn bei offensichtlich besonders belastenden Umständen, BGH VRS **34** 272, DAR **68** 131.

3   Die Sperre darf nicht so bemessen werden, daß sie an einem bestimmten Kalendertag endet, sondern **nur nach Zeiteinheiten,** zweckmäßig nach Monaten, andernfalls muß das Berufungsgericht sie ohne Verlängerung (§ 331 StPO) durch eine so bemessene Frist ersetzen, Bay NJW **66** 2371, Sa NJW **68** 460.

4   Auch bei **Sperre auf immer** (I) entscheidet nur die Eignungsprognose, BGH VRS **35** 416, nicht zB das Alter, zumal da manche Altersgebrechen willentlich bis zu einem gewissen Grad ausgleichbar sind, BGH VRS **35** 416, Fra DAR **69** 161. Eine Ungeeignetheitsprognose über mehr als 5 Jahre schließt als Folge nicht Notwendigkeit der EdF auf immer in, Voraussetzung dafür ist eine Unbehebbarkeitsprognose, LK (*Geppert*) 39, *Cramer* 20, s *Hentschel* DAR **76** 289, *Molketin* NZV **01** 67, abw aber die hM: BGH VRS **35** 416, NStZ-RR **97** 331, Kö NJW **01** 3491, Ha VRS **50** 274, Ko BA **75** 273, *Kulemeier* S 115, unter dieser Voraussetzung nicht unbedingt „schwere VKriminalität", Ha VRS **50** 274, so daß sie unangebracht sein wird, wenn das Gericht längere Freiheitsstrafe für heilsam hält, s BGH VRS **37** 423, NStZ-RR **97** 331, Kö VRS **41** 354, Ko VRS **40** 96. Gänzliche, nicht zu behebende fahrtechnische Unfähigkeit rechtfertigt Dauersperre, Dü VM **76** 52. Chronische Trunkenheitsdelinquenz im V mit mehreren Vorstrafen und dreimaliger EdF in größeren Abständen kann ausreichen, Ko BA **75** 273, Ha DAR **71** 20. Doch ist die Maßregel wegen ihrer Schwere auch hier substantiell zu begründen (Persönlichkeit, Vorstrafen, VVerhalten), BGH VRS **34** 194, NStZ **91** 183, Bay DAR **89** 365, Kö NJW **01** 3491, Ko VRS **40** 97, Hb VM **62** 27, Ha VRS **54** 28, Dü VM **76** 52, *Schmidt* DRiZ **61** 114, idR nicht durch bloßes Aufzählen der Vorstrafen, Kö DAR **57** 23, Kar VRS **17** 117, Ko VRS **47** 99 (Vortatenbeurteilung!). Auf Dauersperre darf das Revisionsgericht analog § 354 I StPO selber erkennen, Stu NJW **56** 1081, doch sollte es sich in aller Regel nicht zum Tatrichter aufwerfen. Gegen die Ausführungen von *Arbab-Zadeh* (Deutsches Ärzteblatt **75** 1892) zu möglicherweise durch FS-Sperre auf Lebenszeit hervorgerufenen psychischen Zwangsphänomenen s zB *Rahe, Süllwold, Lewrenz,* Deutsches Ärzteblatt **76** 443, 899 ff., *Himmelreich* DAR **77** 89.

5   **3. Ausnahmen von der Sperre** (nicht von der EdF, die FE erlischt, s § 69 Rz 24) sind zulässig für „bestimmte Arten von Kfzen" (II), wenn bestimmte Umstände die Annahme rechtfertigen, daß der Zweck der Maßregel (VSicherung) dadurch nicht gefährdet wird.

Sperre für die Erteilung einer Fahrerlaubnis   **§ 69a StGB 4**

Kfz-Art ist nicht identisch mit FS-Klasse. Darunter fallen zunächst die Arten, auf die   6
die FE gem § 6 I S 2 FeV beschränkt werden kann, Sa NJW **70** 1052, VRS **43** 22, Fra
NJW **73** 815, Ce DAR **96** 64, LG Frankenthal DAR **99** 374, *Geppert* NJW **71** 2154.
Eine FS-Klasse kann also mehrere Kfz-Arten iS von § 69a II umfassen. Unterschieden
werden kann zwischen Lkw und Pkw, zB auch innerhalb der FEKl C1, s Kar VRS **63**
200, Sa VRS **43** 22, Bay VRS **66** 445 (zur früheren Kl 3). Von der Sperre ausgenom-
men werden können aber auch alle Fze einer FS-Klasse, Ha BA **02** 498, Schl VM **74** 14,
Kö VRS **68** 278, Bay 2 St 125/87, LG Kö DAR **90** 112, LG Dessau DAR **99** 133, AG
Auerbach NZV **03** 207 (Kl T). Entscheidend für die Frage, was Kfz-Art iS von § 69a II
sein kann, ist der **Verwendungszweck,** Nau DAR **03** 573, Ce DAR **96** 64, Brn VRS
96 233, Sa NJW **70** 1052, Fra NJW **73** 815, Stu DAR **75** 305, Ha VRS **62** 124, Ol BA
81 373, LG Frankenthal DAR **99** 374 (ebenso wohl Bay VRS **66** 445, die aber offenbar
von einer anderen Bestimmung des Begriffs „Verwendungszweck" ausgeht). Nicht von
der Sperre ausgenommen werden können Kfze eines bestimmten Fabrikats, Ha NJW **71**
1193, Kfze mit bestimmten Konstruktionsmerkmalen (automatisches Getriebe usw) oder
einer bestimmten Antriebsart, Sa NJW **70** 1052, VRS **43** 22, Stu DAR **75** 305. Ausge-
nommen werden können auch nicht Fze mit einem bestimmten Fahrzweck (Feuerwehr-,
Sanitätsfz, Bundeswehrfze usw), Nau DAR **03** 573, Ha NJW **71** 1193, Fra NJW **73**
815, AG Hamburg MDR **87** 605, s Ol BA **81** 373, Bay VRS **66** 445, aM AG Lüding-
hausen DAR **03** 328 (BWFze), AG Coesfeld (DienstFze des Blutspendedienstes) BA **81**
181 mit abl Anm Zabel, anders jedoch (Ausnahme möglich), wenn die besondere Aus-
rüstung einen bestimmten Verwendungszweck bedingt, Bay NJW **89** 2959, Nau DAR
03 573, LG Hb DAR **92** 191, AG Itzehoe DAR **93** 108 (jeweils KrankenrettungsFz),
NZV **91** 397 (FeuerlöschFz), LG Hb NJW **87** 3211 (Behinderten-TransportFz). LG Hb
NZV **92** 422 hält Ausnahme auch für StrwachtFze für möglich (zw). Keine Ausnahme
daher auch für Taxis, Stu DAR **75** 305, Ha VRS **62** 124. Keine Ausnahme für be-
stimmte Arten von Transporten, Ce DAR **96** 64. Fze eines bestimmten **Halters oder
Eigentümers** können nicht von der Sperre ausgenommen werden, Ha NJW **71** 1193,
Sa VRS **43,** 22, NJW **70** 1052, Fra NJW **73** 815, Bay VRS **66** 445, Ce DAR **96** 64,
abw AG Lüdinghausen DAR **03** 328. Von der Sperre ausgenommen werden können
Traktoren, LG Frankenthal DAR **99** 374, nicht aber Fze eines bestimmten landwirt-
schaftlichen Betriebs, Fra VM **77** 30. Nach geltendem Recht sind auch **Benutzungsort
und Benutzungszeit** keine geeigneten Unterscheidungsmerkmale für Ausnahmen nach
II, Ha NJW **71** 1193, Sa VRS **43** 22, Dü VRS **66** 42, Bay VRS **66** 445, Ce DAR **96**
64, *Orlich* NJW **77** 1180, ebensowenig nach dem Inhalt von II **Berufs- oder Privat-
sphäre,** Ha NJW **71** 1618, VRS **62** 124. Keine Ausnahme daher für das Führen be-
stimmter DienstFze „im Einsatz", Ol BA **81** 373, abw AG Lüdinghausen DAR **03** 328,
oder gar bestimmte Arten beruflicher Fahrten, Mü NJW **92** 2777. Ein **bestimmtes Fz**
oder mehrere bestimmte, besonders gekennzeichnete Fze bilden keine Kfz-Art, Bay
VRS **66** 445, Nau DAR **03** 573, Ha NJW **75** 1983, Fra VM **77** 30, *Orlich* NJW **77**
1180, *Zabel* BA **83** 481, aA *Krumm* DAR **04** 57, *Weihrauch* NJW **71** 829. Ausgenom-
men werden kann auch die Kfz-Art, für die allein der Angeklagte eine FE hat (zB Fze
der FS-Klasse M), Schl VM **74** 14. **Art und Umstände, die die Ausnahme recht-
fertigen,** lassen sich nicht generell festlegen, Ha NJW **71** 1618. Der Maßregelzweck ist
nur dann nicht gefährdet (s Abs II), wenn die besonderen Umstände den Angeklagten
beim Führen der von der Sperre auszunehmenden KfzArt *trotz des bei ihm festgestellten
Fehlens der Kraftfahreignung* (!) ungefährlich erscheinen lassen, Bay NZV **91** 397, VRS **63**
271, Ha BA **02** 498, Kar VRS **63** 200, AG Lüdinghausen DAR **03** 328. Die Annahme
solcher Umstände erfordert bei charakterlichen Eignungsmängeln besonders vorsichtige
Prüfung, Stu VRS **45** 273, Ce NJW **54** 1170. Die Höhe der BAK des Täters kann be-
deutsam sein (Alkoholgewöhnung, -abhängigkeit), s *Brockmeier* NVwZ **82** 540, *Sliwka*
ZVS **82** 115; jedoch keine schematische Ablehnung jeglicher Ausnahme ab bestimmter
BAK-Höhe ohne individuelle Prüfung (Übermaßverbot!), aM *Zabel* BA **83** 483 (ab
2‰), einschränkend auch LG Sa ZfS **02** 307 (idR ab 1,6‰). Im übrigen sind bei EdF
wegen Trunkenheit an die Ausnahmebewilligung strenge Anforderungen zu stellen, Ce
BA **88** 196, LG Osnabrück ZfS **98** 273. Das gilt insbesondere bei **Ausnahme von Lkw
und Bussen** bei einem BerufsKf, der mit privatem Pkw eine Trunkenheitsfahrt unter-

4 StGB § 69a

nommen hat, Bay VRS **63** 271, Ha BA **02** 498, NJW **71** 1618, VRS **62** 124, Kar DAR **78** 139, VRS **63** 200, Ko BA **80** 293, Ce DAR **85** 90, Kö VRS **68** 278, LG Osnabrück ZfS **98** 273, s aber *Weihrauch* NJW **71** 829. Daß ein solcher Kf in der Berufssphäre unbeanstandet Lkw (Busse) geführt hat, ist allein nicht ausreichend, Kar VRS **63** 200, Bay VRS **63** 271, NStZ **86** 401 (bei *Janiszewski),* Dü VRS **66** 42, Kö VRS **68** 278, Ce BA **88** 196 (landwirtschaftliche Fze), LG Zw NZV **92** 499; dies verkennt ein Teil der tatrichterlichen Rspr, soweit dort von weitgehender Ausnahmemöglichkeit für diese KfzArten in Fällen der genannten Art ausgegangen wird, s zB LG Hanau DAR **81** 26, LG Essen ZfS **82** 61, LG Nürnberg DAR **82** 26, LG Dü DAR **83** 237, LG Kempten DAR **83** 367, LG Bielefeld DAR **90** 274, LG Hb DAR **96** 108, LG Zw ZfS **92** 356 (Linienbus!), **95** 193, VRS **87** 196, NZV **96** 252, AG Homburg ZfS **94** 185 (bei drohendem Arbeitsplatzverlust), AG Dortmund DAR **87** 30; s dagegen aus *Mollenkott* DAR **82** 217, *Hentschel,* Trunkenheit, Rz 777, *derselbe* NJW **82** 1080, *Weigelt ua* NZV **91** 59. Werden dennoch FzArten, deren Führen FEKl C (oder eine höhere Klasse) voraussetzt, von der Sperre ausgenommen, so hindert **§ 9 S 1 FeV** die FEB nicht an der Erteilung einer beschränkten FE (str), s § 9 FeV Rz 2. Ein abw Standpunkt des Strafrichters darf bei Vorliegen der Voraussetzungen des Abs II nicht zu Maßregelübermaß führen; einer Ausnahme von der Sperre stehen jedenfalls Bestimmungen der FeV, die die *Erteilung* betreffen, in keinem Falle entgegen, s *Hentschel* NZV **04** 285, aM *Dencker* DAR **04** 56, *Burmann* VGT **04** 161. Ausnahme von Rallye-Fzen, AG Alzenau DAR **81** 232. Wirtschaftliche Härten rechtfertigen keine Ausnahme, Stu VRS **45** 273, Ha NJW **71** 1618, Dü VRS **66** 42, Ce DAR **85** 90, Bay DAR **88** 364, aM AG Brühl DAR **81** 233. Ausnahme wird vor allem für solche Fz-Arten in Frage kommen, von denen für die VSicherheit eine geringere Gefahr ausgeht, Ha NJW **71** 1618, VRS **62** 124, Stu VRS **45** 273, Kar DAR **78** 139, Ol BA **81** 373, Bay VRS **63** 271, Kö VRS **68** 278, LG Kö DAR **90** 112, LG Osnabrück ZfS **98** 273, aA AG Aschaffenburg DAR **79** 26, AG Monschau ZfS **82** 62. **Nach Rechtskraft** kann Ausnahme von der Sperre nur nach Ablauf der Fristen des § 69a VII bewilligt werden, LG Koblenz DAR **77** 193, LG Kö 105 Qs 568/83, AG Alsfeld BA **80** 470, *Tröndle/Fischer* 34, *Lackner/Kühl* Rz 7, *Kulemeier* S 116, näher: *Hentschel* DAR **75** 296, aA AG Hagen DAR **75** 246, AG Pirmasens DAR **76** 193, AG Westerburg DAR **76** 274, AG Alzenau DAR **81** 232, AG Wismar DAR **98** 32 sowie (in Fällen der Verurteilung durch Strafbefehl) AG Kempten DAR **81** 234, *Wölfl* NZV **01** 371. Wird von II Gebrauch gemacht, erlischt die FE im ganzen. Der Verurteilte darf erst dann Fze der von der Sperre ausgenommenen Art führen, wenn ihm die VB eine entsprechend beschränkte FE erteilt hat, Ol NJW **65** 1287, Ha NJW **71** 1193, VG Berlin NZV **01** 139.

7 Das geltende Recht kann zu Maßregelübermaß führen, soweit nur Kfz-Arten in dem oben (Rz 6) erörterten Sinn von der FESperre ausgenommen werden können, nicht auch Fze, die sich anders durch den Artbegriff von anderen unterscheiden, und auch nicht individuelle Benutzungsweisen. Denn zur maßgerechten Gefahrabwehr reicht der Artbegriff uU nicht aus. Auch im Rahmen der anhaltenden Diskussion um die Frage einer Reformbedürftigkeit der §§ 69, 69a wird daher teilweise die Regelung des § 69a II als zu eng empfunden und eine Erweiterung der Möglichkeiten des II vorgeschlagen (s *Brockelt* VGT **80** 285, *Berz* VGT **80** 305, *Janiszewski* GA **81** 397 f, DAR **89** 140, *Schultz* BA **82** 325). Die den Richter einengende Regelung der Mindestfrist von 3 Monaten in IV und VI, die insbesondere im Berufungs- und Einspruchsverfahren zum Maßregelübermaß führen kann (s *Mollenkott* VGT **80** 296, krit *Janiszewski* GA **81** 399), sollte entsprechend der Entschließung des 18. VGT (**80** 15) zugunsten einer flexibleren Lösung geändert werden, s *Janiszewski* DAR **89** 139.

8 **4. Erhöhte Mindestsperre** auf ein Jahr schreibt III für den Fall vor, daß gegen den Täter in den letzten drei Jahren vor der Tat, zurückgerechnet vom Tattag ab, bei der fortgesetzten Tat vom ersten Tatakt ab, bereits eine Sperre angeordnet worden war, selbständig oder zusammen mit EdF. III bezweckt tiefergreifende Beschränkung bei Tätern, die sich wiederholt als ungeeignet erwiesen haben, Kar VRS **57** 108. Die Vorschrift ist bindendes Indiz für erhöhte Gefährlichkeit. Soweit die frühere Maßregel wegen körperlicher oder geistiger Mängel angeordnet worden war, gilt III nicht (str), weil

Sperre für die Erteilung einer Fahrerlaubnis   § 69a StGB 4

solche Mängel idR nicht vorwerfbar sind, allein charakterliche Mängel aber können erhöhte Mindestsperre rechtfertigen, Ha DAR **78** 23, *Kulemeier* S 111, näher: *Hentschel,* Trunkenheit, Rz 691.

5. Ermäßigte Mindestsperre bis auf drei Monate herunter erlauben IV, VI. IV enthält eine abschließende, nicht lückenhafte Regelung, Kar VRS **57** 108, Ko VRS **70** 284. Die Sperrdauer richtet sich nach der Prognose zur Zeit des letzten tatrichterlichen Urteils (§ 69 Rz 23), auch im Berufungsverfahren, Dü JMBlNRW **67** 91, Kö MDR **67** 142, auch nach Zurückverweisung durch das Revisionsgericht zu neuer tatrichterlicher Beurteilung. Fälle faktischer Sperrverlängerung durch Zeitablauf im Berufungsverfahren richten sich ausschließlich nach der dem § 331 StPO vorgehenden Regelung in IV, VI, Ha VM **78** 21. IV, VI ermäßigen nur die Mindestsperre und sind deshalb *keine Anrechnungsvorschriften,* Ko VRS **50** 361, **70** 284, Bay NZV **91** 358, vielmehr wollen sie die Berücksichtigung vorausgegangener, vollzogener sichernder Maßnahmen (vorläufige EdF, amtliche Sicherstellung, Verwahrung oder Beschlagnahme des FS, §§ 94, 111 a StPO) durch den letzten Tatrichter ermöglichen, weil nach deren Wirkung eine Sperre von noch mindestens 6 Monaten als zu hoch erscheinen kann, Bay NJW **66** 2371, **71** 206, Kö NJW **67** 361, Br DAR **65** 216, Stu NJW **67** 2071, Kar VRS **51** 88. Die Worte „wegen der Tat" in IV zeigen, daß die Mindestsperre nicht verkürzt werden darf, wenn dem Täter die FE bereits aus anderem Anlaß entzogen war, Kar VRS **57** 108. Die Zeit vorläufiger EdF darf bei Bemessung der Sperre auch berücksichtigt werden, wenn der FS nicht sichergestellt worden war, Kö VRS **52** 271. Die dann nach IV ermäßigte Sperre muß im Urteil angegeben werden, Br DAR **65** 216, Schl VM **65** 69. Besteht das Sicherungsbedürfnis ungeschmälert fort, so scheidet Ermäßigung aus, Ha VRS **45** 270, JZ **78** 656, *Ganslmayer* JZ **78** 794, aM *Gollner* JZ **78** 637. Bestand keine FE, so daß nur isolierte Sperre in Betracht kommt, so können sich vorläufige Maßnahmen nicht ausgewirkt haben; IV ist dann unanwendbar, Hb VM **78** 71, Kar VRS **57** 108, Dü VRS **39** 259, Bay NZV **91** 358, DAR **93** 371, Zw NZV **97** 279, *Tröndle/Fischer* 14, *Meyer* DAR **79** 157, s *Hentschel* DAR **84** 250, aM Sa NJW **74** 1391, *Geppert* NStZ **84** 265 sowie in LK Rz 37, *Saal* NZV **97** 279, *Kulemeier* S 112.

6. Die Sperre beginnt (V) mit der Rechtskraft, Ko VRS **53** 339, auch wenn ein Rechtsmittel eingelegt worden war, KG VRS **53** 278, und läuft auch während Strafbüßung oder behördlicher Verwahrung, Stu NJW **67** 2071. Einzurechnen als verstrichen ist gem V 2 (VI) zwingend die Zeit vorläufiger Maßnahmen gem den §§ 94, 111 a StPO, soweit diese seit der letzten tatrichterlichen Entscheidung gewirkt haben, weil die sachlichen Voraussetzungen solcher Maßnahmen danach nicht mehr geprüft werden konnten. Bei Zurückverweisung durch das Revisionsgericht gelten dagegen im Rahmen von § 331 StPO die Absätze I–IV, nicht V, Dü JMBlNRW **67** 91. Dieser richtet sich an die Vollstreckungsbehörde, Br VRS **29** 17, Ce DAR **65** 101, die im Zweifel gerichtliche Entscheidung herbeiführt (§ 458 StPO). Keine analoge Anwendung von V S 2 auf Fälle isolierter Sperre, weil sonst entgegen dem Grundsatz des Abs V S 1 und dem klaren Wortlaut von Satz 2 zwingend Einrechnung selbst dann erfolgen müßte, wenn keinerlei den in Satz 2 genannten Maßnahmen vergleichbare Umstände auf den Verurteilten eingewirkt haben, Nü DAR **87** 28; aus der Regelung in Abs V S 1 und 2 ergibt sich aber unmißverständlich, daß bloßer Zeitablauf an sich nicht zu einem Beginn der Sperre vor Rechtskraft führen soll, Dü VRS **39** 259, Nü DAR **87** 28, LG Gießen NStZ **85** 112, *Tröndle/Fischer* 37, *D. Meyer* DAR **79** 157, s *Hentschel* DAR **84** 250 f, aM LG Nürnberg-Fürth NJW **77** 446, LG Heilbronn NStZ **84** 263 (zust *Geppert*), LG Stu VM **70** 48, AG Iburg NRpfl **86** 21, *Saal* NZV **97** 281, LK *(Geppert)* 74. Beim Strafbefehl beginnt die nach V einzurechnende Frist mit dem Tag der Unterzeichnung, also der Entscheidung, LG Freiburg NJW **68** 1791, LG Kö DAR **78** 322, AG Düsseldorf NJW **67** 586, *Ehrenhauß* k + v **71** 46, LK *(Geppert)* 77, *Tröndle/Fischer* 36, *Kulemeier* S 121, aM LG Coburg DAR **65** 245, LG Düsseldorf NJW **66** 897, auch bei späterer Zurücknahme des Einspruchs.

Da die Sperre auch bei Rechtsmitteleinlegung erst ab Rechtskraft zu laufen beginnt, ist es zwar zutreffend, daß sie vor Revisionsentscheidung nicht abgelaufen sein kann, KG VRS **53** 278. Tritt aber vor Entscheidung über eine zugunsten des Verurteilten einge-

1453

legte Revision der Zeitpunkt ein, in dem nach Auffassung des Tatrichters der Eignungsmangel beseitigt ist, so ist selbst bei Zurückverweisung nicht mit weiterer Sperre zu rechnen. Nach im Schrifttum überwiegend vertretener Ansicht ist daher in derartigen Fällen die vorläufige EdF aufzuheben (s § 111 a Rz 9).

12 **7. Zusätzliche Sperren** sind wie folgt zu verhängen:
Bei späterer **Gesamtstrafenbildung** durch Urteil ist der prognosegebundene Charakter der Maßregel auf der Grundlage der letzten tatrichterlichen Beurteilung maßgebend, die alle einschlägigen Vorverurteilungen und die Wirkung schon verstrichener Sperre(n) berücksichtigt, *Tröndle/Fischer* 27. Ausführlich dazu *Hentschel* Rpfleger **77** 279. Das bedeutet: Hat eines der einzubeziehenden Urteile auf EdF und Sperre erkannt, während die neu abzuurteilende Tat dazu keinen Anlaß bietet, so ist die noch laufende Maßregel lediglich **aufrechtzuerhalten** (§ 55 II StGB) mit Sperre ab Rechtskraft des Urteils, das sie verhängt hat, BGH NJW **00** 3654, NStZ **92** 231, **96** 433, Dü VM **91** 31. Ist die Sperre aus dem einbezogenen Urteil abgelaufen, so wäre nach § 55 I 1 StGB nur die EdF (nicht auch die Sperre) aufrechtzuerhalten, BGH NStZ **96** 433, *Bringewat* Rz 317, was sich aber ebenfalls erübrigt, weil deren Wirkung gem § 69 III bereits eingetreten ist, BGH DAR **04** 229. Führt dagegen auch die neu abzuurteilende Tat zu Sperre, so entscheidet eine **neue Gesamtprognose** (s oben). Gemäß der Prognose ist eine neue einheitliche Sperre festzusetzen, BGH NJW **00** 3654, Stu NJW **67** 2071, VRS **71** 275, Zw NJW **68** 310, Kö VRS **41** 354, Kar VRS **57** 111, Dü VM **91** 31, Bay DAR **92** 365 Nr 7c, die ohne formelle Anrechnung ab Rechtskraft der neuen Entscheidung zu laufen beginnt, Stu NJW **67** 2071, *Tröndle/Fischer* 27, *Geppert* MDR **72** 286, *Dreher* StGB, 37. Aufl § 55 Rz 8, LK *(Geppert)* 64, *Bringewat* Rz 313, 316, weil ja die Prognose in die Zukunft gerichtet ist und nicht „*rückblickend*" erfolgen kann, s BGH NJW **03** 2841. Str, aM (Beginn mit der Rechtskraft der früheren Entscheidung) Kar VRS **57** 111, Stu VRS **71** 275, Dü VM **91** 31, Bay DAR **92** 365, *Lackner/Kühl* § 55 Rz 18, s auch BGHSt **24** 205 = NJW **71** 2180. Daher ist es auch kein Gesetzesverstoß, wenn im Gesamtstrafenurteil entsprechend der prognostizierten Dauer der Ungeeignetheit die gesetzliche Höchstfrist von 5 Jahren ausgeschöpft wird, obwohl nach Rechtskraft des einbezogenen Urteils schon eine Sperrzeit verstrichen ist, LK *(Geppert)* 65, *Geppert* MDR **72** 286, *Seiler*, Fahren ohne FE, Diss Regensburg 1982, S 78, anders aber die hM: BGHSt **24** 205 = NJW **71** 2180, Dü VM **92** 31, Stu VRS **72** 275, Fra VRS **55** 199, *Tröndle/Fischer* 27, *Bringewat* Rz 318. Bei nachträglicher Gesamtstrafenbildung durch Beschluß (§ 460 StPO) liegt es im Grundsatz ebenso, s LK *(Geppert)* 67ff. Näher *Hentschel* Rpfleger **77** 279. Bei Einbeziehung mehrerer zeitlicher Sperrfristen darf die neue einheitliche – mit Rechtskraft des Beschlusses beginnende – Sperrfrist 5 Jahre nicht überschreiten, BGH NJW **71** 2180, es sei denn, die letzte Prognose erfordere EdF für immer (I).

13 Besteht noch eine frühere Sperre und liegen die Voraussetzungen für eine Gesamtstrafenbildung nicht vor, so ist eine neue, ab Rechtskraft des neuen Urteils laufende Sperre zu bestimmen. Nicht zulässig ist eine sog Anschlußsperre, die mit dem Ablauf der früheren Sperre zu laufen beginnen soll, wie V 1 zwingend ergibt, Ko DAR **73** 137, Zw NJW **83** 1007, *Geppert* MDR **72** 280, *Oske* MDR **67** 449, aM Hb VRS **10** 355, KG VRS **18** 273.

14 **8. Vorzeitige Aufhebung der Sperre** setzt voraus, daß **neue Tatsachen** einschließlich neuer Ermittlungen (Gutachten) im Zeitpunkt der neuen Entscheidung annehmen lassen, der Verurteilte sei nicht mehr ungeeignet (Übermaßverbot, VII), KG VM **04** 67, Hb VRS **107** 30, Dü NZV **91** 477, Ko VRS **67** 343, **69** 28, **71** 26, Mü NJW **81** 2424, LG Hof NZV **01** 92, LG Ka DAR **92** 32, *Bandemer* NZV **91** 301. Bloße nochmalige Gesamtwürdigung ohne neue Tatsachen genügt nicht, Hb VRS **107** 30, Dü NZV **90** 237, **91** 474, Ko VRS **68** 353, BA **86** 154 (ganz hM, weitere Nachweise s *Hentschel*, Trunkenheit, Rz 793, aM Kö NJW **60** 2255, Dü VRS **63** 273, **66** 347); denn dies liefe auf unzulässige Korrektur einer rechtskräftigen Entscheidung durch das erkennende Gericht hinaus, Hb VRS **107** 30, LK *(Geppert)* 83. Keine neue Tatsache, die eine vorzeitige Aufhebung rechtfertigen könnte, ist für sich allein auch jahrzehntelange straffreie Führung bei lebenslanger Sperre, Mü NJW **81** 2424, bei einem Trunkenheitstäter aber uU mehrjährige Abstinenz, Ha BA **01** 381. Ergänzendes Gutachten: VGH Ka

VM **68** 25, *Händel* NJW **59** 1212. Bei der neuen Entscheidung können zwar uU wirtschaftliche Nachteile der Sperre ins Gewicht fallen, Kö VRS **21** 111, Ko VRS **68** 353, wenn sie bessernde Wirkung hatten, Ko VRS **71** 26, aber nur, soweit sie unvorhersehbar schwer waren, LG Karlsruhe DAR **58** 137 (anderenfalls sind sie keine neue Tatsache und daher unbeachtlich, Hb VRS **107** 30, LG Ka DAR **92** 32). In Betracht kommt ferner das Verhalten des Verurteilten in der Zwischenzeit, Schl VM **57** 91, erfolgreiche Teilnahme an einem Nachschulungskurs oder Aufbauseminar für alkoholauffällige Kf, Dü VRS **66** 347, LG Kleve DAR **04** 470, LG Dr DAR **02** 280, LG Hof NZV **01** 92, LG Hildesheim DAR **03** 88, AG Hof NZV **04** 101, DAR **02** 328, AG Lüdinghausen DAR **04** 470, *Himmelreich* DAR **03** 111, **04** 9f, *Piesker* BA **02** 203, s *Zabel/Zabel* BA **91** 345 (RsprÜbersicht), aM AG Freising DAR **80** 252, LG Kassel DAR **81** 28, einschränkend LG Dortmund DAR **81** 28, LG Ellwangen BA **02** 223, AG Würzburg VM **95** 32 (s zur „Nachschulung" § 69 Rz 19), oder andere Nachschulungsmaßnahmen, Ko VRS **69** 28, sowie eine auf wissenschaftlich anerkannter Grundlage beruhende VTherapie, LG Dresden DAR **02** 280, *Himmelreich* DAR **03** 111, **04** 10. Anerkennung des Kursleiters nach § 36 VI FeV ist nicht zu verlangen, s *Bode* ZfS **03** 372, aM LG Hildesheim DAR **04** 110 (abl *Himmelreich* DAR **04** 12), s aber § 69 Rz 19. Nach Untersuchungen von *Birnbaum/Biehl* NZV **02** 164 lag die Rückfallquote von Teilnehmern am Nachschulungskurs Modell „Mainz 77" trotz Sperrfristabkürzung deutlich unter derjenigen Nicht-Nachgeschulter. Um die Bereitschaft zur Teilnahme an Aufbauseminaren zu fördern, hat der GGeber die Mindestfrist des Abs VII 2 (s Rz 15) von 6 auf 3 Monate gesenkt (s Begr zum ÄndG v 24. 4. 1998, BRDrucks 821/96 S 96). Bedingte Entlassung dagegen rechtfertigt allein nicht vorzeitige Aufhebung der Sperre, Hb VRS **107** 30, Dü NZV **90** 237, **91** 477, Ha VRS **30** 93, Ko VRS **68** 353, s aber Kar VRS **101** 430. Generalpräventive Gesichtspunkte dürfen keine Rolle spielen, s Rz 2, *Bode* ZfS **02** 595, unzutreffend LG Hildesheim ZfS **02** 594. Auch Sperre auf immer kann aufgehoben werden, Kar VRS **101** 430, Ha VRS **50** 274, Dü VRS **63** 273, NZV **91** 477, Ko VRS **66** 446. Bloßer Zeitablauf reicht dazu aber auch in diesen Fällen nicht aus, weil sonst die lebenslange Sperre im Ergebnis eine zeitige wäre, Mü NJW **81** 2424, Dü NZV **91** 477, aM Dü VRS **63** 273. Zur Anwendung von Abs VII im Jugendstrafrecht, s *Bandemer* NZV **91** 300.

Die vorzeitige Aufhebung betrifft nur die Sperre, nicht die EdF (§ 69 Rz 25). Sie ist **15** erst zulässig nach **Ablauf der Mindestfristen in VII,** um verfrühte Aufhebung auszuschließen, und darf für einzelne Kfz-Arten (Rz 5–7) verschieden sein, *Rieger* DAR **67** 45. Rechnerische Herabsetzung der Mindestfristen (Rz 9) ist auch hier vorgesehen (VII Satz 2), keine Einrechnung vorläufiger Maßnahmen jedoch, soweit sie *vor* dem Urteil liegen, Ko BA **86** 154, *Seib* DAR **65** 209, *Bieler* BA **70** 112. Die Entscheidung über eine vorzeitige Aufhebung kann **nicht im voraus** für einen erst Monate später eintretenden Zeitpunkt getroffen werden, weil Eignungsbeurteilung nur für den aktuellen Zeitpunkt möglich ist, LG Ellwangen, BA **02** 223. **Zuständig** für die durch Beschluß ergehende Entscheidung ist grundsätzlich das Gericht des ersten Rechtszuges, während der Vollstreckung einer Freiheitsstrafe die Strafvollstreckungskammer (§ 462a I 1 StPO), Kar VRS **100** 118, bzw der Jugendrichter als Vollstreckungsleiter (§ 82 I JGG). Ist Freiheitsstrafe voll verbüßt, entscheidet über Sperrabkürzung das Gericht erster Instanz, Stu VRS **57** 113, Ce VRS **71** 432, Ha JMBlNRW **89** 33, Dü NZV **90** 237, abw Dü VRS **64** 432 (Strafvollstreckungskammer) falls die Vollstreckungskammer schon während des Vollzugs mit der Frage befaßt war.

9. Verfahren. Anfechtung des Schuldspruchs ergreift das gesamte Urteil, BGHSt **16** **10** 379, Bay NJW **68** 31, Sa ZfS **01** 518, Hb VM **73** 12, KG MDR **66** 345, Zw MDR **65** 506, weil sie für Sanktionen vorerst keinen Raum läßt, abgesehen nur von Maßregeln der Besserung und Sicherung bei Schuldunfähigkeit. Umgekehrt ergreift ein auf Strafe oder eine Maßregel beschränktes Rechtsmittel idR den Schuldspruch nicht. Ist bei TM einheitlich auf EdF mit Sperre erkannt, so ergreift ein Rechtsmittel wegen einer der Tatverurteilungen auch die Maßregel, Bay DAR **90** 369, JR **67** 67, Sa ZfS **01** 518, Ko VRS **53** 339. Wird auf EdF neben Freispruch erkannt, so ist die Maßregel gesondert anfechtbar. Teilanfechtung ist nur zulässig, soweit der angefochtene Teil selbständig logisch nachgeprüft werden kann und mit keinem anderen Entscheidungsteil untrennbar verknüpft ist, BGHSt **19** 48, NZV **01** 434, VRS **92** 204, Kar VRS **48** 425, Schl VRS **54** 33, Ce VRS **54** 366, Bay NZV **91** 397. **Untrennbarkeit von Strafe und Maßregel,** wenn, wie in der Regel, auf das Rechtsmittel hin die Strafzumessungstatsachen geprüft werden müssen, BGH NJW **57** 1726, Bay NZV **91** 397, VRS **60** 103, Fra NZV **96** 414, Kö VRS **68** 278, Schl VRS **54** 33, Sa NJW **68** 460, Dü VRS **63** 463, etwa bei EdF wegen Charaktermangels (zB Trunkenheit im V), BGH BA **01** 453, Bay DAR **90** 369, NStZ **88** 267, Fra NZV **96** 414, Kö VRS **76** 352, **90** 123, Ko VRS **43** 420, Hb MDR **73** 602. Deshalb ist Strafausspruchsanfechtung unter Ausklammerung der Entscheidung über EdF idR unzulässig. Strafaufhebung erfaßt idR auch EdF, auch bei wegfallender Gesamtstrafe, BGH VRS **36** 265. Die Erwägungen zur EdF und zur SzB sind nach hM idR nicht so eng miteinander verknüpft, daß **Rechtsmittelbeschränkung auf die Frage der SzB** unwirksam wäre, BGH NZV **01** 434 (zust *Geppert* JR **02** 114), Dü VRS **96** 443, Ko VRS **51** 24, aM Dü VRS **98** 36, **63** 463, Bra NJW **58** 679, Kö NJW **59** 1237. Anders, wenn zwischen beiden Entscheidungen eine so enge Wechselwirkung besteht, daß bei Rechtskraft der Maßregelentscheidung und Teilanfechtung der Entscheidung zur Bewährungsfrage die Gefahr von Widersprüchen bestünde, sowie in den Fällen, in denen bestimmte Feststellungen für beide Entscheidungen relevant sind, BGH NZV **01** 434, KG VRS **101** 438. Die Aufhebung lediglich der Tagessatz**höhe** nötigt indessen nicht zur Aufhebung der EdF, weil jene unabhängig von Schuld, Unrechtsgehalt und Fahreignung festgestellt wird, Bay VRS **60** 103. Regelmäßig auch **keine Beschränkung des Rechtsmittels auf die Sperre,** insbesondere auf die Entscheidung über eine Ausnahme von der Sperre (Rz 5 ff), Dü VRS **66** 42, Kö VRS **68** 278, Bay NZV **91** 397, Fra NZV **96** 414, s aber Ce BA **88** 196, oder auf die Nichtanordnung einer isolierten Sperre, Bay DAR **90** 365. Keine Rechtsmittelbeschränkung auf die **Nichtanordnung der Maßregel;** anders nach teilweise vertretener Auffassung trotz der Wechselwirkung zwischen Strafe und Maßregel (s § 316 Rz 38), wenn die der Entscheidung zugrunde liegenden *Feststellungen* nicht in Frage gestellt werden, sondern nur die auf diesen Feststellungen beruhende Ablehnung der Maßregel, selbst wenn diese nur auf charakterliche Ungeeignetheit gestützt werden könnte, Stu NZV **97** 316, Fra NZV **02** 382. Gesonderte Anfechtung der Sperrfrist nur bei Trennbarkeit, BGH VRS **21** 262, Kar VRS **48** 425, zB bei nur formelhaft begründeter Dauer oder bei gesetzwidriger Länge neben unzweifelhaft zulässiger EdF, Schl DAR **67** 21. **Beschränkung des Rechtsmittels auf EdF** ausnahmsweise dann, wenn zwar der Strafausspruch auf den gleichen Feststellungen beruht, diese aber auch die Grundlage für den Schuldspruch bilden (insoweit Bindung des Rechtsmittelgerichts), Kö 1 Ss 367/84, s BGH NJW **81** 591. Beschränkbarkeit auf EdF, wenn sie nur mit fahrtechnischer Ungeeignetheit begründet ist, KG MDR **66** 345. Zur **Zulässigkeit der Berufung,** die nur Rückgabe des FS bezweckt, LG Berlin VRS **49** 276, *Meyer* MDR **76** 629, *Geppert* ZRP **81** 89.

17   Die Sperrfristbemessung kann nur auf Ermessensfehler hin nachgeprüft werden, Ha VRS **50** 274. Neben isolierter Sperre ist FSEinziehung nicht vorgesehen, Bay VM **76** 68. EdF ohne Sperre, weil inzwischen wieder Geeignetheit bestehe, ist widersprüchlich und unzulässig, Bay 1 St 74/72, ebenso widersprüchliche Erwägungen über die Sperrdauer, BGH VRS **21** 35. Hat die inzwischen rechtskräftige Entscheidung **versehentlich nur Sperre verhängt,** so bleibt diese zwar bestehen, jedoch besteht auch die FE fort, zur Berichtigung der Urteilsformel in solchen Fällen s § 69 Rz 27. Mitteilung an das VZR: §§ 28 StVG, 59 FeV. Das Sperrende ist im BZR einzutragen: § 8 BZRG; gerichtliche Sperreabkürzung: § 12 Nr 8 BZRG, Gnadenerweis: § 14 BZRG.

18   **Das Verschlechterungsverbot** (§ 331 StPO) hindert Verlängerung der Sperre, BGHSt **5** 178, Kar VRS **48** 425, Stu NJW **67** 2071, Ha VM **78** 21, auch einer isolierten, Ha VM **78** 21, Kö NJW **65** 2309, nicht aber geänderte Begr bei unveränderter Sperre, Bay BA **02** 392, Kar VRS **51** 88, Neust NJW **60** 1483, Ha VRS **69** 221, Fra DAR **92** 187, Ko VRS **65** 371, *Kulemeier* S 135 (str, s *Hentschel,* Trunkenheit, 803 f., *Geppert* ZRP **81** 89, *Gontard, Rebmann*-F S 220); es steht bei fortbestehender Ungeeignetheit auch einer erneuten Anordnung der EdF nach Zurückverweisung durch das Revisionsgericht nicht entgegen, obwohl die Sperre ohne das Rechtsmittel abgelaufen wäre, Kar DAR **03** 253. Hatte der Verurteilte nach rechtskräftigem Verlust der FE aus

behördlichem Irrtum eine neue FE erlangt, ist danach eine isolierte Sperrfrist verhängt worden und hat nur der Verurteilte Berufung eingelegt, so hindert das Verschlechterungsverbot den Fortbestand der isolierten Sperrfrist nicht, Br VRS **51** 278, jedoch keine Nachholung der EdF, s § 69 Rz 28. Festsetzung einer neuen, längeren Sperre im Rahmen einer Gesamtstrafenbildung (s Rz 12) verstößt auch dann nicht gegen das Verschlechterungsverbot, wenn diese Gesamtstrafenbildung auf ein Rechtsmittel des Angeklagten erfolgt, denn diese Neufestsetzung könnte ja auch im Wege des § 460 StPO erfolgen, Dü VRS **36** 178, s aber *Maiwald* JR **80** 353. War unzulässigerweise auf Anschlußsperre erkannt (Rz 13), ist beim Erlaß des Berufungsurteils die frühere Sperre jedoch bereits abgelaufen, so darf das Berufungsgericht die neue Sperre ungekürzt ab Rechtskraft seiner Entscheidung datieren, Bay NJW **66** 896. Verstoß gegen Verschlechterungsverbot, wenn Freiheitsstrafe ausgesetzt, dafür aber die Sperre um 18 Monate erhöht wird, Ol MDR **76** 162.

10. Nach Ablauf der Sperre entscheidet allein die VB auf Antrag über Erteilung **19** einer neuen FE, im Prinzip frei, weil ihre Prüfung meist umfassender ist als die vorherige gerichtliche nach § 69 StGB, BVGE **17** 347 = MDR **64** 351, BVGE **20** 365 = NJW **67** 29, **68** 147 (zw *Rupp*), **87** 2246, Bay DAR **60** 120, VGH Ka VM **63** 17 (*Booß*), VRS **76** 45, OVG Br VM **63** 28, VRS **70** 307, OVG Münster NJW **56** 966, KG VM **57** 41, *Bonk* BA **94** 248, s *Kulemeier* S 144. Nach geltendem Recht dürfte die VB nicht verpflichtet sein, **nach vorzeitiger Aufhebung der Sperre** gem VII die FE wiederzuerteilen, VGH Ka NJW **65** 125, *Himmelreich/Hentschel* Bd II Rz 179, 308, *Himmelreich* DAR **03** 111, differenzierend *Tröndle/Fischer* 47. Eine entsprechende Bindung der VB durch Änderung des § 3 IV StVG sollte aber erwogen werden, s *Hentschel* DAR **79** 317. Wo sie jedoch ausschließlich dieselben Tatsachen wie vorher bei EdF und/oder Sperre das Gericht zu beurteilen hat, wird sie die Erteilung nicht im Gegensatz zum Gericht ablehnen dürfen, OVG Berlin VM **63** 18, LK (*Geppert*) § 69 Rz 119, *Tröndle/Fischer* 47, s *Martens* NJW **63** 139, s auch § 20 FeV Rz 1. An eine falsche Tenorierung hinsichtlich des Beginns der Sperre („ab Rechtskraft" ohne Berücksichtigung der Einrechnung nach Abs V 2) ist sie nicht gebunden, VG Kö ZfS **84** 382.

Lit: *Bandemer*, Die Voraussetzungen einer nachträglichen Sperrzeitverkürzung im Rahmen des **20** § 69a VII StGB, insbesondere bei Anwendung im Jugendstrafrecht, NZV **91** 300. *Beine*, Rechtsfragen bei Ablauf der Sperrfrist für die Erteilung einer Fahrerlaubnis vor Abschluß eines Rechtsmittelverfahrens, BA **81** 427. *Dencker*, Strafzumessung bei der Sperrfristbemessung?, StV **88** 454. *Derselbe*, Die Auswirkungen von § 9 FeV auf § 69a II StGB und § 111 a I S 2 StPO, DAR **04** 54. *Geppert*, Die Bemessung der Sperrfrist …, Strafrechtliche Abhandlungen, Neue Folge, Band 3. *Derselbe*, Auswirkungen einer früheren strafgerichtlichen EdF und der dort festgesetzten Sperrfrist auf die Bemessung einer neuen Sperrfrist, MDR **72** 280. *Derselbe*, Totale und teilweise EdF, NJW **71** 2154. *Derselbe*, Schwierigkeiten der Sperrfristbemessung bei vorläufiger EdF, ZRP **85** 85. *Hentschel*, Nachträgliche Ausnahme für bestimmte Arten von Kfz von der FSSperre, DAR **75** 296. *Derselbe*, Die Abkürzung der Sperrfrist beim Entzug der FE, DAR **79** 317. *Derselbe*, Die FSsperre bei nachträglicher Gesamtstrafenbildung, Rpfleger **77** 279. *Derselbe*, Reform der strafgerichtlichen Fahrerlaubnisentziehung durch Auslegung und Analogie?, DAR **84** 248. *Derselbe*, Fahrerlaubnisentziehung und Sperrfrist in der Rechtsmittelinstanz, DAR **88** 330. *Derselbe*, Die FESperre für Lkw und Busse?, NZV **04** 285. *Himmelreich*, Sperrfristabkürzung für die Wiedererteilung der FE … durch eine Verkehrstherapie, DAR **03** 110. *Derselbe*, Nachschulung, Aufbauseminar, Wieder-Eignungskurs und Verkehrstherapie zur Abkürzung der strafgerichtlichen FE-Sperre bei einem Trunkenheitsdelikt, DAR **04** 8. *Krumm*, Das Ausnehmen bestimmter Arten von Kfzen von der Sperre …, DAR **04** 56. *D. Meyer*, Verkürzung des Mindestmaßes der Sperre auch bei isolierter Anordnung einer Sperrfrist?, DAR **79** 175. *Michel*, Probleme mit der Dauer der Sperre, DAR **99** 539. *Mollenkott*, Ausnahmen vom Entzug der FE und beim FV, DAR **82** 217. *Zabel*, Ausnahmegenehmigungen für „Trunkenheitstäter", BA **83** 477. *Wölfl*, Nachträgliche Ausnahmen von der FESperre nach § 69a II StGB?, NZV **01** 369. *Zabel/Zabel*, Abkürzung der FESperre bei Alkoholtätern nach verkehrspsychologischer Nachschulung, BA **91** 345.

Wirkung der Entziehung bei einer ausländischen Fahrerlaubnis

69b (1) ¹**Darf der Täter auf Grund einer im Ausland erteilten Fahrerlaubnis im Inland Kraftfahrzeuge führen, ohne daß ihm von einer deutschen Behörde eine Fahrerlaubnis erteilt worden ist, so hat die Entziehung der Fahrerlaubnis die**

4 StGB § 69b

Wirkung einer Aberkennung des Rechts, von der Fahrerlaubnis im Inland Gebrauch zu machen. ²Mit der Rechtskraft der Entscheidung erlischt das Recht zum Führen von Kraftfahrzeugen im Inland. ³Während der Sperre darf weder das Recht, von der ausländischen Fahrerlaubnis wieder Gebrauch zu machen, noch eine inländische Fahrerlaubnis erteilt werden.

(2) ¹Ist der ausländische Führerschein von einer Behörde eines Mitgliedstaates der Europäischen Union oder eines anderen Vertragsstaates des Abkommens über den Europäischen Wirtschaftsraum ausgestellt worden und hat der Inhaber seinen ordentlichen Wohnsitz im Inland, so wird der Führerschein im Urteil eingezogen und an die ausstellende Behörde zurückgesandt. ²In anderen Fällen werden die Entziehung der Fahrerlaubnis und die Sperre in den ausländischen Führerscheinen vermerkt.

1 **1. Ursprung:** 2. VerkSichG (§ 42o StGB), jetzige Fassung: G zur Änderung des StVG und anderer Gesetze v 24. 4. 1998 (BGBl I 747), in Kraft getreten am 1. 1. 99; Begr: BRDrucks 821/96 S 96. Begr zum 32. StRÄndG v 1. 6. 95 (BRDrucks 68/93). Die Vorschrift regelt die Rechtsfolgen bei EdF gegenüber Inhabern ausländischer FEe vor Ablauf der Fristen gem § 4 IntVO (Rz 2) und gegenüber Inhabern von EU/EWR-FEen, die nach Maßgabe von § 28 FeV im Inland Kfze führen dürfen. Die Regelung war notwendig, weil eine Entziehung mit der Wirkung eines Verlustes der durch eine ausländische Behörde erteilten Erlaubnis ein rechtlich unzulässiger Eingriff in fremde Hoheitsrechte wäre, Sa BA **03** 153. In Betracht kommt daher nur die Wirkung eines Erlöschens des Rechts, während der Sperre im Inland fahrerlaubnispflichtige Kfze zu führen (Abs. I S 1).

2 **Inhaber einer ausländischen Fahrerlaubnis** iS der Vorschrift sind Personen beliebiger Staatsangehörigkeit, die entweder ihren ständigen Aufenthalt im Inland haben und nach Maßgabe der §§ 28, 29 FeV im Inland Kfze führen dürfen oder die ihren ständigen Aufenthalt im Ausland haben oder bis vor längstens einem Jahr (§ 4 I S 4 IntVO) hatten und gem § 4 IntVO im Inland Kfze ohne deutsche FE führen dürfen. Nach Beendigung der Berechtigung, etwa wegen Ablaufs der Fristen des § 4 I S 3 oder 4 IntVO, gilt für sie § 69a I 3 StGB, BGHSt **42** 235 = NZV **96** 500 (502), *Hentschel* NJW **75** 1350 sowie in *Meyer*-Gedächtnisschrift S 810 ff, *Spendel* JR **97** 137, LK *(Geppert)* 2, *Lütkes/Ferner/ Kramer* Rz 2, *Heinrich* PVT **98** 27, abw aber neuerdings BGHSt **44** 194 = NZV **99** 47 (Anm. *Hentschel* NZV **99** 134), LG Aachen BA **01** 382 und 64 Qs 48/01 (unter Aufhebung eines abw Beschlusses des AG Eschweiler NZV **02** 332), weil Abs I nur die *Wirkung* regele (welche rechtliche Wirkung sollte dann aber die Entziehung einer nicht bestehenden Berechtigung haben?). § 69b ist auch auf die Inhaber von FSen anzuwenden, die gem Art 9 Zusatzabkommen zum NATO-Truppenstatut zum Führen von Kfzen im Inland berechtigen, BGH NStZ **93** 340.

3 **2. Voraussetzungen für die EdF.** Nach Änderung des Abs I durch das 32. StRÄndG v 1. 6. 95 und dem Inhalt der Neufassung durch ÄndG v 24. 4. 1998 hängt die EdF bei außerdeutschen FzFührern jetzt nicht mehr davon ab, daß die Tat gegen VVorschriften verstößt. Die Entziehung einer ausländischen FE ist daher (mit der einschränkenden Wirkung des Abs I) unter den gleichen Voraussetzungen zulässig wie die einer deutschen FE, s BGH MDR **97** 80 (unerlaubte Schußwaffeneinfuhr). Dadurch soll eine wirksame Bekämpfung der zunehmend länderübergreifenden Kriminalität gefördert werden (BRDrucks 68/93 – Beschluß –). Allerdings muß die ausländische FE, zB gem § 4 IntVO, zum Fahren im Inland berechtigen (s Rz 2). Das am 8. 11. 68 in Wien unterzeichnete Übereinkommen über den StrV (ÜbStrV, BGBl I 1977 S 811), durch G vom 21. 9. 77 (BGBl II 809) ratifiziert, hat nicht zu einer Rechtsänderung hinsichtlich der Regelung in § 4 IntVO und § 69b StGB geführt, *Bouska* VD **79** 228, *Hentschel, Meyer*-Gedächtnisschrift S 791 f. Die Vertragsparteien sind nämlich insbesondere nicht gehindert, die Bestimmung des Art 41 ÜbStrV über die Anerkennung nationaler FSe durch nähere Regelungen auszufüllen, s *Bouska/Laeverenz* Art 43 ÜbStrV Anm 2. Die Frage einer Anerkennung von FEen solcher Staaten, die dem Abkommen nicht beigetreten sind, ist durch Art 41 ÜbStrV ohnehin nicht betroffen. Auch mit der 2. EG-FSRichtlinie (ABl EG **91** Nr L 237/1 = StVRL § 6 FeV Nr 1) steht die Regelung des § 69b im Einklang. Insbesondere erlaubt Art 8 der Richtlinie ausdrücklich die Anwen-

Wirkung der Entziehung bei einer ausländischen Fahrerlaubnis **§ 69b StGB 4**

dung innerstaatlicher Vorschriften über die EdF bei Inhabern ausländischer FEe, die in einem Mitgliedstaat ausgestellt wurden, nach Begründung eines „ordentlichen Wohnsitzes" (s § 2 StVG Rz 3) im Inland (Abs II).

3. Wirkung der Maßregel: Mit der Rechtskraft der Entscheidung erlischt das 4 Recht zum Führen von Kfzen im Inland (I S 2). Ein Hinweis im Tenor auf diese sich aus dem Gesetz ergebende Fahrverbotswirkung der EdF wäre unrichtig, BGHSt **42** 235 = NZV **96** 500 (502). Für die Dauer der Sperre darf weder dieses Recht wiedererteilt, noch darf eine deutsche FE erteilt werden, und zwar weder durch Umschreibung (§§ 30, 31 FeV) noch im allgemeinen Prüfungsverfahren. Zu unterbleiben hat aber der Ausspruch über die Einziehung des FS, wenn nicht die Voraussetzungen des Abs II S 1 vorliegen. Nur bei Inhabern von EU- oder EWR-FSen, die ihren ordentlichen Wohnsitz im Inland haben, erfolgt im Urteil auch Einziehung des FS (s Rz 5). Sonst werden Entziehung und Sperre im ausländischen FS vermerkt; das Urteil beschränkt sich dann auf den Ausspruch: „Dem Angeklagten wird die Erlaubnis zum Führen von Kfzen entzogen. Vor Ablauf von ... darf keine FE erteilt werden." Das Anrechnungsgebot des § 51 V auf das FV des § 44 findet keine entsprechende Anwendung; die Wirkung des Abs I S 1 ist insoweit nicht dem FV nach § 44 gleichzusetzen, so schon zur früheren Fassung des § 69b LG Köln MDR **81** 954, weil die EdF trotz der Wirkung nach Abs I S 1 Maßregel bleibt, *Hentschel* MDR **82** 107. **Nach Ablauf der Sperre** lebt das Recht, aufgrund der (fortbestehenden) ausländischen FE im Inland Kfze zu führen, nicht ohne weiteres wieder auf. Da es nach Abs I S 2 mit der Rechtskraft erloschen ist, bedarf erneutes Führen fahrerlaubnispflichtiger Kfze vielmehr der Erteilung der Erlaubnis, von der ausländischen FE wieder Gebrauch zu machen (I S 3, §§ 4 IV IntVO, 28 V FeV), oder – bei Inhabern einer EU- oder EWR-FE mit ordentlichem Wohnsitz im Inland – der Erteilung einer deutschen FE (§ 2 II Nr 1 StVG). In beiden Fällen bedarf es der Antragstellung bei der FEB, die nach deutschem Rechtsmaßstab prüft, ob Neuzulassung zum KfzV im Inland verantwortet werden kann, OVG Saarlouis ZfS **01** 142 (s Begr zum ÄndG v 24. 4. 1998, BRDrucks 821/96 S 96). Das gilt nicht für die Fälle, in denen die EdF noch **gem § 69b in der vor dem 1. 1. 99 geltenden Fassung** erfolgte, weil nach jener Regelung, wie gem § 69b I S 2 nF, das Recht zum Führen von Kfzen im Inland *erlosch*, sondern nur zu einem Verbot führte, während der Sperre im Inland Kfze zu führen, wobei das Recht nach Ablauf der Sperre ohne weiteres wieder auflebte. In diesen Fällen bleibt es (mangels entgegenstehender Übergangsregelung), wenn die übrigen Voraussetzungen (§§ 4 I IntVO, 28 I FeV) vorliegen, bei dem wieder aufgelebten Recht, Kö NZV **01** 225 (abl *Ternig* DAR **01** 293), LG Aachen NZV **00** 511 (Anm *Bouska*), s BGHSt **47** 336 = NJW **02** 2330, aM *Bouska* NZV **00** 512. Entziehung iS von §§ 4 III Nr 3 IntVO, 28 IV Nr 3 FeV ist also in Fällen des § 69b nur eine nach dem 1. 1. 99 gem § 69b nF angeordnete Maßnahme, Kö NZV **01** 225, näher *Hentschel* NZV **01** 193.

4. Vollstreckt wird die Maßregel bei Inhabern einer EU/EWR-FE mit ordentli- 5 chem Wohnsitz im Inland durch Einziehung des FS und dessen Rücksendung an die ausstellende ausländische Behörde. Der GGeber knüpft an diese Regelung die Erwartung, daß die ausstellende Behörde die FE wegen der Tat, die der Maßregelanordnung zugrunde liegt, ihrerseits entzieht (s Begr, BRDrucks 821/96). In allen anderen Fällen erfolgt die Vollstreckung durch Eintragung der „EdF" nebst Sperre im ausländischen Führerschein, und zwar zur Verhinderung von Mißbrauch entsprechend § 69b auch in einem durch Täuschung erlangten FS, wenn in Wahrheit keine FE besteht, Kar NJW **72** 1633, s *Hentschel,* Trunkenheit, Rz 837. II S 2 ist eine der Vollstreckungsbehörde obliegende Vollzugsmaßnahme und bedarf keiner Anordnung im Urteil, Bay NJW **79** 1788. Rechtsändernde Bedeutung hat die Eintragung wegen § 69 III StGB nicht, denn der Rechtsverlust tritt schon mit Urteilsrechtskraft ein. Sie will Vortäuschung weiterer Fahrbefugnis verhindern, Bay NJW **63** 359. Vorübergehende sofortige Beschlagnahme des ausländischen Führerscheins zwecks Eintragung ist zulässig (§ 463b StPO). Nach der Eintragung ist der Führerschein unverzüglich wieder auszuhändigen, *Tröndle/Fischer* 10, LK *(Geppert)* 15, *Meyer-Goßner* § 111a Rz 18. Stellt sich Besitz weiteren ausländischen Führerscheins heraus, ist die Sperre auch dort einzutragen, *Eckhardt* DAR **74** 286. Lie-

1459

4 StGB § 142

gen die Voraussetzungen des § 4 I IntVO bei Verurteilung nicht mehr vor, ist jedoch isolierte Sperre (§ 69a I 3) angezeigt, so wäre zwar Eintragung sinnvoll, um Täuschungsmöglichkeiten entgegenzuwirken, würde aber voraussetzen, daß II unabhängig von I anzuwenden ist, was wohl nicht angenommen werden kann, s *Nettesheim* DtZ **91** 365, *Hentschel* NJW **76** 2060 sowie in *Meyer*-Gedächtnisschrift S 811, aM BGHSt **44** 194 = NZV **99** 47 (folgerichtig, weil Abs I als anwendbar erachtet wird) sowie *Sch/Sch (Stree)* 6. Innerhalb der **EU-Mitgliedstaaten** ist für die Zukunft die gegenseitige Vollstreckung der EdF im jeweiligen ausländischen Wohnsitzstaat nach Maßgabe des Übereinkommens v 17. 6. 98 (ABl EG C 216/1) vorgesehen, das noch der Ratifizierung bedarf (s § 25 StVG Rz 32), krit *Zelenka* DAR **01** 148.

6 5. Umgehung der EdF oder „isolierten Sperre" durch Begr eines ausländischen Wohnsitzes ist nicht möglich. Insbesondere berechtigt eine ausländische FE auch nach Verlegung des ständigen Aufenthalts ins Ausland nicht zur Teilnahme am FE-pflichtigen KfzV im Inland nach EdF, wie § 4 III Nr 3 bzw Nr 4 IntVO ausdrücklich bestimmt, s § 31 FeV Rz 17. Entsprechendes gilt für die Anerkennung einer von einem EU- oder EWR-Mitgliedstaat erteilten FE (§ 28 IV Nr 3 FeV).

7 6. Lit.: *Heinrich*, FSMaßnahmen bei ausländischen FzF, PVT **98** 27. *Hentschel*, EdF bei ausländischen FSen NJW **75** 1350. *Derselbe*, Die Teilnahme am inländischen KfzVerkehr mit ausländischen FSen, *Meyer*-Gedächtnisschrift S 789. *Derselbe*, Der Einfluß einer gem § 69b StGB in der bis zum 31. 12. 1998 geltenden Fassung angeordneten Entziehung einer ausländischen Fahrerlaubnis auf die Berechtigung gem §§ 28 FeV, 4 IntVO, NZV **01** 193. *Würfel*, Benutzung ausländischer FSe nach EdF, DAR **80** 325. *Zelenka*, EU-Übereinkommen über den Entzug der FE, DAR **01** 148.

Unerlaubtes Entfernen vom Unfallort

142 (1) **Ein Unfallbeteiligter, der sich nach einem Unfall im Straßenverkehr vom Unfallort entfernt, bevor er**
1. **zugunsten der anderen Unfallbeteiligten und der Geschädigten die Feststellung seiner Person, seines Fahrzeugs und der Art seiner Beteiligung durch seine Anwesenheit und durch die Angabe, daß er an dem Unfall beteiligt ist, ermöglicht hat oder**
2. **eine nach den Umständen angemessene Zeit gewartet hat, ohne daß jemand bereit war, die Feststellungen zu treffen,**

wird mit Freiheitsstrafe bis zu drei Jahren oder mit Geldstrafe bestraft.

(2) **Nach Absatz 1 wird auch ein Unfallbeteiligter bestraft, der sich**
1. **nach Ablauf der Wartefrist (Absatz 1 Nr. 2) oder**
2. **berechtigt oder entschuldigt**

vom Unfallort entfernt hat und die Feststellungen nicht unverzüglich nachträglich ermöglicht.

(3) ¹**Der Verpflichtung, die Feststellungen nachträglich zu ermöglichen, genügt der Unfallbeteiligte, wenn er den Berechtigten (Absatz 1 Nr. 1) oder einer nahe gelegenen Polizeidienststelle mitteilt, daß er an dem Unfall beteiligt gewesen ist, und wenn er seine Anschrift, seinen Aufenthalt sowie das Kennzeichen und den Standort seines Fahrzeugs angibt und dieses zu unverzüglichen Feststellungen für eine ihm zumutbare Zeit zur Verfügung hält.** ²**Dies gilt nicht, wenn er durch sein Verhalten die Feststellungen absichtlich vereitelt.**

(4) **Das Gericht mildert in den Fällen der Absätze 1 und 2 die Strafe (§ 49 Abs. 1) oder kann von Strafe nach diesen Vorschriften absehen, wenn der Unfallbeteiligte innerhalb von vierundzwanzig Stunden nach einem Unfall außerhalb des fließenden Verkehrs, der ausschließlich nicht bedeutenden Sachschaden zur Folge hat, freiwillig die Feststellungen nachträglich ermöglicht (Absatz 3).**

(5) **Unfallbeteiligter ist jeder, dessen Verhalten nach den Umständen zur Verursachung des Unfalls beigetragen haben kann.**

1–19 **Begr** zur Neufassung 1975 (BTDrucks 7/2434): 31. Aufl.

Begr zum 6. StrRG v 26. 1. 1998 (BTDrucks 13/9064): **Zu Abs 4:** ... *Dem Anwendungsbereich nach werden – wie beim Vorschlag des Bundesrates – nur Unfälle mit Sachschäden im*

Unerlaubtes Entfernen vom Unfallort　　　　　　　　　§ 142 StGB 4

ruhenden Verkehr und damit im wesentlichen die zahlreichen Parkunfälle erfaßt. Um einen Gleichklang mit § 69 Abs. 2 Nr. 3 zu erzielen, der in der Regel den Fahrerlaubnisentzug vorsieht, wenn bei dem Unfall bedeutender Sachschaden entstanden ist, soll die vorgeschlagene Regelung aber nur bei nicht bedeutenden Sachschäden zur Anwendung gelangen können. Die damit angesprochene Wertgrenze, die ursprünglich von der Rechtsprechung bei 1200 DM gezogen wurde, wird heute nicht mehr als ausreichend angesehen und von der Praxis inzwischen deutlich höher angesetzt, so daß im Ergebnis ein erheblicher Anwendungsbereich der Vorschrift verbleibt.

Hinsichtlich der Frage, auf welche Weise der Unfallbeteiligte die Feststellungen nachträglich zu ermöglichen hat, verweist der neue Absatz 4 auf § 142 Abs. 3, der beispielhaft zwei Möglichkeiten aufführt, wie der Unfallbeteiligte seiner Handlungspflicht genügen kann. Er kann den Berechtigten oder einer nahegelegenen Polizeidienststelle die erforderlichen, in Absatz 3 genannten Einzelheiten mitteilen. Er kann aber auch andere Wege beschreiten (z. B. durch freiwillige Rückkehr an den Unfallort), soweit er damit seinen Mitteilungspflichten nachkommt …

Übersicht

Absehen von Strafe 69
Benachrichtigung der Polizei 47, 53, 53a
Benachrichtigung der Beteiligten 44, 45, 48 ff, 53, 53 a
Blutprobe 36
Einziehung 70
Ermöglichen der nötigen Feststellungen 32–37, 43
Ermöglichen der nötigen Feststellungen, nachträgliches 48–50, 53, 53 a, 69
Festnahmerecht 46, 74
Feststellungsberechtigte 46, 47
Feststellungsbefugnis, polizeiliche 47
Feststellungsinteresse 22, 23, 45, 60
Irrtum 62, 63
Körper- und Sachschaden 27, 28, 31
Literatur 80
Mutmaßliche Einwilligung 22, 23, 51
Polizei, Warten auf – 38, 47
Rechtsgut, geschütztes 20
Rückkehrpflicht 42
Ruhender Verkehr 69
Selbstbegünstigung 20
Sichentfernen
–, berechtigtes 51
–, entschuldigtes 52
–, Vollendung durch – 55

Strafmilderung 69
Strafzumessung 64–69
Straßenverkehrsunfall 21, 24–26
Tateinheit 71
Täter 29–30
Tätige Reue 69
Tatmehrheit 72
Täuschungshandlungen 37, 49, 53, 55
Teilnahme 54
Unfallbeteiligte 29, 30, 31
Unfallort 29, 32, 55
Unfallschock 61
Verantwortlichkeit, vorverlegte 61
Verfahren 74
Verhaltensregeln (StVO) 73
Verjährung 75
Verkehrsunfall 24 ff
Verlassen der Unfallstelle nach dem Feststellungsberechtigten 55
Verzicht des Berechtigten 22, 39, 45, 51
Vollendung 55
Vorsatz 57–61
Vorstellungspflicht 33–38, 45, 48, 53
Wartepflicht 38–41, 44, 45, 49
Wild 22
Zivilrecht 76–78

1. Geschütztes Rechtsgut (s Begr, grundgesetzkonform: BVerfGE **16** 191 = NJW **20** **63** 1195 zur aF) ist ausschließlich Beweissicherung hinsichtlich aller aus dem VUnfall erwachsenen zivilrechtlichen Ansprüche Geschädigter gegeneinander (Gefährdungshaftung, unerlaubte Handlung) und der Anspruchsabwehr (insoweit abl *Engelstädter* S 277), BGHSt **28** 129 = VRS **55** 266, Bay JZ **77** 191, NZV **90** 397, Ha NJW **77** 207, VRS **68** 111, Stu VRS **52** 181, Nü VR **77** 659, Dü VM **78** 5, Ko VRS **48** 337, Kar NJW **73** 379, Ol NRpfl **84** 264, Stu VRS **73** 191, Zw DAR **91** 431, *Dünnebier* GA **57** 33, *Geppert* BA **91** 33, nicht auch Sicherung der Strafverfolgung, Bay DAR **71** 246, Br VRS **52** 422, Nü VR **77** 659, 246, Ha NJW **71** 1470, DAR **73** 77, Kö VM **70** 96, Kar NJW **73** 379, Zw DAR **91** 431, NZV **91** 479, auch nicht VAusschaltung untüchtiger Kf und Kfze, BGHSt **12** 254, BGH NJW **59** 394, VR **65** 128, *Geppert* BA **91** 32. Alle nach verständiger Beurteilung möglicherweise Beteiligten (Rz 29–31) müssen die erforderlichen Feststellungen ermöglichen, weil etwaige Anspruchsberechtigte aus dem Unfall sonst in Beweisnot geraten können, Bay DAR **71** 246, VRS **21** 205. Demgegenüber muß das etwaige

4 StGB § 142

Selbstbegünstigungsinteresse zurücktreten, auch wenn es nur auf Nicht-Strafverfolgung abzielt und nur nebenher zivilrechtliche Beweisinteressen beeinträchtigt (Begr). Soweit Abs I über ein bloßes Fluchtverbot hinaus eine (aktive) Handlungspflicht (Vorstellung als Unfallbeteiligter) begründet, dürfte dies im Hinblick auf den ausschließlichen Zweck der Sicherung bzw Abwehr *zivilrechtlicher* Ansprüche auch mit dem Grundsatz, sich nicht selbst belasten zu müssen („Nemo-tenetur-Satz") in Einklang stehen (str), s *Geppert* BA **91** 36, *Weigend Tröndle*-F S 768, abl *Schünemann* DAR **98** 428. Ein Teil der Lit (Rz 80) will die Neufassung überwiegend unter Hinweis auf die Materialien so restriktiv auslegen, daß sie kaum Fortschritte bringt, jedoch rechtfertigen die Materialien dies nicht, *Jagusch* NJW **76** 504. Kritisch zur Notwendigkeit *strafrechtlicher* Sicherung des durch § 142 geschützten Rechtsguts, *Heublein* DAR **85** 15, *Engelstädter* S 165.

21   Im **Straßenverkehr** (§ 1 StVO Rz 13–16) oder im Zusammenhang damit muß sich der Unfall ereignet haben, BGHSt **14** 116, NJW **60** 829, Hb VRS **46** 340, Dü VRS **74** 181. Dazu genügt faktische Öffentlichkeit. Nicht darunter fallen der Bahn-, Schiffs- und Luftverkehr, auch nicht eine nur den Mietern zugängliche Tiefgarage, Schl VM **76** 28, öffentliche Parkhäuser außerhalb der normalen Betriebszeit, Stu VRS **57** 418, sowie Fährschiffe jedenfalls während des Übersetzens, Kar NZV **93** 77 (zust *Janiszewski* NStZ **93** 275), auch nicht hergerichtete Skipisten, denn sie sind allenfalls Sportstätten, keine öffentlichen Plätze.

22   **Fremdes Feststellungsinteresse** muß bestehen. Keine Tatbestandsmäßigkeit daher bei bloßer Selbstschädigung, Bay VRS **4** 209, KG VRS **15** 343, BGH VRS **24** 118, auch nicht bei Kaskoversicherung des eigenen beschädigten Kfz, BGHSt **8** 266, Nü VR **77** 659, oder bei vollständiger einvernehmlicher Regelung (Rz 45), zB schriftlichem Anerkenntnis, Ha VRS **40** 19, **41** 108, Ko VRS **43** 423, wenn weiteres Warten nur noch der Strafverfolgung dienen würde, Ol NJW **68** 2019, nicht nach Überfahren herrenlosen Wildes, *Jagusch* NJW **76** 583, *Tröndle/Fischer* 11, *Baum* PVT **91** 139, *Himmelreich/Bücken* Rz 168 a, aM AG Öhringen NJW **76** 580, nicht bei allseitigem Verzicht auf Feststellungen (Rz 45), bei verständigerweise zu vermutender Einwilligung aller anderen Beteiligten in spätere Feststellungen (nächtliche Parkbeule unter Wohnnachbarn), Hb NJW **60** 1482, Dü NZV **91** 77, anders aber, wenn sich ein nicht geschädigter Beteiligter, anders als der Geschädigte, Ha DAR **58** 331, noch vor Ersatzansprüchen schützen will, BGH VRS **8** 272. Zur Rechtfertigung durch mutmaßliche Einwilligung, s Rz 51. Können sämtliche den Ersatzanspruch sichernden Feststellungen alsbald vollständig getroffen werden, fehlt es bereits am äußeren Tatbestand (Pol kennt Unfallverursacher und ist beim Schadensvorgang zugegen), Ce NRpfl **78** 286. Zum Entfallen der Wartepflicht, wenn offensichtlich kein Feststellungsinteresse geltend gemacht wird, s auch Rz 45.

23   **Gehört das beschädigte Fz nicht dem Fahrer,** so besteht idR fremdes Feststellungsinteresse, zB des FzVermieters, Ce VRS **54** 36, Ha VR **88** 509, LG Darmstadt MDR **88** 1072 (wenn auch vielleicht nicht stets am Unfallort, Ha VRS **15** 340, Bay NZV **92** 413 – jeweils angestellter Fahrer –, BGHSt **9** 267, NJW **56** 1325, Kö NZV **02** 278, VRS **37** 35); fremdes Feststellungsinteresse zB grundsätzlich bei Arbeitgeber- oder DienstFzen, Ce NJW **59** 831, KG JR **60** 191, Ha VRS **17** 415, oder bei gestohlenen oder unbefugt benutzten, BGH VRS **42** 97, NJW **56** 1325, Bay DAR **85** 240, Hb NStZ **87** 228. Bei berechtigter Benutzung eines fremden Fzs muß bei dessen Schädigung mutmaßliche Einwilligung (s Rz 51) und, falls zu verneinen, Irrtum des Unfallbeteiligten darüber, geprüft werden, Bay NZV **92** 413. Bei LeasingFzen kommt es auf die Gestaltung des Leasingvertrages an, Ha NZV **90** 197, *Hällmayer* NZV **99** 197; idR (bei Abwälzung der Gefahr von Untergang, Verlust, Beschädigung auf den Leasingnehmer) ist ein Feststellungsinteresse des Leasinggebers nicht gegeben, Fra VR **90** 1005, Ha NZV **92** 240, NJW-RR **98** 29, Hb NZV **91** 33, *Hällmayer* NZV **99** 197, abw Ol VR **90** 1006, Kar VR **92** 961. Bei Sicherungseigentum ist der Sicherungsgeber Alleingeschädigter, Nü NJW **77** 1543, weil es auf wirtschaftliche Wertung ankommt. Minimalschäden: Rz 28.

24   **2. Verkehrsunfall** ist ein plötzliches, zumindest von einem Beteiligten ungewolltes Ereignis, BGHSt **24** 382, Bay DAR **85** 326, VRS **71** 277, das im ursächlichen **Zusammenhang mit dem öffentlichen StrV und seinen typischen Gefahren,**

Unerlaubtes Entfernen vom Unfallort § 142 StGB 4

BGHSt **47** 158 = NJW **02** 626 (Anm *Sternberg-Lieben* JR **02** 386), Ha NJW **82** 2456, Kö VRS **65** 431, Bay NZV **92** 326, Ko MDR **93** 366, auch unter Fußgängern, zu jedenfalls nicht gänzlich belanglosem (Rz 28) fremdem Sach- oder Körperschaden führt, BGHSt **12** 253, VRS **21** 113, NJW **56** 1806, Ha VM **72** 360, Ce VRS **69** 394, Dü VRS **70** 349, DAR **97** 117, Bay DAR **85** 326, VRS **71** 277, nicht nur zu gefährdetem Zustand. Überfahren eines Leichnams als Unfall, AG Rosenheim NStZ **03** 318, nur, soweit insoweit jedenfalls ein *Schaden* bejaht werden kann, abw *Kretschmer* NZV **04** 499. Das zum Schaden führende Ereignis muß unmittelbare Folge eines VVorgangs sein, Bay NZV **92** 326 (Anm *Weigend* JR **93** 117). Daß das Schadensereignis im öffentlichen VRaum stattfindet, genügt allein nicht, BGHSt **47** 158 = NJW **02** 626. Ein **VUnfall** mit Personen- oder Sachschaden **muß vorliegen,** der Verdacht eines solchen reicht nicht aus, Bay DAR **79** 237, NJW **90** 335, *Tröndle/Fischer* 7, *Engelstädter* S 27, 232, aM möglicherweise *Kretschmer* NZV **04** 499 f.

Ursächlicher Zusammenhang (E 98 ff) mit dem öffentlichen StrV besteht zB, 25 wenn ein Kfz von der Fahrbahn abkommt und in ein Tor schleudert, BGH VM **66** 89, oder einen nahe der Str befindlichen Zaun beschädigt, Kö NZV **01** 312, eine Treppe beschädigt, BGH VM **57** 13, gegen einen Baum, eine Laterne oder einen Grenzstein fährt, BGHSt **8** 263, Dü VM **66** 42, oder bei einem Fahrmanöver, das, auch ohne Zusammenprall, BGHSt **8** 265, fremde Unfallreaktion auslöst. Der Verletzte muß nicht selbst VT sein, BGHSt **9** 268. Unfall bewirkt, wer Markt-Einkaufswagen so abstellt, daß er abrollt und öffentlich geparkte Fze beschädigt, Stu VRS **47** 15, LG Bonn NJW **75** 178, s Ko MDR **93** 366. **Kein ursächlicher Zusammenhang mit dem StrV,** wenn das schädigende Verhalten eines VT schon nach seinem äußeren Erscheinungsbild ausschließlich einer deliktischen Planung entspricht, ohne daß sich darin zugleich ein verkehrstypisches Unfallrisiko realisiert, BGHSt **47** 158 = NJW **02** 626, zB wenn aus einem Fz Gegenstände auf ein anderes geworfen werden, Ha NJW **82** 2456, wenn Mülltonnen, Einkaufswagen und ähnliche Gegenstände vom Fz aus mitgeführt und planmäßig losgelassen werden und Schaden anrichten, BGHSt **47** 158 = NJW **02** 626 (zust *Sternberg-Lieben* JR **02** 386), oder bei mutwilliger Beschädigung eines Fzs durch einen Fußgänger nach gegenseitiger Behinderung infolge gleichzeitiger Fahrbahnbenutzung, aM Bay VRS **71** 277 (abl *Janiszewski* NStZ **86** 540, *Hentschel* JR **87** 247). Kein Zusammenhang mit den typischen Gefahren des StrV auch, wenn der Hund des Täters einen anderen Hund anfällt und dieser daraufhin seinen Führer verletzt, Bay VRS **57** 407. Vollzieht sich der (mit)ursächliche Vorgang **außerhalb öffentlichen Straßenraumes,** so kommt es darauf an, ob er in diesen schädigend hineinwirkt: Kf wird durch Spiegelung geblendet; in den VRaum hineinhängender Draht; Sturm wirft Ast auf die Fahrbahn, so daß ausweichendes Kfz gegen ein anderes schleudert. Ursächlicher Zusammenhang mit dem ruhenden V genügt, Kö VRS **65** 431; VUnfall iS von § 142 daher, wenn ein Fz beim Radwechsel vom Wagenheber rutscht und Schaden verursacht, Kö VRS **65** 431, desgleichen: herabfallende Klappe entladenden Lkws drückt KfzDach ein, Stu NJW **69** 1726. Kein VUnfall, wenn der schädigende Vorgang weder im öffentlichen VRaum geschieht, noch diesen berührt (s Rz 21). Entsteht der Schaden nicht durch den VVorgang (Umkippen), sondern erst beim späteren Wiederaufrichten des Fz, so beruht er nicht auf dem VUnfall, sondern auf neuer Ursache, aM Ha VRS **18** 113.

Gewollte Unfälle fallen (wenn der erforderliche Zusammenhang mit dem StrV im 26 übrigen gegeben ist) aus dem Tatbestand nur heraus, wenn alle Beteiligten sie gewollt haben, weil dann kein schutzwürdiges privates Aufklärungsinteresse besteht (str). Das Beweisinteresse der unvorsätzlich Beteiligten bleibt schutzbedürftig, BGH NJW **72** 1960, VRS **36** 23, **63** 39, Ko VRS **56** 342, Kö VRS **44** 20, Ha NJW **82** 2456, Bay DAR **85** 326, VRS **71** 277, NZV **92** 326, *Tröndle/Fischer* 13, *Geppert* GA **70** 1, *Berz* JuS **73**, 558, aM *Roxin* NJW **69** 2038, *Dünnebier* GA **57** 42, *Cramer* 12, *Hartmann-Hilter* NZV **95** 340, *Sternberg-Lieben* JR **02** 388 (weil der Schaden nicht Realisation der VGefahren, sondern des allgemeinen Lebensrisikos sei). Nach BGH NJW **03** 1613 (1615, krit *Himmelreich/Halm* NStZ **04** 319) soll das selbst dann gelten, wenn nicht der Täter, sondern der andere beteiligte FzF den Schaden an dem von ihm geführten, aber in fremdem Eigentum stehenden Fz vorsätzlich herbeigeführt hat. Jedoch liegt jedenfalls weder in bezug auf den vorsätzlich Handelnden noch hinsichtlich des Dritten (FzEigentümer) ein

„Unfall im StrV" vor, s *E. Müller/Kraus* NZV **03** 559; auch dürfte der dem Dritten entstandene Schaden nicht unter den Schutz des § 142 fallen. § 142 stellt Beweissicherung vor das etwaige Selbstbegünstigungsinteresse (Begr), deshalb überzeugt es nicht, ihr nur bei Fahrlässigkeit und nicht auch bei Vorsatz anderer Beteiligter Vorrang zu geben. Aus dem allgemeinen Begriff des VUnfalls, der hier nur bedingt zutreffen mag, läßt sich keine befriedigende Lösung gewinnen. **Kein Verkehrsunfall** jedoch dann, wenn ein Fz gar nicht als Verkehrsmittel, sondern *ausschließlich* als Tatwerkzeug zur Begehung einer vorsätzlichen Schädigung eingesetzt wird (s auch Rz 25), BGHSt **24** 382 = NJW **72** 1960, Bay DAR **85** 326, LG Fra NStZ **81** 303, *Tröndle/Fischer* 13, *E. Müller/Kraus* NZV **03** 560 (s aber BGH NJW **03** 1613, 1615), offengelassen von Ko VRS **56** 342. S dazu *Hentschel* JR **87** 247.

27   **Fremder Körper- oder Sachschaden** nicht nur ganz belangloser (Rz 28) Art muß entstanden sein. Verhältnismäßig geringfügiger Schaden genügt, denn die Neufassung will den Zwang zur Rücksicht nicht aufweichen und nicht zu bloßen Ausreden ermutigen. Das Erfordernis nicht ganz belanglosen Schadens wird nunmehr im Hinblick auf die Einkommens- und Reparaturkostenentwicklung bei allen Schadensbeträgen ab etwa 25 € zutreffen, *Tröndle/Fischer* 11. Hierbei ist auf eine im Zeitpunkt des Unfalls unter Berücksichtigung gewöhnlicher Umstände sich ergebende objektive Beurteilung abzustellen, KG VRS **63** 349, auch wenn der Täter oder der Geschädigte den Schaden später aus persönlichen Gründen mit geringerem Aufwand beseitigen könnte, Dü VM **66** 21, VRS **70** 349, Ha VRS **61** 430, krit *Freund* GA **87** 542. Einzelheiten: (Rspr, noch zur DM-Währung): mindestens 30 DM: KG VRS **63** 46, KG VRS **63** 349; jedenfalls bei 35 DM: KG VRS **61** 206; mehr als 40 DM: Dü NZV **90** 158, DAR **97** 117, Kö VRS **86** 279. Daß der für die Bejahung des Merkmals „Unfall" im Zeitpunkt dieses Ereignisses notwendige Schaden (andernfalls von vornherein keine Wartepflicht) nicht etwa entfallen sein darf, wenn der Unfallbeteiligte sich entfernt, *Freund* GA **87** 539, folgt ohne weiteres daraus, daß ohne *fortbestehenden* Schaden das Feststellungsinteresse wegfällt, *Hentschel* NJW **87** 999, s auch Rz 62.

28   **Gänzlich belanglos** ist der Schaden, wenn zum Zwecke seines Ausgleichs üblicherweise nicht mit Schadensersatzansprüchen gerechnet werden muß, Kar VM **78** 20, Ha VRS **59** 258, KG VRS **61** 206, **63** 349, krit *Loos* DAR **83** 210, nach gegenwärtigem objektiven Eindruck, Ko VRS **48** 337, Dü VRS **30** 446, ohne Rücksicht auf die Vermögenslage des Geschädigten, Kar NJW **60** 688, 1263. Der Begriff ist eng zu verstehen. Schaden durch Zeitverlust im Zusammenhang mit dem Unfall bleibt außer Betracht, KG VRS **63** 349. 25 € sind jedenfalls nicht völlig belanglos, Bay DAR **79** 237 (50 DM). In Betracht kommen geringe Hautabschürfungen, Ha DAR **58** 308, blaue Flecken, Kö VRS **44** 97 (nicht mehr notwendiger ärztlicher Untersuchung), s Stu VRS **18** 117 (Volksfest), Vorbeschädigungen solcher Art, daß kein zusätzlicher Schaden meßbar ist, Stu NJW **58** 1647, zB mögliche weitere Beule an äußerlich stark abgenutztem BauFz. Bei anscheinender Bedeutungslosigkeit Tatbestandsirrtum möglich, s Rz 62. *Weigelt,* Wann ist ein Sachschaden belanglos? DAR **61** 10.

29   **3. Täter** kann jeder **Unfallbeteiligte** (V) sein. Diesen Begriff hat die Neufassung nur sprachlich vereinfacht (Begr), nicht geändert, KG VRS **50** 39. Krit im Hinblick auf den Ursprung des Begriffs im früheren § 139a StGB aus dem Jahr 1940 *Engelstädter,* Der Begriff des Unfallbeteiligten in § 142 Abs 4 StGB, Frankfurt 1997, die Abs V wegen Verstoßes gegen das Bestimmtheitsgebot und das Schuldprinzip („Verdachtsstrafe in verdeckter Form") für verfassungswidrig hält. Unfallbeteiligter ist, wer beim Unfall als VT oder sonst auf den V Einwirkender (auch ohne tatsächlichen Kausalbeitrag, Stu VRS **105** 294) anwesend ist, sofern wenigstens der Verdacht einer Mitursächlichkeit für den Unfall in Frage kommt, grundsätzlich ohne Rücksicht auf Verkehrswidrigkeit seines Verhaltens, Stu VRS **105** 294, Kar VRS **74** 432 (insoweit abw *Arloth* GA **85** 503) oder Verschulden (s unten), bei räumlicher Unfallbeziehung, also jeder Fußgänger, Stu VRS **18** 117, Ko MDR **93** 366 (Unfall mit Einkaufswagen auf öffentlich zugänglichem Parkplatz), Radfahrer, BGH VRS **24** 34, Bay VRS **21** 266, Kf, Fuhrwerkslenker, beteiligte Bei- oder Mitfahrer, Reiter, StrabaFahrer, beteiligte Fahrgäste, BGH VRS **6** 33, der Fahrlehrer auf Übungsfahrt, der Halter, Vorgesetzte des Kf oder Beifahrer, Kö NZV **92** 80, der dessen

Fahrweise unmittelbar beeinflußt oder rechtlich gebotenes Eingreifen unterläßt (**E** 87 ff), BGH VRS **24** 34, Bay VRS **12** 115, zB bei einem schwierigen, gefahrträchtigen Manöver, Kar VRS **53** 426, derjenige, der zu dem den Unfall herbeiführenden Vergehen nach § 315b StGB Beihilfe geleistet hat, BGH VRS **59** 185. Der Beteiligte muß verständigerweise in dem nicht offensichtlich abwegigen **Verdacht der Unfallmitverursachung** stehen, BGH NJW **60** 2060, BaySt **99** 142 = DAR **00** 79, Stu VRS **105** 294, Kö VRS **86** 279, NZV **99** 173, Dü VM **76** 23, Kar VRS **53** 426, Hb VRS **55** 347, sonst ist er auch als Anwesender nicht beteiligt, auch nicht, wenn er das Fz kurz zuvor dem Unfallverursacher überlassen hat, Fra NJW **83** 2038. Objektiv unberechtigter Beteiligungsverdacht begründet keine strafrechtliche Pflicht, deshalb entfällt § 142 auch bei nachträglicher Verdachtswiderlegung, aM BaySt **99** 142 = DAR **00** 79, **88** 364. Offensichtlich falsche Vermutungen oder Beschuldigungen durch Hinzukommende begründen keine Beteiligungsmöglichkeit, Kö VRS **45** 352. Daß die Ursachensetzung unbeeinflußbar war (zB technisches Versagen), ist unerheblich, Kar VRS **74** 432. Die **Haltereigenschaft** als solche macht den Beifahrer nicht zum Unfallbeteiligten, Bay DAR **73** 204, **75** 204, **76** 174, **82** 249, **88** 364, Kö NZV **92** 80, VRS **86** 279, Zw VRS **82** 114, Fra NZV **97** 125, aM wohl BaySt **99** 142 = DAR **00** 79, Hb VM **78** 68. Anders, wenn er mit einigem Grund verdächtigt ist, als Fahrer oder sonstwie auf den V eingewirkt zu haben. Nach der Rspr soll hierzu schon eine bloß mittelbare Verursachung ausreichen, etwa Überlassen des Fzs an eine nicht geeignete Person, Bay VRS **12** 115, DAR **76** 174, **82** 249, **88** 364, **91** 365, Stu VRS **72** 186, Kö VRS **86** 279, Fra NZV **97** 125. Das ist zw, weil die Wartepflicht solcher Personen, deren Verursachungsbeitrag vor der den eigentlichen Unfall unmittelbar auslösenden Ursache liegt, dann allein auf ihrer zufälligen Anwesenheit beruhen würde und weil nach Sinn und Zweck des § 142 die Anwesenheit der Aufklärung des eigentlichen Unfallgeschehens dient, s *Magdowski* S 99, *Sch/Sch (Cramer/Sternberg-Lieben)* 21, *Arloth* GA **85** 500, *Geppert* BA **91** 34. Nach in der Rspr teilweise vertretener Auffassung soll auch allein die abstrakte Möglichkeit, daß der **als Beifahrer mitfahrende Ehegatte und Halter** die Fahrweise beeinflußt haben kann, die Eigenschaft als Unfallbeteiligter begründen, BGHSt **15** 1 = NJW **60** 2060, Ce VRS **30** 189. Dies ist zu weitgehend, weil mit dieser Erwägung jeder Fz-Insasse Unfallbeteiligter würde, s *Sch/Sch (Cramer/Sternberg-Lieben)* 21, *Magdowski* S 102, *Loos* DAR **83** 210, *Janiszewski* 492a, *Arloth* GA **85** 498, gegen die hier kritisierte Rspr auch Zw VRS **75** 292, **82** 114, Kö VRS **86** 279. Das gleiche gilt für die Überlegung, allein der Umstand, daß der Beifahrer der Halter und Ehegatte des FzFührers sei, könne ihn dem Verdacht aussetzen, das Fz selbst geführt zu haben, BGHSt **15** 1 = NJW **60** 2060, Ce VRS **30** 189. Vielmehr werden nach Abs V *konkrete* Anhaltspunkte zu fordern sein, die die Möglichkeit eines *unmittelbar* den Unfall beeinflussenden Verhaltens nahe legen, s *Arloth* GA **85** 498, Zw VRS **75** 292, **82** 114. Wer als angetrunkener Ehemann im Kfz der Ehefrau mitfährt, ist nur dann in diesem Sinne konkret verdächtig, zum Unfall beigetragen zu haben, wenn der von dieser verursachte Unfall Merkmale alkoholbedingter Beeinflussung aufweist, *Arloth* GA **85** 499, s Dü VM **76** 23, Kö NZV **89** 78 (Anm *Schild*). Der bloße Umstand, daß von **zwei FzInsassen** jeder in gleicher Weise als FzF in Frage kommt, genügt nicht, um beide als Unfallbeteiligte anzusehen, Zw VRS **75** 292, Kö VRS **86** 279, Fra NZV **97** 125, *Tröndle/Fischer* 15, *Janiszewski* 492a, aM Bay NZV **93** 35. Überlassen des Fzs an eine Person ohne FE reicht allein nicht, Stu VRS **72** 186. Stets setzt im übrigen die Bestrafung des Beifahrers die Feststellung im Urteil voraus, daß er die Möglichkeit hatte, den Fahrer zum Anhalten zu bewegen, Dü VRS **65** 364, s *Mikla* S 63, 75. Wer im Unfallzeitpunkt nicht **am Unfallort anwesend** ist, kann weder Täter nach Abs I noch nach Abs II sein, Bay VRS **72** 72, NJW **90** 335, Jn DAR **04** 599, Stu NZV **92** 327 (krit *Berz* NStZ **92** 591), Kö VRS **76** 354, LG Ma ZfS **98** 352, *Geppert* BA **91** 35, *Engelstädter* S 121, abw *Kreissl* NJW **90** 3134, dessen Auffassung jedoch zu dem Ergebnis führen müßte, daß nahezu jeder FzF, der sich in unmittelbare Nähe eines Fzs mit (älterem) Unfallschaden begibt, wartepflichtig wäre. Auf **Schuld** des Beteiligten kommt es nicht an, BGH VRS **16** 118, Kö NZV **92** 80, Dü NZV **93** 157, *Arloth* GA **85** 500, nur darauf, ob ein Verhalten nach allen Umständen unmittelbar zur Unfallverursachung beigetragen haben kann (V), KG VRS **50** 39, Dü VM **76** 23, NZV **93** 157. **Verursachung** hier nicht iS der Bedingungstheorie, weil Ortsanwesenheit nötig ist.

4 StGB § 142

Beteiligt ist nicht in jedem Fall schon jeder nur entfernt mittelbare Mitverursacher, denn das würde uferlos ausdehnen. Bei nur **mittelbarer Mitverursachung** muß (anders als bei direkter Beteiligung) verkehrswidriges Verhalten oder eine über die normale VTeilnahme hinausgehende Einwirkung hinzukommen, Stu VRS **105** 294, Kar VRS **74** 432 (Verlieren von FzTeilen), s Ko VRS **74** 435, *Himmelreich/Bücken* Rz 160, *Arloth* GA **85** 502, *Geppert* BA **91** 34 f.

30   Nicht „**Unfallbeteiligter**" ist hiernach der verkehrsrichtig wartende Linksabbieger an der späteren Kollision unachtsamer Hintermänner, Bay VM **72** 2, Stu VRS **105** 294, *Arloth* GA **85** 502 f, der VT, dessen Anwesenheit beim Unfall allenfalls eine nur unerhebliche mittelbare, keinerlei zivilrechtliche Haftung begründende Mitursächlichkeit darstellt (Unfallzeuge), Ko VRS **74** 435, der beim Unfall abwesende Halter, der den fahruntauglichen Fahrer eingesetzt hat und erst nach dem Unfall hinzukommt, der Mechaniker nach unsachgemäßer Reparatur.

31   **Geschädigt** muß der andere Beteiligte nicht notwendig sein (bloßes Abwehrinteresse, s Rz 46). Kein Unfall bei bloßer Behinderung oder Belästigung.

32   **4. Die Beweissicherung ermöglichen** (= möglich machen, Stu VRS **52** 181) muß jeder Beteiligte dadurch, daß er, außer in den Fällen von II, **am Unfallort bleibt** und seine (mögliche) Beteiligung den feststellungsbefugten Personen, vor allem den anderen Beteiligten, Kö VM **70** 96, offenbart (I). Unfallort: s Rz 55. I verlangt nur Dulden der Unfallaufklärung, kein eigenes aufklärendes Handeln, s Rz 33. Verboten ist vorzeitiges räumliches Sich-Entfernen ohne Rücksicht auf jederzeitige Erreichbarkeit vor Erfüllung der Pflichten gemäß I Nr 1, 2, Kö VRS **48** 89, Ko VRS **49** 259, gegen den Willen anderer Beteiligter, Ha VRS **44** 272, so daß die erforderlichen Feststellungen erschwert oder vereitelt werden können, Hb VM **73** 68, Kar NJW **60** 195, oder wenn der Täter erst verfolgt und zurückgeholt werden muß, BGH NJW **63** 307, KG VRS **43** 176, Bay VRS **21** 266, also nicht beim bloßen Weiterfahren um 100 m, um nur gefahrlos zu wenden und sofort zurückzukehren, Bay NJW **73** 1657. Wer nach geringfügigem Schaden und VBehinderung nur beiseitefährt (§ 34 StVO), begeht kein unerlaubtes Entfernen vom Unfallort, Ha DAR **78** 140. Festnahme und Verbringen zur Wache sind kein willentliches Sichentfernen, Ha VRS **56** 340. Zur Frage der Anwendung von Abs II in solchen Fällen, s Rz 50.

33   **Ermöglichen** (Vorstellungspflicht) bedeutet nach I Anwesendbleiben und die Angabe, auch ohne Befragtwerden, uU also als erster Unfallhinweis, unfallbeteiligt zu sein, dh möglicherweise beteiligt zu sein, weil Einzelheiten erst zu ermitteln sind, und wohl auch, **in welcher Rolle** (zw, Rz 35), ohne Ausnutzung fremden Irrtums, soweit die Vorstellungspflicht reicht. Im übrigen genügt die Angabe, am Unfall beteiligt gewesen zu sein; Angaben zur Art der Beteiligung sind nach I Nr 1 nicht erforderlich, Kar MDR **80** 160. Die Vorstellungspflicht wirkt den Fällen bloßen unentdeckten Wartens entgegen. Ihr ist unverzüglich nach Eintreffen Berechtigter oder Geschädigter bzw sofort nach Unfall zu genügen. Der Beteiligte darf auf Befragen sein Beteiligtsein nicht leugnen (passive Feststellungspflicht), Fra VRS **49** 260, KG VRS **67** 263. Wer als Beteiligter an Unfallstelle Angaben macht, welche gegen seine Beteiligung sprechen (angeblicher Beifahrer), stellt sich nicht als beteiligt vor, s Rz 35. Bloßes unbeteiligt wirkendes Herumstehen erfüllt den Tatbestand, andererseits ist **aktive Mitwirkung** bei den Feststellungen oder Selbstbezichtigung nicht geboten, Stu VRS **73** 191, Bay NZV **93** 35, Sa ZfS **01** 518. Sichentfernen als *letzter* ohne Erfüllung der Vorstellungspflicht, s Rz 55. Täuschungshandlungen: Rz 37.

34   **Seine Person** festzustellen muß jeder Beteiligte ermöglichen, bevor er sich entfernt. Er muß Namen und Anschrift nennen und sich auf Verlangen ausweisen, Ha NStZ **85** 257, Stu NJW **81** 878 (879), Kö NZV **89** 197, *Jagusch* NJW **76** 504 (str), aM Bay NJW **84** 1365, *Himmelreich/Bücken* Rz 172, *Küper* JZ **88** 473, GA **94** 60. Der Formulierung in Abs I Nr 1 „durch seine Anwesenheit und durch die Angabe, daß er an dem Unfall beteiligt ist" kann nicht entnommen werden, daß der Unfallbeteiligte sich ohne Angaben zur Person entfernen dürfte, sie macht lediglich deutlich, daß zB das Hinterlassen eines Zettels ebensowenig genügt wie Anwesenheit ohne Vorstellung; denn ohne Mitteilung der Personalien ist die in Abs I Nr 1 verlangte Feststellung der Person gerade nicht *er-*

möglich. Übergabe einer Geschäftskarte kann genügen, Hinweis auf das FzKennzeichen allein nicht, Schl VM **55** 26, auch nicht nach Angabe des Familiennamens, Dü VRS **68** 449. Weigert sich der Unfallbeteiligte, seinen Namen zu nennen und sich auszuweisen, so muß er die Feststellung seiner Person jedenfalls auf andere Weise – etwa durch die Pol – ermöglichen, bevor er sich entfernt, Stu NJW **82** 2266, abw LG Leipzig VRS **86** 341 (Verweigerung der Personalien durch Strabaf unter Aushändigung eines „Merkblattes"). Denn jedenfalls muß er nach Abs I Nr 1 die *Feststellung seiner Person ermöglichen,* so jedenfalls im Ergebnis auch *Küper* JZ **88** 478. Unrichtige Angaben führen nicht zu einer Beendigung der Anwesenheitspflicht, sind also tatbestandsmäßig, KG VRS **10** 453, Stu NJW **82** 2266, weil sich der Unfallbeteiligte entfernt, bevor er die Feststellungen gem Abs I Nr 1 ermöglicht hat, aM *Küper* JZ **90** 510 (518f), differenzierend Bay NJW **84** 1365. Die Kenntnis der Person des Beteiligten genügt nicht, es kommt auch auf seinen körperlichen Zustand, das Zustandekommen des Unfalls und uU auf den Besitz der FE an, Ko DAR **77** 76, Ko VRS **71** 187.

Das unfallbeteiligte Fahrzeug muß festgestellt werden können. Dazu gehört, daß 35 sich ein Kf als solcher vorstellt, bei mehreren Insassen als Fahrer (zw, *Berz* DAR **75** 311, *Janiszewski* DAR **75** 173), aM Bay NZV **93** 35, nicht zB als vermeintlicher Fußgänger oder Beifahrer, Kar MDR **80** 160, Fra NJW **77** 1833, daß er die FzPapiere vorzeigt, das benutzte Fz in Unfallstellung beläßt und sichert, es bei unbedeutenden Unfallfolgen beiseite stellt, Ha DAR **78** 140, es nicht auszuwechseln versucht (Rz 37), BGH VRS **5** 200, die Feststellung des Kennzeichens, des Betriebszustandes des Fz und etwaiger Unfallspuren an diesem ermöglicht, auch wenn die Art der Unfallbeteiligung sonst klar ist, BGHSt **16** 139. Unter Fz ausschließlich Fze iS der StVO zu verstehen, besteht kein überzeugender Grund, auch andere Transportmittel (Einkaufswagen) oder Fortbewegungsmittel (§ 24 StVO) können Aufschluß über den Unfallhergang geben, s zB Stu VRS **47** 15, aM *Berz* DAR **75** 315.

Die Art der Unfallbeteiligung, den Unfallhergang festzustellen, muß der Beteiligte 36 ermöglichen, ohne daran mitwirken (s Rz 33) oder über den Umfang der Vorstellungspflicht hinaus (Rz 33, 35) Hinweise hierzu geben zu müssen, *Jagusch* NJW **76** 504. Die Art der Unfallbeteiligung ist festgestellt, wenn die rechtserheblichen *Tatsachen* des Verursachungsbeitrags geklärt sind; dazu gehören nicht die sich daraus ergebenden rechtlichen Folgen (Schuld, Ersatzpflicht), Fra VRS **64** 19. Zur Art der Unfallbeteiligung gehört, soweit haftungsrelevant, auch etwaiger Alkoholeinfluß; in derartigen Fällen darf sich der Unfallbeteiligte nicht entfernen, um einer **Blutprobe** zu entgehen, BGH VRS **4** 88, Bay DAR **88** 365, Sa ZfS **01** 518, Kö NZV **99** 173, Ha VRS **68** 111, soweit haftungsrelevant, aM Zw NJW **89** 2765, weil diese nicht Anwesenheit *am Unfallort* voraussetze (dies überzeugt nicht, weil auch die übrigen Feststellungen überwiegend – wie Abs II zeigt – unbeschadet der Wartepflicht außerhalb des Unfallortes getroffen werden können), *Weigend* NZV **90** 79 (weil zivilprozessual nicht durchsetzbar). Ist eventuelle alkoholische Beeinträchtigung allerdings für die zivilrechtliche Haftung ohne jede Bedeutung, etwa bei Haftung nach StVG, ohne daß Mithaftung des Geschädigten in Betracht kommen könnte (Mitverschulden, BG des beschädigten Kfz, §§ 254 I BGB, 17 StVG), so trifft den Unfallbeteiligten insoweit keine Feststellungspflicht nach § 142, Bay VRS **65** 136, zust *Janiszewski* NStZ **83** 546 (Beschädigung eines ordnungsgemäß parkenden Fzs und eines Gartenzauns), Zw DAR **91** 431 (Beschädigung des StrKörpers durch Umstürzen), Ko NZV **96** 324, Kö NZV **99** 173, s dazu *Hauser* BA **89** 241f., *Zopfs* DRiZ **94** 90. Wird den Unfallbeteiligten, nachdem er seinen Pflichten aus Abs I genügt hat, vom Feststellungsberechtigten und von der Pol gestattet, sich zu entfernen, so kann er nicht deswegen gem § 142 bestraft werden, weil es die Pol versäumt hat, die Frage etwaigen Alkoholeinflusses zu klären, Sa ZfS **01** 518.

Kein Ermöglichen ausreichender Feststellungen liegt hiernach vor, wenn ein Betei- 37 ligter den Hergang, soweit Feststellungen nach I in Betracht kommen können, **verwischt, verdunkelt** oder darüber **täuscht,** *Jagusch* NJW **76** 504, str, s *Berz* DAR **75** 310, *Küper* GA **94** 59. § 142 erlaubt ihm, abgesehen von der Vorstellungspflicht, ein Passivbleiben, aber keine aktive Verdunkelung, weil die notwendigen Feststellungen dadurch vereitelt anstatt ermöglicht werden, s *Volk* DAR **82** 83 = VGT **82** 100. Verstoß gegen I daher, wenn Täter andere Beteiligte über seine Person täuscht, Kö VRS **48** 89,

Fra VRS **49** 260, Stu NJW **82** 2266 (s dazu Rz 34, 39), über seine Eigenschaft als beteiligter Fahrer, Fra NJW **77** 1833, Ha VRS **68** 111 (anders bei erfolglosem Täuschungsversuch), wer zwar die Pol herbeiruft, sie aber über sein Beteiligtsein täuscht, Ha VRS **38** 269, **18** 198, s Fra NJW **77** 1833, wer falsche Angaben über Personalien (aM Bay NJW **84** 1365), Kennzeichen oder Beobachtungen macht, gefundene oder gestohlene Papiere benutzt, Ausweispapiere verheimlicht oder vernichtet, Spuren verwischt. Für den Fall der Pflicht, die erforderlichen Feststellungen nachträglich zu ermöglichen, untersagt III S 2 absichtliches Vereiteln ausdrücklich, Stu VM **76** 84. Daraus dürfte nicht zu schließen sein, daß im Rahmen von I vorsätzliches aktives Verdunkeln erlaubt sein könnte (zw).

38 **4 a. Am Unfallort warten** muß jeder Beteiligte, wenn nicht sofort ausreichende Feststellungen getroffen werden können, entweder weil kein Feststellungsberechtigter da ist, oder weil erst andere Personen oder die Pol (Rz 47) sachkundige Feststellungen treffen können, Kö NZV **02** 278, VM **64** 14. **Sichentfernen** bereits, wenn ein Beteiligter ohne zwingenden Grund denjenigen Unfallbereich verläßt, in dem feststellungsbereite Personen ihn vermuten und befragen würden (Weiterfahren zum gegenüberliegenden Privatparkplatz), s Rz 55. Unter den Voraussetzungen des § 34 I 2 StVO (geringfügiger Schaden) kann allerdings selbst ein Weiterfahren bis zu einer vom eigentlichen Unfallort 100 m entfernten, von diesem aus nicht einsehbaren Stelle gerechtfertigt und nach § 34 StVO geboten sein, Kö VRS **60** 434. Wer als Beteiligter nach dem Unfall ein nahegelegenes Lokal aufsucht, wo niemand ihn vermutet, ist nicht mehr ohne weiteres erreichbar und als Beteiligter feststellbar, Ko VRS **49** 259. IdR wird die Wartepflicht durch Ortsveränderung verletzt, jedoch genügt auch Sichverbergen. Die Pflichten nach II verkürzen die Wartepflicht nicht, denn sie treten nur bei berechtigtem Sichentfernen oder ausreichendem Warten ein, aM *Berz* DAR **75** 312, *Dornseifer* JZ **80** 299. Ist mit dem Eintreffen der Pol nach allen Umständen bald zu rechnen, so besteht so lange Wartepflicht, Kö NZV **02** 278, Schl DAR **78** 50, Ko VRS **71** 187. Bereits die Möglichkeit nicht gänzlich belanglosen Schadens (Rz 27, 28) macht wartepflichtig, Dü VM **74** 46. Ob der Wartepflichtige annehmen darf, es werde „alsbald" zu Feststellungen kommen, ist nach I 2 unerheblich. Angemessene Zeit muß er stets warten, es sei denn, die Nutzlosigkeit stünde aus tatsächlichen Gründen von vornherein fest, Ha VRS **54** 117, oder zeigte sich alsbald, was idR nicht zutreffen wird, oder der Beteiligte dürfte mit Grund annehmen, der Feststellungsberechtigte lege auf sofortige Feststellungen keinen Wert (Rz 45). **Feststellungsbereitschaft Dritter** (Rz 46) mag idR nur bei augenfälligen Unfällen anzunehmen sein, bei Blechschäden nur bei leichter Erkennbarkeit oder Tatzeugen, Hb VRS **32** 359 (s dazu Rz 46). Ein Feststellungsinteresse unbeteiligter Dritter besteht im übrigen bei geringen Schäden regelmäßig nicht, Stu NJW **81** 1107, VRS **73** 191. Wer alle fremden Schäden bei unzweifelhaftem Personalnachweis **schriftlich anerkennt,** also ausreichenden Beweis liefert, hat auch auf Verlangen keine Wartepflicht, weil kein Beweisinteresse mehr zu schützen ist (Rz 20), s aber Rz 47. Hat ein Beteiligter seinen **Feststellungspflichten** nach I 1 **vollständig genügt,** so braucht er nunmehr verlangte polizeiliche Feststellungen nicht mehr abzuwarten und hat auch keine Pflichten gem II, Hb VRS **56** 344, Bay DAR **79** 237, Kö VRS **64** 193, Fra VRS **64** 19, Zw NJW **89** 2765 (zust *Geppert* BA **91** 39), NZV **92** 371, LG Wuppertal DAR **80** 155. Es besteht dann keine weitere Wartepflicht, selbst nach erfolglosem Täuschungsversuch über die Unfallbeteiligung, Ha VRS **68** 111. Dies gilt auch, wenn zwar Alkoholeinfluß in Betracht kommt, dieser jedoch die zivilrechtliche Haftung in keiner Weise berührt, Bay VRS **65** 136 (s Rz 36). Anders jedoch, wenn ein VT, der einen Unfall verschuldet hat, nur mündlich sein Verschulden am Unfall erklärt hat und daher die **Art seiner Beteiligung** am Unfall durch bereits verständigte Pol geklärt werden soll, Bay VRS **60** 111. Wartepflicht auch, wenn Geschädigter verlangt, Pol abzuwarten, selber aber weggehen muß (zB bei Verletzung).

39 **Die Wartedauer** richtet sich nach allen Umständen, Bay NJW **87** 1712, Kö VRS **100** 302, Dü VM **94** 30 , Zw NZV **91** 479, Hb VM **78** 68, Ha NJW **77** 207, Stu VRS **51** 431, **73** 191, NJW **81** 1107, nach Art und Schwere des Schadens, der VDichte, Tageszeit, Witterung, Kö VRS **100** 302, DAR **94** 204, *Geppert* BA **91** 37, danach, ob

und voraussichtlich wann mit dem Erscheinen feststellungsbereiter Personen zu rechnen ist, Kö VRS **100** 302, Zw NZV **91** 479, Stu VRS **73** 191, sowie nach der Möglichkeit, den Geschädigten aufzufinden, uU auch nach dem Verhalten des Unfallbeteiligten, s Rz 40. Es kommt auf Interessenabwägung zwischen den Beteiligten an, Stu VM **76** 85, VRS **73** 191, Dü VM **72** 59, Ha DAR **73** 104, KG VRS **33** 275, Hb VM **67** 33, Bay NJW **60** 832, Sa VRS **46** 187. Diese schon nach der früheren Fassung problematische Undeutlichkeit des Norminhalts ließ sich anläßlich der Neufassung (1975) kaum beseitigen, dürfte Art 103 GG aber noch genügen, ggf ist Ausgleich bei der inneren Tatseite nötig. **Eindeutige Haftung** gem § 7 StVG rechtfertigt bei Zurücklassen des Fzs kürzere Wartezeit, Stu VRS **73** 191, Zw NZV **91** 479. Die bloße Möglichkeit nach vergeblichem Warten, es könne noch eine PolStreife oder sonst jemand vorbeikommen, verlängert die Wartepflicht nicht, Ha NJW **77** 207. Bei ausreichendem Warten ist der Grund hierfür ohne rechtliche Bedeutung, Bay NJW **87** 1712, Kö VRS **100** 302, KG VRS **37** 192, s *Hentschel* JR **88** 297. Die Wartepflicht endet mit dem einverständlichen Sichentfernen der Beteiligten zwecks gütlicher Einigung, auch wenn diese später scheitert, Hb NJW **79** 439. **Erschlichener Verzicht** auf weitere Feststellungen beendet die Wartepflicht nicht, Kö VRS **50** 345, Bay NJW **84** 1365, aM *Maier* JZ **75** 721, *Küper* JZ **90** 518 f; die Erlaubnis des getäuschten Geschädigten, sich zu entfernen, entlastet nicht, Kö VRS **48** 89, Bay VRS **61** 120, Stu NJW **82** 2266, zw *Geppert* BA **91** 38, s auch Rz 34. Erscheinen feststellungsbereite Personen erst nach Ablauf der Wartepflicht, so bleibt der noch anwesende Unfallbeteiligte iS von Abs I Nr 1 verpflichtet und verstößt gegen diese Vorschrift, wenn er sich nunmehr entfernt; die Frage der Angemessenheit der Wartepflicht spielt nach Abs I Nr 2 nur dann eine Rolle, wenn niemand bereit ist, Feststellungen zu treffen, Stu NJW **82** 1769, s *Hentschel* NJW **83** 1648, aM *Küper* NJW **81** 854, *Loos* DAR **83** 215 (nur Pflichten nach Abs II).

Auch das eigene **Verhalten des Unfallbeteiligten** kann **Einfluß auf die Dauer** **40**
der Wartepflicht haben; Handlungen, die den Zweck des Wartens fördern, können verkürzen, Kö VRS **100** 302, *Lackner/Kühl* Rz 19, *Magdowski* S 135, Verschleierungs- und Täuschungshandlungen uU verlängern, Bay NJW **87** 1712, *Lackner/Kühl* Rz 19, *Jan/Jag/Bur* 22, *Tröndle/Fischer* 36. So kann der Wartepflichtige zB die Wartezeit dadurch **abkürzen**, daß er den (die) Geschädigten sucht und seine Beteiligung offenbart (Rz 32), oder die Pol verständigt, Nü VR **66** 945, Fra NJW **67** 2073, Ha VRS **13** 137, Br VRS **43** 29, ohne diese zu täuschen (Rz 37), bei eindeutiger Haftungslage uU auch telegrafisch, Zw NZV **91** 479. Arbeitet der Wartepflichtige dem Ziel des Wartens, später eintreffenden Personen Feststellungen zu ermöglichen, durch Täuschungs- und Verschleierungshandlungen aktiv entgegen, so kommt ihm die dabei verstrichene Zeit nicht zugute, BGH JR **58** 26 (Anm *Hartung*), Bay NJW **87** 1712 (Anm *Hentschel* JR **88** 297), Kö VRS **100** 302; bloßes Nichtfördern des Wartezwecks, zB Nichtinanspruchnahme angebotener Hilfe bei der Benachrichtigung feststellungsbereiter Personen, verlängert jedoch die Wartezeit nicht, s *Hentschel* JR **88** 297, aM Bay NJW **87** 1712, *Himmelreich/Bücken* Rz 192 f, offengelassen von Kö VRS **100** 302 (306).

Einzelheiten zur Wartedauer: Die Anforderungen sind gegenüber § 142 aF im **41**
Hinblick auf die in Abs II begründete Pflicht zur Ermöglichung nachträglicher Feststellungen milder geworden, Kö VRS **100** 305, Zw NZV **91** 479, Ha VRS **54** 117, **59** 258. **Rspr (überwiegend noch zur DM-Währung):** In Stadtmitte reichen uU nachts gegen 3 Uhr bei deutlichem Unfall 45 Min nicht aus, Ha VRS **41** 28, erst recht sind nur 5 Min abends innerorts bei mäßigem Blechschaden zu kurz, Dü VM **66** 60, oder 20 Min bei 500 DM Laternenschaden, Ko VRS **43** 423, oder 700 DM FzSchaden, Bay VRS **64** 119, oder 10 Min bei mäßigem Schaden auf dem Ruhrschnellweg, Ha VRS **54** 117. Andererseits erachtet Kö VRS **100** 302 bei innerörtlichem Unfall gegen Mittag mit 400 DM Fremdschaden uU 15 Min als ausreichend und können trotz ca 1000 DM Sachschaden nachts innerorts 20 Min ausreichen, wenn die Haftungslage eindeutig ist und das Fz zurückgelassen wird, Stu VRS **73** 191, ebenso bei mehr als 2000 DM Schaden auf nächtlicher BundesStr bei eindeutiger Haftungslage, Zurücklassen des Fzs und telegrafischer Meldung bei der Pol eine knappe Stunde später, Zw NZV **91** 479. Bei vergleichsweise geringem Schaden (100 DM) reichen 30 Min Warten idR aus, Bay JZ **77** 191, ebenso 20 Min bei Zertrümmerung einer Schlußleuchte, Bay VRS **64** 119. Nur

4 StGB § 142 Auszug aus dem StGB

in Ausnahmefällen können nach Beschädigung eines parkenden Fzs bei einem vom Wartepflichtigen auf 400 DM geschätzten Schaden 10 Min Wartezeit ausreichen, wenn danach keine konkreten Anhaltspunkte für das Eintreffen feststellungsbereiter Personen bestehen (unzureichende Kleidung bei −5°C), Stu NJW **81** 1107. Bei verhältnismäßig geringfügiger Beschädigung (bis 600,− DM) einer Autobahnbrücke innerorts, mittags können 30 Min ausreichen, Ha VRS **59** 258. Dü VM **94** 30 erachtete knapp 5 Min Wartezeit bei 312 DM Schaden an privatem Begrenzungspfosten tagsüber innerorts als ausreichend. Halbstündiges Warten bei nächtlicher Beschädigung einer Blinkanlage auf einer BundesStr (Schaden 1600 DM) genügt, Ol NRPfl **84** 264. Auch in später Nacht reichen bei 1500 DM Schaden 15 Warteminuten nicht aus, Ko VRS **49** 180. Bei 600 DM Schaden an belebter und bebauter Stelle sind 20 Min Warten zu kurz, Stu VRS **51** 431.

42   **Rückkehrpflicht** besteht nicht mehr, Stu NJW **77** 2275, NZV **92** 327, Bay NStZ **88** 119, *Küper* GA **94** 61, einschränkend *Mikla* S 218 ff. Sie ist in den Fällen abgelaufener ausreichender Wartezeit und berechtigten oder entschuldigten Sich-Entfernens vom Unfallort durch die Pflicht ersetzt, die nötigen Feststellungen unverzüglich nachträglich zu ermöglichen (II, III). Hatte sich der Wartepflichtige unberechtigt entfernt, so dürfte er die Wartepflicht, soweit der Unfall noch nicht entdeckt worden ist oder ausreichende Feststellungen am Unfallort noch in Betracht kommen, durch Rückkehr und Verhalten gemäß I noch erfüllen können, *Cramer* 94, aM wohl Ce NRpfl **77** 169, aM auch *Lackner/Kühl* Rz 20, andernfalls ist die Tat vollendet und strafbefreiende tätige Reue (soweit nicht Abs IV zutrifft) ausgeschlossen, BGH VRS **25** 115. Wer sich unentschuldigt verfrüht entfernt, außer zwecks sofortiger Suche nach dem Geschädigten, ist daher grundsätzlich nach I strafbar, auch wenn er die nötigen Feststellungen später unverzüglich ermöglicht (aber Milderungsgrund), Hb VM **78** 68.

43   **Alle notwendigen und möglichen Feststellungen** sind zu ermöglichen, nicht bloße Teilfeststellungen, solange die Anwesenheit des Wartepflichtigen noch erforderlich ist, jedoch muß dieser nicht von sich aus auf Vervollständigung hinwirken, zB wenn anderer Beteiligter oder Pol den Unfallort verlassen haben, Sa ZfS **01** 518, Kö VRS **6** 361. Ob dem Feststellungsinteresse aller Beteiligten (I 1) genügt ist, s Ko VRS **71** 187, richtet sich nach objektiver Beurteilung, Stu NJW **78** 900. Einigung über die Schadenshöhe gehört nicht zur Feststellung der Art der Beteiligung, Hb VRS **56** 344. Erschlichener Verzicht auf weitere Feststellung: Rz 39. Verlangt ein Beteiligter polizeiliche Feststellungen, so muß der Wartepflichtige diese eine angemessene Zeit abwarten (Rz 41, 47). Wartepflicht auch, wenn zwar der Fahrer bekannt ist, nicht aber sein körperlicher Zustand und das Zustandekommen des Unfalls, Ko VRS **52** 273.

44   Im Hinblick auf II und den I ausdrücklich gebotene Pflicht der Feststellungsermöglichung durch *Anwesenheit* wird die Wartepflicht auch bei einfacher Sachlage und geringem Schaden durch **Hinterlassen der Anschrift** am Unfallort nicht völlig entfallen können, *Tröndle/Fischer* 37, sondern allenfalls verkürzt werden, Kö VM **83** 10, LG Zw VRS **93** 333, *Lackner/Kühl* Rz 17, *Küper* JZ **81** 209, einschränkend Bay DAR **91** 366, *Hartmann-Hilter* NZV **92** 429; die Pflicht zu unverzüglicher nachträglicher Ermöglichung der Feststellungen nach Abs II wird dadurch aber nicht berührt, Kö NZV **89** 357, aM Zw VRS **79** 299, s dazu Rz 48. Zur Bedeutung des Hinterlassens eines Hinweiszettels als Rechtfertigungsgrund (mutmaßliche Einwilligung), s *Küper* JZ **81** 209.

45   **Vorstellungs- und Wartepflicht entfallen,** wo offensichtlich kein Feststellungsinteresse geltend gemacht wird, Dü NZV **92** 246 (s auch Rz 51), zB wenn sich **der einzige andere mögliche Beteiligte endgültig entfernt,** indem er trotz Kenntnis von dem eigenen Schaden ohne anzuhalten wegfährt, Bay NJW **58** 511, VRS **71** 189, NZV **90** 397, Kö VRS **63** 349, einschränkend *Bernsmann* NZV **89** 51, uU wenn er nach Notierung des FzKennzeichens des Unfallbeteiligten durch Verlassen der Unfallstelle schlüssig zu erkennen gibt, daß er auf sofortige weitere Feststellungen verzichtet, Ol NZV **95** 159, anders, wenn der Geschädigte zwar wegfährt, der Wartepflichtige sich jedoch nicht um dessen Reaktion gekümmert hat, Kö VM **63** 52, oder wenn sich der Geschädigte in Unkenntnis des Unfalls entfernt, Bay VRS **61** 31, **71** 189. Kein Verzicht des Geschädigten auf Feststellungen ist anzunehmen, wenn er sich zwar vor dem Eintreffen der Pol, aber nach dem anderen Unfallbeteiligten entfernt, Hb VM **62** 11. Keine Wartepflicht, wenn fremdem Feststellungsinteresse restlos genügt ist, s Rz 38. **Einigung**

der **Beteiligten** macht Warten überflüssig, Kö VR **72** 752, Bay NJW **58** 269, auch unbezweifelbares Schuldanerkenntnis, s Rz 38. Berechtigtes Sichentfernen nur bei Einverständnis aller Beteiligten, die Feststellungen anderswo oder gar nicht zu treffen, Br VRS **52** 423. Keine Wartepflicht, wenn alle **Beteiligten einander kennen** und der eine nur seine nahe Wohnung aufsucht, Kar GA **70** 311, s auch Rz 22, 51. Nur ausnahmsweise wird ein Beteiligter annehmen dürfen, der andere wünsche keine sofortigen Feststellungen, es sei denn, spätere Benachrichtigung genüge seinem Beweisinteresse, Ha VRS **37** 433, dies auch bei nahen verwandtschaftlichen, freundschaftlichen oder geschäftlichen Beziehungen, KG VRS **15** 343, Ha VRS **23** 105, Dü NZV **91** 77. Durch Täuschung erlangte Erlaubnis, sich zu entfernen, Rz 39. Wirksam **verzichten** auf weitere Feststellungen kann nur, wer die Tragweite seines Verzichts überblicken kann, Bay NZV **92** 245. Das kann uU auch ein Minderjähriger sein, Bay ZfS **91** 320 (15 jähriger), *Bernsmann* NZV **89** 53. IdR wird jedoch einem konkludenten Verzicht eines Minderjährigen keine Bedeutung zukommen, Dü NZV **91** 77. Ein 8 jähriges Kind kann nicht wirksam auf Feststellungen verzichten, Dü VM **77** 16. Zum Verzicht eines Minderjährigen auf sofortige Feststellungen s auch Ha VRS **23** 102. Begibt sich der Verletzte zu Fuß zum Krankenhaus, um einen Armbruch versorgen zu lassen, ohne jegliche Mitteilung an den Unfallbeteiligten, ob und auf welche Weise er Feststellungen am Unfallort wünscht, so kann Verzicht naheliegen, Kö VRS **63** 349.

Feststellungsberechtigt ist jeder Beteiligte, nicht nur der Geschädigte (Anspruchsabwehr), auch mit Hilfe sachkundiger, unbeteiligter Helfer. „Zugunsten der anderen Unfallbeteiligten und der Geschädigten" (Abs I Nr 1) kann auch jede **beliebige dritte Person** Feststellungen treffen, Zw DAR **82** 332 (krit *Bär* DAR **83** 215), DAR **91** 431, Kö VRS **64** 193, Ko NZV **96** 324, *Janiszewski* 504a, *Himmelreich/Bücken* Rz 181 (s aber Rz 38), es sei denn, von ihnen wäre eine Information des Geschädigten nicht zu erwarten, Kö VRS **63** 352. Voraussetzung ist, daß der Dritte erkennbar den Willen hat, den Geschädigten in einer zur Durchsetzung etwaiger zivilrechtlicher Ansprüche ausreichenden Weise zu informieren, Bay VRS **64** 119, DAR **91** 366, Kö VRS **100** 302. Eingriffe Unerfahrener oder Übereifriger ohne Sachkunde braucht jedoch kein Beteiligter zu dulden, weil sie die Beweissicherung eher erschweren können, Ha VRS **14** 34 (Suche nach Diagrammscheibe). Unbeteiligte können sich nicht auf § 127 StPO berufen, denn das viel engere Festnahmerecht gilt nur für das Betreffen auf frischer Tat, aM Kar VRS **22** 440. 46

Von **polizeilicher Feststellungsbefugnis** neben dem oder anstelle des Beteiligten im Interesse des Geschädigten geht III aus, obwohl diese, wo nur zivilrechtliche Beweissicherung in Frage steht, bestritten ist, *Rupp* JuS **67** 163, *Dvorak* JZ **81** 16, *Bernsmann* NZV **89** 198. Auch die Rspr meint, daß jedenfalls bei erheblicheren Schäden nur die Pol sachkundige Feststellungen treffen könne, BGH Betr **70** 728, Kar NJW **73** 379, Dü VM **71** 12, Bay NZV **92** 245, wenn der Beteiligte oder Geschädigte es fordert, Kar NJW **73** 379, Ko VRS **71** 187, Zw NZV **92** 371. Dies gilt vor allem auch, wenn Feststellungen erforderlich sind, die ohne Pol nicht getroffen werden können (Einfluß etwaigen Alkoholgenusses auf das Unfallgeschehen, s *Geppert* BA **91** 39, aM *Dvorak* MDR **82** 804 mangels zivilrechtlichen Anspruchs darauf, *Schwab* MDR **84** 541 mangels polizeilicher Eingriffsbefugnis), Kö NJW **81** 2367, KG VRS **67** 258, s aber Rz 36. Drängt sich nach den Umständen das Interesse des Geschädigten an polizeilicher Unfallaufnahme auf, so ist die Pol uU auch ohne ausdrückliche Aufforderung abzuwarten, Ko VRS **71** 187, Bay NZV **92** 245. Auf Verlangen des Geschädigten ist daher grundsätzlich die verständigte Pol zu warten, Kö NZV **89** 197, *Küper* NJW **81** 854, *Schwab* MDR **84** 540f, *Janiszewski* NStZ **82** 239, *Küper* JZ **88** 476 Fn 18, *Weigend* NZV **90** 79 (s aber Rz 38). Verzögern sich polizeiliche Feststellungen nur, so ist dies angemessen lange abzuwarten, BGH Betr **70** 728, Schl DAR **78** 50. Auch bei Sachschäden unter 500 € (Kleinunfall) muß nach hM die Pol auf Verlangen abgewartet werden, weil diese auch dann Feststellungen nicht ablehnen dürfe, Bay NJW **66** 558, Dü VM **71** 12, KG VRS **63** 46, aM *Rupp* JuS **67** 163. Ein **pauschales Schuldanerkenntnis** ersetzt polizeiliche Unfallfeststellungen idR nicht, Stu NJW **78** 900, Bay VRS **60** 111, zumal der Geschädigte zumeist nicht in der Lage sein wird zu beurteilen, ob und inwieweit derartige Erklärungen zur Durchsetzung seiner Ansprüche und zur Abwehr von Einwendungen 47

4 StGB § 142

(Mitschuld, Anrechnung der BG) geeignet sind, s *Schwab* MDR **84** 540. Eine Verpflichtung, auf Verlangen des Geschädigten, diesen zur Pol zu begleiten, besteht nicht, Kö NZV **89** 197. *Ulsenheimer,* Wartepflicht auf die Pol nach VUnfall, JuS **72** 24. *Dvorak,* § 142 StGB als Befugnisnorm für Rechtseingriffe?, MDR **82** 804.

48   **5. Unverzügliche Ermöglichung nachträglicher Feststellungen** ist nach II, III Rechtspflicht, wenn sich ein Beteiligter nach Ablauf der gebotenen Wartefrist (Rz 39) oder berechtigt oder entschuldigt vom Unfallort entfernt hat, bevor Feststellungen getroffen werden konnten, oder weil andere Beteiligte diese Möglichkeit nicht genutzt haben. Das Vergehen nach Abs II ist ein echtes Unterlassungsdelikt, Bay DAR **90** 230. I und II schließen einander rechtlich aus, s Ce MDR **78** 246. II betrifft nur die in Nr 1, 2 geregelten Fälle, in welchen der Tatbestand von I nicht erfüllt ist, Kö DAR **94** 204. Er greift bei vorzeitigem Verlassen des Unfallortes nicht ein, weil dann schon I Nr 2 zutrifft, Kö VRS **63** 352, (s aber Rz 42). Nach II genügt jedes Verhalten, das den Berechtigten unverzüglich nachträgliche Feststellungen ermöglicht, Stu VM **76** 85. III enthält Mindestanforderungen (Begr), für den Fall, daß sich der Beteiligte wie dort vorgeschrieben verhält, Stu VM **76** 85, nur Beispielsfälle der Ermöglichung nachträglicher Feststellungen, BGHSt **29** 138 = VRS **58** 200, Stu VM **76** 85, Dü DAR **80** 124. Geboten ist nicht Selbstbezichtigung, sondern auch hier nur die Vorstellungspflicht (Rz 33, 35), die Angabe von Anschrift und Aufenthalt, des FzKennzeichens, des gegenwärtigen FzStandortes (uU der Werkstatt) und das Bereithalten des Fz für zumutbare Zeit zwecks notwendiger Feststellungen, so daß auch der zuletzt benachrichtigte Berechtigte noch ausreichend Zeit für unverzügliche Feststellungen hat. Das Hinterlassen eines Zettels kann hierzu selbst dann nicht ausreichen, wenn er alle in III verlangten Angaben enthält, Kö NZV **89** 357 (abw Zw VRS **79** 299, zust *Hartmann-Hilter* NZV **92** 429), weil es oft von Zufälligkeiten abhängt, ob solche Mitteilungen den Berechtigten überhaupt erreichen, wie der von Zw VRS **79** 299 entschiedene Fall zeigt (in dem im übrigen die Angaben überdies unvollständig waren), s *Hentschel* NJW **91** 1273. Zum Hinterlassen einer aufklebbaren Schadensmeldung, *Zopfs* DRiZ **94** 93 ff. Wer die geschilderten Anforderungen von III erfüllt, ohne durch sein Verhalten die notwendigen Feststellungen absichtlich zu vereiteln (Rz 37), schließt Tatbestandserfüllung aus. Dabei wird in Kauf genommen, daß körperliche Feststellungen, zB solche zur BAK und Fahrtauglichkeit zur Unfallzeit, aus natürlichen Gründen ausfallen können. Zur Erfüllung der Pflichten aus II durch Dritte s Rz 53.

49   **Ausreichendes Warten** (I 2), ausgenommen bei berechtigtem oder entschuldigtem Sichentfernen, muß vorausgegangen sein, denn bei vorzeitigem Verlassen des Unfallortes greift I Nr 2 ein. Um dem zivilrechtlichen Beweissicherungsbedürfnis zu genügen, müssen hier unverzüglich alle noch möglichen nachträglichen Feststellungen ermöglicht werden, ohne absichtliches Vereiteln (III). Wer dem nicht nachkommt, ist auch nach abgelaufener Wartezeit und vergeblicher Suche nach dem Geschädigten noch strafbar (II). Irrtum hierüber wäre Verbotsirrtum (Rz 63), Stu VRS **52** 181.

50   Wer sich **berechtigt oder entschuldigt** vom Unfallort entfernt hat (II 2), war nicht wartepflichtig. Auch er muß mit dem Aufhören des berechtigenden oder entschuldigenden Sachverhalts, KG VRS **67** 263, unverzüglich und ohne Vereitelungshandlungen (III) die erforderlichen nachträglichen Feststellungen ermöglichen. Wer sich **nicht willentlich entfernt** oder unfreiwillig entfernt wird, kann weder nach I noch nach II bestraft werden, Ha VRS **56** 340, *Beulke* NJW **79** 404, *Klinkenberg* ua NJW **82** 2359, *Schwab* MDR **83** 454, *Geppert* BA **91** 40, *Mikla* S 83 ff, 96, 108 f, *Mayr/Scherer* KVR S 27, aM Bay VRS **59** 27, NJW **82** 1059 (zust *Janiszewski* NStZ **82** 108), Bay NZV **93** 35, *Volk* VGT **82** 102 = DAR **82** 83, *Jacob* MDR **83** 456, gegen ihn *Klinkenberg* MDR **83** 808, einschränkend auch AG Homburg ZfS **88** 92. IS von II entfernt sich daher nicht, wer bewußtlos in ein Krankenhaus gebracht wird, Kö VRS **57** 406, wer als unfallbeteiligter Beifahrer gegen seinen Willen vom FzF weggefahren wird, aM Bay NJW **82** 1059, *Joerden* JR **84** 51, wer im Rahmen der polizeilichen Ermittlungen an der Unfallstelle festgenommen wird, s BGHSt **30** 160 = NJW **81** 2366 (Anm *Bär* JR **82** 379). Obwohl nach Sinn und Zweck der Vorschrift ein Bedürfnis anzuerkennen ist, diese Fälle dem Sichentfernen gleichzustellen, dürfte dies dem Analogieverbot widersprechen, s

Klinkenberg ua NJW **82** 2359. Unter II fällt dagegen, wer sich von der Unfallstelle fortbringen läßt, Kö VRS **57** 406, KG VRS **67** 258.

Berechtigt entfernt sich, wem ein Rechtfertigungsgrund (**E** 112 ff) zur Seite steht, **51** wie zB bei rechtfertigender Pflichtenkollision (**E** 117, 119) oder im Einverständnis oder mutmaßlichen Einverständnis, Kö NZV **89** 197 (Weiterfahrt auf AB bis zum nächsten Parkplatz – krit Anm *Bernsmann*), mit dem Geschädigten, um die Regulierung **vereinbarungsgemäß an einem anderen Ort** (Gaststätte, Wohnung, Parkplatz) zu erörtern (bei Nichteinhaltung der Vereinbarung oder Sichentfernen von dort vor vollständiger Ermöglichung der Feststellungen Bestrafung nach II, s Rz 53, aM *Beulke* JuS **82** 815, *Bernsmann* NZV **89** 56), Bay VRS **60** 114, Kö NJW **81** 2367, Dü VRS **68** 449. Nach anderer Ansicht ist Entfernen im Einverständnis des Geschädigten schon nicht tatbestandsmäßig, s *Beulke* JuS **82** 816. Tatbestandsausschließende Wirkung hat die Einwilligung jedenfalls bei **Verzicht** auf jegliche Feststellungen, *Tröndle/Fischer* 30, *Bernsmann* NZV **89** 52, 58 (ebenso Bay ZfS **90** 321 hinsichtlich des Abs II), s aber Bay VRS **71** 189, NZV **90** 397, **92** 245, das Rechtfertigung annimmt, s Rz 22, 45, näher dazu *Bernsmann* NZV **89** 49. UU kann Verzicht auch in schlüssigem Verhalten zum Ausdruck kommen, Bay NZV **92** 245. Berechtigtes Entfernen auch bei Verlassen der Unfallstelle **zum Zwecke der ärztlichen Versorgung** erheblicher Verletzungen, Kö VRS **63** 349 (Armbruch), Fra VRS **65** 30 (Schnittverletzungen). Erfüllung der Hilfspflicht (§ 323 c StGB) gegenüber ernsthaft Verletzten geht der Wartepflicht vor, zB der an sich Wartepflichtige bringt den Verletzten zum Arzt oder ins Krankenhaus, er holt in einsamer Gegend Hilfe oder schafft einen Verletzten heim. Ebenso, wenn der Arzt den **Besuch beim Patienten** nach pflichtgemäßer Abwägung der Wartepflicht vorziehen darf (**E** 117), oder wenn der transportierte Verletzte unterwegs stirbt, wenn der an sich wartepflichtige Lotse den Dienst versäumen würde und dadurch ernstliche Gefahr für die Schiffahrt entstehen könnte, Br VRS **43** 29 (**E** 119), wenn **Fahrplaninteressen** des öffentlichen VMittels der Wartepflicht vorgehen, Fra NJW **60** 2066, Neust NJW **60** 698 (**E** 119), wenn der Wartepflichtige nur durch Wegfahren **Tätlichkeiten** entgehen kann (**E** 113), BGH VRS **30** 281, **36** 23, selbst wenn er diese durch verkehrswidriges Verhalten vor dem Unfall provoziert hat, Dü NJW **89** 2763 (Anm *Werny* NZV **89** 440), endlich – in äußerst seltenen Fällen – zur Erfüllung dringender, **vorrangiger geschäftlicher Interessen,** bei vorsichtiger Beurteilung, s Ko VRS **45** 33, KG VRS **40** 109, Stu MDR **56** 245 (hier auch Einstellung nach § 153 StPO zu erwägen). Berechtigtes Entfernen uU auch zum Zwecke der Beauftragung eines Abschleppunternehmers, wenn das liegengebliebene Fz eine Gefahrenquelle ist, Bay DAR **82** 249. Bei näheren persönlichen Beziehungen zum Geschädigten kann Sich-Entfernen aus dem Gesichtspunkt der **mutmaßlichen Einwilligung** gerechtfertigt sein, wenn die Abwägung der Interessen des Geschädigten ergibt, daß diesem eine spätere Unterrichtung genügt, Bay DAR **83** 25, VRS **68** 114, **71** 34 (Entfernen, um den geschädigten ehemaligen Arbeitskollegen nach nächtlichem Unfall telefonisch zu benachrichtigen), NZV **92** 413 (Arbeitgeber als Geschädigter), Kö NZV **02** 278, *Bernsmann* NZV **89** 55; in anderen Fällen allenfalls bei Bagatellschäden, Kö VM **83** 10 (bei 400 DM verneint). Zur Rechtfertigung durch mutmaßliche Einwilligung bei Hinterlassen eines Benachrichtigungszettels in Fällen geringfügiger Schäden, s *Küper* JZ **81** 209. Die Begriffe „berechtigt oder entschuldigt" beschränken sich aber nicht auf die strafrechtlichen Rechtfertigungs- und Entschuldigungsgründe, sie erfassen auch denjenigen, der sich **ohne Unfallkenntnis,** also vorwurfsfrei entfernt (und innerhalb zeitlichen und räumlichen Zusammenhangs Kenntnis erlangt), s Rz 52.

Der Begriff des „**entschuldigten**" Sichentfernens in Abs II Nr 2 ist ebensowenig wie **52** der des berechtigten Verlassens der Unfallstelle (s Rz 51) formaldogmatisch zu verstehen, beschränkt sich also nicht auf die eigentlichen Entschuldigungsgründe, BGHSt **28** 129 = VRS **55** 266, Kö NJW **77** 2275, Ko VRS **53** 340, aM *Werner* NZV **88** 88, *Mikla* S 138 ff, 157 ff. Auch wer **rauschbedingt schuldunfähig** mit natürlichem Vorsatz die Unfallstelle verläßt, unterliegt nach überwiegender Ansicht nach Wiedererlangung der Schuldfähigkeit der Pflicht nach Abs II, Kö NJW **77** 2275, Ko VRS **53** 340, *Dornseifer* JZ **80** 303, *Magdowski* S 158, *Himmelreich/Bücken* Rz 212, zw, aM, vor allem im Hinblick auf sonst angeblich entstehende Strafbarkeitslücken, Bay NJW **89** 1685 (zust *Paeff-*

4 StGB § 142

gen NStZ **90** 365), *Tröndle/Fischer* 48, SK (*Rudolphi*) 39, *Beulke* NJW **79** 404, *Mikla* S 129, 142, sowie mit eingehender Begr *Küper* NJW **90** 209. Kommt er dieser Pflicht nicht nach, so ist er nach überwiegend vertretener Auffassung somit nach § 142 II, nicht nach § 323 a StGB (in Verbindung mit § 142 I als Rauschtat) zu bestrafen. **Entschuldigt entfernt sich** aber auch zB, wer erst eigene Verletzung versorgen lassen mußte, wer, weil in Winternacht völlig durchnäßt, bei Warten mit schweren gesundheitlichen Schäden rechnen müßte (soweit nicht sogar „berechtigt", s § 34 StGB, s Rz 51), Bay VRS **60** 112, wer sich auf die Suche nach Abschleppwagen oder anderer Hilfe macht, überhaupt wer sich in gleichrangiger Pflichtenkollision befindet (**E** 153), nicht aber, wer lediglich unangenehme Auseinandersetzungen ohne Bedrohung befürchtet. Auch entsprechender Tatbestandsirrtum gehört hierher (Rz 62). Entschuldigt kann das Sichentfernen sein, wenn der Unfallbeteiligte seine schwerverletzte Ehefrau im Fz des Rettungsdienstes zum Krankenhaus begleitet, Kö VRS **66** 128. Entschuldigt entfernt sich auch, wer **erst nach Weiterfahrt Unfallkenntnis** erhält, BGHSt **28** 129 = VRS **55** 266, Bay DAR **89** 366, Kö VM **77** 58, VRS **54** 276, aM Bay VM **78** 17, Stu VM **77** 57, Ko VRS **53** 339, NZV **89** 241, erst recht, wer ihn überhaupt nicht bemerkt, Berz DAR **75** 314, aM *Mikla* S 157; erfährt er noch innerhalb zeitlichen und räumlichen Zusammenhangs von ihm, so unterliegt er Abs II, BGH VRS **55** 266, Bay DAR **89** 366, NJW **79** 436, VRS **61** 351, **67** 221, Kar VRS **59** 420, Kö VRS **54** 276, Ko NZV **89** 241, Fra VRS **64** 265, abw Bay VRS **54** 194, *Beulke* NJW **79** 400, JuS **82** 816, *Dornseifer* JZ **80** 302, *Geppert* BA **91** 40, *Mikla* S 157 ff. Keine Bestrafung dagegen nach Abs I, Dü ZfS **85** 221. Ihm obliegt jedoch keine weitere Wartepflicht gegenüber nichtanwesenden Geschädigten, Bay VRS **59** 340. Im Hinblick auf den gegebenen zeitlichen und räumlichen Zusammenhang werden in solchen Fällen an das Erfordernis „unverzüglicher" Feststellungsermöglichung (s Rz 53 a) strenge Anforderungen zu stellen sein, Ha VRS **64** 16. Nachträgliche Kenntniserlangung vom Unfall in diesem Sinne bedeutet, daß der Unfallbeteiligte von weiteren, ihm bisher unbekannten Tatsachen erfährt, die nunmehr zu dem Bewußtsein führen, möglicherweise an der Verursachung eines nicht gänzlich bedeutungslosen Fremdschadens beteiligt gewesen zu sein (s Rz 57), Fra VRS **64** 265. Der Vorschlag *Miklas*, S 198 ff, den Unfallbeteiligten in solchen Fällen nicht nach Abs II, sondern nach Abs I mit § 13 StGB zu bestrafen, wenn er bei noch nicht *beendeter* Rechtsgutsverletzung die Rückkehr unterläßt, läuft darauf hinaus, ihn entgegen dem insoweit eindeutigen Wortlaut von Abs I nicht nur zum Unterlassen der (weiteren) Entfernung zu verpflichten, sondern zur Rückgängigmachung bereits erfolgter Entfernung und dürfte damit als verbotene Analogie zuungunsten des Täters ausscheiden. Keine Pflicht gem Abs II jedoch, wenn der Unfallbeteiligte zwar innerhalb zeitlichen und räumlichen Zusammenhangs vom Unfall Kenntnis erlangt, dieser sich jedoch erst ereignete, nachdem er die (spätere) Unfallstelle bereits verlassen hatte, Kar VRS **74** 432 (Verlust von FzTeilen und darauf beruhender späterer Unfall, zust *Janiszewski* NStZ **88** 410). Gegen die Beschränkung einer Gleichsetzung von unvorsätzlichem und entschuldigtem Sichentfernen auf die Fälle eines zeitlichen und räumlichen Zusammenhangs zwischen Unfall und Kenntniserlangung: *Römer* MDR **80** 89. An die Bejahung eines **zeitlichen und räumlichen Zusammenhangs** sind unter Berücksichtigung des Schutzzwecks des § 142 weite Maßstäbe anzulegen, vor allem bei schwererem Schaden, *Janiszewski* NStZ **89** 565. Bei Unfallverursachung gegen 3.50 Uhr und Kenntniserlangung am Morgen nach einer Entfernung von 2–3 km von der Unfallstelle hat Bay (VRS **59** 191), bei einem zeitlichen Abstand von 3 Min bzw 2 km Entfernung hat Kar (VRS **59** 420) den räumlichen und zeitlichen Zusammenhang iS einer Zumutbarkeit nachträglicher Feststellungsermöglichung bejaht, ebenso Fra VRS **64** 265 bei 5–10 Min und 2–3 km, Ko NStZ **89** 565 sogar bei Kenntniserlangung nach $^{1}/_{2}$ Stunden 20 km von der Unfallstelle entfernt.

53   **Nachträgliche wahlweise Mitteilung** ist unter den Voraussetzungen von II, III zulässig, sofern sie unverzüglich (Rz 53a) geschieht, und zwar, beispielsweise, Stu VRS **51** 431, an alle erreichbaren Berechtigten oder an die Pol, nicht immer notwendig an die nächstgelegene, Ha NJW **77** 207, s aber Rz 53a, oder auch durch rechtzeitige Rückkehr zur Unfallstelle, Stu VRS **51** 431. Können nicht alle Beteiligten (Geschädigten) gleichzeitig ausfindig gemacht werden, so wird Benachrichtigung der erreichbaren

Unerlaubtes Entfernen vom Unfallort § 142 StGB 4

ausreichen. Vom benachrichtigten Berechtigten muß sich der Beteiligte nicht noch an die Pol verweisen lassen, Fra VRS **51** 283. Ob die Benachrichtigung freiwillig geschieht, ist unerheblich, Ha NJW **77** 203. Sie wird auch, anders als bei der Wartepflicht, durch einen beauftragten kompetenten, **zuverlässigen Dritten** geschehen dürfen, Bay JZ **80** 579, Ha VRS **59** 258, Stu VRS **51** 431, DAR **77** 22, sofern III dadurch genügt ist. Wer sich als Beteiligter entschuldigt entfernt, ermöglicht nachträgliche Feststellungen ausreichend, wenn er einen anderen veranlaßt, am Unfallort zu bleiben und alle nötigen Angaben zu machen, und wenn dies geschieht, Bay DAR **79** 238. Wegen des Wahlrechts sind Verständigung des Geschädigten oder PolMeldung gleichwertig, vorausgesetzt, Unverzüglichkeit ist gewahrt, BGHSt **29** 138 = VRS **58** 200 (Rz 53 a). Ein **Wahlrecht** zwischen mehreren Wegen nachträglicher Feststellungsermöglichung besteht also nur, soweit jeder Weg zu einer unverzüglichen Ermöglichung nachträglicher Feststellung führt, BGHSt **29** 138 = VRS **58** 200 (krit *Geppert* BA **91** 41), Dü DAR **80** 124, Ha VRS **61** 263, Kö NZV **89** 357, aA *Dornseifer* JZ **80** 299. Beispiele nachträglicher Mitteilung: III (Rz 48). Über die **Angaben gem III** hinaus besteht keine Mitwirkungspflicht bei den Feststellungen, doch macht Vereiteln strafbar (Rz 37), zB unrichtige Angaben, unrichtige Fahrerbenennung, falsche Hergangsdarstellung, Spurenbeseitigung, Stu VM **76** 84, etwa durch nachträgliche Veränderungen am Kfz. III S 2 verhindert, daß zwar buchstabengemäßes, aber vereitelndes Verhalten exkulpiert. Grundsätzlich besteht **keine Wartepflicht** (etwa auf das Eintreffen der Pol) nach II, Kar VRS **59** 420, ebensowenig eine Pflicht, zur Unfallstelle zurückzukehren, Bay VRS **67** 221. Begeben sich die Beteiligten einverständlich an einen anderen Ort zwecks Erörterung (s Rz 51), so entfällt allerdings die Pflicht, auf Verlangen die Pol abzuwarten (s Rz 47) hierdurch nicht, Kö NJW **81** 2367, *Hauser* BA **89** 243, aM *Beulke* JuS **82** 817, *Mayr/Scherer* KVR S 31 im Hinblick auf III 1. Auch sind Fälle denkbar, in denen dem Gebot der Unverzüglichkeit praktisch nur durch Warten genügt werden kann, s Rz 53 a.

Unverzüglich hat die nachträgliche Mitteilung zu geschehen (II), ohne schuldhaftes 53 a Zögern, Zw VM **78** 79, Ha VRS **52** 416, Fra VRS **51** 283, Stu VM **76** 84, *Hauser* BA **89** 239, also nach Erfüllung etwaiger Hilfspflichten, LG Zw VRS **94** 447, Abklingen des Schocks, eigener ärztlicher Versorgung, soweit körperlich zumutbar, oder nach den nötigen Nachforschungen. Die Anforderungen an das Merkmal „unverzüglich" können nicht allgemein festgelegt werden, sondern sind unter Berücksichtigung von Sinn und Zweck des § 142 nach den Umständen des jeweiligen Falles zu beurteilen, BGH VRS **58** 200, VM **79** 33, Bay VRS **58** 406, Dü DAR **80** 124, Ha VRS **61** 263, Stu VRS **73** 191. Hierbei können insbesondere Art und Zeit des Unfalls sowie die Höhe des verursachten Fremdschadens eine Rolle spielen, BGH VM **79** 33, Fra VRS **65** 30, Dü DAR **80** 124, Bay VRS **58** 406, **60** 112, **67** 221, Ha VRS **61** 263, Stu VRS **73** 191, LG Zw VRS **94** 447 (schwerer Personenschaden). „Unverzüglich" ist Oberbegriff zu III und schränkt das **Wahlrecht** deshalb auf diejenigen Fälle ein, in welchen beide Wege unverzügliche Nachholung der nötigen Feststellungen ermöglichen (Rz 53), wobei aber nicht zwingend stets nur der schnellere Weg „unverzüglich" ist, Fra VRS **65** 30. Demjenigen, der nach Unfallverursachung auf der AB zunächst nicht halten kann, muß bei Sachschaden mittleren Ausmaßes und klarer Haftungsfrage eine ausreichende Zeit für die Entscheidung zugebilligt werden, ob er den Geschädigten oder die Polizei verständigen solle, Bay DAR **79** 237. Können sich Straßen- und/oder körperliche Verhältnisse des Beteiligten (zB BAK, soweit bedeutsam, s Rz 36) bis zur möglichen Benachrichtigung des Geschädigten (Montag) wesentlich ändern, so ist die Pol zu benachrichtigen, Schl DAR **78** 50. Unverzüglich handelt deshalb in zahlreichen Fällen nicht, wer anstatt der sogleich möglichen Verständigung der Pol erst später oder nur auf wesentlich zeitraubendere Art den Geschädigten benachrichtigen könnte, BGH VRS **58** 200, Ha NJW **77** 207, Bay VRS **52** 348, Stu VM **76** 84, aM Dü VM **78** 5, womöglich erst Tage später, aM Fra VRS **51** 283, es sei denn, der Schaden ist unbedeutend, die Ersatzpflicht eindeutig und die Verzögerung gering, Bay VRS **52** 348, NJW **77** 2274, ähnlich Dü DAR **77** 245, oder der Beteiligte konnte den Zeitunterschied erst später erkennen. Bei **nächtlicher Unfallverursachung** mit *Sachschaden* ist idR die Meldung beim Geschädigten oder der Pol in den Morgenstunden des nächsten Tages noch als unverzüglich anzuerkennen, wenn die Haftungslage eindeutig, dh eine Haftung des Unfallbeteiligten zwei-

4 StGB § 142

felsfrei ist, Bay VRS **71** 34, NStZ **88** 264, Stu VRS **73** 191, NJW **81** 1107, Kar VR **84** 837, MDR **82** 164, Ha ZfS **03** 503 (ZS), Fra VRS **65** 30, Kö NZV **89** 357. Hierbei ist vor allem von Bedeutung, ob das Fz des Unfallbeteiligten am Unfallort zurückblieb und damit eindeutige Hinweise für die Haftung nach StVG ermöglicht, Kar MDR **82** 164, Ha VRS **61** 263, Stu VRS **65** 202, Kö NZV **89** 357, *Haubrich* DAR **81** 211, *Hauser* BA **89** 240. Benachrichtigung am Montagabend nach Unfall in der Nacht zum Sonntag ist idR nicht mehr unverzüglich, Ol NRPfl **84** 264; im allgemeinen wird auch Meldung in den späten Vormittagsstunden zu spät sein, Kö NZV **89** 357 (11.15 Uhr). Ein Unfall in den frühen Abendstunden ist kein „nächtlicher" iS der genannten Rspr, Kö DAR **92** 152 (18.45 Uhr). Hat der Unfallbeteiligte den **Unfall nicht bemerkt,** erfährt er aber durch den Geschädigten noch in räumlichem und zeitlichem Zusammenhang davon (s Rz 52), so wird er in aller Regel seinen Pflichten aus II, III nur dadurch unverzüglich nachkommen, daß er diese sofort an Ort und Stelle erfüllt, Bay VRS **61** 351, **67** 221, s KG VRS **67** 263, *Hauser* BA **89** 244, krit *Janiszewski* NStZ **81** 470. Das bedeutet nicht, daß allgemein bei Kenntniserlangung auf der Weiterfahrt etwa eine Rückkehr- oder Wartepflicht bestünde, Bay NStZ **88** 119. Hat er einen AB-Unfall mit erheblichem Sach- und Personenschaden nicht bemerkt, so ist – wenn er in räumlichem und zeitlichem Zusammenhang davon Kenntnis erhält (s Rz 52) – das Erfordernis „unverzüglich" nicht erfüllt, wenn er eine Meldung bei der nächsten am Wege liegenden AB-PolDienststelle unterläßt, um zuvor private Geschäfte zu erledigen, Ha VRS **64** 16. Wer seine Beteiligung der nachfragenden Polizei gegenüber zunächst abstreitet und erst später zugibt, ermöglicht die Feststellungen nicht unverzüglich, s Rz 55. Trägt der Beteiligte zur rechtzeitigen Beweissicherung nach Kräften bei, so wird das Merkmal „unverzüglich" idR erfüllt sein, s Ha NJW **77** 207, Bay JZ **77** 191. Bedenklich aber, jede nachträgliche Mitteilung als unverzüglich anzusehen, die eine vollständige Klärung ohne zusätzlichen Ermittlungsaufwand ermöglicht (so zB Ha NJW **77** 207, VRS **61** 265, Ko DAR **81** 330, Kar MDR **82** 164, VR **84** 837); denn dies wird nicht selten auch bei erheblichem Schadensumfang noch nach vielen Stunden oder gar Tagen der Fall sein und oft von Zufälligkeiten abhängen, insbesondere davon, wann der Geschädigte den Schaden bemerkt, s dazu auch Ol NRPfl **84** 264, *Küper* GA **94** 53 (Fn 13). Nachträgliches Ermöglichen der Feststellungen innerhalb 24 Stunden bei nicht bedeutendem Sachschaden **im ruhenden V** s Rz 69.

54   **6. Teilnahme.** Anstiftung, Beihilfe und Mittäterschaft sind nach allgemeinen Grundsätzen möglich, Bay VRS **45** 278. Mittäter kann nur sein, wer warte- und duldungspflichtig ist, BGHSt **15** 1 = NJW **60** 2060, **61** 325, VRS **24** 34, Kö NZV **92** 80, zB wer Beihilfe zu einem gefährlichen Eingriff in den Straßenverkehr mit Unfallfolge geleistet hat, BGH VRS **59** 185, nicht der Halter, der erst nachträglich zur Unfallstelle kommt, KG VRS **46** 434, *Arloth* GA **85** 499. Beihilfe zu Abs II setzt Förderung des Entschlusses zum Unterlassen der gebotenen Ermöglichung nachträglicher Feststellungen voraus; nicht jedes dem Schutzweck des § 142 zuwiderlaufende Handeln reicht dazu aus, Bay DAR **90** 230 – Anm *Herzberg* NZV **90** 375, *Seelmann* JuS **91** 290 – (Entfernen des TatFzs). Der Mitfahrer kann Beihilfe, auch durch Unterlassen, begehen, wenn er die Rechtspflicht (**E** 87f) hat, die Flucht zu verhindern. Die Rspr nimmt eine solche Rechtspflicht zB auch an beim weisungsberechtigten Halter (Pflicht zur Verhinderung der Flucht mit dem Fz) oder beim Vorgesetzten des Fahrers, BGH VRS **24** 34, Dü VM **66** 42, Stu VM **81** 85, Bay DAR **88** 364, Kö NZV **92** 80, zw, aM zB *Arloth* GA **85** 505, *Engelstädter* S 132 f. Zur Wartepflicht des Halters s im übrigen Rz 29. Wer als mitfahrender oder jedenfalls anwesender Verfügungsberechtigter trotz entsprechender Möglichkeit nicht verhindert, daß der Unfallbeteiligte mit dem Fz die Unfallstelle verläßt, begeht Beihilfe, Ha BA **74** 279, Stu NJW **81** 2369, Bay DAR **88** 364, Kö NZV **92** 80, ebenso wer nach dem VUnfall in Kenntnis der Tatumstände das Steuer übernimmt und mit dem Unfallbeteiligten wegfährt, KG VRS **6** 291, Kö VRS **86** 282. Beihilfe kann auch dann noch geleistet werden, wenn der Täter sich bereits iS des § 142 entfernt hat, die Tat jedoch noch nicht beendet hat, BGH VRS **16** 267, Bay NJW **80** 412, Zw VRS **71** 434 (zw *Horn/Hoyer* JZ **87** 974), eingehend hierzu *Küper* JZ **81** 253 ff. Ob der Fahrer im Zeitpunkt der Hilfeleistung bereits entschlossen gewesen ist, sich den Feststellungen

Unerlaubtes Entfernen vom Unfallort § 142 StGB 4

zu entziehen, ist unerheblich, wenn ihn das Zureden darin bestärkt hat, BGH VRS **23** 207.

7. Vollendung der Tat und tatsächliche Beendigung fallen auch nach der Neufassung 55 (1975) nicht notwendigerweise zusammen, Bay NJW **80** 412. **Vollendung des I** durch Nichtermöglichen der Feststellungen (Rz 32 ff) erst durch Sichentfernen, Ha VRS **56** 340, Stu VM **77** 57, Bay VRS **60** 105, Ol NZV **95** 159, *Janiszewski* 502, *Küper* GA **94** 65, und zwar auch dann, wenn der Täter durch sein Verhalten (zB mangelnde Vorstellung, Angabe falscher Personalien) erreicht, daß **die Feststellungsberechtigten die Unfallstelle vor ihm verlassen,** Ha VRS **56** 340, *Jan/Jag/Bur* 15, *Arloth* GA **85** 495, *Mikla* S 110 Fn 1, *Küper* GA **94** 68, s *Hentschel* NJW **86** 1313, aM Bay NJW **83** 2039 (abl *Janiszewski* NStZ **83** 403, JR **83** 506, *Schwab* MDR **84** 639), NJW **84** 66, 1365 (zust *Küper* JZ **90** 519), Fra VRS **77** 436 (abl *Janiszewski* NStZ **90** 272), *Bauer* NStZ **85** 301. Nach Ansicht von Bay und Fra aaO soll in derartigen Fällen Tatbestandsverwirklichung von Abs I zu verneinen sein, jedoch Pflicht nach Abs II bestehen. Dies ist abzulehnen, weil Abs I *Vorstellung* verlangt, die aber unterblieben ist; Abs II kommt nicht in Frage, weil das Entfernen in Fällen der geschilderten Art weder „berechtigt" noch „entschuldigt" ist, s *Küper* JZ **90** 518 Fußn 60; bei Nichtanwendung von Abs II bliebe der sich so verhaltende Unfallbeteiligte somit straflos (insoweit zust auch *Bauer* NStZ **85** 303). Vollendung, wenn der Beteiligte nur noch durch Verfolgung gestellt werden kann, Ce NRpfl **77** 169, Ha DAR **78** 139, s Kö NZV **89** 197, oder sich nahe des Unfallortes in einem Bereich aufhält, in dem er als Wartepflichtiger nicht vermutet wird, Ha DAR **78** 139, s *Küper* JZ **81** 215. Die räumliche Entfernung von 1 km rechnet nicht mehr zum Unfallort, Bay NJW **78** 282. Schon eine geringere Absetzbewegung reicht zur Vollendung aus (früher teilweise nur Versuch), Bay VM **76** 22, Dü VM **76** 28, aM *Mohrbutter* JZ **77** 53, nicht aber bei fortbestehendem Sicht- und Rufkontakt, Ha VRS **68** 111 (250 m). Nach Kar VRS **74** 432 soll selbst auf AB eine Entfernung von mehr als 250 m jedenfalls außerhalb des „Unfallortes" liegen (zw, krit wohl mit Recht *Janiszewski* NStZ **88** 410). Für Tatbestandsmäßiges Entfernen genügt es, daß durch die räumliche Entfernung von der Unfallstelle ein Zusammenhang mit dem Unfall nicht mehr ohne weiteres erkennbar ist, Stu DAR **80** 248, der Täter also den Bereich verlassen hat, in dem eine feststellungsbereite Person unter den gegebenen Umständen den Wartepflichtigen vermuten und ggf durch Befragen ermitteln würde, Bay VRS **56** 437, Jn DAR **04** 599, KG DAR **79** 22, Ha DAR **78** 139, Kö VRS **60** 434, **76** 354 (Wohnung in unmittelbarer Nähe), NZV **89** 197, Stu NZV **92** 327 (zust *Berz* NStZ **92** 591), und zwar ohne Rücksicht darauf, ob dies in Kenntnis solcher Personen geschieht, s *Hentschel* JR **81** 211, abw *Berz* NStZ **92** 591. Hierbei ist indessen zu berücksichtigen, daß § 34 I 2 StVO bei geringfügigen Schäden das Beiseitefahren gebietet, s Rz 38. Eingehend hierzu *Küper* JZ **81** 213 ff. **Vollendung des II Nr 2** jedenfalls, wenn der Täter gegenüber der Pol seine Beteiligung leugnet, Bay VRS **60** 112, KG VRS **67** 264. Strafbefreiende tätige Reue nach Vollendung ist, abgesehen von den Fällen des Abs IV, nicht möglich, BGH VRS **25** 115. S aber Rz 42 (Rückkehr vor Tatentdeckung).

Der Versuch ist entgegen dem Regierungsentwurf nicht mehr strafbar (*Müller-* 56 *Emmert* DRiZ **75** 179), Bay VRS **50** 186. Auch wer nicht die Absicht hat, seiner Pflicht gem Abs II nachzukommen, kann, solange die Frist zu „unverzüglicher" Meldung nicht abgelaufen ist, nach Abs II nicht bestraft werden, Bay VRS **67** 221.

8. Der Vorsatz muß alle Merkmale des äußeren Tatbestands umfassen. Der Täter 57 muß sich entfernen in dem Bewußtsein, daß auf ihm ein nicht unberechtigter Beteiligungsverdacht ruhen kann, Stu VRS **105** 294, Kar VRS **53** 426. Er muß wissen oder damit rechnen, daß sich ein VUnfall ereignet hat, Bay ZfS **90** 141, Dü NZV **98** 383, Zw VRS **45** 427, Kö VRS **62** 286, „etwas passiert" ist, daß er einen Gegenstand angefahren, überfahren, jemanden verletzt oder getötet oder nicht völlig bedeutungslosen fremden Sachschaden verursacht haben kann, BGH VRS **30** 45, **37** 263, Bay ZfS **90** 141, Ha NZV **03** 590, Kö NZV **01** 526, Dü ZfS **98** 312, Kar VRS **62** 186. Es genügt, daß die ihm bekannten äußeren Umstände ihm diese Möglichkeit aufdrängen, etwa eine Erschütterung des Fz, BGH VM **68** 25, VRS **37** 263, Kö NZV **01** 526, oder die Aufforderung anzuhalten, BGH VRS **15** 338, ein besonders auffälliges Geräusch, Ko VRS

1477

58 402, ohne Rücksicht auf ein Gefühl der Schuldlosigkeit, weil es auf diese hier nicht ankommt, und auf die Annahme, sich später mit etwaigen Geschädigten einigen zu können, Sa VRS **21** 48. Vorsatz bei Unfall durch scharfes Fahren und Abschütteln jemandes, der sich am Kfz festklammert, um es anzuhalten, BGH VRS **56** 189. Selbst kleinere Kollisionen sind häufig durch Geräusche, vor allem aber durch Erschütterungen (taktil) wahrnehmbar. Jedoch besteht kein Erfahrungssatz des Inhalts, daß die Berührung zweier Fze *stets* vom FzF bemerkt wird, Kö NZV **92** 37. Zum Vorsatznachweis durch optisch/akustische Wahrnehmung, *Kuckuk/Reuter* DAR **78** 57. Zum Einfluß des Alters auf die Wahrnehmbarkeit von Kollisionen, s *Himmelreich* NZV **92** 169. **Beim bedingten Vorsatz** muß sich der Täter nicht ganz belanglosen Fremdschaden als möglich vorgestellt haben, BGH VRS **37** 263, Bay VM **63** 12, Ha VRS **105** 432, NZV **97** 125, Kar VM **78** 20, Ko VRS **48** 337, zB nach Weiterfahren trotz Auffahrens auf unbekannten Gegenstand im Dunkeln, BGH VM **68** 25. Der Handlungswille muß auch beim bedingten Vorsatz unbedingt sein, Ko DAR **63** 244. Bedingter Vorsatz schon bei Zweifel am ausschließlich eigenen Schaden, *Dallinger* MDR **57** 266, oder, wenn der Täter es für möglich hält und billigt, daß durch sein Entfernen nach Abs I Nr 1 gebotene Feststellungen verhindert oder erschwert werden könnten, Ko VRS **71** 187. Rechnet er aufgrund der Umstände (etwa Heftigkeit des Anstoßes) mit nicht unerheblichem Schaden, so entfällt der bedingte Vorsatz nicht ohne weiteres wegen Nichterkennens dieses Schadens infolge unsorgfältiger Nachschau, Kö NZV **01** 526. Das Urteil muß ausreichende Feststellungen treffen, es genügt nicht, daß festgestellt wird, der Täter müsse den Unfall bemerkt haben, BGH VRS **4** 46, Kö VRS **62** 286, Bay ZfS **90** 141. Auch II kann nur vorsätzlich begangen werden, Dü VM **78** 80 (näher zum Vorsatz, wenn sich ein Beteiligter mit Zustimmung des anderen zwecks Wundversorgung entfernt hat).

58 Kein Vorsatz, wenn der Beteiligte den Unfall nicht bemerkt hat, Bay VRS **53** 428, oder bei sachlich begründeter Überzeugung nach allen Umständen, es sei nur eigener Schaden entstanden oder nur völlig belangloser, dessen Ersatz niemand zu fordern pflegt (Rz 28), s dazu Rz 62, was beim geringsten Zweifel auszuschließen sein wird. Zu Irrtumsfragen s im übrigen Rz 62 f.

59 **Zumindest eigene Mitverursachung** muß der Täter nach den Umständen für möglich halten, es sei denn, dies erscheine bei verständiger Beurteilung als offensichtlich abwegig, Bra VRS **17** 417 (Rz 29, 30), zB bei dem verständigerweise beachtlichen Bewußtsein, niemand, auch kein PolB, könne ihn bei sachlicher Beurteilung als Mitverursacher ernstlich in Erwägung ziehen.

60 **Fremdes privates Beweissicherungsinteresse** muß nach der Vorstellung des Täters in Betracht kommen; sein Vorsatz muß sich darauf erstrecken, daß die Verfolgung dieses Interesses durch Sich-Entfernen oder durch Nichterfüllung der Vorstellungspflicht zumindest erschwert würde, Hb VM **67** 33, Zw DAR **82** 332, Ko NZV **96** 324, wie stets bei Unfallfolgen von einigem Gewicht, Ce NJW **56** 1330, Sa VRS **21** 48, ohne daß es insoweit auf Vereitelungsabsicht ankäme, BGH VRS **4** 57, Bay DAR **56** 15, Dü VM **60** 74. Nur wenn den fremden Feststellungsinteressen genügt ist, fehlt der Vorsatz, Ko VRS **48** 112, **43** 423, Kar NJW **73** 379, VRS **44** 426. Aus dem Verhalten des Wartepflichtigen nach dem Unfall lassen sich uU mit Vorsicht Schlüsse auf den Vorsatz ziehen, BGH VRS **30** 283.

61 **Vorverlegte Verantwortlichkeit** (E 151b) schließt Vorsatz nicht aus, Kö VRS **33** 427, s *Brettel,* Alkoholbeeinflussung bei der Unfallflucht, BA **73** 137, aber Nichtwahrnehmung des Unfalls in Volltrunkenheit, Ha NJW **67** 1523, dann auch nicht Sichtentfernen als Rauschtat, Ha VRS **33** 348 (s dazu im übrigen Rz 52). **Kopflosigkeit** schließt Vorsatz nur bei Beeinträchtigung der Denk- und Handlungsfähigkeit aus, BGH VRS **16** 186, **8** 207, DAR **61** 75, Fra VRS **28** 262. Zwar kommt Sichentfernen häufig mehr aus Schwäche und psychischem Trauma über den Vorfall als aus Egoismus und Rücksichtslosigkeit zustande, *Krumme* DAR **68** 234, *Laubichler,* Fahrerflucht im Dämmerzustand, BA **77** 247, und mag dann mildernd wirken, doch ist ein exkulpierender **Unfallschock** selten so mächtig, daß er zu elementarem, unbewußtem, unvorsätzlichem Verhalten führt, BGH VR **66** 579, 915. Ein schuldausschließender Unfallschock setzt außergewöhnliche äußere und innere Bedingungen voraus, Fra VR **01** 1374, Ha NJW-RR **98** 1183, KG VRS **67** 258; er ist nur bei entsprechenden klinischen Anzeichen anzuerkennen, BGH VR **67** 1087, Ha VRS **42** 24, KG VRS **67** 258, und kann bei Hirnverletzung oder -erschütterung länger andauern, BGH VRS **32** 434. Unfallschock kann als Schutzvorbringen nicht durch den Vorwurf widerlegt werden, der Kf habe sofort anhalten müssen, Ha VRS **37** 431. Mangels ausreichender Anhaltspunkte kann das Gericht auch aufgrund eigener Sachkunde das Vorliegen eines schuldausschließenden Unfallschocks verneinen, KG VRS **67** 258, sonst nur durch sachverständige Begutachtung und ggf richterliche nachprüfbare Auseinandersetzung mit dieser, Kö NJW **67** 1521.

Tatumstandsirrtum (Nichtkenntnis eines Umstandes, der zum gesetzlichen Tatbestand gehört, § 16 StGB) schließt Vorsatz aus und macht bei § 142 straffrei. Fälle: irrige Annahme, der andere Beteiligte sei unter Verzicht auf Feststellungen weggefahren, Kö VRS **33** 347, Kar VRS **36** 350, Bay VRS **71** 189, NZV **90** 397, ZfS **90** 321; nur völlig belangloser Fremdschaden (Rz 28) sei entstanden, Bay VRS **14** 190, Zw VRS **31** 267, Ko VRS **48** 337, Dü VM **76** 52, VRS **70** 349, *Kuhlen* StV **87** 439, oder überhaupt keiner, Ha VRS **7** 366, Dü VRS **70** 349. Entlastender Irrtum nach § 16 I S 1 StGB durch mangelnde Kenntnis vom Schaden trotz Wahrnehmens eines Anstoßgeräusches idR nur, wenn der Täter zwecks Besehens der Anstoßstelle aus seinem Fz ausgestiegen ist, Ko VRS **63** 37. Weitere Beispiele für Tatbestandsirrtum: Irrige Meinung, die Umstände begründeten keinen Beteiligtenverdacht, BGH NJW **60** 2060, **61** 325, Stu VRS **72** 186; sofortige Feststellungen würden nicht gewünscht oder alles in tatsächlicher Beziehung zur Beweissicherung Erforderliche sei festgestellt, Stu NJW **78** 900, Ko VRS **71** 187, Dü NZV **92** 246, überhaupt die irrige Annahme von Umständen tatsächlicher Art, welche Wartepflicht ausschließen und auch keine Vorstellungspflicht begründen, s Kö VRS **27** 344, **63** 352, zB die irrige Annahme, er habe den Schaden vollständig beseitigt, s *Hentschel* NJW **87** 999, aM insoweit Dü VRS **70** 349 (das Verbotsirrtum annimmt, abl *Horn/Hoyer* JZ **87** 973, *Freund* GA **87** 536, *Kuhlen* StV **87** 437), schießlich die Vorstellung, nach allen bekannten Anzeichen habe sich gar kein Unfall ereignet, Bay ZfS **90** 321.

Verbotsirrtum (fehlende Unrechtseinsicht, § 17 StGB) entschuldigt bei Unvermeidbarkeit und führt sonst zu gemilderter Vorsatzstrafe, beides nach nachprüfbarer Urteilsdarlegung der etwaigen Vermeidbarkeit, Stu VRS **17** 272, Ha VRS **10** 358. Etwaiger Verbotsirrtum ist nach strenger Regel zu prüfen, Hb VRS **55** 347. Fälle: Der Täter glaubt, die Wartepflicht entfalle, weil ihn trotz Mitursächlichkeit kein Verschulden trifft, Dü NZV **93** 157, er irrt über die notwendige Dauer der Wartezeit, Stu VM **76** 85, er beurteilt die Erforderlichkeit weiterer Feststellungen unrichtig und entfernt sich ohne Erkundigung, Bay DAR **56** 15, Ha VRS **5** 602; er entfernt sich und beauftragt den Beifahrer mit Auskunft, Stu VRS **17** 272, KG VRS **40** 109; er glaubt, seine Wartepflicht entfalle mit Frststellungen durch dritte, aber hierzu ungeeignete Personen (s Rz 46), Kö VRS **63** 352; er meint, unangenehmen Auseinandersetzungen dürfe er sich entziehen (anders bei Bedrohung, Rz 51), Bay DAR **56** 15; er hält seine eigenen Geschäfte für so dringlich, daß Hinterlassen der Anschrift ausreiche (je nach Abwägung, Rz 51), Ha VRS **8** 53. Hat der Erstrichter das Warten für ausreichend gehalten, so spricht dies für Unvermeidbarkeit des Verbotsirrtums, Stu VM **76** 85. Verbotsirrtum, wenn Schädiger mit Abgabe eines pauschalen Schuldanerkenntnisses seine Pflichten für erfüllt hält, Stu NJW **78** 900. Ein Irrtum über den Pflichtenumfang nach II ist Verbotsirrtum, Stu VM **76** 84, VRS **52** 181. Soweit die Rspr den Unfallbeteiligten-Begriff sehr weit auf Beifahrer ausdehnt, s Rz 29, ist besonders sorgfältig die Frage unvermeidbaren Verbotsirrtums zu prüfen, Zw VRS **75** 292. Irrtum über den Inhalt von Abs IV, s Rz 69.

9. Die Strafandrohung schützt lediglich das zivilrechtliche Fremdinteresse (Rz 20) an alsbaldiger Beweissicherung, auch bei schwerem Fremdschaden und bei Körperverletzung oder Tötung und bei unterlassener Hilfeleistung. Soweit auch diese Tatbestände erfüllt sind, erweitern sie den Kreis der möglichen Strafzumessungstatsachen. § 142 für sich allein umschreibt Handlungen äußerst unterschiedlichen Unrechtsgehalts, vom durch sozialethisch verwerfliche Haltung, Rücksichtslosigkeit und Selbstsucht bestimmten Tun bis hin zur Einstellungsfähigkeit (Begr). Dem entspricht der weite Rahmen, der auch besonders verwerfliches Verhalten mit einschließt.

Erschwerend kommen schwerwiegende Unfallfolgen insofern in Betracht, als sie mit größerem Schaden auch höheres Beweissicherungsinteresse anzeigen, Kö VBl **52** 288,

4 StGB § 142 Auszug aus dem StGB

BGHSt **12** 254, NJW **59** 394, VRS **28** 359, **37** 263, Ha DAR **67** 303; ferner zielstrebige Verschleierung, BGH VM **63** 57, soweit sie nicht lediglich Tatbestandsmerkmal ist; eine ungewöhnlich hartnäckig, rücksichtslos und gefährlich durchgeführte Flucht, BGH NJW **62** 2068, VRS **28** 366, nochmaliges Überfahren des Verletzten zwecks Flucht, BGH VM **67** 57; Davonfahren ohne Licht, um unerkannt zu entkommen, BGH VRS **4** 52; Erschwerung der Rückrechnung durch weiteres Trinken, BGH NJW **62** 1829, soweit BAK haftungsrechtlich bedeutsam (s Rz 36); Nachtrunk, wenn er das Geltendmachen von Ersatzansprüchen in tatsächlicher Beziehung erschweren kann (Beteiligung mehrerer), Br VRS **52** 422.

66   **Nicht erschwerend** darf verwertet werden: daß der Angeklagte BAK-Feststellung verhindern wollte, Dü VRS **69** 282 (s aber Rz 65); die Erwägung, Sichentfernen stehe moralisch unter dem Diebstahl, BGH VRS **24** 118; es zeige gemeine Gesinnung (Doppelverwertung von Tatbestandsmerkmalen), BGH VRS **24** 118; Nichtmitwirken bei der Aufklärung, BGH VRS **21** 268; Bestreiten und Ausflüchte, Zw VRS **38** 42, BGH VRS **24** 34; mangelndes Bemühen um Schadensregulierung bei einem leugnenden Angeklagten, Ko DAR **83** 64; gehobene soziale Stellung, Tätigkeit im KfzGewerbe oder als Kf, Kö DAR **62** 19, Hb VM **61** 78, Ha DAR **59** 48.

67   **Mildernd** kann (abgesehen von Abs IV) wirken: freiwillige Rückkehr, BGHSt **25** 115, überhaupt alles, was dem Beweissicherungszweck nachträglich genügt; geringfügiger Schaden; Kopflosigkeit als Fluchtanlaß, BGH VRS **18** 201; Meldung bei der Pol nach Vollendung von I, BGH VRS **25** 115, AG Saalfeld ZfS **04** 232, besonders wenn sie zur vollständigen Beweissicherung führt; mögliche erheblichere Mitschuld anderer Beteiligter, BGH VRS **25** 113; Schwangerschaft, Bay VRS **15** 41; „Unfallschock" (s Rz 61), BGH VRS **19** 120, **24** 189, auch ohne verminderte Schuldfähigkeit, BGH VM **61** 31, VR **66** 579, 915. Angetrunkenheit mildert nicht, obwohl sie den Fluchtentschluß begünstigen mag, ebensowenig die Absicht, sich anderweitiger Strafverfolgung zu entziehen, KG VRS **8** 266.

68   Bloßer Alkoholverdacht rechtfertigt Versagung der **Strafaussetzung zur Bewährung** allein nicht, Ha DAR **67** 303. Mitarbeit bei Verkehrswacht oder im Krankenhaus als Bewährungsauflage, DAR **59** 264, NJW **65** 1068, 2001. Unter den engeren Voraussetzungen von § 69 II 3 StGB ist idR die **FE zu entziehen**.

69   „**Tätige Reue**" gem Abs IV führt in Fällen nicht bedeutenden Sachschadens außerhalb des fließenden Verkehrs bei freiwilligem nachträglichen Ermöglichen der Feststellungen durch den Unfallbeteiligten innerhalb von 24 Stunden zwingend zur Strafmilderung, *kann* aber auch im Absehen von Strafe rechtfertigen. Die Vorschrift greift eine Regelung auf, die bereits in § 22 I S 2 des G über den V mit Kfzen (RGBl 1909, 437) in ähnlicher Form enthalten war (krit zur Fassung von Abs IV *Schulz* NJW **98** 1442). Dazu reicht es nicht aus, daß der Schaden an einem haltenden oder parkenden Fahrzeug entstanden ist. Vielmehr darf der Täter bei Verursachung des Unfalls sein Fahrzeug **nicht im fließenden Verkehr** bewegt haben, Kö VRS **98** 122, *Himmelreich/Lessing* NStZ **00** 299, *Tröndle/Fischer* 63, *Himmelreich/Bücken* Rz 227 c, aM SK (*Rudolphi*) Rz 56, *Böse* StV **98** 512, zw *Wolters* JZ **98** 398. Diese Voraussetzung ist insbesondere gegeben, wenn es sich um einen Unfall im Zusammenhang mit einem Parkvorgang (zB Einparken, Ausparken, Rangieren) handelt. Der Begriff des **nicht bedeutenden Sachschadens** korrespondiert mit dem des „bedeutenden Schadens" in § 69 II Nr 3 StGB (s Begr, Rz 1–19). Das Erfordernis ist also erfüllt, wenn kein bedeutender Schaden iS jener die EdF indizierenden Einzelheiten entstanden ist. Hinsichtlich der Einzelheiten s § 69 Rz 17 (näher: *Hentschel*, Trunkenheit, Rz 625 f.). Die Grenze dürfte jetzt bei 1100 € zu ziehen sein, s *Bönke* NZV **98** 130. Auf die Vorstellung des Täters kommt es dabei nicht an, *Bönke* NZV **98** 130, *Janker* JbVerkR **99** 216. **Nachträgliches Ermöglichen** der Feststellungen: Abs III. Neben den dort genannten Alternativen der Benachrichtigung des Berechtigten oder der Pol kommen im Einzelfall auch andere Möglichkeiten in Betracht, etwa die Rückkehr an den Unfallort, soweit dadurch die Feststellungen ermöglicht werden (s Begr, Rz 1–19), *Schulz* NJW **98** 1441. Freiwilliges Ermöglichen setzt Tätigwerden aufgrund eigenen Entschlusses voraus; räumt der Täter seine Unfallbeteiligung erst auf ausdrückliches Befragen ein, so fehlt es daran, *Himmelreich/Bücken* Rz 227 d, aM *Schulz* NJW **98** 1441, *Janker* JbVerkR **99** 217. Freiwillig ist das nachträgliche Ermöglichen von

Feststellungen nicht mehr, wenn der Täter annimmt oder weiß, daß seine Unfallbeteiligung dem Geschädigten oder der Pol bekannt geworden ist, *Bönke* NZV **98** 130, *Janiszewski* 551. Ist er vor Ablauf von 24 Stunden nach dem Unfall als Unfallbeteiligter ermittelt worden, so kann er nicht Strafmilderung oder Straffreiheit nach Abs IV mit der Behauptung erreichen, er habe sich noch vor Ablauf der 24-Stunden-Frist melden wollen; denn die Voraussetzung des freiwilligen Ermöglichens kann dann nicht mehr erfüllt werden. **Sieht das Gericht von Strafe ab,** so ist der Täter im Urteil wegen des Vergehens nach § 142 unter Auferlegung der Verfahrenskosten schuldig zu sprechen. **Irrige Annahme** des Unfallbeteiligten, Abs IV berechtige ihn zum Verlassen der Unfallstelle mit nachträglicher Meldepflicht ist vermeidbarer Verbotsirrtum, Ol ZfS **03** 409.

10. Einziehung: § 74 StGB, BGHSt **10** 337, NJW **57** 1446 (FluchtFz), s *Geppert* DAR **88** 14. 70

11. Zusammentreffen. Tateinheit: mit Nötigung bei Flucht mit Hilfe von Drohung oder Gewalt, BGH DAR **52** 93, VRS **8** 272; mit Widerstand zwecks Entfliehens und gefährlicher Körperverletzung, BGH VRS **13** 135; mit räuberischem Diebstahl, sofern das Wegfahren zugleich gewalttätige Sicherung der Wegnahme ist, BGH VRS **21** 113; mit unterlassener Hilfeleistung (§ 323 c), BGH VRS **32** 437, DAR **63** 275; mit Vortäuschen einer Straftat, BGH VRS **16** 277, Bay VRS **60** 112; mit versuchtem Mord, BGH VRS **17** 187; mit Gefährdung des Straßenverkehrs, Ha VRS **25** 193; mit der Dauerstraftat der VTrunkenheit, Ha VRS **50** 125, oder des Fahrens ohne FE, die ihrerseits TE zu §§ 222, 229 herstellen können, Bay NJW **63** 168, KG DAR **61** 145, Fra NJW **62** 456, Kö MDR **64** 525, Ol NJW **65** 117. TE auch zwischen § 142 II und § 316 bei Weiterfahrt trotz Kenntniserlangung von zunächst nicht bemerktem Unfall, Bay VRS **61** 351, *Hentschel* JR **82** 250. Die Annahme von Fortsetzungszusammenhang wird regelmäßig schon am fehlenden Gesamtvorsatz scheitern. S im übrigen aber auch **E** 134. 71

Tatmehrheit: Zwischen Trunkenheitsfahrt nach §§ 316, 315 c I Nr 1 a (III) StGB und nachfolgendem unerlaubten Entfernen gem § 142 I besteht nach hM TM, weil es nach dem Unfall zum unerlaubten Entfernen eines völlig neuen Willensentschlusses bedarf, BGH NJW **67** 942, **70** 255, **73** 335, VRS **48** 354, Bay VRS **61** 351, Dü NZV **99** 388, Sa VRS **106** 194, Ka NJW **71** 157, Stu VRS **67** 356, Ce VRS **61** 345, krit *Seier* NZV **90** 133, aM BGH VRS **9** 350, Bay NJW **63** 168, KG DAR **61** 145, Kö MDR **64** 525, DAR **67** 139, Ol NJW **65** 117. TM zu bei dem Unfall begangener fahrlässiger Tötung oder Körperverletzung, BGH VRS **31** 109, Kö VRS **44** 20; bei Verlassen des Unfallorts zu Fuß nach Fahren ohne FE, Ha VRS **18** 113; bei weiterer Flucht (in Trunkenheit) nach erneutem Unfall, Ce VRS **33** 113, BGH VRS **25** 36, **29** 185. Ausnahmsweise TE bei sog „**Polizeiflucht**": Kf versucht, der Pol zu entkommen und begeht mehrere Straftatbestände, die normalerweise im Verhältnis der TM stehen würden, s **E** 150 a (näher: *Hentschel,* Trunkenheit, 439). Auch mehrfaches unerlaubtes Entfernen während der Flucht trifft dann tateinheitlich zusammen, BGH NZV **01** 265, DAR **94** 180. Wissentlich falsches Beschuldigen eines anderen mit einer OW nach Unfall kann falsche Verdächtigung (§ 164 II StGB) sein, BGH VM **78** 65. 72

§ 34 StVO tritt bei Subsidiarität zurück (§ 21 OWiG), soweit diese reicht. Die Vorschrift will die VSicherheit dadurch fördern, daß sie, synchron zu § 142, die bei VUnfällen zu beachtenden Pflichten im öffentlichen Interesse einzeln aufzählt. 73

12. Verfahren. Schweigt der Angeklagte zum Tatvorwurf, so besteht kein Beweisverwertungsverbot in bezug auf seine **Angaben gegenüber der Versicherung,** BVerfG VRS **90** 8. **Tatidentität (§ 264 StPO)** zwischen schuldhafter Unfallverursachung und unerlaubtem Entfernen, BGH NJW **70** 255 (abl *Grünwald* JZ **70** 330), **73** 335, VRS **63** 42, Sa VRS **106** 194, KG DAR **68** 244, Ce VRS **54** 38, Stu VRS **67** 356, auch wenn die Hauptverhandlung statt dieses Vorwurfs ein Gestatten des Fahrens ohne FE und Beihilfe zu § 142 I ergibt, Zw VRS **63** 53, zwischen schädigendem Ausparken und Flucht, BGH NJW **70** 1427, hinsichtlich aller während der Flucht mit dem Kfz verübten strafbaren Handlungen, ausgenommen besonders schwerwiegenden, BGH VRS **48** 191. War dem Angeklagten ein Vergehen nach § 142 vorgeworfen worden, so 74

4 StGB § 142

beruht der spätere Vorwurf der Strafvereitelung durch Selbstbezichtigung anstelle des wirklichen FzF nicht auf derselben Tat iS von § 264 StPO, wenn dieser die Tat des § 142 im Zeitpunkt der wahrheitswidrigen Angabe durch den Angeklagten bereits beendet hatte, Bay VRS **67** 440. Bei Anklage wegen Trunkenheitsfahrt (§§ 316, 315c I Nr 1a) und anschließenden Vergehens nach § 142 I in TE mit § 316 führt Nichterweislichkeit der Tat des § 142 I wegen der dann vom 1. Tatkomplex mitumfaßten weiteren Trunkenheitsfahrt nicht zum Freispruch, KG VRS **60** 107, Stu VRS **67** 356, Zw VRS **85** 206, anders, wenn die Anklage den zweiten Tatkomplex nur als Vergehen nach § 142 StGB würdigt, Sa VRS **106** 194. Bei Anklage nach I, aber Verurteilung nach II ist **Hinweis (§ 265 StPO)** nötig, Ce VRS **54** 38, Bay VRS **61** 31, Fra NZV **89** 40. Wegen des Unfallbegriffs muß wenigstens der Mindestschaden **im Urteil** festgestellt werden, nicht nur Schätzung, Zw VRS **31** 267. Die Urteilsgründe müssen angeben, ob I, Nr 1 oder Nr 2 angewandt wurde (§ 267 III 1 StPO), Stu DAR **80** 248. Je weniger sinnfällig der Schaden, um so sorgfältiger ist der innere Tatbestand zu begründen, Ha VRS **42** 360, ebenso bei fast erschöpfter Wartezeit nach I. **Wahlweise Feststellung** zwischen Abs I und II ist möglich, Bay DAR **80** 265 (bei *Rüth*). Keine Wahlfeststellung zwischen Flucht und Vollrausch, Dü GA **62** 379. Einheitlichkeit des Unfall- und Fluchthergangs (§ 264 StPO) hindert idR Beschränkung des **Rechtsmittels** auf Flucht nicht, BGH NJW **71** 1948, **73** 335, Kö VRS **62** 283, StuVRS **72** 186. Jedoch ist bei Verurteilung nach §§ 316, 315c I 1a tatmehrheitlich mit § 142 I *in TE mit § 316* Rechtsmittelbeschränkung auf den 2. Tatkomplex nicht zulässig wegen der einheitlich zu beurteilenden Frage der Fahrunsicherheit, BGH NJW **73** 335, Bay VRS **59** 336, NStZ **88** 267, Kar NJW **71** 157, Ha NJW **70** 1244, Dü VRS **63** 462, Stu VRS **67** 356, **72** 186, aM Stu NJW **71** 2248, näher: *Hentschel,* Trunkenheit, 461ff. Auch bei TE zwischen Trunkenheitsfahrt und Flucht keine Rechtsmittelbeschränkung auf einen der beiden Tatbestände, Kö DAR **64** 112, Dü VRS **63** 462. Nach Verurteilung gem § 229 und Freispruch wegen Vortäuschens einer Straftat durch falsche Angaben an der Unfallstelle darf auf Berufung des Angeklagten keine Verurteilung nach § 142 I erfolgen, sofern diese falschen Angaben zur Tatbestandsverwirklichung des § 142 I gehören, Bay NJW **81** 834. Zum **Festnahmerecht** (§ 127 StPO) durch Augenzeugen, BGH DAR **79** 182. S Rz 46.

75 **Verjährung:** 3 Jahre (§ 78 III 5).

76 **13. Zivilrecht.** Sichentfernen ist idR vorsätzliche Obliegenheitsverletzung und bewirk **Leistungsfreiheit des VU,** so daß der Täter den Schaden teilweise selbst ersetzen und dem VU Geleistetes erstatten muß, BGH VR **83** 333, **00** 222, Ha ZfS **94** 450, Mü ZfS **86** 86, Ba VR **83** 1021, Kö ZfS **86** 213, Fra NJW-RR **02** 901, ZfS **03** 10, **88** 21, Kar VR **00** 1408, ZfS **98** 57, und zwar auch in Fällen eindeutiger Haftungslage, BGH VR **00** 222 (zust *van Bühren* MDR **00** 267), Kö ZfS **03** 23, Fra NJW-RR **02** 901, Nü NJW-RR **01** 97, MDR **01** 91, Ha NZV **00** 125 (Anm *Littbarski* BA **00** 519), und in Fällen von Abs I auch bei anschließender telefonischer Unterrichtung des VU, Ha NZV **03** 291. Das gilt nach hM für die Haftpflichtversicherung ebenso wie für die Fahrzeugversicherung, BGH NJW **87** 2374, VR **96** 1229, Nü NJW-RR **01** 97, Kö ZfS **99** 247, Ha NZV **00** 125, *Prölss/Martin (Knappmann)* § 7 AKB Rz 17, 24; einschränkend für die Haftpflichtversicherung Sa ZfS **99** 291 (nicht bei eindeutiger Haftungslage, s Rz 53a, abl *Hofmann* NVersZ **99** 354), für die Kaskoversicherung Sa NZV **99** 131, ZfS **99** 291 (nur, wenn Mitverursachung eines Dritten in Betracht kommt, abl *Hällmayer* NZV **99** 110, *Rech* NVersZ **99** 157). Daß die Voraussetzungen von Abs IV („tätige Reue", s Rz 69) vorliegen, ist ohne Bedeutung, Nü MDR **01** 91, Ol ZfS **03** 409. Nach Ablauf der Wartefrist oder nach berechtigtem oder entschuldigtem Entfernen (Abs II) genügt unverzügliche Benachrichtigung *des VU,* Kar VR **02** 1021(zust *Rixecker* ZfS **02** 584). Leistungsfreiheit in der **Kfz-Haftpflichtversicherung** jedoch nur in den Grenzen des § 7 V Nr 2 und 3 AKB bzw der §§ 6, 7 KfzPflVV. Für den Regelfall ist die Leistungsfreiheit des VU in der Kfz-Haftpflichtversicherung auf 5000 DM (bzw 2500 €) begrenzt (§ 7 V Nr 2 S 1, § 6 I KfzPflVV), bei vorsätzlicher, besonders schwerwiegender Obliegenheitsverletzung auf 10000 DM (bzw 5000 €) (§ 7 V Nr 2 S 2, § 6 III KfzPflVV). Nicht jedes unerlaubte Entfernen vom Unfallort stellt jedoch für sich allein schon eine besonders

schwerwiegende Verletzung iS des § 7 V Nr 2 *Satz 2* AKB, 6 III KfzPflVV dar, Dü ZfS **04** 364, Fra ZfS **03** 10, Nü DAR **80** 371, Ba VR **83** 1021. „Besonders schwerwiegende" Verletzung der Aufklärungspflicht iS dieser Bestimmungen ist nur anzunehmen in Fällen von besonderem Gewicht, die als besonders kraß zu beurteilen sind, Ha VR **79** 75, Schl VR **80** 667, **81** 922, Ba VR **83** 1021, Kö ZfS **86** 213. Leistungsfreiheit über 5000 DM bis 10000 DM (bzw 2500 bis 5000 €) tritt danach nur ein, wenn die Unfallflucht *generell* zur Interessengefährdung des VU geeignet war (ein konkreter Nachteil braucht nicht verursacht zu sein) und den VN ein besonders schwerwiegendes Verschulden trifft, BGHZ **84** 84 = NJW **82** 2323, VR **83** 333, Kö VR **84** 50, ZfS **86** 213, Kar VR **00** 1408, ZfS **98** 57, *Zopfs* VR **94** 267, *Maier* NVersZ **98** 61, *Stiefel/Hofmann,* § 7 Rz 77. Ein solches liegt nur vor, wenn zum Verlassen der Unfallstelle weitere schwerwiegende Umstände hinzutreten, s *Weber* DAR **83** 186, *Maier* NVersZ **98** 61, VR **83** Verstecken des Fzs und Diebstahlsanzeige bei der Pol, BGH VR **83** 333, Flucht trotz Kenntnis, einen Menschen erheblich verletzt zu haben, Kar VR **83** 429. Nachtrunk nach Unfallflucht rechtfertigt nicht in jedem Falle den Vorwurf besonders schwerwiegenden Verschuldens iS von § 7 V Nr 2 S 2 AKB, Ba VR **83** 1021, Kö ZfS **86** 213. Im Rahmen der §§ 7 V Nr 2 Satz 1 bzw 6 I KfzPflVV (Leistungsfreiheit bis 5000 DM bzw 2500 €) hat die frühere RelevanzRspr (s Rz 77) keinerlei Geltung mehr, dh, die Leistungsfreiheit des VU hängt nicht davon ab, daß die Obliegenheitsverletzung geeignet ist, die Interessen des VU erheblich zu beeinträchtigen, Hb VR **81** 823, Schl VR **81** 922, Ba ZfS **82** 276, LG Aachen ZfS **84** 373, LG Freiburg VR **87** 399, LG Verden ZfS **88** 288, *Stiefel/Hofmann,* § 7 Rz 77, *Hofmann* VR **76** 311 und wohl auch BGHZ **84** 84 = NJW **82** 2323, aM *Bauer* VR **76** 805, *Maier* NVersZ **98** 62, offenbar auch Ol NJW **85** 637, Ha ZfS **94** 450 (abl *Hofmann*). **Vereitelung der Blutprobe** als Obliegenheitsverletzung in der *Haftpflichtversicherung,* BGH VR **68** 385, Nü VR **70** 562, Ba VR **76** 358 (Nachtrunk), Ha VR **63** 425, Kar VR **00** 1408 (§ 7 V Nr 2 *Satz 2:* 10000 DM), in der *FzVersicherung* nur bei Beteiligung eines Dritten als Mitverursacher oder Geschädigter, BGH NJW **76** 371, **87** 2374, Ha ZfS **92** 344, Nü VR **01** 711, NJW-RR **93** 738, Kö VR **93** 45, Mü NZV **95** 490, Sa VR **98** 885, oder – auch ohne Drittbeteiligung – dann, wenn der Nachtrunk in Erwartung polizeilicher Ermittlungen zur Sachverhaltsverschleierung erfolgt oder dazu ausgenutzt wird, BGH NJW **76** 371, Nü VR **01** 711, Sa ZfS **01** 69, Kö VR **97** 1222, Ha NJW-RR **92** 165, Fra VR **95** 164, s *Lang* NZV **90** 174, *Hällmayer* NZV **99** 197.

In der **Fahrzeugversicherung** gilt gem § 7 V Nr 4 AKB, § 6 III VVG in Fällen **77** einer Obliegenheitsverletzung durch unerlaubtes Entfernen vom Unfallort das „Alles-oder-Nichts-Prinzip" (keine Begrenzung der Leistungsfreiheit). Leistungsfreiheit jedoch nur bei versicherungsrechtlicher *Relevanz,* dh, wenn das unerlaubte Entfernen jedenfalls *generell* zur Interessengefährdung des VU geeignet war, und bei (zwar nicht besonders schwerwiegendem, so doch) erheblichem Verschulden des VN, BGH NVersZ **99** 137, Kö ZfS **86** 216 (zum unerlaubten Entfernen), BGH NJW **82** 167, VRS **66** 421, Fra ZfS **03** 10, Kö r+s **85** 262, *Stiefel/Hofmann* § 7 Rz 78, das zB in den Fällen des § 142 IV idR nicht gegeben sein wird, *Stiefel/Hofmann* § 7 Rz 93, *Maier* NVersZ **98** 62, aM Ol ZfS **03** 409. Entsprechendes Verhalten seines Repräsentanten muß sich der VN in der Kaskoversicherung wie eigenes entgegenhalten lassen, BGH NZV **96** 447. Zur Aufklärungsobliegenheit bei LeasingFzen, s *Hällmayer* NZV **99** 108 sowie Rz 23. **Unfallschock** (Rz 61) muß der VN beweisen, BGH VR **72** 339, 342, Ha NJW-RR **98** 1183, dann keine vorsätzliche Obliegenheitsverletzung, Dü VR **68** 934, BGH VR **70** 801, jedoch Pflicht, nach Abklingen alle noch mögliche Aufklärung nachzuholen, KG VR **74** 74.

Der Versicherer, der Obliegenheitsverletzung behauptet, muß Sichentfernen **bewei- 78 sen,** BGH NJW **69** 1384, VR **70** 732, wobei die bloße Möglichkeit, der VN könne den Unfall bemerkt haben, nicht genügt, BGH VR **72** 339. Steht Sichentfernen fest, muß der VN versicherungsrechtlich fehlenden Vorsatz beweisen, Nü VR **68** 339, bei Mißlingen des Entlastungsbeweises (teilweise) Leistungsfreiheit, Hb VR **69** 822. Liegt Unfallflucht indiziell nahe, so kann sich der VN nur durch substantiierte Beweisdarlegung entlasten, Dü VR **77** 1147.

§ 142 ist **SchutzG** iS von § 823 II BGB, soweit er die Beweismöglichkeiten des Geschädigten schützt, BGH VR **81** 161, zw, ob auch zugunsten eines Unfallbeteiligten, der

1483

bei der Verfolgung zu Schaden kommt, s BGH VR **81** 161; s dazu **E** 109, § 16 StVG Rz 5.

79   **14. Übergangsvorschriften** fehlen (s *Müller-Emmert* DRiZ **75** 179).

80   **Lit:** *Arloth,* Verfassungsrecht und § 142 StGB, Grenzen extensiver Auslegung von Täterschaft und Teilnahme, GA **85** 492. *Bär,* Gesetzliche Regelung der Unfallflucht, VGT **82** 113. *Derselbe,* Wer ist Feststellungsberechtigter iS von § 142 Abs 1 StGB?, DAR **83** 215. *Bauer,* … Unerlaubtes Entfernen vom Unfallort bei Verlassen der Unfallstelle als letzter, NStZ **85** 301. *Bernsmann,* Der Verzicht auf Feststellungen bei § 142 StGB, NZV **89** 49. *Berz,* Zur Auslegung des § 142 StGB, DAR **75** 309. *Beulke,* Strafbarkeit gem § 142 StGB nach einverständlichem Verlassen der Unfallstelle …?, JuS **82** 815. *Bönke,* Die neue Regelung über „tätige Reue" in § 142 StGB, NZV **89** 129. *Böse,* Die Einführung der tätigen Reue nach der Unfallflucht, StV **98** 509. *Dornseifer,* Struktur und Anwendungsbereich des § 142 StGB, JZ **80** 299. *Dvorak,* Zur Wartepflicht auf die Pol nach einem Unfall bei Trunkenheitsverdacht, JZ **81** 16. *Derselbe,* § 142 StGB als Befugnisnorm für Rechtseingriffe?, MDR **82** 804. *Engelstädter,* Der Begriff des Unfallbeteiligten in § 142 Abs. 4 StGB, Diss., Frankfurt/M., 1997. *Freund,* Funktion und Inhalt des Begriffs des Unfalls bei der VUnfallflucht, GA **87** 536. *Geppert,* Zur Frage der VUnfallflucht bei vorsätzlich herbeigeführtem VUnfall, GA **70** 1. *Derselbe,* Unfallflucht in strafrechtlicher Sicht vor dem Hintergrund des „nemo-se-tenetur-Satzes", BA **91** 31. *Hällmayer,* Aufklärungsobliegenheit bei Alleinunfall mit LeasingFz, NZV **99** 105. *Hartmann-Hilter,* Zur „Unfall"-Flucht des Vorsatztäters, NZV **95** 340. *Herzberg,* Zur Teilnahme des FzHalters am Unterlassungsdelikt nach § 142 II StGB, NZV **90** 375. *Himmelreich/Bücken,* VUnfallflucht, 3. Aufl., 2000. *Jacob,* Zur Anwendbarkeit des strafrechtlichen Handlungsbegriffs im Rahmen des § 142 StGB, MDR **83** 461. *Jagusch,* Zum Umfang der Vorstellungspflicht gem § 142 StGB, NJW **76** 504. *Janiszewski,* Zur Neuregelung des § 142 StGB, DAR **75** 169. *Janker,* Straflosigkeit bei Ermöglichung nachträglicher Feststellungen nach unerlaubtem Entfernen vom Unfallort …, JbVerkR **99** 211. *Joerden,* Erzwungenes „Sich-Entfernen" vom Unfallort, JR **84** 51. *Klinkenberg ua,* Kein Sich-Entfernen durch Entfernt – werden, NJW **83** 2359. *Kreissl,* Unfall und Unfallbeteiligung im Tatbestand des § 142 StGB, NJW **90** 3134. *Kretschmer,* Unfallflucht nach Anfahren eines Toten?, NZV **04** 496. *Küper,* Grenzfragen der Unfallflucht, JZ **81** 209, 251. *Derselbe,* Zur Tatbestandsstruktur der Unfallflucht, NJW **81** 853. *Derselbe,* Vorstellungspflicht und „Feststellung der Person" bei § 142 I Nr 1 StGB, JZ **88** 473. *Derselbe,* Unfallflucht und Rauschtat, NJW **90** 209. *Derselbe,* Täuschung über Personalien und erschlichener Verzicht auf Anwesenheit bei der Unfallflucht, JZ **90** 510. *Derselbe,* „Pflichtzeug" und „Tathandlung" bei der Unfallflucht, GA **94** 49. *Loos,* Grenzen der Strafbarkeit wegen „Unerlaubten Entfernens vom Unfallort" …, DAR **83** 209. *Maier,* Die Neufassung des Tatbestands der Unfallflucht (§ 142 StGB) – Auswirkungen auf die KfzVersicherung, NVersZ **98** 59. *Mayr/Scherer,* Unerlaubtes Entfernen vom Unfallort, KVR. *Mikla,* Probleme der nachträglichen Feststellungspflicht, § 142 II StGB, Diss., Passau 1990. *E. Müller/Kraus,* Unfallflucht nach vorsätzlichem Rammen durch ein PolFz, NZV **03** 559. *Paeffgen,* § 142 StGB – eine lernäische Hydra?, NStZ **90** 365. *Rech,* Die „Reflexwirkung" des § 142 StGB zugunsten des Kraftfahrthaftpflicht- und Kaskoversicherers, NVersZ **99** 156. *Römer,* Der räumliche und zeitliche Zusammenhang mit dem Unfallgeschehen, MDR **80** 89. *Schmedding,* Unfallflucht aus der Sicht des technischen Sachverständigen, NZV **03** 24. *Schulz,* Die tätige Reue gem § 142 IV StGB aus dogmatischer und rechtspolitischer Sicht, NJW **98** 1440. *Schwab,* … Sich entfernen = entfernt werden?, MDR **83** 454. *Derselbe,* VUnfallflucht trotz „Schuldanerkenntnis" …?, MDR **84** 538. *Volk,* Die Pflichten des Unfallbeteiligten, DAR **82** 81 = VGT **82** 97. *Werner,* Rauschbedingte Schuldunfähigkeit und Unfallflucht, NZV **88** 88.

Unbefugter Gebrauch eines Fahrzeugs

248b (1) **Wer ein Kraftfahrzeug oder ein Fahrrad gegen den Willen des Berechtigten in Gebrauch nimmt, wird mit Freiheitsstrafe bis zu drei Jahren oder mit Geldstrafe bestraft, wenn die Tat nicht in anderen Vorschriften mit schwererer Strafe bedroht ist.**

(2) **Der Versuch ist strafbar.**

(3) **Die Tat wird nur auf Antrag verfolgt.**

(4) **Kraftfahrzeuge im Sinne dieser Vorschrift sind die Fahrzeuge, die durch Maschinenkraft bewegt werden, Landkraftfahrzeuge nur insoweit, als sie nicht an Bahngleise gebunden sind.**

1   **1.** Die Vorschrift entstammt der VO gegen unbefugten Gebrauch von Kfzen und Fahrrädern vom 20. 10. 32. Die jetzige, ab 1. 1. 75 geltende Fassung beruht auf dem EGStGB (BGBl **74** I 490, 648). Sie bezweckt den Schutz des über das Fz Verfügungsberechtigten gegen unbefugte Benutzung, BGHSt **11** 48, besonders gegen dadurch be-

Unbefugter Gebrauch eines Fahrzeugs **§ 248b StGB 4**

dingte Wertminderung des Fz, BGH GA **63** 344, soweit die §§ 242, 246 StGB mangels nachweisbarer Zueignungsabsicht unanwendbar sind. Gegen *Franke* NJW **74** 1803 wird man auch den Schutz der übrigen VT insoweit annehmen müssen, als der Täter, wie bei Gebrauchsanmaßung häufig, die Schwarzfahrt ohne oder nach entzogener FE unternimmt, s BGHSt **11** 49, *Tröndle/Fischer* Rz 2. Hiergegen kann freilich die Erstreckung auf Fahrräder sprechen. Auch ist die Vorschrift nicht als SchutzG zugunsten der VT anerkannt, BGH NJW **57** 500.

2. Kraftfahrzeuge (IV) sind alle maschinell bewegten oder bewegbaren, nicht schienengebundenen Fze: Autos, Kräder, ElektroFze, Wasser- und Luftfze mit Motor oder Hilfsmotor, Mopeds und Mofas, nicht also bloße Anhänger, Fuhrwerke oder Seilbahnen, aber doch wohl zB motorbewegte Seilfähren. 2

Fahrräder sind alle zwei- oder mehrrädrigen, durch Körperkraft bewegten Fze (ohne Hilfsmotor oder bei ausgefallenem Hilfsmotor) für eine oder mehrere Personen, nach dem Schutzzweck der Bestimmung auch handbewegte Krankenfahrstühle und Kinderfahrräder, nicht Gymnastikfahrräder, Ein- und Rhönräder, Draisinen, Kinderroller, weil sie nicht der ordnungsgemäßen Fortbewegung dienen, auch nicht tretbare Wassermobile. 3

3. Ingebrauchnahme ist Benutzung des Fz zur Fortbewegung, BGHSt **11** 44, 47, beim Kfz nicht notwendig durch Inbetriebsetzen des Motors, so daß auch Schieben oder Ausnutzung eines Gefälles (Abrollenlassen) zur Ingebrauchnahme ausreicht, sofern eine nennenswerte Fortbewegung stattfindet, s BGHSt **11** 44, VRS **14** 116, Ha DAR **61** 92, aM *Wagner* JR **32** 253. Der Begriff der Ingebrauchnahme gilt für Kfze und Fahrräder einheitlich, BGHSt **11** 46, wobei die Möglichkeit der Interessenverletzung des Berechtigten durch Schädigung des Fz beim Fahrrad idR wohl weit geringer als bei Autos sein wird. 4

Keine Ingebrauchnahme ist hiernach die bloße FzBenutzung als Diebesversteck oder zum Schlafen, BGHSt **11** 45, 49, bloßes unbefugtes Sich-Anhängen, BGHSt **11** 49, Mitfahren ohne Erlaubnis oder Fahrschein, BGHSt **11** 49, das bloße Mitfahren bei der unbefugten Fahrt, es sei denn als Anstifter oder Gehilfe, BGH VRS **19** 288, nicht bloßes unbefugtes Rangieren des Fz an Ort und Stelle oder Kreisfahren mit dem Fahrrad, weil beides nicht der Fortbewegung dient. 5

4. Widerrechtlicher Weitergebrauch nach ursprünglich berechtigter FzBenutzung (Ingebrauchhalten) steht nach hM der Ingebrauchnahme gleich, *Lackner/Kühl* Rz 3, *Janiszewski* 578, weil es die Gesetzeszwecke (Rz 1) gleichermaßen verletzt: der Fahrer erkennt unterwegs, daß er das Fz vom Dieb erhalten hat, setzt die Fahrt als Schwarzfahrt fort, BGHSt **11** 47, 50; Weiterfahren des berechtigt gewesenen Fahrers als nunmehr beabsichtigte Schwarzfahrt, BGHSt **11** 50, GA **63** 344, Zw VRS **34**, 444, KG GA **72** 277, Schl DAR **89** 350 (abl *Schmidhäuser* NStZ **90** 341); der Monteur verbindet Probefahrt mit Schwarzfahrt. Dagegen bestehen Bedenken, weil diese ausdehnende Auslegung weder grammatisch (Ingebrauchnahme setzt vorherigen Nichtgebrauch voraus) zutrifft, noch in den erwähnten Fällen durch die GZwecke (Rz 1) gedeckt erscheint, selbst nicht bei Einbeziehung des Gesichtspunktes allgemeinen VSchutzes. Ingebrauchnehmen deutet vielmehr darauf hin, daß das Gesetz auf die Rechtslage bei Gebrauchsbeginn abstellt, unbefugte Gebrauchsfortsetzung also nicht einbezieht, BAG NJW **61** 1422, AG Mü NStZ **86** 458 (zust *Schmidhäuser*). Wer als befugter Fahrer mit dem ArbeitgeberKfz kraft späteren Entschlusses eigenmächtig beträchtlichen Umweg fährt, nimmt das Kfz nicht in Gebrauch, ebenso Bay NJW **53** 193, Ha NJW **66** 2360, *Franke* NJW **74** 1803, LG Mannheim NJW **65** 1929. Sachlich liegen lediglich Vertragsverletzungen vor, welche Ersatzanspruch erzeugen, aber anders zu beurteilen sind als Gebrauchsanmaßungen durch von vornherein Unbefugte (s auch Rz 8). Setzt man Ingebrauchnehmen und Ingebrauchhalten jedoch gleich, dann kommt nach den Gesetzeszwecken eine ausreichende schwerwiegende Interessenverletzung persönlicher oder öffentlicher Art nur bei nennenswerter Wertminderung durch unbefugten Weitergebrauch oder bei Gefährdung der VSicherheit durch sie in Betracht. 6

5. Gegen den Willen des Berechtigten (Tatbestandsmerkmal) muß die Ingebrauchnahme geschehen. **Berechtigter** ist jeder, der das Fz aus irgendeinem Rechtsgrund benutzen darf, auch kraft mündlicher Abrede oder schlüssigen Verhaltens (Üblichkeit), s BGHSt **11** 51, VRS **39** 199, also je nach Sachlage der Eigentümer, Halter, der 7 bestellte Fahrer im Rahmen seiner Dienstpflichten, der Mieter oder Nießbraucher als Allein- oder Mitberechtigter, der Entleiher, auch jeder entsprechend Beauftragte. Auch juristische Personen können Berechtigte sein, nicht jedoch bloße Besitzdiener (§ 855 BGB). Sind mehrere nebeneinander berechtigt, so müssen sie alle die Ingebrauchnahme ablehnen. Daß das Fz dem Berechtigten durch **Gewahrsamsbruch** entzogen wurde (so *Schmidhäuser* NStZ **86** 461) setzt der Tatbestand des § 248b nicht voraus; anderenfalls würde unbefugte Ingebrauchnahme durch den Gewahrsamsinhaber (Verwahrung, Werkstatt, Garage usw – soweit Alleingewahrsam –) oder nach Unterschlagung durch Dritte nicht erfaßt.

8   **Der entgegenstehende Wille** des (der) Berechtigten muß bestehen oder mit Kenntnis der Ingebrauchnahme entstehen, braucht aber nicht ausdrücklich erklärt zu werden. Billigung oder Nichtbilligung können schlüssig aus den Umständen oder der Lebensanschauung hervorgehen: der angestellte Fahrer wird das Fz idR niemand anderem anvertrauen dürfen. Für die Rückführung des Fzs zum Berechtigten wird es an dessen entgegenstehendem Willen gegen die Weiterbenutzung durch den Täter uU fehlen, s Dü DAR **85** 295 (idR). Gegenüber nur vereinbarungswidriger Benutzung durch einen an sich Mitberechtigten (Miteigentümer, Mithalter) kommt Nichtbilligung nicht in Betracht, BGH VRS **39** 199, auch nicht gegenüber rechtmäßiger Ingebrauchnahme kraft Vertrags, öffentlichen Rechts (Beschlagnahme, Pfändung), Notwehr oder rechtfertigenden Notstandes. Bedenken bestehen dagegen, bloßen **vertragswidrigen Gebrauch** unter die Vorschrift zu ziehen, zB bloße Weiterbenutzung über die Mietzeit hinaus (Rz 6), soweit sie nicht Unterschlagung ist, aM Dü VM **75** 59, *Tröndle/Fischer* 4, oder vertragswidrigen Gebrauch während der Mietzeit, *Lackner/Kühl* Rz 3, LG Ma NJW **65** 1929. Diese Fälle vertragswidrigen Gebrauchs liegen im wesentlichen ebenso wie die des widerrechtlichen Weitergebrauchs (Rz 6). Wer das Fz dagegen vom Mieter in Benutzung nimmt, wissend, daß dieser es nicht weitergeben darf, verletzt den Willen des Berechtigten, Dü VM **72** 62, Neust MDR **61** 708.

9   **6. Zueignungsabsicht** beim Ansichbringen des Fz (Diebstahl) oder hinsichtlich des anvertrauten Fz (Unterschlagung) schließt § 248b aus. Sie will den Eigentümer (Berechtigten) von der Sachherrschaft endgültig ausschließen, BGHSt **22** 45, VRS **65** 128, NJW **87** 266, entweder durch Sich-Zueignen zwecks Behaltens oder durch selbstherrliche Verfügung über das Fz wie ein Eigentümer unter dauerndem Ausschluß des Berechtigten. Hierfür kann neben anderen Umständen sprechen, daß der Täter das Fz nach Ausnutzung seines wirtschaftlichen Wertes beliebigem fremden Zugriff preisgibt, BGH NJW **87** 266 (nicht immer schon bei Abstellen in der Nähe des Entwendungsortes); Diebstahl, wenn der Berechtigte das Kfz nur mit ungewöhnlichem Aufwand oder zufällig wieder auffinden kann, wie idR beim Stehenlassen unauffälliger SerienFze an beliebigem, fremdem Ort, auch innerhalb der gleichen Gemeinde, wobei die Größe der Ortschaft nicht allein entscheidend ist, sondern das erforderliche Ausmaß des Aufwandes zur Wiedererlangung, BGHSt **22** 45, Ha VRS **59** 39, anders bei auffälligen seltenen oder bei SonderFzen. Beispiele: Erschleichung des FzSchlüssels in der Absicht, das Kfz zu behalten, Stu Justiz **73** 396; langer und intensiver FzGebrauch (Wertminderung), Ha VRS **23** 125, JMBlNRW **60** 230; beliebiges Stehenlassen eines unauffälligen SerienFzs, BGH VRS **51** 210, **65** 128 (zust *Schwab* DAR **83** 388), womöglich offen und ungesichert, an entferntem oder unübersichtlichem Ort, wo es fremdem Zugriff offensteht, BGHSt **22** 46, VRS **96** 273, Bay NJW **61** 281, aber auch auf besetztem, bewachtem Parkplatz, BGHSt **22** 47, Ce VRS **7** 306, oder in einer anderen städtischen Straße, BGH VRS **19** 441, bei der heutigen VFülle auch in recht kleinem Ort, BGHSt **22** 45 Ce VRS **41** 271, Ko VRS **46** 33 (FeuerwehrFz); Benutzung über mehrere 1000 km (Wertminderung); oder wenn der Berechtigte später nicht mehr dieselbe wirtschaftliche Verwertungsmöglichkeit wie vorher hat, *Schröder* JR **67** 390.

10   **Unterschlagung** (§ 246 StGB) begeht, wer ein nur auf wenige Tage gemietetes Kfz fernab auf unbestimmte Zeit beliebig benutzt, KG VRS **37** 438, wer das MietFz abredewidrig solange benutzen will, bis er entdeckt wird, Kö VRS **23** 284, wer wissentlich ein gestohlenes, vom Dieb aufgegebenes Fz zur Benutzung und späteren Preisgabe an sich bringt, BGHSt **13** 43, NJW **59** 948.

Keine Zueignungsabsicht, sondern § 248b, bei von Beginn an bestehender Absicht 11 nur zeitweiliger Brechung fremden Gewahrsams und beabsichtigter späterer Rückführung des Fz in den Herrschaftsbereich des bisherigen Gewahrsamsinhabers, BGHSt **22** 45, VRS **65** 128, NJW **87** 266, NZV **95** 196, Ha VRS **59** 39. Das setzt die Möglichkeit der mühelosen Wiedererlangung der Verfügungsgewalt durch diesen voraus, BGHSt **22** 45, NJW **87** 266, Ha VRS **59** 39, etwa bei nur kurzer Benutzung und Abstellung am früheren Standort oder in dessen Nähe, s Stu Justiz **73** 396, so daß das Fz dem Berechtigten wieder zugänglich gemacht wird, BGH NJW **61** 2122, Bay NJW **61** 280, Ha VRS **23** 125, wenn die Gebrauchsanmaßung die wirtschaftliche Position des Berechtigten nicht nennenswert beeinträchtigt hat. Doch sind dafür alle Umstände maßgebend (Rz 9). Dem Täter kommt nicht zugute, daß die Pol viele Fze wieder auffindet, maßgebend für den Gesichtspunkt der Preisgabe können nicht polizeiliche Anstrengungen bei der Verbrechensbekämpfung sein, sondern nur die private Möglichkeit des Geschädigten.

7. Innerer Tatbestand. Bedingter Vorsatz genügt. Der Vorsatz muß das Merkmal 12 „gegen den Willen des Berechtigten" einschließen. Irrige Annahme der Billigung ist Tatbestandsirrtum und beseitigt den Vorsatz, BGHSt **11** 52, zB (sofern Weitergebrauch für tatbestandsmäßig erachtet wird) die Annahme, der Vermieter billige eine Vertragsverletzung hinsichtlich des MietFzs, zumal da ihm daraus Ersatzansprüche erwachsen. Der Finder, der das von ihm als Fund bereits gemeldete Fahrrad vor Rückgabe benutzt, wird uU mit Billigung rechnen dürfen, s Kö JMBlNRW **64** 91.

8. Der Versuch (II) beginnt mit den Handlungen, die im weiteren unmittelbaren 13 Verlauf der Ingebrauchnahme dienen, mit dem Entstehen der unmittelbar das Verfügungsrecht gefährdenden Beziehung zum Fz, BGHSt **22** 81, zB mit dessen Anfassen zwecks Erkundung der Wegfahrmöglichkeit (Rütteln, Lenkradsperre?), BGHSt **22** 80 = NJW **68** 1100, mit dem Einsteigen zwecks Einführens des Zündschlüssels oder zwecks Kurzschließens oder mit vorherigem Blinken oder Anfahren. Benutzung in der irrigen Meinung, es fehle am Einverständnis, ist Versuch am untauglichen Objekt, BGHSt **4** 200. Vollendet ist die Tat mit dem Fahrtbeginn, BGHSt **11** 52, **11** 44, NJW **58** 152, beendet mit Fahrtbeendigung, BGHSt **7** 316.

9. Täter kann außer dem (den) Berechtigten jedermann sein, nach dem Sinn der 14 Vorschrift jedoch nicht der Vermieter bei widerrechtlicher Benutzung seines Fz gegen den Willen des Mieters. Für die Teilnahme gelten die allgemeinen Grundsätze. Auch der Mitfahrer kann Täter, Anstifter oder Gehilfe sein, jedoch nicht mangels Verursachung oder Unterstützung, BGH VRS **19** 288, Ha DAR **61** 92, *Hartung* zu Bay JR **63** 428. Wer bei der Rückführung des Fzs zum Berechtigten hilft, leistet keine Beihilfe zu § 248b, Dü DAR **85** 295.

10. Antragstat ist unbefugter FzGebrauch (III). Antragsberechtigt ist der Verletzte 15 (§ 77 StGB), jedoch nur der originär Verletzte (Eigentümer, Halter), nicht auch der nur kraft abgeleiteten Rechts Berechtigte (Mieter, Fahrer, Beauftragter), aM AG Nienburg NRpfl **65** 21. Ein Strafantrag gegen unbekannt wirkt auch gegen den, der das Fz erst kurz danach benutzt, Bay NJW **66** 942. Strafantrag wegen Sachbeschädigung am Fz läßt BGH VRS **34** 423 ausreichen. Diebstahlsanzeige darf mit vorsorglichem Strafantrag wegen § 248b verbunden werden, Ha DAR **60** 50. Die Frist beginnt mit der Wiedererlangung des Fz (Dauerdelikt).

11. Subsidiarität. Zusammentreffen. § 248b tritt zurück, soweit die Tat in ande- 16 ren Vorschriften ähnlichen Schutzzwecks mit schwererer Strafe bedroht ist (I). Das tritt zB zu bei Diebstahl, Raub, Unterschlagung, Ce VRS **41** 271, Betrug, Erpressung und Hehlerei (Gesetzeskonkurrenz), nicht aber zB bei § 315c. TE mit Fahren ohne FE, fahrlässiger Tötung oder Körperverletzung und mit Sachbeschädigung ist möglich, BGH VRS **18** 191. Die unbefugte Benutzung führt zwar nicht notwendigerweise stets auch zu Benzin- und Ölverbrauch (FzGebrauch durch Wegschieben oder Abrollen), jedoch ist nicht TE mit Diebstahl oder Unterschlagung wegen dieser Stoffe anzunehmen, BGHSt **14** 389, GA **60** 182, Kö VRS **7** 116, JR **70** 107 (*Schröder*); vielmehr sind nach dem Zweck des § 248b insoweit die §§ 242, 246 subsidiär.

4 StGB § 315b Auszug aus dem StGB

17 **12. Kein Schutzgesetz** (§ 823 BGB) zugunsten der VT ist § 248b, BGH VRS **12** 89, NJW **57** 500, aber zugunsten des Werkunternehmers, aus dessen Werkstatt das Fz abhandenkommt, Ce NRPfl **62** 108. Dem widerrechtlichen Benutzer haftet der Halter auch nicht bei Fahrlässigkeit für verkehrssicheren FzZustand, s Ce VR **72** 52. Hinsichtlich des Nachweises der Kfzentwendung bei der **Fz- und Einbruchdiebstahlversicherung** kommt dem VN eine Beweiserleichterung zugute: Der Nachweis der Entwendung ist bereits bei hinreichender Wahrscheinlichkeit geführt, BGH DAR **85** 56, VR **97** 102, **99** 181, 1535, VRS **72** 177, BGHZ **130** 1 = NZV **95** 394, **96** 109, 275, Kö NJW-RR **02** 531, Sa ZfS **04** 463, NZV **89** 313, Ha NZV **93** 439.

18 Lit: *Ebert,* Zur Strafbarkeit ungetreuer Kfz-Mieter, DAR **54** 291. *Franke,* Zur unberechtigten Ingebrauchnahme eines Fz, NJW **74** 1803. *Lienen,* Mißbräuchliche Benutzung von Kfzen und Strafrechtsreform, NJW **60** 1438. *Römer,* Schwierigkeiten beim Kfz-Entwendungsbeweis, NVersZ **98** 63. *Rüth/Scherer,* Strafbarkeit der Schwarzfahrt, KVR. *Schaffstein,* Zur Abgrenzung von Diebstahl und Gebrauchsanmaßung, insbesondere beim KfzDiebstahl, GA **64** 97. *Schwab,* Abgrenzung zwischen Diebstahl und unbefugter Ingebrauchnahme eines Kfz …, DAR **83** 388. *Seibert,* Unbefugter FzGebrauch, NJW **58** 1222. *Wagner,* Die VO des Reichspräsidenten gegen unbefugten Gebrauch von Kfzen und Fahrrädern, JW **32** 3679. *Wersdörfer,* Unbefugter FzGebrauch und Strafantrag, NJW **58** 1031.

Gefährliche Eingriffe in den Straßenverkehr

315b (1) Wer die Sicherheit des Straßenverkehrs dadurch beeinträchtigt, daß er
1. Anlagen oder Fahrzeuge zerstört, beschädigt oder beseitigt,
2. Hindernisse bereitet oder
3. einen ähnlichen, ebenso gefährlichen Eingriff vornimmt,
und dadurch Leib oder Leben eines anderen Menschen oder fremde Sachen von bedeutendem Wert gefährdet, wird mit Freiheitsstrafe bis zu fünf Jahren oder mit Geldstrafe bestraft.
(2) **Der Versuch ist strafbar.**
(3) **Handelt der Täter unter den Voraussetzungen des § 315 Abs. 3, so ist die Strafe Freiheitsstrafe von einem Jahr bis zu zehn Jahren, in minder schweren Fällen Freiheitsstrafe von sechs Monaten bis zu fünf Jahren.**
(4) **Wer in den Fällen des Absatzes 1 die Gefahr fahrlässig verursacht, wird mit Freiheitsstrafe bis zu drei Jahren oder mit Geldstrafe bestraft.**
(5) **Wer in den Fällen des Absatzes 1 fahrlässig handelt und die Gefahr fahrlässig verursacht, wird mit Freiheitsstrafe bis zu zwei Jahren oder mit Geldstrafe bestraft.**

Übersicht

Absicht 15
Ähnlicher, ebenso gefährlicher Eingriff 13
Anderer Mensch 3, 4
Anlagen 9

Bedeutender Wert, Gefahr für 5–8
Beeinträchtigung der Verkehrssicherheit 2
Bereiten von Hindernissen 10, 11
Beschädigen 9
Beseitigen 9

Eingriff, gefährlicher 1, 13

Fahrzeug 9
Falsche Zeichen und Signale 12
Fremde Sache, Gefahr für 5–8

Gefahr für Leib oder Leben eines anderen Menschen 3, 4
– für fremde Sache 5–8
Gefährlicher Eingriff 1, 13

Hindernisbereiten 10, 11

Innere Tatseite 16, 17

Sache, fremde 5–8
Sicherheit des Straßenverkehrs, Beeinträchtigung 2

Signale, falsche 12
Strafe 15, 19–21
Straßenverkehr, gefährlicher Eingriff 1, 13

Tätige Reue 19–21
Tatseite, innere 16, 17

Unglücksfall 15

Verhältnis zum § 315c StGB 1
Versuch 14, 18

Wert, bedeutender 5–8

Zeichen, falsche 12
Zerstören 9
Zivilrecht 23
Zusammentreffen 22

1. Gefährliche Eingriffe in den Straßenverkehr. Verhältnis zum § 315 c. Ge- 1
fährlicher Eingriff setzt „grobe Einwirkung von einigem Gewicht" voraus, BGHSt **22**
365, **28** 87, NJW **75** 1934, VM **81** 41. Während § 315 c alle tatbestandsmäßigen Handlungen erfaßt, die sich in der Verletzung einer VRegel erschöpfen, betrifft § 315 b Eingriffe in die VSicherheit von außen her, BGHSt **22** 6 = NJW **68** 456, NZV **99** 430, VRS **46** 106, Bay VRS **46** 287, **47** 27, NZV **89** 443, Ce NJW **69** 1184, *Cramer* JZ **83** 812, und fehlerhafte VTeilnahme nur dann, wenn sie einen VVorgang über das vorschriftswidrige Verhalten hinaus zu einem Eingriff in den StrV „pervertieren". Daher fallen Eingriffe mit dem Kfz **im fließenden V** unter § 315 c und nur dann unter § 315 b, wenn das Kfz nicht zu VZwecken, sondern **bewußt verkehrsfeindlich** (gewissermaßen als Waffe oder Schadenswerkzeug) eingesetzt und zu einem Eingriff gem I mißbraucht wird, BGHSt **48** 223 = NJW **03** 1613, VRS **106** 198, NZV **99** 430, Kö DAR **04** 469, zB zum zweckgerichteten Bereiten eines Hindernisses, BGH NZV **99** 430, s Rz 10, 13, in diesen Fällen aber selbst dann, wenn das zur Erreichung des verkehrsfeindlichen Ziels eingesetzte Verhalten objektiv verkehrsgerecht erscheint, BGH NZV **92** 157, **99** 430 (Provozieren eines Auffahrunfalls, abl Anm *Kudlich* StV **00** 23), aM *Scheffler* NZV **93** 463. Abw von seiner bisherigen Rspr verlangt der 4. StrSen des BGH in Fällen des FzEinsatzes zu verkehrsfremden Zwecken (für alle Alternativen des Abs I) neuerdings zusätzlich **zumindest bedingten Schädigungsvorsatz**, BGHSt **48** 223 = NJW **03** 1613, VRS **106** 198 (Gefährdungsvorsatz genügt danach nicht), ebenso Kö DAR **04** 469. Damit distanziert sich der 4. StrSen im Ergebnis von der bisher übereinstimmenden dogmatischen Qualifizierung des Tatbestands als konkretes Gefährdungsdelikt, s zB *Tröndle/Fischer* 2, was in der Lit als „dogmatische Ungereimtheit" kritisiert wurde, *Seier/Hillebrand* NZV **03** 490 („kupiertes Verletzungsdelikt"), abl auch *König* NStZ **04** 177. Unter Zugrundelegung dieses weiteren Erfordernisses wird der Anwendungsbereich des § 315 b gegenüber der bisherigen Rspr erheblich eingeschränkt (s Rz 10, 13). Wie § 315 c ist § 315 b keine Dauerstraftat, BGH NZV **95** 196. Täter nach § 315 b kann jedermann sein; Schutzobjekt ist nur der StrV, BGH VRS **61** 122, NZV **95** 196, **98** 36. *Lackner,* Das konkrete Gefährdungsdelikt im VStrafrecht, Berlin 1967. § 315 b ist im Hinblick auf § 315 c einschränkend auszulegen, Bay VM **75** 17. Einvernehmliche Herbeiführung eines „Unfalls" ohne Gefährdung Unbeteiligter erfüllt nicht den Tatbestand des § 315 b, BGH NZV **99** 172. Zur Beurteilung provozierter Autounfälle, *Fleischer* NJW **76** 878.

2. Beeinträchtigung der Sicherheit des Straßenverkehrs. Gefahr. Gemeinsam 2
ist den Tatbeständen des I, daß der Täter die StrVSicherheit beeinträchtigt, den VAblauf als Teilnehmer oder Außenstehender gefährdet. Der Tatbestand ist deshalb nur erfüllt, wenn die konkrete Gefahr auch dem Eingriff beeinträchtigten Verkehrsvorgang beruht, BGH NZV **97** 363, **98** 36. Während hierzu nach der bisherigen Rspr des BGH ein Eingriff, der *unmittelbar* zur konkreten Gefährdung (oder Schädigung) führt, ohne daß diese erst eine Folge der durch den Eingriff zunächst bewirkten Beeinträchtigung der VSicherheit ist, als nicht ausreichend angesehen wurde, um den Tatbestand zu erfüllen (s Voraufl), BGHSt **47** 158 = NJW **02** 626, NZV **98** 36 (s auch Rz 9), hat der BGH diese Rspr inzwischen ausdrücklich aufgegeben, BGHSt **48** 120 = NJW **03** 836 (zust *Berz/Saal* NZV **03** 198, Anm *König* JR **03** 255), s BGH NStZ **03** 206. Auch den Verkehr gefährdende Eingriffe, die zeitgleich unmittelbar zu einer konkreten Gefahr führen, reichen danach aus, sofern sich dieser Gefährdungserfolg als „Steigerung der abstrakten Gefahr darstellt". Voraussetzung ist nach dieser neuen Rspr des BGH nur, daß es sich um eine verkehrsspezifische Gefahr handelt, die (auch) „auf die Wirkungsweise der für Verkehrsvorgänge typischen Fortbewegungskräfte zurückzuführen ist". Dieses Erfordernis ist jedenfalls dann zu bejahen, wenn die konkrete Gefahr durch eine Beeinträchtigung der sicheren Beherrschbarkeit eines fahrenden Fzs herbeigeführt wird; nicht erfüllt ist es dagegen, wenn zwischen der durch den Eingriff herbeigeführten konkreten Gefahr und der spezifischen Dynamik der VTeilnahme kein Zusammenhang besteht. Die **Vorschrift schützt** den **öffentlichen StrV** (§§ 1 StVO, 1 StVG) (Begr des 2. VerkSichG), BGH DAR **04** 529, findet daher bei Eingriffen, die nicht auf öffentlichem Gelände (s § 1 Rz 13 ff StVO) erfolgen, keine Anwendung, BGH NJW **04** 1965, DAR **04** 529, NZV **98** 418, VRS **61** 122, Kö VM **00** 86, aM LG Bonn NStZ **83** 223

(zust Anm Landsberg) – beide Entscheidungen betreffen ein Getreidefeld neben der Str –, ebensowenig, wenn zwar die Tathandlung im StrV begangen wird, die Gefahr aber außerhalb des öffentlichen VRaumes eintritt, BGH DAR **04** 529 (anders nur, wenn sich der Gefährdete bei Beginn der Tathandlung noch im öffentlichen VRaum befand), Dü NJW **82** 2391, Kö VM **00** 86, aM LG Bonn NStZ **83** 223, LK (*König*) Rz 61. Der Eingriff muß eine bestimmt geartete, noch nicht vorhandene Gefahr herbeiführen. Herbeiführung einer Gemeingefahr ist jedoch nicht Voraussetzung, BGH VM **88** 33. **Konkrete Gefahr** besteht, wenn nicht mehr beeinflußbare Kräfte so unmittelbar einzuwirken drohen, daß es mehr oder weniger nur noch vom Zufall abhängt, ob Schaden eintritt, BGH NZV **96** 37, **97** 276, NJW **85** 1036, DAR **85** 258, Bay DAR **96** 152, Dü NZV **94** 37, VRS **88** 35, Kö VRS **82** 39, NZV **02** 278, wenn der Schadenseintritt wahrscheinlicher ist als dessen Ausbleiben, Bay NZV **88** 70, Dü NJW **89** 2763, Kö DAR **92** 469, NZV **95** 159. Unerklärbarkeit der Ursache für das Ausbleiben eines Schadens ist nicht Voraussetzung; eine nach allgemeiner Erfahrung ungewöhnlich günstige Entwicklung des Geschehens genügt, *Berz* NZV **89** 411, aM Schl JZ **89** 1019. Der Tatbestand setzt konkrete Gefährdung voraus, der unmittelbare Schadenseintritt muß nach den Umständen nahegelegen haben, BGH VRS **50** 43, Ha VRS **51** 103, Bay NZV **88** 70, Kö VRS **82** 39. Zur „hochgradigen Existenzkrise" als Kriterium, s Fra NZV **94** 365, BGH NZV **95** 325 (Anm *Berz* NStZ **96** 85). Dabei dürfen die Anforderungen nicht überspannt werden, BGH NZV **95** 325. Das gilt auch für die Feststellungen im Urteil, das nicht allein wegen der Verwendung wertender Begriffe (zB Erforderlichkeit einer „Vollbremsung") ohne Geschwindigkeits- und Entfernungsangaben zu beanstanden ist, BGH NZV **95** 325, abw Ko DAR **00** 371, Ha NZV **97** 158, Dü NZV **94** 37, 406. Die Ansicht, die zur Tatbestandsverwirklichung erforderliche konkrete Gefährdung sei bereits eingetreten, wenn das vom Täter durch Manipulation verkehrsunsicher gemachte Fz durch eine andere Person gestartet wird, BGH NJW **85** 1036, abl *Horn/Hoyer* JZ **87** 966, *Berz* NZV **89** 413, hat der BGH inzwischen ausdrücklich wieder aufgegeben, BGH NZV **96** 37 (Anm *Renzikowski* JR **97** 115). Tritt keine konkrete kritische Situation ein, so liegt in diesen Fällen Versuch vor, BGH NZV **96** 37 (zust *Berz*). **Auch ohne Schadenseintritt** kann Gefahr gedroht haben, BGH VRS **45** 38, DAR **85** 63, Fra NJW **75** 840. *Berz,* Zur konkreten Gefahr im Verkehrsstrafrecht, NZV **89** 409.

3 **2 a. Gefahr für Leib oder Leben eines anderen Menschen.** Der Eingriff muß Leib oder Leben eines anderen Menschen oder fremde Sachen von bedeutendem Wert gefährden. § 315 b ist ein konkretes Gefährdungsdelikt, BGH NZV **91** 157; die Individualgefahr ist daher Tatbestandsmerkmal und muß bewiesen sein.

4 Gefahr für Leib oder Leben **eines anderen Menschen** muß vorgelegen haben, nicht nur für Täter und etwaige Tatbeteiligte, BGH NZV **91** 157 (einverständlicher Zusammenstoß zu Betrugszwecken), Dü NZV **98** 76 (Verletzung eines beim „Autosurfen" Beteiligten), abw LK (*König*) Rz 74, Saal NZV **98** 50, s § 315 c Rz 3, sondern für bestimmte Personen ohne Rücksicht darauf, ob sich die Gefährdung gegen sie richten sollte, ob sie erkannt haben oder billigten, denn die VSicherheit ist geschützt, BGHSt **6** 232, für beim Täter Mitfahrende, BGHSt **6** 232, **13** 474, NJW **57** 1888, NZV **95** 80, Bay JR **54** 469, zustimmend *Hartung* NJW **54** 1258, KG VRS **14** 288, oder für andere VT. Daß die Fahrgäste der notbremsenden Straba „heftig durcheinandergeschüttelt" worden sind, genügt zur Gefährdung einzelner Personen nicht, Zw VRS **32** 376. VT ist auch der PolB, der auf der Fahrbahn ein Kfz anhalten will, BGHSt **26** 176, NJW **68** 456, VRS **46** 106, **53** 31. Da § 315 b auch die VSicherheit schützt, muß die Gefahr im Zusammenhang mit einem VVorgang entstanden sein.

5 **2 b. Gefahr für fremde Sachen von bedeutendem Wert.** Ist die Sache nicht fremd oder nicht von bedeutendem Wert, ist die Vorschrift nicht anwendbar. Nach Begr zum 2. VerkSichG stimmt der Begriff überein mit dem früheren „bedeutende Sachwerte in fremdem Eigentum" (§ 315 III aF).

6 **Fremd** bedeutet, daß die Sache nicht Eigentum eines Tatbeteiligten (Täters, Anstifters, Gehilfen) sein darf, wobei das zivilrechtliche Eigentum entscheidet, *Sch/Sch (Heine)* vor § 306 Rz 18. Bei Fremdeigentum kommt in Betracht jedes fremde Kfz sowie jedes fremde, beförderte Gut, KG VRS **12** 356, Ce VRS **13** 139, Ha NJW **57** 968, ausge-

Gefährliche Eingriffe in den Straßenverkehr § 315b StGB 4

nommen das vom Täter oder Teilnehmer benutzte fremde Kfz als notwendiges Tatmittel, BGHSt **11** 148, NZV **99** 172, NStZ **92** 233, abw LK (*König*) Rz 80, s § 315 c Rz 4. Fremdes Miteigentum kommt nur bei bedeutendem Wert des fremden Anteils in Betracht, sofern dieser gefährdet ist. Näher § 315 c Rz 3–6.

3. Bedeutender Wert meint den Verkehrswert, KG JR **56** 71, VRS **14** 123, Br 7/8 NJW **62** 1409, den wirtschaftlichen Wert der gefährdeten Sache oder ihres gefährdeten Teils ohne Rücksicht auf ihre allgemeine Funktion, Ce VRS **17** 350, Schl VM **63** 86, KG VRS **14** 123, Br NJW **62** 1408, Ha VRS **27** 26, Sa VRS **24** 282. Dabei ist alles gefährdet Gewesene zusammenzurechnen und gemeinsam zu bewerten, Kar NJW **61** 133. Bedeutender Wert: s § 315 c Rz 6. Die Gefahr bedeutenden Fremdschadens muß bestanden haben, daher genügt nicht unbedeutende Gefährdung wertvoller Sache, s § 315 c Rz 6. Verneint für Leichnam, Ce NJW **60** 2017.

3 a. Anlagen oder Fahrzeuge zerstört, beschädigt oder beseitigt (Nr 1). 9 **Fahrzeuge** sind alle Beförderungsmittel ohne Rücksicht auf die Antriebsart (Bus, Straba, Kfz, Fuhrwerk). Die beschädigende oder zerstörende Handlung muß unmittelbar oder im weiteren Verlauf die allgemeine VSicherheit gefährden. Die Beschädigung usw von Fzen oder Anlagen muß das Mittel der Gefährdung gebildet haben; dh sie muß entweder unmittelbar zu einer konkreten VGefahr geführt haben, etwa durch Beeinträchtigung der Beherrschbarkeit eines fahrenden Fzs durch die Beschädigung, zB der Windschutzscheibe (Sicht), der Räder (Lenkbarkeit) usw, BGHSt **48** 120 = NJW **03** 836 (Anm *König* JR **03** 255), oder die infolge der Beschädigung geschaffene *abstrakte* Gefahr muß im Zusammenhang mit einem VVorgang zu einer *konkreten* Gefahr geführt haben, zB bei Beschädigung der Bremsanlage, BGH NJW **85** 1036. An dem bisher stets verlangten Erfordernis, die Beschädigung müsse der Gefährdung *zeitlich* vorausgehen, BGHSt **6** 219 (226), dezidiert: NZV **90** 77 (das Wort „dadurch" bringe dies *unmißverständlich* zum Ausdruck), **95** 115, **98** 36, **99** 91, hält der BGH neuerdings ausdrücklich nicht mehr fest, BGHSt **48** 120 = NJW **03** 836 (zust *Berz/Saal* NZV **03** 198) (s Rz 2). Im übrigen fällt aber die FzBeschädigung als solche nicht unter Nr 1, BGH NJW **03** 836, kann jedoch nach Nr 3 strafbar sein, BGH NZV **99** 91; absichtliches Rammen eines Fzs ist aber jedenfalls dann nach Nr 1 zu würdigen wenn dadurch die Gefahr eines weiteren Schadens eintritt, s BGH NZV **90** 77, Kö NZV **91** 319. **Anlagen** sind dem V dienende Einrichtungen (§ 43 StVO) wie VZ, Schilder, Ampeln, Sperrvorrichtungen, Leitzeichen, Leitplanken, Straßen und Brücken mit ihrem dem V dienenden Zubehör, BGH NZV **02** 517 (Gullydeckel). Beschädigen bedeutet, in der ordnungsmäßigen Beschaffenheit verletzen; zerstören, für den bestimmungsgemäßen Gebrauch unbrauchbar machen; beseitigen, vom bestimmungsgemäßen Ort entfernen, BGH NZV **02** 517 (Gullydeckel); stets so, daß es die StrVSicherheit beeinträchtigt (Rz 2). VGefährdung durch Einwerfen der Rückscheibe fahrenden Pkws, Schl VM **67** 21.

3 b. Bereiten von Hindernissen (Nr 2). § 315 b wehrt vornehmlich (aber nicht 10 ausschließlich, aM *Solbach/Kugler* JR **70** 121) von außen kommende Eingriffe in die VSicherheit ab und erfaßt im fließenden V begangene nur insoweit, als sie nicht nur fehlerhafte VTeilnahme sind (Rz 1). Hindernisse sind Einwirkungen auf den VRaum, die geeignet sind, den reibungslosen VAblauf zu hemmen oder zu verzögern, BGHSt **41** 231 = NZV **95** 493, Zw NZV **97** 239. Hindernisbereiten durch bloßes vorschriftswidriges Verhalten im V fällt also nicht unter § 315 b, Fra DAR **67** 222, Ce VM **83** 87. Hindernisbereiten, wenn der Täter durch sein Verhalten im V andere absichtlich sicherheitsbeeinträchtigend hindert, und zwar durch Einwirkung von außen her oder als VT sowohl als Fußgänger bei grober Einwirkung von einigem Gewicht in verkehrsfeindlicher Absicht, BGHSt **41** 231 = NZV **95** 493 (krit *Meurer* BA **96** 161, *Ranft* JR **97** 210, LK/*König* Rz 35), StV **02** 361, als auch **im Rahmen des fließenden Verkehrs** mit Hilfe seines Fz, BGHSt **21** 301, VRS **64** 267, NZV **92** 157, Dü NZV **94** 37, dann jedoch nur bei Einsatz des Fzs **zu verkehrsfremdem Zweck** (als „Waffe" oder Schadenswerkzeug), s Rz 1, BGHSt **48** 223 = NJW **03** 1613, NZV **92** 157, 325, **99** 430, VM **76** 49, Ko VRS **50** 203, Ce VM **83** 87, Dü VRS **73** 41, Kö NZV **92** 80, **94** 365, Kar VRS **93** 102, s dazu Rz 13. Darüber hinaus muß der FzF nach neuer Rspr des BGH mit (zumindest bedingtem) Schädigungsvorsatz gehandelt haben, s Rz 1. Hindernisbereiten iS von Nr 2

1491

4 StGB § 315b

ist **Gewaltbremsen,** um den Nachfahrenden auffahren zu lassen, BGH NZV **92** 325, VM **76** 49. UU kann selbst normales, im übrigen verkehrsgerechtes Bremsen „Hindernisbereiten" sein, wenn es ausschließlich zu dem (verkehrsfeindlichen) Zweck geschieht, den erkennbar zum Weiterfahren entschlossenen Nachfolgenden auffahren zu lassen, BGH NZV **92** 157 (im Ergebnis zust *Seier,* abl *Scheffler* NZV **93** 463), NZV **99** 430. **Nach bisheriger Rspr** war der Tatbestand des Hindernisbereitens auch erfüllt bei „Ausbremsen" des Nachfahrenden, um ihn zum Anhalten zu zwingen, Ko VRS **50** 203, Kar VRS **93** 102, oder zu scharfem Abbremsen, Ha DAR **00** 368, Kö NZV **97** 318, Dü NZV **94** 37, VRS **73** 41, Ce VRS **68** 43, ferner bei absichtlichem Linksausscheren, um Streifenwagen zum plötzlichen Bremsen zu zwingen, Kö VRS **35** 344, „Schneiden" nach dem Überholen, Bay VRS **17** 351, Ol VRS **15** 336, Sa VRS **17** 25, Ha VRS **21** 50, Kar NJW **59** 2321, Ce VRS **25** 440, oder absichtlichem Verbleiben auf dem linken Fahrstreifen, obwohl dies Streifenwagen beim Überholversuch gefährdet, BGHSt **21** 301, Ha NJW **73** 2073. Diese Fälle scheiden nach neuer Rspr des BGH, die Schädigungsvorsatz verlangt (s Rz 1) weitgehend aus, s Kö DAR **04** 469, abl daher mit beachtlichen Argumenten *König* NStZ **04** 177. Nach Ha VRS **27** 202, **26** 296 ist es Hindernisbereiten, wenn ein VT die **Autobahn** auf 24 km gegenläufig befährt, jedoch wird es regelmäßig schon am verkehrsfremden FzEinsatz fehlen. ABFalschfahrt s Rz 13 und § 18 StVO Rz 18 a. Wenden auf der AB und Nichtkenntlichmachen haltender bzw liegengebliebener Fze: § 315 c I Nr 2 g StGB. Die Fälle fallen regelmäßig nicht unter § 315 b StGB. Bereiten von **Hindernissen iS von § 32 StVO** kann, wenn dadurch im Einzelfall nachweisbar Menschen oder Sachen in für die VGefährdung charakteristische Gefahr gebracht werden, nach § 315 b I bzw IV oder V zu ahnden sein. Dies gilt auch für Fahrbahnhindernisse zum Zwecke der „Verkehrsberuhigung" außerhalb der durch Z 325, 326 gekennzeichneten Bereiche, *Bouska* DAR **87** 99, VGT **88** 280, *Berr* DAR **91** 281, ZAP F 9 S 1099, *Hentschel* NJW **92** 1080, *Franzheim* NJW **93** 1837, LK (*König*) Rz 29, von Fra NZV **92** 38 abgelehnt bei Aufbringen von gefährlichen Metallhöckern auf die Fahrbahn zur „Verkehrsberuhigung", weil es sich dabei nicht um einen „verkehrsfremden" Eingriff handele (zw, s auch § 45 StVO Rz 35). **Weitere Beispiele** für Hindernisse: gefährdendes Senken der Schranken, BGH NJW **60** 2013, Ha VBl **66** 68, Springen auf die Motorhaube eines fahrenden Fzs, Zw NZV **97** 239, Herabwerfen dicker Holzscheite unmittelbar vor auf der AB herannahende Kfze, BGH VRS **45** 38, das Verschmieren einer Kurve mit Öl, um Kfze verunglücken zu lassen, BGH DRiZ **77** 308, Errichten einer Sperre auf öffentlichem Feldweg, Fra VRS **28** 423, wer einen anderen auf der Fahrbahn so zu Fall bringt, daß ein Kf notbremsen muß, Ha VRS **25** 186, Beschmutzen der Fahrbahn bei der Rübenernte oder beim Mistfahren, Ha NJW **55** 193. **Unterlassen** pflichtgemäßer Hindernisbeseitigung reicht aus (Fahrer läßt herabgefallene Ladung oder verlorenes Rad liegen), Ce NRpfl **70** 46, Ha VRS **51** 103 (pflichtwidriges Nichtentfernen herabgefallener FzTeile von der Fahrbahn), Bay NJW **69** 2026 (Liegenlassen umgefahrener Leuchtbaken auf der Fahrbahn), Ha DAR **60** 76 (Nichtbeseitigen einer Ölspur auf der Str), Bay NZV **89** 443 (FzF kümmert sich nicht um verursachte Benzinspur). Da Hindernisbereiten durch einen FzF im fließenden V bewußte Zweckentfremdung des Fzs voraussetzt, kommt **fahrlässige Tatbegehung** insoweit kaum in Frage, s Rz 17.

11   **Kein Hindernisbereiten:** bloßes fehlerhaftes VVerhalten, s Rz 1, 10, zB Fahren auf AB in falscher Richtung, s Rz 10, 13, unzulängliches Sichern gegen Abrollen, Bay VM **75** 17, gefährdendes Radabspringen bei verkehrsunsicherem Lkw, Stu DAR **65** 276, aber gefährdendes Liegenlassen, s Rz 10, es sei denn, der Verpflichtete konnte das Hindernis noch nicht entfernen, Ha VRS **51** 103. Kein Hindernisbereiten das bloße Fahren auf dem Gehweg vor einem dort gehenden Fußgänger, wenn dieser das Fz umgehen kann, BGH VRS **64** 267. Zielgerichtetes **Behindern von Kf durch Fußgänger** ist nur dann tatbestandsmäßig, wenn das Hindernis (unabhängig von der Tatfolge) wesentlich ist, s Rz 10.

12   **3 c. Geben falscher Zeichen und Signale** ist in § 315 b I, anders als in § 315, nicht angeführt, weil falsche Richtungsanzeige für sich allein, um unangemessene Ergebnisse zu vermeiden, vom GGeber nicht als ausreichend angesehen wurde, um den Tatbestand zu erfüllen, s Begr zum 2. VerkSichG (BTDrucks IV/651 S 28).

3 d. Ähnlicher, ebenso gefährlicher Eingriff (Nr 3). I 3 ist Auffangtatbestand, 13
BGH NZV **02** 517, NStZ **03** 206; er setzt grobe Einwirkung von einigem Gewicht und
besonderer Gefährlichkeit voraus, BGHSt **26** 176, BGHSt **28** 87 = NJW **78** 2607,
BGHSt **47** 158 = NJW **02** 626, VM **87** 1, NStZ **87** 225, Dü NJW **82** 1111. Der Eingriff muß ebenso gefährlich für die VSicherheit sein wie bei I 1 oder 2, BGH VRS **40**
105, **45** 185, 186. Als Eingriff von außen kommt zB in Betracht das Herabwerfen von
Gegenständen von einigem Gewicht auf fahrende Fze, BGH NStZ **03** 206 (soweit nicht
I Nr 1, s Rz 9). Der Eingriff muß nicht von außen, sondern kann auch durch einen VT
erfolgen, BGH NZV **99** 430, aM *Fabricius* GA **94** 169, 182, *Meurer* BA **96** 161. Auch
hier scheiden aber wegen des § 315c alle nur fehlerhaften VVorgänge aus. Hinzukommen muß bei Verhaltensweisen **im fließenden Verkehr** vielmehr, daß das Fz in **verkehrsfeindlicher Absicht** bewußt zweckentfremdet zu dem Eingriff eingesetzt wird,
BGHSt **23** 7 = NJW **83** 1624, VRS **99** 263, VM **89** 66, NZV **99** 430, **01** 352, NStZ **85**
267, Bay NZV **89** 443, Ha NJW **00** 2686, VRS **100** 22, Kö NZV **91** 319, DAR **99** 88.
Darum kann I Nr 3 **durch den FzF nicht fahrlässig** erfüllt werden, s Rz 17, auch
nicht hinsichtlich der Gefahrverursachung, Kö NZV **91** 319. Jedoch ist eine allgemein
verkehrsfeindliche Einstellung nicht notwendig, BGH VM **72** 41, **88** 33. Darüber hinaus muß der FzF nach neuer Rspr des BGH mit (zumindest bedingtem) Schädigungsvorsatz gehandelt haben, s Rz 1. Mangelhafte Wartung eines Kfz genügt nicht, im Gegensatz zur beabsichtigten Schadhaftigkeit, Bay VM **74** 50. Auch Fahren auf AB und
Kraftfahrstraßen **in falscher Fahrtrichtung** erfüllt dieses Merkmal idR schon deswegen
nicht, weil es regelmäßig nicht zu verkehrsfremden Zwecken geschieht, BGH NJW **03**
1613, Stu VRS **58** 203, Ce VM **83** 87 (abl *Ascheberg* Jurist **83** 300), zw Stu NJW **76**
2223. Kein Einsatz des Fzs in verkehrsfeindlicher Absicht bei „Auto-Surfen", Dü NZV
98 76 (abl *Saal* NZV **98** 51 f). Ein „ebenso gefährlicher Eingriff" ist **gezieltes Losfahren auf eine Person** in Verletzungsabsicht, Ko VRS **74** 196, auch bei geringerer Geschwindigkeit (20 km/h), selbst wenn diese noch hätte beiseite treten können, BGH
NJW **83** 1624, VRS **65** 359, VM **88** 33, zw *Cramer* JZ **83** 814, anders bei Zufahren mit
nur geringer Geschwindigkeit auf Fußgänger, wenn eine Verletzungsabsicht nicht festgestellt wird, BGH NStZ **87** 225, DAR **87** 195, VRS **40** 104, krit zu dieser Differenzierung *Cramer* JZ **83** 812. Die **bisherige Rspr** nahm einen ähnlichen, ebenso gefährlichen Eingriff iS von Nr 3 (je nach Intensität der Beeinträchtigung der Geschwindigkeit
und Beschleunigung, BGH VM **87** 1) auch an bei gezieltem Zufahren auf eine Person,
damit diese sofort den Weg freimacht, BGH VRS **51** 209, um sie zum Beiseitespringen
zu zwingen (zB PolB), BGHSt **22** 6 = NJW **68** 456, BGHSt **22** 67 = NJW **68** 1244, **75**
1934, BGHSt **28** 87 = NJW **78** 2607, VRS **71** 193, Ko DAR **74** 164, oder um sich
ihrer zu bemächtigen, BGH NZV **01** 352, sofern es sich nicht um ganz langsames Zufahren auf die Person mit gefahrloser Ausweichmöglichkeit für diese handelte, BGH
VRS **44** 437, NJW **75** 656, 1934, VM **87** 1, DAR **87** 195. Dabei sollte es nicht darauf
ankommen, ob der Täter im letzten Augenblick ausweichen will, BGHSt **26** 176, DAR
85 258, sofern gezielte Nötigungsabsicht dahingehend bestand, den PolB zum Verlassen
seines Standortes zu zwingen, Dü NJW **82** 1111 (abl Anm *Schwab* NJW **83** 1100). Ist
ohne Nötigungsabsicht **Flucht das alleinige Ziel** des Täters, so ist Nr 3 jedenfalls nicht
erfüllt, BGH VRS **106** 198, NStZ **85** 267, Ha VRS **100** 22, Dü NJW **82** 1111, VRS **65**
428, insbesondere wenn er von vornherein an dem PolB vorbeifahren will und kann,
BGHSt **28** 87 = NJW **78** 2607, BGHSt **28** 234, VRS **55** 185, NStZ **85** 267, NZV **97**
276, Ha VRS **100** 22, Dü VRS **56** 31, Ko DAR **85** 356. Nach neuer Rspr des 4. StrSen
des BGH, BGHSt **48** 223 = NJW **03** 1613, VRS **106** 198, reicht aber, wenn das eigene
Weiterkommen das vorrangige Ziel des Täters ist, trotz Gefährdungsvorsatz auch das in
der Behinderung eines anderen Fzs liegende Nötigungselement zur Verwirklichung von
I Nr 3 nicht aus, weil der FzEinsatz als Fluchtmittel Verkehrszwecken dient (anders nur
bei zumindest bedingtem Schädigungsvorsatz). Eingriff nach Nr 3 ist gegeben, wenn der
Kf im fließenden V das Kfz im Rahmen „verkehrsfeindlichen Verhaltens" „bewußt
zweckentfremdet", indem er damit vorsätzlich ein anderes Fz beschädigt, BGH NZV **90**
77, **01** 265, Kö NZV **91** 319, auch wenn einer von mehreren Geschädigten Tatbeteiligter ist, BGH NZV **95** 115. Eingriff iS von Nr 3 ist die **Bedrohung mit Schußwaffe**
beim Fahren und erst recht ein abgegebener Schuß, BGHSt **25** 306 = NJW **74** 1340,

4 StGB § 315b

NZV **91** 118, zB Schießen mit einer Schrotflinte auf das mit hoher Geschwindigkeit folgende PolFz, um die PolB zur Aufgabe der Verfolgung zu zwingen, BGH DAR **82** 199. I Nr 3 kann durch Einsatz des Fzs zumindest *auch* zu verkehrsfeindlichen Zwecken erfüllt sein, wenn der FzF – auch bei bestehender Fluchtabsicht – durch seine Fahrweise unter Inkaufnahme möglicher erheblicher Gefährdung **eine auf das Fz geratene** (zB Kühlerhaube) **oder sich am Fz festhaltende Person abzuschütteln** sucht, BGHSt **26** 51, DAR **95** 334, NJW **75** 656, VRS **56** 189, VM **79** 2, Dü VM **79** 63, Kö VRS **53** 184. Selbst wenn die sich am Fz festhaltende Person einige m mitgezogen wird, gefährlicher Eingriff aber stets nur bei Verfolgen zumindest *auch* verkehrsfeindlicher Zwecke, BGHSt **28** = NJW **78** 2607, NStZ **85** 267, s BGH VM **89** 66. Fortsetzung der Fahrt während eines vom FzF gewaltsam verhinderten Ausstiegsversuchs eines Mitfahrenden erfüllt daher den Tatbestand nicht, BGH NZV **01** 352. Auch langsames, ruckweises Hin- und Herfahren, um Taxifahrgast abzuschütteln, genügt nicht, BGH VRS **45** 185. I Nr 3 bei plötzlichem **Eingreifen des Sistierten in die Lenkung** des schnell fahrenden PolFz, um es verunglücken zu lassen, BGH VM **69** 26, aber nicht, wenn der Beifahrer durch kurzes Eingreifen in die Lenkung nur verhindern will, daß in bestimmter Richtung gefahren wird, BGH DAR **89** 426, Ha NJW **69** 1976, Bay DAR **91** 367, oder um vermeintliche Gefahr abzuwenden, Kö VM **71** 15, NJW **71** 670. Entsprechendes gilt für plötzliches Betätigen der Handbremse **durch den Beifahrer:** I Nr 3 nur bei verkehrsfeindlichem Zweck, Ha NJW **00** 2686, aM (weil als Eingriff von außen zu würdigen) LK (*König*) Rz 54. Auslösen der Lenkradsperre durch den Beifahrer während der Fahrt in verkehrsfeindlicher Absicht erfüllt I Nr 3, Kar NJW **78** 1391. *Fabricius,* Zur Präzisierung des Terminus „ähnlicher, ebenso gefährlicher Eingriff" ..., GA **94** 164. *Isenbeck,* Der „ähnliche" Eingriff nach § 315b I Nr 3 StGB, NJW **69** 174.

14   **4. Der Versuch** (der Vorsatztat nach Abs I, nicht auch der Vorsatz-Fahrlässigkeitskombination nach Abs IV, s Rz 18) ist strafbar (II). Versuch liegt vor, wenn dem Täter entweder der Eingriff gemäß I Nr 1–3 oder die Sicherungsbeeinträchtigung mißlingt, s BGH NZV **96** 37, zB auch, wenn die billigend in Kauf genommene Gefährdung nicht eintritt, BGH NStZ **97** 262, NZV **02** 517 (Entfernen eines Gullydeckels). Das Vergehen ist vollendet, wenn das tatbestandsmäßige Handeln oder pflichtwidriges Unterlassen begonnen und die Gefahr für die VSicherheit geschaffen ist, s Ce VRS **40** 28 (zu § 315).

15   **5. Absicht.** Das Vergehen des Abs 1 wird zum Verbrechen, BGH NJW **86** 1116, NZV **96** 37, Bay NZV **94** 204, wenn bestimmte Tatbestandsmerkmale hinzutreten. Als solche nennt § 315 III, auf den sich § 315b III mit eigener geschärfter Strafandrohung bezieht: 1) die Absicht, einen Unglücksfall herbeizuführen, 2) die Absicht, eine andere Straftat zu ermöglichen oder zu verdecken, 3) die Verursachung einer schweren Gesundheitsbeschädigung eines anderen oder der Gesundheitsbeschädigung einer großen Zahl von Menschen. **Unglücksfall** ist hier ein plötzliches Ereignis mit Schadenfolge für Menschen oder Sachen, *Tröndle/Fischer* § 315 Rz 22, also nicht zB ein einverständlich herbeigeführter Zusammenstoß, BGH NZV **91** 157. Beabsichtigt sein muß also nicht nur eine erhebliche Gefahr, sondern der Eintritt des Schadens, BGH NZV **96** 37, Br VRS **62** 266. Wer nach einem Unfall den Verletzten vorsätzlich überfährt, handelt in der Absicht, einen Unglücksfall herbeizuführen, BGH VM **88** 33, ebenso, wer vorsätzlich ein anderes Fz rammt, BGH NZV **01** 265, wer mit seinem Fz Unfälle mit Sachschaden bewußt herbeiführt (bei betrügerischer Absicht auch in Verbindung mit § 315 III Nr 1b), BGH NZV **92** 325, **99** 430. Eine OW oder nur vermeintliche OW ist keine Straftat iS von § 315 III, während es ausreicht, wenn der Täter meint, eine Straftat begangen zu haben, s BGHSt **28** 93 = NJW **78** 2518. Verwirklicht der Eingriff zugleich den Tatbestand einer anderen Straftat (Widerstandsleistung), so dient er nicht iS von III deren *Ermöglichung,* BGH NZV **95** 285. In Fällen sog PolFlucht (s dazu *Hentschel,* Trunkenheit, 439f, 457) nach VStraftat kommt III in Betracht, BGH VRS **62** 190.

16   **6. Innere Tatseite (Abs 1, 3, 4, 5).** Die Strafdrohungen der Abs 1 bis 4 betreffen die **vorsätzliche** Tat, bei I–III setzen sie voraus, daß das Verhalten des Täters in seinem gesamten Umfang, auch hinsichtlich der Gefährdung, vorsätzlich ist, daß er mit Wissen und Willen handelt oder pflichtwidrig unterläßt, und billigend als mindestens möglich

Gefährliche Eingriffe in den Straßenverkehr   § 315b StGB 4

voraussieht, daß sein Verhalten für VT Gefahren der im Abs 1 bezeichneten Art herbeiführen kann. In den Fällen von I Nr 2 und 3 muß es dem Täter **darauf ankommen,** in die Sicherheit des StrV einzugreifen, BGH StV **02** 361, NZV **95** 493, DAR **89** 426. IV gilt wegen § 11 II als vorsätzlich. Zum Gefährdungsvorsatz gehört Kenntnis der die in I bezeichneten Rechtsgüter gefährdenden Umstände und billigende Inkaufnahme dieser Gefährdung (Abdrängen des überholenden PolWagens von der Fahrbahn), BGHSt **22** 67 = NJW **68** 1244, **75** 1934, Ha NJW **73** 2073, grundsätzlich nicht auch eines Schadens, BGHSt **48** 223 = NJW **03** 1613, VRS **55** 126, NZV **92** 325, Ha DAR **72** 334 (s aber Rz 1, 10, 13 bei Verhaltensweisen im fließenden V). Vorsatz in bezug auf die *abstrakte* Gefährlichkeit des Tatverhaltens reicht nicht, BGHSt **41** 231 = NZV **95** 495. Es genügt, wenn der Kf den sperrenden PolB mit bedingtem Vorsatz gefährdet, er muß aber mit dessen Anwesenheit immerhin gerechnet haben, BGH VRS **39** 187. Gefährdung im fließenden V unter Einsatz des eigenen Fzs schließt häufig Selbstgefährdung ein; Vorsatz ist daher näher zu begründen, Kö NZV **92** 80, VRS **82** 39. Allerdings kann der Täter durchaus einen ihm im Grunde unerwünschten Erfolg billigen, BGH NJW **55** 1688, NZV **96** 458, LK (*König*) Rz 84, *Tröndle/Fischer* § 315c Rz 18. Da es für den Vorsatz genügt, daß der Täter sich der Umstände bewußt ist, aus denen sich die Gefahr ergibt, *Cramer* 76, 78, und auch wer den Schaden vermeiden zu können hofft, eine eigene Gefährdung in Kauf nehmen kann, bedarf es zur Annahme von Vorsatz nicht der Darlegung, aus welchen Umständen der Wille des Täters zu einer Selbstgefährdung zu schließen ist, aM Kö NJW **60** 1213. Gefährdungsvorsatz und etwaiger Tötungs- oder Verletzungsvorsatz sind getrennt zu untersuchen und zu begründen, BGH NZV **92** 370, VRS **46** 106. Wer ein anderes Fz vorsätzlich rammt, handelt iS von III (Herbeiführung eines Unglücksfalls) vorsätzlich, BGH NZV **01** 265.

Fahrlässigkeitstat mit milderem Strafrahmen ist V. Da gefährliche Eingriffe iS von 17 § 315b **im fließenden Verkehr** unter Verwendung des vom Täter geführten Fzs dessen bewußte Zweckentfremdung zu verkehrsfeindlichen Zielen voraussetzt, s Rz 1, 10, 13, kommt insoweit fahrlässige Begehung nicht in Betracht, BGHSt **41** 231 = NZV **95** 493, VM **89** 66, **79** 9, VRS **65** 428, NJW **69** 1444, Kö NZV **91** 319, VRS **82** 39, Ko DAR **85** 356, (jeweils Abs I Nr 3), Kö NZV **92** 80 (jeweils Abs I Nr 2), auch nicht in bezug auf die Gefährdung (mindestens dolus eventualis), BGH NZV **95** 493, Bay DAR **94** 384, Kö NZV **91** 319, **92** 80, **94** 365, VRS **82** 39, DAR **99** 88; insoweit ist in diesen Fällen nach neuer Rspr des BGH sogar (bedingter) Schädigungsvorsatz erforderlich, s Rz 1, dessen Nachweis in der tatrichterlichen Praxis vielfach schwierig sein wird, s *König* NStZ **04** 178. Entsprechendes gilt bei verkehrsfeindlichen Einwirkungen anderer VT durch fehlerhafte VTeilnahme (Fußgänger), BGH NZV **95** 493.

Versuch nach IV ist, wie sich schon aus dem Gesetzestext (Abs 4 bezieht sich nur auf 18 Abs 1) und aus der Stellung im Gesetz (Abs 4 folgt Abs 2 nach) ergibt, nicht nach § 315b strafbar, Dü NZV **94** 486.

7. Tätige Reue. Nach Aufhebung des Abs VI aF durch das 6. StrRG v 26. 1. 1998 19 (BGBl I 164) ist die Möglichkeit der Strafmilderung oder des Absehens von Strafe sowie Straffreiheit jetzt in § 320 II Nr 2 und III Nr 1b StGB geregelt. Wie bisher unterscheidet die Vorschrift zwei Gruppen von Straftaten: Die Taten nach Absatz I, III und IV sind entweder reine Vorsatztaten oder solche, bei denen der Täter jedenfalls die eigentliche Tathandlung vorsätzlich begeht. Hier bleibt es dem Ermessen des Gerichts überlassen, ob es bei tätiger Reue die Strafe mildern oder von Strafe absehen will (§ 320 II Nr 2). Bei den Fahrlässigkeitstaten des Absatzes V führt die tätige Reue dagegen stets zur Straffreiheit. Dieser Unterschied ist (so die Begr zum 2. VerkSichG zu § 315 VI alt, BTDrucks IV/ 651 S 26) mit Rücksicht auf den geringeren Unrechts- und Schuldgehalt der reinen Fahrlässigkeitstaten und vor allem auch durch ihren minderen Grad von Gefährlichkeit begründet.

Als Handlung tätiger Reue genügt es, wenn der Täter die zum Tatbestand gehörende 20 Gefahr abwendet, bevor ein erheblicher Schaden entsteht. Abwenden der Gefahr ist sowohl Verhindern des Eintritts der Gefahr durch den Täter als auch die Beseitigung bereits eingetretener Gefahr. Daß schon ein gewisser Schaden eingetreten ist, schließt die Anwendung der Bestimmung des § 320 StGB über die tätige Reue nicht aus, sofern der

1495

4 StGB § 315c

Schaden noch nicht erheblich ist (vgl. die Begr zum 2. VerkSichG zu § 315 VI alt, BTDrucks IV/651 S 26).

21 Die Vorschrift des § 320 StGB schafft eine Möglichkeit der tätigen Reue für das vollendete Delikt. Für die Fälle des Versuches (Abs 2) bleibt es bei § 24 StGB.

22 **8. Zusammentreffen.** Gefährdung mehrerer Personen durch dasselbe Verhalten gleichzeitig verwirklicht die Tat nur einmal (keine gleichartige TE), BGH NJW **89** 2550 (unter Aufgabe von BGH VRS **55** 185), Bay VRS **63** 275, *Engelhardt* DRiZ **82** 106. Keine natürliche Handlungseinheit bei Herbeiführung mehrerer Gefährdungen oder Schädigungen allein wegen zuvor gefaßten einheitlichen Tatentschlusses, BGH NZV **95** 196 – krit *Sowada* NZV **95** 465 – (anders uU bei engem zeitlichen und räumlichen Zusammenhang). Soweit der Täter durch verkehrswidriges Fahren andere absichtlich hindert, kommt TE mit den Tatbeständen des § 315c I Nr 2 in Frage, s BGHSt **22** 67 = NJW **68** 1244, VRS **53** 356 (jeweils zu § 315c I Nr 1a), aM *Sch/Sch (Cramer/Sternberg-Lieben)* Rz 16 (Gesetzeskonkurrenz), LK (*König*) Rz 95. Wird die durch verkehrsfeindlichen Einsatz herbeigeführte Gefährdung durch alkohol- oder rauschmittelbedingte Fahrunsicherheit erhöht, kommt TE mit § 315c I Nr 1a (III) in Betracht, BGH NJW **68** 1244, VRS **65** 359, Bay VRS **64** 368, andernfalls nur mit § 316, BGH VRS **106** 49, NZV **95** 196, Ko VRS **73** 57. TE ist möglich mit vorsätzlicher, BGH VRS **61** 262, oder fahrlässiger Tötung oder Körperverletzung (§§ 211ff, 223ff), ebenso mit Sachbeschädigung (§§ 303, 304, 305), mit Vergehen gegen § 316b, § 318 StGB, mit § 113 StGB, BGH VRS **38** 104, und zwar bei verkehrsfeindlichem Einsatz eines Kfzs gegen PolB regelmäßig in der erschwerten Form des § 113 II Nr 1, Dü VRS **62** 273. TE mit Nötigung bei Hindernisbereiten, das zu scharfem Abbremsen zwingt, Ha DAR **00** 368, Ce VRS **68** 43. TE ist auch möglich mit § 316a, s dort Rz 11. Wer zuerst einen PolB gefährdet und etwas später ein verfolgendes Kfz absichtlich rammt, verwirklicht § 315b zweimal, BGH VRS **50** 94. TM mit § 142 StGB, wenn der Täter, wie geplant, erst Fußgänger überfährt und dann davonfährt, BGH VRS **36** 354. Gegenüber § 315b I Nr 1 tritt § 303 StGB zurück, Bra VRS **32** 371. Hindernisbereiten durch vorsätzliches Liegenlassen des vom Täter Überfahrenen auf der Fahrbahn und unterlassene Hilfeleistung (§ 323c StGB) stehen in TE, Ol VRS **11** 53. I 2 (Hindernisbereiten) geht den §§ 1, 32 StVO vor, BGH DRiZ **77** 308. *Rüth*, Konkurrenzprobleme im VRecht, DAR **63** 262.

22a **9. Einziehung** des Kfz nach § 74 II 2 nur bei Feststellung besonderer Umstände, welche die nahe Wahrscheinlichkeit für zukünftige Benutzung des Fz zur Begehung rechtswidriger Taten begründen, BGH VM **76** 9.

23 **10. Zivilrecht.** Wer durch abruptes Abbremsen nach Überholen eines Fzs dessen Fahrer zu einer Notbremsung veranlaßt, weil er ihn zum Anhalten zwingen will, hat den dadurch eintretenden Schaden an dem anderen Fz vorsätzlich herbeigeführt mit der Folge der Leistungsfreiheit des HaftpflichtVU (§ 152 VVG), Nü VR **81** 1123.

Gefährdung des Straßenverkehrs

315c (1) Wer im Straßenverkehr
1. ein Fahrzeug führt, obwohl er
    a) infolge des Genusses alkoholischer Getränke oder anderer berauschender Mittel oder
    b) infolge geistiger oder körperlicher Mängel
    nicht in der Lage ist, das Fahrzeug sicher zu führen, oder
2. grob verkehrswidrig und rücksichtslos
    a) die Vorfahrt nicht beachtet,
    b) falsch überholt oder sonst bei Überholvorgängen falsch fährt,
    c) an Fußgängerüberwegen falsch fährt,
    d) an unübersichtlichen Stellen, an Straßenkreuzungen, Straßeneinmündungen oder Bahnübergängen zu schnell fährt,
    e) an unübersichtlichen Stellen nicht die rechte Seite der Fahrbahn einhält,

Gefährdung des Straßenverkehrs § 315c StGB 4

f) auf Autobahnen oder Kraftfahrstraßen wendet, rückwärts oder entgegen der Fahrtrichtung fährt oder dies versucht oder
g) haltende oder liegengebliebene Fahrzeuge nicht auf ausreichende Entfernung kenntlich macht, obwohl das zur Sicherung des Verkehrs erforderlich ist,

und dadurch Leib oder Leben eines anderen Menschen oder fremde Sachen von bedeutendem Wert gefährdet, wird mit Freiheitsstrafe bis zu fünf Jahren oder mit Geldstrafe bestraft.

(2) In den Fällen des Absatzes 1 Nr. 1 ist der Versuch strafbar.

(3) Wer in den Fällen des Absatzes 1
1. die Gefahr fahrlässig verursacht oder
2. fahrlässig handelt und die Gefahr fahrlässig verursacht,

wird mit Freiheitsstrafe bis zu zwei Jahren oder mit Geldstrafe bestraft.

Übersicht

Absehen von Strafe 56
Alkohol 8–11
Andere Straftaten, Verhältnis zu 61
Anderer 3–5
Ausreichende Entfernung, Kenntlichmachen 39, 40
Aussetzung der Strafe 57, 58
Autobahn, Wenden verboten 39, 40

Bahnübergang, Zuschnellfahren 36, 37
Bedeutender Wert 3–6

Einmündung, Zuschnellfahren 36, 37
Einwilligung 43
Entfernung, ausreichende 39, 40

Fahrbahn, unübersichtliche Stelle, scharf rechts fahren 38
Fahren trotz Fahrunsicherheit 7–11
– unter Alkohol 8–11
– unter Rauschmitteleinfluß 8–11
–, geistige oder körperliche Mängel 14–17
Fahrerlaubnis, Entziehung 58 a
Fahrlässigkeit 41
Fahrsicherheit, beeinträchtigte 7–17
Fahrunsicherheit 7–17
Fahrverbot 58 a
Fahrzeug, Kenntlichmachen bei Halten oder Liegenbleiben 39, 40
Falsches
– Fahren bei Überholvorgängen 32–34
– Fahren an Fußgängerüberwegen 35
– Überholen 32–34
Falschfahrt (AB) 39, 40
Führen eines Fahrzeugs 2
Fußgängerüberweg, falsches Fahren 35

Gefahr für Leib oder Leben eines anderen 3–5
–, ursächlicher Zusammenhang 9–11
Gefährdung, objektive 28
  im Straßenverkehr 1
Geistige Mängel 14–17
Grob verkehrswidrig und rücksichtslos 20–25
Grober Verkehrsverstoß 19–25

Haltendes Fahrzeug, Kenntlichmachen 39, 40
Handeln, tatbestandsmäßiges 9–11

Innerer Tatbestand 26, 27

Kenntlichmachen haltender oder liegengebliebener Fahrzeuge 39, 40

Körperlicher Mangel 14–17
Kraftfahrstraße 39, 40
Kreuzung, Zuschnellfahren 36, 37

Leib oder Leben eines anderen, Gefährdung 3–5
Liegenbleibendes Fahrzeug, Kenntlichmachen 39, 40

Mängel, geistige oder körperliche 14–17

Nichtbeachtung der Vorfahrt 29–31
Nötigung 33, 61
Notrechte 44

Rauschmittelwirkung 8–11
Rechtfertigungsgründe 44, 45
Rechtswidrigkeit 43–45
Rücksichtslos 20–25
Rückwärtsfahren 39, 40

Stelle, unübersichtliche, Zuschnellfahren, Rechtsfahren 36–38
Strafe 46/47–58
–, Absehen von 56
–, Aussetzung 57, 58
Strafzumessung 46/47–58
Straßenverkehr 1

Täter 2
Tatbestand, innerer 26, 27
Teilnahme 42
Trunkenheit, Vorsatz 12, 13

Überholen, falsches 32–34
Überholvorgang, falsches Fahren 32–34
Unübersichtliche Stelle, Zuschnellfahren 36, 37
– –, Rechtsfahren 38
Ursächlicher Zusammenhang 9–11

Verfahren 62–64
Verhältnis zum § 24 StVG 59
– der Tatbestände untereinander 60
– zu anderen Straftaten 61
Verkehrsverstoß, grober 19–25
Verkehrswidrig, grob 20–25
Versuch 18, 42
Vorfahrt, Nichtbeachtung 29–31
Vorsatz, Trunkenheit 12, 13

Wenden 39, 40
Wert, bedeutender 3–6

Zusammenhang, ursächlicher 9–11
Zuschnellfahren, tatbestandsmäßiges 36, 37
Zuwiderhandlung, fahrlässige 41

1497

4 StGB § 315c

1 **1. Gefährdung des Straßenverkehrs.** Im Gegensatz zum § 315b (dort Rz 1), der Gefährdungen des StrV von außen her und solche, die sich nicht in Verletzung einer VRegel erschöpfen, unter Strafe stellt, betrifft § 315c Gefährdungen durch vorschriftswidriges Fahren im *(öffentlichen,* s § 1 StVO Rz 13–16) StrV, BGHSt **23** 4, **28** 87, VRS **55** 185. § 315c schützt jedermann gegen StrVGefahr, also auch den, der sich außerhalb des V befindet, BGH VRS **11** 61, *Blei* NJW **57** 620, Dü VM **58** 80, Kar NJW **60** 546, Ha VM **66** 21 (Tanksäule neben der Straße). Er erfaßt Fehlvorgänge des fließenden und ruhenden V, sofern sie VGefährdung bewirken. Er setzt nicht voraus, daß der Täter die Sicherheit gerade des StrV beeinträchtigt; es genügt, daß er **im öffentlichen StrV** (§§ 1 StVO, 1 StVG) handelt bzw pflichtmäßig gebotenes Handeln unterläßt (E 87 ff). Parkhäuser, Gaststättenparkplätze, Tankstellengelände als öffentlicher VRaum, s § 1 StVO Rz 14 ff.

Lit: *Berz,* Zur konkreten Gefahr im Verkehrsstrafrecht, NZV **89** 409. *Demuth,* Einfluß der neuen StVO auf § 315c StGB, JurA **71** 383. *Derselbe,* Zur Bedeutung der „konkreten Gefahr" im Rahmen der StrVDelikte, VOR **73** 436. *Hartung,* Zweites Gesetz zur Sicherung des StrV, München 1965. *Derselbe,* „Fremde Sachen von bedeutendem Wert" …, NJW **67** 909. *Hentschel,* Trunkenheit, Fahrerlaubnisentziehung, Fahrverbot, 9. Aufl 2003. *Horn,* Konkrete Gefährdungsdelikte, Köln 1973. *Jähnke,* Fließende Grenzen zwischen abstrakter und konkreter Gefahr im Verkehrsstrafrecht, DRiZ **90** 425. *Lackner,* Das konkrete Gefährdungsdelikt im VStrafrecht, Berlin 1967. *Löhle,* StrVGefährdungen, Nötigungen durch dichtes Auffahren, Rechtsüberholen, NZV **94** 302. *Peters,* Zur Sorgfaltsnorm und ihrem Schutzbereich bei der alkoholbedingten StrVerkehrsgefährdung, NZV **90** 260. *Puhm,* Strafbarkeit gem § 315c StGB bei Gefährdung des Mitfahrers, 1990 (Diss. Passau). *Rengier,* Zum Gefährdungsmerkmal „(fremde) Sachen von bedeutendem Wert" im Umwelt- und Verkehrsstrafrecht, *Spendel*-F S 559. *Schütt,* Die rechtliche Problematik der sog Trunkenheitsfahrt, DRiZ **65** 292.

2 **2. Täter** kann nur sein, wer als FzFührer am V teilnimmt, BGH NZV **95** 364. Insofern ist § 315c ein Sonderdelikt. Teilnahme: §§ 25 ff StGB, *Rudolphi* GA **70** 358, s Rz 42. Mittelbare Täterschaft wird kaum in Betracht kommen. Fußgänger, auch mit Handwagen, Handschlitten, Fahrrädern oder Schiebkarren, Reiter, Treiber von Vieh und Skiläufer fallen nicht unter § 315c. Außer KfzFührer können auch Radfahrer und Fuhrwerkführer Täter sein. **Führen eines Kfz:** § 21 StVG, § 316 StGB Rz 2.

3 **3. Gefahr für Leib oder Leben eines anderen oder für fremde Sachen von bedeutendem Wert.** Die Verhaltensweisen gem I werden dadurch zum Vergehen, daß sich aus ihnen in einem bestimmten VVorgang Gefahr für Leib oder Leben eines anderen, Ha VRS **36** 262, Kö NZV **91** 358, oder für fremde Sachen von bedeutendem Wert ergibt, Bay DAR **74** 275, BGH NZV **95** 325. **Konkrete Gefahr** besteht, wenn die Sicherheit einer Person oder Sache durch das Fahrverhalten des Täters so beeinträchtigt wird, daß eine Verletzung nur noch vom Zufall abhängt (Rz 28), s § 315b Rz 2. Nicht nur ganz vorübergehende Unterschreitung eines Abstands, der der in 0,8 s durchfahrenen Strecke entspricht, genügt, s § 4 StVO Rz 6, einschränkend *Berz* NZV **89** 413 f, ebenso „Schneiden" beim Überholen mit anschließendem Abbremsen, s *Löhle* NZV **94** 305. Allein die Tatsache, daß der alkoholbedingt Fahrunsichere eine Person befördert, konkretisiert die darin liegende abstrakte Gefahr noch nicht, Bay NZV **88** 70 (zust *Janiszewski* NStZ **88** 544), **89** 479 (zust *Berz* NStZ **90** 237), NZV **94** 283 (Anm *Schmid* BA **94** 332), Kö Ss 418/90 – 197, NZV **91** 358, *Lackner/Kühl* Rz 23, *Berz* NZV **89** 414, *Puhm,* Strafbarkeit gem § 315c StGB bei Gefährdung des Mitfahrers, Diss. Passau 1990, S 115, 188. Die noch mehrfach vertretene gegenteilige Ansicht des BGH NJW **85** 1036 (abl *Janiszewski* NStZ **85** 257, *Geppert* NStZ **85** 264, *Hentschel* JR **85** 434), ähnlich BGH NZV **89** 31 (abl *Janiszewski* NStZ **89** 258, *Ströber* DAR **89** 414, *Werle* JR **90** 74, *Becker* NStZ **90** 125, s dazu auch *Jähnke* DRiZ **91** 425), offengelassen von BGH NZV **92** 370 (Anm *Hauf* DAR **94** 59), ist geeignet, zur Verwischung der Grenzen zwischen abstrakter und konkreter Gefahr und damit zwischen § 315c und § 316 zu führen, so jetzt auch BGH NZV **95** 325; die in der früheren Rspr insoweit zum Teil ausdehnende Auslegung des Begriffes „Gemeingefahr" iS des § 315a aF (zB BGHSt **6** 100, Schl SchlHA **57** 37, Ol NJW **54** 1945, aM aber Bay NJW **57** 882), auf die BGH NJW **85** 1036 Bezug nimmt, dürfte auch im Licht der Tatsache zu sehen sein, daß es damals einen Vergehenstatbestand der Trunkenheit im V als abstraktes Gefährdungsdelikt noch

Gefährdung des Straßenverkehrs **§ 315c StGB 4**

nicht gab. Der BGH hält inzwischen nicht mehr uneingeschränkt an der ausdehnenden Auffassung zum Merkmal der konkreten Gefahr fest und betont nunmehr, daß regelmäßig die hohe BAK des Fahrers allein noch nicht den Schluß auf konkrete Gefährdung zuläßt, BGH NZV **95** 325 (zust *Hauf* NZV **95** 471, Anm *Berz* NStZ **96** 85); anders nur im Falle derart hochgradiger Alkoholisierung, daß der Fahrer zu kontrollierten Fahrmanövern überhaupt nicht mehr imstande ist, s auch Kö NZV **91** 358 (hochgradige alkoholische Beeinflussung bei besonders schwierigen Fahraufgaben). Im übrigen genügt eine Gefährdung von FzfInsassen nur, wenn diese nicht Tatbeteiligte sind, BGHSt **6** 100, **6** 232, NJW **59** 637, Kar NJW **67** 2321, Dü VRS **36** 109 (str), abw Stu NJW **76** 190 (Gefährdung des mitfahrenden Teilnehmers), *Saal* NZV **98** 50. Auch bei alkoholbedingtem Fahren in Schlangenlinien setzt konkrete Gefährdung des Mitfahrenden eine dadurch verursachte besondere kritische Situation voraus, BGH NZV **95** 325.

Das **vom Täter** (oder Teilnehmer, BGH NStZ **92** 233) **geführte,** gefährdete oder 4 beschädigte **Kfz** fällt als notwendiges Tatmittel niemals unter den Begriff der fremden Sache von bedeutendem Wert, BGHSt **27** 40 = NJW **77** 1109, NZV **98** 211, NStZ **92** 233, **99** 350, DAR **95** 190, **00** 222, Bay VRS **34** 78, Dü NZV **94** 324, aM LK (*König*) Rz 168, *Hartung* NJW **66** 15, **67** 909, *Saal* NZV **98** 50.

Eine Gefahr erfüllt den Tatbestand eines der im § 315 c normierten Vergehen nur, 5 wenn sie Folge des tatbestandsmäßigen Verhaltens ist und mit diesem ursächlich zusammenhängt. Das tatbestandsmäßige Verhalten muß dazu führen, daß durch einen damit ursächlich verknüpften VVorgang mindestens ein anderer als der Fahrer (oder ein Tatteilnehmer) in Leibes- oder Lebensgefahr gebracht oder daß dadurch fremde Sachen von bedeutendem Wert gefährdet werden (Rz 9–11).

Auf den **Schaden** kommt es an, der je nach Gefahr **gedroht** hat, nicht, ohne Rück- 6 sicht auf diesen, auf eingetretenen Schaden, Ha VRS **40** 191. Ein solcher braucht vielmehr überhaupt nicht entstanden zu sein, BGH NJW **85** 1036, NZV **95** 325. Maßgebend ist der Umfang des drohenden Schadens anhand des Verkehrswerts, Ce DAR **75** 248, Kö VRS **64** 114, der **stoffliche Wert der gefährdeten Sache,** Dü VM **77** 25. Entscheidend ist der Wert der Sache selbst, nicht der Wiederherstellungsaufwand, BGH NStZ **99** 350, Ha DAR **64** 25, **73** 104. Nach Art des VVorgangs muß von vornherein die Gefahr bedeutenden Schadens bestehen; so ist ein Haus nicht durch bloßen Putzschaden als solches gefährdet, Zw VRS **32** 277. Erheblicher Fremdschaden in diesem Sinn ergibt auch konkrete Gefährdung, bei geringerem Schaden ist sie besonders zu begründen (Fahrweise, andere Umstände), Ko VRS **51** 284, Ha VRS **34** 445. Bei räumlich umfangreichen Sachen (längerer Zaun) ist zu prüfen, ob sie insgesamt oder nur teilweise gefährdet waren, danach richtet sich der gefährdete Wert, Ha DAR **73** 104, s Ha VRS **63** 51 (Leitplanke). Unbedeutende Gefährdung einer Sache von bedeutendem Wert reicht nicht aus, Bay NZV **98** 164 (Lackschaden an Pkw – 1400 DM – durch Radf), Br VRS **62** 275, Ko VRS **52** 350, DAR **73** 48 (geringer Blechschaden), *Rengier, Spendel*-F 562. Auch bei relativ geringem Schaden kann aber bedeutender Wert gefährdet worden sein, doch setzt das Nachweis aufgrund der Fahrweise des Schädigers voraus, Ha VRS **39** 201 (Lkw rollt mit Leerlauf auf Pkw zurück), Sa DAR **60** 53. Sache von **bedeutendem Wert:** Man wird heute einen bedeutenden Wert erst ab etwa 1000 € anzunehmen haben, s *Tröndle/Fischer* § 315 Rz 16 (1000 €, § 315 c Rz 16 (1300 €), *Jan/Jag/Bur* Rz 7 (1200 €); vor Einführung des Euro wurde die Grenze überwiegend bei 1500 DM angesetzt, s Bay NZV **98** 164 (bei 1400 DM verneint), Ko DAR **00** 371, Ha VRS **100** 26, anders (nicht unter 1200 DM) noch Dü NZV **94** 324, *Rengier, Spendel*-F 562, s Bay DAR **91** 367 (bei 1200 DM jedenfalls bejaht), Schl DAR **84** 122 (ab 600 DM). Gefährdung bedeutenden Sachwerts bereits bei 1900 DM Schaden, KG VRS **97** 349. S dazu auch § 69 Rz 17. Dies gilt auch für gebrauchsfähige Kfze. Nicht jedes Kfz, das nicht nahezu schrottreif ist, verkörpert schon einen bedeutenden Wert, Stu NJW **76** 1904, KG DAR **59** 269, VRS **12** 356, Ce VRS **6** 381, aM Kar NJW **61** 133, DAR **62** 302.

4. Fahren trotz Fahrunsicherheit (I Nr 1). § 316 StGB bedroht das Führen von 7 Fzen aller Art in fahrunsicherem Zustand aufgrund berauschender Mittel auch dann mit Vergehensstrafe, wenn es niemanden gefährdet. Demgegenüber erfaßt § 315 c I Nr 1 a einen qualifizierten mit höherer Strafe bedrohten Fall. Bewirkt das Führen unter der

Wirkung berauschender Mittel „konkrete" Gefahr, so tritt § 316 gegenüber § 315c zurück. Für die im § 315c I Nr 1a, b zusammengefaßten Tatbestände ist einheitliches Merkmal, daß der Täter infolge seines Zustands sein Fz nicht sicher führen kann. Er muß nicht geradezu verkehrsunfähig sein, beeinträchtigte Fahrsicherheit genügt. Daher ist der häufig gebrauchte Begriff „Fahruntüchtigkeit" irreführend. Dazu § 316.

8 **4a. Fahren unter der Wirkung von Alkohol oder sonstigen Rauschmitteln (I Nr 1 a).** I Nr 1a unterscheidet sich von § 316 (s dort) nur dadurch, daß § 315c in einem bestimmten VVorgang konkrete Gefahr für Leib oder Leben eines anderen oder für fremde Sachen von bedeutendem Wert voraussetzt, BGH MDR **77** 153. Das tatbestandsmäßige Verhalten liegt bei I Nr 1a im Herbeiführen dieser konkreten Gefahr. Begehung bei I Nr 1a nur durch Handeln, KG VRS **10** 138. Nicht zum Tatbestand gehört hier grob verkwidriges und rücksichtsloses Handeln, BGH VRS **16** 132. Zur alkoholbedingten Fahrunsicherheit: § 316 Rz 3ff, relative Fahrunsicherheit: § 316 Rz 15f. Berauschende Mittel: § 316.

9/10 **4b. Ursächlicher Zusammenhang zwischen tatbestandsmäßigem Handeln und Gefahr.** „Konkrete" Gefährdung setzt § 315c voraus. Die bei einem bestimmten VVorgang entstehende Gefahr für Personen oder fremde Sachen muß eine Folge des tatbestandsmäßigen Handelns sein. Die konkrete Gefahr muß *unmittelbar* auf dem tatbestandsmäßigen Verstoß gem Abs I Nr 1 oder 2 beruhen, Ha NZV **02** 279, Kö DAR **02** 278, Ce VM **83** 87. Wird die konkrete Gefahr vom Schutzzweck des § 315c erfaßt, so kommt es entgegen Bay NZV **89** 359 (zust *Janiszewski* NStZ **89** 566, *Peters* NZV **90** 260) bei alkoholbedingt verkehrswidrigem Verhalten nicht darüber hinaus noch darauf an, ob sie auch im Schutzbereich der verletzten Verkehrsregel liegt, LK (*König*) Rz 182, *Deutscher* NZV **89** 360, *Hentschel* NJW **90** 1461, *Riemenschneider* S 150. Im übrigen muß **Kausalität in doppelter Hinsicht** gegeben sein: Genuß alkoholischer Getränke oder anderer berauschender Mittel muß ursächlich sein für die Fahrunsicherheit. Führen des Fz in diesem Zustand muß kausal sein für die Gefährdung, BGH NJW **55** 1329, VRS **65** 359, DAR **86** 194, Bay NZV **94** 283, VRS **64** 368, Ha NZV **02** 279, Ko VRS **73** 57, Kar VRS **58** 140. Erforderlich ist Ursachenzusammenhang zwischen dem vorwerfbaren Verhalten, also der Fahrunsicherheit und der Gefährdung. Es ist also nicht zu fragen, ob die Gefährdung bei einer der Fahrunsicherheit angepaßten Geschwindigkeit unterblieben wäre, s *Hentschel,* Trunkenheit, 415f. Entscheidend ist, ob sich die Fahrsicherheit auf den konkreten VVorgang ausgewirkt hat, BGH NJW **55** 1329, Bay NJW **54** 730, NZV **94** 283. Bei der Frage, ob ein **Unfall** für den fahrunsicheren FzFührer **vermeidbar** war, soll dagegen nach hM im Rahmen der §§ 229, 222 StGB zu prüfen sein, ob es auch bei einer entsprechend angepaßten Geschwindigkeit zu dem Unfall gekommen wäre, BGH NJW **71** 388, Bay NZV **94** 283 (abl *Puppe* NStZ **97** 389, Anm *Schmid* BA **94** 331), Ce MDR **69** 158, Ko DAR **74** 25, VRS **71** 281, Zw VRS **41** 113, Ha BA **78** 294, aM mit Recht Bay DAR **70** 127 (bei *Mühlhaus*), *Mühlhaus* DAR **70** 127, **72** 169, *Maiwald, Dreher*-F 437, *Knauber* NJW **71** 627, *Händel* BA **72** 70, *Puppe* JuS **82** 662, JZ **85** 296, NStZ **97** 389. Die **Gefahr** muß **unmittelbare Folge** der Tathandlung sein, nicht erst eines durch fehlerhafte Fahrweise verursachten Unfalls, Stu DAR **74** 106, Ce NJW **69** 1184 (übermüdeter Fahrer fährt Baum um, der auf die Fahrbahn stürzt), Ha DAR **73** 247 (gefährdendes Liegenbleiben nach alkoholbedingtem Unfall). Ist das verunglückte TäterFz soeben zum Stillstand gekommen (als VHindernis), die Kollisionskette mit anderem VT aber noch in Gang, so gefährdet es den V noch, Ce NJW **70** 1091. Die Frage, ob die konkrete Gefahr auch von „einem" nüchternen Fahrer gedroht hätte, ist nicht entscheidend, so aber BGH VRS **13** 204, Bay NZV **94** 289 zumindest mißverständlich. Vielmehr kommt es darauf an, ob die Gefahr auch von *dem Angeklagten* ausgegangen wäre, wenn dessen Fahrsicherheit nicht beeinträchtigt gewesen wäre, Bay NJW **54** 730, Neust NJW **61** 2223. Anderseits entfällt Ursächlichkeit alkoholbedingter Fahrunsicherheit nicht ohne weiteres, weil derselbe Fahrer auch nüchtern riskant oder leichtsinnig zu fahren pflegt, Ha JMBlNRW **66** 259. Zur Unfallursächlichkeit von Trunkenheit und anderen persönlichen Mängeln *Mühlhaus* DAR **72** 171.

11 Der Tatbestand ist nur erfüllt, wenn die im Einzelfall nachgewiesene Gefährdung Folge der durch die Wirkung des Rauschmittels hervorgerufenen Fahrunsicherheit ist,

BGH VRS **22** 137, Neust NJW **61** 2223. Verhält sich der unfallbeteiligte Kf ausreichend vorsichtig und sorgfältig, so kann Ursächlichkeit von 1,7‰ BAK ausscheiden, KG VR **72** 104 (dann § 316). **Alkohol als Mitursache** genügt, Bay DAR **70** 20 (zusammen mit niedrigem Blutdruck), Kö NZV **89** 357 (Hinzutreten von Ermüdung). Rausch durch Zusammentreffen von Alkohol und Medikamenten: § 316 StGB.

4 c. Vorsatz in bezug auf alkoholbedingte Fahrunsicherheit und Gefährdung. 12
Vorsatz setzt voraus, daß der Angeklagte seine Fahrunsicherheit kannte oder sie billigend in Kauf nahm. Näher: § 316 Rz 22 ff. Der Vorsatz muß die Gefahr umfassen, die der Fahrer durch sein tatbestandsmäßiges Verhalten für einen anderen Menschen oder für einen bestimmten bedeutenden Sachwert herbeiführt; er muß sich auch auf die Ursächlichkeit der alkoholbedingten Fahrunsicherheit für die Gefährdung erstrecken, Bay VRS **64** 368, KG VRS **80** 448. Der Täter muß diese Gefährdung erkennen und für den Fall ihres Eintritts billigen, BGH DAR **86** 194, NZV **96** 458, Ha DAR **72** 334, Schl BA **92** 78, KG VRS **80** 448. Billigen kann er auch etwas ihm an sich Unerwünschtes, s § 315 b Rz 16; der Umstand, daß er sich zugleich selbst gefährdet, schließt vorsätzliche Gefährdung anderer nicht aus, BGH DAR **55** 282, LK (*König*) Rz 193. Der Gefährdungsvorsatz umfaßt nicht auch die Billigung eines tatbestandlichen Schadens, KG VM **56** 28, Kö NJW **60** 1213.

Da zum Begriff der Gefährdung die Feststellung eines bestimmten gefährdenden 13
VVorgangs gehört, kann es zur inneren Tatseite nicht genügen, daß sich der Täter nur bewußt ist, in seiner Fahrsicherheit beeinträchtigt zu sein. Vielmehr muß er die „konkrete" Gefährdung, die sich nur aus seinem Verhalten in einer bestimmten VLage ergeben kann, erkennen und billigen, Ol VRS **9** 27, Ce VRS **9** 41, Fra RdK **55** 144, Dü NJW **56** 1043. *R. v. Hippel,* Vorsatzprobleme der StrVGefährdung, ZStW **75** 443.

4 d. Fahren trotz anderer geistiger oder körperlicher Mängel, die die Fahrsi- 14
cherheit beeinträchtigen. Nr 1 b erfaßt vor allem Fahrer, die trotz **Übermüdung** weiterfahren, obwohl ihnen dieser Zustand bewußt ist, BaySt **03** 100 = DAR **03** 527, Kö NZV **89** 357. Übermüdung gehört zu den stärksten Gefahrquellen des StrV (§ 2 FeV). Sie beeinträchtigt die Wahrnehmungs- und Reaktionsfähigkeit, Bay DAR **03** 527, und schafft einen geistigen Zustand, der die Fähigkeit, den Willen zu beherrschen, herabsetzt und sogar ausschließen kann. Nicht bewußt gewordene Übermüdung kann bei mangelnder Sorgfalt Fahrlässigkeit begründen, BGH DAR **54** 208, VRS **7** 181, Schl VM **55** 13, BGH DAR **55** 160. Zur Wahrnehmbarkeit der Übermüdung, s § 2 FeV Rz 6. Ein Erfahrungssatz des Inhalts, daß ein übermüdeter Fahrer mit darauf beruhender Fahrunsicherheit rechnet, besteht nicht, Bay DAR **91** 367. Legen die Urteilsfeststellungen den Schluß nahe, der Angeklagte sei übermüdet gewesen, so bedarf es nicht der Anführung von Indizien, BGH VRS **17** 21.

I Nr 1 b ergreift jeden Mangel körperlicher oder geistiger Art, der die Fahrsicherheit 15
im V beeinträchtigt. Dazu genügt es, daß eine Erkrankung mit der Gefahr plötzlich eintretender Fahruntüchtigkeit verbunden ist, BGHSt **40** 341 = NZV **95** 157 (zust *Foerster/Winckler* NStZ **95** 345). **Weitere Beispiele:** Fahren trotz fehlender Fahrbrille, trotz hohen Fiebers, starker Schmerzen, erfahrungsgemäß häufiger Ohnmacht oder anderer Anfallsleiden, BGHSt **40** 341 = NZV **95** 157, unter der Nachwirkung von Betäubungsmitteln, bei starkem Heuschnupfen, AG Gießen NJW **54** 612 *(Booß),* unter Einwirkung die Fahrtüchtigkeit beeinträchtigender (aber nicht berauschender, s Nr 1 a) Medikamente, s *Händel* PVT **95** 43. Medikamente als Rauschmittel, s § 316 Rz 3.

Zum **inneren Tatbestand** gehört, daß sich der Fahrer des Mangels und dessen be- 16
wußt ist, daß der Mangel seine Fahrsicherheit beeinträchtigt („nicht in der Lage ist"). Soweit und solange der Mangel unkorrigierbar ist, wirkt das Verbot absolut. Zum Fahrlässigkeitsmaßstab, s E 138. Kein Anlaß für durchgreifende Bedenken des FzF gegen seine Fahreignung ist allein das Alter von 72 Jahren, Bay DAR **96** 152. Zur Frage des Fahrlässigkeitsvorwurfs bei plötzlicher als lebensbedrohlich empfundener Verschlechterung des körperlichen Befindens während der Fahrt, Bay NZV **90** 399 (im Ergebnis verneint). S auch E 141.

Zu den Mängeln geistiger Art gehört an sich auch die Wirkung geistiger Getränke 17
und anderer berauschender Mittel (Rz 8). Doch geht insoweit Nr 1 a vor, s Rz 60.

4 StGB § 315c

Lit: *Dotzauer/Lewrenz*, Medikamente, Alkohol und Kraftfahreignung, DAR **62** 137. *Gaisbauer*, Überbeanspruchung des Kf als Gefahrerhöhung in der Kraftverkehrsversicherung, BB **65** 811. *Jäckle* ua, Über den steigenden Arzneimittelmißbrauch alkoholbeeinflußter VT, BA **80** 133. *Müller*, Kf und Ermüdung, DAR **63** 235.

18   **4 e.** Der **Versuch** ist nur bei I Nr 1 strafbar. Ein Versuch der Gefährdung durch Fahren unter Alkoholeinwirkung ist schwer vorstellbar. Denn dazu gehört die Vorstellung konkreter Gefährdung durch einen bestimmten VVorgang (Rz 3–6), außerdem Vorsatz hinsichtlich der konkreten Gefährdung (kein Tatentschluß ohne hinreichende Tatvorstellung), Dü VRS **35** 29. Die allgemeine Vorstellung, es könne bei der Fahrt etwas passieren, reicht nicht aus.

19   **5. Grobe Verkehrsverstöße.** I Nr 2 stellt unter der Voraussetzung, daß der Fahrer Leib oder Leben eines anderen oder fremde Sachen von bedeutendem Wert gefährdet, mehrere typische, besonders gefahrträchtige VVerstöße unter Vergehensstrafe. Der Katalog ist erschöpfend, Ha NJW **68** 1976.

20   **5 a. Grob verkehrswidrig und rücksichtslos** muß der FzFührer in den Fällen von I Nr 2 gefahren sein. Diese Merkmale gehören zur Schuldfrage und müssen nebeneinander vorliegen, BGH VRS **16** 132, insoweit einschränkend, aber im Widerspruch zum Gesetzeswortlaut („und"), *Spöhr/Karst* NZV **93** 257. Das Merkmal rücksichtslos betont mehr die subjektive, das Merkmal grob verkehrswidrig mehr die objektive Seite, Dü DAR **57** 189, Kö DAR **92** 469. Die Definitionsversuche können nicht befriedigen, weil sie ein vielschichtiges Adjektiv lediglich durch andere ähnliche ersetzen. Ihre Auslegung führt zur Gefahr immer neuer Leerformeln (s auch *Peters* DAR **80** 45).

21   **Rücksichtslos** verhält sich, wer sich entweder eigensüchtig über bekannte Rücksichtspflichten hinwegsetzt, oder wer sich aus Gleichgültigkeit auf seine Fahrerpflichten nicht besinnt und unbekümmert um mögliche Folgen drauflosfährt, BGH VRS **50** 342, NZV **95** 80, Bay VRS **64** 123, Ol DAR **02** 89, Ko NZV **93** 318, Dü NZV **96** 245, VRS **98** 350, Kö DAR **92** 469, s *Mollenkott* BA **85** 298. Hierbei sind auch die Beweggründe für das Verhalten von entscheidender Bedeutung, jedoch nur bezogen auf die konkrete VSituation, die unmittelbar zu dem Verhalten geführt hat, Dü NJW **89** 2763, nicht auch in bezug auf das mit dem Verhalten verfolgte Fernziel, Bay VRS **18** 293, Stu VM **80** 18, LK (*König*) Rz 147, insoweit abw Kö VM **72** 35. Die Annahme rücksichtslosen Handelns scheitert daher nicht allein daran, daß ein Arzt den VVerstoß begeht, um rasch Hilfe bringen zu können, Stu Justiz **63** 37. Das Merkmal will nur „extrem verwerfliche Verfehlungen", „besonders schwere Verstöße gegen die VGesinnung", geradezu „unverständliche Nachlässigkeit" treffen, Dü VM **77** 88, VRS **79** 370, nicht nur durchschnittliches Fehlverhalten; bei Erforschung der Gründe ist daher ein strenger Maßstab anzulegen, Dü VRS **98** 350, Kö VRS **38** 288. Rücksichtslosigkeit ist mehr als grobe Nachlässigkeit, nämlich idR Leichtsinn und (oder) Gleichgültigkeit (gesteigerte Nichtrücksichtnahme), Stu VRS **41** 274. Zur Rücksichtslosigkeit gehört ein Verhalten, das über den in jedem Verstoß liegenden Mangel an Rücksicht weit hinausgeht, s Stu VRS **41** 274. Die VPflicht zur Rücksichtnahme muß bewußt schwer verletzt worden sein, **bloße Gedankenlosigkeit** reicht nicht aus, Dü VRS **98** 350, Stu DAR **76** 23; denn gelegentliche Gedankenlosigkeit kommt im V aus vielfältigen Gründen ohne gesteigerten Vorwurf vor, abw Stu GA **68** 346, Zw VRS **33** 201. Als subjektives Merkmal kann Rücksichtslosigkeit nicht schlechthin aus dem äußeren Hergang allein gefolgert werden, s BGH VRS **50** 342, Kar VRS **45** 40, Stu DAR **71** 248, aM *Spöhr/Karst* NZV **93** 257, NJW **93** 3308.

22   **Beispiele aus der Rspr:** Rücksichtslos ist gefährdendes Überholen, nur um schneller zum Essen zu kommen, Bay VM **68** 33, Überholen eines Lkw vor einer nur 70 m einsehbaren Rechtskurve, um nicht länger hinter dem langsamen Fz herfahren zu müssen, Ko VRS **64** 125, Schneiden unübersichtlicher Linkskurve, Ko VRS **46** 344, Bay VRS **64** 123, Heranfahren mit „40" an benutzten Überweg, Dü VM **74** 37, Überholen auf der AB unter Mißbrauch von Raststättengelände, Fra VRS **46** 191, verbotswidriges Rechtsüberholen bei Fahrt ins nahe Krankenhaus mit Ehefrau, deren Wehen eingesetzt haben, KG VRS **40** 268 (Abwägung zw). Kradfahrer, die auf belebter, unübersichtlicher Bundesstraße um die Wette fahren, BGH DAR **60** 68, Rechtsüberholen und Schneiden

Gefährdung des Straßenverkehrs   § 315c StGB 4

aus Ärger, Kö VRS **35** 436, bedrängende Fahrweise (Aufschließen auf weniger als 1 m auf 100 m bei 70 km/h), Dü VM **70** 36, gefährdendes Überholen einer Kolonne trotz Gegenverkehrs, um hinter einem ortskundigen Lotsen zu bleiben, Kö VM **72** 35, gefährdendes Schnellfahren im Kreuzungsbereich, um sich einer PolKontrolle zu entziehen, BGH NZV **95** 80.

Rücksichtsloses Verhalten wird durch Leichtsinn, Eigensucht und Gleichgültigkeit **23** gegenüber anderen gekennzeichnet, Bra VRS **30** 286. **Keine Rücksichtslosigkeit** deshalb bei hochgradiger, bewußtseinseinengender Erregung, BGH NJW **62** 2165, Zw VRS **61** 434, Kö NZV **95** 160, bei grobfahrlässiger falscher Reaktion auf überraschende technische Mängel am Kfz (Überholen anstatt Auskuppeln und Bremsen), Dü VM **72** 29, bei bloßem schuldhaften Versagen, Bra VRS **30** 286, Dü NZV **96** 245 (Übersehen des Rotlichts), bloßem Verkennen der VLage, BGH VRS **13** 28, Stu DAR **76** 23, Bra VRS **30** 286, Dü NZV **95** 115, bei bloßer Unaufmerksamkeit, Stu DAR **76** 23, Kö DAR **92** 469, bei Fehlverhalten in Bestürzung oder Schreck, Bra VRS **30** 286, bei lediglich unzulänglicher Sorgfalt des Wartepflichtigen, Bay DAR **55** 44, bei Übersehen eines VZ in Angetrunkenheit, BGH VRS **16** 132, bloßem Schleudern wegen unrichtiger Beurteilung der Straßenverhältnisse, Ha DAR **69** 275, VRS **38** 50. Rücksichtnahme auf einen anderen VT kann der Annahme von Rücksichtslosigkeit gegenüber einem Dritten entgegenstehen, Stu VRS **45** 437.

Lit: *Schweling*, Der Begriff „rücksichtslos" im VRecht, ZStW **72** 464. *Kuckuk*, Rücksichtslosig- **24** keit im StrV, KVR. *Koch*, Das Tatbestandsmerkmal „rücksichtslos", DAR **70** 322, *Peters*, Zum Merkmal „rücksichtslos" im Tatbestand der StrVGefährdung, DAR **80** 45. *Mollenkott*, Fahrlässige Rücksichtslosigkeit bei § 315 c StGB und EdF, BA **85** 298. *Spöhr/Karst*, Zum Begriff der Rücksichtslosigkeit im Tatbestand des § 315 c StGB, NZV **93** 254.

Grob verkehrswidrig ist ein nach Sachlage besonders gefährliches Abweichen vom **25** pflichtgemäßen Verhalten, Kar VRS **45** 40 (Einbiegen auf Fußgängerüberweg mit quietschenden Reifen), Dü NZV **88** 149, **96** 245 (Rotlichtverstoß), Kö DAR **92** 469, ein objektiv erheblich schwerer Verstoß, Dü VRS **98** 350, Stu NJW **67** 1766, der die Sicherheit des StrV erheblich beeinträchtigt, Kö DAR **92** 469 (Rz 3–6). **Grob verkehrswidrig und rücksichtslos** handelt, wer mit hoher Geschwindigkeit kurz hinter einem Langsamfahrenden in die AB einbiegt und dort kurz vor einem Schnellfahrenden alsbald auf die Überholspur hinüberwechselt, Kö VRS **25** 201, wer gleich zweimal trotz dicht aufgerückten Verkehrs auf dem AB-Überholfahrstreifen auf diesen mit geringer Geschwindigkeit ausschert, Ko NZV **89** 241, wer ohne Rücksicht auf GegenV so schnell in eine scharfe, unübersichtliche Rechtskurve einfährt, daß er schleudert, BGH VR **64** 1105, wer ohne ausreichende Sicht überholt und schneidet, Ko VRS **47** 31, wer unübersichtliche Linkskurve schneidet, Ko VRS **46** 344, Bay VRS **64** 123, wer Überholen kurz vor unübersichtlicher Kurve fortsetzt, Ko VRS **49** 40, wer als LkwFahrer in unüberblickbarer Kurve unter Mitbenutzung der Gegenfahrbahn überholt, Ko VRS **52** 39. Auch Überschreiten zulässiger Höchstgeschwindigkeit von 70 km/h um (nur) 25 km/h kann iS von I Nr 2 d grob verkehrswidrig sein, s BVerfG DAR **99** 309. Weitere Beispiele, s Rz 33.

5 b. Zum **inneren Tatbestand** gehört bei I Nr 2 hinsichtlich aller Tatbestands- **26** merkmale mindestens bedingter **Vorsatz**, BGH VRS **50** 342, Ko VRS **71** 278. Der Vorsatznachweis hinsichtlich der wertenden Merkmale „grob verkehrswidrig und rücksichtslos" ist schwierig. Denn Vorsatz bezüglich der Tathandlung setzt voraus, daß sich der Täter auch in seinem Verstoß liegenden Gefährlichkeit bewußt ist, Dü VRS **98** 350, Kö DAR **92** 469, s Rz 25; häufig aber wird sich der Täter dieser Wertung nicht bewußt sein. Tatsachenkenntnis, die solche Wertung rechtfertigt, reicht aber aus, weil es sich um grobe und gröbste Verstöße handelt, Bay DAR **69** 51, VRS **64** 123. Andernfalls ist Fahrlässigkeit (III) zu prüfen. Die Absicht der „VErziehung" schließt Vorsatz nicht aus (blockierter Überholversuch), Kö VRS **45** 436. In Fällen des Abs I muß der Vorsatz auch die *konkrete* Gefahr umfassen, BGH NZV **95** 495, **98** 211. Zum Vorsatz hinsichtlich der *konkreten* Gefahr, s § 315b Rz 16.

Auch fahrlässige VGefährdung kann rücksichtslos sein, BGHSt **5** 392, Stu MDR **67** **27** 852, Kö VRS **33** 283, VM **72** 35, Ko VRS **71** 278, *Mollenkott* BA **85** 298. Doch liegt **Fahrlässigkeit** nicht allein deshalb vor, weil Vorsatz nicht nachweisbar ist. Bei Rück-

4 StGB § 315c

sichtslosigkeit in der Form nicht vorhandener Bedenken gegen die eigene Fahrweise infolge Gleichgültigkeit (s Rz 21) liegt regelmäßig nur Fahrlässigkeit vor, Bay VRS **64** 123, DAR **93** 269, Ko VRS **71** 278. *Hartung,* Zum inneren Tatbestand der Vergehen gegen die StrVSicherheit, DAR **53** 141, JR **54** 309. Der Tatrichter muß feststellen, ob der Täter bewußt oder unbewußt fahrlässig gehandelt hat, Ol VRS **18** 444. Liegt hinsichtlich eines Merkmals des Tatbestands Fahrlässigkeit vor, kommt nur Bestrafung nach III in Betracht, BGH VRS **30** 340.

28   **5 c. Gefährdung** setzt in bedrohliche bzw nächste Nähe gerückte Gefahr voraus (Blenden auf der AB, um den Vorausfahrenden beiseite zu drängen), Kar NJW **72** 962. Bloße räumliche Nähe anderer zum Fz des Täters genügt nicht, BGH NZV **95** 325, Dü NZV **90** 80 (krit *Booß* VM **90** 53). Auch wenn VT der Gefahr noch haben entgehen können, kann sie bestanden haben, BGH NZV **95** 80, Bay NJW **88** 273, Stu VM **58** 11. S Rz 3 sowie § 315b Rz 2.

29   **5 d. Nichtbeachtung der Vorfahrt** (2 a). Die hM versteht unter Vorfahrt außer derjenigen nach den §§ 8, 18 III StVO auch „vorfahrtähnliche VLagen", BGH VM **70** 9, KG DAR **04** 459, VRS **84** 444, **46** 192, Dü VRS **66** 354, Hb VM **61** 35, Ol VRS **42** 34, LK (*König*) Rz 71, *Janiszewski* 270. Diese anderen Regeln begründen jedoch keine Vorfahrt, sondern einen Vorrang eigener Art, während § 315c in Kenntnis des Unterschieds von Vorfahrt spricht, also nur die enge Auslegung rechtfertigt. Ebenso *Demuth,* JurA **71** 386. Die Rspr betreibt daher verbotene Analogie, denn dem Gesetzgeber des § 315 c war der feste, weit engere Vorfahrtsbegriff der StVO bekannt. Fahrverstöße gegen die §§ 26 (Fußgängerüberweg), 9 III S 1 (Vorrang des Entgegenkommenden gegenüber dem Abbiegenden, aM KG DAR **04** 459), 9 III S 3 (Fußgängervorrang), 10 S 1 (Vorrang des fließenden V beim An- und Einfahren, aM KG DAR **04** 459), 6 S 1 (Vorbeifahren), 11 StVO (Besondere VLagen) und das Z 208 (aM Ol VRS **42** 34) kommen deshalb nicht in Betracht, weil diese Vorschrift keine Vorfahrt iS der StVO und des § 315c StGB einräumen, Ha VRS **91** 117, Dü VRS **66** 354 (hinsichtlich § 9 III S 3 StVO), s Dü VRS **66** 135, KG VRS **84** 444 (jeweils Vorrang des Fußgängers). Auch vom Standpunkt der hM fällt aber zB jedenfalls das verbotene Befahren einer EinbahnStr im Verhältnis zum berechtigt Entgegenkommenden nicht unter Nr 2a, KG DAR **04** 459.

30   Nr 2 a betrifft nur den Wartepflichtigen, nicht den Vorfahrtberechtigten, selbst wenn dieser verkehrswidrig handelt. Bei der engen Verzahnung der Pflichten der Vorfahrtbeteiligten (§§ 8, 18 III StVO) wird aber das Verhalten des Wartepflichtigen niemals isoliert zu betrachten sein. Die Feststellung, er habe rücksichtslos und grob verkehrswidrig die Vorfahrt verletzt, läßt sich idR nicht ohne Prüfung der Fahrweise des Berechtigten treffen, s LK (*König*) Rz 75. Hierzu nötigt auch Nr 2 d, die sich besonders an den Vorfahrtberechtigten wendet.

31   **Die Vorfahrt verletzt,** wer Farbzeichen nicht befolgt und dadurch den Vorrang des QuerV beeinträchtigt, Bay VRS **16** 44, Fra NZV **94** 365, Dü NZV **96** 245, Jn NZV **95** 237 (Vorsatz nur bei Kenntnis oder Inkaufnahme konkreter Beeinträchtigung), ebenso bei Nichtbeachtung der Z 205 oder 206, auch wenn sie alleinstehen; wer von der Standspur der AB auf den Überholstreifen fährt (§ 18 III StVO) trotz nahe aufgerückten Nachfolgers, BGHSt **13** 129, NJW **95** 1447, Ha VRS **28** 127, *Demuth* JurA **71** 386; nach Ansicht von KG VRS **46** 192, wer den Vortritt des GegenV an Engstelle verletzt (§ 6 StVO, s aber Rz 29). Fahren auf der linken Fahrbahn und Nichtausweichen nach rechts ist aber auch nach der ausdehnenden Rspr der hM (s Rz 29) keine vorfahrtähnliche VLage, BGH VM **70** 9. Wer vom mittleren Fahrstreifen ohne Anzeige auf den rechten wechselt, um von dort aus in eine Parkbucht einzufahren und dabei vom überraschten Hintermann auf dem rechten Fahrstreifen angefahren wird, hat dessen Vorfahrt nicht verletzt, Stu VM **72** 36.

32   **5 e. Falsch überholt oder sonst bei Überholvorgängen falsch fährt** (Nr 2b). Falschüberholen ist jedes regelwidrige Überholen, sofern der Regelverstoß den Vorgang gefährlicher macht, Dü VM **77** 88 (Überfahren von Fahrstreifenbegrenzungen und von Sperrflächen), LB Bonn VRS **79** 17. Der Überholbegriff entspricht grundsätzlich § 5 StVO, Hb VM **66** 68, Dü NZV **89** 317, ist hier aber weniger eng, s Rz 33. Erfaßt werden vor allem (aber nicht nur, s Rz 33) Verstöße gegen § 5 bei allen Beteiligten, Dü VM

Gefährdung des Straßenverkehrs **§ 315c StGB 4**

3, Kar NJW **72** 962, zB Rechtsüberholen entgegen § 5 I, Überholen entgegen Überholverbot, falsches Aus- oder Einscheren, unerlaubtes Beschleunigen, Ausscheren unter Nichtbeachtung des rückwärtigen V, Hineinzwängen in zu enge Lücke, Beschleunigen und Verringern des Abstands, um Überholen zu verhindern oder zu erzwingen, zu geringer seitlicher Abstand, zu weites Linksfahren des zu Überholenden.

Falsches Überholen ist jeder verkehrswidrige Überholvorgang, auch gefährdendes 33 Rechtsüberholen und zu knappes oder Linksvorsetzen (Schneiden), BGH VRS **18** 36, Kö DAR **58** 21, Bay NJW **88** 273, Dü NZV **88** 149. Es setzt nicht stets einen Verstoß gegen § 5 StVO voraus, vielmehr reichen andere Verstöße *beim Überholen* aus, dh solche, die mit dem Überholen in innerem Zusammenhang stehen, Ha DAR **63** 277, Dü VRS **62** 44, VM **77** 88, *Sch/Sch (Cramer/Sternberg-Lieben)* Rz 20, *Lackner/Kühl* Rz 14, *Jan/Jag/Bur* Rz 22a, zu eng Dü NZV **89** 411 (abl *Kullik* PVT **89** 411), wobei der Begriff des Überholens weiter ist als in § 5 StVO, BVerfG NZV **95** 79 („Überholen" auf dem Seitenstreifen), Dü VRS **107** 109. Falsch überholt, wer sich als Linksabbieger nach Rechtsüberholen eines anderen Linksabbiegers so kurz vor diesem einordnet, daß er notbremsen muß, Dü VM **78** 61, wer sich so vor den Überholten setzt oder seinen Weg kreuzt, daß er ihn gefährdet, BGH VRS **18** 36, 40, Kö DAR **58** 21 (Schneiden eines Radf beim Rechtsabbiegen, aM Dü NZV **89** 317), Hb VM **61** 35, Ha DAR **63** 277, wer besonders auf der AB die Sorgfalt gegenüber dem nachfolgenden schnelleren V verletzt, Ha VRS **21** 280, Dü VM **62** 57, Ko NZV **89** 241, wer auf der AB bei hoher Geschwindigkeit den Vorausfahrenden durch dichtes Aufschließen unter gleichzeitigem Betätigen des linken Fahrtrichtungsanzeigers oder der Lichthupe oder gar Blenden von hinten bewußt verunsichert, um ihn beiseitezudrängen, Kar NJW **72** 962, Kö VRS **44** 16, Fra NZV **79** 28, Dü VRS **66** 355, Bay NJW **88** 273, s *Haubrich* NJW **89** 1198, oder um ihn zu „disziplinieren", Dü NZV **89** 441, aM LK (*König*) Rz 92 (aber uU Falschfahren bei Überholvorgängen). Rechtsüberholen auf der AB ist regelmäßig falsches Überholen, Dü VM **57** 72, NZV **88** 149, ausgenommen in erlaubter Form bei KolonnenV (§ 5 StVO Rz 64). Falsch überholt, wer vor einer sichtbehindernden Kuppe oder an sonst unübersichtlichen Stellen unter Mitbenutzung der linken Fahrbahnseite überholt, Ol DAR **58** 222, wer sich links oder rechts neben eine vor einem Hindernis vorübergehend haltende oder zum Überholen ansetzende Kolonne setzt, um sich in eine Lücke einzuschieben, Ha DAR **56** 108, Kö VRS **9** 362. Überholen eines Linksabbiegers, der seine Absicht rechtzeitig angezeigt, sich zur Mitte eingeordnet und mit dem Abbiegen begonnen hat, ist **grob verkehrswidrig**, BGH DAR **89** 247. Grob verkehrswidrig und rücksichtslos überholt auf der AB, wer zwischen dem berechtigt links überholenden Vordermann und einer rechts fahrenden Kolonne mit knappem Zwischenraum (1,5 m) hindurchfährt, Bra VRS **32** 372. Wer trotz GegenV Teile einer Kolonne überholt und sich dann in eine zu geringe Lücke rettet, verletzt I Nr 2b, Stu VRS **46** 36, Ko VRS **46** 37, ebenso wer in Rechtskurve ohne Sicht auf den GegenV bewußt gleichsam „blind" unter Benutzung der Gegenfahrbahn überholt, Ko NZV **93** 318. Ebenso Überholen bei äußerst schlechter Sicht (dunkel, vereiste Scheiben, Fußgängergefährdung) ohne ausreichenden Überblick, Bay VRS **35** 280. Falschfahren **bei Überholvorgängen** ist jede Regelwidrigkeit eines FzFührers, die in einem inneren Zusammenhang zu einem Überholen steht, Dü VRS **62** 44, LG Bonn VRS **79** 17, der aber nicht stets allein schon dadurch gegeben ist, daß die Regelwidrigkeit während eines Überholvorgangs geschieht, Dü NZV **89** 441, Bay DAR **93** 269. Nach Kar NJW **72** 964, Dü VRS **62** 44, NZV **89** 441 setzt ein solcher innerer Zusammenhang nicht voraus, daß die Regelwidrigkeit vom Überholenden oder Überholten ausgeht (dichtes Auffahren auf Überholenden), insoweit einschränkend Bay DAR **93** 269. Beim Überholtwerden fährt falsch, wer, anstatt in dem kanalisierten Fahrstreifen zu bleiben, kurz vor einem Hintermann über eine geschlossene Nagelreihe hinweg nach rechts in dessen Fahrstreifen überwechselt und ihn zum Notbremsen zwingt, Stu VRS **41** 427, wer durch jeweiliges Beschleunigen oder Herabsetzen seiner Geschwindigkeit den nach gleichzeitigem Anfahren an einer LichtZAnlage links neben ihm Fahrenden hindert, sich rechts einzuordnen, Dü VRS **58** 28.

Kein falsches Fahren beim Überholen ist bloße Geschwindigkeitsüberschreitung; 34 nicht bloßes Hinterherfahren mit zu geringem Abstand, der Überholen durch andere erschwert, auch nicht bei Lkw (§ 4 II), anders aber bei zu dichtem Auffahren auf Überholenden, Dü VRS **62** 44. Weicht ein ABBenutzer einem rechts stehenden Fz in einer Weise aus, die den Nachfolgenden gefährdet, so liegt darin kein falsches Überholen, Ha VRS **28** 127. Verkehrswidrigkeit nach beendigtem Überholen ist kein falsches Überholen mehr, Stu DAR **65** 103, Ce VRS **68** 43, Kar VRS **93** 102.

35 **5 f. An Fußgängerüberwegen falsch fährt** (Nr 2 c). Nr 2 c betrifft nur Verstöße gegen § 26 StVO (Zebrastreifen, ohne LZA), Ha VRS **91** 117, nicht auch Ampelübergänge, Dü VRS **66** 135, Stu NJW **69** 889, Ha VBl **69** 179, *Mächtel* NJW **66** 641, aM Ko VM **76** 12, wo aber § 37 I, II Nr 2 StVO übersehen wird. Nr 2 c gilt auch nicht bei Verstößen gegen § 9 III S 3 (Fußgängervorrang). Halten auf oder 5 m vor Fußgängerüberwegen ist nicht tatbestandsmäßig, weil kein falsches Fahren, *Demuth* JurA **71** 392. Gefährdung eines ein Fahrrad mitführenden Fußgängers fällt auch dann unter Nr 2 c, wenn dieser *nach* Erreichen des Fußgängerüberweges mit dem Rad über die Fahrbahn rollt, Stu DAR **88** 101, anders bei Annäherung an den Zebrastreifen und Überqueren desselben *als Radf,* s § 26 StVO Rz 8. Zum Begriff des rücksichtslosen Befahrens eines betretenen Überwegs, Kö VRS **59** 123. Erhebliche Mitschuld des Fußgängers ist strafmildernd zu berücksichtigen, s KG VRS **36** 202.

36 **5 g. Zuschnellfahrten an unübersichtlichen Stellen usw** (Nr 2 d). Nr 2 d will einige gefährliche Verstöße gegen die §§ 3, 8, 19 StVO treffen. In Nr 2 a wird der Wartepflichtige erfaßt, hier auch der Vorfahrtsberechtigte, der an Kreuzungen und Einmündungen zu schnell fährt und deshalb nicht rechtzeitig anhalten kann. Auf gekennzeichneten Vorfahrtsstraßen darf idR auch an Kreuzungen/Einmündungen angemessen schnell gefahren werden (§ 8 StVO). „Zu schnell" fährt, wer infolge seiner Fahrgeschwindigkeit nicht verkehrsgerecht reagieren kann, BGH VRS **48** 28, Bay VRS **61** 212, s BVerfG DAR **99** 309.

37 Unübersichtlichkeit: §§ 3, 5 StVO. Der Begriff der unübersichtlichen Stelle steht in der StVO nicht mehr. Er muß daher jetzt aus sich heraus verstanden werden. In erster Linie weist er auf alle örtlichen Umstände hin („Stelle"), jedoch können auch Beleuchtungs- und Witterungsverhältnisse örtlich aus an sich übersichtlichen Stellen vorübergehend unübersichtliche machen, so daß auch sie zu berücksichtigen sind, Bay NZV **88** 110 (Nebel), ähnlich *Demuth* JurA **71** 393. Das Urteil muß die Merkmale, aus denen sich die Unübersichtlichkeit ergibt, im einzelnen schildern, Dü VRS **79** 370, Ha DAR **69** 275. Augenblickliche Erschwerung des Überblicks durch andere Fze macht die Fahrbahn unübersichtlich. Die durch zu schnelles Fahren bewirkte Gefahr muß auch auf der Auswirkung einer unübersichtlichen Stelle, Einmündung (Kreuzung) beruhen, allein der Umstand, daß sie an solcher Stelle entstanden ist, genügt nicht, Bay VRS **64** 371, DAR **76** 164. Der ursächliche Zusammenhang zwischen zu schnellem Fahren an unübersichtlicher Stelle und der Gefahr fehlt, wenn die Unübersichtlichkeit weggedacht werden könnte, ohne daß die Gefährdung entfiele, Ha DAR **57** 215, Bay VRS **64** 371. Kreuzungen, Einmündungen: § 8 StVO. Zu schnelles Fahren mit Gefährdung vor der Kreuzung erfüllt nicht den Tatbestand, Bay DAR **56** 19. Anders, wenn die bei Annäherung zu hohe Geschwindigkeit dazu führt, daß den Pflichten in der Kreuzung oder Einmündung selbst nicht genügt werden kann, Bay VRS **61** 212. Nr 2 d schützt auch Fußgänger auf Überwegen an Straßenkreuzungen, KG VRS **37** 445. Vorbeifahren an haltender Straba ist kein Überholen, aber uU zu schnelles Fahren an unübersichtlicher Stelle, BGH VRS **17** 43.

38 **5 h. An unübersichtlichen Stellen nicht die rechte Seite der Fahrbahn einhält** (Nr 2 e). Unübersichtliche Stelle: Rz 36, 37. Nr 2 e schützt den GegenV gegen das Schneiden unübersichtlicher Kurven, Kö VRS **48** 205, Bay VRS **64** 123. Sie setzt Mitbenutzung der Gegenfahrbahn voraus, bloßes Nicht-scharf-rechtsfahren genügt nicht, weil die Vorschrift den GegenV schützt, BGH VRS **44** 422, s *Demuth* JurA **71** 395. Trotz hoher Gefährlichkeit verletzt die Vorschrift nicht, wer versehentlich auf Straßen mit getrennten Fahrbahnen für beide Richtungen eine Fahrbahn in Gegenrichtung befährt, s *Demuth* JurA **71** 395, denn er fährt nicht an unübersichtlicher Stelle zu weit links, sondern benutzt eine Fahrbahn in verbotener Richtung (s Rz 40). Unübersichtlichkeit (Nr 2 e) muß als Rechtsbegriff im Urteil mit Tatsachen belegt werden, s Rz 37.

5 i. Auf Autobahnen oder Kraftfahrstraßen wendet, rückwärts oder entgegen 39
der Fahrtrichtung fährt oder dies versucht. Haltende oder liegengebliebene
Fahrzeuge nicht auf ausreichende Entfernung kenntlich macht (Nr 2 f, g).
Den Tatbestand der Falschfahrt (entgegen der Fahrtrichtung) hat das ÄndG v 7. 7. 86
(BGBl I 977) eingefügt.

Begr (BTDrucks 10/2652 S 35): *Da das Fahren entgegen der Fahrtrichtung nicht als „Rückwärtsfahren" anzusehen ist und auch nicht stets ein „Wenden" voraussetzt (z. B. bei falschem Einfahren), ist eine strafrechtliche Verfolgung derartiger Kraftfahrer, die diese gefährliche Fahrweise – wie oben erwähnt – mitunter kilometerlang beibehalten und dadurch andere in hohem Maße gefährden, nach § 315 c Abs. 1 Nr. 2 Buchstabe f StGB nicht möglich (vgl. OLG Stuttgart VRS 52, 33; 58, 203). Das gilt selbst dann, wenn der Falschfahrt ein Wenden vorausgegangen, der Wendevorgang selbst aber längst abgeschlossen ist, wenn es später zur Gefährdung anderer kommt (OLG Celle, Verkehrsrechtliche Mitteilungen 1983 Nr. 105). Ob eine strafrechtliche Verfolgung dieses Verhaltens als verbotswidriger Eingriff in den Straßenverkehr nach § 315 b Abs. 1 Nr. 2 oder 3 StGB möglich ist, hängt von der jeweiligen Fallgestaltung ab und wird unterschiedlich beurteilt (vgl. OLG Stuttgart a. a. O.).*

Halten: § 12 StVO. **Liegenbleiben** von Fzen: § 15 StVO. Beleuchten: § 17 StVO. 40
Kraftfahrstraße: § 42 V StVO, VZ 331. Rückwärtsfahren: § 9 StVO Rz 51, 52, § 18
StVO Rz 21, 22. Wenden: § 9 StVO Rz 11, 50, 52, § 18 StVO Rz 21. Unterlassen der
Kenntlichmachung eines haltenden oder liegengebliebenen Fzs ist nicht tatbestandsmäßig, wenn es längere Zeit in Anspruch nimmt als das Entfernen des Fzs, Kö NZV **95**
159. Wird in den Fällen Nr 2 f und g das Fz absichtlich ungesichert aufgestellt oder
stehengelassen, so liegt darin Hindernisbereiten (§ 315 b). Es genügt Ansetzen zum
Wenden, Querstellen oder Schrägstellen auf der Überholspur, Queren des Grünstreifens
oder eines Überwegs über diesen bis zum Einordnen auf der Gegenfahrbahn. Gegenläufiges Befahren einer AB oder Kraftfahrstraße bei Benutzen einer Einfahrt statt einer
Einfahrt oder nach Erreichen der Gegenfahrbahn über eine ununterbrochene weiße Linie ist weder Wenden noch Rückwärtsfahren, Stu VRS **58** 203, Kö VRS **60** 211, Ce
VM **83** 87 (zust *Janiszewski* NStZ **83** 547, abl *Ascheberg* Jurist **83** 300). Wer mit seinem
Fz in eine Position entgegen der Fahrtrichtung gelangt ist und dies durch Wenden korrigiert, muß nicht rücksichtslos handeln, Ol DAR **02** 89, Dü NZV **95** 115. Die **AB-Falschfahrt,** d. h. das Befahren einer AB oder KraftfahrStr in falscher Fahrtrichtung,
auch auf dem Seitenstreifen („Standspur"), BGH NJW **03** 1613, ist ein selbständiger
Gefährdungstatbestand nach Abs I Nr 2 f. Bei irrtümlicher Benutzung der falschen Fahrbahn infolge augenblicklicher Unaufmerksamkeit oder Fehlbeurteilung der Verkehrsführung (Witterung, Baustelle usw) wird Bestrafung gem § 315 c allerdings zumeist
mangels *rücksichtslosen* Handelns ausscheiden, Ol DAR **02** 89, ebenso, wenn ein in falsche Fahrtrichtung geratenes Fz auf diese Weise schnellstmöglich entfernt werden kann,
Kö NZV **95** 159. Zur AB-Falschfahrt s auch § 18 StVO Rz 18 a.

6. Hinzutreten von Fahrlässigkeit. III umschreibt erstens Taten, bei denen der 41
Täter fahrlässig gefährdet, im übrigen aber vorsätzlich handelt, und zweitens voll fahrlässige Verhaltensweisen. Die Vorsatz-Fahrlässigkeits-Kombination gilt nunmehr als Vorsatztat (§ 11 II StGB): wer bedingt vorsätzlich in fahruntüchtigem Zustand fährt und nur
die Gefahr fahrlässig verursacht, gefährdet den StrV vorsätzlich, BGH VRS **57** 271,
NZV **89** 31, **91** 117, DAR **97** 177, Ha NJW **82** 192, Ko VRS **71** 278. Versuch: § 23
StGB und Rz 42. Teilnahme: Rz 42.

Lit: *Baumann,* Fahrlässigkeitsprobleme bei VUnfällen, Kriminologische Gegenwartsfragen Heft 4,
Stuttgart 1960. *Gaisbauer,* Schuldvorwurf bei Trunkenheitsdelikten und Restalkohol, NJW **64** 2198.
Krey/Schneider, Die eigentliche Vorsatz-Fahrlässigkeits-Kombination nach geltendem und künftigem
Recht, NJW **70** 640. *Lienen,* Das Zusammentreffen von Vorsatz und Fahrlässigkeit bei VDelikten,
DAR **60** 223. *Maiwald,* Zum Maßstab der Fahrlässigkeit bei trunkenheitsbedingter Fahruntüchtigkeit, *Dreher*-F **77** 437. *Weigelt,* Fahrlässigkeit und VDelikte, DAR **61** 194. *Derselbe,* Fahrlässigkeitsprobleme bei VUnfällen, DAR **61** 220.

7. Versuch. Teilnahme. Versuch, der nur in den Fällen des Abs 1 Nr 1 strafbar 42
wäre (Rz 18), ist beim vorsätzlich-fahrlässigen Vergehen ausgeschlossen, Dü VRS **35** 29.
Die Zuwiderhandlung gegen § 315 c ist Sonderdelikt, das nur ein FzFührer begehen

kann. Mittäterschaft ist möglich, sofern sich mehrere bei der Tat in die Führung teilen. Ein nicht an der Führung Beteiligter kann weder Täter noch fahrlässiger Nebentäter sein, aM Br VRS **12** 108. Andere, etwa der Halter, der den fahrunsicheren Führer nicht am Fahren hindert, der Fahrgast, der mit dem Führer zusammen zecht, können Anstifter oder Gehilfen sein, BGHSt **18** 6 = NJW **62** 2069, Ce DAR **57** 297. Solche unselbständige Teilnahme ist nur beim vorsätzlichen Delikt strafbar, beim § 315c also nicht bei III Nr 2 (Rz 41), Stu NJW **76** 1904.

Lit: *Bödecker,* Strafrechtliche Verantwortlichkeit Dritter bei VDelikten betrunkener Kf, DAR **69** 281, **70** 309. *Geilen,* Zur Mitverantwortung des Gastwirts bei Trunkenheit am Steuer, JZ **65** 469. *Heuss,* Verantwortlichkeit Dritter bei VDelikten betrunkener Kf, VR **71** 107. *Otto,* Zur Möglichkeit der Teilnahme eines ausschließlich gefährdeten Beifahrers bei § 315c I Nr 1a StGB, NZV **92** 309.

43   **8. Wegfall der Rechtswidrigkeit**
Einwilligung des Verletzten. Werden bei Trunkenheitsfahrt Insassen verletzt, so ist im Rahmen des § 315c str, ob die Rechtswidrigkeit der Handlung entfällt, wenn der Mitfahrer die Gefahr kannte. § 315c I StGB schützt außer der körperlichen Unversehrtheit des Mitfahrers vor allem die Sicherheit des StrV, so daß nach hM Einwilligung des Mitfahrers in etwaige Verletzung ohne Bedeutung ist, BGHSt **6** 232, **23** 261 = NJW **70** 1380, NZV **92** 370, **95** 80, Ko BA **02** 483 (abl – Verurteilung nur gem § 316 – *Heghmanns*), Ha VRS **36** 279, KG VRS **36** 107, Dü VRS **36** 109, Kar NJW **67** 2321, *Lackner/Kühl* Rz 32, *Tröndle/Fischer* Rz 17, Saal NZV **98** 50, aM Hb NJW **69** 336: Einwilligung des Verletzten, Lebensgefährdung ausgenommen, rechtfertige, im Ergebnis ähnlich *Sch/Sch (Cramer/Sternberg-Lieben)* Rz 43. Zur Begr der Ansicht, Einwilligung schließe Rechtswidrigkeit aus, wird vor allem auf den Wegfall des Merkmals der Gemeingefahr (§ 315a aF) in § 315c hingewiesen, Hb NJW **69** 336, *Bickelhaupt* NJW **67** 713. Die Begr zum 2. VerkSichG, Bundestagsdrucksache IV/651 S 23 macht aber deutlich, daß hierdurch eine sachliche Änderung nicht beabsichtigt war, vielmehr nach wie vor der Schutz des einzelnen nur Nebenwirkung ist. Jedenfalls wird Einwilligung regelmäßig aber strafmindernd wirken.

Lit: *Bickelhaupt,* Einwilligung in die Trunkenheitsfahrt, NJW **67** 713. *Geppert,* Rechtfertigende „Einwilligung" des verletzten Mitfahrers bei Fahrlässigkeitsstraftaten im StrV?, ZStW **71** 947. *Langrock,* Zur Einwilligung in die VGefährdung, MDR **70** 982. *Schuknecht,* Einwilligung und Rechtswidrigkeit bei VDelikten, DAR **66** 17.

44   **Notrechte.** Mit Notstand (**E** 117 ff) kann ein Arzt schwere VVerstöße auf der Fahrt zum schwerkranken Patienten nicht rechtfertigen, Stu Justiz **63** 37. Notwehr: **E** 113, 114.

45   Als **weitere Rechtfertigungsgründe** können amtliche Befugnisse (VRegelung, VKontrolle) und Festnahmerechte in Betracht kommen. Auch Inanspruchnahme von Sonderrechten (§ 35 StVO) kann Verhaltensweisen rechtfertigen, die äußerlich VVerstößen entsprechen.

46/47   **9. Strafzumessung.** (Ausführlich zur Strafzumessung bei Trunkenheitsdelikten im V, s *Hentschel,* Trunkenheit, 466–511, 550 ff). Der Gesetzgeber hat sich grundsätzlich gegen die **kurze Freiheitsstrafe** entschieden, BGHSt **24** 40 = NJW **71** 439, KG StV **04** 383, Kö NJW **01** 3491, Dü NZV **97** 46, VRS **80** 13, *Dünnebier* JR **70** 241. Die §§ 315c, 316 StGB haben das Fahren in fahrunsicherem Zustand nur vorübergehend eingedämmt. Dies fordert bei der Strafzumessung vorweg Beachtung, kriminalpolitisch fehlerhafter Rigorismus ist nicht angebracht, s *Tröndle* JR **69** 439. Kurze Freiheitsstrafe unter 6 Monaten ist unzulässig, besonders bei folgenloser Tat, *Dünnebier* JR **70** 247, anders nur bei Unerläßlichkeit (= Ausnahme), *Dünnebier* JR **70** 241/2, Dü NJW **89** 103, nämlich wenn anders nicht ausreichend auf den Täter eingewirkt oder die Rechtsordnung nicht „verteidigt" werden kann (unten), und zwar bei Vorsatz wie Fahrlässigkeit. Daß Freiheitsstrafe wirksamer als Geldstrafe wäre, vor allem bei deren Verbindung mit EdF, ist unbewiesen, *Dünnebier* JR **70** 245. Empfindliche Geldstrafe und EdF reichen in der Vielzahl der Fälle aus, soweit nicht als Ausnahme kurze, ggf ausgesetzte Freiheitsstrafe unerläßlich ist (§ 47 StGB), *Martin* BA **70** 26. Reicht erhebliche, eventuell hohe Geldstrafe aus, uU mit EdF, und trifft der Gesichtspunkt der Verteidigung der Rechtsordnung nicht zu, so muß auf Geldstrafe erkannt werden, Ce NJW **70** 872, Bay DAR **92** 363, uU auch noch bei erheblicher Tatschwere (1,2‰ BAK, lebhafter V, 3 beschädigte

Gefährdung des Straßenverkehrs **§ 315c StGB 4**

Pkw), Kö VRS **38** 108, und auch bei einschlägiger Vorstrafe, Bay DAR **77** 202, Kar DAR **70** 132, Fra NJW **70** 956, Dü NZV **97** 46. Auch bei Alkoholdelikten im StrV ist Geldstrafe nunmehr die Regel, Bay DAR **92** 184, Dü NZV **97** 46, Ko VRS **40** 97. Da der Gesetzgeber Freiheitsstrafe unter 6 Monaten für schädlich hält (Rz 48), ist es zu begründen, wenn kurze Freiheitsstrafe dennoch angebracht erscheint, Kö NJW **01** 3491, Bra VRS **38** 37. Allein der Sühnegesichtspunkt rechtfertigt kurze Freiheitsstrafe nicht mehr, BGH VRS **38** 334, auch nicht der allgemeine Hinweis auf Zunahme der VTrunkenheit allein, Ha DAR **70** 328. Keine Regel/Ausnahme-Rspr, auch nicht bei Absehen von Strafe (§ 60 StGB), Ce NJW **71** 575. Zur Zulässigkeit und Bedeutung von Strafzumessungsempfehlungen bei Trunkenheitsdelikten im V: *Tröndle* BA **71** 73, *Middendorff* BA **71** 26, mit Nachdruck gegen derartige Absprachen *Jagusch* NJW **70** 401, 1865, s auch § 316 StGB Rz 38. *Schöch*, Strafzumessungspraxis und VDelinquenz, Stuttgart 1973.

Nur bei besonderen Umständen (§ 47 I StGB) ist Freiheitsstrafe unter 6 Monaten **48** noch zulässig. Sie können entweder liegen a) im Tatgesamtbild (Art und Gewicht der Rechtsgutverletzung, Tatausführung, verschuldete Tatfolgen, Grad der Pflichtwidrigkeit, Tatintensität, Motive) oder b) in Merkmalen der Täterpersönlichkeit, die das Einwirken mit Strafverhängung unabweisbar machen, s Bay VRS **76** 130, Kö NJW **01** 3491. Das Merkmal schließt es aus, bei bestimmten Taten, Tatformen oder Tätern grundsätzlich auf Freiheitsstrafe zu erkennen, *Horstkotte* JZ **70** 127. Sie sind stets solche, die den Fall, tat- oder täterbezogen, zur Ausnahme stempeln, *Martin* BA **70** 18, Ko MDR **70** 693, nicht nur zu einem über dem „Durchschnitt" liegenden, *Dünnebier* JR **70** 241. Auch wiederholte Trunkenheitsfahrt ist also nicht ohne weiteres oder idR ein solcher besonderer Umstand, s Rz 46/47, wird aber *häufig* Freiheitsstrafe unerläßlich machen, Fra NJW **70** 956, Ko VRS **40** 9, **51** 428. Schwerwiegende Schuld oder besondere Gefährlichkeit des Tatverhaltens können „besondere Umstände" sein, Kö DAR **71** 300. Trinken in Fahrbereitschaft, 1,65‰ BAK beim Fahren und späteres Fahren ohne FE können als besondere Umstände (§ 47 StGB) kurze Freiheitsstrafe rechtfertigen, Ko VRS **51** 429, ebenso Fahren im Vollrausch und fahrlässige Tötung eines Fußgängers, den nur geringe Mitschuld trifft, Ko VRS **52** 179.

Liegen besondere Umstände in diesem Sinn vor, so ist weitere Voraussetzung, daß sie **49** zur Einwirkung auf den Täter Verhängung (nicht notwendig auch Vollstreckung) kurzer Freiheitsstrafe unerläßlich machen, oder aber, daß die **Verteidigung der Rechtsordnung** Verhängung kurzer Freiheitsstrafe unerläßlich macht (§ 47 I StGB). Schwere Tatfolgen allein entscheiden zwar nicht über die Notwendigkeit, anstatt Geldstrafe Freiheitsstrafe zu verhängen, Ha VRS **39** 330, werden aber häufiger als bei anderen Straftaten die Verhängung einer Freiheitsstrafe unter 6 Monaten unerläßlich erscheinen lassen, Bay MDR **72** 339, Ha VRS **40** 342. Bei folgenloser Trunkenheitsfahrt (1‰ BAK, lange Verfolgung mit schweren VVerstößen) kann Freiheitsstrafe ausnahmsweise angebracht sein, Fra DAR **72** 48.

Der Begriff der Verteidigung der Rechtsordnung ist schwer erfaßbar, *Lackner/Kühl* **50** § 47 Rz 4. Er ist aus seiner besonderen Funktion im Rahmen der Verminderung kurzer Freiheitsstrafen her auszulegen, Ha VRS **45** 269, und daher grundsätzlich restriktiv, Kar DAR **03** 325. Mit Recht sind gegen die „Verteidigung der Rechtsordnung" als Strafzumessungsgesichtspunkt Bedenken erhoben worden. Kritisch insbesondere *Naucke* ua, Verteidigung der Rechtsordnung, Berlin 1971, *Knoche* BA **70** 198, s auch *Köhler* JZ **89** 697. Andererseits wird der Rechtsprechung im Schrifttum teilweise durchaus eine – trotz der bestehenden Schwierigkeiten, insbesondere des Fehlens einer hinreichend gesicherten empirischen Basis – im wesentlichen den Intentionen des Gesetzgebers entsprechende Handhabung dieses Begriffes zugestanden, s *Maiwald* GA **83** 49. Die Entwicklung der Trunkenheitsdelinquenz in Bundesländern mit unterschiedlicher Strafzumessungspraxis zeigt, wie zw strenge Bestrafung als Mittel zur allgemeinen Abschreckung von Trunkenheitsfahrten erscheint, s *Janiszewski* BA **68** 27, *Tröndle* MDR **72** 464, *Middendorff* BA **78** 109, *Bialas* S 167 f. Die Rspr kann die Unfallkurve allenfalls nur kurz und vorübergehend beeinflussen. Soweit die Verhängung kurzer Freiheitsstrafen „zur Verteidigung der Rechtsordnung" nicht *zweckdienlich* ist, kann sie hierzu nicht „unerläßlich" sein. Auch eine außergewöhnliche, den Bundesdurchschnitt erheblich übersteigende Zunahme von Trunkenheitsdelikten in einem bestimmten Gerichtsbezirk

4 StGB § 315c

ist daher für sich allein kein „besonderer Umstand" iS von § 47 I StGB, der eine kurze Freiheitsstrafe rechtfertigt, s aber Ha DAR **70** 328, *Martin* BA **70** 13.

50 a **Lit u Rspr zur Strafzumessung:** Notwendig ist die **Verteidigung der Rechtsordnung,** wenn die Rechtsgemeinschaft an der Wirksamkeit der Strafrechtspflege zweifeln müßte, unerläßlich die kurze Freiheitsstrafe, um nicht vor dem dauernd rückfälligen Bagatellverbrecher zurückzuweichen, *Dünnebier* JR **70** 247, gegen bewußte Rechtsfeindschaft, welche die Gesetze nicht beachten will, s *Kunert* MDR **69** 709, NJW **70** 539, *Sturm* JZ **70** 85, bei besonders hartnäckigem rechtsmißachtenden Verhalten, Ce NJW **70** 872, *Sturm* JZ **70** 85, wenn Nichtvollstreckung der Kurzstrafe die Unverbrüchlichkeit der Rechtsnorm und damit die allgemeine Rechtstreue erschüttern könnte, BGHSt **24** 40 = NJW **71** 439, BGHSt **24** 64 = NJW **71** 664, DAR **87** 200, NStZ **01** 319, BaySt **03** 90 = NJW **03** 3498, VRS **76** 130 (abl Anm *Köhler* JZ **89** 697), Dü JMBlNRW **01** 241, DAR **70** 308, Kar DAR **03** 325, **93** 397, wenn der gerichtliche Schutz durch zu niedrige Strafen so eklatant versagte, daß das allgemeine Vertrauen in die Gesetze überhaupt erschüttert wäre, Bay VM **70** 51, also die allgemeine Rechtstreue litte, *Dünnebier* JR **70** 246/7, und zwar hinsichtlich einer bestimmten Deliktsart, KG VRS **38** 176 (BerufsKf fährt sechsmal zu schnell, wird deswegen bestraft und begeht beim 7. Mal fahrlässige Tötung), Ol NJW **70** 820, wenn ein bestimmtes Verbot also allgemein nicht mehr ernstgenommen würde, Kar DAR **03** 325, Kö NJW **70** 258, Ha DAR **70** 190, Stu NJW **70** 258, Ce NJW **70** 872, *Horstkotte* NJW **69** 1603. Vor allem in Fällen schwerer, nicht wiedergutzumachender Unfallfolgen kann unter dem Gesichtspunkt der Verteidigung der Rechtsordnung die Verhängung kurzer Freiheitsstrafe unerläßlich sein (s Rz 49), nicht ohne weiteres jedoch bei leichten Unfallfolgen ohne erschwerende Tatumstände gegenüber Ersttätern, Ha MDR **70** 693, in seltenen Ausnahmefällen jedoch auch bei folgenloser Trunkenheitsfahrt eines unbestraften Kf, Fra DAR **72** 48 (Zechtour und „Amokfahrt" auf der Flucht vor der Pol mit erheblicher Gefährdung anderer und Widerstandsleistung). Erfahrungswissenschaftlich überzeugende Feststellung des Anstiegs von Trunkenheitsdelikten und der Nachweis, daß die überwiegende Ahndung mit Geldstrafen hierfür durch Bewirkung einer Fehleinstellung in der Bevölkerung ursächlich ist, soll Verteidigung der Rechtsordnung durch Verhängung kurzer Freiheitsstrafen notwendig machen, Bay DAR **74** 176 (bei *Rüth*), Fra NJW **71** 666, Ha DAR **70** 328, KG VRS **44** 94. Dieser Nachweis wird indessen kaum je erbracht werden; s im übrigen Rz 50.

51 Im **Wiederholungsfall** kann härtere Freiheitsstrafe angebracht sein, Bay NJW **70** 871. Bei einem Täter, der binnen drei Jahren dreimal wegen Fahrens mit hoher BAK bestraft worden ist, zuletzt mit Freiheitsstrafe, und wieder, mit 2,25‰ BAK fahrend, Unfälle verursacht, ist es kein Rechtsfehler, wenn Freiheitsstrafe als unerläßlich erachtet wird, Ko VRS **40** 96. **Fehlende Reuezeichen** und Nichterscheinen bei Hinterbliebenen sind keine Straferhöhungsgründe, BGH VRS **40** 418.

52 Das Maß der **herbeigeführten Gefahr** kann straferhöhend wirken, Ko VRS **55** 278. Es darf erschwerend berücksichtigt werden, daß die Tat zur **Schädigung anderer** geführt hat, BGH VRS **21** 45. Je schwerer die Unfallfolgen und je größer der Alkoholmißbrauch des Täters war, um so genauer ist bei Geldstrafe darzulegen, warum härtere Strafe unnötig ist, s Stu VRS **41** 413. Die Behauptung des Angeklagten, er sei anders gefahren, als ihm vorgeworfen werde, darf nicht als **Uneinsichtigkeit** strafschärfend berücksichtigt werden, Ha VRS **8** 137, Kö GA **58** 251. Bei fahrlässigen VDelikten kommt der Vorwurf der Uneinsichtigkeit nur nach strengem Maßstab in Betracht, Ko VRS **37** 205. Berücksichtigung des Sachverhalts früherer Bußgeld- oder Strafverfahrens (Tilgung): § 29 StVG.

53/54 Etwaige **fremde Mitschuld** ist zu erörtern, BGH VRS **18** 206, NZV **89** 400, Dr DAR **99** 36 (Anm *Molketin* BA **99** 388), Schl DAR **62** 157, s *Molketin* NZV **90** 290. Läßt sich erhebliche Mitschuld nicht ausschließen, so ist das zugunsten zu berücksichtigen, BGH VRS **25** 113, Kar NJW **65** 361, ebenso ein mitverursachter, nicht schuldhaft gesetzter Umstand, Ce DAR **58** 273. Mitschuld des Verletzten ist auch bei Trunkenheitsfahrt strafmildernd, BGH DAR **56** 78, Ko BA **02** 483, zB daß das von hinten angefahrene Moped rückwärtig nicht beleuchtet war, BGH VRS **17** 196, ebenso, daß sich der getötete Beifahrer nach gemeinsamer Zeche in Kenntnis des Risikos zur Mitfahrt

Gefährdung des Straßenverkehrs **§ 315c StGB 4**

entschlossen hat, BGH NZV **89** 400, Ko BA **02** 483. Bei VTrunkenheit soll straferschwerend berücksichtigt werden dürfen, daß der Verurteilte von **Beruf** Kriminalkommissar ist (Lebensabrechung), Bra NJW **60** 1073, VRS **19** 299, nicht, daß er Ortsbürgermeister und Kreistagsabgeordneter, Kö DAR **62** 19, oder Rechtsanwalt ist, Hb VM **61** 78. Derartige Gründe enthalten bei Straferhöhung ein unrationales Moralisieren. Daß der Täter erfahrener Kf, BerufsKf, KfzMeister, Inhaber einer Reparaturwerkstätte, KfzSchlosser ist, darf ihn nicht benachteiligen, KG DAR **55** 19, Stu DAR **56** 227, Hb VM **61** 78. Verkehrssonderpflichten dieser Personen, anders als bei Strabafahrern, Omnibus- und Taxifahrern, bestehen nicht. Unerheblich ist bei Trunkenheitsfahrt das Geschlecht des Fahrers, BGHSt **17** 354 = NJW **62** 1828.

Bewußt fahrlässig herbeigeführte VGefährdung wirkt erschwerend, BGH VRS **22** **55** 273. Nach Ol NJW **68** 1293 soll **Nachtrunk** hinsichtlich der VStraftat (§§ 222, 315 c StGB) schärfend berücksichtigt werden dürfen, wenn er in Kenntnis einer dadurch bewirkten Erschwerung der Unfallfeststellungen erfolgte, aM mit Recht Bay DAR **74** 176 (keine Prozeßförderungspflicht des Angeklagten). Weitere Rspr zur Strafzumessung bei § 316 StGB.

Absehen von Strafe (§ 60 StGB) kann bei VTrunkenheit nur nach strengen Ge- **56** sichtspunkten in Betracht kommen, ausgeschlossen ist es jedoch nicht schon dadurch, daß auch Dritte verletzt oder getötet worden sind, Kar NJW **74** 1006, Ce NJW **71** 575, Fra NJW **71** 767, VRS **40** 257, Dü VRS **42** 273. Offensichtlich verfehlt muß Strafe nicht sein, wenn außer dem schwer verletzten Täter auch ihm nicht nahestehende Personen erheblich verletzt worden sind, Ha VRS **41** 350. Kein Absehen von Strafe schon deshalb, weil der Täter über den Unfall heftig erschrocken und sein Kfz beschädigt worden ist, Bay NJW **71** 766, oder nur wegen eigener Gehirnerschütterung und eigenen Totalschadens, Ko VRS **44** 415. Der Tod eines nahen Angehörigen kann bei besonders unvernünftigem, gefährlichem Täterverhalten gegen Absehen sprechen, Kö NJW **71** 2036, VRS **41** 415. Durchschnittlicher eigener gesundheitlicher und wirtschaftlicher Schaden bei erheblichem Fremdschaden rechtfertigen Absehen nicht, Fra NJW **72** 456. Bei ausreichenden Feststellungen kann auch das Revisionsgericht von Strafe absehen, Bay NJW **72** 696. S auch § 316 Rz 45.

Lit: zur Strafzumessung s § 316 Rz 49.

9 a. Strafaussetzung zur Bewährung (§ 56 StGB). Die §§ 47, 56 ff StGB drängen **57** die kurze, zu vollstreckende Freiheitsstrafe zurück. **Grundsätze: a) Freiheitsstrafe unter 6 Monaten,** nach § 47 ohnehin nur in den dort genannten Ausnahmefällen zulässig, ist bei günstiger Prognose zwingend zur Bewährung auszusetzen (§ 56 I, III StGB), also auch, wo ihre Verhängung zur Einwirkung auf den Täter oder zur Verteidigung der Rechtsordnung (Rz 49, 50) geboten war. Nichtaussetzung ist auch unter diesen Gesichtspunkten bei günstiger Prognose nicht möglich (§ 56 I, Gegenschluß aus III StGB). **b) Freiheitsstrafe von 6 Monaten bis zu 1 Jahr** ist bei günstiger Prognose auszusetzen (§ 56 I StGB), es sei denn, die Verteidigung der Rechtsordnung (Rz 49, 50) gebiete Vollstreckung, dann ist Aussetzung unzulässig (§ 56 III StGB), s *Molketin* NZV **90** 289. Keine Deliktsgruppe ist von der Aussetzung grundsätzlich ausgeschlossen, BGHSt **22** 196, NZV **89** 400, Kö MDR **66** 602, Ha DAR **90** 308, Stu NZV **91** 80, Kar DAR **93** 397. **c)** Bei **Freiheitsstrafe von mehr als 1 Jahr bis zu 2 Jahren** ist Aussetzung erlaubt bei günstiger Prognose, wenn außerdem nach der Gesamtwürdigung von Tat und Persönlichkeit des Verurteilten (s oben) besondere Umstände vorliegen (§ 56 II StGB). Hierzu reichen schon Milderungsgründe aus, die im Vergleich zu durchschnittlichen Milderungsgründen von besonderem Gewicht sind, BGH NZV **89** 400, NStZ **87** 21, DAR **87** 199, **88** 226, 227 (zu § 21 II aF JGG), Bay DAR **90** 364, Mü NStZ **87** 74, Ha DAR **90** 308, NZV **93** 317, Fra NStZ-RR **96** 213, Ce BA **99** 188. Auch Verletzungen des Täters mit schweren Dauerschäden kommen dabei in Betracht, Bay VRS **65** 279. Bei schwersten Folgen für einen unbeteiligten VT werden besondere Umstände iS von § 56 II StGB häufig zu verneinen sein, s BGH NStZ **91** 331, **94** 336 – Anm *Horn* BA **95** 62 – (im Ergebnis SzB aber nicht beanstandet).

Nach statistischer Erfahrung sind Rückfälle nach SzB nicht häufiger als nach Strafvoll- **58** streckung, s *Middendorff,* Kriminologie und Täterpersönlichkeit S 43. Jeder Fall ist un-

1511

schematisch und **individuell zu prüfen,** Kö VRS **30** 337, Hb NJW **66** 1467, Ce VRS **31** 351, Dü VM **67** 36, Stu NZV **91** 80, auch hinsichtlich der Prognose, ohne Vergleichung mit gedachten Tätertypen, Br DAR **60** 49, näher mit RsprÜbersicht *Molketin* NZV **90** 290. Für die Annahme einer günstigen Prognose reicht es aus, daß die Wahrscheinlichkeit künftigen straffreien Verhaltens diejenige erneuten Straffälligwerdens übersteigt, BGH NStZ **97** 594. Ernstliche Bemühung unter vorteilhaft geänderten Lebensumständen kann günstige Prognose trotz erheblicher Vorstrafe rechtfertigen, Fra NJW **77** 2175. Sehr schwere Folgen für den Täter und dessen Angehörige können, auch wenn sie kein Absehen von Strafe zulassen, doch für SzB sprechen, s Kö VRS **44** 264. Das Geschlecht des Fahrers ist unerheblich, BGH **17** 354 = NJW **62** 1828, ebenso Beschäftigung oder Beruf, Ha DAR **58** 192 (Abgeordnete), NJW **57** 1449, VRS **14** 28 (Fahrlehrer). Auch Ersttäterschaft kann nach umfassender Würdigung Nichtaussetzung bereits rechtfertigen, Ko DAR **71** 106 (fahrlässige Tötung). Bei **schwerwiegenden Unfallfolgen** kann auch bei Ersttätern beim allgemeinen Ansteigen gleichartiger Taten Vollstreckungsstrafe von einem Jahr zulässig und angebracht sein, Ha VRS **40** 342. Bei Trunkenheitsfahrten mit schweren Unfallfolgen werden schwerwiegende Besonderheiten des Falles die Strafvollstreckung vielfach fordern, Kar VRS **55** 341, **57** 189, Ha DAR **90** 308, Ko NZV **92** 451. Trunkenheitsfahrt mit schwerer Unfallfolge schließt Aussetzung einer Freiheitsstrafe zwischen 6 Monaten und einem Jahr nicht idR aus, sondern nur, wenn besondere Umstände bei Aussetzung auf „Unverständnis" stoßen und die Rechtstreue „ernstlich beeinträchtigt" würden, s BGHSt **24** 40 = NJW **71** 439, NStZ **87** 21, Bay VRS **69** 283, Kar DAR **03** 325, **93** 397, Ce BA **99** 188, Fra NJW **77** 2175, bei gehäuften Taten mit schweren Unfallfolgen liegt das „näher als bei sonstigen Rechtsverletzungen", BGHSt **24** 64 = NJW **71** 664. Bei einer Trunkenheitsfahrt mit **schwersten Unfallfolgen** liegt die Annahme, durch Bewilligung von SzB könne die Rechtstreue der Bevölkerung beeinträchtigt werden (§ 56 III StGB), näher als bei anderen Verfehlungen, BGHSt **24** 64 = NJW **71** 664, VRS **47** 14, BaySt **03** 90 = NJW **03** 3498, VRS **59** 188, **69** 283, Ko BA **80** 463, **02** 274, 483, Kar DAR **03** 325, **93** 397, mit der Folge, daß SzB einer mehr als 6 monatigen Freiheitsstrafe in den meisten Fällen ausscheiden wird, BGHSt **24** 64 = NJW **71** 664, Ko VRS **52** 21, NZV **92** 451, Kö VRS **53** 264, Ha NZV **93** 317 (Anm *Molketin* BA **94** 133), anders jedoch zB bei extrem langer Verfahrensdauer, Bay VRS **69** 283 (mehr als 4 Jahre). Auch ein tödlicher Unfall bei Trunkenheitsfahrt gebietet aber nicht unbedingt Nichtaussetzung, allseitige Abwägung ist notwendig, Bay NJW **03** 3498, VRS **69** 283, Stu NZV **91** 80, Kar DAR **93** 397, NZV **96** 198. Ob Geschädigte (Hinterbliebene) oder Personen aus dem näheren Täterumkreis Verständnis für SzB hätten, darauf kommt es bei der Prüfung, ob Verteidigung der Rechtsordnung Vollstreckung erfordert, nicht an, Bay NJW **78** 1337, insoweit einschränkend Kar DAR **93** 397. **Vorstrafen** schließen SzB nicht schlechthin aus, Kö VRS **42** 94, Ko VRS **71** 446. Bei erheblichen einschlägigen Vorstrafen und leichtfertiger Fahrweise ist günstige Prognose besonders zu begründen, BGH VRS **17** 183. S § 316 StGB. Bei mehrfachem Rückfall ist kurze ausgesetzte Freiheitsstrafe idR angebracht, bei häufigem, raschem Rückfall Nichtaussetzung, wenn auch nicht ausnahmslos, *Dünnebier* JR **70** 247. Auch bei raschem Rückfall ist günstige Prognose nicht ausgeschlossen, KG VRS **41** 254. Aussetzung kommt auch bei Vorsatz in Betracht, Ha DAR **69** 187, und uU mit erheblich erschwerten Auflagen auch noch bei Zweit- und Drittätern, *Horstkotte* JZ **70** 127. Hat der Täter allerdings bereits wegen einschlägiger Tat Freiheitsstrafe verbüßt, können nur ganz besondere Gründe günstige Prognose rechtfertigen, die im Urteil darzulegen sind, Stu DAR **71** 270, aM Fra NJW **70** 956. Das gleiche gilt bei Tatbegehung innerhalb Bewährungszeit wegen einschlägiger Verurteilung, Bay DAR **70** 263, **71** 205, **92** 363, 364, KG VRS **38** 330, BA **72** 276, Ha DAR **72** 245, VRS **54** 28, Sa VRS **49** 351, Ko MDR **71** 235, VRS **71** 446.

Lit: *Dede*, Zur Strafaussetzung bei Trunkenheitsfahrt, MDR **70** 721. *Janiszewski*, Strafzumessungspraxis der Gerichte bei Alkoholdelikten im StrV, BA **68** 27. *Kohlhaas*, Bewährungsauflage eines Krankenhaushilfsdienstes für straffällige Kf?, NJW **65** 1068. *Middendorff*, Strafzumessung und kriminologische Forschung, k + v **67** 12. *Molketin*, Zur Verteidigung der Rechtsordnung bei folgenschweren Trunkenheitsdelikten, NZV **90** 289.

Gefährdung des Straßenverkehrs § 315c StGB 4

9 b. Entziehung der Fahrerlaubnis: § 69 StGB. **Fahrverbot** hilfsweise: § 44 StGB. 58 a

10. Verhältnis zum § 24 StVG. Soweit in § 315c Verstöße gegen die StVO mit Strafe bedroht werden, geht § 315c vor (§ 21 OWiG), wenn Strafe verhängt wird. 59

11. Verhältnis der Tatbestände des § 315c untereinander. Fahrlässige StrVGefährdung (I Nr 1a, III) ist **keine** mit Antritt der Trunkenheitsfahrt beginnende **Dauerstraftat**, da ihr Tatbestand konkrete Gefährdung voraussetzt, BGH NJW **70** 257, VRS **62** 191, NZV **95** 196, Sa VRS **106** 194, LK (König) Rz 196 (str, aM zB Dü NZV **99** 388, s dazu Seier NZV **90** 129). **Nr 1a** ist gegenüber 1b **lex specialis**, BGH VM **71** 81, Tröndle/Fischer 23; Bay VRS **59** 336 nimmt zwischen Nr 1a und 1b eine einzige Straftat an. Werden auf einer Trunkenheitsfahrt **mehrere Gefahrfälle** herbeigeführt, so ist der Tatbestand des Abs I Nr 1a nur einmal verwirklicht, BGH NZV **89** 31 (krit Werle JR **90** 77, krit hinsichtlich der Begr auch Seier NZV **90** 130), Ko VRS **37** 190, Sch/Sch (Cramer/Sternberg-Lieben) Rz 53; anders bei neuem Tatentschluß, Ko VRS **37** 190, zB Weiterfahrt nach Unfall, Dü NZV **99** 388, es sei denn, es liegt Fortsetzungszusammenhang oder natürliche Handlungseinheit vor. Nach aM soll, weil § 315c kein Dauerdelikt ist, idR TM gegeben sein, LK (König) Rz 209, Lackner/Kühl Rz 35. Nur eine Tat bei mehreren Gefährdungen auf einer Fluchtfahrt, BGH NZV **01** 265; zur sog PolFlucht, s E 150a. **Gefährdung mehrerer Personen gleichzeitig** durch dasselbe Verhalten verwirklicht den Tatbestand nur einmal, BGH NZV **89** 31 (zust Werle JR **90** 76), Bay NJW **84** 68, VRS **73** 379. Einheitliche Tat, nicht TE, beim **Zusammentreffen mehrerer Begehungsformen,** welche dieselbe Gefahr begründen, Ha VRS **41** 40, Bay VRS **73** 379. **Weiterfahrt nach Trunkenheitsunfall,** um nach einigen 100 m besser wenden zu können, und Rückkehr bildet keine selbständige Trunkenheitsfahrt, Bay VRS **45** 275. Weiterfahren des Trunkenen nach Unfall, das nicht als Sichentfernen geahndet wird, geht in § 315c auf, Ha VRS **48** 266. 60

12. Verhältnis zu anderen strafbaren Handlungen, Wahlfeststellung. Verhältnis des § 315b (absichtliches Hindernisbereiten) zu § 315c I: Rz 1. Ist Behinderung nur die Folge des tatbestandsmäßigen Verhaltens, greift § 315c ein, ist sie der Zweck, § 315b, s § 315b Rz 1. TE mit § 315b ist aber möglich, s § 315b Rz 22. § 316 ist gegenüber 315c I Nr 1a subsidiär, BGH NJW **83** 1744, Dü VRS **94** 265. Das gilt auch, wenn der Täter nach dem Unfall, ohne § 142 zu erfüllen, weiterfährt; dann geht die weitere Trunkenheitsfahrt mangels neuen Tatentschlusses in § 315c auf, BGH NJW **73** 355, Bay NJW **73** 1657, VRS **41** 26, Ha VRS **48** 266, aM Ha VRS **42** 21 (TM). Sichentfernen nach VGefährdung (§ 315c I Nr 1a, III) steht zu dieser in TM, s § 142 Rz 72, verfahrensrechtlich bilden beide jedoch dieselbe Tat, s § 142 Rz 74. Eine Straftat nach § 315c I, III endet idR mit Beginn des Sichentfernens, weil dieses auf einem neu und anders motivierten Entschluß beruht, BGH VRS **48** 191, **44** 269. Soweit (entgegen BGHSt **42** 235 = NZV **96** 500) Begehung eines Vergehens gegen § 315c I Nr 1a in Form der actio libera in causa als möglich erachtet wird, besteht zwischen diesem und in Volltrunkenheit begangenem Sichentfernen TE, BGH NJW **62** 1830, Bay DAR **72** 203, **73** 207, Ha DAR **74** 23, VRS **40** 191. Nötigung in TE mit gefährdendem Überholen durch allzu dichtes Aufrücken auf der AB-Überholspur bis hoher Fahrgeschwindigkeit mit Versuch des Sich-links-Vorbeidrängens am Vorausfahrenden, Kö VRS **44** 16; denn Überholen beginnt bereits mit dem nahen Aufschließen. TM zwischen falschem Überholen (I 2b) und nachfolgender Unfallflucht, Sa NJW **74** 375. Kommt nur entweder Gefährdung des StrV oder Gestatten des Fahrens ohne FE in Betracht, so ist im Wege der Wahlfeststellung wegen Trunkenheit im V (§ 316 StGB) oder § 21 I Nr 2 StVG zu verurteilen, Ha NJW **82** 192 (Anm Schulz NJW **83** 265). 61

Lit: Granicky, Konkurrenzfragen bei der Unfallflucht ..., SchlHA **66** 60. Krüger, TM oder TE bei Trunkenheitsfahrt mit Unfallflucht?, NJW **66** 489. Rüth, Konkurrenzprobleme im VRecht, DAR **63** 262. Seier, Die Handlungseinheit von Dauerdelikten im StrV, NZV **90** 129.

13. Verfahren. Wird bei naheliegender Gefährdung nur nach § 316 verurteilt, so ist **im Urteil darzulegen,** warum keine Gefährdung vorgelegen hat, Ko VRS **51** 105. Eine unfallsächliche Fehleinstellung des Kf (Zunahme der Trunkenheitsdelikte), wegen 62

1513

4 StGB § 315d

welcher Freiheitsstrafe verhängt werden soll, ist im Urteil erfahrungswissenschaftlich zu rechtfertigen, KG VRS **44** 94. Bei Übergang vom Vorsatz zur Fahrlässigkeit und umgekehrt ist zu belehren (§ 265 StPO), BGH VRS **49** 184, Ko VRS **63** 50. Anklage wegen fahrlässiger StrVGefährdung durch Fahren unter Alkoholeinfluß betrifft außer dem gefährdenden Vorgang auch alle anderen geschilderten, mit der Gefährdung zusammenhängenden VWidrigkeiten; werden sie im Urteil nicht behandelt, ist der Eröffnungsbeschluß nicht erschöpft, Bay VRS **29** 110. Ist bei Anklage aus § 315 c nur **verjährte OW** nachweisbar, so ist freizusprechen, Ha DAR **55** 307, Bra DAR **57** 158, aA Bay DAR **57** 297, Kö VRS **15** 366. **Verletzter** (§ 61 Nr 2 StPO) ist bei Gefährdungsstraftaten der, den der Täter tatbestandsmäßig gefährdet hat, BGHSt **10** 372. Teilanfechtung: § 69 a StGB. Bei Verurteilung nach § 315 c I Nr 1 a und tatmehrheitlich dazu §§ 316, 142 StGB ist **Rechtsmittelbeschränkung** auf Verurteilung wegen der Unfallflucht in TM mit Trunkenheit im V unzulässig, s § 142 Rz 74. Leugnet der Verurteilte nur schuldhaft herbeigeführten Unfall, so kann er die Berufung auf die Verurteilung nach § 315 c I Nr 1 a beschränken und diejenige nach § 142 ausnehmen, Ha VRS **43** 179.

63 **Festnahme. Sicherheitsleistung.** Ein Recht zur vorläufigen Festnahme (§ 127 StPO) setzt sichtbare Anzeichen einer frischen Tat voraus, die keinen vernünftigen Zweifel an der Täterschaft lassen; ohne Kenntnis der BAK wird dies in bezug auf Nr 1 a nur in seltenen Ausnahmefällen gegeben sein (offenkundige, schwere alkoholtypische Ausfallerscheinungen), s § 316 Rz 68. Der Beschuldigte, der im Geltungsbereich des Gesetzes keinen festen Wohnsitz oder Aufenthalt hat und bei dem die Haftbefehlsvoraussetzungen nur wegen Fluchtgefahr vorliegen, kann die Festnahme unter den Voraussetzungen des § 127 a StPO durch Sicherheitsleistung und Bestellung eines örtlichen Zustellungsbevollmächtigten abwenden. Liegen die Haftbefehlsvoraussetzungen bei ihm nicht vor, so kann gem § 132 StPO mit Anordnung der Sicherheitsleistung und etwaiger Beschlagnahme gegen ihn vorgegangen werden.

Schienenbahnen im Straßenverkehr

315d Soweit Schienenbahnen am Straßenverkehr teilnehmen, sind nur die Vorschriften zum Schutz des Straßenverkehrs (§§ 315 b und 315 c) anzuwenden.

1 **1. Schienenbahnen im Straßenverkehr.** § 315 d nimmt die Schienenbahnen, soweit sie am StrV teilnehmen, aus dem Anwendungsbereich der §§ 315, 315 a heraus und weist sie den §§ 315 b und c zu. Die Zuweisung hängt nicht davon ab, ob die Bahn auf besonderem Bahnkörper fährt, sondern davon, ob und inwieweit sie „am Straßenverkehr teilnimmt". Begründung des Zweiten VerkSichG:

2 *„Die Neuregelung beruht auf dem Gedanken, daß für alle Teilnehmer am Straßenverkehr einheitlich dieselbe Rechtsordnung gelten muß ... Für die Zuordnung einer Schienenbahn zu den Vorschriften über den Schutz des Straßenverkehrs kommt es deshalb ausschließlich darauf an, ob sie am Straßenverkehr teilnimmt. Das mag im allgemeinen nicht zutreffen, wenn sie auf besonderem Bahnkörper verkehrt. Immer ist das jedoch nicht der Fall ...*

3 *In Grenzfällen wird es nicht immer leicht sein, zu klären, ob eine bestimmte, gegen die Bahn gerichtete Handlung den Straßenverkehr oder eine andere Verkehrsart gefährdet hat. Diese Schwierigkeit ergibt sich daraus, daß ebenso wie im geltenden Recht eine und dieselbe Bahn teils nach §§ 315, 315 a und teils nach den §§ 315 b, 315 c Strafschutz genießen kann, weil sie nur auf Teilstrecken am Straßenverkehr teilnimmt. Dieses Ergebnis, das mancherlei Rechtsfragen, namentlich im Hinblick auf Taten mit sich bringt, die außerhalb des Streckenkörpers, etwa im Depot der Bahn, begangen werden, muß hingenommen werden; denn es ist bei den gegebenen Verhältnissen ausgeschlossen, den Charakter sämtlicher Eisen- und Straßenbahnen für die von ihnen befahrenen Strecken einheitlich zu bestimmen ...*

4 Soweit die Bahn (Eisenbahn, Straba) ausschließlich auf besonderem Bahnkörper mit durch Warnkreuze (Z 201) oder Schranken gesicherten Übergängen über Straßen des allgemeinen V verläuft, ist sie durch die §§ 315, 315 a geschützt. Am StrV nimmt die Bahn teil, wo die Schienen baulich unabgegrenzt in der Fahrbahn liegen und an ungeschützten Kreuzungen. Dort hat sie die allgemeinen VRegeln zu beachten und ihr Fahr-

verhalten dem allgemeinen StrV anzupassen, Stu VM **72** 93. Insoweit gelten die §§ 315b, 315c. Es kommt dann weder auf die gewerberechtliche Einordnung als Eisen- oder Straßenbahn an, noch auf den überwiegenden Streckenverlauf. Vielmehr ist bei gemischtem Streckenverlauf maßgebend, wo die Tat begangen worden ist, beim Auseinanderfallen von Tat, Gefährdung und Schadenseintritt der Ort der Gefährdung, BGHSt **11** 162, **13** 68, Kö VRS **15** 53, aM BGHSt **15** 15 (Handlungsort). Bewirkt ein gefährdender Eingriff im Bahndepot Gefahr während der gesamten Fahrt auf gemischter Strecke, so kommt TE der §§ 315, 315b in Betracht, sonst ist auch hier der Ort der Gefährdung maßgebend, aM *Cramer* JZ **69** 412: maßgebend für die Unterscheidung sei, ob die Gefährdung ihren Grund in einer typischen Gefahr des Bahnbetriebs oder des StrV habe. Doch widerspricht das dem G, das auf allgemeine VTeilnahme abstellt.

Trunkenheit im Verkehr

316 (1) **Wer im Verkehr (§§ 315 bis 315d) ein Fahrzeug führt, obwohl er infolge des Genusses alkoholischer Getränke oder anderer berauschender Mittel nicht in der Lage ist, das Fahrzeug sicher zu führen, wird mit Freiheitsstrafe bis zu einem Jahr oder mit Geldstrafe bestraft, wenn die Tat nicht in § 315a oder § 315c mit Strafe bedroht ist.**

(2) **Nach Absatz 1 wird auch bestraft, wer die Tat fahrlässig begeht.**

Übersicht

Abbaugeschwindigkeit 59 f
Abschleppen 2, 13
Absehen von Strafe 45
Absolute Fahrunsicherheit 12 ff, 17 ff
actio libera in causa 31
Alkohol 3, 4, 6 ff
Alkoholbeibringung 26
Alkoholnachweis 50–63
Anflutung (Resorption) 7, 14
Atemalkohol-Testgeräte 52a
Ausfallerscheinungen, körperliche 64–66
Aussetzung der Strafe 46 ff

Begleitalkohol-Gutachten 50
Beifahrer 19
Berauschende Mittel 3, 5
Beschränkte Fahrtüchtigkeit 6, 15, 16
Beurteilung „klinische" 65–66
Bewährung, Strafaussetzung 46 ff
Beweis der Fahrunsicherheit 50 ff
Blutalkoholgrenzwerte 11 ff

Drehnachystagmus 66
Drogen 3, 5

Einatmen von Alkohol oder Lösungsmitteln 25
Einziehung 45a
Entschuldigungsgründe 33
Entziehung der Fahrerlaubnis 49
„Ernüchterungsmittel" 9

Fahrer, Grenzwerte im Blut 11 ff
–, Pkw, Lkw 11 ff
–, Kraftrad 17
–, andere Fahrzeuge 18
Fahrerlaubnis, Entziehung 49
Fahrlässigkeit 25
Fahrtüchtigkeit, beschränkte, fehlende 3 ff
Fahrunsicherheit
–, absolute 12 ff
–, Beweis 50 ff
–, relative 15, 16, 64 ff

Fahrverhalten 15, 64
Festnahmerecht 68
Freiheitsstrafe, kurze 39
Führen eines Fahrzeugs im Verkehr 2
Fußgänger 20, 21

Grenzwerte im Blut 11–18

Haschisch 5

Innerer Tatbestand 22 ff

„Klinische" Beurteilung 65–68
Krankheit 61
Kraftradfahrer, Blutalkoholgrenzwert 17

Medikamente 3, 4, 22, 25, 32
Methoden des Nachweises der Fahrunsicherheit 52 ff, 64 ff
– des Alkoholnachweises im Blut 52 ff
Mopedfahrer, Mofa 17

Nachtrunk 50, 59
Nothilfe 33

Polizeiflucht 37
Pupillenreaktion 66

Radfahrer 18
Rauschmittel 3, 5
Rauschtat 32
Rechtfertigungsgründe 33
Relative Fahrunsicherheit 15, 16, 64 ff
Resorption 7, 14, 59
Resorptionsdefizit 52
Restalkohol 8, 25
Romberg 66
Rückrechnung 14, 59–62
Rückwirkung 14a

Schiffsverkehr 2, 18
Schuldfähigkeit 29, 30
Standardabweichung 12, 53
Strafaussetzung 46 ff

4 StGB § 316 Auszug aus dem StGB

Strafzumessung 38 ff	Vorsatz 24
Sturztrunk 14, 15, 60	Vorstrafe 44, 47
Tatbestand, innerer 22 ff	Vorverlegte Verantwortlichkeit 31
Teilnahme 34–36	Vorwerfbarkeit 22, 23
Unterlassen, Tatbegehung durch 32	Wahlfeststellung 37
	Widmark-Formel 52
Verhaltensbeurteilung 15, 16, 64, 65	
Verteidigung der Rechtsordnung 40	Zivilrecht 69–72
Verwechslung der Blutprobe 54	Zurechnungsfähigkeit 29, 30
Vollrausch 32	Zusammentreffen 37

1 **1. Trunkenheit im Verkehr.** § 316 normiert ein abstraktes Gefährdungsdelikt und bedroht das Führen von Fzen unter Alkoholeinwirkung wegen seiner allgemeinen Gefährlichkeit, Bay NZV **92** 453, ohne Rücksicht darauf mit Strafe, ob sich die Gefahr in einem bestimmten VVorgang konkretisiert. Konkrete Gefährdung: § 315 c. Zur Reform der Alkoholbestimmungen, *Riemenschneider*, Fahrunsicherheit oder Blutalkoholgehalt als Merkmal der Trunkenheitsdelikte, Berlin 2000, *Schneble* BA **76** 297, **77** 157, **83** 177, *Strate* BA **83** 188, *Händel* BA **76** 208, *Schütt* BA **77** 149, *Janiszewski* BA **77** 65, DAR **88** 253, *Schultz* BA **77** 357, *Müller, Heifer* VGT **81** 81, 116 und *Hentschel* VGT **81** 103 (= DAR **81** 79) mit Entgegnung *Schneble* BA **81** 197.

2 **2. Im Verkehr ein Fahrzeug führt.** § 316 erfaßt alle VArten einschließlich des Eisenbahn-, Schiffs- und LuftV. Teilnahme am StrV: § 1 StVO. Als FzF strafrechtlich verantwortlich sein kann auch der die Fahrt vom Beifahrersitz aus leitende Fahrlehrer, der durch die Möglichkeit jederzeitigen Eingriffs tatsächlich den Verlauf der Fahrt beherrscht, Kar VRS **64** 153 (157), AG Cottbus NStZ **02** 546, Sch/Sch (*Cramer/Sternberg-Lieben*) Rz 23, LK (*Geppert*) zu § 69 StGB Rn 29, *Janiszewski* Rz 329, *Jan/Jag/Bur* Rn 2, str, aM LK (*König*) § 315 c Rz 42, *Joerden* BA **03** 104, *König* DAR **03** 448. Trotz § 2 XV S 2 StVG kommt auch ein Fahrschüler neben dem Fahrlehrer als Führer und damit Täter in Betracht. Angetrunkene Fahrschüler in Kfz mit doppelten Bedienungsvorrichtungen, Ha VRS **23** 153. Besondere Fortbewegungsmittel (§ 24 I StVO) sind keine Fze iS des § 316 StGB, anders aber motorisierte Krankenfahrstühle (§ 24 II StVO), BaySt **00** 104 = DAR **00** 532 (Kfz). Täter nach § 316 kann nur der Führer eines Fz sein, nicht, wer nur einen Bagger-Schwenkarm dreht, Bay DAR **67** 142. Fußgänger, Beifahrer, Reiter, Viehtreiber, Skiläufer, Führer von Handwagen, Kinderwagen, Schiebkarren oder Handschlitten (auch wenn darauf gefahren wird) sind durch § 316 nicht betroffen. Sie fallen unter die §§ 2 FeV, 24 StVG, ggf auch §§ 1 StVO, 24 StVG. Zum Führen eines Pferdefuhrwerks gehören Führung der Zügel und Peitsche, Betätigung der Bremse und die typischen Lenkzurufe; teilen sich zwei Personen in diese Verrichtungen, so können beide Führer sein, Ha VRS **19** 367. Die früher hM hatte den **Begriff des „Führens"** eines Kfzs auf vorbereitende Handlungen ausgedehnt, die dazu dienen, das Fz alsbald in Bewegung zu setzen. Danach genügte schon das Einführen des Zündschlüssels, das Lösen der Handbremse oder die Betätigung der Gangschaltung, BGH NJW **55** 1040, **64** 1911). Unter Hinweis auf sprachliche Erwägungen und durch zweckorientierte Auslegung hat der BGH die frühere ausdehnende Rspr zum Merkmal des Führens eines Fzs inzwischen aufgegeben, BGH NZV **89** 32 (abl *Sunder* BA **89** 297, krit *Hentschel* JR **90** 32). Nach nunmehr hM setzt FzFühren stets voraus, daß das Fz **in Bewegung gesetzt** wird, BGH NZV **89** 32, Dü NZV **89** 202 (zu § 24a StVG), **89** 204, **92** 197, Bay NZV **89** 242, Kar NZV **92** 493. Entgegen früher überwiegend vertretener Ansicht (zB Ko DAR **72** 50, Ce VRS **44** 342, Schl VM **74** 56, Bay VRS **66** 202, Bra VRS **74** 363) *führt* also nach neuer Rspr auch derjenige noch kein Fz, der den Motor anläßt, um alsbald wegzufahren, oder der vergeblich versucht, das steckengebliebene Fz frei zu bekommen, Kar NZV **92** 493. Die ausdehnende Auslegung des Begriffes „Führen" durch die frühere Rspr auf solche vorbereitenden Handlungen, die unmittelbar dazu dienen, die bestimmungsgemäßen Triebkräfte des Fzs in Bewegung zu setzen, war stets umstritten, näher dazu *Hentschel,* Trunkenheit 340 ff. Wer beim Besteigen eines Fahrrades mit beiden Füßen den Bodenkontakt gelöst hat, führt ein Fz, LG Fra VM **86** 7. Schieben eines Mofas mit laufendem Motor ist Führen, Dü VRS **50** 426, Bay VRS **66** 202, aber

nicht iS des Beweisgrenzwertes von 1,1‰ für absolute Fahrunsicherheit, Bay VRS **66** 202. Abrollenlassen eines Kfz auf Gefällestrecke ist Führen, BGH NJW **60** 1211, Ce DAR **77** 219, Bay NJW **59** 111, VRS **67** 373, Kar DAR **83** 365, jedoch nicht **als Kraftfahrer** iS des Beweisgrenzwertes für absolute Fahruntüchtigkeit, es sei denn der Motor soll hierdurch in Gang gesetzt werden, Ha DAR **57** 367, **60** 55 (s Rz 13). Entsprechendes gilt für Angeschobenwerden durch eine andere Person, Ko VRS **49** 366. Rollt das Kfz dabei durch den erhaltenen Schwung einige Meter selbständig, so wird es zwar geführt, aber nicht als Kfz (Beweisgrenzwert!), Ce DAR **77** 219, *Janiszewski* 327, aM Ko VRS **49** 366. Wer auf dem Sattel sitzend ein Mofa durch Abstoßen mit den Füßen fortbewegt, führt es nicht als Kf, Dü VRS **62** 193. Schieben mit eigener Körperkraft ist kein Führen, Ol MDR **75** 421, Dü VRS **50** 426. Anders bei „Anschieben", um den Motor in Gang zu bringen, Ol MDR **75** 421, aM AG Winsen/Luhe NJW **85** 692. Nach nunmehr hM in der Rspr *führt* ein Fz iS von § 316, wer ein abgeschlepptes Fz lenkt, BGHSt **36** 341 = NJW **90** 1245 (Anm *Hentschel* JR **91** 113), Ce NZV **89** 317, Br DAR **67** 306, Fra NJW **85** 2961, Bay NJW **84** 878 (zust *Janiszewski* NStZ **84** 113), LG Hannover NRpfl **89** 62, aM Bay 2b St 227/86, KG VRS **67** 154, *Bouska* DAR **86** 16, s auch BGH VRS **65** 140, *Hentschel,* Trunkenheit, 356 f. Obwohl der Abgeschleppte das von ihm gelenkte Fz nicht *als Kfz* führt, BGHSt **36** 341 = NJW **90** 1245, Bay VRS **62** 42, wendet die neuere Rspr auf ihn im Hinblick auf die von ihm zu bewältigenden Anforderungen den Beweisgrenzwert von 1,1‰ (s *Berz* NZV **90** 359) für absolute Fahrsicherheit an, s Rz 13. „Anschleppen", s § 21 StVG Rz 11. Führen setzt stets **willentliches Handeln** voraus; kein Führen daher, wenn das Fz ungewollt ins Rollen gerät, Bay DAR **70** 331, **80** 266, Fra NZV **90** 277, Dü NZV **92** 197. Weitere Einzelheiten zum „Führen", s § 21 StVG Rz 10. Nicht zum **öffentlichen Verkehr** gehört ein Parkhaus außerhalb der normalen Betriebszeit, § 1 StVO Rz 13 ff. Wer einen Fußweg befährt, bewegt sich im V, Schl VM **71** 66, Ha VRS **62** 47. Keine VTeilnahme ist Versuch, das Kfz im Straßengraben entlang und aus ihm herauszufahren, Ha VRS **39** 270.

Lit: *Joerden,* Der Fahrzeugführer hinter dem Fahrzeugführer – eine akzeptable Rechtsfigur?, BA **03** 104.

3. Beschränkte oder fehlende Fahrtüchtigkeit

Genuß alkoholischer Getränke oder anderer berauschender Mittel. „Genuß" hat nur die Bedeutung körperlicher Aufnahme der genannten Mittel, Bay NZV **90** 317, *Burmann* DAR **87** 137 = VGT **87** 57 f, *Janiszewski* BA **87** 246 f, *Maatz/Mille* DRiZ **93** 17 (str). Berauschende Mittel sind solche, deren Wirkungen denen des Alkohols vergleichbar sind, s *Janker* DAR **03** 491, und welche die intellektuellen und motorischen Fähigkeiten und das Hemmungsvermögen beeinträchtigen, BGH VRS **53** 356, Bay NZV **90** 317, Dü NZV **93** 276, **94** 326, 490, DAR **99** 81 (Anm *Hentschel* JR **99** 476), *Salger* DRiZ **93** 314, *Maatz/Mille* DRiZ **93** 16, iS von § 316 neben alkoholischen Getränken namentlich alle Stoffe gem § 1 Betäubungsmittelgesetz, Dü NZV **93** 276, **94** 490. Zum Begriff Kar NJW **79** 611, *Gerchow* BA **79** 97, **87** 233, *Naeve/Schmutte* k+v **71** 325, *Schewe* BA **81** 265, *Burmann* DAR **87** 134 = VGT **87** 50, *Janiszewski* BA **87** 247. Übersicht über verschiedene Rauschmittel und deren Wirkung, s *Maatz/Mille* DRiZ **93** 18 ff, *Nehm* DAR **93** 377. Nach derzeitigem Wissensstand lassen sich für Rauschgifte, anders als bei Alkohol, **keine Beweisgrenzwerte für absolute Fahrunsicherheit** begründen, BGHSt **44** 219 = NZV **99** 48 (Heroin, Kokain) – zust *Berz* NStZ **99** 407, abl *Schreiber* NJW **99** 1770 aus medizinischer Sicht –, Fra NZV **92** 289 (Heroin), Ha BA **04** 264, Dü DAR **99** 81 – Anm *Hentschel* JR **99** 476 – (Amphetamin), Zw VRS **105** 125, **106** 288, LG Stu NZV **96** 379, s *Maatz/Mille* DRiZ **93** 24, *Salger/Maatz* NZV **93** 330, *Maatz* BA **95** 98 (102), **04** H 2, Supplement 1 S 9, *Scheffler/Halecker* BA **04** 427, *Alting* BA **02** 96, aM AG Moers BA **04** 276 (Cannabis), *Salger* DAR **94** 437 f (hinsichtlich sog „harter" Drogen „0,0-Wert" und hinsichtlich Haschisch im Zusammenwirken mit mindestens 0,3‰ BAK). Feststellung drogenbedingter **(relativer) Fahrunsicherheit** setzt daher weitere Beweisanzeichen voraus (s Rz 5), wobei (ebenso wie bei BAK, s Rz 15) an das Ausmaß der erforderlichen zusätzlichen Beweisanzeichen umso geringere Anforderungen zu stellen sind, je höher die festgestellte Wirkstoffkonzentration ist, BGH NZV **99** 48, Zw NStZ-RR **04** 247. Bedeutung haben neben dem Alkohol oder für sich allein auch **Medikamente,** welche Alkohol enthalten oder die Fahrsicherheit anderweitig beeinträchtigen. Auch für die in Medikamenten enthaltenen, die Fahrsicherheit beeinträchtigenden Wirkstoffe ist nach dem derzeitigen Stand der Wissenschaft die Feststellung von Beweisgrenzwerten nicht möglich, *Pluisch* NZV **99** 5, *Friedel/Becker* VGT **99** 97. Medizinisch ist zw, inwieweit Medikamente, die Fahrunsicherheit bewirken, überhaupt in „berauschende" und „nicht berauschende" unterschieden werden können, *Schewe* BA **81** 265. Für die Anwendung von § 316 kann im Hinblick auf den Wortlaut auf die Unterscheidung jedoch gleichwohl nicht verzichtet werden, *Janiszewski* NStZ **81** 471, *Burmann* DAR **87** 136 = VGT **87** 54f. Das Schlafmittel Mandrax ist ein berauschendes Mittel, Dü VM **78** 84, ebenso Dolviran, Ko VRS **59** 199. Zum Alkoholgehalt von Hustenmitteln, BA **74** 54. Valium ist ein berauschendes Mittel, s *Salger* DAR **86** 387. Valium und Alkohol, Ha BA **70** 82, VRS **42** 281. Phanodorm, KG VRS **19** 111. Captagon, LG Kö BA **81** 472. Bromazepamhaltige Mittel (zB Normoc, Lexotanil), Ce VM **86** 29, Bay NZV **90** 317, LG Kö BA **85** 473. Bei nur 0,16‰ BAK ist die Annahme eines Alkohol/Medikamentenrausches besonders zu begründen, Kö BA **77** 124. Pharmaka-Mitwirkung beseitigt ursächlichen Zusammenhang zwischen Alkoholgenuß und Rausch nicht, Ha BA **78** 454. Das Zusammenwirken von Alkohol und Medikamenten kann durch Verstärkung der Alkoholwirkung, durch Bewirken von Alkoholunverträglichkeit oder durch Verzögerung des Alkoholabbaus gekennzeichnet sein und kann auch dann eine wesentliche Rolle spielen, wenn der Alkoholgenuß viele Stunden nach Medikamenteneinnahme erfolgt, s *Joó* arzt + auto **81** H 8 S 9.

4   Jeder Kf, erst recht ein Arzt, Ol DAR **63** 304, muß bei Pharmaka die **Gebrauchsanweisung beachten,** Bra DAR **64** 170, Kö VRS **32** 349, Ha VM **69** 18, *Schöch* DAR **96** 455, *Händel* PVT **95** 44, auch bei Einnahme nur *einer* Beruhigungstablette, LG Kö BA **85** 473 (weitere Nachweise bei *Hentschel,* Trunkenheit, Rz 247). Hat er keine, muß er sich erkundigen und Alkohol bis dahin meiden, Fra VM **76** 14, Kö DAR **67** 195, Ha VRS **42** 281. Wer sich über Warnung vor gleichzeitigem Alkoholgenuß hinwegsetzt, kann beschränkte Schuldfähigkeit zu vertreten haben (vorverlegte Schuld, s aber Rz 31), Ha VRS **47** 257. Keine entschuldigende Bewußtseinsstörung mangels klinischer Symptome über die Alkoholanzeichen hinaus, Ha VRS **32** 278. Wer bei 2,4‰ BAK allenfalls vermindert schuldfähig war, kann nicht einen Teil des Alkohols in einem durch Zusammenwirken mit Barbituraten bewirkten Zustand von Schuldunfähigkeit getrunken haben, Hb DAR **65** 27, VRS **28** 62.

5   **Haschisch** ist ein berauschendes Mittel, Kö NZV **90** 439, Bay NZV **94** 285, Dü NZV **93** 276, **94** 326. Es verschlechtert das Fahrverhalten anders als Alkohol, aber erheblich, s Bay DAR **90** 366, *Gehrmann* NZV **97** 359, *Kannheiser* NZV **00** 62, und kann daher zur Fahruntüchtigkeit führen, s BVerfG NJW **02** 2379, **02** 2381. Cannabis verlängert und stört die Reaktionen, die Lenkautomatismen und verändert die Umweltwahrnehmungen ungünstig, BGH DAR **77** 145, OVG Münster VRS **91** 215, OVG Hb VRS **92** 389, s *Kielholz ua* DMW **72** 789, *Helmer ua* BA **72** 213, *Daldrup ua* BA **87** 144, *Nehm* DAR **93** 377, *Wirth/Swoboda* ZfS **04** 57, wobei sich die Leistungsminderung mit steigender Dosis verstärkt, *Berghaus* BA **02** 325. Haschisch kann zur Beeinträchtigung der intellektuellen und motorischen Fähigkeiten, s *Kannheiser* NZV **00** 62, sowie der Aufnahmefähigkeit der Sinnesorgane führen, etwa mit der Folge von Fehleinschätzung von Geschwindigkeiten und Entfernungen, zur Verschlechterung der Hell-Dunkel-Anpassung der Augen, aber auch zu Sorglosigkeit, Übersteigerung des Leistungsgefühls und Verkennung von Gefahrsituationen, s OVG Münster VRS **91** 215. Bei Inhalation zeigt sich die deutlichste Leistungsminderung in der ersten Stunde nach dem Beginn des Rauchens, bei oraler Einnahme ist das Maximum der Einbuße in der ersten Stunde erreicht, *Berghaus* BA **02** 326. Haschisch kann (uU noch Monate nach dem letzten Konsum) zu unmotiviertem, gefährlichem Fahrverhalten führen, *Maatz/Mille* DRiZ **94** 25, Dü NZV **94** 490, und auch bei gelegentlichem Konsum in geringer Menge die Fahrtüchtigkeit erheblich beeinträchtigen, *Buchholz* BASt H 89 (1993), 11. Jedoch läßt sich nach derzeitigen rechtsmedizinischen Erkenntnissen **kein Beweisgrenzwert für („absolute") Fahrunsicherheit** begründen, BGH NZV **00** 419, Bay DAR **90** 366, NZV **94** 236, 285, BaySt **96** 164 = NZV **97** 127, Zw VRS **106** 288, Kö NZV **90** 439 (zust *Trunk* NZV **91** 258), Dü NZV **94** 326, DAR **94** 407, Fra NZV **95** 116, NStZ-

RR **02** 17, *Nehm* DAR **93** 378, *Daldrup* BA **94** 394, s Rz 3, aM AG Moers BA **04** 276 (über 30 ng/ml THC und „CIF"-Wert – Cannabis Influence Factor – über 10), AG Mü BA **93** 251 (abl *Maatz* BA **95** 103); die Feststellung der rauschmittelbedingten Fahrunsicherheit setzt daher zusätzliche Beweisanzeichen voraus, wobei neben Fahrfehlern auch sonstigen Ausfallerscheinungen im Verhalten des FzF besondere Bedeutung zukommt, BaySt **96** 164 = NZV **97** 127, sofern sie zur Beeinträchtigung der Fahrtüchtigkeit führen, Zw VRS **106** 288, näher *Mettke* NZV **00** 199. Über Fahrversuche unter Haschischeinfluß, *Luff ua* ZVS **72** 147. *Täube-Wunder ua,* Haschisch und Persönlichkeitsbild, DMW **73** 214. *Kannheiser/Maukisch,* Die verkehrsbezogene Gefährlichkeit von Cannabis ..., NZV **95** 417. Die Halbwertzeit von Haschisch beträgt 60 Stunden, d. h., daß noch 60 Stunden nach dem Genuß von Haschisch dessen psychotrope Wirkung zu 50% vorhanden ist, *Raudonat* VGT **83** 51. Zur Aufnahme von THC und Cannabinol durch Hanf-Speiseöle, s *Alt/Reinhardt* BA **96** 347. Zu den Auswirkungen von **„Ecstasy"** auf die Fahrsicherheit, s *Harbort* NZV **98** 15 mit umfangreichen Nachweisen. **Opiate** (Heroin) führen vor allem durch Beeinträchtigung des Urteils- und Kritikvermögens, weniger durch Störung der motorischen Koordination, zur Fahruntüchtigkeit, ferner durch Entzugswirkungen, s *Aderjan, Salger*-F S 586.

Lit: Alting, „Absolute" Fahruntüchtigkeit, BA **02** 95 (bei Drogen). *Bonnichsen ua,* Arzneimittel und Fahrtüchtigkeit, BA **69** 165, **72** 8. *Burmann,* Andere berauschende Mittel im Verkehrsstrafrecht, DAR **87** 134 = VGT **87** 50. *Drasch ua,* Absolute Fahruntüchtigkeit unter der Wirkung von Cannabis, Vorschlag für einen Grenzwert, BA **03** 269. *Gehrmann,* Vorbeugende Abwehr von VGefahren durch haschischkonsumierende Kf, NZV **97** 457. *Gerchow,* „Andere berauschende Mittel" im Verkehrsstrafrecht, BA **87** 233 = VGT **87** 38. *Gilg ua,* Alkoholbedingte Wahrnehmungsstörungen im peripheren Gesichtsfeld, BA **84** 235. *Harbort,* Zum VGefährdungs-Profil der Amphetaminderivate („Ecstasy"), NZV **98** 15. *Heifer,* Untersuchungen über den Alkoholeinfluß auf die optokinetische Erregbarkeit im Fahrversuch, BA **71** 385. *Derselbe,* Alkoholbedingte akute Störungen der psychophysischen Leistungsverfügbarkeit und ihre verkehrsmedizinische Relevanz, BA **86** 364. *Derselbe,* Blutalkoholkonzentration und -wirkung, verkehrsmedizinische Charakterisierung und verkehrsrechtliche Relevanz von Alkoholgrenzwerten im StrV, BA **91** 121. *Jäckle ua,* Über den steigenden Arzneimittelmißbrauch alkoholbeeinflußter VT, BA **80** 133. *Janiszewski,* Andere berauschende Mittel, BA **87** 243. *Joó,* Einfluß von Alkohol und Medikamenten auf die VSicherheit, arzt + auto **81** H 8 S 2. *Kannheiser,* Mögliche verkehrsrelevante Auswirkungen von gewohnheitsmäßigem Cannabiskonsum, NZV **00** 57. *Kemper,* Psychopharmaka im StrV, DAR **86** 391. *Kreuzer,* StrVDelinquenz im Zusammenhang mit Drogenmißbrauch, BA **74** 329. *Krüger,* Alkohol: Konsum, Wirkungen, Gefahren für die VSicherheit, ZVS **92** 10. *Lockemann/Püschel,* Veränderungen straßenverkehrsrelevanter vestibulärer Reaktionen bei 0,4 Promille, BA **97** 241. *Maatz,* Rechtliche Anforderungen an medizinische Befunde zur Beurteilung der Fahrtüchtigkeit bei Fahrten unter Drogeneinfluß, BA **95** 97. *Derselbe,* Arzneimittel und VSicherheit, BA **99** 145. *Derselbe,* Grenzwerte bei Drogen oder Alternativen, BA **04** H 2, Supplement 1 S 9. *Maatz/Mille,* Drogen und Sicherheit des StrV, DRiZ **93** 15. *Mangelsdorf ua,* „Schlußtrunk" und psychomotorische Leistungsfähigkeit, BA **70** 103. *Meininger,* Zur Fahruntüchtigkeit nach vorausgegangenem Cannabiskonsum, *Salger*-F S 535. *Mettke,* Die strafrechtliche Ahndung von Drogenfahrten nach den §§ 315c I Nr 1a, 316 StGB, NZV **00** 199. *Möller,* Drogenkonsum und Drogennachweis bei VT, DAR **93** 7. *Moser,* Die Untersuchung kraftfahrwesentlicher Leistungsminderungen durch Arzneimittel, BA **74** 285. *Nehm,* Abkehr von der Suche nach Drogengrenzwerten, DAR **93** 375. *Pittrick/Bochnik,* Aktuelle experimentelle und forensische Aspekte relativ niedriger Blutalkoholwerte in Kombination mit Beruhigungsmitteln, ZVS **71** 34. *Pohl,* Verkehrsunfall **84** 17ff (zur Leistungsbeeinträchtigung des VT durch Medikamente und Rauschmittel). *Raudonat,* Möglichkeiten des Nachweises von Medikamenten, VGT **83** 49. *Richter/Hobi,* Der Einfluß niedriger Alkoholmengen auf Psychomotorik und Aufmerksamkeit, BA **79** 384. *Ropohl,* Alkohol und Dunkelheitsunfälle, Verkehrsunfall **84** 236. *Salger,* ... Einnahme von Psychopharmaka und Einfluß auf die Fahrtüchtigkeit und Schuldfähigkeit DAR **86** 383. *Derselbe,* Drogeneinnahme und Fahrtüchtigkeit, DAR **94** 133. *Salger/Maatz,* Zur Fahruntüchtigkeit infolge der Einnahme von Rauschdrogen, NZV **93** 329. *Scheffler/Halecker,* Die Problematik der Beweiswürdigung bei drogenbedingter Fahrunsicherheit i. S. d. § 316 StGB, BA **04** 422. *Strohbeck-Kühner,* Alkoholinduzierte Aufmerksamkeitsstörungen ..., BA **98** 434.

Eingeschränkte Fahrtüchtigkeit genügt zur Strafbarkeit („sicher zu führen"). Deswegen ist der nach wie vor gelegentlich verwendete Begriff „Fahrtüchtigkeit" irreführend; richtig ist: **„Fahrunsicherheit",** *Tröndle/Fischer* 6, *Scheffler/Halecker* BA **04** 422, nachdrücklich in diesem Sinne *Janiszewski* 332. Sie ist gegeben, wenn der FzF in seiner Gesamtleistungsfähigkeit, besonders infolge Enthemmung sowie geistig-seelischer und körperlicher Leistungsausfälle so weit beeinträchtigt ist, daß er nicht mehr fähig ist, sein Fz eine längere Strecke, und zwar auch bei plötzlichem Auftreten schwieriger Verkehrslagen, *sicher* zu steuern, BGHSt **44** 219 = NZV **99** 48, Bay DAR **89** 427, NJW **73** 566, Ha BA **04** 357, Dü NZV **94** 326, LG Sa BA **04** 472. Die Beurteilung der Frage, ob Fahrunsicherheit iS von § 316 gegeben ist, hängt sowohl von dem Ausmaß der alkoholbedingten Leistungsminderung des FzF und der Beeinträchtigung seiner Gesamtpersönlichkeit ab als auch von der Steigerung der von ihm dadurch **für andere ausgehenden Gefahren**, BGAG S 49, 2. BGAG S 63 *(Heifer),* BGHSt **36** 341 = NJW **90** 1245. Alkohol, grobe Vergiftung ausgenommen, steigert zunächst die motorischen Antriebe, das Leistungs- und Selbstgefühl (Selbstüberschätzung), mindert aber die Selbstkritik und schwächt das Verantwortungsgefühl für VVorgänge. Er macht gleichgültig, unbekümmert, hastig und unruhig, verführt zum Wagnis, verändert also die Fahrerpersönlichkeit vorübergehend zur geringeren Tauglichkeit oder Untauglichkeit im Ganzen. Sinnesphysiologisch bewirkt er Ausfälle und Täuschungen bei Aufmerksamkeit und Auffassung, der Anpassung, Koordination und Geschicklichkeit, beim Sehvermögen und dem Gleichgewichtssinn, der zugleich zentrale Funktionsstörungen anzeigt. Er verhindert eine „präzise, situationsgerechte Raum-Zeit-Lageorientierung", *Heifer* BA **91** 128. Er verkürzt die Reaktionszeit bei ganz geringer Menge und verlängert sie im übrigen, verzögert die Reaktion also und macht sie abrupt und ungenau. In Überraschungssituationen führt er zu verwirrtem Versagen, er stört die für den Kf unentbehrlichen, durch Erfahrung eingeübten Automatismen (**E** 84, 85) und täuscht über die Fahrgeschwindigkeit. Alkoholeinfluß stört das Fliehkraftempfinden (Kurvenfahren!), *Lockemann/Püschel* BA **97** 254. Je nach der Persönlichkeitsstruktur potenzieren sich diese Ausfälle mehr oder weniger zur Störung der gesamten psychischen Führungsfunktion, bezogen auf die jeweilige VLage (BGA-G, *Elbel* und *Gerchow* S 166, 174). Alkohol führt zur Verringerung der Dämmerungssehschärfe, erhöhter Blendempfindlichkeit, Verzögerung der Hellanpassung, Störung des räumlichen Sehens, Gesichtsfeldeingrenzung („Tunnelblick"), Kontrastverwischung, Farbsinnschädigung und zahlreichen weiteren Beeinträchtigungen, s *Wilhelmi ua* BA **72** 473, *Gerchow* k + v **69** 56, *Gilg ua* BA **84** 235, *Honegger ua* BA **70** 31, *Ropohl* Verkehrsunfall **84** 236, *Heifer* BA **86** 364, **91** 125ff, *Strohbeck-Kühner* BA **98** 434, *Strohbeck-Kühner/Thieme* BA **98** 183. Die Gefahrschwelle liegt vermutlich bereits bei 0,3–0,4‰ BAK, *Heifer* BA **76** 66, BA **86** 364, *Krüger* ZVS **92** 10. Schon bei 0,3‰ BAK können Störungen der Aufmerksamkeit, des Raumsehens und Reaktionsverzögerung beginnen, KG VRS **48** 204, s *Heifer* BA **91** 138, bei 0,5‰ BAK auch verschwommenes Sehen (statistische Werte), BGH VRS **34** 356. *Gerchow,* Über den Einfluß der kleinen Alkoholdosen auf die VSicherheit, BA **76** 341. *Heifer,* Zur Berechnung des Unfallrisikos je nach BAK, BGA-G, Anlage 1. Die klinisch meßbare Rauschwirkung nimmt individuell im Durchschnitt rascher zu und ab als die BAK. Zwischen beiden besteht keine gleichmäßige Entsprechung, weil die Alkoholanflutung (Resorption) auf das unangepaßte Gehirn trifft und die Ausfallwirkung nach Anpassung etwas zurückgeht. In der Aufnahmephase können die Ausfälle bei 0,4‰ BAK denen bei 0,8‰ im Abbau entsprechen, KG VRS **34** 284. Nach bisheriger Erkenntnis liegt die Höchstbeeinträchtigung früher als der Gipfel der BAK, *s Heifer* k + v **72** 70 (Rz 6, 14). Der Beurteilungsmaßstab muß daher in der Anflutungsphase strenger sein als nach vollzogener Anpassung (BGA-G 182/3). Gleiche Alkoholmengen pflegen nachts oft größere Leistungsminderungen als tagsüber auszulösen, *Grüner* BA **70** 337.

7   Alkoholüberempfindlichkeit schließt § 316 nicht aus, Br VRS **20** 439. Ob der Fahrer nach Alkoholgenuß noch fahrfähig ist, hängt außer von der BAK und der Trinkzeit auch von den **körperlichen Umständen** ab. Konstitution, Körpergewicht, Magenfüllung und körperliche Verfassung spielen eine Rolle (2. BGA-G 17ff). Bei manchen Kopf- und Hirnverletzten besteht die Gefahr pathologischer Rauschwirkung uU schon bei verhältnismäßig geringfügigem Alkoholeinfluß, LG Heilbronn DAR **54** 260. Bei leerem Magen erreicht der Alkohol binnen weniger Min das Gehirn, BGH VM **60** 50. Die **Anflutungs-(Resorptions-)zeit** ist bei geselligem Trinken idR auch nach Genuß großer Alkoholmengen mit dem Trinkende erreicht, *Zink/Reinhardt* BA **81** 383, NJW **82** 2108, und beträgt sonst bis zu 90 Min, Hb VRS **45** 43, *Heifer* BA **76** 305, in seltenen Extremfällen bis 120 Min oder mehr, BGA-G S 60, *Elbel* BA **74** 139, BGH NJW **74** 246.

Bei **abklingender Alkoholwirkung** besteht toxisch bedingte Ermüdbarkeit, die die 8
Reaktionsfähigkeit beeinträchtigt („Kater"), KG VM **55** 47, Stu VM **56** 39, Ce VRS
7 463. *Bonte/Vlock,* Untersuchungen über Alkoholnachwirkungen, BA **78** 35. *Törnos/
Laurell,* Akute Katerwirkung des Alkohols ..., BA **91** 24. Im Fahrversuch wurden in den
ersten 3 Stunden nach vollständiger Alkoholelimination deutliche Beeinträchtigungen
der Leistungsfähigkeit gegenüber normalen körperlichen Bedingungen beobachtet, s
Laurell/Törnos BA **83** 489. Auf Kenntnis der **Restalkoholwirkung** kommt es nicht an,
wenn der Kf nach sehr erheblichem Alkoholgenuß und vergleichsweise kurzer Ruhe-
pause fährt, Hb DAR **57** 54, KG VRS **33** 265. Mit den gefährlichen Wirkungen des
Restalkohols muß sich jeder Kf vertraut machen, Ha DAR **70** 192. Wer schon 14 Stun-
den nach etwa 3‰ BAK wieder einen Lkw fährt, handelt bezüglich seines Restalkohols
fahrlässig, Ha DAR **70** 192.

Ernüchterungsmittel, die den Abbau beschleunigen und die Giftwirkung beseitigen 9
oder abschwächen, sind bisher wissenschaftlich nicht bekannt, s *Joó* arzt + auto **81** H 8
S 2, *Kleiber ua* BA **85** 432 („Neukamm"), *Gerling/Pribilla* BA **86** 400 (Eleutherokokkus,
„Gallexier"), *Schmidt ua,* BA **95** 241 („Party Plus"), *Tatschner ua* BA **98** 19 (Fructose-
getränk „ProFit"), *Schmidt ua* BA **99** 73 („Stopal"). Kaffee entgiftet nicht. Betarezep-
torenblocker beschleunigen die Alkoholelimination nicht, *Dittmann ua* BA **85** 364, *Grüner
ua* BA **86** 28. *Schneble,* Ernüchterungsmittel ..., BA **88** 18.

Wer trotz Fahruntüchtigkeit fährt, muß nach BGH NJW **71** 388 der verminderten 10
Reaktionsfähigkeit **entsprechend langsamer fahren** (also Wiederherstellung der Fahr-
sicherheit trotz „absoluter Fahruntüchtigkeit" durch Langsamfahren?); diese herabgesetzte
Geschwindigkeit soll gutachtlich feststellbar sein (Mediziner oder VIngenieur?), BGH
NJW **71** 388, 627 (abl *Knauber*), VR **71** 1103 (abl *Hofmann*). Langsames Fahren kann aber
gegen Fahrunsicherheit und für gesteigerten Ausgleichswillen sprechen, Ha DAR **75** 249.

4. Beweisgrenzwert und Gefahrengrenzwerte bei Blutalkohol. 11

Nach dem 1. u. 2. BGA-G bewirken bereits recht geringe Alkoholmengen **im stati-
stischen Durchschnitt aller Kf** je nach Körperbeschaffenheit und äußeren Umständen
Funktionsverschlechterungen, welche die Reaktions- und Fahrfähigkeit beeinträchtigen
(Rz 6). Die Gutachten beruhen auf Kollektivbeobachtungen und hohen statistischen
Annäherungswerten.

Rechtsprechung: „Absolute" Fahrunsicherheit von Kraftfahrern besteht bei so 12
viel Alkohol im Blut oder Körper, daß die ordnungsgemäße BAK-Untersuchung den
Beweisgrenzwert (Mittelwert) von mindestens 1,1‰ ergibt, BGHSt **37** 89 = NJW **90**
2393 = NZV **90** 357 (Anm *Berz* NZV **90** 359, *Janiszewski* NStZ **90** 493, *Heifer* NZV **90**
374 = BA **90** 473, *Schneble* BA **90** 374, *Mutius* BA **90** 375), BGHSt **44** 219 = NZV **99**
48, Bay NZV **90** 400, **96** 75, Ha BA **04** 357, Kö NZV **95** 454, Dü VRS **79** 423, **91**
179, gleichviel ob nach gleichmäßigem Trinken oder nach „Sturztrunk", BGH NJW **74**
246 *(Händel),* VRS **46** 131, denn die Anflutungswirkung bewirkt in solchen Fällen
Fahrunsicherheit auch schon unterhalb des Beweisgrenzwertes. Unter Berücksichtigung
dieser Erkenntnisse kommt es nicht mehr entscheidend darauf an, daß der Beweisgrenz-
wert von 1,1‰ zur Tatzeit erreicht ist. Vielmehr ist jeder Kf absolut fahrunsicher, der
aufgrund des vor der Fahrt genossenen Alkohols **zur Tatzeit oder später nach
Abschluß der Resorption 1,1‰ erreicht,** BVerfG NJW **95** 125, BGH NJW **76**
1802, Kö VRS **49** 422, Ha NJW **74** 1433, kritisch *Scheffler/Halecker* BA **04** 425 sowie
(zum früheren Beweisgrenzwert von 1,3‰) *Kaufmann* BA **75** 39, *Naucke, Bockelmann*-F
S 707. Diese Rspr berücksichtigt die wissenschaftlich gesicherte Erkenntnis der erhöhten
Anflutungswirkung (Rz 6) und stellt die Parallele zu § 24a 1 StVG her. Auch dort ge-
nügt bei der jeweils 2. Alternative anstelle der BAK die in den Magen-Darmkanal und
das Blut aufgenommene Alkoholmenge. Der Beweisgrenzwert von 1,1‰ setzt sich zu-
sammen aus einem **Grundwert** von 1,0‰ und einem **Sicherheitszuschlag** von 0,1‰
zum Ausgleich möglicher Meßfehler (Streuung, Standardabweichung), näher dazu *Hent-
schel* NZV **91** 331 ff. Zu den Begriffen der *Standardabweichung* bzw *Meßpräzision* einerseits
und des *systematischen Fehlers* bzw der *Richtigkeit* andererseits s *Grüner* BA **91** 362. Ge-
genüber dem früher geltenden Beweisgrenzwert von 1,3‰ (Grundwert 1,1‰ + Sicher-
heitszuschlag 0,2‰) hat der BGH (Beschluß v 28. 6. 90) BGHSt **37** 89 = NJW **90** 2393

= NZV **90** 357 (Anm *Berz* NZV **90** 359, *Janiszewski* NStZ **90** 493, *Heifer* NZV **90** 374 = BA **90** 373, *Schneble* BA **90** 374, *Mutius* BA **90** 375) den Grundwert auf 1,0‰ und den Sicherheitszuschlag auf 0,1‰ gesenkt. Der frühere Grundwert von 1,1‰ beruhte auf statistischen Daten zur gesteigerten Gefährlichkeit des alkoholisierten Kf, s 1. BGA-G (1966) S 49 f. Nach Auffassung des BGH haben jedoch statistische Erhebungen gegenüber Erkenntnissen über die Leistungseinbuße alkoholisierter Kf aufgrund von Fahrversuchen in den Hintergrund zu treten. Unter Bezugnahme auf im praktischen Versuch (mit Kfzen oder im Fahrsimulator) gewonnene Erkenntnisse über alkoholbedingte Leistungsminderung, referiert von *Strasser* BA **72** 112, *Gerlach* BA **72** 239, *Heppner* BA **73** 166, *Lewrenz ua* BA **74** 104, geht der BGH – auch im Hinblick auf seit 1966 inzwischen erhöhte Anforderungen an den Kf (Verkehrsdichte, höhere Geschwindigkeit, krit dazu *Janiszewski* NStZ **90** 494) – nunmehr davon aus, daß mit an Sicherheit grenzender Wahrscheinlichkeit jeder Kf bereits bei 1,0‰ (Grundwert) nicht mehr in der Lage ist, das von ihm geführte Kfz sicher durch den öffentlichen StrV zu bewegen, s *Salger* NZV **90** 1 = BA **90** 1. Neuere Untersuchungen aufgrund praktischer Fahrversuche bestätigen die hohe Leistungseinbuße bei PkwF mit 1,1‰ BAK: *Schuster ua* (BA **91** 287, 298) stellten eine durchschnittliche Leistungsminderung im 1,1‰-Fahrversuch bei Tageslicht um 55% gegenüber der Nüchternleistung fest, bei Dunkelheit sogar eine Einbuße von 70% gegenüber der Tagesnüchternleistung. Den früher für erforderlich gehaltenen Sicherheitszuschlag von 0,2‰ (dreifacher Wert des mittleren Meßfehlers von 0,05‰ gem BGA-G S 49, aufgerundet) hält der BGH nicht mehr für gerechtfertigt. Er folgt vielmehr dem Gutachten des BGA von 1989 (BGA-G 1989), NZV **90** 104, das aufgrund der Ergebnisse eines Ringversuchs mit verschiedenen Blutuntersuchungslaboratorien einen Sicherheitszuschlag von nur noch 0,1‰ für ausreichend hält (krit dazu *Heifer/Brzezinka* NJW **90** 134, *Heifer* BA **91** 121, *Grüner/Bilzer* BA **90** 181, 222). Dies gilt jedoch nur, wenn das Institut, das die Blutuntersuchung durchgeführt hat, die erfolgreiche Teilnahme an einem **Ringversuch** und die Einhaltung der Grenzwerte für die maximale Standardabweichung gem BGA-G 1989 (NZV **90** 106) unter Mitteilung der Analyseneinzelwerte nachprüfbar versichert, BGH NJW **90** 2393 = NZV **90** 357, **93** 486, BGHSt **45** 140 = NZV **99** 386. Blutuntersuchungen durch Institute, die nicht mit Erfolg an einem Ringversuch teilgenommen haben, obwohl sie inzwischen Gelegenheit dazu hatten, sind dem erwähnten Beschluß des BGH zufolge forensisch nicht mehr verwertbar, BGHSt **37** 89 = NJW **90** 2393 = NZV **90** 357. Entwicklung der Rspr: *Hentschel*, Trunkenheit, Rz 154 ff.

13 Der Grenzwert absoluter Fahrunsicherheit gilt unter **allen Wetter- und Ortsverhältnissen**, s BGH VRS **33** 119, BGHSt **31** 42 = NJW **82** 2612, BGHSt **37** 89 = NJW **90** 2393 = NZV **90** 357, Bay NJW **68** 1200. Der Grenzwert von 1,1‰ gilt grundsätzlich nur für das Führen von Fzen *als Kraftfahrzeug,* deren **Motorkraft wirksam** ist oder alsbald wieder wirken kann und soll, Ha DAR **57** 367, **59** 54, **60** 55, *Janiszewski* 327, *Huppertz* DNP **89** 584, insoweit krit LK (*König*) § 315 c Rz 17, s *Hentschel*, Trunkenheit, 149, *derselbe* JR **91** 115, enger *Riemenschneider* S 158, dagegen zB nicht für das Führen solcher Fze, deren Motorkraft nicht benutzbar ist, auf kurzer Abrollstrecke, Ha DAR **60** 55, 150. Jedoch ist auch der Führer eines *nicht als Kfz geführten Fzs* bei 1,1‰ absolut fahrunsicher, wenn er dabei mindestens ebenso hohe Anforderungen wie ein Kf zu erfüllen hat (Aufmerksamkeit, Wahrnehmungs- und Reaktionsvermögen) und von ihm bei dieser BAK für andere VT die gleichen Gefahren ausgehen wie von einem Kf mit solcher BAK, BGHSt **36** 341 = NJW **90** 1245 (Anm *Hentschel* JR **91** 113). Das gilt nach der Rspr zB für den Lenker eines mittels Abschleppseils gezogenen Pkws, BGHSt **36** 341 = NJW **90** 1245, Ce NZV **89** 317, Bay NJW **84** 878, LG Hannover NRpfl **89** 62 (alle noch zum früheren Beweisgrenzwert von 1,3‰), aM Br DAR **67** 306, Fra NJW **85** 2961, *Riemenschneider* S 159. Absolute Fahrunsicherheit von **Kradfahrern** Rz 17, von **Radfahrern** Rz 18.

14 Rückrechnung (Hochrechnung) (Rz 59–62) ist in allen Fällen einer **Anflutung** auf den nachgewiesenen Beweisgrenzwert von 1,1‰ zur Feststellung absoluter Fahrunsicherheit entbehrlich, s Rz 12.

14 a Die Verbesserung der Untersuchungsmethoden und der Ausstattung der die Untersuchung durchführenden Institute hat zu einer Herabsetzung des sog Sicherheitszuschlags

zunächst auf 0,2‰ und nunmehr auf 0,1‰ und damit zu dem neuen Beweisgrenzwert von 1,1‰ gegenüber früher 1,5‰ und später 1,3‰ geführt. Anpassungen an neue wissenschaftliche Erkenntnisse und verbesserte Methoden sind auch für die Zukunft nicht auszuschließen. Durch den OW-Tatbestand des § 24a StVG ist die Rspr nicht gehindert, absolute Fahrunsicherheit entsprechend solchen Erkenntnissen bei einer BAK festzustellen, die sich noch weiter dem Grenzwert von 0,5‰ gem § 24a I StVG nähert (s aber *Maatz* BA **01** 45, *Mutius* BA **90** 375, *Hüting/Konzak* NZV **92** 136). Denn der Gesetzgeber ging bei der Schaffung des § 24a StVG keineswegs davon aus, daß im Bereich zwischen (damals) 0,8 und 1,3‰ nur ow Verhalten in Betracht kommen sollte, wie sich ohne weiteres aus der ihm bekannten Tatsache ergibt, daß Fahrunsicherheit iS von § 316 schon bei Werten ab 0,3‰ vorliegen kann („relative" Fahrunsicherheit, s Rz 15). Nach hM liegt in einer Änderung der Rspr zu der Frage, bei welcher BAK ein VT fahrunsicher ist, auch bezogen auf **Taten, die vor der Änderung begangen wurden,** kein Verstoß gegen § 2 StGB, Art 103 II GG, BVerfG NZV **90** 481, BGH VRS **32** 229, **34** 212, Bay NZV **90** 400 (abl *Ranft* JuS **92** 468), DAR **92** 366, Ha NZV **92** 198, Dü VRS **79** 423, Br VRS **63** 124, Kö VRS **49** 422, KG VRS **32** 264, *Tröndle/Fischer* 13, *Lackner/Kühl* § 315c Rz 6d, *Maatz* BA **01** 46, *Salger* BA **90** 6 = NZV **90** 4, *Händel* NJW **67** 537, **74** 247, *Weidemann* DAR **84** 310, *Werny* NZV **90** 137, *Riemenschneider* S 89f, eingehend *Tröndle, Dreher*-F 117ff. Die Promillegrenze für Fahrunsicherheit ist kein Tatbestandsmerkmal, auch keine „Quasi-Norm", BVerfG NJW **95** 125, sondern eine Beweisregel. Auch wer vor der Änderung die Tat begangen hat, war strafbar, nur war der Nachweis nicht möglich, Kö Ss 418/90 – 197, *Eckert* NJW **68** 1390, *Haffke* BA **72** 35f. Dagegen wird eingewandt, die Änderung der Rspr zum Beweisgrenzwert komme einer GÄnderung gleich, die Promillegrenze sei wie ein Tatbestandsmerkmal zu behandeln, Art 103 GG entsprechend anzuwenden, Dü NJW **73** 1054, *Naucke* NJW **68** 2321, *Messmer/Bergschneider* DAR **67** 45, *Boers* NJW **67** 1310, *Hüting/Konzak* NZV **91** 255, *Bialas* S 110ff. Zu Irrtumsfragen in diesem Zusammenhang s Fra NJW **69** 1634, Kar NJW **67** 2167, *Tröndle, Dreher*-F 122, *Messmer/Bergschneider* DAR **67** 45, *Eckert* NJW **68** 1390, *Haffke* BA **72** 32, *Händel* NJW **67** 537, *Weidemann* DAR **84** 310. Zur Frage der Fahrlässigkeit in derartigen Fällen, s Br VRS **63** 124 (zw, s *Hentschel* NJW **83** 1649), LG Krefeld NJW **83** 2099 (abl *Hentschel* NJW **84** 350, *Weidemann* DAR **84** 310). Ausführlich: *Hentschel*, Trunkenheit, Rz 177ff.

Lit: *Boers*, Rückwirkende Anwendung der 1,3‰-Grenze, NJW **67** 1310. *Götz*, Sind die Straftatbestände der §§ 316 und 315c I Nr 1 StGB verfassungsgemäß?, ZRP **95** 246. *Grüner/Bilzer*, Zur Senkung des Grenzwertes der absoluten Fahruntüchtigkeit wegen verbesserter Meßqualität bei der forensischen Blutalkoholbestimmung, BA **90** 175. *Dieselben*, Vergleichende Betrachtung der Gutachten des Bundesgesundheitsamtes „Zur Frage Alkohol bei Verkehrsstraftaten" (1966) und „Zum Sicherheitszuschlag für die Blutalkoholbestimmung" (1989), BA **90** 222. *Haffke*, Promille-Grenze und Rückwirkungsverbot, BA **72** 32. *Händel*, Anwendung des Beweisgrenzwerts von 1,3‰ auf vor dem 9. 12. 66 begangene Taten, NJW **67** 537. *Heifer/Brzezinka*, BAK von 1,1‰ – neuer Grenzwert der „absoluten Fahruntüchtigkeit"?, NZV **90** 134, BA **90** 215. *Hentschel*, Die sog absolute Fahruntüchtigkeit nach dem Beschluß des BGH vom 28. 6. 1990, NZV **91** 329. *Hüting/Konzak*, Die Senkung des Grenzwertes der absoluten Fahrunsicherheit und das Rückwirkungsverbot des Art 103 II GG, NZV **91** 255. *Krüger*, Absolute Fahruntüchtigkeit bei 1,0 Promille …, BA **90** 182. *Maatz*, Normative Aspekte zum Begriff der Grenzwerte und der Fahruntüchtigkeit, BA **01** 40. *Naucke*, Rückwirkende Senkung der Promillegrenze und Rückwirkungsverbot (Art 103 Abs 2 GG), NJW **68** 2321. *Ranft*, Herabsetzung des Grenzwertes der „absoluten Fahruntüchtigkeit" und Rückwirkungsverbot, JuS **92** 468. *Riemenschneider*, Fahrunsicherheit oder Blutalkoholgehalt als Merkmal der Trunkenheitsdelikte, Berlin 2000. *Riese*, Rückwirkende Senkung der Promillegrenze und Rückwirkungsverbot …, NJW **69** 549. *Schuster* ua, Pkw-Fahrversuche zur Frage der alkoholbedingten Fahrunsicherheit bei Dunkelheitsfahrten, BA **91** 287. *Tröndle*, Rückwirkungsverbot bei Rechtsprechungswandel?, Dreher-F 117. *Weidemann*, Unkenntnis geänderter Rspr als Entschuldigungsgrund?, DAR **84** 310. *Werny*, Übergangsphase bei der Einführung einer 1,1‰-Grenze?, NZV **90** 137.

„Relative" Fahrunsicherheit unterscheidet sich von der sog „absoluten" nur durch **15** die Art ihres Nachweises, BGHSt **31** 42 = NJW **82** 2612, Bay NZV **93** 239, BaySt **96** 164 = NZV **97** 127, Fra NZV **95** 116, *Maatz* BA **01** 43, *Alting*, BA **02** 96, *Peters* MDR **91** 487, s dazu *Hentschel* NZV **91** 329. Während absolute Fahrunsicherheit ausschließlich aufgrund der BAK festgestellt wird, so ist die BAK beim Nachweis der relativen Fahrunsicherheit nur eines von mehreren Beweisanzeichen (Indizien), Kö VRS **100** 123, näher: *Hentschel,* Trunkenheit, 182 ff. Relative Fahrunsicherheit ist anzunehmen, wenn die BAK weder zur Fahrzeit noch nachher den Grenzwert von 1,1‰ BAK erreicht, der Kf aber in seinen Funktionen so beeinträchtigt ist, daß er über längere Strecken schwierigere VLagen nicht sicher meistern kann. „Relative" Fahrunsicherheit ist daher schief, gemeint ist indiziell, zumeist zusammen mit niedrigerer BAK, ermittelte Fahrunsicherheit. Nicht jeder Fahrfehler rechtfertigt die Annahme relativer Fahrunsicherheit, Ko VRS **52** 350, Dü DAR **80** 190, Kö VRS **89** 446. Gehäufte Fahrfehler können aber ausreichen, auch wenn jeder Fehler für sich allein keine Indizbedeutung hätte, Dü VM **77** 29, Fra NZV **95** 116 (Haschisch), *Schmidt ua* BA **04** 8. Auch bewußte Verstöße können Indizbedeutung haben, Dü VM **77** 28, NZV **97** 184, Ce DAR **84** 121 (aggressives, nötigendes Fahrverhalten), Kö NZV **95** 454, s dazu *Groth* NJW **86** 759. Geordnet erscheinendes Fahrverhalten schließt auf Fahrunsicherheit hinweisendes Verhalten in späterer konkreter Lage nicht aus, BGHSt **13** 90, VRS **55** 186, Dü VM **77** 28. **Je niedriger die BAK** zur Tatzeit, um so gewichtigere Beweisanzeichen werden idR erforderlich sein, Bay NZV **88** 110, DAR **93** 372, Kö NZV **95** 454, VRS **100** 125, Kar VM **75** 36, Dü DAR **80** 190, **je höher die BAK,** umso weniger zusätzliche Indizien, Bay NZV **88** 110, DAR **90** 186, Kö NZV **95** 454, VRS **100** 125, Dü NZV **97** 184, VM **91** 77, Ha BA **04** 357, NZV **94** 117, DAR **75** 249. Der Bereich der relativen Fahrunsicherheit beginnt bereits bei **0,3‰ BAK** (Enthemmung, Störung des Raumsehens, längere Reaktionszeit), BGH DAR **76** 89, Bay DAR **89** 427, Ko VRS **63** 359, Kö NZV **89** 357, **95** 454. War der Angeklagte nach strengster Beweiswürdigung offensichtlich betrunken (Lallen, Torkeln, wirres Reden), so kann er **auch ohne Blutprobe** nach § 316 verurteilt werden, sofern erhebliches vorheriges Trinken feststeht, s Ko VRS **54** 282, **67** 256, Ha VRS **59** 40, Dü BA **80** 231, ZfS **82** 188, VM **90** 14, NZV **92** 81, Kö VRS **61** 365, NZV **89** 357, nach Zw VM **99** 38 auch nach weniger strengem Maßstab. Als nachzuweisende **Anzeichen für relative Fahrunsicherheit** kommen nach der Rspr in Betracht: sorglose, offenbar leichtsinnige Fahrweise, BGH VRS **33** 119, BGHSt **31** 42 = NJW **82** 2612, Kö NZV **95** 454, VRS **100** 123, Dü DAR **99** 81, verbotswidriges Überqueren der durchgezogenen Linie, Dü VM **77** 28, schnelles Fahren mit gesenktem Kopf, BGH VRS **27** 192, körperliche Ausfallerscheinungen, Bay BA **02** 392, Fra NStZ-RR **02** 17, Dü DAR **99** 81, LG Sa BA **04** 472, rauschbedingt unbesonnenes, unbeherrschtes, kritikloses Verhalten gegenüber der Pol, Dü DAR **99** 81, Kö VRS **100** 123, die glaubhafte Einlassung, als Angetrunkener noch einen Schlußsturztrunk genommen zu haben, obwohl dessen gesteigerte Wirkung auch Laien geläufig ist, BGH NJW **71** 302, 1997, Kö VRS **38** 439. Auch bei BAKen unter 0,8‰ kann ein Sturztrunk ein ausreichendes Anzeichen sein, Ha NJW **73** 1423. Relative Fahrunsicherheit bei **Übermüdung** ist möglich, sofern Ausfallerscheinungen festgestellt sind; bloßer Urteilshinweis auf Ermüdung nach langem Tagewerk reicht dazu aber nicht aus, Hb DAR **68** 344, Kö NZV **89** 357, s aber Dü VM **77** 26. Ermüdung und Erkrankung reichen weder allein noch im Zusammenwirken als zusätzliches Indiz aus, s Zw VRS **105** 125, Dü DAR **99** 81. Vielmehr muß zur Feststellung relativer Fahrunsicherheit stets eine wie auch immer geartete alkoholbedingte **Ausfallerscheinung** festgestellt sein, BGHSt **31** 42 = NJW **82** 2612, BGHSt **44** 219 = NZV **99** 48, Bay DAR **93** 372, Sa VRS **102** 120, Kö NZV **90** 439, Dü NZV **94** 326, DAR **99** 81, *Salger* DAR **86** 389, *Alting* BA **02** 98, *Mettke* NZV **00** 200, krit *Ranft* Forensia **86** 62. Allgemeine Drogenwirkung wie etwa euphorische oder depressive Stimmung, Stimmungsschwankungen, schläfriger Eindruck, genügt dabei nicht, Zw VRS **105** 125 (krit *Rittner* BA **03** 323), Ha BA **04** 264. **Flucht** vor der Pol (zB nach positivem Alcotest) kann auch andere Ursachen haben als etwa die Kenntnis der eigenen Fahrunsicherheit (Angst vor Überführung nach § 24a StVG), Ha BA **78** 376 und wird ohne weitere Anhaltspunkte für sich allein idR die Annahme relativer Fahrunsicherheit nicht rechtfertigen, s *Hentschel,* Trunkenheit, 202, *Peters* MDR **91** 491, s aber Ko VRS **45** 118, Ha BA **80** 225, Dü BA **80** 231. Anders zwar uU bei Hinzukommen deutlich unsicherer, waghalsiger und fehlerhafter Fahrweise, Ko VRS **45** 118, nicht aber bei ausschließlich fluchtbedingten VVerstößen, BGH DAR **95** 166, NZV **95** 80, abw LK (*König*) Rz 112. Bewußte Geschwindigkeitsüberschreitung aus Furcht vor PolKontrolle muß nicht alkoholbedingt sein, BGH ZfS **94** 464, NZV **95** 80, DAR **95**

166, Sa VRS **72** 377, Kö NZV **95** 454, LG Hb DAR **84** 126, LG Osnabrück DAR **94** 128, s aber Dü NZV **97** 184 (krit *Bode* ZfS **97** 114), LG Gießen NZV **00** 385. Nach überwiegender Meinung **keine relative Fahrunsicherheit unter 0,3‰ BAK,** Sa ZfS **99** 356, Schl VM **70** 23, Kö NZV **89** 357, LG Hb DAR **03** 575, *Maatz* BA **02** 28, *Nehm* AG-VerkRecht-F S 316, *Riemenschneider* S 133 f, offengelassen, aber für den Regelfall zust, Ko DAR **00** 371, einschränkend Bay NStZ **91** 269, Ha BA **04** 357, Sa NStZ-RR **00** 12, LK (*König*) Rz 93, aM *Janker* NZV **01** 197, *Dencker* AG-VerkRecht-F S 376 f. Die Beurteilung relativer Fahrunsicherheit ist Tatfrage und nur auf Rechtsfehler kontrollierbar, Dü VM **77** 28, 29, Kö NZV **95** 454, VRS **100** 123. Kein Eingreifen des Revisionsgerichts, wenn LG bei 0,7‰ BAK Durchfahren bei Gelb, überhöhte Geschwindigkeit, Nichtbeachtung von Rot und eines Haltegebots für nicht alkoholindiziell erklärt, Bay DAR **71** 161. Überschreiten der zulässigen Höchstgeschwindigkeit allein muß nicht auf alkoholbedingter Beeinträchtigung beruhen, BGH NZV **02** 559, **95** 80 (zust *Hauf*), DAR **95** 166, kann aber, wenn es auf alkoholbedingter Unbekümmertheit beruht, die Annahme relativer Fahrunsicherheit rechtfertigen, Kö VRS **100** 123. Sind 1,1‰ BAK allein nach Widmark ermittelt, so ist absolute Fahrunsicherheit damit nicht bewiesen, uU aber relative, Ha VRS **41** 41. Bei schweren und groben Fahrfehlern kann es unerheblich sein, ob 1,1 oder 0,9‰ BAK meßbar waren, Ko VRS **50** 355. Langsames Fahren (35–40 km/h) kann anstatt auf Fahrunsicherheit auch auf besondere Vorsicht schließen lassen, Ha VRS **49** 364.

Zum Nachweis relativer Fahrunsicherheit genügt nicht jedes verkehrswidrige Verhalten; **es muß feststehen, daß dem Angeklagten, wäre er nüchtern gewesen, dieser Fehler nicht unterlaufen wäre,** BGH DAR **68** 123 (bei *Martin*), Bay DAR **90** 186, **91** 368, **93** 372, NZV **88** 110, Ha BA **04** 357, Kö NZV **95** 454, VRS **89** 446, **100** 123, Dü DAR **80** 190, BVerfG VM **95** 73, *Janiszewski* 363, *Mayer* BA **65/66** 280, so im Ergebnis wohl auch *Peters* MDR **91** 488 f. Auch zur Klärung dieser Frage muß das Gericht einen medizinischen Sachverständigen heranziehen, Ko VRS **71** 195. Daß der alkoholisierte Kf trotz ungünstigster Witterungsverhältnisse überhaupt gefahren ist, reicht für sich allein zur Feststellung relativer Fahrunsicherheit idR nicht, Bay DAR **89** 427 (zust *Loos* JR **90** 438). **Klinischer Befund:** Rz 64 f. Drehnachystagmus (unwillkürliche rhythmische Bewegungen der Augäpfel), Rombergsche Probe: Rz 66. Zusammentreffen der Wirkung von Alkohol und Medikamenten: Rz 3, 4, 22, 25, 32, 62, 73. *Metter,* Relative Fahrunsicherheit aus medizinischer Sicht, BA **76** 241. Zur **Verhaltensbeurteilung,** zur Bedeutung des sog **klinischen Befundes** (zB Pupillenerweiterung, Drehnachystagmus, Tests) im Rahmen des Fahrunsicherheitsnachweises s im übrigen Rz 64 ff.

16

Lit: *Biechteler/Enhuber/Meidl,* Vergleichende Betrachtungen der Fahrfehler nüchterner und alkoholisierter PKW-Fahrer, DAR **66** 203. *Boetzinger,* Fahrfehler als Indiz für Fahrunsicherheit?, MDR **89** 511. *Dencker,* Die „0,3-Promille-Grenze", AG-VerkRecht-F S 371. *Groth,* Vorsätzliche Ordnungswidrigkeiten als Indizien für die alkoholbedingte Fahruntüchtigkeit?, NJW **86** 759. *Haffner ua,* Alkoholtypische VUnfälle als zusätzliche Beweiszeichen für relative Fahruntüchtigkeit, NZV **95** 301. *Heifer,* BAK und -wirkung: verkehrsmedizinische Charakterisierung und verkehrsrechtliche Relevanz von Alkoholgrenzwerten im StrV, BA **91** 121. *Janker,* Relative Fahrunsicherheit bei einer BAK von weniger als 0,3‰?, NZV **01** 197. *Mayer,* Zum Beweis der Fahruntüchtigkeit bei Blutalkoholgehalten unter dem Grenzwert, BA **65/66** 277. *Möhl,* Beweis der „relativen" Fahruntüchtigkeit, DAR **71** 4. *Peters,* Der Nachweis der „relativen" Fahruntüchtigkeit durch regelwidriges Fahrverhalten, MDR **91** 487.

5. Führer von Krafträdern. Der Beweisgrenzwert von 1,1‰ für absolute Fahrunsicherheit gilt für alle Kf, BGHSt **37** 89 = NJW **90** 2393 = NZV **90** 357, also auch für Kradfahrer, BGH NJW **69** 1578. Mofafahrer (FmH mit bauartbedingter Geschwindigkeit bis 25 km/h) sind wie alle anderen Kf ab 1,1‰ absolut fahrunsicher, der Beweisgrenzwert gilt auch für sie, BGHSt **30** 251 = NJW **82** 588 (Anm *Hentschel* ZfS **82** 27), BSG MDR **82** 877, Kö VRS **60** 373 (alle noch zum früheren Beweisgrenzwert von 1,3‰), s dazu *Schewe ua* BA **80** 298. Leichtmofas sind Kfze; für sie gilt der Beweisgrenzwert von 1,1‰ ebenso wie für Mofas, vorausgesetzt, sie werden *als Kfz* geführt (Rz 13), LK (*König*) Rz 67, *Jan/Jag/Bur* Rz 22, *Huppertz* DNP **89** 584, *Janiszewski* NStZ **90** 273, aM LG Ol DAR **90** 72 (1,7‰). Das gleiche gilt für Moped, Bay NJW **73** 566, Ha NJW **76** 1161, Ko DAR **72** 50. Wer nach starkem Alkoholgenuß ein Moped, Mofa,

17

4 StGB § 316 Auszug aus dem StGB

Leichtmofa ohne Motorkraft fährt, aber den Motor noch in Gang zu setzen versucht, ist hinsichtlich der Verkehrsuntauglichkeit wie ein Kf zu beurteilen, KG VRS **27** 237, Ha DAR **59** 54, aM *Huppertz* DNP **89** 584, s dazu *Hentschel,* Trunkenheit, Rz 350.

18 **6. Radfahrer** sind bei 1,7‰ absolut fahrunsicher, BGHSt **34** 133 = NJW **86** 2650, **87** 1826, Dü NZV **91** 477, AG Kar DAR **96** 246, *Weibrecht* NZV **01** 147 (str). Experimentelle Untersuchungen von *Schewe ua* BA **80** 298, **84** 97, auf denen diese Rspr beruht, haben ergeben, daß die durchschnittliche Leistungseinbuße bei Radf mit 1,3‰ BAK 81,8 % und bei 1,5‰ BAK 96,5 % gegenüber der Nüchternleistung beträgt. Der Beweisgrenzwert für absolute Fahrunsicherheit von Radf setzt sich aus einem Grundwert von 1,5‰ und einem Sicherheitszuschlag von 0,2‰ zusammen. Im Hinblick auf die Herabsetzung des Sicherheitszuschlags auf 0,1‰ durch die neue BGH-Rspr, s Rz 12, geht abw davon die inzwischen **überwiegend vertretene Ansicht** von einem **Beweisgrenzwert von 1,6‰** aus, Bay BA **93** 254, Ha NZV **92** 198, Ce NJW **92** 2169, Zw NZV **92** 372, Kar NZV **97** 486, LG Hildesheim NZV **92** 44, s *Berz* NZV **90** 359, *Janiszewski* NStZ **90** 494. Da in dem insoweit grundlegenden Beschluß des BGH, BGHSt **37** 89 = NJW **90** 2393 = NZV **90** 357, jedoch ausdrücklich nur die Frage eines neuen Beweisgrenzwertes für *Kraftfahrer* erörtert wird und Radf nicht erwähnt werden, ist anzunehmen, daß der BGH den bisher geltenden Wert von 1,7‰ nicht antasten wollte (zumal der Grundwert von 1,5‰ auf einer nur geringen Anzahl von Versuchspersonen im Fahrversuch bei den genannten Untersuchungen von *Schewe ua* beruht), s *Hentschel* NZV **91** 333. Eine Neufestsetzung des Beweisgrenzwertes für Radf wird ebenso wie beim Kf eine Überprüfung auch des Grundwertes voraussetzen. Für dessen Herabsetzung fehlen jedoch derzeit gesicherte wissenschaftliche Erkenntnisse, Bay NZV **92** 290, Ce NJW **92** 2169; eine Senkung des Beweisgrenzwertes auf eine BAK unter 1,6‰ scheidet daher im übrigen jedenfalls aus, Bay NZV **92** 290, Ce NJW **92** 2169, Kar NZV **97** 486. Nach LG Verden NZV **92** 292, BA **92** 279, *Tröndle/Fischer* Rz 27, sollen dessenungeachtet Radf bei 1,5‰ absolut fahrunsicher sein. Für Fahrer **anderer nicht motorisierter Fze** gibt es nach wie vor keine ausreichenden wissenschaftlichen Grundlagen für einen Beweisgrenzwert zur Feststellung absoluter Fahrunsicherheit (s dazu BGA-G S 51, 52), AG Kö NJW **89** 921 (Kutscher), s *Riemenschneider* S 160 f. Entsprechendes gilt für Lokomotivführer und Strabaf, Bay NZV **93** 239. Zur absoluten Fahrunsicherheit eines **Schiffsführers** s. Schiffahrtsobergericht Berlin VRS **72** 111 (Sportmotorboot: jedenfalls bei 2,5‰), Kar VRS **100** 348 (Sportmotorboot: jedenfalls bei 1,3‰), Kö BA **90** 380 (Binnenschiff: jedenfalls bei 1,7‰), *Geppert* BA **87** 262, *Seifert* NZV **97** 147; teilweise wird der für Kf geltende Beweisgrenzwert von 1,1 ‰ von der Rspr auch auf den SchiffsV angewendet: Brn NStZ-RR **02** 222, AG Rostock NZV **96** 124 (Anm *Reichart*) – jeweils Sportboot – .

19 Für den **Beifahrer** auf Krad, Moped (Mofa) oder Roller gelten die Grenzen für alkoholbedingte Fahrunsicherheit weder unmittelbar noch sinngemäß, s Ha VRS **22** 479. Dennoch wurde vereinzelt absolute Verkehrsunsicherheit bei Soziusfahrern mit hoher BAK bejaht, s Ha DAR **63** 218 (2,0‰). Der bloße Beifahrer fällt aber nicht unter § 316 („ein Fahrzeug führt") (Rz 2). Lenker eines **abgeschleppten Kfzs**, s Rz 13.

20 **7. Fußgänger** können höchstens nach den §§ 2 FeV, 24 StVG belangt werden. Die VSicherheit von Fußgängern kann aber idR nicht allein aufgrund einer bestimmten BAK beurteilt werden, KG VRS **20** 44, Ha VBl **62** 684, Kö JMBlNRW **64** 202, Sa VRS **21** 69, Dü VM **62** 60. Keine VUntüchtigkeit bei 1,84‰ BAK, Dü VR **72** 793, auch nicht ohne weiteres bei 3,28‰, Bay DAR **82** 246 (bei *Rüth*). Allgemeines Müdigkeits- und Schweregefühl ist kein ausreichender Beweis für VUnfähigkeit eines Fußgängers; auch verkehrswidriges Verhalten läßt Schluß auf VUnfähigkeit nur zu, wenn es sich als Folge des Alkoholgenusses ausweist, Sa VRS **21** 69. Stu VRS **25** 462 nimmt einen Grenzwert alkoholbedingter VUntüchtigkeit bei Tage zwischen 2 und 2,5‰, bei Nacht zwischen 1,7 und 2‰ BAK an. Es ist kein Beweisanzeichen alkoholbedingter VUnsicherheit, wenn ein Fußgänger, der mit 2,25‰ BAK bei Dunkelheit, Regen und GegenV innerorts 70 bis 80 cm vom Straßenrand auf einer bürgersteiglosen 5,85 m breiten Bundesstraße geht, vor einem von hinten kommenden Pkw nicht an den äußeren Straßenrand ausweicht, Bay VRS **28** 65.

Zum Nachweis des inneren Tatbestands bei verkehrsuntüchtigem Fußgänger, Ha 21
JMBlNRW **64** 189. Versicherungsrecht: Rz 69–72.

8. Die **innere Tatseite** setzt hinsichtlich des **FzFührens** (Rz 2) Vorsatz voraus. 22
Schon begrifflich bedeutet „Führen" ein willentliches Handeln, *Tröndle/Fischer* 42, versehentliches Inbewegungsetzen des Fz ist kein Führen, s Rz 2. Der Zustand der **Fahrunsicherheit muß vorwerfbar sein,** wobei, bei einheitlichem Strafrahmen, Fahrlässigkeit ausreicht. Die Schuldform muß wegen des höheren Vorwurfs begründet werden, s Rz 24. Sonderproblem der Vorwerfbarkeit ist hier, daß niemand den Grad seiner Fahrunsicherheit genau beurteilen, *Heifer* k + v **72** 73, noch weniger vorausbeurteilen kann, weil Auswahl, Beachtung und Verarbeitung der Informationsdaten nicht mehr funktionieren, *Gerchow* BA **69** 405 (ab 0,8‰ BAK), vollends nicht bei Mitwirkung von Medikamenten (Rz 3, 4, 25, 32, 62, 73), und daß alkoholbedingte geminderte Verantwortlichkeit hier weder exkulpiert noch die Strafe mindert (anders erst bei § 323 a, Volltrunkenheit, Rz 32). Schuldunfähigkeit: Rz 29, 30. Wer mehr als nur geringste Mengen Alkohol in sich hat, **verliert graduell das kritische Bewußtsein** und damit das wesentliche Kriterium der Vorwerfbarkeit, Bay ZfS **93** 174, Nau ZfS **00** 411, Sa BA **01** 458, Fra NJW **96** 1358, Ha NZV **99** 92, VRS **102** 278, Dr NZV **95** 236, Kö DAR **97** 499, Ce NZV **98** 123, Zw DAR **99** 132, ZfS **01** 334, Jn DAR **97** 324, *Zink ua* BA **83** 503, *Teyssen* BA **84** 175, *Eisenmenger, Salger*-F S 623, 628, *Seidl ua* BA **96** 23, *Stephan* JbVerkR **98** 133 (bei Alkoholgewöhnung), s *Hentschel* DAR **93** 450, *Janker* DAR **95** 148, *Riemenschneider* S 166, aM *Salger* DRiZ **93** 312, *Nehm, Salger*-F S 118, und offenbar neuerdings Dü NZV **94** 367. Selbst die bei hohen BAK notwendig vorausgegangene große Trinkmenge ist als Kriterium für die Feststellung von Vorsatz (s dazu Rz 24) nicht unproblematisch, weil – wie Trinkversuche gezeigt haben – die genossene Alkoholmenge häufig falsch eingeschätzt wird, s *Zink ua* BA **83** 505, *Janker* DAR **95** 149, *Eisenmenger, Salger*-F S 627, aM *Salger* DRiZ **93** 313, *Nehm, Salger*-F S 126, *Tolksdorf* VGT **95** 79, krit auch *Schneble* BA **84** 281. Soweit die Rspr davon ausgeht, daß ab einer bestimmten BAK-Höhe schon aufgrund der feststellbaren Wirkungen des Alkohols die daraus resultierende Fahrunsicherheit erkennbar ist, Ko BA **73** 349, Ha JMBlNRW **64** 42, VRS **69** 221, Kö DAR **87** 126, s auch *Salger* DRiZ **93** 313, darf allerdings nicht außer acht gelassen werden: Hohe Alkoholkonzentrationen können auch durch unkontrolliertes Trinken erreicht werden mit der Folge des Verlustes der Kritikfähigkeit vor Registrieren der Trunkenheitssymptome, BGH NZV **91** 117, Kö ZfS **82** 379, VRS **67** 226, DAR **97** 499, Ce NZV **92** 247, Kar NZV **91** 239, KG VRS **80** 448; in der Eliminationsphase lassen die subjektiven Phänomene der Alkoholwirkung nach, *Zink ua* BA **83** 507, *Reinhardt* BA **84** 274, *Eisenmenger, Salger*-F S 628, *Stephan* JbVerkR **98** 134, Kö DAR **97** 499. Bei weit über 1,1‰ BAK sind die Alkoholwirkungen für den Trinkenden zwar einerseits so auffällig, daß er seine Fahrunsicherheit vielfach klar erkennen oder zumindest für möglich halten wird, Dü VM **74** 60, Kö DAR **87** 126, Ce VM **81** 53, Fra ZfS **89** 140, Ol ZfS **94** 346; andererseits wird ihn die mit höherer BAK steigende Euphorie, Vortäuschung hoher Leistungsfähigkeit und Beeinträchtigung der Willensbildung häufig zu eigener Fehleinschätzung führen, s *Zink ua* BA **83** 503, *Seidl ua* BA **96** 23, Ha NZV **98** 291, Ko VRS **70** 11 (Anm *Schultz* BA **86** 152), Kö DAR **87** 157. Daher muß die Feststellung im Urteil, der Täter habe seinen Zustand erkannt, auch bei besonders hoher BAK begründet werden, s Rz 24. In Fällen sog Restalkohols (Fahrtantritt mehrere Stunden nach Trinkende) ist zu berücksichtigen, daß der Täter oft trotz noch immer hoher BAK sich subjektiv bereits erholt fühlen kann, s *Reinhardt/Zink* BA **72** 129; die Annahme von Vorsatz bedarf dann auch bei mehr als 1,7‰ einer besonderen Begründung, Zw ZfS **84** 61, zust *Reinhardt* BA **84** 274 (jedoch regelmäßig Fahrlässigkeit, s Rz 8, 23).

Jeder FzF muß vor Fahrtantritt, aber auch während der Fahrt, sorgfältig und gewissen- 23
haft unter Berücksichtigung aller ihm bekannten Umstände seine Fahrsicherheit prüfen, BGH DAR **52** 43, Ha NJW **74** 2058, VRS **69** 221, Ko DAR **73** 106, Kö BA **78** 302, Hb VM **66** 61, *Salger* DRiZ **93** 312, und die Fahrt beim geringsten Zweifel unterlassen, erst recht, wenn ihm aufgrund seines Trinkverhaltens die genaue Trinkmenge unbekannt ist, Bay VRS **66** 280. **Wesentlicher Grund der Vorwerfbarkeit** ist aber, daß jeder weiß, daß bereits relativ niedrige Alkoholmengen die allgemeine Leistungsfähigkeit

4 StGB § 316

erheblich beeinträchtigen oder beseitigen können. Der Schuldvorwurf (zumindest Fahrlässigkeit) ist daher idR schon aufgrund der Tatsache gerechtfertigt, daß der Kf trotz Kenntnis voraufgegangenen Alkoholgenusses das Fz geführt hat, Sa NJW **63** 1685, Fra NJW **53** 597, DAR **66** 106, Ha VRS **40** 447, VM **68** 29, Hb VM **70** 23, Zw NZV **93** 240, auch bei BAK unter 0,5‰, s Bay VRS **66** 280 (noch zum früheren Gefahrengrenzwert von 0,8‰), krit zu dieser Rspr *Bialas* S 130 ff, *Riemenschneider* S 187 ff. Dies gilt erst recht nach Sturztrunk kurz vor Fahrtantritt, auch wenn dessen Auswirkungen noch nicht spürbar waren, s *Hentschel* DAR **83** 261, s aber Dü VRS **64** 436 (Schlußtrunk mit heimlich hinzugeschüttetem Schnaps) mit abl Anm *Grüner* BA **84** 279. Auch etwaige Verstärkung der Alkoholwirkung durch ungünstige körperliche Disposition entlastet nicht, Bay NJW **69** 1583. S § 24a StVG Rz, 25, 26.

24 **Vorsatz,** wenn Täter die Fahrunsicherheit kennt oder mit ihr rechnet, Bay ZfS **93** 174, Ko NZV **01** 357, Kö DAR **97** 499, Fra NJW **96** 1358, Dü VRS **86** 110, Ha NZV **99** 92, VRS **102** 278, DAR **02** 565, und zwar bei der Fahrt, Bay DAR **91** 368, Ko NZV **01** 357, Dr NZV **95** 236, Ha NZV **98** 471, **99** 92. Neben anderen Tatumständen ist die Höhe der BAK ein wesentliches Indiz, Bay ZfS **93** 174, Ko NZV **01** 357, VRS **104** 300, Kö DAR **87** 126, *Salger* DRiZ **93** 312. Vorsatz liegt bei höheren BAKen nahe, Ko NZV **01** 357, VRS **104** 300, Sa BA **01** 458, Dü NZV **94** 324 (Anm *Schneble* BA **94** 264), Kö DAR **97** 499, Zw NZV **93** 277, Jn DAR **97** 324; jedoch gibt es keinen allgemeinen Erfahrungssatz des Inhalts, daß ein FzF ab einer bestimmten BAK seine Fahrunsicherheit kennt oder mit ihr rechnet, BGH VRS **65** 359, Bay ZfS **93** 174, Sa BA **01** 458, Ha NZV **98** 471, DAR **02** 565, Kö DAR **99** 88, Ko NZV **93** 444, ZfS **01** 334, Ce NZV **98** 123, Kar NZV **99** 301, Fra NJW **96** 1358, Jn DAR **97** 324, Dü NZV **94** 324 (Anm *Schneble* BA **94** 264), aM AG Rheine NStZ-RR **97** 87, AG Coesfeld BA **98** 319 (aufgehoben durch Ha NZV **98** 471, krit Anm *Schmid* BA **99** 262). Er wird bei nicht lange zurückliegender einschlägiger Vorstrafe leichter nachweisbar sein als bei einem Ersttäter, Bay DAR **82** 251, Sa BA **01** 458, Kö DAR **87** 126, Kar NZV **91** 239, Ce NZV **96** 204, **98** 123, *Krüger* DAR **84** 52, *Salger* DRiZ **93** 313. Wer nach Unfall infolge hoher BAK weiterfährt, wird zumeist vorsätzlich handeln, s Bay NJW **84** 878, Ko VRS **71** 195, Zw ZfS **90** 33 (nicht ohne weiteres auch bezüglich der voraufgegangenen Fahrt). Hat sich der Täter über eine ausdrückliche Warnung, noch zu fahren, hinweggesetzt, so kann dies bedingten Vorsatz begründen, Zw ZfS **01** 334, *Salger* DRiZ **93** 313. Beruft sich der Angeklagte unter gleichzeitigem Hinweis auf die Folgenlosigkeit der Alkoholfahrt nicht ausdrücklich darauf, sich noch fahrsicher gefühlt zu haben, soll hohe BAK (2,31‰) nach Ko NZV **01** 357 die Annahme bedingten Vorsatzes rechtfertigen. Auch bei erheblicher BAK ist Vorsatz zu begründen, weil es immerhin Fälle gibt, in welchen die an sich spürbare Alkoholbeeinträchtigung nicht bewußt wird (Beeinträchtigung der Kritikfähigkeit, s Rz 22), Ha DAR **78** 166 (1,9‰), NZV **98** 291 (2,21‰), **98** 471 (2,32‰), Kö VRS **67** 226, DAR **97** 499, Ko VRS **70** 11 (2,3‰), Fra ZfS **89** 140 (2,5‰), Kar NZV **93** 117 (2,67‰), Dr NZV **95** 236 (2,7‰), Sa ZfS **95** 432, Ce ZfS **97** 152, s *Teyssen* BA **84** 179 f, aM *Schneble* BA **84** 281. Daher weder regelmäßiges Vorliegen von Vorsatz bei BAKen zwischen 1,4 und 1,9‰ in der Anflutungsphase (so aber *Schneble* BA **84** 291, 293), noch „Faustregel" für Vorsatz ab 2‰, so aber *Haubrich* DAR **82** 285, ähnlich *Krüger* DAR **84** 52 sowie Dü NZV **94** 367 (bei 2,32‰ idR Vorsatz) und Ko VRS **104** 300 (Vorsatz, soweit keine den indiziellen Beweiswert der BAK mindernden Umstände ersichtlich sind). Andererseits besteht bei hoher BAK nicht in allen Fällen ohne konkreten Anlaß die Notwendigkeit nachprüfbarer Ausführungen im tatrichterlichen Urteil zur geistigen Beschaffenheit des Täters (Intelligenz, Kritikfähigkeit), wenn konkrete Tatsachen die Annahme von Vorsatz rechtfertigen, Ce VM **81** 53, Kö DAR **87** 126, Fra NJW **96** 1358, *Salger* DRiZ **93** 312. Der Vorschlag, statt auf subjektive Wahrnehmung der alkoholischen Auswirkungen in erster Linie auf die Kenntnis der genossenen Alkoholmenge abzustellen, so zB *Krüger* DAR **84** 50, *Nehm, Salger*-F S 126, s auch *Salger* DRiZ **93** 313, *Tolksdorf* VGT **95** 82, abl Dü VRS **86** 110, *Janker* DAR **95** 148, vermag die Schwierigkeiten beim Vorsatznachweis ab einer bestimmten BAK-Höhe nicht immer zu beseitigen, Fra NJW **96** 1358, *Riemenschneider* S 172, s Rz 22. Im übrigen gibt es auch keinen allgemeinen Erfahrungssatz, daß der FzF nach Konsum erheblicher Trinkmengen stets bei der Fahrt seine Fahrunsicherheit in Kauf nimmt, Ha NZV **99** 92. Allein aus dem Versuch, die polizeilichen Feststellungen der BAK zu verhindern, folgt noch kein Tatvorsatz, Bay DAR **85** 242, Sa BA **01** 458, Ha BA **77** 122, **78** 376, ZfS **00** 363, *Teyssen* BA **84** 181, *Röttgering* ZfS **00** 135f, *Riemenschneider* S 168, einschränkend Zw ZfS **94** 465, aM *Krüger* DAR **84** 52, *Salger* DRiZ **93** 313, *Nehm, Salger-*F S 123, 126, auch nicht aus besonders vorsichtiger Fahrweise, Kö DAR **87** 157, s *Hentschel* DAR **93** 452, aM *Salger* DRiZ **93** 313. Das Bewußtsein, nicht mehr fahren zu dürfen, steht der Kenntnis der Fahrunsicherheit nicht gleich, Bay DAR **84** 242, LK (*König*) Rz 187, abw Ranft *Forensia* **86** 66, *Nehm, Salger-*F S 123. **Das Urteil** muß klar sagen, ob Vorsatz oder Fahrlässigkeit vorlag, Sa NJW **74** 1391. Angabe der Schuldform im Tenor ist erforderlich, BGH VRS **65** 359. Näher zur Problematik des Vorsatzes hinsichtlich der Fahrunsicherheit, s *Hentschel,* Trunkenheit, 362ff sowie DAR **93** 449. Zum Vorsatz bei drogenbedingter Fahrunsicherheit, s *Harbort* NZV **96** 432.

Fahrlässig handelt, wer sich beim Trinken und dem nachfolgenden Fahrentschluß 25 entgegen jener allgemeinen Erfahrung (Rz 23) verhält und trotz nicht nur geringer Alkoholmenge fährt, s Rz 23. Regelmäßig begründet allein schon die Tatsache, daß die Fahrt **trotz Kenntnis voraufgegangenen Alkoholgenusses** angetreten wurde, den Vorwurf fahrlässigen Verhaltens, s Rz 23. Wer **unbekannte Tabletten** blindlings einnimmt und danach noch Alkohol trinkt, muß mit Rauschwirkung rechnen, Hb BA **75** 211. Wer erst am Vortag erheblich gezecht hat, hat auch die Gefahr des **Restalkohols** zu bedenken: der „Kater" ist allgemeine Trinkerfahrung, seine Berücksichtigung also keine Überforderung (Rz 8). Die Einnahme nennenswerter Mengen von **alkoholhaltigen Hausmitteln** wie Melissengeist oder Baldrian-Tinktur wird idR nicht vom Vorwurf fahrlässigen Handelns entlasten, weil der Alkoholgehalt bei Melissengeist spürbar ist, Ha BA **70** 153, **79** 501 und vernunftwidriger Genuß erheblicher Mengen einer tropfenweise einzunehmenden Baldrian-Tinktur ohne vorherige Unterrichtung über die Zusammensetzung idR vorwerfbar sein wird, aM Ce BA **81** 176 mit abl Anm *Recktenwald*. Wer **Medikamente** einnimmt (Rz 3), muß sich über ihre Wirkung vergewissern, erst recht über Alkoholverträglichkeit, s Fra DAR **70** 162 (Valium), s Rz 4. Bei für Laien unspezifischen Behandlungen (Injektionen) wird der Arzt hierüber belehren müssen, LG Konstanz NJW **72** 2223. Der Fahrlässigkeitsvorwurf wird durch die **Einlassung der BAK-Beeinflussung durch Einatmen** von gasförmigen Stoffen idR nicht ausgeschlossen. Durch die Atemluft kann Alkohol allenfalls bis zu 0,1‰, höchstens 0,2‰ BAK (unter nahezu unerträglichen Bedingungen) aufgenommen werden, Ha NJW **78** 1210, s *Pohl/Schmidle* BA **73** 100 (höchstens 0,055‰ bei um das 20- bis 50fache erhöhter maximaler Arbeitsplatzkonzentration). Auch Inhalation von Dämpfen anderer Lösungsmittel führt nicht zu einer forensisch relevanten BAK-Beeinflussung, *Pohl/Schmidle* BA **73** 100, *Groth/Freund* BA **91** 166; jedoch kann voraufgegangenes Einatmen von Lösungsmitteln (zB „Schnüffeln") das Ergebnis eines Atemalkoholtests verfälschen, s Rz 52. Auch Einatmen von Benzindampf oder Auspuffgasen beeinflußt BAK nicht (Tierversuch), *Gaisbauer* NJW **68** 1850 (Lit), auch nicht Jodlösung und Cardiazolinjektion, LSG Essen NJW **58** 766.

Erklärt der Angeklagte, man habe ihm **heimlich Alkohol zugeführt,** so ist sorgfältig 26 zu prüfen, ob es sich – wie häufig – um unwahre Schutzbehauptung handelt, Ha VRS **52** 446, **56** 112, Ol DAR **83** 90, *Seib* BA **77** 187, *Schneble* BA **78** 460, LK (*König*) Rz 214, s auch BGHSt **34** 29 = NJW **86** 2384, und ob er nicht im Hinblick auf die Umstände und seine Gesellschaft womöglich mit der Beimischung von Spirituosen rechnen mußte, Ol DAR **83** 90, Dü VRS **66** 148. Einflößen von Melissengeist während einer Ohnmacht ist kaum möglich, Ha BA **70** 153. Zur geschmacklichen Wahrnehmbarkeit von Spirituosen in anderen Getränken *Kernbichler/Röpke* BA **79** 399. Der konzentrierte Alkoholgeschmack von Melissengeist wird regelmäßig vernehmbar sein, Ha BA **79** 501, **70** 153. Im übrigen entspricht es der Lebenserfahrung, daß Alkoholwirkung spürbar ist, Bay DAR **77** 204, Ha VRS **52** 446, Hb VM **66** 61, Kö BA **78** 302, *Reinhardt/Zink* BA **72** 129, *Naeve* ua BA **74** 145. Bei höherer BAK kann ein Kf seine Fahrunsicherheit daher auch erkennen, wenn ihm unbemerkt Alkohol zugeführt worden ist, Bay DAR **77** 204, Kö BA **78** 302, **79** 229, Ha NJW **74** 2058, **75** 660, VRS **52** 446, DAR **73** 23, aA Sa NJW **63** 1685, kritisch *Teige/Niermeyer* BA **76** 415.

4 StGB § 316

27/28 **Lit:** *Artkämper,* Das Phänomen vorsätzlicher Trunkenheitsfahrten, BA **00** 308. *Bialas,* Promille-Grenzen, Vorsatz und Fahrlässigkeit, Diss., Frankfurt 1996. *Blank,* Vorsatz oder Fahrlässigkeit bei Trunkenheitsfahrten, BA **97** 116. *Harbort,* Zur Annahme von Vorsatz bei drogenbedingter Fahrunsicherheit, NZV **96** 432. *Haubrich,* Zum Nachweis der vorsätzlichen Trunkenheitsfahrt, DAR **82** 285. *Hentschel,* Die Feststellung von Vorsatz in bezug auf Fahrunsicherheit ..., DAR **93** 449. *Koch,* Nachweis der subjektiven Tatseite bei relativer Fahruntüchtigkeit, DAR **74** 37. *Krüger,* Zur Frage des Vorsatzes bei Trunkenheitsdelikten, DAR **84** 47. *Lackner,* Alkoholdelikt und Vorsatz, k + v **69** 397. *Maiwald,* Zum Maßstab der Fahrlässigkeit bei trunkenheitsbedingter Fahruntüchtigkeit, *Dreher-F* 437. *Reinhardt/Zink,* Veränderungen des subjektiven Empfindens durch Alkohol, BA **72** 129. *Riemenschneider,* Fahrunsicherheit oder Blutalkoholgehalt als Merkmal der Trunkenheitsdelikte, Berlin 2000. *Röttgering,* Vorsatz-Feststellung bei Trunkenheitsdelikten, ZfS **00** 134. *Salger,* Zum Vorsatz der Trunkenheitsfahrt, DRiZ **93** 311. *Schmid,* Zum Vorsatz bei der Trunkenheitsfahrt, BA **99** 262. *Schneble,* Verschulden bei Trunkenheitsdelikten ..., BA **84** 281. *Seidl ua,* Die Selbsteinschätzung der Höhe der BAK bei akuter Alkoholisierung, BA **96** 23. *Stephan,* Kriterien von Vorsatz und Schuldfähigkeit, JbVerkR **98** 121. *Teige/Niermeyer,* Zur Frage der „kritischen Selbstüberprüfung" alkoholisierter VT, BA **76** 415. *Teyssen,* Vorsatz oder Fahrlässigkeit bei Trunkenheitsfahrten mit höheren Promillewerten ..., BA **84** 175. *Tolksdorf,* Vorsatz und Fahrlässigkeit bei Trunkenheits- und Drogenfahrt, VGT **95** 79. *Zink ua,* Vorsatz oder Fahrlässigkeit bei Trunkenheit im Verkehr ..., BA **83** 503.

29 **9. Verminderte Schuldfähigkeit oder Schuldunfähigkeit** (§§ 20, 21 StGB, E 151a) hängt außer von der BAK auch von allen objektiven und subjektiven Umständen ab, BGH NStZ **91** 126, **96** 592, BGHSt **43** 66 = NJW **97** 2460 (Anm *Loos* JR **97** 514), NZV **00** 46, BA **03** 236, Bay NZV **99** 482, Fra NStZ-RR **99** 246, Kö VRS **98** 140, Ko VRS **70** 14, BA **85** 487, Jn DAR **97** 324, Schl BA **92** 78, Dü NZV **98** 418, VRS **96** 98; denn die Wirkung des Alkohols ist individuell sehr unterschiedlich, BGH NStZ **02** 532. Sie ist bei höherer BAK zu prüfen. Ein fester BAK-Satz besteht dafür nicht, BGH NStZ **02** 532, BA **03** 236, Ko VRS **79** 13, Dü NZV **98** 418, VRS **96** 98, krit (im Hinblick auf die indizielle Bedeutung der BAK für absolute Fahrunsicherheit) *Scheffler/Halecker* BA **04** 427. Rechtsmedizinische Lit (zB *Gerchow* BA **85** 156, *Rengier/Forster* BA **87** 161, *Schewe* BA-Festschrift S 171, JR **87** 179, BA **91** 264, *Pluisch* NZV **96** 98, *Kröber* NStZ **96** 569) und ein Teil der Rspr (zB BGH NStZ **02** 532, DAR **77** 143, **88** 220, BGHSt **35** 308 = NJW **89** 779, zust Blau BA **89** 3, BGH NStZ **95** 226, **96** 592 – jeweils 1. StrSen –, Kö NJW **82** 2613), ebenso *Maatz/Wahl* BGH-F S 533 ff, sprechen sich gegen eine schematische Bezugnahme auf die Höhe der BAK und für eine **vorrangige Berücksichtigung der Feststellungen zur Befindlichkeit des Täters** bei der Tat und sein Tatverhalten aus. Indessen wird es vielfach an ausreichenden Tatsachen fehlen, die bei hoher BAK gegen eine Beeinträchtigung der Schuldfähigkeit sprechen, BGH NStZ-RR **97** 162, NStZ **98** 295, *Salger, Pfeiffer*-F S 379 ff. Daher mag in Fällen der Alkoholkriminalität aus prozeßökonomischen Gründen ab 2‰ eine eher schematische Handhabung des § 21 StGB gerechtfertigt sein, BGH NStZ **96** 592, Nau DAR **01** 379, ZfS **00** 555 (abl *Bode*), krit *Maatz/Wahl* BGH-F S 532 ff. Insbesondere bei **Rückrechnung über viele Stunden** mit dem höchstmöglichen Abbauwert zugunsten des Angeklagten und bei Errechnung der höchst*möglichen* BAK unter Zugrundelegung aller jeweils günstigsten Faktoren ist der berechnete BAK-Wert meist unrealistisch, s *Schewe* JR **87** 179, *Kröber* NStZ **96** 569, *Maatz/Wahl* BGH-F S 549, *Detter* NStZ **90** 176, BGHSt **35** 308 = NJW **89** 779, DAR **89** 246, BGHSt **36** 286 = NJW **90** 778 (jeweils 1. StrSen), Blau BA **89** 1. Jedenfalls in derartigen Fällen sowie bei BAK-Berechnung aus der Trinkmenge bei langer Trinkzeit kommt der so ermittelten BAK gegenüber aussagekräftigen psycho-diagnostischen Kriterien geringeres Gewicht zu, hat also die ermittelte *mögliche* maximale BAK als recht unsicheres Indiz neben der Würdigung des Gesamtverhaltens und des Erscheinungsbildes des Täters in den Hintergrund zu treten, BGH NStZ **02** 532, BGHSt **35** 308 = NJW **89** 779, BGHSt **36** 286 = NJW **90** 778 (zust *Blau* JR **90** 294, *Heifer/Pluisch* BA **90** 436), NJW **98** 3427, NStZ **96** 592, **00** 136, NZV **00** 46, VRS **99** 194, BA **00** 505, *Grüner* JR **92** 118, *Foth, Salger*-F S 31, *Maatz* BA **96** 236f, 242, NStZ **01** 5, *Maatz/Wahl* BGH-F S 549, *Heifer* BA **99** 139, so jetzt auch der 4. StrSen (NZV **00** 46, BA **00** 185), der dies früher als Verstoß gegen den Zweifelssatz ablehnte, BGH NJW **89** 1043, BGHSt **37** 231 = NJW **91** 852, NStZ **91** 126, abl auch *Salger, Pfeiffer*-F S 379 (394), DRiZ **89** 176, *Detter* BA **99** 12, s dazu *v Gerlach* BA **90** 311 ff. **Ausschluß der Schuldfähigkeit** ist schon **bei Überschreiten von 2,5‰**

zu prüfen, Kö ZfS **82** 379, BA **83** 463, VRS **80** 34, **98** 140, Ko VRS **75** 40, s BaySt **03** 18 = NJW **03** 2397 (2,64‰), jedenfalls aber bei 3‰, BGH DAR **88** 219, Bay NZV **99** 482, Nau ZfS **00** 124, Dü ZfS **98** 33, Ko VRS **79** 13, wobei Ausschluß des Hemmungsvermögens genügt, BGH VRS **23** 209, Ko VRS **79** 13, Schl BA **92** 78, Kar VRS **80** 440, und vom höchstmöglichen Abbauwert (s dazu Rz 60) auszugehen ist, s Rz 59. Jedenfalls ist eine Auseinandersetzung mit der Frage möglicher Schuldunfähigkeit idR bei Tatzeitwerten von 2,7–2,8‰ geboten (evtl Schverständigengutachten), BGH DAR **71** 116, Dü VRS **63** 345, BA **88** 343, Ko VRS **66** 133, **74** 273, Jn DAR **97** 324. Die Beurteilung wird bei **BAKen ab 3‰** idR ergeben, daß die Schuldfähigkeit aufgehoben war, BGH DAR **73** 144, **74** 116, NStZ **95** 539, Ko DAR **74** 245, VRS **49** 433, Zw ZfS **83** 28, Ha BA **81** 58, Kö NJW **82** 2613, Hb DAR **93** 395. Will der Tatrichter bei BAK von mindestens 3‰ Schuldunfähigkeit verneinen, so ist Hinzuziehung eines medizinischen Sachverständigen in aller Regel angebracht, Ko VRS **70** 14, **79** 13, s BGH DAR **84** 188 Nr 5, NStZ **89** 119. Jedoch keine allgemeine Erfahrung, bei über 3‰ BAK sei jeder schuldunfähig, BGH BA **03** 236, **97** 450, GA **74** 344, Ko VRS **79** 13, DAR **88** 219, Dü NZV **98** 418, VRS **96** 98. Schuldunfähigkeit kann auch bei **weniger als 3‰ BAK** vorkommen, BGH NJW **69** 1581, Kö VRS **98** 140, Ko VRS **75** 40 (2,5‰), Dü NZV **94** 324, und ist beim Einschlafen an der Unfallstelle mit 2,87‰ BAK zu prüfen, Ko DAR **73** 137, ebenso bei knapp 2,5‰ und erheblichen Ausfallerscheinungen, Ko VRS **74** 29 (AB-Falschfahrer), Kar VRS **80** 440. Sie wird sich aber allein aus 2,6‰ BAK idR, pathologische Verhältnisse ausgeschlosen, nicht ergeben, Ko VRS **37** 190, **54** 429 (2,43‰). Unter besonderen Umständen (Besinnungslosigkeit, Vergiftungsanzeichen) kann Schuldunfähigkeit schon bei 2,0‰ BAK vorkommen, BGH VRS **30** 277, Dü NJW **66** 1877, Ce NJW **68** 1938, ist dann aber zu begründen, BGH DAR **60** 66, Ha VRS **39** 345, 414, und nicht durch Übernahme eines Gutachtens, Ol VRS **23** 47, Ha NJW **67** 690, Kö NJW **67** 691. Bei Zusammenwirken von Alkohol und Medikamenten kommt Schuldunfähigkeit uU schon bei erheblich unter 3,0‰ BAK in Betracht, Kö BA **75** 278, VRS **65** 21. Im Einzelfall kann jedoch andererseits selbst bei 3‰ und mehr Schuldfähigkeit noch gegeben sein, BGH BA **03** 236, NStZ **91** 126, DAR **77** 143, **79** 176, Ko DAR **74** 245. **Erinnerungsvermögen und Zielstrebigkeit** erlauben nicht unbedingt den Schluß auf uneingeschränkte Schuldfähigkeit, BGH GA **74** 344, NStZ **92** 32, 78, **96** 227, Kö NJW **82** 2613, VRS **65** 21, Zw BA **82** 92, Ko VRS **79** 13, Schl BA **92** 78, Kar VRS **85** 347, Hb DAR **93** 395, können aber bei der gebotenen Gesamtwürdigung als Indiz dafür in Frage kommen, s Rz 30. Auch das Fehlen motorischer Ausfallerscheinungen spricht nicht zwingend gegen alkoholbedingte Beeinträchtigung der Schuldfähigkeit iS von §§ 20, 21 StGB, BGH NJW **89** 1043, Bay VRS **89** 128, **99** 194, Ko VRS **75** 40. Zur **Rückrechnung** im Rahmen der Beurteilung der Schuldfähigkeit, s Rz 76.

Verminderte Schuldfähigkeit bei nur 1,2‰ BAK kaum, BGH VRS **50** 358; **ab** 30 **2,0‰ BAK** ist sie idR zu prüfen und zu erörtern, BGHSt **43** 66 = NJW **97** 2460 (Anm *Loos* JR **97** 514), NStZ-RR **97** 162, Bay NZV **94** 197, Sa BA **01** 458, Dü DAR **00** 281, Zw ZfS **00** 511, Nau DAR **99** 228, Fra NJW **96** 1358, Dr NZV **95** 236, Ha VRS **103** 201, DAR **99** 466, Kar NZV **99** 301. Denn ab 2,0‰ liegen die Voraussetzungen des § 21 StGB idR nahe, BGH VRS **75** 201, DAR **89** 243, NJW **89** 1043, NStZ **97** 383, BGHSt **37** 231 = NJW **91** 852, Bay DAR **89** 231, Kö VRS **80** 34, DAR **98** 499, Ha DAR **90** 308, Dü NZV **97** 46, nach BGH NStZ-RR **97** 162 (4. StrSen) iS einer widerlegbaren Vermutung. Liegen für die Beurteilung der Schuldfähigkeit außer einer festgestellten BAK von mindestens 2,0‰ keinerlei weitere Anhaltspunkte vor, so ist zugunsten des Angeklagten von erheblich verminderter Schuldfähigkeit auszugehen, BGHSt **37** 231 = NJW **91** 852 (Anm *Schewe* BA **91** 264, *Mayer* NStZ **91** 526), NStZ **92** 78, NStZ-RR **97** 162, s Rz 29, krit gegenüber schematischer Beurteilung aber *Grüner* BA **94** 398, *Maatz* BA **96** 236f, 242. Bei 2,5‰ liegt erheblich vermindertes Hemmungsvermögen idR sehr nahe, BGHSt **34** 29 = NJW **86** 2384, NStZ **84** 506. Bei Jugendlichen und Heranwachsenden kann oft auch BAK unter 2,0‰ zur erheblich verminderten Schuldfähigkeit führen, BGH DAR **84** 193 Nr 5, NStZ **97** 384, NStZ-RR **97** 162. Gutes **Erinnerungsvermögen** und **zielstrebiges Verhalten** können zwar als Indiz gegen erheblich verminderte Schuldfähigkeit herangezogen werden,

BGHSt **43** 66 = NJW **97** 2460 (2462), *Maatz* NStZ **01** 7, schließen aber die Annahme einer erheblichen Verminderung des Hemmungsvermögens nicht aus, BGH NStZ **81** 298, **97** 384, **98** 295, VRS **69** 432, **72** 275, **75** 201, **99** 194, BA **89** 59, DAR **89** 243, Kar VRS **85** 347, s auch Rz 29. Nach zunächst uneinheitlicher Rspr der verschiedenen Strafsenate des BGH wird aber inzwischen überwiegend anerkannt, daß die Überbewertung einer rein rechnerisch *möglichen* BAK von 2,0‰ als Grundlage für Annahme erheblich verminderter Schuldfähigkeit unter Vernachlässigung **psychodiagnostischer Kriterien** abzulehnen ist, BGHSt **35** 308 = NJW **89** 779, DAR **89** 246, BGHSt **36** 286 = NJW **90** 778 (zust *Blau* JR **90** 294, *Heifer/Pluisch* BA **90** 436), NJW **98** 3247, NZV **00** 46, *Schewe* JR **87** 179, BA **91** 264, *Grüner* JR **92** 118, *Heifer* BA **99** 139, *Maatz* BA **96** 236 f, 242, *Kröber* NStZ **96** 569, s auch *Pluisch* NStZ **95** 330, abw früher der 4. StrSen des BGH im Hinblick auf den Zweifelssatz, BGHSt **37** 231 = NJW **91** 852 (abl *Schewe* BA **91** 264, *Kröber* NStZ **96** 569), der sich aber schon mit Beschl v 3. 12. 96 (NStZ-RR **97** 162) von dieser Position distanzierte und auch die Annahme eines **Erfahrungssatzes** erheblich verminderter Schuldfähigkeit bei 2,0‰ nicht mehr aufrecht erhält; abw auch *Salger, Pfeiffer-*F S 379 ff, DRiZ **89** 176. Gegen das Bestehen von Erfahrungssätzen in der Medizin über den Einfluß der BAK auf die Schuldunfähigkeit auch *Rösler/Blocher* BA **96** 329 sowie BGH NJW **97** 2460, **98** 3427, NStZ **00** 193 (2,0‰). Fehlende **Erörterung im Urteil** ist kein sachlich-rechtlicher Mangel, wenn besondere Umstände der Annahme erheblich verminderter Schuldfähigkeit entgegenstehen (Trinkgewöhnung, Unauffälligkeit beim Fahren), Hb VRS **61** 341. Andererseits sind die Voraussetzungen des § 21 auch bei BAK unter 2,0‰ vom Tatrichter zu erörtern, wenn besondere Umstände (Ausfallserscheinungen, Trinkungewohntheit, Krankheit, Medikamente) hierzu Anlaß bieten, BGH NStZ **90** 384, KG BA **69** 80.

31   10. Ob der Schuldunfähige aus **vorverlegter Verantwortlichkeit** (actio libera in causa, s **E** 151 b) haftet, der in unbeeinträchtigtem oder nur vermindert beeinträchtigtem, Dü NJW **62** 684, Willenszustand die entscheidende Ursache der später im Zustand zumindest verminderter Schuldfähigkeit begangenen Trunkenheitsfahrt setzt, war stets str, abl zB LG Münster ZfS **96** 236, *Horn* GA **69** 289, *Roxin* Lackner-F 317, *Hettinger* GA **89** 1, *Salger/Mutzbauer* NStZ **93** 561, *Herzberg, Spendel*-F 222 f, 232, *Hruschka* JZ **96** 64, aber bisher hM, s zB BGHSt **17** 333 = NJW **62** 1830, NStZ **95** 282, Bay NZV **93** 239, Ko NZV **89** 240. **Die neuere Rspr des BGH** ist uneinheitlich. Während zB der 3. StrSen (Beschl. v 19. 2. 97) NStZ **97** 230 (Anm *Hirsch* ebenda sowie JR **97** 391) ausdrücklich erklärt hat, an den Grundsätzen der actio libera in causa festzuhalten, ebenso im Ergebnis der 2. StrSen (NStZ **99** 448) – weitere Nachweise, s **E** 151 b –, lehnt der 4. StrSen unter Aufgabe seiner früheren Rspr die Anwendbarkeit dieser Grundsätze jedenfalls für Verkehrsstraftaten, deren tatbestandsmäßige Verwirklichung das Führen eines Fahrzeugs voraussetzt, also auch für den Tatbestand des § 316, ab, BGHSt **42** 235 (Urt. v 22. 8. 96) = NZV **96** 500 (zust *Hruschka* JZ **97** 22, *Sternberg-Lieben*, Schlüchter-Gedächtnisschrift S 238, *Hardtung* NZV **97** 97, *Riemenschneider* S 199, 210, abl *Spendel* JR **97** 133, *Hirsch* NStZ **97** 230), ebenso Jn DAR **97** 324, Ce NZV **98** 123, Ha NZV **98** 334. Nach Auffassung des 4. StrSen ist bei diesen Delikten weder die sog „Tatbestandslösung" (bereits das Sichbetrinken gehört zur Tatbestandshandlung) geeignet, die Anwendung der actio libera in causa zu begründen, noch die zur dogmatischen Begründung der Rechtsfigur vertretene Annahme eines Sonderfalles der mittelbaren Täterschaft, weil *Führen* eines Fzs, das immer erst mit dessen Bewegung beginnt (s Rz 2), nicht gleichbedeutend mit deren Verursachung sei, der Täter, indem er sich berauscht, kein Fz führe. Die Begründung der actio libera in causa mit dem sog. „Ausnahmemodell" (Vorverlagerung des Schuldvorwurfs abw von § 20 auf das Sichberauschen) lehnt der 4. StrSen grundsätzlich als geeignete Begründungsmöglichkeit der Rechtsfigur wegen Unvereinbarkeit mit dem insoweit nicht auslegungsfähigen Wortlaut des § 20 und Verstoßes gegen Art 103 II GG ab (s dagegen *Streng* JZ **00** 23 f). Die neue Rspr des 4. StrSen ist im Schrifttum teilweise auf entschiedene Ablehnung gestoßen, s *Hirsch* NStZ **97** 230, JR **97** 391, *Spendel* JR **97** 133. Mit beachtlichen Gründen wendet sich insbesondere *Hirsch* NStZ **97** 231, JR **97** 391, gegen die Ablehnung des sog Tatbestandsmodells iS eines besonderen Falles mittelbarer Begehung, das durchaus auch bei eigenhändigen Delikten die actio libera in causa begründen könne, weil bei ihnen nur die Täterschaft Dritter ausscheide, nicht aber mittelbare Begehung durch den Täter selbst, der somit das „Führen" eines Fzs bereits vor dem Beginn des eigentlichen Bewegungsvorgangs verantwortlich in Gang gesetzt haben könne (s auch *Spendel* JR **97** 136, *Schlüchter*, *H.J. Hirsch*-F S 345, 359). Soweit im übrigen actio libera in causa in Frage kommt, setzt **vorsätzliche vorverlegte Verantwortlichkeit** vorsätzliches (zumindest dolus eventualis) Herbeiführen des Zustands verminderter Schuldfähigkeit oder der Schuldunfähigkeit im Bewußtsein (ebenfalls mindestens Eventualvorsatz) der späteren Straftat voraus, BGH NJW **77** 590, Bay DAR **74** 179, **85** 239, **93** 370, NZV **89** 318, Ha NJW **70** 1614, Ko VRS **75** 34, Schl DAR **89** 191 (str). Verurteilung aus vorverlegter Verantwortlichkeit schließt § 323a StGB (Vollrausch) aus, Hb VRS **12** 40. Keine **fahrlässige vorverlegte Verantwortlichkeit**, wenn der spätere Hergang außerhalb der Erfahrung liegt, Ce VRS **40** 16. Das ist vor allem bezüglich der Vorhersehbarkeit der Fahrzeugbenutzung bedeutsam. Keine Vorhersehbarkeit insoweit etwa, wenn für den zu Hause Trinkenden nicht besondere Umstände die Möglichkeit der nicht beabsichtigten späteren FzBenutzung nahelegten, Bay VRS **60** 369; ebenso bei Trinken in nahe gelegener, zu Fuß aufgesuchter Gaststätte, Bay NStZ **88** 264. Soweit es auf die Vorhersehbarkeit späterer Fahrzeugbenutzung nach Verlust der Schuldfähigkeit ankommt (wie etwa bei Straftatbeständen, die nur aufgrund des späteren Fahrens verwirklicht werden konnten, zB fahrlässige Körperverletzung infolge alkoholbedingt unsicheren FzFührens), ist die bisher geltende Rspr nach wie vor bedeutsam, wonach den Kf der Vorwurf der Fahrlässigkeit trifft, wenn er keine geeigneten **Vorsorgemaßnahmen** gegen die vorhersehbar gewesene Benutzung des Kfz im Zustand der Schuldunfähigkeit getroffen hat, Bay NJW **69** 1583, DAR **67** 278, NZV **89** 318, Ol DAR **63** 304, Ha NJW **83** 2456, Zw VRS **81** 282, wonach, wer sich mit dem Kfz dorthin begeben hat, wo er trinkt, mit der Möglichkeit rechnen muß, das Fz später zu führen, Ol DAR **63** 304, Ha BA **78** 454, Bay NStZ **87** 456, NZV **89** 318, Ko VRS **75** 34. Als ausreichende Vorsorgemaßnahmen werden anerkannt: Aushändigen sämtlicher FzSchlüssel an zuverlässige Person, Bay NJW **69** 1583, Ce NJW **68** 1938, Ha VRS **15** 362, **42** 197, 281, Beschaffung einer Übernachtungsmöglichkeit in einer Weise, die es ausgeschlossen erscheinen läßt, daß später hiervon kein Gebrauch gemacht wird, Bay NJW **69** 1583, s Ko VRS **74** 29, uU sogar schon feste Zusage eines nahen Angehörigen, den Betroffenen abzuholen, Kö VRS **34** 127, nicht jedoch bloße telefonische entsprechende Bitte an einen Kollegen, Ha VRS **32** 17, auch nicht der vor Trinkbeginn gefaßte Entschluß, später ein Taxi oder öffentliches VMittel zu nehmen, Bay NJW **68** 2299, zu Fuß nach Hause zu gehen, Bay NStZ **87** 456, oder die Absicht, im Gasthof zu übernachten ohne vorherige Gewißheit einer Übernachtungsmöglichkeit, Bay MDR **67** 943.

11. Ein Vollrausch (§ 323a StGB, GGkonform, BVerfG DAR **79** 181) liegt vor, **32** wenn sich jemand ohne vorverlegte Verantwortlichkeit (Rz 31) vorsätzlich oder fahrlässig durch Alkohol oder andere Rauschmittel in einen Zustand versetzt, in dem Schuldunfähigkeit nicht auszuschließen ist, und in diesem Zustand eine rechtswidrige Tat begeht. Die Tat ist ein abstraktes Gefährdungsdelikt, das hier nicht bis ins Einzelne zu kommentieren ist. Der Täterzustand muß insgesamt rauschmittelbedingt sein, BGHSt **26** 363, StV **00** 26, Bay NZV **90** 317, wobei eine besondere körperlich-seelische Verfassung, auch aus vorübergehenden Ursachen, mitsprechen kann, BGHSt **22** 8, **26** 363, VRS **53** 356, Zw VRS **54** 113 (Schlaftrunkenheit), zum Rauschbegriff *Forster/Rengier* NJW **86** 2869, *Rösler/Blocher* BA **96** 331. Keine Anwendung des § 323a, wenn alkoholbedingte verminderte Schuldfähigkeit erst durch ein *nicht zu vertretendes* äußeres Ereignis zur Schuldunfähigkeit wird, BGH MDR **76** 58, VRS **50** 45, DAR **81** 187. Wer Alkohol- und Medikamenteneinnahme kombiniert, muß mit einer zur Schuldunfähigkeit führenden Steigerung der Alkoholwirkung idR rechnen, Hb JZ **82** 160. Der zumeist auf krankheitsbedingter, außergewöhnlicher Alkoholunverträglichkeit beruhende pathologische Rausch ist zwar idR bei erstmaligem Auftreten unvorhersehbar, kommt jedoch nur äußerst selten vor, BGHSt **40** 198 = NJW **94** 2426. Nach vielfach vertretener Meinung soll Voraussetzung für Anwendung des § 323a **sichere Überschreitung des Bereichs des § 21** sein, BGH VRS **56** 447, Bay NJW **78** 957, Kar NJW **04** 3356, **79** 1945, Kö DAR **01** 229, VRS **68** 38 (abl *Seib* BA **85** 245), Zw NZV **93** 488, s *Dencker*

4 StGB § 316

NJW **80** 2159, *Forster/Rengier* NJW **86** 2869, *Ranft* Forensia **86** 71; aA zB *Montenbruck* GA **78** 225, JR **78** 209, *Tröndle/Fischer* § 323a Rz 11, *Heiß* NStZ **83** 67, *Riemenschneider* S 203. Der Wortlaut des § 323a nF verlangt dies nicht, BGHSt **32** 48 = NJW **83** 2889; überzeugend *Horn* JR **80** 1, *Schewe* BA **83** 369, 526. Ob ein Rausch auch bei möglicher voller Schuldfähigkeit vorliegen kann, hat der BGH (BGHSt **32** 48 = NJW **83** 2889, Anm *Schewe* BA **83** 526) offen gelassen. Keinesfalls ist aber auch nach BGH aaO zu verlangen, daß jede nach dem Beweisergebnis mögliche BAK in den Bereich möglicher Schuldunfähigkeit führt, aM *Kar* NJW **79** 1945, s dazu *Paeffgen* NStZ **85** 8 (krit zu BGH aaO). Nach hM muß der Täter die Möglichkeit oder Neigung, im Rausch eine rechtswidrige Tat zu begehen, nicht gekannt haben und sich ihrer nicht bewußt gewesen sein, BGHSt **10** 247, NJW **57** 996, *Bruns* JZ **58** 105, *Schröder* DRiZ **58** 219, Schl SchlHA **69** 165, Hb JZ **82** 160, abweichend für vorsätzliche Volltrunkenheit, Bay NJW **68** 1897, Ce NJW **69** 1916, s auch *Lackner* JuS **68** 215, näher *Hentschel,* Trunkenheit, Rz 312ff. Da die im Zustand der Schuldunfähigkeit begangene Tat (Rauschtat) nach hM nicht vorhersehbar sein muß, sondern **objektive Bedingung der Strafbarkeit** ist, RGSt **73** 11, BGHSt **42** 235 = NZV **96** 500, NJW **03** 2395, BGH NJW **62** 1830, DAR **66** 55, Bay VRS **56** 453, Stu NJW **71** 1815, Zw NZV **93** 488, können Vorkehrungen („Zurüstungen"), die der Täter in nüchternem Zustand gegen eine spätere FzBenutzung getroffen hat, die sich aber als unzureichend erwiesen haben, nur im Strafmaß berücksichtigt werden, Bra NJW **66** 679, Hb JZ **82** 160, *Horn* JR **82** 347. Bei erwiesener **vorverlegter Verantwortlichkeit** (soweit bei VStraftaten noch anwendbar, s Rz 31) tritt § 323a zurück, Hb VRS **12** 40. Zwischen einer in Form der actio libera in causa begangenen Tat und einem anschließend als Rauschtat iS von § 323a verwirklichten Tatbestand besteht TE, BGHSt **17** 333 = NJW **62** 1830. Zwischen der als actio libera in causa verwirklichten Tat und § 323a, bezogen auf dieselbe Tat als Rauschtat, ist nur ausnahmsweise TE möglich, wenn der Täter *fahrlässig* nicht bedacht hat, daß er nach Verlust der Schuldfähigkeit mit natürlichem *Vorsatz* eine schwerwiegende Straftat begehen würde, BGH NJW **52** 354, Zw VRS **81** 282, s *Hentschel,* Trunkenheit, Rz 258f. Scheiden sowohl Vollrausch als auch actio libera in causa aus, weil der Täter infolge völliger Alkoholabhängigkeit nicht verantwortlich ist, so kommt Tatbegehung durch Unterlassen in Betracht, wenn ihm vorzuwerfen ist, daß er in Phasen der Nüchternheit keine Vorkehrungen gegen die FzBenutzung getroffen hat, BayVRS **56** 185.

33 **11a. Rechtfertigungs- und Entschuldigungsgründe:** E 112ff, 151ff. Vermeintliche ärztliche **Nothilfe** als Rechtfertigungsgrund, Dü VM **67** 38. Bei erheblicher BAK des Arztes rechtfertigt Beistandsabsicht keine Trunkenheitsfahrt, Ko MDR **72** 885. Nimmt ein fahrunfähiger Arzt irrig Notfall an, so kann ihm Vermeidbarkeit des Irrtums nicht deshalb vorgehalten werden, weil er seine Fähigkeit zu sachlichen Erwägungen selber herabgesetzt habe, Ha VRS **20** 232, Ol VRS **29** 265. Versuch des Angetrunkenen, eine Entführung oder vermeintliche Entführung zu verhindern (Nothilfe? Notstand?), Ce NJW **69** 1775, 2156 *(Horn)*. Kein Rechtfertigungsgrund, wenn die Gefahr auf andere Weise (Anruf bei Pol) hätte beseitigt werden können, Ha VRS **36** 27. Unfallverletzung des Freundes rechtfertigt möglich Trunkenheitsfahrt, wenn Anforderung eines Krankenwagens möglich ist, Ko VRS **73** 287. Rechtfertigender Notstand uU bei Fahrt eines Angehörigen der freiwilligen Feuerwehr, Ce VRS **63** 449.

34 **12. Teilnahme.** Täter kann nur der Führer eines Fz (Rz 2) sein, andere, auch der Halter, nur Anstifter oder Gehilfen. Das gilt aber nur für § 316; begeht der durch Alkohol oder Rauschmittel beeinflußte Fahrer infolge VUnsicherheit andere strafbedrohte Handlungen, so kann ein Dritter für diese auch als Mittäter, mittelbarer Täter oder fahrlässiger Nebentäter strafrechtlich mit-, wenn er den Fahrer als schuldloses Werkzeug benutzt hat, als Alleintäter verantwortlich sein. Teilnahme (Anstiftung, Beihilfe) Dritter am Vergehen gegen § 316 ist nur als vorsätzliche Teilnahme am vorsätzlichen Delikt strafbar; es müssen sich also beide Beteiligte bewußt gewesen sein, daß der FzFührer in nicht unerheblichen Mengen Alkohol oder sonstige berauschende Mittel zu sich genommen hatte, bedingtes Wissen (Fürmöglichhalten) in dieser Richtung genügt. Fahrlässige Teilnahme am vorsätzlichen Delikt oder Teilnahme am fahrlässigen Delikt sind nicht strafbar, bei dem abstrakten Gefährdungsdelikt des § 316 auch kaum denkbar. Der Halter, der fahrlässig sein Fz einem verkehrsunsicheren Fahrer überläßt, handelt ow (§§ 31 StVZO, 24 StVG). Kennt er jedoch, ebenso wie der Fahrer, dessen Fahrunsicherheit, so macht er sich der Beihilfe zu § 316 schuldig, Ko NJW **88** 152.

Wer den Fahrer, der noch fahren muß, berauscht macht, kann **für den Unfall** straf- **35** rechtlich **verantwortlich** sein, den der Trunkene verursacht, KG VRS **11** 357. Wer angetrunkenen Kf zu Fahrt überredet, ist für den Tod eines anderen verantwortlich, den der Fahrer infolge seiner Fahrunsicherheit verursacht, BGH VRS **5** 42. Der Vater ist nicht verantwortlich für fahrlässige Tötung, die der in seinem Haushalt lebende volljährige Sohn auf Trunkenheitsfahrt begeht, BGH VRS **17** 346. Führt die alkoholbedingte Fahrunsicherheit des Fahrers zum Unfall mit Körperverletzungs- oder Todesfolge, so ist der Halter als Täter verantwortlich, der es gestattet, daß der Fahrer während der Fahrt Alkohol trinkt, oder der einen Angetrunkenen fahren läßt, Ha VRS **23** 107. Er haftet für alle Rechtswidrigkeiten des trunkenen Fahrers auf Fahrt einschließlich der **Ordnungswidrigkeiten** nach den §§ 1 StVO, 24 StVG, BGHSt **14** 24, NJW **60** 924, *Hartung* JR **58** 390, Bra VRS **17** 227, Hb VM **61** 38. Auch wer, ohne Halter zu sein, Verfügungsmacht über ein Fz hat und als Mitfahrer einem erkennbar Fahrunsicheren die Führung überläßt, verletzt die §§ 1 StVO, 24 StVG, wenn der Fahrer andere gefährdet, Hb NJW **64** 2027, er verletzt die §§ 2 FeV, 24 StVG, wenn er infolge Alkoholbeeinflussung (2,1‰) die Fahrunsicherheit des Fahrers nicht erkennt und ihm die Führung nicht untersagen kann, Hb VRS **27** 156, Ol VRS **26** 354. Wer aus Gefälligkeit die FzFührung übernimmt, muß den Fahrer nicht an der Weiterfahrt hindern, wenn dieser den Wagen später wieder übernehmen will, Kar JZ **60** 17 *(Welzel)*.

Zechgemeinschaft: E 90. Wer als **Gastwirt** einem Kf Alkohol ausschenkt, muß das **36** Weiterfahren nur dann mit angemessenen, ihm möglichen Mitteln verhindern, wenn sich der Gast nach verständiger Beurteilung nicht mehr eigenverantwortlich verhalten kann, BGHSt **19** 152 = NJW **64** 412, s Sa NJW-RR **95** 986. Noch enger: Hinderungspflicht des Gastwirts nur bei hoher Trunkenheit und enger Lebensgemeinschaft, Dü NJW **66** 1877 *(Gaisbauer)*. Einem fahrunsicheren Kf, um ihn am Fahren zu hindern, den **Zündschlüssel abzunehmen,** ist durch Notstand gerechtfertigt, Notwehr hiergegen nicht zulässig, Ko NJW **63** 1991.

Lit: *Bödecker,* Strafrechtliche Verantwortlichkeit Dritter bei VDelikten betrunkener Kf, DAR **69** 281, **70** 309. *Geilen,* Zur Mitverantwortung des Gastwirts bei Trunkenheit am Steuer, JZ **65** 469. *Rudolphi,* Strafbarkeit der Beteiligung an den Trunkenheitsdelikten im StrV, GA **70** 353.

13. Konkurrenzfragen. Wahlfeststellung. Fahrlässige Trunkenheitsfahrt (§ 316 II) **37** tritt gegenüber § 315c I Nr. 1a, III StGB zurück, s § 315c Rz 61, und ist gegenüber dieser Vorschrift wie dem § 142 StGB minderschwer, so daß sie mehrere Akte gegen § 315c I Nr. 1a, III nicht zu einer sachlichrechtlichen Einheit zusammenfaßt, BGH NJW **70** 257. Wer nach Unfall, alkoholbedingt fahrunsicher, noch einige 100 m weiterfährt, um gefahrlos wenden zu können und dann zurückfährt, verstößt nicht noch gegen § 316, Bay NJW **73** 1657. Die **Dauerstraftat** der Trunkenheit im V beginnt mit dem Antritt der Fahrt im Zustand der Fahrunsicherheit und endet regelmäßig erst nach endgültiger Beendigung der Fahrt oder nach Wiedererlangung der Fahrsicherheit während der Fahrt, BGH NJW **67** 942, **73** 335, **83** 1744, VRS **48** 354, **49** 185, Bay VRS **56** 195, sie endet idR auch mit dem neuen und anders motivierten Beginn einer Unfallflucht, BGH VRS **44** 269, s dazu *Seier* NZV **90** 129. Änderung der Fahrtrichtung, um PolKontrolle zu entgehen, läßt keine neue Trunkenheitsfahrt beginnen, BGH VRS **48** 354, **49** 185, s BGH NJW **83** 1744, abw Ko VRS **47** 340 (aufgegebener Parkentschluß). Eine Trunkenheitsfahrt, die nach 1½ Stunden Unterbrechung fortsetzt, kann dieselbe Tat iS des § 264 StPO sein, Ce DAR **66** 137, abw Kö VRS **75** 336 (zu § 24a StVG), uU auch sachlich-rechtlich *eine* Dauerstraftat nach § 316, Bay 1 St 231/82, NStZ **87** 114; nach *Seier* NZV **90** 131 kommt in solchen Fällen nur natürliche Handlungseinheit in Betracht. Setzt der Angeklagte nach zunächst fahrlässiger Tatbegehung die Fahrt fort, nachdem er Kenntnis von seiner Fahrunsicherheit erlangt hat, so liegt nur *eine* Tat vor, Bay VRS **59** 195. Bei Wiedererlangung der Schuldfähigkeit während einer im Zustand der Schuldunfähigkeit angetretenen mehrstündigen Trunkenheitsfahrt kommt TE zwischen § 323a und § 316 in Frage, BGH VRS **62** 192. Gegenüber tateinheitlich begangenen OWen geht § 316 vor (§ 21 OWiG). Zwischen Trunkenheitsfahrt nach § 316 oder 315 c I Nr 1 a und nachfolgendem **unerlaubten Entfernen vom Unfallort** (§ 142 I) besteht TM, s § 142 Rz 72. Ebenso bei Weiterfahrt trotz Kenntniserlangung von zunächst nicht bemerktem Unfall: weiteres tatmehrheitlich zur voraufgegangenen Trunkenheitsfahrt begangenes Vergehen nach § 316 in TE mit § 142 II, Bay VRS **61** 351, *Hentschel* JR **82** 250. Zwischen § 142 I und dem dadurch gleichzeitig verwirklichten Vergehen nach § 316 oder 315 c besteht TE, Ha VRS **53** 125. TE mit § 177 und § 237 StGB ist möglich (Klammerwirkung des § 237 StGB), BGH VRS **60** 292, **66** 443. Trunkenheitsfahrt nach Vollendung, aber vor Beendigung eines Diebstahls steht zu diesem in TE, Bay NJW **83** 406. Wer fahruntüchtig ein Kfz geführt hat, aber behauptet, ein anderer habe es geführt, ist nicht wegen **Vortäuschens einer Straftat** (§ 145 d) strafbar, BGHSt **19** 305, VRS **27** 194, Fra NJW **75** 1895, Ha NJW **64** 734, Ce NJW **64** 733, ebensowenig eine nüchtern gebliebene Person, die wahrheitswidrig behauptet, das Fz statt des alkoholbedingt fahrunsicheren Täters geführt zu haben, Zw NZV **91** 238. Wer aus Schabernack in Schlangenlinien fährt, um Trunkenheitsfahrt vorzutäuschen, verletzt nach Kö VRS **54** 196 den § 145 d StGB, obgleich solches Verhalten auch anders deutbar ist. Wollen Streifenbeamte bei Trunkenheitsverdacht eine Blutprobe veranlassen, so ist Widerstand Verstoß gegen § 113 StGB, Fra NJW **74** 572. TE mit §§ 315 b, 113 StGB, BGH VRS **49** 177. Wer den verfolgenden PolWagen anzufahren droht, so daß dieser ausweichen muß, leistet gewaltsamen Widerstand, Fra VRS **42** 270. Gezieltes Zufahren auf kontrollierenden Beamten nach Alcotest, um Weiterfahrt zu erzwingen, ist schwerer Fall des Widerstandleistens (§ 113 II), Ko DAR **73** 219, uU Nötigung, KG VRS **45** 35. S § 315 b. Die durch einen alkoholbedingt fahrunsicheren Kf auf der Flucht vor der Pol verwirklichten Straftatbestände (zB §§ 315 b, 315 c, 142 StGB) bilden idR mit § 316 StGB eine Handlungseinheit (sog **Polizeiflucht**), s E 150 a, näher: *Seier* NZV **90** 132, *Hentschel,* Trunkenheit, 439. **Wahlfeststellung** zwischen vorsätzlicher VTrunkenheit und Anstiftung dazu ist möglich, Dü NJW **76** 579. Wahlweise Verurteilung nach § 316 und einer OWVorschrift ist ausgeschlossen (§ 21 OWiG). Nach Anklage wegen Trunkenheit im V ist das in der Hauptverhandlung stattdessen festgestellte Gestatten des Fahrens ohne FE verfahrensrechtlich dieselbe Tat iS von § 264 StPO, Bay VRS **65** 208. Zwischen Trunkenheit im V und Gestatten des Fahrens ohne FE (§ 21 I Nr 2 StVG) ist Wahlfeststellung möglich; kommt bei einem dieser Delikte Vorsatz, bei dem anderen nur Fahrlässigkeit in Betracht, ist im Wege der Wahlfeststellung wegen fahrlässigen Vergehens nach § 316 II StGB oder nach § 21 I Nr 2, II Nr 1 StVG zu verurteilen, Ha NJW **82** 192 (Anm *Schulz* NJW **83** 265), aM AG St Wendel DAR **80** 58, das Wahlfeststellung zwischen fahrlässiger Trunkenheit im V und vorsätzlichem Gestatten des Fahrens ohne FE für zulässig hält. Läßt sich bei fahrlässiger Körperverletzung oder Tötung durch Alkoholeinfluß nicht feststellen, ob der Angeklagte entweder selbst das Fz alkoholbedingt fahrunsicher geführt oder aber dieses als Halter einer erkennbar fahrunsicheren anderen Person überlassen hat, ist Verurteilung nach § 229 bzw 222 aufgrund alternativer Sachverhaltsfeststellung zulässig, Kar NJW **80** 1859, aA Ko NJW **65** 1926 mit abl Anm. *Möhl.*

Lit.: *Seier,* Die Handlungseinheit von Dauerdelikten im StrV, NZV **90** 129.

38 14. Für die **Strafzumessung** gelten die bei § 315 c dargelegten Grundsätze unter Berücksichtigung der Folgenlosigkeit der Trunkenheitsfahrt (§ 315 c Rz 46 ff). Eingehend zur Strafzumessung bei Trunkenheit im V: *Hentschel,* Trunkenheit, 466–511, 550 ff. Anlaß der Fahrt und Gesamtverhalten sind zu würdigen, Bay NZV **97** 244, Kö StV **01** 355. Die Wirkungen einer **gleichzeitig angeordneten EdF** sind zu berücksichtigen; als Maßregel darf diese zwar nicht nach Strafzumessungsgesichtspunkten angeordnet werden, soweit aber spezialpräventive Wirkungen, die von der Strafe ausgehen sollen, durch EdF erreicht werden, ist dem bei der Strafzumessung Rechnung zu tragen, Dr NZV **01** 439, Zw MDR **70** 434, Fra NJW **71** 669, *Koch* DAR **73** 14. Generalprävention ist als Strafzumessungsgesichtspunkt in der Rspr grundsätzlich anerkannt, s zB BGH NStZ **92** 275, jedoch stets nur im Rahmen der Schuldangemessenheit, Dü JMBlNRW **01** 241; sie ist im übrigen fragwürdig, weil die Beeinflußbarkeit anderer durch Härte oder Milde angedrohter oder verhängter Strafen bisher nicht exakt beweisbar war, s *Middendorff* DRiZ **68** 297, *Weyer* FahrI **68** 393, *Weigend, Miyazawa*-F 552. Schematische Strafzumessung ist auch bei Trunkenheitsstraftaten mit § 46 StGB unvereinbar und daher unzulässig, Hb NJW **63** 2387, Ha VRS **38** 178, *Jagusch* NJW **70** 401. Dies gilt auch für die Anwendung von **Strafzumessungsempfehlungen** und richterlichen Absprachen ohne Berücksichtigung des jeweiligen Falles. Inwieweit derartige Absprachen überhaupt zulässig sind, ist str. Nachdrücklich gegen Empfehlungen dieser Art: *Jagusch* NJW **70** 401, 1865, abl auch *Leonhard* DAR **79** 89. Erfahrungsaustausch zwischen Richtern und Versuche, bei einem derart häufig begangenen VDelikt wie der Trunkenheit im V in Regelfällen nach Möglichkeit zu Gleichbehandlung im Strafen zu gelangen, sind indessen hilfreich und nützlich, *Janiszewski* 397, *Tröndle* BA **71** 73, *Middendorff* BA **71** 26, *Kruse* BA **71** 15, *Kulemeier* S 245.

Kurze Freiheitsstrafe ist nur noch ausnahmsweise zulässig, wenn Geldstrafe und 39 EdF zur Einwirkung nicht ausreichen, s § 315 c Rz 46 ff. Wird auf Freiheitsstrafe erkannt, muß begründet werden, warum Geldstrafe nicht ausreicht. Die Erwägung, Geldstrafe reiche grundsätzlich nicht aus, verletzt § 47 StGB. Nicht jeder Rückfall macht schematisch Freiheitsstrafe nötig, Dü VM **71** 58, NZV **97** 46, Fra DAR **72** 49 (Vorstrafe, 2‰ BAK auf AB), Kö VRS **39** 418, Ha JMBlNRW **70** 265 (während Bewährungszeit), auch nicht nach mehreren einschlägigen Vorstrafen, Bay DAR **92** 184 (Tat mit Ausnahmecharakter, letzte einschlägige Verurteilung vor mehr als 7 Jahren). Wer als mehrfacher Wiederholungstäter in Fahrbereitschaft trinkt und dann abermals fährt, verwirkt uU Vollstreckungsstrafe, Ko VRS **54** 31. Bewiesener Anstieg der Trunkenheitsfahrten im Gerichtsbezirk nötigt noch nicht zu dem Schluß, nur kurze, unausgesetzte Freiheitsstrafe könne die Rechtsordnung ausreichend verteidigen, Fra NJW **71** 666, soll sie aber ausnahmsweise rechtfertigen können, Fra VRS **42** 182, s hierzu Rz 42 und § 315 c Rz 50.

Zur Verteidigung der Rechtsordnung sind Kurzstrafen nach wie vor zulässig. 40 Näher: § 315 c StGB Rz 49 ff, Stu VRS **39** 417, Ha VRS **39** 479, *v Gerkan* k + v **69** 291. Die Notwendigkeit der Verteidigung der Rechtsordnung muß nachprüfbar begründet werden, Ha VRS **39** 480, Ko VRS **40** 9.

Strafmindernd kann langsames Trinken mit entsprechend niedriger BAK wirken, 41 Hb VM **69** 29, oder Mitschuld dessen, der erkennbar angetrunkenen, übermüdeten Fahrer um Mitnahme gebeten hat, BGH VRS **21** 54, oder dessen, der als Mitfahrer vorher zum Trinken ermuntert hatte, BGH DAR **64** 22, uU unbewußt fahrlässige Trunkenheitsfahrt, Kar DAR **68** 220, die Tatsache, daß die gefahrene Strecke nur wenige Meter betrug, Kö VRS **100** 68, Kar VRS **81** 19, s *Artkämper* BA **00** 317, aber nicht Folgenlosigkeit schlechthin, Neust DAR **57** 236, Ha VRS **15** 45, nicht **verminderte Schuldfähigkeit** wegen Trinkens trotz Schädelverletzung, wenn der Fahrer seine Alkoholintoleranz hätte kennen müssen, auch BGH VRS **16** 186, s auch BGH VRS **30** 277 (Magenkranker). Nach bisher überwiegender Ansicht keine allgemeine Regel, daß Strafmilderung gem § 21 StGB nur in Ausnahmefällen in Frage käme, Stu VRS **65** 354, Kar VRS **81** 19, s BGH NStZ-RR **03** 136, MDR **85** 979, BA **87** 70, BaySt **00** 104 = DAR **00** 532, Kar NZV **90** 277, **99** 301, Sa BA **01** 458, LK (*König*) Rz 243. AM aber neuerdings der 3. StrSen des BGH unter Hinweis auf einen sonst bestehenden Widerspruch zur Strafbarkeit des Vollrausches, weil der Täter, dessen Schuldfähigkeit (vermindert) erhalten geblieben ist, im Falle regelmäßiger Strafrahmenmilderung bei verschuldeter Trunkenheit besser stünde als der bis zur Schuldunfähigkeit Berauschte; daher sei **Strafrahmenverschiebung** bei verschuldeter Trunkenheit idR zu versagen, BGH NJW **03** 2394 (zust *Foth* NStZ **03** 597, abl *Neumann* StV **03** 527, *Streng* NJW **03** 2963, *Frister* JZ **03** 1019, *Rau* JR **04** 401, krit *Scheffler* BA **03** 449), ebenso Ha VRS **59** 415, VM **84** 86, differenzierend BGH (5. StrSen) StV **04** 591 (nur bei signifikanter alkoholbedingter Erhöhung des Straffälligkeitsrisikos). Bei Trinken in Fahrbereitschaft scheidet Möglichkeit einer Strafmilderung gem § 21 StGB jedenfalls aus, BGH StV **04** 591, VRS **69** 118, DAR **87** 199, Nau DAR **99** 228 (abl *Bode* ZfS **99** 216, JbVerkR **00** 144), LK (*König*) Rz 243, ebenso, wenn der Täter seine Neigung zu Straftaten unter Alkoholeinfluß kannte, BGH NStZ-RR **03** 136, Ko VRS **104** 300. Kommt ein Umstand erschwerend und zugleich mildernd in Betracht, so darf er nicht nur einseitig verwertet werden, BGH VRS **56** 189.

4 StGB § 316

42   **Straferhöhend** darf vorsätzliche Tatbegehung ins Gewicht fallen, Sa NJW **74** 1391, Schl BA **81** 370. Das Ausmaß der im Einzelfall von der Fahrt ausgehenden abstrakten Gefahr im Hinblick auf die konkreten Gegebenheiten der Fahrt und den Grad der Fahrunsicherheit darf strafschärfend berücksichtigt werden, soweit diese Umstände über die Merkmale des gesetzlichen Tatbestands hinausgehen, Bay NZV **92** 453. Erschwerend berücksichtigt werden darf auch die BAK-Höhe, weil entscheidend für den Grad der Fahrunsicherheit und das Ausmaß der Schuld, Ha NJW **67** 1332, VM **66** 83, Zw DAR **70** 106, *Bruns* 630, *Koch* NJW **70** 842, aM *Middendorff* BA **78** 107, uU auch Trinken in Fahrbereitschaft, etwa bei sog „Zechtour", Ko VRS **51** 428, BA **78** 62, *Koch* NJW **70** 842, s aber Rz 43, Taxifahren in Angetrunkenheit, Ol NJW **64** 1333, VRS **27** 204. Die durch einen Straftatbestand wie zB § 229 StGB gem § 21 I OWiG verdrängte OW des § 24a StVG kann strafschärfend berücksichtigt werden, *Janiszewski* 427, s auch BGH NJW **54** 810, Ha NJW **73** 1891, Br NJW **54** 1213, nach Stu DAR **57** 243 Tatzunahme im Gerichtsbezirk, die nachprüfbar darzulegen ist, zw, s *Hentschel,* Trunkenheit, 490 ff. Zur straferhöhenden Verwertung eines Nachtrunks s § 315c Rz 55.

43   **Nicht straferhöhend** darf berücksichtigt werden ein früherer Freispruch von Anklage nach § 316, weil dies gegen Art 6 II MRK verstieße und die Verbotenheit der Trunkenheitsfahrt ohnehin jeder kennt, aM Ha DAR **60** 145, nicht das auch in Durchschnittsfällen regelmäßig vorhandene Bewußtsein, noch fahren zu müssen, BGHSt **22** 192 = NJW **68** 1787 (s aber Rz 42), nicht Fahren in der Anflutungsphase für sich allein, Bay DAR **65** 53, nicht Umstände, welche die Fahrt lediglich als Durchschnittsfall kennzeichnen, Hb k + v **69** 245, nicht „fehlende Mitschuld" des Verletzten, BGH VRS **23** 438, nicht der Beruf als Rechtsanwalt oder Notar, Ha DAR **59** 324, Bay DAR **81** 243 (s § 315c Rz 54), nicht Arzteigenschaft ganz allgemein, jedoch die möglicherweise daraus resultierende schulderhöhende bessere Kenntnis der Alkoholwirkungen, Fra NJW **72** 1524, aM *Hanack* NJW **72** 2228.

44   **Vorstrafen,** auch auf anderen Gebieten, sind verwertbar, soweit sie den Täter als VT beleuchten, KG VRS **30** 200, ihre Verwertbarkeit muß ergründet werden, Ko VRS **54** 192, Zw VRS **38** 40. S dazu Rz 47. Tilgungsreife oder getilgte Verurteilungen und der ihnen zugrunde liegende Sachverhalt dürfen, ausgenommen bei Prüfung einer EdF, unter den Voraussetzungen des § 52 II BZRG weder vorgehalten noch nachteilig verwertet werden, ebensowenig andere Behörden- oder PolAkten (§ 29 StVG).

45   **Absehen von Strafe.** Auch bei den §§ 315c, 316 ist Absehen von Strafe an sich möglich, wenn auch meist nach strengerem Maßstab, Ce NZV **89** 485, s auch § 315c Rz 56. Ist der Täter durch Tatfolgen so schwer getroffen, daß Ahndung offensichtlich verfehlt wäre, und ist Freiheitsstrafe von nicht mehr als 1 Jahr (oder Geldstrafe) verwirkt, so sieht das Gericht von Strafe ab (§ 60 StGB), zB bei erheblichen Dauerschäden, LG Frankenthal DAR **79** 337, AG Freiburg VRS **83** 50. Es bleibt dann beim Schuldspruch und der Kostenentscheidung.

45a   Keine **FzEinziehung** (§ 74 StGB) bei vorsätzlicher Trunkenheitsfahrt, Ha BA **74** 282, LG Gera VRS **99** 365, *Geppert* DAR **88** 14.

46   **15. Strafaussetzung zur Bewährung.** Grundsätzlich zur SzB: § 315c Rz 57. Freiheitsstrafen unter 6 Monaten, bei § 316 die Regel, sind bei günstiger Prognose zwingend auszusetzen, *Tröndle/Fischer* § 56 Rz 12. Freiheitsstrafe von 6 Mon bis zu 1 Jahr ist bei günstiger Prognose anzusetzen, es sei denn, die Verteidigung der Rechtsordnung gebiete Vollstreckung, dann keine Aussetzung (§ 56 III). Zum Begriff der Verteidigung der Rechtsordnung: § 315c Rz 49, 50, dort auch Rspr zur SzB. Vollstreckung einer Freiheitsstrafe von 6 Mon bis zu 1 Jahr ist zur Verteidigung der Rechtsordnung nur geboten, wenn Aussetzung wegen der Besonderheit des Falles dem allgemeinen Rechtsempfinden schlechthin unverständlich erscheinen müßte und das Vertrauen in die Rechtsordnung dadurch erschüttert werden könnte, s § 315c Rz 50a. Von erheblicher Bedeutung für die Prognose sind einschlägige Vorstrafen, s hierzu Rz 47.

47   **Einschlägige Vorstrafen** sind zwar für die Prognose von wesentlicher Bedeutung, schließen aber nicht schlechthin SzB aus, Bay DAR **70** 263, **73** 207, Ko MDR **71** 235, VRS **53** 339, **55** 51, **56** 145, **70** 145, BA **77** 60, Kö MDR **70** 1026, Ha DAR **72** 245, Kar VRS **38** 331, Fra NJW **77** 2175. Je nach Anzahl, Abstand der Vorstrafen sowie den

Umständen der früheren Taten und der abzuurteilenden Tat kann aber zur Begründung einer positiven Zukunftsprognose eine eingehende Begr geboten sein, Ko MDR **71** 235, VRS **51** 429, **53** 339, **55** 51, **62** 184, **70** 145, BA **77** 60, Stu VRS **39** 420, Bay DAR **71** 205. Günstige Prognose allein für die Dauer der beabsichtigten Bewährungsfrist genügt nicht, Bay VRS **62** 37. In besonderen Fällen kann sogar bei einer einzigen Vorstrafe zur Begr von SzB eingehende Darlegung der Erwägungen, die eine günstige Prognose stützen, erforderlich sein, Ko VRS **56** 145. Zu berücksichtigen ist aber auch, daß selbst Mehrfachtäter durchaus noch bewährungsfähig sein können und während der Bewährungsfrist nicht rückfällig geworden sind, *Schultz* JR **71** 353. Auch die Möglichkeit erschwerter Bewährungsauflagen ist bei Wiederholungstätern in Betracht zu ziehen, *Horstkotte* JZ **70** 127. Schließlich ist bei der Prognose auch die Wirkung der **gleichzeitig verhängten EdF** zu berücksichtigen. Diese ist oft wirkungsvoller als kurze Freiheitsstrafe, *Middendorff* DRiZ **68** 297, BA **69** 81, s Rz 38. Hat der Täter **schon eine Freiheitsstrafe wegen Trunkenheit im V verbüßt,** so werden nur ganz besondere Gründe eine günstige Prognose rechtfertigen können, Stu DAR **71** 270, aM Fra NJW **70** 956 (weil der spezialpräventive Erfolg nicht erzielt worden sei, bedürfe dann Nichtaussetzung einer besonders sorgfältigen Begr!). Einschlägige Straftat **innerhalb laufender Bewährungszeit** nach Verurteilung wegen Trunkenheit im V deutet auf schlechte Prognose hin und wird nur unter besonderen Umständen nochmalige SzB rechtfertigen, Bay DAR **70** 263, **71** 205, Ko VRS **104** 300, MDR **71** 235, KG VRS **38** 330, BA **72** 276, Ha DAR **72** 245, Sa VRS **49** 351. Liegt die dritte Fahrt bei Fahrunsicherheit in der Bewährungsfrist nach der zweiten Verurteilung, ist Aussetzung nur unter ganz besonderen, darzulegenden Umständen zulässig, Ha VRS **54** 28, Ko VRS **60** 33. Jedoch schließt Tatbegehung innerhalb der Bewährungszeit erneute SzB nicht *grundsätzlich* aus, BGH NStZ-RR **97** 68, Kö MDR **70** 1026. Zur SzB bei schweren Unfallfolgen s § 315c Rz 58.

Bewußt fahrlässige Trunkenheitsfahrten innerhalb der Bewährungszeit rechtfertigen **48** **SzB-Widerruf,** Ko VRS **54** 192, **52** 24, BA **81** 111, s Ko VRS **71** 180, auch als Rauschtat (§ 323 a) begangene Trunkenheitsfahrt, Ko BA **81** 111. Wurde wegen der innerhalb der Bewährungszeit begangenen Tat erneut SzB bewilligt, so kann die frühere Strafaussetzung widerrufen werden, wenn die günstige Prognose des späteren Urteils nicht nachvollziehbar ist, Dü NZV **98** 163.

16. Entziehung der Fahrerlaubnis. Nach § 69 II StGB ist bei Vergehen gegen **49** § 316 idR auf EdF zu erkennen. S § 111a StPO. Bei ausnahmsweiser Nichtentziehung der FE idR Fahrverbot (§ 44 StGB). Versagung oder Entziehung der Fahrerlaubnis durch die VB bei festgestellter Trunkenheit im Verkehr: §§ 2, 3 StVG.

Lit: *Behnke,* Möglichkeiten zur Bekämpfung der Alkoholdelikte im Rahmen des Ersten Strafrechtsreformgesetzes, BA **69** 335. *Bruns,* Strafzumessungsrecht, 2. Aufl 1974. *Dünnebier,* Die Strafzumessung bei Trunkenheitsdelikten im StrV ..., JR **70** 241. *von Gerkan,* Prominentenstrafrecht bei VDelikten?, MDR **63** 269. *Granicky,* Die Strafzumessung bei alkoholbedingten VStraftaten ..., BA **69** 449. *Jagusch,* Strafzumessungsempfehlungen von Richtern im Bereich der StrVgefährdung?, NJW **70** 401. *Derselbe,* Gegen Strafzumessungskartelle im StrVrecht, NJW **70** 1865. *Janiszewski,* Strafzumessungspraxis der Gerichte bei Alkoholdelikten im StrV, BA **68** 27, **69** 177. *Krüger,* Die Ahndung der Alkoholdeliquenz im StrV ..., BA **69** 352. *Kruse,* Sind Strafzumessungsempfehlungen zulässig?, BA **71** 15. *Martin,* Geldstrafe oder Freiheitsstrafe bei Trunkenheit am Steuer?, BA **70** 13. *Middendorff,* Die Diskussion über die Strafzumessung, BA **65/66** 75. *Derselbe,* Strafzumessung in Vergangenheit und Zukunft, BA **71** 26. *Mühlhaus,* Die Strafzumessung bei den unter Alkoholeinfluß begangenen VDelikten, DAR **65** 141. *Neumann,* Erfolgshaftung bei „selbstverschuldeter" Trunkenheit?, StV **03** 527. *Quack,* Strafvollzug und „Verteidigung der Rechtsordnung" bei VDelikten, ZRP **71** 30. *Schröder,* Zur Verteidigung der Rechtsordnung, JZ **71** 241. *Schultz,* Zum Strafmaß bei Trunkenheitsdelikten im StV, BA **77** 307. *Seib,* Die strafrechtliche Behandlung des Täters bei extrem schnellem Rückfall, BA **70** 409. *Derselbe,* Gleichmäßigkeit des Strafens ..., BA **71** 18. *Tröndle,* Die Strafzumessung bei Trunkenheit im StrV, BA **65/66** 457. *Derselbe,* Das Problem der Strafzumessungsempfehlungen, BA **71** 73.

17. Beweis der Fahrunsicherheit. Die Beeinflussung durch Alkohol oder Rausch- **50** mittel ist idR im einzelnen Fall sachverständig festzustellen. Ein etwaiger **Nachtrunk**

führt zu entsprechendem Abzug vom ermittelten BAK-Wert, Kö NZV **04** 537, VRS **66** 352, **67** 459. Angaben über Art und Menge nach der Tat genossener alkoholischer Getränke lassen sich oft durch Untersuchung der Blutprobe auf **Begleitalkohole**, die in den verschiedenen Getränken unterschiedlich enthalten sind, als möglich bestätigen oder als unmöglich widerlegen, s *Iffland ua* BA **82** 246, *Iffland* Krim **84** 446, *Bonte ua* NJW **82** 2109, einschränkend *Bonte ua* BA **83** 313. Die gaschromatographische Begleitstoffanalyse ist wissenschaftlich genügend gesichert und zuverlässig, Ce DAR **84** 121, Kar NZV **97** 128. Eine 2. **Blutprobe** im Abstand von ca 30 Min kann nur in seltenen Ausnahmefällen bei der Beurteilung von Nachtrunkbehauptungen hilfreich sein, *Grüner ua* BA **80** 26, *Zink/Reinhardt* BA **81** 377 (krit *Iffland ua* BA **82** 245), *Reinhardt/Zink* NJW **82** 2108, *Bär* BA **86** 304 (20–30 Min), nur, wenn sie in die Hauptresorptionsphase fällt, s *Iffland* NZV **96** 129 (130) und nur bei großen Nachtrunkmengen in kurzer Trinkzeit bei nicht wesentlich über 1,5‰ liegenden BAK-Werten, *Hoppe/Haffner* NZV **98** 267; gegen den Wert einer 2. Blutprobe vor allem *Iffland* BA **03** 403, DAR **01** 141, **02** 476, *Jachau ua* BA **03** 411, näher *Hentschel*, Trunkenheit Rz 74 ff. Ein höherer Beweiswert als der Doppelblutentnahme kommt einer freiwillig abgegebenen **Harnprobe** zu: Liegen die durch den angeblichen Nachtrunk erreichten Alkoholkonzentrationen der von der Niere an die Blase abgegebenen Primärharne stets unter der HAK der asservierten Harnprobe, so erweist sich die Nachtrunkbehauptung als falsch, s *Iffland* BA **99** 99, NZV **96** 129. Zur nötigen Begutachtung bei angeblich unbemerkt beigebrachtem Alkohol beim Zechen, Hb VM **78** 63, s dazu auch Rz 26. Beantragt der Angeklagte, **Zeugen für nur geringen Alkoholgenuß** zu hören, so darf dies nicht abgelehnt werden, weil das Gutachten höheren Alkoholgenuß nachweise, Ha VRS **7** 373, s auch Bay NJW **67** 312. Gutachten sind uU durch andere Beweismittel, auch Zeugenaussagen, widerlegbar, es kommt darauf an, welchem Beweismittel größeres Gewicht zukommt, Bay NJW **67** 312, BSG NZV **90** 45 (im Ergebnis zw; krit Anm *Schneble* BA **89** 359), s *Hentschel*, Trunkenheit, Rz 134. Hat eine in geringem zeitlichen Abstand durchgeführte **Atemalkoholmessung** eine **erheblich geringere alkoholische Beeinflussung** ergeben, so kann Klärung durch Sachverständigengutachten geboten sein, Kar DAR **03** 235, s § 24a StVG Rz 18.

51   Lit: *Bär*, Zur Auswertung von Doppelblutentnahmen mit kurzen Entnahmeintervallen, BA **86** 304. *Beier*, Über die „Standardabweichung" im Gutachten 1989 … zur Blutalkoholbestimmung, NZV **96** 343. *Bonte ua*, Begleitstoffspiegel im Blut …, BA **83** 313. *Englert*, Totale, prolongierte Situationsernüchterung bei sehr hoher BAK, BASt **16** S 373. *Grüner*, Zur Berechnung des BAK-Mittelwertes, BASt **16** S 327. *Derselbe*, Zur Qualitätssicherung der Blutalkoholbestimmung, BA **91** 360. *Grüner/Ludwig*, Zur forensischen Verwertbarkeit der Analysenergebnisse von weniger als fünf (vier) Blutalkoholbestimmungen aus einer Blutprobe, BA **90** 316. *Grüner ua*, Die Bedeutung der Doppelblutentnahmen …, BA **80** 26. *Grüner/Rentschler*, Manual zur Blutalkohol-Berechnung, 1976. *Haffke*, Mittelwert der BAK und Grundsatz „in dubio pro reo", NJW **71** 1874. *Heifer/Wehner*, Zur Frage des Ethanol-„Resorptionsdefizits", BA **88** 299. *Hoppe/Haffner*, Doppelblutentnahme und Alkoholanflutungsgeschwindigkeit in der Bewertung von Nachtrunkbehauptungen, NZV **98** 265. *Iffland*, Zum Problem der Nachuntersuchung länger gelagerter Blutproben, BA **74** 189. *Derselbe*, Bedeutung polizeilicher Ermittlungen für die Bewertung von Nachtrunkbehauptungen, Krim **84** 446. *Derselbe*, Zweite Blutentnahme bei behauptetem oder möglichem Nachtrunk nicht erforderlich, BA **03** 403. *Iffland/Staak/Rieger*, … Untersuchungen zur Überprüfung von Nachtrunkbehauptungen …, BA **82** 235. *Jachau ua*, Beweiswert der zweiten Blutalkoholprobe …, BA **03** 411. *Klug/Hopfenmüller*, Zur Berechnung der BAK aus dem Harnalkoholgehalt …, Schmidt-F 1983, S 229. *Klug ua*, Über den Beweiswert einer zweiten Blutalkoholbestimmung in länger gelagerten Blutproben, BA **70** 119, **73** 24. *Krauland/Schmidt*, Zum Beweiswert der Blutalkoholbestimmungen, BA-Festschrift 1982, S 91. *Lundt/Jahn*, Alkohol bei VStraftaten (1. BGA-G). *Lundt ua*, Alkohol und StrV (2. BGA-G). *Sammler ua*, Zur Präzisionkontrolle der Blutalkoholbestimmung, BA **92** 205. *Schoknecht*, Gutachten des BGA zum Sicherheitszuschlag auf die Blutalkoholbestimmung, NZV **90** 104. *Derselbe*, Beurteilungen von Blutalkoholbestimmungen nach dem ADH- und GC-Verfahren, NZV **96** 217. *Schöllkopf/Jainz*, Zum Beweiswert von Doppelentnahmen …, BA **73** 397. *Schwerd/Hillermeier*, Veränderungen des Alkoholgehalts in Blutproben zwischen Entnahme und Untersuchung, BA **79** 453. *Strate*, Zur Mitteilung der Blutalkoholbefunde im strafrichterlichen Urteil, BA **78** 405. *Zink*, Zur Blutalkoholbestimmung mit weniger als fünf Einzelanalysen, BA **86** 144. *Zink/Blauth*, Zur Frage der Beeinflussung der Alkoholkonzentration im Cubitalvenenblut durch die Blutentnahmetechnik, BA **82** 75. *Zink/Reinhardt*, Der Beweiswert von Doppelblutentnahmen, BA **81** 377. *Dieselben*, Die forensische Beurteilung von Nachtrunkbehauptungen, NJW **82** 2108.

Trunkenheit im Verkehr § 316 StGB **4**

BAK-Nachweismethoden. BGA-Gutachten 1966, ergänzt durch das 2. Gut- 52
achten und das Gutachten BGA 1989 zum Sicherheitszuschlag (s LitVerzeichnis Rz 51
unter *Lundt/Jahn, Lundt ua, Schoknecht*). Das Verfahren nach **Widmark** samt Modifikationen und die **ADH**-Methode sind für forensische Zwecke ausreichend spezifisch. Bei
geschultem Personal und ständiger fachlicher Aufsicht liefern sie ausreichend genaue
BAKBestimmungen. Absolute Genauigkeit (= Übereinstimmen des Untersuchungsergebnisses mit der Wirklichkeit) ist bei physikalischen Messungen und chemischen Bestimmungen prinzipiell unerreichbar. Erreicht werden weitgehende Annäherungswerte,
wobei nach den Regeln der Wahrscheinlichkeitsrechnung bei genügend zahlreichen,
unter gleichen Umständen vorgenommenen Messungen das **arithmetische Mittel** dem
wirklichen Wert am nächsten kommt, s Rz 53. Mathematisch-logisch ist es unvertretbar,
statt des Mittelwerts vom niedrigsten Meßwert auszugehen. Forensisch ausreichend ist
dreimalige Untersuchung nach Widmark und zweimalige nach ADH. Diese Kombination
ist jedoch im Hinblick auf die überlegene **gaschromatographische** Methode in der
Praxis weitgehend in den Hintergrund getreten. Die Bestimmungen entweder nach
Widmark oder dem ADH-Verfahren dürfen durch zwei gaschromatographische Bestimmungen ersetzt werden (s Rz 53), bei Verwendung von Geräten ohne automatische
Probeneingabe durch drei. Vier Einzelbestimmungen sind also nur bei Verwendung eines automatisierten gaschromatographischen Apparates ausreichend, dann aber bezüglich
der Genauigkeit des Meßergebnisses auch die günstigste Kombination (s *Krauland/Schmidt*
BA-Festschrift S 93), die inzwischen weitaus überwiegend angewendet wird. Der
Gaschromatograph unterliegt nach den Bestimmungen des EichG und der Eichordnung
nicht der Eichpflicht, Dü NZV **95** 365, Schl BA **96** 54, LG Gießen DAR **95** 209. Errechnung der BAK **aus der Trinkmenge** ist mittels der sog Widmark-Formel möglich,
s *Hentschel,* Trunkenheit, 116. Soweit hierbei ein Resorptionsdefizit (Nichtaufnahme der
gesamten genossenen Alkoholmenge ins Blut, s dazu *Heifer/Wehner* BA **88** 299) zu berücksichtigen ist, muß der dem Angeklagten günstigste Wert in Abzug gebracht werden,
BGH DAR **86**, 326, **87** 194, **88** 221, NStZ **88** 119, **91** 126, BGHSt **37** 231 = NJW **91**
852, Bay DAR **94** 383; das ist bei Errechnung der Mindest-BAK der höchste Wert von
30%, bei Feststellung der höchstmöglichen BAK dagegen der niedrigste Wert von 10%,
BGH DAR **88** 221, **99** 194 Nr 5, NJW **89** 1043, NStZ **91** 126, **92** 32, BGHSt **36** 286
= NJW **90** 778, BGHSt **37** 231 = NJW **91** 852, Kö NZV **89** 357.

Zwar ist es dem Tatrichter nicht grundsätzlich verwehrt, seine Überzeugung, die al- 52 a
koholische Beeinflussung des Täters müsse jedenfalls oberhalb einer bestimmten BAK
gelegen haben, auch aus dem Ergebnis einer AAK-Messung zu gewinnen, *Maatz* BA **02**
28. Dennoch scheidet exakte **BAK-Bestimmung aus der Atemluft** für gerichtliche
Zwecke zum Nachteil des Angeklagten nach wie vor aus, BGA-G „Atemalkohol"
(1991) S 32f, BGH NStZ **95** 539, Bay VRS **75** 211 (zust *Heifer* NZV **89** 13), Stu DAR
04 409, Zw VRS **102** 117, Kar VRS **94** 347, Ha DV VM **90** 14, Grüner/*Bilzer* BA **92** 98, **93** 225, *Schoknecht* BA **02** 18, aM AG Hannover BA **85** 338
(anders bei Beurteilung der Schuldfähigkeit, BGH NStZ **95** 96, aM aber Kar VRS **95**
347). Das gilt nicht nur für das Ergebnis eines Alcotests mittels Prüfröhrchens, Zw NJW
89 2765, und die von Atemalkohol-Vortestgeräten digital angezeigte, mittelbar aus der
Atemalkoholkonzentration errechnete fiktive BAK, Stu DAR **04** 409, OVG Mgd BA
03 390, die vielfach mit dem aus der Blutuntersuchung gewonnenen BAK-Wert nicht
übereinstimmt, zumal Atemalkoholmessung durch eine Vielzahl physiologischer Einflüsse verfälscht werden kann, s § 24a StVG Rz 17. **AAK-Werte** sind vielmehr grundsätzlich **nicht in BAK-Werte konvertierbar**, BGA-G „Atemalkohol" S 32f, *Pluisch/Heifer* NZV **92** 337, *Schoknecht* PVT **91** 225, **93** 313, *Aderjan ua* BA **92** 360,
Grüner/Bilzer BA **92** 162, *Schewe, Salger*-F S 717, *Gilg/Eisenmenger* DAR **97** 1, BGH
NZV **01** 267, Zw VRS **102** 117, Kar VRS **85** 347. Daher nach der Rspr bisher auch
keine absolute Fahrunsicherheit aufgrund AAK-Messung mit geeichtem Gerät,
Nau ZfS **01** 135 (bei 0,82 mg/l), **01** 136 (bei 0,94 mg/l) – zust *Scheffler* BA **01** 192 –,
LG Dessau DAR **00** 538 (jeweils 0,94 mg/l), AG Magdeburg ZfS **00** 361, AG Klötze
DAR **00** 178, *Tröndle/Fischer* 23, aM *Schoknecht* BA **00** 165, *König* NZV **00** 499 und in
LK Rz 56. Diese Rspr wird durch den Beschluß des BGH NZV **01** 267 (zu § 24a
StVG) nicht berührt, wie dort (NZV **01** 271) ausdrücklich betont wird. Dagegen soll

nach *Schoknecht* BA **00** 165 ein mit bauartzugelassenem, geeichtem Gerät gemessener Wert von 0,66 mg/l AAK jedenfalls den Rückschluß auf mindestens 1,1‰ BAK zulassen. Im übrigen wird im BGA-G „Atemalkohol" (1991) unter dort im einzelnen aufgeführten Voraussetzungen (s dazu § 24a StVG Rz 16) bei Verwendung solcher Geräte grundsätzlich die Einführung **eigener AAK-Werte zur Feststellung alkoholbedingter Fahrunsicherheit** durch die Rspr – ebenso wie die inzwischen erfolgte gesetzliche Bestimmung eines Gefahrengrenzwertes (§ 24a StVG) – für möglich gehalten, ebenso *König* NZV **00** 299 (jedenfalls bei sehr hoher AAK), krit dazu aber Denkschrift „Atemalkoholprobe" BA **92** 108, *Grüner/Bilzer* BA **92** 161, *Pluisch/Heifer* NZV **92** 337, *Heifer* BA **98** 231, **00** 106f., *Iffland/Bilzer* JbVerkR **99** 266, *Iffland ua* NJW **99** 1379, *Riemenschneider* S 255 (verfassungsrechtliche Bedenken). Nach dem BGA-G (S 53) soll einem BAK-Wert von 1,1‰ ein AAK-Wert von 0,55 mg/l entsprechen. In verschiedenen naturwissenschaftlichen Untersuchungen wurden **erhebliche Abweichungen zwischen BAK und umgerechneter AAK** festgestellt, *Köhler ua* BA **97** 36, *Bilzer ua* BA **97** 89, *Bilzer/Hatz* BA **98** 321, *Iffland/Bilzer* JbVerkR **99** 273, 292, *Iffland ua* NJW **99** 1379, *Krause ua* BA **02** 2, *Schuff ua* BA **02** 145. Diese können vor allem in der Resorptionsphase zu einer Schlechterstellung derjenigen führen, die sich dem Atemalkoholtest statt der Blutuntersuchung unterziehen, *Schuff ua* BA **02** 145, *Bilzer ua* BA **97** 89, *Grüner/Bilzer* BA **92** 164, 169f, *Wilske/Eisenmenger* DAR **92** 44, *Pluisch/Heifer* NZV **92** 342, *Heifer* BA **00** 105, *Iffland* NZV **99** 491, 493 (Differenzen bis 0,3‰), BA **99** H 6, Supplement 1, S 22, *Gilg* BA **99** H 6, Supplement 1, S 35, *Krause ua* BA **02** 5, s Ha NZV **00** 426, und zB auch durch die Atemtechnik zu Differenzen im AAK-Wert bis zu 0,05 mg/l führen, s *Römhild ua* BA **01** 223, *Krause ua* BA **02** 5. Auch der BGH NZV **01** 267 (269) erkennt ausdrücklich an, daß jedem AAK-Wert „eine gewisse Bandbreite" von BAK-Werten entsprechen kann. Nach im naturwissenschaftlichen Schrifttum verbreiteter Ansicht kann die AAK nur einen *Hinweis* auf den Grad der alkoholischen Beeinflussung geben, *Heifer* BA **98** 231, **00** 106 („Richtgröße"), *Schuff ua* BA **02** 149. Im übrigen ist für die Beeinträchtigung der Hirnleistung und damit der Fahrsicherheit nicht unmittelbar die AAK, sondern gerade die BAK entscheidend, s *Schuff ua* BA **02** 151, *Eisenmenger* BA **02** H 4 Supplement 2 S 29, *Bilzer ua* BA **97** 89, *Iffland/Bilzer* DAR **99** 5, JbVerkR **99** 270, 277, *Wilske* DAR **00** 19. Auch dieser Umstand spricht gegen die Festlegung etwa eines **Beweisgrenzwertes von 0,55 bis 0,60 mg/l AAK für absolute Fahrunsicherheit** durch die Rechtsprechung, der nach *Schoknecht* (BGA-G „Atemalkohol" S 53) grundsätzlich einem BAK-Wert von 1,1‰ entsprechen soll; gegen einen solchen Beweisgrenzwert auch *Maatz* BA **02** 27. Die **auf physiologisch bedingten Schwankungen des Atemalkohols beruhenden Abweichungen** zwischen dem durch die BAK einerseits und die AAK andererseits angezeigten Grad der alkoholischen Beeinträchtigung eines Fahrzeugführers, s *Iffland/Bilzer* JbVerkR **99** 275, *Iffland ua* NJW **99** 1379, *Wilske* DAR **00** 19, NZV **00** 400, dürften bei einer etwaigen Einführung von AAK-Beweisgrenzwerten durch die Rechtsprechung zu erheblichen Schwierigkeiten führen, s *Müller* BA **99** 324, weil, bezogen auf mehrere Personen, **ein und demselben AAK-Wert eine unterschiedliche alkoholische Beeinflussung zugrunde liegen kann,** *Wilske* DAR **00** 19, BGH NZV **01** 267 (269). Im übrigen fehlen bisher aber auch anerkannte Erfahrungswerte sowohl aufgrund statistischer Untersuchungen über die stochastische Abhängigkeit des Gefährlichkeitsgrades alkoholbeeinflußter FzF von der Höhe der *AAK* (s dagegen in bezug auf die *BAK*: BGA-G 1966 S 49f), s *Iffland ua* NJW **99** 1381, *Wilske* DAR **00** 19, *Maatz* BA **01** 47, **02** 24, *Janker* DAR **02** 55, als auch aufgrund experimenteller Untersuchungen im Fahrversuch. Allerdings kann eine auf signifikante Alkoholbeeinflussung hindeutende AAK-Messung neben anderen eindeutigen Beweisanzeichen uU die Annahme **relativer Fahrunsicherheit** rechtfertigen, Nau ZfS **01** 135, 136, LK (*König*) Rz 56, *Maatz* BA **01** 48, **02** 28, auch bei Alcotest mittels ungeeichtem Vortestgerät, Stu DAR **04** 409.

Im Gegensatz zur AAK ist unter günstigen Umständen ein Rückschluß von der **HAK** auf die BAK möglich, s *Klug/Hopfenmüller*, Schmidt-F 1983, S. 229.

Lit: *Bönke, Heifer, Maatz, Hentschel, Slemeyer, Eisenmenger, Hillmann, Scheffler*, Atemalkoholanalyse bei Verkehrsstraftaten?, BA **02** H 4 Supplement 2, S 7–37 (Symposium Dresden 2002), *Geppert,* Zur Einführung verdachtsfreier Atemalkoholkontrollen aus rechtlicher Sicht, Spendel-F S 655. *Iffland/*

Hentschel, Sind nach dem Stand der Forschung Atemalkoholmessungen gerichtsverwertbar?, NZV **99** 489. *Janker,* Der langsame Abschied von der Blutprobe – Aktuelle Fragen zum Führen von Kraftfahrzeugen unter Alkoholeinfluß nach § 24a Abs. 1 StVG sowie § 316 StGB, DAR **02** 49. *Krause ua,* Thesen zu den naturwissenschaftlichen Grundlagen eines strafrechtsrelevanten Atemalkoholgrenzwertes, BA **02** 2. *Maatz,* Atemalkoholmessung – Forensische Verwertbarkeit und Konsequenzen aus der AAK-Entscheidung des BGH, BA **02** 21. *Schoknecht,* Atemalkohol und Fahren unter Alkoholeinfluß, BA **00** 161. *Derselbe,* Qualitätsvergleich von Atem- und Blutalkoholbestimmungen im Ordnungswidrigkeiten- und Strafrechtsbereich, BA **02** 8. Zur Zuverlässigkeit der Atemalkoholmessung **aus rechtsmedizinischer Sicht:** s auch § 24a Rz 17.

Die **Methoden der BAK-Ermittlung** (GC, ADH, Widmark) entsprechen anerkannten wissenschaftlichen Erkenntnissen und sind durch bloße Laienbeobachtungen nicht widerlegbar, BGH VRS **8** 199 (Widerlegbarkeit des Gutachtens durch andere Beweismittel: Rz 54). Es handelt sich um sog „standardisierte" Untersuchungsmethoden iS der Rspr des BGH (s § 3 StVO Rz 56b), s BGHSt **39** 291 = NZV **93** 485. Die Blutuntersuchung muß unter Anwendung von zwei unterschiedlichen Untersuchungsmethoden erfolgen, Bay NZV **96** 75, Dü NZV **97** 445, VRS **94** 352 (Anm *Heifer* BA **98** 159). Maßgebend ist nicht etwa („in dubio pro reo") der niedrigste der gemessenen Einzelwerte, sondern das **arithmetische Mittel,** Bay NJW **76** 1802, Dü VRS **67** 35, **94** 352, NZV **97** 445, Kö VRS **67** 459, Ha BA **85** 484, Stu NJW **81** 2525, *Tröndle/Fischer* Rz 18, *Sch/Sch (Cramer/Sternberg-Lieben)* Rz 17, aM Neust DAR **59** 137. In die Berechnung des Mittelwertes dürfen nur die ersten beiden Stellen hinter dem Komma der Analyseneinzelwerte einbezogen werden; die 3. Dezimale hat unberücksichtigt zu bleiben, Bay DAR **01** 370, BaySt **01** 76 = DAR **01** 465, Kö NZV **01** 137, Ha NZV **00** 340. Erforderlich sind entweder 3 Widmark- und 2 ADH-Untersuchungen, BGH NZV **02** 559, NJW **67** 116, Bay VRS **62** 461, Ko NJW **74** 1433, Hb DAR **68** 334, Kar NJW **77** 1111, oder 4 Analysen bei Mitverwendung eines Gaschromatographen mit automatischer Probeneingabe, BGH VRS **54** 452, NZV **02** 559 (ZS), Bay NJW **76** 1802, VRS **62** 461, Dü NZV **97** 445, VRS **94** 352, Hb NJW **76** 1162, Kö NJW **76** 2308, Kar NJW **77** 1111, Stu NJW **81** 2525. Die Differenz zwischen dem höchsten und dem niedrigsten Analysenwert (**Variationsbreite,** Streubreite, s dazu *Grüner* BA **91** 362f) darf nicht mehr als 10% des Probenmittelwertes, bei Mittelwerten unter 1,0‰ nicht mehr als 0,1‰ betragen, BGHSt **45** 140 = NZV **99** 386, Bay VRS **62** 464, NZV **96** 464, Hb DAR **75** 220, Kö BA **77** 125, Kar NJW **77** 1111, Ha BA **85** 484, Dü DAR **87** 293, NZV **97** 445, VRS **94** 352, Nü NJW-RR **94** 97, LG Göttingen NRpfl **91** 276, BGA-G S 25, *Beier* NZV **96** 343. Auf die **Standardabweichung,** bezogen auf die vier oder fünf Analysen-Einzelwerte kommt es dagegen idR nicht an, BGHSt **45** 140 = NZV **99** 386, Bay NZV **96** 75, *Beier* NZV **96** 373; denn diese statistische Größe beschreibt die Präzision einer größeren Meßreihe, während die Meßpräzision eines Labors aus einer Stichprobe von nur vier bis fünf Einzelwerten nicht ermittelt werden kann, BGHSt **45** 140 = NZV **99** 386, Bay NZV **96** 75 (Anm *Heifer/Brzezinka* BA **96** 106, *Hentschel* JR **96** 388), LG Göttingen NRpfl **91** 276, *Sammler ua* BA **92** 205, einschränkend *Schoknecht* NZV **96** 218, aM LG Hb NZV **94** 45, LG Mü I NZV **96** 378, AG Bernkastel-Kues ZfS **94** 465. Liegen nur drei von vier Ergebnissen innerhalb der zulässigen Variationsbreite, darf ohne Sachverständigen nicht der aus den übrigen drei Werten errechnete Mittelwert zugrundegelegt werden, Bay DAR **80** 266. Die Untersuchung ist unverwertbar, wenn der höchste Analysenwert vom niedrigsten erheblich abweicht, Bay VRS **50** 351, s Br VRS **49** 105, Hb VRS **49** 137. Die gaschromatographische BAK-Bestimmung ersetzt nicht die Notwendigkeit der Errechnung des arithmetischen Mittelwerts, Hb NJW **76** 1161, Dü NZV **97** 445. Ermittlung der BAK aus mehr als 5 Einzelanalysen ist unschädlich, Ha VM **76** 8, Dü BA **80** 174, VRS **67** 35. Maßgebend ist auch in solchen Fällen der Mittelwert, Dü VRS **57** 445. **Aufrundung** des Analysenmittelwerts auf 1,1‰ (bzw 0,5 oder 0,8‰) reicht zum Nachweis nicht aus, die 3. Dezimale ist außer Betracht zu lassen, BGHSt **28** 1 = NJW **78** 1930, Ha VRS **56** 147, Bay VRS **53** 53 (zum Aussagewert der 3. Dezimale im übrigen s aber *Sachs/Zink* BA **91** 321), auch dürfen einzelne Analysenwerte nicht aufgerundet werden, wenn erst ihre Addition 1,1‰ (bzw 0,5 oder 0,8‰) BAK ergeben würde, Ha VRS **52** 138, NJW **75** 2251, **76** 2309, *Lundt* BA **76** 158, *Krauland/Schmidt* BA-Festschrift S 96, aM wohl

Staak/Berghaus NJW **81** 2502. Erfüllt die Blutuntersuchung die erforderlichen Anforderungen nicht (**zu wenige Einzelanalysen, nur eine Untersuchungsmethode**), so ist ein höherer Sicherheitszuschlag notwendig, den der Tatrichter in freier Beweiswürdigung zu bestimmen hat, BGH NZV **02** 559 (ZS), Ha BA **81** 261, NJW **74** 2064, VRS **41** 41, ZfS **95** 308 (zu § 2 AUB), s Hb DAR **68** 334, zur Berechnung des erhöhten Zuschlags s *Zink* BA **86** 145, *Grüner/Ludwig* BA **90** 316. Die aus nur zwei Analysen nach ADH gewonnenen Ergebnisse von 1,10 und 1,02‰ rechtfertigen nach Bay VRS **62** 461 nicht die Feststellung einer BAK von 0,8‰, ebensowenig nach BGH NJW-RR **88** 1376 zwei ADH-Werte von 1,01 und 1,02‰, anders AG Langen NZV **88** 233 (Anm *Hentschel,* zust *Grüner* BA **89** 210) bei gleichem Mittelwert, errechnet aus zwei gaschromatographisch gewonnenen Einzelwerten ohne systematische Abweichungen in der gesamten Probenserie, sowie Ha NJW **74** 2064 mit nur 0,93‰ Mittelwert aus 2 gaschromatographischen Untersuchungen. Nach Stu VRS **66** 450, LK (*König*) Rz 89 soll bei Anwendung nur *eines* Verfahrens die Zugrundelegung einer bestimmten BAK überhaupt ausgeschlossen sein; dagegen mit Recht LG Mönchengladbach MDR **85** 428, Ha ZfS **95** 308 (zu § 2 AUB). Entscheidend ist, ob eine Überprüfung der gesamten Probenserie systematische Abweichungen ergibt, s AG Langen NZV **88** 233, s auch *Sachs* NJW **87** 2915. Erhöhter Acetongehalt im Blut von **Diabetikern,** s Rz 61. Wegen der Fehlerbreite von 0,05‰ BAK der einzelnen Analysen (s Rz 12) muß der Unterschied der BAK zweier **nacheinander entnommener Blutproben** der Veränderung des Blutalkoholspiegels während dieser Zeit nicht entsprechen, Bay NJW **76** 382, Kar NZV **97** 128. **Einatmen** von Alkohol und Lösungsmitteln, s Rz 25. Die Alkoholaufnahme ins Blut (**Resorption**) ist idR spätestens nach 90 Min beendet, kann aber in Ausnahmefällen bis zu 120 Min dauern, s Rz 7.

54   **Widerlegbar** ist das BAK-Gutachten uU durch andere Beweismittel, s Rz 50. Bei unvereinbarem Widerspruch zwische BAK und verläßlichen Zeugenaussagen muß möglichen Verwechselungen oder Analysefehlern nachgegangen werden, Ha VRS **25** 348, die Untersuchungspersonen müssen dann uU vernommen werden, BGH VRS **25** 426, DAR **64** 22, doch dürfen Fehler auch nicht zugunsten des Angeklagten ohne Zeugenvernehmung unterstellt werden, Ha VRS **11** 306, Bra VRS **11** 222, Br DAR **56** 253 (angebliche Verwechslung der Blutprobe). Der Hilfsantrag, ein **Identitätsgutachten** zum Beweis einzuholen, der Angeklagte könne zur fraglichen Zeit keinesfalls mehr als 0,6‰ BAK gehabt haben (also Verwechslung), darf nicht zurückgewiesen werden, weil diese Behauptung durch neue Blutprobe nicht bewiesen werden könne, BGH VRS **27** 452. Auch ohne Anhaltspunkte für Verwechslung darf der Antrag auf Einholung eines Identitätsgutachtens nicht als Beweisermittlungsantrag oder unter Hinweis auf das Gutachten zur Höhe der BAK gem § 244 IV 2 StPO abgelehnt werden, Kö NZV **91** 397, Bay VRS **61** 40. Zur Ablehnung wegen Verschleppungsabsicht, *Haubrich* NJW **81** 2507. Im Hinblick auf die Sicherheitsvorkehrungen der Untersuchungsinstitute gegen Verwechslung wird Nichtübereinstimmung des untersuchten Blutes jedoch nur äußerst selten in Frage kommen, s *Püschel ua* BA **94** 315. Der Beweisantrag auf Zeugenvernehmung zur behaupteten Blutprobenverwechslung muß mitteilen, bei welcher Gelegenheit die Verwechslung erfolgt sein soll, andernfalls Beweisermittlungsantrag, Kö VRS **73** 203, **93** 440. Nachträgliche Alkoholbelastungsprobe widerlegt die Blutprobe nicht, Ol VRS **46** 198. **Trinkversuche** sind wegen Nichtwiederholbarkeit zumindest eines Teils der Umstände zur Tatzeit nutzlos, s BGH VRS **28** 190 (Schuldfähigkeit). Der Angeklagte darf sie ohne Nachteile ablehnen, BGH VRS **29** 203. **Erstattung des BAK-Gutachtens** durch Sachverständigen, der nicht selbst die Blutuntersuchung durchgeführt hat (zB anderen Mitarbeiter des Untersuchungsinstituts) ist zulässig, BGH NJW **67** 299, Kö NJW **64** 2218, KG VRS **29** 124, Ko VRS **39** 202, aM Ce NJW **64** 462. Unverwertbar ist ein in der Hauptverhandlung weder verlesenes noch vom Gutachter eingeführtes Gutachten, Ko VRS **45** 292. Läßt das verlesbare Gutachten Zweifel, so muß der Gutachter vernommen werden.

55   Wurde eine Blutuntersuchung durchgeführt, so kann die Feststellung einer bestimmten BAK nur auf das ordnungsgemäß in die Hauptverhandlung eingeführte BAK-Gutachten gestützt werden, Bay NZV **02** 578. **Gutachten über die BAK-Bestimmung** einschließlich Rückrechnung und ärztliche Blutprobenentnahme-Berichte dürfen in der

Hauptverhandlung **verlesen** werden, § 256 StPO. Wenn niemand widerspricht, ist auch Verlesung in abgekürzter Form zulässig. Der Inhalt solcher Gutachten kann vom Vorsitzenden auch in anderer Weise festgestellt und bekannt gemacht werden, sofern kein Beteiligter wörtliche Verlesung beantragt, Kö VRS **73** 136, 210, **100** 128, BA **76** 366, Ha BA **69** 243, enger (nicht durch bloßen Vorhalt) Ce NStZ **87** 271, Dü NZV **90** 42. Verfahrensverstoß jedoch bei nicht ordnungsgemäßer Einführung des in Bezug genommenen Gutachtens in die Hauptverhandlung (Verlesung oder gleichwertige Bekanntgabe), BGH NJW **67** 299, Hb BA **69** 160, Kö NJW **64** 2218, KG VRS **29** 124. Entstehen Zweifel im Hinblick auf mögliche Blutprobenvertauschung, reicht Verlesung nicht aus, sondern ist Vernehmung des Gutachters erforderlich, Ha VRS **37** 290.

Dem **Blutentnahme-Arzt** steht, auch wenn er die Blutprobe im behördlichen Auftrag als privater Arzt entnommen hat, kein Zeugnisverweigerungsrecht nach § 53 I Nr 3 StPO zu, weil es an dem besonderen Vertrauensverhältnis zwischen Arzt und Patient, das dieses Zeugnisverweigerungsrecht begründet, hier fehlt, Kohlhaas DAR **68** 74, einschränkend *Hiendl* NJW **58** 2100. Das Urteil muß die wesentlichen **Anknüpfungstatsachen** des Gutachtens enthalten (Zeit der Blutentnahme, BAK zu dieser Zeit, Trinkende, Anflutungsende, Anflutung vor dem Unfall, etwaiger Abbau, Abbauwert), BGH VRS **31** 107, NStZ **86** 114, Ko VRS **51** 115, DAR **74** 134, Br VRS **48** 272, Zw VRS **51** 117, NZV **97** 239, Fra VRS **51** 120, Dü VRS **64** 208, Kö VRS **65** 367, **66** 352, es sei denn es handele sich um einen einfach gelagerten Fall, bei dem die BAK-Bestimmung keine besonderen Probleme aufwirft, Ha NJW **72** 1526, Hb VRS **28** 196, BA **75** 275, Kö NJW **82** 2613. 56

Vorsätzliches Vertauschen der Blutprobe im Untersuchungsverfahren ist **Strafvereitelung** und uU Ausstellen eines unrichtigen ärztlichen Zeugnisses, möglicherweise auch nach § 133 I StGB strafbar, Ol VRS **8** 204. Strafvereitelung, wenn der Verteidiger der Pol den Zugriff auf einen alkoholbeeinflußten Kf und die Blutprobe erschwert, Ha DAR **60** 19. 57

Bloße **als unwiderlegt angesehene Einlassungen** scheiden als Beweisanzeichen für Fahrunsicherheit aus, Ha VRS **40** 362. Ein durch Täuschung des angetrunkenen Kf bei Vernehmung über seine Täterschaft erlangtes Geständnis ist unverwertbar, Kö MDR **72** 965. Alle für Täterschaft sprechenden **Tatsachen** müssen **im Urteil** überprüfungsfähig angegeben werden, Zw VRS **38** 126. Mitteilung der **Analysen-Einzelwerte** im Urteil ist idR nicht erforderlich, BGH NJW **79** 609, **93** 486, Schl NJW **68** 1209, Dü NJW **78** 1207, *Händel* BA **78** 214, JR **78** 427, aM *Strate* BA **78** 405 sowie – bei BAK in Grenzwertnähe – Kö VRS **57** 23, BA **76** 238, Kar NJW **77** 1111, Dü VRS **56** 292. Auch die regelmäßige Mitteilung der Einzelwerte durch die Untersuchungsstelle an das Gericht ist, obwohl sie sich empfiehlt, BGH NJW **79** 609, nicht notwendig. Vielmehr genügt idR Angabe des Mittelwertes (unter Berücksichtigung der Richtlinien des BGA für dessen Ermittlung, s BGH NJW **67** 119, *Iffland/Daldrup* NZV **01** 105), BGH NJW **79** 609, Schl NJW **78** 1209, Dü NJW **78** 1207, aM Br VRS **49** 105 (= BA **75** 329 abl *Gerchow*), *Strate* BA **78** 405. Bei Ablehnung eines Verteidigerantrags auf Feststellung der Einzelwerte kann jedoch Verfahrensfehler vorliegen, Kar NJW **77** 1111, Br VRS **49** 105, Dü NJW **78** 1207, Schl NJW **78** 1209. Soweit es allerdings auf den Sicherungszuschlag innerhalb des Beweisgrenzwertes für absolute Fahrunsicherheit ankommt, muß das Untersuchungsinstitut nach BGHSt **37** 89 = NJW **90** 2393 = NZV **90** 357, solange nicht alle Institute erfolgreich an Ringversuchen zur Feststellung der maximalen Standardabweichung der Messungen teilgenommen haben, die Einzelwerte angeben (zur Bedeutung der Standardabweichung, bezogen auf nur vier oder fünf Werte einer einzigen Probe, s aber Rz 53). 58

Rückrechnung ist die Ermittlung der Tatzeit-BAK aus der BAK einer später entnommenen Blutprobe, idR Hochrechnung, nur bei während ansteigender BAK entnommener Blutprobe eine Hinunterrechnung. Im strengen Sinn setzt sie abgeschlossene Alkoholaufnahme im Tatzeitpunkt voraus (2. BGA-G 17), *Grüner* JR **92** 118. Hochrechnung vom Blutentnahmewert auf den Tatzeitwert erfordert daher **Kenntnis des Anflutungsendes**, BGH NJW **74** 246, Bay NZV **95** 117, DAR **01** 80, Dü VRS **73** 470, Ha DAR **89** 429, *Salger* DRiZ **89** 174, s dazu Rz 7. Bestimmung des Invasionsendes setzt idR Kenntnis folgender Daten voraus: Trinkzeit und -ende, Trinkmenge, Ge- 59 tränkeart, etwaige Nahrungsaufnahme vor, während und nach dem Trinken, Tatzeit (Unfallzeit), Zeitpunkt der Blutentnahme, Körpergewicht, Konstitutionstyp (2. BGA-G 23), s Kö VRS **65** 426. Die **Resorptionsphase** ist 2 Std nach Trinkende mit hohem Sicherheitsgrad abgeschlossen, *Zink* ua BA **75** 100. Bei geselligem Trinken wird der Gipfel der Alkoholkurve idR auch nach Genuß großer Alkoholmengen mit Trinkende erreicht sein, s Rz 7. Gleichwohl darf bei normalem Trinkverlauf (0,5–0,8 g Alkohol je kg Körpergewicht stündlich) für die **ersten beiden Stunden nach Trinkende** grundsätzlich nicht hochgerechnet werden, BGH NJW **74** 246, Bay DAR **01** 80, Kö VRS **66** 352, Ha NZV **02** 279, DAR **89** 429, Dü VRS **73** 470, Zw VRS **87** 435, *Salger* DRiZ **89** 174, und zwar unabhängig von der Menge des genossenen Alkohols, Bay NZV **95** 117, es sei denn, aus einem Sachverständigengutachten ergebe sich ein früheres Resorptionsende. Die Rückrechnung setzt jedoch keine Beendigung der Anflutung im Fahrzeitpunkt voraus, aM Hb VRS **41** 191. Bei schwierigen Fällen, etwa, wenn die BAK in der Nähe der Grenzwerte von 0,5 bzw 1,1‰ liegt, bei Nachtrunk, Sturztrunk oder nicht abgeschlossener Resorption, ist zur Rückrechnung **Hinzuziehung eines Sachverständigen** erforderlich, Ko VRS **49** 374, **55** 130, Hb VRS **45** 43, Stu NJW **81** 2525, *Martin* BA **70** 95. In **einfach gelagerten Fällen** kann das Gericht die Rückrechnung jedoch auch selbst vornehmen, BGH VRS **21** 54, **65** 128, Ko VRS **55** 131, BA **73** 279, *Jessnitzer* BA **70** 181, **78** 315. Zurückzurechnen ist mit dem **für den Angeklagten jeweils günstigsten Abbauwert**. Das ist bei Prüfung alkoholbedingter Fahrunsicherheit der niedrigste Wert, BGH NJW **74** 246, Bay NJW **74** 1432, Kö VRS **71** 140. Dieser beträgt stündlich einheitlich 0,1‰, s Rz 60. Ein **individueller Abbauwert**, bezogen auf die Person des Täters und den konkreten Fall, ist nach derzeitigem medizinischen Erkenntnisstand nicht nachweisbar, *Gerchow* BA **83** 541, **85** 78, 155, BGH NJW **91** 2356 (Anm *Grüner* JR **92** 117), DAR **86** 297, VRS **72** 359, Jn DAR **97** 324. **Das Urteil muß darlegen,** für welchen Zeitpunkt die gemessene BAK gilt und wie zurückgerechnet worden ist, Ko VRS **49** 43, Kö VRS **65** 426, es muß insbesondere Trinkende, Resorptionsabschluß und zugrunde gelegten Abbauwert mitteilen, soweit nicht zum Ausdruck gebracht ist, daß unter Ausklammerung der ersten zwei Stunden mit 0,1‰ zurückgerechnet wurde, Kö VRS **65** 367, 440. Abweichung von den BGH-Rückrechnungsrichtwerten ist nachprüfbar zu begründen, Bay DAR **01** 80, Kö VRS **65** 217, Dü VRS **73** 470. Bei Rückrechnung **zwecks Prüfung der Schuldfähigkeit** ist der höchstmögliche Abbauwert einzusetzen, BGHSt **37** 231 = NJW **91** 852, 2356 (Anm *Grüner* JR **92** 117), Bay NJW **74** 1432, Kar NJW **04** 3356, Dü ZfS **98** 33, Kö DAR **97** 499, Zw DAR **99** 132, Ce NZV **92** 247, Jn DAR **97** 324. Jedoch ist auch bei der Frage alkoholbedingter Beeinträchtigung der Schuldfähigkeit mit dem niedrigstmöglichen Abbauwert (0,1‰) zu rechnen, wenn die BAK nicht aus der Blutprobe, sondern aus der genossenen Alkoholmenge errechnet wird, BGH NStZ **91** 126, DAR **99** 194 Nr 5, s dazu *Hentschel*, Trunkenheit, 116 ff (119), 263 mit Nachweisen sowie *Salger* DRiZ **89** 175 f. Bei Ermittlung der Schuldfähigkeit durch Rückrechnung mit dem höchstmöglichen Abbauwert ist im Zweifel von abgeschlossener Resorption auszugehen, d. h. die Rückrechnung erstreckt sich auch auf die ersten beiden Stunden nach Trinkende, Bay NJW **74** 1432, Ha DAR **90** 308, Kö VRS **86** 283, DAR **98** 499, Ce NZV **92** 247, ZfS **97** 152 (krit *Gerchow ua* BA **85** 96 im Hinblick auf den während der Resorptionsphase stärkeren Grad der Ausfallerscheinungen). Das gleiche gilt im Rahmen der Feststellungen zur Frage möglicher **Fahrunsicherheit** bei Errechnung der Tatzeit-BAK aus der Trinkmenge, Kö NZV **89** 357. Auch wenn die Fahrt *nach* der Blutentnahme stattfand, ist zugunsten des Angeklagten in bezug auf alkoholbedingte Fahrunsicherheit mit dem höchstmöglichen stündlichen Abbauwert zu rechnen, Ko DAR **00** 371.

60   Zur **Feststellung der höchstmöglichen Tatzeit-BAK** ist mit 0,2‰ zurückzurechnen zuzüglich eines einmaligen Korrekturzuschlags von 0,2‰, BGHSt **37** 231 = NJW **91** 852, NStZ **95** 539, **00** 214, BaySt **03** 18 = NJW **03** 2397, NZV **94** 197, Nau ZfS **00** 411, Ko DAR **00** 371, Nau ZfS **00** 124, Kö DAR **97** 499, Zw DAR **99** 132, Fra NJW **96** 1358, NStZ-RR **99** 246, Jn DAR **97** 312, *Zink/Reinhardt* BA **76** 327, **84** 438, und zwar nicht nur bei Rückrechnung über mehr als zwei Stunden (insoweit noch einschränkend BGH VRS **71** 363, DAR **86** 191, Dü BA **88** 343), sondern von der ersten Stunde an, BGHSt **37** 231 = NJW **91** 852, NZV **91** 117, Bay DAR **89** 231, Ko DAR

00 371, Nau ZfS **00** 124, Fra NJW **96** 1358, Ce ZfS **97** 152, Jn DAR **97** 324. Der sich daraus ergebende Wert darf nicht allein im Hinblick auf den deutlich niedrigeren Wert eines Atemalkohol-Tests in Frage gestellt werden, BGH NStZ **95** 539. Bei Beurteilung der **Schuldfähigkeit** kommt im übrigen Rückrechnung über viele Stunden mit dem *allgemein* höchstmöglichen Abbauwert immer nur dann in Frage, wenn nicht die Berücksichtigung der individuellen Faktoren (Symptomatik der Alkoholintoxikation, Tatverhalten, äußere Tatumstände) zu einem abweichenden Ergebnis führen (Sachverständigengutachten), BGH (4. StrSen) NStZ **85** 452, *Schewe* BA-Festschrift S 171, str, s dazu Rz 29, 30. Ist zugunsten des Angeklagten mit dem **niedrigsten stündlichen Abbauwert** zurückzurechnen, so legt die Rspr, obwohl eine gestaffelte Rückrechnung naturwissenschaftlich richtiger wäre, BGA-G 54, *Elbel* BA **74** 139, *Köhler/Schleyer* BA **75** 52, *Schwerd* BA **74** 140, einen gleichbleibenden Abbauwert von 0,1‰/h zugrunde, BGH NJW **74** 246, NStZ **85** 452, **92** 32, BGHSt **37** 231 = NJW **91** 852, Ha NZV **02** 279, Ko DAR **00** 371, Zw VRS **87** 435 **(statistisch gesicherter Mindestwert)**, weil ein auf den konkreten Fall bezogener anderer („individueller") Wert nach derzeitigem medizinischen Erkenntnisstand nicht nachweisbar ist, s Rz 59. Diese Abbausätze beschweren nicht, weil der tatsächliche Abbauwert von 0,1‰, über mehrere Stunden gerechnet, höher ist (BGA-G S 54, *Elbel* BA **74** 140), s BGH VRS **34** 212, Br VRS **48** 372. Mit Rückrechnungsgutachten muß sich **das Urteil nachprüfbar auseinandersetzen,** Ha DAR **71** 274; mangels eigener Kenntnisse des Tatrichters muß es die Anknüpfungstatsachen des Gutachtens mitteilen, BGHSt **34** 29 = NJW **86** 2384, Ko DAR **00** 371, Zw VRS **87** 435. Bei **Rückrechnung der AAK** ist der von der BAK-Kurve abw Verlauf der AAK-Kurve (exponentieller Verlauf) zu berücksichtigen, *Bilzer/Hatz* BA **98** 322; zur AAK-Rückrechnung s auch Gesellschaft für Rechtsmedizin BA **99** 177.

Krankheiten. Etwaige Alkoholabbauverzögerungen infolge dem Täter bekannter **61** Krankheit sind von diesem zu berücksichtigen und entlasten daher nicht, Dü DAR **81** 29, s *Rettenmaier* DMW **68** 2090. Leberfunktionsstörungen, ausgenommen allerschwerste, beeinflussen den Alkoholstoffwechsel kaum, BGH DAR **85** 197; an diese medizinisch-naturwissenschaftliche Erfahrung ist die Rspr gebunden, Dü DAR **81** 29. Erhöhter Acetongehalt im Blut von Diabetikern rechtfertigt jedenfalls dann keine Korrektur, wenn allenfalls die 3. Dezimale des Analysenwertes betroffen wäre, Ha VRS **58** 443. Ist die Fahrunsicherheit auf das Zusammenwirken von Alkohol und Krankheit zurückzuführen, so kann den Kf insoweit eine erhöhte Sorgfaltspflicht treffen, so zB uU einen Diabetiker, Kö BA **72** 139, Dü DAR **81** 29.

Lit: *Gerchow ua,* Die Berechnung der maximalen BAK und ihr Beweiswert für die Beurteilung **62** der Schuldfähigkeit, BA **85** 77. *Heifer,* Untersuchungen zur Rückrechnung der BAK nach „normalem Trinkverlauf", BA **76** 305. *Jessnitzer,* Eigene Sachkunde des Richters bei der Rückrechnung, BA **78** 315. *Köhler/Schleyer,* Über die Treffsicherheit von Rückrechnungen auf Blutalkohol-Tatzeitwerte, BA **75** 52. *Martin,* „Richter und Rückrechnung?", BA **70** 89. *Mayr,* Die „Rückrechnung" in der Rspr des BGH, BA **74** 64. *Naeve,* Untersuchungen unter lebensnahen Bedingungen über den Verlauf der Blutalkoholkurve …, BA **73** 366. *Salger,* Zur korrekten Berechnung der Tatzeit-BAK, DRiZ **89** 174. *Schewe,* Zur beweisrechtlichen Relevanz berechneter maximaler Blutalkoholwerte für die Beurteilung der Schuldfähigkeit, BA-Festschrift 1982, S 171. *Zink/Reinhardt,* Über die Ermittlung der Tatzeit-BAK bei noch nicht abgeschlossener Resorption, BA **72** 353. *Dieselben,* Zur Dauer der Resorptionsphase, BA **75** 100. *Dieselben,* Die Berechnung der Tatzeit-BAK zur Beurteilung der Schuldfähigkeit, BA **76** 327.

Die **gesetzliche Grundlage** der Untersuchung auf BAK bietet § 81a StPO. S dort. **63** Im sozialversicherungsrechtlichen Entschädigungsverfahren läßt § 1559 IV RVO ausdrücklich die **Entnahme von Leichenblut** zu.

18. Verhaltensbeurteilung. Neben der gemessenen BAK gibt es medizinisch nur **64** schwer erfaßbare weitere Beurteilungsfaktoren, und auch die **Fahrverhaltensweisen** sind im Zweifel vieldeutig, *Lewrenz* BA **69** 394, aM aber *Gerchow* BA **69** 409. S Rz 15, 16. Beweisanzeichen für Alkoholbeeinflussung können (nicht müssen) sein: Fahrweise, Fahren in Schlangenlinie, überhöhte Geschwindigkeit, Nichtbeachtung der durch VZ ausgedrückten Warnungen, Ge- oder Verbote, unsicherer Gang, unsichere Sprache (Lallen), Alkoholgeruch, störrisches, unvernünftiges Verhalten, Überholen trotz unklarer

VLage. Einzelheiten: Rz 15 f (relative Fahrunsicherheit) sowie *Hentschel,* Trunkenheit, 182–226.

65   Der sog **klinische Befund** des die Blutprobe entnehmenden Arztes ist nur von geringem Wert, Sa VRS **102** 120. Er hängt weitgehend von der Übung des Arztes ab, *Heifer* BA **63/64** 256. Nach *Rasch* BA **69** 129 wird die Befunderhebung überwiegend durch die persönlichen Maßstäbe des Untersuchers bestimmt. *Penttilä ua* BA **71** 99 stellten fest, daß ein Arzt 80% der von ihm untersuchten Personen als zum Teil sogar stark unter Alkoholeinfluß stehend beurteilt hat, bei denen die Blutuntersuchung nur 0,00 bis 0,15‰ ergab. Nach Hb MDR **74** 772 ist die klinische Trunkenheitsbeurteilung wegen „absoluter Subjektivität" unbrauchbar. Man wird indessen den klinischen Befund mit der gebotenen Vorsicht und Zurückhaltung mitberücksichtigen dürfen, Sa VRS **102** 120, Ha BA **80** 171, 172, VRS **37** 35, wenn sorgfältig geprüft wurde, ob die Tests von einem geübten Arzt durchgeführt wurden, um welche Art von Tests es sich handelte und wie sie vorgenommen wurden. Der Arzt ist als Zeuge zu vernehmen, Ha BA **80** 171, 172. Zur Problematik: *Koch* NJW **66** 1154, *Penttilä ua* BA **75** 24, *Hentschel,* Trunkenheit, 214 ff, *Forster/Joachim,* Blutalkohol und Straftat, Stuttgart 1975, S 22 ff. Negativer klinischer Befund ist kein Argument für Fehlen alkoholischer Beeinflussung, Ha NJW **69** 570, Ba **63/64** 236, *Schmidt ua* BA **04** 7 (Scheinernüchterung). Selbst erhebliche Unterschiede zwischen dem Ergebnis der Blutuntersuchung und klinischem Befund führen nicht zum Erfordernis besonderer Überprüfung des ermittelten BAK-Wertes, Ha NJW **69** 570. Bei **extremen** Diskrepanzen muß allerdings mit der Möglichkeit eines Fehlers gerechnet werden. Dieser Möglichkeit ist nachzugehen, Ha NJW **69** 570.

66   Die **Pupillenreaktion** ist, abgesehen von den Fehlerquellen der Beurteilung, für die Feststellung des Grades der Alkoholwirkung und VTauglichkeit kaum brauchbar; sie hat höchstens zusammen mit anderen Umständen bedingten Wert, Sa VRS **102** 120 (abl *Heinke* BA **04** 241), Fra NStZ-RR **02** 17, Ha BA **04** 264. Pupillenerweiterung oder -verengung (Miosis) können für sich allein neben der festgestellten BAK oder drogenbedingten Wirkstoffkonzentration die Annahme relativer Fahrunsicherheit nicht rechtfertigen, sondern nur konkrete darauf beruhende Sehbeeinträchtigungen, BGHSt **44** 219 = NZV **99** 48 (Anm *Berz* NStZ **99** 407, abl *Schreiber* NJW **99** 1770 aus medizinischer Sicht), Sa VRS **102** 120, Fra NStZ-RR **02** 17, Dü DAR **99** 81, *Maatz* BA **04** H 2, Supplement 1 S 10, *Alting* BA **02** 99. Zw NStZ-RR **04** 247 läßt verzögerte Pupillenreaktion wegen daraus resultierender Blendempfindlichkeit bei hoher BAK oder Wirkstoffkonzentration als zusätzliches Beweisanzeichen für relative Fahrunsicherheit ausreichen, s *Scheffler/Halecker* BA **04** 429 f. Verlängerter **Drehnachnystagmus** rechtfertigt allein nicht die Feststellung relativer Fahrunsicherheit, Kö NJW **67** 310, VRS **65** 440, Zw VRS **66** 204 (Anm *Heifer* BA **84** 535); soweit ein sog „grobschlägiger" Drehnachnystagmus als zusätzliches Indiz in Frage kommt, wäre im übrigen Vergleich mit dem Nüchternbefund erforderlich, Ha VRS **33** 442, BA **80** 172, Kö VRS **65** 440, Zw VRS **66** 204, ZfS **90** 33, Ko NZV **93** 444. Aber auch, wenn unter Verwendung eines Elektronystagmographen ein über dem individuellen Nüchternwert liegender grobschlägiger, regelmäßiger und frequenter Nystagmus ermittelt wurde (s dazu *Heifer* BA **91** 124), folgt daraus allein nicht alkoholbedingte Fahrunsicherheit, weil insoweit wissenschaftlich abgesicherte Erfahrungssätze fehlen, Kö NJW **67** 310, aM LG Bonn NJW **68** 208. Zu berücksichtigen ist vor allem, daß ein auffällig verlängerter Drehnachnystagmus auch andere Ursachen als alkoholbedingte Schädigung haben kann, *Heifer* BA **84** 535. Gegen Verwertung des Drehnachnystagmus beim gegenwärtigen Erfahrungsstand wohl mit Recht *Klinkhammer/Stürmann* DAR **68** 43, abw wohl das BGA-G S 167, jedoch ohne Angaben über Nystagmus bei Gesunden und Nüchternen. Näher hierzu *Hentschel,* Trunkenheit, 220 f. Auch der sog **Romberg-Test** ist kein geeignetes Beweisanzeichen für relative Fahrunsicherheit, Sa VRS **102** 120, Kö DAR **67** 27, s Ha VRS **33** 440.

Lit: *Heifer ua,* Experimentelle und statistische Untersuchungen über den alkoholbedingten postrotatorischen Fixationsnystagmus, BA **65/66** 537. *Hiendl,* Darf bei AlkoholVDelikten der die Blutprobe entnehmende Arzt vor dem Gericht die Aussage über den klinischen Befund verweigern?, NJW **58** 2100. *Klinkhammer/Stürmann,* Die Verwertbarkeit des Drehnachnystagmus zum Nachweis der Fahruntüchtigkeit, DAR **68** 43. *Koch,* Der klinische Befund des Blutprobearztes in der Hauptverhandlung, NJW **66** 1154. *Penttilä ua,* Die klinischen Befunde der Trunkenheitsunter-

Trunkenheit im Verkehr   § 316 StGB 4

suchung bei Personen mit Blutalkohol 0,00–0,15‰, BA **71** 99. *Rasch,* Wert und Verwertbarkeit der sog klinischen Trunkenheitsuntersuchung, BA **69** 129.

In Ausnahmefällen kann Fahrunsicherheit **auch ohne Gutachten** festgestellt werden, wenn Trunkenheit durch andere Beweisanzeichen nachgewiesen ist, s Rz 15. **67**

Der Laie wird aufgrund äußerer Anzeichen nur in seltenen Ausnahmefällen beurteilen können, ob alkoholbedingte Fahrunsicherheit vorliegt. Ein **Festnahmerecht** gem § 127 I StPO wird daher nur bei offenkundigen, schweren alkoholtypischen Ausfallserscheinungen gegeben sein, BGH GA **74** 177, Zw NJW **81** 2016 mit abl Anm *Händel* BA **81** 369. **68**

19. Zivilrecht. Wegen der bürgerlichrechtlichen Folgen von Trunkenheit s die §§ 7 ff StVG. IdR wird ein solcher Fahrer nach den §§ 823 ff BGB haften. Bei absoluter Fahrunsicherheit, für die auch im Haftungs- und Versicherungsrecht der Grenzwert von 1,1‰ gilt, BGH NZV **02** 559, **92** 27, Jn NJW-RR **03** 320, Dü NJW-RR **01** 101, Hb NJW-RR **98** 1108, Ko VRS **103** 174, Kar NZV **02** 227, Zw ZfS **94** 218, Ha ZfS **93** 313, Kö ZfS **00** 111, BSG NZV **93** 267, spricht der **Anschein** für die Ursächlichkeit der alkoholbedingten Fahrunsicherheit für den Unfall, BGH VR **86** 141, NZV **88** 17, **92** 27, Sa ZfS **04** 323, NVersZ **02** 124, Dü NJW-RR **01** 101, Kö ZfS **00** 111, Ha DAR **00** 568, NZV **92** 318 (Radf), Kar VR **91** 181, NZV **92** 322, vorausgesetzt, dieser hat sich unter Umständen zugetragen, die einem nüchternen FzF keine Schwierigkeiten bereitet hätten, BGH NZV **95** 145, Dü NJW-RR **01** 101, Kö ZfS **00** 111, Fra VM **86** 88, Ha VR **87** 788, Ba VR **87** 909, Zw VRS **88** 109. Kein Anschein gegen einen von zwei unter Alkoholeinfluß stehenden Unfallbeteiligten bei ungeklärtem Unfallhergang, Schl NZV **91** 233. Bei BAK unterhalb des Beweisgrenzwertes für absolute Fahrunsicherheit darf ohne Vorliegen alkoholbedingter Ausfallerscheinungen nicht mittels des Anscheinsbeweises auf Fahrunsicherheit geschlossen werden, BGH NZV **88** 17, Sa ZfS **04** 323, KG NZV **96** 200, Kö VR **89** 139, Kar VR **91** 181, Ha NZV **94** 112. Jedoch eignet sich der Anscheinsbeweis nach überwiegender Rspr dann zum Nachweis der (relativen) Fahrunsicherheit, wenn sich der Unfall unter Umständen ereignet hat, die ein nüchterner Fahrer hätte meistern können, Kö VRS **102** 424, Sa VRS **106** 170, Kar ZfS **93** 160, Ha VR **82** 385, Ce NRpfl **90** 228, aM Mü NJW-RR **87** 476, wonach nur grobes Versagen den Schluß auf (relative) Fahrunsicherheit rechtfertige. Ist relative Fahrunsicherheit festgestellt, so kann – wie bei absoluter Fahrunsicherheit – der Anscheinsbeweis auch zum Nachweis ihrer Ursächlichkeit für den Unfall herangezogen werden, Kar VR **83** 627, ZfS **86** 309, **93** 160, Kö VR **83** 50, Ha NZV **03** 92, ZfS **94** 132, Fra NVersZ **02** 129, VR **88** 265. Der von dem Fahrer verschiedene Halter haftet für Schäden, die der trunkene Fahrer verursacht, mindestens nach § 7 StVG. Wer als Geschäftsführer ohne Auftrag den betrunkenen Halter in dessen Kfz heimfährt, obwohl er mindestens 1,5‰ BAK hat, handelt nicht unbedingt grob fahrlässig (§ 680 BGB), BGH NJW **72** 475. Haftung gegenüber Insassen des vom trunkenen Fahrer gelenkten Fz, Gefälligkeitsfahrt, Haftungsverzicht, Handeln auf eigene Gefahr: §§ 8a, 16 StVG. Mitschuld des Verletzten: § 9 StVG, § 16 StVG Rz 11. Die Schuld des Fahrunfähigen (1,43‰ BAK) wird idR erheblich größer sein als diejenige des Mitfahrers, der die erhebliche Alkoholisierung kennt, s KG VM **79** 24. Zur Ersatzpflicht der Mitfahrer, die angetrunkenem Fahrer zu einem Kfz verhelfen, Ol VRS **34** 241. Haftung des alkoholbedingt fahrunsicheren Arbeitnehmers für Verlust von Prämienvorteilen des Arbeitgebers, BAG NJW **82** 846. EdF wegen einer Trunkenheitsfahrt als Kündigungsgrund bei Berufsfahrern, LAG Ha Betr **78** 750, *Zepf* VD **82** 183. **69**

Wer angetrunken im Kfz führt, muß neben Bestrafung und EdF auch mangels Versicherungsschutzes mit empfindlichen Einbußen rechnen. **Die Versicherer** machen bei Trunkenheitsfahrten von ihrem gesetzlichen Ablehnungsrecht wegen **Gefahrerhöhung** und bedingten Vorsatzes (§§ 23, 25, 152 VVG) idR Gebrauch. Einmaliges oder nur gelegentliches Fahren bei Trunkenheit ohne besondere Neigung hierzu bewirkt bei der **Haftpflichtversicherung** keine Gefahrerhöhung (§§ 23 ff VVG), BGH NJW **52** 1291, VR **71** 808, DAR **72** 105, Ha RdK **53** 13, VR **67** 748, Nü VR **65** 175, Schl VR **60** 593, Fra VR **62** 222, NJW **70** 2096, KG NJW **64** 1328, einschränkend *Ebel* BA **85** 193, aM *Prölss/Martin* (*Prölss*) § 23 Rz 28b. Neigung zu Trunkenheitsfahrten oder anderen ungewöhnlich leichtfertigen Verhaltensweisen bewirkt Gefahrerhöhung, Dü DAR **63** **70**

4 StGB § 316

383, VR **64** 179, Nü VR **65** 175. Verletzt der **angestellte Fahrer** das Verbot, unter Alkoholeinwirkung zu fahren, handelt er grobfahrlässig und setzt sich dem Rückgriff des Versicherers aus (§§ 110 SGB VII, 640 RVO), BAG VRS **21** 395. Grobe Fahrlässigkeit iS von § 640 RVO bei FzFühren im Zustand absoluter Fahrunsicherheit unter wesentlichem Überschreiten der zulässigen Geschwindigkeit Nü VM **93** 14 (1,3‰). Voraussehbare wachsende Trinkenthemmung schützt nicht vor dem Vorwurf grober Fahrlässigkeit (§ 640 RVO), BGH NJW **74** 1377. Zu den Voraussetzungen grober Fahrlässigkeit (§ 640 RVO) bei VUnfall im Ausland (subjektives Element), BGH VR **78** 541. Bei entsprechender Vereinbarung im Haftpflichtversicherungsvertrag (s § 2b Nr 1e AKB) kann FzFühren im Zustand alkoholbedingter Fahrunsicherheit zur Leistungsfreiheit des VU wegen **Obliegenheitsverletzung** in den Grenzen des § 5 III KfzPflVV führen, s Sa NVersZ **02** 124, Ha ZfS **03** 408, Nü NJW-RR **01** 97, *Lemor* VW **94** 1139, *Janker* DAR **95** 145, *Stamm* VR **95** 261, *Knappmann* VR **96** 405. Die Voraussetzungen des § 2b Nr 1e AKB sind bei absoluter Fahrunsicherheit stets erfüllt, Kö NVersZ **00** 534, ebenso bei relativer, Ha ZfS **03** 408, nicht dagegen bei BAK unter 1,1 ‰ ohne Hinzutreten weiterer Beweisanzeichen für relative Fahrunsicherheit, Jn NJW-RR **03** 320. Nach überwiegender Ansicht führt Obliegenheitsverletzung sowohl durch Trunkenheit als auch Unfallflucht zur Verdoppelung der versicherungsrechtlichen Sanktion, Dü ZfS **04** 364, Schl NZV **03** 184, Kö ZfS **03** 23 (Anm *Rixecker*), Sa VR **04** 1131, Ha NJW-RR **00** 172 (krit *Wessels* NVersZ **00** 262), LG Gießen VR **01** 1273 (zust *Littbarski* BA **01** 473), LG Aachen r+s **98** 226, *Knappmann* NVersZ **00** 558, str, abw Nü NJW-RR **01** 97. Obliegenheitsverletzung durch Verschleierung der BAK in der Haftpflicht- und FzVersicherung, s § 142 Rz 76. *Maase*, Wiederholte Trunkenheitsfahrt und Haftpflichtversicherungsschutz, DAR **64** 261. Zur Leichenblutentnahme im Sozialversicherungsrecht, s Rz 63.

71 Bei der **Kaskoversicherung** entfällt die Haftung des VU gem § 61 VVG, wenn der Unfall durch die alkoholbedingte Fahruntüchtigkeit grobfahrlässig herbeigeführt wurde, Ko VRS **103** 174, s dazu *Lang* NZV **90** 172. Der Beweisgrenzwert für absolute Fahrunsicherheit von 1,1‰ gilt auch im Versicherungsrecht, s Rz 69. Zum Nachweis der alkoholbedingten Fahrunsicherheit und deren Ursächlichkeit für den zum Unfall führenden Fahrfehler können die Grundsätze des **Anscheinsbeweises** herangezogen werden, s Rz 69. Auch in Fällen absoluter Fahrunsicherheit ist jedoch nach hM, insbesondere der Auffassung des BGH, der Nachweis grober Fahrlässigkeit mittels Anscheinsbeweises unzulässig, s **E** 157a. Grundsätzlich wird indessen die Würdigung aller Umstände ergeben, daß einen Kf, der infolge absoluter Fahrunsicherheit einen Unfall verursacht hat, insoweit der Vorwurf grober Fahrlässigkeit trifft, BGH NZV **89** 228 (noch zum früheren Beweisgrenzwert von 1,3‰), Ha NZV **01** 172, Dü NJW-RR **01** 101 (Restalkohol am folgenden Tag), Kö ZfS **00** 111, Ko DAR **02** 217, ZfS **90** 421, Kar NZV **92** 321 (jeweils 1,1‰), idR selbst dann, wenn er den Fahrtentschluß im Zustand alkoholbedingten erheblich eingeschränkten Einsichts- und Hemmungsvermögens gefaßt hat, BGH NZV **89** 228. Kommt im Hinblick auf die unter 1,1‰ liegende BAK nur relative Fahrunsicherheit in Betracht, so ist der Vorwurf grober Fahrlässigkeit gerechtfertigt, wenn der Kf erkennbare Anzeichen für seine Fahrunsicherheit bewußt mißachtet, Kö VR **83** 294, ZfS **99** 199, KG NZV **96** 200, Mü VR **84** 270, Ha VR **90** 43, NZV **94** 112, ZfS **94** 132, oder wenn sich ihm im Hinblick auf die genossene Alkoholmenge nach den gegebenen Umständen die Erkenntnis der Fahrunsicherheit aufdrängen mußte, Stu VR **83** 743, nach aM schon dann, wenn ein alkoholtypischer Fahrfehler festgestellt ist, Ko DAR **02** 217, Brn BA **03** 374, oder überhaupt schon bei Vorliegen einer Alkoholkonzentration in Höhe des Gefahrengrenzwertes nach § 24a StVG, Sa ZfS **04** 323. Absolute Fahrunsicherheit ist vom VU zu beweisen, Nachtrunkbehauptung wie ihn ggf zu widerlegen, Ha VR **81** 924. Grob fahrlässiges Verhalten des Kaskoversicherten (§ 61 VVG), wenn er sich fahrunfähig macht, obwohl er weiß, noch fahren zu müssen, Zw VR **77** 246, s Stu VR **82** 743, selbst dann, wenn er bei Fahrtantritt aufgrund des genossenen Alkohols unzurechnungsfähig ist, Ha NZV **01** 172, Nü VR **82** 460, wenn er nach erheblichem Alkoholgenuß (1,0–1,1‰) und Einnahme einer Schlaftablette infolge Fehleinschätzung der vertretbaren Geschwindigkeit oder Verwechslung von Gas- und Bremspedal aus der Kurve getragen wird, Kö VR **83** 50, oder mit 1,03‰ BAK auf ein vor ihm anhaltendes Fz auffährt, Kar ZfS **93** 127, wenn er mit 0,98‰ bei oder nach Durchfahren einer Kurve von der Fahrbahn abkommt, Brn BA **01** 194 (zust *Littbarski*), mit 0,65‰ in Linkskurve aus der Fahrbahn gerät, Kar NZV **02** 227, ebenso bei Schleudern auf Glatteis in zu schnell durchfahrener Kurve und BAK knapp unterhalb des Beweisgrenzwertes für absolute Fahrunsicherheit, Stu ZfS **90** 61. Keine grobe Fahrlässigkeit, wenn der VN Vorkehrungen getroffen hatte, die seine Erwartung rechtfertigen durften, er werde nicht fahren, Ha NZV **92** 153. Zur Verpflichtung zur Blutprobe in der FzVersicherung ohne Schädigung Dritter, s § 142 Rz 76.

Bei absoluter Fahrunsicherheit liegt immer wesentliche Beeinträchtigung der Aufnahme- und Reaktionsfähigkeit vor (**Bewußtseinsstörung iS des § 2 I Nr 1 AUB** oder ähnlich lautender Bestimmungen, zum Begriff: BGH EBE **00** 263, Ha NZV **03** 92), die bei Unfallursächlichkeit die Haftung des VU ausschließt, BGH BA **72** 348 *(Händel),* NJW **76** 801, NZV **88** 17 (noch zum früheren Beweisgrenzwert von 1,3‰), Sa ZfS **00** 501, **02** 32, Fra ZfS **99** 529, Schl DAR **94** 30, Zw ZfS **94** 218, Kö VR **96** 178, KG ZfS **98** 343, Ha NZV **03** 92, **98** 161 (Radf). Für behaupteten Nachtrunk ist der VN beweispflichtig, KG ZfS **98** 343, Nü VR **84** 436, Ol VR **84** 482. BAK unterhalb des Beweisgrenzwertes für absolute Fahrunsicherheit führt zu Bewußtseinsstörung iS der AUB, wenn zur festgestellten BAK weitere Umstände (zB erhebliche Ausfallerscheinungen) hinzutreten, die die Annahme alkoholbedingter Fahrunsicherheit rechtfertigen, BGH VR **86** 141, **87** 1826 (Radf), NZV **88** 17, NJW-RR **88** 1376, Ko ZfS **02** 31, Fra ZfS **99** 529, Zw ZfS **94** 218, Nü ZfS **96** 463, Hb NJW-RR **98** 1108, Ha NZV **03** 92, ZfS **93** 313 (Einschlafen am Steuer als Alkoholfolge), Kö VR **96** 178 (alkoholbedingte Enthemmung), verneint von Dü ZfS **03** 561 bei 0,84 ‰ und *nicht* alkoholbedingtem Einschlafen („natürliche" Müdigkeit). Ohne solche Umstände reicht auch eine nur knapp unter dem Beweisgrenzwert liegende BAK allein nicht zur Feststellung von Bewußtseinsstörung aus, Fra VR **85** 941. Eine BAK unter 0,8‰ reicht trotz Fahrfehlers zur Annahme einer Bewußtseinsstörung nicht aus, BGH NJW-RR **88** 1376. Keine Verwertung einer (statt aus der Oberschenkelvene, s *Hentschel,* Trunkenheit Rz 55) aus dem Herzen entnommenen Blutprobe ohne Heranziehung eines Sachverständigen, BGH NJW **02** 3112. Der **Anschein** spricht für die Ursächlichkeit der alkoholbedingten Bewußtseinsstörung für den Unfall in Fällen absoluter Fahrunsicherheit, BGH VR **85** 779, **86** 141, **87** 1826 (Radf), NZV **88** 17, Sa ZfS **00** 501, **02** 32, Ha ZfS **97** 264, Stu VR **89** 1037, ebenso bei relativer Fahrunsicherheit bei Hinzutreten alkoholbedingter Ausfallerscheinungen, BGH NZV **88** 17, Fra VR **85** 759, Mü BA **88** 407, Zw ZfS **94** 218. Ein versicherter Arbeitsunfall iS der **gesetzlichen Unfallversicherung** (§ 550 RVO, § 8 SGB VII) scheidet aus, wenn alkoholbedingte Fahruntüchtigkeit gegenüber den unternehmensbedingten Umständen als allein wesentliche Unfallursache anzusehen ist. Jedoch muß die alkoholbedingte VUntüchtigkeit erwiesen sein, BSG VR **79** 179. *Schneble,* Alkoholunfälle und gesetzliche Unfallversicherung, BA **72** 370. Zum Ausschluß des Versicherungsschutzes in der Unfallversicherung s auch Lang NZV **90** 170.

20. Weitere Lit zu Alkohol im StrV: a) allgemein und strafrechtlich: *Brettel,* Ein Sonderfall der Alkoholbegutachtung: der Sturztrunk auf vollen Magen, NJW **76** 353. *Forster/Joachim,* Blutalkohol und Straftat, Stuttgart 1975. *Heifer,* Sturztrunk und Alkoholanflutungswirkung, BA **70** 383. *Fuchs,* Die Behandlung alkoholbedingter StrVUnfälle im Unfallversicherungsrecht, NZV **93** 422. *Hentschel,* Trunkenheit, Fahrerlaubnisentziehung, Fahrverbot, 9. Aufl 2003. *Macri,* Schluß- und Nachtrunk beim Fahren in angetrunkenem Zustand, Zürich 1976. *Naeve/Brinkmann,* Blutalkoholspiegel und Trunkenheitsgrad nach „Sturztrunk", BA **71** 42. *Naucke,* Juristische Entwicklungen an den Promille-Grenzen ..., Bockelmann-F S 699. *Ranft,* Fahrunsicherheit und Verschulden in strafrechtlicher Sicht, Forensia **86** 59. *Schneble,* Nachweis der Fahrunsicherheit infolge Alkohols, BA **83** 177. *Spiegel,* Sturztrunk und Nachtrunk aus der Sicht des Strafrichters, k + v **72** 76. **b) haftungs- und versicherungsrechtlich:** *Berger,* Alkohol im StrV und seine schadensrechtlichen Folgen, VR **92** 168. *Bott,* Die Grundlagen der Haftung des alkoholbeeinflußten Kf, VGT **74** 163. *Brenken,* Zivilrechtliche Haftung für Schäden auf Fahrten unter Alkoholeinfluß ..., VGT **74** 148. *Ebel,* Alkohol und Versicherungsschutz BA **85** 189. *Hoffmann,* Der Anscheinsbeweis als Anlaß von Trunkenheitsfahrten im Schadensersatzrecht, NZV **97** 57. *Janker,* Versicherungsrechtliche Aspekte bei vorsätzlichen und fahrlässigen Trunkenheits- und Drogenfahrten, DAR **95** 142. *Knappmann,* Alkohol beeinträchtigung und Versicherungsschutz, VR **00** 56. *Koenig,* Wann stellt das Verschweigen des Alkoholgenusses eine die Versicherungsleistung ausschließende Verletzung der Aufklärungspflicht ...

dar?, VR **71** 506. *Lang,* Alkohol im StrV und Versicherungsschutz, NZV **90** 169. *Rüther,* Die Gefährdung des Versicherungsschutzes durch Alkohol im StrV, NZV **94** 457. *Schlichting,* Zur Bemessung des Schmerzensgeldes bei Alkoholunfällen, BA **70** 236. *Schneble,* Alkoholunfälle und gesetzliche Unfallversicherung ..., BA **72** 370. *Derselbe,* Juristische Konsequenzen einer Trunkenheitsfahrt aus arbeits-, sozial- und versicherungsrechtlicher Sicht, BA **84** 110. *Stamm,* Die neue „Trunkenheitsklausel" in der Kfz-Haftpflichtversicherung, VR **95** 261.

Räuberischer Angriff auf Kraftfahrer

316a (1) Wer zur Begehung eines Raubes (§§ 249 oder 250), eines räuberischen Diebstahls (§ 252) oder einer räuberischen Erpressung (§ 255) einen Angriff auf Leib oder Leben oder die Entschlußfreiheit des Führers eines Kraftfahrzeugs oder eines Mitfahrers verübt und dabei die besonderen Verhältnisse des Straßenverkehrs ausnutzt, wird mit Freiheitsstrafe nicht unter fünf Jahren bestraft.

(2) In minder schweren Fällen ist die Strafe Freiheitsstrafe von einem Jahr bis zu zehn Jahren.

(3) Verursacht der Täter durch die Tat wenigstens leichtfertig den Tod eines anderen Menschen, so ist die Strafe lebenslange Freiheitsstrafe oder Freiheitsstrafe nicht unter zehn Jahren.

1 **Begr** zur Neufassung durch das 6. StrRG v 26. 1. 98 (BTDrucks 13/8587 S 51): *Während der Tatbestand des § 316c Abs. 1 und 3 unverändert übernommen werden soll, strebt der Entwurf für § 316a Abs. 1 nach dem Vorbild des § 348 E 1962 an, nicht schon das Unternehmen des Angriffs, sondern erst dessen Verübung unter Strafe zu stellen. Dadurch wird die im geltenden Recht vorgesehene Gleichstellung von Versuch und Vollendung (§ 11 Abs. 1 Nr. 6) aufgegeben. Sie ist im Bereich des vorliegenden Tatbestandes kriminalpolitisch wenig sinnvoll. Einerseits bleibt der Versuch hier im allgemeinen ebenso wie bei der überwiegenden Mehrzahl aller Delikte nach Unrechts- und Schuldgehalt hinter der vollendeten Tat zurück; andererseits wird durch das Merkmal des „Angriffs" die Strafbarkeit schon weit in den Bereich der Vorbereitungshandlungen des Raubes, des Diebstahls und der Erpressung vorverlegt, so daß die volle Strafe für den Versuch unter Umständen auch Taten trifft, bei denen die Mindestfreiheitsstrafe von fünf Jahren unangemessen ist. Die Abstufung der Strafdrohungen nach Versuch und Vollendung des Angriffs entspricht deshalb einem sachlichen Bedürfnis. Die Einschränkung hat außerdem den Vorteil, daß sie die Rücktrittsvorschrift des § 316a Abs. 2 überflüssig macht. Da der Versuch nach der allgemeinen Regelung des § 23 strafbar sein soll, gelten auch die Vorschriften des § 24 über den Rücktritt unmittelbar.*

Der Strafrahmen für minder schwere Fälle wird in § 316a wie auch in § 316c auf Freiheitsstrafe von einem Jahr bis zu zehn Jahren festgelegt (§ 316a Abs. 2, § 316c Abs. 2 E). Der Strafrahmen für besonders schwere Fälle mit absoluter Androhung der lebenslangen Freiheitsstrafe in § 316a Abs. 1 Satz 2 wird durch einen Qualifikationstatbestand ersetzt, der für die leichtfertige Verursachung des Todes lebenslange Freiheitsstrafe oder Freiheitsstrafe nicht unter zehn Jahren vorsieht. Die Vorschriften über Tätige Reue in § 316c Abs. 4 werden in § 320 E eingestellt.

2 **1. Das tatbestandsmäßige Handeln** besteht im Angriff auf Leib, Leben oder Entschließungsfreiheit des KfzFührers oder eines Mitfahrers, BGH DAR **04** 354, VRS **55** 262, besonders in einem auf Tötung, Körperverletzung, Freiheitsberaubung, Raub oder einen der Nötigungstatbestände gerichteten Angriff ohne Rücksicht auf den Erfolg, LK *(Sowada)* Rz 9. Einen **Angriff verübt,** wer zur Begehung eines der in Abs I genannten Tatbestände auf eines dieser Rechtsgüter einwirkt. Eine bloße Täuschungshandlung reicht hierzu nicht aus, BGH NZV **04** 207 (zust *Krüger* NZV **04** 166, *Herzog* JR **04** 258, *Sander* NStZ **04** 501), VRS **106** 200; vielmehr ist wenigstens eine gegen die Entschlußfreiheit des Opfers gerichtete **nötigende Handlung** erforderlich (aber auch ausreichend), str, aM *Sch/Sch (Cramer/Sternberg-Lieben)* Rz 4, *Sternberg-Lieben* JZ **04** 636, LK *(Sowada)* Rz 39. Dabei genügt es, daß das Opfer den objektiven Nötigungscharakter erkennt, auch wenn ihm die feindliche Absicht nicht bewußt wird, BGH NZV **04** 207, VRS **106** 200. Erkennt der Führer oder Mitfahrer den objektiven Nötigungscharakter einer seine Bewegungsfreiheit einschränkenden Handlung nicht, so ist noch kein Angriff verübt, BGH VRS **106** 200 (unbemerkte Verriegelung der FzTüren). Wer einen Taxi-

Räuberischer Angriff auf Kraftfahrer § 316a StGB **4**

fahrer entgegen dessen Willen zu einer bestimmten Fahrt unter Hinweis auf dessen Beförderungspflicht veranlaßt, übt einen psychischen Zwang aus, der bereits als Angriff auf die Entschlußfreiheit zu würdigen sein kann, BGH NZV **04** 207. Dagegen reicht die Angabe des Fahrziels oder der Fahrtantritt, verbunden mit der Absicht der räuberischen Tat, ohne Einsatz von Nötigungsmitteln nicht aus, BGH NZV **04** 207, VRS **106** 200. Nicht erforderlich ist, daß der Angriff schon unmittelbar gegen Eigentum oder Vermögen des Opfers gerichtet ist, BGH NZV **04** 207, DAR **04** 354. „**Verübt**" (Abs I) ist der Angriff erst, wenn die eigentliche Angriffshandlung (iS eines fortgeschrittenen Handlungsstadiums) ausgeführt ist, s *Tröndle/Fischer* Rz 7, LK (*Sowada*) Rz 12, *Ingelfinger* JR **00** 227, 231f (str), etwa, wenn der Täter den FzF zur Weiterfahrt zwingt, BGH NZV **04** 207, zB durch Ziehen einer Waffe, BGH NStZ **03** 35. Zum Angriff auf die *Entschlußfreiheit*, s *Wolters* JR **02** 166. Ist im Zeitpunkt des Angriffs eine der in Abs I S 1 genannten Taten mit zeitlicher und örtlicher Beziehung zum StrV geplant (Rz 5), so ist die **Tat vollendet,** BGH DAR **04** 354, NStZ **89** 119, auch wenn das (zu diesem Zeitpunkt jedenfalls geplante) **Raubdelikt** erst später, eventuell auch **außerhalb des Fzs** vollendet werden sollte.

2. Gegenstand des Angriffs kann nur ein KfzFührer (s *Wolters* JR **02** 165) oder **3** Mitfahrer (Beifahrer, Fahrgast, zum Mitfahren Genötigter) sein. Der Begriff des Kfz entspricht der Definition in § 1 II StVG, BGH NJW **93** 2629. KfzF iS von I S 1 kann daher auch ein Mofaf sein, BGH NJW **93** 2629 (zust *Geppert* Jura **95** 312, krit *Große* NStZ **93** 525), LK (*Sowada*) Rz 17. Der Fahrer kann Täter, ein Mitfahrer Opfer sein, BGH VRS **55** 262. § 316a schützt KfzFührer und Mitfahrer gegen die besonderen von Dritten ausgehenden Gefahren bei der Benutzung eines Kfz, s *Spiegel* DAR **77** 141 mit Rspr, *Hentschel* JR **86** 428. Nicht unter den Tatbestand fallen also solche Fälle des Raubes, bei denen sich die Täter eines Kfz nur bedienen, etwa bei Kassenraub, bei Geschäftsberaubungen und bei Menschenraub, oder wo das Opfer von der geöffneten Tür des TäterFzs neben seinem eigenen Fz vorsätzlich niedergeworfen wird, BGH MDR **76** 988. **Nach neuer Rspr des BGH** (4. StrSen) NZV **04** 207, VRS **106** 199, 200 (zust *Sander* NStZ **04** 501), **107** 37, DAR **04** 354, muß das Opfer **bei Verübung des Angriffs Führer** oder **Mitfahrer** eines Kfz sein; daß diese Eigenschaft im Zeitpunkt des Tatentschlusses vorliegt, reicht nicht, *Tröndle/Fischer* 3, *Roßmüller/Rohrer* NZV **95** 254. **Führer** iS von Abs I ist unter Berücksichtigung des Schutzzwecks der Strafnorm nur, wer das in Bewegung befindliche Fz lenkt, wer beginnt, es in Bewegung zu setzen oder wer als FzLenker zwar anhält, aber noch mit Betriebs- und Verkehrsvorgängen befaßt ist, wie zB bei verkehrsbedingtem Anhalten, BGH NZV **04** 207 (zust *Krüger* NZV **04** 166, *Herzog* JR **04** 258, *Sander* NStZ **04** 501, krit *Sternberg-Lieben* JZ **04** 636), VRS **106** 199, **107** 37, *Roßmüller/Rohrer* NZV **95** 254, oder bei laufendem Motor eines Automatik-Fzs, dessen Weiterrollen durch Betätigen der Fußbremse verhindert wird, BGH DAR **04** 246. Gegen den Führer iS von Abs I richtet sich der Angriff daher auch während des Wartens bei Rot, an Warnlichtanlage oder geschlossener Schranke (s § 12 StVO Rz 19), BGH NZV **04** 207, DAR **04** 247, während des verkehrsbedingten Abwartens des Gegenverkehrs beim Abbiegen oder im FzStau, BGH NZV **04** 207, auch vor Zufahrten zu Parkhäusern, Tankstellen uä, vor geschlossener Grenzabfertigungsanlage oder am Ende einer dort wartenden FzSchlange (s § 12 StVO Rz 19). Bei vorübergehendem Halt aus anderen Gründen vor Erreichen des Fahrtziels kann die Führereigenschaft nur fortbestehen, solange der Fahrer noch **durch Betriebs- und Verkehrsvorgänge in Anspruch genommen** ist. So bleibt zB uU zunächst Führer, wer wegen wirklicher oder vermeintlicher Betriebsstörung anhalten muß, BGH NStZ **04** 269, oder liegenbleibt, nicht aber zB der schon auf das Kassieren konzentrierte TaxiF, abw BGH (2. StrSen) NStZ **03** 35. **Mitfahrer** iS von Abs I ist ein FzInsasse immer nur, solange das Fz in dem hier definierten Sinne *geführt* wird, s *Roßmüller/Rohrer* NZV **95** 255. Im Gegensatz zur früheren Rspr kann **nicht Gegenstand eines Angriffs** nach § 316a sein, wer sich in einem Fz befindet, das aus anderen als den hier genannten Gründen hält und dessen Motor abgestellt ist, BGH NZV **04** 207, VRS **106** 199, erst recht nicht, wer das Fz verlassen hat, BGH NZV **04** 207 (zust *Sternberg-Lieben* JZ **04** 633), VRS **106** 200, *Roth-Stielow* NJW **69** 303, *Roßmüller/Rohrer* NZV **95** 262, *Günther* JZ **87** 369 (anders zB

1553

4 StGB § 316a   Auszug aus dem StGB

noch BGH NJW NZV **97** 236, BGHSt **5** 280 = NJW **54** 521). Wer den FzF (zB Taxifahrer) veranlaßt, **an abgelegenen Ort zu fahren** und ihn dort nach dem Anhalten überfällt, erfüllt nach neuer Rspr des BGH (NZV **04** 207, VRS **106** 200, **107** 37) den Tatbestand des § 316a nicht (abw noch BGH VRS **7** 125, NJW **54** 1169, **01** 764), ebensowenig wer sich als Anhalter mitnehmen läßt und vorübergehendes Halten ausnutzt, um sich durch Waffenbedrohung in den Besitz des Kfz zu setzen (abw noch BGH DAR **76** 86), oder wer das Opfer an einen verkehrsarmen Ort lockt, es dort erwartet und im Fz angreift, *Roßmüller/Rohrer* NZV **95** 254 (abw noch BGH NStZ **94** 340 – abl *Hauf* NStZ **96** 40 –).

4   **3. Täter** nach § 316a kann nur sein, wer eine der in Abs I genannten Taten *als Täter* begehen will, BGH NJW **72** 694, der FzFührer, der Raub an einem Mitfahrer begeht, BGH VRS **55** 262, NJW **71** 765, oder der sich am Angriff eines Mitfahrers auf Leib, Leben oder Entschlußfreiheit eines anderen Mitfahrers beteiligt, BGHSt **13** 27, NJW **59** 1140, auch wenn er den Raubentschluß erst während der Fahrt faßt, BGHSt **15** 322, MDR **74** 679, VRS **20** 289, NJW **71** 765, und der Mitfahrer (Fahrgast), BGH DAR **04** 354, NJW **57** 431. Eigene Zueignungsabsicht ist nach Neufassung der §§ 242, 249, 253 durch das 6. StrRG nicht mehr erforderlich, insoweit ist BGH NJW **72** 694 (zu § 249 aF) überholt.

5   **4. Die besonderen Verhältnisse des Straßenverkehrs** muß der Täter ausnutzen, dh, er muß sich für seinen räuberischen Zweck eine dem *fließenden* StrV eigentümliche Gefahrenlage zunutze machen, BGH NStZ **03** 35, und zwar eine solche, die sich gerade aus der Eigenschaft des VMittels als *Kraftfahrzeug* ergibt und damit über die bei Benutzung anderer Fze gegebene Gefahrenlage hinausgeht, BGH NJW **92** 989 (Anm *Keller* JR **92** 515), BGHSt **39** 249 = NJW **93** 2629, NZV **97** 236 (Anm *Roßmüller*), *Roth-Stielow* NJW **69** 305, s *Hentschel* JR **86** 428. Andererseits muß das Kfz eine Rolle als *Verkehrsmittel* spielen, BGH NStZ **03** 35, **00** 144, NJW **01** 764 (Anm *Wolters* JR **02** 163). Die Neufassung der Bestimmung durch das 6. StrRG (s Rz 1) läßt den bisherigen Inhalt dieses Tatbestandsmerkmals unberührt, BGH NStZ **03** 35, NJW **01** 764. Dieses Erfordernis ist zB erfüllt, wenn der Täter den FzF oder einen Mitfahrer mittels der für den KfzV typischen Umstände in eine Lage bringt, in der er dem räuberischen oder erpresserischen Zugriff ausgesetzt ist, BGHSt **37** 256 = NZV **91** 118, NJW **69** 1679. Die typische Gefahrenlage besteht vor allem während des Fahrens, BGH StV **02** 362, NStZ **03** 35, DAR **04** 354, NStZ-RR **02** 108; die gefahrbegründenden Umstände liegen namentlich darin, daß der Fahrer, durch den V in Anspruch genommen, an Gegenwehr und Flucht gehindert ist, BGH NJW **92** 989, VRS **77** 224, NStZ **94** 340 (Anm *Hauf* NStZ **96** 40), oder der angegriffene Mitfahrer keine Möglichkeit hat, sich dem Angriff zu entziehen, BGH DAR **04** 354. Dagegen reicht nach neuerer Rspr des BGH die durch die Situation im Kfz herbeigeführte Beschränkung der Verteidigungsmöglichkeit, Vereinzelung und Erschwerung fremder Hilfe (so aber noch BGHSt **5** 280 = NJW **54** 521, BGHSt **33** 378 = NJW **86** 1623, **01** 764, VRS **77** 224) nicht aus, BGH NZV **04** 207 (zust *Sander* NStZ **04** 502), VRS **107** 38. Die besondere, dem Kraftverkehr eigentümliche Gefahrenlage kann aber im Hinblick auf die andauernde Inanspruchnahme des FzF fortbestehen, wenn das Fz **verkehrsbedingt anhält** (s Rz 3), BGH NStZ **03** 35, NStZ-RR **02** 108, **97** 356, NJW **92** 989 (Anm *Keller* JR **92** 515), DAR **89** 241, *Geppert* Jura **95** 312, entgegen der früheren Rspr (BGH NJW **54** 1169, **64** 1630, **01** 764 mit abl Anm *Wolters* JR **02** 165, NZV **97** 236), aber nicht, wenn das Kfz bereits abgestellt ist (dann fehlt es schon am Tatbestandsmerkmal „*Führer*" eines Kfz oder „*Mitfahrer*", s Rz 3). Soweit die vor BGH NZV **04** 207 ergangene Rspr „Ausnutzung der besonderen Verhältnisse des StrV" auch bei vorübergehendem Halt aus sonstigen Gründen annahm (BGH NStZ **03** 35, NStZ-RR **02** 108, **97** 356, NJW **92** 989), kann sie nur noch für die Fälle gelten, in denen der Fahrer trotz des Haltens noch mit der Bewältigung von Betriebs- und Verkehrsvorgängen befaßt ist. Die frühere Rspr, wonach es nicht entscheidend sei, ob das Fz im Zeitpunkt der Tatausführung noch als „in Betrieb" iS des § 7 StVG anzusehen ist, BGHSt **5** 280 = NJW **54** 521, BGHSt **33** 378 = NJW **86** 1623 (Anm *Hentschel* JR **86** 428), ist durch BGH NZV **04** 207 überholt, abw schon früher *Wolters* JR **02** 165 (wegen Fehlens des Merkmals „KfzF"), *Roth-Stielow* NJW **69** 303. Anders als bei einem

Angriff auf den Führer wird aber, wenn der *Mitfahrer* Opfer des Angriffs während eines Halts wird, vielfach die Ausnutzung der besonderen Verhältnisse des StrV zu verneinen sein. Der Täter nützt die besonderen Verhältnisse des StrV aus, wenn ein fahrendes Kfz durch einen anderen zum Halten gezwungen wird, BGHSt **13** 31, **24** 320. Findet der **Angriff außerhalb des Fzs** statt, so scheitert § 316a nach neuer Rspr des BGH (NZV **04** 207, zust *Herzog* JR **04** 258) schon am fehlenden Merkmal „Führer" oder „Mitfahrer" (s Rz 3). Auf den früher in derartigen Fällen von der Rspr für die „Ausnutzung der besonderen Verhältnisse des StrV" verlangten engen räumlichen *und* zeitlichen Zusammenhang zwischen Überfall und voraufgegangener Benutzung des Kfzs im StrV, BGHSt **33** 378 = NJW **86** 1623, NZV **97** 236 (Anm *Roßmüller*), NStZ **89** 119, VRS **77** 224, kommt es daher nicht mehr an (verneint bei entsprechend dem Täterplan erst nach 700 m Fußweg ausgeführtem Angriff, BGHSt **22** 114 = NJW **68** 1435, ebenso nach 155 m Fußweg BGHSt **33** 378 = NJW **86** 1623). Die frühere Rspr, wonach der besonderen Verhältnisse des StrV zur Tat nicht ausgenutzt werden, wenn der **räuberische Entschluß erst nach Fahrtbeendigung** entsteht, BGH NStZ **03** 35, NStZ **00** 144, BGHSt **37** 256 = NZV **91** 118, LK (*Sowada*) Rz 25, ist insofern obsolet, als es in diesen Fällen nach neuer Rspr (s Rz 3) schon am Merkmal des Führers oder Mitfahrers fehlt, s *Krüger* NZV **04** 164. Keine Bestrafung nach § 316a daher auch, wenn der Täter einen FzF zum Anhalten nötigt, um mitgenommen zu werden und erst dann den räuberischen Tatentschluß faßt, die dem fließenden StrV eigentümliche Gefahrenlage aber nicht mehr fortbesteht, BGH StV **02** 361.

Typische Begehungsformen: Bereiten von Hindernissen auf der Fahrbahn, BGHSt **6** **39** 249 = NJW **93** 2629, Aufreißen eines Grabens, Aufstellen von schweren Hindernissen, Spannen von Drahtseilen über die Fahrbahn, Verschmieren der Fahrbahn mit Öl, Streuen von Nägeln oder Glasscherben, Schießen in die Reifen, Blenden des Kf, nach neuer Rspr des BGH (NZV **04** 207) aber nicht das Vortäuschen von Baustellen, von Umleitungen, eines Unfalls oder einer Panne, abw *Sternberg-Lieben* JZ **04** 636. Auch der Führer kann die Tat begehen, etwa indem er einen Mitfahrer verschleppt und beraubt, BGH VRS **55** 262, oder wenn er mit Hilfe eines zunächst verborgenen Komplicen Fahrgäste ausraubt, BGHSt **18** 170 = NJW **63** 452. Belanglos ist, ob der Angriff während des Fahrens, während vorübergehenden Haltens oder am Fahrtziel ausgeführt wird, BGHSt **37** 256 = NZV **91** 118, VRS **29** 198, vorausgesetzt, das Opfer ist *Führer* oder *Mitfahrer* iS von Abs I (s Rz 3). Wird der FzF an eine einsame Stelle gelockt und nach dem Halten, aber bei noch laufendem Motor angegriffen, so scheitert § 316a idR jedenfalls an der fehlenden Ausnutzung der besonderen Verhältnisse des StrV, BGH NZV **04** 207 (s Rz 3). **Nicht unter die Vorschrift** fällt, wer, ohne vorher mitgefahren zu sein, die Insassen eines außerhalb des fließenden Verkehrs haltenden Kfz beraubt, BGH StV **02** 362, NStZ-RR **97** 356, VRS **57** 197 (Autobahnrastplatz). Die gewaltsame Wegnahme eines mit dem Fahrer *im ruhenden V* haltenden Pkw im StrV fällt nicht unter die Vorschrift, BGH NStZ **97** 356, NJW **72** 913, und zwar schon deswegen nicht, weil der im Fz sitzende Fahrer nicht mehr *Führer* iS von Abs I ist (s Rz 3), anders bei verkehrsbedingt im fließenden V zum Stehen gekommenem Kfz, BGH NJW **92** 989 (Warten an LZA), s Rz 3.

5. Innerer Tatbestand. Zum inneren Tatbestand gehört zumindest die Eventualab- **7** sicht, den FzFührer oder einen Mitfahrer zu berauben oder räuberisch zu erpressen, wenn gewaltlose Wegnahme nicht gelingen sollte, BGH NStZ **97** 236, NJW **70** 1381, ihnen also mit Gewalt gegen die Person oder durch Drohung mit gegenwärtiger Gefahr für Leib oder Leben fremde bewegliche Sachen in Zueignungsabsicht wegzunehmen oder sie durch dieselben Mittel zu schädigender Vermögensverfügung oder einer dem gleichkommenden Duldung oder Unterlassung zu nötigen (§§ 249–252, 255 StGB). Andere unterwegs beabsichtigte Straftaten erfüllen den Tatbestand nicht. Die Absicht kann dahin gehen, sich in den Besitz des Kfz zu setzen. Die dem zur Fahrt genötigten FzHalter entstehenden Vermögensnachteile infolge Treibstoffkosten uä rechtfertigen regelmäßig nicht die Annahme einer darauf gerichteten Bereicherungsabsicht, BGH DAR **81** 186, LK (*Sowada*) Rz 45. Entscidend ist der Plan des Täters im Zeitpunkt des Angriffs, wobei aber konkrete Vorstellungen über die näheren Umstände der beabsichtigten

Raubtat nicht erforderlich sind, BGH NStZ 97 236. Zum Verbotsirrtum, s BGH VRS 65 127.

8 **6. Versuch.** Mit der Neufassung von Abs I durch das 6. StrRG v 26. 1. 1998 wurde die frühere Ausgestaltung als Unternehmenstatbestand (§ 11 StGB) aufgegeben. Vollendung nur, wenn der Angriff „verübt" (Rz 2) ist. Der Versuch ist gem § 23 I StGB strafbar. Dazu genügt der Beginn der Angriffshandlung nach der Tätervorstellung, idR spätestens die Herbeiführung der Gefahr, aber auch schon der Beginn ihrer Herbeiführung, auch bei untauglichem Tatplan. Maßgebend sind Gesamtplan und Tatentwicklung. Wer mit Angriffsvorsatz und der für § 316 a erforderlichen räuberischen Absicht in dem Kfz Platz nimmt, dessen Fahrer oder Mitfahrer überfallen werden soll, setzt entgegen der noch zum früheren Unternehmenstatbestand ergangenen Rspr (BGH NJW 71 765, VRS 77 224, BGHSt 33 378 = NJW 86 1623, DAR 88 217, ähnlich BGHSt 6 82 = NJW 54 1168) idR noch nicht „*unmittelbar*" zur Verwirklichung des Angriffs „*an*" (§ 22), *Sch/Sch (Cramer/Sternberg-Lieben)* Rz 9, *Sander/Hohmann* NStZ 98 278, *Geppert* NStZ 86 553, Jura 95 313, *Günther* JZ 87 23, *Roßmüller/Rohrer* NZV 95 260. Versuch, wenn der Täter das Hindernis auf der Fahrbahn bereitet, das Drahtseil zu spannen beginnt, auch wenn kein Kfz kommt, BGH GA 65 150, aM *Roßmüller/Rohrer* NZV 95 259. Das Heranschaffen des Materials zum Tatort ist auch dann nur Vorbereitung, wenn das Hindernis alsbald gebaut werden soll. Hinsichtlich des **Rücktritts** gilt nunmehr, nach der Neufassung durch das 6. StrRG, § 24 StGB, s Rz 12. Bei Rücktritt vom Versuch des Raubes, des räuberischen Diebstahls usw nach bereits vollendetem Angriff scheidet daher Strafbefreiung gem. § 24 StGB aus; jedoch kommt die Annahme eines minderschweren Falles gem. Abs. II in Betracht, s *Tröndle/Fischer* Rz 17.

9 **7. Teilnahme.** Wer die Tat dadurch fördert, daß er die Fahrt fortsetzt, obwohl er den in seinem Fz stattfindenden Angriff eines Mitfahrers auf einen anderen Mitfahrer bemerkt, macht sich der Beihilfe schuldig, BGH DAR 81 226.

10 **8. Die Strafdrohung** kennzeichnet die Schwere des Verbrechens. Die Mindeststrafe ist mit GG und MRK vereinbar, BGH NJW 71, 2034. Vorstrafen nötigen nicht stets zur Überschreitung der Mindeststrafe; sie zeigen aber an, daß der Täter frühere Verurteilungen unbeachtet gelassen hat und können auch berücksichtigt werden, wenn sie nicht einschlägig sind, BGH VRS 41 349 (einschränkend *Maurach* JZ 72 130). Ein **minder schwerer Fall** (Abs II) liegt nicht schon darin, daß einzelne Umstände für den Täter sprechen, oder darin, daß der räuberische Angriff „nur" gegen die Entschlußfreiheit des Opfers richtet, LK (*Sowada*) Rz 52; er setzt voraus, daß alle äußeren und inneren Tatumstände das Tatgewicht so vermindern, daß der regelmäßige Strafrahmen zu hart erschiene, BGH VRS 45 363. Wenigstens **leichtfertig verursachter Tod** eines Menschen führt zu erhöhter Strafe (Abs III). Leichtfertigkeit kennzeichnet einen besonders hohen Grad von Fahrlässigkeit (etwa iS grober Fahrlässigkeit im Zivilrecht, jedoch nach dem im Strafrecht geltenden subjektiven Maßstab, s **E** 138), s *Tröndle/Fischer* § 15 Rz 20. **Einziehung des Fzs** gem § 74 StGB ist möglich, wenn der Täter sein eigenes Fz zur Begehung verwendet, BGH NJW 55 1327.

11 **9. Zusammentreffen.** TE zwischen § 316 a und vollendetem Raub oder vollendeter räuberischer Erpressung, BGHSt 25 373 = NJW 74 2098, NStZ 99 350. Versuchter Raub und versuchte räuberische Erpressung treten zurück, BGH NJW 74 2098, *Sch/Sch (Cramer/Sternberg-Lieben)* Rz 15, zw im Hinblick auf die Neufassung durch das 6. StrRG, s *Tröndle/Fischer* Rz 18. Tateinheitliches Zusammentreffen mit Tötung, Tötungsversuch oder gefährlicher Körperverletzung wird häufig sein. TE mit (versuchter) Vergewaltigung (§ 177 StGB) liegt vor, wenn nach der Vorstellung des Täters dieselbe Nötigungshandlung sowohl der Beischlaferzwingung als auch den räuberischen Zielen dienen soll, BGH VRS 60 102. Auch TE mit § 315 b kommt in Betracht, s BGHSt 39 249 = NJW 93 2629.

12 **10. Rücktritt.** Die frühere Rücktrittsvorschrift (Abs II alt) erübrigt sich nach der Neufassung durch das 6. StrRG. Hier gilt nunmehr § 24 StGB. Vollendung iS von § 24 (Verhinderung der Vollendung beim vollendeten Versuch) ist der Angriff auf Leib,

Leben oder Entschlußfreiheit des Führers eines Kfz oder eines Mitfahrers, nicht erst der Raub usw, so daß § 24 nach Verübung des Angriffs (Vollendung), aber vor Vollendung der räuberischen Tat, ausscheidet, LK (*Sowada*) Rz 48 f, *Tröndle/Fischer* Rz 17, abw *Ingelfinger* JR **00** 231.

Lit: *Geppert,* Räuberischer Angriff auf Kf, Jura **95** 310. *Günther,* Der „Versuch" des räuberischen Angriffs auf Kf, JZ **87** 16. *Derselbe,* Der räuberische Angriff auf „Fußgänger" – ein Fall des § 316 a StGB?, JZ **87** 369. *Hentschel,* Autostraßenraub, KVR. *Ingelfinger,* Zur tatbestandlichen Reichweite der Neuregelung des räuberischen Angriffs auf Kf ..., JR **00** 225. *Krüger,* „Neues" vom räuberischen Angriff auf Kf, NZV **04** 161. *Roßmüller/Rohrer,* Der räuberische Angriff auf Kf, NZV **95** 253. *Roth-Stielow,* Die gesetzwidrige Ausweitung des § 316 a StGB, NJW **69** 303.

5. Strafprozeßordnung (StPO)

In der Fassung der Bekanntmachung vom 7. April 1987 (BGBl. I 1074, 1319), zuletzt geändert durch G v. 10. 9. 2004 (BGBl. I S. 2318)

(Auszug)

Vorbemerkung: Vollständige Kommentierung aller das Straßenverkehrsrecht berührenden Vorschriften der StPO überschritte den Arbeitsbereich des Werks. Insoweit muß auf die Spezialliteratur verwiesen werden.

[Körperliche Untersuchung des Beschuldigten]

81a (1) ¹Eine körperliche Untersuchung des Beschuldigten darf zur Feststellung von Tatsachen angeordnet werden, die für das Verfahren von Bedeutung sind. ²Zu diesem Zweck sind Entnahmen von Blutproben und andere körperliche Eingriffe, die von einem Arzt nach den Regeln der ärztlichen Kunst zu Untersuchungszwecken vorgenommen werden, ohne Einwilligung des Beschuldigten zulässig, wenn kein Nachteil für seine Gesundheit zu befürchten ist.

(2) Die Anordnung steht dem Richter, bei Gefährdung des Untersuchungserfolges durch Verzögerung auch der Staatsanwaltschaft und ihren Ermittlungspersonen (§ 152 des Gerichtsverfassungsgesetzes) zu.

(3) Dem Beschuldigten entnommene Blutproben oder sonstige Körperzellen dürfen nur für Zwecke des der Entnahme zugrundeliegenden oder eines anderen anhängigen Strafverfahrens verwendet werden; sie sind unverzüglich zu vernichten, sobald sie hierfür nicht mehr erforderlich sind.

1. Körperliche Untersuchung des Beschuldigten. Die Vorschrift dient der Untersuchung und späteren Begutachtung der körperlichen Beschaffenheit und des Verhaltens des Beschuldigten in seelisch-körperlicher Beziehung, also etwaigen Blutalkoholgehalts, seines Verhaltens nach Verdacht auf Alkoholisierung, nach einem funktionsbeeinträchtigenden Anfall, nach Einnahme von Medikamenten, stets bezogen auf einen bestimmten Schuldvorwurf. Gesetzliche formelle Zulässigkeit der Untersuchung und bloße Zweckmäßigkeit genügen nicht. Der Verfassungsgrundsatz der Verhältnismäßigkeit (**E** 2) begrenzt die Zulässigkeit der Untersuchung. Voraussetzung sind Unerläßlichkeit, angemessenes Verhältnis zur Schwere und Bedeutung des Tatvorwurfs und individuell hinreichende Verdachtsstärke, BVerfGE **17** 117. Unter diesen Voraussetzungen steht Art 2 II GG nicht entgegen, zB nicht Entnahme einer Blutprobe durch den Arzt, BVerfGE **16** 200, Schl VRS **30** 344, Br NJW **66** 743, Ol VRS **31** 179, auch nicht bei einem Bundestagsabgeordneten bei frischem Tatverdacht, Br NJW **66** 743. Verfassungsrechtliche Bedenken im Hinblick auf Atemalkohol-Testgeräte (*Arbab-Zadeh* NJW **84** 2615) sind wegen der nicht gegebenen Konvertierbarkeit von AAK-Werten in BAK-Werte (s § 316 StGB Rz 52 a) nicht gerechtfertigt, s auch *Grüner/Penners* NJW **85** 1377, s *Grüner*, Atemalkoholprobe, S 39 ff, 87, 100. Bei OW ist Blutprobe zulässig (§ 46 IV OWiG). 1

Lit: *Blank*, Verpflichtung des Arztes zur Blutentnahme nach § 81a StPO?, BA **92** 81. *Dahs/Wimmer*, Unzulässige Untersuchungsmethoden bei Alkoholverdacht, NJW **60** 2217. *Franz*, Blutentnahme und Freiheitsentziehung, NJW **66** 1850. *Geerds*, Über strafprozessuale Maßnahmen, insbesondere Entnahme von Blutproben bei Verdacht der Trunkenheit am Steuer, GA **65** 321. *Geppert*, Die Stellung des medizinischen Sachverständigen im VStrafprozeß, DAR **80** 315. *Gerchow*, Unzumutbarkeit der Blutentnahme, BA **76** 392. *Händel*, Unzumutbarkeit der Blutprobenentnahme, BA **76** 389. *Derselbe*, Verweigerung von Blutentnahmen durch Ärzte, BA **77** 193. *Jessnitzer*, Zur zivilrechtlichen Haftung bei fehlerhaften Maßnahmen nach §§ 81 a, 81 c StPO ..., BA **83** 301. *Kaiser*, Zwangsmaßnahmen der Pol gem § 81 a StPO, NJW **64** 580. *Kleinknecht*, Die Anwendung unmittelbaren Zwangs bei der Blutentnahme ..., NJW **64** 2181. *Kohlhaas*, Zur zwangsweisen Blutentnahme durch Ärzte und Nichtärzte ..., DAR **73** 10. *Liebhardt ua*, Blutentnahme mit Gewalt, BA **71**

5 StPO § 81a — Auszug aus der StPO

266. *Maase,* Die Verletzung der Belehrungspflicht nach §§ 163a Abs 4, 136 Abs 1 StPO gelegentlich der Blutentnahme ..., DAR **66** 44. *Messmer,* Besteht eine Belehrungspflicht des Arztes bei Befragungen und Testungen gelegentlich der Blutentnahme?, DAR **66** 153. *Nau,* Beschlagnahme des FS und Blutentnahme bei Abgeordneten, NJW **58** 1668. *Naucke,* Festnahmerecht aus § 81a StPO?, SchlHA **63** 183. *Eb. Schmidt,* Ärztliche Mitwirkung bei Untersuchungen und Eingriffen nach StPO §§ 81a und 81c, MDR **70** 461. *Derselbe,* Zur Lehre von den strafprozessualen Zwangsmaßnahmen, NJW **62** 664. *Schöneborn,* Verwertungsverbot bei nichtärztlicher Blutentnahme?, MDR **71** 713. *Waldschmidt,* Zwangsweise Verbringung eines Beschuldigten zur Blutentnahme, NJW **79** 1920.

2   **2. Beschuldigter** ist nicht der nur oder sogar nur geringfügig Verdächtige. Erst das eingeleitete Ermittlungsverfahren macht in dazu. Der Verdacht muß gewichtige Gründe für sich haben, die es rechtfertigen, einen Schuldvorwurf mit Erfolgsaussicht zu erheben. Ob der Begriff eng oder weiter zu fassen ist, kann nicht von dem Gewicht des Eingriffs oder der Untersuchung abhängen. Nur in diesem Sinn Beschuldigte dürfen gegen ihren Willen auf Anordnung untersucht werden.

3   **3. Belehrung.** Die richterliche oder polizeiliche Belehrung (§§ 136, 163a StPO) hat sich bei angeordneter Blutentnahme vorher darauf zu erstrecken, daß der Beschuldigte dem Arzt nicht freiwillig Angaben zu machen brauche, *Arzt* JZ **69** 438, *Geppert* DAR **80** 319, aM BGH JZ **69** 437. Sonst würde bei der Eigenart der ärztlichen körperlichen Untersuchung die gesetzliche Belehrungspflicht umgangen. Der Arzt ist nicht Verfolgungsorgan und muß nicht belehren, Ha NJW **67** 1524, BA **80** 171, *Messmer* DAR **66** 153, *Geppert* DAR **80** 319, aM *Maase* DAR **66** 44. Ordnet der StA bei Gefährdung durch Verzögerung die Blutentnahme an, so muß auch er belehren. Auch über die Freiwilligkeit der Mitwirkung an den im Rahmen der Blutentnahme üblichen Tests (Rz 4) braucht der Arzt nicht zu belehren, Ha BA **80** 171, NJW **67** 1524. Der Beschuldigte sollte aber dennoch auf die Freiwilligkeit hingewiesen werden. Die Ergebnisse solcher Tests sind jedenfalls trotz unterbliebener ärztlicher Belehrung prozessual verwertbar, Ha NJW **67** 1524, *Meyer-Goßner* Rz 32, *Janiszewski* 380a.

4   **4. Körperliche Untersuchung. Eingriff.** Gemeint ist Körperbeobachtung hinsichtlich bestimmter, in der Anordnung (Rz 5) zu bezeichnenden Tatsachen, Prüfung seiner Funktion und seines Zustands. Bloße beobachtende Untersuchung erfordert keinen Arzt, aber jede Rücksicht auf Menschenwürde (Art 1 GG), vor allem bei der Art der Untersuchung. Körperliche Eingriffe sind ausschließlich Sache eines approbierten Arztes und auch durch diesen nur zulässig, wenn sie individuell, nicht nur allgemein, keinen gesundheitlichen Nachteil befürchten lassen. Das Maßgebot (Rz 1) ist zu beachten, Kö NStZ **86** 234, auch schon bei Auswahl des Arztes, Bay NJW **64** 459. Gegen Ärzte, welche die Blutentnahme im Einzelfall verweigern, gibt es keinen polizeilichen Zwang; näher *Händel* BA **77** 193. Blutproben dürfen nur unter unmittelbarer ärztlicher Aufsicht und Verantwortung des Beschuldigten nur unter unmittelbarer ärztlicher Aufsicht und Verantwortung entnommen werden, Kö VRS **30** 62, Bay NJW **65** 1088, MDR **65** 315 (Rz 6). Erforderlich ist entweder die Approbation oder die Erlaubnis zur vorübergehenden Ausübung des ärztlichen Berufes (§ 10 BÄO). Nichtärzte dürfen grundsätzlich ohne Einwilligung des Beschuldigten körperliche Eingriffe nicht vornehmen; jedoch dürfen ausgebildete Mediziner ohne Approbation und ohne Erlaubnis iS von § 10 BÄO eine Blutprobe ohne Einwilligung des Beschuldigten entnehmen, wenn sie dabei unter Aufsicht eines hauptamtlich tätigen Arztes stehen, BGH NJW **71** 1097, Bay NJW **65** 1088, **66** 415, Ha NJW **70** 1986, Kö NJW **66** 416. Zur Spritzenphobie bei Blutentnahme, Ko NJW **76** 379, *Händel* BA **76** 389, *Gerchow* BA **76** 392. Trinkversuche gegen den Willen des Probanden sind unzulässig; sie haben im übrigen allgemein nur geringen Erkenntniswert. Bei Befragungen und Tests, die zur Untersuchung oder zum Eingriff gehören, braucht der Beschuldigte ohne Rechtsnachteil nicht mitzuwirken, denn er hat die Untersuchung nur zu dulden. Untersuchung des Drehnachystagmus setzt freiwillige Mitwirkung voraus, näheres *Klinkhammer/Stürmann* DAR **68** 43. Ein Alkoholtest mittels Prüfröhrchens oder Atemalkohol-Testgerät darf nicht erzwungen werden, BGH VRS **39** 184, Schl VRS **30** 344, Bay NJW **63** 772, *Geppert, Spendel*-F 659. Seine vorherige Durchführung im Einverständnis oder auch auf Verlangen des Beschuldigten ist nicht stets Voraussetzung für die Rechtmäßigkeit der Blutentnahme, Kö NStZ **86** 234.

Körperliche Untersuchung des Beschuldigten § 81a StPO 5

5. Anordnung ist bei fehlender Einwilligung erforderlich, Schl NJW **64** 2215. Bezweckt sie einen Eingriff, hat sie sich an einen approbierten Arzt zu richten, s Rz 4. Die angeordnete Maßnahme ist genau zu bezeichnen, Bay NJW **64** 459. Zuständig ist während der Ermittlungen der örtlich zuständige Amtsrichter, bei Gefährdung des Untersuchungszwecks durch Verzögerung (Alkoholabbau) auch der StA oder eine Ermittlungsperson der StA (§ 152 GVG), Hb MDR **65** 152, Kö NJW **66** 417, Br NJW **66** 743, niemals ein anderer PolB, Dü NJW **91** 580. Gerichtliche Anordnungen gemäß § 81a, die nicht in ein Grundrecht des Beschuldigten eingreifen, sind nicht beschwerdefähig, Ha MDR **75** 1040 (Blutprobe). Der Beschuldigte muß die mit der zwangsweisen Durchführung notwendig verbundene **Freiheitsbeschränkung** in der Form einer Festnahme dulden, Ko VRS **54** 357, Fra MDR **79** 694, Bay DAR **84** 155. UU kann es auch zulässig sein, den Beschuldigten zunächst zur PolWache zu bringen, Kö NJW **66** 419, VRS **71** 183, Br NJW **66** 743, Hb VRS **28** 196 (str). Gegen Festnahmerecht zwecks Blutentnahme zB *Naucke* SchlHA **63** 183, *Geerds* SchlHA **64** 57, s auch *Peters* BA **63/64** 241. Bei Verdacht nach § 316 StGB und Gefahr im Verzug (§ 105 StPO) dürfen Ermittlungspersonen der StA die Wohnung des Verdächtigen betreten, um ihn ggf zwangsweise zur Blutprobe mitzunehmen, Kö VRS **48** 24, Stu Justiz **71** 29, Dü VRS **41** 429.

6. Gesetzwidrige Blutentnahme. Nur mit Einwilligung des Betroffenen ist Blutentnahme durch Nichtärzte (Krankenschwester, medizinisch-technische Assistentin, ausgebildeter, noch nicht approbierter Arzt) zulässig, Bay NJW **65** 1088, *Kohlhaas* DAR **56** 203, **68** 73, **73** 10, JR **66** 187, und darf dann auch als Beweismittel verwendet werden. Nach aM soll allerdings eine solche Blutprobe nicht die notwendige Qualität besitzen, *Eb. Schmidt* MDR **70** 465. Str, ob eine unter Verstoß gegen § 81a I 2 StPO gegen den Willen des Beschuldigten von einem Nichtarzt entnommene Blutprobe als Beweismittel verwertbar ist.

Nach hM darf der aus einer solchen Blutprobe gewonnene Untersuchungsbefund grundsätzlich verwertet werden, BGH NJW **71** 1097, Bay NJW **66** 415, Ha DAR **69** 276, Ce NJW **69** 567, Stu NJW **60** 2257, Kö NJW **66** 416, Ol NJW **55** 683, Dü VRS **39** 211, Zw VRS **86** 64, *Meyer-Goßner* 32, *Rogall* NStZ **88** 392. Entscheidend ist Interessenabwägung zwischen Einzelperson und Strafrechtspflege, Kö NJW **66** 416, Ce NJW **69** 567. Insbesondere dann, wenn das staatliche Interesse an der Strafverfolgung gegenüber schutzwürdigen Interessen des Beschuldigten zurücktreten muß, besteht ein Verwertungsverbot; dies ist nach der Rspr in Fällen besonders krasser Verletzung der Rechte des Beschuldigten der Fall, Dü VRS **39** 211, Ha NJW **70** 528, 1986, s *Rogall* NStZ **88** 392, etwa bei Anwendung von nach § 136a StPO unzulässigen Mitteln, Bay NJW **66** 415, Ce NJW **69** 567, Ha NJW **65** 1089, zB von Täuschung des Beschuldigten über die Arzteigenschaft des Blut-Entnehmenden, *Händel* BA **72** 237, *Jessnitzer* MDR **70** 798, s BGH NJW **71** 1097. Gegen analoge Anwendung des § 136a III auf alle Fälle von gesetzwidrig erlangten Blutproben spricht die unterschiedliche Zweckrichtung von § 81a I 2 und § 136a, vor allem, daß der Beweiswert einer unter Verstoß gegen § 81a erlangten Blutprobe im Gegensatz zu mit verbotenen Mitteln erlangter Aussage nicht beeinträchtigt wird, BGH NJW **71** 1097, Dü VRS **39** 211, Ol NJW **55** 683, *Schöneborn* MDR **71** 715. Nach der Rspr ist die unter Anwendung von Gewalt durch einen Nichtarzt entnommene Blutprobe verwertbar, wenn die Zwang ausübenden PolB diesen für einen Arzt hielten, BGH NJW **71** 1097, Dü VR **39** 211, Ha NJW **65** 1089, s auch *Meyer-Goßner* 32 f., *Jessnitzer* MDR **70** 797, *Händel* BA **72** 237, aM Ha NJW **65** 2019, DAR **64** 221, *Kohlhaas* DAR **56** 204 (stets unverwertbar). Kenntnis der fehlenden Arzteigenschaft durch den Gewalt androhenden PolB führt schon bei **Androhung** von Gewalt zur Unverwertbarkeit, Bay BA **71** 67.

Gegen die genannte Rspr wird eingewandt, Blutentnahme durch einen Nichtarzt gegen den Willen des Betroffenen sei verfassungswidrig, dem Interesse des Beschuldigten gebühre daher Vorrang, ohne Verwertungsverbot sei § 81a ein Torso, *Schellhammer* NJW **72** 319; der Unrechtsgehalt einer unzulässigen Blutentnahme sei nicht geringer als der eines Verstoßes gegen § 136a StPO, *Wedemeyer* NJW **71** 1902. Zur Frage der Verwertbarkeit des ohne Belehrung gewonnenen ärztlichen Befundes s. *Geppert* DAR **80** 319. Zur Verwertbarkeit einer nach irrtümlicher rechtswidriger Festnahme im Ausland

5

6

7

8

erfolgten Blutprobe, Kö VRS **60** 201. Auch die aus einer **zu Behandlungszwecken** erfolgten Blutentnahme ermittelte BAK unterliegt keinem Beweisverwertungsverbot, Fra NStZ-RR **99** 246, Zw VRS **86** 64, Ce NZV **89** 485 (abl *Mayer* JZ **89** 908). Zur zivilrechtlichen Haftung bei Schäden infolge fehlerhafter Zwangs-Blutentnahme, s. *Jessnitzer* BA **83** 301.

[Kontrollstellen]

111 (1) ¹Begründen bestimmte Tatsachen den Verdacht, daß eine Straftat nach § 129a, auch in Verbindung mit § 129b Abs. 1, des Strafgesetzbuches, eine der in dieser Vorschrift bezeichneten Straftaten oder eine Straftat nach § 250 Abs. 1 Nr. 1 des Strafgesetzbuches begangen worden ist, so können auf öffentlichen Straßen und Plätzen und an anderen öffentlich zugänglichen Orten Kontrollstellen eingerichtet werden, wenn Tatsachen die Annahme rechtfertigen, daß diese Maßnahme zur Ergreifung des Täters oder zur Sicherstellung von Beweismitteln führen kann, die der Aufklärung der Straftat dienen können. ²An einer Kontrollstelle ist jedermann verpflichtet, seine Identität feststellen und sich sowie mitgeführte Sachen durchsuchen zu lassen.

(2) Die Anordnung, eine Kontrollstelle einzurichten, trifft der Richter; die Staatsanwaltschaft und ihre Ermittlungspersonen (§ 152 des Gerichtsverfassungsgesetzes) sind hierzu befugt, wenn Gefahr im Verzug ist.

(3) Für die Durchsuchung und die Feststellung der Identität nach Absatz 1 gelten § 106 Abs. 2 Satz 1, § 107 Satz 2 erster Halbsatz, die §§ 108, 109, 110 Abs. 1 und 2 sowie die §§ 163b und 163c entsprechend.

1 **1. Kontrollstellen** im allgemeinen Sinn dienen unterschiedlichen gesetzlichen Zwecken, zB vorbeugender Verbrechensbekämpfung, der Grenzkontrolle, der Kontrolle nach §§ 46 OWiG, 55 GüKG, der polizeilichen Gefahrenabwehr (Razzia, Prüfung auf Alkoholfahruntüchtigkeit oder der nach den Verkehrsvorschriften mitzuführenden Papiere und des Zustandes, der Ausrüstung und Beladung der Kfze, § 36 StVO), endlich der strafprozessualen Fahndung nach den §§ 102, 103, 127 (Durchsuchung, vorläufige Festnahme) und § 163b StPO (Identitätsfeststellung bei individuellem Straftatverdacht). Jede derartige Kontrolle ist befugnismäßig durch die sie gewährende Norm begrenzt, aber auch neben derjenigen nach § 111 statthaft (*Riegel,* Krim **79** 127). Mehrere von ihnen können örtlich zusammentreffen. Zum Problem *Riegel* NJW **79** 147, *Kuhlmann* DRiZ **78** 238, *Vogel* NJW **78** 1227, *Kurth* NJW **79** 1381, *Steinke* NJW **78** 1962, *Riegel,* Polizeiliche Personenkontrolle, Stuttgart 1979, *Plonka* PVT **82** 145.

2 **2. Die Kontrollstellen nach § 111 StPO** bezwecken Bekämpfung terroristischer Gewalttäter durch umfassende öffentliche Fahndung. Sie sind rein strafprozessualer Art, knüpfen an begangene Taten/Tatversuche an und stützen sich auf die Sonderbefugnisse gem § 111 (*Riegel* Krim **79** 127). § 111 setzt keinen Tatverdacht (§§ 102, 103, 127, 163b StPO) gegen die erfaßten Personen einschließlich ihrer mitgeführten Fze und Sachen voraus, erlaubt aber die Personen- und Sachenkontrolle, sofern bestimmte Tatsachen (Rz 3) den Verdacht begründen, daß, nicht notwendig in zeitlicher oder örtlicher Nähe, bestimmte Straftaten begangen oder versucht worden sind, häufig, jedoch nicht notwendigerweise, solche terroristischer Natur. Die **Katalogtaten** sind ausschließlich: Straftaten nach § 129a StGB (Gründung einer terroristischen Vereinigung), die in § 129a StGB bezeichneten Straftaten (Völkermord, Mord, Totschlag, Straftaten gegen die persönliche Freiheit in den Fällen der §§ 239a, b StGB, nach § 305a StGB, gemeingefährliche Straftaten in den Fällen der §§ 306–306c oder 307 I bis III, 308 I bis IV, 309 I bis V, 313, 314, 315 III, 315b III, 316a I, 316c StGB) oder Raub mit Schußwaffen (§ 250 I Nr 1 StGB).

3 **3. Bestimmte Tatsachen,** ermittelte oder offenkundige, müssen bei vertretbarer kriminaltaktischer Beurteilung zumindest den Verdacht der versuchten Begehung einer der Katalogtaten (Rz 2) gegen unbekannte oder bekannte Personen rechtfertigen und außerdem die Annahme, die Errichtung der jeweiligen Kontrollstelle könne der weite-

Vorläufige Entziehung der Fahrerlaubnis § 111a StPO 5

ren Aufklärung oder der Ergreifung Tatverdächtiger (Fluchthinderung) und/oder der Sicherstellung aufklärungsgeeigneter Beweismittel dienen. Insoweit geht § 111 über § 103 StPO hinaus.

4. Jede Kontrollstelle ist vom Anordnungsberechtigten (II) örtlich und der Art nach in Umrissen bei einiger Beweglichkeit (*Meyer-Goßner* 16) festzulegen, aber auch verlegbar, jedoch nur an öffentlich zugänglichen Orten, auch wenn sie nur als Gast oder mit Fahrausweis betreten werden dürfen (Straßen, Plätze, Wege, Bahnhöfe und Züge, Flugzeuge und Flughäfen, Postämter, Banken, Lokale). Nicht mehr durch § 111 gedeckt ist eine auf mehrere Wochen erteilte Ermächtigung, an jedem beliebigen öffentlich zugänglichen Ort in Deutschland nach Pol-Ermessen jederzeit Kontrollstellen einzurichten, BGHSt **35** 363 = NStZ **89** 81 (zust *Achenbach*).

5. Kontrolle. Solange nach Überzeugung des Anordnenden (II) die Kontrollmaßnahmen Erfolgsaussicht haben und zulässigerweise angeordnet sind, muß sich an der Kontrollstelle jeder Passant jederzeit, auch nachts, auf Verlangen ausweisen, sich und mitgeführte Sachen einschließlich von Fzen auch gegen seinen Willen (I 2) durchsuchen lassen, ohne daß die Voraussetzungen für vorläufige Festnahme (§ 127) oder der Identitätsfeststellung (§§ 163 b, c) gegen ihn bestehen (III). Er hat keine Mitwirkungspflicht. Auch zur Feststellung der Identität notwendige erkennungsdienstliche Behandlung gegen seinen Willen ist nach § 111 idR zulässig (III mit § 163 b I 3), *Meyer-Goßner* 11. Die Ermächtigung zur Durchsuchung ist durch Verhältnismäßigkeit und konkretes Fahndungsziel begrenzt, BGHSt **35** 363 = NStZ **89** 81.

6. Beweismittel sind alle nach § 94 StPO beschlagnahmefähigen Gegenstände (*Meyer-Goßner* 12). Über sichergestellte Gegenstände ist dem Berechtigten auf Verlangen eine Bescheinigung zu erteilen, ist dieser nicht feststellbar, dem KfzHalter, sonst dem Fahrer (III mit § 107 S 2).

7. Rechtsbehelf. Die richterliche Anordnung als solche ist nicht anfechtbar, jedoch hat der für die Anordnung zuständige Richter auf Antrag des von einer Kontrolle Betroffenen entsprechend § 98 II 2 StPO über die Rechtmäßigkeit der Kontrollmaßnahme zu entscheiden (erst dagegen uU Beschwerde), BGHSt **35** 363 = NStZ **89** 81 (zust *Achenbach*). Solange die Ermächtigung zur Kontrollstelleneinrichtung und die Möglichkeit erneuter Durchsuchung fortbesteht, entfällt auch nicht das rechtlich geschützte Interesse des Durchsuchten an einer richterlichen Überprüfung, BGH NJW **89** 1170. Dagegen ist der Antrag als unzulässig mangels Rechtsschutzbedürfnisses abzulehnen, wenn die Durchsuchung endgültig abgeschlossen ist und die Kontrollstellenanordnung nicht mehr besteht, es sei denn, es bestünde gleichwohl noch ein nachwirkendes Bedürfnis für eine Überprüfung der Vollzugsmaßnahme (zB wegen diskriminierender Auswirkungen), BGHSt **36** 30 = VRS **76** 442, BGHSt **36** 242 = NJW **90** 333. Die bloße Tatsache, daß in die Freiheit des Betroffenen eingegriffen wurde, reicht nicht aus, BGHSt **36** 242 = NJW **90** 333.

[Vorläufige Entziehung der Fahrerlaubnis]

111a (1) ¹Sind dringende Gründe für die Annahme vorhanden, daß die Fahrerlaubnis entzogen werden wird (§ 69 des Strafgesetzbuches), so kann der Richter dem Beschuldigten durch Beschluß die Fahrerlaubnis vorläufig entziehen. ²Von der vorläufigen Entziehung können bestimmte Arten von Kraftfahrzeugen ausgenommen werden, wenn besondere Umstände die Annahme rechtfertigen, daß der Zweck der Maßnahme dadurch nicht gefährdet wird.

(2) Die vorläufige Entziehung der Fahrerlaubnis ist aufzuheben, wenn ihr Grund weggefallen ist oder wenn das Gericht im Urteil die Fahrerlaubnis nicht entzieht.

(3) ¹Die vorläufige Entziehung der Fahrerlaubnis wirkt zugleich als Anordnung oder Bestätigung der Beschlagnahme des von einer deutschen Behörde ausgestellten Führerscheins. ²Dies gilt auch, wenn der Führerschein von einer Behörde eines Mitgliedstaates der Europäischen Union oder eines anderen Vertragsstaates des Abkommens über den Europäischen Wirtschaftsraum ausgestellt worden ist, sofern der Inhaber seinen ordentlichen Wohnsitz im Inland hat.

(4) Ist ein Führerschein beschlagnahmt, weil er nach § 69 Abs. 3 Satz 2 des Strafgesetzbuches eingezogen werden kann, und bedarf es einer richterlichen Entscheidung über die Beschlagnahme, so tritt an deren Stelle die Entscheidung über die vorläufige Entziehung der Fahrerlaubnis.

(5) ¹Ein Führerschein, der in Verwahrung genommen, sichergestellt oder beschlagnahmt ist, weil er nach § 69 Abs. 3 Satz 2 des Strafgesetzbuches eingezogen werden kann, ist dem Beschuldigten zurückzugeben, wenn der Richter die vorläufige Entziehung der Fahrerlaubnis wegen Fehlens der in Absatz 1 bezeichneten Voraussetzungen ablehnt, wenn er sie aufhebt oder wenn das Gericht im Urteil die Fahrerlaubnis nicht entzieht. ²Wird jedoch im Urteil ein Fahrverbot nach § 44 des Strafgesetzbuches verhängt, so kann die Rückgabe des Führerscheins aufgeschoben werden, wenn der Beschuldigte nicht widerspricht.

(6) ¹In anderen als in Absatz 3 Satz 2 genannten ausländischen Führerscheinen ist die vorläufige Entziehung der Fahrerlaubnis zu vermerken. ²Bis zur Eintragung dieses Vermerkes kann der Führerschein beschlagnahmt werden (§ 94 Abs. 3, § 98).

Übersicht

Anfechtbarkeit 7
Anhörung 7
Anordnung der Entziehung der Fahrerlaubnis 6, 7
–, Aufhebung 9, 10
Ausländischer Führerschein 2, 13, 15
Berufungsgericht, vorläufige EdF durch – 6, 7
Beschlagnahme des Führerscheins 2, 13 ff
Dringende Gründe 3–5
Entschädigung bei rechtswidriger EdF 11, 12
Entziehung der Fahrerlaubnis, vorläufige
–, Voraussetzungen 3–5
–, Entscheidung 7, 8
–, Aufhebung 9, 10
–, Zuständigkeit 6

Fahrerlaubnis
–, vorläufige Entziehung, Voraussetzungen 3, 4
Form der Entscheidung 7
Freiwillige FS-Herausgabe 2, 5
Führerschein, Beschlagnahme 13–15
Maßnahmen nach § 94 StPO 2, 13, 14
Mitteilung zum Verkehrszentralregister 16
Rechtliches Gehör 7
Revision, Aufhebung der EdF 9
Teilentziehung 8
Verhältnismäßigkeit 1
Vorläufige Entziehung der Fahrerlaubnis
–, Voraussetzungen 3–5
Verkehrszentralregister, Mitteilung an 16
Zuständigkeit 6

1 1. Vorläufige Entziehung der Fahrerlaubnis. Begr: 21. Aufl. Begr zur Änderung durch G v 24. 4. 1998: BRDrucks 821/96 S 97. Verfassungsrechtliche Bedenken sind unbegründet, BVerfG NStZ **82** 78, DAR **98** 466, **00** 565, LG Heidelberg NJW **69** 1636, *Löwe/Rosenberg (Schäfer)* 3, s dagegen *Seebode* ZRP **69** 25, zw auch *Loos* JR **90** 438. Der Grundsatz der **Verhältnismäßigkeit**, BVerfG DAR **00** 565, zwingt zu besonderer Verfahrensbeschleunigung nach vorläufiger EdF, führt aber nur bei erheblicher Verzögerung und grober Pflichtverletzung zur Unzulässigkeit des Aufrechterhaltens der Maßnahme, Kö NZV **91** 243.

Lit: *Dahs*, Unzulässige Einbehaltung des FS durch die Pol, NJW **68** 632. *Cierniak*, Beschwerde gegen die vorläufige EdF und Revision, NZV **99** 324, *Engel*, Vorläufige Maßnahmen gegen Täter von VDelikten, die nicht im Besitz einer gültigen FE sind, DAR **84** 108. *Fritz*, Entzug des FS durch die Pol, MDR **67** 723. *Hentschel*, Trunkenheit, Fahrerlaubnisentziehung, Fahrverbot, 9. Aufl. 2003. *Derselbe*, Die vorläufige EdF, DAR **80** 168. *Derselbe*, Beschwerde gegen die vorläufige EdF …, DAR **75** 265. *Derselbe*, Fortbestand der vorläufigen FEEntziehung trotz „Ablaufs" der FSSperre in der Revisionsinstanz?, MDR **78** 185. *Derselbe*, Vorläufige EdF – eine Übersicht …, DAR **88**, 89. *Derselbe*, Fahrerlaubnisentziehung und Sperrfrist in der Rechtsmittelinstanz, DAR **88**, 330. *Holly* Zur Frage der Beschlagnahme eines FS durch die Pol und StA, MDR **72** 747. *Kaiser*, Ablauf der Sperrfrist nach § 42 n Abs 5 Satz 2 StGB vor Rechtskraft des Urteils …, NJW **73** 493. *Koch*, Die Anhörung des Beschuldigten im Rahmen des § 111 a …, DAR **68** 178. *Lienen*, Fragen der Praxis zur Anwendung des § 111 a StPO, DAR **58** 261. *Michel*, Vorläufige EdF trotz Sicherstellung des FS?, DAR **97** 393. *Mollenkott*, Relative Fahruntüchtigkeit, vorläufige EdF und der Grundsatz „in dubio pro reo", DAR **78** 68. *Schmid*, Zur Kollision der sog „111a-Beschwerde" mit Berufung und Revision, BA **96** 357. *Vogel*, Vorläufige EdF nach freiwilliger Herausgabe des FS?, NJW **54** 1921.

Vorläufige Entziehung der Fahrerlaubnis § 111a StPO **5**

2. Verhältnis zwischen vorläufiger Entziehung der Fahrerlaubnis und Maß- **2**
nahmen nach § 94 StPO. § 111a stellt vorläufige EdF und amtliche Verwahrung des
Führerscheins in der Wirkung gleich. Die Möglichkeit der Sicherstellung des FS oder
der vorläufigen EdF durch richterlichen Beschluß stehen nebeneinander (s Begr zum
2. VerkSichG, BTDrucks IV/651 S 30). Wird gegen die Sicherstellung kein Wider-
spruch erhoben, so bedarf es nicht der richterlichen Bestätigung durch Beschluß nach
§ 111a, s Rz 5, *Hentschel,* Trunkenheit, Rz 896. Durch das 2. VerkSichG wurde eine
einheitliche Beurteilung der Anordnung der vorläufigen EdF und der Anordnung oder
Aufrechterhaltung der FSBeschlagnahme erreicht, indem § 111a III bestimmt, daß die
vorläufige EdF zugleich als Anordnung oder Bestätigung der Beschlagnahme wirkt. Ei-
nes ausdrücklichen Ausspruchs über die Beschlagnahme bedarf es daher bei EdF nicht,
LG Gera NStZ-RR **96** 235. Umgekehrt entfällt durch die Ablehnung einer EdF oder
deren Aufhebung die rechtliche Grundlage für die Beschlagnahme (s dazu die Begr,
BTDrucks IV/651 S 30). Zur FSBeschlagnahme s Rz 13f. Ausländische FSe dürfen un-
tern den gleichen Voraussetzungen beschlagnahmt werden wie deutsche. Abs III S 2
stellt insoweit EU/EWR-FSe von Inhabern mit „ordentlichem Wohnsitz" (s § 2 Rz 3
StVG) im Inland deutschen FSen gleich; Abs VI S 2 gestattet ausdrücklich die Beschlag-
nahme bis zur Eintragung eines Vermerks, s Rz 15.

3. Gründe für die Annahme, daß die Erlaubnis zum Führen von Kraftfahr- **3**
zeugen entzogen werden wird. Die FE vorläufig zu entziehen, ist nach § 111a I nur
statthaft, wenn dringende Gründe dafür sprechen, daß sie im Verfahren endgültig entzo-
gen werden wird, Mü DAR **77** 49. Die sachlich-rechtlichen Voraussetzungen des § 69
StGB müssen auch bei der vorläufigen Entziehung erfüllt sein. Gegen den Inhaber der
FE muß außerdem in tatsächlicher Hinsicht dringender Verdacht einer Straftat der im
§ 69 StGB beschriebenen Art bestehen.
Dringend müssen die Gründe sein. Es genügt nicht hinreichender Verdacht, son- **4**
dern wie nach § 112 StPO für den Haftbefehl, hoher, fast an Gewißheit grenzen-
der Verdacht, s BVerfG VM **95** 73, LG Zw BA **02** 287. Nach gegenwärtigem Ermitt-
lungsstand muß gerade auch mit EdF zu rechnen sein. Das wird besonders dann keiner
besonderen Begründung bedürfen, wenn nach § 69 StGB idR auf Entziehung zu er-
kennen ist, s *Hentschel,* Trunkenheit, Rz 860. Eine Entscheidung über vorläufige Entzie-
hung wird im übrigen idR erst möglich sein, wenn der Sachverhalt genügend aufgeklärt
ist.
Einzelheiten. Ob es einer Anordnung nach § 111a bedarf, ist wie bei § 69 StGB an- **5**
hand des Tatverdachts und der Persönlichkeit des dringend Verdächtigen zu beurteilen.
Die Regelfälle des § 69 II StGB sind zu beachten. Wird bei ihnen von der Maßregel
abgesehen, bedarf es der Darlegung, inwiefern die Regel nicht zutreffe, vor allem bei
Trunkenheitsfahrt (§§ 316, 315c Abs 1 Nr 1a StGB). Vorläufige Entziehung ist ent-
behrlich, wenn die Sicherung vor weiterer VGefährdung anderweit gewährleistet ist,
zB solange der Beschuldigte in Untersuchungshaft genommen ist oder seinen FS frei-
willig abgibt, AG Saalfeld VRS **107** 189, *Löwe/Rosenberg (Schäfer)* 69, LK *(Geppert)* § 69
Rz 130, *Michel* DAR **97** 393, s Rz 2. Ist der Beschuldigte nach der vorgeworfenen Tat
schon viele km unfallfrei gefahren, so könnte das zwar gegen Gefährdung sprechen. Zu
berücksichtigen ist hierbei aber die auch bei Unauffälligkeit von ungeeigneten Kf ausge-
hende latente Gefahr, s § 3 StVG Rz 3, ferner die hohe Dunkelziffer bei VStraftaten (s
Kunkel, Biographische Daten und Rückfallprognose bei Trunkenheitstätern im StrV,
1977, S 122, 152, *Hilse* VGT **92** 310f. *Iffland* DAR **95** 273, **96** 301). Daher steht **län-
gere unbeanstandete VTeilnahme** mit Kfzen in den Regelfällen des § 69 II StGB der
vorläufigen EdF nicht entgegen, BVerfG DAR **00** 565, Ko VRS **67** 254, **68** 118, Kar
VRS **68** 360, Dü DAR **96** 413, *Löwe/Rosenberg (Schäfer)* 23;, LK *(Geppert)* § 69 Rz 129,
zumal tatsächliches Wohlverhalten durch den Druck des Strafverfahrens beeinflußt sein
wird, Dü DAR **96** 413, *Löwe/Rosenberg (Schäfer)* 14; dies verkennt die zum Teil abw tat-
richterliche Rspr, zB LG Lüneburg ZfS **04** 38, LG Kiel StV **03** 325, LG Tübingen ZfS
98 484, LG Hagen NZV **94** 334 (abl *Molketin*), LG Ravensburg ZfS **95** 314, AG Hom-
burg ZfS **91** 214, zust *Janiszewski* 752d. Dies hat grundsätzlich auch in anderen Fällen
charakterlicher Ungeeignetheit zu gelten, Mü NJW **92** 2776 (mehrere Jahre zurücklie-

1565

5 StPO § 111a

gender Versicherungsbetrug nach manipuliertem „Unfall"), Ha VRS **102** 56. Der gebotene Schutz der Allgemeinheit vor ungeeigneten Kf kann nicht deswegen ganz unterbleiben, weil ein möglichst früher Zeitpunkt für eine entsprechende Maßnahme versäumt wurde, Dü VD **02** 267, *Meyer-Goßner* Rz 3, *Janiszewski* NStZ **91** 578, *Hentschel* NJW **90** 1463 (widersprüchlich daher LG Hagen NZV **94** 334, das die Maßnahme trotz ausdrücklicher Bejahung der Ungeeignetheit ablehnt). Immer ist zu berücksichtigen, daß vorläufige wie endgültige Entziehung keinen Straf-, sondern Sicherungscharakter haben. Hat der Angeklagte keine FE, so hat das Gericht darüber, ob es bis zum Abschluß des Strafverfahrens Bedenken gegen die Erteilung einer FE durch die VB habe, mangels gesetzlicher Grundlage nicht zu entscheiden, Ha VRS **51** 43.

6   4. **Zuständig** ist der Richter des jeweiligen Verfahrensabschnitts. Im vorbereitenden Verfahren ist, auf Antrag der StA, LG Gera NStZ-RR **96** 235, das Amtsgericht zuständig, AG Siegen NJW **55** 274, und zwar, wenn der FS sichergestellt ist, das Gericht, in dessen Bezirk die Sicherstellung erfolgt ist (§ 98 II 3 StPO), LG Bra DAR **75** 132, LG Zw NZV **94** 293, *Löwe/Rosenberg (Schäfer)* 45, anderenfalls das Gericht des Ortes, wo sich der FS befindet (§ 162 StPO), LG Zw NZV **94** 293, AG Gemünden DAR **78** 25, *Löwe/Rosenberg (Schäfer)* 45, aM LG Mü NJW **63** 1216 (Gericht des Tatorts und des Wohnorts), LG Bochum VRS **78** 355 (auch Gericht des Tatorts). Nach Anklageerhebung ist das Gericht zuständig, bei dem die Sache anhängig ist, in der Berufungsinstanz das Berufungsgericht, Dü RdK **55** 143, NZV **92** 202, in der Revisionsinstanz nach hM idR auch für die Aufhebung der letzte Tatrichter, Nau BA **00** 378, Ce NJW **77** 160, Stu Justiz **69** 256, Zw VRS **69** 293, *Löwe/Rosenberg (Schäfer)* 48, str, einschränkend Ko MDR **86** 871, Zw NZV **89** 442, Bay NZV **93** 239, s *Hentschel,* Trunkenheit, Rz 841 ff sowie ZfS **81** 188, DAR **88** 335, LK *(Geppert)* § 69 Rz 157, *Janiszewski* DAR **89** 139. Keine (erneute) vorläufige EdF durch das **Berufungsgericht** bei unverändertem Sachstand, wenn die Vorinstanz keine Maßregel angeordnet hat, BVerfG NJW **95** 124, Stu VRS **101** 40, Ha BA **01** 124, Kar NJW **60** 2113, Kö NJW **64** 1287, Ko VRS **55** 45, *Schmid* BA **96** 360, *Kulemeier* S 128; anders, wenn das Berufungsgericht unter Aufhebung des angefochtenen Urteils EdF anordnet, Hb MDR **73** 602, Zw NJW **81** 775, Ko VRS **67** 254, Kar VRS **68** 360. Nach Ol NZV **92** 124 soll das Berufungsgericht selbst dann, wenn es die FE entzogen hat, den in der Hauptverhandlung unterbliebenen Beschluß gem § 111a bei unverändertem Sachstand nicht nachholen dürfen (aber § 306 II StPO?). Wurde im angefochtenen Urteil die Maßregel des § 69 StGB verhängt, ein Beschluß nach § 111a aber nicht erlassen, kann dieser auch durch das Berufungsgericht ergehen, Fra NJW **81** 1680, Ko VRS **65** 448, **71** 39, Kar VRS **68** 361, *Löwe/Rosenberg (Schäfer)* 17, aM Kar VRS **59** 432; näher *Hentschel* DAR **88** 330, 332 f.

7   5. **Form der Entscheidung, Anfechtbarkeit, Teilentziehung.** Die Entscheidung ergeht durch **Beschluß**. Nach § 33 III StPO ist dem Beschuldigten vor der Beschlußfassung über die vorläufige Entziehung der Fahrerlaubnis **rechtliches Gehör** zu gewähren, LG Mainz NJW **68** 414, *Meyer-Goßner* 6, *Kulemeier* S 129; der Zweck der Anordnung wird dadurch nicht gefährdet (§ 33 IV StPO), weil eine Überraschung des Beschuldigten nicht erforderlich ist, *Meyer-Goßner* 6; *H.-J. Koch* DAR **68** 178, aM *Löwe/Rosenberg (Schäfer)* 54. Die Anhörung muß aber nicht durch das *Gericht* erfolgen, *H.-J. Koch* DAR **68** 178 (Polizei), einschränkend insoweit *Löwe/Rosenberg (Schäfer)* 58. Der Beschuldigte verliert die FE mit der Zustellung oder Bekanntgabe, BGH NJW **62** 2104, DAR **63** 20, VR **62** 1053, KG VRS **42** 210, Stu VRS **79** 303, Kö NZV **91** 360. Bloße Information durch Dritte genügt nicht, Ha VRS **57** 125, Stu VRS **79** 303. Wird der Beschluß nicht in der Hauptverhandlung verkündet, so empfiehlt sich Zustellung; jedoch genügt auch formlose Mitteilung, diese bedarf aber stets der Schriftform, Ha VRS **57** 125, LG Hildesheim NRpfl **88** 251. Der Beschluß ist, weil **mit Beschwerde anfechtbar,** zu begründen (§ 34 StPO); zu den Anforderungen an die Begr s Rz 4, *Hentschel* DAR **75** 265. Die dringenden Verdachtsgründe für die strafbare Handlung und die Annahme, daß es endgültig zur EdF kommen werde, sind anzugeben. Weitere Beschwerde findet nicht statt. Eine nach Zuständigkeitswechsel eingelegte (auch unzulässige weitere) Beschwerde ist als Antrag auf Aufhebung der Maßnahme zu behandeln, Dü VRS **99** 203. Das **Berufungsgericht** (s Rz 6) entscheidet über die Notwendigkeit vor-

Vorläufige Entziehung der Fahrerlaubnis § 111a StPO 5

läufiger EdF aufgrund Freibeweises und eigener Prognose ohne Bindung an erstrichterliche Sperrfrist, Mü DAR **77** 49. Ist sowohl Berufung gegen das Urteil als auch Beschwerde gegen die vorläufige EdF eingelegt, so entscheidet das LG nach § 111a nur dann als Beschwerdegericht, wenn ihm die Akte noch nicht gem § 321 S 2 StPO vorgelegt war, anderenfalls als das mit der Hauptsache befaßte Gericht (dann Anfechtbarkeit des LG-Beschlusses), Stu DAR **02** 279, VRS **101** 40, Dü NZV **92** 202, Ha VRS **49** 111, LG Zw NZV **92** 499, *Löwe/Rosenberg (Schäfer)* Rz 47, aM Stu NZV **90** 122. Entsprechendes gilt, wenn zwar gegen den Beschluß des Amtsgerichts im Ermittlungsverfahren Beschwerde eingelegt, inzwischen jedoch Anklage vor dem LG erhoben war, Dü VRS **72** 370. Weitere Sachaufklärung und deren Berücksichtigung in der Beschwerdeentscheidung macht diese nicht zur erstinstanzlichen; Beschwerde ist deshalb nach § 310 StPO unzulässig, Neust MDR **60** 604, *Löwe/Rosenberg (Schäfer)* 88. Hatte das LG den angefochtenen Beschluß des AG bestätigt, weil es irrig angenommen hatte, der Beschuldigte habe Beschwerde eingelegt, so ist die gegen diesen Beschluß eingelegte Beschwerde zulässig, Sa VRS **27** 453. Hat das Berufungsgericht auf Beschwerde der StA dem Angeklagten, ohne ihn und den Verteidiger zu hören, die FE vorläufig entzogen, so ist trotz des Verstoßes gegen den Grundsatz des rechtlichen Gehörs keine weitere Beschwerde zulässig; das Beschwerdegericht hat aber von Amts wegen oder auf Antrag gemäß § 311a StPO zu verfahren. Keine Aufhebung der vorläufigen EdF im Wege der Beschwerde **während des Revisionsverfahrens,** weil der Fortbestand der vorläufigen Maßnahme ausschließlich von revisionsrechtlichen Gesichtspunkten abhängt, Dü NZV **91** 165, **95** 459, Ha MDR **96** 954, Brn VRS **91** 181, Kö VRS **105** 343, **93** 348, Kar DAR **99** 86, *Cierniak* NZV **99** 324, *Meyer-Goßner* 19, *Löwe/Rosenberg (Schäfer)* 92, einschränkend KG VRS **100** 443, Kar DAR **04** 408 (Überprüfung beschränkt auf die materiell-rechtlichen Voraussetzungen des § 69 StGB und fehlerfreien Ermessensgebrauch), aM Schl NZV **95** 238 (abl *Schwarzer*), Fra NStZ-RR **96** 205, Ko NZV **97** 369, s *Schmid* BA **96** 357. Der die vorläufige EdF anordnende Beschluß unterbricht die **Verfolgungsverjährung,** § 78c I Nr 4 StGB, *Tröndle/Fischer* § 78c Rz 14, nicht aber der ablehnende Beschluß, Ha DAR **55** 222.

Teilentziehung. Gemäß dem zwingenden Grundsatz der Verhältnismäßigkeit (E 2) **8** sieht I Teilentziehung vor (s § 69a StGB Rz 5–7). Sicherungsmaßnahmen dürfen nicht schwerer eingreifen, als alle maßgebenden Umstände dies zur VSicherung rechtfertigen. Von der vorläufigen Maßnahme ausgenommen werden können nach geltendem Recht nur bestimmte Kfz-Arten, örtliche und zeitliche Beschränkungen sind nicht möglich, s § 69a StGB Rz 6. Sicherungsmaßnahmen sollen nicht Charakterfehler ahnden, sondern ausschließlich künftiger Gefahr vorbeugen. Sachangemessene Teilentziehung kann diesem Vorbeugungszweck genügen. Bei vorläufiger Teilentziehung ist dem Betroffenen von der StrVB ein entsprechend beschränkter FS auszustellen, BMV VBl **66** 48, der nach Wegfall der vorläufigen EdF wieder einzuziehen ist, *Löwe/Rosenberg (Schäfer)* 32. Bis zur Rechtskraft des die FE entziehenden Urteils hat er darauf einen Anspruch, VG Mainz NJW **86** 3158. § 9 S 1 FeV (der nur *Erteilung* der FE betrifft), steht jedenfalls nicht entgegen; daher darf bei Vorliegen der Voraussetzungen für eine Ausnahme von Lkw oder Bussen nicht Teilentziehung im Hinblick auf § 9 FeV versagt werden (Übermaßverbot), aM *Dencker* DAR **04** 56.

6. Aufhebung der Maßnahme (II). Da die EdF Sicherungsmaßnahme ist, ist sie bei **9** Wegfall der „dringenden Gründe" aufzuheben, Mü DAR **77** 49, Br VRS **31** 454. Bestimmte Prüfungsfristen sieht § 111a nicht vor, das Gericht hat die Frage in jedem Verfahrensstadium im Auge zu behalten, Kar VM **75** 68. An einen **Aufhebungsantrag der StA** ist das Gericht auch vor Anklageerhebung nicht gebunden, AG Münster MDR **72** 166, LK *(Geppert)* § 69 Rz 140, *D. Meyer* DAR **86** 47, aM *Löwe/Rosenberg (Schäfer)* 49, *Wittschier* NJW **85** 1324. Hat das AG auf Entziehung erkannt und vorläufige Entziehung angeordnet, so muß das Berufungsgericht die vorläufige Maßnahme aufheben, wenn es deren Voraussetzungen verneint, Hb NJW **63** 1215. Dauert das Verfahren (Berufungsverfahren) so lange, daß der **Maßregelzweck bereits durch die vorläufige Entziehung erreicht** und daher ein Fortbestehen des Eignungsmangels nicht anzunehmen ist, muß diese aufgehoben werden, Dü NZV **01** 354, VRS **98** 190, Mü DAR **75** 132, **77**

1567

5 StPO § 111a

49, LG Neuruppin StV **04** 125, *Löwe/Rosenberg (Schäfer)* 37, s dazu *Hentschel* DAR **76** 9, **88** 331, *Janiszewski* DAR **89** 137. Erwägungen des Inhalts, der „bloße Zeitablauf" (nicht dieser, sondern die Wirkungen der vorläufigen Maßnahme beeinflussen den Eignungsmangel!) habe unberücksichtigt zu bleiben, mit länger dauernder Fahrerlaubnismaßnahme sei bei Berufungseinlegung zu rechnen (so aber Dü VRS **79** 23, NZV **99** 389, ähnlich Fra DAR **92** 187 – krit *Janiszewski* NStZ **92** 584 –), liegen dann neben der Sache; Fahrerlaubnismaßnahmen über den Maßregelzweck hinaus verstoßen gegen das Übermaßverbot. Allerdings ist der im angefochtenen Urteil festgestellte Eignungsmangel nicht zwingend stets in dem Zeitpunkt als beseitigt anzusehen, in dem im Falle einer zugunsten des Angeklagten eingelegten Berufung bei fortdauernder FSSicherstellung die Sperre abgelaufen wäre, falls das Urteil Rechtskraft erlangt hätte, Mü DAR **75** 132, **77** 49, Ko VRS **67** 256, Dü NZV **88** 194. Bestehen die dringenden Gründe für EdF fort, erfordert der Schutz der Allgemeinheit die Aufrechterhaltung der vorläufigen Maßnahme trotz langer Verfahrensdauer, abw LG Zw NZV **00** 54, VRS **99** 266, s LG Fra StV **03** 69. Wird **Revision zugunsten des Angeklagten** eingelegt und ist die im angefochtenen Urteil für die Dauer der FSSperre festgesetzte Zeit verstrichen, bevor über die Revision entschieden ist, so ist die vorläufige EdF entsprechend § 111a II aufzuheben, Fra DAR **89** 311, Br DAR **73** 332, Kar NJW **68** 460, Sa MDR **72** 533, Ko MDR **78** 337, Zw VRS **51** 110, Hb DAR **78** 256, Ce MDR **76** 949, Kö VRS **57** 126, ZfS **81** 188, LK *(Geppert)* § 69 Rz 145, *Janiszewski* 757 sowie NStZ **81** 471, DAR **89** 138, *Hentschel* MDR **78** 185, ZfS **81** 188, DAR **88** 335, s Kö VRS **105** 343, weil bei Verwerfung der Revision die Sperre nach § 69a V 2 StGB abgelaufen sein wird und bei Zurückverweisung mit einer weiteren Sperre nicht zu rechnen ist, LG Neuruppin StV **04** 125 (früher ganz überwiegend vertretene Ansicht). Das von der nunmehr vorherrschenden Gegenmeinung (zB Nau BA **00** 378, Kar MDR **77** 948, Schl DAR **77** 193, Mü MDR **79** 1042, KG VRS **53** 278, Hb DAR **81** 27, Stu VRS **63** 363, Dü DAR **83** 62, VRS **98** 190, Ko VRS **71** 40, MDR **86** 871, *Tröndle/Fischer* § 69a Rz 39, *Meyer-Goßner* 12) vorgebrachte Argument, auch der Ablauf der Sperre verpflichte die VB nicht zur Wiedererteilung der FE, berücksichtigt nicht, daß der Verurteilte bei Versagung der Neuerteilung den FS herausgeben muß und daß § 111a ausschließlich als Vorgriff auf die *strafgerichtliche* Maßregel dient. Eine Annahme „fortdauernder Indizwirkung" gem § 69 II Nr 2 StGB bei BAKen ab 1,6‰ kann nicht auf die Regelung in § 13 Nr 2c FeV (Gutachtenbeibringung vor Neuerteilung) gestützt werden (so aber Kar DAR **03** 235), weil im Verwaltungsrecht bereits *Bedenken* gegen die Eignung die Anordnung der Gutachtenbeibringung rechtfertigen, während § 111a *dringende* Gründe für Ungeeignetheit voraussetzt.

10   Daß die vorläufige Maßregel aufzuheben ist, **wenn das Gericht im Urteil von Entziehung absieht**, BVerfG NJW **95** 124, entspricht § 123 StPO. Die Wirkung tritt also in diesem Fall nicht erst mit der Rechtskraft des Urteils ein. Die Aufhebung hat die Wirkung, daß die Fahrerlaubnis, anders als bei der endgültigen Entziehung, wiederauflebt; es bedarf keiner Neuerteilung. Keiner Aufhebung der vorläufigen Anordnung bedarf es, wenn das Gericht nach § 69 StGB die FE entzieht; dann geht mit der Rechtskraft des die Entziehung aussprechenden Urteils die vorläufige Maßnahme in die endgültige über.

11   **7. Entschädigung** für vorläufige EdF kommt in Betracht nach Maßgabe des StrEG vom 8. 3. 71. Zu ersetzen sind nur **konkrete, adäquate Vermögensnachteile** infolge der vorläufigen EdF, BGH VR **75** 763, nachgewiesene Mehraufwendungen oder sonstige wirtschaftliche Nachteile, BGHZ **63** 203 = NJW **75** 347, 2341, VR **75** 257, Schl VR **99** 200, also nicht zB bloße Beeinträchtigung der KfzNutzungsmöglichkeit, Dü VR **73** 1148. Auch das Unvermögen, wegen beschlagnahmten FS kein Kfz führen zu dürfen, bewirkt als solches keinen Vermögensschaden, BGHZ **65** 170. Entschädigungspflicht besteht auch bei freiwilliger FS-Herausgabe, um zwangsweise Sicherstellung zu vermeiden, Ha NJW **72** 1477. Auch die Sicherstellung eines von mehreren im Besitz des Beschuldigten befindlichen FSen löst grundsätzlich die Entschädigungspflicht aus, weil die ihm verbliebenen nicht zur Teilnahme am KfzV berechtigten, s § 21 StVG Rz 22; hierzu zählt auch ein noch gültiger Internationaler FS, LK *(Geppert)* § 69 Rz 187,

Vorläufige Entziehung der Fahrerlaubnis § 111a StPO 5

s *Hentschel* NZV **92** 500, aM AG Ka NZV **92** 499. Der geschäftsführende Alleingesellschafter einer GmbH kann den der GmbH durch die vorläufige Entziehung seiner FE entstandenen Schaden geltend machen, BGH VR **91** 678. Keine Entschädigung steht nach rechtsirriger vorläufiger EdF zu, wenn der Betroffene gar keine FE besessen hat, Zw VRS **54** 203. Der Entschädigungsanspruch umfaßt auch Ersatz gesetzlicher **Anwaltsgebühren** und -auslagen zwecks Beseitigung entschädigungspflichtiger Maßnahmen, soweit keine Erstattung nach StPO vorgesehen, BGHZ **65**, 170, NJW **75** 2341, **77** 957. Zur Rechtsentwicklung seit 1984, *Meyer* JurBüro **87** 1601. Zum § 6 I 1 StrEG *Meyer* DAR **78** 238.

Grob fahrlässig iS des § 5 II StrEG (Entschädigungsausschluß) verhält sich, wer in 12 ungewöhnlichem Maß die Sorgfalt außer acht läßt, mit der ein Verständiger in gleicher Lage Strafverfolgungsmaßnahmen vermeiden würde, Bay NZV **94** 285, Sa NZV **102** 124, Dü NZV **94** 490, VRS **81** 399, Stu VM **76** 36, Zw VRS **69** 287. Dazu *Meyer* BA **80** 276. Die etwaige grobe Fahrlässigkeit ist nach dem Sachverhalt zu beurteilen, wie er sich bei Verhängung (Aufrechterhaltung) der Maßnahme darstellte, Fra BA **02** 388, Bra VRS **42** 50, Dü NZV **89** 204, VRS **81** 399. Kein Entschädigungsausschluß jedoch, wenn die FSMaßnahme auf einem nach inzwischen geänderter Rspr nicht mehr als strafbar erachteten Verhalten beruht, Dü NZV **89** 204 (Motor-Anlassen durch alkoholbedingt Fahrunsicheren), LK *(Geppert)* § 69 Rz 195, s dazu *Hentschel* JR **90** 33, aM Fra NZV **90** 277. Wer sich nach Konsum von **Rauschmitteln** iS der Anl zu § 24a StVG im Hinblick auf sein Erscheinungsbild dem Verdacht der Fahrunsicherheit aussetzt, hat die FSBeschlagnahme grobfahrlässig verursacht, Sa VRS **102** 124, nach Zw BA **03** 321 überhaupt, wer nach Drogenkonsum ein Kfz führt. Wer so kurz vor Fahrtantritt Haschisch konsumiert, daß in der Blutprobe THC festgestellt wird, verursacht die vorläufige FSMaßnahme grob fahrlässig, Bay NZV **94** 285 (Anm *Daldrup* BA **94** 494), Dü NZV **94** 490. Uneinheitlich ist die Rspr zur Frage, inwieweit **Alkoholbeeinflussung** die Annahme grober Fahrlässigkeit rechtfertigt. Nach zum Teil vertretener Ansicht soll dies bei BAK-Werten unter dem Gefahrengrenzwert des § 24a I StVG zu verneinen sein, Ha NJW **75** 790, Zw VRS **53** 284, Kö DAR **76** 81, selbst bei auf Fahrunsicherheit hindeutender Fahrweise, LG Fra DAR **75** 306, Dü DAR **78** 166 (alle noch zum früheren Wert von 0,8‰). Nach anderer Ansicht hat ein auf mindestens 0,8‰ hindeutender Alcotest, falls keine Anhaltspunkte für fehlerhafte Durchführung vorliegen, AG Cottbus DAR **00** 88 (Anm *Scheffler* BA **00** 384), regelmäßig Entschädigungsausschluß wegen grob fahrlässiger Herbeiführung der FSBeschlagnahme zur Folge, auch wenn die später durchgeführte Blutuntersuchung eine geringere BAK ergibt, LG Krefeld DAR **75** 25, **79** 337, LG Göttingen DAR **76** 166, LG Dü DAR **91** 272 (zust *D. Meyer* DAR **92** 235), LK *(Geppert)* § 69 Rz 200, Händel BA **72** 294, **75** 247, JR **74** 388, *D. Meyer* NJW **73** 2040, **75** 1791, BA **80** 276, *Schneble* BA **77** 267, *Legat* VGT **86** 308. Wer so viel trinkt, daß ein Alcotest auf 0,8‰ oder mehr hinweist, verstößt, wenn er gleichwohl als Kf am StrV teilnimmt, in so hohem Maß gegen seine eigenen Interessen, indem er FSMaßnahmen geradezu provoziert, LG Krefeld DAR **75** 25, daß ihm grobe Fahrlässigkeit vorgeworfen werden muß. Dies hat nach der inzwischen erfolgten Einführung eines niedrigeren Grenzwertes (0,5‰) in § 24a I StVG umso mehr zu gelten, wird aber nicht ohne weiteres anzunehmen sein, wenn (ohne sonstige auf Fahrunsicherheit hindeutende Anzeichen) der Alcotest nur diesen geringeren Wert anzeigt, weil dann der dringende Verdacht einer die EdF indizierenden *Straftat* nicht gegeben ist, s *Hentschel* JR **99** 479. Muß trotz FzFührens im öffentlichen StrV in alkoholbedingt fahrunsicherem Zustand **aus Rechtsgründen Freispruch** erfolgen, weil weder § 316 noch § 323a festgestellt werden kann, so scheidet dennoch Entschädigung wegen grob fahrlässiger Verursachung der vorläufigen FS-Maßnahme aus, Kar NJW **04** 3356. Grobe Fahrlässigkeit bei erheblichem Trinken gleich nach dem Unfall und verweigerten Angaben, Stu DAR **72** 166, bei Alkoholaufnahme nach der Fahrt, obwohl noch mit polizeilichen Ermittlungen zu rechnen ist, Ha VRS **58** 69, bei ursprünglicher Selbstbelastung in wesentlichen Punkten, für die Zeit überwiegender Selbstverursachung, KG VRS **44** 122, Kar MDR **77** 1041, Zw VRS **69** 376, bei Verschweigen wesentlicher entlastender Umstände trotz Einlassung, Kar VRS **94** 268. Verschweigen eines Nachtrunks als grobe Nachlässigkeit, Fra NJW **78** 1017. Nach überwiegender Ansicht bei grobfahrlässiger Verursachung der

5 StPO § 111a Auszug aus der StPO

FSMaßnahme auch keine Entschädigung, wenn das Rechtsmittelgericht, entgegen dem Erstrichter, EdF unter Freisprechung oder Verurteilung nur wegen OW schon für den Zeitpunkt der ersten Hauptverhandlung verneint, ohne daß sich der Erstrichter grob geirrt hätte, Bay DAR **89** 427 (krit *Loos* JR **90** 438), Ha VRS **52** 435, NJW **72** 1477, Ko VRS **50** 303, Stu VRS **50** 376, LK *(Geppert)* § 69 Rz 197, aM Ce VRS **45** 375, *Sieg* MDR **75** 515, s dazu *Hentschel,* Trunkenheit, Rz 1080. Näher Zur Frage grob fahrlässiger Herbeiführung der FSBeschlagnahme oder vorläufiger EdF: *Hentschel,* Trunkenheit, Rz 1063 mit Nachweisen.

13   8. **Sicherstellung oder Beschlagnahme des Führerscheins** (Abs III bis VI). Die Beschlagnahme von FS ist, wie die Begr zum 2. VerkSichG (BTDrucks IV/651 S 30) klarstellt, nun unter denselben Voraussetzungen wie die vorläufige EdF zulässig. Sicherstellung oder Beschlagnahme des FS haben dieselbe Sicherungswirkung wie vorläufige EdF. Nach III wirkt vorläufige Entziehung zugleich als Anordnung oder Bestätigung der Beschlagnahme aller von einer deutschen Behörde erteilten FSe, auch eines Internationalen FS, s *Hentschel* NZV **92** 500, sowie eines von einem EU- oder EWR-Staat ausgestellten FS, wenn der Inhaber seinen ordentlichen Wohnsitz im Inland hat. Die StA und ihre Ermittlungspersonen dürfen den FS außer in den Fällen des § 94 StPO auch bei **Gefahr weiterer Trunkenheitsfahrt** oder schwerwiegender VVerstöße beschlagnahmen, BGH NJW **69** 1308, Kar Justiz **69** 255, Ha VRS **36** 66, LG Münster NJW **74** 1008, *Löwe/ Rosenberg (Schäfer)* 67, *Trupp* NZV **04** 391, aM *Hruschka* NJW **69** 1310, *Ehlers* MDR **69** 1023, und zwar, wenn der Beschuldigte ihn nicht mitführt, auch in dessen Wohnung, *Meyer-Goßner* Rz 15, *Gramse* NZV **02** 346. Näher: *Hentschel,* Trunkenheit, Rz 891 ff. Zur FSBeschlagnahme auf der Grundlage polizeilicher Gefahrenabwehr, s *Löwe/Rosenberg (Schäfer)* 72, *Trupp* NZV **04** 139.

14   Der aufgrund einer nach § 94 StPO getroffenen Maßnahme in amtlicher Verwahrung befindliche FS ist unter denselben Voraussetzungen zurückzugeben, unter denen die vorläufige EdF aufzuheben ist (Abs V) (Rz 9). War der FS nur beschlagnahmt – ohne Beschluß nach § 111a –, so kann das Revisionsgericht bei zugunsten des Angeklagten eingelegter Revision die Beschlagnahme aufheben, wenn bei Rechtskraft die Sperre inzwischen abgelaufen wäre, Kö VM **80** 29. Mit der **Rückgabe des FS** lebt auch in diesem Fall die Befugnis, Kfze zu führen, wieder auf. Eine Sondervorschrift enthält Abs V Satz 2 für den Fall, daß im Urteil nach § 44 StGB **auf ein Fahrverbot erkannt** wird. Widerspricht der Beschuldigte nicht, so kann in diesem Falle die FSRückgabe aufgeschoben werden. Anderenfalls müßte er sogleich nach Eintritt der Rechtskraft erneut in Verwahrung genommen werden, s *Warda* MDR **65** 1. Bei Aufschub der Rückgabe entsteht dem Beschuldigten kein Nachteil, weil die Zeit der weiteren FSEinbehaltung bis zur Rechtskraft des das FV aussprechenden Urteils gem § 450 II StPO voll auf die FVFrist anzurechnen ist. Eines Einverständnisses des Verurteilten bedarf es dagegen nicht, wenn das Urteil sofort rechtskräftig wird; dann gilt nicht Abs V S 2, sondern § 44 II S 2 StGB, wonach bei rechtskräftigem FV der FS amtlich zu verwahren ist.

15   9. **Bei ausländischen Führerscheinen** ist zu unterscheiden: a) FSe aus EU- oder EWR-Staaten unterliegen (wie deutsche FSe nach § 69 III S 2) der Einziehung gem § 69b II S 1, wenn der Inhaber seinen ordentlichen Wohnsitz im Inland hat. Deshalb wirkt bei ihnen die vorläufige EdF zugleich als Anordnung oder Bestätigung der Beschlagnahme (III S 2). b) In allen anderen Fällen hat Beschlagnahme nur die in VI mit § 69b I 2 StGB geregelte beschränkte Wirkung, weil ausländische FSe nicht der Einziehung gem § 69 III StGB unterliegen. Die vorläufige Entziehung ist im ausländischen FS einzutragen und ggf wieder zu löschen. Der Führerschein darf sofort bis zur Eintragung der vorläufigen Entziehung beschlagnahmt werden. Er ist alsdann zurückzugeben (§ 69b StGB). Läßt die Beschaffenheit des FS einen Vermerk auf diesem nicht zu (zB Platikkarte), so ist der Vermerk auf einem besonderen Papier anzubringen und dieses mit dem FS zu verbinden (zB Lochung, gesiegelte Schnur), s § 56 II StVollstrO*; ist auch dies nicht möglich, kommt auch Beschlagnahme für die Dauer der vorläufigen Maßnahme

---

* BAnz 1956 Nr 42, zuletzt geänd. BAnz 1991 Nr 117.

Vorläufige Entziehung der Fahrerlaubnis § **111a** StPO **5**

entsprechend Abs VI S 2 in Frage, s LG Ravensburg DAR **91** 272 (abl *J. Meyer* MDR **92** 442), AG Homburg ZfS **95** 352 (abl *Bode),* krit *Löwe/Rosenberg (Schäfer)* 83. Wer nur einen ausländischen FS hat, der nicht (mehr) zum Kfz-Führen im Inland berechtigt, zB weil er die Voraussetzungen des § 4 IntVO nicht (mehr) erfüllt, besitzt keine im Inland gültige FE, so daß vorläufige (wie „endgültige") EdF ausscheiden (nur isolierte Sperre, § 69a I 3 StGB), str, abw LG Aachen NZV **02** 332 (unter Aufhebung von AG Eschweiler NZV **02** 332), s § 69b StGB Rz 2. Str, ob gleichwohl Eintragung eines Vermerks (§ 69b II StGB) möglich ist, s § 69b StGB Rz 5.

10. Mitteilung zum Verkehrszentralregister: § 28 III Nr 2 StVG.   **16**

6. Verordnung über internationalen Kraftfahrzeugverkehr

Vom 12. November 1934 (RGBl I 1137), zuletzt geändert am 9. 8. 2004
(BGBl I S 2092)

Auf Grund der §§ 6 und 27 des Ges. über den Verkehr mit Kraftfahrzeugen vom 3. Mai 1909 (Reichsgesetzbl. S. 437) nebst späteren Änderungen wird verordnet:

§ 1

(1) Ausländische Kraftfahrzeuge und Kraftfahrzeuganhänger sind zum vorübergehenden Verkehr im Inland zugelassen, wenn für sie von einer zuständigen Stelle ein gültiger
a) Internationaler Zulassungsschein nach Artikel 4 und Anlage B des Internationalen Abkommens über Kraftfahrzeugverkehr vom 24. April 1926 (RGBl. 1930 II S. 1234) oder
b) ausländischer Zulassungsschein
ausgestellt und im Inland kein regelmäßiger Standort begründet ist. Der ausländische Zulassungsschein muß mindestens die nach Artikel 35 des Übereinkommens über den Straßenverkehr vom 8. November 1968 (BGBl. 1977 II S. 809) erforderlichen Angaben enthalten.

(2) Ausländische Kraftfahrzeuge und Kraftfahrzeuganhänger, die nach Absatz 1 zum vorübergehenden Verkehr zugelassen sind, müssen hinsichtlich Bau und Ausrüstung mindestens den Bestimmungen der Artikel 38 und 39 und der Anhänge 4 und 5 des Übereinkommens über den Straßenverkehr vom 8. November 1968 (BGBl. 1977 II S. 809), soweit dieses Übereinkommen anwendbar ist, sonst denen des Artikels 3 des Internationalen Abkommens über Kraftfahrzeugverkehr vom 24. April 1926 (RGBl. 1930 II S. 1234) entsprechen.

(3) Ist der ausländische Zulassungsschein nicht in deutscher Sprache abgefaßt, so muß er mit einer von einem Berufskonsularbeamten oder Honorarkonsul der Bundesrepublik Deutschland im Ausstellungsstaat bestätigten Übersetzung oder mit einer Übersetzung durch einen international anerkannten Automobilklub des Ausstellungsstaates oder durch eine vom Bundesministerium für Verkehr, Bau- und Wohnungswesen bestimmte Stelle verbunden sein. Satz 1 gilt nicht für ausländische Zulassungsscheine, die den Bestimmungen des Artikels 35 des Übereinkommens vom 8. November 1968 über den Straßenverkehr (BGBl. 1977 II S. 809) entsprechen.

§ 2

(1) [1] Ausländische Kraftfahrzeuge müssen an der Vorder- und Rückseite ihre heimischen Kennzeichen führen, die Artikel 36 und Anhang 2 des Übereinkommens über den Straßenverkehr vom 8. November 1968 (BGBl. 1977 II S. 809), soweit dieses Abkommen anwendbar ist, sonst Artikel 3 Abschnitt II Nr. 1 des Internationalen Abkommens über Kraftfahrzeugverkehr vom 24. April 1926 (RGBl. 1930 II S. 1234) entsprechen müssen. [2] Krafträder benötigen nur ein Kennzeichen an der Rückseite. [3] Ausländische Kraftfahrzeuganhänger müssen an der Rückseite ihr heimisches Kennzeichen nach Satz 1 oder, wenn ein solches nicht zugeteilt oder ausgegeben ist, das Kennzeichen des ziehenden Kraftfahrzeugs führen.

(2) [1] Ausländische Kraftfahrzeuge und Kraftfahrzeuganhänger müssen außerdem ein Nationalitätszeichen führen, das Artikel 5 und Anlage C des Internationalen Abkommens über Kraftfahrzeugverkehr vom 24. April 1926 (RGBl. 1930 II S. 1234) oder Artikel 37 und Anhang 3 des Übereinkommens über den Straßenverkehr vom 8. November

1573

6 IntVO Verordnung über internationalen Kraftfahrzeugverkehr

1968 (BGBl. 1977 II S. 809) entsprechen muß. ²Bei ausländischen Kraftfahrzeugen und Kraftfahrzeuganhängern, die in einem Mitgliedstaat der Europäischen Union zugelassen sind und entsprechend dem Anhang der Verordnung (EG) Nr. 2411/98 des Rates vom 3. November 1998 (ABl. EG Nr. L 299 S. 1) am linken Rand des Kennzeichens das Unterscheidungszeichen des Zulassungsstaates führen, ist die Anbringung eines Nationalitätszeichens nach Satz 1 nicht erforderlich.

§ 3

(1) Ausländische Kraftfahrzeuge und ihre Anhänger müssen in Gewicht und Abmessungen den §§ 32 und 34 der Straßenverkehrs-Zulassungs-Ordnung entsprechen.

(2) Ausländische Kraftfahrzeuge müssen an Sitzen, für die das Recht des Zulassungsstaates Sicherheitsgurte vorschreibt, über diese Sicherheitsgurte verfügen.

(3) ¹Ausländische Kraftfahrzeuge, deren Internationaler oder ausländischer Zulassungsschein von einem Mitgliedstaat der Europäischen Union oder von einem anderen Vertragsstaat des Abkommens über den Europäischen Wirtschaftsraum ausgestellt worden ist und die in der Richtlinie 92/6/EWG des Rates vom 10. Februar 1992 über Einbau und Benutzung von Geschwindigkeitsbegrenzern für bestimmte Kraftfahrzeugklassen in der Gemeinschaft (ABl. EG Nr. L 57 S. 27) genannt werden, müssen über Geschwindigkeitsbegrenzer nach Maßgabe des Rechts des Zulassungsstaates verfügen. ²Die Geschwindigkeitsbegrenzer müssen benutzt werden.

(4) ¹Die Luftreifen ausländischer Kraftfahrzeuge und Kraftfahrzeuganhänger, deren Internationaler oder ausländischer Zulassungsschein von einem Mitgliedstaat der Europäischen Union oder von einem anderen Vertragsstaat des Abkommens über den Europäischen Wirtschaftsraum ausgestellt worden ist und die in der Richtlinie 89/459/EWG des Rates vom 18. Juli 1989 zur Angleichung der Rechtsvorschriften der Mitgliedstaaten über die Profiltiefe der Reifen an bestimmten Klassen von Kraftfahrzeugen und deren Anhängern (ABl. EG Nr. L 226 S. 4) genannt werden, müssen beim Hauptprofil der Lauffläche eine Profiltiefe von mindestens 1,6 Millimeter aufweisen; als Hauptprofil gelten dabei die breiten Profilrillen im mittleren Bereich der Lauffläche, der etwa ³/₄ der Laufflächenbreite einnimmt. ²Dies gilt nicht, wenn das Recht des Zulassungsstaates eine geringere Mindestprofiltiefe vorsieht.

§ 3 a

¹Ausländische Kraftfahrzeuge, die gemäß Anlage XIV der Straßenverkehrs-Zulassungs-Ordnung zur Geräuschklasse G 1 gehören, gelten als geräuscharm; sie dürfen mit dem Zeichen „Geräuscharmes Kraftfahrzeug" gemäß Anlage XV der Straßenverkehrs-Zulassungs-Ordnung gekennzeichnet sein. ²Andere Fahrzeuge dürfen mit diesem Zeichen nicht gekennzeichnet werden. ³An Fahrzeugen dürfen keine Zeichen angebracht werden, die mit dem Zeichen nach Satz 1 verwechselt werden können.

§ 4

(1) ¹Inhaber einer ausländischen Fahrerlaubnis dürfen im Umfang ihrer Berechtigung im Inland Kraftfahrzeuge führen, wenn sie hier keinen ordentlichen Wohnsitz im Sinne des § 7 der Fahrerlaubnis-Verordnung haben. ²Begründet der Inhaber einer in einem anderen Mitgliedstaat der Europäischen Union oder einem anderen Vertragsstaat des Abkommens über den Europäischen Wirtschaftsraum erteilten Fahrerlaubnis einen ordentlichen Wohnsitz im Inland, richtet sich seine weitere Berechtigung zum Führen von Kraftfahrzeugen nach § 28 der Fahrerlaubnis-Verordnung. ³Begründet der Inhaber einer in einem anderen Staat erteilten Fahrerlaubnis einen ordentlichen Wohnsitz im Inland, besteht die Berechtigung noch sechs Monate. ⁴Die Fahrerlaubnisbehörde kann die Frist auf Antrag bis zu sechs Monaten verlängern, wenn der Antragsteller glaubhaft macht, daß er seinen ordentlichen Wohnsitz nicht länger als zwölf Monate im Inland haben wird. ⁵Auflagen zur ausländischen Fahrerlaubnis sind auch im Inland zu beachten.

Verordnung über internationalen Kraftfahrzeugverkehr **IntVO 6**

(2) ¹Die Fahrerlaubnis ist durch einen gültigen nationalen oder internationalen Führerschein (Artikel 7 und Anlage E des Internationalen Abkommens über Kraftfahrzeugverkehr vom 24. April 1926 – RGBl. 1930 II S. 1234 –, Artikel 41 und Anhang 7 des Übereinkommens über den Straßenverkehr vom 8. November 1968 – BGBl. 1977 II S. 809 – oder Artikel 24 und Anlage 10 des Übereinkommens über den Straßenverkehr vom 19. September 1949 – Vertragstexte der Vereinten Nationen 1552 S. 22 –) nachzuweisen. ²Ausländische nationale Führerscheine, die nicht in deutscher Sprache abgefaßt sind, die nicht in einem anderen Mitgliedstaat der Europäischen Union oder einem anderen Vertragsstaat des Abkommens über den Europäischen Wirtschaftsraum ausgestellt worden sind oder die nicht dem Anhang 6 des Übereinkommens über den Straßenverkehr vom 8. November 1968 entsprechen, müssen mit einer Übersetzung verbunden sein, es sei denn, die Bundesrepublik Deutschland hat auf das Mitführen der Übersetzung verzichtet. ³Für die Erstellung der Übersetzung gilt § 1 Abs. 3 Satz 1 entsprechend.

(3) Die Berechtigung nach Absatz 1 gilt nicht für Inhaber ausländischer Fahrerlaubnisse,
1. die lediglich im Besitz eines Lernführerscheins oder eines anderen vorläufig ausgestellten Führerscheins sind,
2. die zum Zeitpunkt der Erteilung der ausländischen Erlaubnis zum Führen von Kraftfahrzeugen ihren ordentlichen Wohnsitz im Inland hatten, es sei denn, daß sie die Fahrerlaubnis in einem anderen Mitgliedstaat der Europäischen Union oder einem anderen Vertragsstaat des Abkommens über den Europäischen Wirtschaftsraum während eines mindestens sechsmonatigen, ausschließlich dem Besuch einer Hochschule oder Schule dienenden Aufenthalts erworben haben,
3. denen die Fahrerlaubnis im Inland vorläufig oder rechtskräftig von einem Gericht oder sofort vollziehbar oder bestandskräftig von einer Verwaltungsbehörde entzogen worden ist, denen die Fahrerlaubnis bestandskräftig versagt worden ist oder denen die Fahrerlaubnis nur deshalb nicht entzogen worden ist, weil sie zwischenzeitlich auf die Fahrerlaubnis verzichtet haben,
4. denen aufgrund einer rechtskräftigen gerichtlichen Entscheidung keine Fahrerlaubnis erteilt werden darf oder
5. solange sie im Inland, in dem Staat, der die Fahrerlaubnis erteilt hatte oder in dem Staat, in dem sie ihren ordentlichen Wohnsitz haben, einem Fahrverbot unterliegen oder der Führerschein nach § 94 der Strafprozeßordnung beschlagnahmt, sichergestellt oder in Verwahrung genommen worden ist.

(4) Das Recht, von einer ausländischen Fahrerlaubnis nach einer der in Absatz 3 Nr. 3 und 4 genannten Entscheidungen im Inland Gebrauch zu machen, wird auf Antrag erteilt, wenn die Gründe für die Entziehung nicht mehr bestehen.

§ 5

Als vorübergehend im Sinne des § 1 Abs. 1 gilt ein Zeitraum bis zu einem Jahr; der Zeitablauf beginnt
a) bei internationalen Zulassungsscheinen nach dem Internationalen Abkommen über Kraftfahrzeugverkehr vom 24. April 1926 mit dem Ausstellungstage,
b) bei ausländischen Zulassungsscheinen mit dem Tage des Grenzübertritts.

§ 6 *(aufgehoben)*

§ 7

(1) Für Kraftfahrzeuge oder Kraftfahrzeuganhänger, für die nach § 23 der Straßenverkehrs-Zulassungs-Ordnung ein amtliches Kennzeichen zugeteilt ist, wird auf Antrag ein Internationaler Zulassungsschein nach Artikel 4 und Anlage B des Internationalen Abkommens über Kraftfahrzeugverkehr vom 24. April 1926 (RGBl. 1930 II S. 1234) ausgestellt.

6 IntVO Verordnung über internationalen Kraftfahrzeugverkehr

(2) ¹Soll ein zum Verkehr nicht zugelassenes Kraftfahrzeug, das im Geltungsbereich dieser Verordnung keinen regelmäßigen Standort haben soll, mit eigener Triebkraft aus dem Geltungsbereich dieser Verordnung verbracht werden, sind die Vorschriften der §§ 16 bis 62, des § 72 Abs. 2 sowie die damit im Zusammenhang stehenden Bußgeldvorschriften der Straßenverkehrs-Zulassungs-Ordnung mit folgender Maßgabe anzuwenden:

1. ¹Es genügt, wenn die den §§ 30 bis 62 der Straßenverkehrs-Zulassungs-Ordnung entsprechenden Vorschriften erfüllt werden, die in dem Gebiet gelten, in das das Fahrzeug verbracht werden soll. ²Das Fahrzeug muss jedoch mindestens verkehrssicher sein; dies ist grundsätzlich anzunehmen, wenn der nächste Termin zur Durchführung der Hauptuntersuchung und Sicherheitsprüfung nach dem Ablauf der Zulassung im Geltungsbereich dieser Verordnung liegt; ansonsten ist eine Untersuchung im Umfang einer Hauptuntersuchung oder Sicherheitsprüfung durchzuführen. ³Unberührt bleiben die Vorschriften über Abmessungen und Gewichte nach den §§ 32 und 34 der Straßenverkehrs-Zulassungs-Ordnung. ⁴Der Nachweis über das Vorliegen der Voraussetzungen nach den Sätzen 1 und 2 für erstmals in den Verkehr kommende Fahrzeuge kann vom Fahrzeughersteller erbracht werden, wenn er Inhaber einer Allgemeinen Betriebserlaubnis für Fahrzeuge ist.
2. Das Fahrzeug darf nur zugelassen werden, wenn nachgewiesen ist, daß eine Haftpflichtversicherung nach dem Gesetz über die Haftpflichtversicherung für ausländische Kraftfahrzeuge und Kraftfahrzeuganhänger vom 24. Juli 1956 (BGBl. I S. 667, 1957 I S. 368) in der jeweils geltenden Fassung besteht.
3. ¹Die Zulassung im Geltungsbereich dieser Verordnung ist auf die Dauer der nach Nummer 2 nachgewiesenen Haftpflichtversicherung, längstens auf ein Jahr, zu befristen. ²Unberührt bleibt die Befugnis der Zulassungsbehörde, durch Befristung der Zulassung und durch Auflagen sicherzustellen, daß das Fahrzeug in angemessener Zeit den Geltungsbereich dieser Verordnung verläßt.
4. An die Stelle des amtlichen Kennzeichens tritt das Ausfuhrkennzeichen nach Muster 1.
5. ¹Zur Abstempelung des Kennzeichens ist das Fahrzeug der Zulassungsbehörde vorzuführen und von ihr zu identifizieren; diese kann auf die Vorführung verzichten, wenn das Fahrzeug erstmals in den Verkehr gebracht werden soll und ein Nachweis des Fahrzeugherstellers über die Vorschriftsmäßigkeit und Identität des Fahrzeugs vorgelegt wird. ²Zur Abstempelung sind Stempelplaketten nach § 23 Abs. 4 der Straßenverkehrs-Zulassungs-Ordnung, jedoch mit dem Dienstsiegel der Zulassungsbehörde mit einem Durchmesser von 35 mm mit rotem Untergrund (RAL 2002) zu verwenden.
6. ¹An die Stelle des Fahrzeugscheins oder des Nachweises über die Betriebserlaubnis tritt der Internationale Zulassungsschein. ²Auf der Vorderseite des Zulassungsscheins ist ein Vermerk über den Ablauf der Gültigkeitsdauer der Zulassung im Geltungsbereich dieser Verordnung anzubringen.
7. Der Fahrzeugbrief, falls ein solcher ausgefertigt wurde, ist der Zulassungsbehörde vorzulegen und von ihr unbrauchbar zu machen.
8. Die §§ 28, 29, 29a bis h, 47a und 57b der Straßenverkehrs-Zulassungs-Ordnung finden keine Anwendung.

²Die vorstehenden Bestimmungen gelten entsprechend für die Zulassung von Kraftfahrzeuganhängern, die hinter einem Kraftfahrzeug aus dem Geltungsbereich dieser Verordnung verbracht werden sollen.

§ 7a

Führen Kraftfahrzeuge oder Kraftfahrzeuganhänger außer den nach § 7 Abs. 2 Satz 1 Nr. 4 oder den nach der Straßenverkehrs-Zulassungs-Ordnung vorgesehenen Kennzeichen auch das Nationalitätszeichen „D", so muß dieses Artikel 37 und Anhang 3 des Übereinkommens über den Straßenverkehr vom 8. November 1968 (BGBl. 1977 II S. 809) entsprechen.

Verordnung über internationalen Kraftfahrzeugverkehr   IntVO **6**

§ 8

(1) ¹Kraftfahrzeugführer erhalten auf Antrag den Internationalen Führerschein, wenn sie das achtzehnte Lebensjahr vollendet haben und die nach § 6 Abs. 1 der Fahrerlaubnis-Verordnung für das Führen des Fahrzeugs erforderliche EU- oder EWR-Fahrerlaubnis oder eine ausländische Erlaubnis zum Führen von Kraftfahrzeugen gemäß § 4 nachweisen. ²§ 4 Abs. 2 Satz 2 ist entsprechend anzuwenden.

(2) Dem Antrag sind ein Lichtbild (Brustbild in der Größe von 35 mm × 45 mm bis 40 mm × 50 mm, das den Antragsteller ohne Kopfbedeckung im Halbprofil zeigt) und der Führerschein beizufügen.

§ 9

(1) Internationale Zulassungs- und Führerscheine müssen nach Muster 6, 6 a und 7 in deutscher Sprache mit lateinischen Druck- oder Schriftzeichen ausgestellt werden.

(2) ¹Beim internationalen Führerschein nach Muster 7 (Artikel 7 und Anlage E des Internationalen Abkommens über Kraftfahrzeugverkehr vom 24. April 1926) entsprechen der Fahrerlaubnis
1. der Klasse A (unbeschränkt) die Klasse C,
2. der Klasse B die Klasse A,
3. der Klasse C die Klasse B.

²Außerdem wird erteilt
1. dem Inhaber einer Fahrerlaubnis der Klasse A (beschränkt) die Klasse C beschränkt auf Krafträder mit einer Leistung von nicht mehr als 25 kW und einem Verhältnis Leistung/Leergewicht von nicht mehr als 0,16 kW/kg,
2. dem Inhaber einer Fahrerlaubnis der Klasse A1 die Klasse C beschränkt auf Krafträder mit einem Hubraum von nicht mehr als 125 cm³ und einer Leistung von nicht mehr als 11 kW,
3. dem Inhaber einer Fahrerlaubnis der Klasse C1 die Klasse B beschränkt auf Kraftfahrzeuge mit einer zulässigen Gesamtmasse von nicht mehr als 7500 kg,
4. dem Inhaber einer Fahrerlaubnis der Klasse D die Klasse B beschränkt auf Kraftomnibusse,
5. dem Inhaber einer Fahrerlaubnis der Klasse D1 die Klasse B beschränkt auf Kraftomnibusse mit nicht mehr als 16 Plätzen außer dem Führersitz.

(3) ¹Beim internationalen Führerschein nach Muster 6 a (Artikel 41 und Anhang 7 des Übereinkommens über den Straßenverkehr vom 8. November 1968) entsprechen, soweit die Klassen nicht übereinstimmen, der Fahrerlaubnis
1. der Klasse A (beschränkt) die Klasse A beschränkt auf Krafträder mit einer Leistung von nicht mehr als 25 kW und einem Verhältnis Leistung/Leergewicht von nicht mehr als 0,16 kW/kg,
2. der Klasse A1 die Klasse A beschränkt auf Krafträder mit einem Hubraum von nicht mehr als 125 cm³ und einer Leistung von nicht mehr als 11 kW,
3. der Klasse C1 die Klasse C beschränkt auf Kraftfahrzeuge mit einer zulässigen Gesamtmasse von nicht mehr als 7500 kg,
4. der Klasse D1 die Klasse D beschränkt auf Kraftomnibusse mit nicht mehr als 16 Sitzplätzen außer dem Führersitz.

²Bei den Klassen C1E und D1E ist die zulässige Gesamtmasse des Zuges auf 12 000 kg zu beschränken und bei der Klasse D1E zu vermerken, daß der Anhänger nicht zur Personenbeförderung benutzt werden darf. ³Weitere Beschränkungen der Fahrerlaubnis sind zu übernehmen.

(4) ¹Die Gültigkeitsdauer internationaler Führerscheine nach Muster 7 beträgt ein Jahr, solcher nach Muster 6 a drei Jahre vom Zeitpunkt ihrer Ausstellung. ²Bei internationalen Führerscheinen nach Muster 6 a darf die Gültigkeitsdauer jedoch nicht über die entsprechende Dauer des nationalen Führerscheins hinausgehen; dessen Nummer muß auf dem internationalen Führerschein vermerkt sein.

6 IntVO   Verordnung über internationalen Kraftfahrzeugverkehr

§ 10

Der Führer eines Kraftfahrzeugs hat
1. den Internationalen oder ausländischen Zulassungsschein nach § 1 Abs. 1 oder den Internationalen Zulassungsschein nach § 7 Abs. 2 Satz 1 Nr. 6, auch in Verbindung mit Satz 2,
2. den internationalen Führerschein oder den nationalen ausländischen Führerschein und
3. eine Übersetzung des ausländischen Zulassungsscheins nach § 1 Abs. 3 und des ausländischen Führerscheins nach § 4 Abs. 2 Satz 2

mitzuführen und zuständigen Personen auf Verlangen zur Prüfung auszuhändigen.

§ 11

(1) Erweist sich ein ausländisches Fahrzeug als unvorschriftsmäßig, so ist nach § 17 der Straßenverkehrs-Zulassungs-Ordnung zu verfahren; muß der Betrieb des Fahrzeugs untersagt werden, so wird der (ausländische oder Internationale) Zulassungsschein an die ausstellende Stelle zurückgesandt.

(2) ¹Erweist sich der Inhaber einer ausländischen Fahrerlaubnis (§ 4) als ungeeignet oder nicht befähigt zum Führen von Kraftfahrzeugen, ist ihm das Recht abzuerkennen, von der ausländischen Fahrerlaubnis Gebrauch zu machen. ²Erweist er sich als noch bedingt geeignet, ist die Fahrerlaubnis soweit wie notwendig einzuschränken oder es sind die erforderlichen Auflagen anzuordnen. ³Im übrigen sind die §§ 3 und 46 der Fahrerlaubnis-Verordnung entsprechend anzuwenden. ⁴Die Aberkennung des Rechts, von einer ausländischen Fahrerlaubnis Gebrauch zu machen, ist auf dem ausländischen Führerschein, bei internationalen Führerscheinen durch Ausfüllung des dafür vorgesehenen Vordrucks, zu vermerken und der ausstellenden Stelle des Auslands und dem Kraftfahrt-Bundesamt mitzuteilen.

(3) Im Inland ausgestellte Internationale Zulassungs- und Führerscheine sind, wenn der Betrieb eines Fahrzeugs oder das Führen eines Kraftfahrzeugs untersagt (die Fahrerlaubnis entzogen) wird, der untersagenden Behörde abzuliefern.

§ 12

Im grenznahen Raum haben die Beamten des Grenzzolldienstes dieselben Befugnisse wie die Polizeibeamten über alle auf öffentlichen Straßen verkehrenden Kraftfahrzeuge oder Kraftfahrzeuganhänger und ihre Führer, gleichviel, ob sie dem internationalen Verkehr dienen oder nicht.

§ 13

Soweit diese Verordnung keine besonderen Regelungen trifft, gelten für die Zuständigkeiten und für die Ausnahmen von dieser Verordnung die §§ 68, 70 und 71 der Straßenverkehrs-Zulassungs-Ordnung und die §§ 73 und 74 der Fahrerlaubnis-Verordnung entsprechend.

§ 13a *(aufgehoben)*

§ 14

Ordnungswidrig im Sinne des § 24 des Straßenverkehrsgesetzes handelt, wer vorsätzlich oder fahrlässig
1. entgegen § 2 Abs. 1 Satz 1, 3 oder Abs. 2 an einem ausländischen Kraftfahrzeug oder Kraftfahrzeuganhänger das Kennzeichen oder das Nationalitätszeichen nicht oder nicht wie dort vorgeschrieben führt,
2. entgegen § 3a Satz 2 ein Fahrzeug kennzeichnet oder entgegen § 3a Satz 3 ein Zeichen anbringt,
3. einer vollziehbaren Auflage nach § 4 Abs. 1 Satz 5 zuwiderhandelt,

4. entgegen § 10 den Zulassungsschein, den Führerschein oder die Übersetzung des ausländischen Zulassungsscheins oder Führerscheins nicht mitführt oder zuständigen Personen auf Verlangen zur Prüfung nicht aushändigt,
5. einer vollziehbaren Auflage nach § 11 Abs. 2 Satz 2 zuwiderhandelt.

§ 15

[1] Diese Verordnung tritt am 1. Januar 1935 in Kraft. [2] Gleichzeitig treten die Verordnung über internationalen Kraftfahrzeugverkehr vom 24. Oktober 1930 (Reichsgesetzbl. I S. 481) nebst späteren Änderungen und die Bekanntmachung über internationalen Kraftfahrzeugverkehr vom 27. November 1930 (Reichsministerialbl. S. 670) außer Kraft; jedoch bleiben die auf Grund des § 16 der genannten Verordnung getroffenen Sonderbestimmungen unberührt.

Muster 1 (zu § 7 Abs. 2) – vom Abdruck wird abgesehen –.

7. Nationalitätszeichen im internationalen Kraftfahrzeugverkehr

(Stand: November 2003, VBl **01** 527, **03** 784)

A	Österreich	GB	Vereinigtes Königreich Großbritannien und Nordirland
AFG	Afghanistan		
AL	Albanien	GBA	Alderney
AND	Andorra	GBG	Guernsey
ANG	Angola	GBJ	Jersey
AUS	Australien	GBM	Insel Man
AZ	Aserbaidschan	GBZ	Gibraltar
B	Belgien	GCA	Guatemala
BD	Bangladesch	GE	Georgien
BDS	Barbados	GH	Ghana
BF	Burkina Faso	GR	Griechenland
BG	Bulgarien	GUY	Guyana
BH	Belize	H	Ungarn
BIH	Bosnien und Herzegowina	HK	Hongkong
BOL	Bolivien	HN	Honduras
BR	Brasilien	HR	Kroatien
BRN	Bahrain	I	Italien
BRU	Brunei Darussalam	IL	Israel
BS	Bahamas	IND	Indien
BY	Belarus (Weißrußland)	IR	Iran
C	Kuba	IRL	Irland
CD	Kongo, Demokratische Republik	IRQ	Irak
		IS	Island
CDN	Kanada	J	Japan
CH	Schweiz	JA	Jamaika
CI	Côte d'Ivoire (Elfenbeinküste)	JOR	Jordanien
CO	Kolumbien	K	Kambodscha
CR	Costa Rica	KS	Kirgisistan
CY	Zypern	KSA	Saudi Arabien
CZ	Tschechische Republik	KWT	Kuwait
DK	Dänemark	KZ	Kasachstan
DOM	Dominikanische Republik	L	Luxemburg
DZ	Algerien	LAO	Laos
E	Spanien	LS	Lesotho
EAK	Kenia	LT	Litauen
EAT	Tansania	LV	Lettland
EAU	Uganda	M	Malta
EC	Ecuador	MA	Marokko
ER	Eritrea	MAL	Malaysia
ES	El Salvador	MC	Monaco
EST	Estland	MD	Moldau
ET	Ägypten	MEX	Mexiko
ETH	Äthiopien	MGL	Mongolei
F	Frankreich	MK	Mazedonien (ehemalige jugoslawische Republik)
FIN	Finnland		
FJI	Fidschi	MOC	Mosambik
FL	Liechtenstein	MS	Mauritius
FR	Färöer	MW	Malawi

7 Nationalitätskennzeichen

MYA	Myanmar	S	Schweden
N	Norwegen	SCG	Serbien und Montenegro
NA	Niederländische Antillen	SD	Swasiland
NAM	Namibia	SGP	Singapur
NIC	Nicaragua	SK	Slowakische Republik
NL	Niederlande	SLO	Slowenien
NZ	Neuseeland	SME	Suriname
OM	Oman	SN	Senegal
P	Portugal	SP	Somalia
PA	Panama	SY	Seychellen
PE	Peru	SYR	Syrien
PK	Pakistan	THA	Thailand
PL	Polen	TJ	Tadschikistan
PY	Paraguay	TM	Turkmenistan
Q	Katar	TN	Tunesien
RA	Argentinien	TR	Türkei
RB	Botsuana	TT	Trinidad und Tobago
RC	China (Taiwan)	UA	Ukraine
RCA	Zentralafrikanische Republik	UAE	Vereinigte Arabische Emirate
RCB	Kongo	USA	Vereinigte Staaten von Amerika
RCH	Chile	UZ	Usbekistan
RH	Haiti	V	Vatikanstadt
RI	Indonesien	VN	Vietnam
RIM	Mauretanien	WAG	Gambia
RL	Libanon	WAL	Sierra Leone
RM	Madagaskar	WAN	Nigeria
RMM	Mali	WD	Dominica
RN	Niger	WG	Grenada
RO	Rumänien	WL	Santa Lucia
ROK	Korea (Republik)	WS	Samoa
ROU	Uruguay	WV	St. Vincent und die Grenadinen
RP	Philippinen	YV	Venezuela
RSM	San Marino	Z	Sambia
RT	Togo	ZA	Südafrika
RUS	Russische Föderation	ZW	Simbabwe
RWA	Ruanda		

8. Verordnung über die Erteilung einer Verwarnung, Regelsätze für Geldbußen und die Anordnung eines Fahrverbots wegen Ordnungswidrigkeiten im Straßenverkehr (Bußgeldkatalog-Verordnung – BKatV)

Vom 13. November 2001 (BGBl. I S. 3033),
zuletzt geändert am 22.1. 2004 (BGBl. I S.117)

§ 1 Bußgeldkatalog

(1) ¹Bei Ordnungswidrigkeiten nach den §§ 24 und 24a des Straßenverkehrsgesetzes, die in der Anlage zu dieser Verordnung (Bußgeldkatalog – BKat) aufgeführt sind, ist eine Geldbuße nach den dort bestimmten Beträgen festzusetzen. ²Bei Ordnungswidrigkeiten nach § 24 des Straßenverkehrsgesetzes, bei denen im Bußgeldkatalog ein Regelsatz bis zu 35 Euro bestimmt ist, ist ein entsprechendes Verwarnungsgeld zu erheben.

(2) Die im Bußgeldkatalog bestimmten Beträge sind Regelsätze, die von fahrlässiger Begehung und gewöhnlichen Tatumständen ausgehen.

§ 2 Verwarnung

(1) Die Verwarnung muss mit einem Hinweis auf die Verkehrszuwiderhandlung verbunden sein.

(2) Bei unbedeutenden Ordnungswidrigkeiten nach § 24 des Straßenverkehrsgesetzes kommt eine Verwarnung ohne Verwarnungsgeld in Betracht.

(3) Das Verwarnungsgeld wird in Höhe von 5, 10, 15, 20, 25, 30 und 35 Euro erhoben.

(4) Bei Fußgängern soll das Verwarnungsgeld in der Regel 5 Euro, bei Radfahrern 10 Euro betragen, sofern der Bußgeldkatalog nichts anderes bestimmt.

(5) Ist im Bußgeldkatalog ein Regelsatz für das Verwarnungsgeld von mehr als 20 Euro vorgesehen, so kann er bei offenkundig außergewöhnlich schlechten wirtschaftlichen Verhältnissen des Betroffenen bis auf 20 Euro ermäßigt werden.

(6) Werden durch dieselbe Handlung mehrere geringfügige Ordnungswidrigkeiten begangen, für die eine Verwarnung mit Verwarnungsgeld in Betracht kommt, so wird nur ein Verwarnungsgeld, und zwar das höchste der in Betracht kommenden, erhoben.

(7) Hat der Betroffene durch mehrere Handlungen geringfügige Ordnungswidrigkeiten begangen oder gegen dieselbe Vorschrift mehrfach verstoßen, so sind die einzelnen Verstöße getrennt zu verwarnen.

(8) In den Fällen der Absätze 6 und 7 ist jedoch zu prüfen, ob die Handlung oder die Handlungen insgesamt noch geringfügig sind.

§ 3 Bußgeldregelsätze

(1) Etwaige Eintragungen des Betroffenen im Verkehrszentralregister sind im Bußgeldkatalog nicht berücksichtigt, soweit nicht in den Nummern 152.1, 241.1, 241.2, 242.1 und 242.2 des Bußgeldkatalogs etwas anderes bestimmt ist.

(2) Wird ein Tatbestand der Nummer 198.1 in Verbindung mit der Tabelle 3 des Anhangs oder der Nummern 212, 214.1, 214.2 oder 223 des Bußgeldkatalogs, für den ein Regelsatz von mehr als 35 Euro vorgesehen ist, vom Halter eines Kraftfahrzeugs verwirklicht, so ist derjenige Regelsatz anzuwenden, der in diesen Fällen für das Anordnen oder Zulassen der Inbetriebnahme eines Kraftfahrzeugs durch den Halter vorgesehen ist.

(3) Die Regelsätze, die einen Betrag von mehr als 35 Euro vorsehen, erhöhen sich bei Vorliegen einer Gefährdung oder Sachbeschädigung nach der Tabelle 4 des Anhangs, soweit diese Merkmale oder eines dieser Merkmale nicht bereits im Tatbestand des Bußgeldkatalogs enthalten sind.

(4) ¹Wird von dem Führer eines kennzeichnungspflichtigen Kraftfahrzeugs mit gefährlichen Gütern oder eines Kraftomnibusses mit Fahrgästen ein Tatbestand
1. der Nummern 8.1, 8.2, 15, 19, 19.1, 19.1.1., 21, 21.1, 212, 214.1, 214.2, 223 oder
2. der Nummern 12.5 oder 12.6, jeweils in Verbindung mit der Tabelle 2 des Anhangs, oder
3. der Nummern 198.1 oder 198.2, jeweils in Verbindung mit der Tabelle 3 des Anhangs,

des Bußgeldkatalogs verwirklicht, so erhöht sich der dort genannte Regelsatz, sofern dieser einen Betrag von mehr als 35 Euro vorsieht, auch in den Fällen des Absatzes 3, jeweils um die Hälfte, höchstens jedoch auf 475 Euro. ²Der nach Satz 1 erhöhte Regelsatz ist auch anzuwenden, wenn der Halter die Inbetriebnahme eines kennzeichnungspflichtigen Kraftfahrzeugs mit gefährlichen Gütern oder eines Kraftomnibusses mit Fahrgästen in den Fällen
1. der Nummern 189.1.1, 189.1.2, 189.2.1, 189.2.2, 189.3.1, 189.3.2, 213 oder
2. der Nummern 199.1, 199.2, jeweils in Verbindung mit der Tabelle 3 des Anhangs, oder 224

des Bußgeldkatalogs anordnet oder zulässt.

(5) ¹Werden durch eine Handlung mehrere Tatbestände des Bußgeldkatalogs verwirklicht, die jeweils einen Bußgeldregelsatz von mehr als 35 Euro vorsehen, so ist nur ein Regelsatz, bei unterschiedlichen Regelsätzen der höchste, anzuwenden. ²Dieser kann angemessen erhöht werden, höchstens jedoch auf 475 Euro.

(6) ¹Bei Ordnungswidrigkeiten nach § 24 des Straßenverkehrsgesetzes, die von nicht motorisierten Verkehrsteilnehmern begangen werden, ist, sofern der Bußgeldregelsatz mehr als 35 Euro beträgt und der Bußgeldkatalog nicht besondere Tatbestände für diese Verkehrsteilnehmer enthält, der Regelsatz um die Hälfte zu ermäßigen. ²Beträgt der nach Satz 1 ermäßigte Regelsatz weniger als 40 Euro, so soll eine Geldbuße nur festgesetzt werden, wenn eine Verwarnung mit Verwarnungsgeld nicht erteilt werden kann.

§ 4 Regelfahrverbot

(1) ¹Bei Ordnungswidrigkeiten nach § 24 des Straßenverkehrsgesetzes kommt die Anordnung eines Fahrverbots (§ 25 Abs. 1 Satz 1 des Straßenverkehrsgesetzes) wegen grober Verletzung der Pflichten eines Kraftfahrzeugführers in der Regel in Betracht, wenn ein Tatbestand
1. der Nummern 9.1 bis 9.3, der Nummern 11.1 bis 11.3, jeweils in Verbindung mit der Tabelle 1 des Anhangs,
2. der Nummern 12.5.4 oder 12.5.5 der Tabelle 2 des Anhangs, soweit die Geschwindigkeit mehr als 100 km/h beträgt, oder der Nummern 12.6.4 oder 12.6.5 der Tabelle 2 des Anhangs,
3. der Nummern 19.1.1, 21.1 oder 83.3 oder
4. der Nummern 132.1, 132.2, 132.2.1 oder 152.1

des Bußgeldgeldkatalogs verwirklicht wird. ²Wird in diesen Fällen ein Fahrverbot angeordnet, so ist in der Regel die dort bestimmte Dauer festzusetzen.

(2) ¹Wird ein Fahrverbot wegen beharrlicher Verletzung der Pflichten eines Kraftfahrzeugführers zum ersten Mal angeordnet, so ist seine Dauer in der Regel auf einen Monat festzusetzen. ²Ein Fahrverbot kommt in der Regel in Betracht, wenn gegen den Führer eines Kraftfahrzeugs wegen einer Geschwindigkeitsüberschreitung von mindestens 26 km/h bereits eine Geldbuße rechtskräftig festgesetzt worden ist und er innerhalb eines

Jahres seit Rechtskraft der Entscheidung eine weitere Geschwindigkeitsüberschreitung von mindestens 26 km/h begeht.

(3) Bei Ordnungswidrigkeiten nach § 24a des Straßenverkehrsgesetzes ist ein Fahrverbot (§ 25 Abs. 1 Satz 2 des Straßenverkehrsgesetzes) in der Regel mit der in den Nummern 241, 241.1, 241.2, 242, 242.1 und 242.2 des Bußgeldkatalogs vorgesehenen Dauer anzuordnen.

(4) Wird von der Anordnung eines Fahrverbots ausnahmsweise abgesehen, so soll das für den betreffenden Tatbestand als Regelsatz vorgesehene Bußgeld angemessen erhöht werden.

§ 5 Inkrafttreten, Außerkrafttreten

[1] Diese Verordnung tritt am 1. Januar 2002 in Kraft. [2] Gleichzeitig tritt die Bußgeldkatalog-Verordnung vom 4. Juli 1989 (BGBl. I S. 1305, 1447), zuletzt geändert durch Artikel 6 des Gesetzes vom 19. März 2001 (BGBl. I S. 386), außer Kraft.

Bußgeldkatalog (BKat)

Anlage
(zu § 1 Abs. 1)

Lfd. Nr.	Tatbestand	StVO	Regelsatz in Euro (€), Fahrverbot in Monaten
	A. Zuwiderhandlungen gegen § 24 StVG		
	a) Straßenverkehrs-Ordnung		
	Grundregeln		
1	Durch Außerachtlassen der im Verkehr erforderlichen Sorgfalt	§ 1 Abs. 2 § 49 Abs. 1 Nr. 1	
1.1	einen anderen mehr als nach den Umständen unvermeidbar belästigt		10 €
1.2	einen anderen mehr als nach den Umständen unvermeidbar behindert		20 €
1.3	einen anderen gefährdet		30 €
1.4	einen anderen geschädigt, soweit im Folgenden nichts anderes bestimmt ist		35 €
	Straßenbenutzung durch Fahrzeuge		
2	Vorschriftswidrig Gehweg, Seitenstreifen (außer auf Autobahnen oder Kraftfahrstraßen), Verkehrsinsel oder Grünanlage benutzt	§ 2 Abs. 1 § 49 Abs. 1 Nr. 2	5 €
2.1	– mit Behinderung	§ 2 Abs. 1 § 1 Abs. 2 § 49 Abs. 1 Nr. 1, 2	10 €
2.2	– mit Gefährdung		20 €
3	Gegen das Rechtsfahrgebot verstoßen durch Nichtbenutzen		
3.1	der rechten Fahrbahnseite	§ 2 Abs. 2 § 49 Abs. 1 Nr. 2	10 €
3.1.1	– mit Behinderung	§ 2 Abs. 2 § 1 Abs. 2 § 49 Abs. 1 Nr. 1, 2	20 €
3.2	des rechten Fahrstreifens (außer auf Autobahnen oder Kraftfahrstraßen) und dadurch einen anderen behindert	§ 2 Abs. 2 § 1 Abs. 2 § 49 Abs. 1 Nr. 1, 2	20 €
3.3	der rechten Fahrbahn bei zwei getrennten Fahrbahnen	§ 2 Abs. 2 § 49 Abs. 1 Nr. 2	25 €
3.3.1	– mit Gefährdung	§ 2 Abs. 2 § 1 Abs. 2 § 49 Abs. 1 Nr. 1, 2	35 €
3.4	eines markierten Schutzstreifens als Radfahrer	§ 2 Abs. 2 § 49 Abs. 1 Nr. 2	10 €
3.4.1	– mit Behinderung	§ 2 Abs. 2 § 1 Abs. 2 § 49 Abs. 1 Nr. 1, 2	15 €
3.4.2	– mit Gefährdung		20 €
3.4.3	– mit Sachbeschädigung		25 €
4	Gegen das Rechtsfahrgebot verstoßen	§ 2 Abs. 2 § 1 Abs. 2 § 49 Abs. 1 Nr. 1, 2	
4.1	bei Gegenverkehr, beim Überholtwerden, an Kuppen, in Kurven oder bei Unübersichtlichkeit und dadurch einen anderen gefährdet		40 €

Lfd. Nr.	Tatbestand	StVO	Regelsatz in Euro (€), Fahrverbot in Monaten
4.2	auf Autobahnen oder Kraftfahrstraßen und dadurch einen anderen behindert		40 €
5	Schienenbahn nicht durchfahren lassen	§ 2 Abs. 3 § 49 Abs. 1 Nr. 2	5 €
6	Als Führer eines kennzeichnungspflichtigen Kraftfahrzeugs mit gefährlichen Gütern bei Sichtweite unter 50 m durch Nebel, Schneefall oder Regen oder bei Schneeglätte oder Glatteis sich nicht so verhalten, daß die Gefährdung eines anderen ausgeschlossen war, insbesondere, obwohl nötig, nicht den nächsten geeigneten Platz zum Parken aufgesucht.	§ 2 Abs. 3 a § 49 Abs. 1 Nr. 2	75 €
7	Als Radfahrer oder Mofafahrer		
7.1	Radweg (Zeichen 237, 240, 241) nicht benutzt oder in nicht zugelassener Richtung befahren	§ 2 Abs. 4 Satz 2 § 41 Abs. 2 Nr. 5 Satz 6 Buchstabe b § 49 Abs. 1 Nr. 2, Abs. 3 Nr. 4	15 €
7.1.1	– mit Behinderung	§ 2 Abs. 4 Satz 2 § 1 Abs. 2 § 41 Abs. 2 Nr. 5 Satz 6 Buchstabe b § 49 Abs. 1 Nr. 1, 2 Abs. 3 Nr. 4	20 €
7.1.2	– mit Gefährdung		25 €
7.1.3	– mit Sachbeschädigung		30 €
7.2	Fahrbahn, Radweg oder Seitenstreifen nicht vorschriftsmäßig benutzt	§ 2 Abs. 4 Satz 1, 4, 5 § 49 Abs. 1 Nr. 2	10 €
7.2.1	– mit Behinderung	§ 2 Abs. 4 Satz 1, 4, 5 § 1 Abs. 2 § 49 Abs. 1 Nr. 1, 2	15 €
7.2.2	– mit Gefährdung		20 €
7.2.3	– mit Sachbeschädigung		25 €
	Geschwindigkeit		
8	Mit nicht angepaßter Geschwindigkeit gefahren		
8.1	trotz angekündigter Gefahrenstelle, bei Unübersichtlichkeit, an Straßenkreuzungen, Straßeneinmündungen, Bahnübergängen oder bei schlechten Sicht- oder Wetterverhältnissen (z. B. Nebel, Glatteis)	§ 3 Abs. 1 Satz 1, 2, 4, 5 § 19 Abs. 1 Satz 2 § 49 Abs. 1 Nr. 3, 19 Buchstabe a	50 €
8.2	in anderen als in Nummer 8.1 genannten Fällen mit Sachbeschädigung	§ 3 Abs. 1 Satz 1, 2, 4, 5 § 1 Abs. 2 § 49 Abs. 1 Nr. 1, 3	35 €
9	Festgesetzte Höchstgeschwindigkeit bei Sichtweite unter 50 m durch Nebel, Schneefall oder Regen überschritten	§ 3 Abs. 1 Satz 3 § 49 Abs. 1 Nr. 3	50 €
9.1	um mehr als 20 km/h mit einem Kraftfahrzeug der in § 3 Abs. 3 Nr. 2 Buchstaben a oder b StVO genannten Art		Tabelle 1 Buchstabe a
9.2	um mehr als 15 km/h mit kennzeichnungspflichtigen Kraftfahrzeugen der in Nr. 9.1 genannten Art mit gefährlichen Gütern oder Kraftomnibussen mit Fahrgästen		Tabelle 1 Buchstabe b

Lfd. Nr.	Tatbestand	StVO	Regelsatz in Euro (€), Fahrverbot in Monaten
9.3	um mehr als 25 km/h innerorts oder 30 km/h außerorts mit anderen als den in Nr. 9.1 oder 9.2 genannten Kraftfahrzeugen		Tabelle 1 Buchstabe c
10	Als Fahrzeugführer ein Kind, einen Hilfsbedürftigen oder älteren Menschen gefährdet, insbesondere durch nicht ausreichend verminderte Geschwindigkeit, mangelnde Bremsbereitschaft oder unzureichenden Seitenabstand beim Vorbeifahren oder Überholen	§ 3 Abs. 2 a § 49 Abs. 1 Nr. 3	60 €
11	Zulässige Höchstgeschwindigkeit überschritten mit	§ 3 Abs. 3 Satz 1, Abs. 4 § 49 Abs. 1 Nr. 3 § 18 Abs. 5 Satz 2 § 49 Abs. 1 Nr. 18 § 20 Abs. 2 Satz 1, Abs. 4 Satz 1, 2 § 49 Abs. 1 Nr. 19 Buchstabe b § 41 Abs. 2 Nr. 5 Satz 6 Buchstabe e, Satz 7 Nr. 2 Satz 1 (Zeichen 239 oder 242 mit Zusatzschild, das den Fahrzeugverkehr zuläßt) § 49 Abs. 3 Nr. 4 § 41 Abs. 2 Nr. 7 (Zeichen 274 oder 274.1, 274.2) § 49 Abs. 3 Nr. 4 § 42 Abs. 4a Nr. 2 (Zeichen 325) § 49 Abs. 3 Nr. 5	
11.1	Kraftfahrzeugen der in § 3 Abs. 3 Nr. 2 Buchstaben a oder b StVO genannten Art		Tabelle 1 Buchstabe a
11.2	kennzeichnungspflichtigen Kraftfahrzeugen der in Nr. 11.1 genannten Art mit gefährlichen Gütern oder Kraftomnibussen mit Fahrgästen		Tabelle 1 Buchstabe b
11.3	anderen als den in Nr. 11.1 oder 11.2 genannten Kraftfahrzeugen		Tabelle 1 Buchstabe c
	Abstand		
12	Erforderlichen Abstand von einem vorausfahrenden Fahrzeug nicht eingehalten	§ 4 Abs. 1 Satz 1 § 49 Abs. 1 Nr. 4	
12.1	bei einer Geschwindigkeit bis 80 km/h		25 €
12.2	– mit Gefährdung	§ 4 Abs. 1 Satz 1 § 1 Abs. 2 § 49 Abs. 1 Nr. 1, 4	30 €
12.3	– mit Sachbeschädigung		35 €
12.4	bei einer Geschwindigkeit von mehr als 80 km/h, sofern der Abstand in Metern nicht weniger als ein Viertel des Tachowertes betrug	§ 4 Abs. 1 Satz 1 § 49 Abs. 1 Nr. 4	35 €
12.5	bei einer Geschwindigkeit von mehr als 80 km/h, sofern der Abstand in Metern weniger als ein Viertel des Tachowertes betrug		Tabelle 2 Buchstabe a

Lfd. Nr.	Tatbestand	StVO	Regelsatz in Euro (€), Fahrverbot in Monaten
12.6	bei einer Geschwindigkeit von mehr als 130 km/h, sofern der Abstand in Metern weniger als ein Viertel des Tachowertes betrug		Tabelle 2 Buchstabe b
13	Als Vorausfahrender ohne zwingenden Grund stark gebremst		
13.1	– mit Gefährdung	§ 4 Abs. 1 Satz 2 § 1 Abs. 2 § 49 Abs. 1 Nr. 1, 4	20 €
13.2	– mit Sachbeschädigung		30 €
14	Den zum Einscheren erforderlichen Abstand von dem vorausfahrenden Fahrzeug außerhalb geschlossener Ortschaften nicht eingehalten	§ 4 Abs. 2 Satz 1 § 49 Abs. 1 Nr. 4	25 €
15	Mit Lastkraftwagen (zulässiges Gesamtgewicht über 3,5 t) oder Kraftomnibus bei einer Geschwindigkeit von mehr als 50 km/h auf einer Autobahn Mindestabstand von 50 m von einem vorausfahrenden Fahrzeug nicht eingehalten	§ 4 Abs. 3 § 49 Abs. 1 Nr. 4	50 €
	Überholen		
16	Innerhalb geschlossener Ortschaften rechts überholt	§ 5 Abs. 1 § 49 Abs. 1 Nr. 5	30 €
16.1	– mit Sachbeschädigung	§ 5 Abs. 1 § 1 Abs. 2 § 49 Abs. 1 Nr. 1, 5	35 €
17	Außerhalb geschlossener Ortschaften rechts überholt	§ 5 Abs. 1 § 49 Abs. 1 Nr. 5	50 €
18	Mit nicht wesentlich höherer Geschwindigkeit als der zu Überholende überholt	§ 5 Abs. 2 Satz 2 § 49 Abs. 1 Nr. 5	40 €
19	Überholt, obwohl nicht übersehen werden konnte, daß während des ganzen Überholvorgangs jede Behinderung des Gegenverkehrs ausgeschlossen war, oder bei unklarer Verkehrslage	§ 5 Abs. 2 Satz 1, Abs. 3 Nr. 1 § 49 Abs. 1 Nr. 5	50 €
19.1	und dabei Verkehrszeichen (Zeichen 276, 277) nicht beachtet oder Fahrstreifenbegrenzung (Zeichen 295, 296) überquert oder überfahren oder der durch Pfeile vorgeschriebenen Fahrtrichtung (Zeichen 297) nicht gefolgt	§ 5 Abs. 2 Satz 1, Abs. 3 Nr. 2 § 49 Abs. 1 Nr. 5	75 €
19.1.1	mit Gefährdung oder Sachbeschädigung	§ 5 Abs. 2 Satz 1, Abs. 3 Nr. 2 § 1 Abs. 2 § 49 Abs. 1 Nr. 1, 5	125 € **Fahrverbot 1 Monat**
20	Überholt unter Nichtbeachten von Verkehrszeichen (Zeichen 276, 277)	§ 5 Abs. 3 Nr. 2 § 49 Abs. 1 Nr. 5	40 €
21	Mit einem Kraftfahrzeug mit einem zulässigen Gesamtgewicht über 7,5 t überholt, obwohl die Sichtweite durch Nebel, Schneefall oder Regen weniger als 50 m betrug	§ 5 Abs. 3a § 49 Abs. 1 Nr. 5	75 €
21.1	mit Gefährdung oder Sachbeschädigung	§ 5 Abs. 3a § 1 Abs. 2 § 49 Abs. 1 Nr. 1, 5	125 € **Fahrverbot 1 Monat**
22	Zum Überholen ausgeschert und dadurch nachfolgenden Verkehr gefährdet	§ 5 Abs. 4 Satz 1 § 49 Abs. 1 Nr. 5	40 €

8 BKatV BußgeldkatalogVO

Lfd. Nr.	Tatbestand	StVO	Regelsatz in Euro (€), Fahrverbot in Monaten
23	Beim Überholen ausreichenden Seitenabstand zu einem anderen Verkehrsteilnehmer nicht eingehalten	§ 5 Abs. 4 Satz 2 § 49 Abs. 1 Nr. 5	30 €
23.1	– mit Sachbeschädigung	§ 5 Abs. 4 Satz 2 § 1 Abs. 2 § 49 Abs. 1 Nr. 1, 5	35 €
24	Nach dem Überholen nicht sobald wie möglich wieder nach rechts eingeordnet	§ 5 Abs. 4 Satz 3 § 49 Abs. 1 Nr. 5	10 €
25	Nach dem Überholen beim Einordnen einen Überholten behindert	§ 5 Abs. 4 Satz 4 § 49 Abs. 1 Nr. 5	20 €
26	Beim Überholtwerden Geschwindigkeit erhöht	§ 5 Abs. 6 Satz 1 § 49 Abs. 1 Nr. 5	30 €
27	Als Führer eines langsameren Fahrzeugs Geschwindigkeit nicht ermäßigt oder nicht gewartet, um mehreren unmittelbar folgenden Fahrzeugen das Überholen zu ermöglichen	§ 5 Abs. 6 Satz 2 § 49 Abs. 1 Nr. 5	10 €
28	Vorschriftswidrig links überholt, obwohl der Fahrer des vorausfahrenden Fahrzeuges die Absicht, nach links abzubiegen, angekündigt und sich eingeordnet hatte	§ 5 Abs. 7 Satz 1 § 49 Abs. 1 Nr. 5	25 €
28.1	– mit Sachbeschädigung	§ 5 Abs. 7 Satz 1 § 1 Abs. 2 § 49 Abs. 1 Nr. 1, 5	30 €
	Fahrtrichtungsanzeiger		
29	Fahrtrichtungsanzeiger nicht wie vorgeschrieben benutzt	§ 5 Abs. 4a § 49 Abs. 1 Nr. 5 § 6 Satz 2 § 49 Abs. 1 Nr. 6 § 7 Abs. 5 Satz 2 § 49 Abs. 1 Nr. 7 § 9 Abs. 1 Satz 1 § 49 Abs. 1 Nr. 9 § 10 Satz 2 § 49 Abs. 1 Nr. 10 § 42 Abs. 2 (Zusatzschild zum Zeichen 306) § 49 Abs. 3 Nr. 5	10 €
	Vorbeifahren		
30	An einem haltenden Fahrzeug, einer Absperrung oder einem sonstigen Hindernis auf der Fahrbahn links vorbeigefahren, ohne ein entgegenkommendes Fahrzeug durchfahren zu lassen	§ 6 Satz 1 § 49 Abs. 1 Nr. 6	20 €
30.1	– mit Gefährdung	§ 6 Abs. 1 § 1 Abs. 2 § 49 Abs. 1 Nr. 1, 6	30 €
30.2	– mit Sachbeschädigung		35 €
	Benutzung von Fahrstreifen durch Kraftfahrzeuge		
31	Fahrstreifen gewechselt und dadurch einen anderen gefährdet	§ 7 Abs. 5 Satz 1 § 49 Abs. 1 Nr. 7	30 €
31.1	– mit Sachbeschädigung	§ 7 Abs. 5 Satz 1 § 1 Abs. 2 § 49 Abs. 1 Nr. 1, 7	35 €

Lfd. Nr.	Tatbestand	StVO	Regelsatz in Euro (€), Fahrverbot in Monaten
	Vorfahrt		
32	Als Wartepflichtiger an eine bevorrechtigte Straße nicht mit mäßiger Geschwindigkeit herangefahren	§ 8 Abs. 2 Satz 1 § 49 Abs. 1 Nr. 8	10 €
33	Vorfahrt nicht beachtet und dadurch einen Vorfahrtberechtigten wesentlich behindert	§ 8 Abs. 2 Satz 2 § 49 Abs. 1 Nr. 8	25 €
34	Vorfahrt nicht beachtet und dadurch einen Vorfahrtberechtigten gefährdet	§ 8 Abs. 2 Satz 2 § 49 Abs. 1 Nr. 8	50 €
	Abbiegen, Wenden, Rückwärtsfahren		
35	Abgebogen, ohne sich ordnungsgemäß oder rechtzeitig eingeordnet oder ohne vor dem Einordnen oder Abbiegen auf den nachfolgenden Verkehr geachtet zu haben	§ 9 Abs. 1 Satz 2, 4 § 49 Abs. 1 Nr. 9	10 €
35.1	– mit Gefährdung	§ 9 Abs. 1 Satz 2, 4 § 1 Abs. 2 § 49 Abs. 1 Nr. 1, 9	30 €
35.2	– mit Sachbeschädigung		35 €
36	Als Linksabbieger auf längs verlegten Schienen eingeordnet und dadurch ein Schienenfahrzeug behindert	§ 9 Abs. 1 Satz 3 § 49 Abs. 1 Nr. 9	5 €
37	Als auf der Fahrbahn abbiegender Radfahrer bei ausreichendem Raum nicht an der rechten Seite des in gleicher Richtung abbiegenden Fahrzeugs geblieben	§ 9 Abs. 2 Satz 1 § 49 Abs. 1 Nr. 9	10 €
37.1	– mit Behinderung	§ 9 Abs. 2 Satz 1 § 1 Abs. 2 § 49 Abs. 1 Nr. 1, 9	15 €
37.2	– mit Gefährdung		20 €
37.3	– mit Sachbeschädigung		25 €
38	Als nach links abbiegender Radfahrer nicht abgestiegen, obwohl es die Verkehrslage erforderte, oder Radverkehrsführungen nicht gefolgt	§ 9 Abs. 2 Satz 4, 5 § 49 Abs. 1 Nr. 9	10 €
38.1	– mit Behinderung	§ 9 Abs. 2 Satz 4, 5 § 1 Abs. 2 § 49 Abs. 1 Nr. 1, 9	15 €
38.2	– mit Gefährdung		20 €
38.3	– mit Sachbeschädigung		25 €
39	Abgebogen, ohne Fahrzeug durchfahren zu lassen	§ 9 Abs. 3 Satz 1, 2, Abs. 4 Satz 1 § 49 Abs. 1 Nr. 9	10 €
40	Abgebogen, ohne Fahrzeug durchfahren zu lassen, und dadurch einen anderen gefährdet	§ 9 Abs. 3 Satz 1, 2, Abs. 4 Satz 1 § 1 Abs. 2 § 49 Abs. 1 Nr. 1, 9	40 €
41	Beim Abbiegen auf einen Fußgänger keine besondere Rücksicht genommen und ihn dadurch gefährdet	§ 9 Abs. 3 Satz 3 § 1 Abs. 2 § 49 Abs. 1 Nr. 1, 9	40 €
42	Beim Linksabbiegen nicht voreinander abgebogen	§ 9 Abs. 4 Satz 2 § 49 Abs. 1 Nr. 9	10 €
43	Beim Linksabbiegen nicht voreinander abgebogen und dadurch einen anderen gefährdet	§ 9 Abs. 4 Satz 2 § 1 Abs. 2 § 49 Abs. 1 Nr. 1, 9	40 €

Lfd. Nr.	Tatbestand	StVO	Regelsatz in Euro (€), Fahrverbot in Monaten
44	Beim Abbiegen in ein Grundstück, beim Wenden oder Rückwärtsfahren einen anderen Verkehrsteilnehmer gefährdet	§ 9 Abs. 5 § 49 Abs. 1 Nr. 9	50 €
	Kreisverkehr		
45	Innerhalb des Kreisverkehrs auf der Fahrbahn		
45.1	Gehalten	§ 9a Abs. 1 Satz 3 § 49 Abs. 1 Nr. 9a	10 €
45.1.1	– mit Behinderung	§ 9a Abs. 1 Satz 3 § 1 Abs. 2 § 49 Abs. 1 Nr. 1, 9a	15 €
45.2	Geparkt	§ 9a Abs. 1 Satz 3 § 49 Abs. 1 Nr. 9a	15 €
45.2.1	– mit Behinderung	§ 9a Abs. 1 Satz 3 § 1 Abs. 2 § 49 Abs. 1 Nr. 1, 9a	25 €
46	Als Berechtigter beim Überfahren der Mittelinsel im Kreisverkehr einen anderen gefährdet	§ 9a Abs. 2 Satz 2 Halbsatz 2 § 49 Abs. 1 Nr. 9a	35 €
	Einfahren und Anfahren		
47	Aus einem Grundstück, einem Fußgängerbereich (Zeichen 242, 243), einem verkehrsberuhigten Bereich (Zeichen 325, 326) auf die Straße oder von einem anderen Straßenteil oder über einen abgesenkten Bordstein hinweg auf die Fahrbahn eingefahren oder vom Fahrbahnrand angefahren und dadurch einen anderen gefährdet	§ 10 Satz 1 § 49 Abs. 1 Nr. 10	30 €
47.1	– mit Sachbeschädigung	§ 10 Satz 1 § 1 Abs. 2 § 49 Abs. 1 Nr. 1, 10	35 €
48	Beim Fahren in eine oder aus einer Parklücke stehendes Fahrzeug beschädigt	§ 10 Satz 1 § 1 Abs. 2 § 49 Abs. 1 Nr. 1, 10	20 €
	Besondere Verkehrslagen		
49	Trotz stockenden Verkehrs in eine Kreuzung oder Einmündung eingefahren und dadurch einen anderen behindert	§ 11 Abs. 1 Satz 1 § 1 Abs. 2 § 49 Abs. 1 Nr. 1, 11	20 €
50	Bei stockendem Verkehr auf einer Autobahn oder Außerortsstraße für die Durchfahrt von Polizei- oder Hilfsfahrzeugen eine vorschriftsmäßige Gasse nicht gebildet	§ 11 Abs. 2 § 49 Abs. 1 Nr. 11	20 €
	Halten und Parken		
51	Unzulässig gehalten		
51.1	in den in § 12 Abs. 1 genannten Fällen	§ 12 Abs. 1 § 49 Abs. 1 Nr. 12	10 €
51.1.1	– mit Behinderung	§ 12 Abs. 1 § 1 Abs. 2 § 49 Abs. 1 Nr. 1, 12	15 €
51.2	in „zweiter Reihe"	§ 12 Abs. 4 Satz 1, 2, Halbsatz 2 § 49 Abs. 1 Nr. 12	15 €

Lfd. Nr.	Tatbestand	StVO	Regelsatz in Euro (€), Fahrverbot in Monaten
51.2.1	– mit Behinderung	§ 12 Abs. 4 Satz 1, 2 Halbsatz 2 § 1 Abs. 2 § 49 Abs. 1 Nr. 1, 12	20 €
51 a	An einer engen oder unübersichtlichen Straßenseite oder im Bereich einer scharfen Kurve geparkt (§ 12 Abs. 2 StVO)	§ 12 Abs. 1 Nr. 1, 2 § 49 Abs. 1 Nr. 12	15 €
51 a.1	– mit Behinderung	§ 12 Abs. 1 Nr. 1, 2 § 1 Abs. 2 § 49 Abs. 1 Nr. 1, 12	25 €
51 a.2	länger als 1 Stunde	§ 12 Abs. 1 Nr. 1, 2 § 49 Abs. 1 Nr. 12	25 €
51 a.2.1	– mit Behinderung	§ 12 Abs. 1 Nr. 1, 2 § 1 Abs. 2 § 49 Abs. 1 Nr. 1, 12	35 €
51 a.3	wenn ein Rettungsfahrzeug im Einsatz behindert worden ist	§ 12 Abs. 1 Nr. 1, 2 § 1 Abs. 2 § 49 Abs. 1 Nr. 1, 12	40 €
52	Unzulässig geparkt (§ 12 Abs. 2 StVO) in den Fällen, in denen § 12 Abs. 1 Nr. 3 bis 7, 9 StVO das Halten verbietet, oder auf Geh- und Radwegen	§ 12 Abs. 1 Nr. 3 bis 7, 9 Abs. 3 Nr. 8 Buchstabe c, Abs. 4a § 49 Abs. 1 Nr. 12 § 41 Abs. 2 Nr. 5 Satz 6 Buchstabe a, Satz 2 (Zeichen 237) § 49 Abs. 3 Nr. 4 § 42 Abs. 4 (Zeichen 315) § 49 Abs. 3 Nr. 5	15 €
52.1	– mit Behinderung	§ 12 Abs. 1 Nr. 3 bis 7, 9 Abs. 3 Nr. 8 Buchstabe c, Abs. 4a § 1 Abs. 2 § 49 Abs. 1 Nr. 1, 12 § 41 Abs. 2 Nr. 5 Satz 6 Buchstabe a, Satz 2 (Zeichen 237) § 1 Abs. 2 § 49 Abs. 1, Nr. 1, Abs. 3 Nr. 4 § 42 Abs. 4 (Zeichen 315) § 1 Abs. 2 § 49 Abs. 1 Nr. 1, Abs. 3 Nr. 5	25 €
52.2	länger als 1 Stunde	§ 12 Abs. 1 Nr. 3 bis 7, 9 Abs. 3 Nr. 8 Buchstabe c, Abs. 4a § 49 Abs. 1 Nr. 12 § 41 Abs. 2 Nr. 5 Satz 6 Buchstabe a, Satz 2 (Zeichen 237) § 49 Abs. 3 Nr. 4	25 €

Lfd. Nr.	Tatbestand	StVO	Regelsatz in Euro (€), Fahrverbot in Monaten
52.2.1	– mit Behinderung	§ 42 Abs. 4 (Zeichen 315) § 49 Abs. 3 Nr. 5 § 12 Abs. 1 Nr. 3 bis 7, 9 Abs. 3 Nr. 8 Buchstabe c, Abs. 4a § 1 Abs. 2 § 49 Abs. 1 Nr. 1, 12 § 41 Abs. 2 Nr. 5 Satz 6 Buchstabe a, Satz 2 (Zeichen 237) § 1 Abs. 2 § 49 Abs. 1, Nr. 1, Abs. 3 Nr. 4 § 42 Abs. 4 (Zeichen 315) § 1 Abs. 2 § 49 Abs. 1 Nr. 1, Abs. 3 Nr. 5	35 €
53	Vor oder in amtlich gekennzeichneten Feuerwehrzufahrten geparkt (§ 12 Abs. 2 StVO)	§ 12 Abs. 1 Nr. 8 § 49 Abs. 1 Nr. 12	35 €
53.1	und dadurch ein Rettungsfahrzeug im Einsatz behindert	§ 12 Abs. 1 Nr. 8 § 1 Abs. 2 § 49 Abs. 1 Nr. 12	50 €
54	Unzulässig geparkt (§ 12 Abs. 2) in den in § 12 Abs. 3 Nr. 1 bis 7, 8 Buchstaben a, b oder d oder Nr. 9 genannten Fällen	§ 12 Abs. 3 Nr. 1 bis 7, 8 Buchstaben a, b, d, Nr. 9 § 49 Abs. 1 Nr. 12	10 €
54.1	– mit Behinderung	§ 12 Abs. 3 Nr. 1 bis 7, 8 Buchstaben a, b, d, Nr. 9 § 1 Abs. 2 § 49 Abs. 1 Nr. 1, 12	15 €
54.2	länger als 3 Stunden	§ 12 Abs. 3 Nr. 1 bis 7, 8 Buchstaben a, b, d, Nr. 9 § 49 Abs. 1 Nr. 12	20 €
54.2.1	– mit Behinderung	§ 12 Abs. 3 Nr. 1 bis 7, 8 Buchstaben a, b, d, Nr. 9 § 1 Abs. 2 § 49 Abs. 1 Nr. 1, 12	30 €
55	Unberechtigt auf Schwerbehinderten-Parkplatz geparkt (§ 12 Abs. 2 StVO)	§ 12 Abs. 3 Nr. 8 Buchstabe c (Zeichen 315 mit Zusatzschild), Buchstabe e (Zeichen 314 mit Zusatzschild) § 49 Abs. 1 Nr. 12	35 €
56	In einem nach § 12 Abs. 3a Satz 1 StVO geschützten Bereich während nicht zugelassener Zeiten mit einem Kraftfahrzeug über 7,5 t zulässiges Gesamtgewicht oder einem Kraftfahrzeuganhänger über 2 t zulässiges Gesamtgewicht regelmäßig geparkt (§ 12 Abs. 2 StVO)	§ 12 Abs. 3a Satz 1 § 49 Abs. 1 Nr. 12	30 €

Lfd. Nr.	Tatbestand	StVO	Regelsatz in Euro (€), Fahrverbot in Monaten
57	Mit Kraftfahrzeuganhänger ohne Zugfahrzeug länger als zwei Wochen geparkt (§ 12 Abs. 2 StVO)	§ 12 Abs. 3 b Satz 1 § 49 Abs. 1 Nr. 12	20 €
58	In „zweiter Reihe" geparkt (§ 12 Abs. 2 StVO)	§ 12 Abs. 4 Satz 1, 2 Halbsatz 2 § 49 Abs. 1 Nr. 12	20 €
58.1	– mit Behinderung	§ 12 Abs. 4 Satz 1, 2 Halbsatz 2 § 1 Abs. 2 § 49 Abs. 1 Nr. 1, 12	25 €
58.2	länger als 15 Minuten	§ 12 Abs. 4 Satz 1, 2 Halbsatz 2 § 49 Abs. 1 Nr. 12	30 €
58.2.1	– mit Behinderung	§ 12 Abs. 4 Satz 1, 2 Halbsatz 2 § 1 Abs. 2 § 49 Abs. 1 Nr. 1, 12	35 €
59	Im Fahrraum von Schienenfahrzeugen gehalten	§ 12 Abs. 4 Satz 5 § 49 Abs. 1 Nr. 12	20 €
59.1	– mit Behinderung	§ 12 Abs. 4 Satz 5 § 1 Abs. 2 § 49 Abs. 1 Nr. 1, 12	30 €
60	Im Fahrraum von Schienenfahrzeugen geparkt (§ 12 Abs. 2 StVO)	§ 12 Abs. 4 Satz 5 § 49 Abs. 1 Nr. 12	25 €
60.1	– mit Behinderung	§ 12 Abs. 4 Satz 5 § 1 Abs. 2 § 49 Abs. 1 Nr. 1, 12	35 €
61	Vorrang des Berechtigten beim Einparken in eine Parklücke nicht beachtet	§ 12 Abs. 5 § 49 Abs. 1 Nr. 12	10 €
62	Nicht platzsparend gehalten oder geparkt (§ 12 Abs. 2 StVO)	§ 12 Abs. 6 § 49 Abs. 1 Nr. 12	10 €
	Einrichtungen zur Überwachung der Parkzeit		
63	An einer abgelaufenen Parkuhr, ohne vorgeschriebene Parkscheibe, ohne Parkschein oder unter Überschreiten der erlaubten Höchstparkdauer geparkt (§ 12 Abs. 2 StVO)	§ 13 Abs. 1, 2 § 49 Abs. 1 Nr. 13	5 €
63.1	bis zu 30 Minuten		5 €
63.2	bis zu 1 Stunde		10 €
63.3	bis zu 2 Stunden		15 €
63.4	bis zu 3 Stunden		20 €
63.5	länger als 3 Stunden		25 €
	Sorgfaltspflichten beim Ein- und Aussteigen		
64	Beim Ein- oder Aussteigen einen anderen Verkehrsteilnehmer gefährdet	§ 14 Abs. 1 § 49 Abs. 1 Nr. 14	10 €
64.1	– mit Sachbeschädigung	§ 14 Abs. 1 § 1 Abs. 2 § 49 Abs. 1 Nr. 1, 14	25 €
65	Fahrzeug verlassen, ohne die nötigen Maßnahmen getroffen zu haben, um Unfälle oder Verkehrsstörungen zu vermeiden	§ 14 Abs. 2 Satz 1 § 49 Abs. 1 Nr. 14	15 €

Lfd. Nr.	Tatbestand	StVO	Regelsatz in Euro (€), Fahrverbot in Monaten
65.1	– mit Sachbeschädigung	§ 14 Abs. 2 Satz 2 § 1 Abs. 2 § 49 Abs. 1 Nr. 1, 14	25 €
	Liegenbleiben von Fahrzeugen		
66	Liegen gebliebenes mehrspuriges Fahrzeug nicht oder nicht wie vorgeschrieben abgesichert, beleuchtet oder kenntlich gemacht und dadurch einen anderen gefährdet	§ 15, auch i. V. m. § 17 Abs. 4 Satz 1, 3 § 1 Abs. 2 § 49 Abs. 1 Nr. 1, 15	40 €
	Abschleppen von Fahrzeugen		
67	Beim Abschleppen eines auf der Autobahn liegen gebliebenen Fahrzeugs die Autobahn nicht bei der nächsten Ausfahrt verlassen oder mit einem außerhalb der Autobahn liegen gebliebenen Fahrzeug in die Autobahn eingefahren	§ 15 a Abs. 1, 2 § 49 Abs. 1 Nr. 15 a	20 €
68	Während des Abschleppens Warnblinklicht nicht eingeschaltet	§ 15 a Abs. 3 § 49 Abs. 1 Nr. 15a	5 €
69	Kraftrad abgeschleppt	§ 15 a Abs. 4 § 49 Abs. 1 Nr. 15 a	10 €
	Warnzeichen		
70	Missbräuchlich Schall- oder Leuchtzeichen gegeben und dadurch einen anderen belästigt oder Schallzeichen gegeben, die aus einer Folge verschieden hoher Töne bestehen	§ 16 Abs. 1, 3 § 1 Abs. 2 § 49 Abs. 1 Nr. 1, 16	10 €
71	Als Führer eines Omnibusses des Linienverkehrs oder eines gekennzeichneten Schulbusses Warnblinklicht bei Annäherung an eine Haltestelle oder für die Dauer des Ein- und Aussteigens der Fahrgäste entgegen der straßenverkehrsbehördlichen Anordnung nicht eingeschaltet	§ 16 Abs. 2 Satz 1 § 49 Abs. 1 Nr. 16	10 €
72	Warnblinklicht missbräuchlich eingeschaltet	§ 16 Abs. 2 Satz 2 § 49 Abs. 1 Nr. 16	5 €
	Beleuchtung		
73	Vorgeschriebene Beleuchtungseinrichtungen nicht oder nicht vorschriftsmäßig benutzt, obwohl die Sichtverhältnisse es erforderten, oder nicht rechtzeitig abgeblendet oder Beleuchtungseinrichtungen in verdecktem oder beschmutztem Zustand benutzt	§ 17 Abs. 1, 2 Satz 3, Abs. 3 Satz 2, 5, Abs. 6 § 49 Abs. 1 Nr. 17	10 €
73.1	– mit Gefährdung	§ 17 Abs. 1, 2 Satz 3, Abs. 3 Satz 2, 5, Abs. 6 § 1 Abs. 2 § 49 Abs. 1 Nr. 1, 17	15 €
73.2	– mit Sachbeschädigung		35 €
74	Nur mit Standlicht oder auf einer Straße mit durchgehender, ausreichender Beleuchtung mit Fernlicht gefahren oder mit einem Kraftrad am Tage nicht mit Abblendlicht gefahren	§ 17 Abs. 2 Satz 1, 2, Abs. 2a § 49 Abs. 1 Nr. 17	10 €
74.1	– mit Gefährdung	§ 17 Abs. 2 Satz 1, 2, Abs. 2a	15 €

Lfd. Nr.	Tatbestand	StVO	Regelsatz in Euro (€), Fahrverbot in Monaten
74.2	– mit Sachbeschädigung	§ 1 Abs. 2 § 49 Abs. 1 Nr. 1, 17	35 €
75	Bei erheblicher Sichtbehinderung durch Nebel, Schneefall oder Regen innerhalb geschlossener Ortschaften am Tage nicht mit Abblendlicht gefahren	§ 17 Abs. 3 Satz 1 § 49 Abs. 1 Nr. 17	25 €
75.1	– mit Sachbeschädigung	§ 17 Abs. 3 Satz 1 § 1 Abs. 2 § 49 Abs. 1 Nr. 1, 17	35 €
76	Bei erheblicher Sichtbehinderung durch Nebel, Schneefall oder Regen außerhalb geschlossener Ortschaften am Tage nicht mit Abblendlicht gefahren	§ 17 Abs. 3 Satz 1 § 49 Abs. 1 Nr. 17	40 €
77	Haltendes mehrspuriges Fahrzeug nicht oder nicht wie vorgeschrieben beleuchtet oder kenntlich gemacht	§ 17 Abs. 4 Satz 1, 3 § 49 Abs. 1 Nr. 17	20 €
77.1	– mit Sachbeschädigung	§ 17 Abs. 4 Satz 1, 3 § 1 Abs. 2 § 49 Abs. 1 Nr. 1, 17	35 €

Autobahnen und Kraftfahrstraßen

Lfd. Nr.	Tatbestand	StVO	Regelsatz in Euro (€), Fahrverbot in Monaten
78	Autobahn oder Kraftfahrstraße mit einem Fahrzeug benutzt, dessen durch die Bauart bestimmte Höchstgeschwindigkeit weniger als 60 km/h betrug oder dessen zulässige Höchstabmessungen zusammen mit der Ladung überschritten waren, soweit die Gesamthöhe nicht mehr als 4,20 m betrug	§ 18 Abs. 1 § 49 Abs. 1 Nr. 18	20 €
79	Autobahn oder Kraftfahrstraße mit einem Fahrzeug benutzt, dessen Höhe zusammen mit der Ladung mehr als 4,20 m betrug	§ 18 Abs. 1 Satz 2 § 49 Abs. 1 Nr. 18	40 €
80	An dafür nicht vorgesehener Stelle eingefahren	§ 18 Abs. 2 § 49 Abs. 1 Nr. 18	25 €
81	An dafür nicht vorgesehener Stelle eingefahren und dadurch einen anderen gefährdet	§ 18 Abs. 2 § 1 Abs. 2 § 49 Abs. 1 Nr. 1, 18	50 €
82	Beim Einfahren Vorfahrt auf der durchgehenden Fahrbahn nicht beachtet	§ 18 Abs. 3 § 49 Abs. 1 Nr. 18	50 €
83	Gewendet, rückwärts oder entgegen der Fahrtrichtung gefahren	§ 18 Abs. 7 § 2 Abs. 1 § 49 Abs. 1 Nr. 2, 18	50 €
83.1	in einer Ein- oder Ausfahrt		50 €
83.2	auf der Nebenfahrbahn oder dem Seitenstreifen		100 €
83.3	auf der durchgehenden Fahrbahn		150 € **Fahrverbot 1 Monat**
84	Auf einer Autobahn oder Kraftfahrstraße gehalten	§ 18 Abs. 8 § 49 Abs. 1 Nr. 18	30 €
85	Auf einer Autobahn oder Kraftfahrstraße geparkt (§ 12 Abs. 2 StVO)	§ 18 Abs. 8 § 49 Abs. 1 Nr. 18	40 €
86	Als Fußgänger Autobahn betreten oder Kraftfahrstraße an dafür nicht vorgesehener Stelle betreten	§ 18 Abs. 9 § 49 Abs. 1 Nr. 18	10 €

Lfd. Nr.	Tatbestand	StVO	Regelsatz in Euro (€), Fahrverbot in Monaten
87	An dafür nicht vorgesehener Stelle ausgefahren	§ 18 Abs. 10 § 49 Abs. 1 Nr. 18	25 €
88	Seitenstreifen zum Zweck des schnelleren Vorwärtskommens benutzt	§ 2 Abs. 1 § 49 Abs. 1 Nr. 2	50 €
	Bahnübergänge		
89	Mit einem Fahrzeug den Vorrang eines Schienenfahrzeugs nicht beachtet oder Bahnübergang unter Verstoß gegen die Wartepflicht nach § 19 Abs. 2 StVO überquert	§ 19 Abs. 1 Satz 1, Abs. 2 Satz 1, 2 § 49 Abs. 1 Nr. 19 Buchstabe a	50 €
90	Vor einem Bahnübergang Wartepflichten verletzt	§ 19 Abs. 2 bis 6 § 49 Abs. 1 Nr. 19 Buchstabe a	10 €
	Öffentliche Verkehrsmittel und Schulbusse		
91	Nicht mit Schrittgeschwindigkeit gefahren (soweit nicht von Nummer 11 erfasst) an an einer Haltestelle haltendem Omnibus des Linienverkehrs, haltender Straßenbahn oder haltendem gekennzeichneten Schulbus mit ein- oder aussteigenden Fahrgästen bei Vorbeifahrt rechts	§ 20 Abs. 2 Satz 1 § 49 Abs. 1 Nr. 19 Buchstabe b	15 €
92	An an einer Haltestelle (Zeichen 224) haltendem Omnibus des Linienverkehrs, haltender Straßenbahn oder haltendem gekennzeichneten Schulbus mit ein- oder aussteigenden Fahrgästen bei Vorbeifahrt rechts Schrittgeschwindigkeit oder ausreichenden Abstand nicht eingehalten oder, obwohl nötig, nicht angehalten und dadurch einen Fahrgast		
92.1	behindert	§ 20 Abs. 2 Satz 2, 3 § 49 Abs. 1 Nr. 19 Buchstabe b	40 €, soweit sich nicht aus Nr. 11 ein höherer Regelsatz ergibt
92.2	gefährdet	§ 20 Abs. 2 Satz 1, 3 § 49 Abs. 1 Nr. 19 Buchstabe b	50 €, soweit sich nicht aus Nr. 11, auch i. V. m. Tabelle 4, ein höherer Regelsatz ergibt
93	Omnibus des Linienverkehrs oder gekennzeichneten Schulbus mit eingeschaltetem Warnblinklicht bei Annäherung an eine Haltestelle überholt	§ 20 Abs. 3 § 49 Abs. 1 Nr. 19 Buchstabe b	40 €
94	Nicht mit Schrittgeschwindigkeit gefahren (soweit nicht von Nummer 11 erfasst) an einer Haltestelle haltendem Omnibus des Linienverkehrs oder gekennzeichnetem Schulbus mit eingeschaltetem Warnblinklicht	§ 20 Abs. 4 Satz 1, 2 § 49 Abs. 1 Nr. 19 Buchstabe b	15 €
95	An an einer Haltestelle (Zeichen 224) haltendem Omnibus des Linienverkehrs oder gekennzeichnetem Schulbus mit eingeschaltetem Warnblinklicht bei Vorbeifahrt Schritt-		

Lfd. Nr.	Tatbestand	StVO	Regelsatz in Euro (€), Fahrverbot in Monaten
95.1	geschwindigkeit oder ausreichenden Abstand nicht eingehalten oder, obwohl nötig, nicht angehalten und dadurch einen Fahrgast behindert	§ 20 Abs. 4 Satz 3, 4 § 49 Abs. 1 Nr. 19 Buchstabe b	40 €, soweit sich nicht aus Nr. 11 ein höherer Regelsatz ergibt
95.2	gefährdet	§ 20 Abs. 4 Satz 1, 4 § 20 Abs. 4 Satz 2 § 1 Abs. 2 § 49 Abs. 1 Nr. 1, 19 Buchstabe b	50 €, soweit sich nicht aus Nr. 11, auch i. V. m. Tabelle 4, ein höherer Regelsatz ergibt
96	Einem Omnibus des Linienverkehrs oder einem Schulbus das Abfahren von einer gekennzeichneten Haltestelle nicht ermöglicht	§ 20 Abs. 5 § 49 Abs. 1 Nr. 19 Buchstabe b	5 €
96.1	– mit Gefährdung	§ 20 Abs. 5 § 1 Abs. 2 § 49 Abs. 1 Nr. 1, 19 Buchstabe b	20 €
96.2	– mit Sachbeschädigung		30 €
	Personenbeförderung, Sicherungspflichten		
97	Gegen eine Vorschrift über die Mitnahme von Personen auf oder in Fahrzeugen verstoßen	§ 21 Abs. 1, 2, 3 § 49 Abs. 1 Nr. 20	5 €
98	Als Kfz-Führer oder als anderer Verantwortlicher bei der Beförderung eines Kindes nicht für die vorschriftsmäßige Sicherung gesorgt (außer in KOM über 3,5 t zulässige Gesamtmasse)	§ 21 Abs. 1a, Satz 1 § 21a Abs. 1 Satz 1 § 49 Abs. 1 Nr. 20, 20a	
98.1	bei einem Kind		30 €
98.2	bei mehreren Kindern		35 €
99	Als Kfz-Führer Kind ohne jede Sicherung befördert oder als anderer Verantwortlicher nicht für eine Sicherung eines Kindes in einem Kfz gesorgt (außer in KOM über 3,5 t zulässige Gesamtmasse) oder als Führer eines Kraftrades Kind befördert, obwohl es keinen Schutzhelm trug	§ 21 Abs. 1a Satz 1 § 21a Abs. 1 Satz 1, Abs. 2 § 49 Abs. 1 Nr. 20, 20a	
99.1	bei einem Kind		40 €
99.2	bei mehreren Kindern		50 €
100	Vorgeschriebenen Sicherheitsgurt während der Fahrt nicht angelegt	§ 21a Abs. 1 Satz 1 § 49 Abs. 1 Nr. 20a	30 €
101	Amtlich genehmigten Schutzhelm während der Fahrt nicht getragen	§ 21a Abs. 2 § 49 Abs. 1 Nr. 20a	15 €
	Ladung		
102	Ladung oder Ladeeinrichtung nicht verkehrssicher verstaut oder gegen Herabfallen nicht besonders gesichert		

8 BKatV

BußgeldkatalogVO

Lfd. Nr.	Tatbestand	StVO	Regelsatz in Euro (€), Fahrverbot in Monaten
102.1	bei Lastkraftwagen oder Kraftomnibussen	§ 22 Abs. 1 § 49 Abs. 1 Nr. 21	50 €
102.1.1	– mit Gefährdung	§ 22 Abs. 1 § 1 Abs. 2 § 49 Abs. 1 Nr. 1, 21	75 €
102.2	bei anderen als in Nummer 102.1 genannten Kraftfahrzeugen	§ 22 Abs. 1 § 49 Abs. 1 Nr. 21	35 €
102.2.1	– mit Gefährdung	§ 22 Abs. 1 § 1 Abs. 2 § 49 Abs. 1 Nr. 1, 21	50 €
103	Ladung oder Ladeeinrichtung gegen vermeidbaren Lärm nicht besonders gesichert	§ 22 Abs. 1 § 49 Abs. 1 Nr. 21	10 €
104	Fahrzeug geführt, dessen Höhe zusammen mit der Ladung mehr als 4,20 m betrug	§ 22 Abs. 2 Satz 1 § 49 Abs. 1 Nr. 21	40 €
105	Fahrzeug geführt, das zusammen mit der Ladung eine der höchstzulässigen Abmessungen überschritt, soweit die Gesamthöhe nicht mehr als 4,20 m betrug, oder dessen Ladung unzulässig über das Fahrzeug hinausragte	§ 22 Abs. 2, 3, 4 Satz 1, 2, Abs. 5 Satz 2 § 49 Abs. 1 Nr. 21	20 €
106	Vorgeschriebene Sicherungsmittel nicht oder nicht ordnungsgemäß angebracht	§ 22 Abs. 4 Satz 3 bis 5, Abs. 5 Satz 1 § 49 Abs. 1 Nr. 21	25 €
	Sonstige Pflichten des Fahrzeugführers		
107	Als Fahrzeugführer nicht dafür gesorgt, daß		
107.1	seine Sicht oder sein Gehör durch die Besetzung, Tiere, die Ladung, ein Gerät oder den Zustand des Fahrzeugs nicht beeinträchtigt war	§ 23 Abs. 1 Satz 1 § 49 Abs. 1 Nr. 22	10 €
107.2	das Fahrzeug, der Zug, die Ladung oder die Besetzung vorschriftsmäßig war oder die Verkehrssicherheit des Fahrzeugs durch die Ladung oder die Besetzung nicht litt	§ 23 Abs. 1 Satz 2 § 49 Abs. 1 Nr. 22	25 €
107.3	das vorgeschriebene Kennzeichen stets gut lesbar war	§ 23 Abs. 1 Satz 3 § 49 Abs. 1 Nr. 22	5 €
107.4	an einem Kraftfahrzeug, an dessen Anhänger oder an einem Fahrrad die vorgeschriebene Beleuchtungseinrichtung auch am Tage vorhanden oder betriebsbereit war	§ 23 Abs. 1 Satz 4 § 49 Abs. 1 Nr. 22	10 €
107.4.1	– mit Gefährdung	§ 23 Abs. 1 Satz 4 § 1 Abs. 2 § 49 Abs. 1 Nr. 1, 22	20 €
107.4.2	– mit Sachbeschädigung		25 €
108	Als Fahrzeugführer nicht dafür sorgt, daß das Fahrzeug, der Zug, die Ladung oder die Besetzung vorschriftsmäßig war, wenn dadurch die Verkehrssicherheit wesentlich beeinträchtigt war oder die Verkehrssicherheit des Fahrzeugs durch die Ladung oder die Besetzung wesentlich litt	§ 23 Abs. 1 Satz 2 § 49 Abs. 1 Nr. 22	50 €

Lfd. Nr.	Tatbestand	StVO	Regelsatz in Euro (€), Fahrverbot in Monaten
109 a[1]	Als Kfz-Führer ein technisches Gerät betrieben oder betriebsbereit mitgeführt, das dafür bestimmt ist, Verkehrsüberwachungsmaßnahmen anzuzeigen oder zu stören	§ 23 Abs. 1 b § 49 Abs. 1 Nr. 22	75 €
110	Fahrzeug oder Zug nicht auf dem kürzesten Weg aus dem Verkehr gezogen, obwohl unterwegs die Verkehrssicherheit wesentlich beeinträchtigende Mängel aufgetreten waren, die nicht alsbald beseitigt werden konnten	§ 23 Abs. 2 Halbsatz 1 § 49 Abs. 1 Nr. 22	10 €
	Fußgänger		
111	Trotz vorhandenen Gehwegs oder Seitenstreifens auf der Fahrbahn oder außerhalb geschlossener Ortschaften nicht am linken Fahrbahnrand gegangen	§ 25 Abs. 1 Satz 2, 3 Halbsatz 2 § 49 Abs. 1 Nr. 24 Buchstabe a	5 €
112	Fahrbahn ohne Beachtung des Fahrzeugverkehrs oder nicht zügig auf dem kürzesten Weg quer zur Fahrtrichtung oder an nicht vorgesehener Stelle überschritten	§ 25 Abs. 3 Satz 1 § 49 Abs. 1 Nr. 24 Buchstabe a	
112.1	– mit Gefährdung	§ 25 Abs. 3 Satz 1 § 1 Abs. 2 § 49 Abs. 1 Nr. 1, 24 Buchstabe a	5 €
112.2	– mit Sachbeschädigung		10 €
	Fußgängerüberweg		
113	An einem Fußgängerüberweg, den ein Bevorrechtigter erkennbar benutzen wollte, das Überqueren der Fahrbahn nicht ermöglicht oder nicht mit mäßiger Geschwindigkeit herangefahren oder an einem Fußgängerüberweg überholt	§ 26 Abs. 1, 3 § 49 Abs. 1 Nr. 24 Buchstabe b	50 €
114	Bei stockendem Verkehr auf einen Fußgängerüberweg gefahren	§ 26 Abs. 2 § 49 Abs. 1 Nr. 24 Buchstabe b	5 €
	Übermäßige Straßenbenutzung		
115	Als Veranstalter erlaubnispflichtige Veranstaltung ohne Erlaubnis durchgeführt	§ 29 Abs. 2 Satz 1 § 49 Abs. 2 Nr. 6	40 €
116	Ohne Erlaubnis Fahrzeug oder Zug geführt, dessen Maße oder Gewichte die gesetzlich allgemein zugelassenen Grenzen tatsächlich überschritten oder dessen Bauart dem Führer kein ausreichendes Sichtfeld ließ	§ 29 Abs. 3 § 49 Abs. 2 Nr. 7	40 €
	Umweltschutz		
117	Bei Benutzung eines Fahrzeugs unnötigen Lärm oder vermeidbare Abgasbelästigungen verursacht	§ 30 Abs. 1 Satz 1, 2 § 49 Abs. 1 Nr. 25	10 €
118	Innerhalb einer geschlossenen Ortschaft unnütz hin- und hergefahren und dadurch einen anderen belästigt	§ 30 Abs. 1 Satz 3 § 49 Abs. 1 Nr. 25	20 €

---

[1] Nrn. 109, 109.1, 109.2 aufgehoben.

8 BKatV BußgeldkatalogVO

Lfd. Nr.	Tatbestand	StVO	Regelsatz in Euro (€), Fahrverbot in Monaten
	Sonntagsfahrverbot		
119	Verbotswidrig an einem Sonntag oder Feiertag gefahren	§ 30 Abs. 3 Satz 1 § 49 Abs. 1 Nr. 25	40 €
120	Als Halter das verbotswidrige Fahren an einem Sonntag oder Feiertag angeordnet oder zugelassen	§ 30 Abs. 3 Satz 1 § 49 Abs. 1 Nr. 25	200 €
	Verkehrshindernisse		
121	Straße beschmutzt oder benetzt, obwohl dadurch der Verkehr gefährdet oder erschwert werden konnte	§ 32 Abs. 1 Satz 1 § 49 Abs. 1 Nr. 27	10 €
122	Verkehrswidrigen Zustand nicht oder nicht rechtzeitig beseitigt oder nicht ausreichend kenntlich gemacht	§ 32 Abs. 1 Satz 2 § 49 Abs. 1 Nr. 27	10 €
123	Gegenstand auf eine Straße gebracht oder dort liegen gelassen, obwohl dadurch der Verkehr gefährdet oder erschwert werden konnte	§ 32 Abs. 1 Satz 1 § 49 Abs. 1 Nr. 27	40 €
124	Gefährliches Gerät nicht wirksam verkleidet	§ 32 Abs. 2 § 49 Abs. 1 Nr. 27	5 €
	Unfall		
125	Als Unfallbeteiligter den Verkehr nicht gesichert oder bei geringfügigem Schaden nicht unverzüglich beiseite gefahren	§ 34 Abs. 1 Nr. 2 § 49 Abs. 1 Nr. 29	30 €
125.1	– mit Sachbeschädigung	§ 34 Abs. 1 Nr. 2 § 1 Abs. 2 § 49 Abs. 1 Nr. 1, 29	35 €
126	Unfallspuren beseitigt, bevor die notwendigen Feststellungen getroffen worden waren	§ 34 Abs. 3 § 49 Abs. 1 Nr. 29	30 €
	Warnkleidung		
127	Bei Arbeiten außerhalb von Gehwegen oder Absperrungen auffällige Warnkleidung nicht getragen	§ 35 Abs. 6 Satz 4 § 49 Abs. 4 Nr. 1 a	5 €
	Zeichen und Weisungen der Polizeibeamten		
128	Weisung eines Polizeibeamten nicht befolgt	§ 36 Abs. 1 Satz 1, Abs. 3, Abs. 5 Satz 4 § 49 Abs. 3 Nr. 1	20 €
129	Zeichen oder Haltgebot eines Polizeibeamten nicht befolgt	§ 36 Abs. 1 Satz 1, Abs. 2, Abs. 4, Abs. 5 Satz 4 § 49 Abs. 3 Nr. 1	50 €
	Wechsellichtzeichen, Dauerlichtzeichen und Grünpfeil		
130	Als Fußgänger rotes Wechsellichtzeichen nicht befolgt oder den Weg beim Überschreiten der Fahrbahn beim Wechsel von Grün auf Rot nicht zügig fortgesetzt	§ 37 Abs. 2 Nr. 1 Satz 7, Nr. 2, 5 Satz 3 § 49 Abs. 3 Nr. 2	5 €

Lfd. Nr.	Tatbestand	StVO	Regelsatz in Euro (€), Fahrverbot in Monaten
130.1	– mit Gefährdung	§ 37 Abs. 2 Nr. 1 Satz 7, Nr. 2, 5 Satz 3 § 1 Abs. 2 § 49 Abs. 1 Nr. 1, Abs. 3 Nr. 2	5 €
130.2	– mit Sachbeschädigung		10 €
131	Beim Rechtsabbiegen mit Grünpfeil		
131.1	aus einem anderen als dem rechten Fahrstreifen abgebogen	§ 37 Abs. 2 Nr. 1 Satz 9 § 49 Abs. 3 Nr. 2	15 €
131.2	den Fahrzeugverkehr der freigegebenen Verkehrsrichtungen, ausgenommen den Fahrradverkehr auf Radwegfurten, behindert	§ 37 Abs. 2 Nr. 1 Satz 10 § 49 Abs. 3 Nr. 2	35 €
132	Als Fahrzeugführer in anderen als den Fällen des Rechtsabbiegens mit Grünpfeil rotes Wechsellichtzeichen oder rotes Dauerlichtzeichen nicht befolgt	§ 37 Abs. 2 Nr. 1 Satz 7, 11, Nr. 2, Abs. 3 Satz 1, 2 § 49 Abs. 3 Nr. 2	50 €
132.1	mit Gefährdung oder Sachbeschädigung	§ 37 Abs. 2 Nr. 1 Satz 7, 11, Nr. 2, Abs. 3 Satz 1, 2 § 1 Abs. 2 § 49 Abs. 1 Nr. 1, Abs. 3 Nr. 2	125 € **Fahrverbot 1 Monat**
132.2	bei schon länger als 1 Sekunde andauernder Rotphase eines Wechsellichtzeichens	§ 37 Abs. 2 Nr. 1 Satz 7, 11, Nr. 2 § 49 Abs. 3 Nr. 2	125 € **Fahrverbot 1 Monat**
132.2.1	mit Gefährdung oder Sachbeschädigung	§ 37 Abs. 2 Nr. 1 Satz 7, 11, Nr. 2 § 1 Abs. 2 § 49 Abs. 1 Nr. 1, Abs. 3 Nr. 2	200 € **Fahrverbot 1 Monat**
133	Beim Rechtsabbiegen mit Grünpfeil		
133.1	vor dem Rechtsabbiegen mit Grünpfeil nicht angehalten	§ 37 Abs. 2 Nr. 1 Satz 7 § 49 Abs. 3 Nr. 2	50 €
133.2	den Fahrzeugverkehr der freigegebenen Verkehrsrichtungen, ausgenommen den Fahrradverkehr auf Radwegfurten, gefährdet	§ 37 Abs. 2 Nr. 1 Satz 10 § 49 Abs. 3 Nr. 2	60 €
133.3	den Fußgängerverkehr oder den Fahrradverkehr auf Radwegfurten der freigegebenen Verkehrsrichtungen	§ 37 Abs. 2 Nr. 1 Satz 10 § 49 Abs. 3 Nr. 2	
133.3.1	behindert		60 €
133.3.2	gefährdet		75 €
	Blaues und gelbes Blinklicht		
134	Blaues Blinklicht zusammen mit dem Einsatzhorn oder allein oder gelbes Blinklicht mißbräuchlich verwendet	§ 38 Abs. 1 Satz 1, Abs. 2, Abs. 3 Satz 2 § 49 Abs. 3 Nr. 3	20 €
135	Einem Einsatzfahrzeug, das blaues Blinklicht zusammen mit dem Einsatzhorn verwendet hatte, nicht sofort freie Bahn geschaffen	§ 38 Abs. 1 Satz 2 § 49 Abs. 3 Nr. 3	20 €
	Vorschriftzeichen		
136	Unbedingtes Haltgebot (Zeichen 206) nicht befolgt	§ 41 Abs. 2 Nr. 1 Buchstabe b § 49 Abs. 3 Nr. 4	10 €

8 BKatV   BußgeldkatalogVO

Lfd. Nr.	Tatbestand	StVO	Regelsatz in Euro (€), Fahrverbot in Monaten
137	Bei verengter Fahrbahn (Zeichen 208) dem Gegenverkehr Vorrang nicht gewährt	§ 41 Abs. 2 Nr. 1 Buchstabe c § 49 Abs. 3 Nr. 4	5 €
137.1	– mit Gefährdung	§ 41 Abs. 2 Nr. 1 Buchstabe c § 1 Abs. 2 § 49 Abs. 1 Nr. 1, Abs. 3 Nr. 4	10 €
137.2	– mit Sachbeschädigung		20 €
138	Die durch Vorschriftzeichen (Zeichen 209, 211, 214, 222) vorgeschriebene Fahrtrichtung oder Vorbeifahrt nicht befolgt	§ 41 Abs. 2 Nr. 2, 3 § 49 Abs. 3 Nr. 4	10 €
138.1	– mit Gefährdung	§ 41 Abs. 2 Nr. 2, 3 § 1 Abs. 2 § 49 Abs. 1 Nr. 1, Abs. 3 Nr. 4	15 €
138.2	– mit Sachbeschädigung		25 €
	Die durch Zeichen 220 (Einbahnstraße) vorgeschriebene Fahrtrichtung nicht befolgt	§ 41 Abs. 2 Nr. 2 § 49 Abs. 3 Nr. 4	
139	Die durch Zeichen 215 (Kreisverkehr) oder Zeichen 220 (Einbahnstraße) vorgeschriebene Fahrtrichtung nicht befolgt	§ 41 Abs. 2 Nr. 2 § 49 Abs. 3 Nr. 4	
139.1	als Kfz-Führer		20 €
139.2	als Radfahrer		15 €
139.2.1	– mit Behinderung	§ 41 Abs. 2 Nr. 2 § 1 Abs. 2 § 49 Abs. 1 Nr. 1, Abs. 3 Nr. 4	20 €
139.2.2	– mit Gefährdung		25 €
139.2.3	– mit Sachbeschädigung		30 €
140	Als anderer Verkehrsteilnehmer vorschriftswidrig Radweg (Zeichen 237) oder einen sonstigen Sonderweg (Zeichen 238, 239, 240, 241) benutzt oder als anderer Fahrzeugführer Fahrradstraße (Zeichen 244) vorschriftswidrig benutzt	§ 41 Abs. 2 Nr. 5 Satz 6 Buchstabe a Satz 2, Nr. 5 Satz 8 Nr. 1 § 49 Abs. 3 Nr. 4	10 €
141	Fußgängerbereich (Zeichen 239, 242, 243) benutzt oder ein Verkehrsverbot (Zeichen 250, 251, 253 bis 255, 260) nicht beachtet	§ 41 Abs. 2 Nr. 5 Satz 6 Buchstabe a Satz 2, Nr. 5 Satz 7 Nr. 1 Satz 2 Nr. 6 § 49 Abs. 3 Nr. 4	
141.1	mit Kraftfahrzeugen der in § 3 Abs. 3 Nr. 2 Buchstabe a oder b StVO genannten Art		20 €
141.2	mit anderen Kraftfahrzeugen		15 €
141.3	als Radfahrer		10 €
141.3.1	– mit Behinderung	§ 41 Abs. 2 Nr. 5 Satz 6 Buchstabe a Satz 2, Nr. 5 Satz 7 Nr. 1 Satz 2, Nr. 6 § 1 Abs. 2 § 49 Abs. 1 Nr. 1, Abs. 3 Nr. 4	15 €
141.3.2	– mit Gefährdung		20 €

Lfd. Nr.	Tatbestand	StVO	Regelsatz in Euro (€), Fahrverbot in Monaten
141.3.3	– mit Sachbeschädigung		25 €
142	Als Kfz-Führer Verkehrsverbot (Zeichen 262 bis 266) oder Verbot der Einfahrt (Zeichen 267) nicht beachtet	§ 41 Abs. 2 Nr. 6 § 49 Abs. 3 Nr. 4	20 €
143	Als Radfahrer Verbot der Einfahrt (Zeichen 267) nicht beachtet	§ 41 Abs. 2 Nr. 6 § 49 Abs. 3 Nr. 4	15 €
143.1	– mit Behinderung	§ 41 Abs. 2 Nr. 6 § 1 Abs. 2 § 49 Abs. 1 Nr. 1, Abs. 3 Nr. 4	20 €
143.2	– mit Gefährdung		25 €
143.3	– mit Sachbeschädigung		30 €
144	In einem Fußgängerbereich, der durch Zeichen 239, 242, 243 oder 250 gesperrt war, geparkt (§ 12 Abs. 2 StVO)	§ 41 Abs. 2 Nr. 5 Satz 6 Buchstabe a Satz 2, Nr. 5 Satz 7, Nr. 1 Satz 2, Nr. 6 § 49 Abs. 3 Nr. 4	30 €
144.1	– mit Behinderung	§ 41 Abs. 2 Nr. 5 Satz 6 Buchstabe a Satz 2, Nr. 5 Satz 7 Nr. 1 Satz 2, Nr. 6 § 1 Abs. 2 § 49 Abs. 1 Nr. 1, Abs. 3 Nr. 4	35 €
144.2	länger als 3 Stunden		35 €
145	Als Radfahrer oder Führer eines motorisierten Zweiradfahrzeugs auf einem gemeinsamen Rad- und Gehweg auf einen Fußgänger nicht Rücksicht genommen	§ 41 Abs. 2 Nr. 5 Satz 6 Buchstabe c § 49 Abs. 3 Nr. 4	10 €
145.1	– mit Behinderung	§ 41 Abs. 2 Nr. 5 Satz 6 Buchstabe c § 1 Abs. 2 § 49 Abs. 1 Nr. 1, Abs. 3 Nr. 4	15 €
145.2	– mit Gefährdung		20 €
145.3	– mit Sachbeschädigung		25 €
146	Bei zugelassenem Fahrzeugverkehr in einem Fußgängerbereich (Zeichen 239, 242, 243) nicht mit Schrittgeschwindigkeit gefahren (soweit nicht von Nummer 11 erfaßt)	§ 41 Abs. 2 Nr. 5 Satz 6 Buchstabe e, Nr. 5 Satz 7 Nr. 2 Satz 1 § 49 Abs. 3 Nr. 4	15 €
147	Als Nichtberechtigter Sonderfahrstreifen für Omnibusse des Linienverkehrs (Zeichen 245) oder für Taxen (Zeichen 245 mit Zusatzschild) benutzt	§ 41 Abs. 2 Nr. 5 Satz 11 § 49 Abs. 3 Nr. 4	15 €
147.1	– mit Behinderung	§ 41 Abs. 2 Nr. 5 Satz 11 § 1 Abs. 2 § 49 Abs. 1 Nr. 1, Abs. 3 Nr. 4	35 €
148	Wendeverbot (Zeichen 272) nicht beachtet	§ 41 Abs. 2 Nr. 6 § 49 Abs. 3 Nr. 4	20 €
149	Vorgeschriebenen Mindestabstand (Zeichen 273) zu einem vorausfahrenden Fahrzeug unterschritten	§ 41 Abs. 2 Nr. 6 § 49 Abs. 3 Nr. 4	10 €

8 BKatV BußgeldkatalogVO

Lfd. Nr.	Tatbestand	StVO	Regelsatz in Euro (€), Fahrverbot in Monaten
150	Unbedingtes Haltgebot (Zeichen 206) nicht befolgt oder trotz Rotlicht nicht an der Haltelinie (Zeichen 294) gehalten und dadurch einen anderen gefährdet	§ 41 Abs. 2 Nr. 1 Buchstabe b, Abs. 3 Nr. 2 § 1 Abs. 2 § 49 Abs. 1 Nr. 1, Abs. 3 Nr. 4	50 €
151	Als Fahrzeugführer in einem Fußgängerbereich (Zeichen 239, 242, 243) einen Fußgänger gefährdet		
151.1	bei zugelassenem Fahrzeugverkehr (Zeichen 239, 242 mit Zusatzschild)	§ 41 Abs. 2 Nr. 5 Satz 7 Nr. 2 Satz 2 § 49 Abs. 3 Nr. 4	40 €
151.2	bei nicht zugelassenem Fahrzeugverkehr	§ 41 Abs. 2 Nr. 5 Satz 6 Buchstabe a Satz 2, Satz 7 Nr. 1 Satz 2 § 1 Abs. 2 § 49 Abs. 1 Nr. 1, Abs. 3 Nr. 4	50 €
152	Eine für kennzeichnungspflichtige Kraftfahrzeuge mit gefährlichen Gütern (Zeichen 261) oder für Kraftfahrzeuge mit wassergefährdender Ladung (Zeichen 269) gesperrte Straße befahren	§ 41 Abs. 2 Nr. 6 § 49 Abs. 3 Nr. 4	100 €
152.1	bei Eintragung von bereits einer Entscheidung wegen Verstoßes gegen Zeichen 261 oder 269		250 € **Fahrverbot 1 Monat**
153	Kraftfahrzeug trotz Verkehrsverbots bei Smog oder zur Verminderung schädlicher Luftverunreinigungen (Zeichen 270) geführt	§ 41 Abs. 2 Nr. 6 § 49 Abs. 3 Nr. 4	40 €
154	An der Haltlinie (Zeichen 294) nicht gehalten	§ 41 Abs. 3 Nr. 2 § 49 Abs. 3 Nr. 4	10 €
155	Fahrstreifenbegrenzung (Zeichen 295, 296) überquert oder überfahren oder durch Pfeile vorgeschriebene Fahrtrichtung (Zeichen 297) nicht gefolgt oder Sperrfläche (Zeichen 298) benutzt (außer Parken)	§ 41 Abs. 3 Nr. 3 Buchstabe a Satz 3, Nr. 4 Satz 2 Buchstabe a, Nr. 5 Satz 3, Nr. 6 § 49 Abs. 3 Nr. 4	10 €
155.1	– mit Sachbeschädigung	§ 41 Abs. 3 Nr. 3 Buchstabe a Satz 3, Nr. 4 Satz 2 Buchstabe a, Nr. 5 Satz 3, Nr. 6 § 1 Abs. 2 § 49 Abs. 1 Nr. 1 Abs. 3 Nr. 4	35 €
155.2	und dabei überholt	§ 41 Abs. 3 Nr. 3 Buchstabe a Satz 3, Nr. 4 Satz 2 Buchstabe a, Nr. 5 Satz 3, Nr. 6 § 49 Abs. 3 Nr. 4	30 €
155.3	und dabei nach links abgebogen oder gewendet	§ 41 Abs. 3 Nr. 3 Buchstabe a Satz 3, Nr. 4 Satz 2 Buchstabe a, Nr. 5 Satz 3, Nr. 6 § 49 Abs. 3 Nr. 4	30 €

Lfd. Nr.	Tatbestand	StVO	Regelsatz in Euro (€), Fahrverbot in Monaten
155.3.1	– mit Gefährdung	§ 41 Abs. 3 Nr. 3 Buchstabe a Satz 3, Nr. 4 Satz 2 Buchstabe a, Nr. 5 Satz 3, Nr. 6 § 1 Abs. 2 § 49 Abs. 1 Nr. 1 Abs. 3 Nr. 4	35 €
156	Sperrfläche (Zeichen 298) zum Parken benutzt	§ 41 Abs. 3 Nr. 6 § 49 Abs. 3 Nr. 4	25 €
	Richtzeichen		
157	Als Fahrzeugführer in einem verkehrsberuhigten Bereich (Zeichen 325, 326)		
157.1	Schrittgeschwindigkeit nicht eingehalten (soweit nicht von Nummer 11 erfaßt)	§ 42 Abs. 4a Nr. 2 § 49 Abs. 3 Nr. 5	15 €
157.2	Fußgänger behindert	§ 42 Abs. 4a Nr. 3 § 49 Abs. 3 Nr. 5	15 €
158	Als Fahrzeugführer in einem verkehrsberuhigten Bereich (Zeichen 325, 326) einen Fußgänger gefährdet	§ 42 Abs. 4a Nr. 3 § 49 Abs. 3 Nr. 5	40 €
159	In einem verkehrsberuhigten Bereich (Zeichen 325, 326) außerhalb der zum Parken gekennzeichneten Flächen geparkt (§ 12 Abs. 2 StVO)	§ 42 Abs. 4a Nr. 5 § 49 Abs. 3 Nr. 5	10 €
159.1	– mit Behinderung	§ 42 Abs. 4a Nr. 5 § 1 Abs. 2 § 49 Abs. 1 Nr. 1, Abs. 3 Nr. 5	15 €
159.2	länger als 3 Stunden		20 €
159.2.1	– mit Behinderung	§ 42 Abs. 4a Nr. 5 § 1 Abs. 2 § 49 Abs. 1 Nr. 1, Abs. 3 Nr. 5	30 €
160	Auf dem linken von mehreren nach Zeichen 340 markierten Fahrstreifen auf einer Fahrbahn für beide Richtungen überholt	§ 42 Abs. 6 Satz 1 Nr. 1 Satz 1 Buchstabe b Satz 1 § 49 Abs. 3 Nr. 5	30 €
161	Als Führer eines Lkw mit einem zulässigen Gesamtgewicht von mehr als 3,5 t oder eines Zuges von mehr als 7 m Länge den linken von mindestens 3 in einer Richtung verlaufenden Fahrstreifen außerhalb einer geschlossenen Ortschaft vorschriftswidrig benutzt	§ 42 Abs. 6 Satz 1 Nr. 1 Satz 3 Buchstabe d Satz 3 § 49 Abs. 3 Nr. 5	15 €
161.1	– mit Behinderung	§ 42 Abs. 6 Satz 1 Nr. 1 Satz 3 Buchstabe d Satz 3 § 1 Abs. 2 § 49 Abs. 1 Nr. 1, Abs. 3 Nr. 5	20 €
162	Auf dem linken von mehreren nach Zeichen 340 markierten Fahrstreifen auf einer Fahrbahn für beide Richtungen überholt und dadurch einen anderen gefährdet	§ 42 Abs. 6 Satz 1 Nr. 1 Satz 3 Buchstabe b Satz 1, Buchstabe c § 1 Abs. 2 § 49 Abs. 1 Nr. 1, Abs. 3 Nr. 5	40 €

8 BKatV

BußgeldkatalogVO

Lfd. Nr.	Tatbestand	StVO	Regelsatz in Euro (€), Fahrverbot in Monaten
	Verkehrseinrichtungen		
163	Durch Absperrgerät abgesperrte Straßenfläche befahren	§ 43 Abs. 3 Nr. 2 § 49 Abs. 3 Nr. 6	5 €
	Andere verkehrsrechtliche Anordnungen		
164	Einer den Verkehr verbietenden oder beschränkenden Anordnung, die öffentlich bekannt gemacht wurde, zuwidergehandelt	§ 45 Abs. 4 Halbsatz 2 § 49 Abs. 3 Nr. 7	40 €
165	Mit Arbeiten begonnen, ohne zuvor Anordnungen eingeholt zu haben, diese Anordnungen nicht befolgt oder Lichtzeichenanlagen nicht bedient	§ 45 Abs. 6 § 49 Abs. 4 Nr. 3	75 €
	Ausnahmegenehmigung und Erlaubnis		
166	Vollziehbare Auflage einer Ausnahmegenehmigung oder Erlaubnis nicht befolgt	§ 46 Abs. 3 Satz 1 § 49 Abs. 4 Nr. 4	40 €
167	Genehmigungs- oder Erlaubnisbescheid nicht mitgeführt oder auf Verlangen nicht ausgehändigt	§ 46 Abs. 3 Satz 3 § 49 Abs. 4 Nr. 5	10 €

Lfd. Nr.	Tatbestand	FeV	Regelsatz in Euro (€), Fahrverbot in Monaten
	b) Fahrerlaubnis-Verordnung **Mitführen und Aushändigen von Führerscheinen und Bescheinigungen**		
168	Führerschein oder Bescheinigung nicht mitgeführt oder auf Verlangen nicht ausgehändigt	§ 75 Nr. 4 i. V. m. den dort genannten Vorschriften	10 €
	Einschränkung der Fahrerlaubnis		
169	Einer vollziehbaren Auflage nicht nachgekommen	§ 10 Abs. 2 Satz 4 § 23 Abs. 2 Satz 1 § 28 Abs. 1 Satz 2 § 46 Abs. 2 § 74 Abs. 3 § 75 Nr. 9	25 €
	Ablieferung und Vorlage des Führerscheins		
170	Einer Pflicht zur Ablieferung oder zur Vorlage eines Führerscheins nicht oder nicht rechtzeitig nachgekommen	§ 75 Nr. 10 i. V. m. den dort genannten Vorschriften	25 €
	Fahrerlaubnis zur Fahrgastbeförderung		
171	Ohne erforderliche Fahrerlaubnis zur Fahrgastbeförderung einen oder mehrere Fahrgäste in einem in § 48 Abs. 1 FeV genannten Fahrzeug befördert	§ 48 Abs. 1 § 75 Nr. 12	75 €
172	Als Halter die Fahrgastbeförderung in einem in § 48 Abs. 1 FeV genannten Fahrzeug angeordnet oder zugelassen, obwohl der Fahrzeugführer die erforderliche Fahrerlaubnis zur Fahrgastbeförderung nicht besaß	§ 48 Abs. 8 § 75 Nr. 12	75 €
	Ortskenntnisse bei Fahrgastbeförderung		
173	Als Halter die Fahrgastbeförderung in einem in § 48 Abs. 1 i. V. m. § 48 Abs. 4 Nr. 7 FeV genannten Fahrzeug angeordnet oder zugelassen, obwohl der Fahrzeugführer die erforderlichen Ortskenntnisse nicht nachgewiesen hat	§ 48 Abs. 8 § 75 Nr. 12	35 €

Lfd. Nr.	Tatbestand	StVZO	Regelsatz in Euro (€), Fahrverbot in Monaten
	c) Straßenverkehrs-Zulassungs-Ordnung		
	Mitführen und Aushändigen von Fahrzeugpapieren		
174	Fahrzeugschein, vorgeschriebene Urkunde oder sonstige Bescheinigung nicht mitgeführt oder auf Verlangen nicht ausgehändigt	§ 69a Abs. 2 Nr. 9, Abs. 5 Nr. 5e, jeweils i. V. m. den dort genannten Vorschriften	10 €
	Betriebsverbot und -beschränkungen		
175	Als Halter oder Eigentümer einem Verbot, ein Fahrzeug in Betrieb zu setzen, zuwidergehandelt oder Beschränkung nicht beachtet	§ 17 Abs. 1 Halbsatz 2 § 69a Abs. 2 Nr. 1	50 €
176	Betriebsverbot wegen Verstoßes gegen die Pflichten beim Erwerb des Fahrzeugs nicht beachtet	§ 27 Abs. 3 Satz 4 Halbsatz 1 § 69a Abs. 2 Nr. 12	40 €
177	Betriebsverbot oder -beschränkung wegen Fehlens einer gültigen Prüfplakette oder Prüfmarke in Verbindung mit einem SP-Schild nicht beachtet	§ 29 Abs. 7 Satz 5 Halbsatz 1 § 69a Abs. 2 Nr. 15	40 €
	Zulassungspflicht		
178	Kraftfahrzeug oder Kraftfahrzeuganhänger ohne die erforderliche Zulassung oder Betriebserlaubnis oder außerhalb des auf dem Saisonkennzeichen angegebenen Betriebszeitraums oder nach dem auf dem Kurzzeitkennzeichen angegebenen Ablaufdatum auf einer öffentlichen Straße in Betrieb gesetzt	§ 18 Abs. 1, 3 Satz 1 § 23 Abs. 1b Satz 2 § 28 Abs. 1 Satz 3 i. V. m. Abs. 4 Satz 3 § 69a Abs. 2 Nr. 3, 4, 10a	50 €
179	Fahrzeug außerhalb des auf dem Kennzeichen angegebenen Betriebszeitraums auf einer öffentlichen Straße abgestellt	§ 23 Abs. 1b Satz 2 § 69a Abs. 2 Nr. 10a	40 €
	Versicherungskennzeichen		
180	Einer Vorschrift über Versicherungskennzeichen an Fahrzeugen zuwidergehandelt	§ 18 Abs. 4 Satz 2 § 60 Abs. 1 Satz 4, 5, Abs. 1a, 2 Satz 1 Halbsatz 1, Satz 3, 4, Abs. 3 Satz 1, Abs. 5 § 69a Abs. 2 Nr. 5	5 €
	Amtliche oder rote Kennzeichen an Fahrzeugen, Kurzzeitkennzeichen		
181	Einer Vorschrift über amtliche oder rote Kennzeichen oder über Kurzzeitkennzeichen an Fahrzeugen zuwidergehandelt mit Ausnahme des Fehlens der vorgeschriebenen Kennzeichen	§ 23 Abs. 4 Satz 1 Halbsatz 1 § 28 Abs. 5 Satz 1 Halbsatz 2 § 60 Abs. 1 Satz 4 Halbsatz 1, Satz 5, jeweils auch i. V. m. § 28 Abs. 2 Satz 1, Abs. 5 § 60 Abs. 1a Satz 1, Abs. 1c, Abs. 2 Satz 1 Halbsatz 1, Satz 5 bis 7, 9, Abs. 4 Satz 1, 3, jeweils auch i. V. m.	10 €

Lfd. Nr.	Tatbestand	StVZO	Regelsatz in Euro (€), Fahrverbot in Monaten
		Abs. 5 Satz 2 oder § 28 Abs. 2 Satz 1, Abs. 5 § 60 Abs. 3 Satz 3, Abs. 7 Satz 1 Halbsatz 1 § 69a Abs. 2 Nr. 4, 13b	
	Meldepflichten, Zurückziehen aus dem Verkehr		
182	Gegen die Meldepflicht bei Änderung der tatsächlichen Verhältnisse, gegen die Antrags- oder Anzeigepflicht bei Standortänderung, Veräußerung oder Erwerb des Fahrzeugs oder gegen die Anzeige- oder Vorlagepflicht bei Dauerstillegung des Fahrzeugs oder gegen die Pflicht, das Kennzeichen entstempeln zu lassen, verstoßen oder Verwertungsnachweis nicht oder nicht vorschriftsmäßig vorgelegt oder abgegeben	§ 27 Abs. 1, 1a, 2, 3 Satz 1 Halbsatz 1, Satz 2, Abs. 5 Satz 1, dieser auch i. V. m. Abs. 4 Satz 3 § 27 Abs. 1 § 69a Abs. 2 Nr. 12, 12a	15 €
	Prüfungs-, Probe-, Überführungsfahrten		
183	Gegen die Pflicht zur Verwendung von Fahrzeugscheinheften oder gegen Vorschriften über die Vornahme von Eintragungen in diese Hefte oder in die bei der Zuteilung von Kurzzeitkennzeichen ausgegebenen Scheine oder gegen Vorschriften über die Ablieferung von roten Kennzeichen oder Fahrzeugscheinheften verstoßen	§ 28 Abs. 3 Satz 2, 5, Abs. 4 Satz 2 § 69a Abs. 2 Nr. 13, 13a	10 €
184	Gegen die Pflicht zum Führen, Aufbewahren oder Aushändigen von Aufzeichnungen über Prüfungs-, Probe- oder Überführungsfahrten verstoßen	§ 28 Abs. 3 Satz 3, 4 § 69a Abs. 2 Nr. 13	25 €
185	Kurzzeitkennzeichen an mehr als einem Fahrzeug verwendet	§ 28 Abs. 4 Satz 2 i. V. m. Satz 1 § 69a Abs. 2 Nr. 13a	50 €
	Untersuchung der Kraftfahrzeuge und Anhänger		
186	Als Halter Fahrzeug zur Hauptuntersuchung oder zur Sicherheitsprüfung nicht vorgeführt	§ 29 Abs. 1 Satz 1 i. V. m. Nr. 2.1, 2.2, 2.7, 2.8 Satz 2, 3, Nr. 3.1.1, 3.1.2, 3.2.2 der Anlage VIII § 69a Abs. 2 Nr. 14	
186.1	bei Fahrzeugen, die nach Nummer 2.1 der Anlage VIII zu § 29 StVZO in bestimmten Zeitabständen einer Sicherheitsprüfung zu unterziehen sind, wenn der Vorführtermin überschritten worden ist um		
186.1.1	bis zu 2 Monate		15 €
186.1.2	mehr als 2 bis zu 4 Monate		25 €

Lfd. Nr.	Tatbestand	StVZO	Regelsatz in Euro (€), Fahrverbot in Monaten
186.1.3	mehr als 4 bis zu 8 Monate		40 €
186.1.4	mehr als 8 Monate		75 €
186.2	bei anderen als in Nummer 186.1 genannten Fahrzeugen, wenn der Vorführtermin überschritten worden ist um		
186.2.1	mehr als 2 bis zu 4 Monate		15 €
186.2.2	mehr als 4 bis zu 8 Monate		25 €
186.2.3	mehr als 8 Monate		40 €
187	Fahrzeug zur Nachprüfung der Mängelbeseitigung nicht rechtzeitig vorgeführt	§ 29 Abs. 1 Satz 1 i. V. m. Nr. 3.1.4.3 Satz 2 Halbsatz 2 der Anlage VIII § 69 a Abs. 2 Nr. 18	15 €
	Vorstehende Außenkanten		
188	Kraftfahrzeug oder Fahrzeugkombination in Betrieb genommen, obwohl Teile, die den Verkehr mehr als unvermeidbar gefährdeten, an dessen Umriß hervorragten	§ 30 c Abs. 1 § 69 a Abs. 3 Nr. 1 a	20 €
	Verantwortung für den Betrieb der Fahrzeuge		
189	Als Halter die Inbetriebnahme eines Kraftfahrzeugs oder Zuges angeordnet oder zugelassen, obwohl	§ 31 Abs. 2 § 69 a Abs. 5 Nr. 3	
189.1	der Führer zur selbständigen Leitung nicht geeignet war		
189.1.1	bei Lastkraftwagen oder Kraftomnibussen		100 €
189.1.2	bei anderen als in Nummer 189.1.1 genannten Kraftfahrzeugen		50 €
189.2	das Fahrzeug oder der Zug nicht vorschriftsmäßig war und dadurch die Verkehrssicherheit wesentlich beeinträchtigt war, insbesondere unter Verstoß gegen eine Vorschrift über Lenkeinrichtungen, Bremsen, Einrichtungen zur Verbindung von Fahrzeugen	§ 31 Abs. 2 jeweils i. V. m. § 38 § 41 Abs. 1 bis 12, 15 bis 17 § 43 Abs. 1 Satz 1 bis 3, Abs. 4 Satz 1, 3 § 69 a Abs. 5 Nr. 3	
189.2.1	bei Lastkraftwagen oder Kraftomnibussen		150 €
189.2.2	bei anderen als in Nummer 189.2.1 genannten Kraftfahrzeugen		75 €
189.3	die Verkehrssicherheit des Fahrzeugs oder des Zuges durch die Ladung oder die Besetzung wesentlich litt	§ 31 Abs. 2 § 69 a Abs. 5 Nr. 3	
189.3.1	bei Lastkraftwagen oder Kraftomnibussen		150 €
189.3.2	bei anderen als in Nummer 189.3.1 genannten Kraftfahrzeugen		75 €
	Führung eines Fahrtenbuches		
190	Fahrtenbuch nicht ordnungsgemäß geführt, auf Verlangen nicht ausgehändigt oder nicht für die vorgeschriebene Dauer aufbewahrt	§ 31 a Abs. 2, 3 § 69 a Abs. 5 Nr. 4, 4 a	50 €

8 BKatV BußgeldkatalogVO

Lfd. Nr.	Tatbestand	StVZO	Regelsatz in Euro (€), Fahrverbot in Monaten
191	**Überprüfung mitzuführender Gegenstände** Mitzuführende Gegenstände auf Verlangen nicht vorgezeigt oder zur Prüfung nicht ausgehändigt	§ 31 b § 69 a Abs. 5 Nr. 4 b	5 €
192	**Abmessungen von Fahrzeugen und Fahrzeugkombinationen** Kraftfahrzeug, Anhänger oder Fahrzeugkombination in Betrieb genommen, obwohl die höchstzulässige Breite, Höhe oder Länge überschritten war	§ 32 Abs. 1 bis 4, 9 § 69 a Abs. 3 Nr. 2	50 €
193	Als Halter die Inbetriebnahme eines Kraftfahrzeugs, Anhängers oder einer Fahrzeugkombination angeordnet oder zugelassen, obwohl die höchstzulässige Breite, Höhe oder Länge überschritten war	§ 31 Abs. 2 i. V. m. § 32 Abs. 1 bis 4, 9 § 69 a Abs. 5 Nr. 3	75 €
194	**Unterfahrschutz** Kraftfahrzeug, Anhänger oder Fahrzeug mit austauschbarem Ladungsträger ohne vorgeschriebenen Unterfahrschutz in Betrieb genommen	§ 32 b Abs. 1, 2, 4 § 69 a Abs. 3 Nr. 3 a	25 €
195	**Kurvenlaufeigenschaften** Kraftfahrzeug oder Fahrzeugkombination in Betrieb genommen, obwohl die vorgeschriebenen Kurvenlaufeigenschaften nicht eingehalten waren	§ 32 d Abs. 1, 2 Satz 1 § 69 a Abs. 3 Nr. 3 c	50 €
196	Als Halter die Inbetriebnahme eines Kraftfahrzeugs oder einer Fahrzeugkombination angeordnet oder zugelassen, obwohl die vorgeschriebenen Kurvenlaufeigenschaften nicht eingehalten waren	§ 31 Abs. 2 i. V. m. § 32 d Abs. 1, 2 Satz 1 § 69 a Abs. 5 Nr. 3	75 €
197	**Schleppen von Fahrzeugen** Fahrzeug unter Verstoß gegen eine Vorschrift über das Schleppen von Fahrzeugen in Betrieb genommen	§ 33 Abs. 1 Satz 1, Abs. 2 Nr. 1, 6 § 69 a Abs. 3 Nr. 3	25 €
198	**Achslast, Gesamtgewicht, Anhängelast hinter Kraftfahrzeugen** Kraftfahrzeug, Anhänger oder Fahrzeugkombination in Betrieb genommen, obwohl die zulässige Achslast, das zulässige Gesamtgewicht oder die zulässige Anhängelast hinter einem Kraftfahrzeug überschritten war	§ 34 Abs. 3 Satz 3, Abs. 8 § 42 Abs. 1, 2 Satz 2 § 69 a Abs. 3 Nr. 4	
198.1	bei Kraftfahrzeugen mit einem zulässigen Gesamtgewicht über 7,5 t oder Kraftfahrzeugen mit Anhängern, deren zulässiges Gesamtgewicht 2 t übersteigt		Tabelle 3 Buchstabe a
198.2	bei anderen Kraftfahrzeugen bis 7,5 t zulässiges Gesamtgewicht		Tabelle 3 Buchstabe b
199	Als Halter die Inbetriebnahme eines Kraftfahrzeugs, eines Anhängers oder einer Fahr-	§ 31 Abs. 2 i. V. m. § 34 Abs. 3 Satz 3,	

Lfd. Nr.	Tatbestand	StVZO	Regelsatz in Euro (€), Fahrverbot in Monaten
	zeugkombination angeordnet oder zugelassen, obwohl die zulässige Achslast, das zulässige Gesamtgewicht oder die zulässige Anhängelast hinter einem Kraftfahrzeug überschritten war	Abs. 8 § 42 Abs. 1, 2 Satz 2 § 69a Abs. 5 Nr. 3	
199.1	bei Kraftfahrzeugen mit einem zulässigen Gesamtgewicht über 7,5 t oder Kraftfahrzeugen mit Anhängern, deren zulässiges Gesamtgewicht 2 t übersteigt		Tabelle 3 Buchstabe a
199.2	bei anderen Kraftfahrzeugen bis 7,5 t zulässiges Gesamtgewicht		Tabelle 3 Buchstabe b
200	Gegen die Pflicht zur Feststellung der zugelassenen Achslasten oder Gesamtgewichte oder gegen Vorschriften über das Um- oder Entladen bei Überlastung verstoßen	§ 31c Satz 1, 4 Halbsatz 2 § 69a Abs. 5 Nr. 4c	50 €
	Besetzung von Kraftomnibussen		
201	Kraftomnibus in Betrieb genommen und dabei mehr Personen oder Gepäck befördert, als im Fahrzeugschein Plätze eingetragen waren und die im Fahrzeug angeschriebenen Zahlen der Sitzplätze, Stehplätze und Stellplätze für Rollstühle sowie die Angaben für die Höchstmasse des Gepäcks ausgewiesen haben	§ 34a Abs. 1 § 69a Abs. 3 Nr. 5	50 €
202	Als Halter die Inbetriebnahme eines Kraftomnibusses angeordnet oder zugelassen, obwohl mehr Personen befördert wurden, als im Fahrzeugschein Plätze ausgewiesen waren	§ 31 Abs. 2 i.V.m. § 34a Abs. 1 § 69a Abs. 5 Nr. 3	75 €
	Kindersitze		
203	Kraftfahrzeug in Betrieb genommen unter Verstoß gegen		
203.1	das Verbot der Anbringung von nach hinten gerichteten Kinderrückhalteeinrichtungen auf Beifahrerplätzen mit Airbag	§ 35a Abs. 8 Satz 1 § 69a Abs. 3 Nr. 7	25 €
203.2	die Pflicht zur Anbringung des Warnhinweises zur Verwendung von Kinderrückhalteeinrichtungen auf Beifahrerplätzen mit Airbag	§ 35a Abs. 8 Satz 2, 4 § 69a Abs. 3 Nr. 7	5 €
	Feuerlöscher in Kraftomnibussen		
204	Kraftomnibus unter Verstoß gegen eine Vorschrift über mitzuführende Feuerlöscher in Betrieb genommen	§ 35g Abs. 1, 2 § 69a Abs. 3 Nr. 7c	15 €
205	Als Halter die Inbetriebnahme eines Kraftomnibusses unter Verstoß gegen eine Vorschrift über mitzuführende Feuerlöscher angeordnet oder zugelassen	§ 31 Abs. 2 i.V.m. § 35g Abs. 1, 2 § 69a Abs. 5 Nr. 3	20 €
	Erste-Hilfe-Material in Kraftfahrzeugen		
206	Unter Verstoß gegen eine Vorschrift über mitzuführendes Erste-Hilfe-Material		
206.1	einen Kraftomnibus	§ 35h Abs. 1, 2 § 69a Abs. 3 Nr. 7c	15 €
206.2	ein anderes Kraftfahrzeug in Betrieb genommen	§ 35h Abs. 3 § 69a Abs. 3 Nr. 7c	5 €

Lfd. Nr.	Tatbestand	StVZO	Regelsatz in Euro (€), Fahrverbot in Monaten
207	Als Halter die Inbetriebnahme unter Verstoß gegen eine Vorschrift über mitzuführendes Erste-Hilfe-Material		
207.1	eines Kraftomnibusses	§ 31 Abs. 2 i. V. m. § 35h Abs. 1, 2 § 69a Abs. 5 Nr. 3	25 €
207.2	eines anderen Kraftfahrzeugs angeordnet oder zugelassen	§ 31 Abs. 2 i. V. m. § 35h Abs. 3 § 69a Abs. 5 Nr. 3	10 €
	Bereifung und Laufflächen		
208	Kraftfahrzeug oder Anhänger, die unzulässig mit Diagonal- und mit Radialreifen ausgerüstet waren, in Betrieb genommen	§ 36 Abs. 2a Satz 1, 2 § 69a Abs. 3 Nr. 8	15 €
209	Als Halter die Inbetriebnahme eines Kraftfahrzeugs oder Anhängers, die unzulässig mit Diagonal- und mit Radialreifen ausgerüstet waren, angeordnet oder zugelassen	§ 31 Abs. 2 i. V. m. § 36 Abs. 2a Satz 1, 2 § 69a Abs. 5 Nr. 3	30 €
210	Mofa in Betrieb genommen, dessen Reifen keine ausreichenden Profilrillen oder Einschnitte oder keine ausreichende Profil- oder Einschnittiefe besaß	§ 36 Abs. 2 Satz 5 § 69a Abs. 3 Nr. 8	25 €
211	Als Halter die Inbetriebnahme eines Mofas angeordnet oder zugelassen, dessen Reifen keine ausreichenden Profilrillen oder Einschnitte oder keine ausreichende Profil- oder Einschnittiefe besaß	§ 31 Abs. 2 i. V. m. § 36 Abs. 2 Satz 5 § 69a Abs. 5 Nr. 3	35 €
212	Kraftfahrzeug (außer Mofa) oder Anhänger in Betrieb genommen, dessen Reifen keine ausreichenden Profilrillen oder Einschnitte oder keine ausreichende Profil- oder Einschnittiefe besaß	§ 36 Abs. 2 Satz 3 bis 5 § 69a Abs. 3 Nr. 8	50 €
213	Als Halter die Inbetriebnahme eines Kraftfahrzeugs (außer Mofa) oder Anhängers angeordnet oder zugelassen, dessen Reifen keine ausreichenden Profilrillen oder Einschnitte oder keine ausreichende Profil- oder Einschnittiefe besaß	§ 31 Abs. 2 i. V. m. § 36 Abs. 2 Satz 3 bis 5 § 69a Abs. 5 Nr. 3	75 €
	Sonstige Pflichten für den verkehrssicheren Zustand des Fahrzeugs		
214	Kraftfahrzeug in Betrieb genommen, das sich in einem Zustand befand, der die Verkehrssicherheit wesentlich beeinträchtigte, insbesondere unter Verstoß gegen eine Vorschrift über Lenkeinrichtungen, Bremsen, Einrichtungen zur Verbindung von Fahrzeugen	§ 38 § 41 Abs. 1 bis 12, 15 Satz 1, 3, 4 Abs. 16, 17 § 43 Abs. 1 Satz 1 bis 3, Abs. 4 Satz 1, 3 § 69a Abs. 3 Nr. 3, 9, 13	
214.1	bei Lastkraftwagen oder Kraftomnibussen		100 €
214.2	bei anderen als in Nummer 214.1 genannten Kraftfahrzeugen		50 €

Lfd. Nr.	Tatbestand	StVZO	Regelsatz in Euro (€), Fahrverbot in Monaten
	Mitführen von Anhängern hinter Kraftrad oder Personenkraftwagen		
215	Kraftrad oder Personenkraftwagen unter Verstoß gegen eine Vorschrift über das Mitführen von Anhängern in Betrieb genommen	§ 42 Abs. 2 Satz 1 § 69a Abs. 3 Nr. 3	25 €
	Einrichtungen zur Verbindung von Fahrzeugen		
216	Abschleppstange oder Abschleppseil nicht ausreichend erkennbar gemacht	§ 43 Abs. 3 Satz 2 § 69a Abs. 3 Nr. 3	5 €
	Stützlast		
217	Kraftfahrzeug mit einem einachsigen Anhänger in Betrieb genommen, dessen zulässige Stützlast um mehr als 50 % über- oder unterschritten wurde	§ 44 Abs. 3 Satz 1 § 69a Abs. 3 Nr. 3	40 €
	Abgasuntersuchung		
218	Als Halter die Frist für die Abgasuntersuchung überschritten von mehr als	§ 47a Abs. 1 Satz 1 i. V. m. Nr. 2 der Anlage XIa § 47a Abs. 7 Satz 2 Halbsatz 1, Satz 3 § 69a Abs. 5 Nr. 5a	
218.1	2 bis zu 8 Monaten		15 €
218.2	8 Monate		40 €
	Geräuschentwicklung und Schalldämpferanlage		
219	Kraftfahrzeug, dessen Schalldämpferanlage defekt war, in Betrieb genommen	§ 49 Abs. 1 § 69a Abs. 3 Nr. 17	20 €
220	Weisung, den Schallpegel im Nahfeld feststellen zu lassen, nicht befolgt	§ 49 Abs. 4 Satz 1 § 69a Abs. 5 Nr. 5c	10 €
	Lichttechnische Einrichtungen		
221	Kraftfahrzeug oder Anhänger in Betrieb genommen		
221.1	unter Verstoß gegen eine allgemeine Vorschrift über lichttechnische Einrichtungen	§ 49a Abs. 1 bis 4, 5 Satz 1, Abs. 6, 8, 9 Satz 2, Abs. 9a, 10 Satz 1 § 69a Abs. 3 Nr. 18	5 €
221.2	unter Verstoß gegen das Verbot zum Anbringen anderer als vorgeschriebener oder für zulässig erklärter lichttechnischer Einrichtungen	§ 49a Abs. 1 Satz 1 § 69a Abs. 3 Nr.18	20 €
222	Kraftfahrzeug oder Anhänger in Betrieb genommen unter Verstoß gegen eine Vorschrift über		
222.1	Scheinwerfer für Fern- oder Abblendlicht	§ 50 Abs. 1, 2 Satz 1, 6 Halbsatz 2, Satz 7, Abs. 3 Satz 1, 2, Abs. 5, 6 Satz 1, 3, 4, 6, Abs. 6a Satz 2 bis 5, Abs. 9 § 69a Abs. 3 Nr. 18a	15 €

Lfd. Nr.	Tatbestand	StVZO	Regelsatz in Euro (€), Fahrverbot in Monaten
222.2	Begrenzungsleuchten oder vordere Richtstrahler	§ 51 Abs. 1 Satz 1, 4 bis 6, Abs. 2 Satz 1, 4, Abs. 3 § 69a Abs. 3 Nr. 18b	15 €
222.3	seitliche Kenntlichmachung oder Umrißleuchten	§ 51a Abs. 1 Satz 1 bis 7, Abs. 3 Satz 1, Abs. 4 Satz 2, Abs. 6 Satz 1, Abs. 7 Satz 1, 3 § 51b Abs. 2 Satz 1, 3, Abs. 5, 6 § 69a Abs. 3 Nr. 18c	15 €
222.4	zusätzliche Scheinwerfer oder Leuchten	§ 52 Abs. 1 Satz 2 bis 5, Abs. 2 Satz 2, 3, Abs. 5 Satz 2, Abs. 7 Satz 2, 4, Abs. 9 Satz 2 § 69a Abs. 3 Nr. 18e	15 €
222.5	Schluß-, Nebelschluß-, Bremsleuchten oder Rückstrahler	§ 53 Abs. 1 Satz 1, 3 bis 5, 7, Abs. 2 Satz 1, 2, 4 bis 6, Abs. 4 Satz 1 bis 4, 6, Abs. 5 Satz 1 bis 3, Abs. 6 Satz 2, Abs. 8, 9 Satz 1 § 53d Abs. 2, 3 § 69a Abs. 3 Nr. 18g, 19c	15 €
222.6	Warndreieck, Warnleuchte oder Warnblinkanlage	§ 53a Abs. 1, 2 Satz 1, Abs. 3 Satz 2, Abs. 4, 5 § 69a Abs. 3 Nr. 19	15 €
222.7	Ausrüstung oder Kenntlichmachung von Anbaugeräten oder Hubladebühnen	§ 53b Abs. 1 Satz 1 bis 3, 4 Halbsatz 2, Abs. 2 Satz 1 bis 3, 4 Halbsatz 2, Abs. 3 Satz 1, Abs. 4, 5 § 69a Abs. 3 Nr. 19a	15 €
	Geschwindigkeitsbegrenzer		
223	Kraftfahrzeug in Betrieb genommen, das nicht mit dem vorgeschriebenen Geschwindigkeitsbegrenzer ausgerüstet war, oder den Geschwindigkeitsbegrenzer auf unzulässige Geschwindigkeit eingestellt oder nicht benutzt, auch wenn es sich um ein ausländisches Kfz handelt	§ 57c Abs. 2, 5 § 69a Abs. 3 Nr. 25b § 23 Abs. 1 Satz 2 StVO i. V. m. § 3 Abs. 3 IntKfzV § 49 Abs. 1 Nr. 22 StVO	100 €
224	Als Halter die Inbetriebnahme eines Kraftfahrzeuges angeordnet oder zugelassen, das nicht mit dem vorgeschriebenen Geschwindigkeitsbegrenzer ausgerüstet war oder dessen Geschwindigkeitsbegrenzer auf eine unzulässige Geschwindigkeit eingestellt war oder nicht benutzt wurde	§ 31 Abs. 2 i. V. m. § 57c Abs. 2, 5 § 69a Abs. 5 Nr. 3	150 €
225	Als Halter den Geschwindigkeitsbegrenzer in den vorgeschriebenen Fällen nicht prüfen lassen, wenn seit fällig gewordener Prüfung		
225.1	nicht mehr als ein Monat	§ 57d Abs. 2 Satz 1 § 69a Abs. 5 Nr. 6d	25 €

Lfd. Nr.	Tatbestand	StVZO	Regelsatz in Euro (€), Fahrverbot in Monaten
225.2	mehr als ein Monat vergangen ist	§ 57 d Abs. 2 Satz 1 § 69 a Abs. 5 Nr. 6 d	40 €
226	Bescheinigung über die Prüfung des Geschwindigkeitsbegrenzers nicht mitgeführt oder auf Verlangen nicht ausgehändigt	§ 57 d Abs. 2 Satz 3 § 69 a Abs. 5 Nr. 6 e	10 €
	Amtliches Kennzeichen		
227	Fahrzeug in Betrieb genommen, obwohl das vorgeschriebene amtliche oder rote Kennzeichen oder das Kurzzeitkennzeichen fehlte	§ 18 Abs. 4 Satz 1, 2 § 28 Abs. 1 Satz 3 § 60 Abs. 2 Satz 1 Halbsatz 1, auch i. V. m. § 28 Abs. 2 Satz 1 § 60 Abs. 5 Satz 1 Halbsatz 1 § 69 a Abs. 2 Nr. 4	40 €
228	Kennzeichen mit Glas, Folien oder ähnlichen Abdeckungen versehen	§ 60 Abs. 1 Satz 4 Halbsatz 2 § 69 a Abs. 2 Nr. 4	50 €
	Einrichtungen an Fahrrädern		
229	Fahrrad unter Verstoß gegen eine Vorschrift über die Einrichtungen für Schallzeichen in Betrieb genommen	§ 64 a § 69 a Abs. 4 Nr. 4	10 €
230	Fahrrad oder Fahrrad mit Beiwagen unter Verstoß gegen eine Vorschrift über Schlußleuchten oder Rückstrahler in Betrieb genommen	§ 67 Abs. 4 Satz 1, 3 § 69 a Abs. 4 Nr. 8	10 €
	Ausnahmen		
231	Urkunde über eine Ausnahmegenehmigung nicht mitgeführt oder auf Verlangen nicht ausgehändigt	§ 70 Abs. 3 a Satz 1 § 69 a Abs. 5 Nr. 7	10 €
	Auflagen bei Ausnahmegenehmigungen		
232	Als Fahrzeugführer, ohne Halter zu sein, einer vollziehbaren Auflage einer Ausnahmegenehmigung nicht nachgekommen	§ 71 § 69 a Abs. 5 Nr. 8	15 €
233	Als Halter einer vollziehbaren Auflage einer Ausnahmegenehmigung nicht nachgekommen	§ 71 § 69 a Abs. 5 Nr. 8	50 €

Lfd. Nr.	Tatbestand	IntKfzV	Regelsatz in Euro (€), Fahrverbot in Monaten
	d) Verordnung über Internationalen Kraftfahrzeugverkehr		
234	An einem ausländischen Kraftfahrzeug oder ausländischen Kraftfahrzeuganhänger das heimische Kennzeichen oder das Nationalitätszeichen unter Verstoß gegen eine Vorschrift über deren Anbringung geführt	§ 2 Abs. 1 Satz 1, 3 § 14 Nr. 1	10 €

8 BKatV

Lfd. Nr.	Tatbestand	IntKfzV	Regelsatz in Euro (€), Fahrverbot in Monaten
235	An einem ausländischen Kraftfahrzeug oder ausländischen Kraftfahrzeuganhänger das vorgeschriebene heimische Kennzeichen nicht geführt	§ 2 Abs. 1 Satz 1, 3 § 14 Nr. 1	40 €
236	An einem ausländischen Kraftfahrzeug oder ausländischen Kraftfahrzeuganhänger das Nationalitätszeichen nicht geführt	§ 2 Abs. 2 § 14 Nr. 1	15 €
237	Zulassungsschein, Führerschein oder die Übersetzung des ausländischen Zulassungsscheins oder Führerscheins nicht mitgeführt oder auf Verlangen nicht ausgehändigt	§ 10 § 14 Nr. 4	10 €
238	Einer vollziehbaren Auflage nicht nachgekommen	§ 4 Abs. 1 Satz 5 § 11 Abs. 2 Satz 2 § 14 Nr. 3, 5	25 €

Lfd. Nr.	Tatbestand	Ferienreise-VO	Regelsatz in Euro (€), Fahrverbot in Monaten
	e) Ferienreise-Verordnung		
239	Kraftfahrzeug trotz eines Verkehrsverbots innerhalb der Verbotszeiten länger als 15 Minuten geführt	§ 1 § 5 Nr. 1	40 €
240	Als Halter das Führen eines Kraftfahrzeugs trotz eines Verkehrsverbots innerhalb der Verbotszeiten länger als 15 Minuten zugelassen	§ 1 § 5 Nr. 1	100 €

Lfd. Nr.	Tatbestand	StVG	Regelsatz in Euro (€), Fahrverbot in Monaten
	B. Zuwiderhandlungen gegen § 24a StVG		
	0,5-Promille-Grenze		
241	Kraftfahrzeug geführt mit einer Atemalkoholkonzentration von 0,25 mg/l oder mehr oder mit einer Blutalkoholkonzentration von 0,5 Promille oder mehr oder mit einer Alkoholmenge im Körper, die zu einer solchen Atem- oder Blutalkoholkonzentration führt	§ 24a Abs. 1	250 € **Fahrverbot 1 Monat**
241.1	bei Eintragung von bereits einer Entscheidung nach § 24a StVG, §§ 316 oder 315c Abs. 1 Nr. 1 Buchstabe a StGB im Verkehrszentralregister		500 € **Fahrverbot 3 Monate**
241.2	bei Eintragung von bereits mehreren Entscheidungen nach § 24a StVG, §§ 316 oder 315c Abs. 1 Nr. 1 Buchstabe a StGB im Verkehrszentralregister		750 € **Fahrverbot 3 Monate**
	Berauschende Mittel		
242	Kraftfahrzeug unter der Wirkung eines in der Anlage zu § 24a Abs. 2 StVG genannten berauschenden Mittels geführt	§ 24a Abs. 2 Satz 1 i. V. m. Abs. 3	250 € **Fahrverbot 1 Monat**

Lfd. Nr.	Tatbestand	StVG	Regelsatz in Euro (€), Fahrverbot in Monaten
242.1	bei Eintragung von bereits einer Entscheidung nach § 24a StVG, §§ 316 oder 315c Abs. 1 Nr. 1 Buchstabe a StGB im Verkehrszentralregister		500 € **Fahrverbot** **3 Monate**
242.2	bei Eintragung von bereits mehreren Entscheidungen nach § 24a StVG, §§ 316 oder 315c Abs. 1 Nr. 1 Buchstabe a StGB im Verkehrszentralregister		750 € **Fahrverbot** **3 Monate**

Anhang
(zu Nr. 11 der Anlage)

Tabelle 1
Geschwindigkeitsüberschreitungen

a) Kraftfahrzeuge der in § 3 Abs. 3 Nr. 2 Buchstaben a oder b StVO genannten Art

Lfd. Nr.	Überschreitung in km/h	Regelsatz in Euro bei Begehung	
		innerhalb	außerhalb
		geschlossener Ortschaften (außer bei Überschreitung für mehr als 5 Minuten Dauer oder in mehr als zwei Fällen nach Fahrtantritt)	
11.1.1	bis 10	20	15
11.1.2	11–15	30	25

Die nachfolgenden Regelsätze und Fahrverbote gelten auch für die Überschreitung der festgesetzten Höchstgeschwindigkeit bei Sichtweite unter 50 m durch Nebel, Schneefall oder Regen nach Nummer 9.1 der Anlage.

Lfd. Nr.	Überschreitung in km/h	Regelsatz in Euro bei Begehung		Fahrverbot in Monaten bei Begehung	
		innerhalb	außerhalb	innerhalb	außerhalb
		geschlossener Ortschaften		geschlossener Ortschaften	
11.1.3	bis 15 für mehr als 5 Minuten Dauer oder in mehr als zwei Fällen nach Fahrtantritt	50	40	–	–
11.1.4	16–20	50	40	–	–
11.1.5	21–25	60	50	–	–
11.1.6	26–30	90	60	1 Monat	–
11.1.7	31–40	125	100	1 Monat	1 Monat
11.1.8	41–50	175	150	2 Monate	1 Monat
11.1.9	51–60	300	275	3 Monate	2 Monate
11.1.10	über 60	425	375	3 Monate	3 Monate

b) kennzeichnungspflichtige Kraftfahrzeuge der in Buchstabe a genannten Art mit gefährlichen Gütern oder Kraftomnibussen mit Fahrgästen

Lfd. Nr.	Überschreitung in km/h	Regelsatz in Euro bei Begehung	
		innerhalb	außerhalb
		geschlossener Ortschaften (außer bei Überschreitung für mehr als 5 Minuten Dauer oder in mehr als zwei Fällen nach Fahrtantritt)	
11.2.1	bis 10	35	30
11.2.2	11–15	40	35

8 BKatV BußgeldkatalogVO

Die nachfolgenden Regelsätze und Fahrverbote gelten auch für die Überschreitung der festgesetzten Höchstgeschwindigkeit bei Sichtweite unter 50 m durch Nebel, Schneefall oder Regen nach Nummer 9.2 der Anlage.

Lfd. Nr.	Überschreitung in km/h	Regelsatz in Euro bei Begehung		Fahrverbot in Monaten bei Begehung	
		innerhalb	außerhalb	innerhalb	außerhalb
		geschlossener Ortschaften		geschlossener Ortschaften	
11.2.3	bis 15 für mehr als 5 Minuten Dauer oder in mehr als zwei Fällen nach Fahrtantritt	100	75	–	–
11.2.4	16–20	100	75	–	–
11.2.5	21–25	125	100	1 Monat	–
11.2.6	26–30	175	150	1 Monat	1 Monat
11.2.7	31–40	225	200	2 Monate	1 Monat
11.2.8	41–50	300	250	3 Monate	2 Monate
11.2.9	51–60	375	350	3 Monate	3 Monate
11.2.10	über 60	475	425	3 Monate	3 Monate

c) andere als die in Buchstaben a oder b genannten Kraftfahrzeuge

Lfd. Nr.	Überschreitung in km/h	Regelsatz in Euro bei Begehung	
		innerhalb	außerhalb
		geschlossener Ortschaften	
11.3.1	bis 10	15	10
11.3.2	11–15	25	20
11.3.3	16–20	35	30

Die nachfolgenden Regelsätze und Fahrverbote gelten auch für die Überschreitung der festgesetzten Höchstgeschwindigkeit bei Sichtweite unter 50 m durch Nebel, Schneefall oder Regen nach Nummer 9.3 der Anlage.

Lfd. Nr.	Überschreitung in km/h	Regelsatz in Euro bei Begehung		Fahrverbot in Monaten bei Begehung	
		innerhalb	außerhalb	innerhalb	außerhalb
		geschlossener Ortschaften		geschlossener Ortschaften	
11.3.4	21–25	50	40	–	–
11.3.5	26–30	60	50	–	–
11.3.6	31–40	100	75	1 Monat	–
11.3.7	41–50	125	100	1 Monat	1 Monat
11.3.8	51–60	175	150	2 Monate	1 Monat
11.3.9	61–70	300	275	3 Monate	2 Monate
11.3.10	über 70	425	375	3 Monate	3 Monate

BußgeldkatalogVO BKatV 8

Anhang
(zu Nr. 12 der Anlage)

Tabelle 2
Nichteinhalten des Abstandes von einem vorausfahrenden Fahrzeug

Lfd. Nr.		Regelsatz in Euro	Fahrverbot
12.5	Der Abstand von einem vorausfahrenden Fahrzeug betrug in Metern a) bei einer Geschwindigkeit von mehr als 80 km/h		
12.5.1	weniger als $5/_{10}$ des halben Tachowertes	40	
12.5.2	weniger als $4/_{10}$ des halben Tachowertes	50	
12.5.3	weniger als $3/_{10}$ des halben Tachowertes	75	
12.5.4	weniger als $2/_{10}$ des halben Tachowertes	100	Fahrverbot 1 Monat soweit die Geschwindigkeit mehr als 100 km/h beträgt
12.5.5	weniger als $1/_{10}$ des halben Tachowertes	125	Fahrverbot 1 Monat soweit die Geschwindigkeit mehr als 100 km/h beträgt
12.6	b) bei einer Geschwindigkeit von mehr als 130 km/h		
12.6.1	weniger als $5/_{10}$ des halben Tachowertes	50	
12.6.2	weniger als $4/_{10}$ des halben Tachowertes	75	
12.6.3	weniger als $3/_{10}$ des halben Tachowertes	100	
12.6.4	weniger als $2/_{10}$ des halben Tachowertes	125	Fahrverbot 1 Monat
12.6.5	weniger als $1/_{10}$ des halben Tachowertes	150	Fahrverbot 1 Monat

Anhang
(zu Nrn. 198 und 199 der Anlage)

Tabelle 3
Überschreiten der zulässigen Achslast oder des zulässigen Gesamtgewichts von Kraftfahrzeugen, Anhängern, Fahrzeugkombinationen sowie der Anhängelast hinter Kraftfahrzeugen

a) bei Kraftfahrzeugen mit einem zulässigen Gesamtgewicht über 7,5 t sowie Kraftfahrzeugen mit Anhängern, deren zulässiges Gesamtgewicht 2 t übersteigt

Lfd. Nr.	Überschreitung in v. H.	Regelsatz in Euro
198.1	für Inbetriebnahme	
198.1.1	2 bis 5	30
198.1.2	mehr als 5	50
198.1.3	mehr als 10	60
198.1.4	mehr als 15	75
198.1.5	mehr als 20	100
198.1.6	mehr als 25	150
198.1.7	mehr als 30	200
199.1	für Anordnen oder Zulassen der Inbetriebnahme	
199.1.1	2 bis 5	35
199.1.2	mehr als 5	75
199.1.3	mehr als 10	125
199.1.4	mehr als 15	150
199.1.5	mehr als 20	200
199.1.6	mehr als 25	225

8 BKatV

BußgeldkatalogVO

b) bei anderen Kraftfahrzeugen bis 7,5 t für Inbetriebnahme, Anordnen oder Zulassen der Inbetriebnahme

Lfd. Nr.		Überschreitung in v. H.	Regelsatz in Euro
198.2.1	oder	mehr als 5 bis 10	10
199.2.1			
198.2.2	oder	mehr als 10 bis 15	30
199.2.2			
198.2.3	oder	mehr als 15 bis 20	35
199.2.3			
198.2.4	oder	mehr als 20	50
199.2.4			
198.2.5	oder	mehr als 25	75
199.2.5			
198.2.6	oder	mehr als 30	125
199.2.6			

Anhang
(zu § 3 Abs. 3)

Tabelle 4
Erhöhung der Regelsätze bei Hinzutreten einer Gefährdung oder Sachbeschädigung

Die im Bußgeldkatalog bestimmten Regelsätze, die einen Betrag von mehr als 35 Euro vorsehen, erhöhen sich beim Hinzutreten einer Gefährdung oder Sachbeschädigung, soweit diese Merkmale nicht bereits im Grundtatbestand enthalten sind, wie folgt:

Bei einem Regelsatz für den Grundtatbestand von Euro	mit Gefährdung auf Euro	mit Sachbeschädigung auf Euro
40	50	60
50	60	75
60	75	90
75	100	125
90	110	135
100	125	150
125	150	175
150	175	225
175	200	275
200	225	325
225	250	375
250	275	425
275	300	475
300	325	475
325	350	475
350	400	475
375 bis 450	475	475

Enthält der Grundtatbestand bereits eine Gefährdung, führt Sachbeschädigung zu folgender Erhöhung:

Bei einem Regelsatz für den Grundtatbestand von Euro	mit Sachbeschädigung auf Euro
40	50
50	60
60	75
75	100

9. Fahrzeugregister, Fahrerlaubnisregister

Vorbemerkung: Der Abschnitt V über das **Fahrzeugregister** wurde durch Art 1 des Gesetzes zur Änderung des Straßenverkehrsgesetzes v 28. 1. 1987 (BGBl I S 486) in das StVG eingefügt. **Begr:** VBl **87** 819, zum ÄndG v 24. 4. 1998: BRDrucks 821/96 S 54, 81. Fahrzeugregisterverordnung (FRV) v 28. 10. 1987, s BGBl I S 2305, zuletzt geändert: 24. 9. 2004, BGBl I 2374.

Lit.: *Jagow,* Neue Vorschriften für die Datenverarbeitung im Zulassungsverfahren und für die FzRegister, VD **87** 241, 265, **88** 1. *Tegtmeyer,* G zur Änderung des StVG, DNP **87** 103. *Wirsing,* Praktische Bedeutung der FRV, VD **89** 196, 223, 247.

Der Abschnitt VII über die örtlichen und das **Zentrale Fahrerlaubnisregister** wurde durch das Gesetz zur Änderung des Straßenverkehrsgesetzes und anderer Gesetze v 24. 4. 1998 (BGBl I S 747) eingefügt. **Begr:** BRDrucks 821/96 S 55, 83. Die Einrichtung des Zentralen Fahrerlaubnisregisters wurde durch den Vollzug der 2. EG-Führerscheinrichtlinie (Richtlinie 91/439/EWG über den Führerschein v 29. 7. 1991, ABl EG **91** Nr L 237/1) notwendig.

V. Fahrzeugregister

Registerführung und Registerbehörden

31 (1) Die (Zulassungsbehörden) führen ein Register über die Fahrzeuge, für die ein Kennzeichen ihres Bezirks zugeteilt oder ausgegeben wurde (örtliches Fahrzeugregister der Zulassungsbehörden).

(2) Das Kraftfahrt-Bundesamt führt ein Register über die Fahrzeuge, für die im Geltungsbereich dieses Gesetzes ein Kennzeichen zugeteilt oder ausgegeben wurde (Zentrales Fahrzeugregister des Kraftfahrt-Bundesamtes).

(3) [1] Soweit die Dienststellen der Bundeswehr, der Polizeien des Bundes und der Länder, der Wasser- und Schifffahrtsverwaltung des Bundes eigene Register für die jeweils von ihnen zugelassenen Fahrzeuge führen, finden die Vorschriften dieses Abschnitts keine Anwendung. [2] Satz 1 gilt entsprechend für Fahrzeuge, die von den Nachfolgeunternehmen der Deutschen Bundespost zugelassen sind.

Zweckbestimmung der Fahrzeugregister

32 (1) **Die Fahrzeugregister werden geführt zur Speicherung von Daten**
1. für die Zulassung und Überwachung von Fahrzeugen nach diesem Gesetz oder den darauf beruhenden Rechtsvorschriften,
2. für Maßnahmen zur Gewährleistung des Versicherungsschutzes im Rahmen der Kraftfahrzeughaftpflichtversicherung,
3. für Maßnahmen zur Durchführung des Kraftfahrzeugsteuerrechts,
4. für Maßnahmen nach dem Bundesleistungsgesetz, dem Verkehrssicherstellungsgesetz oder den darauf beruhenden Rechtsvorschriften und
5. für Maßnahmen des Katastrophenschutzes nach den hierzu erlassenen Gesetzen der Länder oder den darauf beruhenden Rechtsvorschriften.

(2) Die Fahrzeugregister werden außerdem geführt zur Speicherung von Daten für die Erteilung von Auskünften, um
1. Personen in ihrer Eigenschaft als Halter von Fahrzeugen,
2. Fahrzeuge eines Halters oder
3. Fahrzeugdaten

festzustellen oder zu bestimmen.

Inhalt der Fahrzeugregister

33 (1) ¹Im örtlichen und im Zentralen Fahrzeugregister werden, soweit dies zur Erfüllung der in § 32 genannten Aufgaben jeweils erforderlich ist, gespeichert
1. nach näherer Bestimmung durch Rechtsverordnung (§ 47 Abs. 1 Nr. 1) Daten über Beschaffenheit, Ausrüstung, Identifizierungsmerkmale, Prüfung, Kennzeichnung und Papiere des Fahrzeugs sowie über tatsächliche und rechtliche Verhältnisse in Bezug auf das Fahrzeug, insbesondere auch über die Haftpflichtversicherung und die Kraftfahrzeugbesteuerung des Fahrzeugs (Fahrzeugdaten), sowie
2. Daten über denjenigen, dem ein Kennzeichen für das Fahrzeug zugeteilt oder ausgegeben wird (Halterdaten), und zwar
   a) bei natürlichen Personen:
   Familienname, Geburtsname, Vornamen, vom Halter für die Zuteilung oder die Ausgabe des Kennzeichens angegebener Ordens- oder Künstlername, Tag und Ort der Geburt, Geschlecht, Anschrift; bei Fahrzeugen mit Versicherungskennzeichen entfällt die Speicherung von Geburtsnamen, Ort der Geburt und Geschlecht des Halters,
   b) bei juristischen Personen und Behörden:
   Name oder Bezeichnung und Anschrift und
   c) bei Vereinigungen:
   benannter Vertreter mit den Angaben nach Buchstabe a und gegebenenfalls Name der Vereinigung.

²Im örtlichen Fahrzeugregister werden zur Erfüllung der in § 32 genannten Aufgaben außerdem Daten über denjenigen gespeichert, an den ein Fahrzeug mit einem amtlichen Kennzeichen veräußert wurde (Halterdaten), und zwar
a) bei natürlichen Personen:
Familienname, Vornamen und Anschrift,
b) bei juristischen Personen und Behörden:
Name oder Bezeichnung und Anschrift und
c) bei Vereinigungen:
benannter Vertreter mit den Angaben nach Buchstabe a und gegebenenfalls Name der Vereinigung.

(2) Im örtlichen und im Zentralen Fahrzeugregister werden über beruflich Selbständige, denen ein amtliches Kennzeichen für ein Fahrzeug zugeteilt wird, für die Aufgaben nach § 32 Abs. 1 Nr. 4 und 5 Berufsdaten gespeichert, und zwar
1. bei natürlichen Personen der Beruf oder das Gewerbe (Wirtschaftszweig) und
2. bei juristischen Personen und Vereinigungen gegebenenfalls das Gewerbe (Wirtschaftszweig).

(3) Im örtlichen und im Zentralen Fahrzeugregister darf die Anordnung einer Fahrtenbuchauflage wegen Zuwiderhandlungen gegen Verkehrsvorschriften gespeichert werden.

(4) Ferner werden für Daten, die nicht übermittelt werden dürfen (§ 41), in den Fahrzeugregistern Übermittlungssperren gespeichert.

Erhebung der Daten

34 (1) ¹Wer die Zuteilung oder die Ausgabe eines Kennzeichens für ein Fahrzeug beantragt, hat der hierfür zuständigen Stelle
1. von den nach § 33 Abs. 1 Satz 1 Nr. 1 zu speichernden Fahrzeugdaten bestimmte Daten nach näherer Regelung durch Rechtsverordnung (§ 47 Abs. 1 Nr. 1) und
2. die nach § 33 Abs. 1 Satz 1 Nr. 2 zu speichernden Halterdaten

mitzuteilen und auf Verlangen nachzuweisen. ²Die Zulassungsbehörde kann durch Einholung von Auskünften aus dem Melderegister die Richtigkeit und Vollständigkeit der vom Antragsteller mitgeteilten Daten überprüfen.

(2) Wer die Zuteilung eines amtlichen Kennzeichens für ein Fahrzeug beantragt, hat der Zulassungsbehörde außerdem die Daten über Beruf oder Gewerbe (Wirtschaftszweig) mitzuteilen, soweit sie nach § 33 Abs. 2 zu speichern sind.

(3) Wird ein Fahrzeug veräußert, für das ein amtliches Kennzeichen zugeteilt ist, so hat der Veräußerer der Zulassungsbehörde, die dieses Kennzeichen zugeteilt hat, die in § 33 Abs. 1 Satz 2 aufgeführten Daten des Erwerbers (Halterdaten) mitzuteilen.

(4) Der Halter und der Eigentümer, wenn dieser nicht zugleich Halter ist, haben der Zulassungshörde jede Änderung der Daten mitzuteilen, die nach Absatz 1 erhoben wurden; dies gilt nicht für die Fahrzeuge, die ein Versicherungskennzeichen führen müssen, und für die Fahrzeuge, die vorübergehend stillgelegt sind und deren Stilllegung im Fahrzeugbrief vermerkt ist.

(5) ¹Die Versicherer dürfen der zuständigen Zulassungshörde das Nichtbestehen oder die Beendigung des Versicherungsverhältnisses über die vorgeschriebene Haftpflichtversicherung für das betreffende Fahrzeug mitteilen. ²Die Versicherer haben dem Kraftfahrt-Bundesamt im Rahmen der Zulassung von Fahrzeugen mit Versicherungskennzeichen die erforderlichen Fahrzeugdaten nach näherer Bestimmung durch Rechtsverordnung (§ 47 Abs. 1 Nr. 2) und die Halterdaten nach § 33 Abs. 1 Satz 1 Nr. 2 mitzuteilen.

Übermittlung von Fahrzeugdaten und Halterdaten

35 (1) Die nach § 33 Abs. 1 gespeicherten Fahrzeugdaten und Halterdaten dürfen an Behörden und sonstige öffentliche Stellen im Geltungsbereich dieses Gesetzes zur Erfüllung der Aufgaben der Zulassungshörde oder des Kraftfahrt-Bundesamtes oder der Aufgaben des Empfängers hierher übermittelt werden, wenn dies für die Zwecke nach § 32 Abs. 2 jeweils erforderlich ist

1. zur Durchführung der in § 32 Abs. 1 angeführten Aufgaben,
2. zur Verfolgung von Straftaten, zur Vollstreckung oder zum Vollzug von Strafen, von Maßnahmen im Sinne des § 11 Abs. 1 Nr. 8 des Strafgesetzbuchs oder von Erziehungsmaßregeln oder Zuchtmitteln im Sinne des Jugendgerichtsgesetzes,
3. zur Verfolgung von Ordnungswidrigkeiten,
4. zur Abwehr von Gefahren für die öffentliche Sicherheit oder Ordnung,
5. zur Erfüllung der den Verfassungsschutzbehörden, dem Militärischen Abschirmdienst und dem Bundesnachrichtendienst durch Gesetz übertragenen Aufgaben,
6. für Maßnahmen nach dem Abfallbeseitigungsgesetz oder den darauf beruhenden Rechtsvorschriften,
7. für Maßnahmen nach dem Wirtschaftssicherstellungsgesetz oder den darauf beruhenden Rechtsvorschriften,
8. für Maßnahmen nach dem Energiesicherungsgesetz 1975 oder den darauf beruhenden Rechtsvorschriften,
9. für die Erfüllung der gesetzlichen Mitteilungspflichten zur Sicherung des Steueraufkommens nach § 93 der Abgabenordnung,
10. zur Verfolgung von Ansprüchen nach dem Autobahnbenutzungsgebührengesetz vom 30. August 1994 (BGBl. 1994 II S. 1766),*
(10. zur Feststellung der Maut für die Benutzung von Bundesautobahnen und zur Verfolgung von Ansprüchen nach dem Autobahnmautgesetz für schwere Nutzfahrzeuge vom 5. April 2002 (BGBl. I S. 1234) in der jeweils geltenden Fassung,**)
11. zur Ermittlung der Mautgebühr für die Benutzung von Bundesfernstraßen und zur Verfolgung von Ansprüchen nach dem Fernstraßenbauprivatfinanzierungsgesetz vom 30. August 1994 (BGBl. I S. 2243) in der jeweils geltenden Fassung oder
12. zur Ermittlung der Mautgebühr für die Benutzung von Straßen nach Landesrecht und zur Verfolgung von Ansprüchen nach den Gesetzen der Länder über den gebührenfinanzierten Neu- und Ausbau von Straßen.

(2) Die nach § 33 Abs. 1 gespeicherten Fahrzeugdaten und Halterdaten dürfen, wenn dies für die Zwecke nach § 32 Abs. 2 jeweils erforderlich ist,
1. an Inhaber von Betriebserlaubnissen für Fahrzeuge oder an Fahrzeughersteller für Rückrufmaßnahmen zur Beseitigung von erheblichen Mängeln für die Verkehrssicherheit oder für die Umwelt an bereits ausgelieferten Fahrzeugen (§ 32 Abs. 1 Nr. 1) sowie bis 31. Dezember 1995 für staatlich geförderte Maßnahmen

---

* BGBl. II 1765.
** Diese Fassung der Nr 10 tritt gem Art 6 des Gesetzes zur Einführung von streckenbezogenen Gebühren für die Benutzung von Bundesautobahnen mit schweren Nutzfahrzeugen v. 5. 4. 02 (BGBl I 1234) zu dem in einer Rechtsverordnung nach § 12 des Autobahnmautgesetzes bestimmten Zeitpunkt des Beginns der Mauterhebung in Kraft (Bekanntgabe durch das BMV im BGBl).

zur Verbesserung des Schutzes vor schädlichen Umwelteinwirkungen durch bereits ausgelieferte Fahrzeuge und

2. an Versicherer zur Gewährleistung des vorgeschriebenen Versicherungsschutzes (§ 32 Abs. 1 Nr. 2)

übermittelt werden.

(3) ¹Die Übermittlung von Fahrzeugdaten und Halterdaten zu anderen Zwecken als der Feststellung oder Bestimmung von Haltern oder Fahrzeugen (§ 32 Abs. 2) ist, unbeschadet des Absatzes 4, unzulässig, es sei denn, die Daten sind

1. unerlässlich zur
   a) Verfolgung von Straftaten oder zur Vollstreckung oder zum Vollzug von Strafen,
   b) Abwehr einer im Einzelfall bestehenden Gefahr für die öffentliche Sicherheit,
   c) Erfüllung der den Verfassungsschutzbehörden, dem Militärischen Abschirmdienst und dem Bundesnachrichtendienst durch Gesetz übertragenen Aufgaben,
   d) Erfüllung der gesetzlichen Mitteilungspflichten zur Sicherung des Steueraufkommens nach § 93 der Abgabenordnung, soweit diese Vorschrift unmittelbar anwendbar ist, oder
   e) Erfüllung gesetzlicher Mitteilungspflichten nach § 118 Abs. 4 Satz 4 Buchstabe f des Zwölften Buches Sozialgesetzbuch

und

2. auf andere Weise nicht oder nicht rechtzeitig oder nur mit unverhältnismäßigem Aufwand zu erlangen.

²Die ersuchende Behörde hat Aufzeichnungen über das Ersuchen mit einem Hinweis auf dessen Anlass zu führen. ³Die Aufzeichnungen sind gesondert aufzubewahren, durch technische und organisatorische Maßnahmen zu sichern und am Ende des Kalenderjahres, das dem Jahr der Erstellung der Aufzeichnung folgt, zu vernichten. ⁴Die Aufzeichnungen dürfen nur zur Kontrolle der Zulässigkeit der Übermittlungen verwertet werden, es sei denn, es liegen Anhaltspunkte dafür vor, dass ihre Verwertung zur Aufklärung oder Verhütung einer schwerwiegenden Straftat gegen Leib, Leben oder Freiheit einer Person führen kann und die Aufklärung oder Verhütung ohne diese Maßnahme aussichtslos oder wesentlich erschwert wäre.

(4) ¹Auf Ersuchen des Bundeskriminalamtes kann das Kraftfahrt-Bundesamt die im Zentralen Fahrzeugregister gespeicherten Halterdaten mit dem polizeilichen Fahndungsbestand der mit Haftbefehl gesuchten Personen abgleichen. ²Die dabei ermittelten Daten gesuchter Personen dürfen dem Bundeskriminalamt übermittelt werden. ³Das Ersuchen des Bundeskriminalamtes erfolgt durch Übersendung eines Datenträgers.

(4a) Auf Ersuchen der Auskunftsstelle nach § 8a des Pflichtversicherungsgesetzes übermitteln die Zulassungsbehörden und das Kraftfahrt-Bundesamt die nach § 33 Abs. 1 gespeicherten Fahrzeugdaten und Halterdaten zu den in § 8a Abs. 1 des Pflichtversicherungsgesetzes genannten Zwecken.

(5) Die nach § 33 Abs. 1 gespeicherten Fahrzeugdaten und Halterdaten dürfen nach näherer Bestimmung durch Rechtsverordnung (§ 47 Abs. 1 Nr. 3) regelmäßig übermittelt werden

1. von den Zulassunghörden an das Kraftfahrt-Bundesamt für das Zentrale Fahrzeugregister und vom Kraftfahrt-Bundesamt an die Zulassungshörden für die örtlichen Fahrzeugregister,
2. von den Zulassunghörden an andere Zulassunghörden, wenn diese mit dem betreffenden Fahrzeug befasst sind oder befasst waren,
3. von den Zulassunghörden an die Versicherer zur Gewährleistung des vorgeschriebenen Versicherungsschutzes (§ 32 Abs. 1 Nr. 2),
4. von den Zulassunghörden an die Finanzämter zur Durchführung des Kraftfahrzeugsteuerrechts (§ 32 Abs. 1 Nr. 3),
5. von den Zulassunghörden und vom Kraftfahrt-Bundesamt für Maßnahmen nach dem Bundesleistungsgesetz, dem Verkehrssicherstellungsgesetz oder des Katastrophenschutzes nach den hierzu erlassenen Gesetzen der Länder oder den darauf beruhenden Rechtsvorschriften an die hierfür zuständigen Behörden (§ 32 Abs. 1 Nr. 4 und 5),

6. von den Zulassungsbehörden für Prüfungen nach § 118 Abs. 4 Satz 4 Buchstabe f des Zwölften Buches Sozialgesetzbuch an die Träger der Sozialhilfe nach dem Zwölften Buch Sozialgesetzbuch.

(6) ¹Das Kraftfahrt-Bundesamt als übermittelnde Behörde hat Aufzeichnungen zu führen, die die übermittelten Daten, den Zeitpunkt der Übermittlung, den Empfänger der Daten und den vom Empfänger angegebenen Zweck enthalten. ²Die Aufzeichnungen dürfen nur zur Kontrolle der Zulässigkeit der Übermittlungen verwertet werden, sind durch technische und organisatorische Maßnahmen gegen Missbrauch zu sichern und am Ende des Kalenderhalbjahres, das dem Halbjahr der Übermittlung folgt, zu löschen oder zu vernichten. ³Bei Übermittlung nach § 35 Abs. 5 sind besondere Aufzeichnungen entbehrlich, wenn die Angaben nach Satz 1 aus dem Register oder anderen Unterlagen entnommen werden können. ⁴Die Sätze 1 und 2 gelten auch für die Übermittlungen durch das Kraftfahrt-Bundesamt nach den §§ 37 bis 40.

Abruf im automatisierten Verfahren

36 (1) Die Übermittlung nach § 35 Abs. 1 Nr. 1, soweit es sich um Aufgaben nach § 32 Abs. 1 Nr. 1 handelt, aus dem Zentralen Fahrzeugregister an die Zulassungshörden darf durch Abruf im automatisierten Verfahren erfolgen.

(2) ¹Die Übermittlung nach § 35 Abs. 1 Nr. 1 bis 4 aus dem Zentralen Fahrzeugregister darf durch Abruf im automatisierten Verfahren erfolgen
1. an die Polizeien des Bundes und der Länder sowie an Dienststellen der Zollverwaltung, soweit sie Befugnisse nach § 10 des Zollverwaltungsgesetzes ausüben oder grenzpolizeiliche Aufgaben wahrnehmen,
   a) zur Kontrolle, ob die Fahrzeuge einschließlich ihrer Ladung und die Fahrzeugpapiere vorschriftsmäßig sind,
   b) zur Verfolgung von Ordnungswidrigkeiten nach § 24 oder § 24 a,
   c) zur Verfolgung von Straftaten oder zur Vollstreckung oder zum Vollzug von Strafen oder
   d) zur Abwehr von Gefahren für die öffentliche Sicherheit,
1 a. an die Verwaltungsbehörden im Sinne des § 26 Abs. 1 für die Verfolgung von Ordnungswidrigkeiten nach § 24 oder § 24 a und
2. an die Zollfahndungsdienststellen zur Verhütung oder Verfolgung von Steuer- und Wirtschaftsstraftaten.

²Satz 1 gilt entsprechend für den Abruf der örtlich zuständigen Polizeidienststellen der Länder und Verwaltungsbehörden im Sinne des § 26 Abs. 1 aus den jeweiligen örtlichen Fahrzeugregistern.

(2 a) Die Übermittlung nach § 35 Abs. 1 Nr. 11 und 12 aus dem Zentralen Fahrzeugregister darf durch Abruf im automatisierten Verfahren an den Privaten, der mit der Erhebung der Mautgebühr beliehen worden ist, erfolgen.

(2 b) Die Übermittlung nach § 35 Abs. 1 Nr. 10 aus dem Zentralen Fahrzeugregister darf durch Abruf im automatisierten Verfahren an das Bundesamt für Güterverkehr, die Zollbehörden und an eine sonstige öffentliche Stelle, die mit der Erhebung der Maut nach dem Autobahnmautgesetz für schwere Nutzfahrzeuge beauftragt ist, erfolgen.

(3) Die Übermittlung nach § 35 Abs. 3 Satz 1 aus dem Zentralen Fahrzeugregister darf ferner durch Abruf im automatisierten Verfahren an die Polizeien des Bundes und der Länder zur Verfolgung von Straftaten oder zur Vollstreckung oder zum Vollzug von Strafen oder zur Abwehr einer im Einzelfall bestehenden Gefahr für die öffentliche Sicherheit sowie an die Zollfahndungsdienststellen zur Verhütung oder Verfolgung von Steuer- und Wirtschaftsstraftaten vorgenommen werden.

(4) Der Abruf darf sich nur auf ein bestimmtes Fahrzeug oder einen bestimmten Halter richten und in den Fällen der Absätze 1 und 2 Satz 1 Nr. 1 Buchstaben a und b nur unter Verwendung von Fahrzeugdaten durchgeführt werden.

(5) Die Einrichtung von Anlagen zum Abruf im automatisierten Verfahren ist nur zulässig, wenn nach näherer Bestimmung durch Rechtsverordnung (§ 47 Abs. 1 Nr. 4) gewährleistet ist, dass
1. die zum Abruf bereitgehaltenen Daten ihrer Art nach für den Empfänger erforderlich sind und ihre Übermittlung durch automatisierten Abruf unter Berücksichtigung der schutzwürdigen Interessen des Betroffenen und der Aufgabe des Empfängers angemessen ist,

2. dem jeweiligen Stand der Technik entsprechende Maßnahmen zur Sicherstellung von Datenschutz und Datensicherheit getroffen werden, die insbesondere die Vertraulichkeit und Unversehrtheit der Daten gewährleisten; bei der Nutzung allgemein zugänglicher Netze sind Verschlüsselungsverfahren anzuwenden und
3. die Zulässigkeit der Abrufe nach Maßgabe des Absatzes 6 kontrolliert werden kann.

(6) ¹Das Kraftfahrt-Bundesamt oder die Zulassungshörde als übermittelnde Stelle hat über die Abrufe Aufzeichnungen zu fertigen, die die bei der Durchführung der Abrufe verwendeten Daten, den Tag und die Uhrzeit der Abrufe, die Kennung der abrufenden Dienststelle und die abgerufenen Daten enthalten müssen. ²Die protokollierten Daten dürfen nur für Zwecke der Datenschutzkontrolle, der Datensicherung oder zur Sicherstellung eines ordnungsgemäßen Betriebs der Datenverarbeitungsanlage verwendet werden. ³Liegen Anhaltspunkte dafür vor, dass ohne ihre Verwendung die Verhinderung oder Verfolgung einer schwerwiegenden Straftat gegen Leib, Leben oder Freiheit einer Person aussichtslos oder wesentlich erschwert wäre, dürfen die Daten auch für diesen Zweck verwendet werden, sofern das Ersuchen der Strafverfolgungsbehörde unter Verwendung von Halterdaten einer bestimmten Person oder von Fahrzeugdaten eines bestimmten Fahrzeugs gestellt wird. ⁴Die Protokolldaten sind durch geeignete Vorkehrungen gegen zweckfremde Verwendung und gegen sonstigen Missbrauch zu schützen und nach sechs Monaten zu löschen.

(7) ¹Bei Abrufen aus dem Zentralen Fahrzeugregister sind vom Kraftfahrt-Bundesamt weitere Aufzeichnungen zu fertigen, die sich auf den Anlass des Abrufs erstrecken und die Feststellung der für den Abruf verantwortlichen Personen ermöglichen. ²Das Nähere wird durch Rechtsverordnung (§ 47 Abs. 1 Nr. 5) bestimmt. ³Dies gilt entsprechend für Abrufe aus den örtlichen Fahrzeugregistern.

(8) ¹Soweit örtliche Fahrzeugregister nicht im automatisierten Verfahren geführt werden, ist die Übermittlung der nach § 33 Abs. 1 gespeicherten Fahrzeugdaten und Halterdaten durch Einsichtnahme in das örtliche Fahrzeugregister außerhalb der üblichen Dienstzeiten an die für den betreffenden Zulassungsbezirk zuständige Polizeidienststelle zulässig, wenn
1. dies für die Erfüllung der in Absatz 2 Satz 1 Nr. 1 bezeichneten Aufgaben erforderlich ist und
2. ohne die sofortige Einsichtnahme die Erfüllung dieser Aufgaben gefährdet wäre.
²Die Polizeidienststelle hat die Tatsache der Einsichtnahme, deren Datum und Anlass sowie den Namen des Einsichtnehmenden aufzuzeichnen; die Aufzeichnungen sind für die Dauer eines Jahres aufzubewahren und nach Ablauf des betreffenden Kalenderjahres zu vernichten. ³Die Sätze 1 und 2 finden entsprechende Anwendung auf die Einsichtnahme durch die Zollfahndungsämter zur Erfüllung der in Absatz 2 Satz 1 Nr. 2 bezeichneten Aufgaben.

Automatisiertes Anfrage- und Auskunftsverfahren beim Kraftfahrt-Bundesamt

36a ¹Die Übermittlung der Daten aus dem Zentralen Fahrzeugregister nach den §§ 35 und 37 darf nach näherer Bestimmung durch Rechtsverordnung gemäß § 47 Abs. 1 Nr. 4a auch in einem automatisierten Anfrage- und Auskunftsverfahren erfolgen. ²Für die Einrichtung und Durchführung des Verfahrens gilt § 30b Abs. 1 Satz 2, Abs. 2 und 3 entsprechend.

Abgleich mit den Sachfahndungsdaten des Bundeskriminalamtes

36b (1) ¹Das Bundeskriminalamt übermittelt regelmäßig dem Kraftfahrt-Bundesamt die im Polizeilichen Informationssystem gespeicherten Daten von Fahrzeugen, Kennzeichen, Fahrzeugpapieren und Führerscheinen, die zur Beweissicherung, Einziehung, Beschlagnahme, Sicherstellung, Eigentumssicherung und Eigentümer- oder Besitzerermittlung ausgeschrieben sind. ²Die Daten dienen zum Abgleich mit den im Zentralen Fahrzeugregister erfassten Fahrzeugen und Fahrzeugpapieren sowie mit den im Zentralen Fahrerlaubnisregister erfassten Führerscheinen.

(2) Die Übermittlung der Daten nach Absatz 1 darf auch im automatisierten Verfahren erfolgen.

Übermittlung von Fahrzeugdaten und Halterdaten an Stellen außerhalb des Geltungsbereiches dieses Gesetzes

37 (1) Die nach § 33 Abs. 1 gespeicherten Fahrzeugdaten und Halterdaten dürfen von den Registerbehörden an die zuständigen Stellen anderer Staaten übermittelt werden, soweit dies
a) für Verwaltungsmaßnahmen auf dem Gebiet des Straßenverkehrs,
b) zur Überwachung des Versicherungsschutzes im Rahmen der Kraftfahrzeughaftpflichtversicherung,
c) zur Verfolgung von Zuwiderhandlungen gegen Rechtsvorschriften auf dem Gebiet des Straßenverkehrs oder
d) zur Verfolgung von Straftaten, die im Zusammenhang mit dem Straßenverkehr oder sonst mit Kraftfahrzeugen, Anhängern, Kennzeichen oder Fahrzeugpapieren, Fahrerlaubnissen oder Führerscheinen stehen,
erforderlich ist.

(2) Der Empfänger ist darauf hinzuweisen, dass die übermittelten Daten nur zu dem Zweck genutzt werden dürfen, zu dessen Erfüllung sie ihm übermittelt werden.

(3) Die Übermittlung unterbleibt, wenn durch sie schutzwürdige Interessen des Betroffenen beeinträchtigt würden, insbesondere, wenn im Empfängerland ein angemessener Datenschutzstandard nicht gewährleistet ist.

Abruf im automatisierten Verfahren durch Stellen außerhalb des Geltungsbereiches dieses Gesetzes

37a (1) Durch Abruf im automatisierten Verfahren dürfen aus dem Zentralen Fahrzeugregister für die in § 37 Abs. 1 genannten Maßnahmen an die hierfür zuständigen öffentlichen Stellen in einem Mitgliedstaat der Europäischen Union oder einem anderen Vertragsstaat des Abkommens über den Europäischen Wirtschaftsraum die zu deren Aufgabenerfüllung erforderlichen Daten nach näherer Bestimmung durch Rechtsverordnung gemäß § 47 Abs. 1 Nr. 5a übermittelt werden.

(2) Der Abruf darf nur unter Verwendung von Fahrzeugdaten erfolgen und sich nur auf ein bestimmtes Fahrzeug oder einen bestimmten Halter richten.

(3) [1]Der Abruf ist nur zulässig, soweit
1. diese Form der Datenübermittlung unter Berücksichtigung der schutzwürdigen Interessen der Betroffenen wegen der Vielzahl der Übermittlungen oder wegen ihrer besonderen Eilbedürftigkeit angemessen ist und
2. der Empfängerstaat die Richtlinie 95/46/EWG des Europäischen Parlaments und des Rates vom 24. Oktober 1995 (ABl. EG Nr. L 281 S. 31) anwendet.
[2]§ 36 Abs. 5 und 6 sowie Abs. 7 wegen des Anlasses der Abrufe ist entsprechend anzuwenden.

Übermittlung für die wissenschaftliche Forschung

38 (1) Die nach § 33 Abs. 1 gespeicherten Fahrzeugdaten und Halterdaten dürfen an Hochschulen, andere Einrichtungen, die wissenschaftliche Forschung betreiben, und öffentliche Stellen übermittelt werden, soweit
1. dies für die Durchführung bestimmter wissenschaftlicher Forschungsarbeiten erforderlich ist,
2. eine Nutzung anonymisierter Daten zu diesem Zweck nicht möglich ist und
3. das öffentliche Interesse an der Forschungsarbeit das schutzwürdige Interesse des Betroffenen an dem Ausschluss der Übermittlung erheblich überwiegt.

(2) Die Übermittlung der Daten erfolgt durch Erteilung von Auskünften, wenn hierdurch der Zweck der Forschungsarbeit erreicht werden kann und die Erteilung keinen unverhältnismäßigen Aufwand erfordert.

(3) [1]Personenbezogene Daten werden nur an solche Personen übermittelt, die Amtsträger oder für den öffentlichen Dienst besonders Verpflichtete sind oder die zur Geheimhaltung verpflichtet worden sind. [2]§ 1 Abs. 2, 3 und 4 Nr. 2 des Ver-

pflichtungsgesetzes findet auf die Verpflichtung zur Geheimhaltung entsprechende Anwendung.

(4) ¹Die personenbezogenen Daten dürfen nur für die Forschungsarbeit genutzt werden, für die sie übermittelt worden sind. ²Die Verwendung für andere Forschungsarbeiten oder die Weitergabe richtet sich nach den Absätzen 1 und 2 und bedarf der Zustimmung der Stelle, die die Daten übermittelt hat.

(5) ¹Die Daten sind gegen unbefugte Kenntnisnahme durch Dritte zu schützen. ²Die wissenschaftliche Forschung betreibende Stelle hat dafür zu sorgen, dass die Nutzung der personenbezogenen Daten räumlich und organisatorisch getrennt von der Erfüllung solcher Verwaltungsaufgaben oder Geschäftszwecke erfolgt, für die diese Daten gleichfalls von Bedeutung sein können.

(6) ¹Sobald der Forschungszweck es erlaubt, sind die personenbezogenen Daten zu anonymisieren. ²Solange dies noch nicht möglich ist, sind die Merkmale gesondert aufzubewahren, mit denen Einzelangaben über persönliche oder sachliche Verhältnisse einer bestimmten oder bestimmbaren Person zugeordnet werden können. ³Sie dürfen mit den Einzelangaben nur zusammengeführt werden, soweit der Forschungszweck dies erfordert.

(7) Wer nach den Absätzen 1 und 2 personenbezogene Daten erhalten hat, darf diese nur veröffentlichen, wenn dies für die Darstellung von Forschungsergebnissen über Ereignisse der Zeitgeschichte unerlässlich ist.

(8) Ist der Empfänger eine nichtöffentliche Stelle, gilt § 38 des Bundesdatenschutzgesetzes mit der Maßgabe, dass die Aufsichtsbehörde die Ausführung der Vorschriften über den Datenschutz auch dann überwacht, wenn keine hinreichenden Anhaltspunkte für eine Verletzung dieser Vorschriften vorliegen oder wenn der Empfänger die personenbezogenen Daten nicht in Dateien verarbeitet.

Übermittlung und Nutzung für statistische Zwecke

38a (1) Die nach § 33 Abs. 1 gespeicherten Fahrzeug- und Halterdaten dürfen zur Vorbereitung und Durchführung von Statistiken, soweit sie durch Rechtsvorschriften angeordnet sind, übermittelt werden, wenn die Vorbereitung und Durchführung des Vorhabens allein mit anonymisierten Daten (§ 45) nicht möglich ist.

(2) Es finden die Vorschriften des Bundesstatistikgesetzes und der Statistikgesetze der Länder Anwendung.

Übermittlung und Nutzung für planerische Zwecke

38b (1) Die nach § 33 Abs. 1 in den örtlichen Fahrzeugregistern gespeicherten Fahrzeug- und Halterdaten dürfen für im öffentlichen Interesse liegende Verkehrsplanungen an öffentliche Stellen übermittelt werden, wenn die Durchführung des Vorhabens allein mit anonymisierten Daten (§ 45) nicht oder nur mit unverhältnismäßigem Aufwand möglich ist und der Betroffene eingewilligt hat oder schutzwürdige Interessen des Betroffenen nicht beeinträchtigt werden.

(2) Der Empfänger der Daten hat sicherzustellen, dass
1. die Kontrolle zur Sicherstellung schutzwürdiger Interessen des Betroffenen jederzeit gewährleistet wird,
2. die Daten nur für das betreffende Vorhaben genutzt werden,
3. zu den Daten nur die Personen Zugang haben, die mit dem betreffenden Vorhaben befasst sind,
4. diese Personen verpflichtet werden, die Daten gegenüber Unbefugten nicht zu offenbaren, und
5. die Daten anonymisiert oder gelöscht werden, sobald der Zweck des Vorhabens dies gestattet.

Übermittlung von Fahrzeugdaten und Halterdaten zur Verfolgung von Rechtsansprüchen

39 (1) Von den nach § 33 Abs. 1 gespeicherten Fahrzeugdaten und Halterdaten sind
1. Familienname (bei juristischen Personen, Behörden oder Vereinigungen: Name oder Bezeichnung),
2. Vornamen,
3. Ordens- und Künstlername,
4. Anschrift,
5. Art, Hersteller und Typ des Fahrzeugs,
6. Name und Anschrift des Versicherers,
7. Nummer des Versicherungsscheins, oder, falls diese noch nicht gespeichert ist, Nummer der Versicherungsbestätigung,
8. gegebenenfalls Zeitpunkt der Beendigung des Versicherungsverhältnisses,
9. gegebenenfalls Befreiung von der gesetzlichen Versicherungspflicht,
10. Zeitpunkt der Zuteilung oder Ausgabe des Kennzeichen für den Halter sowie
11. Kraftfahrzeugkennzeichen

durch die Zulassungsbehörde oder durch das Kraftfahrt-Bundesamt zu übermitteln, wenn der Empfänger unter Angabe des betreffenden Kennzeichens oder der betreffenden Fahrzeug-Identifizierungsnummer darlegt, dass er die Daten zur Geltendmachung, Sicherung oder Vollstreckung oder zur Befriedigung oder Abwehr von Rechtsansprüchen im Zusammenhang mit der Teilnahme am Straßenverkehr oder zur Erhebung einer Privatklage wegen im Straßenverkehr begangener Verstöße benötigt (einfache Registerauskunft).

(2) Weitere Fahrzeugdaten und Halterdaten als die nach Absatz 1 zulässigen sind zu übermitteln, wenn der Empfänger unter Angabe von Fahrzeugdaten oder Personalien des Halters glaubhaft macht, dass er
1. die Daten zur Geltendmachung, Sicherung oder Vollstreckung, zur Befriedigung oder Abwehr von Rechtsansprüchen im Zusammenhang mit der Teilnahme am Straßenverkehr, dem Diebstahl, dem sonstigen Abhandenkommen des Fahrzeugs oder zur Erhebung einer Privatklage wegen im Straßenverkehr begangener Verstöße benötigt,
2. ohne Kenntnis der Daten zur Geltendmachung, Sicherung oder Vollstreckung, zur Befriedigung oder Abwehr des Rechtsanspruchs oder zur Erhebung der Privatklage nicht in der Lage wäre und
3. die Daten auf andere Weise entweder nicht oder nur mit unverhältnismäßigem Aufwand erlangen könnte.

(3) [1]Die in Absatz 1 Nr. 1 bis 5 und 11 angeführten Halterdaten und Fahrzeugdaten dürfen übermittelt werden, wenn der Empfänger unter Angabe von Fahrzeugdaten oder Personalien des Halters glaubhaft macht, dass er
1. die Daten zur Geltendmachung, Sicherung oder Vollstreckung
    a) von nicht mit der Teilnahme am Straßenverkehr im Zusammenhang stehenden öffentlich-rechtlichen Ansprüchen oder
    b) von gemäß § 7 des Unterhaltsvorschussgesetzes, § 33 des Zweiten Buches Sozialgesetzbuch, oder § 94 des Zwölften Buches Sozialgesetzbuch übergegangenen Ansprüchen
  in Höhe von jeweils mindestens 500 Euro benötigt,
2. ohne Kenntnis der Daten zur Geltendmachung, Sicherung oder Vollstreckung des Rechtsanspruchs nicht in der Lage wäre und
3. die Daten auf andere Weise entweder nicht oder nur mit unverhältnismäßigem Aufwand erlangen könnte.

[2]§ 35 Abs. 3 Satz 2 und 3 gilt entsprechend. [3]Die Aufzeichnungen dürfen nur zur Kontrolle der Zulässigkeit der Übermittlungen verwendet werden.

Anm: Auf die Übermittlung der Daten besteht bei Vorliegen der in Abs I bis III genannten Voraussetzungen ein Rechtsanspruch (s Begr, BTDrucks 10/5343 S 75), wobei hinsichtlich der in Abs I genannten Daten Darlegung der Tatsachen genügt, die das dort näher bezeichnete Interesse begründen. Glaubhaftmachung wird insoweit (anders als in den Fällen von Abs II und III) nicht verlangt, weil dies zu einem unverhältnismäßig hohen Aufwand bei der ZulB oder dem KBA führen würde (s Begr, BTDrucks 10/5343 S 74). Auskunftsberechtigt sind auch Haftpflichtversicherer und die VOpferhilfe (s vor § 29a Rz 9), soweit sie Daten zur Befriedigung oder Abwehr von Ansprüchen benötigen. Der gem Abs I erforderliche Zusammenhang mit dem StrV ist bei widerrechtlichem Parken auf Privatparkplatz gegeben, wenn dieser allgemein zugänglich und damit öffentlicher VRaum (s § 1 StVO Rz 13f) ist, VG Gießen DAR 99 377. Die Datenübermittlung nach § 39 kann an private oder öffentliche Stellen erfolgen, auch an ausländische (s Begr, BTDrucks 10/5343 S 75). Ob die gem § 33 I gespeicherten und nach Maßgabe von § 39 zu übermittelnden Fz- und Halterdaten Privatgeheimnisse iS von § 203 StGB sind, ist str. Keine Strafbarkeit nach jener Bestimmung bei Auskunfterteilung entgegen § 39 nach Hb NStZ 98 358 (abl *Weichert* NStZ 99 490, *Behm* JR 00 274), BaySt 99 15 = NJW 99 1727 (krit *Pätzel* NJW 99 3246), weil es sich um offenkundige Daten handele, die bei Vorliegen der Voraussetzungen von Abs III an jedermann übermittelt werden; anders aber nach BGHSt 48 28 = NJW 03 226 (zust *Tröndle/Fischer* § 203 Rz 4, *Behm* JR 03 292), weil offenkundig nur allgemein zugängliche Quellen seien, was zu verneinen sei, wenn der Zugang von der Darlegung eines besonderen Interesses abhänge.

Übermittlung sonstiger Daten

40 (1) ¹Die nach § 33 Abs. 2 gespeicherten Daten über Beruf und Gewerbe (Wirtschaftszweig) dürfen nur für die Zwecke nach § 32 Abs. 1 Nr. 4 und 5 an die hierfür zuständigen Behörden übermittelt werden. ²Außerdem dürfen diese Daten für Zwecke der Statistik (§ 38a Abs. 1) übermittelt werden; die Zulässigkeit und die Durchführung von statistischen Vorhaben richten sich nach § 38a.

(2) Die nach § 33 Abs. 3 gespeicherten Daten über Fahrtenbuchauflagen dürfen nur
1. für Maßnahmen im Rahmen des Zulassungsverfahrens oder zur Überwachung der Fahrtenbuchauflage den Zulassungsbörden oder dem Kraftfahrt-Bundesamt oder
2. zur Verfolgung von Straftaten oder von Ordnungswidrigkeiten nach § 24 oder § 24a den hierfür zuständigen Behörden oder Gerichten übermittelt werden.

Übermittlungssperren

41 (1) Die Anordnung von Übermittlungssperren in den Fahrzeugregistern ist zulässig, wenn erhebliche öffentliche Interessen gegen die Offenbarung der Halterdaten bestehen.

(2) Außerdem sind Übermittlungssperren auf Antrag des Betroffenen anzuordnen, wenn er glaubhaft macht, dass durch die Übermittlung seine schutzwürdigen Interessen beeinträchtigt würden.

(3) ¹Die Übermittlung trotz bestehender Sperre ist im Einzelfall zulässig, wenn an der Kenntnis der gesperrten Daten ein überwiegendes öffentliches Interesse, insbesondere bei der Verfolgung von Straftaten besteht. ²Über die Aufhebung entscheidet die für die Anordnung der Sperre zuständige Stelle. ³Will diese an der Sperre festhalten, weil sie das die Sperre begründende öffentliche Interesse (Absatz 1) für überwiegend hält oder weil sie die Beeinträchtigung schutzwürdiger Interessen des Betroffenen (Absatz 2) als vorrangig ansieht, so führt sie die Entscheidung der obersten Landesbehörde herbei. ⁴Vor der Übermittlung ist dem Betroffenen Gelegenheit zur Stellungnahme zu geben, es sei denn, die Anhörung würde dem Zweck der Übermittlung zuwiderlaufen.

(4) ¹Die Übermittlung trotz bestehender Sperre ist im Einzelfall außerdem zulässig, wenn die Geltendmachung, Sicherung oder Vollstreckung oder die Befriedigung oder Abwehr von Rechtsansprüchen im Sinne des § 39 Abs. 1 und 2 sonst nicht möglich wäre. ²Vor der Übermittlung ist dem Betroffenen Gelegenheit zur Stellungnahme zu geben. ³Absatz 3 Satz 2 und 3 ist entsprechend anzuwenden.

Datenvergleich zur Beseitigung von Fehlern

42 (1) ¹Bei Zweifeln an der Identität eines eingetragenen Halters mit dem Halter, auf den sich eine neue Mitteilung bezieht, dürfen die Datenbestände des Verkehrszentralregisters und des Zentralen Fahrerlaubnisregisters zur Identifizierung dieser Halter genutzt werden. ²Ist die Feststellung der Identität der betreffenden Halter auf diese Weise nicht möglich, dürfen die auf Anfrage aus den Melderegistern übermittelten Daten zur Behebung der Zweifel genutzt werden. ³Die Zulässigkeit der Übermittlung durch die Meldebehörden richtet sich nach den Meldegesetzen der Länder. ⁴Können die Zweifel an der Identität der betreffenden Halter nicht ausgeräumt werden, werden die Eintragungen über beide Halter mit einem Hinweis auf die Zweifel an deren Identität versehen.

(2) ¹Die nach § 33 im Zentralen Fahrzeugregister gespeicherten Daten dürfen den Zulassungsbehörden übermittelt werden, soweit dies erforderlich ist, um Fehler und Abweichungen in deren Register festzustellen und zu beseitigen und um diese örtlichen Register zu vervollständigen. ²Die nach § 33 im örtlichen Fahrzeugregister gespeicherten Daten dürfen dem Kraftfahrt-Bundesamt übermittelt werden, soweit dies erforderlich ist, um Fehler und Abweichungen im Zentralen Fahrzeugregister festzustellen und zu beseitigen sowie das Zentrale Fahrzeugregister zu vervollständigen. ³Die Übermittlung nach Satz 1 oder 2 ist nur zulässig, wenn Anlass zu der Annahme besteht, dass die Register unrichtig oder unvollständig sind.

(3) ¹Die nach § 33 im Zentralen Fahrzeugregister oder im zuständigen örtlichen Fahrzeugregister gespeicherten Halter- und Fahrzeugdaten dürfen dem zuständigen Finanzamt übermittelt werden, soweit dies für Maßnahmen zur Durchführung des Kraftfahrzeugsteuerrechts erforderlich ist, um Fehler und Abweichungen in den Datenbeständen der Finanzämter festzustellen und zu beseitigen und um diese Datenbestände zu vervollständigen. ²Die Übermittlung nach Satz 1 ist nur zulässig, wenn Anlass zu der Annahme besteht, dass die Datenbestände unrichtig oder unvollständig sind.

Allgemeine Vorschriften über die Datenübermittlung, Verarbeitung und Nutzung der Daten durch den Empfänger

43 (1) ¹Übermittlungen von Daten aus den Fahrzeugregistern sind nur auf Ersuchen zulässig, es sei denn, auf Grund besonderer Rechtsvorschrift wird bestimmt, dass die Registerbehörde bestimmte Daten von Amts wegen zu übermitteln hat. ²Die Verantwortung für die Zulässigkeit der Übermittlung trägt die übermittelnde Stelle. ³Erfolgt die Übermittlung auf Ersuchen des Empfängers, trägt dieser die Verantwortung. ⁴In diesem Fall prüft die übermittelnde Stelle nur, ob das Übermittlungsersuchen im Rahmen der Aufgaben des Empfängers liegt, es sei denn, dass besonderer Anlass zur Prüfung der Zulässigkeit der Übermittlung besteht.

(2) ¹Der Empfänger darf die übermittelten Daten nur zu dem Zweck verarbeiten und nutzen, zu dessen Erfüllung sie ihm übermittelt worden sind. ²Der Empfänger darf die übermittelten Daten auch für andere Zwecke verarbeiten und nutzen, soweit sie ihm auch für diese Zwecke hätten übermittelt werden dürfen. ³Ist der Empfänger eine nichtöffentliche Stelle, hat die übermittelnde Stelle ihn darauf hinzuweisen. ⁴Eine Verarbeitung und Nutzung für andere Zwecke durch nichtöffentliche Stellen bedarf der Zustimmung der übermittelnden Stelle.

Löschung der Daten in den Fahrzeugregistern

44 (1) ¹Die nach § 33 Abs. 1 und 2 gespeicherten Daten sind in den Fahrzeugregistern spätestens zu löschen, wenn sie für die Aufgaben nach § 32 nicht mehr benötigt werden. ²Bis zu diesem Zeitpunkt sind auch alle übrigen zu dem betreffenden Fahrzeug gespeicherten Daten zu löschen.

(2) Die Daten über Fahrtenbuchauflagen (§ 33 Abs. 3) sind nach Wegfall der Auflage zu löschen.

Anonymisierte Daten

45 ¹Auf die Erhebung, Verarbeitung und sonstige Nutzung von Daten, die keinen Bezug zu einer bestimmten oder bestimmbaren Person ermöglichen (anonymisierte Daten), finden die Vorschriften dieses Abschnitts keine Anwendung. ²Zu den Daten, die einen Bezug zu einer bestimmten oder bestimmbaren Person ermöglichen, gehören auch das Kennzeichen eines Fahrzeugs, die Fahrzeug-Identifizierungsnummer und die Fahrzeugbriefnummer.

46 (weggefallen)

Ermächtigungsgrundlagen, Ausführungsvorschriften

47 (1) Das Bundesministerium für Verkehr, Bau- und Wohnungswesen wird ermächtigt, Rechtsverordnungen mit Zustimmung des Bundesrates zu erlassen
1. darüber,
   a) welche im Einzelnen zu bestimmenden Fahrzeugdaten (§ 33 Abs. 1 Satz 1 Nr. 1) und
   b) welche Halterdaten nach § 33 Abs. 1 Satz 1 Nr. 2 in welchen Fällen der Zuteilung oder Ausgabe des Kennzeichens unter Berücksichtigung der in § 32 genannten Aufgaben
   im örtlichen und im Zentralen Fahrzeugregister jeweils gespeichert (§ 33 Abs. 1) und zur Speicherung erhoben (§ 34 Abs. 1) werden,
2. darüber, welche im Einzelnen zu bestimmenenden Fahrzeugdaten die Versicherer zur Speicherung im Zentralen Fahrzeugregister nach § 34 Abs. 5 Satz 2 mitzuteilen haben,
3. über die regelmäßige Übermittlung der Daten nach § 35 Abs. 5, insbesondere über die Art der Übermittlung sowie die Art und den Umfang der zu übermittelnden Daten,
4. über die Art und den Umfang der zu übermittelnden Daten und die Maßnahmen zur Sicherung gegen Missbrauch beim Abruf im automatisierten Verfahren nach § 36 Abs. 5,
4 a. über die Art und den Umfang der zu übermittelnden Daten und die Maßnahmen zur Sicherung gegen Missbrauch nach § 36 a,
5. über Einzelheiten des Verfahrens nach § 36 Abs. 7 Satz 2,
5 a. über die Art und den Umfang der zu übermittelnden Daten, die Bestimmung der Empfänger und den Geschäftsweg bei Übermittlungen nach § 37 Abs. 1,
5 b. darüber, welche Daten nach § 37 a Abs. 1 durch Abruf im automatisierten Verfahren übermittelt werden dürfen,
5 c. über die Bestimmung, welche ausländischen öffentlichen Stellen zum Abruf im automatisierten Verfahren nach § 37 a Abs. 1 befugt sind,
6. über das Verfahren bei Übermittlungssperren sowie über die Speicherung, Änderung und die Aufhebung der Sperren nach § 33 Abs. 4 und § 41 und
7. über die Löschung der Daten nach § 44, insbesondere über die Voraussetzungen und Fristen für die Löschung.

(2) Das Bundesministerium für Verkehr, Bau- und Wohnungswesen wird ermächtigt, allgemeine Verwaltungsvorschriften mit Zustimmung des Bundesrates über die Art und Weise der Durchführung von Datenübermittlungen und über die Beschaffenheit von Datenträgern zu erlassen.

Anm: **Allgemeine Vwv für die Übermittlung von Meldungen über die zum StrV zugelassenen Fze** v 15. 10. 98: BAnz 98 15789.

VI. Fahrerlaubnisregister

Registerführung und Registerbehörden

48 (1) [1]Die Fahrerlaubnisbehörden (§ 2 Abs. 1) führen im Rahmen ihrer örtlichen Zuständigkeit ein Register (örtliche Fahrerlaubnisregister) über
1. von ihnen erteilte oder registrierte Fahrerlaubnisse sowie die entsprechenden Führerscheine,
2. Entscheidungen, die Bestand, Art und Umfang von Fahrerlaubnissen oder sonstige Berechtigungen, ein Fahrzeug zu führen, betreffen.
[2]Abweichend von Satz 1 Nr. 2 darf die zur Erteilung einer Prüfbescheinigung zuständige Stelle Aufzeichnungen über von ihr ausgegebene Bescheinigungen für die Berechtigung zum Führen fahrerlaubnisfreier Fahrzeuge führen.

(2) Das Kraftfahrt-Bundesamt führt ein Register (Zentrales Fahrerlaubnisregister) über

1. von einer inländischen Fahrerlaubnisbehörde erteilte Fahrerlaubnisse sowie die entsprechenden Führerscheine von Personen mit ordentlichem Wohnsitz im Inland,
2. von einer ausländischen Behörde oder Stelle erteilte Fahrerlaubnisse sowie die entsprechenden Führerscheine von Personen mit ordentlichem Wohnsitz im Inland, soweit sie verpflichtet sind, ihre Fahrerlaubnis registrieren zu lassen,
3. von einer inländischen Fahrerlaubnisbehörde erteilte oder registrierte Fahrerlaubnisse sowie die entsprechenden Führerscheine von Personen ohne ordentlichen Wohnsitz im Inland.

(3) ¹Bei einer zentralen Herstellung der Führerscheine übermittelt die Fahrerlaubnisbehörde dem Hersteller die hierfür notwendigen Daten. ²Der Hersteller darf ausschließlich zum Nachweis des Verbleibs der Führerscheine alle Führerscheinnummern der hergestellten Führerscheine speichern. ³Die Speicherung der übrigen im Führerschein enthaltenen Angaben beim Hersteller ist unzulässig, soweit sie nicht ausschließlich und vorübergehend der Herstellung des Führerscheins dient; die Angaben sind anschließend zu löschen. ⁴Die Daten nach den Sätzen 1 und 2 dürfen nach näherer Bestimmung durch Rechtsverordnung gemäß § 63 Abs. 1 Nr. 1 an das Kraftfahrt-Bundesamt zur Speicherung im Zentralen Fahrerlaubnisregister übermittelt werden; sie sind dort spätestens nach Ablauf von zwölf Monaten zu löschen, sofern dem Amt die Erteilung oder Änderung der Fahrerlaubnis innerhalb dieser Frist nicht mitgeteilt wird; beim Hersteller sind die Daten nach der Übermittlung zu löschen. ⁵Vor Eingang der Mitteilung beim Kraftfahrt-Bundesamt über die Erteilung oder Änderung der Fahrerlaubnis darf das Amt über die Daten keine Auskunft erteilen.

Zweckbestimmung der Register

49 (1) Die örtlichen Fahrerlaubnisregister und das Zentrale Fahrerlaubnisregister werden geführt zur Speicherung von Daten, die erforderlich sind, um feststellen zu können, welche Fahrerlaubnisse und welche Führerscheine eine Person besitzt.

(2) Die örtlichen Fahrerlaubnisregister werden außerdem geführt zur Speicherung von Daten, die erforderlich sind
1. für die Beurteilung der Eignung und Befähigung von Personen zum Führen von Kraftfahrzeugen und
2. für die Prüfung der Berechtigung zum Führen von Fahrzeugen.

Inhalt der Fahrerlaubnisregister

50 (1) In den örtlichen Fahrerlaubnisregistern und im Zentralen Fahrerlaubnisregister werden gespeichert
1. Familiennamen, Geburtsnamen, sonstige frühere Namen, Vornamen, Ordens- oder Künstlername, Doktorgrad, Geschlecht, Tag und Ort der Geburt,
2. nach näherer Bestimmung durch Rechtsverordnung gemäß § 63 Abs. 1 Nr. 2 Daten über Erteilung und Registrierung (einschließlich des Umtausches oder der Registrierung einer deutschen Fahrerlaubnis im Ausland), Bestand, Art, Umfang, Gültigkeitsdauer, Verlängerung und Änderung der Fahrerlaubnis, Datum des Beginns und des Ablaufs der Probezeit, Nebenbestimmungen zur Fahrerlaubnis, über Führerscheine und deren Geltung einschließlich der Ausschreibung zur Sachfahndung, sonstige Berechtigungen, ein Kraftfahrzeug zu führen, sowie Hinweise auf Eintragungen im Verkehrszentralregister, die die Berechtigung zum Führen von Kraftfahrzeugen berühren.

(2) In den örtlichen Fahrerlaubnisregistern dürfen außerdem gespeichert werden
1. die Anschrift des Betroffenen sowie
2. nach näherer Bestimmung durch Rechtsverordnung gemäß § 63 Abs. 1 Nr. 2 Daten über
   a) Versagung, Entziehung, Widerruf und Rücknahme der Fahrerlaubnis, Verzicht auf die Fahrerlaubnis, isolierte Sperren, Fahrverbote sowie die Beschlagnahme, Sicherstellung und Verwahrung von Führerscheinen sowie Maßnahmen nach § 2a Abs. 2 und § 4 Abs. 3,
   b) Verbote oder Beschränkungen, ein Fahrzeug zu führen.

Mitteilung an das Zentrale Fahrerlaubnisregister

51 Die Fahrerlaubnisbehörden teilen dem Kraftfahrt-Bundesamt unverzüglich die auf Grund des § 50 Abs. 1 zu speichernden oder zu einer Änderung oder Löschung einer Eintragung führenden Daten für das zentrale Fahrerlaubnisregister mit.

Übermittlung

52 (1) Die in den Fahrerlaubnisregistern gespeicherten Daten dürfen an die Stellen, die

1. für die Verfolgung von Straftaten, zur Vollstreckung oder zum Vollzug von Strafen,
2. für die Verfolgung von Ordnungswidrigkeiten und die Vollstreckung von Bußgeldbescheiden und ihren Nebenfolgen nach diesem Gesetz oder
3. für Verwaltungsmaßnahmen auf Grund dieses Gesetzes oder der auf ihm beruhenden Rechtsvorschriften, soweit es um Fahrerlaubnisse, Führerscheine oder sonstige Berechtigungen, ein Fahrzeug zu führen, geht,

zuständig sind, übermittelt werden, soweit dies zur Erfüllung der diesen Stellen obliegenden Aufgaben zu den in § 49 genannten Zwecken jeweils erforderlich ist.

(2) Die in den Fahrerlaubnisregistern gespeicherten Daten dürfen zu den in § 49 Abs. 1 und 2 Nr. 2 genannten Zwecken an die für Verkehrs- und Grenzkontrollen zuständigen Stellen übermittelt werden, soweit dies zur Erfüllung ihrer Aufgaben erforderlich ist.

(3) Das Kraftfahrt-Bundesamt hat entsprechend § 35 Abs. 6 Satz 1 und 2 Aufzeichnungen über die Übermittlungen nach den Absätzen 1 und 2 zu führen.

Abruf im automatisierten Verfahren

53 (1) Den Stellen, denen die Aufgaben nach § 52 obliegen, dürfen die hierfür jeweils erforderlichen Daten aus dem Zentralen Fahrerlaubnisregister und den örtlichen Fahrerlaubnisregistern zu den in § 49 genannten Zwecken durch Abruf im automatisierten Verfahren übermittelt werden.

(2) Die Einrichtung von Anlagen zum Abruf im automatisierten Verfahren ist nur zulässig, wenn nach näherer Bestimmung durch Rechtsverordnung gemäß § 63 Abs. 1 Nr. 4 gewährleistet ist, dass

1. dem jeweiligen Stand der Technik entsprechende Maßnahmen zur Sicherstellung von Datenschutz und Datensicherheit getroffen werden, die insbesondere die Vertraulichkeit und Unversehrtheit der Daten gewährleisten; bei der Nutzung allgemein zugänglicher Netze sind Verschlüsselungsverfahren anzuwenden und
2. die Zulässigkeit der Abrufe nach Maßgabe des Absatzes 3 kontrolliert werden kann.

(3) [1] Das Kraftfahrt-Bundesamt oder die Fahrerlaubnisbehörde als übermittelnde Stellen haben über die Abrufe Aufzeichnungen zu fertigen, die die bei der Durchführung der Abrufe verwendeten Daten, den Tag und die Uhrzeit der Abrufe, die Kennung der abrufenden Dienststelle und die abgerufenen Daten enthalten müssen. [2] Die protokollierten Daten dürfen nur für Zwecke der Datenschutzkontrolle, der Datensicherung oder zur Sicherstellung eines ordnungsgemäßen Betriebs der Datenverarbeitungsanlage verwendet werden, es sei denn, es liegen Anhaltspunkte dafür vor, dass ohne ihre Verwendung die Verhinderung oder Verfolgung einer schwerwiegenden Straftat gegen Leib, Leben oder Freiheit einer Person aussichtslos oder wesentlich erschwert wäre. [3] Die Protokolldaten sind durch geeignete Vorkehrungen gegen zweckfremde Verwendung und gegen sonstigen Missbrauch zu schützen und nach sechs Monaten zu löschen.

(4) [1] Bei Abrufen aus dem Zentralen Fahrerlaubnisregister sind vom Kraftfahrt-Bundesamt weitere Aufzeichnungen zu fertigen, die sich auf den Anlass des Abrufs erstrecken und die Feststellung der für den Abruf verantwortlichen Person ermöglichen. [2] Das Nähere wird durch Rechtsverordnung (§ 63 Abs. 1 Nr. 4) bestimmt. [3] Dies gilt entsprechend für Abrufe aus den örtlichen Fahrerlaubnisregistern.

(5) [1] Aus den örtlichen Fahrerlaubnisregistern ist die Übermittlung der Daten durch Einsichtnahme in das Register außerhalb der üblichen Dienstzeiten an die für den betreffenden Bezirk zuständige Polizeidienststelle zulässig, wenn

1. dies im Rahmen der in § 49 Abs. 1 und 2 Nr. 2 genannten Zwecke für die Erfüllung der der Polizei obliegenden Aufgaben erforderlich ist und
2. ohne die sofortige Einsichtnahme die Erfüllung dieser Aufgaben gefährdet wäre.

²Die Polizeidienststelle hat die Tatsache der Einsichtnahme, deren Datum und Anlass sowie den Namen des Einsichtnehmenden aufzuzeichnen; die Aufzeichnungen sind für die Dauer eines Jahres aufzubewahren und nach Ablauf des betreffenden Kalenderjahres zu vernichten.

Automatisiertes Anfrage- und Auskunftsverfahren beim Kraftfahrt-Bundesamt

54 ¹Die Übermittlung der Daten aus dem Zentralen Fahrerlaubnisregister nach den §§ 52 und 55 darf nach näherer Bestimmung durch Rechtsverordnung gemäß § 63 Abs. 1 Nr. 5 auch in einem automatisierten Anfrage- und Auskunftsverfahren erfolgen. ²Für die Einrichtung und Durchführung des Verfahrens gilt § 30b Abs. 1 Satz 2, Abs. 2 und 3 entsprechend.

Übermittlung von Daten an Stellen außerhalb des Geltungsbereiches dieses Gesetzes

55 (1) Die auf Grund des § 50 gespeicherten Daten dürfen von den Registerbehörden an die hierfür zuständigen Stellen anderer Staaten übermittelt werden, soweit dies
1. für Verwaltungsmaßnahmen auf dem Gebiet des Straßenverkehrs,
2. zur Verfolgung von Zuwiderhandlungen gegen Rechtsvorschriften auf dem Gebiet des Straßenverkehrs oder
3. zur Verfolgung von Straftaten, die im Zusammenhang mit dem Straßenverkehr oder sonst mit Kraftfahrzeugen oder Anhängern oder Fahrzeugpapieren, Fahrerlaubnissen oder Führerscheinen stehen,

erforderlich ist.

(2) Der Empfänger ist darauf hinzuweisen, dass die übermittelten Daten nur zu dem Zweck verarbeitet oder genutzt werden dürfen, zu dessen Erfüllung sie ihm übermittelt werden.

(3) Die Übermittlung unterbleibt, wenn durch sie schutzwürdige Interessen des Betroffenen beeinträchtigt würden, insbesondere wenn im Empfängerland ein angemessener Datenschutzstandard nicht gewährleistet ist.

Abruf im automatisierten Verfahren durch Stellen außerhalb des Geltungsbereiches dieses Gesetzes

56 (1) Durch Abruf im automatisierten Verfahren dürfen aus dem Zentralen Fahrerlaubnisregister für die in § 55 Abs. 1 genannten Maßnahmen an die hierfür zuständigen öffentlichen Stellen in einem Mitgliedstaat der Europäischen Union oder einem anderen Vertragsstaat des Abkommens über den Europäischen Wirtschaftsraum die zu deren Aufgabenerfüllung erforderlichen Daten nach näherer Bestimmung durch Rechtsverordnung gemäß § 63 Abs. 1 Nr. 6 übermittelt werden.

(2) ¹Der Abruf ist nur zulässig, soweit
1. diese Form der Datenübermittlung unter Berücksichtigung der schutzwürdigen Interessen der Betroffenen wegen der Vielzahl der Übermittlungen oder wegen ihrer besonderen Eilbedürftigkeit angemessen ist und
2. der Empfängerstaat die Richtlinie 95/46/EG des Europäischen Parlaments und des Rates vom 24. Oktober 1995 (ABl. EG Nr. L 281 S. 31) anwendet.

²§ 53 Abs. 2 und 3 sowie Abs. 4 wegen des Anlasses der Abrufe ist entsprechend anzuwenden.

Übermittlung und Nutzung von Daten für wissenschaftliche, statistische und gesetzgeberische Zwecke

57 Für die Übermittlung und Nutzung der nach § 50 gespeicherten Daten für wissenschaftliche Zwecke gilt § 38, für statistische Zwecke § 38a und für gesetzgeberische Zwecke § 38b jeweils entsprechend.

Auskunft über eigene Daten aus dem Register

58 ¹Einer Privatperson wird auf Antrag schriftlich über den sie betreffenden Inhalt des örtlichen oder des Zentralen Fahrerlaubnisregisters unentgeltlich Auskunft erteilt. ²Der Antragsteller hat dem Antrag einen Identitätsnachweis beizufügen.

Anm: Die Unentgeltlichkeit der Auskunft hängt nicht davon ab, daß diese ausschließlich privaten Zwecken dient; unentgeltlich ist daher zB auch eine im Rahmen der Umstellung einer alten FE auf die neue Klasseneinteilung benötigte Auskunft, VG Bra NZV **01** 191.

Datenvergleich zur Beseitigung von Fehlern

59 (1) ¹Bei Zweifeln an der Identität einer eingetragenen Person mit der Person, auf die sich eine Mitteilung nach § 51 bezieht, dürfen die Datenbestände des Verkehrszentralregisters und des Zentralen Fahrzeugregisters zur Identifizierung dieser Personen genutzt werden. ²Ist die Feststellung der Identität der betreffenden Personen auf diese Weise nicht möglich, dürfen die auf Anfrage aus den Melderegistern übermittelten Daten zur Behebung der Zweifel genutzt werden. ³Die Zulässigkeit der Übermittlung durch die Meldebehörden richtet sich nach den Meldegesetzen der Länder. ⁴Können die Zweifel an der Identität der betreffenden Personen nicht ausgeräumt werden, werden die Eintragungen über beide Personen mit einem Hinweis auf die Zweifel an deren Identität versehen.

(2) Die regelmäßige Nutzung der auf Grund des § 28 Abs. 3 im Verkehrszentralregister gespeicherten Daten ist zulässig, um Fehler und Abweichungen bei den Personendaten sowie den Daten über Fahrerlaubnisse und Führerscheine der betreffenden Person im Zentralen Fahrerlaubnisregister festzustellen und zu beseitigen und um dieses Register zu vervollständigen.

(3) ¹Die nach § 50 Abs. 1 im Zentralen Fahrerlaubnisregister gespeicherten Daten dürfen den Fahrerlaubnisbehörden übermittelt werden, soweit dies erforderlich ist, um Fehler und Abweichungen in deren Registern festzustellen und zu beseitigen und um diese örtlichen Register zu vervollständigen. ²Die nach § 50 Abs. 1 im örtlichen Fahrerlaubnisregister gespeicherten Daten dürfen dem Kraftfahrt-Bundesamt übermittelt werden, soweit dies erforderlich ist, um Fehler und Abweichungen im Zentralen Fahrerlaubnisregister festzustellen und zu beseitigen und um dieses Register zu vervollständigen. ³Die Übermittlungen nach den Sätzen 1 und 2 sind nur zulässig, wenn Anlass zu der Annahme besteht, dass die Register unrichtig oder unvollständig sind.

Allgemeine Vorschriften für die Datenübermittlung, Verarbeitung und Nutzung der Daten durch den Empfänger

60 (1) ¹Übermittlungen von Daten aus den Fahrerlaubnisregistern sind nur auf Ersuchen zulässig, es sei denn, auf Grund besonderer Rechtsvorschrift wird bestimmt, daß die Registerbehörde bestimmte Daten von Amts wegen zu übermitteln hat. ²Die Verantwortung für die Zulässigkeit der Übermittlung trägt die übermittelnde Stelle. ³Erfolgt die Übermittlung auf Ersuchen des Empfängers, trägt dieser die Verantwortung. ⁴In diesem Fall prüft die übermittelnde Stelle nur, ob das Übermittlungsersuchen im Rahmen der Aufgaben des Empfängers liegt, es sei denn, daß besonderer Anlass zur Prüfung der Zulässigkeit der Übermittlung besteht.

(2) Für die Verarbeitung und Nutzung der Daten durch den Empfänger gilt § 43 Abs. 2.

Löschung der Daten

61 (1) ¹Die auf Grund des § 50 im Zentralen Fahrerlaubnisregister gespeicherten Daten sind zu löschen, wenn
1. die zugrunde liegende Fahrerlaubnis erloschen ist, mit Ausnahme der nach § 50 Abs. 1 Nr. 1 gespeicherten Daten, der Klasse der erloschenen Fahrerlaubnis, des Datums ihrer Erteilung, des Datums ihres Erlöschens und der Fahrerlaubnisnummer oder
2. eine amtliche Mitteilung über den Tod des Betroffenen eingeht.

²Die Angaben zur Probezeit werden ein Jahr nach deren Ablauf gelöscht.

(2) Über die in Absatz 1 Satz 1 Nr. 1 genannten Daten darf nach dem Erlöschen der Fahrerlaubnis nur den Betroffenen Auskunft erteilt werden.

(3) ¹Soweit die örtlichen Fahrerlaubnisregister Entscheidungen enthalten, die auch im Verkehrszentralregister einzutragen sind, gilt für die Löschung § 29 entsprechend. ²Für die Löschung der übrigen Daten gilt Absatz 1.

Register über die Dienstfahrerlaubnisse der Bundeswehr

62 (1) ¹Die Zentrale Militärkraftfahrtstelle führt ein zentrales Register über die von den Dienststellen der Bundeswehr erteilten Dienstfahrerlaubnisse und ausgestellten Dienstführerscheine. ²In dem Register dürfen auch die Daten gespeichert werden, die in den örtlichen Fahrerlaubnisregistern gespeichert werden dürfen.

(2) Im Zentralen Fahrerlaubnisregister beim Kraftfahrt-Bundesamt werden nur die in § 50 Abs. 1 Nr. 1 genannten Daten, die Tatsache des Bestehens einer Dienstfahrerlaubnis mit der jeweiligen Klasse und das Datum von Beginn und Ablauf einer Probezeit sowie die Fahrerlaubnisnummer gespeichert.

(3) Die im zentralen Register der Zentralen Militärkraftfahrtstelle und die im Zentralen Fahrerlaubnisregister beim Kraftfahrt-Bundesamt gespeicherten Daten sind nach Ablauf eines Jahres seit Ende der Wehrpflicht des Betroffenen (§ 3 Abs. 3 und 4 des Wehrpflichtgesetzes) zu löschen.

(4) ¹Im Übrigen finden die Vorschriften dieses Abschnitts mit Ausnahme der §§ 53 und 56 sinngemäß Anwendung. ²Durch Rechtsverordnung gemäß § 63 Abs. 1 Nr. 9 können Abweichungen von den Vorschriften dieses Abschnitts zugelassen werden, soweit dies zur Erfüllung der hoheitlichen Aufgaben erforderlich ist.

Ermächtigungsgrundlagen, Ausführungsvorschriften

63 (1) Das Bundesministerium für Verkehr, Bau- und Wohnungswesen wird ermächtigt, Rechtsverordnungen mit Zustimmung des Bundesrates zu erlassen
1. über die Übermittlung der Daten durch den Hersteller von Führerscheinen an das Kraftfahrt-Bundesamt und die dortige Speicherung nach § 48 Abs. 3 Satz 4,
2. darüber, welche Daten nach § 50 Abs. 1 Nr. 2 und Abs. 2 Nr. 2 im örtlichen und im Zentralen Fahrerlaubnisregister jeweils gespeichert werden dürfen,
3. über die Art und den Umfang der zu übermittelnden Daten nach den §§ 52 und 55 sowie die Bestimmung der Empfänger und den Geschäftsweg bei Übermittlungen nach § 55,
4. über die Art und den Umfang der zu übermittelnden Daten, die Maßnahmen zur Sicherung gegen Missbrauch und die weiteren Aufzeichnungen beim Abruf im automatisierten Verfahren nach § 53,
5. über die Art und den Umfang der zu übermittelnden Daten und die Maßnahmen zur Sicherung gegen Missbrauch nach § 54,
6. darüber, welche Daten durch Abruf im automatisierten Verfahren nach § 56 übermittelt werden dürfen,
7. über die Bestimmung, welche ausländischen öffentlichen Stellen zum Abruf im automatisierten Verfahren nach § 56 befugt sind,
8. über den Identitätsnachweis bei Auskünften nach § 58 und
9. über Sonderbestimmungen für die Fahrerlaubnisregister der Bundeswehr nach § 62 Abs. 4 Satz 2.

(2) Das Bundesministerium für Verkehr wird ermächtigt, allgemeine Verwaltungsvorschriften mit Zustimmung des Bundesrates über die Art und Weise der Durchführung von Datenübermittlungen und über die Beschaffenheit von Datenträgern zu erlassen.

VII. Gemeinsame Vorschriften, Übergangsbestimmungen

§§ 64, 65: s Buchteil 1.

10. Verordnung über Ausnahmen von straßenverkehrsrechtlichen Vorschriften (Leichtmofa-Ausnahmeverordnung)

Vom 26. März 1993 (BGBl. I S. 394)
geändert am 18. 8. 1998 (BGBl I 2214)

§ 1 [1]Mofas, die den in der Anlage aufgeführten Merkmalen entsprechen (Leichtmofas), dürfen abweichend von § 50 Abs. 6 a und § 53 der Straßenverkehrs-Zulassungs-Ordnung lichttechnische Einrichtungen haben, wie sie für Fahrräder nach § 67 der Straßenverkehrs-Zulassungs-Ordnung vorgeschrieben sind. [2]Dies gilt nur, wenn die in der Anlage Nummer 1.7 genannten Auflagen erfüllt sind.

§ 2 Abweichend von § 21 a Abs. 2 der Straßenverkehrs-Ordnung brauchen die Führer der Leichtmofas während der Fahrt keinen Schutzhelm zu tragen.

§ 3 Diese Verordnung tritt mit Wirkung vom 28. Februar 1993 in Kraft.

Anlage

Merkmale der Leichtmofas

1 Fahrrad-Merkmale

1.1 Leergewicht:	nicht mehr als 30 kg
1.2 Felgendurchmesser für Vorder- und Hinterrad:	mindestens 559 mm (entspricht 26 Zoll), aber nicht mehr als 640 mm (entspricht 28 Zoll)
1.3 Reifenbreite:	nicht mehr als 47 mm (entspricht 1,75 Zoll)
1.4 Länge der Tretkurbel:	mehr als 169 mm
1.5 Fahrweg im größten Gang je Kurbelumdrehung:	mehr als 4,4 m
1.6 Abstand Oberkante Sitzrohrmuffe bis Mitte Tretlagerachse:	mehr als 530 mm
1.7 Lichttechnische Einrichtungen:	müssen in amtlich genehmigter Bauart ausgeführt sein; folgende Auflagen müssen erfüllt sein:

    a) Ein Antrieb der Lichtmaschine, der auch nur eine kurzzeitige Unterbrechung der Stromerzeugung nicht erwarten läßt.

    b) Eine Schaltung, die selbsttätig bei geringer Geschwindigkeit von Lichtmaschinen- auf Batteriebetrieb umschaltet (Standbeleuchtung).

    c) Ein Großflächen-Rückstrahler, der mit dem Buchstaben „Z" gekennzeichnet ist.

    d) Ein Scheinwerfer, der der Nummer 23 Abs. 5 Ziffer 2 der Technischen Anforderungen an Fahrzeugteile bei der Bauartprüfung nach § 22 a StVZO (VkBl. 1983 S. 617) entspricht.

10 LeichtmofaAusnVO

1.8 Abweichungen von den Merkmalen 1.2 bis 1.6:	andere Werte sind zugelassen, wenn diese die Benutzung des Leichtmofas als Fahrrad (Pedalantrieb) auf ebener Strecke von mindestens 10 km Länge in einer Zeit von höchstens 30 Minuten bei einer höchsten Leistungsabgabe zwischen 80 und 100 Watt sicherstellen.
2 Mofa-Merkmale	
2.1 Hubraum:	nicht mehr als 30 cm^3
2.2 Leistung:	nicht mehr als 0,5 kW
2.3 Durch die Bauart bestimmte Höchstgeschwindigkeit:	nicht mehr als 20 km/h
2.4 Bremsen:	es gilt § 41 StVZO
2.5 Übersetzung zwischen Kurbelwelle und Antriebsrad:	keine Änderungsmöglichkeit
2.6 Leistungscharakteristik:	derart ausgelegt, daß oberhalb einer Geschwindigkeit, die nicht mehr als 24 km/h betragen darf, keine Überschußleistung zum Antrieb des Fahrzeugs abgegeben werden kann.
2.7 maximaler Geräuschpegel bei Vorbeifahrt in 7,5 m Entfernung mit Höchstgeschwindigkeit:	65 dB (A)

1 **Begr** zur inhaltlich identischen VO v 26. 2. 87 (VBl **87** 231): *Die Industrie hat in jüngster Zeit Fahrzeuge entwickelt, die einerseits die Merkmale eines Mofas, andererseits diejenigen eines Fahrrades tragen. Bei abgeschaltetem Antrieb ist es möglich, die Fahrzeuge wie Fahrräder zu benutzen. Ihre technische Konzeption läßt es zu, sie trotz des zusätzlichen Motoren- und Tankgewichtes ohne merklich höheren Kraftaufwand mit Muskelkraft zu bewegen. Gleichwohl handelt es sich um motorisierte Zweiräder, deren bestimmungsgemäße Verwendung darin bestehen kann, daß sie durch ihren Motor fortbewegt werden. Deshalb sind – auch wenn die Fahrzeuge durch Muskelkraft gefahren werden – stets die für Mofas geltenden Vorschriften einzuhalten. Der Bundesminister für Verkehr hält es aber für vertretbar, für dieseFahrzeuge, die nach den Vorschriften der Straßenverkehrs-Zulassungs-Ordnung als Mofa einzustefen sind, Abweichungen von bestimmten straßenverkehrsrechtlichen Vorschriften zuzulassen ...*

...

Zur Klarstellung wird bemerkt, daß das Leichtmofa und sein Führer nur von den ausdrücklich in dieser Ausnahmeverordnung aufgeführten straßenverkehrsrechtlichen Vorschriften abweichen dürfen. Alle übrigen Vorschriften der Straßenverkehrs-Zulassungs-Ordnung und der Straßenverkehrs-Ordnung gelten uneingeschränkt; insbesondere gilt dies für
  – das Erfordernis einer Mofa-Prüfbescheinigung nach § 4a Abs. 1 StVZO für alle Personen, die ab dem 1. April 1965 geboren sind
  – das Mindestalter des Fahrzeugführers (Vollendung des 15. Lebensjahres, § 7 Abs. 1 Nr. 5 StVZO)
  – die Erteilung der Betriebserlaubnis nach § 18 Abs. 3 StVZO
  – das Versicherungskennzeichen nach § 29e Abs. 1 Nr. 2 StVZO
  – die Radwegbenutzungspflicht nach § 2 Abs. 4 Satz 4 und Zeichen 237 StVO
  – das Verbot, Radwege zu benutzen, die durch das Zusatzschild „keine Mofas" zum Zeichen 237 gekennzeichnet sind.

...

2 **Begr** zur Neufassung v 26. 3. 93 (VBl **93** 319): *Die Verordnung über Ausnahmen von straßenverkehrsrechtlichen Vorschriften (Leichtmofa-Ausnahmeverordnung) vom 26. März 1993 (BGBl. I S. 394) ist neu verkündet worden. Diese Verordnung berücksichtigt die Vorschriften der*

Leichtmofa-Ausnahmeverordnung vom 26. Februar 1987 (BGBl. I S. 755, 1069) und die Erste Verordnung zur Änderung der Leichtmofa-Ausnahmeverordnung vom 16. Juni 1989 (BGBl. I S. 1112). Es gelten daher grundsätzlich die Begründungen zu den genannten Verordnungen, die im Verkehrsblatt 1987 S. 232 und 1989 S. 434 bekannt gemacht worden sind.

In der Neufassung ist die Berlin-Klausel entfallen und das Datum für das Außerkrafttreten der Verordnung (28. Februar 1993) gestrichen worden.

Lit: *Jagow*, Das Leichtmofa, VD **87** 49.

3

11. Bundes-Immissionsschutzgesetz

in der Fassung der Bekanntmachung v 26. 9. 2002 (BGBl I S 3830),
zuletzt geändert durch G v 6. 1. 2004 (BGBl I S 2)

(Auszug)

§ 40 Verkehrsbeschränkungen

(1) ¹Die zuständige Straßenverkehrsbehörde beschränkt oder verbietet den Kraftfahrzeugverkehr nach Maßgabe der straßenverkehrsrechtlichen Vorschriften, soweit ein Luftreinhalte- oder Aktionsplan nach § 47 Abs. 1 oder 2 dies vorsehen. ²Die Straßenverkehrsbehörde kann im Einvernehmen mit der für den Immissionsschutz zuständigen Behörde Ausnahmen von Verboten oder Beschränkungen des Kraftfahrzeugverkehrs zulassen, wenn unaufschiebbare und überwiegende Gründe des Wohls der Allgemeinheit dies erfordern.

(2) ¹Die zuständige Straßenverkehrsbehörde kann den Kraftfahrzeugverkehr nach Maßgabe der straßenverkehrsrechtlichen Vorschriften auf bestimmten Straßen oder in bestimmten Gebieten verbieten oder beschränken, wenn der Kraftfahrzeugverkehr zur Überschreitung von in Rechtsverordnungen nach § 48a Abs. 1a festgelegten Immissionswerten beiträgt und soweit die für den Immissionsschutz zuständige Behörde dies im Hinblick auf die örtlichen Verhältnisse für geboten hält, um schädliche Umwelteinwirkungen durch Luftverunreinigungen zu vermindern oder deren Entstehen zu vermeiden. ²Hierbei sind die Verkehrsbedürfnisse und die städtebaulichen Belange zu berücksichtigen. ³§ 47 Abs. 6 Satz 1 bleibt unberührt.

(3) ¹Die Bundesregierung wird ermächtigt, nach Anhörung der beteiligten Kreise (§ 51) durch Rechtsverordnung mit Zustimmung des Bundesrates zu regeln, dass Kraftfahrzeuge mit geringem Beitrag zur Schadstoffbelastung von Verkehrsverboten ganz oder teilweise ausgenommen sind oder ausgenommen werden können, sowie die hierfür maßgebenden Kriterien und die amtliche Kennzeichnung der Kraftfahrzeuge festzulegen. ²Die Verordnung kann auch regeln, dass bestimmte Fahrten oder Personen ausgenommen sind oder ausgenommen werden können, wenn das Wohl der Allgemeinheit oder unaufschiebbare und überwiegende Interessen des Einzelnen dies erfordern.

§ 45 Verbesserung der Luftqualität

(1) ¹Die zuständigen Behörden ergreifen die erforderlichen Maßnahmen, um die Einhaltung der durch eine Rechtsverordnung nach § 48a festgelegten Immissionswerte sicherzustellen. ²Hierzu gehören insbesondere Pläne nach § 47.

(2) Die Maßnahmen nach Absatz 1
a) müssen einem integrierten Ansatz zum Schutz von Luft, Wasser und Boden Rechnung tragen;
b) dürfen nicht gegen die Vorschriften zum Schutz von Gesundheit und Sicherheit der Arbeitnehmer am Arbeitsplatz verstoßen;
c) dürfen keine erheblichen Beeinträchtigungen der Umwelt in anderen Mitgliedstaaten verursachen.

§ 46a Unterrichtung der Öffentlichkeit

Die Öffentlichkeit ist nach Maßgabe der Rechtsverordnungen nach § 48a Abs. 1 über die Luftqualität zu informieren. Überschreitungen von in Rechtsverordnungen nach § 48a Abs. 1 als Immissionswerte festgelegten Alarmschwellen sind der Öffentlichkeit von der zuständigen Behörde unverzüglich durch Rundfunk, Fernsehen, Presse oder auf andere Weise bekannt zu geben.

§ 47 Luftreinhaltepläne, Aktionspläne, Landesverordnungen

(1) Werden die durch eine Rechtsverordnung nach § 48a Abs. 1 festgelegten Immissionsgrenzwerte einschließlich festgelegter Toleranzmargen überschritten, hat die zustän-

dige Behörde einen Luftreinhalteplan aufzustellen, welcher die erforderlichen Maßnahmen zur dauerhaften Verminderung von Luftverunreinigungen festlegt und den Anforderungen der Rechtsverordnung entspricht.

(2) ¹Besteht die Gefahr, dass die durch eine Rechtsverordnung nach § 48a Abs. 1 festgelegten Immissionsgrenzwerte oder Alarmschwellen überschritten werden, hat die zuständige Behörde einen Aktionsplan aufzustellen, der festlegt, welche Maßnahmen kurzfristig zu ergreifen sind. ²Die im Aktionsplan festgelegten Maßnahmen müssen geeignet sein, die Gefahr der Überschreitung der Werte zu verringern oder den Zeitraum, während dessen die Werte überschritten werden, zu verkürzen. ³Aktionspläne können Teil eines Luftreinhalteplans nach Absatz 1 sein.

(3) ¹Liegen Anhaltspunkte dafür vor, dass die durch eine Rechtsverordnung nach § 48a Abs. 1a festgelegten Immissionswerte nicht eingehalten werden, oder sind in einem Untersuchungsgebiet im Sinne des § 44 Abs. 2 sonstige schädliche Umwelteinwirkungen zu erwarten, kann die zuständige Behörde einen Luftreinhalteplan aufstellen. ²Bei der Aufstellung dieser Pläne sind die Ziele der Raumordnung zu beachten; die Grundsätze und sonstigen Erfordernisse der Raumordnung sind zu berücksichtigen.

(4) ¹Die Maßnahmen sind entsprechend des Verursacheranteils unter Beachtung des Grundsatzes der Verhältnismäßigkeit gegen alle Emittenten zu richten, die zum Überschreiten der Immissionswerte oder in einem Untersuchungsgebiet im Sinne des § 44 Abs. 2 zu sonstigen schädlichen Umwelteinwirkungen beitragen. ²Werden in Plänen nach Absatz 1 oder 2 Maßnahmen im Straßenverkehr erforderlich, sind diese im Einvernehmen mit den zuständigen Straßenbau- und Straßenverkehrsbehörden festzulegen. ³Werden Immissionswerte hinsichtlich mehrerer Schadstoffe überschritten, ist ein alle Schadstoffe erfassender Plan aufzustellen. ⁴Werden Immissionswerte durch Emissionen überschritten, die außerhalb des Plangebiets verursacht werden, hat in den Fällen der Absätze 1 und 2 auch die dort zuständige Behörde einen Plan aufzustellen.

(5) ¹Die nach den Absätzen 1 bis 4 aufzustellenden Pläne müssen den Anforderungen des § 45 Abs. 2 entsprechen. ²Die Öffentlichkeit ist bei ihrer Aufstellung zu beteiligen. ³Die Pläne müssen für die Öffentlichkeit zugänglich sein.

(6) ¹Die Maßnahmen, die Pläne nach den Absätzen 1 bis 4 festlegen, sind durch Anordnungen oder sonstige Entscheidungen der zuständigen Träger öffentlicher Verwaltung nach diesem Gesetz oder nach anderen Rechtsvorschriften durchzusetzen. ²Sind in den Plänen planungsrechtliche Festlegungen vorgesehen, haben die zuständigen Planungsträger dies bei ihren Planungen zu berücksichtigen.

(7) ¹Die Landesregierungen oder die von ihnen bestimmten Stellen werden ermächtigt, bei der Gefahr, dass Immissionsgrenzwerte überschritten werden, die eine Rechtsverordnung nach § 48a Abs. 1 festlegt, durch Rechtsverordnung vorzuschreiben, dass in näher zu bestimmenden Gebieten bestimmte

1. ortsveränderliche Anlagen nicht betrieben werden dürfen,
2. ortsfeste Anlagen nicht errichtet werden dürfen,
3. ortsveränderliche oder ortsfeste Anlagen nur zu bestimmten Zeiten betrieben werden dürfen oder erhöhten betriebstechnischen Anforderungen genügen müssen,
4. Brennstoffe in Anlagen nicht oder nur beschränkt verwendet werden dürfen,

soweit die Anlagen oder Brennstoffe geeignet sind, zur Überschreitung der Immissionswerte beizutragen. ²Absatz 4 Satz 1 und § 49 Abs. 3 gelten entsprechend.

Anm: Die frühere „Ozonregelung" in §§ 40a bis 40e und § 62a BImSchG ist gem § 74 S 3 BImSchG am 31. 12. 1999 außer Kraft getreten. Durch das Unterlassen einer weitergehenden Regelung hat der GGeber seine Pflicht zum Schutz vor Gesundheitsgefahren nicht wegen offensichtlich unzureichender Maßnahmen verletzt, BVerfG NZV **96** 155, BVG DAR **99** 472.

Lit: *Bouska,* Das „Ozongesetz" …, DAR **96** 227 (229). *Kutscheidt,* Das Ozongesetz …, NJW **95** 3153. *Schmehl/Karthaus,* Die VBeschränkungen bei Ozonsmog nach §§ 40a–40e BImSchG, NVwZ **95** 1171. *Schlette,* Die Verfassungswidrigkeit des „Ozongesetzes", JZ **96** 327.

12. Verordnung über die freiwillige Fortbildung von Inhabern der Fahrerlaubnis auf Probe und zur Änderung der Gebührenordnung für Maßnahmen im Straßenverkehr

Vom 16. Mai 2003 (BGBl I 709)

§ 1 Fortbildungsseminare. ¹Die zuständigen obersten Landesbehörden oder die von ihnen bestimmten oder nach Landesrecht zuständigen Stellen können für Inhaber der Fahrerlaubnis auf Probe der Klasse B Fortbildungsseminare nach Maßgabe der folgenden Vorschriften einführen. ²Die Entscheidung über die Einführung ist nach den für Allgemeinverfügungen geltenden landesrechtlichen Vorschriften zu veröffentlichen.

§ 2 Teilnehmer. An Fortbildungsseminaren können Inhaber einer Fahrerlaubnis der Klasse B, deren Probezeit nach § 2a des Straßenverkehrsgesetzes noch nicht abgelaufen ist, in dem Land, in dem sie ihre Wohnung im Sinne des § 73 Abs. 2 der Fahrerlaubnis-Verordnung haben, teilnehmen, wenn sie am Tag des Beginns des Seminars mindestens sechs Monate Inhaber einer Fahrerlaubnis der Klasse B sind.

§ 3 Teilnehmerzahl, Inhalt und Umfang. (1) ¹Das Fortbildungsseminar ist in Gruppen mit mindestens sechs und höchstens zwölf Teilnehmern durchzuführen. ²Es besteht aus

1. einem Kurs mit drei Gruppensitzungen von je 90 Minuten Dauer,
2. einer Übungs- und Beobachtungsfahrt mit mindestens zwei und höchstens drei Teilnehmern mit einer Fahrzeit von 60 Minuten je Teilnehmer sowie
3. praktischen Sicherheitsübungen für Inhaber der Fahrerlaubnis auf Probe der Klasse B von 240 Minuten Dauer.

³Das Seminar beginnt und endet mit einer Gruppensitzung und soll sich über einen Zeitraum von zwei bis acht Wochen erstrecken. ⁴An einem Tag darf nicht mehr als ein Seminarteil durchgeführt werden.

(2) ¹In den Gruppensitzungen sollen die Erfahrungen, Probleme und Schwierigkeiten von Fahranfängern bei der Teilnahme am Straßenverkehr erörtert und die Erfahrungen aus den praktischen Kursteilen aufgearbeitet werden, um das Risikobewusstsein der Teilnehmer zu fördern und die Fähigkeit zur Gefahrenerkennung und -vermeidung zu verbessern. ²Dazu sollen insbesondere

1. Berichte über Fahrerlebnisse,
2. typische sowie fahranfängerspezifische Gefahrensituationen, Unfallursachen und Unfallfolgen,
3. vorausschauendes Fahren und die Vorhersehbarkeit des Verhaltens anderer Verkehrsteilnehmer,
4. Auswirkungen von Emotionen und Umwelteinflüssen auf das Fahren,
5. Beeinflussung des Fahrverhaltens durch Alkohol und Drogen,
6. Beeinflussung des Fahrverhaltens durch Mitfahrer,
7. Erlebnisse sowie Ergebnisse der Übungs- und Beobachtungsfahrten sowie der praktischen Sicherheitsübungen,
8. der Umgang mit Verkehrsregeln,
9. Strategien zu dauerhaftem sicheren Fahren,
10. die Notwendigkeit von Sicherheitsreserven bei Geschwindigkeit und Abstand sowie
11. weitere Übungs- und Trainingsangebote

besprochen werden.

(3) In der Übungs- und Beobachtungsfahrt sollen die Teilnehmer durch den Vergleich verschiedener Fahrstile, durch Rückmeldung der Beobachtungen ihres Fahrverhaltens durch die mitfahrenden Teilnehmer und den Fahrlehrer sowie durch die Möglichkeit des Übens von Situationen, die sie für besonders schwierig halten, sicheres und verantwortungsvolles Fahrverhalten üben und die diesbezüglichen Kenntnisse vertiefen.

(4) [1] In den praktischen Sicherheitsübungen sollen die Teilnehmer außerhalb des Straßenverkehrs
1. praktische Erfahrungen mit problematischen Fahrsituationen machen,
2. erleben, wie insbesondere geringfügige oder schwer erkennbare Veränderungen einzelner Fahrbedingungen erheblichen Einfluss auf die Beherrschung des Fahrzeugs haben,
3. ihre Selbsteinschätzung sowie ihre Einschätzung zu den Einflüssen verschiedener Fahrbahnzustände und Fahrzeugausstattungen sowie verschiedener Zusatzbelastungen, insbesondere laute Musik und Gespräche, auf das Fahrverhalten kritisch überprüfen,
4. Unterschiede im Fahrverhalten der Teilnehmer und deren Fahrzeuge erkennen und
5. die Bedeutung und Grenzen der korrekten Handhabung der Bedienelemente unter verschiedenen Bedingungen erfahren.

[2] Die praktischen Sicherheitsübungen müssen den Zusammenhang zwischen Sitzposition und Bremsen sowie Sitzposition und Kurvenfahren darstellen. [3] Während der praktischen Sicherheitsübungen müssen Bremsübungen aus verschiedenen Geschwindigkeiten bei griffiger und glatter Fahrbahn, auf Geraden, nach Möglichkeit auch in Kurven und möglichst mit und ohne Antiblockiersystem durchgeführt werden; dabei ist das Einschätzen von Bremswegen und Bremszeitpunkt, das Erkennen von Restgeschwindigkeiten, Einfluss von Reifenzustand, Stoßdämpfern und elektronischen Fahrhilfen, Einfluss von Fahrzeugbesetzung und -beladung zu üben. [4] Bremsübungen sollen sowohl bei einer Besetzung mit dem Fahrzeugführer allein als auch bei einer Besetzung mit weiteren Mitfahrern erfolgen. [5] Die praktischen Sicherheitsübungen sollen zusätzlich Kurven- und Kreisfahrten vorsehen.

§ 4 Seminarleiter, Moderatoren für die praktischen Sicherheitsübungen. (1) [1] Die Gruppensitzungen sowie Übungs- und Beobachtungsfahrten dürfen nur von hierfür amtlich anerkannten Fahrlehrern durchgeführt werden (Seminarleiter). [2] Diese gelten als amtlich anerkannt, wenn sie
1. Inhaber einer Seminarerlaubnis nach § 31 Abs. 1 des Fahrlehrergesetzes für Seminare nach § 2a des Straßenverkehrsgesetzes sind,
2. an einem mindestens eintägigen Einweisungslehrgang zur Durchführung des Fortbildungsseminars für Inhaber der Fahrerlaubnis auf Probe teilgenommen haben,
3. der nach Absatz 7 zuständigen Stelle davon Mitteilung gemacht haben und
4. gegenüber der nach Absatz 7 zuständigen Stelle schriftlich erklärt haben, dass sie
    a) darin einwilligen, dass die Mitteilung nach Nummer 3 an die Bundesanstalt für Straßenwesen übermittelt wird und die in der Mitteilung enthaltenen personenbezogenen Daten von der Bundesanstalt für Straßenwesen für Zwecke der Evaluation (§ 6) verwendet werden,
    b) auf die Freiwilligkeit der Einwilligung nach Buchstabe a hingewiesen worden sind.

(2) [1] In dem Einweisungslehrgang sollen den Teilnehmern die zur Durchführung der Fortbildungsseminare erforderlichen Kenntnisse und Fähigkeiten vermittelt werden. [2] Wesentlicher Inhalt der Lehrgänge ist die nach § 3 Abs. 1 bis 3 vorgeschriebene Gestaltung der Fortbildungsseminare. [3] § 13 Abs. 2 der Durchführungsverordnung zum Fahrlehrergesetz gilt entsprechend. [4] Der Einweisungslehrgang darf nur von nach § 31 Abs. 2 Satz 4 des Fahrlehrergesetzes anerkannten Trägern durchgeführt werden. [5] Zur Leitung der Einweisungslehrgänge sind Personen berechtigt, die die Anforderungen des § 14 Abs. 2 der Durchführungsverordnung zum Fahrlehrergesetz erfüllen. [6] Über die Teilnahme an einem Einweisungslehrgang zur Durchführung des Fortbildungsseminars ist von dem Träger eine Bescheinigung auszustellen, die vom Seminarleiter der nach Absatz 7 zuständigen Stelle vorzulegen ist.

(3) ¹Die praktischen Sicherheitsübungen dürfen nur von hierfür amtlich anerkannten Personen (Moderatoren) in einem Land durchgeführt werden, das die Fortbildungsseminare eingeführt hat. ²Moderatoren gelten als amtlich anerkannt, wenn sie
1. Erfahrung in der Durchführung von Pkw-Verkehrssicherheitstrainings und der Arbeit mit Jugendlichen oder jungen Erwachsenen haben,
2. einem nach der Norm DIN EN ISO 9001 : 2000-12 zertifizierten Qualitätsmanagementsystem unterliegen,
3. an einem eintägigen, besonderen Einweisungslehrgang in die praktischen Sicherheitsübungen teilgenommen haben,
4. der nach Absatz 7 zuständigen Stelle davon Mitteilung gemacht haben und
5. gegenüber der nach Absatz 7 zuständigen Stelle schriftlich erklärt haben, dass sie
   a) darin einwilligen, dass die Mitteilung nach Nummer 4 an die Bundesanstalt für Straßenwesen übermittelt wird und die in der Mitteilung enthaltenen personenbezogenen Daten von der Bundesanstalt für Straßenwesen für Zwecke der Evaluation (§ 6) verwendet werden,
   b) auf die Freiwilligkeit der Einwilligung nach Buchstabe a hingewiesen worden sind.

(4) ¹Die Träger der besonderen Einweisungslehrgänge in die praktischen Sicherheitsübungen müssen von der zuständigen obersten Landesbehörde oder von einer durch sie bestimmten oder nach Landesrecht zuständigen Stelle anerkannt sein. ²Sie müssen Kenntnisse und Erfahrungen in der Einweisung von Personen, die Pkw-Verkehrssicherheitstrainings durchführen, nachweisen. ³In dem besonderen Einweisungslehrgang für die praktischen Sicherheitsübungen sollen den Teilnehmern die zur Durchführung der praktischen Sicherheitsübungen erforderlichen Kenntnisse und Fähigkeiten vermittelt werden. ⁴Wesentlicher Inhalt der Lehrgänge ist die nach § 3 Abs. 4 vorgeschriebene Gestaltung der Übungen. ⁵Über die Teilnahme an einem Einweisungslehrgang in die praktischen Sicherheitsübungen ist von dem Träger eine Bescheinigung auszustellen, die vom Moderator der nach Absatz 7 zuständigen Stelle vorzulegen ist.

(5) ¹Der Seminarleiter darf Fortbildungsseminare nur im Rahmen der Fahrschulerlaubnis oder eines Beschäftigungsverhältnisses mit dem Inhaber einer Fahrschule durchführen. ²Die Fahrschule muss ihren Sitz in einem Land haben, das die Fortbildungsseminare nach § 1 eingeführt hat.

(6) ¹Die Anerkennung nach Absatz 1 erlischt, wenn die Seminarerlaubnis nach § 31 Abs. 1 des Fahrlehrergesetzes erlischt, zurückgenommen oder widerrufen wird; im Übrigen gelten die §§ 7 und 8 des Fahrlehrergesetzes entsprechend. ²Die Anerkennungen nach Absatz 3 sind zurückzunehmen, wenn eine der Voraussetzungen nicht vorgelegen hat; davon kann abgesehen werden, wenn der Mangel nicht mehr besteht. ³Die Anerkennungen nach Absatz 3 sind zu widerrufen, wenn nachträglich eine der Voraussetzungen weggefallen oder wenn sonst gegen die Pflichten aus den Anerkennungen grob verstoßen worden ist. ⁴Im Übrigen gilt für die Anerkennung nach Absatz 3 Satz 2 § 71 Abs. 4 a der Fahrerlaubnis-Verordnung entsprechend.

(7) Die Seminarleiter, Moderatoren und Träger der Einweisungslehrgänge nach den Absätzen 1 bis 4 unterliegen der Aufsicht der zuständigen obersten Landesbehörde oder der von ihr bestimmten oder der nach Landesrecht zuständigen Stelle.

(8) Die in Absatz 3 genannte Norm DIN EN ISO 9001:2000-12 kann bei der Beuth-Verlag GmbH, Burggrafenstraße 6, 10 787 Berlin, bezogen werden und ist beim Bundesarchiv, Potsdamer Straße 1, 56 075 Koblenz, für jedermann zugänglich und archivmäßig gesichert niedergelegt.

§ 5 Teilnahmebescheinigung. (1) ¹Über die Teilnahme an einem Fortbildungsseminar ist vom Seminarleiter eine Bescheinigung auszustellen; § 37 der Fahrerlaubnis-Verordnung gilt entsprechend. ²Über die Teilnahme an den praktischen Sicherheitsübungen ist vom Moderator eine Bescheinigung auszustellen, die dem Seminarleiter vorzulegen ist. ³Diese ist Voraussetzung für die Ausstellung der Bescheinigung nach Satz 1.

(2) Der Seminarleiter übermittelt der Bundesanstalt für Straßenwesen ein Doppel der Teilnahmebescheinigung, sofern der Teilnehmer schriftlich bestätigt hat, dass er

1. darin einwilligt, dass die Teilnahmebescheinigung an die Bundesanstalt für Straßenwesen übermittelt wird und die in der Teilnahmebescheinigung enthaltenen personenbezogenen Daten von der Bundesanstalt für Straßenwesen für Zwecke der Evaluation (§ 6) verwendet werden,
2. auf die Freiwilligkeit der Einwilligung nach Nummer 1 hingewiesen worden ist.

§ 6 Evaluation. (1) ¹Die Einführung der freiwilligen Fortbildungsseminare dient der Erprobung als Instrument zur Verbesserung der Verkehrssicherheit. ²Die Fortbildungsseminare werden von der Bundesanstalt für Straßenwesen wissenschaftlich begleitet und ausgewertet, um ihre Auswirkungen auf die Verkehrssicherheit zu überprüfen (Evaluation).

(2) ¹Für Zwecke der Evaluation darf die Bundesanstalt für Straßenwesen personenbezogene Daten von Seminarteilnehmern, Seminarleitern und Moderatoren nach Maßgabe des § 40 des Bundesdatenschutzgesetzes erheben und verwenden. ²Die Daten sind spätestens am 31. Dezember 2010 zu löschen oder so zu anonymisieren oder zu pseudonymisieren, dass ein Personenbezug nicht mehr hergestellt werden kann.

§ 7 Verkürzung der Probezeit. ¹Die Probezeit nach § 2a des Straßenverkehrsgesetzes verkürzt sich bei Vorlage der Teilnahmebescheinigung nach § 5 Satz 1 bei der zuständigen Fahrerlaubnisbehörde um ein Jahr; sie endet jedoch nicht vor Ablauf des Tages, an dem die Teilnahmebescheinigung dieser vorgelegt wird. ²§ 2a Abs. 2a des Straßenverkehrsgesetzes bleibt unberührt.

§ 8 Zuständigkeit. ¹Diese Verordnung wird von den obersten Landesbehörden oder den von ihnen bestimmten oder den nach Landesrecht zuständigen Stellen ausgeführt. ²§ 73 Abs. 2 und 3 der Fahrerlaubnis-Verordnung gilt entsprechend.

Sachverzeichnis

E = Einleitung, **1** = StVG, **2** = StVO, **3** = StVZO, **3 a** = FeV, **4** = StGB, **5** = StPO, **6** = IntVO 1939, **7** = NatZ, **8** = BKatV, **9** = StVG (Fahrzeugregister, Fahrerlaubnisregister), **10** = LeichtmofaAusnVO, **11** = BImSchG

fette Zahlen bedeuten Gesetze, magere Zahlen Paragraphen, kleine Zahlen Randziffern, römische Zahlen Absätze, Z bedeutet Verkehrszeichen

AAK 4 316$^{52\,a}$
Abbiegen 2 7^{16}, 9^{16}, paarweises **2** 5^{67}, bei Lichtzeichen **2** 9^{40}, 37^{45} (weitere Unterstichworte: § 9 StVO Übersicht vor Rz 16)
Abblenden s auch Blendung, des Überholen **2** 5^{61}, Geschwindigkeit bei – **2** 3$^{32-35}$, Pflicht z – **2** 17$^{11,\,11\,a,\,22-25}$, 19^{34}
Abblendlicht 2 17$^{4,\,20,\,24}$, AB **2** 18^{19}, am Tage **2** 17$^{18\,a}$, Reichweite **2** 17^{24}, **3** 50^{15}
Abblendpflicht 2 17$^{11,\,11\,a,\,22-25}$
Abfindung in Kapital **1** 13
Abgase 3 47, 47 c, 72
Abgasmessung 1 5 b, **3** 47 b
Abgasreinigung 3 47
Abgasuntersuchung 3 47 a, 47 b
Abgasverhalten, Verschlechterung **3** 19$^{6,\,9}$
Abgesenkter Bordstein 2 8$^{32,\,35}$, 9^{45}, 10$^{6\,a}$, 12$^{57\,a}$
Abknickende Vorfahrt 2 2^{35}, 8^{43}, 9$^{16,\,19,\,39}$, 42 zu Z 306^{10}
Abkommen über StrMarkierungen **2** 39^{39}
Ablenkung von den Fahraufgaben **2** 3^{67}, 23$^{12\,f}$
Ablieferung des Führerscheins **1** 3^3, **3 a** 47^3, bei Entziehung der FE zur Fahrgastbeförderung **3 a** 48^{18}, **4** 44$^{11,\,13-15}$, 69, 69 b
Abmeldung, vorübergehende – von Kfz **3** 27, 29 a, 29 b
Abmessung, ungewöhnlich große **2** 29, von Fz und Zügen **3** 32, 34
Abrollen 2 14$^{11,\,12,\,16}$, **3** 41^{21}
Abschleppachse 3 18^8
Abschleppen von Kfzen **1** 7^8, **2** 12$^{64,\,65}$, 13^5, 15 a, 38^5, **3** 18$^{10-12}$, 32^3, 33, 43, 53, 72, **3 a** 6^{25}, **4** 316$^{2,\,13}$, AB-Benutzungsverbot **2** 15 a
Abschleppkosten 2 12$^{64,\,66}$, **1** 12^{28}
Abschleppöse 3 43^3
Abschleppseil 3 22 a, 43
Abschleppstange 3 22 a, 33, 43
Abschleppwagen 3 18$^{10-12}$, 53, **1** 7^8
Abschüssige Straße 2 3$^{20\,f}$
Absehen von Strafe **4** 315 c^{56}, 316^{45}
Absperrgeräte 2 43
Absperrung 2 6^3, 25^{51}, 32^{14}
Absperrvorrichtung an Kraftstoffleitungen **3** 46
Abspringen von öffentl Verkehrsmitteln **2** 20^{13}
Abstand beim Überholen **2** 4$^{6,\,14}$, 5$^{52,\,54-58}$, Vorbeifahren **2** 2$^{9,\,41}$, auf voller AB **2** 3^{29}, beim Ausweichen **2** 6^{10}, beim Abschleppen **3** 43, Fahrgeschwindigkeit **2** 3^{29}, seitlicher **2** 5$^{13\,a,\,54-58}$, 20^9, zu Fußgängern **2** 25^{18}, gefährdender **2** 5$^{56-58}$ (weitere Unterstichworte: § 4 StVO Übersicht vor Rz 5)

Abstandsleuchte 3 53 c
Abstandsmarkierer 3 67
Absteigen, Vorrichtungen **3** 35 d
Abstellen und Gemeingebrauch **2** 12$^{42\,a}$, des Motors **2** 30$^{6,\,13}$, s Parken
Abstellvorrichtung bei Krad **3** 30^3
Abstempelung des Kennzeichens **3** 23^{23}, keine – des Versicherungskennzeichens **3** 29 e
Abteilungen 2 27
Abweichen von Verkehrsregeln E 122, 123, 124, **2** 15$^{5-10}$, 2$^{43-45}$, s sinnvolle Beachtung
Abzeichen für Körperbehinderte **3 a** 2
Abziehen des Zündschlüssels **2** 14$^{14-16}$
Abzweigender Fahrstreifen, Rechtsüberholen **2** 7^{15}
Achsen 3 a 6^{15}, **3** 34
Achslast 3 34, 59, 63, 72
Achtungszeichen bei Verkehrsregelung **2** 36^{23}, 37
Ackerschmutz 2 32^7
actio libera in causa E 151 b, **4** 316^{31}
Adäquate Verursachung E 104 ff, **1** 7^{10}
Adaptation (Hell/Dunkel) E 132, **2** 3^{33}
Ähnlicher, ebenso gefährlicher Eingriff 4 315 b^{13}
Airbag 3 35 a$^{7,\,8}$
Akkreditierung 3 a 72
Akkumulatorfahrzeug 3 41
Alarmanlage 3 38 b
Alkohol, Teilnahme am Verkehr **2** 25^{24}, **3 a** 2^4, **1** 24 a, **4** 69, Fahren unter -wirkung **1** 24 a, **4** 315 c$^{8-11}$, 316, Beweis der Fahrunsicherheit **4** 316$^{50\,ff}$, strafrechtliche Haftung Dritter **4** 316$^{34-36}$, Versicherungsschutz **4** 316$^{69-72}$, Strafzumessung **4** 316$^{38\,ff}$, Fahrerlaubnis **1** 2^{16}, 3^9, **3 a** 13, **4** 69, Einwilligung des Mitfahrenden in die Gefahr der Trunkenheitsfahrt **1** 16$^{10\,f}$, **4** 315 c^{43}, actio libera in causa **4** 316^{31}, Anflutung (Resorption) **4** 316$^{6,\,7,\,14}$, Abbau (Absorption) **4** 316^{60}, Nachweis **4** 316$^{50-61}$
Alkoholismusmarker 1 2^{16}
Alkoholmißbrauch 3 a 13^4
Allgemeine Betriebserlaubnis für Typen **3** 20
Allgemeine Verwaltungsvorschriften (Vwv) E 4 a
Alliierte E 18, 19, 22, 29, **3** 18^6, Geltung dt Rechts **1** 16, **2** 35^7, Haftpflicht für Verkehrsunfälle **1** 16^{22}, Pflicht-Vers **3** vor 29 a^{18}, s Nato-Streitkräfte
Allradbremse 3 41, 72
Alter, hohes **1** 2^9, 3^6, **3 a** 11^{11}, Mindest- für Fahrerlaubnis s Mindestalter und Fahrerlaubnis

1651

Sachverzeichnis

fette Zahlen = Gesetze, magere Zahlen = §§

Ältere, Rücksicht auf – **2** 3²⁹ ᵃ
Altersabbau 1 2⁹
Altmaterialsammlungen 3 18² ᵇ
Ampel 2 37
Amtlich anerkannte Begutachtungsstelle 3 a 11¹², ¹³
Amtlich anerkannter Sachverständiger s Sachverständiger oder Prüfer
Amtliche Anerkennung 3 a 65 ff, Ärztliche Gutachter **3 a** 65, Begutachtungsstelle für Fahreignung **3 a** 66, Kurse für Wiederherstellung der Kraftfahreignung **3 a** 70, Sehteststelle **3 a** 67, Sofortmaßnahmen am Unfallort, erste Hilfe **3 a** 68, Stellen zur Durchführung der Fahrerlaubnisprüfung **3 a** 69, verkehrspsychologische Beratung **3 a** 71
Amtsabmeldung nichtversteuerter Kfze **3** 27³⁶
Amtsarzt 3 a 11¹¹
Amtshaftung 2 7⁶³, 45⁵¹⁻⁶⁸, **3** 29 d¹⁰, **1** 3⁶, 16¹⁷⁻²¹
Amtspflicht 1 16¹⁸
Analogie E 60–62
Anamnese 3 a 11¹⁸
Anbaugeräte 2 22²⁵, **3** 18²⁴, 30³, 49 a, 53 b
Anbieten von Waren auf der Straße **2** 33
Anbringen der amtl Kennzeichen **3** 23, 60, **1** 22, der Fahrtrichtungsanzeiger **3** 54, der Verkehrszeichen **2** 39⁶, ¹³ ᶠᶠ, ³¹⁻³³, ³⁵, 41²⁻⁹, ²⁴⁶, 45¹¹, ²⁰, ⁴³, ⁴⁴, **1** 5 b
Andere, Rücksicht auf **2** 1³², 2⁴⁵
Änderung, von Verkehrszeichen **2** 39³⁸, 41⁴, ²⁴⁹, **E** 42, am zugelassenen Kfz **3** 19⁶⁻⁹, 27, der bauartbedingten Höchstgeschwindigkeit **3** 30 a, der Kennzeichen **3** 27
Andreaskreuz, Parkverbot **2** 12⁵⁰, Bahnübergang **2** 19¹⁰, ¹¹, ¹³, 41 Z 201¹, ¹⁰⁻²²
Anerkannte Stellen für Eignungsprüfung 1 2²⁴
Anfahren 2 1³⁶, 4⁸, 10⁷, bei Grün **2** 5⁶², 37 (weitere Unterstichworte: § 10 StVO Übersicht vor Rz 4)
Anfahrspiegel 3 56
Anfallsleiden 3 a 11¹¹
Anfechtungsklage 2 41²⁴⁷, ²⁵⁰
Anflutung (Alkohol) **4** 316⁶, ⁷, ¹⁴
Anforderungen an das Gutachten **3 a** 11¹⁷ ᶠ
Angefallene Mehrwertsteuer **1** 12⁴
Angepaßtes Verhalten E 122–124, **2** 1⁵⁻⁹, 2⁴³⁻⁴⁵, 11
Angestellte, Haftung des KfzHalters **1** 16¹²⁻¹⁵, 8³, ⁴
Angetrunkenheit s Alkohol, Mitnehmen von Angetrunkenen **2** 23²²
Angriffsnotstand E 116
Anhalten s Halten, **2** 12¹⁶, ¹⁹, zur Verkehrskontrolle **2** 36¹⁵, ¹⁶, ²⁴, Anzeige **2** 12²⁰, auf der AB **2** 18²³⁻²⁵, der herabgehenden Schranke **2** 19¹⁹, plötzliches **2** 4¹⁻³, ¹¹, in der Kreuzung **2** 11, 8⁶², bei Gelb **2** 37⁴⁸, vor dem Haltgebotsschild **2** 41 Z 306, vor Wegerechtsfahrzeugen **2** 35, bei Unfall **2** 34
Anhalteweg, individueller **2** 3¹⁴ ᶠᶠ, ⁵⁸
Anhängelast hinter Kfzen **3** 42, 72
Anhängeleiter 3 18
Anhängelast hinter Kfzen **3** 42
Anhänger, Achslast, Gesamtgewicht **3** 34, als Arbeitsmaschine **3** 18, Anbringung der Kennzeichen **3** 60, außerdt hinter dt Kfz **3** 18⁶, ⁸, 23¹⁶, vor 29 a², ¹⁰, Begriff **1** 1¹⁷, **3** 18, Bereifung **3** 36, Betrieb **1** 7⁸, ¹⁰, Bremsen **3** 41, bremslose **3** 41, Fabrikschilder, Fabriknummern des Fahrgestells **3** 59, Fahrerlaubnisklasse **3 a** 6¹⁸, Gefährdungshaftung **1** 7², Geschwindigkeitsschilder **3** 58, Kennzeichnungspflicht **3** 23, Lastverteilung **3** 42, Mitführen von Anhängern **3** 18, 32, 32 a, 61 a, **1** 6⁵, Parken **2** 12⁴² ᵃ, ⁶⁰ ᵃ, ⁶⁰ ᵃᵃ, Personenbeförderung auf Ladefläche **2** 21¹⁰⁻¹², Rückstrahler **3** 51, 53, seitl Begrenzungsleuchten **3** 51, Schluß- und Bremsleuchten, Stützeinrichtung **3** 44, Überwachung **3** 29, Zahl **3** 32 a, Zugvorrichtung **3** 43, s Zug (weitere Unterstichworte: § 18 StVZO Übersicht vor Rz 3)
Anhängerbrief s Fahrzeugbrief
Anhängerdeichsel 3 43, 72
Anhängerkupplung 3 18, 19, 43
Anhängerschein s Fahrzeugschein
Anhängerverzeichnis 3 17, 22, 24
Anknüpfungstatsachen des Gutachtens **3 a** 11¹⁸
Ankündigung des Überholens **2** 5⁶/⁷, ⁹⁻¹¹, ⁴⁶⁻⁵¹, vor Hindernissen **2** 6⁷, des Fahrstreifenwechsels 27¹⁶, ¹⁷, des Abbiegens **2** 9⁴, ¹⁷⁻²¹, ⁴⁶, des An- und Einfahrens **2** 10¹⁶, ¹⁸, ¹⁸, des Haltens **2** 12²⁰
Anlagen, Beschädigen, Zerstören **4** 315 b⁹
Anlieger 1 5 b, **2** 41²⁴⁷, ²⁴⁸, **4** 45⁵⁸
Anordnungen im Verkehr **2** 36, durch Farbzeichen **2** 37, durch Verkehrszeichen **2** 39–42, Verkehrsbeschränkungen **2** 45, Wirksamwerden **2** 45, der VB **3 a** 3
Anrechnung vorl EdF auf Fahrverbot **1** 25²⁷, **4** 44, der Beschlagnahme des Führerscheins **4** 69, der vorl EdF u der Beschlagnahme auf Sperrfrist **4** 69 a, von Vorteilen **1** 11³, 12³⁸
Anschein amtlicher Kennzeichnung **1** 22
Anscheinsbeweis E 157 a, **1** 7⁴⁸⁻⁵¹, **2** 2⁷⁴, 3⁶⁶, 4¹⁸, 5⁷⁴, 7¹⁷, 8⁶⁸, 9⁴⁴, ⁵⁰, ⁵⁵, 10¹¹, 17³⁸, 18³⁰, 19³⁵, 21⁹, 25⁵⁴, ⁵⁵, **4** 248 b¹⁷, 316⁶⁹, ⁷¹ ᶠ
Anschleppen 1 21¹¹, **3** 18¹¹, **4** 316²
Anschlußüberholen 2 5³¹
Anspruch auf Fahrerlaubnis **1** 2³¹, 3³²
Antiblockiersystem s Automatischer Blockierverhinderer
Antrag auf Erteilung der Fahrerlaubnis **3 a** 21⁴, auf Zulassung von Kfzen **3** 23
Antragstellung 1 2²⁹, **3 a** 21⁴
Anwohner s Bewohner
Anzeige der FahrtrichtÄnd s Ankündigung, des Versicherers **3** 29 c
Anzeigepflicht des Halters und Eigentümers eines Kfz **3** 27, des Versicherers **3** 29 h, des Verletzten **1** 15
Aquaplaning s Wasserglätte
Äquivalenzlehre E 97 ff
Arbeiten auf der Fahrbahn 2 45, s Arbeitsstellen
Arbeitnehmer, Ersatzanspruch **1** 7⁶¹, Parkplatz **2** 12⁵⁷
Arbeitsfahrzeug 2 2⁴³
Arbeitsgeräte, land- und forstwirtschaftliche **3** 32, 72, Zulassungspflicht **3** 18, 72, Bereifung **3** 36, rückwärtige Beleuchtung **3** 53, 72, Bremsen **3** 65

hochgestellte kleine Zahlen = Randziffern

Sachverzeichnis

Arbeitskräfte, Beförderung 2 21[5, 10–12]
Arbeitsmaschine 2 17[36], 3 a 4, 6[10, 21], 3 18, 36, Ausnahmen für bestimmte – und bestimmte andere Fahrzeugarten 3 32, 34, 35, 35 b, 35 e, 36, 36 a, 43, 44, 47, 49 a, 50, 53, 56, 60, 70
Arbeitsscheinwerfer 3 52
Arbeitsstellen, Absperrung u Kennzeichnung 2 45, gelbes Blinklicht 2 38
Arbeitsunfall 1 7[61], 8 a[3], 16[7]
Armbinde, Körperbehinderte 3 a 2
Arten- und Biotopschutz 2 45 I a, 45[33]
Arteriosklerose 1 2[10]
Arzt, Schweigepflicht u Melderecht 1 3[6], Parkerleichterung 2 46, 47
Arztfahrzeug, Kennzeichnung 3 52
Ärztliches Gutachten 1 2[21], 3 a 11[10, 11], 13[3], 14[2]
ASU-Plakette s Prüfplakette
Asymmetrisches Abblendlicht 3 50
Atemalkoholanalyse 1 24 a[16, 17], 4 316[52 a]
Atlantikpakt 2 35, 1 16[22]
Aufbauseminar 1 2 a[12, 13, 15, 19–22], 3[31], 4[4], 4 69[19, 23], 69 a[14], Dienstfahrerlaubnis 3 a 39, Fahrerlaubnis auf Probe 1 2 a[12 ff], 2 b, 3 a 35, 36, Punktsystem 3 a 41, 42, Teilnahmebescheinigung 3 a 37, 43
Aufbauten, Typschein 3 20, 22
Aufbietung verlorener Fahrzeugbriefe 3 25
Aufblenden als Warnzeichen 2 16[6], Ankündigung des Überholens 2 5[59, 60]
Auffahren 2 3[66], 4[5, 7, 11, 16–18]
Aufheben von Gegenständen während der Fahrt 2 3[67]
Aufklärungsmaßnahmen der FEB 1 2[21], 3 a 11[10], 46[4]
Aufklärungspflicht des VersNehmers 4 142[76 ff]
Auflagen, Fahrerlaubnis 1 2[21], 21[12–14], 3 a 11[10], 46[4], Wiedererteilung der entzogenen Fahrerlaubnis 1 3[13, 31–34], bei Ausnahmegenehmigung 3 71, Nichtbeachtung persönlicher Auflagen 1 21[12, 14], 3 a 23[9]
Auflaufbremse 3 22 a, 41
Aufliegelast 3 24, 34
Aufopferung 1 16
Aufschließen zum Vorausfahrenden 2 4
Aufschwimmen von Kfzen s Wasserglätte
Aufsetztank 3 30
Aufsichtspflicht zur Verhinderung unbefugter FzBenutzung 1 7[55], 2 14[18, 19], der Eltern 1 9[11], 2 2[29, 29 a, 66], 25[32 a], des Fahrlehrers 1 2[45]
Aufspringen auf öffentl Verkehrsmittel 2 20[13]
Aufsteigen, Vorrichtungen 3 35 d
Aufstellen von Verkehrszeichen 2 45, beim Parken 2 12[58, 60]
Aufwendung, unverhältnismäßige 1 12[12, 19 f]
Augenoptiker 3 a 67
Ausbiegen vor Abbiegen 2 9[27]
Ausbildung 1 2[5], in erster Hilfe 3 a 19, 68
Ausbildungsbescheinigung 1 2[27], 3 a 16[5], 17[5]
Ausfahren aus Autobahn 2 18[28]
Ausfertigung des Führerscheins 3 a 25
Ausfuhrfahrzeug, Brief 3 27
Ausfuhrkennzeichen 1 22[1], 3 vor § 29 a[15], 60[18], 6 7
Ausgestaltung amtl Kennz 3 23, 60, 60 a

Ausgleichsanspruch, Verjährung 1 17
Ausgleichspflicht mehrerer Haftpflichtiger untereinander 1 17, 18[6]
Aushändigen an zust Personen z Prüfung der Ausnahmegenehmigung 2 46, der besonderen Betriebserlaubnis oder Bauartgenehmigung 3 19, des Führerscheins 3 a 4, der Fzpapiere 3 24, 29 e
Aushändigung des Führerscheins durch die FEB 3 a 22[10]
Auskunft aus dem VZR 1 30, 3 a 22[7], aus dem Zentralen Fahrerlaubnisregister 3 a 22[9]
Auskunftspflicht über KfzHalter 9 39, aus VerkZReg 1 30
Ausland, Allgemeine Betriebserlaubnis f im – hergestellte Kfze 3 20, VerkZuwiderhdlg im Ausland E 25, 32, 1 24[10 ff]
Ausländer im Inland E 28, 33/34, 4 315 c[63, 64], 6
Ausländische Fahrerlaubnis 1 2[38], 3 a 28, 30[7], 31, 46[13], Anerkennung 3 a 28, Entziehung 1 3[1], 3 a 46[13], Geltung im Inland E 27, 1 2 a[3], 6, Umschreibung 3 a 30, 31
Ausländische Führer von Kfzen, Pflichten im Verkehr 2 23, Entziehung der Fahrerlaubnis und Fahrverbot 4 44[18], 69 b
Ausländische Kennzeichen 3 60
Ausländische Kraftfahrzeuge, technische Kontrolle 3 29[20], Zulassung z Verkehr im Inland 6, 3 18[6], 23[16], Schadensfälle E 25, 3 vor 29 a[10–14], 1 7[2 a]
Ausländische Streitkräfte E 27, 29, 1 16[22], 3 vor 16[2], vor 29 a[18], 3 a 31[16], s auch Alliierte, Nato-Streitkräfte
Ausländischer Führerschein 1 5, 4 69 b, 5 111 a[15], 6
Ausland, VerkZuwiderhandlungen von Deutschen E 25, 26, 1 24[10]
Auslegung E 57 ff, der VerkRegeln, sinnvolle E 122–124, 2 1[5–10], 2[43–45], s „sinnvolle Beachtung"
Ausnahmen vom Fahrerlaubniszwang 1 2[35], von der Zulassungspflicht 3 18, 1 1, von der FeV 3 a 74, von der StVO 2 46, von der StVZO 3 70, Auflagen bei der Bewilligung 3 71, Nachweis über Ausnahmegenehmigungen im Verkehr 3 70, vom Fahrverbot 1 25[11], 4 44[10, 11]
Ausnahmegenehmigung 2 29, 46, 3 70
Ausnahmeverordnung zur StVZO (StVZ-AusnV)
6. StVZAusnV 3 18[2, 22], 33[2], 49 a[2], 50[11]
15. StVZAusnV 3 23[5], 28[14], 29[19, 21], 68[10]
23. StVZAusnV 3 18[2], 53[2 a], 53 a[1]
25. StVZAusnV 3 19[1 a]
35. StVZAusnV 3 32[1 a, 2], 36 a[2]
39. StVZAusnV 3 32[1 b, 7], 57 a[1, 10]
40. StVZAusnV 3 53[2 b, 5]
42. StVZAusnV 3 19[1 b, 14], 22[1 b], 27[6, 13]
43. StVZAusnV 3 53[2 c, 5]
44. StVZAusnV 3 32[1 c]
47. StVZAusnV 3 49[1 a, 3]
49. StVZAusnV 3 18[2 c, 15], 28[7, 15], 21 c[3, 5]
50. StVZAusnV 3 57 c[1 a]
52. StVZAusnV 3 47[1 d, 6]
53. StVZAusnV 3 34[14]
54. StVZAusnV 3 19[10], 22[1 c, 4]

1653

Sachverzeichnis

fette Zahlen = Gesetze, magere Zahlen = §§

Auspuff 3 47, 47 c
Auspuffgeräusch 3 49, s Belästigung
Ausrüstung, 3 22 a, **1** 6[6], Verantwortlichkeit **2** 23[17–20], der Fze **3** 30, 31, 64, der Fahrräder **3** 67
Ausscheren 2 5[42–45], 6
Ausschluß der Haftung bei unabwendb Ereignis **1** 17[2-29], des Halters bei Schwarzfahrt **1** 7[52–59], bei langsam beweglichen Kfzen **1** 8[1, 2], kein – gegenüb Fahrzeuginsassen **1** 8 a, 16, bei Handeln auf eigene Gefahr **1** 16, bei Haftungsverzicht **1** 16
Ausschlußfrist für Unfallanzeige **1** 15
Außenkanten von Pkw **3** 30 c
Außenspiegel 2 23[15], **3** 56
Außerbetriebsetzen von Kfzen **3** 27, 29 d, 29 h
Außerdeutscher KfzFührer 6
Außerorts, Fahrgeschwindigkeit **2** 3[54 f], Überholankündigung **2** 5[59], Linksgehpflicht **2** 25[1–3, 15–17], Einscherabstand von LastFzen **2** 4[12–14], Warnzeichen **2** 16[7], Vorfahrt **2** 8[41], Beleuchtung **2** 17[31], Werbung **2** 33
Äußerste rechte Seite der Fahrbahn **2** 2[9, 35–42], 25[1–3, 14, 17, 19]
Äußerste Sorgfalt s Sorgfalt
Aussteigen, Fahrgäste öffentl Verkehrsmittel **2** 20[9, 13, 14–16], nach links und rechts **2** 14 [5–7, 9], Halten zum **2** 12[30, 31], an Parkuhr **2** 13[9], Sorgfalt **2** 14 [9], an Haltestellen **2** 20[13]
Austauschbare Ladungsträger 2 22[14], **3** 42[4]
Austauschmotor 3 19
Auswechselbarkeit verschleißgefährdeter Fahrzeugteile **3** 30
Ausweichen 2 2[25], 3[30], 4[5], 6[9, 10]
Ausweis (s auch Aushändigen), über Betriebserlaubnis **3** 18[31], 24, kontrollierender Beamter **2** 46, des verwarnenden Beamten **1** 26 a[38, 51]
Ausweispflicht 3 a 4[11], **3** 18[31-34]
Autobahn 2 18, Rechtsfahren **2** 2[40], Richtgeschwindigkeit **2** 3[55, 55 a], Einfahren **2** 2[44], 5[43], 18[3, 16], Vorfahrt des durchgehenden Verkehrs **2** 8[65/66], 18[4–9, 17], Randstreifen („Standspur") **2** 18[14 b], Kriechspur **2** 2[63], 18[17], Fahrgeschwindigkeit **2** 3[27], 18[19], Spurwechsel **2** 7[16 ff, 20], 18[20], Fußgängerverbot **2** 18[11, 27], 25[20, 21], Ausfahren **2** 18[12, 28], 42 VZ 330/334[36–50], Rechtsüberholen **2** 5[64], 18[20]
Autofalle 4 316 a
Autohof 2 42[130 b, 133 a]
Automatischer Blockierverhinderer 2 3[58], **3** 41[8], 41 b
Automatismus E 84, 85
Autoporter 3 18
Autorennen 2 36
Autoschütter, s Arbeitsmaschine
Autostraßenraub 4 316 a
Autotelefon 2 23[13]

B

Babysitterkosten 1 11[5]
Bagger 2 29, 32, s auch Arbeitsmaschine
Bahn, Betriebsgefahr **1** 17[39 ff], Vorrang **2** 2[64, 65], 19[1, 8, 9], Verkehrssicherungspflicht **2** 19[29], Ausgleichspflicht **1** 17

Bahnpolizei 2 36[19], **1** 26[2], 26 a[51]
Bahnübergang 2 19, Betriebsgefahr der Bahn **1** 17[39 ff], Überholen **2** 19[15], Haltverbot **2** 12[27] (weitere Unterstichworte: § 19 StVO Übersicht vor Rz 8)
Bahnwärter 2 19[21, 30, 31], Verschulden erhöht Betriebsgefahr **1** 17
Baken z Sicherung von Bahnübergängen **2** 19, 40 Z 153–162[77–83]
Ballon-Begleitfahrt 2 29
Bankett, 2 2[25], Halten **2** 12[38], Parken **2** 12[58], Verkehrssicherung **2** 45[53], als Fußgängerweg **2** 25[13], als Radfahrweg **2** 2[16, 68], Befahren **2** 3[23]
Bauarbeiten 2 45
Bauart der Fahrzeuge **3** 22 a, 30, der Kraftfahrz **3** 18, 30
Baugenehmigung f Fahrzeugteile **3** 18, 19, 22 a, 72, FahrzeugteileVO **3** 22 a, Vorschriften über – **1** 23
Baujahr, Fabrikschild **3** 59
Baum als Verkehrsgefahr **2** 45[53], Ersatzpflicht **1** 12[51]
Baumaschine 2 29
Baustellen 2 40 Z 123[50], Sicherung **2** 43[9], 45[45–48]
Bauunternehmer 2 45[45, 47, 48]
Bauvorschriften f Kfze **3** 30, f andere Straßenfahrzeuge **3** 63, f Fahrräder **3** 67
Bauweise, geschlossene **2** 3[50], 42 Z 310, straßenschonende **3** 30
Beaufsichtigung des Fahrschülers **1** 2[45], des Kindes **2** 25[28, 32 a]
Bedarfsumleitung 2 42 Z 460, 466
Bedenken gegen die Eignung oder Befähigung 1 2[20], **3 a** 46[5]
Bedeutende Sachwerte 4 315 b[5–8], 315 c[3–6]
Bedienung des Fahrzeugs, Fehler **E** 143, **2** 1[26], Pflichten des Fahrers **2** 23
Bedienungsfehler E 143
Bedingte Eignung 1 2[18], 6, **3 a** 23, 46[3]
Bedingungen s Auflagen, bei Genehmigungen **2** 46, Verwendung eines Tieres im öffentl Verk **2** 46, Zulassung von Kfzen **3** 24
Bedürfnisse, Vermehrung **1** 10[4], 11[8]
Beeinträchtigung der Erkennbarkeit des amtl Kennzeichens **1** 22[5]
Beendigung des Versicherungsschutzes **3** 29 d, h
Beerdigungskosten 1 10[5]
Befähigung zum Führen von Kfzen **1** 2[5], 3[2], **3 a** 16 ff, 46[5], fehlende **3 a** 46[5]
Befehl E 127 a, 154
Befestigung der VZ 39[13, 31, 32]
Befolgungspflicht gegenüber VerkZeichen und Weisungen **2** 1
Beförderung Haftung für Sachschäden **1** 8[9], von Personen **1** 8 a, von Personen, auf dem Platz neben dem Führer **2** 23[18], auf Fahrrädern **2** 21, mit Kfzen **2** 21, von Vieh **2** 28, entgeltliche, Haftung **1** 8 a[3], s Fahrgastbeförderung
Beförderungsmittel, Zerstören, Beschädigen **4** 315 b[9]
Beförderungsvertrag, Haltereigenschaft **1** 7[15]
Befristete Fahrerlaubnis s Fahrerlaubnis, befristete
Begegnen s Ausweichen, Gegenverkehr

hochgestellte kleine Zahlen = Randziffern

Sachverzeichnis

Begrenzungsleuchte 2 17[20], Bauart und Anbringung 3 51, Bauartgenehmigung 3 22a, 51
Begutachtung der Eignung 1 2, 3
Begutachtungsstelle für Fahreignung 1 2[22], 3 a 11[12, 13], 66, amtliche Anerkennung 3 a 66
Behinderung des Fahrers 2 23[18], anderer Verk-Teiln 2 1[40, 41], 5[3, 25–27, 29], 8[57], 25[46, 47], 3 30[5], s Hindernis
Behörden, kein -privileg bei Parkverbot 2 45[28], Zuständigkeit f StrVerk 2 44, 45, 3 68
Behördenkartei, örtliche 1 29[17]
Beifahrer als VerkTeilnehmer 2 1[17, 18], als Einweiser E 146, Halteeinrichtung 3 61, Mitnehmen von −n 2 21, 23[10], Sitz 35 a, Verantwortlichkeit 2 23, 1 9[23], Zeichengeben 2 9[19]
Beisichführen s Mitführen
Beißkorb 2 28
Beiträge zur Rentenversicherung 1 11[11a]
Beiwagen, Bauartgenehmigung 3 22a, Begrenzungsleuchte 3 51, BE bei nachträglichem Anbau 3 30[3], Schlußleuchte 3 53, an Fahrrädern 3 67
Beladen 2 22, Halten zum − 2 23[30, 32–34], Dauer 2 12[32–34], an Parkuhr 2 13[9], s Ladung
Belästigung 2 1[42–44], 30[13, 14], 33, 3 30[5], 49
Belastung, zulässige 3 34, Über- 3 34, von Vollgummireifen 3 36[15]
Belastungsabhängigkeit 3 50, 72
Beleuchtung 2 17, lichttechnische Einrichtungen 2 17[15], 3 33, 49 a, von Fahrbahnhindernissen 2 32, Verbände 2 27, Tiere 2 28 (weitere Unterstichworte: § 17 StVO Übersicht vor Rz 13)
Beleuchtungseinrichtungen 2 17[15], 23[36], 33, Verdecken, Verschmutzen 2 17[10, 19], 3 66 a, 67
Beleuchtungspflicht 2 15[5], 17
Benachrichtigung der Polizei von EdF 1 3[14]
Benetzung der Straße 2 32
Benutzung, unbefugte 2 14[1–3, 13–19], öffentl Straßen s Verkehrsteilnehmer, übermäßige − öffentl Straßen 2 29, der Fahrbahn 2 2[24], von Fußgängerüberwegen 2 25
Berauschende Mittel s Medikamente, Rauschgift, Alkohol
Bereifung 3 36, 63
Bergkuppe 2 2[37]
Berlin E 7, 19, 29, 2 35[7], 3 vor 29 a[18]
Berufsausbildung, verzögerte 1 11[12]
Berufskonsul 3[13] vor 29 a
Berufskraftfahrer, Erteilung der Fahrerlaubnis 3 a 10[2]
Beschädigen von Verkehrsanlagen 4 315 b[9], vorsätzliches − von Fahrzeugen und fremden Sachen 4 142[26]
Beschaffenheit der Fahrzeuge 3 30, 1 6[9], Fehler in der − d Fahrzeuge nicht unabwendbar 1 17[30], der Verkehrszeichen 2 39 ff
Beschäftigter beim KfzBetrieb 1 7[46], 8[3, 4]
Beschäftigungsort 3 a 48
Bescheinigung über Vorschriftsmäßigkeit des Fahrzeugs 3 18[31–34], s Fahrzeugbrief, Fahrzeugschein, Typ-, Führerschein
Beschlagnahme des Fahrzeugs 3 17[5], 18[37], des Führerscheins 1 4[35–37], Gleichstellung mit vorl EdF 1 21[22], 4 69, 5 111 a[12, 14]

Beschleunigungsstreifen 2 2[25a], 5[20], 8[34b], 18[17], Haltverbot 2 12[25], 42 Z 340
Beschleunigungsverbot beim Eingeholten 2 5[62]
Beschmutzen anderer Verkehrsteilnehmer 2 1[34, 36, 40, 42], der Fahrbahn 2 32[7]
Beschränkt Geschäftsfähige als Kfzhalter 1 7[22]
Beschränkte Fahrerlaubnis s Beschränkung der FE
Beschränkungen d Verkehrs 2 45, der Fahrgeschwindigkeit 2 3, der Fahrerlaubnis 1 2[18], 3[31–34], 21[4], 3 a 23[3 ff], 46, des Fahrverbots 1 25, 4 44, der Sperre 4 69[24], 69 a[5–7], der Zulassung 3 17, der Gefährdungshaftung 1 7[30 ff], 17[22 ff], 8, 8 a, auf Höchstbeträge 1 12, 12 a, 12 b
Beschriftung d Fahrzeuge 3 64 b
Beseitigen des amtl Kennzeichens 1 22[5], von Verkehrsanlagen 4 315 b[9]
Beseitigungspflicht bei VerkGefahr 2 32[10]
Besetzung, Fahrzeug 2 23[17–20], 3 31[14], Kraftomnibus 3 34 a, 72
Besitzer, Name am Fahrz 3 64 b, als Verletzter iS des § 9 StVG 1 9[3]
Besondere Fortbewegungsmittel 2 24, 3 16
Besondere Verhältnisse des Straßenverkehrs, Ausnutzung 4 316 a[5, 6]
Besondere Verkehrslagen E 123, 2 11
Besonnenheit 2 1[27, 28]
Bespanntes Fuhrwerk, Stehenlassen 2 14[12]
Bespannung 3 64
Bespritzen 2 1[34], 25[40], der Fahrbahn 2 32[7]
Bestimmtheitsgebot E 78
Bestürzung E 83 ff, 2 1[29, 30]
Betäubungsmittel s Drogen
Beteiligung E 94, 96, bei Ordnungswidrigkeit 1 24[20], an VerkUnfall 3 34, 4 142
Betrieb, Beschränkung, Untersagung 3 17, von Fahrzeugen 3 30, in-setzen von Kfzen 1 1[9], bei dem − eines Kfzs 1 7[4–13], Ursächlichkeit 1 7[10, 13], beim Betrieb des Kfz Beschäftigter 1 7[46], 8[3, 4], land- und forstwirtschaftlicher 3 18
Betriebsarten von Kfzen 3 a 6, 1 1[3]
Betriebsausgaben, Haltereigenschaft 1 7[14]
Betriebserlaubnis, Kfze und Anhänger 3 18, zulassungsfreie Fze 3 18, Ausweis 3 18, Ausnahmen 3 18, Erteilung, Wirksamkeit 3 18, 19, Typen 3 20, Erlöschen 3 19, Erneuerung 3 19, Einzelfahrz 3 21, Fahrzteile 3 22, bei wechselnder Verwendungsart 3 19, Importfahrzeuge 3 19, s Bauartgenehmigung, Antrag auf Kennzeichen als Antrag auf − 3 23, Erteilung durch Aushändigung des Kfz-(Anhänger-)scheins 3 24
Betriebsgefahr 1 7[4–13], 17, erhöhte 1 17[19], Zurücktreten 1 17[39 ff], der Eisenbahn 1 17[43], der Straßenbahn 1 17[43], Ausgleichung 1 17
Betriebs- oder arbeitsmedizinisches Gutachten 3 a 48[13]
Betriebssicherheit Verantwortlichkeit 2 23, 3 31, Prüfung vor Fahrtbeginn 2 23[25], Ladung 2 22
Betriebsunternehmer als Halter 1 7[14, 22]
Betriebsuntersagung 3 17
Betriebsvorschriften, 3 30 ff
Betrunkene s Alkohol, Rücksicht auf − 2 25[23, 24], Mitnehmen eines −n Fahrgasts 2 23[22]

1655

Sachverzeichnis

fette Zahlen = Gesetze, magere Zahlen = §§

Bewachung, auf Parkplätzen 2 12^{57}, von Kfzen 2 14$^{1-3, 13, 15, 17}$
Bewährung, Strafaussetzung 4 315 c$^{57, 58}$, 316$^{46-48}$
Beweis der Ordnungswidrigkeit 1 24$^{76 f}$, des ersten Anscheins E 157 a, 1 7$^{48-51}$, der Fahrunsicherheit 4 316$^{50 ff}$, der BAK 4 316$^{50-61}$, Fahrgeschwindigkeit 2 3$^{57-64}$
Beweisgrenzwert 4 316^{11}
Beweislast s Beweis, für Unfall und Schaden 1 7$^{48-51, 60}$, für Haftungsausschluß 1 7$^{48 ff}$, bei Schwarzfahrt 1 7^{52}, für Mitschuld des Verletzten 1 9, bei Ausgleich unter Haftpflichtigen 1 17, für fehlendes Verschulden des Kfzführers 1 18^4
Beweissicherung 2 34, 4 142
Bewohner, Parksonderrechte 2 41 Z 286, 42 Z 314, 315, 45 Ib, 45^{36}
Bewußtlosigkeit E 86
Bienenwanderwagen 3 18
Bindung an Entscheidung des Gerichts bei Entz der Fahrerlaubnis 1 3$^{18-30}$, gerichtliche an Bußgeldkataloge 1 24^{64}
Blankettgesetz E 79
Blaubasaltpflaster 2 3^{18}
Blaues Blinklicht 2 38, 3 52
Blendung von rückwärts 2 17^{23}, Fahrgeschwindigkeit 2 3$^{32, 36, 37}$, Blinkzeichen 2 16, durch Sonnenlicht 2 3^{36}, 37^{64}, an Bahnübergang 2 19^{34}, kein Überholen 2 5^{34}
Blendwirkung bei Abblendlicht 3 50
Blindheit 3 a 2
Blindsekunde 2 3$^{32, 36 f}$
Blinken 2 9, als Warnzeichen 2 16, Ankündigung d Überholens 2 5$^{6/7, 9-11, 46-51}$
Blinkfrequenz 3 54
Blinkleuchte 3 22 a, 53 b, 54, 72
Blinklicht, gelbes 2 38, an Baustelle 2 38, rotes 3 54, Kennleuchten für gelbes Blinklicht 2 38, 3 52, 72, blaues – als Kennleuchte 2 38, 3 52, 72
Blutalkohol 1 24 a, 4 315 c, 316
Blutprobe 4 316$^{50-61}$, 5 81 a^6
Blutgrenzwerte (Alkohol) 4 316$^{11 ff}$
BMX-Rad 2 24^6, 3 67^7
Bodengreifer 3 37
Bodenrüttler 3 18
Bodenwelle 2 2^{37}
Bö 2 3^{40}
Bogen bei Linksabbiegen 2 9$^{5, 30}$
Bordsteinabsenkung, Parkverbot 2 12$^{57 a}$
Bracke 3 64
Brauchtumsveranstaltung 2 17^{19}, 21^{11}, 3 18$^{2 b, 15}$, 32^7, 34^{14}, 49 a^4, 3 a 6^9
Breite der Ladung 2 18^{15}, 22^{18}, der Fahrzeuge 2 18^{15}, 3 32, 63
Breitstrahler 3 52
Bremsanlage 3 41
Bremsansprechzeit 2 1^{30}, 3^{44}
Bremseinrichtungen an Kfzen 3 41, an Nichtkraftfahrz 3 65
Bremsen 2 3^{44}, Fahrgeschwindigkeit 2 3$^{19-21}$, grundloses 2 4$^{1-3, 11}$, ordnungsmäßiger Zustand 2 23$^{21, 30}$, 3 29, 41, 65, 72, hydraulische 3 41, auf schlüpfrigem Grund 2 3$^{19-21}$, Sonderuntersuchung 3 29, Prüfung 3 41, erhöhte Betriebsgefahr 1 17, Verzögerung 2 3$^{43, 44}$, 3 41

Bremsleuchten 2 4$^{5, 10}$, 12^{20}, Bauart 3 53, Anbringung 3 53, 72, Bauartgenehmigungspflicht 3 22 a
Bremsspur 2 3^{58}
Bremsversuch 2 4^{11}, 23$^{25, 30}$
Bremsvorwarnsysteme 3 53$^{2 b, 5}$
Bremsweg 2 3^{44}
Bremszeichen des Vordermannes 2 4$^{5, 10}$
Brille 1 2^8
Brücken, kein Tritthalten, keine Marschmusik 2 27, als öffentl Wege 2 40 Z 128, militärische Tragfähigkeitsschilder 2 39^{39}
Bundeseinheitlicher Tatbestandkatalog 1 28^{12}
Bundesgrenzschutz 2 35
Bundesminister für Verkehr, Genehmigung von Ausnahmen von StVO und StVZO 2 46, 3 68, 70, Ermächtigung zu AusfVOen z StVG 1 6, 6 b–d
Bundesrecht E 1, 46, 47
Bundesstraße, Nummernschild 2 42 Z 401, Verkehrssicherungspflicht 2 45$^{51-68}$, Verkehrsbeschränkungen 1 24^{64}
Bundeswehr, BWFahrzeuge 3 19$^{5, 13}$, 20^5, 21, 24, 25^2, 27^6, Fahrerlaubnis 3 a 26^6, 27^5, Sonderrecht 2 35, BWFahrzeuge 3 20, Aussonderung 3 27, Abgasuntersuchung 3 47 a
Bürgerliches Gesetzbuch 1 9$^{18-24}$, 13, 16, Verjährung 1 14, Verschulden nach §§ 823 ff 1 16, 17
Bürgermeister, als StrVB 2 44, nicht Halter der Kfze der Gemeinde 1 7^{34}
Bürgersteig s Gehweg
Bus s Kraftomnibus
Bus-Fahrerlaubnis 3 a 28^9
Busspur 2 37^{56}, 41^{248} Z 245
Bußgeld 1 vor 21$^{1 ff}$, 23, 24$^{38 ff, 60 ff}$, 24 a^{27}, 25^{29}
Bußgeldkatalog 1 24$^{41, 60 ff}$, 24 a^{27}, 25$^{19 ff, 22}$, 26 a, 28 a, 8
Bußgeldverfahren 1 24$^{71 ff}$

C

Cannabis s Haschisch
CC-Zeichen, CD-Zeichen 3 60
Charaktermangel 1 2$^{12, 13}$, 3, 3 a 46^2
Charaktertest 2 2$^{13, 16}$
Container 2 32^{15}

D

Dachlawine 2 45^{53}
Damenreitsitz 2 21^{13}
Dämmerung 2 17$^{2, 16}$
Dampf, Belästigung 3 30
Danksagungen, Kosten bei Tötung 1 10^5
Datei 3 26
Daten, Speicherung durch die FEB 1 2^{25}
Datenbestätigung 3 20, 23^{20}
Datenschutz 1 2^{25}, 3 a 11^{14}
Datenübermittlung an die FEB 1 2^{25}, aus dem VZR 1 30
Dauerbremse 3 41
Dauererlaubnis 2 29, 46, 47
Dauerlicht, rotes 2 12^{37}, markierte Fahrstreifen 2 37$^{36 f, 59}$
Dauerparken 2 12^{42}
DDR, Fahrerlaubnisse der ehemaligen E 27, 1 4^{11}, 3 a 4^9, 6^{27}, 25^6, 4 69^{26}, 69 b^4, Länder der ehemaligen, s Neue Bundesländer

hochgestellte kleine Zahlen = Randziffern **Sachverzeichnis**

„**Defensives**" **Fahren** 2 1^{25}
Deichsel, als Ausrüstung 3 64
Deichsellast 3 44
Deliktshaftung 1 16^4
Deutliches Zeichengeben 2 5$^{6/7,\ 9-11,\ 46-51}$, 6, 9$^{4,\ 17-21}$, 10^{16}, Warnzeichen 2 16^{12}
Diabetes 1 2^{10}
Dieb als Halter 1 7^{17}
Diebstahl, an Betriebsstoff 4 248 b, Verhältnis zum unbefugten Gebrauch 4 248 b, von und aus Kfzen 4 248 b, Halter 1 7^{17}
Dienstfahrerlaubnis 1 2^{30}, 3 a 26, 27, Aufbauseminar 3 a 39, Probezeit 3 a 33, Umschreibung 3 a 26^8, 27^4
Dienststempel auf Kennzeichen 3 23^{23}, s Entstempelung
Dienstunfall 1 7^{61}
Dienstvertrag, Halter 1 7^{25}
Dieselqualm 3 30
Differenzgeschwindigkeit 2 5^{32}
DIN-Normen E 5, 3 35 h^3, 73
Diplomat 23, 60
Direktanspruch gegen Haftpflichtversicherer 3^8 vor § 29a, 1 14
Dolly-Achse 3 18
Doppelachse 2 21^9
Doppelbedienungseinrichtungen an Ausbildungsfzen 1 2^{42}
Doppelblutentnahme 4 316^{50}
Drehnachystagmus 4 316^{66}
Dreieckzeichen, Vorfahrt gewähren 2 41 Z 205
Dritte, Haftung für bei dem Betrieb des Kfz Beschäftigte 1 7^{46}, keine Gefährdungshaftung gegenüber dem bei dem Betrieb Beschäftigten 1 8
Drogen 1 2$^{16,\ 17}$, 24 a, 3 a 14, Verkehrsteilnahme 1 2^{17}, 24 a^{19d}, 4 315 c$^{8-11}$, 316$^{3,\ 5}$
Droschken s Taxi
Druckbehälter 3 41 a
Druckgasanlagen 3 41 a
Druckluftbremse 3 41, 72
Dungstreuer 3 18
Dunkelheit 2 17$^{2,\ 16}$, Bahnübergang 2 19^{33}, Beleuchtung auf Baustellen 2 45$^{45\,f}$, Beleuchtung erforderlich 2 17$^{13,\ 16}$, 3 49 a ff, 53 a–c, besondere Vorsicht 2 25, Verbände 2 27, Tiertransport 2 28, Leuchtzeichen 2 16^6
Durchfahrvorrang der Bahn 2 2$^{12,\ 13,\ 64,\ 65}$, des Gegenverkehrs 2 6^5, des Längsverkehrs 2 9$^{39-43,\ 49}$, auf der AB 2 18$^{4-9,\ 17}$
Durchgangsverkehr 2 30, 31^8, Sperrung 2 41^{248}
Durchgehen von Pferden 2 28, 1 17
D-Zeichen 3 60

E

ECE-Regelungen 3 19^{10}, 21 a
EG 1 6
EG-Richtlinie 3 19, 21 a
EG-Typgenehmigung 3 18, 19, 23$^{16\,a}$, 24, 25^6, 28^7
Ehefrau als Kfzhalterin 1 7^{19}, Ersatzansprüche der – des Getöteten 1 10$^{11-13}$, entgangene Dienste der getöteten – 1 10^{14}, Anspruch der verletzten – 1 11^{15}

Ehemann, Halter 1 7^{19}, nicht Halter des Kfzs seiner Frau 1 7^{19}, Ansprüche der Witwe 1 10$^{11-13}$
Eigenbeleuchtung 2 17^{32}
Eigenkosten, Anrechnung 1 12^{38}
Eigenschaften, Fahrzeug, Ladung 3 43, 44
Eigentümer, Frist z Behebung v Mängeln 3 17^4, Zuteilung des Kennzeichens 3 23$^{17,\ 19}$, Meldepflichten 3 27, 29 d, Berechtigter 4 248 b
Eigentumsvorbehalt an Kfzen 3 17, 27, Halter 1 7^{23}
Eigentumswechsel, Fzbrief 3 25, Meldepflicht 3 27
Eignung zum Führen von Kfzen 1 2$^{7\,ff}$, 3 a 11^6, bedingte 1 2^{18}, 3 a 23, 46^3, Bedenken 1 2^{20}, 3 a 11^9, 18^4, 20^3, 22, Ermittlungen der FEB 3 a 22^6
Eignungsmängel 1 2$^{8\,ff}$, 3 a 46^2, charakterliche 1 2$^{12\,ff}$, geistige 1 2^{11}, 3 a 46^2, körperliche 1 2$^{8\,ff}$, 3 a 46^2
Eignungsprüfung 3 a 11^6, 20, bei Neuerteilung der FE 3 a 20
Eignungszweifel s Eignung
Einachsige Fahrzeuge 3 18, 41, 50, 53
Einäugige, Eignung z Führen von Kfzen 1 2^8
Einbahnstraße, Beschilderung 2 41 Z 220$^{59-63,\ 205}$, 42 Z 353$^{69,\ 70}$, Rechtsfahren 2 2^{32}, unechte 2 41 Z 220$^{61,\ 248}$, Überholen 2 5^{70}, desgl v Schienenfahrz 2 5^{70}, Parken 2 12$^{58\,b}$, Linksabbiegen 2 9^{35}, Fußgängerverkehr 2 25^{49}
Einbauschild 3 57 b
Einbiegen s Abbiegen
Einfahren 2 10, Autobahn 2 2^{44}, 5^{43}, 18$^{16,\ 17}$ (weitere Unterstichworte: § 10 StVO Übersicht vor Rz 4)
Einfahrt, Verbot 2 41 Z 267
Einfüllstutzen 3 45
Eingangs- und Wiederholungsuntersuchungen von FEBewerbern 3 a 11^{27}
Eingeholter, Pflichten 2 5$^{12,\ 61-63}$
Eingeschränktes Haltverbot 2 12$^{30-34}$
Eingriff, gefährlicher 4 315 b^{13}
Einheitstäter bei OW E 93
Einmündung 2 8$^{2,\ 11\,ff,\ 34,\ 35}$, Wegegabel 2 8$^{34,\ 34\,a}$, Parkverbot 2 12^{45}, VerkGefährdung durch zu schnelles Fahren 4 315 c$^{36,\ 37}$
Einordnen nach Überholen 2 5$^{8,\ 52,\ 53}$, vor dem Abbiegen 2 9$^{6,\ 7-10,\ 24,\ 27,\ 31,\ 32,\ 36,\ 38,\ 47}$, auf Gleisen 2 9^{36}
Einrichtung zur Verbindung von Fzen 3 22 a, lichttechnische s Beleuchtungseinrichtungen
Einsatzhorn 2 38, 3 22 a, 55, 72
Einscherabstand außerorts (LastFze) 2 4$^{4\,a,\ 12-14}$
Einscheren nach Überholen 2 5$^{8,\ 52,\ 53}$
Einschränkung der Zulassung von Personen zum Verkehr 3 17
Einsteigen, Rücksicht auf Fahrgäste 2 20$^{5\,ff}$, Halten zum 2 12$^{30,\ 31}$, an Parkuhr 2 13^9, in öffentl Verkehrsmittel 2 20$^{13,\ 14-16}$, Sorgfalt 2 14$^{1,\ 5,\ 9}$
Eintragung im VerkZReg 1 28, Tilgung 1 29
Einweiser E 146, 2 8^{58}, 10^{13}
Einwilligung in Verletzung E 125, 126, 1 16^9, 4 315 c^{43}
Einzelachse 3 34
Einzelachslast 3 34
Einzelgenehmigung 3 22 a

1657

Sachverzeichnis
fette Zahlen = Gesetze, magere Zahlen = §§

Einzeln, gehen **2** 25[14, 15, 19], Radfahren **2** 2[70]
Einziehung des Kfzs bei Vergehen gegen § 21 StVG **1** 21[24], bei § 142 StGB **4** 142[70], keine bei § 316 StGB **4** 316[45a], keine bei § 24 StVG **1** 24[66], des Führerscheins **4** 69, des Fluchtfahrzeugs **4** 142[70]
Eisenbahn s Bahnübergang, Bundesbahn, Schienenfahrzeug, Straßenbahn, des nichtöffentl Verkehrs **2** 19, Vorrecht **2** 19, Ausgleich bei Zusammenstoß mit Kfz **1** 17, Warnlichter **2** 19, Betriebsgefahr **1** 17
Eisenreifen 3 18, 36, Bremsen **3** 41
Eisglätte 2 2[43], 3[20f]
Elastische Bereifung 3 36
Elektrisch, -e Glühlampen **3** 22a, 50, -e Kfze, Bremsen **3** 41, -e Einrichtungen für – betriebene Kfze **3** 62, -e Fahrradbeleuchtung **3** 67
Elektrokarren 3 18[7], Sondervorschriften **3** 36, 41, 56, 60, 72
Elektromotor als Betriebsart **1** 1[3]
Elektroskooter 3 16[2], 18[7], **3a** 6[9],4[5]
Eltern, Ansprüche der Kinder bei Tötung **1** 10[14-16], Ansprüche bei Tötung von Kindern **1** 10[17], elterliche Gewalt **1** 7[20]
Emissionsklassen 3 23[21], 48
Engstelle, Hindernis **2** 3[26], Ausweichen **2** 6[9, 10], Reißverschlußgrundsatz **2** 7, Haltverbot **2** 12[22, 23], 40 Z 120, 42 Z 308
Energiesparende Fahrweise 3a 16[6]
Entfernung von Verkehrshindernissen **2** 32[10], des Führers vom Fahrzeug **2** 14[10ff], von VZ **2** 41[4, 249]
Entfernungstafel 2 42 Z 453
Entfrostungsanlage 3 40
Entgeltliche Beförderung 1 8a
Entladen 2 12[30, 32-34], an Parkuhren **2** 13[9], Nebenverrichtungen **2** 12[33, 34]
Entlastungsbeweis bei unabwendb Ereignis **1** 17[22-29], bei Schwarzfahrt **1** 7[52-59], des Kfzführers **1** 18[4]
Entleiher als Halter **1** 7[16], als Berechtigter **4** 248b
Entriegelungseinrichtung 3 35a
Entschädigung s Schadenersatz, f Anbringung von Verkzeichen u. -einrichtungen **1** 5b, bei ungerechtfertigter Entziehung der FE **5** 111a[11]
Entschädigungsfonds für Opfer von Kfzunfällen **3**[9] vor 29a
Entschuldigungsgründe E 151ff
Entstempelung des Kennzeichens **3** 17, 27, 29d
Entziehung der Zulassung, von Personen zum Verkehr **3a**, von Fahrzeugen **3** 17, der Fahrerlaubnis **1** 3, 21[6, 7], **3a** 46, **4** 69–69b, 316[47], **5** 111a, der FE zur Fahrgastbeförderung **3a** 48[17], Mitteilung zum VerkZReg **1** 28
Epileptische Anfälle 3a 2[2], **1** 2[10]
Ereignis, unabwendbares **1** 17[22-27], **2** 8[71], 9[55]
Ergänzung v FzBriefen **3** 25
Erhebliche Verstöße gegen Strafgesetze 3a 11[8], 46[2]
Erholungsuchende, Verkehrsbeschränkungen **2** 45, **1** 6[12/13]
Erkennbarkeit von Leuchten, Rückstrahlern **2** 17[19], von Zeichen u Weisungen **2** 36[11, 14a, 17], der VZ **2** 39[32-34, 36], der Kennzeichen **3** 60, Beeinträchtigung der Erkennbarkeit von Kennzeichen **1** 22
Erkennungsnummer der Kennzeichen **3** 23, 60, Anl I nach 72
Erklärung über Nichtbesitz einer FE 1 2[4, 29]
Erlaubnis E 128, **2** 29, 30, 35, 44, 46, zum Führen von Fahrzeugen **3a** 4, z Ausbildung v Kfzführern **1** 2[42], 6, z Mitführen v Personen auf Lkw **2** 21[10-12]
Erlöschen der Fahrerlaubnis **4** 69, der BE **3** 19
Ermächtigung, gesetzliche **1** 6, zur Verwarnung **1** 26a[45-51], des BMV zu AusfVOen **E** 4, **1** 6, 6b–d
Ermittlungen über die Eignung v Bewerbern um Fahrerlaubnis **1** 2[19], **3a** 22[6]
Ermöglichen der Schwarzfahrt **1** 7[53-55]
Ermüdung 3a 2[4-7], **1** 9[23], s übermüdeter KfzF
Ernüchterungsmittel 4 316[9]
Erprobungsfahrzeuge 3 19, 22a
Erprobungs- u Forschungszwecke 1 6[22e]
Ersatz für FzBriefe **3** 25
Ersatzbeschaffung s Ersatzfahrzeug
Ersatzfahrzeug 1 12[4ff]
Ersatzführerschein 3a 25[9]
Ersatzpflicht des Halters **1** 7[26-29], des Fahrers **1** 18, als Voraussetzung der Ausgleichspflicht **1** 17
Ersatzrad 3 36a
Ersatzreifen, leichte Auswechselbarkeit **3** 30[11], Mitführen **3** 36
Ersatzteile, Prüfzeichen **3** 22a
Erschwerung des Verkehrs **2** 32, 33
Ersparte Eigenkosten 1 12[38]
Erste Hilfe 1 2[27], **3a** 19, 68, Material in Kfzen **3** 35h
Erteilung der Fahrerlaubnis, Antrag **3a** 21, Verfahren **3a** 21
Erweiterung der Fahrerlaubnis 3a 21[5], 25[7]
Erwerben von Fahrzeugteilen ohne Prüfzeichen **1** 6 I Nr 2e, **3a** 22a
Erwerber des Fz, Meldepflicht **3** 27[26]
Erwerbsfähigkeit, Minderung **1** 11[9ff]
Erwiesene Ungeeignetheit 3a 46[2]
Erziehungsberechtigter, Ersatzpflicht bei Mitschuld **1** 9[11]
Erzwingungshaft 1 24[78]
EU/EWR-Fahrerlaubnis 1 2[38], **2a**[3, 5], **3a** 21[5], 28, 29, 30, 29, 47[4], Anerkennung **3a** 28, Antrag auf Erweiterung **3a** 21[5], Entziehung **3a** 47[4], Probezeit **1** 2a[3, 5], Registrierungspflicht **3a** 29, Umschreibung **3a** 30
Euro-Kennzeichen 3 60[5, 8, 17]
Europäische Gemeinschaften 3 21a, b
Europastraße 2 42 Z 410
Evaluation 3a 70
EWG-Recht E 26
EWG-VO 3821/85 **3** 19[3], 57a, b
Exportfahrzeug, Brief **3** 25, 27
Exterritoriale E 28, **3** vor 29a[13]
Extrablätter 2 33

F
Fabrikschild 3 59, 59a, 72
Fachminister, Sondervorschr für Fahren im öffentl Dienst **3** 68

hochgestellte kleine Zahlen = Randziffern **Sachverzeichnis**

Fahrausbildung s Ausbildung
Fahrausweis, ausländischer, s ausländischer Führerschein
Fahrbahn, verengte 2 6, 7, Begriff 2 $2^{2,\ 17,\ 17\,a,\ 24-27}$, rechte 2 2^{26}, schlechte 2 2^{43}, schmale 2 $3^{16,\ 17}$, breite 2 8^{62}, gewölbte 2 2^{43}, Benutzungspflicht 2 $2^{4-7,\ 24,\ 26,\ 27}$, Fahrbahnmitte 2 9^{32}, mehrere 2 $2^{17-17\,b,\ 27}$, Überholen 2 $5^{28,\ 54}$, Sommerweg 2 2^{30}, Parken 2 $12^{4,\ 58}$, Radfahrer 2 $2^{66,\ 67}$, Fußgänger 2 $25^{4,\ 9,\ 10,\ 22\,ff,\ 41,\ 42}$, VZ u Schriftzeichen auf der Fahrbahn 2 42^{64-66}, Schonung 3 36, Beleuchtung 3 50, 67, behinderter Überblick 2 3^{12-17}, Einbahnstraße 2 2^{32}
Fahrbahnbegrenzung 2 41 Z $295^{175-181,\ 232-240}$
Fahrbahnhindernis 2 2^{43}, 3^{25}, 7, 32
Fahrbahnmarkierung 2 41
Fahrbahnrand 2 40^{4}, Sicherheitsabstand 2 2^{41}, Halten 2 12^{38}, Radfahrer 2 2^{69}, Anfahren 2 10^{7}, Fußgänger 2 $25^{1-3,\ 14,\ 17,\ 19}$
Fahrbahnschwellen 2 32^{8}, $45^{37,\ 53}$
Fahrbahnverengung 2 6, 7
Fahren auf Sicht 2 $3^{12-15,\ 17}$, 8^{55}, auf halbe Sicht 2 3^{16}, trotz Fahruntüchtigkeit 4 $315\,c^{7\,ff}$, 316, ohne FE oder trotz Fahrverbots 1 21, trotz amtl Verwahrung des FS 1 21
Fahrer, angestellter 1 7^{56-59}, 16, s Führer
Fahrerlaubnis (s auch Entziehung), Antrag auf Erteilung 3 a 21^{4}, Auflage 1 21^{3}, 3 a 23, 46, ausländische 1 2^{38}, 3 a 28 ff, aus EU-/EWR-Staaten s EU/EWR-Fahrerlaubnis, befristete 1 2^{34}, 3 a $6^{10,\ 13,\ 14,\ 16\,ff,\ 27}$, 23^{2}, 24^{2}, 26^{7}, 29^{5}, beim Abschleppen 3 a 6^{25}, Berechtigung im Inland 3 a 28, $31^{16\,ff}$, beschränkte 1 3^{10}, $21^{3,\ 4}$, Beschränkung auf einzelne Fahrzeugarten 1 21^{4}, 3 a 6^{24}, Beschränkung auf Fze mit automatischer Kraftübertragung 3 a 17^{10}, 30^{8}, Besitzstände 3 a 6^{26}, Bundeswehr 3 a 26^{6}, 27^{5}, DDR, ehemalige E 25, 3 a 4^{9}, 6^{27}, eines EU- oder EWR-Staates, keine 1 2^{4}, Erlaubnis- u Ausweispflicht 3 a 4, Erstreckung auf Fze anderer Klassen 3 a 6^{22}, Erteilung 1 2^{34}, 3 a 22, Erweiterung 3 a 25^{7}, Fortgeltung älterer Fahrerlaubnisse 3 a 6^{26}, Fristen, Bedingungen 1 3^{13}, Geltung im Ausland 1 2^{33}, Geltungsbereich 1 2^{33}, 6, Geltungsdauer 3 a 23, 28^{9}, 48^{16}, Fahren ohne 1 21, Fahrgastbeförderung, 1 2, 3^{1}, 3 a 48, im öffentlichen Dienst 1 3^{19} (s Dienstfahrerlaubnis), Klassen 3 a 6, Mindestalter 1 2^{4}, 3 a 10, 28^{8}, Mitteilung der Versagung an VerkZReg 1 28, ordentlicher Wohnsitz 1 2^{3}, 3 a 7, Rechtsanspruch 1 2^{31}, Spätaussiedler 3 a 31, Umstellung auf neue Klasse 3 a 6^{10}, Verfahren bei Erteilung 3 a 21, Verlängerung 3 a 24, 48^{16}, Vorbesitz 3 a 8, 9, zur Fahrgastbeförderung 3 a 48, Wirksamwerden 1 2^{34}, Wiedererteilung 1 2^{25}, 3^{31-34}, 3 a 20, Verzicht 1 3^{39}, zu Unrecht erteilte 1 3^{40}
Fahrerlaubnis auf Probe 1 2^{34}, 2 a bis 2 c, $3^{13,\ 31,\ 33}$, 3 a 32, Aufbauseminar 1 2 a^{12}, 3 a 35, 36, Probezeit 1 2 $a^{5\,ff}$, Zuwiderhandlungen 1 2 $a^{8\,f,\ 16}$, 3 a 34
Fahrerlaubnisklassen 3 a $6^{12\,ff}$
Fahrerlaubnisregister 1 48 ff
Fahrerlaubnisprüfung 3 a 15 ff, 69, Nichtbestehen 3 a 18, 22^{14}, praktische 3 a 17, theoretische 3 a 16, $46^{7\,ff}$

Fahrerlaubnisregister 3 a 49 ff
Fahrerpflichten 2 1^{5}, 3^{41}, 23
Fahrerüberwachung durch Halter 1 16^{12-15}
Fahrerwechsel, Verantwortlichkeit 2 23^{10}
Fahrfähigkeit E 130–132, 141, 2 3^{41}, 2 23^{11}, 3 31^{10}
Fahrgast, Verkteilnehmer? 2 1^{18}, Mitnehmen auf Platz neben d Führer 2 23^{18}, Verhalten 2 20, $23^{22,\ 23}$, Gefährdungshaftung bei geschäftsmäßiger Beförderung 1 8 a^{3}, bei nicht geschäftsmäßiger Beförderung 1 16, Haftungsausschluß durch Handeln auf eigene Gefahr 1 16^{9}, Haftungsverzicht 1 $16^{2,\ 9}$, Ausgleichspflicht des als – verletzten Halters 1 17
Fahrgastbeförderung, 2 23^{22}, 1 2^{28}, 3 a 48, Fahrerlaubnis 1 3, 3 a 48, auf Ladefläche von Lkw 2 21, gegen Entgelt 1 8 a^{3}, Verletzung von Fahrgästen 1 16^{5}
Fahrgemeinschaft 1 8 $a^{3,\ 4}$, $16^{2,\ 7,\ 9}$
Fahrgeräusch, Belästigung 2 1^{42-44}, $30^{6,\ 13,\ 14}$, 3 30, unvermeidbares 3 49
Fahrgeschwindigkeit 2 3, bei Beleuchtung 2 $17^{26\,ff}$, auf der AB 2 3^{27}, 18^{19}, beim Überholen 2 $5^{32,\ 62}$, bei Abblendlicht 2 $17^{11\,a,\ 26}$, des Vorfahrtberechtigten 2 $8^{48,\ 56}$, vor Fußgängerüberwegen 2 26^{16}, des Eingeholten 2 5^{61-63}, vor Bahnübergang 2 19^{15}, an Haltestellen 2 20^{6}, Rechtsfahren 2 $2^{41,\ 42}$, Geschwindigkeitsbeschränkungen 2 3, 45, strafbare 4 315 c (weitere Unterstichworte: § 3 StVO Übersicht vor Rz 12)
Fahrgestell, Hersteller 3 59
Fahrgestellnummer s Fahrzeug-Indentifizierungsnummer
Fahrlässige VerkOW E 133, 135, 1 24^{24}, Verkgefährdung 4 315 b, 315 c, Vergehen gegen § 21 StVG 1 21, Trunkenheitsfahrt 4 315 c, 316
Fahrlässigkeit E 135
Fahrlehrer, 1 $2^{41\,ff}$, Verantwortlichkeit bei Übungsfahrt 1 2^{43}, Sorgfaltspflicht 1 2^{45}, Verantwortlichkeit bei der Fahrprüfung 1 2^{44}, Verantwortlichkeit gegenüber den Verkehrsteilnehmern 1 2^{42}, s Ausbildung
Fahrlehrerschein 1 2^{42}
Fahrlinie, des Eingeholten 2 5^{61}, Vorfahrt 2 8^{27}, Warten in 2 12^{39}
Fahrprüfung 1 $2^{5,\ 44}$, 3 a 17
Fahrräder 2 2^{66}, keine Personenmitnahme 2 21^{14}, Ausrüstung 3 64 c, 65, 67, Führen 2 23^{35}, 24, auf Gehwegen 2 25^{46-48}, unbefugter Gebrauch 4 248 b, unbeleuchtet 2 $17^{13,\ 14}$
Fahrräder mit Hilfsmotor 2 23^{35}, 3 a 4, 3 18, vor 29 a, 29 e, 38 a, 50, 60, 61 a, 72, 1 2^{6}, 7^{2}, 4 69^{3}
Fahrradanhänger 2 21^{11}
Fahrradparkplatz 2 $15^{28\,b}$
Fahrradrennen 2 29
Fahrrad-Schlußleuchte 3 67
Fahrradstraße 2 41 $^{86\,a,\ 248\,Z\,244}$
Fahrradtaxi 2 21^{14}
Fahrschüler 1 2^{2}, s Ausbildung, Fahrlehrer, Verantwortlichkeit 1 2^{43}
Fahrschulunterricht 1 2, 3, 3 a 5, 16^{5}
Fahrschulwagen, Kennzeichnung 3 60^{19}
Fahrsicherheit 2 23

1659

Sachverzeichnis

fette Zahlen = Gesetze, magere Zahlen = §§

Fahrstreifen 2 7, 41[5, 175–189], zusätzlicher in VorfahrtStr einmündender 2 7[17], 8[27, 64], Wechsel 2 7, 18[20], Wegfall 2 7, Verkehrsdichte 2 7, Überholen 2 7, Beibehalten 2 7, Nebeneinanderfahren bei Lichtzeichen 2 7, 37[36 ff], Fahrbahnverengung 2 6[3, 4], 7, markierte 2 7, 37[33, 55], ABKriechspur 2 2[63], Abbiegen 2 9[27, 33], drei für beide Richtungen 2 7, 42 Z 340, vier für beide Richtungen 2 7, 42 Z 340, drei für eine Richtung 2 7, 42 Z 340, Kolonnen nebeneinander 2 7, 37, 42 Z 340, Lichtzeichen 2 37[32, 33, 36, 37, 55, 56, 59], eigene Bus-Fahrstreifen 2 37[33, 56], 41 Z 245
Fahrstreifenbegrenzung 2 12[35, 54], 41 Z 295, 296[175–182, 232–240], 41 IV, Viehtreiber 2 28
Fahrstreifenwechsel 2 7, 18[20]
Fahrtenbuch 3 31 a
Fahrtrichtungsanzeige 2 5, 9, 10, im Kreisverkehr 2 9 a[12]
Fahrtrichtungsanzeiger 3 54, 72, Bauartgenehmigungspflicht 3 22 a
Fahrtschreiber 3 22 a, 57 a, 57 b
Fahrtüchtigkeit 2 23[11], 3[41, 42], 3 a 2[4-7], 3 31[10], 1 2
Fahrunsicherheit, Fahruntüchtigkeit 1 2, 3, 24 a, 2 23, 3 a 2, 3, 4 315 c, 316, 5 111 a, relative 4 316[5], Beweis 4 316[50 ff]
Fahrverbot, Verhältnis zur EdF 1 24 a, 25[11–15], 4 44, außerdeutsche Kfzführer 1 25[32], 4 44, 6, Verbotsfrist 1 25[27, 31], 4 44[12], Verfahrensfragen 1 25[17–33], 4 44, Fahren trotz –s 1 21[9], 4 44, 69, an Feiertagen 2 30
Fahrweise, energiesparende 1 2
Fahrzeug, Sichtbehinderung durch 2 3[29], 12[37 a], nicht vertrautes 2 3[41], Eigenschaften 2 3[43], Beleuchtung 2 17[7, 8, 30–36], Art 3 23, ungewöhnlich große 2 29, Verlassen 2 14[10–19], Zulassung 3 16, land- und forstwirtschaftliches 3 18, Beschaffenheit 3 30, Verantwortung f Betrieb 2 23[10], Vorschriftsmäßigkeit 2 23[17–20], langsame 3 a 4[8], Beschaffenheit, Ausrüstung, Kennzeichnung, Prüfung 1 6[9], Beschaffenheit, Fehler 1 17[30], Liegenbleiben 2 15[1-5], 17[34], Abschleppen 3 18, Verkehrssicherheit 2 23[21, 23], Abmessungen 2 18[15], 3 32, überschweres 3 41, ausländ Fertigung 3 22 a[34], Eigentümerwechsel 3 27, Standortwechsel 3 27, gewerblich genutztes 1 12[46], außer Kfzen 3 63, Zerstören, Beschädigen, Beseitigen von –n als Verkehrsgefährdung 4 315 b[9], s Fahrrad, Fuhrwerk, Kraftfahrzeug, Fortbewegungsmittel
Fahrzeugart, Änderung 3 19[6, 7]
Fahrzeugbau, Sicherheit 1 6[6]
Fahrzeugbeschaffenheit 1 17[30], Fahrweise 2 3[43]
Fahrzeugbrief 1 5, 3 20–23, 25–27, 72
Fahrzeugdaten 3 23[16, 18], 9 34
Fahrzeugführer s Führer
Fahrzeuggebrauch, unbefugter 4 248 b
Fahrzeug-Indentifizierungsnummer 3 29 e[3], 59, 72
Fahrzeugklassen s Klassen der Kfze
Fahrzeugkombination zulässiges Gesamtgewicht 3 34
Fahrzeugregister 9 31 ff

Fahrzeugschein 1 5, 3 17, 18[31], 23, 24, 27, 28, 29
Fahrzeugschlange 2 7
Fahrzeugteile, Betriebserlaubnis 3 18, 19, 22, Bauartgenehmigung 3 18, 22 a, 72, Veränderung 3 19, VO 3 22 a, Prüfungsrichtlinien 3 22 a, Anbringung 3 30, Vertrieb ungenehmigter 1 23, Feilbieten 1 6 I Nr 2 e, 23
Fahrzeug- und Aufbauarten 3 25[2]
Falsches Überholen als Verkehrsgefährdung 4 315 c[32–34]
Falschfahrt 2 18[18 a], 3 315 c[39 f]
Farbenuntüchtigkeit 1 2[8]
Farbfolge der Lichtzeichen 2 37[32, 42, 54]
Farbfolien 3 40
Federvieh 2 28
Fehler in der Beschaffenheit v Kfzen, kein unabwendbares Ereignis 1 17[30]
Fehlreaktion E 144
Feiertag, Fahrverbot für Lkw 2 30
Feilbieten v Fahrzeugteilen ohne Prüfzeichen 1 6 I Nr 2 e, 23, 3 22 a, Strafbarkeit 1 23, Ordnungswidrigkeit 1 24
Feldweg, Vorrang der Schienenfahrzeuge 2 19[11], Vorfahrt 2 8[36]
FerienreiseVO 1 6[14]
Fernlicht 2 17[20, 21], Lichtstärke 3 50
Fernzulassung 3 18[4, 37], 60[18]
Fertigung, reihenweise 3 20, ausländische 3 22 a
Festnahme 1 24[74], 4 315 c[63], 316[68]
Feststellbremse 3 41, 72
Feststellungen, Duldungspflicht 2 34, 4 142, nachträgliche 2 34, 4 142
Feuerlösch-Anhänger 3 18
Feuerlöscher in Omnibussen 3 35 g
Feuerwehr Polizei, Wegerecht 2 35, 3 70, PrivatFze 3 52, Rettungswege E 46, 2 12[37, 52, 65, 67]
Feuerwehreinsätze (-übungen) 3 18[2 b]
FeuerwehrFze 3 19[1, 5]
Fiktive Mehrwertsteuer 1 12[48 f], Reparaturkosten 1 12[8, 24]
Filmaufnahme 2 29
Finanzielle Mittel Fehlen für Begutachtung 3 a 11[23]
Finanzierungskosten 1 12[32]
Finanzvertrag 1 16
Firma am Fahrzeug 3 64 b
Flagge an DienstFz
Flexibilität E 122, 2 1[6], 11
„Fliegender Start" 2 37[45, 48 a, 49]
Flugblattverteilung 2 33
Flurföderzeuge 3 a 4[8], 6[9]
Flüssiggas 3 41 a, 46[2]
Folien an Scheiben 3 22 a, 40[2]
Förderband 2 22
Forderungsübergang, gesetzlicher auf SVTr 1 11[15], 12[3 a], 14[3]
Forschungszwecke, VBeschränkungen 1 6, 2 45 I
Forstweg 2 1[14–16]
Forstwirtschaft 2 22[19], 3 18, 19, 32, 36, 36 a, 41, 49 a, 53, 54, 65, 66
Fortbewegungsmittel, besondere 2 24, 3 16
Fortkommensschaden 1 11[11 ff]
Foto als Beweismittel 1 24[76]

hochgestellte kleine Zahlen = Randziffern **Sachverzeichnis**

Frankreich, Gegenseitigkeitsvereinbarung 3 18, 22a
Freie Gasse für Hilfsfahrzeuge 2 11^{10}
Freie Rechtsfindung E 63
Freifahrtzeichen 2 36
Freihalten der Zebrastreifen 2 26^{19}
Freiheitsstrafe, kurze, 4 315 c$^{46/47\,\text{ff}}$
Freispruch, Entz d Fahrerlaubnis 4 69
Frist f Wiedererteilung d Fahrerlaubnis 1 3$^{31-34}$, s Sperrfrist, Fahrverbot 1 25$^{5,\,6,\,8-10,\,27,\,30,\,31}$, Behebung von Mängeln 3 17, für Gutachtenbeibringung 1 2^{23}, Tilgung 1 29, für nächste Hauptuntersuchung 3 29
Frostaufbruch 2 45^{53}
Führen von Kfzen 2 23, 1 21^{10}, 4 315 c^2, 316^2, von Kfzen ohne Fahrerlaubnis oder trotz Fahrverbots 1 21, trotz amtl verwahrtem Führerschein 1 21^{22}, von Tieren 2 28, 3a 3, Untersagung des –s von Fahrzeugen 3a 3, Mitteilung zum VerkZReg 1 28
Führer, Verantwortlichkeit 2 23, Übermüdung 3 a 4^{-7}, Verantwortlichkeit für Fahrzeug, Zug, Gespann, Ladung, Besetzung 2 23$^{17-20}$, Beleuchtungspflicht 2 17$^{13,\,34}$, Mindestalter 1 6, 3a 10 Sorgfaltspflichten 1 7, 3 30, Erlaubnis- und Ausweispflicht 1 2, Gefährdungshaftung 1 7, Mitschuld 1 9, Verschuldenshaftung 1 18, Schluß aus Haltereigenschaft E 96 a, Verkehrsgefährdung 4 315 b, 315 c, s Führen (weitere Unterstichworte: § 23 StVO Übersicht vor Rz 10)
Führerhaus, Gestaltung und Ausrüstung 3 22a, 30, Heizung und Belüftung 3 35 c
Führerschein 1 2$^{22,\,37}$, 3a 4$^{9,\,10}$, Ablieferung nach Entz d Fahrerlaubnis 1 3^{35}, 3a 4^{7}, 3 18, 4 69^{8}, als Ausweis 1 2^{37}, Ausfertigung 3 a 25, Aushändigung durch die FEB 3a 22^{10}, ausländischer, s ausländischer Führerschein, internationaler 1 5, 6, Beschlagnahme, Sicherstellung, Verwahrung 1 21^{22}, 4 69$^{16,\,23}$, 5 111a$^{13,\,14}$, ohne nochmalige Prüfung 1 2^6, Pflicht zur Vorlage oder Ablieferung 1 5, Verlust 1 5, 3a 25^9, USAREUR-Führerschein 1 21^2
Führerscheinklausel 1 2^{47}, 21^{27}, 3a 4^{14}
Führersitz 3 35 a, Mitnehmen v Personen oder Gegenständen 2 23^{22}
Fuhrunternehmer 3 31
Fuhrwerk 2 14^{12}, Lenker 2 23^{34}, Zeichengeben 2 9^{18}, Beleuchtung 2 17$^{13,\,38}$, 3 66 a, Bauvorschriften 3 63, Ausrüstung und Bespannung 3 64, Halten, Parken 2 12^{38}, Schallzeichen 3 64 a, Kennzeichnung 3 64 b, Bremsen 3 65
Funkentstörung 3 55 a
Funkstoppverfahren 2 3^{60}
Fußbremse, Anzeige des Haltens 2 12^{20}, Betriebsbremse 3 41, Betriebs- an Zugmaschinen 3 41
Fußgänger 2 25, Verbot der AB und Kraftfahrstraßen 2 18^{27}, 25$^{20,\,21}$, Wartepflicht der Abbieger 2 9^{43}, Beachtung des Fahrverkehrs 2 2^{24}, 25$^{14-19,\,22\,\text{ff},\,33-37}$, Wartepflicht für Fußgänger mit Fahrzeugen 2 8^{25}, Beschmutzen des Fußgänger 2 1^{34}, 25^{40}, bei Lichtzeichen 2 25$^{4,\,44,\,37^{34},\,45\,\text{b},\,58}$, mit Fahrzeugen oder sperrigen Gegenständen 2 24, 25$^{3,\,46-48}$, mit Fahrzeugen abbiegende Fußgänger 2 8^{25}, 25$^{3,\,50}$, vor Bahn-

übergang 2 19^{25}, Mitschuld 1 9, Alkohol 4 316, ständige Aufmerksamkeit 2 1^{10}, „Überholen" 2 5$^{55,\,56}$ (weitere Unterstichworte: § 25 StVO Übersicht vor Rz 12)
Fußgängerbereich 1 6, 2 2$^{29\,\text{c}}$, 10$^{6\,\text{a}}$, 12^{55}, 41$^{84\,\text{c}}$, Z 242/243^{248}, 45$^{28\,\text{b}}$
Fußgängerüberweg 2 26, 40 Z 134, 41 Z 293, 42 Z 350, Markierung 2 26$^{10,\,21}$, Gefährlichkeit 2 26^9, Vertrauensgrundsatz 2 26^{14}, Überholverbot 2 26$^{1,\,20}$, Benutzung bei dichterem Verkehr 2 25$^{4,\,45}$, Haltverbot 2 12^{26}, 26^{18}, Fußgängervorrang 2 26$^{8,\,9,\,13,\,14}$, Gefahren 2 26^{20}, Begehungsweise 2 26$^{11,\,13,\,14}$, Lichtzeichen 2 26^{12}, Benutzungsabsicht 2 26$^{13,\,14}$, Straßenbahn 2 26^{15}, Fahrgeschwindigkeit 2 26^{16}, Wartepflicht 2 26$^{17,\,19}$, unrichtiges Fahren 4 315 c, 2 40 Z 134, 41 Z 293^{170}, 42 Z 350$^{67,\,68}$, verdecksendes Halten und Parken 2 26^{18}, 12^{26}, Mitschuld 2 26^{21}
Fußgängerzone s Fußgängerbereich
Fußstütze an zweirädrigen Kfzen 3 61
Fußweg 2 19^{11}, s Gehweg

G

Gabelstapler 2 30^{10}, 3 18^{16}
Gabelung 2 8$^{34,\,34\,\text{a}}$, 9^{16}
Gang, Einschalten bei Verlassen des Fahrzeugs 2 14^{11}, geräuschvolles Schalten 2 30
Garant E 89, 90
Gasentladungslampe 3 50
Gastwirt, Trunkenheitsfahrt eines Gastes 4 316^{36}
Gastwirtschaft, Parkplatz 2 1^{14}
Gebietsgrundsatz bei OWen E 32, Strafrecht E 30
Geblendeter Fahrzeugführer s Blendung
Gebrauch des Kfz (§ 10 AKB) 1 7$^{8\,\text{a}}$, f eigene Rechnung 1 7^{14}, unbefugter – von Kfzen und Fahrrädern 1 7^{17}, 4 248^{b}, – nicht zugelassener Kfze 3 18, – von Kfzen ohne Fahrerlaubnis oder trotz Fahrverbots 1 21, 4 44, – mißbräuchlich gekennzeichneter Kfze oder Anhänger 1 27^7, s Schwarzfahrt
Gebrauchswert 1 12^{15}
Gebühren für Maßnahmen im StrVerk 1 6 a
Gefahr in Verzug 2 35, 44, für Leib oder Leben eines anderen oder für fremde Sachen von bedeutendem Wert 4 315 b$^{3-8}$, 315 c$^{3-6}$, Reaktion auf unverschuldete Gefahr E 86, 2 1$^{27-30}$, 1 24^{18}, Handeln auf eigene Gefahr 1 16$^{9\,\text{ff}}$, gefährliche Lage (Warnzeichen) 2 16$^{9-11}$
Gefährdung anderer 2 1$^{35-39}$, 2^{45}, 32, 3 30, 30 c, durch Änderung am Fahrzeug 3 19$^{6,\,8}$, Warnzeichen 2 16, s Verkehrsgefährdung
Gefährdungshaftung des Halters E 66, 1 7, Ausschluß 1 17$^{22-29,\,8}$, für Insassen 1 8 a, 16, Grenzen 1 10^2, des Fahrzeugführers 1 18, Höchstbeträge 1 12$^{1-3\,\text{a}}$, 12 a, 12 b
Gefahrenlehre 1 2
Gefahrerhöhung versicherungsrechtliche 2 23^{40}, 3 19^{17}, 31^{16}, 36$^{10\,\text{ff}}$, 4 316^{70}
Gefährliche Eingriffe in den Verkehr 4 315 b
Gefährliche Geräte 2 32
Gefährliche Güter 1 12 a, 2 2^{72}, 41 Z 261
Gefahrstelle 2 40$^{3,\,9-11,\,87,\,88}$

1661

Sachverzeichnis

fette Zahlen = Gesetze, magere Zahlen = §§

Gefahrzeichen **2** 39, 40
Gefälligkeitsfahrt **1** 16^9
Gefällstrecke, Warnung **2** 40 Z 108$^{24,\ 26-29,\ 91}$, Fahrgeschwindigkeit **2** 3$^{20\,f,\ 23}$
Gegenseitigkeitsvereinbarung Deutschland/Italien **3** 22 a, Deutschl/Frankr **3** 22 a
Gegenstand der Begutachtung des FEBewerbers **3 a** 11^{14}
Gegenstände, verkehrsbehindernde **2** 32, Beförderung überschwerer **2** 29, verkehrshindernder – durch Fußgänger **2** 25$^{46-48}$, mitzuführende **3** 31 b
Gegenverkehr, Sichtbehinderung **2** 3^{29}, Überholverbot **2** 5$^{3,\ 25-27,\ 29}$, Durchfahrvorrang **2** 6^5, 9$^{37,\ 39-42}$, 40 Z 125$^{52-54}$, beim Abbiegen **2** 9$^{37,\ 39-42}$, Rücksicht auf – **2** 2^{36}
Gehen am Fahrbahnrand **2** 25$^{1-3,\ 14,\ 17,\ 19}$, Linksgehpflicht **2** 25$^{1,\ 15-17}$, Gehwegbenutzung **2** 25^{12}, Gehweise **2** 25$^{1-3,\ 14-19}$
Gehör des Fahrers, Beeinträchtigung **2** 23
Gehörlose **1** 2^8
Gehweg **2** 2$^{4-7,\ 29}$, versenkter **2** 8^{35}, Fußgänger **2** 25^{12}, Halten **2** 12^{41}, Mitbenutzung z Parken **2** 12^{55}, durch radf Kinder **2** 2, Fahren über **2** 2^{29}, 35
Gehwegreinigung **2** 35, 45
Geistige Mängel **1** 2^{11}, 3^7, **3 a** 23^4, 46^2, bedingte Zulassung z Verkehr **3 a** 2^2, Verkgefährdung durch Führen eines Fahrzeugs **4** 315 c
Gelähmtsein, Zulassung z Verkehr **3 a** 2
Geländer **2** 43
Gelbe Markierungen **2** 41 Abs IV
Gelbe Pedalstrahler **3** 67
Gelbes Blinklicht **2** 38, **3** 52
Gelbes Licht **2** 37$^{23,\ 29,\ 32,\ 34,\ 48,\ 49}$
Gelbpfeil **2** 37 III, 37$^{29,\ 34,\ 52}$
Gelb-Rot als Farbfolge an Bahnübergängen **2** 37^{54}
Geldbuße **1** 23, 24, 25 $^{13,\ 15}$, 8
Geldrente **1** 11^{19}, 13
Gelenkfahrzeug **3** 32
Geltung des StrVR, örtliche **E** 23 ff, zeitliche **E** 35 ff
Geltungsbereich der StVO **E** 6, 23, **2** 53, der StVZO **E** 9, 10, der Streckenverbote **2** 41^{248} Z 274, Ordnungswidrigkeit **E** 32, **1** 24$^{10-14}$
Geltungsdauer der Fahrerlaubnis **3 a** 23, 28^9, der FE zur Fahrgastbeförderung **3 a** 48^{16}
Gemeiner Wert **1** 12^{14}
Gemeingebrauch an öffentl Verkehrsflächen **E** 50, **2** 12$^{42\,a,\ 33}$
Genehmigung **3** 21 a, zur Personenbeförderung auf Lkw **2** 21
Gepäckanhänger hinter Kraftomnibus **3** 32 a
Geradeausverkehr **2** 2$^{64,\ 65}$, 9$^{39-43,\ 49}$
Geräte, gefährliche **2** 32
Geräteanhänger **3** 18
Geräusch, Belästigung **2** 1$^{42-44}$, 30, **3** 30, der Kfze **3** 49, Messung **3** 49
Geräuscharme Kfze **3** 49
Geräuschverhalten, Verschlechterung **3** 19$^{6,\ 9}$
Gerichtliche Entscheidung, Bindung der VerwBeh **1** 3$^{15-30}$, **4** 69^{27}, 69 a$^{1,\ 19}$
Gerichtsstand für Schadenersatzansprüche aus StVG **1** 20

Geringfügige Zuwiderhandlung bei OW **1** 24$^{38\,ff,\ 45,\ 48\,a}$, 26 a$^{9,\ 12-17,\ 18,\ 22,\ 23}$
Geruch, Belästigung **2** 1$^{42-44}$, **3** 30
Gesamtgewicht **3** 34, ungewöhnlich großes **2** 29, Fabrikschild **3** 59, bei SattelKfz **3** 34, der StraßenFze **3** 34
Gesamtschuldnerische Haftung **1** 17
Gesamtvorsatz **E** 134
Geschäftsbesorgung ohne Auftrag **1** 16
Geschäftsfähigkeit, Halter **1** 7^{22}
Geschäftsmäßige Personenbeförderung, Gefährdungshaftung **1** 8 a
Geschlossene Ortschaft, Höchstgeschwindigkeit **2** 3^{50}, Gehseite der Fußgänger **2** 25$^{1-3,\ 15-17}$, Sport **2** 31
Geschlossene Verbände **2** 27
Geschwindigkeitsbegrenzer **3** 57 c, 57 d
Geschwindigkeitsbeschränkte Zone **2** 3^{45}, 41 Z 274.1/274.2, 41^{248} Z 274.1/274.2, 45^{37}
Geschwindigkeitsbeschränkung **2** 3$^{45,\ 46,\ 49-54\,a}$, Anordnung für einzelne Straßen **2** 45, Gleiskettenfahrzeug **3** 36, eisenbereifte Fahrzeuge **3** 36
Geschwindigkeitsmesser **3** 57, 72
Geschwindigkeitsprüfung **2** 29
Geschwindigkeitsschätzung **2** 3^{63}
Geschwindigkeitsschild **3** 41, 58
Geschwindigkeitsüberschreitung des Vorfahrtberechtigten **2** 8$^{69\,a}$
Geschwindigkeitsunterschied **2** 5^{32}
Gesellschaft als KfzHalter **1** 7^{22}
Gesetzesmaterialien s bei den Einzelvorschriften
Gesetzlicher Vertreter, Verschulden **1** 9$^{11,\ 12}$
Gesichtsfeld **1** 2^8, **4** 316^6
Gespann **2** 23$^{17-19}$, **3** 64, 64 b, Zusammenstoß zwischen Kfz und Pferdefuhrwerk, Ausgleichspflicht **1** 17, s auch Kombination
Geständnis, Geschwindigkeitsüberschreitung **2** 3^{57}
Gesundheitsbeschädigung, Schadenersatz **1** 11
Gesundheitsfragebogen **1** 2^{19}, **3 a** 22^6
Gewässerschutz **2** 42 Z 354, 45^{30}
Gewerbsmäßiges Feilbieten ungeprüfter Fahrzeugteile **3** 22 a, **1** 23
Gewicht s Achslast, Gesamt-, Höchst-, Leergewicht
Gewichtsbeschränkung **2** 41 Z 262, 263
Gewohnheitsrecht **E** 20, 21, keine Änderung der Vorfahrt **2** 8^{25}
Glätte **2** 40 Z 113, 114, Abweichung v Rechtsfahrgebot **2** 2^{43}, Fahrgeschwindigkeit **2** 3$^{17-21}$, Bremsen **2** 3^{19}, Überholen **2** 5^{55}, kein unabwendbares Ereignis **1** 17^{28}, s Wasserglätte
Glatteis s Eisglätte
Gleise, Freilassen **2** 2$^{64,\ 65}$, 12$^{37\,d}$, 19^{28}, Einordnen auf **2** 9^{36}, Halten, wenn rechts – verlegt sind **2** 12^{38}, Betreten **2** 25$^{11,\ 52}$, Stockung **2** 37^{50}, Kfzbegriff: nicht an – gebunden **3 a** 4, **1** 1, **4** 248 b
Gleiskettenfahrzeug, Geschwindigkeitsbeschränkung **3** 36, Achslast, Gesamtgewicht **3** 34 b, Laufflächen **3** 36, Bremsen **3** 41, Haftungsumfang **12 b**
Gleitschutzvorrichtungen **3** 37, Bauartgenehmigung **3** 22 a

hochgestellte kleine Zahlen = Randziffern **Sachverzeichnis**

Glieder, künstliche 3 a 2
Glocken 3 64 a
Glühlampen 3 22 a, 49 a, 67, 72
Grabbepflanzung, Grabstein s Beerdigungskosten
Grenzmarkierung, für Haltverbote 2 12^{36a}, 41 Z 299, für Parkverbot 2 41 Z $299^{195,\ 196,\ 244}$, 12^{56}
Grenzschutz s Bundes-
Grenzversicherungsschein, rosa 3 vor 29 a
Grenzwert, Blutalkohol 4 316^{11-17}
Grenzzollbeamte s Grenzaufsichtsbeamte
Grob verkehrswidrig 4 315 c^{20-25}
Größe der VZ 2 $39^{9,\ 31}$, 41 $5^{,\ 246,\ 247}$
Großraumtransport 2 29, örtliche Zuständigkeit z Genehmigung 2 47
Großtier 2 28
Grund, triftiger 2 $3^{47,\ 48}$, zwingender 2 4
Grundgesetz E 2
Grundrechte E 2, 2 21 a
Grundregel für Verhalten im StrVerk 2 1^{5-10}, für Zulassung von Personen zum Verk 3 a 1, desgl von Fahrzeugen 3 16, für Beschaffenheit der Fahrzeuge 3 30
Grundstück, Abbiegen in 2 $9^{3,\ 44-49}$, Einfahren aus 2 $10^{5,\ 6,\ 11}$
Grundstücksbesitzer, Anbringung von Verkeinrichtungen 2 33, 1 5 b
Grundstücksein- und -ausfahrten, Parkverbot 2 12^{47}
Grüne Versicherungskarte 3 vor 29 a^{11}
Grüner Pfeil als Farbzeichen 2 $37^{29\ ff,\ 47}$, als nicht leuchtendes Pfeilschild, s Grünpfeil
Grüner Senkrechtpfeil 2 $37^{36\ ff,\ 59}$
Grünes Licht als Farbzeichen 2 $37^{23,\ 28,\ 25,\ 45-47}$
Grüne Welle 2 4^7, Anfahren 2 5^{62}
Grünpfeil 2 $37^{30,\ 53\ f}$
Gummibereifung 3 36
GUS-Truppen s Sowjetische Truppen
Gutachten 1 $2^{21\ ff}$, ärztliches 1 2^{21}, 3 a $11^{10,\ 11}$, 13^3, 14^2, betriebs- oder arbeitsmedizinisches 3 a 48^{13}, einer Begutachtungsstelle für Fahreignung 1 2^{22}, eines Sachverständigen oder Prüfers 1 2^{22} (s auch Sachverständiger oder Prüfer), Frist für Beibringung 1 2^{23}, Gegenstand der Begutachtung 3 a 11^{14}, medizinisch-psychologisches 1 2^{22}, 3 a 11^{12}, 13^4, 14^4, Nachvollziehbarkeit des Gutachtens 3 a 11^{18}, Nichtbeibringung 1 2^{23}, 3 a 11^{22}, 46^{11}, Weigerung des FEBewerbers 1 2^{23}, 3 a 11^{22}, 46^{11}, Sachverständiger 3 17

H

Hafengebiet 2 $19^{1,\ 12}$
Haftpflicht s Gefährdungshaftung, auf Grund sonstigen Rechts 1 16, Ausschluß oder Beschränkung der – für Verschulden 1 16, stationierte Truppen 1 16^{22}
Haftpflichtschadenausgleich 3^3 vor 29 a
Haftpflichtversicherung 3 29 a, Nachweis 3 23, 28, 29 a, 29 b, Ablauf 3 29 c, h, Kleinkrafträder und FmH 3 29 e, Anzeige des Versicherers 3 29 c, 29 h, Maßnahmen bei Fehlen des Versicherungsschutzes 3 29 d, 29 h, Fahren mit un-

vers Fahrzeug 3 29 d, bei Rennen 2 29 (weitere Unterstichworte: vor § 29 a StVZO Übersicht)
Haftung, der Bahn 2 19^{35-38}, für Insassen 1 16, 8 a, vertraglicher Ausschluß 1 16, für Personenschaden 1 10, 11, 16, für Sachschäden 1 $12^{4\ ff}$, auf Grund sonstigen Bundesrechts 1 16, der StatStreitkräfte 1 16^{22}, des Kraftfahrzeugführers 1 18, des Wartepflichtigen 2 $8^{68\ f}$, deliktische E 67, 1 16
Haftungsausschluß 1 7^{61}
Haftungseinheit 1 $9^{18/19}$
Haftungsprivileg nach § 636 RVO 1 16^3
Haftungsumfang 1 7, 8 a, 10–12 b, 16^{16}, 18
Haftungsverzicht 1 $16^{2,\ 9}$
HAK s Harnalkoholkonzentration
Halbe Sicht, Fahren auf 2 3^{16}
Halogen-Scheinwerfer 3 22 a
Halten 2 12, auf und vor Fußgängerüberwegen 2 12^{26}, 26^{18}, Verkehrssicherung auf AB 2 18^{24}, vor Rot 2 37^{50} (weitere Unterstichworte: § 12 StVO Übersicht vor Rz 19)
Haltende Fahrzeuge, Verengung 2 6^3, Beleuchtung 2 $17^{7,\ 8,\ 30-36}$, Warneinrichtungen 3 53 a
Haltepunkt des Wartepflichtigen 2 8^{56}, 41 Z $294^{172-174}$
Halter von Fahrzeugen 1 7^{14-25}, mehrere 1 7^{21}, Beförderungsvertrag 1 7^{15}, Mietvertrag 1 7^{16}, Leasing 1 7^{16a}, Leihe 1 7^{16}, s Tier-, Verantwortlichkeit f Führung u Zustand des Fahrzeugs 3 17, 31, Haftung bei Übermüdung des Fahrers 3 a 2^{4-7}, Überwachung des Fahrers 3 31, 1 16^{12-15}, 21^{12}, Überladung 3 34, unbefugter Fahrer 3 31, Schluß auf Fahrereigenschaft E 96 a, Fahrzeugmieter 1 7^{16}, Behördenfahrzeug 1 7^{24}, Mitverantwortlichkeit für Beladung 3 34, Haftung für unbefugte Benutzung 2 14^{19}, 1 7^{55}, 21^{12}, Fahrtenbuch 3 31 a, Verletzung der Halterpflichten, Entziehung d Fahrerlaubnis 3 31, Gefährdungshaftung 1 7, 8, Sorgfaltspflicht 3 31, Haftung für Beschäftigten 1 7^{46}, Haftung bei Schwarzfahrt 2 14^{20}, 1 7^{53-59}, Ausgleichspflicht 1 17, Gebrauch nicht zugelassenen Fahrzeugs 3 18, Vergehen geg § 21 StVG 1 21^{12-14}, Mitschuld bei Unfallflucht E 90, 4 $142^{29,\ 54}$, Berechtigter bei unbefugtem Gebrauch seines Fahrzeugs 4 248 b, Kostentragungspflicht 1 25 a
Halterdaten 3 $23^{16,\ 17}$, 9 34
Halterung von Ersatzrädern 3 36 a
Haltestellen, -zeichen 2 41 Z 224, $226^{72,\ 209}$, Fahrgeschwindigkeit 2 20, Vorbeifahren 2 20, Parkverbot 2 12^{48}, Ein- u Aussteigen 2 20^{13-16}
Haltestelleninsel 2 20^8
Haltestellenschild, Parkverbot 2 12^{48}
Haltezeiten, Fahrruhe 2 $13^{1,\ 4,\ 8}$
Haltgebot 2 34, 41
Haltlinie 2 41 Z $294^{172-174,\ 230/231}$
Haltverbot 2 $12^{21\ ff}$, 41 Z $283^{153-160}$, 225, eingeschränktes 2 $12^{30,\ 34}$, 41 Z $286^{159-165,\ 225-227}$, zugleich Parkverbot 2 12^{44}, an Fußgängerüberwegen 2 12^{26}, auf der AB 2 18^{23-25}, Haltverbotsstrecke 2 $12^{28,\ 29,\ 44}$, im Kreisverkehr 2 9 a^{13}, Gleisbereich 2 19^{28}, s Halten
Halt! Vorfahrt gewähren! 2 41 Z $206^{36-41,\ 202,\ 203}$

1663

Sachverzeichnis

fette Zahlen = Gesetze, magere Zahlen = §§

Haltzeichen 2 36[13, 22], 37
Handbremse 2 14[11], 3 41
Handeln auf eigene Gefahr 1 16[9 ff]
Handfahrzeuge 2 17[36], 24
Handlampe, Omnibus 3 54 b
Händler, Betriebserlaubnis f i Ausland hergestellte Kfze 3 20, Veräußerung Kfzs z Wiederverkauf 3 27, rote Kennzeichen 3 28, 29 g
Handlung, Begriff E 83 ff, strafbedrohte 4 69
Handwagen 2 24, auf Gehwegen 2 25[46–48], keine Bremse 3 65
Handy, s Mobiltelefon
Haptische Information 2 1[30]
Harnalkoholkonzentration 4 316[52 a]
Haschisch 1 2[17], 3 a 14[2], 4 316[5]
Häufung von VZ 2 39[20, 21, 23, 36]
Hauptuntersuchung der Kfze und Anhänger 3 29
Haushaltsführungsschaden 1 10[14, 15], 11[15]
Haustier 2 28, Haftung des Tierhalters, Ausgleichspflicht 1 17[32–36]
Hecktragesysteme, Beleuchtung 3 49 a[6]
Heilquelle 2 45
Heilungskosten 1 10[3], 11[4 ff]
Heimatort des Kfzs 3 23, 27
Heizeinrichtungen, Prüfung 3 22 a
Heizgeräte 3 22 a
Heizöltransport 3 30
Heizung 3 22 a, 72, geschlossene Führerhäuser 3 35 c, 72
Helgoland 2 50
Hemmschuh 3 65
Hemmung, Verjährung 1 14
Herabfallende Ladung 2 22[13], 32
Herabfallen von Gegenständen 2 3[67]
Herausragende Teile 3 30 c
Hersteller des Kfzs 3 20, 21, 28, 59, bauartgenehmigungspflichtige Fahrzeugteile 3 22 a
Hilfe, erste s Erste Hilfe
Hilfeleistung, Ansprüche des Hilfeleistenden E 110, 1 7[13], 16[3], unterlassene 2 34, 1 2[27]
Hilfsbedürftige 2 3[29 a]
Hilfsfahrzeuge 2 11[10]
Hilfsmotor, Fahrrad mit 3 18, 38 a, 50, 53, 54, 61 a
Hilfsperson (Einweiser) E 146, 2 10[13], keine Gefährdungshaftung d Halters 1 8, Verschulden von – des Verletzten 1 9[24]
Hilfszügel 2 28
Hinausragen der Ladung 2 22[20–22, 24]
Hindernis auf Fahrbahn 2 3[25], 6[1–4, 8], 15, Verkehrs- 2 32, Bereiten von –n 4 315 b[10, 11], s Autofalle, Behinderung
Hinterherfahren, Geschwindigkeitsmessung 2 3[62]
Hin- u Herfahren als Belästigung 2 30
Hineintasten des Wartepflichtigen 2 8[58]
Hirnverletzung 1 2[10]
„Hochjagen" des Motors 2 30
Höchstbetrag bei Verwarnung 1 26 a, Beschränkung der Gefährdungshaftung 1 12[1–3 a], 12 a, 12 b
Höchstgeschwindigkeit 2 3[38, 45, 46, 49–54], Überholen 2 3[45], 5[32], Gleiskettenfahrz 3 36, eisenbereifte Fahrzeuge 3 36

Höchstgeschwindigkeitsschild 3 36[3], 58
Höhe der Fahrzeuge 2 18[15], 22[18, 19], 3 32, 63
Höhere Gewalt 1 7[30 ff]
Hohes Alter 3 a 11[11]
„Hoheitliche" Aufgaben 2 35
Holzrückewagen 3 18
Hörvermögen, Fähigkeit, sich sicher im Verkehr zu bewegen 1 2[8]
Hubladebühne 3 53 b
Hubraum 3 30 b, 3 a 6[23], Klassen d Fahrerlaubnis 3 a 6
Hubstapler 3 18
Hund 2 23[19], 28[10]
Hupe als Schallzeichen 3 55, Warnzeichen 2 5[9–11, 59, 60], 16, Hupverbot 2 16

I, J

Identitätsnachweis Auskunft aus dem VZR 3 a 64
Immissionsschutz 1 6, 2 41 Z 270, 45 I, s Smog
Importfahrzeug, Betriebserlaubnis 3 20
Inbetriebnahme, Inbetriebsetzung s Betrieb, Gebrauch
Industriegebiet 2 19
Ingebrauchnahme, unbefugte – von Kfzen u Fahrrädern 4 248 b
Inkrafttreten E 35 ff, der StVO 2 53, der StVZO 3 72
Inlandsverkehr E 23
Inline-Skates 2 24[6], 25[12,15], 45[53]
Innenbeleuchtung für Kraftomnibusse 3 54 a
Innenspiegel 2 23[15], 3 56
Innenverhältnis der unfallbeteiligten Halter, Ausgleichspflicht 1 17
Innerbetriebliche Vorschriften E 48
Innerorts 2 3[50 ff], 5[49], 8[41], 17[32, 33], 18[19], 25[12–14], 42 Z 301
Insassenhaftung 1 8 a, 16
Instandsetzung 1 12[4]
Integritätsinteresse 1 12[19 f]
International -er Führerschein 1 21[22], 5 111 a[11, 13], Zulassung, Prüfung der HPflVers 1 vor 29 d[15], über StrMarkierungen 2 39[29], VO über -en Kfzverk 6, Regelungen, allgemein E 15, 16, 3 21 a, Vereinbarung über Prüfzeichen 3 21 a
IntVO 1 2[38], 3 a 31[16]
Irrtum E 155–157, bei OW 1 24[26–36]
Italien, Gegenseitigkeit 3 22 a

Jagdaufseher 2 35[3]
Jugendgruppe 2 27
Jugendliche 2 31, Fahrerlaubnis für Klassen 4, 3 a 6, 10, Entziehung der FE 4 69
Juristische Person, örtliche Zuständigkeit der StVBehörden 2 47, 3 68, als Halter 1 7[22]

K

Kapitalabfindung 1 13
Kapitalbeträge, Höchstbeträge bei Gefährdungshaftung 1 12[1–3 a]
Kartei, örtliche 1 29[8]
Karteiführung über Kfze und Anhänger 9 31 ff, Auskunft 9 35 ff

hochgestellte kleine Zahlen = Randziffern

Sachverzeichnis

Katalysator-Fahrzeug s Schadstoffarme Kraftfahrzeuge
Katastrophe 2 35, Vorrecht der Feuerwehr 2 35
Katastrophenschutz 2 35
Katze 2 28
Kausalität E 97 ff, 147
Kehrmaschine 2 35
Kennleuchten gelbes Blinklicht 2 38, 3 22 a, 52, 72, blaues Blinklicht 2 38, 3 22 a, 52, 72, der Wegerechtsfahrzeuge 2 38, 3 52
Kenntlichmachen seitliches 3 51 a, verkhindernder Gegenstände 2 32^{11}, von Vorfahrtstraßen 2 41, von Verbänden 2 27
Kenntnis, Verjährungsbeginn 1 14$^{2-4}$, der Verkehrsvorschriften E 142, 156, 157, 1 24$^{23\,ff}$, der VZ 2 39^{37}
Kennzeichen 1 6, 6 b–d, befristete 3 23$^{22\,a,\,24}$, 27^{9}, 29$^{21,\,27}$, 29 d^{10}, 60^{8}, Vorprodukte 1 6, Rote –, -pflicht für Kfze 3 18, 23, **6,** Standort- oder Eigentümerwechsel 3 27, für versicherungsfreie Fze 3 29 e, Ausgestaltung und Anbringung 3 23, 60, Abstempelung 3 23, Beleuchtung 3 60, Anhänger 3 18, 23, 60, **6,** Erkennbarkeit 2 23^{24}, 3 60, Herstellung und Vertrieb 1 6 b, reflektierende 3 60, selbstleuchtende 3 60$^{5,\,9,\,15}$, Verdecken 2 23^{24}, 3 60, Umklappen 3 60, Kennzeichenmißbrauch 1 22, amtliche 3 60, 72, Beseitigen 1 22^{5}, Beeinträchtigung der Erkennbarkeit 1 22^{5}, grüne amtliche 3 60, 72, Versicherungskennzeichen 3 18, 29 e, Kleinkrafträder und FmH 3 29 e, versicherungspflichtige FmH 3 29 e, selbstfahrende Arbeitsmaschinen, einachsige Zugmaschinen 3 18
„**Kennzeichenanzeige**" E 96 a, 1 25 a
Kennzeichnung von Arbeitsstellen 2 45$^{22,\,45-48}$, gesperrte Straßen und Umleitungen 2 45, gefährliche Stellen 2 40, eigenmächtige von Kfzen 1 22^{4}, Nichtkraftfahrzeuge 3 64 b, der Fahrzeuge 1 6^{6}, seitliche 2 17, Bahnübergänge 2 19, Fahrbahnhindernis 2 32, zulassungsfreie oder im StrWinterdienst verwendete Anhänger 3 60, Straßenreinigung, Müllabfuhr 2 35 VI, Fahrzeugteile 3 22 a, Laternen 2 42 Z 394
Ketten 3 65, Absperrung 2 43, Glieder 3 37
Kettenfahrzeuge 3 34 b, 36
Kickboard 2 24^{6}, 3 16^{2}
Kilometerzähler 3 57
Kinder, Anscheinsbeweis gegen Kf bei Unfall mit -n 2 25^{55}, Gefahrzeichen 2 3$^{29\,a}$, 40 Z 136$^{64,\,65}$, Haftung 1 7^{22}, 9^{12}, Rücksicht auf 2 25$^{26\,ff,\,30}$, Mitnahme in Kfzen 2 21, auf Fahrrädern 2 21^{14}, auf Mofas und Krafträdern 3 35 a, spielende 2 25$^{26\,ff,\,30}$, 31, Verschulden des ges Vertreters 1 9^{11}, Ersatzansprüche bei Tötung der Eltern 1 10$^{14-16}$, desgl von Eltern bei Tötung von –n 1 10^{17}
Kinderdreirad mit Elektroantrieb 1 1^{2}, 2 24^{6}
Kinderfahrrad 2 2^{66}, 24
Kindergruppe 2 27
Kinderhalteeinrichtungen 2 21$^{9\,a}$, 3 35 a
Kinderschlitten 2 24, 3 16
Kinderspiele 2 41 Z 250$^{88,\,90}$
Kinderwagen 2 24, 3 16
Klassen der Kfze 3 a 6, Schul- 2 27

Kleidung, Bespritzen 2 1^{34}, 25^{40}
Kleinbahn, Ausgleichspflicht mit Halter 1 17
Kleinfahrzeug, Parkuhr 2 13^{8}, unbeleuchtetes 2 17^{35}, s 2 24
Kleinkraftrad 2 23^{37}, 3 18, 29 a, 29 e, 38 a, 50, 53–57, 60, 61, 61 a, 72, 3 a 6$^{9,\,19}$
Klingel (an Fahrrädern) 3 64 a
Klinische Untersuchung (BAK) 4 316$^{65,\,66}$
Koaxialkabelverfahren 2 3^{61}
Kohlendioxidemission 3 47 d
Kohlenmonoxyd 3 47
Kolonnen, Sichtbehinderung 2 3^{29}, Vorfahrt 28$^{47,\,54\,a,\,58}$, Lücke 2 5^{34}, 8$^{47,\,58}$, 9^{41}, Nebeneinanderfahren 2 7, Abstand 2 4^{9}, Verbände 2 27, Überholen 1 17^{13}, 2 3^{29}, 5$^{26,\,34,\,40,\,41}$, 8$^{47,\,69}$, 9^{41}, 55, 10$^{9,\,11}$, 11^{6}, 18$^{17,\,20}$, 25^{38}, mehrstreifiger Verk, Verengung 2 7
Kombination (Kfz mit Anhänger, Geschwindigkeit) 2 18$^{13,\,19}$
Kombinationskraftwagen 3 23^{18}
Konkrete Schadenberechnung 1 12^{6}
Konkurrierende Bundesgesetzgebung E 1
Konsulat, ausländisches 3 23, 60
Kontrolle 2 36, des angestellten Fahrers 3 31, 1 16, technische – von NutzFzen 3 29^{20}
Kontrollgerät 3 57 a, b
Konturmarkierung 3 53^{3}
Kopfhörer 2 23^{16}
Kopflosigkeit 2 1$^{27,\,28}$
Körperliche Mängel 1 2$^{8\,ff}$, 3 a 23^{4}, 46^{2}, bedingte Zulassung z Verkehr 3 a 2^{2}, 1 2$^{8,\,9}$, 3, Verkehrsgefährdung durch Führen eines Kfzs 4 315 c,
Körperliche Untersuchung bei OW 1 26^{6}, bei Straftatverdacht 5 81 a
Körperverletzung 2 4^{16}, 21^{16}, 1 8 a, 11, 16
Körperzustand des Fahrers 2 3$^{41,\,42}$, 23^{11}, 3 a 2^{7}, 3 31$^{9,\,10}$
Korrosion, Kraftstoffbehälter 3 45
Kosten von Verkehrszeichen und -einrichtungen 1 5 b, der Betriebserlaubnisprüfung 3 20, im StrVerk 1 6 a, 2 46^{23}
Kostentragungspflicht des Halters 1 25 a
Kotflügel 3 36 a
Kraftdroschke s Taxi
Kraftfahrer s Führer
Kraftfahrstraße 2 18, 25^{21}, 42 Z 331, 336$^{41,\,49,\,51,\,52}$
Kraftfahrt-Bundesamt, Mitteilungen 1 28, Zuständigkeit 3 68, Typprüfung 3 20, Bauartgenehmigung v Fahrzeugteilen 3 22 a, Zentrales Fahrzeugregister 9 31, FzBriefe exportierter deutscher Kfze **6,** Vordrucke für Fahrzeugbriefe 3 20, verlorene Fahrzeugbriefe 3 25
Kraftfahrzeug, Verlassen (Sicherung) 2 14$^{1-3,\,13-19}$, Zulassung von Kfzen 3 16, 18, Zwangshaftpflichtversicherung 3 29 a, 29 e, Überwachung 3 29, Bauvorschriften 3 32–62, Anhänger 3 32 a, unbefugter Gebrauch 4 248 b, ausländisches 1 7$^{2\,a}$, **6,** Betrieb 1 7$^{2\,a}$, langsam bewegliche 1 8, Schadenverursachung 1 8^{22}, Führen 1 21^{10}, eigenmächtige Kennzeichnung 1 22^{4}, internationaler –verkehr **6**
Kraftfahrzeugart Beschränkung der Fahrerlaubnis 3 a 23^{5}

1665

Sachverzeichnis

fette Zahlen = Gesetze, magere Zahlen = §§

Kraftfahrzeugbrief s Fahrzeugbrief
Kraftfahrzeugführer 1 2^2, Sorgfaltspflicht 2 23, 1 2, s Führer
Kraftfahrzeugschein s Fahrzeugschein
Kraftfahrzeugsteuer 3 23^{21}, Abmeldung 3 27^{36}, 29 b
Kraftfahrzeugverordnung, Internationale 6
Kraftfahrzeugwerkstatt, Zuteilung roter Kennzeichen 3 28
Kraftomnibus 3 30 d, 3 a 6^9, Fahrerlaubnisklasse 3 a 6^{17}, Höchstgeschwindigkeit 2 3, 18^{19}, haltender Omnibus 2 20^9, Ein- und Aussteigen 2 20^{13}, Begegnen in enger Fahrbahn 2 6^{10}, Ausweichen 2 6^{10}, Abfahren 2 20^{12}, 3 29, Gepäckanhänger 3 32 a, Besetzung 3 34 a, 72, Motorleistung 3 35, Sitze 3 35 a, 35 i, 72, Einrichtungen zur sicheren Führung 3 35 b, Vorrichtungen zum Auf- und Absteigen 3 35 d, Türen 3 35 e, 72, Notausstieg 3 35 f, Feuerlöscher 3 35 g, Verbandkästen 3 35 h, Kraftstoffbehälter 3 45, Kraftstoffleitungen 3 46, Innenbeleuchtung 3 54 a, windsichere Handlampe 3 54 b, Fahrtschreiber 3 57 a, Gefährdungshaftung gegenüber Fahrgästen 1 8 a, s Fahrgastbeförderung
Kraftrad s Fahrrad mit Hilfsmotor, Klein-, Kraftfahrzeug, Fahrer 2 23^{37}, Abbiegen, Zeichengeben 2 9^{19}, Abblendlicht am Tage 2 $17^{18 a}$, Sichern 2 14^{15}, Mitnahme von Personen 2 21, 23^{23}, Schieben 2 24, Sitze 3 35 a, Fahrerlaubnis 3 a 6^9, Bremsen 3 41, Anhänger 3 32, Anhängelast 3 42, Scheinwerfer 3 50, Schlußleuchte 3 53, keine Bremsleuchten 3 53, Fahrtrichtungsanzeiger 3 54, Rückspiegel 3 56, kein vorderes Kennzeichen im Inland 3 60, Alkohol 4 316^{17}
Kraftstoffbehälter 3 45, 72
Kraftstoffleitung 3 46
Kraftstoffmangel, s Treibstoffmangel
Kran, selbstfahrender 3 32
Krankenfahrstuhl 2 24, 26, 3 18, 29 e, 53, 60, 3 a 4, 5, 10^3
Krankenkraftwagen 2 38, 3 52, 72
Krankheit als Eignungsmangel 1 2^{10}, 3 a 11^7, Einfluß auf Verkehrstüchtigkeit 3 a, 2 $1^{2^{10,\ 11}}$, 3^6, Gegenstand des Ersatzanspruchs 1 $10^{3,\ 4}$, 11
Kranwagen 2 29
Kreisverkehr 2 2^{32}, 41 Z 209^{58}, 9 a, Abbiegen 2 9^{19}, Haltverbot 9 a^{13}, Vorfahrt 2 8^{37}, 9 a^{11}
Kreuzung 2 $8^{2,\ 11,\ 11a,\ 32,\ 33}$, Abbiegen 2 9^{16}, mäßige Geschwindigkeit an Vorfahrtstraße 2 $8^{4/5,\ }$ 56, schnelles Fahren 4 315 $c^{36,\ 37}$, Vorfahrt 2 $8^{2,\ 11,\ 12,\ 32,\ 33}$, ohne vorfahrtregelnde Zeichen 2 $8^{25,\ 26}$, mit vorfahrtregelnden Zeichen 2 $8^{11\ ff,\ 39-45}$, Parkverbot 2 12^{45}, Stockung 2 11, freimachen bei Verkehrsregelung 2 36, 37^{49}, höhengleiche – von Bahnstrecken 2 19, Überschreiten der Fahrbahn 2 25^{43}
Kreuzungsfläche bei Vorfahrt 2 8^{28}
Kriechspur 2 2, 5^{20}, AB 2 2^{63}, $18^{14 a,\ 17,\ 20}$, 41 Z 209^{248}, Z 296^{248}
Kühlfahrzeuge 2 18^{15}, 22^{18}, 3 32
Kulturelle Veranstaltung 2 45^{33}
Kummetgeschirr 3 64

Kuppe 2 $2^{36,\ 37}$
Kupplung 2 $23^{21,\ 28}$, automatische 3 43, Befestigung von Abschleppgeräten 3 43, Einrichtungen zum Verbinden von Fahrzeugen 3 43, Reißen der Anhänger- kein unabwendbares Ereignis 1 17^{30}
Kurbahn 3 32 a
Kurort, Verkehrsbeschränkung 2 45
Kurse zur Wiederherstellung der Eignung 3 a 11^{25}, 70, 72^3
Kurve 2 40 Z 103, $105^{15-23,\ 90}$, äußerste rechte Seite 2 2^{38}, Fahrgeschwindigkeit 2 3^{26}, Überholverbot 2 5^{26}, Haltverbot 2 12^{24}
Kurvenläufigkeit 3 32 d
Kurvenschneiden 2 2^{73}
Kurzschlußhandlung E 86
Kurzsichtigkeit 1 2^8, s Sehvermögen
Kurzzeitkennzeichen 3 28, 29
Kutscher 2 28
Kutschwagen 3 64 b

L

Ladefläche, Beförderung v Personen 2 $21^{4,\ 10-12}$, 46^{24}
Ladegatter 3 32
Ladegeschäft 2 $12^{30,\ 32-34}$, $13^{1,\ 9}$, s Beladen, Entladen
Lademaße 2 22
Ladestraße der Bahn 2 1^{14}
Ladewagen, landwirtschaftlicher 3 18
Ladung, 2 22^{14}, 23^{17-20}, Verantwortlichkeit f Verkehrssicherheit 2 $23^{19,\ 20}$, Eigenschaften 2 3^{43}, Verstauen 2 $22^{10,\ 13}$, $23^{19,\ 20}$, 3 $31^{12,\ 13}$, Beleuchtung seitlich herausragender – 2 22^{24}, 3 51, Breite 2 18^{15}, 22^{18}, Herausragen 2 $22^{20-22,\ 24}$, Länge und Höhe 2 18^{15}, 22^{23}
Lampen s Leuchten
Landesgesetze, Beachtung im internat Kfzverkehr 6
Landesrecht, kein – mehr auf dem Gebiet des Straßenverkehrsrechts E 46, 47, 2 1^3
Landfahrzeug 1 1^2, 4 248 b
Landmaschine 3 32
Land- oder forstwirtschaftliche Zugmaschine 3 a $6^{9,\ 20,\ 21}$
Landschaftsäuberungsaktionen 3 $18^{2 b}$
Landstraße, Verkehrssicherungspflicht 2 45^{51-68}
Landwirtschaftliche Betriebe 3 18, 32, 36, 41, 50, 53, 65, 66
Landwirtschaftliche Erzeugnisse, Höhe und Breite der Ladung 2 22^{19}
Landwirtschaftliche Fahrzeuge 2 18^{15}, 21, 22, 32, 41 III Nr 3, 41 Z 250, 3 47 a
Landwirtschaftliche Sonderfahrzeuge 3 18
Langbäume 3 22 a
Länge der Fahrzeuge und Züge 2 22^{23}, 3 32, 63
Langholzfuhren 3 30, Länge der Beladung, Sicherung nach hinten 2 22
Langmaterialzug 3 32, s auch Arbeitsmaschine
Langsam fahrende Fahrzeuge 2 1^{40}, Fahrgeschwindigkeit 2 $3^{47,\ 48}$, Überholenlassen 2 $5^{12,\ 63}$, äußerste rechte Seite 2 $2^{9,\ 35,\ 40,\ 42}$, auf der AB 2 18^{14}, Ausnahmen von Zulassungspflicht 3 18, keine Gefährdungshaftung 1 8

1666

hochgestellte kleine Zahlen = Randziffern

Sachverzeichnis

Längsseiten, Kenntlichmachen 3 51 a
Lappen, roter 3 43
Lärm des Motors 2 3^{63}, 30, der Ladung 2 22^{15}, durch Lautsprecher 2 33, Messung, Kosten 1 5 b, Schutz 2 30, 33
Lärmarme Kfze s Geräuscharme Kfze
LASER-Messung 2 3^{61}
Lastendreirad 3 a 6^{19}, 17^{10}
Lastfahrzeug, Sorgfaltspflicht des –führers 2 23, Sicherung 3 53 a, Rückspiegel nötig 3 66
Lastkraftwagen, Beförderung von Personen auf Ladefläche 2 21^{10}, Begriff 2 21^{10}, 30^{10}, Fahrerlaubnis 3 a 6, Höchstgeschwindigkeit 2 3, Motorleistung 3 35, Sonntagsfahrverbot 2 30, Überholverbot bei geringem Geschwindigkeitsunterschied 2 5^{32}, Warnleuchten 3 53 a, Zulassung als - 3 23^{18}
Lastzug, vor Bahnübergang 2 19$^{4–6, 26, 28}$, Betriebssicherheit 2 23$^{21, 26\,ff}$, 3 31, Motorleistung 3 35, Zugvorrichtungen 3 43, langsamer 2 8^{62}, s Anhängelast
Laternen, Beleuchtung von Fuhrwerken 3 66 a, Sicherung abgestellter Fahrzeuge 2 15, 17$^{30–36}$, Sicherung von Baustellen 2 45$^{45\,f}$, Treiben und Führen von Tieren 2 28, Verbände 2 27
Laternengarage 2 12^{42}, 42 Z 394
Laufenlassen des Motors, unnützes 2 30
Laufflächen von Gleiskettenfahrz 3 36
Laufrollendruck 3 34 b
Läutesignale der Lokomotive 2 19, Schlitten und Fahrräder 3 64 a
Lautsprecher 2 33
Lautstärke von Schallzeichen 2 16, 3 55, Auspuff- und Fahrgeräusch 3 49, s Auspuff, Schalldämpfer
Leasing, Halter 1 7$^{16\,a}$, Schadenersatz 1 9^{17}, 12^{10}
Leergewicht 3 42
Lehnen 3 35 a
Leichenzug 2 27
Leichtkraftfahrzeug 3 18$^{20\,b}$, 29 e
Leichtkraftrad 3 a 6$^{9, 19}$, 3 18
Leichtmofa 1 21^{10}, 24 a^{10}, 2 2^{67}, 17$^{18\,a}$, 21 a^2, 3 a 4^6, 3 50^{14}, 53^{12}, 4 316$^{17, 19}$, **10**
Leihvertrag, Halter 1 7^{16}
Leistungen, Anbieten 2 33
Leistungsabfall, plötzlicher E 132
Leistungstiefstand, körperlicher 3 a 2^4
Leistungsverweigerung des Versicherers 4 142^{76}
Leitbake 2 43
Leiteinrichtungen 2 43
Leitern 2 32
Leitkegel 2 43
Leitlinie 2 42 Z 340$^{53–58, 181}$
Leitpfosten 2 43
Leitplanke als Verkehrsgefahr 2 45^{53}
Lenkbarkeit 3 38
Lenkhilfe 3 38
Lenkschloß gegen unbefugte Benutzung 2 14$^{14, 15}$, 3 38 a
Lenkstange 2 21
Lenkung der Kfze 3 38
Lenkvorrichtungen an Kfzen 3 38, an Nichtkraftfahrz 3 64
Lesbarkeit der Kennzeichen 2 23^{24}, 3 60

Leuchten, s Laternen, Sicherungs-, an Kfzen 3 49 a, an anderen Fahrzeugen 3 66 a, als Arbeitsscheinwerfer 3 52
Leuchtenträger 3 49 a, 60, an Anhängern 3 53
Leuchtstoffe 3 49 a
Leuchtweiteregler 3 50^{18}
Leuchtzeichen als Warnzeichen 2 16^6, Ankündigung des Überholens 2 16^7
Lichthupe 2 5$^{9–11, 59, 60}$, 16
Lichtmaschine 3 22 a, 72
Lichtquellen, Beleuchtung durch 2 17$^{30–32}$
Lichtschrankenmessung 2 3^{61}
Lichttechnische Einrichtungen s Beleuchtungseinrichtungen
Lichtwechsel (Farbwechsel) 2 37
Lichtzeichen 2 37, Vorfahrt 2 8^{44}, Abbiegen 2 9^{40}, 37^{45}, Fußgänger 2 25$^{4, 44}$, Bahn- und Bus-Lichtzeichen (eigene Fahrstreifen) 2 37$^{8, 33, 56}$, 41 Z 245, Störung 2 8^{44}, 37$^{50, 62}$, zur Warnung vor PolKontrollen 2 16^{18}, 36^{27}, Anlage 2 40 Z 131^{62} (weitere Unterstichworte: § 37 StVO Übersicht vor Rz 37 a)
Liebhaberwert 1 12^{16}
Lieferverkehr 2 12$^{32, 33}$, 39$^{31\,a}$
Liegengebliebenes Kfz 2 12^{19}, 15$^{1–5}$, 17^{34}, 32^8, 3 53 a
Linienbus 2 2^{64}, haltender 2 20^9, Vorrang 2 20^{12}
Linienverkehr 3 a 48^7
Links ausweichen 2 6, 25$^{15–17}$
Linksabbieger, Rechtsüberholen 2 5$^{67, 68}$, Vorfahrt 2 8^{63}, Pflichten 2 9$^{5, 6, 29}$, Einordnen 2 9$^{6, 31, 32}$
Linksbogen beim Abbiegen 2 9$^{5, 30}$
Linksgehen, unzumutbares 2 25$^{1–3, 16}$, außerorts 2 25$^{1, 15–17}$
Links überholen 2 5$^{16, 24}$
Lkw-Fahrerlaubnis 3 a 28^9, Eignung 3 a 11^{27}
„Lückenrechtsprechung" 2 5$^{40, 41}$
Luftdruck 2 23^{33}
Luftraum über der Fahrbahn 2 45^{53}
Luftreifen 3 34, 36
Lüftung geschlossener Führerhäuser 3 35 c, 72

M

Mähdrescher 3 32
Mähmaschine 3 18
Mähmesser, ungeschützt 2 32^{13}
Mängel, geistige, körperliche, sittliche 3 a 2, 1 2, des Fahrzeugs während der Fahrt 2 23$^{26–32, 33, 35}$, verborgene 2 23$^{17, 21}$, – der Reifen 3 36, –beseitigung 3 29, geringere 2 23^{33}, Fahren trotz solcher Mängel 4 315 c$^{14–17}$, 316
Mängelbeseitigung, Frist zur – als Verfahrenshindernis 3 69 a
Markierungen 2 12^{57}, 37, 39, 41 III, 42 VI
Märkte, Ausnahmen vom Werbeverbot 2 33
Marktgelände als öffentl Verkehrsfläche 2 1^{16}
Marktstand, fahrbarer 3 18
Marschierende Abteilung, Marschkolonne, Marschmusik 2 27
Martinshorn für Wegerechtsfahrzeuge 2 35,3 55
Maschinenkraft, Begriffsmerkmal des Kfz 1 1^3, 4 248 b

1667

Sachverzeichnis

fette Zahlen = Gesetze, magere Zahlen = §§

Maß der Verursachung, Ausgleichspflicht **1** 17
Maße, der Fahrzeuge **2** 22, der Ladung **2** 22, der VZ **1** 39$^{9, 27, 31, 32}$, **3** 32
Maßeinheiten 3 Anm vor 16
Massenauffahrunfall 2 4$^{17, 18}$
Massenverkehrsmittel, Fahrgeschwindigkeit **2** 3^{31}
Maßgebot s Verhältnismäßigkeit
Mäßige Geschwindigkeit an Bahnübergängen **2** 19
Maßnahmen im StrVerkehr 1 6 a
Maßregel der Besserung und Sicherung E 45, **4** 69–69 b
Matrixzeichen 2 39
Maulkorb 2 28
Medikamente 1 24 a^{22}, **3 a** 2^4, **4** 316$^{3, 4, 22, 25, 32, 73}$
Medizinisch-psychologisches Gutachten 1 2^{22}, **3 a** 11^{12}, 13^4, 14^4, 48^{13}
Mehrachsige Anhänger, Bremsen **3** 41
Mehrere Fahrbahnen 2 2$^{17–17\,b,\,26,\,27}$, 7
Mehrere Fahrstreifen, Überholen **2** 5$^{64–66}$, 7
Mehrere Haftpflichtige, Ausgleich **1** 17
Mehrere Halter 1 7^{21}
Mehrere Kraftfahrzeuge, Schadenausgleichspflicht der Halter **1** 17
Mehrfachschäden 1 12$^{3\,a}$
Mehrfachtäter-Punktsystem s Punktsystem
Mehrklanghupe 2 16$^{4, 14}$
Mehrspurverkehr, Überholen **2** 5$^{64–66}$, Nebeneinanderfahren **2** 7, 37 IV, 41 III Nr 5, 42 VI Nr 1 d
Mehrwertsteuer 1 12$^{48\,f}$
Mehrzweckstreifen s Seitenstreifen
Meldepflicht 3 27
Menschengruppe 2 25$^{25\,ff}$
Meßfahrzeuge der Regulierungsbehörde für Telekommunikation **2** 35^{15}
Messung, Achslast **3** 34
Methoden der BAK-Bestimmung **4** 316$^{52\,ff}$
Mieter als Halter **1** 7^{16}
Mietfahrzeug 1 12$^{33\,ff}$, 39
MilitärFze, Zulassung **3** 19$^{1, 5}$, 30^4
Militärische Tragfähigkeitsschilder 2 39^{39}
Militärverkehr 2 17$^{18\,b}$, 35, 44
Minderjährige s Jugendliche, Kinder, als Halter **1** 7^{22}
Minderwert, merkantiler **1** 12$^{11, 25, 26}$
Mindestalter der Kfzführer **3 a** 10, bei ausländischer Fahrerlaubnis **3 a** 31^{16}, bei EU/EWR-Fahrerlaubnis **3 a** 28^8, für Fahrerlaubnis **3 a** 10, 31^{16}
Mindestgeschwindigkeit, mögliche auf AB **2** 18^{14}, 41 Z 275
Mindesthöhe der Kfzhaftpflichtversicherung **3** vor 29 a^7
Mischbereifung 3 19, 36$^{5, 11}$
Mißbrauch der Vorfahrt **2** 8^{47}, von amtl Kennz **1** 22
Mitbenutzen des Gehwegs zum Halten **2** 12^{41}, Parken **2** 12^{55}, durch bis zu achtjährige Radf **2** 2
Mißbräuchliche Benutzung von Kfzen und Fahrrädern **4** 248 b, s Schwarzfahrt
Mitführen des Führerscheins **3 a** 4^{11}, **6,** der Fahrzeugpapiere **3** 24, **6,** der Ablichtung der Betriebserlaubnis **3** 18$^{31–34}$, der besonderen BE oder Bauartgenehmigung **3** 19$^{10, 16}$, der Bescheinigung über das Versicherungskennzeichen **3** 29 e, der Prüfbescheinigung für FmH **3 a** 5, der Prüfbescheinigung für Abgasuntersuchung **3** 47 a$^{5, 11}$
Mitnehmen von Personen **2** 21
Mitschuld E 148, **1** 7^{47}, des Verletzten **1** 9$^{5, 23}$, 11^7, 16^{11}, von Fußgängern **1** 9$^{13–15}$, von Radf **1** 9^{16}, von Kraftf **1** 9^{17}, bei OW **1** 24^{49}, bei Mitfahrt mit Betrunkenem **1** 9^{21}, 16^{11}
Mitteilung an VerkZReg **1** 28
Mittellinie 2 2$^{34\,ff}$, 9$^{6, 31, 32}$
Mittelstreifen 2 3^{26}, Vorfahrt **2** 8$^{62\,f}$, kein Überqueren auf AB **2** 18^{21}, Lichtzeichen **2** 37^{45}
Mitverantwortlichkeit des Fahrschülers **1** 2^{43}
Mitverursachung E 97 ff, durch Schuld beschränkte **1** 9$^{11, 12}$, Ausgleichspflicht **1** 17
Mitwirkendes Verschulden des Verletzten **1** 7^{47}, 9$^{5–23}$, des Halters bei Schwarzfahrt **1** 7$^{53–55}$, bei Geldbuße **1** 24$^{23, 49}$
Mitzuführende Gegenstände 3 19, 31 b, 35 g, 35 h, 41, 53 a, 54 b
Möbelwagen 3 18, eisenbereifte **3** 36
Mobile Maschinen und Geräte 3 47^4
Mobiltelefon 2 23^{13}
Mofa 1 2^6, **3** 18, 38 a, 50, 53, 54, 55, 57, 61 a, 72, **3 a** 4, 6^9
Mokick 3 5^4, 18$^{1\,d}$, vor 29 a^{16}
Moped 2 14^{15}, **3** 29 e
Motoränderung, nachträgliche **3** 19
Motorgeräusch 2 1^{43}, 3^{63}, 30, s Fahrgeräusch, Scheuen von Tieren
Motorleistung bei Omnibussen, Lkw und Zügen **3** 35, 72
Müdigkeit s übermüdeter Kfzführer
Muldenkipper s Arbeitsmaschine
Müllabfuhr, Warnanstrich **2** 35
Müllfahrzeug, Anfahren **2** 10$^{8, 10}$, „Betrieb" **1** 7^8, haltendes, Vorrang gem § 10 StVO **2** 10^8, Sichtbehinderung für Vorfahrtberechtigten **2** 8^{51}, Sonderrechte **2** 35^{13}, Vorbeifahren an – **2** 1^{36}, 2^{41}, 3^{25}, 35^{13}
M+S-Reifen 3 36
Muster 3 nach InhÜbersicht

N

Nachfahren s Hinterherfahren
Nachschulung s Aufbauseminar
Nachstellvorrichtung an Bremsen **3** 41
Nacht, Nachtdunkel 2 17^{16}, Beleuchtung der Fahrzeuge **2** 17, Tiertransport **2** 28, Verbände **2** 27, Veranstaltungen **2** 30
Nachtblendschutz 3 50
Nachträgliche Abkürzung der Sperrfrist **4** 69 a$^{14, 15}$
Nachtruhe 2 44, 45$^{13, 33}$, **1** 6$^{12/13}$
Nachtrunk 4 142^{76}, 316$^{50, 59}$
Nachtsehfähigkeit 1 2^8
Nachvollziehbarkeit des Gutachtens 3 a 11^{18}
Nachweis der HaftpflVers **3** 29 b, 23
Nachzügler 2 37^{45}
Nagelreihe s Markierungsknopfreihe
Namensschild 3 64 b
Nasciturus 1 10^{10}

hochgestellte kleine Zahlen = Randziffern   **Sachverzeichnis**

Nässe, Fahrgeschwindigkeit 2 3$^{17-19,\ 21}$
Nationalitätszeichen 3 60, 7
Nato-Streitkräfte E 18, 29, 2 35, Fahrerlaubnis 3 a 31^{16}, Fahrerlaubnisentziehung 4 69 b^2, Militärverkehr 2 35, 44^7, 3 23^5, Geltung dt Verkehrsvorschriften 1 16^{22}, VersPfl 3 vor 29 a, Haftung 1 16, Verfolgbarkeit bei OW 1 24^{79}, Truppenstatut E 18, 2 35, 1 16, Zulassung von Fzen 3 18^6
Natürliche Handlungseinheit E 150 a
Nebel, Rechtsfahren 2 2^{44}, Fahrgeschwindigkeit 2 3^{38}, Abstand 2 4^{10}, Überholen 2 5$^{34,\ 38\ a}$, Gefährliche Güter 2 27^2, Abblendlicht 2 17$^{5,\ 27-29}$, Straßensperrung 2 45$^{28\ b}$
Nebelscheinwerfer 2 17^{28}, 3 22 a, 49 a^5, 52, 72
Nebelschlußleuchte 2 17^{29}, 3 22 a, 53 d
Nebel-Vorsatzfilter 3 22 a
Nebeneinanderfahren, Radfahrer 2 2^{70}, auf Fahrstreifen s Fahrstreifen
Nebenstrafe, Fahrverbot 4 44
Nebentäterschaft keine fahrl – bei Straßenverkgefährdung 4 315 c^{42}, bei Trunkenheit im Verkehr 4 316^{34}
Nebenverrichtungen beim Be- und Entladen 2 12$^{33,\ 34}$
Neue Bundesländer E 25, 29, 31, 2 12^{68}, 37^{65}, 39$^{31,\ 41}$, 40^{104}, 41^{251}, 42^{183}, 45^{54}, 49^4, 53^3, 3 18^{39}, 19^{18}, 21 a^4, 22 a^5, 29^{42}, vor 29 a^{18}, vor 30, 32^7, 35^4, 35 a^{11}, 35 g^2, 35 h^5, 36^5, 41$^{23\ a}$, 53 a$^{4,\ 7}$, 54 b, 56^1, 4 58^6, 3 a 4^4, 9, 6^{27}, 25^{10}
Neuerteilung der Fahrerlaubnis s Wiedererteilung
Neu für alt 1 12^{27}
Neupreis 1 12^{11}
Neurose, Tendenzneurose 1 11^7
Nichtbeachtung der Fahrbahn 2 3^{67}
Nichtbestehen der Prüfung 3 a 18, 22^{13}
Nichtigkeit von VZ 2 41^{247}
Notausstieg 3 35 f, 72
Notfall, Arzt E 118, s Notstand
Nötigung durch dichtes Aufschließen 2 4^{16}, beim Parken 2 12^{62}, durch Erzwingen des Überholens 2 5^{72}, 18$^{20,\ 29}$, 4 315 c$^{33,\ 61}$, durch Schneiden nach Überholen 2 5$^{52,\ 72}$, durch Versperren der Fahrbahn 2 1^{47}
Notstand E 117, 118, 152, 2 3^{56}, 1 21^{21}
Notwehr E 113, 114
Nummernschild der Bundesstraße 2 42 Z 410
Nutzlast 3 42^5
Nützlichkeit von VerkVorgängen 2 30
Nutzungsentschädigung 1 12$^{40-46}$

O

Oberste Landesbehörde 3 a 73^4
Obliegenheitsverletzung, versicherungsrechtliche 4 142$^{76-78}$
Obus 2 20^4, 1 7^2
Obushaltestelle 2 20
Öffentliche Kraftverkehrsbetriebe und -unternehmungen, Sorgfaltspflicht 1 17 Gefährdungshaftung für Fahrgäste 1 8 a
Öffentlicher Dienst 2 35, Fahrerlaubnis 3 a 26, 1 16, Erwerb der allg Fahrerlaubnis 3 a 27, Halter 1 7^{24}

Öffentlicher Linienbusverkehr s Haltestellen
Öffentlicher Verkehr 2 1$^{2,\ 13-16}$, 3 a 1, 1 1^8, nicht öffentlicher 2 1^{16}
Öffentliche Straßen 2 1$^{2,\ 13-16}$, 3 a 1, 1 1^8
Öffentliche Urkunde, Kennzeichen 3 23, Fahrzeugschein 3 24
Öffentliche Verkehrsmittel, s Straßenbahn, Überholen 2 5$^{69,\ 70}$, Rücksicht auf Schienenfahrzeuge 2 9^{36}, Verhalten der Fahrzeugführer an Haltestellen 2 20$^{5-9}$, Vorsicht an Haltestellen 2 20^{10}, Vorrecht bei verengter Fahrbahn 2 6^{10}, Verhalten der Fahrgäste 2 20$^{6,\ 7,\ 8,\ 13-16}$, Gefährdungshaftung 1 7, 8 a
Öffnen der Wagentür 2 14$^{6,\ 7}$, der Schranken 2 19$^{31,\ 32}$
Oldtimer, Begriff 3 21 c^2, BE 3 21 c, -kennzeichen 3 21 c^5, 23$^{22\ b}$, 60, -veranstaltung 3 18$^{2\ c,\ 15}$, 28$^{7,\ 15}$
Ölspur 1 7^{34}, 2 3^{24}, 32
Omnibus 2 20$^{4,\ 12}$, Personenbeförderung 2 23^{22}, 3 34 a, 1 8 a, 16, Fahrstreifen 2 37$^{33,\ 56}$, s Kraftomnibus
Omnibusanhänger 3 32 a
Omnibusfahrerlaubnis Eignung 11$^{6,\ 27}$
Opportunitätsgrundsatz bei OW E 72, 1 24^{67}, 26 a$^{5,\ 12-17,\ 18,\ 22}$, 2 1$^{7,\ 11}$
Ordentlicher Wohnsitz 1 2^3, 3 a 7, EU/EWR-Fahrerlaubnis 3 a 28^4
Ordnung des Verkehrs 2 35, 45, Sicherheit auf öffentl Wegen 2 45
Ordnungswidrigkeit E 12, 68 ff, 2 49, 3 69 a, 1 24, sachl u zeitl Geltung E 39–44, räuml Geltung 1 24, Fahrverbot 1 24 a, zuständ VerwBeh 1 26, Verjährung 1 26, Verwarnungsverfahren 1 26 a, der StVZO 3 69 a, Gesetzesmaterialien zur VerkOW 1 24
Organisationen, internationale 3 23
Örtliche Behördenkarteien 1 29^8
Örtliche Geltung E 23 ff
Örtliches Fahrerlaubnisregister 3 a 57
Örtliches Fahrzeugregister 9 31, 33
Örtliche Verhältnisse, Beleuchtung 2 17^{18}
Ortsbehörde, Zuständigkeit 3 68, Abzeichen für Verkehrsschwache 3 a 2
Ortschaft 2 42 Z 310, 311, keine VerkBeschränkungen für ganze – 2 45
Ortscheit 3 64
Ortsdurchfahrt, Verkehrssicherungspflicht 2 45
Ortskenntnisse 3 a 48^{11}
Ortstafel 2 42 Z 310, 311$^{17-26,\ 181}$, 1 6^{16}, Beginn und Ende der geschlossenen Ortschaft 2 3$^{50-53}$
Ozon E 47, 2 45$^{29,\ 31}$, 11

P

Paarweises Abbiegen 2 5^{67}, 9$^{27,\ 35}$
Pächter als Kfzhalter 1 7^{16}
Packwagen 3 18
Parken 2 12, Parkverbote 2 12$^{44\ ff}$, 26^{18}, keine Parkausnahmen für Behörden 2 45^{28} (weitere Unterstichworte: § 12 StVO Übersicht vor Rz 19)
Parkflächenmarkierung 2 41 vor Z 299$^{191-194,\ 243}$
Parkgebühr 1 6 a, 2 13

1669

Sachverzeichnis

fette Zahlen = Gesetze, magere Zahlen = §§

Parkhaus 2 1[14]
Parkleitlinie 2 12[58 c], 13[8], 41 III Nr 7
Parkleuchte 2 17[32], 3 22 a, 51 c
Parklücke, Vortritt 2 12[59]
Parkmarkierung 2 12[57]
Parkplatz 2 1[13–16], 12[57], 42 VZ 314[27–30, 181], gebührenpflichtiger 1 6, 2 45 I b, Sorgfaltspflichten 2 8[31 a], Vorfahrt 2 8[31 a]
Parkscheibe 2 13[1, 7, 11, 12], 41 Z 291[168, 229]
Parkscheinautomat 2 13, 43 I
Parkstreifen 2 12[58]
Parkuhr 2 13[8, 10], Übermaßverbot E 6, 2 13[10]
Parkverbote 2 12[44 ff], 41 Z 299, für Gewerbefze 1 6, 2 12 III a, keine Behördenausnahmen 2 45[28], Grenzmarkierung 2 12[56], Strecke 2 12[44]
Parkvorrechte 1 6, 2 12, 41, 42 IV, 45 I b, 47 II
Park-Warntafel 2 17[30, 32], 43 IV, 3 22 a, 51 c, 53 b
Parkzeit 2 13[1, 8], 41[156, 157]
Pathologischer Rausch 4 316[32]
Pedalrückstrahler 3 22 a, 53, 67
Pendelwinker 3 54, 72
Personalien des Halters 3 23, Angabe im Fahrzeugbrief 3 25
Personenbeförderung 2 21, 23[22, 23], 3 35 i, gegen Entgelt 1 8 a, nicht geschäftsmäßige 1 16, Vermerk im FzSchein 3 23[18]
Personenkraftwagen 3 23, 72, Außenkanten 3 30 c, Höchstgeschwindigkeiten 2 3, Anhängelast 3 42, Fahrtschreiber 3 57 a
Personenschaden 1 9, 10, 11
Personenschlitten 3 64 b
Pfändung von Kfzen, Brief 3 25
Pfeile als Markierung 2 41 Z 297[183–189, 241], als Lichtzeichen 2 37[29 ff, 47, 51, 52, 59], Haltverbot 2 12[36]
Pferd 2 3[30], 28, 1 17
Pferdefuhrwerk s Fuhrwerk
Pferdehalter 2 28, 1 17
Pflichten des Führers 2 23, 3 31
Pflichtenkollision E 119, 153
Pflichtversicherung 3 29 a ff, s Haftpflichtversicherung
Phantasiezeichen 2 39[7, 31, 32], 41[246 f]
Pharmazeutische Mittel s Medikamente
Physikalisch-Technische Bundesanstalt 3 22 a
Plakette 2 23[15], 3 23, 29
Planiermaschinen s Arbeitsmaschine
Police-Pilot-System 2 3[62 a]
Polizei, Verkehrsregelung 2 44, Gefahr im Verzug 2 44[6], Zeichen, Weisungen 2 36, Wegerechtsfahrzeuge 2 35, 3 52, Datenübermittlung durch die - 1 2[25]
PolizeiFze, Zulassung 3 19[1, 5]
Polizeiflucht E 150 a, 4 142[72], 316[37]
Post 2 35, Ausnahmegenehmigung 2 12[29, 40], 35[15], Haftung aus Personenbeförderung 1 16[17]
Praktische Prüfung 3 a 17, Bewertung 3 a 17[7], Gegenstand 3 a 17[6], Mindestdauer 3 a 17[6], Vorbereitung 3 a 17[5]
Prämienvorteil, entgangener 1 12[29, 30]
Private Hinweiszeichen auf Grundstückseinfahrten 2 33[12]
Privatgrundstück, öfftl Verkehr 2 1[13–16], VZ außerhalb öfftl Verkehrs 2 33

Probefahrt 3 19, 22 a, 28, 29 g, Halter 1 7[18], -kennzeichen s Kurzzeitkennzeichen, Rote Kennzeichen
Probezeit 1 2 a[5], Ausnahmen 3 a 32, Dienstfahrerlaubnis 3 a 33, Zuwiderhandlungen 3 a 34
Produkthaftung 3 22[6], 30[12]
Profile der Reifen 3 36
Propaganda 2 33
Prothesenträger 3 a 2
ProViDa 2 3[62 a]
Prozession 2 27
Prüfbescheinigung für Mofa – 25 3 a 5, für Abgasuntersuchung 3 47 a[5, 11]
Prüfbücher 3 29
Prüfer für den Kfzverkehr 3 29, s Sachverständige
Prüfmarke 3 29
Prüfprotokoll 3 29[23, 39]
Prüforte 3 a 17[6]
Prüfplakette für Kfze und Anhänger 3 29, für Abgasuntersuchung 3 47 a[6, 7, 11]
Prüfstelle für Typprüfung 3 20, für Teile 3 22 a
Prüfung 1 2[5], der Betriebssicherheit vor der Fahrt 2 23[25], der Kfze 1 6[5], 3 29, der Bremsanlagen 3 29, Fahr- 1 2, praktische 3 a 17, theoretische 3 a 16, 46[7 ff], Verfahren nach der – 3 a 16[7], 17[8], Wiedererteilung der Fahrerlaubnis ohne nochmalige – 1 2, s auch Fahrerlaubnisprüfung
Prüfungsfahrten der Sachverständigen 3 28
Prüfungsfahrzeug mit automatischer Kraftübertragung 3 a 17[9 f]
Prüfungsfragebögen Ausweitung 3 a 16[7], 46[9]
Prüfungsverfahren 3 29
Prüfzeichen für Fahrzeugteile 3 21 a, 22 a, 72, Feilbieten usw nicht mit – versehener Teile 3 22 a, 1 23
Psychologischer Test 1 2[22], 3 a 11[14]
Psychopath 1 2[12]
Psychopharmaka 4 316[3, 4, 22, 25, 32, 73]
Punktbewertung 1 4[5], 3 a 40[3]
Punkteabzug, Bonus-System 1 4[20], 3 a 45
Punktstrahler 3 22 a, 52
Punktsystem 1 4, 3 a 40 ff, Aufbauseminar 3 a 41, 42, Maßnahmen der FEB 3 a 40, Punktbewertung 3 a 40[3], Punkteabzug 3 a 45
Pupillenreaktion 4 316[66]

Q

Quad 2 21 a[2], 3 6[19], 18[20 b], 23[15], 29 e[2], 35 a[7], 35 h[3], 53 a[3], 3 a 6[15]
„Qualifizierter" Rotlichtverstoß 1 25[14], 2 37[61]
Qualm 2 1[36, 40], 3 30
Querrinne 2 40 Z 112, 45[53]
Querverkehr, Überholen 2 5[34], Vorfahrt 2 8[47], Fußgänger 2 25[22 ff]
Quotenvorrecht 1 10[12], 11[17], 12[3 a]

R

Radabdeckung 3 36 a
Radachse 3 34
Radar, Radarwarngerät 2 3[59], 23[5–7, 38, 39]
Radarfoto 1 24[76]
Raddruck s Achslast
Räder 3 36, 63

hochgestellte kleine Zahlen = Randziffern

Sachverzeichnis

Radfahrer 2 2[66], 23[20, 37], Veranstaltung 2 29, Lichtzeichen 2 37[12, 34, 35, 58], 40 Z 138[67], Seitenabstand 2 2[69], 5[13 a, 54–58], einzeln hintereinander 2 2[70], Fahrweise 2 2[15, 70, 71], Freihändigfahren 2 23[37], Rechtsüberholen durch – 2 5[65], 9[28], Seitenstreifen 2 2[16, 68], Fahrbahnrand 2 2[69], Verhalten gegenüber jugendlichen -n 2 5[34, 40], Rechtsfahrgebot 2 2[66–71], Abbiegen 2 9[13 ff, 19, 21, 28, 38, 42], Einordnen zwischen Fahrzeugen und rechtem Fahrbahnrand 2 5[65], 9[28], Fahrgeschwindigkeit 2 3[12], Zeichengeben 2 9[19–21], Mitschuld 1 9[16], Überholen von -n 2 5[34, 40, 54–56, 74], Begegnen in verengter Fahrbahn 2 6[9], Verkehrsdisziplin 2 2[29], 23[37]
Radfahrstreifen 2 2[20]
Radio 2 23[16]
Radlast 3 34
Radlaufglocke 3 64 a
Radrennen 2 29
Radschlupf 2 3[57]
Radverkehrsführung 2 9[13 ff, 38]
Radweg 2 2[66, 67], 19[11], Benutzung 2 2, Kennzeichnung 2 2[66, 67], Benutzungspflicht 2 2[67], 27
Rahmen (Kfz) 3 59
Rallye 2 29
Randstreifen s Bankett
Rationierung der VerkTeilnahme, keine 2 30[14], 45[28]
Raub, räuberische Erpressung 4 316 a
Rauch, Sichtbehinderung 2 3[39], 5[34]
Rauchen beim Fahren 2 3[67], 23[12]
Räum- und Streupflicht 2 45[56–68]
Räumliche Geltung der VerkOW 1 24[10–13]
Rauschgift s Drogen, s auch Alkohol, Medikamente
Rauschtat 4 316[32]
Reaktion auf unverschuldete Gefahr E 86, 2 1[30, 46], 1 24[19]
Reaktionszeit E 86, 2 1[30], 3[44]
Rechtfertigungsgründe E 112 ff
Rechthaberei 2 1[5]
Rechts, Vorfahrt 2 8[38], Rechtsverkehr 2 2
Rechtsabbieger, Vorfahrt 2 8[64], Einordnen 2 9[27], Vortritt 2 9[37, 39–42], in Fahrstreifen 2 9[27]
Rechtsänderung E 40–42
Rechtsanspruch auf Fahrerlaubnis und Zulassung 1 2[31]
Rechtsausweichen 2 2, 6[9]
Rechtsbeziehungen zwischen FEB, Betroffenem und Gutachter 3 a 11[19]
Rechtsfahren 2 2, Ausnahmen 2 7, 37, 42 Z 340, weit rechts fahren 2 2[9, 35–42], des Überholten 2 5[61]
Rechtsgehen 2 25
Rechtsheranfahren gegenüber Wegerechtsfahrzeugen 2 35
Rechtslenkung zulässig 3 38
Rechtsquellen E 1
Rechtstreue 1 24[53], 4 315 c[49 f]
Rechtsüberholen 2 5[13, 64–69], 4
Rechtsvereinheitlichung E 17
Rechtsverlust, Rechtsverwirkung 1 15
Rechtsverordnungen, Befugnis des BVerkMin 1 6[23, 24], 6 a, b, c

Rechtswidrigkeit E 112 ff
Rechtswidrige Absicht bei Kennzeichenmißbrauch 1 22[6, 8]
Rechtzeitiges Verlangsamen 2 3[17 ff], Ausweichen 2 6[9, 10], Zeichengeben 2 5[6/7, 9–11, 46–51], 6[7], 9[4, 17–21], 10[16], Warnen 2 16[12], Abblenden 2 17[11, 11 a, 22–25]
Reflexbewegung E 86, 131, 1 24[25]
Regelkenntnis E 142
Regelung durch Polbeamte oder Farbzeichen 2 36, 37
Regen, Abblendlicht 2 17[5, 27–29], Gefährliche Güter 2 2[72], Höchstgeschwindigkeit 2 3[38], Überholen 2 5[38 a]
Registerauskünfte 1 2[19, 26]
Registrierung 1 2[39], 3 a 29, von EU/EWR-Fahrerlaubnissen 3 a 29
Regulierungsbehörde für Telekommunikation 2 35[15]
Reichsversicherungsordnung, Haftungsausschluß nach § 636 RVO 1 7[61], 16[3, 17], Hilfeleistung bei Unglücksfall 1 16[3], Rückgriff gem § 640 bei Trunkenheit 4 316[70], Wegeunfall 1 16[7]
Reifen 2 23[33], 3 36
Reißverschlußverfahren bei Verengung 2 7
Reiter E 46, 2 2[24], 28, 41[248] Z 250
Reitweg E 46, 2 2[28], 41 Z 238
Reklame, Verbot an Verkehrszeichen 2 33, verkehrsbehindernde 2 33, 1 6[17], Reklamefahrt, Reklameparken 2 33, 3 28
Relative Fahruntüchtigkeit 4 316[15, 16]
Rennen, Rennveranstaltung 1 16[2], 2 29, Rennfahrer 2 29
Rennpferd 2 28
Rennrad 3 67
Rente 1 13
Rentenhysterie 1 11[7]
Reparaturkosten 1 12[21]
Reservereifen 3 36
Resorption 4 316[6, 7, 14]
Resorptionsdefizit 4 316[52]
Restalkohol 4 316[8, 25]
Restparkzeit 2 13[1, 8]
Restwert 1 12[8, 17]
Retroreflektierende Streifen 3 22 a
Rettungsdienstfahrzeug 2 35
Reue, tätige 4 315 b[19]
Richtgeschwindigkeit 2 3[55 ff], 42 Z 380[90, 91, 181]
Richtlinien, s EG-Richtlinien
Richtungsänderung, Anzeige, s Ankündigung
Richtungspfeil 2 12[36], 41 Z 297
Richtzeichen 2 39, 42
Risiko, erlaubtes E 121
Risikozuschlag 1 12[5, 10, 14]
Rodeln 2 31, 41 Z 250
Rodelschlitten 2 24, 3 16
Rollbrett 2 24, 31
Roller 2 24, 31, 3 16, als Kleinkraftrad 3 18
Rollschuhlaufen 2 31
Rollstuhl s Krankenfahrstuhl
Rombergscher Test 4 316[66]
Rote Fahne als Warnzeichen 2 19, 3 43
Rote Kennzeichen für Prüfungs-, Probe- und Überführungsfahrten 3 28, 29, 29 g

1671

Sachverzeichnis

fette Zahlen = Gesetze, magere Zahlen = §§

Rote Schrägbalken 2 37$^{36\,ff}$
Rotes Dauerlicht 2 12^{37}
Rotes Kreuz, Hilfsposten 2 42 Z 358
Rotes Licht 2 37$^{28,\,29,\,50}$, vor Fahrbahnhindernissen 2 32, Schluß- oder Bremsleuchten 3 53, an Fahrrädern 3 67
Rote Versicherungskennzeichen 3 29 g
Rotkreuzleuchte 3 52
Rotpfeil 2 37$^{29,\,51}$
Rückenlehne 3 35 a, 72
Rückfahrscheinwerfer 3 22 a, 72
Rückfall, Mindestmaß der Sperrfrist 4 69 a^8
Rückfallwahrscheinlichkeit bei Trunkenheitstätern 3 a 13^5
Rückgriff 1 12$^{3\,a}$
Rückhaltesystem 2 21$^{9\,a}$, 21 a, 3 35 a, 72
Rückrechnung 4 316$^{14,\,59-62}$
Rückschaupflicht vor Überholen 2 5$^{5,\,42-45}$, des Überholten 2 5^{61}, vor Hindernissen 2 6^6, vor Fahrstreifenwechsel 2 7$^{17,\,20}$, des Abbiegers 2 9$^{7-10,\,24-26,\,48}$, zweite Rückschau 2 9$^{7-10,\,25,\,26,\,48}$, beim An- und Einfahren 2 10$^{7,\,10\,f,\,15}$, vor dem Ein- u Aussteigen 2 14^6
Rücksicht auf Verkehrsteilnehmer 2 1$^{5,\,34\,ff}$, beim Abbiegen 2 9^{43}, 11, auf Anfahrende 2 10^9, auf Kinder 2 25$^{26\,ff}$, auf Fußgänger 2 25$^{38-40}$, auf den Fahrverkehr 2 25$^{14-19,\,22\,ff,\,33-37}$
Rücksichtslos 4 315 c$^{20-24}$
Rückspiegel 2 5^{43}, 14^6, an Kfz 3 56, an anderen Fahrzeugen 3 66
Rückstrahlende Kennzeichen 3 60, Mittel 3 49 a
Rückstrahler 2 17, 22, 23, 24, 3 22 a, 51, 53, 53 b, 66 a, 67, 72
Rücktritt vom vollendeten Delikt 4 315 b$^{19-21}$
Rückwärtige Sicherung 3 53^9
Rückwärtsfahren, Sichtbehinderung 2 3^{29}, Sorgfalt 2 9$^{11,\,51-53}$, auf der AB 2 18$^{21,\,22}$, Abbiegen 2 9$^{16,\,51}$, Anfahren 2 9^{51}, 10^7, Einfahren 2 9^{51}, 10$^{11,\,13}$
Rückwärtsgang 3 39, 72
Rückwirkung E 36, 37, 4 316$^{14\,a}$
Rundumlicht 3 52

S

Sachbeschädigung, Gefährdungshaftung 1 7, 9, 12, mitwirkendes Verschulden 1 9, Begrenzung der Gefährdungshaftung 1 8, 12$^{1-3\,a}$
Sachschaden, Haftung 1 8 a, 12, 16
Sackgasse 2 12$^{58\,b}$, 42 Z 357^{78}
Sachverständige, für den Kfzverk 3 17, 18, 19, 20, 21, 22, 23, 29 s auch Sachverständiger oder Prüfer
Sachverständiger oder Prüfer 3 17$^{12,\,13}$, 18, 19, 22, 22 a^{21}, 23, 28, 29$^{21,\,22}$,47$^{1\,d}$, 47 a, 3 a 11$^{10,\,16}$, 16^5, 22^{12}
Sachwehr E 115
Saisonkennzeichen 3 23$^{22\,a,\,24}$, 27^9, 29$^{21,\,27}$, 29 d^{10}, 47 a^7, 60^8
Sandfahrzeuge 2 22^{16}
Sanktion E 65 ff
Sattelanhänger, Begriff 1 1, 3 18, Personenbeförderung auf Ladefläche 2 21, Gesamtlänge 3 32, Aufliegelast 3 24, Stützeinrichtung 3 44

SattelKfz 3 32, 34, 35, 3 a 6$^{12,\,18}$, Feiertagsfahrverbot 2 30, 3 32, Anhänger 3 32 a, 3 a 6$^{12,\,18}$, Motorleistung 3 35, s auch Arbeitsmaschine
Sattelschlepper, kein weiterer Anhänger 3 32 a, Ausnahme v Gummibereifung 3 36
Schachtdeckel, Parkverbot 2 12^{51}
Schaden bei Gefährdungshaftung 1 7, 10–13, bei Unfallflucht 4 142$^{27,\,28}$
Schadenausgleich 1 12^2, 17
Schadenermittlung 1 12$^{6,\,10}$
Schadenersatz s Sachbeschädigung, Schaden, Begrenzung bei Gefährdungshaftung wegen Tötung 1 10, wegen Körperverletzung 1 11, Art 1 11, auf Höchstbeträge 1 12, 12 a, 12 b, Haftung des Halters 1 7, des Führers 1 18, aus anderen Gründen 1 16, Ausgleich unter mehreren Haftpflichtigen 1 17
Schadenminderungspflicht 1 9, 10, 11, 12 8$^{-9,\,12}$
Schadenverteilung 2 8$^{69\,f}$, 1 17
Schadenverursachung durch mehrere Kfze 1 17, Maß der Verursachung 1 17
Schädigung anderer 2 1^{34}, 3 30
Schadstoffarme Kraftfahrzeuge 3 47$^{6,\,7}$, 47 a$^{2,\,8}$
Schalldämpfer, Auspuffgeräusch 3 49
Schallpegelmesser 3 49
Schallzeichen als Warnzeichen 2 16$^{6,\,7}$, Bauart 3 22 a, 55, 64 a
Schätzung der Fahrgeschwindigkeit 2 3^{63}
Schaublatt 3 57 a
Schaufellader 3 32, s auch Arbeitsmaschine
Schaustellerwagen 3 18, 36
Scheiben 3 22 a, 40
Scheibenwischer 3 40, 72
Scheinwerfer, Fahrgeschwindigkeit 2 3$^{32-35,\,37}$, Beleuchtung der Fahrbahn 2 17, 3 50, Bauartgenehmigungspflicht 3 22 a, allgemeine Grundsätze 3 49 a, zusätzliche 3 52, Kenn- 3 52, Einstellung 3 50, Schutzgitter 3 50, versenkbare 3 50, Halogen- 3 50, Schaltung 3 50, Verstellbarkeit 3 50, an Fahrrädern mit Hilfsmotor u Kleinkrafträdern 3 50, 72
Scheuen von Tieren 2 28, 1 17
Schieben 1 18^2, 21^{10}, 24 a^{10}, 2 1^{17}, 15^6, 17^{19}, 23$^{35,\,37}$
Schiebkarren 2 24
Schienen s Gleise
Schienenfahrzeuge, Vorrang 2 2$^{12,\,13,\,64,\,65}$, 9$^{36,\,49}$, 19$^{8,\,9}$, 41 Z 205, Ausweichen und Überholen 2 5$^{69,\,70}$, im Straßenverkehr 4 315 d, besondere Lichtzeichen 2 37$^{33,\,56}$
Schienenglätte 2 3^{23}
Schienenreiniger 2 35, Warnkleidung 2 35
Schienenverkehr, Gefährdung 4 315 d
Schilder 2 39^{37}, s Verkehrszeichen, Geschwindigkeits- 3 58, Fabrik- 3 59
Schlagloch 2 3^{18}, 45^{53}
Schlamm 2 32
Schlangenbildung 2 7
Schlangenlinie, Fahren 4 316$^{15,\,16}$, 2 2^{42}, 5^{53}
Schlechtarbeit der Werkstatt 1 12^{22}
Schlechterstellung 4 44^{21}, 69^{28}, 69 a^{18}
Schleppen von Fahrzeugen 3 33, 43, s Abschleppen
Schleudern 2 3^{66}, 40 Z 114$^{37-38,\,93}$, 3$^{18-21}$, 1 17^{30}
Schlitten 2 31, Schallzeichen 3 64 a, Bremsen 3 65, Motor- 1 1

hochgestellte kleine Zahlen = Randziffern **Sachverzeichnis**

Schlüpfrigkeit, Fahrweise 2 3[18 ff], 32[7]
Schlußleuchten, Ausfall während der Fahrt 2 23, Art und Anbringung 3 53, 66 a, 67, Bauartgenehmigung 3 22 a, für Omnibusse und Omnibusanhänger 3 53
Schmale Fahrbahn, Rechtsfahren 2 2[35], Fahren auf halbe Sicht 2 3[16]
Schmalspurbahn, Ausgleich bei Zusammenstoß 1 17
Schmerzensgeld, Anspruch bei Gefährdungshaftung 1 11[8]
Schmutz, spritzender 2 1[33], auf Fahrbahn 2 32[7]
Schmutzfänger 3 36 a
Schneefall, Gefährliche Güter 2 2[72], Sichtbehinderung 2 2[72], 3[38], 5[38 a], 17[5, 27–29], Abblendlicht 2 17[5, 27–29]
Schneeglätte, Fahrweise 2 3[20 f]
Schneeketten, Höchstgeschwindigkeit 2 3 IV, 41 Z 268[106, 107, 217, 248], 3 37
SchneeräumFz, s Straßenwinterdienst
„Schneiden" des Überholten 2 5[8, 52], 4 315 c[33]
Schnellverkehr auf AB 2 18
Schrägbalken, rote 2 37[36 ff]
Schrägparken 2 12[58 a, d]
Schranken 2 19[18, 19, 21, 23, 31, 32], 40 Z 150, 151[75, 76, 81–83], als VerkEinrichtung 2 43
Schrankenwärter 2 19[22, 31]
Schreckhaftigkeit 1 2[10]
Schreckreaktion E 86, 2 1[29]
Schreckwirkung 2 1[29], auf Angehörige des Verletzten 1 11[6]
Schreckzeit 2 1[29]
Schriftzeichen auf Fahrbahn 2 42[64–66]
Schrittgeschwindigkeit beim Fahren 2 20, 41 Z 239, 42 Z 325
Schubkarre 2 24
Schulbus 2 16, 20[4, 9, 12], 3 54
Schuld bei Ordnungswidrigkeit 1 24[23–25, 49, 50]
Schuldanerkenntnis 1 7[50]
Schuldfähigkeit 4 316[29], erheblich verminderte 4 316[29, 30]
Schuldhaftes Ermöglichen einer Schwarzfahrt 1 7[53–55]
Schuldmaßstab E 129[d], 1 7, 16[7], 18
Schuldunfähiger, Mitverursachung 1 9[11, 12]
Schuldunfähigkeit E 151 a, 4 316[29, 30]
Schule, Verhalten des Kraftfahrers 2 25[29], Hinweisschild 2 40 Z 136
Schüler 1 2[40]
Schüler und Studenten aus EU/EWR-Staaten 3 a 7[6 ff], 28[5], 29[4]
Schülerlotse s Verkehrshelfer
Schulklasse im Straßenverkehr 2 27
Schüttgut 2 22
Schutz der VerkZeichen 2 33, der Erholungsuchenden und Nachtruhe 1 6[12/13]
Schutzbereich der VerkRegelungen E 24, 107
Schutz des Verkehrs 2 45
Schutzgesetz E 6, 107, 2 1[44], 32[14], 3 34 a, 41[1], 1 1[14], 2[46], 16[1]
Schutzgitter vor Scheinwerfer 3 50
Schutzhelm 2 21 a, 3 22 a, 1 9[17]
Schutzinseln der Straba 2 20
Schutzstreifen für Radfahrer 2 2[69], 42[55, 181] Z 340

Schutzzweck E 100, 104, 107, 2 1[47]
Schwarzfahrt, Gefährdungshaftung 1 7[52–59], 2 14[20], Strafbarkeit 4 248 b
Schwarzpfeil auf Rot 2 37[51], auf Gelb 2 37[52]
Schweigen im Verfahren E 96 a, 3 31 a[6]
Schwerbehinderte, Parkerleichterung 2 12[60 b], 46, 47
Schwerhörigkeit 1 2[8]
Schwertransport 2 29, 30, Genehmigung 2 47
Sehtest 1 6[22], 3 a 12[2], 67
Sehteststelle 3 a 67
Sehvermögen, Sehschärfe, Sehmängel E 130, 132, 2 3[37], 1 2[8], 3 a 12
Seitenabstand beim Überholen 2 5[54–58], beim Vorbeifahren 2 6[9], 14[8], an Haltestellen 2 20[9], an haltendem Bus 2 20[9], von Kfzen bei Fußgängern 2 25[12]
Seitensichtspiegel 3 56
Seitenstreifen 2 2[16 c, 23, 25, 68], 5[19 a], 12[38], 41[71, 154, 181, 239, 248], Anordnung des Befahrens 2 41 Z 223.1[71, 248]
Seitenwind 2 3[40], 40 Z 117[42, 43]
Seitliche Begrenzung, Kenntlichmachen 2 17, 22, 27, 3 51 a, 51 b
Seitliche Beleuchtung 2 17[14], 3 51 a, 51 b
Seitliche Schutzvorrichtungen 3 19[1 b], 27[6, 13], 32 c
Selbständige Sperrfrist 4 69 a[1]
Selbstaufopferung 1 16
Selbstfahrende Arbeitsmaschine 3 18, 3 a 6[9]
selbstfahrende Kräne s Arbeitsmaschine
Selbstfahrer-Mietfahrzeug, Briefvermerk 3 25, Halter 3 27
Selbstgefährdung 1 16[9]
Selbstleuchtende Kennzeichen 3 60[5, 9, 15]
Selbstreparatur 1 12[23]
Sense 2 32
Serienkraftfahrzeug 3 20
Sichentfernen nach Unfall 4 142
Sicherheit, Sonderrechte 2 35, Verkehrsbeschränkungen 2 45, des Straßenverkehrs 4 315 b, öffentliche 1 6, 2 45 I
Sicherheitsabstand nach rechts 2 2[41, 42], nach vorn 2 4[1, 2, 5 ff], beim Überholen 2 5[52, 54–58]
Sicherheitseinrichtung 2 23[21]
Sicherheitsglas 3 22 a, 40, 72
Sicherheitsgurt 2 21 a, 3 35 a, 72, Bauartgenehmigung 3 22 a
Sicherheitsleistung des Ausländers 1 24[75], 26[6], 4 315 c[63, 64], bei Geldrente 1 13
Sicherheitsprüfung 3 29[25]
Sichern des Fz beim Verlassen 2 14[10–19]
Sicherstellung des Führerscheins (Gleichstellung mit vorl EdF) 1 21[22], 26, 5 111 a[13, 14], nicht vorschriftsmäßiger Fahrzeuge 2 23[17], des Fahrzeugs nach erheblichem Verkehrsverstoß 1 24[66]
Sicherung des Kfz bei Liegenbleiben 2 15, 18[24], 3 53 a, beförderter Personen 2 21, der Kfze gegen unbefugte Benutzung 2 14[1-3, 13–19], 3 38 a, 1 7[53–55]
Sicherungsübereignung 3 17, 23, Halter 1 7[23]
Sichtbarkeit der VZ 2 39[14, 16, 19, 32–34], 36
Sichtbarkeitsgrundsatz bei VZ 2 41[228, 247], Z 242/243[248], Z 270[248], Z 290, 292[248], Z 325, 326[248]

1673

Sachverzeichnis

fette Zahlen = Gesetze, magere Zahlen = §§

Sichtbehinderung, Fahrgeschwindigkeit **2** $3^{14\,\text{ff}}$, $^{32\,\text{ff}}$, durch andere **2** 3^{29}, durch Fahrzeugbauweise **2** 29, durch Wetterverhältnisse **2** $3^{38\,\text{ff}}$, Vortritt bei Verengung **2** 6^8, Dunkelheit **2** 17^{16}, Nebel, Schneefall **2** 17^{27}, durch Scheibenplaketten **3** 5b
Sichtfahrgebot 2 $3^{12-15,\,17}$, 8^{55}
Sichtfeld 2 23^{15}, **3** 35b
Sichtgrundsatz 2 $3^{12-15,\,17-40}$
Sichtmöglichkeit, Beleuchtung **2** 17, AB **2** 18^{19}, Platz des Fahrzeugführers **2** $23^{8,\,15}$, **3** 35b
Sichtweite, Fahrgeschwindigkeit **2** $3^{12-17,\,32\,\text{ff}}$, 17^{26}, halbe **2** 3^{16}, widrige Umstände **2** 3^{17-40}, Sichtbehinderung durch andere **2** 3^{29}, unter 50 m **2** 2^{72}, 3^{38}, $5^{38\,\text{a}}$
Sielengeschirr 3 64
Signale, der Eisenbahn **2** 19, **1** 17, nicht als Gefährdung des Straßenverkehrs **4** 315b^{12}, s Warnlichter
Sinnbilder, schwarze **2** 38^6, in VZ **2** 39
Sinnesleistung, Grenzen E 130
Sinnvolle Beachtung der Verkehrsregeln E 122–124, **1** 26a^{23}, **2** 1^{6-10}, 2^{43-45}, $8^{45,\,47}$, 9^{30}, 11, 16^{10}, $25^{14,\,16,\,43}$, 36^{21}, $37^{44,\,45}$
Sirene als Schallzeichen verboten **3** 55
„Sittliche" Mängel 1 $2^{12,\,13}$, 3^8
Sitz, besonderer **2** $21^{3,\,7}$
Sitze f Fahrzeugführer und Beifahrer **3** 35a, für Kinder **3** 35a
Sitzgelegenheiten, Sitzplätze bei Beförderung v Personen auf Ladeflächen **2** 21, in Omnibussen **3** 35a, für Kinder auf Fahrrädern oder Krad **3 a** 4, **3** 35a
Sitzkarre 3 18, 54
Skate Board 2 24, 31
Skier 2 24, 31
Skilaufen, innerorts **2** 31
Smog 2 41 Z 270, 45 I c, I e, 45^{41}
Sofortmaßnahmen am Unfallort **3 a** 19, 68
Sonderfahrstreifen 1 6, **2** 9 III, für Linienbusse (Taxen) **2** 37, $41^{86\,\text{b,\,c}}$
Sonderfahrzeuge, landwirtschaftliche **3** 18
Sondernutzung E 51, **2** $12^{42\,\text{a}}$, 29
Sonderrechte E 52, 127a, **2** 35, 38, Befreiung vom Gefährdungsverbot **2** $35^{4,\,8}$
Sonderwege 2 $2^{24,\,28}$, 41 Z 237–241$^{80-86\,\text{c},\,210-212}$
Sonnenlicht, Blendung **2** 3^{36}
Sonntag, Fahrverbot f Lkw **2** 30, Ausnahmen **2** 47
Sorgfalt, äußerste E 150, **2** 2^{72}, **3** II a, $5^{3,\,4,\,25,\,26,\,42}$, 7, $9^{11,\,52,\,53}$, $10^{2,\,10-16}$, $14^{1,\,9}$, 20^{10}
Sorgfaltspflicht, im Verkehr **2** 1, $5^{3-11,\,25,\,26,\,40-60}$, 7, $8^{6-8,\,57}$, $9^{17\,\text{ff}}$, 10^{10-16}, 11, $14^{1,\,9}$, 18^{20}, 20^{10}, 23, $25^{22\,\text{ff}}$, $26^{13,\,30}$, des Fahrlehrers **1** 2^{45}, des Halters **2** 14^{19}, **1** 17, des Vorausfahrenden **2** $4^{1-3,\,11}$, des Abbiegers **2** 9^{17}, des Rennveranstalters **2** 29
Sozialadäquanz E 81, 120, 136
Soziale Stellung bei Geldbuße **1** 24^{57}
SP-Schild 3 29
Spätaussiedler, Anerkennung der FE **3 a** 31^{14}
Spannungsfall 2 35
Spazierfahrten 2 30
Sperrfläche 2 41 Z 298$^{190,\,242,\,248}$, auf AB **2** $18^{18\,\text{a}}$

Sperrfrist f Wiedererteilung der Fahrerlaubnis **1** 2^{32}, **4** 69a, selbständige Anordnung **4** 69a^1, Ausnahmen von der – **4** 69a$^{5-7}$, Verlängerung bei Rückfall **4** 69a^8, Anrechnung der vorl EdF **4** 69a^{10}, desgl der Zeit der Verwahrung des Führerscheins **4** 69a^{10}, Abkürzung **4** 69a$^{14,\,15}$
Sperrhölzer als Bremsvorrichtungen **3** 65
Sperrschranke 2 43
Sperrwirkung der gerichtl Entz d Fahrerlaubnis **1** $3^{15\,\text{ff}}$, **4** 69a^1, s Sperrfrist
Spezialanhänger 3 18
Spiegel, Rück– **3** 56, 66, in Scheinwerfern **3** 50, Höhe der unteren –kante der Scheinwerfer **3** 50
Spiegelmeßverfahren 2 3^{60}
Spiel, Spielstraße 2 $25^{26\,\text{ff},\,30}$, 31, 41 Z 250
Spielfahrräder 2 $2^{29,\,29\,\text{a}}$
Spielplatz 2 31
Spikes 3 36
Spindelbremse 3 65
Splitthaufen 2 45^{53}
Sport 2 31
Sportgeräte, Spezialanhänger **3** 18
Sprengwagen, Warnanstrich **2** 35
Spurfahren s Fahrstreifen
Spurhalteleuchte 3 22a, 51
Spurhaltung 3 32d
Städtebauliche Entwicklung 1 6
Stadtverkehr, Abstand **2** $4^{2,\,7-9}$
Ständer an zweirädrigen Kfzen **3** 61
Standlicht 2 $17^{4,\,20}$, **3** 51
Standort des Kfz **3** 23, Wechsel **3** 27
Standspur 2 $5^{20,\,24}$, $18^{14\,\text{b,\,20}}$
Stapler 3 18^{16}
Starrdeichselanhänger 3 34^6
Stationierungstruppen E 29, s Alliierte, Nato-Streitkräfte, Haftung **1** 16^{22}
Stehenlassen unbeleuchteter Fze **2** 17^{35}
Steigung 2 $40^{26-29,\,91}$
Steinschlag 2 40 Z 115$^{39,\,41}$
Stempelplakette 3 23
Sternfahrt 2 29
Steuerabmeldung 3 27^{36}, 29a, 29b
Steuerung s Lenkung, Versagen kein unabwendbares Ereignis **1** 17^{30}
Stillgelegtes Kraftfahrzeug, vorübergehend **3** 25, 27, 29a, 29b, **9** 34, für mehr als ein Jahr **3** 27
Stillschweigender Haftungsausschluß 1 16
Stillstand des Kfzs als Betrieb **1** 7^{4-13}
Stockung 2 11, auf AB und Außerortsstraßen **2** 11^{10}, auf Gleisen **2** 19^{28}
Stoppstraße 2 $8^{60,\,61}$, 41 Z 206
Stoppuhrmessung 2 3^{60}
Stoßstange 3 30
Strafantrag bei unbefugtem Kfzgebrauch **4** 248b
Strafaussetzung zur Bewährung **4** 315c$^{57,\,58}$, 316$^{46\,\text{ff}}$
Strafbare Handlungen, Ungeeignetheit **1** 2^{13}, 3^8
Strafbefehl, EdF durch – **4** 69^9, Begründung, warum keine EdF, auch im – **4** 69^{27}
Strafbestimmung 1 2^{48}
Strafe, Absehen von **4** 315c^{56}

hochgestellte kleine Zahlen = Randziffern

Sachverzeichnis

Straftaten, erhebliche oder wiederholte 1 2$^{12\,ff}$, 3 a 11^8, 46^2
Strafverfahren, Vorrang 1 4$^{15\,ff}$, Überleitung in OWVerfahren 1 24^9
Strafvorschriften des StVG 1 Vorb vor 21, 21 ff, des StGB **4**, der IntVO **6**
Strafzumessung 4 142, 315 b, 315 c, 316, 316 a
Straße frei, Zeichen bei VerkRegelung **2** 36, 37
Straße, öffentl **2** 1, **3 a** 1, **1** 1, verkehrsgefährdende Gegenstände **2** 32, Verkehrsbeschränkungen **2** 45
Straßenbahn s Öffentliche Verkehrsmittel, Rücksicht auf – **2** 2$^{12,\,13,\,64,\,65}$, Vorrang **2** 9^{36}, 41^{248} Z 205, Fahrgeschwindigkeit **2** 3$^{15,\,31}$, an Zebrastreifen **2** 26^{15}, Überholen **2** 5$^{69,\,70}$, keine Vorfahrt **2** 8, Zeichengeben **2** 9^{17}, fällt nicht unter den Begriff des Kfz **1** 1^4, Ausgleichspflicht **1** 17, Betriebsgefahr **1** 17, Gefährdung **4** 315 d
Straßenbaubehörde 2 45, **1** 5 b, Träger der Verksicherungspflicht **2** 45^{55}, Zuständigkeit für VerkZeichen **2** 45, Großraum- und Schwertransporte **2** 29
Straßenbaulast 2 45, **3** 30, **1** 5 b
Straßenbaumaschine 3 18
Straßenbeleuchtung und Beleuchtung der Fze **2** 17^{33}
Straßenbenutzung, übermäßige **2** 35
Straßendienst 2 30, 35, 38, **3** 50, 53 b^1
Straßenhandel 2 33
Straßenkehrer, Warnkleidung 35
Straßenkörper 2 45
Straßennamensschilder 2 42 Z 437$^{120,\,121}$
Straßenrecht E 49
Straßenreinigung, Warnfarben für Fahrzeuge und Personen **2** 35$^{2a,\,13,\,14,\,22}$, Zulassungsfreiheit von Anhängern **3** 18
Straßenrückbau 2 45$^{37\,a}$
Straßenschmutz 2 1^{34}, 25^{40}
Straßensperrung bei Bauarbeit **2** 45, aus Gründen der Sicherheit oder Leichtigkeit des Verkehrs **2** 45
Straßenteile, Einfahren **2** 10^6
Straßentrichter 2 9^{30}
Straßenunterhaltung und -reinigung 2 2^{43}, s Straßenwinterdienst **2** 35$^{13,\,14}$, Warnanstrich, Warnkleidung **2** 35$^{24,\,25}$
Straßenverkehr, öffentlicher **2** 1$^{2,\,13-16}$, **1** 1^8, s Verkehrsgefährdung
Straßenverkehrsbehörden der Länder **2** 44^4, 45, Bewilligung von Ausnahmen **2** 46, s Verwaltungsbehörden, Zulassungsbehörden
Straßenverkehrsgefährdung 4 315 b, 315 c
Straßenverkehrsgesetz E 3, **1**
Straßenverkehrsordnung E 6, **2**, Geltungsbereich **2** 53
Straßenverkehrszulassungsordnung E 9, **3**
Straßenwalze 3 a 6, **3** 18, 34, 36, **1** 1
Straßenwartung 2 35
Straßenwinterdienst, Sondervorschriften für Fahrzeuge **2** 35, **3** 42, 50, 52, 53
Streckenverbote 2 41 Z 274 ff$^{110-152\,a,\,219-224,\,248}$ Z 274
Streifen, horizontal umlaufende rote **3** 52
Streifenwagen 2 35$^{8,\,23}$

Streitkräfte, stationierte s Alliierte, Nato-Streitkräfte, ausländische Streitkräfte
Streugerät 2 38
Streupflicht 2 45$^{56-68}$
Stufenführerschein 3 a 6^{13}
Sturm 2 3^{40}
Sturztrunk 4 316$^{14,\,15}$
Stützeinrichtung an Anhängern **3** 44
Stützlast 3 44, 72
Subsidiarität der OW **1** 24^{68}, der Amtshaftung **1** 16^{20}
Suchscheinwerfer 2 17^{37}, **3** 52

T

Tachometer 3 57, 72, defekter **2** 3^{56}
Tachometervergleichung 2 3$^{57,\,62}$
Tafeln s Kennzeichen, Verkehrszeichen, zur Kennzeichnung langsamer, schwerer und langer Kfze **3** 53
Tangentiales Abbiegen 2 9$^{5,\,30}$
Tank s Kraftstoffbehälter
Tankbehälter 3 30
Tankstelle, Zufahrt **2** 1^{14}, fliegende **3** 18
Tankwagen 3 30, 34
Tarnleuchte, Bauartgenehmigung **3** 22 a, 53 c
Tatbestand E 77 ff, der OW **1** 24$^{15,\,16}$
Tatbestandsirrtum bei der OW **1** 24, bei Unfallflucht **4** 142^{62}
Tatbestandskatalog, Bundeseinheitlicher **1** 28^{12}, 24^{64}
Tatbestandskataloge, die Gerichte nicht bindende **1** 24$^{60,\,64,\,65}$, 26 a$^{3,\,22,\,35}$, landesinterne **1** 26
Tateinheit bei der OW **1** 24^{58}, 26 a^{27}
Täter E 91 ff
Tätige Reue s Rücktritt, bei unerlaubtem Entfernen vom Unfallort **4** 142^{69}, bei Straßenverkehrsgefährdung **4** 315 b$^{19,\,20}$
Tatmehrheit bei der OW **1** 24^{59}, 26 a^{28}
Tatzeit E 39 ff
Tauben 2 28
Taubheit s Hörvermögen
Taxenstand 2 41 Z 229$^{77-79}$, Haltverbot **1** 12$^{37\,c}$
Taxi Haftung gegenüber Beförderten **1** 8 a
Taxischild 3 49 a
Technische Geräte zur Anzeige von Überwachungsmaßnahmen **2** 23$^{5-7,\,38,\,39}$, Kontrolle von NutzFzen **3** 29^{20}
Technische Hilfsmittel für Verkehrsschwache **3 a** 2, Betriebserlaubnis und Bauartgenehmigung f Fahrzeugteile **3** 22
Technische Prüfstelle 3 a 22^{11}
Technischer Überwachungs-Verein 3 29
Teilanfechtung 4 69 a^{16}
Teile, Betriebserlaubnis **3** 19, 20, 22 a, Bauartgenehmigung **3** 22, 22 a, Ein- oder Anbau **3** 19^{10}, FahrzeugteileVO **3** 22 a, Verbot, bauartgenehmigungspflichtige Fahrzeug– feilzuhalten **3** 22 a, **1** 23, 24
Teilegutachten 3 19^{10}
Teilnahme E 91 ff, am Verkehr **2** 1$^{17,\,18}$, **3 a** 1, Ordnungswidrigkeit **1** 24^{20}
Teilnahmebescheinigung, Aufbauseminar **3 a** 37, 43
Telefonieren 2 23^{13}

1675

Sachverzeichnis

fette Zahlen = Gesetze, magere Zahlen = §§

Tendenzneurose **1** 11[7]
Theoretische Prüfung **3 a** 16, 46[7 ff], Bewertung **3 a** 16[7], 46[7 ff], Gegenstand **3 a** 16[6], Vorbereitung **3 a** 16[5]
Tieflader **2** 29
Tier **2** 40 Z 140[69, 70], **2** 28, als Hindernis **2** 3[28, 30], Scheuen vor Kfzen **2** 28, **1** 17, Beunruhigung durch Warnzeichen **2** 16[13], Verbot, – vom Fahrrad aus zu führen **2** 28, Treiben und Führen **2** 28, Ausgleichspflicht **1** 17, Verletzung von – **1** 12[51]
Tierhalter, Haftung **2** 28, 32[14], Schadenausgleich mit Kfzhalter **1** 17
Tierschutzgesetz **2** 28
Tilgung der Eintragungen im VerkZReg **1** 29
Tod **1** 10[2]
Toleranzfrist bei Regeländerung **E** 142, 156
Totalschaden **1** 12[10 ff, 18 ff]
Toter Gang des Lenkrades **3** 38
Toter Winkel **2** 5[43], 9[24], **3** 56, nach vorn **2** 23[15]
Tötung, Schadenersatz nach StVG **1** 7, 10, 12[3]
Touristik-Bahn **3** 32 a
Touristischer Hinweis **1** 5 b[2], **2** 42 Z 386, 45 III a, 51
Tragbare Blinkleuchten **3** 31 b, 53 b
Tragfähigkeit des Fahrzeugs **3** 34
Traktor, Sichern **2** 14[16], Fahrerlaubnis **3 a** 6
Transportgeräusch, vermeidbares **2** 22[15]
Traueranzeige, Trauerkleidung, Trauermahlzeit **1** 10[5]
Trecker **2** 14[16]
Treiben von Vieh **2** 28
Treibstoffmangel unterwegs **2** 15[6], 18[25], 23[27], **3** 30[2 a, 14]
Trennscheibe **3** 40
Trennwand **3** 40
Triftiger Grund zum Langsamfahren **2** 3[47, 48]
Trinken, gemeinsames **1** 16
Tritt halten, Brücken **2** 27
Trocknungsanlagen für Scheiben **3** 40
Trunkenheit **1** 2[16], **3 a** 13, 36, Verkgefährdung **4** 315 c, im Verkehr **4** 316, Versagung der Fahrerlaubnis **1** 2[16], **3 a** 13, als Grund zur EdF **1** 3[9], **4** 69[19–21], s Alkohol
Trunksucht **1** 2, 3
Truppenstatut **E** 18, s Natostreitkräfte
Turmdrehkran **3** 32, 49 a, s auch Arbeitsmaschine
Tür, Verschließen **2** 14[14], Öffnen **2** 14[1, 6, 7, 9], Anforderungen **3** 35 e, 72
Türbänder **3** 35 e, 72
Türgriff **3** 30 c
Türöffnen, Sorgfalt **2** 14[1, 6, 7, 9]
Türschloß **3** 35 e
Türsicherungsleuchte **3** 52
Türzuschlagen, lautes **2** 30
Typenfahrzeug, Betriebserlaubnis **3** 20
Typprüfung **3** 20
Typzeichen s Prüfzeichen

U

Überblick, Fahrgeschwindigkeit **2** 3[12–15, 17], beim Überholen **2** 5[3, 4, 25, 26, 28, 34], Anfahren ohne **2** 10[7]

Überdruck in Kraftstoffbehältern **3** 45
Überführungsfahrt **3** 28, 29 g, s Kurzzeitkennzeichen, Rote Kennzeichen
Übergangsbestimmungen zur StVO **2** 53, zur StVZO **3** 72
Übergesetzlicher Notstand s Nostand
Übergewicht **3** 34, **1** 24
Überholen **2** 5, mehrere Fahrstreifen **2** 5[28], 7[10], Fußgängerüberweg **2** 26[1, 20], Pflichten des Überholenden **2** 5[40, 41], Warnzeichen **2** 5[9–11, 59, 60], 16[7], Sicherheitsabstand **2** 4[6], 5[52, 54–58], Fahrstreifenfahren **2** 7, 5[64–66], Schall- u Leuchtzeichen **2** 16[7], auf der AB **2** 18[20] Verbot bei Sichtweite unter 50 m **2** 5[38 a] (weitere Unterstichworte: § 5 StVO Übersicht vor Rz 16)
Überholter, Pflichten **2** 5[12, 61–63]
Überholtwerden, Rechtsfahren **2** 2[36]
Überholverbot **2** 5[4, 33–36, 37], **2** 41 Z 276 ff, an Fußgängerüberwegen **2** 26[20], unsachgemäßes Langsamfahren **2** 3[47], durch Verkehrszeichen angeordnetes **2** 5[36–38], Beginn und Ende **2** 5[36–38], 41 Z 276, 277, Linien- und Schulbusse mit Warnblinklicht **2** 20
Überholvorgang, falsches Fahren **4** 315 c[32, 33]
Überladen **2** 23[19], **3** 31, 34, **1** 24
Überleitung auf OWen **1** 24[8, 9]
Überleitungstafel **2** 42 Z 500
Überliegefrist **1** 29[11]
Übermäßige Straßenbenutzung **2** 29, 35, 44
Übermittlung von Daten aus dem VZR **1** 30
Übermüdeter Kraftfahrzeugführer **3 a** 2[4–7], **1** 9[23], **4** 315 c[14]
Überschreiten der Fahrbahn **2** 25[4, 9, 10, 22 ff, 34, 37, 41, 42–45], von Gleisen **2** 25[11, 52]
Übersehbare Strecke, Fahrgeschwindigkeit **2** 3[14–16]
Übersicht, Behinderung **2** 3[24, 26]
Überstaatliches Recht **E** 15
Überwachung der Kfze und Anhänger **3** 29, des Fahrers durch den Halter **1** 21[12]
Überwachungspflicht **2** 23, **3** 31
Überweg s Fußgängerüberweg
Überwiegende Verursachung, Ausgleich **1** 17
Übungsfahrten d Bewerber um Fahrerl **1** 2[40 ff, 46]
Umbau von Kfzen, Brief **3** 21, Betriebserlaubnis **3** 19
Umfang der Untersuchung des Fahrerlaubnisbewerbers **3 a** 11[15]
Umherfahren, Zweck **2** 1[43], 30
Umkehren in verengter Fahrbahn **2** 6[8]
Umkehrstreifen **2** 37[37, 59]
Umklappen der Kennzeichen **3** 60
Umleitung, Kennzeichnung **2** 42 Z 454, 455, des Autobahnverkehrs **2** 42 Z 460, zumutbare **2** 45[29], Verkehrszeichen **2** 42 Z 454 ff
Ummeldung **3** 27
Umriß der Kfze und Anhänger **3** 30 c, der Nichtkfze **3** 63
Umrißleuchten **3** 22 a, 51 b
Umsatzsteuer s Mehrwertsteuer
Umschau beim An- und Einfahren **2** 10[15], beim Ein- und Aussteigen **2** 14[6]
Umschreibung ausländischer Fahrerlaubnisse **3 a** 30, 31, der Dienstfahrerlaubnis **3 a** 26[8], 27[4]

1676

hochgestellte kleine Zahlen = Randziffern **Sachverzeichnis**

Umstände, Fahrgeschwindigkeit 2 3[17–40], mehr als nach den -n unvermeidbar 2 1[40–42], besondere – gestatten, v Rechtsfahrgebot abzuweichen 2 2[43–45]
Umstellung auf neue Fahrerlaubnisklasse 3 a 6[10]
Umweg s Umleitung, als Schwarzfahrt 1 7[52]
Umzug 2 27
Unabwendbares Ereignis 1 17[22-27], 2 8[71], 9[55]
Unaufmerksamkeit, Vertrauensgrundsatz 2 25[23, 24]
Unbefugter Gebrauch v Kfzen und Fahrrädern 4 248b, Halter 1 7[17], Sicherung von Kfzen 2 14[1-3, 13–19], 1 7[53–55], s Schwarzfahrt
Unbekannter Schädiger 3 vor 29 a[9]
Unberechtigter Fahrer (§ 2 b AKB) 1 21[27], (§ 10 AKB) 1 7[59]
Unbeschrankter Bahnübergang 2 19[16]
Unbrauchbarmachen des FzBriefs 3 27
Unebenheit, Fahrbahn 2 2[43], 3[18, 23], 40 Z 112[30–32, 92]
Uneinsichtigkeit 1 24[56]
Unerfahrene, Fahrgeschwindigkeit E 141 a, 2 3[29]
Unfall 2 5[34], 34, 35, verabredeter 1 7, Bekämpfung 2 44[3, 6], –flucht 4 142, Schadenersatz bei – neurose 1 11[7]
Unfallflucht 2 34, 4 69[17], 142
Unfallhelfer 1 12[32]
Unfallhilfswagen 2 35
Unfall-Kollisionsdiagramm 2 44[3]
Unfallhilfe 2 34, 1 2[27]
Unfallneurose 1 11[7]
Unfallort 4 142
Unfallschock 4 142[61]
Unfallschreiber 3 57 a[3]
Unfallspuren 2 34, 4 142
Unfallstatistik E 159, 2 44[3]
Unfallsteckkarte 2 44[3]
Unfallstelle, gelbes Blinklicht 2 38, blaues Blinklicht 2 38
Unfallverletzter, Versorgung 1 2
Ungeeignetheit zum Führen von Fahrzeugen und Tieren 3 a 3, wegen strafb Handlungen 1 2[13], 3[8], zum Führen von Kfzen 1 2[7–17], 3[3 ff], 3 a 11[7], 4 69–69 b, 5 111 a, erwiesene 3 a 46[2]
Unglücksfall 2 35, 4 142[24]
Unklare Verkehrslage 2 5[34, 35], 8[47]
Unklare Verkehrszeichen 2 39[14, 16, 20, 32–34]
„Unnützes" Hin- und Herfahren E 6, 78, 2 30[14]
Unrat auf der Fahrbahn 2 32[7, 10]
Unsichtiges Wetter 2 17[3, 17]
Unterbrechung, Verbände und Umzüge 2 27
Unterfahrschutz 3 32 b, 72
Unterhalt bei Tötung 1 10[6 ff]
Unterkunftsräume, fahrbare 3 36
Unterlassen E 87 ff, 2 1[46]
Unterlassene Hilfeleistung 1 2[7]
Unterlegkeil 2 14[11], 3 41[21], 72
Unternehmer als Kfzhalter 1 7[22]
Untersagung der Führung v Fahrzeugen und Tieren 3 a 3, der Verwendung v Reit- und Zugtieren 2 28, des Betriebs eines Fahrzeugs 3 17, 29 d, h
Unterscheidungszeichen der Nato-Hauptquartiere 3 23 (15. StVZAusnV)

Untersuchung, ärztliche 3 a 3, 12, periodische – v Kfzen und Anhängern 3 29, körperliche bei OW 1 26[6], bei Straftatverdacht 5 81 a, medizinisch-psychologische 3 a 3
Untersuchungsumfang 1 2[22], 3 a 11[15]
Unterwegs auftretende Mängel 2 23, 3 31
Untypische Verkehrslage E 122, 123, 124, 2 11
Unübersichtliche Stelle 2 2[38, 39], 3[24–26], 5[4, 34], 12[22–24], Strafbarkeit zu schnellen Fahrens an –n Stellen 4 315 c[36, 37], desgl an –n Stellen nicht die rechte Fahrbahnseite einhalten 4 315 c[38]
Unvorhersehbares Ereignis 2 1[27–30]
Urkunde, Führerschein 3 a 4, Kfz- und Anhängerschein 3 24, Bescheinigung des Herstellers im Fz- oder Anhängerbrief 3 20, Prüfzeichen 3 22 a, Fabrikschild 3 59, Fahrgestellnummer 3 59
Urkundenfälschung, Verfälschung der Angaben im Fz- oder Anhängerbrief 3 20, Verhältnis der Kennzeichendelikte z – 1 22
Urlaub, entgangener 1 11[2], 16[5]
Ursachenzusammenhang E 97 ff, 147, 2 3[65, 66], 17[38], 18[30], des Kfz-Betriebs mit dem Schaden 1 7[9–13], zwischen Verschulden und Ermöglichen der Schwarzfahrt 1 7[53–55], verunglückender Verfolger 2 35, 4 142[78], Beteiligter am Unfall 4 142, bei Verkehrsgefährdung 4 315 c[9–11]

V

Vater als Halter 1 7[20], Tötung des –s, Unterhaltsansprüche der Kinder 1 10[15–16]
VDE-Bestimmungen 3 73
Velotaxi s Fahrradtaxi
Veränderung von Kennzeichen, Strafbarkeit 1 22, am Fahrzeug 3 19
Verankerungen für Sicherheitsgurte 3 35 a, 72
Veranstaltungen 2 33, Erlaubnis 2 29, 44, Haftpflichtversicherung 2 29, mit Kraftfahrzeugen 2 30
Verantwortlichkeit E 129 ff, für Betriebssicherheit, Halter 3 31, Fahrer 2 23, für Vorsorge 3 a 2, bei OW 1 24[ff], des Fahrlehrers 1 2[45], bei Fahrprüfung 1 2[44], vorverlegte E 151 b, 4 316[31]
Veräußerer 3 27
Veräußern v Fzteilen ohne Prüfzeichen 3 22 a, Strafbarkeit 3 22 a, 1 23, von Kfzen ins Ausland 3 27**Verbände,** Vorrecht 2 27, 35, Radfahrer 2 27
Verbandkasten 1 6[6], 3 35 h
Verbandsführer 2 27
Verbindung von Fahrzeugen 3 22 a, 43, 72, Bauartgenehmigung 3 22 a
Verbotsfrist, Fahrverbot 4 44[12 ff]
Verbotsirrtum bei OW E 142, 157, 1 24[34, 35], bei Unfallflucht 4 142[63]
Verbotsstrecke 2 12[28, 29, 44]
Verbrennungsmaschine 1 1
Verbringen von Kfzen ins Ausland 3 27
Verbringungskosten 1 12[24]
Verbundglas 3 40
Verdecken von Kennzeichen 2 23, 3 60, der Beleuchtungseinrichtungen 2 17[10, 19], 3 49 a, 67
Verdeckendes Parken 2 12, Halten 2 12[37 a]

1677

Sachverzeichnis

fette Zahlen = Gesetze, magere Zahlen = §§

Verdienstausfall 1 11^{11}, 12^{31}
Vereinbarter Haftungsverzicht 1 16
„Vereinsamtes" Z 205, 206 **2** 8^{45}, 9^{39}
Vereisung s Glätte, Schneeglätte, der Fahrbahn **2** 3, 32, der Windschutzscheibe **2** 23, Schleudern als nicht unabwendbares Ereignis **1** 17^{28}
Verengung der Fahrbahn, beiderseitige **2** 6^5, dauernde **2** $6^{1, 3, 4, 8}$, 7, 40 Z 120^{44-49}, 41 Z 208, 42 Z 308
Verfahrenshindernis ist Verwarnung **1** 26 a$^{29, 32-34}$
Verfolgung eines Kfz-Führers, Schäden bei – **E** 109, **1** 7^{13}, 16^5, **2** 35^{23}, **4** 142^{78}
Verfügungsgewalt als Kennzeichen der Haltereigenschaft **1** 7^{14}
Verhaltensautomatismus E 84, 85, **2** 1^{8-10}
Verhältnismäßigkeit (Übermaßverbot), Grundsatz **E** 2, 55, **1** 3^{10}, 6^2, **2** 13^{10}, 35, 38^8, 44^6, $45^{26\mathrm{ff}}$, **3** 31 a^8, **4** 69^{22}
Verhandlungen über Schadenersatz hemmen Verjährung **1** 14
Verjährung 1 14, 21, 22, 24^{69}, 26, der Ansprüche aus Gefährdungshaftung **1** 14, der Ausgleichsansprüche **1** 17
Verkaufsangebot am Fahrzeug **2** 1^{41}
Verkaufsstand, fahrbarer **3** 18
Verkehr, öffentl Straßen– **2** $1^{2, 13-16}$, **3 a** 1, – sbeschränkungen **2** 45, Sicherheit und Ordnung **2** $45^{28, 31}$
Verkehrsampel 2 37
Verkehrsart 2 2^{28-32}, **3 a** 1, 1, nur für eine – best Wege **2** 2^{28-32}, 41 Z 237–241, 42 Z 330, 331
Verkehrsbedeutung der Straßen ohne Einfluß auf Vorfahrt **2** 8^{35}, bei Feldwegen **2** 8^{36}
Verkehrsbeeinträchtigung, unvermeidbare **2** 12^{34}, 33
Verkehrsbehörden, zuständige **2** 44, **3** 68
Verkehrsberuhigter Bereich, 1 6, **2** 42 IV a, Z 325, 326^{33-35}, 45^{29}, Ausfahren **2** 10
Verkehrsberuhigter Geschäftsbereich 2 45^{38}
Verkehrsbeschränkung durch StrVerkbehörde **2** $45^{26\mathrm{ff}}$, **1** 6, Voraussetzungen **2** 45
Verkehrsdichte 2 7
Verkehrseinrichtungen, 2 33, 39, 43, Beschaffungs- und Unterhaltungspflicht **2** 45, **1** 5 b
Verkehrsfluß 2 $3^{47, 48}$
Verkehrsfreiheit, Personen **3 a** 1, Fahrzeuge **3** 16
Verkehrsgefährdung und § 1 StVO **2** 1^{34-39}, **4** 69^{18}, Tatbestände **4** 315b, 315c, 315d
Verkehrsgefährdende Teile von Kfzen **3** 30 c
Verkehrshelfer 2 $36^{17, 21, 26}$, 42 Z $356^{77, 164-179}$
Verkehrshindernis 2 6, 32
Verkehrsinsel 2 12^{58b}, $20^{6, 8}$, 25
Verkehrskontrolle 2 $36^{15, 16, 24}$
Verkehrslage, Fahrgeschwindigkeit **2** $3^{29, 31}$, unklare **2** $5^{4, 34, 35}$, besondere **2** $1^{5\mathrm{ff}}$, 11, untypische **2** 11
Verkehrsordnungswidrigkeit 1 24
Verkehrspolizeibeamte 2 36
Verkehrspsychologische Beratung 1 2 a$^{13, 16}$, **3 a** 38, 45, 71
Verkehrsrechtliche Vorschriften, Verstöße **1** 2^{13}
Verkehrsregeln, s sinnvolle –
Verkehrsregelung 2 36, 37

Verkehrsrichtiges Verhalten als Rechtfertigungsgrund **E** 122
Verkehrsschau 2 45^{20}
Verkehrsschild 2 39^{37}, 41^{246}
Verkehrsschwache, Rücksicht **2** 1^5, eingeschränkte Zulassung **3 a** 2, 3
Verkehrssicherheit, Verantwortlichkeit des Grundeigentümers **2** 45^{51}, Verkehrsbeschränkung mit Rücksicht auf die – **2** 45, Verantwortlichkeit f Fahrzeug, Zugkraft und Ladung **2** $23^{21, 23}$, **3** 31, Beeinträchtigung **4** 315 b^2
Verkehrssicherungspflicht 2 34, der Bahn **2** 19^{29}, Anlieger **2** 45^{51-68}, Träger **2** 45^{55}, Straßenkörper **2** 45^{51}
Verkehrsspiegel 2 39^{31}, 45^{53}
Verkehrsstockung 2 11, 18^{26}
Verkehrstechnische Auffassung (Betrieb) **1** 7^5
Verkehrsteilnehmer 2 $1^{17, 18}$, **3 a** 1
Verkehrsüblicher Betrieb der Fahrzeuge **3** 30
Verkehrsübung E 22
Verkehrsüberwachung 1 26^2
Verkehrsumleitung 2 45
Verkehrsunfall E 159, **2** 34, **4** 142
Verkehrsunfallflucht 4 142
Verkehrsunfallstatistik E 159
Verkehrsunfallursachen E 160
Verkehrsunsichere 3 a 2
Verkehrsunterricht 2 48
Verkehrsverbote 2 41 Z 250 ff$^{87-109c, 213-218c}$, $45^{26\mathrm{ff}}$, bedingte **3 a** 2
Verkehrsverwaltung E 53
Verkehrsvorschriften, Kenntnis **E** 142, 156, 157, des StVG **1** 1, Verstöße, Ungeeignetheit **1** 3^8
Verkehrswidrig, Verhalten und Vertrauensgrundsatz **1** 1^{22}, grob **4** 315 c$^{20-25}$
Verkehrszählung, Kosten **1** 5b, Anhalten **2** 36^{24}
Verkehrszeichen 39 ff, auf Fahrzeuge **2** 39^{35}, der Polizeibeamten **2** 36, Rechtsnatur **2** 41^{247}, Warten vor **2** 12^{19}, Haltverbot **2** 12^{28-34}, Parkverbot **2** $12^{46, 52, 54}$, Abbildungen **2** 40–42, Gefahrzeichen **2** 40, Vorschriftzeichen **2** 41, Richtzeichen **2** 42, Sperrzeug und Kennzeichengerät **2** 43, Pflicht, sich Kenntnis zu verschaffen **E** 157, Schutz der – **2** 33^{12}, Pflicht z Beschaffung, Anbringung, Unterhaltung **1** 5 b, **2** 45, Ersetzung und Ergänzung **2** 45, Pflicht z Kennzeichnung v Arbeitsstellen **2** 45, Zuständigkeit f Anordnung, – aufzustellen **1** 5 b, Duldungspflicht Dritter **1** 5 b, unbefugte Beschädigung und Entfernung **4** 315 b^9, Kosten **1** 5 b, fehlerhafte **2** 8^{45}, Verwechslungsfähigkeit **2** 33, auf Grundstücken ohne öffentl Verkehr **2** 33, Zusicherung **2** 41^{247} (weitere Unterstichworte: § 39 StVO Übersicht vor Rz 3)
Verkehrszentralregister 1 28, 29, 30, **3 a** 59 ff, Auskunft **3 a** 22^7, 64, Identitätsnachweis **3 a** 64, Inhalt der Eintragungen **3 a** 59, Tilgung **3 a** 63
Verkehrszulassung 3 a 3
Verkehrszuwiderhandlung im Ausland **E** 32, **1** $24^{11/12, 13/14}$
Verkündung von RVOen **E** 5
Verladerampe 3 18
Verladestraße der BB **2** 1^{14}

hochgestellte kleine Zahlen = Randziffern   **Sachverzeichnis**

Verlangsamen des Eingeholten 2 5¹², ⁶², ⁶³
Verlängerung der Fahrerlaubnis 3 a 24, der FE zur Fahrgastbeförderung 3 a 48¹⁶
Verlassen des Fahrzeugs 2 14¹⁻⁴, ¹⁰ ᶠᶠ, Sichern 2 14¹⁻⁴, ¹⁰⁻¹⁹
Verlegung des ordentlichen Wohnsitzes 3 a 29⁴
Verleiher als Halter 1 7¹⁶
Verletzter, Insasse des verunglückten Kfzs 1 8 a, 16, Mitschuld 1 7⁴⁷, 9³⁻²³, Anzeigepflicht 1 15, Schadenminderungspflicht 1 11¹⁶, ¹⁷, Ausgleichspflicht der Halter untereinander 1 17, Einwilligung 4 315 c⁴³
Verletzung, Höchstbeträge 1 12³
Verlust des Führerscheins 1 5, des FzScheins 1 5, 3 24, 3 a 25⁹, des FzBriefs 1 5, 3 25
Vermehrung der Bedürfnisse 1 11, 13
Vermeidbarkeit (räumliche, zeitliche) 2 3⁴⁴
Vermerk im ausländischen Führerschein 4 69 b⁴, ⁵, 3 a 46¹⁴
Vermieter als Halter 1 7¹⁶
Vermutetes Verschulden, Haftung des Kfzführers 1 18¹, ⁴
Vermutung der Ungeeignetheit z Führen von Kfzen 4 69¹⁵ ᶠᶠ
Vernichtung von Unterlagen und Daten 1 2²², ²⁶
Verordnung über internat KfzVerk 6 (s IntVO)
Verrichtungsgehilfe 1 16¹²
Verriegelungseinrichtung 3 35 a
Versagen der Vorrichtungen des Kfz kein unabwendbares Ereignis 1 17³⁰
Versagung der Fahrerlaubnis 1 2, 6, Mitteilung der – z VerkZReg 1 28
Versammlungsgesetz 2 33⁶
Verschlechterungsverbot 1 24⁷², 4 44²¹, 69²⁸, 69 a¹⁸
Verschleiß von FzTeilen 3 19
Verschluß, Parkverbot 1 25¹
Verschließen, Verlassen des Kfz 2 14¹⁴
Verschmutzung der Fahrbahn 2 32, des Kennzeichens 3 60, von Beleuchtungseinrichtungen 2 17¹⁰, ¹⁹, 23, 3 49 a, 67
Verschulden, Mit– des Verletzten 1 9, vermutetes – des Kfzführers 1 18¹, ⁴, Haftung des KfzHalters für Hilfspersonen 1 7⁴⁶, Haftung 1 16, Haftungsbeschränkung 1 16
Versicherer, Anzeige bei Fehlen des Versschutzes 3 29 c, 29 h, Direktklage des Geschädigten gegen den – des Schädigers 3⁸ vor 29 a, Verzeichnis 3 vor 29 a
Versicherung an Eides Statt 1 5
Versicherungsbestätigung 3 23, 28, 29 a, 29 b, 29 e
Versicherungsfonds für Verkehrsopfer 3 vor 29 a⁹
Versicherungskarte, internationale 3 vor 29 a¹¹
Versicherungskennzeichen, Kleinkrafträder und Mopeds 3 29 e, 29 g, 60 a
Versicherungsnachweis 3 29 a, 29 b, 29 e
Versicherungspflicht 3 vor 29 a, 29 a, 29 e
Versicherungsrecht, Arbeits- und Dienstunfall (§ 636 RVO) 1 7⁶¹, berechtigter Fahrer (§ 2 b, § 10 AKB) 1 7⁵⁹, 21²⁷, Bewußtseinsstörung gem AUB 4 316⁷², Einbruchdiebstahlversicherung 4 248 b¹⁷, Einschlafen am Steuer 3 a 2⁷, Führerscheinklausel (§ 2 b Nr 1 c AKB) 1 2⁴⁷, 21²⁷, 3 a 4¹⁴, Gebrauch eines Fahrzeugs (§ 10 Nr 1 AKB) 1 7⁸ ᵃ, Gefahrerhöhung (§ 23 VVG) 2 23⁴⁰, 3 a 2⁷, 3 31¹⁶, 36¹⁰, ¹¹, 41⁸, ¹⁰, 4 316⁷⁰, grobe Fahrlässigkeit (§ 61 VVG) 2 3⁶⁷, (§ 640 RVO) 4 316⁷⁰, Hemmung der Verjährung (§ 3 Nr 3 S 3 PflVG) 1 14¹, ⁵, Kaskoversicherung 4 248 b¹⁷, 316⁷¹, KfzHaftpflichtversicherung 3 vor 29 a, Obliegenheitsverletzung 4 142⁷⁶⁻⁷⁸, Repräsentant des VN 3 31¹⁵, Übermüdung 3 a 2⁷, Verjährung bei Forderungsübergang (§ 116 SGB X) 1 14³, vorläufige Deckungszusage 3 29 a¹³
Versicherungsschein 3 29 b
Versicherungsschutz, Fehlen 3 29 c, 29 d, 29 h
Versicherungsvertrag, vorzeitige Beendigung 3 29 c, 29 d, 29 h
Verständigung bei Verengung 2 6⁸, bei Stockung 2 11⁴, ⁷
Verstauen der Ladung 2 22¹², ¹³, ¹⁶, 23¹⁹, ²⁰
Verstöße gegen verkehrsrechtliche Vorschriften oder Strafgesetze 1 2¹³, 3 a 11⁸, 46²
Versuch der OW 1 24³⁷
Verteidigung der Rechtsordnung 4 315 c⁴⁹, ⁵⁰, 316⁴⁰
Verteidigungsfall 2 35
Verteilung des Schadens 1 9, 16, 17
Vertragliche Verpflichtung, kein Ausgleich nach § 17 StVG 1 17
Vertragshaftung 1 16²
Vertrauensgrundsatz E 136, 2 1²⁰⁻²⁴, 11⁷, 40¹⁰¹, bezüglich der zulässigen Höchstgeschwindigkeit 2 3⁵², verkehrswidriges Verhalten 2 1²⁰⁻²⁴, gegenüber Radfahrern 2 2⁷¹, gegenüber Fußgängern 2 25¹⁴, ¹⁸, ¹⁹, ³³, ³⁴, ³⁶⁻³⁹, an Fußgängerüberwegen 2 26¹⁴, beim Rechtsfahren 2 2³⁴, Vorfahrt 2 8⁴⁹⁻⁵⁴, beim Ein-, Aus- und Anfahren 2 10⁸, ⁹, beim Türöffnen 2 14⁸, Warnzeichen 2 16⁸, Beleuchtung 2 17¹⁴
Vertreter, gesetzlicher, Verschulden 1 9¹¹
Verursachung, Maß 1 17, adäquate 1 7¹⁰, s Ursachenzusammenhang
Verwahrung des Führerscheins, s Beschlagnahme, Sicherstellung
Verwaltungsakt, Verwarnung 1 26 a³⁵
Verwaltungsbehörde s Straßenverkehrsbehörde, Zulassungsbehörde, Zuständigkeit nach FeV 3 a 73, Zuständigkeit nach StVZO 3 68, zuständige bei OW 1 26
Verwaltungsbezirke, Unterscheidungszeichen 3 23
Verwaltungshandeln E 55, 56
Verwandte, Haftungsverzicht 1 16
Verwarnung E 73, 1 24⁷³, 26 a, ohne Verwarnungsgeld 1 26 a²⁰, ²² ᶠ
Verwarnungsgeldkatalog 8
Verwechslung mit Verkehrszeichen 2 33¹²
Verweisungsprivileg 1 16²⁰
Verwendung von Fahrzeugteilen 1 6 I Nr 2 e, 3 22²
Verwertungsnachweis 3 27 a
Verwirkung der Ansprüche aus Gefährdungshaftung 1 15

1679

Sachverzeichnis

fette Zahlen = Gesetze, magere Zahlen = §§

Verzeichnis s Karteiführung, der Versicherer **3** vor 29 a[6]
Verzicht auf die Fahrerlaubnis **1** 3[39], auf Vorfahrt **2** 8[31], auf Zulassungsfreiheit **3** 18
Verzögerung bei Bremsen **3** 41
Verzögerungsstreifen 2 2[25 a], 5[20], 12[25], 18[20]
Videofilm als Beweismittel **1** 24[76]
Viehtransport 2 22[17], **3** 30
Viehtreiben 2 28, Straßenschmutz **2** 32, 40[101], Transport in Kfzen **2** 22
Vierradbremse 3 41, 42
Vollgummireifen 3 36
Volltrunkenheit 4 69[21], 316[32]
Vorankündigungspfeil 2 41[185-189]
Vorausfahrender, Sorgfaltspflicht **2** 4[1-3, 11]
Voraussehbarkeit E 137, 139
Voraussetzungen für die Erteilung der Fahrerlaubnis **1** 2[3]
Vorbeifahren an haltender Straba **2** 20[5, 7, 9, 10], an parkenden Fahrzeugen **2** 5[54-58], an haltendem Bus **2** 20[9], an Fahrzeugen **2** 6[58], 14[8], an Fahrbahnhindernis **2** 6, Rückschaupflicht **2** 6[6], Zeichengeben **2** 6[7]
Vorbesitz einer Fahrerlaubnis **3** a 8, 9
Vorbestrafung als Grund f Versagen oder Entziehung der Fahrerlaubnis **1** 2[12, 13], 3[8]
Vordruck für Fz- und Anhängerbriefe **3** 20, 21, 25
Vorfahrt 2 8, – kraft VZ **2** 8[11 ff, 39-45], 41, 42, Vorfahrtstraße **2** 8[39-43], 42 Z 301, 306/307, abknickende Vorfahrt **2** 8[43], 42[10, 12], AB und Kraftfahrstraßen **2** 8[65/66], 18[4-9, 17], Kreisverkehr 29 a[11], Verkehrszeichen 41 Z 205, 206, 42 Z 301, 306, auf der AB **2** 18[4-9, 17], Nichtbeachtung **4** 315 c[29-31], Vorfahrt gewähren **2** 41 Z 205[23-35, 201], Vorfahrtstraße **2** 42 Z 306/307[9-14, 181], Warten bei Stockung **2** 11, s Vorrang (weitere Unterstichworte: § 8 StVO Übersicht vor Rz 25)
Vorfahrtberechtigter 2 8[25, 26, 11 ff, 39-45], Fahrgeschwindigkeit **2** 8[48], Zuschnellfahren **2** 8[69 a]
Vorfahrtbereich 2 8[28]
Vorfahrtstraße 2 8[39-43], 42 Z 306
Vorfahrtzeichen, vereinzeltes **2** 8[45]
Vorführung z Stempelung od Entstempelung des Kennzeichens **3** 23, Kontrolle der Vorschriftsmäßigkeit **3** 17, zur periodischen Überprüfung **3** 29
Vorführwagen 3 28
Vorgeschriebene Fahrtrichtung 2 41 Z 209 bis 214[47-58, 204]
Vorgeschriebene Mindestgeschwindigkeit 2 41 Z 275[125-132, 219, 221]
Vorgeschriebene Vorbeifahrt 2 41 Z 222[64-70, 206-208]
Vorlage des Fahrzeugscheins **3** 17[10]
Vorläufige Entziehung der Fahrerlaubnis 1 3[36, 37], **5** 111 a, s Entziehung, Fahrerlaubnis, Sicherstellung, Fahrverbot
Vorläufige Festnahme 1 24[74]
Vorrang beim Überholen **2** 5[27-31], Gegenverkehr 41 Z 208, 42 Z 308[15, 16], VZ und Weisungen der Polizei **2** 36[2-9, 20], 37, bei Verengung **2** 6, an Parklücke **2** 12[59], abfahrender Linienbus **2** 20[12],

Vorfahrt **2** 42 Z 301, Überwege **2** 26[8, 13], Geradeausverkehr **2** 9[39-42, 43, 49], der Schienenfahrzeuge **2** 2[64, 65], 9[36, 39, 49], 19[8, 9], entgegenkommender Rechtsabbieger **2** 9[37], fließenden Verkehrs **2** 10[8], 18[4, 17], öffentlicher Dienste **2** 35, Aufzüge und Verbände **2** 27, kein Vorrang bei Stockung **2** 11, Lichtzeichen **2** 37[15, 39], der Verkehrszeichen vor VerkRegeln **2** 39, des Strafverfahrens **1** 3[15, 16]
Vorsatz E 133, 134, Gesamtvorsatz **E** 134, bei OW **1** 24[24], bei Unfallflucht **4** 142[57 ff]
Vorschriftsmäßiger Zustand des Fahrzeugs **2** 23[17-29], **3** 16 ff, 31
Vorschriftzeichen 2 39, 41, (Unterstichworte: § 41 StVO Übersicht vor Rz 246)
Vorsorgemaßnahmen, Verkehrsschwache **3** a 2[10]
Vorstellungspflicht nach Unfall **2** 34, **4** 142
Vorstrafe und Fahrerlaubnis **1** 2[12 ff], 3[8], bei OW **1** 24[55]
Vorteilsanrechnung 1 11[3], 12[27]
Vorübergehende Standortverlegung **3** 27
Vorübergehender Aufenthalt außerdeutscher Kfze in Deutschland **6**
Vorverlegte Verantwortlichkeit **E** 151 b, **4** 316[31]
Vorwegweiser 2 42 Z 438, 439
Vorzeigepflicht des FS **3** a 4, der BetrErl **3** 18
Vorzeitige Aufhebung der Sperre 4 69 a[14, 15]

W

Wagentür, Öffnen **2** 14[1, 6, 7, 9]
Wägung 3 31 c
Wahlweise Feststellung von OWen **1** 24[76], von § 316 und OW **4** 316[37], von § 316 StGB und § 21 I Nr 2 StVG **4** 316[37], von § 315 c StGB und § 21 I Nr 2 StVG **4** 315 c[61]
Waldweg 2 1[14], 8[36], 19[11], s Feldweg
Wappen an Kfzen **3** 60
Ware anbieten **2** 33
Warenhausparkplatz 2 1[14]
Warnanstrich 3 49 a, 52, für Kfze der Straßenreinigung, -unterhaltung und Müllabfuhr **2** 35
Warnbake 2 43
Warnblinklicht 2 15[1-3], 15 a, 16[3, 5, 15], 18, 20, 38, **3** 53 a, 72
Warndreieck 2 15[4], **3** 22 a, 53 a
Warndruckanzeiger 3 41, 72
Warneinrichtung 2 38, **3** 55, zur Sicherung haltender Fahrzeuge **3** 53 a, Bauartgenehmigung **3** 22 a, 72, mit Tonfolge **3** 22 a, 55
Warnkleidung 2 35
Warnkreuz an Bahnübergang **2** 19, 41 Z 201
Warnleuchte 3 22 a, 53 a, 72, gelbes Blinklicht **2** 38, blaues Blinklicht **2** 38
Warnlicht an Bahnübergang **2** 19[24]
Warnlinie 2 42 VI Nr 1
Warnposten 2 2[45], 8[58], 10[13]
Warnschild 3 49 a
Warntafel an Fzen bei Dunkelheit **2** 17[18 b, 30, 32], 43 IV, bei Beförderung gefährl Güter **2** 22
Warnung vor Polizeikontrollen **2** 1[40, 42], 3[59], 16[18], 36[27]

hochgestellte kleine Zahlen = Randziffern   **Sachverzeichnis**

Warnzeichen vor Überholen 2 5[9–11, 59, 60], 16[7], bei Gefahr 2 16[8–11, 12, 13]
Wartegebote 2 41
Wartelinie 2 42 Z 341[59–63]
Warten, verkehrsbedingtes 2 12[16, 19, 39]
Wartepflicht nach Verkehrsunfall 2 34, 4 142, bei Verengung 2 6[5], zwecks Überholenlassens 25[12, 63], vor Bahnübergang 2 19[4–6, 25, 26, 28], vor Haltestellen 2 20[11], an Zebrastreifen 2 26[17], trotz Grün 2 37[45 a], Anhaltepunkt 2 8[56], s Wartelinie
Wartepflichtige bei Vorfahrt 2 8[4–8, 48, 52–64], Haftung 2 8[68–72], 4 315 c[30, 31]
Wartezeit nach Unfall 2 34, 4 142
Wartung, regelmäßige 3 31
Wasserfahrzeug 1 1, 4 248 b
Wassergefährdende Stoffe 2 41 Z 269[108, 109, 218]
Wasserglätte 2 3[18], 3 36
Wasserschutzgebiet 2 42 Z 354[71–73], 45[30], 1 6[20]
Wasserversorgung, Ölverseuchung 2 45
Watt 3 51
Wechsellichtzeichen 2 37[16 ff, 40–43]
Wegerechtsfahrzeug 2 35, 38, 3 52, 55
Wegeunfall 1 12[61]
Wegfahrsperre 3 38 a
Wegfall eines Fahrstreifens 2 7
Wegstreckenzähler, Bauart, Genauigkeit 3 57,72
Wegweiser 2 42 Z 438–466, 1 6
Weide 2 28, 1 17[34 f]
Weigerung, Gutachten beizubringen 1 2[23], 3 a 11[22], 46[11]
Weisungen d Polizeibeamten 2 36[1–9, 18–20]
Wenden 2 9[11, 50, 52], auf Autobahn und Kraftfahrstraßen verboten 2 18[21], 4 315 c[39, 40]
Werbung 2 33
Werkstatt (Kfz) 2 14[14], 1 12[21, 22]
Werkstättenbesitzer bei periodischer Überprüfung der Kfze 3 29
Werkstattfehler 1 12[22]
Wertersatz 1 12[4 ff]
Wertminderung 1 12[14, 25, 26]
Wetter, E 132, unsichtiges 2 17[3, 17]
Wettfahrten s Rennen
Widerrechtlichkeit, rechtswidrige Absicht Merkmal der Kennzeichendelikte 1 22, bei § 248 b StGB 4 248 b
Widerruf der Betriebserlaubnis 3 20, Erlöschen 3 19
Wiederbeschaffungspreis 1 12[5, 10, 14]
Wiedererteilung der Fahrerlaubnis 1 2 a[23], 3[31–34], 4[24], 3 a 20, 4 69[25], 69 a[19] s auch Neuerteilung
Wiederverkauf eines Kfz 3 27
Wiederzulassung von Kfzen und Anhängern 3 27
Wiesenweg 8[36]
Wildwechsel 2 3[28, 30], 40 Z 142[71, 72, 102], 45[53]
Wind, Fahrgeschwindigkeit 2 3[40]
Windschutzscheibe 3 40, Farbfolien 3 22 a
Windsichere Handlampe 3 54 b
Winker s Fahrtrichtungsanzeiger
Winterdienst s Straßendienst
Winterreifen 3 36
Wintersport 2 31, 40[5]
Wirtschaftswerbung 2 33

Witterung 2 3[38 ff], s Nebel, Regen, Schneefall, Fahrgeschwindigkeit 2 3[32, 33, 38, 40], Beleuchtung 2 17
Witwe, Unterhaltsanspruch 1 10[11–13]
Witwer 1 10[14]
Wohnanhänger 1 12[42], 2 12[42 a, 60 aa], 39[31 a], 3 18[23]
Wohnbevölkerung, Schutz 1 6, 2 30, 45 I, I b
Wohngebiet 2 45[29]
Wohnmobil 1 12[34, 42], 2 3[54], 7[9], 12[42 a], 18[19], 19[26], 21[9 a], 30[10], 39[31 a], 41[248] Z 277, 295, 3 19[13], 23[18], 25[2], 35 a[7], 40[5], 42[2], 47[6, 7]
Wohnort, örtl Zuständigkeit der StrVerkbehörde 2 47, der Verwaltungsbehörde (Zulassungsbehörde) 3 68, 1 3[12], Angabe auf Namensschild 3 64[b]
Wohnwagen 2 21[9], 3 18, 49 a
Wohnsitz ordentlicher 1 2[3], 3 a 7, Verlegung ins Ausland 3 a 24[5]
Wohnsitzverlegung ins Ausland 3 a 24[5]

Z

Zahl der zulässigen Anhänger 3 32 a, Teilnehmer an Rennveranstaltungen 2 29, der Personen, die befördert werden dürfen 2 21
Zahlungserleichterung bei Geldbuße 1 24[78], bei Verwarnungsgeld 1 26 a[31]
Zebrastreifen s Fußgängerüberweg
Zechen, gemeinsames 1 16
Zeichen, der Polizeibeamten 2 36[1, 18, 19], des Schrankenwärters 2 19[22], falsche -gebung 4 315 c, Ankündigung, rechtzeitig
Zeigerampel 2 37[53]
Zeitgesetz E 43
Zeitliche Geltung E III
Zeitliche Vermeidbarkeit E 101
Zeitungshandel 2 33
Zeitverlust 1 12[31]
Zeitwert 1 12[14]
Zentralachsanhänger 3 34[6]
Zentrales Fahrerlaubnisregister 3 a 22[10], 49 ff
Zentrales Fahrzeugregister 9 31, 33
Zerstören v Anlagen und Beförderungsmitteln als Verkehrsgefährdung 4 315 b[9], als Begehungsform der Autofalle 4 316 a
Zeugnisse, ärztliche 1 2, 3
Zollbeamte, Zolldienst, Zollgrenzbezirk, Zollstellen, Zollstraße 2 42 Z 392, 3 52
Zollsiegel 3 32
Zonen-Geschwindigkeitsbeschränkung 2 41[248] Z 274.1/274.2, 45[37 ff]
Zonenhaltverbot 2 41 Z 290[166, 167, 169, 228]
Zubringer z Autobahn 2 18[16]
Zufahrtsweg, privater 2 1[14]
Zug 2 23, 3 31, 33, für Großraum- und Schwertransporte 3 32, 60, Langmaterial- 3 32, 35, 49 a, Länge 3 32, Zahl der Anhänger 3 32 a, s auch Arbeitsmaschine
Zuggabel 3 43, 52
Zügiges Überqueren 2 25[4, 22, 41, 42], 26[11]
Zugkraft, Verkehrssicherheit 2 23
Zugmaschine 3 a 6[9, 20], Begriff 3 18[19], 2 30, zulassungsfreie 3 18[17/18], Beifahrersitz 2 21[8], 3

1681

Sachverzeichnis

fette Zahlen = Gesetze, magere Zahlen = §§

35 a, Bereifung **3** 36, Scheinwerfer **3** 50, Bremsleuchten **3** 53, Fahrtrichtungsanzeiger **3** 54, Fahrtschreiber **3** 57 a, amtl Kennzeichen **3** 18, Anhänger **3** 32 a

Zugöse 3 43, 72

Zugtier, Sicherung bei Abstellen bespannten Fuhrwerks **2** 14^{12}, Sicherung des Verk gegen ungeeignete – **2** 28, Anspannung **3** 64

Zugvorrichtung 3 43, 72

Zukünftiger Schaden 1 13

Zulässiges Gesamtgewicht s Gesamtgewicht

Zulassung, öffentl Verkehr **3 a** 1, 2, 3, z Führen von Kfzen **3 a** 4 ff, eingeschränkte **3 a** 2, 3, von Personen **1** 6, von Fahrzeugen **3** 16 ff, **6,** erstmalige **3** 24, erneute **3** 27, vereinfachte **3** 28, unter Auflagen **3 a** 3^5, internationale – **6,** s Einschränkung, Entziehung

Zulassungsbehörde 3 18, 21, 23, 25, 27, 28, 29 c, 29 d, **1** 1^{13}

Zulassungsbescheinigung Teil I s Fahrzeugschein

Zulassungsbescheinigung Teil II s Fahrzeugbrief

Zulassungsfreiheit 1 1^{10}, **3** 16, Betriebserlaubnispflicht **3** 18, Kennzeichnungspflicht **3** 18, Verzicht **3** 18, s Verkehrsfreiheit

Zulassungspflicht 3 18, **1** 1$^{10,\ 11}$, Ausnahmen **3** 18, **1** 1

Zulassungsschein 1 5, s Anhängerschein, Kraftfahrzeugschein, internationaler **6**

Zulassungsstelle s Zulassungsbehörde

Zulassungsverfahren 3 18

Zuliefererhaftung 3 30

Zündanlage, Funkentstörung **3** 55 a, 30

Zündschlüssel, Abziehen **2** 14$^{14-16}$

Zumessung der Geldbuße **1** 23, 24$^{38\ \text{ff}}$

Zurechnungsfähigkeit s Schuldfähigkeit

Zurechnungsunfähigkeit s Schuldunfähigkeit

Zurechnungszusammenhang E 101, 104, 107, 110, **1** 7$^{10,\ 11}$, 17^{28}

Zurückziehung aus dem Verkehr **3** 27

Zusammenbau von Kfzen, Brief **3** 21

Zusammenstoß, Ausgleichspfl zwischen Kfzen **1** 17, zwischen Kfz und Eisenbahn **1** 17, als Verkehrsunfall **4** 142

Zusätzliche Scheinwerfer 3 52

Zusatzschild 2 39$^{31\ a}$

Zuschlagen von Türen **2** 30

Zuschnellfahren des Vorfahrtberechtigten **2** 8$^{69\ a}$

Zustand, verkehrswidriger **2** 32, **3** 31

Zuständige Behörde 1 2^{36}, **3 a** 73

Zuständige Personen, Pflicht sich –n gegenüber auszuweisen **3** 24, 28, 29 e, **3 a** 4^{11}, 5^4, 48$^{15,\ 20}$, 74^2

Zuständigkeit der StVerkBehörden **E** 53, **2** 44, örtliche **E** 54, **2** 47, der Zulassungsbehörden nach StVZO **3** 68, **1** 1, der Verwaltungsbehörden **3** 68, der Gerichte f Klagen aus StVG **1** 20, f vorl Entz d Fahrerlaubnis **5** 111 a$^{6,\ 13}$

Zuteilung der amtl Kennz **3** 23

Zuverlässigkeit persönliche **3 a** 48^{12}

Zuverlässigkeitsfahrt 2 29

Zuwiderhandlung, geringfügige bei OW **1** 24$^{38\ \text{ff},\ 45}$

Zwang E 86

Zweiachsige Anhänger 3 34, 41

Zweiklanghupe 3 55

Zweikreisbremsanlage 3 41, 72

Zweileitungsbremsanlage 3 41, 72

Zweite „Reihe", Halten **2** 12^{40}, Parken **2** 12^{60}

Zweite Rückschau 2 9$^{7-10,\ 25,\ 26,\ 48}$

Zweithandzuschlag 1 12^{14}

Zweitschrift der Fahrzeugpapiere **3** 18, 24, des VersNachweises **3** 29 a

Zweitüberholen 2 5^{30}, 18^{20}

Zwischenraum s Abstand, Verbände **2** 27, Lastfahrzeuge **2** 4$^{4\ a,\ 12-14}$

Zwischenstaatliche Abkommen E 16, **1** 6

Zwischenstaatlicher KfzVerkehr 6

Zwischenuntersuchung der Omnibusse, Lkw und Zugmaschinen **3** 29